Kirchhof/Kulosa/Ratschow
Einkommensteuergesetz

Einkommensteuergesetz

Kommentar

Band 2

§§ 9–25

Herausgegeben von

Prof. Dr. Gregor Kirchhof, LL.M.
Universitätsprofessor, Universität Augsburg

Dr. Egmont Kulosa
Richter am Bundesfinanzhof

Dr. Eckart Ratschow
Richter am Bundesfinanzhof

2020

C.H.BECK

Zitiervorschlag:
Kirchhof/Kulosa/Ratschow/*Bearbeiter* EStG § 1 Rn. 1

www.beck.de

ISBN 978 3 406 72682 8

Wilhelmstraße 9, 80801 München
Druck: Druckerei C. H. Beck Nördlingen
(Adresse wie Verlag)

Satz: Meta Systems Publishing & Printservices GmbH, Wustermark
Umschlaggestaltung: Druckerei C. H. Beck Nördlingen

CO_2 neutral
chbeck.de/nachhaltig

Gedruckt auf säurefreiem, alterungsbeständigem Papier
(hergestellt aus chlorfrei gebleichtem Zellstoff)

Vorwort

Das deutsche Einkommensteuerrecht ist in seinen Grundstrukturen rund 100 Jahre alt. Das stolze Alter belegt: Das Gesetz hat sich im Großen und Ganzen bewährt. Die Einkommensteuer sichert dem Staat verlässlich finanzielle Grundlagen und belastet die Bürger in einem akzeptierten sowie im Grunde gleichheitsgerechten Maß. Allerdings sind einige der Regelungen, die in den Steuerreformen von *Matthias Erzberger* und *Johannes Popitz* aus den 1920er Jahren wurzeln, kein Meisterwerk der Gesetzgebungskunst. Nicht selten standen sie zeitlich vor dem steuerlichen System, das sie gegenwärtig erschließt. Kontinuierlich tritt zudem eine Vielzahl an Rechtsänderungen in der Gesetzgebung, Rechtsprechung und Verwaltungspraxis hinzu. Dies alles stellt die Praxis und Wissenschaft vor einen stets neuen Systematisierungsauftrag. Ein neuer Kommentar muss daher den Anspruch erheben, aktuell und umfassend zu informieren, vorhandene Strukturen und Zusammenhänge wieder sichtbar werden zu lassen, wo sie verdeckt zu werden drohen, und auch auf den ersten Blick unverständliche Normtexte zu erklären. Die vorliegenden drei Bände entsprechen der aktuellen Edition des gleichnamigen *BeckOK EStG.* Mit über 7.700 Druckseiten positioniert sich das Werk bewusst oberhalb der einbändigen Werke, ohne ein Großkommentar zu sein.

Gegenwärtig verdichtet sich die Notwendigkeit, die Entwicklung des Einkommensteuerrechts in einer Grundkommentierung ausführlich zu begleiten und systematisch zu formen. Das „Jahressteuergesetz 2019" regelt eine rekordverdächtige Fülle an Änderungen, die aus einer einkommensteuerlichen Perspektive in Teilen fachfremd erscheinen. Die Neuerungen setzen das Klimaschutzprogramm 2030 um, wollen die Elektromobilität fördern oder das soziale Entschädigungsrecht ergänzen. In den vergangenen Monaten traten zahlreiche Änderungen im Kampf gegen die Corona-Krise hinzu. Auch nimmt der Einfluss des Europarechts beständig zu, wenn einkommensteuerliche Regelungen am Beihilfeverbot und den Grundfreiheiten gemessen werden, grenzüberschreitende Steuergestaltungen zu melden sind oder ein europarechtlich geprägtes Datenschutzrecht zu wahren ist. International darf das deutsche Einkommensteuergesetz nicht den Anschluss an Steuersysteme verlieren, die gleichheitsgerecht und nachprüfbar digital angewandt werden sowie den Steuerpflichtigen in vorausgefüllten Steuererklärungen nahezu vollständig entlasten. Der in Kraft gesetzten Digitalisierung des deutschen Massenfallrechts ist dabei zwar ein großer, aber eben nur ein erster Schritt in diese Richtung gelungen. Vielleicht ist aufgrund des national und international steigenden Erneuerungsdrucks sogar die so oft geforderte große Steuervereinfachung in Reichweite. Bis dahin muss das geltende Einkommensteuerrecht trotz seiner Komplexität als (immer noch weitgehend) geordnetes Ganzes wahrgenommen und gedeutet werden, um die Bürger über ihr Einkommen leistungsgerecht an den Gemeinlasten zu beteiligen. Ohne ein norm- und rechtsquellenübergreifendes Verständnis besteht für jeden Rechtsanwender die Gefahr, auf neue Fragen keine stimmigen Antworten zu finden. Das Hauptanliegen des Kommentars ist deshalb, dieses notwendige und vielschichtige Grundverständnis zu fördern, vorhandene Deutungen darzustellen und auch neue zu wagen.

Die Kommentierungen beginnen stets mit einem ausführlichen A-Teil, in dem die jeweilige Regelung im System des Einkommensteuerrechts sowie in ihren verfassungs- und europarechtlichen Zusammenhängen dargestellt wird. Überblickartig werden die Normstruktur und (sofern vorhanden) die zentralen Debatten zusammengefasst. Hier wird gewissermaßen die Norm aus der Vogelperspektive betrachtet. Im daran anschließenden B-Teil, dem eigentlichen Hauptteil der Kommentierung, sind die einzelnen Tatbestandsmerkmale und Rechtsfolgen im Detail erörtert. Der B-Teil findet, um im Bild zu bleiben, auf dem Boden statt. In diesem Abschnitt sollte der Leser die Antworten auf konkrete steuerliche Rechtsfragen suchen. Die Suche wird hier durch zahlreiche ABCs und eine für alle Kommentierungen gleiche Binnengliederung hoffentlich erleichtert.

Wir freuen uns, dass der Online-Kommentar nun in der renommierten „Blauen Reihe" des Verlags erscheint. Der besondere Vorteil eines solchen Werks liegt für das Einkommensteuerrecht auf der Hand. Ohne nennenswerte produktionsbedingte Verzögerung können Neuerungen zeitnah und wenn notwendig auch breit erörtert werden. Die vorliegenden

Bände berücksichtigen Rechtsänderungen bis zum 1. Juni 2020. Wegen der nachfolgenden Entwicklungen verweisen wir gerne auf den Online-Kommentar. Dessen vierteljährlicher Aktualisierungsturnus fordert, den Bearbeitungsbereich eines jeden Autors zu beschränken. Die rund 50 Autorinnen und Autoren kommen aus der Rechtsprechung, Wissenschaft und beratenden Praxis. Sehr herzlich danken wir ihnen, dem Verlag – insbesondere *Dr. Thomas Aichberger, Sabrina Böcking, Laura John* und *Michael Müller* – sowie unserem Verleger. Über Kritik und Anregungen freuen wir uns. Der Kommentar ist ein Gemeinschaftswerk.

München, im Juli 2020 *Gregor Kirchhof, Egmont Kulosa, Eckart Ratschow*

Hinweis: Der Kommentar besteht aus drei Bänden. **Band 1** (ISBN 978-3-406-72681-1) enthält die §§ 1 bis 8. **Band 2** (ISBN 978-3-406-72682-8) enthält die §§ 9 bis 25 und **Band 3** (978-3-406-72683-5) enthält die §§ 26 bis 109, sowie das komplette Sachverzeichnis.

Aktuelle Gesetzgebung: Corona-Steuerhilfegesetze

Kurz vor Redaktionsschluss dieses Werks wurden zwei für das EStG bedeutsame Gesetze verabschiedet, mit denen die Bundesregierung auf die wirtschaftlichen Auswirkungen der Corona-Krise reagiert:

Gesetz zur Umsetzung steuerlicher Hilfsmaßnahmen zur Bewältigung der Corona-Krise (Corona-Steuerhilfegesetz v. 19.6.2020 – BGBl. 2020 I 1385).

Im Einzelnen sind u.a. folgende einkommensteuerrechtlichen Maßnahmen enthalten:

- **Steuerbefreiung von Corona-Sonderzahlungen:** Nach einem BMF-Schreiben v. 9.4.2020 (BStBl I 20, 503) konnten Arbeitgeber ihren Beschäftigten entsprechende Beihilfen und Unterstützungen bis zu 1.500 EUR bereits steuerfrei gewähren. Die Regelung wird nun in § 3 Nr. 11a EStG rechtlich abgesichert. Erfasst werden Sonderleistungen, die die Beschäftigten zwischen dem 1.3.2020 und dem 31.12.2020 erhalten. Voraussetzung ist, dass sie zusätzlich zum ohnehin geschuldeten Arbeitslohn geleistet werden. Eine Entgeltumwandlung ist demnach ausgeschlossen.
- **Zuschüsse zum Kurzarbeitergeld:** Entsprechend der sozialversicherungsrechtlichen Behandlung werden Zuschüsse des Arbeitgebers zum Kurzarbeitergeld und zum Saison-Kurzarbeitergeld bis 80 % des Unterschiedsbetrags zwischen dem Soll-Entgelt und dem Ist-Entgelt nach § 106 SGB III steuerfrei gestellt (§ 3 Nr. 28a EStG). Die Steuerbefreiung ist auf Zuschüsse begrenzt, die für Lohnzahlungszeiträume, die nach dem 29.2.2020 beginnen und vor dem 1.1.2021 enden, geleistet werden. Die steuerfreien Arbeitgeberzuschüsse sind in den Progressionsvorbehalt einzubeziehen (§ 32b Abs. 1 S. 1 Nr. 1 Buchst. g EStG). Der Arbeitgeber hat sie in die elektronische Lohnsteuerbescheinigung für das Kalenderjahr 2020 unter der Nr. 15 einzutragen.

Zweites Gesetz zur Umsetzung steuerlicher Hilfsmaßnahmen zur Bewältigung der Corona-Krise (Zweites Corona-Steuerhilfegesetz v. 29.6.2020 – BGBl. 2020 I 1512).

Das Gesetz ist Teil des sog. Konjunkturpakets der Bundesregierung. Es beinhaltet u.a. folgende einkommensteuerrechtliche Maßnahmen:

- Für jedes im Jahr 2020 kindergeldberechtigte Kind wird ein **Kinderbonus** von 300 EUR gewährt, der in zwei Tranchen im September und Oktober 2020 ausgezahlt wird (§ 66 Abs. 1 EStG).
- Der **Entlastungsbetrag für Alleinerziehende** wird befristet auf zwei Jahre von derzeit 1.908 EUR auf 4.008 EUR für die Jahre 2020 und 2021 angehoben (§ 24b Abs. 2 EStG).
- Der steuerliche **Verlustrücktrag** wird für die Jahre 2020 und 2021 auf 5 Mio. EUR (10 Mio. EUR bei Zusammenveranlagung) erweitert sowie ein Mechanismus eingeführt, um den Verlustrücktrag für 2020 unmittelbar finanzwirksam schon mit der Steuererklärung 2019 nutzbar zu machen (neue §§ 110 und 111 EStG).
- Einführung einer **degressiven Abschreibung** i. H. v. 25 %, höchstens das 2,5-fache der linearen Abschreibung, für bewegliche Wirtschaftsgüter des Anlagevermögens, die in den Jahren 2020 und 2021 angeschafft oder hergestellt werden.
- Bei der Besteuerung der **privaten Nutzung von Dienstwagen,** die keine Kohlendioxidemission je gefahrenen Kilometer haben, wird der Höchstbetrag des Bruttolistenpreises ab 1.1.20 (§ 52 Abs. 12 S. 2) von 40.000 EUR auf 60.000 EUR erhöht (§ 6 Abs. 1 Nr. 4 Satz 2 Nr. 3 und Satz 3 Nr. 3 EStG-E).
- Vorübergehende **Verlängerung der Reinvestitionsfristen** des § 6b EStG um ein Jahr (§ 52 Abs. 14 S. 4 bis 6).
- Verlängerung der in 2020 endenden Fristen für die **Verwendung von Investitionsabzugsbeträgen** nach § 7g EStG um ein Jahr (§ 52 Abs. 16 EStG).
- Der **Ermäßigungsfaktor** in § 35 EStG wird von 3,8 auf 4,0 angehoben.

Annex zum Vorwort

Ausführliche Erläuterungen zu den aufgelisteten EStG-Änderungen finden Sie in der **8. Edition der Online-Version dieses Kommentars,** die wenige Wochen nach Verkündung der Gesetze in beck-online abrufbar sein wird.

Bearbeiterverzeichnis

Prof. Dr. Gerrit Adrian	Steuerberater
Dr. Sascha Bleschick	Richter am Finanzgericht, Wiss. Mitarbeiter des Bundesverfassungsgerichts
Dr. Markus Ebner LL.M.	Richter am Landgericht
Prof. Dr. Thomas Fetzer LL.M.	Professor an der Universität Mannheim
Hans-Ulrich Fissenewert	Richter am Finanzgericht
Dr. Bert Füssenich	Richter am Bundesfinanzhof
Dr. Ute Geisenberger	Richterin am Finanzgericht
Dr. Stephan Gerg	Oberregierungsrat
Dr. Christian Graw	Richter am Bundesfinanzhof
Dr. Martin Haisch	Rechtsanwalt
Dipl.-Finanzwirtin (FH) Christiane Holzner LL.M.	Steuerberaterin, Referentin für Steuerrecht beim Gemeindetag Baden-Württemberg e. V.
Prof. Dr. Stefan Holzner LL.M.	Professor an der Hochschule für öffentliche Verwaltung und Finanzen Ludwigsburg
Prof. Dr. Ulrich Hufeld	Professor an der Helmut-Schmidt-Universität Hamburg
Dr. Felix Hütte	Richter am Finanzgericht
Prof. Dr. Gregor Kirchhof LL.M.	Professor an der Universität Augsburg
Dr. Carl-Christian Knobbe	Richter am Finanzgericht
PD Dr. Lutz Lammers	Richter am Finanzgericht
Prof. Dr. Steffen Lampert	Professor an der Universität Osnabrück
Dr. Christian Levedag LL.M. ..	Richter am Bundesfinanzhof
Dr. Alexander Mann	Ministerialrat
Prof. Dr. Maria Marquardsen ..	Junior-Professorin an der an der Ruhr-Universität Bochum
Dipl.-Finanzwirt, Dr. Carsten Meinert	Richter am Finanzgericht
Prof. Dr. André Meyer LL.M.	Professor an der Universität Bayreuth
Dipl.-Finanzwirt Jörg Mutschler	Richter am Finanzgericht
PD Dr. Falk Mylich	derzeit Vertreter einer Professur an der Technischen Universität Dresden
Dr. Vera Niestegge	Richterin kraft Auftrags
Dr. Heike Niklaus	Richterin am Finanzgericht
Dr. Ingo Oellerich	Richter am Finanzgericht
Dr. Florian Oppel LL.M.	Rechtsanwalt, Fachanwalt für Steuerrecht, Steuerberater
Dr. Ralf Paetsch	Richter am Finanzgericht
Dr. Carsten Quilitzsch LL.M. .	Steuerberater
Prof. Dr. Stephan Rasch	Rechtsanwalt; Honorarprofessor an der Universität Augsburg
Dr. Eckart Ratschow	Richter am Bundesfinanzhof
Ruben Rehr MJur (Oxford) ...	Wiss. Mitarbeiter an der Bucerius Law School Hamburg
Dr. Oliver Rode LL.M.	Richter am Finanzgericht
Dipl.-Kfm. Lars Rohrlack	Steuerberater
Arno Ruffer	Rechtsanwalt, Steuerberater, Lehrbeauftragter an der Fachhochschule Südwestfalen
Prof. Dr. Ralf P. Schenke	Professor an der Julius-Maximilians-Universität Würzburg

Bearbeiterverzeichnis

Dipl.-Kfm., Dipl.-Vw. Christoph Schmidt	Richter am Finanzgericht, Lehrbeauftragter an der Johannes-Gutenberg-Universität Mainz
Florian Seelig LL.M.	Rechtsanwalt
Dr. Lydia Seelig	Steuerberaterin
Dr. Holger Seidler	Rechtsanwalt, Wirtschaftsprüfer, Steuerberater
Dr. Ramona E. Seufer	Betriebswirtin
Prof. Dr. Bettina Spilker	Professorin an der Universität Wien
Ralf Stephany	Rechtsanwalt, Steuerberater
Prof. Dr. Michael Stöber	Professor an der Christian-Albrechts-Universität Kiel
PD Dr. Benjamin Straßburger .	Akademischer Rat an der Universität Heidelberg
Dr. Nils Trossen	Richter am Bundesfinanzhof
Prof. Dr. Sebastian Unger	Professor an der Ruhr-Universität Bochum
Dr. Thorsten Wagner	Richter am Finanzgericht
Prof. Dr. Birgit Weitemeyer ...	Professorin an der Bucerius Law School Hamburg
Alexander Wenzel	Rechtsanwalt, Steuerberater
Werner Widmann	Ministerialdirigent a.D.
Dr. Stefan Wilk	Richter am Finanzgericht

Im Einzelnen haben bearbeitet

Prof. Dr. Gerrit Adrian	§ 4h
Dr. Sascha Bleschick	§§ 3a, 19, 19a, 35c
Dr. Markus Ebner	§§ 10c, 10f, 10g, 24a
Prof. Dr. Thomas Fetzer	§§ 49, 50, 50a
Hans-Ulrich Fissenewert	§§ 10, 24b, 48–48d, 101–109 idF KlimaSG
Dr. Bert Füssenich	§ 16 (m. Oppel, Rode)
Dr. Ute Geisenberger	§§ 10a, 79–100
Dr. Stephan Gerg	§ 35
Dr. Christian Graw	§§ 7–7d, 7f–i, 7k
Dr. Martin Haisch	§§ 43, 45a
Christiane Holzner	§§ 38a–b, 39–39f, 42b
Prof. Dr. Stefan Holzner	§§ 41–41c, 42e–g, 46
Prof. Dr. Ulrich Hufeld	§§ 2a, 15 (m. Schenke)
Dr. Felix Hütte	§§ 22, 22a
Prof. Dr. Gregor Kirchhof	§§ 2, 12
Dr. Carl-Christian Knobbe	§ 4 (m. Meyer, Rehr, Weitemeyer)
Dr. Lutz Lammers	§§ 32a–b, 32c aF, 34a
Prof. Dr. Steffen Lampert	§§ 50b–h
Dr. Christian Levedag	§§ 3 Nr. 11, 3 Nr. 40a, 3 Nr. 42, 3 Nr. 44, 15b, 18
Prof. Dr. Maria Marquardsen	§ 4i
Dr. Alexander Mann	§§ 36a, 44, 44b, 45, 45e, 50j
Dr. Carsten Meinert	§ 5 (m. Mylich, Seidler, Wilk)
Prof. Dr. André Meyer	§§ 4 (m. Knobbe, Rehr, Weitemeyer), 4a, 4f, 4g, 38
Jörg Mutschler	§§ 31–32, Vor 62 ff., 62–78, 69 aF
Dr. Falk Mylich	§ 5 (m. Meinert, Seidler, Wilk)
Dr. Vera Niestegge	§§ 40–40b, 42d
Dr. Heike Niklaus	§§ 3 Nr. 1–10, 3 Nr. 12–39, 3 Nr. 41, 3 Nr. 43, 3 Nr. 45–71, 52, § 101 idF SozEntschG
Dr. Ingo Oellerich	§§ 6, 6e
Dr. Florian Oppel	§ 16 (m. Füssenich, Rode)
Dr. Ralf Paetsch	§§ 3 Nr. 40, 3c, 5a–b, 6b–c, 6d
Dr. Carsten Quilitzsch	§ 4j
Prof. Dr. Stephan Rasch	§§ 34c–f, 50i
Dr. Eckart Ratschow	§§ 9c, 10d, 10e, 10h, 10i, 52a, 56–58
Ruben Rehr	§ 4 (m. Knobbe, Meyer, Weitemeyer)
Dr. Oliver Rode	§ 16 (m. Füssenich, Oppel)
Dipl.-Kfm. Lars Rohrlack	Sachverzeichnis
Arno Ruffer	§§ 13 (m. Stephany), 13a, 13b, 14a, 34b
Prof. Dr. Ralf P. Schenke	§ 15 (m. Hufeld)
Christoph Schmidt	§§ 20, 32d
Florian Seelig	§§ 25, 36, 37–37b
Dr. Lydia Seelig	§§ 3b, 24, 34
Dr. Holger Seidler	§§ 4b–4e, 5 (m. Meinert, Mylich, Wilk), 6a
Dr. Ramona E. Seufer	§ 15a
Prof. Dr. Bettina Spilker	§§ 1 (m. Stöber), 21
Ralf Stephany	§§ 13 (m. Ruffer), 14, 32c, 55
Prof. Dr. Michael Stöber	§§ 1 (m. Spilker), 1a
Dr. Benjamin Straßburger	§§ 9, 9a
Dr. Nils Trossen	§§ 17, 23
Prof. Dr. Sebastian Unger	§§ 10b, 33–33b, 34g
Dr. Thorsten Wagner	§§ 8, 26–26c, 28, 51, 51a, 52b, 53
Prof. Dr. Birgit Weitemeyer	§ 4 (m. Knobbe, Meyer, Rehr)
Alexander Wenzel	§§ 43a, 43b, 44a, 45d
Werner Widmann	§ 9b, 11–11b, 35a–b
Dr. Stefan Wilk	§ 5 (m. Meinert, Mylich, Seidler)

Inhaltsverzeichnis

Seite

g) Sonstige Einkünfte (§ 2 Absatz 1 Satz 1 Nummer 7)

h) Gemeinsame Vorschriften

III. Veranlagung

IV. Tarif

V. Steuerermäßigungen

1. Steuerermäßigung bei ausländischen Einkünften

2. Steuerermäßigung bei Einkünften aus Land- und Forstwirtschaft

2a. Steuerermäßigung für Steuerpflichtige mit Kindern bei Inanspruchnahme erhöhter Absetzungen für Wohngebäude oder der Steuerbegünstigungen für eigengenutztes Wohneigentum

2b. Steuerermäßigung bei Zuwendungen an politische Parteien und an unabhängige Wählervereinigungen

Seite

3. Steuerermäßigung bei Einkünften aus Gewerbebetrieb

4. Steuerermäßigung bei Aufwendungen für haushaltsnahe Beschäftigungsverhältnisse und für die Inanspruchnahme haushaltsnaher Dienstleistungen

5. Steuerermäßigung bei Belastung mit Erbschaftsteuer

6. Steuerermäßigung für energetische Maßnahmen bei zu eigenen Wohnzwecken genutzten Gebäuden

VI. Steuererhebung

1. Erhebung der Einkommensteuer

2. Steuerabzug vom Arbeitslohn (Lohnsteuer)

Seite

3. Steuerabzug vom Kapitalertrag (Kapitalertragsteuer)

4. Veranlagung von Steuerpflichtigen mit steuerabzugspflichtigen Einkünften

VII. Steuerabzug bei Bauleistungen

VIII. Besteuerung beschränkt Steuerpflichtiger

IX. Sonstige Vorschriften, Bußgeld-, Ermächtigungs- und Schlussvorschriften

X. Kindergeld

XI. Altersvorsorgezulage

Literatur- und Abkürzungsverzeichnis

aA	anderer Ansicht
ABl.	Amtsblatt
Abs.	Absatz
Abschn.	Abschnitt
ADS	Adler/Düring/Schmaltz, Rechnungslegung und Prüfung der Unternehmen – Rechnungslegung nach internationalen Standards, Loseblatt
AdV	Aussetzung der Vollziehung
aE	am Ende
AEAO	Anwendungserlass zur Abgabenordnung
AEUV	Vertrag über die Arbeitsweise der Europäischen Union (in Kraft seit 1.12.2009, vorher EG-Vertrag)
aF	alte Fassung
AfA	Absetzung für Abnutzung
AFR StR betriebl. Altersversorgung	Ahrend/Förster/Rößler, Steuerrecht der betrieblichen Altersversorgung, Loseblatt
AG	Aktiengesellschaft; auch *Zeitschrift* „Die Aktiengesellschaft"; mit Ortsbezeichnung: Amtsgericht
ähnl.	ähnlich
AIA	Automatischer Informationsaustausch
AK	Anschaffungskosten
AktG	Aktiengesetz
allg.	allgemein
allgM	allgemeine Meinung
Alt.	Alternative
AltvDV	Altersvorsorge-Durchführungsverordnung
a.M.	am Main
AmtshilfeRLUmsG	Amtshilferichtlinie-Umsetzungsgesetz
Anh.	Anhang
Anl.	Anlage
Anm.	Anmerkung
AO	Abgabenordnung
APA	Advanced Pricing Agreement
AöR	Archiv für öffentliches Recht (*Zeitschrift*)
AO-Kartei	Abgabenordnung-Kartei, herausgegeben vom BMF
AO-StB	AO-Steuerberater (*Zeitschrift*)
Art.	Artikel
ASM	Assmann/Schneider/Mülbert, Wertpapierhandelsgesetz, 7. Aufl. 2019
AStBV (St)	Anweisungen für das Straf- und Bußgeldverfahren (Steuer)
AStG	Außensteuergesetz
ATA	A.T.A.-Übereinkommen
ATG	Altersteilzeitgesetz
AufenthG	Aufenthaltsgesetz
AuslInvG	Gesetz über steuerliche Maßnahmen bei Auslandsinvestitionen der deutschen Wirtschaft
Az.	Aktenzeichen
BA	Betriebsausgaben
BAFin	Bundesanstalt für Finanzdienstleistungsaufsicht
BAG	Bundesarbeitsgericht
BAGE	Entscheidungen des Bundesarbeitsgerichts (*Zeitschrift*)
BArchG	Bundesarchivgesetz
BauGB	Baugesetzbuch
Bordewin/Brandt	Bordewin/Brandt/Bode, Einkommensteuergesetz, Loseblatt
BBKM	Bertram/Brinkmann/Kessler/Müller, Haufe HGB Bilanz Kommentar, 10. Aufl. 2019
Baumbach/Hopt	Baumbach/Hopt, Handelsgesetzbuch, 39. Aufl. 2019
Baumbach/Hueck	Baumbach/Hueck, Gesetz betreffend die Gesellschaften mit beschränkter Haftung: GmbHG, 22. Aufl. 2019
BayBG	Bayerisches Beamtengesetz

BayLfSt	Bayerisches Landesamt für Steuern
BayObLG	Bayerisches Oberstes Landesgericht
BayObLGSt	Sammlung des Bayerischen Obersten Landesgerichts in Strafsachen
BayVBl.	Bayerische Verwaltungsblätter
BayVerfGH	Bayerischer Verfassungsgerichtshof
BayVGH	Bayerischer Verwaltungsgerichtshof
BB	Der Betriebsberater (*Zeitschrift*)
BBergG	Bundesberggesetz
BBG	Bundesbeamtengesetz
Bd.	Band
BDSG	Bundesdatenschutzgesetz
BE	Betriebseinnahmen
BeamtStG	Gesetz zur Regelung des Statusrechts der Beamtinnen und Beamten in den Ländern
BeBiKo	Grottel/Schmidt/Schubert/Störk, Beck'scher Bilanz-Kommentar, 12. Aufl. 2020
BDT StR	Birk/Desens/Tappe, Steuerrecht, 22. Aufl. 2019
BeckHdB GmbH	Prinz/Winkeljohann, Beck'sches Handbuch der GmbH, 5. Aufl. 2014
BeckHdB IFRS	Driesch/Riese/Schlüter/Senger, Beck'sches IFRS-Handbuch, 5. Aufl. 2016
BeckHdB StB	Pelka/Niemann, Beck'sches Steuerberater-Handbuch 2019/2020, 17. Aufl. 2019
BeckOGK	Gsell/Krüger/Lorenz/Reymann, Beck'scher Online-Großkommentar
BeckOK AuslR	Kluth/Heusch, Beck'scher Online-Kommentar zum Ausländerrecht
BeckOK BGB	Bamberger/Roth/Hau/Poseck, Beck'scher Online-Kommentar Bürgerliches Gesetzbuch
BeckOK GG	Epping/Hillgruber, Beck'scher Online-Kommentar Grundgesetz
BeckOK GmbHG	Ziemons/Jaeger/Pöschke, Beck'scher Online-Kommentar zum Gesetz betreffend die Gesellschaften mit beschränkter Haftung (GmbH-Gesetz)
BeckOK HGB	Häublein/Hoffmann-Theinert, Beck'scher Online-Kommentar Handelsgesetzbuch
BeckOK InvStG	Bödecker/Ernst/Hartmann, Beck'scher Online-Kommentar Investmentsteuergesetz
BeckOK InvStG 2004	Bödecker/Ernst/Hartmann, Beck'scher Online-Kommentar Investmentsteuergesetz 2004
BeckOK ArbR	Rolfs/Giesen/Kreikebohm/Udsching, Beck'scher Online-Kommentar Arbeitsrecht
BeckOK SozR	Rolfs/Giesen/Kreikebohm/Udsching, Beck'scher Online-Kommentar Sozialrecht
BeckOK UStG	Weymüller, Beck'scher Online-Kommentar zum Umsatzsteuergesetz
BeckOK UmwStG	Dürrschmidt/Mückl/Weggenmann, Beck'scher Online-Kommentar Umwandlungssteuergesetz
BeckOK VwGO	Posser/Wolff, Beck'scher Online-Kommentar VwGO
BeckRS	Beck online Rechtsprechung (Elektronische Entscheidungsdatenbank in beck-online)
BeStLex	Beck'sches Steuer- und Bilanzrechtslexikon
BeckVerw	Verwaltungsanweisungen-Datenbank beck-online
BeitrO	Beitreibungsordnung
BEPS	Base Erosion and Profit Shifting („Gewinnkürzung und Gewinnverlagerung“)
BergPG	Gesetz über Bergmannsprämien
BewG	Bewertungsgesetz
BFH	Bundesfinanzhof
BFHE	Sammlung der Entscheidungen des Bundesfinanzhofs
BFH/NV	Sammlung nicht veröffentlichter Entscheidungen des Bundesfinanzhofs (*Zeitschrift*)
BFS	Boos/Fischer/Schulte-Mattler, KWG, CRR-VO, 5. Aufl. 2016
BGB	Bürgerliches Gesetzbuch
BGBl.	Bundesgesetzblatt
BGH	Bundesgerichtshof
BGHR	Sammlung der Rechtsprechung des Bundesgerichtshofs
BGHSt	Amtliche Sammlung von Entscheidungen des Bundesgerichtshofs in Strafsachen

BGHZ	Amtliche Sammlung von Entscheidungen des Bundesgerichtshofs in Zivilsachen
BHO	Bundeshaushaltsordnung
BHS	Böttcher/Habighorst/Schulte, Umwandlungsrecht, 2. Aufl. 2019
BierSt	Biersteuer
BierStG	Biersteuergesetz
BK GG	Kahl/Waldhoff/Walter, Bonner Kommentar zum Grundgesetz, Loseblatt
BKGG	Bundeskindergeldgesetz
BMG	Bundesmeldegesetz
Blümich	Blümich, EStG, KStG, GewStG: Einkommensteuergesetz, Körperschaftsteuergesetz, Gewerbesteuergesetz, Nebengesetze, Loseblatt
BMF	Bundesministerium der Finanzen
BND	Bundesnachrichtendienst
BO	Brennereiordnung
BoHdR	Hofbauer/Kupsch, Rechnungslegung, Loseblatt (früherer Titel: Bonner Handbuch Rechnungslegung)
Boruttau	Boruttau, Grunderwerbsteuergesetz: GrEStG, 19. Aufl. 2019
Bp	Betriebsprüfung
BpO	Betriebsprüfungsordnung
BranntwMonG	Gesetz über das Branntweinmonopol
BrexitAbk	Abkommen über den Austritt des Vereinigten Königreichs Großbritannien und Nordirland aus der Europäischen Union und der Europäischen Atomgemeinschaft v. 24.1.2020 (ABl. L29 2020, 7)
Brexit-StBG	Brexit-Steuerbegleitgesetz v. 25.3.2019 (BGBl. 2019 I 357)
BR-Drs.	Bundesrats-Drucksache
BRO	Blomeyer/Rolfs/Otto, Betriebsrentengesetz, 7. Aufl. 2018
BRRG	Beamtenrechtsrahmengesetz
BrStV	Branntweinsteuerverordnung
BSchuWG	Bundesschuldenwesengesetz
BSG	Bundessozialgericht
BSGE	Sammlung der Entscheidungen des Bundessozialgerichts
BSHG	Bundessozialhilfegesetz
BSI	Bundesamt für Sicherheit in der Informationstechnik
bspw.	beispielsweise
BStBl.	Bundessteuerblatt
BT	Bundestag
BT-Drs.	Bundestags-Drucksache
BtMG	Betäubungsmittelgesetz
Buchst.	Buchstabe
Bunjes	Bunjes, Umsatzsteuergesetz: UStG, 18. Aufl. 2019
Bunte/Zahrte	Bunte/Zahrte, AGB-Banken, AGB-Sparkassen, Sonderbedingungen, 5. Aufl. 2019
Bürgers/Körber	Bürgers/Körber, Aktiengesetz, 4. Aufl. 2017
3. BüroentlG	Drittes Gesetz zur Entlastung insbesondere der mittelständischen Wirtschaft von Bürokratie v. 22.11.2019 (BGBl. 2019 I 1746)
BuStra	Bußgeld- und Strafsachenstelle
BVerfG	Bundesverfassungsgericht
BVerfGE	Amtliche Sammlung von Entscheidungen des BVerfG
BVerfGG	Gesetz über das Bundesverfassungsgericht
BVerwG	Bundesverwaltungsgericht
BVerwGE	Amtliche Sammlung von Entscheidungen des BVerwG
BVG	Bundesversorgungsgesetz
BW	Baden-Württemberg
BY	Bayern
bzgl.	bezüglich
BZSt	Bundeszentralamt für Steuern
bzw.	beziehungsweise
Calliess/Ruffert	Calliess/Ruffert, EUV/AEUV, 5. Aufl. 2016
CCZ	Corporate Compliance Zeitschrift (*Zeitschrift*)
Claussen BankR	Claussen Bank- und Börsenrecht, 5. Aufl. 2014
Claussen/Scherrer	Claussen/Scherrer, Kölner Kommentar zum Rechnungslegungsrecht, 2010
Corona-Steuerhilfegesetz	Gesetz zur Umsetzung steuerlicher Hilfsmaßnahmen zur Bewältigung der Corona-Krise v. 19.6.2020 (BGBl. 2020 I 1385)
Creifelds Rechtswörterbuch	Creifelds, Rechtswörterbuch, 23. Aufl. 2019
DB	Der Betrieb (*Zeitschrift*)

DBA	Doppelbesteuerungsabkommen
DDR	Deutsche Demokratische Republik
Dehmer Betriebsaufspaltung	Dehmer, Betriebsaufspaltung, 4. Aufl. 2018
Der Konzern	Der Konzern (*Zeitschrift*)
Der Staat	Der Staat, Zeitschrift für Staatslehre und Verfassungsgeschichte, deutsches und europäisches öffentliches Recht (*Zeitschrift*)
DE-VG	Deutsche Verhandlungsgrundlage für Doppelbesteuerungsabkommen
DGVZ	Deutsche Gerichtsvollzieher Zeitung (*Zeitschrift*)
dh	das heißt
DIHK	Deutscher Industrie- und Handelskammertag
DJZ	Deutsche Juristenzeitung (*Zeitschrift*)
DKfZ	Dienstkraftfahrzeuge
DM	Deutsche Mark
DNotZ	Deutsche Notar-Zeitschrift (*Zeitschrift*)
DÖV	Die öffentliche Verwaltung (*Zeitschrift*)
DPM	Dötsch/Pung/Möhlenbrock, Die Körperschaftsteuer: KSt: Kommentar zum KStG, UmwStG und EStG, Loseblatt
Dreier	Dreier, Grundgesetz: GG, 3. Aufl. 2013–2018
DRiG	Deutsches Richtergesetz
Drs.	Drucksache
2. DSAnpUG-EU	Zweites Datenschutz-Anpassungs- und Umgehungsgesetz EU v. 20.11.2019 (BGBl. 2019 I 1626)
DSGVO	Datenschutz-Grundverordnung
DStJG	Deutsche Steuerjuristische Gesellschaft e.V., Veröffentlichungen
DStR	Deutsches Steuerrecht (*Zeitschrift*)
DStRE	Deutsches Steuerrecht Entscheidungsdienst (*Zeitschrift*)
DStZ	Deutsche Steuerzeitung (*Zeitschrift*)
DVBl.	Deutsche Verwaltungsblätter (*Zeitschrift*)
EAG	Europäische Atomgemeinschaft
EAGV	Vertrag zur Gründung der EAG
EbAVG	Gesetz zur Umsetzung der Richtlinie (EU) 2016/2341 des Europäischen Parlaments und des Rates vom 14. Dezember 2016 über Tätigkeiten und die Beaufsichtigung von Einrichtungen der betrieblichen Altersversorgung
EBITDA	Earnings before Interests, Taxes, Depreciations and Amortisation (Bedeutung: Ergebnis vor Zinsen, Steuern, Abschreibungen auf Sachanlagen und Abschreibungen auf immaterielle Vermögenswerte)
EBJS	Ebenroth/Boujong/Joost/Strohn, Handelsgesetzbuch, 4. Aufl. 2019
Eckert	Eckert, Steuerberatervergütungsverordnung, 6. Aufl. 2017
EDV	Elektronische Datenverarbeitung
EFG	Entscheidungen der Finanzgerichte (*Zeitschrift*)
EFTA	European Free Trade Association (Europäische Freihandelsassoziation)
eG	eingetragene Genossenschaft
EG	Europäische Gemeinschaft
EGAHG/EGAHiG	EG-Amtshilfe-Gesetz
EGAO	Einführungsgesetz zur Abgabenordnung
EGBGB	Einführungsgesetz zum Bürgerlichen Gesetzbuch
EGInsO	Einführungsgesetz zur Insolvenzordnung
EGKS	Europäische Gemeinschaft für Kohle und Stahl
EGKSV	Vertrag zur Gründung der EGKS
E-Government-Gesetz	Gesetz zur Förderung der elektronischen Verwaltung
EGStGB	Einführungsgesetz zum Strafgesetzbuch
EGV	Vertrag zur Gründung der Europäischen Gemeinschaft
EGVO	Verordnung der Europäischen Gemeinschaft
Eicher/Luik	Eicher/Luik, SGB II – Grundsicherung für Arbeitsuchende, 4. Aufl. 2017
EigZulG	Eigenheimzulagengesetz
Einf.	Einführung
Eisgruber	Eisgruber, Umwandlungssteuergesetz, 2. Aufl. 2018
EK	Eigenkapital
eKommentar EStG	Fuhrmann/Kraeusel/Schiffers, 360° EStG eKommentar
EMRK	Europäische Konvention zum Schutze der Menschenrechte und Grundfreiheiten
EnergieSt	Energiesteuer (früher: Mineralölsteuer)

EnergieStG	Energiesteuergesetz
EnergieStV	Energiesteuer-Durchführungsverordnung
ErbbauRG	Gesetz über das Erbbaurecht
ErbBstg	Erbfolgebesteuerung (*Zeitschrift*)
ErbStG	Erbschaftsteuergesetz
Erman	Erman, BGB, 15. Aufl. 2017
ERS Unternehmensfinanzierung	Eilers/Rödding/Schmalenbach, Unternehmensfinanzierung, 2. Aufl. 2014
ESt	Einkommensteuer
EStB	Der Ertrag-Steuer-Berater (*Zeitschrift*)
EStDV	Einkommensteuer-Durchführungsverordnung
EStG	Einkommensteuergesetz
EStR	Einkommensteuerrichtlinien
EStZustV	Einkommensteuer-Zuständigkeitsverordnung
etc	et cetera (und so weiter)
EU	Europäische Union
EUAHiG	Gesetz über die Durchführung der gegenseitigen Amtshilfe in Steuersachen zwischen den Mitgliedstaaten der Europäischen Union
EuG	Gericht der Europäischen Union (vor dem Vertrag von Lissabon Gericht Erster Instanz)
EUBeitrG	EU-Beitreibungsgesetz
EuGH	Gerichtshof der Europäischen Union
EuGHE	Sammlung der Entscheidungen des EuGH
EuInsVO	Verordnung (EG) Nr. 1346/2000 des Rates vom 29. Mai 2000 über Insolvenzverfahren
EUR	Euro (Währung)
EÜR	Einnahme-Überschussrechnung
EUSt	Einfuhrumsatzsteuer
EUV	Vertrag über die Europäische Union
EuZW	Europäische Zeitschrift für Wirtschaftsrecht (*Zeitschrift*)
e.V.	eingetragener Verein
evtl.	eventuell
EWG	Europäische Wirtschaftsgemeinschaft
EWR	Europäischer Wirtschaftsraum
EWIV	Europäische Wirtschaftliche Interessenvereinigung
EzAÜG	Entscheidungssammlung zum Arbeitnehmerüberlassungsgesetz und zum sonstigen drittbezogenen Personaleinsatz
EZB	Europäische Zentralbank
f., ff.	folgende Seite bzw. Seiten
FA (FÄ)	Finanzamt (Finanzämter)
FAGO	Geschäftsordnung für Finanzämter
FamEntlastG	Gesetz zur steuerlichen Entlastung der Familien sowie zur Anpassung weiterer steuerlicher Regelungen (Familienentlastungsgesetz – FamEntlastG) v. 29.11.2018 (BGBl. 2018 I 2210)
FamFG	Gesetz zur Reform des Verfahrens in Familiensachen und in den Angelegenheiten der freiwilligen Gerichtsbarkeit
FamRZ	Zeitschrift für das gesamte Familienrecht (*Zeitschrift*)
Felsmann ESt Land- und Forstwirte	Felsmann, Einkommensbesteuerung der Land- und Forstwirte, Loseblatt
FeuerschStG	Feuerschutzsteuergesetz
FG	Finanzgericht
FGG	Gesetz über die Angelegenheiten der freiwilligen Gerichtsbarkeit
FGO	Finanzgerichtsordnung
FHZivR	Fundheft für Zivilrecht (*Zeitschrift*)
FinBeh	Finanzbehörde
FinSen	Finanzsenator
FinVerw	Finanzverwaltung
FinanzArchiv	FinanzArchiv (*Zeitschrift*)
FKAustG	Gesetz zum automatischen Austausch von Informationen über Finanzkonten in Steuersachen
FM	Finanzministerium
Fn.	Fußnote
FormB RS	Formularbuch Recht und Steuern: Gesellschaftsverträge, Sonstige Verträge, Besteuerungsverfahren, Rechtsmittelverfahren, Steuerstrafverfahren, 9. Aufl. 2018

FR	FinanzRundschau (*Zeitschrift*)
Frotscher/Geurts	Frotscher/Geurts, Einkommensteuergesetz, Loseblatt
FS	Festschrift
FS Beisse, 1997	Budde/Moxter/Offerhaus, Handelsbilanzen und Steuerbilanzen: Festschrift zum 70. Geburtstag von Prof. Dr. h.c. Heinrich Beisse, 1997
FS BFH, 2018	Drüen/Hey/Mellinghoff, 100 Jahre Steuerrechtsprechung in Deutschland 1918-2018. Festschrift für den Bundesfinanzhof, 2018
FS P. Kirchhof, 2008	Mellinghoff/Palm, Gleichheit im Verfassungsstaat. Symposium aus Anlass des 65. Geburtstages von Paul Kirchhof, 2008
FVG	Finanzverwaltungsgesetz
FWBS	Flick/Wassermeyer/Baumhoff/Schönfeld, Außensteuerrecht, Loseblatt
FZulG	Gesetz zur steuerlichen Förderung von Forschung und Entwicklung v. 14.12.2019 (BGBl. 2019 I 2763)
G.	Gesetz
Gagel	Gagel, SGB II/SGB III, Loseblatt
GaufzV	Gewinnaufzeichnungsverordnung
GBl.	Gesetzblatt
GBO	Grundbuchordnung
GbR	Gesellschaft des bürgerlichen Rechts
GDPdU	Grundsätze zum Datenzugriff und zur Prüfbarkeit digitaler Unterlagen
gem.	gemäß
GemO-BW	Gemeindeordnung für Baden-Württemberg
GemS-OBG	Gemeinsamer Senat der obersten Gerichtshöfe des Bundes
GenG	Genossenschaftsgesetz
GewO	Gewerbeordnung
GewSt	Gewerbesteuer
GewStDV	Gewerbesteuer-Durchführungsverordnung
GewStG	Gewerbesteuergesetz
GEZ	Gebühreneinzugszentrale
GG	Grundgesetz
ggf.	gegebenenfalls
ggü.	gegenüber
GHN	Grabitz/Hilf/Nettesheim, Das Recht der Europäischen Union, Loseblatt
GKG	Gerichtskostengesetz
GKG	Gosch/Kroppen/Grotherr, DBA-Kommentar, Loseblatt
glA	gleicher Ansicht
Glanegger/Güroff	Glanegger/Güroff, Gewerbesteuergesetz: GewStG, 9. Aufl. 2017
GmbH	Gesellschaft mit beschränkter Haftung
GmbH & Co. (KG)	Gesellschaft mit beschränkter Haftung und Compagnie (Kommanditgesellschaft)
GmbHG	Gesetz betreffend die Gesellschaft mit beschränkter Haftung
GmbHR	GmbH-Rundschau (*Zeitschrift*)
GmbH-StB	GmbH-Steuerberater (*Zeitschrift*)
GoB	Grundsatz (Grundsätze) ordnungsmäßiger Buchführung
GoBD	Grundsätze zur ordnungsmäßigen Führung und Aufbewahrung von Büchern, Aufzeichnungen und Unterlagen in elektronischer Form sowie zum Datenzugriff
GoBS	Grundsätze ordnungsmäßiger DV-gestützter Buchführungssysteme
Gosch AO/FGO (früher: Beermann/Gosch)	Gosch, Abgabenordnung Finanzgerichtsordnung, Loseblatt
Gosch KStG	Gosch, Körperschaftsteuergesetz: KStG, 3. Aufl. 2015
Gräber	Gräber, Finanzgerichtsordnung: FGO, 9. Aufl. 2019
Grashoff SteuerR	Grashoff, Grundzüge des Steuerrechts, 14. Aufl. 2018
grds.	grundsätzlich
GrenzStGestaltG	Gesetz zur Einführung einer Pflicht zur Mitteilung grenzüberschreitender Steuergestaltungen v. 21.12.2019 (BGBl. 2019 I 2875)
GrESt	Grunderwerbsteuer
GrEStDV	Durchführungsverordnung zum Grunderwerbsteuergesetz
GrEStG	Grunderwerbsteuergesetz
GrSt	Grundsteuer
GrStG	Grundsteuergesetz
GrStRefG	Gesetz zur Reform des Grundsteuer- und Bewertungsrechts v. 26.11.2019 (BGBl. 2019 I 1794)

Grube/Wahrendorf	Grube/Wahrendorf, SGB XII, 6. Aufl. 2018
GSH	Von der Groeben/Schwarze/Hatje, Europäisches Unionsrecht, 7. Aufl. 2015
Gürsching/Stenger	Gürsching/Stenger, BewG ErbStG, Loseblatt
GVBl.	Gesetz- und Verordnungsblatt
GVG	Gerichtsverfassungsgesetz
GVKostG	Gesetz über Kosten der Gerichtsvollzieher
GwG	Geldwäschegesetz
Haase/Hruschka	Haase/Hruschka, Umwandlungssteuergesetz, 2. Aufl. 2017
Haisch/Helios Finanzinstrumente-HdB	Haisch/Helios, Rechtshandbuch Finanzinstrumente, 2011
Hannes FormB Vermögensnachfolge	Hannes, Formularbuch Vermögens- und Unternehmensnachfolge, 2. Aufl. 2017
Hartmann/Metzenmacher	Hartmann/Metzenmacher, Umsatzsteuergesetz: UStG, Loseblatt
Hauck/Noftz	Hauck/Noftz, SGB V, Loseblatt
HMB	Haritz/Menner/Bilitewski, Umwandlungssteuergesetz, 5. Aufl. 2019
Hdb	Handbuch
HdJ	Schulze-Osterloh/Hennrichs/Wüstemann, Handbuch des Jahresabschlusses, Loseblatt
Heidel	Heidel, Aktienrecht und Kapitalmarktrecht, 5. Aufl. 2019
Henssler/Strohn	Henssler/Strohn, Gesellschaftsrecht, 4. Aufl. 2019
Henssler/Streck SozietätsR-HdB	Henssler/Streck, Sozietätsrecht, 2. Aufl. 2011
Helmke/Bauer	Helmke/Bauer, Familienleistungsausgleich, Loseblatt
Heuermann Systematik und Struktur	Heuermann, Systematik und Struktur der Leistungspflichten im Lohnsteuerabzugsverfahren, 1998
HessVwVG	Hessisches Verwaltungsvollstreckungsgesetz
Heuermann/Wagner LohnSt	Heuermann/Wagner, Lohnsteuer: LohnSt, Loseblatt
HFR	Höchstrichterliche Finanzrechtsprechung (*Zeitschrift*)
HGB	Handelsgesetzbuch
HHR	Herrmann/Heuer/Raupach, Einkommensteuer- und Körperschaftsteuergesetz: EStG, KStG, Loseblatt
HHS	Hübschmann/Hepp/Spitaler, Abgabenordnung – Finanzgerichtsordnung, Loseblatt
Hidien/Jürgens	Hidien/Jürgens, Die Besteuerung der öffentlichen Hand, 2017
hM	herrschende Meinung
HmbVwVG	Hamburgisches Verwaltungsvollstreckungsgesetz
HNV	Hauck/Noftz/Voelzke, SGB, Loseblatt
Hölters	Hölters, Aktiengesetz, 3. Aufl. 2017
Hoffmann/Lüdenbach	Hoffmann/Lüdenbach, NWB Kommentar Bilanzierung, 11. Aufl. 2019
HRRS	Online-Zeitschrift für Höchstrichterliche Rechtsprechung im Strafrecht (*Zeitschrift, online*)
Hs.	Halbsatz
Hüffer/Koch	Hüffer/Koch, Aktiengesetz: AktG, 14. Aufl. 2020
HVV BetrAVG II	Höfer/Veit/Verhuven, Betriebsrentenrecht, Bd. 2 (Steuerrecht/Sozialabgaben), Loseblatt
HWK	Henssler/Willemsen/Kalb, Arbeitsrecht, 8. Aufl. 2018
HZAZustV	Hauptzollamtszuständigkeitsverordnung
iE	im Einzelnen
idF	in der Fassung
ID-Nummer	Identifikationsnummer
idR	in der Regel
idS	in dem Sinne
ieS	im engeren Sinne
IFSC	International Financial Service Centre
IFSt	Institut für Finanzen und Steuern (*Zeitschrift*)
IHK	Industrie- und Handelskammer
iH	in Höhe
iHv	in Höhe von
IllegBeschG	Gesetz zur steuerlichen Förderung des Mietwohnungsneubaus v. 4.8.2019 (BGBl. 2019 I 1122)
INF	Die Information über Steuer und Wirtschaft (*Zeitschrift*)
insb.	insbesondere
InsO	Insolvenzordnung

InvZulG	Investitionszulagengesetz
Ipsen VölkerR	Ipsen, Völkerrecht, 7. Aufl. 2018
iRv	im Rahmen von
iS	im Sinne
Isensee/P. Kirchhof StaatsR-HdB	Isensee/P. Kirchhof, Handbuch des Staatsrechts der Bundesrepublik Deutschland, 13 Bde., 3. Aufl. 2013
ISR	Internationale Steuer-Rundschau (*Zeitschrift*)
iSd	im Sinne der/des
IStR	Internationales Steuerrecht (*Zeitschrift*)
iSv	im Sinne von
iVm	in Verbindung mit
IWB	Internationales Steuer- und Wirtschaftsrecht (*Zeitschrift*)
iwS	im weiteren Sinne
JA	Juristische Arbeitsblätter (*Zeitschrift*)
Jarass/Pieroth	Jarass/Pieroth, Grundgesetz für die Bundesrepublik Deutschland: GG, 15. Aufl. 2018
jew.	jeweils
JGG	Jugendgerichtsgesetz
JöR	Jahrbuch des öffentlichen Rechts der Gegenwart (*Zeitschrift*)
JStG	Jahressteuergesetz
„JStG 2018"	Gesetz zur Vermeidung von Umsatzsteuerausfällen beim Handel mit Waren im Internet und zur Änderung weiterer steuerlicher Vorschriften vom 11.12.2018 (BGBl. 2018 I 2338)
„JStG 2019"	Gesetz zur weiteren Förderung der Elektromobilität und zur Änderung weiterer steuerlicher Vorschriften v. 12.12.2019 (BGBl. 2019 I 2451)
JurBüro	Das juristische Büro (*Zeitschrift*)
juris Lexikon Steuerrecht	Juris Lexikon Steuerrecht, 2008
jurisPR-SteuerR	JurisPR Steuerrecht (*Zeitschrift*)
JuS	Juristische Schulung (*Zeitschrift*)
JVBl	Justizverwaltungsblatt (*Zeitschrift*)
JVEG	Justizvergütungs- und Entschädigungsgesetz
JWG	Jugendwohlfahrtsgesetz
JZ	Juristenzeitung (*Zeitschrift*)
KaffeeSt	Kaffeesteuer
KaffeeStG	Kaffeesteuergesetz
KaffeeStV	Kaffeesteuer-Durchführungsverordnung
KAG	Kommunalabgabengesetz
KapESt	Kapitalertragsteuer
KassKomm	Körner/Leitherer/Mutschler, Kasseler Kommentar Sozialversicherungsrecht, Loseblatt
KernbrStG	Kernbrennstoffsteuergesetz
Kfz.	Kraftfahrzeug
KfzSt	Kraftfahrzeugsteuer
KG	Kommanditgesellschaft
KGaA	Kommanditgesellschaft auf Aktien
KHD	Kügel/Hahn/Delewski, Nahrungsergänzungsmittelverordnung, 2007
KHM	Kossens/von der Heide/Maaß, SGB IX – Rehabilitation und Teilhabe behinderter Menschen mit Behindertengleichstellungsgesetz, 4. Aufl. 2015
Kirchhof	P. Kirchhof, Einkommensteuergesetz, 19. Aufl. 2020
KiSt	Kirchensteuer
KiStG	Kirchensteuergesetz
Kita	Kindertagesstätte
KKB	Kanzler/Kraft/Bäuml/Marx/Hechtner, Einkommensteuergesetz, 5. Aufl. 2020
KKK KonzernStR	Kessler/Kröner/Köhler, Konzernsteuerrecht. National – International, 3. Aufl. 2018
KKRD (früher: KKRM)	Koller/Kindler/Roth/Drüen, Handelsgesetzbuch, 9. Aufl. 2019
KKW	Knickrehm/Kreikebohm/Waltermann, Kommentar zum Sozialrecht, 6. Aufl. 2019
Klein	Klein, Abgabenordnung: AO, 14. Aufl. 2018
KlimaSG	Gesetz zur Umsetzung des Klimaschutzprogramms 2030 im Steuerrecht v. 21.12.2019 (BGBl. 2019 I 2886)

Knobbe-Keuk Bilanz- und Unternehmenssteuerrecht	Knobbe-Keuk, Bilanz- und Unternehmenssteuerrecht, 9. Aufl.1993
Koenig	Koenig, Abgabenordnung, 3. Aufl. 2014
Kokott EU-SteuerR	Kokott, Das Steuerrecht der Europäischen Union, 2018
Kopp/Schenke	Kopp/Schenke, Verwaltungsgerichtsordnung, 25. Aufl. 2019
Korn	Korn/Carlé/Stahl/Strahl, Einkommensteuergesetz, Loseblatt
KommunalPraxis BY	KommunalPraxis Bayern (*Zeitschrift*)
KraftSt	Kraftfahrzeugsteuer
KraftStDV	Kraftfahrzeugsteuer-Durchführungsverordnung
KraftStG	Kraftfahrzeugsteuergesetz
Krenberger/Krumm	Krenberger/Krumm, Ordnungswidrigkeitengesetz, 5. Aufl. 2018
krit.	kritisch
KroatienAnpG	Gesetz zur Anpassung des nationalen Steuerrechts an den EU-Beitritt Kroatiens
KSM	P. Kirchhof/Söhn/Mellinghoff, Einkommensteuergesetz, Loseblatt
KSS	Kreutziger/Schaffner/Stephany, Bewertungsgesetz, 4. Aufl. 2018
KSt	Körperschaftsteuer
KStDV	Körperschaftsteuer-Durchführungsverordnung
KStG	Körperschaftsteuergesetz
KStH	Körperschaftsteuer-Hinweise
KStZ	Kommunale Steuerzeitschrift (*Zeitschrift*)
KWG	Kreditwesengesetz
Lademann EStG	Lademann, Einkommensteuergesetz, Loseblatt
Larenz Methodenlehre der Rechtswissenschaft	Larenz, Methodenlehre der Rechtswissenschaft, 3. Aufl. 1995
LBP	Littmann/Bitz/Pust, Das Einkommensteuerrecht, Loseblatt
Leingärtner	Leingärtner, Besteuerung der Landwirte, Loseblatt
LfSt Bayern	Bayerisches Landesamt für Steuern
LG	Landgericht
Lippross/Seibel	Lippross/Seibel, Basiskommentar Steuerrecht, Loseblatt
LKV	Landes- und Kommunalverwaltung (*Zeitschrift*)
LPartG	Lebenspartnerschaftsgesetz
LSG	Landessozialgericht
LSt	Lohnsteuer
LStH	Lohnsteuer-Hinweise
Lüdicke/Arndt Geschlossene Fonds	Lüdicke/Arndt, Geschlossene Fonds, 6. Aufl. 2013
LuftFzgG	Gesetz über Rechte an Luftfahrzeugen
LuftRG	Gesetz über Rechte an Luftfahrzeugen
LuftSiG	Luftsicherheitsgesetz
LVwVG RP	Landesverwaltungsvollstreckungsgesetz Rheinland Pfalz
m^2	Quadratmeter
Märkle/Hiller ESt Land- und Forstwirte	Märkle/Hiller, Die Einkommensteuer bei Land- und Forstwirten, 12. Aufl. 2019
mAnm	mit Anmerkung
Mayer/Bonefeld Testamentsvollstreckung	Mayer/Bonefeld, Testamentsvollstreckung, 4. Aufl. 2015
Maunz/Dürig	Maunz/Dürig, Grundgesetz, Loseblatt
mE	meines Erachtens
MHdB GesR I	Gummert/Weipert, Münchener Handbuch des Gesellschaftsrechts, Bd.1 (BGB-Gesellschaft, Offene Handelsgesellschaft, Partnerschaftsgesellschaft, Partenreederei, EWIV), 5. Aufl. 2019
MHdB GesR II	Gummert/Weipert, Münchener Handbuch des Gesellschaftsrechts, Bd. 2 (Kommanditgesellschaft, GmbH & Co. KG, Publikums-KG, Stille Gesellschaft), 5. Aufl. 2019
MHdB GesR IV	Hoffmann-Becking, Münchener Handbuch des Gesellschaftsrechts, Bd. 4 (Aktiengesellschaft), 4. Aufl. 2015
MHdB GesR VII	Born/Ghassemi-Tabar/Gehle, Münchener Handbuch des Gesellschaftsrechts, Bd. 7 (Gesellschaftsrechtliche Streitigkeiten (Corporate Litigation)), 5. Aufl. 2016
MHLS	Michalski/Heidinger/Leible/Schmidt, Kommentar zum Gesetz betreffend die Gesellschaften mit beschränkter Haftung (GmbH-Gesetz), 3. Aufl. 2017
mind.	mindestens
MilchQuotV	Milchquotenverordnung
MinöStG	Mineralölsteuergesetz

Mio.	Million(en)
MiStra	Verwaltungsvorschrift zur Anordnung über Mitteilungen im Strafverfahren
MKS	von Mangoldt/Klein/Starck, Kommentar zum Grundgesetz, 7. Aufl. 2018
MOG	Gesetz zur Durchführung der Gemeinsamen Marktorganisationen und der Direktzahlungen
Mrd.	Milliarde(n)
MRK	Europäische Konvention zum Schutze der Menschenrechte und Grundfreiheiten
MüKoBGB	Säcker/Rixecker/Oetker/Limperg, Münchener Kommentar zum Bürgerlichen Gesetzbuch: BGB
MüKoBilanzR	Hennrichs/Kleindiek/Watrin, Münchener Kommentar zum Bilanzrecht, 2 Bde., Loseblatt
MüKoHGB	Münchener Kommentar zum Handelsgesetzbuch: HGB
Mundfortz Das Realisationsprinzip und die Aufdeckung stiller Lasten, 2019	Mundfortz Das Realisationsprinzip und die Aufdeckung stiller Lasten. Norminhalt und Verfassungskonformität der §§ 4f und 5 Abs. 7 EStG, Dissertation, 2019
Musil/Weber-Grellet	Musil/Weber-Grellet, Europäisches Steuerrecht, 2019
mwN	mit weiteren Nachweisen
MwStR	MehrwertSteuerrecht (*Zeitschrift*)
MwStSystRL	Mehrwertsteuer-Systemrichtlinie
MwStVO	Durchführungsverordnung zur Mehrwertsteuer-Systemrichtlinie
mWv	mit Wirkung vom
NATO	North Atlantic Treaty Organization („Organisation des Nordatlantikvertrags" bzw. „Nordatlantikpakt-Organisation")
NATO-Truppenstatut	Abkommen zwischen den Parteien des Nordatlantikpaktes
ND	Niedersachsen
nds./Nds.	niedersächsisch
nF	neue Fassung
NJW	Neue Juristische Wochenschrift (*Zeitschrift*)
NJW-RR	Neue Juristische Wochenschrift – Rechtsprechungs-Report (*Zeitschrift*)
NK-ArbR	Boecken/Düwell/Diller/Hanau, Gesamtes Arbeitsrecht, 2016
NPGWJ	Neumann/Pahlen/Greiner/Winkler/Jabben, Sozialgesetzbuch IX – Rehabilitation und Teilhabe behinderter Menschen, 14. Aufl. 2020
npoR	Zeitschrift für das Recht der Non Profit Organisationen (*Zeitschrift*)
Nr(n).	Nummer(n)
nrkr	nicht rechtskräftig
NRW	Nordrhein-Westfalen
nv/NV	nicht veröffentlicht
NWB	NWB Steuer- und Wirtschaftsrecht (vorm. „Neue Wirtschaft-Briefe") (*Zeitschrift*)
NVwZ	Neue Zeitschrift für Verwaltungsrecht (*Zeitschrift*)
NVwZ-RR	Neue Zeitschrift für Verwaltungsrecht/Rechtsprechungsreport (*Zeitschrift*)
NZB	Nichtzulassungsbeschwerde
NZI	Neue Zeitschrift für das Recht der Insolvenz und Sanierung (*Zeitschrift*)
NZM	Neue Zeitschrift für Miet- und Wohnungsrecht (*Zeitschrift*)
oä/oÄ	oder Ähnliche/-s
OECD	Organization for Economic Cooperation and Development (Organisation für wirtschaftliche Zusammenarbeit und Entwicklung)
OECD-MA	OECD-(Organization for Economic Cooperation and Development) Musterabkommen
Oetker	Oetker, Handelsgesetzbuch, 6. Aufl. 2019
OFD	Oberfinanzdirektion
OFH	Oberster Finanzgerichtshof
OHG	Offene Handelsgesellschaft
OLG	Oberlandesgericht
OLGZ	Entscheidungen der Oberlandesgerichte in Zivilsachen
OrgStA	Anordnung über Organisation und Dienstbetrieb der Staatsanwaltschaften (bundeseinheitlich)
OSZE	Organisation für Sicherheit und Zusammenarbeit in Europa
OTC-Geschäft	Over-the-Counter-Geschäft

OVG	Oberverwaltungsgericht
OWiG	Gesetz über Ordnungswidrigkeiten
pa	per annum (*jährlich*)
Palandt	Palandt, Bürgerliches Gesetzbuch: BGB, 79. Aufl. 2020
PartGG	Partnerschaftsgesellschaftsgesetz
PDK	Patzner/Döser/Kempf, Investmentrecht, 3. Aufl. 2017
Peres/Senft SozietätsR-HdB	Peres/Senft, Sozietätsrecht, 3. Aufl. 2015
PersonalausweisG	Personalausweisgesetz
PIN	Persönliche Identifikationsnummer
PrEStG	Preußisches Einkommensteuergesetz
PrGS	Preußische Gesetzessammlung
PStR	Praxis Steuerstrafrecht (*Zeitschrift*)
Rau/Dürrwächter	Rau/Dürrwächter, Umsatzsteuergesetz, Loseblatt
RdF	Reichsminister der Finanzen
Reich/Preißler	Reich/Preißler, Bundesbesoldungsgesetz, 2014
RennLottAB	Rennwett- und Lotteriegesetz-Ausführungsbestimmungen
RennLottG	Rennwett- und Lotteriegesetz
Rev.	Revision
RFH	Reichsfinanzhof
RFHE	Amtliche Sammlung von Entscheidungen des Reichsfinanzhofs
RG	Reichsgericht
RGBl.	Reichsgesetzblatt
RGZ	Sammlung der Entscheidungen des Reichsgerichts in Zivilsachen
RHL	Rödder/Herlinghaus/van Lishaut, Umwandlungssteuergesetz, 3. Aufl. 2019
RHN	Rödder/Herlinghaus/Neumann, Körperschaftsteuergesetz, 2015
RhPf	Rheinland-Pfalz
RiStBV	Richtlinien für das Straf- und das Bußgeldverfahren
RiVASt	Richtlinien für den Verkehr mit dem Ausland in strafrechtlichen Angelegenheiten
RIW	Recht der Internationalen Wirtschaft (*Zeitschrift*)
rkr.	rechtskräftig
RL	Richtlinie
Rn.	Randnummer
Rössler/Troll	Rössler/Troll, Bewertungsgesetz, Loseblatt
RpflG	Rechtspflegergesetz
RPfleger	Der Deutsche Rechtspfleger (*Zeitschrift*)
Rs.	Rechtssache
Rspr.	Rechtsprechung
RsprEinhG	Gesetz zur Wahrung der Einheitlichkeit der Rechtsprechung der obersten Gerichtshöfe des Bundes
RStBl.	Reichssteuerblatt
RWH	Röhricht/Graf v. Westphalen/Haas, Handelsgesetzbuch, 5. Aufl. 2019
s.	siehe
S.	Satz, Seite
Sachs	Sachs, Grundgesetz: GG, 8. Aufl. 2018
SAM	Steueranwaltsmagazin (*Zeitschrift*)
SBL BankR-HdB	Schimansky/Bunte/Lwowski, Bankrechts-Handbuch, 5. Aufl. 2017
SbR	Stiftung bürgerlichen Rechts
SCE	Societas Cooperativa Europaea (Europäische Genossenschaft)
Schauhoff Gemeinnützigkeits-HdB	Schauhoff, Handbuch der Gemeinnützigkeit, 3. Aufl. 2010
Schaumburg Int. StR	Schaumburg, Internationales Steuerrecht, 4. Aufl. 2017
Schaumburg/Englisch Europ. StR	Schaumburg/Englisch, Europäisches Steuerrecht, 2. Aufl. 2020
Schaumburg/Rödder Unternehmensteuerreform 2008	Schaumburg/Rödder, Unternehmensteuerreform 2008, 2007
SchaumwSt	Schaumweinsteuer
SchaumwZwStG	Gesetz zur Besteuerung von Schaumwein und Zwischenerzeugnissen
SchenkSt	Schenkungsteuer
Scherer	Scherer, Depotgesetz, 2012
Schmidt	Schmidt, Einkommensteuergesetz: EStG, 39. Aufl. 2020
SchRegO	Schiffsregisterordnung
Schönfeld/Ditz	Schönfeld/Ditz, Doppelbesteuerungsabkommen (DBA), 2. Aufl. 2019

SchuFV	Schuldenverzeichnisführungsverordnung
Schwarz/Pahlke	Schwarz/Pahlke, AO/FGO Kommentar: Abgabenordnung und Finanzgerichtsordnung, Loseblatt
Schwedhelm Unternehmensumwandlung	Schwedhelm, Die Unternehmensumwandlung, 9. Aufl. 2019
Schwennicke/Auerbach	Schwennicke/Auerbach, Kreditwesengesetz, 3. Aufl. 2016
SDH	Stein/Denninger/Hoffmann-Riem, Kommentar zum Grundgesetz für die Bundesrepublik Deutschland (AK-GG), Loseblatt
SDÜ	Schengener Durchführungsübereinkommen
SE	Societas Europaea (Europäische Gesellschaft)
SEAG	SE-Ausführungsgesetz
SEStEG	Gesetz über steuerliche Begleitmaßnahmen zur Einführung der Europäischen Gesellschaft und zur Änderung weiterer steuerrechtlicher Vorschriften
SE-VO	Verordnung (EG) Nr. 2157/2001 über das Statut der Europäischen Gesellschaft (SE)
SG	Sozialgericht
SGB	Sozialgesetzbuch
SHW HdJ	Schulze-Osterloh/Hennrichs/Wüstemann, Handbuch des Jahresabschlusses (HdJ), Loseblatt
SHS	Schmitt/Hörtnagl/Stratz, Umwandlungsgesetz, Umwandlungssteuergesetz, 8. Aufl. 2018
SigG	Signaturgesetz
SiLDV	Formen der Sicherheitsleistung in Verbrauchsteuer- und Zollverfahren
SJZ	Süddeutsche Juristenzeitung (*Zeitschrift*)
Slg.	Sammlung von Entscheidungen, Gesetzen etc.
Sodan/Ziekow	Sodan/Ziekow, VwGO, 5. Aufl. 2018
sog.	sogenannt(e/r/s)
Sölch/Ringleb	Sölch/Ringleb, Umsatzsteuergesetz: UStG, Loseblatt
SolvV	Solvabilitätsverordnung
SolZG	Solidaritätszuschlagsgesetz
SozEntschG	Gesetz zur Regelung des Sozialen Entschädigungsrechts v. 12.12.2019 (BGBl. 2019 I 2652)
SpG BW	Sparkassengesetz für Baden-Württemberg
Spindler/Stilz	Spindler/Stilz, Aktiengesetz, 4. Aufl. 2019
SRÜ	Seerechtsübereinkommen der Vereinten Nationen
SSL-Zertifikat	Secure-Sockets-Layer-Zertifikat
st.	ständig
Stadie	Stadie, Umsatzsteuergesetz, 3. Aufl. 2015
Stadie Allg. StR	Stadie, Allgemeines Steuerrecht, 2003
StÄndG	Steueränderungsgesetz
StAnpG	Steueranpassungsgesetz
Staub	Staub, Handelsgesetzbuch, 15 Bde., 5. Aufl. 2017/2018
StB	Der Steuerberater (*Zeitschrift*)
StBerG	Steuerberatungsgesetz
Stbg	Die Steuerberatung (*Zeitschrift*)
StbJb	Steuerberater-Jahrbuch (*Zeitschrift*)
StBp	Die steuerliche Betriebsprüfung (*Zeitschrift*)
StBW	Steuerberater Woche (*Zeitschrift*)
StDÜV	Steuerdaten-Übermittlungsverordnung
StEd	Steuereildienst (*Zeitschrift*)
StenBer	Stenografische Berichte
Stern StaatsR	Stern, Das Staatsrecht der Bundesrepublik Deutschland, 5 Bde.
SteuerHBekV	Steuerhinterziehungsbekämpfungsverordnung
SteuerStud	Steuer und Studium (*Zeitschrift*)
SteuerreformG	Steuerreformgesetz
SteuervergünstigungsabbauG	Steuervergünstigungsabbaugesetz
SteuK	Steuerrecht kurzgefaßt (*Zeitschrift*)
StGB	Strafgesetzbuch
StHBG	Steuerhinterziehungsbekämpfungsgesetz
StMBG	Steuerbereinigungs- und Missbrauchsbekämpfungsgesetz
Stpfl.	Steuerpflichtiger
StPO	Strafprozessordnung
str.	strittig
StraFo	Strafverteidiger Forum (*Zeitschrift*)
Streinz	Streinz, EUV/AEUV, 3. Aufl. 2018

StromStG	Stromsteuergesetz
stRspr	ständige Rechtsprechung
Strutz EStG 1925	Strutz, Kommentar zum EStG 1925, 1929
StStatG	Gesetz über Steuerstatistiken
StUmgBG	Steuerumgehungsbekämpfungsgesetz
StVergAbG	Steuervergünstigungsabbaugesetz
StuW	Steuer und Wirtschaft (*Zeitschrift*)
SWR (früher: Vogel/ Schwarz)	Schwarz/Widmann/Radeisen, Kommentar zum Umsatzsteuergesetz, Loseblatt
TabakSt	Tabaksteuer
TabakStG/TabStG	Tabaksteuergesetz
TabStV	Tabaksteuer-Durchführungsverordnung
ThürVwZVG	Thüringer Verwaltungszustellungs- und Vollstreckungsgesetz
Tipke Steuerrechtsordnung	Tipke, Die Steuerrechtsordnung. 3 Bde., 2012/2013
Tipke/Lang StR	Tipke/Lang, Steuerrecht, 23. Aufl. 2018
TPG	Transplantationsgesetz
TrZollG	Truppenzollgesetz
TrZollV	Truppenzollverordnung
TSWR	Tillmann/Schiffers/Wälzholz/Rupp, Die GmbH im Gesellschafts- und Steuerrecht, 6. Aufl. 2015
Tz.	Textziffer
u.	und
uÄ/uä	und Ähnliche(s)
ua	unter anderem; und andere(s)
Überbl.	Überblick
Ubg	Die Unternehmensbesteuerung (*Zeitschrift*)
uE	unseres Erachtens
UG	Unternehmergesellschaft mit beschränkter Haftung
UmwG	Umwandlungsgesetz
UmwStG	Umwandlungssteuergesetz
unzutr.	unzutreffend
UR	Umsatzsteuerrundschau (*Zeitschrift*)
Urt.	Urteil
USt	Umsatzsteuer
UStAE	Umsatzsteuer-Anwendungserlass
UStDV	Umsatzsteuer-Durchführungsverordnung
UStG	Umsatzsteuergesetz
UStZustV	Umsatzsteuerzuständigkeitsverordnung
usw	und so weiter
uU	unter Umständen
UVR	Umsatz- und Verkehrsteuerrecht (*Zeitschrift*)
UWG	Gesetz gegen den unlauteren Wettbewerb
UZK	Zollkodex der Union (ab 1.5.2016)
UZK-DA	„Delegated Act" – Delegierte Verordnung zum Zollkodex der Union
UZK-IA	„Implementing Act" – Durchführungsverordnung zum Zollkodex der Union
UZwG	Gesetz über den unmittelbaren Zwang bei Ausübung öffentlicher Gewalt durch Vollzugsbeamte des Bundes
v.	von/vom
va	vor allem
VA (VAe, VAen)	Verwaltungsakt(e/en)
VAG	Vermögensanlagegesetz; Versicherungsaufsichtsgesetz
Var.	Variante
VerfG	Verfassungsgericht
VerfGH	Verfassungsgerichtshof
VermBG	Vermögensbildungsgesetz
VerschG	Verschollenheitsgesetz
VersR	Versicherungsrecht (*Zeitschrift*)
VersSt	Versicherungsteuer
VersStG	Versicherungsteuergesetz
VerwRspr	Verwaltungsrechtsprechung in Deutschland. Sammlung obergerichtlicher Entscheidungen aus dem Verfassungs- und Verwaltungsrecht
VG	Verwaltungsgericht
vGA	verdeckte Gewinnausschüttung
VGH	Verwaltungsgerichtshof

vgl. .... vergleiche
VJSchrStFR .... Vierteljahresschrift für Steuer- und Finanzrecht (*Zeitschrift*)
VO .... Verordnung
Vogel/Lehner .... Vogel/Lehner, Doppelbesteuerungsabkommen: DBA, 6. Aufl. 2015
VollstrA .... Vollstreckungsanweisung
VollzA .... Vollziehungsanweisung
Vorb./Vorbem. .... Vorbemerkung
VSt .... Vermögensteuer (*aufgehoben*)
VStG .... Vermögensteuergesetz
VuB .... Recht der Verbote und Beschränkungen für den grenzüberschreitenden Warenverkehr
VVDStRL .... Veröffentlichungen der Vereinigung der Deutschen Staatsrechtslehrer (*Zeitschrift*)
VwGO .... Verwaltungsgerichtsordnung
VwVfG .... Verwaltungsverfahrensgesetz
VwVG .... Verwaltungsvollstreckungsgesetz
VwZG .... Verwaltungszustellungsgesetz
WBA .... Weitnauer/Boxberger/Anders, KAGB, 2. Aufl. 2017
WechselG .... Wechselgesetz
WEG .... Wohnungseigentumsgesetz
Weyland .... Weyland, Bundesrechtsanwaltsordnung, 10. Aufl. 2020
WiGBl .... Gesetzblatt der Verwaltung des Vereinigten Wirtschaftsgebietes
WiJ .... Journal der Wirtschaftsstrafrechtlichen Vereinigung (*Zeitschrift, online*)
Winnefeld Bilanz-HdB .... Winnefeld, Bilanz-Handbuch, 5. Aufl. 2015
wistra .... Zeitschrift für Wirtschaft, Steuer, Strafrecht (*Zeitschrift*)
WM .... Wertpapiermitteilungen (*Zeitschrift*)
wN .... weitere Nachweise
WoGG .... Wohngeldgesetz
WoP .... Wohnungsbauprämie
WoPG .... Wohnungsbauprämiengesetz
WPg .... Die Wirtschaftsprüfung (*Zeitschrift*)
WRP .... Wettbewerb in Recht und Praxis (*Zeitschrift*)
WRS PersGes .... Wassermeyer/Richter/Schnittker, Personengesellschaften im Internationalen Steuerrecht, 2. Aufl. 2015
WRV .... Weimarer Reichsverfassung
WSMH .... Wendt/Suchanek/Möllmann/Heinemann, Gewerbesteuergesetz, 2019
WÜD .... Wiener Übereinkommen vom 18.4.1961 über diplomatische Beziehungen
WÜK .... Wiener Übereinkommen vom 24.4.1963 über konsularische Beziehungen
z. .... zum/zur
ZaöRV .... Zeitschrift für ausländisches öffentliches Recht und Völkerrecht (*Zeitschrift*)
zB .... zum Beispiel
ZerlG .... Zerlegungsgesetz
ZEV .... Zeitschrift für Erbrecht und Vermögensnachfolge (*Zeitschrift*)
ZfA .... Zeitschrift für Arbeitsrecht (*Zeitschrift*)
ZFdG .... Zollfahndungsdienstgesetz
ZfZ .... Zeitschrift für Zölle und Verbrauchsteuern (*Zeitschrift*)
ZG .... Zeitschrift für Gesetzgebung (*Zeitschrift*)
ZgS .... Zeitschrift für die gesamte Staatswissenschaft (*Zeitschrift*)
Zimmermann u.a. PersGes in StR .... Zimmermann/Hottmann/Kiebele/Schaeberle/Scheel/Schustek/Szczesny, Die Personengesellschaft im Steuerrecht, 12. Aufl. 2017
ZInsO .... Zeitschrift für das gesamte Insolvenzrecht (*Zeitschrift*)
ZIP .... Zeitschrift für Wirtschaftsrecht (*Zeitschrift*)
Zippelius Juristische Methodenlehre .... Zippelius, Juristische Methodenlehre, 11. Aufl. 2012
ZIS .... Zeitschrift für Internationale Strafrechtsdogmatik (*Zeitschrift, online*)
ZK .... Zollkodex
Zöllner/Noack .... Zöllner/Noack, Kölner Kommentar zum Aktiengesetz, 3. Aufl. 2004–2019
ZollkodexAnpG .... Gesetz zur Anpassung der Abgabenordnung an den Zollkodex der Union und zur Änderung weiterer steuerlicher Vorschriften
ZollV .... Zollverordnung

ZollVG	Zollverwaltungsgesetz
ZollVNeuOrgG	Gesetz zur Neuorganisation der Zollverwaltung
ZPO	Zivilprozessordnung
ZPOEG	Gesetz, betreffend die Einführung der Zivilprozeßordnung
ZRP	Zeitschrift für Rechtspolitik (*Zeitschrift*)
zutr.	zutreffend
ZVG	Gesetz über Zwangsversteigerung und Zwangsverwaltung
Zweites Corona-Steuerhilfegesetz	Zweites Gesetz zur Umsetzung steuerlicher Hilfsmaßnahmen zur Bewältigung der Corona-Krise v. 29.6.2020 (BGBl. 2020 I 1512)
ZWH	Zeitschrift für Wirtschaftsstrafrecht und Haftung in Unternehmen (*Zeitschrift*)
ZwVwV	Zwangsverwalterverordnung

Einkommensteuergesetz

II. Einkommen

4. Überschuss der Einnahmen über die Werbungskosten

§ 9 Werbungskosten

(1) [1]Werbungskosten sind Aufwendungen zur Erwerbung, Sicherung und Erhaltung der Einnahmen. [2]Sie sind bei der Einkunftsart abzuziehen, bei der sie erwachsen sind. [3]Werbungskosten sind auch

1. Schuldzinsen und auf besonderen Verpflichtungsgründen beruhende Renten und dauernde Lasten, soweit sie mit einer Einkunftsart in wirtschaftlichem Zusammenhang stehen. [2]Bei Leibrenten kann nur der Anteil abgezogen werden, der sich nach § 22 Nummer 1 Satz 3 Buchstabe a Doppelbuchstabe bb ergibt;

2. Steuern vom Grundbesitz, sonstige öffentliche Abgaben und Versicherungsbeiträge, soweit solche Ausgaben sich auf Gebäude oder auf Gegenstände beziehen, die dem Steuerpflichtigen zur Einnahmeerzielung dienen;

3. Beiträge zu Berufsständen und sonstigen Berufsverbänden, deren Zweck nicht auf einen wirtschaftlichen Geschäftsbetrieb gerichtet ist;

4. Aufwendungen des Arbeitnehmers für die Wege zwischen Wohnung und erster Tätigkeitsstätte im Sinne des Absatzes 4. [2]Zur Abgeltung dieser Aufwendungen ist für jeden Arbeitstag, an dem der Arbeitnehmer die erste Tätigkeitsstätte aufsucht eine Entfernungspauschale für jeden vollen Kilometer der Entfernung zwischen Wohnung und erster Tätigkeitsstätte von 0,30 Euro anzusetzen, höchstens jedoch 4 500 Euro im Kalenderjahr; ein höherer Betrag als 4 500 Euro ist anzusetzen, soweit der Arbeitnehmer einen eigenen oder ihm zur Nutzung überlassenen Kraftwagen benutzt. [3]Die Entfernungspauschale gilt nicht für Flugstrecken und Strecken mit steuerfreier Sammelbeförderung nach § 3 Nummer 32. [4]Für die Bestimmung der Entfernung ist die kürzeste Straßenverbindung zwischen Wohnung und erster Tätigkeitsstätte maßgebend; eine andere als die kürzeste Straßenverbindung kann zugrunde gelegt werden, wenn diese offensichtlich verkehrsgünstiger ist und vom Arbeitnehmer regelmäßig für die Wege zwischen Wohnung und erster Tätigkeitsstätte benutzt wird. [5]Nach § 8 Absatz 2 Satz 11 oder Absatz 3 steuerfreie Sachbezüge für Fahrten zwischen Wohnung und erster Tätigkeitsstätte mindern den nach Satz 2 abziehbaren Betrag; ist der Arbeitgeber selbst der Verkehrsträger, ist der Preis anzusetzen, den ein dritter Arbeitgeber an den Verkehrsträger zu entrichten hätte. [6]Hat ein Arbeitnehmer mehrere Wohnungen, so sind die Wege von einer Wohnung, die nicht der ersten Tätigkeitsstätte am nächsten liegt, nur zu berücksichtigen, wenn sie den Mittelpunkt der Lebensinteressen des Arbeitnehmers bildet und nicht nur gelegentlich aufgesucht wird. [7]Nach § 3 Nummer 37 steuerfreie Sachbezüge mindern den nach Satz 2 abziehbaren Betrag nicht; § 3c Absatz 1 ist nicht anzuwenden. [ab VZ 2021: [8]Zur Abgeltung der Aufwendungen im Sinne des Satzes 1 ist für die Veranlagungszeiträume 2021 bis 2026 abweichend von Satz 2 für jeden Arbeitstag, an dem der Arbeitnehmer die erste Tätigkeitsstätte aufsucht, eine Entfernungspauschale für jeden vollen Kilometer der ersten 20 Kilometer der Entfernung zwischen Wohnung und erster Tätigkeitsstätte von 0,30 Euro und für jeden weiteren vollen Kilometer

a) von 0,35 Euro für 2021 bis 2023,
b) von 0,38 Euro für 2024 bis 2026
anzusetzen, höchstens 4 500 Euro im Kalenderjahr; ein höherer Betrag als 4 500 Euro ist anzusetzen, soweit der Arbeitnehmer einen eigenen oder ihm zur Nutzung überlassenen Kraftwagen benutzt.]

4a. Aufwendungen des Arbeitnehmers für beruflich veranlasste Fahrten, die nicht Fahrten zwischen Wohnung und erster Tätigkeitsstätte im Sinne des Absatzes 4 sowie keine Familienheimfahrten sind. [2]Anstelle der tatsächlichen Aufwendungen, die dem Arbeitnehmer durch die persönliche Benutzung eines Beförderungsmittels entstehen, können die Fahrtkosten mit den pauschalen Kilometersätzen angesetzt werden, die für das jeweils benutzte Beförderungsmittel (Fahrzeug) als höchste Wegstreckenentschädigung nach dem Bundesreisekostengesetz festgesetzt sind. [3]Hat ein Arbeitnehmer keine erste Tätigkeitsstätte (§ 9 Absatz 4) und hat er nach den dienst- oder arbeitsrechtlichen Festlegungen sowie den diese ausfüllenden Absprachen und Weisungen zur Aufnahme seiner beruflichen Tätigkeit dauerhaft denselben Ort oder dasselbe weiträumige Tätigkeitsgebiet typischerweise arbeitstäglich aufzusuchen, gilt Absatz 1 Satz 3 Nummer 4 und Absatz 2 für die Fahrten von der Wohnung zu diesem Ort oder dem zur Wohnung nächstgelegenen Zugang zum Tätigkeitsgebiet entsprechend. [4]Für die Fahrten innerhalb des weiträumigen Tätigkeitsgebietes gelten die Sätze 1 und 2 entsprechend.

5. notwendige Mehraufwendungen, die einem Arbeitnehmer wegen einer beruflich veranlassten doppelten Haushaltsführung entstehen. [2]Eine doppelte Haushaltsführung liegt nur vor, wenn der Arbeitnehmer außerhalb des Ortes seiner ersten Tätigkeitsstätte einen eigenen Hausstand unterhält und auch am Ort der ersten Tätigkeitsstätte wohnt. [3]Das Vorliegen eines eigenen Hausstandes setzt das Innehaben einer Wohnung sowie eine finanzielle Beteiligung an den Kosten der Lebensführung voraus. [4]Als Unterkunftskosten für eine doppelte Haushaltsführung können im Inland die tatsächlichen Aufwendungen für die Nutzung der Unterkunft angesetzt werden, höchstens 1 000 Euro im Monat. [5]Aufwendungen für die Wege vom Ort der ersten Tätigkeitsstätte zum Ort des eigenen Hausstandes und zurück (Familienheimfahrt) können jeweils nur für eine Familienheimfahrt wöchentlich abgezogen werden. [6]Zur Abgeltung der Aufwendungen für eine Familienheimfahrt ist eine Entfernungspauschale von 0,30 Euro für jeden vollen Kilometer der Entfernung zwischen dem Ort des eigenen Hausstandes und dem Ort der ersten Tätigkeitsstätte anzusetzen. [7]Nummer 4 Satz 3 bis 5 ist entsprechend anzuwenden. [8]Aufwendungen für Familienheimfahrten mit einem dem Steuerpflichtigen im Rahmen einer Einkunftsart überlassenen Kraftfahrzeug werden nicht berücksichtigt. [ab VZ 2021: [9]Zur Abgeltung der Aufwendungen für eine Familienheimfahrt ist für die Veranlagungszeiträume 2021 bis 2026 abweichend von Satz 6 eine Entfernungspauschale für jeden vollen Kilometer der ersten 20 Kilometer der Entfernung zwischen dem Ort des eigenen Hausstandes und dem Ort der ersten Tätigkeitsstätte von 0,30 Euro und für jeden weiteren vollen Kilometer
a) von 0,35 Euro für 2021 bis 2023,
b) von 0,38 Euro für 2024 bis 2026
anzusetzen.]

5a. notwendige Mehraufwendungen eines Arbeitnehmers für beruflich veranlasste Übernachtungen an einer Tätigkeitsstätte, die nicht erste Tätigkeitsstätte ist. [2]Übernachtungskosten sind die tatsächlichen Aufwendungen für die persönliche Inanspruchnahme einer Unterkunft zur Übernachtung. [3]Soweit höhere Übernachtungskosten anfallen, weil der Arbeitnehmer eine Unterkunft gemeinsam mit Personen nutzt, die in keinem Dienstverhältnis zum selben Arbeitgeber stehen, sind nur diejenigen Aufwendungen anzusetzen, die bei alleiniger Nutzung durch den Arbeitnehmer angefallen wären. [4]Nach Ablauf von 48 Monaten einer längerfristigen beruflichen Tätigkeit an derselben Tätigkeitsstätte, die nicht erste Tätigkeitsstätte ist, können Unterkunftskosten nur

noch bis zur Höhe des Betrags nach Nummer 5 angesetzt werden. [5]Eine Unterbrechung dieser beruflichen Tätigkeit an derselben Tätigkeitsstätte führt zu einem Neubeginn, wenn die Unterbrechung mindestens sechs Monate dauert.

5b. notwendige Mehraufwendungen, die einem Arbeitnehmer während seiner auswärtigen beruflichen Tätigkeit auf einem Kraftfahrzeug des Arbeitgebers oder eines vom Arbeitgeber beauftragten Dritten im Zusammenhang mit einer Übernachtung in dem Kraftfahrzeug für Kalendertage entstehen, an denen der Arbeitnehmer eine Verpflegungspauschale nach Absatz 4a Satz 3 Nummer 1 und 2 sowie Satz 5 zur Nummer 1 und 2 beanspruchen könnte. [2]Anstelle der tatsächlichen Aufwendungen, die dem Arbeitnehmer im Zusammenhang mit einer Übernachtung in dem Kraftfahrzeug entstehen, kann im Kalenderjahr einheitlich eine Pauschale von 8 Euro für jeden Kalendertag berücksichtigt werden, an dem der Arbeitnehmer eine Verpflegungspauschale nach Absatz 4a Satz 3 Nummer 1 und 2 sowie Satz 5 zur Nummer 1 und 2 beanspruchen könnte,

6. Aufwendungen für Arbeitsmittel, zum Beispiel für Werkzeuge und typische Berufskleidung. [2]Nummer 7 bleibt unberührt;

7. Absetzungen für Abnutzung und für Substanzverringerung, Sonderabschreibungen nach § 7b und erhöhte Absetzungen. [2]§ 6 Absatz 2 Satz 1 bis 3 ist in Fällen der Anschaffung oder Herstellung von Wirtschaftsgütern entsprechend anzuwenden.

(2) [1]Durch die Entfernungspauschalen sind sämtliche Aufwendungen abgegolten, die durch die Wege zwischen Wohnung und erster Tätigkeitsstätte im Sinne des Absatzes 4 und durch die Familienheimfahrten veranlasst sind. [2]Aufwendungen für die Benutzung öffentlicher Verkehrsmittel können angesetzt werden, soweit sie den im Kalenderjahr insgesamt als Entfernungspauschale abziehbaren Betrag übersteigen. [3]Behinderte Menschen,

1. deren Grad der Behinderung mindestens 70 beträgt,

2. deren Grad der Behinderung weniger als 70, aber mindestens 50 beträgt und die in ihrer Bewegungsfähigkeit im Straßenverkehr erheblich beeinträchtigt sind,

können anstelle der Entfernungspauschalen die tatsächlichen Aufwendungen für die Wege zwischen Wohnung und erster Tätigkeitsstätte und für Familienheimfahrten ansetzen. [4]Die Voraussetzungen der Nummern 1 und 2 sind durch amtliche Unterlagen nachzuweisen.

(3) Absatz 1 Satz 3 Nummer 4 bis 5a sowie die Absätze 2 und 4a gelten bei den Einkunftsarten im Sinne des § 2 Absatz 1 Satz 1 Nummer 5 bis 7 entsprechend.

(4) [1]Erste Tätigkeitsstätte ist die ortsfeste betriebliche Einrichtung des Arbeitgebers, eines verbundenen Unternehmens (§ 15 des Aktiengesetzes) oder eines vom Arbeitgeber bestimmten Dritten, der der Arbeitnehmer dauerhaft zugeordnet ist. [2]Die Zuordnung im Sinne des Satzes 1 wird durch die dienst- oder arbeitsrechtlichen Festlegungen sowie die diese ausfüllenden Absprachen und Weisungen bestimmt. [3]Von einer dauerhaften Zuordnung ist insbesondere auszugehen, wenn der Arbeitnehmer unbefristet, für die Dauer des Dienstverhältnisses oder über einen Zeitraum von 48 Monaten hinaus an einer solchen Tätigkeitsstätte tätig werden soll. [4]Fehlt eine solche dienst- oder arbeitsrechtliche Festlegung auf eine Tätigkeitsstätte oder ist sie nicht eindeutig, ist erste Tätigkeitsstätte die betriebliche Einrichtung, an der der Arbeitnehmer dauerhaft

1. typischerweise arbeitstäglich tätig werden soll oder

2. je Arbeitswoche zwei volle Arbeitstage oder mindestens ein Drittel seiner vereinbarten regelmäßigen Arbeitszeit tätig werden soll.

[5]Je Dienstverhältnis hat der Arbeitnehmer höchstens eine erste Tätigkeitsstätte. [6]Liegen die Voraussetzungen der Sätze 1 bis 4 für mehrere Tätigkeitsstätten vor, ist diejenige Tätigkeitsstätte erste Tätigkeitsstätte, die der Arbeitgeber bestimmt. [7]Fehlt es an dieser Bestimmung oder ist sie nicht eindeutig, ist die der Wohnung örtlich am nächsten liegende Tätigkeitsstätte die erste Tätigkeitsstätte. [8]Als erste Tätigkeitsstätte gilt auch eine Bildungseinrichtung, die außerhalb eines Dienstverhältnisses zum Zwecke eines Vollzeitstudiums oder einer vollzeitigen Bildungs-

maßnahme aufgesucht wird; die Regelungen für Arbeitnehmer nach Absatz 1 Satz 3 Nummer 4 und 5 sowie Absatz 4a sind entsprechend anzuwenden.

(4a) [1]Mehraufwendungen des Arbeitnehmers für die Verpflegung sind nur nach Maßgabe der folgenden Sätze als Werbungskosten abziehbar. [2]Wird der Arbeitnehmer außerhalb seiner Wohnung und ersten Tätigkeitsstätte beruflich tätig (auswärtige berufliche Tätigkeit), ist zur Abgeltung der ihm tatsächlich entstandenen, beruflich veranlassten Mehraufwendungen eine Verpflegungspauschale anzusetzen. [3]Diese beträgt

1. 28 Euro für jeden Kalendertag, an dem der Arbeitnehmer 24 Stunden von seiner Wohnung und ersten Tätigkeitsstätte abwesend ist,
2. jeweils 14 Euro für den An- und Abreisetag, wenn der Arbeitnehmer an diesem, einem anschließenden oder vorhergehenden Tag außerhalb seiner Wohnung übernachtet,
3. 14 Euro für den Kalendertag, an dem der Arbeitnehmer ohne Übernachtung außerhalb seiner Wohnung mehr als 8 Stunden von seiner Wohnung und der ersten Tätigkeitsstätte abwesend ist; beginnt die auswärtige berufliche Tätigkeit an einem Kalendertag und endet am nachfolgenden Kalendertag ohne Übernachtung, werden 14 Euro für den Kalendertag gewährt, an dem der Arbeitnehmer den überwiegenden Teil der insgesamt mehr als 8 Stunden von seiner Wohnung und der ersten Tätigkeitsstätte abwesend ist.

[4]Hat der Arbeitnehmer keine erste Tätigkeitsstätte, gelten die Sätze 2 und 3 entsprechend; Wohnung im Sinne der Sätze 2 und 3 ist der Hausstand, der den Mittelpunkt der Lebensinteressen des Arbeitnehmers bildet sowie eine Unterkunft am Ort der ersten Tätigkeitsstätte im Rahmen der doppelten Haushaltsführung. [5]Bei einer Tätigkeit im Ausland treten an die Stelle der Pauschbeträge nach Satz 3 länderweise unterschiedliche Pauschbeträge, die für die Fälle der Nummer 1 mit 120 sowie der Nummern 2 und 3 mit 80 Prozent der Auslandstagegelder nach dem Bundesreisekostengesetz vom Bundesministerium der Finanzen im Einvernehmen mit den obersten Finanzbehörden der Länder aufgerundet auf volle Euro festgesetzt werden; dabei bestimmt sich der Pauschbetrag nach dem Ort, den der Arbeitnehmer vor 24 Uhr Ortszeit zuletzt erreicht, oder, wenn dieser Ort im Inland liegt, nach dem letzten Tätigkeitsort im Ausland. [6]Der Abzug der Verpflegungspauschalen ist auf die ersten drei Monate einer längerfristigen beruflichen Tätigkeit an derselben Tätigkeitsstätte beschränkt. [7]Eine Unterbrechung der beruflichen Tätigkeit an derselben Tätigkeitsstätte führt zu einem Neubeginn, wenn sie mindestens vier Wochen dauert. [8]Wird dem Arbeitnehmer anlässlich oder während einer Tätigkeit außerhalb seiner ersten Tätigkeitsstätte vom Arbeitgeber oder auf dessen Veranlassung von einem Dritten eine Mahlzeit zur Verfügung gestellt, sind die nach den Sätzen 3 und 5 ermittelten Verpflegungspauschalen zu kürzen:

1. für Frühstück um 20 Prozent,
2. für Mittag- und Abendessen um jeweils 40 Prozent,

der nach Satz 3 Nummer 1 gegebenenfalls in Verbindung mit Satz 5 maßgebenden Verpflegungspauschale für einen vollen Kalendertag; die Kürzung darf die ermittelte Verpflegungspauschale nicht übersteigen. [9]Satz 8 gilt auch, wenn Reisekostenvergütungen wegen der zur Verfügung gestellten Mahlzeiten einbehalten oder gekürzt werden oder die Mahlzeiten nach § 40 Absatz 2 Satz 1 Nummer 1a pauschal besteuert werden. [10]Hat der Arbeitnehmer für die Mahlzeit ein Entgelt gezahlt, mindert dieser Betrag den Kürzungsbetrag nach Satz 8. [11]Erhält der Arbeitnehmer steuerfreie Erstattungen für Verpflegung, ist ein Werbungskostenabzug insoweit ausgeschlossen. [12]Die Verpflegungspauschalen nach den Sätzen 3 und 5, die Dreimonatsfrist nach den Sätzen 6 und 7 sowie die Kürzungsregelungen nach den Sätzen 8 bis 10 gelten entsprechend auch für den Abzug von Mehraufwendungen für Verpflegung, die bei einer beruflich veranlassten doppelten Haushaltsführung entstehen, soweit der Arbeitnehmer vom eigenen Hausstand im Sinne des § 9 Absatz 1 Satz 3 Nummer 5 abwesend ist; dabei ist für jeden Kalendertag innerhalb der Dreimonatsfrist, an dem gleichzeitig eine Tätigkeit im Sinne des Satzes 2 oder des Satzes 4 ausgeübt wird, nur der jeweils höchste in Betracht kommende Pausch-

betrag abziehbar. [13]Die Dauer einer Tätigkeit im Sinne des Satzes 2 an dem Tätigkeitsort, an dem die doppelte Haushaltsführung begründet wurde, ist auf die Dreimonatsfrist anzurechnen, wenn sie ihr unmittelbar vorausgegangen ist.

(5) [1]§ 4 Absatz 5 Satz 1 Nummer 1 bis 4, 6b bis 8a, 10, 12 und Absatz 6 gilt sinngemäß. [2]Die §§ 4j, 6 Absatz 1 Nummer 1a und § 6e gelten entsprechend.

(6) [1]Aufwendungen des Steuerpflichtigen für seine Berufsausbildung oder für sein Studium sind nur dann Werbungskosten, wenn der Steuerpflichtige zuvor bereits eine Erstausbildung (Berufsausbildung oder Studium) abgeschlossen hat oder wenn die Berufsausbildung oder das Studium im Rahmen eines Dienstverhältnisses stattfindet. [2]Eine Berufsausbildung als Erstausbildung nach Satz 1 liegt vor, wenn eine geordnete Ausbildung mit einer Mindestdauer von 12 Monaten bei vollzeitiger Ausbildung und mit einer Abschlussprüfung durchgeführt wird. [3]Eine geordnete Ausbildung liegt vor, wenn sie auf der Grundlage von Rechts- oder Verwaltungsvorschriften oder internen Vorschriften eines Bildungsträgers durchgeführt wird. [4]Ist eine Abschlussprüfung nach dem Ausbildungsplan nicht vorgesehen, gilt die Ausbildung mit der tatsächlichen planmäßigen Beendigung als abgeschlossen. [5]Eine Berufsausbildung als Erstausbildung hat auch abgeschlossen, wer die Abschlussprüfung einer durch Rechts- oder Verwaltungsvorschriften geregelten Berufsausbildung mit einer Mindestdauer von 12 Monaten bestanden hat, ohne dass er zuvor die entsprechende Berufsausbildung durchlaufen hat.

Überblick

§ 9 regelt die Werbungskosten und konkretisiert damit das objektive Nettoprinzip für den Bereich der Überschusseinkunftsarten: § 9 Abs. 1 S. 1 definiert den allgemeinen Werbungskostenbegriff; § 9 Abs. 1 S. 3 und Abs. 4a normieren besondere Werbungskostentatbestände, die durch § 9 Abs. 2 bis 4 und Abs. 5 S. 2 Alt. 2 ergänzenden Regelungen zugeführt werden; § 9 Abs. 6 legt fest, dass Aufwendungen für eine Erstausbildung (Berufsausbildung oder Studium), die nicht im Rahmen eines Dienstverhältnisses stattfindet, keine Werbungskosten sind. § 9 Abs. 1 S. 2 bestimmt die Rechtsfolge der Qualifikation von Aufwendungen als Werbungskosten (Abzugspflicht); § 9 Abs. 5 S. 1 und S. 2 Alt. 1 statuieren Ausnahmen von dieser Rechtsfolgenanordnung (nicht abziehbare Werbungskosten).

Übersicht

A. Allgemeines

1 **Leitentscheidungen, wichtige Verwaltungsanweisungen und Schrifttum (Auswahl):**

1.1 **Entscheidungen des GrS:**

BFH 19.10.1970 – GrS 2/70, BStBl. II 1971, 17 (gemischt veranlasste Aufwendungen); BFH 28.11.1977 – GrS 2-3/77, BStBl. II 1978, 105 (schuldhaft verursachte Aufwendungen); BFH 12.6.1978 – GrS 1/77, BStBl. II 1978, 620 (Kosten eines Gebäudeabbruchs); BFH 27.11.1978 – GrS 8/77, BStBl. II 1979, 213 (Reisekosten); BFH 4.7.1990 – GrS 2-3/88, BStBl. II 1990, 817 (Schuldzinsenabzug, Darlehens-Umwidmung); BFH 4.7.1990 – GrS 1/89, BStBl. II 1990, 830 (verlorene Anschaffungs- oder Herstellungsaufwendungen); BFH 23.8.1999 – GrS 1/97, BStBl. II 1999, 778 (Aufwendungen auf Wirtschaftsgut des Ehegatten); BFH 23.8.1999 – GrS 2/97, BStBl. II 1999, 782 (Drittaufwendungen); BFH 23.8.1999 – GrS 3/97, BStBl. II 1999, 787 (Ehegatten-Arbeitszimmer); BFH 23.8.1999 – GrS 5/97, BStBl. II 1999, 774 (Miteigentum und Kostentragungsprinzip); BFH 21.9.2009 – GrS 1/06, BStBl. II 2010, 672 (gemischt veranlasste Aufwendungen, Reisekosten).

1.2 **Wichtige Verwaltungsanweisungen:**

BMF 28.10.2009, BStBl. I 2009, 1275; BMF 22.9.2010, BStBl. I 2010, 721; BMF 31.10.2013, BStBl. I 2013, 1376; BMF 24.10.2014, BStBl. I 2014, 1412; BMF 14.12.2016, BStBl. I 2016, 1438.

1.3 **Schrifttum (Auswahl):**

Birk, Das Leistungsfähigkeitsprinzip als Maßstab der Steuernormen, 1983; *von Bornhaupt*, Zur Problematik des Werbungskostenbegriffs, FR 1982, 313; *Englisch*, Verfassungsrechtliche Grundlagen und Grenzen des objektiven Nettoprinzips, DStR-Beih. 2009, 92; *Glanegger*, Vermögensveränderungen und Veranlassungsprinzip bei den Überschußeinkünften, DStZ 1983, 583; *Gröpl*, Die Abgrenzung von Eigen- und Drittaufwand („Dritt-AfA"), DStZ 2001, 65; *Hirsch*, Die Einordnung des § 9 Abs. 1 Satz 3 Nr. 7 EStG in das System der Überschußrechnung, DStR 1988, 197; *Kirchhof P.*, Der verfassungsrechtliche Auftrag zur Besteuerung nach der finanziellen Leistungsfähigkeit, StuW 1985, 319; *Kottke*, Zur Problematik der sogenannten negativen Einnahmen, BB 1981, 965; *Kröger*, Zum Veranlassungsprinzip im Einkommensteuerrecht, StuW 1978, 289; *Kruse*, Über Werbungskosten, FR 1981, 473; *Lang*, Die Bemessungsgrundlage der Einkommensteuer, 1988; *Matussek*, Zum Werbungskostenbegriff im Einkommensteuerrecht, 2000; *Meyer*, Die Behandlung beruflich genutzter Wirtschaftsgüter des Privatvermögens als Werbungskosten (§ 9 Abs. 1 Nr. 6 und 7 EStG), DStR 1981, 131; *Niermann*, Die Neuregelung des steuerlichen Reisekostenrechts ab 2014, DB 2013, 1015; *Paus*, Nachträgliche Schuldzinsen: Unterbrechung des Veranlassungszusammenhangs bei Wegfall der Vermietungsabsicht, DStZ 2014, 580; *Prinz*, Werbungskosten bei den Einkünften aus Vermietung und Verpachtung, 1984; *Prinz*, Grundsatzbetrachtungen zum Werbungskostenbegriff, FR 1986, 397; *Söhn*, Abzugsbeschränkungen und Abzugsverbote für gemischt veranlasste Aufwendungen, FS Offerhaus, 1999, 477; *Stapperfend*, Über Betriebsausgaben und Werbungskosten, FS Kruse 2001, 533; *Stehle*, Steuerliche Probleme und Abgrenzungen bei Zuwendungen an Berufsverbände und politische Parteien, DB 1982, 1485; *Thiemann*, Das Abzugsverbot für die Berufsausbildungskosten – Mehr oder weniger Gestaltungsspielraum für den Steuergesetzgeber?, JZ 2015, 866; *Tipke*, Bezüge und Abzüge im Einkommensteuerrecht, StuW 1980, 1; *Wassermeyer*, Rechtssystematische Überlegungen zum Werbungskostenbegriff, StuW 1981, 245; *Wassermeyer*, Das Erfordernis objektiver und subjektiver Tatbestandsmerkmale in der ertragsteuerlichen Rechtsprechung des BFH, StuW 1982, 352; *Wirfler*, Die Reform des steuerlichen Reisekostenrechts 2014: Zweifelsfragen trotz BMF-Schreiben DStR 2013, 2660; *Wolff-Diepenbrock*, Überlegungen zum Abzug von Schuldzinsen als Betriebsausgaben oder Werbungskosten, DB 1989, 1434.

I. Regelungsanliegen im System des Steuerrechts

1. Funktion und Zweck der Regelung

§ 9 regelt den Werbungskostenabzug. Die Vorschrift knüpft sowohl terminologisch als auch inhaltlich an § 2 Abs. 2 S. 1 Nr. 2 an, der den Begriff „Einkünfte" für die Einkunftsarten des § 2 Abs. 1 S. 1 Nr. 4 bis 7 als „Überschuss der Einnahmen über die *Werbungskosten*" (Hervorhebung durch Verfasser) definiert. In funktionaler Perspektive ist § 9 unmittelbarer Ausfluss der Grundentscheidung des Gesetzgebers, das vom Steuerpflichtigen (Steuersubjekt) durch Erwerbsbetätigung hinzuerworbene Vermögen (Steuergut) nach Maßgabe der **individuellen wirtschaftlichen Leistungsfähigkeit** mit Einkommensteuer zu belasten. 2

Das EStG konkretisiert die Grundentscheidung für eine Besteuerung nach der individuellen wirtschaftlichen Leistungsfähigkeit in der Weise, dass es das Steuerobjekt „Einkommen" an der Disponibilität des Vermögenszugangs ausrichtet: Nicht das gesamte am Markt hinzuerworbene Vermögen indiziert wirtschaftliche Leistungsfähigkeit, sondern nur der Teil, den der Steuerpflichtige weder im Zusammenhang mit der Sicherung seiner Erwerbsquelle noch zur Sicherung seiner eigenen Existenz oder der Existenz seiner Familie aufwendet (sog. „Nettoprinzip"). Die Bestimmung des § 2 Abs. 2 positiviert die objektive Komponente dieses Prinzips, dh die **steuerliche Verschonung des objektiv indisponiblen Vermögenszugangs,** indem sie nicht die Brutto-, sondern die Reineinkünfte – dh den Saldo aus Erwerbsbezügen und Erwerbsaufwendungen – in die Steuerbemessungsgrundlage einfließen lässt (sog. **„objektives Nettoprinzip"**). 3

Die rechtspraktische Umsetzung dieser Systementscheidung erfordert eine Abgrenzung zwischen Aufwendungen, die der Erwerbssphäre zuzuordnen sind und Aufwendungen, die im privaten Bereich angesiedelt sind. Denn während Erwerbsaufwendungen gemäß dem objektiven Nettoprinzip die Bemessungsgrundlage der Einkommensteuer mindern, ist der Abzug von Privataufwendungen – abgesehen von den gesetzlich ausdrücklich geregelten, existenzsichernden Ausgaben (vgl. § 2 Abs. 4 und 5) – ausgeschlossen. Für die Gewinneinkunftsarten (§ 2 Abs. 1 S. 1 Nr. 1 bis 3) erfüllt § 4 diese Abgrenzungsfunktion, für die Überschusseinkunftsarten (§ 2 Abs. 1 S. 1 Nr. 4 bis 7) § 9. Aufgrund ihrer funktionalen Äquivalenz und im Sinne steuerlicher Lastengleichheit interpretieren die Rechtsprechung sowie der überwiegende Teil des wissenschaftlichen Schrifttums den Betriebsausgabenbegriff des § 4 Abs. 4 und den (allgemeinen) Werbungskostenbegriff des § 9 Abs. 1 S. 1 trotz des unterschiedlichen Gesetzeswortlauts inhaltsgleich nach dem sog. „Veranlassungsprinzip" (→ Rn. 148 ff.). Unbeschadet verbleibender Abgrenzungsschwierigkeiten im Einzelfall gewährleisten § 4 und § 9, dass aus der Gesamtheit aller Aufwendungen des Steuerpflichtigen jene Wertabgaben herausgefiltert und aus der Bemessungsgrundlage der Einkommensteuer ausgeklammert werden, die in der Erwerbssphäre wurzeln. § 9 bewirkt auf diese Weise eine auf den Bereich der Überschusseinkunftsarten begrenzte, insoweit jedoch abschließende Konkretisierung des objektiven Nettoprinzips. 4

Einstweilen frei 5

2. Historische Entwicklung

Die Entwicklung des Werbungskostenbegriffs reicht zurück bis zum **preußischen EStG vom 24.6.1891** (PrGS 1891, 175). Gemäß dessen § 9 Abs. 1 Nr. 1 waren „die zur Erwerbung, Sicherung und Erhaltung des Einkommens verwendeten Ausgaben" vom Einkommen (gemeint war das „Roheinkommen"; vgl. KSM/*von Bornhaupt* § 9 Rn. A 118) abzuziehen. In § 9 Abs. 1 Nr. 2 bis 7 wurden einzelne Arten von abziehbaren Ausgaben in einer nicht abschließenden Aufzählung ausdrücklich genannt. Die Regelung war quellentheoretisch inspiriert, dh sie orientierte sich an der Vorstellung, dass nur die aus dem zur Einkünfteerzielung eingesetzten (Stamm-)Vermögen („Quelle") fließenden Erträge („Früchte") Einkommen bilden können, während das Stammvermögen nicht zu Einkommenssphäre gehört. Der Anwendungsbereich der Regelung erstreckte sich auf sämtliche Einkunftsarten (vgl. HHR/*Kreft* § 9 Rn. 3). 6

Im **preußischen EStG vom 19.6.1906** (PrGS 1906, 259), das jenes vom 24.6.1891 ablöste, findet sich erstmals der Begriff „Werbungskosten". In § 8 Abs. 1 heißt es dort wörtlich: „Von dem Rohertrage der in § 6 bezeichneten Einkommensquellen sind die Aufwendungen zur Erwerbung, Sicherung und Erhaltung des Ertrags (Werbungskosten) in Abzug zu bringen. Als Werbungskosten gelten auch […]". Die Vorschrift lässt das Bemühen des 7 preußischen Gesetzgebers um eine Bereinigung und Präzisierung der Terminologie erkennen: An die Stelle des semantisch missverständlichen Abzugs „vom Einkommen" trat der Abzug vom „Rohertrage der in § 6 bezeichneten Einkommensquellen". Daneben wurde der Begriff „Ausgaben" durch den – inhaltlich bedeutungsgleichen – Begriff „Aufwendungen" ersetzt (vgl. HHR/*Kreft* § 9 Rn. 3).

8 Nachdem der Werbungskostentatbestand durch das reichsdeutsche **EStG vom 29.3.1920** (RGBl. 1920 I 359) mit einigen Ergänzungen (ua ausdrückliche Werbungskostenqualifikation von Abschreibungen für Substanzverringerungen sowie der Ausgaben für Fahrten zwischen Wohnung und Arbeitsstätte) in § 13 verschoben worden war, fand sich die Werbungskosten-Regelung im **EStG vom 10.8.1925** (RGBl. 1925 I 189)in § 16 wieder. Erstmals wurde dort auch die Werbungskosteneigenschaft von „Aufwendungen des Arbeitnehmers für Arbeitsmittel (Werkzeuge und Berufskleidung)" gesondert normiert. § 15 Abs. 2 S. 1 EStG 1925 ordnete an, dass Ausgaben, soweit es sich bei ihnen um Werbungskosten handle, bei der „mit ihnen im wirtschaftlichen Zusammenhang stehenden Einkommensart" abzuziehen seien. Die Vorschrift ist insofern Vorläufer des heutigen § 9 Abs. 1 S. 2 (KSM/*von Bornhaupt* § 9 Rn. A 137).

9 § 9 des **EStG vom 16.10.1934** (RGBl. 1934 I 1005) bildet die Grundlage der Werbungskosten-Regelung in ihrer heutigen Fassung. In terminologischer Hinsicht ist bemerkenswert, dass anstelle des noch im EStG 1925 verwendeten Begriffs „Einkünfte" erstmals der Begriff „Einnahmen" als Bezugsgröße der Aufwendungen ausgewiesen wird. Der allgemeine Werbungskostentatbestand erhielt damit seinen heutigen Wortlaut: „Werbungskosten sind Aufwendungen zur Erwerbung, Sicherung und Erhaltung der Einnahmen". In steuersystematischer Hinsicht ist hervorzuheben, dass der Gesetzgeber im EStG 1934 die Begriffe „Werbungskosten" und „Betriebsausgaben" endgültig voneinander trennte und den Anwendungsbereich der Werbungskosten-Regelung auf die Überschusseinkunftsarten beschränkte. Die Einführung unterschiedlicher Abzugsvoraussetzungen (Finalzusammenhang bei den Werbungskosten, Veranlassungszusammenhang bei den Betriebsausgaben) war damit allerdings nicht intendiert (vgl. die Gesetzesbegründung zum EStG 1934, RStBl. 1935, 39: „[Den] Begriffen „Einnahmen" und „Werbungskosten" entsprechen bei den Einkünften aus Land- und Forstwirtschaft, aus Gewerbebetrieb und aus selbständiger Arbeit die Begriffe „Betriebseinnahmen" und „Betriebsausgaben".)

10 Die steuergesetzliche **Entwicklung des § 9 nach 1934** beschränkt sich im Wesentlichen auf (Detail-)Änderungen und Ergänzungen einzelner Werbungskostenarten. Ein Leitgedanke ist insoweit nicht erkennbar. Von den zahlreichen Gesetzesnovellierungen werden nachfolgend nur die bedeutendsten angesprochen (ausführlich zum Ganzen KSM/*von Bornhaupt* § 9 Rn. A 159 ff.; HHR/*Kreft* § 9 Rn. 4; Blümich/*Thürmer* § 9 Rn. 12 ff.):

11 Durch das **Steueränderungsgesetz 1966** vom 23.12.1966 (BGBl. 1966 I 702) wurde die Kilometer-Pauschale für die Wege zwischen Wohnung und Arbeitsstätte dahingehend beschränkt, dass ein Werbungskostenabzug fortan nur für die ersten 40 Kilometer der Entfernung in Ansatz gebracht werden konnte (wieder aufgehoben durch das Steueränderungsgesetz 1971 vom 23.12.1970 (BGBl. 1970 I 1856)). Im neu eingefügten § 9 Abs. 1 S. 3 Nr. 5 wurde der Werbungskostenabzug von notwendigen Mehraufwendungen wegen doppelter Haushaltsführung geregelt. Der ebenfalls neu eingefügte Absatz 2 brachte begünstigende Sonderregelungen betreffend den Abzug bestimmter Fahrtaufwendungen bei Körperbehinderten.

12 Mit dem **Gesetz zur Änderung des Parteiengesetzes und anderer Gesetze** vom 22.12.1983 (BGBl. 1983 I 1577) sowie dem **Gesetz zur Änderung des EStG und des KStG** vom 25.7.1984 (BGBl. 1984 I 1006) wurden die Abzugsverbote des § 4 Abs. 6 (Aufwendungen zur Förderung staatspolitischer Zwecke) sowie des § 4 Abs. 5 S. 1 Nr. 8 (Geldbußen, Ordnungsgelder, Verwarnungsgelder, Leistungen zur Erfüllung von Auflagen oder Weisungen aufgrund eines berufsgerichtlichen Verfahrens) durch Einfügung des neuen § 9 Abs. 5 sinngemäß auf die Überschusseinkunftsarten erstreckt.

13 Das **Steuerreformgesetz 1990** vom 25.7.1988 (BGBl. 1988 I 1093) änderte ua den besonderen Werbungskostentatbestands des § 9 Abs. 1 S. 3 Nr. 6. Es wurde klargestellt, dass nur „typische" Berufskleidung als Arbeitsmittel anzusehen ist und kenntlich gemacht, dass es sich bei Werkzeugen und typischer Berufskleidung lediglich um Beispiele für Arbeitsmittel handelt. Zugleich wurde betont, dass der Verweis des § 9 Abs. 1 S. 3 Nr. 7 auf die AfA-Vorschriften unberührt bleibt.

Im Zuge des **Steueränderungsgesetzes 1992** vom 25.2.1992 (BGBl. 1992 I 297) wurde § 9 Abs. 5 neu gefasst. Seither gelten die Betriebsausgaben-Abzugsverbote des § 4 Abs. 5 S. 1 Nr. 1–5, 7–8a und Abs. 6 bei den Werbungskosten entsprechend. 14

Durch das **Gesetz zur Einführung einer Entfernungspauschale** vom 21.12.2000 (BGBl. 2000 I 1918) wurde die in § 9 Abs. 1 S. 3 Nr. 4 geregelte Kilometer-Pauschale für die Wege zwischen Wohnung und Arbeitsstätte in eine verkehrsmittelunabhängige Entfernungspauschale umgewandelt. Der neu gefasste § 9 Abs. 2 ordnete die Abgeltungswirkung der Entfernungspauschale an. 15

Durch das **Gesetz zur Fortführung der Gesetzeslage 2006 bei der Entfernungspauschale** vom 20.4.2009 (BGBl. 2009 I 774) wurden die durch das Steueränderungsgesetz 2007 vom 19.7.2006 (BGBl. 2006 I 1652) zwischenzeitlich aufgehobenen § 9 Abs. 1 S. 3 Nr. 4 (Entfernungspauschale) und Nr. 5 S. 3–6 (Familienheimfahrten bei doppelter Haushaltsführung) als Reaktion auf das Urteil des Bundesverfassungsgerichts vom 9.12.2008 (2 BvL 1/07 ua, BVerfGE 122, 210) wieder eingefügt (→ Rn. 73). 16

Durch das **Beitreibungsrichtlinie-Umsetzungsgesetz** vom 7.12.2011 (BGBl. 2011 I 2592) wurde § 9 Abs. 6 neu eingefügt. Die Vorschrift ordnete an, dass Aufwendungen des Arbeitnehmers für seine erstmalige Berufsausbildung oder für ein Erststudium, das zugleich eine Erstausbildung vermittelt, keine Werbungskosten sind, sofern die Ausbildung nicht im Rahmen eines Dienstverhältnisses stattfindet. 17

Durch das **Gesetz zur Änderung und Vereinfachung der Unternehmensbesteuerung und des steuerlichen Reisekostenrechts** vom 20.2.2013 (BGBl. 2013 I 285) veranlasste der Gesetzgeber eine detailliertere und umfassendere Kodifizierung des steuerlichen Reisekostenrechts. Mit § 9 Abs. 1 S. 3 Nr. 4a und 5a wurden zwei zusätzliche besondere Werbungskostentatbestände geschaffen, die den Abzug von Fahrt- bzw. Übernachtungsaufwendungen im Zusammenhang mit beruflichen Auswärtstätigkeiten regeln. Der neu eingefügte § 9 Abs. 4a enthält Bestimmungen zum Ansatz von Mehraufwendungen des Arbeitnehmers für Verpflegung bei Auswärtstätigkeit und doppelter Haushaltsführung. Der ebenfalls neu eingefügte § 9 Abs. 4 enthält eine gesetzliche Definition des an die Stelle der regelmäßigen Arbeitsstätte getretenen Begriffs der „ersten Tätigkeitsstätte“. 18

Im Zuge des **Kroatien-Anpassungsgesetzes** vom 25.7.2014 (BGBl. 2014 I 1266) wurden im Nachgang zur Reform des steuerlichen Reisekostenrechts § 9 Abs. 4 S. 4 und 8 sowie § 9 Abs. 4a S. 3 Nr. 1, S. 7 und 12 klarstellend geändert. 19

Mit dem **Zollkodex-Anpassungsgesetz** vom 22.12.2014 (BGBl. 2014 I 2417) hat der Gesetzgeber § 9 Abs. 6 S. 1 neu gefasst und zusätzlich die Sätze 2 bis 5 eingefügt. 20

Mit dem **Gesetz gegen schädliche Steuerpraktiken im Zusammenhang mit Rechteüberlassungen** vom 27.6.2017 (BGBl. 2017 I 2074) hat der Gesetzgeber § 4j (sog. Lizenzschranke) neu in das EStG eingefügt und das in dieser Vorschrift normierte (Teil-)Abzugsverbot für Aufwendungen im Zusammenhang mit grenzüberschreitenden Rechteüberlassungen durch eine entsprechende Verweisung im neu gefassten § 9 Abs. 5 S. 2 auf die Überschusseinkunftsarten erstreckt. 21

Durch Art. 3 Nr. 3 des **„JStG 2018“** vom 11.12.2018 (BGBl. 2018 I 2338) wurde § 9 Abs. 1 S. 3 Nr. 4 ein neuer S. 7 (dazu → Rn. 387) angefügt (vgl. BT-Drs. 19/5595, 17 (83)). 22

Durch das **„JStG 2019“** vom 12.12.2019 (BGBl. 2019 I 2451) wurde insbesondere § 9 Abs. 1 S. 3 Nr. 5b eingefügt. 23

Durch das **KlimaSG** v. 21.12.2019 (BGBl. 2019 I 2886) hat der Gesetzgeber mit den Ergänzungen in Abs. 1 Nr. 4 (dort S. 8) und Nr. 5 (dort S. 9) mit Wirkung zum 1.1.2021 vorübergehend die Entfernungspauschale für die Wege des Arbeitnehmers zwischen Wohnung und erster Tätigkeitsstätte sowie für wöchentliche Familienheimfahrten im Rahmen einer beruflich veranlassten doppelten Haushaltsführung ab dem 21. Entfernungskilometer angehoben. 24

Einstweilen frei **25–36**

3. Verhältnis zu höherrangigem Recht

a) Verfassungsrecht. In verfassungsrechtlicher Perspektive besteht ein enger inhaltlicher Zusammenhang zwischen § 9 und dem Allgemeinen Gleichheitssatz. Der Grund liegt darin, dass **Art. 3 Abs. 1 GG** den Steuergesetzgeber dazu verpflichtet, die dem Einzelnen auferlegte 37

Steuerlast am Maßstab der individuellen finanziellen Leistungsfähigkeit auszurichten (vgl. BVerfG 10.2.1987 – 1 BvL 18/81 und 1 BvL 20/82, BVerfGE 74, 182; BVerfG 9.12.2008 – 2 BvL 1/07 ua, BVerfGE 122, 210). Im Einkommensteuerrecht erfährt diese verfassungsrechtliche Vorgabe eine einfachrechtliche Konkretisierung durch das sog. **„Nettoprinzip"** (vgl. BFH 15.12.2016 – VI R 53/12, DStR 2017, 439). Gemäß diesem Prinzip, das das Bundesverfassungsgericht in ständiger Rechtsprechung als „Grundentscheidung" des Gesetzgebers qualifiziert (vgl. BVerfG 4.12.2002 – 2 BvR 400/98 und 2 BvR 1735/00, BVerfGE 107, 27; BVerfG 6.7.2010 – 2 BvL 13/09, BVerfGE 126, 268), entsteht besteuerungswürdige Leistungsfähigkeit erst, nachdem der Steuerpflichtige sowohl den Erhalt seiner Erwerbsquelle (**objektives Nettoprinzip;** → § 2 Rn. 68 ff.) als auch seine zwangsläufigen Daseinsvoraussetzungen (**subjektives Nettoprinzip;** → § 2 Rn. 80) mithilfe des am Markt hinzuerworbenen Vermögens finanziell gesichert hat. Dahinter steht der Leitgedanke, dass Erwerbsbezüge, die für den Steuerpflichtigen objektiv oder subjektiv indisponibel sind, für die Erbringung einer Steuerleistung nicht zur Verfügung stehen (→ § 12 Rn. 21).

38 Obschon das Bundesverfassungsgerichts nur das Prinzip der Besteuerung nach der wirtschaftlichen Leistungsfähigkeit unmittelbar aus Art. 3 Abs. 1 GG herleitet, die Frage nach dem Verfassungsrang des objektiven Nettoprinzips hingegen ausdrücklich offen lässt (vgl. BVerfG 9.12.2008 – 2 BvL 1/07 ua, BVerfGE 122, 210; BVerfG 6.7.2010 – 2 BvL 13/09, BVerfGE 126, 268; siehe auch BFH 10.9.2015 – IV R 8/13, BStBl. II 2015, 1046), ist auch letzteres verfassungsrechtlich abgesichert (so ausdrücklich BVerfG 6.7.2010 – 2 BvL 13/09, BVerfGE 126, 268). Denn Art. 3 Abs. 1 GG verlangt, dass der Gesetzgeber einmal getroffene (Belastungs-)Grundentscheidungen **folgerichtig** im Sinne der **Belastungsgleichheit** umsetzt (BVerfG 27.6.1991 – 2 BvR 1493/89, BVerfGE 84, 239; BVerfG 30.9.1998 – 2 BvR 1818/91, BVerfGE 99, 88; BVerfG 29.3.2017 – 2 BvL 6/11, FR 2017, 577 (579)); → § 2 Rn. 70 ff.; stellvertretend für eine Vielzahl kritischer Stimmen im wissenschaftlichen Schrifttum *Lepsius* JZ 2009, 260 (261): „Das Dickicht von genuin verfassungsrechtlichen und bloß steuerrechtlichen Prinzipien wird seit 1991 durch ein ‚Gebot der Folgerichtigkeit' überlagert, welches das Dickicht der Prinzipien lichten soll, im Ergebnis aber als formelles Metaprinzip zur Aushöhlung der mittels anderer Prinzipien gewährten materiellen Differenzierungsmöglichkeiten führt."). Insofern § 9 bei der Ausgestaltung des Werbungskostenabzugs vom objektiven Nettoprinzip abweicht, besteht daher verfassungsrechtlicher Rechtfertigungsbedarf. In den Worten des Bundesverfassungsgerichts: „Ausnahmen von der folgerichtigen Umsetzung der mit dem objektiven Nettoprinzip getroffenen Belastungsentscheidung bedürfen eines besonderen, sachlich rechtfertigenden Grundes" (BVerfG 4.12.2002 – 2 BvR 400/98 und 2 BvR 1735/00, BVerfGE 107, 27). Zur verfassungsgerichtlichen Prüfung einzelner Teilregelungen des § 9 am Maßstab des Folgerichtigkeitsgebots → Rn. 72 ff.

39 *Einstweilen frei*

40 **b) Unionsrecht.** Ob die Regelung des § 9 angesichts der Verankerung des Allgemeinen Gleichheitssatzes in **Art. 20 der Charta der Grundrechte der EU** (ChGrEU) inhaltsgleiche Direktiven aus dem Unionsrecht empfängt, ist bislang ungeklärt. Fest steht aber, dass das Einkommensteuerrecht – obschon die EU-Organe auf diesem Gebiet bislang keine Rechtsetzungstätigkeit entfaltet haben – vom normativen Anspruch der Unionsgrundrechte erreicht wird. Zwar sind die EU-Mitgliedstaaten gemäß Art. 51 Abs. 1 S. 1 ChGrEU „ausschließlich bei der Durchführung des Rechts der Union" an die Charta gebunden. „Durchgeführt" iSv Art. 51 Abs. 1 S. 1 ChGrEU wird Unionsrecht aber nicht nur bei der legislativen Umsetzung von EU-Richtlinien und dem administrativen Vollzug von EU-Verordnungen, sondern auch dann, wenn ein Mitgliedstaat eine Grundfreiheit des AEUV beschränkt (GSH/*Terhechte* ChGrEU Art. 51 Rn. 10 mwN). Die umfangreiche Judikatur des EuGH zur Vereinbarkeit des nationalen Rechts der direkten Steuern mit den Grundfreiheiten des AEUV legt beredtes Zeugnis dafür, dass die Einkommensteuergesetze der EU-Mitgliedstaaten vielfach Differenzierungen zu Lasten des grenzüberschreitend agierenden Wirtschaftsverkehrs enthalten. Gemäß der Rechtsprechung des EuGH wirken die unionsgrundrechtlichen Garantien, darunter auch die des Art. 20 ChGrEU, in solchen Fällen als **„Schranken-Schranken" der EU-Grundfreiheiten** (grundlegend EuGH 18.6.1991 – C-260/89, Slg. 1991 I-2925 – ERT). Der Sache nach sind die subjektiv-rechtlichen Gewährleistungsinhalte des Art. 20 ChGrEU jenen der EU-Grundfreiheiten somit schutzverstärkend zur Seite gestellt. Dafür, dass zu den schutzverstärkend zur Seite gestellten gleichheitsgrundrechtlichen Gewährleistungsinhalten auch das Prinzip leistungsfähigkeitsgerechter Besteuerung gehört, spricht, dass dieses Prinzip in nahezu allen EU-Mitgliedstaaten verfassungsrechtlich verankert ist (vgl. *Bardini* Intertax 2010, 2 (18)), sodass es sich insoweit um eine „gemeinsame Verfassungsüberlieferung der Mitgliedstaaten" iSv Art. 52 Abs. 4 ChGrEU handelt. Einkommensteuerrechtliche Regelungen, die eine Beschränkung der EU-Grundfreiheiten bewirken, sind einer das Verdikt der Grundfreiheitswidrigkeit abwendenden Rechtfertigung daher nur zugänglich, wenn sie mit dem steuerlichen Leistungsfähigkeitsprinzip in Einklang stehen.

Darüber hinaus erscheint es geboten, die Gewährleistungen der ChGrEU insoweit, als die 41 Grundfreiheitskonformität der mitgliedstaatlichen Einkommensteuerrechtsordnungen zur Prüfung steht, zugleich als **unionsrechtsimmanente Schranken der Art. 34 f., 45, 49, 56 und 63 AEUV** zur Anwendung zu bringen. Hierdurch würde es ermöglicht, die einseitig auf die Verwirklichung des Binnenmarktprinzips ausgerichteten EU-Grundfreiheiten mit den Anforderungen **interpersonaler Steuergerechtigkeit** in Ausgleich zu bringen: Grundfreiheitbeschränkende mitgliedstaatliche Steuervorschriften könnten dem Verdikt der Grundfreiheitswidrigkeit entgehen, wenn und soweit sie sich als zur folgerichtigen Umsetzung eines leistungsfähigkeitsgerecht gefassten steuerrechtlichen Ausgangstatbestands erforderlich erweisen (siehe dazu *Straßburger* Ergänzbares Lexikon des Rechts – 6/1350, 14 f.). Eine solche Perspektivenweitung wäre nicht zuletzt auch deshalb zu begrüßen, weil die Anforderungen **interstaatlicher Steuergerechtigkeit** in der Grundfreiheitsrechtsprechung des EuGH bereits seit geraumer Zeit Berücksichtigung finden. So anerkannte der EuGH in seiner Leitentscheidung „Marks & Spencer" aus dem Jahre 2005 (EuGH 13.12.2005 – C-446/03, Slg. 2005 I-10837) die Wahrung einer ausgewogenen Aufteilung der Besteuerungsbefugnisse zwischen den Mitgliedstaaten ausdrücklich als ein zwingendes Allgemeininteresse, welches geeignet sei, Beschränkungen der EU-Grundfreiheiten zu rechtfertigen. Indes qualifizieren sich die Anforderungen interpersonaler Steuergerechtigkeit, allen voran das gleichheitsgrundrechtlich unterlegte Leistungsfähigkeitsprinzip, mindestens ebenso sehr zu einem berücksichtigungswürdigen Allgemeinwohlbelang wie die Anforderungen interstaatlicher Steuergerechtigkeit. Eingedenk dessen erscheint es angezeigt, die Kodifizierung des Allgemeinen Gleichheitssatzes in der EU-Grundrechte-Charta zum Anlass zu nehmen, den Kreis der abstimmungsbedürftigen Wertungen des Unionsrechts mit ertragsteuerlichem Bezug um Elemente der interpersonalen Steuergerechtigkeit zu ergänzen. Das rechtsdogmatische Vehikel bestünde insoweit darin, Art. 20 ChGrEU im Zusammenhang mit der Überprüfung des mitgliedstaatlichen (Einkommen-)Steuerrechts am Maßstab der EU-Grundfreiheiten eine Doppelfunktion als **Schranken-Schranke und Schranke** der Art. 34 f., 45, 49, 56 und 63 AEUV zuzuweisen. Im Ergebnis würde das Leistungsfähigkeitsprinzip damit zu einem zentralen Kriterium der Grundfreiheitskonformität der nationalen Einkommensteuerrechtsordnungen erstarken.

Einstweilen frei 42–43

4. Verhältnis zu anderen Bestimmungen

Die Vorschrift des **§ 3c Abs. 1** bestimmt, dass Aufwendungen, die mit steuerfreien Ein- 44 nahmen in unmittelbarem wirtschaftlichen Zusammenhang stehen, nicht als Werbungskosten abgezogen werden dürfen. Damit verdrängt § 3c Abs. 1 als lex specialis das Werbungskostenabzugsgebot des § 9 Abs. 1 S. 2 (→ Rn. 246). Entsprechendes gilt für **§ 3c Abs. 2:** Insoweit diese Vorschrift ein – mit den Steuerbefreiungstatbeständen nach § 3 Nr. 40 und 40a korrespondierendes – anteiliges Abzugsverbot von Werbungskosten im Rahmen des sog. Teileinkünfteverfahrens statuiert, verdrängt auch sie die Regelung des § 9 Abs. 1 S. 2 (→ § 3c Rn. 122).

§ 4 Abs. 4 definiert den Betriebsausgabenbegriff. Die Vorschrift konkretisiert das objek- 45 tive Nettoprinzip für die Gewinneinkunftsarten und bildet damit das funktionale Äquivalent zu § 9. Trotz der unterschiedlichen Legaldefinition stimmen der Betriebsausgabenbegriff und der Werbungskostenbegriff ihrem wesentlichen Inhalt nach überein, denn der BFH und weite Teile des wissenschaftlichen Schrifttums interpretieren beide Tatbestände einheitlich im Sinne des **Veranlassungsprinzips** (→ Rn. 4; → Rn. 148 ff.). Der Grund liegt in der strukturellen Kongruenz der sieben Einkünfteerzielungstatbestände des EStG: Ihre Verwirklichung bedingt, dass der Steuerpflichtige von einer bestimmten Erwerbsgrundlage in der Absicht Gebrauch macht, einen Überschuss der Erwerbsbezüge über die Erwerbsaufwendungen zu erzielen (vgl. BVerfG 30.9.1998 – 2 BvR 1818/91, BVerfGE 99, 88). Vor diesem Hintergrund vermag allein die Unterscheidung zwischen den verschiedenen Einkunftsarten in § 2 Abs. 1 eine Ungleichbehandlung in den Rechtsfolgen nicht zu rechtfertigen (vgl. BVerfG 8.10.1991 – 1 BvL 50/86, BVerfGE 84, 348; BVerfG 10.4.1997 – 2 BvL 77/92, BVerfGE 96, 1; BVerfG 30.9.1998 – 2 BvR 1818/91, BVerfGE 99, 88). Will der Gesetzgeber an diese Unterscheidung belastungsergebniserhebliche Folgen knüpfen, so bedarf es hierfür eines „besonderen sachlichen Grundes" (BVerfG 8.10.1991 – 1 BvL 50/86, BVerfGE 84, 348; BVerfG 10.4.1997 – 2 BvL 77/92, BVerfGE 96, 1; BVerfG 30.9.1998 – 2 BvR 1818/91, BVerfGE 99, 88). Den wesentlichsten Belastungsunterschied bewirkt § 2 Abs. 2, der für die Einkunftsarten nach § 2 Abs. 1 S. 1 Nr. 1 bis 3 (Gewinneinkunftsarten) eine Quantifizierung unter Orientierung an der sog. „modifizierten Reinvermögenszugangstheorie" (→ § 2 Rn. 144 f.) anordnet, die Quantifizierung der Einkünfte nach § 2 Abs. 1 S. 1 Nr. 4 bis 7 (Überschusseinkunfstarten) hingegen an der sog. „Quellentheorie" (→ § 2 Rn. 142 f.) ausrichtet (sog. **„Dualismus der Einkünfteermittlung"**). Als Folge dessen sind Wertveränderungen des zur Einkünfteerzielung eingesetzten Vermögens bei den Einkunftsarten nach § 2 Abs. 1 S. 1 Nr. 1 bis 3 strukturell in die Einkünfteermittlung einbezogen, bei den Einkunftsarten nach § 2 Abs. 1 S. 1 Nr. 4 bis 7 indes grundsätzlich ausgegrenzt. Das Bundesverfassungsgericht hat den Dualismus der Einkünfteermittlung in drei Entscheidungen aus den Jahren 1969 und 1970 für verfassungskonform befunden (BVerfG 9.7.1969 – 2 BvL 20/65, BVerfGE 26, 302; BVerfG 7.10.1969 – 2 BvL 3/66, 2 BvR 701/64, BVerfGE 27, 111; BVerfG 11.5.1970 – 1 BvL 17/67, BVerfGE 28, 227). Zu den Folgen des Dualismus der Einkünfteermittlung im Zusammenhang mit Aufwendungen auf das zur Einkünfteerzielung eingesetzte Vermögen im Bereich der Gewinneinkunftsarten einerseits und im Bereich der Überschusseinkunftsarten andererseits → Rn. 171.

46 **§ 8 Abs. 1** definiert den Einnahmenbegriff. Im Umkehrschluss aus dieser Definition ergibt sich, dass unter „Aufwendungen" iSv § 9 Abs. 1 S. 1 sämtliche Abflüsse in Geld oder Geldeswert zu verstehen sind (→ Rn. 98). Bei der von § 2 Abs. 2 S. 1 Nr. 2 zum Zwecke der Einkünfteermittlung angeordneten Subtraktion bildet die Summe der Einnahmen aus der jeweiligen Einkunftsart den Minuenden, die Summe der Werbungskosten aus der jeweiligen Einkunftsart den Subtrahenden. Einnahmen iSv § 8 stellen insofern die positive Komponente des Einkünftebegriffs dar, Werbungskosten iSv § 9 die negative Komponente.

47 **§ 9a** statuiert eine gesetzliche Vermutung für den Anfall von Aufwendungen iSd § 9, indem er für bestimmte Einkunftsbereiche (Mindest-)Beträge festlegt, die nachweisfrei als Werbungskosten abzuziehen sind. Der Sache nach handelt es sich hierbei um eine konstitutive Sonderregelung, die den Steuerpflichtigen in bestimmten Grenzen von der Notwendigkeit entbindet, den Anfall von Werbungskosten durch Vorlage entsprechender Belege etc. glaubhaft zu machen (→ § 9a Rn. 2 f.).

48 Während § 9 der Verwirklichung des objektiven Nettoprinzips dient, sind die Sonderausgabentatbestände der **§§ 10–10b** primär auf die Verwirklichung des subjektiven Nettoprinzips ausgerichtet (→ § 10 Rn. 1 ff.; → § 12 Rn. 52 ff.). Steuersystematisch genießt der Werbungskostenabzug Vorrang gegenüber dem Sonderausgabenabzug: Werbungskosten sind gemäß § 2 Abs. 2 S. 1 Nr. 2 schon bei der Ermittlung der Einkünfte steuermindernd zu berücksichtigen, während Sonderausgaben gemäß § 2 Abs. 4 erst vom Gesamtbetrag der Einkünfte in Abzug zu bringen sind. Aufwendungen, die als Werbungskosten abziehbar sind und zugleich die Voraussetzungen eines Sonderausgabentatbestands erfüllen, müssen daher im Rahmen von § 2 Abs. 2 S. 1 Nr. 2 iVm § 9 steuermindernd Berücksichtigung finden (vgl. BFH 18.4.1996 – VI R 5/95, BStBl. II 1996, 482).

48.1 Die Vorschrift des **§ 10b Abs. 2,** welche bestimmt, dass Zuwendungen an politische Parteien als Sonderausgaben in Ansatz zu bringen sind, begründet keine Ausnahme von diesem Vorrangverhältnis. Denn aus § 9 Abs. 5 S. 1 iVm § 4 Abs. 6 ergibt sich, dass derartige Aufwendungen unabhängig davon, ob ihnen eine berufliche Mitveranlassung zugrunde liegt oder nicht, vom Werbungskostenabzug ausgeschlossen sind. Als Folge dessen besteht von vornherein kein Konkurrenzverhältnis, dass – in Abkehr vom allgemeinen Grundsatz – im Sinne eines Vorrangs des Sonderausgabentatbestands des § 10b Abs. 2 aufgelöst werden könnte (aA HHR/*Kreft* § 9 Rn. 27; Schmidt/*Loschelder* § 9 Rn. 5: § 10b Abs. 2 als „lex specialis" im Verhältnis zu § 9).

§ 11 Abs. 2 ergänzt die Werbungskosten-Regelung dahingehend, dass er den in § 9 offen gelassenen Aspekt der zeitlichen Zuordnung von Werbungskosten zu einer bestimmten Steuerperiode regelt (vgl. BFH 7.12.2010 – IX R 70/07, BStBl. II 2011, 346; → § 11 Rn. 135 ff.)). Etwas anderes gilt allein für Aufwendungen zur Anschaffung oder Herstellung von abnutzbaren Wirtschaftsgütern, deren Verwendung durch den Steuerpflichtigen sich erfahrungsgemäß auf einen Zeitraum von mehr als einem Jahr erstreckt. Die zeitliche Zuordnung dieser Art von Werbungskosten richtet sich nach § 9 Abs. 1 S. 3 Nr. 7 (→ Rn. 577 ff.). **49**

§ 12 Nr. 1 S. 2 stellt klar, dass Aufwendungen für die Lebensführung keine Werbungskosten sind, auch wenn der Steuerpflichtige sie zur Förderung seines Berufs tätigt. Die Vorschrift leistet einen zentralen Beitrag zur Abgrenzung der Erwerbs- von der Privatsphäre und konturiert damit zugleich – gewissermaßen aus entgegengesetztem Blickwinkel – den von § 9 Abs. 1 S. 1 vorausgesetzten (Veranlassungs-)Zusammenhang zwischen Aufwendung und Einkünfteerzielungstätigkeit (→ Rn. 145 ff.; → § 12 Rn. 115 ff.). **50**

§ 20 Abs. 9 beschränkt den Werbungskostenabzug bei Einkünften aus Kapitalvermögen auf einen Sparer-Pauschbetrag von 801 EUR – bzw. 1.602 EUR bei zusammenveranlagten Ehegatten – und schließt den Ansatz der tatsächlichen Werbungskosten aus. In seinem Anwendungsbereich verdrängt § 20 Abs. 9 als Spezialvorschrift die allgemeine Werbungskosten-Regelung (→ § 20 Rn. 1472 ff.). Bei den Einkünften aus Kapitalvermögen gelangt § 9 deshalb nur zur Anwendung, soweit das Gesetz die Anwendung des spezielleren § 20 Abs. 9 ausdrücklich ausschließt (vgl. § 2 Abs. 2 S. 2 iVm § 32d Abs. 2 Nr. 1 S. 2 und Nr. 3 S. 2). **51**

Gemäß § 33 Abs. 2 S. 2 bleiben Aufwendungen, die zu den Werbungskosten gehören, bei den außergewöhnlichen Belastungen (**§§ 33–33b**) „außer Betracht". Entscheidend ist, dass die betreffenden Aufwendungen „ihrer Art nach" Werbungskosten sind (vgl. Schmidt/*Loschelder* § 33 Rn. 4; siehe auch BFH 29.11.1991 – III R 191/90, BStBl. II 1992, 293). Weder ein einschlägiges Werbungskosten-Abzugsverbot noch eine Verlustverrechnungsbeschränkung auf der Werbungskostenebene erlauben daher den (subsidiären) Abzug als außergewöhnliche Belastung. **52**

Einstweilen frei **53–54**

II. Normstruktur und zentrale Debatten

1. Inhalt der Norm

§ 9 ist insgesamt recht unübersichtlich strukturiert. Mit Blick auf ihren Regelungsinhalt lassen sich die einzelnen Teil-Bestimmungen des § 9 grob in drei Gruppen einteilen. **(1) Definition des Werbungskostenbegriffs:** § 9 Abs. 1 S. 1 definiert den allgemeinen Werbungskostenbegriff; § 9 Abs. 1 S. 3 und Abs. 4a normieren – teils deklaratorisch, teils konstitutiv – besondere Werbungskostentatbestände; § 9 Abs. 6 legt fest, dass bestimmte Aufwendungen keine Werbungskosten sind. **(2) Ergänzende Regelungen:** § 9 Abs. 2, Abs. 3, Abs. 4 und Abs. 5 S. 2 Alt. 2 enthalten ergänzende Regelungen betreffend die besonderen Werbungskostentatbestände. **(3) Rechtsfolge:** § 9 Abs. 1 S. 2 bestimmt die Rechtsfolge der Qualifikation von Aufwendungen als Werbungskosten; § 9 Abs. 5 S. 1 und Abs. 2 Alt. 1 statuieren Ausnahmen von dieser Rechtsfolgenanordnung. Im Einzelnen: **55**

§ 9 **Abs. 1 S. 1** definiert den allgemeinen Werbungskostenbegriff. **56**

§ 9 **Abs. 1 S. 2** enthält eine Rechtsfolgenanordnung. Die Vorschrift bestimmt, dass als Werbungskosten zu qualifizierende Aufwendungen bei derjenigen Einkunftsart abzuziehen sind, zu der sie wirtschaftlich gehören. **57**

§ 9 **Abs. 1 S. 3 Nr. 1 bis 7** und **Abs. 4a** enthalten Beispiele für Werbungskosten. Als „besondere" Werbungskostentatbestände sind sie lex specialis zur Regelung des § 9 Abs. 1 S. 1. **58**

§ 9 **Abs. 2** bestimmt, dass die für die Wege des Arbeitnehmers zwischen Wohnung und erster Tätigkeitsstätte sowie für Familienheimfahrten anzusetzende Entfernungspauschale Abgeltungswirkung entfaltet und trifft zugleich eine hiervon abweichende Sonderregelung für Menschen mit Behinderung. **59**

§ 9 **Abs. 3** regelt, dass die ihrem Wortlaut nach nur für Arbeitnehmer geltenden Regelungen der § 9 Abs. 1 S. 3 Nr. 4 bis 5a, Abs. 2 und 4a bei den Einkünften aus Kapitalvermögen, den Einkünften aus Vermietung und Vermietung sowie den sonstigen Einkünften entsprechend Anwendung finden. **60**

61 § 9 **Abs. 4** definiert den Begriff der „ersten Tätigkeitsstätte".

62 § 9 **Abs. 5 S. 1** ordnet an, dass bestimmte Betriebsausgabenabzugsverbote für den Werbungskostenabzug sinngemäß gelten.

63 § 9 **Abs. 5 S. 2 Alt. 1** bestimmt, dass die Vorschrift des § 4j betreffend die Einschränkung der Abzugsfähigkeit von Aufwendungen für Rechteüberlassungen bei den Überschusseinkunftsarten entsprechend gilt.

64 § 9 **Abs. 5 S. 2 Alt. 2** bestimmt, dass die Regelung des § 6 Abs. 1 Nr. 1a betreffend den Abzug von Instandsetzungs- und Modernisierungsaufwendungen, die der Steuerpflichtige im engen zeitlichen Zusammenhang mit der Anschaffung eines Gebäudes tätigt, bei den Überschusseinkunftsarten entsprechend gilt.

65 § 9 **Abs. 6** legt fest, dass Aufwendungen für eine Erstausbildung (Berufsausbildung oder Studium), die nicht im Rahmen eines Dienstverhältnisses stattfindet, keine Werbungskosten sind.

66–68 *Einstweilen frei*

2. Leitentscheidungen

69 **a) Leitentscheidungen des Bundesverfassungsgerichts.** Als Freiheitseingriff unterliegt der Zugriff des Staates auf das Geldvermögen seiner Bürger verfassungsrechtlichen Grenzen. Die Einkommensteuer empfängt ihre verfassungsrechtlichen Direktiven in erster Linie aus dem Allgemeinen Gleichheitssatz: Art. 3 Abs. 1 GG verlangt zwecks Herstellung von Gleichheit im Belastungserfolg die gleichmäßige Anwendung des Einkommensteuergesetzes durch die Finanzbehörden und die Finanzgerichte (sog. **„Rechtsanwendungsgleichheit"**). Gemäß Art. 1 Abs. 3 und 20 Abs. 3 GG ist aber auch der Steuergesetzgeber an den Allgemeinen Gleichheitssatz gebunden (sog. **„Rechtsetzungsgleichheit"**).

70 Das Bundesverfassungsgericht betont in diesem Zusammenhang, dass dem Gesetzgeber bei der Auswahl des Steuergegenstands und bei der Bestimmung des Steuersatzes grundsätzlich ein weitreichender Entscheidungsspielraum zukomme. Allerdings sei die Gestaltungsautonomie der Legislative mit Blick auf Art. 3 Abs. 1 GG insofern begrenzt, als bei der Entfaltung des steuerrechtlichen Ausgangstatbestands die **einmal getroffene Belastungsgrundentscheidung folgerichtig im Sinne der Belastungsgleichheit umgesetzt werden müsse** (BVerfG 27.6.1991 – 2 BvR 1493/89, BVerfGE 84, 239; BVerfG 12.10.2010 – 1 BvL 12/07, BVerfGE 127, 224); kritisch Mellinghoff/Palm/*Kischel* Gleichheit im Verfassungsstaat, 2008, 175 (184): „Diese Forderung steht im Widerspruch zur sonstigen Verfassungsrechtsprechung zum Gleichheitssatz"; siehe aber G. *Kirchhof* HHR/*Kreft* Einführung Rn. 269, der durch zahlreiche Rechtsprechungsnachweise belegt, dass das Bundesverfassungsgericht das Folgerichtigkeitsgebot auf eine Vielzahl weiterer Rechtsgebiete anwendet). Ausnahmen von einer folgerichtigen Umsetzung seien zwar nicht schlechthin unzulässig, bedürften aber – so das Bundesverfassungsgericht – eines besonderen sachlichen Grundes (BVerfG 30.9.1998 – 2 BvR 1818/91, BVerfGE 99, 88). Als zur Rechtfertigung geeignete besondere sachliche Gründe hat das Bundesverfassungsgericht in seiner bisherigen Rechtsprechung vor allem **„außerfiskalische Förderungs- und Lenkungszwecke"** sowie **„Typisierungs- und Vereinfachungserfordernisse"** anerkannt, nicht jedoch den rein fiskalischen Zweck staatlicher Einnahmenerhöhung (vgl. BVerfG 9.12.2008 – 2 BvL 1/07 ua, BVerfGE 122, 210; zum sog. „qualifizierten Fiskalzweck" als rechtfertigenden Sachgrund siehe BFH 26.2.2014 – I R 59/12, DStR 2014, 1761 (1765 f.) mwN; eingehend zum Ganzen *Thiemann* Linien der Rechtsprechung des Bundesverfassungsgerichts, Band 2, 2011, 179 (203 ff.) sowie *Englisch* FS Lang, 2010, 167 (196 ff.)).

71 Beim **objektiven Nettoprinzip** handelt es sich um eine den steuerrechtlichen Ausgangstatbestand der Einkommensteuer kennzeichnende Grundentscheidung des Gesetzgebers, die als solche wertungskonsequent auszuführen ist (vgl. BVerfG 4.12.2002 – 2 BvR 400/98 und 2 BvR 1735/00, BVerfGE 107, 27). Der Werbungskostenabzug dient der rechtspraktischen Umsetzung eben dieser Grundentscheidung und erweist sich infolgedessen als besonders sensibel gegenüber dem Folgerichtigkeitspostulat. Es verwundert daher nicht, dass das Bundesverfassungsgericht bereits mehrfach über die Verfassungsmäßigkeit einzelner Teilregelungen des § 9 zu befinden hatte. Dabei handelte es sich ganz überwiegend um Bestimmungen, die eine punktuelle Durchbrechung des Grundsatzes der (anteiligen) steuermindernden

Berücksichtigung von (auch) beruflich veranlassten Aufwendungen als Werbungskosten anordneten. Obschon das Bundesverfassungsgericht bekundet, dass sich dem Gesetzgeber bei der einkommensteuerrechtlichen Behandlung derartiger Aufwendungen erhebliche Typisierungsspielräume eröffnen (vgl. BVerfG 9.12.2008 – 2 BvL 1/07 ua, BVerfGE 122, 210), qualifizierte es einschlägige abzugsbeschränkende Bestimmungen des § 9 mehrfach als ungerechtfertigte und somit verfassungswidrige Abweichungen vom Gebot der folgerichtigen Umsetzung des objektiven Nettoprinzips.

So beanstandete das Bundesverfassungsgericht zB die Annahme des Gesetzgebers, bei einem Wechsel des Arbeitsplatzes sei nach Ablauf eines bestimmten Übergangszeitraums stets die private Entscheidung für die Beibehaltung des alten Wohnsitzes maßgeblicher Veranlassungsgrund für die **doppelte Haushaltsführung** des Steuerpflichtigen. Jedenfalls in Bezug auf die Fallgruppen „Kettenabordnung" (dh mehrere, unmittelbar aufeinander folgende Abordnungen eines Arbeitnehmers an einen fremden Beschäftigungsort) und „an verschiedenen Orten beiderseits berufstätige Ehegatten" befand das Bundesverfassungsgericht diese Typisierung für nicht realitätsgerecht. Es erklärte § 9 Abs. 1 S. 3 Nr. 5 S. 3 in der Fassung des Jahressteuergesetzes 1996 vom 11.10.1995 (BGBl. 1995 I 1250 (1256)), der eine zeitliche Begrenzung der steuerlichen Abzugsfähigkeit von Mehraufwendungen für *sämtliche* Fälle doppelter Haushaltsführung (dh einschließlich der beiden vorgenannten Konstellationen) vorsah, deshalb für unvereinbar mit Art. 3 Abs. 1 GG (BVerfG 4.12.2002 – 2 BvR 400/98 und 2 BvR 1735/00, BVerfGE 107, 27). 72

Die Anforderungen zulässiger Typisierung verfehlte der Gesetzgeber nach Auffassung des Bundesverfassungsgerichts ein weiteres Mal, als er mit dem Erlass des Steueränderungsgesetzes 2007 vom 19.7.2006 (BGBl. 2006 I 1652 (1653)) die Bestimmungen zur **Entfernungspauschale** dahingehend reformierte, dass Aufwendungen des Arbeitnehmers für Fahrten zwischen Wohnung und Arbeitsstätte nunmehr erst ab dem 21. Entfernungskilometer „wie" Werbungskosten abzugsfähig sein sollten. Das Bundesverfassungsgericht urteilte, dass eine Nichtberücksichtigung jener Fahrtaufwendungen, die auf die ersten 20 Entfernungskilometer entfallen, verfassungsrechtlich nicht gerechtfertigt sei (BVerfG 9.12.2008 – 2 BvL 1/07 ua, BVerfGE 122, 210). Zur Begründung führte es an, dass es sich bei der räumlichen Entfernung zwischen Wohnung und Arbeitsplatz um ein Kriterium handle, welches für eine typisierende Bewertung und Gewichtung beruflicher wie privater Veranlassungsmomente von Wegeaufwendungen offenkundig ungeeignet sei. In Wahrheit habe der Gesetzgeber „nicht von seiner Typisierungsbefugnis Gebrauch gemacht, sondern sich von Erwägungen leiten lassen, die mit einer zulässigen Typisierung in keinem erkennbaren Zusammenhang stehen". Da die streitbefangene Neuregelung aber auch nicht „jenes Mindestmaß an konzeptioneller Neuorientierung" aufgewiesen habe, das für einen Systemwechsel notwendig sei, habe der Gesetzgeber die gleichheitsgrundrechtlichen Grenzen seiner Gestaltungsfreiheit überschritten, als er das aus dem objektiven Nettoprinzip folgende Veranlassungsprinzip punktuell durch das sog. „Werkstorprinzip" ersetzte. 73

Im Jahr 2010 hatte das Bundesverfassungsgericht sodann erneut über die Verfassungsmäßigkeit einer den Werbungskostenabzug beschränkenden Regelung zu entschieden. Mit Urteil vom 6.7.2010 (2 BvL 13/09, BVerfGE 126, 268) befand es § 9 Abs. 5 S. 1 iVm § 4 Abs. 5 S. 1 Nr. 6b in der seit Inkrafttreten des Steueränderungsgesetzes 2007 vom 19.7.2006 (BGBl. 2006 I 1652) geltenden Fassung für unvereinbar mit Art. 3 Abs. 1 GG, soweit der dort normierte Ausschluss des Werbungskostenabzugs von Aufwendungen für ein **häusliches Arbeitszimmer** unterschiedslos auch für solche Fälle galt, in denen dem Steuerpflichtigen für seine berufliche Tätigkeit kein anderer Arbeitsplatz zur Verfügung stand. Der Mangel eines alternativen Arbeitsplatzes liefere in derartigen Fällen die leicht nachprüfbare Tatsachenbasis für die Feststellung der tatsächlich beruflichen Nutzung des häuslichen Arbeitszimmers. Hinsichtlich der Fallgruppe „kein anderer Arbeitsplatz" habe das prüfungsgegenständliche Abzugsverbot für Arbeitszimmeraufwendungen daher das Gebot hinreichend realitätsgerechter Typisierung verfehlt. 74

Gegenwärtig stehen Umfang und Grenzen der Typisierungsbefugnis des Gesetzgebers im Zusammenhang mit der **Werbungskostenqualifikation von Erstausbildungskosten** zur Debatte. Der BFH hält die Vorschrift des § 9 Abs. 6, welche bestimmt, dass Erstausbildungskosten keine Werbungskosten sind, sofern die Erstausbildung nicht im Rahmen eines Dienstverhältnisses stattfindet, für verfassungswidrig und hat deshalb ein Vorlageverfahren zum Bundesverfassungsgericht eingeleitet (→ Rn. 678). 75

76–83 *Einstweilen frei*

84 **b) Leitentscheidungen des Bundesfinanzhofs.** Der BFH hat die inhaltliche Ausdeutung und dogmatische Durchdringung des § 9 durch seine höchstrichterliche Rechtsprechung maßgeblich geprägt und befördert. Als richtungweisend sind in diesem Zusammenhang ua die nachstehend erläuterten Entscheidungen hervorzuheben.

85 **aa) Abkehr vom Finalzusammenhang und Hinwendung zum Veranlassungsprinzip.** Nachdem der BFH in seiner frühen Rechtsprechung Aufwendungen entsprechend dem Wortlaut des § 9 Abs. 1 S. 1 nur als Werbungskosten anerkannte, wenn sie in einem Finalzusammenhang mit der Erwerbung, Sicherung oder Erhaltung steuerpflichtiger Einnahmen standen (so noch BFH 15.11.1957 – VI 79/55 U, BStBl. III 1958, 103), betonte der VI. Senat des Gerichts in seinem Urteil vom 3.2.1962 (BFH 2.3.1962 – VI 79/60 S, BStBl. III 1962, 192), dass man den Begriff „Werbungskosten" bei den Einkünften aus nichtselbständiger Arbeit als „Aufwendungen des Arbeitnehmers, die durch das Dienstverhältnis veranlaßt sind", definieren könne. Der dadurch eingeleiteten Abkehr vom streng finalen Werbungskostenbegriff schloss sich der VIII. Senat des BFH im Jahr 1972 ausdrücklich an. In seinem Urteil vom 25.7.1972 (BFH 25.7.1972 – VIII R 56/68, BStBl. II 1972, 880) führte er aus, dass der Werbungskostenbegriff bei den Einkünften aus Vermietung und Verpachtung „ebenso wie bei den Einkünften aus nichtselbständiger Arbeit nicht nur rein final, sondern auch kausal zu sehen [ist] in dem Sinn, daß als Werbungskosten bei den Einkünften aus Vermietung und Verpachtung die Aufwendungen anzusehen sind, die durch die Vermietung und Verpachtung verursacht oder veranlaßt sind". Vollendet wurde der Wechsel hin zum Veranlassungsprinzip spätestens durch den Beschluss des Großen Senats des BFH vom 28.11.1977 (BFH 28.11.1977 – GrS 2-3/77, BStBl. II 1978, 105), in dem dieser hervorhob, dass die Abzugsfähigkeit von erwerbsbedingten Aufwendungen bei den Überschusseinkunftsarten grundsätzlich nicht anders beurteilt werden könne als bei Betriebsausgaben. Entscheidend für die Abzugsfähigkeit von Aufwendungen als Betriebsausgaben (§ 4 Abs. 4) oder Werbungskosten (§ 9) sei stets die betriebliche bzw. berufliche Veranlassung (→ Rn. 148). Dem ist zuzustimmen, denn die Einkommensteuer ist schon aus verfassungsrechtlichen Gründen (Art. 3 Abs. 1 GG) darauf angelegt, die durch Erwerbsbetätigung generierte wirtschaftliche Leistungsfähigkeit unabhängig von der einschlägigen Einkunftsart gleich zu belasten („synthetische Einkommensteuer"). Dies bedingt, dass die Zuordnung von Aufwendungen zur Erwerbs- bzw. Privatsphäre bei den Gewinneinkunftsarten wie bei den Überschusseinkunftsarten grundsätzlich denselben Kriterien folgt.

86 *Einstweilen frei*

87 **bb) Anerkennung sog. „vorab veranlasster" Werbungskosten.** Von erheblicher dogmatischer wie auch rechtspraktischer Bedeutung sind ferner jene Judikate des BFH, in denen das Gericht die Anforderungen an die Werbungskostenqualifikation solcher erwerbsbezogener Aufwendungen konkretisiert, die ein Steuerpflichtiger tätigt, noch bevor ihm Einnahmen aus einer Einkünfteerzielungstätigkeit iSd § 2 Abs. 1 S. 1 Nr. 4 bis 7 zufließen. Bereits in seinem Urteil vom 3.11.1961 (BFH 3.11.1961 – VI R 196/60 U, BStBl. III 1962, 123) hob der BFH hervor, dass Werbungskosten schon anfallen können, bevor im Rahmen einer Einkunftsart Einnahmen erzielt werden. Allerdings dürfe mit den Aufwendungen „nicht nur irgendeine noch unsichere Einkommensquelle angestrebt werden". Werbungskosten lägen vielmehr nur dann vor, „wenn zwischen den Aufwendungen und einer bestimmten Einkunftsart eine klar erkennbare Beziehung besteht" (vgl. BFH 22.7.2003 – VI R 137/99, BStBl. II 2004, 888, betr. berufsbezogene Weiterbildung während eines Erziehungsurlaubs; BFH 2.12.2005 – VI R 63/03, BStBl. II 2006, 329, betr. Arbeitszimmeraufwendungen eines Erwerbslosen zur Vorbereitung auf eine künftige Erwerbstätigkeit; BFH 16.6.2015 – IX R 21/14, BFH/NV 2015, 1567, betr. Aufwendungen für den Umbau eines Mehrfamilienhauses mit Blick auf eine künftige Vermietung). Zum Ganzen → Rn. 179 ff.

88 *Einstweilen frei*

89 **cc) Personelle Zuordnung erwerbsbezogener Aufwendungen.** Ebenfalls von grundlegender Bedeutung ist die Rechtsprechung des BFH zu den Voraussetzungen der Werbungskostenabzugsberechtigung in persönlicher Hinsicht. Der Große Senat des BFH hat diesbezüglich in einer Reihe von Beschlüssen den Grundsatz formuliert, dass Erwerbsauf-

sind etwa die Kosten einer gemischt veranlassten Reise grundsätzlich nach Maßgabe der jeweils beruflich und privat veranlassten Zeitanteile aufzuteilen (vgl. BFH 21.9.2009 – GrS 1/06, BStBl. II 2010, 672; zur Frage der Abgrenzbarkeit von beruflichen und privaten Veranlassungsfaktoren siehe auch BFH 13.3.1964 – IV 158/61 S, BStBl. III 1964, 455 sowie BFH 19.10.1970 – GrS 2/70, BStBl. II 1971, 17; zum jeweils anzuwendenden Aufteilungsmaßstab sowie Schmidt/*Loschelder* § 9 Rn. 58 ff.).

Liegt diese Voraussetzung nicht vor, greifen die beruflichen und privaten Veranlassungsbeiträge also derart ineinander, dass eine **Abgrenzung nicht möglich** ist, so erübrigt sich die Subsumtion unter das „Zusammenhang-Erfordernis" des § 9 Abs. 1 S. 1, da § 12 Nr. 1 S. 2 für derartige Aufwendungen ausdrücklich ein Abzugsverbot anordnet (vgl. BFH 21.9.2009 – GrS 1/06, BStBl. II 2010, 672). An objektivierbaren Kriterien der Aufteilung fehlt es insbesondere bei Aufwendungen, die im Einzelfall zwar einen Erwerbsbezug aufweisen, zugleich aber zum Bestreiten des Lebensunterhalts zwingend notwendig sind (sog. **„unverzichtbare Lebensführungsaufwendungen"**, zB Aufwendungen für Essen, Trinken, Kleidung, Wohnung; vgl. dazu BFH 27.5.1994 – VI R 67/92, BStBl. II 1995, 17; BFH 21.9.2009 – GrS 1/06, BStBl. II 2010, 672 sowie Blümich/*Thürmer* § 12 Rn. 101 f.; eingehend zum gesamten Problemkreis „gemischt veranlasste Aufwendungen" → § 12 Rn. 132 ff.). 168

Einstweilen frei 169–170

bb) Aufwendungen auf das zur Einkünfteerzielung eingesetzte Vermögen. 171
Schwierigkeiten bereitet die Abgrenzung zwischen der Erwerbssphäre und der Privatsphäre nach Maßgabe des Veranlassungsprinzips ferner dort, wo der Steuerpflichtige Aufwendungen auf Gegenstände tätigt, die er zur Erzielung von Überschusseinkünften einsetzt. Das **Veranlassungsprinzip gerät hier in Konflikt mit dem quellentheoretischen Charakter der Überschusseinkunftsarten,** der sich einer steuermindernden Berücksichtigung von Aufwendungen auf den Vermögensstamm grundsätzlich entgegenstellt (sog. „Vermögensneutralitätsgrundsatz"; vgl. BFH 1.10.1982 – VI R 192/79, BStBl. II 1983, 17, betr. Schuldzinsen für einen Kredit zur Finanzierung der Anschaffung eines Pkw, den der Arbeitnehmer auch für Fahrten zwischen Wohnung und Tätigkeitsstätte benutzt; BFH 21.12.1982 – VIII R 215/78, BStBl. II 1983, 410, betr. Zahlungen zur Befreiung eines Grundstücks von einer dinglichen Belastung zwecks Sicherung des Anspruchs auf Erbbauzins; siehe auch BFH 23.9.2013 – VIII B 40/13, BFH/NV 2014, 40). Der Problembereich „Aufwendungen auf das zur Einkünfteerzielung eingesetzte Vermögen" zeigt, dass auch durch eine veranlassungsbezogene Interpretation des Werbungskostenbegriffs **keine vollumfängliche Gleichbehandlung der Überschusseinkunftsarten mit den Gewinneinkunftsarten** hinsichtlich der steuermindernden Berücksichtigung von Wertabgaben mit Erwerbsbezug erreicht werden kann. Die unterschiedliche rechtstheoretische Fundierung der Überschusseinkunftsarten einerseits („Quellentheorie") und der Gewinneinkunftsarten andererseits („modifizierte Reinvermögenszugangstheorie") lässt eine vollständig kongruente Konkretisierung des objektiven Nettoprinzips nicht zu (kritisch zur Vereinbarkeit des Einkünftedualismus mit Art. 3 Abs. 1 GG Tipke/Lang/*Hey* StR § 8 Rn. 185 mwN). Denn während die Einkunftsarten nach § 2 Abs. 1 S. 1 Nr. 4 bis 7 (Überschusseinkunftsarten) durch die Unterscheidung zwischen steuerlich irrelevantem „Vermögensstamm" und steuerlich relevanter „Fruchtziehung" geprägt sind, existiert bei den Einkunftsarten nach § 2 Abs. 1 S. 1 Nr. 1 bis 3 (Gewinneinkunftsarten) mit Blick auf das zur Einkünfteerzielung eingesetzte Vermögen kein steuerlich irrelevanter (Teil-)Bereich.

Der Umstand, dass das vom Steuerpflichtigen zur Erzielung von Einkünften eingesetzte Vermögen bei den auf der Quellentheorie basierenden Überschusseinkunftsarten nicht wertmäßig verhaftet, dh nicht konzeptionell in die Einkünfteermittlung einbezogen ist, zwingt indes nicht dazu, sämtlichen Aufwendungen mit Vermögensbezug pauschal die Werbungskosteneigenschaft abzusprechen. Dagegen spricht bereits, dass der Gesetzgeber in § 9 bestimmte Aufwendungen auf das zur Erzielung von Einkünften eingesetzte Vermögen ausdrücklich als Werbungskosten qualifiziert (zB Aufwendungen für Arbeitsmittel (§ 9 Abs. 1 S. 3 Nr. 6), Schuldzinsen (§ 9 Abs. 1 S. 3 Nr. 1)). Es ist daher eine differenzierende Betrachtung in der Weise geboten, dass nach der Art der jeweiligen Aufwendung zu beurteilen ist, **ob im konkreten Fall der Erwerbsbezug oder der Bezug zum Vermögen überwiegt** (Kirchhof/*von Beckerath* § 9 Rn. 15; Blümich/*Thürmer* § 9 Rn. 136, 139; vgl. auch BFH 172

4.5.1993 – VIII R 7/91, BStBl. II 1993, 832; BFH 7.12.1999 – VIII R 8/98, BFH/NV 2000, 825). Angesichts der funktionalen Ausrichtung des § 9 auf die Verwirklichung des verfassungsrechtlich fundierten Postulats einer leistungsfähigkeitsgerechten Einkommensbesteuerung (→ Rn. 2 f.) ist dabei maßgebend, ob die zu beurteilende Aufwendung die objektive Leistungsfähigkeit des Steuerpflichtigen mindert. Bejahendenfalls ist vom Überwiegen des Erwerbsbezugs auszugehen.

173 Nach Maßgabe dieser Grundsätze scheitert die Werbungskostenqualifikation solcher Aufwendungen, die der Steuerpflichtige zur Anschaffung oder Herstellung beruflich genutzter **nicht abnutzbarer Vermögensgegenstände** (zB Grund und Boden, Aktien) tätigt, an dem Umstand, dass derartige Vermögensgegenstände keinem Wertverzehr unterliegen. Denn die mangelnde Abnutzbarkeit eines Vermögensgegenstands hat zur Folge, dass weder seine Anschaffung oder Herstellung noch sein einkünfteerzielungsbezogener Gebrauch die objektive Leistungsfähigkeit des Steuerpflichtigen mindern (vgl. Schmidt/*Loschelder* § 9 Rn. 76). Kommt es im Ergebnis also „lediglich" zu einer leistungsfähigkeitsneutralen Vermögensumschichtung, so gebietet das objektive Nettoprinzip insoweit keine Durchbrechung des quellentheoretischen Grundsatzes der einkommensteuerlichen Unbeachtlichkeit von Vermögensstammaufwendungen.

174 Aufwendungen zur Anschaffung oder Herstellung von beruflich genutzten **abnutzbaren Vermögensgegenständen** sind hingegen schon aufgrund der ausdrücklichen gesetzlichen Anordnungen in **§ 9 Abs. 1 S. 3 Nr. 6** (Aufwendungen für Arbeitsmittel) und **Nr. 7** (AfA) als Werbungskosten abzuziehen. Entsprechend überwiegt auch bei Aufwendungen, die der Steuerpflichtige zur Erhaltung der Gebrauchsfähigkeit von beruflich genutzten abnutzbaren Vermögensgegenständen tätigt (zB Reparaturkosten) der Erwerbsbezug (vgl. Schmidt/*Loschelder* § 9 Rn. 77). Bei einem Verlust des abnutzbaren Vermögensgegenstands aufgrund von Umständen, die in der Erwerbssphäre liegen, sind dessen fortgeführte Anschaffungs- oder Herstellungskosten (rechnerischer Buchwert) in Form von AfaA (§ 9 Abs. 1 S. 3 Nr. 7 iVm § 7 Abs. 1 S. 7) als Werbungskosten abzuziehen (vgl. BFH 21.8.2012 – VIII R 33/09, BStBl. II 2013, 171; siehe auch HHR/*Kreft* § 9 Rn. 187 sowie → Rn. 216).

175 **Nutzungsunabhängige Wertveränderungen** des zur Einkünfteerzielung eingesetzten Vermögens bleiben demgegenüber grundsätzlich unberücksichtigt (vgl. BFH 28.11.1990 – X R 197/87, BStBl. II 1991, 300; BFH 9.11.1993 – IX R 81/90, BStBl. II 1994, 289; BFH 17.9.2009 – VI R 24/08, BStBl. II 2010, 198 mwN). Soweit es sich um **nicht realisierte Wertveränderungen** handelt (zB Kursverluste bei Aktien, fallende Immobilienpreise), folgt dies schon daraus, dass es an dem vom Aufwendungsbegriff vorausgesetzten tatsächlichen vermögensmindernden Abfluss fehlt (→ Rn. 97 ff.; vgl. auch HHR/*Kreft* § 9 Rn. 187 sowie BFH 9.11.1993 – IX R 81/90, BStBl. II 1994, 289, betr. fiktive Wechselkursverluste bei noch nicht fälligem Fremdwährungsdarlehen). **Realisierte Wertveränderungen** im Vermögensstamm führen – sofern sie nicht die von § 17 und § 23 erfassten Vermögensgegenstände betreffen – grundsätzlich ebenfalls nicht zu Werbungskosten, weil bei einer Wertveränderung, die unabhängig von einer einkünfteerzielungsbezogenen Nutzung des betreffenden Vermögensgegenstands eintritt, der Erwerbsbezug regelmäßig nur schwach ausgeprägt ist. Verluste aus der Veräußerung von (vormals) zur Einkünfteerzielung eingesetzten Vermögensgegenständen und mit dem Veräußerungsvorgang in Zusammenhang stehende Aufwendungen (zB Kosten eines Gebäudeabbruchs anlässlich der Veräußerung von Grund und Boden, vgl. Kirchhof/*von Beckerath* § 9 Rn. 16) mindern die Bemessungsgrundlage der Einkommensteuer daher nicht. Allein bei **nutzungsunabhängigen Wertveränderungen, die ohne den Willen des Steuerpflichtigen eintreten** (Verlust, Beschädigung, Zerstörung von Vermögensgegenständen), kann der Erwerbsbezug den abzugsschädlichen Vermögensbezug ausnahmsweise überlagern. Dies namentlich dann, wenn sich in der willensunabhängigen Werteinbuße ein Risiko realisiert, das der Erwerbssphäre zuzuordnen ist (→ Rn. 208 ff.).

176 **Aufwendungen, bei denen weder der Vermögensbezug noch der Bezug zur Einkünfteerzielungstätigkeit eindeutig überwiegt** sind – gegebenenfalls im Wege der Schätzung – aufzuteilen (vgl. Blümich/*Thürmer* § 9 Rn. 140). Fehlt es an der hierfür erforderlichen Abgrenzbarkeit, so sind sie regelmäßig in vollem Umfang als Werbungskosten abziehbar (vgl. BFH 4.5.1993 – VIII R 7/91, BStBl. II 1993, 832).

177–178 *Einstweilen frei*

e) Einzelfragen. aa) Vorab veranlasste Aufwendungen. Indem das Veranlassungsprinzip den von § 9 Abs. 1 S. 1 geforderten Zusammenhang zwischen Aufwendung und Einkünfteerzielung in sachlich-inhaltlicher Hinsicht konturiert, verleiht es ihm zugleich auch eine **zeitliche Dimension.** Dies insofern, als eine Aufwendung logisch-notwendig nur dann durch eine auf die Erzielung von Einkünften gerichtete Tätigkeit veranlasst sein kann, wenn der Steuerpflichtige in dem Zeitpunkt, in dem er die Aufwendung leistet, bereits eine solche Tätigkeit ausübt. Mit anderen Worten: Weil das Veranlassungsprinzip einen konkreten Erwerbsbezug der als Werbungskosten geltend gemachten Aufwendung verlangt, wirft es implizit die Frage auf, ab wann der Steuerpflichtige sich in einkommensteuerlich relevanter Weise betätigt. Denn erst wenn der Steuerpflichtige eine einkommensteuerlich relevante Erwerbsbetätigung aufgenommen hat, verfügt er über eine Erwerbssphäre, die Bezugspunkt des aufwendungsauslösenden Moments sein kann. 179

Der von § 9 Abs. 1 S. 1 geforderte Zusammenhang zwischen Aufwendung und Einkünfteerzielungstätigkeit liegt in zeitlicher Hinsicht unstreitig dann vor, wenn dem Steuerpflichtigen im Zeitpunkt der Wertabgabe bereits Einnahmen aus einer auf die Erzielung von Überschusseinkünften gerichteten Tätigkeit zufließen. Probleme bereitet die zeitliche Komponente des Veranlassungsprinzips jedoch bei sog. „vorab veranlassten" Aufwendungen (auch: „vorab entstandene" Aufwendungen, vgl. BFH 29.2.1980 – VI R 165/78, BStBl. II 1980, 395; eingehend zur Terminologie LBP/*Stark* § 9 Rn. 82 sowie HHR/*Kreft* § 9 Rn. 162), dh bei **Abflüssen in Geld oder Geldeswert, die zu einem Zeitpunkt erfolgen, in dem der Steuerpflichtige noch keine Einnahmen erzielt** und er gegebenenfalls sogar noch nicht einmal damit begonnen hat, sich werbend am Markt zu betätigen. 180

In Rechtsprechung und Literatur herrscht Einigkeit darüber, dass die Qualifikation von Aufwendungen als Werbungskosten jedenfalls die – anhand objektiver Umstände belegbare – Absicht des Steuerpflichtigen voraussetzt, einkommensteuerbare Einkünfte zu erzielen (vgl. BFH 10.3.1981 – VIII R 195/77, BStBl. II 1981, 470, betr. Reisekosten, die einem Steuerpflichtigen auf der Suche nach einer zur Vermietung vorgesehenen Immobilie entstehen; BFH 1.12.2015 – IX R 9/15, BStBl. II 2016, 335, betr. Schuldzinsen aus einem Darlehen, das der Steuerpflichtige zum Erwerb eines unbebauten Grundstücks aufgenommen hat, um auf selbigem ein Gebäude zu errichten und anschließend zu vermieten). Der erforderliche Erwerbsbezug fehlt dementsprechend bei Aufwendungen, die der Steuerpflichtige leistet, bevor er Handlungen vorgenommen hat, welche erkennbar auf die Begründung einer Erwerbstätigkeit hindeuten und sich (deshalb) bereits als eine **von Einkünfteerzielungsabsicht getragene Teilnahme am allgemeinen Wirtschaftsverkehr** darstellen (vgl. HHR/*Kreft* § 9 Rn. 162). Aufwendungen, die der Steuerpflichtige **„ins Blaue hinein"** tätigt (vgl. dazu BFH 13.11.1973 – VIII R 157/70, BStBl. II 1974, 161, betr. Aufwendungen für die Planung eines Mietwohnhauses, das letztlich nicht errichtet wird; BFH 19.4.1996 – VI R 24/95, BStBl. II 1996, 452 und BFH 20.7.2006 – VI R 26/05, BStBl. II 2006, 764, jeweils betr. Aufwendungen für ein Studium) können daher ebenso wenig als Werbungskosten in Abzug gebracht werden wie Aufwendungen, die sich **lediglich im Nachhinein (zufällig) als nützlich für eine später aufgenommene Erwerbstätigkeit** erweisen (vgl. BFH 18.7.1972 – VIII R 12/68, BStBl. II 1972, 930, betr. den Verzicht auf eine Darlehensrückzahlungsforderung). 181

Nicht abschließend geklärt ist indes, welchen Konkretisierungsgrad die Einkünfteerzielungsabsicht des Steuerpflichtigen aufweisen muss, um die Schwelle zur Begründung der einkommensteuerlichen Erwerbssphäre zu überwinden. Die Rechtsprechung forderte lange Zeit, dass der Steuerpflichtige im Zeitpunkt des Abflusses in Geld oder Geldeswert bereits endgültig dazu entschlossen sein müsse, Einkünfte aus einer **bestimmten Einkunftsart** zu erzielen (vgl. BFH 3.11.1961 – VI R 196/60 U, BStBl. III 1962, 123; BFH 19.8.2002 – IX B 190/01, BFH/NV 2003, 147; BFH 9.7.2003 – IX R 102/00, BStBl. II 2003, 940). Keine Werbungskosten sind demnach Aufwendungen, die der Steuerpflichtige in einem Stadium tätigt, in dem die von ihm avisierte Erwerbstätigkeit noch so wenig spezifiziert ist, dass verschiedene Einkunftsarten in Betracht kommen (vgl. BFH 3.11.1961 – VI R 196/60 U, BStBl. III 1962, 123). Zur Begründung wird angeführt, dass Werbungskosten im System des Einkommensteuergesetzes nur im Rahmen der Überschussrechnung gemäß § 2 Abs. 2 S. 1 Nr. 2 angesetzt werden könnten, welche aber für jede der Überschusseinkunftsarten gesondert durchzuführen sei (KSM/*von Bornhaupt* § 9 Rn. B 128). Gestützt wird diese Erwä- 182 gung durch § 9 Abs. 1 S. 2, der bestimmt, dass Werbungskosten „bei der Einkunftsart abzuziehen" sind, „bei der sie erwachsen sind" (kritisch HHR/*Kreft* § 9 Rn. 162, der einwendet, dass § 9 Abs. 1 S. 2 hinsichtlich der grundqualifikatorischen Voraussetzungen des Werbungskostenbegriffs „keinen rechtsbegründenden Charakter" habe).

183 Eine weniger restriktive Sichtweise legt indes die vom BFH in Bezug auf die Problematik der **privat mitveranlassten Aufwendungen** getroffene (verallgemeinerungsfähige) Feststellung nahe, wonach solche Fälle, in denen nicht eindeutig ist, ob der von § 9 Abs. 1 S. 1 geforderte Zusammenhang zwischen Aufwendung und Einkünfteerzielung vorliegt oder nicht, unter Heranziehung des **objektiven Nettoprinzips als Auslegungsrichtschnur** zu beurteilen sind (→ Rn. 165; vgl. dazu BFH 16.11.2011 – VI R 97/10, BStBl. II 2012, 343; zum „Verifikationsprinzip" als situativ gegenläufiger Auslegungsrichtschnur im Zusammenhang mit der Abgrenzung von erwerblich bzw. privat veranlassten Aufwendungen siehe BFH 27.7.2015 – GrS 1/14, BStBl. II 2016, 265; zu den „erhebliche[n] Typisierungsspielräume[n]" des Gesetzgebers bei sowohl beruflich als auch privat (mit-)veranlassten Aufwendungen siehe BVerfG 9.12.2008 – 2 BvL 1, 2/07, 1, 2/08, BVerfGE 122, 210). Das objektive Nettoprinzip verlangt, dass sämtliche erwerbsbedingten Aufwendungen von der einkommensteuerlichen Bemessungsgrundlage ausgeklammert werden. **Eine über den Erwerbsbezug hinausgehende Abzugsvoraussetzung der Art, dass die betreffende Aufwendung der Zuordnung zu einer ganz bestimmten Einkunftsart zugänglich sein muss, ist dem objektiven Nettoprinzip indessen fremd.** Mit der überwiegenden Meinung im Schrifttum (vgl. LBP/*Stark* § 9 Rn. 86; Schmidt/*Loschelder* § 9 Rn. 96; Blümich/*Thürmer* § 9 Rn. 162; HHR/*Kreft* § 9 Rn. 162; *Stapperfend* FS Kruse, 2001, 533 (547 f.)) ist deshalb daran festzuhalten, dass vorab veranlasste Aufwendungen als Werbungskosten zu qualifizieren sind, wenn der Steuerpflichtige im Zeitpunkt der Verausgabung entschlossen war, einkommensteuerbare Einkünfte zu erzielen. Eine Festlegung auf eine ganz bestimmte Einkunftsart oder auch nur auf die Überschuss- bzw. Gewinneinkunftsarten ist nicht erforderlich (aA Kirchhof/*von Beckerath* § 9 Rn. 23; KSM/*von Bornhaupt* § 9 Rn. B 125 ff.).

184 Vor diesem Hintergrund ist es zu begrüßen, dass der **VI. Senat des BFH** nunmehr ausdrücklich einen objektiv feststellbaren Zusammenhang mit künftigen steuerbaren Einnahmen aus einer – nicht näher zu spezifizierenden – beruflichen Tätigkeit genügen lässt (vgl. BFH 17.7.2014 – VI R 8/12, BFHE 247, 64: „Die Versagung eines Werbungskostenabzugs mit der formalen Begründung, die Einkunftsart stehe noch nicht fest, wäre mit den Grundsätzen des objektiven Nettoprinzips nicht vereinbar"; in diese Richtung zuvor bereits BFH 20.7.2006 – VI R 26/05, BStBl. II 2006, 764; anders hingegen der **IX. Senat des BFH,** der nach wie vor ausdrücklich am Erfordernis des Zusammenhangs mit einer ganz bestimmten Einkunftsart festhält, vgl. BFH 11.8.2010 – IX R 3/10, BStBl. II 2011, 166; BFH 1.12.2015 – IX R 9/15, BStBl. II 2016, 335).

185 In **Zweifelsfällen** können vorab veranlasste Aufwendungen im Rahmen der Einkünfteermittlung derjenigen Einkunftsart zugeordnet werden, zu der sie den engsten Bezug aufweisen (HHR/*Kreft* § 9 Rn. 162). Zu den gesondert geregelten **Kosten für eine Erstausbildung** → Rn. 676 ff.

186–187 *Einstweilen frei*

188 **bb) Vergebliche und verlorene Aufwendungen.** Die Werbungskostenqualifikation einer Wertabgabe setzt (lediglich) voraus, dass selbige in einem wirtschaftlichen Zusammenhang mit dem vom Steuerpflichtigen endgültig gefassten Entschluss steht, einkommensteuerbare Einkünfte zu erzielen. Es ist nicht erforderlich, dass dieser Entschluss letztlich tatsächlich zum Zufluss von Einnahmen führt. Die Rechtsprechung anerkennt deshalb zu Recht auch vorab veranlasste **„vergebliche Aufwendungen"** als Werbungskosten iSv § 9 Abs. 1 (vgl. BFH 13.11.1973 – VIII R 157/70, BStBl. II 1974, 161; BFH 4.3.1997 – IX R 29/93, BStBl. II 1997, 610; BFH 5.11.2001 – IX B 92/01, BStBl. II 2002, 144; BFH 12.7.2006 – IX R 47/05, BFH/NV 2007, 658; BFH 1.12.2015 – IX R 9/15, BStBl. II 2016, 335).

189 Für den Steuerpflichtigen hat das Ausbleiben der erstrebten Einnahmen allerdings einen **verfahrensrechtlichen Nachteil.** Denn der Zufluss von Einnahmen lässt im Allgemeinen den Rückschluss zu, dass die mit ihnen zusammenhängenden Aufwendungen im Rahmen einer von Einkünfteerzielungsabsicht getragenen Teilnahme am allgemeinen Wirtschaftsverkehr angefallen sind (vgl. HHR/*Kreft* § 9 Rn. 165). Auf dieses Indiz kann der Steuerpflichtige, den im Zusammenhang mit der Geltendmachung von Werbungskosten die Feststellungslast hinsichtlich des Vorliegens von Einkünfteerzielungsabsicht trifft (vgl. BFH 31.1.2017 – IX R 17/16, DStRE 2017, 654), sich naturgemäß nicht berufen, wenn Einnahmen gänzlich ausbleiben. Als Folge dessen ist ihm der Nachweis erschwert, dass jene Aufwendungen, deren Abzug er begehrt, den erforderlichen Erwerbsbezug aufweisen und damit als Werbungskosten einzuordnen sind (vgl. LBP/*Stark* § 9 Rn. 94; zu den Anforderungen an den Nachweis speziell bei vorab veranlassten vergeblichen Werbungskosten siehe etwa BFH 13.11.1973 – VIII R 157/70, BStBl. II 1974, 161).

Der Umstand, dass es dem Steuerpflichtigen nicht gelingt, die von ihm angestrebte Ein- **190** nahmequelle zu etablieren, hat ferner Auswirkungen auf solche Aufwendungen, die im Erfolgsfalle in Form von AfA – also zeitanteilig – als Werbungskosten Berücksichtigung gefunden hätten (vgl. § 9 Abs. 1 S. 3 Nr. 7). Dies insofern, als eine Periodisierung des mit der **Anschaffung oder Herstellung von abnutzbaren Vermögensgegenständen** verbundenen Aufwands im Falle der „vorzeitigen" Beendigung der betreffenden Einkünfteerzielungstätigkeit mangels periodenübergreifender Erwerbsnutzung nicht in Betracht kommt. Die gesamten auf die Einkünfteerzielungstätigkeit entfallenden Anschaffungs- oder Herstellungskosten des abnutzbaren Vermögensgegenstands sind deshalb in dem Veranlagungszeitraum als Werbungskosten zu berücksichtigen, in dem sich herausstellt, dass der Versuch des Steuerpflichtigen, steuerbare Einnahmen zu erzielen, ohne Erfolg bleiben wird (BFH 14.2.1978 – VIII R 9/76, BStBl. II 1978, 455; vgl. auch BFH 28.9.2010 – IX R 37/09, BFH/NV 2011, 36).

Von den Fällen, in denen die Einnahmeerzielung misslingt, sind jene Fälle zu unterschei- **191** den, in denen die mit der Aufwendung **unmittelbar bezweckte Gegenleistung ausbleibt.** Auch diese Sachverhalte werden unter dem Schlagwort „vergebliche Aufwendungen" diskutiert (auch: „erfolglose Aufwendungen", vgl. FG Baden-Württemberg 29.7.2009 – 7 K 182/09, EFG 2010, 205). Im Sinne einer klaren terminologischen Abgrenzung empfiehlt sich jedoch die Bezeichnung als **„verlorene Aufwendungen".** Für die Abzugsfähigkeit von verlorenen Aufwendungen gelten die allgemeinen Grundsätze, dh sie müssen einen hinreichend konkreten Erwerbsbezug aufweisen, um als Werbungskosten anerkannt zu werden (vgl. BFH 28.6.2002 – IX R 51/01, BStBl. II 2002, 758 mwN; siehe auch LBP/*Stark* § 9 Rn. 94; HHR/*Kreft* § 9 Rn. 165).

Im Zusammenhang mit der Anschaffung oder Herstellung von zur beruflichen Nutzung **192** vorgesehenen **abnutzbaren Vermögensgegenständen** ist zu beachten, dass eine an der Nutzungsdauer orientierte Periodisierung der verlorenen Anschaffungs- oder Herstellungsaufwendungen auch dann nicht geboten ist, wenn die beabsichtigte Anschaffung oder Herstellung letztendlich – trotz des Ausbleibens der mit den verlorenen Aufwendungen bezweckten Gegenleistung – gelingt. Eine Verteilung dieser Aufwendungen auf die Nutzungsdauer des abnutzbaren Vermögensgegenstands in Form von AfA ist sachlich nicht gerechtfertigt, weil die Anschaffung oder Herstellung des betreffenden Vermögensgegenstands infolge des Ausbleibens der Gegenleistung nicht auf den verlorenen Aufwendungen beruht. Vielmehr handelt es sich – vorbehaltlich einer etwaigen Rückerstattung der betreffenden Vermögensabflüsse – um eine endgültige wirtschaftliche Einbuße, die als solche „auf einen Schlag" steuermindernd geltend zu machen ist (vgl. BFH 4.7.1990 – GrS 1/89, BStBl. II 1990, 830; BFH 31.3.1992 – IX R 165/87, BStBl. II 1992, 805, jeweils betr. Vorauszahlungen auf letztendlich nicht erbrachte Herstellungsleistungen im Rahmen eines Bauvorhabens). Der Werbungskostenabzug ist in dem Veranlagungszeitraum vorzunehmen, in dem sich herausstellt, dass die bezweckte Gegenleistung mit großer Wahrscheinlichkeit ausbleiben und es deshalb zu einer Verteilung der Anschaffungs- oder Herstellungskosten gemäß den von § 9 Abs. 1 S. 3 Nr. 7 in Bezug genommenen AfA-Vorschriften nicht kommen wird (vgl. BFH 14.2.1978 – VIII R 9/76, BStBl. II 1978, 455; BFH 28.6.2002 – IX R 51/01, BStBl. II 2002, 758 mwN).

Im Zusammenhang mit verlorenen Aufwendungen zur Anschaffung oder Herstellung **193** von zur beruflichen Nutzung vorgesehenen **nicht abnutzbaren Vermögensgegenständen** herrscht Uneinigkeit darüber, ob bzw. unter welchen Voraussetzungen sie überhaupt Werbungskosten darstellen. Im Unterschied zu abnutzbarem Erwerbsvermögen unterliegen nicht abnutzbare Vermögensgegenstände nämlich keinem (erwerbsbedingten) Wertverzehr, sodass auch im Falle einer beruflichen Nutzung der Bezug der jeweiligen Anschaffungs- oder Herstellungsaufwendungen zur privaten Vermögenssphäre im Vordergrund steht (→

Rn. 173). Nach einer im Schrifttum vertretenen Auffassung soll dies aber nur dann gelten, wenn es tatsächlich zur Anschaffung oder Herstellung des nicht abnutzbaren Vermögensgegenstands kommt (so etwa Blümich/*Thürmer* § 9 Rn. 166). Bleibt der angestrebte Erwerb hingegen aus, so trete der Vermögensbezug der verlorenen Aufwendung mangels (erfolgreicher) Vermögensumschichtung hinter ihren Erwerbsbezug zurück (so noch ausdrücklich Schmidt/*Loschelder*, 33. Aufl. 2014, § 9 Rn. 47; vgl. auch *Herrmann* StuW 1991, 372 (375)) mit der Folge, dass der Werbungskostenabzug eröffnet sei.

194 Die Rechtsprechung vertritt demgegenüber die Auffassung, dass Aufwendungen zur Anschaffung oder Herstellung von nicht abnutzbaren Wirtschaftsgütern auch dann keine Werbungskosten sind, wenn die Anschaffung oder Herstellung letztlich misslingt (vgl. BFH 14.2.1978 – VIII R 9/76, BStBl. II 1978, 455; BFH 28.9.2010 – IX R 37/09, BFH/NV 2011, 36). Dem ist mE zuzustimmen. Denn wenn eine Wertabgabe der privaten Vermögenssphäre zuzuordnen ist, sofern der mit ihr bezweckte Erfolg eintritt, liegt es nahe, das Risiko des Misserfolgs ebenfalls in der privaten Vermögenssphäre zu verorten und die jeweilige Aufwendung folgerichtig auch dann nicht zum Werbungskostenabzug zuzulassen, wenn sich das Misserfolgsrisiko realisiert (im Ergebnis ebenso KSM/*von Bornhaupt* § 9 Rn. B 811; HHR/*Kreft* § 9 Rn. 166 mwN; vgl. auch FG Baden-Württemberg 29.7.2009 – 7 K 182/09, EFG 2010, 205).

195–196 *Einstweilen frei*

197 **cc) Aufwendungen bei Unterbrechung der Einnahmeerzielung.** Aufwendungen, die objektiv in Zusammenhang mit einer Einkünfteerzielungstätigkeit stehen und die der Steuerpflichtige subjektiv zur Förderung dieser Tätigkeit leistet, verlieren ihren Werbungskosten-Charakter nicht dadurch, dass im Rahmen der betreffenden Erwerbsbetätigung **vorübergehend keine Einnahmen** zufließen (Schmidt/*Loschelder* § 9 Rn. 104). Entscheidend ist, dass der Steuerpflichtige seinen Entschluss zur Einkünfteerzielung nicht endgültig aufgegeben hat (vgl. BFH 9.7.2003 – IX R 102/00, BStBl. II 2003, 940; BFH 11.12.2012 – IX R 14/12, BStBl. II 2013, 279, jeweils betr. Aufwendungen auf eine nach Vermietung leer stehende Wohnung).

198 Erzielt der Steuerpflichtige **anschließend wieder Einnahmen,** so sind die zwischenzeitlich angefallenen Aufwendungen abzugsfähig als vorab veranlasste Werbungkosten (→ Rn. 179 ff.; vgl. ferner Schmidt/*Loschelder* § 9 Rn. 104). Verdichtet sich die vorübergehende Einnahmenunterbrechung indes zu einer **endgültigen Beendigung des jeweiligen Erwerbsengagements,** namentlich, weil der Steuerpflichtige seine Einkünfteerzielungsabsicht letztlich doch aufgibt, so handelt es sich bei den bis zum Aufgabezeitpunkt geleisteten Wertabgaben um vergebliche Aufwendungen, die ebenfalls als Werbungskosten zu berücksichtigen sind (→ Rn. 188; vgl. ferner Schmidt/*Loschelder* § 9 Rn. 104; für die Aufgabe der Absicht zur Erzielung von Einkünften aus Vermietung und Verpachtung spricht es zB, wenn der Steuerpflichtige zur Herstellung der Betriebsbereitschaft des zur Vermietung vorgesehenen Objekts auf absehbare Zeit nicht in der Lage ist, vgl. dazu BFH 31.1.2017 – IX R 17/16, DStRE 2017, 654). Nimmt der Steuerpflichtige die Unterbrechung der Einnahmeerzielung zum Anlass, das jeweilige **Erwerbsengagement fortan nur noch in einem reduzierten Umfang** weiterzuführen (zB zeitweise Selbstnutzung einer zuvor ausschließlich fremdvermieteten Ferienwohnung), so sind jene Aufwendungen, die der Steuerpflichtige nach der entsprechenden Modifikation seiner Einkünfteerzielungsabsicht tätigt, unter wirtschaftlich sachgerechten Gesichtspunkten zuzuordnen und aufzuteilen (vgl. HHR/*Kreft* § 9 Rn. 167; Blümich/*Thürmer* § 9 Rn. 169 jeweils mwN).

199 *Einstweilen frei*

200 **dd) Nachträgliche Aufwendungen.** Die Einordnung von Aufwendungen als Werbungskosten setzt gemäß dem Veranlassungsprinzip voraus, dass das aufwendungsauslösende Moment der steuerlich relevanten Erwerbssphäre zuzuordnen ist, also in einem wirtschaftlichen Zusammenhang mit einer von Einkünfteerzielungsabsicht getragenen Betätigung iSv § 2 Abs. 1 S. 1 Nr. 4 bis 7 steht (→ Rn. 155 ff.). Ein solcher Zusammenhang kann auch dann bestehen, wenn der Steuerpflichtige die auf Einnahmeerzielung gerichtete Tätigkeit im Zeitpunkt des zu beurteilenden Abflusses in Geld oder Geldeswert bereits aufgegeben hat (vgl. BFH 14.10.1960 – VI 45/60 U, BStBl. III 1961, 20, betr. haftungsbedingte Zahlungen eines ehemaligen GmbH-Geschäftsführers nach Beendigung seiner Geschäftsführertätigkeit; BFH 31.3.1998 – IX R 26/96, BFH/NV 1998, 1212, betr. Kosten des Abbruchs eines wirtschaftlich und technisch verbrauchten Hauses nach Beendigung der Vermietung; BFH 22.6.2006 – VI R 5/03, BStBl. II 2007, 4, betr. Zahlung einer Vertragsstrafe wegen vorzeitigen Ausscheidens aus dem öffentlichen Gesundheitsdienst; BFH 20.6.2012 – IX R 67/10, BStBl. II 2013, 275 und BFH 8.4.2014 – IX R 45/13, BFH/NV 2014, 1151, jeweils betr. Schuldzinsen auf Verbindlichkeiten, die der Steuerpflichtige zur Anschaffung oder Herstellung einer von ihm vermieteten und anschließend veräußerten Immobilie eingegangen ist, wobei der Veräußerungserlös nicht ausreichte, um die Verbindlichkeit zu tilgen).

Die Bestimmung des § 24 Nr. 2 bestätigt dies, indem sie klarstellt, dass auch „Einkünfte" (im Falle der Überschusseinkunftsarten also Einnahmen *und* Werbungskosten) aus einer „ehemaligen" Tätigkeit iSd § 2 Abs. 1 S. 1 Nr. 1–4 bzw. einem „früheren" Rechtsverhältnis iSd § 2 Abs. 1 S. 1 Nr. 5–7 in die Einkünfteermittlung einzubeziehen sind (vgl. dazu HHR/*Kreft* § 9 Rn. 170). Erforderlich, aber auch ausreichend ist, dass die wesentliche Ursache der Aufwendung zu einem Zeitpunkt gesetzt wurde, in dem der Steuerpflichtige die jeweilige Erwerbstätigkeit noch ausübte (vgl. BFH 16.11.2011 – VI R 97/10, BStBl. II 2012, 343; siehe auch KSM/*von Bornhaupt* § 9 Rn. B 201; Blümich/*Thürmer* § 9 Rn. 167; Schmidt/*Loschelder* § 9 Rn. 99). 201

Bei den **Einkünften aus Vermietung und Verpachtung** ist zu berücksichtigen, dass die Vermietungstätigkeit nach Auffassung des BFH andauert, solange der Vermieter dem Mieter die Mietsache entgeltlich zur Nutzung überlässt. Dementsprechend anerkennt die Rechtsprechung Aufwendungen zur Erhaltung der Mietsache, die der Vermieter noch vor Wegfall des Nutzungsrechts tätigt, selbst dann – typisierend – als Werbungskosten, wenn der Vermieter zu diesem Zeitpunkt schon nicht mehr über die Absicht verfügt, Einkünfte aus Vermietung und Verpachtung zu erzielen (vgl. BFH 11.3.2003 – IX R 16/99, BFH/NV 2003, 1043; ausführlich dazu HHR/*Kreft* § 9 Rn. 170). 202

Einstweilen frei 203

ee) Bedeutung der Notwendigkeit, Üblichkeit und Zweckmäßigkeit von Erwerbsaufwendungen. Das Einkommensteuerrecht stellt die Entscheidung, ob und welche Aufwendungen der Steuerpflichtige im Rahmen seiner Einkünfteerzielung tätigt, grundsätzlich in dessen freies Ermessen (vgl. BFH 28.11.1980 – VI R 193/77, BStBl. II 1981, 368; siehe auch BFH 17.7.1992 – VI R 12/91, BStBl. II 1992, 1036, betr. Aufwendungen einer angestellten Diplom-Psychologin für eine Psychoanalyse als Fortbildungskosten). Die **objektive Notwendigkeit, Üblichkeit oder Zweckmäßigkeit einer Aufwendung ist für ihre begriffliche Einordnung als Werbungskosten daher ohne Belang** (vgl. BFH 27.11.1978 – GrS 8/77, BStBl. II 1979, 213; BFH 15.5.1981 – VI R 66/78, BStBl. II 1981, 735, betr. Aufwendungen eines Arbeitnehmers für ein ungewöhnlich teures Arbeitsmittel; BFH 31.1.1986 – VI R 78/82, BStBl. II 1986, 355, betr. Aufwendungen für Arbeitsmittel von antiquarischem Wert). Etwas anderes gilt nur, insoweit der Werbungskostenbegriff ausdrücklich entsprechende Einschränkungen erfährt (Kirchhof/*von Beckerath* § 9 Rn. 22), wie etwa durch die Regelungen der § 9 Abs. 1 S. 3 Nr. 5 und § 9 Abs. 1 S. 3 Nr. 5a („*notwendige* Mehraufwendungen", Hervorhebung durch Verfasser) 204

Jenseits solcher punktuellen, speziell geregelten Einschränkungen des Werbungskostenbegriffs ist allein die hinreichende erwerbsbezogene Veranlassung ausschlaggebend. Es kommt also insbesondere nicht auf die **„soziale Adäquanz"** einer Wertabgabe an (vgl. BFH 15.5.1981 – VI R 66/78, BStBl. II 1981, 735). Dem Abzug einer Aufwendung als Werbungskosten bei den Einkünften aus nichtselbständiger Arbeit steht es daher nicht entgegen, wenn der Arbeitnehmer durch das Tätigen der betreffenden Aufwendungen **gegen Weisungen seines Arbeitgebers** verstoßen hat (ebenso Blümich/*Thürmer* § 9 Rn. 122; LBP/*Stark* § 9 Rn. 118; HHR/*Kreft* § 9 Rn. 201; Schmidt/*Loschelder* § 9 Rn. 46). Die gegenteilige Auffassung des BFH (vgl. BFH 15.12.1967 – VI 33/65, BStBl. II 1968, 150; BFH 15.12.1967 – VI R 202/67, BStBl. II 1968, 395; BFH 10.12.1971 – VI R 180/71, BStBl. II 1972, 257, jeweils betr. Aufwendungen eines Arbeitnehmers im Zusammenhang mit Dienstreisen) überzeugt mE nicht. Denn es ist nicht ersichtlich, inwiefern der bloße Umstand, dass die zu beurteilende Aufwendung aus einem weisungswidrigen Verhalten des Arbeitnehmers resultiert, den Erwerbszusammenhang aufheben sollte. Liegt die von § 9 Abs. 1 S. 1 vorausgesetzte berufliche Veranlassung vor, so muss die betreffende Aufwendung ferner auch dann 205 zum Werbungskostenabzug zugelassen werden, wenn sie insofern nicht „notwendig“ war, als der Steuerpflichtige **kostenfreie Leistungen hätte in Anspruch nehmen können,** die ihr Entstehen verhindert hätten (vgl. FG Saarland 14.10.1993 – 1 K 49/93, EFG 1994, 238, betr. die Nichtinanspruchnahme einer kostenfreien Übernachtungsmöglichkeit auf einer Dienstreise).

206 Im Übrigen erlangt die objektive Unüblichkeit, Unzweckmäßigkeit oder fehlende Notwendigkeit einer Aufwendung im Zusammenhang mit ihrer **grundqualifikatorischen Einordnung** als Werbungskosten allenfalls insoweit Bedeutung, als sie in Grenzfällen, in denen die Zuordnung zur Erwerbs- oder Privatsphäre problematisch ist, einen widerlegbaren Hinweis darauf geben kann, dass der Beweggrund für die betreffende Wertabgabe im privaten Bereich liegt (HHR/*Kreft* § 9 Rn. 201). Zur Bedeutung der Notwendigkeit, Üblichkeit und Zweckmäßigkeit einer erwerblich veranlassten Aufwendung für die Begrenzung ihrer Abzugsfähigkeit auf der (von der Tatbestandsseite zu unterscheidenden) **Rechtsfolgenseite** → Rn. 648 ff. (sog. „nichtabziehbare Werbungskosten“).

207 *Einstweilen frei*

208 **ff) Unfreiwillige Aufwendungen.** Infolge der veranlassungsbezogenen Deutung des „Zusammenhang-Erfordernisses“ des § 9 Abs. 1 S. 1 können auch solche Wertabgaben, die den Steuerpflichtigen ohne oder gegen seinen Willen treffen, als Werbungskosten einzuordnen sein (sog. „unfreiwillige Werbungskosten“). In der Sache geht es um **Vermögenseinbußen aufgrund des Verlusts, der Beschädigung oder der Zerstörung eines Vermögensgegenstands** (vgl. Schmidt/*Loschelder* § 9 Rn. 79). Auch mit Blick auf derartige Vermögenseinbußen gilt, dass sie eine hinreichend große, den Bezug zur Privatsphäre überlagernde Nähe zur Einkünfteerzielungstätigkeit des Steuerpflichtigen aufweisen müssen, wenn sie zum Werbungskostenabzug zugelassen werden sollen (vgl. Blümich/*Thürmer* § 9 Rn. 150).

209 Die **Werbungskostenqualifikation von unfreiwilligen Aufwendungen lässt sich gedanklich in drei Schritte unterteilen:** Zunächst ist zu untersuchen, ob die jeweilige Vermögenseinbuße überhaupt einen Erwerbsbezug aufweist. Bejahendenfalls ist in einem zweiten Schritt zu prüfen, ob der Erwerbsbezug geeignet ist, den Bezug zur Privatsphäre zu überlagern. Abschließend ist der Frage nachzugehen, ob die betreffende Aufwendung im Anwendungsbereich des allgemeinen Werbungskostentatbestands des § 9 Abs. 1 S. 1 oder aber in Form von AfaA gemäß § 9 Abs. 1 S. 3 Nr. 7 S. 1 iVm § 7 Abs. 1 S. 7 steuermindernd zu berücksichtigen ist.

210 Der **Erwerbsbezug einer Vermögenseinbuße** kann sich zum einen aus der Verwendung des betroffenen Guts in Geld oder Geldeswert im Rahmen der beruflichen Tätigkeit ergeben, zum anderen aus der Erwerbsbezogenheit des die Einbuße auslösenden Ereignisses. Beide Parameter stehen insofern miteinander in Wechselwirkung, als an die Erwerbsbezogenheit des die Einbuße auslösenden Ereignisses umso höhere Anforderungen zu stellen sind, je weniger eindeutig und umfassend das betroffene Gut in Geld oder Geldeswert im Zeitpunkt seines Verlusts bzw. seiner Beschädigung oder Zerstörung der Einkünfteerzielung gewidmet war (ähnlich HHR/*Kreft* § 9 Rn. 192). Ein schlichter Kausalzusammenhang in dem Sinne, dass die jeweilige Vermögenseinbuße ausgeblieben wäre, wenn der Steuerpflichtige die konkrete berufliche Tätigkeit nicht ausgeübt hätte, reicht gemäß den allgemeinen Grundsätzen (→ Rn. 157) zur Begründung des erforderlichen Erwerbsbezugs nicht aus (so ausdrücklich BFH 4.7.1986 – VI R 227/83, BStBl. II 1986, 771, betr. Diebstahl der Geldbörse auf einer aus beruflichen Gründen unternommenen Vortragsreise). Vielmehr fordert die Rechtsprechung, dass der betroffene Vermögensgegenstand entweder ganz überwiegend Erwerbszwecken diente (vgl. BFH 29.4.1983 – VI R 139/80, BStBl. II 1983, 586, betr. die Beschädigung eines von einem Arbeitnehmer nahezu ausschließlich beruflich genutzten Pkw) bzw. die Vermögenseinbuße bei der Verwendung des Vermögensgegenstands für Erwerbszwecke eintrat (vgl. BFH 25.5.1992 – VI R 171/88, BStBl. II 1993, 44, betr. den Diebstahl des Privat-Pkw eines Arbeitnehmers während einer Dienstreise) oder aber, dass das Ereignis, welches die Vermögenseinbuße ausgelöst hat, eindeutig der Erwerbssphäre zuzuordnen ist (vgl. BFH 19.3.1982 – VI R 25/80, BStBl. II 1982, 442, betr. die Zerstörung des Privat-Pkw eines Polizisten durch einen rachsüchtigen Delinquenten).

211 Bei der Prüfung, ob der Erwerbsbezug der unfreiwilligen Aufwendung ihren **Bezug zur Privatsphäre überwiegt,** ist im Ausgangspunkt danach zu unterscheiden, ob der betroffene

Vermögensgegenstand der Abnutzung unterliegt oder nicht. Diese Differenzierung findet ihren Grund darin, dass bei nicht abnutzbaren Gegenständen in aller Regel der (abzugsschädliche) Vermögensbezug dominiert. Derartige Gegenstände unterliegen aufgrund ihrer Beschaffenheit – anders als abnutzbare Vermögensgegenstände – keinem Wertverzehr, sodass ihre erwerbliche Nutzung grundsätzlich keine Minderung der objektiven Leistungsfähigkeit des Steuerpflichtigen mit sich bringt (→ Rn. 173; vgl. dazu BFH 20.6.2000 – VIII R 37/99, BFH/NV 2000, 1342; FG Baden-Württemberg 29.7.2009 – 7 K 182/09, EFG 2010, 205). Als Folge dessen ist im Falle von nicht abnutzbaren Vermögensgegenständen stets nur ein besonders stark ausgeprägter Erwerbsbezug des die Vermögenseinbuße auslösenden Ereignisses geeignet, den grundsätzlich dominierenden Bezug zur Privatsphäre zu überlagern.

Für die Werbungskostenqualifikation von Vermögenseinbußen aufgrund des Verlusts, der **212** Beschädigung oder der Zerstörung eines **nicht abnutzbaren Vermögensgegenständen** genügt es dementsprechend nicht, wenn der betroffene Gegenstand zum Zeitpunkt des fraglichen Ereignisses Erwerbszwecken gewidmet war, also ausschließlich oder zumindest ganz überwiegend zur Erzielung von Überschusseinkünften verwendet wurde (vgl. FG München 9.7.1991 – 13 K 3687/90, EFG 1992, 15, betr. den konkursbedingten Verlust der wesentlichen Beteiligung an einer GmbH durch den Gesellschafter-Geschäftsführer; siehe ferner BFH 12.5.1995 – VI R 64/94, BStBl. II 1995, 644). Vielmehr ist erforderlich, dass sich die jeweilige Vermögenseinbuße als Realisierung eines in der Erwerbssphäre wurzelnden, dh der einschlägigen Einkünfteerzielungstätigkeit spezifisch anhaftenden, Risikos darstellt (vgl. BFH 7.5.1993 – VI R 38/91, BStBl. II 1993, 663, betr. den Verlust des Anspruchs auf Rückzahlung eines dem Arbeitgeber vom Arbeitnehmer zum Zwecke der Sicherung des eigenen Arbeitsplatzes gewährten Darlehens; siehe auch BFH 17.9.2009 – VI R 24/08, BStBl. II 2010, 198).

Dieselben Anforderungen gelten bei Vermögenseinbußen an **abnutzbaren Vermögensgegenständen,** **213** wenn der betroffene Gegenstand vom Steuerpflichtigen ganz überwiegend oder sogar ausschließlich zu privaten Zwecken genutzt wurde. Obschon abnutzbare Vermögensgegenstände einem erwerbsbedingten Wertverzehr potenziell zugänglich ist, dominiert in Fällen der **überwiegenden oder ausschließlichen Privatnutzung** grundsätzlich der Bezug zur Privatsphäre, da es an einer Widmung des Gegenstands zur Einkünfteerzielung gerade fehlt. Eine steuermindernde Berücksichtigung von Vermögenseinbußen erfolgt deshalb nur unter der Voraussetzung, dass das auslösende Ereignis einen konkreten Bezug zur Erwerbssphäre aufweist, etwa weil es sich auf eine spezifisch berufliche Risikobeziehung zurückführen lässt (vgl. BFH 19.3.1982 – VI R 25/80, BStBl. II 1982, 442, betr. die Zerstörung des Privat-Pkws eines Polizisten durch Dritte als Reaktion auf dienstliche Maßnahmen des Polizisten) oder weil die Einbuße anlässlich einer ausnahmsweise beruflichen Verwendung des Gegenstands eintrat (vgl. BFH 25.5.1993 – VI R 171/88, BStBl. II 1993, 44, betr. den Diebstahl des Privat-Pkw auf einer Dienstreise des Arbeitnehmers). Ein neutrales (Zufalls-)Ereignis, zB höhere Gewalt oder Einwirkung unbekannter Dritter, ist hingegen nicht ausreichend (vgl. HHR/*Kreft* § 9 Rn. 195; zum Begriff des „neutralen Ereignisses" siehe BFH 4.7.1986 – VI R 227/83, BStBl. II 1986, 771 sowie BFH 9.12.2003 – VI R 185/97, BStBl. II 2004, 491).

Bei **abnutzbaren Vermögensgegenständen,** die der Steuerpflichtige ganz überwiegend **214** oder sogar ausschließlich zur Einkünfteerzielung einsetzt, kommt ein Abzug als Werbungskosten demgegenüber auch dann in Betracht, wenn das die Vermögenseinbuße auslösende Ereignis keinen konkreten Erwerbsbezug aufweist. Denn der erforderliche Erwerbsbezug ist in diesen Fällen bereits dadurch hergestellt, dass der betroffene **Gegenstand der Erwerbssphäre gewidmet** war und infolgedessen – im Unterschied zu nicht abnutzbaren Vermögensgegenständen – einem einkünfteerzielungsbedingten Wertverzehr unterlag (vgl. BFH 29.4.1983 – VI R 139/80, BStBl. II 1983, 586; BFH 4.7.1986 – VI R 227/83, BStBl. II 1986, 771). Dieser Bezug zur einkommensteuerlich relevanten Erwerbssphäre wird nur dann in einer den Werbungskostenabzug ausschließenden Weise überlagert, wenn das die Vermögenseinbuße auslösende Ereignis eindeutig privater Natur ist (vgl. BFH 9.12.2003 – VI R 185/97, BStBl. II 2004, 491, betr. die Entwendung eines Arbeitsmittels durch den Ehepartner aus Anlass eines Ehestreits; BFH 18.4.2007 – XI R 60/04, BStBl. II 2007, 762, betr. den Diebstahl eines ganz überwiegend zur Einkünfteerzielung genutzten Pkw in zeitlichem und räumlichem Zusammenhang mit einem privaten Weihnachtsmarktbesuch).

215 Tritt die Vermögenseinbuße an einem **abnutzbaren Vermögensgegenstand** ein, den der Steuerpflichtige **in jeweils beachtlichem Maße sowohl beruflich als auch privat gebraucht,** so ist in Übereinstimmung mit den oben dargestellten Grundsätzen zu differenzieren: Weist das auslösende Ereignis einen konkreten Erwerbsbezug auf, zB weil die Vermögenseinbuße bei der Verwendung des Gegenstands zu rein beruflichen Zwecken eintrat, so kann der Wertverlust in vollem Umfang als Werbungskosten in Abzug gebracht werden. Ist das auslösende Ereignis hingegen rein privater Natur, etwa weil die Vermögenseinbuße beim Gebrauch des Gegenstands für private Zwecke eintrat, so kommt ein – auch nur anteiliger – Werbungskostenabzug nicht in Betracht. Beruht die Vermögenseinbuße indes auf einem handlungsunabhängigen, neutralen (Zufalls-)Ereignis, so ist der Werbungskostenabzug dem Grunde nach eröffnet, der Höhe nach aber auf den erwerbsbezogenen Nutzungsanteil begrenzt (ebenso HHR/*Kreft* § 9 Rn. 194).

216 Was die **Art und Weise der steuermindernden Berücksichtigung** von **Vermögenseinbußen an abnutzbarem Erwerbsvermögen** anbetrifft, ist zu beachten, dass sich der Werbungskostenabzug in Form von AfaA gemäß § 9 Abs. 1 S. 3 Nr. 7 S. 1 iVm § 7 Abs. 1 S. 7 vollzieht (vgl. BFH 9.12.2003 – VI R 185/97, BStBl. II 2004, 491). Voraussetzung für die Geltendmachung von AfaA ist allerdings, dass die Anschaffungs- oder Herstellungskosten des betroffenen Vermögensgegenstands nicht bereits bei Erwerb desselben vollständig in Abzug gebracht worden sind (zB gemäß § 9 Abs. 1 S. 3 Nr. 7 S. 2 iVm § 6 Abs. 2 bei geringwertigen Wirtschaftsgütern). Aufwendungen, die der Steuerpflichtige anlässlich der von ihm erlittenen Vermögenseinbuße tätigt und die wirtschaftlich in dem durch die AfaA berücksichtigten Wertverzehr aufgehen (zB Kosten der Reparatur nach Beschädigung), sind zwecks Vermeidung einer „Doppelberücksichtigung" steuerneutral zu behandeln (so auch *Wassermeyer* DStR 1982, 557 (558); HHR/*Kreft* § 9 Rn. 190). Bei **Vermögenseinbußen an gemischt genutzten abnutzbaren Gegenständen** ist die AfaA auf den Teil beschränkt, der dem erwerbsbezogenen Nutzungsanteil des Gegenstands entspricht (vgl. HHR/*Kreft* § 9 Rn. 190). Bei den **übrigen Vermögenseinbußen** (insbesondere solche an nicht abnutzbarem Erwerbsvermögen und ganz überwiegend bzw. ausschließlich privat genutzten Gegenständen) handelt es sich – das Überwiegen des Erwerbsbezugs vorausgesetzt – um sofort abziehbare Werbungskosten iSv § 9 Abs. 1 S. 1 und 2 (vgl. BFH 7.5.1993 – VI R 38/91, BStBl. II 1993, 663; BFH 25.5.1993 – VI R 171/88, BStBl. II 1993, 44).

217–218 *Einstweilen frei*

219 **gg) Aufwendungen infolge schuldhaften Fehlverhaltens.** Aufgrund der **Wertungsfreiheit der Besteuerung** (vgl. § 40 AO) ist ein etwaiges Verschulden des Steuerpflichtigen für die Zuordnung einer Aufwendung zur Erwerbs- oder Privatsphäre grundsätzlich nicht maßgeblich. Der Umstand, dass ein Abfluss in Geld oder Geldeswert auf einem **strafbaren, ordnungswidrigen oder schlicht unmoralischen Tun oder Unterlassen** des Steuerpflichtigen beruht, hindert unter Umständen zwar die Abzugsfähigkeit der betreffenden Aufwendung (vgl. § 12 Nr. 4; § 9 Abs. 5 S. 1 iVm § 4 Abs. 5 S. 1 Nr. 8), in aller Regel aber nicht ihre grundqualifikatorische Einordnung als Werbungskosten (vgl. BFH 6.4.1984 – VI R 103/79, BStBl. II 1984, 434; BFH 27.3.1992 – VI R 145/89, BStBl. II 1992, 837; BFH 24.5.2007 – VI R 73/05, BStBl. II 2007, 766; zu Besonderheiten bei der grundqualifikatorischen Einordnung von Aufwendungen mit Strafcharakter → Rn. 223). Insoweit kommt es vielmehr allein darauf an, ob das **vorwerfbare Fehlverhalten „noch im Rahmen der beruflichen Zielvorstellung des Steuerpflichtigen liegt"** (BFH 18.11.1977 – GrS 2-3/77, BStBl. II 1978, 105; Hervorhebung durch Verfasser). Bejahendenfalls besteht der von § 9 Abs. 1 S. 1 vorausgesetzte Zusammenhang zwischen dem Abfluss in Geld oder Geldeswert einerseits und einer Einkünfteerzielungstätigkeit andererseits, sodass die durch das vorwerfbare Fehlverhalten ausgelöste Aufwendung der Erwerbssphäre zuzuordnen ist (vgl. BFH 27.3.1992 – VI R 145/89, BStBl. II 1992, 837, betr. die Verursachung eines Unfalls im Zustand der absoluten Fahruntüchtigkeit). Reparaturaufwendungen, die infolge eines Pkw-Unfalls anfallen, den der Steuerpflichtige aufgrund einer Geschwindigkeitsüberschreitung erleidet, sind demgemäß Werbungskosten, sofern der Steuerpflichtige zu schnell gefahren ist, um noch pünktlich an der Arbeitsstelle zu erscheinen (vgl. BFH 18.11.1977 – GrS 2-3/77, BStBl. II 1978, 105).

220 Weist ein vorwerfbares Fehlverhalten des Steuerpflichtige **Bezüge zu verschiedenen Zielvorstellungen** auf, wobei **ein Teil dieser Ziele privater Art ist, ein anderer Teil**

hingegen beruflicher Natur, so ist im Rahmen einer wertenden Betrachtung nach jenen Veranlassungsfaktoren zu forschen, auf denen die Aufwendung im Wesentlichen beruht (→ Rn. 156). Zeigt sich dabei, dass die erwerbsbezogenen Zielvorstellungen von solchen Zielvorstellungen überlagert werden, die dem Bereich der privaten Lebensführung zuzurechnen sind, so scheidet ein Werbungskostenabzug gemäß den allgemeinen Grundsätzen gänzlich aus. Der Steuerpflichtige kann deshalb die Kosten eines Unfalls, den er erleidet, weil er aus sportlichem Ehrgeiz eine Wettfahrt mit einem anderen Verkehrsteilnehmer unternimmt und dabei die zulässige Höchstgeschwindigkeit überschreitet, auch dann nicht steuermindernd geltend machen, wenn sich der Unfall auf seinem Arbeitsweg ereignet (vgl. BFH 18.11.1977 – GrS 2-3/77, BStBl. II 1978, 105).

Den Zusammenhang einer Aufwendung mit der Einkünfteerzielungstätigkeit des Steuer- 221
pflichtigen sieht der BFH insbesondere in jenen Fällen überlagert, in denen **Alkoholkonsum** des Steuerpflichtigen als das aufwendungsauslösende Moment zu beurteilen ist (vgl. BFH 6.4.1984 – VI R 103/79, BStBl. II 1984, 434; BFH 27.3.1992 – VI R 145/89, BStBl. II 1992, 837; BFH 24.5.2007 – VI R 73/05, BStBl. II 2007, 766). Insoweit gilt, dass der Genuss von Alkohol stets der privaten Lebensführung zuzurechnen ist, also etwa auch dann, wenn der Steuerpflichtige auf einer Betriebsfeier alkoholhaltige Getränke konsumiert (vgl. BFH 6.4.1984 – VI R 103/79, BStBl. II 1984, 434; zust. KSM/*von Bornhaupt* § 9 Rn. B 215 mwN). Die Kosten eines Unfalls, den der Steuerpflichtige aufgrund alkoholbedingter Fahruntüchtigkeit verursacht, sind daher niemals Werbungskosten. Ausschlaggebend hierfür ist allerdings nicht, dass den Unfallkosten ein vorwerfbares Handeln des Steuerpflichtigen zugrunde liegt, sondern die Tatsache, dass das aufwendungsauslösende Moment – der Alkoholkonsum – privater Natur ist.

Besondere Schwierigkeiten bereitet die Zuordnung einer fehlverhaltensbedingten Auf- 222
wendung zur Erwerbs- oder Privatsphäre dann, wenn die betreffende Aufwendung der **Sanktionierung eines strafbewehrten Handelns** des Aufwendenden dient. Da es sich bei der Strafe um die „schärfste staatliche Reaktion auf eine Tat [handelt], die vom Gesetzgeber dem Kriminalstrafrecht zugewiesen ist" und mit ihr „ein Unwerturteil verbunden [ist], das den Täter persönlich treffen soll und dessen Wirkungen er persönlich tragen muß" (BT-Drs. 10/1189, 5; wortgleich BT-Drs. 10/1314, 6), dürfen die mit Strafen zusammenhängenden Kosten die Steuerbemessungsgrundlage nicht mindern. Dies sicherzustellen, bildet den Sinn und Zweck der Vorschrift des **Art. 12 Nr. 4 GG,** der zufolge in einem Strafverfahren festgesetzte Geldstrafen und sonstige Rechtsfolgen vermögensrechtlicher Art, bei denen der Strafcharakter überwiegt, weder bei den einzelnen Einkunftsarten noch vom Gesamtbetrag der Einkünfte abgezogen werden dürfen. Gleiches gilt gemäß § 12 Nr. 4 für Leistungen zur Erfüllung von Auflagen oder Weisungen, soweit die Auflagen oder Weisungen nicht lediglich der Wiedergutmachung des durch die Tat verursachten Schadens dienen.

Dass **Aufwendungen mit Strafcharakter** vom Abzug von der Bemessungsgrundlage 223
der Einkommensteuer ausgeschlossen sind, sagt indes nichts darüber aus, ob sie grundqualifikatorisch als Werbungskosten einzuordnen sind. Der BFH tendierte lange Zeit dazu, diese Frage offen zu lassen und begnügte sich mit der Feststellung, dass es im Sinne der Gewährleistung der Einheit der Rechtsordnung nicht vertretbar erscheine, „Strafen und mit diesen zusammenhängende Kosten durch Zulassung der steuerlichen Abzugsfähigkeit teilweise auf die Allgemeinheit zu überwälzen" (BFH 18.11.1977 – GrS 2-3/77, BStBl. II 1978, 105), da auf diese Weise der Strafzweck konterkariert würde (vgl. BFH 10.9.1957 – I 322/56 S, BStBl. III 1957, 415). Im Jahr 1986 negierte der VIII. Senat des BFH die Werbungskosteneigenschaft von Aufwendungen mit Strafcharakter sodann aber ausdrücklich, namentlich unter Bezugnahmen auf die einschlägige Rechtsprechung des Reichsfinanzhofs. Demnach „gehören Geldstrafen für kriminelle Straftaten zu den Kosten der Lebensführung, weil sie in engem Zusammenhang mit der Person des Täters stehen". Maßgebend für die Verhängung einer Geldstrafe sei nicht, daß die Tat gegebenenfalls im Zusammenhang mit einer erwerblichen Betätigung begangen wurde, „sondern die innere Einstellung des Täters, sein schuldhafter Wille" (BFH 22.7.1986 – VIII R 93/85, BStBl. II 1986, 845 unter Verweis auf einschlägige Entscheidungen des RFH). Nach dieser Lesart hat das in § 12 Nr. 4 geregelte Abzugsverbot für Aufwendungen, die die Sanktionierung eines strafbewehrten Fehlverhaltens bezwecken, „lediglich" konkretisierenden Charakter (→ § 12 Rn. 223).

Da **Kosten der Strafverteidigung** (Gerichtskosten, Rechtsbeistand) vom Abzugsverbot 224
des § 12 Nr. 4 nicht umfasst sind, hat ihre grundqualifikatorische Einordnung als Werbungs-

kosten oder Kosten der privaten Lebensführung – anders als im Falle von Aufwendungen mit Strafcharakter – Relevanz für das Besteuerungsergebnis. Eingedenk der Tatsache, dass Strafverteidigungskosten keine Sanktionierung bezwecken, steht ihrer steuermindernden Berücksichtigung auch nicht der Gedanke der Einheit der Rechtsordnung entgegen (so zutreffend BFH 19.2.1982 – VI R 31/78, BStBl. II 1982, 467). Gleichwohl handelt es sich bei derartigen Aufwendungen in der Regel nicht um abziehbare Werbungskosten, denn Strafverfahren haben meist ein privates Verhalten zum Gegenstand (vgl. BFH 13.12.1994 – VIII R 34/93, BStBl. II 1995, 457). Dem entspricht, dass der BFH Kosten der Strafverteidigung (nur) dann ausnahmsweise zum Abzug als Werbungskosten zulässt, wenn die dem Steuerpflichtigen vorgeworfene Tat „ausschließlich und unmittelbar aus seiner […] beruflichen Tätigkeit heraus erklärbar" ist (BFH 16.4.2013 – IX R 5/12, BStBl. II 2013, 806 mwN; berufliche Veranlassung der Strafverteidigungskosten bejaht in BFH 19.2.1982 – VI R 31/78, BStBl. II 1982, 467). Ob der betreffende strafrechtliche Vorwurf zu Recht oder zu Unrecht erhoben worden ist, spielt für die Beurteilung der Frage, ob die jeweiligen Strafverteidigungskosten ausnahmsweise als beruflich veranlasst zu bewerten sind, keine Rolle (BFH 30.6.2004 – VIII B 265/03, BFH/NV 2004, 1639; BFH 10.6.2015 – VI B 133/14, BFH/NV 2015, 1247).

225 Zur Nichtabziehbarkeit von Geldstrafen → § 12 Rn. 223 ff. Zur Nichtabziehbarkeit von Geldbußen, Ordnungsgeldern, Verwarnungsgeldern → § 4 Rn. 2806.

226–227 *Einstweilen frei*

228 **hh) Abwehraufwendungen.** Als Werbungskosten können auch solche Aufwendungen einzuordnen sein, die der Steuerpflichtige in der Absicht tätigt, Gefahren für die von ihm erstrebten Einnahmen abzuwenden. Hierzu zählen insbesondere **Vermögensopfer, die der Steuerpflichtige erbringt, um drohende Eingriffe in das von ihm zur Einkünfteerzielung eingesetzte Vermögen abzuwehren** (vgl. BFH 21.7.1992 – IX R 72/90, BStBl. II 1993, 486, betr. Zahlungen, welche der Steuerpflichtige mit der Intention leistet, die Wiedereintragung eines bereits gelöschten Vorbehaltsnießbrauchs an einem Grundstück zu verhindern, dass er seit der Löschung des Nießbrauchs zur Erzielung von Mieteinnahmen nutzt). Daneben sind vom Begriff der „Abwehraufwendungen" aber **auch solche Ausgaben umfasst, die einer Verminderung der Einkünfte des Steuerpflichtigen entgegenwirken sollen,** indem sie die Entstehung oder Erhöhung von Abflüssen in Geld oder Geldeswert verhüten, welche andernfalls zu (höheren) Werbungskosten führen würden (so bereits RFH 6.10.1937 – VI A 576/37, RFHE 42, 214, betr. die Kosten eines gerichtlichen Prozesses, den der Steuerpflichtige führte, um eine Erhöhung von abzugsfähigen Rentenlasten zu verhindern; KSM/*von Bornhaupt* § 9 Rn. B 206 ff. führt als weitere Beispiele an: Zahlung von Beiträgen an eine Berufshaftpflichtversicherung zur Abdeckung möglicher künftiger, durch die Berufstätigkeit des Steuerpflichtigen veranlasster Schäden; Ausgaben des Steuerpflichtigen im Zusammenhang mit der Umschuldung in ein niedriger verzinstes Darlehen).

229 Für sämtliche Erscheinungsformen von Abwehraufwendungen gilt, dass der für den Werbungskostenabzug erforderliche Veranlassungszusammenhang (nur dann) vorliegt, wenn die **abzuwehrende Gefahr aus der Einkünfteerzielungstätigkeit des Steuerpflichtigen herrührt** (vgl. BFH 19.12.2000 – IX R 13/97, BStBl. II 2001, 342 mwN). Nicht ausreichend ist, dass die Zugehörigkeit eines vom Steuerpflichtigen zur Einkünfteerzielung eingesetzten Gegenstands zu dessen Vermögen bedroht ist. Denn in einem solchen Falle „steht nicht die Absicht der Einkunftserzielung, sondern die Beeinträchtigung des Vermögens des Steuerpflichtigen im Vordergrund" (BFH 19.12.2000 – IX R 13/97, BStBl. II 2001, 342; siehe auch BFH 11.5.1993 – IX R 25/89, BStBl. II 1993, 751, betr. die Aufnahme eines entgeltlichen Darlehens mit dem Ziel, einen in der Privatsphäre wurzelnden Liquiditätsbedarfs zu decken, der andernfalls nur durch die Verwertung eines vom Steuerpflichtigen zur Einkünfteerzielung genutzten Grundstücks befriedigt werden könnte; BFH 29.7.1997 – IX R 89/94, BStBl. II 1997, 772, betr. die Aufnahme eines entgeltlichen Darlehens zwecks Abwendung der Zwangsvollstreckung in vom Steuerpflichtigen fremdvermietete Grundstücke; BFH 6.10.2009 – IX R 50/08, BFH/NV 2010, 622, betr. Rechtsanwalts-, Fahrt- und sonstige Recherchekosten zur Abwehr von Rückübertragungsansprüchen, die sich auf verpachtete Grundstücke beziehen). Zur Abziehbarkeit von Abwehraufwendungen bei den Gewinneinkunftsarten → § 4 Rn. 2465; zur Abziehbarkeit von Aufwendungen zur Abwehr von persönlichen Ehrverletzungen → § 12 Rn. 304.

Einstweilen frei 230

ii) Rückzahlung von Einnahmen. Die Rückerstattung von Gütern in Geld oder Geldeswert, welche im Zeitpunkt ihres Zuflusses beim Steuerpflichtigen als Einnahmen erfasst wurden, stellt **kein rückwirkendes Ereignis iSd § 175 Abs. 1 S. 1 Nr. 2 AO** dar. Eine Änderung der Steuerfestsetzung für das Zufluss-Jahr in der Weise, dass das in einem späteren Veranlagungszeitraum rückerstattete Gut in Geld oder Geldeswert nachträglich von der Bemessungsgrundlage der Einkommensteuer ausgeklammert wird, findet nicht statt (vgl. BFH 4.5.2006 – VI R 33/03, BStBl. II 2006, 911; BFH 7.11.2006 – VI R 2/05, BStBl. II 2007, 315; siehe auch Schmidt/*Loschelder* § 9 Rn. 108). Der mit der Rückerstattung von Einnahmen einhergehende Vermögensabfluss tritt vielmehr neben den vorangegangenen Zufluss, namentlich als ein gemäß dem Einzelbeurteilungsgrundsatz eigenständig zu würdigender Vorgang (vgl. BFH 13.12.1963 – VI 22/61 S, BStBl. III 1964, 184: „Die Rückzahlung in einem späteren Veranlagungszeitraum hebt den Zufluß in einem früheren Veranlagungszeitraum nicht wieder auf"). Bei Vorliegen des von § 9 Abs. 1 S. 1 vorausgesetzten Zusammenhangs mit einer Einkünfteerzielungstätigkeit führt die Rückzahlung somit zu Werbungskosten. 231

Da Rückzahlungen jedoch meist nicht „zur Erwerbung, Sicherung oder Erhaltung von Einnahmen" geleistet werden, sah der BFH das „Zusammenhang-Erfordernis" des § 9 Abs. 1 S. 1 zu Zeiten, in denen er noch dem finalen Werbungskostenbegriff (→ Rn. 148) anhing, regelmäßig als nicht erfüllt an. Um dennoch eine steuermindernde Berücksichtigung zu erreichen, kreierte der BFH in Anknüpfung an die einschlägige Rechtsprechung des RFH die Kategorie der **„negativen Einnahmen"**, dh abziehbare Einnahmen negativen Vorzeichens (so erstmals BFH 13.12.1963 – VI 22/61 S, BStBl. III 1964, 184 unter ausdrücklicher Bezugnahme auf RFH 8.11.1933 – VI A 1177/33, RStBl. 1934, 297). Das im objektiven Nettoprinzip wurzelnde Erfordernis des hinreichend konkreten Erwerbsbezugs verdichtete der BFH in diesem Zusammenhang dahingehend, dass es sich bei dem jeweiligen Abfluss um den „actus contrarius" zur vorangegangenen Einnahme handeln müsse (vgl. BFH 12.11.2009 – VI R 20/07, BStBl. II 2010, 845; BFH 10.8.2010 – VI R 1/08, BStBl. II 2010, 1074, jeweils betr. die Rückzahlung von Arbeitslohn). 232

Seit der Abkehr vom finalen Werbungskostenbegriff und der Hinwendung zum Veranlassungsprinzip (→ Rn. 148) ist die **Kategorie der „negativen Einnahmen" nicht mehr notwendig,** um sicherzustellen, dass rückerstattete Einnahmen die Steuerbemessungsgrundlage mindern. Praktische Bedeutung verbleibt ihr allerdings insoweit, als Negativeinnahmen – im Unterschied zu Werbungskosten – die Werbungskostenpausbeträge nicht „verbrauchen" (→ § 9a Rn. 61). Dessen ungeachtet lehnt das Schrifttum die Kategorie der „negativen Einnahmen" nahezu einhellig als systemfremd ab und subsumiert entsprechende Aufwendungen stattdessen unter § 9 (vgl. statt vieler Lademann EStG/*Claßen* § 9 Rn. 23; Schmidt/*Loschelder* § 9 Rn. 108; Blümich/*Thürmer* § 9 Rn. 180; KSM/*von Bornhaupt* § 9 Rn. B 227 ff.; HHR/*Kreft* § 9 Rn. 80). Sofern man den damit einhergehenden **„Verbrauch" des einschlägigen Werbungskostenpauschbetrags** nach § 9a als nicht hinnehmbare Härte einstufe, sei dem Problem entweder durch entsprechenden Sonderregelungen der Finanzverwaltung im Billigkeitswege oder aber durch Maßnahmen des Steuergesetzgebers zu begegnen (so ausdrücklich HHR/*Kreft* § 9 Rn. 80). Die Rechtsprechung tendiert seit geraumer Zeit dazu, die Einordnung als negative Einnahmen oder Werbungskosten ausdrücklich offen zu lassen (vgl. BFH 3.8.1993 – VIII R 82/91, BStBl. II 1994, 561; BFH 26.1.2000 – IX R 87/95, BStBl. II 2000, 396; BFH 7.11.2006 – VI R 2/05, BStBl. II 2007, 315; BFH 4.5.2006 – VI R 33/03, BStBl. II 2006, 911; BFH 12.11.2009 – VI R 20/07, BStBl. II 2010, 845). 233

Unabhängig von der Einordnung als negative Einnahme oder Werbungskosten kommt eine steuermindernde Berücksichtigung nur in Betracht, wenn die Rückgewähr in **wirtschaftlichem Zusammenhang mit einer auf die Erzielung von Überschusseinkünften gerichteten Tätigkeit** steht. Der Ansatz als negative Einnahme oder Werbungskosten scheidet dementsprechend aus, wenn der Rückgewähr durch den Steuerpflichtigen **private Motive** zugrunde liegen (zB verwandtschaftliche Verbundenheit; vgl. HHR/*Kreft* § 9 Rn. 81; Blümich/*Thürmer* § 9 Rn. 181). 234

Unerheblich ist dagegen, ob der Steuerpflichtige aufgrund einer **rechtlichen oder tatsächlichen Verpflichtung** oder aber aus freien Stücken zahlt (vgl. Schmidt/*Loschelder* § 9 235

Rn. 109; HHR/*Kreft* § 9 Rn. 81). Eine andere Auffassung vertritt der BFH allein in Bezug auf Einkünfte aus Kapitalvermögen: Die Rückgewähr von Dividenden (vgl. BFH 19.1.1977 – I R 188/74, BStBl. II 1977, 847), Vorabausschüttungen (vgl. BFH 6.3.1979 – VIII R 26/78, BStBl. II 1979, 510; BFH 3.8.1993 – VIII R 82/91, BStBl. II 1994, 561; BFH 30.7.1997 – I R 11/96, BFH/NV 1998, 308) oder verdeckten Gewinnausschüttungen (vgl. BFH 25.5.1999 – VIII R 59/97, BStBl. II 2001, 226) kann nach der Rechtsprechung nur dann zu negativen Einnahmen oder Werbungskosten führen, wenn sie auf einer rechtlichen oder tatsächlichen Verpflichtung des Steuerpflichtigen beruht.

236 War der **Zufluss des später rückerstatteten Guts in Geld oder Geldeswert steuerbefreit** (zB nach §§ 3, 3b), so ist eine steuermindernde Berücksichtigung des Rückflusses gemäß § 3c (bei Annahme von Werbungskosten) bzw. § 3c analog (bei Annahme von negativen Einnahmen) ausgeschlossen, weil die Rückgewähr dann in „unmittelbarem wirtschaftlichen Zusammenhang“ mit steuerfreien Einnahmen steht. Etwas anderes gilt, wenn die Finanzverwaltung das jeweilige Gut in Geld oder Geldeswert im Zeitpunkt des Zuflusses infolge eines Subsumtionsirrtums **zu Unrecht als steuerpflichtige Einnahme behandelt** und der Besteuerung unterworfen hat. In diesem Falle ist es ihr nach Treu und Glauben verwehrt, die steuermindernde Berücksichtigung des Rückflusses unter Berufung auf die (von ihr zum Nachteil des Steuerpflichtigen zunächst verkannte) Steuerfreiheit des Zuflusses zu verwehren (ebenso KSM/*von Bornhaupt* § 9 Rn. B 235; Schmidt/*Loschelder* § 9 Rn. 110; HHR/*Kreft* § 9 Rn. 81). Entsprechendes gilt in der umgekehrten Konstellation: Wurde der Bezug des jeweiligen Guts in Geld oder Geldeswert vom Finanzamt **unzutreffend als steuerbefreite Einnahme qualifiziert,** so ist eine steuermindernde Berücksichtigung der Rückgewähr im Sinne einer leistungsfähigkeitsgerechten Besteuerung abzulehnen (ähnlich HHR/*Kreft* § 9 Rn. 81). Eine steuermindernde Berücksichtigung der Rückgewähr kommt nach Treu und Glauben schließlich auch dann nicht in Betracht, wenn der vorangegangene Zufluss aus in der Sphäre des Steuerpflichtigen liegenden Gründen (zB Nichterklärung des Zufluss-Sachverhalts gegenüber dem Finanzamt) nicht der Besteuerung unterworfen wurde und aus verfahrensrechtlichen Gründen (zB wegen Ablaufs der Festsetzungsfrist) auch nicht mehr unterworfen werden kann (vgl. FG Düsseldorf 20.3.2008 – 16 K 4752/05 E, EFG 2008, 1194).

237 Indessen ist es für die Anerkennung eines rückgewährbedingten Vermögensabflusses als Werbungkosten bzw. negative Einnahme unschädlich, wenn der **vorherige Zufluss lediglich ermäßigt besteuert** wurde (BFH 4.5.2006 – VI R 33/03, BStBl. II 2006, 911, betr. die teilweise Rückzahlung einer Abfindung). Der steuermindernden Berücksichtigung steht es ferner auch nicht entgegen, wenn sich der jeweilige Zufluss – obschon er der Steuerpflicht unterlag – tatsächlich **nicht belastungserhöhend ausgewirkt** hat, etwa weil sich durch horizontalen oder vertikalen Verlustausgleich oder infolge des Abzugs von Sonderausgaben und außergewöhnlichen Belastungen ein zu versteuerndes Einkommen iHv 0 EUR ergeben hat.

238 Handelte es sich bei dem zurück zu gewährenden Zufluss um einen Zufluss in Geld, so **bemessen** sich die negativen Einnahmen bzw. Werbungskosten nach der Höhe des Rückzahlungsbetrags. Das Gleiche gilt, wenn eine Sachleistung in Geld zurückerstattet wird. Gibt der Steuerpflichtige indes einen Gegenstand zurück, so bemisst sich die Höhe der negativen Einnahmen bzw. Werbungskosten nach dem Sachwert im Zeitpunkt des Bezugs des betreffenden Gegenstands (dh dem ursprünglich gewährten geldwerten Vorteil, vgl. § 8 Abs. 2) abzüglich der gegebenenfalls geltend gemachten AfA (vgl. BFH 17.9.2009 – VI R 17/08, BStBl. II 2010, 299; ebenso KSM/*von Bornhaupt* § 9 Rn. B 232; Schmidt/*Loschelder* § 9 Rn. 111; Blümich/*Thürmer* § 9 Rn. 182; aA HHR/*Kreft* § 9 Rn. 81: Übliche Mittelpreise am Verbrauchsort bzw. gemeiner Wert im Zeitpunkt der Rückgabe). Nichtabnutzungsbedingte Wertveränderungen finden keine Berücksichtigung (aA HHR/*Kreft* § 9 Rn. 81).

239 Die Rückgewähr ist **bei derjenigen Einkunftsart steuermindernd zu berücksichtigen, bei der der Zufluss steuererhöhend erfasst worden ist** (vgl. Schmidt/*Loschelder* § 9 Rn. 111; HHR/*Kreft* § 9 Rn. 80). Dies gilt auch dann, wenn der Steuerpflichtige als Rechtsnachfolger Einnahmen seines Rechtsvorgängers rückerstattet (vgl. BFH 19.12.1975 – VI R 157/72, BStBl. II 1976, 322). Hat der Steuerpflichtige die betreffende Einkünfteerzielungstätigkeit zwischenzeitlich aufgegeben, so handelt es sich um nachträgliche Aufwendungen (→ Rn. 200). Die Einordnung als Werbungskosten oder negative Einnahmen ist dabei selbst dann ohne praktische Relevanz, wenn den nachträglichen Aufwendungen keine mindestens ebenso hohen Einnahmen gegenüberstehen. Denn nach der Rechtsprechung ist auch die Geltendmachung negativer Einnahmen nicht auf die im jeweiligen VZ erzielten positiven Einnahmen begrenzt. Vielmehr führt ein negativer Saldo ebenso wie ein Werbungskostenüberschuss zu einem **berücksichtigungsfähigen Verlust** (vgl. BFH 12.12.1958 – VI 25/57 U, BStBl. III 1959, 96).

Einstweilen frei 240–241

jj) Verzicht auf Erstattungs- oder Ersatzleistungen. Beruflich veranlasste Aufwendungen des Steuerpflichtigen sind auch dann Werbungskosten iSv § 9 Abs. 1 S. 1, wenn der Steuerpflichtige Anspruch auf Erstattung oder Ersatz der Aufwendungen hat. Der Grund liegt darin, dass der Werbungskostenbegriff keine endgültige wirtschaftliche Belastung des Steuerpflichtigen voraussetzt (→ Rn. 102). Etwaige Erstattungs- oder Ersatzleistungen sind vielmehr eigenständig zu würdigen und im Jahr des Zuflusses als Einnahmen zu erfassen (→ Rn. 102; vgl. BFH 13.7.2000 – VI B 184/99, BFH/NV 2000, 1470 mwN). 242

Verzichtet der Steuerpflichtige auf die Geltendmachung des Erstattungs- oder Ersatzanspruchs, so lässt dies die Werbungskosteneigenschaft der zugrunde liegenden Aufwendung grundsätzlich unberührt (vgl. BFH 30.5.1967 – VI R 172/66, BStBl. III 1967, 570, betr. den Verzicht eines Arbeitnehmers auf die Geltendmachung eines Anspruchs auf Fahrtkostenersatz gegen seinen Arbeitgeber). Anders verhält es sich nach der Rechtsprechung nur dann, wenn der Steuerpflichtige **aus rein persönlichen Gründen** von der Geltendmachung des Erstattungs- oder Ersatzanspruchs absieht. In diesem Falle sei die Erstattung bzw. der Ersatz zu fingieren und mit der kompensierten Vermögensminderung zu verrechnen, sodass ein Werbungskostenabzug ausscheide (vgl. BFH 14.8.1970 – VI R 70/69, BStBl. II 1970, 765, betr. den Verzicht auf den Ersatz eines beruflich veranlassten Schadens durch die ersatzpflichtige Ehefrau). In steuersystematischer Hinsicht erscheint diese Rechtsprechung wenig überzeugend, denn sie steht in Widerspruch zum **Einzelbeurteilungsgrundsatz:** Der Umstand, dass der Steuerpflichtige aus privaten Gründen auf eine Einnahme verzichtet, ändert grundsätzlich nichts an der Tatsache, dass er aus erwerbsbezogenen Gründen eine seine finanzielle Leistungsfähigkeit mindernde Vermögensminderung erlitten hat. Allenfalls in eng umgrenzten Ausnahmefällen mag der Verzicht auf Erstattung bzw. Ersatz den Schluss rechtfertigen, der Steuerpflichtige habe den abgeflossenen Vermögenswert dem an sich Erstattungs- bzw. Ersatzpflichtigen iSv § 12 Nr. 2 zugewendet (→ § 12 Rn. 144 ff.), sodass eine steuermindernde Berücksichtigung des Abflusses ausgeschlossen ist (vgl. dazu BFH 14.11.1989 – IX R 110/85, BStBl. II 1990, 462; BFH 28.8.1993 – IX R 156/88, BStBl. II 1994, 319, jeweils betr. den Verzicht eines Nießbrauchers auf die Geltendmachung des gesetzlichen Anspruchs gegen den Eigentümer auf Erstattung von außergewöhnlichen Aufwendungen auf den Nießbrauchgegenstand; kritisch zu dieser Rechtsprechung KSM/*von Bornhaupt* § 9 Rn. B 77 ff.; HHR/*Kreft* § 9 Rn. 92). 243

Einstweilen frei 244

3. Rechtsfolge

Gemäß § 9 Abs. 1 S. 2 sind Werbungskosten bei der Einkunftsart abzuziehen, bei der sie erwachsen sind. 245

a) Abzugspflicht. Hat die Finanzbehörde Kenntnis von Abflüssen in Geld oder Geldeswert, die gemäß § 9 Abs. 1 S. 1 bzw. § 9 Abs. 1 S. 3 Nr. 1 bis 7 als Werbungskosten zu qualifizieren sind und keinem gesetzlichen Abzugsverbot unterliegen, so ist sie von Amts wegen verpflichtet, die betreffenden Abflüsse steuermindernd zu berücksichtigen (§ 9 Abs. 1 S. 2: „sind […] abzuziehen"). Eine Nichtberücksichtigung verstieße gegen das in § 2 Abs. 2 positivierte objektive Nettoprinzip und liefe folglich dem verfassungsrechtlichen Anliegen einer leistungsfähigkeitsgerechten Besteuerung zuwider. Ein **Verzicht des Steuerpflichtigen** auf den Werbungskostenabzug ist daher **grundsätzlich nicht möglich.** Die steuermindernde Berücksichtigung der betreffenden Aufwendungen steht nicht zu seiner Disposition (so ausdrücklich BFH 14.4.1994 – I R 120/91, BStBl. II 1993, 738; offen gelassen noch von BFH 8.10.1991 – IX R 162/87, BFH/NV 1992, 174). Etwas anderes gilt lediglich für **antragsgebundene Werbungskosten** (zB § 9 Abs. 2 S. 2 und 3). Bei derartigen Aufwen- 246 dungen wird der Verzicht des Steuerpflichtigen als Rücknahme des Antrags auf Berücksichtigung als Werbungskosten ausgelegt (vgl. BFH 14.4.1993 – I R 120/91, BStBl. II 1993, 738).

247 Da die Finanzbehörden nur selten ohne Zutun des Steuerpflichtigen Kenntnis von Werbungskosten erlangen, ist ein **„faktischer Verzicht" durch schlichtes Verschweigen** in der Besteuerungspraxis kaum zu verhindern (vgl. LBP/*Stark* § 9 Rn. 157; HHR/*Kreft* § 9 Rn. 57 mwN). Praktisch bedeutsam war der (faktische) Verzicht auf die Geltendmachung von Werbungskosten insbesondere im Zusammenhang mit dem zum 31.12.1995 außer Kraft getretenen § 46 Abs. 1. Gemäß dieser Vorschrift war von Amts wegen eine (Pflicht-)Veranlagung durchzuführen, wenn das ganz oder teilweise aus Einkünften aus nichtselbständiger Arbeit bestehende Einkommen des Steuerpflichtigen einen bestimmten Grenzbetrag überschritt: Hatte der Steuerpflichtige die Frist zur Beantragung der freiwilligen Veranlagung nach § 46 Abs. 2 Nr. 8 versäumt, so konnte er durch den faktischen Verzicht auf Werbungskosten die Höhe seines Einkommens erforderlichenfalls dergestalt beeinflussen, dass eine Pflichtveranlagung nach § 46 Abs. 1 durchzuführen war (vgl. dazu KSM/*von Bornhaupt* § 9 Rn. A 303a). *Kreft* weist zutreffend darauf hin, dass der Steuerpflichtige auch nach Außerkrafttreten des § 46 Abs. 1 in verschiedenerlei Hinsicht ein Interesse am (faktischen) Verzicht auf die Geltendmachung von Werbungskosten haben kann – zB wenn ein Kreditinstitut die Kreditwürdigkeit des Steuerpflichtigen auf Grundlage von Einkommensteuerbescheiden zu prüfen beabsichtigt (HHR/*Kreft* § 9 Rn. 57).

247.1 Der Verzicht auf die Geltendmachung von Werbungskosten kann auch unter **steuerstrafrechtlichen Gesichtspunkten** Bedeutung haben: Verschweigt der Steuerpflichtige in seiner Einkommensteuererklärung rechtswidrig bestimmte steuerpflichtige Einnahmen, so ist der Verzicht auf die Geltendmachung von wirtschaftlich unmittelbar mit den betreffenden Einnahmen zusammenhängenden Werbungskosten unter Umständen geeignet, das Entstehen einer Steuerverkürzung zu unterbinden und damit die Verwirklichung des Tatbestands der Steuerhinterziehung gemäß § 370 Abs. 1 AO zu verhindern (zu den Voraussetzungen der Zulässigkeit einer Saldierung von verschwiegenen Einnahmen einerseits und nicht geltend gemachten Werbungskosten andererseits mit Blick auf das sog. „Kompensationsverbot" gemäß § 370 Abs. 4 S. 3 AO vgl. BeckOK AO/*Ibold* § 370 Rn. 339 ff.).

248 *Einstweilen frei*

249 **b) Nachweis.** Die Finanzbehörde ist gemäß dem in § 88 Abs. 1 AO normierten **Untersuchungsgrundsatz** verpflichtet, den besteuerungserheblichen Sachverhalt in den Grenzen des im jeweiligen Einzelfall Zumutbaren und Verhältnismäßigen von Amts wegen zu ermitteln. Dies gilt gemäß § 88 Abs. 2 AO auch in Bezug auf die für den Steuerpflichtigen günstigen Umstände. Die Ermittlungspflicht der Finanzbehörde wird allerdings durch die Bestimmungen über die Mitwirkungspflichten der am Besteuerungsverfahren Beteiligten (vgl. § 90 AO), welche dem Steuerpflichtigen eine **sphärenorientierte Mitverantwortung für die Sachaufklärung** zuweisen, relativiert (vgl. *Seer* StuW 2003, 40 (42) mwN). Wird der Steuerpflichtige dieser Mitverantwortung nicht gerecht, trägt er also nicht in hinreichendem Maße zur Aufklärung des besteuerungserheblichen Sachverhalts bei, so gehen verbleibende Zweifel hinsichtlich des Entstehens oder der Höhe von Werbungskosten zu seinen Lasten (vgl. BFH 13.4.2010 – VIII R 27/08, BFH/NV 2010, 2038 mwN), denn der Steuerpflichtige trägt insoweit die **objektive Beweislast** (vgl. BFH 13.4.2010 – VIII R 27/08, BFH/NV 2010, 2038).

249.1 Zu Einschränkungen der Nachweisverpflichtung durch Werbungskostenpauschalen in Verwaltungsanweisungen → § 9a Rn. 30.

250 Entgegen der Regelung des § 9a S. 1, die dem Steuerpflichtigen gemäß ihrem eindeutigen Wortlaut den „Nachweis" von Werbungskosten abverlangt, **lässt der BFH die Glaubhaftmachung genügen** (vgl. BFH 15.11.1982 – VI R 102/79, BStBl. II 1983, 177; BFH 1.3.2002 – VI R 141/00, BFH/NV 2002, 787). Dieses Erfordernis ist erfüllt, wenn aufgrund der vom Steuerpflichtigen angegebenen Beweismittel ein nicht lediglich geringes Maß an Wahrscheinlichkeit für die Richtigkeit der Tatsachenbehauptung besteht (BFH 10.7.1974 – I R 223/70, BStBl. II 1974, 763; BFH 8.11.1979 – IV R 42/78, BStBl. II 1980, 147). **Mittel der Glaubhaftmachung** sind die in § 92 S. 2 AO und § 81 Abs. 1 S. 1 FGO bezeichneten Beweismittel. Gemäß § 90 Abs. 1 S. 1 AO ist es grundsätzlich ausreichend, dass der Steuer-

pflichtige das jeweilige Beweismittel benennt. Eine Pflicht zur Beschaffung obliegt ihm nur bei Auslandssachverhalten (vgl. § 90 Abs. 2 AO).

Der bloße – dh nicht weiter substantiierte – Vortrag des Steuerpflichtigen vermag das für die Glaubhaftmachung erforderliche Maß an Wahrscheinlichkeit nicht zu begründen. Vielmehr bedarf es stets weiterer Anhaltspunkte, die dafür sprechen, dass die **werbungskostenbegründende oder -erhöhende Sachverhaltsdarstellung** des Steuerpflichtigen zutrifft (vgl. BFH 18.11.1980 – VIII R 194/78, BStBl. II 1981, 510; BFH 22.12.2000 – IV B 4/00, BFH/NV 2001, 774). Dies gilt selbst dann, wenn der betreffende Sachverhalt bereits länger zurückliegt. Insoweit trifft den Steuerpflichtigen eine **Pflicht zur Beweisvorsorge** (vgl. BFH 18.11.1980 – VIII R 194/78, BStBl. II 1981, 510). Im Allgemeinen verhält sich die Strenge der an die Darlegung durch den Steuerpflichtigen zu stellenden Anforderungen umgekehrt proportional zur Üblichkeit der geltend gemachten Aufwendung (vgl. BFH 18.11.1980 – VIII R 194/78, BStBl. II 1981, 510: „Die Darlegungs- und Nachweispflichten mildern oder erhöhen sich in dem Ausmaß, in dem der begehrte Abzug üblich oder unüblich ist"; nach HHR/*Kreft* § 9 Rn. 54 soll darüber hinaus die Höhe der Aufwendungen eine Rolle spielen). Soweit der **Indizienbeweis** Platz greift (so insbesondere beim Nachweis innerer Tatsachen wie etwa der Einkünfteerzielungsabsicht; vgl. BFH 31.3.1987 – IX R 111/86, BStBl. II 1987, 668; → Rn. 152.1) ist allerdings darauf zu achten, dass die Darlegungsanforderungen nicht überspannt werden (so ausdrücklich BFH 8.2.1983 – VIII R 163/81, BStBl. II 1983, 355). 251

Ist nachgewiesen oder glaubhaft gemacht, dass Werbungskosten entstanden sind, lässt sich aber deren **Höhe** nicht feststellen, so ist die Finanzbehörde gemäß § 162 Abs. 1 AO verpflichtet, diese zu **schätzen** (vgl. BFH 29.6.1993 – VI R 53/92, BStBl. II 1993, 838; BFH 12.9.2001 – VI R 72/97, BStBl. II 2001, 775). Dabei hat sie diejenige Schätzungsmethode zu wählen, die dem Ziel, „die Besteuerungsgrundlagen durch Wahrscheinlichkeitsüberlegungen so zu bestimmen, dass sie der Wirklichkeit möglichst nahe kommen", am besten gerecht wird (BFH 12.9.2001 – VI R 72/97, BStBl. II 2001, 775). Im finanzgerichtlichen Verfahren ist der zuständige Spruchkörper nach Maßgabe von § 96 Abs. 1 S. 1 FGO iVm § 162 AO zur Schätzung befugt. 252

Eine umfassende Schätzung von Werbungskosten, dh dem Grunde und der Höhe nach, von Seiten des Steuerpflichtigen ist anzuerkennen, wenn es sich um **lediglich geringfügige Aufwendungen** handelt (zB an Parkuhren entrichtete Parkgebühren, Trinkgelder, etc.) und ihre Entstehung sowie die veranschlagte Höhe nach der allgemeinen Lebenserfahrung in hohem Maße glaubhaft sind, das Ausstellen oder Sammeln entsprechender Belege aber nicht möglich oder nicht üblich ist, weil dies in keinem Verhältnis zur Geringfügigkeit des Betrags stünde (so FG Baden-Württemberg 8.11.2000 – 12 K 47/99, StE 2001, 168; siehe auch KSM/*von Bornhaupt* § 9 Rn. A 265; kritisch FG Köln 16.1.2013 – 3 K 2008/07, EFG 2014, 451: „Nach der finanzgerichtlichen Rechtsprechung, welcher sich der Senat anschließt, existiert ein Rechtssatz des Inhalts, es reiche für den Nachweis geringfügiger Aufwendungen aus, dass deren Entstehung dem Grunde nach glaubwürdig sei, im finanzgerichtlichen Verfahren nicht."). 253

Bleibt die Richtigkeit des den Werbungskostenabzug betreffenden Sachverhaltsvortrags ungewiss, besteht aber die Aussicht, dass die Ungewissheit in absehbarer Zeit beseitigt wird, so kann die Finanzbehörde die Einkommensteuer gemäß § 165 AO in dem entsprechenden Umfang vorläufig festsetzen (vgl. BFH 19.6.1997 – IV R 4/97, BStBl. II 1998, 239). 254

Einstweilen frei 255–256

c) Zuordnung zu einer Einkunftsart. Werbungskosten sind gemäß § 9 Abs. 1 S. 2 derjenigen Einkunftsart zuzuordnen, bei der sie „erwachsen" sind. Gemeint ist die Einkunftsart, welche der Steuerpflichtige durch diejenige Erwerbstätigkeit verwirklicht (hat), mit der die betreffenden Aufwendungen in dem von § 9 Abs. 1 S. 1 vorausgesetzten (Veranlassungs-)Zusammenhang stehen. In funktionaler Perspektive dient die in § 9 Abs. 1 S. 2 angeordnete **einkunftsartbezogene Zuordnung** von Werbungskosten als rechtstechnisches Mittel zur Einkünfteermittlung in der von § 2 Abs. 2 S. 1 Nr. 2 bestimmten Weise (vgl. Schmidt/*Loschelder* § 9 Rn. 120). Für die Qualifikation von Aufwendungen als Werbungskosten hat sie hingegen keine Bedeutung. Dass eine Aufwendung sich der von § 9 Abs. 1 S. 2 geforderten Zuordnung zu einer konkreten Einkunftsart (noch) entzieht, steht ihrer Einordnung als (vorab veranlasste) Werbungskosten daher nicht entgegen (→ Rn. 183). 257

258 Stehen Aufwendungen nach Maßgabe des Veranlassungsprinzips **mit mehreren Einkunftsarten in Zusammenhang,** so sind sie den einzelnen Einkunftsarten anteilig zuzuordnen – gegebenenfalls im Wege der Schätzung (vgl. BFH 4.11.1965 – IV 32/64 U, BStBl. III 1966, 89, betr. Ausgaben für Fachliteratur, Tagungen und Lehrgänge sowie Fahrtkosten eines sowohl nichtselbständig als auch freiberuflich tätigen Arztes). Die **Aufteilung ist nach objektiven Gesichtspunkten vorzunehmen** (BFH 10.6.2008 – VIII R 76/05, BStBl. II 2008, 937). Das Verhältnis der Einnahmen ist kein geeigneter Aufteilungsmaßstab (vgl. BFH 10.5.2001 – IV R 6/00, BStBl. II 2001, 575; BFH 10.6.2008 – VIII R 76/05, BStBl. II 2008, 937). Fehlt es gänzlich an einem sachgerechten Aufteilungsmaßstab, so sind die Werbungskosten allein bei der Einkunftsart in Abzug zu bringen, mit der sie nach Grund und Wesen die engere, wirtschaftlich vorrangige Beziehung haben (BFH 3.9.2015 – VI R 58/13, BStBl. II 2016, 305, betr. die Zuordnung von Verlusten aus einer Bürgschaft, die ein Arbeitnehmer-Gesellschafters zugunsten seines Arbeitgebers übernommen hat; vgl. auch BFH 26.11.1993 – VI R 3/92, BStBl. II 1994, 242; BFH 25.11.2010 – VI R 34/08, BStBl. II 2012, 24; BFH 16.11.2011 – VI R 97/10, BStBl. II 2012, 343). Ändert sich der Verwendungszweck von Aufwendungen und stehen diese deshalb nacheinander mit mehreren Einkunftsarten in wirtschaftlichem Zusammenhang, so erfolgt die Zuordnung zu den verschiedenen Einkunftsarten zeitanteilig (BFH 4.10.1990 – X R 150/88, BFH/NV 1991, 237).

259 Für die **Zuordnung von Aufwendungen zu einer bestimmten Einkunftsquelle,** wenn der Steuerpflichtige mehrere Erwerbstätigkeiten ausübt, die jeweils derselben Einkunftsart zuzurechnen sind (zB Arbeitnehmer, der mehrere Arbeitsverhältnisse hat), gelten die oben dargestellten Grundsätze entsprechend (vgl. statt vieler Blümich/*Thürmer* § 9 Rn. 201; Schmidt/*Loschelder* § 9 Rn. 120). Von materieller Bedeutung ist die Zuordnung der Aufwendungen zu einer bestimmten Einkunftsquelle etwa bei der Prüfung, ob der Steuerpflichtige mit Blick auf die fragliche Quelle über Einkünfteerzielungsabsicht verfügt (vgl. Kirchhof/*von Beckerath* § 9 Rn. 29).

260–261 *Einstweilen frei*

262 **d) Zeitpunkt des Abzugs. aa) Das Abflussprinzip als Grundsatz.** Werbungskosten sind gemäß dem in § 11 Abs. 2 S. 1 normierten sog. „Abflussprinzip" für das Kalenderjahr abzusetzen, in dem sie geleistet worden sind (→ § 11 Rn. 26). Auf den Zeitpunkt der wirtschaftlichen Verursachung des Abflusses kommt es nicht an. Maßgeblich ist vielmehr, wann der Steuerpflichtige die **wirtschaftliche Verfügungsmacht** über das betreffende Gut in Geld oder Geldeswert einbüßt (vgl. BFH 26.9.1979 – VI R 82/76, BFHE 128, 539; siehe auch Kirchhof/*Seiler* § 11 Rn. 10). Dies ist regelmäßig dann der Fall, wenn der **Leistungserfolg** eintritt. Abweichend von diesen Grundsätzen stellt die Rechtsprechung mitunter – insbesondere in Fällen des bargeldlosen Zahlungsverkehrs – auf die **Leistungshandlung** ab, dh auf den Zeitpunkt, in dem der Steuerpflichtige alles Erforderliche getan hat, um den avisierten Leistungserfolg herbeizuführen (vgl. BFH 8.11.1968 – VI R 81/67, BStBl. II 1969, 76, betr. den Zeitpunkt des Abflusses bei Zahlung mittels Hingabe eines Verrechnungsschecks; BFH 14.1.1986 – IX R 51/80, BStBl. II 1986, 453; BFH 7.12.1999 – VIII R 8/98, BFN/NV 2000, 825, jeweils betr. den Zeitpunkt des Abflusses bei Zahlung mittels Banküberweisung; kritisch dazu Kirchhof/*Seiler* § 11 Rn. 10).

263 *Einstweilen frei*

264 **bb) Ausnahmen vom Abflussprinzip.** § 11 Abs. 2 regelt Ausnahmen vom Abflussprinzip für **regelmäßig wiederkehrende Ausgaben** (§ 11 Abs. 2 S. 2, → § 11 Rn. 155 f.) und für **Vorauszahlungen bei langfristigen Nutzungsüberlassungen** (§ 11 Abs. 2 S. 3, → § 11 Rn. 157 ff.).

265 Gemäß § 82b EStDV kann der Steuerpflichtige **größere Aufwendungen für die Erhaltung von Gebäuden,** die im Zeitpunkt der Leistung des Erhaltungsaufwands nicht zu einem Betriebsvermögen gehören und überwiegend Wohnzwecken dienen, abweichend von § 11 Abs. 2 auf zwei bis fünf Jahre gleichmäßig verteilen. Ob es sich bei den jeweiligen Erhaltungsaufwendungen um „größere Aufwendungen" iSd Vorschrift handelt, ist nach den Umständen des Einzelfalls zu beurteilen. Geht es um die Erhaltung einer vermieteten Immobilie, so stellt das Verhältnis der Aufwendungen zu den Mieteinnahmen regelmäßig ein sachgerechtes Beurteilungskriterium dar. Wird das Gebäude während des Verteilungszeitraums veräußert,

so ist der noch nicht berücksichtigte Teil der Erhaltungsaufwendungen gemäß § 82b Abs. 2 S. 1 EStDV im Jahr der Veräußerung als Werbungskosten abzusetzen. Gemäß § 82b Abs. 2 S. 2 EStDV gilt Entsprechendes, wenn das Gebäude in ein Betriebsvermögen eingebracht oder nicht mehr zur Einkünfteerzielung genutzt wird.

Die **Anschaffungs- oder Herstellungskosten von abnutzbaren Vermögensgegenständen,** die der Steuerpflichtige erfahrungsgemäß länger als ein Jahr zur (Überschuss-)Einkünfteerzielung verwendet, sind gemäß § 9 Abs. 1 S. 3 Nr. 6 S. 2 und Nr. 7 S. 1 iVm § 7 zeitanteilig über die Nutzungsdauer, dh in Form von AfA, als Werbungskosten abzuziehen. Etwas anderes gilt im Falle der Anschaffung oder Herstellung von sog. „geringwertigen Wirtschaftsgütern" iSv § 6 Abs. 2 S. 1. Hier kann der Steuerpflichtige gemäß § 9 Abs. 1 S. 3 Nr. 7 S. 2 iVm § 6 Abs. 2 S. 1 bis 3 bereits im Veranlagungszeitraum der Anschaffung oder Herstellung die gesamten Anschaffungs- oder Herstellungsaufwendungen als Werbungskosten geltend machen. 266

Werbungskosten, die dem Steuerpflichtigen bei der **Erzielung von Einnahmen iSv § 22 Nr. 3 („Einkünfte aus Leistungen")** erwachsen, können mit Blick auf die Verlustverrechnungsbeschränkung des § 22 Nr. 3 S. 3 aus Billigkeitsgründen in einem anderen Veranlagungszeitraum als dem Abflussjahr in Abzug gebracht werden, wenn es dem Steuerpflichtigen andernfalls nicht möglich wäre, die betreffenden Aufwendungen überhaupt steuermindernd nutzbar zu machen (vgl. BFH 3.6.1992 – X R 91/90, BStBl. II 1992, 1017, betr. den Abzug künftig sicher anfallender Werbungskosten; siehe auch HHR/*Kreft* § 9 Rn. 221). 267

Entsprechendes gilt mit Blick auf die Verlustverrechnungsbeschränkung des § 23 Abs. 3 S. 7 für Werbungskosten (insbesondere: vorab veranlasste Werbungskosten), die dem Steuerpflichtigen bei der **Erzielung von Einkünften aus privaten Veräußerungsgeschäften** gemäß § 22 Nr. 2 iVm § 23 erwachsen (vgl. BFH 17.7.1991 – X R 6/91, BStBl. II 1991, 916). 268

Zum Zeitpunkt des Werbungskostenabzugs im Falle von **verlorenen Aufwendungen** zur Anschaffung oder Herstellung von zur Einkünfteerzielung vorgesehenen abnutzbaren Vermögensgegenständen → Rn. 192. 269

Einstweilen frei 270–272

II. Besondere Werbungskostentatbestände (Abs. 1 S. 3 Nr. 1 bis 7, Abs. 2 und 4a)

§ 9 Abs. 1 S. 3 benennt eine Reihe von Aufwendungen, die das Gesetz ausdrücklich als Werbungskosten qualifiziert. Im Verhältnis zum allgemeinen Werbungskostentatbestand ist § 9 Abs. 1 S. 3 **lex specialis,** sodass seine Regelungen jene des § 9 Abs. 1 S. 1 verdrängen. **Teilweise haben die Bestimmungen des § 9 Abs. 1 S. 3 konstitutiven Charakter** (zB § 9 Abs. 1 S. 3 Nr. 1 S. 2 und Nr. 4), **teilweise sind sie deklaratorischer Natur** (zB § 9 Abs. 1 S. 3 Nr. 2 und 3; vgl. auch die Übersicht bei LBP/*Zimmer* § 9 Rn. 382). **Abschließend ist die Aufzählung nicht** („Werbungskosten sind *auch*"; Hervorhebung durch Verfasser). Fällt eine Aufwendung nicht in den Anwendungsbereich einer der Sondertatbestände des § 9 Abs. 1 S. 3 Nr. 1 bis 7, so beurteilt sich ihre Werbungskosteneigenschaft nach Maßgabe des allgemeinen Werbungskostentatbestands (vgl. BFH 10.1.2008 – VI R 17/07, BStBl. II 2008, 234). 273

1. Schuldzinsen, Renten, dauernde Lasten (Abs. 1 S. 3 Nr. 1)

a) Allgemeines. § 9 Abs. 1 S. 3 Nr. 1 regelt die Werbungskosteneigenschaft dreier Arten von Aufwendungen – Schuldzinsen, Renten und dauernde Lasten. Gemeinsame Voraussetzung der Werbungskostenqualifikation ist das Bestehen eines „wirtschaftlichen Zusammenhangs" mit einer Überschusseinkunftsart (vgl. § 9 Abs. 1 S. 3 Nr. 1 S. 1 Hs. 2). Renten und dauernde Lasten müssen darüber hinaus auf „besonderen Verpflichtungsgründen" beruhen. Für die spezielle Rentenform „Leibrenten" begrenzt § 9 Abs. 1 S. 3 Nr. 1 S. 2 den Werbungskostenabzug der Höhe nach auf den in § 22 Nr. 1 S. 3 Buchst. a) Doppelbuchst. bb festgeschriebenen Ertragsanteil. 274

Steuersystematisch ist § 9 Abs. 1 S. 3 Nr. 1 als **kodifizierter Anwendungsfall des allgemeinen Werbungskostentatbestands** einzuordnen. Das Tatbestandsmerkmal „wirtschaftlicher Zusammenhang mit einer Einkunftsart" ist inhaltlich deckungsgleich mit dem von 275

§ 9 Abs. 1 S. 1 vorausgesetzten Veranlassungszusammenhang (so auch HHR/*Bergkemper* § 9 Rn. 357; → Rn. 148 ff.). Weil Schuldzinsen, Rentenzahlungen und dauernde Lasten regelmäßig keinen direkten Einnahmenbezug aufweisen, handelt es sich um **typische mittelbare Erwerbsaufwendungen** (so für Schuldzinsen ausdrücklich BFH 5.3.1991 – VIII R 6/88, BStBl. II 1991, 744). Da auch der allgemeine Werbungskostentatbestand eine „bloß" mittelbare Veranlassung genügen lässt, hat § 9 Abs. 1 S. 3 Nr. 1 gegenüber Abs. 1 S. 1 im Wesentlichen (lediglich) konkretisierenden Charakter (vgl. BFH 4.7.1990 – GrS 2-3/88, BStBl. II 1990, 817; BFH 9.2.1994 – IX R 110/90, BStBl. II 1995, 47). **Allein § 9 Abs. 1 S. 3 Nr. 1 S. 2 enthält eine konstitutive Regelung;** dies namentlich insoweit, als diese Vorschrift eine pauschalisierende Berechnungsweise zur Ermittlung des in Leibrenten enthaltenen Ertragsanteils vorschreibt (vgl. BFH 16.12.1997 – VIII R 38/94, BStBl. II 1998, 339). Dem Sonderausgabentatbestand des § 10 Abs. 1a Nr. 2, der bestimmte auf besonderen Verpflichtungsgründen beruhende, lebenslange und wiederkehrende Versorgungsleistungen zum Abzug vom Gesamtbetrag der Einkünfte (vgl. § 2 Abs. 4) zulässt, geht § 9 Abs. 1 S. 3 Nr. 1 vor.

276 Die größte praktische Bedeutung kommt dem Werbungskostenabzug von Schuldzinsen bei der Erzielung von Einkünften aus Vermietung und Verpachtung sowie Einkünften aus Kapitalvermögen zu. Rentenzahlungen und dauernde Lasten iSv § 9 Abs. 1 S. 3 Nr. 1 spielen hauptsächlich im Zusammenhang mit der Anschaffung von kostenintensiven, zur Einkünfteerzielung eingesetzten Vermögensgegenständen eine Rolle (vgl. HHR/*Bergkemper* § 9 Rn. 357).

277 *Einstweilen frei*

278 **b) Schuldzinsen. aa) Der einkommensteuerrechtliche Schuldzinsenbegriff.** Der Begriff „Schuldzinsen" ist steuergesetzlich nicht definiert. Die Rechtsprechung legt ihn weit aus (vgl. BFH 22.9.2005 – IX R 44/03, BFH/NV 2006, 279 mwN). Zu den Schuldzinsen gehören demnach alle **Leistungen in Geld oder Geldeswert, die ein Schuldner für die Überlassung von Kapital an den jeweiligen Gläubiger zu erbringen hat** (BFH 6.7.1973 – VI R 379/70, BStBl. II 1973, 868 mwN). Umfasst sind aber auch die **Nebenkosten der Darlehensaufnahme** (zB Bereitstellungszinsen, vgl. BFH 7.11.1989 – IX R 190/85, BStBl. II 1990, 460; Abschlussgebühren für einen Bausparvertrag, vgl. BFH 1.10.2002 – IX R 12/00, BStBl. II 2003, 398; Notargebühren für die Beurkundung der Hypothekenbestellung und für deren Eintragung im Grundbuch, vgl. BFH 1.10.2002 – IX R 72/99, BStBl. II 2003, 399) und **sonstige Kreditkosten** (zB Vorfälligkeitsentschädigung, vgl. BFH 14.1.2004 – IX R 34/01, BFH/NV 2004, 1091 mwN; Rechtsverfolgungskosten zur Lösung von einem Darlehen, vgl. BFH 25.6.2009 – IX R 47/08, BFH/NV 2010, 396) **unter Einschluss der Geldbeschaffungskosten** (zB Reisekosten zur Kreditbesorgung, vgl. BFH 4.3.1966 – VI 258/65, BStBl. III 1966, 451). Der einkommensteuerrechtliche Schuldzinsenbegriff geht damit deutlich über den **zivilrechtlichen Zinsbegriff** iSd §§ 246–248 BGB, der ausschließlich laufzeitabhängige Kapitalnutzungsvergütungen umfasst, hinaus. Ausschlaggebend für die Qualifikation von Aufwendungen als Schuldzinsen iSd § 9 Abs. 1 S. 3 Nr. 1 S. 1 ist stets ihr tatsächlicher wirtschaftlicher Gehalt, nicht hingegen die von den Parteien gewählte formale Bezeichnung (vgl. BFH 9.2.1994 – IX R 110/90, BStBl. II 1995, 47).

279 Schuldzinsen sind **von Tilgungsleistungen abzugrenzen,** da letztere gerade keine Werbungskosten darstellen (vgl. BFH 29.10.1985 – IX R 56/82, BStBl. II 1986, 143). Ob es sich bei einer Leistung um eine Kapitalrückzahlung (Tilgungsleistung) oder um ein Entgelt für die Kapitalüberlassung (Schuldzinsen) handelt, hängt davon ab, hinsichtlich welcher dieser Verpflichtungen des Darlehensnehmers der Leistungserfolg eintritt. Maßgeblich sind die in §§ 366 f. BGB normierten zivilrechtlichen Grundsätze (vgl. BFH 14.6.2005 – VIII R 47/03, BFH/NV 2005, 2181). Demgemäß wird die Leistung zunächst auf die Kosten, dann auf die Zinsen und zuletzt auf die Hauptleistung angerechnet. Trifft der Schuldner eine davon abweichende Leistungsbestimmung (vgl. § 366 Abs. 1 BGB), so kann der Gläubiger gemäß § 367 Abs. 2 BGB die Annahme der Leistung ablehnen. Werden Schuldzinsen und Tilgungsbeträge vertragsgemäß einheitlich geleistet, was insbesondere bei **Annuitäts- und Ratenkrediten** der Fall ist (vgl. HHR/*Bergkemper* § 9 Rn. 361), so richtet sich die Aufteilung nach der vertraglichen Absprache (vgl. HHR/*Bergkemper* § 9 Rn. 361). Fehlt eine solche, so ist der Zinsanteil in der Regel nach der Zinsstaffelmethode zu ermitteln (vgl. BFH 26.9.1979 – VI R 82/76, BFHE 128, 539).

Einstweilen frei **280–281**

bb) Wirtschaftlicher Zusammenhang mit einer Einkunftsart. Schuldzinsen sind gemäß § 9 Abs. 1 S. 3 Nr. 1 S. 1 nur insoweit Werbungskosten, als sie mit einer Einkunftsart in wirtschaftlichem Zusammenhang stehen. Inhaltlich entspricht das „Zusammenhang-Erfordernis" des § 9 Abs. 1 S. 3 Nr. 1 jenem des allgemeinen Werbungskostentatbestands (ebenso LBP/*Zimmer* § 9 Rn. 421; Blümich/*Thürmer* § 9 Rn. 208 f.), dh es ist **iSd Veranlassungsprinzips zu deuten** (vgl. BFH 24.4.1997 – VIII R 53/95, BStBl. II 1997, 682; BFH 25.2.2009 – IX R 62/07, BStBl. II 2009, 459; zu Inhalt und Bedeutung des Veranlassungsprinzips → Rn. 148 ff.). Der von § 9 Abs. 1 S. 3 Nr. 1 S. 1 vorausgesetzte wirtschaftliche Zusammenhang mit einer Einkunftsart liegt somit vor, wenn das die Schuldzinsen auslösende Moment einen hinreichend engen Bezug zur einkommensteuerlich relevanten Erwerbssphäre des Steuerpflichtigen aufweist. 282

Auslösendes Moment für Schuldzinsen ist stets der Abschluss des Vertrags über die Kapitalüberlassung. Einen hinreichend engen Bezug zur einkommensteuerlich relevanten Erwerbssphäre des Steuerpflichtigen weist dieser Vertragsschluss auf, wenn und soweit der Steuerpflichtige **das Darlehen für Erwerbszwecke aufnimmt und die Darlehensvaluta auch tatsächlich zur Erzielung von Einkünften verwendet** (ständige Rechtsprechung, vgl. etwa BFH 29.3.2007 – IX R 10/06, BStBl. II 2007, 645, betr. die steuerrechtliche Behandlung von Schuldzinsen in einem **Cash-Pool;** siehe ferner BFH 27.4.2015 – IX B 130/14, BFH/NV 2015, 977). 283

Verwendet der Steuerpflichtige das Darlehen **nur teilweise für Erwerbszwecke,** so kann er die anfallenden Schuldzinsen nur **anteilig** als Werbungkosten abziehen. Spätere Tilgungsleistungen beeinflussen das Aufteilungsverhältnis nicht. Insbesondere existiert kein Grundsatz des Inhalts, dass vorrangig der privat veranlasste Teil einer Schuld getilgt wird (vgl. BFH 2.8.1994 – IX R 21/91, BFH/NV 1995, 203). Wird ein Darlehen für **mehrere erwerbsbezogene Zwecke** aufgenommen und verwendet, so sind die anfallenden Schuldzinsen den verschiedenen Einkunftsquellen anteilig zuzuordnen (→ Rn. 259), es sei denn, eine der Verwendungsweisen dominiert (vgl. BFH 17.7.1992 – VI R 125/88, BStBl. II 1993, 111). Notfalls muss die Aufteilung im Wege der Schätzung (§ 162 AO) erfolgen (vgl. HHR/*Bergkemper* § 9 Rn. 379). 284

Besteht zwischen einem vom Steuerpflichtigen aufgenommenen Darlehen und seiner einkommensteuerlich relevanten Erwerbsbetätigung **nur unter rechtlichen Gesichtspunkten ein Zusammenhang,** so kommt ein Schuldzinsenabzug – entsprechend den zum Veranlassungsprinzip entwickelten Grundsätzen (→ Rn. 157) – nicht in Betracht. Dass der Steuerpflichtige ein verzinsliches Darlehen aufnimmt und dem Darlehensgeber zur Sicherung der Rückzahlungsverbindlichkeit ein Grundpfandrecht an einem zur Erzielung von Überschusseinkünften genutzten Grundstück einräumt, eröffnet folglich noch nicht den Werbungskostenabzug gemäß § 9 Abs. 1 S. 3 Nr. 1 (vgl. BFH 29.7.1997 – IX R 89/94, BStBl. II 1997, 772). Nur wenn der Steuerpflichtige das dergestalt besicherte Darlehen auch tatsächlich für Zwecke einer einkommensteuerlich relevanten Erwerbsbetätigung verwendet, besteht der von § 9 Abs. 1 S. 3 Nr. 1 geforderte „wirtschaftliche Zusammenhang" mit einer Einkunftsart. 285

Der wirtschaftliche Erwerbsbezug der Schuldzinsen, insbesondere deren zweckentsprechende Verwendung, muss vom Steuerpflichtigen gemäß den allgemeinen Grundsätzen (→ Rn. 249 ff.) dargelegt und glaubhaft gemacht werden (vgl. BFH 24.10.2012 – IX R 35/11, BFH/NV 2013, 522). Die Strenge der an den **Nachweis** zu stellenden Anforderungen hängt von der Üblichkeit der als Werbungskosten geltend gemachten Schuldzinsen ab (vgl. BFH 18.11.1980 – VIII R 194/78, BStBl. II 1981, 510). **Keinesfalls ausreichend ist eine bloß gedankliche Zuordnung zur Erwerbssphäre** durch den Steuerpflichtigen (vgl. BFH 6.10.2004 – IX R 68/01, BStBl. II 2005, 324; BFH 25.2.2009 – IX R 62/07, BStBl. II 2009, 459). Die Darstellung von Finanzierungssalden, aus denen sich die (vermeintliche) Notwendigkeit der Darlehensaufnahme ableiten lässt, vermag den Veranlassungszusammenhang zwischen Schuldzinsen und Einkünfteerzielung daher nicht (hinreichend) zu belegen (vgl. BFH 25.5.2011 – IX R 22/10, BFH/NV 2012, 14). Umgekehrt schließt aber der Umstand, dass der Steuerpflichtige eine von ihm fremdfinanzierte Erwerbsaufwendung nachweislich auch aus Eigenmitteln hätte bestreiten können, die Werbungskosteneigenschaft der 286 betreffenden Schuldzinsen nicht aus (vgl. BFH 27.10.1998 – IX R 19/96, BStBl. II 1999, 678). Maßgeblich ist ausschließlich die tatsächliche Mittelverwendung, **hypothetische Finanzierungsalternativen sind unbeachtlich.** Der Steuerpflichtige verfügt insofern über umfangreiche Gestaltungsmöglichkeiten (vgl. BFH 8.12.1997 – GrS 1-2/95, BStBl. II 1998, 193; BFH 2.9.2008 – VIII R 2/07, BStBl. II 2010, 25; BFH 25.2.2009 – IX R 62/07, BStBl. II 2009, 459; siehe auch Schmidt/*Loschelder* § 9 Rn. 141, 144).

286.1 Da der Steuerpflichtige die objektive Feststellungslast trägt, etwaige Zweifel hinsichtlich der Herkunft von Finanzierungsmitteln also zu seinen Lasten gehen, empfiehlt es sich, Fremdkapital über ein vom Eigenkapital getrenntes Schuldkonto zu verwalten und Erwerbsaufwendungen über das Schuldkonto zu finanzieren. Auf diese Weise lässt sich der wirtschaftliche Erwerbsbezug der Schuldzinsen zweifelsfrei belegen (vgl. Schmidt/*Loschelder* § 9 Rn. 141, 144).

287 An den **zeitlichen Zusammenhang** zwischen der Zahlung von Schuldzinsen und der Erzielung von Einnahmen sind keine gesteigerten Anforderungen zu stellen. Gemäß den allgemeinen Grundsätzen ist der Schuldzinsenabzug bereits ab dem Zeitpunkt zulässig, in dem sich anhand objektiver Umstände feststellen lässt, dass der Steuerpflichtige den Entschluss zur Erzielung von Einkünften endgültig gefasst hat (→ Rn. 181 ff.; vgl. auch BFH 29.10.2002 – VIII B 125/01, BFH/NV 2003, 314). Als **vorab veranlasste Schuldzinsen** kommen etwa die Zahlung von Bereitstellungszinsen (vgl. BFH 2.8.1977 – VIII R 104/74, BStBl. II 1978, 143), der Einbehalt eines Disagios (zum Sofortabzug eines Disagios als Werbungskosten vgl. BFH 8.3.2016 – IX R 38/14, BStBl. II 2016, 646) sowie Kosten der Darlehensbesicherung in Betracht (vgl. LBP/*Zimmer* § 9 Rn. 498). Zum Abzug von **Schuldzinsen als nachträgliche Werbungskosten** → Rn. 294.

288 Nicht erforderlich ist, dass der Steuerpflichtige mit der von ihm fremdfinanzierten Aufwendung *ausschließlich* die Erzielung von steuerpflichtigen Einnahmen anstrebt. Dem (vollumfänglichen) Abzug von Schuldzinsen als Werbungskosten steht es nicht entgegen, wenn der Steuerpflichtige daneben die **Erwartung hegt, steuerfreie Vermögensvorteile zu erzielen;** zB in Form von Wertsteigerungen des zum Zwecke einer steuerpflichtigen Vermietung – unter Einsatz von verzinslichem Fremdkapital – angeschafften Grundstücks (vgl. BFH 8.7.2003 – VIII R 43/01, BStBl. II 2003, 937 mwN). Dies gilt selbst dann, wenn die vom Steuerpflichtigen angestrebten nicht steuerbaren Vermögensvorteile den erwarteten Einnahmenüberschuss betragsmäßig übersteigen (vgl. BFH 28.10.1999 – VIII R 7/97, BFH/NV 2000, 564). Ein werbungskostenabzugsschädliches Überwiegen des Vermögensbezugs der Zinszahlungen nimmt die Rechtsprechung erst an, wenn die Realisierung nicht zu versteuernder Vermögensvorteile im Vergleich mit den einkommensteuerrelevanten Ertragserwartungen äußerlich erkennbar im Vordergrund steht (vgl. BFH 30.10.1990 – VIII R 42/87, BStBl. II 1991, 340).

289 Ob die zinsbewehrte Fremdkapitalaufnahme Erwerbszwecken dient, ist im Zeitpunkt der erstmaligen Verwendung des Fremdkapitals zu beurteilen (vgl. BFH 20.6.2012 – IX R 67/10, BStBl. II 2013, 275 mwN). Ändert sich der Zweck im Zeitraum zwischen der Aufnahme des Fremdkapitals und seiner erstmaligen Verwendung, so ist der **Zweck der erstmaligen Verwendung** maßgeblich (vgl. BFH 4.11.1998 – X R 140/95, BStBl. II 1999, 93).

290 Vom Steuerpflichtigen nach der erstmaligen Mittelverwendung unternommene Änderungen der Verwendungsweise (sog. **„Darlehens-Umwidmung"**) führen zu einer Durchbrechung des von § 9 Abs. 1 S. 3 Nr. 1 S. 1 vorausgesetzten wirtschaftlichen Zusammenhangs mit einer Einkunftsart, es sei denn, durch die neue Verwendungsweise wird ebenfalls ein Erwerbszusammenhang begründet. Letzteres ist insbesondere zu bejahen, wenn der Steuerpflichtige einen kreditfinanzierten Vermögensgegenstand nach einiger Zeit entweder im Rahmen einer anderen Einkunftsart nutzt (zB Entnahme eines Grundstücks aus dem Betriebsvermögen, um damit zukünftig Einkünfte aus Vermietung und Verpachtung zu erzielen, vgl. BFH 4.7.1990 – GrS 2-3/88, BStBl. II 1990, 817) oder ihn veräußert und den Erlös anderweitig zur Erzielung von Einkünften einsetzt (zB Einsatz des durch die Veräußerung einer vermieteten Immobilie generierten Verkaufserlöses zur Erzielung von Kapitaleinkünften, vgl. BFH 8.4.2014 – IX R 45/13, BFHE 244, 442; sog. **„Surrogations-Rechtsprechung"**).

291 Wird der kreditfinanzierte Vermögensgegenstand infolge der geänderten Verwendung nur noch teilweise zu Erwerbszwecken genutzt bzw. der Erlös aus der Veräußerung des Vermögensgegenstands nur teilweise zur Erzielung von Einkünften eingesetzt, so können die im Rahmen des Darlehens fürderhin anfallenden Schuldzinsen auch nur **anteilig** als Werbungskosten abgezogen werden (vgl. BFH 4.7.1990 – GrS 2-3/88, BStBl. II 1990, 817; BFH 27.3.2007 – VIII R 28/04, BStBl. II 2007, 699).

Für den Fall der **Veräußerung eines kreditfinanzierten Vermögensgegenstands** ist 292 hinsichtlich der Bemessung der Höhe des Weiteren Schuldzinsenabzugs noch nicht geklärt, ob neben dem Verhältnis des für berufliche Zwecke verwendeten Teils des Verkaufserlöses zu dem für private Zwecke verwendeten Teil auch das (betragsmäßige) **Verhältnis des fortgeführten Darlehens zu dem auf das fortgeführte Darlehen entfallenden Teil des Verkaufserlöses** zu berücksichtigen ist. Der VIII. Senat des BFH hat dies in seiner Entscheidung vom 24.4.1997 (VIII R 53/95, BStBl. II 1997, 682) ohne nähere Begründung bejaht (kritisch *Kempermann* FR 1997, 954). Praktische Konsequenz dieser Rechtsprechung ist, dass nicht nur die teilweise private Verwendung des Verkaufserlöses, sondern auch der Umstand, dass der Steuerpflichtige den kreditfinanzierten Vermögensgegenstand mit Gewinn veräußert, den Abzug der im Rahmen des fortgeführten Darlehens anfallenden Zinsen als Werbungskosten iSv § 9 Abs. 1 S. 3 Nr. 1 der Höhe nach mindert. Dahinter steht mutmaßlich die Erwägung, dass das zinsbewehrte Darlehen in einer solchen Konstellation nicht allein der Nutzung des betreffenden Vermögensgegenstands zum Zwecke der Einkünfteerzielung diente, sondern auch der Erzielung eines steuerfreien Veräußerungsgewinns, dessen Realisierung sodann zu einer anteiligen Herabsetzung der abziehbaren Schuldzinsen führt. Indes steht diese Erwägung in Widerspruch zu der oben zitierten BFH-Rechtsprechung, wonach es der (vollumfänglichen) Abziehbarkeit von Schuldzinsen als Werbungskosten nicht abträglich ist, wenn der Steuerpflichtige die Erwartung hegt, mit der von ihm unternommenen Verwendung des Darlehens nicht nur steuerpflichtige Einnahmen, sondern auch steuerfreie Vermögensvorteile zu erzielen (→ Rn. 288). Vor dem Hintergrund dieser Rechtsprechung kann es für die weitere Abziehbarkeit der Schuldzinsen nicht darauf ankommen, ob das verkaufte Wirtschaftsgut mit Gewinn oder Verlust veräußert wurde. Vielmehr sollte allein auf die berufliche oder private Verwendung des auf das fortgeführte Darlehen entfallenden Teils des Verkaufserlöses abgestellt werden. Der IX. Senat des BFH hat die Frage, „ob und inwieweit es für den weiteren Zinsabzug nach Umwidmung des Darlehens [auch] auf das Verhältnis zwischen dem fortgeführten Darlehen und dem […] Verkaufserlös ankommt" in seinem Urteil vom 8.4.2003 (IX R 36/00, BStBl. II 2003, 706) ausdrücklich offen gelassen.

Bei **der Veräußerung eines kreditfinanzierten Wirtschaftsguts** macht der BFH die steuerrechtliche Anerkennung der darin liegenden Darlehens-Umwidmung im Einzelnen von folgenden Voraussetzungen abhängig: 292.1

(1) die durch die erstmalige Verwendung der Darlehensmittel bewirkte Zuordnung zu einer bestimmten Einkunftsquelle muss eindeutig beendet worden sein (vgl. BFH 7.7.1998 – VIII R 57/96, BFH/NV 1999, 594 mwN),

(2) die ursprüngliche Darlehensschuld muss im Zeitpunkt der erstmaligen Verwendung des Veräußerungserlöses noch bestehen (vgl. BFH 1.7.2003 – VIII R 30/02, BFH/NV 2003, 1560),

(3) die Änderung der Zweckbestimmung des Darlehens muss nach außen hin, dh anhand objektiver Beweisanzeichen feststellbar, in Erscheinung treten (vgl. BFH 27.3.2007 – VIII R 28/04, BStBl. II 2007, 699 mwN).

Ein steuerrechtlich anzuerkennender neuer Erwerbszusammenhang im Sinne der Surrogationsrechtsprechung liegt nach der Rechtsprechung auch dann vor, wenn der Steuerpflichtige empfangene **Tilgungsleistungen eines von ihm gewährten Darlehens** nicht zur Rückführung des Refinanzierungsdarlehens, sondern zur Begleichung laufender Erwerbsaufwendungen – wie etwa Schuldzinsen – verwendet (vgl. BFH 25.7.2000 – VIII R 35/99, BStBl. II 2001, 698). 292.2

Ebenfalls anzuerkennen ist die Möglichkeit der **Umwidmung eines Darlehens von der Vermögens- in die Erwerbssphäre** (ebenso HHR/*Bergkemper* § 9 Rn. 380). Eine derartige Umwidmung liegt zB dann vor, wenn ein kreditfinanzierter Vermögensgegenstand, der zunächst privat genutzt wurde, fortan zur Einkünfteerzielung eingesetzt wird. Der **Austausch einer Eigenkapitalfinanzierung durch eine Fremdkapitalfinanzierung** führt bei bereits angeschafften oder hergestellten und zur Einkünfteerzielung eingesetzten Vermögensgegenständen hingegen nicht zum Schuldzinsenabzug. Denn nach der Rechtsprechung des BFH ist es dem Steuerpflichtigen verwehrt, Fremdmittel und Eigenmittel durch eine 293 anfallen, welche auf Grundbesitz entfällt, den der Steuerpflichtige zur Erzielung von Überschusseinkünften einsetzt, sind daher Werbungskosten iSv § 9 Abs. 1 S. 3 Nr. 2 Var. 1.

324 *Einstweilen frei*

325 **c) Sonstige öffentliche Abgaben.** Auch sonstige öffentliche Abgaben, dh **Gebühren, Beiträge, Sonderabgaben** und solche **Steuern, die nicht an das Innehaben von Grundbesitz anknüpfen,** sind Werbungskosten iSv § 9 Abs. 1 S. 3 Nr. 2 Var. 2, sofern sie sich auf Vermögensgegenstände beziehen, die der Steuerpflichtige zur Erzielung von Überschusseinkünften nutzt (zB Kfz-Steuer auf ein als Arbeitsmittel zu qualifizierendes Kfz). Dies gilt nicht, wenn die sonstige öffentliche Abgabe zu den **Anschaffungskosten** des (zur Erzielung von Überschusseinkünften genutzten) Grundstücks gehört, auf das sie bezogen ist. In diesem Falle scheitert die Werbungskostenqualifikation am Überwiegen des Vermögensbezugs (→ Rn. 173). Ist die sonstige öffentliche Abgabe Teil der Anschaffungs- oder Herstellungskosten eines zur Erzielung von Überschusseinkünften genutzten Gebäudes, so findet sie gemäß § 9 Abs. 1 S. 3 Nr. 7 S. 1 iVm § 7 in Form von AfA steuermindernd Berücksichtigung.

326 **Beiträge zur Finanzierung erstmals durchgeführter Erschließungsmaßnahmen** sind Anschaffungskosten des Grund und Bodens und damit keine Werbungskosten (zB Kanalbaubeiträge, vgl. BFH 5.6.1985 – I R 129/82, BFH/NV 1986, 205 mwN; Anliegerbeiträge, vgl. BFH 19.2.1974 – VIII R 65/72, BStBl. II 1974, 337). **Beiträge zur Finanzierung von Maßnahmen zur Ersetzung oder Modernisierung vorhandener Erschließungseinrichtungen** sind hingegen grundsätzlich (sofort) abziehbar als Werbungskosten iSv § 9 Abs. 1 S. 3 Nr. 2 Var. 2 (vgl. BFH 19.12.1995 – IX R 5/95, BStBl. II 1996, 134; BFH 16.7.1996 – IX R 55/94, BFH/NV 1997, 178, jeweils betr. endgültigen Ausbau einer bereits vorhandenen, provisorisch angelegten Straße; BFH 23.2.1999 – IX R 61/96, BFH/NV 1999, 1079, betr. die Ersetzung einer funktionsfähigen Sickergrube durch ein neu errichtetes öffentliches Abwassersiel). Anders verhält es sich nur, wenn das jeweilige **Grundstück durch die betreffende Maßnahme in seiner Substanz oder seinem Wesen verändert** wird. In diesem Fall stellen die Beiträge nachträgliche Anschaffungskosten des Grund und Bodens dar, sodass sie nicht als Werbungskosten abgezogen werden können (BFH 2.5.1990 – VIII R 198/85, BStBl. II 1991, 448). Ob durch die Ersetzung oder Modernisierung einer bereits vorhandenen Erschließungseinrichtung der Wert des Grundstücks gestiegen ist, ist hingegen unerheblich (BFH 19.12.1995 – IX R 5/95, BStBl. II 1996, 134).

326.1 Zum Werbungskostenabzug zugelassen (dh keine Veränderung des Grundstücks in seiner Substanz oder seinem Wesen) hat die Rechtsprechung auch nachträgliche Straßenkostenbeiträge, die eine Gemeinde für die bauliche Veränderung des Straßenbelags und der Gehwege anlässlich der Schaffung einer verkehrsberuhigten Zone erhob (vgl. BFH 22.3.1994 – IX R 52/90, BStBl. II 1994, 842).

327 Zu den (in Form von AfA geltend zu machenden) Herstellungskosten eines Gebäudes gehören etwa **Kanalstichgebühren** (vgl. BFH 24.11.1967 – VI R 302/66, BStBl. II 1968, 178) und **Ansiedlungsbeiträge** (vgl. BFH 11.3.1976 – VIII R 212/73, BStBl. II 1976, 449). **Aufwendungen zur Ablösung der bauordnungsrechtlichen Stellplatzpflicht** sind Gebäude-Herstellungskosten, wenn die abgelöste Stellplatzpflicht mit einer Baumaßnahme in Zusammenhang steht, die als Herstellung iSv § 255 Abs. 2 HGB anzusehen ist (dann Verteilung im Wege der AfA; vgl. BFH 8.3.1984 – IX R 45/80, BStBl. II 1984, 702). Andernfalls sind die Aufwendungen – vorausgesetzt sie beziehen sich auf ein zur Erzielung von Überschusseinkünften genutztes Gebäude – sofort abziehbar als sonstige öffentliche Abgabe iSd § 9 Abs. 1 S. 3 Nr. 2 Var. 2 (vgl. BFH 6.5.2003 – IX R 51/00, BStBl. II 2003, 710).

328 Als gebäudebezogene öffentliche Abgaben iSv § 9 Abs. 1 S. 3 Nr. 2 Var. 2 kommen daneben zB auch **Kanalisations-, Müllabfuhr- und Straßenreinigungsgebühren** in Betracht (vgl. HHR/*Bergkemper* § 9 Rn. 419).

329–330 *Einstweilen frei*

331 **d) Versicherungsbeiträge.** Versicherungsbeiträge sind Werbungskosten iSv § 9 Abs. 1 S. 3 Nr. 2 Var. 3, wenn die jeweilige Versicherung Risiken abdeckt, die sich auf vom Steuerpflichtigen zur Einnahmeerzielung genutzte Gegenstände beziehen. Ein derartiger **Erwerbsbezug** liegt vor, wenn die Versicherungsleistung an die Stelle von steuerpflichtigen Einnahmen tritt, die als Folge des Versicherungsfalls ausgefallen sind oder wenn die

Versicherungsleistung Wertabgaben ausgleicht, die Werbungskostencharakter haben (vgl. BFH 12.11.1985 – IX R 70/84, BStBl. II 1986, 337; BFH 4.9.1990 – IX B 10/90, BFH/NV 1991, 164; BFH 1.12.1992 – IX R 36/86, BFH/NV 1993, 472; BFH 2.12.2014 – IX R 1/14, BStBl. II 2015, 493). Soweit Versicherungsbeiträge Werbungskosten darstellen, führen die entsprechenden Versicherungsleistungen grundsätzlich zu steuerpflichtigen Einnahmen (vgl. BFH 2.12.2014 – IX R 1/14, BStBl. II 2015, 493, betr. Leistungen einer Gebäudefeuerversicherung anlässlich feuerbedingter Zerstörung eines vermieteten Gebäudes). Unter § 9 Abs. 1 S. 3 Nr. 2 Var. 3 fallen zB Prämien für Feuer-, Wasser-, Sturm-, Ölhaftpflicht-, Eigentümerhaftpflicht-, Mietausfall-, gebäudebezogene Rechtsschutz- und Bauwesenversicherungen (vgl. zu Letzterer BFH 25.2.1976 – VIII B 81/74, BStBl. II 1980, 294), soweit sie sich auf Gebäude beziehen, die der Steuerpflichtige zur Erzielung von Überschusseinkünften nutzt; ferner Versicherungen gegen Diebstahl oder Beschädigung von Arbeitsmitteln (zB Kasko-Versicherung eines als Arbeitsmittel zu qualifizierenden Kfz).

§ 9 Abs. 1 S. 3 Nr. 2 regelt den Abzug von Versicherungsbeiträgen als Werbungskosten indes nicht abschließend. Werden Risiken versichert, die nicht in den sachgegenständlichen Anwendungsbereich des § 9 Abs. 1 S. 3 Nr. 2 Var. 3 fallen, so können die Prämien auf Grundlage von § 9 Abs. 1 S. 1 als Werbungskosten in Abzug gebracht werden, wenn das **versicherte Risiko beruflicher Art** ist (BFH 15.6.2005 – VI B 64/04, BFH/NV 2005, 1796; BFH 15.10.2013 – VI B 20/13, BFH/NV 2014, 327). Dies ist beispielsweise bei Beiträgen für eine Unfallversicherung zu bejahen, die ausschließlich der Erwerbssphäre zuzuordnende Unfallrisiken abdeckt (vgl. BFH 27.11.1987 – VI B 176/86, BFH/NV 1988, 640; siehe auch BMF 28.10.2009, BStBl. I 2009, 1275). 332

Keine Werbungskosten sind indessen Prämien für **personenbezogene Versicherungen** wie zB Hausrat-, Privathaftpflicht-, Risikolebens-, allgemeine Rechtsschutz-, Krankentagegeld- und Berufsunfähigkeitsversicherung (BFH 15.6.2005 – VI B 64/04, BFH/NV 2005, 1796). Da das abgedeckte Risiko hier meist zu einem nicht unwesentlichen Teil im privaten Lebensbereich angesiedelt ist, sind Beiträge zu Personenversicherungen in der Regel Sonderausgaben und nicht Werbungskosten (BFH 15.10.2013 – VI B 20/13, BFH/NV 2014, 327). 333

Deckt eine Versicherung **sowohl berufliche als auch private Risiken** ab, so sind die Versicherungsprämien grundsätzlich aufzuteilen und im Umfang der beruflichen Veranlassung als Werbungskosten iSv § 9 Abs. 1 S. 3 Nr. 2 Var. 3 abzuziehen (vgl. BFH 19.2.1993 – VI R 42/92, BStBl. II 1993, 519, betr. Reisegepäckversicherung). Der Steuerpflichtige kann durch eine Bescheinigung der Versicherungsgesellschaft nachweisen, welcher Prämienanteil nach der Schadensstatistik auf das versicherte berufliche Risiko entfällt (vgl. BFH 31.1.1997 – VI R 97/94, BFH/NV 1997, 346, betr. Rechtsschutzversicherung). Andernfalls ist im Schätzungswege aufzuteilen (ebenso LBP/*Zimmer* § 9 Rn. 720; HHR/*Bergkemper* § 9 Rn. 420). Allgemein zur steuerlich Behandlung von gemischt veranlassten Aufwendungen → Rn. 165 ff. 334

Einstweilen frei 335–336

3. Beiträge zu Berufsständen und sonstigen Berufsverbänden (Abs. 1 S. 3 Nr. 3)

Gemäß § 9 Abs. 1 S. 3 Nr. 3 gehören zu den Werbungskosten „Beiträge zu Berufsständen und sonstigen Berufsverbänden, deren Zweck nicht auf einen wirtschaftlichen Geschäftsbetrieb gerichtet ist". Die Vorschrift regelt einen Anwendungsfall des allgemeinen Werbungskostentatbestands, hat also lediglich **deklaratorischen Charakter** (vgl. BFH 28.11.1980 – VI R 193/77, BStBl. II 1981, 368). 337

Der BFH definiert den **Begriff „Berufsverband"** als Zusammenschluss natürlicher oder juristischer Personen zur Wahrnehmung allgemeiner, aus der beruflichen oder unternehmerischen Tätigkeit erwachsender ideeller und wirtschaftlicher Interessen eines Berufsstands oder Wirtschaftszweigs (BFH 27.4.1990 – VI R 35/86, BFH/NV 1990, 701 mwN). Als Oberbegriff umfasst „Berufsverband" den Unterbegriff „Berufsstand". Letzterer bezeichnet spezielle berufsständische Vereinigungen wie Ärzte-, Anwalts- und Steuerberaterkammern (vgl. HHR/*Bergkemper* § 9 Rn. 435). 338

(Weitere) Beispiele für Berufsverbände iSv § 9 Abs. 1 S. 3 Nr. 3: Gewerkschaften, Beamten- und Richterbund, Institut der Wirtschaftsprüfer, Industrie- und Handelskammern, Ärztekammer, Architek- 338.1

tenkammer, Marburger Bund (für angestellte Ärzte), Haus- und Grundbesitzervereine. Zu Einzelnachweisen siehe ferner KSM/*von Bornhaupt* § 9 Rn. E 35.

339 Abzugrenzen ist der Berufsverband von Vereinigungen, die sich über die Vertretung berufsspezifischer Belange hinaus unmittelbar oder mittelbar (zB im Wege der Finanzierung politischer Parteien, vgl. LBP/*Zimmer* § 9 Rn. 752) allgemein-politisch betätigen. Erforderlich ist eine trennscharfe Abgrenzung insbesondere deshalb, weil andernfalls das in § 9 Abs. 5 S. 1 iVm § 4 Abs. 6 normierte Verbot, Aufwendungen zur Förderung staatspolitischer Zwecke als Werbungskosten abzuziehen, umgangen würde.

339.1 Keine Berufsverbände iSd § 9 Abs. 1 S. 3 Nr. 3 sind deshalb politische Parteien (vgl. BFH 13.8.1993 – VI R 51/92, BStBl. II 1994, 33). Zuwendungen an politische Parteien können allerdings gemäß § 10b Abs. 2 S. 1 als Sonderausgaben abgezogen werden (→ § 10b Rn. 281 ff.). Alternativ kommt eine Steuerermäßigung gemäß § 34g in Betracht.

340 **Beurteilungsmaßstäbe** für die Einordnung als Berufsverband und die Abgrenzung zu (allgemein-)politischen Vereinigungen sind der **Satzungszweck** und das **tatsächliche Tätigwerden** des Zusammenschlusses (vgl. BFH 13.8.1993 – VI R 51/92, BStBl. II 1994, 33). Gebietet der Satzungszweck die Einordnung als Berufsverband, läuft die tatsächliche Verbandstätigkeit dieser Einordnung aber zuwider, so entfällt der Werbungskostenabzug nur dann, wenn der Steuerpflichtige Kenntnis von der satzungswidrigen Geschäftstätigkeit hatte oder aber ein satzungswidriges Tätigwerden zumindest für ernsthaft möglich hielt und in Kauf nahm (vgl. BFH 7.6.1988 – VIII R 76/85, BStBl. II 1989, 97; BFH 13.8.1993 – VI R 51/92, BStBl. II 1994, 33).

341 Weitere Voraussetzung für den Werbungskostenabzug ist, dass der Zweck des die Beitragszahlungen empfangenden Berufsverbands **nicht auf einen wirtschaftlichen Geschäftsbetriebs gerichtet** ist. Wirtschaftlicher Geschäftsbetrieb iSd Steuerrechts ist gemäß § 14 S. 1 AO jede selbständige nachhaltige Tätigkeit, durch die Einnahmen oder andere wirtschaftliche Vorteile erzielt werden und die über den Rahmen einer Vermögensverwaltung hinausgeht. Könnten Beitragszahlungen an Berufsverbände, die eine derartige Tätigkeit ausüben, vom Zahlenden als Werbungskosten abgezogen werden, so würde den betreffenden Verbänden im Vergleich mit ihren nicht als Berufsverband organisierten Konkurrenten ein erheblicher Finanzierungsvorteil zuteil. In verfassungsrechtlicher Hinsicht wäre dies – insbesondere mit Blick auf den allgemeinen Gleichheitssatz des Art. 3 Abs. 1 GG – kaum zu rechtfertigen.

342 **Beiträge** iSd § 9 Abs. 1 S. 3 Nr. 3 sind Leistungen, die auf satzungsmäßiger Verpflichtung beruhen oder freiwillig über die Pflichtbeiträge hinaus erbracht werden, wobei es sich sowohl um einmalige als auch um wiederkehrende Leistungen handeln kann. Die Mitgliedschaft im jeweiligen Berufsverband ist kein zwingendes Erfordernis für die Anerkennung einer Zahlung als Beitrag iSv § 9 Abs. 1 S. 3 Nr. 1 (vgl. HHR/*Bergkemper* § 9 Rn. 436). **Individuell zurechenbare Sonder- oder Gegenleistungen des Berufsverbands** (zB Rechtsschutz, Alters- und Krankheitsvorsorge, Sterbegeldumlage; zu Letzterem FG Rheinland-Pfalz 27.5.1981 – 1 K 151/80, EFG 1982, 70) nehmen der Leistung des Steuerpflichtigen ihren Beitragscharakter (vgl. BFH 9.7.1969 – I R 38/66, BStBl. II 1969, 744). Hat eine Zahlung sowohl Beitrags- als auch Leistungsaustauschcharakter, so ist sie aufzuteilen, notfalls im Wege der Schätzung (ebenso LBP/*Zimmer* § 9 Rn. 755; HHR/*Bergkemper* § 9 Rn. 436).

343 **Keine Beiträge** iSd Vorschrift sind Zahlungen, die der Steuerpflichtige lediglich anlässlich der Mitgliedschaft leistet (zB Reiseaufwendungen im Rahmen einer Bildungsreise des DGB in die Sowjetunion, vgl. BFH 25.3.1993 – VI R 14/90, BStBl. II 1993, 559). Allerdings können Zahlungen dieser Art (insbesondere: Aufwendungen im Rahmen einer ehrenamtlichen Tätigkeit für den Berufsverband, Aufwendungen für die Teilnahmen an Tagungen und Sitzungen des Berufsverbands) gegebenenfalls auf Grundlage von § 9 Abs. 1 S. 1 als Werbungskosten abgezogen werden (vgl. BFH 28.11.1980 – VI R 193/77, BStBl. II 1981, 368).

344 Ungeschriebene Voraussetzung der Werbungskostenqualifikation nach § 9 Abs. 1 S. 3 Nr. 3 ist, dass die zu beurteilende Beitragsleistung an den Berufsverband ausschließlich oder zumindest ganz überwiegend **beruflich veranlasst** ist. Dies ist namentlich der Fall, wenn der Berufsverband nach seiner Satzung und seinem tatsächlichen Tätigwerden die spezifischen beruflichen Interessen des Steuerpflichtigen vertritt (vgl. BFH 13.8.1993 – VI R 51/92, BStBl. II 1994, 33).

Umstritten ist, ob die an den Erwerbszusammenhang zu stellenden Anforderungen auch bei **Gewerkschaftsbeiträgen** erfüllt sind, die ein Steuerpflichtiger **nach Eintritt in den Ruhestand** erbringt und die auch nicht für einen Zeitraum geleistet werden, in dem der Steuerpflichtige noch aktiv berufstätig war (die Abzugsfähigkeit der Beiträge als Werbungskosten bei den Renteneinkünften bejaht OFD Frankfurt a.M. 23.2.1996, DStR 1996, 827; zweifelnd LBP/*Zimmer* § 9 Rn. 756). **344.1**

Einstweilen frei **345–346**

4. Aufwendungen des Arbeitnehmers für Wege zwischen Wohnung und erster Tätigkeitsstätte (Abs. 1 S. 3 Nr. 4, Abs. 2)

a) Allgemeines. § 9 Abs. 1 S. 3 Nr. 4 regelt iVm § 9 Abs. 2 den Werbungskostenabzug von Aufwendungen des Arbeitnehmers für die Wege zwischen Wohnung und erster Tätigkeitsstätte. **347**

§ 9 Abs. 1 S. 3 **Nr. 4 S. 1** bestimmt als Grundtatbestand, dass Aufwendungen des Arbeitnehmers für die Wege zwischen Wohnung und erster Tätigkeitsstätte Werbungskosten sind. **347.1**

§ 9 Abs. 1 S. 3 **Nr. 4 S. 2** bestimmt, dass die vorbezeichneten Wegeaufwendungen – unabhängig davon, ob sie tatsächlich angefallen sind – in pauschalierter Form in Abzug gebracht werden müssen und regelt die Berechnungsweise und den Umfang dieser Pauschale (sog. „Entfernungspauschale"). **347.2**

§ 9 Abs. 1 S. 3 **Nr. 4 S. 3** nimmt Flugstrecken und Strecken, die im Wege der steuerfreien Sammelbeförderung iSv § 3 Nr. 32 zurückgelegt werden, von der Pauschalierung aus. **347.3**

§ 9 Abs. 1 S. 3 **Nr. 4 S. 4** bestimmt, dass bei der Berechnung der Entfernungspauschale unabhängig von dem tatsächlich benutzten Verkehrsmittel grundsätzlich die kürzeste Straßenverbindung zwischen Wohnung und erster Tätigkeitsstätte maßgeblich ist und regelt, unter welchen Voraussetzungen ausnahmsweise eine andere als die kürzeste Straßenverbindung zugrunde gelegt werden kann. **347.4**

§ 9 Abs. 1 S. 3 **Nr. 4 S. 5** bestimmt, dass nach § 8 Abs. 2 S. 1 oder Abs. 3 steuerfreie Sachbezüge des Arbeitnehmers, die Fahrten des Arbeitnehmers zwischen Wohnung und erster Tätigkeitsstätte betreffen, die anzusetzende Entfernungspauschale mindern. **347.5**

§ 9 Abs. 1 S. 3 **Nr. 4 S. 6** regelt, unter welchen Voraussetzungen ein Arbeitnehmer, der über mehrere Wohnungen verfügt, die Entfernungspauschale für die Wege von und zu einer anderen Wohnung als derjenigen, die der ersten Tätigkeitsstätte am nächsten liegt, geltend machen kann. **347.6**

§ 9 Abs. 1 S. 3 **Nr. 4 S. 7** bestimmt, dass nach § 3 Nr. 37 steuerfreie Sachbezüge die anzusetzende Entfernungspauschale nicht mindern. **347.6a**

§ 9 **Abs. 2 S. 1** bestimmt, dass mit dem Ansatz der Entfernungspauschale sämtliche Aufwendungen des Arbeitnehmers für die Wege zwischen Wohnung und erster Tätigkeitsstätte abgegolten sind. **347.7**

§ 9 **Abs. 2 S. 2** nimmt Aufwendungen für die Benutzung öffentlicher Verkehrsmittel von der in § 9 Abs. 2 S. 1 angeordneten Abgeltungswirkung aus, sofern sie den im Kalenderjahr insgesamt als Entfernungspauschale abziehbaren Betrag übersteigen. **347.8**

§ 9 **Abs. 2 S. 3 und 4** bestimmen, dass behinderte Menschen unter bestimmten Voraussetzungen anstelle der Entfernungspauschale die tatsächlichen Aufwendungen für die Wege zwischen Wohnung und erster Tätigkeitsstätte als Werbungskosten geltend machen können. **347.9**

Aufwendungen für die Wege zwischen Wohnung und erster Tätigkeitsstätte sind nicht allein beruflich, sondern – mit Blick auf die (private) Wahl des Wohnorts – auch in beachtlichem Maße privat veranlasst (ebenso BVerfG 9.12.2008 – 2 BvL 1/07, 2, BvL 2/07, 2 BvL 1/07, 2 BvL 2/08, BGBl. 2008 I 2888; Kirchhof/*von Beckerath* § 9 Rn. 44; aA BFH 10.1.2008 – VI R 17/07, BStBl. II 2008, 234; HHR/*Bergkemper* § 9 Rn. 442). Die beruflichen und privaten Veranlassungsbeiträge greifen dabei derart ineinander, dass eine Abgrenzung regelmäßig nicht möglich ist. Indem § 9 Abs. 1 S. 3 Nr. 4 S. 1 derartige Wegeaufwendungen gleichwohl als Werbungskosten qualifiziert, eröffnet die Vorschrift überhaupt erst den Werbungskostenabzug (→ Rn. 167 f.). Sie hat daher **konstitutiven** Charakter. **348**

Die Berücksichtigung der Wegeaufwendungen als Werbungskosten verschafft insbesondere Fernpendlern eine erhebliche Steuerersparnis und **wirkt damit der Entsiedlung abgelegener Räume entgegen** (vgl. Kirchhof/*von Beckerath* § 9 Rn. 47). Ihre verkehrsmittelunabhängige Pauschalierung **lenkt hin zur Nutzung öffentlicher Verkehrsmittel,** denn die Steuerersparnis fällt gleich hoch aus unabhängig davon, ob der Arbeitnehmer vergleichsweise hohe Aufwendungen für die Nutzung eines Kraftwagens oder vergleichsweise geringe Aufwendungen für die Nutzung öffentlicher Verkehrsmittel hat (vgl. BT-Drs. 14/4242, 5). **349**

Zugleich **wird die Bildung einer Fahrgemeinschaft honoriert,** da nicht nur der Fahrer, sondern auch jeder einzelne Mitfahrer zur Geltendmachung der Entfernungspauschale berechtigt ist (vgl. BT-Drs. 14/4242, 5). Daneben bewirkt die verkehrsmittelunabhängige Pauschalierung eine **Steuervereinfachung,** denn sie macht in einer Vielzahl von Fällen die Prüfung, ob der Arbeitnehmer öffentliche Verkehrsmittel oder einen Kraftwagen benutzt hat bzw. von einem Arbeitskollegen zur Tätigkeitsstätte mitgenommen wurde, entbehrlich.

350 Zugleich steht die Regelung des § 9 Abs. 1 S. 3 Nr. 4 in einem **Spannungsverhältnis zum Grundsatz der Besteuerung nach der individuellen wirtschaftlichen Leistungsfähigkeit,** denn sie fingiert Wegeaufwendungen, wenn dem Arbeitnehmer tatsächlich keine solchen Aufwendungen entstanden sind, und pauschaliert sie, obschon Pauschalierungen stets Ungleichbehandlungen bewirken, weil sie der grundsätzlich gebotenen Differenzierung zwischen dem typischen und dem atypischen Fall entgegenstehen. Insoweit die Pauschalierung des § 9 Abs. 1 S. 3 Nr. 4 abzugsbeschränkende Wirkung entfaltet, rechtfertigt sich dies nicht zuletzt aus dem Umstand, dass Aufwendungen des Arbeitnehmers für die Wege zwischen Wohnung und erster Tätigkeitsstätte auf der Schnittstelle zwischen Erwerbs- und Privatsphäre liegen (sog. „lebensführungsnahe Erwerbsaufwendungen" → § 12 Rn. 47).

351 Wegeaufwendungen nach § 9 Abs. 1 S. 3 Nr. 4 sind **abzugrenzen von Wegeaufwendungen im Rahmen einer Auswärtstätigkeit** des Arbeitnehmers. Letztere können gemäß § 9 Abs. 1 S. 3 Nr. 4a in tatsächlicher Höhe als Werbungskosten in Abzug gebracht werden, unterliegen also nicht den Beschränkungen, die für die Wege zwischen Wohnung und erster Tätigkeitsstätte gelten (→ Rn. 412).

352–353 *Einstweilen frei*

354 **b) Arbeitnehmer, Wohnung, erste Tätigkeitsstätte, Wegeaufwendungen (Abs. 1 S. 3 Nr. 4 S. 1 und 6).** Die Regelung des § 9 Abs. 1 S. 3 Nr. 4 gilt ihrem Wortlaut nach nur für **Arbeitnehmer,** dh für Personen, die in öffentlichem oder privatem Dienst angestellt oder beschäftigt sind und aus diesem Dienstverhältnis (zum Begriff vgl. § 1 Abs. 2 LStDV) Arbeitslohn beziehen (vgl. § 9 Abs. 1 S. 3 Nr. 4 S. 1 EStG iVm § 1 Abs. 1 S. 1 LStDV). Aufgrund der Verweisung in § 9 Abs. 3 gilt sie bei den Überschusseinkunftsarten iSd § 2 Abs. 1 S. 1 Nr. 5–7 jedoch entsprechend (→ Rn. 613 ff.). Zur entsprechenden Anwendung der Entfernungspauschale gemäß § 9 Abs. 1 S. 3 Nr. 4 auf die Wege zwischen Wohnung und Bildungseinrichtung bei Steuerpflichtigen, die außerhalb eines Dienstverhältnisses ein Vollzeitstudium oder eine vollzeitige Bildungsmaßnahme absolvieren → Rn. 641 ff.

355 Der Begriff **„Wohnung"** ist unter dem Gesichtspunkt der individuellen Ausstattung und Einrichtung der zu beurteilenden Unterkunft weit auszulegen. Erfasst werden grundsätzlich Unterkünfte jeglicher Art, die von einem Arbeitnehmer zur Übernachtung benutzt werden (vgl. BFH 25.3.1988 – VI R 207/84, BStBl. II 1988, 706). Daher kann etwa auch ein Wohnwagen (vgl. BFH 15.11.1974 – VI R 195/72, BStBl. II 1975, 278), eine Holzbaracke (vgl. BFH 15.11.1974 – VI R 195/72, BStBl. II 1975, 278) oder ein Gleisbauzug (vgl. BFH 3.10.1985 – VI R 129/82, BStBl. II 1986, 369) Wohnung iSv § 9 Abs. 1 S. 3 Nr. 4 S. 1 sein. Ob der Arbeitnehmer seine erste Tätigkeitsstätte regelmäßig von der betreffenden Unterkunft aus aufsucht, ist für deren Qualifikation als Wohnung iSv § 9 Abs. 1 S. 3 Nr. 4 S. 1 ohne Belang (vgl. BFH 10.11.1978 – VI R 21/76, BStBl. II 1979, 219). Allerdings muss es sich bei der Unterkunft grundsätzlich um eine **eigene Wohnung** des Arbeitnehmers handeln, dh um eine Unterkunft, über die der Arbeitnehmer selbst die tatsächliche Gewalt ausübt (vgl. BFH 26.8.1988 – VI R 92/85, BStBl. II 1989, 144).

356 **Andere Unterkünfte** von denen aus der Arbeitnehmer seine erste Tätigkeitsstätte aufsucht (zB Wohnung eines Freundes, Hotelzimmer) sind nur dann Wohnung iSv § 9 Abs. 1 S. 3 Nr. 4 S. 1, wenn die eigene Wohnung des Arbeitnehmers aus objektiven Gründen nicht benutzbar (zB wegen Renovierung) oder zur Erreichung der ersten Tätigkeitsstätte nicht geeignet ist (zB weil sie vom Arbeitsort zu weit entfernt liegt) (vgl. BFH 26.8.1988 – VI R 92/85, BStBl. II 1989, 144 mwN). Eine **gemeinschaftliche Unterkunft** ist Wohnung iSv § 9 Abs. 1 S. 3 Nr. 4 S. 1, wenn der Arbeitnehmer selbst keine weitere eigene Wohnung hat oder er zwar noch eine eigene Wohnung besitzt, in der gemeinschaftlichen Wohnung aber nachweislich seit längerer Zeit ständig lebt und übernachtet. Indiz hierfür kann ua sein, dass der Arbeitnehmer die gemeinschaftliche Wohnung teilweise mit eigenem Mobiliar ausgestattet hat, er dort polizeilich gemeldet ist oder er bei der Post die Umadressierung der an ihn gerichteten Postsendungen von der eigenen auf die gemeinschaftliche Wohnung beantragt hat (vgl. BFH 26.8.1988 – VI R 92/85, BStBl. II 1989, 144). Zum Ansatz der Entfernungspauschale in Fällen, in denen der Arbeitnehmer die erste Tätigkeitsstätte abwechselnd von verschiedenen eigenen Wohnungen aus aufsucht → Rn. 359 ff.

Die Entfernungspauschale kann nur für die Wege des Arbeitnehmers zwischen Wohnung und **erster Tätigkeitsstätte** angesetzt werden. Soweit der Arbeitnehmer seine berufliche Tätigkeit ohne erste Tätigkeitsstätte oder außerhalb der ersten Tätigkeitsstätte ausübt, gelangt § 9 Abs. 1 S. 3 Nr. 4 nicht zur Anwendung. Der Begriff der „ersten Tätigkeitsstätte" ist in § 9 Abs. 4 gesetzlich definiert → Rn. 625 ff. **357**

Den **Gegenstand des pauschalierten Werbungskostenabzugs** nach § 9 Abs. 1 S. 3 Nr. 4 bilden die Aufwendungen des Arbeitnehmers für die **Wege zwischen Wohnung und erster Tätigkeitsstätte.** Entstehen dem Arbeitnehmer in Wirklichkeit keine solchen Aufwendungen (etwa weil er die Strecke zu Fuß zurücklegt oder eine kostenlose Mitfahrgelegenheit nutzt), so werden sie für die Zwecke des § 9 Abs. 1 S. 3 Nr. 4 fingiert. Das **Gesetz unterstellt die Entstehung entsprechender Kosten.** Der BFH sieht diese Abweichung vom objektiven Nettoprinzip als durch umwelt- und verkehrspolitische Lenkungszwecke sowie aus Gründen der Steuervereinfachung gerechtfertigt an (vgl. BFH 18.4.2014 – VI R 29/12, BStBl. II 2013, 735). **358**

Hat ein Arbeitnehmer **mehrere Wohnungen,** von denen er sich abwechselnd zu seiner ersten Tätigkeitsstätte begibt, so sind die **Wege von und zu derjenigen Wohnung, die der ersten Tätigkeitsstätte am nächsten liegt,** stets zu berücksichtigen (vgl. BFH 10.11.1978 – VI R 21/76, BStBl. II 1979, 219). Für die **Wege von und zu einer weiter entfernten Wohnung** kann der Arbeitnehmer die Entfernungspauschale gemäß § 9 Abs. 1 S. 3 Nr. 4 S. 6 hingegen nur dann geltend machen, wenn diese Wohnung den Mittelpunkt seiner Lebensinteressen bildet und er sie nicht nur gelegentlich aufsucht. Wo sich der **örtliche Mittelpunkt der Lebensinteressen** befindet, ist Tatfrage und hängt von den Umständen des Einzelfalls ab (BFH 3.10.1985 – VI R 168/84, BStBl. II 1986, 95; BFH 1.2.2007 – VI B 118/04, BStBl. II 2007, 538). Bei einem verheirateten, nicht dauernd getrennt lebenden Arbeitnehmer ist dies regelmäßig der ständige Aufenthalts- und Wohnort seiner Familie (vgl. BFH 3.10.1985 – VI R 168/84, BStBl. II 1986, 95). Bei ledigen Arbeitnehmern befindet sich der Lebensmittelpunkt in der Regel am Ort derjenigen Wohnung, von der aus er sich überwiegend zur ersten Tätigkeitsstätte begibt. Etwas anderes gilt, wenn andernorts besondere persönliche Beziehungen bestehen, zu deren Aufrechterhaltung und Pflege der Arbeitnehmer sich an diesem anderen Ort nachhaltig aufhält (vgl. BFH 13.12.1985 – VI R 7/83, BStBl. II 1986, 221). Besondere persönliche Beziehungen können sich dabei nicht nur aus Bindungen an Personen (zB Eltern, sonstige Verwandte, Freunde), sondern auch aus Vereinszugehörigkeiten und anderen privaten Aktivitäten ergeben (vgl. BFH 13.12.1985 – VI R 7/83, BStBl. II 1986, 221). **359**

Weitere Voraussetzung für die steuermindernde Berücksichtigung der Wege von und zu der weiter entfernt gelegenen Wohnung ist, dass der Arbeitnehmer diese **„nicht nur gelegentlich" aufsucht.** Bei verheirateten Arbeitnehmern verlangt die Finanzverwaltung grundsätzlich, dass die weiter entfernte Wohnung mindestens sechsmal im Kalenderjahr aufgesucht wird (vgl. LStR 9.10 Abs. 1 S. 5). Bei ledigen Arbeitnehmern wird gefordert, dass sie die weiter entfernte Wohnung mindestens zweimal monatlich aufsuchen (vgl. LStR 9.10 Abs. 1 S. 8). Der BFH legt das Tatbestandsmerkmal „nicht nur gelegentlich" allerdings einzelfallbezogen aus und nimmt eine Gesamtwürdigung aller relevanten Umstände vor (vgl. BFH 26.11.2003 – VI R 152/99, BStBl. II 2004, 233). **360**

Liegen die in § 9 Abs. 1 S. 3 Nr. 4 S. 6 bezeichneten Voraussetzungen vor, so steht dem Ansatz der Entfernungspauschale für den Weg zwischen der weiter entfernt gelegenen Wohnung und der ersten Tätigkeitsstätte eine etwaige **Unterbrechung der Fahrt an der näher gelegenen Wohnung** nicht entgegen. Hinsichtlich der Berechnung der Pauschale bleibt es allerdings bei der Maßgeblichkeit der kürzesten Straßenverbindung (vgl. BFH 20.12.1991 – VI R 42/89, BStBl. II 1992, 306). Liegen die Voraussetzungen des § 9 Abs. 1 S. 3 Nr. 4 S. 6 nicht vor, so ist der Ansatz der Entfernungspauschale wegen des eindeutigen Wortlauts der Vorschrift („nur zu berücksichtigen, wenn") ausgeschlossen; insbesondere kann der Arbeitnehmer die Entfernungspauschale auch nicht anteilig, namentlich im Umfang des Wegs von der dem Arbeitsort am nächsten gelegenen Wohnung zur ersten Tätigkeitsstätte, geltend **361** machen (aA HHR/*Bergkemper* § 9 Rn. 462). Ein Rückgriff auf den allgemeinen Werbungskostentatbestands scheidet ebenfalls aus, da § 9 Abs. 1 S. 3 Nr. 4 den Werbungskostenabzug von Aufwendungen des Arbeitnehmers für die Wege zwischen Wohnung und erster Tätigkeitsstätte abschließend regelt.

362 Die Kosten für vom Arbeitnehmer auf dem Weg zwischen Wohnung und erster Tätigkeitsstätte unternommene **dienstlich veranlasste Umwege** fallen nicht in den Anwendungsbereich des § 9 Abs. 1 S. 3 Nr. 4. Diese sind vielmehr gemäß § 9 Abs. 1 S. 3 Nr. 4a in tatsächlicher Höhe in Abzug zu bringen (→ Rn. 412 ff.; vgl. auch BFH 12.10.1990 – VI R 165/87, BStBl. II 1991, 134).

363 Steht der Arbeitnehmer in **mehreren Dienstverhältnissen** und hat er deshalb **mehrere erste Tätigkeitsstätten,** die er ohne zwischenzeitliche Rückkehr zu seiner Wohnung nacheinander aufsucht, so kann er für den Weg zwischen seiner Wohnung und der zuerst aufgesuchten ersten Tätigkeitsstätte sowie für den Weg zwischen der zuletzt aufgesuchten ersten Tätigkeitsstätte und seiner Wohnung jeweils die halbe nach § 9 Abs. 1 S. 3 Nr. 4 S. 2 zu berechnende Entfernungspauschale geltend machen (vgl. BFH 9.12.1988 – VI R 199/84, BStBl. II 1989, 296; aA BMF 31.10.2013, BStBl. I 2013, 1376: „Werden täglich mehrere erste Tätigkeitsstätten ohne Rückkehr zur Wohnung nacheinander angefahren, so ist für die Entfernungsermittlung der Weg zur zuerst aufgesuchten ersten Tätigkeitsstätte als Umwegstrecke zur nächsten ersten Tätigkeitsstätte zu berücksichtigen; die für die Ermittlung der Entfernungspauschale anzusetzende Entfernung darf höchstens die Hälfte der Gesamtstrecke betragen."; zur Geltendmachung der Entfernungspauschale bei zwischenzeitlicher Rückkehr zur Wohnung → Rn. 373). **Aufwendungen für die Wege zwischen den verschiedenen ersten Tätigkeitsstätten** fallen nicht in den Anwendungsbereich des § 9 Abs. 1 S. 3 Nr. 4. Aufgrund ihrer rein beruflichen Veranlassung können sie gemäß § 9 Abs. 1 S. 3 Nr. 4a in tatsächlicher Höhe in Abzug gebracht werden.

364 Aufwendungen des Arbeitnehmers für **Wege zwischen der ersten Tätigkeitsstätte und einer Unterkunft, die nicht Wohnung iSv § 9 Abs. 1 S. 3 Nr. 4 S. 1 ist,** fallen ebenfalls nicht in den Anwendungsbereich des § 9 Abs. 1 S. 3 Nr. 4. Wegen ihrer signifikanten privaten Mitveranlassung könne solche Wegekosten ferner auch nicht im Rahmen des allgemeinen Werbungskostentatbestands in Abzug gebracht werden (vgl. BFH 25.3.1988 – VI R 207/84, BStBl. II 1988, 706: „Wird eine Fahrt zur Arbeitsstätte aus privaten Gründen nicht von der Wohnung i. S. des § 9 Abs. 1 Nr. 4, sondern von einem anderen Ort aus angetreten, so ist sie nach dem Willen des Gesetzgebers nicht als beruflich veranlaßt zu würdigen, auch wenn der Arbeitnehmer sich von der Zielvorstellung hat leiten lassen, mit der Fahrt zu seiner Arbeitsstätte zu gelangen.").

364.1 Die Einordnung von Aufwendungen für Wege zwischen anderen Unterkünften als der Wohnung des Steuerpflichtigen und dessen erster Tätigkeitsstätte als Werbungskosten iSv § 9 Abs. 1 S. 1 ist ferner auch aus Gründen der Wertungskonsequenz abzulehnen. Denn es ließe sich unter dem Gesichtspunkt der Folgerichtigkeit kaum rechtfertigen, dass in Fällen, in denen ein Arbeitnehmer über mehrere Wohnungen verfügt, Aufwendungen für die Wege zwischen der ersten Tätigkeitsstätte und der vom Arbeitsort weiter entfernt gelegenen Wohnung grundsätzlich vom Werbungskostenabzug ausgeschlossen sein sollen (vgl. § 9 Abs. 1 S. 3 Nr. 4 S. 6), wenn andererseits Aufwendungen für Wege von oder zu anderen Übernachtungsorten als der eigenen Wohnung sogar ohne die Beschränkungen des § 9 Abs. 1 S. 3 Nr. 4 in Abzug gebracht werden könnten (aA HHR/*Bergkemper* § 9 Rn. 452: „Aufwendungen für Fahrten von einer anderen Unterkunft sind […] zwar nicht nach Nr. 4 zu berücksichtigen, aber in vollem Umfang nach Abs. 1 Satz 1.").

365–367 *Einstweilen frei*

368 **c) Pauschalierung und Höchstbetrag (Abs. 1 S. 3 Nr. 4 S. 2 und 4).** § 9 Abs. 1 S. 3 Nr. 4 S. 2 Hs. 1 bestimmt, dass die Aufwendungen des Arbeitnehmers für die Wege zwischen Wohnung und erster Tätigkeitsstätte zu **pauschalieren** sind. Dies gilt – vorbehaltlich der Regelung des § 9 Abs. 1 S. 3 Nr. 4 S. 3 – unabhängig davon, welches Verkehrsmittel der Arbeitnehmer benutzt bzw. ob er überhaupt ein Verkehrsmittel benutzt (oder zu Fuß geht). Erforderlich ist, dass der Arbeitnehmer die erste Tätigkeitsstätte aus beruflichem Anlass aufsucht. Auf die Art der beruflichen Veranlassung (Arbeitseinsatz, freiwillige berufliche Fortbildung) kommt es nicht an (vgl. BFH 26.2.2003 – VI R 30/02, BStBl. II 2003, 495).

Das **Pauschalierungsgebot unterliegt diversen Einschränkungen.** In sachlicher Hinsicht gilt die Entfernungspauschale gemäß § 9 Abs. 1 S. 3 Nr. 4 S. 3 nicht für Flugstrecken und Strecken mit steuerfreier Sammelbeförderung nach § 3 Nr. 32 (→ Rn. 404 ff.). In persönlicher Hinsicht sind behinderte Menschen insofern vom Pauschalierungsgebot ausgenommen, als sie unter den in § 9 Abs. 2 S. 3 bezeichneten Voraussetzungen anstelle der Entfernungspauschale die tatsächlichen Wegeaufwendungen ansetzen können (Wahlrecht, → Rn. 397). Gleiches gilt gemäß § 9 Abs. 2 S. 2 für Arbeitnehmer, die öffentliche Verkehrsmittel benutzen, sofern die tatsächlich entstandenen Wegeaufwendungen den im Kalenderjahr insgesamt als Entfernungspauschale abziehbaren Betrag übersteigen (→ Rn. 390 ff.). 369

Die **Berechnungsweise der Entfernungspauschale** ergibt sich aus § 9 Abs. 1 S. 3 Nr. 4 370 S. 2 und 4. Danach ist für jeden vollen *Entfernungs*kilometer (nicht: *Fahrt*kilometer; „angefangene" Entfernungskilometer bleiben außer Betracht) zwischen Wohnung und erster Tätigkeitsstätte ein Betrag von 0,30 EUR anzusetzen. Abweichend hiervon sieht das Klima SG v. 21.12.2019 (BGBl. 2019 I 2886) eine **Anhebung der Entfernungspauschale ab dem 21. Entfernungskilometer** auf 0,35 EUR für die Veranlagungszeiträume 2021 bis 2023 sowie auf 0,38 EUR für die Veranlagungszeiträume 2024 bis 2026 vor. Der mit Wirkung zum Veranlagungszeitraum 2021 in Kraft tretenden Regelung liegt ein sozialpolitischer Förderungszweck zugrunde. Sie soll Fernpendler, die in ländlichen Räumen wohnhaft sind und ihre erste Tätigkeitsstätte deshalb nicht oder nur mit unverhältnismäßigem Zeitaufwand mittels des öffentlichen Personenverkehrs erreichen können, von der durch die CO2-Bepreisung bedingten Erhöhung der Kraftstoffpreise vorübergehend entlasten (vgl. BT-Drs 19/14338, 24 f.). Um den Umstieg auf klimafreundliche Verkehrsmittel nicht zu konterkarieren, gilt die Anhebung der Entfernungspauschale ab dem 21. Entfernungskilometer auch für diejenigen Arbeitnehmer, die die Wege zwischen Wohnung und erster Tätigkeitsstätte mit einem anderen Verkehrsmittel als einem PKW mit Verbrennungsmotor zurücklegen. Für Fernpendler, deren zu versteuerndes Einkommen den Grundfreibetrag unterschreitet und die infolgedessen nicht von der Anhebung der Entferungspauschale ab dem 21. Entfernungskilometer profitieren, hat der Gesetzgeber in Gestalt der sog. **„Mobilitätsprämie"** (§§ 101–109 EStG idF KlimaSG) ein ergänzendes Entlastungsinstrument geschaffen, dessen Geltung gleichfalls auf die Veranlagungszeiträume 2021 bis 2026 begrenzt ist.

Maßgebend für die Bestimmung der Entfernung ist gemäß § 9 Abs. 1 S. 3 Nr. 4 S. 4 Hs. 1 371 grundsätzlich die **kürzeste Straßenverbindung** zwischen Wohnung und erster Tätigkeitsstätte. Dies gilt verkehrsmittelunabhängig, also etwa auch dann, wenn der Arbeitnehmer mit der Bahn zum Arbeitsort gelangt. Zugrunde zu legen ist die kürzeste Strecke auf öffentlichen Straßen iSd StVG, die dem allgemeinen Kraftfahrzeugverkehr dienen. Diese Strecke soll nach der Rechtsprechung des BFH sogar dann maßgeblich sein, wenn sie (teilweise) mautpflichtig ist oder mit dem vom Arbeitnehmer tatsächlich verwendeten Verkehrsmittel (zB Moped) straßenverkehrsrechtlich nicht benutzt werden darf (vgl. BFH 24.9.2013 – VI R 20/13, BStBl. II 2014, 259). Bei der Bestimmung der kürzesten Straßenverbindung iSv § 9 Abs. 1 S. 3 Nr. 4 S. 4 Hs. 1 sind auch Fährverbindungen einzubeziehen (vgl. BFH 19.4.2012 – VI R 53/11, BStBl. II 2012, 802). Eventuelle „Mehrkilometer", die sich im Falle einer Kombination von Pkw-Nutzung und der Nutzung öffentlicher Verkehrsmittel ergeben (zB Umweg zwecks Abstellen des Pkw auf „park-and-ride"-Parkplatz) bleiben bei der Ermittlung der kürzesten Straßenverbindung außer Betracht (vgl. FG München 28.5.2008 – 10 K 2680/07, BeckRS 2008, 26025638). Ebenfalls außer Betracht bleiben Umwegfahrten, die ein Arbeitnehmer auf sich nimmt, um im Rahmen einer Fahrgemeinschaft Mitfahrer aufzunehmen. Maßgebend ist für jedes Mitglied der Fahrgemeinschaft die für ihn kürzeste Straßenverbindung zwischen seiner Wohnung und der ersten Tätigkeitsstätte.

Eine **andere als die kürzeste Straßenverbindung** kann gemäß § 9 Abs. 1 S. 3 Nr. 4 372 S. 4 Hs. 2 zugrunde gelegt werden, wenn diese offensichtlich verkehrsgünstiger ist und vom Arbeitnehmer regelmäßig für die Wege zwischen Wohnung und erster Tätigkeitsstätte benutzt wird. **„Verkehrsgünstiger"** ist eine andere als die kürzeste Straßenverbindung insbesondere dann, wenn der Arbeitnehmer die erste Tätigkeitsstätte durch ihre Benutzung in der Regel schneller und pünktlicher erreicht (vgl. BFH 10.4.2007 – VI B 134/06, BFH/NV 2007, 1309 mwN). Neben der Zeitersparnis (vgl. dazu BFH 16.11.2011 – VI R 19/11, BStBl. II 2012, 520) sind aber auch andere Umstände wie etwa städtebauliche Planungen zur Vermeidung von innerstädtischen Verkehrsstauungen (vgl. BFH 10.10.1975 – VI R 33/

74, BStBl. II 1975, 852) oder die Unzuverlässigkeit einer in der kürzesten Straßenverbindung enthaltenen Fährverbindung (vgl. BFH 19.4.2012 – VI R 53/11, BStBl. II 2012, 802) zu berücksichtigen. Erforderlich ist stets eine Einzelfallbetrachtung (so ausdrücklich BFH 16.11.2011 – VI R 19/11, BStBl. II 2012, 520). **„Offensichtlich"** verkehrsgünstiger ist eine andere als die kürzeste Straßenverbindung, wenn ihre Vorteilhaftigkeit so auf der Hand liegt, dass sich auch ein unvoreingenommener, verständiger Verkehrsteilnehmer unter den gegebenen Verkehrsverhältnissen für die Benutzung der Strecke entschieden hätte (Kirchhof/*von Beckerath* § 9 Rn. 65). Weitere Voraussetzung ist, dass der Arbeitnehmer die offensichtlich verkehrsgünstigere Straßenverbindung **regelmäßig benutzt.** Wer den Arbeitsweg mit öffentlichen Verkehrsmitteln, dem Fahrrad oder zu Fuß zurücklegt, soll sich nicht auf die für den Autofahrer verkehrsgünstigere (längere) Straßenverbindung berufen können. Dem Radfahrer oder Fußgänger bleibt es aber unbenommen, sich auf eine längere als die kürzeste Straßenverbindung zu berufen, sofern diese längere Straßenverbindung unter Berücksichtigung der von ihm gewählten Fortbewegungsart verkehrsgünstiger ist (zB weil der Rad fahrende bzw. zu Fuß gehende Arbeitnehmer auf der kürzesten Straßenverbindung Wartezeiten an einer Bahnschranke zu gewärtigen hätte) und er sie auch tatsächlich regelmäßig benutzt.

373 Die Entfernungspauschale wird **für jeden Arbeitstag, an dem der Arbeitnehmer die erste Tätigkeitsstätte tatsächlich aufsucht,** gewährt, allerdings nur einmal. Dies gilt auch bei atypischen Dienstzeiten (vgl. BFH 11.9.2003 – VI B 101/03, BStBl. II 2003, 893) und unabhängig davon, wie oft der Arbeitnehmer den Weg zwischen Wohnung und erster Tätigkeitsstätte an ein- und demselben Arbeitstag tatsächlich zurücklegt. Übernachtet der Arbeitnehmer an der ersten Tätigkeitsstätte, so steht ihm für den Arbeitstag, an dem er den Hinweg absolviert hat und den Arbeitstag, an dem er den Rückweg absolviert, jeweils nur die halbe Entfernungspauschale zu. Steht der Arbeitnehmer in mehreren Dienstverhältnissen und sucht er deshalb an demselben Arbeitstag nacheinander **verschiedene erste Tätigkeitsstätten** auf, so kann er nach der Finanzverwaltungspraxis für jeden der Wege zu einer seiner ersten Tätigkeitsstätten die volle Entfernungspauschale ansetzen, wenn er **zwischenzeitlich in seine Wohnung zurückkehrt** (vgl. BMF 31.10.2013, BStBl. I 2013, 1376).

374 Gemäß § 9 Abs. 1 S. 3 Nr. 4 S. 2 Hs. 1 können im Kalenderjahr **höchstens 4.500 EUR** als Entfernungspauschale angesetzt werden. Mit dieser Deckelung soll verhindert werden, dass die Gewährung der Entfernungspauschale bei Arbeitnehmern, die öffentliche Verkehrsmittel benutzen, zu einer unverhältnismäßigen Überkompensation der tatsächlichen Wegeaufwendungen führt. Besteht das Dienstverhältnis nur während eines Teils des Kalenderjahres, so kann der Arbeitnehmer dennoch die vollen 4.500 EUR ausschöpfen, dh der Höchstbetrag erfährt keine (anteilige) Herabsetzung (vgl. Kirchhof/*von Beckerath* § 9 Rn. 67).

375 § 9 Abs. 1 S. 3 Nr. 4 S. 2 Hs. 2 dispensiert jene Arbeitnehmer von der Höchstbetragsdeckelung, die die Wege zwischen Wohnung und erster Tätigkeitsstätte mit einem **eigenen oder ihnen zur Nutzung überlassenem Kraftwagen** zurücklegen. Grund hierfür ist, dass der Ansatz von 0,30 EUR pro Entfernungskilometer bei der Benutzung eines Kraftwagens (der Dispens gilt nicht bei Nutzung eines Motorrads oder eines Motorrollers) wegen der vergleichsweise hohen Kosten praktisch nicht zu einer unverhältnismäßigen Überkompensation der tatsächlichen Wegeaufwendungen führen kann.

376 Um einen **„eigenen" Kraftwagen** handelt es sich, wenn der Arbeitnehmer zivilrechtlicher oder wirtschaftlicher Eigentümer (§ 39 AO) ist (vgl. BFH 3.12.1974 – VI R 189/72, BStBl. II 1975, 354). **„Zur Nutzung überlassen"** ist ein Kraftwagen, wenn der Arbeitnehmer ihn von dritter Seite geliehen, gemietet oder geleast hat (vgl. BFH 12.11.2009 – VI R 59/07, BFH/NV 2010, 631; LStR 9.10 Abs. 2 S. 1). In Betracht kommt auch eine unentgeltliche oder teilentgeltliche Überlassung des Kraftwagens durch den Arbeitgeber (vgl. LStR 9.10 Abs. 2 S. 1). Arbeitnehmer, die eine Entfernungspauschale von mehr als 4.500 EUR in Ansatz bringen, müssen gemäß den allgemeinen Grundsätzen glaubhaft machen, dass sie die Wege zwischen Wohnung und erster Tätigkeitsstätte mit einem Kraftwagen zurückgelegt haben (BMF 31.10.2013, BStBl. I 2013, 1376).

377 Legt der Arbeitnehmer die Wege zwischen Wohnung und erster Tätigkeitsstätte **nur während eines Teils des Kalenderjahres** mit einem eigenen oder ihm zur Nutzung überlassenen Kraftwagen zurück, so greift die Höchstbetragsdeckelung allein für den Teil der in Ansatz gebrachten Entfernungspauschale, der auf diejenigen Tage entfällt, an denen er keinen Kraftwagen (sondern zB öffentliche Verkehrsmittel) benutzt hat (vgl. BMF 31.10.2013,

BStBl. I 2013, 1376). Ist der Arbeitnehmer **Mitglied einer Fahrgemeinschaft,** muss zwischen den Arbeitstagen, an denen er den Weg zur ersten Tätigkeitsstätte mit seinem bzw. dem ihm überlassenen Kraftwagen zurückgelegt hat und jenen Arbeitstagen, an denen er mitgenommen wird, differenziert werden. Soweit die für den jeweiligen Veranlagungszeitraum in Ansatz gebrachte Entfernungspauschale auf letztgenannte Arbeitstage (Mitnahme durch Dritten) entfällt, gilt die Höchstbetragsregelung, soweit sie auf die erstgenannten Arbeitstage (Nutzung eines eigenen oder überlassenen Kraftwagens) entfällt, greift der Dispens des § 9 Abs. 1 S. 3 Nr. 4 S. 2 Hs. 2. Nutzt der Arbeitnehmer **an ein- und demselben Arbeitstag neben dem Kraftwagen noch weitere Verkehrsmittel,** so unterliegt die Entfernungspauschale (nur) insoweit der Höchstbetragsdeckelung, als sie auf jene Teilstrecke entfällt, die der Arbeitnehmer mit einem anderen Verkehrsmittel als dem Kraftwagen zurückgelegt hat.

Einstweilen frei **378–380**

d) Anrechnung von Arbeitgeber-Leistungen (Abs. 1 S. 3 Nr. 4 S. 5 und 7). **381**
Gemäß **§ 9 Abs. 1 S. 3 Nr. 4 S. 5 Hs. 1** mindern nach § 8 Abs. 2 S. 11 oder Abs. 3 steuerfreie Sachbezüge des Arbeitnehmers für Fahrten zwischen Wohnung und erster Tätigkeitsstätte den nach § 9 Abs. 1 S. 3 Nr. 4 S. 2 als Entfernungspauschale abziehbaren Betrag.

§ 8 Abs. 2 S. 11 stellt Sachbezüge des Arbeitnehmers, die nach § 8 Abs. 2 S. 1 zu bewerten **382** sind, steuerfrei, wenn der geldwerte Vorteil insgesamt 44 EUR im Kalendermonat nicht übersteigt. Waren- und Dienstleistungen aus dem Liefer- und Leistungsangebot des Arbeitgebers fallen nicht in den Anwendungsbereich des § 8 Abs. 2 S. 11, da sie nicht nach § 8 Abs. 2 S. 1, sondern nach § 8 Abs. 3 zu bewerten sind. Von der Verweisung des § 9 Abs. 1 S. 3 Nr. 4 S. 5 Hs. 1 auf § 8 Abs. 2 S. 11 werden deshalb hauptsächlich Fälle erfasst, in denen der Arbeitgeber seinem Arbeitnehmer **Benzingutscheine** im Wert von nicht mehr als 44 EUR im Kalendermonat gewährt (vgl. BFH 11.11.2010 – VI R 26/08, BFH/NV 2011, 589).

Die Steuerbefreiung des § 8 Abs. 3 betrifft in sachgegenständlicher Hinsicht Waren und **383** Dienstleistungen, die der Arbeitgeber nicht überwiegend für den Bedarf seiner Arbeitnehmer herstellt, vertreibt oder erbringt, sondern die Bestandteil seines allgemeinen Leistungsangebots sind. Das Anrechnungsgebot des § 9 Abs. 1 S. 3 Nr. 4 S. 5 Hs. 1 iVm § 8 Abs. 3 gelangt daher ua zur Anwendung, wenn ein Mietwagenunternehmer seinem angestellten Arbeitnehmer einen der Mietwagen für die Fahrten zwischen Wohnung und erster Tätigkeitsstätte überlässt (vgl. BMF 31.10.2013, BStBl. I 2013, 1376). Am praktisch bedeutsamsten sind allerdings Konstellationen, in denen Verkehrsbetriebe ihren Mitarbeitern **Freifahrten** oder **vergünstigte Fahrkarten** zuwenden (FG Berlin-Brandenburg 19.6.2013 – 14 K 14140/10, EFG 2013, 1576).

Auf die letztgenannte Fallgruppe (Zuwendung von Freifahrten und vergünstigten Fahrkar- **384** ten durch den Arbeitgeber) ist auch **§ 9 Abs. 1 S. 3 Nr. 4 S. 5 Hs. 2** zugeschnitten. Gemäß dieser Vorschrift ist in Fällen, in denen der Arbeitgeber selbst der Verkehrsträger ist, bei der Quantifizierung des Sachbezugs nicht der um 4 Prozent geminderte Endpreis, zu dem der Arbeitgeber-Verkehrsträger seine Beförderungs-Leistungen fremden Letztverbrauchern anbietet (vgl. § 8 Abs. 3 S. 1), anzusetzen, sondern der Preis, den ein dritter Arbeitgeber an den Verkehrsträger für den betreffenden Beförderungs-Anspruch zu entrichten hätte. Der Gesetzgeber trägt damit dem Umstand Rechnung, dass Verkehrsträger dritten Arbeitgebern regelmäßig günstige Sonderkonditionen im Zusammenhang mit der Ausgabe sog. **„Job-Tickets"** einräumen (vgl. BT-Drs. 14/4631, 11).

Die nach § 8 Abs. 2 S. 11 oder Abs. 3 steuerfreien Sachbezüge für Fahrten zwischen **385** Wohnung und erster Tätigkeitsstätte „mindern den nach § 9 Abs. 1 S. 3 Nr. 4 Satz 2 abziehbaren Betrag". Insoweit ist zu beachten, dass § 9 Abs. 1 S. 3 Nr. 4 S. 5 den „gesamten" Satz 2 in Bezug nimmt. Dies hat zur Folge, dass die vom Arbeitnehmer steuerfrei empfangenen Arbeitgeber-Leistungen nicht nur den im Wege der Pauschalierung ermittelten Wegeaufwand, sondern **auch den abzugsbegrenzenden Höchstbetrag mindern** (ebenso LBP/*Zimmer* § 9 Rn. 954; HHR/*Bergkemper* § 9 Rn. 460).

Auf die Entfernungspauschale und den Höchstbetrag anzurechnen sind gemäß **§ 3 Nr. 15** **386** **S. 3** auch die nach § 3 Nr. 15 S. 1 und 2 steuerbefreiten Sachbezüge des Arbeitnehmers ((Barlohn-)Zuschüsse des Arbeitgebers zum Erwerb von Fahrausweisen; unentgeltliche oder verbilligte Zurverfügungstellung von Fahrausweisen durch den Arbeitgeber – insbesondere:

Job-Ticket; → § 3 Nr. 15 Rn. 1 ff.). Etwas anderes gilt, wenn der Arbeitgeber von der durch **§ 40 Abs. 2 S. 2 Nr. 2 Hs. 1** eröffneten Möglichkeit Gebrauch macht, auf die in § 3 Nr. 15 S. 1 und 2 genannten Bezüge – ungeachtet der dort angeordneten Einkommensteuerbefreiung – Lohnsteuer mit einem Pauschsteuersatz von 25 Prozent zu erheben. In diesem Falle bleibt dem Arbeitnehmer gemäß § 40 Abs. 2 S. 2 Nr. 2 Hs. 2 die volle Entfernungspauschale erhalten, dh eine Anrechnung der pauschal besteuerten Bezüge auf den nach § 9 Abs. 1 S. 3 Nr. 4 S. 2 abziehbaren Betrag findet nicht statt (vgl. BT-Drs. 19/13436, 98).

386a Macht der Arbeitgeber von der Möglichkeit Gebrauch, die Lohnsteuer für Beförderungsleistungen oder Zuschüsse, die er dem Arbeitnehmer im Zusammenhang mit Fahrten zwischen Wohnung und erster Tätigkeitsstätte gewährt und die nicht dem Steuerbefreiungstatbestand des § 3 Nr. 15 S. 1und 2 unterfallen (zB, weil sie nicht zusätzlich zum ohnehin geschuldeten Arbeitslohn gezahlt, sondern auf den Arbeitslohn angerechnet werden), mit einem Pauschsteuersatz von 15 Prozent zu erheben (vgl. **§ 40 Abs. 2 S. 2 Nr. 1**), so mindern diese Arbeitgeberleistungen gemäß § 40 Abs. 2 S. 2 Nr. 1 a. E. die Entfernungspauschale und den Höchstbetrag (→ § 40 Rn. 80).

387 Demgegenüber mindern nach § 3 Nr. 37 steuerfreie Sachbezüge gemäß **§ 9 Abs. 1 S. 3 Nr. 4 S. 7** weder die Entfernungspauschale noch den abzugsbegrenzenden Höchstbetrag. Steuerfrei sind nach § 3 Nr. 37 zusätzlich zum ohnehin geschuldeten Arbeitslohn vom Arbeitgeber gewährte **Vorteile für die Überlassung eines Fahrrads,** das kein Kraftfahrzeug im Sinne des § 6 Abs. 1 Nr. 4 S. 2 ist (→ § 3 Nr. 37 Rn. 2 ff.). In der Sache geht es um das unentgeltliche oder verbilligte Zur-Verfügung-Stellen eines herkömmlichen Fahrrads oder eines Elektrofahrrads, dessen Motor nicht mehr als 25 km/h unterstützt, durch den Arbeitgeber. Das darin liegende umweltfreundliche Engagement sucht der Gesetzgeber zu fördern, indem er die vom Arbeitnehmer empfangenen Vorteile weder als steuerpflichtige Einnahmen qualifiziert noch auf die Entfernungspauschale des § 9 Abs. 1 S. 3 Nr. 4 S. 2 anrechnet (vgl. BT-Drs. 19/5595, 75 f.).

388 *Einstweilen frei*

389 **e) Abgeltungswirkung der Entfernungspauschale, Ausnahmen von der Abgeltungswirkung (Abs. 2).** Gemäß **§ 9 Abs. 2 S. 1** sind durch die Entfernungspauschale sämtliche Aufwendungen abgegolten, die durch die Wege zwischen Wohnung und erster Tätigkeitsstätte veranlasst sind. Der BFH vertritt die Auffassung, dass auch **außergewöhnliche Wegeaufwendungen** (zB unfallbedingte Schäden, Diebstahl, Motorschaden, Parkgebühren, Straßenbenutzungsgebühren, Fährgelder, Beiträge für Kraftfahrerverbände, Versicherungsbeiträge für einen Insassenunfallschutz) durch die Entfernungspauschale abgegolten sind und mithin nicht nach § 9 Abs. 1 S. 1 (gesondert) geltend gemacht werden können (vgl. BFH 20.3.2014 – VI R 29/13, BStBl. II 2014, 849; zur verfassungsrechtlichen „Unbedenklichkeit" dieser weiten Norminterpretation siehe BFH 15.11.2016 – VI R 4/15, BStBl. II 2017, 228). Er begründet dies mit dem Wortlaut des § 9 Abs. 2 S. 1 („sämtliche Aufwendungen") sowie der gesetzessystematischen Erwägung, dass der Gesetzgeber Ausnahmen von der Abgeltungswirkung in § 9 Abs. 2 S. 2 (höhere Aufwendungen bei Benutzung öffentlicher Verkehrsmittel) und § 9 Abs. 2 S. 3 (Ansatz der tatsächlichen Wegekosten bei behinderten Menschen) abschließend geregelt habe. Trotz entgegenstehender Anhaltspunkte in den einschlägigen Gesetzesmaterialien (vgl. BT-Drs. 14/4631, 11) seien auch **unfallbedingte Aufwendungen** nicht neben der Entfernungspauschale als Werbungskosten abziehbar, da dies dem Vereinfachungszweck der Vorschrift zuwiderliefe (vgl. BFH 20.3.2014 – VI R 29/13, BStBl. II 2014, 849). Die Finanzverwaltung lässt hingegen Unfall- und Fährkosten, die auf einer Fahrt zwischen Wohnung und erster Tätigkeitsstätte entstanden sind, zum gesonderten Werbungskostenabzug zu (vgl. BMF 31.10.2013, BStBl. I 2013, 1376).

389.1 Zur gesonderten Abzugsfähigkeit der Kosten eines Unfalls, welcher sich auf einer Umwegfahrt ereignet, die der Arbeitnehmer unternimmt, um andere Mitglieder einer beruflichen Fahrgemeinschaft abzuholen → Rn. 921.

390 **§ 9 Abs. 2 S. 2** statuiert eine **Ausnahme von der Abgeltungswirkung** der Entfernungspauschale. Gemäß dieser Vorschrift können Aufwendungen für die Benutzung öffentlicher Verkehrsmittel in tatsächlicher Höhe angesetzt werden, wenn sie den im Kalenderjahr insgesamt als Entfernungspauschale abziehbaren Betrag übersteigen. Der Arbeitnehmer hat also ein **Wahlrecht** zwischen dem Ansatz der Entfernungspauschale und dem Ansatz der höheren tatsächlichen Wegekosten (vgl. BFH 26.3.2009 – VI R 25/08, BFH/NV 2009, 1619). Die darin liegende steuerliche Privilegierung von Aufwendungen für die Benutzung öffentlicher Verkehrsmittel gegenüber Aufwendungen für die Benutzung eines privaten Kraftfahrzeugs ist angesichts der Tatsache, dass öffentliche Verkehrsmittel aufgrund des relativ geringeren Primärenergieverbrauchs und Treibhausgasausstoßes typischerweise umweltfreundlicher sind als der motorisierte private Individualverkehr, verfassungsrechtlich gerechtfertigt und mithin **gleichheitsrechtlich nicht zu beanstanden** (ebenso BFH 15.11.2016 – VI R 4/15, BStBl. II 2017, 228).

Der mit der Höchstbetrags-Regelung (§ 9 Abs. 1 S. 3 Nr. 4 S. 2 Hs. 1) verfolgte Zweck, eine unverhältnismäßige Überkompensation der tatsächlichen Wegeaufwendungen bei Benutzung öffentlicher Verkehrsmittel zu vermeiden (→ Rn. 374), wird durch die in § 9 Abs. 2 S. 2 statuierte Ausnahme von der Abgeltungswirkung der Entfernungspauschale nicht beeinträchtigt. Denn eine Überkompensation der tatsächlichen Wegeaufwendungen ist in Fällen, in denen die tatsächlichen Kosten höher sind als der nach § 9 Abs. 1 S. 3 Nr. 4 S. 2 ermittelte Betrag, logisch-notwendig ausgeschlossen. **390.1**

Besondere Bedeutung hat § 9 Abs. 2 S. 2 für den Kurzstreckenbereich, da hier die Kosten für den öffentlichen Nahverkehr höher sein können als der Betrag, der sich durch die Pauschalierung nach § 9 Abs. 1 S. 3 Nr. 4 S. 2 Hs. 1 ergibt. Vor dem Hintergrund der vom Gesetzgeber verfolgten umweltpolitischen Zielsetzungen soll insbesondere in diesen Fällen der Abzug der tatsächlichen Kosten möglich bleiben (vgl. BT-Drs. 14/4242, 5). Die tatsächlichen Wegekosten sind – sofern der Arbeitnehmer sie anstelle der Entfernungspauschale in Ansatz bringen möchte – durch Vorlage von Fahrscheinen oder Quittungen **nachzuweisen.** **391**

Öffentliche Verkehrsmittel iSd Vorschrift sind solche, die der Allgemeinheit zur Verfügung stehen, dh insbesondere Bahn, Bus, Schiff und Fähre. Taxen sind nach vorzugswürdiger Auffassung hingegen kein öffentliches Verkehrsmittel iSv § 9 Abs. 2 S. 2 (aA FG Düsseldorf 8.4.2014 – 13 K 339/12 E, BeckRS 2015, 95254; bewusst offen gelassen von BFH 15.11.2016 – VI R 4/15, BStBl. II 2017, 228). Zwar ist zu konzedieren, dass § 8 Abs. 2 PBefG den Verkehr mit Taxen zum öffentlichen Personennahverkehr rechnet und § 9 Abs. 2 S. 2 das „Operieren im Linienverkehr" nicht ausdrücklich zum Tatbestandsmerkmal erhebt, jedoch widerspräche es der § 9 Abs. 2 S. 2 zugrunde liegenden umweltpolitischen Zielsetzung, wenn auch Aufwendungen für die Benutzung von Taxen von der abzugsbegrenzenden Wirkung der Entfernungspauschale ausgenommen würden. Die Wortlautgrenze steht einer restriktiven Interpretation des durch § 9 Abs. 2 S. 2 eröffneten Wahlrechts im vorstehend beschriebenen Sinne nicht entgegen (ebenso BFH 15.11.2016 – VI R 4/15, BStBl. II 2017, 228). **392**

Voraussetzung für den Abzug der tatsächlichen Wegeaufwendungen bei Benutzung öffentlicher Verkehrsmittel ist, dass sie **den im Kalenderjahr insgesamt als Entfernungspauschale abziehbaren Betrag übersteigen.** Dies ist stets dann der Fall, wenn die tatsächlichen Kosten höher sind als der in § 9 Abs. 1 S. 3 Nr. 4 S. 2 Hs. 1 normierte Deckelungsbetrag von 4.500 EUR. Das Wahlrecht nach § 9 Abs. 2 S. 2 besteht aber auch dann, wenn die tatsächlichen Kosten zwar nicht den Deckelungsbetrag von 4.500 EUR, wohl aber den nach § 9 Abs. 1 S. 4 Nr. 4 S. 2 Hs. 1 ermittelten Pauschalbetrag übersteigen. Die **Vergleichsrechnung** zwischen der Entfernungspauschale und den tatsächlichen Kosten ist dabei ausweislich des eindeutigen Wortlauts des § 9 Abs. 2 S. 2 („im Kalenderjahr insgesamt") stets **auf Jahresbasis** vorzunehmen. Eine tageweise Günstigerprüfung, die insbesondere für solche Arbeitnehmer vorteilhaft wäre, die nur während eines Teils des Kalenderjahres öffentliche Verkehrsmittel nutzen, ist nicht zulässig (vgl. BT-Drs. 17/5125, 36). **393**

Eine weitere Ausnahme von der Abgeltungswirkung der Entfernungspauschale ist in **§ 9 Abs. 2 S. 3** normiert. Gemäß dieser Vorschrift können behinderte Menschen, deren Grad der Behinderung entweder mindestens 70 beträgt (§ 9 Abs. 2 S. 3 Nr. 1) oder deren Grad der Behinderung weniger als 70, aber mindestens 50 beträgt und die zudem in ihrer Bewegungsfähigkeit im Straßenverkehr erheblich beeinträchtigt sind (§ 9 Abs. 2 S. 3 Nr. 2), anstelle der Entfernungspauschale die tatsächlichen Aufwendungen für die Wege zwischen Wohnung und erster Tätigkeitsstätte ansetzen. § 9 Abs. 2 S. 3 soll dem Umstand Rechnung tragen, dass **Menschen mit Behinderung** aufgrund ihrer Behinderung typischerweise erhöhte **394**

Wegekosten haben, nicht zuletzt weil sie oftmals nur eingeschränkt auf öffentliche Verkehrsmittel ausweichen können (vgl. BFH 11.3.2014 – VI B 95/13, BStBl. II 2014, 525).

395 Die in der Alternative des § 9 Abs. 2 S. 3 Nr. 2 vorausgesetzte **erhebliche Beeinträchtigung der Bewegungsfreiheit im Straßenverkehr** liegt gemäß § 146 Abs. 1 S. 1 SGB IX vor, wenn der Betreffende infolge einer Einschränkung des Gehvermögens (auch durch innere Leiden oder infolge von Anfällen oder von Störungen der Orientierungsfähigkeit) nicht ohne erhebliche Schwierigkeiten oder nicht ohne Gefahren für sich oder andere Wegstrecken im Ortsverkehr zurückzulegen vermag, die üblicherweise noch zu Fuß zurückgelegt werden.

396 Die Voraussetzungen des § 9 Abs. 2 S. 3 Nr. 1 bzw. Nr. 2 sind gemäß **§ 9 Abs. 2 S. 4** durch amtliche Unterlagen nachzuweisen. Der **Nachweis erfolgt durch Vorlage eines entsprechenden Ausweises nach dem SGB IX** (vgl. § 65 Abs. 1 Nr. 1 EStDV iVm LStR 9.10 Abs. 3 S. 3). Die – ebenfalls nachweispflichtige – erhebliche Beeinträchtigung der Bewegungsfähigkeit im Straßenverkehr wird durch das Merkzeichen „G" im Ausweis dokumentiert. Der Schwerbehindertenausweis ist hinsichtlich der in ihm konstitutiv getroffenen Feststellungen **Grundlagenbescheid iSv § 171 Abs. 10 AO** und damit für die Finanzverwaltung bindend (vgl. BFH 11.3.2014 – VI B 95/13, BStBl. II 2014, 525).

397 Als **Rechtsfolge** sieht § 9 Abs. 2 S. 3 ein **Wahlrecht** vor: Derjenige Arbeitnehmer, in dessen Person die Tatbestandsvoraussetzungen erfüllt sind, kann seine Wegeaufwendungen entweder einheitlich nach der Entfernungspauschale oder einheitlich nach den tatsächlichen Kosten bemessen. Eine Kombination von Entfernungspauschale und tatsächlichen Kosten bei der Bemessung der Wegeaufwendungen ist nicht zulässig (BFH 5.5.2009 – VI R 77/06, BStBl. II 2009, 729). Treten die Voraussetzungen des § 9 Abs. 2 S. 3 Nr. 1 bzw. Nr. 2 **erst im Laufe eines Veranlagungszeitraums** ein, so gilt Folgendes: Der Arbeitnehmer hat für den Zeitraum zwischen dem Zeitpunkt des Eintritts der Voraussetzungen und dem Ablauf des Veranlagungszeitraums ein Wahlrecht, das er allerdings (auch in diesem Falle) nur einheitlich ausüben kann (dh entweder Ansatz der tatsächlichen Wegekosten oder Ansatz der Entfernungspauschale). Für den vorangegangenen Teil des Veranlagungszeitraums ist zwingend die Entfernungspauschale in Ansatz zu bringen, dh der Abzug der tatsächlichen Wegekosten ist insoweit ausgeschlossen (vgl. HHR/*Bergkemper* § 9 Rn. 541). Wird in einem **Neufeststellungsverfahren** der Grad der Behinderung unterjährig herabgesetzt und fällt der betreffende Arbeitnehmer infolgedessen aus dem in § 9 Abs. 2 S. 3 Nr. 1 und Nr. 2 bezeichneten Personenkreis heraus, so entfällt das Wahlrecht zum Zeitpunkt der Neufeststellung. Dass der der Schwerbehindertenausweis bis zum bestandskräftigen Abschluss des Neufeststellungsverfahrens fortgilt, erfordert nach der Rechtsprechung keine andere Bewertung (vgl. BFH 11.3.2014 – VI B 95/13, BStBl. II 2014, 525 mwN).

398 Entscheidet sich der Arbeitnehmer im Rahmen seines Wahlrechts für den **Ansatz der tatsächlichen Wegekosten,** so kann er diese entweder nach individuellen Kilometersätzen (→ Rn. 412) oder aus Vereinfachungsgründen ohne Einzelnachweis mit den pauschalen Kilometersätzen gemäß § 9 Abs. 1 S. 3 Nr. 4a (0,30 EUR je vollen *Fahrt*kilometer) ansetzen (vgl. BFH 14.6.2012 – VI R 89/10, BStBl. II 2012, 835 mwN; BMF 31.10.2013, BStBl. I 2013, 1376).

398.1 Wählt der Arbeitnehmer die Berechnung nach individuellen Kilometersätzen, so sind bei der Bemessung der Fahrzeugaufwendungen für das jeweilige Kalenderjahr auch die **Anschaffungskosten für das Fahrzeug** in Gestalt von AfA (vgl. § 9 Abs. 1 S. 3 Nr. 7 S. 1 iVm § 7 Abs. 1) zu berücksichtigen. Vom Arbeitnehmer für die Beschaffung des Fahrzeugs oder den Erwerb einer behinderungsbedingten Zusatzausstattung erhaltene **Leistungen nach der Kraftfahrzeughilfe-Verordnung** mindern die Anschaffungskosten und damit die abziehbaren Wegeaufwendungen (vgl. BFH 14.6.2012 – VI R 89/10, BStBl. II 2012, 835).

399 Im Rahmen von Abholfahrten anfallende **„Leerfahrten"** sind zu berücksichtigen, wenn der Arbeitnehmer wegen seiner Behinderung nicht selbst fahren kann (vgl. BFH 2.12.1977 – VI R 8/75, BStBl. II 1978, 260; LStR 9.10 Abs. 3 S. 2).

400–403 *Einstweilen frei*

404 **f) Keine Entfernungspauschale bei Flugstrecken und Sammelbeförderung (Abs. 1 S. 3 Nr. 4 S. 3).** Nicht (erst) von der Abgeltungswirkung der Entfernungspauschale, sondern bereits von der Pauschalierung ausgenommen sind gemäß § 9 Abs. 1 S. 3 Nr. 4 S. 3

die Wegeaufwendungen bei Flugstrecken und Strecken mit steuerfreier Sammelbeförderung nach § 3 Nr. 32. Soweit Arbeitnehmer die Wege zwischen Wohnung und erster Tätigkeitsstätte mit dem Flugzeug oder mittels steuerfreier Sammelbeförderung (zum Begriff → § 3 Nr. 32 Rn. 30) bewältigen, findet die Entfernungspauschale folglich keine Anwendung.

Was **Flugstrecken** anbetrifft, findet die Ausnahmeregelung ihren Grund in der Annahme **405** des Gesetzgebers, der nach § 9 Abs. 1 S. 3 Nr. 4 S. 2 ermittelte Pauschalbetrag falle oftmals höher aus als die tatsächlichen Flugkosten (vgl. BT-Drs. 14/4435, 9), sodass die Berechtigung zum Ansatz der Entfernungspauschale einen steuerlichen Fehlanreiz provozieren würde. Obschon eine derartige Überkompensation wegen der regelmäßig deutlich höheren Kosten bei Strecken, die mit Privat- und Charterflugzeugen zurückgelegt werden, nicht zu erwarten steht, sind auch sie von der Ausnahmeregelung erfasst. Denn aus dem Wortlaut der Vorschrift ergibt sich keine Beschränkung auf den Linienflugverkehr (ebenso LBP/*Zimmer* § 9 Rn. 912; HHR/*Bergkemper* § 9 Rn. 458). Nicht von der Ausnahmeregelung erfasst sind dagegen die **Strecken zum und vom Flughafen.** Für diese Strecken gilt die Entfernungspauschale (vgl. BT-Drs. 14/4631, 11; BMF 31.10.2013, BStBl. I 2013, 1376). Wird **nur der Hin- oder Rückweg mit dem Flugzeug zurückgelegt,** der jeweils andere Weg hingegen mit einem Kraftwagen, der Bahn, dem Bus oder einem Taxi, so ist für diesen anderen Weg die halbe Entfernungspauschale in Ansatz zu bringen (vgl. Kirchhof/*von Beckerath* § 9 Rn. 62 mwN).

Die von der Ausnahmeregelung des § 9 Abs. 1 S. 3 Nr. 4 S. 3 ebenfalls erfasste **steuerfreie** **406** **Sammelbeförderung nach § 3 Nr. 32** meint die vom Arbeitgeber veranlasste, unentgeltliche oder verbilligte Beförderung mehrerer Arbeitnehmer (vgl. Kirchhof/*von Beckerath* § 3 Rn. 61). Indem Strecken, die auf diese Weise zurückgelegt werden, bei der Berechnung der Entfernungspauschale von vornherein keine Berücksichtigung finden, erübrigt sich eine Anrechnung der Arbeitgeber-Leistung gemäß § 9 Abs. 1 S. 3 Nr. 4 S. 5 und damit auch der mit der Bewertung einer Sammelbeförderungsleistung verbundene Verwaltungsaufwand.

Rechtsfolge des § 9 Abs. 1 S. 3 Nr. 4 S. 3 ist, dass § 9 Abs. 1 S. 3 Nr. 4 S. 2 unangewendet **407** bleibt. Dies führt im Ergebnis dazu, dass allein der Grundtatbestand des § 9 Abs. 1 S. 3 Nr. 4 S. 1 zur Anwendung gelangt. Der Arbeitnehmer kann daher die für Flugstrecken und Strecken mit steuerfreier Sammelbeförderung tatsächlich geleisteten Aufwendungen in voller Höhe und unbegrenzt in Abzug bringen (vgl. BT-Drs. 14/4242, 5).

Einstweilen frei **408–409**

5. Aufwendungen des Arbeitnehmers bei Auswärtstätigkeit (Abs. 1 S. 3 Nr. 4a, Nr. 5a, Nr. 5b, Abs. 4a S. 1 bis 11)

a) Aufwendungen für Fahrten (Abs. 1 S. 3 Nr. 4a). § 9 Abs. 1 S. 3 Nr. 4a regelt die **410** steuerliche Behandlung von Aufwendungen des Arbeitnehmers für Fahrten bei auswärtiger beruflicher Tätigkeit.

aa) § 9 Abs. 1 S. 3 Nr. 4a S. 1 und 2. In den **Anwendungsbereich** dieses besonderen **411** Werbungskostentatbestands fallen gemäß § 9 Abs. 1 S. 3 Nr. 4a S. 1 alle beruflich veranlassten Fahrten eines Arbeitnehmers, die nicht Fahrten zwischen Wohnung und erster Tätigkeitsstäte oder Familienheimfahrten sind. Die Vorschrift gewährleistet damit eine trennscharfe **Abgrenzung** von jenen Fahrtaufwendungen, deren Abziehbarkeit als Werbungskosten sich nach § 9 Abs. 1 S. 3 Nr. 4 (Wege zwischen Wohnung und erster Tätigkeitsstätte, → Rn. 347 ff.) oder nach § 9 Abs. 1 S. 3 Nr. 5 (Familienheimfahrten, → Rn. 513 ff.) beurteilt.

Als Rechtsfolge ordnet **§ 9 Abs. 1 S. 3 Nr. 4a S. 1** – vorbehaltlich der Sonderregelung **412** des § 9 Abs. 1 S. 3 Nr. 4a S. 3 (→ Rn. 414 ff.) – den Abzug der **tatsächlich entstandenen Aufwendungen** als Werbungskosten an. Bei **öffentlichen Verkehrsmitteln** (Bahn, Bus, Schiff, Taxi) ist der entrichtete Fahrpreis einschließlich etwaiger Zuschläge anzusetzen (vgl. LStR 9.5 Abs. 1 S. 2). Bei der **Benutzung eines eigenen oder dem Arbeitnehmer zur Nutzung überlassenen Fahrzeugs** (zB Pkw, Motorrad, Fahrrad) ist ein Kilometersatz auf Grund der für einen Zeitraum von zwölf Monaten ermittelten Gesamtkosten für das genutzte Fahrzeug (Betriebsstoffkosten, Wartungs- und Reparaturkosten, Kosten einer Garage am Wohnort, Kraftfahrzeugsteuer, Aufwendungen für die Halterhaftpflicht- und Fahrzeugversicherungen, AfA, Schuldzinsen für ein Anschaffungsdarlehen, Leasingsonderzahlung; vgl. LStH 9.5; BFH 1.10.1982 – VI R 192/79, BStBl. II 1983, 17; BFH 5.5.1994 – VI R 100/

93, BStBl. II 1994, 643) zu errechnen. Dieser **individuelle Kilometersatz** kann so lange angesetzt werden, bis sich die Verhältnisse wesentlich ändern (BT-Drs. 17/10774, 13), zB durch Ablauf des Abschreibungszeitraums oder aufgrund des Eintritts veränderter Leasingbelastungen (vgl. LStR 9.5 Abs. 1 S. 4). Ändern sich die Verhältnisse wesentlich, so ist der individuelle Kilometersatz neu zu berechnen. Anstelle der tatsächlichen Fahrtkosten kann der Arbeitnehmer gemäß **§ 9 Abs. 1 S. 3 Nr. 4a S. 2** aber auch die **pauschalen Kilometersätze** in Ansatz bringen, die für das jeweils benutzte Fahrzeug als höchste Wegstreckenentschädigung nach dem Bundesreisekostengesetz festgesetzt sind (Wahlrecht). Diese beträgt bei der Nutzung eines Kraftwagens derzeit 0,30 EUR je Kilometer zurückgelegter Strecke (§ 5 Abs. 2 S. 1 BRKG), bei anderen motorbetriebenen Fahrzeugen 0,20 EUR je Kilometer (§ 5 Abs. 1 S. 2 BRKG).

412.1 Mit dem Ansatz der pauschalierten Kilometersätze gemäß § 9 Abs. 1 S. 3 Nr. 4a S. 2 sind sämtliche **gewöhnlichen Fahrzeugkosten** abgegolten. Dazu gehören all jene Aufwendungen, die mit dem laufenden Betrieb des Fahrzeugs verbunden sind (vgl. BFH 21.6.1991 – VI R 178/88, BStBl. II 1991, 814; BFH 30.6.2000 – VI B 18/00, BFH/NV 2000, 1343), namentlich zB die AfA, durch gewöhnlichen Verschleiß bedingte Reparaturaufwendungen, Zinsen für ein Anschaffungsdarlehen (vgl. BFH 30.11.1979 – VI R 129/78, BStBl. II 1980, 141; BFH 24.4.1992 – VI R 137/89, BFH/NV 1993, 291), Prämien für eine Pkw-Vollkaskoversicherung (BFH 21.6.1991 – VI R 178/88, BStBl. II 1991, 814; BFH 30.6.2000 – VI B 18/00, BFH/NV 2000, 1343) und Leasingsonderzahlungen (BFH 15.4.2010 – VI R 20/08, BStBl. II 2010, 805).

412.2 **Außergewöhnliche Fahrzeugkosten** können dagegen in tatsächlicher Höhe **neben** den pauschalierten Kilometersätzen in Abzug gebracht werden, wenn sie durch eine Fahrt iSv § 9 Abs. 1 S. 3 Nr. 4a S. 1 entstanden sind. Als Folge dessen sind Konstellationen denkbar, in denen Aufwendungen, die im Zusammenhang mit ein- und derselben Fahrt entstandenen sind, teilweise nach Maßgabe von § 9 Abs. 1 S. 3 Nr. 4a S. 2 (gewöhnliche Fahrzeugkosten) und teilweise nach Maßgabe von § 9 Abs. 1 S. 3 Nr. 4a S. 1 (außergewöhnliche Fahrzeugkosten) in Abzug gebracht werden können. Insoweit der Wortlaut des § 9 Abs. 1 S. 3 Nr. 4a S. 2 einer kumulativen Anwendung von S. 1 und S. 2 entgegensteht („Anstelle"), ist die Vorschrift teleologisch zu reduzieren. Zu den außergewöhnlichen Fahrzeugkosten gehören insbesondere Parkgebühren (vgl. BFH 30.6.2000 – VI B 18/00, BFH/NV 2000, 1343) und Aufwendungen infolge von Verkehrsunfällen sowie Schäden, die durch den Diebstahl des Fahrzeugs verursacht sind (vgl. LStH 9.5; BFH 25.5.1992 – VI R 171/88, BStBl. II 1993, 44).

413 *Einstweilen frei*

414 **bb) § 9 Abs. 1 S. 3 Nr. 4a S. 3.** Für bestimmte Fahrtaufwendungen iSv § 9 Abs. 1 S. 3 Nr. 4a S. 1 hat der Gesetzgeber in § 9 Abs. 1 S. 3 Nr. 4a S. 3 eine **vom Grundtatbestand abweichende Regelung** getroffen. Danach gelten bei Arbeitnehmern, die keine erste Tätigkeitsstätte iSv § 9 Abs. 4 (→ Rn. 625 ff.) haben, aber nach den dienst- oder arbeitsrechtlichen Festlegungen sowie den diese Festlegungen ausfüllenden Absprachen und Weisungen zur Aufnahme der beruflichen Tätigkeit dauerhaft denselben Ort oder dasselbe weiträumige Tätigkeitsgebiet typischerweise arbeitstäglich aufsuchen, für die Fahrten von der Wohnung zu diesem Ort bzw. dem zur Wohnung nächstgelegenen Zugang zum Tätigkeitsgebiet die Bestimmungen des § 9 Abs. 1 S. 3 Nr. 4 und Abs. 2 (Abgeltung der Wegeaufwendungen durch Ansatz der Entfernungspauschale) entsprechend (zur Anrechnung steuerfreier Bezüge iSv § 3 Nr. 15 S. 1 und 2 auf die Entfernungspauschale und den abzugsbegrenzende Höchstbetrag → § 3 Nr. 15 Rn. 43; → § 3 Nr. 15 Rn. 51; → § 3 Nr. 15 Rn. 55 ff.). Die Prüfung, ob und in welchem Umfang derartige Fahrten – in Anbetracht der privaten Wahl des Wohnorts (→ Rn. 348) – überhaupt iSv § 9 Abs. 1 S. 3 Nr. 4a S. 1 „beruflich veranlasst" sind, erübrigt sich damit. Darüber hinaus werden etwaige Abgrenzungsschwierigkeiten im Zusammenhang mit dem Begriff der „ersten Tätigkeitsstätte" (→ Rn. 625 ff.) ihrer Relevanz für das Besteuerungsergebnis enthoben. Denn als Folge der Verweisung auf § 9 Abs. 1 S. 3 Nr. 4 und Abs. 2 erfahren Fahrtaufwendungen des Arbeitnehmers stets dieselbe steuerliche Behandlung unabhängig davon, ob die vom Arbeitnehmer aufgesuchte Örtlichkeit als „derselbe Ort" bzw. „dasselbe weiträumige Tätigkeitsgebiet" iSv § 9 Abs. 1 S. 3 Nr. 4a S. 3 oder als „erste Tätigkeitsstätte" iSv § 9 Abs. 1 S. 3 Nr. 4 S. 1 iVm § 9 Abs. 4 zu qualifizieren ist.

414.1 Mit Blick auf Fahrten zu einem weiträumigen Tätigkeitsgebiet erscheint diese Gleichbehandlung in Anbetracht des werbungskostenabzugsbeschränkenden Charakters der Entfernungspauschale nicht unproblematisch. Anders als im Falle einer dauerhaft angelegten ortsfesten ersten Tätigkeitsstätte kann ein Arbeitnehmer, der ein weiträumiges Tätigkeitsgebiet aufzusuchen hat, seine Fahrtkosten nämlich nicht oder jedenfalls nur bedingt dadurch gering halten, dass er seinen Wohnsitz an den Einsatzort heranverlegt (so auch BFH 11.5.2005 – VI R 7/02, BStBl. II 2005, 782 in Bezug auf ständig wechselnde Tätigkeitsstätten; vgl. ferner BFH 10.4.2008 – VI R 66/05, BStBl. II 2008, 825).

Anwendungsvoraussetzung des § 9 Abs. 1 S. 3 Nr. 4a S. 3 ist, dass der Arbeitnehmer keine erste Tätigkeitsstätte hat. An einer solchen fehlt es, wenn eine dauerhaften Zuordnung des Arbeitnehmers zu einer ortsfesten betrieblichen Einrichtung des Arbeitgebers, eines verbundenen Unternehmens oder eines vom Arbeitgeber bestimmten Dritten nicht vorliegt (vgl. § 9 Abs. 4 S. 1, → Rn. 625 ff.) und zudem keine der vom Arbeitnehmer aufgesuchten ortsfesten betrieblichen Einrichtungen die quantitativen Kriterien des § 9 Abs. 4 S. 4 (→ Rn. 631 f.) erfüllt (→ Rn. 636). 415

§ 9 Abs. 1 S. 3 Nr. 4a S. 3 macht die entsprechende Geltung der Entfernungspauschale davon abhängig, dass der Arbeitnehmer aufgrund **„dienst- oder arbeitsrechtlicher Festlegungen sowie den diese ausfüllenden Absprachen und Weisungen"** (zum Begriff vgl. § 9 Abs. 4 S. 2, → Rn. 628) verpflichtet ist, dauerhaft denselben Ort oder dasselbe weiträumige Tätigkeitsgebiet aufzusuchen. Zu berücksichtigen sind nicht nur schriftliche, sondern auch mündliche Absprachen und Weisungen (vgl. BT-Drs. 17/10774, 15). Fahrten des Arbeitnehmers zu einem gemeinsamen Treffpunkt im Rahmen einer **privat organisierten Fahrgemeinschaft** fallen nicht unter § 9 Abs. 1 S. 3 Nr. 4a S. 3, denn insoweit fehlt es gerade an einer entsprechenden dienst- oder arbeitsrechtlichen Festlegung des Arbeitgebers (vgl. BMF 24.10.2014, BStBl. I 2014, 1412 Rn. 38). 416

Indem § 9 Abs. 1 S. 3 Nr. 4a S. 3 an die Weisungen des Arbeitgebers anknüpft, wirkt die Vorschrift einem Auseinanderfallen der arbeits- oder dienstrechtlichen von der steuerrechtlichen Einordnung bestimmter Zahlungen als Reisekosten entgegen. 416.1

Aus den dienst- oder arbeitsrechtlichen Festlegungen sowie den diese ausfüllenden Absprachen und Weisungen muss sich ergeben, dass der Arbeitnehmer dauerhaft **„denselben Ort oder dasselbe weiträumige Tätigkeitsgebiet"** aufzusuchen hat. **„Ort"** ist ein lokalisierbarer Platz, welcher allerdings nicht ortsfest zu sein braucht (vgl. HHR/*Bergkemper* § 9 Rn. 484). Unter dem Begriff **„weiträumiges Tätigkeitsgebiet"** ist nach Auffassung der Finanzverwaltung – in Abgrenzung zur ortsfesten betrieblichen Einrichtung – eine festgelegte Fläche zu verstehen, auf welcher der Arbeitnehmer die vertraglich vereinbarte Arbeitsleistung zu erbringen hat (BMF 24.10.2014, BStBl. I 2014, 1412 Rn. 41). Allerdings soll das Merkmal „weiträumiges Tätigkeitsgebiet" nicht vorliegen, wenn der Arbeitnehmer die dienstliche Tätigkeit vornehmlich in Wohnungen oder sonstigen Räumen verrichtet. Aus diesem Grund findet die Regelung des § 9 Abs. 1 S. 3 Nr. 4a S. 3 nach Auffassung der Finanzverwaltung zwar auf Zusteller, Hafenarbeiter und Forstarbeiter Anwendung, nicht aber auf Pflegekräfte, Schornsteinfeger und Arbeitnehmer, die verschiedene Niederlassungen betreuen (vgl. BMF 24.10.2014, BStBl. I 2014, 1412 Rn. 41). 417

Über die zutreffende Auslegung des Merkmals **„zur Aufnahme seiner beruflichen Tätigkeit"** herrscht Uneinigkeit. Im Schrifttum wird die Ansicht vertreten, dass § 9 Abs. 1 S. 3 Nr. 4a S. 3 nur dann zur Anwendung gelangt, wenn der Arbeitnehmer an dem dauerhaft und typischerweise arbeitstäglich aufgesuchten Ort seine eigentliche berufliche Tätigkeit beginnt. Nicht erfasst würden daher Fälle, in denen Arbeitnehmer Orte anfahren, um von dort mit Anderen im Wege eines Sammeltransports zu den eigentlichen Tätigkeits- bzw. Einsatzorten zu gelangen (so ausdrücklich HHR/*Bergkemper* § 9 Rn. 483). Die Finanzverwaltung wendet § 9 Abs. 1 S. 3 Nr. 4a S. 3 hingegen auch auf Fahrten zu derartigen „Sammelpunkten" an (BMF 24.10.2014, BStBl. I 2014, 1412 Rn. 37; ebenso Schmidt/*Loschelder* § 9 Rn. 204; Kirchhof/*von Beckerath* § 9 Rn. 80). Eine Stütze findet die Auffassung der Finanzverwaltung in den einschlägigen Gesetzgebungsmaterialien. Dort heißt es, § 9 Abs. 1 S. 3 Nr. 4a S. 3 finde Anwendung auf Fahrten zu einem Ort, an dem sich der Arbeitnehmer „regelmäßig einzufinden *oder* seine dienstlichen Tätigkeiten regelmäßig aufzunehmen" hat (BT-Drs. 17/10774, 13, Hervorhebung durch Verfasser). 418

Schließlich setzt § 9 Abs. 1 S. 3 Nr. 4a S. 3 voraus, dass der Arbeitnehmer den betreffenden Ort bzw. das betreffende weiträumige Tätigkeitsgebiet nach den arbeitsrechtlichen Festlegungen **„dauerhaft"**, dh nicht nur vorübergehend (vgl. BFH 24.9.2014 – VI R 51/12, BStBl. 419

II 2014, 342), und **„typischerweise arbeitstäglich"**, dh nicht nur gelegentlich, aufzusuchen hat.

420 Zu beachten ist, dass bei Arbeitnehmern, die dauerhaft dasselbe weiträumige Tätigkeitsgebiet aufzusuchen haben, nur Fahrten zu dem der Wohnung des Arbeitnehmers nächstgelegenen Zugang zum Tätigkeitsgebiet in den Anwendungsbereich des § 9 Abs. 1 S. 3 Nr. 4a S. 3 fallen. **Fahrten zu einem weiter entfernt liegenden Zugang** sind vom Verweis auf die Bestimmungen über die Entfernungspauschale (§ 9 Abs. 1 S. 3 Nr. 4, Abs. 2) hingegen nicht erfasst. Nach dem Willen des Gesetzgebers soll für diese Fahrten die Rechtsfolge des § 9 Abs. 1 S. 3 Nr. 4a S. 1 und 2 gelten, dh Ansatz entweder der tatsächlichen Aufwendungen oder der pauschalierten Kilometersätze (vgl. BT-Drs. 17/10774, 13).

421 Nach § 3 Nr. 15 S. 1 und 2 steuerfreie Sachbezüge, die dem Arbeitnehmer im Zusammenhang mit Fahrten im Sinne von § 9 Abs. 1 S. 3 Nr. 4a S. 3 zuteil werden, mindern gemäß § 3 Nr. 15 S. 3 die Entfernungspauschale und den abzugsbegrenzenden Höchstbetrag. Etwas anderes gilt, wenn der Arbeitgeber von der durch **§ 40 Abs. 2 S. 2 Nr. 2 Hs. 1** eröffneten Möglichkeit Gebrauch macht, auf die in § 3 Nr. 15 S. 1 und 2 genannten Bezüge – ungeachtet der dort angeordneten Einkommensteuerbefreiung – Lohnsteuer mit einem Pauschsteuersatz von 25 Prozent zu erheben. In diesem Falle bleibt dem Arbeitnehmer gemäß § 40 Abs. 2 S. 2 Nr. 2 Hs. 2 die volle Entfernungspauschale erhalten, dh eine Anrechnung der pauschal besteuerten Bezüge auf den nach § 9 Abs. 1 S. 3 Nr. 4a S. 3 iVm § 9 Abs. 1 S. 3 Nr. 4 S. 2 abziehbaren Betrag findet nicht statt (vgl. BT-Drs. 19/13436, 98).

422 Macht der Arbeitgeber von der Möglichkeit Gebrauch, die Lohnsteuer für Beförderungsleistungen oder Zuschüsse, die er dem Arbeitnehmer im Zusammenhang mit Fahrten nach § 9 Abs. 1 S. 3 Nr. 4a S. 3 gewährt und die nicht dem Steuerbefreiungstatbestand des § 3 Nr. 15 S. 1und 2 unterfallen (zB, weil sie nicht zusätzlich zum ohnehin geschuldeten Arbeitslohn gezahlt, sondern auf den Arbeitslohn angerechnet werden), mit einem Pauschsteuersatz von 15 Prozent zu erheben (vgl. **§ 40 Abs. 2 S. 2 Nr. 1**), so mindern diese Arbeitgeberleistungen gemäß § 40 Abs. 2 S. 2 Nr. 1 a. E. die Entfernungspauschale und den Höchstbetrag.

423 **cc) § 9 Abs. 1 S. 3 Nr. 4a S. 4.** Gemäß § 9 Abs. 1 S. 3 Nr. 4a S. 4 gelten § 9 Abs. 1 S. 3 Nr. 4a S. 1 und 2 für die **Fahrten innerhalb des weiträumigen Tätigkeitsgebiets** entsprechend. Da es sich bei Fahrten innerhalb des weiträumigen Tätigkeitsgebiets indes ohnehin um Fahrten iSv § 9 Abs. 1 S. 3 Nr. 4a S. 1 handelt, ist die Anordnung der „entsprechenden" Geltung gesetzgebungstechnisch verfehlt.

424 *Einstweilen frei*

425 **b) Aufwendungen für Übernachtung (Abs. 1 S. 3 Nr. 5a und Nr. 5b).** § 9 Abs. 1 S. 3 Nr. 5a regelt den Werbungskostenabzug von übernachtungsbedingten Mehraufwendungen des Arbeitnehmers bei auswärtiger beruflicher Tätigkeit. Dabei ist der Anwendungsbereich des **§ 9 Abs. 1 S. 3 Nr. 5a** auf solche Auswärtstätigkeiten beschränkt, die der Arbeitnehmer an einer Tätigkeitsstätte, dh an einer **ortsfesten betrieblichen Einrichtung** (nicht notwendigerweise des Arbeitgebers, sondern gegebenenfalls auch eines Dritten; vgl. BMF 24.10.2014, BStBl. I 2014, 1412 Rn. 3) verrichtet. Die Abzugsfähigkeit von übernachtungsbedingten Mehraufwendungen bei auswärtiger beruflicher Tätigkeit auf einem **Kraftfahrzeug des Arbeitgebers** oder eines vom Arbeitgeber beauftragten Dritten beurteilt sich nach **§ 9 Abs. 1 S. 3 Nr. 5b.** Im Übrigen, dh soweit die auswärtige berufliche Tätigkeit weder an einer ortsfesten betrieblichen Einrichtung noch auf einem Kraftfahrzeug des Arbeitgebers oder eines vom Arbeitgeber beauftragten Dritten stattfindet, beurteilt sich die Abzugsfähigkeit der übernachtungsbedingten Mehraufwendungen des Arbeitnehmers nach § 9 Abs. 1 S. 1.

426 **aa) § 9 Abs. 1 S. 3 Nr. 5a S. 1.** § 9 Abs. 1 S. 3 Nr. 5a S. 1 qualifiziert notwendige Mehraufwendungen eines Arbeitnehmers für beruflich veranlasste Übernachtungen an einer Tätigkeitsstätte, die nicht erste Tätigkeitsstätte ist, als Werbungskosten.

427 Die Übernachtung an einer Tätigkeitsstätte, die nicht erste Tätigkeitsstätte ist, ist **beruflich veranlasst,** wenn der Arbeitnehmer aus dienstlichen Gründen unterwegs ist (etwa bei einem Kundenbesuch). Eine entsprechende Weisung des Arbeitgebers ist ein gewichtiges Indiz für die berufliche Veranlassung. Erledigt der Arbeitnehmer im Zusammenhang mit der beruflich veranlassten Auswärtstätigkeit in einem mehr als nur geringfügigem Umfang auch private

Angelegenheiten, so sind die übernachtungsbedingten Mehraufwendungen im Verhältnis der Veranlassungsbeiträge aufzuteilen, notfalls durch Schätzung (vgl. BFH 10.4.2014 – VI R 11/13, BStBl. II 2014, 804).

Obschon der Wortlaut der Vorschrift dies nahelegt, muss die **Übernachtung** nicht „an" einer Tätigkeitsstätte erfolgen. Vielmehr genügt es, dass die Übernachtung „anlässlich" des beruflich bedingten Verweilens an einer anderen Tätigkeitsstätte als der ersten Tätigkeitsstätte erfolgt (ebenso HHR/*Bergkemper* § 9 Rn. 502). Andernfalls liefe die Vorschrift praktisch weitgehend leer. **428**

§ 9 Abs. 1 S. 3 Nr. 5a S. 1 beschränkt den Werbungskostenabzug auf die „notwendigen Mehraufwendungen". Das Entstehen von übernachtungsbedingten **„Mehraufwendungen"** setzt voraus, dass der Arbeitnehmer noch über eine andere Unterkunft verfügt als diejenige, die er anlässlich der beruflichen Auswärtstätigkeit aufsucht. Die Anforderungen an einen eigenen Hausstand muss diese andere Unterkunft nicht erfüllen. Es genügt, wenn der Arbeitnehmer zB ein Zimmer im Haushalt seiner Eltern bewohnt (vgl. BMF 24.10.2014, BStBl. I 2014, 1412 Rn. 114). Das Merkmal der **„Notwendigkeit"** indiziert eine Angemessenheitsprüfung – etwa hinsichtlich der gewählten Hotelkategorie oder der Größe der Unterkunft (vgl. *Niermann* DB 2013, 1015 (1022)). Die Finanzverwaltung vertritt nach eigenem Bekunden jedoch die Auffassung, dass lediglich die berufliche Veranlassung der auswärtigen Übernachtung zu prüfen sei, nicht aber die Angemessenheit der Unterkunft (BMF 24.10.2014, BStBl. I 2014, 1412 Rn. 114). Der Sache stellt die Finanzverwaltung allerdings durchaus Angemessenheitserwägungen an. Dies namentlich insofern, als sie die ausschließliche berufliche Veranlassung unterstellt, wenn die Übernachtungen anlässlich der Auswärtstätigkeit in einer Wohnung erfolgen, für deren Nutzung der Arbeitnehmer monatlich nicht mehr als 1.000 EUR aufwenden muss (vgl. BMF 24.10.2014, BStBl. I 2014, 1412 Rn. 117). Aus (steuer-)rechtsdogmatischer Perspektive ist zu kritisieren, dass die Finanzverwaltung das Erfordernis der „beruflichen Veranlassung" auf diese Weise grundlos mit dem Merkmal der „Notwendigkeit" der Mehraufwendungen verquickt. **429**

bb) § 9 Abs. 1 S. 3 Nr. 5a S. 2 und 3. § 9 Abs. 1 S. 3 Nr. 5a S. 2 und 3 enthalten Maßgaben betreffend die Quantifizierung der „notwendigen Mehraufwendungen" iSd § 9 Abs. 1 S. 3 Nr. 5a S. 1. **430**

Abzugsfähig sind nach **§ 9 Abs. 1 S. 3 Nr. 5a S. 2** die **tatsächlichen Aufwendungen** für die persönliche Inanspruchnahme einer Unterkunft (dazu zählen auch Nebenleistungen wie zB Kultur- und Tourismusförderabgabe, Kurtaxe/Fremdenverkehrsabgabe, besondere Kreditkartengebühren wegen Zahlung in Fremdwährung; vgl. BMF 24.10.2014, BStBl. I 2014, 1412 Rn. 117). Daraus ergibt sich zum einen, dass eine **Pauschalierung der Aufwendungen unzulässig** ist (vgl. auch BT-Drs. 17/10774, 14) und zum anderen, dass es dem Arbeitnehmer verwehrt ist, die Kosten der Unterkunft als Werbungskosten abzuziehen, insoweit sie durch die **Mitbenutzung der Unterkunft durch einen Dritten** verursacht sind. Ist der Dritte ein Kollege des Arbeitnehmers, der ihn aus dienstlichen Gründen begleitet, so ist davon auszugehen, dass die entstandenen Kosten zu gleichen Teilen durch den Arbeitnehmer und den Dritten verursacht sind (vgl. BMF 24.10.2014, BStBl. I 2014, 1412 Rn. 117). **431**

Ist der Dritte hingegen eine Person, die in keinem Dienstverhältnis zu demselben Arbeitgeber steht, so sind gemäß **§ 9 Abs. 1 S. 3 Nr. 5a S. 3** diejenigen Aufwendungen als Werbungskosten anzusetzen, die bei alleiniger Nutzung der Unterkunft durch den Arbeitnehmer angefallen wären, dh es ist eine **hypothetische Betrachtung** anzustellen. Im Falle der Mitnutzung eines Mehrbettzimmers durch den Arbeitnehmer (zB Doppelzimmer) sind demgemäß (nur) die Aufwendungen anzusetzen, die bei Inanspruchnahme eines Einzelzimmers in derselben Beherbergung angefallen wären (vgl. BT-Drs. 17/10774, 14). **432**

Auf Grundlage von § 9 Abs. 1 S. 3 Nr. 5a können ausschließlich Übernachtungskosten als Werbungskosten geltend gemacht werden, nicht auch Kosten für im Rahmen der Auswärtstätigkeit eingenommene Mahlzeiten. Diese gehören zu den Aufwendungen des Arbeitnehmers für Verpflegung und sind deshalb allein nach Maßgabe des § 9 Abs. 4a abziehbar. Weist der Arbeitnehmer nur einen **Gesamtpreis für Unterkunft und Verpflegung** nach und lassen sich die Kosten für die Unterkunft nicht feststellen, so ist der Gesamtpreis unter Orientierung an den Bestimmungen über die Verpflegungspauschale (§ 9 Abs. 4a) zu kürzen (vgl. dazu im Einzelnen BMF 24.10.2014, BStBl. I 2014, 1412 Rn. 113). **Fehlt es an jedwedem Nach-** **433**

weis über die tatsächlichen Kosten der Übernachtung, steht die Übernachtung aber dem Grunde nach zweifelsfrei fest, so sind die Kosten zu schätzen (vgl. BFH 12.9.2001 – VI R 72/97, BStBl. II 2001, 775 mwN).

434 **cc) § 9 Abs. 1 S. 3 Nr. 5a S. 4 und 5.** § 9 Abs. 1 S. 3 Nr. 5a S. 4 und 5 enthalten **Sonderregelungen für längerfristige Auswärtstätigkeiten** an ein- und derselben Tätigkeitsstätte.

435 **§ 9 Abs. 1 S. 3 Nr. 5a S. 4** statuiert für die Fälle einer längerfristigen beruflichen Tätigkeit an derselben Tätigkeitsstätte, die nicht erste Tätigkeitsstätte ist, eine **Abzugsbegrenzung:** Nach Ablauf von 48 Monaten können Übernachtungsaufwendungen nur noch bis zu dem Betrag angesetzt werden, auf den der Werbungskostenabzug von Unterkunftskosten im Rahmen einer doppelten Haushaltsführung begrenzt ist, dh höchstens 1.000 EUR monatlich (vgl. § 9 Abs. 1 S. 3 Nr. 5 S. 4). Der Gesetzgeber gewährleistet damit einen Gleichlauf zwischen den Fällen der doppelten Haushaltsführung einerseits und den Fällen einer längerfristigen Auswärtstätigkeit an derselben Tätigkeitsstätte andererseits; dies nicht zuletzt um schwierige Abgrenzungsfragen zu vermeiden (vgl. BT-Drs. 17/10774, 14). Die Finanzverwaltung wendet § 9 Abs. 1 S. 3 Nr. 5a S. 4 **nur bei beruflichen Auswärtstätigkeiten im Inland** an. Bei längerfristigen Auswärtstätigkeiten an einer ausländischen Tätigkeitsstätte soll die Abzugsbegrenzung nicht gelten (vgl. BMF 24.10.2014, BStBl. I 2014, 1412 Rn. 119). Der Gesetzeswortlaut bietet indes keinen Anhaltspunkt für eine Beschränkung auf Inlandssachverhalte.

436 Die **Frist** beginnt in dem Zeitpunkt zu laufen, in dem der Arbeitnehmer mit der längerfristigen beruflichen Tätigkeit an der auswärtigen Tätigkeitsstätte beginnt. Nach Ablauf von 48 Monaten greift die Abzugsbegrenzung auf den Höchstbetrag. Die unbegrenzte Berücksichtigung der in den ersten 48 Monaten entstandenen Übernachtungsaufwendungen bleibt vom Ablauf der 48-Monate-Frist unberührt. Aus Vereinfachungsgründen beanstandet die Finanzverwaltung es nicht, „wenn die abziehbaren Übernachtungskosten erst ab dem ersten vollen Kalendermonat, der auf den Monat folgt, in dem die 48-Monatsfrist endet, auf 1.000 EUR begrenzt werden“ (BMF 24.10.2014, BStBl. I 2014, 1412 Rn. 122).

437 Welche Anforderungen das Merkmal der „längerfristigen beruflichen Tätigkeit“ an den **zeitlichen Umfang der Anwesenheit des Arbeitnehmers an der auswärtigen Tätigkeitsstätte** stellt, ist noch nicht abschließend geklärt. Nach der Gesetzesbegründung soll es genügen, wenn an der Tätigkeitsstätte, die nicht erste Tätigkeitsstätte ist, „über einen Zeitraum von 48 Monaten hinaus regelmäßig infolge der beruflichen Tätigkeit z. B. einmal oder mehrmals wöchentlich übernachtet wird“ (BT-Drs. 17/10774, 14). Im Schrifttum wird demgegenüber die Auffassung vertreten, dass die Abzugsbegrenzung des § 9 Abs. 1 S. 3 Nr. 5a S. 4 nur Anwendung finde, wenn der Arbeitnehmer die auswärtige Tätigkeitsstätte typischerweise arbeitstäglich aufsucht (so etwa HHR/*Bergkemper* § 9 Rn. 505; anders BFH 28.2.2013 – III R 94/10, BStBl. II 2013, 725 in Bezug auf die zeitliche Begrenzung der Abzugsfähigkeit von Mehraufwendungen für Verpflegung bei längerfristigen Auswärtstätigkeiten an derselben Tätigkeitsstätte: „Die Auswärtstätigkeit muss auch nicht […] an allen fünf regelmäßigen Arbeitstagen einer Woche ausgeübt worden sein.“). Die Finanzverwaltung verlangt, dass der Arbeitnehmer mindestens an drei Tagen in der Woche an der betreffenden auswärtigen Tätigkeitsstätte tätig wird (BMF 24.10.2014, BStBl. I 2014, 1412 Rn. 120).

438 ME ist zu berücksichtigen, dass in den als Referenz dienenden Fällen des § 9 Abs. 1 S. 3 Nr. 5 (doppelte Haushaltsführung) die am Ort der Zweitunterkunft gelegene betriebliche Einrichtung „erste Tätigkeitsstätte“ des Arbeitnehmers ist, es sich also um eine Einrichtung handelt, die der Arbeitnehmer zwar nicht zwingend (→ Rn. 628, → Rn. 634), aber typischerweise (vgl. § 9 Abs. 4 S. 4 Nr. 1, → Rn. 631) an der Mehrzahl der Wochenarbeitstage aufsucht. Mit der Situation der doppelten Haushaltsführung vergleichbar ist die Konstellation des § 9 Abs. 1 S. 3 Nr. 5a S. 4 deshalb nur, wenn der Arbeitnehmer die am Ort der auswärtigen Unterkunft gelegene Tätigkeitsstätte ebenfalls mit einer gewissen Häufigkeit aufsucht. Das Merkmal „längerfristige berufliche Tätigkeit an derselben Tätigkeitsstätte“ ist vor diesem Hintergrund dahin auszulegen, dass der Arbeitnehmer sich typischerweise an der **Mehrzahl der Wochenarbeitstage** an der betreffenden auswärtigen betrieblichen Einrichtung aufhalten muss. Andernfalls bleibt es bei der unbegrenzten Abziehbarkeit der durch die Auswärtstätigkeit entstandenen Übernachtungskosten.

§ 9 Abs. 1 S. 3 Nr. 5a S. 5 bestimmt, dass die 48-Monate-Frist von Neuem beginnt, wenn die **längerfristige berufliche Tätigkeit** an derselben Tätigkeitsstätte, die nicht erste Tätigkeitsstätte ist, **für mindestens sechs Monate unterbrochen** wurde. Bei einer Unterbrechung von weniger als sechs Monaten läuft die 48-Monat-Frist dementsprechend weiter. Nach Ansicht der Finanzverwaltung wird der Ablauf der 48-Monate-Frist durch eine weniger als sechs Monate andauernde Unterbrechung auch nicht gehemmt (vgl. BMF 24.10.2014, BStBl. I 2014, 1412 Rn. 120). Eine Unterbrechung der längerfristigen beruflichen Tätigkeit liegt nach hier vertretener Auffassung vor, wenn und solange der Arbeitnehmer die betreffende auswärtige Tätigkeitsstätte nicht (mehr) an der Mehrzahl der Wochenarbeitstage aufsucht. Die Unterbrechung beginnt in der Woche, in welcher der Arbeitnehmer die auswärtige Tätigkeitsstätte erstmals an weniger als der Mehrzahl der Wochenarbeitstage aufsucht. Aus welchem Grund die Tätigkeit unterbrochen wird (zB Krankheit, Urlaub, Tätigkeit an einer anderen Tätigkeitsstätte), ist unerheblich (BT-Drs. 17/10774, 14). Die Unterbrechung endet nach hier vertretener Auffassung mit dem Beginn derjenigen Woche, in der der Arbeitnehmer die auswärtige Tätigkeitsstätte erstmals wieder an der Mehrzahl der Wochenarbeitstage aufsucht. 439

dd) § 9 Abs. 1 S. 3 Nr. 5b. § 9 Abs. 1 S. 3 Nr. 5b regelt den Werbungskostenabzug von notwendigen Mehraufwendungen, die einem Arbeitnehmer während seiner auswärtigen beruflichen Tätigkeit auf einem Kraftfahrzeug des Arbeitgebers oder eines vom Arbeitgeber beauftragten Dritten im Zusammenhang mit einer Übernachtung in dem Kraftfahrzeug entstehen. 440

Eine „auswärtige berufliche Tätigkeit" gemäß § 9 Abs. 1 S. 3 Nr. 5b S. 1 liegt vor, wenn der Arbeitnehmer außerhalb seiner Wohnung und ersten Tätigkeitsstätte beruflich tätig wird (näher zum Begriff der beruflichen Auswärtstätigkeit → Rn. 449). Erfolgt die **Auswärtstätigkeit auf einem Kraftfahrzeug** des Arbeitgebers oder eines vom Arbeitgeber beauftragten Dritten und geht sie mit einer **Übernachtung in dem betreffenden Kraftfahrzeug** einher, so ist der Anwendungsbereich des § 9 Abs. 1 S. 3 Nr. 5b eröffnet. Praktische Relevanz hat die Vorschrift insbesondere für Berufskraftfahrer (vgl. BT-Drs. 19/13436, 108). 441

„Notwendige Mehraufwendungen" im Sinne von § 9 Abs. 1 S. 3 Nr. 5b S. 1 sind ausweislich der Gesetzesbegründung insbesondere solche Aufwendungen, die bei Übernachtungen anlässlich einer beruflichen Auswärtstätigkeit typischerweise in den nach § 9 Abs. 1 S. 3 Nr. 5a oder § 9 Abs. 1 S. 1 als Werbungskosten abziehbaren Übernachtungskosten enthalten sind (vgl. BT-Drs. 19/13436, 108). Zu „notwendigen Mehraufwendungen" iSv § 9 Abs. 1 S. 3 Nr. 5b gehören daher zB Gebühren für die Benutzung der sanitären Einrichtungen auf Raststätten und Autohöfen, Park- oder Abstellgebühren auf Raststätten und Autohöfen sowie die Kosten für die Reinigung der eigenen Schlafkabine. 442

Derartige Mehraufwendungen können nach § 9 Abs. 1 S. 3 Nr. 5b S. 1aE als Werbungskosten in Abzug gebracht werden, wenn sie an solchen Kalendertagen anfallen, an denen der Arbeitnehmer eine Verpflegungspauschale nach § 9 Abs. 4a S. 3 Nr. 1 und 2 oder S. 5 zur Nr. 1 und 2 beanspruchen könnte. Die fraglichen Kosten müssen also entweder an dem Kalendertag entstanden sein, der in die beruflich veranlasste Übernachtung in dem betreffenden Kraftfahrzeug einmündet oder an dem Kalendertag, zu dem die Übernachtung hinführt. 442a

Anstelle der im Zusammenhang mit der Übernachtung tatsächlich angefallenen notwendigen Mehraufwendungen kann der Arbeitnehmer für jeden Kalendertag, an dem er eine Verpflegungspauschale nach § 9 Abs. 4a S. 3 Nr. 1 und 2 oder S. 5 zur Nr. 1 und 2 beanspruchen könnte und an dem tatsächlich Kosten im Sinne von § 9 Abs. 1 S. 3 Nr. 5b S. 1 entstanden sind, einen **Pauschbetrag in Höhe von 8 Euro** als Werbungskosten geltend machen. Dieses **Wahlrecht** des Arbeitnehmers ergibt sich aus § 9 Abs. 1 S. 3 Nr. 5b S. 2. Es entlastet den Arbeitnehmer von der Notwendigkeit, die Höhe der angefallenen notwendigen Mehraufwendungen nachzuweisen, und kann nur einheitlich für das gesamte Kalenderjahr ausgeübt werden. 442b

c) Mehraufwendungen für Verpflegung (Abs. 4a S. 1 bis 11). aa) Allgemeines. § 9 Abs. 4a S. 1 bis 11 regeln, unter welchen Voraussetzungen und in welcher Höhe Mehraufwendungen für Verpflegung, die einem Arbeitnehmer aus Anlass einer beruflichen Auswärtstätigkeit entstehen, als Werbungskosten zu berücksichtigen sind. Zu diesem Zweck wird 443

typisierend der Aufwand festgelegt, der über das hinausgeht, was ein Arbeitnehmer für seine Verpflegung während eines normalen Arbeitstags an der ersten Tätigkeitsstätte aufwendet (vgl. BT-Drs. 17/10774, 15).

444 Nahrungsaufnahme ist zur Lebenserhaltung zwingend notwendig, sodass es sich bei Verpflegungskosten grundsätzlich um sog. „unverzichtbare Lebensführungsaufwendungen" handelt, dh um Wertabgaben, die im Grundfreibetrag des § 32a Abs. 1 S. 2 Nr. 1 typisiert steuerlich verschont werden und im Übrigen dem **Abzugsverbot des § 12 Nr. 1** unterliegen (→ Rn. 168; → § 12 Rn. 96 ff.). Ob dies auch für Mehraufwendungen gilt, die dadurch anfallen, dass der Arbeitnehmer aus Anlass einer beruflichen Auswärtstätigkeit nicht an der üblichen und bekannten Stelle eine kostengünstige Mahlzeit einnehmen kann, erscheint fraglich. Im Schrifttum wird die Auffassung vertreten, das private Moment der Nahrungsaufnahme trete bei derartigen Mehraufwendungen als steuerlich vernachlässigbar in den Hintergrund (so etwa HHR/*Bergkemper* § 9 Rn. 564). Folgt man dem, so ist § 9 Abs. 4a insoweit **konstitutiv,** als diese Vorschrift die Voraussetzungen und den Umfang des Abzugs von Verpflegungsmehraufwendungen konkretisiert, im Übrigen aber, dh hinsichtlich deren grundqualifikatorischen Einordnung als Werbungskosten, rein **deklaratorisch.**

445 *Einstweilen frei*

446 **bb) § 9 Abs. 4a S. 1.** § 9 Abs. 4a S. 1 enthält **zwei Kernaussagen:** Zum einen wird festgelegt, dass es sich bei Mehraufwendungen des Arbeitnehmers für Verpflegung um Werbungskosten handelt. Zum anderen ordnet die Vorschrift an, dass derartige Aufwendungen ausschließlich unter den in § 9 Abs. 4a S. 2 bis 13 bezeichneten Voraussetzungen und nur in der dort bestimmten Höhe in Ansatz gebracht werden können. Der Rückgriff auf § 9 Abs. 1 S. 1 scheidet mithin aus.

447 *Einstweilen frei*

448 **cc) § 9 Abs. 4a S. 2 und 4.** Gemäß **§ 9 Abs. 4a S. 2** ist zur Abgeltung der dem Arbeitnehmer im Rahmen einer Auswärtstätigkeit tatsächlich entstandenen beruflich veranlassten Mehraufwendungen eine Verpflegungspauschale anzusetzen.

449 Eine **Auswärtstätigkeit** liegt vor, wenn der Arbeitnehmer außerhalb seiner Wohnung und ersten Tätigkeitsstätte beruflich tätig wird. **„Wohnung"** ist gemäß **§ 9 Abs. 4a S. 4 Hs. 2** der Hausstand, der den Mittelpunkt der Lebensinteressen bildet sowie eine Unterkunft am Ort der ersten Tätigkeitsstätte im Rahmen der doppelten Haushaltsführung. Der Begriff „Hausstand" setzt das Innehaben einer Wohnung sowie eine finanzielle Beteiligung an den Kosten der Lebensführung voraus (vgl. § 9 Abs. 1 S. 3 Nr. 5 S. 3). Den „Mittelpunkt der Lebensinteressen" bildet ein Hausstand, wenn der Arbeitnehmer sich dort – abgesehen von den Zeiten der Arbeitstätigkeit – regelmäßig aufhält und er von dort aus sein Privatleben führt (vgl. HHR/*Bergkemper* § 9 Rn. 567). Verfügt der Arbeitnehmer im Rahmen einer doppelten Haushaltsführung über eine Unterkunft am Ort der ersten Tätigkeitsstätte, so ist auch diese Unterkunft eine „Wohnung" iSv § 9 Abs. 4a S. 2. „Erste Tätigkeitsstätte" ist gemäß § 9 Abs. 4 S. 1 die ortsfeste betriebliche Einrichtung des Arbeitgebers, eines verbundenen Unternehmens oder eines vom Arbeitgeber bestimmten Dritten, der der Arbeitnehmer dauerhaft zugeordnet ist (zum Begriff der „ersten Tätigkeitsstätte" → Rn. 625 ff.). Hat der Arbeitnehmer keine erste Tätigkeitsstätte (→ Rn. 636), so ist gemäß **§ 9 Abs. 4a S. 4 Hs. 1** jede berufliche Tätigkeit des Arbeitnehmers außerhalb einer Wohnung iSv § 9 Abs. 4a S. 4 Hs. 2 als Auswärtstätigkeit zu behandeln.

450 Ausweislich des Wortlauts des § 9 Abs. 4a S. 2 ist Voraussetzung für den Ansatz der Verpflegungspauschale, dass beruflich veranlasste Mehraufwendungen **„tatsächlich entstanden"** sind. Nach Auffassung der Finanzverwaltung bedeutet dies nicht, dass die Kosten für die Verpflegung am Einsatzort von den Arbeitnehmern nachgewiesen und von den Finanzämtern geprüft werden müssen. Vielmehr sei das Merkmal „tatsächlich entstanden" als Bezugnahme auf die Regelung des § 9 Abs. 4a S. 8 zu verstehen, wonach die Verpflegungspauschalen insoweit nicht zum Ansatz kommen, als der Arbeitnehmer während seiner beruflichen Auswärtstätigkeit durch den Arbeitgeber verpflegt wird (vgl. BMF 24.10.2014, BStBl. I 2014, 1412 Rn. 73).

451 Mit dem Ansatz der Verpflegungspauschale sind die beruflich veranlassten Verpflegungsmehraufwendungen **„abgegolten".** Diese können somit nicht in tatsächlicher Höhe, sondern ausschließlich pauschal in der von § 9 Abs. 4a S. 3 und 5 bestimmten Höhe als Werbungskosten geltend gemacht werden.

Einstweilen frei **452–453**

dd) § 9 Abs. 4a S. 3 und 5. § 9 Abs. 4a S. 3 legt die Höhe der für **Auswärtstätigkeiten im Inland** in Ansatz zu bringenden Verpflegungspauschale fest. Die Vorschrift sieht eine **zweistufige Staffelung** (14 EUR und 28 EUR) vor. Welcher Pauschalsatz zur Anwendung gelangt, hängt im Wesentlichen von der Abwesenheitsdauer des Arbeitnehmers ab. **454**

Bei **mehrtätigen Auswärtstätigkeiten** kann der Arbeitnehmer gemäß **§ 9 Abs. 4a S. 3 Nr. 1** für jeden Kalendertag, an dem er 24 Stunden von seiner Wohnung und ersten Tätigkeitsstätte abwesend ist, ein Pauschale von 28 EUR als Werbungskosten in Abzug bringen. **455**

Für den An- und Abreisetag einer mehrtägigen Auswärtstätigkeit mit Übernachtung außerhalb der eigenen Wohnung kann der Arbeitnehmer gemäß **§ 9 Abs. 4a S. 3 Nr. 2** eine Pauschale von 14 EUR in Ansatz bringen. Eine mehrtägige Auswärtstätigkeit mit Übernachtung liegt auch dann vor, wenn die **berufliche Tätigkeit über Nacht ausgeübt** wird und sich daran eine Übernachtung am Tage sowie eine weitere Tätigkeit über Nacht anschließen (vgl. BMF 24.10.2014, BStBl. I 2014, 1412 Rn. 48). Für die Qualifizierung als An- bzw. Abreisetag genügt es, wenn der Arbeitnehmer unmittelbar nach der Anreise bzw. vor der Abreise auswärtig übernachtet. Einer Mindestabwesenheitszeit (von Wohnung und erster Tätigkeitsstätte) am Tag der An- bzw. Abreise bedarf es für den Ansatz der Pauschale nicht. Ob der Arbeitnehmer die Reise von der Wohnung, der ersten oder einer anderen Tätigkeitsstätte aus antritt, ist unerheblich (vgl. BT-Drs. 17/10774, 16). **456**

Bei **eintägigen Auswärtstätigkeiten** ohne Übernachtung außerhalb der eigenen Wohnung kann der Arbeitnehmer gemäß **§ 9 Abs. 4a S. 3 Nr. 3 Hs. 1** für den Kalendertag, an dem er mehr als 8 Stunden von seiner Wohnung und der ersten Tätigkeitsstätte abwesend ist, eine Pauschale von ebenfalls 14 EUR geltend machen. Ist der Arbeitnehmer an einem Kalendertag **mehrfach auswärts tätig,** so können die Abwesenheitszeiten addiert werden (vgl. BMF 24.10.2014, BStBl. I 2014, 1412 Rn. 46). **457**

Gemäß **§ 9 Abs. 4a S. 3 Nr. 3 Hs. 2** ist die Pauschale auch dann anzusetzen, wenn sich die eintägige Auswärtstätigkeit über zwei aufeinanderfolgende Kalendertage erstreckt, weil der Arbeitnehmer die berufliche Tätigkeit über Nacht ausübt. In diesem Fall wird die Pauschale (nur) für den Kalendertag gewährt, an dem der Arbeitnehmer den überwiegenden Teil der insgesamt mehr als 8 Stunden von seiner Wohnung und der ersten Tätigkeitsstätte abwesend ist. Auch im Falle der Tätigkeit über Nacht können die Abwesenheitszeiten verschiedener Auswärtstätigkeiten zusammengerechnet werden (vgl. BMF 24.10.2014, BStBl. I 2014, 1412 Rn. 48). **458**

Bei **Auswärtstätigkeiten im Ausland** treten gemäß **§ 9 Abs. 4a S. 5** an die Stelle der Pauschalen nach § 9 Abs. 4a S. 3 **staatenweise unterschiedliche Pauschbeträge.** Diese setzt das BMF im Einvernehmen mit den obersten Finanzbehörden der Länder unter Orientierung an den Auslandstagegeldern nach dem BRKG fest (vgl. BMF 14.12.2016, BStBl. I 2016, 1438). In den Fällen des § 9 Abs. 4a S. 3 Nr. 1 sind 120 Prozent, in den Fällen des § 9 Abs. 4a S. 3 Nr. 2 und 3 80 Prozent des für den jeweiligen Staat geltenden Auslandstagegelds nach dem BRKG als Pauschbetrag für Verpflegungsmehraufwendungen festzusetzen. **459**

Der anzusetzende **Pauschbetrag bestimmt sich stets nach dem Ort, den der Arbeitnehmer vor 24 Uhr Ortszeit zuletzt erreicht,** es sei denn, dieser Ort liegt im Inland. Liegt dieser Ort im Inland, so ist der letzte ausländische Tätigkeitsort maßgeblich. Bei **Flugreisen** bleiben Zwischenlandungen unberücksichtigt, es sei denn, dass durch sie Übernachtungen notwendig werden (LStR 9.6 Abs. 3 S. 4 Nr. 1 S. 1 Hs. 2). Erstreckt sich eine Flugreise über mehr als zwei Kalendertage, so ist für die Tage, die zwischen dem Tag des Abflugs und dem Tag der Landung liegen, der für Österreich geltende Pauschbetrag maßgebend (LStR 9.6 Abs. 3 S. 3 Nr. 1 S. 2). Führt der Arbeitnehmer **an ein- und demselben Kalendertag Auswärtstätigkeiten sowohl im Inland als auch im Ausland** durch, so ist für diesen Tag selbst dann der jeweilige Pauschbetrag nach § 9 Abs. 4a S. 5 anzusetzen, wenn die überwiegende Zeit im Inland verbracht wurde (LStR 9.6 Abs. 3 S. 3). **460**

Einstweilen frei **461–463**

ee) § 9 Abs. 4a S. 6 und 7. Bei einer **längerfristigen beruflichen Auswärtstätigkeit an derselben Tätigkeitsstätte** im In- oder Ausland ist der Abzug der Verpflegungspauschale **464**

gemäß **§ 9 Abs. 4a S. 6** auf die **ersten drei Monate** der Auswärtstätigkeit beschränkt. Die Abzugsbegrenzung beruht auf der Überlegung des Gesetzgebers, dass Arbeitnehmer nach Ablauf der auf drei Monate typisierten Übergangszeit regelmäßig eine Verpflegungssituation vorfinden, die keine beruflich veranlassten Mehraufwendungen verursacht (BT-Drs. 13/901, 129; vgl. auch BFH 28.2.2013 – III R 94/10, BStBl. II 2013, 725).

465 In den Anwendungsbereich der Drei-Monate-Regelung des § 9 Abs. 4a S. 6 fallen nach der hier für zutreffend erachteten Auslegung des Merkmals „längerfristige berufliche Tätigkeit an derselben Tätigkeitsstätte" (→ Rn. 437 f.) nur solche Auswärtstätigkeiten, im Rahmen derer der Arbeitnehmer dieselbe ortsfeste betriebliche Einrichtung regelmäßig an der Mehrzahl der Wochenarbeitstage aufsucht (vgl. auch BMF 24.10.2014, BStBl. I 2014, 1412 Rn. 55: „mindestens an drei Tagen in der Woche"). Ob dem Aufsuchen derselben auswärtigen Tätigkeitsstätte durch den Arbeitnehmer ein einziger oder **mehrere aufeinanderfolgende Arbeitsaufträge** des Arbeitgebers zugrunde liegen, ist unerheblich (vgl. BFH 28.2.2013 – III R 94/10, BStBl. II 2013, 725). Tätigkeiten, die auf einem Fahrzeug, einem Schiff, im Flugzeug oder Helikopter oder in einem „weiträumigen Tätigkeitsgebiet" (zum Begriff → Rn. 417) durchgeführt werden, finden nicht an einer Tätigkeitsstätte statt, sodass die Drei-Monate-Frist in diesen Fällen außer Anwendung bleibt.

466 Eine **Unterbrechung** der längerfristigen beruflichen Tätigkeit an derselben Tätigkeitsstätte führt gemäß **§ 9 Abs. 4a S. 7** (nur dann) zu einem **Neubeginn der Drei-Monate-Frist,** wenn sie mindestens vier Wochen andauert. Bei einer Unterbrechung von weniger als vier Wochen läuft die Frist weiter. Nach Ansicht der Finanzverwaltung wird der Ablauf der Drei-Monate-Frist durch eine weniger als vier Wochen andauernde Unterbrechung auch nicht gehemmt (vgl. BMF 24.10.2014, BStBl. I 2014, 1412 Rn. 55). Eine Unterbrechung der längerfristigen beruflichen Tätigkeit liegt nach hier vertretener Auffassung vor, wenn der Arbeitnehmer die betreffende auswärtige Tätigkeitsstätte nicht (mehr) an der Mehrzahl der Wochenarbeitstage aufsucht (→ Rn. 439). Die Unterbrechung beginnt in der Woche, in der der Arbeitnehmer die auswärtige Tätigkeitsstätte erstmals an weniger als der Mehrzahl der Wochenarbeitstage aufsucht. Aus welchem Grund die Tätigkeit unterbrochen wird (zB Krankheit, Urlaub, Tätigkeit an einer anderen Tätigkeitsstätte), ist unerheblich (BT-Drs. 17/10774, 16). Die Unterbrechung endet nach hier vertretener Auffassung mit dem Beginn der Woche, in der der Arbeitnehmer die auswärtige Tätigkeitsstätte erstmals wieder an der Mehrzahl der Wochenarbeitstage aufsucht.

467–468 *Einstweilen frei*

469 **ff) § 9 Abs. 4a S. 8 bis 10.** Wird dem Arbeitnehmer anlässlich oder während einer Tätigkeit außerhalb seiner ersten Tätigkeitsstätte vom Arbeitgeber oder auf dessen Veranlassung von einem Dritten eine **Mahlzeit zur Verfügung gestellt,** so sind die Verpflegungspauschalen gemäß **§ 9 Abs. 4a S. 8 Hs. 1** für ein Frühstück um 20 Prozent und für ein Mittag- und Abendessen um jeweils 40 Prozent zu kürzen. Die **Kürzung** ist folgerichtig, da dem Arbeitnehmer insoweit, als ihm Mahlzeiten zur Verfügung gestellt werden, keine Mehraufwendungen für Verpflegung erwachsen. Sie ist auch dann vorzunehmen, wenn die Mahlzeitengestellung im ganz überwiegenden eigenbetrieblichen Interesse des Arbeitgebers erfolgt (vgl. Kirchhof/*von Beckerath* § 9 Rn. 93 mwN).

469.1 Kann der Arbeitnehmer im Zusammenhang mit einer Auswärtstätigkeit dem Grunde nach (dh ungeachtet etwaiger Kürzungsbeträge) eine Verpflegungspauschale beanspruchen (§ 9 Abs. 4a S. 1 bis 7), so ist die ihm zur Verfügung gestellte Mahlzeit als geldwertes Gut zwar steuerbar nach § 8 Abs. 1, aber gemäß § 8 Abs. 2 S. 9 iVm S. 8 steuerbefreit, sofern der Wert der Mahlzeit 60 EUR nicht übersteigt (→ § 8 Rn. 201 f.).

470 **„Mahlzeit"** iSd Vorschrift sind grundsätzlich das Frühstück, das Mittag- und das Abendessen. Dies ergibt sich unmittelbar aus § 9 Abs. 4a S. 8 Nr. 1 und 2. Nach Auffassung der Finanzverwaltung führt jedoch auch ein zur Verfügung gestellter Imbiss (zB belegte Brötchen, Kuchen, Obst) zu einer Kürzung der Verpflegungspauschale, sofern er an die Stelle einer der genannten Mahlzeiten tritt (vgl. BMF 24.10.2014, BStBl. I 2014, 1412 Rn. 74). Ob die zur Verfügung gestellte Mahlzeit vom Arbeitnehmer tatsächlich eingenommen wird, ist unerheblich (vgl. BMF 24.10.2014, BStBl. I 2014, 1412 Rn. 74).

471 Das Zur-Verfügung-Stellen einer Mahlzeit erfolgt **„anlässlich oder während"** einer Auswärtstätigkeit, wenn die Mahlzeit im zeitlichen Zusammenhang mit dieser Tätigkeit angeboten wird („anlässlich“: zB Frühstück vor Beginn der Tätigkeit oder Abendessen nach Feierabend; „während“: zB Mittagessen im Verlaufe der sich über den gesamten Tag erstreckenden Auswärtstätigkeit).

Die **Gestellung einer Mahlzeit durch einen Dritten** ist vom Arbeitgeber veranlasst, wenn dieser Tag und Ort der Mahlzeitengestellung bestimmt. Davon ist insbesondere auszugehen, wenn der Arbeitgeber die Verpflegungskosten dienst- oder arbeitsrechtlich erstattet und die Rechnung auf den Arbeitgeber ausgestellt ist (vgl. BMF 24.10.2014, BStBl. I 2014, 1412 Rn. 64). 472

Der **Kürzungsbetrag** ermittelt sich stets durch prozentualen Abschlag auf den sich aus § 9 Abs. 4a S. 3 Nr. 1 – gegebenenfalls iVm § 9 Abs. 4a S. 5 – ergebenden Betrag. Auch in den Fällen des § 9 Abs. 4a S. 3 Nr. 2 und 3 ist daher die für einen *vollen* Kalendertag geltende Pauschale als Bemessungsgrundlage heranzuziehen (dh 28 Euro bei Auswärtstätigkeit im Inland und 120 Prozent des für den jeweiligen Staat geltenden Auslandstagegelds bei Auswärtstätigkeit im Ausland). Somit ist die Verpflegungspauschale bei einer Auswärtstätigkeit im Inland für ein Frühstück stets um 5,60 EUR (28 EUR x 0,2) und für ein Mittag- und Abendessen stets um jeweils 11,20 EUR (28 EUR x 0,4) zu kürzen. Allerdings darf der Kürzungsbetrag die ermittelte Verpflegungspauschale gemäß **§ 9 Abs. 4a S. 8 Hs. 2** nicht übersteigen. Eine Verrechnung des „überschießenden“ Kürzungsbetrags mit anderen Verpflegungspauschalen kommt mithin nicht in Betracht (ein „überschießender“ Kürzungsbetrag entsteht zB, wenn der Arbeitgeber dem Arbeitnehmer im Rahmen einer Auswärtstätigkeit iSv § 9 Abs. 4a S. 3 Nr. 3 sowohl ein Mittagessen als auch ein Abendessen zur Verfügung stellt). 473

Gemäß **§ 9 Abs. 4a S. 9** ist eine Kürzung der Pauschale auch dann vorzunehmen, wenn der Arbeitgeber wegen der Mahlzeitengestellung Vergütungen einbehält, die der Arbeitgeber andernfalls zwecks Kompensation der reisebedingten Verpflegungsmehraufwendungen an den Arbeitnehmer geleistet hätte. Gleiches gilt, wenn die Mahlzeitengestellung nach § 40 Abs. 2 S. 1 Nr. 1a mit einem Pauschsteuersatz von 25 Prozent besteuert wird. Die Vorschrift hat **lediglich klarstellende Funktion.** Denn weder der Einbehalt einer Reisekostenvergütung noch die Pauschalbesteuerung des Sachbezugs nach § 40 Abs. 2 S. 1 Nr. 1a ändern etwas an der Tatsache, dass dem Arbeitnehmer insoweit, als ihm Mahlzeiten zur Verfügung gestellt werden, keine Mehraufwendungen für Verpflegung erwachsen. 474

Entrichtet der Arbeitnehmer für die ihm zur Verfügung gestellte Mahlzeit ein Entgelt, so mindert dieses gemäß **§ 9 Abs. 4a S. 10** den Kürzungsbetrag. **Zuzahlungen des Arbeitnehmers** sind dabei jeweils vom Kürzungsbetrag derjenigen Mahlzeit abzuziehen, für die er das Entgelt zahlt. Übersteigt das vom Arbeitnehmer für die Mahlzeit gezahlte Entgelt den Kürzungsbetrag, entfällt für diese Mahlzeit die Kürzung des Werbungskostenabzugs. Eine Verrechnung etwaiger **Anrechnungsüberhänge** mit Kürzungsbeträgen für andere Mahlzeiten ist nicht zulässig (BMF 24.10.2014, BStBl. I 2014, 1412 Rn. 78). Ob der Arbeitnehmer das Entgelt unmittelbar selbst aufwendet oder ob der Arbeitgeber dieses aus dem Nettolohn des Arbeitnehmers entnimmt bzw. mit einer dem Arbeitnehmer dienst- oder arbeitsrechtlich zustehenden Reisekostenerstattung verrechnet (abgekürzter Zahlungsweg, → Rn. 112), spielt keine Rolle (vgl. BMF 24.10.2014, BStBl. I 2014, 1412 Rn. 77). 475

Einstweilen frei **476–477**

gg) § 9 Abs. 4a S. 11. Gemäß § 9 Abs. 4a S. 11 ist der Ansatz der Verpflegungspauschale insoweit ausgeschlossen, als der Arbeitnehmer **steuerfreie Erstattungen für Verpflegung** erhält. Die Vorschrift ist überflüssig. Entsprechendes ergibt sich bereits aus § 3c Abs. 1 iVm § 3 Nr. 13 und 16. 478

Einstweilen frei **479**

hh) Gemischt veranlasste Reisen. Bei gemischt veranlassten Reisen sind die entstehenden Reiseaufwendungen grundsätzlich entsprechend dem Verhältnis der beruflichen zu den privaten Veranlassungsbeiträgen aufzuteilen (vgl. BFH 18.8.2005 – VI R 32/03, BStBl. II 2006, 30; BFH 21.9.2009 – GrS 1/06, BStBl. II 2010, 672). Dies gilt auch für die reisebedingten Verpflegungsmehraufwendungen des Arbeitnehmers. Stellt der Arbeitgeber im Rahmen einer gemischt veranlassten Reise Mahlzeiten zur Verfügung, so ist die gesetzlich vorgeschriebene **Kürzung der Verpflegungspauschalen** erst nach der Ermittlung des beruflich veran- 480 lassten Teils der nach § 9 Abs. 4a ermittelten Verpflegungspauschalen vorzunehmen (BMF 24.10.2014, BStBl. I 2014, 1412 Rn. 88).

481 *Einstweilen frei*

482 **d) Reisenebenkosten.** Sonstige im Rahmen von beruflichen Auswärtstätigkeiten entstandenen (Reiseneben-)Kosten sind **auf Grundlage von § 9 Abs. 1 S. 1** in voller Höhe als Werbungskosten **abziehbar,** wenn sie so stark durch die beruflich bedingte Reisesituation geprägt sind, dass eine etwaige private Mitveranlassung bei wertender Betrachtung zurücktritt (vgl. BFH 5.7.2012 – VI R 50/10, BStBl. II 2013, 282; siehe auch *Schmitt/Meyen* DB 2013, 1578 (1579 f.)).

483 Der BFH hat dies bejaht für Kosten der Gepäckbeförderung und -aufbewahrung (BFH 19.2.1993 – VI R 42/92, BStBl. II 1993, 519), Diebstahl-, Transport- und Unfallschäden an vom Arbeitnehmer mitgeführten Gegenständen, wenn der Schaden sich als Konkretisierung einer reisespezifischen Gefährdung darstellt (BFH 30.6.1995 – VI R 26/95, BStBl. II 1995, 744), Prämien für eine auf die berufliche Auswärtstätigkeit beschränkte Reisegepäckversicherung (BFH 19.2.1993 – VI R 42/92, BStBl. II 1993, 519), Parkplatzkosten (vgl. BFH 21.10.1986 – IX R 70/81, BFH/NV 1987, 241), Mehraufwendungen eines Fernfahrers für Dusche, Toilette und Reinigung der Schlafgelegenheit (BFH 28.3.2012 – VI R 48/11, BStBl. II 2012, 926) sowie Kosten für Telefonate privaten Inhalts, die nach einer mindestens einwöchigen Auswärtstätigkeit geführt werden (BFH 5.7.2012 – VI R 50/10, BStBl. II 2013, 282).

484 Reisenebenkosten, die der Steuerpflichtige als Werbungskosten geltend macht, sind durch geeignete Unterlagen **glaubhaft zu machen** (→ Rn. 250). Die Finanzverwaltung lässt aus Vereinfachungsgründen zu, dass regelmäßig wiederkehrende Reisenebenkosten über einen repräsentativen Zeitraum von drei Monaten im Einzelnen nachgewiesen und anschließend mit dem täglichen Durchschnittsbetrag angesetzt werden (BMF 24.10.2014, BStBl. I 2014, 1412 Rn. 125).

485–486 *Einstweilen frei*

6. Mehraufwendungen des Arbeitnehmers wegen doppelter Haushaltsführung (Abs. 1 S. 3 Nr. 5, Abs. 4a S. 12 und 13)

487 **a) Allgemeines.** § 9 Abs. 1 S. 3 Nr. 5 S. 1 bestimmt, dass notwendige Mehraufwendungen, die einem Arbeitnehmer wegen einer beruflich veranlassten doppelten Haushaltsführung entstehen, Werbungskosten sind. § 9 Abs. 1 S. 3 Nr. 5 S. 2 und 3 erläutern das Tatbestandsmerkmal „doppelte Haushaltsführung“. § 9 Abs. 1 S. 3 Nr. 5 S. 4 konkretisiert das Erfordernis der „Notwendigkeit“ von Mehraufwendungen im Zusammenhang mit der Unterkunft am Ort der ersten Tätigkeitsstätte. § 9 Abs. 1 S. 3 Nr. 5 S. 5 bis 8 regeln Einzelheiten betreffend die Abziehbarkeit von Kosten für Familienheimfahrten. § 9 Abs. 4a S. 12 und 13 regeln, unter welchen Voraussetzungen und in welcher Höhe Arbeitnehmer, die einen Doppelhaushalt führen, Mehraufwendungen für Verpflegung in Abzug bringen können.

488 In welchem **Verhältnis** § 9 Abs. 1 S. 3 Nr. 5 und § 9 Abs. 4a S. 12 und 13 **zum allgemeinen Werbungskostentatbestand und § 12 Nr. 1** stehen, ist umstritten. Nach einer im Schrifttum vertretenen Auffassung handelt es sich bei der in § 9 Abs. 1 S. 3 Nr. 5 S. 1 und § 9 Abs. 4a S. 12 normierten Qualifikation von Mehraufwendungen wegen doppelter Haushaltsführung als Werbungskosten lediglich um eine Konkretisierung des allgemeinen Werbungskostenbegriffs. Etwaig auftretende „Regelungslücken“ seien daher unter Heranziehung des § 9 Abs. 1 S. 1 zu schließen (HHR/*Bergkemper* § 9 Rn. 490 unter Verweis auf BFH 28.1.1983 – VI R 136/79, BStBl. II 1983, 313). Dagegen spricht, dass das **Unterhalten eines Haushalts im Ausgangspunkt eindeutig in der Privatsphäre angesiedelt** ist. Angesichts dessen erscheint es zweifelhaft, ob der Umstand, dass eine zunächst einheitliche Haushaltsführung aus beruflichem Anlass auf zwei Haushalte aufgespalten wird, den Bezug der damit verbundenen Mehraufwendungen zur privaten Lebensführung vollständig oder zumindest nahezu vollständig zu überlagern vermag. Der BFH – jedenfalls in seiner neueren Rechtsprechung – und das Bundesverfassungsgericht bestreiten dies und vertreten folgerichtig die Auffassung, dass es sich bei Mehraufwendungen wegen doppelter Haushaltsführung um **privat mitveranlasste Aufwendungen** handelt (vgl. BVerfG 26.9.1988 – 1 BvR 849/

88, HFR 1989, 682; BFH 18.3.1988 – VI R 90/84, BStBl. II 1988, 988; BFH 21.9.2000 – IV R 78/99, BStBl. II 2001, 70; → Rn. 165 ff.). § 9 Abs. 1 S. 3 Nr. 5 S. 1 und § 9 Abs. 4a S. 12 hätten daher **konstitutiven Charakter** und verdrängten in ihrem Regelungsbereich den allgemeinen Werbungskostentatbestand und § 12 Nr. 1 (vgl. BFH 2.10.1992 – VI R 11/91, BStBl. II 1993, 113; BFH 21.9.2000 – IV R 78/99, BStBl. II 2001, 70). Bei Aufwendungen, die einem Arbeitnehmer wegen einer beruflich veranlassten doppelten Haushaltsführung entstehen, scheidet ein Rückgriff auf den allgemeinen Werbungskostentatbestand nach der Rechtsprechung somit aus (vgl. BFH 2.10.1992 – VI R 11/91, BStBl. II 1993, 113; BFH 22.4.1998 – XI R 59/97, BFH/NV 1998, 1216).

Praktische Bedeutung hat dies insbesondere für Arbeitnehmer, die zwar einen Haupt- und daneben einen Zweithaushalt am Ort der ersten Tätigkeitsstätte unterhalten, deren Haupthaushalt aber nicht die Qualität eines „Hausstands" aufweist (zum Erfordernis des „Hausstands" vgl. § 9 Abs. 1 S. 3 Nr. 5 S. 2, → Rn. 491 ff.), sodass ein Abzug der durch den Zweithaushalt entstehenden Mehraufwendungen nach Maßgabe von § 9 Abs. 1 S. 3 Nr. 5 und § 9 Abs. 4a S. 12 und 13 nicht in Betracht kommt (sog. **„unechte doppelte Haushaltsführung"**). Die Qualifikation der § 9 Abs. 1 S. 3 Nr. 5 und § 9 Abs. 4a S. 12 und 13 als abschließende Spezialvorschriften führt in solchen Fällen dazu, dass die betreffenden Mehraufwendungen auch nicht unter Rückgriff auf § 9 Abs. 1 S. 1 als Werbungskosten abgezogen werden können (vgl. BFH 16.12.2004 – IV R 8/04, BStBl. II 2005, 475; kritisch HHR/*Bergkemper* § 9 Rn. 494: „Ihre Abziehbarkeit nach Abs. 1 Satz 1 gebietet das objektive Nettoprinzip"). **488.1**

Einstweilen frei **489**

b) Doppelte Haushaltsführung, berufliche Veranlassung, notwendige Mehraufwendungen (Abs. 1 S. 3 Nr. 5 S. 1–3). aa) Voraussetzungen der „doppelten Haushaltsführung". Der Zentralbegriff der „doppelten Haushaltsführung" wird in § 9 Abs. 1 S. 3 Nr. 5 S. 2 gesetzlich definiert. Danach liegt eine doppelte Haushaltsführung nur vor, wenn der Arbeitnehmer außerhalb des Ortes seiner ersten Tätigkeitsstätte einen eigenen Hausstand unterhält und auch am Ort der ersten Tätigkeitsstätte wohnt. **490**

Das Vorliegen eines **„eigenen Hausstands"** setzt nach § 9 Abs. 1 S. 3 Nr. 5 S. 3 das Innehaben einer Wohnung sowie eine finanzielle Beteiligung an den Kosten der Lebensführung voraus. **491**

Im Schrifttum wird problematisiert, ob die durch das „Gesetz zur Änderung und Vereinfachung der Unternehmensbesteuerung und des steuerlichen Reisekostenrechts" (BGBl. 2013 I 285) neu eingefügte Vorschrift des § 9 Abs. 1 S. 3 Nr. 5 S. 3 die Merkmale des Hausstandbegriffs abschließend benennt oder lediglich die bis dato durch die Rechtsprechung entwickelten Merkmale ergänzt (vgl. dazu etwa Kirchhof/*von Beckerath* § 9 Rn. 101 ff.). Denn vor dieser Gesetzesänderung qualifizierte der BFH einen Haushalt nur unter den – in § 9 Abs. 1 S. 3 Nr. 5 S. 3 *nicht* genannten – (weiteren) Voraussetzungen als „Hausstand", dass der zu beurteilende Haushalt den Mittelpunkt der Lebensinteressen des Arbeitnehmers bildet (vgl. BFH 28.3.2012 – VI R 87/10, BStBl. II 2012, 800) und der Arbeitnehmer am dortigen hauswirtschaftlichen Leben persönlich mitwirkt (vgl. BFH 17.11.1978 – VI R 93/77, BStBl. II 1979, 146; BFH 4.11.2003 – VI R 170/99, BStBl. II 2004, 16). **491.1**

Bei genauer Betrachtung entpuppt sich die Frage, ob es sich bei § 9 Abs. 1 S. 3 Nr. 5 S. 1 um eine Vorschrift mit abschließendem oder lediglich klarstellendem und ergänzendem Charakter handelt, jedoch als Scheinproblem. Dies insofern, als sich das vom BFH betonte Erfordernis, der **Mittelpunkt der Lebensinteressen** des Arbeitnehmers müsse an dem Haushalt außerhalb des Orts der ersten Tätigkeitsstätte liegen, bereits aus dem in § 9 Abs. 1 S. 3 Nr. 5 S. 1 normierten Kriterium der „beruflichen Veranlassung" der doppelten Haushaltsführung (→ Rn. 499 ff.) ergibt. Denn wenn der Mittelpunkt der Lebensinteressen des Arbeitnehmers an seinem Haushalt am Ort der ersten Tätigkeitsstätte liegt, ist die Aufteilung des häuslichen Lebens auf zwei Haushalte der privaten Lebensführung geschuldet (→ Rn. 501), sodass ein Abzug etwaiger Mehraufwendungen schon mangels der von § 9 Abs. 1 S. 3 Nr. 5 S. 1 geforderten „beruflichen Veranlassung" der doppelten Haushaltsführung ausscheidet. Auf die Auslegung des Hausstandbegriffs kommt es somit nicht an. **491.2**

Was die von der Rechtsprechung bis dato außerdem geforderte **„persönliche Mitwirkung"** des Arbeitnehmers an dem außerhalb des Orts der ersten Tätigkeitsstätte unterhaltenen Haushalt anbetrifft, ist festzustellen, dass diesem Erfordernis neben den Begriffsmerkmalen „Innehaben einer Wohnung" und „finanzielle Beteiligung an den Kosten der Lebensführung" sowie den vorstehend erläuterten Implikationen des Kriteriums der „beruflichen Veranlassung" keine praktische Bedeutung zukommt. Bei lebensnaher Betrachtung erscheint es nämlich ausgeschlossen, dass der Arbeitnehmer außerhalb des **491.3**

Orts der ersten Tätigkeitsstätte eine Wohnung innehat, in der er einen Haushalt unterhält, der den Mittelpunkt seiner Lebensinteressen bildet und an dessen Finanzierung er sich beteiligt, an dem er aber nicht persönlich mitwirkt.

492 Der **Wohnungsbegriff** ist – ebenso wie im Rahmen von § 9 Abs. 1 S. 3 Nr. 4 (→ Rn. 355) – weit auszulegen. Erfasst sind Unterkünfte jeglicher Art, die von einem Arbeitnehmer zur Übernachtung benutzt werden. Weder ist notwendig, dass die jeweiligen Räumlichkeiten die bewertungsrechtlichen Anforderungen an eine Wohnung erfüllen (BFH 14.10.2004 – VI R 82/02, BStBl. II 2005, 98) noch müssen sie eine Küche oder Kochgelegenheit darbieten (BFH 28.10.2009 – VIII R 13/09, BFH/NV 2010, 411). Das Merkmal des **„Innehabens"** ist (nur) erfüllt, wenn der Arbeitnehmer auf Grund einer gesicherten Rechtsposition die tatsächliche Gewalt über die Wohnung (mit-)ausübt. Darauf, ob die Besitzausübung auf einem eigenen Recht als Eigentümer oder Mieter beruht oder ob sie von einem Besitzrecht des Ehegatten, Lebenspartners oder Mitbewohners abgeleitet ist, kommt es nicht an (vgl. BFH 5.10.1994 – VI R 62/90, BStBl. II 1995, 180; BFH 12.9.2000 – VI R 165/97, BStBl. II 2001, 29; siehe auch BMF 24.10.2014, BStBl. I 2014, 1412 Rn. 100).

493 Unter **„Kosten der Lebensführung"** iSv § 9 Abs. 1 S. 3 Nr. 5 S. 3 sind nach Auffassung der Finanzverwaltung die „laufenden Kosten der Haushaltsführung" zu verstehen, zB Miete, Mietnebenkosten, Kosten für Lebensmittel und andere Dinge des täglichen Bedarfs (BMF 24.10.2014, BStBl. I 2014, 1412 Rn. 100). Das Erfordernis der **„finanziellen Beteiligung"** soll erst bei Überschreiten einer Bagatellgrenze erfüllt sein. Demnach müssen die Barleistungen des Arbeitnehmers mehr als 10 Prozent der monatlich anfallenden laufenden Kosten der Haushaltsführung ausmachen (BMF 24.10.2014, BStBl. I 2014, 1412 Rn. 100). Laut Gesetzesbegründung soll das Erfordernis der finanziellen Beteiligung an den Kosten der Lebensführung gewährleisten, dass eine dem Arbeitnehmer unentgeltlich zur Nutzung überlassene Wohnung, welche sich im Haus der Eltern befindet, nicht als „Hausstand" qualifiziert wird (vgl. BT-Drs. 17/10774, 13). Allerdings erscheint es – in Widerspruch zur Intention des Gesetzgebers – durchaus denkbar, dass der Arbeitnehmer zwar keine Miete und auch keine Mietnebenkosten entrichtet, jedoch in erheblichem Umfang zur Deckung der sonstigen laufenden Kosten der Haushaltsführung beiträgt und sich damit iSv § 9 Abs. 1 S. 3 Nr. 5 S. 3 „an den Kosten der Lebensführung finanziell beteiligt" (ebenso Kirchhof/*von Beckerath* § 9 Rn. 109 mwN).

494 Einen **„eigenen"** Hausstand begründen das Innehaben einer Wohnung und die finanzielle Beteiligung an den Kosten der Lebensführung nur, wenn der Arbeitnehmer die Haushaltsführung zumindest mitbestimmt, er also nicht lediglich in einen fremden Haushalt – etwa dem seiner Eltern oder eines Gastgebers – eingegliedert ist (vgl. BFH 21.4.2010 – VI R 26/09, BStBl. II 2012, 618). Der Umstand, dass der Arbeitnehmer in einer Wohngemeinschaft mit seinen Eltern lebt (Mehrgenerationenhaushalt), schließt die Qualifikation des betreffenden Hausstands als „eigener" des Arbeitnehmers nicht aus. Vielmehr kann sich der „kleinfamilientypische" Haushalt der Eltern zu einem gemeinsamen und mitbestimmten Mehrgenerationenhaushalt oder gar zu einem Haushalt des erwachsenen Kindes wandeln, in den die Eltern zB wegen Krankheit oder Pflegebedürftigkeit aufgenommen sind (BFH 26.7.2012 – VI R 10/12, BStBl. II 2013, 208). Allerdings ist ein junger Arbeitnehmer, der nach Schulabschluss gerade eine Ausbildung begonnen hat, nach Auffassung der Rechtsprechung regelmäßig (noch) in den Haushalt seiner Eltern eingegliedert, sofern er in deren Haus wohnt; dies soll selbst dann gelten, wenn der junge Arbeitnehmer dort eigene Räume zur Verfügung hat und sich an den Kosten der Lebensführung beteiligt (vgl. BFH 28.3.2012 – VI R 87/10, BStBl. II 2012, 800; BFH 26.7.2012 – VI R 10/12, BStBl. II 2013, 208).

495 Gemäß § 9 Abs. 1 S. 3 Nr. 5 S. 2 muss der Arbeitnehmer den eigenen Hausstand **„außerhalb des Ortes seiner ersten Tätigkeitsstätte"** (zum Begriff „erste Tätigkeitsstätte" vgl. § 9 Abs. 4, → Rn. 625 ff.) unterhalten. Dies bedeutet, dass sich der als „eigener Hausstand" zu qualifizierende Haupthaushalt des Arbeitnehmers grundsätzlich in einer anderen politischen Gemeinde befinden muss als die erste Tätigkeitsstätte (vgl. Kirchhof/*von Beckerath* § 9 Rn. 111). Von diesem Erfordernis dispensiert die Rechtsprechung den Arbeitnehmer indes in (Extrem-)Fällen, in denen der Haupthaushalt und die erste Tätigkeitsstätte trotz ihrer Zugehörigkeit zu derselben politischen (Großstadt-)Gemeinde so weit auseinander liegen, dass tägliches Pendeln nicht zumutbar erscheint (vgl. FG Berlin 29.7.1985 – VIII 221/84,

EFG 1986, 286; FG Hamburg 26.2.2014 – 1 K 234/12, EFG 2014, 1185). Ferner kann eine doppelte Haushaltsführung auch dann vorliegen, wenn der Arbeitnehmer neben seiner Beschäftigung außerhalb des Ortes seines Haupthaushalts einer weiteren Beschäftigung am Ort des Haupthaushalts nachgeht. Nicht erforderlich ist also, dass der Arbeitnehmer ausschließlich außerhalb des Ortes seines Haupthaushalts beschäftigt ist (vgl. BFH 24.5.2007 – VI R 47/03, BStBl. II 2007, 609).

Schließlich setzt eine doppelte Haushaltsführung iSv § 9 Abs. 1 S. 3 Nr. 5 voraus, dass der 496 Arbeitnehmer **„auch am Ort der ersten Tätigkeitsstätte wohnt"** (§ 9 Abs. 1 S. 3 Nr. 5 S. 2 aE). Der Arbeitnehmer muss also am Ort der ersten Tätigkeitsstätte eine weitere Wohnung innehaben, in der ein zusätzlicher Haushalt begründet ist. Dh er muss die tatsächliche Gewalt über weitere Räumlichkeiten (mit-)ausüben, in denen sich ein Teil seines hauswirtschaftlichen Lebens vollzieht. Notwendig, aber auch ausreichend ist, dass der Arbeitnehmer eine feste Unterkunft zur jederzeitigen Verfügung hat, in der er übernachten und Mahlzeiten einnehmen kann (vgl. BFH 9.6.1988 – VI R 85/85, BStBl. II 1988, 990). Es ist nicht erforderlich, dass der Arbeitnehmer die Mehrzahl der Wochentage in der betreffenden Wohnung anwesend ist und dort übernachtet (vgl. BFH 2.10.1992 – VI R 11/91, BStBl. II 1993, 113). Auch muss der Zweithaushalt nicht die Qualität eines Hausstands (zum Begriff → Rn. 491 ff.) aufweisen. „Am Ort der ersten Tätigkeitsstätte" befindet sich der Zweithaushalt, wenn der Arbeitnehmer von der betreffenden Wohnung aus ungeachtet von Gemeinde- oder Landesgrenzen seine erste Tätigkeitsstätte täglich aufsuchen kann (BFH 19.4.2012 – VI R 59/11, BStBl. II 2012, 833). Der Zweithaushalt muss also nicht in derselben politischen Gemeinde liegen wie die erste Tätigkeitsstätte. Vielmehr genügt es, wenn dieser sich im Einzugsgebiet des Beschäftigungsorts befindet (vgl. BFH 9.11.1971 – VI R 96/70, BStBl. II 1972, 134).

Einstweilen frei 497–498

bb) Begriff der „beruflichen Veranlassung". Mehraufwendungen, die einem Arbeit- 499 nehmer wegen einer doppelten Haushaltsführung entstehen, können gemäß § 9 Abs. 1 S. 3 Nr. 5 S. 1 nur unter der Voraussetzung als Werbungskosten abgezogen werden, dass die Aufteilung des hauswirtschaftlichen Lebens auf zwei Haushalte „beruflich veranlasst" ist. Dies ist namentlich dann der Fall, **wenn der Zweithaushalt am Ort der ersten Tätigkeitsstätte begründet wurde, um von dort aus die Tätigkeitsstätte „schnell und unmittelbar" erreichen zu können** (BFH 5.3.2009 – VI R 23/07, BStBl. II 2009, 1016; vgl. auch BFH 19.4.2012 – VI R 59/11, BStBl. II 2012, 833; siehe ferner LStR 9.11 Abs. 2). Die Finanzverwaltung unterstellt eine entsprechende Motivation des Arbeitnehmers, wenn der Weg vom Zweithaushalt zur ersten Tätigkeitsstätte weniger als die Hälfte der kürzesten Straßenverbindung zwischen dem Haupthaushalt und der ersten Tätigkeitsstätte beträgt (vgl. BMF 24.10.2014, BStBl. I 2014, 1412 Rn. 101).

Nicht erforderlich ist, dass der Arbeitnehmer die Wohnung, in der er den Zweithaushalt 500 begründet, aus beruflichem Anlass bezieht. Bedeutung hat dies in erster Linie für die sog. **„Wegverlagerungsfälle".** Gemeint sind Fälle, in denen der Arbeitnehmer seinen Haupthaushalt vom Ort der ersten Tätigkeitsstätte wegverlegt, aber die jeweilige Wohnung beibehält und in einen Zweithaushalt umwidmet, von dem aus er seinen Arbeitsplatz in zumutbarer Weise aufsuchen kann. Hier hat der Arbeitnehmer zwar nicht die Wohnung am Ort der ersten Tätigkeitsstätte, wohl aber den dort unterhaltenen Zweithaushalt aus beruflichem Anlass begründet. Letzteres ist für notwendige, aber auch hinreichende Bedingung der „beruflichen Veranlassung" iSd § 9 Abs. 1 S. 3 Nr. 5 S. 1 (vgl. BFH 5.3.2009 – VI R 58/06, BStBl. II 2009, 1012; BFH 5.3.2009 – VI R 23/07, BStBl. II 2009, 1016; BFH 8.10.2014 – VI R 7/13, BStBl. II 2015, 336).

Die **berufliche Veranlassung der doppelten Haushaltsführung endet,** wenn und 501 sobald sich der Mittelpunkt der Lebensinteressen des Arbeitnehmers an den Ort der ersten Tätigkeitsstätte verlagert. Liegt der Lebensmittelpunkt des Arbeitnehmers am Ort der ersten Tätigkeitsstätte, so ist die Aufteilung des hauswirtschaftlichen Lebens auf zwei Haushalte nicht beruflich, sondern privat veranlasst. Ob die außerhalb des Beschäftigungsorts gelegene Wohnung des Arbeitnehmers den Mittelpunkt seiner Lebensinteressen bildet, ist anhand einer Gesamtwürdigung aller Umstände des Einzelfalls festzustellen (vgl. BFH 9.8.2007 – VI R 10/06, BStBl. II 2007, 820). Indizien können die Häufigkeit und Dauer der Aufenthalte sowie die Größe und Ausstattung der jeweiligen Wohnungen sein. Von besonderer Bedeutung ist, zu welchem Wohnort die **engeren persönlichen Beziehungen** bestehen (vgl. BFH 21.4.2010 – VI R 26/09, BStBl. II 2012, 618; BFH 16.1.2013 – VI R 46/12, BStBl. II 2013, 627). Bei verheirateten Arbeitnehmern ist der Lebensmittelpunkt daher regelmäßig der Aufenthalts- und Wohnort der Familie (vgl. BFH 10.11.1978 – VI R 21/76, BStBl. II 1979, 219) bzw. der Ort, an dem sich die Eheleute gemeinsam überwiegend aufhalten (vgl. BFH 7.5.2015 – VI R 71/17, BFH/NV 2015, 1240). Dies gilt jedenfalls solange, wie die eheliche Gemeinschaft nicht aufgehoben ist (vgl. BFH 25.3.1993 – VI R 148/88, BFH/NV 1993, 538). Bei ledigen Arbeitnehmern liegt der Mittelpunkt der Lebensinteressen grundsätzlich nur dann am Haushalt außerhalb des Ort der ersten Tätigkeitsstätte, wenn er sich dort im Wesentlichen nur unterbrochen durch die arbeitsbedingte Abwesenheit und etwaige Urlaubsfahrten aufhält (vgl. BFH 9.8.2007 – VI R 10/06, BStBl. II 2007, 820).

502–503 *Einstweilen frei*

504 **cc) Bemessung der „notwendigen Mehraufwendungen".** Abziehbar sind gemäß § 9 Abs. 1 S. 3 Nr. 5 S. 1 nur die „notwendigen Mehraufwendungen". Mehraufwendungen iSd Vorschrift sind diejenigen Vermögensminderungen, die infolge der Begründung und Unterhaltung des Zweithaushalts zusätzlich anfallen (vgl. BFH 10.2.1983 – VI R 51/79, BStBl. II 1983, 515). Gemäß LStR 9.11 Abs. 5 S. 1 kommen im Einzelnen **Fahrtkosten, Verpflegungsmehraufwendungen, Aufwendungen für die Zweitwohnung am Ort der ersten Tätigkeitsstätte** sowie **Umzugskosten** in Betracht.

505 Durch das Merkmal **„notwendig"** wird der Werbungskostenabzug auf das nach objektiven Maßstäben zur Zweckverfolgung Erforderliche begrenzt. In der Sache geht es um die Beschränkung auf den „angemessenen Bedarf" (BFH 9.8.2007 – VI R 10/06, BStBl. II 2007, 820). Für bestimmte Arten von Mehraufwendungen hat dieser Angemessenheitsvorbehalt eine ausdrückliche gesetzliche Konkretisierung erfahren; dies namentlich für Unterkunftskosten (vgl. § 9 Abs. 1 S. 3 Nr. 5 S. 4, → Rn. 507 ff.), für Familienheimfahrten (vgl. § 9 Abs. 1 S. 3 Nr. 5 S. 5 bis 8, → Rn. 513 ff.) und für Verpflegungsmehraufwendungen (vgl. § 9 Abs. 4a S. 12 und 13, → Rn. 527 ff.).

506 *Einstweilen frei*

507 **c) Kosten der Unterkunft (Abs. 1 S. 3 Nr. 5 S. 4).** § 9 Abs. 1 S. 3 Nr. 5 S. 4 konkretisiert den Begriff der „notwendigen Mehraufwendungen" hinsichtlich der Kosten der Unterbringung am Ort der ersten Tätigkeitsstätte.

508 Gemäß dieser Vorschrift können **bei doppelter Haushaltsführung im Inland** die tatsächlichen Aufwendungen für die Nutzung der Unterkunft am Ort der ersten Tätigkeitsstätte angesetzt werden, höchstens jedoch 1.000 EUR im Monat. Der Höchstbetrag ist ein Monatsbetrag, der nicht auf einen Kalendertag umzurechnen ist und grundsätzlich für jede doppelte Haushaltsführung des Arbeitnehmers gesondert gilt (BMF 24.10.2014, BStBl. I 2014, 1412 Rn. 106). Laut Gesetzesbegründung zählen zu den Unterkunftsnutzungskosten alle „für die Unterkunft oder Wohnung entstehenden Aufwendungen: z. B. Miete inklusive Betriebskosten, Miet- oder Pachtgebühren für Kfz-Stellplätze, auch in Tiefgaragen, Aufwendungen für Sondernutzungen (wie Garten etc.)", sofern sie vom Arbeitnehmer selbst getragen werden (BT-Drs. 17/10774, 13). Nach Auffassung der Finanzverwaltung unterfallen zudem Kosten der laufenden Reinigung und Pflege der Zweitwohnung, AfA für notwendige Einrichtungsgegenstände, Zweitwohnungsteuer und Rundfunkbeitrag der Deckelung durch den Höchstbetrag (BMF 24.10.2014, BStBl. I 2014, 1412 Rn. 104). Maklerkosten, die im Zusammenhang mit der Anmietung der Zweitunterkunft anfallen, seien dagegen nicht in die 1.000 EUR-Grenze einzubeziehen (BMF 24.10.2014, BStBl. I 2014, 1412 Rn. 104: Keine „Unterkunftsnutzungskosten", sondern „sonstige Mehraufwendungen", → Rn. 535). Bei einer im Eigentum des Arbeitnehmers stehenden Wohnung zählen anstelle der Miete Schuldzinsen, Gebäude-AfA und Reparaturaufwendungen zu den Unterkunftsnutzungskosten. Etwaige Erstattungen – zB für Nebenkosten – mindern die Unterkunftsnutzungskosten des Arbeitnehmers im Monat ihres Zuflusses (BMF 24.10.2014, BStBl. I 2014, 1412 Rn. 105).

509 Beziehen mehrere berufstätige Arbeitnehmer (zB beiderseits berufstätige Ehegatten, Lebenspartner, Lebensgefährten, Mitglieder einer Wohngemeinschaft) am gemeinsamen Beschäftigungsort eine **gemeinsame Zweitwohnung,** kann jeder Arbeitnehmer den Höchstbetrag hinsichtlich der von ihm tatsächlich getragenen Aufwendungen in vollem

Umfang für sich beanspruchen (BMF 24.10.2014, BStBl. I 2014, 1412 Rn. 106). Soweit der Höchstbetrag nicht ausgeschöpft wird, kommt eine Übertragung des verbleibenden Teilbetrags in andere Monate des Bestehens der doppelten Haushaltsführung nicht in Betracht. Aufwendungen für ein **häusliches Arbeitszimmer in der Zweitwohnung** am Ort der ersten Tätigkeitsstätte sind keine Unterkunftskosten iSv § 9 Abs. 1 S. 3 Nr. 5 S. 4. Ihre Abziehbarkeit als Werbungskosten richtet sich nach § 9 Abs. 5 iVm 4 Abs. 5 S. 1 Nr. 6b (vgl. BMF 24.10.2014, BStBl. I 2014, 1412 Rn. 105; → Rn. 653).

Befindet sich die am Ort der ersten Tätigkeitsstätte gelegene Wohnung im Ausland, so sind die Unterkunftsnutzungskosten abziehbar, soweit sie notwendig und angemessen sind (vgl. LStR 9.2 Abs. 8 S. 2). Eine starre betragsmäßige Begrenzung wie in den Fällen der inländischen doppelten Haushaltsführung besteht nicht. Mietaufwendungen sind als angemessen zu bewerten, soweit sie den Durchschnittsmietzins für eine nach Größe, Lage und Ausstattung am Tätigkeitsort durchschnittliche Wohnung nicht übersteigen (vgl. BT-Drs. 17/10774, 13; BMF 24.10.2014, BStBl. I 2014, 1412 Rn. 107). Steht die ausländische Zweitwohnung im Eigentum des Arbeitnehmers, so sind die durch sie verursachten Aufwendungen in der Höhe als notwendig anzusehen, in der sie der Arbeitnehmer als Mieter für eine nach Größe, Ausstattung und Lage angemessene Wohnung tragen müsste (LStR 9.2 Abs. 8 S. 3). 510

Einstweilen frei 511–512

d) Aufwendungen für Familienheimfahrten (Abs. 1 S. 3 Nr. 5 S. 5–8, Abs. 2) und sonstige Wegeaufwendungen. Gemäß **§ 9 Abs. 1 S. 3 Nr. 5 S. 5** können Aufwendungen für die Wege vom Ort der ersten Tätigkeitsstätte zum Ort des eigenen Hausstands und zurück (**Familienheimfahrt**) jeweils nur für eine Familienheimfahrt wöchentlich abgezogen werden. Der Gesetzgeber konkretisiert in Gestalt dieser quantitativen Abzugsbeschränkung den Begriff der „Notwendigkeit" von Mehraufwendungen für bestimmte, durch eine doppelte Haushaltsführung verursachte Wegeaufwendungen (vgl. BFH 16.3.1979 – VI R 126/78, BStBl. II 1979, 473). 513

Die in § 9 Abs. 1 S. 3 Nr. 5 S. 5 angeordnete **wochenweise Betrachtung** schließt eine durchschnittsbezogene Zuordnung der Familienheimfahrten aus (vgl. FG Saarland 28.2.1992 – 1 K 397/91, EFG 1992, 595). Unternimmt der Arbeitnehmer in derselben Kalenderwoche zwei Familienheimfahrten, kann er also auch dann nur für eine der beiden Fahrten Wegeaufwendungen in Ansatz bringen, wenn er in der darauffolgenden Woche gar keine Familienheimfahrt unternimmt. 514

Wegeaufwendungen für die **Besuchsreise des Ehepartners** können – unter **Rückgriff auf § 9 Abs. 1 S. 1** – nur in eng umgrenzten Ausnahmefällen wie Wegeaufwendungen des Arbeitnehmers für eine Familienheimfahrt berücksichtigt werden. Voraussetzung ist, dass der Arbeitnehmer aus **beruflichen Gründen** an einer Familienheimfahrt gehindert war und die Besuchsreise an deren Stelle getreten ist (vgl. BFH 21.8.1974 – VI R 201/72, BStBl. II 1975, 64; BFH 28.1.1983 – VI R 136/79, BStBl. II 1983, 313). Zum Ersatzcharakter der Besuchsfahrt müssen nach der jüngeren BFH-Rechtsprechung jedoch weitere Umstände hinzutreten, die die privaten Veranlassungsbeiträge des Besuchs in den Hintergrund treten lassen (vgl. BFH 22.10.2015 – VI R 22/14, BStBl. II 2016, 210). Um welche Umstände es sich hierbei handelt, hat der BFH bislang offen gelassen. Unterlässt der Arbeitnehmer eine Familienheimfahrt aus **privaten Gründen,** so können die anlässlich der Besuchsreise des Ehepartners entstandenen Wegeaufwendungen in keinem Falle als Werbungskosten abgezogen werden (vgl. BFH 2.2.2011 – VI R 15/10, BStBl. II 2011, 456). 515

Keine Familienheimfahrt und auch nicht wie eine solche zu behandeln sind die **erste Fahrt zum Ort der ersten Tätigkeitsstätte** zwecks Begründung des Zweithaushalts und die **letzte Fahrt vom Ort der ersten Tätigkeitsstätte zum Ort des eigenen Hausstands.** Wegeaufwendungen, die im Zusammenhang mit diesen Fahrten entstehen, fallen in den Anwendungsbereich des § 9 Abs. 1 S. 3 Nr. 4a (→ Rn. 410 ff.). 516

Nach **§ 9 Abs. 1 S. 3 Nr. 5 S. 6** ist zur Abgeltung der Aufwendungen für eine Familienheimfahrt eine **Entfernungspauschale** von 0,30 EUR für jeden vollen Kilometer der Entfernung zwischen dem Ort des eigenen Hausstands und dem Ort der ersten Tätigkeitsstätte anzusetzen. Die Kosten für Familienheimfahrten werden somit – ebenso wie Aufwendungen des Arbeitnehmers für die Wege zwischen Wohnung und erster Tätigkeitsstätte (→ 517

Rn. 368) – **verkehrsmittelunabhängig** pauschaliert. Allerdings unterliegen die Wegeaufwendungen iSv § 9 Abs. 1 S. 3 Nr. 5 S. 5 im Unterschied zu jenen iSv § 9 Abs. 1 S. 3 Nr. 4 S. 1 **keiner Höchstbetrags-Deckelung** (§ 9 Abs. 1 S. 3 Nr. 5 S. 7 verweist nicht auf § 9 Abs. 1 S. 3 Nr. 4 S. 2). Entstehen dem Arbeitnehmer in Wirklichkeit keine Aufwendungen (etwa weil er eine kostenlose Mitfahrgelegenheit nutzt), so werden sie für die Zwecke des § 9 Abs. 1 S. 3 Nr. 5 fingiert. Das Gesetz unterstellt die Entstehung entsprechender Kosten (vgl. BFH 18.4.2013 – VI R 29/12, BStBl. II 2013, 735). Anders liegen die Dinge, wenn dem Arbeitnehmer deshalb keine Wegeaufwendungen entstehen, weil er die Familienheimfahrt mit einem ihm vom Arbeitgeber überlassenen Dienstwagen zurücklegt. Gemäß § 9 Abs. 1 S. 3 Nr. 5 S. 8 scheidet ein Abzug der Wegeaufwendungen als Werbungskosten in derartigen Fällen aus (→ Rn. 520).

517a Abweichend von § 9 Abs. 1 S. 3 Nr. 5 S. 6 sieht der durch das KlimaSG v. 21.12.2019 (BGBl. 2019 I 2886) mit Wirkung zum 1.1.2021 angefügte **§ 9 Abs. 1 S. 3 Nr. 5 S. 9** eine **Anhebung der Entfernungspauschale ab dem 21. Entfernungskilometer** auf 0,35 EUR für die Veranlagungszeiträume 2021 bis 2023 sowie auf 0,38 EUR für die Veranlagungszeiträume 2024 bis 2026 vor. Der mit Wirkung zum Veranlagungszeitraum 2021 in Kraft tretenden Regelung liegt ein sozialpolitischer Förderungszweck zugrunde. Sie soll Arbeitnehmer, die aus beruflicher Veranlassung einen doppelten Haushalt führen, mit Blick auf die wöchentliche Familienheimfahrt von der durch die CO2-Bepreisung bedingten Erhöhung der Kraftstoffpreise vorübergehend entlasten (vgl. BT-Drs 19/14338, 25). Um den Umstieg auf klimafreundliche Verkehrsmittel nicht zu konterkarieren, gilt die Anhebung der Entfernungspauschale ab dem 21. Entfernungskilometer auch für diejenigen Arbeitnehmer, die die wöchentliche Familienheimfahrt mit einem anderen Verkehrsmittel als einem PKW mit Verbrennungsmotor zurücklegen.

518 Unternimmt der Arbeitnehmer im Rahmen einer Familienheimfahrt **aus beruflichem Anlass einen Umweg,** so können für die *gesamte* Strecke die tatsächlichen Aufwendungen oder die pauschalen Kilometersätze nach § 9 Abs. 1 S. 3 Nr. 4a S. 2 angesetzt werden (→ Rn. 412), wenn die dienstliche Obliegenheit im Vordergrund stand und damit für die Fahrt maßgebend war (vgl. BFH 12.10.1990 – VI R 165/87, BStBl. II 1991, 134). Andernfalls sind nur die Fahrtkosten für den Umweg nach Maßgabe des § 9 Abs. 1 S. 3 Nr. 4a in Abzug zu bringen, die Aufwendungen für die restliche Strecke hingegen nach § 9 Abs. 1 S. 3 Nr. 5 S. 5d–8.

519 Gemäß **§ 9 Abs. 1 S. 3 Nr. 5 S. 7** sind die Bestimmungen des § 9 Abs. 1 S. 3 Nr. 4 S. 3 bis 5 auf Familienfahrten im Rahmen einer doppelten Haushaltsführung entsprechend anzuwenden. Soweit Familienheimfahrten **mit dem Flugzeug** oder **im Wege der steuerfreien Sammelbeförderung nach § 3 Nr. 32** durchgeführt werden, sind daher anstelle der Entfernungspauschale die tatsächlichen Wegekosten anzusetzen (vgl. § 9 Abs. 1 S. 3 Nr. 4 S. 3, → Rn. 407). Durch den Verweis auf § 9 Abs. 1 S. 3 Nr. 4 S. 4 stellt der Gesetzgeber klar, dass bei der Berechnung der anzusetzenden Entfernungspauschale auch im Falle von Familienheimfahrten grundsätzlich die **kürzeste Straßenverbindung** maßgeblich ist. Alternativ kann die offensichtlich verkehrsgünstigere Straßenverbindung zugrunde gelegt werden, sofern eine solche existiert und vom Arbeitnehmer auch tatsächlich regelmäßig benutzt wird (→ Rn. 372). Gemäß § 9 Abs. 1 S. 3 Nr. 5 S. 7 iVm § 9 Abs. 1 S. 3 Nr. 4 S. 5 sind **steuerfreie Arbeitgeber-Leistungen iSv § 8 Abs. 3** (zB Beförderungsleistungen, die ein Arbeitgeber-Verkehrsunternehmen seinem Arbeitnehmer unentgeltlich oder vergünstigt gewährt) auf die Entfernungspauschale für Familienheimfahrten anzurechnen (→ Rn. 381 ff.).

520 Gemäß **§ 9 Abs. 1 S. 3 Nr. 5 S. 8** kann der Arbeitnehmer für Familienheimfahrten, die er mit einem ihm **vom Arbeitgeber überlassenen Kraftfahrzeug** bewältigt, keine Wegeaufwendungen in Abzug bringen. Die Regelung steht in Zusammenhang mit der Vorschrift des § 8 Abs. 2 S. 5 Hs. 2, welche anordnet, dass der in der Überlassung des Kraftfahrzeugs für eine Familienheimfahrt liegende Sachbezug nicht der Besteuerung unterliegt, wenn für die betreffende Fahrt ein Werbungskostenabzug nach § 9 Abs. 1 S. 3 Nr. 5 S. 5 und 6 in Betracht käme. § 8 Abs. 2 S. 5 Hs. 2 und § 9 Abs. 1 S. 3 Nr. 5 S. 8 korrespondieren dergestalt, dass zwar einerseits eine dem Grunde nach gebotene Besteuerung des Nutzungsvorteils unterbleibt, dafür aber andererseits ein dem Grunde nach eröffneter Werbungskostenabzug untersagt wird (vgl. BFH 28.2.2013 – VI R 33/11, BStBl. II 2013, 629: § 9 Abs. 1 S. 3 Nr. 5 S. 8 begrenzt den Werbungskostenabzug, „soweit der Steuerpflichtige für seine

Familienheimfahrten einen vom Arbeitgeber überlassenen Dienstwagen nutzt und ihm deshalb keine Aufwendungen entstanden waren"). Diesem Korrespondenzverhältnis entspricht, dass der in der Dienstwagenüberlassung liegende Lohnzufluss dann als Einnahme zu versteuern ist, wenn der Werbungskostenabzug schon dem Grunde nach nicht eröffnet ist, etwa weil es sich bereits um die zweite Familienheimfahrt innerhalb derselben Woche handelt.

Gemäß **§ 9 Abs. 2 S. 1** sind durch die Entfernungspauschale nach § 9 Abs. 1 S. 3 Nr. 5 S. 5 bis 8 (ab 1.1.2021: § 9 Abs. 1 S. 3 Nr. 5 S. 5 bis 9) sämtliche Aufwendungen **abgegolten,** die durch Familienheimfahrten veranlasst sind (→ Rn. 389 f.). Abweichend hiervon können **Aufwendungen für die Benutzung öffentlicher Verkehrsmittel** gemäß § 9 Abs. 2 S. 2 in tatsächlicher Höhe angesetzt werden, wenn sie den im Kalenderjahr insgesamt als Entfernungspauschale abziehbaren Betrag übersteigen (→ Rn. 390 ff.). **Menschen mit Behinderung** können unter bestimmten Voraussetzungen auch dann die tatsächlichen Wegeaufwendungen in Abzug bringen, wenn sie ihre Familienheimfahrten mit nichtöffentlichen Verkehrsmitteln bewältigt haben, **§ 9 Abs. 2 S. 3 und 4** (→ Rn. 394 ff.). 521

Bei einer doppelten Haushaltsführung kann der Arbeitnehmer neben den Aufwendungen für eine Familienheimfahrt pro Woche auch **Aufwendungen für die Wege zwischen der Wohnung am Ort der ersten Tätigkeitsstätte und der ersten Tätigkeitsstätte** als Werbungskosten geltend machen. Letztere sind nach Maßgabe von § 9 Abs. 1 S. 3 Nr. 4 in Abzug zu bringen. 522

Pendelt der Arbeitnehmer mehr als einmal wöchentlich zwischen dem Ort der ersten Tätigkeitsstätte und dem Ort des eigenen Hausstands, so besteht für ihn unter den Voraussetzungen des § 9 Abs. 1 S. 3 Nr. 4 S. 6 die Möglichkeit, die Aufwendungen für sämtliche Wege zwischen dem eigenen Hausstand und der ersten Tätigkeitsstätte sowie zwischen der Wohnung am Beschäftigungsort und der ersten Tätigkeitsstätte nach Maßgabe von § 9 Abs. 1 S. 3 Nr. 4 als Werbungskosten in Abzug zu bringen. Macht der Arbeitnehmer von dieser Möglichkeit Gebrauch, so ist er hinsichtlich Mehraufwendungen, die wegen der doppelten Haushaltsführung entstehen (insbesondere Umzugskosten, Aufwendungen für die Nutzung der Unterkunft am Ort der ersten Tätigkeitsstätte, Familienheimfahrten, Verpflegungsmehraufwendungen) nicht zum Werbungskostenabzug berechtigt. Insoweit besteht ein **Wahlrecht zwischen § 9 Abs. 1 S. 3 Nr. 4 und § 9 Abs. 1 S. 3 Nr. 5** (vgl. BFH 9.6.1988 – VI R 85/85, BStBl. II 1988, 990), das der Arbeitnehmer in Bezug auf dieselbe doppelte Haushaltsführung für jedes Kalenderjahr nur einmal ausüben kann (vgl. LStR 9.11 Abs. 5 S. 2 und 3). Das Wahlrecht mindert tendenziell Härten bei solchen Arbeitnehmern, die am Ort der ersten Tätigkeitsstätte keine oder nur geringe Unterkunftskosten haben und wöchentlich mehrere Heimfahrten unternehmen. Zu berücksichtigen ist allerdings, dass die Finanzverwaltung in Fällen, in denen der Arbeitnehmer von seinem Wahlrecht zugunsten von § 9 Abs. 1 S. 3 Nr. 4 Gebrauch macht, weil der Arbeitgeber ihm die Zweitwohnung am Ort der ersten Tätigkeitsstätte unentgeltlich oder verbilligt zur Verfügung stellt, die insgesamt abziehbaren Wegeaufwendungen um den Wert dieses Sachbezugs kürzt (vgl. LStR 9.11 Abs. 5 S. 3). 523

Einstweilen frei 524–526

e) Mehraufwendungen für Verpflegung (Abs. 4a S. 12 und 13). Gemäß **§ 9 Abs. 4a S. 12** gelten die Verpflegungspauschalen nach § 9 Abs. 4a S. 3 und 5, die Drei-Monate-Frist nach § 9 Abs. 4a S. 6 und 7 sowie die Kürzungsregelungen nach § 9 Abs. 4a S. 8 bis 10 auch für den Abzug von Verpflegungsmehraufwendungen, die bei einer beruflich veranlassten doppelten Haushaltsführung entstehen. 527

Für den Fall, dass es sich um eine **inländische doppelte Haushaltsführung** handelt, gilt nach § 9 Abs. 4a S. 3 eine Pauschale iHv 28 EUR bei einer Abwesenheit von 24 Stunden und eine Pauschale iHv 14 EUR bei einer Abwesenheit von mehr als 8 Stunden. Maßgebend ist die beruflich veranlasste Abwesenheit vom eigenen Hausstand (vgl. § 9 Abs. 4a S. 12 Hs. 1 aE). Im Rahmen einer doppelten Haushaltsführung, bei der sich der Ort der ersten Tätigkeitsstätte iSv § 9 Abs. 1 S. 3 Nr. 5 S. 2 **im Ausland** befindet, gelten die in § 9 Abs. 4a S. 5 bezeichneten, länderweise differierenden Pauschbeträge (→ Rn. 459 f.). Der Abzug der Verpflegungspauschalen ist dabei generell unabhängig von der tatsächlich vorgefundenen Verpflegungssituation (BFH 8.7.2010 – VI R 15/09, BStBl. II 2011, 47) und selbst dann vorzunehmen, wenn der Arbeitnehmer seinen Haupthausstand vom Beschäftigungsort wegverlagert und seine bisherige Wohnung an diesem Ort in einen Zweithaushalt umwidmet 528

(BFH 8.10.2014 – VI R 7/13, BStBl. II 2015, 336). Ist der Arbeitnehmer gleichzeitig nach § 9 Abs. 4a S. 12 Hs. 1 und nach § 9 Abs. 4a S. 2 bzw. S. 4 Hs. 1 zum Abzug von Verpflegungsmehraufwendungen berechtigt, so kann er gemäß § 9 Abs. 4 S. 12 Hs. 2 für jeden Kalendertag nur den jeweils höchsten in Betracht kommenden Pauschbetrag ansetzen (keine kumulative Geltendmachung).

529 Aufgrund des Verweises auf § 9 Abs. 4a S. 6 ist der Abzug der Verpflegungspauschalen auf die ersten drei Monate derselben doppelten Haushaltsführung beschränkt (zur Verfassungsmäßigkeit dieser Regelung vgl. BFH 8.7.2010 – VI R 10/08, BStBl. II 2011, 32). Gemäß **§ 9 Abs. 4a S. 13** wird die Dauer einer Tätigkeit nach § 9 Abs. 4a S. 2 (auswärtige Tätigkeit) an dem Ort, der später zum Ort der ersten Tätigkeitsstätte wird und an dem der Arbeitnehmer aus beruflichem Anlass einen Zweithaushalt iSv § 9 Abs. 1 S. 3 Nr. 5 S. 1 und 2 begründet, auf die Drei-Monate-Frist angerechnet, wenn die auswärtige berufliche Tätigkeit der doppelten Haushaltsführung unmittelbar vorangegangen ist.

530 Wird die beruflich veranlasste doppelte Haushaltsführung zwischenzeitlich beendet und später wieder neu begründet, so wird auch die Drei-Monate-Frist neu in Gang gesetzt. Dies gilt selbst dann, wenn der Arbeitnehmer den Zweithaushalt in derselben Wohnung begründet wie zuvor (vgl. BFH 8.7.2010 – VI R 15/09, BStBl. II 2011, 47). Dass der **Neubeginn der Frist** unter dem Vorbehalt steht, dass zwischen Aufgabe und Wiederbegründung des Zweithaushalts am Ort (derselben) ersten Tätigkeitsstätte ein bestimmter Mindest-Zeitraum liegt, lässt sich dem Gesetz nicht entnehmen. Infolge des Verweises auf § 9 Abs. 4a S. 7 steht lediglich fest, dass eine Unterbrechung der *beruflichen Tätigkeit* an dem Ort, an dem die doppelte Haushaltsführung begründet wurde, nur dann zu einem Neubeginn der Drei-Monate-Frist führt, wenn sie mindestens vier Wochen dauert. Für eine analoge Anwendung des § 9 Abs. 4a S. 7 auf Fälle, in denen nicht die berufliche Tätigkeit unterbrochen, sondern die doppelte Haushaltsführung aufgegeben und sodann wieder neu begründet wird, fehlt es mE an hinreichend klaren Anhaltspunkten für eine planwidrige Regelungslücke (anders wohl Kirchhof/*von Beckerath* § 9 Rn. 119: Vierwochenfrist des § 9 Abs. 4a S. 7 als „Orientierung").

531 Werden dem Arbeitnehmer im Rahmen der beruflich veranlassten doppelten Haushaltsführung vom Arbeitgeber oder auf dessen Veranlassung von einem Dritten Mahlzeiten zur Verfügung gestellt, so sind die Verpflegungspauschalen nach Maßgabe von § 9 Abs. 4a S. 8 bis 10 zu kürzen (→ Rn. 469 ff.).

532–533 *Einstweilen frei*

534 **f) Sonstige Mehraufwendungen.** Der Abzug von Mehraufwendungen wegen doppelter Haushaltsführung ist nicht auf Wegeaufwendungen, (Zweit-)Unterkunftsnutzungskosten und Verpflegungspauschalen beschränkt. Vielmehr handelt es sich hierbei lediglich um typische Mehraufwendungen. Sonstige Mehrausgaben können ebenfalls steuermindernd berücksichtigt werden, sofern und soweit die beruflich veranlasste doppelte Haushaltsführung als „auslösendes Moment" anzusehen ist.

535 So hat der BFH etwa **Kosten für ein Telefongespräch,** das an die Stelle einer Familienheimfahrt tritt, als notwendige Mehraufwendungen iSv § 9 Abs. 1 S. 3 Nr. 5 S. 1 qualifiziert (BFH 18.3.1988 – VI R 90/84, BStBl. II 1988, 988). Die Finanzverwaltung anerkennt insbesondere **Umzugskosten** anlässlich der Begründung, Beendigung oder des Wechsels einer doppelten Haushaltsführung einschließlich etwaiger Maklerkosten, die im Zusammenhang mit der Anmietung einer Zweitunterkunft stehen (vgl. BMF 24.10.2014, BStBl. I 2014, 1412 Rn. 104), als Werbungskosten iSv § 9 Abs. 1 S. 3 Nr. 5 S. 1 (LStR 9.11 Abs. 9).

535.1 Ausnahmsweise **nicht als Werbungskosten abziehbar** sind Aufwendungen für einen im Zusammenhang mit einer doppelten Haushaltsführung unternommenen Umzug, wenn der Arbeitnehmer seinen Haupthaushalt aus privaten Gründen vom Beschäftigungsort wegverlagert und die dort bisher genutzte Wohnung zum Zweithaushalt umwidmet. Grundsätzlich ebenfalls vom Werbungskostenabzug ausgeschlossen sind Aufwendungen, die *nach* Wegverlegung des Lebensmittelpunktes vom Beschäftigungsort durch die endgültige Aufgabe der Zweitwohnung an diesem Ort entstehen. Von der letztgenannten Ausnahme macht die Finanzverwaltung eine **Rückausnahme** (dh Anerkennung der im Zuge der endgültigen Aufgabe der Zweitwohnung am Beschäftigungsort anfallenden Umzugsaufwendungen als Werbungskosten), wenn der Umzug ausschließlich beruflich veranlasst ist (so zB im Falle eines Arbeitsplatzwechsels; vgl. LStR 9.11 Abs. 9 S. 4). Allgemein zur Abzugsfähigkeit von Umzugskosten als Werbungskosten → Rn. 920.

Einstweilen frei 536

7. Aufwendungen für Arbeitsmittel (Abs. 1 S. 3 Nr. 6)

a) Allgemeines. § 9 Abs. 1 S. 3 Nr. 6 qualifiziert Aufwendungen für Arbeitsmittel, zB für Werkzeuge und typische Berufskleidung, als Werbungskosten. Die Vorschrift gilt nicht nur für Einkünfte aus nichtselbständiger Arbeit iSv § 19. Ihr **Anwendungsbereich** erstreckt sich vielmehr – unbeschadet der für Einkünfte aus Kapitalvermögen geltenden Besonderheiten (vgl. § 2 Abs. 2 S. 2, § 20 Abs. 9) – auf sämtliche Überschusseinkunftsarten. 537

Steuersystematisch ist die Regelung des § 9 Abs. 1 S. 3 Nr. 6 als **Anwendungsfall des allgemeinen Werbungskostenbegriffs** einzuordnen. Lediglich insoweit, als sie auch Aufwendungen für typische Berufskleidung (ausdrücklich) als Werbungskosten qualifiziert, ist die Vorschrift konstitutiv. Denn Aufwendungen für Kleidung jedweder Art sind unverzichtbare Lebensführungsaufwendungen und daher nach 12 Nr. 1 grundsätzlich vom Werbungskostenabzug ausgeschlossen (→ Rn. 571; → § 12 Rn. 143). 538

Der in **§ 9 Abs. 5 iVm § 4 Abs. 5 Nr. 6b** normierten Abzugsbeschränkung betreffend Aufwendungen für ein häusliches Arbeitszimmer geht der besondere Werbungskostentatbestand des § 9 Abs. 1 S. 3 Nr. 6 als lex specialis vor (vgl. BFH 21.11.1997 – VI R 4/97, BStBl. II 1998, 351). Im Verhältnis zu **§ 9 Abs. 1 S. 3 Nr. 4** (Aufwendungen für die Wege zwischen Wohnung und erster Tätigkeitsstätte) und **§ 9 Abs. 1 S. 3 Nr. 5 S. 5–7** (Aufwendungen für Familienheimfahrten im Rahmen einer doppelten Haushaltsführung) ist er hingegen nachrangig. Bedeutung hat dies vor allem für Fälle, in denen die in § 9 Abs. 1 S. 3 Nr. 4 S. 1 und Nr. 5 S. 5 bezeichneten Wege mit einem Fahrzeug zurückgelegt werden, das als Arbeitsmittel zu qualifizieren ist. Denn jene Kosten, die auf die Nutzung des Fahrzeugs für die vorbezeichneten Wege entfallen, können nicht in tatsächlicher Höhe als „Aufwendungen für Arbeitsmittel" sondern lediglich in Form der Entfernungspauschale in Abzug gebracht werden (vgl. BFH 30.11.1979 – VI R 129/78, BStBl. II 1980, 141; BFH 15.4.2010 – VI R 20/08, BStBl. II 2010, 805; siehe auch *von Bornhaupt* FR 2000, 971). 539

Einstweilen frei 540

b) Begriff des Arbeitsmittels. Ein Arbeitsmittel iSv § 9 Abs. 1 S. 3 Nr. 6 S. 1 ist nach hier vertretener Auffassung jeder Gegenstand, den der Steuerpflichtige zumindest ganz überwiegend zur Erledigung beruflicher Aufgaben verwendet, sofern der dadurch begründete Erwerbsbezug nicht durch den Bezug des Gegenstands zum Vermögen des Steuerpflichtigen überlagert wird. 541

Der Begriff **„Gegenstand"** ist weit zu verstehen. Neben Sachen iSv § 90 BGB sind insbesondere auch immaterielle Wirtschaftsgüter (zB Softwareprogramme, Telefonanschluss; vgl. LBP/*Zimmer* § 9 Rn. 1162) der Qualifikation als Arbeitsmittel iSv § 9 Abs. 1 S. 3 Nr. 6 S. 1 zugänglich. Insoweit stimmt die vorstehende Definition des „Arbeitsmittels" (→ Rn. 541) mit dem Arbeitsmittelbegriff der finanzgerichtlichen Rechtsprechung überein, denn diese bezieht unkörperliche Gegenstände ebenfalls in den Kreis potenzieller Arbeitsmittel ein (vgl. FG Nürnberg 22.11.1979 – VI 273/78, EFG 1980, 176). Darüber hinaus können auch Tiere steuerrechtlich als „Arbeitsmittel" einzuordnen sein (BFH 29.1.1960 – VI 9/59 U, BStBl. III 1960, 163, betr. Aufwendungen eines Revierförsters für einen Jagdhund; BFH 30.6.2010 – VI R 45/09, BStBl. II 2011, 45, betr. Aufwendungen eines Diensthundeführers für den ihm anvertrauten Diensthund). 542

Auch mit Blick auf das Erfordernis einer **„weitaus überwiegenden beruflichen Verwendung"** des zu beurteilenden „Gegenstands" deckt sich die vorstehende Definition des „Arbeitsmittels" mit jener der Rechtsprechung (vgl. BFH 19.2.2004 – VI R 135/01, BStBl. II 2004, 958: „Arbeitsmittel sind alle Wirtschaftsgüter, die ausschließlich – oder doch nahezu ausschließlich – und unmittelbar zur Erledigung der dienstlichen Aufgaben dienen"; siehe auch BFH 15.1.1993 – VI R 98/88, BStBl. II 1993, 348; BFH 7.4.2005 – VI B 168/04, BFH/NV 2005, 1300; BFH 20.5.2010 – VI R 53/09, BStBl. II 2011, 723). Zu berücksichtigen ist jede erwerbsbezogene Nutzung im Rahmen einer der vier Überschusseinkunftsarten (ebenso HHR/*Kreft* § § 9 Rn. 507). Als Merkmal des Arbeitsmittelbegriffs bildet das Erfordernis der „weitaus überwiegenden beruflichen Verwendung" das funktionale Äquivalent zu dem von § 9 Abs. 1 S. 1 geforderten Veranlassungszusammenhang. 543

544 Die im wissenschaftlichen Schrifttum mitunter vertretene Ansicht, beruflich gebrauchte Gegenstände seien auch im Falle einer signifikanten privaten Mitbenutzung als Arbeitsmittel zu qualifizieren, sofern objektive Merkmale für eine Aufteilung der Aufwendungen vorliegen (so ausdrücklich Kirchhof/*von Beckerath* § 9 Rn. 131), überzeugt mE nicht. Denn die Frage der Abgrenzbarkeit beruflicher und privater Veranlassungsbeiträge ist im Bereich des § 12 Nr. 1 angesiedelt (→ Rn. 566). Umstände, die es erforderlich erscheinen lassen, diese Frage in den besonderen Werbungskostentatbestand des § 9 Abs. 1 S. 3 Nr. 6 S. 1 zu verlagern, sind nicht ersichtlich. Insbesondere bildet auch das Urteil des BFH vom 21.9.2009 (BFH 21.9.2009 – GrS 1/06, BStBl. II 2010, 672), in dem der Große Senat unter Bezugnahme auf das objektive Nettoprinzip entschieden hat, dass solche Aufwendungen, die sowohl beachtliche private als auch beachtliche berufliche Veranlassungsfaktoren aufweisen, hinsichtlich des beruflichen Teils als Werbungskosten einzuordnen sind, keinen Anlass für ein solches Vorgehen. Denn Aufwendungen für Gegenstände, die zwar nicht weitaus überwiegend, wohl aber in einem beachtlichen Umfang der Erledigung beruflicher Aufgaben dienen, können im Umfang ihrer beruflichen Veranlassung unter Rückgriff auf § 9 Abs. 1 S. 1 bzw. § 9 Abs. 1 S. 3 Nr. 7 als Werbungskosten abgezogen werden.

545 Der Erledigung beruflicher Aufgaben dient ein Gegenstand, wenn er vom Steuerpflichtigen **tatsächlich zur Erzielung von Überschusseinkünften eingesetzt** wird. Maßgeblich ist also nicht die objektive Eignung des Gegenstands zur beruflichen Nutzung, sondern die vom Steuerpflichtigen im Einzelfall tatsächlich unternommene Verwendung (vgl. BFH 19.2.2004 – VI R 135/01, BStBl. II 2004, 958; BFH 20.5.2010 – VI R 53/09, BStBl. II 2011, 723). Bei „verlorenen Aufwendungen" (zum Begriff → Rn. 191) ist die – vom Steuerpflichtigen glaubhaft zu machende – **beabsichtigte Verwendungsweise** maßgebend (ebenso KSM/*Geserich* § 9 Rn. H 43; Blümich/*Thürmer* § 9 Rn. 448; vgl. auch BFH 15.4.1010 – VI R 20/08, BStBl. II 2010, 805; aA LBP/*Zimmer* § 9 Rn. 1165: „Wird ein Arbeitsmittel (noch) nicht für die Berufstätigkeit genutzt, ist der objektive Zusammenhang mit der auf Einnahmeerzielung gerichteten Tätigkeit nicht gegeben").

546 Es ist nicht erforderlich, dass der Steuerpflichtige den betreffenden Gegenstand von Beginn an weitaus überwiegend zur Erledigung beruflicher Aufgaben gebraucht. Wird der Gegenstand zunächst ausschließlich oder jedenfalls in beachtlichem Umfang privat genutzt, so bewirkt die spätere weitaus überwiegende berufliche Verwendung eine **Umwidmung zum Arbeitsmittel,** vorausgesetzt der durch die (nahezu) ausschließlich berufliche Verwendung begründete Erwerbsbezug des Gegenstands wird nicht durch dessen Vermögensbezug überlagert (→ Rn. 549 ff.). Ab dem Zeitpunkt der Umwidmung kann der Steuerpflichtige Aufwendungen für den nunmehr als Arbeitsmittel zu qualifizierenden Gegenstand auf Grundlage von § 9 Abs. 1 S. 3 Nr. 6 – gegebenenfalls iVm § 9 Abs. 1 S. 3 Nr. 7 – als Werbungskosten in Abzug bringen (zur Berücksichtigung der Anschaffungsaufwendungen in Form von (Rest-)AfA → Rn. 557).

547 Der Steuerpflichtige muss die **Art und den Umfang der beruflichen Verwendung** desjenigen Gegenstands, dessen Einordnung als Arbeitsmittel er begehrt, **glaubhaft machen.** Bei Gegenständen, die ihrem objektiven Charakter nach typischerweise nur beruflich genutzt werden (zB Spezialwerkzeug), ist die Arbeitsmitteleigenschaft indiziert. Je näher aber nach der allgemeinen Lebenserfahrung eine private (Mit-)Benutzung des betreffenden Gegenstands liegt (vgl. dazu BFH 29.1.1971 – VI R 31/68, BStBl. II 1971, 327, betr. die Anschaffung eines Tonbandgeräts und einer Schreibmaschine durch einen Richter), desto strengere Anforderungen sind an die Glaubhaftmachung des Einsatzes zu beruflichen Zwecken zu stellen. Die bloße Behauptung des Steuerpflichtigen, er verwende den Gegenstand nicht zu privaten Zwecken, genügt grundsätzlich nicht (vgl. BFH 27.9.1991 – VI R 1/90, BStBl. II 1992, 195, betr. die Anschaffung eines Videorecorders durch einen Lehrer).

548 Auf das von der Rechtsprechung zusätzlich postulierte **Kriterium der „Unmittelbarkeit"** der beruflichen Nutzung (vgl. BFH 19.2.2004 – VI R 135/01, BStBl. II 2004, 958) wird bei der hier für vorzugswürdig befundenen Definition des Arbeitsmittelbegriffs (→ Rn. 541) verzichtet (ebenso Blümich/*Thürmer* § 9 Rn. 446; Kirchhof/*von Beckerath* § 9 Rn. 129). Der Grund liegt darin, dass das Unmittelbarkeitskriterium ebenfalls auf die Abgrenzung zum Bereich der privaten Lebensführung zielt, insoweit aber gänzlich durch das Begriffsmerkmal der „weitaus überwiegenden beruflichen Verwendung" überlagert wird (ähnlich HHR/*Bergkemper* § 9 Rn. 509; *von Bornhaupt*, FR 2000, 971 (974); siehe auch BFH

18.2.1977 – VI R 182/75, BStBl. II 1977, 464). Dies zeigt sich symptomatisch daran, dass die Rechtsprechung die Arbeitsmitteleigenschaft eines Gegenstands bislang – soweit ersichtlich – noch nie mit der Begründung verneint hat, der betreffende Gegenstand diene lediglich „mittelbar" der Erledigung beruflicher Aufgaben.

Ein weiteres (negatives) Merkmal des Arbeitsmittelbegriffs bildet nach der hier vertretenen **549** Auffassung das **Ausschlusskriterium des „überwiegenden Vermögensbezugs".** Seine rechtsdogmatische Grundlage findet dieses Ausschlusskriterium in der Grundentscheidung des Gesetzgebers, die Einkünfteermittlung bei den Überschusseinkunftsarten an der sog. „Quellentheorie" auszurichten. Aus dieser Grundentscheidung resultiert die Notwendigkeit, (ua) solche Aufwendungen aus dem Werbungskostenbegriff auszuklammern, bei denen nicht der Erwerbs-, sondern der Vermögensbezug überwiegt (→ Rn. 171 ff.). Da sich die gebotene Abgrenzung zwischen der Erwerbs- und der Privatsphäre im Rahmen des § 9 Abs. 1 S. 3 Nr. 6 anhand des Arbeitsmittelbegriffs vollzieht, erscheint es zweckmäßig, durch eine entsprechend restriktive Auslegung dieses Tatbestandsmerkmals sicherzustellen, dass ein systemfremder Werbungskostenabzug von Aufwendungen mit überwiegendem Vermögensbezug unterbleibt.

Bei einem Gegenstand, der nahezu ausschließlich der Erledigung beruflicher Aufgaben **550** dient, überwiegt der Vermögensbezug, **wenn der betreffende Gegenstand keinem technischen oder wirtschaftlichen Wertverzehr unterliegt.** Da bei derartigen Gegenständen eine erwerbsbedingte Abnutzung ausgeschlossen ist, weisen sie schon kraft ihrer objektiven Beschaffenheit eine besondere Nähe zum Vermögensbereich auf (→ Rn. 173). Dem entspricht, dass der Gesetzgeber mit „Werkzeugen" und „typischer Berufskleidung" ausschließlich abnutzbare Gegenstände als Beispiele für Arbeitsmittel benannt hat.

Insbesondere **Grund und Boden** entzieht sich nach Maßgabe dieser Grundsätze der **551** Subsumtion unter den Arbeitsmittelbegriff. Dies gilt aufgrund der Dominanz des Vermögensbezugs selbst dann, wenn sich ein Grundstück ausschließlich in beruflichem Gebrauch befindet. Infolgedessen beurteilt sich die Werbungskosteneigenschaft von Aufwendungen auf Grund und Boden ausschließlich nach § 9 Abs. 1 S. 1 und § 9 Abs. 1 S. 3 Nr. 1 und 2.

Einstweilen frei **552–554**

c) Art des Werbungskostenabzugs. Aufwendungen für Arbeitsmittel sind grundsätz- **555** lich für das Kalenderjahr als Werbungskosten anzusetzen, in dem sie geleistet worden sind, § 11 Abs. 2 S. 1 (Abflussprinzip).

Etwas anderes gilt für die Anschaffungs- oder Herstellungskosten von Arbeitsmitteln, deren **556** Nutzung durch den Steuerpflichtigen zur Erzielung von Einkünften sich erfahrungsgemäß auf mehr als ein Jahr erstreckt. Diese Kosten sind gemäß § 9 Abs. 1 S. 3 Nr. 6 S. 2 iVm Nr. 7 in Form von **AfA** zu berücksichtigen. Sofern es sich bei dem Arbeitsmittel nicht um ein geringwertiges Wirtschaftsgut iSv § 6 Abs. 2 S. 1 handelt, können seine Anschaffungs- oder Herstellungskosten daher nur „pro rata temporis", dh gleichmäßig verteilt über die gewöhnliche Nutzungsdauer, als Werbungskosten abgezogen werden. Zur AfA bei Arbeitsmitteln, die als geringwertige Wirtschaftsgüter iSv § 6 Abs. 2 S. 1 zu qualifizieren sind → Rn. 560.

Im Falle der **„Umwidmung"** (→ Rn. 546) sind die Jahres-AfA-Beträge iSv § 7 Abs. 1 **557** S. 1 nach Maßgabe der gesamten Anschaffungs- oder Herstellungskosten des betreffenden Gegenstand und der voraussichtlichen Gesamtnutzungsdauer (dh unter Einbeziehung des vor der Umwidmung zum Arbeitsmittel liegenden Nutzungszeitraums) zu bemessen. Der auf den Zeitraum vor der Verwendung als Arbeitsmittel entfallende Teil der Anschaffungs- oder Herstellungskosten gilt dabei jedoch als bereits abgesetzt (sog. **„fiktive AfA"**; vgl. BFH 14.2.1989 – IX R 109/84, BStBl. II 1989, 922; BFH 2.2.1990 – VI R 22/86, BStBl. II 1990, 684). Beläuft sich das **verbleibende AfA-Volumen** (rechnerischer Buchwert) auf **nicht mehr als 800 EUR,** so kann der Steuerpflichtige diesen Betrag aus Vereinfachungsgründen und unter Berücksichtigung der Wertung des § 6 Abs. 2 S. 1 im Jahr der erstmaligen Verwendung des Gegenstands als Arbeitsmittel in voller Höhe als Werbungskosten absetzen (vgl. LStH 9.12). Eine Periodisierung der abzugsfähigen Anschaffungs- oder Herstellungsaufwendungen ist ausnahmsweise nicht erforderlich.

Die vorstehenden Grundsätze (Beschränkung des AfA-Volumens auf den rechnerischen **558** Buchwert; Möglichkeit des Sofortabzugs, wenn verbleibendes AfA-Volumen 800 EUR nicht übersteigt) gelten entsprechend bei **Arbeitsmitteln, die dem Steuerpflichtigen unent-**

geltlich zugewendet wurden (§ 11d Abs. 1 EStDV; vgl. dazu BFH 16.2.1990 – VI R 85/87, BStBl. II 1990, 883).

559 Bei Beschädigung, Verlust oder Zerstörung eines Arbeitsmittels kann der Steuerpflichtige unter den allgemeinen Voraussetzungen (→ Rn. 208 ff.) **Absetzungen für außergewöhnliche technische Abnutzung** (AfaA) geltend machen (§ 9 Abs. 1 S. 3 Nr. 6 S. 2 und Nr. 7 S. 1 iVm § 7 Abs. 1 S. 7; vgl. auch BFH 29.4.1983 – VI R 139/80, BStBl. II 1983, 586, betr. Beschädigung eines als Arbeitsmittel zu qualifizierenden Pkw im Zusammenhang mit einem Diebstahl). Aufwendungen, die der Steuerpflichtige anlässlich der von ihm erlittenen Vermögenseinbuße tätigt und die wirtschaftlich in dem durch die AfaA bereits berücksichtigten Wertverzehr aufgehen, sind zwecks Vermeidung einer mit dem Leistungsfähigkeitsprinzip unvereinbaren „Doppelberücksichtigung" steuerneutral zu behandeln (→ Rn. 216). Entsprechend kann der Steuerpflichtige im Falle der **Reparatur eines beschädigten Arbeitsmittels** neben den als sofort abziehbare Werbungskosten berücksichtigten Reparaturaufwendungen nur insoweit AfaA geltend machen, als trotz der Reparatur eine Substanzbeeinträchtigung verbleibt.

560 Sofern das erfahrungsgemäß längerfristig verwendete Arbeitsmittel beweglich sowie einer selbständigen Nutzung fähig ist und die Netto-Anschaffungs- oder Herstellungskosten 800 EUR nicht übersteigen (sog. **„geringwertiges Wirtschaftsgut"**), kann der Steuerpflichtige gemäß § 9 Abs. 1 S. 3 Nr. 6 S. 2 und Nr. 7 S. 2 iVm § 6 Abs. 2 S. 1 bis 3 die gesamten Anschaffungs- oder Herstellungskosten im Jahr der Anschaffung bzw. Herstellung als Werbungskosten ansetzen. Alternativ kann der Steuerpflichtige sich für die Regelabschreibung nach § 9 Abs. 1 S. 3 Nr. 6 S. 2 und Nr. 7 S. 1 iVm § 7 Abs. 1 entscheiden (**Wahlrecht**).

561 Wird ein **Arbeitsmittel im Zusammenhang mit verschiedenen Überschusseinkunftsarten genutzt,** so sind die nach § 9 Abs. 1 S. 3 Nr. 6 abzugsfähigen Aufwendungen entsprechend dem Verhältnis der zeitlichen Inanspruchnahme des Arbeitsmittels aufzuteilen (ebenso LBP/*Zimmer* § 9 Rn. 1151).

562–564 *Einstweilen frei*

565 **d) Umfang des Werbungskostenabzugs.** Zu den „Aufwendungen für Arbeitsmittel" iSv § 9 Abs. 1 S. 3 Nr. 6 S. 1 gehören zuvörderst sämtliche Ausgaben, die der Steuerpflichtige tätigt, um die Verfügungsmacht über den betreffenden Gegenstand zu erlangen. Hierzu zählen **Anschaffungs- oder Herstellungskosten,** aber auch **Mietzinszahlungen** in Fällen, in denen der Steuerpflichtige ein Arbeitsmittel mietweise in Gebrauch hat. Weitere Aufwendungen iSv § 9 Abs. 1 S. 3 Nr. 6 S. 1 sind **Ausgaben für die Wartung, Reinigung und Reparatur des Arbeitsmittels** (vgl. BFH 9.3.1979 – VI R 171/77, BStBl. II 1979, 519). Abzugsfähig sind schließlich auch Aufwendungen, die „lediglich" mittelbar durch die berufsbezogene Nutzung des jeweiligen Gegenstands veranlasst sind (zB **Reisekosten,** die im Zusammenhang mit der Beschaffung des Arbeitsmittels entstehen).

565.1 Die **Veräußerung eines Arbeitsmittels zu einem Preis unterhalb seines rechnerischen Buchwerts** begründet indes keine Aufwendung iSv § 9 Abs. 1 S. 3 Nr. 6, denn hierbei handelt es sich „lediglich" um eine – einkommensteuerlich irrelevante – Vermögensumschichtung des Überschusseinkünfte erzielenden Steuerpflichtigen; vgl. FG Rheinland-Pfalz 29.9.1999 – 5 K 1759/99, BeckRS 1999, 15921).

566 Im Falle einer **nicht nur unbedeutenden privaten Mitbenutzung** des zur Erledigung beruflicher Aufgaben gebrauchten Gegenstands ist ein Abzug der betreffenden Aufwendungen – gleich ob im Wege des Sofortabzugs oder in Form von AfA – wegen § 12 Nr. 1 nur bei objektiver Abgrenzbarkeit der privaten und der erwerbsbezogenen Nutzungsanteile und nur im Umfang des beruflichen Nutzungsanteils zulässig (→ Rn. 167; vgl. auch BFH 20.5.2010 – VI R 53/09, BStBl. II 2011, 723). Zweckmäßig ist in der Regel eine Abgrenzung nach Maßgabe der zeitlichen Inanspruchnahme des Arbeitsmittels für private bzw. berufliche Zwecke; gegebenenfalls ist eine schätzungsweise Aufteilung vorzunehmen (vgl. BFH 19.2.2004 – VI R 135/01, BStBl. II 2004, 958).

567–568 *Einstweilen frei*

569 **e) Typische Berufskleidung.** Neben Werkzeugen nennt § 9 Abs. 1 S. 3 Nr. 6 S. 1 „typische Berufskleidung" als Beispiel für Arbeitsmittel. Die damit verbundene Werbungskostenqualifikation von Aufwendungen für „typische Berufskleidung" ist konstitutiv (→ Rn. 571).

Typische Berufskleidung sind solche Kleidungsstücke, die nach ihrer Beschaffenheit objektiv nahezu ausschließlich für die berufliche Verwendung bestimmt und wegen der Eigenart des Berufs notwendig sind (BFH 19.1.1996 – VI R 73/94, BStBl. II 1996, 202 mwN). In der Praxis sind insbesondere Arbeitsschutzkleidung sowie Kleidungsstücke, denen die Funktion einer Uniform zukommt, regelmäßig als typische Berufskleidung iSv § 9 Abs. 1 S. 3 Nr. 6 S. 1 zu qualifizieren (vgl. BFH 6.6.2005 – VI B 80/04, BFH/NV 2005, 1792). Eine geringfügige private Mitbenutzung steht der Einordnung als typische Berufskleidung nicht entgegen (BFH 9.3.1979 – VI R 171/77, BStBl. II 1979, 519 mwN). 570

Demgegenüber sind **Aufwendungen für Kleidung, die keine typische Berufskleidung ist,** grundsätzlich selbst dann keine Werbungskosten, wenn feststeht, dass die Kleidungsstücke ausschließlich bei der Berufsausübung benutzt und verschlissen werden (vgl. BFH 20.11.1979 – VI R 25/78, BStBl. II 1980, 75; BFH 6.6.2005 – VI B 80/04, BFH/NV 2005, 1792). Etwas anderes soll nach der Rechtsprechung (nur) gelten, wenn wegen der Besonderheiten des Einzelfalls eine Verwendung der an sich bürgerlichen Kleidung zu Zwecken der privaten Lebensführung so gut wie ausgeschlossen erscheint (vgl. BFH 30.9.1970 – I R 33/69, BStBl. II 1971, 50: schwarzer Anzug eines Leichenbestatters; BFH 6.12.1990 – IV R 133/88, BFH/NV 1991, 377: weiße Hosen eines Arztes). 571

Bei feststehender Arbeitszeit ist eine Aufteilung von Aufwendungen für bürgerliche Kleidung zwar objektiv möglich, allerdings **ist auch der auf die Arbeitszeit entfallende Teil der Aufwendungen grundsätzlich dem Anwendungsbereich des § 9 entzogen** (vgl. BFH 13.11.2013 – VI B 40/13, BFH/NV 2014, 335). Denn das Tragen von Kleidung ist auch während der beruflichen Betätigung stets durch das allgemeine menschliche Bedürfnis, (überhaupt) bekleidet zu sein, (mit-)veranlasst. Es handelt sich daher um „unverzichtbare Lebensführungsaufwendungen", die als solche dem **Abzugsverbot des § 12 Nr. 1** unterliegen (→ Rn. 168; → § 12 Rn. 143). Von diesem Abzugsverbot ausgenommen ist ausweislich des eindeutigen Wortlauts des § 9 Abs. 1 S. 3 Nr. 6 S. 1 ausschließlich „typische Berufskleidung" nicht aber bürgerliche Kleidung, selbst wenn und soweit diese bei der Erzielung von Überschusseinkünften getragen wird (vgl. BFH 20.11.1979 – VI R 25/78, BStBl. II 1980, 75). 572

Zu den Aufwendungen für typische Berufskleidung gehören nicht nur die für die **Anschaffung oder Herstellung** geleisteten Ausgaben, sondern auch die **Instandhaltungs-, Reparatur- und Wartungskosten** (vgl. BFH 9.3.1979 – VI R 171/77, BStBl. II 1979, 519). Aufwendungen für die **Reinigung** (Kosten für Wasser, Energie, Wasch- und Spülmittel sowie Abnutzung der eingesetzten Waschmaschine) sind ebenfalls abziehbar (BFH 23.2.1990 – VI R 149/87, BFH/NV 1990, 765) und zwar selbst dann, wenn die typische Berufskleidung zusammen mit privater Wäsche in einheitlichen Waschvorgängen gereinigt wird (vgl. BFH 29.6.1993 – VI R 77/91, BStBl. II 1993, 837; BFH 29.6.1993 – VI R 53/92, BStBl. II 1993, 838). Eine einheitliche Methode zur Ermittlung bzw. Schätzung der Reinigungskosten lässt sich der finanzgerichtlichen Rechtsprechung nicht entnehmen (vgl. FG Berlin 22.10.1981 – I 220/80, EFG 1982, 463; FG Hessen 28.10.1999 – 13 K 851/99, EFG 2000, 562; FG Münster 27.8.2002 – 1 K 4636/00, EFG 2002, 1589). 573

Im Übrigen gelten die Ausführungen zu Art (→ Rn. 555 ff.) und Umfang (→ Rn. 565 f.) des Werbungskostenabzugs bei sonstigen Arbeitsmitteln entsprechend für den Ansatz von Aufwendungen für typische Berufskleidung. Allgemein zur Abziehbarkeit von Aufwendungen für Kleidung → § 12 Rn. 470 ff. 574

Einstweilen frei 575–576

8. Absetzungen für Abnutzung und Substanzverringerung (Abs. 1 S. 3 Nr. 7)

a) Allgemeines. Gemäß § 9 Abs. 1 S. 3 Nr. 7 S. 1 sind auch Absetzungen für Abnutzung (AfA) und für Substanzverringerung (AfS), Sonderabschreibungen nach § 7b sowie erhöhte Absetzungen Werbungskosten. Über die zutreffende **steuersystematische Einordnung** dieser Regelung herrscht Uneinigkeit. Der Grund liegt in unterschiedlichen Auffassungen darüber, ob die quellentheoretische Fundierung der Überschusseinkunftsarten (→ Rn. 97) die Werbungskostenqualifikation von Aufwendungen auf das zur Einkünfteerzielung eingesetzte Vermögen schlechthin ausschließt oder aber „lediglich" eine Abwägung mit dem 577

Erwerbsbezug der jeweiligen Aufwendungen gebietet und bei Überwiegen des Letzteren die Werbungskostenqualifikation zulässt (→ Rn. 171).

578 Diejenigen Stimmen in Rechtsprechung und Schrifttum, die die Auffassung vertreten, dass Aufwendungen auf das zur Erzielung von Überschusseinkünften eingesetzte Vermögen aufgrund der quellentheoretischen Fundierung der Überschusseinkunftsarten einer Subsumtion unter den allgemeinen Werbungskostenbegriff nicht zugänglich sind, messen § 9 Abs. 1 S. 3 Nr. 7 S. 1 abzugsbegründende Bedeutung bei. Dies ist folgerichtig. Denn ausgehend davon, dass Anschaffungs- und Herstellungsaufwendungen aufgrund ihres Bezugs zum Vermögen schon begrifflich keine Aufwendungen iSd § 9 Abs. 1 S. 1 sein können, ergibt eine Interpretation des § 9 Abs. 1 S. 3 Nr. 7 dahin, die Vorschrift bestimme lediglich eine vom Abflussprinzip abweichende zeitliche Zuordnung bestimmter Werbungskosten, keinen Sinn. Bei einer entsprechend restriktiven Deutung des Vermögensneutralitätsgrundsatzes muss § 9 Abs. 1 S. 3 Nr. 7 vielmehr zwangsläufig als eine Regelung verstanden werden, die – abweichend von den allgemeinen Grundsätzen (→ Rn. 97 ff.) – den Abzug bestimmter Formen des *Wertverzehrs* als Werbungskosten anordnet (**„Wertverzehrthese"**; vgl. KSM/*von Bornhaupt* § 9 Rn. I 39 ff. mwN). Andernfalls verbliebe der Vorschrift kein praktischer Anwendungsbereich.

579 Interpretiert man § 9 Abs. 1 S. 1 hingegen dahin, dass der Vermögensbezug von Aufwendungen auf Gegenstände, die der Steuerpflichtige zur Erzielung von Überschusseinkünften einsetzt, ihrer Subsumtion unter den allgemeinen Werbungskostenbegriff nicht entgegensteht, sofern nur im jeweiligen Einzelfall der Erwerbsbezug der Aufwendung dominiert (→ Rn. 171 und → Rn. 549), so besteht kein Anlass, neben Abflüssen in Geld oder Geldeswert auch Formen des Wertverzehrs als Gegenstand des Werbungskostenabzugs anzuerkennen. Aufwendungen für die Anschaffung oder Herstellung von abnutzbaren Gegenständen, die der Steuerpflichtige zur Erzielung von Überschusseinkünften einsetzt, sind dann nämlich trotz ihres Vermögensbezugs der Qualifikation als Werbungskosten iSv § 9 Abs. 1 S. 1 zugänglich. Die Vorschrift des § 9 Abs. 1 S. 3 Nr. 7 lässt sich infolgedessen zwanglos dahin interpretieren, dass sie lediglich die zeitliche Zuordnung von Anschaffungs- oder Herstellungsaufwendungen regelt und nur zu diesem Zweck an den (vermuteten) abnutzungsbedingten Wertverzehr des jeweils angeschafften oder hergestellten Vermögensgegenstands anknüpft. Mit anderen Worten: Die angefallenen Anschaffungs- oder Herstellungskosten bilden den Gegenstand des Werbungskostenabzugs (§ 9 Abs. 1 S. 1 bzw. § 9 Abs. 1 S. 3 Nr. 6 S. 1), der (vermutete) Wertverzehr des angeschafften oder hergestellten Gegenstands den Maßstab der Verteilung über die Zeit (§ 9 Abs. 1 S. 3 Nr. 7) (**„Aufwendungsverteilungsthese"**; ebenso Kirchhof/*von Beckerath* § 9 Rn. 136; Blümich/*Thürmer* § 9 Rn. 470; LBP/*Zimmer* § 9 Rn. 1253).

580 Der **BFH** schwankt zwischen der Wertverzehrthese (vgl. BFH 21.12.1982 – VIII R 215/78, BStBl. II 1983, 410) und der Aufwendungsverteilungsthese, scheint in jüngerer Vergangenheit aber eher Letzterer zuzuneigen (vgl. BFH 4.7.1990 – GrS 1/89, BStBl. II 1990, 830; BFH 26.4.2006 – IX R 24/04, BStBl. II 2006, 754; BFH 19.12.2007 – IX R 50/06, BStBl. II 2008, 480). Eine abschließende Festlegung ist entbehrlich, weil die verschiedenen Auffassungen regelmäßig zu demselben Besteuerungsergebnis gelangen (vgl. KSM/*von Bornhaupt* § 9 Rn. I 38).

581 *Einstweilen frei*

582 **b) Anwendbare Absetzungsvorschriften.** § 9 Abs. 1 S. 3 Nr. 7 S. 1 verweist auf die Vorschriften über Absetzungen für Abnutzung (AfA) und für Substanzverringerung (AfS) und erhöhte Absetzungen, ohne jedoch die in Bezug genommenen Regelungen im Einzelnen zu bezeichnen. Dessen ungeachtet besteht in Rechtsprechung und Schrifttum Einigkeit darüber, dass von der Verweisung des § 9 Abs. 1 S. 3 Nr. 7 S. 1 solche Absetzungsvorschriften ausgenommen sind, die derart auf Spezifika der Gewinneinkunftsarten zugeschnitten sind, dass sie sich einer sinngemäßen Anwendung auf die Überschusseinkunftsarten entziehen (zB weil die betreffende Absetzungsvorschrift die Existenz eines Betriebs- bzw. Anlagevermögens voraussetzt).

583 Auf die Überschusseinkunftsarten sinngemäß **anwendbar sind** danach

- § 7 Abs. 1 S. 1 S. 1 und 4 (Regel-AfA bei anderen Wirtschaftsgütern als Gebäuden, Gebäudeteilen, Eigentumswohnungen und in Teileigentum stehenden Räumen)

- § 7 Abs. 4 S. 1 und 2 (Regel-AfA bei Gebäuden)
- § 7 Abs. 5 (degressive AfA bei Gebäuden)
- § 7 Abs. 5a (AfA bei Gebäudeteilen, Eigentumswohnungen und in Teileigentum stehenden Räumen)
- § 7 Abs. 1 S. 7 Hs. 1, Abs. 4 S. 3 und 4, Abs. 5a (Absetzungen für außergewöhnliche technische oder wirtschaftliche Abnutzung)
- § 7 Abs. 6 (AfS; anwendbar zB bei Verpachtung eines Bergbauunternehmens oder Steinbruchs)
- § 7a mit Ausnahme der Absätze 6 und 8 (gemeinsame Vorschriften für erhöhte Absetzungen und Sonderabschreibungen)
- § 7h (erhöhte Absetzungen bei Gebäuden in Sanierungsgebieten und städtebaulichen Entwicklungsbereichen)
- § 7i (erhöhte Absetzungen bei Baudenkmalen)
- § 6 Abs. 2 S. 1 bis 3 (Sofortabschreibung von geringwertigen Wirtschaftsgütern; vgl. den ausdrücklichen Verweis in § 9 Abs. 1 S. 3 Nr. 7 S. 2)

Auf die Überschusseinkunftsarten **nicht anwendbar sind** 584

- § 6 Abs. 1 Nr. 1 S. 2 (Teilwertabschreibung), weil diese Bestimmung nur für die Gewinnermittlung durch Betriebsvermögensvergleich nach § 4 Abs. 1 oder § 5 gilt und sie zudem in § 9 Abs. 1 S. 3 Nr. 7 S. 2 nicht erwähnt ist (vgl. BFH 30.8.1994 – IX R 23/92, BStBl. II 1995, 306)
- § 6 Abs. 2a (Bildung eines Sammelpostens, „Pool"-Abschreibung), weil diese Vorschrift die Existenz eines Anlagevermögens voraussetzt und zudem in § 9 Abs. 1 S. 3 Nr. 7 S. 2 nicht erwähnt ist
- § 7 Abs. 1 S. 6 (AfA nach Maßgabe der Leistung des Wirtschaftsguts), weil diese Vorschrift die Existenz eines Anlagevermögens voraussetzt
- § 7 Abs. 2 (degressive AfA bei beweglichen Wirtschaftsgütern des Anlagevermögens), weil diese Vorschrift die Existenz eines Anlagevermögens voraussetzt
- § 7a Abs. 6, weil diese Vorschrift einen gewerblichen bzw. land- oder forstwirtschaftlichen Betrieb voraussetzt
- § 7a Abs. 8, weil diese Vorschrift die Existenz eines Betriebsvermögens voraussetzt
- § 7g (Investitionsabzugsbeträge und Sonderabschreibungen zur Förderung kleinerer und mittlerer Betriebe), weil diese Vorschrift die Existenz eines Anlagevermögens voraussetzt

Einstweilen frei **585–586**

c) Voraussetzungen und Modalitäten der Absetzungen. aa) AfA-Berechtigung und AfA-Gegenstand. Die Berechtigung zur Vornahme von AfA setzt nicht voraus, dass der Steuerpflichtige zivilrechtlicher oder wirtschaftlicher Eigentümer (vgl. § 39 AO) des Wirtschaftsguts ist. Ausschlaggebend ist vielmehr, ob er dessen **Anschaffungs- oder Herstellungsaufwendungen im eigenen beruflichen Interesse getragen** hat (→ Rn. 130; vgl. BFH 23.8.1999 – GrS 1/97, BStBl. II 1999, 778). Steht das Wirtschaftsgut in fremdem Eigentum, so sind die vom Steuerpflichtigen im eigenen beruflichen Interesse getragenen Anschaffungs- oder Herstellungsaufwendungen „wie ein materielles Wirtschaftsgut" zu behandeln (BFH 30.1.1995 – GrS 4/92, BStBl. II 1995, 281; BFH 10.4.1997 – IV R 12/96, BStBl. II 1997, 718 mwN). Ob die Befugnis des Steuerpflichtigen zur einkünfteerzielungsbezogenen Nutzung des in fremdem Eigentum stehenden Wirtschaftsguts auf einem unentgeltlichen oder einem entgeltlichen Rechtsverhältnis beruht, ist für die AfA-Berechtigung ohne Bedeutung (BFH 25.2.2010 – IV R 2/07, BStBl. II 2010, 670). **587**

In sachgegenständlicher Hinsicht ist der Anwendungsbereich der Absetzungs-Vorschriften auf solche Wirtschaftsgüter beschränkt, die **„abnutzbar"** sind, dh einem technischen oder wirtschaftlichen Wertverzehr unterliegen. Nicht erforderlich ist, dass sich der technische oder wirtschaftliche Wertverzehr in einer Wertminderung niederschlägt (vgl. BFH 31.1.1986 – VI R 78/82, BStBl. II 1986, 355, betr. in ständigem beruflichen Gebrauch befindliche Antiquitäten; BFH 26.1.2001 – VI R 26/98, BStBl. II 2001, 194, betr. im Konzertalltag regelmäßig bespielte, 300 Jahre alte Meistergeige). Auch zeitlich begrenzte Rechte unterliegen als immaterielle Wirtschaftsgüter einem Wertverzehr, der die Anwendung der AfA-Vorschriften rechtfertigt (BFH 27.6.1978 – VIII R 12/72, BStBl. II 1979, 38: „Der die AfA rechtfertigende innere Zusammenhang zwischen Nutzung und Wertverzehr ergibt sich bei **588** ihnen daraus, daß sie, wenn sie zur Einkunftserzielung eingesetzt werden, in dieser Funktion infolge ihrer zeitlichen Beschränkung einem zeitlich und betragsmäßig abgrenzbaren Wertverzehr unterliegen.").

589 Weitere Anwendungsvoraussetzung der Absetzungsvorschriften ist, dass die Verwendung des abnutzbaren Wirtschaftsguts durch den Steuerpflichtigen sich erfahrungsgemäß auf einen Zeitraum von **mehr als einem Jahr erstreckt** (vgl. § 7 Abs. 1 S. 1). Bei Wirtschaftsgütern, die sich im Privatvermögen befinden, ist auf die „voraussichtliche technische und wirtschaftliche Lebensdauer" abzustellen (BFH 7.2.1975 – VI R 133/72, BStBl. II 1975, 478), wobei der Zeitraum einer etwaigen Privatnutzung durch den Steuerpflichtigen einbezogen werden muss (BFH 26.7.1991 – VI R 82/89, BStBl. II 1992, 1000). Eine möglicherweise avisierte Veräußerung des Wirtschaftsguts vor Beendigung des technischen oder wirtschaftlichen Wertverzehrs verkürzt die maßgebliche Gesamtnutzungsdauer nicht (vgl. BFH 7.2.1975 – VI R 133/72, BStBl. II 1975, 478; BFH 26.7.1991 – VI R 82/89, BStBl. II 1992, 1000).

590–591 *Einstweilen frei*

592 **bb) Bemessung der AfA und AfA-Volumen.** Die **Bemessungsgrundlage** der AfA bilden die **Anschaffungs- oder Herstellungskosten des jeweiligen Wirtschaftsguts.** Der Begriffsinhalt bestimmt sich – ebenso wie bei den Gewinneinkunftsarten – nach der handelsrechtlichen Legaldefinition des § 255 Abs. 1 HGB (Anschaffungskosten) bzw. des § 255 Abs. 2 HGB (Herstellungskosten) (vgl. BFH 12.9.2001 – IX R 39/97, BStBl. II 2003, 569). Im Falle des **unentgeltlichen Erwerbs** ist gemäß § 11d Abs. 1 S. 1 EStDV auf die Anschaffungs- oder Herstellungskosten des Rechtsvorgängers abzustellen.

593 Bei **anderen Wirtschaftsgütern** als Gebäuden, Gebäudeteilen, Eigentumswohnungen und in Teileigentum stehenden Räumen sind grundsätzlich „AfA in gleichen Jahresbeträgen" gemäß § 7 Abs. 1 S. 1 vorzunehmen. Danach kann jeweils für ein Jahr der beruflichen Nutzung des Wirtschaftsguts der Teil der Anschaffungs- oder Herstellungskosten als Werbungskosten abgesetzt werden, der bei gleichmäßiger Verteilung dieser Kosten auf die Gesamtnutzungsdauer des Wirtschaftsguts auf ein Jahr entfällt.

594 Für **Gebäude, Gebäudeteile, Eigentumswohnungen und in Teileigentum stehende Räume** bestimmen § 7 Abs. 4 und 5a als Regelfall (Ausnahme: Wahl der degressiven AfA nach § 7 Abs. 5), dass pro Jahr der Nutzung zur Erzielung von Überschusseinkünften 2 Prozent (§ 7 Abs. 4 S. 1 Nr. 2 Buchst. a)) bzw. 2,5 Prozent (§ 7 Abs. 4 S. 1 Nr. 2 Buchst. b)) der Anschaffungs- oder Herstellungskosten als Werbungskosten abzusetzen sind. Die AfA bemisst sich somit nach festen Abschreibungssätzen basierend auf einer gesetzlich vermuteten Gesamtnutzungsdauer von 50 Jahren (in den Fällen des § 7 Abs. 4 S. 1 Nr. 2 Buchst. a)) bzw. 40 Jahren (in den Fällen des § 7 Abs. 4 S. 1 Nr. 2 Buchst. b)). Gemäß § 7 Abs. 4 S. 2 sind Abweichungen von dieser gesetzlichen Typisierung zulässig, sofern von einer voraussichtlich geringeren tatsächlichen Nutzungsdauer auszugehen ist.

595 Wird ein beruflich verwendetes Wirtschaftsgut im Zusammenhang mit seiner einkünfteerzielungsbezogenen Nutzung wegen ungewöhnlicher Umstände in einem erhöhten – dh über den normalen Wertverzehr hinausgehenden – Maße in seiner Nutzungs- oder Funktionsfähigkeit beeinträchtigt, so kann der Steuerpflichtige gemäß § 7 Abs. 1 S. 7, Abs. 4 S. 3 auch im Rahmen der Überschusseinkunftsarten **Absetzungen für außergewöhnliche Abnutzung** (AfaA) geltend machen (vgl. BFH 13.4.2010 – IX R 16/09, BFH/NV 2010, 1799, betr. die Vornahme von AfaA auf ein neu erworbenes, technisch oder wirtschaftlich bis dato noch nicht verbrauchtes Gebäude nach dessen Abbruch durch den Erwerber). Die außergewöhnliche Abnutzung kann sich auf die Substanz eines Wirtschaftsguts (technische Abnutzung) oder auf dessen Nutzungsmöglichkeiten (wirtschaftliche Abnutzung) beziehen. Erzielt ein Steuerpflichtiger durch die Vermietung eines Grundstücks samt aufstehendem Gebäude Einkünfte aus Vermietung und Verpachtung und zeichnet sich bei Beendigung eines Mietverhältnisses ab, dass das Gebäude wegen einer auf den bisherigen Mieter ausgerichteten Gestaltung nicht oder nur eingeschränkt an Dritte vermietbar ist, so kann dieser Umstand Absetzungen für außergewöhnliche wirtschaftliche Abnutzung auf das Gebäude rechtfertigen (BFH 17.9.2008 – IX R 64/07, BStBl. II 2009, 301), nicht aber Absetzungen für außergewöhnliche wirtschaftliche Abnutzung auf den Grund und Boden. Der Grund liegt darin, dass nur solche Wertminderungen einer steuerlichen Berücksichtigung im Wege der AfaA potenziell zugänglich sind, die sich auf abnutzbare Wirtschaftsgüter beziehen (vgl. BFH 10.5.2016 – IX R 33/14, BFH/NV 2016, 1446 mwN).

Die AfaA ergibt sich der **Höhe** nach aus der Differenz zwischen dem rechnerischen Buchwert des Wirtschaftsguts im Schadenszeitpunkt und dem verbleibenden Restwert (BFH 24.11.1994 – IV R 25/94, BStBl. II 1995, 318). Dementsprechend scheiden AfaA aus, wenn die voraussichtliche Gesamtnutzungsdauer des Wirtschaftsguts zum Zeitpunkt des die Nutzungs- oder Funktionsfähigkeit beeinträchtigenden Ereignisses bereits abgelaufen war (BFH 21.8.2012 – VIII R 33/09, BStBl. II 2013, 171, betr. unfallbedingte Beschädigung eines rechnerisch bereits vollständig abgeschriebenen Kfz). Gleiches gilt, wenn im Falle einer außergewöhnlichen technischen Abnutzung die betreffende Substanzeinbuße durch eine technisch fehlerfreie Reparatur vollständig behoben wurde. In diesem Falle können nur die Reparaturkosten als sofort abziehbare Werbungskosten im Rahmen von § 9 Abs. 1 S. 1 oder § 9 Abs. 1 S. 3 Nr. 6 S. 1 (→ Rn. 559) in Ansatz gebracht werden. Soweit die außergewöhnliche Abnutzung durch eine Entschädigung von dritter Seite kompensiert wird, beseitigt dies nicht den Tatbestand der AfaA. Die Ersatzleistung begründet vielmehr eine gesondert zu würdigende Einnahme (→ Rn. 242). 596

Die AfaA ist grundsätzlich in dem Veranlagungszeitraum vorzunehmen, in dem jene ungewöhnlichen Umstände eingetreten sind, welche die außergewöhnliche Abnutzung ausgelöst haben, spätestens jedoch im Veranlagungszeitraum der Entdeckung der jeweiligen außergewöhnlichen technischen oder wirtschaftlichen Abnutzung. Insbesondere kann der Steuerpflichtige mit der Vornahme der AfaA nicht abwarten, bis feststeht, ob und in welcher Höhe er eine Ersatzleistung erhält (BFH 13.3.1998 – VI R 27/97, BStBl. II 1998, 443). 597

Was den (Gesamt-)Umfang der Absetzungen (AfA-Volumen) anbetrifft, ist zu berücksichtigen, dass nur derjenige Teil der Anschaffungs- oder Herstellungskosten eines Wirtschaftsguts als Werbungskosten geltend gemacht werden kann, der auf die berufliche Nutzung des Wirtschaftsguts entfällt. Das AfA-Volumen ist daher nicht notwendig identisch mit den Kosten der Anschaffung oder Herstellung. So können zB Aufwendungen für die Anschaffung oder Herstellung eines **gemischt genutzten Wirtschaftsguts** nur in dem Umfang als Werbungskosten abgezogen werden, der dem Verhältnis der erwerbsbezogenen Nutzung des Wirtschaftsguts zur Privatnutzung entspricht. Der reguläre AfA-Betrag ist daher im Umfang des privaten Nutzungsanteils zu kürzen. Bei der **Umwidmung eines zunächst privat genutzten Gegenstands zum Arbeitsmittel** kann zwar der reguläre AfA-Betrag angesetzt werden, das AfA-Volumen ist jedoch auf den rechnerischen Buchwert des betreffenden Gegenstands zum Zeitpunkt seiner Umwidmung beschränkt (→ Rn. 545). Im Falle des **unentgeltlichen Erwerbs eines Wirtschaftsguts** ist das dem Rechtsnachfolger zur Verfügung stehende AfA-Volumen ebenfalls um die auf die Besitzzeit des Rechtsvorgängers entfallenden (fiktiven) AfA-Beträge zu kürzen (vgl. BFH 16.2.1990 – VI R 85/87, BStBl. II 1990, 883; siehe auch § 11d Abs. 1 S. 2 EStDV). 598

Hinsichtlich des verbleibenden AfA-Volumens ist der Rechtsnachfolger gemäß **§ 11d Abs. 1 S. 1 EStDV** zudem an diejenigen Prozentsätze gebunden, die der Rechtsvorgänger anzusetzen hätte, wenn dieser noch Eigentümer des Wirtschaftsguts wäre. Im Falle des unentgeltlichen Erwerbs **bilden Rechtsvorgänger und Rechtsnachfolger für die Zwecke der AfA insofern eine „Abschreibungs-Einheit"**. 598.1

Einstweilen frei 599–601

cc) Beginn und Ende der AfA. Der **Abschreibungszeitraum beginnt** im Jahr der Anschaffung oder Herstellung des beruflich genutzten Wirtschaftsguts. Dies gilt auch dann, wenn der Steuerpflichtige die Anschaffungs- oder Herstellungsaufwendungen erst in einem späteren Veranlagungszeitraum verausgabt (vgl. BFH 16.1.1996 – IX R 60/94, BFH/NV 1996, 600 mwN). Jahr der Anschaffung ist das Jahr der Lieferung, Jahr der Herstellung ist das Jahr der Fertigstellung (§ 9a EStDV). Bei **unterjähriger Anschaffung oder Herstellung** kann die AfA im Erstjahr nur anteilig in dem von § 7 Abs. 1 S. 4 vorgegebenen Umfang geltend gemacht werden. Gemäß dieser Vorschrift ist die Jahres-AfA um ein Zwölftel für jeden vollen Kalendermonat zu kürzen, der der Anschaffung oder Herstellung vorangeht. Davon ausgenommen sind allein Gebäude, Gebäudeteile, Eigentumswohnungen und in Teileigentum stehende Räume, die der degressiven AfA nach § 7 Abs. 5 (gegebenenfalls iVm Abs. 5a) unterliegen, vgl. § 7 Abs. 5 S. 3. Verwendet der Steuerpflichtige das angeschaffte oder hergestellte Wirtschaftsgut zunächst privat, so beginnt der Abschreibungszeitraum im 602

Jahr der erstmaligen Verwendung des Wirtschaftsguts zu beruflichen Zwecken (BFH 15.12.1992 – VIII R 27/91, BFH/NV 1993, 599).

603 Der **Abschreibungszeitraum endet,** sobald der Steuerpflichtige das Wirtschaftsgut nicht mehr zur Erzielung von Überschusseinkünften verwendet, spätestens jedoch, wenn die voraussichtliche Gesamtnutzungsdauer abgelaufen und das zur Verfügung stehende AfA-Volumen damit aufgebraucht ist. Beendet der Steuerpflichtige den Einsatz des Wirtschaftsguts zur Einkünfteerzielung bevor die voraussichtliche Gesamtnutzungsdauer abgelaufen ist, so kann er das nicht ausgeschöpfte AfA-Volumen weder in Form von AfA noch in Form von AfaA als Werbungskosten in Abzug bringen (vgl. BFH 15.12.1992 – VIII R 27/91, BFH/NV 1993, 599).

604 *Einstweilen frei*

605 **dd) Pflicht zur Vornahme von AfA.** Wenn die gesetzlichen Tatbestandsvoraussetzungen von AfA-Vorschriften erfüllt sind und diese dem Steuerpflichtigen nicht ausnahmsweise ein Wahlrecht einräumen, müssen die gesetzlich vorgesehenen Absetzungen vorgenommen werden (**Absetzungspflicht;** vgl. BFH 8.4.2008 – VIII R 64/06, BFH/NV 2008, 1660).

606 **Unterlassene Absetzungen** sind grundsätzlich nachzuholen (vgl. HHR/*Nolde* § 7 Rn. 97). Im Rahmen der AfA in gleichen Jahresbeträgen nach § 7 Abs. 1 S. 1 müssen zu diesem Zweck die gesamten noch nicht abgeschriebenen Anschaffungs- oder Herstellungskosten auf die verbleibende voraussichtliche Restnutzungsdauer verteilt werden (BFH 21.2.1967 – VI R 295/66, BStBl. III 1967, 386). Hingegen ist bei den Gebäude-Absetzungen gemäß § 7 Abs. 4 der gesetzlich festgelegte Absetzungsbetrag beizubehalten, dafür aber der Abschreibungszeitraum über die gesetzlich vermutete Gesamtnutzungsdauer hinaus zu verlängern, bis das AfA-Volumen schließlich aufgebraucht ist (BFH 3.7.1984 – IX R 45/84, BStBl. II 1984, 709).

607 Etwas anderes gilt für **Absetzungen, die der Steuerpflichtige „willentlich" und „willkürlich" unterlassen hat,** etwa weil er sich durch eine Nachholung der bewusst unterlassenen Absetzungen in späteren Veranlagungszeiträumen eine Steuerersparnis erhofft (vgl. BFH 8.4.2008 – VIII R 64/06, BFH/NV 2008, 1660). Hier stellt sich der Grundsatz von Treu und Glauben einer Nachholung entgegen. Die nicht abgesetzten Beträge gehen dem Steuerpflichtigen verloren.

608 **d) Sonderabschreibungen nach § 7b.** Vom Verweis des § 9 Abs. 1 S. 3 Nr. 7 S. 1 umfasst ist auch die Vorschrift des § 7b, die steuerliche Anreize für den Mietwohnungsneubau im bezahlbaren Mietsegment schaffen soll. Steuerpflichtige, die Einkünfte aus der Vermietung oder Verpachtung einer **neuen Wohnung** erzielen, können unter den in § 7b bezeichneten Voraussetzungen zusätzlich zur Regel-AfA bis zu vier Jahre lang Sonderabschreibungen auf die Anschaffungs- oder Herstellungskosten der neuen Wohnung als Werbungskosten in Abzug bringen. Gemäß § 52 Abs. 15a kann die Inanspruchnahme der Sonderabschreibungen nach § 7b erstmalig für den Veranlagungszeitraum 2018 und letztmalig für den Veranlagungszeitraum 2026 geltend gemacht werden. Zu Einzelheiten der Sonderabschreibungen für Mietwohnungsneubau nach § 7b → § 7b Rn. 1 ff.

609 **e) Möglichkeit des Sofortabzugs bei geringwertigen Wirtschaftsgütern.** § 9 Abs. 1 S. 3 Nr. 7 S. 2 ordnet ausdrücklich die entsprechende Anwendung von § 6 Abs. 2 S. 1 bis 3 auf die Überschusseinkunftsarten an. Sofern ein beruflich genutztes Wirtschaftsgut abnutzbar, beweglich sowie einer selbständigen Nutzung fähig ist und seine Anschaffungs- oder Herstellungskosten, vermindert um einen darin gegebenenfalls enthaltenen Vorsteuerbetrag, 800 EUR nicht übersteigen (sog. **„geringwertiges Wirtschaftsgut"**), kann der Steuerpflichtige daher gemäß 6 Abs. 2 S. 1 die Anschaffungs- oder Herstellungskosten (einschließlich eines etwaig enthaltenen Vorsteuerbetrags; vgl. § 9b Abs. 1) im Jahr der Anschaffung bzw. Herstellung vollumfänglich als Werbungskosten in Abzug bringen (Wahlrecht).

610 Mit Blick auf den **Grenzbetrag** von 800 EUR sind die Anschaffungs- oder Herstellungskosten des jeweiligen Wirtschaftsguts gemäß dem eindeutigen Wortlaut des § 6 Abs. 2 S. 1 auch dann um einen gegebenenfalls enthaltenen Vorsteuerbetrag zu kürzen, wenn der Steuerpflichtige zum Vorsteuerabzug nicht berechtigt ist. Im Zusammenhang mit der Geringwertigkeitsgrenze ist weiterhin zu beachten, dass stets, dh auch im Falle einer gemischten Nutzung, die *gesamten* Netto-Anschaffungs- oder Herstellungskosten des jeweiligen Wirtschaftsguts

maßgeblich sind. Die Vorschrift findet somit keine Anwendung, wenn nur der auf die berufliche Nutzung entfallende Teil der Netto-Anschaffungs- oder Herstellungskosten die Geringwertigkeitsgrenze nicht übersteigt, wohl aber der Gesamtbetrag (ebenso KSM/*von Bornhaupt* § 9 Rn. I 128).

In den Fällen der **Umwidmung** sowie des **unentgeltlichen Erwerbs** (§ 11d EStDV) eines Wirtschaftsguts lässt die Finanzverwaltung einen Sofortabzug aus Vereinfachungsgründen auch dann zu, wenn die Netto-Anschaffungs- oder Herstellungskosten (des Rechtsvorgängers) den Grenzbetrag des § 6 Abs. 2 S. 1 zwar übersteigen, das verbleibende AfA-Volumen (rechnerischer Buchwert) jedoch nicht mehr als 800 EUR beträgt (→ Rn. 557 f.; vgl. ferner LStH 9.12; siehe auch BFH 2.2.1990 – VI R 22/86, BStBl. II 1990, 684; BFH 16.2.1990 – VI R 85/87, BStBl. II 1990, 883). **611**

Einstweilen frei **612**

III. Fahrt- und Übernachtungsaufwendungen sowie doppelte Haushaltsführung bei anderen Überschusseinkunftsarten als nichtselbständige Arbeit (Abs. 3)

Gemäß § 9 Abs. 3 gelten § 9 Abs. 1 S. 3 Nr. 4 bis 5a sowie Abs. 2 und 4a bei den Einkunftsarten iSd § 2 Abs. 1 S. 1 Nr. 5–7 entsprechend. Diese ihrem Wortlaut nach auf Arbeitnehmer beschränkten Regelungen sind somit auch bei der Erzielung von Einkünften aus Kapitalvermögen (soweit § 20 Abs. 9 keine Anwendung findet, vgl. § 2 Abs. 2 S. 2 iVm § 32d Abs. 2), Einkünften aus Vermietung und Verpachtung sowie sonstigen Einkünften anzuwenden. Dabei ist den Spezifika der jeweiligen Einkunftsart Rechnung zu tragen (vgl. HHR/*Bergkemper* § 9 Rn. 543). **613**

Im Zusammenhang mit Wegeaufwendungen des Einkünfte aus Vermietung und Verpachtung erzielenden Steuerpflichtigen ist zu berücksichtigen, dass § 9 Abs. 3 auf **Fahrtkosten, die zu den Anschaffungs- oder Herstellungskosten eines Gebäudes gehören,** keine Anwendung findet. Die steuerliche Berücksichtigung dieser Aufwendungen erfolgt vielmehr ausschließlich durch die Einbeziehung der tatsächlichen Wegeaufwendungen in die Anschaffungs- oder Herstellungskosten des jeweiligen Objekts (vgl. BFH 10.5.1995 – IX R 73/91, BStBl. II 1995, 713; siehe auch *Seitrich* BB 1986, 2308). **614**

Im Übrigen greifen die in **§ 9 Abs. 1 S. 3 Nr. 4** iVm Abs. 2 geregelten Abzugsbeschränkungen betreffend Aufwendungen für die Wege zwischen Wohnung und erster Tätigkeitsstätte nur, wenn und soweit der Nicht-Arbeitnehmer im Rahmen seiner Einkünfteerzielungstätigkeit einen Ort aufsucht, der seiner Art und Funktion nach tatsächlich einer „ersten Tätigkeitsstätte" iSv § 9 Abs. 4 entspricht. Unter welchen Voraussetzungen dies der Fall ist, wird nicht einheitlich beurteilt. So unterfallen „Aufwendungen für gelegentliche Fahrten" zu einem vom Steuerpflichtigen vermieteten Grundstück nach Ansicht der Finanzverwaltung nicht den Abzugsbeschränkungen des § 9 Abs. 3 iVm Abs. 1 S. 3 Nr. 4, Abs. 2 (EStR 21.2 Abs. 4 S. 4). Nach Auffassung des FG Münster gelangt § 9 Abs. 1 S. 3 Nr. 4, Abs. 2 indes schon dann zur Anwendung, wenn ein Steuerpflichtiger „durchschnittlich zweimal wöchentlich" zu seinem Vermietungsobjekt fährt, um dort Instandhaltungsarbeiten und kleinere Reparaturen durchzuführen (FG Münster 28.11.1989 – VI 2090/86 E, EFG 1990, 303). Das FG Düsseldorf unterwirft sogar Fahrten zum Belegenheitsort eines Vermietungsobjekts, die der Steuerpflichtige lediglich zweimal monatlich durchführt, den Abzugsbeschränkungen des § 9 Abs. 1 S. 3 Nr. 4 iVm Abs. 2, wenn der Steuerpflichtige an diesem Ort die gesamte mit dem Objekt verbundene Verwaltungstätigkeit ausübt und deshalb dort der Schwerpunkt der Einkünfteerzielungstätigkeit liegt (FG Düsseldorf 4.6.1991 – 6 K 89/86 E, EFG 1992, 67). **615**

Aufwendungen für beruflich veranlasste Fahrten des Nicht-Arbeitnehmers, die nicht unter § 9 Abs. 1 S. 3 Nr. 4 S. 1 (Wege zwischen Wohnung und erster Tätigkeitsstätte) fallen und die auch keine Familienheimfahrten iSv § 9 Abs. 1 S. 3 Nr. 5 S. 5 darstellen, sind nach Maßgabe von § 9 Abs. 3 iVm **§ 9 Abs. 1 S. 3 Nr. 4a** in Ansatz zu bringen, dh wahlweise in tatsächlicher Höhe oder mit den pauschalen Kilometersätzen (→ Rn. 412). **616**

Die entsprechende Anwendung des **§ 9 Abs. 1 S. 3 Nr. 5** erfordert, dass der Nicht-Arbeitnehmer außerhalb des Ortes, an dem er seinen Haupthaushalt führt, zum Zwecke der Einkünfteerzielung tätig ist und an diesem anderen Ort über eine Art erste Tätigkeitsstätte verfügt. Denkbar ist zB, dass der Steuerpflichtige am Belegenheitsort seiner Vermietungsob- **617** jekte eine zweite – als Verwaltungsbüro ausgestattete – Wohnung unterhält und dort auch übernachtet (*Seitrich* BB 1986, 2308 (2309)). Sofern Aufwendungen für Familienheimfahrten zu den Anschaffungs- oder Herstellungskosten eines Gebäudes gehören, finden sie im Rahmen der Gebäude-AfA (§ 9 Abs. 1 S. 3 Nr. 7 S. 1 iVm § 7) steuerliche Berücksichtigung (→ Rn. 614). Der Werbungskostenabzug auf Grundlage von § 9 Abs. 3 iVm Abs. 1 S. 3 Nr. 5 scheidet daher selbst dann aus, wenn die tatbestandlichen Voraussetzungen einer „beruflich veranlassten doppelten Haushaltsführung" vorliegen.

618 Übernachtet der Nicht-Arbeitnehmer aus beruflichen Gründen außerhalb seiner Wohnung an einem Ort, der nicht dem Ort einer ersten Tätigkeitsstätte vergleichbar ist, so sind die dadurch verursachten notwendigen Mehraufwendungen nach Maßgabe von **§ 9 Abs. 1 S. 3 Nr. 5a** in Abzug zu bringen. Denkbar ist zB, dass ein Steuerpflichtiger im Rahmen der Betreuung seines Grundbesitzes oder bei der Durchführung von Renovierungsarbeiten am Belegenheitsort des vermieteten Objekts übernachtet, ohne dass die Voraussetzungen der doppelten Haushaltsführung erfüllt sind (HHR/*Bergkemper* § 9 Rn. 544).

619 Im Zusammenhang mit Reisen zum Vermietungsobjekt können unter den Voraussetzungen und in den Schranken des **§ 9 Abs. 4a** auch Mehraufwendungen des Nicht-Arbeitnehmers für Verpflegung in Ansatz gebracht werden. Entsprechendes (dh Abzug von Verpflegungsmehraufwendungen als Werbungskosten) gilt bei einer doppelten Haushaltsführung des Nicht-Arbeitnehmers (§ 9 Abs. 3 iVm Abs. 4a S. 12 und 13).

620–621 *Einstweilen frei*

IV. Erste Tätigkeitsstätte (Abs. 4)

1. Überblick

622 **§ 9 Abs. 4 S. 1 bis 7** definiert den Begriff „erste Tätigkeitsstätte". Im Kontext der besonderen Werbungskostentatbestände ist dieser Begriff Anknüpfungspunkt für verschiedene Werbungskostenabzugsbeschränkungen: Bestimmte erwerbsbezogene Aufwendungen kann der Arbeitnehmer nur eingeschränkt oder sogar überhaupt nicht als Werbungskosten abziehen, wenn sie mit dem Aufsuchen der ersten Tätigkeitsstätte in Zusammenhang stehen.

622.1 Aufwendungen des Arbeitnehmers für die **Wege zwischen Wohnung und erster Tätigkeitsstätte** werden nur in Form der Entfernungspauschale steuermindernd berücksichtigt (§ 9 Abs. 1 S. 3 Nr. 4, Abs. 2), → Rn. 347 ff.

622.2 **Mehraufwendungen des Arbeitnehmers für Verpflegung am Ort der ersten Tätigkeitsstätte** sind grundsätzlich nicht abziehbar als Werbungskosten (vgl. § 9 Abs. 4a S. 2), → Rn. 448 f.

622.3 Übernachtungs- und Fahrtkosten sowie Verpflegungsmehraufwendungen des Arbeitnehmers bei Unterhaltung eines Zweithaushalts am Ort der ersten Tätigkeitsstätte können nur eingeschränkt als Werbungskosten geltend gemacht werden (§ 9 Abs. 1 S. 3 Nr. 5), → Rn. 487 ff.

623 **§ 9 Abs. 4 S. 8 Hs. 2** erklärt § 9 Abs. 1 S. 3 Nr. 4 und Nr. 5 sowie Abs. 4a für entsprechend anwendbar auf Fälle, in denen ein Steuerpflichtiger durch ein Vollzeit-Studium bzw. eine Vollzeitbildungsmaßnahme einen (Überschuss-)Einkünfteerzielungstatbestand verwirklicht. **§ 9 Abs. 4 S. 8 Hs. 1** fingiert die vom Steuerpflichtigen aufgesuchte Bildungseinrichtung für diesen Zweck als „erste Tätigkeitsstätte".

624 *Einstweilen frei*

2. Definition (Abs. 4 S. 1 bis 7)

625 „Erste Tätigkeitsstätte" ist nach **§ 9 Abs. 4 S. 1** die ortsfeste betriebliche Einrichtung des Arbeitgebers, eines verbundenen Unternehmens (§ 15 AktG) oder eines vom Arbeitgeber bestimmten Dritten (zB ein Kunde des Arbeitgebers; vgl. BMF 24.10.2014, BStBl. I 2014, 1412 Rn. 4), der der Arbeitnehmer dauerhaft zugeordnet ist.

626 Unter das Tatbestandsmerkmal **„ortsfeste betriebliche Einrichtung"** können nur solche festen Geschäftseinrichtungen und Anlagen subsumiert werden, die der Tätigkeit eines Unternehmens dienen (vgl. § 12 S. 1 AO; BFH 11.7.2013 – VI R 62/12, BFH/NV 2014, 147). Erforderlich ist weiterhin, dass der Arbeitgeber, das verbundene Unternehmen iSv § 15 AktG oder der vom Arbeitgeber bestimmte Dritte die Verfügungsbefugnis über die betreffende Einrichtung nicht nur vorübergehend ausübt. Bauausführungen oder Montagen iSv

§ 12 S. 2 Nr. 8 AO können daher ebenso wenig erste Tätigkeitsstätte sein (vgl. BFH 11.7.2013 – VI R 62/12, BFH/NV 2014, 147) wie ein häusliches Arbeitszimmer des Arbeitnehmers (vgl. BT-Drs. 17/10774, 15; BMF 24.10.2014, BStBl. I 2014, 1412 Rn. 3; aA HHR/*Bergkemper* § 9 Rn. 545: „Der ArbN kann jedoch ein vom Arbeitgeber bestimmter Dritter iSd. Satzes 1 sein, sodass uE das häusliche Arbeitszimmer erste Tätigkeitsstätte sein kann"). Fahrzeuge, Flugzeuge und Schiffe scheiden ebenfalls aus, da sie nicht ortsfest sind (vgl. BFH 19.12.2005 – VI R 30/05, BStBl. II 2006, 378; BFH 6.2.2014 – VI R 34/13, BFH/NV 2014, 691; BFH 26.2.2014 – VI R 68/12, BFH/NV 2014, 1029).

§ 9 Abs. 4 S. 1 verlangt weiterhin, dass der Arbeitnehmer der betreffenden ortsfesten **627** betrieblichen Einrichtung **„dauerhaft zugeordnet"** ist. Das Tatbestandsmerkmal der „dauerhaften Zuordnung" wird in § 9 Abs. 4 S. 2 bis 4 näher erläutert.

Als primäres Mittel und Maßstab der Zuordnung benennt **§ 9 Abs. 4 S. 2** die **dienst- 628** **oder arbeitsrechtlichen Festlegungen** sowie die diese ausfüllenden Absprachen und Weisungen. Der Gesetzgeber wollte durch die Orientierung an den dienst- oder arbeitsrechtlichen Festlegungen dem Direktionsrecht des Arbeitgebers steuerlich Rechnung tragen. Im Ergebnis sollte die Führung des Nachweises über die erste Tätigkeitsstätte erleichtert sowie die Gefahr des Auseinanderfallens der dienstrechtlichen von der steuerrechtlichen Einordnung bestimmter Zahlungen als Reisekosten (des Arbeitnehmers) deutlich verringert werden (BT-Drs. 17/10774, 15). Die dienst- oder arbeitsrechtlichen Festlegungen sind allerdings nicht allein maßgeblich. Vielmehr steht die steuerliche Anerkennung der Zuordnungsentscheidung des Arbeitgebers unter dem Vorbehalt, dass der Arbeitnehmer zumindest in geringem Umfang (gegebenenfalls auch in Gestalt von bloßen Hilfs- oder Nebentätigkeiten) an der betreffenden betrieblichen Einrichtung tätig wird und zu diesem Zweck persönlich dort erscheint (vgl. BMF 24.10.2014, BStBl. I 2014, 1412 Rn. 6). Eine (Negativ-)Festlegung des Arbeitgebers dahin, der Arbeitnehmer habe keine erste Tätigkeitsstätte, ist steuerrechtlich unbeachtlich. Fehlt es an einer anzuerkennenden Zuordnungsentscheidung des Arbeitgebers, so bestimmt sich die erste Tätigkeitsstätte des Arbeitnehmers nach den Kriterien des § 9 Abs. 4 S. 4 (→ Rn. 631 f.).

§ 9 Abs. 4 S. 3 konkretisiert das Merkmal der **„Dauerhaftigkeit"** der Zuordnung durch **629** die arbeits- oder dienstrechtlichen Festlegungen. So ist gemäß dieser Bestimmung von einer dauerhaften Zuordnung insbesondere auszugehen, wenn der Arbeitnehmer unbefristet, für die Dauer des Dienstverhältnisses oder über einen Zeitraum von 48 Monaten hinaus an der betreffenden ortsfesten betrieblichen Einrichtung tätig werden soll. Maßgebend für die gebotene prognostische Betrachtung sind die Festlegungen des Arbeitgebers und die im Rahmen des Dienstverhältnisses erteilten Weisungen (BMF 24.10.2014, BStBl. I 2014, 1412 Rn. 13). Diesbezügliche Änderungen sind nur mit Wirkung für die Zukunft zu berücksichtigen.

In den Fällen der **Kettenabordnung** (dh mehrere, unmittelbar aufeinander folgende **630** Abordnungen eines Arbeitnehmers an einen fremden Beschäftigungsort) liegt eine dauerhafte Zuordnung iSv § 9 Abs. 4 S. 2 und 3 nur vor, wenn die einzelne Abordnung einen Zeitraum von mehr als 48 Monaten umfasst. Wird eine auf höchstens 48 Monate geplante **Auswärtstätigkeit des Arbeitnehmers verlängert,** führt dies nicht dazu, dass die betreffende auswärtige betriebliche Einrichtung rückwirkend als erste Tätigkeitsstätte anzusehen ist. Für die gegenwärtige und zukünftige Einordnung als erste Tätigkeitsstätte kommt es darauf an, ob der Arbeitnehmer vom Zeitpunkt der Verlängerungsentscheidung an noch mehr als 48 (weitere) Monate an der betreffenden betrieblichen Einrichtung eingesetzt werden soll (BMF 24.10.2014, BStBl. I 2014, 1412 Rn. 17).

Liegt eine wirksame Zuordnungsentscheidung des Arbeitgebers iSv § 9 Abs. 4 S. 2 und 3 **631** nicht vor (zB weil der Arbeitnehmer an der vom Arbeitgeber als erste Tätigkeitsstätte festgelegten betrieblichen Einrichtung überhaupt nicht tätig wird oder weil der Arbeitgeber ausdrücklich erklärt hat, dass eine von ihm getroffene organisatorische Zuordnungsentscheidung keine steuerliche Wirkung entfalten soll) oder ist die Zuordnungsentscheidung nicht eindeutig, so ist die erste Tätigkeitsstätte des Arbeitnehmers nach den in **§ 9 Abs. 4 S. 4** bezeichneten **quantitativen Kriterien** zu bestimmen. Danach ist erste Tätigkeitsstätte diejenige ortsfeste betriebliche Einrichtung, an der der Arbeitnehmer dauerhaft entweder typischerweise arbeitstäglich oder je Arbeitswoche zwei volle Arbeitstage oder mindestens ein Drittel seiner vereinbarten regelmäßigen Arbeitszeit tätig werden soll.

632 Auch § 9 Abs. 4 S. 4 verlangt damit eine **Prognose.** Erforderlich ist eine Voraussage darüber, wo und in welchem Umfang der Arbeitnehmer seine eigentliche berufliche Tätigkeit ausüben wird. Bloße Vor- und Nachbereitungsarbeiten bzw. sonstige Tätigkeiten von nachgeordneter Bedeutung bleiben insoweit außer Betracht (BMF 24.10.2014, BStBl. I 2014, 1412 Rn. 26). Die Prognose ist zu Beginn des Dienstverhältnisses anzustellen. Ein Abweichen der tatsächlichen Verhältnisse aufgrund von unvorhersehbaren Ereignissen (zB Krankheit des Arbeitnehmers) lässt die Maßgeblichkeit der zuvor getroffenen Prognose für die Vergangenheit unberührt (vgl. BT-Drs. 17/10774, 15). Für die Zukunft ist eine Neubeurteilung vorzunehmen, wenn und sobald sich die maßgeblichen Umstände nachhaltig ändern. Dies ist nach Auffassung der Finanzverwaltung insbesondere dann der Fall, „wenn sich das Berufsbild des Arbeitnehmers (Außendienstmitarbeiter wechselt z. B. in den Innendienst) oder die quantitativen Zuordnungskriterien (Arbeitnehmer soll z. B. statt zwei nun drei Filialen betreuen) dauerhaft ändern oder der Arbeitgeber erstmalig eine dienst- oder arbeitsrechtliche Zuordnungsentscheidung trifft" (BMF 24.10.2014, BStBl. I 2014, 1412 Rn. 27).

633 Gemäß **§ 9 Abs. 4 S. 5** hat der Arbeitnehmer je Dienstverhältnis **höchstens eine erste Tätigkeitsstätte.** Sofern die Bestimmung der ersten Tätigkeitsstätte nach § 9 Abs. 4 S. 2 und 3 erfolgt, dh nach Maßgabe einer wirksamen Zuordnungsentscheidung des Arbeitgebers, hat die Regelung des § 9 S. 5 lediglich deklaratorische Bedeutung. Denn die Zuordnungsentscheidung des Arbeitgebers ist nur dann wirksam, wenn sie eine eindeutige Festlegung auf eine bestimmte Tätigkeitsstätte enthält (vgl. § 9 Abs. 4 S. 4). Eine Konkurrenzsituation zwischen mehreren betrieblichen Einrichtungen ist in den Fällen des § 9 Abs. 4 S. 2 und 3 daher von vornherein ausgeschlossen. Anders verhält es sich jedoch, wenn es an einer wirksamen Zuordnungsentscheidung des Arbeitgebers fehlt und zudem mehrere betriebliche Einrichtungen die quantitativen Anforderungen des § 9 Abs. 4 S. 4 erfüllen. Für die Beurteilung dieser Fälle hat die Regelung des § 9 Abs. 4 S. 5 konstitutive Bedeutung. Sie verhindert namentlich, dass die mit dem Aufsuchen einer ersten Tätigkeitsstätte einhergehenden Beschränkungen des Werbungskostenabzugs in Bezug auf sämtliche Tätigkeitsstätten Anwendung finden, die die Kriterien des § 9 Abs. 4 S. 4 erfüllen. Allerdings ist zu beachten, dass die Begrenzung auf eine erste Tätigkeitsstätte nur mit Blick auf ein- und dasselbe Dienstverhältnis gilt. Ein Steuerpflichtiger, der in **mehreren Dienstverhältnissen** steht, kann dementsprechend auch **mehrere erste Tätigkeitsstätten** haben.

634 Ist die erste Tätigkeitsstätte nach § 9 Abs. 4 S. 4 zu ermitteln und erfüllen mehrere betriebliche Einrichtungen die dort genannten Kriterien, so bestimmt gemäß **§ 9 Abs. 4 S. 6** der Arbeitgeber, welche der in Betracht kommenden Tätigkeitsstätten des Arbeitnehmers als dessen erste Tätigkeitsstätte anzusehen ist. Da die Vorschrift keine Kriterien benennt, an denen der Arbeitgeber seine Entscheidung auszurichten hat, steht die Auswahl in dessen freiem Ermessen. Der Arbeitgeber ist folglich nicht verpflichtet, diejenige betriebliche Einrichtung iSv § 9 Abs. 4 S. 4 als erste Tätigkeitsstätte zu bestimmen, an der der Arbeitnehmer den zeitlich überwiegenden oder qualitativ bedeutsameren Teil seiner Arbeitsleistung erbringen soll (BMF 24.10.2014, BStBl. I 2014, 1412 Rn. 30).

634.1 Soweit § 9 Abs. 4 S. 6 auch auf die Sätze 2 und 3 verweist, ist die Vorschrift missverständlich. Denn in den von den Sätzen 2 und 3 erfassten Fällen steht abschließend fest, welche betriebliche Einrichtung als erste Tätigkeitsstätte zu qualifizieren ist, sodass sich eine Bestimmung des Arbeitgebers nach Maßgabe von § 9 Abs. 4 S. 6 erübrigt (ebenso HHR/*Bergkemper* § 9 Rn. 550).

635 Macht der Arbeitgeber in den Fällen des § 9 Abs. 4 S. 4 von seinem Bestimmungsrecht nach § 9 Abs. 4 S. 6 keinen Gebrauch oder ist die Bestimmung nicht eindeutig, so ist von den in Betracht kommenden betrieblichen Einrichtung gemäß **§ 9 Abs. 4 S. 7** diejenige die erste Tätigkeitsstätte, welche der Wohnung des Arbeitnehmers örtlich am nächsten liegt (**Meistbegünstigungsprinzip**). Tätigkeiten des Arbeitnehmers an weiter entfernt liegenden betrieblichen Einrichtungen werden als Auswärtstätigkeiten qualifiziert (BMF 24.10.2014, BStBl. I 2014, 1412 Rn. 31).

636 Liegt keine dienst- oder arbeitsrechtliche Zuordnung iSv § 9 Abs. 4 S. 2 und 3 vor und erfüllt zudem keine der vom Arbeitnehmer aufgesuchten ortsfesten betrieblichen Einrichtungen die quantitativen Kriterien des § 9 Abs. 4 S. 4, so hat der Arbeitnehmer **keine erste Tätigkeitsstätte.**

637–640 *Einstweilen frei*

3. Bildungseinrichtung als erste Tätigkeitsstätte (Abs. 4 Satz 8)

Kosten eines außerhalb eines Dienstverhältnisses unternommenen Vollzeitstudiums oder einer außerhalb eines Dienstverhältnisses unternommenen vollzeitigen Bildungsmaßnahme können als (vorab veranlasste) Werbungskosten abgezogen werden, wenn sie in einem hinreichend konkreten, objektiv feststellbaren Veranlassungszusammenhang mit (späteren) Einnahmen aus einer Überschusseinkunftsart stehen und § 9 Abs. 6 den Abzug nicht ausschließt (→ Rn. 676). 641

Gemäß § 9 Abs. 4 S. 8 gelten für derartige Aufwendungen die in § 9 Abs. S. 3 Nr. 4 (Entfernungspauschale), Nr. 5 (Mehraufwendungen wegen doppelter Haushaltsführung) und Abs. 4a (Mehraufwendungen für Verpflegung) normierten **Werbungskostenabzugsbeschränkungen** entsprechend. Dabei tritt die vom Steuerpflichtigen aufgesuchte Bildungseinrichtung an die Stelle der ersten Tätigkeitsstätte (vgl. § 9 Abs. 4 S. 8 Hs. 1). § 9 Abs. 4 S. 8 richtet sich gegen die frühere gegenteilige Rechtsprechung des BFH, wonach bei außerhalb eines Dienstverhältnisses absolvierten vollzeitigen Bildungsmaßnahmen bzw. Vollzeitstudien die aufgesuchte Bildungseinrichtung nicht als „regelmäßige Arbeitsstätte" anzusehen war, sodass der Steuerpflichtige seine Fahrtkosten nach Reisekostengrundsätzen (und damit in entsprechend größerem Umfang) in Ansatz bringen konnte (vgl. BFH 9.2.2012 – VI R 42/11, BStBl. II 2013, 236; BFH 9.2.2012 – VI R 44/10, BStBl. II 2013, 234). Der Gesetzgeber begründete sein „Gegensteuern" mit der Erwägung, dass ein Steuerpflichtiger, der in Ermangelung eines Dienstverhältnisses keinem Direktionsrecht unterliegt, die Entscheidung für die jeweilige Bildungseinrichtung selbst treffe und daher die Möglichkeit habe, sich auf die ihm entstehenden Wegekosten einzurichten und diese gering zu halten (BT-Drs. 17/10774, 15). 642

Ein **Vollzeitstudium** oder eine **vollzeitige Bildungsmaßnahme** liegt nach Auffassung der Finanzverwaltung (BMF 24.10.2014, BStBl. I 2014, 1412 Rn. 32) insbesondere vor, wenn der Steuerpflichtige im Rahmen des Studiums bzw. der Bildungsmaßnahme für einen Beruf ausgebildet wird und er daneben 643

- entweder keiner Erwerbstätigkeit nachgeht
- oder während der gesamten Dauer des Studiums bzw. der Bildungsmaßnahme eine Erwerbstätigkeit mit durchschnittlich nicht mehr als 20 Stunden regelmäßiger wöchentlicher Arbeitszeit ausübt
- oder lediglich in Form eines geringfügigen Beschäftigungsverhältnisses iSd §§ 8 und 8a SGB IV tätig wird.

Steht der Steuerpflichtige in einem Dienstverhältnis, so findet das Vollzeitstudium bzw. die vollzeitige Bildungsmaßnahme außerhalb desselben statt, wenn den Steuerpflichtigen auch **keine arbeitsvertragliche Verpflichtung zur Absolvierung des Studiums bzw. der Bildungsmaßnahme** trifft. Dass das Vollzeitstudium bzw. die vollzeitige Bildungsmaßnahme von Seiten des Arbeitgebers durch die Hingabe von Mitteln – zB in Gestalt eines Stipendiums – gefördert wird, steht der Einordnung als „außerhalb eines Dienstverhältnisses" nicht entgegen (BMF 24.10.2014, BStBl. I 2014, 1412 Rn. 31). 644

„Bildungseinrichtung" iSv § 9 Abs. 4 S. 8 ist jede Einrichtung, an der Wissen oder Bildung vermittelt wird. Dazu zählen Schulen und Hochschulen, aber auch sonstige außerbetriebliche Aus- und Fortbildungsstätten (vgl. HHR/*Bergkemper* § 9 Rn. 562). 645

Einstweilen frei 646–647

V. Nichtabziehbare Werbungskosten, Lizenzschranke und anschaffungsnahe Herstellungskosten (Abs. 5)

1. Sinngemäße Geltung von § 4 Abs. 5 S. 1 Nr. 1–4, 6b bis 8a, 10, 12 und Abs. 6 (Abzugsverbote)

Gemäß **§ 9 Abs. 5 S. 1** gelten die in § 4 Abs. 5 S. 1 Nr. 1–4, 6b bis 8a, 10, 12 und Abs. 6 geregelten Abzugsverbote bei den Überschusseinkunftsarten sinngemäß. Die Vorschrift bewirkt, dass bestimmte Aufwendungen, die begrifflich Werbungskosten darstellen, nicht oder nur eingeschränkt als solche in Abzug gebracht werden können. Der Gesetzgeber sucht damit eine belastungsergebnisbezogene Gleichbehandlung der in § 4 Abs. 5 S. 1 Nr. 1–4, 6b bis 8a, 10, 12 und Abs. 6 bezeichneten Ausgaben sicherzustellen, unabhängig davon, welche 648

Einkünfteermittlungsmethode zur Anwendung gelangt. Diese Zielsetzung gebietet es, auch § 4 Abs. 5 S. 2 sinngemäß auf die Überschusseinkunftsarten anzuwenden (vgl. HHR/*Bergkemper* § 9 Rn. 591), da die dort geregelte Ausnahme von den Abzugsverboten des § 4 Abs. 5 S. 1 Nr. 2–4 andernfalls eine Privilegierung der Gewinneinkunftsarten zur Folge hätte.

649 § 9 Abs. 5 S. 1 dient darüber hinaus der **Abwehr missbräuchlicher Gestaltungen.** Dies insofern, als die sinngemäße Anwendung der dort genannten Abzugsverbote auf die Überschusseinkunftsarten gewährleistet, dass § 4 Abs. 5 S. 1 nicht durch ein kollusives Zusammenwirken von Arbeitgeber und Arbeitnehmer umgangen wird. Ohne die Regelung des § 9 Abs. 5 S. 1 bestünde namentlich die Möglichkeit, dass der Arbeitgeber dem Arbeitnehmer einen höheren Lohn zahlt, damit dieser von dem zusätzlichen Geld Ausgaben tätigt und als Werbungskosten in Abzug bringt, die der Arbeitgeber wegen § 4 Abs. 5 S. 1 selbst nicht hätte steuermindernd geltend machen können (Schmidt/*Loschelder* § 9 Rn. 265; vgl. auch Blümich/*Thürmer* § 9 Rn. 611).

650 Hinsichtlich des Verweises auf **§ 4 Abs. 5 S. 1 Nr. 1** (Aufwendungen für Geschenke) ist zu beachten, dass Zuwendungen des Arbeitnehmers an seine Mitarbeiter bzw. Kollegen von dem dort normierten Abzugsverbot nicht erfasst sind (vgl. Blümich/*Thürmer* § 9 Rn. 613; HHR/*Bergkemper* § 9 Rn. 592). Voraussetzung für den Ansatz von Zuwendungen an Mitarbeiter oder Kollegen als Werbungskosten ist allerdings, dass das Geschenk (zumindest) beruflich (mit-)veranlasst ist, etwa weil der Zuwendungsempfänger dem Arbeitnehmer unterstellt ist und durch seine Zuarbeit potenziell Einfluss auf dessen variable Vergütung nehmen kann (vgl. BFH 19.6.2008 – VI R 33/07, BStBl. II 2009, 11). Zu Einzelheiten der Vorschrift → § 4 Rn. 2724.

651 Der persönliche Anwendungsbereich des § 4 Abs. 5 S. 1 Nr. 2 (**Aufwendungen für Bewirtung**) ist bei einem Arbeitnehmer nur eröffnet, wenn dieser selbst als bewirtende Person auftritt (BFH 19.6.2008 – VI R 48/07, BStBl. II 2008, 870). Die Abzugsbeschränkung greift nicht, soweit der Arbeitnehmer aus „beruflichem Anlass" (zum Begriff siehe BFH 8.7.2015 – VI R 46/14, BStBl. II 2015, 1013; BFH 10.11.2016 – VI R 7/16, BStBl. II 2017, 409) Kosten für die Bewirtung von Arbeitskollegen trägt (BFH 19.6.2008 – VI R 12/07, BFH/NV 2008, 1997; BFH 19.6.2008 – VI R 33/07, BStBl. II 2009, 11). Zu Einzelheiten der Vorschrift → § 4 Rn. 2731. Allgemein zur Abziehbarkeit von Bewirtungsaufwendungen als Werbungskosten → Rn. 742.

652 Den Abzugsverboten des § 4 Abs. 5 S. 1 Nr. 3 (**Aufwendungen für Gästehäuser**) und Nr. 4 (**Aufwendungen für Jagd oder Fischerei, Segeljachten oder Motorjachten sowie ähnliche Zwecke**) kommt im Rahmen der Überschusseinkunftsarten keine nennenswerte Bedeutung zu. Zu Einzelheiten der Vorschriften → § 4 Rn. 2742.

653 § 4 Abs. 5 S. 1 Nr. 6b schränkt den Abzug von **Aufwendungen für ein häusliches Arbeitszimmer** sowie die Kosten der Ausstattung ein. Zur Qualifikation eines „Telearbeitsplatzes" als häusliches Arbeitszimmer vgl. BFH 26.2.2014 – VI R 40/12, BStBl. II 2014, 568. Zu einem „Poolarbeitsplatz" als „anderer Arbeitsplatz" iSv § 9 Abs. 5 S. 1 iVm § 4 Abs. 5 S. 1 Nr. 6b S. 2 vgl. BFH 26.2.2014 – VI R 37/13, BStBl. II 2014, 570. Zu Einzelheiten der Vorschrift → § 4 Rn. 2773. Allgemein zur Abziehbarkeit von Aufwendungen für ein häusliches Arbeitszimmer → Rn. 723.

654 Gemäß § 9 Abs. 5 S. 1 iVm § 4 Abs. 5 S. 1 Nr. 7 können **Aufwendungen, die die Lebensführung des Steuerpflichtigen oder anderer Personen berühren,** nicht als Werbungskosten abgezogen werden, soweit sie nach allgemeiner Verkehrsauffassung als unangemessen anzusehen sind. Zur Angemessenheit von Aufwendungen für ein Kfz eines angestellten Außendienstmitarbeiters siehe FG Baden-Württemberg 9.11.2011 – 2 K 1253/11, EFG 2012, 1134. Zu Einzelheiten der Vorschrift → § 4 Rn. 2801.

655 Infolge des Verweises auf § 4 Abs. 5 S. 1 Nr. 8 sind **Geldbußen, Ordnungsgelder, Verwarnungsgelder** uÄ vom Werbungskostenabzug ausgeschlossen. Zu Einzelheiten der Vorschrift → § 4 Rn. 2806.

656 Infolge des Verweises auf § 4 Abs. 5 S. 1 Nr. 8a können aus beruflicher Veranlassung entrichtete **Hinterziehungszinsen** (§ 235 AO) nicht als Werbungskosten abgezogen werden. Zu Einzelheiten der Vorschrift → § 4 Rn. 2817.

657 Der Verweis auf § 4 Abs. 5 S. 1 Nr. 10 schließt den Werbungskostenabzug von beruflich veranlassten **Bestechungs- und Schmiergeldzahlungen** aus. Zu Einzelheiten der Vorschrift → § 4 Rn. 2823.

Gemäß § 9 Abs. 5 S. 1 iVm § 4 Abs. 5 S. 1 Nr. 12 können gegen den Steuerpflichtigen **nach § 162 Abs. 4 AO festgesetzte Zuschläge** nicht als Werbungskosten abgezogen werden. Zu Einzelheiten → § 4 Rn. 2831. 658

Aufwendungen zur Förderung staatspolitischer Zwecke (**Mitgliedsbeiträge und Spenden an politische Parteien** iSd § 2 PartG) sind gemäß § 9 Abs. 5 S. 1 iVm § 4 Abs. 6 keine Werbungskosten. Die steuerliche Berücksichtigung erfolgt bei den Sonderausgaben (§ 10b Abs. 2) oder durch die Steuerermäßigung nach § 34g. Zu Einzelheiten → § 4 Rn. 2848. 659

Einstweilen frei **660–661**

2. Entsprechende Geltung von § 4j (Lizenzschranke)

§ 9 Abs. 5 S. 2 ordnet die entsprechende Geltung von § 4j an. Mit dem Ziel, missbräuchliche steuerliche Gestaltungen bei der Verwertung von geistigem Eigentum zu unterbinden, schränkt diese Vorschrift die **Abziehbarkeit von Aufwendungen im Zusammenhang mit grenzüberschreitenden Rechteüberlassungen** ein, die nach dem 31. Dezember 2017 entstehen (vgl. § 52 Abs. 8a). Indem der steuermindernde Ansatz von Aufwendungen für Rechteüberlassungen unter bestimmten Bedingungen davon abhängig gemacht wird, welcher ertragsteuerlichen Belastung die betreffenden Zahlungen beim Gläubiger unterliegen, soll der durch sog. „IP-Boxen", „Patentboxen" oder „Lizenzboxen" begründete Anreiz, Gewinne durch das grenzüberschreitende Verschieben von immateriellen Wirtschaftsgütern ins Ausland zu verlagern, entfallen oder zumindest erheblich reduziert werden. Anwendungsvoraussetzung der Lizenzschranke ist, dass die vom Empfänger der Rechteüberlassung (Schuldner) an den Überlassenden (Gläubiger) entrichtete Zahlung einer von der Regelbesteuerung abweichenden, niedrigeren Besteuerung unterliegt und es sich beim Überlassenden (Gläubiger) um eine dem Überlassungsempfänger (Schuldner) nahestehende Person iSd § 1 Abs. 2 AStG handelt. 662

Eine von der Regelbesteuerung abweichende Besteuerung ist gemäß § 4j Abs. 2 S. 1 Hs. 1 und 2 „niedrig", wenn die vom Überlassenden (Gläubiger) durch die jeweilige Rechteüberlassung erzielten Einnahmen unter Berücksichtigung sämtlicher Regelungen, die sich auf die Besteuerung dieser Einnahmen auswirken, einer ertragsteuerlichen Belastung von weniger als 25 Prozent unterliegen (sog. **Präferenzregelung**). Hat der Überlassende (Gläubiger) seinerseits Aufwendungen für Rechte zu tragen, aus denen sich die von ihm an den Überlassungsempfänger (Schuldner) ausgereichten Rechte unmittelbar oder mittelbar ableiten, so steht dieser Umstand der Anwendung der Lizenzschranke nicht entgegen, wenn auch die vom Überlassenden (Gläubiger) an den nachgeschalteten Gläubiger (weiterer Gläubiger) entrichteten Zahlungen (weitere Einnahmen) einer steuerlichen Präferenzregelung unterliegen und der nachgeschaltete Gläubiger (weiterer Gläubiger) ebenfalls eine dem Überlassungsempfänger (Schuldner) nahestehende Peron iSd § 1 Abs. 2 AStG ist; vgl. § 4j Abs. 1 S. 2 Hs. 1. Zu Einzelheiten → § 4j Rn. 1. 663

Um eine Anwendungspraxis zu verhindern, die den von der OECD im Rahmen des sog. BEPS-Projekts verlautbarten Empfehlungen widerspricht, ordnet § 4j Abs. 1 S. 4 an, dass die Lizenzschranke nicht zur Anwendung gelangt, soweit sich die niedrigere Besteuerung daraus ergibt, dass die Einnahmen des Überlassenden (Gläubigers) oder des nachgeschalteten Gläubigers (weiteren Gläubigers) „einer Präferenzregelung unterliegen, die dem Nexus-Ansatz gemäß Kapitel 4 des Abschlussberichts 2015 zu Aktionspunkt 5, OECD (2016) ‚Wirksamere Bekämpfung schädlicher Steuerpraktiken unter Berücksichtigung von Transparenz und Substanz', OECD/G20 Projekt Gewinnverkürzung und Gewinnverlagerung, entspricht". Präferenzregelungen, die diese Anforderungen erfüllen, machen die Gewährung der steuerlichen Begünstigung von Einnahmen aus Rechteüberlassungen insbesondere vom **Vorhandensein einer substanziellen Geschäftstätigkeit** abhängig. Darüber hinaus bleibt die Lizenzschranke gemäß § 4j Abs. 1 S. 5 auch dann außer Anwendung, wenn auf Grund der aus den Aufwendungen des Empfängers der Rechteüberlassung (Schuldners) resultierenden Einnahmen ein **Hinzurechnungsbetrag iSd § 10 Abs. 1 S. 1 AStG** anzusetzen ist. 664

Liegen sämtliche Anwendungsvoraussetzungen der Lizenzschranke vor und greift keiner der Ausschlusstatbestände ein, so richtet sich die Abziehbarkeit der dem Überlassungsempfänger (Schuldner) im Zusammenhang mit der Rechteüberlassung entstandenen Aufwendungen nach § 4j Abs. 3. Gemäß dieser Bestimmung gilt für Zahlungen, die der Überlassungsempfän- 665 ger (Schuldner) als Gegenleistung für die Rechteüberlassung entrichtet, ein vollständiges Abzugsverbot, wenn die aus diesen Zahlungen resultierenden Einnahmen des Überlassenden (Gläubigers) gar keiner ertragsteuerlichen Belastung unterliegen. Im Übrigen, dh bei einer ertragsteuerlichen Belastung von mehr als 0, aber weniger als 25 Prozent, sind die **Aufwendungen anteilig abziehbar,** wobei der nicht abziehbare Teil desto höher ausfällt, je weiter die Belastung der Einnahmen des Überlassenden (Gläubigers) durch Ertragsteuern hinter 25 Prozent zurückbleibt.

666–669 *Einstweilen frei*

3. Entsprechende Geltung von § 6 Abs. 1 Nr. 1a (anschaffungsnahe Herstellungskosten)

670 **§ 9 Abs. 5 S. 2** ordnet die entsprechende Geltung von § 6 Abs. 1 Nr. 1a an. Gemäß § 6 Abs. 1 Nr. 1a S. 1 gehören Aufwendungen für Instandsetzungs- und Modernisierungsmaßnahmen, die innerhalb von drei Jahren nach der Anschaffung eines Gebäudes durchgeführt werden, zu den Herstellungskosten dieses Gebäudes, wenn die Aufwendungen ohne gegebenenfalls enthaltene Vorsteuerbeträge 15 Prozent der Anschaffungskosten übersteigen (anschaffungsnahe Herstellungskosten). Ein Steuerpflichtiger, der ein Gebäude anschafft und dieses zur Erzielung von Überschusseinkünften einsetzt, kann derartige Kosten daher nicht sofort in vollem Umfang, sondern gemäß § 9 Abs. 1 S. 3 Nr. 7 S. 1 iVm § 7 Abs. 4 nur in Form von Gebäude-AfA als Werbungskosten in Abzug bringen (BFH 14.6.2016 – IX R 25/14, BStBl. II 2016, 992; → Rn. 594).

671 Der Begriff **„Instandsetzungs- und Modernisierungsmaßnahmen"** iSd § 6 Abs. 1 Nr. 1a S. 1 ist gesetzlich nicht definiert. Der BFH versteht darunter bauliche Maßnahmen, durch die Mängel oder Schäden an vorhandenen Einrichtungen eines bestehenden Gebäudes oder am Gebäude selbst beseitigt werden oder das Gebäude in einen zeitgemäßen Zustand versetzt wird (BFH 14.6.2016 – IX R 25/14, BStBl. II 2016, 992). Hierzu zählen insbesondere die Instandsetzung oder Erneuerung vorhandener Sanitär-, Elektro- und Heizungsanlagen, der Fußbodenbeläge, der Fenster und der Dacheindeckung, deren Kosten – ohne die Regelung des § 6 Abs. 1 Nr. 1a S. 1 – vom Grundsatz her als sofort abziehbare Erhaltungsaufwendungen zu beurteilen wären (vgl. BFH 22.9.2009 – IX R 21/08, BFH/NV 2010, 846; BFH 14.6.2016 – IX R 25/14, BStBl. II 2016, 992). Vom Begriff umfasst sind darüber hinaus sog. Schönheitsreparaturen wie das Tapezieren, Anstreichen oder Kalken der Wände und Decken, das Streichen der Fußböden, Heizkörper, der Innen- und Außentüren sowie der Fenster. Seine frühere Rechtsprechung, der zufolge Aufwendungen für Schönheitsreparaturen nur unter der Bedingung in die anschaffungsnahen Herstellungskosten iSv § 6 Abs. 1 Nr. 1a S. 1 einzubeziehen sind, dass sie in einem engen räumlichen, zeitlichen und sachlichen Zusammenhang mit einer als einheitlich zu würdigenden Instandsetzung und Modernisierung des Gebäudes stehen (BFH 25.8.2009 – IX R 20/08, BStBl. II 2010, 125), hat der BFH zwischenzeitlich aufgegeben (BFH 14.6.2016 – IX R 25/14, DStR 2016, 2269).

672 Keine anschaffungsnahen Herstellungskosten sind gemäß § 6 Abs. 1 Nr. 1a S. 2 Alt. 1 **Aufwendungen für Erweiterungen iSd § 255 Abs. 2 S. 1 HGB.** Derartige Aufwendungen führen unabhängig von ihrer Höhe und zeitlichen Nähe zur Gebäudeanschaffung zu Herstellungskosten und sind mit Blick auf die 15 Prozent-Grenze des § 6 Abs. 1 Nr. 1a S. 1 außer Betracht zu lassen. Ebenfalls keine anschaffungsnahen Herstellungskosten sind gemäß § 6 Abs. 1 Nr. 1a S. 2 Alt. 2 **Aufwendungen für Erhaltungsarbeiten, die üblicherweise jährlich anfallen.** Etwas anderes gilt nach der Rechtsprechung (nur), wenn die Erhaltungsarbeiten in engem räumlichen, zeitlichen und sachlichen **Zusammenhang mit einer umfassenden Instandsetzung und Modernisierung** eines nicht mehr als drei Jahre vor der Durchführung der Arbeiten angeschafften Gebäudes stehen. In diesem Falle sollen die gesamten Aufwendungen der einheitlichen Baumaßnahme (dh einschließlich der Erhaltungsaufwendungen) nachträgliche Herstellungskosten iSv § 6 Abs. 1 Nr. 1a S. 1 darstellen, sofern sie – ohne die Umsatzsteuer – insgesamt 15 Prozent der Anschaffungskosten des Gebäudes übersteigen (vgl. BFH 25.8.2009 – IX R 20/08, BStBl. II 2010, 125).

673 Der **unentgeltliche Erwerb eines Gebäudes** schließt mangels „Anschaffung" die Anwendung des § 6 Abs. 1 Nr. 1a aus (BFH 28.4.1998 – IX R 66/95, BStBl. II 1998, 515).

Allerdings tritt der Rechtsnachfolger in die für den Rechtsvorgänger gegebenenfalls noch laufende Drei-Jahre-Frist ein (vgl. *Röhrig/Doege* DStR 2006, 161 (165)).

4. Entsprechende Geltung von § 6e (Fondsetablierungskosten als Anschaffungskosten)

674 **§ 9 Abs. 5 S. 2** ordnet die entsprechende Geltung von § 6e an. Gemäß § 6e gehören die in der Investitionsphase eines Fonds anfallenden Fondsetablierungskosten zu den Anschaffungskosten der zum Fondsvermögen gehörenden Wirtschaftsgüter, sofern die Investoren selbst keine wesentliche Einflussnahmemöglichkeit auf das einheitliche Vertragswerk des Fonds haben. Die Qualifikation derartiger Kosten (zB Treuhandgebühren, auf die Investitionsphase entfallende Geschäftsführungsvergütungen, Platzierungsgarantiegebühren) als Anschaffungskosten der Fonds-Wirtschaftsgüter hat zur Folge, dass sie nicht sofort in vollem Umfang, sondern allenfalls in Form von AfA nach Maßgabe von § 9 Abs. 1 S. 3 Nr. 7 iVm § 7 EStG als Werbungskosten abgezogen werden können. § 52 Abs. 14a ordnet die rückwirkende Anwendung des § 6e an.

675 *Einstweilen frei*

VI. Nichtabziehbarkeit von Erstausbildungskosten (Abs. 6)

1. Allgemeines

676 Gemäß **§ 9 Abs. 6 S. 1** sind Aufwendungen des Steuerpflichtigen für seine Berufsausbildung oder für sein Studium nur dann Werbungskosten, wenn der Steuerpflichtige zuvor bereits eine Erstausbildung (Berufsausbildung oder Studium) abgeschlossen hat oder wenn die Berufsausbildung oder das Studium im Rahmen eines Dienstverhältnisses stattfindet. Negativ gewendet bedeutet dies, dass Aufwendungen für eine Erstausbildung vom Werbungskostenansatz ausgeschlossen sind, es sei denn, das Absolvieren der betreffenden Berufsausbildung bzw. des betreffenden Studiums erfolgt in Erfüllung einer entsprechenden arbeitsvertraglichen Verpflichtung. Im Ergebnis können Kosten einer Erstausbildung, die außerhalb eines Dienstverhältnisses absolviert wird, daher lediglich als Sonderausgaben iSv § 10 Abs. 1 Nr. 7 und nur bis zu einem Höchstbetrag von 6.000 EUR steuermindernd geltend gemacht werden.

677 Die Regelung des § 9 Abs. 6 ist als Reaktion des Gesetzgebers auf eine Reihe von Urteilen des BFH zu verstehen, in denen dieser – in Abkehr von seiner früheren Rechtsprechung – Aufwendungen für eine Erstausbildung als abziehbare Werbungskosten anerkannte (vgl. BFH 28.7.2011 – VI R 5/10, BStBl. II 2012, 553; BFH 28.7.2011 – VI R 7/10, BStBl. II 2012, 557; BFH 28.7.2011 – VI R 38/10, BStBl. II 2012, 561). Mit der Einfügung des § 9 Abs. 6 wollte der Gesetzgeber die ursprüngliche Rechtslage wiederherstellen (vgl. BT-Drs. 17/7524, 5) und seine Grundentscheidung bekräftigen, die **erste Berufsausbildung und das Erststudium dem Bereich der privaten Lebensführung zuzuordnen** (vgl. BT-Drs. 18/3017, 42; „Kosten der erwerbsnahen Lebensführung" → § 12 Rn. 47). Dem liegt die Annahme zugrunde, der Zusammenhang zwischen Erstausbildung und späterer Berufstätigkeit sei typischerweise nicht hinreichend konkret, sodass es erforderlich und zulässig sei, „diesen Bereich nicht im Rahmen der Einkünfteermittlung zu regeln" (BT-Drs. 18/3017, 42). Zudem sei zu berücksichtigen, dass Auszubildende oder Studenten in der Zeit vor dem Abschluss ihrer Erstausbildung in der Regel von ihren Eltern finanziell unterstützt würden und die Erstausbildungskosten bei den Eltern in typisierter Form im Rahmen des Familienleistungsausgleichs und im Rahmen des Sonderbedarfs (Ausbildungsfreibeträge) berücksichtigt würden (BT-Drs. 18/3017, 42).

678 Der BFH ist diesen Erwägungen entgegengetreten und hat mit Beschluss vom 17.7.2014 (BFH 17.7.2014 – VI R 2/12, BFH/NV 2014, 1954) das Bundesverfassungsgericht angerufen, weil er § 9 Abs. 6 für verfassungswidrig hält: Das grundsätzliche Verbot, Aufwendungen für eine Erstausbildung als Werbungskosten abzuziehen, bewirke eine **unzulässige Durchbrechung des objektiven Nettoprinzips** und verstoße deshalb gegen das aus Art. 3 Abs. 1 GG resultierende Gebot der folgerichtigen Umsetzung des Prinzips der Besteuerung nach der finanziellen Leistungsfähigkeit. Zwar seien Typisierungs- und Vereinfachungserfordernisse grundsätzlich geeignet, Durchbrechungen des objektiven Nettoprinzips zu rechtfertigen,

jedoch werde § 9 Abs. 6 den Anforderungen nicht gerecht, die von Verfassungs wegen bei typisierenden Regelungen zu beachten seien. Insbesondere habe es der Gesetzgeber versäumt, den typischen Fall zum Maßstab zu nehmen. Die Annahme, Erstausbildungskosten stünden regelmäßig nicht im direkten Zusammenhang mit einer späteren Einnahmeerzielung, blende tatsächlich gegebene berufliche Veranlassungsbeiträge aus. Die Grenzen einer möglichen „Hinwegtypisierung" derselben seien überschritten (aA *Thiemann* JZ 2015, 866 (870 ff.); Blümich/*Thürmer* § 9 Rn. 686 mwN). Ein klares Indiz dafür, dass die Annahme, bei Erstausbildungen dominiere regelmäßig der Bezug zur privaten Lebensführung, an der Realität vorbeigehe, liefere der Umstand, dass Gesetzgeber in Bezug auf Folgeausbildungen vom Gegenteil ausgehe (dh vom Überwiegen des Zusammenhangs mit einer späteren Einnahmeerzielung), obschon Erstausbildungen und Folgeausbildungen unter dem Gesichtspunkt der beruflichen Veranlassung miteinander vergleichbar seien (kritisch dazu *Thiemann* JZ 2015, 860 (874), der die Entscheidung des Gesetzgebers, Kosten der Folgeausbildung der Erwerbssphäre zuzuordnen, weniger als eine Konkretisierung des Veranlassungsprinzips versteht, denn als Maßnahme zur Verfolgung eines Lenkungszwecks, namentlich der Förderung von Um- und Weiterqualifizierungen).

678.1 Etwaigen zugunsten der Eltern des Auszubildenden bzw. Studenten wirkenden Abzugstatbeständen und Zuwendungen steuerlicher Art (zB **Ausbildungsfreibetrag, Kindergeld**) spricht der BFH die Eignung ab, die durch den Ausschluss der Erstausbildungskosten von Werbungskosten hervorgerufenen Probleme zu beheben. Das Verfassungsrecht verlange nämlich, dass der **relevante Bedarf bei demjenigen Steuersubjekt realitätsgerecht berücksichtigt wird, bei dem er anfällt.** Vor diesem Hintergrund vermöge auch **§ 10 Abs. 1 Nr. 7** eine angemessene steuerliche Berücksichtigung von Erstausbildungskosten beim Auszubildenden bzw. Studenten nicht zu gewährleisten. Insbesondere sei diese Regelung **nicht folgerichtig ausgestaltet,** da sie einerseits bildungsbedingte Aufwendungen steuermindernd Rechnung tragen solle, andererseits aber strukturell dahingehend konzipiert sei, dass es zu einer solchen einkommensteuerrechtlichen Berücksichtigung praktisch nicht kommen könne. Dies insofern, als Sonderausgaben nach der Gesetzessystematik nur in demjenigen Veranlagungszeitraum die Einkommensteuerschuld zu mindern vermöchten, in dem sie entstehen, Auszubildende und Studenten aber regelmäßig erst nach Abschluss ihrer Erstausbildung Einkünfte erzielten.

679 Eingehend zur Abziehbarkeit von Kosten der Erstausbildung im Allgemeinen und zur Frage nach dem Gestaltungsraum des Gesetzgebers bei der Zuordnung von Aufwendungen, die auf der Schnittstelle von Privat- und Erwerbssphäre liegen im Besonderen → § 12 Rn. 68 ff.

680–682 *Einstweilen frei*

2. Berufsausbildung als Erstausbildung

683 **§ 9 Abs. 6 S. 2 und 3** konkretisieren den in § 9 Abs. 6 S. 1 verwendeten Begriff „Erstausbildung" in der Erscheinungsform „Berufsausbildung". Eine „Berufsausbildung als Erstausbildung nach Satz 1" liegt demnach vor, wenn eine geordnete Ausbildung mit einer Mindestdauer von 12 Monaten bei vollzeitiger Ausbildung und mit einer Abschlussprüfung durchgeführt wird. Die Ausbildung muss die Vermittlung der zur Ausübung einer qualifizierten beruflichen Tätigkeit notwendigen beruflichen Fertigkeiten, Kenntnisse und Fähigkeiten zum Gegenstand haben (BT-Drs. 18/3017, 43). Um eine *Erst*ausbildung handelt es sich dabei nur, wenn der Steuerpflichtige vor ihr noch keine andere Berufsausbildung iSv § 9 Abs. 6 S. 2 bis 5 oder ein Studium abgeschlossen hat. **Durchlaufen der Ausbildung** einerseits und **Abschlussprüfung** andererseits sind zwei Erfordernisse, die grundsätzlich kumulativ erfüllt sein müssen. Allerdings befreit § 9 Abs. 6 S. 4 unter bestimmten Voraussetzungen vom Erfordernis der Abschlussprüfung und § 9 Abs. 6 S. 5 vom Erfordernis des Durchlaufens einer Ausbildung (vgl. Kirchhof/*von Beckerath* § 9 Rn. 150).

684 Eine **„geordnete Ausbildung"** liegt gemäß § 9 Abs. 6 S. 3 vor, wenn sie auf der Grundlage von Rechts- oder Verwaltungsvorschriften oder internen Vorschriften eines Bildungsträgers durchgeführt wird. Der Sache nach müssen Beginn und Ende der Ausbildung festgelegt sowie die Ausbildungsziele definiert sein. Außerdem bedarf es eines feststehenden Lehrplans. Neben staatlich anerkannten oder staatlich geregelten Ausbildungen kommen auch solche Berufsausbildungen in Betracht, die nach Richtlinien von Berufs- oder Wirtschaftsverbänden oder internen Vorschriften der Bildungsträger geordnet sind (BT-Drs. 18/3017, 43).

„Vollzeitig“ ist die geordnete Ausbildung, wenn sie durchschnittlich mindestens 20 Stunden wöchentlich in Anspruch nimmt (BReg., BT-Drs. 18/3017, 43). Die **gesetzliche Mindestausbildungsdauer** beträgt gemäß § 9 Abs. 6 S. 2 zwölf Monate. Berufsvorbereitende Maßnahmen oder Ausbildungen, welche die Mindestausbildungsdauer unterschreiten, bereiten typischerweise nicht auf eine hinreichend qualifizierte berufliche Tätigkeit vor. Nach Auffassung des Gesetzgebers wäre es daher nicht gerechtfertigt, eine Ausbildung, die auf eine solche Kurzausbildung folgt, als „Zweitausbildung“ zu qualifizieren, für die der Werbungskostenabzug gewährt werden müsste (vgl. BT-Drs. 18/3017, 43; BT-Drs. 18/3441, 56). **685**

Eine Berufsausbildung ist nur dann als Erstausbildung iSv § 9 Abs. 6 S. 1 anzuerkennen, wenn sie **abgeschlossen** ist. Dies setzt nach der Vorstellung des Gesetzgebers grundsätzlich die Durchführung einer Abschlussprüfung voraus, vgl. § 9 Abs. 6 S. 2 aE. **§ 9 Abs. 6 S. 4** regelt eine Ausnahme von diesem Grundsatz. Danach gilt die Ausbildung mit der **„tatsächlichen planmäßigen Beendigung“** als abgeschlossen, wenn eine Abschlussprüfung nach dem Ausbildungsplan nicht vorgesehen ist. Das Erfordernis der „tatsächlichen planmäßigen Beendigung“ schließt die Anerkennung einer abgebrochenen Berufsausbildung als Erstausbildung iSv § 9 Abs. 6 S. 1 aus. **686**

Ob die „tatsächliche planmäßige Beendigung“ ferner auch dann hinreichend ist, wenn zwar eine Abschlussprüfung durchgeführt wird, der Auszubildende diese aber nicht besteht, ist umstritten (dafür *Paintner* DStR 2015, 1 (7)). Dagegen spricht, dass der Gesetzgeber die tatsächliche planmäßige Beendigung nur unter der Bedingung als Ausbildungsabschluss anerkennt, dass eine Abschlussprüfung nach dem Ausbildungsplan nicht vorgesehen ist. Sieht der Ausbildungsplan aber eine Abschlussprüfung vor, so muss diese gemäß § 9 Abs. 6 S. 2 auch „durchgeführt“ werden. Bei der **Deutung des Begriffs „durchführen“** ist zu berücksichtigen, dass eine Ausbildung, die eine Abschlussprüfung beinhaltet, nach allgemeinem Verständnis nur dann abgeschlossen ist, wenn der Auszubildende die Abschlussprüfung besteht. Anhaltspunkte dafür, dass der Gesetzgeber hiervon abweichen und bereits die bloße Teilnahme an der Abschlussprüfung genügen lassen wollte, sind nicht ersichtlich. **687**

Dass der Gesetzgeber dem Bestehen der Abschlussprüfung jenseits des von § 9 Abs. 6 S. 4 geregelten Ausnahmefalls konstitutive Bedeutung beimisst, legt zudem die Regelung des **§ 9 Abs. 6 S. 5** nahe. Gemäß dieser Vorschrift hat eine Berufsausbildung als Erstausbildung auch abgeschlossen, wer die Abschlussprüfung einer durch Rechts- oder Verwaltungsvorschriften geregelten Berufsausbildung mit einer Mindestdauer von 12 Monaten bestanden hat, ohne dass er zuvor die entsprechende Berufsausbildung durchlaufen hat. Der Gesetzgeber rechtfertigt den Dispens vom Erfordernis des Durchlaufens einer „geordneten Ausbildung“ mit der Erwägung, dass die Zulassung zur Abschlussprüfung regelmäßig eine längere berufspraktische Tätigkeit voraussetze, in der die erforderlichen Kenntnisse, Fertigkeiten und Befähigungen erworben wurden (vgl. BT-Drs. 18/3017, 43 f.). Der Sache sollte eine Schlechterstellung insbesondere solcher Steuerpflichtiger vermieden werden, die nach § 45 Abs. 2 des Berufsbildungsgesetzes, § 37 Abs. 2 der Handwerksordnung oder entsprechenden landesrechtlichen Regelungen als „Externe“ zur Abschlussprüfung zugelassen werden und diese bestehen (vgl. BT-Drs. 18/3017, 44). **688**

Inländischen Abschlüssen gleichgestellt sind Berufsausbildungsabschlüsse von Staatsangehörigen eines **Mitgliedstaats der EU** oder eines **Vertragsstaats des EWR** oder der **Schweiz,** die in einem dieser Länder erlangt werden, sofern der Abschluss in mindestens einem dieser Länder unmittelbar den Zugang zu dem entsprechenden Beruf eröffnet (BMF 22.9.2010, BStBl. I 2010, 721 Rn. 11). Ferner muss die Tätigkeit, zu denen die erlangte Qualifikation in mindestens einem dieser Länder befähigt, der Tätigkeit, zu der ein entsprechender inländischer Abschluss befähigt, gleichartig sein. Das Erfordernis der Gleichartigkeit handhabt die Finanzverwaltung grundsätzlich „großzügig“ (vgl. BMF 22.9.2010, BStBl. I 2010, 721 Rn. 11). **689**

Einstweilen frei **690–692**

3. Studium als Erstausbildung

Ein Studium iSv § 9 Abs. 6 S. 1 liegt vor, wenn es sich um ein Studium (auch: Fernstudium) an einer **Hochschule** iSv § 1 HRG handelt. Hochschule iSv § 1 HRG sind die **693**

Universitäten, die Pädagogischen Hochschulen, die Kunsthochschulen, die Fachhochschulen und die sonstigen Einrichtungen des Bildungswesens, die nach Landesrecht staatliche Hochschulen sind. Den staatlichen Hochschulen gleichgestellt sind private und kirchliche Bildungseinrichtungen, die nach Landesrecht als Hochschule anerkannt werden (vgl. § 70 HRG). Zur Gleichstellung von Studien und Prüfungsleistungen an ausländischen Hochschulen siehe BMF 22.9.2010, BStBl. I 2010, 721 Rn. 17.

694 Der Ausschluss studienbedingter Aufwendungen vom Werbungskostenabzug nach § 9 Abs. 6 S. 1 setzt voraus, dass es sich bei dem betreffenden Studium um eine **Erstausbildung** handelt. Dies ist nicht der Fall, wenn ihm eine abgeschlossene Berufsausbildung oder ein anderes, durch einen berufsqualifizierenden Abschluss beendetes, Studium vorangegangen ist (BFH 18.6.2009 – VI R 14/07, BStBl. II 2010, 816). Die von den Hochschulen angebotenen Studiengänge führen in der Regel zu einem berufsqualifizierenden Abschluss (vgl. § 10 Abs. 1 S. 1 HRG). Im Zweifel ist davon auszugehen, dass die entsprechenden Prüfungen berufsqualifizierend sind (BMF 22.9.2010, BStBl. I 2010, 721 Rn. 15). Wird während eines Studiums eine Berufsausbildung oder ein anderes berufsqualifizierendes Studium abgeschlossen, so können Aufwendungen für das noch nicht abgeschlossene Studium erst ab diesem Zeitpunkt als Werbungskosten abgezogen werden. Etwas anderes gilt nur, wenn das noch nicht abgeschlossene Studium im Rahmen eines Dienstverhältnisses stattfindet (→ Rn. 697 ff.). Abgeschlossen ist ein Studium, wenn diejenige von der einschlägigen Prüfungsordnung bezeichneten Prüfungsleistung erbracht worden ist, die in dem betreffenden Studiengang die Qualifikation für eine Tätigkeit im Erwerbsleben gibt (vgl. Blümich/*Thürmer* § 9 Rn. 696a). Das Ablegen einer Zwischenprüfung ist daher unzureichend (vgl. BMF 22.9.2010, BStBl. I 2010, 721 Rn. 14).

695–696 *Einstweilen frei*

4. Erstausbildung im Rahmen eines Dienstverhältnisses

697 Von dem von § 9 Abs. 6 S. 1 angeordneten Ausschluss vom Werbungskostenabzug ausgenommen sind Aufwendungen des Steuerpflichtigen für eine Erstausbildung, die im Rahmen eines Dienstverhältnisses stattfindet.

698 Eine Erstausbildung findet im Rahmen eines Dienstverhältnisses statt, wenn die **Teilnahme an der Berufsausbildung oder am Studium verpflichtender Gegenstand des Arbeitsvertrages** ist (BFH 16.1.2013 – VI R 14/12, BStBl. II 2013, 449; zum „Ausbildungsdienstverhältnis" siehe auch BFH 28.9.1984 – VI R 144/83, BStBl. II 1985, 89, betr. die Abordnung eines Bundeswehrsoldaten an die Bundeswehrfachschule zur Erlangung der mittleren Reife). Nach der Rechtsprechung des BFH muss das Dienstverhältnis „durch den Ausbildungszweck geprägt" sein (BFH 16.1.2013 – VI R 14/12, BStBl. II 2013, 449). Es ist nicht erforderlich, dass dem Steuerpflichtigen bereits während des Absolvierens der Erstausbildung Lohn zufließt (vgl. BFH 19.4.1996 – VI R 15/93, BFH/NV 1996, 742). Vielmehr genügt, dass der Steuerpflichtige vertraglich zur Teilnahme an sämtlichen Ausbildungsmaßnahmen verpflichtet ist, die Ausbildung auf einen Beruf vorbereitet und der Steuerpflichtige sie im Hinblick auf eine geplante – entgeltliche – Berufsausübung durchläuft (vgl. Schmidt/*Loschelder* § 12 Rn. 60; Blümich/*Thürmer* § 9 Rn. 697a mwN).

699–701 *Einstweilen frei*

VII. ABC der Werbungskosten

Abbruchkosten

702 Aufwendungen für einen Gebäudeabbruch, der durch eine Einkünfteerzielungstätigkeit iSv § 2 Abs. 1 S. 1 Nr. 4 bis 7 veranlasst ist, sind sofort abziehbare Werbungskosten, wenn das Gebäude ohne Abbruchabsicht erworben wurde. Hat der Steuerpflichtige das Gebäude hingegen in der Absicht erworben, es abzureißen und steht der Abbruch mit der Herstellung eines neuen Wirtschaftsguts in einem engen wirtschaftlichen Zusammenhang, so gehören die Abbruchkosten zu den Herstellungskosten dieses neuen Wirtschaftsguts und können somit (nur) über die AfA geltend gemacht werden. Erfolgt der Erwerb in Abbruchabsicht, fehlt es aber an dem engen wirtschaftlichen Zusammenhang mit der Herstellung eines neuen Wirtschaftsguts, so gehören die Abbruchkosten zu den Anschaffungskosten des Grund und

Bodens (BFH 12.6.1978 – GrS 1/77, BStBl. II 1978, 620; zur Abbruchabsicht vgl. BFH 4.2.2004 – X R 24/02, BFH/NV 2004, 787; BFH 13.4.2010 – IX R 16/09, BFH/NV 2010, 1799). Die Abbruchkosten eines Gebäudes, das ein Steuerpflichtiger zunächst zur Erzielung von Vermietungseinkünften nutzt, das dann aber wirtschaftlich und technisch verbraucht ist, sind auch dann als (nachträgliche) Werbungskosten abziehbar, wenn das Grundstück in Zukunft nicht mehr zur Erzielung von Einkünften, sondern privat genutzt wird (BFH 31.3.1998 – IX R 26/96, BFH/NV 1998, 1212, → Rn. 200; vgl. ferner BFH 10.4.2008 – IX B 126/07, BFH/NV 2008, 1332). Voraussetzung ist allerdings, dass der Grund für den Abriss zumindest ganz überwiegend während der Vermietung des Grundstücks entstanden ist (BFH 31.7.2007 – IX R 51/05, BFH/NV 2008, 933). Kosten eines Gebäudeabbruchs, der ganz überwiegend durch eine nachfolgende Veräußerung des Grundstücks veranlasst ist, können nicht als Werbungskosten abgezogen werden, da der Abfluss in diesem Fall auf Erwägungen beruht, die im privaten (Vermögens-)Bereich liegen (→ Rn. 175, vgl. dazu BFH 13.12.2000 – IX B 106/00, BFH/NV 2001, 766). → § 4 Rn. 2278.

Abgekürzter Vertragsweg

In den Fällen des abgekürzten Vertragswegs lässt der BFH den Werbungskostenabzug durch den Einkünfte erzielenden Steuerpflichtigen nur unter der Voraussetzung zu, dass ein Geldbetrag den Gegenstand der Zuwendung bildet (vgl. BFH 15.11.2005 – IX R 25/03, BStBl. II 2006, 623; BFH 15.1.2008 – IX R 45/07, BStBl. II 2008, 572). Daran soll es fehlen, wenn der vom Zuwendenden im Interesse des Steuerpflichtigen geschlossene Vertrag den Charakter eines Dauerschuldverhältnisses hat. In einem solchen Falle bilde kein Geldbetrag, sondern eine (bloße) Nutzungsmöglichkeit den Zuwendungsgegenstand, sodass ein Abzug der vom Zuwendenden in Erfüllung des Vertrags getätigten Aufwendungen als Werbungskosten des Einkünfte erzielenden Steuerpflichtigen nicht in Betracht komme (vgl. BFH 2.12.1999 – IX R 45/95, BStBl. II 2000, 310; BFH 15.11.2005 – IX R 25/03, BStBl. II 2006, 623). → Rn. 114 ff.; → § 4 Rn. 2268. 703

Abgekürzter Zahlungsweg

Geldzahlungen eines Dritten für Rechnung des Einkünfte erzielenden Steuerpflichtigen sind als Aufwendungen eben dieses Steuerpflichtigen zu qualifizieren und führen somit zu abziehbaren Werbungskosten, sofern die weiteren Voraussetzungen des allgemeinen oder eines besonderen Werbungskostentatbestands erfüllt sind (sog. „Zuwendungsgedanke", vgl. BFH 14.4.1965 – IV 3/61 U, BStBl. III 1965, 359, betr. Bezahlung von Handwerkerleistungen; BFH 3.4.1987 – VI R 91/85, BStBl. II 1987, 623, betr. Zahlung von Schuldzinsen durch Ehepartner; BFH 22.7.2003 – VI R 4/02, BFH/NV 2004, 32, betr. Aufwendungen des Vaters für ein Auslandsstudium der Tochter zur Erlangung des „Master of Laws"; BFH 7.2.2008 – VI R 41/05, BFH/NV 2008, 1136, betr. Übernahme von Ausbildungskosten durch Ehepartner). → Rn. 111 f.; → § 4 Rn. 2268. 704

Ablösung der bauordnungsrechtlichen Stellplatzpflicht

Geldbeträge, die der Steuerpflichtige an die Gemeinde zur Ablösung der bauordnungsrechtlichen Stellplatzpflicht zahlt, sind sonstige öffentliche Abgaben iSd § 9 Abs. 1 Satz 3 Nr. 2 Var. 2, wenn jene Baumaßnahme, auf der die Zahlung der Ablösebeträge beruht, nicht als Herstellung zu werten ist (vgl. BFH 8.3.1984 – IX R 45/80, BStBl. II 1984, 702; BFH 6.5.2003 – IX R 51/00, BStBl. II 2003, 710). → Rn. 327. 705

Abschiedsfeier

Aufwendungen für eine Abschiedsfeier können als Werbungskosten abziehbar sein, wenn die Aufwendungen durch die berufliche Tätigkeit des Arbeitnehmers veranlasst sind (FG Münster 29.5.2015 – 4 K 3236/12 E, EFG 2015, 1520). Die berufliche Veranlassung ist anhand einer Gesamtwürdigung aller Umstände des Einzelfalles festzustellen (von BFH 11.1.2007 – VI R 52/03, BStBl. II 2007, 317 bejaht in Bezug auf Bewirtungsaufwendungen für einen Empfang aus Anlass der Kommandoübergabe eines Offiziers; vgl. auch FG München 21.7.2009 – 6 K 2907/08, DStRE 2010, 719, betr. Abschiedsfeier eines Finanzbeamten 706 anlässlich des Wechsels zu einem anderen Finanzamts; FG Hessen 23.4.2013 – 3 K 11/10, EFG 2013, 1583, betr. Abschiedsfeier anlässlich des Ausscheidens aus dem Beamtenverhältnis). → § 12 Rn. 338.

Absetzungspflicht

707 Gesetzlich vorgesehene Absetzungen für Abnutzung müssen vorgenommen werden (vgl. BFH 8.4.2008 – VIII R 64/06, BFH/NV 2008, 1660, betr. AfA auf einen betrieblich genutzten PKW). Unterlassene Absetzungen sind nachzuholen (vgl. BFH 21.2.1967 – VI R 295/66, BStBl. III 1967, 386; BFH 3.7.1984 – IX R 45/84, BStBl. II 1984, 709), es sei denn, der Steuerpflichtige hat die Absetzungen „willentlich" und „willkürlich" unterlassen (vgl. BFH 8.4.2008 – VIII R 64/06, BFH/NV 2008, 1660). → Rn. 605 ff.

Abstandszahlungen bei grundstücksbezogenen Rechten

708 Zahlungen an den bisherigen Nutzungsberechtigten zur Ablösung seines Rechts sind sofort abziehbare Werbungskosten, wenn sie dem Abschluss eines neuen, auf die Erzielung steuerpflichtiger Einnahmen gerichtetes Nutzungsverhältnisses dienen (BFH 11.12.2012 – IX R 28/12, BFH/NV 2013, 914). Der wirtschaftliche Zusammenhang der Ablöseaufwendungen mit den Einkünften aus Vermietung und Verpachtung wird durch die Grundstücksnutzung nach der Ablösung des Rechts begründet (vgl. BFH 26.1.2011 – IX R 24/10, BFH/NV 2011, 1480). Werden Abstandszahlungen an Nutzungsberechtigte im Anschluss an einen Grundstückserwerb geleistet, um ein neues Gebäude errichten zu können, so gehören die Abstandszahlungen zu den Herstellungskosten des neuen Gebäudes (BFH 18.5.2004 – IX R 57/01, BStBl. II 2004, 872). Abstandszahlungen, die mit Blick auf eine beabsichtigte Selbstnutzung geleistet werden, sind nicht durch die Einkünfteerzielungstätigkeit des Steuerpflichtigen veranlasst und führen daher nicht zu abziehbaren Werbungskosten (BFH 7.7.2005 – IX R 38/03, BStBl. II 2005, 760).

Abwehraufwendungen

709 Zahlungen, die der Steuerpflichtige leistet, um Eingriffe in das von ihm zur Erzielung von Überschusseinkünften eingesetzte Vermögen abzuwehren sowie Ausgaben, die einer Verminderung solcher Einkünfte entgegenwirken sollen, sind Werbungskosten, wenn die abzuwehrende Gefahr aus der Einkünfteerzielungstätigkeit des Steuerpflichtigen herrührt (vgl. BFH 19.12.2000 – IX R 13/97, BStBl. II 2001, 342 mwN). Dass eine Zahlung geleistet wird, um die Zugehörigkeit eines vom Steuerpflichtigen zur Einkünfteerzielung eingesetzten Gegenstands zu dessen Vermögen zu „retten", ist für die Qualifikation der betreffenden Zahlung als Werbungskosten nicht hinreichend (vgl. BFH 6.10.2009 – IX R 50/08, BFH/NV 2010, 622). → Rn. 228 f.; → § 4 Rn. 2465.

AG-Fahrt

710 Kosten, die einem Rechtsreferendar aufgrund der Teilnahme an einer im Rahmen der Referendar-Arbeitsgemeinschaft durchgeführten Auslandsreise (sog. „AG-Fahrt") entstehen, sind keine Werbungskosten, wenn die Reise programmgemäß auch ein allgemein-touristisches Interesse befriedigen soll, das nicht von untergeordneter Bedeutung ist (BFH 25.4.1986 – VI B 41/85, BFH/NV 1986, 656). Nach dem Beschluss des Großen Senats vom 21.9.2009 (BFH 21.9.2009 – GrS 1/06, BStBl. II 2010, 672) kommt gegebenenfalls eine Aufteilung der Kosten in nichtabziehbare Aufwendungen der privaten Lebensführung und Werbungskosten in Betracht.

Aktentasche

711 Eine Aktentasche kann nach der finanzgerichtlichen Rechtsprechung zu den Arbeitsmitteln gehören, wenn sie ausschließlich oder zumindest weitaus überwiegend beruflich genutzt wird. So ist etwa die Aktentasche eines Betriebsprüfers, mit deren Hilfe Prüfungsakten befördert werden, unter § 9 Abs. 1 S. 3 Nr. 6 zu subsumieren (FG Berlin 2.6.1978 – III 126/77, EFG 1979, 225). Auch andere Behältnisse – wie etwa ein Koffer – können als Arbeitsmit-

tel zu qualifizieren sein, wenn sie ihrem Erscheinungsbild und ihrer Funktion nach einer Aktentasche entsprechen (vgl. FG Hamburg 23.5.2011 – 6 K 77/10, EFG 2011, 2057, betr. den sog. „Trolley" eines Piloten). Zur Bedeutung der Ausstattung eines Behältnisses für die Abgrenzung zwischen – einerseits – Aktentaschen und funktionalen Äquivalenten und – andererseits – nicht als Arbeitsmittel zu qualifizierenden Behältnissen siehe auch FG Rheinland-Pfalz 22.11.2001 – 6 K 1024/00, EFG 2002, 250.

Aktien

Schuldzinsen für Darlehen, mit denen Arbeitnehmer den Erwerb von Gesellschaftsanteilen an ihrer Arbeitgeberin finanzieren, um damit die arbeitsvertragliche Voraussetzung für die Erlangung einer höher dotierten Position zu erfüllen, sind regelmäßig Werbungskosten bei den Einkünften aus Kapitalvermögen. Eine anderweitige Beurteilung (Zuordnung der Schuldzinsen zu den Einkünften aus nichtselbständiger Arbeit) kommt nur in Betracht, wenn die Absicht, Einkünfte aus Kapitalvermögen zu erzielen, erkennbar fehlt (BFH 5.4.2006 – IX R 111/00, BStBl. II 2006, 654). **712**

Alkoholkonsum

Aufwendungen, die dem Steuerpflichtigen infolge des Konsums alkoholhaltiger Getränke entstehen, sind vom Abzug als Werbungskosten ausgeschlossen, wenn es sich bei dem Alkoholkonsum um das aufwendungsauslösende Moment handelt (bejaht von BFH 6.4.1984 – VI R 103/79, BStBl. II 1984, 434, betr. Schäden aufgrund eines im Zustand alkoholbedingter Fahruntüchtigkeit herbeigeführten Kfz-Unfalls; zum Ausschluss des Werbungskostenabzugs bei alkoholbedingter Fahruntüchtigkeit vgl. ferner BFH 27.3.1992 – VI R 145/89, BStBl. II 1992, 837 sowie BFH 24.5.2007 – VI R 73/05, BStBl. II 2007, 766). → Rn. 221. **713**

Ansiedlungsbeiträge

Sie gehören grundsätzlich zu den Herstellungskosten eines Gebäudes und sind als solche in Form von AfA in Abzug zu bringen (vgl. BFH 11.3.1976 – VIII R 212/73, BStBl. II 1976, 449). Dies gilt nicht, wenn die Zahlung des Ansiedlungsbeitrags in Erfüllung eines ausschließlich Grund und Boden betreffenden Kaufvertrags erfolgt. In einem solchen Fall bildet der Ansiedlungsbeitrag einen Teil der Anschaffungskosten des Grundstücks und kann daher nicht als Werbungskosten abgezogen werden (vgl. BFH 9.12.1965 – IV 62/63 U, BStBl. III 1966, 191). → Rn. 327. **714**

Ansparleistungen

Ansparleistungen für berufliche Aufwendungen sind noch keine Werbungskosten. Angesparte Beträge können gemäß den allgemeinen Grundsätzen (§ 11 Abs. 2) erst dann abgezogen werden, wenn sie aufgrund beruflicher Veranlassung tatsächlich abgeflossen sind. **715**

Antiquitäten

Siehe „Kunst" → Rn. 840a. **716**

Arbeitnehmerbeiträge

Arbeitnehmerbeiträge zur **gesetzlichen Rentenversicherung** gehören gemäß der ausdrücklichen gesetzlichen Anordnung in § 10 Abs. 1 Nr. 2 iVm § 10 Abs. 3 zu den Sonderausgaben und können daher nicht als Werbungskosten abgezogen werden (BFH 16.9.2015 – I R 61/13, BFH/NV 2016, 401; zur „grundqualifikatorischen" Einordnung von Altersvorsorgeaufwendungen als (vorab veranlasste) Werbungskosten siehe BFH 23.11.2016 – X R 60/14, BFH/NV 2017, 890). Dass der Gesetzgeber Altersvorsorgeaufwendungen konstitutiv den Sonderausgaben zugeordnet und damit den Abzug als Werbungskosten ausgeschlossen hat, ist nach Auffassung des BFH nicht zu beanstanden (vgl. BFH 18.11.2009 – X R 6/08, BStBl. II 2010, 282; BFH 9.12.2009 – X R 28/07, BStBl. II 2010, 348; BFH 23.11.2016 – X R 60/14, BFH/NV 2017, 890). Das BVerfG hat die Auffassung des BFH bestätigt. **717**

Zur Begründung verweist es auf die Inhomogenität des Leistungsspektrums der gesetzlichen Rentenversicherung, das nur zum Teil zu steuerbaren Einkünften führe, sowie auf den „doppelgesichtigen Charakter" von Altersvorsorgeaufwendungen, die nicht nur einen Erwerbs-, sondern auch einen Vermögensbezug aufwiesen. Bei der Bewertung und Gewichtung der unterschiedlichen Anteile stehe dem Gesetzgeber ein weiter Spielraum zu, der mit der einheitlichen Zuweisung zu den Sonderausgaben nicht überschritten sei (BVerfG 14.6.2016 – 2 BvR 290/10, BStBl. II 2016, 801; BVerfG 14.6.2010 – 2 BvR 3223/10, DStR 2016, 1731). Auch bei den Arbeitnehmerbeiträgen zur **gesetzlichen Arbeitslosenversicherung** handelt es sich um Sonderausgaben und nicht um Werbungskosten (BFH 21.9.2000 – XI B 59/00, BFH/NV 2001, 434). Gleiches gilt für die Arbeitnehmerbeiträge zur **Krankenversicherung,** da diese grundsätzlich private Risiken abdeckt (vgl. BFH 16.4.1999 – VI R 66/97, BStBl. II 2000, 408). Der Abzug als Werbungskosten ist ausnahmsweise zulässig, wenn es sich um eine Versicherung ausschließlich gegen Berufskrankheiten handelt (vgl. BFH 7.10.1982 – IV R 32/80, BStBl. II 1983, 101).

Arbeitsgemeinschaften

718 Ob Aufwendungen für die Durchführung privater Lernarbeitsgemeinschaften beruflich oder privat veranlasst sind, ist eine Frage der Einzelfallwürdigung. Finden die Arbeitsgemeinschaften im häuslichen Bereich der Teilnehmer und auch an Wochenenden statt, spricht dies für eine private (Mit-)Veranlassung (vgl. BFH 5.3.1993 – VI R 82/91, BFH/NV 1993, 533; BFH 20.9.1996 – VI R 32/96, BFH/NV 1997, 349).

Arbeitskleidung

719 Siehe „Kleidung" → Rn. 836.

Arbeitslohn

720 Entrichtet ein Steuerpflichtiger im Rahmen einer Einkünfteerzielungstätigkeit gemäß § 2 Abs. 1 S. 1 Nr. 4 bis 7 Arbeitslohn, so können die betreffenden Zahlungen bei dem Überschusseinkünfte erzielenden Steuerpflichtigen zu Werbungskosten führen (zB Lohnzahlungen für Hausverwalter bei Einkünften aus Vermietung und Verpachtung; vgl. HHR/*Bergkemper* § 9 Rn. 614 Eintrag „Arbeitslohn"). Soweit ein Arbeitnehmer im Rahmen eines Unterarbeitsverhältnisses Personen beschäftigt, die in einem Bereich tätig werden, den der Arbeitnehmer als Dienstbereich seinem Arbeitgeber gegenüber zu verantworten hat, können die vom Arbeitnehmer im Rahmen des Unterarbeitsverhältnisses entrichteten Lohnzahlungen ebenfalls zu Werbungskosten führen (→ Rn. 923). Voraussetzung hierfür ist, dass die im Unterarbeitsverhältnis beschäftigte Person den Arbeitnehmer tatsächlich in dessen beruflichem Tätigkeitsbereich entlastet (vgl. FG München 19.9.1989 – 12 K 12114/83, betr. Aufwendungen für die Beschäftigung einer Pfarrhaushälterin durch einen nichtselbständig tätigen katholischen Geistlichen). Zu Lohnkosten als Betriebsausgaben im Bereich der Gewinneinkunftsarten → § 4 Rn. 2288.

Arbeitslosenversicherung

721 Siehe „Arbeitnehmerbeiträge" → Rn. 717.

Arbeitsmittel

722 Aufwendungen für Arbeitsmittel sind gemäß § 9 Abs. 1 S. 3 Nr. 6 Werbungskosten. Dazu gehören auch Ausgaben für die Wartung, Reinigung und Reparatur des Arbeitsmittels (vgl. BFH 9.3.1979 – VI R 171/77, BStBl. II 1979, 519; FG Nürnberg 24.10.2014 – 7 K 1704/13, EFG 2015, 1162). → Rn. 537 ff.

Arbeitszimmer

723 1. Aufwendungen für ein häusliches Arbeitszimmer, welches der Steuerpflichtige zur Erzielung von Überschusseinkünften nutzt, können auf Grundlage von § 9 Abs. 1 S. 1 in

unbegrenzter Höhe als Werbungskosten geltend gemacht werden, wenn für die berufliche Tätigkeit kein anderer Arbeitsplatz zur Verfügung steht und das Arbeitszimmer deren Mittelpunkt bildet. Bildet das Arbeitszimmer nicht den Mittelpunkt der beruflichen Betätigung des Überschusseinkünfte erzielenden Steuerpflichtigen, so ist der Werbungskostenabzug gemäß § 9 Abs. 5 iVm § 4 Abs. 5 Nr. 6b S. 2 Hs. 1 der Höhe nach auf 1.250 EUR pro Kalenderjahr begrenzt. Steht dem Steuerpflichtigen neben dem häuslichen Arbeitszimmer noch ein anderer Arbeitsplatz zur Verfügung (zur Auslegung dieses Tatbestandsmerkmals vgl. BFH 5.3.2008 – VI B 95/07, BFH/NV 2008, 956; BFH 26.2.2014 – BStBl. II 2014, 568; FG München 20.11.2001 – 6 K 1645/99, BeckRS 2001, 21011803; FG Rheinland-Pfalz 7.9.2016 – 1 K 2571/14, NWB 2016, 3293), scheidet ein Abzug von Arbeitszimmeraufwendungen als Werbungskosten gemäß § 9 Abs. 5 iVm § 4 Abs. 5 Nr. 6b S. 1 aus. Eingehend zur Regelung des § 4 Abs. 5 S. 1 Nr. 6b S. 1 → § 4 Rn. 2773 ff.

2. Nutzen mehrere Steuerpflichtige ein häusliches Arbeitszimmer gemeinsam, so kann jeder der Nutzenden seine Kosten einkünftemindernd geltend machen, wenn und soweit die Voraussetzungen des § 4 Abs. 5 S. 1 Nr. 6b S. 2 vorliegen (BFH 15.12.2016 – VI R 53/12, DStR 2017, 439; BFH 15.12.2016 – VI R 86/13, BFHE 256, 150). Bei der Aufteilung der Arbeitszimmerkosten auf die einzelnen Nutzenden kommt es auf den Umfang der jeweiligen Nutzung nicht an (BFH 15.12.2016 – VI R 86/13, BFHE 256, 150). Ausschlaggebend ist vielmehr, welchen Anteil an den Kosten der jeweilige Nutzende tatsächlich selbst getragen hat. Steht das häusliche Arbeitszimmer im Miteigentum der Nutzenden, so folgt die Zuordnung der Arbeitszimmerkosten grundsätzlich den Miteigentumsanteilen (BFH 15.12.2016 – VI R 53/12, DStR 2017, 439; BFH 15.12.2016 – VI R 86/13, BFHE 256, 150). Bei Ehegatten gilt dies selbst dann, wenn die tatsächlichen Finanzierungsbeiträge von der jeweiligen Miteigentumsquote abweichen. In diesem Falle wird der überschießende Finanzierungsbeitrag des einen Ehegatten als dem anderen Ehegatten zugewandt und von diesem für seine jeweilige, mithilfe des Arbeitszimmers ausgeübte berufliche Betätigung aufgewendet angesehen. Entsprechendes gilt bei einer durch Ehegatten gemeinsam gemieteten Wohnung, sofern die Ehegatten sich in unterschiedlicher Höhe am Mietzins beteiligen (BFH 15.12.2016 – VI R 86/13, BFHE 256, 150). Zur steuerlichen Behandlung von Fällen, in denen das von Eheleuten gemeinsam genutzte häusliche Arbeitszimmer im Alleineigentum eines der beiden Ehegatten steht und der Nichteigentümer-Ehegatte auch nichts zur Finanzierung der Anschaffungs- oder Herstellungskosten des betreffenden Gebäudes beiträgt → Rn. 132.

3. Aufwendungen für ein häusliches Arbeitszimmer sind zeitanteilig zu kürzen, wenn der Steuerpflichtige erst im Verlaufe eines Veranlagungszeitraums eine Einkünfteerzielungstätigkeit aufnimmt und in diesem Zusammenhang ein häusliches Arbeitszimmer einrichtet oder wenn er bereits vor Ablauf des Veranlagungszeitraums seine Einkünfteerzielungstätigkeit endgültig einstellt, etwa wegen Eintritts in den Ruhestand (BFH 15.12.2016 – VI R 86/13, BFHE 256, 150). Eine (zeitanteilige) Kürzung ist hingegen nicht gerechtfertigt, wenn der Steuerpflichtige das häusliche Arbeitszimmer lediglich vorübergehend nicht nutzt, zB wegen Krankheit, Urlaub oder in Ermangelung von Aufträgen. Insoweit genügt, dass der Steuerpflichtige weiterhin ein häusliches Arbeitszimmer vorhält (BFH 15.12.2016 – VI R 86/13, BFHE 256, 150 mwN).

4. Aufwendungen für Arbeitsmittel (§ 9 Abs. 1 S. 3 Nr. 6) sind unbeschränkt bzw. in den Grenzen des § 9 Abs. 5 iVm 4 Abs. 5 Nr. 7 als Werbungskosten abziehbar, auch wenn das Arbeitsmittel sich in einem häuslichen Arbeitszimmer befindet und zu dessen Ausstattung gehört; die Regelung des § 9 Abs. 1 S. 3 Nr. 6 genießt insoweit Vorrang (BFH 21.11.1997 – VI R 4/97, BStBl. II 1998, 351; BFH 5.10.2011 – VI R 91/10, BStBl. II 2012, 127; → Rn. 539). Beispielhaft genannt seien Bücherschränke und -regale (BFH 30.10.1990 – VIII R 42/87, BStBl. II 1991, 340; BFH 21.11.1997 – VI R 4/97, BStBl. II 1998, 351) sowie Schreibtische mit dazugehörenden Gegenständen wie Schreibtischlampe, Schreibtischgarnitur, Papierkorb und entsprechender Sitzgelegenheit (BFH 18.2.1977 – VI R 182/75, BStBl. II 1977, 464; BFH 8.11.1996 – VI R 22/96, BFH/NV 1997, 341). Teppiche im häuslichen Arbeitszimmer sind hingegen keine Arbeitsmittel (BFH 8.11.1996 – VI R 22/96, BFH/NV 1997, 341; gleichwohl können Aufwendungen für in einem Arbeitszimmer ausgelegten Teppich als Werbungskosten abziehbar sein, → Rn. 912). Im Ergebnis sind Gegenstände, die der Steuerpflichtige zur Erledigung beruflicher Aufgaben verwendet, stets unter denselben

Nutzungsvoraussetzungen als Arbeitsmittel anzuerkennen, unabhängig davon, ob sie sich innerhalb oder außerhalb eines häuslichen Arbeitszimmers befinden (BFH 21.11.1997 – VI R 4/97, BStBl. II 1998, 351). Zu den verfassungsrechtlichen Vorgaben betreffend die Berücksichtigung von Aufwendungen für ein häusliches Arbeitszimmer als Werbungskosten bzw. Betriebsausgaben siehe BVerfG 6.7.2010 – 2 BvL 13/09, BVerfGE 126, 268.

Ausbildungsdienstverhältnis

724 Ist eine Berufsausbildung in der Weise Gegenstand eines Dienstverhältnisses, dass die vom Arbeitnehmer geschuldete Leistung, für die der Arbeitgeber ihn bezahlt, in der Teilnahme an den Berufsausbildungsmaßnahmen besteht, so liegt ein Ausbildungsdienstverhältnis vor (vgl. BFH 28.9.1984 – VI R 144/83, BStBl. II 1985, 89, betr. Abordnung eines Bundeswehrsoldaten an die Bundeswehrfachschule zur Erlangung der mittleren Reife; siehe auch BFH 16.9.2015 – III R 6/15, BStBl. II 2016, 281). Durch das Ausbildungsdienstverhältnis veranlasste Aufwendungen des Steuerpflichtigen sind Werbungskosten (vgl. BFH 15.4.1996 – VI R 99/95, BFH/NV 1996, 804). Dies gilt auch dann, wenn ein Teil der Ausbildung ohne Vergütung abzuleisten ist (vgl. BFH 19.4.1996 – VI R 15/93, BFH/NV 1996, 742). → Rn. 697 f.

Ausbildungskosten

725 Siehe „Bildungsaufwendungen" → Rn. 744; → Rn. 676 ff.

Außergewöhnliche Wegeaufwendungen

726 Auch sie unterfallen nach der Rechtsprechung – unabhängig von ihrer Höhe – der in § 9 Abs. 2 S. 1 angeordneten Abgeltungswirkung der Entfernungspauschale (vgl. BFH 20.3.2014 – VI R 29/13, BStBl. II 2014, 849). → Rn. 389.

727–731 *Einstweilen frei*

Bahn-Card

732 Erwirbt der Steuerpflichtige eine Bahn-Card 100, die er auch zur Bewältigung von beruflich veranlassten Wegstrecken nutzt, so sind die Kosten der Bahn-Card 100 vollumfänglich als Werbungskosten abziehbar, wenn deren Kaufpreis die Summe jener Beförderungsentgelte nicht überschreitet, die ohne Bahn-Card 100 für die beruflichen Bahnfahrten zu entrichten gewesen wären. Die Möglichkeit der privaten Mitbenutzung (§ 12 Nr. 1) steht dem vollen Werbungskostenabzug in diesem Falle nicht entgegen. Zur steuerfreien Erstattung des Kaufpreises durch den Arbeitgeber siehe FM Saarland 13.10.2004, DStR 2005, 156.

Bausparverträge

733 Die Abschlussgebühren für Bausparverträge führen zu Werbungskosten iSv § 9 Abs. 1 S. 3 Nr. 1 (Schuldzinsen) bei den Einkünften aus Vermietung und Verpachtung, wenn alleiniger Zweck des Vertragsabschlusses die Erlangung des Baudarlehens und die Verwendung der Darlehensmittel zur Erzielung der Einkünfte ist (BFH 8.2.1983 – VIII R 163/81, BStBl. II 1983, 355; BFH 1.10.2002 – IX R 12/00, BStBl. II 2003, 398). → Rn. 278.

Bereitstellungszinsen

734 Als Nebenkosten der Darlehensaufnahme können sie abziehbare Werbungskosten iSd § 9 Abs. 1 S. 3 Nr. 1 (Schuldzinsen) sein (vgl. BFH 2.8.1977 – VIII R 104/74, BStBl. II 1978, 143; BFH 7.11.1989 – IX R 190/85, BStBl. II 1990, 460). → Rn. 278.

Berufskleidung

735 Siehe „Kleidung" → Rn. 836.

Berufskrankheit

Siehe „Krankheitskosten" → Rn. 839. 736

Berufsverband

Beiträge zu Berufsverbänden sind nach Maßgabe von § 9 Abs. 1 S. 3 Nr. 3 abziehbar als Werbungskosten. → Rn. 337 ff. 737

Besuchsfahrten

Wegeaufwendungen für die Besuchsreise des Ehepartners können nur in eng umgrenzten Ausnahmefällen wie Wegeaufwendungen des Arbeitnehmers für eine Familienheimfahrt berücksichtigt werden und dies auch nur unter Rückgriff auf § 9 Abs. 1 S. 1. Notwendige Bedingung ist, dass der Arbeitnehmer aus beruflichen Gründen an einer Familienheimfahrt gehindert war und die Besuchsreise an deren Stelle getreten ist (vgl. BFH 21.8.1974 – VI R 201/72, BStBl. II 1975, 64; BFH 28.1.1983 – VI R 136/79, BStBl. II 1983, 313). Zum Ersatzcharakter der Besuchsfahrt müssen allerdings weitere Umstände hinzutreten, die die privaten Veranlassungsbeiträge des Besuchs in den Hintergrund treten lassen (vgl. BFH 22.10.2015 – VI R 22/14, BStBl. II 2016, 210). → Rn. 515. 738

Beteiligungen

Bei Aufwendungen, die ein Steuerpflichtiger zum Zwecke des Erwerbs einer Beteiligung an einer Gesellschaft (zB GmbH) tätigt, überwiegt der Vermögensbezug den Erwerbsbezug im Grundsatz selbst dann, wenn die Beteiligung Voraussetzung für eine Beschäftigung des Steuerpflichtigen als Arbeitnehmer der Gesellschaft ist (vgl. BFH 12.5.1995 – VI R 64/96, BStBl. II 1995, 644). Auch im Falle eines verlorenen Zuschusses eines Gesellschafter-Geschäftsführers (BFH 26.11.1993 – VI R 3/92, BStBl. II 1994, 242) sowie im Falle eines Veräußerungsverlustes aus einer Kapitalbeteiligung am Arbeitgeber anlässlich der Beendigung des Arbeitsverhältnisses (BFH 17.9.2009 – VI R 24/08, BStBl. II 2010, 198) ist der Werbungskostenabzug in der Regel wegen Überwiegens des Vermögensbezugs ausgeschlossen. Eine andere Beurteilung (Berücksichtigung als Werbungskosten) kann geboten sein, wenn der *Erwerb* der verlustbringenden Beteiligung maßgebend der Arbeitsplatzsicherung dienen sollte (vgl. BFH 2.5.2007 – VI B 109/06, BFH/NV 2007, 1498; dagegen sollen keine Werbungskosten vorliegen, wenn die verlustbringende *Veräußerung* vorgenommen wird, um eine andernfalls drohende Kündigung zu vermeiden, vgl. BFH 20.8.2008 – VI B 17/08, BFH/NV 2009, 13). 739

Betriebsveranstaltungen

Betriebliche Veranstaltungen mit gesellschaftlichem Charakter wie Betriebsausflüge, Weihnachtsfeiern und Jubiläumsfeiern sind regelmäßig in nicht abgrenzbarer Weise privat mitveranlasst, sodass mit der Teilnahme an der Veranstaltung verbundene Aufwendungen (Wegeaufwendungen, Kosten für Getränke und Speisen, etc.) gemäß § 12 Nr. 1 grundsätzlich vom Abzug als Werbungskosten ausgeschlossen sind (vgl. FG Köln 13.2.1985 – VII K 227/84, NJW 1987, 2544). Anders verhält es sich, wenn die Teilnahme an der Veranstaltung vom Arbeitgeber verbindlich angeordnet wurde. In diesem Falle tritt die private Mitveranlassung hinter den beruflichen Veranlassungsbeitrag zurück, sodass der Werbungskostenabzug eröffnet ist (FG Düsseldorf 12.1.2004 – 10 K 2335/00 E, DStRE 2004, 551). Entstehen den Organisatoren eines Betriebsausflugs im Zusammenhang mit der Vorbereitung desselben Reisekosten, so können diese Aufwendungen – unabhängig davon, ob es sich um eine freiwillige Veranstaltung oder eine „Pflichtveranstaltung" handelt – ebenfalls als Werbungskosten abgezogen werden (vgl. FG Köln 26.10.1988 – 1 K 259/86, EFG 1989, 171). Daneben hat der BFH auch Aufwendungen zur Beseitigung von Unfallschäden, die auf der Fahrt zu einer im überwiegenden eigenbetrieblichen Interesse des Arbeitgebers liegenden Betriebsveranstaltung entstanden sind, als abziehbare Werbungskosten anerkannt. Insoweit sei ausschlaggebend, dass eine solche Fahrt beruflich veranlasst sei (BFH 28.10.1994 – VI R 54/94, BFH/NV 1995, 668). 740

Bewerbung

741 Kosten, die dem Steuerpflichtigen im Zusammenhang mit der Suche nach einer Arbeitsstelle entstehen (zB Kosten für Stellenanzeigen, Bewerbungsmappen, Fahrt zum Vorstellungsgespräch), können nach der Rechtsprechung als vorab veranlasste Werbungskosten berücksichtigt werden (vgl. BFH 22.1.1999 – VI B 293/98, BFH/NV 1999, 921). Voraussetzung hierfür ist, dass der Steuerpflichtige mit der Bewerbung die Erzielung steuerbarer und steuerpflichtiger Einnahmen anstrebt (vgl. BFH 6.10.1993 – I R 32/93, BStBl. II 1994, 113). Allgemein zu vorab veranlassten Werbungskosten → Rn. 179 ff.

Bewirtung

742 Kosten für die Bewirtung von Mitarbeitern oder Kollegen können sowohl der Erwerbs- als auch der Privatsphäre zuzuordnen sein. Die berufliche oder private Veranlassung der Aufwendungen hat das FG als Tatsacheninstanz durch eine Gesamtwürdigung aller Umstände des Einzelfalles zu bestimmen (BFH 8.7.2015 – VI R 46/14, BStBl. II 2015, 1013 mwN). Dabei ist in erster Linie auf den Anlass der Veranstaltung abzustellen, in deren Rahmen die Bewirtung erfolgt (BFH 1.2.2007 – VI R 25/03, BStBl. II 2007, 459; BFH 19.6.2008 – VI R 12/07, BFH/NV 2008, 1997; BFH 10.7.2008 – VI R 26/07, BFH/NV 2008, 1831; BFH 8.7.2015 – VI R 46/14, BStBl. II 2015, 1013; BFH 10.11.2016 – VI R 7/16, BStBl. II 2017, 409). Dient die Veranstaltung rein beruflichen Zwecken, so sind die Bewirtungsaufwendungen regelmäßig Werbungskosten (vgl. BFH 4.12.1992 – VI R 59/92, BStBl. II 1993, 350). Als beruflichen Anlass bewertet die Rechtsprechung ua Dienstübergaben (BFH 11.1.2007 – VI R 52/03, BStBl. II 2007, 317), Verabschiedungen anlässlich eines Arbeitgeberwechsels oder des Eintritts in den Ruhestand (FG Münster 29.5.2015 – 4 K 3236/12 E, 4 K 3236/12, EFG 2015, 1520) sowie Dienstjubiläen (BFH 20.1.2016 – VI R 24/15, BFH/NV 2016, 1340). Demgegenüber sind herausgehobene Geburtstage als persönliche Ereignisse der privaten Sphäre des betreffenden Steuerpflichtigen zuzurechnen. Bewirtungsaufwendungen, die im Zusammenhang mit einem solchen Ereignis anfallen, sind daher in der Regel auch durch die gesellschaftliche oder wirtschaftliche Stellung des Steuerpflichtigen veranlasst und somit nicht als Werbungskosten anzuerkennen (BFH 1.2.2007 – VI R 25/03, BStBl. II 2007, 459; BFH 10.11.2016 – VI R 7/16, BStBl. II 2017, 409). Allerdings kann sich aus den übrigen Umständen des Einzelfalls ergeben, dass die Aufwendungen für die Feier trotz des privaten Anlasses beruflich veranlasst sind. Dies ist insbesondere dann möglich, wenn der Jubilar mit der Ausrichtung der Feier in erster Linie gefestigten betrieblichen Gewohnheiten Rechnung trägt oder mit seiner Einladung zur Förderung des Betriebsklimas beitragen will oder den Arbeitskollegen Dank und Anerkennung zollen möchte (BFH 10.11.2016 – VI R 7/16, BStBl. II 2017, 409). Für die Zuordnung der Aufwendungen zum beruflichen oder privaten Bereich ist daher auch von Bedeutung, wer als Gastgeber auftritt, wer die Gästeliste bestimmt, ob es sich bei den Gästen um Kollegen, Geschäftsfreunde oder Mitarbeiter (des Steuerpflichtigen oder des Arbeitgebers), um Angehörige des öffentlichen Lebens, der Presse, um Verbandsvertreter oder aber um private Bekannte oder Angehörige des Steuerpflichtigen handelt und ob sich die finanziellen Aufwendungen im Rahmen vergleichbarer betrieblicher Veranstaltungen bewegen (BFH 11.1.2007 – VI R 52/03, BStBl. II 2007, 317; BFH 10.7.2008 – VI R 26/07, BFH/NV 2008, 1831; BFH 8.7.2015 – VI R 46/14, BStBl. II 2015, 1013; BFH 10.11.2016 – VI R 7/16, BStBl. II 2017, 409). Für die berufliche Veranlassung von Bewirtungsaufwendungen spricht es, wenn der Veranstaltungsort einen beruflichen Bezug aufweist (zB insofern, als Räumlichkeiten des Arbeitgebers genutzt werden) und die Feier mit Billigung des Arbeitgebers während der Arbeitszeit stattfindet (BFH 10.11.2016 – VI R 7/16, BStBl. II 2017, 409), ferner, wenn der Steuerpflichtige eine variable, vom Erfolg seiner Arbeit abhängige Entlohnung erhält (BFH 19.6.2008 – VI R 33/07, BStBl. II 2009, 11 mwN). Da Personen, die zusammen arbeiten, häufig auch private Kontakte untereinander pflegen, kann für die Zuordnung der Aufwendungen zum beruflichen oder privaten Bereich zudem bedeutsam sein, ob nur ausgesuchte Arbeitskollegen eingeladen werden (dann eher privater Bereich) oder ob die Einladung nach allgemeinen Kriterien ausgesprochen wird (dann eher beruflicher Bereich) (vgl. BFH 8.7.2015 – VI R 46/14, BStBl. II 2015, 1013; BFH 10.11.2016 – VI R 7/16, BStBl. II 2017, 409). Sind Aufwendungen für eine Feier gemischt veranlasst, weil daran sowohl Gäste aus dem privaten als auch dem beruflichen

Umfeld teilgenommen haben, so sind die Gesamtkosten anteilig nach Gästen aufzuteilen. Die auf den einzelnen Gast entfallenden Kosten sind aber in Ermangelung eines objektiven Aufteilungsmaßstabs entweder zur Gänze der beruflichen oder der privaten Sphäre zuzurechnen (BFH 8.7.2015 – VI R 46/14, BStBl. II 2015, 1013). Die Abzugsbeschränkung des § 9 Abs. 5 iVm § 4 Abs. 5 S. 1 Nr. 2 ist auf Personen bezogen, die nicht Arbeitnehmer desselben Arbeitgebers wie der Bewirtende sind (BFH 19.6.2008 – VI R 33/07, BStBl. II 2009, 11). Bei einer Bewirtung von Mitarbeitern oder Kollegen findet sie daher keine Anwendung (→ Rn. 651).

Bilder

Die Auswahl von Bildern für die Ausschmückung von Dienstzimmern und häuslichen Arbeitszimmern erfolgt meist nach eigenen geschmacklichen Vorstellungen und ist insofern durch erhebliche private Umstände iSd § 12 Nr. 1 S. 2 wie die Befriedigung der eigenen Kunstinteressen oder dem allgemeinen persönlichen Wohlbefinden mitveranlasst. Aufwendungen für Bilder können daher in der Regel nicht als Werbungskosten abgezogen werden (BFH 30.10.1990 – VIII R 42/87, BStBl. II 1991, 340; BFH 14.5.1991 – VI R 119/88, BStBl. II 1991, 837; BFH 12.3.1993 – VI R 92/92, BStBl. II 1993, 506). 743

Bildungsaufwendungen

1. **Schulgeldzahlungen an eine fremdsprachige Schule im Inland** sind auch dann Kosten der privaten Lebensführung (→ § 12 Rn. 96 ff.) und folglich nicht als Werbungskosten abziehbar, wenn sich die ausländischen Eltern aus beruflichen Gründen nur vorübergehend im Inland aufhalten (BFH 23.11.2000 – VI R 38/97, BStBl. II 2001, 132). Zur Abziehbarkeit von Schulgeld als Sonderausgaben → § 10 Rn. 292 ff. 744

2. Aufwendungen des Steuerpflichtigen für seine **Berufsausbildung** oder sein **Studium** sind gemäß § 9 Abs. 6 nur dann Werbungskosten, wenn der Steuerpflichtige zuvor bereits eine Erstausbildung (Berufsausbildung oder Studium) abgeschlossen hat oder wenn die Berufsausbildung oder das Studium im Rahmen eines Dienstverhältnisses stattfindet (→ Rn. 676). Andernfalls kommt „lediglich" ein Abzug als Sonderausgaben nach § 10 Abs. 1 Nr. 7 in Betracht.

3. Zu Aufwendungen im Zusammenhang mit **Ausbildungsdienstverhältnissen** siehe „Ausbildungsdienstverhältnis" → Rn. 724.

4. Aufwendungen für **Lehrgänge** sind als Werbungskosten abziehbar, wenn die Würdigung aller Umstände des Einzelfalls ergibt, dass ein konkreter Zusammenhang mit der Berufstätigkeit besteht (BFH 10.4.2002 – VI R 46/01, BStBl. II 2002, 579; BFH 15.3.2007 – VI R 61/04, BFH/NV 2007, 1132). Die berufliche Veranlassung eines Lehrgangs wird insbesondere dadurch indiziert, dass der Lehrgang von einem berufsmäßigen Veranstalter durchgeführt wird, ein homogener Teilnehmerkreis vorliegt und der Erwerb der Kenntnisse und Fähigkeiten auf eine Verwendung in der beruflichen Tätigkeit angelegt ist (BFH 28.8.2008 – VI R 44/04, BStBl. II 2009, 106).

5. a) **Kursgebühren zum Erwerb von Kenntnissen in einer Fremdsprache** sind als Werbungskosten abziehbar, wenn ein konkreter Zusammenhang mit der Berufstätigkeit besteht. Ob dies zutrifft, ist durch Würdigung aller Umstände des Einzelfalls zu ermitteln (BFH 24.2.2011 – VI R 12/10, BStBl. II 2011, 796). Dass ein Sprachkurs im Ausland absolviert wird, obschon auch der Besuch eines im Inland angebotenen Kurses möglich gewesen wäre, schließt das Vorliegen eines konkreten Zusammenhangs mit der Berufstätigkeit nicht aus, da eine Sprache in dem Land, in dem sie gesprochen wird, im Allgemeinen effektiver zu erlernen ist als im Inland. Dies gilt insbesondere, wenn der Steuerpflichtige sich aus beruflichen Gründen mit der landesüblichen Aussprache und Betonung vertraut machen möchte (BFH 24.2.2011 – VI R 12/10, BStBl. II 2011, 796). Zu weiteren Umständen, die im Rahmen der Gesamtwürdigung als gewichtige Indizien für eine private oder eine berufliche Veranlassung sprechen siehe BFH 31.7.1980 – IV R 153/79, BStBl. II 1980, 746.

b) Bei einem auswärtigen Sprachkurs ist – ebenfalls im Rahmen einer Gesamtwürdigung – außerdem zu bestimmen, ob neben den Kursgebühren auch die **Aufwendungen für die mit dem Sprachkurs verbundene Reise** beruflich veranlasst sind (siehe dazu BFH 19.12.2005 – VI R 89/02, BFH/NV 2006, 93). Das ist bei auswärtigen Sprachlehrgängen –

ebenso wie bei sonstigen Reisen – vor allem dann der Fall, wenn ihnen offensichtlich ein unmittelbarer beruflicher Anlass zugrunde liegt und die Verfolgung privater Reiseinteressen nicht den Schwerpunkt bildet (BFH 24.2.2011 – VI R 12/10, BStBl. II 2011, 796; vgl. auch „Reisekosten" → Rn. 884). Liegt der Reise kein unmittelbarer beruflicher Anlass zugrunde, so sind nach den Grundsätzen, die der Große Senat des BFH in seinem Beschluss vom 21.9.2009 – GrS 1/06, BStBl. II 2010, 672 aufgestellt hat, die mit dem Sprachkurs verbundenen Reisekosten aufzuteilen, sofern der erwerbsbezogene Anteil nicht von ganz untergeordneter Bedeutung ist (BFH 24.2.2011 – VI R 12/10, BStBl. II 2011, 796). Erscheint eine Aufteilung nach dem Verhältnis der beruflichen und privaten Zeitanteile nicht möglich oder unzweckmäßig, so kommt eine hälftige Aufteilung der Aufwendungen in Betracht (vgl. BFH 9.1.2013 – VI B 133/12, BFH/NV 2013, 552 mwN).

c) Aufwendungen eines in Deutschland lebenden Ausländers für das **Erlernen der deutschen Sprache** sieht die Verwaltung mangels Abgrenzbarkeit des privaten Veranlassungsbeitrags vom gegebenenfalls hinzutretenden beruflichen Veranlassungsbeitrag als nicht abziehbar an (BMF 6.7.2010, BStBl. I 2010, 614 unter Verweis auf BFH 15.3.2007 – VI R 14/04, BStBl. II 2007, 814).

6. Aufwendungen für **Bildungsreisen** können im Umfang der beruflichen Veranlassung als Werbungskosten in Abzug gebracht werden (vgl. BFH 21.4.2010 – VI R 66/04, BStBl. II 2010, 685). Siehe auch „Reisekosten" → Rn. 884.

Bildungsreisen

745 Siehe „Bildungsaufwendungen" → Rn. 744.

Blindenhund

746 Siehe „Tiere" → Rn. 912a.

Brillen

747 Aufwendungen für Sehhilfen (Brille, Kontaktlinsen) dienen der Kompensation körperlicher Mängel, betreffen somit stets die allgemeine Lebensführung iSv § 12 Nr. 1 S. 2 (unverzichtbare Lebensführungsaufwendungen) und können nach der Rechtsprechung deshalb nicht als Werbungskosten abgezogen werden. Dies gilt nach Ansicht des BFH auch, wenn die Sehhilfe ausschließlich bei der Berufstätigkeit verwendet und am Arbeitsplatz aufbewahrt wird (BFH 23.10.1992 – VI R 31/92, BStBl. II 1993, 193; BFH 20.7.2005 – VI R 50/03, BFH/NV 2005, 2185; siehe auch FG München 6.12.2000 – 1 K 1488/99, BeckRS 2000, 21010876). Allein Aufwendungen für Brillen, die eine Schutzfunktion gegenüber den speziellen Gefahren einer bestimmten Berufstätigkeit erfüllen (vgl. BFH 23.10.1992 – VI R 31/92, BStBl. II 1993, 193; BFH 20.7.2005 – VI R 50/03, BFH/NV 2005, 2185) bzw. der Kompensation einer als Berufskrankheit zu beurteilenden Sehschwäche dienen (vgl. BFH 17.4.1980 – IV R 207/75, BStBl. II 1980, 369; BFH 20.7.2005 – VI R 50/03, BFH/NV 2005, 2185), lässt der BFH zum Werbungskostenabzug zu.

Bücher

748 Es muss für jedes einzelne Buch untersucht werden, ob es sich um einen Gegenstand der privaten Lebensführung oder um ein Arbeitsmittel handelt. Dabei kommt es auf die tatsächliche Verwendung im Einzelfall an (BFH 28.4.1972 – VI R 305/69, BStBl. II 1972, 723; BFH 21.2.1986 – VI R 192/82, BFH/NV 1986, 401; BFH 20.5.2010 – VI R 53/09, BStBl. II 2011, 723). Das mit dem Streitfall befasste Finanzgericht muss Feststellungen dazu treffen, in welchem Umfang der Steuerpflichtige die Literatur für dienstliche und für private Zwecke genutzt hat (vgl. BFH 20.5.2010 – VI R 53/09, BStBl. II 2011, 723), wobei eine unbedeutende private Mitbenutzung den vollen Werbungskostenabzug nicht hindert. Nur wenn diese Untersuchungen zu keinem eindeutigen Ergebnis führen, kann der objektive Charakter der Werke den Ausschlag geben (BFH 21.2.1986 – VI R 192/82, BFH/NV 1986, 401; BFH 19.4.1991 – VI R 164/87, BFH/NV 1991, 598). Bei Büchern, die allgemeinbildender Natur sind, besteht eine Vermutung dahin, dass sie die private Lebensführung betreffen (vgl. BFH 29.4.1977 – VI R 208/75, BStBl. II 1977, 716 mwN). Allerdings kann diese Vermutung durch ausreichende Nachweise im Einzelfall ausgeräumt werden (vgl. BFH 29.4.1977 – VI R 208/75, BStBl. II 1977, 716). Bei einer gemischten Nutzung ist nach neuerer Rechtsprechung eine Aufteilung der Kosten in Betracht zu ziehen (BFH 20.5.2010 – VI R 53/09, BStBl. II 2011, 723; anders noch BFH 28.4.1972 – VI R 305/69, BStBl. II 1972, 723: „Für das einzelne Buch ist aber eine Aufteilung der Anschaffungskosten in Lebenshaltungskosten und Werbungskosten nicht möglich, weil es an objektiven Merkmalen und Unterlagen für eine zutreffende und leicht nachprüfbare Trennung fehlt“). Das übliche Beweismittel für den Nachweis von Aufwendungen für Fachliteratur ist der Urkundenbeweis, dh die Vorlage von Quittungen des Buchhandels, die den Namen des Erwerbers und den Titel des angeschafften Buches enthalten (BFH 4.12.2003 – VI B 155/00, BFH/NV 2004, 488). Bei Aufwendungen für Fachzeitschriften gelten die zur Abziehbarkeit der Kosten für (Fach-)Bücher entwickelten Grundsätze entsprechend (vgl. BFH 2.2.1990 – VI R 112/87, BFH/NV 1990, 564). → § 4 Rn. 2426 ff.

Bürgschaftsverluste

Aufwendungen, die einem Arbeitnehmer wegen der Inanspruchnahme aus einer Bürgschaft für seinen Arbeitgeber entstehen, sind Werbungskosten bei den Einkünften aus nichtselbständiger Tätigkeit, wenn ein ausreichender Zusammenhang mit den Einnahmen aus der Tätigkeit als Arbeitnehmer besteht (BFH 29.2.1980 – VI R 165/78, BStBl. II 1980, 395). Dies ist zB dann der Fall, wenn mit der Bürgschaft der Konkurs des Arbeitgebers und damit der Verlust des eigenen Arbeitsplatzes abgewendet werden soll. Ist der Arbeitnehmer zugleich Gesellschafter seines Arbeitgebers, so ist zu ergründen, ob die Übernahme der Bürgschaft vorrangig durch die Kapitalbeteiligung oder durch das Dienstverhältnis veranlasst ist (BFH 3.9.2015 – VI R 58/13, BStBl. II 2016, 305). Dabei ist eine Veranlassung der Bürgschaft – und damit auch der Bürgschaftsverluste – durch die Gesellschafterstellung umso wahrscheinlicher, je höher die Beteiligung des Arbeitnehmers an seinem Arbeitgeber ist (vgl. BFH 26.11.1993 – VI R 3/92, BStBl. II 1994, 242; BFH 5.10.2004 – VIII R 64/02, BFH/NV 2005, 54; BFH 25.11.2010 – VI R 34/08, BStBl. II 2012, 24; BFH 16.11.2011 – VI R 97/10, BStBl. II 2012, 343). Ist nicht der Arbeitnehmer selbst, aber sein Ehepartner signifikant am Arbeitgeber beteiligt, so spricht auch dies gegen eine Veranlassung der Bürgschaftsübernahme des Arbeitnehmers durch das Arbeitsverhältnis (BFH 14.5.1991 – VI R 48/88, BStBl. II 1991, 758). Maßgebend sind jedoch stets die Gesamtumstände des jeweiligen Einzelfalles; der Umfang der Beteiligung des Gesellschafter-Arbeitnehmers bzw. des Ehepartners des Arbeitnehmers am Arbeitgeber stellt „lediglich“ ein gewichtiges Indiz dar (BFH 10.2.2005 – IX B 169/03, BFH/NV 2005, 1057; vgl. auch FG Münster 15.10.2015 – 3 K 472/14 E, EFG 2016, 282, betr. die Bürgschaft eines Gesellschafter-Arbeitnehmers zugunsten eines Auftraggebers seines Arbeitgebers). Ist der Arbeitnehmer zum Zeitpunkt der Bürgschaftsübernahme zugunsten seines Arbeitgebers noch nicht an diesem beteiligt, strebt er aber den Erwerb von Gesellschaftsanteilen an, so kann es sich bei den Verlusten aus der Bürgschaft um vorab veranlasste Werbungskosten bei den Einkünften aus Kapitalvermögen handeln (vgl. BFH 8.7.2015 – VI R 77/14, BStBl. II 2016, 60). Entscheidend für die Beurteilung der Veranlassung des Bürgschaftsverlusts durch das Gesellschafts- oder das Arbeitsverhältnis ist stets der Zeitpunkt, in dem die Bürgschaftsverpflichtung eingegangen wird, nicht der Zeitpunkt der Inanspruchnahme (BFH 24.4.1997 – IV R 42/96, BFH/NV 1997, 837). Zur Abziehbarkeit von Zahlungen auf betrieblich veranlasste Bürgschaftsverbindlichkeiten → § 4 Rn. 2320. **749**

Einstweilen frei **750–754**

Computer

Ein Computer des Arbeitnehmers ist wegen seiner beruflichen wie privaten Nutzungsmöglichkeit nicht schon seiner Art nach dem beruflichen Bereich zuzuordnen. Die Einordnung als Arbeitsmittel hängt vielmehr davon ab, wie der Computer vom Steuerpflichtigen tatsächlich genutzt wird (FG Saarland 5.10.1993 – 1 K 51/93, EFG 1994, 616), wobei ein privater Nutzungsanteil von nicht mehr als 10 Prozent den vollen Werbungskostenabzug nicht hindert (BFH 19.2.2004 – VI R 135/01, BStBl. II 2004, 958). Für den Nachweis der tatsächlichen Verwendung des Computers treffen den Steuerpflichtigen die Feststellungslast **755** und eine erhöhte Mitwirkungspflicht (FG Rheinland-Pfalz 16.9.1998 – 6 K 1023/98, DStRE 1999, 123). Bei typischen Spielecomputern besteht eine Vermutung dahin, dass sie in erheblichem Umfang privat genutzt werden (BFH 15.1.1993 – VI R 98/88, BStBl. II 1993, 348). Die Aufstellung des Computers im steuerlich anzuerkennenden Arbeitszimmer spricht hingegen für eine berufliche Verwendung. Ferner ist zu prüfen, ob die Ausstattung des Computers (Hardware, Software) die behauptete berufliche Verwendung ermöglicht (FG Rheinland-Pfalz 16.9.1998 – 6 K 1023/98, DStRE 1999, 123). Kann der Steuerpflichtige darlegen, dass er einen Computer in einem nicht unwesentlichen Umfang beruflich nutzt, so ist nach der Rechtsprechung typisierend und pauschalierend von einer jeweils hälftigen privaten und beruflichen Nutzung auszugehen. Will der Steuerpflichtige oder das Finanzamt von diesem Aufteilungsmaßstab abweichen, so bedarf es zusätzlicher Anhaltspunkte, die von dem betreffenden Beteiligten jeweils näher darzulegen und glaubhaft zu machen sind (BFH 19.2.2004 – VI R 135/01, BStBl. II 2004, 958). Wird ein Computer für einen erst in der Zukunft liegenden beruflichen Einsatz angeschafft, dann bedarf es zum Nachweis der beruflichen Veranlassung der Glaubhaftmachung einer konkreten Beziehung zwischen der Kaufentscheidung und dem künftigem beruflichen Einsatz (BFH 9.6.1988 – VI R 132/87, BFH/NV 1988, 708). Die Peripherie-Geräte eines Computers (zB Scanner, Drucker) sind regelmäßig keine geringwertigen Wirtschaftsgüter iSv § 6 Abs. 2 und daher grundsätzlich einheitlich mit dem Computer abzuschreiben. Eine Ausnahme bilden hierbei Kombinations-Geräte, die beispielsweise nicht nur als Drucker, sondern unabhängig von dem Rechner und den übrigen Peripherie-Geräten auch als Fax und Kopierer genutzt werden können sowie externe Datenspeicher (zB USB-Stick, externe Festplatte), die – unabhängig vom Rechner – der Speicherung, dem Transport und der Sicherung von Daten dienen (BFH 19.2.2004 – VI R 135/01, BStBl. II 2004, 958).

756–760 *Einstweilen frei*

Darlehensverluste

761 Der Verlust einer gegen den Arbeitgeber gerichteten Darlehensforderung kann beim Arbeitnehmer als (unfreiwillige) Aufwendung zu Werbungskosten bei den Einkünften aus nichtselbständiger Tätigkeit führen, wenn der Arbeitnehmer das Risiko des Darlehensverlusts aus beruflichen Gründen bewusst auf sich genommen hat und nicht die Nutzung des Geldkapitals zur Erzielung von Zinseinkünften im Vordergrund stand (BFH 10.4.2014 – VI R 57/13, BStBl. II 2014, 850). Wenn fremde Dritte – insbesondere Banken – das Darlehen nicht gewährt hätten, so liegt darin ein Indiz für das Vorliegen von beruflichen Gründen (BFH 25.11.2010 – VI R 34/08, BStBl. II 2012, 24). Hält der Arbeitnehmer oder einer seiner Angehörigen eine signifikante Beteiligung an der Arbeitgeber-Gesellschaft, so spricht dies gegen eine berufliche Veranlassung der Darlehenshingabe und für eine Veranlassung durch das Gesellschaftsverhältnis (vgl. BFH 2.9.1994 – VI R 35/94, BFH/NV 1995, 208; BFH 25.11.2010 – VI R 34/08, BFH/NV 2011, 680). Grundsätzlich muss der Verlust der Darlehensrückzahlungsforderung durch ein unfreiwilliges Ereignis (zB Insolvenz des Arbeitgebers) eintreten; eine freiwillige Verzichtsvereinbarung genügt regelmäßig nicht (vgl. BFH 2.9.1994 – VI R 35/94, BFH/NV 1995, 208; anders allerdings der VI. Senat des BFH in seiner Entscheidung vom 25.11.2010 (VI R 34/08, BFH/NV 2011, 680), in der letzterer argumentiert, dass der freiwillige Verzicht des Arbeitnehmer-Gesellschafters selbst dann berufliche Gründe haben und deshalb zu Werbungskosten bei den Einkünften aus nichtselbständiger Tätigkeit führen könne, wenn die Darlehensgewährung durch das Gesellschaftsverhältnis veranlasst war). Der Werbungskostenabzug hat in dem Veranlagungszeitraum zu erfolgen, in dem der Arbeitnehmer die Wertlosigkeit seiner Forderung erkennt (BFH 13.1.1989 – VI R 51/85, BStBl. II 1989, 382).

Dauernde Lasten

762 Sie führen gemäß § 9 Abs. 1 S. 3 Nr. 1 S. 1 zu Werbungskosten, soweit sie auf besonderen Verpflichtungsgründen beruhen und mit einer Überschusseinkunftsart in wirtschaftlichem Zusammenhang stehen. → Rn. 313 ff.

Diebstahl

Diebstahlsbedingte Vermögensverluste sind nicht schon deshalb Werbungskosten, weil sie ausgeblieben wären, wenn der Steuerpflichtige die konkrete berufliche Tätigkeit nicht ausgeübt hätte (vgl. BFH 4.7.1986 – VI R 227/83, BStBl. II 1986, 771, betr. Diebstahl der Geldbörse auf einer aus beruflichen Gründen unternommenen Vortragsreise). Vielmehr setzt der Abzug als Werbungskosten voraus, dass entweder der gestohlene Gegenstand zur Erzielung von Überschusseinkünften bestimmt gewesen ist (vgl. BFH 29.3.2000 – X R 99/95, BFH/NV 2000, 1188) oder der Diebstahl bei der Verwendung des Gegenstands für Erwerbszwecke erfolgt ist (vgl. BFH 25.5.1992 – VI R 171/88, BStBl. II 1993, 44, betr. den Diebstahl des Privat-PKW eines Arbeitnehmers während einer Dienstreise) oder der Diebstahl aus im Bereich der Einkünfteerzielungstätigkeit liegenden Gründen erfolgt ist (vgl. BFH 19.3.1982 – VI R 25/80, BStBl. II 1982, 442). Werden einem Arbeitnehmer auf einer Dienstreise Gegenstände gestohlen, die er mitgenommen hat, weil sie für die auswärtige Tätigkeit notwendig sind, so liegen Werbungskosten vor, wenn sich der Verlust als reisespezifische Gefährdung darstellt, also nicht nur „gelegentlich“ der Reise eingetreten ist (vgl. BFH 30.11.1993 – VI R 21/92, BStBl. II 1994, 256; BFH 30.6.1995 – VI R 26/95, BStBl. II 1995, 744). Absetzbar ist nicht der Zeitwert des Gegenstands, sondern „nur“ der rechnerische Buchwert (vgl. BFH 30.6.1995 – VI R 26/95, BStBl. II 1995, 744). → Rn. 208 ff. Ist der diebstahlsbedingte Vermögensverlust der Privatsphäre zuzuordnen und wird das Gestohlene neu angeschafft, so kommt ein Abzug als außergewöhnliche Belastung gem § 33 nur in Betracht, wenn der betreffende Gegenstand zum existenziellen Bereich gehört (vgl. BFH 3.9.1976 – VI R 185/74, BStBl. II 1976, 712), den Steuerpflichtigen kein Verschulden am Verlust trifft und er keine realisierbaren Ersatzansprüche gegen Dritte hat (vgl. BFH 6.5.1994 – III R 27/92, BStBl. II 1995, 104). 763

Diensthund

Siehe „Tiere“ → Rn. 912a. 764

Dienstjubiläum

Siehe „Bewirtungsaufwendungen“ → Rn. 742. 765

Dienstreise

Siehe „Reisekosten“ → Rn. 884. 766

Dienststrafverfahren

Die Anwaltskosten, die Fahrtkosten und die entstandenen Gerichtskosten sind Werbungskosten. Eine etwaig verhängte Geldbuße kann hingegen nicht als Werbungskosten in Abzug gebracht werden, da hier der Strafcharakter im Vordergrund steht (BFH 25.8.1961 – VI 99/59 S, BStBl. III 1961, 482; vgl. auch BFH 13.12.1994 – VIII R 34/93, BStBl. II 1995, 457). 767

Doktortitel

Ist ein Promotionsvorhaben auf das Erzielen steuerpflichtiger Einnahmen gerichtet, so sind die damit in Zusammenhang stehenden Aufwendungen als (vorab veranlasste) Werbungskosten anzuerkennen (BFH 4.11.2003 – VI R 96/01, BStBl. II 2004, 891). Es ist nicht erforderlich, dass die Promotion ausschließlicher oder wesentlicher Vertragsgegenstand eines Dienstverhältnisses ist (so aber noch BFH 20.5.1994 – VI R 3/94, BFH/NV 1994, 856). Dessen ungeachtet können die Aufwendungen für eine Promotion in atypischen Fällen der privaten Lebensführung zuzuordnen und somit vom Werbungskostenabzug ausgeschlossen sein (vgl. BFH 8.6.2004 – VI B 158/03, BFH/NV 2004, 1406, betr. den Kauf eines Doktortitels). 768

Doppelte Haushaltsführung

769 Notwendige Mehraufwendungen, die einem Arbeitnehmer wegen einer beruflich veranlassten doppelten Haushaltsführung entstehen, sind gemäß § 9 Abs. 1 S. 3 Nr. 5 Werbungskosten. → Rn. 487 ff.

Drittaufwendungen

770 → Rn. 111 ff.; → § 4 Rn. 2267 ff.
771–775 *Einstweilen frei*

Ehrenamt

776 Aufwendungen eines Arbeitnehmers im Zusammenhang mit einer ehrenamtlichen Tätigkeit für die für ihn zuständige Gewerkschaft können Werbungskosten sein, da die Tätigkeit der Gewerkschaft erfahrungsgemäß ein wirksames Mittel zur Verbesserung der (steuerpflichtigen) Einnahmen von Arbeitnehmern ist (BFH 28.11.1980 – VI R 193/77, BStBl. II 1981, 368). Ehrenamtliche Tätigkeiten in nicht berufsspezifischen (Interessen-)Verbänden sind hingegen regelmäßig in erheblichem Ausmaß privat mitveranlasst (BFH 2.10.1992 – VI R 11/90, BStBl. II 1993, 53). In besonders gelagerten Fällen kann ausnahmsweise die berufliche Veranlassung überwiegen (vgl. FG Baden-Württemberg 3.2.1993 – 2 K 140/88, EFG 1993, 712, betr. Trainertätigkeit für einen Verband, in dem der Arbeitgeber Mitglied ist). Zur Abzugsfähigkeit von Aufwendungen im Zusammenhang mit ehrenamtlichen Tätigkeiten in Berufsverbänden als Betriebsausgaben → § 4 Rn. 2339.

Eigenleistungen

777 Eigenleistungen bewirken keine Vermögensminderung, unterfallen daher nicht dem Aufwendungsbegriff und sind somit keine Werbungskosten (BFH 1.10.1985 – IX R 58/81, BStBl. II 1986, 142). → Rn. 99.

Einrichtungsgegenstände

778 Zu Einrichtungsgegenständen eines häuslichen Arbeitszimmers siehe „Arbeitszimmer" → Rn. 723.

Entfernungspauschale

779 → Rn. 347 ff.

Entgangene Einnahmen

780 In Ermangelung eines vermögensmindernden Abflusses erfüllen entgangene Einnahmen den Aufwendungsbegriff ebenso wenig wie ein Verzicht auf Einnahmen (BFH 21.10.1980 – VIII R 190/78, BStBl. II 1981, 160, betr. Abzinsung eines Kaufpreises wegen Vereinnahmung vor Fälligkeit; vgl. ferner BFH 19.4.2012 – VI R 25/10, BStBl. II 2013, 699). → Rn. 101.

Erbschaft

781 Zur Werbungskostenqualifikation von Schuldzinsen, die dem Steuerpflichtigen im Zusammenhang mit Erbauseinandersetzung und Erbfolge entstehen → Rn. 298 f.

Erschließungsbeiträge

782 → Rn. 326.
783–787 *Einstweilen frei*

Fachliteratur

788 Siehe „Bücher" → Rn. 748.

Fahrerlaubnis

Siehe „Führerschein" → Rn. 797. 788a

Fahrgemeinschaften

Jeder einzelne Mitfahrer ist zur Geltendmachung der Entfernungspauschale nach § 9 Abs. 1 S. 3 Nr. 4 berechtigt (→ Rn. 349). Umwege zum gemeinsamen Treffpunkt oder für das Abholen der anderen Fahrgemeinschafts-Mitglieder bleiben bei der Bestimmung der Entfernung zwischen Wohnung und erster Tätigkeitsstätte außer Betracht; maßgebend ist für jedes Mitglied der Fahrgemeinschaft die für ihn kürzeste Straßenverbindung (FG Saarland 8.11.2005 – 1 V 260/05, BeckRS 2005, 26018860; → Rn. 371). Kosten eines Unfalls, der sich auf einem solchen Umweg ereignet, sind dem Bereich der privaten Lebensführung zuzurechnen und führen daher nicht zum Werbungskostenabzug (FG Saarland 8.11.2005 – 1 V 260/05, BeckRS 2005, 26018860; vgl. auch BFH 14.11.1986 – VI R 79/83, BStBl. II 1987, 275; **aA** *Niermann* DB 2009, 753 (754)). Zur Anwendung der Höchstbetragsregelung des § 9 Abs. 1 S. 3 Nr. 4 S. 2 Hs. 2 → Rn. 377. Erhält der Fahrer für die regelmäßige Mitnahme seiner Arbeitskollegen ein Entgelt, so kann dies zu Einkünften aus sonstigen Leistungen iSd § 22 Nr. 3 führen. In einem solchen Falle sind (nur) die durch die Mitnahme veranlassten Mehraufwendungen als Werbungskosten bei den sonstigen Einkünften iSd § 22 Nr. 3 abziehbar (BFH 15.3.1994 – X R 58/91, BStBl. II 1994, 516). 789

Fahrrad

Bewältigt der Steuerpflichtige die Wege zwischen Wohnung und erster Tätigkeitsstätte mit dem Fahrrad, so können Aufwendungen für selbiges grundsätzlich nur im Rahmen der Entfernungspauschale nach § 9 Abs. 1 S. 3 Nr. 4, Abs. 2 als Werbungskosten Berücksichtigung finden. Wird das Fahrrad indessen – aufgrund dienstrechtlicher Weisung des Arbeitgebers – auch zur Erledigung beruflicher Aufgaben eingesetzt, so kann es als Arbeitsmittel einzuordnen sein. Aufwendungen für das Fahrrad können dann insoweit, als sie nicht auf die Wege zwischen Wohnung und erster Tätigkeitsstätte entfallen, auf Grundlage von § 9 Abs. 1 S. 1 Nr. 6 als Werbungskosten abgezogen werden (vgl. BFH 15.9.1961 – VI 228/60 U, BStBl. III 1961, 552). 790

Finanzierungskosten

Sie können als Schuldzinsen iSv § 9 Abs. 1 S. 3 Nr. 1 zu Werbungskosten führen. → Rn. 278 ff. 791

Flugkosten

Im Umfang der beruflichen Veranlassung sind Flugkosten grundsätzlich als Werbungskosten anzuerkennen (vgl. BFH 21.9.2009 – GrS 1/06, BStBl. II 2010, 672). Bei Flügen zwischen Wohnung und erster Tätigkeitsstätte gelangt die Entfernungspauschale gemäß § 9 Abs. 1 Satz 3 Nr. 4 S. 3 nicht zur Anwendung. Der Arbeitnehmer kann daher die für die Flugstrecke geleisteten Aufwendungen in voller Höhe und unbegrenzt als Werbungskosten in Abzug bringen (→ Rn. 407). 792

Flugschein

Aufwendungen für den Erwerb eines **Privatflugzeugführerscheins** sind grundsätzlich keine abziehbaren Werbungskosten, da derartige Aufwendungen in der Regel in nicht unerheblichem Maße die private Lebensführung des Steuerpflichtigen betreffen (vgl. BFH 27.5.2003 – VI R 85/02, BStBl. II 2005, 202 mwN). Aufwendungen für den Erwerb des **Verkehrsflugzeugführerscheins** sind hingegen – unter den Voraussetzungen des § 9 Abs. 6 – als (vorab veranlasste) Werbungskosten bei den Einkünften aus nichtselbständiger Tätigkeit zu berücksichtigen (vgl. BFH 27.5.2003 – VI R 85/02, BStBl. II. 2005, 202; BFH 30.9.2008 – VI R 4/07, BStBl. II 2009, 111; BFH 28.7.2011 – VI R 38/10, BStBl. II 2012, 561). Aufwendungen eines Zeitsoldaten für den Erwerb eines Verkehrsflugzeugführerscheins 793 im Rahmen einer Fachausbildung sind auch dann vorab veranlasste Werbungskosten bei den Einkünften aus nichtselbständiger Arbeit, wenn die Schulung die Ausbildung für den Erwerb des Privatflugzeugführerscheins einschließt (BFH 30.9.2008 – VI R 4/07, BStBl. II 2009, 111).

Forderungsverluste

794 Siehe „Darlehensverluste“ → Rn. 761.

Fortbildung

795 Siehe „Bildungsaufwendungen“ → Rn. 744.

Friseurkosten

796 Bei ihnen handelt es sich um nicht abziehbare Aufwendungen der privaten Lebensführung. Mangels eines objektiven Aufteilungsmaßstabs kommt ein (anteiliger) Werbungskostenabzug selbst dann nicht in Betracht, wenn ein Bundeswehrsoldat den Haarschnitt mit Rücksicht auf Dienstvorschriften vornehmen lässt (FG Hamburg 16.12.1988 – VII 99/88, EFG 1990, 226; → Rn. 168).

Führerschein

797 Kosten für den Erwerb einer Fahrerlaubnis sind grundsätzlich der privaten Lebensführung zuzuordnen, weil eine Aufteilung zwischen beruflicher und möglicher privater Nutzung anhand eines objektiv nachprüfbaren Maßstabs nicht möglich ist (vgl. BFH 20.2.1969 – IV R 119/66, BStBl. II 1969, 433; BFH 15.2.2005 – VI B 188/04, BFH/NV 2005, 890; FG Münster 27.8.2015 – 4 K 3243/14 E). Anders verhält es sich beim Erwerb eines Taxi-, LKW- oder Busführerscheins. Hier kann eine private Nutzung ausgeschlossen sein mit der Folge, dass die betreffenden Aufwendungen als (vorab veranlasste) Werbungskosten anzuerkennen sind (vgl. BFH 8.4.1964 – VI 251/63 U, BStBl. III 1964, 431; FG Münster 25.2.1998 – 7 K 5197/96 E, EFG 1998, 941; FG Baden-Württemberg 29.8.2006 – 14 K 46/06, EFG 2007,179). Nach den Umständen des Einzelfalles können ausnahmsweise auch die Kosten eines Pkw-Führerscheins ausschließlich beruflich veranlasst sein; dies namentlich dann, wenn das Innehaben der Fahrerlaubnis zwingende Einstellungsvoraussetzung ist (BFH 8.4.1964 – VI 251/63 U, BStBl. III 1964, 431; BFH 2.10.1981 – VI R 31/79, BeckRS 1981, 05053). Dass der Steuerpflichtige für Fahrten zwischen Wohnung und erster Tätigkeitsstätte auf einen Pkw angewiesen ist, genügt hingegen nicht (BFH 15.2.2005 – VI B 188/04, BFH/NV 2005, 890).

798–802 *Einstweilen frei*

Geldbeschaffungskosten

803 Aufwendungen zur Beschaffung von Geld können abziehbare Schuldzinsen iSv § 9 Abs. 1 S. 3 Nr. 1 sein. → Rn. 278.

Geldbuße und Geldstrafe

804 Geldbußen sind gemäß § 9 Abs. 5 S. 1 iVm § 4 Abs. 5 S. 1 Nr. 8 vom Werbungskostenabzug ausgeschlossen (→ Rn. 655). Gleiches gilt gemäß § 12 Nr. 4 für Geldstrafen (→ § 12 Rn. 223 ff.; → § 12 Rn. 418).

Gemälde

805 Siehe „Bilder“ → Rn. 743.

Geschenke

806 Für die Beurteilung der Aufwendungen eines Steuerpflichtigen für Geschenke an Mitarbeiter und Kollegen gelten die unter dem Eintrag „Bewirtungsaufwendungen“ (→ Rn. 742)

dargestellten Grundsätze entsprechend (vgl. BFH 15.11.2007 – VI R 91/04, BFH/NV 2008, 767, betr. Aufwendungen eines Gesamtpersonalratsvorsitzenden für Bewirtung sowie für kleine Präsente bei Zusammenkünften mit anderen Personalräten, Amtsleitern, Beigeordneten, Kollegen ua aus Anlass von Besprechungen, Jubiläen, Beförderungen).

Getränke

Durch besondere berufliche Gegebenheiten (zB Staub, Hitze) entstehende Mehraufwendungen für Getränke sind nach der Rechtsprechung des BFH dem Bereich der privaten Lebensführung zuzuordnen und daher nicht abziehbar als Werbungskosten (vgl. BFH 17.7.1959 – VI 107/57, BStBl. III 1959, 412; aA Blümich/*Thürmer* § 9 Rn. 700 Eintrag „Getränke" mwN). **807**

Gewerkschaftsbeiträge

Beitragszahlungen an eine Gewerkschaft sind Werbungskosten iSv § 9 Abs. 1 S. 3 Nr. 3, wenn die Gewerkschaft nach ihrer Satzung und ihrem tatsächlichen Tätigwerden die spezifischen beruflichen Interessen des Steuerpflichtigen vertritt (vgl. BFH 13.8.1993 – VI R 51/92, BStBl. II 1994, 33; → Rn. 344 f.). **808**

Einstweilen frei **809–813**

Habilitationskosten

Aufwendungen, die einem wissenschaftlichen Assistenten an einer Hochschule im Zusammenhang mit seiner Habilitation entstehen, sind Werbungskosten (BFH 7.8.1967 – VI R 25/67, BStBl. III 1967, 778). Ein Steuerpflichtiger, der sich an einer Universität habilitiert und dabei um eine besser besoldete Stelle als akademischer Mitarbeiter bewirbt, kann die Aufwendungen für die Habilitation auch in den Zeiträumen als Werbungskosten abziehen, in denen er überhaupt nicht oder außerhalb der Universität beschäftigt ist (FG Rheinland-Pfalz 8.6.1988 – 1 K 150/87, BeckRS 1988, 06892). **814**

Haftung

Im Falle der Geschäftsführerhaftung sind Zahlungen aufgrund eines auf § 191 AO iVm § 69 AO gestützten Haftungsbescheides grundsätzlich (nachträgliche) Werbungskosten, wenn die haftungsauslösende Pflichtverletzung während der Tätigkeit als Geschäftsführer verursacht wurde und ein objektiver Zusammenhang zwischen der Pflichtverletzung und der beruflichen Tätigkeit besteht (FG Sachsen-Anhalt 2.7.2013 – 4 K 1508/09, EFG 2013, 1651; FG Düsseldorf 19.2.2015 – 16 K 198/13 F, BeckRS 2016, 94346). Wird der Geschäftsführer einer GmbH vom Finanzamt als Haftungsschuldner für nicht abgeführte Lohnsteuer von Arbeitnehmern in Anspruch genommen, so kann er den gezahlten Haftungsbetrag selbst dann als Werbungskosten bei den Einkünften aus nichtselbständiger Arbeit abziehen, wenn in der angemeldeten und abzuführenden Lohnsteuer-Summe auch Steuerbeträge enthalten sind, die ihn als Arbeitnehmer selbst betreffen (FG Köln 20.10.1992 – 8 K 4449/88, EFG 1993, 509; aA HHR/*Bergkemper* § 9 Rn. 614 Eintrag „Haftung"). Auch Zahlungen aufgrund einer Haftung wegen Beihilfe zur Steuerhinterziehung Dritter können bei einem GmbH-Geschäftsführer zu Werbungskosten führen (vgl. BFH 9.12.2003 – VI R 35/96, BStBl. II 2004, 641). Wird ein Steuerpflichtiger aufgrund einer vormaligen Beteiligung an einer Einkünfte aus Vermietung und Verpachtung erzielenden GbR im Wege der Nachhaftung für rückständige Zinsen aus einer Darlehensverpflichtung der Gesellschaft in Anspruch genommen, so handelt es sich hierbei auch dann um abziehbare (nachträgliche) Werbungskosten iSv § 9 Abs. 1 S. 3 Nr. 1 (Schuldzinsen), wenn der Steuerpflichtige versucht hat, sich seiner dahingehenden Verpflichtung durch Übertragung seines Gesellschaftsanteils zu entziehen (BFH 1.12.2015 – IX R 42/14, BStBl. II 2016, 332). **815**

Hausangestellte(r)

Aufwendungen für eine Hausangestellte oder einen Hausangestellten sind auch dann dem Bereich der privaten Lebensführung zuzuordnen (§ 12 Nr. 1 S. 1), wenn die Beschäftigung **816** für die Ausübung des Berufs des Steuerpflichtigen dienlich oder erforderlich ist (BFH 9.11.1982 – VIII R 198/81, BStBl. II 1983, 297; BFH 26.6.1996 – XI R 15/85, BStBl. II 1997, 33; BFH 31.7.1997 – III R 31/90, BFH/NV 1998, 439). Nur wenn die oder der Hausangestellte den Steuerpflichtigen auch im Bereich seiner auf die Erzielung von Überschusseinkünften gerichteten Tätigkeit entlastet, kommt ein anteiliger Werbungskostenabzug in Betracht (FG München 19.9.1989 – 12 K 12114/83, betr. Aufwendungen für die Beschäftigung einer Pfarrhaushälterin durch einen nichtselbständig tätigen katholischen Geistlichen; siehe auch „Arbeitslohn" → Rn. 720).

Heimarbeiter

817 Bei Heimarbeitern iSd Heimarbeitsgesetzes können Aufwendungen, die unmittelbar durch die Heimarbeit veranlasst sind, zB Miete und Aufwendungen für Heizung und Beleuchtung der Arbeitsräume sowie für den Transport des Materials und der fertiggestellten Waren, als Werbungskosten abgezogen werden, soweit sie die Heimarbeiterzuschläge übersteigen (LStR 9.13).

Hörgerät

818 Aufwendungen für die Anschaffung eines Hörgeräts dienen ihrer Natur nach in erster Linie der Behebung körperlicher Mängel und sind daher der privaten Lebensführung zuzurechnen, auch wenn die Behebung des Mangels zugleich im beruflichen Interesse liegt (BFH 22.4.2003 – VI B 275/00, BFH/NV 2003, 1052). Gleiches gilt für Batteriekosten, die auf die Zeiten der beruflichen Tätigkeit entfallen (FG Baden-Württemberg 11.9.1996 – 5 K 111/96, EFG 1997, 156; **aA** BFH 8.4.1954 – IV 345/33 U, BStBl. III 1954, 174). Die berufliche Veranlassung der Aufwendungen für ein Hörgerät lassen deren private Mitveranlassung nur dann in den Hintergrund treten, wenn es sich bei der zu kompensierenden Hörschwäche um eine Berufskrankheit handelt (vgl. „Krankheitskosten" → Rn. 839 und „Sehhilfen" → Rn. 896). In diesem Falle ist der Werbungskostenabzug eröffnet.

Hund

819 Siehe „Tiere" → Rn. 912a.

Hypothek

820 Die im Zusammenhang mit der Vermittlung und Bestellung einer Hypothek anfallenden Gebühren sind als Nebenkosten der Darlehensaufnahme Werbungskosten iSv § 9 Abs. 1 S. 3 Nr. 1 (Schuldzinsen). → Rn. 278.

821–825 *Einstweilen frei*

Insolvenzgeld

826 Aufwendungen eines Arbeitnehmers für die Wege zwischen Wohnung und erster Tätigkeitsstätte führen nach Maßgabe von § 9 Abs. 1 S. 3 Nr. 4 auch dann zu abziehbaren Werbungskosten bei den Einkünften aus nichtselbständiger Tätigkeit, wenn der Arbeitnehmer für den betreffenden Zeitraum steuerfrei (vgl. § 3 Nr. 2) Insolvenzgeld erhält. § 3c steht dem Abzug als Werbungskosten nicht entgegen, da der unmittelbare Zusammenhang der Wegeaufwendungen mit dem Arbeitsverhältnis den nur mittelbaren Zusammenhang mit dem Insolvenzgeld überlagert (vgl. BFH 23.11.2000 – VI R 93/98, BStBl. II 2001, 199).

Instandhaltungsrücklage

827 Beiträge zur Instandhaltungsrücklage können erst dann als Werbungskosten abgezogen werden, wenn der Verwalter sie für die Wohnungseigentümergemeinschaft tatsächlich zur Erhaltung des gemeinschaftlichen Eigentums oder für andere Maßnahmen verausgabt, die durch die Erzielung von Einnahmen aus Vermietung und Verpachtung veranlasst sind (BFH 26.1.1988 – IX R 199/83, BStBl. II 1988, 577; BFH 9.12.2008 – IX B 124/08, BFH/NV 2009, 571; BFH 8.10.2012 – IX B 131/12, BFH/NV 2013, 32). Wird die Instandhaltungs-

rücklage für Maßnahmen verwendet, die zu Herstellungskosten führen, so sind die entsprechenden Beiträge gemäß § 9 Abs. 1 S. 3 Nr. 7 (nur) in Form von AfA als Werbungskosten abziehbar (BFH 26.1.1988 – IX R 199/83, BStBl. II 1988, 577). Die Veruntreuung von Instandhaltungsrücklagen durch den Hausverwalter stellen in dem Jahr Werbungskosten dar, in dem der Wohnungseigentümer erstmals von der Entreicherung Kenntnis erlangt (FG Rheinland-Pfalz 24.1.2013 – 6 K 1973/10, EFG 2013, 609). Der Übergang der Rücklage auf einen Erwerber des Wohnungseigentums führt nicht zu Werbungskosten beim Veräußerer, da regelmäßig ein Teil des Kaufpreises auf den Erwerb der Rücklage entfällt (vgl. OFD Frankfurt a.M. 30.3.2000, DB 2000, 1102; siehe auch BFH 9.10.1991 – II R 20/89, BStBl. II 1992, 152).

Einstweilen frei 828–832

Kassenfehlbeträge

Kassenfehlbeträge, die ein Arbeitnehmer seinem Arbeitgeber erstatten muss, führen zu Werbungskosten bei den Einkünften aus nichtselbständiger Arbeit, soweit sie dem Arbeitnehmer steuerfrei gewährte Fehlgeldentschädigungen übersteigen. 833

Kaution

Die Einbehaltung einer Mieterkaution führt zu einer Einnahme im Rahmen der Einkünfte aus Vermietung und Verpachtung. Reparaturen, die mit Mitteln der einbehaltenen Kaution durchgeführt werden, führen grundsätzlich zu Werbungskosten (BFH 11.7.2000 – IX R 48/96, BStBl. II 2001, 784). Der Verlust einer Kaution führt zu Werbungskosten, wenn die Gestellung der Kaution durch eine Einkünfteerzielungstätigkeit iSv § 2 Abs. 1 S. 1 Nr. 4 bis 7 (zB Sicherung des Arbeitsplatzes) veranlasst war (vgl. BFH 13.1.1989 – VI R 51/85, BStBl. II 1989, 382). Insoweit gelten die unter „Darlehensverluste" beschriebenen Grundsätze entsprechend. 834

Klassenfahrt

Aufwendungen eines Berufsschülers für eine im Rahmen eines Ausbildungsdienstverhältnisses als verbindliche Schulveranstaltung durchgeführte Klassenfahrt sind in der Regel als Werbungskosten bei den Einkünften aus nichtselbständiger Arbeit abziehbar (BFH 7.2.1992 – VI R 93/90, BStBl. II 1992, 531). Ebenso sind die Aufwendungen eines Lehrers, der als Lehr- oder Aufsichtsperson an der Klassenfahrt teilnimmt, als Werbungskosten zu berücksichtigen (vgl. BFH 11.5.1990 – VI R 140/86, BStBl. II 1990, 777). Bei Aufwendungen für eine Reise, die eine Lehrkraft zur Vorbereitung einer Klassenfahrt unternimmt, sind erhöhte Anforderungen an den Nachweis zu stellen, dass die Reise beruflich veranlasst war (vgl. BFH 27.7.2004 – VI R 81/00, BFH/NV 2005, 42). 835

Kleidung

Aufwendungen für typische Berufskleidung sind gemäß § 9 Abs. 1 S. 3 Nr. 6 S. 1 Werbungskosten. Nach der Rechtsprechung zeichnet sich typische Berufskleidung dadurch aus, dass die berufliche Verwendungsbestimmung bereits in ihrer Beschaffenheit zum Ausdruck gelangt, namentlich weil die Kleidung eine Unterscheidungsfunktion (zB Uniformen) oder Schutzfunktion (zB Schutzanzüge, Arbeitsschuhe) erfüllt oder weil auf ihr dauerhaft Firmenembleme angebracht sind (BFH 6.6.2005 – VI B 80/04, BFH/NV 2005, 1792). Aufwendungen für bürgerliche Kleidung sind grundsätzlich selbst dann keine Werbungskosten, wenn diese Kleidung ausschließlich bei der Berufsausübung getragen wird (BFH 20.11.1979 – VI R 25/78, BStBl. II 1980, 75; BFH 6.6.2005 – VI B 80/04, BFH/NV 2005, 1792). → Rn. 569 ff. 836

Kontoführungsgebühren

Gebühren für die Kontoführung sind nur insoweit Werbungskosten, als sie auf Buchungen entfallen, die mit einer auf die Erzielung von Überschusseinkünften gerichteten Tätigkeit zusammenhängen (vgl. BFH 9.5.1984 – VI R 63/80, BStBl. II 1984, 560; BFH 19.1.1996 – 837

VI R 77/94, BFH/NV 1996, 541; FG München 22.9.2005 – 10 K 1667/03, BeckRS 2005, 26021511). Pauschale Kontoführungsgebühren sind gegebenenfalls nach dem Verhältnis beruflich und privat veranlasster Kontobewegungen aufzuteilen (BFH 9.5.1984 – VI R 63/80, BStBl. II 1984, 560). Die Finanzverwaltung akzeptiert aus Vereinfachungsgründen ohne Nachweis einen pauschalen Werbungskostenabzug von bis zu 16 EUR pro Jahr (vgl. OFD Hannover 30.4.2002, DStR 2002, 1132).

Kraftfahrzeug

838 Nach der Rechtsprechung ist ein PKW, der von einem Arbeitnehmer beinahe ausschließlich beruflich genutzt wird, als Arbeitsmittel anzuerkennen (BFH 29.4.1983 – VI R 139/80, BStBl. II 1983, 586; BFH 27.11.2003 – VI B 23/00, BFH/NV 2004, 338). Andernfalls soll es sich bei der Anschaffung des Pkw um einen privaten Vorgang handeln (BFH 1.10.1982 – VI R 192/79, BStBl. II 1983, 17). Kosten, die auf die Benutzung eines Kraftfahrzeugs für Fahrten zwischen Wohnung und erster Tätigkeitsstätte entfallen, sind gemäß § 9 Abs. 1 Satz 3 Nr. 4, Abs. 2 durch den Ansatz der Entfernungspauschale abgegolten, unabhängig davon, ob es sich um gewöhnliche oder außergewöhnliche Aufwendungen handelt (BFH 15.4.2010 – VI R 20/08, BStBl. II 2010, 805; BFH 20.3.2014 – VI R 29/13, BStBl. II 2014, 849).

Krankheitskosten

839 Sie sind als Werbungskosten abziehbar, wenn sie zur Heilung einer typischen Berufskrankheit, dh einer Krankheit, deren Entstehung nach den gesicherten Erfahrungen der Medizin wesentlich durch den Beruf mit bedingt ist, oder zur Vorbeugung gegen eine solche Krankheit getragen werden (BFH 17.7.1992 – VI R 96/88, BFH/NV 1993, 19; BFH 9.11.2015 – VI R 36/13, BFH/NV 2016, 194). Bei der psychischen bzw. psychosomatischen Erkrankung „Burn-Out“, handelt es sich nicht um eine typische Berufskrankheit (vgl. BFH 9.11.2015 – VI R 36/13, BFH/NV 2016, 194). Jenseits typischer Berufskrankheiten erkennt die Rechtsprechung Aufwendungen zur Wiederherstellung der Gesundheit nur unter der Bedingung als Werbungskosten an, dass im konkreten Fall der Zusammenhang zwischen dem Beruf und der Entstehung der Erkrankung eindeutig feststeht (BFH 11.7.2013 – VI R 37/12, BStBl. II 2013, 815 mwN).

Kreditkartengebühren

840 Sie sind abziehbar als Werbungskosten, wenn und soweit sie auf beruflich veranlasste Umsätze entfallen (vgl. FG Saarland 22.1.2014 – 1 K 1441/12, EFG 2014, 828).

Kunst

840a Das Ausschmücken des Dienstzimmers oder dessen Vorzimmer mit Kunstgegenständen ist der Privatsphäre zuzuordnen (BFH 12.3.1993 – VI R 92/92, BStBl. II 1993, 506; BFH 14.5.1991 – VI R 119/88, BStBl. II 1991, 837; FG Rheinland-Pfalz 9.4.1991 – 2 K 2010/89, DStR 1992, 320). Damit zusammenhängende Aufwendungen sind somit nicht als Werbungskosten abziehbar. Hingegen können die Anschaffungs- und Herstellungskosten von in ständigem beruflichen Gebrauch befindlichen Antiquitäten – regelmäßig in Form von AfA (vgl. § 9 Abs. 1 S. 3 Nr. 7) – als Werbungskosten in Abzug gebracht werden. Dies gilt bei vorhandener technischer Abnutzung auch dann, wenn die Gegenstände im Wert steigen (BFH 31.1.1986 – VI R 78/82, BStBl. II 1986, 355, betr. Schreibtisch und Schreibtischsessel; BFH 14.2.1989 – IX R 109/84, BStBl. II 1989, 922, betr. handgefertigte Möbel; BFH 26.1.2001 – VI R 26/98, BStBl. II 2001, 194 und BFH 1.3.2002 – VI R 141/00, BFH/NV 2002, 787, jeweils betr. im Konzertalltag regelmäßig bespielte Meistergeige). → Rn. 588.

Kurkosten

841 Aufwendungen für eine Kur führen nur zu Werbungskosten, wenn die Kur nachweisbar zur Beseitigung einer bestehenden oder zur Vorbeugung einer drohenden typischen Berufskrankheit unternommen wird (vgl. BFH 17.7.1992 – VI R 96/88, BFH/NV 1993, 19, betr.

Kneipp-Kur als präventiv-medizinische Maßnahme bei Bundeswehrpilot; siehe auch FG Baden-Württemberg 16.7.2010 – 10 K 4686/09, EFG 2011, 433; vgl. ferner „Krankheitskosten" → Rn. 839).

Kursverluste

→ Rn. 175. 842

Einstweilen frei 843–847

Lehrgang

Siehe „Bildungsaufwendungen" → Rn. 744. 848

Literatur

→ § 4 Rn. 2427; siehe auch „Bücher" → Rn. 748 sowie „Zeitungen, Zeitschriften" → Rn. 957. 849

Einstweilen frei 850–853

Musikinstrumente

Nach der Rechtsprechung sind Musikinstrumente Arbeitsmittel iSv § 9 Abs. 1 Nr. 6 S. 1, wenn sie zumindest weitaus überwiegend zur Einkünfteerzielung genutzt werden, wobei die Anschaffungskosten regelmäßig in Form von AfA geltend zu machen sind (vgl. BFH 21.10.1988 – VI R 18/86, BStBl. II 1989, 356; BFH 26.1.2001 – VI R 26/98, BStBl. II 2001, 194). Bei einem Lehrer ist im Zusammenhang mit der Beurteilung der Arbeitsmitteleigenschaft von Musikinstrumenten ua zu berücksichtigen, wie oft er wöchentlich Musikunterricht erteilt, wieviel Zeit er zur Vorbereitung der Unterrichtsstunden aufwendet und ob er das Instrument auch zu privaten Zwecken nutzt (vgl. BFH 10.10.1986 – VI R 193/83, BFH/NV 1987, 88; FG München 27.5.2009 – 9 K 859/08, EFG 2009, 1447). 854

Einstweilen frei 855–859

Negative Einnahmen

→ Rn. 232 ff. 860

Notarkosten

Soweit Notarkosten mit einer beruflich veranlassten Darlehensaufnahme in Zusammenhang stehen, sind sie als Nebenkosten der Darlehensaufnahme abziehbare Schuldzinsen iSv § 9 Abs. 1 S. 3 Nr. 1 (BFH 1.10.2002 – IX R 72/99, BStBl. II 2003, 399; → Rn. 278). Soweit Notarkosten mit der Anschaffung eines beruflich genutzten, abnutzbaren Wirtschaftsguts in Zusammenhang stehen, gehören sie als Anschaffungsnebenkosten zu den Anschaffungskosten des abnutzbaren Wirtschaftsguts (vgl. BFH 17.4.1997 – VIII R 47/95, BStBl. II 1998, 102) und können in Form von AfA als Werbungskosten in Abzug gebracht werden. Fallen Notarkosten anlässlich des Erwerbs eines Grundstücks an, das der Erwerbende zur Erzielung von Vermietungseinkünften zu verwenden beabsichtigt und wird der Kaufvertrag schließlich aufgehoben, so stellen die Notarkosten vorab veranlasste vergebliche Werbungskosten bei den Einkünften aus Vermietung und Verpachtung dar (vgl. BFH 7.6.2006 – IX R 45/05, BStBl. II 2006, 803; allgemein zu vergeblichen Aufwendungen → Rn. 188 ff.). 861

Einstweilen frei 862–866

Optionsrecht

Räumt ein Arbeitgeber einem Arbeitnehmer Aktienoptionen als Ertrag der Arbeit ein, so sind damit in Zusammenhang stehende Aufwendungen des Arbeitnehmers erst im Jahr der Verschaffung der verbilligten Aktien steuermindernd zu berücksichtigen. Übt der Steuerpflichtige die ihm eingeräumte Option nicht aus, so sind die mit der Einräumung des Optionsrechts verbundenen Aufwendungen im Jahr des Verfalls als vergebliche Werbungskosten abziehbar (BFH 3.5.2007 – VI R 36/05, BStBl. II 2007, 647). 867

868–872 *Einstweilen frei*

Planungskosten

873 Planungskosten für ein Gebäude (zB Aufwendungen für Baugenehmigung, Architektenhonorare) sind (sofort abziehbare) vergebliche Werbungskosten (→ Rn. 188 ff.), wenn das in Vermietungsabsicht geplante Gebäude letztlich nicht errichtet wird und die Planung auch nicht in irgendeiner Form für ein später errichtetes Gebäude von Nutzen war (vgl. BFH 12.12.1996 – X R 65/95, BStBl. II 1997, 603; BFH 2.11.2000 – IX B 95/00, BFH/NV 2001, 592).

Promotionskosten

874 Siehe „Doktortitel" → Rn. 768.

Prozesskosten

875 Siehe „Rechtsverfolgungskosten" → Rn. 882.

876–880 *Einstweilen frei*

Rechtsschutzversicherungsbeiträge

881 Beiträge für eine Rechtsschutzversicherung sind in vollem Umfang Werbungskosten, wenn ausschließlich oder weit überwiegend berufliche Risiken versichert sind. Deckt die Rechtsschutzversicherung in nennenswertem Umfang auch private Risiken ab, so ist die Aufteilung der Versicherungsprämien in einen beruflich und einen privat veranlassten Teil nach den allgemeinen Grundsätzen zulässig (vgl. BFH 31.1.1997 – VI R 97/94, BFH/NV 1997, 346). → Rn. 333 f.

Rechtsverfolgungskosten

882 Rechtsverfolgungskosten teilen als Folgekosten die einkommensteuerrechtliche Qualifikation derjenigen Aufwendungen, die Gegenstand der kostenverursachenden Rechtsverfolgung waren (BFH 1.12.1987 – IX R 134/83, BStBl. II 1988, 431; BFH 1.8.2005 – IV B 45/04, BFH/NV 2005, 2186; BFH 15.11.2005 – IX R 3/04, BStBl. II 2006, 258). Sind zB Aufwendungen, die Gegenstand eines finanzgerichtlichen Verfahrens waren, als Werbungskosten zu beurteilen, so ist auch hinsichtlich der Kosten des finanzgerichtlichen Verfahrens der Werbungskostenabzug eröffnet. Die **Prozesskosten** teilen insofern das steuerliche Schicksal des Gegenstands der Hauptsache (vgl. HHR/*Bergkemper* § 9 Rn. 614 Eintrag „Prozesskosten"). Entsprechend hat der BFH zB die Kosten eines Rechtsstreits über Vorauszahlungen an einen Bauunternehmer, die letztlich wegen Konkurses des Bauunternehmers als verlorene Aufwendungen (→ Rn. 191 ff.) nach § 9 Abs. 1 steuermindernd zu berücksichtigen waren, als Werbungskosten anerkannt (BFH 31.3.1992 – IX R 164/87, BStBl. II 1992, 805). Bei Prozesskosten für aus dem Arbeitsverhältnis folgende zivil- und arbeitsgerichtliche Streitigkeiten streitet nach der Rechtsprechung des BFH regelmäßig eine Vermutung dafür, dass diese Aufwendungen einen den Werbungskostenabzug eröffnenden hinreichend konkreten Veranlassungszusammenhang zu den Lohneinkünften aufweisen (BFH 9.2.2012 – VI R 23/10, BStBl. II 2012, 829). **Strafverteidigungskosten** sind Erwerbsaufwendungen, wenn der strafrechtliche Vorwurf, gegen den sich der Steuerpflichtige zur Wehr setzt, in dem Sinne durch sein berufliches Verhalten veranlasst ist, dass die Tat ausschließlich und unmittelbar aus der beruflichen Tätigkeit heraus erklärbar ist (BFH 18.10.2007 – VI R 42/04, BStBl. II 2008, 223; BFH 16.4.2013 – IX R 5/12, BStBl. II 2013, 806; FG Rheinland-Pfalz 22.1.2016 – 4 K 1572/14, EFG 2016, 568; → § 12 Rn. 584). Der Abzug als Werbungskosten scheidet daher aus, wenn das strafbare Verhalten des Arbeitnehmers von privaten Gründen getragen und nur bei Gelegenheit der beruflichen Tätigkeit begangen wurde (BFH 12.6.2002 – XI R 35/01, BFH/NV 2002, 1441; BFH 17.8.2011 – VI R 75/10, BFH/NV 2011, 2040). Sind Rechtsverfolgungskosten sowohl beruflich als auch privat veranlasst, kommt nach den allgemeinen Grundsätzen (→ Rn. 165 ff.) ein anteiliger Abzug als Werbungskosten in Betracht (vgl. HHR/*Bergkemper* § 9 Rn. 614 Eintrag „Prozesskosten").

Reinigungskosten

Reinigungskosten für Bekleidung sind nur dann als Werbungskosten zu berücksichtigen, wenn es sich bei der Bekleidung um typische Berufskleidung iSv § 9 Abs. 1 Nr. 6 S. 1 handelt (BFH 9.3.1979 – VI R 171/77, BStBl. II 1979, 519; BFH 23.2.1990 – VI R 149/87, BFH/NV 1990, 765; BFH 29.6.1993 – VI R 53/92, BStBl. II 1993, 838). Zur Ermittlung der Höhe der Reinigungskosten vgl. FG Berlin 22.10.1981 – I 220/80, EFG 1982, 463; FG Hessen 28.10.1999 – 13 K 851/99, EFG 2000, 562; FG Münster 27.8.2002 – 1 K 4636/00, EFG 2002, 1589. → Rn. 573. 883

Reisekosten

Sie sind in der Regel dann vollumfänglich als Werbungskosten abziehbar, wenn der Reise ein unmittelbarer beruflicher Anlass zugrunde liegt und die Verfolgung privater Reiseinteressen nicht den Schwerpunkt der Reise bildet (BFH 27.8.2002 – VI R 22/01, BStBl. II 2003, 369; BFH 19.12.2005 – VI R 63/01, BFH/NV 2006, 728; BFH 22.7.2008 – VI R 2/07, BFH/NV 2008, 1837). Reiseaufwendungen sind indes nicht zwingend einheitlich beurteilen. Bei abgrenzbaren beruflichen und privaten Veranlassungsbeiträgen von jeweils nicht völlig untergeordneter Bedeutung erfordert es das objektive Nettoprinzip, den beruflich veranlassten Teil der Reisekosten zum Abzug zuzulassen. Als sachgerechter Aufteilungsmaßstab kommt insoweit das Verhältnis der beruflich und privat veranlassten Zeitanteile der Reise in Betracht (BFH 21.9.2009 – GrS 1/06, 1, BStBl. II 2010, 672). Zu Einzelheiten des einkommensteuerlichen Reisekostenrechts → Rn. 410 ff.; → § 4 Rn. 2229 f.; → § 4 Rn. 2466 ff. 884

Rentenversicherung

Siehe „Arbeitnehmerbeiträge" → Rn. 717. 885

Risikolebensversicherungsbeiträge

Beiträge zu einer Risikolebensversicherung werden von der Rechtsprechung nicht als Werbungskosten anerkannt, da der BFH die durch eine Risikolebensversicherung abgedeckten Risiken dem privaten Bereich zuordnet (vgl. BFH 29.10.1985 – IX R 56/82, BStBl. II 1986, 143; BFH 29.10.1985 – IX R 61/82, BStBl. II 1986, 260). Dies gilt nach der Rechtsprechung auch im Falle einer Risikolebensversicherung, deren Abschluss ein Kreditinstitut zur Bedingung für die Gewährung eines Darlehens macht, welches der Steuerpflichtige zur Finanzierung der Anschaffungskosten eines zur Einkünfteerzielung genutzten Immobilienobjekts aufnimmt (BFH 13.10.2015 – IX R 35/14, BStBl. II 2016, 210). → Rn. 333. 886

Einstweilen frei 887–891

Schadenersatz

Schadenersatzleistungen führen zu Werbungskosten bei derjenigen Überschusseinkunftsart, mit der die den Schaden verursachende Handlung in Zusammenhang steht (vgl. BFH 15.1.2009 – VI R 37/06, BStBl. II 2010, 111). Entscheidend ist, dass die den Schadenersatz verursachende Handlung noch im Rahmen der beruflichen Aufgabenerfüllung lag, dh nicht lediglich „bei Gelegenheit" der beruflichen Tätigkeit und auch nicht aus privaten Gründen erfolgte (vgl. BFH 6.2.1981 – VI R 30/77, BStBl. II 1981, 362; BFH 18.9.1987 – VI R 121/84, BFH/NV 1988, 353). Der Grad des Verschuldens spielt für die Abziehbarkeit als Werbungskosten keine Rolle (vgl. BFH 6.2.1981 – VI R 30/77, BStBl. II 1981, 362). Selbst Schadenersatzzahlungen, die mit vorsätzlich begangenen Straftaten in Zusammenhang stehen, können zu Werbungskosten führen (FG Köln 29.10.2014 – 5 K 463/12, EFG 2015, 1524; die Revision wurde vom BFH als unbegründet zurückgewiesen, BFH 20.10.2016 – VI R 27/15, BFH/NV 2017, 223). Bei Schadenersatzzahlungen, die ein Arbeitnehmer infolge einer aus dem Arbeitsverhältnis folgenden zivil- oder arbeitsgerichtlichen Streitigkeit an den Arbeitgeber leistet, besteht eine Vermutung dahin, dass ein hinreichend konkreter Veranlassungszusammenhang mit den Lohneinkünften vorliegt (BFH 9.2.2012 – VI R 23/10, BStBl. II 2012, 829; vgl. auch BFH 15.1.2009 – VI R 37/06, BStBl. II 2010, 111). Zur 892 steuermindernden Geltendmachung von Schadenersatzleistungen im Bereich der Gewinneinkunftsarten → § 4 Rn. 2484 f.

Schmiergelder

893 Sie können gemäß § 9 Abs. 5 S. 1 iVm § 4 Abs. 5 S. 1 Nr. 10 nicht als Werbungskosten abgezogen werden. → Rn. 657.

Schuldzinsen

894 Sie sind nach Maßgabe von § 9 Abs. 1 S. 3 Nr. 1 Werbungskosten (→ Rn. 278 ff.). Zur Abgrenzung von Tilgungsleistungen → Rn. 279.

Schule

895 Siehe „Bildungsaufwendungen" → Rn. 744.

Sehhilfen

896 Siehe „Brillen" → Rn. 747.

Sicherheitsaufwendungen

897 Aufwendungen für Sicherheitsmaßnahmen zum Schutz von Leben, Gesundheit, Freiheit und Vermögen sind regelmäßig der privaten Lebensführung zuzuordnen (BFH 9.8.1999 – VIII B 38/99, BFH/NV 2000, 76 mwN). Ein Abzug als Werbungskosten kommt nur in Betracht, wenn die durchgeführten Sicherheitsmaßnahmen mit dem Beruf des Steuerpflichtigen konkret zusammenhängenden Gefährdungen vorbeugen sollen (BFH 5.4.2006 – IX R 109/00, BStBl. II 2006, 541; FG München 7.10.2008 – 6 K 3433/07, BeckRS 2008, 26026286).

Ski

898 Aufwendungen von Lehrern für Skilehrgänge können als Werbungskosten abziehbar sein, wenn nach einer Gesamtwürdigung aller Umstände des Einzelfalls ein konkreter Zusammenhang mit der Berufstätigkeit besteht (vgl. BFH 26.8.1988 – VI R 175/85, BStBl. II 1989, 91; BFH 31.7.1992 – VI R 161/88, BFH/NV 1993, 93; BFH 22.6.2006 – VI R 61/02, BStBl. II 2006, 782). Zu den in die Gesamtwürdigung einzubeziehenden Umständen siehe BFH 22.6.2006 – VI R 61/02, BStBl. II 2006, 782.

Spenden

899 Spenden an politische Parteien iSd § 2 PartG sind gemäß § 9 Abs. 5 S. 1 iVm § 4 Abs. 6 keine Werbungskosten. Die steuerliche Berücksichtigung erfolgt bei den Sonderausgaben (§ 10b Abs. 2) oder durch die Steuerermäßigung nach § 34g. → Rn. 659; → § 4 Rn. 2491.

Sport

900 Durch eine sportliche Betätigung entstehende Aufwendungen eines Arbeitnehmers sind nicht schon deshalb Werbungskosten, weil ein dienstliches Interesse an der sportlichen Betätigung besteht und der Arbeitgeber die auf die sportliche Betätigung verwendete Zeit in begrenztem Umfang auf die Arbeitszeit anrechnet bzw. den Arbeitnehmer zum Zwecke einer sportlichen Betätigung vom Dienst befreit (FG Münster 5.10.1993 – 11 K 2242/91 E, EFG 1994, 238, betr. Aufwendungen eines Polizeibeamten für die Ausübung des Tennissports; FG Baden-Württemberg 23.11.2005 – 3 K 202/04, EFG 2006, 811, betr. Aufwendungen eines Polizisten für ein Rennrad, das er sowohl zur Ableistung des Dienstsports als auch zur eigenen Freizeitgestaltung nutzt; vgl. auch BFH 22.5.2007 – VI B 107/06, BFH/NV 2007, 1690, betr. Aufwendungen eines Polizisten für die Benutzung eines Fitnessstudios; BFH 6.2.2012 – VI B 110/11, BFH/NV 2012, 946, betr. die Dienstbefreiung eines Finanzbeamten zwecks Teilnahme an Fußballturnieren; **aA** FG Saarland 19.3.1991 – 1 K 55/91,

EFG 1991, 377; FG Berlin-Brandenburg 10.1.2008 – 6 K 993/05, EFG 2008, 676; FG Rheinland-Pfalz 21.8.2008 – 4 K 2076/05, EFG 2009, 16). Der Grund liegt darin, dass körperliche Ertüchtigung stets auch die private Lebensführung berührt und eine sinnvolle Abgrenzung des objektiven vom privaten Veranlassungsbeitrag regelmäßig nicht möglich ist. Anders liegen die Dinge, wenn die betreffende sportliche Betätigung den Gegenstand des (Ausbildungs-)Dienstverhältnisses bildet. In einem solchen Fall tritt die private Mitveranlassung derart in den Hintergrund, dass die sportbedingten Aufwendungen (in vollem Umfang) als Werbungskosten abgezogen werden können (vgl. FG Thüringen 25.9.2013 – 3 K 290/13, EFG 2014, 292, betr. sportbedingte Aufwendungen eines Auszubildenden in der Sportfördergruppe der Thüringer Polizei; vgl. auch BFH 21.11.1986 – VI R 137/83, BStBl. II 1987, 262, betr. Aufwendungen eines Diplom-Pädagogen für Sportbekleidung und Sportgeräte, die zur Leitung von „Interessengruppen" in einem Internat genutzt werden).

Sprachkurs

Siehe „Bildungsaufwendungen" → Rn. 744. 901

Steuerberatungskosten

Aufwendungen für Steuerberatung sind nur insoweit Werbungskosten, als sie der Erzielung 902 oder der Ermittlung von Überschusseinkünften dienen und kein Entgelt für die Erstellung einer Einkommensteuererklärung darstellen (BFH 4.2.2010 – X R 10/08, BStBl. II 2010, 617; BFH 20.11.2012 – VIII R 29/10, BStBl. II 2013, 344; vgl. auch BFH 18.5.2011 – X B 124/10, BFH/NV 2011, 1838).

Strafverteidigungskosten

Siehe „Rechtsverfolgungskosten" → Rn. 882; → § 12 Rn. 228; → § 12 Rn. 584. 903

Streikaufwendungen

Da die Teilnahme an einem Streik keine steuerbare Betätigung darstellt, entbehren Auf- 904 wendungen, die mit der Teilnahme an einem Streik in Zusammenhang stehen, der erforderlichen erwerbsbezogenen Veranlassung. Sie können daher nicht als Werbungskosten abgezogen werden (BFH 24.10.1990 – X R 161/88, BStBl. II 1991, 337).

Studienkosten

Siehe „Bildungsaufwendungen" → Rn. 744; → Rn. 676 ff. 905

Einstweilen frei 906–910

Telekommunikation

Kosten für Telefon, Mobilfunk und Internet können als Werbungskosten abgezogen wer- 911 den, soweit sie beruflich veranlasst sind. Geht es um einzelne Verbindungsentgelte, so hängt die Zuordnung zum privaten oder beruflichen Bereich davon ab, ob die jeweilige Verbindung beruflichen oder privaten Zwecken diente (keine sog. „gemischten Aufwendungen", vgl. BFH 19.12.1977 – VI R 198/76, BStBl. II 1978, 287, betr. Gesprächsgebühren). Bei einer sowohl beruflichen als auch privaten Telefonnutzung hat die Rechtsprechung eine Aufteilung der Gesprächsgebühren im Wege der Schätzung ausdrücklich zugelassen (BFH 19.12.1977 – VI R 198/76, BStBl. II 1978, 287; BFH 9.11.1978 – VI R 195/77, BStBl. II 1979, 149; BFH 25.10.1985 – VI R 15/81, BStBl. II 1986, 200; BFH 21.8.1990 – IX R 83/85; BFH/NV 1991, 95; BFH 22.12.2000 – IV B 4/00, BFH/NV 2001, 774). Telekommunikationsaufwendungen, die sich der Zuordnung zu einer einzelnen Verbindung entziehen (zB Anschlussgebühr, Einrichtungsgebühr, Grundgebühr), sind entsprechend der beruflichen und privaten Veranlassungsbeiträge aufzuteilen und im Umfang der beruflichen Veranlassung als Werbungskosten abzuziehen. Die Aufteilung erfolgt entsprechend des (gegebenenfalls geschätzten) Verhältnisses der beruflichen und privaten Verbindungsentgelte (BFH 21.11.1980 – VI R 202/79, BStBl. II 1981, 131, betr. Telefon). Sofern erfahrungsgemäß beruflich veranlasste

Telekommunikationsaufwendungen anfallen, erkennt die Finanzverwaltung aus Vereinfachungsgründen ohne Einzelnachweis bis zu 20 Prozent des Rechnungsbetrags als Werbungskosten an, höchstens jedoch 20 EUR monatlich (LStR 9.1 Abs. 5 S. 4). Wird ein 20 Prozent bzw. 20 EUR übersteigender beruflicher Kostenanteil für einen repräsentativen Zeitraum von drei Monaten im Einzelnen nachgewiesen, so kann dieser Anteil für den gesamten Veranlagungszeitraum zugrunde gelegt werden (LStR 9.1 Abs. 5 S. 1). Führt ein Steuerpflichtiger während einer Auswärtstätigkeit von mindestens einer Woche Telefonate privaten Inhalts, so werden die privaten Gründe der Kontaktaufnahme – typisierend betrachtet – durch die berufliche Veranlassung der Auswärtstätigkeit überlagert (BFH 5.7.2012 – VI R 50/10, BStBl. II 2013, 282). Kosten für ein Telefongespräch, das im Rahmen einer doppelten Haushaltsführung in einer Woche geführt wird, in welcher der auswärts beschäftigte Steuerpflichtige keine Familienheimfahrt durchführt, können als Werbungskosten iSv § 9 Abs. 1 S. 3 Nr. 5 S. 1 abziehbar sein (vgl. BFH 18.3.1988 – VI R 90/84, BStBl. II 1988, 988; → Rn. 535).

Teppich

912 Ein in einem Arbeitszimmer ausgelegter Teppich zählt nicht zu den Arbeitsmitteln iSv § 9 Abs. 1 S. 3 Nr. 6 S. 1, denn Teppiche dienen regelmäßig nicht der Erledigung beruflicher Aufgaben. Allerdings können Aufwendungen für einen in einem Arbeitszimmer ausgelegten Teppich auf Grundlage von § 9 Abs. 1 S. 1 in Abzug gebracht werden, wenn der fragliche Teppich im konkreten Einzelfall nicht vorwiegend zur Ausschmückung des Raumes dient, sondern den Charakter eines Gebrauchsgegenstands aufweist (BFH 8.11.1996 – VI R 22/96, BFH/NV 1997, 341; vgl. auch BFH 7.9.1990 – VI R 141/86, BFH/NV 1991, 445).

Tiere

912a 1. Aufwendungen eines blinden Arbeitnehmers für seinen **Blindenhund** können anteilig als Werbungskosten berücksichtigt werden, wenn der blinde Arbeitnehmer in Begleitung des Blindenhundes arbeitstäglich den Weg zwischen seiner Wohnung und seiner Tätigkeitsstätte zu Fuß zurücklegt. Als Aufteilungsmaßstab dient der zeitliche Umfang der beruflichen Beanspruchung des Blindenhundes. Bei einem blinden Arbeitnehmer ist dies die Zeit vom Verlassen der Wohnung auf dem Weg zur Tätigkeitsstätte bis zur Rückkehr in die Wohnung (FG München 16.11.1984 – V 8/83 E, EFG 1985, 390).

2. Aufwendungen eines Diensthundeführers für den ihm anvertrauten **Diensthund** sind in vollem Umfang Werbungskosten (BFH 30.6.2010 – VI R 45/09, BStBl. II 2011, 45; → Rn. 542). Gleiches gilt hinsichtlich der Aufwendungen eines Revierförsters für einen **Jagdhund** (BFH 29.1.1960 – VI 9/59 U, BStBl. III 1960, 163; → Rn. 542). Aufwendungen eines Schulhausmeisters für einen **privateigenen Dienstwachhund** hat der BFH hingegen – wegen privater Mitveranlassung – nicht als Werbungskosten anerkannt (vgl. BFH 10.9.1990 – VI R 101/86, BFH/NV 1991, 234; vgl. ferner BFH 29.3.1979 – IV R 103/75, BStBl. II 1979, 512, betr. die Kosten eines Hundes, den eine Landärztin zu ihrem Schutz hält).

Trolley

913 Siehe „Aktentasche" → Rn. 711.

914–918 *Einstweilen frei*

Übernachtungskosten

919 Zur Abziehbarkeit von übernachtungsbedingten Mehraufwendungen bei auswärtiger beruflicher Tätigkeit als Werbungskosten → Rn. 425 ff.

Umzugskosten

920 Aufwendungen für einen Umzug sind abziehbare Werbungskosten, wenn der Umzug zumindest weitaus überwiegend beruflich veranlasst ist (BFH 22.11.1991 – VI R 77/89, BStBl. II 1992, 494; BFH 21.2.2006 – IX R 79/01, BStBl. II 2006, 598). Im Falle eines

Arbeitsplatzwechsels ist die weitaus überwiegende berufliche Veranlassung zu bejahen, wenn der Arbeitnehmer aufgrund des Wechsels seine bisherige Dienstwohnung räumen und in eine andere Wohnung umziehen muss oder durch den Umzug die Zeitspanne für Fahrten zwischen Wohnung und der neuen Tätigkeitsstätte merklich verringert wird (vgl. BFH 22.11.1991 – VI R 77/89, BStBl. II 1992, 494). Dass ein Steuerpflichtiger aus Anlass der **erstmaligen Aufnahme einer beruflichen Tätigkeit** einen Wohnungswechsel durchführt, lässt hingegen nicht darauf schließen, dass die Umzugskosten weitaus überwiegend beruflich veranlasst sind (ebenso FG Düsseldorf – 7 K 3191/98, EFG 2000, 485; vgl. auch BFH 16.9.1993 – VI R 108/89, BFH/NV 1994, 234; **aA** Finanzverwaltung LStH 9.9 Eintrag „Berufliche Veranlassung" Nr. 3). Steht der Wohnungswechsel **nicht in engem zeitlichen Zusammenhang mit einem Arbeitsplatzwechsel,** so kommt es entscheidend darauf an, ob der Umzug zu einer wesentlichen Erleichterung für den Arbeitnehmer iS einer Verbesserung der Arbeitsbedingungen führt (BFH 10.9.1982 – VI R 95/81, BStBl. II 1983, 16; BFH 22.11.1991 – VI R 77/89, BStBl. II 1992, 494 mwN). Als solche gilt insbesondere der Umstand, dass der Umzug beim Arbeitnehmer zu einer Fahrzeitersparnis von mindestens einer Stunde täglich führt (BFH 22.11.1991 – VI R 77/89, BStBl. II 1992, 494; BFH 7.5.2015 – VI R 73/13, HFR 2015, 1025 mwN). Bei **beiderseits berufstätigen Ehegatten** sind die Fahrzeitveränderungen der Ehegatten nicht zu saldieren (BFH 21.2.2006 – IX R 79/01, BStBl. II 2006, 598). Steht die berufliche Veranlassung eines Umzugs aufgrund einer mindestens einstündigen Fahrzeitverkürzung fest, so treten private Begleitumstände – wie Heirat und erhöhter Wohnbedarf wegen der Geburt eines Kindes – regelmäßig in den Hintergrund (BFH 23.3.2001 – VI R 189/97, BStBl. II 2002, 56). Auch aufgrund eines Umzugs geleistete **doppelte Mietzahlungen** können beruflich veranlasst und daher in voller Höhe als Werbungskosten abziehbar sein (BFH 13.7.2011 – VI R 2/11, BStBl. II 2012, 104). Zu Umzugskosten im Zusammenhang mit einer doppelten Haushaltsführung → Rn. 535.

Unfallkosten

1. Verkehrsunfallbedingte Aufwendungen sind grundsätzlich Werbungskosten, wenn sich der **Unfall auf einer beruflich veranlassten Fahrt** ereignet hat (BFH 4.7.1986 – VI R 227/83, BStBl. II 1986, 771; BFH 26.8.1988 – VI R 92/85, BStBl. II 1989, 144; vgl. auch BFH 1.12.2005 – IV R 26/04, BStBl. II 2006, 182). Zu den beruflich veranlassten Fahrten gehören Fahrten zwischen Wohnung und erster Tätigkeitsstätte (vgl. § 9 Abs. 1 S. 3 Nr. 4), Familienheimfahrten anlässlich einer beruflich veranlassten doppelten Haushaltsführung (vgl. § 9 Abs. 1 S. 3 Nr. 5) sowie Fahrten im Rahmen einer beruflichen Auswärtstätigkeit (vgl. § 9 Abs. 1 S. 3 Nr. 4a). Allerdings sind Kosten eines Unfalls, der sich auf einer Fahrt zwischen Wohnung und erster Tätigkeitsstätte oder einer Fahrt im Rahmen einer beruflich veranlassten doppelten Haushaltsführung ereignet hat, gemäß § 9 Abs. 2 S. 1 bereits **durch die Entfernungspauschale abgegolten** (BFH 20.3.2014 – VI R 29/13, BStBl. II 2014, 849; **aA** BMF 31.10.2013, BStBl. I 2013, 1376; → Rn. 389). Der (gesonderte) Abzug unfallbedingter Aufwendungen als Werbungskosten scheidet ferner aus, wenn sich der Unfall auf einer **Umwegfahrt** ereignet hat, die der Steuerpflichtige aus privaten Gründen unternommen hat, zB um einen Lebensmitteleinkauf zu tätigen (BFH 12.1.1996 – VI R 69/95, BFH/NV 1996, 538), ein Kind in den Kindergarten zu bringen (BFH 13.3.1996 – VI R 94/95, BStBl. II 1996, 375) oder Mitglieder einer Fahrgemeinschaft abzuholen (siehe „Fahrgemeinschaft" → Rn. 789). Der berufliche Zusammenhang einer Fahrt entfällt hingegen nicht, wenn der Steuerpflichtige den Umweg nur zum Zwecke des Betankens des Kfz (vgl. BFH 11.10.1984 – VI R 48/81, BStBl. II 1985, 10) oder aufgrund verkehrstechnischer Umstände (zB Baustelle oder Stau; vgl. FG Saarland – 2 K 138/87, EFG 1990, 303) unternimmt. 921

2. Ist die berufliche Veranlassung der Fahrt, auf der sich der Unfall ereignet, zu bejahen, so kann der dadurch begründete Erwerbszusammenhang der Unfallkosten gleichwohl durch eine **der privaten Lebensführung zuzurechnende Unfallursache** – insbesondere alkoholbedingte Fahruntüchtigkeit – durchbrochen worden sein (Alkoholgenuss als „aufwendungsauslösendes Moment"; vgl. BFH 24.5.2007 – VI R 73/05, BStBl. II 2007, 766 mwN). Beruht der Unfall auf einem **Verstoß gegen Verkehrsvorschriften,** so kommt es darauf an, ob das sorgfaltswidrige Verhalten noch im Rahmen der beruflichen Zielvorstellung lag oder vielmehr auf privaten, den Zusammenhang zum Beruf aufhebenden Vorgängen oder

Vorstellungen beruhte (BFH 28.11.1977 – GrS 2-3/77, BStBl. II 1978, 105; vgl. auch FG Rheinland-Pfalz 22.1.2016 – 4 K 1572/14, EFG 2016, 568; → Rn. 220).

3. Als Werbungskosten abziehbar sind – in vollem Umfang – sämtliche für die **Beseitigung der unfallbedingten Schäden am eigenen und am fremden Kfz** aufgewendeten Beträge, einschließlich der aufgrund eines zu diesem Zweck etwaig aufgenommenen Darlehens anfallenden Zinsen (BFH 1.10.1982 – VI R 192/79, BStBl. II 1983, 17). Abziehbar sind darüber hinaus die sog. **Unfallfolgekosten** wie zB Rechtsverfolgungskosten, Abschleppkosten, Mietwagenkosten und Krankheitskosten des Steuerpflichtigen. Gleiches gilt für die vom Steuerpflichtigen zur Erhaltung des eigenen Schadensfreiheitsrabatts geleisteten, andernfalls von der Haftpflichtversicherung zu übernehmenden Schadenersatzleistungen an den Unfallgegner (ebenso FG Köln 6.3.1981 – I (VI) 401/78 E, EFG 1981, 623). Der **merkantile Minderwert** eines reparierten und anschließend weiter genutzten Kfz führt indessen nicht zu Werbungskosten (BFH 31.1.1992 – VI R 57/88, BStBl. II 1992, 401; BFH 27.8.1993 – VI R 7/92, BStBl. II 1994, 235). Wird das Kfz nach einem beruflich veranlassten Unfall nicht repariert, so ist bei der Bemessung der AfaA der rechnerische Buchwert des Kfz zum Zeitpunkt des Unfalls (Anschaffungskosten abzüglich fiktiver AfA) zugrunde zu legen (BFH 24.11.1994 – IV R 25/94, BStBl. II 1995, 318; BFH 21.8.2012 – VIII R 33/09, BStBl. II 2013, 171). War die gewöhnliche Nutzungsdauer des beschädigten Kfz bereits abgelaufen, so kommen AfaA nicht in Betracht (BFH 21.8.2012 – VIII R 33/09, BStBl. II 2013, 171).

Unfallversicherungsbeiträge

922 Beiträge zu einer Unfallversicherung sind nach § 9 Abs. 1 S. 1 in vollem Umfang als Werbungskosten abziehbar, sofern mit ihnen ausschließlich der Erwerbssphäre zuzuordnende Risiken abgesichert werden (→ Rn. 332). Bei einer Unfallversicherung, die das Unfallrisiko sowohl im beruflichen als auch im außerberuflichen Bereich abdeckt, ist nur der Teil der Prämien als Werbungskosten abziehbar, der auf den beruflichen Bereich entfällt (vgl. BFH 27.11.1987 – VI B 176/86, BFH/NV 1988, 640; BMF 28.10.2009, BStBl. I 1275; → Rn. 334).

Unterarbeitsverhältnis

923 Die im Rahmen eines Unterarbeitsverhältnisses entrichteten Lohnaufwendungen des Arbeitnehmer-Arbeitgebers können zu Werbungskosten führen (siehe „Arbeitslohn"). Bei Unterarbeitsverhältnissen mit Angehörigen können die steuerliche Anerkennung und – als Folge dessen – der Werbungskostenabzug daran scheitern, dass die im Rahmen des Unterarbeitsverhältnisses ausgeübte Tätigkeit auf familienrechtlicher Grundlage verrichtet wird (vgl. BFH 9.12.1993 – IV R 14/92, BStBl. II 1994, 298, betr. Hilfeleistungen der Kinder im elterlichen Betrieb; BFH 6.3.1995 – VI R 86/94, BStBl. II 1995, 394, betr. Vorbereitung des Unterrichts durch die Tochter einer Lehrerin; BFH 22.11.1996 – VI R 20/94, BStBl. II 1997, 187, betr. Beschäftigung des Ehegatten mit Tätigkeiten, sie sonst ehrenamtlich von Dritten übernommen werden).

Unterschlagung

924 Unterschlagungs- oder veruntreuungsbedingte Abflüsse in Geld oder Geldeswert können zu Werbungskosten führen, wenn das schadenstiftende Ereignis in der beruflichen Sphäre liegt oder das betroffene Gut in Geld oder Geldeswert zur Erzielung von Überschusseinkünften bestimmt war (vgl. BFH 29.3.2000 – X R 99/95, BFH/NV 2000, 1188; BFH 9.12.2003 – VI R 185/97, BStBl. II 2004, 491; FG Hamburg 2.6.2006 – 6 K 430/03, BeckRS 2006, 26021715; siehe auch BFH 6.5.1976 – BStBl. II 1976, 560). Zum Abzug von unterschlagungsbedingten Wertabgaben als Betriebsausgaben → § 4 Rn. 2225.5.

Urlaub

925 Aufwendungen für einen Urlaub sind nicht als Werbungskosten abziehbar, wenn mit der Reise auch ein allgemein-touristisches Interesse von einiger Bedeutung befriedigt wird und keine einzelnen abgrenzbaren Aufwendungen durch einen ausschließlich beruflichen Anlass

entstehen (vgl. BFH 21.9.2009 – GrS 1/06, BStBl. II 2010, 672; FG München 21.4.2015 – 2 K 488/13, BeckRS 2015, 95420). Muss ein Arbeitnehmer seinen Urlaub indes aus beruflichen Gründen unterbrechen, so sind die Aufwendungen für die Heimreise sowie die Rückreise zur Fortsetzung des Urlaubs als Werbungskosten abziehbar (BFH 12.1.1990 – VI R 29/86, BStBl. II 1990, 423). Der Verzicht eines Arbeitnehmers auf seinen Urlaubsanspruch bewirkt keine Vermögensminderung, sodass in Ermangelung einer „Aufwendung" iSv § 9 Abs. 1 S. 1 keine Werbungskosten vorliegen (FG Brandenburg 11.4.2001 – 2 K 1991/99, EFG 2001, 886; → Rn. 99).

Einstweilen frei **926–930**

Vereinsstrafen

Gegen einen Berufssportler verhängte Vereinsstrafen sind den durch ordentliche Gerichte verhängten Geldstrafen und Geldbußen nicht vergleichbar. Entsprechende Zahlungen können daher zu Werbungskosten führen (vgl. FG Münster 2.7.1981 – I 6182/80 E, EFG 1982, 181). **931**

Vergebliche und verlorene Aufwendungen

→ Rn. 188 ff. **932**

Vermögensverluste

Nutzungsunabhängige (negative) Wertveränderungen des zur Erzielung von Überschusseinkünften eingesetzten Vermögens bleiben bei der Einkünfteermittlung gemäß § 2 Abs. 2 S. 1 Nr. 2 grundsätzlich außer Betracht (vgl. BFH 28.11.1990 – X R 197/87, BStBl. II 1991, 300; BFH 9.11.1993 – IX R 81/90, BStBl. II 1994, 289; BFH 17.9.2009 – VI R 24/08, BStBl. II 2010, 198 mwN; → Rn. 175). Nur wenn die nutzungsunabhängige negative Wertveränderung ohne oder gegen den Willen des Steuerpflichtigen eintritt (Verlust, Beschädigung, Zerstörung), kann der Erwerbsbezug den – grundsätzlich abzugsschädlichen – Vermögensbezug gegebenenfalls überlagern. Dies ist namentlich zu bejahen, wenn sich in der willensunabhängigen Werteinbuße ein Risiko realisiert, das der Erwerbssphäre zuzuordnen ist (→ Rn. 208 ff.). **933**

Verpflegungskosten

Aufwendungen für Verpflegung gehören zu den sog. „unverzichtbaren Lebensführungsaufwendungen" und sind daher grundsätzlich nicht als Werbungkosten abziehbar (vgl. BFH 21.9.2009 – GrS 1/06, BStBl. II 2010, 672; → Rn. 168; → § 12 Rn. 519). Zu Verpflegungsmehraufwendungen als Werbungskosten → Rn. 443 ff. **934**

Versicherungsbeiträge

Gemäß § 9 Abs. 1 S. 3 Nr. 2 Var. 3 sind Versicherungsbeiträge Werbungskosten, soweit sie sich auf Gebäude oder auf Gegenstände beziehen, die dem Steuerpflichtigen zu Einnahmeerzielung dienen (→ Rn. 331 ff.). Die Regelung ist deklaratorisch und nicht abschließend. Werden Risiken versichert, die nicht in den sachgegenständlichen Anwendungsbereich des § 9 Abs. 1 S. 3 Nr. 2 Var. 3 fallen, so können die Prämien gegebenenfalls auf Grundlage von § 9 Abs. 1 S. 1 als Werbungskosten abgezogen werden. Der dafür erforderliche Erwerbsbezug liegt insbesondere vor, wenn die Versicherungsleistung an die Stelle von steuerpflichtigen Einnahmen tritt, die als Folge des Versicherungsfalls ausgefallen sind oder wenn die Versicherungsleistung Wertabgaben ausgleicht, die Werbungskostencharakter haben (vgl. BFH 12.11.1985 – IX R 70/84, BStBl. II 1986, 337; BFH 4.9.1990 – IX B 10/90, BFH/NV 1991, 164; BFH 1.12.1992 – IX R 36/86, BFH/NV 1993, 472; BFH 2.12.2014 – IX R 1/14, BStBl. II 2015, 493). Deckt eine Versicherung sowohl im beruflichen Bereich liegende Risiken als auch dem Privatbereich zuzuordnende Risiken ab, so kommt eine Aufteilung der Prämien in Betracht (→ Rn. 334). Praktisch bedeutsame Beispielsfälle sind: **935**

- *Arbeitslosenversicherung*: Siehe „Arbeitnehmerbeiträge" → Rn. 717.

- *Berufsunfähigkeitsversicherung*: Da das Risiko krankheitsbedingter Vermögenseinbußen dem Bereich der privaten Lebensführung zuzurechnen ist, können Prämien für eine Berufsunfähigkeitsversicherung nicht als Werbungskosten abgezogen werden (BFH 15.6.2005 – VI B 64/04, BFH/NV 2005, 1116; BFH 15.10.2013 – VI B 20/13, BFH/NV 2014, 327).
- *Bauwesenversicherung*: → Rn. 331
- *Haftpflichtversicherung*: Beiträge zu einer Haftpflichtversicherung sind Werbungskosten, soweit sie berufliche Risiken abdeckt (zB Berufshaftpflichtversicherung von Rechtsanwälten, Steuerberatern, Ärzten). Prämien für Privathaftpflichtversicherungen zählen hingegen zu den Aufwendungen der privaten Lebensführung (→ Rn. 333).
- *Hausratversicherung*: → Rn. 333
- *Krankenversicherung*: Siehe „Arbeitnehmerbeiträge" → Rn. 717.
- *Krankentagegeldversicherung*: Da das Risiko krankheitsbedingter Einnahmeausfälle dem Bereich der privaten Lebensführung zuzurechnen ist, können Prämien für eine Krankentagegeldversicherung nicht als Werbungskosten abgezogen werden (vgl. BFH 7.10.1982 – IV R 32/80, BStBl. II 1983, 101; BFH 15.6.2005 – VI B 64/04, BFH/NV 2005, 1116; BFH 15.10.2013 – VI B 20/13, BFH/NV 2014, 327).
- *Rechtsschutzversicherung*: Siehe „Rechtsschutzversicherungsbeiträge" → Rn. 881.
- *Reisegepäckversicherung*: Die Prämien sind in vollem Umfang als Werbungskosten abziehbar, wenn sich der Versicherungsschutz auf berufliche Auswärtstätigkeiten beschränkt (sog. „Reisenebenkosten", → Rn. 483). Sind auch Privatreisen mitversichert, so kommt gegebenenfalls eine Aufteilung der Beiträge in Betracht (BFH 19.2.1993 – VI R 42/92, BStBl. II 1993, 519).
- *Rentenversicherung*: Siehe „Arbeitnehmerbeiträge" → Rn. 717.
- *Risikolebensversicherung*: Siehe „Risikolebensversicherungsbeiträge" → Rn. 886.
- *Unfallversicherung*: Siehe „Unfallversicherungsbeiträge" → Rn. 922.

Versorgungsausgleich

936 Zahlungen, die ein zum Versorgungsausgleich verpflichteter Steuerpflichtiger im Zusammenhang mit der Scheidung seiner Ehe auf Grund einer zwischen den Ehegatten getroffenen Vereinbarung über den Versorgungsausgleich (vgl. §§ 1408 Abs. 2, 1587o BGB aF bzw. § 1587 BGB iVm §§ 6 ff. VersAusglG) an den anderen Ehegatten leistet, um eine Verringerung seiner Versorgungsbezüge zu vermeiden (zB Vermeidung einer Kürzung der Pensionsbezüge gemäß § 57 BeamtVG), sind als (vorab veranlasste) Werbungskosten (sofort) abziehbar (BFH 8.3.2006 – IX R 107/00, BStBl. II 2006, 446; BFH 8.3.2006 – IX R 78/01, BStBl. II 2006, 448; BFH 17.6.2010 – VI R 33/08, BFH/NV 2010, 2051; BFH 24.3.2011 – VI R 59/10, BFH/NV 2011, 1130; BFH 23.11.2016 – X R 60/14, BFH/NV 2017, 890). Dies gilt auch dann, wenn die Beiträge, mit denen der ausgleichspflichtige Ehegatte die Anwartschaft auf die betreffenden Versorgungsbezüge überhaupt erst erworben hat, nur als Sonderausgaben abziehbar waren (BFH 23.11.2016 – X R 60/14, BFH/NV 2017, 890). Ist ein Teil der durch die Vereinbarung über den Versorgungsausgleich „verteidigten" Versorgungsbezüge steuerbefreit, so können die zur Vermeidung einer Verringerung dieser Bezüge geleisteten Zahlungen gemäß § 3c Abs. 1 Hs. 1 nur anteilig als Werbungskosten geltend gemacht werden. Flössen dem Ausgleichspflichtigen die Versorgungsbezüge auch ohne die zwischen ihm und dem anderen Ehegatten getroffene Vereinbarung über den Versorgungsausgleich ungekürzt zu, so betrifft jene Vereinbarung nicht den Bereich der Einkünfteerzielung, sondern den Bereich der Einkommensverwendung (BFH 22.8.2012 – X R 36/09, BStBl. II 2014, 109). Zahlungen, die der ausgleichsverpflichtete Ehegatte auf Grund einer solchen Vereinbarung an den anderen Ehegatten leistet, können daher keine Werbungskosten, sondern allenfalls Sonderausgaben sein (vgl. BFH 22.8.2012 – X R 36/09, BStBl. II 2014, 109; BFH 23.11.2016 – X R 60/14, BFH/NV 2017, 890).

Vertragsstrafen

937 Vom Steuerpflichtigen gezahlte Vertragsstrafen führen zu Werbungskosten, wenn die Vertragsstrafe durch eine auf die Erzielung von Überschusseinkünften gerichtete Tätigkeit veranlasst ist (BFH 7.12.2005 – I R 34/05, BFH/NV 2006, 1068). Als Werbungskosten anerkannt hat die Rechtsprechung zB Zahlungen zur Erfüllung einer Vertragsstrafe wegen vorzeitigen

Ausscheidens aus einem Dienstverhältnis (BFH 22.6.2006 – VI R 5/03, BStBl. II 2007, 4) sowie Zahlungen wegen einer vertragswidrigen Konkurrenztätigkeit (FG Hessen 1.11.1995 – 2 K 639/95, EFG 1996, 363).

Veruntreuung

Siehe „Unterschlagung" → Rn. 924. Zum Abzug von veruntreuungsbedingten Wertabgaben als Betriebsausgaben → § 4 Rn. 2225.5. **938**

Videokamera/Videorekorder

Für Geräte der Unterhaltungselektronik besteht der Erfahrungssatz, dass sie regelmäßig auch im privaten Interesse angeschafft werden. Dieser Erfahrungssatz wird entkräftet, wenn ein Steuerpflichtiger nachweist, dass im konkreten Einzelfall eine berufliche Verwendung erfolgt. Dafür reicht nicht aus, dass der Steuerpflichtige lediglich versichert, die Videokamera bzw. den Video-/DVD-Rekorder ausschließlich zur Erzielung von Überschusseinkünften genutzt zu haben (BFH 21.6.1994 – VI R 16/94, BFH/NV 1995, 216 mwN). **939**

Vorab veranlasste Werbungskosten

→ Rn. 179 ff. **940**

Vorfälligkeitsentschädigungen

Sie können als Schuldzinsen iSv § 9 Abs. 1 S. 3 Nr. 1 zu Werbungskosten führen (vgl. BFH 6.12.2005 – VIII R 34/04, BStBl. II 2006, 265). → Rn. 278 und → Rn. 293. **941**

Vormund

Vergütungen für einen ausschließlich zur Vermögenssorge bestellten Vormund stellen Werbungskosten bei den mit dem verwalteten Vermögen erzielten Einkünften dar, sofern die Tätigkeit des Vormunds weder einer kurzfristigen Abwicklung noch der Verwaltung ertraglosen Vermögens dient (BFH 14.9.1999 – III R 39/97, BStBl. II 2000, 69). **942**

Einstweilen frei **943–947**

Waffen

Aufwendungen für Jagdgewehre können bei einem Forstbeamten im Revierdienst Werbungskosten sein (vgl. BFH 10.7.1964 – VI 280/63, HFR 1964, 458; FG Baden-Württemberg 23.2.1995 – 3 K 454/88, BeckRS 1995, 30856745). Gleiches gilt hinsichtlich der Aufwendungen eines Richters für Strafsachen für eine Pistole, wenn sie ausschließlich angeschafft wird, um Gefahren zu begegnen, die dem Richter aufgrund seiner beruflichen Tätigkeit drohen (ebenso FG Nürnberg 20.6.1984 – V 408/83, BeckRS 1984, 21009994; **aA** FG Baden-Württemberg 26.7.1979 – III 419/77, EFG 1979, 546). Insoweit ist – ähnlich wie bei Versicherungsbeiträgen (siehe „Versicherungsbeiträge" → Rn. 935) – ausschlaggebend, dass die Aufwendungen einem Risiko entgegenwirken sollen, dass in der beruflichen Sphäre angesiedelt ist. **948**

Wahlkampfkosten

Aufwendungen eines Steuerpflichtigen, mit denen er seine Wahl in ein hauptberufliches kommunales Spitzenamt betreibt, das mit steuerpflichtigen Einnahmen aus nichtselbständiger Arbeit verbunden ist, sind als Werbungskosten zu berücksichtigen, soweit es sich um Aufwendungen für den eigenen, persönlichen Wahlkampf handelt und nicht um Sonderbeiträge für den allgemeinen Wahlkampf der Partei oder Wählergemeinschaft, für die der Steuerpflichtige (gegebenenfalls) antritt (BFH 8.3.1974 – VI R 198/71, BStBl. II 1974, 407; BFH 23.1.1991 – X R 6/84, BStBl. II 1991, 396; BFH 25.1.1996 – IV R 15/95, BStBl. II 1996, 431). Bei ehrenamtlicher Tätigkeit scheitert der Werbungskostenabzug an § 3c. Wahlkampfkosten zur Erlangung eines Mandats im Bundestag, im Europäischen Parlament oder im Parlament eines Landes dürfen gemäß § 22 Nr. 4 S. 3 nicht als Werbungskosten abgezogen werden. Zur **949**

Verfassungsmäßigkeit dieses Abzugsverbots, insbesondere zu seiner Vereinbarkeit mit Art. 3 Abs. 1 GG, siehe BFH 8.12.1987 – IX R 161/83, BStBl. II 1988, 433.

Wehrdienst

950 Nach der Rechtsprechung sind Zahlungen, die ein Steuerpflichtiger an den türkischen Staat leistet, um sich vom Wehrdienst freizukaufen oder diesen zu verkürzen, auch dann keine Werbungskosten bei den Einkünften aus nichtselbständiger Arbeit, wenn der Steuerpflichtige bei Ableistung des (normalen) Wehrdienstes seinen Arbeitsplatz verlieren würde (BFH 20.12.1985 – VI R 45/84, BStBl. II 1986, 459; FG Nürnberg 15.12.1981 – VI 252/81, EFG 1982, 292; FG Hamburg 22.1.1982 – V 425/81, EFG 1982, 293; FG Münster 12.2.2014 – 5 K 2545/13 E, BeckRS 2014, 95062). Eine solche Zahlung ist stets in erheblichem Maße privat mitveranlasst, da die Ableistung des Wehrdienstes eine staatsbürgerliche Pflicht darstellt, die als solche unabhängig vom Beruf besteht. Eine anteiliger Werbungskostenabzug kommt grundsätzlich nicht in Betracht, da die privaten und beruflichen Veranlassungsbeiträge in der Regel nicht in einer Weise voneinander getrennt werden können, die eine sinnvolle Aufteilung ermöglicht (vgl. FG Münster 12.2.2014 – 5 K 2545/13 E, BeckRS 2014, 95062).

Wiederkehrende Leistungen

951 Sie sind nach Maßgabe von § 9 Abs. 1 S. 3 Nr. 1 abziehbar als Werbungskosten, soweit sie auf besonderen Verpflichtungsgründen beruhen und mit einer Einkunftsart in wirtschaftlichem Zusammenhang stehen. → Rn. 303 ff. (Renten) und → Rn. 313 ff. (Dauernde Lasten).

952–956 *Einstweilen frei*

Zeitungen, Zeitschriften

957 Es gilt der allgemeine Grundsatz, dass es bei der Abgrenzung zwischen Kosten der privaten Lebensführung und Erwerbsaufwendungen in erster Linie auf die Funktion des angeschafften Gegenstands ankommt, dh den tatsächlichen Verwendungszweck im konkreten Fall. Nur wenn die Untersuchung der tatsächlichen Verwendung im konkreten Fall zu keinem eindeutigen Ergebnis führt, kann der „objektive Charakter" des zu beurteilenden Gegenstands den Ausschlag geben (BFH 20.5.2010 – VI R 53/09, BStBl. II 2011, 723, betr. Aufwendungen eines Lehrers für Zeitschriften-Abonnements und Bücher). Nach der Rechtsprechung gehören Aufwendungen für den Bezug regionaler wie überregionaler **Tageszeitungen** grundsätzlich zu den Lebenshaltungskosten iSv § 12 Nr. 1 S. 2, da Tageszeitungen aufgrund ihres breitgefächerten Informationsspektrums stets auch private Interessen befriedigen. Eine andere Bewertung (dh Zuordnung der Aufwendungen zur Erwerbssphäre) soll ausnahmsweise in Betracht kommen, wenn es sich um eine „atypische" Tageszeitung handelt (BFH 12.11.1982 – VI R 193/79, NJW 1984, 87, betr. Aufwendungen für den Bezug des „Handelsblatt"). Bei einer teilweise beruflichen Nutzung soll ein anteiliger Werbungskostenabzug in Ermangelung eines objektiven Aufteilungsmaßstabs ausscheiden (BFH 7.4.2005 – VI B 168/04, BFH/NV 2005, 1300). Gleiches soll für **Wochenzeitschriften** gelten, da sich auch hier nicht nach objektiven Kriterien bestimmen lasse, in welchem Umfang diese zur Erlangung beruflicher und außerberuflicher Informationen genutzt wurden (BFH 7. September 1989 – IV R 128/88, BStBl. II 1990, 19; BFH 27.4.1990 – VI R 35/86, BFH/NV 1990, 701). Bezüglich Aufwendungen für **Fachzeitschriften** siehe „Bücher" → Rn. 748. Vgl. zum Ganzen auch → § 4 Rn. 2426 ff.

Zinsen

958 → Rn. 278 ff. Zur Abziehbarkeit von Finanzierungsaufwendungen als Betriebsausgaben → § 4 Rn. 2363 f.

Zweitwohnungssteuer

959 Die vom Inhaber einer Ferienwohnung gezahlte Zweitwohnungssteuer ist mit dem auf die Vermietung entfallenden zeitlichen Anteil als Werbungskosten bei den Einkünften aus

Vermietung und Verpachtung abziehbar (BFH 15.10.2002 – IX R 58/01, BStBl. II 2003, 287; BFH 30.10.2002 – IX R 103/00, BFH/NV 2003, 745; → Rn. 321). Fällt die Zweitwohnungsteuer im Rahmen einer beruflich veranlassten doppelten Haushaltsführung an, so ist sie nach Maßgabe von § 9 Abs. 1 S. 3 Nr. 5 abziehbar, unterfällt insoweit aber der Höchstbetrags-Regelung des § 9 Abs. 1 S. 3 Nr. 5 S. 4 (→ Rn. 508).

§ 9a Pauschbeträge für Werbungskosten

[1]Für Werbungskosten sind bei der Ermittlung der Einkünfte die folgenden Pauschbeträge abzuziehen, wenn nicht höhere Werbungskosten nachgewiesen werden:

1. a) von den Einnahmen aus nichtselbständiger Arbeit vorbehaltlich Buchstabe b: ein Arbeitnehmer-Pauschbetrag von 1 000 Euro;

b) von den Einnahmen aus nichtselbständiger Arbeit, soweit es sich um Versorgungsbezüge im Sinne des § 19 Absatz 2 handelt: ein Pauschbetrag von 102 Euro;

2. (weggefallen)

3. von den Einnahmen im Sinne des § 22 Nummer 1, 1a und 5: ein Pauschbetrag von insgesamt 102 Euro.

[2]Der Pauschbetrag nach Satz 1 Nummer 1 Buchstabe b darf nur bis zur Höhe der um den Versorgungsfreibetrag einschließlich des Zuschlags zum Versorgungsfreibetrag (§ 19 Absatz 2) geminderten Einnahmen, die Pauschbeträge nach Satz 1 Nummer 1 Buchstabe a und Nummer 3 dürfen nur bis zur Höhe der Einnahmen abgezogen werden.

Überblick

§ 9a statuiert für einzelne Einkunftsbereiche eine gesetzliche Vermutung für den Anfall von Werbungskosten in bestimmter Höhe. Diese sog. „Werbungskosten-Pauschbeträge" sind von den Finanzbehörden von Amts wegen in Abzug zu bringen, sofern der Steuerpflichtige keine höheren Werbungskosten glaubhaft macht.

Übersicht

A. Allgemeines

Leitentscheidungen, wichtige Verwaltungsanweisungen und Schrifttum (Auswahl): 1

Leitentscheidungen des BFH: 1.1
BFH 3.4.1959 – VI 329/57 U, BStBl. III 1959, 220 (mehrere Dienstverhältnisse); BFH 13.12.1963 – VI 22/61 S, BStBl. III 1964, 184 (negative Einnahmen); BFH 19.2.1993 – VI R 74/91, BStBl. II 1993, 551 (Verfassungsmäßigkeit des § 9a); BFH 7.11.2000 – III R 79/97, BStBl. II 2001, 702 (Arbeitnehmer-

Pauschbetrag als „Jahresbetrag"); BFH 10.6.2008 – VIII R 76/05, BStBl. II 2008, 937 (Rechtsanspruch auf Arbeitnehmer-Pauschbetrag).

1.2 **Wichtige Verwaltungsanweisungen:**
BMF 19.8.2013, BStBl. I 2013, 1087.

1.3 **Schrifttum (Auswahl):**
Birk, Verfassungskonforme Auslegung im Steuerrecht, StuW 1990, 300; *Maaß*, Steuerreformgesetz 1990 und Steuergerechtigkeit – Zu einigen verfassungsrechtlichen Problemen, NJW 1989, 256; *Rasenack*, Zum Wegfall der Arbeitnehmerfreibeträge und zur Verfassungsmäßigkeit des Arbeitnehmer-Werbungskostenpauschbetrags in der Einkommensteuerreform 1990, BB 1988, 1859; *Thomas*, Arbeitnehmer-Pauschbetrag und Nettoprinzip, DStZ 1997, 617; *Zeitler*, Typisierung versus Einzelfallgerechtigkeit – in dubio pro fisco?, DStZ 1998, 705.

I. Regelungsanliegen im System des Steuerrechts

1. Funktion und Zweck der Regelung

2 § 9a regelt im Zusammenwirken mit § 9 die steuermindernde Berücksichtigung von Erwerbsaufwendungen bei den Überschusseinkunftsarten. Im System der Einkommensteuer auf der Ebene der Einkünfteermittlung angesiedelt (vgl. § 2 Abs. 2 S. 1 Nr. 2), zielen beide Vorschriften auf die steuerliche **Verschonung des objektiv indisponiblen Einkommens,** insoweit dieses durch erwerbliche Betätigung gemäß § 2 Abs. 1 S. 1 Nr. 4 bis 7 erwirtschaftet wurde (vgl. KSM/*von Bornhaupt* § 9a Rn. A7 f.). Ungeachtet ihrer gemeinsamen funktionalen Ausrichtung auf das objektive Nettoprinzip (→ § 9 Rn. 2 f.) liegt § 9 und § 9a eine je unterschiedliche ratio legis zugrunde: Während § 9 im Zusammenhang mit der Definition der Werbungskosten in erster Linie dem Anliegen einer leistungsfähigkeitsgerechten Besteuerung Rechnung zu tragen sucht (→ § 9 Rn. 2 f.; → § 9 Rn. 69 ff.), dient § 9a als sog. „Vereinfachungszwecknorm" primär der **Vereinfachung des Besteuerungsverfahrens** (vgl. BFH 3.4.1959 – VI 329/57 U, BStBl. III 1959, 220; BFH 11.12.1997 – III R 214/94, BStBl. II 1998, 292; BFH 10.6.2008 – VIII R 76/05, BStBl. II 2008, 937). Der Sache nach soll § 9a den Nachweis von Werbungskosten für bestimmte Einkunftsbereiche in einem betragsmäßig festgelegten Rahmen entbehrlich machen, damit dem Steuerpflichtigen das Sammeln von Einzelbelegen und der Finanzverwaltung das arbeitsintensive Überprüfen derselben erspart bleibt („Verringerung des Erklärungs- und Prüfaufwands"; vgl. BT-Drs. 17/5125, 36)

3 Normtechnisch wird dies dadurch erreicht, dass § 9a S. 1 Nr. 1 und 3 Mindestansätze für vom Gesetzgeber vermutete Werbungskosten vorgeben (typisierende Verwirklichung des objektiven Nettoprinzips). Der Vereinfachungszweck der Vorschrift erfordert, dass die Pauschbeträge im oberen Bereich dessen festgesetzt werden, was bei einem durchschnittlichen Steuerpflichtigen schätzungsweise an Erwerbsaufwendungen in dem betreffenden Einkunftsbereich anfällt, da andernfalls vielfach Anlass bestünde, von der Möglichkeit zum individuellen Nachweis höherer tatsächlicher Werbungskosten Gebrauch zu machen (vgl. HHR/*Prinz* § 9a Rn. 5; siehe auch BFH 8.8.1986 – VI R 195/82, BStBl. II 1986, 824 betr. Werbungskostenpauschalen in Verwaltungsanweisungen). Wenn und soweit ein Steuerpflichtiger in Wahrheit geringere Erwerbsaufwendungen getragen hat als das Gesetz in Gestalt der Pauschbeträge vermutet, bewirkt § 9a eine **Fiktion von Werbungskosten** und beeinträchtigt damit das Prinzip der Besteuerung nach der individuellen wirtschaftlichen Leistungsfähigkeit. Die Rechtsprechung bewertet diese Beeinträchtigung als durch die **Befugnis des Gesetzgebers zur Typisierung** gerechtfertigt (vgl. BVerfG 10.4.1997 – 2 BvL 77/92, BVerfGE 96, 1). Da dem Steuerpflichtigen der Nachweis höherer Werbungskosten unbenommen bleibt (→ Rn. 58 f.), § 9a also „nur" einen *Mindest*aufwand typisiert, entfaltet die Vorschrift keine abzugsbeschränkende Wirkung. Aus der Sicht des einzelnen Steuerpflichtigen hat § 9a daher rein begünstigenden Charakter (→ Rn. 66).

4 *Einstweilen frei*

2. Historische Entwicklung

5 § 9a wurde durch das **Gesetz zur Neuordnung von Steuern** vom 16.12.1954 in das EStG eingefügt. Zuvor waren die Werbungskosten-Pauschbeträge in § 14 EStDV aF geregelt.

§ 9a S. 1 in seiner damaligen Fassung sah einen Pauschbetrag bei „Einnahmen aus nichtselbständiger Arbeit“ (Nr. 1), bei „Einnahmen aus Kapitalvermögen“ (Nr. 2) sowie bei „wiederkehrenden Bezügen im Sinn des § 22 Ziff. 1“ (Nr. 3) vor.

Durch das **Steueränderungsgesetz 1979** vom 30.11.1978 wurde der sachliche Anwendungsbereich des Werbungskosten-Pauschbetrags nach § 9a S. 1 Nr. 3 um „Einnahmen im Sinne des § 22 Nr. 1a“ ergänzt. **6**

Durch das **Steuerreformgesetz 1990** vom 25.7.1985 wurde der Pauschbetrag nach § 9a S. 1 Nr. 1 von 564 DM auf 2.000 DM aufgestockt und in „Arbeitnehmer-Pauschbetrag“ umbenannt. Im Gegenzug entfielen der Weihnachts-Freibetrag iHv 600 DM (§ 19 Abs. 3 EStG aF) sowie der Arbeitnehmer-Freibetrag iHv 480 DM (§ 19 Abs. 4 EStG aF). **7**

Durch das **Jahressteuergesetz 1996** vom 11.10.1995 wurde für bestimmte Arten von Werbungskosten im Rahmen der Vermietung und Verpachtung von Wohngebäuden ein Wahlrecht zur Pauschalierung geschaffen. Nachdem diese Regelung in der Besteuerungspraxis – entgegen der Intention des Gesetzgebers – nicht zu einer Vereinfachung, sondern zu einer Verkomplizierung führte, wurde sie durch das **Steuerentlastungsgesetz 1999/2000/2002** vom 19.12.2000 wieder abgeschafft. **8**

Durch das **Altersvermögensgesetz** vom 26.5.2001 (BGBl. 2001 I 1310) wurde der sachliche Anwendungsbereich des Werbungskosten-Pauschbetrags des § 9a S. 1 Nr. 3 um „Einnahmen im Sinne des § 22 Nr. 5“ (Leistungen aus Altersvorsorgeverträgen, Pensionsfonds, Pensionskassen, Direktversicherungen) ergänzt. **9**

Durch das **Alterseinkünftegesetz** vom 5.7.2004 (BGBl. 2004 I 1427) wurde für Versorgungsbezüge iSd § 19 Abs. 2 eine eigenständige Pauschbetragsregelung geschaffen. Der Zufluss von Versorgungsbezügen iSd § 19 Abs. 2 berechtigt seither nicht mehr zum Abzug des Arbeitnehmer-Pauschbetrags, sondern „nur noch“ zum Abzug des – erheblich geringeren – Pauschbetrags nach § 9a S. 1 Nr. 1 Buchst. b. **10**

Im Zuge des **Unternehmensteuerreformgesetzes 2008** vom 14.8.2007 (BGBl. 2007 I 1912) wurde der in § 9a S. 1 Nr. 2 EStG aF normierte Werbungskosten-Pauschbetrag für „Einnahmen aus Kapitalvermögen“ aufgehoben und in den neuen Sparer-Pauschbetrag des § 20 Abs. 9 integriert. **11**

Durch das **Jahressteuergesetz 2010** vom 8.12.2010 (BGBl. 2010 I 1768) wurde der sachliche Anwendungsbereich des Werbungskosten-Pauschbetrags des § 9a S. 1 Nr. 3 um „Einnahmen im Sinne des § 22 Nr. 1b und Nr. 1c“ ergänzt. **12**

Durch das **Steuervereinfachungsgesetz 2011** vom 1.11.2011 (BGBl. 2011 I 2131) wurde der zwischenzeitlich auf 920 EUR abgesenkte Arbeitnehmer-Pauschbetrag auf 1.000 EUR angehoben. **13**

Im Zuge des **Zollkodex-Anpassungsgesetz** vom 22.12.2014 (BGBl. 2014 I 2417) wurde die zwischenzeitlich erfolgte Erweiterung der Pauschbetrags-Regelung des § 9a S. 1 Nr. 3 um Einnahmen iSv § 22 Nr. 1b und Nr. 1c (vgl. Jahressteuergesetz 2010, BGBl. 2010 I 1768) wieder rückgängig gemacht. **14**

Einstweilen frei **15–27**

3. Verhältnis zu höherrangigem Recht

Als **Vereinfachungszwecknorm** (→ Rn. 2 f.) wirkt § 9a der Überkompliziertheit und Undurchführbarkeit des Steuergesetzes entgegen und befördert dergestalt die gemäß Art. 3 Abs. 1 GG gebotene gleichmäßige Verwirklichung des staatlichen Steueranspruchs („Gleichheit im Belastungserfolg“). Dass die von § 9a angeordnete Werbungskostenpauschalierung in einem Spannungsverhältnis zum Gebot der Besteuerung nach der *individuellen* wirtschaftlichen Leistungsfähigkeit steht (vgl. dazu Kirchhof/*von Beckerath* § 9a Rn. 2; → Rn. 3), stellt ihre **gleichheitsrechtliche Ausrichtung** nicht in Frage. Denn der Gleichheitssatz „fordert nicht eine immer mehr individualisierende und spezialisierende Gesetzgebung, die letztlich die Gleichmäßigkeit des Gesetzesvollzugs gefährdet, sondern die Regelung eines allgemein verständlichen und möglichst unausweichlichen Belastungsgrundes“ (BVerfG 10.4.1997 – 2 BvL 77/92, BVerfGE 96, 1). Deshalb dürfe der Gesetzgeber, so das BVerfG, „einen steuererheblichen Vorgang um der materiellen Gleichheit willen im typischen Lebensvorgang erfassen und individuell gestaltbare Besonderheiten unberücksichtigt lassen“ (BVerfG 10.4.1997 – 2 BvL 77/92, BVerfGE 96, 1). **28**

29 *Einstweilen frei*

4. Verhältnis zu anderen Bestimmungen

30 **a) Verhältnis zu Werbungskostenpauschalen in Verwaltungsanweisungen.** Die LStR entbinden den Steuerpflichtigen hinsichtlich bestimmter Arten von Erwerbsaufwendungen vom Erfordernis, die Höhe des jeweiligen Abflusses in Geld oder Geldeswert im Einzelnen glaubhaft zu machen und lassen stattdessen eine Pauschalierung zu. Dies gilt etwa für die Kosten eines beruflich veranlassten Umzugs (vgl. LStR 9.9 Abs. 2) sowie Übernachtungskosten bei Dienstreisen, sofern sie durch den Arbeitgeber erstattet werden (vgl. LStR 9.7 Abs. 3). Im Unterschied zu § 9a haben die betreffenden Verwaltungsanweisungen nicht die Qualität materieller Rechtsnormen (BFH 25.10.1985 – VI R 15/81, BStBl. II 1986, 200). Vielmehr handelt es sich „lediglich" um **typisierende finanzbehördliche Schätzungen nach § 162 AO,** die der Vereinfachung der Sachverhaltsermittlung dienen (vgl. BFH 25.10.1985 – VI R 15/81, BStBl. II 1986, 200). Allerdings lösen die einschlägigen Verwaltungsanweisungen aufgrund des verfassungsrechtlichen Gleichbehandlungsgebots eine **Selbstbindung der Verwaltung** aus, sodass es den Finanzbehörden verwehrt ist, in Fällen, welche offensichtlich in den Anwendungsbereich einer Verwaltungsanweisung fallen, die dort zugelassene Werbungskostenpauschalierung ohne triftige Gründe abzulehnen (vgl. BFH 23.4.1991 – VIII R 61/87, BStBl. II 1991, 752). Wegen des Vorrangs des Gesetzes endet die Selbstbindung der Verwaltung allerdings dort, wo die Anwendung der Werbungskostenpauschale zu einer offensichtlich unzutreffenden Besteuerung führen würde (BFH 23.4.1991 – VIII R 61/87, BStBl. II 1991, 752). Die Gerichte der Finanzgerichtsbarkeit, die von vornherein nicht an die einschlägigen Verwaltungsanweisungen gebunden sind (vgl. Art. 97 Abs. 1 GG), behalten sich vor, die Werbungskosten-Pauschalen auf ihre **Plausibilität** hin zu überprüfen (vgl. BFH 30.7.1982 – VI R 257/80, BStBl. II 1982, 779; BFH 25.10.1985 – VI R 15/81, BStBl. II 1986, 200). Sofern die Pauschalen einen sachgerechten Schätzungsrahmen darstellen, werden sie unter dem Gesichtspunkt der Gleichmäßigkeit der Besteuerung **als Tatsachengrundlagen aber auch von der Finanzgerichtsbarkeit respektiert.** Andernfalls wäre der Vereinfachungszweck der Pauschalen erheblich beeinträchtigt, denn dann müsste der Steuerpflichtige schon im Hinblick auf ein etwaiges Klageverfahren stets Einzelnachweise sammeln (vgl. BFH 25.10.1985 – VI R 15/81, BStBl. II 1986, 200). Bei der Pauschalierung bestimmter Arten von Erwerbsaufwendungen auf Grundlage von Verwaltungsanweisungen handelt es sich der Sache nach um eine Schätzung der tatsächlich entstandenen Werbungskosten. Als solche **können die betreffenden Pauschalen nur anstelle, nicht aber neben den Werbungskosten-Pauschbeträgen des § 9a abgezogen werden.**

31 *Einstweilen frei*

32 **b) Verhältnis zu §§ 3–3c (steuerfreie Einnahmen).** Gemäß § 3c Abs. 1 dürfen Ausgaben, soweit sie mit nach §§ 3, 3b steuerfreien Einnahmen in unmittelbarem wirtschaftlichen Zusammenhang stehen, nicht als Werbungskosten die Bemessungsgrundlage der Einkommensteuer mindern. Folgerichtig können von steuerfreien Einnahmen auch die Werbungskosten-Pauschbeträge des § 9a nicht abgezogen werden. Den Abzug der Werbungskosten-Pauschbeträge von etwaigen *steuerpflichtigen* Einnahmen in den von § 9a S. 1 Nr. 1 Buchst. a, Nr. 1 Buchst. b und Nr. 3 bezeichneten Einkunftsbereichen lässt § 3c Abs. 1 indessen unberührt: Erzielt der Steuerpflichtige in Haupt- und Nebenberuf Einkünfte aus aktiver nichtselbständiger Arbeit, so kann von den Einnahmen aus dem Hauptberuf auch dann der volle Arbeitnehmer-Pauschbetrag abgezogen werden, wenn die Einnahmen aus dem Nebenberuf gemäß § 3 Nr. 26 steuerbefreit sind (vgl. BFH 13.11.1987 – VI R 154/84, BFH/NV 1988, 150).

33 *Einstweilen frei*

34 **c) Verhältnis zu § 9 Abs. 1 S. 3 Nr. 4, Nr. 5 S. 5 bis 8, Abs. 2 und Abs. 4a (Entfernungs- und Verpflegungspauschale).** Bei der Entfernungspauschale für die Wege zwischen Wohnung und erster Tätigkeitsstätte (§ 9 Abs. 1 S. 3 Nr. 4 und Abs. 2) bzw. für die Wege vom Ort der ersten Tätigkeitsstätte zum Ort des eigenen Hausstands und zurück (Familienheimfahrt, § 9 Abs. 1 S. 3 Nr. 5 S. 5 bis 8 und Abs. 2) sowie der Verpflegungspau-

schale (§ 9 Abs. 4a) handelt es sich jeweils um gesetzliche Teilpauschalierungen für bestimmte Arten von Erwerbsaufwendungen. Von der Werbungskosten-Vollpauschalierung des § 9a unterscheiden sie sich in zweierlei Hinsicht: Zum einen muss der Steuerpflichtige den Entstehungsgrund der betreffenden Aufwendungen (Weg zwischen Wohnung und erster Tätigkeitsstätte, Familienheimfahrt bei doppelter Haushaltsführung, auswärtige berufliche Tätigkeit von mehr als acht Stunden) gemäß den allgemeinen Grundsätzen glaubhaft machen, zum anderen ist ein Nachweis höherer tatsächlicher Aufwendungen ausgeschlossen. Die in § 9 geregelten Werbungskosten-Teilpauschalen einerseits und der Arbeitnehmer-Pauschbetrag des § 9a S. 1 Nr. 1 Buchst. a andererseits können nicht kumulativ, sondern „nur" alternativ abgezogen werden.

Einstweilen frei 35

d) Verhältnis zu § 10c (Sonderausgaben-Pauschbetrag). Der Sonderausgaben-Pauschbetrag nach § 10c S. 1 wird neben den Werbungskosten-Pauschbeträgen des § 9a gewährt. 36

Einstweilen frei 37

e) Verhältnis zu § 20 Abs. 9 S. 1 (Sparer-Pauschbetrag). Der ehemals in § 9a S. 1 Nr. 2 EStG aF geregelte Werbungskosten-Pauschbetrag bei Einnahmen aus Kapitalvermögen iHv zuletzt 51 EUR wurde im Zuge der Einführung der Abgeltungsteuer für private Kapitaleinkünfte gemeinsam mit dem bis dato geltenden Sparer-Freibetrag iHv 750 EUR in einen einheitlichen Sparer-Pauschbetrag iHv 801 EUR überführt (→ Rn. 11). Ungeachtet der Betragsidentität bedeutete dies eine substanzielle Änderung der Rechtslage. Denn § 20 Abs. 9 S. 1 Hs. 2 schließt den Abzug der tatsächlich entstandenen höheren Werbungskosten – im Unterschied zu § 9a S. 1 Nr. 2 EStG aF – ausdrücklich aus (vgl. HHR/*Prinz* § 9a Rn. 20; zur Verfassungsmäßigkeit des § 20 Abs. 9 siehe BFH 1.7.2014 – VIII R 53/12, BStBl. II 2014, 975; BFH 12.1.2016 – IX R 48/14, BStBl. II 2016, 456). 38

Einstweilen frei 39

f) Verhältnis zu § 32b (Progressionsvorbehalt). Hat der Steuerpflichtige neben inländischen Einkünften auch – DBA-rechtlich von der deutschen Einkommensteuer befreite – ausländische Einkünfte erzielt, so sind bei der zwecks Ermittlung des besonderen Steuersatzes nach § 32b Abs. 1 S. 1, Abs. 2 Nr. 2 (Progressionsvorbehalt) erforderlichen Quantifizierung der ausländischen Einkünfte die tatsächlich angefallenen Werbungskosten selbst dann abzusetzen, wenn bei der Ermittlung der inländischen Einkünfte bereits der Arbeitnehmer-Pauschbetrag gemäß § 9a S. 1 Nr. 1 Buchst. a in Abzug gebracht worden ist. Die dadurch verursachte (potenzielle) Benachteiligung von Steuerpflichtigen mit ausschließlich inländischen Einkünften gegenüber Steuerpflichtigen mit in- und ausländischen Einkünften hat der Gesetzgeber nach Auffassung des BFH „ersichtlich in Kauf genommen, um eine vereinfachte Berechnung des besonderen Einkommensteuersatzes zu ermöglichen" (BFH 17.12.2003 – I R 75/03, BStBl. II 2005, 96). 40

Einstweilen frei 41

g) Verhältnis zu § 33b (Behinderten-, Hinterbliebenen- und Pflege-Pauschbetrag). Der Behinderten-Pauschbetrag nach § 33b Abs. 1, der Hinterbliebenen-Pauschbetrag nach § 33b Abs. 4 sowie der Pflege-Pauschbetrag nach § 33b Abs. 6 können jeweils neben den Werbungskosten-Pauschbeträgen des § 9a geltend gemacht werden. 42

Einstweilen frei 43

II. Normstruktur und zentrale Debatten

1. Inhalt der Norm

Aus **§ 9a S. 1 Hs. 1** ergibt sich, dass die Finanzbehörden bei der Ermittlung der Einkünfte des Steuerpflichtigen von Amts wegen Werbungskosten-Pauschbeträge in Abzug bringen müssen, sofern der Steuerpflichtige nicht höhere Werbungskosten nachweist. 44

§ 9a S. 1 Nr. 1 Buchst. a bestimmt, dass der Werbungskosten-Pauschbetrag bei Einnahmen aus nichtselbständiger Arbeit, die keine Versorgungsbezüge iSv § 19 Abs. 2 sind, 1.000 EUR beträgt. 45

46 **§ 9a S. 1 Nr. 1 Buchst. b** bestimmt, dass der Werbungskosten-Pauschbetrag bei Versorgungsbezügen iSd § 19 Abs. 2 102 EUR beträgt.

47 **§ 9a S. 1 Nr. 3** bestimmt, dass der Werbungskosten-Pauschbetrag bei Einnahmen iSd § 22 Nr. 1, Nr. 1a und Nr. 5 insgesamt 102 EUR beträgt.

48 **§ 9a S. 2** begrenzt die Pauschbeträge in der Weise, dass ihr Abzug nicht zu einem Überschuss der Werbungskosten über die (steuerpflichtigen) Einnahmen in den jeweiligen Einkunftsbereichen führen kann.

49–50 *Einstweilen frei*

2. Leitentscheidungen und maßgebliche Debatten

51 In einem Vorlagebeschluss aus dem Jahre 1993 (**BFH 19.2.1993 – VI R 74/91,** BStBl. II 1993, 551) nahm der BFH zur steuersystematischen Einordnung des § 9a und dessen Vereinbarkeit mit dem Grundgesetz umfassend Stellung. Dass der Gesetzgeber mit der Regelung des § 9a der Steuervereinfachung den Vorrang vor der Einzelfallgerechtigkeit eingeräumt hat, beurteilte der BFH in diesem Vorlagebeschluss „wegen der überragenden Wichtigkeit einer durchgreifenden Steuervereinfachung" im Massenverfahren der Besteuerung als gleichheitsrechtlich unbedenklich. Die durch § 9a bewirkte Beeinträchtigung des Grundsatzes der Besteuerung nach der individuellen finanziellen Leistungsfähigkeit stehe nicht außer Verhältnis zu der durch die Pauschalierung erreichten Verwaltungsvereinfachung. Insoweit sei zu berücksichtigen, dass es sich bei den Werbungskosten-Pauschbeträgen um **bevorzugende Typisierungen** handle, **bei denen der Gesetzgeber generell eine größere Gestaltungsfreiheit besitze als bei der Benachteiligung von Steuerpflichtigen,** da es eher in Kauf genommen werden könne, „daß im Rahmen einer Typisierung Personen in den Genuß von Vorteilen gelangen, die ihnen nach dem strengen Gesetzeszweck nicht gebühren, als daß Personen gleichheitswidrig von einem Vorteil ausgeschlossen werden, der ihnen nach dem Gesetzeszweck zukäme". Allerdings erblickte der BFH in der Begünstigungskumulation, die dadurch entstehen kann, dass der Arbeitnehmer-Pauschbetrag gemäß § 9a S. 1 Nr. 1 Buchst. a auch in jenen Fällen ungekürzt gewährt wird, in denen der Arbeitgeber dem Arbeitnehmer Werbungskosten steuerfrei (zB nach § 3 Nr. 13 oder Nr. 16) oder unter den Voraussetzungen pauschaler Lohnversteuerung (§ 40 Abs. 2 S. 2) ersetzt, einen Verstoß gegen Art. 3 Abs. 1 GG.

52 In einer (auf Vorlagebeschluss des FG Rheinland-Pfalz vom 2.11.1992 – 5 K 1992/92, EFG 1993, 85 ergangenen) Entscheidung vom 10.4.1997 (**BVerfG 10.4.1997 – 2 BvL 77/92,** BVerfGE 96, 1) bestätigte der 2. Senat des BVerfG die Einschätzung des BFH, wonach der Gesetzgeber mit der Regelung des Arbeitnehmer-Pauschbetrags den Rahmen des ihm zustehenden Gestaltungsraums nicht überschritten habe. Allerdings befand das BVerfG den Abzug des Arbeitnehmer-Pauschbetrags ausdrücklich für auch insoweit „mit dem Gleichheitssatz vereinbar, als der Pauschbetrag mit einem steuerfreien oder pauschal versteuerten Werbungskostenersatz durch den Arbeitgeber […] zusammentrifft". Denn eine derartige Begünstigungskumulation, so das BVerfG weiter, betreffe die Verfassungsmäßigkeit der besonderen Entlastungstatbestände, ändere aber nichts an der **verfassungsrechtlichen Zulässigkeit des allgemeinen Pauschbetrages.** Seine Vorlage an das BVerfG mit Beschluss vom 19.2.1993 zog der BFH daraufhin zurück (BFH 20.6.1997 – VI R 74/91, BStBl. II 1998, 59).

53 ME ist dem BFH und dem BVerfG hinsichtlich der Grundannahme, die von § 9a ausgehende Beeinträchtigung des Grundsatzes der Besteuerung nach der individuellen wirtschaftlichen Leistungsfähigkeit sei durch die Typisierungsbefugnis des Gesetzgebers gerechtfertigt, zuzustimmen. Allerdings erscheint mir die Erwägung des BFH, der Gesetzgeber besitze bei „bevorzugenden Typisierungen" generell eine größere Gestaltungsfreiheit als bei der Benachteiligung von Steuerpflichtigen, angesichts des relativen Charakters des Leistungsfähigkeitsprinzips in seiner Funktion als Gleichheitsmaßstab wenig überzeugend. Ausgehend davon, dass das Prinzip der leistungsfähigkeitsgerechten Besteuerung als Ausprägung einer qualitativ gleichen Verantwortung aller für das Gemeinwesen unter Berücksichtigung der quantitativ unterschiedlichen Situationen der Einzelnen zu verstehen ist (vgl. *Walz* Steuergerechtigkeit und Rechtsanwendung, 163), erweist sich die Bevorzugung des einen Steuerbürgers zugleich als Benachteiligung des anderen (ähnlich *Birk* StuW 1990, 300 (301)). Das

eigentliche Rechtfertigungspotenzial ruht deshalb in der vom BVerfG formulierten Einsicht, der Gesetzgeber dürfe sich zum Zwecke der **Gewährleistung eines gleichmäßigen Gesetzesvollzugs im Massenverfahren der Besteuerung** sog. Vereinfachungszwecknormen bedienen (→ Rn. 28). Insoweit ist allerdings zu beachten, dass die mit § 9a bezweckte Vereinfachung nur erreicht wird, wenn die Pauschbeträge im oberen Bereich dessen festgesetzt werden, was bei einem durchschnittlichen Steuerpflichtigen schätzungsweise an Erwerbsaufwendungen in dem betreffenden Einkunftsbereich anfällt (→ Rn. 3). Der Gesetzgeber ist daher von Verfassungs wegen gehalten, fortwährend zu überprüfen, ob die konkrete Ausgestaltung des § 9a – insbesondere mit Blick auf die Höhe der dort festgesetzten Werbungskosten-Pauschbeträge – (weiterhin) tatsächlich geeignet ist, die intendierte Vereinfachung des Besteuerungsverfahrens zu bewirken.

Einstweilen frei **54–57**

B. Voraussetzungen und Rechtsfolgen

I. Kein Nachweis höherer Werbungskosten

Gemäß § 9a S. 1 setzt ein Abzug der in § 9a S. 1 Nr. 1 Buchst. a, Nr. 1 Buchst. b und Nr. 3 genannten Werbungskosten-Pauschbeträge voraus, dass der Steuerpflichtige in dem jeweiligen Einkunftsbereich **keine höheren Werbungskosten nachgewiesen** hat. Innerhalb der einzelnen in § 9a S. 1 Nr. 1 Buchst. a, Nr. 1 Buchst. b und Nr. 3 bezeichneten Einkunftsbereiche besteht daher strikte **Anwendungsalternativität:** Der Werbungskostenabzug erfolgt *entweder* auf Grundlage von § 9 Abs. 1 S. 2 *oder* auf Grundlage von § 9a S. 1. Eine kumulative Anwendung beider Abzugstatbestände zB dergestalt, dass ein Arbeitnehmer von seinen Einnahmen aus aktiver nichtselbständiger Tätigkeit den Arbeitnehmer-Pauschbetrag nach § 9a S. 1 Nr. 1 Buchst. a abzieht und daneben einzelne durch seine Arbeitnehmertätigkeit veranlasste und glaubhaft gemachte Aufwendungen (zB für Arbeitsmittel) auf Grundlage von § 9 Abs. 1 S. 2, ist nicht zulässig. Für den Werbungskostenabzug sind vielmehr folgende Grundsätze maßgebend: Macht der Steuerpflichtige im Zusammenhang mit seinen **Bezügen aus aktiver nichtselbständiger Erwerbstätigkeit** Aufwendungen in Höhe von mehr als 1.000 EUR glaubhaft, so erfolgt der Werbungskostenabzug insoweit ausschließlich im Rahmen von § 9 Abs. 1 S. 2. Andernfalls (dh keine Glaubhaftmachung von höheren Werbungskosten als 1.000 EUR) gelangt § 9a S. 1 Nr. 1 Buchst. a zur Anwendung. Macht der Steuerpflichtige im Zusammenhang mit **Versorgungsbezügen iSd § 19 Abs. 2** Aufwendungen in Höhe von mehr als 102 EUR glaubhaft, so erfolgt der Werbungskostenabzug insoweit ausschließlich im Rahmen von § 9 Abs. 1 S. 2. Andernfalls ist der Anwendungsbereich des § 9a S. 1 Nr. 1 Buchst. b eröffnet. Macht der Steuerpflichtige im Zusammenhang mit **Bezügen iSd § 22 Nr. 1, 1a und 5** Aufwendungen in Höhe von insgesamt mehr als 102 EUR glaubhaft, so erfolgt der Werbungskostenabzug insoweit ausschließlich nach Maßgabe von § 9 Abs. 1 S. 2. Andernfalls ist der Pauschbetrag des § 9a S. 1 Nr. 3 abzuziehen. **58**

Zu beachten ist, dass die Anwendungsalternativität auf den jeweiligen Binnenbereich der einzelnen in § 9a S. 1 Nr. 1 Buchst. a, Nr. 1 Buchst. b und Nr. 3 bezeichneten Einkunftsbereiche beschränkt ist. Es ist daher durchaus **möglich, dass § 9 Abs. 1 S. 2 und § 9a S. 1 im Rahmen ein- und derselben Veranlagung nebeneinander zur Anwendung gelangen.** So etwa wenn dem Steuerpflichtigen im Zusammenhang mit seinen Einnahmen aus aktiver nichtselbständiger Erwerbstätigkeit höhere Aufwendungen als 1.000 EUR entstehen (insoweit Abzug der tatsächlichen Werbungskosten auf Grundlage von § 9 Abs. 1 S. 2) und zugleich die im Zusammenhang mit seinen Bezügen iSd § 22 Nr. 1, 1a und 5 entstandenen Aufwendungen 102 EUR nicht übersteigen (insoweit Abzug des Werbungskosten-Pauschbetrags gemäß § 9a S. 1 Nr. 3). **59**

Die **Zuordnung der tatsächlich entstandenen Werbungskosten zu den einzelnen Einkunftsbereichen** steht nicht im Ermessen des Steuerpflichtigen. Steuergestaltungen in der Weise, dass der Steuerpflichtige die ihm entstandenen Werbungskosten willkürlich Einkunftsbereichen zuweist, für die ohnehin kein Werbungskosten-Pauschbetrag gewährt wird, um so den Werbungskostenabzug zu maximieren (voller Pauschbetrag nach § 9a und zusätzlich die tatsächlich entstandenen Werbungskosten nach § 9 Abs. 1 S. 2), sind unzulässig. Stehen Aufwendungen nach Maßgabe des Veranlassungsprinzips **mit mehreren Einkunfts-** **60**

bereichen in Zusammenhang, so sind sie den einzelnen Einkunftsbereichen – gegebenenfalls im Wege der sachgerechten Schätzung – anteilig zuzuordnen (BFH 10.6.2008 – VIII R 76/05, BStBl. II 2008, 937).

61 Bei der von § 9a S. 1 geforderten Prüfung, ob „nicht höhere Werbungskosten nachgewiesen" sind, bleiben sog. **„negative Einnahmen"** (dh vom Steuerpflichtigen rückerstattete Güter in Geld oder Geldeswert, die im Zeitpunkt ihres Zuflusses als Einnahmen erfasst wurden) außer Betracht (eingehend dazu → § 9 Rn. 231 ff.). Derartige Wertabgaben des Steuerpflichtigen zehren den Werbungskosten-Pauschbetrag nach § 9a nicht auf, sondern können neben dem jeweiligen Pauschbetrag geltend gemacht werden (vgl. BFH 13.12.1963 – VI 22/61 S, BStBl. III 1964, 184).

62–64 *Einstweilen frei*

II. Abzug des Pauschbetrags

1. Allgemeines

65 Sofern die tatbestandlichen Voraussetzungen erfüllt sind, erfolgt der Abzug der in § 9a S. 1 Nr. 1 Buchst. a, Nr. 1 Buchst. b und Nr. 3 normierten Werbungskosten-Pauschbeträge nachweisfrei **von Amts wegen** (vgl. HHR/*Prinz* § 9a Rn. 12). Im System der Einkommensteuer ist dieser Vorgang auf der **Ebene der Einkünfteermittlung** angesiedelt, vgl. § 2 Abs. 2 S. 1 Nr. 2.

66 Die Frage, ob der Steuerpflichtige berechtigt ist, auf den Abzug zu verzichten (zB wenn ein Kreditinstitut die Kreditwürdigkeit des Steuerpflichtigen auf Grundlage von Einkommensteuerbescheiden zu prüfen beabsichtigt, sodass dieser ausnahmsweise ein Interesse an möglichst hohen Einkünften hat), wurde von der Rechtsprechung bislang offen gelassen. Zwar charakterisiert der BFH den Arbeitnehmer-Pauschbetrag in seinem Urteil vom 10.6.2008 – VIII R 76/05, BStBl. II 2008, 937 als **„zwingende Regelung",** allerdings begehrte der Steuerpflichtige in dem entscheidungsgegenständlichen Fall ausdrücklich dessen Abzug, dh ein Verzicht stand gerade nicht im Raum. Für die **Befugnis zum Verzicht** spricht das grundrechtlich fundierte Anliegen einer leistungsfähigkeitsgerechten Besteuerung: Der typisierende Abzug von tatsächlich nicht angefallenen Erwerbsaufwendungen steht erkennbar in Spannung zum objektiven Nettoprinzip (→ Rn. 3). Ferner ist zu berücksichtigen, dass der Gesetzgeber die Vermutung, dem Steuerpflichtigen seien Werbungskosten in ganz bestimmter Höhe entstanden, ausdrücklich unter den Vorbehalt stellt, dass der Steuerpflichtige keine höheren Werbungskosten nachweist. Dieser Vorbehalt legt nahe, dass die Werbungskosten-Vermutung des § 9a ihrem Sinn und Zweck nach keine Nachteile für den einzelnen Steuerpflichtigen mit sich bringen soll. Die ratio legis des § 9a gebietet insofern, dass der Steuerpflichtige die Werbungskosten-Vermutung widerlegen kann, wenn ihm tatsächlich höhere Werbungskosten entstanden sind, sie bedingt aber auch, dass dem Steuerpflichtigen keine fiktiven Werbungskosten aufgedrängt werden, wenn dies seinem Willen widerspricht. Dies gilt umso mehr, als die Verwirklichung des mit § 9a verfolgten Vereinfachungszwecks durch die Befugnis zum Verzicht nicht gefährdet wird. Steuerpflichtige sind nämlich nur in seltenen Fällen daran interessiert, eine gesetzliche Vermutung zu widerlegen, die zu einem höheren Werbungskostenabzug führt als ihnen nach Maßgabe von § 9 zusteht. Insgesamt sprechen daher die besseren Argumente für eine Auslegung des § 9a S. 1 dahin, dass der Steuerpflichtige zum Verzicht auf den Abzug der Werbungskosten-Pauschbeträge nach § 9a S. 1 Nr. 1 Buchst. a, Nr. 1 Buchst. b und Nr. 3 berechtigt ist (im Ergebnis ebenso LBP/*Hildesheim* § 9a Rn. 12; aA Schmidt/*Loschelder* § 9a Rn. 1; HHR/*Prinz* § 9a Rn. 9 und 15: „unverzichtbarer Rechtsanspruch").

66.1 Zur Frage der Befugnis des Steuerpflichtigen zum Verzicht auf den von § 9 Abs. 1 S. 2 angeordneten Abzug der *tatsächlich* entstandenen Werbungskosten → § 9 Rn. 246 f.

67 Vom persönlichen Anwendungsbereich des § 9a sind **neben unbeschränkt Steuerpflichtigen auch beschränkt Steuerpflichtige** umfasst. Während Erstere jedoch stets den vollen Werbungskosten-Pauschbetrag beanspruchen können (dh auch dann, wenn sie nur während eines Teils des Kalenderjahres Einkünfte iSv § 9a S. 1 Nr. 1 Buchst. a, Nr. 1 Buchst. b oder Nr. 3 erzielt haben oder die unbeschränkte Steuerpflicht nur während eines Teils des Kalen-

derjahres bestand; vgl. EStR 9a), ermäßigen sich bei beschränkt Steuerpflichtigen gemäß § 50 Abs. 1 S. 5 die Pauschbeträge nach § 9a S. 1 Nr. 1 Buchst. a und Nr. 1 Buchst. b zeitanteilig, wenn Einkünfte iSd § 49 Abs. 1 Nr. 4 nicht während eines vollen Kalenderjahres oder Kalendermonats zugeflossen sind. Besteht während ein- und desselben Kalenderjahres **sowohl unbeschränkte als auch beschränkte Einkommensteuerpflicht,** so sind die vom Steuerpflichtigen während der beschränkten Einkommensteuerpflicht erzielten inländischen Einkünfte gemäß § 2 Abs. 7 S. 3 in die Veranlagung zur unbeschränkten Einkommensteuerpflicht einzubeziehen. Die Werbungskosten-Pauschbeträge werden in diesem Falle veranlagungszeitraumbezogen nur einmal gewährt.

Der Werbungskosten-Pauschbetrag steht (nur) demjenigen zu, der in eigener Person Einnahmen aus den in § 9a S. 1 Nr. 1 Buchst. a oder Nr. 1 Buchst. b oder Nr. 3 bezeichneten Einkunftsbereichen erzielt. Dies gilt auch im Falle der Zusammenveranlagung von Ehegatten gemäß § 26b. Eine **Übertragung nicht ausgeschöpfter Werbungskosten-Pauschbeträge auf den Ehepartner ist ausgeschlossen** (vgl. HHR/*Prinz* § 9a Rn. 6; LBP/*Hildesheim* § 9a Rn. 8). 68

§ 9a S. 1 begründet **keine Vermutung für den Anfall von vorab veranlassten Werbungskosten** (zum Begriff → § 9 Rn. 180 ff.). Die Werbungskosten-Pauschbeträge werden also nicht schon allein deshalb gewährt, weil der Steuerpflichtige einen der von § 9a S. 1 in Bezug genommenen Einkünfteerzielungstatbestände verwirklicht. Voraussetzung für den Abzug ist vielmehr, dass dem Steuerpflichtigen im Rahmen seiner erwerblichen Betätigung steuerpflichtige Einnahmen in den von § 9a S. 1 Nr. 1 Buchst. a, Nr. 1 Buchst. b oder Nr. 3 bezeichneten Einkunftsbereichen zugeflossen sind. Dies ergibt sich unmittelbar und eindeutig aus dem Wortlaut der Vorschrift („von den Einnahmen"; vgl. dazu FG Düsseldorf 12.12.2002 – 14 K 6509/01 Kg, EFG 2003, 630 mwN). 69

Hat ein Steuerpflichtiger **Einnahmen in verschiedenen „pauschbetragsbewehrten" Einkunftsbereichen** generiert (zB sowohl Einnahmen aus aktiver nichtselbständiger Arbeit als auch Einnahmen in Gestalt von wiederkehrenden Bezügen iSv § 22 Nr. 1, so kommt für jeden der Einkunftsbereiche der Ansatz des entsprechenden Pauschbetrages in Betracht (**kumulative Anwendbarkeit** von § 9a S. 1 Nr. 1 Buchst. a, Nr. 1 Buchst. b und Nr. 3; vgl. Blümich/*Thürmer* § 9a Rn. 51). 70

Einstweilen frei 71–73

2. Werbungskosten-Pauschbetrag bei Einnahmen aus nichtselbständiger Arbeit, die keine Versorgungsbezüge iSd § 19 Abs. 2 sind (S. 1 Nr. 1 Buchst. a)

Der in § 9a S. 1 Nr. 1 Buchst. a normierte **Arbeitnehmer-Pauschbetrag** beläuft sich auf 1.000 EUR. Dieser Betrag ist – vorbehaltlich des Nachweises höherer tatsächlicher Werbungskosten – von den um etwaige Versorgungsbezüge iSd § 19 Abs. 2 bereinigten Einnahmen des Arbeitnehmers aus nichtselbständiger Arbeit (§ 19) in Abzug zu bringen. 74

Arbeitnehmer ist, wer in öffentlichem oder privatem Dienst angestellt ist und aus diesem Dienstverhältnis Arbeitslohn bezieht, vgl. § 1 Abs. 1 S. 1 LStDV. 75

Im Falle eines **Ehegatten-Arbeitsverhältnisses** kann der Arbeitnehmer-Ehegatte den Arbeitnehmer-Pauschbetrag unter den allgemeinen Voraussetzungen in Anspruch nehmen. Ein Missbrauch von Gestaltungsmöglichkeiten iSv § 42 AO liegt darin nicht (vgl. BFH 18.4.1958 – VI 17/58 U, BStBl. III 1958, 294). 75.1

Stand der Arbeitnehmer **nur während eines Teils des Kalenderjahres in einem Dienstverhältnis,** so kann er (im Rahmen der Veranlagung zur Einkommensteuer → Rn. 78) gleichwohl den vollen Pauschbetrag nach § 9a S. 1 Nr. 1 Buchst. a beanspruchen (vgl. BFH 7.11.2000 – III R 79/97, BStBl. II 2001, 702). Allerdings wird der Arbeitnehmer-Pauschbetrag auch dann nur einmal gewährt, wenn der Arbeitnehmer **Arbeitslohn aus mehreren Dienstverhältnissen** bezieht (BFH 3.4.1959 – VI 329/57 U, BStBl. III 1959, 220). 76

Sind in den vom Arbeitnehmer erzielten Einnahmen aus nichtselbständiger Arbeit auch ermäßigt besteuerte, **außerordentliche Bezüge nach § 34 Abs. 2** enthalten, so ist der Pauschbetrag des § 9a S. 1 Nr. 1 Buchst. a vorrangig von den „regulär" besteuerten Einnahmen abzuziehen. Ein Abzug des Arbeitnehmer-Pauschbetrags von den außerordentlichen Bezügen erfolgt nur insoweit, als tariflich voll zu besteuernde Einnahmen aus nichtselbständi- 77 ger Arbeit nicht mehr zur Verfügung stehen (BFH 29.10.1998 – XI R 63/97, BStBl. II 1999, 588).

78 Der Arbeitnehmer-Pauschbetrag ist gemäß § 39b Abs. 2 S. 5 Nr. 1 **in die Berechnung der Lohnsteuer in den Steuerklassen I bis V einbezogen** und findet somit bereits beim Lohnsteuerabzug Berücksichtigung.

78.1 Da der Arbeitnehmer-Pauschbetrag im Falle einer Mehrfach-Beschäftigung nur einmal gewährt wird, bleibt er bei Steuerklasse VI (vgl. § 38b Abs. 1 S. 2 Nr. 6) folgerichtig unberücksichtigt.

78.2 Bezieht ein Arbeitnehmer nur während eines Teils des Kalenderjahres Arbeitslohn, so erhält er den vollen Pauschbetrag des § 9a S. 1 Nr. 1 Buchst. a erst im Rahmen der Veranlagung zur Einkommensteuer, denn in die Monatslohnsteuertabellen ist der Arbeitnehmer-Pauschbetrag nur im Umfang von jeweils 1/12 eingearbeitet.

79 Bei der **Pauschalierung der Lohnsteuer nach §§ 40–40b** wird die pauschale Lohnsteuer unter Zugrundelegung des ungekürzten Arbeitslohns berechnet. Da der pauschal besteuerte Arbeitslohn und die pauschale Lohnsteuer bei der Veranlagung zur Einkommensteuer gemäß § 40 Abs. 3 S. 3 und 4, § 40a Abs. 5 und § 40b Abs. 5 S. 1 außer Ansatz bleiben, besteht für eine Berücksichtigung des Arbeitnehmer-Pauschbetrags im Verfahren der §§ 40–40b insgesamt kein Raum.

80 Soweit der Steuerpflichtige von ihm geleistete Aufwendungen für den Unterhalt und eine etwaige Berufsausbildung einer ihm oder seinem Ehegatten gegenüber gesetzlich unterhaltsberechtigten Person als außergewöhnliche Belastung geltend macht (§ 33a Abs. 1), ist der Arbeitnehmer-Pauschbetrag bei der **Berechnung der sog. „Opfergrenze"** (→ § 33a Rn. 2) nach der Rechtsprechung des BFH auch dann anzusetzen, wenn dem Steuerpflichtigen in Wirklichkeit keine Werbungskosten entstanden sind (BFH 11.12.1997 – III R 214/94, BStBl. II 1998, 292).

81–85 *Einstweilen frei*

3. Werbungskosten-Pauschbetrag bei Versorgungsbezügen iSd § 19 Abs. 2 (S. 1 Nr. 1 Buchst. b)

86 § 9a S. 1 Nr. 1 Buchst. b greift aus den Einnahmen aus nichtselbständiger Arbeit die Versorgungsbezüge iSv § 19 Abs. 2 S. 2 heraus und führt sie einer Sonderregelung zu. Dahinter steht die Erwägung des Gesetzgebers, dass Steuerpflichtigen, die keiner aktiven Erwerbstätigkeit mehr nachgehen, regelmäßig **keine oder allenfalls geringe Werbungskosten** entstehen (ua entfallen Aufwendungen für die Wege zwischen Wohnung und erster Tätigkeitsstätte). Die Erstreckung der typisierenden Vermutung für den Anfall von Werbungskosten iHv 1.000 EUR auf diesen Einkunftsbereich befand der Gesetzgeber aus diesem Grunde für nicht realitätsgerecht. Durch das Altereinkünftegesetz vom 5.7.2004 (BGBl. 2004 I 1427) änderte er die Rechtslage deshalb dahingehend, dass der Empfang von Versorgungsbezügen iSd § 19 Abs. 2 S. 2 nunmehr nur noch zum Abzug eines gesonderten, der Höhe nach erheblich abgesenkten, Werbungskosten-Pauschbetrags iHv 102 EUR berechtigt.

87 Gemäß § 19 Abs. 2 S. 1 wird den Empfängern von Versorgungsbezügen jedoch zusätzlich (und vorrangig → Rn. 105) ein **Versorgungsfreibetrag** sowie ein – jahrgangsweise schrittweise abschmelzender (vgl. § 19 Abs. 2 S. 3) – **Zuschlag zum Versorgungsfreibetrag** gewährt. Letzterer soll die zum 1.1.2005 in Kraft getretene Absenkung des Werbungskosten-Pauschbetrags für Versorgungsbezüge abmildern (vgl. BMF 19.8.2013, BStBl. I 2013, 1087 Rn. 169).

88 Die Abgrenzung zwischen Einnahmen aus aktiver Arbeitnehmertätigkeit iSv § 9a S. 1 Nr. 1 Buchst. a und Versorgungsbezügen iSv § 9a S. 1 Nr. 1 Buchst. b iVm § 19 Abs. 2 S. 2 kann im Einzelfall Probleme bereiten. In Bezug auf **Beihilfeleistungen im Krankheitsfall,** die an nichtbeamtete Versorgungsempfänger gezahlt werden, hat der BFH entschieden, dass diese nicht als Bezüge iSv § 19 Abs. 1 S. 1 Nr. 2, sondern als „Vorteile aus früheren Dienstleistungen wegen Erreichens einer Altersgrenze" iSd § 19 Abs. 2 S. 2 Nr. 2 einzuordnen sind. Sie berechtigen daher „lediglich" zum Ansatz des Werbungskosten-Pauschbetrags nach § 9a S. 1 Nr. 1 Buchst. b (vgl. BFH 6.2.2013 – VI R 28/11, BStBl. II 2013, 572).

89 Fließen einem Arbeitnehmer in ein- und demselben Veranlagungszeitraum zunächst Einnahmen aus aktiver nichtselbständiger Tätigkeit und anschließend – nach Eintritt in den Ruhestand – Versorgungsbezüge iSv § 19 Abs. 2 S. 2 zu, so kann er die Werbungskosten-Pauschbeträge nach § 9a S. 1 Nr. 1 Buchst. a und Nr. 1 Buchst. b kumulativ und jeweils in vollem Umfang in Ansatz bringen (vgl. BMF 19.8.2013, BStBl. I 2013, 1087 Rn. 169).

Einstweilen frei 90–94

4. Werbungskosten-Pauschbetrag bei Einnahmen iSv § 22 Nr. 1, 1a und 5 (S. 1 Nr. 3)

95 Erzielt der Steuerpflichtige Einnahmen iSv § 22 Nr. 1 (wiederkehrende Bezüge), Nr. 1a (Leistungen und Zahlungen nach § 10 Abs. 1a) oder Nr. 5 (Leistungen aus Altersvorsorgeverträgen, Pensionsfonds, Pensionskassen und Direktversicherungen), so ist von diesen Einnahmen gemäß § 9a S. 1 Nr. 3 ein Werbungskosten-Pauschbetrag iHv insgesamt 102 EUR abzuziehen, sofern der Steuerpflichtige nicht höhere Werbungskosten nachweist.

96 Fließen dem Steuerpflichtigen **Einnahmen aus mehr als nur einer der von § 9a S. 1 Nr. 3 in Bezug genommenen Unterarten „sonstiger Einkünfte"** zu (zB Einnahmen nach § 22 Nr. 1 und außerdem Einnahmen nach § 22 Nr. 5), so wird der Pauschbetrag des § 9a S. 1 Nr. 3 gleichwohl nur einmal gewährt („*insgesamt* 102 Euro", Hervorhebung durch Verfasser). Da der Pauschbetrag des § 9a S. 1 Nr. 3 der Höhe nach jenem Pauschbetrag entspricht, der gemäß § 9a S. 1 Nr. 1 Buchst. b für Versorgungsbezüge iSd § 19 Abs. 2 gewährt wird, ist eine **Gleichbehandlung von sämtlichen privaten Alterseinkünften** sichergestellt.

97 Überträgt ein verheirateter Steuerpflichtiger ein (ausschließlich) ihm zuzurechnendes Wirtschaftsgut oder einen ganzen Betrieb an einen Dritten und verpflichtet sich der Dritte im Gegenzug zur **Zahlung wiederkehrender Bezüge nicht nur an den Steuerpflichtigen, sondern auch an dessen Ehegatten,** so verwirklichen beide Ehegatten den Tatbestand des § 22 Nr. 1. Dies hat zur Folge, dass beide Ehegatten (und nicht nur der übertragende Steuerpflichtige) zum Abzug des (vollen) Werbungskosten-Pauschbetrags nach § 9a S. 1 Nr. 3 berechtigt sind (vgl. BFH 22.9.1993 – X R 48/92, BStBl. II 1994, 107; BFH 22.9.2993 – X R 126/92, BFH/NV 1994, 235).

98 Erzielt der Steuerpflichtige **nur während eines Teils des Kalenderjahres Einnahmen iSd § 22 Nr. 1, Nr. 1a oder Nr. 5,** so steht ihm gleichwohl der ungekürzte Werbungskosten-Pauschbetrag des § 9a S. 1 Nr. 3 zu.

Einstweilen frei 99–103

III. Abzugsbegrenzung (Satz 2)

104 Nach dem Willen des Gesetzgebers sollen Steuerpflichtige, die geringe Einnahmen in den in § 9a S. 1 bezeichneten Einkunftsbereichen erzielen, durch die Pauschbetrags-Regelung nicht besser gestellt werden als Steuerpflichtige, die gar keine Einnahmen in den „pauschbetragsbewehrten" Einkunftsbereichen erzielen. Die Anwendung des § 9a S. 1 darf deshalb nicht zu einem Überschuss der (typisierten) Werbungskosten über die in dem einschlägigen Einkunftsbereich bezogenen Einnahmen führen.

105 § 9a S. 2 statuiert zu diesem Zweck eine Abzugsbegrenzung. Danach dürfen die Werbungskosten-Pauschbeträge gemäß § 9a S. 1 Nr. 1 Buchst. a und Nr. 3 nur bis zur Höhe der in dem betreffenden Einkunftsbereich erzielten steuerpflichtigen Einnahmen abgezogen werden. Bei Versorgungsbezügen iSd § 19 Abs. 2 ist der Werbungskosten-Pauschbetrag auf denjenigen Betrag gedeckelt, der sich ergibt, wenn man von den Versorgungsbezügen den nach § 19 Abs. 2 S. 1 zu gewährenden Versorgungsfreibetrag sowie den Zuschlag zum Versorgungsfreibetrag abzieht.

106 Die Übertragung eines als Folge der Abzugsbegrenzung nach § 9a S. 2 verbleibenden „Rest"-Pauschbetrags auf einen anderen Einkunftsbereich ist nicht zulässig (BFH 2.9.1954 – IV 561/53 U, BStBl. III 1954, 302).

Einstweilen frei 107–111

4a. Umsatzsteuerrechtlicher Vorsteuerabzug

§ 9b [Umsatzsteuerrechtlicher Vorsteuerabzug]

(1) Der Vorsteuerbetrag nach § 15 des Umsatzsteuergesetzes gehört, soweit er bei der Umsatzsteuer abgezogen werden kann, nicht zu den Anschaffungs- oder Herstellungskosten des Wirtschaftsguts, auf dessen Anschaffung oder Herstellung er entfällt.

(2) [1]Wird der Vorsteuerabzug nach § 15a des Umsatzsteuergesetzes berichtigt, so sind die Mehrbeträge als Betriebseinnahmen oder Einnahmen zu behandeln, wenn sie im Rahmen einer der Einkunftsarten des § 2 Absatz 1 Satz 1 bezogen werden; die Minderbeträge sind als Betriebsausgaben oder Werbungskosten zu behandeln, wenn sie durch den Betrieb veranlasst sind oder der Erwerbung, Sicherung und Erhaltung von Einnahmen dienen. [2]Die Anschaffungs- oder Herstellungskosten bleiben in den Fällen des Satzes 1 unberührt.

Überblick

§ 9b stellt die Brücke dar zwischen dem umsatzsteuerlichen Vorsteuerabzug und der Einkommensteuer. Durch den Vorsteuerabzug gemäß § 15 UStG wird gewährleistet, dass das das Mehrwertsteuersystem kennzeichnende Prinzip der Nichtbelastung der (gutgläubigen, s. ab dem 1.1.2020 § 25f UStG) Unternehmerkette mit Umsatzsteuer erreicht wird. Daher besteht Bedarf für eine einkommensteuerliche Regelung, die diese Nettosituation bei der Bestimmung der Anschaffungs- und Herstellungskosten in der Weise berücksichtigt, dass die abziehbaren Vorsteuerbeträge nicht zu den Anschaffungs- und Herstellungskosten gehören. Das regelt § 9b Abs. 1. Die Norm kann nur Bedeutung haben für Unternehmer, die überhaupt zum Vorsteuerabzug berechtigt sind. Weil dies für die sog. Kleinunternehmer, bei denen die Umsatzsteuer gem. § 19 Abs. 1 UStG nicht erhoben wird, ausgeschlossen ist, ist § 9b für diese Unternehmer nicht einschlägig.

Da der vom Unternehmer in Anspruch genommene Vorsteuerabzug bei einer Änderung der für den Vorsteuerabzug maßgeblichen Verhältnisse gemäß § 15a UStG zugunsten oder zulasten des Unternehmers berichtigt werden muss, ordnet § 9b Abs. 2 an, dass die Mehrbeträge als Betriebseinnahmen oder Einnahmen zu behandeln sind. Die Minderbeträge sind Betriebsausgaben oder Werbungskosten. Damit bleiben die nach § 9 Abs. 1 ermittelten Anschaffungs- und Herstellungskosten unberührt.

Übersicht

A. Allgemeines

Leitentscheidungen, wichtige Verwaltungsanweisungen und Schrifttum (Auswahl): 1

Entscheidungen des EuGH: 1.1

EuGH 26.9.1996 – C-230/94, BStBl. II 1996, 655 – Enkler; EuGH 12.2.2009 – C- 515/07, UR 2009, 199 – VNLTO; EuGH 29.4.2004 – C-152/02, BB 2004, 1662 – Terra Baubedarfs-Handel; EuGH 15.7.2010 – C-368/09, DStR 2010, 1475 – Pannon Gep Centrum; EuGH 16.7.2015 – C-108/14, C-109/14, DStR 2015, 1673 – Larentia +Minerva und Marenave (Vorabentscheidungsersuchen des BFH vom 11.12.2013 – XI R 17/11, BStBl. II 2017, 604); EuGH 9.6.2016 – C-322/14, BFH/NV 2016, 1245 – Wolfgang und Dr. Winfried Rey; EuGH 15.9.2016 – C-518/14, UR 2016, 800 – Senatex GmbH; EuGH 15.9.2016 – C-516/14, DStR 2016, 2216 – Barlis 06 Investimentos Immobiliarios e Turisticos; EuGH 14.9.2017 – C-132/16, DStR 2017, 2044 – Iberdrola Immobiliaria Real Estate Investmants; EuGH 15.11.2017 – C 374/16 und C-375/16, BeckEuRS 2018, 531431 – Geissel und Butin; EuGH 5.7.2018 – C-320/17, DStR 2018, 1713 – Marle Participations; EuGH 25.7.2018 – C-140/17, MwStR 2018, 968 – Gmina Ryjewo; EuGH 21.11.2018 – C-664/16, DStR 2018, 2524 – Vadan.

Weitere Leitentscheidungen des BFH: 1.2

BFH 26.3.1992 – IV R 121/90, BStBl. II 1992, 1028; BFH 8.12.1992 – IV R 105/89, BStBl. II 1993, 656; BFH 20.9.2009 – V R 30/06, BStBl. II 2010, 863; BFH 15.10.2009 – XI R 18/08, BStBl. II 2010, 247; BFH 9.9.2010 – IV R 47/08, BFH/NV 2011, 426; BFH 19.7.2011 – XI R 211/10, BStBl. II 2012, 434; BFH 13.1.2011 – V R 12/08, BStBl. II 2012, 61; BFH 3.3.2011 – V R 23/10, BStBl. II 2012, 74; BFH 7.7.2011 – V R 42/09, BStBl. II 2011, 813; BFH 3.7.2014 – V R 2/10, UR 2014, 741; BFH 6.4.2016 – V R 6/14, BStBl. II 2017, 577; BFH 1.6.2016 – XI R 17/11, BStBl. II 2017, 581; BFH 16.11.2016 – XI R 15/13, BFH/NV 2017, 421; BFH 3.8.2017 – V R 62/16, BFH/NV 2018, 301.

Wichtige Verwaltungsanweisungen: 1.3

UStAE 15, UStAE 15a und UStAE 27.22.

Schrifttum (Auswahl): 1.4

Birkenfeld, Vorsteuerabzug, in Leitgedanken des Rechts, FS für Paul Kirchhof, 2013, 2017; *Heuermann*, Neujustierung der Vorsteueraufteilung bei gemischter Verwendung von Eingangsleistungen – insbesondere bei Gebäuden, UR 2014, 505; *Reiß*, Vorsteuerabzug, Berichtigung des Vorsteuerabzugs und Besteuerung unentgeltlicher Wertabgaben, UR 2013, 148; *Widmann*, Umsatzsteuer, in Leitgedanken des Rechts, FS für Paul Kirchhof, 2013, 1995; *Widmann*, Die durch das Steueränderungsgesetz 2015 angeordneten umsatzsteuerlichen Änderungen, MwStR 2015, 883; *Ehrke-Rabel*, Missbrauch und Vorsteuerabzug, FS 100 Jahre Umsatzsteuer in Deutschland, 2018, 721; *Widmann*, Jahressteuergesetz 2019: Die Änderungen bei der Umsatzsteuer, MwStR 2019, 976; *Wäger*, Abzugs- und Befreiungsversagung nach Unionsrecht und § 25f UStG, UR 2020, 45.

I. Stellung der Vorschrift im System der Einkommensbesteuerung

2 § 9b sieht man als sog. Buchstabenparagraphen sofort an, dass er erst später in das EStG eingefügt wurde. Er gilt seit dem 1.1.1968 – zu diesem Datum wurde die Umsatzsteuer in Deutschland von dem seit 1918 geltenden Brutto-Allphasenprinzip auf das europäisch harmonisierte Mehrwertsteuersystem umgestellt. Die Mehrwertsteuer beruht auf dem Allphasen-Nettoprinzip mit Vorsteuerabzug. Das bedeutet, dass zwar auf jeder Wirtschaftsstufe die Steuer auf einen Umsatz anfällt – typischerweise auf das Nettoentgelt als Bemessungsgrundlage –, aber der Nachunternehmer als Leistungsempfänger die von ihm an den leistenden Vorunternehmer gezahlte Umsatzsteuer als Vorsteuer von seiner Steuer auf die eigenen Umsätze absetzen kann (*Birkenfeld* FS Kirchhof, 2013, 2017; *Widmann* FS Kirchhof, 2013, 1995). Das gilt allerdings nur, wenn der Unternehmer gutgläubig war, s. § 25f UStG → Rn. 67.

3 Für die Einkommensteuer hat dieses auf dem Neutralitätsgrundsatz beruhende umsatzsteuerliche Nettoprinzip – das mit dem einkommensteuerlichen Nettoprinzip im Zusammenhang mit der Besteuerung nach der Leistungsfähigkeit nichts gemein hat und daher nicht verwechselt werden darf – zur Folge, dass die Umsatzsteuer beim vorsteuerabzugsberechtigten Unternehmer wie ein durchlaufender Posten erfolgsneutral wirkt, auch wenn die Umsatzsteuer kein durchlaufender Posten iSv § 4 Abs. 3 S. 2 ist, denn sie wird vom Unternehmer

im eigenen Namen und für eigene Rechnung vereinnahmt und verausgabt, hingegen nicht für einen anderen. Die Anschaffungs- oder Herstellungskosten eines Wirtschaftsgutes sind mit dem Nettowert anzusetzen, denn die umsatzsteuerrechtlich abziehbare Steuer ist bei der Steuerberechnung gem. § 16 Abs. 1 und Abs. 2 UStG als Vorsteuer von der Summe der Steuer auf die eigenen Umsätze abzuziehen.

4 Trotz ihrer jeweiligen systematisch bedingten Eigenheiten haben das einkommensteuerliche und das umsatzsteuerliche Nettoprinzip das Ziel gemeinsam, in der Unternehmersphäre das Belastungsziel der jeweiligen Steuerart in größtmöglicher Weise zu erreichen: Die Einkommensteuer will mit dem objektiven Nettoprinzip bei der Gewinnermittlung die Erwerbsaufwendungen berücksichtigen; die Umsatzsteuer möchte mit dem Nettoprinzip nur den privaten oder öffentlichen Endverbrauch belasten und dazu die Unternehmerebene freistellen.

II. Normstruktur

5 § 9b Abs. 1 ordnet an, dass der Vorsteuerbetrag, soweit er bei der Umsatzsteuer abgezogen werden kann, nicht zu den Anschaffungs- oder Herstellungskosten des Wirtschaftsguts gehört, auf dessen Anschaffung oder Herstellung er entfällt. Zweck der Norm ist es mithin, die Konkurrenz zwischen der Umsatzsteuer und der Einkommensteuer beim Ansatz der Anschaffungs- und Herstellungskosten im Sinne eines Gleichlaufs nach dem umsatzsteuerlichen Nettoprinzip zu regeln. Insofern ist § 9b eine der im Steuerrecht für den Binnenbereich eher seltenen Kollisionsnormen.

6 Weil der Vorsteuerabzug beim Leistungsempfänger bereits im Zeitpunkt der Lieferung oder Ausführung der sonstigen Leistung durch den leistenden Unternehmer entsteht und (grundsätzlich; zur Ausnahme s. EuGH 21.11.2018 – C-664/16, DStR 2018, 2524 – Vadan; s. *Hartmann* DStR 2019, 595) erst geltend gemacht werden darf, wenn der Leistungsempfänger im Besitz einer ordnungsmäßigen Rechnung ist (EuGH 29.4.2004 – C-152/02, BB 2004, 1662 – Terra Baubedarfs-Handel; EuGH 15.7.2010 – C-368/09, DStR 2010, 1475 – Pannon Gep Centrum kft; EuGH 15.9.2016 – C-518/14, UR 2016, 800 (mAnm *Maunz*) – Senatex GmbH; EuGH 15.9.2016 – C-516/14, DStR 2016, 2216 – Barlis 06 Investimentos Immobiliarios e Turisticos), muss der Vorsteuerabzug berichtigt werden, wenn sich die für den Vorsteuerabzug maßgebliche Verwendung des Wirtschaftsguts ändert. Die Berichtigung des Vorsteuerabzugs ist im UStG in § 15a UStG sowie in den dazu ergänzenden §§ 44 und 45 UStDV geregelt.

7 So wie die Einkommensteuer in § 9b Abs. 1 dem Vorsteuerabzug bei den Anschaffungs- und Herstellungskosten folgt, regelt § 9b Abs. 2 die Behandlung der Berichtigungsbeträge als Betriebseinnahme oder Einnahmen, wenn sie im Rahmen einer der Einkunftsarten des § 2 Abs. 1 Hs. 1 bezogen werden. Die vom Unternehmer an das Finanzamt zurückzuzahlenden Vorsteuerbeträge werden in Halbsatz 2 als Minderbeträge bezeichnet, die als Betriebsausgaben oder Werbungskosten zu behandeln sind, wenn sie durch den Betrieb veranlasst sind oder der Erwerbung, Sicherung und Erhaltung von Einnahmen dienen. Gemäß Satz 2 bleiben die Anschaffungs- und Herstellungskosten bei Anwendung von Satz 1 unberührt, mithin führen die Berichtigungsbeträge nicht zu nachträglichen Anschaffungs- oder Herstellungskosten oder mindern diese nachträglich, vielmehr werden sie sofort ertragswirksam im Zeitraum ihres Zu- oder Abflusses. Das gilt auch bei einer vom EuGH neuerdings für möglich gehaltenen nachträglichen Zuordnung von Gegenständen zum Unternehmen mit der Folge der Vorsteuerberichtigung, s. EuGH 25.7.2018 – C- 140/17, MwStR 2018, 968 mAnm *Oelmaier* – Gmina Ryjewo; s. auch *Küffner/Kirchinger* UR 2018, 692; *Huschens* EU-UStB 2018, 69; *Meurer* MwStR 2018, 859; *Widmann* UR 2018, 666; *Heuermann* MwStR 2018, 1000; *Wäger* UR 2019, 41; → Rn. 54.

8 Mit der bedingungslosen Verweisung auf die §§ 15 und 15a UStG folgt § 9b allen Änderungen dieser Vorschriften – und das waren seit 1968 leider sehr viele, für die Sicherstellung des gleichmäßigen Vollzugs bestimmt zu viele (SWR/*Widmann* UStG § 15 Rn. 12 ff.). Damit importiert das EStG auch die ständig zunehmenden Verästelungen dieser Vorschriften, die die Rechtsprechung des EuGH und des BFH ebenso wie die Verwaltungsanweisungen, insbesondere der UStAE, schaffen (s. dazu *Reiß* UR 2013, 148; *Widmann* FS 100 Jahre Umsatzsteuer in Deutschland, 2018, 987). Weil praktisch alle systematischen Fragen der

Mehrwertsteuer unionsrechtlich prädestiniert sind, kommt es durch die beiden für die Umsatzsteuer zuständigen Senate des BFH (V. und XI. Senat) bei Auslegungszweifeln bisher immer nur zu Vorabentscheidungsersuchen an den EuGH; die gelegentlich wegen erkennbaren Divergenzen zwischen diesen Spruchkörpern durchaus naheliegende Anrufung des Großen Senats hat daher noch nie stattgefunden.

Das macht es für den Steuerpflichtigen außerordentlich mühsam, seine geschäftlichen Transaktionen rechtssicher zu gestalten. Weil zB das Vorsteuerabzugsverbot gemäß § 15 Abs. 1 UStG für Gegenstände, die zu weniger als 10 vH unternehmerisch genutzt werden, als nationale Sonderregelung immer nur durch befristete Durchführungsbeschlüsse des Europäischen Rats unionsrechtlich abgesichert sind und dies nicht im UStG steht, bemerkt der Rechtsanwender erst bei der Lektüre des Amtsblatts der EU, dass es eine derartige Geltungsbefristung gibt – in jüngerer Zeit gemäß dem Durchführungsbeschluss (EU) 2013/2428 vom 10.12.2015, ABl. EU L 334/12 – bis Ende 2018 und gegenwärtig gem. dem Durchführungsbeschluss vom 20.12.2018, ABl. EU L 329/20, bis Ende des Jahres 2021, s. OFD Karlsruhe 13.8.2019, MwStR 2019, 764). Dieser Umgang mit Normen ist rechtsstaatlich nicht zu rechtfertigen. Der Gesetzgeber sollte derartige Befristungen selbst verlautbaren. § 28 UStG ist mit der Überschrift „Zeitlich begrenzte Fassung einzelner Gesetzesvorschriften" sogar ausdrücklich zur Aufnahme solcher Informationen für den Gesetzesunterworfenen bereitgestellt, sodass es nicht der Rechtsklarheit dient und ein bemerkenswertes Beispiel gesetzgeberischer Rücksichtslosigkeit ist, wenn der Bürger, der sich an das Recht halten möchte, auch noch das Amtsblatt der EU – in diesem Fall die vom 22.12.2015 und vom 27.12.2018 – lesen muss, um zu erfahren, was ab dem 1.1.2016 bis Ende des Jahres 2018 und sodann bis zum 31.12.2021 – gilt. 9

III. Historische Entwicklung

Die Gesetzesgeschichte des § 9b ist wegen der fließenden Verweisung auf § 15 und § 15a UStG unspektakulär. Wie schon erwähnt, kam § 9b mit dem Inkrafttreten des UStG 1967 zum 1.1.1968 in das EStG. Damals war die Berichtigung des Vorsteuerabzugs noch in § 15 Abs. 7 UStG geregelt. Erst durch das Steueränderungsgesetz 1973 (vom 26.6.1973, BGBl. 1973 I 676) wurde die Vorsteuerberichtigung eigens in § 15a UStG normiert. Dementsprechend wurde § 9b Abs. 2 an diese Änderung angepasst. Wegen der damaligen Regelungen zur sog. Selbstverbrauchsteuer begann die umfassende Wirkung des § 15a UStG erst ab dem 30.11.1973 (SWR/*Bülow* UStG § 15a Rn. 5). 10

Das Steueränderungsgesetz 2001 vom 20.12.2001 (BGBl. 2001 I 3793) hob mit Wirkung ab dem 1.1.2002 den bis dahin geltenden Satz 2 von § 9b Abs. 1 auf, der eine Vereinfachungsregelung für die Fälle der Vorsteueraufteilung gemäß § 15 Abs. 4 UStG enthielt. 11

B. Voraussetzungen und Rechtsfolgen

I. § 9b Abs. 1: Die abziehbaren Vorsteuerbeträge gehören nicht zu den Anschaffungs- oder Herstellungskosten des Wirtschaftsguts

1. Abziehbare Vorsteuern

Der Wortlaut von § 9b Abs. 1 spricht vom Vorsteuerbetrag, der „abgezogen werden kann". Das ist so zu verstehen, dass es nicht auf den tatsächlich abgezogenen Betrag ankommt, sondern dass der gesetzliche Anspruch auf die Abzugsfähigkeit genügt (ebenso Kirchhof/*Mellinghoff* § 9b Rn. 14). Mithin verlangt § 9b die genaue Erforschung der umsatzsteuerlichen Rechtslage hinsichtlich des Vorsteuerabzugs unter Berücksichtigung der tatsächlichen Ausübung von umsatzsteuerlichen Gestaltungsrechten wie zB den Verzicht auf vorsteuerabzugsschädliche Steuerbefreiungen gem. § 9 UStG, die Option zur Regelbesteuerung bei Kleinunternehmern gemäß § 19 Abs. 2 UStG oder gemäß § 24 Abs. 4 UStG bei Land- und Forstwirten. 12

Der BFH hat im Urteil vom 9.9.2010 (IV R 47/08, BFH/NV 2011, 426), in Abkehr von dem BFH-Urteil vom 24.6.1999 (IV R 46/97, BStBl. II 1999, 561), entschieden, dass Unternehmer, die ihre Vorsteuer gemäß § 24 Abs. 1 UStG pauschaliert abziehen, bei § 9b so zu behandeln sind, als hätten sie die tatsächlich gezahlten Vorsteuern abgezogen. Das 13 überzeugt, denn nur so wird der mit der Vorsteuerpauschalierung angestrebte Vereinfachungseffekt erreicht. Es wäre auch kaum praktikabel, festzustellen, ob im Einzelfall sich die Pauschalierung der makroökonomisch ermittelten Vorsteuern gegenüber der Regelbesteuerung mit dem Abzug der tatsächlich abzugsfähigen Vorsteuern als vor- oder nachteilig erweist.

2. Zum Vorsteuerabzug berechtigte Personen

14 Zum Vorsteuerabzug berechtigt ist nach § 15 Abs. 1 S. 1 UStG ein Unternehmer hinsichtlich der gesetzlich geschuldeten Steuer für Lieferungen und sonstige Leistungen, die an ihn von einem anderen Unternehmer für sein Unternehmen ausgeführt worden sind. Wer Unternehmer ist, regelt § 2 UStG: Unternehmer ist gemäß § 2 Abs. 1 UStG, wer nachhaltig und selbständig eine gewerbliche oder berufliche Tätigkeit zur Erzielung von Einnahmen ausübt. Dabei ist eine Gewinnerzielungsabsicht nicht erforderlich.

14.1 Im BFH-Urteil vom 22.11.2018 (V R 65/17, MwStR 2019, 236 mAnm *Widmann*; s. auch *Heinrichshofen* UR 2019, 185) hat der BFH unter Aufgabe seiner bisherigen Rechtsprechung entschieden, dass eine Bruchteilsgemeinschaft mangels Rechtsfähigkeit nicht Unternehmer und damit nicht Leistungsempfänger iSv § 15 UStG sein kann. Die Leistungen, die im Interesse der Bruchteilsgemeinschaft von deren Mitgliedern eingekauft werden, kommen unmittelbar diesen anteilig zugute; die Bruchteilsgemeinschaft ist in die Leistungsbeschaffung also nicht eingebunden und kann daher auch nicht, wie früher angenommen, an die einzelnen Mitglieder der Bruchteilsgemeinschaft gegen Entgelt weitergegeben werden. Allerdings wird die Bruchteilsgemeinschaft sicher oft durch eine BGB-Gesellschaft überlagert, die Unternehmer sein kann und auch im Verhältnis zu ihren Gesellschaftern steuerbare Leistungen auf der Grundlage von Leistungen, die sie selbst bezogen hat, ausführen kann. S. *Widmann* MwStR 2019, 241 unter Hinweis auf Palandt/*Sprau* BGB § 749 Rn. 1 ff.; ebenso *Kirchinger/Küffner* UStB 2019, 93.

15 Das bedeutet, dass auch die ertragsteuerlich unbeachtliche Liebhaberei unternehmerisch sein kann, wenn sie nachhaltig betrieben wird und zu Einnahmen führt. Die Höhe der Einnahmen und der Grad der damit erzielten Kostendeckung ist grundsätzlich nicht ausschlaggebend (EuGH 22.6.2016 – C-267/15, DStRE 2016, 934 – Gemeente Woerden; BFH 28.6.2017 – XI R 12/15, MwStR 2017, 788 m. (abl.) Anm. *Widmann*, zum Fall der Vermietung einer Sporthalle durch eine Gemeinde an örtliche Sportvereine zum Preis von 1,5 EUR die Stunde). Die Asymmetrie der Eingangs- und der Ausgangssteuer ist im System der Mehrwertsteuer angelegt (s. *Nieskens* FS 100 Jahre Umsatzsteuer in Deutschland, 2018, 77). Es kann allerdings bei einem groben Missverhältnis zwischen Einnahmen und Aufwand an einer wirtschaftlichen Tätigkeit fehlen, sodass die Unternehmereigenschaft zu verneinen ist (EuGH 12.5.2016 – C-520/14, DStRE 2016, 798 – Gemeente Borsele, zum Fall des nachhaltig defizitären Schülertransports durch eine Gemeinde).

16 Kleinunternehmer gemäß § 19 Abs. 1 UStG sind Unternehmer ohne Besonderheiten iSv § 2 UStG. Bei ihnen wird nur die Umsatzsteuer nicht erhoben, weil ihre Umsätze im vorangegangenen Jahr den Bruttobetrag von 22.000 EUR (seit dem 1.1.2020, davor galt eine Grenze von 17.500 EUR) nicht überstiegen haben und im laufenden Jahr den Bruttobetrag von 50.000 EUR voraussichtlich nicht übersteigen. Mit der Nichterhebung der Umsatzsteuer korrespondiert, dass sie in Rechnungen die Umsatzsteuer nicht offen ausweisen dürfen und den Vorsteuerabzug nicht geltend machen können. Damit werden sie zwar wie Privatpersonen behandelt, stehen aber nicht außerhalb der Umsatzsteuer, denn sie können nach § 19 Abs. 2 UStG bis zur Unanfechtbarkeit der Steuerfestsetzung gemäß § 18 Abs. 3 und 4 UStG dem Finanzamt formlos erklären, dass sie auf die Anwendung des § 19 Abs. 1 UStG verzichten. Nach Eintritt der Unanfechtbarkeit der Steuerfestsetzung sind sie an diese Option zur Regelbesteuerung mindestens fünf Jahre gebunden. Der Widerruf der Optionserklärung ist nur mit Wirkung ab Beginn eines Kalenderjahrs zulässig, für das er gelten soll, und kann nur bis zur Unanfechtbarkeit der Steuerfestsetzung ausgeübt werden.

17 Damit haben Kleinunternehmer, solange sie von § 19 Abs. 1 UStG Gebrauch machen, immer nur Brutto-Anschaffungs- oder Herstellungskosten. Erst wenn ein Unternehmer gemäß § 19 Abs. 2 UStG zur Regelbesteuerung optiert, bekommt er Zugang zum Vorsteuerabzug und dann sind die abziehbaren Vorsteuern bei den Anschaffungs- und Herstellungskosten zu berücksichtigen.

Juristische Personen des öffentlichen Rechts sind gemäß § 2 Abs. 3 S. 1 UStG in der bis Ende 2016 für alle Fälle und bis Ende 2020 gemäß § 27 Abs. 22 UStG optional geltenden Fassung nur im Rahmen ihrer Betriebe gewerblicher Art iSv § 1 Abs. 1 Nr. 6 KStG, § 4 KStG und ihrer land- und forstwirtschaftlichen Betriebe unternehmerisch tätig. Das UStG trägt damit der Ausgangssituation bei juristischen Personen des öffentlichen Rechts Rechnung, die dadurch gekennzeichnet ist, dass diese Einheiten regelmäßig einen hoheitlichen und damit nicht unternehmerischen Auftrag haben. Die Hoheitssphäre soll von den wirtschaftlichen Aktivitäten umsatzsteuerlich grundsätzlich getrennt sein und damit keiner Besteuerung unterliegen – es sei denn, es kommt zum relevanten Wettbewerb mit privaten Anbietern gleichartiger Leistungen am Markt (Hidien/Jürgens Besteuerung der öffentlichen Hand/*Hidien* § 4 Rn. 1 ff.). 18

Jedenfalls liegt eine unternehmerische Tätigkeit aber bei den in § 2 Abs. 3 S. 2 UStG aufgeführten Aktivitäten vor; für diese ist der Vorsteuerabzug mithin dem Grunde nach möglich. Das sind: 19

- Die Leistungen der Vermessungs- und Katasterbehörden bei der Wahrnehmung von Aufgaben der Landesvermessung und des Liegenschaftskatasters mit Ausnahme der Amtshilfe.
- Die Tätigkeit der Bundesanstalt für Landwirtschaft und Ernährung, soweit Aufgaben der Marktordnung, der Vorratshaltung und der Nahrungsmittelhilfe wahrgenommen werden.

Die in § 2 Abs. 3 Satz 1 UStG vorgenommene (strikte) Verweisung auf das Bestehen eines Betriebs gewerblicher Art nach dem KStG ist durch die Rechtsprechung des EuGH und des BFH überholt, s. EuGH 4.6.2009 – C-102/08, UR 2009, 484 – SALIX Grundstücks-Vermietungsgesellschaft mbH& Co. Objekt Offenbach, s. dazu *Küffner* UR 2009, 491; *Widmann* UR 2009, 493; BFH 20.8.2009 – V R 70/05, UR 2009, 884. Die öffentliche Hand ist danach stets unternehmerisch tätig, wenn sie mit ihren Aktivitäten in den Wettbewerb mit privaten Anbietern gleichartiger Leistungen eintritt. S. auch BFH 20.9.2009 – V R 30/06, BStBl. II 2010, 863; BFH 10.11.2011 – V R 41/10, BStBl. II 2017, 869; BFH 1.12.2011 – V R 1/11, BStBl. II 2017, 834. 19.1

Nach einer langen Zeit gesetzgeberischer Passivität zu der sich auseinander entwickelten Betrachtungsweise bei der Umsatzsteuer und der Körperschaftsteuer, in der auch die Verwaltung die Rechtsprechung von EuGH und BFH ignorierte (s. dazu *Widmann* DStZ 2014, 147), trat zum 1.1.2016 § 2b UStG in Kraft, der die unionsrechtlichen Vorgaben zur Besteuerung der öffentlichen Hand gem. § 27 Abs. 22 ab dem 1.1.2017 in das UStG umsetzen soll (s. dazu *Widmann* MwStR 2015, 883; *Küffner/Rust* DStR 2016, 1633). Allerdings gibt § 27 Abs. 22 UStG dazu den betroffenen juristischen Personen des öffentlichen Rechts eine Übergangsregelung für ihre bis zum 31.12.2020 ausgeführten Umsätze (s. dazu *Widmann* UR 2016, 13). Machen sie von dieser durch Abgabe der entsprechenden Erklärung bis Ende des Jahres 2016 Gebrauch (s. dazu BMF 19.4.2016, BStBl. I 2016, 481 und BMF 16.12.2016, BStBl. I 2016, 145, s. dazu *Hüttemann* UR 2017, 129), bleiben bestimmte Umsätze, zB die aus der Vermögensverwaltung mangels eines dadurch betriebenen Betriebs gewerblicher Art, entsprechend der bisherigen Praxis unbesteuert. Damit haben sie auch weiterhin keinen Zugang zum Vorsteuerabzug, sodass § 9b UStG für sie vor dem 1.1.2021 keine Rolle spielt. Der bisherige Katalog der jedenfalls zu besteuernden Umsätze gem. § 2 Abs. 3 Satz 2 UStG (→ Rn. 19) ist in § 2b Abs. 4 UStG übernommen worden. Dazu kamen noch gem. § 2b Abs. 4 Nr. 5 UStG die Tätigkeiten, die in Anhang I der MwStSystRL erwähnt werden, sofern der Umfang dieser Tätigkeiten nicht unbedeutend ist. 20

3. Abziehbare Vorsteuern

Ist die Unternehmereigenschaft gegeben, kann der Unternehmer die Vorsteuern abziehen, die er von anderen Unternehmern für Lieferungen und sonstige Leistungen für sein Unternehmen bezogen hat und für die er Rechnungen iSv § 14 und § 14a UStG besitzt. 21

Der Unternehmer kann zwar auf den Vorsteuerabzug nicht förmlich verzichten, aber er kann es gezielt unterlassen, eine ordnungsgemäße Rechnung vom leistenden Unternehmer zu verlangen oder gegenüber den Finanzbehörden bei einer Prüfungsmaßnahme die Rechnung vorzuweisen. Kann eine ordnungsgemäße Rechnung nicht vorgelegt werden, ist die Vorsteuer nicht abziehbar. Damit fehlt es für § 9b an der Tatbestandsmäßigkeit. Es genügt für § 9b nicht, dass die Rechnung noch beschafft werden könnte oder, falls sie fehlerhaft war, noch berichtigt werden könnte. Auch die nicht ausgeübten Gestaltungsrechte sind für 22

§ 9b ohne Belang, denn es kommt allein darauf an, ob die Vorsteuern für die Anschaffungs- und Herstellungskosten nach der umsatzsteuerlichen Rechtslage abgezogen werden konnten. Das ist zwar sehr streng, aber im Interesse der frühzeitigen Klarheit zur Höhe der Anschaffungs- und Herstellungskosten sinnvoll. Die Einkommensteuer will sich so nicht mehr als nötig an die ohnehin schwierigen umsatzsteuerlichen Vorfragen ketten. Zur Rechnung als Voraussetzung für den Vorsteuerabzug in der Rechtsprechung des EuGH → Rn. 22.1 ff.

22.1 Die vorstehend dargestellte Rechtslage gilt für den Regelfall, dass es überhaupt eine Rechnung gibt, aus der sich der leistende Unternehmer, die Art der bezogenen Leistung und das Entgelt erkennen lassen. Im Urteil vom 21.11.2018 (EuGH 21.11.2018 – C-664/16, UR 2018, 962 mAnm *Nücken* – Vădan) hat der EuGH in Fortführung seines Urteils vom 15.9.2016 (EuGH 15.9.2016 – C-518/14, UR 2016, 800 mAnm *Maunz* – Senatex) es für möglich gehalten, den Vorsteuerabzug auch ohne Berichtigung der Rechnung oder sogar ganz ohne Rechnung geltend machen zu können, wenn es nach den objektiven Umständen klar und durch andere Dokumente als Rechnungen belegbar ist, dass es den fraglichen Vorbezug für das Unternehmen gegeben hat. Der EuGH leitet dies aus dem Grundsatz der Verhältnismäßigkeit ab. Nur so sei die Neutralität des Mehrwertsteuersystems sichergestellt. Die Reichweite dieses Urteils für die Praxis ist noch weitgehend unklar, s. *Hartmann* DStR 2019, 595. Offenbar verlangt der EuGH in diesem Urteil, dass der Steuerpflichtige die Steuer an den leistenden Unternehmer tatsächlich entrichtet hat. Diese Abweichung vom sonst für den Vorsteuerabzug vom EuGH immer postulierten Sollprinzip hat er in dem Urteil leider nicht begründet.

22.2 Man kann das EuGH-Urteil vom 21.11.2018 allerdings sicher nicht so verstehen, dass die Verwaltung von Amts wegen die Voraussetzungen dieses Objektivnachweises prüfen muss. Die Beweislast für die Voraussetzungen liegt auch nach dieser Entscheidung beim Steuerpflichtigen. Das hat der EuGH bereits im Urteil vom 15.9.2016 (EuGH 15.9.2016 – C-516/14, UR 2016, 795 mAnm *Maunz* – Barlis) so gesehen. Der EuGH lässt ein Privatgutachten des Steuerpflichtigen nicht als Beweismittel zu.

23 Entscheidend für den Vorsteuerabzug ist zunächst, ob der Unternehmer die bezogene Leistung seinem Unternehmen zuordnet. Diese Zuordnung ist nicht zwangsläufig mit den Grundsätzen zur betrieblichen Veranlassung beim Betriebsausgaben- oder Werbungskostenabzug identisch, denn die unionsrechtlichen Vorgaben in Art. 167 ff. MwStSystRL kennen die Kausalität iSv § 4 Abs. 4 oder die Finalität iSv § 9 als Tatbestandsmerkmal nicht. Es gibt wegen der gebotenen unionsrechtskonformen Auslegung des § 15 UStG auch keine Anknüpfung an das notwendige oder gewillkürte Betriebsvermögen iSv § 4 Abs. 1. Vielmehr ist allein die Verwendung der Vorbezüge für Zwecke der besteuerten Umsätze maßgebend (EuGH 14.9.2017 – C-132/16, DStR 2017, 2044 – Iberdrola Immobilaria Real Estate Investments).

24 Allerdings ist der Vorsteuerabzug nach § 15 Abs. 1 S. 2 UStG ausgeschlossen, wenn der Umfang der unternehmerischen Verwendung bei körperlichen Gegenständen nicht mindestens 10% erreicht. Diese unternehmerische Mindestnutzung muss anhand einer objektiven Prognose im Zeitpunkt der Anschaffung festgestellt werden. Im Urteil vom 3.8.2017 (V R 59/16, BStBl. II 2017, 1209) hat der BFH entschieden, dass bei der Sanierung eines Daches die 10%-Grenze nach der Verwendungsmöglichkeit des gesamten Gebäudes zu berechnen ist. Zur Rechtsprechung von EuGH und BFH → Rn. 24.1 f.

24.1 Der BFH hat mit Beschluss vom 16.6.2015 – XI R 15/13, DB 2015, 1697, den EuGH um Vorabentscheidung dazu ersucht, ob diese 10%-Grenze sich bei juristischen Personen des öffentlichen Rechts, die Gegenstände anschaffen, die sie sowohl für hoheitliche Zwecke als auch zu weniger als 10% für unternehmerische Zwecke nutzen, gilt, denn die Deutschland für diese Grenze erteilte Ermächtigung des Rates vom 19.11.2004 (2004/817/EG) ist seit dem Urteil des EuGH 12.2.2009 – C-515/07, UR 2009, 199 – VNLTO nicht mehr eindeutig. Der EuGH hat die vom BFH gestellte Frage mit Urteil EuGH 15.9.2016 – C-400/15, UR 2016, 840 – Landkreis Potsdam-Mittelmark, verneint. Das entsprechende Folgeurteil des BFH stammt vom 16.11.2016 – XI R 15/13, BFH/NV 2017, 421. Durch den ab dem 1.1.2016 geltenden Durchführungsbeschluss (EU) 2015/2428 vom 10.12.2015, ABl. EU L 334/12, mit der der Bundesrepublik Deutschland diese 10 vH-Grenze als nationale Sonderregelung bis Ende 2018 weiterhin gestattet wurde (→ Rn. 9), hat sich die vom BFH aufgeworfene Frage erledigt, weil es nun in der Ermächtigung eine klare Regelung gibt, wonach sich die 10 vH-Grenze auf die gesamte Nutzung bezieht (so auch BFH 16.11.2016 – XI R 15/13, BFH/NV 2017, 421).

24.2 Zur Frage, ob eine Holding im Zusammenhang mit der Einwerbung von Kapital den Vorsteuerabzug geltend machen kann, vertritt die Verwaltung in Abschn. 15.22 Abs. 1 UStAE (eingefügt durch das BMF-Schreiben vom 26.5.2017, BStBl. I 2017, 790, s. dazu *Slapio* MwStR 2017, 477) den Standpunkt, dass dies nur zulässig ist, soweit das eingeworbene Kapital in einem angemessenen Verhältnis zu der im unternehmerischen Bereich gehaltenen gesellschaftsrechtlichen Beteiligung steht und dies keine missbräuchliche Praxis darstellt. Dazu beruft sie sich auf die BFH-Urteile vom 6.4.2016 (V R 6/14, BStBl. II 2017, 577) und vom 1.6.2017 (XI R 17/11, BStBl. II 2017, 581). Es bestehen freilich Zweifel, ob das mit dem EuGH-Urteil vom 16.7.2015 – C-108/14, C-109/14 – Larentia + Minerva und Marenave, DStR 2015, 1673, vereinbar ist. Dort hat der EuGH derartige Einschränkungen nicht postuliert. Im Urteil vom 5.7.2018 (C-320/17, DStR 2018, 1713 – Marle Participations) hat der EuGH ausdrücklich einer Holdingsgesellschaft, die in die Verwaltung ihrer Tochtergesellschaft eingreift und damit eine wirtschaftliche Tätigkeit ausübt, mithin Unternehmer gem. § 2 UStG ist, den vollen Vorsteuerabzug aus Kosten im Zusammenhang mit dem Erwerb der Beteiligung an ihren Tochtergesellschaften zugesprochen. Die beschriebene bisherige Verwaltungspraxis ist damit nicht mehr haltbar. Im Urteil vom 17.10.2018 – C-249/17, MwStR 2018, 1056 mAnm *Grube* – Ryanair Ltd, gab der EuGH einer Gesellschaft den vollen Vorsteuerabzug für vergebliche Beratungskosten bei einer nicht zustande gekommenen Übernahme einer anderen Gesellschaft. Das fügt sich ein in die Rechtsprechung des EuGH zum Vorsteuerabzug des erfolglosen Unternehmers und die Gewährung des Vorsteuerabzugs aus Anzahlungen, denen keine Leistung folgt (EuGH 31.5.2018 – C-660/16 u, C-661/16, UR 2018, 519 mAnm *Billig* – Kollroß und Wirtl; BFH 5.12.2018 – XI R 44/14, UR 2019, 255 mAnm *Widmann*).

4. Maßgeblichkeit der Zuordnungsentscheidung

Bei der Zuordnungsentscheidung ist der Unternehmer nach UStAE 15.2c nicht völlig 25
frei. In Befolgung der Rechtsprechung des BFH, die dieser wiederum an Entscheidungen des EuGH orientiert, unterscheidet die Verwaltung (seit dem Schreiben des BMF 2.1.2014, BStBl. I 2014, 119, das in UStAE 15.2c einging) zwischen dem Zuordnungsverbot, dem Zuordnungsgebot und dem Zuordnungswahlrecht des Unternehmers. Dabei spielt auch das sog. Aufteilungsgebot eine Rolle, wenn die angeschafften Leistungen nicht in vollem Umfang unternehmerischen Zwecken dienen. Das Zuordnungswahlrecht gilt aber nur für die Herstellung oder Anschaffung von Gegenständen, nicht für den Bezug sonstiger Leistungen, s. BFH 14.10.2015 – V R 10/14, BStBl. II 2016, 717. Weitere Einzelheiten zu den Zuordnungsmöglichkeiten nach der Rechtsprechung insbes. des EuGH → Rn. 25.1 ff.

Das Zuordnungsverbot gilt für Vorbezüge, die ausschließlich für nichtunternehmerische Tätigkeiten 25.1
angeschafft werden. Das betrifft zB Freizeitgegenstände (so UStAE 15.2b Abs. 2 unter Verweis auf UStAE 2.6 Abs. 3).

In diesem Sinne hat der EuGH schon im Urteil EuGH 26.9.1996 – C-230/94, BStBl. II 1996, 25.2
655 – Enkler, s. dazu BFH-Folgeurteil BFH 12.12.1996 – V R 23/93, BStBl. II 1997, 368, entschieden, dass die nur gelegentliche Vermietung eines überwiegend selbstgenutzten Wohnmobils keine unternehmerische Tätigkeit ist und daher der Vorsteuerabzug auch nicht nur anteilig zulässig ist. Im Urteil BFH 15.10.2009 – XI R 18/08, BStBl. II 2010, 247, versagte der BFH einem Unternehmer den Vorsteuerabzug für den Anbau eines ausschließlich für seine privaten Wohnzwecke bestimmten Einfamilienhauses an eine Werkhalle auf einem Betriebsgrundstück, weil beide Bauten räumlich voneinander abgrenzbar waren.

Das Zuordnungsgebot will die Verwaltung gemäß UStAE 15.2c Abs. 1 gelten lassen, wenn eine 25.3
Leistung ausschließlich für unternehmerische Tätigkeiten bezogen wird. Dann soll eine vollständige Zuordnung stattfinden. ME darf dieses Zuordnungsgebot aber nicht so verstanden werden, dass der Unternehmer jedenfalls zur Zuordnung verpflichtet ist iS eines absoluten Zuordnungszwanges. So wie der Unternehmer auf den Betriebsausgabenabzug verzichten kann, so ist er auch frei, einen ausschließlich für unternehmerische Zwecke angeschafften Gegenstand nicht seinem Unternehmen zuzuordnen. Er kann ihn seinem privaten Bereich zuordnen und nur die Nutzungsmöglichkeit in das Unternehmen einlegen. Das kann sich zB empfehlen, wenn bei einem für das Unternehmen angeschafften Gegenstand mit Wertsteigerungen zu rechnen ist und schon feststeht, dass dieser Gegenstand später nur noch für private Zwecke verwendet werden wird. Dann müsste bei vorherigem Vorsteuerabzug eine Entnahme gemäß § 3 Abs. 1b UStG mit der Bemessungsgrundlage gemäß § 10 Abs. 4 UStG versteuert werden (Wiederbeschaffungskosten im Zeitpunkt der Entnahme, s. UStAE 10.6 Abs. 1). Verzichtet der Unternehmer auf die Zuordnung zum Unternehmen in derartigen Fällen, wird sein Endverbrauch nur mit der Umsatzsteuer belastet, die ihm bei der Anschaffung berechnet wurde. Die Verwaltung gestattet allerdings nur bei nur teilunternehmerisch genutzten Gegenständen den vollständigen Verzicht auf die Zuordnung.

Bei einer Leistung, die sowohl für unternehmerische als auch für nichtunternehmerische Zwecke 25.4
bezogen wird, ist nach UStAE 15.2c Abs. 2 bei vertretbaren Sachen und sonstigen Leistungen das

Aufteilungsgebot zu beachten, dh der Vorsteuerabzug ist nur in dem Umfang möglich, in dem beabsichtigt ist, den Gegenstand unternehmerisch zu verwenden. Beschafft zB ein Buchhändler 50 Exemplare einer Neuerscheinung für sein Unternehmen und steht dabei fest, dass er davon fünf Bücher seinen Verwandten zu Weihnachten schenken will, kann er den Vorsteuerabzug nur für 45 Bücher geltend machen. Er muss dann keine Entnahme gemäß § 3 Abs. 1b UStG versteuern, denn die fünf zum Verschenken vorgesehenen Bücher berührten sein Unternehmen umsatzsteuerlich gar nicht.

25.5 Bei einheitlichen Gegenständen, die nur teilunternehmerisch verwendet werden, unterscheidet die Verwaltung unter Befolgung der Rechtsprechung von EuGH (vgl. EuGH 12.2.2009 – C-515/07, UR 2009, 199 – VNLTO) und BFH (vgl. BFH 13.1.2011 – V R 12/08, BStBl. II 2012, 61) danach, welchen Charakter die Verwendung hat. Eine nichtwirtschaftliche Verwendung ieS liegt danach vor, wenn die nichtunternehmerische Tätigkeit nicht unternehmensfremd ist, dh sie darf nicht auf privaten Motiven beruhen. Das ist zB der Fall bei Vereinen, die zwar Unternehmer sind, aber Beschaffungen für unentgeltliche Tätigkeiten entsprechend ihrem ideellen Zweck ausüben (vgl. UStAE 2.3 Abs. 1a). Sie dürfen die Vorsteuern entsprechend dem Aufteilungsgebot nur im Umfang der unternehmerischen Nutzung abziehen. Insofern gibt es bei Vereinen drei für den Vorsteuerabzug entscheidende Sphären: Die ideelle, vollständig nichtunternehmerische Sphäre, die nichtwirtschaftliche Sphäre im unternehmerischen Bereich und die vollständig wirtschaftliche Aktivität, in der auch unternehmensfremde Tätigkeiten wie zB Entnahmen stattfinden können.

25.6 Diese Grundsätze gelten auch für hoheitliche Tätigkeiten der juristischen Personen des öffentlichen Rechts (vgl. BFH 3.3.2011 – V R 23/10, BStBl. II 2012, 74), für das bloße Halten und Veräußern von gesellschaftsrechtlichen Beteiligungen sowie beim Leerstand eines Gebäudes unter dauerhafter Nichtnutzung (vgl. BFH 19.7.2011 – XI R 29/09, BStBl. II 2012, 430).

25.7 Freilich erlaubt die Verwaltung in UStAE 15.2c Abs. 2 „aus Billigkeitsgründen", dass der Unternehmer den Gegenstand in vollem Umfang seinem nichtunternehmerischen Bereich zuordnet. Damit hat er dann keine Möglichkeit zum Vorsteuerabzug, muss aber bei einer Änderung der Verwendungsverhältnisse keine Besteuerung der unentgeltlichen Wertabgabe versteuern. Allerdings soll auch eine Vorsteuerberichtigung gemäß § 15a UStG zu seinen Gunsten ausgeschlossen sein, wenn der Gegenstand später für die unternehmerischen Zwecke des Vereins verwendet wird. Es gibt dann keine Einlagenentsteuerung, denn sie ist in der MwStSystRL und im UStG nicht vorgesehen (vgl. EuGH 30.3.2006 – C-184/04, UR 2006, 530 – Uudenkaupungin kaupunki). Insofern darf man fragen, ob die Billigkeitsregelung wirklich ein Entgegenkommen der Verwaltung für den Steuerpflichtigen ist.

25.8 Im Urteil des EuGH vom 25.7.2018 (C-140/17, MwStR 2018, 968 – Gmina Ryjewo, → Rn. 7) hat der EuGH es allerdings für zulässig erachtet, dass eine juristische Person des öffentlichen Rechts ihre nicht eindeutig getroffene Zuordnungsentscheidung bei einem zunächst nur hoheitlich genutzten Kulturzentrum noch nach vier Jahren nachholt und damit in den Genuss einer Vorsteuerberichtigung kommt hinsichtlich der künftig steuerpflichtigen Nutzung des Zentrums. Ob das nur für juristische Personen des öffentlichen Rechts gelten soll, ergibt sich aus der Entscheidung nicht. Mit diesem Urteil ist die von Abschn. 15.2c Abs. 16 UStAE übernommene Rechtsprechung des BFH, wonach die Zuordnungsentscheidung zeitnah, dh bis zur Abgabefrist der USt-Jahreserklärung, also bis zum 31.7. des Folgejahres ausgeübt werden muss (BFH 7.7.2011 – V R 42/09, BStBl. II 2014, 76), allerdings nicht zu vereinbaren, vgl. *Widmann* UR 2018, 666 mwN; aA *Heuermann* MwStR 2018, 1000. Der BFH hat mit den Beschlüssen vom 18.9.2019 (BFH 18.9.2019 – XI R 3/19, BFH/NV 2020, 321; BFH 18.9.2019 – XI R 7/19, BFH/NV 2020, 326, s. *Dziadkowksi* UR 2020, 276) den EuGH zur Klärung der Frage angerufen, ob eine derartige Fristsetzung für die Dokumentation der Zuordnungsenstscheidung zulässig ist. Der EuGH will zwar den Vorsteuerabzug nur im Wege einer Berichtigung zulassen (so auch *Wäger* UR 2019, 41). Das setzt freilich ein bereits ursprünglich bestehendes Abzugsrecht voraus, dass schwerlich durch eine nachträgliche subjektive Darlegung, man habe bereits beim Bezug als Steuerpflichtiger gehandelt, begründet werden kann.

25.9 Bei der teilunternehmerischen unternehmensfremden Verwendung eines Gegenstandes kann der Unternehmer frei entscheiden, in welchem Umfang er den Gegenstand seinem Unternehmen zuordnet. Hier gilt also das in Rn. 13 des Urteils EuGH 30.3.2006 – C-184/04, UR 2006, 530 erwähnte Zuordnungswahlrecht. Hauptbeispiel dafür ist die Anschaffung eines PKW durch einen Unternehmer, den dieser für Umsätze einsetzt, die den Vorsteuerabzug gemäß § 15 UStG ermöglichen und den er auch für seine privaten Zwecke nutzt. Warum UStAE 2.3 Abs. 1a ausgerechnet diesen vollkommen alltäglichen Fall, der millionenfach vorkommt, als „Sonderfall" bezeichnet, ist nicht ersichtlich.

25.10 Die erste Variante des Zuordnungswahlrechts besteht darin, dass der Gegenstand insgesamt der unternehmerischen Tätigkeit zugeordnet wird. Dann gibt es den vollen Vorsteuerabzug. Bei § 9b Abs. 1 UStG ist damit der reine Nettobetrag aus den Anschaffungskosten anzusetzen. Die private Nutzung des Gegenstandes ist gemäß § 3 Abs. 9a UStG steuerbar mit der Bemessungsgrundlage gemäß § 10 Abs. 4

UStG. Die Entnahme des Gegenstandes ist steuerbar gemäß § 3 Abs. 1b Nr. 1 UStG, ebenso die unentgeltliche Zuwendung des Gegenstandes an das Personal des Unternehmers oder die unentgeltliche Zuwendung des Gegenstandes an Dritte aus unternehmerischen Gründen. Das führt zur exakten Erfassung des Letztverbrauchs im Zeitpunkt, in dem dieser tatsächlich stattfindet. Der Vorteil des Sofortabzugs der Vorsteuer ist der Mehrwertsteuer systemimmanent.

Die zweite Möglichkeit erlaubt die vollständige Belassung des Gegenstandes in der nichtunternehmerischen Sphäre, mithin die vollständige Nichtzuordnung zum Unternehmen. Die Folge ist, dass es kein Recht zum Vorsteuerabzug gibt. Für § 9b Abs. 1 ist dann der Bruttowert maßgebend. Die Verwendung des Gegenstandes für private Zwecke oder seine Entnahme sind mangels Vorsteuerabzugs gemäß § 3 Abs. 1b Nr. 1 UStG und § 3 Abs. 9b UStG nicht steuerbar. Eine Veränderung des Umfangs der nichtunternehmerischen oder unternehmerischen Nutzung des Gegenstandes führt nicht zu einer Vorsteuerberichtigung gemäß § 15a UStG, denn es handelt sich wegen dieser Zuordnungsentscheidung nicht um einen unternehmerischen Gegenstand. Bei dieser Variante spart man sich die laufende Besteuerung der unentgeltlichen Wertabgabe, aber es gibt regelmäßig eine zu hohe Belastung durch den fehlenden Vorsteuerabzug für den Teil der unternehmerischen Verwendung des Gegenstandes. Das widerspricht dem Neutralitätsgrundsatz der Mehrwertsteuer. **25.11**

Die dritte Form des Zuordnungswahlrechts besteht darin, dass der Unternehmer den Gegenstand nur im Umfang der tatsächlichen, ggf. zu schätzenden unternehmerischen Verwendung seinem Unternehmen zuordnet. UStAE 15.2c Abs. 2 Buchst. b verweist dazu auf die BFH-Urteile BFH 7.7.2011 – V R 42/09, BStBl. II 2014, 76 und BFH 7.7.2011 – V R 21/10, BStBl. II 2014, 81. Bei dieser Wahl ist für § 9b Abs. 1 nur der Teil der Vorsteuern aus den Anschaffungs- und Herstellungskosten auszublenden, der tatsächlich entsprechend der Ausübung des Wahlrechts abgezogen wurde. Bei Änderung der Verwendungsverhältnisse kommt es nur zur Anwendung des § 15a UStG, wenn der Umfang der privaten Verwendung zunimmt, vgl. UStAE 15.2c Abs. 4. Das führt zu Minderbeträgen gemäß § 9b Abs. 2 S. 1 Hs. 2. Bei einer Zunahme der unternehmerischen Verwendung greift § 15a UStG mangels Einlagenentsteuerung nicht; damit kommt § 9b Abs. 2 nicht zur Anwendung. Insofern ist diese Variante arbeitsintensiv für den Unternehmer und nur günstig für den Fiskus. **25.12**

Die Zuordnungsentscheidung wird sich regelmäßig aus der Geltendmachung des Vorsteuerabzugs ergeben und umgekehrt wird man in vielen Fällen ableiten können, dass der Unternehmer durch die Nichtgeltendmachung des Vorsteuerabzugs die Zuordnung des Wirtschaftsguts zu seinem Unternehmen nicht vornehmen wollte. UStAE 15.2c nimmt die Behandlung des Vorsteuerabzugs durch den Unternehmer daher als Indiz für die Zuordnungsentscheidung. Siehe aber → Rn. 7 und → Rn. 25.8 zum EuGH-Urteil 25.7.2018 – C-140/17, MwStR 2018, 968 – Gmina Ryjewo. Wenn der Vorsteuerabzug zB wegen steuerbefreiter Umsätze gemäß § 15 Abs. 2 UStG nicht möglich ist oder bei Kleinunternehmern gemäß § 19 Abs. 1 UStG ausgeschlossen ist, müssen andere Beweisanzeichen herangezogen werden (BFH 31.1.2002 – V R 61/96, BStBl. II 2003, 813). Die Zuordnung kann nicht einfach unterstellt werden (BFH 28.2.2002 – V R 25/96, BStBl. II 2002, 815 und BFH 7.7.2011 – V R 42/09, BStBl. II 2014, 76 → Rn. 25.7). **26**

5. Nicht abzugsfähige Vorsteuern gemäß § 15 Abs. 1a UStG

Trotz Zuordnung des Wirtschaftsguts zum Unternehmen ist der Vorsteuerabzug durch die Abs. 1a, 1b, 2 und 3 des § 15 UStG ausgeschlossen oder nur zum Teil möglich, wenn ein Gegenstand sowohl für Zwecke verwendet wird, die den Vorsteuerabzug ermöglichen als auch für Zwecke, die ihn ausschließen. Diese Fälle der sog. gemischten Verwendung regelt § 15 Abs. 4 UStG. Diesen partiellen oder vollständigen Vorsteuerabzugsverboten trägt 9b Abs. 1 dadurch Rechnung, dass der Vorsteuerbetrag nur soweit abgezogen werden kann, als er nicht zu den Anschaffungs- und Herstellungskosten gehört. **27**

Der Vorsteuerausschluss gemäß § 15 Abs. 1a UStG betrifft die Aufwendungen, die unter das Abzugsverbot des § 4 Abs. 5 Satz 1 Nr. 1–4, Nr. 7 oder des § 12 Nr. 1 fallen. Mit dieser Verweisung auf das EStG werden Vorsteuerbeträge vom Abzug ausgeschlossen, die eine gewisse Nähe zur nichtunternehmerischen Sphäre des Unternehmers haben oder die als unangemessen angesehen werden. Das Umsatzsteuerrecht kennt sonst keine eigenen Vorschriften, in denen die Angemessenheit zB des Entgelts eine Rolle spielt. Allerdings kann sich die Frage stellen, ob bei dauerhaft nicht kostendeckenden Entgelten mangels Nachhaltigkeit überhaupt die Unternehmereigenschaft gegeben ist. Der EuGH hat dies bei einer jPöR verneint, die für die von ihr (hoheitlich) organisierte Schülerbeförderung nur bei wenigen **28**

Schülern ein nicht kostendeckendes Entgelt erhoben hat und die anderen Schüler unentgeltlich befördern ließ (EuGH 12.5.2016 – C-520/14, UR 2016, 428 – Gemeente Borsele, → Rn. 15). Die Fälle des wegen eines Näheverhältnisses zu niedrigen Entgelts regelt die sog. Mindestbemessungsgrundlage gemäß § 10 Abs. 5 UStG iVm § 10 Abs. 4 UStG; die unentgeltlichen Wertabgaben gemäß § 3 Abs. 1b und Abs. 9a UStG haben eine kosten- oder marktpreisorientierte Bemessungsgrundlage gemäß § 10 Abs. 4 UStG.

28.1 Im Urteil vom 28.6.2017 (XI R 12/15, MwStR 2017, 788) hat der BFH einer Gemeinde den anteiligen Vorsteuerabzug aus der Errichtung und dem Betrieb einer Gemeindehalle zugesprochen, die für 1.50 EUR pro Stunde an Sportvereine vermietet wurde, so ein Kostendeckungsgrad von ca. 12 Prozent erzielt wurde. Die Bejahung der Unternehmereigenschaft in derartigen Fällen ist nicht überzeugend, denn in derartigen Gestaltungen ist die Verwirklichung des hoheitlichen Auftrags zur Förderung des Breitensports vorrangig. Die Gewährung des Vorsteuerabzugs verzerrt den Wettbewerb im Verhältnis zu privaten Betreibern von Sportanlagen; die Gemeinde kann mit ihrer aus politischen Gründen über Steuereinnahmen subventionierten Preisgestaltung den Markt für private Wettbewerber verstopfen (*Widmann* MwStR 2017, 794). Dann führt der Zugang zum Vorsteuerabzug zu einer Wettbewerbsstörung und der Besteuerungszwang des Art. 13 MwStSystRL für die öffentliche Hand zur Vermeidung einer Wettbewerbsverzerrung verkehrt sich im Ergebnis in sein Gegenteil.

29 Ist der Vorsteuerabzug gemäß § 15 Abs. 1a UStG für ein Geschenk gemäß § 4 Abs. 5 Nr. 1 Satz 1 nicht zulässig, dann sind auch die Anschaffungs- oder Herstellungskosten für dieses Geschenk vom Betriebsausgabenabzug ausgeschlossen. Mithin spielen diese Kosten bei § 9b keine Rolle.

30 Wenn der Betriebsausgabenabzug zulässig ist, weil die 35 EUR-Grenze gemäß § 4 Abs. 5 Nr. Satz 2 im Wirtschaftsjahr nicht überschritten wird, versteht die Verwaltung in H 9b EStR diese Grenze bei Unternehmern mit Umsätzen, die zum Vorsteuerabzug berechtigen, als Nettowert. Dh erst bei einem Nettowarenwert von 35,01 EUR ist der Betriebsausgabenabzug und damit auch der Vorsteuerabzug ausgeschlossen. Bei Unternehmern mit Umsätzen, die den Vorsteuerabzug gemäß § 15 Abs. 2 UStG ausschließen sowie bei Kleinunternehmern gemäß § 19 Abs. 1 UStG, ist die Freigrenze von 35 EUR hingegen ein Bruttowert, dh die Umsatzsteuer ist in diesem Wert enthalten. Das ist sachgerecht, denn nur so wird die gleichmäßige Behandlung von Aufwand, der nicht abziehbar sein soll, bei allen Steuerpflichtigen gewährleistet. Die abzugsfähige Vorsteuer ist eben kein gewinnmindernder Aufwand.

31 Die gemäß § 4 Abs. 5 Nr. 2 nichtabzugsfähigen Aufwendungen für Bewirtungen sind gemäß § 15 Abs. 1a Satz 2 UStG ausdrücklich nicht vom Vorsteuerabzug ausgeschlossen. Da § 9b nur für Wirtschaftsgüter gilt, ist das für die Anwendung dieser Vorschrift ohne Bedeutung.

32 Bei den gemäß § 4 Abs. 5 Nr. 3 nichtabzugsfähigen Anschaffungs- und Herstellungskosten für Gästehäuser greift das Vorsteuerabzugsverbot des § 15 Abs. 1a UStG uneingeschränkt und damit ist für diese Wirtschaftsgüter § 9b einschlägig.

32.1 Wegen dieser Absolutheit des Vorsteuerabzugsverbots ist es ohne Interesse, welcher Art iSv § 15 Abs. 2 UStG die Umsätze des Unternehmers sind, der das Gästehaus für seine Geschäftspartner vorhält. Das Vorsteuerabzugsverbot gemäß § 15 Abs. 1a UStG geht dem Vorsteuerabzugsausschluss gemäß § 15 Abs. 2 UStG vor. Daher ist bei § 9b stets vom vollen Bruttobetrag der Anschaffungs- und Herstellungskosten auszugehen. Wird das Gästehaus innerhalb des Berichtigungszeitraums gemäß § 15a Abs. 1 UStG (zehn Jahre) zB für Bürozwecke genutzt, kommt es für die Vorsteuerberichtigung darauf an, ob die Büroräume für Umsätze genutzt werden, die den Vorsteuerabzug zulassen oder nicht.

33 Das gilt auch für die in § 4 Abs. 5 Nr. 4 genannten Segeljachten oder Motorjachten.

33.1 Vor dem 1.1.1999 gab es im UStG die Regelung des sog. Aufwendungseigenverbrauchs gemäß dem damaligen § 1 Abs. 1 Nr. 3 UStG, der auf § 4 Nr. 5 EStG, ua auch auf deren Nr. 4 Bezug nahm. Durch diesen Eigenverbrauch wurde der damals mögliche Vorsteuerabzug, der zum Nettoansatz der Boote gemäß § 9b führte, kompensiert. Der BFH hat im Urteil BFH 2.7.2008 – XI R 60/06, BStBl. II 2009, 394, entschieden, dass für die vorsteuerentlasteten Segelboote ab dem 1.4.1999 hinsichtlich der AfA eine Berichtigung des Vorsteuerabzugs vorzunehmen ist. Dann war § 9b Abs. 2 einschlägig.

34 Weil die Aufwendungen für ein häusliches Arbeitszimmer gemäß § 4 Abs. 5 Nr. 6a in § 15 Abs. 1a UStG nicht genannt sind, ist der Vorsteuerabzug grundsätzlich ohne Höchstbetrag möglich. Er hängt aber von der Art der Umsätze ab, die in ihm ausgeführt werden. Beispiele → Rn. 34.1 f.

Hat zB ein Arzt mit nur gemäß § 4 Nr. 14 UStG steuerfreien Umsätzen ein häusliches Arbeitszimmer, in dem er Krankenakten bearbeitet, Arztbriefe erstellt oder Fachliteratur liest, dann ist der Vorsteuerabzug gemäß § 15 Abs. 2 UStG ausgeschlossen und das Arbeitszimmer ist mit den Bruttonschaffungskosten anzusetzen. Bei einem Rechtsanwalt mit steuerpflichtigen Umsätzen ist der Vorsteuerabzug für das häusliche Arbeitszimmer hingegen beim Vorliegen der übrigen Voraussetzungen des § 15 UStG uneingeschränkt möglich. **34.1**

Bei Kleinunternehmern ist für das häusliche Arbeitszimmer wegen des Verbots des Vorsteuerabzugs gemäß § 19 Abs. 1 UStG immer der Bruttobetrag der Anschaffungs- und Herstellungskosten maßgebend. **34.2**

Die gemäß § 4 Abs. 5 Nr. 7 vom Abzug ausgeschlossenen unangemessenen Aufwendungen sind vom Vorsteuerabzug gemäß § 15 Abs. 1a UStG ausgeschlossen. Wenn dies Wirtschaftsgüter, wie zB unternehmerisch genutzte Fahrzeuge betrifft, greift § 9b. Weil nur der unangemessene Aufwand sanktioniert wird, ist der Vorsteuerabzug hinsichtlich des angemessenen Teils möglich und dann gilt die „Soweit-Regelung" des § 9b Abs. 1. **35**

§ 15 Abs. 1a UStG schließt den Vorsteuerabzug auch aus für unter § 12 Nr. 1 fallende Aufwendungen. Weil § 15 Abs. 1 UStG den Vorsteuerabzug nur für Vorleistungen gibt, die in steuerbare Umsätze eingehen oder mit diesen zusammenhängen, gibt es eine gewisse Überschneidung mit dem Vorsteuerabzugsverbot gemäß § 15 Abs. 1a UStG iVm § 12 Nr. 1 EStG, denn die Aufwendungen für den Haushalt des Steuerpflichtigen und den Unterhalt seiner Angehörigen liegen außerhalb der unternehmerischen Sphäre des Unternehmers und sind schon deshalb dem Vorsteuerabzug nicht zugänglich. **36**

Die Sanktion des § 12 Nr. 1 hinsichtlich der Aufwendungen für die Lebensführung, die mit der wirtschaftlichen oder gesellschaftlichen Stellung des Steuerpflichtigen verbunden sind und die der beruflichen Tätigkeit nützlich sind, ist beim Vorsteuerabzugsverbot gemäß § 15 Abs. 1b UStG nicht eigenständig zu prüfen. Vielmehr ist diese Frage vorgreiflich bei der Einkommensteuer zu entscheiden. **37**

Dabei kommt es durchaus zu gewissen Konkurrenzen: Während in H 4.7 EStR bei einer Photovoltaikanlage, die auf dem Dach eines im Übrigen nicht der Einkunftserzielung dienenden Gebäudes aufgesetzt ist, die anteiligen Gebäudekosten nicht als Betriebsausgaben anerkannt werden, gibt es nach dem BFH-Urteil vom 19.7.2011 – XI R 21/10, BStBl. II 2012, 434 bei einer auf einem privat genutzten Carport errichteten Photovoltaikanlage den Vorsteuerabzug auch aus den Herstellungskosten des Carports, denn der Unternehmer kann auch den Carport seinem (Photovoltaik-)Unternehmen zuordnen. Er muss dann die Carportnutzung für private Zwecke als unentgeltliche Wertabgabe versteuern. Als Aufteilungsmaßstab für die unternehmerische Nutzung will der BFH einen geschätzten Schlüssel nehmen, bei dem einem fiktiven Vermietungsumsatz für den nicht unternehmerisch genutzten inneren Teil des Carports einem fiktiven Umsatz für die Vermietung der Dachfläche an einen Dritten zum Betrieb der Photovoltaikanlage gegenüber gestellt wird. Dieser so ermittelte Vorsteuerabzug geht bei § 9b ins Leere, denn der privat genutzte Carport ist keiner Einkunftsart zuzuordnen; seine Anschaffungs-und Herstellungskosten dienen nur dem privaten Konsum des Erbauers. **38**

Zu Beispielen zu § 4 Abs. 5 und § 15 Abs. 1a UStG → Rn. 38.1 ff.

Das FG Hamburg hat im Urteil vom 27.9.2018 (3 K 98/17, MwStR 2019, 285 mAnm *Müller*, rkr.) einem Projektentwickler auf dem Energiesektor den Vorsteuerabzug aus der Anschaffung eines Ferrari-Sportwagens zum Preis von über 153.000 EUR zugesprochen, weil es trotz des mit der Anschaffung dieses Fahrzeugs verbundenen Affektionsinteresses des Unternehmers feststellte, dass das Fahrzeugs entsprechend den Erwartungen des Unternehmers nachweislich zur Eröffnung substantieller Geschäftschancen führte. Die Kunden des Unternehmers haben sich offenbar vom Auftritt des Unternehmers mit diesem Fahrzeug beeindrucken lassen. Das reichte dem FG für die Bejahung des Betriebsausgabenabzugs. **38.1**

Der 2. Senat des FG Hamburg verneinte hingegen den Betriebsausgabenabzug gem. § 4 Abs. 5 S. 1 Nr. 4 UStG und damit den Vorsteuerabzug in einem Fall, in dem ein Gebäudereinigungsunternehmer einen gebrauchten PKW Lamborghini Aventador zum Preis von ca. 298.000 EUR anschaffte (FG Hamburg 11.10.2018 – 2 K 116/18, MwStR 2019, 289 rkr.). Es sah hier – zu Recht – einen unangemessenen Aufwand, der allein dem Repräsentationsbedürfnis des Unternehmers und nicht seinen unterneh- **38.2** merischen Interessen diente. Insofern sei es hier ähnlich wie bei den § 4 Abs. 5 UStG erwähnten Aufwendungen für Jagden, Segel- und Motorjachten.

6. Nichtabziehbare Vorsteuern gemäß § 15 Abs. 1b UStG

39 Seit dem 1.1.2011 gilt mit der Übergangsregelung gemäß § 27 Abs. 16 UStG ein Vorsteuerabzugsverbot bei gemischt genutzten Grundstücken hinsichtlich der Vorsteuern, die nicht auf die Verwendung des Grundstücks für Zwecke des Unternehmens entfallen. Positiv formuliert: Nur die Vorsteuern sind abziehbar, die auf einer Verwendung des Grundstücks für Zwecke des Unternehmens beruhen. Der Unternehmer hat zwar auch bei einem gemischt genutzten Grundstück die Zuordnungsmöglichkeiten entsprechend der beim Erwerb beabsichtigten Verwendung, aber trotz Zuordnung zum Unternehmen ist der Vorsteuerabzug nicht möglich, soweit die Verwendung für Zwecke, die außerhalb des Unternehmens liegen, also insbesondere für den privaten Bedarf des Unternehmers oder für den privaten Bedarf seines Personals, stattfindet. Zu Einzelfällen → Rn. 39.1 f.

39.1 Damit ist bei den Anschaffungs- und Herstellungskosten bei Gebäuden, in denen der Unternehmer selbst wohnt oder sein Personal wohnen lässt, der Vorsteuerabzug nur in der Höhe zu berücksichtigen, in der er auf die unternehmerisch genutzten Gebäudeteile entfällt, wenn diese unternehmerische Nutzung zum Vorsteuerabzug berechtigt.

39.2 Das ist zB nicht der Fall bei einem Gebäude, das ein Arzt für seine Praxis mit steuerfreien, vorsteuerabzugsschädlichen Umsätzen und für seine privaten Wohnzwecke errichtet. Dann kommt kein Vorsteuerabzug in Betracht. Die Anschaffungs- und Herstellungskosten müssen gemäß § 9b mit den Bruttokosten angesetzt werden.

39.3 Ändern sich die Verwendungsverhältnisse, die zur Anwendung des § 15 Abs. 1b UStG geführt haben, ist gemäß § 15a Abs. 6a UStG eine Berichtigung des Vorsteuerabzugs vorzunehmen.

7. Nicht abziehbare Vorsteuern gemäß § 15 Abs. 2 UStG

40 Der praktisch sicher häufigste Fall ist gegeben, wenn der Vorsteuerabzug gemäß § 15 Abs. 2 UStG wegen der Ausführung von bestimmten steuerfreien Umsätzen gemäß § 4 Nr. 8 ff. UStG ausgeschlossen ist. Während die hauptsächlich exportorientierten steuerfreien Umsätze gemäß § 4 Nr. 1–7 UStG im Interesse des exakten Grenzausgleichs – als einer Facette der Neutralität des Mehrwertsteuersystems – den Vorsteuerabzug nicht ausschließen (sog. echte Befreiungen), führen die Steuerbefreiungen gemäß § 4 Nr. 8 ff. UStG zum Verlust des Vorsteuerabzugsrechts (sog. unechte Steuerbefreiungen). Die Vorbezüge für diese steuerfreien Umsätze sind dann nicht entlastet; ihre Anschaffungs- und Herstellungskosten gehen also mit dem Bruttopreis in die Kostenrechnung.

40.1 Es bedarf keiner Betonung, dass es sich bei den gemäß § 4 Nr. 8 ff. UStG steuerbefreiten Umsätzen um volkswirtschaftlich bedeutende Aktivitäten handelt: Banken-, Versicherungs- und Grundstücksumsätze, Vermietung und Verpachtung von Grundstücken, humanmedizinische Umsätze, Heimumsätze, kulturelle Leistungen, Umsätze der Wohlfahrtseinrichtungen sind die wichtigsten Bereiche, die umsatzsteuerbefreit sind und damit brutto kalkulieren müssen, falls sie nicht auf die Steuerbefreiung gemäß § 9 UStG verzichten können und dies auch tatsächlich tun.

40.2 Von § 15 Abs. 2 UStG gibt es gemäß § 15 Abs. 3 UStG Ausnahmen, bei deren Vorliegen der Vorsteuerabzug doch zulässig ist. Diese Rückausnahmen sind systematisch unter dem Gesichtspunkt der angestrebten Neutralität der Umsatzsteuer bei grenzüberschreitenden Umsätzen gerechtfertigt.

8. Aufteilung der Vorsteuern

41 Wird das Wirtschaftsgut sowohl für Zwecke verwendet, die den Vorsteuerabzug erlauben als auch für Zwecke, die ihn ausschließen, müssen die Vorsteuern gemäß § 15 Abs. 4 UStG aufgeteilt werden. Dazu ist zunächst eine möglichst genaue wirtschaftliche Zuordnung der Vorbezüge zu den tatsächlich ausgeführten Umsätzen vorzunehmen. Eine Aufteilung nach dem Umsatzschlüssel ist als sachgerechte Schätzung zulässig, wenn die wirtschaftliche Zuordnung nicht möglich ist oder zu keiner präzisen Aufteilung führt. Der BFH hat dazu im Urteil BFH 3.7.2014 – V R 2/10, UR 2014, 742 (s. dazu *Widmann* DStR-Beih. 2014, 109; *Heuermann* UR 2014, 505; *von Streit* UR 2014, 618) den Grundsatz aufgestellt, dass bei Grundstücken vorrangig ein objektbezogener Flächenschlüssel anzuwenden ist. Nur wenn

die Unterschiede der Bauwerksteile in ihrer Ausstattung erheblich sind, zB auch hinsichtlich der Wandstärke uä, will der BFH einen objektbezogenen Umsatzschlüssel anwenden.

Der BFH wollte in dem Vorabentscheidungsersuchen BFH 5.6.2014 – XI R 31/09, UR 2014, 651, vom EuGH wissen, wie die Aufteilung möglichst genau vorzunehmen ist. Dazu sind die Vorgaben in der MwStSystRL recht unkonkret. Der EuGH räumt dazu den nationalen Gesetzgebern einen eigenständigen Spielraum ein. Im Urteil EuGH 9.6.2016 – C-332/14, BFH/NV 2016, 1245 – Wolfgang und Dr. Wilfried Rey hat er entschieden, dass bei Grundstücken der gemäß § 15 Abs. 4 S. 3 UStG vorrangige Flächenschlüssel unionsrechtskonform ist, wenn er gegenüber dem Umsatzschlüssel zu einem präziseren Ergebnis führt. In Betracht kommen aber auch sachgerechte andere Aufteilungsmethoden. So hat der BFH im Urteil vom 26.4.2018 – V R 23/16, MwStR 2018, 887 mAnm *Jacobs* die Vorsteueraufteilung bei einer Schulsporthalle, die sowohl für steuerfreie Unterrichtsleistungen als auch für steuerpflichtige Vermietungsumsätze genutzt wurde, nach den jeweiligen Nutzungszeiten zugelassen. **42**

Von Bedeutung dabei ist, wie man das Wirtschaftsgut abgrenzt oder aufteilt. So könnte man ohne Weiteres bei einem Bürogebäude, unter dem sich eine Tiefgarage befindet, trotz der baulichen Verbundenheit von Garage und Büroteil, zu zwei getrennten Wirtschaftsgütern kommen, sodass zB bei einer steuerpflichtigen Vermietung der Tiefgarage der Vorsteuerabzug zulässig ist, mithin die Anschaffungs- und Herstellungskosten gemäß § 9b netto angesetzt werden, während beim Büroteil, der für vorsteuerabzugsschädliche steuerfreie Bank- und Versicherungsumsätze genutzt wird, die Vorsteuern zu den Anschaffungs- und Herstellungskosten gehören. **42.1**

9. Gestreckte Herstellung

Das Prinzip des Sofortabzuges verlangt zwar die Zuordnungsentscheidung des Unternehmers im Zeitpunkt der Anschaffung des Wirtschaftsgutes, jedoch erstreckt sich insbesondere bei Gebäuden die Herstellung regelmäßig über einen längeren Zeitraum, oftmals über mehrere Jahre. Dabei sind nicht immer selbständige Teilleistungen vereinbart. Es kann auch nicht in jeder Teilleistung einkommensteuerlich ein eigenständiges Wirtschaftsgut erblickt werden. Bei der Umsatzsteuer hingegen können selbständige Teilleistungen eigenständige Zuordnungsobjekte sein, s. UStAE 15.2c Abs. 19. **43**

10. Zeitpunkt der Geltendmachung des Vorsteuerabzugs

Umsatzsteuerlich ist zwischen dem Entstehen des Rechts auf den Vorsteuerabzug – das ist grundsätzlich der Zeitpunkt der Ausführung der Leistung – und dem Zeitpunkt der Berechtigung zur Ausübung dieses Rechts zu unterscheiden. Zur Geltendmachung des Vorsteuerabzugs muss der Leistungsempfänger gemäß § 15 Abs. 1 UStG im Besitz einer ordnungsgemäßen Rechnung iSv § 14 und § 14a UStG sein, → Rn. 6. Während das EStG in § 11 auf den Abfluss der Vorsteuer abstellt, also danach fragt, wann die Vorsteuer an den leistenden Unternehmer mit dem Preis für die bezogene Leistung tatsächlich bezahlt wurde, stellt das Umsatzsteuerrecht nur auf das Vorliegen der Abzugsberechtigung ab. Das führt dazu, dass die gezahlte Vorsteuer erst dann, ggf. rückwirkend, aus den Anschaffungs-und Herstellungskosten auszuscheiden ist, wenn die gesetzlichen Voraussetzungen für ihren Abzug erfüllt sind. Zur Rechtsprechung von EuGH und BFH → Rn. 44.1 f. **44**

So hat der BFH im Urteil vom 30.8.1995 – IX B 74/95, BStBl. II 1995, BFH/NV 1996, 41, entschieden, dass erst mit dem Vorliegen der Rechnung rückwirkend Werbungskosten entstehen. Damit spielt die bei § 15 UStG bisher von der Verwaltung verneinte Frage, ob die Berichtigung unzutreffender oder die Ergänzung unvollständiger Rechnungen hinsichtlich des Vorsteuerabzugs Rückwirkung hat (s. dazu bejahend EuGH 15.9.2016 – C-518/16, DB 2016, 2214 – Senatex GmbH zu dem Vorabentscheidungsersuchen des FG Niedersachsen 3.7.2014 – 5 K 40/14, UR 2015, 61 mAnm *Widmann;* EuGH 15.9.2016 – C-516, DStR 2016, 2216 – Barlis 06 Investimentos Immobiliarios e Turisticos) bei § 9b keine Rolle, denn dort ist die Frage des Abflusszeitpunkts nach § 11 klar und es entscheidet sich ggf. nur eben erst später, ob mit dem Abfluss die Anschaffungs- und Herstellungskosten berührt sind. **44.1**

Auch wenn zB erst nach einem Verzicht auf eine Steuerbefreiung gemäß § 9 UStG der Zugang zum Vorsteuerabzug erreicht wird, kommt es für § 9b auf den Zeitpunkt des Abflusses der Vorsteuer an und nicht auf den Zeitpunkt, in dem der Verzicht gemäß 9 UStG ausgeübt wird. **44.2**

II. § 9b Abs. 2: Berichtigung des Vorsteuerabzugs führt zu Einnahmen oder Ausgaben

1. Gesetzeszweck

45 § 9b Abs. 2 regelt die Fälle, in denen es beim Vorsteuerabzug nachträglich zu einer Berichtigung gemäß § 15a UStG kommt, weil sich die dem ursprünglichen Vorsteuerabzug zugrundeliegenden Verwendungsverhältnisse geändert haben. § 15a UStG gilt sowohl zu Gunsten wie zu Lasten des Unternehmers. Er ist verpflichtet, die Berichtigung innerhalb des maßgebenden Berichtigungszeitraums (→ Rn. 49) selbst vorzunehmen und in seinen Steuererklärungen anzugeben. Hier geht die Indienstnahme der Unternehmer in der Form der Selbstveranlagung sehr weit und ist dazu noch mit dem Risiko verbunden, bei Fehlern steuerstrafrechtliche Folgen auszulösen.

46 Die Berichtigung gemäß § 15a UStG entfällt nach § 44 Abs. 1 UStDV, wenn die auf die Anschaffungs- und Herstellungskosten entfallende Vorsteuer 1.000 EUR nicht übersteigt.

47 § 44 Abs. 2 UStDV enthält eine weitere Vereinfachungs- und Bagatellregelung: Wenn sich die für den Vorsteuerabzug maßgeblichen Verhältnisse bei einem Wirtschaftsgut um weniger als zehn Prozentpunkte geändert haben, ist keine Berichtigung vorzunehmen, wenn der Berichtigungsbetrag weniger als 1.000 EUR beträgt.

47.1 Die Regelung des § 44 Abs. 3 UStDV, dass erst bei Berichtigungsbeträgen von mehr als 6.000 EUR die Berichtigung in den laufenden Umsatzsteuer-Voranmeldungen vorzunehmen ist, während bei geringeren Beträgen die Berichtigung in der Umsatzsteuer-Jahreserklärung vorzunehmen ist, ist für § 9b ohne Bedeutung, weil die Einkommensteuer ohnehin eine Jahressteuer ist.

48 Anders als bei § 9b Abs. 1 kommt es darauf an, dass die Berichtigung tatsächlich durchgeführt wird, es genügt nicht, dass ein Berichtigungstatbestand nur abstrakt erfüllt ist.

2. Berichtigungszeitraum

49 Die Berichtigungsdauer beträgt gemäß § 15a Abs. 1 UStG bei Wirtschaftsgütern, die nicht nur einmalig zur Ausführung von Umsätzen verwendet werden – das sind typischerweise die Wirtschaftsgüter des Anlagevermögens – fünf Jahre. Bei Gegenständen, die nur einmalig zur Ausführung eines Umsatzes verwendet werden, gibt es gemäß § 15a Abs. 2 UStG keinen begrenzten Berichtigungszeitraum. Bei Grundstücken einschließlich ihrer wesentlichen Bestandteile, bei Berechtigungen, für die Vorschriften des bürgerlichen Rechts über Grundstücke gelten, also zB bei Erbbaurechten, und bei Gebäuden auf fremdem Grund und Boden gilt ein Berichtigungszeitraum von zehn Jahren, falls nicht die Sonderregelung gemäß § 15a Abs. 2 UStG eingreift, vgl. UStAE 15a.5 Abs. 2.

50 Gemäß § 15a Abs. 5 UStG ist allerdings eine kürzere Verwendungsdauer zu berücksichtigen.

50.1 UStAE 15a.3 Abs. 1 verweist dazu auf die ertragsteuerlichen Grundsätze zur Festlegung der betriebsgewöhnlichen Nutzungsdauer. Mithin sind die AfA-Tabellen der Verwaltung maßgebend. Beträgt danach für ein Wirtschaftsgut die betriebsgewöhnliche Nutzungsdauer zB nur vier Jahre, ist die Berichtigungspflicht gemäß § 15a UStG auch nur vier Jahre lang zu beachten. Eine Verwendungsänderung in späteren Jahren, in denen das Wirtschaftsgut noch im Unternehmen eingesetzt wird, führt dann zu keiner Vorsteuerberichtigung mehr.

51 Der Berichtigungszeitraum beginnt mit der erstmaligen tatsächlichen Verwendung des Wirtschaftsguts, also zB mit dem ersten Einsatz eines Fahrzeugs für unternehmerische Zwecke oder bei Gebäuden mit der erstmaligen Vermietung.

51.1 Wenn der Berichtigungszeitraum vor dem 16. eines Kalendermonats endet, ist dieser Monat gemäß § 45 UStDV bei der Berichtigung nicht zu berücksichtigen. Endet der Berichtigungszeitraum nach dem 15. eines Kalendermonats, ist dieser Monat hingegen bei der Berichtigung voll zu berücksichtigen.

3. Einkommensteuerliche Qualifikation der Berichtigungsbeträge

52 Wenn die Berichtigung zu Gunsten des Unternehmer wirkt, weil sich zB bei einem vermieteten Gebäude der Anteil der steuerpflichtigen Umsätze, die zum Vorsteuerabzug

berechtigen, erhöht hat, dann sind die dem Unternehmer vom Finanzamt zufließenden Beträge bei der Einkunftsart als Betriebseinnahmen oder Einnahmen zu behandeln, bei der die Anschaffungs- und Herstellungskosten eine Rolle spielen oder gespielt haben.

Muss der Unternehmer gemäß § 15a UStG abgezogene Vorsteuern innerhalb des Berichtigungszeitraums an das Finanzamt zurückzahlen, weil sich die zum Vorsteuerabzug berechtigenden Umsätze mit dem Wirtschaftsgut gegenüber dem ursprünglich maßgeblichen Maßstab verringert haben, dann sind die Rückzahlungen als Betriebsausgaben oder Werbungskosten zu behandeln, wenn sie betrieblich veranlasst sind oder der Erwerbung, Sicherung und Erhaltung von Einnahmen dienen. Das ist zB nicht der Fall, wenn das Wirtschaftsgut für private Zwecke entnommen wird gemäß § 3 Abs. 1b UStG und dieser einer entgeltlichen Lieferung gleichgestellte Umsatz hinsichtlich des Vorsteuerabzugs anders zu behandeln ist als der ursprüngliche Anschaffungsvorgang. 53

Die Berichtigungsbeträge gemäß § 15a UStG, die sich innerhalb des Berichtigungszeitraums immer wieder ändern können, werden gemäß § 9b Abs. 2 sofort steuerlich wirksam, denn sie verändern die abschreibungspflichtigen Anschaffungs- und Herstellungskosten nicht; sie müssen nicht aktiviert und auf die Restnutzungsdauer des Wirtschaftsguts verteilt werden. Das ordnet Satz 2 von § 9b Abs. 2 ausdrücklich dadurch an, dass die Anschaffungs- und Herstellungskosten unberührt bleiben. Insofern bringt § 9b Abs. 2 eine bedeutsame praktische Vereinfachung vor dem Hintergrund des § 9b Abs. 1, denn die Vorschrift vermeidet die Notwendigkeit der Anpassung der AfA bei jeder Vorsteuerberichtigung. Bei der vom EuGH im Urteil vom 25.7.2018 (C-140/17, MwStR 2018, 968; → Rn. 7) für zulässig erachteten Vorsteuerberichtigung bei einer einlagenähnlichen Verwendungsänderung bleibt es damit bei dem Ansatz der Brutto-Anschaffungskosten. 54

§ 15a UStG gilt bei der Umsatzsteuer als schwierige Vorschrift, weil sie sehr detaillierte Anordnungen trifft. Das spricht für eine hohe Streitanfälligkeit. Dennoch gibt es im Gegensatz zu § 15 UStG erstaunlich wenig Rechtsprechung zu dieser Vorschrift. Das wird man kaum darauf zurückführen dürfen, dass das Gesetz wenig Zweifelsfragen bietet und durch einsichtige Verwaltungsanweisungen alles bestens geregelt wäre. Eher ist zu vermuten, dass die Vorschrift in der Praxis oft – zu Unrecht – nicht beachtet wird und die Außenprüfungen sich dieser Fragen zu wenig annehmen. 54.1

4. Berichtigungsobjekt

§ 15a UStG spricht zwar ebenso wie § 9b von Wirtschaftsgütern, die von Vorsteuern entlastet wurden, für die „Technik" der Vorsteuerberichtigung kommt es aber darauf an, ob es ein Berichtigungsobjekt gibt. Dieser in UStAE 15a.1 Abs. 1 und Abs. 2 verwendete Begriff findet sich zwar nicht im Gesetzeswortlaut, er beschreibt aber treffend die dem Unternehmen dienenden materiellen und immateriellen Güter, bei denen Verwendungsänderungen Auswirkungen auf den ursprünglichen Vorsteuerabzug haben können. 55

Das Umsatzsteuerrecht löst sich bei der Vorsteuerberichtigung von sachenrechtlichen Zusammenhängen und ertragsteuerlichen Abgrenzungen und schafft selbständige Berichtigungsobjekte innerhalb einheitlicher Wirtschaftsgüter. UStAE 15a.1 Abs. 2 unterscheidet dazu sechs verschiedene Berichtigungsobjekte. 56

Als erstes werden die schon in → Rn. 49 erwähnten Wirtschaftsgüter gemäß § 15a Abs. 1 UStG genannt, die nicht nur einmalig zur Ausführung von Umsätzen verwendet werden. Dazu gehören abnutzbare oder nichtabnutzbare Wirtschaftsgüter. Sie müssen ertragsteuerlich nicht zu einem Betriebsvermögen gehören, aber da sie den Vorsteuerabzug ermöglichen, müssen sie einem Unternehmen zugeordnet sein. Auch immaterielle Wirtschaftsgüter wie zB Computerprogramme zählen dazu, ebenso Mietereinbauten iSd Schreibens des BMF vom 15.1.1976, BStBl. I 1976, 66. Die ertragsteuerliche Unterscheidung nach Anlage- oder Umlaufvermögen ist ohne Belang, vgl. BFH 24.9.2009 – V R 5/08, BStBl. II 2010, 315, auch wenn es sich regelmäßig um Anlagevermögen handeln wird. 57

Die zweite Gruppe sind die Wirtschaftsgüter gemäß § 15a Abs. 2 UStG, die nur einmalig zur Ausführung von Umsätzen verwendet werden. Das sind regelmäßig die Wirtschaftsgüter, die ertragsteuerlich zum Umlaufvermögen gehören, also zB die Handelswaren und zur Verarbeitung bestimmte Materialvorräte. UStAE 15a.1 Abs. 2 Nr. 2 erwähnt aber auch zu Recht den Fall, dass ein Gegenstand des Anlagevermögens veräußert oder entnommen wird, bevor 58 er für die vorgesehenen Umsätze eingesetzt wurde. Hier ist zu beachten, dass es keinen begrenzten Berichtigungszeitraum gibt.

59 Die dritte Art sind die nachträglich in ein Wirtschaftsgut eingehenden Gegenstände, wenn diese Gegenstände dabei ihre körperliche und wirtschaftliche Eigenart endgültig verlieren. Dann ist bei einer Verwendungsänderung gemäß § 15a Abs. 3 UStG entsprechend den Abs. 1 und 2 von § 15a UStG zu verfahren. Es kommt nicht darauf an, ob es bei dem Wirtschaftsgut, in das die Gegenstände eingehen, zu einer Werterhöhung kommt. Maßgeblich ist allein, dass es zu einem einheitlichen Nutzungs- und Funktionszusammenhang kommt, durch den die Gegenstände ihre selbständige Nutzbarkeit und Abtrennbarkeit verlieren. Zur Verwaltungspraxis gem. UStAE → Rn. 59.1 f.

59.1 UStAE 15a.1 Nr. 3 ordnet an, dass dann, wenn im Rahmen einer Maßnahme mehr als ein Gegenstand in das Wirtschaftsgut eingefügt wird oder sonstige Leistungen an dem Wirtschaftsgut ausgeführt werden, alle diese Leistungen zu einem Berichtigungsobjekt zusammenzufassen sind. Dabei ist dann die 1.000 EUR-Grenze gemäß § 44 Abs. 1 UStDV auf die gesamten Vorsteuern zu beziehen, die bei dieser Maßnahme abgezogen wurden.

59.2 Als Beispiele für § 15a Abs. 3 UStG nennt UStAE 15a.6 Abs. 7 den (Erneuerungs-)Fassadenanstrich an einem Gebäude, die Fassadenreinigung an einem Gebäude, die Neulackierung eines Kraftfahrzeuges oder Schiffes, Renovierungsarbeiten an Geschäftsräumen (auch gemieteten), die Generalüberholung von Aufzugs- und Heizungsanlagen. Die ertragsteuerlichen Abschreibungsregeln spielen dabei keine Rolle, dh auch bei vollständig abgeschriebenen Berichtigungsobjekten gemäß § 15a Abs. 3 UStG kommt eine Berichtigung noch in Frage, wenn die Nutzungsdauer des Wirtschaftsguts, an dem die sonstige Leistung ausgeführt wurde, länger ist als der Abschreibungszeitraum.

60 Die soeben erwähnten sonstigen Leistungen können gemäß § 15a Abs. 3 UStG auch für sich, dh ohne feste Verbindung mit dem Wirtschaftsgut, an dem sie ausgeführt wurden, ein eigenes Berichtigungsobjekt sein. Dabei kommt es nicht darauf an, dass es durch die sonstige Leistung eine Werterhöhung erfährt. Somit können auch reine Werterhaltungsmaßnahmen, wie zB die Imprägnierung eines Flachdaches auf einer Industriehalle, ein eigenes Berichtigungsobjekt bilden. Die Maßnahme muss über den Zeitpunkt des Bezugs hinaus eine eigene Werthaltigkeit haben, dh sie darf sich nicht schon im Zeitpunkt ihres Bezugs wirtschaftlich verbrauchen, so UStAE 15a.1. Abs. 2 Nr. 4. Das ist zB bei Bewachungsleistungen an Grundstücken und Gebäuden der Fall.

61 Bei der fünften Art geht es um Folgendes: Gemäß § 15a Abs. 4 UStG können auch sonstige Leistungen, die nicht unter § 15a Abs. 3 UStG fallen, ein Berichtigungsobjekt sein. Das sind sonstige Leistungen, die nicht an einem Wirtschaftsgut ausgeführt werden, sondern selbständig bezogen und genutzt werden. Dabei nimmt das Gesetz aber nur die sonstigen Leistungen in den Blick, für die in der Steuerbilanz ein Aktivposten zu bilden wäre. Es ist aber unerheblich, ob der Unternehmer gemäß den §§ 140, 141 AO zur Buchführung verpflichtet ist. Zu denken ist dabei insbesondere an Rechte und Lizenzen, die ein Unternehmen mit Vorsteuerabzug für sein Unternehmen bezogen hat. Allerdings bilden sonstige Leistungen, für die Unternehmer schon vor ihrer Ausführung aus Anzahlungen den Vorsteuerabzug geltend machen konnten, kein eigenes Berichtigungsobjekt, vgl. § 15a Abs. 4 S. 2 UStG. Das ist deshalb sinnvoll, weil der Vorsteuerabzug aus Anzahlungen letztlich davon abhängig ist, dass die bestellte Leistung, für die die Anzahlung erbracht wird, tatsächlich ausgeführt wird. Und wenn dies geschieht, ist die Leistung selbst das Berichtigungsobjekt.

61.1 Als Beispiele denke man an Beratungsleistungen für eine Produktkonzeption, gutachterliche Leistungen, Anmietungen von Wirtschaftsgütern, Erwerb gewerblicher Schutzrechte, individueller Computerprogramme oder von Werbeleistungen; Anzahlungen für längerfristiges Mietleasing, vgl. UStAE 15a.7 Abs. 1.

62 Schließlich sind gemäß § 15a Abs. 6 UStG auf nachträgliche Anschaffungs- und Herstellungskosten die Abs. 1–5 von § 15a UStG sinngemäß anzuwenden. Mithin gelten die Grundsätze zum Berichtigungsobjekt auch für nachträgliche Anschaffungs- und Herstellungskosten. Diese sind lt. UStAE 15a.1. Abs. 2 Nr. 6 nach den einkommensteuerlichen Grundsätzen abzugrenzen. Erhaltungsaufwand fällt damit nicht unter § 15a Abs. 6 UStG, wohl aber ggf. unter § 15a Abs. 3 UStG, → Rn. 60.

Der Berichtigungszeitraum von fünf oder zehn Jahren beginnt für die nachträglichen Anschaffungs- und Herstellungskosten zu dem Zeitpunkt, in dem der Unternehmer das in seiner Form geänderte Wirtschaftsgut erstmalig zur Ausführung von Umsätzen verwendet. Er endet spätestens, wenn das Wirtschaftsgut, an dem nachträgliche Kosten angefallen sind, nicht mehr zur Ausführung von Umsätzen eingesetzt werden kann, vgl. § 15a Abs. 5 S. 2 UStG; s. auch UStAE 15a.8 Abs. 1. 62.1

5. Änderung der Verwendungsverhältnisse

Die Vorsteuer ist zu berichtigen, wenn sich bei der tatsächlichen Nutzung des Berichtigungsobjekts die für den ursprünglichen Vorsteuerabzug maßgeblichen Verhältnisse ändern, vgl. UStAE 15a.2 Abs. 2. Dabei sind auch die Veräußerung und die unentgeltliche Wertabgabe als Verwendung anzusehen, s. BFH 2.10.1986 – V R 91/78, BStBl. II 1987, 44. Bei Grundstücken ist auch die teilunternehmerische Verwendung gemäß § 15 Abs. 1b UStG eine Verwendung iSv § 15a Abs. 1 UStG. 63

Lt. BFH 8.3.2012 – V R 24/11, BStBl. II 2012, 466 bewirkt die Eröffnung des Insolvenzverfahrens beim Unternehmer weder tatsächlich noch rechtlich eine Verwendungsänderung bei den Berichtigungsobjekten. 63.1

Weil der EuGH in dem Urteil vom 25.7.2018 – C-140/17, MwStR 2018, 968 (→ Rn. 7) die Vorsteuerberichtigung auch für zulässig gehalten hat, wenn ein Steuerpflichtiger erst nachträglich geltend macht, er habe im Zeitpunkt der Anschaffung des Wirtschaftsguts als Steuerpflichtiger gehandelt, muss man annehmen, dass diese Bekundung einer Verwendungsänderung gleichkommt. Die Vorsteuerberichtigung hat dann die Wirkung einer sonst nicht vorgesehenen Einlagenentsteuerung. 63.2

Eine für § 15a UStG relevante Verwendungsänderung liegt gemäß UStAE 15a.2 Abs. 1 2 zB in folgenden Fällen vor: 64

- Der Unternehmer wechselt bei einem Wirtschaftsgut von der Verwendung für steuerpflichtige Umsätze zum Einsatz für steuerfreie Umsätze, die den Vorsteuerabzug ausschließen.
- Der Unternehmer verzichtet gemäß § 9 UStG auf eine vorsteuerabzugsschädliche Steuerbefreiung oder er nimmt einen derartigen Verzicht zurück. Wenn das fehlschlägt, führt die Rückzahlung von Vorsteuern an das Finanzamt aber nicht zu Werbungskosten bei den Einkünften aus Vermietung und Verpachtung, so BFH 13.11.1986 – IV R 211/83, BStBl. II 1987, 374.
- Der Vorsteuerschlüssel gemäß § 15 Abs. 4 UStG ändert sich.
- Die Veräußerung oder Entnahme eines vorsteuerentlasteten Wirtschaftsguts ist steuerfrei, vgl. § 15a Abs. 8 UStG.
- Der Unternehmer geht zur Nichterhebung der Steuer gemäß § 19 Abs. 1 UStG über ohne weitere Nutzungsänderung. Vgl. § 15a Abs. 7 UStG; s. dazu UStAE 15a.9.
- Der Unternehmer geht von der Regelbesteuerung zur Besteuerung nach § 24 UStG über oder er wechselt von der Besteuerung nach § 24 UStG zur Regelbesteuerung – jeweils ohne weitere Nutzungsänderung. Vgl. § 15a Abs. 7 UStG; dazu UStAE 15a.9
- Eine Rechtsänderung an § 15 UStG erweitert den Vorsteuerabzug oder schränkt ihn ein.
- Die rechtliche Beurteilung des ursprünglichen Vorsteuerabzugs ändert sich und die Beurteilung des Erstjahrs ist bestandskräftig und nicht mehr änderbar.
- Die Verwendung eines unter § 15 Abs. 1b UStG erworbenen Grundstücks ändert sich (§ 15a Abs. 6a UStG).
- Der Unternehmer geht von der Differenzbesteuerung gemäß § 25a UStG zur Regelbesteuerung über oder umgekehrt (vgl. § 25a Abs. 2 UStG).

6. Geltung nur für die Berichtigung gemäß § 15a UStG

§ 9b Abs. 2 ist zwingendes Recht. Der Unternehmer hat mithin kein Wahlrecht, ob er die Vorschrift anwenden möchte. Da sich § 9b Abs. 2 ausdrücklich nur auf § 15a UStG bezieht, gilt die Vorschrift nur für die auf dieser Vorschrift beruhenden Vorsteuerberichtigungen und zB nicht für die Fälle, in denen wegen der Änderung der Bemessungsgrundlage gemäß § 17 UStG der Vorsteuerabzug nachträglich geändert werden muss. Auch Korrekturen der Vorsteueraufteilung gemäß § 15 Abs. 4 UStG sind – von der Änderung des Aufteilungsschlüssels (→ Rn. 41) abgesehen – kein Fall des § 9b Abs. 2 EStG. 65

7. Werbungskosten

66 Lt. BMF 23.8.1993, BStBl. I 1993, 698 folgt die Finanzverwaltung der Auffassung des BFH in den Urteilen vom 8.12.1992 (IX R 105/89, BStBl. II 1993, 656) und vom 17.3.1992 (IX R 55/90, BStBl. II 1993, 17), wonach an das Finanzamt zurückgezahlte Vorsteuern auch als Werbungskosten gemäß § 9b Abs. 2 abgezogen werden können, wenn der Vorsteuerabzug aufgrund der Veräußerung eines Wirtschaftsguts des Privatvermögens berichtigt worden ist. Die zurückgezahlten Vorsteuern sind ebenso wie im Fall der Veräußerung eines Wirtschaftsguts des Betriebsvermögens Veräußerungskosten (vgl. BFH 26.3.1992 – IV R 121/90, BStBl. II 1992, 1038 zur Vorsteuerberichtigung beim steuerfreien Verkauf eines steuerpflichtig vermieteten Gebäudes, das im Privatvermögen gehalten wurde), dürfen aber dennoch nach dem klaren Wortlaut des § 9b Abs. 2 als Werbungskosten geltend gemacht werden. Dem ist zuzustimmen, denn die Unterscheidung nach Privat- oder Betriebsvermögen ist der Umsatzsteuer fremd; sie kennt nur dem Unternehmen zugeordnetes oder nicht zugeordnetes Vermögen (→ Rn. 25).

8. Versagung des Vorsteuerabzugs gem. § 25f UStG

67 Ab dem 1.1.2020 ordnet § 25f Abs. 1 UStG (s. Art. 12 Nr. 19 iVm Art. 39 Abs. 2 des „JStG 2019" v. 12.12.2019, BGBl. 2019 I 2451; s. *Widmann* MwStR 2019, 976; *Sterzinger* UR 2020, 1; *Wäger* UR 2020, 45; SWR/*Widmann* UStG § 25f Rn. 1 ff.) an, dass der Vorsteuerabzug gem. § 15 Abs. 1 S. 1 Nr. 1, Nr. 3 sowie Nr. 4 UStG zu versagen ist, wenn der Unternehmer wusste oder hätte wissen müssen, dass er sich mit der von ihm erbrachten Leistung oder seinem Leistungsbezug an einem Umsatz beteiligt, bei dem der Leistende oder ein anderer Beteiligter auf einer vorhergehenden oder nachfolgenden Umsatzstufe in eine begangene Hinterziehung von Umsatzsteuer oder Erlangung eines nicht gerechtfertigten Vorsteuerabzugs im Sinne des § 370 AO oder in eine Schädigung des Steueraufkommens im Sinne der §§ 26b und 26c UStG einbezogen war. Diese Norm beruht auf der ständigen Rechtsprechung des EuGH (EuGH 6.12.2012 – C-285/11, UR 2013, 195 – Bonik; EuGH 18.12.2014 – C-131/13, C-163/13 u. C.164/13, UR 2015, 196 – Italmoda; EuGH 16.10.2019 – C- 189/18, UR 2019, 942 – Glencore Agriculture Hungary), wonach nur gutgläubige Steuerpflichtige den Anspruch auf Vorsteuerabzug haben. Der EuGH begründet dies so: Niemand darf sich auf die Regeln der unionsrechtlich harmonisierten Mehrwertsteuer berufen, der diese in missbräuchlicher oder betrügerischer Absicht nutzen will. S. *Ehrke-Rabel*, FS 100 Jahre Umsatzsteuerrecht in Deutschland, 2018, 721; *Wäger* FS BFH, 2018, 1592.

69 Greift das absolute Abzugsverbot gem. § 25f UStG, sind die Anschaffungs- und Herstellungskosten mit dem Bruttobetrag anzusetzen.

70 Aus der Formulierung „ist zu versagen" ergibt sich nicht direkt, wer für die Versagung zuständig ist. Das kann nur das zuständige Finanzamt sein. Jedenfalls sicher nicht der Unternehmer selbst, denn sonst müsste der Text zB lauten wie in § 15 Abs. 1a UStG, „ Nicht abziehbar sind Vorsteuern […]", oder wie in § 15 Abs. 2 UStG: „Vom Vorsteuerabzug ausgeschlossen ist […]". Es liegt daher nicht fern, die Anwendung des § 25f UStG allein den Finanzbehörden zu überlassen und den Unternehmer nicht für verpflichtet zu halten, von sich aus wegen seiner Verwicklung in die Hinterziehung von Umsatzsteuer die Geltendmachung des Vorsteuerabzugs zu unterlassen (so auch *Sterzinger* UR 2020, 1). Wollte man das vom Unternehmer verlangen, gäbe es wohl ein Problem mit dem „Nemo-tenetur"-Grundsatz, wonach niemand gezwungen werden darf, sich selbst einer Straftat zu bezichtigen. Beruft sich der Unternehmer auf § 25f UStG, wäre offenkundig, dass er womöglich selbst davon ausgeht, an einer der in § 25f UStG aufgeführten Straftaten (Umsatzsteuerhinterziehung, Erlangung eines nicht gerechtfertigten Vorsteuerabzugs gem. § 370 AO, Schädigung des Umsatzsteueraufkommens gem. §§ 26b und 26c UStG) beteiligt gewesen zu sein. Die Rechtsprechung des EuGH bürdet der Verwaltung die Beweislast für die Versagung des Vorsteuerabzugs auf, dh sie muss nachweisen, dass der Unternehmer nicht gutgläubig war, sondern um die strafbaren Taten seiner Vor- und Nachunternehmer wusste oder wissen musste (EuGH 6.12.2012 – C-285/11, MwStR 2013, 37 mAnm *Grube* – Bonik; EuGH 16.10.2019 – C- 189/18, MwStR 2020, 199 mAnm *Reichelt* – Glencore Agriculture Hungary Kft).

4b. [aufgehoben]

§ 9c Kinderbetreuungskosten

[bis einschl. VZ 2011:]

(1)** [1]**Aufwendungen für Dienstleistungen zur Betreuung eines zum Haushalt des Steuerpflichtigen gehörenden Kindes im Sinne des § 32 Abs. 1, die wegen einer Erwerbstätigkeit des Steuerpflichtigen anfallen, können bei Kindern, die das 14. Lebensjahr noch nicht vollendet haben oder wegen einer vor Vollendung des 25. Lebensjahres eingetretenen körperlichen, geistigen oder seelischen Behinderung außerstande sind, sich selbst zu unterhalten, in Höhe von zwei Dritteln der Aufwendungen, höchstens 4000 Euro je Kind, bei der Ermittlung der Einkünfte aus Land- und Forstwirtschaft, Gewerbebetrieb oder selbständiger Arbeit wie Betriebsausgaben abgezogen werden. [2]Im Fall des Zusammenlebens der Elternteile gilt Satz 1 nur, wenn beide Elternteile erwerbstätig sind.

(2)** [1]**Nicht erwerbsbedingte Aufwendungen für Dienstleistungen zur Betreuung eines zum Haushalt des Steuerpflichtigen gehörenden Kindes im Sinne des § 32 Abs. 1 können bei Kindern, die das 14. Lebensjahr noch nicht vollendet haben oder wegen einer vor Vollendung des 25. Lebensjahres eingetretenen körperlichen, geistigen oder seelischen Behinderung außerstande sind, sich selbst zu unterhalten, in Höhe von zwei Dritteln der Aufwendungen, höchstens 4000 Euro je Kind, als Sonderausgaben abgezogen werden, wenn der Steuerpflichtige sich in Ausbildung befindet, körperlich, geistig oder seelisch behindert oder krank ist. [2]Erwachsen die Aufwendungen wegen Krankheit des Steuerpflichtigen, muss die Krankheit innerhalb eines zusammenhängenden Zeitraums von mindestens drei Monaten bestanden haben, es sei denn, der Krankheitsfall tritt unmittelbar im Anschluss an eine Erwerbstätigkeit oder Ausbildung ein. [3]Bei zusammenlebenden Eltern ist Satz 1 nur dann anzuwenden, wenn bei beiden Elternteilen die Voraussetzungen nach Satz 1 vorliegen oder ein Elternteil erwerbstätig ist und der andere Elternteil sich in Ausbildung befindet, körperlich, geistig oder seelisch behindert oder krank ist. [4]Aufwendungen für Dienstleistungen zur Betreuung eines zum Haushalt des Steuerpflichtigen gehörenden Kindes im Sinne des § 32 Abs. 1 können bei Kindern, die das dritte Lebensjahr vollendet, das sechste Lebensjahr aber noch nicht vollendet haben, in Höhe von zwei Dritteln der Aufwendungen, höchstens 4000 Euro je Kind, als Sonderausgaben abgezogen werden, wenn sie weder nach Absatz 1 noch nach Satz 1 zu berücksichtigen sind.

(3)** [1]**Die Absätze 1 und 2 gelten nicht für Aufwendungen für Unterricht, die Vermittlung besonderer Fähigkeiten sowie für sportliche und andere Freizeitbetätigungen. [2]Ist das zu betreuende Kind nicht nach § 1 Abs. 1 oder Abs. 2 unbeschränkt einkommensteuerpflichtig, ist der in den Absätzen 1 und 2 genannte Betrag zu kürzen, soweit es nach den Verhältnissen im Wohnsitzstaat des Kindes notwendig und angemessen ist. [3]Voraussetzung für den Abzug der Aufwendungen nach den Absätzen 1 und 2 ist, dass der Steuerpflichtige für die Aufwendungen eine Rechnung erhalten hat und die Zahlung auf das Konto des Erbringers der Leistung erfolgt ist.

Durch das StVereinfG 2011 v. 1.11.2011 (BGBl. 2011 I 2131) ist § 9c **mit Wirkung ab VZ 12 aufgehoben** worden. Siehe jetzt § 10 Abs. 1 Nr. 5 → § 10 Rn. 1 ff.. § 9c galt **ab VZ 2009** und fasste ohne inhaltliche Änderung die bis dahin geltenden Regelungen des § 4f aF (Abzug erwerbsbedingter Aufwendungen für die Betreuung von Kindern) und § 10 Abs. 1 Nr. 5 und 8 aF (Voraussetzungen unter denen nicht erwerbsbedingte Betreuungskosten als Sonderausgaben geltend gemacht werden konnten) zusammen. 1

Kinderbetreuungskosten können (seit der Aufhebung des § 9c, also ab VZ 2012) **nur noch als Sonderausgaben** abgezogen werden (§ 10 Abs. 1 Nr. 5 → § 10 Rn. 1 ff.). Die Unterscheidung nach erwerbsbedingten und nicht erwerbsbedingten Kinderbetreuungskosten ist aufgegeben worden. Auf die persönlichen Anspruchsvoraussetzungen bei den Eltern kommt es nicht mehr an (BT-Drs. 17/5125). 2

5. Sonderausgaben

§ 10 [Sonderausgaben]

(1) Sonderausgaben sind die folgenden Aufwendungen, wenn sie weder Betriebsausgaben noch Werbungskosten sind oder wie Betriebsausgaben oder Werbungskosten behandelt werden:

1. *(aufgehoben)*

1a. *(aufgehoben)*

1b. *(aufgehoben)*

2. a) Beiträge zu den gesetzlichen Rentenversicherungen oder zur landwirtschaftlichen Alterskasse sowie zu berufsständischen Versorgungseinrichtungen, die den gesetzlichen Rentenversicherungen vergleichbare Leistungen erbringen;

b) Beiträge des Steuerpflichtigen

aa) zum Aufbau einer eigenen kapitalgedeckten Altersversorgung, wenn der Vertrag nur die Zahlung einer monatlichen, auf das Leben des Steuerpflichtigen bezogenen lebenslangen Leibrente nicht vor Vollendung des 62. Lebensjahres oder zusätzlich die ergänzende Absicherung des Eintritts der Berufsunfähigkeit (Berufsunfähigkeitsrente), der verminderten Erwerbsfähigkeit (Erwerbsminderungsrente) oder von Hinterbliebenen (Hinterbliebenenrente) vorsieht. [2]Hinterbliebene in diesem Sinne sind der Ehegatte des Steuerpflichtigen und die Kinder, für die er Anspruch auf Kindergeld oder auf einen Freibetrag nach § 32 Absatz 6 hat. [3]Der Anspruch auf Waisenrente darf längstens für den Zeitraum bestehen, in dem der Rentenberechtigte die Voraussetzungen für die Berücksichtigung als Kind im Sinne des § 32 erfüllt;

bb) für seine Absicherung gegen den Eintritt der Berufsunfähigkeit oder der verminderten Erwerbsfähigkeit (Versicherungsfall), wenn der Vertrag nur die Zahlung einer monatlichen, auf das Leben des Steuerpflichtigen bezogenen lebenslangen Leibrente für einen Versicherungsfall vorsieht, der bis zur Vollendung des 67. Lebensjahres eingetreten ist. [2]Der Vertrag kann die Beendigung der Rentenzahlung wegen eines medizinisch begründeten Wegfalls der Berufsunfähigkeit oder der verminderten Erwerbsfähigkeit vorsehen. [3]Die Höhe der zugesagten Rente kann vom Alter des Steuerpflichtigen bei Eintritt des Versicherungsfalls abhängig gemacht werden, wenn der Steuerpflichtige das 55. Lebensjahr vollendet hat.

[2]Die Ansprüche nach Buchstabe b dürfen nicht vererblich, nicht übertragbar, nicht beleihbar, nicht veräußerbar und nicht kapitalisierbar sein. [3]Anbieter und Steuerpflichtiger können vereinbaren, dass bis zu zwölf Monatsleistungen in einer Auszahlung zusammengefasst werden oder eine Kleinbetragsrente im Sinne von § 93 Absatz 3 Satz 2 abgefunden wird. [4]Bei der Berechnung der Kleinbetragsrente sind alle bei einem Anbieter bestehenden Verträge des Steuerpflichtigen jeweils nach Buchstabe b Doppelbuchstabe aa oder Doppelbuchstabe bb zusammenzurechnen. [5]Neben den genannten Auszahlungsformen darf kein weiterer Anspruch auf Auszahlungen bestehen. [6]Zu den Beiträgen nach den Buchstaben a und b ist der nach § 3 Nummer 62 steuerfreie Arbeitgeberanteil zur gesetzlichen Rentenversicherung und ein diesem gleichgestellter steuerfreier Zuschuss des Arbeitgebers hinzuzurechnen. [7]Beiträge nach § 168 Absatz 1 Nummer 1b oder 1c oder nach § 172 Absatz 3 oder 3a des Sechsten Buches Sozialgesetzbuch werden abweichend von Satz 6 nur auf Antrag des Steuerpflichtigen hinzugerechnet;

3. Beiträge zu

a) Krankenversicherungen, soweit diese zur Erlangung eines durch das Zwölfte Buch Sozialgesetzbuch bestimmten sozialhilfegleichen Versorgungsniveaus

erforderlich sind und sofern auf die Leistungen ein Anspruch besteht. [2]Für Beiträge zur gesetzlichen Krankenversicherung sind dies die nach dem Dritten Titel des Ersten Abschnitts des Achten Kapitels des Fünften Buches Sozialgesetzbuch oder die nach dem Sechsten Abschnitt des Zweiten Gesetzes über die Krankenversicherung der Landwirte festgesetzten Beiträge. [3]Für Beiträge zu einer privaten Krankenversicherung sind dies die Beitragsanteile, die auf Vertragsleistungen entfallen, die, mit Ausnahme der auf das Krankengeld entfallenden Beitragsanteile, in Art, Umfang und Höhe den Leistungen nach dem Dritten Kapitel des Fünften Buches Sozialgesetzbuch vergleichbar sind; § 158 Absatz 2 des Versicherungsaufsichtsgesetzes gilt entsprechend. [4]Wenn sich aus den Krankenversicherungsbeiträgen nach Satz 2 ein Anspruch auf Krankengeld oder ein Anspruch auf eine Leistung, die anstelle von Krankengeld gewährt wird, ergeben kann, ist der jeweilige Beitrag um 4 Prozent zu vermindern;

b) gesetzlichen Pflegeversicherungen (soziale Pflegeversicherung und private Pflege-Pflichtversicherung).

[2]Als eigene Beiträge des Steuerpflichtigen können auch eigene Beiträge im Sinne der Buchstaben a oder b eines Kindes behandelt werden, wenn der Steuerpflichtige die Beiträge des Kindes, für das ein Anspruch auf einen Freibetrag nach § 32 Absatz 6 oder auf Kindergeld besteht, durch Leistungen in Form von Bar- oder Sachunterhalt wirtschaftlich getragen hat, unabhängig von Einkünften oder Bezügen des Kindes. [3]Satz 2 gilt entsprechend, wenn der Steuerpflichtige die Beiträge für ein unterhaltsberechtigtes Kind trägt, welches nicht selbst Versicherungsnehmer ist, sondern der andere Elternteil. [4]Hat der Steuerpflichtige in den Fällen des Absatzes 1a Nummer 1 eigene Beiträge im Sinne des Buchstaben a oder des Buchstaben b zum Erwerb einer Krankenversicherung oder gesetzlichen Pflegeversicherung für einen geschiedenen oder dauernd getrennt lebenden unbeschränkt einkommensteuerpflichtigen Ehegatten geleistet, dann werden diese abweichend von Satz 1 als eigene Beiträge des geschiedenen oder dauernd getrennt lebenden unbeschränkt einkommensteuerpflichtigen Ehegatten behandelt. [5]Beiträge, die für nach Ablauf des Veranlagungszeitraums beginnende Beitragsjahre geleistet werden und in der Summe das Dreifache der auf den Veranlagungszeitraum entfallenden Beiträge überschreiten, sind in dem Veranlagungszeitraum anzusetzen, für den sie geleistet wurden;

3a. Beiträge zu Kranken- und Pflegeversicherungen, soweit diese nicht nach Nummer 3 zu berücksichtigen sind; Beiträge zu Versicherungen gegen Arbeitslosigkeit, zu Erwerbs- und Berufsunfähigkeitsversicherungen, die nicht unter Nummer 2 Satz 1 Buchstabe b fallen, zu Unfall- und Haftpflichtversicherungen sowie zu Risikoversicherungen, die nur für den Todesfall eine Leistung vorsehen; Beiträge zu Versicherungen im Sinne des § 10 Absatz 1 Nummer 2 Buchstabe b Doppelbuchstabe bb bis dd in der am 31. Dezember 2004 geltenden Fassung, wenn die Laufzeit dieser Versicherungen vor dem 1. Januar 2005 begonnen hat und ein Versicherungsbeitrag bis zum 31. Dezember 2004 entrichtet wurde; § 10 Absatz 1 Nummer 2 Satz 2 bis 6 und Absatz 2 Satz 2 in der am 31. Dezember 2004 geltenden Fassung ist in diesen Fällen weiter anzuwenden;

4. gezahlte Kirchensteuer; dies gilt nicht, soweit die Kirchensteuer als Zuschlag zur Kapitalertragsteuer oder als Zuschlag auf die nach dem gesonderten Tarif des § 32d Absatz 1 ermittelte Einkommensteuer gezahlt wurde;

5. zwei Drittel der Aufwendungen, höchstens 4 000 Euro je Kind, für Dienstleistungen zur Betreuung eines zum Haushalt des Steuerpflichtigen gehörenden Kindes im Sinne des § 32 Absatz 1, welches das 14. Lebensjahr noch nicht vollendet hat oder wegen einer vor Vollendung des 25. Lebensjahres eingetretenen körperlichen, geistigen oder seelischen Behinderung außerstande ist, sich selbst zu unterhalten. [2]Dies gilt nicht für Aufwendungen für Unterricht, die Vermittlung besonderer Fähigkeiten sowie für sportliche und andere Freizeit-

betätigungen. [3]Ist das zu betreuende Kind nicht nach § 1 Absatz 1 oder Absatz 2 unbeschränkt einkommensteuerpflichtig, ist der in Satz 1 genannte Betrag zu kürzen, soweit es nach den Verhältnissen im Wohnsitzstaat des Kindes notwendig und angemessen ist. [4]Voraussetzung für den Abzug der Aufwendungen nach Satz 1 ist, dass der Steuerpflichtige für die Aufwendungen eine Rechnung erhalten hat und die Zahlung auf das Konto des Erbringers der Leistung erfolgt ist;

6. **(weggefallen)**
7. **Aufwendungen für die eigene Berufsausbildung bis zu 6 000 Euro im Kalenderjahr. [2]Bei Ehegatten, die die Voraussetzungen des § 26 Absatz 1 Satz 1 erfüllen, gilt Satz 1 für jeden Ehegatten. [3]Zu den Aufwendungen im Sinne des Satzes 1 gehören auch Aufwendungen für eine auswärtige Unterbringung. [4]§ 4 Absatz 5 Satz 1 Nummer 6b sowie § 9 Absatz 1 Satz 3 Nummer 4 und 5, Absatz 2, 4 Satz 8 und Absatz 4a sind bei der Ermittlung der Aufwendungen anzuwenden.**
8. **(weggefallen)**
9. **30 Prozent des Entgelts, höchstens 5 000 Euro, das der Steuerpflichtige für ein Kind, für das er Anspruch auf einen Freibetrag nach § 32 Absatz 6 oder auf Kindergeld hat, für dessen Besuch einer Schule in freier Trägerschaft oder einer überwiegend privat finanzierten Schule entrichtet, mit Ausnahme des Entgelts für Beherbergung, Betreuung und Verpflegung. [2]Voraussetzung ist, dass die Schule in einem Mitgliedstaat der Europäischen Union oder in einem Staat belegen ist, auf den das Abkommen über den Europäischen Wirtschaftsraum Anwendung findet, und die Schule zu einem von dem zuständigen inländischen Ministerium eines Landes, von der Kultusministerkonferenz der Länder oder von einer inländischen Zeugnisanerkennungsstelle anerkannten oder einem inländischen Abschluss an einer öffentlichen Schule als gleichwertig anerkannten allgemein bildenden oder berufsbildenden Schul-, Jahrgangs- oder Berufsabschluss führt. [3]Der Besuch einer anderen Einrichtung, die auf einen Schul-, Jahrgangs- oder Berufsabschluss im Sinne des Satzes 2 ordnungsgemäß vorbereitet, steht einem Schulbesuch im Sinne des Satzes 1 gleich. [4]Der Besuch einer Deutschen Schule im Ausland steht dem Besuch einer solchen Schule gleich, unabhängig von ihrer Belegenheit. [5]Der Höchstbetrag nach Satz 1 wird für jedes Kind, bei dem die Voraussetzungen vorliegen, je Elternpaar nur einmal gewährt.**

(1a) Sonderausgaben sind auch die folgenden Aufwendungen:

1. **Unterhaltsleistungen an den geschiedenen oder dauernd getrennt lebenden unbeschränkt einkommensteuerpflichtigen Ehegatten, wenn der Geber dies mit Zustimmung des Empfängers beantragt, bis zu 13 805 Euro im Kalenderjahr. [2]Der Höchstbetrag nach Satz 1 erhöht sich um den Betrag der im jeweiligen Veranlagungszeitraum nach Absatz 1 Nummer 3 für die Absicherung des geschiedenen oder dauernd getrennt lebenden unbeschränkt einkommensteuerpflichtigen Ehegatten aufgewandten Beiträge. [3]Der Antrag kann jeweils nur für ein Kalenderjahr gestellt und nicht zurückgenommen werden. [4]Die Zustimmung ist mit Ausnahme der nach § 894 der Zivilprozessordnung als erteilt geltenden bis auf Widerruf wirksam. [5]Der Widerruf ist vor Beginn des Kalenderjahres, für das die Zustimmung erstmals nicht gelten soll, gegenüber dem Finanzamt zu erklären. [6]Die Sätze 1 bis 5 gelten für Fälle der Nichtigkeit oder der Aufhebung der Ehe entsprechend. [7]Voraussetzung für den Abzug der Aufwendungen ist die Angabe der erteilten Identifikationsnummer (§ 139b der Abgabenordnung) der unterhaltenen Person in der Steuererklärung des Unterhaltsleistenden, wenn die unterhaltene Person der unbeschränkten oder beschränkten Steuerpflicht unterliegt. [8]Die unterhaltene Person ist für diese Zwecke verpflichtet, dem Unterhaltsleistenden ihre erteilte Identifikationsnummer (§ 139b der Abgabenordnung) mitzuteilen. [9]Kommt die unterhaltene Person dieser Verpflichtung nicht nach, ist der Unterhaltsleistende berechtigt, bei der für ihn zuständigen Finanzbehörde die Identifikationsnummer der unterhaltenen Person zu erfragen;**

2. auf besonderen Verpflichtungsgründen beruhende, lebenslange und wiederkehrende Versorgungsleistungen, die nicht mit Einkünften in wirtschaftlichem Zusammenhang stehen, die bei der Veranlagung außer Betracht bleiben, wenn der Empfänger unbeschränkt einkommensteuerpflichtig ist. [2]Dies gilt nur für
a) Versorgungsleistungen im Zusammenhang mit der Übertragung eines Mitunternehmeranteils an einer Personengesellschaft, die eine Tätigkeit im Sinne der §§ 13, 15 Absatz 1 Satz 1 Nummer 1 oder des § 18 Absatz 1 ausübt,
b) Versorgungsleistungen im Zusammenhang mit der Übertragung eines Betriebs oder Teilbetriebs, sowie
c) Versorgungsleistungen im Zusammenhang mit der Übertragung eines mindestens 50 Prozent betragenden Anteils an einer Gesellschaft mit beschränkter Haftung, wenn der Übergeber als Geschäftsführer tätig war und der Übernehmer diese Tätigkeit nach der Übertragung übernimmt.
[3]Satz 2 gilt auch für den Teil der Versorgungsleistungen, der auf den Wohnteil eines Betriebs der Land- und Forstwirtschaft entfällt;
3. Ausgleichsleistungen zur Vermeidung eines Versorgungsausgleichs nach § 6 Absatz 1 Satz 2 Nummer 2 und § 23 des Versorgungsausgleichsgesetzes sowie § 1408 Absatz 2 und § 1587 des Bürgerlichen Gesetzbuchs, soweit der Verpflichtete dies mit Zustimmung des Berechtigten beantragt und der Berechtigte unbeschränkt einkommensteuerpflichtig ist. [2]Nummer 1 Satz 3 bis 5 gilt entsprechend. [3]Voraussetzung für den Abzug der Aufwendungen ist die Angabe der erteilten Identifikationsnummer (§ 139b der Abgabenordnung) des Berechtigten in der Steuererklärung des Verpflichteten; Nummer 1 Satz 8 und 9 gilt entsprechend;
4. Ausgleichszahlungen im Rahmen des Versorgungsausgleichs nach den §§ 20 bis 22 und 26 des Versorgungsausgleichsgesetzes und nach den §§ 1587f, 1587g und 1587i des Bürgerlichen Gesetzbuchs in der bis zum 31. August 2009 geltenden Fassung sowie nach § 3a des Gesetzes zur Regelung von Härten im Versorgungsausgleich, soweit die ihnen zu Grunde liegenden Einnahmen bei der ausgleichspflichtigen Person der Besteuerung unterliegen, wenn die ausgleichsberechtigte Person unbeschränkt einkommensteuerpflichtig ist. [2]Nummer 3 Satz 3 gilt entsprechend.

(2) [1]Voraussetzung für den Abzug der in Absatz 1 Nummer 2, 3 und 3a bezeichneten Beträge (Vorsorgeaufwendungen) ist, dass sie
1. nicht in unmittelbarem wirtschaftlichen Zusammenhang mit steuerfreien Einnahmen stehen; ungeachtet dessen sind Vorsorgeaufwendungen im Sinne des Absatzes 1 Nummer 2, 3 und 3a zu berücksichtigen, soweit
a) sie in unmittelbarem wirtschaftlichen Zusammenhang mit in einem Mitgliedstaat der Europäischen Union oder einem Vertragsstaat des Abkommens über den Europäischen Wirtschaftsraum erzielten Einnahmen aus nichtselbständiger Tätigkeit stehen,
b) diese Einnahmen nach einem Abkommen zur Vermeidung der Doppelbesteuerung im Inland steuerfrei sind und
c) der Beschäftigungsstaat keinerlei steuerliche Berücksichtigung von Vorsorgeaufwendungen im Rahmen der Besteuerung dieser Einnahmen zulässt;
steuerfreie Zuschüsse zu einer Kranken- oder Pflegeversicherung stehen insgesamt in unmittelbarem wirtschaftlichen Zusammenhang mit den Vorsorgeaufwendungen im Sinne des Absatzes 1 Nummer 3,
2. geleistet werden an
a) Versicherungsunternehmen,
aa) die ihren Sitz oder ihre Geschäftsleitung in einem Mitgliedstaat der Europäischen Union oder einem Vertragsstaat des Abkommens über den Europäischen Wirtschaftsraum haben und das Versicherungsgeschäft im Inland betreiben dürfen, oder
bb) denen die Erlaubnis zum Geschäftsbetrieb im Inland erteilt ist.
[2]Darüber hinaus werden Beiträge nur berücksichtigt, wenn es sich um Beträge im Sinne des Absatzes 1 Nummer 3 Satz 1 Buchstabe a an eine Ein-

richtung handelt, die eine anderweitige Absicherung im Krankheitsfall im Sinne des § 5 Absatz 1 Nummer 13 des Fünften Buches Sozialgesetzbuch oder eine der Beihilfe oder freien Heilfürsorge vergleichbare Absicherung im Sinne des § 193 Absatz 3 Satz 2 Nummer 2 des Versicherungsvertragsgesetzes gewährt. [3]Dies gilt entsprechend, wenn ein Steuerpflichtiger, der weder seinen Wohnsitz noch seinen gewöhnlichen Aufenthalt im Inland hat, mit den Beiträgen einen Versicherungsschutz im Sinne des Absatzes 1 Nummer 3 Satz 1 erwirbt,

b) berufsständische Versorgungseinrichtungen,
c) einen Sozialversicherungsträger oder
d) einen Anbieter im Sinne des § 80.

[2]Vorsorgeaufwendungen nach Absatz 1 Nummer 2 Buchstabe b werden nur berücksichtigt, wenn die Beiträge zugunsten eines Vertrags geleistet wurden, der nach § 5a des Altersvorsorgeverträge-Zertifizierungsgesetzes zertifiziert ist, wobei die Zertifizierung Grundlagenbescheid im Sinne des § 171 Absatz 10 der Abgabenordnung ist.

(2a) [1]Bei Vorsorgeaufwendungen nach Absatz 1 Nummer 2 Buchstabe b hat der Anbieter als mitteilungspflichtige Stelle nach Maßgabe des § 93c der Abgabenordnung und unter Angabe der Vertrags- oder der Versicherungsdaten die Höhe der im jeweiligen Beitragsjahr geleisteten Beiträge und die Zertifizierungsnummer an die zentrale Stelle (§ 81) zu übermitteln. [2]§ 22a Absatz 2 gilt entsprechend. [3]§ 72a Absatz 4 und § 93c Absatz 4 der Abgabenordnung finden keine Anwendung.

(2b) [1]Bei Vorsorgeaufwendungen nach Absatz 1 Nummer 3 hat das Versicherungsunternehmen, der Träger der gesetzlichen Kranken- und Pflegeversicherung, die Künstlersozialkasse oder eine Einrichtung im Sinne des Absatzes 2 Satz 1 Nummer 2 Buchstabe a Satz 2 als mitteilungspflichtige Stelle nach Maßgabe des § 93c der Abgabenordnung und unter Angabe der Vertrags- oder der Versicherungsdaten die Höhe der im jeweiligen Beitragsjahr geleisteten und erstatteten Beiträge sowie die in § 93c Absatz 1 Nummer 2 Buchstabe c der Abgabenordnung genannten Daten mit der Maßgabe, dass insoweit als Steuerpflichtiger die versicherte Person gilt, an die zentrale Stelle (§ 81) zu übermitteln; sind Versicherungsnehmer und versicherte Person nicht identisch, sind zusätzlich die Identifikationsnummer und der Tag der Geburt des Versicherungsnehmers anzugeben. [2]Satz 1 gilt nicht, soweit diese Daten mit der elektronischen Lohnsteuerbescheinigung (§ 41b Absatz 1 Satz 2) oder der Rentenbezugsmitteilung (§ 22a Absatz 1 Satz 1 Nummer 4) zu übermitteln sind. [3]§ 22a Absatz 2 gilt entsprechend. [4]Zuständige Finanzbehörde im Sinne des § 72a Absatz 4 und des § 93c Absatz 4 der Abgabenordnung ist das Bundeszentralamt für Steuern. [5]Wird in den Fällen des § 72a Absatz 4 der Abgabenordnung eine unzutreffende Höhe der Beiträge übermittelt, ist die entgangene Steuer mit 30 Prozent des zu hoch ausgewiesenen Betrags anzusetzen.

(3) [1]Vorsorgeaufwendungen nach Absatz 1 Nummer 2 sind bis zu dem Höchstbeitrag zur knappschaftlichen Rentenversicherung, aufgerundet auf einen vollen Betrag in Euro, zu berücksichtigen. [2]Bei zusammenveranlagten Ehegatten verdoppelt sich der Höchstbetrag. [3]Der Höchstbetrag nach Satz 1 oder 2 ist bei Steuerpflichtigen, die

1. Arbeitnehmer sind und die während des ganzen oder eines Teils des Kalenderjahres
   a) in der gesetzlichen Rentenversicherung versicherungsfrei oder auf Antrag des Arbeitgebers von der Versicherungspflicht befreit waren und denen für den Fall ihres Ausscheidens aus der Beschäftigung auf Grund des Beschäftigungsverhältnisses eine lebenslängliche Versorgung oder an deren Stelle eine Abfindung zusteht oder die in der gesetzlichen Rentenversicherung nachzuversichern sind oder
   b) nicht der gesetzlichen Rentenversicherungspflicht unterliegen, eine Berufstätigkeit ausgeübt und im Zusammenhang damit auf Grund vertraglicher Vereinbarungen Anwartschaftsrechte auf eine Altersversorgung erworben haben, oder

2. Einkünfte im Sinne des § 22 Nummer 4 erzielen und die ganz oder teilweise ohne eigene Beitragsleistung einen Anspruch auf Altersversorgung erwerben, um den Betrag zu kürzen, der, bezogen auf die Einnahmen aus der Tätigkeit, die die Zugehörigkeit zum genannten Personenkreis begründen, dem Gesamtbeitrag (Arbeitgeber- und Arbeitnehmeranteil) zur allgemeinen Rentenversicherung entspricht. [4]Im Kalenderjahr 2013 sind 76 Prozent der nach den Sätzen 1 bis 3 ermittelten Vorsorgeaufwendungen anzusetzen. [5]Der sich danach ergebende Betrag, vermindert um den nach § 3 Nummer 62 steuerfreien Arbeitgeberanteil zur gesetzlichen Rentenversicherung und einen diesem gleichgestellten steuerfreien Zuschuss des Arbeitgebers, ist als Sonderausgabe abziehbar. [6]Der Prozentsatz in Satz 4 erhöht sich in den folgenden Kalenderjahren bis zum Kalenderjahr 2025 um je 2 Prozentpunkte je Kalenderjahr. [7]Beiträge nach § 168 Absatz 1 Nummer 1b oder 1c oder nach § 172 Absatz 3 oder 3a des Sechsten Buches Sozialgesetzbuch vermindern den abziehbaren Betrag nach Satz 5 nur, wenn der Steuerpflichtige die Hinzurechnung dieser Beiträge zu den Vorsorgeaufwendungen nach Absatz 1 Nummer 2 Satz 7 beantragt hat.

(4) [1]Vorsorgeaufwendungen im Sinne des Absatzes 1 Nummer 3 und 3a können je Kalenderjahr insgesamt bis 2 800 Euro abgezogen werden. [2]Der Höchstbetrag beträgt 1 900 Euro bei Steuerpflichtigen, die ganz oder teilweise ohne eigene Aufwendungen einen Anspruch auf vollständige oder teilweise Erstattung oder Übernahme von Krankheitskosten haben oder für deren Krankenversicherung Leistungen im Sinne des § 3 Nummer 9, 14, 57 oder 62 erbracht werden. [3]Bei zusammen veranlagten Ehegatten bestimmt sich der gemeinsame Höchstbetrag aus der Summe der jedem Ehegatten unter den Voraussetzungen von Satz 1 und 2 zustehenden Höchstbeträge. [4]Übersteigen die Vorsorgeaufwendungen im Sinne des Absatzes 1 Nummer 3 die nach den Sätzen 1 bis 3 zu berücksichtigenden Vorsorgeaufwendungen, sind diese abzuziehen und ein Abzug von Vorsorgeaufwendungen im Sinne des Absatzes 1 Nummer 3a scheidet aus.

(4a) [1]Ist in den Kalenderjahren 2013 bis 2019 der Abzug der Vorsorgeaufwendungen nach Absatz 1 Nummer 2 Buchstabe a, Absatz 1 Nummer 3 und Nummer 3a in der für das Kalenderjahr 2004 geltenden Fassung des § 10 Absatz 3 mit folgenden Höchstbeträgen für den Vorwegabzug

Kalenderjahr	**Vorwegabzug für den Steuerpflichtigen**	**Vorwegabzug im Fall der Zusammenveranlagung von Ehegatten**
2013	**2100**	**4200**
2014	**1800**	**3600**
2015	**1500**	**3000**
2016	**1200**	**2400**
2017	**900**	**1800**
2018	**600**	**1200**
2019	**300**	**600**

zuzüglich des Erhöhungsbetrags nach Satz 3 günstiger, ist der sich danach ergebende Betrag anstelle des Abzugs nach Absatz 3 und 4 anzusetzen. [2]Mindestens ist bei Anwendung des Satzes 1 der Betrag anzusetzen, der sich ergeben würde, wenn zusätzlich noch die Vorsorgeaufwendungen nach Absatz 1 Nummer 2 Buchstabe b in die Günstigerprüfung einbezogen werden würden; der Erhöhungsbetrag nach Satz 3 ist nicht hinzuzurechnen. [3]Erhöhungsbetrag sind die Beiträge nach Absatz 1 Nummer 2 Buchstabe b, soweit sie nicht den um die Beiträge nach Absatz 1 Nummer 2 Buchstabe a und den nach § 3 Nummer 62 steuerfreien Arbeitgeberanteil zur gesetzlichen Rentenversicherung und einen diesem gleichgestellten steuerfreien Zuschuss verminderten Höchstbetrag nach Absatz 3 Satz 1 bis 3 überschreiten; Absatz 3 Satz 4 und 6 gilt entsprechend.

(4b) [1]Erhält der Steuerpflichtige für die von ihm für einen anderen Veranlagungszeitraum geleisteten Aufwendungen im Sinne des Satzes 2 einen steuerfreien Zuschuss, ist dieser den erstatteten Aufwendungen gleichzustellen. [2]Übersteigen bei den Sonderausgaben nach Absatz 1 Nummer 2 bis 3a die im Veranlagungszeitraum erstatteten Aufwendungen die geleisteten Aufwendungen (Erstattungsüberhang), ist der Erstattungsüberhang mit anderen im Rahmen der jeweiligen Nummer anzusetzenden Aufwendungen zu verrechnen. [3]Ein verbleibender Betrag des sich bei den Aufwendungen nach Absatz 1 Nummer 3 und 4 ergebenden Erstattungsüberhangs ist dem Gesamtbetrag der Einkünfte hinzuzurechnen. [4]Nach Maßgabe des § 93c der Abgabenordnung haben Behörden im Sinne des § 6 Absatz 1 der Abgabenordnung und andere öffentliche Stellen, die einem Steuerpflichtigen für die von ihm geleisteten Beiträge im Sinne des Absatzes 1 Nummer 2, 3 und 3a steuerfreie Zuschüsse gewähren oder Vorsorgeaufwendungen im Sinne dieser Vorschrift erstatten, als mitteilungspflichtige Stellen, neben den nach § 93c Absatz 1 der Abgabenordnung erforderlichen Angaben, die zur Gewährung und Prüfung des Sonderausgabenabzugs nach § 10 erforderlichen Daten an die zentrale Stelle zu übermitteln. [5]§ 22a Absatz 2 gilt entsprechend. [6]§ 72a Absatz 4 und § 93c Absatz 4 der Abgabenordnung finden keine Anwendung.

(5) Durch Rechtsverordnung wird bezogen auf den Versicherungstarif bestimmt, wie der nicht abziehbare Teil der Beiträge zum Erwerb eines Krankenversicherungsschutzes im Sinne des Absatzes 1 Nummer 3 Buchstabe a Satz 3 durch einheitliche prozentuale Abschläge auf die zugunsten des jeweiligen Tarifs gezahlte Prämie zu ermitteln ist, soweit der nicht abziehbare Beitragsteil nicht bereits als gesonderter Tarif oder Tarifbaustein ausgewiesen wird.

(6) Absatz 1 Nummer 2 Buchstabe b Doppelbuchstabe aa ist für Vertragsabschlüsse vor dem 1. Januar 2012 mit der Maßgabe anzuwenden, dass der Vertrag die Zahlung der Leibrente nicht vor der Vollendung des 60. Lebensjahres vorsehen darf.

---

§ 29 EStDV Anzeigepflichten bei Versicherungsverträgen

[1]Bei Versicherungen, deren Laufzeit vor dem 1. Januar 2005 begonnen hat, hat der Sicherungsnehmer nach amtlich vorgeschriebenem Muster dem für die Veranlagung des Versicherungsnehmers nach dem Einkommen zuständigen Finanzamt, bei einem Versicherungsnehmer, der im Inland weder einen Wohnsitz noch seinen gewöhnlichen Aufenthalt hat, dem für die Veranlagung des Sicherungsnehmers zuständigen Finanzamt (§§ 19, 20 der Abgabenordnung) unverzüglich die Fälle anzuzeigen, in denen Ansprüche aus Versicherungsverträgen zur Tilgung oder Sicherung von Darlehen eingesetzt werden. [2]Satz 1 gilt entsprechend für das Versicherungsunternehmen, wenn der Sicherungsnehmer Wohnsitz, Sitz oder Geschäftsleitung im Ausland hat. [3]Werden Ansprüche aus Versicherungsverträgen von Personen, die im Inland einen Wohnsitz oder ihren gewöhnlichen Aufenthalt haben (§ 1 Abs. 1 des Gesetzes), zur Tilgung oder Sicherung von Darlehen eingesetzt, sind die Sätze 1 und 2 nur anzuwenden, wenn die Darlehen den Betrag von 25 565 Euro übersteigen. [4]Der Steuerpflichtige hat dem für seine Veranlagung zuständigen Finanzamt (§ 19 der Abgabenordnung) die Abtretung und die Beleihung unverzüglich anzuzeigen.

(2) bis (6) *(aufgehoben)*

---

§ 30 EStDV Nachversteuerung bei Versicherungsverträgen

[1]Eine Nachversteuerung ist durchzuführen, wenn die Voraussetzungen für den Sonderausgabenabzug von Vorsorgeaufwendungen nach § 10 Absatz 2 Satz 2 des Gesetzes in der am 31. Dezember 2004 geltenden Fassung nicht erfüllt sind. [2]Zu diesem Zweck ist die Steuer zu berechnen, die festzusetzen gewesen wäre, wenn der Steuerpflichtige die Beiträge nicht geleistet hätte. [3]Der Unterschied zwischen dieser und der festgesetzten Steuer ist als Nachsteuer zu erheben.

Überblick

§ 10 ermöglicht die steuerliche Abziehbarkeit bestimmter Aufwendungen als sog. **Sonderausgaben** vom Gesamtbetrag der Einkünfte. Weitere Sonderausgaben-Abzugstatbestände außerhalb des § 10 finden sich in § 10a (zusätzliche Altersvorsorgeaufwendungen) und in § 10b (Spenden und Mitgliedsbeiträge zur Förderung steuerbegünstigter Zwecke). Bestimmte Aufwendungen können zudem nach § 10f (Steuerbegünstigung für Baudenkmale, die zu eigenen Wohnzwecken genutzt werden) und nach § 10g (schutzwürdige Kulturgüter, die nicht zu eigenen Wohnzwecken genutzt werden) „wie Sonderausgaben" abgezogen werden.

Der **Begriff der Sonderausgaben** ist gesetzlich nicht definiert. Gemeinsam war den Sonderausgaben-Tatbeständen bis 2004 lediglich der Umstand, dass es sich durchweg um Aufwendungen handelte, die **nicht mit der Erzielung von Einkünften im Zusammenhang** stehen. Nach der Gesetzessystematik handelt es sich bei ihnen mithin um Ausgaben im Rahmen der **Einkommensverwendung.** Allerdings wird auch diese Gemeinsamkeit seit dem Veranlagungszeitraum 2005 durch die Zuweisung der Altersvorsorgebeiträge zu den Sonderausgaben durchbrochen, da es sich insofern wegen der zukünftigen vollen Steuerpflichtigkeit der später erzielten Altersbezüge begrifflich eigentlich um Werbungskosten handelt (→ Rn. 142).

Die einzelnen Sonderausgaben-Tatbestände finden sich in § 10 Abs. 1 und Abs. 1a:
- Altersvorsorgeaufwendungen (§ 10 Abs. 1 Nr. 2),
- Beiträge zur sog. Basis-Krankenversicherung und zur gesetzlichen Pflegeversicherung (§ 10 Abs. 1 Nr. 3),
- Beiträge zu bestimmten anderen Versicherungen (§ 10 Abs. 1 Nr. 3a),
- Kirchensteuern (§ 10 Abs. 1 Nr. 4),
- Aufwendungen für Dienstleistungen zur Kinderbetreuung (§ 10 Abs. 1 Nr. 5),
- Aufwendungen für die eigene Berufsausbildung (§ 10 Abs. 1 Nr. 7),
- Schulgeld für den Besuch von Privatschulen (§ 10 Abs. 1 Nr. 9),
- Unterhaltsleistungen an den geschiedenen oder dauernd getrenntlebenden Ehegatten (§ 10 Abs. 1a Nr. 1),
- Lebenslange und wiederkehrende Versorgungsleistungen (§ 10 Abs. 1a Nr. 2),
- Ausgleichleistungen zur Vermeidung des Versorgungsausgleichs (§ 10 Abs. 1a Nr. 3),
- Ausgleichszahlungen im Rahmen des Versorgungsausgleichs (§ 10 Abs. 1a Nr. 4).

Dabei ist den Abzugstatbeständen des **§ 10 Abs. 1a** gemeinsam, dass für sie (anders als für die Abzugstatstände des § 10 Abs. 1) das sog. **Korrespondenzprinzip** gilt. Das bedeutet, dass die Aufwendungen beim Leistenden nur dann abziehbar sind, wenn der Empfänger der Leistungen sie im Gegenzug versteuern muss (→ Rn. 315). Innerhalb der Sonderausgaben bilden die Aufwendungen für die Altersvorsorge und die Versicherungsbeiträge i. S des **§ 10 Abs. 1 Nr. 2, Nr. 3 und Nr. 3a** die Gruppe der sog. **Vorsorgeaufwendungen** (vgl. die Definition in § 10 Abs. 2 S. 1).

§ 10 Abs. 2 macht den Abzug von Vorsorgeaufwendungen von bestimmten **zusätzlichen Voraussetzungen** abhängig (kein unmittelbarer wirtschaftlicher Zusammenhang mit steuerfreien Einnahmen, Berücksichtigung nur bei bestimmten Anbietern, im Falle bestimmter Altersvorsorgeaufwendungen, zudem Durchlaufen eines Zertifizierungsverfahrens). Einzelheiten der **Datenübermittlung** regeln **§ 10 Abs. 2a und § 10 Abs. 2b. § 10 Abs. 3** bestimmt, dass der Abzug von **Altersvorsorgebeiträgen** nur bis zu einem bestimmten **Höchstbetrag** zulässig ist. Eine vergleichbare Höchstbetragsregelung für die **übrigen Vorsorgeaufwendungen** findet sich in **§ 10 Abs. 4.** Nach **§ 10 Abs. 4a** ist für Veranlagungszeiträume bis 2019 im Rahmen einer **Günstigerprüfung** zu ermitteln, ob der Sonderausgabenabzug für Vorsorgeaufwendungen nach der bis 2004 geltenden Rechtslage für den Steuerpflichtigen vorteilhafter ist. **§ 10 Abs. 4b** enthält Bestimmungen zur Hinzurechnung steuerfreier Zuschüsse und von sog. **Erstattungsüberhängen.** Eine Ermächtigungsgrundlage zum Erlass einer **Rechtsverordnung** für die Aufteilung einheitlich berechneter Krankenkassenbeiträgen und zu deren getrennter Berücksichtigung innerhalb der Tatbestände des § 10 Abs. 1 Nr. 3 und Nr. 3a enthält **§ 10 Abs. 5.** Einzelne **Übergangsregelungen** finden sich (neben § 52 Abs. 18) in **§ 10 Abs. 6.**

Übersicht

A. Allgemeines

Leitentscheidungen, wichtige Verwaltungsanweisungen und Schrifttum (Auswahl): 1

Leitentscheidungen des BVerfG: 1.1
BVerfG 3.11.1982 – 1 BvR 620/78, BStBl. II 1982, 717 (Kinderbetreuungsaufwand Alleinstehender); BVerfG 6.3.2002 – 2 BvL 17/99, BStBl. II 2002, 618 (Alterseinkünfte); BVerfG 16.3.2005 – 2 BvL 7/00, BVerfGE 112, 268 (Kinderbetreuungskosten); BVerfG 13.2.2008 – 2 BvL 1/06, BVerfGE 120, 125 (Krankenversicherungsbeiträge); BVerfG 14.6.2016 – 2 BvR 290/10, BStBl. II 2016, 801 (Abzugsbeschränkungen bei Altersvorsorgeaufwendungen).

Leitentscheidungen des GrS: 1.2
BFH 12.5.2003 – GrS 1/00, BStBl. II 2004, 95 (Vermögensübergabe gegen Versorgungsleistungen).

Weitere Leitentscheidungen des BFH: 1.3
BFH 14.12.2005 – X R 20/04, BStBl. II 2006, 312 (Sonderausgabenabzug bei Krankenversicherungsbeiträgen); BFH 8.11.2006 – X R 45/02, BStBl. II 2007, 574 (Abzugsbeschränkungen bei Altersvorsorgeaufwendungen).

Wichtige Verwaltungsanweisungen: 1.4
BMF 15.6.2000, BStBl. I 2000, 1118 (Finanzierungen unter Einsatz von Lebensversicherungsansprüchen); BMF 7.1.2002, BStBl. I 2002, 140 (amtliches Muster für die Anzeige nach § 29 Abs. 1 EStDV); BMF 11.7.2002, BStBl. I 2002, 667 (Folgen der Erstattung von Sonderausgaben in einem späteren VZ); BMF 22.8.2002, BStBl. I 2002, 827 (Vorsorgeaufwendungen auf Grund von Lebensversicherungen); BMF 26.8.2002, BStBl. I 2002, 893 (Zweiter Rentenerlass); BMF 21.7.2003, BStBl. I 2003, 405 (Außergewöhnliche Instandhaltungen als dauernde Last); BMF 8.1.2004, BStBl. I 2004, 191 (Übergangsschreiben zwischen Zweitem und Drittem Rentenerlass); BMF 16.9.2004, BStBl. I 2004, 922 (Dritter Rentenerlass); BMF 22.5.2007, BStBl. I 2007, 493; BMF 9.3.2009, BStBl. I 2009, 487 (Schulgeldzahlungen als Sonderausgaben); BMF 28.10.2009, BStBl. I 2009, 1275 (freiwillige Unfallversicherungen); BMF 11.3.2010, BStBl. I 2010, 227 (Vierter Rentenerlass); BMF 9.4.2010, BStBl. I 2010, 323 (Ausgleichszahlungen im Rahmen des Versorgungsausgleichs); BMF 22.9.2010, BStBl. I 2010, 721 (Berufsausbildungskosten); BMF 16.11.2010, BStBl. I 2010, 1311 (Kirchensteuer an Religionsgemeinschaften außerhalb der EU bzw. des EWR); BMF 14.3.2012, BStBl. I 2012, 307 (Steuerliche Berücksichtigung von Kinderbetreuungskosten ab dem Veranlagungszeitraum 2012); BMF 25.4.2013, BStBl. I 2013, 459 (keine vorläufige Steuerfestsetzung mehr hinsichtlich der Nichtabziehbarkeit von Steuerberatungskosten als Sonderausgaben); BMF 19.8.2013, BStBl. I 2013, 1087 (Einkommensteuerrechtliche Behandlung von Vorsorgeaufwendungen und Altersbezügen); BMF 18.11.2013, BStBl. I 2013, 1462 (Ländergruppeneinteilung); BMF 10.1.2014, BStBl. I 2014, 70 (Einkommensteuerrechtliche Behandlung von Vorsorgeaufwendungen und Altersbezügen; Änderungen durch das Altersvorsorge-Verbesserungsgesetz); BMF 8.7.2014, BStBl. I 2014, 1098 (Liste der berufsständischen Versorgungseinrichtungen, die den gesetzlichen Rentenversicherungen vergleichbare Leistungen erbringen); BMF 3.12.2014, BStBl. I 2014, 1606 (Aufteilung eines einheitlichen Sozialversicherungsbeitrags).

Schrifttum (Auswahl): 1.5
Fischer, Neuregelung der Abziehbarkeit von Aufwendungen für ein Erststudium durch das BeitrRLUmsG v. 7.12.2011 (BGBl. I 2011, 2592), jurisPR-SteuerR 2/2012 Anm. 1; *Förster*, Lohnt sich Bildung für den StPfl.?, DStR 2012, 486; *Förster*, Aktuelle Rechtsprechung des Bundesfinanzhofs zur Besteuerung der Alterseinkünfte, BetrAV 2014, 352; *Förster*, Steuerliche Aspekte grenzüberschreitender Basisversorgung im Alter, IStR 2017, 461; *Geserich*, Beruflich veranlasste Ausbildungskosten, NWB 2014, 681; *Ising*, Die Basisrente – Steuersparmodell in Einzelfällen, StB 2015, 347; *Ismer*, Wieder eine Revolution bei den Bildungsaufwendungen?, FR 2011, 846; *Jachmann/Liebl*, Wesentliche Aspekte der Familienbesteuerung, DStR 2010, 2009; *D. Klein*, Die steuerliche Berücksichtigung von Ausbildungsaufwendungen, DStR 2014, 776; *Meindl-Ringler*, Die Frage der Verfassungskonformität des Ausschlusses des Werbungskostenabzugs für erstmalige Berufsausbildungskosten, DStZ 2016, 308; *Myßen/M. Fischer*,

Basisvorsorge im Alter und Wohn-Riester, NWB 2013, 1977; *Myßen/J. Müller,* Alterseinkünfte, geförderte Altersvorsorge, Versorgungsausgleich, NWB 2015, 905; *Nolte,* Kinderbetreuungskosten, NWB 2012, 1508; *Scheffler/Kandel,* Systematisierung der SA aus ökonomischer Sicht, StuW 2011, 236; *Schustek,* Einkommensteuerliche Behandlung von Leistungen aus ausländischen Altersvorsorgeeinrichtungen am Beispiel von Schweizer Pensionskassen, DStR 2016, 447; *Seiler,* Leitlinien einer familiengerechten Besteuerung, FR 2010, 113; *Trossen,* Verfassungsmäßigkeit der Regelungen zur Behandlung der Aufwendungen für eine erstmalige Berufsausbildung oder ein Erststudium, FR 2012, 501; *Wälzholz,* Versorgungsausgleich im Steuerrecht nach der Versorgungsausgleichsreform 2009, DStR 2010, 465; *Weber-Grellet,* Besteuerung der Renteneinkünfte nach Alterseinkünftegesetz verfassungsgemäß, FR 2016, 85; *Kulosa,* Verfassungsfragen der Rentenbesteuerung – bereits geklärte und noch offene Fragen, DStR 2018, 1413.

I. Regelungsanliegen im System des Steuerrechts

1. Zweck des § 10

1a § 10 regelt den **Sonderausgabenabzug.** Die Vorschrift hat die Funktion, die dort näher bestimmten, tatbestandlich abschließend aufgeführten Aufwendungen zum Abzug von der Bemessungsgrundlage der Einkommensteuer zuzulassen, auch wenn sie nicht in einem Veranlassungszusammenhang mit der Erzielung steuerpflichtiger Einnahmen stehen. Bei ihnen handelt es sich daher durchweg um **privat veranlasste Ausgaben,** deren gemeinsame Besonderheit (daher **„Sonder-"** Ausgaben) es ist, dass ihre steuerliche Berücksichtigung bei der Einkommensermittlung **ausdrücklich angeordnet** wird.

1a.1 Meines Erachtens **unberechtigt** ist daher die vereinzelt geäußerte **Kritik,** der Begriff der „Sonderausgaben" sei **steuersystematisch irreführend** und verdecke den Umstand, dass es sich um Privatausgaben handelt, die im Verhältnis zu den Betriebsausgaben und Werbungskosten keine besonderen Ausgaben sind, sondern sich von diesen wesensmäßig unterscheiden (so KSM/*Söhn* § 10 Rn. B 1). Denn das Verhältnis der Sonderausgaben zu den Erwerbsaufwendungen (Betriebsausgaben und Werbungskosten) ist im System des EStG dadurch hinreichend geklärt, dass die „Sonderausgaben" (§§ 10 ff.) einen gegenüber dem „Gewinn" (§§ 4 ff.) und dem „Überschuss der Einnahmen über die Werbungskosten" (§§ 8 ff.) eigenständigen Gesetzesabschnitt bilden.

2 Die **Abzugsfähigkeit der Sonderausgaben** ist darin begründet, dass es sich bei ihnen um Aufwendungen handelt, die den Steuerpflichtigen entweder **zwangsläufig** treffen oder die er – jedenfalls nach den Vorstellungen des Gesetzgebers – **vernünftigerweise auf sich genommen** hat. Da die Aufwendungen mithin die wirtschaftliche Leistungsfähigkeit des Steuerpflichtigen mindern, **ohne** für ihn **hinreichend disponierbar** zu sein, dient der Abzug als Sonderausgaben nach § 10 letztlich – ebenso wie die Berücksichtigung außergewöhnlicher Belastungen nach §§ 33 ff. – der Sicherstellung einer sachgerechten Besteuerung nach der persönlichen Leistungsfähigkeit (Blümich/*Hutter* § 10 Rn. 2) im Sinne des sog. **subjektiven Nettoprinzips** (→ Rn. 52).

3 Nicht alle durch § 10 begünstigten Aufwendungen sind für den Steuerpflichtigen gleichermaßen **indisponibel.** Mit einer gewissen **Zwangsläufigkeit** fallen jedenfalls die sog. Vorsorgeaufwendungen (§ 10 Abs. 1 Nr. 2, § 10 Abs. 1 Nr. 3 und § 10 Abs. 1 Nr. 3a), die Kirchensteuer (§ 10 Abs. 1 Nr. 4), die Kinderbetreuungskosten (§ 10 Abs. 1 Nr. 5), die Ausgaben für die eigene Berufsausbildung (§ 10 Abs. 1 Nr. 7), die Ausgaben für Unterhaltsleistungen an den geschiedenen oder dauernd getrennt lebenden Ehegatten (§ 10 Abs. 1a Nr. 1) und die Weiterleitung der eigenen Einkünfte im Rahmen eines schuldrechtlichen Versorgungsausgleichs (§ 10 Abs. 1a Nr. 4) an. Von den Vorsorgeaufwendungen sind zumindest die Pflichtbeiträge zur gesetzlichen Rentenversicherung (§ 10 Abs. 1 Nr. 2 Buchst. a), zur gesetzlichen Krankenversicherung (§ 10 Abs. 1 Nr. 3 S. 1 Buchst. a S. 2), zur gesetzlichen Pflegeversicherung (§ 10 Abs. 1 Nr. 3 S. 1 Buchst. b) und zur Arbeitslosenversicherung (§ 10 Abs. 1 Nr. 3a) für den Beitragszahler **nicht disponibel.** Gleiches gilt für Beiträge zu privaten Renten- und Krankenversicherungen jedenfalls insoweit, als mit ihnen eine Mindestabsicherung gegen Risiken verbunden ist, die im Falle der Mittellosigkeit vom Sozialhilfeträger zu übernehmen wären. Aus diesem Grunde sind zumindest die Versicherungsprämien für die Erlangung der sog. Basis-Krankenversicherung (§ 10 Abs. 1 Nr. 3 S. 1 Buchst. a) und an die gesetzliche Pflegeversicherung (§ 10 Abs. 1 Nr. 3 S. 1 Buchst. b) in voller Höhe als Sonder-

ausgaben abziehbar (§ 10 Abs. 4 S. 4); gleiches gilt für die gezahlte Kirchensteuer (§ 10 Abs. 1 Nr. 4). Für alle anderen Abzugstatbestände gelten dagegen unterschiedliche **Höchstbeträge.**

Die übrigen Sonderausgaben-Tatbestände dienen weniger der Freistellung indisponiblen Einkommens von der steuerlichen Bemessungsgrundlage als vielmehr der **Begünstigung** von Aufwendungen des Steuerpflichtigen für **Zwecke,** die nach den Zielvorstellungen des Gesetzgebers (zB aus sozial-, aus wirtschafts- oder aus kulturpolitischen Gründen, BFH 4.3.1977 – VI R 168/75, BStBl. II 1977, 503) **besonders förderungswürdig** sind. Dazu zählen etwa die Abzugstatbestände für das an Privatschulen gezahlte Schulgeld (§ 10 Abs. 1 Nr. 9) oder die in § 10 Abs. 1a Nr. 2 genannten Versorgungsleistungen. Die Einführung, Ausgestaltung und Abschaffung solcher **Lenkungsnormen** ist naturgemäß im Laufe der Zeit wechselnden politischen Vorgaben ausgesetzt und steht, weil davon der Kernbereich des subjektiven Nettoprinzips nicht betroffen ist, letztlich zur **Disposition** des Gesetzgebers. 4

Einstweilen frei **5–6**

2. Historische Entwicklung

Vorschriften über die Abziehbarkeit von Sonderausgaben finden sich bereits seit dem Ende des 19. Jahrhunderts im deutschen Einkommensteuerrecht. Das betraf etwa den Abzug von Schuldzinsen, Renten, dauernden Lasten und bestimmten Versicherungsbeiträgen nach § 9 Abs. 1 des preußischen EStG v. 24.6.1891 (PrGS. 1891, 175) und nach § 13 S. 1 des (Reichs-)EStG 1920 v. 29.3.1920 (RGBl. 1920 I 359). Seit dem **EStG 1934** v. 16.10.1934 (RGBl. 1934 I 1005) ist der Sonderausgabenabzug in § 10 geregelt. Die Vorschrift gehört seither zu den am häufigsten geänderten Bestimmungen des EStG. **7**

Für den Zeitraum von **1934 bis 2003** werden im Folgenden nur die **wichtigsten Änderungsgesetze** dargestellt (ein vollständiger Überblick findet sich bei HHR/*Kulosa* § 10 Rn. 4): **8**

- Durch das **StÄndG 1973** v. 26.6.1973 (BGBl. 1973 I 676) wurde die Möglichkeit zum Abzug privater Schuldzinsen (bisher § 10 Abs. 1 Nr. 1) mit Wirkung ab dem Veranlagungszeitraum 1974 abgeschafft.
- Durch das **EStReformG** v. 5.8.1974 (BGBl. 1974 I 1769) erlangte die Vorschrift in den wesentlichen Zügen ihren bis 2004 gültigen Aufbau. Zugleich wurde erstmals der Begriff der Vorsorgeaufwendungen in den Gesetzestext eingeführt. Die für sie geltenden zusätzlichen Abzugsvoraussetzungen fanden sich seither in § 10 Abs. 2, die Höchstbeträge für ihren Abzug waren in § 10 Abs. 3 geregelt.
- Mit dem **StÄndG 1979** v. 30.11.1978 (BGBl. 1978 I 1849) wurde das sog. Realsplitting (§ 10 Abs. 1 Nr. 1, jetzt § 10 Abs. 1a Nr. 1) eingeführt.
- Das **Missbrauchsbekämpfungs- und Steuerbereinigungsgesetz** v. 21.12.1993 (BGBl. 1993 I 2310) brachte in § 10 Abs. 2 Nr. 2 die Möglichkeit, Vorsorgeaufwendungen steuerbegünstigt auch an Versicherungsunternehmen aus anderen EG-Mitgliedstaaten leisten zu können.
- Durch das **StEuroGlättungsG** v. 19.12.2000 (BGBl. 2000 I 1790) wurden die bisher auf DM lautenden Abzugsbeträge ab 2001 auf die Währung Euro umgestellt.
- Mit dem **2. FamFördG** v. 16.8.2001 (BGBl. 2001 I 2074) wurde der Sonderausgabenabzug für hauswirtschaftliche Beschäftigungsverhältnisse (bisher § 10 Abs. 1 Nr. 8, sog. „Dienstmädchenprivileg“) ab 2002 abgeschafft.
- Das **HBeglG 2004** v. 29.12.2003 (BGBl. 2003 I 3076) brachte eine Begrenzung des Abzugs der Beiträge für Rentenversicherungen mit Kapitalwahlrecht und für Kapitalversicherungen auf eine Quote von 88% der Aufwendungen mit sich.

Einstweilen frei **9**

Erhebliche materielle Änderungen erfuhr die Vorschrift durch das **AltEinkG** v. 5.7.2004 (BGBl. 2004 I 1427). Damit reagierte der Gesetzgeber auf die Rechtsprechung des BVerfG, der zufolge die bisherige unterschiedliche Besteuerung der Alterseinkünfte bei Sozialversicherungsrentnern und Versorgungsempfängern nicht verfassungsgemäß war (BVerfG 6.3.2002 – 2 BvL 17/99, BStBl. II 2002, 618; → Rn. 79). Die bislang im Wesentlichen nach einheitlichen Grundsätzen abziehbaren Vorsorgeaufwendungen wurden ab 2005 unterteilt in die nunmehr in § 10 Abs. 1 Nr. 2 allein geregelten Altersvorsorgeaufwendungen einerseits und die künftig von § 10 Abs. 1 Nr. 3 erfassten sonstigen begünstigten Vorsorgeaufwendun- **10** gen andererseits. Für Altersvorsorgeaufwendungen wurde zudem in § 10 Abs. 3 als Übergang zur sog. nachgelagerten Besteuerung eine neue Höchstbetragsregelung mit stufenweiser Anhebung des im Jahr 2005 zunächst nur zu 60% möglichen Abzugs bis zum Erreichen des Vollabzugs im Veranlagungszeitraum 2025 eingeführt. Zudem wurde in § 10 Abs. 4a für einen Übergangszeitraum bis 2019 die Möglichkeit des Abzugs der Vorsorgeaufwendungen nach dem bisherigen Recht im Rahmen einer Günstigerprüfung geschaffen.

11 Durch das **Gesetz zur Änderung der Abgabenordnung und weiterer Gesetze** v. 21.7.2004 (BGBl. 2004 I 1753) wurde der Höchstbetrag für Aufwendungen für die eigene Berufsausbildung in § 10 Abs. 1 Nr. 7 rückwirkend ab dem Veranlagungszeitraum 2004 auf 4.000 EUR erhöht.

12 Das **RVOrgG** v. 9.12.2004 (BGBl. 2004 I 3242) brachte eine geringfügige redaktionelle Änderung in § 10 Abs. 3 S. 3.

13 Durch das **Gesetz zum Einstieg in ein steuerliches Sofortprogramm** v. 22.12.2005 (BGBl. 2005 I 3682) wurde der bisher mögliche Sonderausgabenabzug für private Steuerberatungskosten (§ 10 Abs. 1 Nr. 6 EStG aF) mit Wirkung ab dem Veranlagungszeitraum 2006 abgeschafft.

14 Mit dem **WachstBeschlG** v. 26.4.2006 (BGBl. 2006 I 1091) wurde der Einleitungssatz zu § 10 Abs. 1 dahin abgeändert, dass auch Aufwendungen, die zwar keine Betriebsausgaben oder Werbungskosten sind, aber steuerlich wie solche behandelt werden, keine Sonderausgaben sind. Zudem wurden in § 10 Abs. 1 Nr. 5 und § 10 Abs. 1 Nr. 8 mit Wirkung ab 2006 neue Abzugsmöglichkeiten für Kinderbetreuungskosten geschaffen.

15 Das **StÄndG 2007** v. 19.7.2006 (BGBl. 2006 I 1652) brachte neben einer redaktionellen Anpassung des § 10 Abs. 1 Nr. 7 an den gleichzeitig geänderten § 9 die Absenkung der Altersgrenze für betreute behinderte Kinder (§ 10 Abs. 1 Nr. 8) von zuvor dem 27. auf das 25. Lebensjahr mit sich.

16 Mit dem **JStG 2007** v.13.12.2006 (BGBl. 2006 I 2878) wurde § 10 Abs. 2 Nr. 2 Buchst. d angefügt und dadurch der Anbieterkreis für die sog. Basisrente erweitert. Außerdem erfolgten Verbesserungen bei der Günstigerprüfung nach § 10 Abs. 4.

17 Das **UntStReformG 2008** v. 14.8.2007 (BGBl. 2007 I 1912) brachte im Zuge der Einführung der Abgeltungsteuer eine Änderung beim Sonderausgabenabzug für Kirchensteuern mit sich (Anfügung des zweiten Halbsatzes in § 10 Abs. 1 Nr. 4).

18 Durch das **JStG 2008** v. 20.12.2007 (BGBl. 2007 I 3150) wurde mit Wirkung ab 2008 das Rechtsinstitut der Vermögensübergabe gegen Versorgungsleistungen in § 10 Abs. 1 Nr. 1a EStG aF (jetzt: § 10 Abs. 1a Nr. 2) neu geregelt, wobei die bisherige Unterscheidung zwischen Renten und dauernden Lasten fortgefallen ist. Außerdem wurde die Abzugsmöglichkeit im Rahmen des schuldrechtlichen Versorgungsausgleichs (§ 10 Abs. 1 Nr. 1b EStG aF, jetzt § 10 Abs. 1a Nr. 4) neu geschaffen. Weitere Änderungen ergaben sich bei § 10 Abs. 1 Nr. 2 in Bezug auf geringfügige Rentenversicherungsbeiträge, bei § 10 Abs. 1 Nr. 5 und § 10 Abs. 1 Nr. 8 hinsichtlich der Nachweiserfordernisse bei Kinderbetreuungskosten, bei § 10 Abs. 3 S. 3 und § 10 Abs. 3 S. 7 in Bezug auf den Höchstbetrag bei rentenversicherungsfrei Beschäftigten und bei geringfügigen Rentenversicherungsbeiträgen und bei § 10 Abs. 4 in Bezug auf die Kürzung des Höchstbetrags bei Leistungen der Künstlersozialkasse zur Krankenversicherung.

19 Durch das **KinderFördG** v. 10.12.2008 (BGBl. 2008 I 2403) wurde § 10 Abs. 4 S. 2 dahin geändert, dass der Höchstbetrag auch bei Krankenversicherungsleistungen für Tagesmütter gekürzt wird.

20 Mit dem **JStG 2009** v. 19.12.2008 (BGBl. 2008 I 2794) wurde § 10 Abs. 1 Nr. 9 neu gefasst, sodass seither auch das an Auslandsschulen gezahlte Schulgeld abzugsfähig ist. Außerdem wurden in § 10 Abs. 2 Regelungen zur Zertifizierung und Datenübermittlung als Voraussetzung für die Anerkennung von Beiträgen zu Basisrentenverträgen eingeführt.

21 Durch das **FamLeistG** v. 22.12.2008 (BGBl. 2008 I 2955) wurden die Regelungen über Kinderbetreuungskosten in § 9c überführt; zugleich wurden die bisherigen Abzugstatbestände in § 10 Abs. 1 Nr. 5 und § 10 Abs. 1 Nr. 8 gestrichen.

22 Mit dem **Gesetz zur Fortführung der Gesetzeslage 2006 bei der Entfernungspauschale** v. 20.4.2009 (BGBl. 2009 I 774) wurden die durch das JStG 2007 vorgenommenen Änderungen in § 10 Abs. 1 Nr. 7 wieder rückgängig gemacht.

23 Mit dem **BürgEntlG-KV** v. 16.7.2009 (BGBl. 2009 I 1959) gestaltete der Gesetzgeber – als Reaktion auf die Rechtsprechung des BVerfG (BVerfG 13.2.2008 – 2 BvL 1/06, DStR

2008, 604; → Rn. 85) – den Abzug von Krankenversicherungsbeiträgen grundlegend um. Nach § 10 Abs. 1 Nr. 3 zu berücksichtigen sind seither nur noch die Beiträge zur sog. Basis-Krankenversicherung und zur gesetzlichen Pflegeversicherung. Beiträge zu anderen Krankenversicherungen und zu den sonstigen begünstigten Versicherungssparten fallen seither unter den neu geschaffenen § 10 Abs. 1 Nr. 3a. Folgeänderungen ergaben sich bei § 10 Abs. 1 Nr. 1 EStG aF (jetzt: § 10 Abs. 1a Nr. 1) und bei den technischen Regelungen zur Datenübermittlung bei Vorsorgeaufwendungen, die zum großen Teil aus dem bisherigen § 10 Abs. 2 S. 2–10 in den neuen § 10 Abs. 2a überführt wurden. Die Höchstbetragsregelung in § 10 Abs. 4 wurde erheblich erweitert. Außerdem wurden in § 10 Abs. 3 S. 3 Nr. 1 die bisher durch Verweis auf § 10c in Bezug genommenen Vorschriften eingefügt. In § 10 Abs. 5 wurde eine Verordnungsermächtigung für die Bestimmung des nach § 10 Abs. 1 Nr. 3 besonders begünstigten Anteils an einheitlichen Krankenversicherungsbeiträgen aufgenommen. Die bisherige Übergangsregelung für die sog. Nachversteuerung bei schädlicher Verwendung von Altverträgen wurde von § 10 Abs. 5 in die Anwendungsvorschriften des § 52 (jetzt: § 52 Abs. 18 S. 6) verschoben.

Das **JStG 2010** v. 8.12.2010 (BGBl. 2010 I 1768) schaffte die Doppelbegünstigung von Kirchensteuer auf nicht dem Kapitalertragsteuerabzug unterworfene Kapitalerträge ab (Änderung des § 10 Abs. 1 Nr. 4). Außerdem wurde der sofortige Abzug von erst für die Zukunft geschuldeten Kranken- und Pflegeversicherungsbeiträgen begrenzt (Änderung des § 10 Abs. 1 Nr. 3 S. 4). In § 10 Abs. 1 Nr. 1b (jetzt: § 10 Abs. 1a Nr. 4) ergaben sich redaktionelle Anpassungen an die geänderten zivilrechtlichen Vorschriften zum schuldrechtlichen Versorgungsausgleich. Außerdem wurden die Regelungen über die Einwilligung des Steuerpflichtigen in die Datenübermittlung (§ 10 Abs. 2 S. 3 und § 10 Abs. 2a S. 4) geändert. **24**

Durch das **StVereinfG 2011** v. 1.11.2011 (BGBl. 2011 I 2131) wurden § 10 Abs. 1 Nr. 5 (Kinderbetreuungskosten; gleichzeitig wurde § 9c aufgehoben) und § 10 Abs. 4b (Behandlung von Erstattungen) neu eingefügt. **25**

Mit dem **BeitrRLUmsG** v. 7.12.2011 (BGBl. 2011 I 2592) wurde der Höchstbetrag für Berufsausbildungsaufwendungen (§ 10 Abs. 1 Nr. 7) von 4.000 EUR auf 6.000 EUR erhöht. Aus redaktionellen Gründen wurden § 10 Abs. 2 S. 4 und § 10 Abs. 2 S. 5 aufgehoben. Die Korrekturvorschrift in Fällen der Datenübermittlung in § 10 Abs. 2a S. 8 wurde im Hinblick auf die Einführung der elektronischen Lohnsteuer-Abzugsmerkmale (ELStAM) neu gefasst. **26**

Das **LSV-NOG** v. 12.4.2012 brachte in § 10 Abs. 1 Nr. 2 Buchst. b redaktionelle Anpassungen an die Neuordnung der Organisation der landwirtschaftlichen Sozialversicherung mit sich. **27**

Mit dem **Gesetz zur Änderung und Vereinfachung der Unternehmensbesteuerung und des steuerlichen Reisekostenrechts** v. 20.2.2013 (BGBl. 2013I 285) wurde der in § 10 Abs. 1 Nr. 7 S. 4 enthaltene Verweis mit Wirkung ab dem Veranlagungszeitraum 2014 angepasst. **28**

Das **AltvVerbG** v. 24.6.2013 (BGBl. 2013 I 1667) erweiterte den Anwendungsbereich des § 10 Abs. 1 Nr. 2 Buchst. b ab dem Veranlagungszeitraum 2014 auf Beiträge zu reinen Berufsunfähigkeits- und Erwerbsminderungsversicherungen. Neben redaktionellen Änderungen zur Datenübermittlung in § 10 Abs. 2a S. 4 wurde zudem die Höchstbetrags-Übergangsregelung in § 10 Abs. 3 S. 4 und in § 10 Abs. 4a S. 1 durch Anpassung an den im Veranlagungszeitraum 2013 geltenden Prozentsatz und Streichung der in den Veranlagungszeitraum 2005 bis 2012 geltenden Abzugsbeträge klarstellend geändert. **29**

Mit dem **AmtshilfeRLUmsG** v. 26.6.2013 (BGBl. 2013 I 1809) wurde in § 10 Abs. 1 Nr. 3 Buchst. a klargestellt, dass auch andere Einrichtungen begünstigt werden, wenn auf deren Leistung im Krankheitsfall ein Anspruch besteht. Die Regelung in § 10 Abs. 2 S. 1 Nr. 2 Buchst. a wurde an europarechtliche Vorgaben angepasst. Außerdem wurden in § 10 Abs. 4b S. 4–6 mit Wirkung ab 2016 Vorschriften über die Übermittlung von Daten zu Zuschüssen und Erstattungen aufgenommen, die sich an öffentliche Stellen richten. **30**

Durch das **KroatienAnpG** v. 25.7.2014 (BGBl. 2014 I 1266) wurde aus redaktionellen Gründen der Verweis in § 10 Abs. 1 Nr. 7 auf § 9 geändert. Weitere Änderungen in § 10 Abs. 2 S. 3 und in § 10 Abs. 2a S. 1 betrafen die Ausdehnung der Datenübermittlung von Krankenversicherungsbeiträgen auf andere Einrichtungen, die eine vergleichbare Absicherung im Krankheitsfall bieten. In den neu geschaffenen § 10 Abs. 6 wurden einzelne Übergangsregelungen aufgenommen, die bislang in § 52 enthalten waren. **31**

32 Das **ZollkodexAnpG** v. 22.12.2014 (BGBl. 2014 I 2417) überführte die bisher in § 10 Abs. 1 Nr. 1, § 10 Abs. 1 Nr. 1a und § 10 Abs. 1 Nr. 1b enthaltenen Bestimmungen ab 2015 inhaltsgleich in den neugeschaffenen § 10 Abs. 1a (dort seither § 10 Abs. 1a Nr. 1, § 10 Abs. 1a Nr. 2 und § 10 Abs. 1a Nr. 4). Zudem wurde mit § 10 Abs. 1a Nr. 3 ein neuer Abzugstatbestand für Ausgleichszahlungen zur Vermeidung eines Versorgungsausgleichs geschaffen. Durch § 10 Abs. 1 Nr. 2 S. 3 wurde die Möglichkeit eröffnet, steuerunschädlich bis zu zwölf Monatsraten einer kapitalgedeckten Altersrente in einem Betrag auszahlen und sog. Kleinbetragsrenten durch Einmalzahlung abfinden zu können. Außerdem wurde der Höchstbetrag für Altersvorsorgeaufwendungen (§ 10 Abs. 3 S. 1) mit Wirkung ab 2015 erhöht (Koppelung an den Höchstbetrag zur knappschaftlichen Rentenversicherung; bisher begrenzt auf 20.000 EUR).

33 Mit dem **Gesetz zur Modernisierung der Finanzaufsicht über Versicherungen** v. 1.4.2015 (BGBl. 2015 I 434) wurde der Verweis in § 10 Abs. 1 Nr. 3 Buchst. a S. 3 redaktionell an das neugegliederte Versicherungsaufsichtsgesetz angepasst.

34 Das **StÄndG 2015** v. 2.11.2015 (BGBl. 2015 I 1834) erweiterte die Vorschriften über das Realsplitting um zusätzliche Regelungen, durch die der Abzug ab dem Veranlagungszeitraum 2016 von der Angabe der steuerlichen Identifikationsnummer des getrennt lebenden oder geschiedenen Unterhaltsempfängers abhängig gemacht wird (§ 10 Abs. 1a Nr. 1 S. 7–9).

35 Mit dem **ModBestVerfG** v. 18.7.2016 (BGBl. 2016 I 1679) wurden verschiedene Vorschriften in § 10 Abs. 2a, § 10 Abs. 4b und § 10 Abs. 6 redaktionell an den in § 93c AO verwendeten Rechtsbegriff der „mitteilungspflichtigen Stelle" angepasst (bisher: „übermittelnde Stelle"). Außerdem wurden die bisher in § 10 Abs. 2a S. 4–13 enthaltenen Regelungen zu Einzelfragen der Datenübermittlung teilweise in § 72a AO, § 87b AO, § 93c AO und § 175b AO überführt. § 10 Abs. 2a S. 4 wurde zudem redaktionell umstrukturiert. Die bisherige Nachfrist bis zum Ende des folgenden Kalendervierteljahres (§ 10 Abs. 2a S. 6) wurde auf alle Fälle der nachträglichen Erteilung der Einwilligung in die Datenübermittlung ausgedehnt. Für das Bescheinigungsverfahren zur Kranken- und Pflegeversicherung wurde das Bundeszentralamt für Steuern (BZSt) zum Prüfdienst bestimmt und zur Erhebung des Haftungsbetrags bei unzutreffender Übermittlung der Höhe der Beiträge ermächtigt (§ 10 Abs. 2a S. 8). Teile der bisher in § 10 Abs. 4b S. 4 enthaltenen Vorschriften zur Datenübermittlung wurden gleichfalls in § 93c AO überführt; die bislang in § 10 Abs. 4b S. 5 geregelte Korrekturvorschrift wurde im Hinblick auf die zeitgleich in § 175b AO neu geschaffene Änderungsmöglichkeit aufgehoben. Der bisherige Verweis in § 10 Abs. 4b S. 6 auf § 150 Abs. 6 AO wurde aufgrund der in § 87b Abs. 3 AO geschaffenen Verordnungsermächtigung gestrichen.

36 Durch das **Gesetz zur Umsetzung der Änderungen der EU-Amtshilferichtlinie und von weiteren Maßnahmen gegen Gewinnkürzungen und -verlagerungen** (BEPS-UmsG) v. 20.12.2016 (BGBl. 2016 I 3000) ist § 10 Abs. 1a Nr. 3 S. 1 um die (nach Ansicht des Gesetzgebers klarstellende) Anforderung ergänzt worden, dass der Berechtigte unbeschränkt einkommensteuerpflichtig sein muss.

37 Im Zuge des **BetrRentStG** v. 17.8.2017 (BGBl. 2017 I 3214) wurde der seit dem Inkrafttreten des AltvVerbG (→ Rn. 29) fehlerhafte Verweis in § 10 Abs. 1 Nr. 2 Buchst. b S. 7 korrigiert.

38 Durch das **JStG 2018** v. 11.12.2018 (BGBl. 2018 I 2338) wurde in § 10 Abs. 2 S. 1 Nr. 1 die Möglichkeit geschaffen, Vorsorgeaufwendungen im Zusammenhang mit einer Tätigkeit als Arbeitnehmer im EU/EWR-Ausland unter bestimmten Voraussetzungen als Sonderausgaben zu berücksichtigen.

39 Durch das **2. DSAnpUG-EU** v. 20.11.2019 (BGBl. 2019 I 1626) wurden § 10 Abs. 2 und § 10 Abs. 2a weitreichend geändert und in die Vorschrift ein **neuer Abs. 2b** eingefügt. Dabei wird künftig auf eine Einwilligung des Steuerpflichtigen in die Verarbeitung seiner Daten verzichtet; die Neuregelung trat nach Art. 155 Abs. 2 des 2. DSAnpUG-EU rückwirkend zum 1.1.2019 in Kraft. Es bestehen allerdings erhebliche Zweifel daran, dass dieses Änderungsgesetz formell verfassungsgemäß zustande gekommen ist (→ Rn. 55).

40 Im Zuge des **„JStG 2019"** v. 12.12.2019 (BGBl. 2019 I 2451) wurde § 10 Abs. 1 Nr. 3 S. 2 dahin ergänzt, dass die Kranken- und Pflegeversicherungsbeiträge von Kindern bei den Eltern unabhängig davon berücksichtigt werden können, ob die Mittel dafür dem Kind in

Form von Bar- oder von Sachunterhalt zur Verfügung gestellt worden sind (s. im Einzelnen BT-Drs. 19/13436, 10). Durch Einfügung von § 10 Abs. 1 Nr. 3 S. 3 wurde hier außerdem die Möglichkeit geschaffen, auch solche Beiträge abzuziehen, bei denen der andere Elternteil Versicherungsnehmer ist. Zudem ist die Ausnahmeregelung vom Abflussprinzip für Krankenkassenbeiträge in § 10 Abs. 1 Nr. 3 S. 4 Hs. 2 für Beiträge zur unbefristeten Beitragsminderung nach Vollendung des 62. Lebensjahrs – bei gleichzeitiger Ausdehnung der sofortigen Abzugsmöglichkeit auf das Dreifache (bislang: das Zweieinhalbfache) der Jahresbeiträge – abgeschafft und die Abziehbarkeit von Ausgleichszahlungen im Sinne des § 10 Abs. 1a Nr. 3 und des § 10 Abs. 1a Nr. 4 von der Angabe der steuerlichen Identifikationsnummer (§ 139b AO) des Berechtigten abhängig gemacht worden.

Einstweilen frei **41–47**

3. Verhältnis zu höherrangigem Recht

a) Vereinbarkeit mit Verfassungsrecht. aa) Objektives Nettoprinzip. Der Sonderausgabenabzug vom Gesamtbetrag der Einkünfte (§ 2 Abs. 4) betrifft **gesetzessystematisch** nur solche Aufwandspositionen, die **nicht in der Erwerbssphäre** des Steuerpflichtigen angesiedelt sind (HHR/*Kulosa* § 10 Rn. 1). Dementsprechend sind den Sonderausgaben nach dem Einleitungssatz zu § 10 Abs. 1 nur diejenigen Aufwendungen zugewiesen, die weder Betriebsausgaben noch Werbungskosten sind oder wie Betriebsausgaben oder Werbungskosten behandelt werden. Die Frage nach der Vereinbarkeit der in § 10 enthaltenen Abzugsbeschränkungen mit dem sog. **objektiven Nettoprinzip** stellt sich daher grundsätzlich nicht. **48**

Einstweilen frei **49**

Anders zu beurteilen ist allenfalls der der Höhe nach nur beschränkt zulässige **Sonderausgabenabzug für Altersvorsorgebeiträge** ab dem Veranlagungszeitraum 2005 (§ 10 Abs. 1 Nr. 2, § 10 Abs. 3), da die späteren Alterseinkünfte nach § 22 Nr. 1 S. 3 Buchst. a Doppelbuchst. aa jedenfalls bei erstmaligem Rentenbezug ab dem Jahr 2040 in vollem Umfang steuerpflichtig sind. Zwar wird mit dem Zusammenwirken dieser Vorschriften die Grundentscheidung des Einkommensteuerrechts durchbrochen, der zufolge betriebs- bzw. berufsbezogene und damit durch den Einkünfteerwerb veranlasste Aufwendungen grundsätzlich steuerlich abzugsfähig sein müssen (§ 2 Abs. 2). Die damit möglicherweise einhergehende Mehrfachbesteuerung lässt nach der Rechtsprechung des BVerfG wie auch des BFH jedoch die Verfassungsmäßigkeit der Beschränkungen auf der Ebene des Sonderausgabenabzugs unberührt (BVerfG 14.6.2016 – 2 BvR 290/10, BStBl. II 2016, 801; BVerfG 14.6.2016 – 2 BvR 323/10, DStR 2016, 1731; BFH 18.11.2009 – X R 34/07, BStBl. II 2010, 414); gegen das objektive Nettoprinzip verstößt allenfalls die spätere vollständige steuerliche Erfassung der mit dem Rentenbezug verbundenen Einnahmen (→ Rn. 457; zur Verfassungsmäßigkeit der stufenweisen Übergangsregelung in § 10 Abs. 3 S. 4 → Rn. 460). **50**

Ebenfalls nicht unter dem Aspekt eines Verstoßes gegen das objektive Nettoprinzip verfassungsrechtlich bedenklich ist die Begrenzung der Aufwendungen für die eigene **Berufsausbildung** im Rahmen des Sonderausgabenabzugs nach § 10 Abs. 1 Nr. 7 auf einen Höchstbetrag von 6.000 EUR. Denn die Vorschrift steht in Zusammenhang mit der in § 4 Abs. 9 und in § 9 Abs. 6 mit Wirkung ab dem Veranlagungszeitraum 2004 aufgenommenen Regelung, der zufolge die Aufwendungen des Steuerpflichtigen für seine erstmalige Berufsausbildung oder für ein Erststudium, das zugleich eine Erstausbildung vermittelt, keine Betriebsausgaben und keine Werbungskosten sind (→ Rn. 269). Mit dieser ausdrücklichen Zuordnung zu den Sonderausgaben hatte der Gesetzgeber auf die Rechtsprechung des VI. Senat des BFH reagiert, die in den Berufsausbildungskosten, sofern diese (was im Regelfall zutrifft) durch die Erzielung künftiger Einnahmen im Ausbildungsberuf veranlasst sind, entweder vorweggenommene Werbungskosten oder vorweggenommene Betriebsausgaben sieht, die als solche vorrangig gegenüber dem Sonderausgabenabzug zu berücksichtigen wären (BFH 4.12.2002 – VI R 120/01, BStBl. II 2003, 403; BFH 28.7.2011 – VI R 7/10, BStBl. II 2012, 557). Dieses Verbot des Abzugs als Betriebsausgaben oder als Werbungskosten ist entgegen der zeitweiligen Auffassung des BFH (BFH 17.7.2014 – VI R 2/12, BFH/NV 2014, 1954; anders noch BFH 5.11.2013 – VIII R 22/12, BStBl. II 2014, 165) auch nicht verfassungswidrig (BVerfG 19.11.2019 – 2 BvL 22/14, DStR 2020, 93). **50.1**

Einstweilen frei **51**

52 **bb) Subjektives Nettoprinzip.** In stärkerem Maße stellt sich hingegen im Bereich der Sonderausgaben die Frage, ob bestehende Abzugsbeschränkungen wie auch Ausschlüsse einzelner Aufwendungen vom Sonderausgabenabzug (etwa infolge der Abschaffung eines bestehenden Abzugstatbestands) mit dem sog. **subjektiven Nettoprinzip** vereinbar sind, das vom BVerfG aus dem Sozialstaatsprinzip nach Art. 1 Abs. 1 in Verbindung mit Art. 20 Abs. 1 GG abgeleitet wird. Danach hat der Staat das Einkommen des Bürgers insoweit steuerfrei zu stellen, als dieser es zur Bestreitung seines Existenzminimums benötigt. Daraus folgt, dass einzelne der in § 10 Abs. 1 enthaltenen Abzugstatbestände zumindest dem Grunde nach **verfassungsrechtlich geboten** sind, ohne dass sie jedoch damit auch in allen Einzelheiten ihrer derzeitigen Ausgestaltung gegen Änderungen oder weitere Einschränkungen geschützt wären. Nach diesen Maßstäben zur steuerlichen Verschonung des Existenzminimums erforderlich ist jedenfalls der Sonderausgabenabzug für Aufwendungen zur Altersvorsorge (§ 10 Abs. 1 Nr. 2) und zur Vorsorge gegen das Krankheits- und Pflegerisiko (§ 10 Abs. 1 Nr. 3) sowie für Unterhaltsaufwendungen (§ 10 Abs. 1a Nr. 1; vgl. BVerfG 13.2.2008 – 2 BvL 1/06, BVerfGE 120,125; gleicher Ansicht HHR/*Kulosa* § 10 Rn. 9).

53 *Einstweilen frei*

54 **cc) Ausschluss beschränkt Steuerpflichtiger.** Bei der Veranlagung **beschränkt Steuerpflichtiger** sind die Vorschriften über den Sonderausgabenabzug nach § 10 nicht anwendbar (§ 50 Abs. 1 S. 3). Der **Ausschluss** von der Berechtigung, Sonderausgaben geltend zu machen, ist **verfassungsgemäß,** weil beschränkt Steuerpflichtige im Inland nicht unter Einbezug ihres gesamten Einkommens und damit nicht im Rahmen ihrer vollen Leistungsfähigkeit zur Einkommensteuer herangezogen werden (BVerfG 12.10.1976 – 1 BvR 2328/73, BStBl. II 1977, 190; BFH 10.10.1973 – I R 162/71, BStBl. II 1974, 30). Er wird zudem durch verschiedene Sonderregelungen verfassungskonform abgemildert. Erzielt der beschränkt Steuerpflichtige als Arbeitnehmer Einkünfte aus nichtselbständiger Arbeit, so werden bei seiner Veranlagung die auf den Arbeitslohn entfallenden Beiträge zur Renten- und Krankenversicherung nach § 10 Abs. 1 Nr. 2 und § 10 Abs. 1 Nr. 3 oder der Sonderausgaben-Pauschbetrag nach § 10c in Abzug gebracht (§ 50 Abs. 1 S. 4). Zudem besteht für beschränkt Steuerpflichtige unter den Voraussetzungen des § 1 Abs. 3 die Möglichkeit, nach den Bestimmungen über die unbeschränkte Steuerpflicht besteuert zu werden.

55 **dd) Formelle Verfassungsmäßigkeit.** Gegen die Verfassungsmäßigkeit der durch das 2. DSAnpUG-EU v. 20.11.2019 vorgenommenen Änderungen und Ergänzungen in § 10 Abs. 2, Abs. 2a und Abs. 2b bestehen **erhebliche Bedenken** in formeller Hinsicht. Diese rühren daher, dass der **Bundestag** bei seiner Beschlussfassung über den Gesetzentwurf, die in zweiter und dritter Lesung in seiner 107. Sitzung in den frühen Morgenstunden des 28.6.2019 stattfand, offenkundig **nicht mehr beschlussfähig** war, wobei die Beschlussfähigkeit von einer Oppositionsfraktion gemäß § 45 Abs. 2 Alt. 1 GO-BT auch **förmlich bezweifelt** worden war (vgl. zum Verlauf der Sitzung Prot. 19/107, 13295; BVerfG 17.9.2019 – 2 BvQ 59/19, NVwZ 2019, 1593). Denn bei der Abstimmung über das 2. DSAnpUG-EU waren nur gut 100 von 709 Abgeordneten und damit entgegen § 45 Abs. 1 GO-BT (und zwar für jedermann offensichtlich) erheblich weniger als die Hälfte der Mitglieder im Sitzungssaal anwesend. Die Regelung in § 45 Abs. 2 Alt. 2 GO-BT, wonach in diesen Fällen dennoch keine Zählung der Stimmen durchgeführt zu werden braucht, wenn der amtierende Sitzungsvorstand (wie geschehen) die Beschlussfähigkeit „einmütig bejaht", dürfte den damit gegebenen Verstoß gegen die fehlende Beschlussfähigkeit **nicht heilen** können. Denn diese Befugnis ist ihm nach Sinn und Zweck der Vorschrift ersichtlich nur für solche Fälle eröffnet, in denen zweifelsfrei erkennbar deutlich mehr als die Hälfte aller Abgeordneten bei Eintritt in die Abstimmung anwesend sind und eine förmliche Nachzählung zum Treffen dieser Feststellung mithin nicht erforderlich ist. Davon aber kann, wenn gerade einmal ein Viertel dieses Quorums erreicht (und die fehlende Beschlussfähigkeit damit **offenkundig**) ist, nicht die Rede sein. Die nach den Regeln der Geschäftsordnung (dazu BVerfG 14.6.2017 – 2 BvQ 29/17, BVerfGE 145, 348 Rn. 37) fehlende Beschlussfähigkeit (insoweit unterscheidet sich das hier vom Sitzungsvorstand gewählte Verfahren von dem, das der Entscheidung BVerfG 10.5.1977 – 2 BvR 705/75, BVerfGE 44, 308 zugrunde gelegen hat) dürfte auch einen derart wesentlichen Verfahrensmangel darstellen, dass sie wegen Verstoßes gegen Art. 77 Abs. 1 S. 1 GG die **Verfassungswidrigkeit** des Gesetzes als solches

zur Folge hat (gleicher Ansicht HHR/*Kulosa* § 10 Rn. J 20-7; vgl. dazu auch *Beckermann* DÖV 2020, 273).

b) Vereinbarkeit mit Europarecht. Der Ausschluss **beschränkt Steuerpflichtiger** vom Anwendungsbereich des § 10 (§ 50 Abs. 1 S. 3) ist grundsätzlich **mit europarechtlichen Vorgaben vereinbar,** weil der Sonderausgabenabzug regelmäßig nicht die Einkünfteerzielung, sondern die persönliche Steuerkraft betrifft und das subjektive Leistungsvermögen, das sich aus der Berücksichtigung der Gesamteinkünfte sowie der persönlichen Lage und des Familienstands ergibt, am leichtesten im Wohnsitzstaat des Steuerpflichtigen ermittelt werden kann (EuGH 14.2.1995 – C-279/93, NJW 1995, 1207 – Schumacker). **Anders** liegt es, wenn die Abzugstatbestände Sonderausgaben betreffen, die in einem **unmittelbaren Zusammenhang mit den im Inland erzielten Einkünften** stehen (dies war bei den nach § 10 Abs. 1 Nr. 6 bis zum Veranlagungszeitraum 2005 abzugsfähigen Steuerberatungskosten der Fall; vgl. EuGH v. 6.7.2006 – C-346/04, DStRE 2006, 1328 – Conjin). Ein solcher unmittelbarer Zusammenhang besteht aber auch dann, wenn ein im EU-Ausland wohnender, aber im Inland praktizierender Rechtsanwalt aufgrund seiner Kammerzulassung zu Pflichtbeiträgen zum berufsständischen Versorgungswerk herangezogen wird, wobei der Sonderausgabenabzug jedoch anteilig auf den Umfang beschränkt werden kann, der dem Anteil der im Inland der Besteuerung unterliegenden Einkünfte an den Gesamteinkünften entspricht (EuGH 6.12.2018 – C-480/17, DStR 2018, 2622 – Montag). Insoweit kann dem Sonderausgabenabzug im Inland auch nicht der Umstand entgegengehalten werden, dass es sich bei den Altersvorsorgebeiträgen im Kernbereich um personenbezogene Abzüge handelt, für deren steuerliche Berücksichtigung der Wohnsitzstaat zuständig ist (so jedoch *Wendt* EFG 2017, 1661). Jedenfalls aber müsste bei Anwendung dieser Maßstäbe für beschränkt steuerpflichtige EU-Ausländer auch der **Kirchensteuerabzug** (§ 10 Abs. 1 Nr. 4) möglich sein (HHR/*Kulosa* § 10 Rn. 14; zustimmend Schmidt/*Krüger* § 10 Rn. 18). Abzugsfähig dürften zudem **Versorgungsleistungen iSd § 10 Abs. 1a Nr. 2** sein, die im Zusammenhang mit der Übertragung von Vermögen stehen, das der EU-Ausländer zur Erzielung inländischer Einkünfte einsetzt (EuGH 31.3.2011 – C-450/09, DStR 2011, 664 – Schröder; EuGH 24.2.2015 – C-559/13, BStBl. II 2015, 1071 – Grünewald). Liegt der Schwerpunkt der insgesamt erzielten Einkünfte des Steuerpflichtigen im Inland, besteht für ihn nach **§ 1 Abs. 3** allerdings ohnehin die Möglichkeit, wie ein unbeschränkt Steuerpflichtiger unter Inanspruchnahme des Sonderausgabenabzugs zur Einkommensteuer veranlagt zu werden. 56

Europarechtlich **problematisch** sind daneben Regelungen, die die Berücksichtigung von Aufwendungen als Sonderausgaben von der **unbeschränkten Steuerpflicht des Leistungsempfängers** abhängig machen. Die darin liegende Diskriminierung von Zahlungen an EU-Ausländer wird für die Fälle der Unterhaltsleistungen an den geschiedenen oder dauernd getrennt lebenden Ehegatten (§ 10 Abs. 1a Nr. 1), der Vermögensübergabe gegen Versorgungsleistungen (§ 10 Abs. 1a Nr. 2) und der Ausgleichszahlungen im Rahmen eines Versorgungsausgleichs (§ 10 Abs. 1a Nr. 4) durch die in **§ 1a Abs. 1 Nr. 1** geschaffene Ausnahmeregelung beseitigt (→ Rn. 63). Für Schulgeldzahlungen an **im EU-Ausland gelegene Privatschulen** besteht seit Änderung des § 10 Abs. 1 Nr. 9 durch das **JStG 2009** v. 19.12.2008 (BGBl. 2008 I 2794) eine Abzugsmöglichkeit, die nicht mehr – wie zuvor – die Errichtung bzw. Genehmigung der Schule nach inländischem Recht zur Voraussetzung hat (→ Rn. 296.1). Zur Zahlung von Kirchensteuern (§ 10 Abs. 1 Nr. 4) an **ausländische Religionsgemeinschaften** → Rn. 231. 57

Europarechtswidrig war zudem der Ausschluss von im EU-Ausland geleisteten **Vorsorgeaufwendungen** vom Sonderausgabenabzug, soweit es sich um Beiträge handelt, die im Beschäftigungsstaat **vom Arbeitslohn einbehalten** werden, wenn dieser Arbeitslohn in Deutschland als Wohnsitzstaat **unter Progressionsvorbehalt steuerfrei** ist (EuGH 22.6.2017 – C-20/16, BStBl. II 2017, 1271 – Bechtel). Hier hat der Gesetzgeber mittlerweile durch Ergänzung des **§ 10 Abs. 2 S. 1 Nr. 1** im Zuge des **JStG 2018** v. 11.12.2018 (BGBl. 2018 I 2338) für alle noch offenen Fälle **Abhilfe** geschaffen (→ Rn. 426). 58

4. Zeitlicher Anwendungsbereich

Die einzelnen Sonderausgaben-Tatbestände des § 10 Abs. 1, § 10 Abs. 1a sind – wie bereits ein Blick in die historische Entwicklung zeigt (→ Rn. 7 f.), **ständigen Änderungen** des 59

Gesetzgebers unterworfen. Gleiches gilt für die in § 10 Abs. 2–6 enthaltenen zusätzlichen Voraussetzungen, Anforderungen, Höchstbeträge und Verordnungsermächtigungen. Der zeitliche Anwendungsbereich jeder einzelnen geänderten Vorschrift muss dabei aus dem **jeweiligen Änderungsgesetz** entnommen werden. Es wird insoweit auf die Kommentierung der jeweiligen Einzelvorschriften verwiesen.

60 Verschiedentlich hat der Gesetzgeber dabei zudem angeordnet, dass die **bisherige,** nunmehr aufgehobene (und daher aus dem konsolidierten Gesetzestext nicht unmittelbar zu erschließende) **Rechtslage** für bestimmte Fallgestaltungen noch über teils lange **Übergangszeiträume fortwirkt.** Letzteres betrifft insbesondere die nur schwer verständlichen **Verweise**

- in **§ 10 Abs. 1 Nr. 3a** für den (zeitlich unbegrenzt möglichen) Abzug von Prämien auf bestimmte vor 2005 in Vollzug gesetzte Altverträge zu Renten- und Kapitalversicherungen (→ Rn. 214),
- in **§ 52 Abs. 18 S. 6** für die (ebenfalls zeitlich unbegrenzte) Weitergeltung der bis 2009 in § 10 Abs. 5 enthaltenen Verordnungsermächtigung zur Nachversteuerung bei schädlicher Verwendung von Ansprüchen aus solchen Altverträgen (→ Rn. 568, zur Kritik daran → Rn. 568.2),
- in **§ 52 Abs. 18 S. 1 und S. 2** für die (gleichfalls zeitlich nicht begrenzte) Berücksichtigung von Versorgungsleistungen aufgrund von vor dem 1.1.2008 vereinbarten Vermögensübertragungen im Rahmen des Sonderausgabenabzugs nach § 10 Abs. 1a Nr. 2 (→ Rn. 380.1 und → Rn. 389.2), und
- in **§ 10 Abs. 4a S. 1** für die Berechnung der abziehbaren Vorsorgeaufwendungen nach der im Kalenderjahr 2004 geltenden Rechtslage im Rahmen der noch bis zum Veranlagungszeitraum 2019 durchzuführenden sog. Günstigerprüfung (→ Rn. 517).

5. Verhältnis zu anderen Bestimmungen des Einkommensteuerrechts

61 Der **Sonderausgabenabzug** ist im Einkommensteuerrecht nicht nur in § 10, sondern daneben auch in **anderen Einzeltatbeständen** der §§ 10–10i geregelt. Von diesen Tatbeständen sind derzeit noch von Bedeutung:

- **§ 10a** betreffend den Abzug für **zusätzliche Altersvorsorgeaufwendungen** ab dem Veranlagungszeitraum 2002;
- **§ 10b** betreffend Ausgaben zur Förderung steuerbegünstigter Zwecke in Form von **Mitgliedsbeiträgen und Spenden;**
- **§ 10f** betreffend Aufwendungen für **Baudenkmale,** die vom Steuerpflichtigen zu **eigenen Wohnzwecken** genutzt werden. Die Aufwendungen können wie Sonderausgaben auch nach dem Zeitpunkt ihres Abflusses auf die folgenden Veranlagungszeiträume aufgeteilt und abgezogen werden;
- **§ 10g** betreffend Herstellungs- und Erhaltungsmaßnahmen an eigenen **schutzwürdigen Kulturgütern** im Inland, die weder zur Einkunftserzielung noch zu eigenen Wohnzwecken genutzt werden. Auch hier ist eine Verteilung der Aufwendungen wie Sonderausgaben auf die ihrer Verausgabung nachfolgenden Veranlagungszeiträume möglich.

In **§ 10c** findet sich zudem eine Regelung, der zufolge ein **Pauschbetrag für Sonderausgaben** im Sinne des § 10 Abs. 1 und des § 10 Abs. 1a Nr. 1 von 36 EUR (bzw. bei zusammenveranlagten Ehegatten von 72 EUR) in Abzug gebracht wird, wenn keine höheren tatsächlichen Aufwendungen nachgewiesen werden (dazu → Rn. 73a). Dagegen ist der **Verlustabzug nach § 10d** (Rücktrag eines negativen Gesamtbetrags der Einkünfte in den vorangegangenen und Vortrag in nachfolgende Veranlagungszeiträume) nach § 10d Abs. 1 S. 1, § 10d Abs. 2 S. 1 „vorrangig vor Sonderausgaben" durchzuführen, sodass die Regelungen entgegen ihrer systematischen Stellung im Gesetz (Abschn. II. 5. EStG, „Einkommen – Sonderausgaben") begrifflich **keine Sonderausgaben-Tatbestände** darstellen (vgl. HHR/*Kulosa* § 10 Rn. 17).

62 Nach **§ 12 Nr. 1** dürfen die für den **Haushalt** des Steuerpflichtigen und für den **Unterhalt** seiner Familienangehörigen aufgewendeten Beträge, nach **§ 12 Nr. 2** die **freiwilligen Zuwendungen** an eine ihm oder seinem Ehegatten gegenüber unterhaltsberechtigte Person oder an deren Ehegatten und nach **§ 12 Nr. 3** die **Personensteuern** nicht gemäß § 2 Abs. 4 vom Gesamtbetrag der Einkünfte abgezogen werden. Von diesem Abzugsverbot **ausgenom-**

men sind jedoch (so der **Einleitungssatz zu § 12**) unter anderem auch die Bestimmungen in **§ 10 Abs. 1** und in **§ 10 Abs. 1a Nr. 1.** Die in den dortigen Sonderausgaben-Tatbestände besonders aufgeführten Aufwendungen gehören daher nicht zu den allgemein nicht abzugsfähigen Ausgaben iSd § 12.

Vorrangig gegenüber den in § 10 Abs. 1a Nr. 1, § 10 Abs. 1a Nr. 2 und § 10 Abs. 1a Nr. 4 enthaltenen Einschränkungen sind nach **§ 1a Abs. 1 Nr. 1** Unterhalts- und Versorgungsleistungen sowie Ausgleichszahlungen auch dann als Sonderausgaben abziehbar, wenn der **Empfänger** in einem **EWR- oder EU-Mitgliedstaat** wohnt und die Leistungen bei ihm der Besteuerung unterliegen. **63**

Das in **§ 11 Abs. 2** enthaltene **Abflussprinzip** gilt systematisch auch für die Sonderausgaben (näher → Rn. 113). **64**

Das **Abzugsverbot** des **§ 3c Abs. 1** für Betriebsausgaben und Werbungskosten ist auf Sonderausgaben tatbestandlich **nicht anwendbar.** In **§ 10 Abs. 2 S. 1 Nr. 1** findet sich jedoch eine vergleichbare, auf bestimmte Vorsorgeaufwendungen beschränkte Regelung, soweit sie in unmittelbarem wirtschaftlichen Zusammenhang mit steuerfreien Einnahmen stehen (→ Rn. 425). **65**

Leibrenten und sonstige Leistungen, die aus Rentenversicherungen und aus Altersvorsorgeprodukten iSd § 10 Abs. 1 Nr. 2 stammen, sind gemäß **§ 22 Nr. 1 S. 3 Buchst. a Doppelbuchst. aa steuerpflichtig;** gleiches gilt nach **§ 22 Nr. 1a** beim Leistungsempfänger für Einkünfte, die aus als Sonderausgaben abziehbaren **Unterhalts- und Versorgungsleistungen** sowie **Ausgleichszahlungen** iSd § 10 Abs. 1a stammen. **66**

Nach **§ 26b** werden zusammenveranlagte **Ehegatten** nach Ermittlung des Gesamtbetrags der Einkünfte „sodann" als ein Steuerpflichtiger behandelt. Das bedeutet, dass die von ihnen aufgewendeten **Sonderausgaben zusammengefasst** und beiden Ehegatten gemeinsam zugerechnet werden. Es kommt daher für den Abzug nicht darauf an, welcher der Ehegatten die Ausgaben tatsächlich geleistet hat. Eine Verdoppelung des Höchstbetrags für Aufwendungen der **Berufsausbildung** von 6.000 EUR je Steuerpflichtigem mit der Folge, dass der verbleibende Rest des vom einen Ehegatten nicht ausgeschöpften Höchstbetrags auf den anderen Ehegatten übertragen werden kann, ergibt sich daraus indessen nicht (→ Rn. 284.1). **67**

Nach **§ 33 Abs. 2 S. 2** werden Aufwendungen, die zu den Sonderausgaben gehören, bei der Ermittlung der **außergewöhnlichen Belastungen außer Betracht** gelassen. Der Sonderausgabenabzug geht der Berücksichtigung als außergewöhnliche Belastung also auch dann vor, wenn die Berücksichtigung als Sonderausgaben nur dem Grunde nach möglich ist, ohne dass sich die Aufwendungen (etwa wegen der Überschreitung von Höchstbeträgen) konkret steuermindernd auswirken. Das Abzugsverbot als außergewöhnliche Belastung gilt auch für solche Aufwendungen, die **nur auf Antrag als Sonderausgaben** behandelt werden, wie dies vor allem bei **Unterhaltsleistungen** an den geschiedenen oder dauernd getrennt lebenden Ehegatten (§ 10 Abs. 1a Nr. 1; → Rn. 330) der Fall ist (ein ähnliches Antragserfordernis besteht für die Geltendmachung von Ausgleichsleistungen zur Vermeidung des Versorgungsausgleichs nach § 10 Abs. 1a Nr. 3; → Rn. 402). Das bedeutet, dass der über den Höchstbetrag von 13.805 EUR hinausgehende Unterhalt (und ggf. bei betragsmäßig eingeschränkter Zustimmung des Unterhaltsempfängers bereits der diesen Teilbetrag übersteigende Unterhalt) nach entsprechender Antragstellung nicht mehr als außergewöhnliche Belastung geltend gemacht werden kann (Blümich/*Hutter* § 10 Rn. 16). **Anderes gilt** nur bei den Sonderausgaben-Tatbeständen des § 10 Abs. 1 Nr. 7 und des § 10 Abs. 1 Nr. 9 (§ 33 Abs. 2 S. 2 letzter Halbsatz). Ausgaben für die **eigene Berufsausbildung,** die den Höchstbetrag von 6.000 EUR überschreiten, und der nach Inanspruchnahme des Sonderausgabenabzugs für **Schulgeldzahlungen** verbleibende Teil von 70% der Aufwendungen können daher als außergewöhnliche Belastung abgezogen werden, sofern zusätzlich die dafür geltenden besonderen Voraussetzungen der §§ 33 ff. vorliegen. **68**

Einstweilen frei **69–70**

6. Verhältnis zum Körperschaftsteuerrecht

Im Körperschaftsteuerrecht findet sich in § 8 Abs. 1 KStG eine Verweisung, der zufolge das Einkommen der Körperschaft nach den Bestimmungen des EStG ermittelt wird. Als notwendiger Zwischenschritt zur Ermittlung des Einkommens sind aber nach § 2 Abs. 4 die **71**

Sonderausgaben abzuziehen. Danach müssten die Vorschriften über den Sonderausgabenabzug im Grundsatz auch im Körperschaftsteuerrecht Anwendung finden. Da jedoch die derzeit geltenden Sonderausgaben-Tatbestände durchweg auf die **Besteuerung natürlicher Personen zugeschnitten** sind (HHR/*Kulosa* § 10 Rn. 13), ist **§ 10** im Ergebnis auf der Körperschaftsteuer unterliegende Steuerpflichtige **nicht anwendbar** (Blümich/*Hutter* § 10 Rn. 11).

71.1 Denkbar war es lediglich, den mittlerweile aufgehobenen, früher möglichen Sonderausgabenabzug für **Steuerberatungskosten** (§ 10 Abs. 1 Nr. 6 in der Fassung bis 2005; → Rn. 129) und für **Renten und dauernde Lasten** (§ 10 Abs. 1 Nr. 1 in der nur für Altvereinbarungen noch anwendbaren Fassung bis 2007; → Rn. 380) auch auf Körperschaftsteuersubjekte auszudehnen, da diese Tatbestände in ihrer Ausgestaltung nicht auf natürliche Personen beschränkt waren (HHR/*Kulosa* § 10 Rn. 13). Die Vorschriften konnten allerdings erst dann zur Anwendung gelangen, wenn die Aufwendungen der Körperschaft nicht bereits durch die **Einkünfteerzielung** veranlasst waren und sich daher nicht als (vorrangig zu berücksichtigende) **Betriebsausgaben** (§ 4 Abs. 4) darstellten.

72 *Einstweilen frei*

7. Verfahrensfragen

73 Für die Inanspruchnahme des Sonderausgabenabzugs ist ein **Antrag** des Steuerpflichtigen grundsätzlich nicht erforderlich. **Ausnahmen** hiervon bestehen nur bei der (zudem von der **Zustimmung** des Empfängers abhängigen) Geltendmachung von Unterhaltsleistungen im Rahmen des **Realsplittings** (§ 10 Abs. 1a Nr. 1) und von **Ausgleichsleistungen** zur Vermeidung des Versorgungsausgleichs nach § 10 Abs. 1a Nr. 3 (→ Rn. 105).

73a Die **Feststellungslast** für das Vorliegen der gesetzlichen Voraussetzungen der Sonderausgaben-Tatbestände trägt der Steuerpflichtige, weil es sich dabei um steuermindernde Tatsachen handelt (HHR/*Kulosa* § 10 Rn. 25). Wird der Feststellungslast nicht genügt („wenn der Steuerpflichtige nicht höhere Aufwendungen nachweist", § 10c Abs. 1), sind die Sonderausgaben nur im Rahmen des für sie geltenden **Pauschbetrags** von 36 EUR (§ 10c Abs. 1) und der **Vorsorgepauschale** (§ 10c Abs. 2) abziehbar. Auf Verlangen des Finanzamts ist der Steuerpflichtige nach § 160 AO zudem verpflichtet, dem Fiskus den **Empfänger** der Ausgaben zu **benennen** (Blümich/*Hutter* § 10 Rn. 20); geschieht dies nicht, kann es zur Versagung des Sonderausgabenabzugs kommen.

73b Sonderausgaben werden nach Maßgabe des § 37 Abs. 3 S. 2 bei der Ermittlung der Bemessungsgrundlage für **Einkommensteuervorauszahlungen** steuermindernd berücksichtigt und können, soweit es sich um Aufwendungen iSd § 10 Abs. 1 Nr. 4 (Kirchensteuer), § 10 Abs. 1 Nr. 5 (Kinderbetreuungskosten), § 10 Abs. 1 Nr. 7 (Berufsausbildungskosten), § 10 Abs. 1 Nr. 9 (Schulgeld) und § 10 Abs. 1a (Leistungen, die korrespondierend beim Empfänger besteuert werden) handelt, als **Freibetrag im Lohnsteuerabzugsverfahren** abgezogen werden (§ 39a Abs. 1 S. 1 Nr. 2), sofern der dort jeweils geltende **Mindestbetrag von 600 EUR** überschritten wird (§ 37 Abs. 3 S. 4, § 39a Abs. 2 S. 4). Für andere Sonderausgaben und damit insbesondere für **Vorsorgeaufwendungen** (§ 10 Abs. 2 S. 1) ist nach § 39b Abs. 2 S. 5 Nr. 3 nur eine **Vorsorgepauschale** nach näherer Maßgabe der dortigen Vorschriften beim Lohnsteuerabzug zu berücksichtigen; die Eintragung eines Freibetrags für zusätzliche Aufwendungen ist nicht statthaft (HHR/*Kulosa* § 10 Rn. 25).

74 **Umstritten** ist, ob die Voraussetzungen für den Sonderausgabenabzug **einheitlich und gesondert festgestellt** werden können. Nach der (älteren) Rechtsprechung des BFH ist dies nicht möglich, sodass die Aufwendungen nur im Verfahren zur Einkommensteuerveranlagung der Beteiligten berücksichtigt werden können (BFH 6.7.1966 – VI 124/65, BStBl. III 1966, 584; BFH 29.3.1992 – X R 156/90, BStBl. II 1993, 11; gleicher Ansicht Blümich/*Hutter* § 10 Rn. 25). Dem wird in der Rechtsprechung (FG München 26.7.2005 – 6 K 85/03, DStRE 2006, 691, rechtskräftig) und im Schrifttum (HHR/*Kulosa* § 10 Rn. 25) allerdings zu Recht entgegengehalten, dass § 180 Abs. 1 Nr. 2 Buchst. a AO seit dem Veranlagungszeitraum 1994 auch die gesonderte Feststellung von anderen Besteuerungsgrundlagen ermöglicht, wenn sie **mit Einkünften in Zusammenhang** stehen. Ist diese Voraussetzung erfüllt, ist ihre Einbeziehung in das Feststellungsverfahren daher meines Erachtens **zulässig** und aus Gründen der Verfahrensökonomie regelmäßig auch **geboten.**

74.1 Dies gilt etwa bei **Versorgungsleistungen,** die eine Grundstücksgemeinschaft an den Übergeber eines Grundstücks erbringt, aus dem sie nach dem Erwerb im Wege der Vermögensübergabe **Vermie-**

tungseinkünfte erzielt (so der dem Urteil des FG München 26.7.2005 – 6 K 85/03, DStRE 2006, 691, rkr., zugrundeliegende Fall).

Einstweilen frei 75

II. Normstruktur und zentrale Debatten

1. Inhalt der Norm

Im **Einleitungssatz zu § 10 Abs. 1** werden die Sonderausgaben systematisch als nachrangig von den Betriebsausgaben und Werbungskosten abgegrenzt; in **§ 10 Abs. 1 Nr. 2–9** sind die einzelnen Sonderausgaben-Tatbestände für Vorsorgeaufwendungen, Kirchensteuer, Kinderbetreuung, Berufsausbildung und Schulgeld geregelt. **§ 10 Abs. 1a** enthält die Tatbestände, bei denen der Sonderausgabenanzug nur bei korrespondierender Besteuerung der Aufwendungen beim Leistungsempfänger möglich ist. In **§ 10 Abs. 2** werden zusätzliche Voraussetzungen, unter anderem zum Zertifizierungsverfahren bei Altersvorsorgeprodukten und zur Datenübermittlung an die Finanzverwaltung, für den Abzug von Vorsorgeaufwendungen aufgestellt. **§ 10 Abs. 2a** und **§ 10 Abs. 2b** regeln Einzelheiten zur Datenübermittlung. **§ 10 Abs. 3** bestimmt, dass Beiträge zur Altersvorsorge nur bis zu den dort genannten, bei Vorliegen bestimmter Voraussetzungen zu kürzenden und bis 2025 jährlich stufenweise ansteigenden Höchstbeträgen berücksichtigt werden. **§ 10 Abs. 4** regelt die für den Abzug der übrigen Vorsorgeaufwendungen geltenden Höchstbeträge. Nach **§ 10 Abs. 4a** findet in den Veranlagungszeiträumen bis 2019 für alle Vorsorgeaufwendungen zugunsten des Steuerpflichtigen eine Günstigerprüfung statt, bei der die Abzugsmöglichkeiten nach gegenwärtigem Recht mit denen nach der bis 2004 geltenden Rechtslage verglichen werden. **§ 10 Abs. 4b** enthält Bestimmungen, wie mit steuerfreien Zuschüssen und mit Erstattungsüberhängen verfahren wird. **§ 10 Abs. 5** ermöglicht den Erlass einer Rechtsverordnung zur Ermittlung des nach § 10 Abs. 1 Nr. 3 ohne Höchstbetragsbegrenzung begünstigten Anteils an einheitlich gebildeten Krankenversicherungstarifen. In **§ 10 Abs. 6** finden sich einzelne aus § 52 herausgelöste Übergangsvorschriften. 76

Einstweilen frei 77

2. Leitentscheidungen und maßgebliche Debatten

a) Abzug von Altersvorsorgeaufwendungen. Der langjährige Streit um die steuerliche Abziehbarkeit von Beiträgen zur Rentenversicherung und anderen Altersvorsorgeaufwendungen hat mit den Beschlüssen **BVerfG 14.6.2016 – 2 BvR 290/10 (BStBl. II 2016, 801)** und **BVerfG 14.6.2016 – 2 BvR 323/10 (DStR 2016, 1731)** ein vorläufiges Ende gefunden. Mit ihnen hat das BVerfG verfassungsrechtliche Zweifel an den seit dem Veranlagungszeitraum 2005 noch bestehenden Abzugsbeschränkungen verneint. Sowohl die Höchstbetragsbegrenzung auf 20.000 EUR bzw. ab 2015 auf den höchstmöglichen Beitrag zur knappschaftlichen Rentenversicherung (§ 10 Abs. 3 S. 3) als auch die in der Übergangszeit von 2005 bis 2024 nur anteilige, sich lediglich stufenweise erhöhende Abziehbarkeit der Altersvorsorgeaufwendungen (§ 10 Abs. 3 S. 4) sind als solche entgegen verbreiteter Einwände im Schrifttum **verfassungsgemäß.** 78

Ausgangspunkt der Debatte war das zur Rechtslage bis 2004 (→ Rn. 79.1) ergangene Urteil des **BVerfG v. 6.3.2002 – 2 BvL 17/99** (BStBl. II 2002, 618). Darin hatte das BVerfG die frühere **unterschiedliche Besteuerung** der **Beamtenpensionen** nach § 19 und der **Renten aus der gesetzlichen Rentenversicherung** nach § 22 Nr. 1 S. 3 Buchst. a EStG aF für mit dem Gleichheitssatz (Art. 3 Abs. 1 GG) unvereinbar erachtet und den Gesetzgeber zu einer Neuregelung der Materie ab dem Veranlagungszeitraum 2005 verpflichtet. Nach den Vorgaben des BVerfG mussten dabei die Besteuerung von Vorsorgeaufwendungen für die Alterssicherung und die Besteuerung von Bezügen aus dem Ergebnis der Vorsorgeaufwendungen so aufeinander abgestimmt sein, dass eine **doppelte Besteuerung vermieden** wird. 79

Nach der **bis 2004 geltenden Rechtslage** unterlagen die (nicht auf eigenen Beitragsleistungen beruhenden) **Versorgungsbezüge** von Beamten, Richtern und Soldaten nach Abzug eines Versor- 79.1

gungs-Freibetrages von höchstens 3.072 EUR als nachträgliche Einkünfte aus nichtselbständiger Arbeit **in vollem Umfang** der Regelbesteuerung. Dagegen waren Renten aus der **gesetzlichen Rentenversicherung** nur zu einem Teil, nämlich in Höhe des so genannten **Ertragsanteils** einkommensteuerpflichtig, während die Bezüge im Übrigen als nichtsteuerbarer Rückfluss des zuvor mit den Rentenversicherungsbeiträgen angesparten Kapitals (des sog. Rentenstammrechts) behandelt wurden. Dabei war zudem der **Arbeitgeberanteil** zur gesetzlichen Rentenversicherung für den Arbeitnehmer **steuerfrei,** während der **Arbeitnehmeranteil** gemeinsam mit den übrigen Vorsorgeaufwendungen innerhalb bestimmter Höchstbeträge (§ 10 Abs. 3 EStG aF; → Rn. 517.1) zum **Sonderausgabenabzug** zugelassen war.

80 Als Reaktion auf diese Entscheidung des BVerfG hat der Gesetzgeber das **AltEinkG** v. 5.7.2004 (BGBl. 2004 I 1427) erlassen und dadurch mit Wirkung zum **Veranlassungszeitraum 2005** sowohl die Abziehbarkeit der Altersvorsorgebeiträge (§ 10 Abs. 1 Nr. 2, § 10 Abs. 3) als auch die Steuerpflichtigkeit der mit ihnen verbundenen künftigen Altersbezüge (§ 22 Nr. 1 S. 3 Buchst. a Doppelbuchst. aa) grundlegend neu gestaltet. Danach werden seither neben den beamtenrechtlichen Versorgungsbezügen auch die Renten aus der gesetzlichen Rentenversicherung und aus sonstigen, privaten Altersvorsorgeprodukten grundsätzlich in vollem Umfang **nachgelagert besteuert.** Daraus folgt als Konsequenz, dass zur Vermeidung einer Doppelbesteuerung zugleich auch die **Altersvorsorgebeiträge vollständig** von der steuerlichen Bemessungsgrundlage **abziehbar** sein müssen. Wegen der damit für die öffentlichen Haushalte verbundenen erheblichen Belastungen hat sich der Gesetzgeber jedoch entschlossen, einen solchen **Vollabzug** erst für Beitragsleistungen ab dem **Veranlagungszeitraum 2025** zuzulassen. Da die in den Jahren vor 2005 aufgebrachten Rentenversicherungsbeiträge nur im Rahmen der Höchstbeträge nach § 10 Abs. 3 EStG aF abgezogen werden konnten und auch die in den Folgejahren geleisteten **Altersvorsorgeaufwendungen** lediglich mit dem sich **stufenweise** von zunächst 60% in 2005 auf schließlich 98% in 2024 erhöhenden Prozentsatz steuerlich abzugsfähig sind, werden für eine **Übergangszeit bis 2039** auch die späteren Alterseinkünfte nur anteilig der Besteuerung unterworfen. Dabei steigt der **steuerbare Anteil der Altersrenten** von 2005 bis 2020 je nach dem Kalenderjahr des Renteneintritts **stufenweise** von zunächst 50% auf 80% und anschließend **bis 2040** jährlich um einen weiteren Prozentpunkt bis **auf 100%** an (§ 22 Nr. 1 S. 3 Buchst. a Doppelbuchst. aa S. 3; → Rn. 140.1).

81 Sowohl der Umstand, dass der Gesetzgeber die Abziehbarkeit der Altersvorsorgebeiträge nach wie vor im Rahmen eines **Sonderausgaben-Tatbestands** geregelt hat, als auch die im **Übergangszeitraum** nicht bestehende Möglichkeit ihres Vollabzugs von der steuerlichen Bemessungsgrundlage haben im **Schrifttum** vielfältige **Kritik** erfahren. Dabei wird geltend gemacht, dass die Aufwendungen wegen der mit ihnen in der Auszahlungsphase verbundenen Alterseinkünfte ihrer Rechtsnatur nach **vorweggenommene Werbungskosten** seien, die konsequenterweise in vollem Umfang (oder doch zumindest im Umfang der späteren Steuerpflichtigkeit der Einnahmen) als solche abziehbar sein müssten. In der Zuordnung zu den Sonderausgaben, jedenfalls aber in der nur beschränkten Abzugsfähigkeit liege ein **Verstoß** gegen das verfassungsrechtlich zu beachtende **objektive Nettoprinzip.** Das gelte wegen der bei einem Rentenbeginn ab 2005 angeordneten Besteuerung der Altersrenten über den Ertragsanteil hinaus auch für Beitragszahlungen, die noch unter der bis 2004 geltenden Rechtslage geleistet worden seien (*Heidrich* FR 2004, 1321; *Heidrich* DStR 2005, 861; *Kreft* GStB 2005, 279; *Schneider/Bahr* Inf 2006, 386).

82 Diesen Einwänden hat sich die **Rechtsprechung des BFH und des BVerfG** nicht angeschlossen. Mit Urteil v. 8.11.2006 – X R 45/02 (BStBl. II 2007, 574) hat der BFH entschieden, dass Beiträge zu den gesetzlichen Rentenversicherungen in den Veranlagungszeiträumen **vor 2005** auch im Hinblick auf die Neuregelung der Besteuerung der Alterseinkünfte **nur als Sonderausgaben** mit den sich aus § 10 Abs. 3 EStG aF ergebenden **Höchstbeträgen** abziehbar sind (gleicher Ansicht BVerfG 13.2.2008 – 2 BvR 1220/04, 2 BvR 410/05, BVerfGE 120, 169). Gleiches gilt für die **ab 2005** im zeitlichen Geltungsbereich des **AltEinkG** v. 5.7.2004 (BGBl. 2004 I 1427) geleisteten Altersvorsorgeaufwendungen. Dass sie ebenfalls als Sonderausgaben **nur beschränkt abziehbar** sind, begegnet weder nach Auffassung des BFH (BFH 1.2.2006 – X B 166/05, BStBl. II 2006, 420; BFH 18.11.2009 – X R 34/07, BStBl. II 2010, 414) noch nach Ansicht des BVerfG (BVerfG 14.6.2016 – 2

BvR 290/10, BStBl. II 2016, 801; BVerfG 14.6.2016 – 2 BvR 323/10, DStR 2016, 1731) verfassungsrechtlichen Bedenken.

Mit dieser Rechtsprechung ist jedoch **nur entschieden,** dass bei **isolierter Betrachtung** die Bestimmungen über den Sonderausgabenabzug der Altersvorsorgebeiträge (§ 10 Abs. 1 Nr. 2, § 10 Abs. 3) mit verfassungsrechtlichen Vorgaben vereinbar sind. Denn sowohl der BFH als auch das BVerfG verweisen darauf, dass die Neuregelungen des **AltEinkG** v. 5.7.2004 (BGBl. 2004 I 1427) insgesamt nur insoweit verfassungsgemäß sind, als durch sie die **Grenze der verbotenen Doppelbesteuerung** nicht überschritten wird (so ausdrücklich BFH 21.6.2016 – X R 44/14, BFH/NV 2016, 1791). Es kann lediglich **noch nicht in der Aufbauphase** gerügt werden, dass das Doppelbesteuerungsverbot verletzt wird. Die vom Gesetzgeber geschaffene Übergangsregelung kann aber nachfolgend in den **Veranlagungszeiträumen ab Beginn der Rentenbesteuerung** zum Gegenstand der verfassungsrechtlichen Beurteilung gemacht werden (→ Rn. 468). **Prüfungsgegenstand** ist dabei die **Besteuerung der Alterseinkünfte** nach § 22 Nr. 1 S. 3 Buchst. a Doppelbuchst. aa (vgl. dazu BFH 6.4.2016 – X R 2/15, BStBl. II 2016, 733). 82.1

Einstweilen frei **83–84**

b) Abzug von Krankenversicherungsbeiträgen. Im Anschluss an die Vorlage des **BFH v. 14.12.2005 – X R 20/04** (BStBl. II 2006, 312) hat das **BVerfG** mit Beschluss **v. 13.2.2008 – 2 BvL 1/06** (BVerfGE 120, 125) die bis zum Veranlagungszeitraum 2009 geltenden Regelungen zum Sonderausgabenabzug von Beiträgen zu **privaten Krankheitskostenversicherungen** und zu **privaten Pflegepflichtversicherungen** für teilweise mit verfassungsrechtlichen Vorgaben **unvereinbar** erklärt. Zugleich wurde der Gesetzgeber aufgefordert, bis zum 1.1.2010 eine Neuregelung zu schaffen, die die Beiträge jedenfalls in der Höhe unbeschränkt zum Abzug zulässt, die dem Umfang nach erforderlich ist, um dem Steuerpflichtigen und seiner Familie eine **sozialhilfegleiche Vorsorge gegen Krankheits- und Pflegebedürftigkeitsrisiken** zu gewährleisten. **85**

Der Gesetzgeber hat daraufhin den Abzug von Aufwendungen zur Vorsorge gegen Krankheit und Pflegebedürftigkeit durch das **Bürgerentlastungsgesetz Krankenversicherung** v. 16.7.2009 (BGBl. 2009 I 1959) mit Wirkung ab dem **Veranlagungszeitraum 2010** neu geregelt. Seither sind die Beiträge zur Erlangung eines den **Leistungen der Sozialhilfe entsprechenden Versorgungsniveaus** gemäß § 10 Abs. 1 Nr. 3 **unbegrenzt steuerlich abzugsfähig** (§ 10 Abs. 4 S. 4). Das betrifft in voller Höhe die Sozialversicherungsbeiträge zur gesetzlichen Krankenversicherung und zur gesetzlichen Pflegeversicherung. Beiträge für private Krankenversicherungen sind nur insoweit begünstigt, als die im Tarif enthaltenen Vertragsleistungen den Leistungen der gesetzlichen Krankenversicherung vergleichbar sind. Der dafür maßgebliche Anteil ist in Anwendung der aufgrund von § 10 Abs. 5 erlassenen Rechtsverordnung zu ermitteln. Soweit die Kranken- und Pflegeversicherungsbeiträge eine **über dieses Niveau hinausgehende Versorgung** ermöglichen, können sie nur nach § 10 Abs. 1 Nr. 3a Berücksichtigung finden. Ihr Ansatz wirkt sich dann aufgrund der Höchstbetragsregelungen in § 10 Abs. 4 regelmäßig **steuerlich nicht aus.** **86**

Einstweilen frei **87**

c) Abzug von Versorgungsleistungen aus Anlass von Vermögensübertragungen. In der **bis zum Veranlagungszeitraum 2007** geltenden Fassung ermöglichte § 10 Abs. 1 Nr. 1a den Sonderausgabenabzug von auf besonderen Verpflichtungsgründen beruhenden Renten und dauernden Lasten. Den Hauptanwendungsfall sah die Rechtsprechung des BFH in dem von ihr entwickelten **Rechtsinstitut** der **„Vermögensübergabe gegen Versorgungsleistungen“** (→ Rn. 387). Dieses ist dadurch gekennzeichnet, dass ertragsbringendes Vermögen des Übergebers auf einen Übernehmer übertragen wird, wobei der Übernehmer im Gegenzug an den Übergeber Versorgungsleistungen erbringt. Dabei behält sich der Übergeber auf diesem Wege typischerweise Erträge seines bisherigen Vermögens vor, die nunmehr jedoch vom Vermögensübernehmer erwirtschaftet werden müssen (BFH 12.5.2003 – GrS 1/00, BStBl. II 2004, 95). Es handelt sich deshalb weder um ein entgeltliches Veräußerungsgeschäft noch um Unterhaltsaufwendungen. Die aus dem übernommenen Vermögen erbrachten Versorgungsleistungen sind beim Übernehmer als Sonderausgaben abziehbar. Zugleich hat der Vermögensübergeber als Empfänger der Leistungen diese nach § 22 Nr. 1 **88**

S. 3 als sonstige Einkünfte zu versteuern. Zu **Einzelfragen** hinsichtlich der Anwendung dieses Rechtsinstituts vgl. BMF 16.9.2004 (BStBl. I 2004, 922).

89 Die **Rechtsprechung des BFH** hatte den **Anwendungsbereich** der Vermögensübergabe gegen Versorgungsleistung zuletzt **stark ausgedehnt** und mit Urteil v. 1.3.2005 – X R 45/03 (BStBl. II 2007, 103) sogar die bloße Übergabe eines Geldbetrags als ausreichend angesehen (zur **Kritik** an dieser Rechtsprechung → Rn. 388a.1). Darauf hatte die Finanzverwaltung zunächst mit einem Nichtanwendungserlass reagiert (BMF 19.1.2007, BStBl. I 2007, 188). Der Gesetzgeber nahm dies zum Anlass, durch das **JStG 2008** v. 20.12.2007 (BGBl. 2007 I 3150) den Sonderausgaben-Tatbestand insgesamt **neu zu regeln** und das **Rechtsinstitut** der **„Vermögensübertragung gegen Versorgungsleistungen"** dadurch auf einen **Kernbereich zurückzuführen.** Seither sind gemäß § 10 Abs. 1a Nr. 2 (bis zum Veranlagungszeitraum 2014: § 10 Abs. 1 Nr. 1a) nur noch Versorgungsleistungen im Zusammenhang mit der Übertragung der dort näher bestimmten Wirtschaftsgüter (Mitunternehmeranteile, Betriebe oder Teilbetriebe und qualifizierte GmbH-Anteile) steuerlich begünstigt (→ Rn. 366).

90 *Einstweilen frei*

91 **d) Abzug von Kinderbetreuungskosten.** Aufwendungen des Steuerpflichtigen für die Inanspruchnahme von **Dienstleistungen zur Betreuung** eines in seinem Haushalt lebenden **Kindes** werden bis zur Vollendung von dessen 14. Lebensjahr, bei behinderten Kindern unter bestimmten Umständen auch über diesen Zeitpunkt hinaus, nach **§ 10 Abs. 1 Nr. 5** als Sonderausgaben begünstigt (→ Rn. 243; zu den **Vorläuferregelungen,** die den Abzug vor Inkrafttreten der durch das **StVereinfG** v. 1.11.2011, BGBl. 2011 I 2131, neu eingefügten Vorschrift ermöglichten, → Rn. 243.1). Die **verfassungsrechtlichen Anforderungen** an die steuerliche Berücksichtigung von Kinderbetreuungskosten sind in der Vergangenheit durch eine Reihe von Entscheidungen des BVerfG näher **konkretisiert** worden.

92 In seinem Urteil v. 3.11.1982 – **1 BvR 620/78** (BStBl. II 1982, 717) wies das **BVerfG** darauf hin, dass die wirtschaftliche Leistungsfähigkeit **berufstätiger Alleinstehender** mit Kindern durch zusätzlichen zwangsläufigen Betreuungsaufwand gemindert sein könne, der bei Ehepaaren typischerweise nicht entsteht oder – wenn beide Ehegatten berufstätig sind – von ihnen zumindest leichter getragen werden kann. Dieser Umstand dürfe im Einkommensteuerrecht nicht außer Acht bleiben. Es bleibe jedoch dem Gesetzgeber überlassen, ob er die davon betroffenen Aufwendungen im Rahmen der Besteuerung als Einkommensminderung berücksichtigt oder aber den anfallenden Aufwand als Förderungsaufgabe dem Sozialrecht zuweist und ihm durch Bereitstellung zusätzlicher Sozialleistungen Rechnung trägt. Die Entscheidung des BVerfG führte zur Einfügung von § 33c durch das **Steuerbereinigungsgesetz 1985** v. 14.12.1984 (BGBl. 1984 I 1493). Dadurch wurde rückwirkend **ab 1971** für Alleinstehende die Möglichkeit des Abzugs der Aufwendungen für Betreuungsleistungen wegen Erwerbstätigkeit geschaffen.

93 Mit Beschluss v. 10.11.1998 – **2 BvR 1057/91** u. a. (BStBl. II 1999, 182) entschied das **BVerfG,** dass der **Betreuungsbedarf** des Kindes steuerlich **generell zu verschonen** ist, weil er als Teil des **familiären Existenzminimums** die Leistungsfähigkeit der Eltern unabhängig von deren Familienstand mindert. Dabei darf es nach verfassungsrechtlichen Vorgaben zudem weder darauf ankommen, ob die Eltern eine Erwerbstätigkeit ausüben, noch darauf, in welcher Weise sie diesen Bedarf decken. Die bisherige Regelung in § 33c wurde wegen **Benachteiligung ehelicher Erziehungsgemeinschaften** gegenüber Alleinerziehenden für **verfassungswidrig** erklärt.

94 Durch Beschluss v. 16.3.2005 – **2 BvL 7/00** (BVerfGE 112, 268) erklärte das **BVerfG** die seit 1997 in § 33c vorgeschriebene **Kürzung** der einkommensteuerlichen Freistellung der Kinderbetreuungsaufwendungen um eine **zumutbare Belastung** (§ 33 Abs. 3) für **verfassungswidrig** und nichtig. Zwar dürfe der Gesetzgeber bestimmen, inwieweit die dem Grunde nach zwangsläufigen Kinderbetreuungskosten im typischen Fall auch der Höhe nach als zwangsläufig zu berücksichtigen sind. Er sei daher berechtigt, für den Betreuungsaufwand eine **sachgerecht pauschalierende Obergrenze** festzulegen. Die Anrechnung einer zumutbaren Belastung wirke sich aber im Ergebnis wie eine **zusätzliche Kürzung** dieses Höchstbetrags aus. Dies sei durch die gesetzgeberische Typisierungsbefugnis nicht gerechtfertigt.

e) Kritische Würdigung. Unbeschadet möglicher inhaltlicher Bedenken und Einwände, die sowohl verfassungsrechtlicher als auch rechtspolitischer Natur sein können, ist jedenfalls der im Schrifttum weit verbreiteten **Kritik an der äußeren Gestalt und Form** der Vorschrift weitgehend **zuzustimmen.** So wird zu Recht geltend gemacht, es handele sich bei § 10 letzten Endes um ein „**Sammelsurium** unterschiedlicher Regelungen" (ähnlich HHR/*Kulosa* § 10 Rn. 30), die das Verständnis für ihre Struktur und ihre Anwendung erheblich erschwerten (so zutreffend Korn/*Bauschatz* § 10 Rn. 2.1), und damit um eine „bezeichnende Ausprägung der hoffnungslos desaströsen Misere des deutschen Steuerrechts" (so Bordewin/Brandt/*Stöcker* § 10 Rn. 4). Die Kritik ist vor allem insoweit ernst zu nehmen, als sie sich auf die Vielzahl der (auch mehrfach unterjährigen) Gesetzesänderungen (s. aus jüngerer Zeit nur → Rn. 10 ff.), die Unübersichtlichkeit der mit ihnen einhergehenden Anwendungs- und Übergangsbestimmungen (dazu → Rn. 60) und die hochgradige Technisierung der praktischen Rechtsanwendung bezieht, die nur noch mit Unterstützung der elektronischen Datenverarbeitung beherrschbar ist (s. dazu insbesondere die inzwischen ausgelaufene sog. Günstigerprüfung nach § 10 Abs. 4a; → Rn. 515). Dies alles führt dazu, dass der **Regelungsgehalt** der Vorschrift für den Steuerbürger ohne Verwendung von Hilfsmitteln in weiten Teilen **kaum noch zu durchschauen** sein dürfte (gleicher Ansicht Blümich/*Hutter* § 10 Rn. 2: § 10 sei „im Laufe der Zeit immer umfangreicher und komplizierter geworden"; **anderer Auffassung** das Fazit von KSM/*Söhn* § 10 Rn. A 187: die Vorschrift sei „im Grundsätzlichen [...] nicht änderungsbedürftig"). 95

Hinzuweisen ist insoweit insbesondere auf 95.1

- den **inhaltslosen Verweis** in **§ 10 Abs. 1 Nr. 3 S. 1 Buchst. a S. 3 Hs. 2** auf die zwar für entsprechend anwendbar erklärte, aber keine weiterführenden Rechtsfolgen bewirkende Norm des § 158 Abs. 2 VAG bei der Bestimmung von Art, Umfang und Höhe der Leistungen des Basistarifs bei privaten Krankenkassen (→ Rn. 182.1),
- den **sprachlich misslungenen Rechtsanwendungsbefehl** in **§ 52 Abs. 18 S. 2** zur Übergangsregelung bei vor 2009 vereinbarten Vermögensübertragungen gegen Versorgungsleistungen (→ Rn. 389.2), und
- die schwer verständliche **kaskadenartige Mehrfachverweisung** auf im Übrigen bereits aufgehobene Vorschriften in **§ 52 Abs. 18 S. 6** iVm § 10 Abs. 5 in der Fassung bis 2009 iVm § 10 Abs. 2 S. 2 in der Fassung bis 2004 (→ Rn. 568.2).

Hier ist der **Gesetzgeber** dringend aufgerufen, **Abhilfe** zu schaffen.

Nur schwer erschließt sich dem Rechtsanwender zudem der **Regelungsgehalt der Höchstbetragsbestimmungen** in **§ 10 Abs. 3** und **§ 10 Abs. 4.** Bei § 10 Abs. 3 (Ermittlung des abziehbaren Höchstbetrags zu Altersvorsorgeaufwendungen) ergibt sich dessen zentrale Rechtsfolge aus einer an versteckter Stelle mitten in der Vorschrift angesiedelten Bestimmung, nämlich aus § 10 Abs. 3 S. 5 (→ Rn. 453), während die in der Praxis entscheidende Rechtsfolge bei § 10 Abs. 4 erst an dessen Schluss geregelt ist, nämlich in § 10 Abs. 4 S. 4 (→ Rn. 509.1). Ähnlich ist der Befund bei **§ 10 Abs. 4b (Behandlung von Erstattungsüberhängen),** dessen S. 1 (Gleichstellung von steuerfreien Zuschüssen mit erstatteten Aufwendungen) nur eine Nebenfrage betrifft und daher gesetzessystematisch eher am Ende der Norm und nicht an deren Anfang hätte platziert werden müssen (→ Rn. 537.1). Auch bei **§ 10 Abs. 1 Nr. 2 S. 6 (Hinzurechnung des steuerfreien Arbeitgeberanteils** zu den als Altersvorsorgeaufwendungen zu berücksichtigenden Sonderausgaben) erschließt sich die (für den Steuerpflichtigen nachteilige) Tragweite der Vorschrift nur mit Blick auf die an anderer Stelle geregelte komplizierte Höchstbetragsberechnung in § 10 Abs. 3 (→ Rn. 166). 95.2

Einstweilen frei 96

B. Voraussetzungen und Rechtsfolgen

I. Abziehbare Sonderausgaben (§ 10 Abs. 1)

Der **Begriff der Sonderausgaben** ist – anders als die Begriffe der Betriebsausgaben (§ 4 Abs. 4) und der Werbungskosten (§ 9 Abs. 1 S. 1) – im Gesetz an keiner Stelle abstrakt definiert. Als Sonderausgaben abziehbar sind vielmehr ausschließlich solche Aufwendungen, die tatbestandlich unter eine der im Gesetz **abschließend aufgeführten Fallgruppen** zu fassen sind (vgl. LBP/*Hoheisel*/*Tippelhofer* § 10 Rn. 2; Korn/*Bauschatz* § 10 Rn. 28). Die in der Praxis wichtigsten Sonderausgaben-Tatbestände sind in **§ 10 Abs. 1** zusammengefasst. 97

Hierzu ergänzend regelt **§ 10 Abs. 1a** den Abzug solcher Sonderausgaben, deren Besonderheit es ist, dass ihre Verausgabung korrespondierend beim Empfänger zur Besteuerung der zugeflossenen Einnahmen führt. Weitere Sonderausgaben-Tatbestände finden sich zudem auch **außerhalb des § 10,** nämlich (näher → Rn. 61) in **§ 10a** (zusätzliche Altersvorsorgeaufwendungen), in **§ 10b** (Ausgaben zur Förderung steuerbegünstigter Zwecke), in **§ 10f** (Steuerbegünstigung für bestimmte Baudenkmale) und in **§ 10g** (Steuerbegünstigung für bestimmte schutzwürdige Kulturgüter).

98 *Einstweilen frei*

1. Begriff der Sonderausgaben (Einleitungssatz des § 10 Abs. 1)

99 **a) Allgemeines.** Dem **Einleitungssatz** zu § 10 Abs. 1 zufolge sind Sonderausgaben nur die im Gesetz **ausdrücklich** als solche benannten **Aufwendungen** (KKB/*Wilhelm* § 10 Rn. 15), soweit sie weder Betriebsausgaben noch Werbungskosten sind noch wie Betriebsausgaben oder wie Werbungskosten behandelt werden. Insgesamt können die Sonderausgaben nur bis zu einem Gesamtbetrag der Einkünfte von **null EUR** abgezogen werden (vgl. Korn/*Bauschatz* § 10 Rn. 6; Blümich/*Hutter* § 10 Rn. 32). Darüber hinausgehende Beträge, die an sich nach § 10 Abs. 1 abzugsfähig wären, können weder in einen früheren Veranlagungszeitraum zurück- noch in ein späteres Kalenderjahr vorgetragen werden (Schmidt/*Krüger* § 10 Rn. 11), sondern verfallen endgültig (→ Rn. 270).

100 Die **Herkunft der Mittel** für das Bestreiten der Sonderausgaben ist **unerheblich** (Kirchhof/*Bleschick* § 10 Rn. 5; Bordewin/Brandt/*Stöcker* § 10 Rn. 43), solange mit der Verausgabung der Aufwendungen eine wirtschaftliche Belastung des Steuerpflichtigen (→ Rn. 110) einhergeht (vgl. KSM/*Söhn* § 10 Rn. B 85 ff.). Das bedeutet, dass die Aufwendungen auch dann abziehbar sind, wenn sie durch Aufnahme eines Kredits (BFH 15.3.1974 – VI R 252/71, BStBl. II 1974, 513), durch Verwendung steuerfreier Einnahmen (BFH 8.12.1978 – VI R 26/76, BStBl. II 1979, 212), durch Hergabe freien Vermögens (BFH 13.8.1971 – VI R 171/68, BStBl. II 1972, 57) oder durch Mittel, die aus Schenkungen Dritter stammen (HHR/*Kulosa* § 10 Rn. 43), finanziert werden. Für **Vorsorgeaufwendungen,** die in einem unmittelbaren wirtschaftlichen Zusammenhang mit **steuerfreien Einnahmen** stehen, gilt insoweit allerdings ein **Abzugsverbot nach § 10 Abs. 2 S. 1 Nr. 1** (→ Rn. 425).

101 *Einstweilen frei*

102 Reine **Nebenkosten** können als Sonderausgaben auch dann **nicht** steuermindernd in Abzug gebracht werden, wenn sie einen wirtschaftlichen Bezug zu abziehbaren Sonderausgaben aufweisen. Das ergibt sich aus dem **abschließenden Charakter** der in § 10 Abs. 1 und § 10 Abs. 1a aufgeführten Abzugstatbestände und außerdem daraus, dass eine „Öffnungsklausel" in Gestalt eines Veranlassungszusammenhangs, wie er sich für Betriebsausgaben und Werbungskosten aus § 4 Abs. 4 bzw. aus § 9 Abs. 1 S. 1 ergibt, in § 10 nicht vorgesehen ist (BFH 14.11.2001 – X R 120/98, BStBl. II 2002, 413). Derartige nicht abziehbare Nebenkosten sind insbesondere Rechtsberatungs- und Prozesskosten, die im Zusammenhang mit der Abwehr von Ansprüchen eines Dritten auf Zahlung von Sonderausgaben oder mit der gerichtlichen Durchsetzung der Voraussetzungen für die Inanspruchnahme des Sonderausgabenabzugs anfallen (so auch Blümich/*Hutter* § 10 Rn. 35). So stellen Rechtsanwaltskosten, die aufgewendet werden, um die Zustimmung des geschiedenen oder getrennt lebenden Ehegatten zum Realsplitting zu erlangen, keine Sonderausgaben dar (BFH 10.3.1999 – XI R 86/95, BStBl. II 1999, 522). Gleiches gilt für die Kosten eines Rechtsstreits, der zur Vermeidung höherer Sonderausgaben geführt wird (BFH 22.3.1957 – VI 102/55, BStBl. III 1957, 191).

103 Aus diesen Gründen gehören **Schuldzinsen,** die anfallen, wenn **Sonderausgaben** durch Aufnahme eines Darlehens **fremdfinanziert** werden, grundsätzlich ebenfalls **nicht** zu den nach § 10 Abs. 1, § 10 Abs. 1a abzugsfähigen Aufwendungen (BFH 14.11.2001 – X R 120/98, BStBl. II 2002, 413). Davon **abweichend** sind allerdings nach der Rechtsprechung des BFH die Schuldzinsen für ein **Ausbildungsdarlehen** nach § 10 Abs. 1 Nr. 7 **abziehbar,** weil sie in einem derart engen wirtschaftlichen Zusammenhang mit dem für Ausbildungszwecke verwendeten Darlehen stehen, dass es gerechtfertigt ist, sie ebenfalls als (nachträgliche) Ausbildungskosten zu werten (BFH 25.9.1992 – VI R 90/90, BFH/NV 1993, 163). Die damit einhergehende Differenzierung ist nach Ansicht des BFH durch den finalen Charakter der durch § 10 Abs. 1 Nr. 7 begünstigten Aufwendungen „für die Berufsausbildung“ gerechtfertigt, der insoweit Ähnlichkeiten zum Werbungskostenbegriff in § 9 Abs. 1 S. 1 aufweisen soll (BFH 14.11.2001 – X R 120/98, BStBl. II 2002, 413). Gleichfalls voll abzugsfähig sind zudem die **Schuldzinsen** für ein Darlehen, das zur **Finanzierung von Altersvorsorgeaufwendungen** aufgenommen worden ist, denn sie stellen nach Auffassung des BFH keine Nebenkosten zum Sonderausgabenabzug, sondern Werbungskosten bei den sonstigen Einkünften iSd § 22 S. 1 Nr. 3 dar (BFH 21.7.1981 – VIII R 32/80, BStBl. II 1982, 41). Diese ältere Rechtsprechung gilt auch und erst recht unter dem Rechtsregime der **nachgelagerten Besteuerung** (→ Rn. 139.1) seit dem Veranlagungszeitraum 2005 fort, da die Altersvorsorgeaufwendungen trotz ihrer gesetzlichen Zuweisung zu den Sonderausgaben materiell Werbungskosten darstellen (→ Rn. 142 ff.; gleicher Ansicht Schmidt/*Krüger* § 10 Rn. 5; HHR/*Kulosa* § 10 Rn. 31).

Einstweilen frei **104**

Für die steuerliche Berücksichtigung der Sonderausgaben ist ein **Antrag** grundsätzlich **nicht erforderlich** (→ Rn. 73). Das Finanzamt hat die erklärten oder ihm sonst bekannt gewordenen Sonderausgaben des Steuerpflichtigen vielmehr **von Amts wegen** in Abzug zu bringen (KKB/*Wilhelm* § 10 Rn. 41). Ausnahmen von diesem Grundsatz gelten für Unterhaltsleistungen nach § 10 Abs. 1a Nr. 1 sowie für Ausgleichsleistungen zur Vermeidung des Versorgungsausgleichs nach § 10 Abs. 1a Nr. 3. Dort muss der Leistende beim Fiskus nicht nur einen Antrag auf Berücksichtigung seiner Unterhalts- bzw. Ausgleichsleistungen stellen, sondern zudem noch die Zustimmung des Empfängers einholen und dem Finanzamt vorlegen. **105**

Einstweilen frei **106**

b) Abfluss der Sonderausgaben („Aufwendungen“). Sonderausgaben müssen **„Aufwendungen“** sein. Als solche sind Sonderausgaben grundsätzlich nur dann abziehbar, wenn sie beim Steuerpflichtigen – im Sinne einer Minderung seines Vermögens (**Wertabgabe;** vgl. Kirchhof/*Bleschick* § 10 Rn. 3) – tatsächlich **abgeflossen** sind. Denn im Umkehrschluss zur Definition der „Einnahmen“ (§ 8 Abs. 1) lassen sich (Sonder-)„Ausgaben“ wie auch Aufwendungen begrifflich als **stattgefundener Abfluss von Gütern in Geld oder Geldeswert** umschreiben (Blümich/*Hutter* § 10 Rn. 26). Eine bloß buchmäßige Belastung im Sinne des Bilanzsteuerrechts, mit der kein tatsächlicher Abfluss von Gütern verbunden ist, genügt daher für die Verwirklichung des § 10 Abs. 1 noch nicht (vgl. HHR/*Kulosa* § 10 Rn. 33). Der Abfluss der Aufwendungen setzt beim Abzugsberechtigten vielmehr eine **Vermögensminderung durch tatsächliche Leistung** der Sonderausgaben voraus (Bordewin/Brandt/*Stöcker* § 10 Rn. 39). **107**

Das bedeutet zugleich, dass **ersparte Aufwendungen keine Sonderausgaben** darstellen können (vgl. Frotscher/Geurts/*Lindberg* § 10 Rn. 7; Korn/*Bauschatz* § 10 Rn. 30). Andererseits kann der Steuerpflichtige Aufwendungen als Sonderausgaben grundsätzlich auch in Form von **Sachleistungen** erbringen. Denkbar ist dies insbesondere bei Unterhaltsleistungen nach § 10 Abs. 1a Nr. 1 (Realsplitting), etwa durch Überlassen einer Wohnung, oder bei Unterhalt in Gestalt von Altenteilerleistungen zur Versorgung des Übergebers im Zusammenhang mit einer Vermögensübergabe nach § 10 Abs. 1a Nr. 2. In welcher **Höhe** für derartige Sachleistungen der Sonderausgabenabzug eröffnet ist, ist im EStG allerdings nicht geregelt. Daher wird man insoweit die Vorschriften des **Bewertungsrechts** entsprechend anwenden und zur Bewertung hingegebener Wirtschaftsgüter nach § 9 Abs. 1 BewG auf den gemeinen Wert und zur Bewertung gewährter Nutzungen und Leistungen nach § 15 Abs. 2 BewG auf den üblichen Mittelpreis am Ort des Verbrauchs zurückgreifen müssen (gleicher Ansicht HHR/*Kulosa* § 10 Rn. 33; Blümich/*Hutter* § 10 Rn. 28). **108**

Einstweilen frei **109**

Aus dem Erfordernis des Abflusses und der eingetretenen Vermögensminderung folgt zudem, dass der Steuerpflichtige durch Tätigung der Ausgaben **endgültig** einer **wirtschaftlichen Belastung** ausgesetzt sein muss (BFH 28.5.1998 – X R 7/96, BStBl. II 1999, 95; BFH 20.6.2007 – X R 13/06, BStBl. II 2007, 879; BFH 21.7.2016 – X R 43/13, BStBl. II 2017, 256; vgl. KSM/*Söhn* § 10 Rn. B 12). An einer solchen endgültigen wirtschaftlichen Belastung fehlt es, wenn die Aufwendungen **tatsächlich nicht geschuldet** werden. Das ist zB der Fall, wenn die Kirchensteuer vom Steuerpflichtigen willkürlich weitergezahlt wird, **110** obwohl er inzwischen aus der Kirche ausgetreten ist (BFH 22.11.1974 – VI R 138/72, BStBl. II 1975, 350), oder wenn der Steuerpflichtige im Zeitpunkt der Zahlung bereits einen Anspruch auf deren Erstattung hat (BFH 28.2.1996 – X R 65/93, BStBl. II 1996, 566). Gleichfalls **keine** wirtschaftliche **Belastung** liegt vor, wenn der Steuerpflichtige die Aufwendungen aus einer hierfür empfangenen **Gegenleistung** erbringen kann (BFH 4.4.1989 – X R 14/85, BStBl. II 1989, 779, betreffend vom Erben aufgrund testamentarischer Anordnung getätigte Grabpflegeaufwendungen). Davon macht § 10 Abs. 1a Nr. 2 (Versorgungsleistungen im Zusammenhang mit einer Vermögensübertragung) nur scheinbar eine Ausnahme, da das empfangene Vermögen in diesen Fällen gerade nicht als Gegenleistung für die Versorgung des Übergebers angesehen wird (**Unentgeltlichkeit** aus „spezifisch steuerrechtlicher Sicht"; vgl. Korn/*Bauschatz* § 10 Rn. 34; näher → Rn. 352). Dass die wirtschaftliche Belastung im Abzugszeitpunkt schon **„endgültig"** im Sinne von **„unabänderlich"** feststeht, ist allerdings **keine Voraussetzung** für den Sonderausgabenabzug, weil spätere Erstattungen ohne Weiteres im Wege der Verrechnung oder Korrektur (→ Rn. 111) steuererhöhend Berücksichtigung finden können (so zutreffend HHR/*Kulosa* § 10 Rn. 35).

110.1 Andererseits liegen **Aufwendungen begrifflich** nur dann vor, wenn die Zahlung als solche eine **unvermeidliche Ausgabe** des Steuerpflichtigen bereits im Zahlungsjahr darstellt (KSM/*Söhn* § 10 Rn. B 19). Sind die Ausgaben für ihn hingegen **noch disponibel,** ist für sie der Abzug nach § 10 Abs. 1 **zumindest im Jahr der Zahlung noch nicht gegeben.** Das bedeutet, dass etwa in der Anlage von Versicherungsbeiträgen für künftige Jahre auf einem **Prämiendepot** noch keine Verausgabung von Vorsorgeaufwendungen liegt, auch wenn die Zahlungen später im Jahr der Fälligkeit auf das **Beitragskonto** umgebucht werden sollen (BFH 6.3.1977 – VI R 178/75, BStBl. II 1977, 758; Lademann EStG/*Steiner* § 10 Rn. 61). Gleiches gilt etwa für **vorausgezahlte Kirchensteuern;** für sie setzt der Sonderausgabenabzug voraus, dass bereits im Jahr der Vorauszahlung eine **Kirchensteuerschuld** bestanden hat und erfüllt werden soll (→ Rn. 227). Meines Erachtens ist der **Abzug** auch in diesen Fällen aber **im Jahr der Umbuchung** des durch die rechtsgrundlose Vorauszahlung entstandenen Guthabens möglich (→ Rn. 237).

110a Bei der **Anbahnung von Versicherungsverhältnissen** soll der Abzug der – noch ohne rechtliche Schuld geleisteten – Beiträge nach der (insoweit recht großzügigen) Rechtsprechung des BFH allerdings schon dann möglich sein, wenn der Vertrag zwar mangels Annahmeerklärung des Versicherers **noch nicht wirksam** geworden ist, der Steuerpflichtige aber seinerseits von sich aus schon alles dafür getan hat, dass der Vertragsschluss herbeigeführt werden kann, und wenn zudem keine begründeten Zweifel am späteren Zustandekommen des Vertrags bestehen (etwa weil noch eine Risikoprüfung vorgenommen werden muss; BFH 25.2.1972 – VI R 104/69, BStBl. II 1972, 484; dem folgend Korn/*Bauschatz* § 10 Rn. 155). Meines Erachtens ist diese Rechtsprechung **abzulehnen,** da sie mit dem **Abflussprinzip** des § 11 Abs. 2 (→ Rn. 113) nicht vereinbar wäre (gleicher Ansicht Blümich/*Hutter* § 10 Rn. 165; Frotscher/Geurts/*Lindberg* § 10 Rn. 77; KSM/*Söhn* § 10 Rn. E 89). Da vor dem Inkrafttreten des Versicherungsvertrags noch keine Beitragsschuld besteht, liegt beim Versicherungsnehmer insoweit außerdem noch **keine endgültige wirtschaftliche Belastung** vor (s. jedoch zur späteren Berücksichtigung der Beiträge bei erfolgter Umbuchung nach Wirksamwerden des Versicherungsverhältnisses → Rn. 110.1). Der Abzug ist aber möglich, wenn die Beitragszahlung erfolgt, nachdem der Versicherer dem Steuerpflichtigen auf seinen Versicherungsantrag hin eine **vorläufige Deckungszusage** erteilt hat (Blümich/*Hutter* § 10 Rn. 166).

111 Werden **Sonderausgaben** im selben oder auch in einem späteren Veranlagungszeitraum **erstattet,** liegt insoweit keine endgültige wirtschaftliche Belastung des Steuerpflichtigen mehr vor (BFH 1.6.2016 – X R 17/15, BStBl. II 2016, 989). Sofern der Sonderausgabenabzug bereits in Anspruch genommen wurde, ist er deshalb grundsätzlich **wieder rückgängig zu machen** (→ Rn. 556). **Sonderregelungen** zur Behandlung von Erstattungen in einzelnen Fallgruppen finden sich seit dem Veranlagungszeitraum 2012 in **§ 10 Abs. 4b** (→ Rn. 552).

112 *Einstweilen frei*

113 **c) Zeitpunkt des Abflusses der Sonderausgaben.** Für Sonderausgaben gilt das **Abflussprinzip** des **§ 11 Abs. 2** (KKB/*Wilhelm* § 10 Rn. 19; Bordewin/Brandt/*Stöcker* § 10 Rn. 45). Sie sind daher in dem Kalenderjahr abzuziehen, in dem sie **geleistet** werden (BFH

22.1.1992 – I R 55/90, BStBl. II 1992, 550). **Nicht maßgeblich** ist deshalb, für welchen Veranlagungszeitraum die Sonderausgaben **wirtschaftlich bestimmt** sind. Das betrifft auch die **Vorauszahlung** (BFH 24.9.1985 – IX R 2/80, BStBl. II 1986, 284) oder die **Nachzahlung** (BFH 12.11.1976 – VI R 167/74, BStBl. II 1977, 154) von Sonderausgaben. Auch bei ihnen ist der Umstand unerheblich, dass sie bei wirtschaftlicher Betrachtung auf andere Veranlagungszeiträume als das Jahr des Abflusses entfallen. Sonderausgaben, die für das Kalenderjahr, in dem sie geleistet wurden, bei der Einkommensteuerveranlagung nicht berücksichtigt worden sind, können ungeachtet dessen, aus welchen Gründen ihre Einbeziehung unterblieben ist, **nicht auf einen späteren Veranlagungszeitraum übertragen** und dort steuermindernd geltend gemacht werden (Blümich/*Hutter* § 10 Rn. 30; Korn/*Bauschatz* § 10 Rn. 45).

Entscheidend ist, zu welchem **Zeitpunkt** die **Sonderausgaben tatsächlich verausgabt** worden sind. Dies gilt auch dann, wenn die Aufwendungen durch **Aufnahme eines Kredits** finanziert worden sind (HHR/*Kulosa* § 10 Rn. 40); auch dann kommt es auf die Leistung der Sonderausgaben, nicht aber auf die Rückzahlung des aufgenommenen Darlehens an (BFH 15.3.1974 – VI R 252/71, BStBl. II 2974, 513). Im Übrigen gelten für den Zeitpunkt des Abflusses die zu § 11 Abs. 2 entwickelten Grundsätze. Werden daher Sonderausgaben durch **Scheck** gezahlt, ist der Abfluss bereits mit der **Hingabe** des Schecks erfolgt (BFH 24.9.1985 – IX R 2/80, BStBl. II 1986, 284). **113.1**

Die Möglichkeit, **Vorauszahlungen von Sonderausgaben** bereits im Zeitpunkt ihres Abflusses abzuziehen, bietet dem Steuerpflichtigen gewisse **Gestaltungsvorteile.** Zum einen lassen sich dadurch Unterschiede in der **Steuerprogression** nutzen. Entschließt sich der Gesetzgeber mit Wirkung für die Zukunft zur **Abschaffung eines Sonderausgaben-Tatbestands,** so hindert dies zudem den vorherigen Abzug der für künftige Veranlagungszeiträume vorausgezahlten Sonderausgaben nicht (BFH 24.9.1985 – IX R 2/80, BStBl. II 1986, 284). Gesetzlich nur **eingeschränkt** möglich ist jedoch die Möglichkeit zum sofortigen Abzug **vorausgezahlter Kranken- und Pflegeversicherungsbeiträge** (§ 10 Abs. 1 Nr. 3 S. 5, → Rn. 190). Unbeschadet dieser Beschränkung ist ein Sonderausgabenabzug von Vorauszahlungen allerdings dann nicht mehr möglich, wenn sie sich nicht nur zeitlich, sondern auch der Höhe nach als **willkürlich** erweisen (s. näher HHR/*Kulosa* § 10 Rn. 41). Außerdem liegen **Aufwendungen begrifflich** nur dann vor, wenn die Zahlung als solche eine **unvermeidliche Ausgabe** des Steuerpflichtigen bereits im Zahlungsjahr darstellt und die Vorauszahlung für ihn **nicht mehr disponibel** ist (→ Rn. 110.1). Ist das **nicht** der Fall, kann eine Berücksichtigung der vorausgezahlten Beiträge erst im **Jahr der Umbuchung** des – insoweit rechtsgrundlos entstandenen – Guthabens auf die später entstandene Beitragsschuld erfolgen (vgl. BFH 6.3.1977 – VI R 178/75, BStBl. II 1977, 758). **113.2**

Zum Zeitpunkt der Abziehbarkeit von vorausgezahlten Beiträgen bei **Anbahnung von (noch nicht wirksam gewordenen) Versicherungsverhältnissen** → Rn. 110a. **113.4**

Einstweilen frei **114**

Bei Sonderausgaben, deren Abzug der Höhe nach beschränkt ist, erhöht sich dieser für den Veranlagungszeitraum des Abflusses geltende **Höchstbetrag** wegen der für frühere Kalenderjahre **nachgezahlten Aufwendungen** nicht (BFH 7.11.2000 – III R 23/98, BStBl. II 2001, 338). Bei den **Berufsausbildungskosten** (§ 10 Abs. 1 Nr. 7) sind Aufwendungen für abnutzbare Wirtschaftsgüter (etwa für Arbeitsmittel) allerdings – abweichend vom Abflussprinzip – nur in Höhe der jährlichen **Abschreibungen** zu berücksichtigen (sinngemäße Anwendung von § 9 Abs. 1 S. 3 Nr. 6 und § 9 Abs. 1 S. 3 Nr. 7; BFH 7.5.1993 – VI R 113/92, BStBl. II 1993, 676). **115**

Einstweilen frei **116**

d) Persönliche Abzugsberechtigung. Rechtliche Schuld: Regelmäßig ist es zudem – neben dem Mittelabfluss – für den Sonderausgabenabzug beim Steuerpflichtigen erforderlich, dass er selbst zur Erbringung der Aufwendungen **rechtlich verpflichtet** ist. Der Steuerpflichtige muss die Aufwendungen als deren zivilrechtlicher oder öffentlich-rechtlicher Schuldner selbst leisten. Das bedeutet, dass im Bereich der Sonderausgaben grundsätzlich weder ein Abzug von Ausgaben des Steuerpflichtigen für Dritte noch ein Abzug von Ausgaben Dritter für den Steuerpflichtigen möglich ist. **117**

Ein solcher sog. **Drittaufwand** eröffnet daher weder demjenigen, der die Sonderausgaben rechtlich schuldet (**mangels eigener Aufwendungen**), noch demjenigen, der die Ausgaben trägt und aus dessen Vermögen sie abfließen (**mangels rechtlicher Verpflichtung zur** **118**

Zahlung), eine Abzugsmöglichkeit. Der **Schuldner** selbst ist durch die nicht von ihm, sondern vom Dritten getragenen Aufwendungen **nicht wirtschaftlich belastet,** während der **Dritte** zwar den Aufwand trägt, davon abgesehen aber die übrigen tatbestandlichen Voraussetzungen für den Sonderausgabenabzug **nicht in seiner Person erfüllt.**

118.1 Vgl. einerseits BFH 19.4.1989 – X R 2/84, BStBl. II 1989, 683 (der Vater zahlt die Versicherungsbeiträge des Steuerpflichtigen) und andererseits BFH 19.4.1989 – X R 28/86, BStBl. II 1989, 862 (der Steuerpflichtige zahlt die Kfz-Haftpflichtversicherung für das von ihm unterhaltene Fahrzeug, das – wegen des größeren Schadensfreiheitsrabatts – auf seinen Vater zugelassen ist, der damit jedoch zugleich als Versicherungsnehmer die Versicherungsprämien schuldet). Die **Rechtsprechung** begründet den **Ausschluss des Drittaufwands** mit den Erfordernissen der Gleichbehandlung, der möglichst einfachen Rechtsanwendung und der Rechtssicherheit (BFH 8.3.1995 – X R 80/91, BStBl. II 1995, 637). Das damit verbundene **steuerliche Ergebnis** (Abzug weder beim Leistenden noch beim Schuldner) mag zwar unbefriedigend wirken (KKB/*Wilhelm* § 10 Rn. 17), ist aber **systematisch konsequent und folgerichtig.** Der Rechtsprechung des BFH ist daher meines Erachtens entgegen verbreiteter Kritik im Schrifttum (*Schmidt* FR 1989, 498; *Meyer-Arndt* DStR 1991, 639; *Lamminger* BB 1996, 241) im Ergebnis **zuzustimmen** (gleicher Ansicht HHR/*Kulosa* § 10 Rn. 36; Blümich/*Hutter* § 10 Rn. 46; Bordewin/Brandt/*Stöcker* § 10 Rn. 67; Frotscher/Geurts/*Lindberg* § 10 Rn. 14; jetzt auch Schmidt/*Krüger* § 10 Rn. 4; **anderer Auffassung** KSM/*Söhn* § 10 Rn. B 161: Zulässigkeit des Abzugs bei abgekürztem Zahlungswegs; Kirchhof/*Bleschick* § 10 Rn. 5: auch für „Geschäfte des täglichen Lebens"; Korn/*Bauschatz* § 10 Rn. 36: auch für „Zahlungen im abgekürzten Vertragsweg"). Da es andererseits unerheblich ist, woher die Mittel zur Bestreitung der Sonderausgaben stammen (→ Rn. 100), kann der Steuerpflichtige den Sonderausgabenabzug auch dann in Anspruch nehmen, wenn der Dritte ihm den dafür erforderlichen Geldbetrag zuvor als **Schenkung** zugewendet hat (KKB/*Wilhelm* § 10 Rn. 17). Gleiches gilt, wenn der **Arbeitgeber Vorsorgeleistungen für seinen Arbeitnehmer erbringt,** die bei diesem jedoch als Arbeitslohn der Besteuerung unterworfen werden (HHR/*Kulosa* § 10 Rn. 36; Blümich/*Hutter* § 10 Rn. 47; s. auch – für den Auftraggeberanteil zur Rentenversicherung des Steuerpflichtigen – → Rn. 148.1).

119 *Einstweilen frei*

120 Unter **Ehegatten** ist das Auseinanderfallen von Leistendem und rechtlich Verpflichtetem bei Zusammenveranlagung zur Einkommensteuer **unschädlich,** weil sie nach § 26b insoweit für den Sonderausgabenabzug wie ein Steuerpflichtiger behandelt werden (BFH 19.4.1989 – X R 2/84, BStBl. II 1989, 683; BFH 3.8.2005 – XI R 76/03, BStBl. II 2006, 121; EStR 10.1; Blümich/*Hutter* § 10 Rn. 39). Eine **gesetzliche Ausnahme** vom Verbot des Abzugs von Drittaufwand findet sich zudem in § 10 Abs. 1 Nr. 3 S. 2. Danach können **Eltern** die **Krankenversicherungsbeiträge** eines Kindes (und nach § 10 Abs. 1 Nr. 3 S. 3 auch die Krankenversicherungsbeiträge für das Kind, wenn der andere Elternteil Versicherungsnehmer ist) selbst als Sonderausgaben abziehen, soweit sie sie im Rahmen ihrer **Unterhaltsverpflichtung** tragen (→ Rn. 187; anders zur Rechtslage vor Inkrafttreten der Regelung am 1.1.2010 BFH 9.5.1974 – VI R 147/71, BStBl. II 1974, 545). Demgegenüber können (in Form einer weiteren Ausnahme) bei Inanspruchnahme des sog. **Realsplittings Kranken- und Pflegeversicherungsbeiträge** des Unterhaltsverpflichteten zur **Absicherung** seines geschiedenen oder dauernd getrennt lebenden **Ehegatten** gemäß § 10 Abs. 1 Nr. 3 S. 4 abweichend nicht ihm, sondern nur dem **Unterhaltsempfänger** als Sonderausgaben zugerechnet werden (→ Rn. 189); dafür besteht für ihn allerdings im Gegenzug über § 10 Abs. 1a Nr. 1 S. 2 die Möglichkeit zur Inanspruchnahme eines um seine **Beitragsleistungen erhöhten** Realsplitting-**Höchstbetrags** (→ Rn. 343).

121 Der **Erbe** tritt als **Gesamtrechtsnachfolger** in die Rechtsstellung des Erblassers ein und übernimmt damit auch dessen Schulden (§§ 1922, 1967 BGB). Er kann daher Zahlungen, die er auf dessen rückständige Verpflichtungen tätigt, grundsätzlich als Sonderausgaben abziehen, soweit dafür **in seiner Person alle tatbestandlichen Voraussetzungen** vorliegen (BFH 1.3.1957 – VI 57/55 U, BStBl. III 1957, 135, zur Tilgung von Kirchensteuerschulden des Erblassers; HHR/*Kulosa* § 10 Rn. 38). **Nicht möglich** ist der Sonderausgabenabzug des Erben deshalb aber bei solchen Tatbeständen, die nicht nur die Zahlung der Aufwendungen als dazu rechtlich Verpflichteter erfordern, sondern daneben noch **zusätzliche Voraussetzungen** enthalten, die zwar in der Person des Erblassers, nicht aber in der Person des Erben erfüllt sind (vgl. KSM/*Söhn* § 10 Rn. B 169). Derartige **höchstpersönliche Verhältnisse oder Umstände,** die unlösbar mit der **Person des Rechtsvorgängers** verknüpft sind, sind von der Zurechnung beim Erben ausgeschlossen (BFH 11.11.1971 – V R 111/68, BStBl. II 1972, 80; BFH 22.9.1993 – X R 107/91, BStBl. II 1993, 874). Ihr Vorliegen ist daher bei jedem Sonderausgaben-Tatbestand im Einzelnen zu prüfen (Blümich/*Hutter* § 10 Rn. 40).

Dies betrifft etwa den Abzug rückständiger **Ausbildungskosten** des Erblassers (§ 10 Abs. 1 Nr. 7), weil es sich bei ihnen nicht um Aufwendungen für die „eigene" Berufsausbildung des Erben handelt, oder den Abzug von **Kinderbetreuungskosten** (§ 10 Abs. 1 Nr. 5) und rückständigem **Schulgeld** (§ 10 Abs. 1 Nr. 9), sofern das betreute Kind nicht dem Haushalt des Erben angehört bzw. dem Erben für das Kind kein Anspruch auf Kindergeld zusteht. Nicht möglich ist dem Erben auch die Inanspruchnahme des **Realsplittings** (§ 10 Abs. 1a Nr. 1) für Unterhaltsleistungen an den früheren Ehegatten des Erblassers (BFH 12.11.1997 – X R 83/94, BStBl. II 1998, 148; KKB/*Wilhelm* § 10 Rn. 18; → Rn. 325.1). **121.1**

Bei **Erbengemeinschaften,** die nach diesen Grundsätzen Verbindlichkeiten des Erblassers aus dem Nachlass begleichen, steht der Sonderausgabenabzug den einzelnen Miterben im quotalen Verhältnis ihrer Erbteile zu (vgl. HHR/*Kulosa* § 10 Rn. 38). **121.2**

Nach diesen Grundsätzen stellt sich die **persönliche Abzugsberechtigung** bei den **einzelnen Sonderausgaben-Tatbeständen** des § 10 Abs. 1, § 10 Abs. 1a wie folgt dar: **122**

- **Vorsorgeaufwendungen** (§ 10 Abs. 1 Nr. 2, § 10 Abs. 1 Nr. 3 und § 10 Abs. 1 Nr. 3a) sind nur bei der Person abziehbar, die die **Versicherungsbeiträge als deren Schuldner selbst leistet** und durch deren Verausgabung **selbst belastet** ist, weil es nach dem gesetzlichen Tatbestand gerade auf die Minderung der eigenen wirtschaftlichen Leistungsfähigkeit ankommt (BFH 19.4.1989 – X R 2/84, BStBl. II 1989, 683; **Ausnahmen** hiervon finden sich seit dem Veranlagungszeitraum 2010 – und nochmals erweitert ab dem Veranlagungszeitraum 2019 – für bestimmte Krankenversicherungsbeiträge in § 10 Abs. 1 Nr. 3 S. 2, in § 10 Abs. 1 Nr. 3 S. 3 und in § 10 Abs. 1 Nr. 2 S. 4; → Rn. 120). Bei **privatrechtlichen Versicherungsverträgen** ist es deshalb für den Abzug von Versicherungsprämien entscheidend, wer **Versicherungsnehmer** ist, denn dieser ist als Vertragspartner des Versicherungsunternehmens zugleich auch der Schuldner der Versicherungsbeiträge. Unerheblich ist demgegenüber, wer für die Leistungen der Versicherung bezugsberechtigt oder wessen Risiko versichert ist. Bei der öffentlich-rechtlich ausgestalteten **gesetzlichen Sozialversicherung** (Renten-, Kranken-, Pflege- und Arbeitslosenversicherung) ist demgegenüber der **Versicherte** abzugsberechtigt (BFH 9.5.1974 – VI R 233/71, BStBl. II 1974, 546; BFH 7.3.2002 – III R 42/99, BStBl. II 2002, 473), nicht aber der Beitragsschuldner (dies wäre regelmäßig der Arbeitgeber; vgl. HHR/*Kulosa* § 10 Rn. 37). Da der Erbe die Beitragsrückstände des Erblassers mit Eintritt des Erbfalls als **eigene Verbindlichkeiten** zu übernehmen hat, kann er die darauf geleisteten Zahlungen als Sonderausgaben geltend machen. Führt der Erbe den **Versicherungsvertrag** des Erblassers **fort,** stellen die künftigen Beitragszahlungen für ihn eigene, als Sonderausgaben abziehbare Vorsorgeaufwendungen dar; dies gilt nicht, wenn der Vertrag kraft seiner höchstpersönlichen Rechtsnatur mit dem Ableben des Erblassers beendet ist, wie etwa bei der Krankenversicherung (Blümich/*Hutter* § 10 Rn. 41).
- **Kirchensteuern** (§ 10 Abs. 1 Nr. 4) sind nur bei der Person abzugsfähig, die die Aufwendungen als **eigene Steuerschuld selbst trägt** (BFH 11.7.1969 – VI R 265/67, BStBl. II 1969, 650, zur früheren Vermögenssteuer). Wer Steuerschuldner ist, richtet sich nach den einschlägigen öffentlich-rechtlichen Vorschriften über die Kirchensteuerpflicht. Dies ist nach § 45 Abs. 1 AO auch der Erbe, der insoweit in die Stellung des Erblassers als Steuerschuldner einrückt und daher Zahlungen auf dessen Kirchensteuerrückstände als Sonderausgaben abziehen kann (vgl. BFH 5.2.1960 – VI 204/95 U, BStBl. III 1960, 140; BFH 21.7.2016 – X R 43/13, BStBl. II 2017, 256). Ebenso muss er sich umgekehrt allerdings auch Erstattungen vom Erblasser überzahlter Kirchensteuern auf seine eigenen Zahlungen anrechnen lassen (HHR/*Kulosa* § 10 Rn. 38).
- Bei **Kinderbetreuungskosten** (§ 10 Abs. 1 Nr. 5) setzt der Abzugstatbestand voraus, dass sie für ein **zum Haushalt des Steuerpflichtigen** gehörendes Kind verausgabt worden sein müssen. Aufwendungen für die Betreuung von Kindern dritter Personen sind daher definitionsgemäß vom Abzug ausgeschlossen.
- Der Sonderausgabenabzug von **Berufsausbildungskosten** (§ 10 Abs. 1 Nr. 7) ist auf die Aufwendungen für die **„eigene" Berufsausbildung** des Steuerpflichtigen beschränkt.

Der Abzug ist deshalb begrifflich bei Tragung von Kosten für die Ausbildung Dritter (auch des Erblassers) nicht möglich (vgl. KSM/*Söhn* § 10 Rn. B 186).

- Für gezahltes **Schulgeld** steht nach dem Wortlaut des § 10 Abs. 1 Nr. 9 nur demjenigen Elternteil der Sonderausgabenabzug zu, der das Schulgeld selbst entrichtet hat. Zwar muss sich dessen rechtliche Verpflichtung zur Zahlung des Schulgelds grundsätzlich zudem aus dem Schulvertrag ergeben (BFH 19.4.1989 – X R 28/86, BStBl. II 1989, 862; HHR/*Kulosa* § 10 Rn. 37). Da es sich der Sache nach aber um **typischen Unterhaltsaufwand** handelt, können die Schulgeldzahlungen ausnahmsweise auch dann beim Elternteil abzugsfähig sein, wenn nicht er selbst, sondern das unterhaltsberechtigte Kind den Schulvertrag abgeschlossen hat (BFH 9.11.2011 – X R 24/09, BStBl. II 2012, 321).
- Bei Unterhaltsleistungen im Rahmen des **Realsplittings** (§ 10 Abs. 1a Nr. 1) ergibt sich schon aus dem Wortlaut der Vorschrift, dass nur der **geschiedene oder dauernd getrennt lebende Ehegatte** abzugsberechtigt ist (Blümich/*Hutter* § 10 Rn. 40).
- **Versorgungsleistungen** iSd § 10 Abs. 1a Nr. 2 sind nur dann abziehbar, wenn sie auf „besonderen Verpflichtungsgründen" beruhen. Daraus folgt, dass nur der aus diesen Gründen **rechtlich Verpflichtete** für sie den Sonderausgabenabzug in Anspruch nehmen kann (HHR/*Kulosa* § 10 Rn. 37). Das ist der Erbe, weil er vollständig in die **Rechtsstellung** des Erblassers **eintritt** (Blümich/*Hutter* § 10 Rn. 40).
- **Ausgleichszahlungen** zur Vermeidung des Versorgungsausgleichs setzen nach dem Wortlaut des § 10 Abs. 1a Nr. 3 einen Antrag des dazu Verpflichteten voraus. Aus der Bezugnahme in § 10 Abs. 1a Nr. 3 und in § 10 Abs. 1a Nr. 4 auf die einschlägigen Bestimmungen des Versorgungsausgleichsgesetzes, des BGB und des Gesetzes zur Regelung von Härten im Versorgungsausgleich ergibt sich zudem, dass nur der nach diesen Vorschriften **Ausgleichsverpflichtete** die Ausgleichszahlungen als Sonderausgaben geltend machen kann.

123 *Einstweilen frei*

124 **e) Weder Betriebsausgaben noch Werbungskosten.** Der Abzug von Aufwendungen als **Sonderausgaben** ist gegenüber dem Abzug als **Betriebsausgaben** oder als **Werbungskosten nachrangig.** Dieser Nachrang ergibt sich allerdings, ohne dass es dafür einer ausdrücklichen Regelung im Einleitungssatz des § 10 Abs. 1 bedurft hätte, bereits aus der **allgemeinen Systematik der Einkommensermittlung** in **§ 2 Abs. 2–4** (HHR/*Kulosa* § 10 Rn. 45). Daraus folgt, dass bei Aufwendungen, die tatbestandlich die Voraussetzungen des Betriebsausgaben- oder des Werbungskostenbegriffs erfüllen, die Normierung als Sonderausgaben-Tatbestand **keine Sperrwirkung** für ihren Abzug bereits bei der Einkünfteermittlung entfalten kann (BFH 4.12.2002 – VI R 120/01, BStBl. II 2003, 403). Etwas anderes gilt allerdings dann, wenn sich bei Auslegung der Norm ergibt, dass der Gesetzgeber den mit ihr geregelten Lebensbereich **spezialgesetzlich insgesamt den Sonderausgaben zugewiesen** hat (BFH 1.2.2006 – X B 166/05, BStBl. II 2006, 420). Dies ist insbesondere bei den Tatbeständen des § 10 Abs. 1a der Fall, da für sie wegen des insoweit abweichenden Einleitungssatzes die Nachrangigkeit des Sonderausgabenabzugs gegenüber dem Abzug als Betriebsausgaben und als Werbungskosten nicht gilt (→ Rn. 316). Ob die Aufwendungen der Sphäre der Einkünfteerzielung und damit den Betriebsausgaben und Werbungskosten oder aber der Sphäre der Einkünfteverwendung – zu der auch ihre Verausgabung als Sonderausgaben gehört – zuzuordnen sind, ist nach dem sog. **Veranlassungszusammenhang** zu beurteilen, in dem sie stehen (vgl. dazu näher HHR/*Fissenewert* § 12 Rn. 62).

125 *Einstweilen frei*

126 Die **gesetzessystematische Nachrangigkeit** des Sonderausgabenabzugs gegenüber der Einordnung als Betriebsausgaben oder Werbungskosten hat zudem zur Folge, dass Ausgaben, die sich begrifflich als erwerbsbedingte Aufwendungen i. S. des § 4 Abs. 4 oder des § 9 Abs. 1 darstellen, auch dann nicht im Rahmen des § 10 Berücksichtigung finden können, wenn sie sich als Betriebsausgaben oder als Werbungskosten (zB wegen der Inanspruchnahme eines Pauschbetrags nach § 9a) im Einzelfall **nicht konkret steuermindernd auswirken** können (BFH 10.6.1986 – IX R 11/86, BStBl. II 1986, 894; vgl. LBP/*Hoheisel/Tippelhofer* § 10 Rn. 10).

127 **Nicht nachrangig** ist der Sonderausgabenabzug insoweit, als sich Aufwendungen, die nur teilweise durch die Erzielung von Einkünften veranlasst sind, im Übrigen als Einkünfteverwendung im Rahmen eines Sonderausgaben-Tatbestands darstellen können. Derartige

Aufwendungen sind dann in einen als **Werbungskosten** und einen als **Sonderausgaben** zu berücksichtigenden Anteil **aufzuteilen.** Insofern fand schon vor dem BFH-Beschluss v. 21.9.2009 – GrS 1/06 (BStBl. II 2010, 672) das früher von der Rechtsprechung entwickelte sog. **Aufteilungs- und Abzugsverbot** für gemischte Aufwendungen **keine Anwendung** (BFH 10.6.1986 – IX R 11/86, BStBl. II 1986, 894; BFH 22.6.1990 – VI R 2/87, BStBl. II 1990, 901).

Demgegenüber sollen nach der Rechtsprechung des BFH (BFH 18.4.1996 – VI R 54/95, BFH/NV 1996, 740) allerdings Aufwendungen, die **gleichzeitig und ununterscheidbar** sowohl mit einer Erwerbstätigkeit als auch mit einer Ausbildung zusammenhängen, **insgesamt als Werbungskosten** abziehbar sein, ohne dass dem der Höchstbetrag des § 10 Abs. 1 Nr. 7 entgegensteht (Vorrang des Werbungskostenabzugs, meines Erachtens **zweifelhaft;** kritisch auch HHR/*Kulosa* § 10 Rn. 45). **127.1**

Sonderausgaben sind – nach dem Wortlaut des Einleitungssatzes zu § 10 Abs. 1 – die in der Vorschrift nachfolgend näher bezeichneten Aufwendungen zudem **nur dann,** wenn sie nicht nur keine Betriebsausgaben und keine Werbungskosten sind, sondern darüber hinaus auch **nicht „wie Betriebsausgaben oder Werbungskosten behandelt werden".** Dieses erst durch das **WachstBeschlG** v. 26.4.2006 (BGBl. 2006 I 1091) eingefügte Tatbestandsmerkmal war dem Umstand geschuldet, dass der Gesetzgeber an anderer Stelle (§ 4f S. 1, § 9 Abs. 5 S. 1) berufstätigen Eltern die Möglichkeit des Abzugs erwerbsbedingter Kinderbetreuungskosten bereits bei der Ermittlung ihrer Einkünfte (und nicht erst nachrangig als Sonderausgaben von deren Gesamtbetrag, § 2 Abs. 4) eröffnen wollte (→ Rn. 243). Da es die dort geschaffene **Aufwandskategorie** des Abzugs „wie Betriebsausgaben" oder „wie Werbungskosten" seit der im Zuge des **StVereinfG** v. 1.11.2011 (BGBl. 2011 I 2131) erfolgten **Abschaffung** dieser (zwischenzeitlich in § 9c Abs. 1 überführten) Tatbestände **seit dem 1.1.2012** nicht mehr gibt, ist die Einschränkung seither **funktionslos** geworden (gleicher Ansicht HHR/*Kulosa* § 10 Rn. 45). **128**

2. Unbesetzte Sonderausgabentatbestände (§ 10 Abs. 1 Nr. 1, § 10 Abs. 1 Nr. 1a, § 10 Abs. 1 Nr. 6 und § 10 Abs. 1 Nr. 8)

Derzeit sind mehrere **Einzeltatbestände** in § 10 Abs. 1 **nicht besetzt.** **129**

In **§ 10 Abs. 1 Nr. 1** fanden sich bis zur Streichung der Vorschrift durch das **Zollkodex-AnpG** v. 22.12.2014 (BGBl. 2014 I 2417) die Regelungen über das sog. **Realsplitting.** Sie wurden mit Wirkung zum Veranlagungszeitraum 2015 in § 10 Abs. 1a Nr. 1 überführt (→ Rn. 320). Der früher in **§ 10 Abs. 1 Nr. 1a** geregelte Sonderausgabenabzug für **Versorgungsleistungen** findet sich jetzt in § 10 Abs. 1a Nr. 2 (→ Rn. 347). Zugleich ist auch der bis 2014 in **§ 10 Abs. 1 Nr. 1b** geregelte Abzugstatbestand für Ausgleichsleistungen im Rahmen des **Versorgungsausgleichs** in den neuen § 10 Abs. 1a Nr. 4 überführt worden (→ Rn. 410).

§ 10 Abs. 1 Nr. 6 enthielt bis zu seiner Streichung durch das **Gesetz zum Einstieg in ein steuerliches Sofortprogramm** v. 22.12.2005 (BGBl. 2005 I 3682) die Möglichkeit, privat veranlasste **Steuerberatungskosten,** die nicht bereits als Betriebsausgaben oder als Werbungskosten abziehbar waren, zumindest als Sonderausgaben steuermindernd zu berücksichtigen. **Letztmalig** möglich war der Sonderausgabenabzug für diese Aufwendungen im **Veranlagungszeitraum 2005.** Dabei kam es wegen des nach § 11 Abs. 2 geltenden Abflussprinzips (→ Rn. 113) allein darauf an, ob die Ausgaben für die Inanspruchnahme der Steuerberaterleistungen noch vor dem 1.1.2006 beim Steuerpflichtigen abgeflossen waren. Noch in 2005 geleistete Vorauszahlungen waren daher auch dann abziehbar, wenn die damit bezahlten Beratungsleistungen erst in späteren Veranlagungszeiträumen erbracht werden mussten. Darin dürfte jedenfalls dann kein Gestaltungsmissbrauch gelegen haben, wenn die Vorverlegung der Fälligkeit zwischen Zahlungsgläubiger und Schuldner zivilrechtlich wirksam vereinbart war (vgl. BFH 24.9.1985 – IX R 2/80, BStBl. II 1986, 284). Die **Abschaffung** des Sonderausgabenabzugs für Steuerberatungskosten ist **verfassungsgemäß** (BFH 4.2.2010 – X R 10/08, BStBl. II 2010, 617; BFH 17.10.2012 – VIII R 51/09, BFH/NV 2013, 365; zustimmend HHR/*Kulosa* § 10 Rn. 150; **kritisch** demgegenüber Korn/*Bauschatz* § 10 Rn. 208.4; Bordewin/Brandt/*Stöcker* § 10 Rn. 271: „wesentlicher Beitrag zur Staatsverdrossenheit"). Da Kosten für die Inanspruchnahme von Steuerberaterleistungen wegen des Wegfalls des § 10 Abs. 1 Nr. 6 aF seit 2006 nur noch in dem Umfang steuerlich geltend gemacht werden können, der als Betriebsausgaben oder Werbungskosten auf die Ermittlung der steuerpflichtigen Einkünfte (Gewinn oder Einnahmenüberschuss) in einer der sieben Einkunftsarten (§ 2 Abs. 1 S. 1 Nr. 1–7) entfällt, ist die **Streichung** sowohl für die öffentlichen Finanzen als auch für diejenigen der meisten Steuerpflichtigen **von erheblicher Bedeutung** (**unzutreffend** daher der Hinweis von Lademann EStG/*Steiner*, eine „Haushaltswirksamkeit" sei „nur in geringem Umfang zu erwarten", da die Beraterschaft ihre „Rechnungen künftig in angepasster Form erstellen" werde; vgl. demgegenüber § 370 Abs. 1 AO iVm § 27 StGB).

In **§ 10 Abs. 1 Nr. 8** war bis zur Streichung der Vorschrift durch das **Familienleistungsgesetz** v. 22.12.2008 (BGBl. 2008 I 2955) – letztmalig also im Veranlagungszeitraum 2008 – der Abzug von **Betreuungskosten für Kinder** bis zur Vollendung des 14. Lebensjahrs geregelt. Die Abzugsmöglichkeit wurde mit Wirkung ab 2009 in § 9c überführt; sie befindet sich seit dem Veranlagungszeitraum 2012 (Einfügung durch das **Steuervereinfachungsgesetz 2011** v. 1.11.2011 (BGBl. 2011 I 2131) in § 10 Abs. 1 Nr. 5 (→ Rn. 243).

130–135 *Einstweilen frei*

3. Altersvorsorgebeiträge (§ 10 Abs. 1 Nr. 2)

136 **a) Überblick.** Durch § 10 Abs. 1 Nr. 2 werden die dort im Einzelnen bezeichneten **Beiträge zur Altersvorsorge** des Steuerpflichtigen den Sonderausgaben zugewiesen. **Nähere Bestimmungen** zu den besonderen Voraussetzungen und zum Umfang der steuerlichen Abzugsmöglichkeit finden sich zudem in § 10 Abs. 2, § 10 Abs. 2a, § 10 Abs. 3 und § 10 Abs. 4a.

136.1 Die Beiträge des Steuerpflichtigen zur Altersvorsorge sind Bestandteil der sog. **Vorsorgeaufwendungen** (vgl. die Definition in § 10 Abs. 2 S. 1), zu denen außerdem noch die Aufwendungen für den Erwerb einer Mindest- oder Basis-Krankenversicherung und zur gesetzlichen Pflegeversicherung (§ 10 Abs. 1 Nr. 3) und die Beitragsaufwendungen für die in § 10 Abs. 1 Nr. 3a genannten Versicherungssparten gehören. **§ 10 Abs. 2** stellt **zusätzliche Voraussetzungen** für den Abzug solcher Vorsorgeaufwendungen auf (im Einzelnen → Rn. 422): Sie dürfen insbesondere nicht in unmittelbarem wirtschaftlichen Zusammenhang mit steuerfreien Einnahmen stehen. Ferner müssen sie an Versicherungsunternehmen geleistet werden, die aufsichtsrechtlich im Inland tätig werden dürfen. Beiträge im Sinne des § 10 Abs. 1 Nr. 2 Buchst. b werden zudem nur berücksichtigt, wenn der Vertrag zuvor zertifiziert worden ist. Nach **§ 10 Abs. 3** ist der Abzug der Altersvorsorgeaufwendungen außerdem seinem Umfang nach auf die dort genannten **Höchstbeträge** beschränkt (im Einzelnen → Rn. 451). Für die Veranlagungszeiträume bis 2019 findet schließlich nach Maßgabe des **§ 10 Abs. 4a** eine **Günstigerprüfung** statt, die im Einzelfall einen Abzug der Altersvorsorgeaufwendungen nach der bis zum Veranlagungszeitraum 2004 für sie geltenden Rechtslage ermöglicht (im Einzelnen → Rn. 515).

137 *Einstweilen frei*

138 **aa) Rechtsentwicklung zur nachgelagerten Besteuerung. Bis zum Veranlagungszeitraum 2004** war der Sonderausgabenabzug für sämtliche Vorsorgeaufwendungen (also einschließlich der Beiträge zu Kranken-, Pflege-, Unfall- und Haftpflichtversicherungen sowie für bestimmte Renten- und Kapitalversicherungen, die jetzt unter § 10 Abs. 1 Nr. 3 und § 10 Abs. 1 Nr. 3a fallen) **dem Grunde nach einheitlich** in § 10 Abs. 1 Nr. 2 EStG aF geregelt. Zu den begünstigten Vorsorgeaufwendungen, die gemäß § 10 Abs. 3 EStG aF der Höhe nach insgesamt nur beschränkt abziehbar waren, zählten auch die Beiträge zu den gesetzlichen Rentenversicherungen und an die Bundesagentur für Arbeit (§ 10 Abs. 1 Nr. 2 Buchst. a EStG aF). Der **spätere Bezug dieser Renten** war nach § 22 Nr. 1 S. 3 Buchst. a EStG aF nur in dem Umfang als sonstige Einkünfte **steuerbar,** wie in den einzelnen Bezügen Einkünfte aus den Erträgen des Rentenrechts enthalten waren (sog. **Ertragsanteil**).

139 In den damit verbundenen **erheblichen Unterschieden** in der steuerlichen Behandlung der Alterseinkünfte aus der gesetzlichen Rentenversicherung einerseits und der nach § 19 Abs. 2 steuerpflichtigen, aber ohne eigene Beitragsleistung erworbenen Versorgungsbezüge der Ruhestandsbeamten andererseits hatte das **BVerfG** im Jahre 2002 eine mit Art. 3 Abs. 1 GG unvereinbare **Ungleichbehandlung** gesehen und den Gesetzgeber zu einer Neuregelung verpflichtet (BVerfG 6.3.2002 – 2 BvL 17/99, BStBl. II 2002, 618). Daraufhin wurden durch das **AltEinkG** v. 5.7.2004 (BGBl. 2004 I 1427) sowohl der Sonderausgabenabzug der Altersvorsorgeaufwendungen als auch die Steuerbarkeit der späteren Einkünfte mit Wirkung

ab dem Veranlagungszeitraum 2005 mit dem Ziel einer umfassenden **nachgelagerten Besteuerung** grundlegend umgestaltet (zur damit zusammenhängenden Debatte → Rn. 78 ff.).

Das **Konzept der nachgelagerten Besteuerung** bedeutet, dass einerseits die Beiträge zum Erwerb der Altersvorsorge nicht aus versteuertem Einkommen aufgebracht werden müssen, andererseits aber die späteren Altersbezüge in der Auszahlungsphase in vollem Umfang der Besteuerung unterworfen werden (§ 22 Nr. 1 S. 3 Buchst. a Doppelbuchst. aa). Der Gesetzgeber hat der Rentenbesteuerung damit ein Prinzip der **„intertemporalen Korrespondenz"** zugrunde gelegt (BFH 14.7.2010 – X R 37/08, BStBl. II 2011, 628; vgl. Kirchhof/*Bleschick* § 10 Rn. 15). Die Steuerbefreiung der Beiträge soll in der Erwerbsphase durch Gewährung des Sonderausgabenabzugs nach § 10 Abs. 1 Nr. 2 sichergestellt werden. Da der Abzug der Beiträge jedoch der Höhe nach beschränkt ist (§ 10 Abs. 3), kann es in bestimmten Fällen zu einer steuerlichen **Doppelbelastung** sowohl in der Erwerbs- als auch in der Auszahlungsphase kommen. Zu den sich daraus ergebenden Fragen nach der **verfassungsrechtlichen Zulässigkeit** dieser Mehrfachbesteuerung → Rn. 455. 139.1

Für die Umstellung auf das System der nachgelagerten Besteuerung hat der Gesetzgeber einen **langen Übergangszeitraum** vorgesehen. Wären die Altersvorsorgeaufwendungen sofort und umfassend zum Sonderausgabenabzug zugelassen worden, hätten sich erhebliche Steuermindereinnahmen ergeben, die für die öffentlichen Haushalte nicht zu verkraften gewesen wären. Aus diesem Grunde erfolgt der **Systemwechsel** nur **stufenweise.** So können für den Veranlagungszeitraum 2005 zunächst nur 60% der innerhalb der Höchstbetragsgrenzen geleisteten Altersvorsorgebeiträge als Sonderausgaben geltend gemacht werden (§ 10 Abs. 3 S. 4). Dieser Anteil erhöht sich in jedem der nachfolgenden Veranlagungszeiträume um 2% (§ 10 Abs. 3 S. 6), sodass der **volle Abzug** erst im Jahr **2025** erreicht sein wird (im Einzelnen → Rn. 493). 140

Im Gegenzug steigert sich in der Übergangszeit auch der **der Besteuerung zu unterwerfende Anteil** an den bezogenen Alterseinkünften nach Maßgabe des § 22 Nr. 1 S. 3 Buchst. a Doppelbuchst. aa S. 3. Beläuft sich dieser bei erstmaligem Bezug der Rente bis zum Veranlagungszeitraum 2005 auf 50%, so erhöht sich der Prozentsatz in den Jahren bis 2020 um 2% pro Jahr und anschließend in jedem weiteren nachfolgenden Veranlagungszeitraum um 1% pro Jahr. Dadurch wird es erst für Rentenbezüge, die im **Veranlagungszeitraum 2040** beginnen, zu einer vollumfänglichen Besteuerung kommen. 140.1

Die innerhalb des **Übergangszeitraums** greifende **stufenweise Erhöhung** des der Besteuerung unterliegenden Teils der Altersbezüge ist mit der parallel sich stufenweise verringernden Beschränkung des Sonderausgabenabzugs der Höhe nach nur **unzureichend abgestimmt.** Aus diesem Grunde kann es in einer Vielzahl von Fällen beim späteren Bezug der Rente zu einer **Doppelbelastung mit Einkommensteuer** kommen. Zur Frage der **Verfassungsmäßigkeit** dieser Mehrfachbesteuerung → Rn. 455. 140.2

Die nachgelagerte Besteuerung der Alterseinkünfte iSd § 10 Abs. 1 Nr. 2 ist Bestandteil des seit der Reform der Rentenbesteuerung geltenden sog. **Drei-Schichten-Modells** (→ § 22 Rn. 28 ff.; vgl. dazu zB Korn/*Bauschatz* § 10 Rn. 1.1; Kirchhof/*Bleschick* § 10 Rn. 18). Danach besteht die **erste Schicht** der Altersvorsorge in der sog. **Basisversorgung,** mithin im Erwerb einer nach § 10 Abs. 1 Nr. 2 grundsätzlich nicht vererblichen, nicht übertragbaren, nicht beleihbaren und nicht kapitalisierbaren Anwartschaft in der gesetzlichen Rentenversicherung, der berufsständischen Versorgung oder der landwirtschaftlichen Alterskasse oder (diesen gleichgestellt) im Erwerb einer entsprechenden eigenen kapitalgedeckten Altersvorsorge. Demgegenüber ist die **zweite Schicht** in Form einer zusätzlichen Altersvorsorge als sog. **Riester-Rente in § 10a** geregelt, während die **dritte Schicht** verschiedene Kapitalanlageprodukte umfasst, die der Altersvorsorge zwar dienen können, vom Steuerpflichtigen aber auch anderweitig verwendet werden dürfen und daher steuerlich **nicht als Sonderausgaben begünstigt** sind (zB Lebensversicherungen und Rentenversicherungen mit Kapitalwahlrecht oder Sparpläne auf der Grundlage von Investmentfonds). 141

bb) Zuordnung zu den Sonderausgaben. § 10 Abs. 1 Nr. 2 ordnet die Altersvorsorgeaufwendungen den **Sonderausgaben** zu. Demgegenüber unterliegen die dem Steuerpflichtigen später zufließenden Rentenzahlungen seit dem Übergang zur **nachgelagerten Besteuerung** grundsätzlich **in vollem Umfang** der Einkommensteuer als **sonstige Einkünfte** (§ 22 Nr. 1 S. 3 Buchst. a). Da die Altersvorsorgebeiträge mithin seit dem Veranla- 142 gungszeitraum 2005 zur Erzielung künftiger steuerpflichtiger Einnahmen entrichtet werden, handelt es sich bei den Aufwendungen dem Charakter nach **eigentlich** um **vorweggenommene Werbungskosten.**

142.1 Grundlegend **anders** war die **Rechtslage bis zum Veranlagungszeitraum 2004.** Da bis zum Inkrafttreten des **AltEinkG** v. 5.7.2004 (BGBl. 2004 I 1427) nach § 22 Nr. 1 S. 3 EStG aF nur der Zufluss des sog. **Ertragsanteils** der bezogenen Rente, nicht aber der in ihr anteilig enthaltene Kapitalrückfluss aus den zuvor geleisteten Rentenbeiträgen steuerbar war (→ Rn. 138), bestand seinerzeit **kein hinreichender Veranlassungszusammenhang** zwischen Beitragsleistungen und steuerpflichtigen Einnahmen. Mit Blick darauf war die vom Gesetzgeber vorgenommene **Zuordnung** der Altersvorsorgeaufwendungen zu den Sonderausgaben **sachlich gerechtfertigt.** Gleiches galt für die damit verbundene **Beschränkung der Abzugsmöglichkeiten** auf die in § 10 Abs. 3 EStG aF (→ Rn. 517) geregelten **Höchstbeträge** (BFH 8.11.2006 – X R 45/02, BStBl. II 2007, 574).

143 *Einstweilen frei*

144 Auch die neuere **Rechtsprechung des BFH** geht davon aus, dass die Altersvorsorgeaufwendungen ihrer Rechtsnatur nach in erster Linie **vorweggenommene Werbungskosten** zu den sonstigen Einkünften darstellen. Gleichwohl sieht der BFH in § 10 Abs. 1 Nr. 2 eine **Sonderregelung,** durch die der Gesetzgeber die davon erfassten Aufwendungen **mit konstitutiver Wirkung den Sonderausgaben zugeordnet** hat. Der Rückgriff auf den **Werbungskostenabzug** nach der generellen Regelung des § 10 Abs. 1 Einleitungssatz iVm § 9 Abs. 1 S. 1 ist damit **gesperrt** (BFH 18.11.2009 – X R 34/07, BStBl. II 2010, 414; BFH 16.9.2015 – I R 62/13, BStBl. II 2016, 205). Der vorrangigen, konstitutiven Zuweisung der Altersvorsorgeaufwendungen zu den Sonderausgaben steht auch nicht der Umstand entgegen, dass Sonderausgaben nach dem Einleitungssatz zu § 10 Abs. 1 systematisch nur solche Aufwendungen sind, die weder Werbungskosten noch Betriebsausgaben sind noch wie solche behandelt werden (anders zur Zuordnung von Ausbildungskosten BFH 4.12.2002 – VI R 120/01, BStBl. II 2003, 403). Die Entscheidung des Gesetzgebers, die Beiträge zur Alterssicherung vorrangig den Sonderausgaben zuzuordnen, hat auch das **BVerfG nicht beanstandet** (BVerfG 14.6.2016 – 2 BvR 290/10, BStBl. II 2016, 801; BVerfG 14.6.2016 – 2 BvR 323/10, DStR 2016, 1731).

144.1 Demgegenüber war im **Schrifttum** verbreitet die Ansicht vertreten worden, an der Zuordnung der Altersvorsorgeaufwendungen zu den Sonderausgaben könne seit Inkrafttreten des **AltEinkG** v. 5.7.2004 (BGBl. 2004 I 1427) nicht mehr festgehalten werden (vgl. zB *Heidrich* DStR 2005, 861, *Balke* FR 2005, 1143, *Stützel* DStR 2010, 1545). Mit der damit verbundenen Beschränkung der Abzugsmöglichkeit der Höhe nach (§ 10 Abs. 3) gehe wegen der im Grundsatz in vollem Umfang eintretenden Besteuerung der späteren Altersbezüge ein **Verstoß gegen das objektive Nettoprinzip** einher, das jedoch gegenüber der einfachgesetzlich angeordneten Zuweisung zu den Sonderausgaben **höherrangig** sei (*Schneider/Bahr* INF 2006, 386).

144.2 **Stellungnahme:** Dieser Auffassung ist meines Erachtens zwar im Ausgangspunkt darin zuzustimmen, dass die zur Rechtslage bis 2004 ergangene BFH-Rechtsprechung (→ Rn. 142.1) auf die nachfolgenden Veranlagungszeiträume nicht ohne Weiteres übertragen werden kann. Denn anders als früher besteht ab dem Veranlagungszeitraum 2005 ein **Veranlassungszusammenhang** zwischen Altersvorsorgeaufwendungen und steuerpflichtigen Alterseinkünften, sodass die Beitragszahlungen ihrer Rechtsnatur nach Werbungskosten iSd § 9 Abs. 1 S. 1 darstellen. Die **Entscheidung des Gesetzgebers,** sie dennoch den **Sonderausgaben zuzuweisen,** ist vom Rechtsanwender jedoch **einfachgesetzlich zu respektieren** (so auch Bordewin/Brandt/*Stöcker* § 10 Rn. 62; Schmidt/*Krüger* § 10 Rn. 32; Frotscher/Geurts/*Lindberg* § 10 Rn. 55b), da anderenfalls – wären sie vorrangig als Werbungskosten einzustufen – für die in § 10 Abs. 1 Nr. 2 und § 10 Abs. 3 getroffenen Regelungen **kein praktischer Anwendungsbereich** mehr verbliebe (gleicher Ansicht: HHR/*Kulosa* § 10 Rn. 51; LBP/*Hoheisel/Tippelhofer* § 10 Rn. 239). Zudem ist der Hinweis des BFH und des BVerfG nicht von der Hand zu weisen, dass jedenfalls die an die gesetzliche Rentenversicherung zu leistenden Beiträge ihrer materiellen Rechtsnatur nach nicht in vollem Umfang Werbungskosten im Sinne des § 9 darstellen können, weil sie teilweise **auch zur Finanzierung einer Hinterbliebenenversorgung** und von **Rehabilitationsleistungen** verwendet werden, die beim Beitragszahler nicht zu steuerpflichtigen Einnahmen führen. Eine **andere Frage** ist es, ob die mit dieser Zuordnung verbundenen Abzugsbeschränkungen des § 10 Abs. 3 einer **verfassungsrechtlichen Prüfung** am Maßstab des **objektiven Nettoprinzips** standhalten können (dazu → Rn. 455).

Einstweilen frei **145**

b) Beiträge zur gesetzlichen Rentenversicherung und zu vergleichbaren Einrichtungen (§ 10 Abs. 1 Nr. 2 S. 1 Buchst. a). Abziehbar sind zunächst **Beiträge** zu den **gesetzlichen Rentenversicherungen,** zur **landwirtschaftlichen Alterskasse** und zu **berufsständischen Versorgungseinrichtungen,** die den gesetzlichen Rentenversicherungen vergleichbare Leistungen erbringen. Darunter fallen nach dem Wortlaut der Norm auch Wiederauffüllungszahlungen nach Durchführung des Versorgungsausgleichs im Wege der internen Teilung (FG Baden-Württemberg 11.2.2019 – 9 K 376/18, EFG 2019, 1304; Rev. X R 4/19; HHR/*Kulosa* § 10 Rn. 56). **146**

Die **gesetzliche Rentenversicherung** gliedert sich in die **allgemeine Rentenversicherung** und die **knappschaftliche Rentenversicherung.** Bundesträger sind die Deutsche Rentenversicherung Bund und die Deutsche Rentenversicherung Knappschaft-Bahn-See (§ 125 Abs. 2 SGB VI). Die gesetzliche Rentenversicherung ist eine **Pflichtversicherung** für Arbeitnehmer und für bestimmte, in § 2 SGB VI näher bezeichnete (und vom Gesetzgeber als besonders schutzbedürftig angesehene) Gruppen von Selbständigen (s. HHR/*Kulosa* § 10 Rn. 56). Andere Personen können sich in der gesetzlichen Rentenversicherung **freiwillig versichern** (§ 7 SGB VI). Auch ihre Beiträge zur gesetzlichen Rentenversicherung stellen nach § 10 Abs. 1 Nr. 2 S. 1 Buchst. a Sonderausgaben dar. Zu den möglichen **Beiträgen** und ihrem **Nachweis** vgl. BMF 24.5.2017, BStBl. I 2017, 820 Rn. 2 und Bordewin/Brandt/*Stöcker* § 10 Rn. 92. Ihre **Höhe** richtet sich nach dem Beitragssatz (der derzeit – 2020 – bei 18,6% liegt) und seiner Anwendung auf die beitragspflichtigen Einnahmen maximal bis zur Beitragsbemessungsgrenze (die aktuell – 2020 – in den alten Bundesländern bei 82.800 EUR und in den neuen Bundesländern bei 77.400 EUR liegt; der Beitragssatz und die Beitragsbemessungsgrenzen in der knappschaftlichen Rentenversicherung liegen mit 24,7% und 101.400 EUR bzw. 94.800 EUR deutlich höher). **Nicht** als Beiträge des Arbeitnehmers abzugsfähig ist dabei (wegen § 10 Abs. 2 S. 1 Nr. 1) der anteilig zur Hälfte (§ 168 Abs. 1 Nr. 1 SGB VI) vom **Arbeitgeber** zu tragende **Beitragsteil,** der für den Arbeitnehmer nach § 3 Nr. 62 steuerfrei ist (beachte aber → Rn. 166). **147**

Beiträge, die von versicherungspflichtigen selbständigen Künstlern und Publizisten nach Maßgabe des Künstlersozialversicherungsgesetzes an die **Künstlersozialkasse** entrichtet werden, sind nach Auffassung der Finanzverwaltung wie Beiträge zur gesetzlichen Rentenversicherung zu berücksichtigen (BMF 24.5.2017, BStBl. I 2017, 820 Rn. 3). Dem ist meines Erachtens ungeachtet des Umstands, dass die Künstlersozialkasse selbst kein Träger der gesetzlichen Rentenversicherung ist, sondern lediglich die Funktion einer Einzugsstelle für diese Beiträge innehat (s. Frotscher/Geurts/*Lindberg* § 10 Rn. 56), aus Praktikabilitätsgründen zuzustimmen (so auch KKB/*Wilhelm* § 10 Rn. 48 Fn. 3; Schmidt/*Krüger* § 10 Rn. 34). Das gilt jedoch **nicht** für den Beitragsanteil, um den die Künstlersozialkasse – die insoweit lediglich als Einzugsstelle tätig wird – den an sie gezahlten Beitrag noch aus Mitteln aus der **Künstlersozialabgabe** und aus dem **Zuschuss des Bundes aufstockt** (BMF 24.5.2017, BStBl. I 2017, 820 Rn. 3; zustimmend auch Korn/*Bauschatz* § 10 Rn. 157.1.2). **147a**

Wie Beiträge zur gesetzlichen Rentenversicherung abziehbar sind zudem – in unionsrechtskonformer Auslegung – Zahlungen an vergleichbare Versorgungseinrichtungen anderer **EU-Mitgliedstaaten** und der **Schweiz** (s. dazu BFH 17.5.2017 – X R 10/15, BStBl. II 2017, 1251). **147b**

Der **gesetzlichen Rentenversicherungspflicht** unterliegen auch die sog. **Hausgewerbetreibenden,** also **selbständige Gewerbetreibende** (EStR 15.1 Abs. 2 S. 1), die im Auftrag eines anderen Gewerbebetriebs und für dessen Rechnung, aber in eigener Arbeitsstätte und nicht mit mehr als zwei Hilfskräften, Waren herstellen, bearbeiten oder verpacken (§ 2 Abs. 2 Heimarbeitsgesetz). Bei ihnen ist der Auftraggeber zur Abführung der Rentenversicherungsbeiträge und zur Tragung des hälftigen Gesamtversicherungsbeitrags verpflichtet (§ 169 Nr. 3 SGB VI, § 174 Abs. 1 SGB VI). Da § 3 Nr. 62 auf den **Auftraggeberanteil** nicht anwendbar ist (der Hausgewerbetreibende erzielt Einkünfte nach § 15 und ist daher kein „Arbeitnehmer" im Sinne dieser Vorschrift), stellt dieser Anteil beim Hausgewerbetreibenden eine steuerpflichtige Betriebseinnahme dar. Nach **Auffassung des BFH** soll diese Einnahme für den Steuerpflichtigen im Gegenzug bei der Verausgabung des Auftraggeberanteils als **Betriebsausgabe** (und nicht als Sonderausgabe) wieder abziehbar sein; das soll **148** zudem sowohl in Fällen gelten, in denen der Hausgewerbetreibende den Anteil des Auftraggebers zunächst selbst abführt und ihn sich später von diesem wieder erstatten lässt (BFH 20.7.1982 – VIII R 143/77, BStBl. II 1983, 196), als auch dann, wenn er den vom Auftraggeber erhaltenen Beitragsanteil erst anschließend weiterleitet (BFH 4.8.1982 – I R 101/77, BStBl. II 1983, 200). Die **Finanzverwaltung** ist dieser Rechtsprechung gefolgt; sie gewährt jedoch – darüber hinausgehend – dem Hausgewerbetreibenden für den Auftraggeberanteil den **Betriebsausgabenabzug** selbst dann, wenn der **Auftraggeber** die Beiträge **unmittelbar** an den Rentenversicherungsträger abführt (BMF 5.4.1983, BStBl. II 1983, 266).

148.1 **Stellungnahme:** Meines Erachtens ist diese **Handhabung abzulehnen.** Denn sie durchbricht den von der Rechtsprechung entwickelten Grundsatz, dass Altersvorsorgebeiträge nicht als Betriebsausgaben, sondern nur als Sonderausgaben abgezogen werden können (→ Rn. 142 ff.). Zudem müssten konsequenterweise bei Gewährung des Betriebsausgabenabzugs auch die späteren Rentenauszahlungen zur Hälfte als steuerpflichtige Betriebseinnahmen angesehen werden (HHR/*Kulosa* § 10 Rn. 56; LBP/*Hoheisel/Tippelhofer* § 10 Rn. 245). **Richtigerweise** handelt es sich für den Hausgewerbetreibenden daher sowohl bei seinem eigenen Anteil als auch beim Auftraggeberanteil um **Sonderausgaben** (gleicher Ansicht auch Blümich/*Hutter* § 10 Rn. 210 „Hausgewerbetreibende"; zudem → Rn. 118.1).

149 Beiträge zur **landwirtschaftlichen Alterskasse** werden auf der Grundlage des **Gesetzes über die Alterssicherung der Landwirte** v. 29.7.1994 (BGBl. 1994 I 1890) erhoben. Es handelt sich dabei um eine **Pflichtversicherung für Landwirte** und deren **mithelfende Familienangehörige** (Bordewin/Brandt/*Stöcker* § 10 Rn. 99). Entsprechend dem Wortlaut von § 10 Abs. 1 Nr. 2 S. 1 Buchst. a sind die Beiträge **in voller Höhe** berücksichtigungsfähig, und zwar auch insoweit, als mit ihnen Ansprüche auf medizinische Leistungen zur Wiederherstellung der Erwerbstätigkeit erworben werden (Blümich/*Hutter* § 10 Rn. 193; **anderer Auffassung** BMF 24.5.2017, BStBl. I 2017, 820 Rn. 7: nur, soweit sie zum Aufbau einer eigenen Altersversorgung führen). Die Beiträge können nur bei dem zur Zahlung Verpflichteten und nicht bei seinen mitversicherten Angehörigen berücksichtigt werden (BMF 24.5.2017, BStBl. I 2017, 820 Rn. 7). Soweit dem Steuerpflichtigen für seine Beitragszahlung wegen geringen Einkommens aus öffentlichen Mitteln ein **Zuschuss** gezahlt wird (der nach § 3 Nr. 17 steuerfrei ist), kann der Beitrag von ihm **nicht als Sonderausgaben** geltend gemacht werden (§ 10 Abs. 2 S. 1 Nr. 1).

150 **Berufsständische Versorgungseinrichtungen** sind Versorgungswerke, die von bestimmten Berufsgruppen für ihre Angehörigen errichtet worden sind. Derartige **Versorgungswerke** existieren insbesondere für die **freien Berufe,** wie etwa für Ärzte, Apotheker, Rechtsanwälte, Architekten und Steuerberater (s. im Einzelnen Korn/*Bauschatz* § 10 Rn. 157.3), nicht aber für den Berufsstand der Bezirksschornsteinfeger (BFH 15.5.2013 – X R 18/10, BStBl. II 2014, 25). Zu den Mitgliedern der Versorgungswerke gehören neben den **selbständigen Berufsträgern** auch die **berufsangehörigen Arbeitnehmer,** die zugleich auch Pflichtmitglieder der entsprechenden **Berufskammer** sind. Dieser Personenkreis kann sich nach § 6 Abs. 1 SGB VI von der Pflichtversicherung in der gesetzlichen Rentenversicherung befreien lassen. Die an das berufsständische Versorgungswerk geleisteten Beiträge sind als Sonderausgaben abziehbar, wenn die Versorgungseinrichtung **den gesetzlichen Rentenversicherungen vergleichbare Leistungen** erbringt. Das setzt voraus, dass die Versorgungsleistungen nach Art und Funktion vergleichbar sind (s. im Einzelnen Bordewin/Brandt/*Stöcker* § 10 Rn. 103); Maßstab dafür ist dabei die von den gesetzlichen Rentenversicherungen gewährleistete **Basisversorgung** (BFH 15.5.2013 – X R 18/10, BStBl. II 2014, 25). Eine Liste der nach diesen Maßstäben begünstigten berufsständischen Versorgungseinrichtungen wird von der Finanzverwaltung in unregelmäßigen Abständen erstellt und im BStBl. I veröffentlicht (zuletzt BMF 8.7.2014, BStBl. I 2014, 1098). Eine **Kapitaldeckung** ist bei berufsständischen Versorgungseinrichtungen – da es an einer entsprechenden gesetzlichen Regelung (anders als bei § 10 Abs. 1 Nr. 2 S. 1 Buchst. b Doppelbuchst. aa) fehlt – zur Vornahme des Sonderausgabenabzugs **nicht erforderlich** (HHR/*Kulosa* § 10 Rn. 58).

151–152 *Einstweilen frei*

153 **c) Beiträge zum Aufbau einer kapitalgedeckten Altersversorgung und zur Absicherung gegen bestimmte Erwerbsrisiken (§ 10 Abs. 1 Nr. 2 S. 1 Buchst. b).** Als Sonderausgaben nach § 10 Abs. 1 Nr. 2 S. 1 Buchst. b abziehbar sind zudem Beiträge des Steuerpflichtigen zum **Aufbau einer eigenen (privat finanzierten) kapitalgedeckten**

Altersversorgung, sowie Beiträge zur (ergänzenden oder alleinigen) **Absicherung gegen Berufsunfähigkeit** oder gegen **Erwerbsminderung** und Beiträge zu einer die Altersversorgung ergänzenden **Hinterbliebenenrente.** Als **Kehrseite** zur Möglichkeit des Sonderausgabenabzugs sind die **späteren Versorgungsleistungen** in der Auszahlungsphase in vollem Umfang **steuerpflichtig** (§ 22 Nr. 1 S. 3 Buchst. a Doppelbuchst. aa; sog. **„nachgelagerte Besteuerung“**).

Die **Vorsorgeverträge,** auf die die Beiträge geleistet werden, unterliegen allerdings hinsichtlich der Form der Auszahlung und des Anspruchs auf sie **engen gesetzlichen Vorgaben.** Ob die besonderen tatbestandlichen Voraussetzungen in Bezug auf den jeweiligen Altersvorsorgevertrag erfüllt sind, ist Gegenstand eines besonderen **Zertifizierungsverfahrens,** wobei die Zertifizierung für den Sonderausgabenabzug die Funktion eines **Grundlagenbescheids** hat (s. näher § 10 Abs. 2 S. 2, → Rn. 437). Beitragszahlungen zu **nicht zertifizierten reinen Altersvorsorgeprodukten** bleiben **unberücksichtigt.** Beiträge zu **Erwerbs- und Berufsunfähigkeitsversicherungen,** die (zB wegen abweichender Auszahlungsmodalitäten) den gesetzlichen Anforderungen des § 10 Abs. 1 Nr. 2 S. 1 Buchst. b nicht genügen, können zwar im Rahmen des **§ 10 Abs. 1 Nr. 3a** geltend gemacht werden; dies wirkt sich aber wegen der dafür geltenden Höchstbeträge (§ 10 Abs. 4) in den meisten Fällen im Ergebnis **nicht steuermindernd** aus (→ Rn. 501). Im Gegenzug unterliegen die späteren **Auszahlungen** aus solchen nicht zertifizierten und damit nicht steuerbegünstigten Verträgen nur der (der Höhe nach geringeren) **Ertragsanteilsbesteuerung** nach § 22 Nr. 1 S. 3 Buchst. a Doppelbuchst. bb. 153.1

Sinn der strengen gesetzlichen Anforderungen ist es, den Sonderausgabenabzug auf solche Beiträge zu beschränken, die ausschließlich dem Aufbau einer lebenslangen, allein dem Beitragszahler und seinen Hinterbliebenen persönlich zugutekommenden Altersversorgung zu dienen bestimmt sind und **nicht zu anderen Zwecken eingesetzt** werden können; sie sollen also insbesondere zwar kapitalgedeckt, aber **nicht kapitalbildend** sein (Bordewin/Brandt/*Stöcker* § 10 Rn. 110). Es bestehen allerdings gewichtige **Zweifel** daran, dass die Vorschrift zur Förderung der privaten Altersvorsorge **innerhalb der Übergangszeit** zur nachgelagerten Besteuerung tatsächlich **geeignet** ist. Denn einerseits sind die Beiträge in den Veranlagungszeiträumen vor 2025 nur **teilweise abziehbar** (zunächst für 2005 zu 60% und in den Folgejahren kontinuierlich ansteigend, s. § 10 Abs. 4 S. 4 und § 10 Abs. 4 S. 6, → Rn. 489); andererseits aber ist die spätere Rentenauszahlung bei einem Beginn des Rentenbezugs ab dem Veranlagungszeitraum 2040 in vollem Umfang **steuerpflichtig** (§ 22 Nr. 1 S. 3 Buchst. a Doppelbuchst. aa). Dieser **Wirkungsmechanismus** macht den Abschluss privater Altersvorsorgeverträge insbesondere für jüngere Steuerpflichtige in steuerlicher Hinsicht derzeit noch **wenig attraktiv** (so zu Recht HHR/*Kulosa* § 10 Rn. 60; **anderer Auffassung** Lademann EStG/*Steiner* § 10 Rn. 102 unter Hinweis auf den mit der Einkommensverlagerung in die Ruhestandsphase verbundenen Progressionsvorteil). 153.2

aa) Begriff der Beiträge (§ 10 Abs. 1 Nr. 2 S. 1 Buchst. b). Begünstigt sind sämtliche „Beiträge des Steuerpflichtigen“, soweit sie auf die in der Vorschrift genannten Basis-Rentenverträge und auf die Absicherung gegen Berufsunfähigkeit und geminderte Erwerbsfähigkeit entfallen. Darunter fallen meines Erachtens auch **(vorausgezahlte) Einmalbeiträge** zum Aufbau einer kapitalgedeckten Altersversorgung (so auch HHR/*Kulosa* § 10 Rn. 63 mit dem Hinweis auf sich daraus ergebende Gestaltungsmöglichkeiten), da nach dem Gesetzeswortlaut bei § 10 Abs. 1 Nr. 2 S. 1 Buchst. b – anders als bei Krankenversicherungsbeiträgen und Beiträgen zur gesetzlichen Pflegeversicherung, für die in § 10 Abs. 1 Nr. 3 S. 5 eine entsprechende einschränkende Regelung besteht (→ Rn. 190) – eine fortlaufende Beitragszahlung nicht verlangt wird (gleicher Ansicht: Frotscher/Geurts/*Lindberg* § 10 Rn. 65; Korn/*Bauschatz* § 10 Rn. 157.8; Blümich/*Hutter* § 10 Rn. 156; **anderer Auffassung** Bordewin/Brandt/*Stöcker* § 10 Rn. 76). 154

Meines Erachtens noch **nicht** im Veranlagungszeitraum der Zahlung zu berücksichtigen sind dagegen Beitragsleistungen im Stadium der **Vertragsanbahnung,** solange der Versicherer den **Versicherungsantrag** des Steuerpflichtigen noch nicht **angenommen** hat (im Einzelnen – auch zur **Gegenauffassung** – → Rn. 110a). 154a

bb) Eigene kapitalgedeckte Altersversorgung (§ 10 Abs. 1 Nr. 2 S. 1 Buchst. b Doppelbuchst. aa). Begünstigt sind Beiträge zum Aufbau einer eigenen kapitalgedeckten Altersversorgung. Das bedeutet zum einen, dass nur Beiträge berücksichtigt werden, die allein für die **Alterssicherung des Steuerpflichtigen selbst** bestimmt sind (**„eigene“** Altersvorsorge). Anlageprodukte, die von Eltern zum Aufbau einer Altersversorgung für ihre Kinder abgeschlossen werden, sind daher nicht begünstigt (gleicher Ansicht Blümich/*Hutter* 155

§ 10 Rn. 157). Die später zu beziehende Rente darf zudem als Leistung der **„Altersversorgung“** nicht der Kapitalbildung dienen (die erworbene Anwartschaft darf daher nicht die sonstige Leistungsfähigkeit erhöhen, vgl. Schmidt/*Krüger* § 10 Rn. 35), sondern soll dem Schwerpunkt nach das biometrische Risiko der Langlebigkeit abdecken („tatsächliche Versorgung für das Alter“, Kirchhof/*Bleschick* § 10 Rn. 21). **Ergänzend** ist zudem die Absicherung der **Hinterbliebenen** des Steuerpflichtigen zulässig. Die Altersvorsorge muss außerdem auf dem Prinzip der **Kapitaldeckung** beruhen. Das bedeutet, dass die vom Steuerpflichtigen eingezahlten Beiträge vom Anbieter zu einem Kapitalstock angespart werden müssen und nicht sogleich – etwa in Gestalt eines Umlageverfahrens – an die gegenwärtigen Bezieher von Altersversorgungsleistungen wieder ausbezahlt werden dürfen.

156 Der Altersvorsorgevertrag, auf den die Beiträge geleistet werden, darf ausschließlich die Zahlung einer **monatlichen,** auf das Leben des Steuerpflichtigen bezogenen **lebenslangen Leibrente** vorsehen. Dabei müssen die monatlichen Rentenzahlungen in der Höhe entweder **gleichbleiben** oder **kontinuierlich ansteigen,** und die Höhe der Leibrente muss vom Versicherer anhand einer **anerkannten Sterbetafel** berechnet werden (BMF 24.5.2017, BStBl. I 2017, 820 Rn. 17–19). Die Vereinbarung eines Auszahlungsplans oder einer planmäßigen Absenkung der Rentenhöhe ist daher nicht zulässig (Frotscher/Geurts/*Lindberg* § 10 Rn. 62). Außerdem darf die Rente vertragsgemäß erst **ab Vollendung des 62. Lebensjahrs** des Steuerpflichtigen geschuldet sein. Bei **Altverträgen,** die vor dem 1.1.2012 abgeschlossen worden sind, sind die Beiträge auch dann begünstigt, wenn die vorgesehene Auszahlungsphase schon ab Vollendung des **60. Lebensjahrs** beginnt (§ 10 Abs. 6 S. 1, → Rn. 582).

156.1 **Sinn dieser Regelung** ist es, Beiträge vom Sonderausgabenabzug **auszuschließen,** wenn sie zu Verträgen geleistet werden, die wegen der mit einem **frühzeitigen Rentenbeginn** verbundenen niedrigeren monatlichen Rentenleistungen **keine angemessene Altersversorgung** gewährleisten können (HHR/*Kulosa* § 10 Rn. 63). Da die Rente auf das Leben des Steuerpflichtigen bezogen sein muss, darf die Pflicht des Versicherungsanbieters zur Erbringung der laufenden Zahlungen weder bereits vor dessen Tod enden, noch dürfen über den Tod des Steuerpflichtigen hinausgehende Zahlungsansprüche Dritter vorgesehen sein. Als Sonderausgaben abziehbar sind damit im Ergebnis nur Beiträge, die zu Ansprüchen führen, die mit den in der **gesetzlichen Rentenversicherung** erworbenen Anwartschaften **vergleichbar** sind (vgl. LBP/*Hoheisel/Tippelhofer* § 10 Rn. 250; Frotscher/Geurts/*Lindberg* § 10 Rn. 63).

157 Zusätzlich ist **ergänzend** zur Altersvorsorge die Absicherung des Steuerpflichtigen gegen **Berufsunfähigkeit** und gegen **verminderte Erwerbsfähigkeit** sowie die Absicherung seiner **Hinterbliebenen** zulässig. Als Hinterbliebene begünstigt sind nur der Ehegatte und solche Kinder, für die der Steuerpflichtigen einen Anspruch auf Kindergeld oder auf einen Kinderfreibetrag hat (§ 10 Abs. 1 Nr. 2 S. 1 Buchst. b Doppelbuchst. aa S. 2). Zudem muss die Hinterbliebenenrente, soweit sie an die Kinder als Waisen ausgezahlt werden soll, vertragsgemäß spätestens dann enden, wenn das rentenberechtigte Kind beim Kindergeld gemäß § 32 nicht mehr berücksichtigungsfähig ist (§ 10 Abs. 1 Nr. 2 S. 1 Buchst. b Doppelbuchst. aa S. 3).

157.1 **Vermindert erwerbsfähig** ist nach der dafür maßgeblichen Definition in § 2 Abs. 1a Nr. 1 AltZertG, wer wegen Krankheit, Körperverletzung oder Behinderung voraussichtlich für mindestens zwölf Monate **außerstande** ist, unter den üblichen Bedingungen des allgemeinen Arbeitsmarktes **mindestens sechs Stunden täglich erwerbstätig** zu sein. Eine im Wesentlichen gleichgelagerte Definition findet sich zudem für die gesetzliche Rentenversicherung in § 43 Abs. 1 S. 2 SGB VI. **Berufsunfähig** ist, wer seine **konkret** ausgeübte **Berufstätigkeit nicht mehr fortsetzen** kann, auch wenn er zwar nicht mehr in diesem Beruf, aber anstelle dessen noch in einem anderen Beruf erwerbstätig sein könnte. S. im Einzelnen Bordewin/Brandt/*Stöcker* § 10 Rn. 138.

158 Die **zusätzliche Vereinbarung** einer Berufsunfähigkeits-, Erwerbsminderungs- oder Hinterbliebenenrente ist im Rahmen des § 10 Abs. 1 Nr. 2 Buchst. b Doppelbuchst. aa nur **ergänzend zur eigentlichen Altersvorsorge** zulässig. Das bedeutet, dass die auf sie entfallenden Beitragsanteile nicht im Vordergrund stehen dürfen (s. im Einzelnen BMF 24.5.2017, BStBl. I 2017, 820 Rn. 38; FG Münster 30.1.2018 – 5 K 3324/16 E, EFG 2018, 552, rechtskräftig: weniger als 50%; zustimmend Bordewin/Brandt/*Stöcker* § 10 Rn. 126; KKB/*Wilhelm* § 10 Rn. 49; Schmidt/*Krüger* § 10 Rn. 35; HHR/*Kulosa* § 10 Rn. 64). Die **Altersrente** muss daher die vertraglich vorgesehene **Regelleistung** sein.

Ist dies **nicht** der Fall, sind die Beiträge insgesamt nur nach Maßgabe des **§ 10 Abs. 1 Nr. 3a** mit den dafür geltenden, erheblich niedrigeren **Höchstbeträgen des § 10 Abs. 4** abziehbar. Zur Begünstigung von **reinen Berufsunfähigkeits- und Erwerbsminderungsrenten** ab dem Veranlagungszeitraum 2014 → Rn. 159. **158.1**

cc) Alleinige Absicherung gegen Berufsunfähigkeit und verminderte Erwerbsfähigkeit (§ 10 Abs. 1 Nr. 2 S. 1 Buchst. b Doppelbuchst. bb). Begünstigt sind (ab dem Veranlagungszeitraum 2014) zudem Beiträge zu Versicherungsverträgen, die – anders als nach § 10 Abs. 1 Nr. 2 S. 1 Buchst. b Doppelbuchst. aa – nicht hauptsächlich der Altersvorsorge, sondern **allein** zur Absicherung gegen das Risiko einer **Berufsunfähigkeit** oder einer **verminderten Erwerbsfähigkeit** dienen. Auch hier darf der Vertrag nur die Zahlung einer **monatlichen,** auf das Leben des Steuerpflichtigen bezogenen **lebenslangen Leibrente** vorsehen. Zudem darf der vertragsgemäße Versicherungsfall (Eintritt der Berufsunfähigkeit oder der Erwerbsminderung) nur bis zur Vollendung des 67. Lebensjahres eintreten. Die vertraglich vereinbarten Zahlungen müssen grundsätzlich **lebenslang** erbracht werden (was wegen der damit – im Vergleich zu einer Erwerbsminderungs- oder Berufsunfähigkeitsversicherung, deren Leistungen mit Beginn der regulären Altersversorgung wegfallen – verbundenen wesentlich höheren Prämienzahlungen nachteilig ist, s. HHR/*Kulosa* § 10 Rn. 65); eine **Ausnahme** hiervon (und damit die vorzeitige Beendigung der Rentenzahlungen) ist aber zulässig, wenn die Berufsunfähigkeit oder die verminderte Erwerbsunfähigkeit **medizinisch begründet wegfällt** (§ 10 Abs. 1 Nr. 2 S. 1 Buchst. b Doppelbuchst. bb S. 2). Da die Berufsunfähigkeits- bzw. die Erwerbsminderungsrente auf das Leben des Steuerpflichtigen bezogen sein muss, muss der Anspruch auf sie bei **vorzeitigem Ableben** vor Eintritt des Versicherungsfalls **ersatzlos wegfallen** (so zutreffend Schmidt/*Krüger* § 10 Rn. 36). Zudem kann die Höhe der zugesagten Rente bei Steuerpflichtigen, die das 55. Lebensjahr vollendet haben, vom Alter des Steuerpflichtigen im Zeitpunkt des Versicherungsfalls abhängig gemacht werden (§ 10 Abs. 1 Nr. 2 S. 1 Buchst. b Doppelbuchst. bb S. 3). Eine **Kapitaldeckung** der Versicherung ist – anders als bei der Altersversorgung nach § 10 Abs. 1 Nr. 2 S. 1 Buchst. b Doppelbuchst. aa (→ Rn. 155) – **nicht erforderlich.** **159**

Die **Berücksichtigungsfähigkeit** von Beiträgen für **reine Berufsunfähigkeits- und Erwerbsminderungsrenten** hat der Gesetzgeber durch Einfügung des § 10 Abs. 1 Nr. 2 S. 1 Buchst. b Doppelbuchst. bb im Zuge des **AltvVerbG** v. 24.6.2013 (BGBl. 2013 I 1667) neu geschaffen. **159.1**

Einstweilen frei **160**

dd) Übertragungs-, Beleihungs- und Kapitalisierungsverbot (§ 10 Abs. 1 Nr. 2 S. 2). Die dem Steuerpflichtigen aus Verträgen iSd § 10 Abs. 1 Nr. 2 S. 1 Buchst. b erwachsenden Ansprüche dürfen **weder vererblich noch** in Bezug auf Dritte **übertragbar, beleihbar** oder **veräußerbar** sein (§ 10 Abs. 1 Nr. 2 S. 2; s. im Einzelnen ausführlich BMF 24.5.2017, BStBl. I 2017, 820 Rn. 23 ff., wonach – Rn. 30 – die Übertragbarkeit zur Regelung von **Scheidungsfolgen** jedoch zulässig sein soll). Von den Einschränkungen betroffen sind sowohl Ansprüche auf Altersversorgung als auch solche auf Berufsunfähigkeits-, Erwerbsminderungs- und Hinterbliebenenrente einschließlich – vor Beginn der Auszahlungsphase – der Anwartschaften auf derartige Ansprüche. Damit soll sichergestellt werden, dass die Rentenansprüche ihre **Absicherungsfunktion im Versicherungsfall erfüllen** können und tatsächlich über den gesamten Auszahlungszeitraum dem Steuerpflichtigen bzw. seinen Hinterbliebenen in Gestalt monatlicher Zahlungen zugutekommen. Deshalb ist auch eine **Kapitalisierung** der künftigen Rentenansprüche (also ihre **Abfindung mit einem Einmalbetrag**) **ausgeschlossen. Ausnahmen** in Bezug auf die monatliche Zahlung und auf das Kapitalisierungsverbot gelten nur für sog. **Kleinbetragsrenten** (→ Rn. 163). Durch das Verbot der Vererblichkeit sollen Renten mit einer **Mindestgarantiezeit** von der Begünstigung **ausgenommen** werden (Schmidt/*Krüger* § 10 Rn. 38; vgl. auch BMF 24.5.2017, BStBl. I 2017, 820 Rn. 25; **anderer Auffassung** HHR/*Kulosa* § 10 Rn. 66: die eingezahlten Beiträge sollen dem Steuerpflichtigen selbst und nicht dessen Erben zugutekommen), da die Dauer einer Garantiezeit vom möglichen Ableben der versicherten Person unabhängig wäre. **Nicht beleihbar** sind die Ansprüche nur dann, wenn **vertraglich ausgeschlossen** ist, dass die Ansprüche verpfändet oder zu Sicherungszwecken abgetreten werden können. **161**

162 *Einstweilen frei*

163 **ee) Ausnahmen für jährliche Auszahlungen und Kleinbetragsrenten (§ 10 Abs. 1 Nr. 2 S. 3, S. 4 und S. 5). Unschädlich** ist allerdings – als Ausnahme von dem Erfordernis der monatlichen Zahlungsweise (→ Rn. 159) – eine Vereinbarung zwischen dem Anbieter des Altersvorsorgeprodukts und dem Steuerpflichtigen, der zufolge **bis zu zwölf Monatsleistungen in einem Auszahlungsbetrag zusammengefasst** werden; daneben können – aus Vereinfachungsgründen als Ausnahme vom Kapitalisierungsverbot – sogenannte **Kleinbetragsrenten** in einem **Einmalbetrag abgefunden** werden (§ 10 Abs. 1 Nr. 2 S. 3). Zum **Begriff** der Kleinbetragsrente verweist die Regelung auf § 93 Abs. 3 S. 2; danach sind Kleinbetragsrenten solche Renten, die bei gleichmäßiger Verrentung des gesamten zu Beginn der Auszahlungsphase zur Verfügung stehenden Kapitals eine monatliche Auszahlung von nicht mehr als 1% der monatlichen Bezugsgröße nach § 18 SGB IV ermöglichen. Zur Prüfung, ob diese Obergrenze noch eingehalten ist, ist allerdings die Gesamtheit aller vom Steuerpflichtigen beim selben Anbieter bestehenden Verträge in den Blick zu nehmen (§ 10 Abs. 1 Nr. 3 S. 4); eine Umgehung der Vorschrift durch künstliche **Aufsplittung** ist also **nicht möglich.**

163.1 Die **monatliche Bezugsgröße** nach § 18 SGB IV beläuft sich für 2019 auf monatlich 3.115 EUR und für 2020 auf monatlich 3.185 EUR (vgl. § 2 Abs. 1 der für das jeweilige Kalenderjahr geltenden Sozialversicherungs-Rechengrößenverordnung), sodass **Kleinbetragsrenten** bis zu einem Betrag von 31,15 EUR monatlich in 2019 und von **31,85 EUR monatlich in 2020** in kapitalisierter Form ausgezahlt werden können.

164 **Weitere Ausnahmen** sind **nicht zulässig.** Neben den gesetzlich abschließend bestimmten Auszahlungsformen (also der lebenslangen und monatlichen – ausnahmsweise jährlichen – Zahlung und der Abfindung von Kleinbetragsrenten) darf nach § 10 Abs. 1 Nr. 2 S. 5 **kein weiterer Anspruch auf Auszahlungen** bestehen (so auch HHR/*Kulosa* § 10 Rn. 66).

165 *Einstweilen frei*

166 **ff) Hinzurechnung von Arbeitgeberanteilen und Arbeitgeberzuschüssen (§ 10 Abs. 1 Nr. 2 S. 6).** Nach § 10 Abs. 1 Nr. 2 S. 6 ist zu den Beiträgen des Steuerpflichtigen zur gesetzlichen Rentenversicherung, zur landwirtschaftlichen Alterskasse, zu berufsständischen Versorgungseinrichtungen und zu kapitalgedeckten Altersvorsorgeverträgen der nach § 3 Nr. 62 **steuerfreie Arbeitgeberanteil zur Rentenversicherung hinzuzurechnen;** gleiches gilt für die diesen Arbeitgeberanteilen gleichgestellten **Arbeitgeberzuschüsse.** Der **Sinn** und die **Tragweite** dieser Regelung erschließt sich nur mit Blick auf die **Höchstbetragsregelungen** in § 10 Abs. 3. Erst aus ihnen ergibt sich, dass die vom Arbeitgeber aufgebrachten Beträge zur Alterssicherung seiner Belegschaft trotz der Hinzurechnung letztlich für den Arbeitnehmer **keinen zusätzlichen Sonderausgabenabzug ermöglichen.** Die Hinzurechnung soll lediglich bewirken, dass die Arbeitgeberleistungen bei der **Berechnung des abziehbaren Höchstbetrags** für Altersvorsorgeaufwendungen (§ 10 Abs. 3 S. 1, → Rn. 472) **mit einbezogen** werden (so auch Frotscher/Geurts/*Lindberg* § 10 Rn. 58; Schmidt/*Krüger* § 10 Rn. 40; HHR/*Kulosa* § 10 Rn. 75 mit dem zutreffenden Hinweis, dass die Regelung systematisch vorzugswürdig in § 10 Abs. 3 hätte untergebracht werden müssen). Tatsächlich **steuermindernd** als Sonderausgaben abgezogen werden kann der Arbeitgeberanteil anschließend nämlich **nicht** (§ 10 Abs. 3 S. 5, → Rn. 491; dies verkennt KKB/*Wilhelm* § 10 Rn. 48 mit dem Hinweis, dass die Arbeitgeberanteile und -zuschüsse „ebenfalls begünstigt" seien).

166.1 Hinzugerechnet wird nur der **Arbeitgeberzuschuss,** der dem nach § 3 Nr. 62 steuerfreien Arbeitgeberanteil **gleichgestellt** ist. Für die nach § 3 Nr. 57 steuerfreien Zuschüsse, die von der **Künstlersozialkasse** als Beitragsanteil zu den Sozialversicherungsbeiträgen der selbständigen Künstler und Publizisten gezahlt werden, gilt die **Hinzurechnungsregelung** daher **nicht.** Gleichfalls **kein** nach § 3 Nr. 62 steuerfreier Arbeitgeberanteil (und mangels Arbeitgebereigenschaft auch kein ihm gleichgestellter Zuschuss) ist der vom Auftraggeber eines **Hausgewerbetreibenden** zu tragende Anteil an dessen Beiträgen zur gesetzlichen Rentenversicherung (→ Rn. 148). Derartige Zuschüsse wirken sich mithin auch auf die Berechnung des abziehbaren Höchstbetrags nach § 10 Abs. 3 nicht aus (s. im Einzelnen BMF 24.5.2017, BStBl. I 2017, 820).

Einstweilen frei 167

gg) Wahlweise Nichthinzurechnung bei geringfügig Beschäftigten (§ 10 Abs. 1 Nr. 2 S. 7). Die grundsätzlich zwingende **Hinzurechnung** der Arbeitgeberbeiträge (§ 10 Abs. 1 Nr. 2 S. 6) erfolgt bei Rentenversicherungsbeiträgen, die nach § 168 Abs. 1 Nr. 1b SGB VI oder § 168 Abs. 1 Nr. 1c SGB VI oder nach § 172 Abs. 3 SGB VI oder § 172 Abs. 3a SGB VI für **geringfügig Beschäftigte** erbracht werden, nur **auf Antrag des Steuerpflichtigen** (§ 10 Abs. 1 Nr. 2 S. 7). **Hintergrund** dieser (ab dem Veranlagungszeitraum 2008 anwendbaren) Ausnahmeregelung ist, dass sich die nach den genannten sozialversicherungsrechtlichen Vorschriften erbrachten pauschalen Beitragsleistungen bei geringfügig beschäftigten Steuerpflichtigen in vielen Fällen kaum in Gestalt eines höheren Rentenanspruchs auswirken können, mit ihnen aber gleichwohl – würden sie hinzugerechnet – wegen der **Wirkungsweise des Übergangsfaktors** (§ 10 Abs. 3 S. 4, § 10 Abs. 3 S. 6) eine erhebliche Minderung der eigenen abziehbaren Vorsorgeaufwendungen einhergehen würde (vgl. HHR/*Kulosa* § 10 Rn. 76). 168

Vgl. dazu im Einzelnen die Gesetzesbegründung des Bundesrats zum **JStG 2008** v. 20.12.2007 (BGBl. 2007 I 3150) in BT-Drs. 16/6739, 9. Nach **§ 168 Abs. 1 Nr. 1b SGB VI** werden bei Arbeitnehmern, die zwar geringfügig beschäftigt sind, aber dennoch (zB wegen Zusammenrechnung mit einer anderen, versicherungspflichtigen Tätigkeit) der Versicherungspflicht unterliegen, die Rentenversicherungsbeiträge in Höhe von 15% des Arbeitsentgelts vom Arbeitgeber getragen. **§ 168 Abs. 1 Nr. 1c SGB VI** sieht bei geringfügig versicherungspflichtig Beschäftigten in Privathaushalten einen Arbeitgeberanteil von 5% vor. Den Rest der Beiträge trägt jeweils der Versicherte. Nach **§ 172 Abs. 3 SGB VI und § 172 Abs. 3a SGB VI** ist in beiden Fällen der Arbeitgeberanteil auch bei Versicherungsfreiheit des Beschäftigten und bei Befreiung des Beschäftigten von der Versicherungspflicht in gleicher Höhe zu zahlen. Diese vom Arbeitgeber erbrachten pauschalen Beiträge zur Rentenversicherung **schlagen sich kaum im späteren Rentenanspruch des Beschäftigten nieder.** Von dem **Antrag auf Hinzurechnung der Beiträge** nach § 10 Abs. 1 Nr. 2 S. 7 profitiert der Steuerpflichtige daher in der Regel nur, wenn er sich im Rahmen des geringfügigen Beschäftigungsverhältnisses für die **Entrichtung eigener Regelbeiträge** zur Sozialversicherung (§ 5 Abs. 2 SGB VI) entschieden hat (vgl. LBP/*Hoheisel/Tippelhofer* § 10 Rn. 260; Kirchhof/*Bleschick* § 10 Rn. 23). 168.1

Bis 2017 war der Antrag in diesen Fällen dem Gesetzeswortlaut nach „abweichend von Satz 2" des § 10 Abs. 1 Nr. 2 erforderlich, obwohl sich die Hinzurechnung des Arbeitgeberanteils seit dem Veranlagungszeitraum 2014 (Inkrafttreten des **AltvVerbG** v. 24.6.2013, BGBl. 2013 I 1667) aus § 10 Abs. 1 Nr. 2 **S. 6** ergibt. Der **fehlerhafte Verweis** ist erst im Zuge des **Betriebsrentenstärkungsgesetzes** v. 17.8.2017 (BGBl. 2017 I 3214) mit Wirkung ab dem 1.1.2018 (Art. 17 Abs. 1 S. 1 Betriebsrentenstärkungsgesetz) **korrigiert** worden (vgl. BT-Drs. 18/11286, 62; offenkundiges **Redaktionsversehen** des Gesetzgebers, vgl. HHR/*Kulosa* § 10 Rn. 76). 168.2

Einstweilen frei 169–171

4. Kranken- und Pflegeversicherungsbeiträge (§ 10 Abs. 1 Nr. 3)

a) Begriff der Beiträge (§ 10 Abs. 1 Nr. 3 S. 1). § 10 Abs. 1 Nr. 3 eröffnet den Sonderausgabenabzug für Beiträge zu Kranken- und Pflegeversicherungen. **Beiträge** sind die aufgrund gesetzlicher oder vertraglicher Verpflichtung vom Steuerpflichtigen aufgebrachten Geldleistungen zu diesen Versicherungen, auch wenn sie nicht als solche, sondern (wie in § 33 VVG für die private Krankenversicherung) als **„Prämien"** bezeichnet werden (HHR/*Kulosa* § 10 Rn. 82), und zwar ungeachtet dessen, ob sie **einmalig oder laufend** gezahlt werden (zu Vorauszahlungen s. jedoch § 10 Abs. 1 Nr. 3 S. 5; → Rn. 190). Meines Erachtens noch nicht im Veranlagungszeitraum der Zahlung abziehbar sind dabei Beiträge, die noch im Stadium der **Vertragsanbahnung** geleistet werden, solange der Versicherer den Versicherungsantrag des Steuerpflichtigen noch nicht angenommen hat (im Einzelnen – auch zur **Gegenauffassung** – → Rn. 110a). Zu den **Beiträgen zu Krankenversicherungen** können zudem nur solche Ausgaben gehören, die zumindest **im Zusammenhang mit der Erlangung von Versicherungsschutz stehen** und damit als Vorsorgeaufwendungen letztlich der Vorsorge dienen. Die nach § 193 Abs. 4 VVG geschuldeten **Prämienzuschläge** für die Zeit der Nichtversicherung trotz bestehender Versicherungspflicht sind daher **nicht** nach § 10 Abs. 1 Nr. 3 als Sonderausgaben abziehbar (so zutreffend KKB/*Wilhelm* § 10 Rn. 62; 172

kritisch HHR/*Kulosa* § 10 Rn. 83). **Eigenbeteiligungen** des Patienten an den Krankheitskosten wie etwa die sog. **„Praxisgebühr"** nach § 28 Abs. 4 SGB V stellen mithin ebenfalls **keine Beiträge** zur Krankenversicherung dar (BFH 18.7.2012 – X R 41/11, BStBl. II 2012, 821). Gleiches gilt für Zahlungen auf Arztrechnungen wegen eines im Versicherungsvertrag vereinbarten **Selbstbehalts,** und zwar schon deshalb, weil die Krankenkasse in Höhe des Selbstbehalts gerade nicht das Risiko übernimmt, für künftige Schadensfälle eintreten zu müssen (BFH 1.6.2016 – X R 43/14, BStBl. II 2017, 55; BFH 8.10.2013 – X B 110/13, BFH/NV 2014, 154). Ebenfalls keine Beiträge sind Krankheitskosten, die vom Versicherten **endgültig selbst getragen** werden, um damit die Voraussetzungen für eine höhere **Beitragsrückerstattung** zu erfüllen (Schmidt/*Krüger* § 10 Rn. 46), denn auch sie sind nicht dazu bestimmt, den Versicherungsschutz als solchen zu erlangen (BFH 29.11.2017 – X R 3/16, BStBl. II 2018, 384).

173 **Beitragsrückerstattungen** mindern die abziehbaren Krankenversicherungsbeiträge in dem Jahr, in dem sie dem Steuerpflichtigen zufließen (§ 11 Abs. 1). Das gleiche gilt für Prämienzahlungen nach § 53 SGB V (BFH 6.6.2018 – X R 41/17, BStBl. II 2018, 648). Die **Minderung** erfolgt **unabhängig** davon, ob oder in welcher Höhe sich die Beiträge im Abflussjahr **steuerlich ausgewirkt** haben (BMF 24.5.2017, BStBl. I 2017, 820). **Nicht** als den Sonderausgabenabzug mindernde Rückerstattung von Krankenversicherungsbeiträgen zu behandeln sind hingegen **Bonuszahlungen** der Krankenkassen nach § 65a SGB V, die dem Steuerpflichtigen als Zuschuss zu den von ihm getragenen Kosten für Gesundheitsmaßnahmen gewährt werden, denn sie mindern die eigentliche Beitragslast nicht (BFH 1.6.2016 – X R 17/15, BStBl. II 2016, 989; BMF 24.5.2017, BStBl. I 2017, 820 Rn. 89). Das gilt nach Ansicht des FG Sachsen (5.4.2018 – 8 K 1313/17, EFG 2018, 1632; Rev. X R 16/18; 26.9.2018 – 6 K 619/17, EFG 2019, 93; Rev. X R 30/18) auch für **pauschale Geldprämien** und auch dann, wenn die Krankenkasse hierfür vom Steuerpflichtigen **keinen Kostennachweis** anfordert (**anderer Auffassung** BMF 6.12.2016, BStBl. I 2016, 1426; FG Münster 13.6.2018 – 7 K 1392/17 E, EFG 2018, 1361). Andererseits sind lediglich als „Bonuszahlung" bezeichnete Rückerstattungen der Krankenkasse auch dann zu Lasten des Steuerpflichtigen beitragsmindernd zu berücksichtigen, wenn ihnen später im Rahmen einer Leistungsabrechnung Selbstbehalte in gleicher Höhe gegengerechnet werden (FG Thüringen 23.5.2019 – 3 K 74/19, EFG 2019, 1897; Rev. X R 31/19; zustimmend auch Schmidt/*Krüger* § 10 Rn. 6). Gleiches gilt für die Auszahlung einer Krankenkassen- **„Dividende"**, mit der das Versicherungsunternehmen seine Mitglieder gemäß § 242 Abs. 2 SGB V aF satzungsgemäß an laufenden **Überschüssen** aus den eingenommenen **kassenindividuellen Zusatzbeiträgen** beteiligt, um damit einer überschießenden Rücklagenbildung entgegenzuwirken (FG Hessen 22.2.2018 – 4 K 174/17, EFG 2018, 1028, rkr.).

174 *Einstweilen frei*

175 **b) Verhältnis der Abzugsmöglichkeit nach § 10 Abs. 1 Nr. 3 zur Abzugsmöglichkeit nach § 10 Abs. 1 Nr. 3a.** Die Möglichkeit zum Sonderausgabenabzug nach § 10 Abs. 1 Nr. 3 besteht sowohl für **Beiträge aufgrund gesetzlich angeordneter Versicherungspflicht** (gesetzliche Krankenversicherung und gesetzliche Pflegeversicherung, letztere in den Formen der sozialen Pflegeversicherung und der privaten Pflege-Pflichtversicherung) als auch für **Beiträge zu einer privaten Krankenversicherung.** Hinsichtlich der Krankenversicherungsbeiträge ist er allerdings beschränkt auf den Beitragsanteil, der zur Erlangung eines **sozialhilfegleichen Versorgungsniveaus** (sog. **Basis-Krankenversicherung**) erforderlich ist (§ 10 Abs. 1 Nr. 3 S. 1 Buchst. a S. 1). Darüber hinausgehende Beiträge zu Krankenversicherungen und zu Pflegeversicherungen (insbesondere für freiwillig abgeschlossene, **private Zusatzversicherungen**) können nicht nach § 10 Abs. 1 Nr. 3, sondern nur (gemeinsam mit anderen Vorsorgeaufwendungen) nach **§ 10 Abs. 1 Nr. 3a** als Sonderausgaben Berücksichtigung finden. Das gilt auch, soweit mit Beiträgen zu einer privaten Krankenversicherung lediglich eine **zusätzliche Basisabsicherung** erworben werden soll, obwohl ein solcher Basis-Krankenversicherungsschutz bereits über die gesetzliche Krankenversicherung besteht (BFH 29.11.2017 – X R 5/17, BStBl. II 2018, 230 – Verfassungsbeschwerde BVerfG 2 BvR 1733/18 nicht zur Entscheidung angenommen –; FG Köln 8.3.2017 – 14 K 2560/16, EFG 2017, 1650, rechtskräftig), und zwar – da die private Krankenversicherung zur Erlangung einer Basisabsicherung nicht erforderlich ist – selbst dann, wenn die doppelte

Versicherung darauf beruht, dass der Arbeitgeber den Steuerpflichtigen zunächst **rechtsirrig** nicht zur gesetzlichen Krankenversicherung angemeldet hatte (BFH 29.8.2019 – X B 56/19, BFH/NV 2020, 20; zustimmend Schmidt/*Krüger* § 10 Rn. 47).

Die Differenzierung zwischen den beiden Abzugstatbeständen ist wegen der **unterschiedlichen Höhe des Sonderausgabenabzugs** bedeutsam. Für beide Gruppen von Vorsorgeaufwendungen ist zwar in § 10 Abs. 4 S. 1 ein gemeinsamer Höchstbetrag vorgesehen; wird dieser Höchstbetrag jedoch schon durch die nach § 10 Abs. 1 Nr. 3 begünstigten Beiträge zur Basis-Krankenversicherung und zur gesetzlichen Pflegeversicherung überschritten, so sind allein diese Beiträge abziehbar, während der Abzug der darüber hinausgehenden, nur nach § 10 Abs. 1 Nr. 3a zu berücksichtigenden Versicherungsbeiträge entfällt (§ 10 Abs. 4 S. 4; → Rn. 509 f.). 176

Die damit verbundene **Privilegierung der Beiträge nach § 10 Abs. 1 Nr. 3** zur Basis-Krankenversicherung beruht auf der Neuregelung des Sonderausgabenabzugs für Krankenversicherungsbeiträge durch das **Bürgerentlastungsgesetz Krankenversicherung v. 16.7.2009** (BGBl. 2009 I 1959) mit Wirkung **ab dem Veranlagungszeitraum 2010.** Sie war erforderlich geworden, weil das BVerfG mit Beschluss v. 13.2.2008 – 2 BvL 1/06 (BVerfGE 120, 125) die zuvor geltenden Regelungen zum Sonderausgabenabzug von Beiträgen zu privaten Krankheitskostenversicherungen und zu privaten Pflegepflichtversicherungen für teilweise mit verfassungsrechtlichen Vorgaben unvereinbar erklärt hatte (zur darüber geführten **Debatte** → Rn. 85 f.). 177

Einstweilen frei 178

c) Beiträge zu Basis-Krankenversicherungen (§ 10 Abs. 1 Nr. 3 S. 1 Buchst. a). Erfasst werden sowohl Beiträge zur **gesetzlichen Krankenversicherung** nach dem SGB V (s. dazu im Einzelnen Korn/*Bauschatz* § 10 Rn. 202.4) als auch solche zu einer **privaten Krankenversicherung.** Die Abziehbarkeit nach § 10 Abs. 1 Nr. 3 ist dabei auf solche Beitragsanteile beschränkt, die zur Erlangung eines **sozialhilfegleichen Versorgungsniveaus** nach näherer Maßgabe des SGB XII erforderlich sind (sog. **Basis-Krankenversicherung**). Zudem muss auf die Leistungen aus der Krankenversicherung ein **Anspruch bestehen** („klarstellende Ergänzung"; vgl. BR-Drs. 139/13, 123). Keine Beiträge in diesem Sinne sind jedoch die Beiträge zu einer Auslands- oder Reisekrankenversicherung (**anderer Auffassung** Schmidt/*Krüger* § 10 Rn. 47), die zusätzlich zu einem bestehenden Versicherungsschutz in der gesetzlichen oder in der privaten Krankenversicherung ohne eingehende persönliche Risikoprüfung abgeschlossen wird (BMF 24.5.2017, BStBl. I 2017, 820 Rn. 84). 179

Diese in § 10 Abs. 1 Nr. 3 S. 1 Buchst. a S. 1 angeordnete Beschränkung wird für Beiträge zur **gesetzlichen Krankenversicherung** durch **Verweis** auf die Regelungen in **§§ 241 ff. SGB V** und in **§§ 37 ff.** des Zweiten Gesetzes über die Krankenversicherung der Landwirte (**KVLG 1989;** erlassen als Art. 8 des **Gesundheits-Reformgesetzes** v. 20.12.1988, BGBl. 1988 I 2477 (2557)) **näher gefasst** (§ 10 Abs. 1 Nr. 3 S. 1 Buchst. a S. 2). Sämtliche nach diesen Vorschriften festgesetzten Beiträge (Beiträge zum allgemeinen Beitragssatz, von den jeweiligen Kassen erhobene Zusatzbeiträge, Beiträge zum besonderen Beitragssatz für Studenten, Arbeitslose, Rentner und Versorgungsempfänger) sind solche zur **Basis-Krankenversicherung.** 180

Einstweilen frei 181

Bei **privaten Krankenversicherungen** sind nur die Beitragsanteile zu berücksichtigen, die auf Vertragsleistungen entfallen, die – mit Ausnahme des **Krankengelds** – der Art, dem Umfang und der Höhe nach denjenigen Leistungen **vergleichbar** sind, die nach §§ 11 ff. SGB V (SGB V, 3. Kapitel) von der **gesetzlichen Krankenversicherung** erbracht werden (§ 10 Abs. 1 Nr. 3 S. 1 Buchst. a S. 3). Soweit also mit den Beiträgen auch **Wahl- und Zusatzleistungen** versichert werden, die über das sozialhilfegleiche Versorgungsniveau der gesetzlichen Krankenversicherung hinausgehen (zB Chefarztbehandlung, Unterbringung im Einzelzimmer, bestimmte Zahnersatzleistungen und kieferorthopädische Maßnahmen), sind sie **nicht** nach § 10 Abs. 1 Nr. 3 **begünstigt.** Die aufgrund eines tariflichen Selbstbehalts oder wegen der Wahl einer Beitragsrückerstattung **selbst getragenen Krankheitskosten** sind **keine Beiträge** „zu" einer privaten Krankenversicherung und daher weder als Vorsorgeaufwendungen abziehbar noch mit der die geleisteten Versicherungsbeiträge mindernden Beitragsrückerstattung (→ Rn. 173) zu verrechnen (BFH 29.11.2017 – X R 3/16, BStBl. II 2018, 384). 182

182.1 Hinsichtlich der Einzelheiten, was unter **Vertragsleistungen** zu verstehen ist, die „in Art, Umfang und Höhe" den Leistungen nach dem Dritten Kapitel des SGB V „vergleichbar sind", ordnet § 10 Abs. 1 Nr. 3 S. 1 Buchst. a S. 3 in seinem letzten Halbsatz die **entsprechende Geltung** von **§ 158 Abs. 2 VAG** an.

Kritik: Aus der in Bezug genommenen Vorschrift ergibt sich indessen nur die **Beleihung** des Verbands der privaten Krankenversicherung mit der Festlegung von Art, Umfang und Höhe der Leistungen im **Basistarif** nach § 152 VAG und im – hier nicht einschlägigen – sog. **Notlagentarif** (Behandlung von akuten Erkrankungen und Schmerzzuständen sowie Schwangerschaft und Mutterschaft). In § 152 Abs. 1 S. 1 VAG wiederum wird aber – wie bereits in § 10 Abs. 1 Nr. 3 S. 1 Buchst. a S. 3 – zum Inhalt des Basistarifs nur das Erfordernis der **Vergleichbarkeit** der Vertragsleistungen in Art, Umfang und Höhe mit den Leistungen nach dem **Dritten Kapitel des SGB V** aufgestellt, sodass die Verweisung einen **Zirkelschluss** bildet und deshalb als überflüssig gestrichen werden sollte (gleicher Ansicht HHR/*Kulosa* § 10 Rn. 90).

183 Die privaten Krankenkassen sind seit dem 1.1.2009 verpflichtet, ihren Versicherten einen sogenannten **Basistarif** anzubieten, der den Pflichtleistungen der gesetzlichen Krankenversicherung entspricht (§ 152 VAG; Bordewin/Brandt/*Stöcker* § 10 Rn. 160). **Vollständig berücksichtigungsfähig** sind nur die Beiträge zu diesem Basistarif. Bei **anderen Tarifen,** die sowohl Leistungen zur Basisversorgung als auch Wahl- und Zusatzleistungen erfassen, ist der auf die Absicherung zum Basistarif entfallende – und damit begünstigte – Beitragsanteil nach Maßgabe der Krankenversicherungsbeitragsanteil-Ermittlungsverordnung (**KVBEVO**) zu bestimmen (die entsprechende **Verordnungsermächtigung** findet sich in § 10 Abs. 5, → Rn. 562; zum Wortlaut der KVBEVO → Rn. 563.1). Eine gesetzliche Grundlage dafür, bei derartigen gemischten Tarifen wenigstens den **Beitragssatz des Basistarifs als Mindestbetrag** ansetzen zu können, besteht dabei **nicht** (BFH 29.11.2017 – X R 26/16, BFH/NV 2018, 428; KKB/*Wilhelm* § 10 Rn. 65).

183.1 Die **KVBEVO** regelt in typisierender Form den nicht nach § 10 Abs. 1 Nr. 3 begünstigt abzugsfähigen Beitragsteil durch **einheitliche prozentuale Abschläge** (sog. **Proportionalverfahren,** Bordewin/Brandt/*Stöcker* § 10 Rn. 162). In Anbetracht der fast unüberschaubaren Vielfalt an verschiedenen Tarifen, die von den privaten Krankenversicherungsanbietern entwickelt worden sind, war eine solche typisierende Regelung zweckmäßig und „zur Wahrung der Vollziehbarkeit der Gesamtregelung geradezu geboten" (so HHR/*Kulosa* § 10 Rn. 91). Bedenken gegen die Vereinbarkeit der KVBEVO mit höherrangigem Recht bestehen nicht (BFH 29.11.2017 – X R 26/16, BFH/NV 2018, 428).

183.2 Beiträge zu **gesonderten Tarifen,** die ausschließlich Krankentagegeld oder andere Leistungen ausweisen, die in Art, Umfang oder Höhe den Leistungen nach §§ 11 ff. SGB V nicht vergleichbar sind, können danach **insgesamt nicht abgezogen** werden (§ 1 Abs. 2 S. 1 KVBEVO). Reine **Zusatztarife,** die seit dem 1.5.2009 für das Neugeschäft angeboten werden und weder allgemeine Krankenhausleistungen noch ambulante Arztbehandlungen noch Zahnbehandlungen vorsehen, sind nach § 3 Abs. 3 KVBEVO nur mit 1% der Beiträge abziehbar. Das gilt auch für Tarife, in denen Kranken- oder Krankenhaustagegeld zusammen mit anderen Leistungen versichert ist (§ 3 Abs. 3 S. 2 KVBEVO); das Angebot einer Tarifkombination mit Kranken- und Krankenhaustagegeldern schließt also die Beiträge fast vollständig vom Abzug aus (zur Rechtfertigung s. HHR/*Kulosa* § 10 Rn. 91). Wird das Krankentagegeld zusammen mit dem sog. Basistarif versichert, ist gemäß § 3 Abs. 3 S. 4 KVBEVO (wie bei der gesetzlichen Krankenversicherung; → Rn. 184) ein Abschlag von 4% vorzunehmen, sodass 96% der Beitragszahlungen nach § 10 Abs. 1 Nr. 3 begünstigt sind. Bei allen anderen Tarifen ist der nicht abzugsfähige Anteil **individuell zu bestimmen,** wobei die auf die einzelnen nicht sozialhilfegleichen Leistungskomponenten entfallenden Abschläge in § 3 Abs. 2 KVBEVO mit Punktwerten vorgegeben sind (zu **Einzelheiten** s. HHR/*Kulosa* § 10 Rn. 92). Es obliegt der jeweiligen **Krankenkasse,** die **Aufteilung vorzunehmen** und deren Ergebnis dem Versicherten mitzuteilen.

184 Vermittelt die **gesetzliche Krankenversicherung** dem Versicherten einen **Anspruch auf Krankengeld** oder auf eine anstelle des Krankengeldes zu gewährende Leistung, so sind die zu berücksichtigenden Versicherungsbeiträge nach § 10 Abs. 1 Nr. 3 S. 1 Buchst. a S. 4 **um 4% zu kürzen.** Der Prozentsatz erklärt sich durch den durchschnittlichen Anteil der Aufwendungen der Krankenkassen für Krankengeldzahlungen an den gesamten von ihnen gewährten Leistungen. Die Kürzung findet ihre Rechtfertigung zum einen darin, dass das Krankengeld eine **steuerfreie Lohnersatzleistung** darstellt (§ 3 Nr. 1 Buchst. a); zum anderen zählt das Krankengeld nicht zum Umfang der nach dem Sozialhilferecht zu gewährenden Leistungen im Krankheitsfall (HHR/*Kulosa* § 10 Rn. 96). Bei **privaten Krankenversiche-**

rungen gehört der auf das Krankengeld entfallende Beitragsanteil von vornherein nicht zu den nach § 10 Abs. 1 Nr. 3 begünstigten Aufwendungen.

Kann sich aus den geleisteten Beiträgen **kein Anspruch auf Krankengeld** oder auf Leistungen ergeben, die anstelle des Krankengelds gewährt werden (dies ist insbesondere bei pflichtversicherten Rentnern, Studenten und Arbeitslosen der Fall), ist auch der **Abschlag von 4% nicht vorzunehmen** (so auch Korn/*Bauschatz* § 10 Rn. 202.8; Bordewin/Brandt/*Stöcker* § 10 Rn. 152; Frotscher/Geurts/*Lindberg* § 10 Rn. 69). Dagegen ist der ab dem 1.1.2015 erhobene **kassenindividuelle Zusatzbeitrag** nach § 242 SGB V (anders als nach der bis 2014 geltenden Rechtslage; vgl. dazu BMF 19.8.2013, BStBl. I 2013, 1087 Rn. 77) in die Bemessungsgrundlage für den Abschlag mit einzubeziehen (BMF 24.5.2017, BStBl. I 2017, 820 Rn. 102 ff.). **184.1**

Einstweilen frei **185**

d) Beiträge zu gesetzlichen Pflegeversicherungen (§ 10 Abs. 1 Nr. 3 S. 1 Buchst. b). Begünstigt sind nach § 10 Abs. 1 Nr. 3 S. 1 Buchst. b nur Beiträge zu **gesetzlichen Pflegeversicherungen.** Dazu gehört neben der sozialen Pflegeversicherung nach dem SGB XI auch die private Pflege-Pflichtversicherung. Eine Versicherungspflicht in **der sozialen Pflegeversicherung** besteht für sämtliche in der gesetzlichen Krankenversicherung pflichtversicherten oder freiwillig versicherten Mitglieder, während privat Krankenversicherte gesetzlich dazu verpflichtet sind, bei ihrer Krankenkasse (§ 23 Abs. 1 S. 1 SGB XI) oder bei einem anderen Versicherungsunternehmen (§ 21 Abs. 2 S. 1 SGB XI) eine **private Pflege-Pflichtversicherung** nach näherer Maßgabe des § 192 Abs. 6 VVG abzuschließen (vgl. Lademann EStG/*Steiner* § 10 Rn. 190). Beitragszahlungen für eine **zusätzliche, freiwillig** abgeschlossene private Pflegeversicherung sind hingegen nicht nach § 10 Abs. 1 Nr. 3, sondern nur nach Maßgabe des § 10 Abs. 1 Nr. 3a zu berücksichtigen und damit nach § 10 Abs. 4 S. 4 der Höhe nach nur eingeschränkt abziehbar (gleicher Ansicht HHR/*Kulosa* § 10 Rn. 86). **186**

e) Übernommene Beiträge für Kinder (§ 10 Abs. 1 Nr. 3 S. 2). Übernimmt der Steuerpflichtige für ein **Kind,** für das ihm ein Anspruch auf einen Kinderfreibetrag oder auf Kindergeld zusteht (§ 31, § 32), **dessen Beiträge** zur (gesetzlichen oder privaten) **Basis-Krankenversicherung** oder zur **gesetzlichen Pflegeversicherung,** so können die von ihm getragenen Beiträge als seine **eigenen Beiträge** behandelt werden (§ 10 Abs. 1 Nr. 3 S. 2); darauf, inwieweit das Kind eigene Einkünfte erzielt, kommt es dabei nicht an (EStR 10.4 S. 2; Schmidt/*Krüger* § 10 Rn. 49). Der Steuerpflichtige kann diese Beitragszahlungen daher auch dann als **eigene Sonderausgaben** geltend machen, wenn eine vertragliche oder gesetzliche **Verpflichtung** zu ihrer Erbringung gegenüber dem Krankenversicherer **nur für das Kind** und nicht für ihn selbst besteht. Die Regelung betrifft daher die Fälle, in denen das Kind selbst Versicherungsnehmer ist. Voraussetzung dafür war aber in der Vergangenheit, dass die Beiträge des Kindes von den Eltern – und zwar im Rahmen einer bestehenden Unterhaltsverpflichtung – tatsächlich getragen oder dem Kind von den Eltern erstattet werden; die Gewährung von **Naturalunterhalt** war dafür bis 2018 nicht ausreichend (BFH 13.3.2018 – X R 25/15, BStBl. II 2019, 191; **anderer Auffassung** die Finanzverwaltung, s. BMF 3.4.2019, BStBl. I 2019, 254 und zustimmend Bordewin/Brandt/*Stöcker* § 10 Rn. 74). Diese Einschränkungen sind im Zuge des **„JStG 2019“** v. 12.12.2019 (BGBl. 2019 I 2451) **rückwirkend zum Beginn des VZ 2019** fortgefallen. Seither genügt es, dass der Steuerpflichtige als Elternteil die Beiträge durch Leistungen in Form von **Bar- oder Sachunterhalt wirtschaftlich getragen** hat, ohne dass es dafür auf die Einkünfte oder Bezüge des Kindes ankommt. Auch eine **Unterhaltspflicht** ist seit 2019 – anders als nach der bisherigen Rechtslage – **nicht** mehr **erforderlich.** Da die Beiträge für das Kind beim Steuerpflichtigen als dessen eigene Beiträge nur behandelt werden **„können“,** aber nicht müssen, ist die Berücksichtigung beim Elternteil nicht zwingend, sondern von einem entsprechenden **Antrag** in der Steuererklärung abhängig, sodass sie **alternativ auch beim Kind** selbst als Sonderausgaben angesetzt werden können, wenn dies (etwa bei entsprechend hohen eigenen Einkünften) steuerlich vorteilhaft ist (gleicher Ansicht HHR/*Kulosa* § 10 Rn. J 20-4). **187**

Das damit einhergehende **Wahlrecht** besteht gleichfalls erst seit Inkrafttreten der Neuregelungen durch das **„JStG 2019“** v. 12.12.2019 (BGBl. 2019 I 2451) **zum 1.1.2019.** Ihre (begünstigende und **187.1** daher verfassungsrechtlich unbedenkliche) **Rückwirkung** rührt daher, dass sie, soweit sie § 10 Abs. 1 Nr. 3 S. 2–3 betreffen, bereits am 18.12.2019 (dem Tag nach der Verkündung dieses Änderungsgesetzes) in Kraft getreten sind (Art. 39 Abs. 1 „JStG 2019") und damit gemäß § 52 Abs. 1 in der zu diesem Zeitpunkt noch geltenden Fassung durch Art. 1 Nr. 7 **FamEntlastG** v. 29.11.2018 (BGBl. 2018 I 2210) bereits für den Veranlagungszeitraum 2019 Anwendung finden. **Unklar** ist allerdings, wie dabei **sichergestellt** werden soll, dass die Beiträge **nicht doppelt** beim Kind und beim Elternteil in Abzug gebracht werden (vgl. dazu BT-Drs. 19/13436, 95). Bei der Regelung handelt es sich um eine **Ausnahme** von dem Grundsatz, dass Sonderausgaben nur bei demjenigen steuerlich berücksichtigt werden können, der zu ihrer Zahlung schuldrechtlich verpflichtet ist (→ Rn. 117). Beiträge, die der Steuerpflichtige aufgrund einer **eigenen vertraglichen Verpflichtung** für die Versicherung seines Kindes erbringt (beispielsweise indem er das Kind bei seiner privaten Krankenversicherung mitversichert), werden von vornherein nicht von § 10 Abs. 1 Nr. 3 S. 2 erfasst. Sie sind schon nach § 10 Abs. 1 Nr. 3 S. 1 abziehbar, weil nach der dortigen Regelung (wie auch § 10 Abs. 1 Nr. 3 S. 3 zeigt) eine **Identität** zwischen dem zahlenden Versicherungsnehmer und der krankenversicherten Person **nicht erforderlich** ist (gleicher Ansicht HHR/*Kulosa* § 10 Rn. 97).

188 **f) Übernommene Beiträge des anderen Elternteils für Kinder (§ 10 Abs. 1 Nr. 3 S. 3).** Die Regelung in § 10 Abs. 1 Nr. 3 S. 2 (→ Rn. 187) gilt „entsprechend", wenn nicht das Kind, sondern **der andere Elternteil Versicherungsnehmer** für die Kranken- oder Pflegeversicherung des Kindes ist. Auch dann ist mithin eine Berücksichtigung der für den Versicherungsschutz des Kindes anfallenden Beiträge beim Steuerpflichtigen unter der Voraussetzung möglich, dass er die Beiträge **wirtschaftlich trägt** (§ 10 Abs. 1 Nr. 3 S. 3). Anders als nach dem insoweit **abweichenden** Gesetzeswortlaut von § 10 Abs. 1 Nr. 3 S. 2 ist hierfür jedoch eine **konkrete Unterhaltsverpflichtung des Steuerpflichtigen gegenüber dem Kind** erforderlich (gleicher Ansicht HHR/*Kulosa* § 10 Rn. J 20-4).

188.1 Die Möglichkeit, auch Beiträge für das Kind, die vom anderen Elternteil als Versicherungsnehmer geschuldet werden, in Abzug zu bringen, besteht erst seit Einfügung der Regelung in § 10 Abs. 1 Nr. 3 S. 3 durch das **„JStG 2019"** v. 12.12.2019 (BGBl. 2019 I 2451) **rückwirkend ab dem Veranlagungszeitraum 2019** (→ Rn. 187.1). **Wahlweise** können die Beiträge – weil die Abzugsmöglichkeit beim Steuerpflichtigen, selbst wenn er sie wirtschaftlich getragen hat, nicht zwingend ist (→ Rn. 187) – **weiterhin vom anderen Elternteil geltend** gemacht werden. Auch hier ist **unklar,** wie eine (vom Gesetzgeber nicht gewollte) **mehrfache Berücksichtigung** der Beiträge bei beiden Elternteilen **verhindert** werden soll. Ist der Steuerpflichtige selbst Versicherungsnehmer, ergibt sich die Abzugsmöglichkeit aus § 10 Abs. 1 Nr. 3 S. 1 (→ Rn. 187.1 am Ende); ist das Kind Versicherungsnehmer, besteht ein **Wahlrecht** zu ihrer Geltendmachung beim Kind oder beim Elternteil nach § 10 Abs. 1 Nr. 3 S. 2 (→ Rn. 187).

189 **g) Übernommene Beiträge für geschiedenen oder dauernd getrennt lebenden Ehegatten (§ 10 Abs. 1 Nr. 3 S. 4).** Nimmt der Steuerpflichtige das sogenannte **Realsplitting** (§ 10 Abs. 1a Nr. 1, → Rn. 320) in Anspruch und leistet er **im Rahmen seiner Unterhaltsverpflichtung** eigene Beiträge für die Krankenversicherung oder für die Pflegeversicherung seines geschiedenen oder von ihm dauernd getrennt lebenden Ehegatten, so kann er diese Beiträge nach § 10 Abs. 1 Nr. 3 S. 4 nicht als eigene Vorsorgeaufwendungen geltend machen. Die Zahlungen werden stattdessen als solche des geschiedenen oder dauernd getrennt lebenden Ehegatten behandelt, sodass nur diesem als **Unterhaltsempfänger** die **Berechtigung zum Sonderausgabenabzug** zusteht (gleicher Ansicht Schmidt/*Krüger* § 10 Rn. 50). An dessen Stelle erhöhen die Aufwendungen aber den **Höchstbetrag,** der dem Steuerpflichtigen für den Abzug seiner Unterhaltsleistungen im Rahmen des **Realsplittings** zur Verfügung steht (§ 10 Abs. 1a Nr. 1 S. 2, → Rn. 343; kritisch zu dieser Gesamtregelung zu Recht HHR/*Kulosa* § 10 Rn. 97: „unnötig kompliziert" und „kaum zu vollziehen"). Wird der Antrag auf Berücksichtigung des Unterhalts im Wege des Realsplittings hingegen nicht gestellt, kann der Steuerpflichtige seine eigenen Beiträge als Versicherungsnehmer, die er für die Kranken- oder Pflegeversicherung seines geschiedenen oder getrennt lebenden Ehegatten zahlt, **selbst als Vorsorgeaufwendungen** nach § 10 Abs. 1 Nr. 3 abziehen (so auch HHR/*Kulosa* § 10 Rn. 97). Die Regelung gilt über § 2 Abs. 8 auch für geschiedene oder dauernd getrennt lebende Lebenspartner einer eingetragenen Lebenspartnerschaft.

h) Vorausgezahlte Beiträge für künftige Beitragsjahre (§ 10 Abs. 1 Nr. 3 S. 5). Nach § 10 Abs. 1 Nr. 3 S. 5 ist – **abweichend vom Abflussprinzip** des § 11 Abs. 2 (→ Rn. 113) – die Inanspruchnahme des Sonderausgabenabzugs für Kranken- und Pflegeversicherungsbeiträge, die **im Voraus für künftige Beitragsjahre** erbracht werden sollen, nur **eingeschränkt** möglich. Die Regelung wurde durch das **JStG 2010** v. 8.12.2010 (BGBl. 2010 I 1768) mit Wirkung zum Veranlagungszeitraum 2011 eingefügt, um **missbräuchliche Gestaltungen abzuwehren.** Ohne sie wäre es möglich, durch hohe Vorauszahlungen im Jahr des Abflusses deren vollständige steuerliche Berücksichtigung zu erreichen (§ 10 Abs. 4 S. 4) und sich zugleich in den Folgejahren für den Abzug der sonstigen Vorsorgeaufwendungen des § 10 Abs. 1 Nr. 3a (die sich wegen der höheren Basiskrankenversicherungsbeiträge im Regelfall steuerlich nicht mehr auswirken können) den vollen Höchstbetrag nach § 10 Abs. 4 S. 1–3 zu erhalten. 190

Vorausgezahlte Beiträge sind solche, die für nach Ablauf des jeweiligen Veranlagungszeitraums beginnende Beitragsjahre geleistet werden. Sie sind nur insoweit sofort im Veranlagungszeitraum der Zahlung abziehbar, als sie das **Dreifache** der auf diesen Veranlagungszeitraum entfallenden Versicherungsbeiträge nicht überschreiten. Der Abzug der **laufenden Vorsorgeaufwendungen,** die für den Veranlagungszeitraum der Zahlung geleistet werden, bleibt daneben weiter zulässig, sodass also insgesamt **je Veranlagungszeitraum bis zu vier Jahresbeiträge** mit sofortiger Wirkung als Sonderausgaben berücksichtigt werden können. Vorausgezahlte Beiträge, die diese Höchstgrenze übersteigen, gehen nicht verloren; sie können aber erst in dem Veranlagungszeitraum als Sonderausgaben abgezogen werden, für den sie geleistet wurden (vgl. Schmidt/*Krüger* § 10 Rn. 51; HHR/*Kulosa* § 10 Rn. 98). Wegen der ausdrücklichen gesetzlichen Regelung ist im Anwendungsbereich der Vorschrift für eine weitergehende Versagung von Vorauszahlungen unter dem Gesichtspunkt eines **Missbrauchs rechtlicher Gestaltungsmöglichkeiten** (§ 42 AO) kein Raum mehr (gleicher Ansicht Korn/*Bauschatz* § 10 Rn. 202.21). Auf für frühere Veranlagungszeiträume **nachgezahlte Beiträge** ist die Regelung **nicht** anwendbar (Bordewin/Brandt/*Stöcker* § 10 Rn. 180). 191

Bis zum Inkrafttreten der Neuregelung des § 10 Abs. 1 Nr. 3 S. 5 durch das **„JStG 2019“** v. 12.12.2019 (BGBl. 2019 I 2451) mit Wirkung zum Veranlagungszeitraum 2020 war der Abzug vorausgezahlter Beiträge auf das **Zweieinhalbfache** des geschuldeten Jahresbeitrags beschränkt. Davon abweichend war es andererseits aber **bis zum Veranlagungszeitraum 2019** möglich, **vorausgezahlte Beiträge ungeachtet ihrer Höhe** stets bereits im Jahr des Abflusses (§ 11 Abs. 2) zu berücksichtigen, wenn eine solche Vorauszahlung der **unbefristeten Beitragsminderung nach Vollendung des 62. Lebensjahrs** diente; diese **Ausnahmeregelung** ist im Zuge des „JStG 2019“ **abgeschafft** worden (kritisch dazu *Dinkelbach* DB 2020, 87: „Affront des Gesetzgebers gegen mündige und eigenverantwortlich handelnde Bürger, die die nicht zuletzt von Regierungsmitgliedern regelmäßig propagierte (zusätzliche) Altersvorsorge tatsächlich angehen wollen“); dies übersieht Frotscher/Geurts/*Lindberg* § 10 Rn. 74 (Stand April 2020) mit dem auf die (insoweit überholte) Verwaltungsanweisung in BMF 24.5.2017 (BStBl. I 2017, 820 Rn. 135, 143) gestützten Hinweis, derartige Beiträge seien „weiterhin unbegrenzt abziehbar, soweit der Steuerpflichtige wirtschaftlich endgültig mit ihnen belastet ist und kein Rückzahlungsanspruch besteht“. 191.1

Einstweilen frei 192–194

5. Sonstige Versicherungsbeiträge (§ 10 Abs. 1 Nr. 3a)

a) Überblick. Durch § 10 Abs. 1 Nr. 3a wird – **ergänzend** zu § 10 Abs. 1 Nr. 2 und § 10 Abs. 1 Nr. 3 – für bestimmte **weitere Vorsorgeaufwendungen** der Abzug als Sonderausgaben eröffnet. Das betrifft im Einzelnen die **Beiträge** zu 195

- **Krankenversicherungen,** deren tarifliche Leistungen über die Gewährung eines sozialhilfegleichen Versorgungsniveaus hinausgehen (→ Rn. 198),
- privaten **zusätzlichen Pflegeversicherungen** (→ Rn. 198),
- **Arbeitslosigkeitsversicherungen** (→ Rn. 200),
- **Erwerbs- und Berufsunfähigkeitsversicherungen,** die nicht den besonderen Anforderungen des § 10 Abs. 1 Nr. 2 S. 1 Buchst. b genügen (→ Rn. 201),
- **Unfallversicherungen** (→ Rn. 203),

- **Haftpflichtversicherungen** (→ Rn. 206),
- reinen **Risikolebensversicherungen** (→ Rn. 208), sowie zu
- bis 2004 in Vollzug gesetzten **Altverträgen** zu bestimmten Renten- und Kapitalversicherungen (→ Rn. 211).

Die Regelung ist **abschließend,** sodass Versicherungstypen, die in ihr nicht ausdrücklich genannt und aufgeführt werden, **nicht begünstigt** sind (Schmidt/*Krüger* § 10 Rn. 57). Damit ist insbesondere für den Bereich der sog. **Sachversicherungen** (wie etwa Hausratversicherungen, Rechtsschutzversicherungen und Kaskoschadensversicherungen) **kein Sonderausgabenabzug** möglich (vgl. Bordewin/Brandt/*Stöcker* § 10 Rn. 71; Lademann EStG/*Steiner* § 10 Rn. 107). Ebenfalls **nicht einmal subsidiär** nach § 10 Abs. 1 Nr. 3a abziehbar sind Prämien für sämtliche **Altersvorsorgeprodukte,** die nicht die besonderen Anforderungen des § 10 Abs. 1 Nr. 2 Buchst. b Doppelbuchst. aa (auch iVm § 10 Abs. 1 Nr. 2 S. 2–5) erfüllen (HHR/*Kulosa* § 10 Rn. 60), soweit es sich dabei nicht um Beiträge zu Erwerbs- und Berufsunfähigkeitsversicherungen oder um einen durch die Regelung ausdrücklich begünstigten Altvertrag aus der Zeit bis 2004 handelt.

195a Meines Erachtens **noch nicht im Veranlagungszeitraum der Zahlung** zu berücksichtigen sind dabei Beitragsleistungen im Stadium der **Vertragsanbahnung,** solange der Versicherer den **Versicherungsantrag** des Steuerpflichtigen noch nicht **angenommen** hat (im Einzelnen – auch zur **Gegenauffassung** – → Rn. 110a).

196 Für den Abzug von Vorsorgeaufwendungen nach § 10 Abs. 1 Nr. 3a gilt ein **gemeinsamer,** auch die Sonderausgaben im Sinne des § 10 Abs. 1 Nr. 3 umfassender **Höchstbetrag** (§ 10 Abs. 4 S. 1–3). Dieser Höchstbetrag von 2.800 EUR (bei Arbeitnehmern und Rentnern 1.900 EUR) wird in Abhängigkeit vom Arbeitseinkommen beim Großteil der Steuerpflichtigen regelmäßig bereits durch die an dessen Höhe angelehnten Beiträge zur Basis-Krankenversicherung (§ 10 Abs. 1 Nr. 3 Buchst. a) vollständig **aufgezehrt,** sodass für die sonstigen Vorsorgeaufwendungen nach § 10 Abs. 1 Nr. 3a **in der Praxis kaum noch eine Abzugsmöglichkeit** verbleibt (so auch HHR/*Kulosa* § 10 Rn. 100; Schmidt/*Krüger* § 10 Rn. 56; Bordewin/Brandt/*Stöcker* § 10 Rn. 183; → Rn. 175; vgl. auch Lademann EStG/*Steiner* § 10 Rn. 113 mit dem Hinweis, die in § 10 Abs. 1 Nr. 3a aufgeführten Versicherungssparten bildeten die „Resterampe der Vorsorgeaufwendungen"). Dieser Abzugsausschluss ist nach Auffassung des BFH **verfassungsrechtlich unbedenklich** (→ Rn. 501.1). Bezieher mittlerer und höherer Einkommen müssen eine zusätzliche Vorsorge für andere Lebensrisiken daher ohne steuerliche Vergünstigungen finanzieren.

197 § 10 Abs. 1 Nr. 3a ist durch das **Bürgerentlastungsgesetz Krankenversicherung v. 16.7.2009** (BGBl. 2009 I 1959) neu eingefügt worden. Die von der Regelung erfassten Versicherungsbeiträge waren vorher bis zum Veranlagungszeitraum 2004 weitgehend in § 10 Abs. 1 Nr. 2 enthalten. Von dort wurden die Abzugstatbestände zunächst – unter geringfügiger Erweiterung – mit dem **AltEinkG** v. 5.7.2004 (BGBl. 2004 I 1427) in § 10 Abs. 1 Nr. 3 überführt, bevor sie mit Wirkung **ab dem Veranlagungszeitraum 2010** ihren Platz in § 10 Abs. 1 Nr. 3a fanden. Die Neuregelungen waren erforderlich geworden, weil die sowohl im Bereich der Altersvorsorgeaufwendungen (seit 2005 alleiniger Regelungsinhalt von § 10 Abs. 1 Nr. 2) als auch im Bereich der Beiträge zur Basis-Krankenversicherung (seit 2010 alleiniger Regelungsinhalt von § 10 Abs. 1 Nr. 3) nach verfassungsrechtlichen Vorgaben grundsätzlich ein der Höhe nach unbeschränkter Abzug ermöglicht werden musste (→ Rn. 85).

198 **b) Nicht nach § 10 Abs. 1 Nr. 3 zu berücksichtigende Kranken- und Pflegeversicherungen.** Unter § 10 Abs. 1 Nr. 3a fallen sämtliche Beiträge zu **Kranken- und Pflegeversicherungen,** die nicht bereits nach § 10 Abs. 1 Nr. 3 als Sonderausgaben zu berücksichtigen sind. Das sind – neben privaten Kranken- und Pflegezusatzversicherungen – insbesondere die **Beitragsanteile** zur **privaten Krankenversicherung,** die **über die Gewährleistung eines sozialhilfegleichen Versorgungsniveaus hinausgehen** und daher nicht als Beiträge zur Basis-Krankenversicherung begünstigt sind. Darunter fallen auch die Beiträge zu einer – sozialhilferechtlich nicht gebotenen – **Auslandskrankenversicherung** (vgl. HHR/*Kulosa* § 10 Rn. 102). Gleiches gilt bei gesetzlich Krankenversicherten für den **Beitragsanteil von 4%,** der dort nach der pauschalierenden Regelung in § 10 Abs. 1 Nr. 3 S. 1 Buchst. a S. 4 wegen des mit den Versicherungsbeiträgen vermittelten Anspruchs auf **Krankengeld** nicht berücksichtigt wird (→ Rn. 184).

Einstweilen frei 199

c) Arbeitslosigkeitsversicherung. Ausschließlich von § 10 Abs. 1 Nr. 3a erfasst werden zudem Beiträge zu Versicherungen gegen **Arbeitslosigkeit.** Damit gemeint sind vor allem die **Beiträge** an die **Bundesagentur für Arbeit** nach §§ 341 ff. SGB III. Begünstigt sind daneben auch Beiträge, die aufgrund entsprechender Versicherungsverträge mit **privaten Anbietern** geleistet werden (Korn/*Bauschatz* § 10 Rn. 205.5; Bordewin/Brandt/*Stöcker* § 10 Rn. 199; **anderer Auffassung** offenbar Frotscher/Geurts/*Lindberg* § 10 Rn. 83) und deren Leistungen – anders als das „Arbeitslosengeld" der Bundesagentur für Arbeit – nicht gemäß § 32b Abs. 1 Nr. 1 Buchst. a dem Progressionsvorbehalt unterliegen (mit Blick darauf zu Recht **kritisch** HHR/*Kulosa* § 10 Rn. 103). 200

d) Nicht unter § 10 Abs. 1 Nr. 2 S. 1 Buchst. b fallende Erwerbs- und Berufsunfähigkeitsversicherungen. Beiträge zu Versicherungen gegen das **Risiko verminderter Erwerbsfähigkeit** oder der **Berufsunfähigkeit** (→ Rn. 157.1) sind nach **§ 10 Abs. 1 Nr. 2 S. 1 Buchst. b** nur unter bestimmten, dort näher genannten Voraussetzungen als Sonderausgaben zu berücksichtigen. So darf der Vertrag im Regelfall nur die Zahlung einer monatlichen Rente vorsehen, und die Ansprüche dürfen grundsätzlich **nicht übertragbar** und **nicht kapitalisierbar** sein (zu Einzelheiten → Rn. 155 und → Rn. 159). Sind diese Voraussetzungen nicht gegeben, so können die Beiträge **subsidiär** nach § 10 Abs. 1 Nr. 3a (allerdings nur im Rahmen der Höchstbeträge des § 10 Abs. 4) abgezogen werden. 201

Das gilt allerdings hinsichtlich der **Absicherung des Risikos verminderter Erwerbsfähigkeit** meines Erachtens nur für solche Verträge, die Leistungen nur beim Eintritt der **vollen (und nicht bereits bei teilweiser) Erwerbsminderung** vorsehen. Denn im **Wortlaut** des § 10 Abs. 1 Nr. 3a ist insoweit – und zwar **abweichend** von § 10 Abs. 1 Nr. 2 S. 1 Buchst. b Doppelbuchst. bb S. 1 (und ähnlich auch bei der Regelung in Doppelbuchst. aa S. 1 der Vorschrift), wo auf Beiträge für die „Absicherung gegen den Eintritt der Berufsunfähigkeit oder der **verminderten** Erwerbsfähigkeit" abgestellt wird – von Beiträgen zu „Erwerbs- und Berufsunfähigkeitsversicherungen" die Rede. Damit angesprochen sind also (neben den Berufsunfähigkeitsversicherungen) nur **reine** „Erwerbs-**Unfähigkeits**"-Versicherungen. Das ist deshalb von Bedeutung, weil sowohl § 2 Abs. 1a Nr. 1 AltZertG als auch § 43 SGB VI zwischen „Renten wegen teilweiser Erwerbsminderung" (§ 43 Abs. 1 SGB VI) und „Renten wegen voller Erwerbsminderung" (§ 43 Abs. 2 SGB VI) unterscheiden und eine **volle Erwerbsminderung** (mithin der Fall der **Erwerbsunfähigkeit**) erst dann eintritt, wenn der Versicherte wegen Krankheit oder Behinderung auf nicht absehbare Zeit, voraussichtlich aber mindestens für zwölf Monate (§ 2 Abs. 1a Nr. 1 AltZertG) **außerstande** ist, unter den üblichen Bedingungen des allgemeinen Arbeitsmarktes **mindestens drei Stunden täglich** (und nicht, als Fall teilweiser Erwerbsminderung, mindestens sechs Stunden täglich) **erwerbstätig** zu sein (§ 43 Abs. 2 S. 2 SGB VI). 202

Verträge, die eine Absicherung bereits gegen das Risiko **teilweise verminderter** Erwerbsfähigkeit vorsehen (wenn der Versicherte voraussichtlich **zwar weniger als sechs, aber nicht weniger als drei Stunden** arbeitstäglich erwerbstätig sein kann), sind daher – anders als nach § 10 Abs. 1 Nr. 2 S. 1 Buchst. b Doppelbuchst. bb unter den dortigen weiteren Voraussetzungen – nach § 10 Abs. 1 Nr. 3a **nicht begünstigt.** Gegen dieses Auslegungsergebnis spricht nicht der Umstand, dass die Regelung ausdrücklich auf § 10 Abs. 1 Nr. 2 Satz 1 Buchst. b verweist, da auch Versicherungen gegen Erwerbsunfähigkeit bzw. **volle Erwerbsminderung** der Absicherung gegen den Eintritt der (dann vollständig) verminderten Erwerbsfähigkeit dienen. 202.1

e) Unfall- und Haftpflichtversicherungen. Unfallversicherungen dienen der Absicherung des Versicherten gegen finanzielle Risiken im Zusammenhang mit Verletzungs- oder Todesfolgen aufgrund eines Unfalls (HHR/*Kulosa* § 10 Rn. 105). Beiträge zur **gesetzlichen Unfallversicherung** nach dem SGB VII werden allein vom Arbeitgeber getragen und stellen bei diesem Betriebsausgaben dar; ein Sonderausgabenabzug beim Arbeitnehmer ist **mangels eigener Aufwendungen** nicht möglich. Unter § 10 Abs. 1 Nr. 3a fallen daher ausschließlich Beiträge zur **privaten Unfallversicherung.** Sie sind bei dem die Beiträge leistenden Versicherungsnehmer auch dann abziehbar, wenn sich der Versicherungsschutz – wie zB bei einer Insassen-Unfallversicherung – auf **Unfallschäden** erstreckt, die nicht bei ihm selbst, sondern **bei anderen Personen** eintreten (Korn/*Bauschatz* § 10 Rn. 205.7). 203

204 Die Beiträge stellen keine Sonderausgaben, sondern (vorrangig zu berücksichtigende) **Betriebsausgaben oder Werbungskosten** dar, wenn die Versicherung ausschließlich oder ganz überwiegend betriebliche oder berufliche Unfallrisiken – wie etwa Unfälle im Betrieb oder auf dem Weg zur regelmäßigen Arbeitsstätte – abdeckt (BFH 10.11.1988 – IV R 15/86, BFH/NV 1989, 499). Bei Arbeitnehmern kann für Beiträge zu einer allgemeinen Unfallversicherung der in ihnen enthaltene Beitragsanteil zur Absicherung des Risikos beruflicher Unfälle im Regelfall auf **50% geschätzt** werden und als Werbungskosten Berücksichtigung finden (BFH 11.12.2008 – VI R 9/05, BStBl. II 2009, 385; BMF 28.10.2009, BStBl. I 2009, 1275). Gleichfalls schätzweise in Betriebsausgaben oder Werbungskosten und Sonderausgaben aufgeteilt werden müssen die Beiträge zur **Kfz-Haftpflichtversicherung,** da sie insoweit, als sie mit beruflichen oder betrieblichen Fahrten zusammenhängen, vorrangig als Erwerbsaufwendungen zu behandeln sind (BFH 25.3.1977 – VI R 96/74, BStBl. II 1977, 693).

205 *Einstweilen frei*

206 **Haftpflichtversicherungen** sollen dem Versicherungsnehmer die Leistung ersetzen, die dieser als rechtlich Verantwortlicher für die **Schädigung eines Dritten** an diesen zu erbringen hat (vgl. § 100 VVG). Bei ihnen handelt es sich daher – anders als bei den anderen Versicherungsarten im Katalog des § 10 Abs. 1 Nr. 3a – dem Typus nach um eine **reine Schadensversicherung.** Die Aufnahme findet ihre Rechtfertigung in der existenziellen Bedeutung der von ihr erfassten Haftungsrisiken (HHR/*Kulosa* § 10 Rn. 106).

Begünstigt sind sowohl Beiträge zu **freiwilligen** Haftpflichtversicherungen (wie etwa die **allgemeine Privathaftpflicht**) als auch solche zu **gesetzlichen Pflichtversicherungen** (Frotscher/Geurts/*Lindberg* § 10 Rn. 82) und damit insbesondere zur **Kfz-Haftpflichtversicherung.** Beiträge zu Berufshaftpflichtversicherungen, wie sie zB Ärzte, Rechtsanwälte, Steuerberater, Notare und Architekten unterhalten müssen, dienen demgegenüber der Absicherung gegen aus der beruflichen Sphäre herrührende Risiken und stellen deshalb Betriebsausgaben oder Werbungskosten dar. Werden mit der Haftpflichtversicherung zugleich nicht begünstigte Sachversicherungen in einem Tarif zusammengefasst (zB bei einer Kombination aus Vollkasko- und Kfz-Haftpflichtversicherung), ist nur für die auf die Haftpflichtversicherung entfallende Versicherungsprämie der Sonderausgabenabzug eröffnet (so auch KKB/*Wilhelm* § 10 Rn. 59).

207 *Einstweilen frei*

208 **f) Risiko-Lebensversicherungen.** Als Sonderausgaben nach § 10 Abs. 1 Nr. 3a abziehbar sind Beiträge zu **Risiko-Lebensversicherungen** nur dann, wenn der Versicherungsvertrag **nur für den Todesfall** eine Leistung vorsieht. Das bedeutet, dass die Versicherungsleistung nach den vertraglichen Bestimmungen nur dann fällig werden darf, wenn der Tod der versicherten Person innerhalb eines bestimmten Zeitraums eintritt. Die Versicherung darf mithin nur der Vorsorge für den Fall eines unerwarteten Versterbens dienen und **nicht** daneben auch zur **Vermögensbildung** bestimmt sein (HHR/*Kulosa* § 10 Rn. 107). Die Auszahlung von Versicherungsleistungen zu Lebzeiten des Versicherten wie auch die Rückgewähr der Versicherungsprämien dürfen nicht zulässig sein. Ob die **Prämien** nach dem Versicherungsvertrag **laufend** oder als **Einmalzahlung** aufgebracht werden, ist dagegen **unerheblich.**

209 Beiträge zu bestimmten **Lebensversicherungen,** die **vor 2005 abgeschlossen** wurden, sind demgegenüber unter wesentlich weiter gefassten Voraussetzungen berücksichtigungsfähig (→ Rn. 211).

210 *Einstweilen frei*

211 **g) Renten- und Kapitalversicherungen, die vor 2005 abgeschlossen wurden.** Beiträge zu bestimmten Arten von **Versicherungen auf den Erlebens- oder Todesfall** sind darüber hinaus auch dann nach § 10 Abs. 1 Nr. 3a zu berücksichtigen, wenn für sie der Sonderausgabenabzug nach § 10 Abs. 1 Nr. 2 S. 1 Buchst. b Doppelbuchst. bb, § 10 Abs. 1 Nr. 2 S. 1 Buchst. b Doppelbuchst. cc oder § 10 Abs. 1 Nr. 2 S. 1 Buchst. b Doppelbuchst. dd in der am 31.12.2004 geltenden Fassung eröffnet war. Derartige **Altverträge** bleiben aus **Vertrauensschutzgründen** begünstigt (vgl. Frotscher/Geurts/*Lindberg* § 10 Rn. 85; Bordewin/Brandt/*Stöcker* § 10 Rn. 213; **kritisch** demgegenüber zu Recht HHR/*Kulosa* § 10 Rn. 120: sehr großzügige, verfassungsrechtlich nicht gebotene Übergangsregelung, die über

Jahrzehnte zu einer komplizierten Zweigleisigkeit führt). Voraussetzung für den Abzug auch der künftigen Beiträge – und zwar sogar bei gleichzeitiger **Steuerfreiheit der späteren Erträge** (§ 52 Abs. 28 S. 5 iVm § 20 Abs. 1 Nr. 6 in der Fassung bis 2004) – ist lediglich, dass die **Laufzeit** der Versicherung **vor dem 1.1.2005 begonnen** hat. Um die Möglichkeit zur **Rückdatierung** später abgeschlossener Verträge auszuschließen, muss dabei allerdings zumindest ein **Versicherungsbeitrag** bereits **vor diesem Stichtag entrichtet** worden sein.

aa) Begünstigte Vertragsarten. Von der **Übergangsregelung** betroffen sind folgende Arten von **Versicherungen auf den Erlebens- oder Todesfall** (zum Wortlaut der gesetzlichen Regelung → Rn. 214.1): 212

- **Rentenversicherungen ohne Kapitalwahlrecht** (§ 10 Abs. 1 Nr. 2 S. 1 Buchst. b Doppelbuchst. bb in der Fassung bis 2004); das sind reine Rentenversicherungen, bei denen – im Unterschied zur seit 2005 geltenden Neuregelung in § 10 Abs. 1 Nr. 3a (→ Rn. 208) – auch im Erlebensfall eine Leistung erbracht wird;
- **Rentenversicherungen mit Kapitalwahlrecht** (§ 10 Abs. 1 Nr. 2 S. 1 Buchst. b Doppelbuchst. cc in der Fassung bis 2004); bei solchen steht dem Versicherungsnehmer das Recht zu, im Versicherungsfall anstelle des Bezugs fortlaufender Rentenzahlungen eine einmalige Kapitalauszahlung zu verlangen. Die Inanspruchnahme des Sonderausgabenabzugs ist in diesen Fällen nur eröffnet, wenn es sich bei den Versicherungsbeiträgen um **laufende Beitragsleistungen** handelt (vgl. Frotscher/Geurts/*Lindberg* § 10 Rn. 87) und wenn das **Kapitalwahlrecht nicht vor Ablauf von zwölf Jahren** seit Vertragsabschluss **ausgeübt** werden kann;
- **Kapitalversicherungen mit Sparanteil** (§ 10 Abs. 1 Nr. 2 S. 1 Buchst. b Doppelbuchst. dd in der Fassung bis 2004); bei ihnen besteht die Versicherungsleistung ausschließlich in der **Zahlung eines bestimmten Kapitalbetrags,** ohne dass alternativ auch eine Verrentung der Kapitalsumme möglich wäre. Auch hier sind die Beiträge nur begünstigt, wenn sie **laufend** (und nicht als Einmalbetrag) erbracht werden (vgl. dazu FG München 19.4.2016 – 6 K 1417/14, EFG 2017, 135; aber inzwischen aufgehoben durch BFH 6.9.2018 – X R 21/16, BStBl. II 2019, 157) und wenn der Vertrag für die Dauer von **mindestens zwölf Jahren** abgeschlossen worden ist.

Einstweilen frei 213

bb) Fortgeltung der für den Abzug dieser Beiträge bis 2004 geltenden Sonderregelungen. Für **Versicherungsbeiträge** zu begünstigten **Altverträgen** im Sinne iSd § 10 Abs. 1 Nr. 2 S. 1 Buchst. b Doppelbuchst. bb, cc oder dd in der Fassung bis 2004 sind nach § 10 Abs. 1 Nr. 3a die für ihren Abzug bis 2004 geltenden Sonderregelungen in § 10 Abs. 1 Nr. 2 S. 2–6, § 10 Abs. 2 S. 2 EStG aF **weiter anzuwenden.** 214

Die mit der Regelung angesprochenen **Versicherungsbeiträge** iSd **§ 10 Abs. 1 Nr. 2 S. 1 Buchst. b** in der bis 2004 geltenden Fassung sind: 214.1

„Beiträge zu den folgenden Versicherungen auf den Erlebens- oder Todesfall: […]

bb) Rentenversicherungen ohne Kapitalwahlrecht,

cc) Rentenversicherungen mit Kapitalwahlrecht gegen laufende Beitragsleistung, wenn das Kapitalwahlrecht nicht vor Ablauf von zwölf Jahren seit Vertragsabschluss ausgeübt werden kann,

dd) Kapitalversicherungen gegen laufende Beitragsleistung mit Sparanteil, wenn der Vertrag für die Dauer von mindestens zwölf Jahren abgeschlossen worden ist."

Die für die Beiträge zu diesen Versicherungen **weiter anzuwendenden Regelungen** des **§ 10 Abs. 1 Nr. 2 S. 2–6** in der bis 2004 geltenden Fassung lauten wie folgt: 214.2

„[2]Beiträge zu Versicherungen im Sinne der Doppelbuchstaben cc und dd sind ab dem Kalenderjahr 2004 in Höhe von 88 vom Hundert als Vorsorgeaufwendungen zu berücksichtigen. [3]Bei Steuerpflichtigen, die am 31. Dezember 1990 einen Wohnsitz oder ihren gewöhnlichen Aufenthalt in dem in Artikel 3 des Einigungsvertrages genannten Gebiet und vor dem 1. Januar 1991 keinen Wohnsitz oder gewöhnlichen Aufenthalt im bisherigen Geltungsbereich dieses Gesetzes hatten, gilt bis zum 31. Dezember 1996 Folgendes: [4]Hat der Steuerpflichtige zur Zeit des Vertragsabschlusses das 47. Lebensjahr vollendet, verkürzt sich bei laufender Beitragsleistung die Mindestvertragsdauer von zwölf Jahren um die Zahl der angefangenen Lebensjahre, um die er älter als 47 Jahre ist, höchstens jedoch auf sechs Jahre. [5]Fondsgebundene Lebensversicherungen sind ausgeschlossen. [6]Ausgeschlossen sind auch Versicherungen auf den Erlebens- oder Todesfall, bei denen der Steuerpflichtige Ansprüche aus einem von einer anderen Person abgeschlossenen Vertrag entgeltlich erworben hat, es sei denn, es werden aus anderen

Rechtsverhältnissen entstandene Abfindungs- und Ausgleichsansprüche arbeitsrechtlicher, erbrechtlicher oder familienrechtlicher Art durch Übertragung von Ansprüchen aus Lebensversicherungsverträgen erfüllt".

214.3 Die auf diese Versicherungsbeiträge gleichfalls **weiter anzuwendende Regelung** des **§ 10 Abs. 2 S. 2** in der bis 2004 geltenden Fassung lautet wie folgt:

„[2]Als Sonderausgaben können Beiträge zu Versicherungen im Sinne des Absatzes 1 Nr. 2 Buchstabe b Doppelbuchstaben bb, cc und dd nicht abgezogen werden, wenn die Ansprüche aus Versicherungsverträgen während deren Dauer im Erlebensfall der Tilgung oder Sicherung eines Darlehens dienen, dessen Finanzierungskosten Betriebsausgaben oder Werbungskosten sind, es sei denn,

a) das Darlehen dient unmittelbar und ausschließlich der Finanzierung von Anschaffungs- oder Herstellungskosten eines Wirtschaftsgutes, das dauernd zur Erzielung von Einkünften bestimmt und keine Forderung ist, und die ganz oder zum Teil zur Tilgung oder Sicherung verwendeten Ansprüche aus Versicherungsverträgen übersteigen nicht die mit dem Darlehen finanzierten Anschaffungs- oder Herstellungskosten; dabei ist es unbeachtlich, wenn diese Voraussetzungen bei Darlehen oder bei zur Tilgung oder Sicherung verwendeten Ansprüchen aus Versicherungsverträgen jeweils insgesamt für einen Teilbetrag bis zu 2.556 Euro nicht erfüllt sind,

b) es handelt sich um eine Direktversicherung oder

c) die Ansprüche aus Versicherungsverträgen dienen insgesamt nicht länger als drei Jahre der Sicherung betrieblich veranlasster Darlehen; in diesen Fällen können die Versicherungsbeiträge in den Veranlagungszeiträumen nicht als Sonderausgaben abgezogen werden, in denen die Ansprüche aus Versicherungsverträgen der Sicherung des Darlehens dienen."

215 Das bedeutet zunächst, dass der Abzug der **Beiträge** ab dem Kalenderjahr 2004 nur noch **in Höhe von 88%** möglich ist. Für Rentenversicherungen ohne Kapitalwahlrecht gilt diese Einschränkung jedoch nicht (§ 10 Abs. 1 Nr. 2 S. 2 in der Fassung bis 2004, → Rn. 214.2).

216 Für **Bürger der ehemaligen DDR verkürzt** sich die zwölfjährige Mindestvertragslaufzeit für Rentenversicherungen mit Kapitalwahlrecht und für Kapitalversicherungen mit Sparanteil **um bis zu sechs Jahre.** Voraussetzung für diese Sonderregelung ist, dass der Versicherungsnehmer am 31.12.1990 in der ehemaligen DDR wohnhaft war und bei Vertragsschluss mindestens 47 Jahre alt gewesen ist (§ 10 Abs. 1 Nr. 2 S. 3 § 10 Abs. 1 Nr. 2 S. 4 in der Fassung bis 2004, → Rn. 214.2).

217 **Fondsgebundene Lebensversicherungen** sind vom Sonderausgabenabzug **ausgeschlossen** (§ 10 Abs. 1 Nr. 2 S. 5 in der Fassung bis 2004, → Rn. 214.2). Derartige Versicherungsprodukte zeichnen sich dadurch aus, dass bei ihnen der nicht zur Abdeckung des versicherungstechnischen Risikos bestimmte Teil der Prämien in **Investmentfonds** angelegt wird. Die **Rendite** dieser Sparanteile ist damit in besonderem Maße von der künftigen **Börsenentwicklung** abhängig und kann bei ungünstigem Kursverlauf zu einem weitgehenden **Wegfall** der künftigen Versicherungsleistungen führen (HHR/*Kulosa* § 10 Rn. 123).

218 **Ausgeschlossen** sind auch Beiträge zu Versicherungen auf den Erlebens- oder Todesfall, wenn der Steuerpflichtige den **Anspruch** auf die Versicherungsleistung aus einem von einer anderen Person abgeschlossenen Vertrag **entgeltlich erworben** hat (§ 10 Abs. 1 Nr. 2 S. 6 in der Fassung bis 2004, → Rn. 214.2). Ausnahmsweise zulässig ist der Sonderausgabenabzug jedoch, wenn durch die Übertragung der Versicherungsansprüche ein arbeitsrechtlicher, erbrechtlicher oder familienrechtlicher **Abfindungsanspruch** des Steuerpflichtigen erfüllt werden sollte.

219 Nach **§ 10 Abs. 2 S. 2 in der Fassung bis 2004** (→ Rn. 214.3) können die Versicherungsbeiträge nicht abgezogen werden, wenn die **Ansprüche** aus dem Versicherungsvertrag im Erlebensfall der **Tilgung oder Sicherung eines Darlehens** dienen, dessen Finanzierungskosten **Betriebsausgaben oder Werbungskosten** darstellen. **Nicht ausgeschlossen** ist damit die Verwendung der Ansprüche auf die Versicherungsleistungen im Rahmen von Darlehen, deren Finanzierungskosten (wie etwa bei **selbstgenutzten Immobilien**) zu den nicht abzugsfähigen privaten Schuldzinsen zählen (Lademann EStG/*Steiner* § 10 Rn. 844; HHR/*Kulosa* § 10 Rn. 126). Außerdem möglich ist die Berücksichtigung der Beiträge als Vorsorgeaufwendungen in den in § 10 Abs. 2 S. 2 Buchst. a bis c in der Fassung bis 2004 aufgeführten Fallgruppen. Das betrifft zum einen die sogenannten **Investitionsdarlehen,** also solche Darlehen, die unmittelbar und ausschließlich der Finanzierung von Anschaffungs- oder Herstellungskosten eines Wirtschaftsgutes dienen, das dauernd zur Erzielung von Einkünften bestimmt ist.

zudem ihr Ehegatte zwar keiner Kirchensteuern erhebenden Religionsgemeinschaft angehört, seinerseits aber ein hohes Einkommen erzielt. Das Kirchgeld bemisst sich unter Anknüpfung an den **Lebensführungsaufwand** nach dem gemeinsamen zu versteuernden Einkommen beider Ehegatten. Seine **Erhebung** ist **verfassungsgemäß** (BFH 19.10.2005 – I R 76/04, BStBl. II 2006, 274).

Einstweilen frei **233–234**

c) „gezahlte" Kirchensteuer. Kirchensteuern können nur in der im jeweiligen Kalenderjahr **tatsächlich entrichteten Höhe** – dann aber **unbeschränkt** – als Sonderausgaben abgezogen werden. Abziehbar sind damit die **gezahlten Beträge,** und zwar **abzüglich** etwaiger in demselben Kalenderjahr **erstatteter** oder **gutgeschriebener Beträge** (BFH 22.11.1974 – VI R 138/72, BStBl. II 1975, 350). Denn als Sonderausgaben abziehbar ist nur die im Veranlagungszeitraum tatsächlich **„gezahlte"** Kirchensteuer. Das ist die Summe der geleisteten Zahlungen (auch für andere Kalenderjahre, Bordewin/Brandt/*Stöcker* § 10 Rn. 235) **abzüglich der Summe der erhaltenen Erstattungen.** Maßgeblich ist das **Zufluss- und Abflussprinzip** (§ 11). Erstattungen, die im Jahr der Zahlung zugeflossen sind, mindern daher bereits begrifflich den Abzugsbetrag. Das gilt auch insoweit, als die Erstattung darauf beruht, dass in früheren Veranlagungszeiträumen zu hohe Vorauszahlungen zur Kirchensteuer erbracht worden sind. Umgekehrt sind **Kirchensteuerschulden** nicht schon bei Fälligkeit, sondern erst dann abziehbar, wenn sie **tatsächlich beglichen** sind (Blümich/*Hutter* § 10 Rn. 324). **235**

Die **Saldierung** der abgeflossenen Kirchensteuer mit im gleichen Veranlagungszeitraum erhaltenen Erstattungen für frühere Jahre (→ Rn. 553) ist **sachgerecht,** da bei derartigen **jährlich wiederkehrenden** Sonderausgaben in der Regel im vorangegangenen Zahlungsjahr die **endgültige Belastung** durch die Kirchensteuer (die ja von der Höhe der erst noch festzusetzenden Einkommensteuer abhängig ist) **noch nicht feststeht** und auf diese Weise eine umständliche Änderung der Einkommensteuerfestsetzung vermieden wird (vgl. Bordewin/Brandt/*Stöcker* § 10 Rn. 241). Ein nach Saldierung von Zahlungen und Erstattungen noch **verbleibender Erstattungsüberhang** ist nach § 10 Abs. 4b S. 3 ab dem **Veranlagungszeitraum 2012** dem **Gesamtbetrag der Einkünfte hinzuzurechnen** (→ Rn. 545). Für frühere Veranlagungszeiträume war der Erstattungsüberhang nach der Rechtsprechung des BFH in das Jahr der Zahlung der Kirchensteuer zurückzutragen, wobei der entsprechende, bestandskräftig gewordene Einkommensteuerbescheid nach § 175 Abs. 1 S. 1 Nr. 2 AO zu ändern war (BFH 26.11.2008 – X R 24/08, BFH/NV 2009, 568; → Rn. 556). Ist schon im Zahlungsjahr **offenkundig,** dass die Kirchensteuerzahlung **zurückgefordert** werden kann (zB weil der Steuerpflichtige der Kirche nicht mehr angehört), liegen schon mangels wirtschaftlicher Belastung **keine Aufwendungen** iSd § 10 Abs. 1 und damit keine abzugsfähigen Sonderausgaben vor (gleicher Ansicht HHR/*Kulosa* § 10 Rn. 138; → Rn. 110). **235.1**

Einstweilen frei **236**

Der **Erbe** kann für Beträge, die er für **rückständige Kirchensteuerschulden des Erblassers** aufwendet, bei seiner Einkommensteuerveranlagung den Abzug als Sonderausgaben geltend machen (BFH 21.7.2016 – X R 43/13, BStBl. II 2017, 256). Umgekehrt muss sich der Erbe jedoch auf seine eigenen Sonderausgaben auch eine Erstattung der vom Erblasser überzahlten Kirchensteuer früherer Jahre anrechnen lassen. Auch die vom Finanzamt vorgenommene **Umbuchung** überzahlter Kirchensteuer auf andere Steuerarten ist eine Form der Erstattung (BFH 18.5.2000 – IV R 28/98, BFH/NV 2000, 1455), wie auch die Umbuchung anderweitiger Steuerguthaben auf rückständige Kirchensteuer eine Zahlung darstellt (Bordewin/Brandt/*Stöcker* § 10 Rn. 238). **237**

Einstweilen frei **238**

d) Kein Sonderausgabenabzug für Kirchensteuer als Zuschlag zur Kapitalertragsteuer. Nach § 10 Abs. 1 Nr. 4 Hs. 2 **nicht** als Sonderausgaben abziehbar ist die Kirchensteuer, wenn sie (nach § 51a Abs. 2b) als **Zuschlag zur Kapitalertragsteuer** oder als **Zuschlag** auf die nach dem **gesonderten Tarif des § 32d Abs. 1** ermittelte Einkommensteuer gezahlt wird. **239**

Mit der durch das **JStG 2010** v. 8.12.2010 (BGBl. 2010 I 1768) neu gefassten Vorschrift soll eine **Doppelbegünstigung** des Steuerpflichtigen **verhindert** werden (siehe zur Wirkungsweise im Einzelnen Blümich/*Hutter* § 10 Rn. 331; Korn/*Bauschatz* § 10 Rn. 206.3). **Hintergrund** der Regelung **239.1** ist, dass die Einkommensteuer auf Kapitalerträge seit dem **Veranlagungszeitraum 2009** grundsätzlich durch Steuerabzug mit abgeltender Wirkung erhoben wird (KKB/*Wilhelm* § 10 Rn. 81). Ist der Bezieher der Kapitaleinkünfte kirchensteuerpflichtig, erfolgt gemäß § 32d Abs. 1 S. 3 zu seinen Gunsten eine Minderung der auf die Kapitalerträge entfallenden Einkommensteuer um 25%. Die Minderung hat zum Ziel, die Belastung der Kapitaleinkünfte mit der als Zuschlag erhobenen Kirchensteuer sowohl bei der Kapitalertragsteuer als auch bei der nach gesondertem Tarif ermittelten Einkommensteuer in pauschaler Form zu berücksichtigen. Deshalb darf die gezahlte Kirchensteuer im Rahmen der Einkommensteuerveranlagung nicht noch zusätzlich bei den Sonderausgaben berücksichtigt werden (vgl. FG Düsseldorf 16.11.2016 – 15 K 1640/16 E, EFG 2017, 212 rkr.; FG Niedersachsen 22.11.2018 – 2 K 25/17, EFG 2019, 1090, rkr.; LBP/*Hoheisel/Tippelhofer* § 10 Rn. 296; HHR/*Kulosa* § 10 Rn. 137; *v. Arps-Aubert* DStR 2011, 1548). Die **Ermäßigung des Steuersatzes** fungiert so als **Ersatz** für den nach § 10 Abs. 1 Nr. 4 Hs. 2 **nicht möglichen Sonderausgabenabzug** der Kirchensteuer (vgl. Blümich/*Hutter* § 10 Rn. 330). **Nicht möglich** ist es allerdings, die Vorschrift des § 10 Abs. 1 Nr. 4 Hs. 2 als Rechtfertigung dafür zu nutzen, um den Sonderausgabenabzug um solche Kirchensteuerbeträge kürzen zu können, die **rechnerisch** den nach dem gesonderten Tarif des § 32d Abs. 1 besteuerten Kapitalerträgen **anderer Veranlagungszeiträume** zuzuordnen sind (FG Düsseldorf 5.6.2019 – 2 K 1544/17 E, EFG 2019, 1757, Rev. X R 23/19; **ablehnend** Schmidt/*Krüger* § 10 Rn. 61).

240–242 *Einstweilen frei*

7. Kinderbetreuungskosten (§ 10 Abs. 1 Nr. 5)

243 **a) Überblick.** Der **Sonderausgabenabzug für Kinderbetreuungskosten** ist seit dem **Veranlagungszeitraum 2012** (Neufassung durch das **StVereinfG** v. 1.11.2011, BGBl. 2011 I 2131) **einheitlich** in § 10 Abs. 1 Nr. 5 geregelt. Dabei ist zugleich die zuvor (seit 2006) bestehende Möglichkeit, derartige Kosten, wenn sie **erwerbsbedingt** waren, nicht als Sonderausgaben, sondern vorrangig „wie Betriebsausgaben" (§ 4f S. 1 EStG aF; später § 9c Abs. 1 S. 1 EStG aF) oder „wie Werbungskosten" (§ 9 Abs. 5 S. 1 EStG aF) abzuziehen, wieder **abgeschafft** worden. Mit dem gleichzeitigen **Wegfall** der Unterscheidung zwischen erwerbsbedingten und nicht erwerbsbedingten Kinderbetreuungskosten einerseits und der persönlichen Anspruchsvoraussetzungen bei den Eltern andererseits hat der Gesetzgeber sowohl den **Nachweisaufwand** beim Steuerpflichtigen als auch den **Prüfungsaufwand** bei der Finanzverwaltung erheblich **reduziert.** Dadurch hat sich allerdings an der Einordnung, welche konkreten Aufwendungen zu den Kinderbetreuungskosten gehören, nichts geändert (zur **Debatte** um die **verfassungsrechtlichen Anforderungen** an die steuerliche Berücksichtigung derartiger Aufwendungen → Rn. 92 ff.).

243.1 **Rechtsentwicklung:** Eine Regelung zur Berücksichtigung von Kosten der Kinderbetreuung fand sich zunächst (eingefügt durch das **Steuerbereinigungsgesetz 1985** v. 14.12.1984, BGBl. 1984 I 1493) in **§ 33c.** Die dortige Abzugsmöglichkeit wurde zwar im Zuge des **FamFördG** v. 22.12.1999 (BGBl. 1999 I 2552) mit Wirkung zum Veranlagungszeitraum 2000 aufgehoben und durch Schaffung eines zusätzlichen Betreuungsfreibetrags in **§ 32 Abs. 6** ersetzt, bereits wenig später jedoch durch das **2. FamFördG** v. 16.8.2001 ab dem Veranlagungszeitraum 2002 in **§ 33c** wieder eingeführt. Mit Wirkung zum Veranlagungszeitraum 2006 wurden (durch das **Gesetz zur steuerlichen Förderung von Wachstum und Beschäftigung** v. 26.4.2006, BGBl. 2006 I 1091) die bislang einheitlich in § 33c enthaltenen Regelungen durch **vier verschiedene Abzugstatbestände** (Berücksichtigung erwerbsbedingter Kinderbetreuungskosten „wie Betriebsausgaben" oder „wie Werbungskosten" nach **§ 4f S. 1** und nach **§ 9 Abs. 5 S. 1,** Berücksichtigung der Betreuungskosten für Kinder im Vorschulalter nach **§ 10 Abs. 1 Nr. 5** und von wegen Ausbildung, Behinderung oder Krankheit des Steuerpflichtigen anfallenden Kinderbetreuungskosten nach **§ 10 Abs. 1 Nr. 8**) ersetzt. Sämtliche Tatbestände wurden ab dem Veranlagungszeitraum 2009 (durch das **FamLeistG** v. 22.12.2008, BGBl. 2008 I 2955) ohne inhaltliche Änderung in **§ 9c** zusammengefasst. Im Zuge des **StVereinfG** v. 1.11.2011 (BGBl. 2011 I 2131) wurde die Abzugsmöglichkeit – nunmehr jedoch, ohne dass für ihre Inanspruchnahme besondere Voraussetzungen auf Seiten der Eltern vorliegen müssten – mit Wirkung ab dem Veranlagungszeitraum 2012 in die wiederbesetzte Vorschrift des **§ 10 Abs. 1 Nr. 5** überführt.

244 *Einstweilen frei*

245 **b) Aufwendungen für Dienstleistungen zur Betreuung eines Kindes. aa) Voraussetzungen in der Person des Kindes.** Die Kosten für Kinderbetreuungsleistungen sind nur dann als Sonderausgaben abziehbar, wenn es sich um ein **Kind iSd § 32 Abs. 1** handelt; das Kind muss also (als **eigenes Kind, nicht** aber als **Stief- oder Enkelkind;** vgl. BMF 14.3.2012, BStBl. I 2012, 307 Rn. 15) im ersten Grad mit dem Steuerpflichtigen verwandt (§ 32 Abs. 1 Nr. 1) oder ein **Pflegekind** iSd § 32 Abs. 1 Nr. 2 sein (in Bezug auf Stiefkinder als berücksichtigungsfähige „Pflegekinder" **anderer Auffassung** Blümich/*Hutter* § 10 Rn. 348). Außerdem muss das Kind **zum Haushalt des Steuerpflichtigen gehören,** der Steuerpflichtige muss das Kind also in seinen Haushalt aufgenommen haben. Das setzt voraus, dass das Kind bei gemeinsamer Wirtschaftsführung mit dem Steuerpflichtigen dessen **Wohnung teilt** und dass es sich allenfalls vorübergehend und nur mit dessen Zustimmung außerhalb der gemeinsamen Wohnung aufhält (vgl. HHR/*Kulosa* § 10 Rn. 143; zudem → § 24b Rn. 50). Darauf, ob das Kind beim Steuerpflichtigen auch formal gemeldet ist, kommt es demgegenüber nicht an. Die Aufenthalte in der Wohnung des Steuerpflichtigen dürfen **nicht nur Besuchscharakter** haben (BFH 26.8.2003 – VIII R 91/98, BFH/NV 2004, 324). Eine den Besuchscharakter überschreitende Dauer ist regelmäßig anzunehmen, wenn der Aufenthalt im Haushalt des Anspruchsberechtigten **sechs Wochen** übersteigt (BFH 22.9.2004 – III R 40/03, BStBl. II 2005, 326). Je nach den Verhältnissen des Einzelfalls kann ein Kind auch **gleichzeitig zu den Haushalten beider Elternteile gehören,** wenn es zeitweise bei der Mutter und zeitweise beim Vater lebt (BFH 14.4.1999 – X R 11/97, BStBl. II 1999, 594; KKB/*Wilhelm* § 10 Rn. 87). Es kommt dabei **nicht** darauf an, ob für den Steuerpflichtigen ein Anspruch auf **Kindergeld** oder auf **Kinderfreibeträge** besteht (Schmidt/*Krüger* § 10 Rn. 66).

Weitere Voraussetzung für den Sonderausgabenabzug ist, dass das Kind **das 14. Lebensjahr noch nicht vollendet** hat. Betreuungskosten für Kinder, die bereits älter als 13 Jahre sind, sind daher nicht abziehbar, weil der Gesetzgeber typisierend davon ausgeht, dass für sie kein kostenintensiver Betreuungsaufwand mehr anfällt. **246**

Die **Altersgrenze von 14 Jahren** gilt jedoch **nicht,** wenn das Kind aufgrund einer körperlichen, geistigen oder seelischen **Behinderung** außerstande ist, selbst für seinen **Unterhalt aufzukommen,** wobei die Behinderung aber vor Vollendung des 25. Lebensjahrs eingetreten sein muss. Dann kann der Betreuungsaufwand während der gesamten Lebenszeit des behinderten Kindes abgezogen werden. Nicht erforderlich ist es dabei, dass auch die Unfähigkeit zum Selbstunterhalt bereits im Zeitpunkt der Vollendung des 25. Lebensjahres bestanden hat (vgl. Kirchhof/*Bleschick* § 10 Rn. 38c). Das Kind ist behinderungsbedingt außerstande, sich selbst zu unterhalten, wenn seine **eigenen Einkünfte geringer** sind als der **Lebensbedarf** (Grundbedarf und behinderungsbedingter Mehrbedarf). Dabei kommt es entscheidend auf die **Ursächlichkeit** (Kausalität) an (vgl. Schmidt/*Krüger* § 10 Rn. 67; Blümich/*Hutter* § 10 Rn. 349). Hier gelten die gleichen Maßstäbe wie bei der Parallelvorschrift des § 32 Abs. 4 S. 1 Nr. 3 (näher → § 32 Rn. 330). **247**

Die **Außerkraftsetzung der Altersgrenze** bei behinderten Kindern entspricht der Regelung, die der Gesetzgeber im Zusammenhang mit der Gewährung von Kinderfreibeträgen in § 32 Abs. 4 S. 1 Nr. 3 getroffen hat. **Bis zum Veranlagungszeitraum 2006** (Absenkung durch **das Steueränderungsgesetz 2007** v. 19.7.2006, BGBl. 2006 I 1652) war es für den Sonderausgabenabzug noch ausreichend gewesen, wenn die Behinderung des Kindes **vor Vollendung des 27. Lebensjahrs** eingetreten war. Aus **Vertrauensschutzgründen** bleiben die Betreuungskosten für diesen Personenkreis gemäß **§ 52 Abs. 18 S. 3** auch weiterhin abziehbar. **247.1**

Einstweilen frei **248**

bb) Voraussetzungen in der Art der Dienstleistung. Als Sonderausgaben abziehbar sind nur Aufwendungen, die aus Anlass der **Inanspruchnahme von Dienstleistungen zur Betreuung** eines Kindes entstehen. Unter Betreuung in diesem Sinne ist das **Behüten** und die **Beaufsichtigung** des Kindes im Rahmen der **persönlichen Fürsorge** zu verstehen (BMF 14.3.2012, BStBl. I 2012, 307; eine Auflistung möglicher Beispiele findet sich bei Bordewin/Brandt/*Stöcker* § 10 Rn. 260, bei Schmidt/*Krüger* § 10 Rn. 73 und bei Korn/*Bauschatz* § 10 Rn. 207.3). Hauswirtschaftliche oder unterrichtende Tätigkeiten gehören nicht dazu (zudem → Rn. 250), wohl aber Aufwendungen für die Anleitung und Überwachung des Kindes bei den schulischen Hausaufgaben. **Aufwendungen** in diesem Sinne sind nur Ausgaben, die der Steuerpflichtige als **Entgelt** für Dienstleistungen zur Betreuung des Kindes in **Geld** oder in **Geldeswert** erbringt. **Entgangene Einnahmen** sind **kein Entgelt,** **249**

sodass etwa eine Gehaltskürzung auch dann keine Aufwendung für die Kinderbetreuung darstellt, wenn der Steuerpflichtige sie zur Verringerung der Wochenarbeitszeit aus Anlass der Betreuung eines Kindes in Kauf nimmt (Blümich/*Hutter* § 10 Rn. 342; LBP/*Hoheisel/Tippelhofer* § 10 Rn. 307; Kirchhof/*Bleschick* § 10 Rn. 38g; KKB/*Wilhelm* § 10 Rn. 90; Bordewin/Brandt/*Stöcker* § 10 Rn. 261). Aufwendungen für die **Verpflegung** des Kindes sind nicht abzugsfähig, weil es sich insoweit nicht um die Zuwendung von Betreuung, sondern um die Gewährung von Unterhalt handelt (Schmidt/*Krüger* § 10 Rn. 73).

250 **Dienstleistungen** sind nur Betreuungsleistungen, die – sei es freiwillig, sei es aufgrund einer besonderen vertraglichen Verpflichtung – **durch Dritte** und nicht durch den Steuerpflichtigen selbst **erbracht** werden (BFH 29.8.1986 – III R 209/82, BStBl. II 1987, 167). Es liegt jedoch **keine Dienstleistung** vor, wenn die Kinderbetreuung **durch den anderen Elternteil** erfolgt, weil dieser damit lediglich seiner familienrechtlichen Verpflichtung gegenüber dem Kind nachkommt (Bordewin/Brandt/*Stöcker* § 10 Rn. 263; KKB/*Wilhelm* § 10 Rn. 89). Die Betreuung durch ihn ist daher auch dann nicht begünstigt, wenn für sie ein Entgelt gezahlt wird (BFH 6.11.1997 – III R 27/91, BStBl. II 1998, 187). **Anders** verhält es sich hingegen mit der Betreuung durch **andere Angehörige.** Die dafür anfallenden Aufwendungen sind abziehbar, sofern im Übrigen die allgemeinen Voraussetzungen für die Anerkennung von Verträgen zwischen nahen Angehörigen erfüllt sind (BFH 10.4.1992 – III R 184/90, BStBl. II 1992, 814; FG Nürnberg 30.5.2018 – 3 K 1382/17, BeckRS 2018, 24692, rkr.; FG Nürnberg 12.8.2019 – 4 K 936/18, StE 2020, 280, rkr.). Unter dieser Voraussetzung kann auch die Zahlung eines Entgelts für die Kinderbetreuung innerhalb einer **eheähnlichen Lebensgemeinschaft** begünstigt sein, wenn der eine Lebenspartner das Kind des anderen betreut (gleicher Ansicht: Blümich/*Hutter* § 10 Rn. 345; LBP/*Hoheisel/Tippelhofer* § 10 Rn. 303; Lademann EStG/*Steiner* § 10 Rn. 322; **anderer Auffassung** BMF 4.3.2012, BStBl. I 2012, 307).

250.1 **Berücksichtigungsfähig** sind damit zB die Gebühren für Kindergärten, Kindertagesstätten, Kinderhorte und für die Nachmittags- und Freistundenbetreuung in der Schule, die Ausgaben für Tagesmütter und die Kosten für die Beaufsichtigung des Kindes bei der Erledigung seiner schulischen Hausaufgaben (BFH 17.11.1978 – VI R 116/78, BStBl. II 1979, 142). Ebenfalls begünstigt ist der **Arbeitslohn für Au-Pair-Kräfte und Haushaltshilfen,** soweit er tatsächlich auf die Betreuung des Kindes und nicht allgemein auf das Führen des Haushalts entfällt; die Finanzverwaltung erkennt insoweit ohne besonderen Nachweis einen Anteil von 50% als Kinderbetreuungskosten an (BMF 14.3.2012, BStBl. I 2012, 307). Meines Erachtens **abzulehnen** ist jedoch die vereinzelt geäußerte Auffassung (Lademann EStG/*Steiner* § 10 Rn. 360), auch der mit dem Transport des Kindes zum Kindergarten beauftragte **Taxifahrer** erbringe begünstigte Dienstleistungen zu dessen „Betreuung" iSd § 10 Abs. 1 Nr. 5 S. 1.

251 *Einstweilen frei*

252 **Sachaufwendungen** sind **keine Aufwendungen für Dienstleistungen.** Nicht abziehbar sind daher neben den Ausgaben für Verpflegung (→ Rn. 249) auch solche zB für Spielzeug oder für Eintrittsgelder zu Veranstaltungen, selbst wenn sie im Zusammenhang mit der Betreuung des Kindes anfallen (BFH 28.11.1986 – III R 1/86, BStBl. II 1987, 490). Ebenfalls nicht abzugsfähig sind solche Kosten, die nur anlässlich der Inanspruchnahme von Kinderbetreuungsdienstleistungen entstehen, aber nicht Teil des Entgelts sind, wie etwa die Kosten für das Bringen des Kindes zur Tagesmutter (BFH 29.8.1986 – III R 209/82, BStBl. II 1987, 167).

253 Ausdrücklich nach § 10 Abs. 1 Nr. 5 S. 2 **nicht begünstigt** sind Aufwendungen für die Erteilung von **Unterricht** und für die Vermittlung besonderer Fähigkeiten sowie Aufwendungen für **Freizeitbetätigungen** des Kindes, insbesondere solche sportlicher Art. Zu den Aufwendungen für ein **Kinderferienlager** ist derzeit noch ein Revisionsverfahren (BFH VIII R 16/17) anhängig (ablehnend KKB/*Wilhelm* § 10 Rn. 91). Dabei handelt es sich zwar gleichfalls um Dienstleistungen, bei denen aber nach den Vorstellungen des Gesetzgebers nicht die altersbedingt erforderliche Betreuung des Kindes im Vordergrund steht. Die Aufwendungen für diese Leistungen sind durch das Kindergeld bzw. die Kinderfreibeträge abgegolten (HHR/*Kulosa* § 10 Rn. 145). **Nicht abziehbar** sind daher vor allem Ausgaben für **Musikunterricht** und für **Sportvereine** sowie Kosten für Klassenfahrten, für Tanzkurse, für den Erwerb des Führerscheins und für Ausflüge mit Freizeitgruppen, denen das Kind angehört. Zum **Sonderausgabenabzug zugelassen** hat die Rechtsprechung des BFH hingegen Aufwendungen für die allgemeine **Hausaufgabenbetreuung** (BFH 17.11.1978 – VI R 116/78, BStBl. II 1979, 142) und für eine zweisprachige Kindergartenbetreuung (BFH 19.4.2012 – III R 29/11, BStBl. II 2012, 862). Umfassen die Aufwendungen sowohl die (nicht begünstigte) Erteilung von Nachhilfeunterricht als auch die (begünstigte) Beaufsichtigung bei der Erstellung der Hausaufgaben, ist ggf. auch eine **Aufteilung im Schätzungswege** zulässig (vgl. LBP/*Hoheisel/Tippelhofer* § 10 Rn. 318; Schmidt/*Krüger* § 10 Rn. 75). Dabei ist ein Abzug von Kinderbetreuungskosten aber nur möglich, wenn darüber eine entsprechende **Aufschlüsselung der Beiträge vorliegt** (Bordewin/Brandt/*Stöcker* § 10 Rn. 262; Kirchhof/*Bleschick* § 10 Rn. 38h; KKB/*Wilhelm* § 10 Rn. 92; **anderer Auffassung** Korn/*Bauschatz* § 10 Rn. 207.4).

Einstweilen frei 254

c) Anforderungen an den Nachweis der Aufwendungen. Der Steuerpflichtige kann nach § 10 Abs. 1 Nr. 5 S. 4 nur solche Aufwendungen für Kinderbetreuungsleistungen abziehen, für die er eine **Rechnung erhalten** hat und deren **Zahlung auf ein Konto des Leistungserbringers** erfolgt ist. Beide Nachweiserfordernisse sollen – ähnlich wie bei § 35a – der **Eindämmung der Schwarzarbeit** dienen (BT-Drs. 16/643, 9). 255

Unter einer **Rechnung** ist dabei jede Form der **(schriftlichen) Abrechnung** zu verstehen; eine den strengen Formerfordernissen des Umsatzsteuerrechts genügende Rechnung ist nicht erforderlich (BMF 14.3.2012, BStBl. I 2012, 307). So kann etwa der Nachweis der Aufwendungen für eine Kindergartenbetreuung durch Vorlage des gemeindlichen **Gebührenbescheids** erfolgen. Wird die das Kind betreuende Person im Rahmen eines Arbeitsverhältnisses beschäftigt, sollte es zudem ausreichend sein, wenn der Steuerpflichtige ihr – anstatt von ihr eine Rechnung über die Dienstleistung zu erhalten – seinerseits eine **Gehaltsabrechnung** (Gutschrift) erteilt (gleicher Ansicht HHR/*Kulosa* § 10 Rn. 146); die bloße **Vorlage des Arbeitsvertrags** ohne nachfolgende Abrechnung über die tatsächlich erbrachten Leistungen ist meines Erachtens zur Erfüllung der gesetzlichen Anforderungen jedoch **nicht ausreichend** (**anderer Auffassung** Bordewin/Brandt/*Stöcker* § 10 Rn. 266; Korn/*Bauschatz* § 10 Rn. 207.7; Schmidt/*Krüger* § 10 Rn. 77; jeweils unter Hinweis auf BMF 14.3.2012, BStBl. I 2012, 307 Rn. 21; so auch Blümich/*Hutter* § 10 Rn. 359). Wegen des tatbestandlichen Erfordernisses, die Rechnung **„erhalten“** zu haben, ist es zudem **nicht** möglich, die getätigten Aufwendungen ohne Vorlage einer schriftlichen Abrechnung allein durch die **Zeugenaussage** des Leistungserbringers unter Beweis zu stellen. 256

Außerdem muss die **Zahlung** der Betreuungskosten **auf ein Bankkonto des Erbringers der Leistung** erfolgt sein. Erforderlich ist daher stets eine **unbare Zahlung,** die zudem an die **Betreuungsperson selbst** erbracht sein muss. Vom Sonderausgabenabzug in jedem Fall ausgeschlossen sind damit sowohl Barzahlungen (BFH 18.12.2014 – III R 63/13, BStBl. II 2015, 583) als auch Banküberweisungen auf das Konto eines Dritten. 257

Nach § 10 Abs. 1 Nr. 5 S. 4 nicht begünstigt sind damit auch Zahlungen, die der Steuerpflichtige in seiner Eigenschaft als **Arbeitgeber** auf Konten Dritter zur **Abführung** der **Lohnsteuer** und der **Sozialversicherungsbeiträge** erbringt. Insoweit ist die Regelung zur Erreichung des Gesetzeszwecks zwar nicht erforderlich; eine Auslegung gegen den klaren Wortlaut des Gesetzes dürfte aber kaum möglich sein (zweifelnd auch HHR/*Kulosa* § 10 Rn. 146). Andererseits kann der Steuerpflichtige die Kosten für die Betreuung seines Kindes aber auch dann als Sonderausgaben abziehen, wenn die Zahlung im Sinne einer **Abkürzung des Zahlungswegs** für ihn von dem Konto eines Dritten aus veranlasst wird (LBP/*Hoheisel/Tippelhofer* § 10 Rn. 322; Kirchhof/*Bleschick* § 10 Rn. 38l). 257.1

Da die Aufwendungen nur dann berücksichtigt werden, wenn eine **Zahlung auf das Konto des Leistungserbringers** erfolgt ist, können nach dem Wortlaut des Gesetzes nur **Geldleistungen** abziehbar sein. **Problematisch** ist daher der Abzug von **Sachleistungen** wie etwa der Gewährung von Kost und Logis bei **Au-Pair-Arbeitsverhältnissen.** Wegen des Grundsatzes, dass die begünstigten Aufwendungen nicht nur in Geld, sondern auch in **Geldeswert** erbracht werden können (→ Rn. 249), werden derartige Sachleistungen daher in der Veranlagungspraxis **berücksichtigt,** wenn sie in einer Rechnung oder einer rechnungsgleichen schriftlichen Unterlage separat aufgezählt sind (BMF 14.3.2012, BStBl. I 2012, 307; Blümich/*Hutter* § 10 Rn. 360). Die Bewertung dieser Sachleistungen erfolgt entsprechend § 8 Abs. 2 S. 1. Das **Erfordernis der Zahlung auf ein Konto** des Leistungserbringers 258 gilt für derartige Sachleistungen **nicht** (Schmidt/*Krüger* § 10 Rn. 77: „noch vertretbare" Auslegung der Vorschrift).

259 *Einstweilen frei*

260 **d) Beschränkung des Sonderausgabenabzugs der Höhe nach.** Der **Sonderausgabenabzug** für Kinderbetreuungsleistungen ist in mehrfacher Hinsicht **beschränkt.** Bereits dem Grunde nach nicht begünstigt sind Aufwendungen für Dienstleistungen iSd § 10 Abs. 1 Nr. 5 S. 2, also insbesondere solche für Unterricht, für Sport und für Freizeitbetätigungen (→ Rn. 253), und Aufwendungen, bei denen den Nachweiserfordernissen nicht Genüge getan ist (→ Rn. 255). Die danach verbleibenden, begünstigten Aufwendungen können nur **zu zwei Dritteln, höchstens** jedoch in Höhe von **4.000 EUR je Kind,** abgezogen werden. Ein Drittel der Aufwendungen ist damit – vergleichbar einem beim Steuerpflichtigen verbleibenden **Selbstbehalt** – von vornherein nicht abziehbar. Auch die verbleibenden zwei Drittel der Kinderbetreuungskosten werden nur insoweit als Sonderausgaben berücksichtigt, als sie den Höchstbetrag von 4.000 EUR nicht übersteigen. Liegen dem Grunde nach Kinderbetreuungskosten iSd § 10 Abs. 1 Nr. 5 vor, ist für diese Aufwendungen – auch soweit sie der Höhe nach nicht berücksichtigungsfähig sind – der **Abzug** als **haushaltsnahe Dienstleistungen** gemäß § 35a **gesperrt** (§ 35a Abs. 5 S. 1 Hs. 2; vgl. KKB/*Wilhelm* § 10 Rn. 95; Schmidt/*Krüger* § 10 Rn. 63).

261 Der **Höchstbetrag** ist ein **Ganzjahresbetrag.** Er ermäßigt sich daher nicht zeitanteilig, auch wenn die Voraussetzungen für den Sonderausgabenabzug nicht während des gesamten Veranlagungszeitraums vorgelegen haben. Der Höchstbetrag bleibt damit insbesondere auch für den **Veranlagungszeitraum** erhalten, in dessen Lauf das Kind das **14. Lebensjahr vollendet** hat (vgl. Blümich/*Hutter* § 10 Rn. 354; Schmidt/*Krüger* § 10 Rn. 76), wobei die Abziehbarkeit der **konkret** geltend gemachten Aufwendungen, wenn das Kind ganzjährig betreut wird, **taggenau** zu prüfen ist und ggf. eine Kürzung **„pro rata temporis"** ab dem 14. Geburtstag des Kindes zu erfolgen hat (Korn/*Bauschatz* § 10 Rn. 207.4; Frotscher/Geurts/*Lindberg* § 10 Rn. 123i). Der Abzugshöchstbetrag von 4.000 EUR wird „je Kind" gewährt; er kann daher von **getrennt lebenden Elternteilen,** wenn das Kind nacheinander erst zum Haushalt des einen und dann zum Haushalt des anderen Elternteils gehört hat, nicht doppelt, sondern **insgesamt nur einmal** in Anspruch genommen werden (BMF 14.3.2012, BStBl. I 2012, 307; BT-Drs. 16/643, 9; HHR/*Kulosa* § 10 Rn. 148; LBP/*Hoheisel/Tippelhofer* § 10 Rn. 316; Kirchhof/*Bleschick* § 10 Rn. 38k; KKB/*Wilhelm* § 10 Rn. 93; **anderer Auffassung** Blümich/*Hutter* § 10 Rn. 355).

262 Bei nicht unbeschränkt steuerpflichtigen, **im Ausland wohnenden Kindern** ist der Höchstbetrag von 4.000 EUR zu **kürzen,** soweit es nach den Verhältnissen des Wohnsitzstaats notwendig und angemessen ist (§ 10 Abs. 1 Nr. 5 S. 3).

262.1 Die Vorschrift soll – wie die ihr vergleichbaren Regelungen an anderen Stellen des EStG (zB § 32 Abs. 6 S. 4, § 33 Abs. 1 S. 6) – den **global unterschiedlichen Kaufkraftverhältnissen** Rechnung tragen. Zu ihrer Umsetzung ordnet die Finanzverwaltung die einzelnen Wohnsitzstaaten vier Kategorien von **Ländergruppen** zu, in denen der Höchstbetrag nur zu einem Viertel, zur Hälfte oder zu drei Vierteln oder aber in voller Höhe angesetzt werden kann (vgl. zuletzt BMF 20.10.2016, BStBl. I 2016, 1183).

263–268 *Einstweilen frei*

8. Ausbildungskosten (§ 10 Abs. 1 Nr. 7)

269 **a) Abgrenzung zum Betriebsausgaben- und Werbungskostenabzug.** Nach § 10 Abs. 1 Nr. 7 sind die Aufwendungen für die **eigene Berufsausbildung** bis zu einem **Höchstbetrag von 6.000 EUR** als Sonderausgaben abziehbar. Der **Anwendungsbereich** der Vorschrift wird im Wesentlichen durch ihr Verhältnis zu den Regelungen über den Betriebsausgaben- und Werbungskostenabzug (§ 4 Abs. 4, § 9 Abs. 1 S. 1) bestimmt.

269a **Aufwendungen für die Berufsausbildung** stellen, wenn sie durch die Erzielung gegenwärtiger oder künftiger Einnahmen im Ausbildungsberuf veranlasst sind, ihrer Rechtsnatur nach eigentlich (vorweggenommene) Betriebsausgaben oder Werbungskosten dar. Da ein solcher **Veranlassungszusammenhang** praktisch immer gegeben, andererseits aber die Berücksichtigung als Sonderausgaben gegenüber dem damit eröffneten Betriebsausgaben-

oder Werbungskostenabzug gesetzessystematisch nachrangig ist (Einleitungssatz zu § 10 Abs. 1; → Rn. 124), würde für § 10 Abs. 1 Nr. 7 **praktisch kein Anwendungsbereich** mehr verbleiben. Weil jedoch in **§ 4 Abs. 9** und **§ 9 Abs. 6** ausdrücklich angeordnet wird, dass die dort genannten Kosten der erstmaligen Berufsausbildung **keine Betriebsausgaben** und **keine Werbungskosten** sind, bleibt für diese Aufwendungen nur die Abzugsmöglichkeit als Sonderausgaben nach § 10 Abs. 1 Nr. 7.

Praktische Bedeutung erlangt ihre Zuweisung zu den Sonderausgaben (und nicht zu den Betriebsausgaben oder Werbungskosten) zum einen durch die Begrenzung des Abzugs auf einen Höchstbetrag, vor allem aber durch die **fehlende Möglichkeit des Verlustvortrags** der die Einnahmen übersteigenden Aufwendungen in spätere Veranlagungszeiträume (in denen dann die auf die Ausbildung zurückzuführenden Einnahmen erst erzielt werden können; → Rn. 99). Von der Möglichkeit eines Sonderausgabenabzugs können daher nur solche Steuerpflichtigen profitieren, die bereits während der Ausbildung – ggf. gemeinsam mit ihrem Ehegatten – über ein den Grundfreibetrag übersteigendes zu versteuerndes Einkommen verfügen oder sich von ihren Eltern eine Einkommensquelle in entsprechender Höhe übertragen lassen können. Dadurch aber dürfte der **Zweck** der Regelung, die Finanzierung einer Erstausbildung im Wege einer **Steuersubvention zu fördern,** im Großteil der in der Praxis auftretenden Fälle **verfehlt** werden (so zu Recht kritisch HHR/*Kulosa* § 10 Rn. 160). 270

Rechtsentwicklung: Bis 2002 hatte die Rechtsprechung des BFH zwischen **Ausbildungskosten,** die für einen (noch) nicht ausgeübten Beruf anfielen, und **Fortbildungskosten** in einem bereits ausgeübten Beruf unterschieden. Nur für die zweite Gruppe von (Fortbildungs-)Aufwendungen stand der Abzug als Betriebsausgaben oder als Werbungskosten offen. Demgegenüber waren **Ausbildungskosten** nur **eingeschränkt** (Begrenzung auf einen Höchstbetrag, keine Möglichkeit des Verlustvortrags) als **Sonderausgaben** zu berücksichtigen, weil derartigen Aufwendungen zur Erlernung eines künftigen Berufs nach damaliger Auffassung des BFH noch kein hinreichender Bezug zu einer bestimmten erwerbsdienlichen Tätigkeit beizumessen sei. 270.1

Diese **Rechtsprechung** hat der BFH **aufgegeben** (BFH 4.12.2002 – VI R 120/01, BStBl. II 2003, 403). Als Folge dessen hatte der Gesetzgeber zunächst versucht, durch Aufnahme eines **Abzugsverbots** für Aufwendungen für die erstmalige Berufsausbildung und für ein Erststudium in **§ 12 Nr. 5** (eingefügt durch **AOÄndG** v. 21.7.2004, BGBl. 2004 I 1753, mit Wirkung ab dem Veranlagungszeitraum 2004) die durch die frühere Rechtsprechung des BFH geprägte Rechtslage wiederherzustellen. Der BFH entschied jedoch, dass sich aus § 12 Nr. 5 kein Verbot entnehmen lasse, die Kosten der Erstausbildung oder des Erststudiums als Werbungskosten abzuziehen (BFH 28.7.2011 – VI R 7/10, BStBl. II 2012, 557). Als Reaktion darauf hat der Gesetzgeber § 12 Nr. 5 wieder gestrichen und das **Abzugsverbot** nunmehr (eingefügt durch **BeitrRLUmsG** v. 7.12.2011, BGBl. 2011 I 2592 und wiederum mit Wirkung ab dem Veranlagungszeitraum 2004) in **§ 4 Abs. 9** und in **§ 9 Abs. 6** geregelt. Das dort angeordnete Verbot, die Aufwendungen für die erstmalige Berufsausbildung und für das Erststudium als vorweggenommene Werbungskosten abzuziehen, ist **verfassungsgemäß** (BVerfG 19.11.2019 – 2 BvL 22/14, DStR 2020, 93; gleicher Ansicht bereits BFH 5.11.2013 – VIII R 22/12, BStBl. II 2014, 165; **anderer Auffassung** BFH 17.7.2014 – VI R 2/12, BFH/NV 2014, 1954).

Einstweilen frei 270.2

Entwicklung des Höchstbetrags: Parallel zu den Einschränkungen des Betriebsausgaben- und des Werbungskostenabzugs hat der Gesetzgeber den Höchstbetrag im Rahmen des § 10 Abs. 1 Nr. 7 von früher 920 EUR in mehreren Schritten zunächst durch das **AOÄndG** v. 21.7.2004 (BGBl. 2004 I 1753) mit Wirkung ab dem Veranlagungszeitraum 2004 auf 4.000 EUR und später durch das **BeitrRLUmsG** v. 7.12.2011 (BGBl. 2011 I 2592) ab 2012 weiter auf 6.000 EUR **erhöht.** 270.3

Einstweilen frei 271

Wegen § 4 Abs. 9 und § 9 Abs. 6 nur im Rahmen des **§ 10 Abs. 1 Nr. 7** als Sonderausgaben abziehbar sind damit lediglich solche **Berufsausbildungskosten,** die anfallen, **bevor** der Steuerpflichtige seine **Erstausbildung abgeschlossen** hat. Dabei umfasst der Begriff der **Erstausbildung** sowohl eine **erstmalige Berufsausbildung** als auch ein **erstmaliges Studium** ohne vorangegangene Berufsausbildung. Berufsausbildungs- und Studienkosten, die nach Abschluss der Erstausbildung – sei es in Gestalt einer Berufsausbildung, sei es in Form eines Studiums – entstehen, unterfallen hingegen nicht dem Abzugsverbot des § 4 Abs. 9 und des § 9 Abs. 6. Das bedeutet, dass sowohl für die Aufwendungen für eine **weitere Berufsausbildung** als auch für die Kosten für ein Studium, dem zuvor eine berufliche 272

Erstausbildung vorangegangen ist, anstelle von § 10 Abs. 1 Nr. 7 **vorrangig** der **Betriebsausgaben- oder Werbungskostenabzug** eröffnet ist. Gleiches gilt, wenn die erstmalige Berufsausbildung oder das Erststudium **im Rahmen eines Dienstverhältnisses** stattfindet; auch dann tritt § 10 Abs. 1 Nr. 7 gegenüber § 4 Abs. 4, § 9 Abs. 1 zurück.

272.1 Wann eine **Berufsausbildung als Erstausbildung** vorliegt, bestimmt sich im Einzelnen nach § 9 Abs. 6 S. 2–5. Zwar ist danach erforderlich, dass es sich um eine **geordnete Ausbildung** mit einer **Mindestdauer von 12 Monaten** bei vollzeitiger Ausbildung handelt und dass die Ausbildung entweder mit einer Abschlussprüfung oder sonst planmäßig beendet wird. Für die Berücksichtigung der Ausbildungskosten als Sonderausgaben ist die Erfüllung dieser Anforderungen jedoch nicht von ausschlaggebender Bedeutung. Denn ihre Funktion ist es allein, für den Fall des **Nichtvorliegens einer geordneten Ausbildung** mit plan- oder prüfungsmäßigem Abschluss den Betriebsausgaben- oder Werbungskostenabzug für eine nachfolgende Berufsausbildung zu verhindern; die **Möglichkeit des Sonderausgabenabzugs** bleibt davon aber **unberührt.**

273 *Einstweilen frei*

274 **b) Begriff der Berufsausbildung.** Unter einer **Berufsausbildung** sind nach den Vorstellungen des Gesetzgebers alle Maßnahmen zu verstehen, durch die das **für den Beruf typische Können** und schließlich eine selbständige, gesicherte **Lebensstellung erworben werden** soll (BT-Drs. V/3430, 8). Für den Sonderausgabenabzug ist es nicht erforderlich, dass der angestrebte Beruf innerhalb bestimmter bildungspolitischer Zielvorstellungen des Gesetzgebers liegt.

274.1 Das gilt jedenfalls solange, wie die ins Auge gefasste Tätigkeit **nicht** in einer **verbotenen,** strafbaren oder verfassungswidrigen **Betätigung** besteht. Für die Bestimmung des steuerrechtlichen Begriffs der Berufsausbildung kann daher insbesondere nicht auf die einschlägigen gesetzlichen Regelungen anderer Rechtsgebiete (wie etwa des Berufsbildungs- oder des Ausbildungsförderungsrechts) zurückgegriffen werden (BFH 18.12.1987 – VI R 149/81, BStBl. II 1988, 494).

275 *Einstweilen frei*

276 Es muss sich jedoch um eine Ausbildung zur **Vorbereitung** auf einen künftig zu ergreifenden **Beruf** handeln. Das setzt voraus, dass die mit der Ausbildung angestrebte Tätigkeit auf die nachhaltige Ausübung zur **Erzielung von Erwerbseinnahmen** ausgerichtet ist. **Gegenbegriff** zur Berufsausbildung ist der Erwerb von **Allgemeinbildung** (vgl. Kirchhof/*Bleschick* § 10 Rn. 45). Daher fallen Aufwendungen für **Hobbykurse** zur bloßen Freizeitgestaltung oder solche für ein **Seniorenstudium** auch dann **nicht** unter den Abzugstatbestand, wenn sie ernsthaft betrieben werden und mit einer Prüfung abschließen. Der notwendige Veranlassungszusammenhang fehlt zudem, wenn „gleichsam ins Blaue hinein" studiert wird oder wenn auch sonst **private Gründe** für die Aufnahme des Studiums nicht ausgeschlossen werden können (KKB/*Wilhelm* § 10 Rn. 107).

276.1 Vgl. BFH 10.1.2012 – VI B 92/11, BFH/NV 2012, 783; BFH 7.10.2008 – VI B 92/07, BFH/NV 2009, 148. BFH 10.7.2006 – VI R 26/05, BStBl. II 2006, 764. Gleiches gilt für Ausbildung zum **sportlichen Fachübungsleiter,** wenn der Steuerpflichtige nur gelegentlich im Sportverband gegen Aufwandsentschädigung tätig wird (BFH 22.9.1995 – VI R 13/93, BStBl. II 1996, 8), und für den Erwerb lediglich **allgemeinbildender Kenntnisse** ohne konkreten beruflichen Bezug, wie etwa für den Besuch eines **Deutschkurses** bei einem eingewanderten Ausländer (BFH 15.3.2007 – VI R 14/04, BStBl. II 2007, 814; vgl. auch BFH 24.4.1992 – VI R 141/89, BStBl. II 1992, 666, und BFH 26.11.1993 – VI R 67/91, BStBl. II 1994, 284, für **Fremdsprachenkurse,** wenn kein konkreter Bezug zur Berufstätigkeit besteht). Diese Rechtsprechung sollte jedoch auf Fälle beschränkt bleiben, in denen aufgrund der Art der Ausbildung der **Schluss auf eine private Veranlassung** naheliegt (Schmidt/*Krüger* § 10 Rn. 83). Als **Sonderausgaben abziehbar** sind hingegen meines Erachtens auch die Kosten für den Besuch **allgemeinbildender Schulen,** weil die Schulausbildung die Voraussetzung für die spätere Berufsausbildung ist (BFH 5.8.1977 – VI R 246/74, BStBl. II 1977, 834; **streitig:** gleicher Ansicht Blümich/*Hutter* § 10 Rn. 372; Bordewin/Brandt/*Stöcker* § 10 Rn. 295; Frotscher/Geurts/*Lindberg* § 10 Rn. 137b; HHR/*Kulosa* § 10 Rn. 163; Kirchhof/*Bleschick* § 10 Rn. 44; **anderer Auffassung** KKB/*Wilhelm* § 10 Rn. 130; Lademann EStG/*Steiner* § 10 Rn. 383; Schmidt/*Krüger* § 10 Rn. 90); die Streitfrage dürfte sich jedoch wegen des Umstands, dass für einen effektiven Sonderausgabenabzug ein Gesamtbetrag der Einkünfte in einer zumindest den Grundfreibetrag (von derzeit – 2020 – 9.408 EUR) übersteigenden Höhe erzielt werden muss (→ Rn. 270), nur bei den wenigsten Besuchern einer solchen Schulform stellen.

Einstweilen frei 277

c) Umfang der begünstigten Aufwendungen. Als Sonderausgaben abziehbar sind alle mit der Berufsausbildung **zusammenhängenden** und durch sie **veranlassten Aufwendungen.** Dies sind insbesondere Unterrichts-, Studien- und Lehrgangsgebühren, Honorare und Eintrittsgelder für Vortrags-, Lehr- und Schulungsveranstaltungen und Aufwendungen für **Arbeitsmittel** (wie etwa für Fachliteratur, typische Berufskleidung, Arbeitsmaterialien und Arbeitswerkzeuge). Derartige Aufwendungen sind grundsätzlich, solange der **Höchstbetrag von 6.000 EUR** nicht überschritten wird, **ohne Einschränkungen abzugsfähig.** 278

Einschränkungen ergeben sich allerdings bei abnutzbaren Wirtschaftsgütern, die für Zwecke der Berufsausbildung angeschafft werden und einer **mehrjährigen Nutzungsdauer** unterliegen. Die Aufwendungen dafür sind – ebenso wie bei Arbeitsmitteln – in sinngemäßer Anwendung des § 9 Abs. 1 S. 3 Nr. 7 nur mit den auf die Nutzungsdauer verteilten Anschaffungskosten als Sonderausgaben abziehbar, sofern die dort (iVm § 6 Abs. 2 S. 1) festgelegte **Grenze von 410 EUR überschritten** wird (BFH 7.5.1993 – VI R 113/92, BStBl. II 1993, 676). Das für den Sonderausgabenabzug geltende **Abflussprinzip** (§ 11 Abs. 2; → Rn. 113) wird insoweit **durchbrochen.** Nur in diesem Rahmen (zeitanteilig) als Sonderausgaben zu berücksichtigen sind die Aufwendungen für Arbeitsmittel, die der Steuerpflichtige zuvor (vor Aufnahme der Ausbildung) **ursprünglich privat angeschafft** hatte (so auch Schmidt/*Krüger* § 10 Rn. 87). 278.1

Wegen des **engen wirtschaftlichen Veranlassungszusammenhangs** zählen zu den Aufwendungen „für" die eigene Berufsausbildung auch die **Zinsen** für ein **Ausbildungsdarlehen** (vgl. Kirchhof/*Bleschick* § 10 Rn. 51). Das gilt auch insoweit, als die Zinsen (als **„nachträgliche" Sonderausgaben**) noch nach Abschluss der Ausbildung anfallen (BFH 25.9.1992 – VI R 90/90, BFH/NV 1993, 164). Maßgeblich für die Berücksichtigung der Ausbildungskosten, die durch Aufnahme eines Darlehens finanziert werden, bleibt jedoch der Zeitpunkt ihres **Abflusses** und damit ihrer Verausgabung und nicht der Zeitpunkt der Darlehensrückzahlung (BFH 7.2.2008 – VI R 41/05, BFH/NV 2008, 1936). Die spätere Tilgung von Ausbildungs- oder Studiendarlehen kann deshalb nicht mehr als Sonderausgabe abgezogen werden (Bordewin/Brandt/*Stöcker* § 10 Rn. 348). Es ist mithin **nicht möglich,** den Zeitpunkt des Sonderausgabenabzugs für die Kosten der Berufsausbildung im Wege der **Kreditfinanzierung** in **spätere Veranlagungszeiträume** zu **verlagern** (HHR/*Kulosa* § 10 Rn. 165), auch wenn sie sich dort wegen der inzwischen erzielten höheren Einkünfte steuerlich günstiger auswirken würden. 278.2

Einstweilen frei 279

Für bestimmte andere Aufwandsgruppen sind dagegen nach § 10 Abs. 1 Nr. 7 S. 4 bei der Ermittlung der Aufwendungen die gesetzlich angeordneten **Abzugsbeschränkungen** für Betriebsausgaben und Werbungskosten **entsprechend anzuwenden.** Aufwendungen für ein häusliches **Arbeitszimmer** können daher nur als Sonderausgaben abgezogen werden, soweit die Voraussetzungen nach § 4 Abs. 5 S. 1 Nr. 6b vorliegen. Für **Mehraufwendungen für Verpflegung** gelten die Abzugsbeschränkungen des § 9 Abs. 4a. **Fahrtkosten** für die Wege zwischen Wohnung und Ausbildungsstätte sind nur nach Maßgabe des § 9 Abs. 1 S. 3 Nr. 4 iVm § 9 Abs. 2 und damit grundsätzlich nur mit der **Entfernungspauschale** von 0,30 EUR je Entfernungskilometer (bzw. von 2021 bis 2023 von 0,35 EUR und von 2024 bis 2026 von 0,38 EUR ab dem 20. Entfernungskilometer) abziehbar (**anderer Auffassung** Lademann EStG/*Steiner* § 10 Rn. 386: Abzug nach Dienstreisegrundsätzen mit 0,30 EUR je gefahrenen Kilometer). 280

Das ergibt sich aus **§ 9 Abs. 4 S. 8;** danach gilt als **erste Tätigkeitsstätte** des Steuerpflichtigen auch eine **Bildungseinrichtung,** die außerhalb eines Dienstverhältnisses zum Zwecke eines Vollzeitstudiums oder einer vollzeitigen Berufsausbildung aufgesucht wird. Dass in § 10 Abs. 1 Nr. 7 S. 4 bis zu dessen Neufassung durch das **KroatienAnpG** v. 25.7.2014 /BGBl. 2014 I 1266) innerhalb des § 9 Abs. 4 nicht auf diese Vorschrift, sondern auf den vorangegangenen § 9 Abs. 4 S. 7 verwiesen wurde, dürfte einem **redaktionellen Versehen** des Gesetzgebers geschuldet gewesen sein. 280.1

Werden die Aufwendungen für die Bildungsmaßnahmen des Steuerpflichtigen **durch Dritte erbracht,** sind sie beim Steuerpflichtigen nur dann als Sonderausgaben für eigene Bildungsaufwendungen abziehbar, wenn es sich um einen Fall der sog. **Abkürzung des Zahlungswegs** handelt (BFH 22.7.2003 – VI R 4/02, BFH/NV 2004, 32). Ein weiterge- 281 hender Sonderausgabenabzug ist auch bei **Übernahme der Berufsausbildungskosten durch die Eltern nicht statthaft** (Korn/*Bauschatz* § 10 Rn. 214.2). Der Abzug ist zudem insoweit nicht möglich, als der Steuerpflichtige die Kosten der Bildungsmaßnahme aus **zweckgebundenen steuerfreien Bezügen** bestreitet, die zur Förderung seiner Berufsausbildung bestimmt sind (HHR/*Kulosa* § 10 Rn. 165). Das ist etwa bei steuerfreien Stipendien iSd § 3 Nr. 11 sowie bei Leistungen nach dem Bundesausbildungs-Förderungsgesetz (BAFöG) oder nach dem Arbeitsförderungsgesetz (AFG) der Fall (**anderer Auffassung** KKB/*Wilhelm* § 10 Rn. 124; Bordewin/Brandt/*Stöcker* § 10 Rn. 347), und zwar auch dann, wenn die zweckgebundenen steuerfreien Bezüge erst nach Ablauf des betreffenden Veranlagungszeitraums ausgezahlt werden (R 10.9 Abs. 1 S. 1 EStR; Blümich/*Hutter* § 10 Rn. 397).

282 Zu den Kosten der Berufsausbildung zählen nach § 10 Abs. 1 Nr. 7 S. 3 ausdrücklich auch die Aufwendungen für eine **auswärtige Unterbringung.** Dafür muss die Inanspruchnahme der auswärtigen Unterkunft weder von längerer Dauer sein, noch müssen die Voraussetzungen einer doppelten Haushaltsführung vorgelegen haben (BFH 20.3.1992 – VI R 40/89, BStBl. II 1992, 1033). Es genügt daher eine kurzfristige auswärtige Unterbringung, beispielsweise im Rahmen eines mehrtägigen Lehrgangsbesuchs (HHR/*Kulosa* § 10 Rn. 171). Handelt es sich allerdings um eine aus Anlass der Berufsausbildung begründete **doppelte Haushaltsführung,** so sind die damit verbundenen Unterbringungskosten wegen § 10 Abs. 1 Nr. 7 S. 4 nur nach Maßgabe des § 9 Abs. 1 S. 3 Nr. 5 mit den dortigen **Einschränkungen** als Sonderausgaben abziehbar. Sobald sich der **Lebensmittelpunkt** an den **Ausbildungsort verlagert** hat, liegt regelmäßig zudem **keine auswärtige Unterbringung** mehr vor (BFH 19.9.2012 – VI R 78/10, BStBl. II 2013, 284). Außerhalb des Sondertatbestands der Mehraufwendungen aus Anlass einer auswärtigen Unterbringung sind die Aufwendungen für den reinen **Lebensunterhalt** (wie etwa für Essen, Wohnen und Kleidung) nicht als Berufsausbildungskosten abziehbar.

283 *Einstweilen frei*

284 **d) Der Höhe nach beschränkter Sonderausgabenabzug.** Der Abzug der Berufsausbildungskosten als Sonderausgaben ist auf einen **Höchstbetrag von 6.000 EUR** (bis 2011: 4.000 EUR) im Kalenderjahr begrenzt. Dieser Höchstbetrag steht bei Ehegatten, die die Voraussetzungen des § 26 Abs. 1 S. 1 erfüllen (die also beide unbeschränkt steuerpflichtig sind und nicht dauernd getrennt leben), **jedem Ehepartner** für die anlässlich seiner eigenen Berufsausbildung erbrachten Aufwendungen **einzeln** zu.

284.1 Es kommt also, auch wenn die **Ehegatten** zur Einkommensteuer zusammenveranlagt werden, **nicht** zu einer **Verdoppelung** des Höchstbetrags mit der Folge, dass dieser auch nicht von beiden Ehegatten gemeinsam in Anspruch genommen werden kann. Nicht möglich ist es daher, den verbleibenden Rest des vom einen Ehegatten nicht ausgeschöpften Höchstbetrags auf den anderen Ehegatten zu übertragen (gleicher Ansicht HHR/*Kulosa* § 10 Rn. 170).

285 Der nach Anwendung der Abzugsbeschränkung noch verbleibende **Restbetrag** an Ausbildungskosten kann auf entsprechenden Antrag des Steuerpflichtigen nach **§ 33 Abs. 1** Berücksichtigung finden, wenn die dort genannten Voraussetzungen dafür erfüllt sind. Das **Verbot,** tatbestandliche Sonderausgaben nachrangig als **außergewöhnliche Belastungen** absetzen zu können (→ Rn. 68), gilt für **Berufsausbildungskosten** iSd § 10 Abs. 1 Nr. 7 explizit **nicht** (§ 33 Abs. 2 S. 2 Hs. 2; vgl. Blümich/*Hutter* § 10 Rn. 402).

286–291 *Einstweilen frei*

9. Schulgeld (§ 10 Abs. 1 Nr. 9)

292 **a) Überblick.** § 10 Abs. 1 Nr. 9 lässt das Entgelt, das der Steuerpflichtige aufwendet, um seinem Kind den Besuch bestimmter **privater Schulen** zu ermöglichen (sog. **Schulgeld**), bei Vorliegen weiterer Voraussetzungen **teilweise** zum Sonderausgabenabzug zu. Ein **verfassungsrechtlicher Anspruch** auf den **unbegrenzten Abzug** von Schulgeld besteht nach der Rechtsprechung des BFH **nicht** (BFH 8.6.2011 – X B 176/10, BFH/NV 2011, 1679). Nach der Rechtsprechung des BFH kann der Steuerpflichtige auch dann **abzugsberechtigt** sein, wenn er zwar das Schulgeld zahlt, **ohne** jedoch dazu gegenüber der Schule aus dem von seinem Kind abgeschlossenen Schulvertrag **rechtlich verpflichtet** zu sein (BFH

9.11.2011 – X R 24/09, BStBl. II 2012, 321); insoweit handelt es sich um eine Ausnahme von dem Grundsatz, dass ein Sonderausgabenabzug ohne Vorliegen einer rechtlichen Schuld nicht statthaft ist (→ Rn. 117).

Rechtsentwicklung und zeitlicher Anwendungsbereich: Der durch das **Kultur- und Stiftungsförderungsgesetz** v. 13.12.1990 (BGBl. 1990 I 2775) neu eingefügte Abzugstatbestand war zunächst **faktisch** auf Schulgeldzahlungen an **im Inland** betriebene Schulen beschränkt (→ Rn. 296.1). Im Zuge des **JStG 2009** v. 19.12.2008 (BGBl. 2008 I 2794) ist die Vorschrift an **europarechtliche Vorgaben** angepasst und dabei erheblich verändert worden. Die Neuregelung, die nunmehr gleichermaßen auf im Inland wie im Ausland gelegene Schulen anwendbar ist, gilt **rückwirkend** ab dem **Veranlagungszeitraum 2008.** 292.1

Für Schulgeldzahlungen an **Auslandsschulen** hatte der Gesetzgeber dabei zugleich in **§ 52 Abs. 24b aF** (später § 52 Abs. 24a S. 5, gegenstandslos geworden und daher aufgehoben durch Art. 2 Nr. 34 **KroatienAnpG** v. 25.7.2024, BGBl. 2014 I 1266) eine **Übergangsregelung** geschaffen, die für noch nicht bestandskräftige Veranlagungen früherer Jahre unter den ab 2008 geltenden tatbestandlichen Voraussetzungen (zu den Anforderungen an die Schule → Rn. 296) eine Abzugsmöglichkeit nach den bis zum Veranlagungszeitraum 2007 maßgeblichen Rechtsfolgen (Abzug von 30% des Schulgelds, jedoch ohne Begrenzung auf einen Höchstbetrag; → Rn. 311.2) vorsieht. Daraus kann jedoch kein Anspruch auf steuerliche Berücksichtigung des an eine nicht anerkannte inländische Ergänzungsschule gezahlten Schulgeldes abgeleitet werden (BFH 9.11.2011 – X R 12/10, BFH/NV 2012, 566). 292.2

Soweit bereits **Bestandskraft** eingetreten ist, ist jedoch eine **nachträgliche Gewährung** des einmal – europarechtswidrig – versagten Sonderausgabenabzugs für Schulgeld, das an Privatschulen in anderen Mitgliedstaaten gezahlt wurde, auch **im Billigkeitsweg nicht mehr möglich.** Eine solche Ablehnung von Billigkeitsmaßnahmen ist weder ermessensfehlerhaft, noch verstößt sie gegen Unionsrecht (BFH 21.1.2015 – X R 40/12, BStBl. II 2016, 117). 292.3

Die **rückwirkende Inkraftsetzung** der 2008 erfolgten Neuregelung dürfte **verfassungsrechtlich nicht zu beanstanden** sein. Dies gilt jedenfalls insoweit, als dadurch der Anwendungsbereich der Vorschrift weiter gefasst und die Möglichkeit zum Sonderausgabenabzug erweitert worden ist. Auch Bedenken gegen die gleichfalls rückwirkend zum Veranlagungszeitraum 2008 erfolgte erstmalige **Einführung eines Höchstbetrags von 5.000 EUR** dürften in der Praxis nicht durchgreifen, weil wegen des den Abzug der Zahlungen bis zur Neufassung des § 10 Abs. 1 Nr. 9 der Höhe nach begrenzenden verfassungsrechtlichen **Sonderungsverbots** (Art. 7 Abs. 4 S. 3 GG) kaum vorstellbar ist, dass eine der seinerzeit begünstigten Schulen ein höheres als das nunmehr dem Grunde nach berücksichtigungsfähige Schulgeld (nämlich **maximal 16.667 EUR** im Jahr; → Rn. 311.3) hätte erheben können. 292.4

Einstweilen frei 293

b) Kind. Um berücksichtigungsfähig zu sein, muss das Schulgeld für den Schulbesuch eines **Kindes** erbracht worden sein, für das der Steuerpflichtige **Anspruch** auf einen **Kinderfreibetrag** (§ 32) oder auf **Kindergeld** (§ 62) hat. Darauf, ob im Zeitpunkt des Besuchs der Schule oder der Entrichtung des Entgelts auch tatsächlich Kindergeld bezogen oder ein Kinderfreibetrag in Anspruch genommen worden ist, kommt es nicht an; entscheidend ist allein, ob **dem Grunde nach** in der Person des Steuerpflichtigen ein **Anspruch** auf Berücksichtigung des Kindes im Rahmen des Familienleistungsausgleichs besteht. 294

Demgegenüber stand der **Schulgeldabzug bis zum Veranlagungszeitraum 2006** (Änderung durch das **JStG 2007** v. 13.12.2006, BGBl. 2006 I 2878) unter der Voraussetzung, dass der Steuerpflichtige für das Kind einen **Kinderfreibetrag** oder **Kindergeld „erhalten"** haben musste. 294.1

Schulgeld, das der Steuerpflichtige nicht für den Schulbesuch seines Kindes, sondern im Rahmen seiner **eigenen Ausbildung** aufwendet, fällt **nicht** unter § 10 Abs. 1 Nr. 9, sondern (als Berufsausbildungskosten) unter § 10 Abs. 1 Nr. 7. 294.2

Einstweilen frei 295

c) Begünstigte Schulen. Seit dem Veranlagungszeitraum 2008 sind Zahlungen an Schulen begünstigt, wenn sie 296
- entweder in **freier Trägerschaft** stehen
- oder wenn sie **überwiegend privat finanziert** werden (→ Rn. 298).

Die Schule muss zudem
- entweder eine **Deutsche Schule im Ausland** (§ 10 Abs. 1 Nr. 9 S. 4) sein,

- oder sie muss in einem **EU- oder EWR-Mitgliedstaat** (sie kann also auch in Deutschland) belegen sein (→ Rn. 302).

Schließlich muss die Schule

- entweder zu bestimmten von der Schulverwaltung anerkannten **allgemein bildenden oder berufsbildenden Abschluss führen** (Nr. 9 S. 2)
- oder auf einen solchen Abschluss **ordnungsgemäß vorbereiten** (Nr. 9 S. 3; → Rn. 304).

296.1 Demgegenüber musste es sich nach der **bis 2007 geltenden Rechtslage** (vgl. dazu *Schaffhausen/Plenker* DStR 2009, 1123) entweder um eine nach Art. 7 Abs. 4 GG staatlich genehmigte oder um eine nach Landesrecht erlaubte Ersatzschule oder um eine nach Landesrecht anerkannte allgemein bildende Ergänzungsschule handeln. **Schulgeldzahlungen an ausländische Schulen** waren damit von vornherein vom Sonderausgabenabzug **ausgeschlossen,** weil für sie eine Genehmigung, Erlaubnis oder Anerkennung als Ersatz- oder Ergänzungsschule nach deutschem Recht nicht vorgesehen war. Eine **Ausnahme** galt lediglich für die **Deutschen Schulen im Ausland,** da sie von der Ständigen Konferenz der Kultusminister anerkannt und einer öffentlichen Schule in Deutschland gleichgestellt waren (BFH 14.12.2004 – XI R 32/03, BStBl. II 2005, 518). Die faktische **Beschränkung** des Schulgeldabzugs auf **Inlandsschulen** war **europarechtswidrig** (EuGH 11.9.2007 – C-318/05, DStRE 2007, 1300 – Kommission/Deutschland). Die deswegen erforderlich gewordene **Neuregelung** des § 10 Abs. 1 Nr. 9 (→ Rn. 292.1) **gilt** gemäß § 52 Abs. 24b EStG aF (in der Fassung des **JStG 2009** v. 19.12.2008, BGBl. 2008 I 2794) hinsichtlich der tatbestandlichen Anforderungen an die begünstigten Schulen auch für Schulgeldzahlungen an Schulen in einem anderen EU- oder EWR-Mitgliedstaat auch in Veranlagungszeiträumen **vor 2008.**

297 *Einstweilen frei*

298 **aa) Schulen in freier Trägerschaft und überwiegend privat finanzierte Schulen.** Grundlegende Voraussetzung für den Schulgeldabzug ist, dass es sich um das Entgelt für den Besuch einer Schule handelt, die entweder **in freier Trägerschaft** steht oder **überwiegend privat finanziert** wird (§ 10 Abs. 1 Nr. 9 S. 1). **Schulen** sind nur solche, die begrifflich unter die landesrechtlichen Schulgesetze fallen (HHR/*Kulosa* § 10 Rn. 197). Dazu gehören **Fachhochschulen und Hochschulen nicht** (BFH 10.10.2017 – X R 32/15, DStR 2018, 560; Schmidt/*Krüger* § 10 Rn. 93), sodass die an sie entrichteten Studiengebühren von den Eltern nicht nach § 10 Abs. 1 Nr. 9 abgezogen werden können (BFH 9.11.2011 – X R 24/09, BStBl. II 2012, 321).

299 **Schulen in freier Trägerschaft** sind alle Schulen, die nach den Landesschulgesetzen nicht als öffentliche Schulen geführt werden. Öffentliche Schulen sind die Schulen, die sich in der Schulträgerschaft des Bundeslandes oder in kommunaler Trägerschaft oder in der Trägerschaft einer Innung oder einer Kammer befinden. Zu den Schulen in freier Trägerschaft gehören daher auch die von den **Kirchen** getragenen Schulen, da die Kirchen – obschon Körperschaften des öffentlichen Rechts – im Sinne des Schulrechts **freie Schulträger** sind (HHR/*Kulosa* § 10 Rn. 197). Bei den Schulen in freier Trägerschaft kommt es auf die **Herkunft** der zu ihrer Finanzierung benötigten **Mittel nicht an.**

300 Befindet sich die Schule **nicht in freier Trägerschaft,** sind die an sie erbrachten Schulgeldzahlungen nach § 10 Abs. 1 Nr. 9 S. 1 nur unter der Voraussetzung begünstigt, dass die Schule **überwiegend privat finanziert** wird. Das Kriterium hat vor allem für **im Ausland gelegene Schulen Bedeutung,** auf die die (auf die Verhältnisse im Inland zugeschnittene) Unterscheidung zwischen öffentlichen Schulen und Schulen in freier Trägerschaft keine Anwendung finden kann. Derartige Schulen müssen zu **mehr als der Hälfte aus privaten Mitteln finanziert** sein (Schmidt/*Krüger* § 10 Rn. 93; kritisch dazu mit Blick auf europarechtliche Bedenken HHR/*Kulosa* § 10 Rn. 197); ist dies der Fall, sind die Schulgeldzahlungen auch dann abziehbar, wenn die Schule nach inländischen Maßstäben einer öffentlichen Schule gleichzusetzen wäre.

301 *Einstweilen frei*

302 **bb) Belegenheit der Schule.** Begünstigt sind nur Schulgeldzahlungen an Schulen, die in einem **Mitgliedstaat der EU oder des EWR** belegen sind (§ 10 Abs. 1 Nr. 9 S. 2). Darunter fallen naturgemäß auch **Schulen im Inland.** Unabhängig von ihrer Belegenheit begünstigt sind zudem Zahlungen an **Deutsche Schulen im Ausland** (§ 10 Abs. 1 Nr. 9 S. 4), da solche Schulen von der Landeskultusministerkonferenz anerkannt werden müssen

(LBP/*Hoheisel/Tippelhofer* § 10 Rn. 373; Bordewin/Brandt/*Stöcker* § 10 Rn. 396). Für Entgelte an andere Schulen außerhalb der EU und des EWR ist ein Sonderausgabenabzug nach § 10 Abs. 1 Nr. 9 nicht gegeben (vgl. Kirchhof/*Bleschick* § 10 Rn. 57; Korn/*Bauschatz* § 10 Rn. 226.6). So ist etwa das Schulgeld an eine **schweizerische Privatschule** oder an eine **High School in den USA nicht** als Sonderausgabe abziehbar; hierin liegt auch keine Verletzung der Kapitalverkehrsfreiheit (BFH 9.5.2012 – X R 3/11, BStBl. II 2012, 585; BFH 13.6.2013 – X B 232/12, BFH/NV 2013, 1416). Ein solcher Anspruch besteht auch nicht nach dem mit der **Schweiz** abgeschlossenen **Freizügigkeitsabkommen** (Bordewin/Brandt/*Stöcker* § 10 Rn. 397).

Einstweilen frei 303

cc) Anforderungen an den Schulabschluss. Der **Besuch der Schule** muss entweder 304 selbst zu einem nach den Maßstäben des § 10 Abs. 1 Nr. 9 S. 2 anerkannten allgemein bildenden oder berufsbildenden **Abschluss führen,** oder die Schule muss den Schüler auf einen solchen Abschluss **ordnungsgemäß vorbereiten.**

Zu den **allgemein bildenden Abschlüssen** zählen vor allem der Haupt- und der Real- 305 schulabschluss sowie das Abitur und die Abschlüsse an den Kollegschulen (HHR/*Kulosa* § 10 Rn. 201). Keine allgemein bildenden Abschlüsse sind solche, die sich ausschließlich auf besondere Bildungsinhalte beziehen, wie dies etwa bei der Ausbildung an Musikschulen oder in Sportvereinen der Fall ist. **Berufsbildende Abschlüsse** sind solche an Schulen, die von den Kammern oder Innungen getragen werden oder die sonst im Zusammenhang mit der Ausbildung zu einem Beruf vermittelt werden. Es muss sich nicht zwingend um einen **Schulabschluss** handeln, durch den der Besuch einer bestimmten Schulform insgesamt erfolgreich beendet wird. Ausdrücklich **gleichgestellt** sind **Jahrgangsabschlüsse** und **Berufsabschlüsse,** die an den berufsbildenden Schulen erworben werden können.

Einstweilen frei 306

Der Schul-, Jahrgangs- oder Berufsabschluss muss von der Schule nicht selbst abgenommen 307 werden. Nach § 10 Abs. 1 Nr. 9 S. 3 ausdrücklich **gleichgestellt** sind andere Bildungseinrichtungen, die auf derartige **Abschlüsse** nur **vorbereiten** und dem Schüler die Kenntnisse vermitteln, die für das Bestehen einer solchen Abschlussprüfung außerhalb der Einrichtung erforderlich sind. Eine solche bloße schulische Vorbereitung auf einen extern abzulegenden Abschluss muss allerdings **„ordnungsgemäß"** sein; das setzt einen verbindlichen und im Vorhinein festgelegten **Lehrplan** voraus (BMF 9.3.2009, BStBl. I 2009, 487). Der Besuch reiner **Nachhilfekurse** ist daher **nicht** begünstigt (Schmidt/*Krüger* § 10 Rn. 94), auch wenn er dem Schüler die Vorbereitung auf einen staatlichen Jahrgangs- oder Schulabschluss erleichtern soll (HHR/*Kulosa* § 10 Rn. 202; Korn/*Bauschatz* § 10 Rn. 226.8). In Ermangelung eines damit angestrebten ordnungsgemäßen Schulabschlusses fällt auch der Besuch von **Vorschulen** oder von Vorschulstufen von Privatschulen **nicht** unter den Abzugstatbestand, zumal es sich bei ihnen der Sache nach um Kindergärten handelt (gleicher Ansicht Blümich/*Hutter* § 10 Rn. 429).

Um den Abzug des Schulgelds als Sonderausgabe zu ermöglichen, muss der von der 308 Schule vergebene oder von ihr vorbereitete Schul-, Jahrgangs- oder Berufsabschluss zudem ein **staatliches Anerkennungsverfahren** durchlaufen haben. Als den Abschluss anerkennende Stellen kommen sowohl

- das zuständige **Ministerium** wenigstens eines Bundeslandes als auch
- die **Kultusministerkonferenz** der Länder als auch
- jede inländische **Zeugnisanerkennungsstelle**

in Frage. Eine dieser Stellen muss entweder den Abschluss als solchen anerkannt haben (dabei muss es sich um eine unmittelbare, allgemeine Anerkennung ohne nachfolgende Einzelfallprüfung gehandelt haben), oder der konkrete Abschluss muss im Einzelfall als einem Abschluss an einer inländischen öffentlichen Schule gleichwertig anerkannt worden sein. Die **Anerkennungsentscheidung** wirkt als **Grundlagenbescheid** und ist insoweit **für die Finanzverwaltung bindend** (vgl. Blümich/*Hutter* § 10 Rn. 427). Der Anerkennungsbescheid muss sich auf den **Abschluss** beziehen; **nicht** erforderlich ist es hingegen, dass auch die **Schule** selbst von der zuständigen Kultusbehörde als „andere Einrichtung" im Sinne des § 10 Abs. 1 Nr. 9 S. 3 anerkannt worden ist. Die **Prüfung** und Feststellung der schulrechtlichen Kriterien in Bezug auf die **„ordnungsgemäße Vorbereitung"** eines schulischen

Abschlusses gemäß § 10 Abs. 1 Nr. 9 S. 3 obliegt hingegen nicht den Schulbehörden, sondern ist von den **Finanzbehörden** in eigener Verantwortung vorzunehmen (BFH 20.6.2017 – X R 26/15, BStBl. II 2018, 58; **anderer Auffassung** BMF 9.3.2009, BStBl. I 2009, 487).

309 **d) Besuch der Schule.** Zwar muss die Schule, an die das Schulgeld bezahlt wird, zu einem anerkannten Abschluss führen oder auf ihn zumindest vorbereiten (→ Rn. 304). Da das Gesetz seinem Wortlaut nach aber allein auf den **„Besuch"** der Schule abstellt, kommt es für den Sonderausgabenabzug **nicht** darauf an, ob dieser **Abschluss** später auch **tatsächlich erlangt** wird (vgl. Bordewin/Brandt/*Stöcker* § 10 Rn. 364).

310 **e) Umfang des Abzugs.** Anteilig und bis zu einem Höchstbetrag abziehbar ist das **Entgelt für den Schulbesuch.** Darunter fällt nur der von den Eltern eingeforderte Beitrag zu den **Kosten des normalen Schulbetriebs,** die bei einer staatlichen Schule von der öffentlichen Hand getragen würden (BFH 16.11.2005 – XI R 79/03, BStBl. II 2006, 377), und zwar auch in Form sog. **Anmeldegebühren,** die zur Finanzierung des laufenden Schulbetriebs bestimmt sind (Bordewin/Brandt/*Stöcker* § 10 Rn. 407). Ausdrücklich **nicht begünstigt** sind daher Zahlungen der Eltern, soweit sie (etwa in Internaten oder in Ganztagesschulen) auf die **Beherbergung, Betreuung** und **Verpflegung** des Kindes entfallen. Gleiches gilt für Aufwendungen für kostenpflichtige **Zusatzangebote,** die auch an öffentlichen Schulen gesondert zu vergüten wären (BFH 14.12.2004 – XI R 32/03, BStBl. II 2005, 518; BFH 16.11.2005 – XI R 79/03, BStBl. II 2006, 377). Ist in dem an die Schule gezahlten Betrag auch ein Entgelt für derartige Leistungen enthalten, so ist der darauf entfallende **Anteil** aus dem Schulgeld **schätzweise herauszurechnen,** soweit keine Bescheinigung der Schule beigebracht werden kann (vgl. Kirchhof/*Bleschick* § 10 Rn. 58). Sog. Elternhilfe-Beiträge auf **freiwilliger Basis** sind als Schulgeld abzugsfähig, soweit sie sich als Gegenleistung der Eltern für den Schulbesuch darstellen und dazu dienen sollen, dessen laufende Kosten zu decken (Bordewin/Brandt/*Stöcker* § 10 Rn. 408).

311 Die nach diesem Maßstab dem Grunde nach berücksichtigungsfähigen Schulgeldzahlungen können zu einem **Anteil von 30%, höchstens** jedoch in Höhe von **5.000 EUR,** als Sonderausgaben abgezogen werden. Bei dem Höchstbetrag handelt es sich um einen **Ganzjahresbetrag,** der für die entstandenen Aufwendungen auch dann in voller Höhe zu gewähren ist, wenn die sachlichen Voraussetzungen für den Abzug nicht im gesamten Veranlagungszeitraum vorgelegen haben (zB wenn der Schulbesuch im Laufe des Kalenderjahrs beginnt oder endet; gleicher Ansicht: HHR/*Kulosa* § 10 Rn. 206; **anderer Auffassung** LBP/*Hoheisel/Tippelhofer* § 10 Rn. 377; Blümich/*Hutter* § 10 Rn. 431; Schmidt/*Krüger* § 10 Rn. 97). Der Höchstbetrag ist **kindbezogen.** Er kann daher bei mehreren Kindern für jedes Kind gesondert in Anspruch genommen werden, ist aber andererseits **je Elternpaar und Kind nur einmal** zu gewähren (§ 10 Abs. 1 Nr. 9 S. 5). Auch bei Eltern, die nicht zusammenveranlagt werden, sind daher die für das Kind zu berücksichtigenden Schulgeldzahlungen **insgesamt auf 5.000 EUR beschränkt.**

311.1 Zu **Einzelheiten** s. BMF 9.3.2009, BStBl. I 2009, 487. Die **Aufteilung des Höchstbetrags** auf einzeln veranlagte Eltern dürfte allerdings, wenn jeder Elternteil einen Teil des Schulgelds aufgebracht hat, **in der Praxis kaum zu handhaben** sein.

311.2 Die **Begrenzung auf einen Höchstbetrag** ist erst durch das **JStG 2009** v. 19.12.2008 (BGBl. 2008 I 2794) in § 10 Abs. 1 Nr. 9 aufgenommen worden; sie findet daher für **Veranlagungszeiträume bis 2007** (auch innerhalb der Übergangsregelung für Auslandsschulen nach § 52 Abs. 24b; → Rn. 292.2) **keine Anwendung.** Zur **Verfassungsmäßigkeit der Rückwirkung** im Veranlagungszeitraum 2008 → Rn. 292.4.

311.3 Aus dem Zusammenwirken der Abzugsbeschränkungen auf 30% einerseits und auf höchstens 5.000 EUR andererseits ergibt sich, dass sich **Schulgeldzahlungen,** soweit sie einen Betrag von **jährlich 16.667 EUR** (bzw. **monatlich 1.389 EUR**) **übersteigen,** steuerlich **nicht auswirken** können (vgl. Bordewin/Brandt/*Stöcker* § 10 Rn. 409; HHR/*Kulosa* § 10 Rn. 206).

312 Der nach Anwendung der Abzugsbeschränkung verbleibende **Restbetrag** des Schulgelds (Selbstbehalt) kann auf entsprechenden Antrag des Steuerpflichtigen nach **§ 33 Abs. 1** Berücksichtigung finden, wenn die dort genannten Voraussetzungen dafür erfüllt sind. Das **Verbot,** tatbestandliche Sonderausgaben nachrangig als **außergewöhnliche Belastungen**

abziehen zu können (→ Rn. 68), gilt für **Schulgeldzahlungen** iSd § 10 Abs. 1 Nr. 9 explizit **nicht** (§ 33 Abs. 2 S. 2 Hs. 2; vgl. Blümich/*Hutter* § 10 Rn. 433).

Einstweilen frei **313–314**

II. Sonderausgaben, die korrespondierend beim Empfänger besteuert werden (§ 10 Abs. 1a)

1. Überblick

In **§ 10 Abs. 1a** sind diejenigen **Sonderausgaben-Tatbestände zusammengefasst,** für die das materiell-rechtliche sog. **Korrespondenzprinzip** gilt (Schmidt/*Krüger* § 10 Rn. 101). Das bedeutet, dass der Zufluss der vom Steuerpflichtigen aufgewendeten Sonderausgaben **beim Empfänger korrespondierend** als steuerpflichtige **sonstige Einkünfte gemäß § 22 Nr. 1a erfasst** wird (**Transfer von Einkünften,** vgl. Kirchhof/*Bleschick* § 10 Rn. 7a). Die in § 10 Abs. 1a Nr. 1, § 10 Abs. 1a Nr. 2 und § 10 Abs. 1a Nr. 4 normierten Tatbestände fanden sich vor ihrer Neuregelung durch das **ZollkodexAnpG** v. 22.12.2014 (BGBl. 2014 I 2417) – im Wesentlichen gleichlautend – in § 10 Abs. 1 Nr. 1, § 10 Abs. 1 Nr. 1a und § 10 Abs. 1 Nr. 1b. Die Auskoppelung dieser Tatbestände aus § 10 Abs. 1 und ihre Zusammenfassung in einer eigenen Vorschrift dient der Übersichtlichkeit und der Rechtsklarheit und ist daher zu begrüßen. **315**

In seinem **Wortlaut** unterscheidet sich der **Einleitungssatz** zu § 10 Abs. 1a („Sonderausgaben sind auch die folgenden Aufwendungen:") von jenem zu § 10 Abs. 1. Es fehlt die dort enthaltene Einschränkung, der zufolge die einzelnen nachfolgend geregelten Abzugstatbestände nur dann zur Anwendung gelangen, wenn die Ausgaben weder Betriebsausgaben noch Werbungskosten sind noch wie solche behandelt werden. Das wirft die **Frage** auf, ob mit der abweichenden Fassung auch **unterschiedliche Rechtsfolgen** verbunden sind. Gesetzessystematisch ordnet der Einleitungssatz an, dass für Aufwendungen, die den Tatbestand einer Vorschrift des § 10 Abs. 1a erfüllen, ausschließlich der Sonderausgabenabzug eröffnet ist. Meines Erachtens gilt dies auch dann, wenn die dort benannten Aufwendungen zugleich einen Veranlassungszusammenhang mit der Erzielung von Einkünften aufweisen; der **Abzug als Betriebsausgaben** oder **Werbungskosten** ist in diesen Fällen **versperrt** (gleicher Ansicht HHR/*Kulosa* § 10 Rn. 221; Schmidt/*Krüger* § 10 Rn. 101; **anderer Auffassung** Korn/*Bauschatz* § 10 Rn. 230.1.1; Bordewin/Brandt/*Stöcker* § 10 Rn. 714). **316**

Diese **Rechtsfolge** entspricht auch dem **Willen des Gesetzgebers.** Denn mit dem zu § 10 Abs. 1 abweichenden Einleitungssatz wurde gleichzeitig mit der Neuregelung in § 10 Abs. 1a Nr. 3 erstmalig ein Sonderausgabentatbestand für Aufwendungen zur Vermeidung des Versorgungsausgleichs geschaffen. Derartige Aufwendungen aber waren nach der zuvor bestehenden Rechtslage nach Auffassung des BFH als Werbungskosten zu beurteilen (BFH 8.3.2006 – IX R 107/00, BStBl. II 2006, 446). Diese steuerliche Zuordnung sollte nach den Vorstellungen des Gesetzgebers mit der Schaffung der Abzugsmöglichkeit nach § 10 Abs. 1a Nr. 3 obsolet sein (BT-Drs. 18/3441, 56). Darin **erschöpft** sich allerdings auch schon die **praktische Bedeutung** des im Wortlaut von § 10 Abs. 1 abweichenden Einleitungssatzes. Denn für die Abzugstatbestände der Unterhaltsleistungen (§ 10 Abs. 1a Nr. 1) und der Versorgungsleistungen (§ 10 Abs. 1a Nr. 2), die ihrer Rechtsnatur nach in keinem Veranlassungszusammenhang mit der Erzielung von Einkünften stehen können, war eine solche Erfassung als Erwerbsaufwendungen bereits nach altem Recht nicht denkbar. **316.1**

Im Übrigen gelten im Anwendungsbereich des § 10 Abs. 1a die **allgemeinen Grundsätze,** nach denen Sonderausgaben iSd **§ 10 Abs. 1** beim Steuerpflichtigen abzugsfähig sind (→ Rn. 99), entsprechend. Das betrifft insbesondere die generelle **Nichtabzugsfähigkeit** von sogenannten **Nebenkosten** (→ Rn. 102), die Notwendigkeit des **Abflusses** der Sonderausgaben im Sinne einer tatsächlich eingetretenen, endgültigen **Vermögensminderung** (→ Rn. 107 ff.), die Bestimmung des **Abflusszeitpunkts** nach § 11 Abs. 2 (→ Rn. 113) und die Frage nach der **persönlichen Abzugsberechtigung** (→ Rn. 117), insbesondere im Hinblick auf den **Ausschluss** des sog. **Drittaufwands** vom Sonderausgabenabzug (→ Rn. 118). **317**

Einstweilen frei **318–319**

2. Realsplitting (§ 10 Abs. 1a Nr. 1)

320 **a) Überblick.** Die **Vorschrift** befand sich vor ihrer Neuregelung durch das **Zollkodex-AnpG** v. 22.12.2014 (BGBl. 2014 I 2417) **gleichlautend in § 10 Abs. 1 Nr. 1.** Sie ermöglicht es **getrennt lebenden** wie **geschiedenen Ehegatten,** anstelle des durch die Trennung weggefallenen Splittingvorteils (Zusammenveranlagung nach § 26b und Splittingtarif nach § 32a Abs. 5) im Hinblick auf die zwischen ihnen bestehenden **Unterhaltsverpflichtungen** eine für beide Ehegatten steuerlich insgesamt **günstigere Verteilung** ihrer jeweiligen Einkommen zu erreichen. Der Abzug der Unterhaltszahlungen beim Unterhaltsverpflichteten **korrespondiert** dabei mit ihrer Besteuerung als nach § 22 Nr. 1a steuerpflichtige sonstige Einkünfte beim Unterhaltsempfänger. Das Realsplitting dient der **Glättung der Steuerprogression.** Es verschafft den Ehegatten damit nach ihrer Trennung faktisch (also real) einen der Besteuerung nach dem **Splittingverfahren ähnlichen, steuermindernden Effekt** (BFH 12.4.2000 – XI R 127/96, BStBl. II 2002, 130; vgl. KSM/*Söhn* § 10 Rn. C 9). Dadurch, dass die Inanspruchnahme antragsgebunden ist und der Höhe nach beschränkt werden kann, besteht zudem die Möglichkeit, den Realsplittingvorteil in eigener Verantwortung der Ehegatten optimal auf ihre individuellen Verhältnisse zuzuschneiden (HHR/*Kulosa* § 10 Rn. 225; Bordewin/Brandt/*Stöcker* § 10 Rn. 412).

320.1 **Rechtsentwicklung:** Die Möglichkeit, Unterhaltszahlungen an den geschiedenen oder dauernd getrennt lebenden Ehegatten als Sonderausgaben abzuziehen, ist durch das **Steueränderungsgesetz 1979** v. 30.11.1978 (BGBl. 1978 I 1849) geschaffen und zunächst in § 10 Abs. 1 Nr. 1 geregelt worden. Mit dem **Bürgerentlastungsgesetz Krankenversicherung** v. 16.7.2009 (BGBl. 2009 I 1959) wurde die Vorschrift um eine Bestimmung ergänzt, der zufolge sich der Höchstbetrag um die für den Unterhaltsempfänger übernommenen Krankenversicherungsbeiträge erhöht (jetzt § 10 Abs. 1a Nr. 1 S. 2). Das **ZollkodexAnpG** v. 22.12.2014 (BGBl. 2014 I 2417) überführte die gesamte Regelung in § 10 Abs. 1a Nr. 1.

321 Die **Ausgestaltung** des Realsplittings ist **verfassungsgemäß.** Dies gilt sowohl für die **Beschränkung des Personenkreises,** an den die begünstigten Unterhaltsleistungen erbracht werden können, auf geschiedene und dauernd getrennt lebende Ehegatten und Lebenspartner (BFH 14.5.2007 – III B 98/06, BFH/NV 2007, 1528), als auch für die **Begrenzung auf einen Höchstbetrag** (BFH 26.10.2011 – X B 4/11, BFH/NV 2012, 214).

322 *Einstweilen frei*

323 **b) Unterhaltsleistungen.** Der gesetzlich nicht definierte **Begriff der Unterhaltsleistungen** ist **weit auszulegen.** Er entspricht dem in **§ 33a Abs. 1** enthaltenen Tatbestandsmerkmal der „Aufwendungen für den Unterhalt" (KKB/*Wilhelm* § 10 Rn. 143) und umfasst danach insbesondere die typischen Aufwendungen zum Bestreiten der Lebensführung, wie etwa die Kosten für die Ernährung, die Bekleidung und das Wohnen. Nach der Rechtsprechung des BFH können Unterhaltsleistungen sowohl **laufend** als auch in Form von **gelegentlichen oder einmaligen Leistungen** erbracht werden (ebenso Blümich/*Hutter* § 10 Rn. 63). Zahlungen in **Geld** werden ebenso erfasst wie **Sachleistungen** (zur Bewertung → Rn. 108), zu denen etwa das Überlassen einer im Miteigentum der Eheleute stehenden **Wohnung** an den unterhaltsempfangenden Ehegatten gehören kann (Ansatz des auf den überlassenen Miteigentumsanteil entfallenden Mietwerts, BFH 12.4.2000 – XI R 127/96, BStBl. II 2002, 130; zustimmend Korn/*Bauschatz* § 10 Rn. 230.2.5). **Nicht** als Unterhaltsleistungen abzugsfähig sind dagegen die von einem Ehegatten in der Scheidungsvereinbarung übernommenen Aufwendungen zur **Tilgung gemeinsamer Schulden** (Bordewin/Brandt/*Stöcker* § 10 Rn. 430). **Einheitliche Unterhaltsleistungen,** die sowohl den Ehegatten als auch unterhaltsberechtigte **Kinder** betreffen, sind nach zivilrechtlichen Grundsätzen **aufzuteilen** (BFH 12.12.2007 – XI R 36/05, BFH/NV 2008, 792). Auch **freiwillige Leistungen,** die **über** den gesetzlichen Unterhaltsanspruch hinausgehen, sind abziehbar (Schmidt/*Krüger* § 10 Rn. 103; aber → Rn. 325 bei freiwilligen Weiterzahlungen nach Wiederheirat). Entscheidend ist lediglich, dass die Unterhaltsleistungen durch die Scheidung der Ehe oder durch das dauernde Getrenntleben der Ehegatten veranlasst sind. **Erstattet** daher der Geber dem Empfänger die auf die übrigen Unterhaltsleistungen entfallende **Einkommensteuer,** so zählt auch dieser Betrag jedenfalls dann zum geleisteten Unterhalt, wenn dies vorher

vereinbart wurde (BFH 28.11.2007 – XI B 68/07, BFH/NV 2008, 372; vgl. Blümich/*Hutter* § 10 Rn. 62).

Keine Unterhaltsleistungen sind hingegen die Aufwendungen, die der Steuerpflichtige tragen muss, um die **Zustimmung** des geschiedenen oder getrennt lebenden Ehegatten zur Inanspruchnahme des Realsplittings zu erlangen (zB **Rechtsanwalts- und Zivilprozesskosten** als Nebenkosten; BFH 10.3.1999 – XI R 86/95, BStBl. II 1999, 522; → Rn. 102; zur Abziehbarkeit der Zivilprozesskosten beim Unterhaltsberechtigten als vorweggenommene Werbungskosten bei den sonstigen Einkünften vgl. FG Münster 3.12.2019 – 1 K 494/18 E, EFG 2020. 185, Rev. X R 7/20). Ebenfalls keine Unterhaltsleistungen „an den […] Ehegatten" iSd § 10 Abs. 1a Nr. 1 S. 1 sind Zahlungen des Unterhaltsverpflichteten auf die Erstattungsforderung des im Rahmen des **UnterhaltsvorschussG** tätig gewordenen Sozialamts (so zutreffend HHR/*Kulosa* § 10 Rn. 227), sodass insoweit bei Verletzung der Unterhaltsverpflichtung **keinerlei Sonderausgabenabzug** besteht (auch die Vorschusszahlungen des Sozialamts können mangels Abflusses nicht als Aufwendungen des Steuerpflichtigen anerkannt werden; s. FG Saarland 18.12.1996 – 1 K 2/96, EFG 1997, 657, rkr.; Schmidt/*Krüger* § 10 Rn. 103). 323.1

Einstweilen frei 324

c) Person des Unterhaltsempfängers. Begünstigter der Unterhaltsleistungen kann sowohl der **geschiedene (frühere) Ehegatte** (dann gesetzliche Unterhaltspflicht nach §§ 1569–1586b BGB) als auch der **dauernd getrennt lebende Ehegatte** des Steuerpflichtigen im Sinne von § 1567 BGB (dann gesetzliche Unterhaltspflicht nach § 1361 BGB) sein. **Gleichgestellt** sind Unterhaltsleistungen an eine Person, mit der der Steuerpflichtige in einer **nichtigen oder aufgehobenen Ehe** (§§ 1313–1318 BGB) verbunden war (§ 10 Abs. 1a Nr. 1 S. 6). Sind die Eheleute bereits geschieden, ist ein zusätzliches Getrenntleben keine Abzugsvoraussetzung („oder"; gleicher Ansicht Blümich/*Hutter* § 10 Rn. 65). Entfällt die gesetzliche Unterhaltspflicht mit **Wiederverheiratung** des Unterhaltsempfängers, kommt fortan ein Sonderausgabenabzug der – nunmehr nur noch insgesamt freiwillig geleisteten – Zahlungen **nicht** mehr in Betracht (so zutreffend Bordewin/Brandt/*Stöcker* § 10 Rn. 443; Lademann EStG/*Steiner* § 10 Rn. 442a; KSM/*Söhn* § 10 Rn. C 21). Über § 2 Abs. 8 sind die Regelungen auch auf den Trennungs- und Scheidungsunterhalt gemäß §§ 12, 16 LPartG bei **gleichgeschlechtlichen Lebenspartnern** in einer eingetragenen Partnerschaft anzuwenden (so auch HHR/*Kulosa* § 10 Rn. 228; Bordewin/Brandt/*Stöcker* § 10 Rn. 420; Blümich/*Hutter* § 10 Rn. 52). 325

Es muss sich jedoch beim **Unterhaltsempfänger** um den **(früheren) Ehegatten** des Gebers handeln. Nach der Rechtsprechung des BFH kann daher der **Erbe** die ihm obliegenden Unterhaltsleistungen an den geschiedenen Ehegatten des Erblassers – die mit dem Tod des Unterhaltsverpflichteten nicht erlöschen, sondern gemäß § 1586b BGB bis zu Höhe des **fiktiven Pflichtteils** eines nicht geschiedenen Ehegatten auf ihn als Gesamtrechtsnachfolger übergehen – **nicht als Sonderausgaben** im Wege des Realsplitting abziehen (BFH 12.11.1997 – X R 83/94, BStBl. II 1998, 148; → Rn. 121.1). 325.1

Die Leistungen müssen zudem **„an"** den dauernd getrennt lebenden oder geschiedenen Ehegatten bewirkt werden (→ Rn. 323.1). Daran fehlt es, wenn der **Ehegatte** schon **verstorben** ist, weil die Leistung dann bei ihm nicht mehr korrespondierend besteuert werden kann. Vom Unterhaltsverpflichteten getragene **Bestattungskosten** des Unterhaltsberechtigten sind daher **nicht** nach § 10 Abs. 1a Nr. 1 abziehbar (BFH 20.8.2014 – X R 26/12, BFH/NV 2015, 14). 325.2

Für Zahlungen an den früheren Partner in einer **nichtehelichen Lebensgemeinschaft** kommt die Anwendung des Realsplittings **nicht** in Betracht (BFH 13.3.1995 – X B 158/94, BFH/NV 1993, 777); dies gilt auch nach der Reform des Unterhaltsrechts zum 1.1.2008 (FG Hessen 11.9.2014 – 12 K 2057/13, EFG 2015, 112, rechtskräftig). Der Ausschluss ist sachlich gerechtfertigt, weil die in eheähnlicher Gemeinschaft lebenden Partner nicht zusammenveranlagt werden können und daher auch der **Splittingtarif** für sie **nicht anwendbar** wäre. 325.3

Einstweilen frei 326

Die Inanspruchnahme des Realsplittings ist im **Jahr des Beginns des dauernden Getrenntlebens** ab dem Zeitpunkt der Trennung selbst dann möglich, wenn die Ehegatten sich für dieses Kalenderjahr zur Einkommensteuer noch **zusammenveranlagen** lassen. Denn der Abzug der Unterhaltsaufwendungen ist tatbestandlich nicht ausdrücklich an die Voraussetzung gebunden, dass der Geber und der Unterhaltsempfänger einzeln veranlagt werden müssten (KSM/*Söhn* § 10 Rn. C 53; **anderer Auffassung** HHR/*Kulosa* § 10 327

Rn. 228). Dadurch scheint auf den ersten Blick zwar eine – vom Gesetzgeber offenbar übersehene – Kumulation von Splitting- und Realsplittingvorteil möglich zu sein. Da der Unterhaltsempfänger die beim Geber abgezogenen Leistungen jedoch in gleicher Höhe als sonstige Einkünfte versteuern muss, ändert sich durch die Inanspruchnahme beider Vergünstigungen (bis auf die Abzugsmöglichkeit des Werbungskosten-Pauschbetrags von 102 EUR nach § 9a S. 1 Nr. 3) an dem von den Ehegatten im Trennungsjahr gemeinsam erzielten zu versteuernden Einkommen im Ergebnis so gut wie nichts.

328 Im Zeitpunkt des Abflusses der jeweiligen Unterhaltsleistung muss der **Unterhaltsempfänger unbeschränkt einkommensteuerpflichtig** sein, weil die Unterhaltsleistungen sonst nicht korrespondierend beim Empfänger als sonstige Einkünfte (§ 22 Nr. 1a) erfasst werden könnten. Diese Einschränkung ist **verfassungsgemäß,** zumal auch der Vorteil des Ehegattensplittings selbst nur beiderseits unbeschränkt einkommensteuerpflichtigen Ehegatten gewährt wird (BFH 25.3.1986 – IX R 4/83, BStBl. II 1986, 603). Für Staatsangehörige der **Mitgliedstaaten der EU oder des EWR** als Unterhaltsempfänger findet sich eine Ausnahmebestimmung in **§ 1a Abs. 1 Nr. 1.** Danach genügt es, wenn der Empfänger seinen Wohnsitz in einem dieser Staaten hat und die Besteuerung beim Empfänger durch eine **Bescheinigung** der zuständigen ausländischen Steuerbehörde **nachgewiesen** werden kann.

328.1 Entsprechende Regelungen gibt es zudem in den **Doppelbesteuerungsabkommen** mit **Kanada** (Art. 18 Abs. 3 Buchst. d DBA-Kanada) und den **USA** (Art. 18 Abs. 3 DBA-USA) sowie in der mit der **Schweiz** getroffenen **Verständigungsvereinbarung** (HHR/*Kulosa* § 10 Rn. 230; Einzelheiten s. H 10.2 EStR).

328.2 Nach **§ 1a Abs. 1 Nr. 1** kann die Besteuerung im Empfängerstaat nicht nachgewiesen werden, wenn die Bezüge dort in Ermangelung eines Steuertatbestands für empfangene Unterhaltsleistungen **nicht steuerbar** sind. Der damit verbundene Ausschluss der entsprechenden Unterhaltsaufwendungen vom Realsplitting (BFH 13.12.2005 – XI R 5/02, DStRE 2006, 769) ist **mit europarechtlichen Vorgaben vereinbar** (EuGH 12.7.2005 – C-403/03, EuGHE 2005, I-6421 – Schempp). Gleiches würde dem Wortlaut der Regelung zufolge aber auch gelten, wenn die Bezüge im Wohnsitzstaat des Empfängers zwar **dem Grunde nach steuerpflichtig** sind, auf sie beim konkreten Empfänger aber wegen **Unterschreitens des Grundfreibetrags** tatsächlich **keine Steuer anfällt.** Da dieser Umstand den Abzug der Unterhaltsleistungen beim Geber bei einem reinen Inlandssachverhalt jedoch nicht hindern würde, wird man § 1a Abs. 1 Nr. 1 **europarechtskonform** dahin auslegen müssen, dass es für ihren Abzug bereits ausreicht, wenn sich aus der Bescheinigung der Steuerbehörde des Empfängerstaats ergibt, dass die Bezüge **in die Veranlagung des Unterhaltsempfängers einbezogen** worden sind (so auch HHR/*Kulosa* § 10 Rn. 230).

329 *Einstweilen frei*

330 **d) Antrag des Gebers. Weitere Voraussetzung** für die Inanspruchnahme des Realsplittings ist – anders als bei den anderen Sonderausgaben-Tatbeständen – ein entsprechender **Antrag** des Steuerpflichtigen. Dieser Antrag stellt nicht nur eine rein formelle Verfahrenshandlung dar, sondern ist selbst **Merkmal des gesetzlichen Tatbestands** (BFH 12.7.1989 – X R 8/84, BStBl. II 1989, 957). Im Zusammenwirken mit der korrespondierend erforderlichen Zustimmung des Empfängers (→ Rn. 335) überführt der Antrag die Unterhaltsleistungen in den steuerrechtlich relevanten Bereich und ändert so ihren Rechtscharakter (BFH 9.12.2009 – X R 49/07, BFH/NV 2010, 1790; vgl. Schmidt/*Krüger* § 10 Rn. 109; KKB/*Wilhelm* § 10 Rn. 147).

331 Der Antrag des Gebers ist **formlos** möglich. Für Antragstellung und Zustimmung stellt die Finanzverwaltung den Ehegatten mit der **„Anlage U"** zur Steuererklärung ein besonderes Formular zur Verfügung (s. Schmidt/*Krüger* § 10 Rn. 106). Der Antrag kann **der Höhe nach** auf einen Teil der geleisteten Unterhaltsaufwendungen **beschränkt** werden; dies soll es den betroffenen Ehegatten ermöglichen, gemeinsam die für sie günstigste Steuerbelastung zu erreichen (BFH 14.4.2005 – XI R 33/03, BStBl. II 2005, 825). **Zweckmäßig** ist eine solche Beschränkung daher vor allem dann, wenn die Geltendmachung des vollen Unterhalts beim Empfänger zu einer **Progressionswirkung** führen würde, die den **Steuervorteil des Gebers übersteigt.**

332 Der Antrag kann jeweils **nur für ein Kalenderjahr gestellt** und ab dem Zeitpunkt, an dem er beim Finanzamt eingegangen ist, **nicht mehr zurückgenommen** werden (§ 10 Abs. 1a Nr. 1 S. 3). Der Geber ist an den einmal gestellten Antrag mithin auch dann gebunden, wenn sich nachfolgend herausstellt, dass sich der Sonderausgabenabzug bei ihm nicht auswirkt, während korrespondierend beim Empfänger der Unterhaltsleistungen Steuern nach § 22 Nr. 1a anfallen (BFH 9.12.2009 – X R 49/07, BFH/NV 2010, 1790; vgl. Korn/*Bauschatz* § 10 Rn. 230.2.2). Als (teilweise) Zurücknahme im Sinne der Vorschrift wäre auch die nachträgliche Verminderung des Betrags an Unterhaltsleistungen zu verstehen, für den der Antrag nach § 10 Abs. 1a Nr. 1 ursprünglich gestellt wurde. Das bedeutet, dass auch eine **spätere Beschränkung** des Antrags **nicht mehr möglich** ist (BFH 22.11.1999 – XI R 121/96, BStBl. II 2000, 218). Dagegen ist die **spätere betragsmäßige Erweiterung** eines bereits gestellten Antrags **zulässig,** sofern ihr auch der Unterhaltsempfänger zustimmt, da dies keiner vollständigen oder teilweisen Rücknahme gleichkommt (BFH 28.6.2006 – XI R 32/05, BStBl. II 2007, 5; Lademann EStG/*Steiner* § 10 Rn. 460).

Wird dem Geber die Zustimmung des Empfängers erst **nach Eintritt der Bestandskraft** 333
seiner Einkommensteuerveranlagung erteilt, so kann er den **Antrag** auch noch **nach diesem Zeitpunkt** stellen. Denn die Zustimmung zu dem nachträglichen Antrag – Gleiches gilt bei einer **nachträglichen Antragserweiterung** (→ Rn. 332) – stellt dann nach der Rechtsprechung des BFH ein **rückwirkendes Ereignis** im Sinne des § 175 Abs. 1 S. 1 Nr. 2 AO dar, sodass mit ihr noch eine Änderung der Steuerfestsetzung zugunsten des Gebers herbeigeführt werden kann (BFH 12.7.1989 – X R 8/84, BStBl. II 1989, 957; BFH 28.6.2006 – XI R 32/05, BStBl. II 2007, 5). **Anders** verhält es sich, wenn dem Geber die **Zustimmungserklärung** des Unterhaltsempfängers bereits **vor Eintritt der Bestandskraft vorgelegen** hat, weil in einem solchen Fall – anders als bei nachträglich erklärter Zustimmung – kein Bedürfnis dafür besteht, seine Veranlagung über den Zeitpunkt der Erteilung der Zustimmung hinaus offenzuhalten (BFH 20.8.2014 – X R 33/12, BStBl. II 2015, 138; vgl. Blümich/*Hutter* § 10 Rn. 76; Korn/*Bauschatz* § 10 Rn. 230.2.13). Umgekehrt stellt auch die erstmalige Berücksichtigung des Sonderausgabenabzugs beim Geber ein rückwirkendes Ereignis dar, das das Finanzamt zu einer **Änderung** der bereits bestandskräftig gewordenen Einkommensteuerfestsetzung **beim Empfänger** berechtigt (FG Sachsen-Anhalt 7.3.2019 – 1 K 508/16, EFG 2019, 748; Rev. X R 15/19; gleicher Ansicht HHR/*Kulosa* § 10 Rn. 232).

Die **Berücksichtigung des Antrags** auf Durchführung des Realsplitting ist damit **bis zum Eintritt** 333.1
der Festsetzungsverjährung (§ 169 AO) möglich, wenn auch die Zustimmung des Unterhaltsempfängers erst entsprechend spät erteilt wird (Frotscher/Geurts/*Lindberg* § 10 Rn. 170h). Dem wird man – soweit damit im Ergebnis eine Änderungsmöglichkeit bejaht wird – ohne Weiteres zustimmen können. **Problematisch** am Ansatz der Rechtsprechung, die Erteilung der Zustimmung als **rückwirkendes Ereignis** iSd § 175 Abs. 1 S. 1 Nr. 2 AO einzuordnen, ist allerdings, dass wegen der Rechtsfolge des **§ 175 Abs. 1 S. 2 AO** (wonach die Festsetzungsfrist erst mit Ablauf des Kalenderjahrs der Zustimmung beginnt) eine solche **Verjährung** letztlich **niemals wird eintreten können.** Es ist nämlich wegen ihrer materiell-rechtlichen Bedeutung als rechtsgestaltende Merkmale des gesetzlichen Tatbestands (→ Rn. 330; → Rn. 335) nicht möglich, den Antrag oder die Zustimmung als bloße „nachträgliche Erteilung oder Vorlage einer Bescheinigung oder Bestätigung" iSd § 175 Abs. 2 S. 2 AO zu sehen (gleicher Ansicht HHR/*Kulosa* § 10 Rn. 232).

Einstweilen frei 334

e) Zustimmung des Empfängers. Zum Abzug der Unterhaltsleistungen beim Geber 335
ist neben dessen Antrag zusätzlich die **Zustimmung des Empfängers** erforderlich, die gleichfalls rechtsgestaltend wirkt (BFH 22.9.1999 – X R 121/96, BStBl. II 2000, 218) und damit ein **materielles Merkmal** des **gesetzlichen Tatbestands** (→ Rn. 330) darstellt. Das Zustimmungserfordernis soll dem Empfänger die Möglichkeit verschaffen, die mit der **korrespondierenden Besteuerung der Bezüge** nach § 22 Nr. 1a verbundenen steuerlichen und außersteuerlichen **Nachteile** (wie etwa die Einbeziehung bei der Bemessung von Sozialleistungen, die sich an der Höhe des steuerlichen Einkommens orientieren) **auf den Geber abzuwälzen** (HHR/*Kulosa* § 10 Rn. 234). Verpflichtet sich der Geber daher, die auf die Bezüge entfallenden Steuern zu übernehmen und die sozialrechtlichen Nachteile auszugleichen (§ 1578 BGB), ist der Unterhaltsempfänger **zivilrechtlich** im Verhältnis der Ehegatten untereinander nach Treu und Glauben **zur Erteilung seiner Zustimmung verpflichtet** (BGH 26.9.1984 – IVb ZR 30/83, NJW 1985, 195: dabei besteht kein Anspruch auf Beteiligung an der Steuerersparnis des Gebers); der Verpflichtung kann der Geber später zudem **nicht** entgegenhalten, dass es sich bei der von ihm zu erstattenden

Einkommensteuer des Unterhaltsberechtigten um grundsätzlich nur unter engen Voraussetzungen (§ 1685b Abs. 3 BGB) zu leistenden **Unterhalt für die Vergangenheit** handeln würde (BGH 11.5.2005 – XII ZR 108/02, BFH/NV 2005, 391). Den Anspruch auf Erteilung der Zustimmung kann der Geber jedoch **nur vor den Zivilgerichten** gegen den Empfänger durchsetzen (Schmidt/*Krüger* § 10 Rn. 107. Erst mit der **Rechtskraft des Zivilurteils** gilt die Zustimmungserklärung gemäß § 894 Abs. 1 S. 1 ZPO als abgegeben (Korn/*Bauschatz* § 10 Rn. 230.2.15).

336 Entscheidend ist allein das **tatsächliche Vorliegen** der Zustimmung und nicht bereits der Anspruch auf deren Erteilung (BFH 21.2.2013 – X B 53/11, BFH/NV 2013, 972). Solange die Zustimmungserklärung vom Empfänger weder erteilt worden ist noch ersatzweise nach § 894 ZPO als abgegeben gilt, ist ein Abzug der Unterhaltsleistungen nicht möglich (BFH 25.7.1990 – X R 137/88, BStBl. II 1990, 1022). Darauf, ob die Verweigerung der Zustimmung **rechtsmissbräuchlich** ist, kommt es dabei steuerrechtlich nicht an (BFH 2.7.2003 – XI R 8/03, BStBl. II 2003, 803). Die **Zustimmung** kann auch **blanko erteilt** werden; sie ist also auch zulässig, wenn der **Antrag,** auf den sie sich bezieht, noch **nicht beziffert** ist (BFH 12.12.2007 – XI R 36/05, BFH/NV 2008, 792). Wird die Zustimmung nur für einen **geringeren Betrag** erteilt, als ihn der Geber geleistet und beantragt hat, ist der Sonderausgabenabzug bis zur Höhe des Betrages zulässig, zu dem Antrag und Zustimmung sich decken (KSM/*Söhn* § 10 Rn. C 83; Blümich/*Hutter* § 10 Rn. 79).

337 **Wirksam** ist die erteilte Zustimmung **bis auf Widerruf** (§ 10 Abs. 1a Nr. 1 S. 4). Die Zustimmung **bindet** den Unterhaltsempfänger daher – anders als der Antrag den Geber – in der Regel **auf Dauer,** sodass der Geber sie nicht für jedes Kalenderjahr erneut beim Empfänger einholen muss. Dies gilt jedoch **nicht** in den Fällen, in denen die fehlende Zustimmung – als Ergebnis einer entsprechenden Klage des Gebers – nach § 894 ZPO durch zivilgerichtliches Urteil ersetzt worden ist (→ Rn. 335).

337.1 Es wäre **nicht gerechtfertigt,** der Zustimmungserklärung auch hier Dauerwirkung beizumessen, weil ihre Erteilung nicht auf einer freien Entscheidung des Empfängers beruht. Außerdem konnten die Zivilgerichte bei ihrer Entscheidung nur die Verhältnisse des Kalenderjahrs berücksichtigen, für das der Geber die Zustimmungsklage erhoben hatte. Diese **Einschränkung** gilt jedoch **nicht,** wenn die im Zivilprozess erlangte Zustimmung sich nicht aus einer Verurteilung, sondern aus einem entsprechenden, **gerichtlich protokollierten Vergleich** ergibt (EStR 10.2 Abs. 2 S. 1; HHR/*Kulosa* § 10 Rn. 234).

338 Den **Widerruf** muss der Empfänger gegenüber dem Finanzamt **vor Beginn des Kalenderjahrs erklären,** für das die erteilte Zustimmung erstmals nicht mehr gelten soll (§ 10 Abs. 1a Nr. 1 S. 5). Der Widerruf wirkt damit **nur für künftige,** noch nicht begonnene **Veranlagungszeiträume.** Die Widerrufserklärung muss „gegenüber dem Finanzamt" abgegeben werden, sodass eine Erklärung gegenüber dem unterhaltsverpflichteten Geber nicht ausreicht. Der Widerruf der Zustimmung ist aber sowohl gegenüber dem Wohnsitz-Finanzamt des Unterhaltsleistenden als auch gegenüber dem Wohnsitz-Finanzamt des Unterhaltsempfängers möglich (BFH 2.7.2003 – XI R 8/03, BStBl. II 2003, 803).

339 *Einstweilen frei*

340 **f) Identifikationsnummer der unterhaltenen Person.** Seit dem Veranlagungszeitraum 2016 ist die Inanspruchnahme des Realsplittings zudem von der **Angabe der steuerlichen Identifikationsnummer** (§ 139b AO) des unterhaltenen geschiedenen oder dauernd getrennt lebenden Ehegatten abhängig (§ 10 Abs. 1a Nr. 1 S. 7 in der Fassung des **StÄndG 2015** v. 2.11.2015, BGBl. 2015 I 1834; **materielle Anspruchsvoraussetzung,** vgl. Schmidt/*Krüger* § 10 Rn. 108). Die Regelung soll der Finanzverwaltung die korrespondierende Besteuerung der Unterhaltsleistungen beim Leistungsempfänger (§ 22 Nr. 1a) erleichtern. Nicht erforderlich ist die Angabe der Identifikationsnummer allerdings, wenn die unterhaltene Person weder der unbeschränkten noch der beschränkten Steuerpflicht unterliegt.

341 Der Steuerpflichtige hat gegenüber dem Leistungsempfänger einen **Anspruch** darauf, dass dieser ihm die zur Inanspruchnahme des Sonderausgabenabzugs erforderliche **Identifikationsnummer mitteilt** (§ 10 Abs. 1a Nr. 1 S. 8). Geschieht dies nicht, kann der Unterhaltsleistende die Identifikationsnummer bei der für ihn zuständigen **Finanzbehörde** (mithin bei seinem Wohnsitzfinanzamt) abfragen; das Steuergeheimnis (§ 30 AO) steht dem nicht entgegen (§ 10 Abs. 1a Nr. 1 S. 9).

g) Höchstbetrag für den Abzug als Sonderausgaben. Der Abzug von Unterhaltsaufwendungen im Wege des Realsplittings ist nicht unbegrenzt möglich, sondern der Höhe nach auf **bis zu 13.805 EUR je Kalenderjahr beschränkt** (der Höchstbetrag von früher 27.000 DM gilt seit Inkrafttreten des **Wohnungsbauförderungsgesetzes** v. 22.12.1989, BGBl. 1989 I 2408, ab dem **Veranlagungszeitraum 1990 unverändert** und ist im Zuge der Euro-Einführung lediglich auf EUR umgestellt worden). Wird mehreren Personen nach § 10 Abs. 1a Nr. 1 Unterhalt geleistet, so gilt dieser Höchstbetrag für jeden Unterhaltsempfänger gesondert (R 10.2 Abs. 3 EStR; Kirchhof/*Bleschick* § 10 Rn. 10; Blümich/*Hutter* § 10 Rn. 66). Es handelt sich um einen **für das ganze Jahr bestimmten Höchstbetrag.** Der Höchstbetrag mindert sich also auch dann nicht anteilig, wenn die tatbestandlichen Voraussetzungen des § 10 Abs. 1a Nr. 1 nicht im gesamten Veranlagungszeitraum vorgelegen haben. Er kann andererseits auch nicht in übersteigender Höhe in Anspruch genommen werden, wenn zugleich für frühere Jahre **Nachzahlungen** geleistet worden sind (Bordewin/Brandt/*Stöcker* § 10 Rn. 439). **342**

Der Höchstbetrag von 13.805 EUR **erhöht** sich ab dem Veranlagungszeitraum 2010 um die **Beträge,** die der Geber im jeweiligen Veranlagungszeitraum zur **Absicherung** seines getrennt lebenden oder geschiedenen (früheren) Ehegatten im Rahmen seiner eigenen **Kranken- und Pflegeversicherung** aufgewendet hat (§ 10 Abs. 1a Nr. 1 S. 2). Auch diese beim Geber als Sonderausgaben zu berücksichtigenden Leistungen unterliegen beim **Empfänger** der **korrespondierenden Besteuerung** nach § 22 Nr. 1a. **Grund** für die Erhöhung des Höchstbetrags um diese Versicherungsbeiträge ist, dass der unterhaltsverpflichtete Geber sie nicht als eigene Sonderausgaben abziehen kann, weil die **Abzugsmöglichkeit** gemäß § 10 Abs. 1 Nr. 3 S. 4 **allein dem Unterhaltsempfänger zusteht** (→ Rn. 189). **343**

Einstweilen frei **344–346**

3. Versorgungsleistungen wegen Vermögensübergabe (§ 10 Abs. 1a Nr. 2)

a) Überblick. § 10 Abs. 1a Nr. 2 ermöglicht dem Steuerpflichtigen den **Sonderausgabenabzug von Versorgungsleistungen,** die im Zusammenhang mit der **Übertragung** von **Mitunternehmeranteilen, Betrieben, Teilbetrieben** oder von **beherrschenden GmbH-Anteilen** stehen. Mit der Regelung wird das von der Rechtsprechung des BFH entwickelte Rechtsinstitut der **„Vermögensübergabe gegen Versorgungsleistungen"** gesetzlich normiert (zur maßgeblichen Debatte über diese Frage → Rn. 88 f.). Dadurch soll die Übergabe von Betrieben an die nächste Generation im Wege der **vorweggenommenen Erbfolge** ohne Aufdeckung der in ihnen ruhenden stillen Reserven erleichtert und gleichzeitig die **Versorgung des Übergebers** aus dem übernommenen Vermögen gewährleistet werden (vgl. Blümich/*Hutter* § 10 Rn. 90). Bei entsprechender **Gestaltung** kann es dadurch im Einzelfall möglich werden, im (intakten) Familienverbund ähnliche steuerliche Ergebnisse wie durch ein (gesetzlich nicht vorgesehenes) **„Familiensplitting"** zu erzielen (Einkünfteverteilung auf mehrere Generationen zur Abmilderung der Steuerprogression; vgl. HHR/*Kulosa* § 10 Rn. 240). Wegen des allen Tatbeständen des § 10 Abs. 1a innewohnenden **Korrespondenzprinzips** (→ Rn. 315) hat der **Empfänger** der Versorgungsleistungen diese in der dem Sonderausgabenabzug beim Leistenden entsprechenden Höhe als eigene **sonstige Einkünfte** (§ 22 Nr. 1a) zu **versteuern.** **347**

b) Zeitlicher Anwendungsbereich. Die Bestimmungen des § 10 Abs. 1a Nr. 2 befanden sich vor ihrer Neuregelung durch das **ZollkodexAnpG** v. 22.12.2014 (BGBl. 2014 I 2417), also **bis zum Veranlagungszeitraum 2014, gleichlautend in § 10 Abs. 1 Nr. 1a.** Sie haben mit Wirkung zum Veranlagungszeitraum 2008 den dort **früher** (bis zum Inkrafttreten des **JStG 2008** v. 20.12.2007, BGBl. 2007 I 3150) geregelten Abzugstatbestand für **Renten und dauernde Lasten** (§ 10 Abs. 1 Nr. 1a EStG aF) ersetzt, der jedoch wesentlich weiter gefasst war (zu Einzelheiten → Rn. 380 ff.). Die **Neuregelung** gilt gemäß § 52 Abs. 18 S. 1 nur für Versorgungsleistungen, die auf Vermögensübertragungen beruhen, die **nach dem 31.12.2007** vereinbart worden sind (BFH 9.5.2019 – VI R 43/16, BFH/NV 2019, 1335). **348**

Zwar bezieht sich der **Wortlaut** des § 52 Abs. 18 S. 1 nur auf Versorgungsleistungen im Zusammenhang mit Vermögensübertragungen, die nach dem 31.12 2007 „vereinbart" worden sind. Weitergehend **348.1** ist die Neuregelung aber nach herrschender Meinung auch auf Vermögensübertragungen anzuwenden, die nach diesem Zeitpunkt durch **Verfügungen von Todes wegen** angeordnet werden (FG Münster 13.12.2017 – 7 K 572/16 F, EFG 2018, 296; Rev. X R 3/18; gleicher Ansicht: Blümich/*Hutter* § 10 Rn. 92; Schmidt/*Krüger* § 10 Rn. 111; *Wälzholz* DStR 2008, 273).

349 Im Umkehrschluss dazu ist die bis zu diesem Zeitpunkt geltende Rechtslage daher auf **vor dem Veranlagungszeitraum 2008 vereinbarte Vermögensübertragungen** weiter anzuwenden (BFH 12.5.2015 – IX R 32/14, BStBl. II 2016, 331; → Rn. 380). Das bedeutet, dass Steuerpflichtige, die bereits vor dem 1.1.2008 zur Zahlung einer **Rente** oder einer **dauernden Last** verpflichtet waren, den bisherigen Sonderausgabenabzug auch dann fortführen können, wenn das ihnen als Vermögen übertragene Wirtschaftsgut nach neuem Recht nicht mehr begünstigt ist. Eine **Ausnahme** bilden insoweit allerdings **Altverträge,** bei denen das übertragene Vermögen in einem zu eigenen Zwecken genutzten **Grundstück** besteht und dieses nur deshalb einen **ausreichenden Ertrag** bringt, weil zu den Erträgen über den bloßen Nutzungsvorteil – in Form der ersparten Nettomiete – hinaus auch andere **ersparte Aufwendungen** (etwa in Gestalt von Zinsen) gerechnet werden. Hier ist nach **§ 52 Abs. 18 S. 2** das **neue Recht** anwendbar, sodass die Übertragung etwa von Barvermögen oder Wertpapieren gegen Versorgungsleistungen selbst dann nicht mehr begünstigt ist, wenn der Vertrag vor dem 1.1.2008 geschlossen wurde (→ Rn. 389).

350 *Einstweilen frei*

351 **c) Versorgungsleistungen. aa) Begriff der Versorgungsleistungen. Versorgungsleistungen** sind **Zuwendungen zur** (vollständigen oder teilweisen) **Existenzsicherung,** durch die die **Grundbedürfnisse** des Bezugsberechtigten wie Wohnen, Ernährung, Pflege und dessen sonstiger Lebensbedarf abgedeckt werden (BFH 25.3.1992 – X R 196/87, BStBl. II 1992, 1012). Sie müssen im **Zusammenhang** mit der **vorangegangenen Übertragung bestimmter Vermögensgegenstände** auf den Leistenden stehen (§ 10 Abs. 1a Nr. 2 S. 2). Wie bei der in der Landwirtschaft typischen **Hofübergabe gegen Altenteilerleistungen** (→ Rn. 376.1), die für den Abzugstatbestand ursprünglich Pate gestanden hatte (vgl. Lademann EStG/*Steiner* § 10 Rn. 472), muss dabei ertragsbringendes Vermögen gegen **Übernahme einer Versorgungsverpflichtung** übergeben worden sein. Dabei müssen die Leistungen zur Existenzsicherung des Übergebers vom Übernehmer aus den nunmehr von ihm erzielten Erträgen erbracht werden, sodass sich der Übergeber diese **Erträge** bei der Übergabe bei wirtschaftlicher Betrachtung **„quasi vorbehält“** (vgl. Schmidt/*Krüger* § 10 Rn. 112). Die Versorgungsleistungen sind daher begrifflich sowohl gegen Unterhaltsleistungen als auch gegen die Zahlung von Veräußerungsentgelten abzugrenzen, die für den übertragenen Vermögensgegenstand geleistet werden (s. im Einzelnen HHR/*Kulosa* § 10 Rn. 244).

352 In **Abgrenzung zu den Versorgungsleistungen** sind **Veräußerungsentgelte** dadurch gekennzeichnet, dass die wiederkehrenden Leistungen nach den Vorstellungen der Vertragsparteien so bemessen sind, dass ihr Kapitalwert im Wege **kaufmännischer Ausgewogenheit** dem Verkehrswert des übertragenen Vermögensgegenstands entspricht. Bei der **Vermögensübergabe an Abkömmlinge** spricht nach der Rechtsprechung des BFH eine **Vermutung** dafür, dass es sich **nicht** um ein **Veräußerungsgeschäft wie unter fremden Dritten handelt,** weil dann der Übernehmer aufgrund seiner familiären Beziehungen zum Übergeber ein persönliches Interesse an der Versorgung des Übergebers hat (BFH 5.11.2003 – X R 55/99, BStBl. II 2004, 706). Die für einen solchen außerbetrieblichen Charakter sprechende Vermutung, dass die Rente nach dem Versorgungsbedürfnis der Eltern und nach der Ertragskraft des übertragenen Vermögens, nicht aber nach dem Wert der übertragenen Vermögenswerte bemessen worden ist, kann allerdings **im Einzelfall widerlegt** werden (BFH 29.1.1992 – X R 193/87, BStBl. II 1992, 465). Dies gilt vor allem in Fällen, in denen der übernehmende Abkömmling die vereinbarten Leistungen nicht an den Übergeber, sondern zur **erbrechtlichen Gleichstellung** an dessen andere Abkömmlinge zu erbringen hat; hier liegen keine begünstigten Versorgungsleistungen vor (FG München 14.10.2011 – 8 K 338/08, EFG 20012, 833, rechtskräftig). Dagegen besteht unter **fremden Dritten** die nur in Ausnahmefällen widerlegbare – gegenteilige – **Vermutung,** dass bei der Übertragung von Vermögen Leistung und Gegenleistung kaufmännisch gegeneinander abgewogen sind und es sich mithin um ein **entgeltliches Veräußerungsgeschäft** handelt (BFH 16.12.1997 – IX R 11/94, BStBl. II 1998, 718). Auch diese Vermutung kann entkräftet werden. Entscheidend ist dann, ob der Vertrag vorrangig am Versorgungsbedürfnis des Übergebers und an der Ertragskraft des übertragenen Vermögens ausgerichtet ist.

Einstweilen frei 353

Die Versorgungsleistungen müssen vom Übernehmer aus den **langfristig erzielbaren Nettoerträgen** des übergebenen Vermögens aufgebracht werden können, weil es sich anderenfalls der Sache nach um nach § 12 Nr. 2 nicht abziehbare **Unterhaltsaufwendungen** handelt (Schmidt/*Krüger* § 10 Rn. 116). Für diese Annahme streitet, soweit es sich um die Übergabe betrieblicher Einheiten iSd § 10 Abs. 1a Nr. 2 in der Fassung ab 2008 handelt, nach der Rechtsprechung des BFH eine nur **ausnahmsweise widerlegliche Vermutung** (BFH 12.5.2003 – GrS 1/00, BStBl. II 2004, 95; BFH 17.3.2010 – X R 38/06, BStBl. II 2011, 622; ähnlich auch BMF 11.3.2010, BStBl. I 2010, 227; gleicher Ansicht Blümich/*Hutter* § 10 Rn. 104). Greift diese Vermutung nicht ein, ist anhand der tatsächlich erzielten Erträge im Jahr der Übergabe und in den beiden Vorjahren eine **einzelfallbezogene Ertragsprognose** vorzunehmen (s. HHR/*Kulosa* § 10 Rn. 244). 354

Bei dieser **Ertragsprognose** ist der **Unternehmerlohn außer Ansatz** zu lassen bzw. – bei Übertragung eines GmbH-Anteils – das als Betriebsausgabe abgezogene Geschäftsführergehalt dem Ertrag wieder hinzuzurechnen. Der **steuerliche Gewinn** ist zudem zugunsten des Steuerpflichtigen um die in Anspruch genommenen **Abschreibungen** wieder zu **erhöhen.** Zur Ertragsberechnung im Einzelnen s. BFH 12.5.2003 – GrS 1/00 (BStBl. II 2004, 95) und BMF 11.3.2010 (BStBl. I 2010, 227); aus Vereinfachungsgründen kann der **Durchschnittsertrag der letzten drei Jahre** zugrunde gelegt werden (KKB/*Wilhelm* § 10 Rn. 17). Der Steuerpflichtige kann zudem darlegen, dass aufgrund von **Umstrukturierungen** nach der Übernahme voraussichtlich höhere Erträge als in der Vergangenheit erwirtschaftet werden können (s. im Einzelnen BFH 8.7.2015 – X R 47/14, BFH/NV 2016, 184, und nachfolgend FG Niedersachsen 27.9.2017 – 4 K 318/15, EFG 2018, 828; Revision inzwischen erledigt, BFH 30.10.2018 – X R 40/17). In **Abgrenzung zu Unterhaltsaufwendungen** ist es für die Inanspruchnahme des Sonderausgabenabzugs zudem sogar ausreichend, dass die nach diesen Berechnungen erzielbaren **Nettoerträge** die Summe der versprochenen **Versorgungsleistungen geringfügig** (um nicht mehr als 10%) **unterschreiten** (BFH 17.3.2010 – X R 38/06, BStBl. II 2011, 622). 354.1

Fällt die **Ertragsprognose negativ** aus, so ist zu **differenzieren:** Lassen sich die Leistungen des Übernehmers **von Anfang an** nur teilweise aus den mit dem übergebenen Vermögen erzielbaren Erträgen finanzieren, so handelt es sich insgesamt um **unentgeltliche Zuwendungen** und damit in voller Höhe um **steuerlich nicht abziehbaren Unterhalt** iSd § 12 Abs. 2 (BFH 17.3.2010 – X R 38/06, BStBl. II 2011, 622). Haben die prognostisch erzielbaren Nettoerträge hingegen zur Erbringung der Versorgungsleistungen **zunächst ausgereicht** und werden die Leistungen später mit Blick auf das gestiegene Versorgungsbedürfnisses des Übergebers so stark angehoben, dass sie **künftig** aus den Erträgen nicht mehr vollständig bestritten werden können, so stellen **nur die darüber hinausgehenden Zahlungen freiwillige Leistungen** dar, während der durch die Nettoerträge des übergebenen Vermögens gedeckte Teil der Versorgungsleistungen **weiterhin als Sonderausgaben abziehbar** ist (BFH 13.12.2005 – X R 61/01, BStBl. II 2008, 16). 354.2

Einstweilen frei 355

bb) Art der Versorgungsleistungen. Die Versorgungsleistungen des Übernehmers können sowohl in Form von **Geld-** wie auch von **Sachleistungen** erbracht werden. **Unbare Leistungen** sind dabei mit ihrem tatsächlichen Wert anzusetzen (BFH 18.12.1990 – X R 151/88, BStBl. II 1991, 354), wobei als Schätzungsmaßstab seit Ablösung der Sachbezugsverordnung ab 2007 die **Sozialversicherungsentgeltverordnung** (SvEV) v. 21.12.2006 (BGBl. 2006 I 3358) herangezogen werden kann, soweit sie dafür Werte zur Verfügung stellt (BFH 8.6.2018 – X B 112/17, BFH/NV 2018, 1086). **Pflegeleistungen** kann der Übernehmer nur insoweit abziehen, als ihm Aufwendungen für die Pflege des Übergebers **durch Dritte** erwachsen sind (BFH 22.1.1992 – X R 35/89, BStBl. II 1992, 552), denn die persönlich erbrachten Arbeitsleistungen stellen beim Übernehmer keine „Aufwendungen" (im Sinne einer Minderung seines Vermögens → Rn. 107) dar. Für die **Überlassung einer Wohnung** kann der Übernehmer nur die bei ihm tatsächlich angefallenen Aufwendungen abziehen. Dies sind insbesondere die allgemeinen Betriebskosten und die Instandhaltungsaufwendungen (BFH 25.3.1992 – X R 196/87, BStBl. II 1992, 1012), letztere jedoch nur insoweit, als sie zur Erhaltung des im Zeitpunkt der Vermögensübergabe **vertragsgemä-** 356

ßen Zustands der Wohnung dienen (BFH 17.3.2010 – X B 118/09, BFH/NV 2010, 1277; BFH 5.5.2011 – X B 226/10, BFH/NV 2011, 1506).

357 *Einstweilen frei*

358 **cc) Beruhen auf besonderen Verpflichtungsgründen.** Die erbrachten Versorgungsleistungen müssen **auf einem besonderen Verpflichtungsgrund beruhen.** Dabei kann es sich sowohl um eine gesetzliche als auch um eine vertragliche Verpflichtung des Übernehmers handeln; auch übernommene Verpflichtungen im Zusammenhang mit einer Vermögensübertragung durch **Verfügung von Todes wegen** reichen aus (FG Münster 13.12.2017 – 7 K 572/16 F, EFG 2018, 296; Rev. X R 3/18). Demgegenüber sind **freiwillige Leistungen** zur Versorgung des Übergebers nach § 12 Nr. 2 **nicht abziehbar.** Ebenso wenig ist es möglich, **reine Unterhaltszahlungen** dadurch in Sonderausgaben umzuwandeln, dass sie in einer besonderen Vereinbarung festgelegt werden (vgl. Korn/*Bauschatz* § 10 Rn. 9).

358.1 Insoweit wäre das **Abzugsverbot in § 12 Nr. 2** gegenüber § 10 Abs. 1a Nr. 2 vorrangig, weil der **Abzugstatbestand** im **Einleitungssatz zu § 12** („Soweit in § 10 […] Absatz 1a Nr. 1 […] nichts anderes bestimmt ist") nicht genannt ist. Bei aufgrund einer Vermögensübergabe erbrachten Versorgungsleistungen handelt es sich jedoch um Vermögenserträge, die sich der Übergeber des Vermögens vorbehalten hat. Sie unterschieden sich daher begrifflich von Unterhaltsleistungen iSd § 12 Nr. 1 und stellen auch keine Zuwendungen des Vermögensübernehmers auf Grund freiwillig begründeter Rechtspflicht iSd § 12 Nr. 2 dar (HHR/*Fissenewert* § 12 Rn. 112; Blümich/*Hutter* § 10 Rn. 120). Das **Tatbestandsmerkmal** der **„auf besonderen Verpflichtungsgründen"** beruhenden Versorgungsleistungen dient daher vornehmlich dazu, die Begünstigung gegenüber den nach dieser Vorschrift nicht abziehbaren, auf einer **freiwillig** eingegangenen Verpflichtung beruhenden **unentgeltlichen** Zuwendungen **abzugrenzen** (HHR/*Kulosa* § 10 Rn. 247).

359 Ein **Vertrag** muss, um als ein besonderer Verpflichtungsgrund beurteilt werden zu können, **zivilrechtlich wirksam** und **steuerrechtlich anzuerkennen** sein (BFH 16.7.1985 – IX R 1/78, BFH/NV 1985, 33); die Heilungsmöglichkeit des § 41 Abs. 1 AO besteht insoweit nicht (Blümich/*Hutter* § 10 Rn. 106). Vereinbarungen zwischen **Familienangehörigen** sind nach allgemeinen Grundsätzen nur dann einkommensteuerrechtlich wie Verträge unter fremden Personen zu berücksichtigen, wenn sie den **zwischen fremden Personen üblichen Verträgen** entsprechen. Dazu gehört insbesondere, dass die gegenseitigen Rechte und Pflichten **klar und eindeutig vereinbart** worden sind und dass die getroffenen Vereinbarungen **tatsächlich durchgeführt** werden (BFH 3.3.2004 – X R 14/01, BStBl. II 2004, 826). Ein weitergehender, auch auf den **Inhalt** des Vertrags bezogener **Fremdvergleich** ist bei Versorgungsverträgen, die typischerweise zwischen nahen Angehörigen abgeschlossen werden und bei denen sich Versorgungsleistungen einerseits und Verkehrswert des übergebenen Vermögens andererseits schon begrifflich nicht als nach kaufmännischen Maßstäben ausgewogen gegenüberstehen müssen (→ Rn. 351), jedoch **nicht vorzunehmen.**

359.1 Ein solcher **inhaltlicher Fremdvergleich** ist bei § 10 Abs. 1a Nr. 2 **sachlich nicht erforderlich.** Während es beim Fremdvergleich bei sonstigen Vertragsverhältnissen zwischen Angehörigen um die Frage geht, ob eine Vereinbarung in dem – einkommensteuerrechtlich vorausgesetzten – sachlichen Zusammenhang mit der Erzielung von Einkünften steht oder den nach § 12 unbeachtlichen privaten Bereich betrifft, dient der Fremdvergleich bei Versorgungsverträgen vorrangig der **Abgrenzung** von Vereinbarungen, denen beide Parteien – durch äußere Merkmale erkennbar – **rechtliche Bindungswirkung beimessen,** von solchen „Verträgen", die zwar der äußeren Form nach als bindend erscheinen, für die Parteien selbst jedoch den **Charakter der Beliebigkeit haben** und von denen sie nur Gebrauch machen, wenn es ihnen opportun erscheint. Letzteres ist vor allem dann anzunehmen, wenn der Vollzug der Vereinbarung durch **willkürliche Aussetzung** und **anschließende Wiederaufnahme** der Zahlungen, darüber hinaus aber auch durch **Schwankungen in der Höhe des Zahlbetrags,** die nicht durch Änderungen der Verhältnisse gerechtfertigt sind, gekennzeichnet ist (BFH 3.3.2004 – X R 14/01, BStBl. II 2004, 826; gleicher Ansicht HHR/*Kulosa* § 10 Rn. 253; **anderer Auffassung** KKB/*Wilhelm* § 10 Rn. 159; Korn/*Bauschatz* § 10 Rn. 230.3.24).

360 *Einstweilen frei*

361 **dd) Lebenslange und wiederkehrende Versorgungsleistungen.** Die **Versorgungsleistungen** müssen **dem Übergeber lebenslang geschuldet** sein. Sie müssen zudem **wiederkehrenden** Charakter haben. Diese Einschränkung beruht darauf, dass **einmalige Leis-**

tungen im Regelfall nicht der Versorgung des Übergebers dienen können. Anders verhält es sich jedoch mit einmalig zu erbringenden **Zusatzleistungen,** die als Teil eines Bündels typischer Versorgungsleistungen einer isolierten Betrachtung nicht zugänglich sind (BFH 15.2.2006 – X R 5/04, BStBl. II 2007, 160, zu Begräbniskosten). Lebenslange Leistungen sind solche, die **ohne zeitliche Befristung bis zum Tod des Übergebers** geschuldet werden (BFH 10.4.2014 – X B 250/13, BFH/NV 2014, 1045; FG Niedersachsen 14.5.2013 – 15 K 180/12, EFG 2013, 1486, rechtskräftig), ohne dass sie allerdings innerhalb des gesamten Zeitraums der Höhe nach konstant gleichbleibend sein müssen (FG Baden-Württemberg 21.3.2016 – 9 K 1718/14, EFG 2016, 1089, rechtskräftig; zustimmend *Hartman* EFG 2016, 1091). Das gesetzliche Erfordernis der **lebenslänglichen Ausgestaltung** stellt zudem eine **Abkehr** von der nach **alter Rechtslage** (vor Inkrafttreten des **JStG 2008** v. 20.12.2007, BGBl. 2007 I 3150) noch bestehenden Möglichkeit dar, auch für sog. **abgekürzte Versorgungsleistungen** den Sonderausgabenabzug als dauernde Last vornehmen zu können, wenn die zeitliche Beschränkung lediglich der Schließung einer Versorgungslücke (zB bis zum erstmaligen Bezug einer Sozialversicherungsrente) dienen sollte (vgl. dazu BFH 26.1.1994 – X R 54/92, BStBl. II 1994, 633; BFH 31.8.1994 – X R 44/93, BStBl. II 1996, 676; BMF 16.9.2004, BStBl. I 2004, 922 Rn. 58; **anderer Auffassung** HHR/*Kulosa* § 10 Rn. 248: keine materielle Rechtsänderung).

Die **beiden Voraussetzungen** der sowohl **auf Lebenszeit** als auch **wiederkehrend** vereinbarten Versorgungsleistungen müssen nebeneinander **(kumulativ)** vorliegen (gleicher Ansicht Frotscher/Geurts/*Lindberg* § 10 Rn. 171j; Blümich/*Hutter* § 10 Rn. 95). Die **gegenteilige Auffassung,** es handele sich um „zwei selbständig nebeneinander stehende Begünstigungsalternativen" (so *Wälzholz* DStR 2008, 273; Lademann EStG/*Steiner* § 10 Rn. 480) – sodass wiederkehrende Leistungen also selbst dann begünstigt wären, wenn sie nicht lebenslänglich gezahlt werden müssten –, verkennt, dass es den (dann von der Vorschrift auch mitgeregelten) Fall einer lebenslang erbrachten Versorgungsleistung in Gestalt einer Einmalzahlung nicht gibt. 362

Die **Gegenauffassung übersieht** zudem, dass es dann wegen des Wortlauts von § 10 Abs. 1a Nr. 2 S. 1 („auf besonderen Verpflichtungsgründen beruhende, lebenslange und wiederkehrende Versorgungsleistungen") konsequenterweise sogar möglich wäre, Leistungen **allein wegen ihrer Wiederkehr** selbst dann als Sonderausgaben im Sinne dieser Vorschrift anzusehen, wenn sie weder lebenslang vereinbart worden sind noch auf besonderen Verpflichtungsgründen beruhen, sondern freiwillig erbracht werden (tatsächlich enthielte die Vorschrift dann nämlich sogar **drei Tatbestandsalternativen**). Zugleich würden auf besonderen Verpflichtungsgründen beruhende Versorgungsleistungen selbst dann unter § 10 Abs. 1a Nr. 2 fallen, wenn sie weder auf Lebenszeit noch wiederkehrend erbracht werden. Im ersten Fall stünde dem steuermindernden Abzug solcher Leistungen jedoch das Abzugsverbot des § 12 Nr. 2 und im zweiten Fall das des § 12 Nr. 1 entgegen (→ Rn. 358.1). Dies würde indes bedeuten, dass sowohl das Tatbestandsmerkmal der besonderen Verpflichtungsgründe als auch dasjenige der Lebenslänglichkeit letztlich überflüssig wären und dass es für den Sonderausgabenabzug allein auf die Wiederkehr der Versorgungsleistungen ankäme. Das kann **nicht ernstlich gewollt** sein. Denn nach gefestigter **Rechtsprechung** des BFH – die der Gesetzgeber nicht weiter ausdehnen, sondern im Gegenteil **auf ihren Kernbereich zurückführen** wollte (→ Rn. 89) – werden Zahlungen, die – würden sie als einmaliger Betrag geleistet – nicht abziehbar wären, **nicht allein** dadurch zu als Versorgungsleistung **abziehbaren Sonderausgaben,** dass sie **in Gestalt wiederkehrender Bezüge geleistet** werden (BFH 25.10.1994 – VIII R 79/91, BStBl. II 1995, 121). 362.1

ee) Kein wirtschaftlicher Zusammenhang mit bei der Veranlagung außer Betracht bleibenden Einkünften. Der Sonderausgabenabzug ist für solche Versorgungsleistungen **ausgeschlossen,** die mit solchen Einkünften in wirtschaftlichem Zusammenhang stehen, die bei der Veranlagung außer Betracht bleiben. Betroffen sind vor allem Leistungen im Zusammenhang mit **steuerfreien Einkünften.** Da Versorgungsleistungen jedoch definitionsgemäß unentgeltlichen Charakter haben, hat das Abzugsverbot in der Praxis keine Bedeutung. Die **teilweise Steuerfreiheit** der mit dem übernommenen Vermögen erzielten Einkünfte nach **§ 3 Nr. 40** oder **§ 3 Nr. 40a** (Teileinkünfteverfahren bei Kapitalerträgen aus GmbH-Beteiligungen) steht dem Sonderausgabenabzug meines Erachtens allerdings nicht entgegen (BMF 11.3.2010, BStBl. I 2010, 227 Rn. 49; gleicher Ansicht Schmidt/*Krüger* § 10 Rn. 113; HHR/*Kulosa* § 10 Rn. 250). 363

364 *Einstweilen frei*

365 **ff) Unbeschränkte Einkommensteuerpflicht des Empfängers.** Der Empfänger der Versorgungsleistungen muss **unbeschränkt steuerpflichtig** sein. Unterliegt der Empfänger zwar nicht der unbeschränkten Einkommensteuerpflicht, hat er jedoch seinen Wohnsitz in einem **Mitgliedstaat der EU oder des EWR** und lässt sich die Besteuerung bei ihm durch eine **Bescheinigung** der für ihn zuständigen ausländischen Steuerbehörde **nachweisen,** besteht allerdings die Möglichkeit zur Geltendmachung des Sonderausgabenabzugs über **§ 1a Abs. Nr. 1.** Zur Abzugsmöglichkeit, wenn zwar nicht der Empfänger der Versorgungsleistungen, wohl aber der Steuerpflichtige selbst nicht unbeschränkt einkommensteuerpflichtig ist, → Rn. 58.

366 **d) Anforderungen an das übergebene Vermögen. aa) Überblick.** Das dem Steuerpflichtigen im Zusammenhang mit der Vereinbarung der Versorgungsleistungen übergebene **Vermögen** muss den besonderen Anforderungen des § 10 Abs. 1a Nr. 2 S. 2 genügen. **Tatbestandlich begünstigt** ist daher unter der neuen, **ab 2008** geltenden Rechtslage nur noch die Übertragung bestimmter betrieblicher Einheiten (HHR/*Kulosa* § 10 Rn. 255). Dazu rechnen nur die in der Vorschrift **abschließend** benannten **Mitunternehmeranteile, Betriebe, Teilbetriebe** und **qualifizierten GmbH-Anteile.**

Nicht dem Sonderausgabenabzug zugänglich sind hingegen Leistungen im Zusammenhang mit der Übertragung von

- **Grundbesitz** (mit Ausnahme des gleichzeitig mitübertragenen Wohnteils eines Betriebs der Land- und Forstwirtschaft; → Rn. 376),
- **Geldvermögen,**
- **Wertpapieren,**
- Beteiligungen an **vermögensverwaltenden Personengesellschaften,** auch wenn sie **gewerblich geprägt** ist (Bezugnahme nur auf § 15 Abs. 1 S. 1 Nr. 1; → Rn. 369), und
- **Anteilen an Kapitalgesellschaften,** soweit die besonderen qualifizierenden Voraussetzungen des § 10 Abs. 1a Nr. 2 S. 2 Buchst. c nicht erfüllt sind.

366.1 Mit der **Neuregelung** wollte der Gesetzgeber ab 2008 (Neufassung des Abzugstatbestands durch das **JStG 2008** v. 20.12.2007, BGBl. 2007 I 3150) den **Anwendungsbereich** des § 10 Abs. 1a Nr. 2 (zunächst § 10 Abs. 1 Nr. 1a EStG aF) **auf seinen Kern zurückführen** und nur **Vermögensübertragungen im Zusammenhang mit Betriebsvermögen** begünstigen (→ Rn. 89). Die Vorschrift bestimmt daher **abschließend,** unter welchen Bedingungen Versorgungsleistungen als Sonderausgaben abziehbar sind. Für eine über den Wortlaut hinausgehende Auslegung ist somit kein Raum (BFH 25.6.2014 – X R 16/13, BStBl. II 2014, 889). Die damit verbundenen Einschränkungen sind meines Erachtens **verfassungsrechtlich gerechtfertigt** (gleicher Ansicht: HHR/*Kulosa* § 10 Rn. 263; Blümich/*Hutter* § 10 Rn. 100; **anderer Auffassung** Korn/*Bauschatz* § 10 Rn. 230.3.3: Verstoß gegen den Gleichheitssatz, da der Tatbestand „teilweise unverständlich und willkürlich" sei; anlehnend auch Bordewin/Brandt/*Stöcker* § 10 Rn. 605: „wenig einleuchtend"). Denn die Bewirtschaftung eines Betriebs, eines Teilbetriebs, eines Mitunternehmeranteils oder einer vom Gesellschafter-Geschäftsführer beherrschten GmbH erfordert beim Übergeber typischerweise einen erheblich höheren **persönlichen Einsatz** als die Verwaltung von Barvermögen, Wertpapieren und Anteilen an Kapitalgesellschaften. Deswegen durfte der Gesetzgeber zulässigerweise allein für die erstgenannten betrieblichen Einheiten mit § 10 Abs. 1a Nr. 2 erleichterte Möglichkeiten bei der **Regelung der Generationennachfolge** schaffen. Außerdem können insbesondere Grundbesitz, Wertpapier- und Geldvermögen anders als Betriebe und Teilbetriebe ohne Weiteres in mehreren Teilschritten auf die nachfolgende Generation übertragen werden (zu den Beweggründen des Gesetzgebers für die Neufassung der Vorschrift s. BR-Drs. 544/07, 66).

367 Zur Anwendbarkeit der Begünstigung des § 10 Abs. 1a Nr. 2 auf Versorgungsleistungen, die im Zusammenhang mit der Übertragung von **Vermögen** stehen, das ein nur **beschränkt steuerpflichtiger EU-Ausländer** zur **Erzielung inländischer Einkünfte** einsetzt, → Rn. 58.

368 **bb) Mitunternehmeranteile.** Begünstigt ist zunächst die **Übertragung eines Mitunternehmeranteils** an einer **Personengesellschaft,** die eine Tätigkeit im Sinne des § 13, des § 15 Abs. 1 S. 1 Nr. 1 oder des § 18 Abs. 1 ausübt (§ 10 Abs. 1a Nr. 2 S. 2 Buchst. a). Die Übertragung des Mitunternehmeranteils setzt meines Erachtens zugleich die Mitübertra-

gung des dazugehörigen **Sonderbetriebsvermögens** voraus (gleicher Ansicht HHR/*Kulosa* § 10 Rn. 257; **anderer Auffassung** Frotscher/Geurts/*Lindberg* § 10 Rn. 171l; Lademann EStG/*Steiner* § 10 Rn. 498). Zulässig, weil nach dem Wortlaut nicht ausgeschlossen, ist es, die Übertragung auf einen Teilanteil des Mitunternehmeranteils zu beschränken (gleicher Ansicht HHR/*Kulosa* § 10 Rn. 257; *Wälzholz* DStR 2008, 273; Frotscher/*Lindberg* § 10 Rn. 171l; Schmidt/*Krüger* § 10 Rn. 115; Korn/*Bauschatz* § 10 Rn. 230.3.18; Bordewin/Brandt/*Stöcker* § 10 Rn. 610; **anderer Auffassung** Blümich/*Hutter* § 10 Rn. 96; Lademann EStG/*Steiner* § 10 Rn. 497).

Die Mitunternehmerschaft muss zudem wenigstens teilweise eine **originär betriebliche „Tätigkeit"** ausüben und aus ihr **Einkünfte** aus **Land- und Forstwirtschaft, Gewerbebetrieb** oder **freiberuflicher Tätigkeit** erzielen. Die Übertragung eines Mitunternehmeranteils an einer zwar **gewerblich geprägten,** aber nicht gewerblich tätigen, sondern nur vermögensverwaltend tätigen Personengesellschaft ist daher nicht begünstigt (BFH 22.1.2015 – X B 118/14, BFH/NV 2015, 676; BMF 11.3.2010, BStBl. I 2010, 227; Blümich/*Hutter* § 10 Rn. 96; HHR/*Kulosa* § 10 Rn. 257; Schmidt/*Krüger* § 10 Rn. 115). 369

Damit ist es **nicht möglich,** den **Begünstigungsausschluss** für die Übertragung von Grundbesitz, Wertpapier- und Geldvermögen allein durch Einbringung in eine gewerblich geprägte Personengesellschaft zu **umgehen.** Da die Personengesellschaft zwar eine Tätigkeit im Sinne des § 13, § 15 oder § 18 ausüben muss, die Begünstigung aber nach dem Wortlaut der Vorschrift nicht auf den Umfang dieser betrieblichen Tätigkeit beschränkt ist, genügt es für ihre Inanspruchnahme jedoch, wenn die Personengesellschaft **nur teilweise** eine **gewerbliche Tätigkeit** aufnimmt und **im Übrigen vermögensverwaltend** tätig ist (*Wälzholz* DStR 2008, 273), oder wenn sich bei einer gewerblich geprägten Personengesellschaft ihre Gewerblichkeit iSd § 15 Abs. 1 S. 1 Nr. 1 erst aus der **Abfärbung** einer geringfügigen gewerblichen Betätigung ergibt (Frotscher/Geurts/*Lindberg* § 10 Rn. 171l; Lademann EStG/*Steiner* § 10 Rn. 497). Gleiches gilt, wenn die gewerblichen Einkünfte im Rahmen einer **Betriebsaufspaltung** erzielt werden (HHR/*Kulosa* § 10 Rn. 257). 369.1

Die Übertragung eines Mitunternehmeranteils an einem Betrieb der **Land- und Forstwirtschaft** fällt meines Erachtens auch dann unter § 10 Abs. 1a Nr. 2 S. 2 Buchst. a, wenn der Betrieb seinen **Gewinn nach § 13a ermittelt,** da es sich dennoch um eine „Tätigkeit nach § 13" handelt und das Gesetz mit dieser Formulierung lediglich die Einkunftsart näher beschreiben will (gleicher Ansicht Frotscher/*Lindberg,* § 10 Rn. 171l; Blümich/*Hutter* § 10 Rn. 96; Schmidt/*Krüger* § 10 Rn. 115). 369.2

Einstweilen frei 370

cc) Betriebe oder Teilbetriebe. Die **Übertragung** eines (als **Einzelunternehmen** des Übergebers geführten) **Betriebs** ist ohne weitere Einschränkungen begünstigt. Der Betrieb muss auf den Vermögensübernehmer **vollständig übertragen** werden; insoweit gelten die allgemeinen Regelungen. Gleiches gilt für die Übertragung eines **Teilbetriebs;** dabei ist nach Auffassung der Finanzverwaltung allerdings die in § 16 Abs. 1 S. 1 Nr. 1 S. 2 getroffene Regelung, der zufolge auch die Beteiligung als Alleingesellschafter an einer Kapitalgesellschaft als Teilbetrieb gilt, im Rahmen des § 10 Abs. 1a Nr. 2 nicht anzuwenden (BMF 11.3.2010, BStBl. I 2010, 227). 371

Diese **Einschränkung** ist meines Erachtens **zutreffend,** da es ansonsten möglich wäre, die vom Gesetzgeber nicht gewollte Übertragung von Grundbesitz und von Geld- und Wertpapiervermögen durch vorherige Übertragung auf eine nur vermögensverwaltende Kapitalgesellschaft zu **umgehen.** 371.1

dd) Qualifizierte GmbH-Anteile. Begünstigt ist die Übertragung eines **mindestens 50%** umfassenden **Geschäftsanteils** des Übergebers an einer **GmbH,** wenn der Übergeber **als deren Geschäftsführer tätig** war und der **Übernehmer** neben dem GmbH-Anteil auch die **Geschäftsführertätigkeit** vom Übergeber **übernimmt.** Mit dieser Ausnahmeregelung will der Gesetzgeber die Übertragung von **kleinen und mittelständischen Unternehmen** begünstigen, wie sie häufig in der Rechtsform der GmbH geführt werden. Von ihr nicht erfasst ist daher die Übertragung von Anteilen an Kapitalgesellschaften anderer Rechtsformen, wie etwa von Anteilen an einer AG, an einer KGaA oder an einer Europäischen Gesellschaft (SE), da diese Vorgänge nach den Vorstellungen des Gesetzgebers nicht einer Betriebsübergabe gleichkommen, sondern lediglich zur Übertragung einer **Einkunftsquelle zur Erzielung von Kapitaleinkünften** dienen (gleicher Ansicht: Schmidt/*Krüger* § 10 Rn. 115; kritisch dazu Korn/*Bauschatz* § 10 Rn. 230.3.20; **anderer Auffassung** *Wälz-* 372 *holz* DStR 2008, 273; zur Diskussion zudem → Rn. 366.1), wohl aber (da in § 5a GmbHG mitgeregelt und mit Blick auf den Zweck der Regelung) die Übertragung von Anteilen an einer **haftungsbeschränkten Unternehmergesellschaft** (HHR/*Kulosa* § 10 Rn. 260). Die Übergabe von Anteilen an **Kapitalgesellschaften** aus **anderen EU- und EWR-Mitgliedstaaten** wird von der Finanzverwaltung – im Wege europarechtskonformer Auslegung – jedoch anerkannt, wenn die Kapitalgesellschaft der Rechtsform nach **einer deutschen GmbH vergleichbar** ist (BMF 11.3.2010, BStBl. I 2010, 227).

373 Der übergebene Geschäftsanteil muss **wenigstens 50% der Anteile am Stammkapital** umfassen (gleicher Ansicht Schmidt/*Krüger* § 10 Rn. 115; HHR/*Kulosa* § 10 Rn. 260; **anderer Auffassung** Korn/*Bauschatz* § 10 Rn. 230.3.20: Stimmrechtsanteil entscheidend). Entscheidend dafür ist der **Zeitpunkt der Anteilsübertragung** auf den Steuerpflichtigen, sodass eine schrittweise, mit der Übertragung zunächst nur eines Minderheitsanteils beginnende sog. **„gleitende Vermögensübergabe"** gesetzlich **ausgeschlossen** ist (*Wälzholz* DStR 2008, 273). Ein **späteres Absinken der Beteiligung** unter das Quorum von 50% – etwa aufgrund von Kapitalerhöhungen oder Verschmelzungen – steht der weiteren Inanspruchnahme des Sonderausgabenabzugs für die mit der Übertragung in Zusammenhang stehenden Versorgungsleistungen **nicht entgegen,** sofern es nicht auf eine Veräußerung (und damit auf eine **Umschichtung** des übergebenen Vermögens) zurückzuführen ist (→ Rn. 378).

374 Die Übertragung des GmbH-Anteils ist nur begünstigt, wenn mit ihm **zugleich** die **Tätigkeit des Übergebers als Geschäftsführer** der GmbH **auf den Übernehmer übergeht.** Dass der Übergeber vor der Übertragung der einzige Geschäftsführer der GmbH war, ist nicht erforderlich, wohl aber – über die bloße Organstellung hinaus – die (zumindest teilweise **tatsächliche Führung der Geschäfte** (Schmidt/*Krüger* § 10 Rn. 115; **anderer Auffassung** Korn/*Bauschatz* § 10 Rn. 230.3.20). Er muss die Geschäftsführertätigkeit mit der Übergabe an den Übernehmer **beenden** (BFH 20.3.2017 – X R 35/16, BStBl. II 2017, 985); seine anschließende Beschäftigung bei der GmbH in anderer Funktion steht der Begünstigung jedoch nicht entgegen (BMF 11.3.2010, BStBl. I 2010, 227; Bordewin/Brandt/*Stöcker* § 10 Rn. 626).

374.1 Dem **Wortlaut der Vorschrift** zufolge ist die Begünstigung zudem davon abhängig, dass der **Übernehmer** seine Tätigkeit als Geschäftsführer der GmbH erst „nach der Übertragung übernimmt". Ausgeschlossen wäre daher seine vorherige Beschäftigung in der GmbH als **Mit-Geschäftsführer,** obwohl dafür vernünftige sachliche Gründe (wie etwa die Möglichkeit, sich als Nachfolger in die Führung des Unternehmens einarbeiten zu können) sprechen würden. Die **Finanzverwaltung** lässt es daher ausreichen, wenn der Übernehmer die **Geschäftsführertätigkeit schon vor der Übertragung ausgeübt** hat (BMF 11.3.2010, BStBl. I 2010, 227; zustimmend Korn/*Bauschatz* § 10 Rn. 230.3.20; **anderer Auffassung** Frotscher/Geurts/*Lindberg* § 10 Rn. 171m).

374.2 Dem Gesetz nicht zu entnehmen ist hingegen die von der Finanzverwaltung erhobene Forderung, der **Übernehmer** müsse die aus Anlass der Übertragung eingenommene Stellung als **Geschäftsführer** auch in den **nachfolgenden Veranlagungszeiträumen beibehalten,** solange die Versorgungsleistungen als Sonderausgaben abgezogen werden sollen (so aber BMF 11.3.2010, BStBl. I 2010, 227); für diese Einschränkung gibt der **Gesetzeswortlaut nichts her** (gleicher Ansicht: HHR/*Kulosa* § 10 Rn. 261; Frotscher/Geurts/*Lindberg* § 10 Rn. 171m; Bordewin/Brandt/*Stöcker* § 10 Rn. 627).

375 *Einstweilen frei*

376 **ee) Mitübertragung des Wohnteils bei Betrieben der Land- und Forstwirtschaft (§ 10 Abs. 1a Nr. 2 S. 3).** Versorgungsleistungen, die im Zusammenhang mit der Übergabe eines **landwirtschaftlichen oder forstwirtschaftlichen Betriebs** stehen, sind nach § 10 Abs. 1a Nr. 2 S. 3 auch insoweit begünstigt, als sie auf den **Wohnteil des Betriebs** entfallen, der selbst nicht zum übergebenen Betriebsvermögen gehört. Damit gemeint sind insbesondere solche Gebäude, die sich im **Privatvermögen** befinden und den sog. **Altenteilern** im Anschluss an die Hofübergabe noch zu Wohnzwecken dienen. Als Teil der Versorgungsleistungen muss der Wohnteil zusammen mit dem Betrieb übertragen worden sein, sodass die **isolierte Übertragung des Wohnteils** ohne gleichzeitige Übergabe des Betriebs **nicht begünstigt** ist (gleicher Ansicht Bordewin/Brandt/*Stöcker* § 10 Rn. 633; Korn/*Bauschatz* § 10 Rn. 230.3.23; Lademann EStG/*Steiner* § 10 Rn. 503; Blümich/*Hutter* § 10 Rn. 99).

Die darin liegende **Privilegierung selbstgenutzter Wohnungen** bei Landwirten hat zwar eine Ungleichbehandlung anderer Steuerpflichtiger zur Folge, da letztere Versorgungsleistungen im Zusammenhang mit der Übertragung von Grundvermögen steuerlich nicht geltend machen können. Gleichwohl ist die Regelung meines Erachtens **verfassungsrechtlich nicht zu beanstanden,** weil die **landwirtschaftliche Hofübergabe** unter Einschluss der im Privatvermögen stehenden **Altenteilerwohnung** zum **Kernbereich** des von der langjährigen BFH-Rechtsprechung geprägten **Rechtsinstituts der Vermögensübergabe gegen Versorgungsleistungen** gehört (vgl. HHR/*Kulosa* § 10 Rn. 262). 376.1

Einstweilen frei 377

e) Nachträgliche Umschichtung des übergebenen Vermögens. Schichtet der Übernehmer das ihm übergebene, nach § 10 Abs. 1a Nr. 2 S. 2 begünstigte Vermögen zu einem späteren Zeitpunkt **in andere Vermögensgegenstände um,** steht die Umschichtung der weiteren Abziehbarkeit der Versorgungsleistungen nicht entgegen, wenn auch die **neu erworbenen Vermögensgegenstände** ihrerseits im Zeitpunkt der Übertragung **tatbestandlich begünstigt gewesen wären** (BMF 11.3.2010, BStBl. I 2010, 227; zustimmend Schmidt/*Krüger* § 10 Rn. 117). Nach diesen Maßstäben zulässig wäre daher zB der Verkauf des übertragenen Einzelunternehmens, wenn gleichzeitig ein Mitunternehmeranteil an einer gewerblich tätigen Personengesellschaft oder ein mindestens 50% des Stammkapitals umfassender GmbH-Anteil erworben wird. 378

Die **Auffassung der Finanzverwaltung** entspricht den für Vermögensübertragungen bis zum Veranlagungszeitraum 2007 von der **Rechtsprechung** aufgestellten Grundsätzen. Danach war die **Umschichtung** des übernommenen begünstigten Vermögens in andere, nach damaliger Rechtslage gleichfalls begünstigte und damit einen ausreichenden Ertrag einbringende Vermögensgegenstände ohne Auswirkung auf den Sonderausgabenabzug der Versorgungsleistungen **zulässig** (→ Rn. 391). Daran ist meines Erachtens auch für die neue, ab 2008 geltende Rechtslage festzuhalten (**anderer Auffassung** Korn/*Bauschatz* § 10 Rn. 230.3.24). Entscheidend ist, dass die Versorgungsleistungen auch nach der Umschichtung noch – jedenfalls nach wirtschaftlichen Maßstäben – „im Zusammenhang mit der Übertragung“ einer der in § 10 Abs. 1a Nr. 2 S. 2 genannten **betrieblichen Einheiten** stehen (so auch HHR/*Kulosa* § 10 Rn. 264; *Spiegelberger* DB 2008, 1063; *Wälzholz* FR 2008, 641). 378.1

Einstweilen frei 379

f) Rechtslage für Versorgungsleistungen aufgrund von bis zum 31.12.2007 abgeschlossenen Verträgen. Bei **Vermögensübertragungen,** die **vor dem Veranlagungszeitraum 2008 vereinbart** wurden, sind die darauf beruhenden Versorgungsleistungen auch zukünftig nach den seinerzeit geltenden Bestimmungen des **§ 10 Abs. 1 Nr. 1a** in der **alten Fassung** bis zum Inkrafttreten des **JStG 2008** v. 20.12.2007 (BGBl. 2007 I 3150) als Sonderausgaben abziehbar. Die dortige, insoweit **fortgeltende Regelung** (zum Wortlaut → Rn. 380.2) erfasst **Renten und dauernde Lasten** (→ Rn. 381), die auf **besonderen Verpflichtungsgründen** beruhen und nicht mit Einkünften in wirtschaftlichem Zusammenhang stehen, die bei der Veranlagung außer Betracht bleiben (→ Rn. 382). Das alte Recht ist auch dann anwendbar, wenn der Übergeber sich im Zusammenhang mit der Vermögensübergabe vor dem 1.1.2008 zunächst nur den Nießbrauch vorbehalten hatte und der **Nießbrauch** erst aufgrund eines nach diesem Stichtag gefassten Entschlusses **durch wiederkehrende Versorgungsleistungen ersetzt** wird (BFH 12.5.2015 – IX R 32/14, BStBl. II 2016, 331; FG Nürnberg 25.1.2019 – 7 K 410/15, rkr.). 380

Die **fortwirkende Abzugsmöglichkeit** für Versorgungsleistungen nach § 10 Abs. 1 Nr. 1a in der Fassung bis 2007 ergibt sich im **Umkehrschluss aus § 52 Abs. 18 S. 1,** der die Geltung des neuen Rechts (jetzt: § 10 Abs. 1a Nr. 2) nur für Versorgungsleistungen im Zusammenhang mit Vermögensübertragungen nach dem 31.12.2007 anordnet (→ Rn. 348). Zur **ausnahmsweisen Anwendung des neuen** Rechts, wenn das Vermögen nur deshalb einen ausreichenden Ertrag bringt, weil ersparte Aufwendungen den Erträgen des Vermögens zugerechnet werden, → Rn. 389. 380.1

§ 10 Abs. 1 Nr. 1a in der bis 2007 geltenden Fassung ermöglicht den Sonderausgabenabzug für „auf besonderen Verpflichtungsgründen beruhende Renten und dauernde Lasten, die nicht mit Einkünften in wirtschaftlichem Zusammenhang stehen, die bei der Veranlagung außer Betracht bleiben. [2]Bei Leibrenten kann nur der Anteil abgezogen werden, der sich nach § 22 Nr. 1 S. 3 Buchstabe a Doppelbuchstabe bb ergibt“. 380.2

381 **aa) Renten und dauernde Lasten.** Der Begriff der **Rente** in § 10 Abs. 1 Nr. 1a in der Fassung bis 2007 erfasst nur **regelmäßig wiederkehrende und gleichmäßige Zahlungen.** Von der Rente unterscheidet sich die dauernde Last dadurch, dass die einzelnen Leistungen bei ihr nicht in gleicher Höhe anfallen; es muss sich bei der **dauernden Last** um zwar **wiederkehrende,** nach Zahl oder Wert aber **nicht gleichmäßige Aufwendungen** handeln, die der Steuerpflichtige für längere Zeit einem anderen gegenüber aufgrund einer rechtlichen Verpflichtung in Geld oder in Sachwerten zu erbringen hat (BFH 13.8.1985 – IX R 10/80, BStBl. II 1985, 709). Dafür genügt es, dass die Versorgungsleistungen **abänderbar** sind, was in der Regel durch **Bezugnahme** auf die gesetzliche Regelung des **§ 323 ZPO** im Übergabevertrag sichergestellt werden kann (HHR/*Kulosa* § 10 Rn. 271). Die bloße Vereinbarung einer **Wertsicherungsklausel** oder ähnlicher, in ihrer Wirkung vergleichbarer Regelungen genügt dafür allerdings **nicht** (BFH 31.3.2004 – X R 11/03, BFH/NV 2004, 1389), sodass derartige Leistungen nur als Leibrenten und damit nur mit dem Ertragsanteil abgezogen werden können (→ Rn. 386); Gleiches gilt, wenn in dem Übergabevertrag trotz einer Bezugnahme auf § 323 ZPO die Abänderbarkeit der gesamten Versorgungsleistungen für den Fall **wesentlich veränderter Lebensbedürfnisse** (wie etwa bei Heimunterbringung oder Pflegebedürftigkeit) **ausgeschlossen** wird (BFH 23.11.2016 – X R 8/14, BStBl. II 2017, 512). Zur im Einzelfall **schwierigen** (und wegen der Begrenzung des Rentenabzugs auf den Ertragsanteil besonders **streitanfälligen**) **Abgrenzung** zwischen Renten und dauernden Lasten vgl. jüngst FG Rheinland-Pfalz 30.7.2019 – 5 K 2332/17 (EFG 2019, 1540), Rev. X R 29/19.

381a Nach ständiger **Rechtsprechung** des BFH dürfen wiederkehrende Leistungen – auch wenn sie sich begrifflich als Renten oder dauernde Lasten im Sinne des § 10 Abs. 1 Nr. 1a in der Fassung bis 2007 darstellen – **nicht** als Sonderausgaben abgezogen werden, wenn sie mit einer **Vermögensumschichtung** in Zusammenhang stehen (BFH 18.5.2010 – X R 32, 33/01, BStBl. II 2011, 675; im Einzelnen näher → Rn. 384).

382 Nach § 10 Abs. 1 Nr. 1a in der Fassung bis 2007 müssen sowohl Renten als auch dauernde Lasten auf **besonderen Verpflichtungsgründen** beruhen (insofern finden die dortigen Anforderungen auch auf die ab 2008 bei Neuverträgen allein begünstigten lebenslangen Versorgungsleistungen weiter Anwendung, dazu im Einzelnen → Rn. 358). Sie dürfen zudem nicht mit **Einkünften in Zusammenhang** stehen, die **bei der Veranlagung außer Betracht** bleiben (im Einzelnen näher → Rn. 363).

383 *Einstweilen frei*

384 **bb) Keine Vermögensumschichtung. Zahlungen,** die – würden sie **als einmaliger Betrag geleistet – nicht abziehbar** wären, werden aber nicht allein dadurch zu Renten oder dauernden Lasten, dass sie in Gestalt wiederkehrender Bezüge geleistet werden (BFH 25.10.1994 – VIII R 79/91, BStBl. II 1995, 121). Stehen solche Zahlungen daher im Zusammenhang mit einer **Umschichtung des Vermögens,** können sie grundsätzlich **nicht als Sonderausgaben** nach § 10 Abs. 1 Nr. 1a in der Fassung bis 2007 **berücksichtigt** werden (BFH 14.11.2001 – X R 39/98, BStBl. II 2002, 246). Solche **Gegenleistungsrenten** stellen bereits begrifflich keine „Aufwendungen" iSd Einleitungssatzes zu § 10 Abs. 1, § 10 Abs. 1a dar, weil der Steuerpflichtige durch die Erbringung wiederkehrender Leistungen, die auf einer Vermögensumschichtung beruhen, wirtschaftlich nicht endgültig belastet wird (→ Rn. 110), und weil sich seine persönliche Leistungsfähigkeit aufgrund der empfangenen Gegenleistung im Ergebnis nicht mindert (BFH 18.5.2010 – X R 32, 33/01, BStBl. II 2011, 675; BFH 24.10.1990 – X R 43/89, BStBl. II 1991, 175; BFH 9.2.1994 – IX R 110/90, BStBl. II 1995, 47). Eine **Ausnahme** von diesem Grundsatz bildet nur das vom BFH als **„Sonderrecht"** bezeichnete **Rechtsinstitut** der **Vermögensübergabe gegen Versorgungsleistung,** das in der Praxis den **Hauptanwendungsfall** des § 10 Abs. 1 Nr. 1a in der Fassung bis 2007 darstellt (im Einzelnen näher → Rn. 387).

385 *Einstweilen frei*

386 **cc) Abzugsbegrenzung auf den Ertragsanteil bei Leibrenten.** Gemäß § 10 Abs. 1 Nr. 1a S. 2 in der Fassung bis 2007 kann bei **Renten,** die als Leibrenten gezahlt werden, nur der **Ertragsanteil** abgezogen werden. Die Höhe dieses Ertragsanteils ergibt sich durch Verweis auf § 22 Nr. 1 S. 3 Buchst. a Doppelbuchst. bb aus der dort aufgeführten allgemeinen Tabelle und den ergänzenden Bestimmungen in § 55 EStDV. Maßgeblich ist – auch wenn

die Leibrente bereits vor dem 1.1.2005 vereinbart worden war (→ § 22 Rn. 394) – die Bemessung der Ertragsanteile nach der ab **dem Veranlagungszeitraum 2005 geltenden Ertragsanteilstabelle** (Änderung von § 22 Nr. 1 S. 3 Buchst. a Doppelbuchst. bb S. 4 durch das **Alterseinkünftegesetz** v. 5.7.2004, BGBl. 2004 I 1427; gleicher Ansicht Blümich/*Hutter* § 10 Rn. 124), die seither – mit dem Ergebnis eines geringeren Ertragsanteils – bei der Berechnung des Kapitalwerts nur noch von einem **Zinsfuß von 3%** (vorher: 5,5%) ausgeht (BT-Drs. 15/2150, 42).

dd) Vermögensübergabe gegen Versorgungsleistungen. Hauptanwendungsfall 387 der in vollem Umfang abziehbaren **dauernden Last** wie auch der nur mit dem Ertragsanteil abziehbaren **Rente** im Sinne des § 10 Abs. 1 Nr. 1a in der Fassung bis 2007 sind **Versorgungsleistungen** (→ Rn. 351), die in sachlichem Zusammenhang mit einem **Vermögensübergabevertrag** vereinbart worden sind (HHR/*Kulosa* § 10 Rn. 277). Derartige Versorgungsleistungen stellen **weder Veräußerungsentgelt noch Anschaffungskosten** auf das übergebene Vermögen dar (BFH 22.11.1992 – X R 35/89, BStBl. II 1992, 552; näher → Rn. 352). Nach der Rechtsprechung des BFH kommt **außerhalb der „Vermögensübertragung gegen Versorgungsleistungen"** bei wiederkehrenden Leistungen in Form von Renten und dauernden Lasten ein Abzug als Sonderausgaben nach § 10 Abs. 1 Nr. 1a EStG in der Fassung bis 2007 **grundsätzlich nicht in Betracht.** Stehen die wiederkehrenden Leistungen nämlich andererseits in sachlichem Zusammenhang mit einer erhaltenen Gegenleistung, scheitert ihre Abziehbarkeit daran, dass im Hinblick auf den erhaltenen Vermögenswert wirtschaftlich keine als Sonderausgabe abziehbare „Last" vorliegt (BFH 26.11.2003 – X R 11/01, BStBl. II 2004, 820).

Eine **Vermögensübergabe gegen Versorgungsleistungen** liegt vor, wenn **ertrags-** 388 **bringendes Vermögen** des Übergebers auf den Übernehmer übertragen wird und der Übernehmer **im Gegenzug** aus dem übertragenen Vermögen **Versorgungsleistungen an den Übergeber** erbringt. Im **wirtschaftlichen Ergebnis** behält sich der Übergeber damit – ähnlich wie bei einem Vorbehaltsnießbrauch – die zur Erbringung der Versorgungsleistungen erforderlichen Erträge des übergebenen Vermögens vor. Wegen ihres Charakters als **vorbehaltene Vermögenserträge** sind die Versorgungsleistungen dann keine nicht abziehbaren Zuwendungen im Sinne des § 12 Nr. 2 (BFH 14.11.2001 – X R 39/98, BStBl. II 2002, 246; näher → Rn. 354).

Die **Anforderungen** an die **Art des übergebenen Vermögens** sind (anders als nach 388a der für Neuverträge ab 2008 geltenden Rechtslage, dazu → Rn. 366) denkbar **gering** und stellen nach der Rechtsprechung des BFH **„praktisch keine Einschränkungen mehr"** dar (so HHR/*Kulosa* § 10 Rn. 278). Der Vermögensgegenstand muss lediglich hinreichend **ertragsbringend** sein und den Übernehmer damit in die Lage versetzen, die geschuldeten Versorgungsleistungen aus den langfristig erzielbaren Nettoerträgen des Vermögens zu erbringen (BFH 12.5.2003 – GrS 1/00, BStBl. II 2004, 95; → Rn. 354.1). Ist das der Fall, können nach der früheren, für Altvereinbarungen fortgeltenden Rechtslage auch selbstgenutzte **Immobilien** sowie **Geld- und Wertpapiervermögen** begrifflich die Voraussetzungen für eine „Vermögensübergabe" mit der Rechtsfolge steuerbegünstigter Versorgungsleistungen erfüllen (BFH 16.6.2004 – X R 22/99, BStBl. II 2004, 1053). Das sollte nach der insoweit sehr weitreichenden **Rechtsprechung des BFH** selbst dann gelten, wenn das übertragene Geldvermögen **zur Tilgung von Schulden des Übernehmers** eingesetzt wurde und der mit der Vermögensübergabe verbundene **Ertrag** in dem **Wegfall der Schuldzinsen** bestand (BFH 1.3.2005 – X R 45/03, BStBl. II 2007, 103; einschränkend zuletzt jedoch BFH 15.7.2014 – X R 39/12, BFH/NV 2015, 174, bei lediglich **fiktiv ersparten Zinsen;** insgesamt **anderer Auffassung** die Finanzverwaltung, zuletzt BMF 19.1.2007, BStBl. I 2007, 188).

Im Ergebnis waren damit – und zwar **entgegen** den im Anwendungsbereich des § 10 Abs. 1a Nr. 2 388a.1 (und früher auch des § 10 Abs. 1 Nr. 1a, und zwar auch vor Inkrafttreten des JStG 2008 v. 20.12.2007, BGBl. 2008 I 3150) eigentlich einschlägigen **Abzugsverboten des § 12 Nr. 1 und des § 12 Nr. 2** (→ Rn. 358.1) – jedwede **Unterhaltszahlungen** von Kindern an ihre Eltern **steuerlich abziehbar,** sofern diese nur wirtschaftlich in der Lage waren, ihren Kindern zuvor das dafür erforderliche Vermögen zu übertragen (so zutreffend die Kritik von Frotscher/Geurts/*Lindberg* § 10 Rn. 171f). Eine wirkliche Berechtigung hatten derartige Gestaltungen daher nicht. Dies gilt umso mehr, als die **Gesamtbetrach-**

tung einer solchen Vermögensübergabe deutlich macht, dass die **steuerliche Leistungsfähigkeit** des Vermögensübernehmers durch den Vollzug derartiger Vereinbarungen **nicht gemindert,** sondern im Gegenteil **sogar gestärkt** wird (so allgemein zu § 10 Abs. 1a Nr. 2 HHR/*Kulosa* § 10 Rn. 240). Ihre **steuerliche Anerkennung** war daher unter dem Blickwinkel der Folgerichtigkeit der Belastungsentscheidung und des subjektiven Nettoprinzips (→ Rn. 2) eher **zweifelhaft** (so auch HHR/*Kulosa* § 10 Rn. 242).

389 Für derartige Fälle hat der Gesetzgeber allerdings in **§ 52 Abs. 18 S. 2** eine **einschränkende Regelung** getroffen. Danach ist der (im Umkehrschluss zu § 52 Abs. 18 S. 1 mögliche) Abzug von Versorgungsleistungen aufgrund von **Altverträgen** nach dem bis 2007 geltenden Recht **ausgeschlossen,** wenn das übertragene Vermögen nur deshalb einen ausreichenden Ertrag bringt, weil zu den Erträgen des Vermögens auch **ersparte Aufwendungen** gehören. **Ausnahmsweise** in die Ertragsberechnung einzubeziehen sind dann nur **Aufwandsersparnisse** in Form des **Nutzungsvorteils** für ein vom Vermögensübernehmer selbst genutztes **Grundstück.**

389.1 Damit sollte nach den **Vorstellungen des Gesetzgebers** künftig die Ausgestaltung von **reinen Geld- und Wertpapierübertragungen** als Vermögensübergabe gegen Versorgungsleistung **verhindert werden** (BT-Drs. 16/7036, 18, zur Vorläuferregelung in § 52 Abs. 23g S. 2).

389.2 Im **Wortlaut des § 52 Abs. 18 S. 2** kommt dieser gesetzgeberische Wille (wie schon in § 52 Abs. 23g S. 2 aF) **kaum zum Ausdruck,** weil die **Rechtsfolgenanordnung** („Für Versorgungsleistungen, die auf Vermögensübertragungen beruhen, die vor dem 1.1.2008 worden sind, gilt dies nur") den vorangegangenen **S. 1 in Bezug nimmt,** der wiederum nur **Vermögensübertragungen nach dem 31.12.2007** betrifft. Tatsächlich gemeint ist vielmehr, dass die Rechtsfolgen des S. 1 – nämlich die Geltung des neuen Rechts (jetzt: § 10 Abs. 1a Nr. 2) auch dann (und nicht „nur" dann) eintreten sollen, wenn die Voraussetzungen des § 52 Abs. 18 S. 2 vorliegen (vgl. BFH 12.5.2015 – IX R 32/14, BStBl. II 2016, 331).

389.3 Die damit einhergehende **Einschränkung bei der Fortgeltung des alten Rechts** führt zwar dazu, dass bis zum 31.12.2007 getroffene Vereinbarungen über die Übergabe von Geld- und Wertpapiervermögen ab 2008 – anders als im Zeitpunkt des Vertragsschlusses – nicht mehr zur Abziehbarkeit der geschuldeten Versorgungsleistungen berechtigen. Die darin liegende **unechte Rückwirkung** ist aber meines Erachtens **verfassungsrechtlich nicht zu beanstanden,** weil die Finanzverwaltung die im Ergebnis viel zu weitreichende Rechtsprechung des BFH (→ Rn. 388a.1) insoweit bereits von Beginn an nicht angewendet hatte (BMF 16.9.2004, BStBl. I 2004, 922) und ein **berechtigtes Vertrauen** in das Fortgelten der früheren Rechtslage daher beim die Versorgungsleistungen erbringenden Übernehmer **nicht aufkommen konnte** (gleicher Ansicht: HHR/*Kulosa* § 10 Rn. 242; Blümich/*Hutter* § 10 Rn. 93; Frotscher/Geurts/*Lindberg* § 10 Rn. 171g; **anderer Auffassung** Korn/*Bauschatz* § 10 Rn. 230.3.4: verfassungswidriges „Einzelfallgesetz", das einen in der Praxis seltenen Ausnahmefall betreffe; *Wälzholz* DStR 2008, 273).

390 *Einstweilen frei*

391 **Schichtet** der Übernehmer das ihm **übergebene, ertragbringende Vermögen** zu einem **späteren Zeitpunkt um,** lässt das die Möglichkeit, die damit in Zusammenhang stehenden Versorgungsleistungen gemäß § 10 Abs. 1 Nr. 1a EStG aF als Sonderausgaben abzuziehen, **unberührt,** sofern auch die Nettoerträge des neu erworbenen Vermögens zur Erbringung der Versorgungsleistungen ausreichen. Gleiches gilt, wenn der Übernehmer Teile des ertragsbringenden Vermögens zwar veräußert, die zu entrichtenden Versorgungsleistungen aber weiterhin aus dem zurückbehaltenen Teil des Vermögens erbringen kann (BFH 17.3.2010 – X R 38/06, BStBl. II 2011, 622). Wird allerdings bisher ausreichend ertragsbringendes Vermögen in **nicht mehr ausreichend ertragsbringendes Vermögen umgeschichtet,** sind künftige Zahlungen an den Vermögensübergeber auch dann **nicht mehr abziehbar,** wenn zugleich die **Höhe der Leistungen** zwischen ihm und dem Übernehmer so **herabgesetzt** wird, dass sie aus den Erträgen des neuen Vermögens erbracht werden könnten (BFH 18.8.2010 – X R 55/09, BStBl. II 2011, 633). Gleiches gilt für künftige Zahlungen, wenn die zunächst lebenslang geschuldeten Versorgungsleistungen **nachträglich zeitlich begrenzt** werden (FG Schleswig-Holstein 29.11.2018 – 4 K 44/17, BeckRS 2018, 31852, rkr.). Nicht zum **Ertrag** des übergebenen Vermögens zählen die **Schuldzinsen,** die der Übernehmer infolge der Umschichtung für die Anschaffung oder Herstellung des neuen Vermögensgegenstands **erspart** (BFH 15.7.2014 – X R 39/12, BFH/NV 2015, 174).

Empfänger der Versorgungsleistungen muss regelmäßig der **Übergeber** selbst sein. Daneben sind aber auch Zahlungen an solche Personen abzugsfähig, die zum sog. **„Generationennachfolge-Verbund“ des Übergebers** gehören und im Verhältnis zu ihm **pflichtteilsberechtigt** sind. Dazu zählen zum einen die Abkömmlinge und zum anderen der Ehegatte des Übergebers, und zwar auch dann, wenn er als Stiefelternteil mit dem Übernehmer selbst nicht verwandt ist (BFH 26.11.2003 – X R 11/01, BStBl. II 2004, 820; BFH 25.2.2014 – X R 34/11, BStBl. II 2014, 665). Auch die **Eltern des Vermögensübergebers** können zum Generationennachfolge-Verbund gehören, wenn er das erworbene Vermögen seinerseits von seinen Eltern im Wege einer Vermögensübergabe gegen Versorgungsleistungen erhalten hatte (BFH 26.10.2011 – X B 224/10, BFH/NV 2012, 212). Leistungen an **andere Personen,** wie etwa die **Geschwister** oder den **nichtehelichen Lebensgefährten** des Übergebers, sind hingegen **nicht** nach § 10 Abs. 1 Nr. 1a in der Fassung bis 2007 als Renten oder dauernde Lasten steuerlich begünstigt (HHR/*Kulosa* § 10 Rn. 280). 392

Der **Kreis derjenigen Personen,** die als (zum Sonderausgabenabzug berechtigter) **Übernehmer** des Vermögens gegen Versorgungsleistungen in Betracht kommen, ist demgegenüber **nicht auf die gesetzlichen Erben** und damit insbesondere nicht auf die Abkömmlinge des Übergebers **beschränkt.** Bei der Übergabe an **entfernte Verwandte oder an Dritte** besteht allerdings – anders als bei der Vermögensübergabe an Abkömmlinge (→ Rn. 351) – eine nur in Ausnahmefällen widerlegbare **Vermutung** dafür, dass die Leistungen **kaufmännisch gegeneinander abgewogen** worden sind und es sich damit bei den Leistungen des Übernehmers in der Sache um das Entgelt für einen **Veräußerungsvorgang** handelt (BFH 16.12.1997 – IX R 11/94, BStBl. II 1998, 718). 392.1

Einstweilen frei 393–395

4. Ausgleichsleistungen zur Vermeidung des Versorgungsausgleichs (§ 10 Abs. 1a Nr. 3)

a) Überblick. Die Regelung ist – wie § 10 Abs. 1a insgesamt – durch das **ZollkodexAnpG** v. 22.12.2014 (BGBl. 2014 I 2417) eingefügt worden. Bei ihr handelt es sich jedoch – anders als bei den übrigen in § 10 Abs. 1a enthaltenen, aus dem früheren § 10 Abs. 1 Nr. 1, § 10 Abs. 1 Nr. 1a und § 10 Abs. 1 Nr. 1b übernommenen Tatbeständen – um eine **Neuschöpfung.** Sie ermöglicht **ab dem Veranlagungszeitraum 2015** den Sonderausgabenabzug für **Ausgleichszahlungen,** die der Steuerpflichtige aus Anlass der Scheidung seiner Ehe als **Abfindung an seinen Ehegatten** oder an dessen **Versorgungsträger** erbringt, um damit eine **Einbeziehung seiner eigenen Altersversorgung in den Versorgungsausgleich zu verhindern.** Der Abzug setzt – ähnlich wie beim Realsplitting nach § 10 Abs. 1a Nr. 1 – die Zustimmung des ausgleichsberechtigten **Ehegatten** voraus, der die Abfindung seinerseits gemäß § 22 Nr. 1a **korrespondierend als sonstige Einkünfte versteuern** muss. Zur Klarstellung dieses Korrespondenzprinzips wird zudem angeordnet, dass die Aufwendungen des Verpflichteten nur dann als Sonderausgaben berücksichtigt werden können, wenn der Berechtigte unbeschränkt einkommensteuerpflichtig ist, sodass die Zahlungen entsprechend besteuert werden können (BT-Drs. 18/10506, 85). 396

Rechtsentwicklung: Nach der **bis zum Veranlagungszeitraum 2014** geltenden Rechtslage waren derartige Aufwendungen hingegen nach Auffassung des BFH regelmäßig als **Werbungskosten** zu behandeln (BFH 8.3.2006 – IX R 107/00, BStBl. II 2006, 446, zu Ausgleichszahlungen zur Vermeidung der Kürzung beamtenrechtlicher Versorgungsbezüge; **anderer Auffassung** FG Schleswig-Holstein 18.7.2016 – 3 K 49/14, EFG 2016, 1603 – Rev. X R 24/16 in der Hauptsache erledigt –, das jedoch verkennt, dass in dem entschiedenen Fall eine **Abfindungszahlung** zur Vermeidung des – ausgeschlossenen – Versorgungsausgleichs und gerade keine Ausgleichzahlung im Rahmen eines – durchgeführten – Versorgungsausgleichs nach § 10 Abs. 1 Nr. 1b EStG aF vorlag). Dieser **Rechtsprechung** ist durch die **Neuregelung** im Bereich der Sonderausgaben **seit 2015 der Boden entzogen** (gleicher Ansicht FG Köln 14.2.2019 – 15 K 2800/17, NZFam 2019, 558, rkr.; Blümich/*Hutter* § 10 Rn. 144; Frotscher/*Lindberg* § 10 Rn. 172; KKB/*Wilhelm* § 10 Rn. 160; HHR/*Kulosa* § 10 Rn. 288; → Rn. 316; **anderer Auffassung** Korn/*Bauschatz* § 10 Rn. 230.5.3; Bordewin/Brandt/*Stöcker* § 10 Rn. 714; Lademann EStG/*Steiner* § 10 Rn. 534). Die **Klarstellung** unter Hinweis auf die notwendige **unbeschränkte Einkommensteuerpflicht** des Berechtigten ist **ab dem Veranlagungszeitraum 2017** durch das **BEPS-UmsG** v. 20.12.2016 (BGBl. 2016 I 3000) angefügt worden. Mit Wirkung ab 396.1

dem VZ 2020 ist der Abzug zudem von der Angabe der **steuerlichen Identifikationsnummer** des Berechtigten in der Steuererklärung des Verpflichteten abhängig gemacht worden (Einfügung von § 10 Abs. 1a Nr. 3 S. 3 durch das **„JStG 2019"** v. 12.12.2019, BGBl. 2019 I 2451).

397 *Einstweilen frei*

398 **b) Abfindungszahlungen an den anderen Ehegatten.** Das am 1.9.2009 in Kraft getretene **Versorgungsausgleichsgesetz** (VersAusglG) ermöglicht es den Ehegatten, äußerst weitgehend **über den Versorgungsausgleich** zu **disponieren** und auf dessen Durchführung sogar in vollem Umfang zu verzichten. § 10 Abs. 1a Nr. 3 begünstigt die darauf beruhenden zivilrechtlichen Gestaltungen nunmehr auch steuerrechtlich. Das betrifft vor allem **Kapitalzahlungen,** die nicht an den Versorgungsträger, sondern an den Ehegatten geleistet werden, damit dieser einer **ehevertraglichen Scheidungsfolgenvereinbarung** (§ 1408 Abs. 2 BGB) über den Ausschluss des Versorgungsausgleichs (§ 6 Abs. 1 S. 2 Nr. 2 VersAusglG) **zustimmt.** Solche Gegenleistungen für den Verzicht des anderen Ehegatten auf die Durchführung des Versorgungsausgleichs waren bis zur Einfügung des § 10 Abs. 1a Nr. 3 nicht als Sonderausgaben abziehbar (BFH 15.6.2010 – X R 23/08, BFH/NV 2010, 1807; BFH 23.11.2016 – X R 48/14, BStBl. II 2017, 383). Bei Beamten ergab sich allerdings wegen des Veranlassungszusammenhangs mit der Erlangung künftiger, ungeschmälerter Versorgungsbezüge (§ 19 Abs. 2) die Möglichkeit zum Werbungskostenabzug (BFH 8.3.2006 – IX R 78/01, BStBl. II 2006, 448; BFH 23.11.2016 – X R 41/14, BStBl. II 2017, 773).

399 *Einstweilen frei*

400 **c) Abfindungszahlungen an den Versorgungsträger des anderen Ehegatten.** Begünstigt sind **zudem** Abfindungen, die im Rahmen des familiengerichtlich durchzuführenden **Versorgungsausgleichs** (§ 1587 BGB) auf Verlangen des anderen Ehegatten an dessen **Versorgungsträger** geleistet werden, damit dort ein für ihn bestehendes Anrecht auf Altersversorgung ausgebaut oder ein neues Anrecht begründet werden kann (§ 23 Abs. 1 VersAusglG). Diese Ausgleichsmöglichkeit besteht unabhängig davon, ob sie eine beamtenrechtliche, eine öffentlich-rechtliche, eine private, eine geförderte oder eine betriebliche Altersversorgung betrifft. Damit soll eine **steuerliche Gleichbehandlung aller Ausgleichsleistungen** gewährleistet werden (BT-Drs. 18/3441, 56; Schmidt/*Krüger* § 10 Rn. 127). Derartige Zahlungen waren bis zum Veranlagungszeitraum 2014 weder als Sonderausgaben noch als Werbungskosten abziehbar (BFH 5.11.2014 – X B 223/13, BFH/NV 2015, 202).

400.1 Erfasst werden aber nur Ausgleichszahlungen, die zur **Vermeidung des Versorgungsausgleichs** bestimmt sind. Es muss sich nach § 23 VersAusglG zudem um Abfindungen handeln, die **auf Verlangen des ausgleichsberechtigten Ehegatten an dessen Versorgungsträger** gezahlt werden. Die Vorschrift ist daher tatbestandlich nicht einschlägig, wenn ein Beamter an seinen Dienstherrn Zahlungen leistet, die – nach bereits durchgeführtem Versorgungsausgleich – zur **Wiederauffüllung** seiner eigenen **Anwartschaft auf zukünftige ungekürzte Pensionsleistungen** (und damit zur Beseitigung der Folgen des Versorgungsausgleichs) bestimmt sind. Derartige Zahlungen sind mithin auch nach Einfügung des § 10 Abs. 1a Nr. 3 weiterhin als **Werbungskosten** abziehbar (vgl. BFH 8.3.2006 – IX R 107/00, BStBl. II 2006, 446; HHR/*Kulosa* § 10 Rn. 285; Schmidt/*Krüger* § 10 Rn. 128).

401 *Einstweilen frei*

402 **d) Antrag des Ausgleichsverpflichteten.** Zum Abzug der Ausgleichszahlungen ist ein **Antrag** des zur Ausgleichsleistung Verpflichteten erforderlich. Einzelheiten ergeben sich aus dem Verweis in § 10 Abs. 1a Nr. 3 S. 2, der die Vorschriften für die Geltendmachung des Realsplitting (§ 10 Abs. 1a Nr. 1 S. 3) für entsprechend anwendbar erklärt. Der Antrag ist daher **formlos** möglich und kann und auf einen Teil der Abfindungszahlung **beschränkt** werden. Er kann jeweils nur für ein Kalenderjahr gestellt und **nicht widerrufen** werden (zu Einzelheiten → Rn. 330).

403 *Einstweilen frei*

404 **e) Zustimmung des anderen Ehegatten.** Nach § 10 Abs. 1a Nr. 3 S. 1 ist der Sonderausgabenabzug beim Leistenden von der **Zustimmung des Empfängers** abhängig. Wie sich aus dem Wortlaut („soweit") ergibt, kann diese Zustimmung **der Höhe nach beschränkt** werden. Das Zustimmungserfordernis ist geboten, weil der **Empfänger** die

Abfindungsleistung seinerseits **nach § 22 Nr. 1a als eigene Einkünfte versteuern** muss. Dadurch ist es den Parteien der Vereinbarung über den Versorgungsausgleich möglich, über deren steuerlichen Folgen zu disponieren und die auf beiden Seiten eintretende steuerliche Belastungs- und Entlastungswirkung optimal anzupassen (zum ähnlich wirkenden Realsplitting → Rn. 320).

Einzelheiten zum **Widerruf der Zustimmung** regelt § 10 Abs. 1a Nr. 3 S. 2 durch Verweis auf die entsprechend anwendbaren Bestimmungen zum Realsplitting in § 10 Abs. 1a Nr. 1 S. 4 und § 10 Abs. 1a Nr. 1 S. 5. Die einmal erteilte Zustimmung ist daher **bis auf Widerruf wirksam.** Der Empfänger muss den Widerruf **gegenüber dem Finanzamt** erklären. Dort muss der **Widerruf vor Beginn des Kalenderjahrs** eingehen, für den die erteilte Zustimmung erstmals nicht mehr gelten soll (zu Einzelheiten → Rn. 335). 405

Einstweilen frei 406

f) Unbeschränkte Einkommensteuerpflicht des Berechtigten. Damit die Aufwendungen beim Verpflichteten als Sonderausgaben Berücksichtigung finden können, muss der **Berechtigte** zudem der **unbeschränkten Einkommensteuerpflicht** unterliegen, weil nur dann die Zahlungen bei ihm entsprechend dem Grundgedanken des Korrespondenzprinzips besteuert werden können (BT-Drs. 18/10506, 85). Diese Anforderung ist erst durch das **BEPS-UmsG** v. 20.12.2016 (BGBl. 2016 I 3000) an § 10 Abs. 1a Nr. 3 S. 1 angefügt worden und gilt gemäß Art. 19 Abs. 2 BEPS-UmsG **ab dem 1.1.2017.** 407

g) Angabe der Identifikationsnummer des Berechtigten (§ 10 Abs. 1a Nr. 3 S. 3). Seit dem Veranlagungszeitraum 2020 ist der Sonderausgabenabzug zudem (als **materiellrechtliche Anspruchsvoraussetzung,** vgl. Schmidt/*Krüger* § 10 Rn. 127) davon abhängig, dass der Steuerpflichtige als zur Zahlung der Ausgleichleistungen verpflichteter Ehegatte in seiner Steuererklärung die **steuerliche Identifikationsnummer** (§ 139b AO) des Berechtigten **angibt** (Anfügung des § 10 Abs. 1a Nr. 3 S. 3 durch das **„JStG 2019"** v. 12.12.2019, BGBl. 2019 I 2451). Die Angabe soll der Finanzverwaltung die korrespondierende Besteuerung der Ausgleichsleistung beim anderen Ehegatten erleichtern. Da § 10 Abs. 1a Nr. 1 S. 8–9 entsprechend gilt, ist der Ausgleichsberechtigte dem Verpflichteten gegenüber zur **Mitteilung** seiner Identifikationsnummer **verpflichtet;** kommt er dieser Verpflichtung nicht nach, kann der Ausgleichsverpflichtete sie bei dem für ihn zuständigen Finanzamt **erfragen** (→ Rn. 341). 408

Einstweilen frei 409

5. Ausgleichsleistungen im Rahmen des Versorgungsausgleichs (§ 10 Abs. 1a Nr. 4)

a) Überblick. Die Bestimmung befand sich vor ihrer Neuregelung durch das **ZollkodexAnpG** v. 22.12.2014 (BGBl. 2014 I 2417) **gleichlautend** in **§ 10 Abs. 1 Nr. 1b.** Sie eröffnet den Sonderausgabenabzug für bestimmte **Ausgleichszahlungen** im Rahmen des **Versorgungsausgleichs,** soweit die ihnen zugrunde liegenden Einnahmen beim Ausgleichsverpflichteten der Besteuerung unterliegen und der Ausgleichsberechtigte unbeschränkt einkommensteuerpflichtig ist. Davon **abzugrenzen** sind Zahlungen zur **Abwendung des ehelichen Zugewinnausgleichs,** die eine reine Vermögensumschichtung darstellen und daher nicht als Sonderausgaben abzugsfähig sind (KKB/*Wilhelm* § 10 Rn. 169; Korn/*Bauschatz* § 10 Rn. 230.6.4; Bordewin/Brandt/*Stöcker* § 10 Rn. 41). 410

Rechtsentwicklung: Die Vorgängervorschrift des § 10 Abs. 1 Nr. 1b EStG aF war durch das **JStG 2008** v. 20.12.2007 (BGBl. 2007 I 3150) mit Wirkung zum **Veranlagungszeitraum 2008 neu eingefügt** worden. Die Neuregelung war erforderlich geworden, da der Gesetzgeber zugleich den Tatbestand des **§ 10 Abs. 1 Nr. 1a EStG aF,** der bis dahin eine Abzugsmöglichkeit für Renten und dauernde Lasten vorsah und unter den auch die **Ausgleichzahlungen aufgrund eines Versorgungsausgleichs** fielen, auf den Kernbereich der Versorgungsleistungen im Zusammenhang mit einer Vermögensübertragung eingeengt hatte (→ Rn. 366.1; Blümich/*Hutter* § 10 Rn. 139). Das **JStG 2010** v. 8.12.2010 (BGBl. 2010 I 1768) hatte die Vorgängervorschrift mit Wirkung ab dem Veranlagungszeitraum 2010 an die zum 1.9.2009 neu ausgestalteten **zivilrechtlichen Vorschriften** über den Versorgungsausgleich **angeglichen.** Seither setzt der Abzug erstmals auch die unbeschränkte Einkommensteuerpflicht des Leistungsempfängers voraus. Mit Wirkung ab dem **Veranlagungszeitraum 2020** ist der Abzug zudem 410.1

von der Angabe der steuerlichen **Identifikationsnummer** des Berechtigten in der Steuererklärung des Verpflichteten abhängig gemacht worden (Anfügung von § 10 Abs. 1a Nr. 4 S. 2 durch das **„JStG 2019"** v. 12.12.2019, BGBl. 2019 I 2451).

411 § 10 Abs. 1a Nr. 4 betrifft (wie die Vorgängernorm in § 10 Abs. 1 Nr. 1b EStG aF) ausschließlich Zahlungen, die aus Anlass eines **tatsächlich durchgeführten Versorgungsausgleichs** geleistet werden. Soll der Versorgungsausgleich hingegen ausgeschlossen werden, so fallen Ausgleichszahlungen, die zur **Abfindung** des bloßen Anspruchs auf Durchführung des Versorgungsausgleichs erbracht werden, **nicht** unter diese Vorschrift (FG Münster 22.6.2016 – 7 K 727/14 E, EFG 2016, 1242, die Revision wurde vom BFH als unzulässig verworfen, BFH 15.12.2016 – X R 20/16, BFH/NV 2017, 471; **anderer Auffassung** FG Schleswig Holstein 18.7.2016 – 3 K 49/14, EFG 2016, 1603 – Rev. X R 24/16 in der Hauptsache erledigt –), sondern (jedoch erst seit 2015) unter § 10 Abs. 1a Nr. 3 (→ Rn. 396); vorher waren sie nach der Rechtsprechung des BFH als Betriebsausgaben oder Werbungskosten abziehbar (BFH 8.3.2006 – IX R 107/00, BStBl. II 2006, 446; → Rn. 396.1).

412 *Einstweilen frei*

413 **b) Schuldrechtlicher Versorgungsausgleich.** Betroffen ist – wie die in Bezug genommenen zivilrechtlichen Vorschriften zeigen – **ausschließlich** der sogenannte **„schuldrechtliche" Versorgungsausgleich** nach §§ 20, 21, 22, 26 VersAusglG (gültig ab 1.9.2009) sowie nach §§ 1587f, 1587g, 1587i BGB und nach § 3a VAHRG (gültig für Fälle, in denen über den Versorgungsausgleich bis zum 31.8.2009 entschieden wurde). Die dort getroffenen Regelungen ermöglichen es den Ehegatten, im Falle der Scheidung **anstelle** des gesetzlich vorgesehenen sogenannten **„dinglichen" Versorgungsausgleichs** (bei dem im Wege der **internen oder externen Teilung** die bestehenden Versorgungsanwartschaften sofort umgebucht werden) **abweichend** zu vereinbaren, dass die späteren Alterseinkünfte **ungeteilt und in voller Höhe** weiterhin nur demjenigen Ehegatten zufließen, der die Anwartschaft auf sie ursprünglich erworben hat. Der Ehegatte mit den höheren Versorgungsansprüchen ist dann **schuldrechtlich verpflichtet,** den ihm zufließenden, aber **auf den anderen Ehegatten entfallenden Anteil** an diesen **auszuzahlen** (s. ausführlich HHR/*Kulosa* § 10 Rn. 291; Bordewin/Brandt/*Stöcker* § 10 Rn. 720).

414 Bezieht der ausgleichspflichtige Ehegatte eine laufende Versorgung aus einem noch nicht ausgeglichenen Anrecht, so kann der ausgleichsberechtigte Ehegatte von ihm den **Ausgleichswert** als sog. **schuldrechtliche Ausgleichsrente** verlangen (§ 20 VersAusglG). In Höhe dieser Ausgleichsrente kann er zudem die **Abtretung des Anspruchs** gegen den Versorgungsträger verlangen (§ 21 VersAusglG). § 22 VersAusglG eröffnet darüber hinaus einen **Anspruch auf Zahlung des Ausgleichswerts** aus **Kapitalzahlungen** des Versorgungsträgers (s. im Einzelnen Bordewin/Brandt/*Stöcker* § 10 Rn. 732). In all diesen Fällen des schuldrechtlichen Versorgungsausgleichs ist § 10 Abs. 1a Nr. 4 ohne Weiteres anwendbar. In **entsprechender Anwendung** zu berücksichtigen sind die Ausgleichszahlungen daneben nach der Rechtsprechung des BFH aber auch dann, wenn der **dingliche Versorgungsausgleich ehevertraglich ausgeschlossen** worden ist und die Ehegatten als Scheidungsfolge untereinander **Zahlungen** vereinbart haben, die der Sache nach einen **schuldrechtlichen Versorgungsausgleich** bewirken sollen (BFH 22.8.2012 – X R 36/09, BStBl. II 2014, 109).

415–416 *Einstweilen frei*

417 **c) Steuerliche Behandlung.** Die **Versorgungsleistungen** sind zunächst beim **Erstbezieher** der Alterseinkünfte **in voller Höhe** – mithin auch insoweit, als er zur Ausgleichszahlung und damit zu ihrer Weiterleitung an den anderen, ausgleichsberechtigten früheren Ehegatten verpflichtet ist – **als Einkünfte anzusetzen** (HHR/*Kulosa* § 10 Rn. 292). Der ausgleichspflichtige Erstbezieher kann zugleich jedoch gegenläufig den **auszukehrenden Betrag** gemäß § 10 Abs. 1a Nr. 4 als **Sonderausgabe** abziehen (siehe näher Bordewin/Brandt/*Stöcker* § 10 Rn. 739). Der **Abzug** ist in dem Umfang möglich („soweit"), in dem die auszugleichenden Einnahmen bei ihm als **Ausgleichspflichtigem der Besteuerung unterliegen** (Blümich/*Hutter* § 10 Rn. 142); darauf, ob sie beim ausgleichsberechtigten früheren Ehegatten mit einem anderen Anteil zu versteuern wären, kommt es nach dem Gesetzeswortlaut nicht an. Bei diesem als **Empfänger** der **Ausgleichszahlungen** ist der entsprechende Betrag **nach § 22 Nr. 1a in korrespondierender Höhe** der **Besteuerung** zu unterwerfen (vgl. BFH 18.9.2003 – X R 152/97, BStBl. II 2007, 749, noch zu § 10 Abs. 1 Nr. 1a EStG aF – jetzt: § 10 Abs. 1a Nr. 2 –). In die Ermittlung des insoweit nicht abziehbaren Anteils ist nicht nur bei **Leibrenten** deren **steuerfreier Ertragsanteil** (§ 22 Nr. 1 S. 3 Buchst. a), sondern auch bei **Versorgungsbezügen** die Inanspruchnahme des nach § 19 Abs. 2 S. 1 **steuerfreien Versorgungsfreibetrags** einzubeziehen (BFH 9.12.2014 – X R 7/14, BFH/NV 2015, 824).

Voraussetzung für den Sonderausgabenabzug ist seit dem Veranlagungszeitraum 2010, dass der der ausgleichsberechtigte frühere Ehegatte (also der **Empfänger**) der **unbeschränkten Einkommensteuerpflicht** unterliegt. Für ausgleichspflichtige Personen, die Staatsangehörige eines **EU- und EWR-Mitgliedstaats** sind, ist der Sonderausgabenabzug daneben auch dann eröffnet, wenn der **Empfänger** zwar nicht unbeschränkt einkommensteuerpflichtig ist, seinen **Wohnsitz oder gewöhnlichen Aufenthalt** aber **in der EU oder dem EWR** hat, und wenn die **Besteuerung** beim Empfänger durch eine Bescheinigung der zuständigen Steuerbehörde **nachgewiesen** wird (§ 1a Abs. 1 Nr. 1). 418

Einstweilen frei 419

d) Angabe der Identifikationsnummer des Berechtigten (§ 10 Abs. 1a Nr. 4 S. 2). 420
Seit dem Veranlagungszeitraum 2020 ist der Sonderausgabenabzug zudem (als **materiellrechtliche Anspruchsvoraussetzung,** vgl. Schmidt/*Krüger* § 10 Rn. 127) davon abhängig, dass der Steuerpflichtige als zur Zahlung der Ausgleichleistungen verpflichteter Ehegatte in seiner Steuererklärung die **steuerliche Identifikationsnummer** (§ 139b AO) des Berechtigten **angibt** (Anfügung des Verweises auf § 10 Abs. 1a Nr. 3 S. 3 in § 10 Abs. 1a Nr. 4 S. 2 durch das **„JStG 2019"** v. 12.12.2019, BGBl. 2019 I 2451).

Die Angabe soll der Finanzverwaltung die **korrespondierende Besteuerung** der Ausgleichsleistung beim anderen Ehegatten **erleichtern.** Da über § 10 Abs. 1a Nr. 3 S. 3 auch § 10 Abs. 1a Nr. 1 S. 8–9 entsprechend gilt, ist der Ausgleichsberechtigte dem Verpflichteten gegenüber zur **Mitteilung** seiner Identifikationsnummer verpflichtet; kommt er dieser Verpflichtung nicht nach, kann der Ausgleichsverpflichtete sie bei dem für ihn zuständigen Finanzamt **erfragen** (→ Rn. 341). 420.1

Ein **Antrag** des Ausgleichverpflichteten wie auch das Einholen der **Zustimmung** des Ausgleichberechtigten ist bei § 10 Abs. 1a Nr. 4 – anders als für die Inanspruchnahme des Realsplittings nach § 10 Abs. 1a Nr. 1 (→ Rn. 330; → Rn. 335) wie auch für den Abzug von Ausgleichszahlungen zur Vermeidung eines Versorgungsausgleichs nach § 10 Abs. 1a Nr. 3 (→ Rn. 402; → Rn. 404) – **nicht erforderlich.** 421

III. Voraussetzungen für den Abzug von Vorsorgeaufwendungen (§ 10 Abs. 2)

1. Überblick

§ 10 Abs. 2 stellt eine Reihe von **zusätzlichen Anforderungen** an den **Abzug von Vorsorgeaufwendungen.** Vorsorgeaufwendungen sind ihrer Legaldefinition nach (§ 10 Abs. 2 S. 1) ausschließlich Sonderausgaben iSd § 10 Abs. 1 Nr. 2 (Beiträge zur **Altersvorsorge**), § 10 Abs. 1 Nr. 3 (Beiträge zu **Kranken- und Pflegeversicherungen**) und § 10 Abs. 1 Nr. 3a (**übrige Vorsorgeaufwendungen**). Diese Vorsorgeaufwendungen 422

- dürfen – außer in den in **§ 10 Abs. 2 S. 1 Nr. 1** genannten Fällen eines Bezugs von Arbeitslohn aus dem EU- oder EWR-Ausland – nicht in unmittelbarem wirtschaftlichen Zusammenhang **mit steuerfreien Einnahmen** stehen (→ Rn. 425),
- müssen nach **§ 10 Abs. 2 S. 1 Nr. 2** an bestimmte Versicherungsunternehmen, Versorgungseinrichtungen, Sozialversicherungsträger oder andere **Anbieter** geleistet werden (→ Rn. 430) und
- dürfen wegen **§ 10 Abs. 2 S. 2** als Beiträge zum Aufbau einer privaten Altersvorsorge oder zur Absicherung gegen Erwerbs- oder Berufsunfähigkeit oder von Hinterbliebenen nur auf einen nach einem gesonderten Verfahren **zertifizierten Vertrag** geleistet werden (→ Rn. 437).

Für die **übrigen** Sonderausgaben-Tatbestände gelten die in § 10 Abs. 2 genannten Einschränkungen dagegen **nicht.** Ihr Abzug ist also – soweit keine anderslautende Regelung greift – insbesondere auch dann zulässig, wenn ein Zusammenhang mit steuerfreien Einnahmen besteht (HHR/*Kulosa* § 10 Rn. 300). 423

423.1 **Rechtsentwicklung:** Seit seiner Neufassung durch das **Einkommensteuerreformgesetz** v. 5.8.1974 (BGBl. 1974 I 1769) sind in § 10 Abs. 2 die zusätzlichen Voraussetzungen für den Abzug von Vorsorgeaufwendungen geregelt. Das **Missbrauchsbekämpfungs- und Steuerbereinigungsgesetz** v. 21.12.1993 (BGBl. 1993 I 2310) brachte in § 10 Abs. 2 Nr. 2 die Möglichkeit, Vorsorgeaufwendungen steuerbegünstigt auch an Unternehmen aus anderen EG-Mitgliedstaaten leisten zu können. Durch das **AltEinkG** v. 5.7.2004 (BGBl. 2004 I 1427) wurde die Vorschrift neu gefasst. Durch das **JStG 2007** v. 13.12.2006 (BGBl. 2006 I 2878) wurde der Kreis der begünstigten Leistungsempfänger um die Anbieter nach § 80 erweitert (Anfügung des jetzigen § 10 Abs. 2 S. 1 Nr. 2 Buchst. d). Mit dem **JStG 2009** v. 19.12.2008 (BGBl. 2008 I 2794) wurde die Vorschrift um Regelungen zur Datenübermittlung erweitert; von den neu angefügten S. 2–10 wurden die S. 4–8 indessen bereits mit dem **Bürgerentlastungsgesetz Krankenversicherung** v. 16.7.2009 (BGBl. 2009 I 1959) wieder gestrichen und in den neuen § 10 Abs. 2a übernommen. Mit dem **AmtshilfeRLUmsG** v. 26.6.2013 (BGBl. 2013 I 1809) wurde § 10 Abs. 2 S. 1 Nr. 2 Buchst. a an europarechtliche Vorgaben angepasst. Das **Gesetz zur Anpassung des nationalen Steuerrechts an den Beitritt Kroatiens zur EU und zur Änderung weiterer steuerlicher Vorschriften** v. 25.7.2014 (BGBl. 2014 I 1266) dehnte die Datenübermittlung von Krankenversicherungsbeiträgen (§ 10 Abs. 2 S. 3) auf andere Einrichtungen aus, die eine vergleichbare Absicherung im Krankheitsfall bieten. Durch das **JStG 2018** v. 11.12.2018 (BGBl. 2018 I 2338) wurde in § 10 Abs. 2 S. 1 Nr. 1 eine – europarechtlich gebotene – Ausnahme zum Abzug von Vorsorgeaufwendungen im Zusammenhang mit steuerfreiem Arbeitslohn aus einer Tätigkeit im EU- und EWR-Ausland geschaffen. Im Zuge des (wohl verfassungswidrig zustande gekommenen, → Rn. 55) **2. DSAnpUG-EU** v. 20.11.2019 (BGBl. 2019 I 1626) sind die bislang in § 10 Abs. 2 S. 2 Nr. 2 und in § 10 Abs. 2 S. 3 enthaltenen Abzugsvoraussetzungen, wonach der Steuerpflichtige bzgl. der Vorsorgeaufwendungen in die Datenübermittlung an das Finanzamt eingewilligt haben musste, ersatzlos fortgefallen. Das Erfordernis einer solchen besonderen **Einwilligung** war jedenfalls seit Inkrafttreten der Verordnung (EU) 2016/679 (sog. Datenschutz-Grundverordnung – DSGVO –) **überflüssig** geworden, weil die Finanzbehörden nach Art. 6 Abs. 1 Unterabs. 1 Buchst. e DSGVO personenbezogene Daten ohnehin ohne Vorliegen einer Einwilligung des Betroffenen verarbeiten dürfen, wenn dies – wie hier – für die Wahrnehmung einer im öffentlichen Interesse liegenden Aufgabe erforderlich ist.

424 *Einstweilen frei*

2. Kein unmittelbarer wirtschaftlicher Zusammenhang mit steuerfreien Einnahmen (§ 10 Abs. 2 S. 1 Nr. 1)

425 Sämtliche Vorsorgeaufwendungen sind **nicht als Sonderausgaben abziehbar,** wenn sie **in unmittelbarem wirtschaftlichen Zusammenhang** mit **steuerfreien Einnahmen** stehen. Sinn der Vorschrift ist es, eine **doppelte Begünstigung** – sowohl durch die Steuerfreiheit der Einnahmen als auch zusätzlich durch die steuerliche Berücksichtigung beim Sonderausgabenabzug – zu **verhindern** (vgl. Frotscher/Geurts/*Lindberg* § 10 Rn. 175). Die Bestimmung verfolgt damit ein ähnliches Regelungsziel wie **§ 3c Abs. 1,** der den Abzug von Betriebsausgaben und Werbungskosten im Zusammenhang mit steuerfreien Einnahmen ausschließt, und erweitert es für den Bereich der Sonderausgaben. Da der Wortlaut beider Abzugsverbote im Kern identisch ist, ist auch der **Begriff „unmittelbarer wirtschaftlicher Zusammenhang"** in beiden Vorschriften **gleich auszulegen** (Bordewin/Brandt/*Stöcker* § 10 Rn. 770). Danach stehen die Aufwendungen dann in unmittelbarem wirtschaftlichen Zusammenhang mit steuerfreien Einnahmen, wenn die Einnahmen und die Aufwendungen **durch dasselbe Ereignis veranlasst** sind und in einer klar abgrenzbaren, **unlösbaren Beziehung** zueinander stehen (→ § 3c Rn. 87; Schmidt/*Krüger* § 10 Rn. 136). Diese Voraussetzung ist sowohl dann erfüllt, wenn ein Steuerpflichtiger **steuerfreie Einnahmen** erzielt und dieser Tatbestand gleichzeitig **Pflichtbeiträge an einen Sozialversicherungsträger** auslöst, als auch dann, wenn die steuerfreien Einnahmen **verpflichtend der Finanzierung der Vorsorgeaufwendungen dienen** (BFH 29.4.1992 – I R 102/91, BStBl. II 1993, 149; BFH 18.4.2012 – X R 62/09, BStBl. II 2012, 721). Nicht erforderlich ist hingegen, dass die Vorsorgeaufwendungen und die steuerfreien Einnahmen zueinander in einem finalen Zusammenhang stehen (→ **§ 3c** Rn. 86; LBP/*Hoheisel*/*Tippelhofer* § 10 Rn. 685). Vom Arbeitgeber nach § 40 Abs. 3 S. 3, § 40b Abs. 4 S. 1 **pauschal versteuerte Einnahmen** sind **nicht steuerfrei** im Sinne des § 10 Abs. 2 S. 1 (Schmidt/*Krüger* § 10 Rn. 136; HHR/*Kulosa* § 10 Rn. 305).

Von der Regelung betroffene Einnahmen in unmittelbarem wirtschaftlichen Zusammenhang mit Vorsorgeaufwendungen sind insbesondere 425.1

- die nach § 3 Nr. 14 steuerfreien **Zuschüsse der Rentenversicherungsträger** zur **Krankenversicherung der Rentner** iSd § 106 SGB VI (hierzu → § 3 Nr. 14 Rn. 22),
- die nach § 3 Nr. 17 steuerfreien **Bundeszuschüsse zum Alterssicherungsbeitrag der Landwirte** (hierzu → § 3 Nr. 17 Rn. 24)
- die nach § 3 Nr. 48 steuerfreien **Ersatzleistungen an Wehrpflichtige für deren Krankenversicherung** nach dem Unterhaltssicherungsgesetz und
- die nach § 3 Nr. 57 durch einen Bundeszuschuss und durch die Künstlersozialabgabe finanzierten steuerfreien **Zuschüsse der Künstlersozialkasse zur Künstlersozialversicherung** (→ § 3 Nr. 57 Rn. 31).

Das gleiche gilt aber auch, wenn der Steuerpflichtige Sozialversicherungsbeiträge leistet und die Beitragspflicht auf der Erzielung von **Einnahmen** beruht, die nach dem **Auslandstätigkeitserlass** oder aufgrund von **Doppelbesteuerungsabkommen** im Inland **steuerfrei gestellt** sind (BFH 18.7.1980 – VI R 97/77, BStBl. II 1981, 16; BFH 29.4.1992 – I R 102/91, BStBl. II 1993, 149; BFH 18.4.2012 – X R 62/09, BStBl. II 2012, 721).

Eine **Ausnahme** von diesem Grundsatz regelt § 10 Abs. 2 S. 1 Nr. 1 Hs. 2 für Vorsorgeaufwendungen, die in unmittelbarem wirtschaftlichen Zusammenhangs mit **steuerfreien Einnahmen aus einer nichtselbständigen Tätigkeit im EU- oder im EWR-Ausland** stehen. Beruht die **Steuerfreiheit** dieser Einnahmen auf einem **DBA** und lässt der Beschäftigungsstaat **keinerlei steuerliche Berücksichtigung** von Vorsorgeaufwendungen im Rahmen der Besteuerung dieser Einnahmen zu, bleibt der Abzug der Vorsorgeaufwendungen als Sonderausgaben möglich. Diese im Zuge des **JStG 2018** v. 11.12.2018 (BGBl. 2018 I 2338) eingefügte und gem. § 52 Abs. 18 S. 3 in allen noch offenen Fällen anzuwendende Ausnahmeregelung war erforderlich, weil die Versagung des Sonderausgabenabzugs im Inland als Verstoß gegen die **Arbeitnehmerfreizügigkeit** (Art. 45 AEUV) **europarechtswidrig** wäre, wenn sie allein mit dem vorrangigen Besteuerungsrecht eines anderen EU-Mitgliedstaates am erzielten Arbeitslohn begründet würde (vgl. EuGH 22.6.2017 – C-20/16, BStBl. II 2017, 1271 – Bechtel; dort entschieden für den Fall der Beiträge einer für die Verwaltung des französischen Staats tätigen Arbeitnehmerin zur französischen Altersvorsorge- und Krankenversicherung; zum Hintergrund der Neuregelung vgl. BT-Drs. 19/4455, 41 f.). **Gleichgestellt** sind (wegen des Anwendungsvorrangs des Unionsrechts) auch Altersvorsorgeaufwendungen, die im Zusammenhang mit dem Bezug steuerfreien Arbeitslohns aus der **Schweiz** anfallen, da sich die Arbeitnehmerfreizügigkeit nach dem **Freizügigkeitsabkommen** (FZA) auch auf sie erstreckt (BFH 5.11.2019 – X R 23/17, DStR 2020, 774; **anderer Auffassung** KKB/*Wilhelm* § 10 Rn. 48). Werden die Aufwendungen allerdings **im Tätigkeitsstaat steuerlich berücksichtigt,** kommt im Inland ein Abzug – und sei es auch nur im Rahmen des Progressionsvorbehalts – **nicht** in Betracht (FG Nürnberg 13.2.2019 – 5 K 887/18, EFG 2019, 764; Rev. I R 19/19). Die Möglichkeit einer Berücksichtigung von Beiträgen als Sonderausgaben nach der Neuregelung besteht gleichfalls nicht, wenn die Freistellung des Arbeitslohns bei im EU-Ausland tätigen **Bediensteten zwischenstaatlicher Organisationen** nicht aufgrund eines DBA, sondern auf der Grundlage besonderer Abkommen erfolgt, da insoweit kein unionsrechtlich relevanter grenzüberschreitender Sachverhalt vorliegt (das Abzugsverbot würde auch bei einer Beschäftigung im Inland gelten; gleicher Ansicht KKB/*Wilhelm* § 10 Rn. 48). 426

Bereits vor Inkrafttreten der Neuregelung durch das **JStG 2018** v. 11.12.2018 (BGBl. 2018 I 2338) hatte die **Finanzverwaltung** den steuerlichen Abzug der Vorsorgeaufwendungen unter den gleichen Voraussetzungen **anerkannt** (BMF 11.12.2017, BStBl. I 2017, 1624). Mit der **Gesetzesänderung** hat sich auch die bislang noch offene Frage **erledigt,** ob der Ausschluss des Sonderausgabenabzugs auch dann mit der Arbeitnehmerfreizügigkeit (Art. 45 AEUV) bzw. im Verhältnis zur Schweiz mit dem Gleichbehandlungsgrundsatz (Art. 2 Freizügigkeitsabkommen) unvereinbar ist, wenn die in unmittelbarem wirtschaftlichen Zusammenhang mit dem steuerfreien ausländischen Arbeitslohn stehenden Vorsorgeaufwendungen als **Pflichtbeiträge im Inland** geleistet werden (so FG Niedersachsen 28.9.2016 – 3 K 169/15, EFG 2017, 124; Rev. X R 37/16 in der Hauptsache erledigt; **anderer Auffassung** – zu schweizerischem Arbeitslohn – FG Rheinland-Pfalz 23.1.2017 – 5 K 1463/14, EFG 2017, 1078, aufgehoben durch BFH 5.11.2019 – X R 23/17, DStR 2020, 774). Denn nach der Ausnahmeregelung in § 10 Abs. 2 S. 1 Nr. 1 Hs. 2 kommt es nicht darauf an, dass die Vorsorgeaufwendungen im Inland 426.1

anfallen. **Noch weitergehend** hält das FG Düsseldorf (10.7.2018 – 10 K 1964/17 E, EFG 2018, 1515, rkr., die Revision der Finanzverwaltung wurde durch BFH 26.2.2019 – X R 25/18, BFH/NV 2019, 575, wegen Versäumens der Begründungsfrist als unzulässig verworfen) die inländischen Pflichtbeiträge entgegen § 10 Abs. 2 S. 1 Nr. 1 selbst dann für abziehbar, wenn sie im Zusammenhang mit **nach Doppelbesteuerungsabkommen steuerfreien Einkünften aus Drittstaaten** (im Streitfall: China und Brasilien) stehen; diese Auffassung ist meines Erachtens mit Blick auf BFH 18.4.2012 – X R 62/09 (BStBl. II 2012, 721) jedoch **abzulehnen** (gleicher Ansicht HHR/*Kulosa* § 10 Rn. J 18-4).

427 Für **steuerfreie Zuschüsse zu einer Kranken- oder Pflegeversicherung** gilt eine weitere **Sonderregelung.** Sie stehen kraft ausdrücklicher gesetzlicher Anordnung in § 10 Abs. 2 S. 1 Nr. 1 Hs. 3 **insgesamt** in unmittelbarem wirtschaftlichen Zusammenhang mit den Vorsorgeaufwendungen iSd § 10 Abs. 1 Nr. 3, sodass diese in entsprechender Höhe nicht als Sonderausgaben abziehbar sind.

427.1 Die Bestimmung bezieht sich vor allem auf die **Arbeitgeberzuschüsse zur privaten Krankenversicherung** nach § 257 Abs. 2 SGB V. Sie dient dazu, die ansonsten vorzunehmende **Aufteilung** dieser Zuschüsse auf den nach § 10 Abs. 1 Nr. 3 unbeschränkt abzugsfähigen Beitragsanteil zur Basis-Krankenversicherung einerseits und den nach § 10 Abs. 1 Nr. 3a nur beschränkt abziehbaren Beitragsanteil zum Erwerb eines darüber hinausgehenden Versicherungsschutzes andererseits zu **unterbinden** (vgl. Schmidt/*Krüger* § 10 Rn. 137). Stattdessen sind die **gesamten Arbeitgeberzuschüsse ausschließlich von den Aufwendungen des Steuerpflichtigen für die Basisversorgung abzuziehen** (BFH 2.9.2014 – IX R 43/13, BStBl. II 2015, 257; vgl. auch FG Hamburg 21.9.2012 – 3 K 144/11, EFG 2013, 26; FG Münster 20.9.2018 – 6 K 4122/14 E, EFG 2018, 2016). Dadurch fallen die darüber hinausgehenden **Vorsorgeaufwendungen nach § 10 Abs. 1 Nr. 3a** – wegen des nach der Regelung fehlenden unmittelbaren wirtschaftlichen Zusammenhangs mit den Arbeitgeberzuschüssen – zwar **entsprechend höher** aus; diese Zuordnung ist für den Steuerpflichtigen aber deshalb **nachteilig,** weil für Versicherungsbeiträge iSd § 10 Abs. 1 Nr. 3a wegen der bereits durch die übrigen Vorsorgeaufwendungen aufgezehrten Höchstbeträge in **der Regel keine Abzugsmöglichkeit** mehr verbleibt (→ Rn. 195). Zur Wirkungsweise der Regelung vgl. im Einzelnen LBP/*Hoheisel/Tippelhofer* § 10 Rn. 688; zu auch nach Ergehen der Entscheidung BFH 2.9.2014 – IX R 43/13 (BStBl. II 2015, 257) noch weiterbestehenden **verfassungsrechtlichen Bedenken** gegen sie s. HHR/*Kulosa* § 10 Rn. 306 („Umdeklarierung von Zuschüssen", die in Höhe des kalkulatorisch auf Aufwendungen iSd § 10 Abs. 1 Nr. 3a entfallenden – allerdings geringfügigen – Anteils entgegen BVerfG 13.2.2008 – 2 BvL 1/06, BVerfGE 120, 125, → Rn. 85, im Ergebnis dessen eigene Aufwendungen für seine Basis-Krankenversicherung mindert).

428 Stehen die Vorsorgeaufwendungen dagegen nur in einem **mittelbaren Zusammenhang** mit steuerfreien Einnahmen, bleibt der Sonderausgabenabzug möglich (Frotscher/Geurts/*Lindberg* § 10 Rn. 175; Blümich/*Hutter* § 10 Rn. 220). Ein solcher bloß mittelbarer Zusammenhang liegt etwa vor, wenn der Steuerpflichtige seine eigenen **Altersvorsorgebeiträge aus steuerbefreitem Arbeitslohn bestreitet.** Denn bei diesen Aufwendungen ist es grundsätzlich gleichgültig, ob sie aus steuerpflichtigen Einkünften, aus steuerfreien Zuflüssen oder aus Ersparnissen getätigt werden (BFH 18.7.1980 – VI R 97/77, BStBl. II 1981, 16; → Rn. 100).

429 *Einstweilen frei*

3. Anforderungen an den Leistungsempfänger (§ 10 Abs. 2 S. 1 Nr. 2)

430 **a) Überblick.** Abziehbar sind die **Vorsorgeaufwendungen** zudem nur dann, wenn der **Empfänger,** an den sie geleistet werden, in seiner Person wenigstens eine der in § 10 Abs. 2 S. 1 Nr. 2 genannten **Voraussetzungen** erfüllt. Es muss sich bei dem Leistungsempfänger entweder um ein **Versicherungsunternehmen** (→ Rn. 431) oder um eine **berufsständische Versorgungseinrichtung,** einen **Sozialversicherungsträger** oder einen **Anbieter im Sinne des § 80** (→ Rn. 435) handeln. Zahlungen an andere Empfänger – wie etwa an natürliche Personen – sind zum Sonderausgabenabzug nicht zugelassen.

431 **b) Versicherungsunternehmen.** Zahlungen an **Versicherungsunternehmen** sind nur begünstigt, wenn das Unternehmen bestimmten zusätzlichen – vor allem **aufsichtsrechtlichen – Anforderungen** genügt (§ 10 Abs. 2 S. 1 Nr. 2 Buchst. a).

Das **Versicherungsunternehmen** muss seinen Sitz oder seine Geschäftsleitung in einem **EU- oder EWR-Mitgliedstaat** haben und das Versicherungsgeschäft **im Inland betreiben dürfen** (§ 10 Abs. 2 S. 1 Nr. 2 Buchst. a S. 1 Doppelbuchst. aa). **Inländische** Versicherungsunternehmen bedürfen dafür einer **Erlaubnis der Aufsichtsbehörde** nach § 8 Abs. 1 VAG. Unternehmen, die ihren Sitz oder ihre Geschäftsleitung in einem anderen **EU- oder EWR-Mitgliedstaat** haben und der **Finanzaufsicht des Herkunftsstaats** unterliegen, dürfen nur nach Maßgabe der §§ 61 ff. VAG **ohne gesonderte Erlaubnis** der deutschen Aufsichtsbehörde im Inland tätig werden. Für Leistungen an **andere** Versicherungsunternehmen – also auch an solche, die weder über einen Sitz noch über eine Geschäftsleitung in einem EU- oder EWR-Mitgliedstaat verfügen –, eröffnet § 10 Abs. 2 S. 1 Nr. 2 Buchst. a S. 1 Doppelbuchst. bb den Sonderausgabenabzug, wenn dem Unternehmen die **Erlaubnis zum Geschäftsbetrieb im Inland** (nach §§ 67 ff. VAG) erteilt worden ist. 432

Beiträge für die Basis-Krankenversicherung im Sinne des § 10 Abs. 1 Nr. 3 S. 1 Buchst. a (→ Rn. 179) werden „darüber hinaus" – also ungeachtet dessen, ob als Empfänger ein diesen Anforderungen genügendes Versicherungsunternehmen auftritt – auch dann berücksichtigt, wenn sie an eine Einrichtung geleistet werden, die mit ihnen eine **anderweitige Absicherung im Krankheitsfall** im Sinne des § 5 Abs. 1 Nr. 13 SGB V oder eine der **Beihilfe** oder der **freien Heilfürsorge vergleichbare Absicherung** im Sinne des § 193 Abs. 3 S. 2 Nr. 2 VVG gewährt (§ 10 Abs. 2 S. 1 Nr. 2 Buchst. a S. 2). Die Regelung wurde durch das **AmtshilfeRLUmsG** v. 26.6.2013 (BGBl. 2013 I 1809) eingefügt und ist ab dem **Veranlagungszeitraum 2013** anwendbar. Sie bezieht sich aber nur auf solche **Versicherungsunternehmen,** die **außerhalb der EU oder des EWR ansässig** sind und deren Beiträge im Inland als anderweitige Absicherung **von der Versicherungspflicht in der gesetzlichen Krankenversicherung befreien,** und ist auf inländische Unternehmen ohne Erlaubnis zum (Versicherungs-)Geschäftsbetrieb im Inland – wie etwa auf sich als Alternative zum bestehenden Krankenkassensystem verstehende „Solidargemeinschaften" und „Unterstützungskassen" – nicht anwendbar (FG Niedersachsen 20.3.2019 – 3 K 157/18, EFG 2019, 888; Rev. X R 12/19; zustimmend KKB/*Wilhelm* § 10 Rn. 65; Schmidt/*Krüger* § 10 Rn. 138). Die Vorschrift gilt zudem bei **beschränkt Steuerpflichtigen** ohne Wohnsitz oder gewöhnlichen Aufenthalt im Inland, wenn sie mit den Beiträgen einen **Kranken- oder Pflegeversicherungsschutz** im Sinne des § 10 Abs. 1 Nr. 3 S. 1 erwerben; hier ermöglicht § 10 Abs. 2 S. 1 Nr. 2 Buchst. a S. 3 den Sonderausgabenabzug nach § 50 Abs. 1 S. 4 ausnahmsweise auch dann, wenn der Versicherungsschutz von einem Unternehmen bezogen wird, das **aufsichtsrechtlich nicht zur Betätigung im Inland zugelassen** ist. 433

Einstweilen frei 434

c) Andere Empfänger. Außerdem begünstigt sind Vorsorgeaufwendungen 435

- an **berufsständische Versorgungseinrichtungen** (§ 10 Abs. 2 S. 1 Nr. 2 Buchst. b) – eine **Liste** der unter diesen Begriff fallenden Einrichtungen findet sich in BMF 8.7.2014, BStBl. I 2014, 1098 –,
- an **Sozialversicherungsträger** (§ 10 Abs. 2 S. 1 Nr. 2 Buchst. c); das können sowohl **inländische** als auch (wichtig bei Grenzgängern) **ausländische Träger** der Sozialversicherung sein (vgl. LBP/*Hoheisel*/*Tippelhofer* § 10 Rn. 693; KKB/*Wilhelm* § 10 Rn. 172), und
- an **Anbieter im Sinne des § 80** (§ 10 Abs. 2 S. 1 Nr. 2 Buchst. d); dies sind die **privaten Anbieter von Altersvorsorgeverträgen** gemäß § 1 Abs. 2 des Altersvorsorgeverträge-Zertifizierungsgesetzes und die in § 82 Abs. 2 aufgeführten **betrieblichen Versorgungseinrichtungen** (Pensionsfonds, Pensionskassen, Direktversicherungen und ähnliches; s. Bordewin/Brandt/*Stöcker* § 10 Rn. 792; HHR/*Kulosa* § 10 Rn. 312).

Bei diesen Empfängern kommt es – anders als bei Versicherungsunternehmen – **nicht** darauf an, ob sie ihren **Sitz oder ihre Geschäftsleitung innerhalb der EU oder des EWR** haben.

Einstweilen frei 436

4. Zertifizierung bei Altersvorsorgeverträgen (§ 10 Abs. 2 S. 2)

Bei Vorsorgeaufwendungen im Sinne des § 10 Abs. 1 Nr. 2 S. 1 Buchst. b (mithin bei Beiträgen zum Aufbau einer **kapitalgedeckten Altersversorgung** und zur Absicherung gegen **Berufsunfähigkeit** und **Erwerbsminderung**) steht der Sonderausgabenabzug zudem 437 seit dem Veranlagungszeitraum 2010 **materiell-rechtlich** unter der **Voraussetzung,** dass der **Vertrag,** auf den die Beiträge geleistet werden, nach § 5a des Altersvorsorgeverträge-Zertifizierungsgesetzes **zertifiziert** worden ist (§ 10 Abs. 2 S. 2). Mit der Zertifizierung – die vom BZSt vorgenommen wird – ist die Feststellung verbunden, dass die vom Produktanbieter entwickelten und mit dem Steuerpflichtigen vereinbarten Konditionen des Altersvorsorgevertrags den **tatbestandlichen Voraussetzungen** des § 10 Abs. 1 Nr. 2 S. 1 Buchst. b Doppelbuchst. aa oder Doppelbuchst. bb entsprechen (§ 2 Abs. 3 Altersvorsorgeverträge-Zertifizierungsgesetz). Die **Zertifizierung** stellt zugleich kraft Gesetzes einen **Grundlagenbescheid** iSd § 171 Abs. 10 AO für die Festsetzung der Einkommensteuer dar und wird vom BZSt in Form einer laufend ergänzten **Liste** im **BStBl. I** veröffentlicht. Damit sind sowohl der Steuerpflichtige als auch das Festsetzungs-Finanzamt der (zeitaufwendigen und fehleranfälligen) **Überprüfung enthoben,** ob die zugunsten eines zertifizierten Vertrags geleisteten Beiträge tatsächlich die gesetzlichen Voraussetzungen erfüllen (vgl. Frotscher/Geurts/*Lindberg* § 10 Rn. 213).

437.1 Die **Zertifizierung** bezieht sich nur auf die Einhaltung der **formalen gesetzlichen Voraussetzungen,** die für die Anerkennung der geleisteten Beiträge beim Sonderausgabenabzug erforderlich sind. Hingegen ist mit ihr **keine Aussage** darüber verbunden, ob der Vorsorgevertrag zivilrechtlich wirksam und ob der **Anbieter wirtschaftlich leistungsfähig** und die vereinbarte **Versorgungszusage hinreichend tragfähig** ist (so auch KKB/*Wilhelm* § 10 Rn. 52). Es handelt sich also **keinesfalls um eine Art „staatliches Gütesiegel“,** obwohl der Begriff der „Zertifizierung“ geeignet ist, beim unbefangenen Laien genau diesen Eindruck zu erwecken. Bedenklich ist dabei vor allem, dass sich unseriöse Anbieter diesen Umstand zunutze machen und mit der erfolgten Zertifizierung ihrer Produkte **irreführende Werbung** machen können (vgl. HHR/*Kulosa* § 10 Rn. 315).

438–442 *Einstweilen frei*

IV. Datenübermittlung bei Altersvorsorgeversicherungen (§ 10 Abs. 2a)

443 § 10 Abs. 2a enthält seit dem Veranlagungszeitraum 2010 bis ins Einzelne gehende technische Regelungen, die die **Übermittlung von Daten zu Vorsorgeaufwendungen** iSd § 10 Abs. 1 Nr. 2 S. 1 Buchst. b (also zur **kapitalgedeckten Altersvorsorge** und zur **Vorsorge gegen Berufsunfähigkeit und verminderte Erwerbsfähigkeit**) betreffen. Für Beiträge zur **Basis-Altersvorsorge** nach § 10 Abs. 1 Nr. 2 S. 1 Buchst. a (vor allem also für Beiträge zur gesetzlichen Rentenversicherung oder zu berufsständischen Versorgungswerken) ist eine solche elektronische Datenübermittlung derzeit noch **nicht** vorgesehen.

443.1 **Rechtsentwicklung:** § 10 Abs. 2a wurde durch das **Bürgerentlastungsgesetz Krankenversicherung** v. 16.7.2009 (BGBl. 2009 I 1959) neu eingefügt. Dabei wurden die bestehenden Regelungen zur Datenübermittlung, die sich zuvor seit dem Veranlagungszeitraum 2009 (**JStG 2009** v. 19.12.2008 (BGBl. 2008 I 2794) in § 10 Abs. 2 S. 4–8 befunden hatten, in deutlich erweiterter Form in § 10 Abs. 2a übernommen; zudem bezog sich die Vorschrift zunächst nicht nur auf Beiträge zur Altersvorsorgeversicherung, sondern auch auf solche zur sog. Basiskrankenversicherung nach § 10 Abs. 1 Nr. 3. In der Folgezeit wurde die Vorschrift mehrfach geändert und redaktionell angepasst, so durch das **JStG 2010** v. 8.12.2010 (BGBl. 2010 I 1394), durch das **BeitrRLUmsG** v. 7.12.2011 (BGBl. 2011 I 2592), durch das **AltvVerbG** v. 24.6.2013 (BGBl. 2013 I 1667) und durch das **Gesetz zur Anpassung des nationalen Steuerrechts an den Beitritt Kroatiens zur EU und zur Änderung weiterer steuerlicher Vorschriften** v. 25.7.2014 (BGBl. 2014 I 1266). Durch das **Gesetz zur Modernisierung des Besteuerungsverfahrens** v. 18.7.2016 (BGBl. 2016 I 1679) wurden – neben redaktionellen Anpassungen – die bisher in § 10 Abs. 2a S. 7–10 enthaltenen Regelungen gestrichen; sie finden sich ab dem Veranlagungszeitraum 2017 in allgemeiner Form in der AO wieder (dort § 72a Abs. 4 AO, § 87b Abs. 3 AO, § 93c Abs. 1 Nr. 2 Buchst. c AO und § 175b AO). Durch das (vermutlich verfassungswidrig zustande gekommene, → Rn. 55) **Zweite Datenschutz-Anpassungs- und Umsetzungsgesetz EU** (2. DSAnpUG-EU) sind mit Wirkung zum 1.1.2019 die bisher in § 10 Abs. 2a S. 1–3 und in § 10 Abs. 2a S. 6 enthaltenen Vorschriften zur Vornahme der Einwilligung des Steuerpflichtigen in die Datenübermittlung und zu deren Widerruf gestrichen (→ Rn. 423.1) und zugleich die bisherigen Regelungen zur Datenübermittlung bei Basis-Krankenversicherungen nach § 10 Abs. 1 Nr. 3 in den neuen § 10 Abs. 2b überführt worden. Die im Verlaufe des Gesetzgebungsverfahrens zum 2. DSAnpUG-EU geäußerte Anregung des Bundesrats, künftig auch bei Altersvorsorgeaufwendungen nach § 10 Abs. 1 Nr. 2

S. 1 Buchst. a ein elektronisches Datenübermittlungsverfahren einzuführen (BT-Drs. 19/13436, 225), hat die Bundesregierung **bislang nicht aufgegriffen.**

Einstweilen frei **444**

§ 10 Abs. 2a S. 1 bildet die **erforderliche datenschutzrechtliche Ermächtigungsgrundlage** (BT-Drs. 430/18; Blümich/*Hutter* § 10 Rn. 213) und enthält zugleich Bestimmungen für den zur Übermittlung verpflichteten **Anbieter** von Versicherungen zur Altersvorsorge bzw. zur Vorsorge gegen Berufsunfähigkeit und verminderte Erwerbsfähigkeit, die den **Umfang** der zu übermittelnden **Daten** und die Durchführung der **Datenübermittlung** an die **zentrale Stelle** (dies ist nach § 81 die **Deutsche Rentenversicherung Bund**) regeln. Die zentrale Stelle kann die Annahme der übermittelten Daten nicht unter Berufung darauf verweigern, dass es sich bei den ihr genannten Beitragszahlungen nicht um abzugsfähige Sonderausgaben gehandelt habe; dies ist vielmehr erst im Veranlagungsverfahren zu klären (FG Berlin-Brandenburg 28.6.2018 – 5 K 5085/16, EFG 2019, 158; Rev. X R 22/18). Zu übermitteln sind danach die **Höhe** der im jeweiligen Beitragsjahr geleisteten **Beiträge,** die **Vertrags-** bzw. die **Versicherungsdaten** und zusätzlich (wegen der Funktion der Zertifizierung als Grundlagenbescheid, → Rn. 437) die **Zertifizierungsnummer.** Die Übermittlung hat **nach amtlich vorgeschriebenem Datensatz** im Wege der **Datenfernübertragung** zu erfolgen und muss grundsätzlich bis **Ende Februar** des dem Beitragsjahr folgenden Kalenderjahrs abgeschlossen sein; dies ergibt sich seit der Änderung des früheren § 10 Abs. 2a S. 4 durch das Gesetz zur Modernisierung des Besteuerungsverfahrens aus § 93c Abs. 1 Nr. 1 AO. Das **Überschreiten der Meldefrist** hat allerdings in Ermangelung einer entsprechenden gesetzlichen Regelung **nicht** zur Folge, dass dadurch die **Abziehbarkeit** der entsprechenden Aufwendungen als Sonderausgaben **entfallen** würde (so zutreffend HHR/*Kulosa* § 10 Rn. 323). **445**

Der **Anbieter** hat als mitteilungs- und damit datenübermittlungspflichtige Stelle nach § 10 Abs. 2a S. 2 wie bisher (zuvor bis zum Inkrafttreten des **2. DSAnpUG-EU** geregelt in § 10 Abs. 2a S. 5) die Möglichkeit, die steuerliche **Identifikationsnummer** des Steuerpflichtigen im Rahmen des bestehenden **Anfrageverfahrens** zur Abfrage der Identifikationsnummer nach § 22a Abs. 2 zu **erheben.** Damit soll sichergestellt werden, dass ihm die Identifikationsnummer bei Vornahme der Datenübermittlung bekannt ist (BT-Drs. 19/4674, 295). **446**

Nach § 10 Abs. 2a S. 3 (bis zum Inkrafttreten des **2. DSAnpUG-EU** nach § 10 Abs. 2a S. 7) sind im **Bescheinigungsverfahren** zur kapitalgedeckten Altersvorsorge und zur Vorsorge gegen Berufsunfähigkeit und verminderte Erwerbsfähigkeit die Vorschriften des § 72a Abs. 4 AO und des § 93c Abs. 4 AO nicht anzuwenden. Das bedeutet, dass hier bis auf Weiteres – zumal bislang ein entsprechender Prüfdienst bei der Finanzverwaltung noch nicht vorhanden ist – **keine Überprüfung** und auch **keine Haftungsinanspruchnahme** des bescheinigenden Rentenversicherungsträgers **für den Fall unrichtiger Datenübermittlung** stattfindet (dagegen zu Recht **kritisch** – mit Blick auf den dadurch entstehenden quasi **„rechtsfreien Raum"** – HHR/*Kulosa* § 10 Rn. 325). **447**

V. Datenübermittlung bei Basiskrankenversicherungen (§ 10 Abs. 2b)

In § 10 Abs. 2b finden sich nähere Bestimmungen zur **Übermittlung** der für den Sonderausgabenabzug erforderlichen **Daten** zu Vorsorgeaufwendungen iSd § 10 Abs. 1 Nr. 3 (also zu den sog. **Basiskrankenversicherungen**). **448**

Rechtsentwicklung: § 10 Abs. 2b ist durch das (vermutlich verfassungswidrig zustande gekommene, → Rn. 55) **Zweite Datenschutz-Anpassungs- und Umsetzungsgesetz EU** (2. DSAnpUG-EU) v. 20.11.2019 (BGBl. 2019 I 1626) mit Wirkung zum **1.1.2019** neu eingefügt worden. Die entsprechenden Regelungen befanden sich zuvor (seit 2010) gemeinsam mit den Bestimmungen zu den sog. Basisrentenversicherungen in **§ 10 Abs. 2a.** Zur **besseren Lesbarkeit** hat der Gesetzgeber die dort zusammenfassend geregelte Verpflichtung zur Datenübermittlung von Vorsorgeaufwendungen nach § 10 Abs. 1 Nr. 2 Buchst. b (Beiträge zu privaten Altersvorsorgeverträgen; für sie gilt weiterhin § 10 Abs. 2a) und nach § 10 Abs. 1 Nr. 3 (Beiträge zur Basiskranken- und gesetzlichen Pflegeversicherung) nunmehr **getrennt** (BT-Drs. 19/4674, 295). **448.1**

§ 10 Abs. 2b S. 1 enthält die **datenschutzrechtlich erforderliche Ermächtigungsgrundlage** (Blümich/*Hutter* § 10 Rn. 214) für die Verpflichtung der sog. mitteilungspflichti- **449** gen Stelle zur Übermittlung der für den Sonderausgabenabzug erforderlichen Daten. **Empfänger** der Daten ist die sog. **zentrale Stelle** iSd § 81, also die **Deutsche Rentenversicherung Bund. Mitteilungspflichtig** sind – je nachdem, an wen die Vorsorgeaufwendungen geleistet wurden – das Versicherungsunternehmen, der Träger der gesetzlichen Kranken- und Pflegeversicherung, die Künstlersozialkasse oder die entsprechende Einrichtung iSd § 10 Abs. 2 S. 1 Nr. 2 Buchst. a S. 2 (also jede Einrichtung, die eine anderweitige Absicherung im Krankheitsfall im Sinne des § 5 Abs. 1 Nr. 13 SGB V oder eine der Beihilfe oder freien Heilfürsorge vergleichbare Absicherung im Sinne des § 193 Abs. 3 S. 2 Nr. 2 VVG gewährt, s. im Einzelnen → Rn. 433). Anzugeben sind bei den von der Regelung betroffenen Basiskrankenversicherungen neben den **Vertrags- oder Versicherungsdaten** vor allem die im jeweiligen Beitragsjahr **geleisteten Beiträge,** und zwar – weil sie die Höhe der berücksichtigungsfähigen Beiträge mindern (→ Rn. 173) – einschließlich der an den Steuerpflichtigen **zurückgezahlten Erstattungen,** sowie (durch Verweis auf § 93c Abs. 1 Nr. 2 Buchst. c AO) die steuerliche **Identifikationsnummer** der **versicherten Person** nach § 139b AO. Ist der Versicherungsnehmer nicht mit der versicherten Person identisch, sind zusätzlich noch die steuerliche Identifikationsnummer des **Versicherungsnehmers** sowie sein **Geburtsdatum** in die Übermittlung mit aufzunehmen. Die Datenübermittlung stellt jedoch **keinen „Grundlagenbescheid"** iSd § 170 Abs. 10 AO dar (so auch HHR/*Kulosa* § 10 Rn. 326; **anderer Auffassung** Lademann EStG/*Steiner* § 10 Rn. 240), sodass das Finanzamt ggf. den tatsächlichen Sachverhalt **von Amts wegen** ermitteln muss, wenn ihm aufgrund von Hinweisen des Steuerpflichtigen oder von anderer Seite begründete Zweifel an der Richtigkeit der übermittelten Angaben bekannt werden (vgl. BFH 1.6.2016 – X R 17/15, BStBl. II 2016, 989).

449a Die Angabe dieser Daten ist insoweit (also nur in dem entsprechenden Umfang) **entbehrlich,** als sie bereits mit der **Rentenbezugsmitteilung** gem. § 22a Abs. 1 S. 1 Nr. 4 oder mit der elektronischen **Lohnsteuerbescheinigung** gem. § 41b Abs. 1 S. 2 übermittelt werden (§ 10 Abs. 2b S. 2). Die mitteilungspflichtigen Stellen haben nach § 10 Abs. 2b S. 3 zudem (wie bisher nach § 10 Abs. 2a S. 5) weiterhin die Möglichkeit, die steuerliche **Identifikationsnummer** im Rahmen des bestehenden **maschinellen Anfrageverfahrens** zur Abfrage der Identifikationsnummer nach § 22a Abs. 2 zu **erheben.** Damit ist sichergestellt, dass die mitteilungspflichtigen Stellen diese Identifikationsnummer kennen (BT-Drs. 19/4674, 296).

450 Nach § 10 Abs. 2b S. 4 wird als **zuständige Stelle** iSd § 72a Abs. 4 AO und des § 93c Abs. 4 AO das **BZSt** bestimmt. Es ist nach den dortigen Regelungen (wie auch bislang schon nach § 10 Abs. 2a S. 8 und zuvor bis zum Inkrafttreten des **Gesetzes zur Modernisierung des Besteuerungsverfahrens** v. 18.7.2016, BGBl. 2016 I 1679, nach § 10 Abs. 2a S. 11–13) berechtigt, die zu übermittelnden Daten zur Kranken- und zur Pflegeversicherung auf ihre **Richtigkeit zu prüfen.** Der gleichen Finanzbehörde wird zudem (wie bisher) als Annex zu der Ermittlungstätigkeit des Prüfdienstes auch die Zuständigkeit für die **Festsetzung und Erhebung des Haftungsbetrags für Kranken- und Pflegeversicherungsbeiträge** zugewiesen, die vorsätzlich oder grob fahrlässig der Höhe nach **unzutreffend übermittelt** wurden (§ 10 Abs. 2b S. 5 in Verbindung mit § 72a Abs. 4 AO). Danach haftet der Übermittelnde – unabhängig von der konkreten Höhe des Steuerschadens – aus verfahrensökonomischen Gründen pauschal in Höhe von **30% des zu hoch ausgewiesenen Betrags** für die entgangene Steuer (BT-Drs. 19/4674, 296). **Übermittelnder** in diesem Sinne ist das Versicherungsunternehmen oder sonst die mitteilungspflichtige Stelle; eine persönliche Haftungsinanspruchnahme des für diese Stelle tätigen Sachbearbeiters kommt daher nicht in Betracht. Die Haftung tritt meines Erachtens nur **subsidiär** für den Fall ein, dass die Steuer vom eigentlich Steuerpflichtigen **endgültig nicht nacherhoben** werden kann, da sie dem Fiskus ansonsten nicht „entgangen" ist (gleicher Ansicht: Schmidt/*Krüger* § 10 Rn. 144).

VI. Höchstbeträge für Altersvorsorgeaufwendungen (§ 10 Abs. 3)

1. Überblick

451 § 10 Abs. 3 bestimmt, dass **Vorsorgeaufwendungen im Sinne des § 10 Abs. 1 Nr. 2** (Rentenversicherungsbeiträge, Beiträge zur landwirtschaftlichen Alterskasse, zu berufsständischen Versorgungseinrichtungen, zum Aufbau einer eigenen kapitalgedeckten Altersvorsorge und zur Absicherung gegen Berufsunfähigkeit und verminderte Erwerbsfähigkeit) **der Höhe nach nur beschränkt** als Sonderausgaben abzugsfähig sind. Die Vorschrift gilt mithin nur für **Aufwendungen zur Altersvorsorge.** Für die übrigen Vorsorgeaufwendungen findet sich eine entsprechende Abzugsbeschränkung in **§ 10 Abs. 4** (→ Rn. 500). Beschränkt abzugsfähige Aufwendungen, die über den Höchstbetrag für den Sonderausgabenabzug hinausgehen, können daneben **nicht alternativ oder subsidiär als außergewöhnliche Belastungen** nach §§ 33 ff. angesetzt werden, da § 10 die steuerliche Berücksichtigung der in der Vorschrift näher bezeichneten Ausgaben **abschließend regelt** (BFH 12.11.1976 – VI R 167/74, BStBl. II 1977, 154).

Rechtsentwicklung: Bereits das **EStG 1934** ließ in § 10 Abs. 2 Vorsorgeaufwendungen nur in beschränkter Höhe zum Sonderausgabenabzug zu. Ab dem Veranlagungszeitraum 1955 wurden die Regelungen in § 10 Abs. 3 überführt und im Zuge des **Einkommensteuerreformgesetzes** v. 5.8.1974 (BGBl. 1974 I 1769) neu gefasst. Die für sämtliche Vorsorgeaufwendungen geltenden Höchstbeträge (Grundhöchstbetrag, Vorwegabzug, hälftiger zusätzlicher Höchstbetrag) wurden in der Folgezeit laufend erhöht, wobei sich der Umfang des möglichen Vorwegabzugs auch daran orientierte, ob der Steuerpflichtige zugleich auch durch Beiträge oder Zuschüsse Dritter von den Aufwendungen für die Alters- und Krankheitsvorsorge entlastet wurde. Zuletzt war der Vorwegabzug bei dem betroffenen Personenkreis ab dem Veranlagungszeitraum 1993 (Änderung durch das **Missbrauchsbekämpfungs- und Steuerbereinigungsgesetz** v. 21.12.1993, BGBl. 1993 I 2310) um 16% des Arbeitslohns zu kürzen. Die seinerzeitige Rechtslage galt im Rahmen der **Günstigerprüfung** nach § 10 Abs. 4a mit verminderten Höchstbeträgen für den Vorwegabzug noch **bis zum Veranlagungszeitraum 2019** (→ Rn. 515). **451.1**

Seit dem **Veranlagungszeitraum 2005** (Inkrafttreten des **AltEinkG** v. 5.7.2004, BGBl. 2004 I 1427) betrifft § 10 Abs. 3 nur noch die **Altersvorsorgeaufwendungen.** Dabei wurde der für sie geltende Höchstbetrag auf 20.000 EUR (bzw. 40.000 EUR bei zusammenveranlagten Ehegatten, § 10 Abs. 3 S. 2) erheblich angehoben; er vermindert sich allerdings generell bei Entlastung des Steuerpflichtigen von der Altersvorsorge (§ 10 Abs. 3 S. 3) und zusätzlich um einen bestimmten Prozentsatz während der **Übergangszeit bis 2025** (§ 10 Abs. 3 S. 4). Durch das **JStG 2008** v. 20.12.2007 (BGBl. 2007 I 3150) wurde § 10 Abs. 3 S. 7 angefügt, sodass eine Minderung um Arbeitgeberbeiträge bei geringfügig Beschäftigten nur erfolgt, wenn der Steuerpflichtige ihre Hinzurechnung im Rahmen des Sonderausgabenabzugs nach § 10 Abs. 1 Nr. 2 S. 7 beantragt hat. Außerdem kommt es wegen der gleichzeitig erfolgten Änderung des § 10c Abs. 3 Nr. 2 seit dem Veranlagungszeitraum 2008 regelmäßig auch bei GmbH-Geschäftsführern zu einer Kürzung des Höchstbetrags. Mit dem **Bürgerentlastungsgesetz Krankenversicherung** v. 16.7.2009 (BGBl. 2009 I 1959) wurden die bis dahin in § 10c Abs. 3 enthaltenen Regelungen in den Wortlaut des § 10 Abs. 3 S. 3 (der sie zuvor lediglich in Bezug genommen hatte) überführt. Durch das **AltvVerbG** v. 24.6.2013 (BGBl. 2013 I 1667) wurde die Übergangsregelung in § 10 Abs. 3 S. 4 an den Zeitablauf angepasst, indem mit Wirkung ab dem Veranlagungszeitraum 2013 der für ihn geltende Übergangsprozentsatz von 76% an die Stelle des dort bisher genannten Prozentsatzes von 60% für den Veranlagungszeitraum 2005 getreten ist. Mit dem Gesetz zur Anpassung der Abgabenordnung an den Zollkodex der Union und zur Änderung weiterer steuerlicher Vorschriften (**ZollkodexAnpG**) v. 22.12.2014 (BGBl. 2014 I 2417) wurde der Höchstbetrag für Altersvorsorgeaufwendungen (bisher 20.000 EUR) mit Wirkung ab 2015 an den Höchstbeitrag zur knappschaftlichen Rentenversicherung gekoppelt und damit der Sache nach erhöht. **451.2**

Einstweilen frei **452**

a) Rechenschritte zur Ermittlung des Höchstbetrags. Die gesetzlichen Bestimmungen zur Ermittlung des konkret als Altersvorsorgeaufwendungen zu berücksichtigenden Betrags sind **ineinander verschachtelt** und dadurch angesichts des komplexen Aufbaus von § 10 Abs. 3 **wenig übersichtlich** (vgl. dazu auch HHR/*Kulosa* § 10 Rn. 350). Die **Höhe des tatsächlich abziehbaren Betrags** ergibt sich letztlich etwas versteckt aus **§ 10 Abs. 3 S. 5** („ist als Sonderausgabe abziehbar"). Sie ist das Ergebnis mehrerer **Rechenschritte** (zu verschiedenen **Berechnungsbeispielen** → Rn. 453.2 ff.): **453**

- Zunächst ist anhand des sozialrechtlichen Höchstbeitrags zur knappschaftlichen Rentenversicherung ein sog. **Höchstbetrag** zu ermitteln (§ 10 Abs. 3 S. 1, → Rn. 472).
- Dieser Höchstbetrag ist sodann bei zusammenveranlagten **Ehegatten** zu **verdoppeln** (§ 10 Abs. 3 S. 2, → Rn. 475).
- Der (ggf. verdoppelte) Höchstbetrag ist anschließend bei rentenversicherungsfreien Arbeitnehmern und Abgeordneten, die einen Altersversorgungsanspruch ohne eigene Beitrags-

leistung erworben haben, um einen **fiktiven Gesamtrentenversicherungsbeitrag** wieder zu **kürzen** (§ 10 Abs. 3 S. 3, → Rn. 477).

- Bis zu diesem (ggf. gekürzten) **Höchstbetrag** zu **berücksichtigen** sind jedoch nur die **tatsächlich geleisteten Vorsorgeaufwendungen** im Sinne des § 10 Abs. 1 Nr. 2. Sie schließen auch den ggf. nach § 10 Abs. 1 Nr. 2 S. 6 hinzuzurechnenden, nach § 3 Nr. 62 steuerfreien Arbeitgeberanteil oder Arbeitgeberzuschuss zur gesetzlichen Rentenversicherung mit ein. Zu berücksichtigen ist nur der **niedrigere Betrag** von beiden.
- Dieser nach § 10 Abs. 3 S. 1–3 ermittelte Betrag an Vorsorgeaufwendungen ist für eine **Übergangszeit** nur **anteilig** anzusetzen (§ 10 Abs. 3 S. 4, → Rn. 489). Dabei erhöht sich der dafür maßgebliche **Übergangsprozentsatz** bis zum Veranlagungszeitraum 2025 in gleichmäßigen Schritten von 2% pro Jahr (§ 10 Abs. 3 S. 6, → Rn. 493); er beläuft sich für den Veranlagungszeitraum 2005 auf 60%, für den Veranlagungszeitraum 2013 auf 76% und mithin für den Veranlagungszeitraum 2020 auf 90%.
- Der danach anteilig anzusetzende Betrag ist abschließend noch um den nach § 3 Nr. 62 steuerfreien **Arbeitgeberanteil** oder **Arbeitgeberzuschuss** zur gesetzlichen Rentenversicherung wieder zu **kürzen** (§ 10 Abs. 3 S. 5, → Rn. 491). Davon wird abgesehen, wenn bereits dessen Hinzurechnung gemäß § 10 Abs. 1 Nr. 2 S. 7 unterblieben ist (§ 10 Abs. 3 S. 7, → Rn. 495).

453.1 **Bedeutung der Hinzurechnung und anschließenden Kürzung um den Arbeitgeberanteil bzw. -zuschuss:** Dass die tatsächlich vom Steuerpflichtigen geleisteten Altersvorsorgeaufwendungen zunächst um den steuerfreien Arbeitgeberanteil zu **erhöhen** sind und der sich aufgrund der nachfolgenden Rechenschritte ergebende Wert anschließend um den gleichen Betrag wieder zu **kürzen** ist, hat zur **Folge,** dass sich sowohl die **Begrenzung** der Aufwendungen auf den Höchstbetrag nach § 10 Abs. 3 S. 1 als auch die **übergangsweise Kürzung** auf den im jeweiligen Veranlagungszeitraum maßgeblichen Prozentsatz gemäß § 10 Abs. 3 S. 4 iVm § 10 Abs. 3 S. 6 auf den tatsächlich abziehbaren Betrag **nachteilig** auswirken, weil der **Übergangsprozentsatz** dadurch **auch den Arbeitgeberanteil** erfasst.

453.2 **Berechnungsbeispiel 1 (lediger sozialversicherungspflichtiger Arbeitnehmer):** Bei einem Jahresarbeitslohn von 40.000 EUR beläuft sich der Sonderausgabenabzug für **2020,** wenn keine zusätzlichen eigenen Altersvorsorgeaufwendungen erbracht werden, auf 2.976 EUR.

- Ermittlung des Höchstbetrags für 2020: 25.046 EUR (→ Rn. 473)
- Keine Verdopplung des Höchstbetrags, da nicht verheiratet
- Keine Kürzung des Höchstbetrags, da kein Fall des § 10 Abs. 3 S. 3
- Berücksichtigung nur bis zur Höhe der tatsächlich geleisteten Altersvorsorgeaufwendungen einschließlich des Arbeitgeberanteils, also mit 7.440 EUR (18,6% von 40.000 EUR, → Rn. 147)
- Anteiliger Ansatz mit dem Übergangsprozentsatz, also nur mit 6.696 EUR (90% von 7.440 EUR, → Rn. 489).
- Abzug des steuerfreien Arbeitgeberbeitrags von 3.720 EUR (50% von 7.440 EUR)
- Für den Sonderausgabenabzug verbleiben 2.976 EUR.

453.3 **Berechnungsbeispiel 2 (lediger Beamter):** Bei Jahresbezügen von 60.000 EUR beläuft sich der Sonderausgabenabzug für **2020,** wenn daraus Einzahlungen auf einen kapitalgedeckten Altersvorsorgevertrag iSd § 10 Abs. 1 Nr. 2 Buchst. b in Höhe von monatlich 150 EUR erbracht werden, auf 1.620 EUR.

- Ermittlung des Höchstbetrags für 2020: 25.046 EUR
- Keine Verdopplung des Höchstbetrags, da nicht verheiratet
- Kürzung des Höchstbetrags, da nicht rentenversicherungspflichtig und pensionsberechtigt (§ 10 Abs. 3 S. 3 Nr. 1 Buchst. b), um 11.160 EUR (fiktiver Gesamtbeitrag zur allgemeinen Rentenversicherung von 18,6% von 60.000 EUR, höchstens jedoch 14.396 EUR, → Rn. 487) auf 13.886 EUR
- Berücksichtigung nur bis zur Höhe der tatsächlich geleisteten Altersvorsorgeaufwendungen, also mit 1.800 EUR (12 Monatsbeiträge zu je 150 EUR)
- Anteiliger Ansatz mit dem Übergangsprozentsatz, also nur mit 1.620 EUR (90% von 1.800 EUR, → Rn. 489)
- Kein Abzug eines Arbeitgeberzuschusses
- Für den Sonderausgabenabzug verbleiben 1.620 EUR.

453.4 **Berechnungsbeispiel 3 (verheirateter, selbständig tätiger Freiberufler, dessen Ehegatte nicht berufstätig ist):** Bei einem Jahresgewinn von 100.000 EUR und Beiträgen an das berufsständische Versorgungswerk in Höhe des Höchstbeitrags zur allgemeinen Rentenversicherung beläuft sich der Sonderausgabenabzug für **2020,** (selbst) wenn daneben noch zur zusätzlichen Altersvorsorge monatlich 1.500 EUR in eine kapitalbildende Lebensversicherung eingezahlt werden, auf 13.860 EUR.

- Ermittlung des Höchstbetrags für 2020: 25.046 EUR
- Verdopplung des Höchstbetrags, da verheiratet, auf 50.092 EUR (→ Rn. 475)
- Keine Kürzung des Höchstbetrags, da kein Fall des § 10 Abs. 3 S. 3
- Berücksichtigung nur bis zur Höhe der tatsächlich geleisteten Altersvorsorgeaufwendungen, also mit 15.400 EUR (Beiträge an das Versorgungswerk in Höhe von 18,6% der Beitragsbemessungsgrenze von 82.800 EUR); die Prämien zur kapitalbildenden Lebensversicherung fallen nicht unter § 10 Abs. 1 Nr. 2 (und auch nicht unter § 10 Abs. 1 Nr. 3a) und wirken sich daher steuerlich nicht aus
- Anteiliger Ansatz mit dem Übergangsprozentsatz, also nur mit 13.860 EUR (90% von 15.400 EUR).
- Kein Abzug eines Arbeitgeberzuschusses
- Für den Sonderausgabenabzug verbleiben 13.860 EUR.

Weitere Berechnungsbeispiele finden sich im **Schrifttum** zB bei Bordewin/Brandt/*Stöcker* § 10 Rn. 830 und bei KKB/*Wilhelm* § 10 Rn. 182 sowie von Seiten der **Finanzverwaltung** in BMF 24.5.2017, BStBl. I 2017, 820 Rn. 75. Die Beispielsberechnungen machen deutlich, dass der Abzug der Altersvorsorgeaufwendungen nach wie vor **bedenklich niedrig** ist, zumal bereits jetzt feststeht, dass Steuerpflichtige, die sich derzeit noch in der ersten Hälfte ihres Erwerbslebens befinden, ihre späteren Altersbezüge nach ihrem Eintritt in den Ruhestand ab 2040 gemäß § 22 Nr. 1 S. 3 Buchst. a Doppelbuchst. aa **in voller Höhe** werden **versteuern** müssen (so zutreffend HHR/*Kulosa* § 10 Rn. 350). **453.5**

Einstweilen frei **454**

b) Verfassungsmäßigkeit der Abzugsbeschränkung der Höhe nach. Gegen die in § 10 Abs. 3 vorgesehene Begrenzung des Sonderausgabenabzugs für Altersvorsorgeaufwendungen auf einen **Höchstbetrag** sind **in mehrfacher Hinsicht verfassungsrechtliche Bedenken** erhoben worden. Sie rühren daher, dass die später in der Auszahlungsphase bezogenen **Alterseinkünfte** jedenfalls im Grundsatz in vollem Umfang **steuerpflichtig** sein werden (§ 22 Nr. 1 S. 3 Buchst. a). Kontrovers diskutiert worden ist dabei vornehmlich die Verfassungsmäßigkeit der **Übergangsregelung** (→ Rn. 460). Bedenken sind daneben aber auch gegen die **Beschränkung der Höhe nach als solche** geäußert worden (→ Rn. 457). Die mit der Abzugsbeschränkung in vielen Fällen einhergehende **steuerliche Mehrfachbelastung** wirft zudem die Frage auf, ob **gerichtlicher Rechtsschutz** bereits gegen die Begrenzung des Sonderausgabenabzugs erlangt werden kann, oder ob dafür bis zum Eintreten der Doppelbesteuerung in der Auszahlungsphase zugewartet werden muss (→ Rn. 467). **455**

Einstweilen frei **456**

aa) Verfassungsmäßigkeit der Höchstbetragsbeschränkung. Die Begrenzung des Sonderausgabenabzugs auf einen Höchstbetrag als solche ist nach der übereinstimmenden Auffassung des **BFH** und des **BVerfG verfassungsgemäß** (BVerfG 14.6.2016 – 2 BvR 290/10, BStBl. II 2016, 801; BVerfG 14.6.2016 – 2 BvR 323/10, DStR 2016, 1731; BFH 18.11.2009 – X R 34/07, BStBl. II 2010, 414). Die Rechtsprechung folgt dabei der Begründung des Gesetzgebers, der die Abzugsbeschränkung – ohne dies allerdings näher zu erläutern – mit der **Verhinderung missbräuchlicher Gestaltungen** gerechtfertigt hatte (BT-Drs. 15/2150, 22). Untersuchungen im Schrifttum hätten gezeigt, dass jedenfalls bei jüngeren Steuerpflichtigen in Anbetracht der mit der nachgelagerten Besteuerung verbundenen Belastungsunterschiede (gemeint ist die Ausnutzung des progressiven Steuertarifs) die **Umschichtung erheblicher Beträge in Rentenversicherungsprodukte** nicht auszuschließen sei (*Dorenkamp*, Nachgelagerte Besteuerung von Einkommen, Schriften zum Steuerrecht, Bd. 78, 283). **457**

Das **BVerfG** sieht darin einen **sachgerechten Grund** für die Beschränkung der Altersvorsorgeaufwendungen und für die damit verbundene Ausnahme von der gesetzgeberischen Entscheidung für eine grundsätzlich nachgelagerte Besteuerung der Alterseinkünfte. Der **BFH** weist zudem darauf hin, dass auch die sich aus § 10 Abs. 3 S. 1 ergebende Beschränkung noch einen Abzug von Altersvorsorgeaufwendungen ermöglicht, der **weit oberhalb des Höchstbeitrags zur gesetzlichen Rentenversicherung** liegt. Das Problem stellt sich daher vor allem bei Steuerpflichtigen, die Altersvorsorgeaufwendungen in einem Gesamtumfang leisten, der die gesetzlichen Höchstbeträge überschreitet. Altersvorsorgeaufwendungen in dieser Größenordnung beruhen jedoch auf einer **freiwilligen Entscheidung** des Steuerpflichtigen. Zudem gehen die daraus erwachsenden **Rentenansprüche über die bloße Existenzsicherung hinaus.** Eine verfassungsrechtliche Pflicht des Gesetzgebers, die Absicherung des aktuellen Lebensstandards des Erwerbstätigen im Alter steuerlich zu fördern, besteht nach Auffassung des BVerfG nicht (BVerfG 14.6.2016 – 2 BvR 290/10, BStBl. II 2016, 801 und BVerfG 14.6.2016 – 2 BvR 323/10, DStR 2016, 1731).

457.1 Durch die Entscheidung des **BVerfG,** die gegen die Rechtsprechung des BFH erhobenen Verfassungsbeschwerden nicht zur Entscheidung anzunehmen (BVerfG 14.6.2016 – 2 BvR 290/10, BStBl. II 2016, 801 und BVerfG 14.6.2016 – 2 BvR 323/10, DStR 2016, 1731), dürfte die Frage nach der **Verfassungsmäßigkeit der Höchstbetragsbeschränkung abschließend geklärt** sein. Die danach – angesichts der späteren Vollbesteuerung der Alterseinkünfte – noch verbleibende Frage nach der **Verfassungsmäßigkeit der Doppelbelastung** stellt sich demgegenüber erst **in der späteren Auszahlungsphase** (→ Rn. 467). Gegen die Abzugsbeschränkung des § 10 Abs. 3 an sich ist nach verfassungsrechtlichen Maßstäben nichts einzuwenden. Der Gesetzgeber kann allenfalls gehalten sein, durch geeignete Regelungen sicherzustellen, dass die mit den Altersvorsorgeaufwendungen verbundenen späteren Alterseinkünfte in entsprechendem Umfang steuerfrei gestellt werden (s. hierzu jüngst FG Baden-Württemberg 1.10.2019 – 8 K 3195/16, EFG 2020, 116, Rev. X R 33/19). Das aber ist eine **Frage der Verfassungsmäßigkeit des § 22 Nr. 1 S. 3 Buchst. a Doppelbuchst. aa** und nicht des § 10 Abs. 3 S. 1.

458–459 *Einstweilen frei*

460 **bb) Verfassungsmäßigkeit der Übergangsregelung.** Während einer **langen Übergangszeit** wird der **Sonderausgabenabzug von Altersvorsorgeaufwendungen,** auch wenn sie unterhalb des in § 10 Abs. 3 S. 1 genannten Höchstbetrags liegen, **nicht in vollem Umfang** möglich sein. Nach § 10 Abs. 3 S. 4 ist in den Kalenderjahren seit 2005 nur ein anteiliger Abzug möglich, wobei sich der maßgebliche Prozentsatz von zunächst 60% der Beiträge stufenweise um 2% je Jahr **bis zum Jahr 2025 auf 100%** steigert (§ 10 Abs. 3 S. 6). Zugleich werden die späteren Alterseinkünfte gemäß § 22 Nr. 1 S. 3 Buchst. a Doppelbuchst. aa für die Dauer der gesamten **Auszahlungsphase** in dem dort näher bezeichneten Umfang **besteuert.** Dabei steigt der der Besteuerung unterliegende Anteil nach dem sog. **Kohortenprinzip** in Abhängigkeit vom **Jahr des Rentenbeginns** von 50% im Jahr 2005 in 2-%-Schritten bis auf 80% im Jahr 2020 und anschließend weiter in 1-%-Schritten bis auf **100% im Jahr 2040.**

461 Da die **Übergangsregelung pauschalierend** und **nicht symmetrisch** abgefasst und der Umfang der späteren Besteuerung mit dem Umfang des vorherigen Sonderausgabenabzugs **nicht hinreichend abgestimmt** ist, wird es in einer Vielzahl von Fällen zu einer steuerlichen Belastung von Alterseinkünften kommen, ohne dass zuvor die zur Erzielung dieser Einkünfte aufgebrachten Vorsorgeaufwendungen in wenigstens annähernd gleicher Höhe von der Bemessungsgrundlage hätten abgezogen werden können. Eine solche **Doppelbelastung** wird offenkundig bei solchen Steuerpflichtigen eintreten, die erstmals im Veranlagungszeitraum 2040 oder später Leistungen aus der gesetzlichen Rentenversicherung oder andere Alterseinkünfte iSd § 10 Abs. 1 Nr. 2 beziehen. Denn sie müssen die an sie ausbezahlten Leistungen während der gesamten Rentenbezugszeit in vollem Umfang versteuern, obwohl sie die Versicherungsbeiträge zur Erlangung der Alterseinkünfte in den Jahren vor 2025 zu einem erheblichen Teil aus versteuertem Einkommen aufgebracht haben. Daneben ist auch bei Steuerpflichtigen, die vor 2040 in den Rentenbezug eintreten (und damit nur einen Teil ihrer Alterseinkünfte versteuern müssen), rechnerisch eine Zweifachbesteuerung möglich.

461.1 Nach der **Rechtsprechung des BFH** liegt eine **Doppelbesteuerung** dann vor, wenn der Zufluss steuerfreier Rentenbezüge hinter den aus versteuertem Einkommen geleisteten Vorsorgeaufwendungen zurückbleibt (BFH 27.5.2015 – X B 168/14, BFH/NV 2015, 1369; BFH 21.6.2016 – X R 44/14, BFH/NV 2016, 1791). In **welchen Fallgruppen** eine Doppelbesteuerung von Altersbezügen und Vorsorgeaufwendungen eintreten kann, hängt im Wesentlichen von den **Prämissen** ab, die der vergleichenden Betrachtung zugrunde gelegt werden. Eine Doppelbesteuerung liegt jedenfalls dann vor, wenn **die Summe der nicht entlasteten Beiträge höher ist als die Summe der nicht steuerbaren Zuflüsse.** Demzufolge ist keine Doppelbesteuerung gegeben, wenn die entlasteten (und als Sonderausgaben abgezogenen) Beiträge höher sind als die besteuerten Rentenzahlungen (vgl. *Weber-Grellet* DStR 2012, 1253).

461.2 Bei der erforderlichen **Berechnung** ist nach Auffassung des BFH das **Nominalwertprinzip** zugrunde zu legen. Zudem muss bei der Ermittlung der steuerlichen Belastung der Beiträge zur gesetzlichen Rentenversicherung berücksichtigt werden, dass die **Arbeitgeberbeiträge** gemäß § 3 Nr. 62 EStG **steuerfrei** waren. Um das Ausmaß der steuerlichen Berücksichtigung der vom Versicherten getragenen Altersvorsorgeaufwendungen bis zum Veranlagungszeitraum 2004 als Sonderausgaben ermitteln zu können, müssen die Höchstbeträge des § 10 Abs. 3 EStG in der Fassung bis 2004 anhand der Beitragssätze der gesetzlichen Sozialversicherung aufgespalten werden, während bei den seit 2005 geleisteten Beiträgen zur gesetzlichen Rentenversicherung die tatsächlich abziehbaren Beiträge gemäß § 10 Abs. 3 EStG nF zugrunde zu legen sind. Außerdem sind in die Berechnung der steuerlichen Entlastung der Renten die zum Zeitpunkt des Bezugsbeginns der Rente der statistischen Wahrscheinlichkeit nach **zu erwartenden Leistungen** einzubeziehen (BFH 6.4.2016 – X R 2/15, BStBl. II 2016, 733). Vgl. hierzu jüngst FG Baden-Württemberg 1.10.2019 – 8 K 3195/16, EFG 2020, 116, Rev. X R 33/19 (verfassungswidrige Doppelbelastung im Ergebnis verneint).

Dabei liegt die **Feststellungslast** für das Vorliegen einer etwaigen verfassungswidrigen doppelten Besteuerung beim Steuerpflichtigen (Frotscher/Geurts/*Lindberg* § 10 Rn. 55a1). **461.3**

Einstweilen frei **462**

Die damit absehbare steuerliche **Mehrfachbelastung** ist **verfassungsrechtlich** in hohem Maße **bedenklich.** Schon das **BVerfG** hatte in seiner Grundsatzentscheidung zur Verfassungswidrigkeit der bis 2004 geltenden Besteuerung der Alterseinkünfte (BVerfG 6.3.2002 – 2 BvL 17/99, BStBl. II 2002, 618) ausgeführt, dass im Rahmen eines Systemwechsels die zu treffende Übergangsregelung **„in jedem Fall"** die Besteuerung von Vorsorgeaufwendungen für die Alterssicherung und die Besteuerung von Bezügen aus dem Ergebnis der Vorsorgeaufwendungen so aufeinander abzustimmen habe, dass eine **doppelte Besteuerung vermieden** wird. Diese verfassungsrechtlichen Anforderungen sind Ausdruck des sich aus dem allgemeinen Gleichheitssatz (Art. 3 Abs. 1 GG) ergebenden **objektiven Nettoprinzips,** dem zufolge Aufwendungen, die zur Erzielung steuerpflichtiger Einnahmen getätigt werden, steuerlich grundsätzlich in vollem Umfang von der Bemessungsgrundlage abziehbar sein müssen. Ihnen genügt die in § 10 Abs. 3 S. 4 und § 22 Nr. 1 S. 3 Buchst. a Doppelbuchst. aa S. 3 getroffene Regelung **ersichtlich nicht.** **463**

Die **Rechtsprechung** sowohl des **BVerfG** als auch des **BFH** leitet aus den verfassungsrechtlichen Vorgaben zwar ein **Verbot der Doppelbesteuerung** ab. Sie zieht daraus jedoch noch nicht den Schluss, dass deshalb bereits die nur anteilige Berücksichtigung der Altersvorsorgebeiträge als Sonderausgaben verfassungswidrig wäre. Denn aus dem Verbot der doppelten Besteuerung lässt sich noch **kein Anspruch auf eine bestimmte Abziehbarkeit der Beiträge in der Aufbauphase** ableiten. BVerfG wie BFH gehen vielmehr davon aus, dass die Verfassungsmäßigkeit der nur beschränkten Abziehbarkeit der Altersvorsorgeaufwendungen in der bis zum Jahr 2025 geltenden Übergangszeit nur **im Zusammenhang mit der korrespondierenden,** in der Übergangszeit nur anteiligen späteren **Rentenbesteuerung** betrachtet werden kann. Ein Verstoß gegen das objektive Nettoprinzip ist deshalb **erst in den Veranlagungszeiträumen der Auszahlungsphase** zu rügen, in denen die Altersbezüge der Besteuerung unterworfen werden. Die **Übergangsregelung des § 10 Abs. 3 S. 4–6** steht – für sich betrachtet – mit **verfassungsrechtlichen Anforderungen in Einklang** (BVerfG 14.6.2016 – 2 BvR 290/10, BStBl. II 2016, 801; BVerfG 14.6.2016 – 2 BvR 323/10, DStR 2016, 1731; BFH 18.11.2009 – X R 34/07, BStBl. II 2010, 414; BFH 15.7.2014 – X R 35/12, BStBl. II 2015, 213). **464**

Das **BVerfG** betont, dass etwaige **Ungleichbehandlungen,** die durch die unvollständige Abstimmung des Umfangs der abziehbaren Altersvorsorgeaufwendungen mit dem voraussichtlichen Besteuerungsanteil der künftigen Rentenzuflüsse entstehen, für die Übergangszeit **verfassungsrechtlich hinnehmbar** sind, solange dabei die Grenze einer verbotenen Doppelbesteuerung nicht überschritten wird. Bei der erforderlichen vollständigen Neugestaltung des steuerlichen Regelungskomplexes durfte der Gesetzgeber auch die **Notwendigkeiten einfacher, praktikabler und gesamtwirtschaftlich tragfähiger Lösungen** berücksichtigen. Die **Übergangsphase** sollte gerade dazu dienen, den **Systemwechsel** zur nachgelagerten Besteuerung erst nach und nach zu vollziehen. Dabei wäre die zur Vermeidung der Doppelbesteuerung bereits in der Aufbauphase erforderliche Berechnung des abziehbaren Prozentsatzes der Altersvorsorgebeiträge nach den Verhältnissen des einzelnen Steuerpflichtigen mit einem erheblichen Aufwand verbunden und im Massenverfahren der Rentenbesteuerung von der Finanzverwaltung kaum zu handhaben gewesen. Aus Gründen der **Typisierung und Vereinfachung** ist die **unvollständige Abstimmung** des Umfangs der abziehbaren Altersvorsorgeaufwendungen mit dem voraussichtlichen Besteuerungsanteil der künftigen Rentenzuflüsse daher nach Auffassung des **464.1**

BVerfG **verfassungsrechtlich gerechtfertigt** (BVerfG 14.6.2016 – 2 BvR 290/10, BStBl. II 2016, 801; BVerfG 14.6.2016 – 2 BvR 323/10, DStR 2016, 1731).

465–466 *Einstweilen frei*

467 **cc) Rechtsschutz.** Damit ist der Steuerpflichtige für die **gerichtliche Überprüfung,** ob es in seinem Steuerfall zu einer doppelten Besteuerung und damit zu einem Verstoß gegen das objektive Nettoprinzip gekommen ist, auf die Anfechtung des Steuerbescheids verwiesen, in dem die Alterseinkünfte trotz des früheren beschränkten Sonderausgabenabzugs in vollem Umfang der Besteuerung unterworfen werden. Die **Versagung des vollen Sonderausgabenabzugs** kann dagegen vor Gericht **nicht** erfolgreich **angefochten** werden. Die Problematik der sich erst zu einem späteren Zeitpunkt stellenden Frage einer überschießenden Rentenbesteuerung kann nicht dazu führen, dass die verfassungsrechtliche Prüfung auf die steuerliche Behandlung der Altersvorsorgeaufwendungen vorverlagert wird, obwohl durch sie – für sich betrachtet – noch kein übermäßiger Besteuerungszugriff bewirkt wird. Denn die für eine verfassungsrechtliche Beurteilung maßgebenden steuerrechtlichen Zusammenhänge ergeben sich erst aus einer **Gesamtbetrachtung** der steuerlichen Vorschriften und der tatsächlichen Verhältnisse **sowohl in der Aufbau- als auch in der Rückflussphase** (BVerfG 14.6.2016 – 2 BvR 290/10, BStBl. II 2016, 801; BVerfG 14.6.2016 – 2 BvR 323/10, DStR 2016, 1731; BVerfG 21.12.2004 – 2 BvR 2197/04, HFR 2005, 353; BFH 9.12.2009 – X R 28/07, BStBl. II 2010, 348; BFH 15.7.2014 – X R 35/12, BStBl. II 2015, 213).

467.1 Gegen diese Auffassung der Rechtsprechung wird im **Schrifttum** verbreitet vorgebracht, sie **missachte** das **verfassungsrechtliche Gebot effektiven Rechtsschutzes** (Art. 19 Abs. 4 GG), weil sie den Steuerpflichtigen dazu zwinge, trotz der Notwendigkeit, bereits in der Aufbauphase der Altersvorsorge langfristige Dispositionen zu treffen, mit der verfassungsrechtlichen Klärung noch bis zum Beginn der Auszahlungsphase abzuwarten (so bis November 2013 HHR/*Kulosa* § 10 Rn. 346; ähnlich weiterhin Frotscher/Geurts/*Lindberg* § 10 Rn. 55a: „nicht praktikabel"). Dennoch ist sie meines Erachtens **konsequent** und im Ergebnis **zutreffend** (gleicher Auffassung LBP/*Hoheisel*/*Tippelhofer* § 10 Rn. 232). Die Versagung des vollen Sonderausgabenabzugs als solche ist, wie BVerfG und BFH zu Recht betonen, verfassungsrechtlich noch nicht zu beanstanden. Dies gilt jedenfalls solange, wie nicht gegen das Verbot der Mehrfachbesteuerung verstoßen wird. Zu einer doppelten Besteuerung kommt es aber erst, wenn im Rahmen einer Einzelfallüberprüfung mit hinreichender Sicherheit festgestellt werden kann, dass die teilweise nicht gegebene Abziehbarkeit der Vorsorgeaufwendungen sich auf die Höhe der Besteuerung der später zufließenden Renten nicht hat auswirken können. **Systematisch folgerichtig** kann die **gerichtliche Überprüfung des Doppelbesteuerungsverbots** daher **erst in den Veranlagungszeiträumen des Rentenbezugs** einsetzen, da eine Grundrechtsbeeinträchtigung in Form einer Doppelbesteuerung letztlich erst dann bewirkt werden kann, wenn **beim Rentenbezug ein zu hoher Besteuerungsanteil angesetzt wird** und damit aufgrund des Zusammenspiels von nur eingeschränkter Entlastung in der Aufbauphase und der Belastung in der Rückflussphase ein **nochmaliger steuerlicher Zugriff auf das Steuersubstrat erfolgt** (so zutreffend BVerfG 14.6.2016 – 2 BvR 290/10, BStBl. II 2016, 801; BVerfG 14.6.2016 – 2 BvR 323/10, DStR 2016, 1731).

468 Diese **Gesamtbetrachtung** muss allerdings schon **zu Beginn des Rentenbezugs** vorgenommen werden. Denn es kann nicht unterstellt werden, dass zu Beginn des Rentenbezugs zunächst nur solche Rentenzahlungen geleistet werden, die in der Beitragszahlungsphase aus von der Einkommensteuer entlasteten Beiträgen gespeist worden sind. Einer solchen Betrachtung (die zur Folge hätte, dass es zu einer doppelten Besteuerung erst dann kommen würde, wenn dieser Teil der Rente aufgebraucht worden ist und der Steuerpflichtige die ersten Rentenzahlungen vereinnahmt, die sich aus Beiträgen aus versteuertem Einkommen speisen) ist der **BFH** (zu Recht) nachdrücklich **entgegengetreten** (BFH 21.6.2016 – X R 44/14, BFH/NV 2016, 1791). Der Steuerpflichtige kann die Doppelbesteuerung daher schon **zu Beginn der Auszahlungsphase** rügen (Schmidt/*Krüger* § 10 Rn. 152).

469 Dabei liegt zwar die **Feststellungslast** für das Vorliegen einer etwaigen verfassungswidrigen doppelten Besteuerung beim Steuerpflichtigen; wird eine solche Verletzung des Doppelbesteuerungsverbots jedoch **substantiiert vorgetragen,** muss das **FG** dem im Rahmen der **Amtsermittlungspflicht** weiter nachgehen. Dazu ist der Steuerpflichtige zunächst gehalten, dem FG seine **Erwerbsbiographie** und den **Verlauf seiner Rentenversicherung** darzulegen. Zudem muss der Steuerpflichtige daran mitwirken, für seinen konkreten Einzelfall die frühere **einkommensteuerliche Behandlung** der Altersvorsorgeaufwendungen rechnerisch zu **rekonstruieren.** Dies kann sowohl durch Vorlage der Einkommensteuerbescheide als auch durch eine Höchstbetragsberechnung in Anwendung des § 10 Abs. 3 in der im jeweiligen Veranlagungszeitraum geltenden Fassung auf den **Gesamtbeitrag zur Sozialversicherung** geschehen; dieser Gesamtbeitrag muss dabei dann nachträglich anhand der sich aus dem Rentenversicherungsverlauf ergebenden Beitragszahlungen und der daraus folgenden beitragspflichtigen Einnahmen sowie der Beitragssätze zu den anderen Sparten der Sozialversicherung **hochgerechnet** werden (BFH 21.6.2016 – X R 44/14, BFH/NV 2016, 1791). Dabei sind Beiträge zu privaten Rentenversicherungen und kapitalbildenden Lebensversicherungen im Verhältnis zu den Beiträgen zur gesetzlichen Sozialversicherung als lediglich nachrangig abziehbar zu erfassen (BFH 23.8.2017 – X R 33/15, BStBl. II 2018, 62). Wenn dem Steuerpflichtigen einzelfallbezogene Angaben nicht möglich oder nicht zumutbar sind, kann der Anteil der aus versteuertem Einkommen geleisteten Altersvorsorgeaufwendungen **ausnahmsweise** sachgerecht **geschätzt** werden (BFH 23.8.2017 – X R 33/15, BStBl. II 2018, 62).

Zu den durch die mögliche **Zweifachbesteuerung** aufgeworfenen Fragen nach der Verfassungsmäßigkeit der Gesamtregelung in der späteren **Auszahlungsphase** s. im Einzelnen HHR/*Kulosa* § 10 Rn. 340 ff. und → § 22 Rn. 269 ff. 470

Einstweilen frei 471

2. Ermittlung anhand des Höchstbeitrags zur knappschaftlichen Rentenversicherung (§ 10 Abs. 3 S. 1)

Altersvorsorgeaufwendungen nach § 10 Abs. 1 Nr. 2 sind nach § 10 Abs. 3 S. 1 nur insoweit zu berücksichtigen, als sie den **Höchstbeitrag zur knappschaftlichen Rentenversicherung** nicht überschreiten. Maßgebend ist damit der **geringere** der beiden Beträge. In die Vergleichsberechnung einzubeziehen ist neben den **eigenen Beitragszahlungen** des Steuerpflichtigen auch der ihnen gemäß § 10 Abs. 1 Nr. 2 S. 6 hinzuzurechnende **steuerfreie Arbeitgeberanteil** zur gesetzlichen Rentenversicherung und ein ihm gleichgestellter **steuerfreier Arbeitgeberzuschuss** (→ Rn. 166). Auch dieser zählt zu den „Vorsorgeaufwendungen nach Absatz 1 Nummer 2". 472

Der Höchstbeitrag zur knappschaftlichen Rentenversicherung bemisst sich nach der Anwendung des **Beitragssatzes** auf die **Bemessungsgrundlage,** die gemäß § 157 SGB VI höchstens bis zur **Beitragsbemessungsgrenze** berücksichtigt wird. Beitragssatz und Beitragsbemessungsgrenze ergeben sich aus der für den jeweiligen Veranlagungszeitraum geltenden **Sozialversicherungs-Rechengrößenverordnung** und aus der entsprechend maßgeblichen **Beitragssatzverordnung;** danach beläuft sich der **Höchstbeitrag** für **2020** auf **25.046 EUR** (Beitragsbemessungsgrenze: 101.400 EUR; Beitragssatz seit 2018: 24,7% → Rn. 147); für 2019 betrug er 24.305 EUR, für 2018 lag er bei 23.712 EUR und für 2017 belief er sich auf 23.362 EUR. 473

Bis zur Änderung des § 10 Abs. 3 S. 1 durch das **ZollkodexAnpG** v. 22.12.2014 (BGBl. 2014 I 2417) – also bis einschließlich zum Veranlagungszeitraum 2014 – belief sich der Höchstbetrag auf **20.000 EUR** je Ehegatten. Aufgrund der nunmehrigen **dynamischen Koppelung** an den Höchstbeitrag zur knappschaftlichen Rentenversicherung (vgl. KKB/*Wilhelm* § 10 Rn. 182; Bordewin/Brandt/*Stöcker* § 10 Rn. 816) hat sich der Höchstbetrag bereits für den Veranlagungszeitraum 2015 auf 22.172 EUR (Beitragsbemessungsgrenze für 2015: 89.400 EUR, maßgeblicher Beitragssatz seit 2015: 24,8%) erhöht. Für 2016 betrug er bereits 22.766 EUR. Da die **Beitragsbemessungsgrenze** jährlich an die **Bruttolohnentwicklung angepasst** wird (§ 159 SGB VI; für 2016: 91.800 EUR; für 2017: 94.800 EUR; für 2018: 96.000 EUR; für 2019 98.400 EUR), ist auch künftig quasi „automatisch" mit **weiteren Anhebungen des Höchstbeitrags** zu rechnen (HHR/*Kulosa* § 10 Rn. 351). 473.1

Einstweilen frei 474

3. Verdoppelung des Höchstbetrags bei zusammenveranlagten Ehegatten (§ 10 Abs. 3 S. 2)

Der nach § 10 Abs. 3 S. 1 aus dem Höchstbeitrag zur knappschaftlichen Rentenversicherung abgeleitete **Höchstbetrag** wird bei zur Einkommensteuer **zusammenveranlagten** 475

Ehegatten in **doppelter Höhe** angesetzt. Er beläuft sich für den Veranlagungszeitraum 2020 mithin auf 50.092 EUR (für 2019: 48.610 EUR; für 2018: 47.424 EUR; für 2017: 46.724 EUR). Die Regelung ist über § 2 Abs. 8 auf eingetragene **gleichgeschlechtliche Lebenspartner entsprechend** anzuwenden.

476 *Einstweilen frei*

4. Kürzung des Höchstbetrags bei nicht rentenversicherten Arbeitnehmern und Abgeordneten (§ 10 Abs. 3 S. 3)

477 Um eine **Gleichbehandlung** mit den in der **gesetzlichen Rentenversicherung** versicherten Steuerpflichtigen zu gewährleisten, ordnet § 10 Abs. 3 S. 3 für bestimmte **Personengruppen** eine **Kürzung** des nach § 10 Abs. 3 S. 1 und § 10 Abs. 3 S. 2 ermittelten Höchstbetrags an. Die Regelung soll bewirken, dass derjenige, der die Beiträge zum Aufbau seiner Altersvorsorge in vollem Umfang **aus eigenen Mitteln** aufbringen muss, einen **höheren Sonderausgabenabzug** geltend machen kann als ein Steuerpflichtiger, der zum Erwerb seines Anspruchs oder seiner Anwartschaft auf Altersvorsorge **keine eigenen Beitragszahlungen** leisten muss. Dies wird dadurch erreicht, dass bei dem letztgenannten Personenkreis der Höchstbetrag für Altersvorsorgeaufwendungen um einen **fiktiven Gesamtrentenversicherungsbeitrag abgeschmolzen** wird (Blümich/*Hutter* § 10 Rn. 246). Bei Zusammenveranlagung ist **für jeden Ehegatten gesondert** zu prüfen, ob und ggf. in welcher Höhe der gemeinsame Höchstbetrag zu kürzen ist.

478 **a) Betroffener Personenkreis.** Von der Kürzung betroffen sind zum einen solche **Arbeitnehmer,** die in der **gesetzlichen Rentenversicherung versicherungsfrei** sind und denen aufgrund ihres Beschäftigungsverhältnisses eine lebenslängliche Altersversorgung oder alternativ nach Beendigung ihrer Beschäftigung ein Anspruch auf Abfindung oder auf Nachversicherung zusteht (§ 10 Abs. 3 S. 3 Nr. 1 Buchst. a). Das sind vor allem **Beamte, Richter und Soldaten** (§ 5 Abs. 1 SGB VI) sowie **Geistliche** der als öffentlich-rechtliche Körperschaften anerkannten Kirchen (Korn/*Bauschatz* § 10 Rn. 262.5). Gleiches gilt für Arbeitnehmer, die (gemäß § 6 Abs. 1 Nr. 2 SGB VI, Nr. 3, § 6 Abs. 2 SGB VI) auf Antrag ihres Arbeitgebers **von der Rentenversicherungspflicht befreit** worden sind, also insbesondere Lehrer oder Erzieher an nicht-öffentlichen Schulen, die aufgrund dieser Tätigkeit nach beamtenrechtlichen Grundsätzen oder nach entsprechenden kirchenrechtlichen Regelungen eine Anwartschaft auf Altersversorgung erwerben (Bordewin/Brandt/*Stöcker* § 10 Rn. 819; HHR/*Kulosa* § 10 Rn. 353).

479 *Einstweilen frei*

480 Zu kürzen ist der Höchstbetrag zudem bei **Arbeitnehmern,** die mit ihrer beruflichen Tätigkeit **nicht der gesetzlichen Rentenversicherungspflicht unterliegen** und im Zusammenhang mit ihr aufgrund vertraglicher Vereinbarungen **Anwartschaftsrechte auf eine Altersversorgung erworben** haben (§ 10 Abs. 3 S. 3 Nr. 1 Buchst. b). Betroffen davon sind zum einen **Vorstandsmitglieder von Aktiengesellschaften** (§ 1 S. 4 SGB VI), zum anderen beherrschende **GmbH-Gesellschafter-Geschäftsführer** (vgl. § 2 S. 1 Nr. 9 SGB VI) **mit Pensionszusage** (vgl. BFH 15.7.2014 – X R 35/12, BStBl. II 2015, 213). Die Kürzung beruht darauf, dass diesem Kreis von Personen aufgrund der Zusage eine nicht aus versteuertem Einkommen aufgebaute Altersvorsorge zusteht, obwohl sie als Arbeitnehmer weder Beiträge zur gesetzlichen Rentenversicherung noch zu einem anderen Alterssicherungssystem iSd § 10 Abs. 1 Nr. 2 Buchst. a. leisten. In allen Fällen ist es für die Kürzung **nicht maßgeblich,** ob die mit dem Erwerb der Pensionsanwartschaft verbundene rentenversicherungsfreie Tätigkeit den ganzen Veranlagungszeitraum umfasst hat oder ob das Beschäftigungsverhältnis nur während eines **Teils des Kalenderjahrs** ausgeübt wurde (HHR/*Kulosa* § 10 Rn. 353). Zu kürzen ist auch, wenn das **Anwartschaftsrecht** des Steuerpflichtigen auf Altersversorgung **noch nicht unverfallbar** ist oder sonst für den Fall einer Verschlechterung der wirtschaftlichen Situation des Arbeitgebers **nicht gesichert** erscheint (BFH 28.7.2004 – XI R 67/03, BStBl. II 2005, 94). Wie die **Pensionszusage ausgestaltet** ist (etwa als Direktzusage, durch eine Unterstützungskasse, durch eine Pensionskasse oder durch einen Pensionsfonds), ist gleichfalls **unerheblich** (Schmidt/*Krüger* § 10 Rn. 156). Auch auf die **Art der Finanzierung** (etwa durch Gehaltsumwandlung oder als zusätzliche Arbeitgeberleistung) kommt es nicht an (LBP/*Hoheisel*/*Tippelhofer* § 10 Rn. 718; Bordewin/Brandt/*Stöcker*

§ 10 Rn. 821). Es muss sich jedoch um eine **verbindliche Zusage** handeln; eine Blankettzusage, die erst später nach Art und Höhe ausgestaltet werden soll, genügt insoweit nicht (BFH 14.6.2000 – XI R 57/99, BStBl. II 2001, 28).

Bis zum Veranlagungszeitraum 2007 (Änderung des § 10c Abs. 3 Nr. 2 – jetzt § 10 Abs. 3 S. 3 Nr. 1 Buchst. b – durch das **JStG 2008** v. 20.12.2007, BGBl. 2007 I 3150) war die Kürzung bei **GmbH-Gesellschafter-Geschäftsführern** nur vorzunehmen, wenn sie ihren Anspruch auf Altersversorgung „ganz oder teilweise ohne eigene Beitragsleistungen" erworben hatten. Als solche **eigenen Beitragsleistungen** des Gesellschafter-Geschäftsführers hatte der XI. Senat des BFH indessen auch **Beiträge der GmbH für ihren Geschäftsführer** angesehen, weil sich infolge dieser Zahlungen der für Ausschüttungen an ihn zur Verfügung stehende Gewinn der GmbH gemindert habe (BFH 16.10.2002 – XI R 25/01, BStBl. II 2004, 546; BFH 23.2.2005 – XI R 29/03, BStBl. II 2005, 634). Diese Rechtsprechung war auf **Kritik** gestoßen, weil sie die Eigenständigkeit der GmbH als juristische Person außer Acht ließ. Auch der ab 2006 für die Materie neu zuständig gewordene X. Senat des BFH hatte sie anschließend nur in eingeschränktem Umfang fortgeführt (BFH 26.9.2006 – X R 3/05, BStBl. II 2007, 452; BFH 8.11.2006 – X R 11/05, BFH/NV 2007, 673). Der Gesetzgeber hat dies zum Anlass genommen, mit Wirkung ab dem Veranlagungszeitraum **2008** auf das Tatbestandsmerkmal der **fehlenden eigenen Beitragsleistungen** als Voraussetzung für die Kürzung des Höchstbetrags zu **verzichten** (vgl. Schmidt/*Krüger* § 10 Rn. 156). **480.1**

Einstweilen frei **481**

Eine **Kürzung** kommt jedoch **nicht** in Betracht, wenn der Arbeitgeber für die Zukunftssicherung des Steuerpflichtigen tatsächlich **keine Leistungen** iSd § 3 Nr. 62 erbracht hat (BFH 21.1.2004 – XI R 38/02, BStBl. II 2004, 650), oder wenn der Steuerpflichtige aufgrund eines eigenen Antrags in der allgemeinen Rentenversicherung **pflichtversichert** ist und die **Pflichtbeiträge in voller Höhe selbst trägt** (BFH 19.5.1999 – XI R 64/98, BStBl. II 2001, 64). Andererseits ist die Kürzung auch dann vorzunehmen, wenn es sich um nachgezahlten Arbeitslohn handelt, der auf einem aktiven Beschäftigungsverhältnis beruht, in dessen Rahmen der Steuerpflichtige durch Zukunftssicherungsausgaben des Arbeitgebers oder durch den Erwerb von Altersversorgungsansprüchen begünstigt worden ist (BFH 17.5.2006 – X R 19/05, BFH/NV 2006, 2049). **482**

Einstweilen frei **483**

Außerdem unter die Kürzungsregelung fallen Steuerpflichtige mit Einkünften im Sinne des § 22 Nr. 4 – also **Bundestags-, Landtags- und Europaabgeordnete** –, die aufgrund des **Mandatsverhältnisses** zugleich ganz oder teilweise ohne eigene Beitragsleistung einen **Anspruch auf Altersvorsorge** erwerben (§ 10 Abs. 3 S. 3 Nr. 2). **Nicht** von der Kürzung betroffen sind hingegen die ehrenamtlichen Mitglieder **kommunaler Vertretungen** und die **kommunalen Wahlbeamten** (vgl. BMF 24.5.2017, BStBl. I 2017, 820 Rn. 70). **484**

Einstweilen frei **485**

b) Umfang der Kürzung. Zu **kürzen** ist der Höchstbetrag bei dem betroffenen Personenkreis um einen **fiktiven Gesamtbeitrag zur allgemeinen Rentenversicherung.** In diesen fiktiven Gesamtbeitrag sind sowohl der **Arbeitnehmeranteil** als auch der **Arbeitgeberanteil** einzubeziehen. Für die Berechnung des Rentenversicherungsbeitrags sind nur die Einnahmen (Bruttoarbeitslohn, Abgeordnetenbezüge) heranzuziehen, die auf die Tätigkeit entfallen, wegen deren Ausübung der Steuerpflichtige zu dem von der Kürzung betroffenen Personenkreis (→ Rn. 478) gehört. **486**

Für die Berechnung des Kürzungsbetrags ist der zu Beginn des jeweiligen Veranlagungszeitraums geltende **Beitragssatz zur allgemeinen Rentenversicherung** heranzuziehen. Der maßgebliche Beitragssatz beläuft sich seit dem 1.1.2018 auf **18,6%** (→ Rn. 147); für 2015 bis 2017 lag er noch bei 18,7%. Der Rentenversicherungsbeitrag wird gemäß § 157 SGB VI nur aus den **Einnahmen** des Steuerpflichtigen **bis zur Beitragsbemessungsgrenze in der allgemeinen Rentenversicherung** berechnet. Einnahmen oberhalb der Beitragsbemessungsgrenze bleiben außer Ansatz. Dabei ist aus Vereinfachungsgründen (und zugleich zur Vermeidung sachwidriger Ergebnisse, vgl. HHR/*Kulosa* § 10 Rn. 356) bundeseinheitlich auf die (niedrigere und damit für den Steuerpflichtigen günstigere) **Beitragsbemessungsgrenze Ost** abzustellen (BMF 24.5.2017, BStBl. I 2017, 820 Rn. 63). Diese liegt für das Jahr 2020 bei **77.400 EUR** (für 2017 lag sie bei 68.400 EUR, für 2018 bei 69.600 EUR und für 2019 bei 73.800 EUR), sodass sich der **Kürzungsbetrag für 2020 höchstens** auf **487**

14.396 EUR (für 2017: 12.790 EUR; für 2018: 12.945 EUR; für 2019: 13.726 EUR) belaufen kann (so auch Schmidt/*Krüger* § 10 Rn. 157). Der so ermittelte Kürzungsbetrag ist von dem aus dem Höchstbeitrag zur knappschaftlichen Rentenversicherung abgeleiteten **Höchstbetrag in Abzug zu bringen.**

487.1 **Entwicklung der Höchstbeträge:** Der Beitragssatz lag **2016** bei 18,7%, die Beitragsbemessungsgrenze bei 64.800 EUR und der maximale Kürzungsbetrag bei 12.117 EUR. Im Jahre **2015** belief sich der Beitragssatz auf 18,7%, die Beitragsbemessungsgrenze auf 62.400 EUR und der maximale Kürzungsbetrag auf 11.668 EUR. **2014** lag der Beitragssatz bei 18,9%, die Beitragsbemessungsgrenze bei 60.000 EUR und der maximale Kürzungsbetrag bei 11.340 EUR. **2013** betrugen der Beitragssatz 18,9%, die Beitragsbemessungsgrenze 57.600 EUR und der maximale Kürzungsbetrag 10.886 EUR.

487.2 Zu **beachten** ist, dass der Kürzungsbetrag nach § 10 Abs. 3 S. 3 zwar – wie dargestellt (→ Rn. 486) – einen bloß **fiktiven Gesamtversicherungsbeitrag** abbildet, der sich aber aus der Anwendung des **konkreten Beitragssatzes zur allgemeinen Rentenversicherung** (von 18,6% im Kalenderjahr 2020) auf die kürzungspflichtigen (weil tatsächlich gerade nicht einer Rentenversicherungspflicht unterliegenden) Einnahmen ergibt. Es ist daher **nicht zutreffend** – wie im Schrifttum jedoch vereinzelt vorgeschlagen (Frotscher/Geurts/*Lindberg* § 10 Rn. 264) –, bereits diesen Kürzungsbetrag „im Jahr 2005 mit 60% des Gesamtbeitrags zur gesetzlichen Rentenversicherung" vom Höchstbetrag des § 10 Abs. 3 S. 1 in Abzug zu bringen und den genannten Prozentsatz von 60% „bis zum Jahr 2025 um jährlich 2% auf 100%" (und daher für das Jahr 2020 auf dann 90%) zu erhöhen. Tatsächlich dürfen die damit angesprochenen Prozentsätze erst auf die **Kürzung der tatsächlich verausgabten Altersvorsorgeaufwendungen** – die sich maximal auf den genannten, ggf. um den Kürzungsbetrag des § 10 Abs. 3 S. 3 verminderten Höchstbetrag belaufen können – um den **Übergangsprozentsatz** des § 10 Abs. 3 S. 4 iVm § 10 Abs. 3 S. 6 (→ Rn. 489) angewendet werden.

488 *Einstweilen frei*

5. Ansatz der ermittelten Vorsorgeaufwendungen mit dem Übergangsprozentsatz (§ 10 Abs. 3 S. 4)

489 Der sich nach Anwendung des § 10 Abs. 3 S. 1–3 ergebende Höchstbetrag an Altersvorsorgeaufwendungen des Steuerpflichtigen ist für eine **Übergangszeit von zwanzig Jahren** seit Inkrafttreten des **Alterseinkünftegesetzes** v. 5.7.2004 (BGBl. 2004 I 1427) (mithin in den Veranlagungszeiträumen **2005 bis 2024**) nicht in voller Höhe anzusetzen, sondern auf einen sich **schrittweise erhöhenden Übergangsprozentsatz** zu kürzen. Der für den jeweiligen Veranlagungszeitraum maßgebliche Übergangsprozentsatz ergibt sich aus dem Zusammenwirken von § 10 Abs. 3 S. 4 und § 10 Abs. 3 S. 6. Er beläuft sich für 2013 auf 76% und erhöht sich in den folgenden Kalenderjahren um jeweils 2%, mithin zuletzt für 2017 auf 84%, für 2018 auf 86%, für 2019 auf 88% und für **2020** auf **90%** (im Einzelnen → Rn. 493). Nur in Höhe dieses Prozentsatzes sind die Gesamtaufwendungen für die Altersvorsorge – einschließlich des ihnen nach § 10 Abs. 1 Nr. 2 S. 6 hinzuzurechnenden Arbeitgeberanteils – im jeweiligen Veranlagungszeitraum als Sonderausgaben abzugsfähig. Sind die **tatsächlich erbrachten,** nach § 10 Abs. 1 Nr. 2 **berücksichtigungsfähigen Altersvorsorgeaufwendungen niedriger** als die höchstens zu berücksichtigenden Aufwendungen, muss der Übergangsprozentsatz auf die tatsächlich erbrachten Aufwendungen angewendet werden (vgl. Blümich/*Hutter* § 10 Rn. 249).

489.1 **Rechtsentwicklung:** Nach § 10 Abs. 3 S. 4 in der Fassung des **Alterseinkünftegesetzes** v. 5.7.2004 (BGBl. 2004 I 1427) waren für 2005 nur 60% der Vorsorgeaufwendungen abziehbar. Aus der kontinuierlichen Erhöhung um jährlich 2% (§ 10 Abs. 3 S. 6) ergab sich für das Jahr **2013** ein **Übergangsprozentsatz von 76%,** den der Gesetzgeber aus Gründen der besseren Übersichtlichkeit in § 10 Abs. 3 S. 4 in der ab dem Veranlagungszeitraum 2013 geltenden Fassung übernommen hat (Änderung durch das **AltvVerbG** v. 24.6.2013, BGBl. 2013 I 1667). Die Anwendung des Übergangsprozentsatzes steht im Zusammenhang mit dem ab 2005 erfolgten **Übergang zur nachgelagerten Besteuerung der Alterseinkünfte** und beruht auf der Befürchtung des Gesetzgebers, dass die staatlichen Haushalte einen sofort einsetzenden vollständigen Abzug der mit diesen Einkünften korrespondierenden Aufwendungen als Sonderausgaben nicht verkraften könnten (vgl. HHR/*Kulosa* § 10 Rn. 357).

Einstweilen frei 490

6. Minderung des sich ergebenden Betrags um steuerfreie Arbeitgeberleistungen (§ 10 Abs. 3 S. 5)

Von dem sich nach Anwendung des § 10 Abs. 3 S. 1–4 ergebenden, auf den Übergangsprozentsatz herabgesetzten Betrag sind gemäß § 10 Abs. 3 S. 5 noch der nach § 3 Nr. 62 **steuerfreie Arbeitgeberanteil** zur gesetzlichen Rentenversicherung und ein diesem Arbeitgeberanteil gleichgestellter **steuerfreier Arbeitgeberzuschuss** in **Abzug** zu bringen. Diese etwaigen Arbeitgeberanteile und Arbeitgeberzuschüsse waren den eigenen Altersvorsorgeaufwendungen des Steuerpflichtigen zuvor nach § 10 Abs. 1 Nr. 2 S. 6 hinzugerechnet worden (→ Rn. 166). Die **Hinzurechnung** wird nun wieder **rückgängig** gemacht. Nur der nach Abzug der Arbeitgeberleistungen verbleibende Betrag ist als Sonderausgabe letztlich abziehbar. 491

Eine **Sonderregelung,** der zufolge bei **geringfügig Beschäftigten** von der Minderung um steuerfreie Arbeitgeberbeiträge ausnahmsweise abzusehen ist, findet sich in § 10 Abs. 3 S. 7 (→ Rn. 495).

Einstweilen frei 492

7. Fortlaufende Anhebung des Übergangsprozentsatzes (§ 10 Abs. 3 S. 6)

Der in § 10 Abs. 3 S. 4 aufgeführte **Übergangsprozentsatz** von 76% im Veranlagungszeitraum 2013 erhöht sich in den folgenden Kalenderjahren von 2014 bis 2025 um jährlich 2%. Er beläuft sich mithin im Veranlagungszeitraum 2019 auf 88%, im **Veranlagungszeitraum 2020** auf **90%,** im Veranlagungszeitraum 2021 auf 92% und im Veranlagungszeitraum 2024 auf 98%. Erstmals im **Veranlagungszeitraum 2025** wird dadurch mit einem **Prozentsatz von 100%** die Möglichkeit eines **Vollabzugs der Altersvorsorgeaufwendungen** erreicht werden. 493

Im Einzelnen ergeben sich aus der **Anhebung des Übergangsprozentsatzes** für die Kalenderjahre 2013 bis 2025 folgende Beträge: 493.1

- 2013: 76%,
- 2014: 78%,
- 2015: 80%,
- 2016: 82%,
- 2017: 84%,
- 2018: 86%,
- 2019: 88%,
- 2020: 90%,
- 2021: 92%,
- 2022: 94%,
- 2023: 96%,
- 2024: 98%,
- 2025: 100%.

Einstweilen frei 494

8. Ausnahmsweise keine Kürzung um steuerfreie Arbeitgeberleistungen bei geringfügig Beschäftigten (§ 10 Abs. 3 S. 7)

Bei **geringfügig Beschäftigten** sind nach § 10 Abs. 3 S. 7 die aufgrund von § 168 Abs. 1 Nr. 1 Buchst. 1b SGB VI, § 168 Abs. 1 Buchst. 1c SGB VI, § 172 Abs. 3 SGB VI, § 172 Abs. 3a SGB VI steuerfreien Arbeitgeberbeiträge abweichend von § 10 Abs. 3 S. 5 nur dann abzuziehen, wenn der Steuerpflichtige ihre Hinzurechnung zu den Altersvorsorgeaufwendungen nach § 10 Abs. 1 Nr. 2 S. 6 beantragt hat. Zum **Hintergrund der Ausnahmeregelung** → Rn. 168. 495

Einstweilen frei 496–499

VII. Höchstbeträge für andere Vorsorgeaufwendungen (§ 10 Abs. 4)

1. Überblick

500 Für **Vorsorgeaufwendungen im Sinne des § 10 Abs. 1 Nr. 3 und § 10 Abs. 1 Nr. 3a** ist der Sonderausgabenabzug gemäß § 10 Abs. 4 der Höhe nach beschränkt. Die Regelung erfasst damit zum einen die Aufwendungen des Steuerpflichtigen zum Erwerb einer dem Sozialhilfestandard entsprechenden **Basis-Krankenversicherung** (§ 10 Abs. 1 Nr. 3 S. 1 Buchst. a) und zu den **gesetzlichen Pflegeversicherungen** (§ 10 Abs. 1 Nr. 3 S. 1 Buchst. b), zum anderen aber auch die Beiträge zu den in **§ 10 Abs. 1 Nr. 3a** genannten **Versicherungsarten** (im Einzelnen → Rn. 195). Unter letztere fallen neben den Ausgaben für Versicherungen gegen Arbeitslosigkeit sowie für Unfall- und Haftpflichtversicherungen und für bestimmte Risikolebensversicherungen auch Beiträge zu Kranken- und Pflegeversicherungen, soweit der durch sie vermittelte Versicherungsschutz über das der Basis-Krankenversicherung und der gesetzlichen Pflegeversicherung entsprechende Niveau hinausgeht (→ Rn. 198), sowie Beiträge zu Versicherungen gegen Erwerbs- und Berufsunfähigkeit, soweit bei ihnen nicht die besonderen Voraussetzungen des § 10 Abs. 1 Nr. 2 S. 1 Buchst. b vorliegen (→ Rn. 201). **Nicht** unter die Abzugsbeschränkung des § 10 Abs. 4 fallen die von § 10 Abs. 1 Nr. 2 erfassten Aufwendungen für die **Altersvorsorge** (einschließlich der dort genannten Aufwendungen für die Absicherung gegen Berufsunfähigkeit und Erwerbsminderung), für deren Abzug der Höhe nach die Bestimmungen des **§ 10 Abs. 3** maßgebend sind (im Einzelnen → Rn. 451).

500.1 **Rechtsentwicklung:** Die Vorschrift ist durch das **AltEinkG** v. 5.7.2004 (BGBl. 2004 I 1427) mit Wirkung ab dem Veranlagungszeitraum **2005** neu gefasst worden; sie regelt seitdem den Höchstbetrag für den Sonderausgabenabzug der nicht der Altersvorsorge dienenden Vorsorgeaufwendungen. Der Anwendungsbereich des § 10 Abs. 4 S. 2 (Berücksichtigung nur des kleinen Höchstbetrags) wurde durch **das JStG 2008** v. 20.12.2007 (BGBl. 2007 I 3150) ab 2008 auch auf Leistungen der Künstlersozialkasse zur Krankenversicherung und durch das **Kinderförderungsgesetz** v. 10.12.2008 (BGBl. 2008 I 2403) ab 2009 auch auf Krankenversicherungsleistungen für Tagesmütter ausgedehnt. Durch das **Bürgerentlastungsgesetz Krankenversicherung** v. 16.7.2009 (BGBl. 2009 I 1959) wurde die Vorschrift umgestaltet; seither ist der Abzug der Beiträge zur Basis-Krankenversicherung nach § 10 Abs. 1 Nr. 3 in vollem Umfang ohne Höchstbetragsbegrenzung möglich.

501 Die in § 10 Abs. 1 Nr. 3 und § 10 Abs. 1 Nr. 3a genannten Vorsorgeaufwendungen können **insgesamt** in Höhe eines Höchstbetrags berücksichtigt werden, der sich danach richtet, ob der Steuerpflichtige bei der **Vorsorge gegen Krankheitskosten durch Leistungen Dritter entlastet** wird (dann gelangt nur der **kleine Höchstbetrag** von 1.900 EUR zur Anwendung, § 10 Abs. 4 S. 2, → Rn. 504), oder ob er **sämtliche Aufwendungen selbst tragen** muss (dann erfolgt der Ansatz des **großen Höchstbetrags** von 2.800 EUR gemäß § 10 Abs. 4 S. 1, → Rn. 503). Bestimmungen zur Ermittlung des gemeinsamen Höchstbetrags bei zusammen veranlagten Ehegatten finden sich in § 10 Abs. 4 S. 3 (→ Rn. 508). Eigentliches **Kernelement** der Abzugsbeschränkung ist indessen (etwas versteckt) **§ 10 Abs. 4 S. 4;** danach sind in den (in der Praxis bei der weit überwiegenden Zahl der Steuerpflichtigen auftretenden) Fällen, dass die Aufwendungen für die **Basis-Krankenversicherung** und für die **gesetzliche Pflegeversicherung** (§ 10 Abs. 1 Nr. 3) den – kleinen oder großen – Höchstbetrag übersteigen, ungeachtet dieses Höchstbetrags die **gesamten** auf sie entfallenden Aufwendungen abziehbar, womit zugleich aber auch der **Abzug** der übrigen, unter **§ 10 Abs. 1 Nr. 3a** fallenden Vorsorgeaufwendungen **insgesamt versperrt** ist (→ Rn. 509).

501.1 Der dadurch bewirkte **vollständige Ausschluss der Versicherungsbeiträge iSd § 10 Abs. 1 Nr. 3a** ist **verfassungsrechtlich nicht zu beanstanden,** weil der Gesetzgeber nicht verpflichtet war, die dort genannten Vorsorgeaufwendungen überhaupt zum Abzug zuzulassen. Ein verfassungsrechtliches Gebot zur steuerlichen Freistellung von Beiträgen besteht nur für Versicherungen, die einen Schutz in Höhe des Existenzminimums und damit auf Sozialhilfeniveau gewährleisten. Dazu zählen die sonstigen, nicht die Altersvorsorge und die Erlangung eines sozialhilfegleichen Krankenversicherungsschutzes betreffenden Vorsorgeaufwendungen nicht (BFH 9.9.2015 – X R 5/13, BStBl. II 2015, 1043; Bordewin/Brandt/*Stöcker* § 10 Rn. 56). Insbesondere besteht **kein verfassungsrechtlicher Anspruch** darauf, die Beiträge zur **Arbeitslosenversicherung** einkommensteuermindernd zu berücksichtigen (BFH 16.11.2011 – X R 15/09, BStBl. II 2012, 325; vgl. auch FG Niedersachsen 3.3.2016 – 10 K 8/

16, DStRE 2017, 722, rkr.; **anderer Auffassung** Korn/*Bauschatz* § 10 Rn. 205.5). Gleiches gilt für Prämien zu **Unfall- und Haftpflichtversicherungen,** weil der Steuerpflichtige für die Finanzierung der damit verbundenen Absicherung selbst insoweit, als sie zum sozialhilferechtlichen Grundbedarf gehören sollte, von Verfassungs wegen jedenfalls auf die Inanspruchnahme des dafür vorgesehenen **Grundfreibetrags** verwiesen werden kann, und weil der Umstand, dass bei der Kfz-Haftpflichtversicherung die Absicherung gesetzlich vorgeschrieben ist (§ 1 PflVG), nichts daran ändert, dass es eine **gesetzliche Pflicht** zum Halten eines Kraftfahrzeugs **nicht gibt** (HHR/Kulosa § 10 Rn. 384).

Einstweilen frei 502

2. Großer Höchstbetrag (§ 10 Abs. 4 S. 1)

Der **„große" Höchstbetrag** von 2.800 EUR je Kalenderjahr gilt für die Summe der in § 10 Abs. 1 Nr. 3 und § 10 Abs. 1 Nr. 3a genannten Aufwendungen. Er ist jedoch nur dann anwendbar, wenn **während des gesamten Veranlagungszeitraums** die tatbestandlichen Voraussetzungen für seine **Minderung** auf den „kleinen" Höchstbetrag (§ 10 Abs. 4 S. 2, → Rn. 504) nicht vorliegen. 503

3. Kleiner Höchstbetrag (§ 10 Abs. 4 S. 2)

Bei Steuerpflichtigen, die ihre **Absicherung gegen Krankheitskosten nicht in voller Höhe aus eigenen Mitteln aufbringen** müssen, **mindert** sich der Höchstbetrag von 2.800 EUR auf **1.900 EUR.** Von der Absenkung auf den **„kleinen" Höchstbetrag** betroffen sind zum einen Steuerpflichtige, die ganz oder teilweise einen Anspruch auf vollständige oder teilweise Erstattung oder Übernahme von Krankheitskosten haben. Damit gemeint ist insbesondere der Kreis der **beihilfeberechtigten Beamten, Soldaten** und **Richter** sowie der **beitragsfrei** in der gesetzlichen Krankenversicherung **mitversicherten Familienangehörigen** von sozialversicherungspflichtig beschäftigten **Arbeitnehmern** (BFH 18.11.2009 – X R 34/07, BStBl. II 2010, 414). 504

Der **kleine Höchstbetrag** gilt zudem für Steuerpflichtige, für deren Krankenversicherung Leistungen im Sinne 505

- des § 3 Nr. 9 (Erstattung von Aufwendungen zu einer angemessenen Kranken- und Pflegeversicherung an **Tagespflegepersonen**),
- des § 3 Nr. 14 (Zuschüsse und Beitragsanteile des Rentenversicherungsträgers zur Krankenversicherung bei **Rentnern**),
- des § 3 Nr. 57 (Beiträge der Künstlersozialkasse zugunsten der Krankenversicherung von **Künstlern**) oder
- des § 3 Nr. 62 (**Arbeitgeberanteil** zur Krankenversicherung bei **sozialversicherungspflichtig Beschäftigten** – in der Praxis die mit Abstand **bedeutendste Fallgruppe**)

erbracht werden.

Nach der **typisierenden gesetzlichen Regelung** ermäßigt sich der Höchstbetrag bereits dann auf 1.900 EUR, wenn die genannten Voraussetzungen **nur während eines Teils des Kalenderjahrs** vorgelegen haben (vgl. Schmidt/*Krüger* § 10 Rn. 161). Auch auf die Höhe des Vorteils aus der teilweisen Übernahme der Absicherungskosten im Einzelfall kommt es nicht an (HHR/*Kulosa* § 10 Rn. 388). Erbringt der Arbeitgeber Leistungen iSd § 3 Nr. 62 auch für den Ehegatten seines Arbeitnehmers oder ist dieser als Ehegatte eines Beamten selbst beihilfeberechtigt, so steht auch dem **Ehegatten** nur der **ermäßigte Höchstbetrag** nach § 10 Abs. 4 S. 2 zu (BFH 23.1.2013 – X R 43/09, BStBl. II 2013, 608). 506

Einstweilen frei 507

4. Gemeinsamer Höchstbetrag bei zusammenveranlagten Ehegatten (§ 10 Abs. 4 S. 3)

Werden **Ehegatten** zur Einkommensteuer zusammen veranlagt (§ 26b), so ist für sie ein **gemeinsamer Höchstbetrag** anzuwenden. Dieser errechnet sich nach § 10 Abs. 4 S. 3 aus der **Summe der Höchstbeträge,** die jedem von ihnen nach den in seiner Person verwirklichten Voraussetzungen zustehen. Die Regelung gilt über § 2 Abs. 8 auch für zusammenveranlagte Partner einer **eingetragenen Lebenspartnerschaft.** 508

5. Unbeschränkter Abzug von Vorsorgeaufwendungen für die Basis-Krankenversicherung und die gesetzliche Pflegeversicherung (§ 10 Abs. 4 S. 4)

509 Nach § 10 Abs. 4 S. 4 sind von den unter § 10 Abs. 1 Nr. 3 und § 10 Abs. 1 Nr. 3a fallenden Vorsorgeaufwendungen nur die Aufwendungen nach § 10 Abs. 1 Nr. 3 als Sonderausgaben abzugsfähig, wenn sie den maßgeblichen (kleinen oder großen, im Falle zusammenveranlagter Ehegatten den daraus entwickelten gemeinsamen) Höchstbetrag im Sinne des § 10 Abs. 4 S. 1–3 übersteigen. Die Bestimmung führt im Ergebnis – ungeachtet der Höchstbetragsregelung – zur **unbeschränkten Abzugsfähigkeit** der Beiträge des Steuerpflichtigen zur **Basis-Krankenversicherung** und zur **gesetzlichen Pflegeversicherung** (§ 10 Abs. 1 Nr. 3).

509.1 Die Platzierung der Vorschrift innerhalb des § 10 Abs. 4 erst an dessen Ende verstellt daher den Blick auf deren tatsächlich **überragende praktische Bedeutung** und ist deshalb meines Erachtens **regelungstechnisch verfehlt** (gleicher Ansicht HHR/*Kulosa* § 10 Rn. 391). Der mit ihr angeordnete **Vollabzug der Beiträge zur Basis-Krankenversicherung** (§ 10 Abs. 1 Nr. 3) beruht auf den **Vorgaben der Entscheidung des BVerfG** v. 13.2.2008 – 2 BvL 1/06 (BVerfGE 120, 125), wonach sich aus dem Grundsatz der **Steuerfreiheit des Existenzminimums** ein Anspruch des Steuerpflichtigen auf Abzug solcher Aufwendungen ergibt, die ihm einen **Lebensstandard auf Sozialhilfeniveau** ermöglichen sollen (→ Rn. 85). Zum einschlägigen Leistungskatalog der Sozialhilfe gehört auch die Versorgung im Krankheits- und im Pflegefall auf einem Niveau, das im Wesentlichen dem der gesetzlichen Krankenversicherung entspricht. Daher sind **alle Beiträge** als Sonderausgaben zu berücksichtigen, mit denen ein **der gesetzlichen Krankenversicherung vergleichbarer Versicherungsschutz** als **Basisabsicherung gegen Krankheitsrisiken** erworben wird. Beiträge oder Beitragsteile, die eine über dieses Niveau hinausgehende Versorgung im Krankheitsfall gewährleisten sollen (das sind vor allem **Komfort- und Zusatzleistungen** wie zB Chefarztbehandlung oder Einbettzimmer im Krankenhaus), fallen **nicht** darunter (→ Rn. 182). Gleiches gilt, soweit in den Beiträgen Anteile zur **Finanzierung von Krankengeld** enthalten sind, da dieses ebenfalls nicht von der Sozialhilfe übernommen wird (→ Rn. 184).

510 Zugleich wird durch § 10 Abs. 4 S. 4 der **Abzug der übrigen Vorsorgeaufwendungen** im Sinne des § 10 Abs. 1 Nr. 3a **ausgeschlossen,** sofern der **Höchstbetrag** bereits durch die unbeschränkt abziehbaren Vorsorgeaufwendungen für die Basis-Krankenversicherung und die gesetzliche Pflegeversicherung **ausgeschöpft** wird. Letzteres wird in der Praxis der Regelfall sein (gleicher Ansicht Schmidt/*Krüger* § 10 Rn. 162; zur **Verfassungsmäßigkeit** der Regelung → Rn. 501.1).

511–514 *Einstweilen frei*

VIII. Günstigerprüfung bei Vorsorgeaufwendungen bis 2019 (§ 10 Abs. 4a)

1. Überblick

515 Im Zuge des **Übergangs zur nachgelagerten Besteuerung der Alterseinkünfte** (→ Rn. 80) durch das **Alterseinkünftegesetz** v. 5.7.2004 (BGBl. 2004 I 1427) hat der Gesetzgeber mit § 10 Abs. 4a eine **von Amts wegen** durchzuführende **Günstigerprüfung** eingeführt. Dabei ist der nach neuem Recht höchstens mögliche Abzugsbetrag für die begünstigten Vorsorgeaufwendungen (§ 10 Abs. 1 Nr. 2, § 10 Abs. 1 Nr. 3 und § 10 Abs. 1 Nr. 3a) mit dem Abzugsbetrag zu vergleichen, der sich für diese Aufwendungen bei Anwendung des alten Rechts nach § 10 Abs. 3 in der im Kalenderjahr 2004 geltenden Fassung ergeben würde. **Grund** dafür ist im Wesentlichen die **Wirkungsweise** des in § 10 Abs. 3 S. 4 und § 10 Abs. 3 S. 6 geregelten **Übergangsprozentsatzes für die Altersvorsorgeaufwendungen** (→ Rn. 489, → Rn. 493). Der Abzug dieser Aufwendungen nach neuem Recht wäre dadurch bei bestimmten Gruppen von Steuerpflichtigen in den ersten Jahren nach dem Systemwechsel in einzelnen Fällen nur in geringerem Umfang als bisher möglich gewesen. So konnten etwa **Arbeitnehmer** mit einem **Bruttoarbeitslohn von nicht mehr als 12.000 EUR im Kalenderjahr** (bzw. 24.000 EUR bei Zusammenveranlagung) nach alter Rechtslage die gesamten Sozialversicherungsbeiträge als Sonderausgaben abziehen (vgl. Schmidt/*Krüger* § 10 Rn. 164), was wegen der nach neuem Recht nur beschränkt eröffneten Abziehbarkeit der Beiträge mit zunächst (2005) lediglich 60% zu einer **erheblichen Ver-**

schlechterung geführt hätte (vgl. Kirchhof/*Bleschick* § 10 Rn. 37). Dieses Problem stellte sich in ähnlicher Weise bei **Selbständigen und Gewerbetreibenden,** denen aufgrund dieses Umstands nach der alten Regelung ein **ungekürzter Vorwegabzug** (→ Rn. 519) zugestanden hatte, wenn ihre Altersvorsorgeaufwendungen nach neuem Recht wegen Nichterfüllung der besonderen Anforderungen des § 10 Abs. 1 Nr. 2 Buchst. b nicht mehr begünstigt gewesen wären (vgl. HHR/*Kulosa* § 10 Rn. 402). Zur Abmilderung der damit verbundenen Härten war der Abzug für eine **Übergangszeit noch bis 2019** mit den bisher geltenden Höchstbeträgen möglich. Dabei wurde der in diesen Höchstbeträgen enthaltene sog. **Vorwegabzug** (→ Rn. 518) allerdings bereits **ab 2011 kontinuierlich abgeschmolzen.**

Ausführliche **Rechenbeispiele** zur Günstigerprüfung finden sich in BMF 24.5.2017, BStBl. I 2017, 820 Rn. 210 ff. Das ändert indessen nichts an der **Unzulänglichkeit** dieser Regelungen, die „derart kompliziert" sind, „dass es kaum jemand gibt, der sie nachvollziehen kann" (so zutreffend die Kritik von Bordewin/Brandt/*Stöcker* § 10 Rn. 842; ähnlich HHR/*Kulosa* § 20 Rn. 400: „äußerst kompliziert formuliert"; ablehnend auch Blümich/*Hutter* § 10 Rn. 273; Korn/*Bauschatz* § 10 Rn. 286; Lademann EStG/*Steiner* § 10 Rn. 116 spricht von einem „Vorsorgemonster", dessen individuelle Folgen nur noch von Maschinen und von Finanzbeamten in der Ausbildung berechnet werden könnten).

Rechtsentwicklung: § 10 Abs. 4a S. 1 wurde durch das **AltEinkG** v. 5.7.2004 (BGBl. 2004 I 1427) mit Wirkung ab dem Veranlagungszeitraum 2005 neu eingefügt. Mit dem **JStG 2007** v. 13.12.2006 (BGBl. 2006 I 2878) wurde die Vorschrift – mit Wirkung bereits ab dem Veranlagungszeitraum 2006 – um die S. 2 und S. 3 ergänzt. Durch das **Bürgerentlastungsgesetz Krankenversicherung** v. 16.7.2009 (BGBl. 2009 I 1959) wurden die in ihr enthaltenen Verweise auf § 10 Abs. 1 an die dort vorgenommenen Änderungen angepasst. Im Zuge des **AltvVerbG** v. 24.6.2013 (BGBl. 2013 I 1667) wurden die ab 2013 nicht mehr anwendbaren Höchstbeträge für den Vorwegabzug der Veranlagungszeiträume 2005 bis 2012 aus der Tabelle in § 10 Abs. 4a S. 1 gestrichen. Da die **Übergangsregelungen** zur Günstigerprüfung mittlerweile mit Ablauf des **Veranlagungszeitraums 2019 ausgelaufen** sind, steht zu erwarten, dass der Gesetzgeber sie bei nächster Gelegenheit streichen und **§ 10 Abs. 4a ersatzlos aufheben** wird (**anderer Auffassung** offenbar Frotscher/Geurts/*Lindberg* § 10 Rn. 269, der – allerdings ohne nähere Begründung – nach Ablauf des Veranlagungszeitraums 2019 von einer anschließenden Prüfung des Gesetzgebers ausgeht, „welche Regelung günstiger ist"). 515.1

Einstweilen frei 516

2. Vergleichsmaßstab: Für das Kalenderjahr 2004 geltende Höchstbeträge für Vorsorgeaufwendungen

Zum **Vergleich** ist im Rahmen der Günstigerprüfung die **Rechtslage** heranzuziehen, die zur Ermittlung der abziehbaren Höchstbeträge für Vorsorgeaufwendungen **im Kalenderjahr 2004** (mithin im letzten Jahr vor dem Systemwechsel zum Alterseinkünftegesetz) gegolten hat. Dafür verweist § 10 Abs. 4a S. 1 auf die für das Kalenderjahr 2004 geltende Fassung des § 10 Abs. 3. 517

§ 10 Abs. 3 in der für das Kalenderjahr 2004 geltenden Fassung hatte folgenden Wortlaut: 517.1
„[1]Für Vorsorgeaufwendungen gelten je Kalenderjahr folgende Höchstbeträge:
1. ein Grundhöchstbetrag von 1.334 Euro,
im Fall der Zusammenveranlagung von Ehegatten von 2.668 Euro;
2. ein Vorwegabzug von 3.068 Euro,
im Fall der Zusammenveranlagung von Ehegatten von 6.136 Euro.
[2]Diese Beträge sind zu kürzen um 16 vom Hundert der Summe der Einnahmen
a) aus nichtselbständiger Arbeit im Sinne des § 19 ohne Versorgungsbezüge im Sinne des § 19 Abs. 2, wenn für die Zukunftssicherung des Steuerpflichtigen Leistungen im Sinne des § 3 Nr. 62 erbracht werden oder der Steuerpflichtige zum Personenkreis des § 10c Abs. 3 Nr. 1 oder 2 gehört, und
b) aus der Ausübung eines Mandats im Sinne des § 22 Nr. 4;
3. für Beiträge nach Absatz 1 Nr. 2 Buchstabe c ein zusätzlicher Höchstbetrag von 184 Euro für Steuerpflichtige, die nach dem 31. Dezember 1957 geboren sind;
4. Vorsorgeaufwendungen, die die nach den Nummern 1 bis 3 abziehbaren Beträge übersteigen, können zur Hälfte, höchstens bis zu 50 vom Hundert des Grundhöchstbetrags abgezogen werden (hälftiger Höchstbetrag)."

517.2 Der in § 10 Abs. 3 Nr. 2 S. 2 EStG aF in Bezug genommene **§ 10c Abs. 3 in der 2004 geltenden Fassung** lautete wie folgt:

„Für Arbeitnehmer, die während des ganzen oder eines Teils des Kalenderjahres

1. in der gesetzlichen Rentenversicherung versicherungsfrei oder auf Antrag des Arbeitgebers von der Versicherungspflicht befreit waren und denen für den Fall ihres Ausscheidens aus der Beschäftigung auf Grund des Beschäftigungsverhältnisses eine lebenslängliche Versorgung oder an deren Stelle eine Abfindung zusteht oder die in der gesetzlichen Rentenversicherung nachzuversichern sind oder

2. nicht der gesetzlichen Rentenversicherungspflicht unterliegen, eine Berufstätigkeit ausgeübt und im Zusammenhang damit auf Grund vertraglicher Vereinbarungen Anwartschaftsrechte auf eine Altersversorgung ganz oder teilweise ohne eigene Beitragsleistung erworben haben […],

beträgt die Vorsorgepauschale 20 vom Hundert des Arbeitslohns, jedoch höchstens 1.134 Euro."

518 Die dortige **frühere Regelung** sah **einheitliche Höchstbeträge** für **sämtliche Vorsorgeaufwendungen** vor, ohne dass dafür (wie bei § 10 Abs. 3, 10 Abs. 4 neue Fassung) zwischen Altersvorsorgeaufwendungen, Aufwendungen für die Basis-Krankenversicherung und sonstigen Versicherungsaufwendungen zu unterscheiden gewesen wäre. Für jeden Steuerpflichtigen wurde zunächst ein **Grundhöchstbetrag** von 1.334 EUR gewährt, wobei bei zusammenveranlagten Ehegatten der doppelte Betrag (2.268 EUR) als Grundhöchstbetrag zur Anwendung kam. Dieser Grundhöchstbetrag erhöhte sich zudem um den sog. **„Vorwegabzug"** von 3.068 EUR (bei zusammenveranlagten Ehegatten 6.136 EUR). Der Vorwegabzug war nach der Konzeption des Gesetzgebers dazu bestimmt, denjenigen Steuerpflichtigen, die (etwa als Selbständige) für ihre Vorsorgeaufwendungen in vollem Umfang selbst aufkommen mussten, einen höheren Sonderausgabenabzug zu ermöglichen als solchen Steuerpflichtigen, deren Sozialversicherungsbeiträge (wie dies insbesondere bei Arbeitnehmern der Fall ist) teilweise steuerfrei von dritter Seite aufgebracht wurden (vgl. Blümich/*Hutter* § 10 Rn. 291). Zu diesem Zweck war der Vorwegabzug bei bestimmten Gruppen von Steuerpflichtigen zu kürzen (§ 10 Abs. 3 Nr. 2 S. 2 in der bis 2004 geltenden Fassung).

519 Von der **Kürzung des Vorwegabzugs** betroffen waren folgende Personengruppen:

- Steuerpflichtige, für deren Zukunftssicherung **steuerfreie Arbeitgeberleistungen** i. S. des § 3 Nr. 62 erbracht wurden; dies waren sowohl die **sozialversicherungspflichtigen** als auch die zur Inanspruchnahme eines **Arbeitgeberzuschusses** berechtigten sozialversicherungsfreien **Arbeitnehmer,**
- Steuerpflichtige, die zu dem in § 10c Abs. 3 Nr. 1 oder § 10c Abs. 3 Nr. 2 genannten Personenkreis gehörten; dies waren vor allem **Beamte, Richter** und **Soldaten** sowie beherrschende **GmbH-Geschäftsführer** (zu Letzteren → Rn. 480.1),
- **Abgeordnete.**

520 Bei ihnen **minderte** sich der **Vorwegabzug** um einen **Kürzungsbetrag,** der sich auf 16% der aus der entsprechenden Tätigkeit stammenden Einnahmen aus nichtselbständiger Arbeit (ohne Einbeziehung von Versorgungsbezügen) bzw. aus der Ausübung des Abgeordnetenmandats belief. Aufgrund des **pauschalierenden Charakters** der Regelung erfolgte die Kürzung auch dann **in voller Höhe,** wenn die sie auslösenden Zukunftssicherungsleistungen des Arbeitgebers ihrem Umfang nach wesentlich geringer waren als der Kürzungsbetrag selbst (BFH 16.10.2002 – XI R 61/00, BStBl. II 2003, 183; BFH 16.10.2002 – XI R 75/00, BStBl. II 2003, 288). Stand andererseits von vornherein fest, dass der Steuerpflichtige durch die Beitragsleistungen seines Arbeitgebers zur Sozialversicherung schon dem Grunde nach **keine eigenen Leistungsansprüche** erwerben konnte, hatte eine Kürzung des Vorwegabzugs zu **unterbleiben** (BFH 6.3.2003 – XI R 31/01, BStBl. II 2004, 6).

521 Nach § 10 Abs. 3 Nr. 3 in der 2004 geltenden Fassung wurde für Beiträge zu einer zusätzlichen **freiwilligen Pflegeversicherung** (§ 10 Abs. 1 Nr. 2 Buchst. c in der 2004 geltenden Fassung) ein **zusätzlicher Höchstbetrag** von 184 EUR je Steuerpflichtigem gewährt. Außerdem konnten die verbleibenden, nach Inanspruchnahme des Grundhöchstbetrags, des Vorwegabzugs und des zusätzlichen Höchstbetrags für Pflegeversicherungen noch nicht berücksichtigten Vorsorgeaufwendungen zur Hälfte, höchstens jedoch bis zu einem Betrag von **50% des Grundhöchstbetrags** (mithin begrenzt auf maximal 667 EUR bzw. bei zusammenveranlagten Ehegatten auf höchstens 1.334 EUR) abgezogen werden (§ 10 Abs. 3 Nr. 4 in der 2004 geltenden Fassung).

522–523 *Einstweilen frei*

3. Abschmelzung des Höchstbetrags für den Vorwegabzug im Rahmen der Günstigerprüfung

Bei der Ermittlung des – als Vergleich zur Neuregelung – nach der Rechtslage des Veranlagungszeitraums 2004 abziehbaren Höchstbetrags für Vorsorgeaufwendungen sind nur der Grundhöchstbetrag von 1.334 EUR, der zusätzliche Höchstbetrag für freiwillige Pflegeversicherungsbeiträge von 184 EUR und der hälftige Höchstbetrag für die verbleibenden Vorsorgeaufwendungen von maximal 667 EUR in vollem Umfang anzusetzen. Der **Höchstbetrag** für den **Vorwegabzug** war demgegenüber nur bis zum Veranlagungszeitraum 2010 in der früher geltenden Höhe von 3.068 EUR zu berücksichtigen; er wird in den Kalenderjahren 2011 bis 2019 mit den in § 10 Abs. 4a S. 1 genannten Tabellenbeträgen **schrittweise** pro Jahr um 300 EUR (bzw. 600 EUR im Fall der Zusammenveranlagung) **abgeschmolzen.** 524

Gegenläufig zu der sukzessiven Verringerung des zu berücksichtigenden Vorwegabzugs steigert sich schrittweise ebenfalls jährlich der Umfang, mit dem die **zu berücksichtigenden Vorsorgeaufwendungen** nach neuem Recht abgezogen werden können. So waren im Veranlagungszeitraum 2011 bereits 70% der Altersvorsorgeaufwendungen als Sonderausgaben abzugsfähig. Damit ist seither auch bei Arbeitnehmern mit geringem Einkommen eine Abschmelzung des Vorwegabzugs verhältnismäßig (vgl. Blümich/*Hutter* § 10 Rn. 272). Ab dem **Veranlagungszeitraum 2020 entfällt die Günstigerprüfung insgesamt,** weil ab diesem Zeitpunkt ohnehin mindestens 90% der Altersvorsorgeaufwendungen steuermindernd zu berücksichtigen sind. 524.1

Einstweilen frei 525–526

4. Ermittlung des Erhöhungsbetrags für Beiträge zur kapitalgedeckten Altersvorsorge

Im Rahmen der Günstigerprüfung nehmen die Beiträge des Steuerpflichtigen zu einer eigenen **kapitalgedeckten Altersvorsorge** nach §10 Abs. 1 Nr. 2 S. 1 Buchst. b (→ Rn. 153) eine Sonderstellung ein. Für sie wird seit 2006 ein sog. „**Erhöhungsbetrag**" gewährt, der zusätzlich neben den nach altem Recht abziehbaren Höchstbeträgen zu berücksichtigen ist (kritisch dazu zu Recht Korn/*Bauschatz* § 10 Rn. 286: „an Kompliziertheit nur schwer zu überbieten"; Blümich/*Hutter* § 10 Rn. 273: „noch schwieriger und unverständlicher"; HHR/*Kulosa* § 10 Rn. 403 spricht von einer „überkomplizierten Günstigerprüfung"). Die Berechnung dieses Erhöhungsbetrags erfolgt gemäß § 10 Abs. 4a S. 3 unter weitgehender Übernahme der Regelungen, die in **§ 10 Abs. 3** für die Ermittlung des Höchstbetrags für Altersvorsorgeaufwendungen enthalten sind (→ Rn. 451 ff.). 527

Dieser **maximal anzusetzende Höchstbetrag** orientiert sich an dem Höchstbeitrag zur knappschaftlichen Rentenversicherung (§ 10 Abs. 3 S. 1) und ist für den in § 10 Abs. 3 S. 3 genannten Personenkreis (→ Rn. 478) zunächst um einen fiktiven Gesamtbeitrag zur allgemeinen Rentenversicherung zu kürzen (→ Rn. 486). Gemäß § 10 Abs. 4a S. 3 ist der sich daraus ergebende Höchstbetrag nach §10 Abs. 3 S. 1–3 zudem noch um die **Beiträge** des Steuerpflichtigen zur **gesetzlichen Altersversorgung** (§ 10 Abs. 1 Nr. 2 Buchst. a) und um die nach § 3 Nr. 62 steuerfreien **Arbeitgeberanteile** zur gesetzlichen Rentenversicherung sowie um die ihnen gleichgestellten steuerfreien **Arbeitgeberzuschüsse** zu vermindern. Durch § 10 Abs. 4a S. 3 wird mithin das für Altersvorsorgeaufwendungen bestehende **höchstmögliche Abzugsvolumen nicht erweitert** (LBP/*Hoheisel*/*Tippelhofer* § 10 Rn. 742). 528

Die vom Steuerpflichtigen tatsächlich geleisteten Beiträge zur kapitalgedeckten Altersvorsorge sind nur insoweit begünstigt, als sie diesen **verminderten Höchstbetrag nicht übersteigen.** Ihre Berücksichtigung als Erhöhungsbetrag ist schließlich in entsprechender Anwendung des § 10 Abs. 3 S. 4 und des § 10 Abs. 3 S. 6 nur in Höhe des sich aus diesen Vorschriften für den betreffenden Veranlagungszeitraum ergebenden **Übergangsprozentsatzes** (→ Rn. 489) möglich. 529

Einstweilen frei 530

5. Durchführung der Günstigerprüfung

Nach der **Systematik** des **§ 10 Abs. 4a** erfolgt die von Amts wegen durchzuführende Günstigerprüfung in **drei Schritten:** 531

- Zunächst ist gemäß § 10 Abs. 4a S. 1 zu ermitteln, **in welcher Höhe** der Abzug der in § 10 Abs. 1 Nr. 2 Buchst. a sowie der in § 10 Abs. 1 Nr. 3 und § 10 Abs. 1 Nr. 3a genannten Aufwendungen (mithin sämtlicher Vorsorgeaufwendungen, die nicht zum Erwerb einer kapitalgedeckten Altersvorsorge nach § 10 Abs. 1 Nr. 2 Buchst. b dienen) mit den für sie **nach altem Recht geltenden Höchstbeträgen** (beim Vorwegabzug reduziert auf den abgeschmolzenen Höchstbetrag) möglich wäre, wenn zusätzlich auch die **Beiträge zur kapitalgedeckten Altersvorsorge** (§ 10 Abs. 1 Nr. 2 Buchst. b) **im Umfang des Erhöhungsbetrags** nach § 10 Abs. 4a S. 3 (→ Rn. 527) abgezogen werden können.
- Anschließend muss festgestellt werden, ob die sich daraus ergebenden Abzugsmöglichkeiten für den Steuerpflichtigen **günstiger** sind als der Sonderausgabenabzug mit den **Höchstbeträgen nach § 10 Abs. 3 und § 10 Abs. 4.**
- In einem dritten Schritt ist gemäß § 10 Abs. 4a S. 2 zu ermitteln, ob ein **noch höherer Sonderausgabenabzug möglich** wäre, wenn die Beiträge zur kapitalgedeckten Altersvorsorge nicht – wie im ersten Schritt geschehen – nur im Umfang des Erhöhungsbetrags, sondern in ihrer **vollen Höhe** in die Günstigerprüfung einbezogen und im Rahmen der Höchstbeträge nach § 10 Abs. 3 in der bis 2004 geltenden Fassung berücksichtigt werden.

Als Sonderausgaben für Vorsorgeaufwendungen abziehbar ist der **höchste** der sich bei Durchführung der Günstigerprüfung ergebenden **Beträge.**

531.1 Die sich aus dem dritten Schritt ergebende Abzugsmöglichkeit ist vor allem dann **vorteilhaft,** wenn beim Steuerpflichtigen andere **Vorsorgeaufwendungen** nur **in geringer Höhe** angefallen sind, durch sie die nach altem Recht verfügbaren Höchstbeträge nur geringfügig aufgezehrt werden und die verbleibenden Höchstbeträge in entsprechendem Umfang zum Abzug der Beiträge zur kapitalgedeckten Altersvorsorge zur Verfügung stehen.

532 *Einstweilen frei*

IX. Behandlung von Zuschüssen und Erstattungen (§ 10 Abs. 4b)

1. Überblick

533 **Rechtsentwicklung:** § 10 Abs. 4b ist mit seinen **S. 1–3** durch das **StVereinfG** v. 1.11.2011 (BGBl. 2011 I 2131) neu eingefügt worden. Die darin enthaltenen Vorschriften regeln (mit Wirkung ab dem Veranlagungszeitraum 2012) Einzelfragen zur **Behandlung** von **steuerfreien Zuschüssen** und von sog. **Erstattungsüberhängen.**

534 **Erstattungsüberhänge** entstehen, wenn innerhalb einer Gruppe von Sonderausgaben der im Veranlagungszeitraum erstattete oder zugeschossene Betrag höher ausfällt als die geleisteten Aufwendungen selbst. Die Vorschriften des **§ 10 Abs. 4b** gelten allerdings nur bei den **Vorsorgeaufwendungen** im Sinne des § 10 Abs. 1 Nr. 2, § 10 Abs. 1 Nr. 3 und § 10 Abs. 1 Nr. 3a sowie bei der **Kirchensteuer** (§ 10 Abs. 1 Nr. 4). Die gesetzlichen Bestimmungen weisen daher erhebliche **Regelungslücken** auf. Diese Lücken müssen durch Anwendung der **allgemeinen Grundsätze** geschlossen werden, die die **Rechtsprechung** bereits vor dem Inkrafttreten von § 10 Abs. 4b zu den steuerlichen Folgen derartiger Erstattungsüberhänge entwickelt hat (so auch Schmidt/*Krüger* § 10 Rn. 167). Die überkommene Rechtslage gilt mithin außerhalb des Anwendungsbereichs der (spezielleren) Vorschriften des § 10 Abs. 4b S. 1–3 fort (→ Rn. 556).

534.1 Im Einzelnen finden sich daher folgende **gesetzliche Regelungen:**

- **§ 10 Abs. 4b S. 1** betrifft nur **steuerfreie Zuschüsse zu Vorsorgeaufwendungen** i. S. des § 10 Abs. 1 Nr. 2, § 10 Abs. 1 Nr. 3 und § 10 Abs. 1 Nr. 3a, die in einen anderen Veranlagungszeitraum als die geleisteten Aufwendungen fallen (→ Rn. 537).
- **§ 10 Abs. 4b S. 2** bezieht sich nur auf die **Verrechnung von Erstattungsüberhängen** innerhalb der Abzugstatbestände für **Vorsorgeaufwendungen** nach § 10 Abs. 1 Nr. 2, nach § 10 Abs. 1 Nr. 3 und nach § 10 Abs. 1 Nr. 3a (→ Rn. 540).
- **§ 10 Abs. 4b S. 3** regelt die steuerliche Erfassung von danach noch verbleibenden Erstattungsüberhängen bei den Vorsorgeaufwendungen nach § 10 Abs. 1 Nr. 3 (Beiträge zur **Basis-Krankenversicherung** und zur **gesetzlichen Pflegeversicherung**) und bei der **Kirchensteuer** nach § 10 Abs. 1 Nr. 4 (→ Rn. 545).
- Daneben befindet sich in **§ 10 Abs. 2 S. 1 Nr. 1 Hs. 3** noch eine gesetzliche Bestimmung zu steuerfreien Zuschüssen zu Vorsorgeaufwendungen iSd § 10 Abs. 1 Nr. 3 und § 10 Abs. 1 Nr. 3a (**Arbeitge-**

berzuschüsse zur privaten Krankenversicherung), die in den gleichen Veranlagungszeitraum wie die geleisteten Aufwendungen fallen (im Einzelnen → Rn. 427.1).

Nicht ausdrücklich **gesetzlich geregelt** ist dagegen die Behandlung von im gleichen oder in einem späteren Veranlagungszeitraum vereinnahmten steuerfreien Zuschüssen und von Erstattungen in allen übrigen Fällen, insbesondere also bei anderen Sonderausgaben als den Vorsorgeaufwendungen (§ 10 Abs. 1 Nr. 2, § 10 Abs. 1 Nr. 3 und § 10 Abs. 1 Nr. 3a) und der Kirchensteuer (§ 10 Abs. 1 Nr. 4). **534.2**

Mit Wirkung ab dem Veranlagungszeitraum 2016 ist die Regelung zudem in § 10 Abs. 4b **S. 4–6** (eingefügt durch das **AmtshilfeRLUmsG** v. 26.6.2013, BGBl. 2013 I 1809) um **Bestimmungen zur Datenübermittlung** durch öffentliche Stellen ergänzt worden. Einzelheiten dieser Vorschriften wurden ab dem Veranlagungszeitraum 2017 zudem durch das **Gesetz zur Modernisierung des Besteuerungsverfahrens** v. 18.7.2016 (BGBl. 2016 I 1679) wieder geändert. **535**

Einstweilen frei **536**

2. Steuerfreie Zuschüsse zu Vorsorgeaufwendungen anderer Veranlagungszeiträume (§ 10 Abs. 4b S. 1)

§ 10 Abs. 4b S. 1 regelt die Behandlung **steuerfreier Zuschüsse,** die der Steuerpflichtige für Aufwendungen erhält, die er **in einem anderen Veranlagungszeitraum** geleistet hat. Von der Regelung betroffen sind dabei nur Zuschüsse zu Aufwendungen im Sinne des § 10 Abs. 4b S. 2, also Zuschüsse zu **Vorsorgeaufwendungen** nach § 10 Abs. 1 Nr. 2, § 10 Abs. 1 Nr. 3 und § 10 Abs. 1 Nr. 3a. Die zu ihnen erhaltenen steuerfreien Zuschüsse sind gemäß § 10 Abs. 4b S. 1 **den erstatteten Aufwendungen gleichzustellen.** Was mit dieser Gleichstellung gemeint ist, ergibt sich erst aus § 10 Abs. 4b S. 2 und § 10 Abs. 4b S. 3. Der Sinn und Zweck der Regelung besteht daher darin, die dort angeordneten Rechtsfolgen zur steuerlichen Behandlung erstatteter Aufwendungen auch auf steuerfreie Zuschüsse zu erstrecken. **537**

Die Stellung des S. 1 im **Regelungszusammenhang** des § 10 Abs. 4b ist deshalb meines Erachtens **gesetzessystematisch verfehlt** (gleicher Ansicht Korn/*Bauschatz* § 10 Rn. 287.0.1). Denn innerhalb dieser Vorschriften bilden die nachfolgenden S. 2 und S. 3 den eigentlichen Kern der gesetzlichen Regelung. Daher wäre es (auch aus Gründen der Übersichtlichkeit) vorzugswürdig gewesen, § 10 Abs. 4b S. 1 nicht vor, sondern hinter diesen allgemeiner gehaltenen Bestimmungen zu platzieren (so auch HHR/*Kulosa* § 10 Rn. 411). **537.1**

Für Vorsorgeaufwendungen, zu denen der Steuerpflichtige noch innerhalb **desselben Veranlagungszeitraums** einen steuerfreien Zuschuss vereinnahmt, gilt § 10 Abs. 4b S. 1 dagegen nicht. Sie sind gemäß § 10 Abs. 2 S. 1 Nr. 1 in Höhe des Zuschusses von vornherein vom Sonderausgabenabzug ausgeschlossen (→ Rn. 422). **538**

Einstweilen frei **539**

3. Verrechnung von Erstattungsüberhängen bei Vorsorgeaufwendungen (§ 10 Abs. 4b S. 2)

§ 10 Abs. 4b S. 2 regelt, wie mit sog. **Erstattungsüberhängen** zu verfahren ist, die bei Sonderausgaben nach § 10 Abs. 1 Nr. 2, § 10 Abs. 1 Nr. 3 und § 10 Abs. 1 Nr. 3a entstehen. Von der Vorschrift erfasst werden daher nur Erstattungen, die der Steuerpflichtige zu seinen **Vorsorgeaufwendungen** erhält. Ein Erstattungsüberhang tritt nach der gesetzlichen Regelung dann ein, wenn die im Veranlagungszeitraum **erstatteten Aufwendungen** die geleisteten **Vorsorgeaufwendungen übersteigen** (**anderer Auffassung** FG Düsseldorf 22.11.2018 – 14 K 1629/18 E, EFG 2019, 410, Rev. X R 35/18: Beitragserstattungen zur Rentenversicherung seien nach § 3 Nr. 3 Buchst. b steuerfreie Einnahmen und daher nicht steuererhöhend als „negative Sonderausgaben" zu berücksichtigen – meines Erachtens **abzulehnen,** vgl. OFD Nordrhein-Westfalen 25.9.2019, DStR 2019, 2589 –; zustimmend demgegenüber Schmidt/*Krüger* § 10 Rn. 7). Aus dem Gesamtzusammenhang der Norm ergibt sich, dass die zur Ermittlung des Erstattungsüberhangs erforderliche **Saldierung von Aufwendungen einerseits und Erstattungen andererseits** zunächst für **jede einzelne Versicherungssparte** (also zB für Unfallversicherungen, für Haftpflichtversicherungen und für Risikolebensversicherungen oder für Renten- und für Berufsunfähigkeitsversicherungen) **540**

jeweils getrennt vorzunehmen ist (so auch HHR/*Kulosa* § 10 Rn. 412). Zu den bei der Saldierung zu erfassenden Erstattungen gehören dabei auch die ihnen gemäß **§ 10 Abs. 4b S. 1** gleichgestellten **steuerfreien Zuschüsse** (→ Rn. 537).

541 Diese Regelung **entspricht** damit dem von der **Rechtsprechung** entwickelten Grundsatz, dass bei jährlich wiederkehrenden Sonderausgaben anstelle der Korrektur der Veranlagung im Zahlungsjahr der erstatteten Sonderausgaben **vorrangig eine Verrechnung mit gleichartigen Sonderausgaben im Erstattungsjahr** durchzuführen ist (dazu zB BFH 7.7.2004 – XI R 10/04, BStBl. II 2004, 1058; BFH 1.6.2016 – X R 17/15, BStBl. II 2016, 989). Sie **erweitert** aber die **Verrechnungsmöglichkeit,** indem sie bei einem Erstattungsüberhang die Verrechnung mit bestimmten Sonderausgaben anderer Art zulässt. Denn nach § 10 Abs. 4b S. 2 ist sodann ein sich aus dieser Saldierung ergebender Erstattungsüberhang (gemeint ist der **Differenzbetrag,** also der die geleisteten Aufwendungen übersteigende Erstattungsbetrag) mit den **anderen im Rahmen der jeweiligen Nummer des § 10 Abs. 1 anzusetzenden Aufwendungen** zu verrechnen. Zulässig ist daher **im gleichen Veranlagungszeitraum** nicht nur eine Saldierung innerhalb derselben Versicherungssparte, sondern darüber hinaus auch eine Verrechnung des verbleibenden Erstattungsüberhangs innerhalb der Gruppe der Altersvorsorgeaufwendungen (§ 10 Abs. 1 Nr. 2), innerhalb der Gruppe der Beiträge zur Basis-Krankenversicherung und zur gesetzlichen Pflegeversicherung (§ 10 Abs. 1 Nr. 3) und zwischen den Beiträgen zu den verschiedenen in § 10 Abs. 1 Nr. 3a genannten Versicherungssparten (gleicher Ansicht Blümich/*Hutter* § 10 Rn. 314). Das bedeutet also, dass zB zwischen den die Erstattungen und Zuschüsse übersteigenden Beitragszahlungen zu einer Unfallversicherung und einem Erstattungsüberhang, der sich bei den Aufwendungen zu einer privaten Krankenzusatzversicherung ergibt, im Rahmen des § 10 Abs. 1 Nr. 3a eine Verrechnung zu erfolgen hat (so auch Frotscher/Geurts/*Lindberg* § 10 Rn. 9a). **Nicht statthaft** ist hingegen die Verrechnung eines nach Saldierung innerhalb einer der Nummern 2, 3 oder 3a des § 10 Abs. 1 evtl. noch verbleibenden Erstattungsüberhangs mit den im Rahmen einer **anderen** dieser Nummern abziehbaren Vorsorgeaufwendungen (BFH 20.10.2017 – X R 3/17, DStR 2018, 394). Nur der nach der Verrechnung noch verbleibende **Restbetrag** ist innerhalb der jeweiligen Nummer des § 10 Abs. 1 als abziehbare Sonderausgaben zu berücksichtigen.

542 *Einstweilen frei*

543 Für **andere Sonderausgaben,** die nicht zu den Vorsorgeaufwendungen (§ 10 Abs. 1 Nr. 2, § 10 Abs. 1 Nr. 3 und § 10 Abs. 1 Nr. 3a) gehören, **gilt § 10 Abs. 4b S. 2 nicht.** Bei ihnen hatte jedoch schon nach der zur Rechtslage vor Einfügung der Vorschrift entwickelten **Rechtsprechung** die Möglichkeit bestanden, erstattete Aufwendungen mit gleichartigen Sonderausgaben derselben Nummer innerhalb des § 10 Abs. 1 zu **saldieren,** sodass auch bei ihnen **nur der Differenzbetrag** als Sonderausgaben abziehbar war (BFH 26.6.1996 – X R 73/94, BStBl. II 1996, 646). Daran hat sich durch die Einführung der gesetzlichen Teilregelung in § 10 Abs. 4b **nichts geändert** (HHR/*Kulosa* § 10 Rn. 412). Zur Frage der **Gleichartigkeit** → Rn. 553.1.

544 *Einstweilen frei*

4. Hinzurechnung von verbleibenden Erstattungsüberhängen zum Gesamtbetrag der Einkünfte (§ 10 Abs. 4b S. 3)

545 § 10 Abs. 4b S. 3 gilt nur für die **verbleibenden Beträge,** die bei den Vorsorgeaufwendungen iSd § 10 Abs. 1 Nr. 3 (also nur bei den Beiträgen zur **Basis-Krankenversicherung** und zur **gesetzlichen Pflegeversicherung**) und bei den Sonderausgaben iSd§ 10 Abs. 1 Nr. 4 (also bei der gezahlten **Kirchensteuer**) nach erfolgter Verrechnung der Erstattungsüberhänge gemäß § 10 Abs. 4b S. 2 noch verbleiben. Ein Erstattungsüberhang liegt vor, wenn die zu diesen Abzugstatbeständen geleisteten Aufwendungen hinter den im gleichen Veranlagungszeitraum empfangenen Erstattungen und steuerfreien Zuschüssen zur gleichen Art von Sonderausgaben zurückbleiben. Dies gilt auch dann, wenn solche Sonderausgaben im betreffenden Veranlagungszeitraum überhaupt nicht geleistet worden sind und es ausschließlich zu einer Erstattung gekommen ist (so zutreffend FG Düsseldorf 5.12.2019 – 14 K 3341/15 E, EFG 2020, 352, Rev. X R 1/20). In beiden Fällen ist der verbleibende Betrag („quasi als negative Sonderausgaben", Schmidt/*Krüger* § 10 Rn. 170) gemäß § 10 Abs. 4b

S. 3 dem **Gesamtbetrag der Einkünfte hinzuzurechnen.** Diese Hinzurechnung hat – ohne dass sich das allerdings aus dem Wortlaut der Vorschrift eindeutig ergeben würde – im **Veranlagungszeitraum der Erstattung** zu erfolgen (gleicher Ansicht Blümich/*Hutter* § 10 Rn. 316). Dabei kommt es **nicht** darauf an, ob sich die Sonderausgaben im Veranlagungszeitraum ihrer Zahlung ihrerseits **steuermindernd ausgewirkt** haben (BFH 12.3.2019 – IX R 34/17, BStBl. II 2019, 658). Ist der Sonderausgabenabzug aber – wie gemäß § 10 Abs. 1 Nr. 4 Hs. 2 bei der als Zuschlag zur Kapitalertragsteuer gezahlten Kirchensteuer – rechtlich ausgeschlossen, muss sie gegenläufig auch vom Ansatz im Rahmen eines Erstattungsüberhangs ausgenommen werden (FG Niedersachsen 21.11.2018 – 2 K 25/17, EFG 2019, 1090, nach Rücknahme der Rev. rechtskräftig).

Die **Hinzurechnung** findet **systematisch** erst nach der Bildung des Gesamtbetrags der Einkünfte (§ 2 Abs. 3) und damit erst im Zusammenhang mit der **Ermittlung des Einkommens** (§ 2 Abs. 4) statt. Dies hat insbesondere zur Folge, dass eine steuermindernde **Verrechnung des Erstattungsüberhangs mit Verlustvor- oder -rückträgen** aus anderen Veranlagungszeiträumen – auch wenn das im Ergebnis unbefriedigend sein mag – **nicht möglich** ist (BFH 12.3.2019 – IX R 34/17, BStBl. II 2019, 658; gleicher Ansicht: HHR/*Kulosa* § 10 Rn. 413; Schmidt/*Krüger* § 10 Rn. 170; **anderer Auffassung:** *Scharffenberg/Marbes* DB 2011, 2283; *Gebhardt* EStB 2012, 30) und die sonstigen Sonderausgabenabzüge und die außergewöhnlichen Belastungen gemindert werden (Korn/*Bauschatz* § 10 Rn. 287.0.3). **545.1**

Die Hinzurechnung zum Gesamtbetrag der Einkünfte ist mithin nur bei solchen Erstattungen und steuerfreien Zuschüssen möglich, die sich auf **Aufwendungen** beziehen, welche **zuvor in voller Höhe als Sonderausgaben abzugsfähig** waren. Diese Beschränkung ist sachgerecht, da sie sicherstellt, dass Erstattungen nur dann insgesamt einkommenserhöhend erfasst werden, wenn sich auch die **korrespondierenden Aufwendungen** in der Vergangenheit in vollem Umfang **steuermindernd ausgewirkt** haben (gleicher Ansicht: LBP/*Hoheisel/Tippelhofer* § 10 Rn. 749; **anderer Auffassung** *Meyering/Gerhard* DStR 2012, 272). Für Erstattungsüberhänge im Zusammenhang mit **allen anderen Vorsorgeaufwendungen** und für Sonderausgaben, die jeweils nur im Rahmen von Höchstbeträgen abziehbar sind, gilt § 10 Abs. 4b S. 3 dagegen nicht. Derartige Erstattungsüberhänge wirken sich also im Jahr der Erstattung nicht aus. Sie führen nach den von der Rechtsprechung entwickelten allgemeinen Grundsätzen stattdessen für die erstatteten Aufwendungen zur **Rückgängigmachung des Sonderausgabenabzugs,** und zwar **im Abflussjahr,** in dem der Steuerpflichtige den Abzug der Aufwendungen als Sonderausgaben in Anspruch genommen hat (→ Rn. 556). **546**

Die **Hinzurechnung im Jahr der Erstattung** (→ Rn. 545) bei den Vorsorgeaufwendungen iSd § 10 Abs. 1 Nr. 3 und bei der Kirchensteuer nach § 10 Abs. 1 Nr. 4 dient damit in erster Linie der **Verfahrensvereinfachung.** Mit ihr soll es vermieden werden, dass in diesen Fällen um der gebotenen steuerlichen Erfassung des Erstattungsüberhangs willen die Steuerfestsetzungen der Vorjahre wieder aufgerollt werden müssen (BT-Drs. 17/5125, 37). Bei den anderen Sonderausgaben-Tatbeständen lässt sich diese rückwirkende Erfassung in vergangenen Veranlagungszeiträumen jedoch nicht umgehen, da eine Hinzurechnung der gesamten Erstattung im Rahmen der Einkünfteermittlung für den gleichen Veranlagungszeitraum wegen der **nur beschränkten Abzugsmöglichkeit der Aufwendungen** zu einer übermäßigen Besteuerung führen würde. **546.1**

Problematisch ist, ob auch dann im Erstattungsjahr eine Hinzurechnung zum Gesamtbetrag der Einkünfte zu erfolgen hat, wenn **ausschließlich Erstattungen zu Sonderausgaben iSd § 10 Abs. 1 Nr. 4** vereinnahmt werden, **ohne** dass der Steuerpflichtige im selben Veranlagungszeitraum **entsprechende Aufwendungen zur Kirchensteuer** getätigt hat. Dies wird im **Schrifttum** unter Hinweis darauf für unzulässig gehalten, dass es sich dabei nicht um einen Erstattungsüberhang handele (Blümich/*Hutter* § 10 Rn. 317). Das ist bei einer am **Wortlaut** verhafteten Auslegung zwar zutreffend (**anderer Auffassung** jedoch Lademann EStG/*Steiner* § 10 Rn. 233), weil sich § 10 Abs. 4b S. 3 nur auf den verbleibenden Betrag des sich bei den betreffenden „Aufwendungen" ergebenden Erstattungsüberhangs bezieht und ein Erstattungsüberhang nach § 10 Abs. 4b S. 2 nur dann vorliegt, wenn die erstatteten Aufwendungen „die geleisteten Aufwendungen" übersteigen. Mit dem **Vereinfachungszweck** des Gesetzes wäre es meines Erachtens jedoch nicht zu vereinbaren, die Erstattung in diesen Fällen (bei Aufwendungen von null EUR) durch rückwirkende Änderung der Steuerfestsetzung des Abflussjahres zu erfassen, obwohl andererseits bei einer Kirchensteuerzahlung in nur geringfügiger Höhe (im Extremfall: von 1 EUR) der Erstattungsüberhang ohne Weiteres nach § 10 Abs. 4b S. 3 dem Gesamtbetrag der **546.2**

Einkünfte hinzugerechnet werden müsste (im Ergebnis gleicher Ansicht Frotscher/Geurts/*Lindberg* § 10 Rn. 9).

547–548 *Einstweilen frei*

5. Datenübermittlung bei Zuschüssen und Erstattungen in Bezug auf Vorsorgeaufwendungen (§ 10 Abs. 4b S. 4–6)

549 Nach § 10 Abs. 4b S. 4 sind (erstmals ab dem Veranlagungszeitraum 2016) sowohl **Behörden** iSd § 6 Abs. 1 AO als auch **andere öffentliche Stellen** verpflichtet, die von ihnen gewährten steuerfreien **Zuschüsse** wie auch die gezahlten **Erstattungen,** die im Zusammenhang mit den vom Steuerpflichtigen geleisteten Vorsorgeaufwendungen (§ 10 Abs. 1 Nr. 2, § 10 Abs. 1 Nr. 3 und § 10 Abs. 1 Nr. 3a) stehen, an die sog. **„zentrale Stelle"** (das ist nach § 10 Abs. 2a S. 4 iVm § 81 die **Deutsche Rentenversicherung Bund**) zu melden und nach Maßgabe des § 93c AO in Form eines Datensatzes zu übermitteln. Für den Veranlagungszeitraum 2016 war in § 10 Abs. 4b S. 5 eine eigenständige **Korrekturvorschrift** zur Änderung von Steuerbescheiden enthalten, die Fälle betraf, in denen Daten nach § 10 Abs. 4b S. 4 vorliegen und sich hierdurch oder durch eine Korrektur oder eine Stornierung dieser Daten eine Änderung der festgesetzten Steuer ergibt. Diese Regelung wurde, wie auch die Parallelvorschrift in § 10 Abs. 2a S. 8 EStG aF (→ Rn. 446), durch das **Gesetz zur Modernisierung des Besteuerungsverfahrens** v. 18.7.2016 (BGBl. 2016 I 1679) ab 2017 in § 175b AO überführt. Der Datenübermittler hat gemäß § 10 Abs. 4b S. 5 iVm § 22a Abs. 2 die Möglichkeit, sich beim Bundeszentralamt für Steuern die steuerliche **Identifikationsnummer** des Steuerpflichtigen zu beschaffen. **Einzelheiten** zur **Übermittlung durch Datenfernübertragung** können nach § 87b Abs. 3 AO in Verbindung mit § 150 Abs. 6 AO durch Rechtsverordnung geregelt werden.

550 Eine **Überprüfung** der im Datenübermittlungsverfahren zu Beitragserstattungen und Beitragszuschüssen mitgeteilten Angaben durch die Finanzverwaltung findet **derzeit nicht statt,** wie sich aus § 10 Abs. 4b S. 6 und der dort angeordneten Nichtanwendung von § 72a Abs. 4 AO und § 93c Abs. 4 AO ergibt (gleicher Ansicht Schmidt/*Krüger* § 10 Rn. 171). Der Verzicht darauf ist an dieser Stelle – anders als im Regelungsbereich des § 10 Abs. 2a S. 3 (→ Rn. 447) – **nicht zu beanstanden,** weil es sich bei den zur Datenübermittlung verpflichteten Stellen ausschließlich um Behörden oder um öffentlich-rechtliche Körperschaften und Anstalten handelt, bei denen eine **gesetzeskonforme Durchführung erwartet** werden kann (vgl. HHR/*Kulosa* § 10 Rn. 417).

551 *Einstweilen frei*

6. Behandlung von nicht unter § 10 Abs. 4b S. 3 fallenden Erstattungsüberhängen

552 Erhält der Steuerpflichtige **steuerfreie Zuschüsse** von dritter Seite oder **Rückerstattungen** des Leistungsempfängers zu seinen als Sonderausgaben abziehbaren Aufwendungen, ist mit den Aufwendungen in Höhe der vereinnahmten Zuschüsse und Erstattungen im Ergebnis keine Minderung seiner wirtschaftlichen Leistungsfähigkeit verbunden, da der Steuerpflichtige insoweit **nicht endgültig belastet** ist (→ Rn. 110). In dem entsprechenden Umfang sind die Inanspruchnahme des Sonderausgabenabzugs und die damit verbundene Minderung des Gesamtbetrags der Einkünfte (§ 2 Abs. 4) **sachlich nicht gerechtfertigt.**

553 Erfolgt die **Erstattung** oder die Zahlung des Zuschusses noch **im gleichen Veranlagungszeitraum,** mindern sich insoweit bereits die berücksichtigungsfähigen „Aufwendungen" iSd § 10 Abs. 1, die der Steuerpflichtige in dem entsprechenden Kalenderjahr im Rahmen des jeweiligen Sonderausgaben-Tatbestands getätigt hat. Der erstattete Betrag ist den Ausgaben **gegenzurechnen.** Zu den **Aufwendungen** zählt daher nur der **Saldo aus getätigten Ausgaben und erhaltenen Erstattungen.** Dies gilt aus Gründen der Praktikabilität (Blümich/*Hutter* § 10 Rn. 33) auch dann, wenn die vereinnahmte Erstattung sich auf **in früheren Veranlagungszeiträumen geleistete Aufwendungen** bezieht (BFH 26.6.1996 – X R 73/94, BStBl. II 1996, 646; BFH 1.6.2016 – X R 17/15, BStBl. II 2016, 989). Auf diesem Wege verrechnet werden können die Erstattungen und Zuschüsse allerdings **nur mit gleichartigen Sonderausgaben,** also nur **innerhalb des gleichen Abzugstatbestands** (BFH 28.5.1998 – X R 7/96, BStBl. II 1999, 95).

Ob die **Sonderausgaben gleichartig** sind, richtet sich nach deren **Sinn und Zweck** sowie nach deren **wirtschaftlicher Bedeutung** und nach den **Auswirkungen für den Steuerpflichtigen,** sodass es etwa bei Versicherungsbeiträgen im Wesentlichen auf die Funktion der Versicherung und das **abgesicherte Risiko** ankommt (BFH 21.7.2009 – X R 32/07, BStBl. II 2010, 38). Wie sich die Aufwendungen im jeweiligen Zahlungsjahr **steuerlich auswirken,** ist dabei **nicht** entscheidend (BFH 19.1.2010 – X B 32/09, BFH/NV 2010, 1250). Nach diesen Maßstäben besteht auch **Gleichartigkeit** zwischen den Beiträgen zur Basiskrankenversicherung (§ 10 Abs. 1 Nr. 3) in Veranlagungszeiträumen ab 2010 und der **Rückerstattung** von **Krankenversicherungsbeiträgen,** die in den Vorjahren **vor 2010** geleistet wurden, obwohl sich letztere wegen der seinerzeitigen Höchstbetragsberechnung **steuerlich nicht auswirken konnten** (BFH 6.7.2016 – X R 6/14, BStBl. II 2016, 933; BFH 3.8.2016 – X R 35/15, BFH/NV 2016, 1704; FG Düsseldorf 19.11.2013 – 13 K 3456/12, EFG 2014, 260, rechtskräftig; Schmidt/*Krüger* § 10 Rn. 7). 553.1

Einstweilen frei 554

Offen bleibt damit, wie derartige Zuschüsse und Erstattungen einkommenserhöhend zu behandeln sind, soweit sie (als **Erstattungsüberhang**) den im jeweiligen Veranlagungszeitraum gezahlten **Betrag für gleichartige Sonderausgaben übersteigen.** Hier ist zu unterscheiden: 555

- Für einen Teilbereich der in Betracht kommenden Fallgruppen finden sich hierzu in **§ 10 Abs. 4b S. 1–3** nähere Bestimmungen.
- Für Sonderausgaben, die von den Vorschriften tatbestandlich nicht erfasst werden, ist dagegen an ihrer Stelle nach wie vor auf die nachfolgenden, allgemeinen Rechtsgrundsätze zurückzugreifen, die von der **Rechtsprechung** des BFH zur **Rechtslage für alle Sonderausgaben bis 2011** entwickelt worden sind.

Bei **Erstattungen** und **steuerfreien Zuschüssen,** die auch nach Verrechnung den im jeweiligen Veranlagungszeitraum gezahlten Betrag an gleichartigen Sonderausgaben übersteigen und die sich auch nicht auf – der Höhe nach unbeschränkt abzugsfähige – Aufwendungen iSd § 10 Abs. 1 Nr. 3 (Beiträge zur Basis-Krankenversicherung und zur gesetzlichen Pflegeversicherung) oder des § 10 Abs. 1 Nr. 4 (Kirchensteuer) beziehen, kann der **überschießende Betrag nicht** nach § 10 Abs. 4b S. 3 im gleichen Veranlagungszeitraum dem Gesamtbetrag der Einkünfte **hinzugerechnet** werden. Da der Erstattungsüberhang sich mangels anderweitiger Verrechnungsmöglichkeiten im Jahr der Erstattung nicht einkommenserhöhend auszuwirken vermag, ist nach der Rechtsprechung des BFH für die erstatteten Aufwendungen in der entsprechenden Höhe im **Veranlagungszeitraum des Abflusses der Aufwendungen** der Sonderausgabenabzug zu versagen. Denn andernfalls würde dem Steuerpflichtigen ein Steuervorteil verbleiben, obwohl er insoweit **nicht endgültig belastet** ist (BFH 7.7.2004 – XI R 10/04, BStBl. II 2004, 1058; → Rn. 110). Die Möglichkeit, den Erstattungsüberhang statt in das Jahr des Aufwendungsabflusses in das **nächstliegende Vorjahr zurückzutragen,** besteht **nicht** (BFH 25.10.2016 – X R 31/14, BStBl. II 2017, 287). 556

Die **Konsequenz dieser Ausnahme** ist aber nicht, dass hierdurch der Grundsatz der vorrangigen Verrechnung im Erstattungsjahr durchbrochen würde und die gesamte Erstattung im Zahlungsjahr mit den dort geleisteten Sonderausgaben zu verrechnen wäre. Vielmehr wird der Sonderausgabenabzug im Zahlungsjahr **nur in Höhe des Überhangs** der erstatteten über die geleisteten Sonderausgaben **gemindert** (BFH 6.7.2016 – X R 6/14, BStBl. II 2016, 933). 556.1

Einstweilen frei 557

Verfahrensrechtlich erfolgt die Rückgängigmachung des Sonderausgabenabzugs über eine **Änderung des Steuerbescheids des Abflussjahres** nach § 175 Abs. 1 S. 1 Nr. 2 AO. Das **rückwirkende Ereignis** im Sinne dieser Änderungsvorschrift liegt in dem Umstand, dass der Erstattungsüberhang im Jahr der Erstattung nicht verrechenbar ist. Diese Erkenntnis wird nach der Rechtsprechung des BFH erst durch den **Erlass des Einkommensteuerbescheids des Erstattungsjahres** konkretisiert (BFH 9.12.2009 – X R 4/09, BFH/NV 2010, 596). 558

Seine Auffassung begründet der BFH (meines Erachtens zutreffend) damit, dass das **rückwirkende Ereignis** iSd § 175 Abs. 1 S. 1 Nr. 2 AO (das tatbestandliche Voraussetzung für die Änderung der Steuerfestsetzung des Jahres ist, in dem die Aufwendungen abgeflossen sind) erst dann **eintreten kann,** wenn **alle rechtlich bedeutsamen Vorgänge abgeschlossen** sind. Zu ihnen gehört jedoch insbesondere auch der **Erlass des Einkommensteuerbescheids** des Erstattungsjahres, da sich erst aus ihm ergibt, dass keine Verrechnung im Erstattungsjahr mehr erfolgen kann und erst dadurch ein auf die 558.1

früheren Veranlagungszeiträume rücktragfähiger Erstattungsüberhang entsteht. Der **Zeitpunkt,** in dem das **rückwirkende Ereignis eingetreten ist,** ist zum einen bedeutsam für den **Neubeginn der Festsetzungsfrist** nach § 175 Abs. 1 S. 2 AO; zum anderen ist mit ihm – abweichend vom Zeitpunkt der Entstehung der Einkommensteuer des Abflussjahres – der **Beginn** eines **eigenständigen,** für den (aufgrund der Erstattung zur Nachzahlung verpflichteten) Steuerpflichtigen **günstigeren Zinslaufs** verbunden (§ 233a Abs. 2a AO; gleicher Ansicht Lademann EStG/*Steiner* § 10 Rn. 61). Außerdem führen nur solche Ereignisse zur Änderungsmöglichkeit, die erst **nach Ergehen des letzten Steuerbescheids eingetreten** sind. Die Änderung im Abflussjahr ist daher **ausgeschlossen,** wenn für diesen Veranlagungszeitraum ein Steuerbescheid ergangen ist, in dem der Erstattungsüberhang nicht berücksichtigt wurde, obwohl zu diesem Zeitpunkt für **das Erstattungsjahr bereits ein Steuerbescheid vorliegt,** aus dem sich der Erstattungsübergang ergibt (so auch Korn/*Bauschatz* § 10 Rn. 33; HHR/*Kulosa* § 10 Rn. 415).

559–561 *Einstweilen frei*

X. Verordnungsermächtigung (§ 10 Abs. 5)

1. Bestimmung des nicht abziehbaren Teils von Krankenversicherungsbeiträgen

562 § 10 Abs. 5 enthält in seiner ab dem **Veranlagungszeitraum 2010** geltenden Fassung (durch das **BürgEntlG-KV** v. 16.7.2009, BGBl. 2009 I 1959; zur Fassung bis zum Veranlagungszeitraum 2009 → Rn. 568) eine **Ermächtigung** zum Erlass einer **Rechtsverordnung,** durch die der **nicht abziehbare Teil der Beiträge zu privaten Krankenversicherungen** im Sinne des § 10 Abs. 1 Nr. 3 Buchst. a S. 3 bestimmt werden kann. Nach dieser Vorschrift sind bei **privaten Krankenversicherungen** nur solche Beitragsanteile zu berücksichtigen, die auf **Vertragsleistungen** entfallen, welche – mit Ausnahme des Krankengelds – der Art, dem Umfang und der Höhe nach denjenigen Leistungen **vergleichbar** sind, die **von der gesetzlichen Krankenversicherung** erbracht werden (→ Rn. 179). Die Ermittlung des nicht abziehbaren Tarifanteils hat durch einen **einheitlichen prozentualen Abschlag** auf den Gesamtbeitrag zu erfolgen (sog. **Proportionalverfahren,** vgl. Schmidt/*Krüger* § 10 Rn. 173), sofern er nicht ohnehin bereits vom Versicherungsunternehmen als Sondertarif angeboten oder als gesonderter Tarifbaustein offen ausgewiesen wird.

563 Von der **Verordnungsermächtigung** hat die Bundesregierung mit Zustimmung des Bundesrats (vgl. § 51 Abs. 1 Nr. 3) durch Erlass der „Verordnung zur tarifbezogenen Ermittlung der steuerlich berücksichtigungsfähigen Beiträge zum Erwerb eines Krankenversicherungsschutzes im Sinne des § 10 Abs. 1 Nr. 3 Buchst. a des Einkommensteuergesetzes" (**KVBEVO**) Gebrauch gemacht (zum Wortlaut der Verordnung → Rn. 563.1, zur Rechtsentwicklung → Rn. 563.2). Bedenken gegen die Vereinbarkeit der KVBEVO mit höherrangigem Recht bestehen nicht (BFH 29.11.2017 – X R 26/16, BFH/NV 2018, 428).

563.1 Verordnung zur tarifbezogenen Ermittlung der steuerlich berücksichtigungsfähigen Beiträge zum Erwerb eines Krankenversicherungsschutzes im Sinne des § 10 Absatz 1 Nummer 3 Buchstabe a des Einkommensteuergesetzes (KVBEVO):

Auf Grund des § 10 Absatz 5 und des § 51 Absatz 1 Nummer 3 des Einkommensteuergesetzes in der Fassung der Bekanntmachung vom 19. Oktober 2002 (BGBl. I S. 4210; 2003 I S. 179), von denen § 10 Absatz 5 durch Artikel 1 des Gesetzes vom 16. Juli 2009 (BGBl. I S. 1959) neu gefasst worden ist, verordnet die Bundesregierung:

§ 1 Anwendungsbereich und Grundsätze

(1) Durch diese Verordnung wird bezogen auf den Tarif bestimmt, wie der Teil der Beiträge zum Erwerb eines Krankenversicherungsschutzes, der auf das Krankentagegeld und auf Leistungen entfällt, auf die ein Anspruch besteht und die in Art, Umfang oder Höhe den Leistungen nach dem Dritten Kapitel des Fünften Buches Sozialgesetzbuch nicht vergleichbar sind, durch einheitliche prozentuale Abschläge auf den zugunsten des jeweiligen Tarifs gezahlten Beitrag zu ermitteln ist, soweit diese Versicherungsleistung nicht bereits als gesonderter Tarif ausgewiesen wird.

(2) [1]Werden in einem gesonderten Tarif ausschließlich Krankentagegeld oder Leistungen ausgewiesen, auf die ein Anspruch besteht und die in Art, Umfang oder Höhe den Leistungen nach dem Dritten Kapitel des Fünften Buches Sozialgesetzbuch nicht vergleichbar sind, ist der für diesen Tarif entrichtete Beitrag insgesamt nicht abziehbar. [2]Im Übrigen ist der nicht abziehbare Beitragsanteil nach § 3 zu ermitteln, wenn Leistungen im Sinne des § 2 Absatz 1 Nummer 1 bis Nummer 5 oder Krankentagegeldleistungen oder Krankenhaustagegeldleistungen versichert sind.

§ 2 Definitionen und Leistungsbestimmungen

(1) Leistungen im Sinne des § 1 Absatz 1 liegen insbesondere vor bei

1. ambulanten Leistungen durch einen Heilpraktiker im Sinne des Heilpraktikergesetzes in der im Bundesgesetzblatt Teil III, Gliederungsnummer 2122-2, veröffentlichten bereinigten Fassung, das zuletzt durch Artikel 15 des Gesetzes vom 23. Oktober 2001 (BGBl. I S. 2702) geändert worden ist,
2. der Erstattung von Aufwendungen für ein Einbettzimmer,
3. der Erstattung von Aufwendungen für Chefarztbehandlungen oder eines Zweibettzimmers,
4. Leistungen für Zahnersatz oder implantologische Leistungen,
5. kieferorthopädischen Leistungen.

(2) Ein Tarif sieht ein einheitliches Leistungsversprechen für alle in ihm Versicherten vor und umfasst Leistungen der privaten Krankenversicherung.

(3) Der Beitrag ist das Entgelt, welches für das dem Tarif zugrunde liegende Leistungsversprechen entrichtet wird.

(4) [1]Krankentagegeld ist eine Leistung, die den Verdienstausfall ersetzt, der durch Arbeitsunfähigkeit als Folge von Krankheit oder Unfall entsteht. [2]Krankenhaustagegeld ist eine in vertraglich festgelegter Höhe gezahlte Leistung für den Zeitraum einer medizinisch notwendigen stationären Heilbehandlung.

§ 3 Ermittlung des Abschlags

(1) [1]Zur Ermittlung des nicht abziehbaren Teils des Beitrags ist die Summe der Absatz 2 zu entnehmenden Punkte für die im Tarif vereinbarten Leistungen im Sinne des § 2 Absatz 1 Nummer 1 bis Nummer 5 zu ermitteln. [2]Die nach Satz 1 ermittelte Summe ist durch die Summe der Absatz 2 zu entnehmenden Punkte für die im Tarif insgesamt versicherten Leistungen zu teilen. [3]Das Ergebnis ist auf die vierte Nachkommastelle zu runden und mit dem vom Steuerpflichtigen geleisteten Beitrag zu multiplizieren. [4]Der sich ergebende Betrag ist auf die zweite Nachkommastelle zu runden.

(2) Den in einem Tarif versicherten Leistungen sind folgende Punkte zuzuordnen:

1. ambulante Leistungen, ohne Leistungen im Sinne des § 2 Absatz 1 Nummer 1 54,60 Punkte
2. Leistungen im Sinne des § 2 Absatz 1 Nummer 1 1,69 Punkte
3. stationäre Leistungen, ohne Leistungen im Sinne des § 2 Absatz 1 Nummer 2 und Nummer 3 15,11 Punkte
4. Leistungen im Sinne des § 2 Absatz 1 Nummer 2 3,64 Punkte
5. Leistungen im Sinne des § 2 Absatz 1 Nummer 3 9,24 Punkte
6. zahnärztliche Leistungen, ohne Leistungen im Sinne des § 2 Absatz 1 Nummer 4 und Nummer 5 9,88 Punkte
7. Leistungen im Sinne des § 2 Absatz 1 Nummer 4 5,58 Punkte
8. Leistungen im Sinne des § 2 Absatz 1 Nummer 5 0,26 Punkte

(3) [1]Sieht ein erstmals nach dem 1. Mai 2009 für das Neugeschäft angebotener Versicherungstarif weder die Erstattung von Aufwendungen für allgemeine Krankenhausleistungen, für ambulante Arztbehandlungen noch für Zahnbehandlungen vor, ist vom geleisteten Beitrag ungeachtet der Absätze 1 und 2 ein Abschlag von 99 Prozent vorzunehmen. [2]Gleiches gilt, wenn in einem Tarif Krankentagegeld oder Krankenhaustagegeld zusammen mit anderen Leistungen versichert ist. [3]§ 1 Absatz 2 Satz 1 bleibt unberührt. [4]Für Krankentagegeld, das zusammen mit anderen Leistungen in dem Basistarif im Sinne des § 152 Absatz 1 des Versicherungsaufsichtsgesetzes versichert ist, ist ungeachtet der vorstehenden Regelungen von dem für den Basistarif geleisteten Beitrag ein Abschlag in Höhe von vier Prozent vorzunehmen.

§ 4 Inkrafttreten

Diese Verordnung tritt am 1. Januar 2010 in Kraft.

Der Bundesrat hat zugestimmt.

Rechtsentwicklung: Die **KVBEVO** v. 11.8.2009 (BGBl. 2009 I 2730) ist durch das **Gesetz zur Modernisierung der Finanzaufsicht über Versicherungen** v. 1.4.2015 (BGBl. 2015 I 434) mit Wirkung ab dem Veranlagungszeitraum 2016 in ihrem § 3 Abs. 3 S. 4 redaktionell an die in Bezug genommene, geänderte Vorschrift des § 152 Abs. 1 VAG (zuvor: § 12 Abs. 1 VAG alte Fassung) angepasst worden. **563.2**

Einstweilen frei **564–567**

2. Nachversteuerung bei schädlicher Verwendung von vor 2005 abgeschlossenen Renten- und Kapitallebensversicherungen

a) Überblick. § 10 Abs. 5 in der am 31.12.2009 geltenden Fassung (bis zum Inkrafttreten des **BürgEntlG-KV** v. 16.7.2009, BGBl. 2009 I 1959; zum Wortlaut → Rn. 568.1) ordnet **568**

bei bestimmten **vor 2005 abgeschlossenen Renten- und Kapitallebensversicherungsverträgen** (zu Einzelheiten → Rn. 212) die Durchführung einer **Nachversteuerung** nach Maßgabe einer Rechtsverordnung an, sofern die Voraussetzungen für den Sonderausgabenabzug nach § 10 Abs. 2 S. 2 in der bis 2004 geltenden Fassung nicht erfüllt sind. Das ist der Fall, wenn die Ansprüche aus dem Versicherungsvertrag im Erlebensfall der **Tilgung oder Sicherung eines Darlehens** dienen, dessen Finanzierungskosten **Betriebsausgaben oder Werbungskosten** darstellen (zu den Einzelheiten der steuerschädlichen Verwendung der Versicherungsansprüche → Rn. 214). Die Vorschrift ist nach § 52 Abs. 24b (idF des BürgEntlG-KV) bzw. jetzt nach **§ 52 Abs. 18 S. 6** „auf Beiträge zu Versicherungen im Sinne des § 10 Abs. 1 Nr. 2 Buchst. b Doppelbuchst. bb–dd in der am 31.12.2004 geltenden Fassung weiterhin anzuwenden, wenn die Laufzeit dieser Versicherungen vor dem 1.1.2005 begonnen hat und ein Versicherungsbeitrag bis zum 31.12.2004 entrichtet wurde".

568.1 **§ 10 Abs. 5 in der am 31.12.2009 geltenden Fassung** durch das **Alterseinkünftegesetz** v. 5.7.2004 (BGBl. 2004 I 1427) lautete wie folgt:

„(5) Nach Maßgabe einer Rechtsverordnung ist eine Nachversteuerung durchzuführen bei Versicherungen im Sinne des Absatzes 1 Nr. 3 Buchstabe b, wenn die Voraussetzungen für den Sonderausgabenabzug nach Absatz 2 Satz 2 in der am 31. Dezember 2004 geltenden Fassung nicht erfüllt sind."

Bei den **Versicherungen** im Sinne des mit der Regelung in Bezug genommenen § 10 Abs. 1 Nr. 3 Buchst. b in der am 31.12.2009 geltenden Fassung handelte es sich um „Versicherungen im Sinne des § 10 Abs. 1 Nr. 2 Buchstabe b Doppelbuchstabe bb bis dd in der am 31. Dezember 2004 geltenden Fassung", mithin um die weiterhin nach § 10 Abs. 1 Nr. 3a zum Sonderausgabenabzug berechtigenden **Altvertragsversicherungen** aus der Zeit vor Inkrafttreten des Alterseinkünftegesetzes.

568.2 Die mit der Platzierung der Regelung bei den Anwendungsvorschriften einhergehende **komplizierte,** weil schwer zu durchschauende **mehrfache Verweisung** auf im Übrigen bereits **aufgehobene Vorschriften** (in § 52 Abs. 18 S. 6 auf § 10 Abs. 5 in der am 31.12.2009 geltenden Fassung, in § 10 Abs. 5 in der am 31.12.2009 geltenden Fassung auf § 10 Abs. 2 S. 2 in der am 31.12.2004 geltenden Fassung) erschien dem Gesetzgeber „ausreichend", weil lediglich Altverträge betroffen seien (Bericht des Finanzausschusses, BT-Drs. 16/13429, 49). Die Bundesregierung hatte die Vorschrift zunächst sogar für „entbehrlich" angesehen und ersatzlos aufheben wollen, weil sie selbst als Verordnungsgeber von der Ermächtigungsgrundlage zur Erhebung einer Nachsteuer noch keinen Gebrauch gemacht habe (so ausdrücklich BT-Drs. 16/12254, 25). Dabei hat der Gesetzgeber augenscheinlich zudem **übersehen,** dass er im Zuge des **BürgEntlG-KV** v. 16.7.2009 (BGBl. 2009 I 1959) zugleich auch die Erfassung der „Nachsteuer nach § 10 Abs. 5" als Hinzurechnungsbetrag bei der Berechnung der festzusetzenden Einkommensteuer gemäß § 2 Abs. 6 S. 1 in der bis 2009 geltenden Fassung beseitigt hat, sodass seither – wie bereits bis 1996 vor Inkrafttreten des **JStG 1996** v. 11.10.1995 (BGBl. 1995 I 1250) – auf die Nachsteuer **kein Solidaritätszuschlag mehr erhoben** werden kann (vgl. BFH 19.5.1999 – XI R 87/95, BFH/NV 2000, 942; insoweit **anderer Auffassung** HHR/*Kulosa* § 10 Rn. 431 und – zur Erfassung der Nachsteuer bei der Berechnung der festzusetzenden Einkommensteuer – auch die Finanzverwaltung in EStR 2 Abs. 2).

569 Die **alte Fassung** des **§ 10 Abs. 5** gilt daher für jene **Versicherungsverträge** fort, die nach § 10 Abs. 1 Nr. 3a (dort nach der letzten Alternative) als Vorsorgeaufwendungen begünstigt sind (das sind Rentenversicherungen ohne und mit Kapitalwahlrecht und Kapitalversicherungen mit Sparanteil, → Rn. 212), sofern deren **Laufzeit vor dem 1.1.2005 begonnen** hat und für sie vor diesem Zeitpunkt ein Versicherungsbeitrag gezahlt worden ist. Die Vorschrift enthält (in Verbindung mit § 51 Abs. 1 Nr. 3) die **Ermächtigungsgrundlage,** auf deren Grundlage der Verordnungsgeber ergänzende Vorschriften in **§ 29 EStDV und § 30 EStDV** (zu deren Wortlaut → Rn. 569.1) erlassen hat. Darin sind **Anzeigepflichten** für den Sicherungsnehmer, das Versicherungsunternehmen und den Steuerpflichtigen und Einzelheiten zur **Durchführung der Nachversteuerung** geregelt. Diese gelten zwar einerseits nur für **Altverträge** aus der Zeit vor Inkrafttreten des **Alterseinkünftegesetzes** v. 5.7.2004 (BGBl. 2004 I 1427), andererseits aber auch für die Zukunft für deren **gesamte Laufzeit** (HHR/*Kulosa* § 10 Rn. 425).

569.1 Die einschlägigen Vorschriften der **Einkommensteuer-Durchführungsverordnung (EStDV)** lauten:

„§ 29 Anzeigepflichten bei Versicherungsverträgen

[1]Bei Versicherungen, deren Laufzeit vor dem 1. Januar 2005 begonnen hat, hat der Sicherungsnehmer nach amtlich vorgeschriebenem Muster dem für die Veranlagung des Versicherungsnehmers nach

aufrollung" in den gesetzlich aufgeführten Fällen zu ermöglichen (vgl. KSM/*Söhn* § 10 Rn. U 4; Lademann EStG/*Steiner* § 10 Rn. 774). Sie setzt begrifflich (als „**Nach-**" Versteuerung) voraus, dass für das Jahr der Zahlung der Versicherungsbeiträge bereits eine **materiell bestandskräftige Veranlagung** vorliegt. Ist dies **nicht** der Fall, ist nach der Rechtsprechung des BFH von der Nachversteuerung abzusehen und an ihrer Stelle die Veranlagung des Abzugsjahres unter Anwendung der **allgemeinen Korrekturvorschriften** zu ändern (BFH 26.8.1986 – IX R 6/81, BStBl. II 1987, 164). Konnten die Aufwendungen bereits im Zahlungsjahr nicht als Sonderausgaben abgezogen werden, kann es schon begrifflich zu keiner Nachversteuerung mehr kommen (vgl. KSM/*Söhn* § 10 Rn. U 12), da der Unterschiedsbetrag zwischen der fiktiven und der festgesetzten Einkommensteuer dieses Veranlagungszeitraums sich auf null EUR beläuft. Die Nachversteuerung hat zudem **anteilig** zu unterbleiben, wenn der Steuerpflichtige die Ansprüche aus dem Versicherungsverhältnis **nur teilweise steuerschädlich** verwendet (LBP/*Hoheisel*/*Tippelhofer* § 10 Rn. 753).

Kommt es zur Nachversteuerung, sollen **Rechtsfehler,** die bei der Veranlagung im Jahr des Sonderausgabenabzugs zum Nachteil des Steuerpflichtigen unterlaufen sind, nach der (geänderten) **Rechtsprechung des BFH** im Rahmen der Nachsteuerfestsetzung **nicht** mehr in entsprechender Anwendung des § 177 Abs. 1 AO **saldiert** werden können (BFH 15.12.1999 – XI R 53/99, BStBl. II 2000, 292; zustimmend Lademann EStG/*Steiner* § 10 Rn. 774; **anderer Auffassung** noch BFH 1.6.1994 – X R 90/91, BStBl. II 1994, 849). Dem ist meines Erachtens jedoch entgegenzuhalten, dass in die Berechnung der Nachsteuer nach dem **Wortlaut** des § 30 S. 2 EStDV der Höhe nach gerade diejenige Steuer des bestandskräftig gewordenen Veranlagungszeitraums einfließt, „die festzusetzen gewesen wäre, wenn der Steuerpflichtige die Beiträge nicht geleistet hätte"; damit aber kann wegen der Vergangenheitsform („festzusetzen **gewesen** wäre") ersichtlich nur der **tatsächlich zutreffende Steuerbetrag** vor Eintritt der formellen und materiellen Bestandskraft gemeint sein (im Ergebnis gleicher Ansicht HHR/*Kulosa* § 10 Rn. 431). **578**

Einstweilen frei **579–581**

XI. Übergangsregelungen (§ 10 Abs. 6)

§ 10 Abs. 6 ist durch das **KroatienAnpG** v. 25.7.2014 (BGBl. 2014 I 1266) neu angefügt worden. Dabei sind einzelne **Übergangsregelungen,** die zuvor in **§ 52 Abs. 24** enthalten waren, ohne inhaltliche Änderung in die materiell-rechtliche Vorschrift des § 10 übernommen worden. **582**

In **§ 10 Abs. 6 S. 2** war bis zum Fortfall der Bestimmung im Zuge des **2. DSAnpG-EU** v. 20.11.2019 (BGBl. 2019 I 1626; dazu → Rn. 55) die früher in § 52 Abs. 24 S. 2 enthaltene Übergangsregelung zur **Einwilligung in die elektronische Datenübermittlung** enthalten, deren Vorliegen nach § 10 Abs. 2 S. 2 Nr. 2 aF und nach § 10 Abs. 2 S. 3 aF für den Abzug von Beiträgen zu privaten Altersvorsorgeverträgen und zu Kranken- und Pflegeversicherungen erforderlich war. Die Erteilung dieser Einwilligung wurde bei Versicherungsverhältnissen, die bereits vor dem 1.1.2011 bestanden haben, **fingiert,** sofern die mitteilungspflichtige Stelle den Steuerpflichtigen darauf hingewiesen hatte, dass sie von einer solchen Einwilligung ausgeht, und der Steuerpflichtige dem nicht innerhalb von vier Wochen widersprochen hatte. Da die Übermittlung solcher Daten wegen der **europarechtlich vorrangigen** Regelung in Art. 6 Abs. 1 Unterabs. 1 Buchst. e **DSGVO** seit dem 25.5.2018 nicht mehr auf eine (tatsächliche oder fingierte) Einwilligung gestützt werden muss (→ Rn. 423.1), konnte diese Regelung **ersatzlos entfallen** (BT-Drs. 19/4674, 296). **582.1**

Mit der Vorschrift in ihrer derzeit gültigen Fassung wird die bisherige Regelung in § 52 Abs. 24 S. 1 fortgeführt. Danach sind Verträge über den **Aufbau einer eigenen kapitalgedeckten Altersvorsorge,** die vor dem 1.1.2012 abgeschlossen worden sind, abweichend von § 10 Abs. 1 Nr. 2 Buchst. b Doppelbuchst. aa (→ Rn. 155) auch dann steuerbegünstigt, wenn in ihnen eine Zahlung der Leibrente **schon ab der Vollendung des 60. Lebensjahrs** (und nicht, wie bei Vertragsabschluss ab dem 1.1.2012, erst ab der Vollendung des 62. Lebensjahrs) vorgesehen ist. **583**

§ 10a Zusätzliche Altersvorsorge

(1) [1]In der inländischen gesetzlichen Rentenversicherung Pflichtversicherte können Altersvorsorgebeiträge (§ 82) zuzüglich der dafür nach Abschnitt XI zustehen-

den Zulage jährlich bis zu 2 100 Euro als Sonderausgaben abziehen; das Gleiche gilt für
1. **Empfänger von inländischer Besoldung nach dem Bundesbesoldungsgesetz oder einem Landesbesoldungsgesetz,**
2. **Empfänger von Amtsbezügen aus einem inländischen Amtsverhältnis, deren Versorgungsrecht die entsprechende Anwendung des § 69e Absatz 3 und 4 des Beamtenversorgungsgesetzes vorsieht,**
3. **die nach § 5 Absatz 1 Satz 1 Nummer 2 und 3 des Sechsten Buches Sozialgesetzbuch versicherungsfrei Beschäftigten, die nach § 6 Absatz 1 Satz 1 Nummer 2 oder nach § 230 Absatz 2 Satz 2 des Sechsten Buches Sozialgesetzbuch von der Versicherungspflicht befreiten Beschäftigten, deren Versorgungsrecht die entsprechende Anwendung des § 69e Absatz 3 und 4 des Beamtenversorgungsgesetzes vorsieht,**
4. **Beamte, Richter, Berufssoldaten und Soldaten auf Zeit, die ohne Besoldung beurlaubt sind, für die Zeit einer Beschäftigung, wenn während der Beurlaubung die Gewährleistung einer Versorgungsanwartschaft unter den Voraussetzungen des § 5 Absatz 1 Satz 1 des Sechsten Buches Sozialgesetzbuch auf diese Beschäftigung erstreckt wird, und**
5. **Steuerpflichtige im Sinne der Nummern 1 bis 4, die beurlaubt sind und deshalb keine Besoldung, Amtsbezüge oder Entgelt erhalten, sofern sie eine Anrechnung von Kindererziehungszeiten nach § 56 des Sechsten Buches Sozialgesetzbuch in Anspruch nehmen könnten, wenn die Versicherungsfreiheit in der inländischen gesetzlichen Rentenversicherung nicht bestehen würde,**

wenn sie spätestens bis zum Ablauf des Beitragsjahres (§ 88) gegenüber der zuständigen Stelle (§ 81a) schriftlich eingewilligt haben, dass diese der zentralen Stelle (§ 81) jährlich mitteilt, dass der Steuerpflichtige zum begünstigten Personenkreis gehört, dass die zuständige Stelle der zentralen Stelle die für die Ermittlung des Mindesteigenbeitrags (§ 86) und die Gewährung der Kinderzulage (§ 85) erforderlichen Daten übermittelt und die zentrale Stelle diese Daten für das Zulageverfahren verarbeiten darf. [2]Bei der Erteilung der Einwilligung ist der Steuerpflichtige darauf hinzuweisen, dass er die Einwilligung vor Beginn des Kalenderjahres, für das sie erstmals nicht mehr gelten soll, gegenüber der zuständigen Stelle widerrufen kann. [3]Versicherungspflichtige nach dem Gesetz über die Alterssicherung der Landwirte stehen Pflichtversicherten gleich; dies gilt auch für Personen, die
1. **eine Anrechnungszeit nach § 58 Absatz 1 Nummer 3 oder Nummer 6 des Sechsten Buches Sozialgesetzbuch in der gesetzlichen Rentenversicherung erhalten und**
2. **unmittelbar vor einer Anrechnungszeit nach § 58 Absatz 1 Nummer 3 oder Nummer 6 des Sechsten Buches Sozialgesetzbuch einer der im ersten Halbsatz, in Satz 1 oder in Satz 4 genannten begünstigten Personengruppen angehörten.**

[4]Die Sätze 1 und 2 gelten entsprechend für Steuerpflichtige, die nicht zum begünstigten Personenkreis nach Satz 1 oder 3 gehören und eine Rente wegen voller Erwerbsminderung oder Erwerbsunfähigkeit oder eine Versorgung wegen Dienstunfähigkeit aus einem der in Satz 1 oder 3 genannten Alterssicherungssysteme beziehen, wenn unmittelbar vor dem Bezug der entsprechenden Leistungen der Leistungsbezieher einer der in Satz 1 oder 3 genannten begünstigten Personengruppen angehörte; dies gilt nicht, wenn der Steuerpflichtige das 67. Lebensjahr vollendet hat. [5]Bei der Ermittlung der dem Steuerpflichtigen zustehenden Zulage nach Satz 1 bleibt die Erhöhung der Grundzulage nach § 84 Satz 2 außer Betracht.

(1a) [1]Sofern eine Zulagenummer (§ 90 Absatz 1 Satz 2) durch die zentrale Stelle oder eine Versicherungsnummer nach § 147 des Sechsten Buches Sozialgesetzbuch noch nicht vergeben ist, haben die in Absatz 1 Satz 1 Nummer 1 bis 5 genannten Steuerpflichtigen über die zuständige Stelle eine Zulagenummer bei der zentralen Stelle zu beantragen. [2]Für Empfänger einer Versorgung im Sinne des Absatzes 1 Satz 4 gilt Satz 1 entsprechend.

(2) [1]Ist der Sonderausgabenabzug nach Absatz 1 für den Steuerpflichtigen günstiger als der Anspruch auf die Zulage nach Abschnitt XI, erhöht sich die unter

Berücksichtigung des Sonderausgabenabzugs ermittelte tarifliche Einkommensteuer um den Anspruch auf Zulage. [2]In den anderen Fällen scheidet der Sonderausgabenabzug aus. [3]Die Günstigerprüfung wird von Amts wegen vorgenommen.

(3) [1]Der Abzugsbetrag nach Absatz 1 steht im Fall der Veranlagung von Ehegatten nach § 26 Absatz 1 jedem Ehegatten unter den Voraussetzungen des Absatzes 1 gesondert zu. [2]Gehört nur ein Ehegatte zu dem nach Absatz 1 begünstigten Personenkreis und ist der andere Ehegatte nach § 79 Satz 2 zulageberechtigt, sind bei dem nach Absatz 1 abzugsberechtigten Ehegatten die von beiden Ehegatten geleisteten Altersvorsorgebeiträge und die dafür zustehenden Zulagen bei der Anwendung der Absätze 1 und 2 zu berücksichtigen. [3]Der Höchstbetrag nach Absatz 1 Satz 1 erhöht sich in den Fällen des Satzes 2 um 60 Euro. [4]Dabei sind die von dem Ehegatten, der zu dem nach Absatz 1 begünstigten Personenkreis gehört, geleisteten Altersvorsorgebeiträge vorrangig zu berücksichtigen, jedoch mindestens 60 Euro der von dem anderen Ehegatten geleisteten Altersvorsorgebeiträge. [5]Gehören beide Ehegatten zu dem nach Absatz 1 begünstigten Personenkreis und liegt ein Fall der Veranlagung nach § 26 Absatz 1 vor, ist bei der Günstigerprüfung nach Absatz 2 der Anspruch auf Zulage beider Ehegatten anzusetzen.

(4) [1]Im Fall des Absatzes 2 Satz 1 stellt das Finanzamt die über den Zulageanspruch nach Abschnitt XI hinausgehende Steuerermäßigung gesondert fest und teilt diese der zentralen Stelle (§ 81) mit; § 10d Absatz 4 Satz 3 bis 5 gilt entsprechend. [2]Sind Altersvorsorgebeiträge zugunsten von mehreren Verträgen geleistet worden, erfolgt die Zurechnung im Verhältnis der nach Absatz 1 berücksichtigten Altersvorsorgebeiträge. [3]Ehegatten ist der nach Satz 1 festzustellende Betrag auch im Fall der Zusammenveranlagung jeweils getrennt zuzurechnen; die Zurechnung erfolgt im Verhältnis der nach Absatz 1 berücksichtigten Altersvorsorgebeiträge. [4]Werden Altersvorsorgebeiträge nach Absatz 3 Satz 2 berücksichtigt, die der nach § 79 Satz 2 zulageberechtigte Ehegatte zugunsten eines auf seinen Namen lautenden Vertrages geleistet hat, ist die hierauf entfallende Steuerermäßigung dem Vertrag zuzurechnen, zu dessen Gunsten die Altersvorsorgebeiträge geleistet wurden. [5]Die Übermittlung an die zentrale Stelle erfolgt unter Angabe der Vertragsnummer und der Identifikationsnummer (§ 139b der Abgabenordnung) sowie der Zulage- oder Versicherungsnummer nach § 147 des Sechsten Buches Sozialgesetzbuch.

(5) [1]Nach Maßgabe des § 93c der Abgabenordnung hat der Anbieter als mitteilungspflichtige Stelle auch unter Angabe der Vertragsdaten die Höhe der im jeweiligen Beitragsjahr zu berücksichtigenden Altersvorsorgebeiträge sowie die Zulage- oder die Versicherungsnummer nach § 147 des Sechsten Buches Sozialgesetzbuch an die zentrale Stelle zu übermitteln. [2]§ 22a Absatz 2 gilt entsprechend. [3]Die Übermittlung muss auch dann erfolgen, wenn im Fall der mittelbaren Zulageberechtigung keine Altersvorsorgebeiträge geleistet worden sind. [4]§ 72a Absatz 4 der Abgabenordnung findet keine Anwendung. [5]Die übrigen Voraussetzungen für den Sonderausgabenabzug nach den Absätzen 1 bis 3 werden im Wege der Datenerhebung und des automatisierten Datenabgleichs nach § 91 überprüft. [6]Erfolgt eine Datenübermittlung nach Satz 1 und wurde noch keine Zulagenummer (§ 90 Absatz 1 Satz 2) durch die zentrale Stelle oder keine Versicherungsnummer nach § 147 des Sechsten Buches Sozialgesetzbuch vergeben, gilt § 90 Absatz 1 Satz 2 und 3 entsprechend.

(6) [1]Für die Anwendung der Absätze 1 bis 5 stehen den in der inländischen gesetzlichen Rentenversicherung Pflichtversicherten nach Absatz 1 Satz 1 die Pflichtmitglieder in einem ausländischen gesetzlichen Alterssicherungssystem gleich, wenn diese Pflichtmitgliedschaft

1. mit einer Pflichtmitgliedschaft in einem inländischen Alterssicherungssystem nach Absatz 1 Satz 1 oder 3 vergleichbar ist und
2. vor dem 1. Januar 2010 begründet wurde.

[2]Für die Anwendung der Absätze 1 bis 5 stehen den Steuerpflichtigen nach Absatz 1 Satz 4 die Personen gleich,

1. die aus einem ausländischen gesetzlichen Alterssicherungssystem eine Leistung erhalten, die den in Absatz 1 Satz 4 genannten Leistungen vergleichbar ist,
2. die unmittelbar vor dem Bezug der entsprechenden Leistung nach Satz 1 oder Absatz 1 Satz 1 oder 3 begünstigt waren und
3. die noch nicht das 67. Lebensjahr vollendet haben.

[3]Als Altersvorsorgebeiträge (§ 82) sind bei den in Satz 1 oder 2 genannten Personen nur diejenigen Beiträge zu berücksichtigen, die vom Abzugsberechtigten zugunsten seines vor dem 1. Januar 2010 abgeschlossenen Vertrags geleistet wurden. [4]Endet die unbeschränkte Steuerpflicht eines Zulageberechtigten im Sinne des Satzes 1 oder 2 durch Aufgabe des inländischen Wohnsitzes oder gewöhnlichen Aufenthalts und wird die Person nicht nach § 1 Absatz 3 als unbeschränkt einkommensteuerpflichtig behandelt, so gelten die §§ 93 und 94 entsprechend; § 95 Absatz 2 und 3 und § 99 Absatz 1 in der am 31. Dezember 2008 geltenden Fassung sind anzuwenden.

(7) Soweit nichts anderes bestimmt ist, sind die Regelungen des § 10a und des Abschnitts XI in der für das jeweilige Beitragsjahr geltenden Fassung anzuwenden.

Überblick

§ 10a regelt den Sonderausgabenabzug zum Aufbau der kapitalgedeckten privaten Altersvorsorge für Beiträge zur Riester-Rente und den gleichgestellten Formen der betrieblichen Altersvorsorge.

Übersicht

A. Allgemeines

Leitentscheidungen, wichtige Verwaltungsanweisungen und Schrifttum (Auswahl): 1

Wichtige Verwaltungsanweisungen: 1.1

BMF 21.12.2017, BStBl. I 2018, 93; BMF 6.12.2017, BStBl. I 2018, 147; BMF 17.2.2020, BStBl. I 2020, 213.

I. Regelungsanliegen im System des Steuerrechts

1. Funktion

Der **Absenkung des künftigen Niveaus in der gesetzlichen Rentenversicherung** sollen die Betroffenen nach Vorstellung des Gesetzgebers mit einer **erhöhten privaten Altersvorsorge** begegnen. Ein Teil hiervon war die sog. **Riester-Rente,** benannt nach Walter Riester (1998 bis 2002 Bundesminister für Arbeit und Sozialordnung). Mit jeder Erweiterung des Kreises derjenigen, die von der Absenkung der gesetzlichen Altersrente betroffen waren, war damit auch der Kreis der Berechtigten nach § 10a zu erweitern. 2

Der Kreis der Berechtigten zum Sonderausgabenabzug nach **§ 10** deckt sich daher nicht mit dem Kreis der Berechtigten nach § 10a; dort sind **andere Altersvorsorgeprodukte** gefördert. 3

Der Sonderausgabenabzug nach § 10a soll (im Rahmen der Höchstbeträge) sicherstellen, dass die Aufwendungen für die begünstigte Altersvorsorge nicht aus versteuertem Einkommen geleistet werden müssen. Im Gegenzug unterliegt die Riester-Rente in der Auszahlungsphase der **nachgelagerten Besteuerung nach § 22 Nr. 5.** 4

Nach dem Vorbild des Kindergelds gibt es entweder die Förderung über den Sonderausgabenabzug nach § 10a oder die Gewährung der Altersvorsorgezulage nach §§ 79 ff. Die Prüfung, was für den Steuerpflichtigen im Einzelfall günstiger ist (**Günstigerprüfung**), erfolgt von Amts wegen (Abs. 2, → Rn. 148). 5

Die Höhe des begrenzten Sonderausgabenabzugs nach § 10a hängt mit der Höhe der Altersvorsorgezulage nach §§ 79 ff. insofern zusammen, als der **Anspruch auf die Altersvorsorgezulage wie eigene Aufwendungen** des Steuerpflichtigen behandelt wird, die zum Ansatz der Sonderausgaben berechtigen. 6

Der Sonderausgabenabzug nach § 10a kann **nicht im Vorauszahlungsverfahren** geltend gemacht werden, sondern ausschließlich im Veranlagungsverfahren (§ 37 Abs. 3 S. 6). 6.1

Einstweilen frei **7–8**

2. Historische Entwicklung

§ 10a wurde – ebenso wie §§ 79 ff. – durch das **Altersvermögensgesetz (AVmG)** vom 26.6.2001 (BGBl. 2001 I 1310) mit Wirkung ab VZ 2002 ins Gesetz eingefügt. 9

a) Wesentliche Änderungen in Bezug auf den Kreis der Begünstigten. Durch das **VersÄndG 2001** v. 20.12.2001 (BGBl. 2001 I 3926) wurde der Kreis der Anspruchsberechtigten mit Wirkung ab VZ 2002 auf die Empfänger von Besoldung und Amtsbezügen und bestimmte versicherungsfrei Beschäftigte erweitert (die Gruppen von Abs. 1 S. 1 Hs. 2 Nr. 1–3). 10

Durch das **Gesetz zur Einbeziehung beurlaubter Beamter in die kapitalgedeckte Altersversorgung** v. 15.1.2003 (BGBl. 2003 I 58) kamen beurlaubte Beamte nach Abs. 1 S. 1 Hs. 2 Nr. 4 mit Wirkung ab VZ 2002 zum Kreis der Berechtigten hinzu. 11

Durch das **AltEinkG** v. 5.7.2004 (BGBl. 2004 I 1427) wurde Abs. 1 S. 1 Hs. 2 Nr. 5 hinzugefügt, der ab VZ 2005 Personen mit Kindererziehungszeiten den Sonderausgabenabzug nach § 10a gewährt. 12

13 Durch das **JStG 2008** v. 20.12.2007 (BGBl. 2007 I 3150) wurden mit Wirkung ab dem 29.12.2007 auch Empfänger von Besoldung nach Landesbesoldungsgesetzen in Abs. 1 S. 1 Hs. 2 Nr. 1 erfasst.

14 Durch das **EigRentG** v. 29.7.2008 (BGBl. 2008 I 1509) wurden Personen, die eine Rente wegen voller Erwerbsminderung bzw. Erwerbsunfähigkeit oder eine öffentliche Versorgung wegen Dienstunfähigkeit erhalten, nach Abs. 1 S. 4 ab VZ 2008 in den Kreis der Berechtigten aufgenommen.

15 Durch **Gesetz zur Umsetzung steuerlicher EU-Vorgaben** v. 8.4.2010 (BGBl. 2010 I 386) wurden die Begriffe Pflichtversicherung, Besoldung und Amtsverhältnis mit Wirkung zum 15.4.2010 durch den Inlandsbezug ergänzt. In § 52 Abs. 24c S. 2–4 und § 52 Abs. 66 wurden die heute in Abs. 6 erfassten Übergangsregelungen eingefügt.

16 Durch das **KroatienAnpG** v. 25.7.2014 (BGBl. 2014 I 1266) wurden die Übergangsregelungen in § 52 Abs. 24c S. 2–4 und § 52 Abs. 66 ohne inhaltliche Veränderung mit Wirkung ab VZ 2014 in Abs. 6 überführt.

17–19 *Einstweilen frei*

20 **b) Wesentliche Änderungen in Bezug auf das Verfahren.** Durch das **AltEinkG** v. 5.7.2004 (BGBl. 2004 I 1427) wurde die Vorschrift gestrichen, nach der für die Günstigerprüfung nach Abs. 2 immer die (Kinder-)Freibeträge nach § 32 Abs. 6 abzuziehen waren. Ebenfalls wurde die Einwilligung nach Abs. 1 S. 1 Hs. 2 neu gefasst. Die Änderungen galten ab dem VZ 2005.

21 Durch das **JStG 2007** v. 30.12.2006 (BGBl. 2006 I 2878) wurde die Zusammenrechnung bei der Günstigerprüfung von zusammen veranlagten Ehegatten in Abs. 3 S. 3 eingeführt.

22 Durch das **JStG 2008** v. 20.12.2007 (BGBl. 2007 I 3150) wurde eine Änderungsvorschrift zur Umsetzung einer korrigierten Anbieterbescheinigung in Abs. 5 S. 3 aufgenommen. Die Änderung galt für VZ vor 2008, wenn dies für den Steuerpflichtigen günstiger war bzw. für Veranlagungen, die am 29.12.2007 nicht bestandskräftig waren.

23 Durch das **StBürokrAbbG** v. 20.12.2008 (BGBl. 2008 I 2850) wurde der Berufseinsteiger-Bonus nach § 84 S. 2 mit Wirkung ab VZ 2008 aus der Günstigerprüfung nach Abs. 2 herausgenommen. Mit dem neuen Abs. 2a wurde die Einwilligung zur elektronischen Datenübermittlung ab VZ 2010 Tatbestandsvoraussetzung. Korrespondierend hierzu bestimmten die neuen Abs. 5 S. 4 ff. die Datenübermittlungspflicht durch den Anbieter an die zentrale Stelle (§ 81), letzteres ab dem VZ 2009.

24 Durch das **BeitrRLUmsG** v. 7.12.2011 (BGBl. 2011 I 2592) wurde § 10a mit Wirkung zum VZ 2012 an die Einführung des Mindesteigenbetrags für den mittelbar zulageberechtigten Ehegatten in Höhe von 60 EUR angepasst.

25 Das **AltvVerbG** v. 24.6.2013 (BGBl. 2013 I 1667) implementierte mit Wirkung ab 1.7.2013 in Abs. 2a S. 4 die Fiktion der Einwilligung zur Datenübermittlung in besonderen Fällen.

26 Durch das **ModBestVerfG** v. 18.7.2016 (BGBl. 2016 I 1679) wurden die Datenübermittlungsverpflichtung des Anbieters mit Wirkung ab VZ 2017 ohne inhaltliche Veränderung neu gefasst und an den neuen § 93c AO angeglichen.

27 Durch das **BetrRentStG** v. 17.8.2017 (BGBl. 2017 I 3214) wurde mit Wirkung zum VZ 2019 die Einwilligungsfrist des Abs. 1 S. 1 Hs. 2 verkürzt und mit Wirkung zum VZ 2018 klarstellend das Veranlagungszeitraum-Prinzip festgeschrieben.

28 Durch das **2. DSAnpUG-EU** v. 20.11.2019 (BGBl. 2019 I 1626) wurde das **Einwilligungserfordernis des bisherigen Abs. 2a** mit Wirkung ab VZ 2019 **gestrichen** und Abs. 5 Satz 1 und 2 an die neuen datenschutzrechtlichen EU-Verordnungen angepasst.

29 *Einstweilen frei*

30 **c) Wesentliche Änderungen in Bezug auf die Höhe des Sonderausgabenabzugs.** Die Erhöhung des Höchstbetrags nach Abs. 1 S. 1 erfolgte stufenweise und bestimmte von Anfang an, dass ab VZ 2008 der Sonderausgaben-Höchstbetrag 2.100 EUR betrage. Durch das **BürgEntlG-KV** v. 16.7.2009 (BGBl. 2009 I 1959) wurde ausschließlich dieser Höchstbetrag im Gesetzestext fortgeführt.

31–33 *Einstweilen frei*

d) Bloße Folgeänderungen/Anpassungen. Bloße Folgeänderungen oder Anpassungen an die sozial- und beamtenrechtlichen Vorschriften, zB der Namenswechsel von „Arbeitsamt" zu „Agentur für Arbeit" ohne inhaltliche Änderungen, sind hier nicht dargestellt (hierzu HHR/*Braun* § 10a Rn. 2 ff.), ebenso inhaltlich unerhebliche Veränderungen des Wortlauts der Norm. 34

Einstweilen frei 35

3. Verhältnis zu höherrangigem Recht

a) Verhältnis zu Art. 6 GG. Berührungspunkte zu Art. 6 Abs. 1 GG (**Schutz von Ehe und Familie**) ergeben sich unter anderem daraus, dass § 10a Regelungen dazu trifft, wenn der Zulageberechtigte verheiratet/verpartnert ist oder beide Ehegatten/Lebenspartner zulageberechtigt sind (Abs. 3, → Rn. 122). 36

Eine **Beeinträchtigung** von Art. 6 Abs. 1 GG liegt darin, dass ein Ehegatte/Lebenspartner nach § 79 S. 2 einen Anspruch auf Altersvorsorgezulage hat, wenn zwar nicht er, aber sein Ehegatte/Lebenspartner zum Kreis der Berechtigten nach § 10a gehören (mittelbare Zulageberechtigung nach § 79 S. 2). Dadurch werden Personen benachteiligt, die mit einer Person verheiratet/verpartnert sind, die nicht zum Kreis der von § 10a Berechtigten gehört. Dies ist aber im Hinblick auf die **gesetzgeberische Motivation,** den Personenkreis zu erfassen, der **von der Absenkung der gesetzlichen Altersrente betroffen** ist, gerechtfertigt. 37

Einstweilen frei 38

b) Verhältnis zu Art. 3 Abs. 1 GG. Der **Ausschluss bestimmter Gruppen** aus dem Kreis der von § 10a Begünstigten, die nicht von der Absenkung des Niveaus der inländischen gesetzlichen Altersvorsorge betroffen sind, verstößt nicht gegen Verfassungsrecht, insbesondere nicht gegen den **Gleichheitssatz von Art. 3 Abs. 1 GG** (BVerfG 18.12.2002 – 2 BvR 367/02, NZA 2003, 376; BVerfG 30.9.2015 – 2 BvR 1066/10, HFR 2016, 72). Die Betroffenheit von der Absenkung des Niveaus der gesetzlichen Rentenversicherung ist ein zulässiges Differenzierungskriterium. 39

Wie auch bei § 10 ist durch den begrenzten Sonderausgabenabzug Art. 3 Abs. 1 GG in seiner Ausprägung als Besteuerung nach der Leistungsfähigkeit betroffen. Das Bundesverfassungsgericht hat das **Konzept der nachgelagerten Besteuerung** von Alterseinkünften im Zusammenhang mit § 10 für **verfassungsgemäß** erachtet (BVerfG 18.12.2002 – 2 BvR 367/02, NZA 2003, 376; BVerfG 30.9.2015 – 2 BvR 1066/10, HFR 2016, 72). 40

Das **Einwilligungserfordernis** bei Beamten in die Datenübermittlung, insbesondere die bis VZ 2018 geltende Zwei-Jahres-Frist (Abs. 1 S. 1 Hs. 2), rechtfertigte der Bundesfinanzhof (zu Recht) mit der Begründung, sie diene der **Effizienz des Verfahrens** (BFH 22.10.2014 – X R 18/14, BStBl. II 2015, 371). 41

Einstweilen frei 42–43

c) Verhältnis zu Unionsrecht. Zur **Unionsrechtswidrigkeit** von §§ 79 ff. und den Folgen für § 10a hieraus → Rn. 219).

Einstweilen frei 44–45

4. Verhältnis zu anderen Bestimmungen

a) Verhältnis zu §§ 79 ff.. Die Anwendung von §§ 79 ff. und des Sonderausgabenabzugs nach § 10a schließen sich gegenseitig aus. Welche Vorschriften zur Anwendung kommen, hängt von der Günstigerprüfung nach Abs. 2 ab (→ Rn. 148 ff.). 46

b) Verhältnis zu § 72a Abs. 4 AO. § 72a Abs. 4 AO, der ab VZ 2017 gilt, enthält einen **Haftungstatbestand für Dritte,** die einer Datenübermittlungspflicht unterliegen. Da § 96 Abs. 2 bereits einen Haftungstatbestand des Anbieters enthält, hat der Gesetzgeber in Abs. 5 S. 4 die Anwendbarkeit der allgemeinen Haftungsvorschrift ausgeschlossen. 47

II. Normstruktur und zentrale Debatten

1. Normstruktur

48 Die Norm regelt den **begünstigten Personenkreis** (Abs. 1, → Rn. 62 ff.) und die **Höhe des Sonderausgabenabzugs** (→ Rn. 137). Verfahrensrechtlich enthält die Norm Regelungen zur **Günstigerprüfung** (→ Rn. 148 ff.) und zum **Datenfluss** (→ Rn. 205).

49 Höhe und Zusammensetzung der Altersvorsorgezulage (§§ 79 ff.) regelt § 10a nicht. Dies gilt auch für die Frage, was begünstigte Altersvorsorgebeiträge sind (§ 82).

49.1 Die Norm ist in weiten Teilen eine **Verweisungsnorm** in andere, vor allem nicht-steuerrechtliche Vorschriften, was die Arbeit mit ihr nicht erleichtert. Da der begünstigte Personenkreis dadurch bestimmt ist, wer von der Absenkung des Niveaus der gesetzlichen Rentenversicherung betroffen ist, enthält Abs. 1 für den Berechtigtenkreis grundsätzlich keine materiellrechtlich eigenständige Bestimmung, sondern **Verweisungen in sozial- und beamtenrechtliche Normen.**

50 *Einstweilen frei*

2. Übersicht über die Norm

51 **Abs. 1** regelt den **begünstigten Personenkreis** (→ Rn. 62 ff.) und die **Höhe des Sonderausgabenabzugs** (→ Rn. 137 ff.) **Abs. 1a** schließt mit Regelungen über die **Beantragung einer Zulagenummer** bei Beamten und diesen gleichgestellten Personen an (→ Rn. 146 ff.). Die **Günstigerprüfung** zwischen Sonderausgabenabzug und Zulagengewährung ist in **Abs. 2** aufgenommen (→ Rn. 148 ff.), gefolgt von Spezialregelungen zu **Ehegatten bzw. Lebenspartnern** in **Abs. 3** (→ Rn. 178 ff.). **Abs. 4** enthält die verfahrensrechtlichen Regelungen zur **gesonderten Feststellung** der Steuerermäßigung (→ Rn. 191 ff.). Die **Datenübermittlung** geht aus **Abs. 5** hervor (→ Rn. 208 ff.). Die Sondervorschriften zu **grenzüberschreitenden Sachverhalten** sind in **Abs. 6** geregelt (→ Rn. 218 ff.). Zum **zeitlichen Anwendungsbereich** von Vorschriften äußert sich **Abs. 7** (→ Rn. 230).

52–53 *Einstweilen frei*

3. Ergänzende Normen und Verwaltungsvorschriften

54 Die **Altersvorsorge-Durchführungsverordnung** (**AltvDV** v. 28.2.2005, BGBl. I 2005 487) regelt die technische Umsetzung des Datenaustauschs.

55 Die Verwaltung hat sich in BMF 21.12.2017 (BStBl. I 2018, 93) umfassend zu § 10a geäußert. Die Lohnsteuer-Richtlinien enthalten dagegen keine Ausführungen zu § 10a, ebenso nicht die Einkommensteuer-Richtlinien.

56 *Einstweilen frei*

4. Zentrale Debatten

57 Die zentralen Debatten bzgl. § 10a bewegen sich weniger in der Diskussion um einzelne Tatbestandsmerkmale, sondern in der **Praxistauglichkeit der Norm, ihrer wirtschaftlichen Sinnhaftigkeit** und in der Akzeptanz der Absenkung des Niveaus der gesetzlichen Rentenversicherung.

57.1 Viele Bürger empfinden die Regelungen der Riester-Rente als **zu kompliziert.** Bei einer Umfrage im Jahr 2013 gaben nur 11% der Befragten auf die Aussage „Die Riester-Rente ist mir zu kompliziert" an, dies treffe auf sie überhaupt nicht zu. Ca. 20% äußerten, dies treffe auf sie voll und ganz zu (http://de.statista.com/statistik/daten/studie/370766/umfrage/umfrage-in-deutschland-zur-kompliziertheit-der-riester-rente).

58 Die mangelnde Praxistauglichkeit der Norm könnte einer der Gründe für die anfänglich nur **langsam angestiegene Zahl** der abgeschlossenen Riesterverträge sein. Die Statistiken, die das Bundesministerium für Arbeit und Soziales für jedes Quartal veröffentlicht, zeigen mit ca. 16,5 Mio. Riester-Verträgen (Stand Dezember 2019) ein deutlich geringes Wachstum dieser Altersvorsorgeprodukte bis Ende 2017 als in den abschlussstarken Jahren 2005 bis 2007, nachdem die Steuerpflichtigen beim Abschluss von Riester-Verträgen in den Jahren

2002 bis 2004 mehr als zurückhaltend waren – und seit Anfang 2018 stagnierende bzw. rückläufige Zahlen.

Die Eingrenzung des Kreises der Anspruchsberechtigten und der geförderten Produkte sowie die **starke Verknüpfung mit außersteuerlichen Vorschriften** (zB Sozialgesetzbüchern, Besoldungs- und Versorgungsgesetzen, Altersvorsorgeverträge-Zertifizierungsgesetz) machen die Vorschriften nicht sehr rechtsanwenderfreundlich. **59**

Einstweilen frei **60–61**

B. Voraussetzungen und Rechtsfolgen

I. Begünstigter Personenkreis (Abs. 1)

1. Übersicht

Abs. 1 regelt den Kreis der Begünstigten in der Weise, dass den Personen, die **in der inländischen gesetzlichen Rentenversicherung pflichtversichert** sind, diejenigen Personengruppen gleichgestellt werden, die ebenfalls von der Absenkung des Niveaus der inländischen gesetzlichen Rentenversicherung betroffen sind: **62**

- Abs. 1 S. 1 Hs. 2 Nr. 1–5: bestimmte Besoldungsempfänger (→ Rn. 76 ff.)
- Abs. 1 S. 3 Hs. 1: Versicherungspflichtige nach dem Gesetz über die Alterssicherung der Landwirte (→ Rn. 101)
- Abs. 1 S. 3 Hs. 2: Personen mit Anspruch auf Berücksichtigung einer Anrechnungszeit nach § 58 SGB VI (→ Rn. 103)
- Abs. 1 S. 4: Bezieher von Renten wegen voller Erwerbsminderung bzw. -fähigkeit sowie einer Versorgung wegen Dienstunfähigkeit (→ Rn. 107)
- Abs. 6: in ausländischen gesetzlichen Alterssicherungssystemen Versicherte (→ Rn. 218)

Einstweilen frei **63–64**

2. Unbeschränkte Steuerpflicht als Tatbestandsmerkmal

Der Sonderausgabenabzug nach § 10a setzt nach wie vor die **unbeschränkte Steuerpflicht** des Begünstigten voraus. Dies ist zwar nicht § 10a, aber **§ 50 Abs. 1 S. 3** zu entnehmen. Die Entscheidung des EuGH in der Rs. C-269/07 (EuGH 10.9.2009 – C-269/07, DStR 2009, 1954) hat zwar den Sonderausgabenabzug nach § 10a – anders als die Zulageberechtigung nach §§ 79 ff. – ausdrücklich nicht als unionsrechtswidrig angesehen. Der Gesetzgeber hat dennoch § 10a geändert, weil § 79 für den Kreis der Begünstigten auf § 10a verweist (→ Rn. 219). **65**

Einstweilen frei **66**

3. Pflichtversicherte in der inländischen gesetzlichen Rentenversicherung

§ 10a enthält keine eigenständige Definition der **Pflichtversicherten** in der inländischen gesetzlichen Rentenversicherung. Die Voraussetzungen der Pflichtversicherung in der inländischen gesetzlichen Rentenversicherung sind **§§ 1–4, 229–230 SGB VI** zu entnehmen. **67**

Die Verweisung in Abs. 1 S. 1 ist eine **dynamische Verweisung** in das SGB VI. Ändert sich der Kreis der Pflichtversicherten in der inländischen gesetzlichen Rentenversicherung, ändert sich auch der Kreis der nach § 10a Begünstigten. Daher ist das BMF-Schreiben vom 21.12.2017 (BMF 21.12.2017, BStBl. I 2018, 93 Rn. 2 und 3 nebst Anlage 1 A) nicht abschließend. **67.1**

Pflichtversichert in der inländischen gesetzlichen Rentenversicherung sind neben den Personen, die gegen Arbeitsentgelt beschäftigt sind (Angestellte und Arbeiter), folgende nachfolgend aufgeführte Personen, ggf. unter weiteren gesetzlichen Voraussetzungen: **68**

Arbeitslosengeld, -hilfe, Bezieher von	§ 3 S. 1 Nr. 3 SGB VI
Auszubildende	§ 1 S. 1 Nr. 3a SGB VI
Behinderte in Behindertenwerkstätten	§ 1 S. 1 Nr. 2 Buchst. a SGB VI
Behinderte in Heimen	§ 1 S. 1 Nr. 2 Buchst. b SGB VI
Erzieher, selbständige	§ 2 S. 1 Nr. 1 SGB VI
Geistliche Genossenschaften, Mitglieder	§ 1 S. 1 Nr. 4 SGB VI

Geringfügig Beschäftigte, bei bestehender Rentenversicherungspflicht	§ 8 Abs. 1 SGB IV
Handwerker, selbständige	§ 2 S. 1 Nr. 8 SGB VI
Hausgewerbetreibende, selbständige	§ 2 S. 1 Nr. 6 SGB VI
Hebammen, selbständige	§ 2 S. 1 Nr. 3 SGB VI
Kindererziehende	§ 3 S. 1 Nr. 1 SGB VI
Krankengeld, Empfänger von	§ 3 S. 1 Nr. 3 SGB VI
Künstler, selbständige	§ 2 S. 1 Nr. 5 SGB VI
Kurzarbeitergeld, Empfänger von	§ 1 S. 1 Nr. 1 SGB VI
Lehrer, selbständige	§ 2 S. 1 Nr. 1 SGB VI
Pflegepersonen, selbständige	§ 2 S. 1 Nr. 2 SGB VI
Scheinselbständige	§ 2 S. 1 Nr. 9 SGB VI
Studiengang, Dualer	§ 1 S. 5 SGB VI
Vorruhestandsgeld	§ 3 S. 1 Nr. 4 SGB VI
Wehrdienstleistende	§ 3 S. 1 Nr. 2 SGB VI
Zivildienstleistende	§ 3 S. 1 Nr. 2 SGB VI

69 Die Aufzählung zeigt, dass auch **bestimmte Selbständige** in der inländischen gesetzlichen Rentenversicherung pflichtversichert sind. Ruht das Arbeitsverhältnis wegen Sonderurlaubs nach § 28 TVöD, besteht keine Versicherungspflicht und damit auch kein Anspruch als unmittelbar Zulageberechtigter (BFH 8.8.2018 – X R 37/17, BFH/NV 2019, 199).

69.1 Ist zweifelhaft, ob eine Person in der inländischen gesetzlichen Rentenversicherung pflichtversichert ist, kann es in bestimmten Fällen sinnvoll sein, ein **Statusfeststellungsverfahren nach § 7a SGB IV** einzuleiten. Gegenstand eines solchen Verfahrens ist die Frage, ob eine Beschäftigung vorliegt (§ 7a Abs. 1 S. 1 SGB IV).

70 Anders als in der gesetzlichen Krankenversicherung gibt es kein Entfallen der gesetzlichen Rentenversicherungspflicht, wenn eine bestimmte Einkunftsgrenze überschritten wird. In der gesetzlichen Rentenversicherung gibt es lediglich eine **Beitragsbemessungsgrenze,** die die Höhe der Beiträge begrenzt (→ § 86 Rn. 58 f.).

71 Sind in der inländischen gesetzlichen Rentenversicherung Pflichtversicherte von ihrem Arbeitgeber **entsendet,** ergibt sich die Zugehörigkeit zum begünstigten Personenkreis nach Verwaltungsauffassung unmittelbar aus Abs. 1 S. 1 (BMF 21.12.2017, BStBl. I 2018, 93 Rn. 11). Meines Erachtens ist hier eine Differenzierung danach geboten, ob für die Zeit der Entsendung weiterhin die Versicherungspflicht in der inländischen gesetzlichen Rentenversicherung tatsächlich fortbesteht oder ob die Möglichkeit der Versicherung auf Antrag nach § 4 SGB VI besteht.

71.1 Für bestimmte Personen, die **zu bestimmten Stichtagen** der inländischen gesetzlichen Rentenversicherung unterlagen, gilt nach §§ 229 SGB VI **Übergangsrecht,** das auch im Rahmen des § 10a zu beachten ist (BMF 21.12.2017, BStBl. I 2018, 93 Anlage 1 A, Nr. 30 ff.).

72 Auch der Personenkreis, der nur **auf Antrag** der inländischen gesetzlichen Rentenversicherung unterliegt, ist nach § 10a begünstigt (§ 4 SGB VI, zB Entwicklungshelfer). Dagegen sind **freiwillig** Versicherte (§ 7 SGB VI) nicht nach Abs. 1 S. 1 begünstigt.

72.1 Das **bloße Leisten von Pflichtbeiträgen** zur inländischen gesetzlichen Rentenversicherung reicht nicht aus, wenn der Zahlende nicht der Versicherungspflicht unterliegt (BMF 21.12.2017, BStBl. I 2018, 93 Rn. 2). Das im genannten BMF-Schreiben genannte Beispiel betrifft den Fall des Forderungsübergangs (§ 119 SGB X). Anders dürfte es allerdings sein, wenn ein bestandskräftiger, nicht korrigierbarer Verwaltungsakt die Pflichtversicherung einer Person feststellt, ohne dass dies tatsächlich der Fall ist, und daraus ein Anspruch auf Altersrente in der inländischen gesetzlichen Rentenversicherung erwächst.

73 Die Begünstigung von Personen, die einer **ausländischen gesetzlichen Rentenversicherungspflicht** unterliegen, regelt Absatz 6 (→ Rn. 218).

74 Eine vor dem Beitragszeitraum bestehende Rentenversicherungspflicht begründet keinen Sonderausgabenabzug nach § 10a (BFH 29.7.2015 – X R 11/13, HFR 2015, 1114).

75 *Einstweilen frei*

4. Gleichgestellte Personen nach § 10a Abs. 1 S. 1 Hs. 2

Da auch bestimmte Personen, die in einem **öffentlich-rechtlichen Beschäftigungsverhältnis** stehen, von der Absenkung des Niveaus der inländischen gesetzlichen Rentenversicherung betroffen sind, hat der Gesetzgeber sie in den Kreis der Begünstigten von § 10a aufgenommen (→ Rn. 9 ff.). Da sie in der Regel nicht über eine Rentenversicherungsnummer verfügen, müssen sie ggf. eine **Zulagenummer** beantragen (Abs. 1a). Darüber hinaus müssen sie – über die **Einwilligung** in die Datenübermittlung nach Abs. 2a hinaus – einwilligen, dass die für sie zuständige Stelle (§ 81a) ihre persönlichen Daten weitergibt (→ Rn. 90 ff.). 76

a) Begünstigter Personenkreis. Nach Abs. 1 S. 1 Hs. 2 Nr. 1–5 sind begünstigt: 77

aa) Empfänger inländischer Besoldung. Empfänger von inländischer Besoldung nach dem Bundesbesoldungsgesetz (BBesG) oder einem Landesbesoldungsgesetz (Abs. 1 S. 1 Hs. 2 Nr. 1) sind **Beamte** des Bundes, des Landes oder Kommunalbeamte, Beamte von Körperschaften, Anstalten und Stiftungen des öffentlichen Rechts, die der Aufsicht eines Landes unterstehen, sowie **Richter, Berufs- oder Zeitsoldaten. Nicht** erfasst sind **Ehrenbeamte** und **ehrenamtliche Richter** (BMF 21.12.2017, BStBl. I 2018, 93 Anlage 2 Nr. 1). 78

Auch **ins Ausland entsendete Beamte,** denen vorübergehend eine Tätigkeit bei einer öffentlichen Einrichtung außerhalb Deutschlands zugewiesen wurde (§ 123a BRRG) und die in ihrem bisherigen inländischen Alterssicherungssystem verbleiben, sind nach Abs. 1 S. 1 Hs. 2 begünstigt (BMF 21.12.2017, BStBl. I 2018, 93 Rn. 12). 78.1

Einstweilen frei 79–80

bb) Empfänger bestimmter Amtsbezüge. Empfänger von Amtsbezügen aus einem inländischen Amtsverhältnis, deren Versorgungsrecht die **entsprechende Anwendung von § 69e Abs. 3 und 4 des Beamtenversorgungsgesetzes (BeamtVG)** vorsieht (Abs. 1 S. 1 Hs. 2 Nr. 2) sind zB Bundes- und Landesminister und Parlamentarische Staatssekretäre (BMF 21.12.2017, BStBl. I 2018, 93 Anlage 2 Nr. 2). 81

Einstweilen frei 82

cc) Bestimmte versicherungsfrei Beschäftigte. Abs. 1 S. 1 Hs. 2 Nr. 3 erfasst **versicherungsfrei Beschäftigte** bzw. von der Versicherungspflicht befreite Beschäftigte, deren Versorgungsrecht die **entsprechende Anwendung von § 69e Abs. 3 und 4 des Beamtenversorgungsgesetzes (BeamtVG)** vorsieht (§ 5 Abs. 1 S. 1 Nr. 2 und 3 SGB VI, § 6 Abs. 1 S. 1 Nr. 2 SGB VI, § 230 Abs. 2 S. 2 SGB VI). Das sind zB **Kirchenbeamte, Geistliche** in öffentlich-rechtlichen Dienstverhältnissen, satzungsmäßige Mitglieder geistlicher Gemeinschaften sowie **Lehrer** und Erzieher an **nichtöffentlichen Schulen** und Anstalten (BMF 21.12.2017, BStBl. I 2018, 93 Anlage 2 Nr. 3–5). 83

Einstweilen frei 84

dd) Beurlaubte Beamte, Richter usw.. Beurlaubte Beamte, Richter bzw. Berufs- oder Zeitsoldaten, die für die Zeit einer Beurlaubung zwar keine Besoldung erhalten, deren Zeit aber als ruhegehaltsfähig anerkannt wird (§ 5 Abs. 1 S. 1 SGB VI), sind ebenfalls mittelbar von der Absenkung des Niveaus der inländischen gesetzlichen Rentenversicherung betroffen. Sie sind daher in Abs. 1 S. 1 Hs. 2 Nr. 4 in den Kreis der Begünstigten nach § 10a aufgenommen worden (→ Rn. 10). 85

Einstweilen frei 86

ee) Beurlaubte Personen bei Berücksichtigung von Kindererziehungszeiten. Begünstigt nach Abs. 1 S. 1 Hs. 2 Nr. 5 sind Personen nach Abs. 1 S. 1 Hs. 2 Nr. 1–4 (zB Beamte), die aufgrund ihrer Beurlaubung keine Besoldung oder sonstiges Entgelt erhalten. Hinzukommen muss, dass diese versicherungsfreien Personen die **Anrechnung von Kindererziehungszeiten** nach § 56 SGB VI in Anspruch nehmen könnten, wenn die Versicherungsfreiheit in der inländischen gesetzlichen Rentenversicherung nicht bestünde. Die Vorschrift setzt damit eine hypothetische Prüfung voraus. Der formale Grund für die Beurlaubung ist ohne Bedeutung (BMF 21.12.2017, BStBl. I 2018, 93 Rn. 4). 87

Einstweilen frei 88–89

90 **b) Einwilligung in die Datenübertragung.** Der begünstigte Personenkreis nach Abs. 1 S. 1 Hs. 2 ist nur zum Sonderausgabenabzug berechtigt, wenn er gegenüber der zuständigen Stelle (§ 81a) **schriftlich einwilligt,** dass diese der zentralen Stelle (§ 81) jährlich mitteilt, dass der Steuerpflichtige zum begünstigten Personenkreis gehört, dass die zuständige Stelle (§ 81a) der zentralen Stelle die erforderlichen **Daten** (bzgl. Mindesteigenbetrag und Gewährung der Kinderzulage) mitteilt und die zentrale Stelle (§ 81) diese Daten für das Zulage- und Sonderausgabenabzugsverfahren verwenden darf (zum Sonderfall der Nachversicherung BFH 24.8.2016 – X R 3/15, HFR 2017, 293).

91 Die **Einwilligung** ist **materiell-rechtliches Tatbestandsmerkmal.** Ohne die Einverständniserklärung oder in Fällen der widerrufenen Einverständniserklärung ist eine Inanspruchnahme des Sonderausgabenabzugs nach § 10a nicht möglich (BFH 9.6.2015 – X R 14/14, DStRE 2015, 1102; BFH 9.6.2015 – X R 40/14, BFH/NV 2015, 1392). Die Einwilligung betrifft der Sache nach nur mittelbar das Besteuerungsverfahren und unmittelbar den Datenschutz im Rahmen der Beschäftigung. Vor diesem Hintergrund ist es nicht zwingend, die Erteilung der Einwilligung zum Tatbestandsmerkmal des Besteuerungsverfahrens zu erheben, ist aber vom Gestaltungsspielraum des Gesetzgebers erfasst. Das Besteuerungsverfahren würde sonst über Gebühr erschwert.

92 Bei der Einwilligungserteilung ist der Steuerpflichtige darauf hinzuweisen, dass er die Einwilligung vor Beginn des Kalenderjahrs, für das sie erstmals nicht mehr gelten soll, gegenüber der zuständigen Stelle (§ 81a) **widerrufen** kann (Abs. 1 S. 2).

93 Der Begünstigte hat die **Einwilligungserklärung** spätestens **bis zum Ablauf des Beitragsjahrs (§ 88)** in der vorgeschriebenen Form zu erteilen (Abs. 1 S. 1 Hs. 2). Die Einwilligung für das Jahr 2019 muss daher bis zum Ablauf des Jahres 2019 schriftlich erteilt werden; die für das Jahr 2018 musste sie noch bis zum Ablauf des Jahres 2020 vorliegen. Mit der Verkürzung der Einwilligungsfrist hat der Gesetzgeber – ebenfalls ab VZ 2019 – in § 90 Abs. 5 die Möglichkeit der Nachholung in bestimmten Fällen geschaffen (→ § 90 Rn. 107).

93.1 Bei einer fehlenden oder unrichtigen Belehrung über die zuständige Stelle (§ 81a) ist ggf. Wiedereinsetzung zu gewähren (BFH 9.6.2015 – X R 14/14, DStRE 2015, 1102; BFH 9.6.2015 – X R 40/14, BFH/NV 2015, 1392).

94 Bei einem **Wechsel** der zuständigen Stelle muss die **Einwilligung erneut** abgegeben werden (BMF 21.12.2017, BStBl. I 2018, 93 Rn. 7). Die Einwilligungserklärung kann auch vom **Gesamtrechtsnachfolger** abgegeben werden (BMF 21.12.2017, BStBl. I 2018, 93 Rn. 5; zur Nachholung der Einwilligung → § 90 Rn. 107).

95 Bisher nicht entschieden ist die Frage, ob die Erteilung der Einwilligung innerhalb der Frist des Abs. 1 S. 1 Hs. 2, aber nach der Bestandskraft der Einkommensteuerveranlagung ein **rückwirkendes Ereignis nach § 175 Abs. 1 S. 1 Nr. 2 AO** ist. Für die Qualifizierung als rückwirkendes Ereignis spricht, dass die Zwei-Jahres-Frist keinen tatbestandlichen Bezug zum Stand der Einkommensteuerveranlagung herstellt und daher davon auszugehen ist, dass sie in dem Fall, in dem die Veranlagung schon bestandskräftig ist, materiellrechtlich eine Rückwirkung anordnet, um nicht leerzulaufen **(aA** Schmidt/*Weber-Grellet* EStG § 10a Rn. 13; das dort zitierte Urteil BFH 22.10.2014 – X R 18/14, BStBl. II 2015, 371 sagt meines Erachtens nichts zum hier Streitigen).

96 Liegt die Einwilligung nach Abs. 2a entgegen der vorherigen Annahme nicht vor, gilt mit Wirkung ab VZ 2017 die neu geschaffene Korrekturvorschrift des § 175b Abs. 3 AO, die den bisherigen § 10 Abs. 2a S. 8 ersetzt.

96.1 Die **Rechtsfolgen einer unterbliebenen Belehrung** über die Widerrufsmöglichkeiten regelt das Gesetz nicht. Denkbar ist, dass der Steuerpflichtige dann noch rückwirkend, dh für bereits abgeschlossene Beitragsjahre, die Einwilligung widerrufen kann. Aufgrund der fehlenden Belehrung wusste er im Zweifel gerade nicht, dass er nur mit Wirkung für die Zukunft widerrufen kann. Damit entfiele allerdings rückwirkend der Sonderausgabenabzug nach § 10a. Darin liegt wohl ein rückwirkendes Ereignis iSd § 175 Abs. 1 S. 1 Nr. 2 AO.

97 Die zuständige Stelle (§ 81a) muss grundsätzlich der zentralen Stelle (§ 81) **bis zum 31.3.** des dem Beitragsjahr folgenden Kalenderjahres die **Daten** nach Abs. 1 S. 1 zu übermitteln (§ 91 Abs. 2 S. 1). Liegt die Einwilligung erst später vor, hat die zuständige Stelle (§ 81a) die

Daten zeitnah nach Erteilung der Einwilligung an die zentrale Stelle zu übermitteln (§ 91 Abs. 2 S. 2), **spätestens bis zum Ende des folgenden Kalendervierteljahrs.**

Ist ein Steuerpflichtiger, der zum begünstigten Personenkreis nach Abs. 1 S. 1 Hs. 2 gehört, allein deswegen **nicht unmittelbar** begünstigt, weil er die Einwilligung nach Abs. 1 S. 1 Hs. 2 nicht innerhalb der Frist erteilt, kann er dennoch **mittelbar begünstigt** nach § 79 S. 2 sein, wenn dessen Voraussetzungen vorliegen (zur alten Zwei-Jahres-Frist BFH 25.3.2015 – X R 20/14, BStBl. II 2015, 709). **98**

Einstweilen frei **99–100**

5. Weitere gleichgestellte Personen (Abs. 1 S. 3 und 4)

a) Pflichtversicherte in der Altersversorgung der Landwirte. Zu diesem gleichgestellten Personenkreis (Abs. 1 S. 3) zählen neben dem **versicherungspflichtigen Landwirt** im Sinn des Gesetzes über die **Alterssicherung der Landwirte** (ALG; zum Begriff des versicherungspflichtigen Landwirts § 1 Abs. 2 S. 1 ALG) dessen **mitarbeitende Familienangehörigen** (zum Begriff § 1 Abs. 8 ALG). Unabhängig von der Mitarbeit sind der versicherungspflichtige Ehegatte/Lebenspartner des Landwirts (§ 1 Abs. 3 S. 1 ALG, § 1a ALG) sowie ehemalige Landwirte, die nach Übergangsrecht weiterhin versicherungspflichtig sind, von § 10a begünstigt (BMF 21.12.2017, BStBl. I 2018, 93 Anlage 1 B). **101**

Einstweilen frei **102**

b) Personen mit Anspruch auf Anrechnungszeiten nach § 58 SGB VI. Der Kreis der gleichgestellten Personen wird in § 10a Abs. 1 S. 3 um Personen ergänzt, die eine **Anrechnungszeit in der inländischen gesetzlichen Rentenversicherung gem. § 58 Abs. 1 Nr. 3 oder Nr. 6 SGB VI** erhalten. Weitere Voraussetzung ist, dass diese Personen unmittelbar vor einer Anrechnungszeit zu einer der nach Abs. 1 S. 1 (→ Rn. 67), Abs. 1 S. 4 (→ Rn. 107) oder Abs. 1 S. 3 Hs. 1 (→ Rn. 103) bestimmten Personengruppen gehörte (Abs. 1 S. 3 Hs. 2 Nr. 2). Voraussetzung ist damit, dass die betreffende Person vor der Arbeitslosigkeit in der gesetzlichen Rentenversicherung pflichtversichert war oder zu einer der gleichgestellten Personengruppen zählte. **103**

Die Anrechnungszeit nach § 58 Abs. 1 Nr. 3 SGB VI gilt für Personen, die wegen **Arbeitslosigkeit** bei der Agentur für Arbeit als Arbeitssuchende gemeldet waren und eine öffentlich-rechtliche Leistung bezogen haben oder nur wegen des zu berücksichtigenden Einkommens oder Vermögens nicht bezogen haben. Voraussetzung der Anrechnungszeit in der inländischen gesetzlichen Rentenversicherung und damit der Begünstigung nach § 10a ist damit, dass sich der Arbeitslose bei einer Agentur für Arbeit als arbeitssuchend gemeldet hat (BMF 21.12.2017, BStBl. I 2018, 93 Rn. 10). **103.1**

Die Anrechnungszeit nach § 58 Abs. 1 Nr. 6 SGB VI bezieht sich auf Bezieher von Arbeitslosengeld II nach dem 31.12.2010. **104**

Nicht unter die begünstigte Personengruppe fallen unter anderem Personen, die Arbeitslosengeld nur **darlehensweise** erhalten haben (BMF 21.12.2017, BStBl. I 2018, 93 Rn. 10, weitere Fallgruppen in § 58 Abs. 1 Nr. 6 Hs. 2 SGB VI). Wird eine Anrechnungszeit in der gesetzlichen Rentenversicherung nicht gewährt, weil zB der Arbeitslose sich nicht bei einer Agentur für Arbeit als Arbeitsuchender gemeldet hat oder der Arbeitslose die Anwartschaftszeiten in der Arbeitslosenversicherung nicht erfüllt hat, besteht keine Begünstigung nach Abs. 1 S. 3 (BMF 21.12.2017, BStBl. I 2018, 93 Rn. 10). **104.1**

Die Verwaltung lässt es für den geforderten **unmittelbaren zeitlichen Zusammenhang** genügen, wenn die Person im Veranlagungszeitraum vor dem Beginn der Anrechnungszeit dem begünstigten Personenkreis angehörte (BMF 21.12.2017, BStBl. I 2018, 93 Rn. 10). **105**

Einstweilen frei **106**

c) Bezieher einer Rente wegen Erwerbs- oder Dienstunfähigkeit. aa) Begünstigter Personenkreis. Abs. 1 S. 4 führt das Bestreben des Gesetzgebers fort, die einmal bestehende Zugehörigkeit zum Kreis der nach § 10a Begünstigten in bestimmten, als förderungswürdig erachteten Konstellationen aufrecht zu erhalten. Zum begünstigten Personenkreis von § 10a zählen daher auch Personen, die Anspruch auf eine **Rente wegen voller Erwerbsminderung oder Erwerbsunfähigkeit** haben und unmittelbar vor dem Bezug der Leistung einer der nach Abs. 1 S. 1 oder 3 begünstigten Gruppen angehört haben. Auch eine **Versor-** **107**

gung wegen Dienstunfähigkeit aus einem der in Abs. 1 S. 1 oder 3 aufgeführten inländischen Alterssicherungssysteme ist nach Abs. 1 S. 4 begünstigt.

108 **Schädlich** für die Begünstigung nach Abs. 1 S. 4 ist dagegen, wenn der Berechtigte das **67. Lebensjahr vollendet** hat (Abs. 1 S. 4 Hs. 2) oder Rechtsgrund der Rente die **teilweise** Erwerbsminderung bzw. Berufsunfähigkeit ist (BMF 21.12.2017, BStBl. I 2018, 1022 Rn. 13).

109 Es ist nicht erforderlich, dass die Rente wegen voller Erwerbsminderung, Erwerbsunfähigkeit oder Dienstunfähigkeit tatsächlich bezogen wird. Das **Bestehen des Anspruchs** reicht aus, wenn der Steuerpflichtige zwar den Antrag gestellt hat, die Rente bzw. der Versorgungsbezug aber aufgrund von Anrechnungsvorschriften nicht ausgezahlt wird (BMF 21.12.2017, BStBl. I 2018, 93 Rn. 14).

110 Für den **geforderten unmittelbaren zeitlichen Zusammenhang** lässt es die Verwaltung ausreichen, wenn im Veranlagungszeitraum vor dem Eintritt der vollen Erwerbsminderung bzw. Erwerbs-/Dienstunfähigkeit die Zugehörigkeit zum begünstigten Personenkreis (Abs. 1 S. 1 oder 3) bestand (BMF 21.12.2017, BStBl. I 2018, 93 Rn. 6).

111 Die Begünstigung nach § 10a Abs. 1 S. 4 **endet,** wenn die Erwerbsminderungsrente bzw. Erwerbsunfähigkeitsrente entfällt oder in eine Altersrente umgestellt wird (BMF 21.12.2017, BStBl. I 2018, 93 Rn. 17). Sie entfällt allerdings erst im ersten Beitragsjahr, in dem die Voraussetzungen zu keinem Zeitpunkt mehr vorgelegen haben.

111.1 **Beispiel:** Die Erwerbsunfähigkeitsrente wird Mitte 2019 in eine Altersrente umgestellt. Die Anspruchsberechtigung nach Abs. 1 S. 4 besteht ab 2020 nicht mehr.

112 *Einstweilen frei*

113 **bb) Einwilligung in die Datenübermittlung.** Die Verwaltung geht davon aus, dass das **Einwilligungserfordernis** nach Abs. 1 S. 1 Hs. 2 weiterbesteht, wenn ein Beamter oder eine gleichgestellte Person (Abs. 1 S. 1 Hs. 2 Nr. 1–5) Versorgungsbezüge wegen Dienstunfähigkeit bezieht. Dies ist vor dem Hintergrund, dass mit der Einwilligung dem Datenschutz im öffentlich-rechtlichen Dienstverhältnis Rechnung getragen wird, sinnvoll und von der Verweisung in Abs. 1 S. 4 auf Abs. 1 S. 1 von einer Rechtsgrundlage gedeckt.

114 Ändert sich die zuständige Stelle (§ 81a) durch den Bezug von Versorgungsbezügen wegen Dienstunfähigkeit, muss der Steuerpflichtige erneut gegenüber der **neuen zuständigen Stelle** seine Einwilligung nach Abs. 1 S. 1 Hs. 2 erklären (BMF 21.12.2017, BStBl. I 2017, 93 Rn. 15).

115–116 *Einstweilen frei*

6. Internationale Bezüge

117 Zur Gewährung des Sonderausgabenabzugs Abs. 6 (→ Rn. 218 ff.).

118 *Einstweilen frei*

7. Beantragung einer Zulagenummer nach Abs. 1a

119 Der Personenkreis des Abs. 1 S. 1 Hs. 2 Nr. 1–5 (Abs. 1a S. 1) und Abs. 1 S. 4 (Abs. 1a S. 2), dh insbesondere Beamte und Bezieher von Erwerbsminderungs- bzw. Erwerbsunfähigkeitsrenten, muss bei der zuständigen Stelle (§ 81a) eine **Zulagenummer** nach § 90 Abs. 1 S. 2 beantragen, wenn eine solche durch die zentrale Stelle (§ 81) oder eine **Rentenversicherungsnummer** (§ 147 SGB VI) noch nicht vergeben wurde.

8. Nicht Begünstige

120 Nicht von § 10a begünstigt sind insbesondere **Nicht-Pflichtversicherte.** Dies sind zB freiwillig gesetzlich Versicherte (§ 7 SGB VI), von der inländischen gesetzlichen Rentenversicherungspflicht befreite **Ärzte, Architekten, Steuerberater und Rechtsanwälte** (hierzu Nichtannahmebeschlüsse BVerfG 18.12.2002 – 2 BvR 367/02, NZA 2003, 376; BVerfG 2.6.2003 – 2 BvR 592/03, NVwZ-RR 2003, 671). Auch **„Mini-Jobber“,** die auf die Versicherungspflicht in der gesetzlichen Rentenversicherung verzichtet haben oder nach altem Recht nicht in der gesetzlichen Rentenversicherung pflichtversichert sind, sind nicht

begünstigt. **Anlage 1 C** des BMF-Schreibens vom 21.12.2017 (BStBl. I 2018, 93) listet den Kreis der Nicht-Begünstigten (nicht abschließend) auf.

Einstweilen frei 121

9. Ehegatten/Lebenspartner

Für **jeden Ehegatten/Lebenspartner** ist **grundsätzlich eigenständig zu prüfen,** ob er die Voraussetzungen des Sonderausgabenabzugs nach § 10a erfüllt. Allerdings gibt es für Ehegatten und Lebenspartner (§ 2 Abs. 8) nicht nur einen eigenen, unmittelbaren Anspruch, sondern unter den Voraussetzungen von § 79 S. 2 eine **mittelbare Berechtigung** (→ § 79 Rn. 47 ff.). Der Ehegatte/Lebenspartner eines unmittelbar Zulageberechtigen, zB eines in der gesetzlichen Rentenversicherung pflichtversicherten Angestellten, ist dann mittelbar zulageberechtigt, wenn 122

- beide Ehegatten/Lebenspartner **nicht dauernd getrennt** leben (§ 26 Abs. 1)
- beide Ehegatten/Lebenspartner ihren Wohnsitz oder gewöhnlichen Aufenthalt in einem Mitgliedstaat der Europäischen Union oder in einem Staat haben, auf den das Abkommen über den Europäischen Wirtschaftsraum anwendbar ist
- ein auf den Namen des nicht unmittelbar zulageberechtigten Ehegatten/Lebenspartners lautender **Altersvorsorgevertrag** besteht
- der nicht unmittelbar zulageberechtigte Ehegatte/Lebenspartner zugunsten des Altersvorsorgevertrages im jeweiligen Beitragsjahr **mindestens 60 EUR** geleistet hat und
- die **Auszahlungsphase** des Altersvorsorgevertrags **noch nicht begonnen** hat.

Für die **alte Rechtslage,** die für die Altersvorsorgezulageberechtigung nach §§ 79 ff. das Bestehen der inländischen unbeschränkten Steuerpflicht normiert (→ § 79 Rn. 11), gibt es auch für die mittelbare Altersvorsorgezulageberechtigung eine Übergangsvorschrift (§ 79 S. 3). 122.1

Die **Besonderheiten beim Sonderausgabenabzug bei Ehegatten/Lebenspartnern** regelt Abs. 3. Die Regelungen betreffen die Höchstbetragsberechnung beim Sonderausgabenabzug nach Abs. 2 (→ Rn. 180) und die Einwilligung nach Abs. 2a (→ Rn. 168). 123

Lebenspartner iSd Lebenspartnerschaftsgesetzes sind auch ohne ausdrückliche Nennung in §§ 79 ff. den Ehegatten gleichgestellt (§ 2 Abs. 8). Die Regelung geht auf eine Entscheidung des BVerfG zurück (BVerfG 7.5.2013 – 2 BvR 909/06, DStR 2013, 1228) und wurde mit Wirkung für alle Fälle umgesetzt, die zum 19.7.2013 noch nicht bestandskräftig festgesetzt war. Ehegatten können auch gleichgeschlechtlich sein. 124

Einstweilen frei 125–126

II. Begünstigte Verträge

Welche Altersvorsorgeprodukte begünstigt sind, ergibt sich nicht aus § 10a, sondern aus Abs. 1 S. 1 EStG iVm §§ 1, 5 AltZertG. Das Bundeszentralamt für Steuern veröffentlicht in regelmäßigen Abständen durch Sammelbekanntmachungen, welche Altersvorsorgeverträge zertifiziert wurden. Der **Zertifizierungsbescheid** ist **Grundlagenbescheid** im Sinne von § 175 Abs. 1 S. 1 Nr. 1 AO (§ 82 Abs. 1 S. 2, → § 82 Rn. 71). 127

Einstweilen frei 128–129

III. Begünstigte Altersvorsorgebeiträge

Was **berücksichtigungsfähige Altersvorsorgebeiträge** sind, ist nicht in § 10a geregelt. Abs. 1 S. 1 verweist vollumfänglich auf § 82. Abs. 1 S. 1 bestimmt allerdings insofern eigenständig, dass nicht nur die Eigenbeträge des Steuerpflichtigen gem. § 82 nach § 10a gefördert werden können, sondern auch die nach §§ 79 ff. zustehende Altersvorsorgezulage (kritisch hierzu Blümich/*Lindberg* § 10a Rn. 43). Damit wird die **Altersvorsorgezulage wie eigener Aufwand des Steuerpflichtigen** behandelt. Hierbei bleibt der Berufseinsteiger-Bonus des § 84 S. 2 als einmalige Leistung außer Betracht (Abs. 1 S. 5). 130

Für den Sonderausgabenabzug sind nicht die tatsächlich beim Anbieter gutgeschriebenen Zulagen maßgeblich, sondern der **Anspruch auf die Altersvorsorgezulage** (BMF 21.12.2017, BStBl. I 2018, 93 Rn. 102). Daher müssen die Finanzämter die Höhe des Anspruchs auf Altersvorsorgezulage ggf. eigenständig berechnen. 131

131.1 Die Verwaltung differenziert bei der Frage, wie die **Beiträge zu Altersvorsorgeverträgen** zu qualifizieren sind, die **über den Sonderausgaben-Höchstbeträgen** und im Hinblick auf die Altersvorsorgezulage über den Mindesteigenbeträgen (§ 86) liegen. Die Verwaltung geht grundsätzlich davon aus, dass auch diese Beträge Altersvorsorgebeiträge im Sinn des § 82 sind (BMF 21.12.2017, BStBl. I 2018, 93 Rn. 43) und damit wohl von anderen Begünstigungen ausgeschlossen sind. Bei Verträgen, die eine vertragliche Begrenzung auf einen festgelegten Höchstbetrag vorsehen, zB den Höchstbetrag nach § 10a oder auf den Mindesteigenbetrag, geht die Verwaltung bei höheren Zahlungen davon aus, dass dem Steuerpflichtigen ein **Rückerstattungsanspruch wegen ungerechtfertigter Bereicherung** zusteht. In Höhe dieses Rückerstattungsanspruchs liegen nach Auffassung der Verwaltung grundsätzlich keine Altersvorsorgebeiträge iSd § 82 vor (BMF 21.12.2017, BStBl. I 2018, 93 Rn. 43 f.). Hiervon soll wiederum eine Rückausnahme vorliegen, wenn in Folgejahren diese Überzahlungen mit neuen begünstigten Altersvorsorgebeiträgen aufgerechnet oder verrechnet werden. Die Beiträge sind in diesem Zeitpunkt (§ 11) als Altersvorgebeiträge anzusetzen (BMF 21.12.2017, BStBl. I 2018, 93 Rn. 136). Die dieser Auffassung zugrunde liegende zivilrechtliche Wertung, dass ein Rückerstattungsanspruch entsteht, wird in den meisten Fällen zutreffen und ist in der Bewertung ihrer Rechtsfolge praktikabel, ist aber nicht zwingend. Überzahlungen im beschriebenen Sinn zählen allerdings nicht zu den geförderten Beiträgen, die die nachgelagerte Besteuerung nach § 22 Nr. 5 in der Auszahlungsphase auslösen (BMF 21.12.2017, BStBl. I 2018, 93 Rn. 139 ff.).

132–133 *Einstweilen frei*

IV. Zeitpunkt des Vorliegens der Voraussetzungen

134 Die persönlichen Voraussetzungen der Begünstigung nach § 10a müssen **nicht das gesamte Beitragsjahr** vorliegen. Es reicht das Vorliegen **während eines Teils des Jahres** (BMF 21.12.2017, BStBl. I 2018, 93 Rn. 1). Dies ist außerhalb des Bereichs des § 42 AO auch ein Tag. Es ist aber **nicht ausreichend,** dass die Zugehörigkeit zum begünstigten Personenkreis **in früheren Beitragsjahren** vorgelegen hat (BFH 29.7.2015 – X R 11/13, BStBl. II 2016, 18).

135–136 *Einstweilen frei*

V. Höhe und Berechnung des Sonderausgabenabzugs (Abs. 1)

1. Höhe des Sonderausgabenabzugs

137 Der Sonderausgabenabzug nach § 10a beträgt **seit dem VZ 2008** jährlich **bis zu 2.100 EUR** (Abs. 1 S. 1). Liegen die begünstigen Aufwendungen darunter, ist nur der niedrigere Betrag als Sonderausgabe abziehbar; es handelt sich nicht um einen Freibetrag.

137.1 Die Höchstabzugsbeträge betrugen in den VZ 2002 und 2003 525 EUR, in den VZ 2004 und 2005 1.050 EUR und in den VZ 2006 und 2007 1.575 EUR.

138 Eine **Sonderregelung** für den Höchstabzugsbetrag gibt es für **zusammen veranlagte Ehegatten/Lebenspartner,** von denen einer mittelbar zulageberechtigt ist. In diesem Fall erhöht sich der Sonderausgaben-Höchstbetrag um 60 EUR auf **maximal 2.160 EUR** (Abs. 3 S. 3). Da Abs. 3 S. 4 eine Zurechnung zu den Altersvorsorgebeiträgen des mittelbar Berechtigten in Höhe von mindestens 60 EUR vorsieht, steigt die Höhe der beim unmittelbar Berechtigten nachgelagert zu besteuernden Beiträge diesbezüglich nicht an (Blümich/*Lindberg* § 10a Rn. 51).

139–140 *Einstweilen frei*

2. Berechnung des Sonderausgabenabzugs

141 Der Sonderausgaben-Höchstbetrag (→ Rn. 137) ist zu vergleichen mit der Summe der Eigenbeiträge des Steuerpflichtigen und seinem Anspruch auf Altersvorsorgezulage nach §§ 79 ff. Übersteigt diese Summe den Sonderausgaben-Höchstbetrag, sind die abzugsfähigen Eigenbeträge des Steuerpflichtigen zu mindern.

141.1 Beispiel:
Ein alleinstehender Steuerpflichtiger hat im Beitragsjahr Eigenbeträge in Höhe von 2.300 EUR geleistet. Der Anspruch auf Altersvorsorgezulage beträgt 175 EUR.

Der Sonderausgaben-Höchstbetrag beträgt 2.100 EUR.

Eigenbetrag des Steuerpflichtigen	2.300 EUR
Davon höchstens gefördert (2.100 EUR–175 EUR =)	1.925 EUR
Abziehbare Sonderausgaben (1.925 EUR+175 EUR =)	2.100 EUR

Einstweilen frei **142**

3. Mehrere Verträge

Für die Gewährung der Altersvorsorgezulage nach §§ 79 ff. gibt es eine Begrenzung der Förderung unmittelbar Begünstigter (§ 79 S. 1) auf zwei Altersvorsorgeverträge (§ 87 Abs. 1 S. 1, → § 87 Rn. 17 ff.), bei mittelbar Begünstigten auf einen (§ 87 Abs. 2, → § 87 Rn. 24). Für die Altersvorsorgezulage muss der Steuerpflichtige bei mehr als zwei Altersvorsorgeverträgen für jedes Beitragsjahr neu entscheiden, für welche Verträge er die Altersvorsorgezulage beantragt. Für die Praxis ist die Günstigerprüfung daher umso schwerer, als es diese Begrenzung für den Sonderausgabenabzug nach § 10a nicht gibt. Die **Höchstbeträge** sind **bei mehr als zwei Altersvorsorgeverträgen zu quoteln.** **143**

Einstweilen frei **144–145**

VI. Beantragung einer Zulagenummer (Abs. 1a)

Die Vorschrift regelt die **Beantragung der Zulagenummer** in den Fällen, in denen der Begünstigte regelmäßig keine Rentenversicherungsnummer hat, dh in den Fällen der **Beamten und gleichgestellten Personen** (S. 1 Hs. 2 Nr. 1–5) sowie bei den Personen im Sinne des Abs. 1 S. 4, dh den **Beziehern von Rente wegen voller Erwerbsminderung,** von Erwerbsunfähigkeitsrente sowie von Bezügen wegen Dienstunfähigkeit. Die Zulagenummer ist nach § 90 Abs. 1 S. 2 bei der zentralen Stelle (§ 81) zu beantragen. Die zentrale Stelle (§ 81) teilt die Zulagenummer der zuständigen Stelle (§ 81a) mit, die sie wiederum an den Steuerpflichtigen weiterleitet (§ 90 Abs. 1 S. 3, → § 90 Rn. 31). Die Erteilung der Zulagenummer ist **nicht materiellrechtliches Tatbestandsmerkmal** des Sonderausgabenabzugs nach § 10a, aber technisch für den Datenaustausch erforderlich. In diesem Fall ist eine Veranlagung unter dem Vorbehalt der Nachprüfung möglich (OFD Hannover 11.8.2003, DStZ 2003, 741). **146**

Einstweilen frei **147**

VII. Günstigerprüfung (Abs. 2)

1. Grundlagen

Der Sonderausgabenabzug nach § 10a wird nur dann gewährt, wenn er für den Steuerpflichtigen **günstiger** ist als die Gewährung der Altersvorsorgezulage nach §§ 79 ff. Da die Altersvorsorgezulage an den Anbieter und nicht an den Steuerpflichtigen ausbezahlt wird (§ 90 Abs. 2 S. 1), ist sie für den Steuerpflichtigen in der Ansparphase nicht verfügbar. Anders ist dies bei der Steuererstattung bzw. geringeren Steuerfestsetzung aufgrund des Sonderausgabenabzugs nach § 10a. Da auch beim Sonderausgabenabzug nach § 10a die Altersvorsorgezulage auf dem begünstigten Vertrag verbleiben soll, wird der Anspruch auf die Altersvorsorgezulage der tariflichen Einkommensteuer wieder hinzugerechnet (Abs. 2 S. 1). **148**

Die Günstigerprüfung setzt **keinen Antrag** des Steuerpflichtigen voraus. Sie erfolgt bei der Veranlagung zur Einkommensteuer **von Amts wegen** (Abs. 2 S. 3). Streitig ist, ob Voraussetzung für die Günstigerprüfung ist, dass der Steuerpflichtige im Rahmen seiner Einkommensteuererklärung die Anlage AV abgibt (FG Hessen 28.1.2019 – 9 K 1382/18, EFG 2019, 751, rkr.). **149**

Der **Berufseinsteiger-Bonus** von 200 EUR nach § 84 S. 2 bleibt als einmalige Zulage für die Höhe der zu vergleichenden Altersvorsorgezulage **außer Betracht** (Abs. 1 S. 5). **150**

Für die Günstigerprüfung ist es unerheblich, ob der Steuerpflichtige einen Zulageantrag tatsächlich gestellt hat. Es ist auf den **Zulageanspruch** abzustellen (BMF 21.12.2017, BStBl. I 2018, 93 Rn. 102), den das Finanzamt ggf. selbst berechnen muss. **151**

2. Verhältnis zur Günstigerprüfung nach § 31

152 Hat der Steuerpflichtige **Kinder** im Sinne des § 32, ist im Rahmen der Einkommensteuerveranlagung auch eine **Günstigerprüfung nach § 31** vorzunehmen, ob der Abzug der Kinderfreibeträge nach § 32 Abs. 6 oder die Gewährung des Kindergelds nach §§ 62 ff. für den Steuerpflichtigen günstiger sind. Beide **Günstigerprüfungen** stehen **gleichberechtigt** nebeneinander und beeinflussen sich gegenseitig (BT-Drs. 15/2150, 36). Nach Auffassung des Gesetzgebers, die allerdings keinen Eingang in das Gesetz gefunden hat, ist bei der Günstigerprüfung nach § 31 stets der Sonderausgabenabzug nach § 10a vorzunehmen (BT-Drs. 14/5150, 38). Der Auffassung von Schmidt/*Weber-Grellet* § 10a Rn. 25 ist zuzustimmen, dass dieser Abzug auch im Rahmen der Günstigerprüfung nach § 31 nicht in Frage kommt, wenn der Steuerpflichtige weder bzgl. der Altersvorsorgezulage nach §§ 79 ff. noch bzgl. des Sonderausgabenabzugs nach § 10a Anträge gestellt hat. Die Günstigerprüfung basiert sonst auf fiktiven Besteuerungsgrundlagen, was gerade vermieden werden sollte (BT-Drs. 14/5150, 38).

3. Berechnung

153 **a) Grundprinzip.** Das Vorgehen für die Günstigerprüfung ist dem der **Günstigerprüfung beim Kindergeld** (§ 31 S. 4) vergleichbar: Ist dort die Gewährung des Kinderfreibetrags günstiger als die Gewährung von Kindergeld, erhöht sich die tarifliche Einkommensteuer um den Kindergeldanspruch. Im Rahmen des § 10a **erhöht sich die tarifliche Einkommensteuer um den Anspruch auf Altersvorsorgezulage** (Abs. 2 S. 1). Damit wird erreicht, dass die „Rückforderung" der Altersvorsorgezulage nicht durch eine Rückforderung beim Anbieter erfolgen muss. Es wird zwei Mal ein Vorteil gewährt (Altersvorsorgezulage, Sonderausgabenabzug) und ein Mal durch die Erhöhung der tariflichen Einkommensteuer korrigiert. Die Altersvorsorgezulage verbleibt auch im Fall des Sonderausgabenabzugs Teil des Altersvorsorgezulagevertrags, wenn der Sonderausgabenabzug günstiger ist. Während der Ansparphase kann der Steuerpflichtige daher lediglich über die zusätzliche Steuerermäßigung aufgrund des Sonderausgabenabzugs verfügen, der Rest bleibt seiner Verfügungsmacht entzogen. Aus diesem Grund muss der Steuerpflichtige, auch wenn es bei der Gewährung des Sonderausgabenabzugs nach § 10a bleibt, auch den **Antrag auf Altersvorsorgezulage stellen,** um so die volle Förderung zu erhalten.

154 **b) Durchführung der Günstigerprüfung bei Einzelveranlagten.** Die **Günstigerprüfung** bei **Einzelveranlagten** erfolgt nach folgendem Schema (nach BMF 21.12.2017, BStBl. I 2018, 93 Rn. 110):

	Einkommensteuer ohne Berücksichtigung des Sonderausgabenabzugs nach § 10a
./.	Einkommensteuer unter Berücksichtigung des Sonderausgabenabzugs nach § 10a
=	Differenz
-	Zulageanspruch
=	Zusätzliche Steuerermäßigung, wenn Wert > 0

155 Die **festzusetzende Einkommensteuer** ergibt sich aus der tariflichen Einkommensteuer unter Berücksichtigung des Sonderausgabenabzugs nach § 10a und der Hinzurechnung des Anspruchs auf Altersvorsorgezulage.

156 **c) Durchführung der Günstigerprüfung bei zusammen veranlagten Ehegatten/Lebenspartnern.** Die Durchführung der **Günstigerprüfung bei zusammen veranlagten Ehegatten/Lebenspartnern** ist unter (→ Rn. 180 ff.) dargestellt.

157 *Einstweilen frei*

158 **d) Verfahrensrechtliche Aspekte.** Die Erhöhung der tariflichen Einkommensteuer um den Anspruch auf Altersvorsorgezulage ist **Teil des Festsetzungsverfahrens** und nicht des Erhebungsverfahrens. Einwendungen hiergegen unterliegen daher der Bestandskraft des Einkommensteuerbescheids und müssen mit dem Einspruch nach § 347 Abs. 1 S. 1 Nr. 1 AO angegriffen werden.

159 Die zusätzliche Ermäßigung durch den Sonderausgabenabzug wird nach Abs. 4 **gesondert festgestellt** (→ Rn. 191).

Einstweilen frei **160–161**

VIII. Einwilligung zur Datenübertragung (Abs. 2a idF bis einschl. VZ 2018)

1. Einwilligungserteilung als Tatbestandsmerkmal

Das Ziel der elektronischen Steuerveranlagung vor Augen, verpflichtet Abs. 5 die mitteilungspflichtige Stelle (Anbieter, Abs. 2a S. 1) zur Datenübertragung an die zentrale Stelle (§ 81) (→ Rn. 205). In diese Übermittlung muss der Steuerpflichtige ab VZ 2010 nach Abs. 2a schriftlich einwilligen. Die **Einwilligung** ist **materiellrechtliches Tatbestandsmerkmal.** Erteilt der Steuerpflichtige die Einwilligung nicht oder gilt sie nicht nach Abs. 2a S. 4 als erteilt, ist der Sonderausgabenabzug nach § 10a nicht möglich. **162**

Liegt die Einwilligung nicht vor, ist die entsprechende Steuerfestsetzung zu ändern (§ 175b Abs. 3 AO). **163**

Einstweilen frei **164–165**

2. Ausgestaltung der Einwilligung

Für **Schriftform, Fristen** und **Reichweite** der Einwilligung verweist Abs. 2a auf die Parallelregelung des Sonderausgabenabzugs in § 10 Abs. 2a S. 1–3. Die Einwilligung muss der Steuerpflichtige der übermittelnden Stelle (dem Anbieter) **spätestens bis zum Ablauf des zweiten Kalenderjahres, das auf Beitragsjahr folgt,** erteilen (Abs. 2a S. 2 in Verbindung mit § 10 Abs. 2a S. 1). Die Einwilligung hat **Dauerwirkung** und muss daher nicht für jeden VZ erneut erteilt werden, sie wird erst mit dem Widerruf durch den Steuerpflichtigen wirksam (Abs. 2a S. 2 in Verbindung mit § 10 Abs. 2a S. 2). Der **Widerruf** muss gegenüber dem Anbieter vor Beginn des Beitragsjahrs erfolgen, für das die Einwilligung erstmals nicht mehr gelten soll (Abs. 2a S. 2 in Verbindung mit § 10 Abs. 2a S. 3). **166**

Einstweilen frei **167**

3. Besonderheiten bei Ehegatten/Lebenspartnern

Da sich der Sonderausgabenabzug und die Günstigerprüfung bei Ehegatten/Lebenspartnern verändern, wenn der zweite Ehegatte/Lebenspartner selbst unmittelbar (§ 79 S. 1) oder mittelbar (§ 79 S. 2) begünstigt ist, koppelt der Gesetzgeber die **Einwilligungen der Ehegatten/Lebenspartner im Fall der Zusammenveranlagung** aneinander. Erteilt nur ein Ehegatte/Lebenspartner in diesem Fall seine Einwilligung, ist ein Sonderausgabenabzug nach § 10a für beide Ehegatten/Lebenspartner nicht möglich. **168**

Die Veränderung des Sonderausgabenabzugs bei **zwei unmittelbar begünstigten Ehegatten/Lebenspartnern** liegt darin, dass im Rahmen der Zusammenveranlagung bei der Günstigerprüfung der Zulageanspruch beider Ehegatten/Lebenspartner anzusetzen ist (Abs. 3 S. 5, → Rn. 180). **169**

Die Veränderung des Sonderausgabenabzugs **bei mittelbarer Begünstigung eines Ehegatten/Lebenspartners** liegt in der Berücksichtigung der Altersvorsorgebeiträge des mittelbar begünstigten Ehegatten/Lebenspartners nach Abs. 3 S. 2 (→ Rn. 184 ff.). **170**

Es ist davon auszugehen, dass der Ehegatte/Lebenspartner, der die Einwilligung erteilt hat, den Ehegatten/Lebenspartner, der die Einwilligung versagt, auf **Erteilung der Zustimmung verklagen** kann. Vergleichbare zivilrechtliche Rechtsprechung gibt es für die Erteilung der Zustimmung zum Realsplitting nach § 10 Abs. 1a Nr. 1 (zB BGH 3.11.2004 – XII ZR 128/02, NJW-RR 2005, 225). Das Interesse des Ehegatten/Lebenspartners, der die Zustimmung versagen möchte, auf Datenschutz dürfte vor dem Hintergrund, dass die Finanzbehörde dem Steuergeheimnis (§ 30 AO) unterliegt, geringer zu gewichten sein als das Interesse des anderen Ehegatten/Lebenspartners auf Sonderausgabenabzug. **171**

Einstweilen frei **172–173**

4. Einwilligungsfiktion

Die Einwilligung gilt nach Abs. 2a S. 4 als erteilt, wenn der Zulageberechtigte den Anbieter nach § 89 Abs. 1a **bevollmächtigt** hat (→ § 89 Rn. 36) oder dem Anbieter ein **Zulageantrag** nach § 89 S. 1 vorliegt. Die **Einwilligungsfiktion** kann nicht widerrufen werden (HHR/*Braun* § 10a Rn. 30). **174**

Einstweilen frei **175**

5. Verfahrensrechtliche Folgen

Sofern aufgrund einer erteilten Einwilligung nach Abs. 2a erstmals Daten nach Abs. 5 S. 1 übermittelt werden, kann ein eventuell bereits **bestandskräftiger Steuerbescheid** nach § 175b Abs. 1 bzw. Abs. 2 AO geändert werden. **176**

6. Abschaffung der Regelung

Das allgemeine Einwilligungserfordernis ist nach den neuen Datenschutzbestimmungen (→ Rn. 28) nicht mehr erforderlich. Aus diesem Grund hat der Gesetzgeber es gestrichen. Dies gilt allerdings nicht für das Einwilligungserfordernis nach Abs. 1 Satz 1 Hs. 2 (→ Rn. 90). **177**

IX. Besonderheiten bei Ehegatten/Lebenspartnern (Abs. 3)

1. Grundsatz

178 **Jeder Ehegatte/Lebenspartner** ist für den Sonderausgabenabzug nach § 10a **grundsätzlich gesondert** zu betrachten (Abs. 1 S. 1). Daher ergeben sich bei nicht zusammenveranlagten Ehegatten/Lebenspartnern und bei Ehegatten/Lebenspartnern, von denen einer weder unmittelbar (§ 79 S. 1) noch mittelbar (§ 79 S. 2) berechtigt ist, keine Besonderheiten.

179 *Einstweilen frei*

2. Beide Ehegatten/Lebenspartner sind unmittelbar begünstigt

180 Bei **Ehegatten/Lebenspartnern,** die **beide unmittelbar begünstigt** sind, kann im Fall der Zusammenveranlagung ein nicht ausgeschöpfter Höchstbetrag nicht auf den anderen Ehegatten/Lebenspartner übertragen werden (BMF 21.12.2017, BStBl. I 2018, 93 Rn. 94). Dies folgt aus der **getrennten Betrachtung** beider Ehegatten/Lebenspartner. Die Ermittlung der abziehbaren Sonderausgaben erfolgt für jeden Ehegatten/Lebenspartner getrennt. Bei der folgenden Günstigerprüfung werden die Sonderausgaben nach § 10a dann zusammengerechnet (Abs. 3 S. 5).

180.1 **Beispiel** (nach BMF 21.12.2017, BStBl. I 2018, 93 Rn. 110):

Ehegatte/Lebenspartner 1 hat Eigenbeträge in Höhe von 1.500 EUR, Ehegatte/Lebenspartner 2 in Höhe von 1.000 EUR. Beide Ehegatten/Lebenspartner sind unmittelbar zulageberechtigt, die Zulageberechtigung beträgt jeweils 175 EUR. Die Mindesteigenbeträge sind überschritten.

Eigenbetrag Ehegatte/Lebenspartner 1	1.500 EUR
Zulageanspruch Ehegatte/Lebenspartner 1	175 EUR
Max. Abzugsvolumen	2.100 EUR
Abzugsfähige Sonderausgaben	1.675 EUR
Eigenbetrag Ehegatte/Lebenspartner 2	1.000 EUR
Zulageanspruch Ehegatte/Lebenspartner 2	175 EUR
Max. Abzugsvolumen	2.100 EUR
Abzugsfähige Sonderausgaben	1.175 EUR

Die Berücksichtigung des Sonderausgabenabzugs nach § 10a in Höhe von (1.500 EUR + 175 EUR + 1.000 EUR + 175 EUR =) 2.850 EUR führt zB zu einer um 2.350 EUR niedrigeren tariflichen Einkommensteuer. Die zusätzliche Steuerermäßigung beträgt (2.350 EUR – 2 x 175 EUR =) 2.000 EUR.

181 Die **Aufteilung der zusätzlichen Steuerermäßigung** für Feststellungszwecke erfolgt nach dem Verhältnis der geförderten Eigenbeträge jedes einzelnen Ehegatten/Lebenspartners zu den gesamten förderfähigen Gesamtbeträgen (Abs. 4 S. 3):

181.1 **Beispiel** (vereinfacht nach BMF 21.12.2017, BStBl. I 2018, 93 Rn. 117):

Ehegatte/Lebenspartner 1 hat geförderte Eigenbeträge von 1.500 EUR, Ehegatte/Lebenspartner 2 von 1.000 EUR. Die zusätzliche Steuerermäßigung beträgt 2.000 EUR.

Der Anteil von Ehegatte/Lebenspartner 1 beträgt 1.500 EUR/2.500 EUR x 2.000 EUR = 1.200 EUR. Der Anteil von Ehegatte/Lebenspartner 2 beträgt 1.000 EUR/2.500 EUR x 2.000 EUR = 800 EUR.

182–183 *Einstweilen frei*

3. Ein Ehegatte/Lebenspartner ist mittelbar begünstigt

184 **a) Grundsätzliches.** Ist **ein Ehegatte/Lebenspartner unmittelbar und einer mittelbar begünstigt,** sind dem unmittelbar begünstigten Ehegatten/Lebenspartner die Eigenbeträge und Altersvorsorgezulagen beider Ehegatten/Lebenspartner zuzurechnen (Abs. 3 S. 2). Der **Sonderausgaben-Höchstbetrag** erhöht sich in diesem Fall von 2.100 EUR um 60 EUR auf **2.160 EUR.**

185 **b) Berechnung.** Bei der Berechnung des Sonderausgaben-Höchstbetrags haben die **Altersvorsorgebeiträge des unmittelbar berechtigten Ehegatten/Lebenspartners**

Vorrang. Dem mittelbar begünstigten Ehegatten/Lebenspartner sind aber **mindestens 60 EUR** zuzurechnen (Abs. 3 S. 4). Diese Vorrangregelung spielt zwar nicht zwingend eine Rolle für die Ermittlung der Höhe der abzugsfähigen Sonderausgaben nach § 10a, aber für die Zurechnung.

Beispiel: 185.1

Der Eigenbetrag des unmittelbar begünstigten Ehegatten/Lebenspartners beträgt 1.800 EUR, der des mittelbar begünstigten Ehegatten/Lebenspartners beträgt 300 EUR. Die Mindesteigenbeträge sind überschritten. Die Zulageansprüche betragen jeweils 175 EUR.

Eigenbetrag unmittelbar berechtigter Ehegatte/Lebenspartner	1.800 EUR	
Zzgl. Zulageansprüche beider Ehegatten/Lebenspartner (2 x 175 EUR)		350 EUR
Ausgeschöpft somit		2.150 EUR
Abzugsvolumen		2.100 EUR
Eigenbetrag mittelbar berechtigter Ehegatte/Lebenspartner	300 EUR	
Davon abziehbar		60 EUR
Insgesamt abziehbar		2.160 EUR

Die **Aufteilung,** dh die Zurechnung der jeweiligen abziehbaren Sonderausgaben, erfolgt im Rahmen der gesonderten Feststellung nach den **förderfähigen Eigenbeiträgen** der Ehegatten/Lebenspartner (BMF 21.12.2017, BStBl. I 2018, 93 Rn. 113). 186

Fortführung des **Beispiels:** 186.1

Dem unmittelbar zulageberechtigten Ehegatten/Lebenspartner sind (2.100 EUR-350 EUR=) 1.750 EUR/ 1.810 EUR (96,67%) zuzurechnen und dem mittelbar zulageberechtigten Ehegatten/Lebenspartner 60 EUR/1.810 EUR (3,33%) zuzurechnen.

c) Ausnutzbarkeit nicht ausgeschöpften Abzugsvolumens. Nicht ausgeschöpftes Abzugsvolumen des unmittelbar berechtigten Ehegatten/Lebenspartners kann vom mittelbar berechtigten Ehegatten/Lebenspartner genutzt werden. 187

Beispiel (nach BMF 21.12.2017, BStBl. I 2018, 93 Rn. 111) 187.1

Der Eigenbetrag des unmittelbar begünstigten Ehegatten/Lebenspartners 1 beträgt 1.700 EUR, der des mittelbar begünstigten Ehegatten/Lebenspartners beträgt 250 EUR. Die Zulageansprüche betragen jeweils 175 EUR.

Eigenbetrag unmittelbar berechtigter Ehegatte/Lebenspartner	1.700 EUR	
Zzgl. Zulageansprüche beider Ehegatten/Lebenspartner (2 x 175 EUR)		350 EUR
Ausgeschöpft somit		2.050 EUR
Abzugsvolumen		2.100 EUR
Nicht ausgeschöpft		50 EUR
Eigenbetrag mittelbar berechtigter Ehegatte/Lebenspartner	250 EUR	
noch nutzbares Abzugsvolumen		50 EUR
zzgl. Mindestabzugsbetrag		60 EUR
Abzugsbetrag zusätzlich		110 EUR
Insgesamt abziehbar	(2.050 EUR+110 EUR)	2.160 EUR

Der **Erhöhungs- und Mindestabzugsbetrag von 60 EUR** des mittelbar berechtigten Ehegatten/Lebenspartners nach Abs. 3 S. 3 und 4 korreliert mit der Einführung des Mindesteigenbetrages für mittelbar Zulageberechtigte nach § 86 Abs. 1 S. 4. Da Abs. 3 S. 4 eine Zurechnung zu den Altersvorsorgebeiträgen des mittelbar Berechtigten in Höhe von mindestens 60 EUR vorsieht, steigt die Höhe der beim unmittelbar Berechtigten nachgelagert zu besteuernden Beiträge diesbezüglich nicht an (Blümich/*Lindberg* § 10a Rn. 51). 188

Einstweilen frei 189–190

X. Gesonderte Feststellung der zusätzlichen Steuerermäßigung (Abs. 4)

1. Grundsätzliches

191 Abs. 4 regelt die verfahrensrechtlichen Folgen für den Fall, dass die Günstigerprüfung nach Abs. 2 zur Gewährung des Sonderausgabenabzugs nach § 10a führt. Der Gesetzgeber hat eine **gesonderte Feststellung** eingeführt, weil die zentrale Stelle (§ 81) im Fall der schädlichen Verwendung wissen muss, wie hoch die steuerliche Förderung des Steuerpflichtigen bis zur Rückforderung gewesen ist. Die Feststellung durch die Finanzbehörde ist wegen der Sachnähe dieser Behörde zur Steuerfestsetzung mehr als sinnvoll.

192 *Einstweilen frei*

2. Inhalt der gesonderten Feststellung

193 Gesondert festgestellt wird nicht der der Günstigerprüfung zugrunde gelegte Zulageanspruch, sondern die über den Zulageanspruch hinausgehende **zusätzliche Steuerermäßigung** (Abs. 4 S. 1). Das Finanzamt teilt die über den Zulageanspruch hinausgehende Steuerermäßigung der zentralen Stelle (§ 81) mit. Die Übermittlung an die zentrale Stelle (§ 81) erfolgt unter Angabe der Vertragsnummer, der Steuer-Identifikationsnummer (§ 139b AO) und der Zulage- oder der Rentenversicherungsnummer (§ 147 SGB VI) (Abs. 4 S. 5).

194 *Einstweilen frei*

3. Inhalt der gesonderten Feststellung bei mehreren begünstigten Verträgen

195 Betreffen die Zahlungen **mehrere begünstigte Verträge,** gibt es für die Altersvorsorgezulage mit § 87 Abs. 1 S. 1 und § 87 Abs. 2 Vorgaben, welcher Vertrag begünstigt ist. Bei unmittelbar Zulageberechtigten sind maximal zwei Verträge förderfähig, bei mittelbar Zulageberechtigten einer. Welche Altersvorsorgeverträge nach §§ 79 ff. zulagebegünstigt sind, hängt vom Verhalten des Steuerpflichtigen ab: Hat er für bis zu zwei begünstigte Verträge die Altersvorsorgezulage beantragt, wird dem Antrag gefolgt. Hat er keine Bestimmung getroffen oder die Altersvorsorgezulage für mehr als zwei Verträge beantragt, wird die Altersvorsorgezulage für die Altersvorsorgeverträge gewährt, für die im Beitragsjahr die höchsten Altersvorsorgebeiträge geleistet wurden (§ 87 Abs. 1 S. 3 → § 87 Rn. 19). Eine vergleichbare Regelung gibt es für den Sonderausgabenabzug nach § 10a nicht. Die Zuordnung für die Altersvorsorgezulage wird insofern übernommen, als die Altersvorsorgezulage den begünstigten Verträgen zugerechnet wird, für die sie gewährt wurde. Im Übrigen bestimmt Abs. 4 S. 2 die **Zurechnung im Verhältnis der nach Absatz 1 berücksichtigten Altersvorsorgebeiträge.** Daher fallen an dieser Stelle Altersvorsorgezulage und Sonderausgabenabzug nach § 10a insofern auseinander, als der **Sonderausgabenabzug für mehr als zwei Verträge** gewährt werden kann.

195.1 **Beispiel** (nach BMF 21.12.2017, BStBl. I 2018, 93 Rn. 125):

Ein Steuerpflichtiger zahlt im Jahr 2020 insgesamt auf vier Altersvorsorgebeiträge jeweils 500 EUR ein. Der Zulageanspruch beträgt 175 EUR. Der Mindesteigenbetrag ist überschritten. Der Steuerpflichtige hat für die Altersvorsorgezulageverträge 1 und 2 die Altersvorsorgezulage beantragt.

Der Sonderausgabenhöchstbetrag abzügl. Altersvorsorgezulage beträgt (2.100 EUR-175 EUR =) 1.925 EUR. Auf jeden Altersvorsorgezulagevertrag entfallen ¼ = 481,25 EUR.

Da die Altersvorsorgezulageverträge 1 und 2 zulagefähig sind, betragen der anteilige Sonderausgabenabzug hier jeweils (481,25 EUR+1/2 x 175 EUR =) 568 EUR. Für die Altersvorsorgeverträge 3 und 4 beträgt der anteilige Sonderausgabenabzug hierfür 481,25 EUR.

196 Die Zurechnung auf die verschiedenen Altersvorsorgezulageverträge ist nicht bloße Förmelei, sondern die **Grundlage für die spätere Besteuerung nach § 22 Nr. 5.**

197 Die Verwaltung geht von einem **Wahlrecht des Steuerpflichtigen** aus, welche und wie viele Altersvorsorgeverträge er im Rahmen von § 10a einbeziehen möchte (BMF 21.12.2017, BStBl. I 2018, 93 Rn. 119).

4. Inhalt der gesonderten Feststellung bei zusammen veranlagten Ehegatten/Lebenspartnern

Bei **zusammen veranlagten Ehegatten/Lebenspartnern** ist zu unterscheiden, ob und zu welchem Begünstigtenkreis die Ehegatten/Lebenspartner gehören: Ist nur einem der Ehegatten/Lebenspartner ein Sonderausgabenabzug zuzuordnen, ist alleine ihm die hierauf entfallende zusätzliche Steuerermäßigung zuzurechnen und festzustellen. In Fällen, in denen beiden Ehegatten eine zusätzliche Steuerermäßigung zuzurechnen ist, sind zwei Feststellungsbescheide zu erteilen. 198

Die **gesonderte Feststellung** ist **gegenüber dem Steuerpflichtigen** gem. § 122 AO **bekannt zu geben.** Die Bekanntgabe ist verfahrensrechtliche Voraussetzung für die Anfechtung des Bescheids (§ 118 AO) durch einen Einspruch (§ 347 Abs. 1 S. 1 Nr. 1 AO). Die Mitteilung an die zentrale Stelle (§ 81), von der Abs. 4 S. 1 Hs. 1 spricht, regelt zusätzlich, dass das Finanzamt den Feststellungsbescheid nicht-förmlich dorthin weiterleitet. Diese Vorgehensweise ähnelt der Weiterleitung der einheitlichen und gesonderten Gewinnfeststellung vom Betriebs-Finanzamt an das Wohnsitz-Finanzamt eines Gesellschafters. 199

Einstweilen frei 200

5. Durchführung der gesonderten Feststellung (Verfahrensrecht)

Örtlich zuständig ist das **Wohnsitzfinanzamt** (§ 10a Abs. 4 S. 1 Hs. 2 EStG, § 19 Abs. 1 S. 1 AO, BMF 21.12.2017, BStBl. I 2018, 93 Rn. 112). 201

Auch die gesonderte Feststellung nach § 10 Abs. 4 unterliegt grundsätzlich §§ 179 ff. AO. Bezgl. der **Korrigierbarkeit der gesonderten Feststellung** verweist Abs. 4 S. 1 Hs. 2 abschließend auf § 10d Abs. 4 S. 3–5. Nach diesen Vorschriften ist die gesonderte Feststellung der auf § 10a beruhenden Steuerermäßigung dann zu ändern, wenn sich die Einkommensteuerfestsetzung ändert. § 10d Abs. 4 S. 4 ordnet die entsprechende Anwendung von § 171 Abs. 10 (**Ablaufhemmung**), § 175 Abs. 1 S. 1 Nr. 1 AO (**Korrektur bei Grundlagenbescheiden**), § 351 Abs. 2 AO (**Anfechtung des Grundlagen- und nicht des Folgebescheides**) und § 42 FGO (Reichweite des Streitgegenstands im finanzgerichtlichen Verfahren) an. Das Finanzamt hat damit **zwei Jahre** nach Bekanntgabe des geänderten Einkommensteuerbescheids Zeit, um die gesonderte Feststellung der Steuerermäßigung durchzuführen. Eine Fortschreibung der kumulierten Steuerermäßigungen über die Laufzeit des begünstigten Vertrags gibt es allerdings nicht. Die jeweilige gesonderte Feststellung betrifft immer die Verhältnisse des betroffenen Beitragsjahrs. 202

Einstweilen frei 203–204

XI. Datenübermittlung (Abs. 5)

1. Elektronische Datenübermittlung

Der Informationsfluss zwischen Anbieter und zentraler Stelle erfolgt seit dem VZ 2010 durch ein **elektronisches Datenübertragungssystem.** 205

Der Anbieter (mitteilungspflichtige Stelle, Abs. 2a S. 1) hat der zentralen Stelle (§ 81a) **bis zum letzten Tag des Februar des dem Beitragsjahr folgenden Jahrs** (§ 93c Abs. 1 Nr. 1 AO) folgende Daten zu melden: 206

- Höhe der im Beitragsjahr zu berücksichtigenden Altersvorsorgebeiträge
- Vertragsdaten
- Steuer-Identifikationsnummer (§ 139b AO)
- Zulagenummer oder Rentenversicherungsnummer (§ 147 SGB VI)

Der nach Abs. 5 **vorgeschriebene Datensatz** ist auf der Internetseite des Bundeszentralamts für Steuern veröffentlicht (www.bzst.bund.de). 206.1

Der Gesetzgeber hat mit dem Gesetz zur Modernisierung des Besteuerungsverfahrens mit § 93c AO eine allgemeine – vor die Klammer gezogene – Vorschrift zur Datenübermittlungspflicht Dritter im Besteuerungsverfahren geschaffen. Das Ziel, im verfahrensrechtlichen Allgemeinen Teil eine einheitliche Norm zu schaffen, ist ehrenwert, ob es aber leserfreundlicher ist, darf bezweifelt werden. Denn letztlich muss doch in jeder einzelgesetzlichen Norm ergänzt werden, welche einzelgesetzlichen Informationen übermittelt werden müssen, wie es auch Abs. 5 S. 1 zeigt. Hinzu kommt, dass der Sonderausgabenabzug 206.2

nach § 10a und die Altersvorsorgezulage nach §§ 79 ff. in einem engen inhaltlichen Zusammenhang stehen und eine einheitliche Regelung der Mitteilungspflichten sachnäher gewesen wäre. Die Anwendbarkeit von § 93c AO ist nach dessen Abs. 8 für die §§ 79 ff. aber gerade ausgeschlossen.

207 Da das Einwilligungserfordernis des bis einschl. VZ 2018 geltenden Abs. 2a entfallen ist (→ Rn. 177), ist es auch nicht mehr Voraussetzung der Datenübermittlung.

2. Sonstiger Datenaustausch

208 Die übrigen Voraussetzungen für den Sonderausgabenabzug werden durch **Datenerhebung** und **automatisierten Datenabgleich nach § 91** überprüft (Abs. 5 S. 5). Die Überprüfung betrifft zB die Zulageberechtigung und die Zahl der Kinder. Diese Überprüfung nimmt nicht das Finanzamt vor, sondern die zentrale Stelle (§ 81; Abs. 5 S. 5 in Verbindung mit § 91).

209 Die Regelung von **Abs. 5 S. 3**, dass eine Übermittlung auch dann erfolge, wenn im Fall der mittelbaren Zulageberechtigung keine Altersvorsorgebeiträge geleistet wurden, hat seit der Einführung des Mindesteigenbetrags (§ 86 Abs. 1 S. 4) nur noch einen **Anwendungsbereich für die Jahre vor VZ 2012.**

3. Möglichkeit einer Papierbescheinigung

210 Vor der Einführung des elektronischen Datenaustauschs (bis einschl. VZ 2009) hatte der Anbieter eine **Papierbescheinigung** auszustellen. Dies ist auch weiterhin möglich, wenn der Anbieter den gesetzlich bestimmten Übermittlungstermin (28.2. des dem Beitragsjahr folgenden Jahrs) nicht einhalten kann. Als Beispiel nennt BMF 21.12.2017, BStBl. I 2018, 93 Rn. 95 „technische Probleme". Das BMF-Schreiben stellt erstaunlicherweise darauf ab, ob der Steuerpflichtige es zu vertreten hat, dass die Daten nicht fristgerecht übermittelt werden können. Ob die Verwaltung von einer Verschuldenszurechnung des Anbieters zum Steuerpflichtigen ausgeht, bleibt offen. Die meint damit wohl, dass im Fall fehlender Informationen dies nicht auf den Steuerpflichtigen zurückzuführen sein darf.

211 Die erforderlichen Daten für den Sonderausgabenabzug kann der Anbieter, der die Frist nicht einhalten kann, nach dem **Vordruck des BMF-Schreibens vom 18.8.2011** (BMF 18.8.2011, BStBl. I 2011, 788) bis zum 31.3. des dem Beitragsjahr folgenden Jahrs bescheinigen. Er hat die Datenübermittlung allerdings unverzüglich nach Wegfall des Hindernisses nachzuholen (BMF 21.12.2017, BStBl. I 2018, 93 Rn. 95).

212 Für das Übergangsrecht nach Abs. 6 sind auch an **ausländische Anbieter** gezahlte Altersvorsorgebeiträge als Sonderausgaben förderungsfähig. Da ausländische Anbieter nicht der territorialen Hoheit des Fiskus unterliegen, kann von Ihnen die Datenübermittlung nach Abs. 5 S. 1 nicht verlangt werden. Aus diesem Grund kann der ausländische Anbieter die Altersvorsorgezulagebeiträge des Steuerpflichtigen auch in **Papierform** bescheinigen (HHR/*Braun* § 10a Rn. 40).

4. Verfahrensrecht

213 Wird die Einwilligung nach dem 28.2. des dem Beitragsjahrs folgenden Jahres, aber innerhalb der Zwei-Jahres-Frist (Abs. 2a S. 2 in Verbindung mit § 10 Abs. 2a S. 1, → Rn. 162) erteilt, sind die Daten **bis zum Ende des folgenden Kalendervierteljahrs** zu übermitteln (Abs. 5 S. 2 in Verbindung mit § 10 Abs. 2a S. 6). Da die Prüfung der Frist eine originäre Aufgabe des Finanzamts ist, geht die Verwaltung davon aus, der Anbieter müsse auch bei einer verfristeten Einwilligung die Daten übertragen (BMF 21.12.2017, BStBl. I 2018, 93 Rn. 95). Dies ist sinnvoll, wenn auch die Rechtsgrundlage hierfür nicht ersichtlich ist.

214 **Spezialgesetzliche Korrekturvorschriften** sind deswegen erforderlich, weil die Meldungen des Anbieters bzw. die Weiterleitung durch die zentrale Stelle (§ 81) keine Grundlagenbescheide iSd § 175 Abs. 1 S. 1 Nr. 1 AO sind. Bei so vielen Beteiligten (Anbieter, zentrale Stelle, Finanzamt) ist der Streit über das Vorliegen einer neuen Tatsache iSd § 173 AO tunlichst zu vermeiden. So ist ein Steuerbescheid zu ändern, wenn das Finanzamt feststellt, dass der Steuerpflichtige die Einwilligung in die Datenübermittlung innerhalb der geltenden Frist nicht erteilt hat (§ 175b Abs. 3 AO). Wegen der dann nicht mehr bestehenden Abzugsberechtigung nach § 10a ist in diesem Fall der Steuerbescheid zu ändern, soweit ein

1. 20 Prozent des Gesamtbetrags der Einkünfte oder
2. 4 Promille der Summe der gesamten Umsätze und der im Kalenderjahr aufgewendeten Löhne und Gehälter

als Sonderausgaben abgezogen werden. [2]Voraussetzung für den Abzug ist, dass diese Zuwendungen

1. an eine juristische Person des öffentlichen Rechts oder an eine öffentliche Dienststelle, die in einem Mitgliedstaat der Europäischen Union oder in einem Staat belegen ist, auf den das Abkommen über den Europäischen Wirtschaftsraum (EWR-Abkommen) Anwendung findet, oder
2. an eine nach § 5 Absatz 1 Nummer 9 des Körperschaftsteuergesetzes steuerbefreite Körperschaft, Personenvereinigung oder Vermögensmasse oder
3. an eine Körperschaft, Personenvereinigung oder Vermögensmasse, die in einem Mitgliedstaat der Europäischen Union oder in einem Staat belegen ist, auf den das Abkommen über den Europäischen Wirtschaftsraum (EWR-Abkommen) Anwendung findet, und die nach § 5 Absatz 1 Nummer 9 des Körperschaftsteuergesetzes in Verbindung mit § 5 Absatz 2 Nummer 2 zweiter Halbsatz des Körperschaftsteuergesetzes steuerbefreit wäre, wenn sie inländische Einkünfte erzielen würde,

geleistet werden. [3]Für nicht im Inland ansässige Zuwendungsempfänger nach Satz 2 ist weitere Voraussetzung, dass durch diese Staaten Amtshilfe und Unterstützung bei der Beitreibung geleistet werden. [4]Amtshilfe ist der Auskunftsaustausch im Sinne oder entsprechend der Amtshilferichtlinie gemäß § 2 Absatz 2 des EU-Amtshilfegesetzes. [5]Beitreibung ist die gegenseitige Unterstützung bei der Beitreibung von Forderungen im Sinne oder entsprechend der Beitreibungsrichtlinie einschließlich der in diesem Zusammenhang anzuwendenden Durchführungsbestimmungen in den für den jeweiligen Veranlagungszeitraum geltenden Fassungen oder eines entsprechenden Nachfolgerechtsaktes. [6]Werden die steuerbegünstigten Zwecke des Zuwendungsempfängers im Sinne von Satz 2 Nummer 1 nur im Ausland verwirklicht, ist für den Sonderausgabenabzug Voraussetzung, dass natürliche Personen, die ihren Wohnsitz oder ihren gewöhnlichen Aufenthalt im Geltungsbereich dieses Gesetzes haben, gefördert werden oder dass die Tätigkeit dieses Zuwendungsempfängers neben der Verwirklichung der steuerbegünstigten Zwecke auch zum Ansehen der Bundesrepublik Deutschland beitragen kann. [7]Abziehbar sind auch Mitgliedsbeiträge an Körperschaften, die Kunst und Kultur gemäß § 52 Absatz 2 Satz 1 Nummer 5 der Abgabenordnung fördern, soweit es sich nicht um Mitgliedsbeiträge nach Satz 8 Nummer 2 handelt, auch wenn den Mitgliedern Vergünstigungen gewährt werden. [8]Nicht abziehbar sind Mitgliedsbeiträge an Körperschaften,

1. die den Sport (§ 52 Absatz 2 Satz 1 Nummer 21 der Abgabenordnung),
2. die kulturelle Betätigungen, die in erster Linie der Freizeitgestaltung dienen,
3. die Heimatpflege und Heimatkunde (§ 52 Absatz 2 Satz 1 Nummer 22 der Abgabenordnung),
4. die Zwecke im Sinne des § 52 Absatz 2 Satz 1 Nummer 23 der Abgabenordnung fördern oder
5. deren Zweck nach § 52 Absatz 2 Satz 2 der Abgabenordnung für gemeinnützig erklärt worden ist, weil deren Zweck die Allgemeinheit auf materiellem, geistigem oder sittlichem Gebiet entsprechend einem Zweck nach den Nummern 1 bis 4 fördert.

[9]Abziehbare Zuwendungen, die die Höchstbeträge nach Satz 1 überschreiten oder die den um die Beträge nach § 10 Absatz 3 und 4, § 10c und § 10d verminderten Gesamtbetrag der Einkünfte übersteigen, sind im Rahmen der Höchstbeträge in den folgenden Veranlagungszeiträumen als Sonderausgaben abzuziehen. [10]§ 10d Absatz 4 gilt entsprechend.

(1a) [1]Spenden zur Förderung steuerbegünstigter Zwecke im Sinne der §§ 52 bis 54 der Abgabenordnung in das zu erhaltende Vermögen (Vermögensstock) einer Stiftung, welche die Voraussetzungen des Absatzes 1 Satz 2 bis 6 erfüllt, können auf Antrag des Steuerpflichtigen im Veranlagungszeitraum der Zuwendung und in

den folgenden neun Veranlagungszeiträumen bis zu einem Gesamtbetrag von 1 Million Euro, bei Ehegatten, die nach den §§ 26, 26b zusammen veranlagt werden, bis zu einem Gesamtbetrag von 2 Millionen Euro, zusätzlich zu den Höchstbeträgen nach Absatz 1 Satz 1 abgezogen werden. [2]Nicht abzugsfähig nach Satz 1 sind Spenden in das verbrauchbare Vermögen einer Stiftung. [3]Der besondere Abzugsbetrag nach Satz 1 bezieht sich auf den gesamten Zehnjahreszeitraum und kann der Höhe nach innerhalb dieses Zeitraums nur einmal in Anspruch genommen werden. [4]§ 10d Absatz 4 gilt entsprechend.

(2) [1]Zuwendungen an politische Parteien im Sinne des § 2 des Parteiengesetzes sind, sofern die jeweilige Partei nicht gemäß § 18 Absatz 7 des Parteiengesetzes von der staatlichen Teilfinanzierung ausgeschlossen ist, bis zur Höhe von insgesamt 1 650 Euro und im Fall der Zusammenveranlagung von Ehegatten bis zur Höhe von insgesamt 3 300 Euro im Kalenderjahr abzugsfähig. [2]Sie können nur insoweit als Sonderausgaben abgezogen werden, als für sie nicht eine Steuerermäßigung nach § 34g gewährt worden ist.

(3) [1]Als Zuwendung im Sinne dieser Vorschrift gilt auch die Zuwendung von Wirtschaftsgütern mit Ausnahme von Nutzungen und Leistungen. [2]Ist das Wirtschaftsgut unmittelbar vor seiner Zuwendung einem Betriebsvermögen entnommen worden, so bemisst sich die Zuwendungshöhe nach dem Wert, der bei der Entnahme angesetzt wurde und nach der Umsatzsteuer, die auf die Entnahme entfällt. [3]Ansonsten bestimmt sich die Höhe der Zuwendung nach dem gemeinen Wert des zugewendeten Wirtschaftsguts, wenn dessen Veräußerung im Zeitpunkt der Zuwendung keinen Besteuerungstatbestand erfüllen würde. [4]In allen übrigen Fällen dürfen bei der Ermittlung der Zuwendungshöhe die fortgeführten Anschaffungs- oder Herstellungskosten nur überschritten werden, soweit eine Gewinnrealisierung stattgefunden hat. [5]Aufwendungen zugunsten einer Körperschaft, die zum Empfang steuerlich abziehbarer Zuwendungen berechtigt ist, können nur abgezogen werden, wenn ein Anspruch auf die Erstattung der Aufwendungen durch Vertrag oder Satzung eingeräumt und auf die Erstattung verzichtet worden ist. [6]Der Anspruch darf nicht unter der Bedingung des Verzichts eingeräumt worden sein.

(4) [1]Der Steuerpflichtige darf auf die Richtigkeit der Bestätigung über Spenden und Mitgliedsbeiträge vertrauen, es sei denn, dass er die Bestätigung durch unlautere Mittel oder falsche Angaben erwirkt hat oder dass ihm die Unrichtigkeit der Bestätigung bekannt oder infolge grober Fahrlässigkeit nicht bekannt war. [2]Wer vorsätzlich oder grob fahrlässig eine unrichtige Bestätigung ausstellt oder veranlasst, dass Zuwendungen nicht zu den in der Bestätigung angegebenen steuerbegünstigten Zwecken verwendet werden, haftet für die entgangene Steuer. [3]Diese ist mit 30 Prozent des zugewendeten Betrags anzusetzen. [4]In den Fällen des Satzes 2 zweite Alternative (Veranlasserhaftung) ist vorrangig der Zuwendungsempfänger in Anspruch zu nehmen; die in diesen Fällen für den Zuwendungsempfänger handelnden natürlichen Personen sind nur in Anspruch zu nehmen, wenn die entgangene Steuer nicht nach § 47 der Abgabenordnung erloschen ist und Vollstreckungsmaßnahmen gegen den Zuwendungsempfänger nicht erfolgreich sind. [5]Die Festsetzungsfrist für Haftungsansprüche nach Satz 2 läuft nicht ab, solange die Festsetzungsfrist für von dem Empfänger der Zuwendung geschuldete Körperschaftsteuer für den Veranlagungszeitraum nicht abgelaufen ist, in dem die unrichtige Bestätigung ausgestellt worden ist oder veranlasst wurde, dass die Zuwendung nicht zu den in der Bestätigung angegebenen steuerbegünstigten Zwecken verwendet worden ist; § 191 Absatz 5 der Abgabenordnung ist nicht anzuwenden.

---

§ 50 EStDV Zuwendungsbestätigung

(1) [1]Zuwendungen im Sinne der §§ 10b und 34g des Gesetzes dürfen vorbehaltlich des Absatzes 2 nur abgezogen werden, wenn der Zuwendende eine Zuwendungsbestätigung, die der Zuwendungsempfänger unter Berücksichtigung des § 63 Absatz 5 der Abgabenordnung nach amtlich vorgeschriebenem Vordruck ausgestellt hat, oder die in den Absätzen 4 bis 6 bezeichneten Unterlagen erhalten hat.

[2]Dies gilt nicht für Zuwendungen an nicht im Inland ansässige Zuwendungsempfänger nach § 10b Absatz 1 Satz 2 Nummer 1 und 3 des Gesetzes.

(2) [1]Der Zuwendende kann den Zuwendungsempfänger bevollmächtigen, die Zuwendungsbestätigung der für seine Besteuerung nach dem Einkommen zuständigen Finanzbehörde nach amtlich vorgeschriebenem Datensatz durch Datenfernübertragung nach Maßgabe des § 93c der Abgabenordnung zu übermitteln. [2]Der Zuwendende hat dem Zuwendungsempfänger zu diesem Zweck seine Identifikationsnummer (§ 139b der Abgabenordnung) mitzuteilen. [3]Die Vollmacht kann nur mit Wirkung für die Zukunft widerrufen werden. [4]Der Zuwendungsempfänger hat dem Zuwendenden die nach Satz 1 übermittelten Daten elektronisch oder auf dessen Wunsch als Ausdruck zur Verfügung zu stellen; in beiden Fällen ist darauf hinzuweisen, dass die Daten der Finanzbehörde übermittelt worden sind. [5]§ 72a Absatz 4 der Abgabenordnung findet keine Anwendung.

(3) [1]In den Fällen des Absatzes 2 ist für die Anwendung des § 93c Absatz 4 Satz 1 der Abgabenordnung das Finanzamt zuständig, in dessen Bezirk sich die Geschäftsleitung (§ 10 der Abgabenordnung) des Zuwendungsempfängers im Inland befindet. [2]Die nach Absatz 2 übermittelten Daten können durch dieses Finanzamt zum Zweck der Anwendung des § 93c Absatz 4 Satz 1 der Abgabenordnung bei den für die Besteuerung der Zuwendenden nach dem Einkommen zuständigen Finanzbehörden abgerufen und verwendet werden.

(4) [1]Statt einer Zuwendungsbestätigung genügt der Bareinzahlungsbeleg oder die Buchungsbestätigung eines Kreditinstituts, wenn

1. die Zuwendung zur Hilfe in Katastrophenfällen:
   a) innerhalb eines Zeitraums, den die obersten Finanzbehörden der Länder im Benehmen mit dem Bundesministerium der Finanzen bestimmen, auf ein für den Katastrophenfall eingerichtetes Sonderkonto einer inländischen juristischen Person des öffentlichen Rechts, einer inländischen öffentlichen Dienststelle oder eines inländischen amtlich anerkannten Verbandes der freien Wohlfahrtspflege einschließlich seiner Mitgliedsorganisationen eingezahlt worden ist oder
   b) bis zur Einrichtung des Sonderkontos auf ein anderes Konto der genannten Zuwendungsempfänger eingezahlt wird; wird die Zuwendung über ein als Treuhandkonto geführtes Konto eines Dritten auf eines der genannten Sonderkonten eingezahlt, genügt der Bareinzahlungsbeleg oder die Buchungsbestätigung des Kreditinstituts des Zuwendenden zusammen mit einer Kopie des Barzahlungsbelegs oder der Buchungsbestätigung des Kreditinstituts des Dritten, oder

2. die Zuwendung 200 Euro nicht übersteigt und
   a) der Empfänger eine inländische juristische Person des öffentlichen Rechts oder eine inländische öffentliche Dienststelle ist oder
   b) der Empfänger eine Körperschaft, Personenvereinigung oder Vermögensmasse im Sinne des § 5 Absatz 1 Nummer 9 des Körperschaftsteuergesetzes ist, wenn der steuerbegünstigte Zweck, für den die Zuwendung verwendet wird, und die Angaben über die Freistellung des Empfängers von der Körperschaftsteuer auf einem von ihm hergestellten Beleg aufgedruckt sind und darauf angegeben ist, ob es sich bei der Zuwendung um eine Spende oder einen Mitgliedsbeitrag handelt, oder
   c) der Empfänger eine politische Partei im Sinne des § 2 des Parteiengesetzes ist, die nicht gemäß § 18 Absatz 7 des Parteiengesetzes von der staatlichen Teilfinanzierung ausgeschlossen ist, und bei Spenden der Verwendungszweck auf dem vom Empfänger hergestellten Beleg aufgedruckt ist.

[2]Aus der Buchungsbestätigung müssen der Name und die Kontonummer oder ein sonstiges Identifizierungsmerkmal des Auftraggebers und des Empfängers, der Betrag, der Buchungstag sowie die tatsächliche Durchführung der Zahlung ersichtlich sein. [3]In den Fällen des Satzes 1 Nummer 2 Buchstabe b hat der Zuwendende zusätzlich den vom Zuwendungsempfänger hergestellten Beleg aufzubewahren.

(5) Bei Zuwendungen zur Hilfe in Katastrophenfällen innerhalb eines Zeitraums, den die obersten Finanzbehörden der Länder im Benehmen mit dem Bundesministerium der Finanzen bestimmen, die über ein Konto eines Dritten an eine inländische juristische Person des öffentlichen Rechts, an eine inländische öffentliche Dienststelle oder an eine nach § 5 Absatz 1 Nummer 9 des Körperschaftsteuergesetzes steuerbefreite Körperschaft, Personenvereinigung oder Vermögensmasse geleistet werden, genügt das Erhalten einer auf den jeweiligen Zuwendenden ausgestellten Zuwendungsbestätigung des Zuwendungsempfängers, wenn das Konto des Dritten als Treuhandkonto geführt wurde, die Zuwendung von dort an den Zuwendungsempfänger weitergeleitet wurde und diesem eine Liste mit den einzelnen Zuwendenden und ihrem jeweiligen Anteil an der Zuwendungssumme übergeben wurde.

(6) Bei Zahlungen von Mitgliedsbeiträgen an politische Parteien im Sinne des § 2 des Parteiengesetzes genügen statt Zuwendungsbestätigungen Bareinzahlungsbelege, Buchungsbestätigungen oder Beitragsquittungen.

(7) [1]Eine in § 5 Absatz 1 Nummer 9 des Körperschaftsteuergesetzes bezeichnete Körperschaft, Personenvereinigung oder Vermögensmasse hat die Vereinnahmung der Zuwendung und ihre zweckentsprechende Verwendung ordnungsgemäß aufzuzeichnen und ein Doppel der Zuwendungsbestätigung aufzubewahren. [2]Diese Aufbewahrungspflicht entfällt in den Fällen des Absatzes 2. [3]Bei Sachzuwendungen und beim Verzicht auf die Erstattung von Aufwand müssen sich aus den Aufzeichnungen auch die Grundlagen für den vom Empfänger bestätigten Wert der Zuwendung ergeben.

(8) [1]Die in den Absätzen 1, 4, 5 und 6 bezeichneten Unterlagen sind vom Zuwendenden auf Verlangen der Finanzbehörde vorzulegen. [2]Soweit der Zuwendende sie nicht bereits auf Verlangen der Finanzbehörde vorgelegt hat, sind sie vom Zuwendenden bis zum Ablauf eines Jahres nach Bekanntgabe der Steuerfestsetzung aufzubewahren.

Überblick

§ 10b Abs. 1 und 1a regelt den Abzug von Spenden und Mitgliedsbeiträgen zur Förderung gemeinnütziger, mildtätiger und kirchlicher Zwecke im Sinne der §§ 52 bis 54 AO als Sonderausgaben. Auch Zuwendungen an politische Parteien sind nach **§ 10b Abs. 2** in begrenzter Höhe abzugsfähig. § 10b lässt damit den Abzug freiwillig veranlassten Privataufwands von der steuerlichen Bemessungsgrundlage zu und soll so einen Anreiz für die uneigennützige Unterstützung der öffentlichen Hand, steuerbegünstigter Körperschaften und politischer Parteien setzen. Begleitregelungen enthalten § 10b Abs. 3 und 4. **§ 10b Abs. 3** regelt die Bewertung von Sachzuwendungen. **§ 10b Abs. 4** schützt einerseits das Vertrauen des Zuwendenden in die Abzugsfähigkeit seiner Zuwendung und regelt andererseits die Haftung des Empfängers für die dadurch „entgangene" Steuer.

Übersicht

A. Allgemeines

Leitentscheidungen, wichtige Verwaltungsanweisungen und Schrifttum (Auswahl): 1

Leitentscheidungen des BFH: 1.1
BFH 22.9.1993 – X R 107/91, BStBl. II 1993, 874 (Spendenabzug bei Erfüllung eines Vermächtnisses); BFH 12.8.1999 – XI R 65/98, BStBl. II 2000, 65 (Spendenhaftung bei Mitgliedsspende); BFH 2.8.2006 – XI R 6/03, BStBl. II 2007, 8 (Spendenmotivation bei Mitgliedsspende und Vertrauensschutz); BFH 21.1.2015 – X R 7/13, BStBl. II 2015, 588 (Spende an Stiftung mit Sitz in einem anderen Mitgliedstaat der Europäischen Union); BFH 20.3.2017 – X R 13/15, BStBl. II 2017, 1110 (Verwendung einer Zuwendung für steuerbegünstigte Zwecke); BFH 15.1.2019 – X R 6/17, BStBl. II 2019, 318 (Spendenabzug bei Erfüllung einer Schenkungsauflage nach Schenkung unter zusammenveranlagten Ehegatten).

Wichtige Verwaltungsanweisungen: 1.2
BMF 18.2.1998, BStBl. I 1998, 212 (Sponsoring); BMF 27.4.2006, BStBl. I 2006, 342 (Einnahmen aus Spiel- und Quizshows); BMF 18.12.2008, BStBl. I 2009, 16 (Gesetz zur weiteren Stärkung des bürgerschaftlichen Engagements); BMF 16.5.2011, BStBl. I 2011, 559 (EuGH-Urteil in der Rechtssache Persche); BMF 7.11.2013, BStBl. I 2013, 1333 (Muster für Zuwendungsbestätigungen); BMF 15.9.2014, BStBl. I 2014, 1278 (Vermögensstockspenden); BMF 25.11.2014, BStBl. I 2014, 1584 (Aufwandsspenden); BMF 24.8.2016, BStBl. I 2016, 994 (Aufwandsspenden); BMF 6.2.2017, BStBl. I 2017, 287 (Zuwendungsbestätigungen in Dateiform); BMF 15.12.2017, BStBl. I 2018, 246 (Crowdfunding); OFD Frankfurt 14.11.2014, BeckVerw 293237 (Spendenhaftung); OFD Frankfurt 29.1.2018, BeckVerw 354352 (Elternspenden zur Förderung öffentlicher Schulen); OFD Frankfurt 16.5.2018, BeckVerw 436432 (Zuwendung von Pfandbons, Pfanderlösen und Pfandgut); OFD Nordrhein-Westfalen 17.7.2018, BeckVerw 439509 (Bewertung von Sachzuwendungen und insbesondere Kunstspenden).

Schrifttum (Auswahl): 1.3
Bartmuß/Pauls, Zur steuerlichen Behandlung von Vereinsbeiträgen, ZStV 2013, 8, 46 und 121; *Bornemann*, Kein grenzenloser Spendenabzug in Europa, jM 2015, 342; *Buchna/Leichinger/Seeger/Brox*, Gemeinnützigkeit im Steuerrecht, 11. Aufl. 2015; *Droege*, Europäisierung des Gemeinnützigkeitsrechts, StuW 2012, 256; *Emser*, Änderungen der Voraussetzungen für eine steuerliche Anerkennung sog. „Aufwandsspenden" durch das BMF-Schreiben v. 25.11.2014, DStR 2015, 1960; *Fischer*, Das EuGH-Urteil Persche zu Auslandsspenden, FR 2009, 249; *Förster*, Grenzüberschreitende Gemeinnützigkeit – Spenden schwer gemacht?, BB 2011, 663; *Förster*, Immer Ärger mit den Nachweisen – Verfahrensprobleme bei grenzüberschreitenden Spenden, DStR 2013, 1516; *Gerlach*, Vertrauensschutz und Haftung im Spendenrecht, 2005; *Geserich*, Privater, gemeinwohlwirksamer Aufwand im System der deutschen Einkommensteuer und des europäischen Rechts, 1999; *Geserich*, Das Spendenrecht, DStJG 26 (2003), 245; *Geserich*, Die Abzugsfähigkeit von Spenden in andere EU-Staaten, DStR 2009, 1173; *Geserich*, Der Abzug von Auslandsspenden, NWB 2010, 1408; *Geserich*, Auslandsspenden leicht gemacht? Das neue BMF-Schreiben v. 16.5.2011 zur Anwendung des EuGH-Urteils v. 27.1.2009 in der Rechtssache „Persche", NWB 2011, 2188; *Gierlich*, Vertrauensschutz bei Spenden, FR 1991, 518; *Hey*, Parteiensponsoring im Steuerrecht, DB 2005, 1403; *Hörmann*, Spende oder Sponsoring, npoR 2016, 153; *Hüttemann*, Die Neuregelung des Spendenrechts, NJW 2000, 638; *Hüttemann*, Das Buchwertprivileg bei Sachspenden nach § 6 Abs. 1 Nr. 4 Satz 5 EStG, DB 2008, 1590; *Hüttemann*, Steuerliche Behandlung von Spenden in den Vermögensstock einer Stiftung, DB 2008, 2164; *Hüttemann*, Rechtsfragen des grenzüberschreitenden Spendenabzugs, IStR 2010, 118; *Hüttemann*, Ausstellung von Zuwendungsbestätigungen und Anerkennung als gemeinnützige Körperschaft, FR 2012, 241; *Hüttemann*, Gemeinnützigkeits- und Spendenrecht, 4. Aufl. 2018; *Hüttemann/Helios*, Zum grenzüberschreitenden Spendenabzug in Europa nach dem EuGH-Urteil v. 27.1.2009, DB 2009, 701; *Jochum*, Gemeinnützigkeit in Europa: National oder europäisch gedacht?, FS Rengeling, 2008, 545; *Jochum*, Die Vermögensstockspende – Deutscher Sonderweg oder europäisches Pionierstück?, IStR 2012, 325; *Kasper*, Sponsoring im Steuerrecht, DStZ 2005, 397; *Kirchhain*, Immer wieder Ärger mit Auslandsspenden, IWB 2014, 421; *Lang*, Steuermindernde Parteienfinanzierung, StuW 1984, 15; *Lorenz*, Sonderausgabenabzug für Zuwendungen an eine Stiftung, ZStV 2013, 69; *Martini*, Der Gemeinnützigkeitsstatus beschränkt steuerpflichtiger

Körperschaften, ISR 2015, 97; *Oppermann/Peter,* Die steuerliche Haftung für rechtswidrig ausgestellte Spendenbescheinigungen, DStZ 1998, 424; *von Proff,* Grenzüberschreitende Gemeinnützigkeit nach dem Persche-Urteil des EuGH, IStR 2009, 371; *Rathke/Ritter,* Die Spendenhaftung, NWB 2012, 3373; *Rausch/Meirich,* Spenden durch Verzicht auf einen vertraglichen Anspruch, DStR 2017, 2769; *Rawert,* Zivilrechtsfragen des Spendens, Non Profit Law Yearbook 2005, 165; *Schäfers,* Die steuerliche Berücksichtigung altruistischer Arbeit als abzugsfähige Spende, DStZ 2002, 287; *Schienke-Ohlitz,* Internationales Spenden, Stiften und Fördern aus deutscher Sicht, IWB 2011, 651; *Schienke-Ohlitz,* Internationales Gemeinnützigkeits- und Spendenrecht unerwünscht?, BB 2018, 221; *Schleder,* Sachspenden im Steuerrecht, DB 1988, 1132; *Seer,* Entnahme zum Buchwert bei unentgeltlicher Übertragung von Wirtschaftsgütern auf eine gemeinnützige GmbH oder Stiftung, GmbHR 2008, 785; *Sievert/Stolze,* Spendenabzug bei Organschaft, StuB 2006, 616; *Sterzinger,* Voraussetzungen und Umfang der Spendenhaftung nach § 10b Abs. 4 EStG, EStB 2019, 337; *Teufel,* Zur Haftung bei falsch ausgestellten Spendenbescheinigungen bzw. zweckwidriger Mittelverwendung, FR 1993, 772; *Trzaskalik,* Die steuerliche Förderung des Sports, StuW 1986, 219; *Unger,* Steuerbegünstigung grenzüberschreitender Gemeinnützigkeit im Binnenmarkt, DStZ 2010, 154; *Wachter,* Kein Spendenabzug bei Zuwendungen an eine Vorstiftung, DStR 2009, 2469; *Wallenhorst,* Die neue Haftung bei Fehlverwendung von Spenden, DB 1991, 1410; *Wallenhorst,* Die Erhöhung des Spendenvolumens durch Zuwendungen in den Vermögensstock bei fiduziarischen Verbrauchsstiftungen, DStR 2002, 984; *Wallenhorst,* Spendenhaftung: Beantwortete und offene Fragen, DStZ 2003, 531; *Wallenhorst,* Gestaltungsalternativen für Vermögensstockspenden von Wertpapieren unter der Abgeltungssteuer, DStR 2016, 111; *Weitemeyer/Bornemann,* Problemstellungen gemeinnütziger Tätigkeit mit Auslandsbezug, FR 2016, 437; *Winheller/Klein,* Spendenabzug für Zuwendungen ins EU-Ausland, DStZ 2009, 193.

I. Regelungsanliegen im System des Steuerrechts

1. Regelungszweck des § 10b

2 Die Abzugsfähigkeit von Spenden und Mitgliedsbeiträgen als Sonderausgaben nach § 10b Abs. 1 und § 10b Abs. 1a setzt **finanzielle Anreize** für die Unterstützung der öffentlichen Hand sowie steuerbegünstigter Körperschaften (dazu BFH 2.8.2006 – XI R 6/03, BStBl. II 2007, 8; BFH 16.2.2011 – X R 46/09, BStBl. II 2011, 685). Für Zuwendungen an politische Parteien enthält § 10b Abs. 2 einen eigenständigen Abzugstatbestand. Ihre Rechtfertigung finden die in § 10b zusammengefassten Abzugstatbestände im **Beitrag der Zuwendungsempfänger zum Gemeinwohl** (dazu auch BFH 2.8.2006 – XI R 6/03, BStBl. II 2007, 8). Für die politischen Parteien ergibt sich dieser aus Art. 21 Abs. 1 S. 1 GG. Für die öffentliche Hand folgt er aus ihrer allgemeinen Verpflichtung auf das Gemeinwohl (zur Verankerung im Republikprinzip etwa BeckOK GG/*Huster/Rux* GG Art. 20 Rn. 203), für die steuerbegünstigten Körperschaften aus der selbstlosen Verwirklichung eines gemeinnützigen, mildtätigen oder kirchlichen Zwecks im Sinne der §§ 52 bis 54 AO.

3 Trotz des Zusammenhangs zwischen Steuerbegünstigung und Gemeinwohlverwirklichung ist die **Steuerbegünstigung von Zuwendungen politisch umstritten,** weil sie im Verdacht steht, Steuerpflichtigen mit ausreichenden finanziellen Ressourcen die teilweise steuerfinanzierte Verwirklichung partikularer Interessen zu ermöglichen. Ausdruck findet diese Skepsis in der Rechtsprechung des Bundesverfassungsgerichts zum **Spezialfall der politischen Parteien:** „Die verfassungsrechtliche Grenze einer zulässigen steuerlichen Begünstigung von Beiträgen und Spenden an politische Parteien, die nicht durch anderweitige Leistungen des Staates wirksam ausgeglichen wird, verläuft" nach dieser Rechtsprechung „da, wo sie ein Ausmaß erreicht, das geeignet ist, die vorgegebene Wettbewerbslage zwischen den Parteien in einer ernsthaft ins Gewicht fallenden Weise zu verändern. Diese Grenze ist nicht erreicht, wenn die steuerliche Begünstigung von der Mehrzahl der Steuerpflichtigen in gleicher Weise genutzt werden kann" (BVerfG 9.4.1992 – 2 BvE 2/89, BVerfGE 85, 264).

4 Auf Zuwendungen an Körperschaften, die steuerbegünstigte Zwecke im Sinne der §§ 52 bis 54 AO verfolgen, lässt sich diese durch das sensible Gebot demokratischer Gleichheit angeleitete Argumentation zwar nicht ohne Weiteres übertragen (anders für Körperschaften, die Einfluss auf die politische Willensbildung nehmen, ohne wie politische Parteien bei Wahlen anzutreten, aber BFH 10.1.2019 – V R 60/17, BStBl. 2019, 301; zustimmend *Hüttemann* DB 2019, 744 (751); *Seer* JZ 2019, 513 (516); *Weitemeyer* npoR 2019, 97 (106); zur Kritik *Unger* Politische Betätigung gemeinnütziger Körperschaften, 2020, 36 ff.; abrufbar

unter https://freiheitsrechte.org/gemeinnuetzigkeit/). Gleichwohl ist auch insoweit zu beachten, dass § 10b Abs. 1 und 1a **private Beiträge zum Gemeinwohl durch staatlichen Steuerverzicht fördern.** Die Allgemeinheit wird so finanziell gebunden. Auch die Förderung steuerbegünstigter Zwecke im Sinne der §§ 52 bis 54 AO ist daher „Politik", auf die einkommens- und vermögensstarke Bürger nicht zuletzt infolge der steuerlichen Begünstigung von Zuwendungen mehr Einfluss nehmen können als andere Bürger (zum Ganzen *Droege* KJ 52 (2019), 349 (357 f.); *Droege* Gemeinnützigkeit im offenen Steuerstaat, 2010, 385; *Unger* npoR 2020, 1 (1)). Das Spendenrecht steht daher gleichheitsrechtlich insgesamt und nicht nur bei Förderung politischer Parteien unter Druck. Problematisch sind insoweit vor allem der Abzug steuerbegünstigter Zuwendungen nicht von der Steuerschuld, sondern von der Bemessungsgrundlage (→ Rn. 218) sowie die unterschiedlich hohen Abzugshöchstbeträge nach § 10b Abs. 1 S. 1 (→ Rn. 224).

Einstweilen frei **5–6**

2. Abzug disponiblen Privataufwands

§ 10b berechtigt zum Abzug von Spenden und Mitgliedsbeiträgen als Sonderausgaben, mithin gemäß § 2 Abs. 4 zu ihrem Abzug vom Gesamtbetrag der Einkünfte im Sinne des § 2 Abs. 3. Die Vorschrift ist damit Teil der einkommensteuerrechtlichen Vorschriften über den **Abzug privat veranlassten Aufwands.** Das Einkommensteuerrecht schließt diesen, wie sich insbesondere aus § 12 Nr. 1 ergibt (→ § 12 Rn. 81 ff.), grundsätzlich aus. Es kennt aber, wie der Einleitungssatz zu § 12 verdeutlicht (→ § 12 Rn. 89 ff.), Ausnahmen von diesem Grundsatz: Zum einen gewährt es Freibeträge (insbesondere: den Grundfreibetrag nach § 32a Abs. 1 S. 2 Nr. 1), zum anderen lässt es den Abzug von Sonderausgaben und außergewöhnlichen Belastungen zu. **7**

Verfassungsrechtlicher Hintergrund ist das aus Art. 3 Abs. 1 GG folgende **Gebot der Besteuerung nach der finanziellen Leistungsfähigkeit.** Während bis heute offen ist, ob und in welchem Umfang der Abzug erwerbsbezogenen Aufwands verfassungsrechtlich geboten ist, schließt das Bundesverfassungsgericht für privaten Aufwand aus Art. 1 Abs. 1 GG in Verbindung mit Art. 20 Abs. 1 GG und Art. 6 Abs. 1 GG sowie Art. 3 Abs. 1 GG in ständiger Rechtsprechung, dass jedenfalls das **Familienexistenzminimum des Steuerpflichtigen** steuerlich zu verschonen ist (stellvertretend für die ständige Rechtsprechung BVerfG 13.2.2008 – 2 BvL 1/06, BVerfGE 120, 125). Nicht abschließend geklärt ist, ob „über den Schutz des Existenzminimums hinaus auch sonstige unvermeidbare oder zwangsläufige private Aufwendungen bei der Bemessungsgrundlage einkommensmindernd zu berücksichtigen sind". Das Bundesverfassungsgericht hat auf diese Möglichkeit mehrfach hingewiesen: „Für die verfassungsrechtlich gebotene Besteuerung nach finanzieller Leistungsfähigkeit kommt es nicht nur auf die Unterscheidung zwischen beruflichem oder privatem Veranlassungsgrund für Aufwendungen an, sondern jedenfalls auch auf die Unterscheidung zwischen freier oder beliebiger Einkommensverwendung einerseits und zwangsläufigem, pflichtbestimmtem Aufwand andererseits. Die Berücksichtigung privat veranlassten Aufwands steht nicht ohne Weiteres zur Disposition des Gesetzgebers. Dieser hat die unterschiedlichen Gründe, die den Aufwand veranlassen, auch dann im Lichte betroffener Grundrechte differenzierend zu würdigen, wenn solche Gründe ganz oder teilweise der Sphäre der allgemeinen (privaten) Lebensführung zuzuordnen sind" (BVerfG 4.12.2002 – 2 BvR 400/98 und 1735/00, BVerfGE 107, 27; nachfolgend BVerfG 16.3.2005 – 2 BvL 7/00, BVerfGE 112, 268; BVerfG 9.12.2008 – 2 BvL 1/07, 2/07, 1/08 und 2/08, BVerfGE 122, 210). Ob und inwieweit der Gesetzgeber in der Folge tatsächlich verfassungsrechtlich verpflichtet ist, zwangsläufigen Privataufwand über den Schutz des Existenzminimums hinaus zum Abzug zuzulassen, ist umstritten (näher → § 33 Rn. 8 f.). **8**

Zuwendungen zur Förderung steuerbegünstigter Zwecke und Zuwendungen an politische Parteien als Sonderausgaben nehmen dabei eine Sonderstellung ein, weil sie (anders als Unterhalts- oder Vorsorgeaufwendungen) keine indisponiblen, sondern freiwillige Aufwendungen sind (KSM/*Geserich* § 10b Rn. A 2; Kirchhof/*Seer* § 10b Rn. 1). Die überwiegende Auffassung sieht daher in § 10b eine **interventionsrechtliche Lenkungsnorm.** Diese führe zu einer systemwidrigen Entlastung des Steuerpflichtigen, der bei Zuwendungen über Ein- **9** kommen verfüge, das für seinen Konsum frei verfügbar sei (stellvertretend für diese Sichtweise *Lang* StuW 1987, 221 (230 f. und 245 ff.)).

10 Nach abweichender Auffassung **verwirklicht § 10b das Leistungsfähigkeitsprinzip konsequent:** Der Steuerpflichtige vermindere durch Zuwendungen nach § 10b freiwillig seine Leistungsfähigkeit, ohne daraus den bei einer konsumbezogenen Einkommensverwendung üblichen persönlichen Nutzen zu ziehen. Er bringe ein altruistisches Vermögensopfer, sodass die Abziehbarkeit der Aufwendungen dem Gebot austeilender Gerechtigkeit entspreche (zum Ganzen aus jüngerer Zeit KSM/*Geserich* § 10b Rn. A 32 ff., der zusammenfassend von steuerbegünstigten Zuwendungen als „steuerähnliche[n] Leistung[en]" spricht und diese Sichtweise der ganz überwiegenden Annahme eines Lenkungstatbestands gegenüberstellt; ausführlich *Geserich* Privater, gemeinwohlwirksamer Aufwand im System der deutschen Einkommensteuer und des europäischen Rechts, 1999, 14 ff.; dem folgend *Mellinghoff* FS Kirchhof, 2013, § 174 Rn. 27; grundlegend bereits *Vogel* StuW 1977, 97 (insbesondere 108 f.), der darauf hinweist, dass Zuwendungen von der Bemessungsgrundlage abzuziehen sind und der Gesetzgeber in ihrem Abzug also jedenfalls der Systematik nach eine Verwirklichung austeilender Gerechtigkeit sieht; ferner *Tipke* Steuerrechtsordnung II, 832 ff.; instruktiv zur Diskussion *Hüttemann* Gemeinnützigkeits- und Spendenrecht, 4. Aufl. 2018, Rn. 1.65 ff.). An Grenzen stößt diese Sichtweise bei Mitgliedsbeiträgen, denen stets Vorteile aus der Mitgliedschaft gegenüberstehen (siehe nur *Tipke* Steuerrechtsordnung II, 836). Diskutiert wird das Problem unter dem Gesichtspunkt der Unentgeltlichkeit steuerbegünstigter Zuwendungen (→ Rn. 81). Einigkeit herrscht bei alledem jedenfalls darüber, dass die Begünstigung von Zuwendungen im Sinne des § 10b **verfassungsrechtlich zwar zulässig, aber nicht geboten** ist (siehe nur *Mellinghoff* FS Kirchhof, 2013, § 174 Rn. 26, 27 f. und 29; *Tipke* Steuerrechtsordnung II, 833).

11–13 *Einstweilen frei*

3. Zusammenhang mit anderen Vorschriften

14 **a) Einkommensteuerrecht.** § 10b gehört zu den Vorschriften über den Abzug von Sonderausgaben in den **§§ 10–10g.** Auch wenn es sich bei Zuwendungen nach § 10b anders als bei anderen Sonderausgaben nicht um zwangsläufigen, sondern um freiwilligen Privataufwand handelt (→ Rn. 9), sind sie vom Abzugsverbot des **§ 12 Nr. 1** ausdrücklich ausgenommen (ergänzend → § 12 Rn. 55).

15 Ein ähnliches Ziel wie § 10b verfolgen **§ 3 Nr. 26** (→ § 3 Nr. 26 Rn. 7) und **§ 3 Nr. 26a** (→ § 3 Nr. 26a Rn. 5), die Einnahmen aus nebenberuflichen Tätigkeiten im Dienst oder im Auftrag einer juristischen Person des öffentlichen Rechts mit Sitz in einem Staat der Europäischen Union oder des Europäischen Wirtschaftsraums oder einer nach § 5 Abs. 1 Nr. 9 KStG steuerbegünstigten Körperschaft teilweise steuerfrei stellen und damit wie § 10b Anreize für gemeinwohldienliches bürgerschaftliches Engagement schaffen (zur unionsrechtswidrigen Ausnahme von Tätigkeiten im Dienst oder im Auftrag einer weder beschränkt noch unbeschränkt körperschaftsteuerpflichtigen Körperschaft mit Sitz und Geschäftsleitung in einem anderen Staat der Europäischen Union oder des Europäischen Wirtschaftsraums *Hüttemann* Gemeinnützigkeits- und Spendenrecht, 4. Aufl. 2018, Rn. 1.138 und 9.29).

16 Bei Zuwendungen an politische Parteien tritt neben den Sonderausgabenabzug nach § 10b Abs. 2 S. 1 ergänzend die vorrangige Steuerermäßigung nach **§ 34g.** Das Verhältnis zwischen beiden Vorschriften regelt § 10b Abs. 2 S. 2 (→ Rn. 314).

17 Ergänzend heranzuziehen sind bei Anwendung des § 10b stets die Vorschriften zu § 10b in der Einkommensteuer-Durchführungsverordnung. Nachdem § 48 EStDV (über Förderzwecke) und § 49 EStDV (über Zuwendungsempfänger) durch das Gesetz zur weiteren Stärkung des bürgerschaftlichen Engagements vom 10.10.2007 (BGBl. 2007 I 2332) mit Wirkung vom 1.1.2007 in § 10b Abs. 1 übernommen worden sind, sind insoweit nur noch die Vorschriften über die Zuwendungsbestätigung in **§ 50 EStDV** angesprochen.

18–20 *Einstweilen frei*

21 **b) Allgemeines Gemeinnützigkeitsrecht.** § 10b knüpft in doppelter Hinsicht an die allgemeinen Vorschriften des steuerlichen Gemeinnützigkeitsrechts in den **§§ 51 bis 68 AO** an. Einerseits sind gemäß § 10b Abs. 1 S. 1 und § 10b Abs. 1a S. 1 nur Zuwendungen zur

Förderung steuerbegünstigter Zwecke im Sinne der §§ 52 bis 54 AO (und also: gemeinnütziger, mildtätiger oder kirchlicher Zwecke) abzugsfähig. Zweitens setzt der Abzug von Zuwendungen an Empfänger im Sinne des § 10b Abs. 1 S. 2 Nr. 2 und 3 voraus, dass diese nach § 5 Abs. 1 Nr. 9 von der Körperschaftsteuer befreit sind oder wären, wenn sie nur inländische Einkünfte erzielten. Abzugsfähig sind daher nur Zuwendungen an Körperschaftsteuersubjekte, die sowohl nach ihrer Satzung (dazu §§ 60 bis 61 AO) als auch in ihrer tatsächlichen Geschäftsführung (dazu § 63 AO) selbstlos ausschließlich und unmittelbar (dazu §§ 55 bis 57 AO) gemeinnützige, mildtätige oder kirchliche Zwecke (dazu §§ 52 bis 54 AO) verfolgen.

Einstweilen frei **22–24**

c) Körperschaft- und Gewerbesteuerrecht. Parallelvorschriften zu § 10b, die, soweit sie keine eigene Regelung enthalten, auf § 10b verweisen, existieren mit **§ 9 Abs. 1 Nr. 2, Abs. 2 und 3 KStG** im Körperschaft- und mit **§ 9 Nr. 5 GewStG** im Gewerbesteuerrecht (knappe Darstellung insbesondere auch der Unterschiede gegenüber der einkommensteuerrechtlichen Regelung bei *Hüttemann* Gemeinnützigkeits- und Spendenrecht, 4. Aufl. 2018, Rn. 8.180 ff. und 8.183 ff.). **25**

Einstweilen frei **26–28**

d) Umsatzsteuerrecht. Umsatzsteuerrechtlich werden Sachspenden aus einem Betriebsvermögen durch **§ 3 Abs. 1b S. 1 Nr. 1 UStG** einer Lieferung gegen Entgelt gleichgestellt, wenn der Gegenstand der Spende oder seine Bestandteile ganz oder teilweise zum Vorsteuerabzug berechtigt haben. Bemessungsgrundlage für den Umsatz ist gemäß § 10 Abs. 4 S. 1 Nr. 1 UStG der Einkaufspreis zuzüglich Nebenkosten oder, wenn ein Einkaufspreis nicht existiert, der Selbstkostenpreis zum Zeitpunkt des Umsatzes. Die Sachspende ist danach zwar mit Umsatzsteuer belastet. Die Umsatzsteuer ist aber gemäß § 10b Abs. 3 S. 2 bei der Ermittlung der Zuwendungshöhe zu berücksichtigen und daher abzugsfähig (→ Rn. 328). **29**

Einstweilen frei **30–32**

4. Entstehung und Entwicklung des § 10b

§ 10b wurde durch das Gesetz zur Änderung und Vereinfachung des Einkommensteuergesetzes und des Körperschaftsteuergesetzes vom 27.6.1951 (BGBl. 1951 I 411) **mit Wirkung vom 1.7.1951 in das Einkommensteuergesetz eingefügt.** Die ursprüngliche Fassung lautete: „Ausgaben zur Förderung mildtätiger, kirchlicher, religiöser und wissenschaftlicher Zwecke und der als besonders förderungswürdig anerkannten gemeinnützigen Zwecke sind bis zur Höhe von insgesamt 5 vom Hundert des Gesamtbetrags der Einkünfte oder 2 vom Tausend der Summe der gesamten Umsätze und der im Kalenderjahr aufgewendeten Löhne und Gehälter als Sonderausgaben abzugsfähig. Für wissenschaftliche Zwecke erhöht sich der Vomhundertsatz von 5 um weitere 5 vom Hundert." Zuvor war der Abzug entsprechender Ausgaben als Sonderausgaben geregelt in § 10 Abs. 1 Nr. 2 Buchst. e in der Fassung des Einkommensteuergesetzes mit den Überleitungsbestimmungen und den Vorschriften über die Bestandsaufnahme nach dem Stande des Gesetzes Nr. 64 zur vorläufigen Neuordnung von Steuergesetzen vom 22.6.1948 (VOBl. BZ 1948, 173) (zum Zuwendungsrecht vor 1948 KSM/*Geserich* § 10b Rn. A 120 ff.). **33**

Die zunächst in **§ 48 EStDV** und **§ 49 EStDV** ausgelagerten Regelungen über den Zuwendungsbegriff, die förderungswürdigen Zwecke und die tauglichen Empfänger abzugsfähiger Zuwendungen sind durch das Gesetz zur weiteren Stärkung des bürgerschaftlichen Engagements vom 10.10.2007 (BGBl. 2007 I 2332) mit Wirkung vom 1.1.2007 in § 10b Abs. 1 übernommen worden. Lediglich die Regelungen über die Zuwendungsbestätigung in **§ 50 EStDV** ist bis heute erhalten geblieben. Sie ist zuletzt mit Wirkung vom 1.1.2017 durch das Gesetz zur Modernisierung des Besteuerungsverfahrens vom 18.7.2016 (BGBl. 2016 I 1679) neu gefasst worden. Insbesondere ist danach entsprechend dem allgemeinen Übergang von „Belegvorlagepflichten" zu „Belegvorhaltepflichten mit risikoorientierter Anforderung durch die Finanzverwaltung" (so BT-Drs. 18/7457, 49) die Vorlage der Zuwendungsbestätigung beim Finanzamt nicht mehr zwingend erforderlich. Für den Sonderausgabenabzug genügt es nach § 50 Abs. 1 S. 1 EStDV, wenn der Zuwendende die Bestätigung erhalten hat. Vorzulegen ist sie nur noch auf besonderes Verlangen der Finanzbehörde (→ Rn. 196). **34**

35 Seit seiner Einführung ist § 10b **mehr als 20 Mal geändert worden.** Nur die ersten beiden Sätze der Vorschrift sind dabei im Kern unverändert geblieben. Im Übrigen ist die Regelung stark erweitert worden. Sie hat dabei an Komplexität erheblich zugenommen. **Wesentliche Änderungen der Regelung** (umfassend KSM/*Geserich* § 10b Rn. A 176 ff.) waren:

36 Einführung eines **eigenständigen Abzugstatbestands für Zuwendungen an politische Parteien** (§ 10b Abs. 2) mit Wirkung vom 28.7.1967 durch das Gesetz über die politischen Parteien vom 24.7.1967 (BGBl. 1967 I 773): Die Änderung geht zurück auf eine Entscheidung des Bundesverfassungsgerichts (BVerfG 24.6.1958 – 2 BvF 1/57, BVerfGE 8, 51), mit der § 10b insoweit für nichtig erklärt worden war, als auf seiner Grundlage „unmittelbare oder mittelbare Zuwendungen an politische Parteien als Ausgaben zur Förderung staatspolitischer Zwecke bei Ermittlung des steuerpflichtigen Einkommens vom Gesamtbetrag der Einkünfte abgezogen werden können". Zuvor waren durch das Gesetz zur Neuordnung von Steuern vom 16.12.1954 (BGBl. 1954 I 373) mit Wirkung vom 18.12.1954 „Ausgaben zur Förderung […] staatspolitischer Zwecke" in den Sonderausgabenabzug nach § 10b einbezogen worden. Der Abzug von Zuwendungen an politische Parteien wurde in der Folge, veranlasst durch bundesverfassungsgerichtliche Bedenken, mehrfach reformiert. Erwähnenswert sind das Gesetz zur Änderung des Parteiengesetzes und anderer Gesetze vom 22.12.1983 (BGBl. 1983 I 1577) (Streichung der Beschränkung des Abzugs auf einen absoluten Höchstbetrag von zuletzt 1.800 Deutsche Mark und im Fall der Zusammenveranlagung von Ehegatten 3.600 Deutsche Mark im Kalenderjahr; dagegen sodann BVerfG 14.7.1986 – 2 BvE 2/84 und 2 BvR 442/84, BVerfGE 73, 40: Recht auf gleiche Teilhabe an der politischen Willensbildung verlangt Begrenzung der Abzugsfähigkeit von Zuwendungen an politische Parteien auf einen für alle Steuerpflichtigen gleichen Höchstbetrag), das Fünfte Gesetz zur Änderung des Parteiengesetzes und anderer Gesetze vom 22.12.1988 (BGBl. 1988 I 2615) (in Reaktion auf BVerfG 14.7.1986 – 2 BvE 2/84 und 2 BvR 442/84, BVerfGE 73, 40, Wiedereinführung einer absoluten Beschränkung des Abzugs auf einen Höchstbetrag von 60.000 Deutsche Mark und im Fall der Zusammenveranlagung von Ehegatten 120.000 Deutsche Mark im Kalenderjahr; dagegen sodann BVerfG 9.4.1992 – 2 BvE 2/89, BVerfGE 85, 264: verfassungswidrige Veränderung der vorgegebenen Wettbewerbslage zwischen den politischen Parteien in einer ins Gewicht fallenden Weise, weil die Begünstigung nicht von der Mehrzahl der Steuerpflichtigen in gleicher Weise genutzt werden kann), sowie schließlich das Sechste Gesetz zur Änderung des Parteiengesetzes und anderer Gesetze vom 28.1.1994 (BGBl. 1994 I 142) (in Reaktion auf BVerfG 9.4.1992 – 2 BvE 2/89, BVerfGE 85, 264, Absenkung der absoluten Höchstbeträge auf 3.000 Deutsche Mark und im Fall der Zusammenveranlagung von Ehegatten 6.000 Deutsche Mark im Kalenderjahr). In Euro-Beträge umgerechnet sind diese Höchstbeträge bis heute maßgeblich (zu den effektiven steuerlichen Auswirkungen instruktiv BFH 20.3.2017 – X R 55/14, BStBl. II 2017, 1122: jährliche Steuerersparnis von im Höchstfall knapp unter 800 EUR).

37 Beschränkung von **Aufwandsspenden** (heute: § 10b Abs. 3 S. 5 und 6) und Einführung einer Kombination aus **Vertrauensschutz** des Zuwendenden und **Haftung** des Ausstellers einer unrichtigen Zuwendungsbestätigung sowie des Veranlassers einer Fehlverwendung (§ 10b Abs. 4) mit Wirkung vom 23.12.1989 durch das Gesetz zur Verbesserung und Vereinfachung der Vereinsbesteuerung vom 18.12.1989 (BGBl. 1989 I 2212) (dazu BT-Drs. 11/4176, 13 und 16 f.).

38 Einführung eines zeitlich begrenzten und auf bestimmte Großspenden beschränkten **Zuwendungsrück- und -vortrags** (heute: § 10b Abs. 1 S. 9 und 10) mit Wirkung vom 22.12.1990 durch das Gesetz zur steuerlichen Förderung von Kunst, Kultur und Stiftungen sowie zur Änderung steuerrechtlicher Vorschriften vom 13.12.1990 (BGBl. 1990 I 2775) (dazu BT-Drs. 11/7833, 8: Kompensation der höhenmäßigen Beschränkung des Abzugs durch Möglichkeit seiner Verteilung auf bis zu acht Jahre). Durch das Gesetz zur weiteren Stärkung des bürgerschaftlichen Engagements vom 10.10.2007 (BGBl. 2007 I 2332) wurden mit Wirkung vom 1.1.2007 der Zuwendungsrücktrag gestrichen und die zeitliche Begrenzung des Zuwendungsvortrags und seine Beschränkung auf Großspenden abgeschafft (dazu BT-Drs. 16/5200, 16).

39 Einführung eines ergänzenden **Abzugstatbestands für Spenden in das Vermögen einer Stiftung** (§ 10b Abs. 1a) zusätzlich zum Abzugstatbestand des § 10b Abs. 1 mit Wir-

kung vom 26.7.2000 durch das Gesetz zur weiteren steuerlichen Förderung von Stiftungen vom 14.7.2000 (BGBl. 2000 I 1034). Durch das Gesetz zur weiteren Stärkung des bürgerschaftlichen Engagements vom 10.10.2007 (BGBl. 2007 I 2332) wurde der Anwendungsbereich mit Wirkung vom 1.1.2007 auf Zustiftungen in das Vermögen bestehender Stiftungen ausgedehnt (dazu BT-Drs. 16/5200, 16 f.; zur zeitlichen Anwendbarkeit der Neuregelung erst auf nach dem 31.12.2006 geleistete Zuwendungen BFH 6.12.2018 – X R 11/17, BFH/NV 2019, 622).

Reform des Zuwendungsrechts mit Wirkung vom 1.1.2007 durch das Gesetz zur weiteren Stärkung des bürgerschaftlichen Engagements vom 10.10.2007 (BGBl. 2007 I 2332) (dazu *Fritz* BB 2007, 2546; *Melchior* DStR 2007, 1745; *Nacke* DStZ 2008, 445; *Richter/Eichler* FR 2007, 1037). Im Mittelpunkt der Reform standen die Übernahme der in § 48 EStDV und § 49 EStDV enthaltenen Regelungen über den Zuwendungsbegriff, die förderungswürdigen Zwecke und die tauglichen Empfänger abzugsfähiger Zuwendungen in § 10b Abs. 1, die Gewährleistung eines grundsätzlichen Gleichlaufs der steuerbegünstigten Zwecke im Sinne der §§ 52 bis 54 AO und der förderungswürdigen Zwecke im Sinne des Zuwendungsrechts sowie die Vereinheitlichung der Förderhöchstsätze für alle förderungswürdigen Zwecke. Der Kreis der tauglichen Empfänger abzugsfähiger Zuwendungen blieb unverändert (dazu BT-Drs. 16/5200, 15 f.). 40

Erweiterung des Kreises tauglicher Zuwendungsempfänger um juristische Personen und öffentliche Dienststellen mit Sitz in einem anderen Staat der Europäischen Union oder des Europäischen Wirtschaftsraums sowie Körperschaften mit Sitz und Geschäftsleitung in einem solchen Staat, die zwar weder unbeschränkt noch beschränkt körperschaftsteuerpflichtig sind, aber nach § 5 Abs. 1 Nr. 9 KStG in Verbindung mit § 5 Abs. 2 Nr. 2 KStG steuerbefreit wären, wenn sie nur inländische Einkünfte erzielten, durch das Gesetz zur Umsetzung steuerlicher EU-Vorgaben sowie zur Änderung steuerlicher Vorschriften vom 8.4.2010 (BGBl. 2010 I 386) mit Wirkung vom 15.4.2010 in Reaktion auf EuGH 27.1.2009 – C-318/07, BStBl. II 2010, 440 – Persche. Das Erfordernis eines „Inlandsbezugs" der Verfolgung steuerbegünstigter Zwecke aus § 51 Abs. 2 AO wurde für Empfänger nach § 10b Abs. 1 S. 2 Nr. 1 in § 10b Abs. 1 S. 6 übernommen (dazu BT-Drs. 17/506, 24 f.). Für Zuwendungsempfänger nach § 10b Abs. 1 S. 2 Nr. 2 und 3 folgt es bereits daraus, dass ihre tatsächliche oder fiktive Steuerbegünstigung nach § 5 Abs. 1 Nr. 9 KStG nur unter den Voraussetzungen des § 51 Abs. 2 AO besteht. Eine Einbeziehung dieser Zuwendungsempfänger in § 10b Abs. 1 S. 6 war daher nicht erforderlich. 41

Einstweilen frei 42–44

II. Normstruktur und zentrale Debatten

1. Normstruktur des § 10b

§ 10b unterscheidet zunächst **drei Abzugstatbestände:** Den Abzug von darüber hinaus nicht zweckgebundenen Zuwendungen zur Förderung steuerbegünstigter Zwecke im Sinne der §§ 52 bis 54 AO nach **§ 10b Abs. 1,** den Abzug von Spenden im Sinne des § 10b Abs. 1 in das zu erhaltende Vermögen einer Stiftung nach **§ 10b Abs. 1a** und den Abzug von Zuwendungen an politische Parteien nach **§ 10b Abs. 2.** Einheitliche Rechtsfolge ist der Abzug der Zuwendungen als Sonderausgaben. Der abzugsfähige Höchstbetrag ist in § 10b Abs. 1, 1a und 2 unterschiedlich geregelt. 45

Ergänzende Vorschriften, die für alle drei Abzugstatbestände gelten, enthält § 10b Abs. 3 und 4: **§ 10b Abs. 3** regelt die Bewertung von Sachzuwendungen und knüpft dabei den Abzug von „Aufwandsspenden" an besondere Voraussetzungen. **§ 10b Abs. 4** schützt das Vertrauen des gutgläubigen Steuerpflichtigen auf die Richtigkeit einer Zuwendungsbestätigung im Sinne des § 50 EStDV und verknüpft diese Regelung mit der Haftung des Ausstellers einer unrichtigen Zuwendungsbestätigung oder des Veranlassers einer Fehlverwendung für die infolge gewährten Vertrauensschutzes entgangene Steuer. 46

Einstweilen frei 47–49

2. Zuwendungsrecht in der Diskussion

50 Im Mittelpunkt der Diskussion über das Zuwendungsrecht steht nach wie vor die **Behandlung von Zuwendungen an ausländische Empfänger.** Noch in der Fassung durch das Gesetz zur weiteren Stärkung des bürgerschaftlichen Engagements vom 10.10.2007 (BGBl. 2007 I 2332) beschränkte § 10b Abs. 1 S. 1 die Steuerbegünstigung auf Zuwendungen „an eine inländische juristische Person des öffentlichen Rechts oder an eine inländische öffentliche Dienststelle oder an eine nach § 5 Abs. 1 Nr. 9 des Körperschaftsteuergesetzes steuerbefreite Körperschaft, Personenvereinigung oder Vermögensmasse". Weil § 5 Abs. 1 Nr. 9 KStG gemäß § 5 Abs. 2 Nr. 2 KStG für beschränkt Steuerpflichtige nicht galt, waren danach Zuwendungen an ausländische Körperschaften insgesamt vom Sonderausgabenabzug ausgenommen. Eine Entschärfung bewirkte erst die Änderung des § 5 Abs. 2 Nr. 2 KStG durch das Jahressteuergesetz 2009 vom 19.8.2008 (BGBl. 2008 I 2794) mit Wirkung vom 25.12.2008. Danach galt der Ausschluss beschränkt steuerpflichtiger Körperschaften von der Befreiung nach § 5 Abs. 1 Nr. 9 KStG nicht für Körperschaften, die nach den Rechtsvorschriften eines Mitgliedstaats der Europäischen Union oder eines Staates des Europäischen Wirtschaftsraums gegründet worden waren, sofern sich Sitz und Ort der Geschäftsleitung innerhalb des Hoheitsgebiets eines dieser Staaten befanden und mit dem Staat ein Amtshilfeabkommen bestand. Vom Sonderausgabenabzug ausgenommen blieben Zuwendungen an weder unbeschränkt noch beschränkt steuerpflichtige Körperschaften.

51–53 *Einstweilen frei*

54 **a) Öffnung des Zuwendungsrechts für ausländische Empfänger.** Der Europäische Gerichtshof sah darin einen **Verstoß gegen die Kapitalverkehrsfreiheit** nach Art. 63 Abs. 1 AEUV, die nach Anhang I zur RL 88/361/EWG auch „Schenkungen und Stiftungen" als „Kapitalverkehr mit persönlichem Charakter" schützt. Zwar seien die Mitgliedstaaten nicht verpflichtet, in einem anderen Mitgliedstaat als steuerbegünstigt anerkannte Einrichtungen auch im Inland als steuerbegünstigt zu behandeln (dazu auch EuGH 14.9.2006 – C-386/04, DStR 2006, 1736 – Centro di Musicologia Walter Stauffer). Erfüllten diese ausländischen Einrichtungen aber die inländischen Voraussetzungen für eine Steuerbegünstigung, dürften sie nicht schlechter als gleichartige inländische Einrichtungen behandelt werden. In der Folge dürfen Zuwendungen an Einrichtungen mit Sitz und Geschäftsleitung in einem anderen Mitgliedstaat der Europäischen Union, die den inländischen Voraussetzungen für eine Steuerbegünstigung genügen, vom Sonderausgabenabzug nicht absolut ausgenommen werden. Entsprechendes gilt gemäß Art. 40 S. 1 EWR-Abkommen für Zuwendungen an Einrichtungen mit Sitz und Geschäftsleitung in einem Staat des Europäischen Wirtschaftsraums, der über die Mitgliedstaaten der Europäischen Union hinaus Island, Liechtenstein und Norwegen (nicht aber: die Schweiz) umfasst (→ Rn. 147). Die **Wirksamkeit der Steueraufsicht** (zum Begriff EuGH 30.6.2011 – C-262/09, DStR 2011,1262 – Meilicke II: „Maßnahmen […], die die klare und genaue Feststellung der Höhe der in [einem] Mitgliedstaat abziehbaren, aber in einem anderen Mitgliedstaat angefallenen Aufwendungen erlauben") steht nicht entgegen: Erstens kann vom Zuwendenden der Nachweis der Steuerbegünstigung des Empfängers und der Verwendung der Zuwendung für steuerbegünstigte Zwecke verlangt werden. Zweitens können sich die inländischen Behörden auf Grundlage der Zusammenarbeitsrichtlinie 2011/16/EU, die ausführliche Vorschriften über den Informationsaustausch enthält, an die Behörden anderer Mitgliedstaaten wenden, um die für die Veranlagung des Zuwendenden erforderlichen Auskünfte zu erhalten (zum Ganzen EuGH 27.1.2009 – C-318/07, BStBl. II 2010, 440 – Persche; siehe auch BFH 21.1.2015 – X R 7/13, BStBl. II 2015, 588).

55 Der Gesetzgeber hat in Reaktion auf die Rechtsprechung des Europäischen Gerichtshofs durch das Gesetz zur Umsetzung steuerlicher EU-Vorgaben sowie zur Änderung steuerlicher Vorschriften vom 8.4.2010 (BGBl. 2010 I 386) mit Wirkung vom 15.4.2010 den **Kreis der tauglichen Empfänger steuerbegünstigter Zuwendungen noch einmal erweitert.** Begünstigt sind seither gemäß § 10b Abs. 1 S. 2 Nr. 1 und 3 auch Zuwendungen an juristische Personen des öffentlichen Rechts mit Sitz in einem anderen Staat der Europäischen Union oder des Europäischen Wirtschaftsraums sowie in einem solchen Staat ansässige Körperschaften, die nach § 5 Abs. 1 Nr. 9 KStG in Verbindung mit § 5 Abs. 2 Nr. 2 KStG steuerbefreit wären, wenn sie nur wegen inländischer Einkünfte immerhin beschränkt steuerpflichtig

wären. Auch nach dieser Änderung sind die unionsrechtlichen Bedenken nicht vollständig ausgeräumt. Einzelheiten können der nachfolgenden Darstellung unter → Rn. 55.1 ff. entnommen werden.

Als nach wie vor unionsrechtlich problematisch erweist sich das Zuwendungsrecht vor allem in zweierlei Hinsicht: **55.1**

Erstens sind **Körperschaften mit Sitz und Geschäftsleitung in einem Drittstaat,** also einem Staat, der weder zur Europäischen Union noch zum Europäischen Wirtschaftsraum gehört, nach wie vor von den gemeinnützigkeitsrechtlichen Steuervergünstigungen insgesamt ausgeschlossen. Eine im Entwurf des Jahressteuergesetzes 2009 vorgesehene Öffnung des § 5 Abs. 1 Nr. 9 KStG für alle beschränkt steuerpflichtigen Körperschaften (BT-Drs. 16/10189, 19) ist im Gesetzgebungsverfahren gestrichen worden (dazu BT-Drs. 16/11108, 33). In der Folge sind auch Zuwendungen an entsprechende Körperschaften weiterhin vom Sonderausgabenabzug ausgenommen. Unionsrechtlich ist das problematisch, weil die Kapitalverkehrsfreiheit anders als die anderen Grundfreiheiten gemäß Art. 63 Abs. 1 AEUV nicht nur auf Sachverhalte mit grenzüberschreitendem Bezug innerhalb der Europäischen Union und des Europäischen Wirtschafsraums, sondern auch auf Drittstaatssachverhalte anwendbar ist. Freilich bestehen insoweit – über die Ausnahme bestimmter am 31.12.1993 bereits bestehender Beschränkungen in Art. 64 Abs. 1 AEUV hinaus (zu dieser *von Proff* IStR 2009, 371 (376): für Zuwendungen ohne Bedeutung) – mit Blick auf einen „anderen rechtlichen Rahmen" weiter reichende Rechtfertigungsmöglichkeiten für Beschränkungen als bei Sachverhalten innerhalb der Europäischen Union und des Europäischen Wirtschaftsraums. So rechtfertigt insbesondere das Erfordernis einer wirksamen Steueraufsicht Beschränkungen, wenn zwischen Mitgliedstaat und Drittstaat keine der Zusammenarbeitsrichtlinie (näher → Rn. 148) vergleichbaren Regelungen über den Austausch von Informationen bestehen (dazu allgemein EuGH 18.12.2007 – C-101/05, IStR 2008, 66 – A; für das Zuwendungsrecht EuGH 27.1.2009 – C-318/07, BStBl. II 2010, 440 – Persche: „Für gemeinnützige Einrichtungen, die ihren Sitz in einem Drittland haben, ist hinzuzufügen, dass es grundsätzlich gerechtfertigt ist, dass der Besteuerungsmitgliedstaat die Gewährung einer solchen Steuervergünstigung ablehnt, wenn es sich, insbesondere wegen des Fehlens einer vertraglichen Verpflichtung des Drittlands zur Erteilung von Auskünften, als unmöglich erweist, die erforderlichen Auskünfte von diesem Land zu erhalten"; dazu aus der neueren Rechtsprechung mit Blick auf die Vereinigten Staaten von Amerika BFH 17.11.2015 – VIII R 27/12, BStBl. II 2016, 539; BFH 13.7.2016 – VIII R 47/13, BFH/NV 2016, 1831; ferner GHN/*Ress/Ukrow* AEUV Art. 63 Rn. 237 f.; skeptisch *von Proff* IStR 2009, 371 (376); siehe auch *Koller/Sennhauser* FS Reuter, 2010, 1061 (1074 ff. und 1078 ff.); allgemein zur Kapitalverkehrsfreiheit bei Drittstaatssachverhalten *Lang* StuW 2011, 209). Das FG Baden-Württemberg hat auf dieser Grundlage im Ausschluss einer Stiftung schweizerischen Rechts von den gemeinnützigkeitsrechtlichen Steuervergünstigungen keinen Verstoß gegen die Kapitalverkehrsfreiheit erkennen können (FG Baden-Württemberg 23.4.2015 – 3 K 1766/13, DStRE 2016, 1495; nachfolgend mangels satzungsmäßiger Gemeinnützigkeit offen gelassen von BFH 15.11.2017 – I R 39/15, BFH/NV 2018, 611). **55.2**

Zweitens setzt der Sonderausgabenabzug, soweit ein Zuwendungsempfänger seine steuerbegünstigten Zwecke (wie typischerweise eine ausländische Körperschaft) nur im Ausland verwirklicht, voraus, dass entweder natürliche Personen, die ihren Wohnsitz oder gewöhnlichen Aufenthalt im Inland haben, gefördert werden oder die Tätigkeit des Zuwendungsempfängers zum Ansehen der Bundesrepublik Deutschland beitragen kann. Für Zuwendungsempfänger im Sinne des § 10b Abs. 1 S. 2 Nr. 2 und 3 ergibt sich dieses **Erfordernis eines „Inlandsbezugs" der Verfolgung steuerbegünstigter Zwecke** aus § 5 Abs. 1 Nr. 9 KStG iVm § 51 Abs. 2 AO, für Zuwendungsempfänger im Sinne des § 10b Abs. 1 S. 2 Nr. 1 aus § 10b Abs. 1 S. 6. Der Sache nach handelt es sich relativ offensichtlich um eine „Abwehrmaßnahme", die darauf zielt, die praktischen Folgen der unionsrechtlich gebotenen Erweiterung des Kreises der tauglichen Zuwendungsempfänger in Grenzen zu halten (zutreffend *Hüttemann* Gemeinnützigkeits- und Spendenrecht, 4. Aufl. 2018, Rn. 1.136) und daher – zumal in ihrer unterschiedlichen Anwendung auf gebietsansässige und gebietsfremde Zuwendungsempfänger – unionsrechtlichen Bedenken unterliegt (iE → Rn. 166 ff.). **55.3**

Einstweilen frei **56–58**

b) Nachweise bei grenzüberschreitenden Zuwendungen. Soweit § 10b Zuwendungen an ausländische Empfänger zum Sonderausgabenabzug zulässt, bereitet der **Nachweis der tatsächlichen Voraussetzungen der Steuerbegünstigung** erhebliche Probleme (siehe nur BFH 17.9.2013 – I R 16/12, BStBl. II 2014, 440; BFH 21.1.2015 – X R 7/13, BStBl. II 2015, 588). Die Feststellungslast für Tatsachen, die Steuerbefreiungen und -ermäßigungen begründen oder einen Steueranspruch aufheben oder einschränken, trägt **59**

der Steuerpflichtige (siehe nur BFH 7.7.1983 – VII R 43/80, BStBl. II 1983, 760). Er muss daher den schwierigen Nachweis erbringen, dass die ausländische Körperschaft erstens nach ihrer Satzung (speziell dazu BFH 17.9.2013 – I R 16/12, BStBl. II 2014, 440: kein hinreichender Nachweis einer satzungsmäßigen Vermögensbindung) und in ihrer tatsächlichen Geschäftsführung (speziell dazu BFH 21.1.2015 – X R 7/13, BStBl. II 2015, 588: kein hinreichender Nachweis durch der Öffentlichkeitsarbeit dienende Publikationen des Zuwendungsempfängers) ausschließlich und unmittelbar einen steuerbegünstigten Zweck im Sinne der §§ 52 bis 54 AO verfolgt und zweitens die Zuwendung auch tatsächlich für steuerbegünstigte Zwecke verwendet. Er unterliegt insoweit **gemäß § 90 Abs. 2 AO erweiterten Mitwirkungspflichten** (dazu auch BMF 16.5.2011, BStBl. I 2011, 559).

60 Der Bundesfinanzhof sieht hierin eine **Beschränkung der Kapitalverkehrsfreiheit,** die durch das Erfordernis einer wirksamen Steueraufsicht gerechtfertigt und daher auch nicht per se unverhältnismäßig ist (BFH 21.1.2015 – X R 7/13, BStBl. II 2015, 588; ebenso mit Blick auf die erweiterten Mitwirkungspflichten nach § 90 Abs. 2 AO, die durch den weniger effektiven Informationsaustausch auf Grundlage der Zusammenarbeitsrichtlinie nicht gleichwertig zu ersetzen sind, Tipke/Kruse/*Seer* AO § 90 Rn. 37). Ebenso geht auch der Europäische Gerichtshof in ständiger Rechtsprechung davon aus, dass die Steuerbehörden eines Mitgliedstaats vom Steuerpflichtigen alle für die Prüfung einer Steuerbegünstigung erforderlichen Belege verlangen dürfen (siehe nur EuGH 10.2.2011 – C-436/08 und C-437/08, IStR 2011, 299 – Haribo Lakritzen Hans Riegel und Österreichische Salinen; speziell für das Zuwendungsrecht EuGH 27.1.2009 – C-318/07, BStBl. II 2010, 440 – Persche).

61 Grenzen der Nachweispflicht ergeben sich aus dem **Verhältnismäßigkeitsgrundsatz.** Es genügen daher Nachweise, die zwar inhaltlich und formal von den bei inländischen Sachverhalten beizubringenden Nachweisen abweichen, den Steuerbehörden aber eine genaue Prüfung der Voraussetzungen der Steuervergünstigung ermöglichen und daher gleichwertig sind (dazu EuGH 30.6.2011 – C-262/09, DStR 2011,1262 – Meilicke II: andernfalls „Widerspruch zum Grundsatz der ordnungsgemäßen Verwaltung" und mehr als das, „was zur Erreichung des Ziels der Wirksamkeit der steuerlichen Kontrolle erforderlich ist"; siehe auch BFH 21.1.2015 – X R 7/13, BStBl. II 2015, 588). Einzelheiten können der nachfolgenden Darstellung unter → Rn. 61.1 f. entnommen werden.

61.1 Konkret heißt das zunächst, dass keine **Satzung des ausländischen Empfängers** vorgelegt werden muss, die gemäß § 60 Abs. 1 S. 2 AO die in der Mustersatzung in der Anlage 1 zur Abgabenordnung bezeichneten Festlegungen enthält. Es genügt vielmehr, wenn die in aller Regel nicht in deutscher Sprache abgefasste Satzung „materiell vergleichbare Festlegungen enthält" (*Hüttemann/Helios* DB 2009, 701 (705); dem folgend Gosch AO/FGO/*Jachmann/Unger* AO § 60 Rn. 25; FG Bremen 8.6.2011 – 1 K 63/10 (6), DStRE 2012, 1321). Eine nicht beglaubigte deutsche Übersetzung der Satzung kann gemäß § 87 Abs. 1 und 2 AO verlangt werden (*Ulrich* DStR 2009, 2471 (2472 f.); ebenso Gosch AO/FGO/*Jachmann/Unger* AO § 60 Rn. 25).

61.2 Entsprechendes gilt für den Nachweis einer den Satzungsbestimmungen entsprechenden **tatsächlichen Geschäftsführung** und den Nachweis einer tatsächlichen **Verwendung der Zuwendung für steuerbegünstigte Zwecke** (*Hüttemann/Helios* DB 2009, 701 (706); Gosch AO/FGO/*Unger* AO § 63 Rn. 52; ergänzend zu den Anforderungen an die Zuwendungsbestätigung → Rn. 206). Insbesondere bedarf es insoweit grundsätzlich keiner Vorlage detaillierter Geschäfts- und Tätigkeitsberichte (BFH 21.1.2015 – X R 7/13, BStBl. II 2015, 588, wonach aber durchaus tatsächlich erstellte und der ausländischen Stiftungsaufsicht übersandte Tätigkeits- und Rechenschaftsberichte angefordert werden können), was nach zutreffender Auffassung freilich schon aus § 63 Abs. 3 AO folgt (Gosch AO/FGO/*Unger* AO § 63 Rn. 49; anders AEAO zu § 63 Nr. 1; OFD Frankfurt 20.6.2005, DB 2005, 1547). Als Nachweise, deren Übersetzung ins Deutsche erforderlichenfalls vom Steuerpflichtigen verlangt werden kann, kommen vielmehr auch in Betracht: zur Mittelverwendung abgeschlossene Verträge; Material über die durchgeführten Projekte (wie etwa Prospekte oder Presseveröffentlichungen); Gutachten eines Wirtschaftsprüfers bei großen oder andauernden Projekten; Zuwendungsbescheide ausländischer Behörden, wenn die Maßnahmen dort ergänzend durch öffentliche Zuschüsse gefördert werden; Bestätigung einer deutschen Auslandsvertretung, dass die behaupteten Projekte durchgeführt werden (zum Ganzen OFD Frankfurt 5.9.2013, IStR 2014, 80; umgekehrt kann der bloße Hinweis auf den Internetauftritt des Empfängers entsprechende Nachweise nicht ersetzen, FG Berlin-Brandenburg 3.9.2015 – 1 K 1004/14, DStRE 2016. 1102; siehe dazu auch BFH 21.1.2015 – X R 7/13, BStBl. II 2015, 588).

62 Eine **Verpflichtung der Finanzverwaltung zu einem Informationsersuchen** auf Grundlage der Zusammenarbeitsrichtlinie besteht nach der Rechtsprechung des Europäischen Gerichtshofs zwar nicht (EuGH 27.1.2009 – C-318/07, BStBl. II 2010, 440 – Persche). Die Finanzverwaltung muss im Lichte der Kapitalverkehrsfreiheit aber ein nicht von vornherein ungeeignetes oder aussichtsloses Informationsersuchen ernsthaft in Betracht ziehen, wenn der Steuerpflichtige die erforderlichen Nachweise nicht beibringen kann und der Grund hierfür außerhalb seines Einflussbereichs liegt (zutreffend Tipke/Kruse/*Seer* AO § 90 Rn. 37, unter Hinweis auf die aus dem Untersuchungsgrundsatz in § 88 AO folgende behördliche Letztverantwortung für die Sachverhaltsermittlung; siehe dazu auch schon *Seer* FS Schaumburg, 2009, 151 (164); *Seer/Gabert* StuW 2010, 3 (18); in diese Richtung auch schon GA Mengozzi 14.10.2008 – C-318/07 – Persche: Finanzbehörden müssen Schwierigkeiten berücksichtigen, denen sich der Steuerpflichtige bei der Beibringung der verlangten Nachweise trotz aller Anstrengungen, die er bereits unternommen hat, gegenübersieht, und dürfen insoweit die Möglichkeit eines Informationsersuchens nicht systematisch ignorieren; zurückhaltend BFH 21.1.2015 – X R 7/13, BStBl. II 2015, 588, der eine Verpflichtung der Finanzverwaltung zur Inanspruchnahme zwischenstaatlicher Amtshilfe aber im Fall einer Ermessensreduzierung auf Null für denkbar hält; dazu *Bornemann* npoR 2015, 214 (215 f.); zu weitgehend BFH 17.11.2015 – VIII R 27/12, BStBl. II 2016, 539: „Bei lückenhaften Angaben der Klägerin ist die Finanzverwaltung gehalten, ihre innerstaatlichen und abkommensrechtlichen Möglichkeiten zu nutzen, um die Angaben der Klägerin zu vervollständigen").

Einstweilen frei **63–65**

B. Voraussetzungen und Rechtsfolgen

I. Zuwendungen für steuerbegünstigte Zwecke (§ 10b Abs. 1)

§ 10b Abs. 1 regelt den allgemeinen Abzug von Zuwendungen zur Förderung steuerbegünstigter Zwecke im Sinne der §§ 52 bis 54 AO. **§ 10b Abs. 1 S. 1** sieht dabei einen der Höhe nach beschränkten Abzug entsprechender Zuwendungen als Sonderausgaben vor. Überdies regelt die Vorschrift den Zuwendungsbegriff und die tauglichen Förderzwecke. Sie verweist insoweit ohne Differenzierung auf die §§ 52 bis 54 AO. Für Mitgliedsbeiträge zur Förderung bestimmter Freizeitzwecke schränkt aber **§ 10b Abs. 1 S. 7 und 8** den Sonderausgabenabzug ein. **§ 10b Abs. 1 S. 2** bestimmt die tauglichen Zuwendungsempfänger. Bei Zuwendungen an ausländische Empfänger ist ergänzend **§ 10b Abs. 1 S. 3 bis 5** zu beachten, bei Zuwendungen an Empfänger, die ihre Zwecke nur im Ausland verwirklichen, **§ 10b Abs. 1 S. 6. § 10b Abs. 1 S. 9 und 10** schließlich regelt den Vortrag grundsätzlich abzugsfähiger Zuwendungen, die aber die Höchstbeträge nach § 10b Abs. 1 S. 1 überschreiten und daher erst in späteren Veranlagungszeiträumen abgezogen werden können. **66**

Einstweilen frei **67–69**

1. Abzugsvoraussetzungen

Der Sonderausgabenabzug unterliegt nach § 10b Abs. 1 in Verbindung mit § 50 Abs. 1 S. 1 EStDV **vier Voraussetzungen:** Erstens muss der Steuerpflichtige eine Zuwendung erbringen. Zweitens muss die Zuwendung zur Förderung steuerbegünstigter Zwecke im Sinne der §§ 52 bis 54 AO erbracht werden. Drittens muss der Empfänger der Zuwendung nach § 10b Abs. 1 S. 2 bis 6 zum Empfang steuerbegünstigter Zuwendungen berechtigt sein. Viertens muss der Zuwendende grundsätzlich eine Zuwendungsbestätigung erhalten haben und auf Verlangen der Finanzbehörde vorlegen. **70**

Einstweilen frei **71–73**

a) Zuwendung: Spenden und Mitgliedsbeiträge. § 10b Abs. 1 S. 1 begünstigt Zuwendungen. Zuwendungen sind Geld- und Sachausgaben, die der Steuerpflichtige **unentgeltlich** und **freiwillig** vornimmt und die bei ihm zu einer **endgültigen wirtschaftlichen Belastung** führen (stellvertretend für die ständige Rechtsprechung nur BFH 19.12.1990 – X R 40/86, BStBl. II 1991, 234; BFH 20.2.1991 – X R 191/87, BStBl. II 1991, 690; BFH 15.1.2019 – X R 6/17, BStBl. II 2019, 318). Abzugrenzen sind Zuwendungen von Werbungskosten und Betriebsausgaben, die in aller Regel auch weder unentgeltlich noch freiwillig vorgenommen werden (dazu näher *Hüttemann* Gemeinnützigkeits- und Spen- **74**

denrecht, 4. Aufl. 2018, Rn. 8.56 und 8.57 ff.). § 10b Abs. 1 S. 1 versteht unter Zuwendung **Spenden** und **Mitgliedsbeiträge.** Die genaue Zuordnung einer Zuwendung kann nicht offen bleiben, weil einzelne Bestimmungen (wie § 10b Abs. 1 S. 7 und 8) nur für Mitgliedsbeiträge und andere (wie § 10b Abs. 1a) nur für Spenden gelten.

75–77 *Einstweilen frei*

78 **aa) Unentgeltlichkeit von Zuwendungen.** Abzugsfähig sind nach § 10b Abs. 1 S. 1 Ausgaben „zur Förderung steuerbegünstigter Zwecke". Der Bundesfinanzhof leitet daraus das „entscheidende Kriterium" einer **überwiegenden „Spendenmotivation"** des Steuerpflichtigen ab. Sie ist das entscheidende Kriterium, um abzugsfähige uneigennützige von nicht abzugsfähigen eigennützigen Ausgaben abzugrenzen. Die Zuwendung muss nicht nur beim Zuwendenden zu einer Belastung und beim Empfänger zu einem Vorteil führen. Sie muss auch „um der Sache willen" erfolgen. Der Wunsch, die stets selbstlose Verwirklichung steuerbegünstigter Zwecke zu fördern, muss im Vordergrund stehen und andere Motive deutlich überwiegen (zum Ganzen stellvertretend für die ständige Rechtsprechung BFH 25.11.1987 – I R 126/85, BStBl. II 1988, 220; BFH 19.12.1990 – X R 40/86, BStBl. II 1991, 234; BFH 2.8.2006 – XI R 6/03, BStBl. II 2007, 8; siehe auch BVerfG 24.6.1958 – 2 BvF 1/57, BVerfGE 8, 51: Zuwendungen „um der Sache willen aus Liberalität und ohne die Erwartung eines besonderen Vorteils"; anders noch BFH 29.1.1971 – VI R 159/68, BStBl. II 1971, 799: „Nach ständiger Rechtsprechung des BFH […] kommt es zwar auf die Beweggründe, die den Ausgaben zugrunde liegen, nicht an, insbesondere ist die Uneigennützigkeit nicht erforderlich."). Konkretisiert und operationalisiert werden diese Vorgaben in der Rechtsprechung des Bundesfinanzhofs durch die beiden **„Subkriterien"** (*Hüttemann* Gemeinnützigkeits- und Spendenrecht, 4. Aufl. 2018, Rn. 8.43; ähnlich BFH 12.9.1990 – I R 65/86, BStBl. II 1991, 258) der **Unentgeltlichkeit** (→ Rn. 79 ff.) und der **Freiwilligkeit** (→ Rn. 87 ff.) der Zuwendung (BFH 19.12.1990 – X R 40/86, BStBl. II 1991, 234; BFH 2.8.2006 – XI R 6/03, BStBl. II 2007, 8; BFH 15.1.2019 – X R 6/17, BStBl. II 2019, 318). Dabei tendiert der Bundesfinanzhof dazu, Unentgeltlichkeit und Freiwilligkeit als subsumtionsfähige Tatbestandsmerkmale des Zuwendungsbegriffs zu behandeln (in diese Richtung auch KSM/*Geserich* § 10b Rn. B 20). Tatsächlich handelt es sich lediglich um Kriterien, um feststellen zu können, ob der Steuerpflichtige subjektiv „zur Förderung steuerbegünstigter Zwecke" tätig geworden ist. Dieser Bezugspunkt der Prüfung gerät aus dem Blick, wenn das subjektive Tatbestandsmerkmal der überwiegenden Zuwendungsmotivation abschließend in objektive Indizien zerlegt und diese sodann wie Tatbestandsmerkmale geprüft werden (so überdeutlich BFH 15.1.2019 – X R 6/17, BStBl. II 2019, 318, unter Hinweis auf „die – systematisch zu trennenden – Tatbestandsmerkmale der Freiwilligkeit und des Fehlens einer Gegenleistung"). Das Erfordernis einer überwiegenden Zuwendungsmotivation geht mithin nicht restlos in den beiden „Subkriterien" der Freiwilligkeit und der Unentgeltlichkeit auf, sodass selbst dann, wenn diese bei isolierter Betrachtung vorliegen, noch einmal kontrollierend zu fragen ist, ob das **Gesamtbild des Zuwendungsvorgangs** tatsächlich dem einer uneigennützigen Ausgabe um der Sache willen entspricht. Nur dann ist der Sonderausgabenabzug gerechtfertigt (zum Ganzen *Unger* npoR 2019, 222 (223)).

79 **Unentgeltlichkeit** fehlt nach der Rechtsprechung nicht nur bei einem synallagmatischen Gegenüber von Leistung und Gegenleistung. Steuerschädlich ist es daher nicht nur, wenn eine Ausgabe vorgenommen wird, um eine Gegenleistung des Empfängers oder einer diesem nahestehenden Person (dazu BFH 15.1.2019 – X R 6/17, BStBl. II 2019, 318) zu erhalten (exemplarisch BFH 1.4.1960 – VI 134/58 U, BStBl. III 1960, 231: Zahlung von Schulgeld durch Eltern; BFH 29.1.1971 – VI R 159/68, BStBl. II 1971, 799: Aufwendungen für Lose einer Wohlfahrtstombola), sondern auch, wenn die Zuwendung an den Empfänger unmittelbar und ursächlich mit einem von einem Dritten gewährten Vorteil zusammenhängt, ohne dass der Vorteil unmittelbar wirtschaftlicher Natur sein muss (BFH 19.12.1990 – X R 40/86, BStBl. II 1991, 234; BFH 2.8.2006 – XI R 6/03, BStBl. II 2007, 8; BFH 15.1.2019 – X R 6/17, BStBl. II 2019, 318, spricht von „Sonderfällen"). Die Zuwendung muss vielmehr umgekehrt „ohne Erwartung eines besonderen Vorteils" erbracht werden (BFH 2.8.2006 – XI R 6/03, BStBl. II 2007, 8). Der Bundesfinanzhof spricht daher mitunter auch – treffender – vom Erfordernis der **„Uneigennützigkeit"** oder **„Fremdnützigkeit"** einer Zuwendung (BFH 2.8.2006 – XI R 6/03, BStBl. II 2007, 8; jedenfalls begrifflich anders noch

BFH 29.1.1971 – VI R 159/68, BStBl. II 1971, 799: „Uneigennützigkeit nicht erforderlich"). Diese Terminologie deutet zutreffend darauf hin, dass bei isolierter Prüfung der Unentgeltlichkeit das Gesamtbild des Zuwendungsvorgangs nicht aus dem Blick geraten darf (→ Rn. 78). Ein gutes Negativbeispiel ist die Behandlung von Zahlungen zur Vollziehung einer Schenkungsauflage durch den Bundesfinanzhof. Dazu und zu weiteren Beispielen für unentgeltliche und nicht unentgeltliche Zuwendungen die nachfolgende → Rn. 79.1.

Unentgeltlich erfolgen nach Auffassung des Bundesfinanzhofs Zahlungen zur Vollziehung einer Schenkungsauflage aus dem schenkweise überlassenen Betrag (BFH 15.1.2019 – X R 6/17, BStBl. II 2019, 318). Der Bundesfinanzhof weist dabei insbesondere darauf hin, dass der Schenker nach § 527 Abs. 1 BGB bei Nichtvollziehung der Auflage die Herausgabe des schenkweise überlassenen Betrags nur insoweit verlangen kann, als dieser zur Vollziehung der Auflage hätte verwendet werden müssen, sodass die „Nettoschenkung" nicht als Gegenleistung für Hinnahme und Vollziehung der Auflage angesehen werden könne. Das überzeugt im Ergebnis nicht. Der Fall liefert ein gutes Beispiel für eine Konstellation, in der zwar bei isolierter Betrachtung Unentgeltlichkeit und Freiwilligkeit (→ Rn. 87.1) vorliegen mag, bei der die gebotene und am alleine maßgeblichen Tatbestandsmerkmal der Zuwendungsmotivation ausgerichtete Gesamtbetrachtung aber zeigt, dass der Beschenkte sich auf die Auflage und ihre Erfüllung ungeachtet des § 527 Abs. 1 BGB, der ihm regelmäßig kaum bekannt sein dürfte, nur einlässt, um die Schenkung überhaupt zu erhalten und zu behalten (dazu *Unger* npoR 2019, 222 (223); kritisch auch *Hüttemann* Gemeinnützigkeits- und Spendenrecht, 4. Aufl. 2018, Rn. 8.52: keine Freiwilligkeit; *Meinert* ZEV 2019, 303 (304): keine Unentgeltlichkeit). Nicht unentgeltlich erfolgen hingegen Zahlungen an eine steuerbegünstigte Einrichtung zur Erfüllung einer Auflage nach § 153a Abs. 1 S. 2 Nr. 2 StPO, die nicht zur Förderung steuerbegünstigter Zwecke, sondern zur Erlangung eines strafverfahrensrechtlichen Vorteils geleistet werden (BFH 19.12.1990 – X R 40/86, BStBl. II 1991, 234). Entsprechendes gilt für Zahlungen im Zusammenhang mit der Erteilung einer Baugenehmigung (BFH 13.7.1994 – I R 5/93, BStBl. II 1995, 134) und Zahlungen an eine Stiftung in einem unmittelbaren zeitlichen und wirtschaftlichen Zusammenhang mit der Gewährung eines Darlehens an den Zuwendenden durch die Stiftung (FG Berlin-Brandenburg 19.11.2013 – 9 K 9151/13, DStRE 2014, 840). Ebenfalls nicht begünstigt sind (ganz unabhängig von der regelmäßig fehlenden Berechtigung des Empfängers zum Empfang abzugsfähiger Zuwendungen) Zahlungen im Rahmen eines „klassischen Crowdfunding", bei dem die Unterstützer für ihren Beitrag zur Anlauffinanzierung eines bestimmten Projekts eine Gegenleistung erhalten, regelmäßig in Form der Überlassung einer Ausfertigung des Projektergebnisses. Das soll auch dann gelten, wenn der Wert der Zahlung den Wert der Gegenleistung übersteigt (zur Behandlung teilentgeltlicher Zuwendungen, bei denen die Rechtsprechung eine Aufteilung ablehnt, → Rn. 83). Anders zu beurteilen sind Zahlungen im Rahmen eines „Spenden Crowdfunding", bei dem die Unterstützer für ihren Beitrag keine Gegenleistung erhalten. Bei diesen Zahlungen handelt es sich um abzugsfähige Zuwendungen, sofern auch die übrigen Abzugsvoraussetzungen vorliegen. Zahlungen im Rahmen von „Crowdinvesting" (Investitionen mit eigenkapitalähnlichem Charakter) und „Crowdlending" (Vergabe verzinster Darlehen) schließlich sind keine Zuwendungen, weil es an einer endgültigen wirtschaftlichen Belastung des Zuwendenden (→ Rn. 92) fehlt (zum Ganzen BMF 15.12.2017, BStBl. I 2018, 246; ferner *Bleschick* EStB 2018, 58; *Fischer* jurisPR-SteuerR 9/2018 Anm. 1). 79.1

Freilich ist zu beachten, dass die Zuwendungsmotivation nach der Rechtsprechung des Bundesfinanzhofs lediglich „im Vordergrund" stehen muss (BFH 2.8.2006 – XI R 6/03, BStBl. II 2007, 8; siehe auch schon BFH 1.4.1960 – VI 134/58 U, BStBl. III 1960, 231; BFH 13.6.1969 – VI R 12/67, BStBl. II 1969, 701). Im Fall eines Motivbündels schließen daher **konkurrierende Motive** die Unentgeltlichkeit nicht aus, solange sie nur das Motiv der uneigennützigen Förderung steuerbegünstigter Zwecke nicht überlagern. 80

Nur auf Grundlage eines solchen relativen Verständnisses von Unentgeltlichkeit lassen sich dann auch **Mitgliedsbeiträge** in das Zuwendungsverständnis der Rechtsprechung integrieren. Zwar zielen Mitgliedsbeiträge stets auch auf den „Erwerb" und „Erhalt" der aus der Mitgliedschaft resultierenden Vorteile. Sie sollen aber trotz dieser „Vergünstigungen" grundsätzlich abzugsfähig sein, wie sich eindeutig aus § 10b Abs. 1 S. 7 und letztlich schon ganz allgemein aus der Erstreckung des Zuwendungsbegriffs auf Mitgliedsbeiträge in § 10b Abs. 1 S. 1 ergibt (BFH 29.1.1971 – VI R 159/68, BStBl. II 1971, 799, führt zur Begründung an, dass hier „eine Vertragspartei zur Leistung, die andere jedoch nicht zur [gemeint ist wohl: echten] Gegenleistung verpflichtet ist"). 81

82 Unschädlich ist auch ein **Reputationsgewinn,** der durch einen Hinweis des Empfängers auf die Zuwendung durch eine Plakette oder ein Abzeichen erwartet wird (dazu auch BFH 13.6.1969 – VI R 12/67, BStBl. II 1969, 701; BFH 9.8.1989 – I R 4/84, BStBl. II 1990, 237; ferner BFH 22.3.2018 – X R 5/16, BStBl. II 2018, 651: Gravur des Namens im Fuße des Altar, Nennung in Fürbitten und Einladung zur Weihe nach Zuwendung an Pfarrgemeinde zur Errichtung einer Kirche keine schädliche Gegenleistung, sondern „lediglich Ausfluss der gemeinnützigen Mittelvergabe"). Davon abzugrenzen sind **Sponsoringmaßnahmen,** bei denen der Zuwendende über einen solchen Hinweis hinaus eine Gegenleistung erhält. Eine solche Gegenleistung, die nicht zu einer Spende, sondern zu einer Betriebsausgabe führt, liegt nach dem Sponsoring-Erlass des Bundesfinanzministeriums insbesondere vor, wenn der Empfänger einer Leistung auf Plakaten, Veranstaltungshinweisen, in Ausstellungskatalogen, auf den von ihm benutzten Fahrzeugen oder anderen Gegenständen auf den Sponsor oder dessen Produkte werbewirksam hinweist. Selbst die Berichterstattung in Zeitungen, Rundfunk oder Fernsehen soll einen wirtschaftlichen Vorteil begründen können (BMF 18.2.1998, BStBl. I 1998, 212). Die Abgrenzung bereitet erhebliche Probleme (dazu näher *Hörmann*, npoR 2016, 153 (153 f.); *Hüttemann* Gemeinnützigkeits- und Spendenrecht, 4. Aufl. 2018, Rn. 8.60 ff.; siehe auch FG Mecklenburg-Vorpommern 30.5.1997 – 1 V 94/96, EFG 1997, 1158).

83 Bei **Teilentgeltlichkeit** lehnt die Rechtsprechung eine Aufteilung der Zuwendung in einen nicht abzugsfähigen entgeltlichen und einen abzugsfähigen unentgeltlichen Teil bei einer „einheitlichen" Gegenleistung ab (BFH 2.8.2006 – XI R 6/03, BStBl. II 2007, 8). Die „Gegenleistung" muss daher, soll sie als Spende abzugsfähig sein, auch rechtlich in einen Gegenleistungs- und einen Zuwendungsteil aufgeteilt werden (*Hüttemann* Gemeinnützigkeits- und Spendenrecht, 4. Aufl. 2018, Rn. 8.51). Hauptanwendungsfall sind Leistungen einer empfangsberechtigten Körperschaft, für die ein über dem Marktpreis liegendes Entgelt gezahlt wird (exemplarisch BFH 13.6.1969 – VI R 12/67, BStBl. II 1969, 701: Sonderzuschläge für Wohlfahrtsbriefmarken über den Gebührenwert der Briefmarken hinaus; BFH 25.8.1987 – IX R 24/85, BStBl. II 1987, 850: Schulgeldzahlungen an den steuerbegünstigten Träger einer Privatschule). Zur Begründung verweist die Rechtsprechung darauf, dass es an einem geeigneten Aufteilungsmaßstab fehle (so BFH 25.8.1987 – IX R 24/85, BStBl. II 1987, 850). Das mag für die Zahlung von Schulgeld zutreffen. Häufig hingegen wird (wie bei offen ausgewiesenen Sonderzuschlägen für Wohlfahrtsbriefmarken) eine Aufteilung leicht durchzuführen sein. Insbesondere im Lichte des Beschlusses des Großen Senats zur Aufteilung gemischt veranlasster Aufwendungen (BFH 21.9.2009 – GrS 1/06, BStBl. II 2010, 672) sprechen die besseren Gründe für eine **Aufteilung auch einheitlicher Gegenleistungen,** erforderlichenfalls im Wege der Schätzung nach § 162 Abs. 1 AO (dazu *Hüttemann* Gemeinnützigkeits- und Spendenrecht, 4. Aufl. 2018, Rn. 8.51; Kirchhof/*Seer* § 10b Rn. 10; anders Blümich/*Brandl* § 10b Rn. 18a).

84–86 *Einstweilen frei*

87 **bb) Freiwilligkeit von Zuwendungen.** Zweites Kriterium zur Ermittlung einer überwiegenden Zuwendungsmotivation des Zuwendenden ist neben der Unentgeltlichkeit die **Freiwilligkeit der Zuwendung** (BFH 19.12.1990 – X R 40/86, BStBl. II 1991, 234; BFH 2.8.2006 – XI R 6/03, BStBl. II 2007, 8; BFH 15.1.2019 – X R 6/17, BStBl. II 2019, 318). Freiwilligkeit meint zwar in erster Linie ein Handeln, zu dem man rechtlich nicht verpflichtet ist, wird aber durch eine **rechtliche Verpflichtung zur Leistung** nicht von vornherein ausgeschlossen. Entscheidend ist insoweit, ob die rechtliche Verpflichtung freiwillig begründet worden ist (BFH 25.11.1987 – I R 126/85, BStBl. II 1988, 220; BFH 15.1.2019 – X R 6/17, BStBl. II 2019, 318; zur Bedeutung dieser Erweiterung der Freiwilligkeit *Kulosa* HFR 2019, 362 (363)). Das gilt insbesondere für Mitgliedsbeiträge, die Zuwendungen sind, obwohl ihnen eine mit der freiwillig begründeten Mitgliedschaft verbundene Beitragspflicht zugrunde liegt (→ Rn. 105). Auch bei Prüfung der Freiwilligkeit darf das Gesamtbild des Zuwendungsvorgangs nicht aus dem Blick geraten. Tatbestandsmerkmal der Zuwendung ist die überwiegende Zuwendungsmotivation des Zuwendenden, nicht die Freiwilligkeit oder die Unentgeltlichkeit der Zuwendung. Sie sind nur Kriterien zur Ermittlung der Zuwendungsmotivation (→ Rn. 78). Ein gutes Negativbeispiel ist die Behandlung von Zahlungen zur Vollziehung einer Schenkungsauflage durch den Bundesfinanzhof. Dazu und

zu weiteren Beispielen für freiwillige und nicht freiwillige Zuwendungen die nachfolgende → Rn. 87.1.

Freiwillig erfolgt die im Stiftungsgeschäft vorgesehene Ausstattung einer Stiftung mit Vermögen (*Hüttemann* Gemeinnützigkeits- und Spendenrecht, 4. Aufl. 2018, Rn. 8.52; siehe auch BFH 5.2.1992 – I R 63/91, BStBl. II 1992, 748). Als freiwillig behandelt der Bundesfinanzhof auch die Zuwendung eines Geldbetrags zur Erfüllung einer freiwillig vereinbarten Auflage in einem Schenkungsvertrag (BFH 15.1.2019 – X R 6/17, BStBl. II 2019, 318; anders *Hüttemann* Gemeinnützigkeits- und Spendenrecht, 4. Aufl. 2018, Rn. 8.52; skeptisch auch *Meinert* ZEV 2019, 303 (304), der darauf hinweist, dass die Annahme einer freien Verhandlung des Schenkungsvertrags „[e]her lebensfern" ist, da sich der Einfluss des Beschenkten in der Regel darauf beschränken wird, die Schenkung anzunehmen oder abzulehnen). Das überzeugt im Ergebnis nicht (näher → Rn. 79.1). Nicht freiwillig erfolgen eine in der Satzung einer Körperschaft vorgesehene Zuwendung (BFH 12.10.2011 – I R 102/10, BStBl. II 2014, 484), eine gesetzliche Zwangsabgabe (BFH 12.12.1973 – VI R 23/71, BStBl. II 1974, 300) und eine Zahlung aufgrund einer Bewährungsauflage nach § 56b Abs. 2 Nr. 2 StPO (BFH 8.4.1964 – VI 83/63 U, BStBl. III 1964, 333). Auch die Erfüllung eines Vermächtnisses, auf dessen Erfüllung der Bedachte gemäß § 2174 BGB einen Anspruch hat, erfolgt nicht freiwillig. Die alleine freiwillige Zuwendungsentscheidung des Erblassers, den Erben mit einem Vermächtnis zu beschweren, kann dem Erben als höchstpersönlicher Umstand nicht zugerechnet werden (BFH 22.9.1993 – X R 107/91, BStBl. II 1993, 874; siehe auch BFH 15.1.2019 – X R 6/17, BStBl. II 2019, 318, der darauf hinweist, dass der Erbe auf den Inhalt des Testaments keinen Einfluss hat). Begründen ließe sich die Freiwilligkeit hier allenfalls mit dem Argument, dem Erben oder Vermächtnisnehmer (im Fall eines Untervermächtnisses) stehe es frei, die Erbschaft oder das Vermächtnis auszuschlagen. Freilich steht einem Abzug auch dann entgegen, dass der Vermächtnisanspruch gemäß § 2176 BGB mit dem Erbfall entsteht, sodass dessen Erfüllung keine wirtschaftliche Belastung des Erben bedeutet, der von vornherein nur das mit der Vermächtnisforderung belastete Vermögen erhält (→ Rn. 95) (BFH 22.9.1993 – X R 107/91, BStBl. II 1993, 874). Auflagen nach § 153a Abs. 1 S. 2 Nr. 2 StPO werden zwar nur mit Zustimmung des Beschuldigten und damit im steuerrechtlichen Sinne freiwillig erteilt, ihre Erfüllung erfolgt aber zur Erlangung eines strafverfahrensrechtlichen Vorteils und damit nicht unentgeltlich (→ Rn. 79.1) (BFH 19.12.1990 – X R 40/86, BStBl. II 1991, 234). **87.1**

Besondere Probleme bereiten **moralische Verpflichtungen.** Von Bedeutung sind diese vor allem bei Vereinen, die bei Aufnahme neuer Mitglieder eine „Eintrittsspende" oder „Aufbauspende" erwarten, ohne dass dieser Erwartung eine rechtliche Verpflichtung des Mitglieds zugrunde liegt. Hintergrund ist die Beschränkung des Abzugs von Mitgliedsbeiträgen durch § 10b Abs. 1 S. 8, die durch entsprechende Spendenkonstruktionen umgangen werden soll. Der Bundesfinanzhof geht zutreffend davon aus, dass die Freiwilligkeit „durch einen – in welcher Form auch immer ausgeübten – moralischen Druck" nicht ausgeschlossen wird. Erst wenn Bewerber um eine Mitgliedschaft nachweislich zurückgewiesen werden, wenn sie die erwartete Spende nicht erbringen, schlage die moralische in eine rechtliche Verpflichtung um (BFH 13.12.1978 – I R 64/77, BStBl. II 1979, 488; siehe auch BFH 13.8.1997 – I R 19/96, BStBl. II 1997, 794; BFH 2.8.2006 – XI R 6/03, BStBl. II 2007, 8). Zu weitgehend nimmt die Finanzverwaltung bei Sportvereinen eine solche rechtliche Verpflichtung bereits an, „wenn mehr als 75 Prozent der neu eingetretenen Mitglieder neben der Aufnahmegebühr eine gleich oder ähnlich hohe Sonderzahlung leisten". In diesem Fall soll „eine widerlegbare Vermutung für das Vorliegen von Pflichtzahlungen" bestehen (dazu AEAO zu § 52 Nr. 1.3.1.7). Unabhängig davon stellt sich die Frage, ob die Verpflichtung nicht durch die Mitgliedschaft freiwillig begründet worden ist. Freilich sind solche „Mitgliedsspenden" in der Regel keine unentgeltlichen Zuwendungen (→ Rn. 100). **88**

Einstweilen frei **89–91**

cc) Endgültige Belastung des Zuwendenden. Zuwendungen sind nur Geld- und Sachausgaben, die aus dem geldwerten Vermögen des Zuwendenden abfließen und daher bei ihm zu einer **tatsächlichen und endgültigen wirtschaftlichen Belastung** führen (BFH 20.2.1991 – X R 191/87, BStBl. II 1991, 690; BFH 16.2.2011 – X R 46/09, BStBl. II 2011, 685; BFH 15.1.2019 – X R 6/17, BStBl. II 2019, 318). Eine Belastung des Einkommens des Steuerpflichtigen ist nicht erforderlich. Es genügt eine Belastung des Vermögens. Andernfalls fiele entgegen § 10b Abs. 3 S. 1 die Hingabe von Wirtschaftsgütern aus dem Vermögen aus dem Zuwendungsbegriff heraus (BFH 23.5.1989 – X R 17/85, BStBl. II **92**

1989, 879). Eine endgültige wirtschaftliche Belastung des Zuwendenden wird durch einen **Rückforderungsanspruch** des Zuwendenden bei Nichtvollziehung einer mit der Zuwendung verbundenen Auflage nicht ausgeschlossen. Kommt es tatsächlich zu einer Rückgewähr der Zuwendung, liegt aber ein rückwirkendes Ereignis nach § 175 Abs. 1 S. 1 Nr. 2 AO vor. Der Steuerbescheid ist dann für das Zuwendungsjahr zu ändern (dazu BFH 19.3.1976 – VI R 72/73, BStBl. II 1976, 338). Entsprechendes gilt für die Vereinbarung eines Rückforderungsrechts im Hinblick auf die mögliche Entstehung von Schenkungsteuer, sofern der Zuwendende auf diese keinen Einfluss hat (dazu *Blusz* NWB 2018, 3302 (3305 ff.)). Nicht von vornherein steuerschädlich ist auch die Erfüllung eines Aufwendungsersatzanspruchs nach einer Geldspende. Die „Rückzahlung" dient nicht der Rückabwicklung der Spende, sondern der Erfüllung eines davon unabhängigen Anspruchs (dazu BFH 3.12.1996 – I R 67/95, BStBl. II 1997, 474).

93 Nicht ausgeschlossen wird eine endgültige wirtschaftliche Belastung durch eine **Abkürzung des Zahlungswegs.** Wichtigster Anwendungsfall ist die unmittelbare Überweisung von Arbeitslohn an eine empfangsberechtigte Körperschaft durch den Arbeitgeber. Technisch handelt es sich um einen mit einer Verwendungsauflage verbundenen **Lohnverzicht** (exemplarisch FG Niedersachsen 25.6.2009 – 11 K 72/08, EFG 2010, 1185: Übernahme von Mitgliedsbeiträgen für einen Golfclub durch den Arbeitgeber; zur Abgrenzung von einem Gehaltsverzicht ohne Verwendungsabrede BFH 30.7.1993 – VI R 87/92, BStBl. II 1993, 884; BFH 25.11.1993 – VI R 115/92, BStBl. II 1994, 424). Dabei behält der Arbeitgeber im Regelfall die Lohnsteuer auch in Höhe des Zuwendungsbetrags ein und führt sie ab. Der Arbeitnehmer muss dann die Zuwendung als Sonderausgabe in seiner Einkommensteuererklärung geltend machen. In Ausnahmefällen lässt die Finanzverwaltung eine vereinfachte Behandlung zu. Dabei bleiben Lohnteile, auf die der Arbeitnehmer zugunsten einer Zuwendung des Arbeitgebers an eine empfangsberechtigte Körperschaft verzichtet, schon bei der Feststellung des steuerpflichtigen Arbeitslohns durch den Arbeitgeber außer Ansatz, wenn der Arbeitgeber die Verwendungsauflage erfüllt und dies dokumentiert (exemplarisch für Zuwendungen zur Unterstützung der Opfer des Seebebens in Südostasien BMF 14.1.2005, BStBl. I 2005, 52). Zu beachten ist bei einer Abkürzung des Zahlungswegs, dass ein Sonderausgabenabzug nur in Betracht kommt, wenn die Zuwendungsbestätigung auf den Zuwendenden und nicht auf die bloße Zahlstelle ausgestellt ist (zur Zulässigkeit implizit BFH 15.1.2019 – X R 6/17, BStBl. II 2019, 318; zum damit verbundenen Haftungsrisiko des Zuwendungsempfängers *Paus* FR 2019, 557 (558)).

94 Keine wirtschaftliche Belastung liegt hingegen vor, wenn der Steuerpflichtige über den Gegenstand einer Zuwendung **zu keiner Zeit die tatsächliche Verfügungsmacht** hat. Anwendungsfälle sind Spiel- und Quizshows, bei denen die prominenten Kandidaten ihre vom Sender bereitgestellten „Spielgewinne" zwingend einem von ihnen oder dem Sender bestimmten steuerbegünstigten Empfänger zuwenden (BMF 27.4.2006, BStBl. I 2006, 342; ebenso FG Köln 12.12.2006 – 9 K 4243/06, EFG 2007, 758; FG Hamburg 14.11.2007 – 3 K 250/06, EFG 2008, 842), sowie ein arbeitsgerichtlicher Vergleich, in dem sich der Arbeitgeber zu einer Spendenzahlung verpflichtet, ohne dass der Arbeitnehmer auf den Empfänger Einfluss nehmen kann (BFH 23.9.1998 – XI R 18/98, BStBl. II 1999, 98).

95 Bei **Zuwendungen durch Verfügung von Todes wegen** ist zu differenzieren. So belasten Zuwendungen in den Vermögensstock einer durch Erbeinsetzung von Todes wegen errichteten Stiftung den Erblasser nicht mehr, weil sie trotz § 84 BGB, der lediglich die Existenz einer (von Todes wegen oder unter Lebenden errichteten) Stiftung fingiert, wenn der Stifter vor Genehmigung der Stiftung verstirbt, nicht aber den Abflusszeitpunkt vorverlegt, erst mit dem Tod des Erblassers abfließen (BFH 16.2.2011 – X R 46/09, BStBl. II 2011, 685; *Hüttemann* Gemeinnützigkeits- und Spendenrecht, 4. Aufl. 2018, Rn. 8.39; anders *Herfurth* FS Spiegelberger, 2009, 1285 (1286 f.)). Entsprechendes gilt für andere Verfügungen von Todes wegen. Bei Vermächtnissen ist zu unterscheiden: Der Erblasser wird durch ein Vermächtnis nicht belastet, weil dieses gemäß § 2176 BGB erst mit dem Erbfall anfällt und der Bedachte vorher keine rechtlich gesicherte Anwartschaft erwirbt (MüKoBGB/*Rudy* BGB § 2174 Rn. 24). Auch die spätere Erfüllung des Vermächtnisses durch den Erben kann ihm grundsätzlich (zur Rechtslage bei zusammen veranlagten Ehegatten oder eingetragenen Lebenspartner → Rn. 220) nicht zugerechnet werden, sodass ein Sonderausgabenabzug beim Erblasser ausscheidet (BFH 23.10.1996 – X R 75/94, BStBl. II 1997, 239, unter Hinweis auf BFH 5.7.1990 – GrS 2/89, BStBl. II 1990, 837; anders noch die Vorinstanz FG Hamburg 6.4.1994 – I 132/91, EFG 1994, 965: Zahlungsvorgang des Erben wird dem Erblasser bei verfassungskonformer Auslegung des § 10b Abs. 1 S. 1 zugerechnet). Umgekehrt erfüllt der Erbe zwar das Vermächtnis, ist dadurch aber nicht belastet, weil er, wie sich aus § 1967 BGB ergibt, von vornherein nur das mit der Vermächtnisforderung belastete Vermögen erhält. Es fehlt überdies an der Freiwilligkeit (→ Rn. 87.1) (BFH 22.9.1993 – X R 107/91, BStBl. II 1993, 874). Entsprechendes gilt grundsätzlich (zum Sonderfall einer Schenkung unter zusammenveranlagten Ehegatten oder eingetragenen Lebenspartnern → Rn. 220) bei Schenkungen eines Geldbetrags mit der Auflage, einen Teil des Betrags einer steuerbegünstigten Einrichtung zu spenden. Der Beschenkte erwirbt hier von vornherein nur den mit der Auflage belasteten Schenkungsgegenstand, sodass ihn die Zahlung an die steuerbegünstigte Einrichtung nicht belastet (BFH 15.1.2019 – X R 6/17, BStBl. 2019, 318; dazu *Unger* npoR 2019, 222 (222)).

Einstweilen frei **96–98**

dd) Insbesondere: Zuwendungen durch Spenden. Spenden sind Wertabgaben aus dem Einkommen oder geldwerten Vermögen des Spenders. Umfasst sind, wie aus § 10b Abs. 3 S. 1 folgt, **Geld- und Sachspenden.** Bei Sachspenden wird ein Wirtschaftsgut zugewendet, dass nach § 10b Abs. 3 S. 2 bis 4 zu bewerten ist. Auch gebrauchte Wirtschaftsgüter können Gegenstand einer Sachspende sein (BFH 23.5.1989 – X R 17/85, BStBl. II 1989, 879). Keine Sachspenden sind entgegen der geläufigen Bezeichnung selbst unentgeltliche „Blutspenden" (OFD Frankfurt 15.12.1994, FR 1995, 287; entsprechend für „Organspenden", die der Sache nach „Verfügungen von Todes wegen" sind und als solche schon zu keiner Belastung des Zuwendenden mehr führen (→ Rn. 95), FG Saarland 18.12.2008 – 2 K 2400/06, EFG 2009, 743). Der Spendenbegriff ist weit. Er umfasst auch den **Verzicht auf einen werthaltigen Anspruch** gegenüber einer spendenempfangsberechtigten Körperschaft (zu den strengen Anforderungen an die Annahme eines stillschweigenden Verzichts BFH 3.12.1996 – I R 67/95, BStBl. II 1997, 474). Die Finanzverwaltung verlangt insoweit, dass der Anspruch ernsthaft eingeräumt ist und nicht von vornherein unter der Bedingung des Verzichts steht. Hauptindizien für die Ernsthaftigkeit sind dabei die Leistungsfähigkeit des Zuwendungsempfängers und ein enger zeitlicher Zusammenhang zwischen der Fälligkeit des Anspruchs und der Verzichtserklärung (im Einzelnen BMF 25.11.2014, BStBl. I 2014, 1584; BMF 24.8.2016, BStBl. I 2016, 994; ferner → Rn. 363). Ein Sonderfall des Verzichts auf werthaltige Ansprüche ist der Verzicht auf Aufwendungsersatzansprüche (BMF 25.11.2014, BStBl. I 2014, 1584 spricht von **„Aufwandsspenden"** und unterscheidet diese von allgemeinen **„Rückspenden"**, bei denen auf vertragliche oder gesetzliche Ansprüche verzichtet wird, die keine Aufwendungsersatzansprüche sind; zu diesen *Rausch/Meirich* DStR 2017, 2769). Hier kommt ein Abzug gemäß § 10b Abs. 3 S. 5 und 6 nur in Betracht, wenn der Anspruch auf die Erstattung von Aufwendungen durch Vertrag oder Satzung eingeräumt worden ist (→ Rn. 362 ff.). Keine Spende ist gemäß § 10b Abs. 3 S. 1 die **Zuwendung von Nutzungen und Leistungen.** Nicht begünstigt ist daher die unentgeltliche Überlassung der eigenen Arbeitskraft oder eines Wirtschaftsguts zur vorübergehenden Nutzung (zur Überlassung von „Zeit" und „Tätigkeit" BFH 25.7.1969 – VI R 269/67, BStBl. II 1969, 681; BFH 28.4.1978 – VI R 147/75, BStBl. II 1979, 297; zur Überlassung eines geleasten Wirtschaftsguts BFH 8.8.1990 – X R 149/88, BStBl. II 1991, 70; näher → Rn. 323); zur rechtspolitischen Diskussion über die Einführung einer „Zeitspende" bei unentgeltlicher Überlassung der eigenen Arbeitskraft mit Nachweisen zuletzt *Weitemeyer* NJW 2018, 2775 (2779)). Möglich ist hier aber eine Aufwandsspende, bei der die Beteiligten einen Vertrag über die entgeltliche Überlassung schließen und sodann auf den Entgeltanspruch verzichtet wird (→ Rn. 362 ff.), ohne dass darin ein Missbrauch rechtlicher Gestaltungsmöglichkeiten liegt (BFH 9.5.2007 – XI R 23/06, BFH/NV 2007, 2251). **99**

Probleme bereiten **„Mitgliedsspenden"** an steuerbegünstigte Vereine. Zweifelhaft ist hier die Unentgeltlichkeit der Zuwendung, soweit die Vereine ihren Mitgliedern gegenüber Leistungen erbringen. Typische Fälle sind Spenden an Schul- und Sportvereine. So hat der Bundesfinanzhof den Abzug von Spenden an einen **Schulträgerverein** versagt, wenn sie zur Deckung der Schulkosten benötigt werden. Die Zahlungen seien hier keine Zuwendungen, sondern verdecktes Schulgeld (BFH 12.8.1999 – XI R 65/98, BStBl. II 2000, 65; siehe auch **100** schon BFH 13.6.1958 – VI 212/57 U, BStBl. III 1958, 335; BFH 25.8.1987 – IX R 24/85, BStBl. II 1987, 850; anders für Zuwendungen reiner Fördermitglieder, bei denen „die Verknüpfung mit einer konkreten Gegenleistung" fehlt, zu Recht BFH 1.4.1960 – VI 134/58 U, BStBl. III 1960, 231). Zu unterscheiden ist daher zwischen nicht abzugsfähigen Zahlungen zur Deckung der Kosten des Schulbetriebs und abzugsfähigen Leistungen, die auch unter Berücksichtigung eines im Schulgeld einkalkulierten Gewinns darüber hinausgehen (zum Ganzen BFH 12.8.1999 – XI R 65/98, BStBl. II 2000, 65, der zu den Kosten des Schulbetriebs insbesondere laufende Sach- und Personalkosten, nutzungsbezogene Aufwendungen und Kosten für übliche Schulveranstaltungen zählt; BFH 25.8.1987 – IX R 24/85, BStBl. II 1987, 850 verlangt dabei wenig überzeugend eine einheitliche Zuordnung von Leistungen, die ihre Aufspaltung in einen nicht abzugsfähigen und einen abzugsfähigen Teil ausschließen; dazu schon → Rn. 83). Auch bei **Sportvereinen** zieht der Bundesfinanzhof dem Abzug von „Mitgliedsspenden" enge Grenzen: Stehen die Spenden als „Aufnahme-" oder „Beitrittsspenden" in einem unmittelbaren zeitlichen und wirtschaftlichen Zusammenhang mit der Aufnahme in den Sportverein, sind sie nicht abzugsfähig, wenn davon auszugehen ist, dass sie zur Deckung der Kosten für Erhalt und Ausbau der Einrichtungen des Vereins benötigt werden. Ob die Einrichtungen tatsächlich genutzt werden, soll ebenso unerheblich sein wie die Tatsache, dass andere Mitglieder den gleichen Vorteil mit einem geringeren finanziellen Aufwand erlangt haben (BFH 2.8.2006 – XI R 6/03, BStBl. II 2007, 8; siehe auch BFH 11.6.1997 – X R 242/93, BStBl. II 1997, 612). Die Finanzverwaltung geht schlicht davon aus, dass neben Mitgliedsbeiträgen über den Wortlaut hinaus auch „sonstige Mitgliedsumlagen und Aufnahmegebühren" an Empfänger im Sinne des § 10b Abs. 1 S. 8 nicht abziehbar sind (EStR 10b.1 Abs. 1 S. 1).

101 Ziel dieser Rechtsprechung ist es, eine **Umgehung von § 10b Abs. 1 S. 7 und 8** zu verhindern, der den Abzug von Mitgliedsbeiträgen an bestimmte Vereine ausschließt (näher → Rn. 106 ff.). Freilich besteht die Gefahr, dass die Beschränkung des Abzugsverbots auf Mitgliedsbeiträge unterlaufen wird. So erkennt auch der Bundesfinanzhof an, „dass grundsätzlich auch ein Club-Mitglied seinem Verein – ebenso wie einem anderen Verein – eine Spende zuwenden kann" (BFH 2.8.2006 – XI R 6/03, BStBl. II 2007, 8). Spenden sind daher nur insoweit nicht abzugsfähig, als es sich um verdeckte Mitgliedsbeiträge handelt. Folgerichtig hält der Bundesfinanzhof für maßgeblich, ob „die Zuwendung – gegebenenfalls im Verbund mit gleichgerichteten Leistungen anderer Vereinsmitglieder – unmittelbar und ursächlich mit einem durch den Verein ermöglichten Vorteil zusammenhängt" (BFH 2.8.2006 – XI R 6/03, BStBl. II 2007, 8). Indizien liefert ein Vergleich: Werden vergleichbare Zahlungen von allen Neumitgliedern anlässlich ihrer Aufnahme erwartet und zumeist auch gezahlt, liegt grundsätzlich keine Zuwendung, sondern eine Gegenleistung für Mitgliedschaft und Vereinsleistungen vor (dazu exemplarisch BFH 2.8.2006 – XI R 6/03, BStBl. II 2007, 8).

102–104 *Einstweilen frei*

105 **ee) Insbesondere: Zuwendungen durch Mitgliedsbeiträge.** Auch Mitgliedsbeiträge sind Wertabgaben aus dem Einkommen oder geldwerten Vermögen des Zuwendenden. Grundlage ist die mit einer Beitragspflicht verbundene Mitgliedschaft in einem Verein. Anders als Spenden dienen Mitgliedsbeiträge daher der **Erfüllung einer Verpflichtung aus einem Rechtsverhältnis** zwischen dem Zuwendenden und dem Zuwendungsempfänger (zur Mitgliedschaft als einem Rechtsverhältnis nur MüKoBGB/*Leuschner* BGB § 38 Rn. 4). Das steht ihrer Freiwilligkeit aber nicht entgegen, sofern nur die Mitgliedschaft freiwillig begründet worden ist (BFH 13.12.1978 – I R 64/77, BStBl. II 1979, 488). Aus der Mitgliedschaft folgt freilich nicht nur eine Beitragspflicht (zu dieser etwa BeckOK BGB/*Schöpflin* BGB § 38 Rn. 25). Der Steuerpflichtige erwirbt vielmehr – letztlich als „Gegenleistung" für seine Beiträge – auch Mitgliedschaftsrechte. Anders als Spenden sind daher entgegen überwiegender Auffassung (etwa *Hüttemann* Gemeinnützigkeits- und Spendenrecht, 4. Aufl. 2018, Rn. 8.71) **Mitgliedsbeiträge stets teilentgeltliche Leistungen** (in diese Richtung auch BFH 28.4.1987 – IX R 7/83, BStBl. II 1987, 814). Steuerrechtlich bedeutsam ist dabei vor allem das Recht, Einrichtungen und Leistungen des Zuwendungsempfängers in Anspruch zu nehmen. Das vereinsrechtliche Schrifttum spricht von „Wertrechten" (MüKoBGB/*Leuschner* BGB § 38 Rn. 13) oder „Vorteilsrechten" (BeckOK BGB/*Schöpflin*

BGB § 38 Rn. 20) aus der Mitgliedschaft (dazu auch BFH 2.8.2006 – XI R 6/03, BStBl. II 2007, 8; steuerrechtlich weniger bedeutsame weitere Mitgliedschaftsrechte sind Organschaftsrechte, Schutzrechte und Informationsrechte, MüKoBGB/*Leuschner* BGB § 38 Rn. 11). Soweit der Beitragspflicht solche Wert- oder Vorteilsrechte gegenüberstehen, ist ein Abzug der Mitgliedsbeiträge als Sonderausgaben tendenziell problematisch (radikal *Tipke* Steuerrechtsordnung II, 836: Zahlung an einen Verein, um sich dort betätigen zu können, ist keine Zuwendung). In Betracht kommt er nur, wenn der Wunsch des Zuwendenden, die Verwirklichung steuerbegünstigte Zwecke zu fördern, den Wunsch, sich Vorteile aus der Mitgliedschaft zu sichern, deutlich überwiegt.

Fraglich ist das vor allem bei **Mitgliedsbeiträgen an mitgliedernützige Vereine.** Wert- **106**
oder Vorteilsrechten aus der Mitgliedschaft trägt der Gesetzgeber insoweit Rechnung, indem er in **§ 10 Abs. 1 S. 8** Mitgliedsbeiträge an bestimmte Körperschaften pauschal vom Abzug ausschließt. Der Gesetzgeber geht in diesen Fällen davon aus, dass die Mitgliedsbeiträge „bei typisierender Betrachtung […] überwiegend der Finanzierung von Leistungen an Mitglieder dienen", jedenfalls aber „in erster Linie der eigenen Freizeitgestaltung förderlich sind" (BR-Drs. 418/99, 15). Die Ausgaben seien daher ganz überwiegend nicht altruistisch motiviert und folglich vom Sonderausgabenabzug auszunehmen. Betroffen sind gemäß **§ 10b Abs. 1 S. 8 Nr. 1 bis 4** zunächst Mitgliedsbeiträge an Körperschaften, die den Sport (im Sinne des § 52 Abs. 2 S. 1 Nr. 21 AO), kulturelle Betätigungen zur Freizeitgestaltung, Heimatpflege und Heimatkunde (im Sinne des § 52 Abs. 2 S. 1 Nr. 22 AO) oder Zwecke im Sinne des § 52 Abs. 2 S. 1 Nr. 23 AO (also: Tierzucht, Pflanzenzucht, Kleingärtnerei, das traditionelle Brauchtum einschließlich des Karnevals, der Fastnacht und des Faschings, die Soldaten- und Reservistenbetreuung, das Amateurfunken, den Modellflug oder den Hundesport) fördern (dazu kritisch *Hüttemann* NJW 2000, 638 (639), der zu Recht darauf hinweist, dass Mitgliedsbeiträge auch bei anderen in § 52 Abs. 2 S. 1 AO aufgeführten Zwecken, wie etwa der Verbraucherberatung und dem Verbraucherschutz im Sinne des § 52 Abs. 1 S. 2 Nr. 16 AO, Leistungen an Mitglieder finanzieren; zur Umgehung von § 10b Abs. 1 S. 8 durch „Mitgliedsspenden" → Rn. 100 f.; zur Umgehung durch Durchlaufspenden, die an Empfänger im Sinne des § 10b Abs. 1 S. 8 weitergeleitet werden, → Rn. 136.3). Neu hinzugekommen sind durch das **„JStG 2019"** v. 12.12.2019 (BGBl. 2019 I 2451) mit Wirkung vom 1.1.2020 gemäß **§ 10b Abs. 1 S. 8 Nr. 5** Mitgliedsbeiträge an Körperschaften, „deren Zweck nach § 52 Absatz 2 Satz 2 der Abgabenordnung für gemeinnützig erklärt worden ist, weil deren Zweck die Allgemeinheit auf materiellem, geistigem oder sittlichem Gebiet entsprechend einem Zweck nach den Nummern 1 bis 4 fördert." Die Vorschrift ist gemäß § 52 Abs. 18a erstmals auf Mitgliedsbeiträge anzuwenden, die nach dem 31. Dezember 2019 gezahlt werden. Zwar besteht die Möglichkeit, Zwecke, die die Allgemeinheit „entsprechend" und also „in vergleichbarer Weise […] wie die in § 52 Abs. 1 Satz 1 Nr. 1 bis 25 AO genannten Zwecke" (so BFH 9.2.2017 – V R 70/14, BStBl. II 2017, 1106) fördern, gemäß § 52 Abs. 2 S. 2 AO für gemeinnützig zu erklären, bereits seit 2007. Praktische Bedeutung hat § 52 Abs. 2 S. 2 AO aber erst im Zusammenhang mit einer jüngeren Entscheidung des Bundesfinanzhofs erlangt, in der dieser die Finanzverwaltung für verpflichtet hielt, Turnierbridge gemäß § 52 Abs. 2 S. 2 AO für gemeinnützig zu erklären, weil es mit dem in § 52 Abs. 2 S. 1 Nr. 21 AO genannten Katalogzweck „Schach" vergleichbar und kein sachlicher Grund für eine unterschiedliche Behandlung erkennbar sei (BFH 9.2.2017 – V R 70/14, BStBl. II 2017, 1106). § 10b Abs. 1 S. 8 Nr. 5 soll vor diesem Hintergrund Mitgliedsbeiträge an Körperschaften, die wie ein Turnierbridgeverein zwar keinen der in § 10b Abs. 1 S. 8 Nr. 1 bis 4 genannten Zwecke, wohl aber einen vergleichbaren und daher gemäß § 52 Abs. 2 S. 2 AO für gemeinnützig erklärten Zweck fördern, vom Abzug ausschließen. Der Gesetzgeber geht insoweit angesichts vergleichbarer Zwecke zutreffend davon aus, dass die Vereine auch in vergleichbarer Weise mitgliedernützig sind und daher eine steuerliche Gleichbehandlung geboten ist. § 10b Abs. 1 S. 8 Nr. 5 beseitigt mithin eine planwidrige Regelungslücke (zum Ganzen BT-Drs. 19/13436, 110). Die Vorschrift bezieht sich dabei nur auf Zwecke, die mit den in § 10b Abs. 1 S. 8 Nr. 1 bis 4 genannten Zwecken vergleichbar sind. Wird ein Zweck gemäß § 52 Abs. 2 S. 2 AO für gemeinnützig erklärt, weil er mit einem anderen der in § 52 Abs. 2 S. 1 AO genannten Zwecke vergleichbar ist, bleiben Mitgliedsbeiträge an eine Körperschaft, die diesen Zweck fördert, abziehbar.

Im **Umkehrschluss** folgt **aus § 10b Abs. 1 S. 8,** dass Mitgliedsbeiträge an Körperschaf- **107**
ten, die andere als die dort genannten Zwecke fördern, im Regelfall abzugsfähig sind, ohne

dass Wert- und Vorteilsrechte aus der Mitgliedschaft entgegenstehen (in diese Richtung auch *Hüttemann* Gemeinnützigkeits- und Spendenrecht, 4. Aufl. 2018, Rn. 8.71). Das gilt insbesondere für Mitgliedsbeiträge an Körperschaften, die Kunst und Kultur gemäß § 52 Abs. 2 S. 1 Nr. 5 AO fördern. Soweit es sich nicht um Mitgliedsbeiträge nach § 10b Abs. 1 S. 8 (und hier insbesondere: Nr. 2) handelt, sind diese gemäß **§ 10b Abs. 1 S. 7** abziehbar, auch wenn den Mitgliedern Vergünstigungen gewährt werden. Wichtigster Anwendungsfall sind Kunstvereine. Auslöser für die gesetzliche Klarstellung, die nicht gerade zur Kohärenz und Widerspruchsfreiheit der Vorschriften über den Abzug von Mitgliedsbeiträgen als Sonderausgaben beiträgt, war der gescheiterte Versuch der Finanzverwaltung, über Abschnitt B Nr. 2 der Anlage 1 zu § 48 EStDV (heute: § 10b Abs. 1 S. 8 Nr. 2) hinaus Mitgliedsbeiträge an Kulturfördervereine weitgehend vom Abzug auszuschließen (dazu zunächst BMF 19.1.2006, BStBl. I 2006, 216, und sodann Aussetzung der Anwendung dieses Schreibens durch BMF 13.12.2006, BStBl. I 2007, 75).

108 Probleme bereitet die **Abgrenzung zwischen § 10b Abs. 1 S. 7 und § 10b Abs. 1 S. 8 Nr. 2.** Während § 10b Abs. 1 S. 8 Nr. 1, 3 und 4 auf bestimmte gemeinnützige Zwecke im Sinne des § 52 Abs. 2 S. 1 AO verweist, bezieht sich § 10b Abs. 1 S. 8 Nr. 2 zwar im Ausgangspunkt auf die Förderung von Kultur im Sinne des § 52 Abs. 2 S. 1 Nr. 5 AO, beschränkt das Abzugsverbot dann aber auf Mitgliedsbeiträge an Kulturfördervereine zur Förderung **„kulturelle[r] Betätigungen, die in erster Linie der Freizeitgestaltung dienen".** Die Finanzverwaltung hält für maßgeblich, „ob die Beitragszahlungen bei typisierender Betrachtung in erster Linie im Hinblick auf die eigene Freizeitgestaltung geleistet werden", ohne dass es auf eine „künstlerische Gestaltungshöhe" ankommen soll (OFD Nürnberg 6.7.2000, DB 2000, 2096). Ausgeschlossen ist der Abzug von Mitgliedsbeiträgen danach insbesondere bei „aktiv ausgeführten eigenen kulturellen Betätigungen der Mitglieder" (so BT-Drs. 16/5200, 16, die Laientheater, Laienchöre und Laienorchester nennt). Bei Trägervereinen von Musikschulen kommt ein Abzug von Mitgliedsbeiträgen nur in Betracht, wenn die Mitgliedschaft nicht Voraussetzung für die Teilnahme an Kursen ist, die Musikschule für ihre Kurse kostendeckende Gebühren erhebt, die Kurse auch Nichtmitgliedern offen stehen und die Mitglieder des Trägervereins bei der Teilnahme an Kursen nicht bevorzugt werden (OFD Nürnberg 6.7.2000, DB 2000, 2096).

109 Insgesamt ist die Regelung von Mitgliedsbeiträgen in § 10b Abs. 1 S. 7 und 8 **wenig kohärent und nicht widerspruchsfrei** (insgesamt kritisch auch *Hüttemann* DB 2007, 2053 (2057 f.); *Hüttemann* Gemeinnützigkeits- und Spendenrecht, 4. Aufl. 2018, Rn. 8.73). Überdies fügt sie sich nicht bruchlos in das Gesamtsystem des Gemeinnützigkeits- und Spendenrechts ein. Zu begrüßen wäre eine Regelung, nach der eine Gegenleistung in Form von Wert- oder Vorteilsrechten auch zuwendungsrechtlich unschädlich ist, soweit sie gemeinnützigkeitsrechtlich einer Steuerbegünstigung des Empfängers nicht entgegensteht. Soweit daher bei Vereinen zur Förderung von Freizeitzwecken Mitgliedervorteile trotz § 55 Abs. 1 S. 1 AO und § 55 Abs. 1 Nr. 1 S. 2 AO einer Steuerbegünstigung des Vereins nicht entgegenstehen (dazu näher Gosch AO/FGO/*Unger* AO § 55 Rn. 23 und 70), sollten die Mitgliedsbeiträge beim Zuwendenden auch nicht vom Abzug ausgeschlossen werden. Wer das politisch für nicht hinnehmbar hält, sollte Freizeitzwecke insgesamt (und nicht nur im Zuwendungsrecht) aus der Steuerbegünstigung herausnehmen (zum Ganzen auch *Hüttemann* Gemeinnützigkeits- und Spendenrecht, 4. Aufl. 2018, Rn. 8.73 und 8.78).

110–112 *Einstweilen frei*

113 **ff) Zeitliche Zuordnung von Zuwendungen.** Die zeitliche Zuordnung von Spenden und Mitgliedsbeiträgen richtet sich wie bei anderen Sonderausgaben nach dem **Abflussprinzip** (BFH 16.2.2011 – X R 46/09, BStBl. II 2011, 685). Der Abzug ist daher grundsätzlich gemäß § 11 Abs. 2 S. 1 in dem Kalenderjahr vorzunehmen, in dem die Ausgabe geleistet worden ist. Das ist das Kalenderjahr, in dem der Zuwendende die wirtschaftliche Verfügungsmacht über das Geld oder das geldwerte Gut verloren hat (BFH 16.2.2011 – X R 46/09, BStBl. II 2011, 685; zum Übergang des wirtschaftlichen Eigentums bei der Zuwendung von Sachen wie insbesondere Grundstücken BFH 6.12.2018 – X R 11/17, BFH/NV 2019, 622; siehe auch schon BFH 8.8.1990 – X R 149/88, BStBl. II 1991, 70). Von diesem Grundsatz gibt es **zwei Ausnahmen:** Zum einen sieht **§ 11 Abs. 2 S. 2** in Verbindung mit § 11 Abs. 1 S. 2 für regelmäßig wiederkehrende Ausgaben (zuwendungsrechtlich also insbesondere: Mitgliedsbeiträge) vor, dass diese dem Kalenderjahr zuzuordnen sind, zu dem sie wirtschaftlich gehören, sofern sie kurze Zeit (maximal zehn Tage) vor dessen Beginn oder nach dessen Beendigung zugeflossen sind. Zum anderen lässt **§ 10b Abs. 1a** bei Spenden in den Vermögensstock einer Stiftung auf Antrag eine Verteilung der Zuwendung auf den Veranlagungszeitraum der Zuwendung und die folgenden neun Veranlagungszeiträume zu, freilich nach zutreffender Auffassung nur insoweit, als der zwingend im Zuwendungsjahr abzuziehende Höchstbetrag nach § 10b Abs. 1 S. 1 ausgeschöpft ist (→ Rn. 263). Davon zu unterscheiden ist der **Zuwendungsvortrag nach § 10b Abs. 1 S. 9,** der aber auf die Zuordnung einer Zuwendung zu einem Veranlagungszeitraum keinen Einfluss hat.

Einstweilen frei **114–116**

b) Zur Förderung steuerbegünstigter Zwecke. § 10b Abs. 1 S. 1 macht den Sonderausgabenabzug davon abhängig, dass die Zuwendung „zur Förderung steuerbegünstigter Zwecke" erfolgt. Zu unterscheiden sind eine **subjektive Seite** und eine **objektive Seite.** Einerseits muss der Steuerpflichtige die Zuwendung vornehmen, um unentgeltlich und freiwillig steuerbegünstigte Zwecke zu fördern. Andererseits muss der Empfänger die Zuwendung tatsächlich für die in der Zuwendungsbestätigung angegebenen steuerbegünstigten Zwecke verwenden. **117**

Einstweilen frei **118–120**

aa) Zuwendung „um der Sache willen". Der Steuerpflichtige muss die Zuwendung vornehmen, um steuerbegünstigte Zwecke zu fördern. Das setzt zweierlei voraus: Erstens muss die Zuwendung **unentgeltlich und freiwillig** erfolgen. Nur dann wird die Zuwendung „um der Sache willen" erbracht und nur dann steht also die Zuwendungsmotivation im Vordergrund (ausführlich → Rn. 78 ff.; hier nur stellvertretend für die ständige Rechtsprechung BFH 19.12.1990 – X R 40/86, BStBl. II 1991, 234). Zweitens muss der Steuerpflichtige die Zuwendung in der **Erwartung** erbringen, **dass der Empfänger sie in der Folge tatsächlich für steuerbegünstigte Zwecke verwendet.** Davon ist bei einer Zuwendung an eine empfangsberechtigte Körperschaft im Sinne des § 10b Abs. 1 S. 2 bis 6, die in der Regel ohne eine besondere Zweckbindung erfolgt (BFH 19.3.1976 – VI R 72/73, BStBl. II 1976, 338; zur steuerrechtlichen Unbeachtlichkeit einer solchen nur im Innenverhältnis zwischen Zuwendendem und Zuwendungsempfänger zu beachtenden Zweckbindung BFH 20.3.2017 – X R 13/15, BStBl. II 2017, 1110), grundsätzlich auszugehen (zutreffend *Hüttemann* Gemeinnützigkeits- und Spendenrecht, 4. Aufl. 2018, Rn. 8.81). **121**

Macht der Steuerpflichtige ausdrücklich **Vorgaben für die Verwendung der Zuwendung** (zur Zulässigkeit solcher Vorgaben BFH 18.7.1980 – VI R 167/77, BStBl. II 1981, 52; zum praktisch wichtigen Fall der Durchlaufspende, bei der eine Zuwendung mit der Maßgabe erfolgt, dass der Erstempfänger sie an einen Letztempfänger weiterleitet, BFH 19.3.1976 – VI R 72/73, BStBl. II 1976, 338), müssen diese Vorgaben im Ergebnis auf eine Verwendung der Zuwendung für steuerbegünstigte Zwecke zielen (zur Bindung des Zuwendungsempfängers an entsprechende Vorgaben für Spenden *Rawert* Non Profit Law Yearbook 2005, 165 (173 ff. und 178): Schenkungen unter Auflage nach § 525 BGB). Wird die **Zuwendung nicht entsprechend der Vorgabe verwendet,** schließt das einen Abzug nicht aus, wenn der Empfänger die Zuwendung dennoch für steuerbegünstigte Zwecke verwendet (ergänzend → Rn. 127 ff.). Nimmt der Zuwendende die „Fehlverwendung" allerdings zum Anlass, die Zuwendung (insbesondere: nach § 527 Abs. 1 BGB) zurückzufordern, liegt ein rückwirkendes Ereignis nach § 175 Abs. 1 S. 1 Nr. 2 AO vor. Der Steuerbescheid ist dann zu ändern (zum Ganzen BFH 19.3.1976 – VI R 72/73, BStBl. II 1976, 338). **122**

Wie sich aus § 10b Abs. 1a S. 1 ergibt, ist auch eine **Zuwendung in das zu erhaltende Vermögen** einer steuerbegünstigten Körperschaft zulässig. Nicht begünstigt ist eine solche Zuwendung aber, wenn sie unter dem Vorbehalt steht, dass die zugewendeten Mittel bei Auflösung oder Aufhebung der Körperschaft oder bei Wegfall ihres bisherigen Zwecks an den Zuwendenden zurückfallen oder zurück zu übertragen sind (BFH 5.2.1992 – I R 63/91, BStBl. II 1992, 748). In diesem Fall verstößt der Empfänger zugleich gegen den Grundsatz der Vermögensbindung in § 55 Abs. 1 Nr. 4 AO und § 61 Abs. 1 AO, vor allem dann, wenn der Rückfall oder die Rückübertragung der Zuwendung in der Satzung des Zuwendungsempfängers vorgesehen ist (zu einem solchen Fall BFH 5.2.1992 – I R 63/91, BStBl. II 1992, **123**

748; zum Grundsatz der Vermögensbindung Gosch AO/FGO/*Unger* AO § 55 Rn. 83 ff. und Gosch AO/FGO/*Jachmann/Unger* AO § 61 Rn. 10 ff.).

124–126 *Einstweilen frei*

127 **bb) Verwendung für steuerbegünstigte Zwecke.** Abzugsfähig ist eine Zuwendung nur, wenn der Empfänger sie für steuerbegünstigte Zwecke verwendet. Das ergibt sich zwar nicht unmittelbar aus dem Wortlaut des § 10b Abs. 1 S. 1, wohl aber aus einer **„sinn- und zweckgemäßen Auslegung der Spendenabzugsnormen"** (so BFH 5.2.1992 – I R 63/91, BStBl. II 1992, 748). Insbesondere sieht § 10b Abs. 4 S. 2 seit 1989 eine Haftung vor, wenn „Zuwendungen nicht zu den in der Bestätigung angegebenen steuerbegünstigten Zwecken verwendet werden". Gehaftet wird dabei für die „entgangene Steuer". Das ist die Steuer, die eigentlich erhoben werden müsste, weil die Voraussetzungen für einen Sonderausgabenabzug nicht vorliegen, aber nicht erhoben werden kann, weil der Zuwendende gemäß § 10b Abs. 4 S. 1 darauf vertrauen durfte, dass die Zuwendung zu den in der Bestätigung angegebenen Zwecken verwendet wird. Daraus folgt, dass ein Abzug der Zuwendung als Sonderausgabe vorbehaltlich des Vertrauensschutzes nach § 10b Abs. 4 S. 1 voraussetzt, dass die Zuwendung für steuerbegünstigte Zwecke verwendet wird (zur Frage, ob diese Zwecke die in der Zuwendungsbestätigung angegebenen sein müssen, → Rn. 132).

128 Eine entsprechende Verwendung der Zuwendung liegt vor, wenn die zugewendeten Mittel **tatsächlich für steuerbegünstigte Zwecke verwendet** werden. Die bloße Absicht des Empfängers, die Zuwendung zukünftig für steuerbegünstigte Zwecke zu verwenden, genügt für den Sonderausgabenabzug nicht, wenn er sie später tatsächlich für einen anderen Zweck verwendet (BFH 19.3.1976 – VI R 72/73, BStBl. II 1976, 338). In der Folge können die Abzugsvoraussetzungen bei Veranlagung des Zuwendenden häufig noch gar nicht abschließend geprüft werden, weil der Empfänger die Zuwendung noch nicht verwendet hat. Enthält die Zuwendungsbestätigung nach § 50 Abs. 1 S. 1 und Abs. 2 S. 1 EStDV indes den in den amtlichen Vordrucken vorgesehenen und von § 10b Abs. 4 S. 2 vorausgesetzten Hinweis, dass die Zuwendung für steuerbegünstigte Zwecke verwendet wird, wird **auf einen endgültigen Verwendungsnachweis verzichtet** (BFH 19.3.1976 – VI R 72/73, BStBl. II 1976, 338). Das gilt für die vereinfachten Nachweise nach § 50 Abs. 4 S. 1 EStDV entsprechend, auch soweit diese keinen Hinweis auf die geplante Verwendung enthalten. Nur so lässt sich der durch das Abflussprinzip vorgegebene Abzug einer Zuwendung im Veranlagungszeitraum der Leistung (→ Rn. 113) mit der zweijährigen Mittelverwendungsfrist nach § 55 Abs. 1 Nr. 5 S. 3 AO in Einklang bringen. Wird die Zuwendung dann später tatsächlich entgegen der Zuwendungsbestätigung nicht für steuerbegünstigte Zwecke verwendet, liegt ein rückwirkendes Ereignis nach § 175 Abs. 1 S. 1 Nr. 2 AO vor. Der Steuerbescheid des Zuwendenden ist dann zu ändern (für die Rechtslage unter § 4 StAnpG BFH 19.3.1976 – VI R 72/73, BStBl. II 1976, 338; BFH 18.7.1980 – VI R 167/77, BStBl. II 1981, 52: Fehlverwendung als auflösende Bedingung des Sonderausgabenabzugs).

129 Eine **Verwendung für steuerbegünstigte Zwecke** liegt bei Zuwendungen an die **öffentliche Hand** vor, wenn die juristische Person des öffentlichen Rechts oder die öffentliche Dienststelle die zugewendeten Mittel für steuerbegünstigte Zwecke im Sinne der §§ 52 bis 54 AO verwendet. Auch die Verwendung in einem steuerpflichtigen **Betrieb gewerblicher Art** im Sinne des § 4 Abs. 1 und 3 bis 5 KStG ist zulässig, sofern die Mittel auch insoweit tatsächlich für steuerbegünstigte Zwecke verwendet werden (OFD Koblenz 16.2.2009, BeckVerw 157058, nennt als Beispiele Theater und Kindergärten ohne eine den Vorschriften des Gemeinnützigkeitsrechts genügende Satzung). Auf eine Steuerbegünstigung des Betriebs als Zweckbetrieb im Sinne der §§ 65 bis 68 AO kommt es nicht an (anders KSM/*Geserich* § 10b Rn. B 49; Kirchhof/*Seer* § 10b Rn. 13). Bei Zuwendungen an **steuerbegünstigte Körperschaften** liegt eine Verwendung für steuerbegünstigte Zwecke vor, wenn der Empfänger die zugewendeten Mittel im ideellen Bereich oder in einem Zweckbetrieb im Sinne der §§ 65 bis 68 AO einsetzt. Bei **Geldzuwendungen** ist eine Verwendung jedenfalls der endgültige Verbrauch der zugewendeten Mittel für steuerbegünstigte Zwecke. Beispiele sind Lohn- und Mietzahlungen zur Verwirklichung steuerbegünstigter Zwecke, aber auch Aufwendungen für Verwaltung, Werbung und Öffentlichkeitsarbeit, sofern diese erforderlich sind, um die Funktionsfähigkeit der Körperschaft zu begründen und zu erhalten (dazu Gosch AO/FGO/*Unger* AO § 55 Rn. 59 ff.). Zulässig ist überdies, wie sich aus § 55

Abs. 1 Nr. 5 S. 2 AO ergibt, die Anschaffung oder Herstellung von Vermögensgegenständen, die als nutzungsgebundenes Vermögen steuerbegünstigten Zwecken dienen (AEAO zu § 55 Nr. 27 nennt exemplarisch den Bau eines Altenheims und den Kauf von Sport- oder medizinischen Geräten). **Sachzuwendungen** können unmittelbar zur Verwirklichung steuerbegünstigter Zwecke eingesetzt werden. Kommt das nicht in Betracht, weil das zugewendete Wirtschaftsgut dafür nicht geeignet ist, sind die Sachmittel – regelmäßig: in einem wirtschaftlichen Geschäftsbetrieb – zu verwerten und der Erlös wie eine Geldzuwendung zu behandeln. Eine unmittelbare Verwendung des Gegenstands im ideellen Bereich oder in einem Zweckbetrieb ist nicht geboten (ebenso *Hüttemann* Gemeinnützigkeits- und Spendenrecht, 4. Aufl. 2018, Rn. 8.87; RHN/*Kirchhain* KStG § 9 Rn. 833; *Seer* GmbHR 2008, 785 (789 f.); unzutreffend daher FG Düsseldorf 5.2.1997 – 13 K 2126/93 E, EFG 1997, 473: keine Verwendung gespendeter Briefmarken und Münzen für steuerbegünstigte Zwecke, wenn erst die Erlöse aus einem Verkauf unmittelbar für steuerbegünstigte Zwecke eingesetzt werden).

Keine Verwendung für steuerbegünstigte Zwecke liegt bei einer **Verwendung zugewendeter Mittel für nicht steuerbegünstigte Zwecke** vor. In diesem Fall scheidet ein Sonderausgabenabzug aus. Typische Fälle sind bei steuerbegünstigten Körperschaften nach § 55 Abs. 1 Nr. 1 S. 2 AO unzulässige Zuwendungen an Mitglieder sowie die nach § 55 Abs. 1 Nr. 1 S. 3 AO unzulässige Unterstützung und Förderung politischer Parteien. **130**

Tendenziell steuerschädlich ist bei steuerbegünstigten Körperschaften auch der nicht unmittelbar der Verwirklichung steuerbegünstigter Zwecke dienende Einsatz zugewendeter Mittel **in der Vermögensverwaltung** oder **in einem wirtschaftlichen Geschäftsbetrieb.** Richtigerweise führt dieser aber nicht sofort zu einer Versagung des Sonderausgabenabzugs. Wie sich aus § 55 Abs. 1 Nr. 5 S. 3 AO ergibt, liegt eine dem Gemeinnützigkeitsrecht genügende Mittelverwendung für steuerbegünstigte Zwecke vor, wenn die Mittel innerhalb einer zweijährigen Mittelverwendungsfrist für steuerbegünstigte Zwecke verwendet werden. Innerhalb dieser Frist können zugewendete Mittel in der Vermögensverwaltung oder einem wirtschaftlichen Geschäftsbetrieb eingesetzt werden, sofern nur bis zu ihrem Ablauf Mittel in gleicher Höhe im ideellen Bereich oder in einem Zweckbetrieb verwendet werden. Voraussetzung ist mit Blick auf § 55 Abs. 1 Nr. 1 S. 1 AO freilich, dass der Einsatz der Mittel im Bereich der Mittelbeschaffung geeignet, erforderlich und angemessen ist, um die satzungsmäßigen Zwecke zu verwirklichen. Das ist der Fall, wenn ex ante mit einem Überschuss oder Gewinn zu rechnen ist, der sodann für die unmittelbare Verwirklichung der steuerbegünstigten Zwecke zur Verfügung steht (ausführlich Gosch AO/FGO/*Unger* AO § 55 Rn. 120). Kommt es später gleichwohl zu Verlusten, ist das entgegen der Auffassung der Finanzverwaltung (AEAO zu § 55 Nr. 4 bis 8 und 9) sowohl gemeinnützigkeitsrechtlich als auch zuwendungsrechtlich unschädlich, selbst wenn in der Folge keine ausreichenden Mittel für steuerbegünstigte Zwecke zur Verfügung stehen. Nur wenn von vornherein abzusehen ist, dass es zu Verlusten kommen wird, oder sich dies später herausstellt, sind der Einsatz zugewendeter Mittel für die Mittelbeschaffung und diese selbst zu unterlassen oder einzustellen. Sonst liegt ein Verstoß gegen den Grundsatz der Mittelbindung in § 55 Abs. 1 Nr. 1 S. 1 AO vor, der auch zuwendungsrechtlich als Fehlverwendung der zugewendeten Mittel zu behandeln ist (dazu ausführlich Gosch AO/FGO/*Unger* AO § 55 Rn. 128 ff.; siehe auch *Hüttemann* Gemeinnützigkeits- und Spendenrecht, 4. Aufl. 2018, Rn. 8.89). **131**

Unklar sind die Rechtsfolgen einer **Mittelverwendung für andere steuerbegünstigte Zwecke** als die in der Zuwendungsbestätigung angegebenen. § 10b Abs. 4 S. 2, der eine Haftung „für die entgangene Steuer" vorsieht, wenn Zuwendungen „nicht zu den in der Bestätigung angegebenen steuerbegünstigten Zwecken verwendet werden", legt in diesem Fall zwar die Annahme einer den Sonderausgabenabzug grundsätzlich ausschließenden Fehlverwendung nahe. Verhältnismäßigkeitserwägungen sprechen aber jedenfalls seit der zuwendungsrechtlichen Gleichstellung aller steuerbegünstigten Zwecke mit Wirkung vom 1.1.2007 durch das Gesetz zur weiteren Stärkung des bürgerschaftlichen Engagements vom 10.10.2007 (BGBl. 2007 I 2332) gegen eine Fehlverwendung (ebenso *Hüttemann* Gemeinnützigkeits- und Spendenrecht, 4. Aufl. 2018, Rn. 8.130; siehe auch KSM/*Geserich* § 10b Rn. E 51; in diese Richtung auch FG Hamburg 25.2.2015 – 5 K 135/12, EFG 2016, 534; die gegenläufige Entscheidung in FG Hessen 14.1.1998 – 4 K 2594/94, EFG 1998, 757, ist zur Rechtslage vor der zuwendungsrechtlichen Gleichstellung aller steuerbegünstigten Zwecke ergangen und daher auf die heutige Rechtslage nicht ohne Weiteres übertragbar; das gilt auch für **132**

Gierlich FR 1991, 518 (520); *Teufel* FR 1993, 772 (773); *Wallenhorst* DB 1991, 1410 (1411); Annahme einer Fehlverwendung ohne nähere Begründung auch für die heutige Rechtslage aber bei Schmidt/*Heinicke* § 10b Rn. 58; Kirchhof/*Seer* § 10b Rn. 76). Zu Recht wird bei Zuwendungen an steuerbegünstigte Körperschaften einschränkend gefordert, dass die anderen steuerbegünstigten Zwecke **immerhin Satzungszwecke der Körperschaft** sind (so etwa KSM/*Geserich* § 10b Rn. E 51; tendenziell anders *Hüttemann* Gemeinnützigkeits- und Spendenrecht, 4. Aufl. 2018, Rn. 8.130).

133 Probleme bereiten bei Zuwendungen an eine steuerbegünstigte Körperschaft Fälle, in denen **keine Verwendung der zugewendeten Mittel** erfolgt. Innerhalb der Mittelverwendungsfrist nach § 55 Abs. 1 Nr. 5 S. 3 AO, die durch das Zuwendungsrecht nicht unterlaufen werden darf, ist das stets unschädlich, über die Mittelverwendungsfrist hinaus jedenfalls, soweit das Gemeinnützigkeitsrecht wie in § 62 AO für die Rücklagen- und Vermögensbildung Ausnahmen vom Gebot der zeitnahen Mittelverwendung in § 55 Abs. 1 Nr. 3 AO enthält (ebenso FG Hamburg 25.2.2015 – 5 K 135/12, EFG 2016, 534; *Hüttemann* Gemeinnützigkeits- und Spendenrecht, 4. Aufl. 2018, Rn. 8.84; ausführlich zu den Ausnahmen vom Gebot der zeitnahen Mittelverwendung Gosch AO/FGO/*Unger* AO § 55 Rn. 104 ff.). Fehlt es an einer solchen Ausnahme, liegt nach Auffassung der Rechtsprechung mit Ablauf der Mittelverwendungsfrist eine Fehlverwendung vor (immerhin in diese Richtung BFH 23.2.1999 – XI B 128/98, BFH/NV 1999, 1055; deutlicher FG Hamburg 25.2.2015 – 5 K 135/12, EFG 2016, 534; BFH 20.3.2017 – X R 13/15, BStBl. II 2017, 1110, lässt die Frage nachfolgend ausdrücklich offen). Dagegen wird zu Recht eingewendet, dass § 63 Abs. 4 S. 2 AO eine Heilung des Verstoßes gegen § 55 Abs. 1 Nr. 5 AO vorsieht, wenn die Körperschaft die Mittel innerhalb einer nach § 63 Abs. 4 S. 1 AO durch das Finanzamt gesetzten Frist für steuerbegünstigte Zwecke verwendet (*Hüttemann* Gemeinnützigkeits- und Spendenrecht, 4. Aufl. 2018, Rn. 8.129; *Hüttemann* npoR 2016, 122 (123); allgemein gegen die Annahme einer Fehlverwendung, wenn Mittel „nur vorübergehend nicht zu den gemeinnützigen Zwecken verwendet sind", Schauhoff Gemeinnützigkeits-HdB/*Schauhoff* § 11 Rn. 128). Erst wenn eine solche Fristsetzung, die im regelmäßig auf Null reduzierten Ermessen des Finanzamts steht (dazu Gosch AO/FGO/*Unger* AO § 63 Rn. 62), erfolglos bleibt oder ausnahmsweise ausgeschlossen ist (dazu FG Hamburg 25.2.2015 – 5 K 135/12, EFG 2016, 534), kann zuwendungsrechtlich von einer Fehlverwendung ausgegangen werden (ähnlich *Hüttemann* Gemeinnützigkeits- und Spendenrecht, 4. Aufl. 2018, Rn. 8.129).

134 Unabhängig davon ist zu beachten, dass dem gemeinnützigkeitsrechtlichen Mittelverwendungsregime eine **wertmäßige Betrachtungsweise** zugrunde liegt und es daher nicht auf die Verwendung des konkret zugewendeten Vermögensgegenstands ankommt (Gosch AO/FGO/*Unger* AO § 55 Rn. 44; ebenso BFH 20.3.2017 – X R 13/15, BStBl. II 2017, 1110, wo lediglich terminologisch abweichend von einer „Globalbetrachtung" die Rede ist). Eine Körperschaft kann daher eine zugewendete Immobilie auch langfristig vermieten oder in einem wirtschaftlichen Geschäftsbetrieb einsetzen, ohne gegen § 55 Abs. 1 Nr. 5 AO zu verstoßen, wenn sie nur Mittel in Höhe des Werts der Immobilie spätestens bis zum Ablauf der Mittelverwendungsfrist für ihre Satzungszwecke verwendet. In der Folge ist dann auch zuwendungsrechtlich eine Verwendung der Mittel für steuerbegünstigte Zwecke anzunehmen. Es liegt daher keine Fehlverwendung einer Geldzuwendung vor, wenn diese zweckgebunden auf einem Projektkonto eingeht und dort belassen wird, zugleich aber ein der Geldzuwendung „numerisch entsprechender […] Betrag" für die in der Zuwendungsbestätigung angegebenen Zwecke verwendet wird (anders aber FG Hamburg 25.2.2015 – 5 K 135/12, EFG 2016, 534, mit ähnlicher Begründung wie hier zu Recht aufgehoben durch BFH 20.3.2017 – X R 13/15, BStBl. II 2017, 1110; entsprechende Kritik schon bei *Hüttemann* npoR 2016, 122 (123 f.)).

135 Die **Verwirklichung steuerbegünstigter Zwecke im Ausland** steht, wie sich aus § 10b Abs. 1 S. 6 und § 51 Abs. 2 AO ergibt, der Steuerbegünstigung des Zuwendungsempfängers grundsätzlich nicht entgegen, sofern sie nur einen „Inlandsbezug" im Sinne dieser Vorschriften aufweist (dazu näher → Rn. 166 ff.). Typischerweise im Ausland verwirklicht werden die steuerbegünstigten Zwecke durch Körperschaften mit Sitz und Geschäftsleitung im Ausland. Daneben können aber auch inländische Körperschaften ihre steuerbegünstigten Zwecke im Ausland verwirklichen. Denkbar ist dies sowohl durch eigene Mitarbeiter (dann nach § 57 Abs. 1 S. 1 AO) als auch durch Hilfspersonen (dann nach § 57 Abs. 1 S. 2 AO). Denkbar ist auch die Weitergabe von Mitteln an eine im Ausland ansässige Einrichtung insbesondere nach § 58 Nr. 1 und 2 AO (zum Ganzen OFD Frankfurt 5.9.2013, IStR 2014, 80). Stets stellt sich das **Problem des Nachweises** der tatsächlichen Verwendung der Zuwendung für steuerbegünstigte Zwecke im Ausland. Die Beteiligten unterliegen hier gemäß § 90 Abs. 2 AO erweiterten Mitwirkungspflichten (ausführlich → Rn. 59 ff.).

Ein Sonderfall der Verwendung von Zuwendungen für steuerbegünstigte Zwecke ist das **Durchlaufspendenverfahren.** Hier erfolgt die Zuwendung an einen Erstempfänger mit der Maßgabe, sie an einen steuerbegünstigten Letztempfänger weiterzuleiten (instruktiv zum Begriff BFH 12.9.1990 – I R 65/86, BStBl. II 1991, 258; BFH 11.6.1997 – X R 242/93, BStBl. II 1997, 612; BFH 5.4.2006 – I R 20/05, BStBl. II 2007, 450). Bis zum 31.12.1999 waren bestimmte steuerbegünstigte Körperschaften nicht zum unmittelbaren Empfang von Zuwendungen berechtigt. Die Einschaltung von Durchlaufstellen war hier die einzige Möglichkeit, entsprechenden Einrichtungen Zuwendungen zukommen zu lassen (dazu rückblickend *Hüttemann* NJW 2000, 638 (639); zur Zulässigkeit etwa BFH 5.6.1962 – I 31/61 S, BStBl. III 1962, 355; BFH 19.3.1976 – VI R 72/73, BStBl. II 1976, 338; BFH 18.7.1980 – VI R 167/77, BStBl. II 1981, 52; BFH 12.9.1990 – I R 65/86, BStBl. II 1991, 258; BFH 5.4.2006 – I R 20/05, BStBl. II 2007, 450; kritisch BFH 11.6.1997 – X R 242/93, BStBl. II 1997, 612: Überprüfung der Voraussetzungen des Spendenabzugs durch Durchlaufstellen, obwohl diese dazu weder rechtlich noch tatsächlich in der Lage sind). Mit der grundsätzlichen Berechtigung aller steuerbegünstigten Körperschaften zur unmittelbaren Entgegennahme von Zuwendungen hat das Durchlaufspendenverfahren zum 1.1.2000 **seine ursprüngliche Bedeutung verloren.** Die Finanzverwaltung hält gleichwohl inländische Gebietskörperschaften des öffentlichen Rechts (mithin: den Bund, die Länder sowie Gemeinden und Gemeindeverbände) und ihre Dienststellen sowie inländische kirchliche juristische Personen des öffentlichen Rechts nach wie vor für berechtigt, als Durchlaufstellen aufzutreten und Zuwendungsbestätigungen auszustellen (dazu sowie zum Folgenden EStR 10b.1 Abs. 2). Keine zulässigen Durchlaufstellen (für die ihnen angeschlossenen Vereine) sind hingegen Dach- und Spitzenorganisationen (dazu auch BMF 7.11.2013, BStBl. I 2013, 1333). Einzelheiten zum Ablauf des Durchlaufspendenverfahrens und seinen Grenzen können der nachfolgenden Darstellung unter → Rn. 136.1 ff. entnommen werden. **136**

Taugliche Durchlaufstellen können als **Erstempfänger** Spenden (nicht aber: Mitgliedsbeiträge, sonstige Mitgliedsumlagen und Aufnahmegebühren) entgegennehmen und an **Letztempfänger** im Sinne des § 10b Abs. 1 S. 2 (zum Erfordernis einer Steuerbegünstigung der Letztempfänger instruktiv BFH 5.4.2006 – I R 20/05, BStBl. II 2007, 450) weiterleiten. Dabei erhält zunächst der Erstempfänger die tatsächliche Verfügungsmacht über die Spendenmittel. Er muss ihre Vereinnahmung und Verwendung (durch Weiterleitung an den Letztempfänger) getrennt und unter Beachtung der haushaltsrechtlichen Vorschriften nachweisen. Vor der Weiterleitung der Spenden muss er ferner prüfen, ob der Letztempfänger als steuerbegünstigt anerkannt und die dortige Verwendung der Spenden für steuerbegünstigte Zwecke sichergestellt ist. **136.1**

Auch die **Ausstellung der Zuwendungsbestätigung** erfolgt durch den Erstempfänger. Nach den amtlichen Vordrucken in den Anlagen 1, 2, 9, 10, 13 und 17 zum Schreiben des Bundesfinanzministeriums vom 7.11.2013 (BStBl. I 2013, 1333) bescheinigt der Erstempfänger dabei, dass die Zuwendung an eine Körperschaft weitergeleitet wird, deren Steuerbegünstigung sich aus einem Freistellungs-, Körperschaftsteuer- oder Feststellungsbescheid ergibt. Insoweit trägt er dann auch das **Haftungsrisiko** (→ Rn. 450) (BMF 7.11.2013, BStBl. I 2013, 1333; dazu auch BFH 24.4.2002 – XI R 123/96, BStBl. II 2003, 128). **136.2**

Missbräuchlich im Sinne des § 42 Abs. 2 S. 1 AO ist eine Durchlaufspende allerdings, wenn sie alleine dazu dient, Mitgliedsbeiträge im Sinne des § 10b Abs. 1 S. 8 als steuerbegünstigte „Spenden" über eine Durchlaufstelle einem zum unmittelbaren Empfang steuerbegünstigter Mitgliedsbeiträge nicht befugten Empfänger im Sinne des § 10b Abs. 1 S. 8 zuzuleiten. Der Sonderausgabenabzug ist dann nach § 42 Abs. 1 S. 3 AO entsprechend der „angemessenen rechtlichen Gestaltung" zu versagen (zu einem solchen Fall BFH 28.4.1987 – IX R 7/83, BStBl. II 1987, 814). **136.3**

Bei der **Weiterleitung von Spenden an politische Parteien** liegt **stets eine Fehlverwendung** vor, weil Parteien keine tauglichen Letztempfänger einer Durchlaufspende sind (BFH 7.11.1990 – X R 203/87, BStBl. II 1991, 547, spricht von einer „Spendenwaschanlage"; dazu auch BFH 13.3.1991 – X R 33/89, BFH/NV 1991, 643). Gemäß § 10b Abs. 4 S. 1 ist dem Zuwendenden hier aber Vertrauensschutz zu gewähren, wenn ihm die beabsichtigte Weiterleitung an eine politische Partei weder bekannt **136.4** noch infolge grober Fahrlässigkeit unbekannt war. Für den Steuerausfall haftet sodann gemäß § 10b Abs. 4 S. 2 der in aller Regel vorsätzlich handelnde Erstempfänger.

137 Vom Durchlaufspendenverfahren zu unterscheiden ist das **Listenverfahren.** Beim Listenverfahren nimmt ein beliebiger Dritter für eine steuerbegünstigte Einrichtung (anlässlich eines Geburtstags, eines Jubiläums oder einer Beerdigung) Zuwendungen entgegen. Leitet der Dritte das Geld sodann gesammelt an die steuerbegünstigte Einrichtung weiter und übergibt er ihr eine Liste der Spender, kann die steuerbegünstigte Einrichtung diesen Spendern auf Grundlage der Liste Zuwendungsbestätigungen ausstellen.

138–140 *Einstweilen frei*

141 **c) Tauglicher Zuwendungsempfänger.** § 10b Abs. 1 S. 2 zählt abschließend die tauglichen Empfänger abzugsfähiger Zuwendungen auf. Bis zur grundlegenden Reform des Zuwendungsrechts durch das Gesetz zur weiteren Stärkung des bürgerschaftlichen Engagements vom 10.10.2007 (BGBl. 2007 I 2332) (→ Rn. 40) fand sich die Aufzählung der Zuwendungsempfänger nicht in § 10b, sondern in § 49 EStDV. § 10b Abs. 1 S. 2 begünstigt zum einen Zuwendungen an **die öffentliche Hand** (dazu § 10b Abs. 1 S. 2 Nr. 1), zum anderen Zuwendungen an **Körperschaften,** die **nach § 5 Abs. 1 Nr. 9 KStG** steuerbefreit sind (dazu § 10b Abs. 1 S. 2 Nr. 2) oder nach dieser Vorschrift steuerbefreit wären, wenn sie nur inländische Einkünfte erzielten (dazu § 10b Abs. 1 S. 2 Nr. 3) (zur Ausnahme natürlicher Personen vom Kreis der tauglichen Zuwendungsempfänger BFH 2.3.1962 – VI 241/60, DB 1962, 758; allgemein zur Ausnahme von natürlichen Personen und Personengesellschaften vom Gemeinnützigkeitsstatus Gosch AO/FGO/*Jachmann*/*Unger* AO § 51 Rn. 57 ff.).

142–144 *Einstweilen frei*

145 **aa) Zuwendungen an die öffentliche Hand.** Berechtigt zum Empfang abzugsfähiger Zuwendungen sind nach § 10b Abs. 1 S. 2 Nr. 1 zunächst juristische Personen des öffentlichen Rechts und öffentliche Dienststellen. Ihre **Rechtfertigung** findet die Begünstigung von Zuwendungen an die öffentliche Hand in deren verfassungskräftiger Verpflichtung auf das Gemeinwohl (dazu mit Nachweisen Gosch AO/FGO/*Unger* AO § 55 Rn. 31; siehe auch *Hüttemann* Gemeinnützigkeits- und Spendenrecht, 4. Aufl. 2018, Rn. 8.10, der darauf hinweist, dass es für einen Spender keinen Unterschied mache, ob seine Spende von einer staatlichen oder einer privaten Stelle für steuerbegünstigte Zwecke verwendet wird, in rechtspolitischer Hinsicht aber ein Durchlaufspendenverfahren über private Fördervereine vorschlägt). Begünstigt sind sowohl Zuwendungen **in den steuerbefreiten hoheitlichen Bereich** als auch Zuwendungen **in einen steuerpflichtigen Betrieb gewerblicher Art** im Sinne des § 4 Abs. 1 und 3 bis 5 KStG, sofern die Zuwendungen auch insoweit tatsächlich für steuerbegünstigte Zwecke verwendet werden (OFD Koblenz 16.2.2009, BeckVerw 157058, nennt als Beispiele Theater und Kindergärten ohne eine den Vorschriften des Gemeinnützigkeitsrechts genügende Satzung; dazu instruktiv *Hüttemann* Gemeinnützigkeits- und Spendenrecht, 4. Aufl. 2018, Rn. 8.13).

146 **Juristische Personen des öffentlichen Rechts** sind alle Körperschaften, Stiftungen und Anstalten des öffentlichen Rechts (im Einzelnen *Maurer*/*Waldhoff* Allgemeines Verwaltungsrecht, 19. Aufl. 2017, § 23). Sie verfügen stets über eine eigene Rechtspersönlichkeit und können mithin Träger von Rechten und Pflichten sein. Das unterscheidet sie von **öffentlichen Dienststellen,** die als bloße Behörden (so auch KSM/*Geserich* § 10b Rn. B 322) über keine eigene Rechtspersönlichkeit verfügen, sondern, wie es in § 1 Abs. 4 VwVfG heißt, lediglich „Aufgaben der öffentlichen Verwaltung" in öffentlich-rechtlicher Trägerschaft wahrnehmen. Bei **ausländischen Rechtsgebilden** ist für die Frage, ob sie als juristische Person des öffentlichen Rechts im Sinne von § 10b Abs. 1 S. 2 Nr. 1 anzusehen sind, das Staats- und Verwaltungsrecht des jeweiligen Staates maßgeblich (BFH 22.3.2018 – X R 5/16, BStBl. II 2018, 651, und im Anschluss FG Köln 8.5.2019 – 9 K 1652/18, EFG 2019, 1445). Wichtige Beispiele für inländische juristische Personen des öffentlichen Rechts sind der Bund, die Länder, die Gemeinden und Gemeindeverbände, die Industrie- und Handelskammern und die Sozialversicherungsträger (als Körperschaften des öffentlichen Rechts), öffentlich-rechtliche Rundfunkanstalten und Sparkassen (als Anstalten des öffentlichen Rechts) sowie die Stiftung Preußischer Kulturbesitz (als eine Stiftung des öffentlichen Rechts). Weitere Beispiele enthält die nachfolgende Darstellung unter → Rn. 146.1 f.

Staatliche Hochschulen sind Körperschaften des öffentlichen Rechts, wenn sie wie regelmäßig durch Gesetz oder sonstigen Hoheitsakt mit eigener Rechtspersönlichkeit ausgestattet sind. Andernfalls handelt es sich lediglich um öffentliche Dienststellen (*Hüttemann* Gemeinnützigkeits- und Spendenrecht, 4. Aufl. 2018 Rn. 8.11). 146.1

Religions- und Weltanschauungsgemeinschaften sind gemäß Art. 140 GG in Verbindung mit Art. 137 Abs. 5 und 7 WRV Körperschaften des öffentlichen Rechts, wenn sie bereits vor Inkrafttreten der Weimarer Reichsverfassung am 11.8.1919 solche waren (sogenannte geborene Körperschaften) oder ihnen dieser Status auf Antrag durch das Land, in dem sie ihren Sitz haben, mit bundesweiter Wirkung durch Gesetz, Rechtsverordnung oder Verwaltungsakt verliehen worden ist (sogenannte gekorene Körperschaften) (im Einzelnen Gosch AO/FGO/*Jachmann/Unger* AO § 54 Rn. 10 ff.). Taugliche Empfänger abzugsfähiger Zuwendungen sind danach die Evangelische Kirche, die Katholische Kirche, verschiedene evangelische Freikirchen (wie etwa der Bund Evangelisch-Freikirchlicher Gemeinden in Deutschland, der Bund Freier Evangelischer Gemeinden in Deutschland und die Evangelisch-Methodistische Kirche), verschiedene orthodoxe Kirchen (wie etwa die Griechisch-Orthodoxe Metropolie in Deutschland und die Russisch-Orthodoxe Kirche), ferner der Zentralrat der Juden, die Jüdischen Landesverbände, die Jüdischen Gemeinden und die Israelitischen Kultusgemeinden, schließlich weitere Religionsgemeinschaften wie insbesondere die Zeugen Jehovas in Deutschland. Mit der in Hessen anerkannten Gemeinde Ahmadiyya Muslim Jamaat genießt nunmehr auch die erste islamische Religionsgemeinschaft Körperschaftsstatus. Eine Zusammenstellung findet sich unter www.personenstandsrecht.de/PERS/DE/Themen/Informationen/Religionsgemeinschaften/religionsgemeinschaften_node.html (31.10.2019). 146.2

Gemäß § 10b Abs. 1 S. 2 Nr. 1 sind juristische Personen des öffentlichen Rechts und öffentliche Dienststellen nur zum Empfang steuerbegünstigter Zuwendungen berechtigt, wenn sie ihren **Sitz in einem Staat der Europäischen Union oder des Europäischen Wirtschaftsraums** haben (zur früheren Rechtslage, die Zuwendungen an ausländische Körperschaften des öffentlichen Rechts und ausländische öffentliche Dienststellen ganz vom Sonderausgabenabzug ausschloss, BFH 11.11.1966 – VI R 45/66, BStBl. III 1967, 116; ausführlich zur unionsrechtlich gebotenen Öffnung des Sonderausgabenabzugs → Rn. 54 ff.). Zum Europäischen Wirtschaftsraum gehören neben den Mitgliedstaaten der Europäischen Union die Mitglieder der Europäischen Freihandelsassoziation Island, Liechtenstein und Norwegen, nicht aber die Schweiz, die das Abkommen über den Europäischen Wirtschaftsraum zwar unterzeichnet, nicht aber ratifiziert hat. Nach wie vor ausgenommen vom Sonderausgabenabzug sind Zuwendungen an juristische Personen des öffentlichen Rechts und öffentliche Dienststellen mit **Sitz in einem Drittstaat** (zur Vereinbarkeit mit Unionsrecht → Rn. 55.2). Der Sonderausgabenabzug einer „Spende an den Papst“ scheitert daher schon daran, dass der Vatikan weder zur Europäischen Union noch zum Europäischen Wirtschaftsraum gehört (FG Köln 15.1.2014 – 13 K 3735/10, EFG 2014, 667). 147

Bei juristischen Personen des öffentlichen Rechts oder öffentlichen Dienststellen mit Sitz in einem anderen Staat der Europäischen Union oder des Europäischen Wirtschaftsraums setzt ein Sonderausgabenabzug gemäß § 10b Abs. 1 S. 3 voraus, dass dieser Staat **Amtshilfe und Unterstützung bei der Beitreibung** leistet. Unter **Amtshilfe** versteht § 10b Abs. 1 S. 4 einen Auskunftsaustausch „im Sinne oder entsprechend der Amtshilferichtlinie gemäß § 2 Absatz 2 [heute: § 2 Abs. 11] des EU-Amtshilfegesetzes“. In Bezug genommen ist damit die Zusammenarbeitsrichtlinie 2011/16/EU, die die Amtshilferichtlinie 77/799/EWG ersetzt. Nach dieser findet zwischen den Mitgliedstaaten der Europäischen Union ein „großer“ Informationsaustausch statt, der auch die Durchführung des staatlichen Steuerrechts umfasst (zum Begriff Vogel/Lehner/*Engelschalk* OECD-MA Art. 26 Rn. 3). Einzelheiten zum „Amtshilfeniveau“ innerhalb der Europäischen Union und des Europäischen Wirtschaftsraums können der nachfolgenden → Rn. 148.1 entnommen werden. 148

Hinsichtlich der **Mitgliedstaaten der Europäischen Union** ist das nach § 10b Abs. 1 S. 3 gebotene „Amtshilfeniveau“ durch das Gesetz über die Durchführung der gegenseitigen Amtshilfe in Steuersachen zwischen den Mitgliedstaaten der Europäischen Union vom 26.6.2013 (BGBl. 2013 I 1809) gewährleistet, hinsichtlich der **Staaten des Europäischen Wirtschaftsraums** Island, Liechtenstein und Norwegen durch Vorschriften in Doppelbesteuerungsabkommen, die einen Art. 26 OECD-MA entsprechenden großen Informationsaustausch vorsehen (siehe dazu auch das Merkblatt zur zwischenstaatlichen Amtshilfe durch Informationsaustausch in Steuersachen mit Verzeichnis der Staaten mit großem Informationsaustausch in BMF 29.5.2019, BStBl. I 2019, 480). Im Einzelnen angesprochen sind für Island das Doppelbesteuerungsabkommen vom 18.3.1971 (BGBl. 1973 II 358), in Kraft getreten am 2.11.1973; 148.1

für Liechtenstein das Doppelbesteuerungsabkommen vom 17.11.2011 (BGBl. 2012 II 1462), in Kraft getreten am 19.12.2012; für Norwegen das Doppelbesteuerungsabkommen vom 4.10.1991 (BGBl. 1993 II 972), in Kraft getreten am 7.10.1993, mit Änderungsprotokoll vom 24.6.2013 (BGBl. 2014 II 906), in Kraft getreten am 3.2.2015.

149 Unter **Beitreibung** versteht § 10b Abs. 1 S. 5 die gegenseitige Unterstützung bei der Beitreibung von Forderungen im Sinne oder entsprechend der Beitreibungsrichtlinie 2010/24/EU. Die Vollstreckungshilfe nach dieser Richtlinie entspricht weitgehend der Amtshilfe bei der Erhebung von Steuern nach Art. 27 OECD-MA. Einzelheiten zum „Beitreibungsniveau" innerhalb der Europäischen Union und des Europäischen Wirtschaftsraums können der nachfolgenden → Rn. 149.1 entnommen werden.

149.1 Hinsichtlich der **Mitgliedstaaten der Europäischen Union** ist das nach § 10b Abs. 1 S. 5 gebotene „Beitreibungsniveau" durch das Gesetz über die Durchführung der Amtshilfe bei der Beitreibung von Forderungen in Bezug auf bestimmte Steuern, Abgaben und sonstige Maßnahmen zwischen den Mitgliedstaaten der Europäischen Union vom 7.12.2011 (BGBl. 2011 I 2592) gewährleistet, hinsichtlich der **Staaten des Europäischen Wirtschaftsraums** Liechtenstein und Norwegen durch Vorschriften in Doppelbesteuerungsabkommen, die entsprechend Art. 27 OECD-MA Amtshilfe bei der Erhebung von Steuern vorsehen. Lediglich das Doppelbesteuerungsabkommen mit Island enthält keine entsprechende Regelung (Überblick zu Regelungen über Vollstreckungshilfe im deutschen Abkommensrecht bei Vogel/Lehner/*Engelschalk* OECD-MA Art. 27 Rn. 11).

150 Verwirklicht eine juristische Person des öffentlichen Rechts oder eine öffentliche Dienststelle (ganz unabhängig davon, ob sie ihren Sitz im Inland oder im Ausland hat) ihre steuerbegünstigten Zwecke nur im Ausland, setzt der Sonderausgabenabzug nach § 10b Abs. 1 S. 6 überdies voraus, dass natürliche Personen, die ihren Wohnsitz oder ihren gewöhnlichen Aufenthalt im Inland haben, gefördert werden oder die Tätigkeit des Empfängers nicht nur der Verwirklichung der steuerbegünstigten Zwecke dient, sondern auch zum Ansehen der Bundesrepublik Deutschland beitragen kann. Das **Erfordernis eines „Inlandsbezugs" der Verfolgung steuerbegünstigter Zwecke** durch Empfänger nach § 10b Abs. 1 S. 2 Nr. 1 in § 10b Abs. 1 S. 6 ist der entsprechenden Regelung für Empfänger nach § 10b Abs. 1 S. 2 Nr. 2 und 3 in § 51 Abs. 2 AO nachgebildet (näher zum Inlandsbezug → Rn. 166 ff.).

151–153 *Einstweilen frei*

154 **bb) Zuwendungen an tatsächlich steuerbegünstigte Körperschaften.** Berechtigt zum Empfang abzugsfähiger Zuwendungen sind nach § 10b Abs. 1 S. 2 Nr. 2 auch und vor allem Körperschaften, die **nach § 5 Abs. 1 Nr. 9 KStG steuerbefreit** sind. Voraussetzung ist, dass eine Körperschaft im Sinne des § 51 Abs. 1 AO nach ihrer Satzung (dazu §§ 60 bis 61 AO) und in ihrer tatsächlichen Geschäftsführung (dazu § 63 AO) selbstlos (dazu § 55 AO), ausschließlich (dazu § 56 AO) und unmittelbar (dazu § 57 AO) **gemeinnützige, mildtätige oder kirchliche Zwecke** (dazu §§ 52 bis 54 AO) verfolgt (im Einzelnen statt vieler *Hüttemann* Gemeinnützigkeits- und Spendenrecht, 4. Aufl. 2018, Rn. 2.1 ff., 3.1 ff., 4.1 ff. und 5.1 ff.; instruktiv auch die knappe Skizze des Gemeinnützigkeitsstatus bei Schauhoff Gemeinnützigkeits-HdB/*Schauhoff* § 6 Rn. 1 ff.).

155 Das für den Zuwendenden zuständige Finanzamt muss die Voraussetzungen der Steuerbefreiung nach § 5 Abs. 1 Nr. 9 KStG nicht prüfen, sondern kann auf die **gesonderte Feststellung der satzungsmäßigen Voraussetzungen** der Steuerbegünstigung nach § 60a Abs. 1 S. 1 AO durch das für die Körperschaft zuständige Finanzamt zurückgreifen. Diese Feststellung ist gemäß § 60a Abs. 1 S. 2 AO **für die Besteuerung der Zuwendenden bindend.** Dabei soll sich die Bindungswirkung entgegen dem Wortlaut auch auf die tatsächlichen Voraussetzungen der Steuerbegünstigung erstrecken. Andernfalls bestehe die Gefahr, dass Zuwendungen an denselben Empfänger durch die für die Zuwendenden zuständigen Finanzämter unterschiedlich beurteilt würden. Das sei mit dem Grundsatz der Gleichmäßigkeit der Besteuerung nicht zu vereinbaren (so noch vor Einführung des Feststellungsverfahrens nach § 60a AO BFH 15.6.1973 – VI R 35/70, BStBl. II 1973, 850; zu Recht kritisch *Hüttemann* Gemeinnützigkeits- und Spendenrecht, 4. Aufl. 2018, Rn. 8.21: insoweit lediglich „Indizwirkung" der gesonderten Feststellung, vor deren Hintergrund eine Versagung des Abzugs durch das für den Zuwendenden zuständige Finanzamt nur in absoluten Ausnahmefällen und nach Rücksprache mit dem für die Körperschaft zuständigen Finanzamt in Betracht kommt; siehe auch Gosch AO/FGO/*Unger* AO § 60a Rn. 14).

Besonderheiten sind bei Körperschaften zu beachten, die gemäß § 2 Nr. 1 KStG nur beschränkt steuerpflichtig sind, weil sie zwar inländische Einkünfte erzielen, aber **weder Sitz noch Geschäftsleitung im Inland** haben. Hier findet die Steuerbegünstigung nach § 5 Abs. 1 Nr. 9 KStG gemäß § 5 Abs. 2 Nr. 2 KStG nur Anwendung, wenn die Körperschaft eine nach den Rechtsvorschriften eines Staates der Europäischen Union oder des Europäischen Wirtschaftsraums gegründete Gesellschaft im Sinne von Art. 54 AEUV oder Art. 34 EWR-Abkommen mit Sitz und Geschäftsleitung in einem solchen Staat ist und zwischen diesem Staat und der Bundesrepublik Deutschland ein Amtshilfeabkommen besteht. Konkretisierend verlangt § 10b Abs. 1 S. 3, dass der Sitzstaat **Amtshilfe und Unterstützung bei der Beitreibung** im Sinne von § 10b Abs. 1 S. 4 und 5 leistet (im Einzelnen → Rn. 148 f.). Sind diese Voraussetzungen erfüllt, richtet sich die Steuerbegünstigung der ausländischen Körperschaft und damit ihre Berechtigung zur Entgegennahme abzugsfähiger Zuwendungen nach den auch für inländische Körperschaften maßgeblichen Vorschriften der Abgabenordnung. Das ist unionsrechtlich unbedenklich (zutreffend BFH 17.9.2013 – I R 16/12, BStBl. II 2014, 440), sofern nur die Anforderungen (insbesondere: an die Satzung, die gemäß § 60 Abs. 1 S. 2 AO grundsätzlich die Festlegungen der Mustersatzung in Anlage 1 zur Abgabenordnung enthalten muss) nicht überspannt werden (→ Rn. 61). 156

Nicht nach § 10b Abs. 1 S. 2 Nr. 2 begünstigt sind Zuwendungen an Körperschaften, die zwar den inländischen Anforderungen an den Gemeinnützigkeitsstatus genügen, aber **weder beschränkt noch unbeschränkt steuerpflichtig** sind, weil sie weder ihre Geschäftsleitung oder ihren Sitz im Inland haben noch inländische Einkünfte erzielen. Einschlägig ist insoweit aber § 10b Abs. 1 S. 2 Nr. 3. Vollständig ausgeschlossen ist der Sonderausgabenabzug nach § 10b Abs. 1 bei Zuwendungen an Körperschaften mit Sitz und Geschäftsleitung in einem Drittstaat (zur Vereinbarkeit mit Unionsrecht → Rn. 55.2). 157

Einstweilen frei 158–160

cc) Zuwendungen an fiktiv steuerbegünstigte Körperschaften. § 10b Abs. 1 S. 2 Nr. 3 antwortet auf die Entscheidung des EuGH in der Rechtssache Persche (EuGH 27.1.2009 – C-318/07, BStBl. II 2010, 440 – Persche; zum Hintergrund bereits ausführlich → Rn. 50 ff.). Die Regelung begünstigt Zuwendungen an Körperschaften mit Geschäftsleitung und Sitz in einem anderen Mitgliedstaat der Europäischen Union oder des Europäischen Wirtschaftsraums ohne inländische Einkünfte, die in der Folge **weder unbeschränkt noch beschränkt steuerpflichtig** sind und daher nicht unter § 10b Abs. 1 S. 2 Nr. 2 fallen. Voraussetzung ist lediglich, dass die Körperschaften nach § 5 Abs. 1 Nr. 9 KStG in Verbindung mit § 5 Abs. 2 Nr. 2 KStG steuerbefreit wären, wenn sie nur inländische Einkünfte erzielten (zu den Voraussetzungen → Rn. 156). Auch hier kommt ein Sonderausgabenabzug gemäß § 10b Abs. 1 S. 3 nur in Betracht, wenn der Sitzstaat **Amtshilfe und Unterstützung bei der Beitreibung** im Sinne von § 10b Abs. 1 S. 4 und 5 leistet (im Einzelnen → Rn. 148 f.). 161

Verfahrensrechtlich kann mangels tatsächlicher Körperschaftsteuerpflicht der Zuwendungsempfänger im Inland nicht auf die gesonderte Feststellung ihrer Steuerbegünstigung in einem inländischen Veranlagungsverfahren zurückgegriffen werden. Ebenso wenig kommt nach Auffassung der Finanzverwaltung eine gesonderte Feststellung der satzungsmäßigen Voraussetzungen der Steuerbegünstigung auf Antrag der Körperschaft nach § 60a Abs. 1 S. 1 AO in Verbindung mit § 60a Abs. 2 Nr. 1 AO in Betracht (AEAO zu § 60a Nr. 3; zur Unionsrechtswidrigkeit dieser Praxis *Hüttemann* DB 2014, 442 (445 f.); *Kirchhain* DStR 2014, 289 (292 f.); Gosch AO/FGO/*Unger* AO § 60a Rn. 19). Auf Grundlage der Auffassung der Finanzverwaltung findet die **Prüfung der fiktiven Steuerbegünstigung der Körperschaft** daher erst durch das für den Zuwendenden zuständige Finanzamt statt, das mit ihr regelmäßig überfordert sein wird (zur rechtspolitischen Option, die Prüfung bei einem Finanzamt zu konzentrieren, schon BT-Drs. 17/813, 2). Die Finanzverwaltung wälzt das Problem auf den Steuerpflichtigen ab (→ Rn. 59 ff.), dem dann auch nicht zu Unrecht von Zuwendungen über die Grenze abgeraten wird (so etwa *Hüttemann* Gemeinnützigkeits- und Spendenrecht, 4. Aufl. 2018, Rn. 8.23). 162

Einstweilen frei 163–165

dd) Insbesondere: Zweckverfolgung im Ausland. Besonderheiten sind zu beachten, wenn der Empfänger einer steuerbegünstigten Zuwendung **seine steuerbegünstigten** 166

Zwecke nur im Ausland verwirklicht. § 10b Abs. 1 S. 6 macht in diesem Fall bei Zuwendungen an Empfänger im Sinne von § 10b Abs. 1 S. 2 Nr. 1 den Sonderausgabenabzug davon abhängig, dass entweder natürliche Personen, die ihren Wohnsitz oder ihren gewöhnlichen Aufenthalt im Inland haben, gefördert werden oder jedenfalls die Tätigkeit des Zuwendungsempfängers nicht nur der Verwirklichung der steuerbegünstigten Zwecke dient, sondern auch zum Ansehen der Bundesrepublik Deutschland beitragen kann. Für Zuwendungen an Empfänger im Sinne von § 10b Abs. 1 S. 2 Nr. 2 und 3 gilt nichts anderes, da ihre tatsächliche oder fiktive Steuerbegünstigung nach § 5 Abs. 1 Nr. 9 KStG in Verbindung mit § 51 Abs. 2 AO den gleichen Voraussetzungen unterliegt. Das danach einheitlich geltende **Erfordernis eines „Inlandsbezugs"** der Tätigkeit des Zuwendungsempfängers und damit mittelbar auch der seiner Förderung dienenden Zuwendung trägt nach Auffassung des Gesetzgebers der Tatsache Rechnung, dass „Steuervergünstigungen für gemeinnütziges Handeln und der damit verbundene Verzicht auf Steuereinnahmen nur insoweit zu rechtfertigen sind, als die geförderten gemeinnützigen, mildtätigen oder kirchlichen Tätigkeiten […] einen Bezug zu Deutschland besitzen" (BT-Drs. 16/11108, 46). Der Sache nach handelt es sich ungeachtet dieser auf das Verfassungsrecht verweisenden Begründung relativ offensichtlich um eine „Abwehrmaßnahme", die darauf zielt, die „praktischen Folgen der EuGH-Rechtsprechung möglichst zu minimieren" (so zutreffend *Hüttemann* Gemeinnützigkeits- und Spendenrecht, 4. Aufl. 2018, Rn. 1.136; Vorläufer war BMF 20.9.2005, BStBl. I 2005, 902, wonach eine Förderung der Allgemeinheit im Sinne von § 52 Abs. 1 AO „positive Rückwirkungen auf das Ansehen Deutschlands und die deutsche Bevölkerung" voraussetzte; dagegen BFH 20.12.2006 – I R 94/02, BStBl. II 2010, 331).

167 Der Inlandsbezug kann sich gemäß § 10b Abs. 1 S. 6 Alt. 1 zum einen daraus ergeben, dass die Auslandstätigkeit des Zuwendungsempfängers auf die **Förderung von Personen mit Wohnsitz oder gewöhnlichem Aufenthalt im Inland** zielt, auch und insbesondere wenn sich die geförderten Personen im Ausland aufhalten. Auf die Staatsangehörigkeit der geförderten Personen kommt es dabei nicht an (BT-Drs. 16/11108, 45 f.; dem folgend AEAO zu § 51 Nr. 7; zur umstrittenen Unionsrechtskonformität dieser Variante des Inlandsbezugs *Bornemann* jM 2015, 342 (347 f.), unter Hinweis auf EuGH 10.2.2011 – C-25/10, IStR 2011, 192 – *Missionswerk Werner Heukelbach;* ferner *Weitemeyer/Bornemann* FR 2016, 437 (438)). Zum anderen ist ein Inlandsbezug gemäß § 10b Abs. 1 S. 6 Alt. 2 zu bejahen, wenn die Auslandstätigkeit des Zuwendungsempfängers „neben der Verwirklichung der steuerbegünstigten Zwecke **auch zum Ansehen der Bundesrepublik Deutschland beitragen kann".** Nach der Gesetzesbegründung zur wortlautidentischen Regelung in § 51 Abs. 2 AO muss die Tätigkeit des Zuwendungsempfängers dabei keine spürbaren oder messbaren Auswirkungen auf das Ansehen der Bundesrepublik Deutschland im Ausland haben. Auch muss sie weder in nennenswertem Umfang auf Ansehensförderung oder -steigerung zielen noch eigenständiger Nebenzweck der Körperschaft sein. Erforderlich ist lediglich ein Bezug der Tätigkeit des Zuwendungsempfängers zur Bundesrepublik Deutschland (BT-Drs. 16/11108, 46; AEAO zu § 51 Nr. 7). Dieser Bezug soll sich nach Auffassung des Gesetzgebers und der Finanzverwaltung bei gebietsansässigen Zuwendungsempfängern im Sinne einer „Indizwirkung" bereits aus ihrer Gebietsansässigkeit ergeben, ohne dass es auf die Kenntnis der Begünstigten „von der Beteiligung deutscher Organisationen" ankomme. Bei gebietsfremden Zuwendungsempfängern sei der Bezug zwar „nicht grundsätzlich ausgeschlossen", müsse aber mangels Indizwirkung positiv nachgewiesen werden (BT-Drs. 16/11108, 45 f.; AEAO zu § 51 Nr. 7).

168 Teilweise wird dabei ein unmittelbarer Bezug der Tätigkeit des gebietsfremden Zuwendungsempfängers selbst zur Bundesrepublik Deutschland verlangt (siehe etwa *Schienke-Ohletz* BB 2018, 221 (225)). Das überzeugt nicht. So wird seit Einführung des Inlandsbezugs nicht nur zu Recht darauf hingewiesen, dass dessen **Ansehensvariante „nicht subsumtionsfähig und nicht justiziabel"** (so Tipke/Kruse/*Seer* AO § 51 Rn. 9) und daher „für die praktische Rechtsanwendung ungeeignet" (so *Hüttemann* Gemeinnützigkeits- und Spendenrecht, 4. Aufl. 2018, Rn. 3.11) ist (zusammenfassend FG Köln 20.1.2016 – 9 K 3177/14, EFG 2016, 653). Auch unterliegt die pauschale Ungleichbehandlung inländischer und ausländischer Zuwendungsempfänger **durchgreifenden unionsrechtlichen Bedenken** (*Bornemann* jM 2015, 342 (348); *Hüttemann* Gemeinnützigkeits- und Spendenrecht, 4. Aufl. 2018, Rn. 1.136 und 3.12; *Unger* DStZ 2010, 154 (164); *Weitemeyer/Bornemann* FR 2016,

437 (438 f.); dem folgend FG Köln 20.1.2016 – 9 K 3177/14, EFG 2016, 653). Vor diesem Hintergrund spricht viel dafür, auch bei ausländischen Zuwendungsempfängern „ohne weitere Prüfung […] von einer möglichen Ansehenssteigerung auszugehen", sofern diese „nicht evident ausgeschlossen ist" (so FG Köln 20.1.2016 – 9 K 3177/14, EFG 2016, 653, unter Hinweis unter anderem auf Tipke/Kruse/*Seer* AO § 51 Rn. 9; *Förster* BB 2011, 663 (665 ff.); Gosch AO/FGO/*Jachmann*/*Unger* AO § 51 Rn. 88). Der Bundesfinanzhof verlangt demgegenüber zwar, dass die Auslandstätigkeit des Zuwendungsempfängers „Deutschland mittelbar zuzurechnen ist", hält es dabei aber für ausreichend, wenn die Tätigkeit durch Zuwendungen aus Deutschland gefördert wird, selbst „wenn nicht alle Gemeindemitglieder hiervon Kenntnis hätten" (BFH 22.3.2018 – X R 5/16, BStBl. II 2018, 651, der mit Blick auf Spenden für den Bau einer Kirche in Rumänien darauf hinweist, dass die Spenderin „in den Gottesdiensten […] regelmäßig in die Fürbitten einbezogen wird und durch die Gravur ihres Namens in den Fuß des Altars ihre Zuwendungen dokumentiert werden").

Ausreichend ist danach, dass die Tätigkeit des Zuwendungsempfängers, mag sie auch selbst keinen unmittelbaren Bezug zu Deutschland aufweisen, immerhin „mit Geldern aus Deutschland" (so die Formulierung in FG Köln 20.1.2016 – 9 K 3177/14, EFG 2016, 653) gefördert wird. Zuwendungsrechtlich führt das dazu, dass ein **potenzieller Ansehensbeitrag bei Zuwendungen aus Deutschland** unabhängig von der Ansässigkeit des Zuwendungsempfängers im In- oder Ausland **praktisch immer zu bejahen** ist, sofern nur eine Kenntnis Dritter von den Zuwendungen nicht völlig ausgeschlossen ist. Man könnte noch einen Schritt weitergehen und den ansehensfördernden Zurechnungszusammenhang zwischen der Bundesrepublik Deutschland und der Auslandstätigkeit einer steuerbegünstigten Einrichtung insgesamt und damit über das Zuwendungsrecht hinaus schlicht mit ihrer staatlichen Förderung durch den Verzicht auf Steuereinnahmen begründen (in diese Richtung *Martini* ISR 2015, 97 (99)). Denkbar ist diese in zwei Formen: erstens als unmittelbare Förderung durch die Befreiung insbesondere von Körperschaft- und Gewerbesteuer sowie zweitens als mittelbare Förderung durch die steuermindernde Berücksichtigung von Zuwendungen Dritter. Ein solches Verständnis der Ansehensvariante des Inlandsbezugs ist zwar dem naheliegenden Einwand ausgesetzt, dass hier die in Frage stehende unmittelbare oder mittelbare Steuerbegünstigung zu ihrer eigenen Begründung herangezogen wird. Dieses – zirkuläre – Vorgehen, das im Ergebnis zur Funktionslosigkeit des Inlandsbezugs führt, bestätigt aber nur die im Schrifttum konstatierte Ungeeignetheit des Merkmals der Ansehenssteigerung für die praktische Rechtsanwendung und ist letztlich Ausfluss der unionsrechtlich gebotenen Erstreckung der „Indizwirkung" auch auf gebietsfremde Einrichtungen (zum Vorstehenden schon *Unger* npoR 2019, 28 (29 f.)). 169

d) Zuwendungsbestätigung. Nach § 50 Abs. 1 S. 1 EStDV ist der Abzug von Zuwendungen nach § 10b Abs. 1 grundsätzlich von einer Zuwendungsbestätigung abhängig, die der Zuwendungsempfänger unter Berücksichtigung des § 63 Abs. 5 AO nach amtlich vorgeschriebenem Vordruck ausgestellt hat. Ausgenommen sind nach § 50 Abs. 1 S. 2 EStDV Zuwendungen an ausländische Zuwendungsempfänger im Sinne des § 10b Abs. 1 S. 2 Nr. 1 und 3 (zu den insoweit bestehenden Nachweisanforderungen → Rn. 61.2). Rechtsgrundlage für die Vorschrift ist die Ermächtigung zum Erlass von Vorschriften „über den Nachweis von Zuwendungen im Sinne des § 10b einschließlich erleichterter Nachweisanforderungen" in § 51 Abs. 1 Nr. 2 Buchst. c (zur Verfassungsmäßigkeit BFH 15.6.1973 – VI R 35/70, BStBl. II 1973, 850; BFH 24.11.1993 – X R 5/91, BStBl. II 1994, 683). Die gemäß § 84 Abs. 2c EStDV erstmals auf nach dem 31.12.2016 zufließende Zuwendungen anwendbare **Neufassung der Vorschrift** durch das Gesetz zur Modernisierung des Besteuerungsverfahrens vom 18.7.2016 (BGBl. 2016 I 1679) verlangt anders als § 50 Abs. 1 S. 1 EStDV aF nicht mehr, dass Zuwendungen durch Vorlage einer Zuwendungsbestätigung „nachgewiesen werden". Es genügt, dass der Zuwendende eine Zuwendungsbestätigung „erhalten hat". Vorzulegen ist diese gemäß § 50 Abs. 8 S. 1 EStDV nur noch auf Verlangen der Finanzbehörde. Zu diesem Zweck muss der Zuwendende die Zuwendungsbestätigung nach § 50 Abs. 8 S. 2 EStDV bis zum Ablauf eines Jahres nach Bekanntgabe der Steuerfestsetzung aufbewahren. Auch im Zuwendungsrecht werden damit „Belegvorlagepflichten […] in Belegvorhaltepflichten mit risikoorientierter Anforderung durch die Finanzverwaltung umgewandelt" (so allgemein BT-Drs. 18/7457, 49). Eine freiwillige Vorlage ist natürlich zulässig (*Fischer*, jurisPR-SteuerR 32/2016 Anm. 1). 170

171–173 *Einstweilen frei*

174 **aa) Funktion der Zuwendungsbestätigung.** Über die Bedeutung der Zuwendungsbestätigung herrscht Streit. Nach ganz überwiegender Auffassung ist die Zuwendungsbestätigung „eine **unverzichtbare sachliche Voraussetzung** für den Spendenabzug" (so stellvertretend für die ständige Rechtsprechung BFH 25.8.1987 – IX R 24/85, BStBl. II 1987, 850; BFH 23.5.1989 – X R 17/85, BStBl. II 1989, 879; BFH 5.2.1992 – I R 63/91, BStBl. II 1992, 748; BFH 6.3.2003 – XI R 13/02, BStBl. II 2003, 554; aus dem Schrifttum etwa KSM/*Geserich* § 10b Rn. B 350). Diese Auffassung kann im Lichte von § 51 Abs. 1 Nr. 2 Buchst. c, der die Bundesregierung nur zum Erlass von Vorschriften „über den Nachweis von Zuwendungen" ermächtigt, nicht überzeugen. § 50 EStDV trifft vielmehr nur Aussagen über den **Nachweis von Zuwendungen** (zutreffend daher BFH 23.5.1989 – X R 17/85, BStBl. II 1989, 879: „Bestätigung hat […] den Zweck einer Beweiserleichterung"). Daran hat sich durch die Neufassung der Vorschrift, die eine tatsächliche Vorlage der Zuwendungsbestätigung in § 50 Abs. 8 S. 1 EStDV nur noch „auf Verlangen der Finanzbehörde" vorsieht und es im Übrigen in § 50 Abs. 1 S. 1 EStDV genügen lässt, dass der Zuwendende die Zuwendungsbestätigung „erhalten hat" und sie also jederzeit vorlegen kann, nichts geändert. Freilich beschränkt die Vorschrift die zugelassenen und erforderlichenfalls vorzulegenden Beweismittel auf die Zuwendungsbestätigung (zutreffend daher BFH 13.4.2010 – VIII R 26/08, BFH/NV 2010, 2035: Zuwendungsbestätigung nicht durch Zeugenvernehmung ersetzbar; anders aber Schmidt/*Heinicke* § 10b Rn. 40, der lediglich für den Regelfall davon ausgeht, dass das Finanzamt den Sonderausgabenabzug bei fehlender Zuwendungsbestätigung ablehnen kann), sodass im Ergebnis tatsächlich – wie ganz überwiegend angenommen – ein Sonderausgabenabzug ohne eine Zuwendungsbestätigung, die erforderlichenfalls zum Nachweis vorgelegt werden kann, ausscheidet (zutreffend *Hüttemann* Gemeinnützigkeits- und Spendenrecht, 4. Aufl. 2018, Rn. 8.102). Das Wohnsitzfinanzamt ist an die Zuwendungsbestätigung freilich nicht gebunden (→ Rn. 210).

175 Auf eine Zuwendungsbestätigung berufen kann sich dabei nur, wer in der Bestätigung als Zuwendender ausgewiesen und die Bestätigung vom Empfänger erhalten hat. Eine **Übertragung der Zuwendungsbestätigung** auf den „wahren" Zuwendenden, der dem in der Bestätigung ausgewiesenen Zuwendenden einen Betrag mit dem Auftrag oder der Auflage überlassen hat, diesen einem tauglichen Empfänger zuzuwenden, kommt nicht in Betracht (so FG Düsseldorf 26.1.2017 – 9 K 2395/15 E, EFG 2017, 460, aus anderen Gründen aufgehoben durch BFH 15.1.2019 – X R 6/17, BStBl. II 2019, 318). Bei einer Abkürzung des Zahlungswegs (→ Rn. 93) ist daher darauf zu achten, dass die Zuwendungsbestätigung auf den Zuwendenden und nicht auf die bloße Zahlstelle ausgestellt wird (zur Zulässigkeit implizit BFH 15.1.2019 – X R 6/17, BStBl. II 2019, 318; zum damit verbundenen Haftungsrisiko des Zuwendungsempfängers *Paus* FR 2019, 557 (558)).

176–178 *Einstweilen frei*

179 **bb) Form der Zuwendungsbestätigung.** Zuwendungsbestätigungen sind grundsätzlich gemäß **§ 50 Abs. 1 S. 1 EStDV** vom Zuwendungsempfänger unter **Verwendung amtlich vorgeschriebener Vordrucke** (→ Rn. 186) auszustellen. Die Zuwendungsbestätigung ist dabei durch eine zeichnungsberechtigte Person zu unterschreiben. Beauftragt der Zuwendungsempfänger einen Dritten mit der Entgegennahme von Zuwendungen, kann auch dieser die Zuwendungsbestätigung unterschreiben (EStR 10b.1 Abs. 3 S. 2; zu einem Anwendungsfall OFD München 19.7.2000, DStR 2000, 1349: Beauftragung der Landessportbünde mit der Erstellung von Zuwendungsbestätigungen durch die angeschlossenen Sportvereine; zur Ausstellung von Zuwendungsbestätigungen durch den Kassierer des Schulelternbeirats bei Elternspenden zur Förderung öffentlicher Schulen OFD Frankfurt 29.1.2018, BeckVerw 354352). Bei Geldzuwendungen (siehe EStR 10b.1 Abs. 4 S. 3) genügt eine maschinell erstellte Zuwendungsbestätigung ohne eigenhändige Unterschrift, wenn der Empfänger die Nutzung eines solchen Verfahrens dem zuständigen Finanzamt angezeigt hat (dazu sowie zum Inhalt der Anzeige EStR 10b.1 Abs. 4 S. 1 und 2). In diesem Fall können die maschinell erstellten Zuwendungsbestätigungen auch auf elektronischem Weg in Form schreibgeschützter Dokumente (also insbesondere: in Form einer schreibgeschützten PDF-Datei) an die Zuwendenden übermittelt werden. Für die Abzugsberechtigung ist es unschädlich, wenn der Empfänger den Ausdruck des Dokuments dem Zuwendenden überlässt (BMF 6.2.2017, BStBl. I 2017, 287).

Abweichend vom Regelfall des § 50 Abs. 1 S. 1 EStDV ermöglicht die mit Wirkung vom 1.1.2009 durch das Gesetz zur Modernisierung und Entbürokratisierung des Steuerverfahrens vom 20.12.2008 (BGBl. 2008 I 2850) eingeführte Regelung in **§ 50 Abs. 2 EStDV** eine **elektronische Zuwendungsbestätigung.** Gemäß § 50 Abs. 2 S. 1 und 2 EStDV kann der Zuwendende den Zuwendungsempfänger unter Mitteilung seiner Identifikationsnummer nach § 139b AO bevollmächtigen, die Zuwendungsbestätigung der für seine Besteuerung nach dem Einkommen zuständigen Finanzbehörde nach amtlich vorgeschriebenem Datensatz durch Datenfernübertragung nach Maßgabe von § 93c AO zu übermitteln. Die übermittelten Daten sind gemäß § 50 Abs. 2 S. 4 EStDV dem Zuwendenden elektronisch oder auf seinen Wunsch hin als Ausdruck zur Verfügung zu stellen. Das ist für den Vertrauensschutz nach § 10b Abs. 4 S. 1 wichtig, der nur gerechtfertigt ist, wenn der Zuwendende den Inhalt der Zuwendungsbestätigung kennt (dazu auch Blümich/*Brandl* § 10b Rn. 48). Genügt der Empfänger § 50 Abs. 2 S. 4 EStDV, erfüllt er zugleich seine Informationspflicht aus § 93c Abs. 1 Nr. 3 AO. Die Vollmacht nach § 50 Abs. 2 S. 1 EStDV kann gemäß § 50 Abs. 2 S. 3 EStDV nur mit Wirkung für die Zukunft widerrufen werden. Zeitlich sieht § 93c Abs. 1 Nr. 1 AO eine Übermittlung des Datensatzes bis zum letzten Tag des Monats Februar des auf den Zufluss der Zuwendung folgenden Jahres vor. Hinweise zum Inhalt des zu übermittelnden Datensatzes enthält § 93c Abs. 1 Nr. 2 AO. Aufzeichnungs-, Korrektur- und Stornierungspflichten finden sich in § 93c Abs. 1 Nr. 4 und Abs. 3 AO. Ob der Zuwendungsempfänger den Inhalt des zu übermittelnden Datensatzes richtig bestimmt hat und seine Pflichten nach § 93c Abs. 1 Nr. 1 und 2 und Abs. 3 AO erfüllt, prüft auf Grundlage von § 93c Abs. 4 S. 1 AO gemäß § 50 Abs. 3 S. 1 EStDV abweichend von der allgemeinen Zuständigkeitsregelung in § 93c Abs. 5 AO das Finanzamt, in dessen Bezirk sich die inländische Geschäftsleitung des Zuwendungsempfängers befindet. Die tatsächlich übermittelten Daten können zu diesem Zweck gemäß § 50 Abs. 3 S. 2 EStDV durch dieses Finanzamt bei den für die Besteuerung der Zuwendenden nach dem Einkommen zuständigen Finanzbehörden abgerufen und verwendet werden. Die Ausstellerhaftung nach § 10b Abs. 4 S. 2 Alt. 1 gilt auch für elektronische Zuwendungsbestätigungen. Gemäß § 50 Abs. 2 S. 5 EStDV findet daher die besondere Haftungsvorschrift für die Datenübermittlung nach § 93c AO in § 72a Abs. 4 AO bei elektronischen Zuwendungsbestätigungen keine Anwendung (BT-Drs. 18/7457, 106). Eine elektronische Zuwendungsbestätigung erfolgt nach § 93c Abs. 1 Nr. 1 AO über die amtlich bestimmte Schnittstelle. Bis eine solche Schnittstelle und darüber hinaus der zu übermittelnde Datensatz amtlich bestimmt werden, kommt der elektronischen Zuwendungsbestätigung auch weiterhin keine praktische Bedeutung zu. **180**

Statt einer Zuwendungsbestätigung nach amtlich vorgeschriebenem Vordruck oder Datensatz im Sinne von § 50 Abs. 1 S. 1 und Abs. 2 S. 1 EStDV genügen nach **§ 50 Abs. 4 S. 1 EStDV** unter dort näher bezeichneten Voraussetzungen (zu diesen näher Blümich/*Brandl* § 10b Rn. 47a f. und 47d f.) als **vereinfachte Nachweise** ein Bareinzahlungsbeleg oder die Buchungsbestätigung eines Kreditinstituts, wenn eine Zuwendung 200 EUR nicht übersteigt (zu Elternspenden zur Förderung öffentlicher Schulen bis zu einer Höhe von 200 EUR, die zur Wahrung der Anonymität des Spenders auf ein Konto einer Vertrauensperson des Schulelternbeirats überwiesen werden können, OFD Frankfurt 29.1.2018, BeckVerw 354352) oder zur Hilfe in Katastrophenfällen gewährt wird (dazu exemplarisch BMF 17.6.2014, BStBl. I 2014, 889: Unterstützung der Opfer des Hochwassers auf dem Balkan). Gemäß § 50 Abs. 4 S. 2 EStDV müssen aus der Buchungsbestätigung der Name und die Kontonummer oder ein sonstiges Identifizierungsmerkmal des Auftraggebers und des Zuwendungsempfängers, der zugewendete Betrag, der Buchungstag sowie die tatsächliche Durchführung der Zahlung ersichtlich sein. Die Finanzverwaltung akzeptiert als Buchungsbestätigung eines Kreditinstituts auch einen selbst erstellten Online-Banking-Ausdruck, der nicht vom Kreditinstitut stammt, sofern aus ihm die in § 50 Abs. 4 S. 2 EStDV genannten Daten ersichtlich sind (OFD Magdeburg 14.2.2006, BeckVerw 074286). Ebenfalls anerkannt wird ein Online-Kontoauszug des Online-Bezahlsystems PayPal (LFD Thüringen 30.5.2013, npoR 2013, 270; anders noch LFD Thüringen 24.9.2012, DStR 2013, 143). **181**

Ergänzend sieht **§ 50 Abs. 5 EStDV** für Zuwendungen zur Hilfe in Katastrophenfällen innerhalb eines Zeitraums, den die obersten Finanzbehörden der Länder im Benehmen mit **182** dem Bundesfinanzministerium bestimmen, ein **Listenverfahren** vor. Werden entsprechende Zuwendungen über ein Konto eines Dritten an eine inländische juristische Person des öffentlichen Rechts, eine inländische öffentliche Dienststelle oder eine nach § 5 Abs. 1 Nr. 9 KStG steuerbegünstigte Körperschaft geleistet, genügt es, wenn der Zuwendende eine auf ihn ausgestellte Zuwendungsbestätigung des Zuwendungsempfängers (freilich: nach amtlich vorgeschriebenem Vordruck oder Datensatz im Sinne des § 50 Abs. 1 S. 1 oder Abs. 2 S. 1 EStDV) erhält, sofern erstens das Konto des Dritten als Treuhandkonto geführt wird, zweitens die Zuwendungen von dort an den Zuwendungsempfänger weitergeleitet werden und drittens diesem eine Liste mit den einzelnen Zuwendenden und ihrem jeweiligen Anteil an der Zuwendungssumme übergeben wird. Dabei soll über den Wortlaut des § 50 Abs. 5 EStDV hinaus eine „rasche" Weiterleitung der Zuwendungen durch den Dritten an den Zuwendungsempfänger geboten sein (so Blümich/*Brandl* § 10b Rn. 47c).

183–185 *Einstweilen frei*

186 **cc) Inhalt der Zuwendungsbestätigung.** Der Inhalt der Zuwendungsbestätigung nach § 50 Abs. 1 S. 1 EStDV ergibt sich aus den dort in Bezug genommenen **amtlich vorgeschriebenen Vordrucken.** Er bestimmt zugleich den Umfang des Vertrauensschutzes nach § 10b Abs. 4 S. 1. Die zu verwendenden amtlichen Vordrucke sind dem Schreiben des Bundesfinanzministeriums vom 7.11.2013 (BStBl. I 2013, 1333) als Anlagen beigefügt. Dieses Schreiben enthält darüber hinaus auch genaue Hinweise zur Verwendung der Vordrucke (kritisch zu diesen *Hüttemann* Gemeinnützigkeits- und Spendenrecht, 4. Aufl. 2018, Rn. 8.106: überzogen und zum Teil – insbesondere: „Warnhinweis" auf Spendenhaftung – ohne gesetzliche Grundlage). Einzelheiten zu den Vordrucken können der nachfolgenden → Rn. 186.1 f. entnommen werden.

186.1 Die Vordrucke in den Anlagen zum vorangehenden Schreiben des Bundesfinanzministeriums vom 30.8.2012 (BStBl. I 2012, 884) durften übergangsweise bis zum 31.12.2014 weiterverwendet werden (BMF 26.3.2014, BStBl. I 2014, 791). Die **Vordrucke,** die unter www.formulare-bfinv.de (31.5.2020) (im „Formularcenter" unter „Steuerformulare" im Ordner „Gemeinnützigkeit") abgerufen werden können, sind **unterteilt in:** 1. Vordrucke für Bestätigungen inländischer Körperschaften des öffentlichen Rechts und inländischer Dienststellen (in den Anlagen 1, 2 und 13), 2. Vordrucke für Bestätigungen steuerbegünstigter Einrichtungen im Sinne des § 5 Abs. 1 Nr. 9 KStG (in den Anlagen 3, 4 und 14), 3. Vordrucke für Bestätigungen politischer Parteien (in den Anlagen 5, 6 und 15), 4. Vordrucke für Bestätigungen unabhängiger Wählervereinigungen (in den Anlagen 7, 8 und 16), 5. Vordrucke für Bestätigungen inländischer Stiftungen des öffentlichen Rechts (in den Anlagen 9, 10 und 17) und 6. Vordrucke für Bestätigungen inländischer Stiftungen des privaten Rechts (in den Anlagen 11, 12 und 18).

186.2 Im Einzelnen verlangen die Vordrucke **folgende Informationen:** den Zuwendenden; die Art der Zuwendung im Sinne des § 10b Abs. 1 S. 1 (mithin: die Einordnung als Geldspende, Sachspende oder Mitgliedsbeitrag); bei Zuwendungen an steuerbegünstigte Einrichtungen, bei denen Mitgliedsbeiträge nicht abziehbar sind, den ausdrücklichen Hinweis, dass es sich bei der Zuwendung nicht um einen Mitgliedsbeitrag handelt, dessen Abzug ausgeschlossen ist; bei Zuwendungen an Stiftungen Angaben dazu, ob die Zuwendung in das zu erhaltende oder in das zum Verbrauch zur Verfügung stehende Stiftungsvermögen erfolgt; den Betrag oder Wert und den Tag der Zuwendung; bei Sachzuwendungen die genaue Bezeichnung des zugewendeten Gegenstands (mit Angaben insbesondere zu Alter, Zustand und Kaufpreis) (zum Hintergrund BFH 22.10.1971 – VI R 310/69, BStBl. II 1972, 55: Schaffung einer ausreichenden Grundlage für die Ausräumung von Zweifeln am angegebenen Wert einer Sachzuwendung durch das Finanzamt, dem jede andere Möglichkeit der Kontrolle abgeschnitten ist; speziell zu den bei Aufwandsspenden erforderlichen Angaben BFH 29.11.1989 – X R 154/88, BStBl. II 1990, 570) und einen Hinweis zu seiner Herkunft aus einem Betriebs- oder aus einem Privatvermögen; den Empfänger und Aussteller der Zuwendungsbestätigung; bei Zuwendungen an steuerbegünstigte Einrichtungen im Sinne des § 5 Abs. 1 Nr. 9 KStG Angaben zu den verfolgten Zwecken sowie zur gesonderten Feststellung der satzungsmäßigen Voraussetzungen ihrer Steuerbegünstigung in einem Freistellungs-, Körperschaftsteuer- oder Feststellungsbescheid; die Bestätigung, dass die Zuwendung nur zur Förderung näher bezeichneter steuerbegünstigter Zwecke verwendet wird; bei Aufwandsspenden den Verzicht auf die Erstattung von Aufwendungen; bei Durchlaufspenden die Weiterleitung der Zuwendung durch den Erstempfänger entsprechend den Angaben des Zuwendenden an einen Letztempfänger, der nach einem Freistellungs-, Körperschaftsteuer- oder Feststellungsbescheid steuerbegünstigt ist.

Einstweilen frei **187–189**

dd) Berechtigung zur Ausstellung. Die Berechtigung zur Ausstellung einer Zuwendungsbestätigung richtet sich nach der durch das Gesetz zur Stärkung des Ehrenamtes vom 21.3.2013 (BGBl. 2013 I 556) mit Wirkung vom 29.3.2013 eingeführten Regelung in **§ 63 Abs. 5 AO** (dazu ausführlich Gosch AO/FGO/*Unger* AO § 63 Rn. 63 ff.). Danach dürfen Körperschaften im Sinne des § 10b Abs. 1 S. 2 Nr. 2 Zuwendungsbestätigungen im Sinne des § 50 Abs. 1 S. 1 EStDV nur ausstellen, wenn sich ihre Steuerbegünstigung aus einem höchstens fünf Jahre alten Freistellungs- oder Körperschaftsteuerbescheid oder einem höchstens drei Jahre alten Feststellungsbescheid nach § 60a Abs. 1 S. 1 AO ergibt (zur entsprechenden Rechtslage vor Einführung des § 63 Abs. 5 AO BFH 19.7.2011 – X R 32/10, BFH/NV 2012, 179). **190**

Eine **ohne Berechtigung ausgestellte Zuwendungsbestätigung** ist unrichtig. Ein Sonderausgabenabzug kommt dann nur auf Grundlage von Vertrauensschutz nach § 10b Abs. 4 S. 1 in Betracht. Die Zuwendungsbestätigung wird nicht dadurch „rückwirkend" richtig, dass nach ihrer Ausstellung ein Freistellungs-, Körperschaftsteuer- oder Feststellungsbescheid ergeht, aus dem sich die Steuerbegünstigung für das Jahr der Zuwendung ergibt. Zulässig bleibt aber die **nachträgliche Ausstellung einer Zuwendungsbestätigung.** Dabei ist es unschädlich, wenn die Zuwendungsbestätigung (insbesondere: auf den Tag der Zuwendung) rückdatiert wird und in der Folge ein falsches Ausstellungsdatum ausweist, sofern die Körperschaft nur im tatsächlichen Zeitpunkt der Ausstellung zur Ausstellung von Zuwendungsbestätigungen berechtigt ist (BFH 12.12.2017 – X R 46/16, BFH/NV 2018, 717; ferner noch vor Einführung des § 63 Abs. 5 AO BFH 19.7.2011 – X R 32/10, BFH/NV 2012, 179; siehe auch Gosch AO/FGO/*Unger* AO § 63 Rn. 65). Erfolgt die nachträgliche Ausstellung der Zuwendungsbestätigung erst nach Eintritt der Bestandskraft des Steuerbescheids, scheidet eine Änderung des Steuerbescheids aber aus (→ Rn. 201). **191**

§ 63 Abs. 5 AO gilt nur für Zuwendungsempfänger im Sinne des § 10b Abs. 1 S. 2 Nr. 2. Inländische Empfänger im Sinne des § 10b Abs. 1 S. 2 Nr. 1 (also: inländische juristische Personen des öffentlichen Rechts und inländische öffentliche Dienststellen) dürfen ohne Weiteres Zuwendungsbestätigungen ausstellen. Fraglich bleibt danach die **Berechtigung ausländischer Empfänger** im Sinne des § 10b Abs. 1 S. 2 Nr. 1 und 3 zur Ausstellung von Zuwendungsbestätigungen. Insoweit befreit § 50 Abs. 1 S. 2 EStDV zwar vom Erfordernis einer „echten" Zuwendungsbestätigung nach amtlich vorgeschriebenem Vordruck oder Datensatz im Sinne von § 50 Abs. 1 S. 1 und Abs. 2 S. 1 EStDV. Davon zu unterscheiden ist aber die Frage, ob entsprechende Zuwendungsempfänger eine solche Zuwendungsbestätigung freiwillig ausstellen dürfen. Das ist **zu verneinen:** Die Zuwendungsbestätigung nach § 50 Abs. 1 S. 1 und Abs. 2 S. 1 EStDV ist Anknüpfungspunkt für den Vertrauensschutz nach § 10b Abs. 4 S. 1 (dazu sowie zum Folgenden → Rn. 383 ff.). Dieser ist aber nur gerechtfertigt, soweit die Zuwendungsbestätigung tatsächlich eine Grundlage für die Entstehung schutzwürdigen Vertrauens beim Zuwendenden schafft. Das ist ohne Weiteres der Fall, wenn inländische juristische Personen des öffentlichen Rechts oder öffentliche Dienststellen im Sinne des § 10b Abs. 1 S. 2 Nr. 1 eine Zuwendungsbestätigung ausstellen. Körperschaften im Sinne des § 10b Abs. 1 S. 2 Nr. 2 sind gemäß § 63 Abs. 5 S. 1 AO zur Ausstellung von Zuwendungsbestätigungen nur berechtigt, wenn immerhin die satzungsmäßigen Voraussetzungen ihrer Steuerbegünstigung in einem Bescheid festgestellt worden sind. Damit liegt auch hier jedenfalls mittelbar ein hoheitlicher Anknüpfungspunkt für Vertrauensschutz vor. Bei ausländischen Empfängern im Sinne von § 10b Abs. 1 S. 2 Nr. 1 und 3 fehlt ein solcher Anknüpfungspunkt mangels inländischer Körperschaftsteuerpflicht und mangels Anwendung des Feststellungsverfahrens nach § 60a Abs. 2 Nr. 2 AO durch die Finanzverwaltung auf weder beschränkt noch unbeschränkt körperschaftsteuerpflichtige Körperschaften (dazu AEAO zu § 60a Nr. 3; zur Kritik Gosch AO/FGO/*Unger* AO § 60a Rn. 18 f.). Folgerichtig scheidet hier Vertrauensschutz und damit auch die Berechtigung zur Ausstellung von Vertrauensschutz auslösenden Zuwendungsbestätigungen aus (in diese Richtung auch *Hüttemann* Gemeinnützigkeits- und Spendenrecht, 4. Aufl. 2018, Rn. 8.115). Unionsrechtlich ist das problematisch (→ Rn. 389 ff.). **192**

Einstweilen frei **193–195**

ee) Vorlage und Aufbewahrung. Gemäß § 50 Abs. 1 S. 1 EStDV setzt der Sonderausgabenabzug nur voraus, dass der Zuwendende die Zuwendungsbestätigung erhalten hat. Eine **196**

Vorlage der Zuwendungsbestätigung ist nach § 50 Abs. 8 S. 1 EStDV nur **auf Verlangen der Finanzbehörde** erforderlich. Zu diesem Zweck muss der Zuwendende die Zuwendungsbestätigung gemäß § 50 Abs. 8 S. 2 EStDV bis zum Ablauf eines Jahres nach Bekanntgabe der Steuerfestsetzung aufbewahren. Entsprechendes gilt für vereinfachte Nachweise nach § 50 Abs. 4 S. 1 EStDV und eine im Listenverfahren nach § 50 Abs. 5 EStDV ausgestellte Zuwendungsbestätigung. Zuwendungsempfänger im Sinne des § 10b Abs. 1 S. 2 Nr. 2 müssen gemäß § 50 Abs. 7 S. 1 EStDV ein **Doppel der Zuwendungsbestätigung** aufbewahren. Eine Speicherung in elektronischer Form ist zulässig (BMF 7.11.2013, BStBl. I 2013, 1333). Unabhängig davon sind die Vereinnahmung der Zuwendung und ihre zweckentsprechende Verwendung ordnungsgemäß aufzuzeichnen. Bei Sachzuwendungen und bei Aufwandsspenden müssen sich nach § 50 Abs. 7 S. 3 EStDV aus den Aufzeichnungen auch die Grundlagen für den bestätigten Wert der Zuwendung ergeben. Genügt nach § 50 Abs. 4 S. 1 EStDV ein vereinfachter Nachweis anstelle einer Zuwendungsbestätigung, muss nicht zusätzlich alleine zum Zweck ihrer Aufbewahrung nach § 50 Abs. 7 S. 1 EStDV eine Zuwendungsbestätigung ausgestellt werden (zutreffend Blümich/*Brandl* § 10b Rn. 49). Eine **elektronische Zuwendungsbestätigung** wird nach § 50 Abs. 2 S. 1 EStDV stets durch den Zuwendungsempfänger der zuständigen Finanzbehörde übermittelt. Eine Vorlage erübrigt sich daher. Folgerichtig entfällt gemäß § 50 Abs. 7 S. 2 EStDV auch die Pflicht zur Aufbewahrung eines Doppels der Zuwendungsbestätigung nach § 50 Abs. 7 S. 1 EStDV. Der Zuwendungsempfänger muss aber nach § 93c Abs. 1 Nr. 4 AO die übermittelten Daten aufzeichnen und diese Aufzeichnungen sowie die der Mitteilung zugrunde liegenden Unterlagen bis zum Ablauf des siebten auf den Zufluss der Zuwendung folgenden Kalenderjahres aufbewahren.

197–199 *Einstweilen frei*

200 **ff) Maßgeblicher Zeitpunkt.** Der Zuwendende muss die Zuwendungsbestätigung **im Zeitpunkt der Veranlagung** erhalten haben und erforderlichenfalls zum Nachweis der Zuwendung vorlegen können. Eine nachträgliche Ausstellung und Vorlage der Zuwendungsbestätigung ist bis zum Schluss der mündlichen Verhandlung vor dem Finanzgericht zulässig. Während des Revisionsverfahrens ist sie nicht mehr möglich (→ Rn. 191) (BFH 25.8.1987 – IX R 24/85, BStBl. II 1987, 850; BFH 17.2.1993 – X R 119/90, BFH/NV 1994, 154; BFH 19.7.2011 – X R 32/10, BFH/NV 2012, 179; BFH 12.12.2017 – X R 46/16, BFH/NV 2018, 717).

201 Wird eine Zuwendungsbestätigung erst **nach Eintritt der Bestandskraft des Steuerbescheids** ausgestellt und dem Zuwendenden überlassen, scheidet eine Änderung des Steuerbescheids aus: Eine Änderung nach § 173 Abs. 1 Nr. 2 AO setzt voraus, dass das Beweismittel bei Veranlagung bereits vorhanden war (BFH 25.2.2003 – VIII R 98/01, DStRE 2003, 949), und kommt daher nicht in Betracht, wenn die Zuwendungsbestätigung erst später ausgestellt wird (BFH 10.5.2016 – X R 34/13, BFH/NV 2017, 23). Eine Änderung nach § 175 Abs. 1 S. 1 Nr. 2 AO scheidet aus, weil gemäß § 175 Abs. 2 S. 2 AO weder die nachträgliche Erteilung noch die nachträgliche Vorlage einer Bestätigung als rückwirkendes Ereignis gilt (BFH 10.5.2016 – X R 34/13, BFH/NV 2017, 23). Der Steuerpflichtige ist in der Folge darauf verwiesen, gegen den Steuerbescheid, in dem der Sonderausgabenabzug versagt wird, Einspruch einzulegen und so den Eintritt der Bestandskraft zu verhindern. Er kann sich dann während des Einspruchsverfahrens und eines sich möglicherweise anschließenden Klageverfahrens eine Zuwendungsbestätigung ausstellen lassen und erforderlichenfalls vorlegen (zutreffend BFH 19.7.2011 – X R 32/10, BFH/NV 2012, 179). Hinweise zur Entstehungsgeschichte und zum Regelungszweck des § 175 Abs. 2 S. 2 AO enthält die nachfolgende → Rn. 201.1.

201.1 Die durch das Gesetz zur Umsetzung von EU-Richtlinien in nationales Steuerrecht und zur Änderung weiterer Vorschriften vom 9.12.2004 (BGBl. 2004 I 3310) mit Wirkung vom 10.12.2004 eingeführte Regelung in § 175 Abs. 2 S. 2 AO soll sicherstellen, dass die nachträgliche Erteilung oder Vorlage einer Bescheinigung oder Bestätigung unabhängig davon, ob diese materiell-rechtliche Tatbestandsvoraussetzung oder lediglich Beweismittel ist, stets nach gleichen Maßstäben behandelt wird (BT-Drs. 15/4050, 61; zur Vereinbarkeit der Vorschrift mit Unionsrecht und Verfassungsrecht knapp BFH 10.5.2016 – X R 34/13, BFH/NV 2017, 23). Sie ist gegen die Rechtsprechung des Bundesfinanzhofs gerichtet, der in der nachträglichen Erteilung einer Zuwendungsbestätigung vorbehaltlich der Regelung in § 175 Abs. 2 S. 2 AO ein rückwirkendes Ereignis im Sinne des § 175 Abs. 1 S. 1 Nr. 2 AO sieht, weil es sich nach seiner Auffassung bei der Zuwendungsbestätigung nicht lediglich um ein Beweismittel zum Nachweis einer steuerrechtlich relevanten Tatsache, sondern um eine materiell-rechtliche Voraussetzung für den Sonderausgabenabzug handelt (→ Rn. 174) (BFH 6.3.2003 – XI R 13/02, BStBl. II 2003, 554).

Einstweilen frei 202–204

gg) Ausländische Empfänger. Besonderheiten sind bei Zuwendungen an **ausländische Empfänger** mit Sitz und Geschäftsleitung in einem anderen Staat der Europäischen Union oder des Europäischen Wirtschaftsraums zu beachten. Erzielen sie inländische Einkünfte und sind sie daher gemäß § 2 Nr. 1 KStG immerhin **beschränkt steuerpflichtig,** sind sie nach § 10b Abs. 1 S. 2 Nr. 2 zur Entgegennahme steuerbegünstigter Zuwendungen berechtigt. Zuwendungen an sie können dann, wie aus § 50 Abs. 1 S. 2 EStDV folgt, ebenso wie Zuwendungen an inländische Körperschaften im Sinne des § 10b Abs. 1 S. 2 Nr. 2 nach § 50 Abs. 1 S. 1 EStDV nur abgezogen werden, wenn der Zuwendende eine Zuwendungsbestätigung erhalten hat. 205

Das Unionsrecht steht dem nicht entgegen, sofern **keine überspannten Anforderungen** gestellt werden. Die Zuwendungsbestätigung muss daher nicht „nach amtlich vorgeschriebenem Vordruck" ausgestellt werden, sofern sie nur die nach deutschem Recht erforderlichen Angaben enthält und der Finanzverwaltung daher eine Überprüfung der Voraussetzungen für die Inanspruchnahme des Sonderausgabenabzugs ermöglicht (so auch BFH 21.1.2015 – X R 7/13, BStBl. II 2015, 588: „Aus unionsrechtlichen Gründen kann nicht verlangt werden, dass die Zuwendungsbestätigung einer ausländischen Stiftung dem amtlich vorgeschriebenen Vordruck gemäß § 50 EStDV entspricht."). Eine in diesem Sinne **gleichwertige Bestätigung** liegt vor, wenn der ausländische Empfänger immerhin bescheinigt, „er habe die Spende erhalten, er verfolge den satzungsgemäßen gemeinnützigen Zweck und er setze die Spende ausschließlich satzungsgemäß ein" (so BFH 21.1.2015 – X R 7/13, BStBl. II 2015, 588; BFH 10.5.2016 – X R 34/13, BFH/NV 2017, 23; siehe auch schon FG Bremen 8.6.2011 – 1 K 63/10 (6), DStRE 2012, 1321; siehe ferner FG Münster 8.3.2012 – 2 K 2608/09 E, EFG 2012, 1539; FG Berlin-Brandenburg 3.9.2015 – 1 K 1004/14, DStRE 2016, 1102; ferner etwa *Hüttemann/Helios* DB 2009, 701 (706); *von Proff* IStR 2009, 371 (376 f.)). Eine deutsche Übersetzung kann gemäß § 87 Abs. 1 und 2 AO ohne Weiteres verlangt werden (so auch *von Proff* IStR 2009, 371 (376 f.)). 206

Einstweilen frei 207–209

e) Prüfung der Abzugsvoraussetzungen. aa) Keine Bindung des Wohnsitzfinanzamts. Zuständig für die Prüfung der Voraussetzungen des Sonderausgabenabzugs ist das **Wohnsitzfinanzamt des Zuwendenden.** Das Wohnsitzfinanzamt ist an den Inhalt der Zuwendungsbestätigung, die lediglich ein von der Behörde nach § 50 Abs. 8 S. 1 EStDV anzuforderndes Beweismittel unter anderen ist, nicht gebunden (BFH 23.5.1989 – X R 17/85, BStBl. II 1989, 879; missverständlich daher BFH 12.8.1999 – XI R 65/98, BStBl. II 2000, 65; BFH 2.8.2006 – XI R 6/03, BStBl. II 2007, 8: „Bestätigung bezweckt, den Abzug bestimmter Beträge als Spende zu ermöglichen, ohne dass der (gutgläubige) Spender und dessen Finanzamt die entsprechenden Abzugsvoraussetzungen noch einmal zu prüfen brauchen"). Es prüft vielmehr grundsätzlich noch einmal alle Voraussetzungen des Sonderausgabenabzugs. Ausgenommen sind lediglich die satzungsmäßigen Voraussetzungen der Steuerbegünstigung eines Zuwendungsempfängers im Sinne des § 10b Abs. 1 S. 2 Nr. 2, deren **gesonderte Feststellung nach § 60a Abs. 1 S. 1 AO** gemäß § 60a Abs. 1 S. 2 AO für die Besteuerung des Zuwendenden bindend ist. Die Finanzverwaltung erstreckt die Bindungswirkung ohne rechtliche Grundlage auf die tatsächliche Geschäftsführung des Zuwendungsempfängers (→ Rn. 155). Bei Zuwendungsempfängern im Sinne von § 10b Abs. 1 S. 2 Nr. 3 muss das Wohnsitzfinanzamt mangels Zulässigkeit einer gesonderten Feststellung nach § 60a Abs. 1 S. 1 AO (→ Rn. 162) auch die satzungsmäßigen Voraussetzungen der Steuerbegünstigung prüfen. 210

Einstweilen frei 211–213

bb) Korrektur eines Sonderausgabenabzugs. Werden die Voraussetzungen des Sonderausgabenabzugs durch das Wohnsitzfinanzamt bei der Veranlagung des Zuwendenden zunächst bejaht und stellt sich nachträglich heraus, dass diese nicht vorlagen, ist dessen Steuer- 214 bescheid nach **§ 173 Abs. 1 Nr. 1 AO** zu ändern, sofern nicht der Vertrauensschutz nach § 10b Abs. 4 S. 1 eingreift (exemplarisch BFH 2.8.2006 – XI R 6/03, BStBl. II 2007, 8: Durch Betriebsprüfung bei einem Golfclub wird nachträglich bekannt, dass eine Zuwendung anlässlich der Aufnahme erbracht worden und daher mangels Unentgeltlichkeit nicht abzugsfähig ist). Lagen die Voraussetzungen für den Sonderausgabenabzug hingegen zunächst vor, entfallen sie aber nachträglich, ist vorbehaltlich des Vertrauensschutzes nach § 10b Abs. 4 S. 1 der Steuerbescheid nach **§ 175 Abs. 1 S. 1 Nr. 2 AO** zu ändern, wenn die Änderung des Zuwendungssachverhalts steuerliche Wirkung für die Vergangenheit hat. Das ist insbesondere der Fall bei einer Fehlverwendung der Zuwendung, die sich häufig erst nach Ablauf der zweijährigen Mittelverwendungsfrist nach § 55 Abs. 1 Nr. 5 AO feststellen lässt (→ Rn. 128), ferner bei einer Rückgewähr der Zuwendung durch den Empfänger (dazu BFH 19.3.1976 – VI R 72/73, BStBl. II 1976, 338). Wird die Feststellung der satzungsmäßigen Voraussetzungen der Steuerbegünstigung eines Zuwendungsempfängers im Sinne des § 10b Abs. 1 S. 2 Nr. 2 aufgehoben, ist Rechtsgrundlage für die Änderung des Steuerbescheids des Zuwendenden **§ 175 Abs. 1 S. 1 Nr. 1 AO.** Werden die Voraussetzungen des Sonderausgabenabzugs durch das Wohnsitzfinanzamt verneint und stellt sich nachträglich heraus, dass diese bei Veranlagung des Zuwendenden doch vorlagen, richtet sich die Änderung des Steuerbescheids des Zuwendenden nach **§ 173 Abs. 1 Nr. 2 AO.** Wird eine Zuwendungsbestätigung erst nach dem bestandskräftigen Abschluss der Veranlagung des Zuwendenden ausgestellt, scheidet eine Änderung des Steuerbescheids aus (im Einzelnen → Rn. 201).

215–217 *Einstweilen frei*

2. Rechtsfolge: Sonderausgabenabzug

218 **a) Zuwendungen als Sonderausgaben.** § 10b Abs. 1 S. 1 sieht als **zwingende Rechtsfolge** (zu einem mittelbaren Verzicht durch Nichtvorlage von Zuwendungsbestätigungen *Hüttemann* Gemeinnützigkeits- und Spendenrecht, 4. Aufl. 2018, Rn. 8.142) den Abzug steuerbegünstigter Zuwendungen als Sonderausgaben vor. Eine unbeschränkte Steuerpflicht des Zuwendenden ist, wie sich im Umkehrschluss aus § 50 Abs. 1 S. 3 ergibt, keine Abzugsvoraussetzung. Gemäß § 2 Abs. 4 sind Zuwendungen (ebenso wie andere Sonderausgaben und außergewöhnliche Belastungen) nach Ermittlung der Einkünfte **vom Gesamtbetrag der Einkünfte** abzuziehen. Ergebnis ist gemäß § 2 Abs. 4 das Einkommen. Gleichheitsrechtlich ist das problematisch, weil bei gleicher Zuwendungshöhe Steuerpflichtige mit einem hohen Gesamtbetrag der Einkünfte wegen des progressiven Steuertarifs stärker gefördert werden als Steuerpflichtige mit einem niedrigen Gesamtbetrag der Einkünfte. Verfassungsrechtlich geboten ist daher ein quotaler Abzug von der Steuerschuld (*Seer* DStJG 26 (2003), 11 (40 ff.); Kirchhof/*Seer* § 10b Rn. 1; ebenso *Droege* Gemeinnützigkeit im offenen Steuerstaat, 2010, 409; *Hüttemann* Gemeinnützigkeits- und Spendenrecht, 4. Aufl. 2018, Rn. 1.69; Rechtfertigung des Abzugs von der Bemessungsgrundlage hingegen bei *Geserich* Privater, gemeinwohlwirksamer Aufwand im System der deutschen Einkommensteuer und des europäischen Rechts, 1999, 44 f.; *Jachmann* FS Lang, 2010, 295 (311 f.); *Kirchhof* DStJG 26 (2003), 1 (5)).

219 Angesichts des in § 10b Abs. 1 S. 1 vorgesehenen Abzugs vom Gesamtbetrag der Einkünfte sind **Zuwendungen einer Personengesellschaft** nicht auf Ebene der Gesellschaft bei der Ermittlung der Einkünfte, sondern erst auf Ebene der Gesellschafter entsprechend ihrer Beteiligung an der Gesellschaft abzuziehen. Über die Abziehbarkeit von Zuwendungen ist daher nicht bei der Feststellung des Gewinns der Personengesellschaft, sondern erst bei der Veranlagung der einzelnen Gesellschafter zu entscheiden (BFH 8.8.1990 – X R 149/88, BStBl. II 1991, 70, im Anschluss an BFH 3.12.1963 – I 121/62 U, BStBl. III 1964, 81; siehe auch BFH 7.11.1990 – X R 203/87, BStBl. II 1991, 547; BFH 31.10.1991 – X R 126/90, BFH/NV 1992, 363).

220 Weil Zuwendungen gemäß § 2 Abs. 4 vom Gesamtbetrag der Einkünfte abzuziehen sind, werden **zusammen veranlagte Ehegatten oder eingetragene Lebenspartner** insoweit gemäß § 26b „gemeinsam als Steuerpflichtiger" behandelt. Sie sind „für den Spendenabzug […] als Einheit anzusehen" (so BFH 20.2.1991 – X R 191/87, BStBl. II 1991, 690; BFH 15.1.2019 – X R 6/17, BStBl. 2019, 318). In der Folge ist es nicht nur gleichgültig, wer von beiden Ehegatten oder eingetragenen Lebenspartnern die abziehbare Zuwendung tatsächlich geleistet hat. Auch ist die Frage der endgültigen wirtschaftlichen Belastung einheitlich zu beurteilen. Sie fehlt insbesondere dann, wenn der Wertabgabe bei einem Ehegatten oder eingetragenen Lebenspartner ein entsprechender Zufluss bei dem anderen Ehegatten oder eingetragenen Lebenspartner gegenübersteht (BFH 20.2.1991 – X R 191/87, BStBl. II 1991, 690). Umgekehrt ist die endgültige wirtschaftliche Belastung zu bejahen, wenn ein Ehegatte oder eingetragener Lebenspartner eine Zuwendung vornimmt und eine auf ihn ausgestellte Zuwendungsbestätigung erhält, die Zuwendung aber nicht ihn selbst, sondern seinen Ehegatten oder eingetragenen Lebenspartner belastet (BFH 15.1.2019 – X R 6/17, BStBl. II 2019, 318, für den Fall einer Schenkung unter Ehegatten mit der Auflage, einen Teil des schenkweise überlassenen Betrags steuerbegünstigten Einrichtungen zuzuwenden; zu diesem Fall näher → Rn. 79.1 und → Rn. 87.1; zur Übertragung auf Vermächtnisspenden, bei denen es freilich nach Auffassung des Bundesfinanzhofs sowohl beim Erblasser als auch beim Vermächtnisnehmer an einer Belastung fehlt, *Paus* FR 2019, 557 (559)). Dieser Gedanke lässt sich auf andere Tatbestandsmerkmale wie insbesondere die überwiegende Zuwendungsmotivation übertragen. Auch hier sind zusammen veranlagte Ehegatten oder eingetragene Lebenspartner als Einheit zu behandeln, sodass es genügt, wenn sie als Einheit eine Ausgabe „zur Förderung steuerbegünstigter Zwecke" vornehmen (dazu *Unger* npoR 2019, 222 (223 f.)).

Einstweilen frei **221–223**

b) Höhe des Sonderausgabenabzugs. Gemäß § 10b Abs. 1 S. 1 ist der Sonderausgabenabzug **der Höhe nach beschränkt.** Abgezogen werden können 20 Prozent des Gesamtbetrags der Einkünfte oder 4 Promille der Summe der gesamten Umsätze und der im Kalenderjahr aufgewendeten Löhne und Gehälter (zum gleichheitsrechtlichen Problem unterschiedlich hoher Abzugshöchstbeträge *Hüttemann* Gemeinnützigkeits- und Spendenrecht, 4. Aufl. 2018, Rn. 1.67 und 1.71). Der Steuerpflichtige kann **zwischen beiden Berechnungsmethoden frei wählen** (BFH 4.2.1970 – I R 69/68, BStBl. II 1970, 439). Ein Abzug über die Höchstbeträge hinaus kommt bei Spenden in den Vermögensstock einer Stiftung nach § 10b Abs. 1a S. 1 in Betracht. Überschreiten die Zuwendungen in einem Veranlagungszeitraum die Höchstbeträge nach § 10b Abs. 1 S. 1, findet ein Vortrag nach § 10b Abs. 1 S. 9 statt. Dass eine im Verhältnis zum Gesamtbetrag der Einkünfte sehr hohe Spende eines betagten Steuerpflichtigen vor diesem Hintergrund zu dessen Lebzeiten regelmäßig nicht mehr vollständig steuermindernd geltend gemacht werden kann und das Abzugsvolumen auch nicht auf den Erben übergeht (→ Rn. 232), rechtfertigt keinen Erlass der Einkommensteuer aus Billigkeitsgründen. Andernfalls würde die Entscheidung des Gesetzgebers, den Sonderausgabenabzug der Höhe nach zu beschränken, „für eine wesentliche Fallgruppe" generell durchbrochen (so überzeugend BFH 26.10.2011 – X B 12/11, BFH/NV 2012, 215). **224**

Bemessungsgrundlage für den Höchstbetrag nach **§ 10b Abs. 1 S. 1 Nr. 1** ist der Gesamtbetrag der Einkünfte, mithin gemäß § 2 Abs. 3 die um den Altersentlastungsbetrag, den Entlastungsbetrag für Alleinerziehende und den Freibetrag für Land- und Forstwirte verminderte Summe der Einkünfte. Dabei sind auch negative Einkünfte einzubeziehen (BFH 11.3.1970 – I B 50/68 und I B 3/69, BStBl. II 1970, 569). Der alternative Höchstbetrag nach **§ 10b Abs. 1 S. 1 Nr. 2** ist demgegenüber von den Einkünften des Zuwendenden im Sinne des § 2 Abs. 2 relativ unabhängig. Er findet auf alle Einkunftsarten Anwendung, soll aber vor allem bei Unternehmen gewährleisten, dass diese auch bei schwankender Ertragslage (und selbst bei Verlusten) in einigermaßen stabilem Umfang Zuwendungen steuerlich geltend machen können (KSM/*Geserich* § 10b Rn. B 382). Zu diesem Zweck koppelt § 10b Abs. 1 S. 1 Nr. 2 den Höchstbetrag an die Umsätze eines Unternehmens im Sinne des Umsatzsteuerrechts einschließlich der steuerfreien Umsätze (BFH 4.2.1970 – I R 69/68, BStBl. II 1970, 349; BFH 4.12.1996 – I R 151/93, BStBl. II 1997, 327) und die aufgewendeten Löhne und Gehälter im Sinne des § 275 Abs. 2 Nr. 6 Buchst. a HGB, wo zusammenfassend von „Personalaufwand" die Rede ist (zu diesem etwa KKRD/*Morck*/*Drüen* HGB § 275 Rn. 6: Bruttolöhne und -gehälter sowie sonstige Vergütungen an die Mitarbeiter eines Unternehmens unabhängig von Form, Bezeichnung und überdies auch unabhängig von der steuerrechtlichen Einordnung als Löhne und Gehälter im Sinne des § 19 Abs. 1 S. 1 Nr. 1). Abzustellen ist dabei hinsichtlich der Löhne und Gehälter, wie § 10b Abs. 1 S. 1 Nr. 2 ausdrücklich bestimmt, trotz § 4a stets auf das Kalenderjahr. Ein davon abweichendes Wirtschaftsjahr ist **225**

unbeachtlich. Weil dem Umsatzsteuerrecht ein über den Wechsel des Kalenderjahres hinausgehender Besteuerungszeitraum insgesamt fremd ist (BeckOK UStG/*S. Müller* UStG § 16 Rn. 112), gilt das nach zutreffender Auffassung nicht nur für Löhne und Gehälter, sondern auch für die Umsätze im Sinne von § 10b Abs. 1 S. 1 Nr. 2 (FG Saarland 23.8.2018 – 1 K 1121/16, EFG 2018, 1901).

226 **Zuwendungen einer Personengesellschaft** sind nach Maßgabe der Beteiligung anteilig auf Ebene der Gesellschafter abzuziehen (→ Rn. 219). Der Höchstbetrag ist hier folglich vom Gesamtbetrag der Einkünfte des einzelnen Gesellschafters abhängig. Bei der Alternativgrenze sind die Umsätze sowie die Löhne und Gehälter auf die Gesellschafter entsprechend ihrer Beteiligung an der Gesellschaft zu verteilen und um Umsätze sowie Löhne und Gehälter im Zusammenhang mit einer anderen Tätigkeit der einzelnen Gesellschafter zu ergänzen (*Hüttemann* Gemeinnützigkeits- und Spendenrecht, 4. Aufl. 2018, Rn. 8.152; siehe auch EStR 10b.3 Abs. 1 S. 2). Ist die Personengesellschaft Organträgerin einer **körperschaftsteuerrechtlichen Organschaft,** bleibt das dem Steuerpflichtigen anteilig zuzurechnende Einkommen der Organgesellschaft bei der Ermittlung des Höchstbetrags außer Ansatz (BFH 23.1.2002 – XI R 95/97, BStBl. II 2003, 9; siehe auch KStR 9 Abs. 5 S. 2). Das folgt schon daraus, dass das Einkommen der Organgesellschaft dem Organträger (und damit den Gesellschaftern einer als Organträger fungierenden Personengesellschaft) jedenfalls im Einkommensteuerrecht erst auf der Ebene des zu versteuernden Einkommens im Sinne des § 2 Abs. 5 hinzugerechnet wird (dazu HHR/*Kolbe* KStG § 14 Rn. 86; siehe auch BFH 23.1.2002 – XI R 95/97, BStBl. II 2003, 9). Folgerichtig bleiben auch bei der Alternativgrenze die Umsätze und der Personalaufwand der Organgesellschaft beim Organträger (und damit den Gesellschaftern einer als Organträger fungierenden Personengesellschaft) unberücksichtigt (KStR 9 Abs. 5 S. 4). Entsprechendes gilt, wenn Organträger keine Personengesellschaft, sondern eine natürliche Person ist (dazu *Hüttemann* Gemeinnützigkeits- und Spendenrecht, 4. Aufl. 2018, Rn. 8.148).

227–229 *Einstweilen frei*

3. Zuwendungsvortrag

230 Abziehbare Zuwendungen, die die Höchstbeträge nach § 10b Abs. 1 S. 1 überschreiten oder den um die Beträge nach § 10 Abs. 3 und 4, § 10c und § 10d verminderten Gesamtbetrag der Einkünfte übersteigen, sind gemäß § 10b Abs. 1 S. 9 im Rahmen der Höchstbeträge **in den folgenden Veranlagungszeiträumen** als Sonderausgaben abzuziehen. Eine zeitliche Grenze für diesen Zuwendungsvortrag gibt es (anders als noch nach der bis zum 31.12.2006 wirksamen Fassung der Vorschrift) nicht. Auch einen Zuwendungsrücktrag in vorangegangene Veranlagungszeiträume kennt § 10b (anders als noch nach der bis zum 31.12.2006 wirksamen Fassung der Vorschrift) nicht (kritisch *Hüttemann* Gemeinnützigkeits- und Spendenrecht, 4. Aufl. 2018, Rn. 8.144).

231 Im Fall des **§ 10b Abs. 1 S. 9 Alt. 1** kommt nach dem eindeutigen Wortlaut der Vorschrift, die eine Überschreitung der „Höchstbeträge nach Satz 1" verlangt, ein Zuwendungsvortrag nur in Betracht, soweit sowohl die Regel- als auch die Alternativgrenze überschritten sind (ebenso auf Grundlage einer früheren Fassung der Vorschrift BFH 4.5.2004 – XI R 34/03, BStBl. II 2004, 736). **§ 10b Abs. 1 S. 9 Alt. 2** sieht darüber hinaus einen Vortrag vor, soweit der Gesamtbetrag der Einkünfte nach Abzug der mithin vorrangig abzuziehenden Sonderausgaben nach § 10 Abs. 3 und 4 und § 10c (Vorsorgeaufwendungen) sowie § 10d (Verlustvortrag) geringer ist, als die nach § 10b Abs. 1 S. 1 abziehbaren Zuwendungen für steuerbegünstigte Zwecke.

232 Gemäß § 10b Abs. 1 S. 10 in Verbindung mit § 10d Abs. 4 S. 1 ist der am Schluss eines Veranlagungszeitraums **verbleibende Abzugsbetrag gesondert festzustellen** (BFH 6.3.2003 – XI R 13/02, BStBl. II 2003, 554). Ein gesondert festgestellter Zuwendungsvortrag geht im Erbfall nicht auf den Erben über, weil der Spendenabzug auf der persönlichen Entscheidung des Zuwendenden beruht, um der Sache willen eine Leistung aus seinem Vermögen vorzunehmen (BFH 21.10.2008 – X R 44/05, BFH/NV 2009, 375; siehe auch BFH 21.7.2016 – X R 43/13, BStBl. II 2017, 256).

233–235 *Einstweilen frei*

II. Spenden in Vermögensstock einer Stiftung (§ 10b Abs. 1a)

§ 10b Abs. 1a begünstigt Spenden zur Förderung steuerbegünstigter Zwecke im Sinne der §§ 52 bis 54 AO in den Vermögensstock einer nach § 10b Abs. 1 S. 2 bis 6 spendenempfangsberechtigten Stiftung. Die Regelung sieht einen Abzug entsprechender Spenden „zusätzlich" zu den Höchstbeträgen nach § 10b Abs. 1 S. 1 vor. Es handelt sich mithin um einen **selbständigen Abzugstatbestand** neben § 10b Abs. 1. Dieser trägt der Tatsache Rechnung, dass bei Stiftungen gerade in der Gründungsphase besonders viel Kapital für die Anfangsausstattung benötigt wird, und soll sicherstellen, dass dieser Kapitalbedarf gedeckt werden kann (BT-Drs. 14/3453, 2; siehe auch schon Gutachten der Unabhängigen Sachverständigenkommission zur Prüfung des Gemeinnützigkeits- und Spendenrechts, 1988, 490 f.). Mittlerweile werden freilich anders als nach der ursprünglichen Fassung durch das Gesetz zur weiteren steuerlichen Förderung von Stiftungen vom 14.7.2000 (BGBl. 2000 I 1034), die nur Vermögensstockspenden „anlässlich der Neugründung" begünstigte, auch **„Zustiftungen"** in das Vermögen einer schon bestehenden Stiftung gefördert (dazu BT-Drs. 16/5200, 16; BMF 18.12.2008, BStBl. I 2009, 16). Die zeitliche Zuordnung von Vermögensstockspenden (dazu BFH 6.12.2018 – X R 11/17, BFH/NV 2019. 622; ferner → Rn. 113) hat daher an Bedeutung verloren. Die Verfassungsmäßigkeit der Beschränkung des erhöhten Sonderausgabenabzugs auf Stiftungen behandelt die nachfolgende → Rn. 236.1. 236

Die Beschränkung des erhöhten Sonderausgabenabzugs auf Stiftungen (unter Ausschluss insbesondere von Vereinen) ist **verfassungsrechtlich zulässig** (zum Hintergrund BVerfG 10.11.1999 – 2 BvR 2861/93, BVerfGE 101, 151, wonach jede rechtsformabhängige steuerrechtliche Privilegierung durch besondere sachliche Gründe gerechtfertigt sein muss): Mit Ausnahme von Verbrauchsstiftungen, die ihr Vermögen verbrauchen (zum Begriff *Segna* JZ 2014, 126 (127 f.)) und dann auch nach § 10b Abs. 1 S. 1 und 2 vom erhöhten Sonderausgabenabzug ausgeschlossen sind, finanzieren Stiftungen ihre Aktivitäten ausschließlich aus Vermögenserträgen und Spenden. Anders als Vereine können sie nicht auf Beiträge und Dienstleistungen ihrer Mitglieder zurückgreifen. Stiftungen benötigen daher typischerweise ein deutlich größeres Vermögen als andere steuerbegünstigte Körperschaften, da Vermögenserträge bekanntlich nur einen Bruchteil des eingesetzten Vermögens betragen. Eine besondere steuerliche Begünstigung der Vermögensausstattung von Stiftungen ist daher gerechtfertigt (zum Ganzen BFH 15.9.2010 – X R 11/08, BFH/NV 2011, 769; ausführlich schon *Hüttemann* Non Profit Law Yearbook 2001, 145). 236.1

Einstweilen frei 237–239

1. Abzugsvoraussetzungen

a) Zuwendungsempfänger: Stiftungen. Taugliche Empfänger einer nach § 10b Abs. 1a S. 1 abzugsfähigen Spende sind **Stiftungen des Privatrechts und des öffentlichen Rechts.** Auch nichtrechtsfähige Stiftungen (zu ihrer Gemeinnützigkeitsfähigkeit Gosch AO/FGO/*Jachmann/Unger* AO § 51 Rn. 43) können Empfänger einer Vermögensstockspende sein (Blümich/*Brandl* § 10b Rn. 82; siehe auch BFH 15.9.2010 – X R 11/08, BFH/NV 2011, 769). Keine Anwendung findet § 10b Abs. 1a auf **stiftungsähnliche Gebilde** wie eine Stiftungs-GmbH und einen Stiftungs-Verein (zu diesen *Schlüter* Non Profit Law Yearbook 2006, 75). Sie sind keine Stiftungen im rechtlichen Sinne (siehe nur Blümich/*Brandl* § 10b Rn. 82). Entsprechendes gilt für die **Vorstiftung,** die schon nach § 10b Abs. 1 S. 2 keine taugliche Empfängerin steuerbegünstigter Zuwendungen ist (BFH 11.2.2015 – X R 36/11, BStBl. II 2015, 545; siehe ferner *Hüttemann* FS Spiegelberger, 2009, 1292 (1298 f.)). 240

Begünstigt sind gemäß § 10b Abs. 1a S. 1 in Verbindung mit § 10b Abs. 1 S. 2 Nr. 2 und § 10b Abs. 1 S. 2 Nr. 3 auch **im EU- oder EWR-Ausland ansässige Stiftungen.** Insoweit stellt sich freilich stets die Frage, ob der ausländische Empfänger eine „Stiftung" ist. Erforderlich ist ein **„Typenvergleich"** (*Hüttemann* Gemeinnützigkeits- und Spendenrecht, 4. Aufl. 2018, Rn. 8.164, der auf die damit verbundenen Schwierigkeiten hinweist, die sich exemplarisch schon bei der rein nationalen Frage zeigen, ob die nichtrechtsfähige Stiftung von § 10b Abs. 1a umfasst ist; rechtsvergleichende Hinweise zum Typenvergleich mit weiteren Nachweisen zu einzelnen Rechtsordnungen etwa bei *Jakob* ZSR 2013 II, 185 (212 ff.); ferner, insbesondere auch zu den für den Typenvergleich erforderlichen Feststellungen und Ermittlungen als Teil der vom Finanzgericht zu klärenden tatsächlichen Rechtsgrundlagen 241 und ihrer Überprüfung durch den Bundesfinanzhof als Revisionsgericht BFH 25.10.2016 – I R 54/14, BStBl. II 2017, 1216). Anhaltspunkte für die Konturen eines gemeineuropäischen Stiftungsbegriffs liefert der (allerdings im März 2015 zurückgezogene) Vorschlag der Europäischen Kommission für eine Verordnung des Rates über das Statut der Europäischen Stiftung (FE) vom 8.2.2012 (KOM(2012) 35 endgültig) (dazu etwa *Hopt/von Hippel* ZEuP 2013, 235; *Richter/von Gollan* ZGR 2013, 551; *Stöber* DStR 2012, 804; *Weitemeyer* NZG 2012, 1001).

242 Allgemein gilt, dass eine Stiftung nur zur Entgegennahme nach § 10b Abs. 1a steuerbegünstigter Spenden berechtigt ist, wenn sie die **Voraussetzungen in § 10b Abs. 1 S. 2 bis 6** erfüllt. Die dort maßgeblichen Grundsätze (→ Rn. 141 ff.) gelten auch hier.

243–245 *Einstweilen frei*

246 **b) Zuwendung: Geld- und Sachspenden.** § 10b Abs. 1a S. 1 begünstigt Spenden zur Förderung steuerbegünstigter Zwecke im Sinne der §§ 52 bis 54 AO in das zu erhaltende Vermögen einer Stiftung. Begünstigt sind auch hier **Geld- und Sachspenden.** Die allgemeinen Anforderungen an Zuwendungen – also: Unentgeltlichkeit (→ Rn. 78 ff.), Freiwilligkeit (→ Rn. 87 f.) und endgültige Belastung des Steuerpflichtigen (→ Rn. 92 ff.) – gelten auch hier. Mitgliedsbeiträge erwähnt § 10b Abs. 1a S. 1 nicht, weil Stiftungen als bloße Zweckvermögen keine Mitglieder haben.

247–249 *Einstweilen frei*

250 **c) Zur Vermögensausstattung.** Nach § 10b Abs. 1a S. 1 abzugsfähige Spenden müssen zunächst wie bei § 10b Abs. 1 S. 1 „zur Förderung steuerbegünstigter Zwecke" erfolgen. Voraussetzung ist daher auch hier, dass der Steuerpflichtige mit seiner Spende steuerbegünstige Zwecke fördern will und der Empfänger die Spende tatsächlich für diese Zwecke verwendet (→ Rn. 117 ff.). Zu beachten ist freilich, dass § 10b Abs. 1a S. 1 nur **Spenden in das zu erhaltende Vermögen** einer Stiftung begünstigt. Das zu erhaltende Vermögen einer Stiftung setzt sich als ihr Vermögensstock aus den Vermögenswerten zusammen, die nicht dem Gebot der zeitnahen Mittelverwendung in § 55 Abs. 1 Nr. 5 AO unterliegen und nicht zum Verbrauch, sondern zur dauerhaften Ausstattung der Stiftung mit Vermögen bestimmt sind (*Hüttemann* Gemeinnützigkeits- und Spendenrecht, 4. Aufl. 2018, Rn. 8.165; siehe auch BT-Drs. 17/11316, 15; übersichtlich zum Stiftungsvermögen und seinen Bestandteilen BeckOK BGB/*Backert* BGB § 80 Rn. 8).

251 Eine nach § 10b Abs. 1a S. 1 steuerbegünstigte Spende ist danach, wie sich aus § 55 Abs. 1 Nr. 5 S. 2 ergibt, auch eine **Spende in das satzungsmäßigen Zwecken dienende Vermögen.** Umfasst sind sowohl die unmittelbare Spende eines entsprechenden Vermögensgegenstands als auch die Spende von Geld mit der Auflage, es zur Anschaffung oder Herstellung eines entsprechenden Vermögensgegenstands zu verwenden (zutreffend *Hüttemann* Gemeinnützigkeits- und Spendenrecht, 4. Aufl. 2018, Rn. 8.165; missverständlich BT-Drs. 17/ 11316, 15, wo als zu erhaltendes Vermögen das „der dauerhaften Erwirtschaftung von Erträgen" dienende Vermögen bezeichnet wird).

252 Entscheidend ist vor diesem Hintergrund die **„Widmung" der Spende** durch den Spender (dazu bereits → Rn. 122 f.). Bei Vermögenswerten, die der Stifter seiner Stiftung bei ihrer Errichtung zur **erstmaligen Vermögensausstattung** zuwendet, ergibt sich diese Widmung aus dem Stiftungsgeschäft, das gemäß § 81 Abs. 1 S. 3 Nr. 4 BGB Regelungen über das Vermögen der Stiftung enthalten muss (dazu MüKoBGB/*Weitemeyer* BGB § 81 Rn. 39 ff.). Der Stifter muss hier deutlich zum Ausdruck bringen, dass die zugewendeten Vermögenswerte nicht zum Verbrauch bestimmt sind, wenn er den erhöhten Sonderausgabenabzug in Anspruch nehmen will. Bei der **späteren Spende von Vermögenswerten** durch den Stifter selbst oder Dritte kommt es auf die Schenkung an, aus der sich die Widmung der Spende zur dauerhaften Ausstattung der Stiftung mit Vermögen eindeutig ergeben muss. Nach § 10b Abs. 1a S. 1 begünstigt sind nur Zustiftungen (zur Zulässigkeit von Zustiftungen durch Dritte *Hüttemann* Gemeinnützigkeits- und Spendenrecht, 4. Aufl. 2018, Rn. 8.166), bei denen der zugewendete Vermögenswert dem Teil des Stiftungsvermögens zugeführt wird, der der Stiftung dauerhaft erhalten bleiben soll (MüKoBGB/*Weitemeyer* BGB § 80 Rn. 249), nicht hingegen Zuwendungen von Vermögenwerten, die zum Verbrauch bestimmt sind (zur Abgrenzung BeckOK BGB/*Backert* BGB § 80 Rn. 8).

253 § 10b Abs. 1a S. 1 begünstigt vor diesem Hintergrund insbesondere **Mittelzuführungen nach § 62 Abs. 3 Nr. 2 bis 4 AO,** die nicht dem Gebot der zeitnahen Mittelverwendung

unterliegen: Spenden, bei denen der Spender ausdrücklich erklärt, dass diese zur erstmaligen Ausstattung der Körperschaft mit Vermögen oder zur Erhöhung des Vermögens bestimmt sind, Spenden aufgrund eines Spendenaufrufs der Körperschaft, wenn aus dem Spendenaufruf ersichtlich ist, dass Beträge zur Aufstockung des Vermögens erbeten werden und Sachspenden, die ihrer Natur nach zum Vermögen gehören (auch *Hüttemann* Gemeinnützigkeits- und Spendenrecht, 4. Aufl. 2018, Rn. 8.166, sieht kein Problem darin, „die in § 62 Abs. 3 AO enthaltenen Auslegungsregeln ergänzend heranzuziehen" und folglich insbesondere bei „Sachzuwendungen, die ihrer Natur nach zum Vermögen gehören", eine Zuwendung in den Vermögensstock zu unterstellen). Zuwendungen von Todes wegen im Sinne des **§ 62 Abs. 3 Nr. 1 AO** sind mangels endgültiger Belastung des Zuwendenden keine Zuwendungen im zuwendungsrechtlichen Sinne (→ Rn. 95).

Umgekehrt berechtigen Spenden, die entweder dem Gebot der zeitnahen Mittelverwendung unterliegen oder diesem Gebot zwar nicht unterliegen, aber nach dem Willen des Zuwendenden **zum Verbrauch bestimmt** sind, nicht zum erhöhten Sonderausgabenabzug. § 10b Abs. 1a S. 2 stellt das nunmehr ausdrücklich klar und nimmt damit Spenden in das Vermögen von **Verbrauchsstiftungen im Sinne von § 80 Abs. 2 S. 2 BGB,** die für eine bestimmte Zeit errichtet werden und deren Vermögen für die Zweckverfolgung verbraucht werden soll, vom erhöhten Sonderausgabenabzug aus (so schon vor Einführung der Regelung mit Wirkung vom 1.1.2013 durch das Gesetz zur Stärkung des Ehrenamtes vom 21.3.2013 (BGBl. 2013 I 566) OFD Frankfurt 13.6.2008, BB 2008, 2056). Bei **„Verbrauchsklauseln" im Stiftungsgeschäft** ist vor diesem Hintergrund zu unterscheiden. Sehen sie einen endgültigen Verbrauch der zugewendeten Vermögenswerte vor, ist der erhöhte Sonderausgabenabzug nach § 10b Abs. 1a S. 2 ausgeschlossen. Lassen sie einen Verbrauch zu, verpflichten sie aber gleichzeitig zur „Wiederauffüllung" des Stiftungsvermögens, findet § 10b Abs. 1a S. 1 Anwendung (deutlich BT-Drs. 17/11316, 21: Abzugsfähige Spenden in das Stiftungsvermögen nach § 10b Abs. 1a S. 2 insoweit ausgeschlossen, als „dieses Vermögen endgültig verbraucht werden kann oder soll"). Bei Verbrauchsklauseln, die lediglich einen Teil des Vermögens zum endgültigen Verbrauch freigeben, ist der erhöhte Sonderausgabenabzug insoweit zu gewähren, als die Spende in den zu erhaltenden Teil des Vermögens erfolgt ist. 254

Einstweilen frei 255–257

d) Zuwendungsbestätigung. Gemäß § 50 Abs. 1 S. 1 EStDV setzt auch der Abzug von Spenden nach § 10b Abs. 1a grundsätzlich voraus, dass der Zuwendende eine vom Zuwendungsempfänger unter Berücksichtigung des § 63 Abs. 5 AO nach amtlich vorgeschriebenem Vordruck (siehe Anlagen 9 bis 12, 17 und 18 zu BMF 7.11.2013, BStBl. I 2013, 1333) ausgestellte Zuwendungsbestätigung erhalten hat. Hinsichtlich der Einzelheiten wird auf die auch hier gültigen Ausführungen zu § 10b Abs. 1 verwiesen (→ Rn. 170 ff.). 258

Einstweilen frei 259–261

2. Rechtsfolge: Sonderausgabenabzug

Liegen die Voraussetzungen vor, kann gemäß § 10b Abs. 1a S. 1 **zusätzlich zu den Höchstbeträgen nach § 10b Abs. 1 S. 1** im Veranlagungszeitraum der Spende und den folgenden neun Veranlagungszeiträumen ein Betrag von 1.000.000 EUR (im Fall der Zusammenveranlagung von Ehegatten oder eingetragenen Lebenspartnern: 2.000.000 EUR) als Sonderausgabe abgezogen werden. § 10b Abs. 1 S. 1 und § 10b Abs. 1a S. 1 stehen dabei selbständig nebeneinander, sodass die nach § 10b Abs. 1a nicht abziehbaren Spenden nach § 10b Abs. 1 abgezogen werden können. 262

Umstritten ist, ob die freie Verteilung einer nach § 10b Abs. 1a S. 1 abzugsfähigen Vermögensstockspende auf § 10b Abs. 1 und § 10b Abs. 1a zulässig ist (dafür FG Düsseldorf 7.12.2015 – 13 V 2026/15 A (F), EFG 2016, 578; BMF 18.12.2008, BStBl. I 2009, 16; KSM/*Geserich* § 10b Rn. Ba 51; Kirchhof/*Seer* § 10b Rn. 47; HHR/*Kulosa* § 10b Rn. 102; in diese Richtung wohl auch BFH 6.12.2018 – X R 11/17, BFH/NV 2019, 622). Dagegen ist einzuwenden, dass das Gesetz **kein Wahlrecht zwischen beiden Abzugstatbeständen** vorsieht (überzeugend *Hüttemann* DB 2008, 2164 (2165)). § 10b Abs. 1a S. 1 sieht einen Abzug „zusätzlich" zu den Höchstbeträgen nach § 10b Abs. 1 S. 1 vor. Ein Abzug nach § 10b Abs. 1a S. 1 kommt in der Folge erst nach Ausschöpfung der Höchstbeträge nach § 10b Abs. 1 S. 1 in Betracht. Andernfalls könnten Spenden von vornherein aus dem allgemeinen 263

Abzug ausgeklammert und in der Folge auch dann gemäß § 10b Abs. 1a S. 1 für den Abzug in späteren Veranlagungszeiträume reserviert werden, wenn die Höchstbeträge nach § 10b Abs. 1 S. 1 noch gar nicht ausgeschöpft sind.

264–266 *Einstweilen frei*

267 **a) Antrag auf zusätzlichen Abzug.** Ein zusätzlicher Sonderausgabenabzug nach § 10b Abs. 1b setzt einen **Antrag des Steuerpflichtigen** voraus. Ohne Antrag erfolgt der Abzug ausschließlich über § 10b Abs. 1. Die Vermögensstockspende nimmt dort, soweit die Höchstbeträge ausgeschöpft sind, am allgemeinen und unbefristeten Zuwendungsvortrag teil. Nach Auffassung der Finanzverwaltung muss der Steuerpflichtige in dem mit seiner Einkommensteuererklärung zu verbindenden Antrag mitteilen, in welcher Höhe die Vermögensstockspende nach § 10b Abs. 1a behandelt werden soll (BMF 18.12.2008, BStBl. I 2009, 16). Nur ein danach verbleibender Betrag wird nach § 10b Abs. 1 berücksichtigt. Nach der hier vertretenen Auffassung (→ Rn. 263) scheidet die „Reservierung" einer Vermögensstockspende für einen Abzug nach § 10b Abs. 1a S. 1 aus. Der Antrag des Steuerpflichtigen bezieht sich daher von vornherein nur auf den Teil der Vermögensstockspende, der nach Ausschöpfung der allgemeinen Höchstbeträge in § 10b Abs. 1 S. 1 verbleibt.

268 Unabhängig davon muss der Steuerpflichtige, soweit eine Vermögensstockspende § 10b Abs. 1a S. 1 unterfällt, jedenfalls eine Entscheidung über die **Verteilung der Vermögensstockspende** auf den in § 10b Abs. 1a S. 1 genannten Zehnjahreszeitraum treffen. Er muss folglich zunächst mitteilen, in welcher Höhe ein Abzug nach § 10b Abs. 1a S. 1 bereits im Veranlagungszeitraum der Spende erfolgen soll. Das verbleibende Abzugsvolumen wird sodann, sofern die Abzugsvoraussetzungen vorliegen, gemäß **§ 10b Abs. 1a S. 4 in Verbindung mit § 10d Abs. 4 S. 1** gesondert festgestellt (dazu BFH 6.12.2018 – X R 11/17, BFH/NV 2019, 622, der darauf hinweist, dass bereits in diesem Grundlagenbescheid und nicht erst im Festsetzungsverfahren späterer Veranlagungszeiträume verbindlich zu klären ist, ob die Voraussetzungen für eine Vermögensstockspende vorliegen). Über seine weitere Verteilung auf die folgenden neun Veranlagungszeiträume muss der Steuerpflichtige jährlich befinden, wobei nach der hier vertretenen Auffassung (→ Rn. 263) stets zunächst die Höchstbeträge nach § 10b Abs. 1 S. 1 auszuschöpfen sind. Jeweils wird das sodann verbleibende Abzugsvolumen gesondert festgestellt. Verbleibt nach Ablauf des Zehnjahreszeitraums ein Restbetrag, insbesondere weil der Steuerpflichtige über einen Teilbetrag nicht mehr befunden hat, geht dieser in den allgemeinen und unbefristeten Zuwendungsvortrag nach § 10b Abs. 1 über und wird in den folgenden Veranlagungszeiträumen dort abgezogen (zum Ganzen BMF 18.12.2008, BStBl. I 2009, 16). Nach Auffassung der Finanzverwaltung ist dabei ein Wechsel zwischen § 10b Abs. 1a und § 10b Abs. 1 nach erfolgter Zuordnung einer Spende unzulässig.

269–271 *Einstweilen frei*

272 **b) Abzug innerhalb von zehn Jahren.** Probleme bereitet das Verständnis der Zehnjahresregelung. Nach zutreffender Auffassung (so auch BMF 18.12.2008, BStBl. I 2009, 16; anders FG Düsseldorf 7.12.2015 – 13 V 2026/15 A (F), EFG 2016, 578; Blümich/*Brandl* § 10b Rn. 85; Kirchhof/*Seer* § 10b Rn. 47; wie hier etwa KSM/*Geserich* § 10b Rn. Ba 53 und Ba 57; HHR/*Kulosa* § 10b Rn. 102: „rechtlich nicht zwingend, aber noch vertretbar") **beginnt mit jeder Vermögensstockspende ein neuer Zehnjahreszeitraum,** innerhalb dessen die Spende nach Ausschöpfung der Höchstbeträge nach § 10b Abs. 1 S. 1 beliebig auf die einzelnen Veranlagungszeiträume verteilt werden kann. Die tatsächliche Abzugsfähigkeit der einem Veranlagungszeitraum derart zugeordneten Spende hängt sodann davon ab, ob für diesen Veranlagungszeitraum noch ein ausreichendes Abzugsvolumen vorhanden ist. Insoweit ist maßgeblich, ob und in welcher Höhe der Steuerpflichtige in den neun vorangegangenen Veranlagungszeiträumen bereits Vermögensstockspenden nach § 10b Abs. 1a S. 1 abgezogen hat. Auf diese Weise ist einerseits gewährleistet, dass der Steuerpflichtige mit weiteren Vermögensstockspenden nicht bis zum Ende eines wegen einer früheren Vermögensstockspende noch laufenden Zehnjahreszeitraums warten muss, um die neue Vermögensstockspende, wie von § 10b Abs. 1 S. 1 für jede Spende vorgesehen, „im Veranlagungszeitraum der Zuwendung und in den folgenden neun Veranlagungszeiträumen" abziehen zu können. Andererseits ist sichergestellt, dass der Steuerpflichtige auch bei mehreren aufeinander folgenden Vermögensstockspenden im Durchschnitt nicht mehr als 100.000 EUR pro Veranlagungszeitraum als

Vermögensstockspende abziehen kann. Ein Beispiel zur Anwendung der Zehnjahresregelung enthält die nachfolgende → Rn. 272.1.

Beispiel (nach BMF 18.12.2008, BStBl. I 2009, 16): A hat in 05 eine Spende in Höhe von 300.000 EUR in den Vermögensstock einer neu gegründeten Stiftung geleistet. Er beantragt den Abzug der Spende nach § 10b Abs. 1a und begehrt in 05 und 06 zunächst jeweils einen Abzug in Höhe von 100.000 EUR. In 07 leistet A eine weitere Vermögensstockspende in Höhe von 1.200.000 EUR. Einen Abzug nach § 10b Abs. 1a beantragt er in Höhe von nur 900.000 EUR, was nach der hier abgelehnten Auffassung der Finanzverwaltung zulässig ist (→ Rn. 263). Für 07 beantragt er sodann den Abzug der verbleibenden 100.000 EUR aus der ersten Spende sowie den Abzug von weiteren 700.000 EUR aus der zweiten Spende nach § 10b Abs. 1a S. 1. Die unter § 10b Abs. 1a verbleibenden 200.000 EUR aus der zweiten Spende sollen in einem späteren Veranlagungszeitraum abgezogen werden. Die übrigen 300.000 EUR aus der zweiten Spende fallen wegen seines auf 900.000 EUR beschränkten Antrags unter § 10b Abs. 1. Der durch die erste Spende ausgelöste Zehnjahreszeitraum beginnt mit 05 und endet mit 14. Mit dem Abzug von jeweils 100.000 EUR in 05 und 06 sowie weiteren 800.000 EUR in 07 ist dieser ausgeschöpft. Mit Blick auf die zweite Spende läuft aber ein zweiter Zehnjahreszeitraum, der mit 07 beginnt und mit 16 endet. A hat daher bei einem entsprechenden Antrag die Möglichkeit, die unter § 10b Abs. 1a verbleibenden 200.000 EUR in 15 und 16 abzuziehen. Ein früherer Abzug scheidet aus, weil sonst zwischen 05 und 14 insgesamt mehr als 1.000.000 EUR abgezogen würden. Sieht er von einem Antrag ab, gehen die verbleibenden 200.000 EUR mit Ablauf von 16 in den allgemeinen unbefristeten Spendenvortrag nach § 10b Abs. 1 S. 9 über. Abweichende Lösung nach der Gegenauffassung: Bis zum Ablauf des ersten Zehnjahreszeitraums beginnt auch bei weiteren Vermögensstockspenden innerhalb dieses Zeitraums kein zweiter Zehnjahreszeitraum. Die in 07 geleistete Vermögensstockspende kann daher unter § 10b Abs. 1a ebenfalls nur bis 14 abgezogen werden. Da insoweit das Abzugsvolumen aber bereits ausgeschöpft ist, kann sie in Höhe von 200.000 EUR nur nach § 10b Abs. 1 abgezogen werden. Zulässig sein soll insoweit freilich (nach Blümich/*Brandl* § 10b Rn. 85 und 90) ein Vortrag in den nächsten Zehnjahreszeitraum analog § 10b Abs. 1 S. 9, in dem sodann wieder ein Abzug nach § 10b Abs. 1a möglich ist, sodass das Ergebnis das gleiche ist. **272.1**

Einstweilen frei **273–275**

c) Abzug als Sonderausgaben. Die Vermögensstockspende wird wie bei § 10b Abs. 1 S. 1 als Sonderausgabe und damit vom Gesamtbetrag der Einkünfte abgezogen (Blümich/*Brandl* § 10b Rn. 84; zum gleichheitsrechtlichen Problem → Rn. 218). Bei **zusammen veranlagten Ehegatten oder eingetragenen Lebenspartnern** wird der (anders als in § 10b Abs. 1 S. 1 nicht prozentual bemessene und sich daher bei Zusammenrechnung der Einkünfte nicht automatisch erhöhende) Höchstbetrag verdoppelt. Welcher Ehegatte oder eingetragene Lebenspartner die Spende wirtschaftlich trägt, ist nach Auffassung der Finanzverwaltung, die keinen Nachweis verlangt, unbeachtlich (dazu auch BFH 3.8.2005 – XI R 76/03, BStBl. II 2006, 121), kann aber schenkungsteuerrechtliche Konsequenzen haben (zu diesen *Hüttemann* Gemeinnützigkeits- und Spendenrecht, 4. Aufl. 2018, Rn. 8.168). Wird aber innerhalb des Zehnjahreszeitraums zur Einzelveranlagung gewechselt, ist der verbleibende Spendenvortrag nach Maßgabe der wirtschaftlichen Belastung der einzelnen Ehegatten oder eingetragenen Lebenspartner durch die Spende aufzuteilen. Übersteigt dabei die Spende den nunmehr im Rahmen der Einzelveranlagung maßgeblichen Höchstbetrag, ist der verbleibende Anteil nach § 10b Abs. 1 S. 1 abzuziehen. Dabei wird dann in der Regel ein Vortrag nach § 10b Abs. 1 S. 9 und 10 über mehrere Veranlagungszeiträume hinweg erforderlich sein (zum Ganzen BMF 15.9.2014, BStBl. I 2014, 1278). **276**

Vermögensstockspenden einer Organgesellschaft soll anstelle der Organgesellschaft eine natürliche Person (oder auch: eine Personengesellschaft) als Organträgerin geltend machen können (OFD Frankfurt 23.5.2003, DStR 2003, 1298). Grund für diese Durchbrechung der Selbständigkeit von Organträger und Organgesellschaft ist wohl das Fehlen eines besonderen Abzugstatbestands für Spenden in den Vermögensstock einer Stiftung im Körperschaftsteuerrecht (zutreffend *Hüttemann* Gemeinnützigkeits- und Spendenrecht, 4. Aufl. 2018, Rn. 8.169). **277**

Einstweilen frei **278–280**

III. Zuwendungen an politische Parteien (§ 10b Abs. 2)

281 § 10b Abs. 2 begünstigt Zuwendungen an politische Parteien. Die Vorschrift enthält einen **selbständigen Abzugstatbestand,** der auch thematisch von § 10b Abs. 1 und § 10b Abs. 1a unabhängig ist. Eine weitere steuerliche Begünstigung von Zuwendungen an politische Parteien (und darüber hinaus: politische Vereine ohne Parteicharakter) sieht **§ 34g** vor. Anders als bei § 10b Abs. 2 wird die Zuwendung dort in Form einer „Ermäßigung" nicht von der Bemessungsgrundlage der Einkommensteuer, sondern von der tariflichen Einkommensteuer abgezogen. Als Werbungskosten oder Betriebsausgaben können Zuwendungen an politische Parteien hingegen gemäß § 4 Abs. 6 und § 9 Abs. 5 S. 1 nicht geltend gemacht werden. § 10b Abs. 2 bewegt sich im Spannungsfeld zwischen der Begünstigung einer Unterstützung des Beitrags politischer Parteien zum Gemeinwohl (nämlich: durch die Mitwirkung an der politischen Willensbildung nach Art. 21 Abs. 1 S. 1 GG) und einer verfassungswidrigen Veränderung der vorgegebenen Wettbewerbslage zwischen den politischen Parteien durch Schaffung gleichheitswidriger Möglichkeiten wohlhabender Bürger, auf die politische Willensbildung Einfluss zu nehmen. Das spiegelt sich in der wechselvollen Entwicklungsgeschichte der Norm (→ Rn. 36).

282–284 *Einstweilen frei*

1. Abzugsvoraussetzungen

285 **a) Zuwendungsempfänger: politische Parteien.** Gemäß § 10b Abs. 2 S. 1 können nur Zuwendungen an „politische Parteien im Sinne des § 2 des Parteiengesetzes" steuerbegünstigt sein, nicht hingegen Zuwendungen an Wählervereinigungen. Diese führen lediglich nach § 34g zu einer Ermäßigung der tariflichen Einkommensteuer (zur Verfassungsmäßigkeit dieser Differenzierung → Rn. 291). Das Einkommensteuergesetz knüpft damit an den **einfachgesetzlichen Parteienbegriff** an, sodass es jedenfalls steuerrechtlich nicht auf die umstrittene Frage ankommt, ob dieser – mit abweichendem Inhalt und möglicherweise der Folge einer Einbeziehung von Wählervereinigungen – unmittelbar Art. 21 Abs. 1 GG zu entnehmen ist (dazu mit Nachweisen BFH 20.3.2017 – X R 55/14, BStBl. II 2017, 1122). Ausgenommen von der Steuerbegünstigung sind Zuwendungen an verfassungsfeindliche Parteien, die infolge einer entsprechenden Feststellung des Bundesverfassungsgerichts nach § 46a Abs. 1 S. 1 BVerfGG gemäß § 18 Abs. 7 ParteiG von der staatlichen Finanzierung ausgeschlossen sind. Insgesamt maßgeblich ist der **Zeitpunkt des Zuflusses der Zuwendung** (EStR 10b.2 S. 1).

286–288 *Einstweilen frei*

289 **aa) Politische Partei im Sinne des Parteiengesetzes.** Gemäß § 2 Abs. 1 S. 1 ParteiG sind **politische Parteien** „Vereinigungen von Bürgern, die dauernd oder für längere Zeit für den Bereich des Bundes oder eines Landes auf die politische Willensbildung Einfluß nehmen und an der Vertretung des Volkes im Deutschen Bundestag oder einem Landtag mitwirken wollen, wenn sie nach dem Gesamtbild der tatsächlichen Verhältnisse, insbesondere nach Umfang und Festigkeit ihrer Organisation, nach der Zahl ihrer Mitglieder und nach ihrem Hervortreten in der Öffentlichkeit eine ausreichende Gewähr für die Ernsthaftigkeit dieser Zielsetzung bieten". Mitglieder können gemäß § 2 Abs. 1 S. 2 ParteiG nur natürliche Personen sein. Keine politische Partei liegt gemäß § 2 Abs. 3 Nr. 1 ParteiG vor, wenn die Mitglieder einer politischen Vereinigung oder die Mitglieder ihres Vorstands in der Mehrheit Ausländer sind. Gleiches gilt gemäß § 2 Abs. 3 Nr. 2 ParteiG, wenn sich der Sitz oder die Geschäftsleitung einer politischen Vereinigung im Ausland befindet. Von vornherein nicht begünstigt sind daher Zuwendungen an ausländische politische Parteien. Eine Vereinigung verliert überdies gemäß § 2 Abs. 2 ParteiG ihre Rechtsstellung als politische Partei, wenn sie über einen Zeitraum von sechs Jahren weder an einer Bundestagswahl noch an einer Landtagswahl mit eigenen Wahlvorschlägen teilgenommen hat oder entgegen § 23 ParteiG keinen Rechenschaftsbericht eingereicht hat (zum Ganzen *Morlok* Parteiengesetz, 2. Aufl. 2013, § 2 Rn. 1; ferner BFH 20.3.2017 – X R 55/14, BStBl. II 2017, 1122).

290 Über diese durch § 10b Abs. 2 S. 1 ausdrücklich in Bezug genommenen eher materiellen Anforderungen hinaus verlangt der Bundesfinanzhof, dass eine politische Partei den **formellen Anforderungen** der §§ 6 ff. ParteiG genügt, also insbesondere, wie auch in § 2 Abs. 1

S. 1 ParteiG vorausgesetzt, eine gewisse organisatorische Verfestigung aufweist. Erforderlich ist daher vor allem eine Satzung nach § 6 Abs. 2 ParteiG (zum Ganzen BFH 7.12.1990 – X R 1/85, BStBl. II 1991, 508).

Im Nachgang zu einer neueren Entscheidung des Bundesverfassungsgerichts ist die zwischenzeitlich vom Bundesfinanzhof positiv beantwortete (BFH 25.10.1989 – X R 190/87, BStBl. II 1990, 158; ferner BFH 7.12.1990 – X R 1/85, BStBl. II 1991, 508) Frage, ob die **Ungleichbehandlung von politischen Parteien und Wählervereinigungen** verfassungskonform ist, erneut aktuell geworden. Das Bundesverfassungsgericht hat das für § 13 Nr. 18 ErbStG verneint, der in der bis zum 31.12.2008 wirksamen Fassung ausschließlich „Zuwendungen an politische Parteien im Sinne des § 2 des Parteiengesetzes", nicht aber Zuwendungen an Wählervereinigungen von der Erbschaftsteuer befreite: Das Recht auf Chancengleichheit aus Art. 3 Abs. 1 GG in Verbindung mit Art. 9 Abs. 1 GG und Art. 28 Abs. 1 S. 2 GG sei verletzt, wenn nur Zuwendungen an politische Parteien, nicht aber Zuwendungen an kommunale Wählervereinigungen und ihre Dachverbände steuerfrei gestellt sind (BVerfG 17.4.2008 – 2 BvL 4/05, BVerfGE 121, 108). Die § 34g nachgebildete Neufassung des § 13 Nr. 18 ErbStG erklärt nunmehr unter bestimmten Voraussetzungen auch Zuwendungen an „Vereine ohne Parteicharakter" für steuerfrei, die auf die Teilnahme an Wahlen auf Bundes-, Landes- oder Kommunalebene mit eigenen Wahlvorschlägen zielen. Im Schrifttum wird mit Blick auf diese Entscheidung zum Teil auch § 10b Abs. 2 S. 1 für verfassungswidrig gehalten (siehe insbesondere Kirchhof/*Seer* § 10b Rn. 52). Das überzeugt nicht: Zum einen ist die Entscheidung nicht ohne Weiteres übertragbar, weil § 13 Nr. 18 ErbStG anders als § 10b Abs. 2 S. 1 auf die steuerliche Begünstigung des Zuwendungsempfängers (also: der politischen Partei oder des Vereins ohne Parteicharakter) und nicht des Zuwendenden zielt. Zum anderen, und das ist entscheidend, sind die Folgen der Ungleichbehandlung im Einkommensteuerrecht doppelt beschränkt: erstens durch die aus verfassungsrechtlichen Gründen (→ Rn. 36 und → Rn. 313.1) relativ niedrigen absoluten Höchstbeträge in § 10b Abs. 2 S. 1, zweitens und vor allem durch die Steuerbegünstigung von Zuwendungen an Wählervereinigungen nach § 34g. In der Folge nur „geringfügige" Auswirkungen eines staatlichen Steuerverzichts auf den Wettbewerb zwischen politischen Parteien und Wählervereinigungen sind aber nach einer früheren Entscheidung des Bundesverfassungsgerichts unschädlich (BVerfG 20.2.1991 – 2 BvR 176/90, HFR 1991, 720; ebenso bereits BVerfG 15.1.1985 – 2 BvR 1163/82, BVerfGE 69, 92; BVerfG 21.6.1988 – 2 BvR 638/84, BVerfGE 78, 350) (im Ergebnis wie hier BFH 20.3.2017 – X R 55/14, BStBl. II 2017, 1122; ebenso bereits die Vorinstanz FG Düsseldorf 10.9.2014 – 15 K 1532/13 E, EFG 2015, 469; ferner HHR/*Kulosa* § 10b Rn. 115). **291**

Einstweilen frei **292–293**

bb) Kein Ausschluss von staatlicher Finanzierung. Nicht abzugsfähig sind Zuwendungen an eine politische Partei nach § 10b Abs. 2 S. 1, wenn die Partei gemäß § 18 Abs. 7 ParteiG von der staatlichen Teilfinanzierung ausgeschlossen ist. Die durch das Gesetz zum Ausschluss verfassungsfeindlicher Parteien von der Parteienfinanzierung vom 18.7.2017 (BGBl. 2017 I 2730) mit Wirkung vom 29.7.2017 **neu eingeführte Abzugsbeschränkung** verweist auf das zeitgleich eingeführte Verfahren zum Ausschluss politischer Parteien von der staatlichen Teilfinanzierung. Dieses Verfahren ist eine Reaktion auf die Zurückweisung des zweiten Antrags des Bundesrates auf Feststellung der Verfassungswidrigkeit und Auflösung der NPD durch das Bundesverfassungsgericht (BVerfG 17.1.2017 – 2 BvB 1/13, BVerfGE 144, 20). Es ermöglicht Sanktionen unterhalb der Verbotsschwelle gegen zwar nicht verfassungswidrige, aber doch immerhin verfassungsfeindliche politische Parteien. Grundlage ist der ebenfalls neu eingeführte **Art. 21 Abs. 3 GG.** Danach sind politische Parteien, die nach ihren Zielen oder dem Verhalten ihrer Anhänger zwar nicht – als deshalb verfassungswidrige Parteien – im Sinne von Art. 21 Abs. 2 GG „darauf ausgehen" (zu den relativ hohen Anforderungen BVerfG 17.1.2017 – 2 BvB 1/13, BVerfGE 144, 20), wohl aber – als lediglich verfassungsfeindliche Parteien – „darauf ausgerichtet sind", die freiheitliche demokratische Grundordnung zu beeinträchtigen oder zu beseitigen oder den Bestand der Bundesrepublik Deutschland zu gefährden, von staatlicher Finanzierung ausgeschlossen. Feststellen kann den Ausschluss gemäß **Art. 21 Abs. 4 GG in Verbindung mit den §§ 43 ff. BVerfGG** nur das Bundesverfassungsgericht. Stellt es den Ausschluss einer politischen Partei von der Partei- **294**

enfinanzierung (nach § 46a Abs. 1 S. 1 BVerfGG: für zunächst sechs Jahre) fest, entfällt nach Art. 21 Abs. 3 S. 2 GG zwingend „auch eine steuerliche Begünstigung […] von Zuwendungen“ an diese Partei. § 10b Abs. 2 S. 1 zieht die einfachgesetzlichen Konsequenzen aus dieser verfassungskräftigen Anordnung.

295 Maßgeblich ist der **Zeitpunkt der Feststellungsentscheidung,** also der Zeitpunkt ihrer Verkündung oder, wenn keine mündliche Verhandlung stattgefunden hat, ihrer Bekanntgabe gegenüber den Beteiligten (dazu BeckOK BVerfGG/*Grünewald* BVerfGG § 30 Rn. 13 und 16). Ist eine Zuwendung bis zu diesem Zeitpunkt zugeflossen und hat der Zuwendende überdies bereits eine Zuwendungsbestätigung erhalten oder ist diese durch Datenfernübertragung nach Maßgabe von § 93c AO an die Finanzverwaltung übermittelt worden, bleibt die Zuwendung abzugsfähig. Andernfalls ist ihr Abzug ausgeschlossen (BT-Drs. 18/12358, 10 f.). Dabei weist die Gesetzesbegründung zutreffend darauf hin, dass eine durch eine Partei nach Feststellung ihres Ausschlusses von der staatlichen Finanzierung ausgestellte Zuwendungsbestätigung „aufgrund der zu erwartenden hohen medialen Berichterstattung über eine solche Entscheidung“ in aller Regel keinen Vertrauensschutz begründet, weil dem Zuwendenden ihre Unrichtigkeit gemäß § 10b Abs. 4 S. 1 infolge grober Fahrlässigkeit nicht bekannt war und sein Vertrauen daher nicht schutzwürdig ist.

296–298 *Einstweilen frei*

299 **b) Zuwendung: Spenden und Mitgliedsbeiträge.** § 10b Abs. 2 S. 1 begünstigt „Zuwendungen“ an politische Parteien. Umfasst sind nach der Legaldefinition in § 10b Abs. 1 S. 1 Spenden und Mitgliedsbeiträge. Mandatsträgerbeiträge im Sinne von § 27 Abs. 1 S. 2 ParteiG, die nach dieser Vorschrift „ein Inhaber eines öffentlichen Wahlamtes (Mandatsträger) über seinen Mitgliedsbeitrag hinaus leistet“, sind steuerrechtlich (anders für das Parteienrecht § 27 Abs. 1 S. 3 ParteiG) Spenden und keine Mitgliedsbeiträge, weil keine Zahlungsverpflichtung besteht (BMF 10.4.2003, BStBl. I 2003, 286; Kirchhof/*Seer* § 10b Rn. 50; siehe dazu auch *Lontzek* Die Sonderbeiträge von Abgeordneten an Partei und Fraktion, 2012, 150; zur Einordnung von Zahlungen eines Parteimitglieds im Hinblick auf ein zukünftiges Mandat aufgrund eines Parteibeschlusses als Mitgliedsbeiträge und nicht als Werbungskosten BFH 23.1.1991 – X R 6/84, BStBl. II 1991, 396). In Betracht kommen **Geld- und Sachzuwendungen** (dazu BFH 10.3.1987 – IX B 48/85, BFH/NV 1987, 370: Beauftragung eines Werbeunternehmens mit Plakatwerbung und Abtretung der Rechte aus dem Auftrag an eine politische Partei). Die Bewertung von Sachzuwendungen und der Abzug von Aufwandsspenden (dazu BFH 9.5.2007 – XI R 23/06, BFH/NV 2007, 2251) richten sich nach § 10b Abs. 3.

300 Auch im Übrigen gelten die für Zuwendungen zur Förderung steuerbegünstigter Zwecke nach § 10b Abs. 1 und § 10b Abs. 1a maßgeblichen Grundsätze (→ Rn. 74 ff.) für Zuwendungen an politische Parteien nach § 10b Abs. 2 entsprechend. In der Folge müssen diese insbesondere **unentgeltlich** erfolgen. Das erscheint auf den ersten Blick von vornherein zweifelhaft, weil „Geldspenden an eine politische Partei […] nach der allgemeinen Lebenserfahrung aus einer bestimmten Interessenlage heraus gegeben [werden]“ und die politische Spende daher „im Gegensatz zu der Spende für mildtätige, religiöse oder wissenschaftliche Zwecke, die meist um der Sache willen aus Liberalität und ohne die Erwartung eines besonderen Vorteils für den Spender gegeben wird, […] in der Regel politisch oder ökonomisch finalen Charakter [hat]. Es wird also der grundsätzlichen Tendenz nach jeder Spender nur der Partei Geld geben, von der er nach Programm und bisheriger Tätigkeit in Parlament und Regierung annimmt, daß ihre Politik seinen besonderen Interessen entspricht“ (so BVerfG 24.6.1958 – 2 BvF 1/57, BVerfGE 8, 51). Weil der Gesetzgeber in § 10b Abs. 2 S. 1 Zuwendungen an politische Parteien gleichwohl (freilich eben aufgrund ihrer tendenziellen Eigennützigkeit: der Höhe nach beschränkt) für abzugsfähig erklärt, sind diese schon dann als unentgeltlich zu bewerten, wenn sie immerhin ohne eine konkrete Gegenleistung zur Förderung allgemeiner politischer Ziele (wie etwa der allgemeinen Erhaltung und Förderung bestimmter politischer und wirtschaftlicher Rahmenbedingungen) erbracht werden (so BFH 25.11.1987 – I R 126/85, BStBl. II 1988, 220).

301–303 *Einstweilen frei*

304 **c) Zur Förderung steuerbegünstigter Zwecke.** § 10b Abs. 1 und § 10b Abs. 1a verlangen, dass die Zuwendung „zur Förderung steuerbegünstigter Zwecke“ erfolgt. Voraussetzung ist danach, dass der Steuerpflichtige mit seiner Zuwendung steuerbegünstige Zwecke fördern will und der Empfänger die Zuwendung tatsächlich für diese Zwecke verwendet (→ Rn. 117 ff.). Für Zuwendungen an politische Parteien gilt nichts anderes, auch wenn § 10b Abs. 2 keine entsprechende Formulierung enthält. Sie müssen **zur Unterstützung der politischen Parteien bei der Erfüllung ihrer Aufgaben** erbracht werden und von den politischen Parteien auch entsprechend verwendet werden. Wird die Zuwendung entgegen der Zuwendungsbestätigung nicht entsprechend verwendet, scheidet ein Sonderausgabenabzug aus, sofern nicht gemäß § 10b Abs. 4 S. 1 Vertrauensschutz zu gewähren ist. Erforderlichenfalls ist der Steuerbescheid nach § 175 Abs. 1 S. 1 Nr. 2 AO zu ändern.

In der Verwendung ihrer Mittel sind die politischen Parteien mangels eines § 55 Abs. 1 AO entsprechenden ausdifferenzierten Mittelverwendungsregimes aber deutlich freier als steuerbegünstigte Körperschaften (instruktiv FG Baden-Württemberg 26.11.1987 – III K 90/84, EFG 1988, 135). § 1 Abs. 4 ParteiG verlangt zwar, dass die Mittel ausschließlich für die den politischen Parteien nach dem Grundgesetz und dem Parteiengesetz obliegenden Aufgaben verwendet werden. Eine Frist für die endgültige Verwendung der Mittel zu diesem Zweck gibt es aber nicht. Überdies ist der **Zuschnitt der Aufgaben der politischen Parteien sehr weit** und deckt in der Folge ein breites Tableau von Tätigkeiten ab. Er umfasst nach § 1 Abs. 2 ParteiG, der insoweit Art. 21 Abs. 1 S. 1 GG und § 1 Abs. 1 S. 2 ParteiG konkretisiert, die Mitwirkung „an der Bildung des politischen Willens des Volkes auf allen Gebieten des öffentlichen Lebens". Die politischen Parteien sollen dabei insbesondere „auf die Gestaltung der öffentlichen Meinung Einfluß nehmen, die politische Bildung anregen und vertiefen, die aktive Teilnahme der Bürger am politischen Leben fördern, zur Übernahme öffentlicher Verantwortung befähigte Bürger heranbilden, sich durch Aufstellung von Bewerbern an den Wahlen in Bund, Ländern und Gemeinden beteiligen, auf die politische Entwicklung in Parlament und Regierung Einfluß nehmen, die von ihnen erarbeiteten politischen Ziele in den Prozeß der staatlichen Willensbildung einführen und für eine ständige lebendige Verbindung zwischen dem Volk und den Staatsorganen sorgen" (dazu ergänzend *Morlok* Parteiengesetz, 2. Aufl. 2013 ParteiG § 1 Rn. 4; ferner BeckOK GG/*Kluth* GG Art. 21 Rn. 59 ff.). Angesichts dieses weiten Aufgabenbereichs hat das Finanzgericht Baden-Württemberg die Verwendung einer Parteispende für eine Spendenaktion „Polenhilfe" für steuerunschädlich gehalten, da eine politische Partei sich immer noch „auf ihrem eigentlichen Terrain" bewege, wenn sie sich „mit Rat und Tat […] zu einer Wiedergutmachung im weitesten Sinne" bekenne (FG Baden-Württemberg 26.11.1987 – III K 90/84, EFG 1988, 135). **305**

Einstweilen frei **306–308**

d) Zuwendungsbestätigung. Zuwendungen an politische Parteien dürfen gemäß § 50 Abs. 1 S. 1 EStDV nicht anders als Zuwendungen zur Förderung steuerbegünstigter Zwecke nach § 10b Abs. 1 und 1a nur abgezogen werden, wenn der Zuwendende eine von der politischen Partei als Zuwendungsempfängerin nach amtlich vorgeschriebenem Vordruck (siehe Anlagen 5, 6 und 15 zu BMF 7.11.2013, BStBl. I 2013, 1333) ausgestellte **Zuwendungsbestätigung** erhalten hat. Die Bestätigung kann von einer durch Auftrag zur Entgegennahme von Zahlungen berechtigten Person unterschrieben oder maschinell erstellt werden (im Einzelnen EStR 10b.2 S. 3 in Verbindung mit EStR 10b.1 Abs. 3 S. 2 und Abs. 4). **Erleichterungen** sehen § 50 Abs. 2 EStDV (elektronische Zuwendungsbestätigung) und § 50 Abs. 4 S. 1 Nr. 2 Buchst. c EStDV (vereinfachter Nachweis für Geldzuwendungen bis zu einer Höhe von 200 EUR) vor. Bei Mitgliedsbeiträgen an politische Parteien genügen gemäß § 50 Abs. 6 EStDV Bareinzahlungsbelege, Buchungsbestätigungen oder Beitragsquittungen. Darüber hinaus wird auf die auch hier geltenden Ausführungen zu § 10b Abs. 1 verwiesen (→ Rn. 170 ff.). **309**

Einstweilen frei **310–312**

2. Rechtsfolge: Sonderausgabenabzug

Zuwendungen an politische Parteien nach § 10b Abs. 2 S. 1 sind, wie sich aus § 10b Abs. 2 S. 2 ergibt, ebenso wie Zuwendungen nach § 10b Abs. 1 und § 10b Abs. 1a als Sonderausgaben und also vom Gesamtbetrag der Einkünfte abzuziehen (zum gleichheitsrechtlichen Problem → Rn. 218). Der Abzug ist aber doppelt beschränkt. Erstens sieht § 10b Abs. 2 S. 1 **313** eine **absolute Beschränkung der Höhe nach** vor. Abzugsfähig ist danach (auch bei Zuwendungen an mehrere politische Parteien) nur ein Betrag in Höhe von insgesamt 1.650 EUR (bei zusammen veranlagten Ehegatten oder eingetragenen Lebenspartnern: 3.300 EUR) im Kalenderjahr. Hinweise zum verfassungsrechtlichen Hintergrund enthält die nachfolgende → Rn. 313.1.

313.1 Die **höhenmäßige Beschränkung des Abzugs von Zuwendungen an politische Parteien** (zu den sehr beschränkten Möglichkeiten einer Umgehung durch den unbeschränkten Abzug von Betriebsausgaben in Form von „Parteiensponsoring" *Hey* BB 2005, 1403) ist **verfassungsrechtlich geboten.** Nach der Rechtsprechung des Bundesverfassungsgerichts verläuft die Grenze einer verfassungsrechtlich zulässigen steuerlichen Begünstigung von Zuwendungen an politische Parteien, die nicht durch anderweitige Leistungen des Staates wirksam ausgeglichen wird, dort, „wo sie ein Ausmaß erreicht, das geeignet ist, die vorgegebene Wettbewerbslage zwischen den Parteien in einer ernsthaft ins Gewicht fallenden Weise zu verändern. Diese Grenze ist nicht erreicht, wenn die steuerliche Begünstigung von der Mehrzahl der Steuerpflichtigen in gleicher Weise genutzt werden kann", umgekehrt aber (weit) überschritten, wenn Zuwendungen wie seinerzeit (zur Entwicklung der Vorschrift ausführlich → Rn. 36) bis zu einer Höhe von umgerechnet knapp 31.000 EUR (bei zusammen veranlagten Ehegatten oder eingetragenen Lebenspartnern: 62.000 EUR) im Kalenderjahr als Sonderausgaben geltend gemacht werden können. Hier werde der Bürger mit hohem Einkommen in seiner Möglichkeit, durch Zuwendungen an politische Parteien auf die politische Willensbildung Einfluss zu nehmen, gegenüber dem Bürger mit geringerem Einkommen in verfassungswidriger Weise begünstigt (zum Ganzen BVerfG 9.4.1992 – 2 BvE 2/89, BVerfGE 85, 264). So ist dann auch die Steuerbegünstigung von Zuwendungen an politische Parteien durch Körperschaften nach der Rechtsprechung des Bundesverfassungsgerichts „im Blick auf das Recht des Bürgers auf gleiche Teilhabe an der politischen Willensbildung" verfassungsrechtlich insgesamt ausgeschlossen (BVerfG 9.4.1992 – 2 BvE 2/89, BVerfGE 85, 264).

314 Zweitens kommt ein Abzug gemäß § 10b Abs. 2 S. 2 nur in Betracht, **soweit keine Steuerermäßigung nach § 34g** für die Zuwendungen gewährt worden ist. Die Ermäßigung der tariflichen Einkommensteuer nach § 34g geht dem Sonderausgabenabzug nach § 10b Abs. 2 mithin vor. Ein Wahlrecht besteht nicht (HHR/*Kulosa* § 10b Rn. 116). Die Ermäßigung nach § 34g beträgt 50 Prozent der Ausgaben, ist aber auf höchstens 825 EUR (bei zusammen veranlagten Ehegatten oder eingetragenen Lebenspartnern: 1.650 EUR) beschränkt. Daraus folgt, dass ein Sonderausgabenabzug nach § 10b Abs. 2 nur insoweit in Betracht kommt, als die Zuwendungen an politische Parteien einen Betrag von 1.650 EUR (bei zusammen veranlagten von Ehegatten oder eingetragenen Lebenspartnern: 3.300 EUR) übersteigen. Als Sonderausgaben abgezogen werden können dann noch einmal 1.650 EUR (bei zusammen veranlagten Ehegatten oder eingetragenen Lebenspartnern: 3.300 EUR). Insgesamt können folglich Zuwendungen an politische Parteien in Höhe von 3.300 EUR (bei zusammen veranlagten Ehegatten oder eingetragenen Lebenspartnern: 6.600 EUR) steuerlich geltend gemacht werden. Zuwendungen an politische Parteien über diesen Betrag hinaus verfallen. Ein **Zuwendungsrück- oder -vortrag** in andere Veranlagungszeiträume ist (anders als für Zuwendungen für steuerbegünstigte Zwecke in § 10b Abs. 1 S. 9 und 10) nicht vorgesehen (dazu auch Blümich/*Brandl* § 10b Rn. 104) (zum Ganzen auch → § 34g Rn. 86 ff.). **Vertrauensschutz und Haftung** richten sich auch bei Zuwendungen an politische Parteien nach § 10b Abs. 4.

315–317 *Einstweilen frei*

IV. Sachzuwendungen und Aufwandsspenden (§ 10b Abs. 3)

318 § 10b Abs. 3 S. 1 stellt klar, dass eine Zuwendung im Sinne des § 10b auch die Zuwendung von Wirtschaftsgütern (mit Ausnahme von Nutzungen und Leistungen) ist. Ein Abzug der Zuwendung als Sonderausgabe vom Gesamtbetrag der Einkünfte setzt hier zunächst eine Bewertung des zugewendeten Wirtschaftsguts voraus. Diese regelt § 10b Abs. 3 S. 2 bis 4. Ergänzend enthält § 10b Abs. 3 S. 5 und 6 Vorgaben für den Abzug von Aufwandsspenden. § 10b Abs. 3 gilt dabei sowohl für Zuwendungen nach § 10b Abs. 1 als auch für Zuwendungen nach § 10b Abs. 1a und § 10b Abs. 2.

319–321 *Einstweilen frei*

1. Bewertung des zugewendeten Wirtschaftsguts

Gemäß § 10b Abs. 3 S. 1 gilt als Zuwendung auch die Zuwendung von Wirtschaftsgütern. 322
Ausgenommen sind Nutzungen und Leistungen. **Wirtschaftsgüter** sind körperliche und nichtkörperliche Gegenstände (also: Sachen und Rechte), ferner tatsächliche Zustände und konkrete Möglichkeiten. Voraussetzung ist, dass sich ein Kaufmann die jeweilige Position etwas kosten lässt, sie einzeln oder zusammen mit dem Betrieb übertragen werden kann und einer besonderen Bewertung zugänglich ist (siehe etwa BFH 26.11.2014 – X R 20/12, BStBl. II 2015, 325; ergänzend Blümich/*Krumm* § 5 Rn. 304; eingehend zum Begriff des Wirtschaftsgutes → § 5 Teil 2 Rn. 1050 ff.; speziell zur Zuwendung von Pfandgut OFD Frankfurt 16.5.2018, BeckVerw 436432).

Zuwendung eines Wirtschaftsguts ist insbesondere die **Übertragung des Eigentums.** 323
Steuerrechtlich maßgeblich ist eine wirtschaftliche Betrachtungsweise im Sinne des § 39 Abs. 2 Nr. 1 S. 1 AO (BFH 8.8.1990 – X R 149/88, BStBl. II 1991, 70; zum wirtschaftlichen Eigentum einer nichtrechtsfähigen treuhänderischen Stiftung an in das Treugut überführten Wirtschaftsgütern FG Niedersachsen 25.5.2011 – 15 K 11318/09; nachfolgend BFH 6.3.2013 – X B 93/11, BFH/NV 2013, 903). Zu differenzieren ist bei **geleasten Wirtschaftsgütern:** Ist der Zuwendende als wirtschaftlicher Eigentümer anzusehen (dazu BFH 26.1.1970 – IV R 144/66, BStBl. II 1970, 264), wendet er dem Empfänger das wirtschaftliche Eigentum am Wirtschaftsgut zu. Ist er kein wirtschaftlicher Eigentümer, kann er nur die Nutzung des Wirtschaftsguts zuwenden. Zuwendungsrechtlich zulässig ist das nur über eine Aufwandsspende (zum Ganzen BFH 8.8.1990 – X R 149/88, BStBl. II 1991, 70, der es aber für zulässig hält, die vom Zuwendenden aufgewendeten Leasingkosten unmittelbar dem Empfänger zuzuwenden und sodann als Spende abzuziehen; heute ist dieser Weg durch § 10b Abs. 3 S. 5 versperrt, der entsprechende Aufwendungen nur zum Abzug zulässt, wenn zunächst ein Anspruch auf die Erstattung der Aufwendungen durch Vertrag oder Satzung eingeräumt und sodann auf die Erstattung verzichtet worden ist).

Der Abzug einer Sachzuwendung als Sonderausgabe setzt eine Bewertung des zugewendeten Wirtschaftsguts voraus. Dabei ist gemäß § 10b Abs. 3 S. 3 **grundsätzlich der gemeine Wert** anzusetzen. Der gemeine Wert ist gemäß § 9 Abs. 2 S. 1 BewG der Preis, der im gewöhnlichen Geschäftsverkehr nach der Beschaffenheit des Wirtschaftsgutes bei einer Veräußerung zu erzielen wäre (dazu Rössler/Troll/*Halaczinsky* BewG § 9 Rn. 8 ff.). Nach § 9 Abs. 2 S. 2 und 3 BewG sind dabei mit Ausnahme ungewöhnlicher oder persönlicher Verhältnisse (dazu Rössler/Troll/*Halaczinsky* BewG § 9 Rn. 12 f. und 14) alle Umstände zu berücksichtigen, die den Preis beeinflussen. Am zuverlässigsten lässt sich der gemeine Wert eines Wirtschaftsguts anhand der Verkaufspreise gleicher oder vergleichbarer Wirtschaftsgüter ermitteln. Gibt es nicht genügend vergleichbare Verkaufsfälle, um den gemeinen Wert zu ermitteln, ist dieser zu schätzen (zum Ganzen für Altkleider BFH 23.5.1989 – X R 17/85, BStBl. II 1989, 879; für Kunstgegenstände, bei denen vom „Laden- oder „Zuschlagspreis" eines Vergleichsgegenstands Handelsspanne – bei Kauf in einer Galerie – oder Aufgeld – bei Ersteigerung in einem Auktionshaus – sowie ferner Transport- und Versicherungskosten abzuziehen sind, OFD Nordrhein-Westfalen 17.7.2018, BeckVerw 439509). **Ausnahmen vom Ansatz des gemeinen Werts** sieht § 10b Abs. 3 S. 2 und 4 vor. 324

Einstweilen frei 325–327

a) Insbesondere: Wirtschaftsgut aus einem Betriebsvermögen. Ist das Wirtschaftsgut unmittelbar vor seiner Zuwendung aus einem Betriebsvermögen entnommen worden, bemisst sich die Höhe der Zuwendung gemäß § 10b Abs. 3 S. 2 nach dem Wert, der bei der **Entnahme im Sinne des § 4 Abs. 1 S. 2** angesetzt wurde. Hinzuzurechnen ist, wie § 10b Abs. 3 S. 2 klarstellt (siehe auch EStR 10b.1 Abs. 1 S. 4), die gemäß § 3 Abs. 1b S. 1 Nr. 1 UStG auf die Entnahme entfallende Umsatzsteuer (→ Rn. 29). Voraussetzung für den Ansatz des Entnahmewerts zuzüglich einer auf die Entnahme entfallenden Umsatzteuer ist, dass zwischen der Entnahme aus dem Betriebsvermögen und der Zuwendung ein enger zeitlicher Zusammenhang besteht und das Wirtschaftsgut nicht zwischenzeitlich anderweitig genutzt worden ist (Blümich/*Brandl* § 10b Rn. 122a). Andernfalls bleibt es beim Ansatz des gemeinen Werts nach § 10b Abs. 3 S. 3. 328

Einstweilen frei 329–331

332 **aa) Grundsatz: Bewertung mit dem Teilwert.** Entnahmen aus einem Betriebsvermögen sind gemäß **§ 6 Abs. 1 Nr. 4 S. 1** grundsätzlich mit dem **Teilwert** zuzüglich Umsatzsteuer (dazu → Rn. 328) anzusetzen. Teilwert ist gemäß § 6 Abs. 1 Nr. 1 S. 3 der Betrag, den ein Erwerber des ganzen Betriebs im Rahmen des Gesamtkaufpreises für das einzelne Wirtschaftsgut ansetzen würde. Beim Steuerpflichtigen erhöht die Entnahme gemäß § 4 Abs. 1 S. 1 den Gewinn. Die Zuwendung von Wirtschaftsgütern aus einem Betriebsvermögen führt damit bei einer Bewertung mit dem Teilwert zu einer **Besteuerung der stillen Reserven.** Zwar steht ihnen der Abzug der Zuwendung von der Bemessungsgrundlage gegenüber. Da dieser aber auf Höchstbeträge beschränkt ist (→ Rn. 224 ff.), kann die Steuerbelastung im Zuwendungsjahr die Steuerentlastung durch den Sonderausgabenabzug durchaus überschreiten.

333–335 *Einstweilen frei*

336 **bb) Wahlweise: Bewertung mit dem Buchwert.** Aus diesem Grund kann der Steuerpflichtige die Entnahme gemäß **§ 6 Abs. 1 Nr. 4 S. 4 wahlweise** (zu diesem Wahlrecht *Hüttemann* Gemeinnützigkeits- und Spendenrecht, 4. Aufl. 2018, Rn. 8.201) nicht mit dem Teilwert, sondern mit dem **Buchwert** zuzüglich Umsatzsteuer (dazu → Rn. 328) ansetzen (zum Regelungszweck BT-Drs. 5/3890, 20; siehe auch *Seer* GmbHR 2008, 785 (785 f.), der ebenda, 786 ff., auch einen Überblick über die Entwicklung der Vorschrift seit ihrer Einführung durch das Gesetz über die Gewährung von Investitionszulagen und zur Änderung steuerrechtlicher und prämienrechtlicher Vorschriften vom 18.8.1969 (BGBl. 1969 I 1211) mit Wirkung vom 22.8.1969 liefert). Nimmt der Steuerpflichtige dieses **„Buchwertprivileg"** in Anspruch, kann er gemäß § 10b Abs. 3 S. 2 auch die Zuwendung nur mit dem Buchwert ansetzen und in dieser Höhe als Sonderausgabe abziehen. Nimmt er es nicht in Anspruch, kommt es zwar einerseits zur Besteuerung der stillen Reserven. Der Steuerpflichtige kann dann aber andererseits nach der Grundregel des § 10b Abs. 3 S. 3 auch den gemeinen Wert des zugewendeten Wirtschaftsguts als Sonderausgabe abziehen. Die **Inanspruchnahme des § 6 Abs. 1 Nr. 4 S. 4** ist **immer dann sinnvoll,** wenn der Teilwert den Buchwert erheblich überschreitet und infolge der Beschränkung des Zuwendungsabzugs auf Höchstbeträge insbesondere durch § 10b Abs. 1 S. 1 nur ein geringer Teil des Teilwerts als Sonderausgabe abgezogen werden kann (siehe dazu das Rechenbeispiel bei *Hüttemann* Gemeinnützigkeits- und Spendenrecht, 4. Aufl. 2018, Rn. 8.190).

337 Voraussetzung für die Anwendung des Buchwertprivilegs nach § 6 Abs. 1 Nr. 4 S. 4 und den Ansatz der Zuwendung mit dem Entnahmewert nach § 10b Abs. 3 S. 2 ist, dass das Wirtschaftsgut **unmittelbar nach seiner Entnahme aus einem Betriebsvermögen** einer anderen (dazu *Kümpel* DStR 1999, 1505 (1511)) nach § 5 Abs. 1 Nr. 9 KStG steuerbegünstigten Körperschaft oder einer juristischen Person des öffentlichen Rechts zur Verwendung für steuerbegünstigte Zwecke im Sinne des § 10b Abs. 1 S. 1 unentgeltlich überlassen wird. Eine Überlassung setzt, wie sich nicht nur aus § 6 Abs. 1 Nr. 4 S. 5 und § 10b Abs. 3 S. 1, sondern auch daraus ergibt, dass § 10b Abs. 1 S. 1 einen endgültigen Abfluss der Zuwendung aus dem Vermögen des Zuwendenden verlangt (→ Rn. 92 ff.), die endgültige Übertragung des Wirtschaftsguts voraus (zutreffend *Hüttemann* Gemeinnützigkeits- und Spendenrecht, 4. Aufl. 2018, Rn. 8.191).

338 Die Überlassung **„zur Verwendung für steuerbegünstigte Zwecke"** nach § 6 Abs. 1 Nr. 4 S. 4 setzt wie die Zuwendung „zur Förderung steuerbegünstigter Zwecke" nach § 10b Abs. 1 S. 1 und § 10b Abs. 1a S. 1 (→ Rn. 127 ff.) keinen „unmittelbaren" Einsatz des zugewendeten Wirtschaftsguts für steuerbegünstigte Zwecke voraus. Beide Regelungen sind angesichts ihrer Bezogenheit aufeinander gleich auszulegen (überzeugend *Hüttemann* DB 2008, 1590 (1592 f.); *Seer* GmbHR 2008, 785 (788 ff.); anders etwa *Buchna/Leichinger/Seeger/Brox* Gemeinnützigkeit im Steuerrecht, 11. Aufl. 2015, 437).

339 Dass weder unbeschränkt noch beschränkt steuerpflichtige **ausländische Körperschaften** mit Sitz und Geschäftsleitung in einem anderen Mitgliedstaat der Europäischen Union oder des Europäischen Wirtschaftsraums, die nach § 5 Abs. 1 Nr. 9 KStG in Verbindung mit § 5 Abs. 2 Nr. 2 KStG steuerbefreit wären, wenn sie nur inländische Einkünfte erzielten, vom Buchwertprivileg in § 6 Abs. 1 Nr. 4 S. 4 ausgenommen werden, verstößt im Lichte der Entscheidung des Europäischen Gerichtshofs in der Rechtssache Persche (EuGH 27.1.2009 – C-318/07, BStBl. II 2010, 440 – Persche) gegen die Kapitalverkehrsfreiheit

und ist daher unionsrechtswidrig (ebenso *Hüttemann* Gemeinnützigkeits- und Spendenrecht, 4. Aufl. 2018, Rn. 1.138 und 8.196).

Einstweilen frei **340–342**

cc) Betrieb, Teilbetrieb und Mitunternehmeranteil. Von der Entnahme und Zuwendung eines einzelnen Wirtschaftsguts aus einem Betriebsvermögen ist die **Zuwendung eines Betriebs, eines Teilbetriebs oder des Mitunternehmeranteils** an einem Betrieb zu unterscheiden. Anders als bei der Zuwendung eines einzelnen Wirtschaftsguts werden bei der Zuwendung eines Betriebs oder Teilbetriebs alle wesentlichen Grundlagen dieses Betriebs oder Teilbetriebs übertragen. Bei der Zuwendung eines Mitunternehmeranteils ist Gegenstand der Übertragung der Anteil des Mitunternehmers an den wesentlichen Betriebsgrundlagen im Gesamthandsvermögen sowie ferner das funktional wesentliche Sonderbetriebsvermögen des Mitunternehmers (→ § 6 Rn. 2749; Blümich/*Ehmcke* § 6 Rn. 1240a). Werden ein Betrieb, ein Teilbetrieb oder der Mitunternehmeranteil an einem Betrieb unentgeltlich übertragen, sind gemäß **§ 6 Abs. 3 S. 1** ganz unabhängig vom Rechtsnachfolger (bei einer Zuwendung nach § 10b Abs. 1 S. 1 und § 10b Abs. 1a S. 1 ist das die Körperschaft im Sinne des § 10b Abs. 1 S. 2) bei der Ermittlung des Gewinns des bisherigen Betriebsinhabers oder Mitunternehmers die Wirtschaftsgüter mit den Buchwerten anzusetzen, sofern die Besteuerung der stillen Reserven sichergestellt ist (zu dieser durch das Gesetz zur Umsetzung der Änderungen der EU-Amtshilferichtlinie und von weiteren Maßnahmen gegen Gewinnkürzungen und -verlagerungen vom 20.12.2016 (BGBl. 2016 I 3000) mit Wirkung vom 24.12.2016 eingefügten Einschränkung → § 6 Rn. 2762 unter Hinweis auf BT-Drs. 18/9956, 5: „lag auch schon der alten Fassung des § 6 Abs. 3 S. 1 unausgesprochen zugrunde"), sodass in diesem Fall **keine stillen Reserven aufzudecken** sind. **343**

Gleichwohl ist die Zuwendung mangels einer § 10b Abs. 3 S. 2 entsprechenden Regelung, die einen Sonderausgabenabzug über die Buchwerte hinaus auch bei der Zuwendung eines Betriebs, eines Teilbetriebs oder eines Mitunternehmeranteils an einem Betrieb verhinderte (zur Nichtanwendbarkeit des § 10b Abs. 3 S. 2 auf diesen Fall mangels Entnahme *Buchna/Leichinger/Seeger/Brox* Gemeinnützigkeit im Steuerrecht, 11. Aufl. 2015, 437), nach der Grundregel in **§ 10b Abs. 3 S. 3** mit dem **gemeinen Wert** anzusetzen (zutreffend *Hüttemann* Gemeinnützigkeits- und Spendenrecht, 4. Aufl. 2018, Rn. 8.31; anders *Buchna/Leichinger/Seeger/Brox* Gemeinnützigkeit im Steuerrecht, 11. Aufl. 2015, 437 f., die von einer „Intention des Gesetzgebers", eine Steuerminderung allgemein „nur in Höhe des steuerlich erfassten Entnahmewertes" zuzulassen, ausgehen und in der Folge auch hier für einen Ansatz des Buchwerts plädieren). **344**

Einstweilen frei **345–347**

b) Insbesondere: Wirtschaftsgut aus einem Privatvermögen. Stammt das zugewendete Wirtschaftsgut aus dem Privatvermögen des Zuwendenden, ist es dort aber (wie insbesondere bei der Beteiligung an einer Kapitalgesellschaft im Sinne des § 17 Abs. 1 S. 1) steuerverstrickt – § 10b Abs. 3 S. 3 spricht davon, dass die (fiktive) Veräußerung anstelle der (tatsächlichen) unentgeltlichen Überlassung einen Besteuerungstatbestand erfüllen würde –, darf bei Ermittlung der Zuwendungshöhe gemäß **§ 10b Abs. 3 S. 4** der gemeine Wert nach § 10b Abs. 3 S. 3 „die fortgeführten Anschaffungs- oder Herstellungskosten" (also: den Buchwert) nur insoweit überschreiten, als tatsächlich eine Gewinnrealisierung stattgefunden hat. Überschreitet der Buchwert ausnahmsweise den gemeinen Wert, bleibt es beim Ansatz des gemeinen Werts. § 10b Abs. 3 S. 4 soll diesen nur der Höhe nach beschränken, sieht aber keine abweichende Bewertung vor (zutreffend Blümich/*Brandl* § 10b Rn. 122). Weitere Hinweise zum Regelungszweck der Vorschrift enthält die nachfolgende → Rn. 348.1. **348**

Die Vorschrift soll wie § 10b Abs. 3 S. 2 verhindern, dass der Steuerpflichtige stille Reserven nicht aufdeckt und dennoch in Höhe des gemeinen Werts eine Sonderausgabe geltend macht. In der **Gesetzesbegründung** heißt es: „Die Bewertung der Höhe der Zuwendung nach dem gemeinen Wert in den Fällen des jetzigen § 10b Abs. 3 Satz 3 EStG kann zu steuerlichen Ergebnissen führen, die vom Gesetzgeber nicht gewollt sind und das Steueraufkommen beeinträchtigen können. Wird z. B. eine wesentliche Beteiligung i. S. d. § 17 EStG einer gemeinnützigen Einrichtung zugewandt, so führt dies mangels eines Realisationstatbestandes i. S. d. § 17 EStG nicht zur Entstehung eines Veräußerungsgewinns. Gleichzeitig kann aber nach der geltenden Fassung des § 10b Abs. 3 Satz 3 EStG für die Beteiligungsspende eine Zuwendungsbestätigung in Höhe des gemeinen Wertes der Beteiligung ausgestellt **348.1** werden. Dies führt zu ungerechtfertigten Steuervorteilen. Eine Änderung des § 17 EStG wäre nicht ausreichend, da hiermit z. B. Übertragungen von Wirtschaftsgütern, die nach § 23 EStG steuerverhaftet sind, ebenso wenig erfasst werden könnten wie bestimmte Gestaltungen mit einbringungsgeborenen Anteilen (§ 21 UmwStG aF). Für eine Änderung des § 10b EStG spricht zudem aus Gründen der Steuergerechtigkeit, dass § 10b Abs. 3 Satz 2 EStG bereits eine Regelung zur Ermittlung der Zuwendungshöhe bei Wirtschaftsgütern enthält, die unmittelbar zuvor aus einem Betriebsvermögen entnommen wurden" (BR-Drs. 545/1/08, 18; kritisch *Hüttemann* Gemeinnützigkeits- und Spendenrecht, 4. Aufl. 2018, Rn. 8.31).

349–351 *Einstweilen frei*

2. Abzugsvoraussetzungen bei Aufwandsspenden

352 § 10b Abs. 3 S. 5 und 6 regelt den Abzug von Aufwandsspenden. Bei Aufwandsspenden wird der Steuerpflichtige zur Erfüllung der satzungsmäßigen Zwecke einer steuerbegünstigten Körperschaft tätig, ohne von ihr trotz eines entsprechenden Anspruchs Ersatz für die Aufwendungen zu verlangen. Es handelt sich um einen **Spezialfall einer Zuwendung durch Verzicht auf einen werthaltigen Anspruch** gegenüber einer zur Entgegennahme steuerbegünstigter Zuwendungen berechtigten Körperschaft (dazu allgemein → Rn. 99). Für den Verzicht auf Ansprüche, die nicht auf Aufwendungsersatz zielen, gilt § 10b Abs. 3 S. 5 und 6 nicht. Solche **„Rückspenden"** (zum Begriff BMF 25.11.2014, BStBl. I 2014, 1584) richten sich nach allgemeinen Grundsätzen (anders *Rausch/Meirich* DStR 2017, 2769 (2770)).

353–355 *Einstweilen frei*

356 **a) Zuwendung von Aufwendungen.** Aufwendungen sind grundsätzlich ähnlich wie im Privatrecht **freiwillige Vermögensopfer rechtlicher oder tatsächlicher Art,** die der Steuerpflichtige bewusst und gezielt veranlasst (zum privatrechtlichen Aufwendungsbegriff BeckOGK/*Riesenhuber* BGB § 670 Rn. 14 ff., der insbesondere Geldausgaben und den Einsatz vorhandener Sachmittel nennt). Auch **Schäden** können Aufwendungen sein oder werden ihnen jedenfalls gleichgestellt, wenn sie aus einem tätigkeitsspezifischen Risiko und nicht lediglich aus dem allgemeinen Lebensrisiko resultieren (zu dieser Differenzierung etwa MüKoBGB/*Schäfer* BGB § 670 Rn. 17) und also immerhin bewusst in Kauf genommen worden sind (eingehend aus privatrechtlicher Sicht BeckOGK/*Riesenhuber* BGB § 670 Rn. 61 ff.).

357 Aufwendungen in diesem Sinne müssen der Körperschaft gemäß § 10b Abs. 1 S. 1 wie andere Vermögenswerte auch **„zur Förderung steuerbegünstigter Zwecke"** zugewendet werden (dazu auch BMF 25.11.2014, BStBl. I 2014, 1584: „zur Erfüllung der satzungsmäßigen Zwecke des Zuwendungsempfängers erforderlich"). Das setzt nach einer Formulierung des Bundesfinanzhofs voraus, dass sie „unmittelbar" an die Körperschaft geleistet werden und dort zur Verwirklichung der steuerbegünstigten Zwecke beitragen. Dabei genügt es, wenn der Zuwendende nach außen erkennbar im Namen und im Auftrag der Körperschaft selbst die steuerbegünstigten Zwecke erfüllt und ihm bei dieser Tätigkeit Aufwendungen entstehen (BFH 25.7.1969 – VI R 269/67, BStBl. II 1969, 681: Beförderung von Rentnern im Rahmen einer Aktion des Deutschen Roten Kreuzes; BFH 28.4.1978 – VI R 147/75, BStBl. II 1979, 297: Fahrten eines Übungsleiters und Bootsobmanns der Deutschen Lebensrettungsgesellschaft von seiner Wohnung zu den beaufsichtigten Schwimmbädern; BFH 24.9.1985 – IX R 8/81, BStBl. II 1986, 726: Beförderung eines verhaltensgestörten Kindes auf Anweisung einer Initiativgruppe für Heimkinder; BFH 29.11.1989 – X R 154/88, BStBl. II 1990, 570: Fahrten des Vorsitzenden eines Schullandheimwerks zu den unterhaltenen Schullandheimen).

358 Eine Aufwandsspende kommt danach vor allem in Betracht, wenn der Zuwendende als **„Hilfsperson" der Körperschaft** im Sinne des **§ 57 Abs. 1 S. 2 AO** auftritt, weil „nach den Umständen des Falls, insbesondere nach den rechtlichen und tatsächlichen Beziehungen, die zwischen der Körperschaft und der Hilfsperson bestehen, das Wirken der Hilfsperson wie eigenes Wirken der Körperschaft anzusehen ist" (dazu Gosch AO/FGO/*Jachmann/Unger* AO § 57 Rn. 19 ff.). Nicht erforderlich ist dabei aber, dass die Aufwendungen selbst in unmittelbarem Zusammenhang mit der Verwirklichung der steuerbegünstigten Zwecke des Zuwendungsempfängers stehen. Begünstigt sind daher bei der ärztlichen Begleitung einer

Veranstaltung einer steuerbegünstigten Körperschaft nicht nur die Aufwendungen für Medikamente und Verbandsmaterial, sondern auch die Fahrt-, Unterbringungs- und Verpflegungskosten des begleitenden Arztes (BFH 24.2.1972 – IV R 2/68, BStBl. II 1972, 613). Kein tauglicher Gegenstand einer Aufwandsspende sind aber **typische Kosten der allgemeinen Lebensführung** wie insbesondere Kosten für Wohnung, Ernährung und Kleidung. Soweit sie gemäß § 12 Nr. 1 bei den einzelnen Einkunftsarten nicht abgezogen werden können, scheidet auch ein Abzug über § 10b Abs. 1 S. 1 aus (in diese Richtung auch BFH 17.2.1993 – X R 119/90, BFH/NV 1994, 154).

Einstweilen frei **359–361**

b) Verzicht auf Aufwendungsersatz. Gemäß § 10b Abs. 3 S. 5 können Aufwendungen zugunsten einer zum Empfang von Zuwendungen berechtigten Körperschaft „nur abgezogen werden, wenn ein Anspruch auf die Erstattung der Aufwendungen durch Vertrag oder Satzung eingeräumt und **auf die Erstattung verzichtet** worden ist" (zu den strengen Anforderungen an die Annahme eines stillschweigenden Verzichts BFH 3.12.1996 – I R 67/95, BStBl. II 1997, 474). Hinweise zur Entstehungsgeschichte der Vorschrift enthält die nachfolgende → Rn. 362.1. **362**

Die durch das Gesetz zur Verbesserung und Vereinfachung der Vereinsbesteuerung vom 18.12.1989 (BGBl. 1989 I 2212) mit Wirkung vom 23.12.1989 eingeführte Regelung überlagert die allgemeinen Grundsätze für Zuwendungen durch Verzicht auf einen werthaltigen Anspruch für den Spezialfall des Verzichts auf einen Aufwendungsersatzanspruch (→ Rn. 99). Sie **ist eine Reaktion auf ein Urteil des Bundesfinanzhofs,** das die Finanzverwaltung mit einem Nichtanwendungserlass (BMF 27.8.1986, BStBl. I 1986, 479) belegt hatte (BT-Drs. 11/4176, 13). Der Bundesfinanzhof hatte in diesem Urteil eine Aufwandsspende unabhängig davon anerkannt, ob die Satzung des Zuwendungsempfängers eine Erstattung von Aufwendungen vorsieht und der Zuwendende sodann auf diese verzichtet, weil das Vermögensopfer des Zuwendenden die steuerbegünstigte Körperschaft als Leistungsempfängerin in jedem Fall bereichere (BFH 24.9.1985 – IX R 8/81, BStBl. II 1986, 726; dem folgend BFH 29.11.1989 – X R 154/88, BStBl. II 1990, 570; BFH 8.8.1990 – X R 149/88, BStBl. II 1991, 70; ähnlich schon BFH 25.7.1969 – VI R 269/67, BStBl. II 1969, 681; BFH 24.2.1972 – IV R 2/68, BStBl. II 1972, 613; anders BFH 28.4.1978 – VI R 147/75, BStBl. II 1979, 297). **362.1**

§ 10b Abs. 3 S. 5 setzt einen **Erstattungsanspruch aus Vertrag oder Satzung** voraus. Ein Anspruch aus einem Vorstandsbeschluss genügt nicht (FG Berlin-Brandenburg 4.3.2014 – 6 K 9244/11, EFG 2014, 989; anders gegen den eindeutigen Wortlaut des § 10b Abs. 3 S. 5 OFD Münster 20.6.2012, BeckVerw 262446; siehe auch BMF 25.11.2014, BStBl. I 2014, 1584; ebenso Schmidt/*Heinicke* § 10b Rn. 3). Angesichts regelmäßig gleichgerichteter Interessen des Zuwendenden und des Zuwendungsempfängers ist dabei darauf zu achten, dass die Vereinbarung über den Erstattungsanspruch vor der mit Aufwendungen verbundenen Tätigkeit getroffen wird, **ernstlich gewollt, klar, eindeutig und widerspruchsfrei** ist, vorbehaltlich des späteren Verzichts ihrem Inhalt entsprechend durchgeführt wird und einem **Fremdvergleich** (freilich: unter Berücksichtigung der besonderen Umstände des Gemeinnützigkeitssektors) standhält (zum Ganzen BMF 25.11.2014, BStBl. I 2014, 1584; BMF 24.8.2016, BStBl. I 2016, 994; ferner *Emser* DStR 2015, 1960 (1960 f.); exemplarisch BFH 9.5.2007 – XI R 23/06, BFH/NV 2007, 2251: überhöhte pauschale Erstattung von Fahrtkosten; FG Berlin-Brandenburg 4.3.2014 – 6 K 9244/11, EFG 2014, 989: fehlende Ernsthaftigkeit einer Zusage von Fahrtkostenersatz bei unklarer Regelung der Voraussetzungen und der Höhe des Ersatzanspruchs). **Indizien für die Ernsthaftigkeit eines Erstattungsanspruchs** sind nach der Finanzverwaltung „die zeitliche Nähe der Verzichtserklärung zur Fälligkeit des Anspruchs" und „die wirtschaftliche Leistungsfähigkeit des Zuwendungsempfängers". Die Verzichtserklärung soll dabei „noch zeitnah" sein, „wenn bei einmaligen Ansprüchen innerhalb von drei Monaten und bei Ansprüchen aus einer regelmäßigen Tätigkeit innerhalb eines Jahres nach Fälligkeit des Anspruchs der Verzicht erklärt wird". Als regelmäßig gilt dabei eine Tätigkeit, die gewöhnlich monatlich ausgeübt wird. Die wirtschaftliche Leistungsfähigkeit des Zuwendungsempfängers ist anzunehmen, wenn er „ungeachtet eines späteren Verzichts durch den Zuwendenden bei prognostischer Betrachtung zum Zeitpunkt der Einräumung des Anspruchs auf den Aufwendungsersatz oder die Vergütung wirtschaftlich in der Lage ist, die eingegangene Verpflichtung zu erfüllen". Überdies muss der Anspruch im Zeitpunkt des Verzichts tatsächlich werthaltig sein (zum Ganzen BMF **363**

25.11.2014, BStBl. I 2014, 1584; BMF 24.8.2016, BStBl. I 2016, 994; ferner BFH 9.5.2007 – XI R 23/06, BFH/NV 2007, 2251).

364 „[I]m Verhältnis eines Zuwendungsempfängers zu seinen ehrenamtlich tätigen Mitgliedern" geht die Finanzverwaltung davon aus, „dass Leistungen […] unentgeltlich und ohne Aufwendungsersatzanspruch erbracht werden". Diese Vermutung ist aber widerlegbar durch „eine schriftliche Vereinbarung zwischen Zuwendendem und Zuwendungsempfänger […], die vor der zum Aufwand führenden Tätigkeit getroffen sein muss" (BMF 25.11.2014, BStBl. I 2014, 1584).

365 Nicht steuerbegünstigt ist gemäß § 10b Abs. 3 S. 5 der Verzicht auf einen **gesetzlichen Erstattungsanspruch.** Gesetzliche Erstattungsansprüche sind insbesondere die Aufwendungsersatzansprüche eines berechtigten Geschäftsführers ohne Auftrag aus § 683 S. 1 BGB in Verbindung mit § 670 BGB und des Vorstandsmitglieds eines Vereins aus § 27 Abs. 3 S. 1 BGB in Verbindung mit § 670 BGB. Nicht steuerbegünstigt ist gemäß § 10b Abs. 3 S. 6 ferner der Verzicht auf einen grundsätzlich verzichtstauglichen Erstattungsanspruch, der **unter der Bedingung des Verzichts eingeräumt** worden ist. Ein solcher Anspruch ist von vornherein wertlos, sodass der Verzicht des Steuerpflichtigen für ihn keine wirtschaftliche Belastung bedeutet. Dabei muss der Erstattungsanspruch nicht ausdrücklich unter der Bedingung des Verzichts eingeräumt worden sein. Steuerschädlich ist auch eine Satzungsregelung, nach der die tatsächliche Auszahlung einer Reisekostenerstattung offensichtlich von vornherein nicht vorgesehen ist (exemplarisch FG Berlin-Brandenburg 4.3.2014 – 6 K 9244/11, EFG 2014, 989: Regelung, nach der „die zu erstattenden Reisekosten […] auf Antrag […] als Aufwandsspende bestätigt werden").

366–368 *Einstweilen frei*

369 **c) Bewertung von Aufwandsspenden.** Praxis und Schrifttum behandeln Aufwandsspenden überwiegend als Geldspenden und bewerten sie folglich mit dem **Nennwert des Erstattungsanspruchs.** Ein Abschlag soll vorzunehmen sein, wenn der Zuwendungsempfänger nicht über ausreichende Mittel zur Erfüllung des Anspruchs verfügt. In der Bestätigung ist danach eine Geldzuwendung zu bescheinigen (zum Ganzen BMF 25.11.2014, BStBl. I 2014, 1584). Näher liegt eine **Einordnung als Sachzuwendung,** die nach § 10b Abs. 3 S. 3 zu bewerten ist. Ist der Erstattungsanspruch nicht werthaltig, weil der Zuwendungsempfänger ihn nicht bedienen kann oder der Anspruch aus anderen Gründen uneinbringlich oder zweifelhaft ist (dazu für § 12 Abs. 1 S. 1 und Abs. 2 BewG Rössler/Troll/*Eisele* BewG § 12 Rn. 9 f. und 14 ff.), ergibt sich eine Abwertung ohne Weiteres aus § 10b Abs. 3 S. 3 (wie hier auch *Hüttemann* Gemeinnützigkeits- und Spendenrecht, 4. Aufl. 2018, Rn. 8.33).

370 Unabhängig von der dogmatischen Einordnung von Aufwandsspenden ist der **Aufwand stets im Einzelnen zu ermitteln.** Dazu muss sich aus der Zuwendungsbestätigung hinreichend genau ergeben, dass der Aufwand dem Grunde und der Höhe nach zur Erfüllung der steuerbegünstigten Zwecke erforderlich war. Möglich ist das nur, wenn die Zuwendungsbestätigung darüber Auskunft gibt, wie und wann der Steuerpflichtige tätig geworden ist und welche Aufwendungen ihm durch die Tätigkeit entstanden sind (BFH 29.11.1989 – X R 154/88, BStBl. II 1990, 570).

371 Praktisch besonders wichtig sind **Aufwandsspenden in Form von Kosten für Fahrten mit dem eigenen Kraftfahrzeug.** Abzugsfähig sind diese nur insoweit, als in der Zuwendungsbestätigung Datum, Ort, Zweck und Fahrtstrecke der einzelnen Fahrten ausgewiesen sind. Nur dann ergibt sich aus der Zuwendungsbestätigung, dass die Fahrten dem Grunde und der Höhe nach zur Erfüllung der steuerbegünstigten Zwecke erforderlich waren (BFH 29.11.1989 – X R 154/88, BStBl. II 1990, 570; BFH 29.11.1989 – X R 5/89, BFH/NV 1991, 224; FG Thüringen 2.9.1988 – III 130/98, EFG 1998, 1640; FG Berlin-Brandenburg 28.11.2018 – 7 K 7258/16, BeckRS 2018, 33984; zur Übertragbarkeit auf Aufwendungen für Telefongespräche und Büromaterial BFH 17.2.1993 – X R 119/90, BFH/NV 1994, 154). Dabei können Fahrtkosten der Höhe nach nur insoweit abgezogen werden, als sie dem Zuwendungsempfänger selbst entstanden wären, wenn ihm der Steuerpflichtige sein Fahrzeug für die Fahrten zur Verfügung gestellt hätte. Abzugsfähig sind daher nur die Benzinkosten, nicht hingegen die durch die bloße Nutzung des Kraftfahrzeugs verursachten Vermögensminderungen (Verschleiß) und Aufwendungen (Wartungskosten), deren Zuwendung – auch im Rahmen einer Aufwandsspende – § 10b Abs. 4 S. 1 ausschließt (zum Ganzen BFH

29.11.1989 – X R 154/88, BStBl. II 1990, 570; FG Thüringen 2.9.1988 – III 130/98, EFG 1998, 1640; FG Berlin-Brandenburg 28.11.2018 – 7 K 7258/16, BeckRS 2018, 33984). Eine Schätzung der Fahrtkosten in Form von Kilometerpauschbeträgen ist danach zwar zulässig. Die Pauschbeträge dürfen aber keine Abnutzungs- und Wartungskosten berücksichtigen, sodass nicht ohne Weiteres die für Dienstreisen geltenden Pauschbeträge angesetzt werden können (BFH 29.11.1989 – X R 154/88, BStBl. II 1990, 570; FG Thüringen 2.9.1988 – III 130/98, EFG 1998, 1640; FG Berlin-Brandenburg 28.11.2018 – 7 K 7258/16, BeckRS 2018, 33984; problematisch daher OFD Frankfurt 21.2.2002, DB 2002, 818, die einen Betrag von 0,30 EUR pro Kilometer für angemessen hält).

Einstweilen frei **372–373**

V. Vertrauensschutz und Haftung (§ 10b Abs. 4)

Erfolgt eine Zuwendung an einen nicht zur Entgegennahme steuerbegünstigter Zuwendungen berechtigten Empfänger oder verwendet ein zur Entgegennahme solcher Zuwendungen grundsätzlich berechtigter Empfänger die Zuwendung nicht für steuerbegünstigte Zwecke, liegen die Voraussetzungen für den Sonderausgabenabzug nicht vor. Das ist für den Steuerpflichtigen misslich, wenn er angesichts einer **Zuwendungsbestätigung nach § 50 EStDV** keinerlei Anlass hatte, an der Berechtigung des Empfängers zur Entgegennahme steuerbegünstigter Zuwendungen und ihrer Verwendung für steuerbegünstigte Zwecke zu zweifeln, und gefährdet in der Folge ganz allgemein die Bereitschaft, entsprechende Zuwendungen zu erbringen. **374**

Der durch das Gesetz zur Verbesserung und Vereinfachung der Vereinsbesteuerung vom 18.12.1989 (BGBl. 1989 I 2212) mit Wirkung vom 23.12.1989 eingeführte § 10b Abs. 4 sieht daher eine Kombination aus **Vertrauensschutz** zugunsten des gutgläubigen Steuerpflichtigen (in § 10b Abs. 4 S. 1) und einer **Haftung** des Zuwendungsempfängers (in § 10b Abs. 4 S. 2 bis 5) vor. Einerseits soll der Zuwendende „sicher sein können, daß ihm die Steuervergünstigung auch dann erhalten bleibt, wenn sich der Spendenempfänger rechtswidrig verhält und der Spender davon nichts gewußt hat". Andererseits „rechtfertigt und erfordert" dieser Vertrauensschutz „zur Verhinderung von Mißbräuchen die Schaffung eines flankierenden Haftungstatbestandes". Es ist aus Sicht des Gesetzgebers „sachgerecht, für einen Steuerausfall durch falsche Spendenbestätigungen oder durch Fehlverwendung von Spenden denjenigen haften zu lassen, in dessen Sphäre das Fehlverhalten passiert ist" (BT-Drs. 11/4176, 17; zum Ganzen *Gerlach* Vertrauensschutz und Haftung im Spendenrecht, 2005). § 10b Abs. 4 gilt sowohl für Zuwendungen nach § 10b Abs. 1 als auch für Zuwendungen nach § 10b Abs. 1a und § 10b Abs. 2. Hinweise zur Rechtslage vor Einführung des § 10b Abs. 4 enthält die nachfolgende → Rn. 375.1. **375**

Bis zur Einführung der Vorschriften über Vertrauensschutz und Haftung mit Wirkung vom 23.12.1989 fehlte eine ausdrückliche Regelung. Dies war insbesondere von der Unabhängigen Sachverständigenkommission zur Prüfung des Gemeinnützigkeits- und Spendenrechts kritisiert worden (Gutachten der Unabhängigen Sachverständigenkommission zur Prüfung des Gemeinnützigkeits- und Spendenrechts, 1988, 264 f.). Freilich gewährte die Rechtsprechung **auch ohne ausdrückliche gesetzliche Grundlage Vertrauensschutz,** vor allem, wenn dem Empfänger einer Zuwendung nachträglich die Steuerbegünstigung im Veranlagungsverfahren versagt wurde: „[Der Steuerpflichtige] hatte das Geld vielmehr im Vertrauen auf die dem Sportverein (nach damaligem Erkenntnisstand) zu gewährende Steuerbefreiung verausgabt. Bei dieser Sachlage gebieten es die Grundsätze von Treu und Glauben, die auch im Steuerrecht gelten […], es bei dem einmal gewährten Sonderausgabenabzug zu belassen. Nach ständiger Rechtsprechung des BFH greifen die Grundsätze von Treu und Glauben zugunsten des Steuerpflichtigen insbesondere ein, wenn die Geltendmachung eines Steueranspruchs mit dem vorausgegangenen Verhalten der Finanzbehörde derart in Widerspruch steht, daß das nunmehrige Verhalten als illoyal empfunden werden muß […] Ein Verhalten der Verwaltung, das einen derartigen Vertrauensschutz fordert, kann auch in jeder nachdrücklichen Willensäußerung der Verwaltung liegen, die beim Steuerpflichtigen ein berechtigtes Vertrauen auf ein gleichbleibendes Verhalten der Verwaltung begründet […]. Diese Willensäußerung sieht der Senat im Streitfall in der Feststellung der Steuerbegünstigung des Sportvereins durch das FA für das Streitjahr und/oder frühere Jahre. Dabei macht es keinen Unterschied, ob das FA […] die Voraussetzungen für die Steuerbefreiung für jeden einzelnen Steuerabschnitt jeweils neu festgestellt hat oder nicht […] In beiden Fällen ist das Verhalten des FA geeignet, bei Steuerpflichtigen, die den Sportverein mit Spenden unterstützen wollen, einen Vertrauenstatbestand hinsichtlich der **375.1**

Steuerbegünstigung des Sportvereins und damit auch hinsichtlich der steuerlichen Abziehbarkeit ihrer Spenden zu schaffen" (BFH 18.7.1980 – VI R 167/77, BStBl. II 1981, 52; siehe auch BFH 11.6.1997 – X R 242/93, BStBl. II 1997, 612; ergänzend zum Schutz des Vertrauens auf eine ordnungsgemäße tatsächliche Geschäftsführung und hier insbesondere die Verwendung der Zuwendung für steuerbegünstigte Zwecke BFH 9.8.1989 – I R 181/85, BStBl. II 1989, 990; dem folgend BFH 7.11.1990 – X R 143/88, BStBl. II 1991, 325; BFH 7.11.1990 – X R 203/87, BStBl. II 1991, 547).

376–378 *Einstweilen frei*

1. Vertrauensschutz des Zuwendenden

379 Gemäß § 10b Abs. 4 S. 1 darf der Steuerpflichtige auf die **„Richtigkeit" einer Zuwendungsbestätigung** im Sinne des § 50 EStDV vertrauen. Schutzwürdig ist dieses Vertrauen freilich nur, wenn der Steuerpflichtige die Bestätigung nicht durch unlautere Mittel oder falsche Angaben erwirkt hat und ihm die Unrichtigkeit der Bestätigung weder bekannt noch infolge grober Fahrlässigkeit unbekannt war. Ist der Steuerpflichtige in diesem Sinne **gutgläubig,** ist der Abzug einer Zuwendung als Sonderausgabe nach § 10b Abs. 1, 1a und 2 auch dann zu gewähren, wenn die Voraussetzungen für den Abzug tatsächlich nicht vorliegen. Hieraus ergibt sich das Prüfungsschema für den Vertrauensschutz.

380–382 *Einstweilen frei*

383 **a) Zuwendungsbestätigung als Grundlage.** Grundlage für den Vertrauensschutz des Zuwendenden ist gemäß § 10b Abs. 4 S. 1 die vom Zuwendungsempfänger ausgestellte **Zuwendungsbestätigung nach § 50 EStDV,** sofern sie nur den dort genannten formalen Anforderungen genügt (zutreffend HHR/*Kulosa* § 10b Rn. 141; siehe auch OFD Frankfurt 14.11.2014, BeckVerw 293237).

384–386 *Einstweilen frei*

387 **aa) Hoheitlicher Anknüpfungspunkt.** Die Anknüpfung des Vertrauensschutzes an die Zuwendungsbestätigung versteht sich nicht von selbst, weil der rechtsstaatliche Grundsatz der Rechtssicherheit grundsätzlich nur das **Vertrauen in den Inhalt eines Hoheitsakts** schützt (dazu allgemein für die Verwaltung Maunz/Dürig/*Grzeszick* GG Art. 20 VII Rn. 95 ff.), Zuwendungsbestätigungen aber (mit Ausnahme der Zuwendungsbestätigungen juristischer Person des öffentlichen Rechts und öffentlicher Dienststellen nach § 10b Abs. 1 S. 2 Nr. 1) durch private Einrichtungen ausgestellt werden (missverständlich daher BFH 23.9.1999 – XI R 66/98, BStBl. II 2000, 533: allgemein „öffentlich-rechtliche Befugnis" zur Ausstellung von Zuwendungsbestätigungen).

388 Gerechtfertigt ist der Vertrauensschutz im Ausgangspunkt gleichwohl, weil und soweit § 63 Abs. 5 S. 1 AO die Berechtigung zur Ausstellung von Zuwendungsbestätigungen von einem **Körperschaftsteuer-, Freistellungs- oder Feststellungbescheid** abhängig macht, aus dem sich ergibt, dass jedenfalls die satzungsmäßigen Voraussetzungen der Steuerbegünstigung vorliegen (dazu im Einzelnen Gosch AO/FGO/*Unger* AO § 63 Rn. 63 ff.; zum Ganzen ähnlich wie hier *Hüttemann* Gemeinnützigkeits- und Spendenrecht, 4. Aufl. 2018, Rn. 8.115; instruktiv zum Ganzen aus der Zeit vor Einführung des § 10b Abs. 4 BFH 18.7.1980 – VI R 167/77, BStBl. II 1981, 52). Freilich reicht der Vertrauensschutz nach § 10b Abs. 4 S. 1 weit über den Inhalt dieses Bescheids hinaus, weil er nicht nur das Vertrauen in die dort festgestellten satzungsmäßigen Voraussetzungen der Steuerbegünstigung des Empfängers schützt, sondern sich auf den gesamten Inhalt der Zuwendungsbestätigung erstreckt. Überdies schützt § 10b Abs. 4 S. 1 den gutgläubigen Steuerpflichtigen auch dann, wenn der Aussteller der Zuwendungsbestätigung entgegen § 63 Abs. 5 AO nicht zur Ausstellung von Zuwendungsbestätigungen berechtigt war, weil tatsächlich kein Bescheid im Sinne des § 63 Abs. 5 S. 1 Nr. 1 und 2 AO vorlag. Insoweit ist der gewährte Vertrauensschutz daher zwar verfassungsrechtlich zulässig, nicht aber geboten.

389 Probleme treten vor diesem Hintergrund bei **ausländischen Zuwendungsempfängern** auf: Berechtigt zur Ausstellung von Zuwendungsbestätigungen sind nicht zuletzt wegen des an diese anknüpfenden Vertrauensschutzes nur inländische Empfänger im Sinne des § 10b Abs. 1 S. 2 Nr. 1 und Empfänger im Sinne des § 10b Abs. 1 S. 2 Nr. 2 (→ Rn. 190 ff.). Insbesondere bei Zuwendungen an stets ausländische Empfänger im Sinne des § 10b Abs. 1 S. 2 Nr. 3 wird damit kein Vertrauensschutz gewährt, weil es an einer Zuwendungsbestätigung fehlt. Das ist **unionsrechtlich problematisch** (so auch *Geserich* NWB 2011, 2188 (2189); HHR/*Kulosa* § 10b Rn. 141; tendenziell anders mit Blick auf die fehlende inländische Haftungsmasse für die mit dem Vertrauensschutz in § 10b Abs. 4 verknüpfte Haftung *Hüttemann/Helios* DB 2009, 701 (706)): Zuwendungen an Körperschaften mit Sitz in einem anderen Mitgliedstaat der Europäischen Union (und auch: in einem Drittstaat) unterfallen der Kapitalverkehrsfreiheit und dürfen daher vom Sonderausgabenabzug grundsätzlich auch dann nicht ausgenommen werden, wenn der Empfänger weder unbeschränkt noch beschränkt körperschaftsteuerpflichtig ist. Dem trägt § 10b Abs. 1 S. 2 Nr. 3 Rechnung (→ Rn. 54 f.). Ein Ausschluss vom Vertrauensschutz führt zu einer Ungleichbehandlung von Zuwendungen an Empfänger im Sinne des § 10b Abs. 1 S. 2 Nr. 2 und Zuwendungen an Empfänger im Sinne des § 10b Abs. 1 S. 2 Nr. 3: Einerseits genießen die Zuwendenden bei der eigenen Veranlagung Vertrauensschutz, andererseits nicht. Zwar dürfen die Mitgliedstaaten im Anwendungsbereich der Grundfreiheiten nach Art. 291 Abs. 1 AEUV ihr eigenes Verfahrensrecht anwenden. Sachverhalte, die ihren Ursprung in der Ausübung einer Grundfreiheit haben, dürfen dabei aber grundsätzlich nicht ungünstiger behandelt werden als rein innerstaatliche Sachverhalte (zu diesem „Äquivalenzgebot" EuGH 19.6.2003 – C-34/02, DVBl. 2003, 1223 – Pasquini).

Das Schrifttum schlägt vor diesem Hintergrund eine **analoge Anwendung von § 10b Abs. 4 S. 1** auf die von ausländischen Empfängern erteilten schriftlichen Bestätigungen vor, die das Finanzamt als ausreichenden Nachweis für die Anerkennung einer Zuwendung als Sonderausgabe anerkannt hat (so etwa Blümich/*Brandl* § 10b Rn. 140; zustimmend HHR/*Kulosa* § 10b Rn. 141, der dann aber auch die Haftung nach § 10b Abs. 4 S. 2 auf entsprechende Fälle analog angewendet wissen will). Das ist nicht unproblematisch, weil hier – anders als in den Fällen, auf die § 10b Abs. 4 S. 1 unmittelbar Anwendung findet und in denen eine amtliche Feststellung der Steuerbegünstigung in der Anlage zu einem Körperschaftsteuer- oder Freistellungsbescheid oder in einem selbständigen Feststellungsbescheid vorliegt – jeder hoheitliche Anknüpfungspunkt für Vertrauensschutz fehlt (ähnlich *Hüttemann* Gemeinnützigkeits- und Spendenrecht, 4. Aufl. 2018, Rn. 8.115; siehe auch *Hüttemann* IStR 2010, 118 (122 f.); *Hüttemann* FR 2012, 241 (244)). **390**

Abhilfe schaffte eine von der Finanzverwaltung (siehe AEAO zu § 60a Nr. 3) abgelehnte **Anwendung des Feststellungsverfahrens nach § 60a Abs. 2 Nr. 1 AO** auch auf Körperschaften, die weder unbeschränkt noch beschränkt körperschaftsteuerpflichtig sind. In ihrer Folge könnten gemäß § 60a Abs. 2 Nr. 1 AO in Verbindung mit § 60a Abs. 1 AO die satzungsmäßigen Voraussetzungen der fiktiven Steuerbegünstigung einer solchen Körperschaft bindend festgestellt werden. Damit existierte dann auch eine Grundlage für die Ausstellung einer Zuwendungsbestätigung im Sinne des § 50 EStDV als Anknüpfungspunkt für den Vertrauensschutz nach § 10b Abs. 4 S. 1 und die Haftung nach § 10b Abs. 4 S. 2. Eine analoge Anwendung von § 10b Abs. 4 S. 1 und 2 erübrigte sich (in diese Richtung auch *Hüttemann* Gemeinnützigkeits- und Spendenrecht, 4. Aufl. 2018, Rn. 8.115). Der Wortlaut des § 60a Abs. 2 Nr. 1 AO steht dieser Lösung nicht entgegen. So ging das Schrifttum zunächst ohne Weiteres davon aus, dass § 60a AO auch auf weder unbeschränkt noch beschränkt körperschaftsteuerpflichtige Körperschaften Anwendung finde (siehe exemplarisch *Förster* DStR 2013, 1516 (1518); *Hüttemann* DB 2013, 774 (776); *Kirchhain* DStR 2013, 2141 (2149); *Schauhoff/Kirchhain* FR 2013, 301 (305)). Zur Ermittlung des für die Feststellung zuständigen Finanzamts könnte einstweilen auf § 24 AO zurückgegriffen werden (*Kirchhain* DStR 2014, 289 (293), der zudem § 20 Abs. 4 AO nennt; zum Zuständigkeitsproblem auch *Förster* DStR 2013, 1516 (1519); *Hüttemann* DB 2013, 774 (776); *Schauhoff/Kirchhain* FR 2013, 301 (305); Tipke/Kruse/*Seer* AO § 60a Rn. 8), auch wenn die Zuständigkeit des ersten mit einer Zuwendung an eine ausländische Körperschaft befassten Wohnsitzfinanzamts eines Zuwendenden rechtspolitisch auf Dauer unbefriedigend ist (zutreffend *Förster* DStR 2013, 1516 (1519), die für eine Zuständigkeit des Bundeszentralamts für Steuern plädiert; zum Ganzen mit weiteren Nachweisen bereits Gosch AO/FGO/*Unger* AO § 60a Rn. 18 f.). **391**

Einstweilen frei **392–394**

bb) Form der Zuwendungsbestätigung. Umstritten ist, ob nur eine „echte" Zuwendungsbestätigung nach amtlich vorgeschriebenem Vordruck im Sinne des § 50 Abs. 1 S. 1 EStDV oder amtlich vorgeschriebenem Datensatz im Sinne des § 50 Abs. 2 S. 1 EStDV **395**

Vertrauensschutz begründet oder auch die **funktionalen Äquivalente nach § 50 Abs. 4 S. 1 und Abs. 6 EStDV** (mithin: ein Bareinzahlungsbeleg, eine Buchungsbestätigung und eine Beitragsquittung, nach Auffassung der Finanzverwaltung (→ Rn. 181) ferner ein Online-Banking-Ausdruck und ein Online-Kontoauszug des Online-Bezahlsystems PayPal) eine tragfähige Grundlage für Vertrauensschutz liefern.

396 Richtigerweise ist das **zu verneinen:** Gemäß § 10b Abs. 4 Abs. 4 S. 1 EStDV darf der Steuerpflichtige nur auf die Richtigkeit einer „Bestätigung" über Spenden und Mitgliedsbeiträge vertrauen. § 50 Abs. 4 S. 1 und Abs. 6 EStDV lässt anstelle einer Zuwendungsbestätigung nach amtlich vorgeschriebenem Vordruck oder Datensatz im Sinne des § 50 Abs. 1 S. 1 und Abs. 2 S. 1 EStDV einen vereinfachten Nachweis in Form eines Bareinzahlungsbelegs, einer Buchungsbestätigung und einer Beitragsquittung genügen, ohne diese Beweismittel aber einer vollwertigen Zuwendungsbestätigung in jeder Hinsicht gleichzustellen. Das folgt auch aus § 50 Abs. 1 S. 1 EStDV der ausdrücklich zwischen einer „Zuwendungsbestätigung" und „in den Absätzen 4 bis 6 [des § 10b] bezeichneten Unterlagen" unterscheidet. In den Fällen des § 50 Abs. 4 S. 1 und Abs. 6 EStDV kann danach Vertrauensschutz nur gewährt werden, soweit auch hier – was stets zulässig ist – eine „echte" Zuwendungsbestätigung ausgestellt wird. Diese ist hier zwar zum Nachweis der Zuwendung nicht erforderlich, schafft aber eine Grundlage für Vertrauensschutz. Umgekehrt ist (nur!) dann auch eine Haftung nach § 10b Abs. 4 S. 2 bis 5 gerechtfertigt (ebenso Kirchhof/*Seer* § 10b Rn. 68; im Ausgangspunkt ähnlich wie hier auch HHR/*Kulosa* § 10b Rn. 141, der aber Vertrauensschutz insoweit gewähren will, als die vereinfachten Nachweise Aussagen über die Zuwendung, ihren Empfänger und ihre geplante Verwendung enthalten; anders Blümich/*Brandl* § 10b Rn. 142: analoge Anwendung des § 10b Abs. 4 S. 1 auf die vereinfachten Nachweise; ebenso KSM/*Geserich* § 10b Rn. E 19; besonders weitgehend *Gierlich* FR 1991, 518 (519), der nicht nur die Vorschriften über den Vertrauensschutz, sondern auch die Vorschriften über die Haftung des Zuwendungsempfängers entsprechend angewendet wissen will).

397 Jedenfalls eine taugliche Grundlage für Vertrauensschutz liefern aber eine entsprechend EStR 10b.1 Abs. 4 im **maschinellen Verfahren** ausgestellte Zuwendungsbestätigung (→ Rn. 179) und eine Zuwendungsbestätigung im **Listenverfahren** nach § 50 Abs. 5 EStDV (→ Rn. 182).

398–400 *Einstweilen frei*

401 **b) Umfang des Vertrauensschutzes.** Der Steuerpflichtige kann sich nach § 10b Abs. 4 S. 1 auf die „Richtigkeit" der Zuwendungsbestätigung und also darauf verlassen, dass ihr Inhalt der objektiven Sach- und Rechtslage entspricht. Der Umfang des Vertrauensschutzes ist folglich vom **Inhalt der Zuwendungsbestätigung** abhängig (ähnlich BFH 12.8.1999 – XI R 65/98, BStBl. II 2000, 65). Wie sich aus den amtlichen Vordrucken (→ Rn. 186) ergibt, wird dort bestätigt und ist in der Folge vom Vertrauensschutz umfasst, dass es sich bei der Geld- oder Sachabgabe um eine Zuwendung im Sinne des § 10b (mithin: entweder um eine Spende oder um einen Mitgliedsbeitrag) handelt (speziell dazu BFH 12.8.1999 – XI R 65/98, BStBl. II 2000, 65: unrichtiger Ausweis verdeckten Entgelts als Spende; ebenso BFH 2.8.2006 – XI R 6/03, BStBl. II 2007, 8), der Empfänger gemäß § 10b Abs. 1 S. 2 zur Entgegennahme von Zuwendungen und gemäß § 63 Abs. 5 AO zur Ausstellung von Zuwendungsbestätigungen berechtigt ist (entsprechend zur Rechtslage vor Einführung des § 63 Abs. 5 AO BFH 19.7.2011 – X R 32/10, BFH/NV 2012, 179) und die Zuwendung nur zur Förderung der vom Zuwendungsempfänger verfolgten steuerbegünstigten Zwecke verwendet wird. Darüber hinaus dokumentiert die Zuwendungsbestätigung die Höhe und das Datum der Zuwendung. Bei Sachzuwendungen bezeichnet sie ferner den zugewendeten Gegenstand, bei Durchlaufspenden enthält sie den Hinweis, dass die Zuwendung „entsprechend den Angaben des Zuwendenden" an eine steuerbegünstigte Körperschaft weitergeleitet wird, die gemäß § 63 Abs. 5 AO zur Ausstellung von Zuwendungsbestätigungen berechtigt ist (speziell dazu BFH 24.4.2002 – XI R 123/96, BStBl. II 2003, 128; zum Ganzen etwa BFH 12.8.1999 – XI R 65/98, BStBl. II 2000, 65). Nicht bestätigt werden und in der Folge auch nicht vom Vertrauensschutz umfasst sind hingegen, auch wenn die Bestätigung ausdrücklich eine Zuwendung im Sinne des § 10b ausweist, die dem Zuwendungsempfänger und Aussteller der Zuwendungsbestätigung in aller Regel unbekannte subjektive Abzugsvoraussetzung der überwiegenden Zuwendungsmotivation (überzeugend FG Düsseldorf

26.1.2017 – 9 K 2395/15 E, EFG 2017, 460, aus anderen Gründen aufgehoben durch BFH 15.1.2019 – X R 6/17, BStBl. II 2019, 318).

Fälle einer unrichtigen Zuwendungsbestätigung sind danach: der Ausweis einer unrichtigen Zuwendungshöhe; eine unrichtige Bezeichnung des zugewendeten Gegenstands bei einer Sachspende, insbesondere wenn diese zur Angabe einer unzutreffenden Zuwendungshöhe führt; der unzutreffende Hinweis, der Empfänger sei zur Entgegennahme steuerbegünstigter Zuwendungen berechtigt, auch wenn ihm die Steuerbegünstigung erst im Veranlagungsverfahren rückwirkend versagt wird (BFH 3.12.2001 – XI B 84/01, BFH/NV 2002, 482); die unzutreffende Behauptung, die Zuwendung werde nur zur Förderung der steuerbegünstigten Zwecke des Zuwendungsempfängers verwendet. **402**

Einstweilen frei **403–405**

c) Schutzwürdigkeit des Vertrauens. Schutzwürdig ist das Vertrauen des Steuerpflichtigen auf die Richtigkeit der Zuwendungsbestätigung gemäß § 10b Abs. 4 S. 1, wenn er die Bestätigung nicht durch unlautere Mittel oder falsche Angaben erwirkt hat und ihm die Unrichtigkeit der Bestätigung weder bekannt noch infolge grobe Fahrlässigkeit unbekannt war. **406**

Einstweilen frei **407–409**

aa) Erwirkung unrichtiger Zuwendungsbestätigung. Erwirkt hat der Steuerpflichtige eine unrichtige Zuwendungsbestätigung, wenn sein Verhalten oder das ihm zurechenbare Verhalten Dritter für die Unrichtigkeit ursächlich war (Schmidt/*Heinicke* § 10b Rn. 53). Steuerschädlich sind dabei zum einen **unlautere Mittel.** Wie sich aus § 130 Abs. 2 Nr. 2 AO ergibt, sind das insbesondere arglistige Täuschung, Drohung und Bestechung. Zum anderen kann eine unrichtige Zuwendungsbestätigung durch **falsche Angaben** erwirkt werden. Darunter sind Angaben zu verstehen, die objektiv unrichtig oder unvollständig sind. Ein wichtiger Anwendungsfall sind falsche Angaben über den zugewendeten Gegenstand bei Sachspenden, die zur Angabe eines überhöhten Werts in der Zuwendungsbestätigung führen (Beispiel bei *Hüttemann* Gemeinnützigkeits- und Spendenrecht, 4. Aufl. 2018, Rn. 8.119). **410**

Einstweilen frei **411–413**

bb) Wissen um unrichtige Zuwendungsbestätigung. Positive Kenntnis von der Unrichtigkeit einer Zuwendungsbestätigung hat der Zuwendende, wenn er „das – wenn auch laienhafte – **Bewusstsein von der Rechtswidrigkeit der Bestätigung** selbst" hat (BFH 2.8.2006 – XI R 6/03, BStBl. II 2007, 8). Bösgläubig ist ein Steuerpflichtiger daher, wenn er vom Entgeltcharakter einer Zahlung weiß und ihm daher immerhin laienhaft bewusst ist, dass es sich entgegen der Bestätigung nicht um eine Spende handelt (entsprechend für Spenden anlässlich der Aufnahme in einen Golfclub BFH 29.1.2003 – XI B 132/01, BFH/NV 2003, 908; BFH 2.8.2006 – XI R 6/03, BStBl. II 2007, 8). **414**

Nach der Legaldefinition in § 45 Abs. 2 S. 3 Nr. 3 SGB X liegt **grobe Fahrlässigkeit** vor, wenn die erforderliche Sorgfalt in besonders schwerem Maße verletzt wird (allgemein zu den Anforderungen MüKoBGB/*Grundmann* BGB § 276 Rn. 94 ff.). Dem Zuwendenden muss mithin die Unrichtigkeit der Bestätigung verschlossen bleiben, weil er die gebotene und zumutbare Sorgfalt in ungewöhnlich hohem Maße und in nicht entschuldbarer Weise verletzt (BFH 2.8.2006 – XI R 6/03, BStBl. II 2007, 8; zum Erfordernis einer Konsultation qualifizierter Dritter bei sich aufdrängenden Zweifeln an der steuerlichen Abzugsfähigkeit einer Zuwendung FG Münster 13.12.2010 – 14 K 1789/08 E und 14 K 1792/08 E, EFG 2011, 610). Anzulegen ist entsprechend allgemeinen steuerrechtlichen Grundsätzen (für § 69 S. 1 AO Gosch AO/FGO/*Jatzke* AO § 69 Rn. 59) ein **individueller Maßstab.** Anwendung findet folglich anders als im Zivilrecht, wo § 276 Abs. 2 BGB auf die „im Verkehr erforderliche Sorgfalt" abstellt, kein objektiver, sondern ein subjektiver Fahrlässigkeitsbegriff. Es kommt mithin auf die nach den persönlichen Kenntnissen und Fähigkeiten des Zuwendenden gebotene und zumutbare Sorgfalt an (BFH 2.8.2006 – XI R 6/03, BStBl. II 2007, 8; siehe aber auch KSM/*Geserich* § 10b Rn. E 20: „typisierend die im Verkehr erforderliche Sorgfalt als allgemeiner Maßstab zugrunde zu legen"; instruktiv zur Anwendung eines subjektiven Fahrlässigkeitsbegriffs im Steuerrecht HHS/*Söhn* AO § 110 Rn. 55: „Im Gegensatz zu § 276 Abs. 1 BGB gilt in § 110 AO insbesondere zum Schutz unerfahrener Beteiligter kein **415** auf die allgemeinen Verkehrsbedürfnisse ausgerichteter objektiver Sorgfaltsmaßstab, sondern ein individueller, subjektiver Verschuldensmaßstab, der auf die besonderen Umstände des Einzelfalls abstellt und die vorauszusetzenden Kenntnisse, Möglichkeiten und Fähigkeiten des Betroffenen berücksichtigt“). Ergänzend ist (auch für die Zurechnung des Verschuldens eines gesetzlichen Vertreters, eines Mitarbeiters oder eines Dritten) auf die bei § 173 Abs. 1 Nr. 2 AO maßgeblichen Grundsätze zurückzugreifen (dazu Koenig/*Koenig* AO § 173 Rn. 110 ff.; Klein/*Rüsken* AO § 173 Rn. 111 ff.; Gosch AO/FGO/*von Wedelstädt* AO § 173 Rn. 85 ff.).

416 Maßgeblich für die Beurteilung der Schutzwürdigkeit des Zuwendenden ist nach überwiegender Auffassung der **Zeitpunkt der Einreichung der Steuererklärung** (BFH 26.4.2002 – XI R 30/01, BFH/NV 2002, 1029; BFH 2.8.2006 – XI R 6/03, BStBl. II 2007, 8; zustimmend KSM/*Geserich* § 10b Rn. E 22; Schmidt/*Heinicke* § 10b Rn. 54; in diese Richtung wohl auch HHR/*Kulosa* § 10b Rn. 144; nicht eindeutig OFD Frankfurt 14.11.2014, BeckVerw 293237). In der Folge ist es steuerschädlich, wenn der Steuerpflichtige nach Zuwendung und Ausstellung einer Zuwendungsbestätigung, aber vor Abgabe der Steuererklärung von steuerschädlichen Umständen Kenntnis erlangt. **Das überzeugt nicht:** Schutzwürdiges Vertrauen entsteht gemäß § 10b Abs. 4 S. 1 bereits durch die Ausstellung einer Zuwendungsbestätigung. In der Folge reicht es aus, wenn der Steuerpflichtige bei Ausstellung der Bestätigung von ihrer Richtigkeit überzeugt ist (ebenso Kirchhof/*Seer* § 10b Rn. 69). Steuerschädlich ist es daher nur, wenn der Steuerpflichtige zwischen Zuwendung und Ausstellung der Zuwendungsbestätigung durch den Empfänger von ihrer Unrichtigkeit erfährt. Kenntniserlangung nach Ausstellung der Zuwendungsbestätigung ist hingegen unschädlich. Das ist auch sachgerecht: Zuwendungen führen beim Steuerpflichtigen unmittelbar zu einer endgültigen wirtschaftlichen Belastung. Er hat daher ein Interesse daran, sich bereits ab diesem Zeitpunkt, jedenfalls aber ab Ausstellung der Zuwendungsbestätigung auf den späteren Abzug der Zuwendung als Sonderausgabe verlassen zu können.

417 Die **Wahrheitspflicht des Steuerpflichtigen** nach § 150 Abs. 2 S. 1 AO und § 153 Abs. 1 S. 1 Nr. 1 AO steht dem nicht entgegen (so aber KSM/*Geserich* § 10b Rn. E 22; Schmidt/*Heinicke* § 10b Rn. 54): Zwar muss der Steuerpflichtige grundsätzlich in seiner Steuererklärung wahrheitsgemäße Angaben (auch: über steuerbegünstigte Zuwendungen) machen und seine Erklärung unverzüglich berichtigen, wenn er nachträglich erkennt, dass diese unrichtig ist. Diese Grundsätze werden aber durch den Vertrauensschutz nach § 10b Abs. 4 S. 1 überlagert, der andernfalls weitgehend leer liefe. Der Steuerpflichtige verstößt in der Folge nicht gegen seine Wahrheitspflicht aus § 150 Abs. 2 S. 1 AO, weil er ohne steuerschädliche Folgen offenlegen kann, dass er nach Ausstellung der Zuwendungsbestätigung von ihrer Unrichtigkeit erfahren hat. Zweck des Vertrauensschutzes nach § 10b Abs. 4 S. 1 ist es gerade, dass das Finanzamt der Besteuerung des Zuwendenden einen Sachverhalt zugrunde legt, von dem es positiv weiß, dass er so nicht stattgefunden hat. Folgerichtig erlischt der Steueranspruch auch nicht. Das Finanzamt ist vielmehr lediglich daran gehindert, diesen durchzusetzen (→ Rn. 424). Bezeichnenderweise hält die Gegenauffassung den Steuerpflichtigen dann auch „entgegen“ § 153 Abs. 1 S. 1 Nr. 1 AO nicht für verpflichtet, seine Erklärung zu berichtigen, wenn er erst nach Einreichung der Steuererklärung beim Finanzamt von der Unrichtigkeit der Zuwendungsbestätigung erfährt. Die Vorschrift sei insoweit nicht anwendbar, „weil sonst § 10b Abs. 4 Satz 1 EStG regelmäßig leerlaufen würde“ (so KSM/*Geserich* § 10b Rn. E 22). Warum zwischen Ausstellung der Zuwendungsbestätigung und Einreichung der Steuererklärung beim Finanzamt etwas anderes gelten soll, erschließt sich nicht (ähnlich wie hier Blümich/*Brandl* § 10b Rn. 141).

418 Auf dieser Grundlage ist auch der **Widerruf einer (unrichtigen) Zuwendungsbestätigung** durch den Aussteller zu behandeln. Ist dieser im Innenverhältnis zwischen dem Zuwendungsempfänger und dem Zuwendenden wirksam (was wegen § 130 Abs. 1 S. 2 BGB regelmäßig nicht der Fall sein wird), fehlt es schon an einer wirksamen Zuwendungsbestätigung als Grundlage für schutzwürdiges Vertrauen. Ist der Widerruf hingegen unwirksam, handelt es sich um eine bloße Information des Steuerpflichtigen über die Unrichtigkeit der Zuwendungsbestätigung nach ihrer Ausstellung, die nach der hier vertretenen Auffassung unschädlich ist (anders OFD Frankfurt 14.11.2014, BeckVerw 293237).

419–421 *Einstweilen frei*

d) Rechtsfolge: Sonderausgabenabzug. Ist die Zuwendungsbestätigung unrichtig, weil ihr Inhalt nicht der objektiven Sach- und Rechtslage entspricht, ist zu unterscheiden: Ist der **Steuerpflichtige bösgläubig** (→ Rn. 406 ff.), scheidet der Sonderausgabenabzug aus. Stellt sich erst später heraus, dass die Zuwendungsbestätigung unrichtig ist, ist der Steuerbescheid zu ändern (→ Rn. 214). 422

Ist der **Steuerpflichtige gutgläubig** (→ Rn. 406 ff.), ist der Sonderausgabenabzug zu gewähren, obwohl dessen Voraussetzungen tatsächlich nicht vorliegen. Auch eine spätere Änderung des Steuerbescheids ist dann ausgeschlossen. Der Steuerpflichtige ist so zu behandeln, als träfe die Zuwendungsbestätigung inhaltlich zu (KSM/*Geserich* § 10b Rn. E 25). Weist die Zuwendungsbestätigung daher eine Ausgabe, die mangels Unentgeltlichkeit keine Zuwendung ist, als eine solche aus, ist diese gleichwohl zum Abzug zuzulassen, sofern der Steuerpflichtige gutgläubig ist (exemplarisch BFH 12.8.1999 – XI R 65/98, BStBl. II 2000, 65: Ausweis verdeckten Schulgelds als Spende). Voraussetzung des Sonderausgabenabzugs ist freilich, dass der in der Zuwendungsbestätigung bestätigte Sachverhalt, läge er nur tatsächlich vor, zum Sonderausgabenabzug berechtigte. Schiede ein Sonderausgabenabzug selbst dann aus, wenn der in der Zuwendungsbestätigung ausgewiesene Sachverhalt tatsächlich vorläge, hilft der Vertrauensschutz nach § 10b Abs. 4 S. 1 darüber nicht hinweg. Die Vorschrift schützt nur das Vertrauen in den in der Bestätigung dokumentierten Sachverhalt, nicht aber das Vertrauen in die rechtlichen Voraussetzungen für einen Sonderausgabenabzug (BFH 5.4.2006 – I R 20/05, BStBl. II 2007, 450; FG Düsseldorf 26.1.2017 – 9 K 2395/15 E, EFG 2017, 460, aus anderen Gründen aufgehoben durch BFH 15.1.2019 – X R 6/17, BStBl. II 2019, 318). 423

Technisch führt der Vertrauensschutz nach § 10b Abs. 4 S. 1 nicht zum Erlöschen des Steueranspruchs. Die Vorschrift hat vielmehr lediglich zur Folge, dass der **Steueranspruch nicht mehr „geltend gemacht werden kann"** (so allgemein für die Rechtsfolgen von Treu und Glauben BFH 8.2.1996 – V R 54/94, BFH/NV 1996, 733; speziell für § 10b Abs. 4 S. 1 KSM/*Geserich* § 10b Rn. E 26). 424

Einstweilen frei 425–427

2. Haftung des Zuwendungsempfängers

Wird der Sonderausgabenabzug wegen des Vertrauensschutzes nach § 10b Abs. 4 S. 1 gewährt, obwohl die Abzugsvoraussetzungen eigentlich nicht vorliegen, kommt es zu einem **Steuerausfall.** Um diesen zu kompensieren, sieht § 10b Abs. 4 S. 2 bis 4 eine Haftung für die entgangene Steuer in Höhe von 30 Prozent des zugewendeten Betrags vor. Zu unterscheiden sind die **Ausstellerhaftung** und die **Veranlasserhaftung.** 428

Einstweilen frei 429–431

a) Voraussetzungen der Ausstellerhaftung. Gemäß § 10b Abs. 4 S. 2 haftet für die entgangene Steuer zunächst, wer vorsätzlich oder grob fahrlässig eine unrichtige Zuwendungsbestätigung ausstellt. 432

Einstweilen frei 433–435

aa) Unrichtige Zuwendungsbestätigung. Unrichtig ist eine Bestätigung, wenn ihr Inhalt nicht der objektiven Sach- und Rechtslage entspricht (exemplarisch FG Berlin-Brandenburg 4.3.2014 – 6 K 9244/11, EFG 2014, 989: Ausstellung fehlerhafter Zuwendungsbestätigung für Aufwandsspende). 436

Einstweilen frei 437–439

bb) Verschulden des Ausstellers. Der Aussteller haftet nur bei **Verschulden.** Abzustellen ist wie bei § 173 Abs. 1 Nr. 2 AO (zur Übertragbarkeit der dort maßgeblichen Grundsätze auf § 10b Abs. 4 S. 2 FG Berlin-Brandenburg 4.3.2014 – 6 K 9244/11, EFG 2014, 989; zu diesen Grundsätzen etwa Koenig/*Koenig* AO § 173 Rn. 110 ff.; Klein/*Rüsken* AO § 173 Rn. 111 ff.; Gosch AO/FGO/*von Wedelstädt* AO § 173 Rn. 85 ff.) nur auf die natürliche Person, die eine Bestätigung für die als Aussteller ausgewiesene Einrichtung ausfertigt und deren Handeln der Einrichtung nach allgemeinen Grundsätzen zugerechnet werden kann. Angesprochen sind insbesondere die **Organe** des Ausstellers wie etwa ein Vereinsvorstand nach § 26 Abs. 1 S. 1 BGB, aber auch seine **Mitarbeiter** wie etwa ein Buchhalter oder ein Sachbearbeiter (dazu FG Berlin-Brandenburg 4.3.2014 – 6 K 9244/11, EFG 2014, 989; 440

ferner für § 173 Abs. 1 Nr. 2 AO BFH 30.10.1986 – III R 163/82, BStBl. II 1987, 161; zur Haftung einer Körperschaft des öffentlichen Rechts als Anstellungskörperschaft für ihre Mitarbeiter BFH 24.4.2002 – XI R 123/96, BStBl. II 2003, 128; FG Niedersachsen 15.1.2015 – 14 K 85/13, EFG 2015, 904). Auch das Verschulden eines **steuerlichen Beraters** ist dem Aussteller zuzurechnen (FG Berlin-Brandenburg 4.3.2014 – 6 K 9244/11, EFG 2014, 989).

441 Verschulden umfasst nach § 10b Abs. 4 S. 2 **Vorsatz und grobe Fahrlässigkeit.** Grobe Fahrlässigkeit liegt nach der Legaldefinition in § 45 Abs. 2 S. 3 Nr. 3 SGB X vor, wenn die erforderliche Sorgfalt in besonders schwerem Maße verletzt wird. Die für den Aussteller handelnde natürliche Person muss mithin die gebotene und zumutbare Sorgfalt in ungewöhnlich hohem Maße und nicht entschuldbarer Weise verletzen (allgemein zu den Anforderungen MüKoBGB/*Grundmann* BGB § 276 Rn. 94 ff.). Anzulegen ist entsprechend allgemeinen steuerrechtlichen Grundsätzen ein **individueller Maßstab,** sodass es auf die nach den persönlichen Kenntnissen und Fähigkeiten der handelnden Person gebotene und zumutbare Sorgfalt ankommt (dazu näher → Rn. 415). Bei sich aufdrängenden Zweifeln an Umfang und Inhalt der steuerrechtlichen Pflichten ist ein steuerlicher Berater hinzuzuziehen (auch hier gelten die bei § 173 Abs. 1 Nr. 2 AO maßgeblichen Grundsätze; zu diesen etwa Klein/*Rüsken* AO § 173 Rn. 113e ff.; Gosch AO/FGO/*von Wedelstädt* AO § 173 Rn. 85 ff.).

442 Maßgeblich für die Beurteilung des Verschuldens ist der **Zeitpunkt der Ausstellung der Zuwendungsbestätigung.** Wird daher eine Zuwendung entgegen der Zuwendungsbestätigung nicht zur Förderung der in ihr genannten steuerbegünstigten Zwecke verwendet, kommt es alleine darauf an, ob dies bei Ausstellung der Bestätigung bereits vorhersehbar war. Genauer: Der Aussteller muss in der Zuwendungsbestätigung wider besseres Wissen die Absicht zur Verwendung der Zuwendung für steuerbegünstigte Zwecke bescheinigt haben (ähnlich *Hüttemann* Gemeinnützigkeits- und Spendenrecht, 4. Aufl. 2018, Rn. 8.127). Andernfalls scheidet eine Ausstellerhaftung aus. In Betracht kommt dann alleine eine Veranlasserhaftung. Ähnliches gilt, wenn dem Empfänger die zunächst bescheinigte Steuerbegünstigung im Veranlagungsverfahren rückwirkend versagt wird. Hier kommt es darauf an, ob der Aussteller bei Ausstellung der Zuwendungsbestätigung den Grund für die Versagung der Steuerbegünstigung im Veranlagungsverfahren kannte oder grob fahrlässig nicht kannte (dazu BFH 3.12.2001 – XI B 84/01, BFH/NV 2002, 482: im Regelfall kein Verschulden).

443–445 *Einstweilen frei*

446 **cc) Haftungsschuldner: Aussteller.** Haftungsschuldner ist nicht die natürliche Person, die die Zuwendungsbestätigung für den Empfänger ausfertigt, sondern alleine der in der Zuwendungsbestätigung als Aussteller ausgewiesene **Zuwendungsempfänger** (BFH 24.4.2002 – XI R 123/96, BStBl. II 2003, 128; FG Berlin-Brandenburg 4.3.2014 – 6 K 9244/11, EFG 2014, 989; FG Niedersachsen 15.1.2015 – 14 K 85/13, EFG 2015, 904; OFD Frankfurt 14.11.2014, BeckVerw 293237). Ausnahmsweise soll die natürliche Person als „tatsächliche" Ausstellerin in Haftung genommen werden können, wenn ihr Verhalten der als „rechtliche" Ausstellerin ausgewiesenen Körperschaft nicht zugerechnet werden kann oder diese Körperschaft gar nicht existiert (dazu FG Berlin-Brandenburg 4.3.2014 – 6 K 9244/11, EFG 2014, 989, unter Hinweis auf HHR/*Kulosa* § 10b Rn. 150: Haftung der für den Kläger handelnden Personen, wenn ihnen ein so massives Fehlverhalten vorzuwerfen ist, dass ihr Handeln nicht mehr als Ausfüllung des ihnen als Organ oder Vertreter des Klägers zukommenden Wirkungskreises angesehen werden kann; siehe ferner OFD Frankfurt 14.11.2014, BeckVerw 293237; Blümich/*Brandl* § 10b Rn. 147; KSM/*Geserich* § 10b Rn. E 48).

447–449 *Einstweilen frei*

450 **dd) Insbesondere: Durchlaufspenden.** Bei **Durchlaufspenden** kommt nur eine Haftung der Durchlaufstelle in Betracht, weil alleine sie und nicht der Letztempfänger der Zuwendung eine Zuwendungsbestätigung ausstellt (→ Rn. 136.2) (BFH 10.9.2003 – XI R 58/01, BStBl. II 2004, 352; BFH 28.7.2004 – XI R 39/03, BFH/NV 2005, 516). Die Durchlaufstelle haftet dabei insbesondere dann, wenn der Letztempfänger entgegen der Zuwendungsbestätigung (zu ihrem Inhalt beim Durchlaufspendenverfahren → Rn. 186.2) nicht steuerbegünstigt ist, aber auch dann, wenn er zwar steuerbegünstigt ist, die Zuwendung aber nicht für steuerbegünstigte Zwecke verwendet (zutreffend weist *Hüttemann* Gemeinnützigkeits- und Spendenrecht, 4. Aufl. 2018, Rn. 8.25, darauf hin, dass angesichts dieses ganz erheblichen Haftungsrisikos die Bereitschaft, als Durchlaufstelle zu fungieren, häufig gering sein wird). Bei einer Fehlverwendung der Zuwendung durch den Letztempfänger tritt allerdings neben die Ausstellerhaftung der Durchlaufstelle eine Veranlasserhaftung des Letztempfängers. Grob fahrlässig handelt eine Durchlaufstelle, wenn sie zu Unrecht bestätigt, dass die Spende zu steuerbegünstigten Zwecken verwendet wird, ohne zuvor zu prüfen, ob die Steuerbegünstigung des Letztempfängers (heute: nach § 60a Abs. 1 S. 1 AO) festgestellt worden ist (BFH 24.4.2002 – XI R 123/96, BStBl. II 2003, 128).

Einstweilen frei **451–453**

b) Voraussetzungen der Veranlasserhaftung. Gemäß § 10b Abs. 4 S. 2 haftet für die entgangene Steuer auch, wer vorsätzlich oder grob fahrlässig veranlasst, dass Zuwendungen nicht zu den in der Bestätigung angegebenen steuerbegünstigten Zwecken verwendet werden. Die Veranlasserhaftung ist ein **eigenständiger Haftungstatbestand** neben der Ausstellerhaftung (KSM/*Geserich* § 10b Rn. E 60). Treffen beide zusammen, haften Veranlasser und Aussteller als Gesamtschuldner nach § 44 AO (KSM/*Geserich* § 10b Rn. E 110). Bedeutung gewinnt das bei Durchlaufspenden, wo die Schuldner der Veranlasser- und der Ausstellerhaftung auseinanderfallen (→ Rn. 450). Tatbestandlich setzt die Veranlasserhaftung voraus, dass eine Zuwendung vorsätzlich oder grob fahrlässig nicht zu den in der Zuwendungsbestätigung angegebenen steuerbegünstigten Zwecken verwendet wird. Das zunächst nur für die Ausstellerhaftung vorgesehene **Verschuldenserfordernis** ist durch das Gesetz zur Stärkung des Ehrenamtes vom 21.3.2013 (BGBl. 2013 I 556) mit Wirkung vom 1.1.2013 auf die Veranlasserhaftung ausgedehnt worden. Die für die Ausstellerhaftung maßgeblichen Grundsätze (→ Rn. 440 ff.) gelten auch für die Veranlasserhaftung. **454**

Einstweilen frei **455–457**

aa) Fehlverwendung der Zuwendung. Eine Fehlverwendung von Zuwendungen liegt nach § 10b Abs. 4 S. 2 vor, soweit „Zuwendungen **nicht zu den in der Bestätigung angegebenen steuerbegünstigten Zwecken** verwendet werden". Die Veranlasserhaftung ist folglich der Höhe nach durch den Umfang der Fehlverwendung begrenzt. Soweit keine Fehlverwendung stattfindet, ist der Sonderausgabenabzug berechtigt, sodass es zu keinem Steuerausfall kommt und in der Folge auch keine den Steuerausfall kompensierende Veranlasserhaftung geboten ist. **458**

Von einer **Fehlverwendung nach § 10b Abs. 4 S. 2** ist immer dann auszugehen, wenn die Voraussetzungen für einen Sonderausgabenabzug nach § 10b Abs. 1 S. 1 und Abs. 1a S. 1 nicht vorliegen, weil der Empfänger die Zuwendung nicht für steuerbegünstigte Zwecke verwendet (im Einzelnen → Rn. 127 ff.). Wird in diesem Fall der Sonderausgabenabzug gleichwohl gewährt, weil der Zuwendende nach § 10b Abs. 4 S. 1 Vertrauensschutz genießt, haftet der Veranlasser der Fehlverwendung für die „entgangene Steuer". **459**

Verwendet der Zuwendungsempfänger die Zuwendung zwar für steuerbegünstigte Zwecke, stellt sich aber später heraus, dass der **Zuwendungsempfänger gar nicht steuerbegünstigt** ist, scheidet eine Veranlasserhaftung nach dem eindeutigen Wortlaut des § 10b Abs. 4 S. 2 aus, der alleine eingreift, wenn Zuwendungen nicht zu steuerbegünstigten Zwecken verwendet werden (BFH 10.9.2003 – XI R 58/01, BStBl. II 2004, 352; BFH 28.7.2004 – XI R 39/03, BFH/NV 2005, 516; BFH 3.2.2014 – I S 23/13 (PKH), BFH/NV 2014, 859; Kirchhof/*Seer* § 10b Rn. 76). In Betracht kommt hier **alleine eine Ausstellerhaftung,** die aber voraussetzt, dass der Aussteller der Zuwendungsbestätigung im Zeitpunkt der Ausstellung den Grund für die spätere Versagung der Steuerbegünstigung kannte oder grob fahrlässig nicht kannte (→ Rn. 440 ff.). Das Problem ist durch die Ausdehnung des Verschuldenserfordernisses auf die Veranlasserhaftung entschärft worden. Zuvor drohte das alleine für die Ausstellerhaftung vorgesehene Verschuldenserfordernis durch eine parallele Anwendung von Aussteller- und Veranlasserhaftung unterlaufen zu werden (dazu BFH 3.12.2001 – XI B 84/01, BFH/NV 2002, 482). Aktuell bleibt es beim Durchlaufspendenverfahren, wo Aussteller- und Veranlasserhaftung regelmäßig unterschiedliche Körperschaften treffen (→ Rn. 450) (BFH 10.9.2003 – XI R 58/01, BStBl. II 2004, 352; BFH 28.7.2004 – XI R 39/03, BFH/NV 2005, 516). **460**

Bei **Spenden in den Vermögensstock einer Stiftung** ist zu beachten, dass in Höhe des zusätzlichen Abzugs nach § 10b Abs. 1a S. 1 eine Fehlverwendung auch dann vorliegt, **461** wenn die Spenden zwar für steuerbegünstigte Zwecke verwendet werden, aber entgegen § 10b Abs. 1a S. 1 und 2 nicht in das zu erhaltende Vermögen der Stiftung fließen, sondern von ihr verbraucht werden (zutreffend *Gerlach* Vertrauensschutz und Haftung im Spendenrecht, 2005, 145).

462 Bei **Durchlaufspenden** schließlich kommt eine Fehlverwendung sowohl auf Ebene der Durchlaufstelle als auch – das ist der häufigere Fall – auf Ebene des Letztempfängers in Betracht. Die Durchlaufstelle unterliegt überdies der Ausstellerhaftung (→ Rn. 450).

463–465 *Einstweilen frei*

466 **bb) Haftungsschuldner: Veranlasser.** Haftungsschuldner sind bei der Veranlasserhaftung, wie sich aus der durch das Jahressteuergesetz 2009 vom 19.12.2008 (BGBl. 2008 I 2794) mit Wirkung vom 1.1.2009 eingeführten Regelung in § 10b Abs. 4 S. 4 nunmehr eindeutig ergibt, anders als bei der Ausstellerhaftung (→ Rn. 446) sowohl der **Zuwendungsempfänger** als auch die **für ihn handelnden natürlichen Personen** (zur früheren Rechtslage, unter der die Frage umstritten war, nur *Hüttemann* Gemeinnützigkeits- und Spendenrecht, 4. Aufl. 2018, Rn. 8.133). Beide haften als Gesamtschuldner nach § 44 AO. Vorrangig ist aber gemäß § 10b Abs. 4 S. 4 der Zuwendungsempfänger heranzuziehen. Die für ihn handelnden natürlichen Personen sind nur in Anspruch zu nehmen, wenn die entgangene Steuer nicht nach § 47 AO (also: durch Zahlung, Aufrechnung, Erlass, Verjährung oder den Eintritt der Bedingung bei auflösend bedingten Ansprüchen) erloschen ist und überdies Vollstreckungsmaßnahmen gegen den Zuwendungsempfänger erfolglos bleiben. Die **Subsidiarität der Haftung natürlicher Personen** soll verhindern, dass engagierte Personen aus Sorge vor einer Inanspruchnahme als Schuldner einer Veranlasserhaftung keine verantwortungsvolleren Aufgaben im Dritten Sektor (etwa: in einem Vereinsvorstand) übernehmen (BT-Drs. 16/10189, 49; siehe auch *Nacke* DB 2008, 2792 (2795)). Ob die gesetzliche Regelung diesem Anliegen angesichts eines erheblichen „Restrisikos" (so zutreffend *Hüttemann* Gemeinnützigkeits- und Spendenrecht, 4. Aufl. 2018, Rn. 8.133) gerecht wird, erscheint zweifelhaft. De lege ferenda ist auf eine grundsätzliche Beschränkung der Veranlasserhaftung auf den Zuwendungsempfänger entsprechend der Rechtslage bei der Ausstellerhaftung zu hoffen.

467–469 *Einstweilen frei*

470 **c) Rechtsfolge: Haftung für entgangene Steuer.** § 10b Abs. 4 S. 2 und 3 bestimmt für die Aussteller- und Veranlasserhaftung einheitlich eine pauschalierte Haftung für die entgangene Steuer in Höhe von 30 Prozent des zugewendeten Betrags vor. **Bemessungsgrundlage** ist bei der Ausstellerhaftung der Gesamtbetrag der Zuwendung, für die eine unrichtige Zuwendungsbestätigung ausgestellt worden ist, bei der Veranlasserhaftung der fehlverwendete Betrag (OFD Frankfurt 14.11.2014, BeckVerw 293237). Die in gewissem Gegensatz zur Anordnung einer Haftung „für die entgangene Steuer" stehende (dazu *Hüttemann* Gemeinnützigkeits- und Spendenrecht, 4. Aufl. 2018, Rn. 8.134) Pauschalierung der Haftung soll „im Interesse der Verwaltungspraktikabilität" eine genaue Ermittlung der entgangenen Steuern im Einzelfall entbehrlich machen (BT-Drs. 11/4176, 17; siehe auch BFH 20.3.2017 – X R 13/15, BStBl. II 2017, 1110: „durch ihren pauschalierenden Ansatz" Abkopplung der Haftung „von den individuellen einkommensteuerlichen Verhältnissen des Zuwendenden").

471 Dieser Hinweis in der Gesetzesbegründung hat mitunter zu der Annahme geführt, die **Haftung sei insgesamt unabhängig von einem tatsächlichen Steuerausfall beim Zuwendenden** (so Blümich/*Brandl* § 10b Rn. 151). Das trifft zu, wenn die tatbestandlichen Voraussetzungen für **Vertrauensschutz nach § 10b Abs. 4 S. 1** vorliegen und – in der Folge – die Zuwendung dem Grunde nach abzugsfähig ist. In diesem Fall kann entsprechend der Gesetzesbegründung aus Praktikabilitätsgründen in der Tat offen bleiben, ob und in welcher Höhe dem Fiskus tatsächlich Steuereinnahmen entgehen. Es ist daher auch unschädlich, wenn zwar – unter Berücksichtigung des Vertrauensschutzes nach § 10b Abs. 4 S. 1 – die Voraussetzungen für den Abzug einer Zuwendung dem Grunde nach vorliegen, es aber tatsächlich zu keinem Steuerausfall kommt, weil das zu versteuernde Einkommen des Steuerpflichtigen den Grundfreibetrag nicht übersteigt und er auch ohne Sonderausgabenabzug keine Steuern hätte zahlen müssen (anders Schmidt/*Heinicke* § 10b Rn. 60, der eine steuerliche Auswirkung im Einzelfall verlangt; ebenso *Hüttemann* Gemeinnützigkeits- und Spendenrecht, 4. Aufl. 2018, Rn. 8.134; *Rathke/Ritter* NWB 2012, 3373 (3377 f.); Schauhoff Gemeinnützigkeits-HdB/*Schauhoff* § 11 Rn. 132; wie hier KSM/*Geserich* § 10b Rn. E 73; siehe auch OFD Frankfurt 14.11.2014, BeckVerw 293237).

Anders sind Fälle zu beurteilen, in denen **Vertrauensschutz nach § 10b Abs. 4 S. 1 ausscheidet** (treffend zum Zusammenhang zwischen Vertrauensschutz und Haftung KSM/*Geserich* § 10b Rn. E 73: „Korrespondenzprinzip"; ähnlich Schauhoff Gemeinnützigkeits-HdB/*Schauhoff* § 11 Rn. 132: Akzessorietät der Haftungsschuld) oder die Zuwendung trotz Vertrauensschutzes nicht abzugsfähig ist, weil der in der Zuwendungsbestätigung bestätigte Sachverhalt selbst dann, wenn er vorläge, nicht zum Sonderausgabenabzug berechtigte (dazu → Rn. 423). Die Haftung nach § 10b Abs. 4 S. 2 und 3 ist keine Sanktion für die Ausstellung einer unrichtigen Zuwendungsbestätigung oder die Veranlassung einer Fehlverwendung. Sie soll lediglich den durch § 10b Abs. 4 S. 1 verursachten Steuerausfall kompensieren (zustimmend Kirchhof/*Seer* § 10b Rn. 79). Fehlt es an einem solchen Steuerausfall bereits dem Grunde nach, weil Vertrauensschutz ausscheidet oder die Zuwendung trotz Vertrauensschutzes nicht abzugsfähig ist, scheidet eine Haftung aus. Es liegt dann von vorneherein keine „entgangene Steuer" vor. Der Fiskus hat vielmehr unabhängig davon, ob dieser durchsetzbar ist, einen Steueranspruch gegen den Zuwendenden (treffend KSM/*Geserich* § 10b Rn. E 73: „Steuerschuld des Steuerpflichtigen und Haftungsschuld […] schließen sich […] gegenseitig aus"). Der Zuwendungsempfänger kann sich folglich der Haftung entziehen, indem er die Bösgläubigkeit des Zuwendenden nachweist oder darlegt, dass der in der Zuwendungsbestätigung bestätigte Sachverhalt selbst dann, wenn er vorläge, nicht zum Sonderausgabenabzug führte. Das gilt auch dann, wenn der in der Folge bestehende Steueranspruch gegen den Zuwendenden nicht durchsetzbar ist (zum Ganzen KSM/*Geserich* § 10b Rn. E 73; Schmidt/*Heinicke* § 10b Rn. 60; *Hüttemann* Gemeinnützigkeits- und Spendenrecht, 4. Aufl. 2018, Rn. 8.134; HHR/*Kulosa* § 10b Rn. 147 und 151; Schauhoff Gemeinnützigkeits-HdB/*Schauhoff* § 11 Rn. 132; ebenso OFD Frankfurt 14.11.2014, BeckVerw 293237, die exemplarisch auf Fälle verweist, in denen es zu keinem Steuerausfall kommt, weil der Zuwendende in seiner Steuererklärung keinen Zuwendungsabzug begehrt; offen gelassen von FG Niedersachsen 15.1.2015 – 14 K 85/13, EFG 2015, 904). **472**

Einstweilen frei **473–475**

d) Festsetzung des Haftungsanspruchs. Verfahrensrechtlich bestimmt die durch das Jahressteuergesetz 2009 vom 19.12.2008 (BGBl. 2008 I 2794) mit Wirkung vom 1.1.2009 eingeführte Regelung in § 10b Abs. 4 S. 5, dass die **Festsetzungsfrist für Haftungsansprüche** nach § 10b Abs. 4 S. 2 nicht abläuft, bevor die Festsetzungsfrist für die vom Zuwendungsempfänger geschuldete Körperschaftsteuer für den Veranlagungszeitraum abgelaufen ist, in dem die unrichtige Bestätigung ausgestellt oder die Fehlverwendung der Zuwendung veranlasst worden ist. § 191 Abs. 5 AO ist nicht anzuwenden. Da § 191 Abs. 5 AO auf die Haftung nach § 10b Abs. 4 S. 2, wo nicht für eine festgesetzte Steuer gehaftet wird, sondern eine Steuerfestsetzung wegen des Vertrauensschutzes nach § 10b Abs. 4 S. 1 gerade ausbleibt, keine Anwendung findet, hat § 10b Abs. 4 S. 5 insoweit lediglich deklaratorische Bedeutung (zutreffend *Nacke* DB 2008, 2792 (2795 f.); ebenso KSM/*Geserich* § 10b Rn. E 77c). **476**

§ 10b Abs. 4 S. 5 koppelt den Ablauf der nach § 191 Abs. 3 S. 2 AO grundsätzlich vierjährigen Festsetzungsfrist für Haftungsansprüche nach § 10b Abs. 4 S. 2 an den in aller Regel späteren Ablauf der gemäß § 170 Abs. 2 S. 1 Nr. 1 AO häufig erst nach drei Jahren anlaufenden und dann faktisch siebenjährigen Frist für die Festsetzung der Körperschaftsteuer gegenüber dem Haftungsschuldner. Das ist erforderlich, weil das Finanzamt regelmäßig erst im Körperschaftsteuerveranlagungsverfahren vom Haftungstatbestand Kenntnis erlangt und die Haftungsvoraussetzungen prüfen kann, die Festsetzungsfrist für den Haftungsanspruch zu diesem Zeitpunkt aber ohne eine **Hemmung der Festsetzungsfrist** regelmäßig schon abgelaufen wäre (dazu auch BT-Drs. 16/11108, 14; instruktiv ferner HHR/*Kulosa* § 10b Rn. 153). **477**

Zuständig für den gemäß § 191 Abs. 1 S. 1 AO in seinem **Entschließungsermessen** (dazu KSM/*Geserich* § 10b Rn. E 76: Berücksichtigung des Maßes der Pflichtverletzung und des Grades des Verschuldens; zur Zweistufigkeit der Prüfung, die zunächst als insoweit **478** gebundene Entscheidung die tatbestandlichen Voraussetzungen der Haftungsnorm adressiert und erst dann in eine Ermessensentscheidung mündet, sowie insbesondere auch zum jeweils maßgeblichen Zeitpunkt BFH 20.9.2016 – X R 36/15, BFH/NV 2017, 593; BFH 20.3.2017 – X R 13/15, BStBl. II 2017, 1110) stehenden Erlass des Haftungsbescheids ist das Betriebsstättenfinanzamt der eine unrichtige Zuwendungsbestätigung ausstellenden oder eine Fehlverwendung veranlassenden Körperschaft. Die Rechtsprechung geht dabei grundsätzlich von einer **Ermessensreduzierung auf Null** aus: Weil eine Erhebung der gesetzlich geschuldeten Steuer bei der Spendenhaftung (anders als in Fällen, in denen neben der Haftungsschuld noch eine Steuerschuld als Hauptschuld besteht) nur durch eine Inanspruchnahme des Zuwendungsempfängers als Haftungsschuldner möglich ist, sei das Finanzamt nach § 85 S. 1 AO zum Erlass eines Haftungsbescheids verpflichtet (für die Veranlasserhaftung FG Hessen 14.1.1998 – 4 K 2594/94, EFG 1998, 757; für die Ausstellerhaftung FG Berlin-Brandenburg 4.3.2014 – 6 K 9244/11, EFG 2014, 989; dem jedenfalls für eine Vielzahl zum Teil grob fehlerhafter Zuwendungsbestätigungen über hohe Beträge folgend FG München 24.2.2015 – 6 K 299/14, EFG 2016, 1233; die Aufhebung durch BFH 20.9.2016 – X R 36/15, BFH/NV 2017, 593, bezieht sich nicht hierauf).

479 Haften mehrere Haftungsschuldner als Gesamtschuldner nach § 44 AO (→ Rn. 454 und → Rn. 466), hat das Finanzamt ein **Auswahlermessen** (dazu KSM/*Geserich* § 10b Rn. E 76 f.). Eingeschränkt wird dieses durch § 10b Abs. 4 S. 4 (→ Rn. 466). Entsprechend allgemeinen Grundsätzen ist der Haftungsschuldner vor Festsetzung des Haftungsanspruchs anzuhören. Ferner ist im Haftungsbescheid die Ausübung des Entscheidungs- und Auswahlermessens zu begründen. Das gilt vor allem, wenn mehrere Personen als Haftungsschuldner in Betracht kommen (zum Ganzen OFD Frankfurt 14.11.2014, BeckVerw 293237).

§ 10c Sonderausgaben-Pauschbetrag

[1]Für Sonderausgaben nach § 10 Absatz 1 Nummer 4, 5, 7 und 9 sowie Absatz 1a und nach § 10b wird ein Pauschbetrag von 36 Euro abgezogen (Sonderausgaben-Pauschbetrag), wenn der Steuerpflichtige nicht höhere Aufwendungen nachweist. [2]Im Fall der Zusammenveranlagung von Ehegatten verdoppelt sich der Sonderausgaben-Pauschbetrag.

Überblick

§ 10c knüpft aus Gründen der Verwaltungsvereinfachung an die §§ 10, 10b an (→ Rn. 2; → Rn. 6), wobei die Reichweite bzw. praktische Bedeutung der Vorschrift seit Ausklammerung der Vorsorgepauschale aus ihrem Regelungsbereich (→ Rn. 3; → Rn. 5) im Vergleich zu früher (dh vor dem Veranlagungszeitraum 2010) signifikant abgenommen hat (→ Rn. 9 f.). Um über den von ihr vorgesehenen Sonderausgaben-Pauschbetrag iHv 36 EUR (mit Abgeltungswirkung, → Rn. 7 f.; → Rn. 13 ff.) hinausgehende Aufwendungen in Ansatz bringen zu können, obliegt dem Steuerpflichtigen der Nachweis, dass ihm tatsächlich höhere Aufwendungen als die von Amts wegen anzusetzenden Pauschbeträge entstanden sind (→ Rn. 16 f.). In Fällen der Zusammenveranlagung verdoppelt sich der Pauschbetrag auf 72 EUR (→ Rn. 20 f.).

Übersicht

A. Allgemeines

Leitentscheidungen, wichtige Verwaltungsanweisungen und Schrifttum (Auswahl): 1

Wichtige Verwaltungsanweisungen: 1.1
BMF 22.10.2010, BStBl. I 2010, 1254 (Vorsorgepauschale ab 2010); BMF 26.11.2013, BStBl. I 2013, 1532 (Vorsorgepauschale im Lohnsteuerabzugsverfahren).

Schrifttum (Auswahl, insbes. zur früheren Vorsorgepauschale): 1.2
Bals, Das Haushaltsbegleitgesetz 1983 – Teil 2: Einkommensteuerliche Änderungen bei der Vorsorgepauschale, bei der Berücksichtigung von Kindern und beim Lohnsteuerverfahren, BB 1983, 302; *Beck/Astfalk*, Pauschbeträge und Pauschale des § 10c EStG ab 1. Januar 1975, DB 1975, 900; *Christoffel*, Vereinfachungsmaßnahmen bei der Berechnung der Vorsorgepauschale, DB 1984, 2329; *Geiermann*, Das neue BMF-Schreiben zur Vorsorgepauschale nach dem Bürgerentlastungsgesetz, StBW 2010, 171; *Gunsenheimer*, Die steuerliche Berücksichtigung der Vorsorgeaufwendungen nach dem Alterseinkünftegesetz, SteuerStud 2006, 169; *Merker*, Die Vorsorgepauschale beim Lohnsteuerabzugsverfahren, StW 2010, 27; *Tiedtke/Reuß*, Höchstbetragsregelung und Vorsorgepauschale bei Vorsorgeaufwendungen, DStR 1994, 957; *Wagner-Jung*, Änderungen in den BMF-Schreiben zur Vorsorgepauschale ab 2010 sowie zu Vorsorgeaufwendungen und Altersbezügen, DStR 2010, 2497; *Wittmann*, Anmerkungen zur Vorsorgepauschale nach § 10c EStG in der Fassung des Steuerreformgesetzes 1990, FR 1990, 571.

I. Regelungsanliegen im System des Steuerrechts

Die Regelung des § 10c bezweckt auch noch in ihrer heutigen „kupierten" (→ Rn. 3) Fassung, das **Besteuerungsverfahren** durch Statuierung eines Sonderausgaben-Pauschbetrags zu **vereinfachen** (vgl. zB BT-Drs. 7/1470, 280; BFH 18.3.1983 – VI R 172/79, BStBl. II 1983, 475 unter b, zur früheren Vorsorgepauschale; *Beck/Astfalk* DB 1975, 900; Blümich/*Hutter* § 10c Rn. 3; Bordewin/Brandt/*Brandt* § 10c Rn. 20, 26; Frotscher/Geurts/*Lindberg* § 10c Rn. 7; HHR/*Kulosa* § 10c Rn. 1; KKB/*Eckhardt* § 10c Rn. 1; Korn/*Bauschatz* § 10c Rn. 1, 10; KSM/*Söhn* § 10c Rn. A 136, 137 („Pauschbeträge für Sonderausgaben sind Vereinfachungsfreibeträge"), B 7; Lademann EStG/*A. Steiner* § 10c Rn. 1). Dies soll „technisch" dadurch erreicht werden, dass der in S. 1 legaldefinierte Pauschbetrag immer dann **von Amts wegen** bei der Einkommensermittlung (vgl. § 2 Abs. 4) anzusetzen ist, wenn der Steuerpflichtige entweder gar keine oder niedrigere Aufwendungen der in S. 1 genannten Art (→ Rn. 9 f.) geltend macht, mit der Folge, dass insofern keine Nachweise vorzulegen bzw. weitergehenden Ermittlungen veranlasst sind (FG Baden-Württemberg 1.10.2019 – 8 K 3195/16, EFG 2020, 116 unter 1.a ee; Frotscher/Geurts/*Lindberg* § 10c Rn. 7; zum Verfahren → Rn. 16 ff.). 2

Ob dieser Zweck angesichts der **geringen Höhe** des Pauschbetrags von inzwischen nur 36 EUR bzw. – im Falle der Zusammenveranlagung – 72 EUR (§ 10c S. 2; → Rn. 20) überhaupt noch erreicht werden kann, erscheint zweifelhaft. Denn der Pauschbetrag wird allein schon aufgrund der Einbeziehung von Kirchensteuer (§ 10 Abs. 1 Nr. 4) und Spenden (§ 10b) **in aller Regel** überschritten werden (exempl. FG Baden-Württemberg 1.10.2019 – 8 K 3195/16, EFG 2020, 116 unter 1.a ee), mit der praktischen Konsequenz, dass das Veranlagungsfinanzamt in der Mehrzahl der Fälle doch in eine **Einzelfallprüfung** eintreten muss (vgl. Bordewin/*Brandt* § 10c Rn. 27; Frotscher/Geurts/*Lindberg* § 10c Rn. 7 („unrealistisch niedrig"); HHR/*Kulosa* § 10c Rn. 1, 4 („heute kaum noch von Bedeutung"); Korn/*Bauschatz* § 10c Rn. 2 („Vereinfachungszweck […] überwiegend nicht erreicht"); KSM/*Söhn* § 10c Rn. A 138 („‚verkappte Vergünstigung' […] minimiert, der angestrebte Vereinfachungszweck […] jedoch ebenfalls"); Lademann EStG/*A. Steiner* § 10c Rn. 9 („Angesichts der sehr geringen Höhe […] sehr beschränkte Bedeutung"); Schmidt/*Heinecke* § 10c Rn. 3 („Pauschbetrag […] so niedrig gehalten, dass er sich praktisch nie auswirkt")). 2.1

Im Schrifttum wird daher zT dafür plädiert, die **Vorschrift** insgesamt zu **streichen** (zB HHR/*Kulosa* § 10c Rn. 1; KKB/*Eckhardt* § 10c Rn. 1). Dies war im Entwurf zum Steuerreformgesetz 1990 bereits einmal geplant, um Mitnahmeeffekte von Steuerpflichtigen, die keine derartigen Aufwendungen haben (zB nicht mit Kirchensteuer belastete Steuerpflichtige), zu vermeiden (vgl. BT-Drs. 11/2157, 145; Frotscher/Geurts/*Lindberg* § 10c Rn. 20; KSM/*Söhn* § 10c Rn. B 4 f.), und wäre auch heute noch ein durchaus erwägenswerter Beitrag zur Vereinfachung des geltenden Einkommensteuerrechts. Vorzugswürdiger erschiene es freilich, de lege ferenda wieder über eine **Anhebung des Pauschbetrags** auf – wenigstens – sein ursprüngliches Niveau nachzudenken, welches bei Einführung der Vorschrift im Jahr 1954 bei – unter den damaligen wirtschaftlichen Prämissen durchaus erheblichen – 624 DM 2.2

lag (vgl. HHR/*Kulosa* § 10c Rn. 4; erg. zur (hier sog.) Herabsetzungshistorie Frotscher/Geurts/*Lindberg* § 10c Rn. 19 f.). Jedenfalls gälte es einen Mittelweg zwischen der allzu geringen derzeitigen Höhe des Pauschbetrags, die ihn faktisch leerlaufen lässt, und allfälligen Mitnahmewirkungen, die durch den Vereinfachungszweck nicht mehr zu rechtfertigen sind, zu finden (insgesamt kritisch KSM/*Söhn* § 10c Rn. A 152 („Freibetragswirkung für Steuerpflichtige ohne entsprechend hohe tatsächliche Aufwendungen mit der Folge, dass der Verfassungsgrundsatz gleichmäßiger Besteuerung verletzt wird")).

3 In Bezug auf die **historische Entwicklung** der Vorschrift müssen aus heutiger Sicht im Wesentlichen **zwei Phasen** unterschieden werden (zur Entstehungsgeschichte siehe iÜ Bordewin/*Brandt* § 10c Rn. 1 ff.; HHR/*Kulosa* § 10c Rn. 2; Korn/*Bauschatz* § 10c Rn. 5; KSM/*Söhn* § 10c Rn. A 65 ff.; Lademann EStG/*A. Steiner* § 10c Rn. 2 ff.): **Bis** – einschließlich – zum Veranlagungszeitraum **2009** umfasste § 10c EStG aF insgesamt fünf Absätze, von denen § 10c Abs. 2–5 EStG aF die in Umsetzung von Art. 1 Nr. 6 des G. zur verbesserten steuerlichen Berücksichtigung von Vorsorgeaufwendungen (**Bürgerentlastungsgesetz Krankenversicherung**) v. 16.7. 2009 (BGBl. 2009 I 1959) entfallene **Vorsorgepauschale** betrafen (Begr. zum RegE: BT-Drs. 16/12254, 25; zum verbliebenen Anwendungsbereich der Vorsorgepauschale → Rn. 5). Die **seit 1.1.2010** geltende Regelung des § 10c S. 1 entspricht systematisch dem bereits in § 10c Abs. 1 EStG aF vorgesehenen Sonderausgaben-Pauschbetrag; die Pauschbetrag-Verdoppelungsanordnung in S. 2 (→ Rn. 20) geht der Sache auf § 10c Abs. 4 S. 1 Nr. 1 EStG aF zurück (vgl. BT-Drs. 16/12254, 25; Bordewin/*Brandt* § 10c Rn. 16, 19; Schmidt/*Heinecke* § 10c Rn. 3, 4). Seither wurde § 10c nurmehr noch redaktionellen Anpassungen unterzogen, zuletzt durch Art. 5 Nr. 9 Zollkodex-Anpassungsgesetz vom 22.12.2014 (BGBl. 2014 I 2417; vgl. Blümich/*Hutter* § 10c Rn. 2; Bordewin/*Brandt* § 10c Rn. 17).

3.1 Die **Vorsorgepauschale,** welche vormals als eigenständige Aufwendungsgruppe neben dem Sonderausgaben-Pauschbetrag gewährt wurde (im Einzelnen Blümich/*Hutter* § 10c Rn. 14 ff.; Bordewin/*Brandt* § 10c Rn. 71 ff.; Frotscher/Geurts/*Lindberg* § 10c Rn. 23 ff.; Korn/*Bauschatz* § 10c Rn. 18 ff.; KSM/*Söhn* § 10c Rn. D 1 ff.; Lademann EStG/*A. Steiner* § 10c Rn. 10 ff.; LBP/*Graf* § 10c Rn. 12. ff.), ist hinfällig geworden, seit die Veranlagungsfinanzämter gem. **§ 10 Abs. 2a** auf sämtliche für die Berechnung der als Sonderausgaben abziehbaren Vorsorgeaufwendungen notwendigen Daten elektronisch zugreifen können (Blümich/*Hutter* § 10c Rn. 4; Kirchhof/*Fischer* § 10c Rn. 1; Ladenmann/*A. Steiner* § 10c Rn. 1).

3.2 Der davon abzugrenzende, in § 10c Abs. 2 EStG aF bis zum Veranlagungszeitraum 1989 vorgesehene **Vorsorge-Pauschbetrag** ist demgegenüber bereits durch das Steuerreformgesetz 1990 (BGBl. 1988 I 1093) abgeschafft worden, weil er im Verhältnis zur Vorsorgepauschale kaum noch einen Vereinfachungseffekt bewirkte (vgl. BT-Drs. 11/2157, 145; LBP/*Graf* § 10c Rn. 10; dazu auch KSM/*Söhn* § 10c Rn. C 1). Er entbehrt daher jeder praktischen Bedeutung, wenngleich heute mit Blick auf § 10c ähnliche Einwände gegen die rechtstatsächliche Relevanz der Vorschrift insgesamt erhoben werden (→ Rn. 2.2).

4 Etwaige **verfassungsrechtliche Komplikationen** wurden bei § 10c allenfalls in Bezug auf die – mWz Veranlagungszeitraum 2010 aufgehobenen (→ Rn. 3) – Regelungen zur Vorsorgepauschale gesehen (vgl. Bordewin/*Brandt* § 10c Rn. 37; Korn/*Bauschatz* § 10c Rn. 12 betr. § 10c Abs. 3 EStG aF; KSM/*Söhn* § 10c Rn. A 91 ff.). Für die seither geltende Fassung der Vorschrift ist diese Diskussion ohne Belang (erg. → Rn. 2.2 aE).

5 Die aktuelle (reformierte) Fassung des § 10c ist – ungeachtet des Inkrafttretens rein redaktionell veranlasster Anpassungen – gem. Art. 1 Nr. 52 Buchst. a, Art. 19 Abs. 1 des Bürgerentlastungsgesetzes Krankenversicherung (→ Rn. 3) **ab** dem **Veranlagungszeitraum 2010** wirksam geworden. Im Hinblick auf den verbliebenen (iwS auch zeitlichen) Anwendungsbereich der **Vorsorgepauschale** (→ Rn. 3) ist zu beachten, dass diese gemäß § 39b Abs. 2 S. 5 Nr. 3 und Abs. 4 nach wie vor noch im Lohnsteuerabzugsverfahren berücksichtigt wird (vgl. Blümich/*Hutter* § 10c Rn. 8; Bordewin/*Brandt* § 10c Rn. 16, 22; Frotscher/Geurts/*Lindberg* § 10c Rn. 1; KKB/*Eckhardt* § 10c Rn. 3, 19; Kirchhof/*Fischer* § 10c Rn. 1; Korn/*Bauschatz* § 10c Rn. 11; zu den Einzelheiten BMF 26.11.2013, BStBl. I 2013, 1532; erg. BVerfG 14.6.2016 – 2 BvR 323/10, DStR 2016, 1731 unter III.2.d; BFH 10.11.2016 – VI R 55/08, DStRE 2017, 584 unter II.2.b cc, dd, mAnm *Geserich* jurisPR-SteuerR 19/2017 Anm. 4 und *Teller* HFR 2017, 408).

Der in § 10c vorgesehene Pauschbetrag **ergänzt** die in seinen Anwendungsradius gestellten §§ 10, 10b als Kernvorschriften des Sonderausgabenabzugs-Rechts (so ua KSM/*Söhn* § 10c Rn. A 6). Die praktische Bedeutung der Vorschrift ist dennoch aufgrund der geringen Höhe des Pauschbetrags von 36/72 EUR heute nur noch als marginal einzustufen (ebenso zB KKB/*Eckhardt* § 10c Rn. 1; erg. → Rn. 2.1 f.). 6

II. Normstruktur und zentrale Debatten

Der Inhalt des § 10c ist in **zwei Sätze** aufgeteilt, wobei S. 1 den normativen Nukleus der Vorschrift ausmacht; S. 2 enthält demgegenüber lediglich eine Annexregelung für den Fall der Zusammenveranlagung. Der gesetzgeberischen Intention entsprechend (→ Rn. 2), bestimmt S. 1, dass für die dort abschließend aufgezählten Sonderausgaben aus dem Kanon der §§ 10, 10b (→ Rn. 9) ein **Sonderausgaben-Pauschbetrag** iHv 36 EUR bei der Ermittlung der Einkommensteuer-Bemessungsgrundlage (→ Rn. 13) zu berücksichtigen ist, wenn nicht der Steuerpflichtige entsprechend höhere Aufwendungen nachweist, die dann (unter Berücksichtigung etwaiger Höchstbeträge) **stattdessen** in Ansatz zu bringen sind (s. nur *Beck/Astfalk* DB 1975, 900; KSM/*Söhn* § 10c Rn. B 32). Dies läuft – zumindest faktisch – auf ein **Wahlrecht** des Steuerpflichtigen hinaus, den Pauschbetrag ohne weitere Nachweisbemühungen in Anspruch zu nehmen oder aber sich die Unwägbarkeiten des Nachweises höherer Ausgaben aufzubürden (ähnl. Schmidt/*Heinecke* § 10c Rn. 1; erg. → Rn. 14). Die vom Gesetzgeber damit aus Gründen der Verwaltungsvereinfachung bezweckte Lenkungswirkung hin zur Ausnutzung des Pauschbetrags muss angesichts dessen geringer Höhe jedoch als gescheitert angesehen werden (erg. → Rn. 2.1 f.). 7

Gelingt der **Nachweis** höherer Aufwendungen der in § 10c S. 1 bezeichneten Art **nicht** (zur Beweis- bzw. Feststellungslast → Rn. 17), führt dies dazu, dass dennoch stets der **Pauschbetrag von Amts wegen** (→ Rn. 16) zu gewähren ist (HHR/*Kulosa* § 10c Rn. 4; Schmidt/*Heinecke* § 10c Rn. 1). Dasselbe gilt, wenn vom (dann idR nicht beratenen) Steuerpflichtigen der Nachweis von unterhalb des Pauschbetrags liegenden Aufwendungen unternommen wird bzw. den Pauschbetrag übersteigende Aufwendungen nur in einer unterhalb des Pauschbetrags liegenden Höhe anerkannt werden können (vgl. Blümich/*Hutter* § 10c Rn. 3; KSM/*Söhn* § 10c Rn. A 105 („Ausgaben in Höhe der Pauschbeträge werden als ‚Mindestausgaben' unterstellt und pauschal abgegolten")). Die Gewährung des Pauschbetrags auch in diesen Fällen wird durch den mit dem Gesetz allgemein verfolgten Vereinfachungszweck gerechtfertigt (Bordewin/*Brandt* § 10c Rn. 20); mithin liege auch keine gleichwie geartete Steuervergünstigung vor (so zB Blümich/*Hutter* § 10c Rn. 3; Frotscher/Geurts/*Lindberg* § 10c Rn. 7; dogmatisch zweifelhaft, angesichts der nur geringfügigen Verminderung der Bemessungsgrundlage aber de facto irrelevant). Dies hat in letzter Konsequenz zur Folge, dass der Steuerpflichtige – aus welcher Motivation heraus auch immer – nicht auf einem unterhalb des Pauschbetrags liegenden Sonderausgabenansatz bestehen kann. 8

B. Voraussetzungen und Rechtsfolgen

I. Der Pauschbetrags-Tatbestand im Einzelnen (§ 10c S. 1)

1. Sachlicher Anwendungsbereich

Der sachliche Anwendungsbereich des Pauschbetrags bestimmt sich nach den in § 10c S. 1 **abschließend** (HHR/*Kulosa* § 10c Rn. 3) **aufgezählten Sonderausgaben.** Dabei handelt es sich in erster Linie um folgende (entsprechend ihrer Abfolge im EStG wiedergegebene) Tatbestände des § 10 **Abs. 1:** 9

- Nr. 4: gezahlte **Kirchensteuer,**
- Nr. 5: **Kinderbetreuungskosten,**
- Nr. 7: Aufwendungen für die eigene **Berufsausbildung** und
- Nr. 9: **Schulgeld.**

Hinzu treten die in § 10 **Abs. 1a** geregelten **Unterhalts- bzw. Versorgungs-** (nicht: Vorsorge- (→ Rn. 10)) **Aufwendungen:**

- Nr. 1: Unterhaltsleistungen an den geschiedenen oder dauernd getrennt lebenden unbeschränkt einkommensteuerpflichtigen Ehegatten,

- Nr. 2: bestimmte lebenslange und wiederkehrende Versorgungsleistungen,
- Nr. 3: Ausgleichsleistungen zur Vermeidung eines Versorgungsausgleichs und
- Nr. 4: bestimmte Ausgleichszahlungen im Rahmen des Versorgungsausgleichs.

Zuletzt werden noch die in **§ 10b** normierten **Zuwendungen** (Spenden und Mitgliedsbeiträge) **zur Förderung steuerbegünstigter Zwecke** erfasst (ähnliche Aufzählung bei HHR/*Kulosa* § 10c Rn. 4).

10 Umgekehrt lässt sich daher sagen, dass § 10c sämtliche der in §§ 10 und 10b geregelten Sonderausgaben mit **Ausnahme** der **Vorsorgeaufwendungen** (§ 10 Abs. 1 Nr. 1–3a) erfasst (so zutr. Bordewin/*Brandt* § 10c Rn. 35; Frotscher/Geurts/*Lindberg* § 10c Rn. 1; Schmidt/*Heinecke* § 10c Rn. 3). Grund hierfür ist, dass bei den Vorsorgeaufwendungen aufgrund der in § 10 Abs. 2a zwischenzeitlich geschaffenen Datenübermittlungsmöglichkeiten kein Bedürfnis mehr nach einem verwaltungsvereinfachenden Pauschbetrag besteht (→ Rn. 3.1). Aus dem Kreis der pauschbetragsfähigen Sonderausgaben bleiben zudem die Aufwendungen für **zusätzliche Altersvorsorge** (§ 10a), der **Verlustabzug** (§ 10d) und die **Abzugsbeträge nach § 10e–i** außen vor (Lademann EStG/*A. Steiner* § 10c Rn. 1). Dies hat im Ergebnis zur Folge, dass jene Sonderausgaben **neben** bzw. unabhängig von dem Pauschbetrag vom Gesamtbetrag der Einkünfte (s. § 2 Abs. 4) abgezogen werden können (Bordewin/*Brandt* § 10c Rn. 53; Frotscher/Geurts/*Lindberg* § 10c Rn. 8; HHR/*Kulosa* § 10c Rn. 4; erg. → Rn. 14).

2. Persönlicher Anwendungsbereich

11 Der Sonderausgaben-Pauschbetrag nach § 10c kommt – ohne Rücksicht auf die Einkunftsart (anders noch bis 1975, vgl. Frotscher/Geurts/*Lindberg* § 10c Rn. 21) – **grundsätzlich nur unbeschränkt Steuerpflichtigen** iSv § 1 Abs. 1, 2 zugute, wobei anerkannt ist, dass auch dann jeweils der volle Pauschbetrag abgezogen werden kann, wenn lediglich während eines Teils des Jahres steuerbare Einkünfte erzielt wurden und/oder teilweise eine beschränkte Steuerpflicht bestand (vgl. § 2 Abs. 7 S. 3 sowie BFH 1.4.1998 – X R 154/94, DStRE 1998, 701 unter II.2.b; Blümich/*Hutter* § 10c Rn. 5, 13; Bordewin/*Brandt* § 10c Rn. 31; Frotscher/Geurts/*Lindberg* § 10c Rn. 11, 12, 21; HHR/*Kulosa* § 10c Rn. 3 f.; Korn/*Bauschatz* § 10c Rn. 1, 13; KSM/*Söhn* § 10c Rn. B 23; Lademann EStG/*A. Steiner* § 10c Rn. 6; Schmidt/*Heinecke* § 10c Rn. 1). Entsprechendes gilt für unbeschränkt Steuerpflichtige kraft Antrags iSv § 1 Abs. 3 (Blümich/*Hutter* § 10c Rn. 5; KSM/*Söhn* § 10c Rn. B 12).

12 Demgegenüber bestimmt § 50 Abs. 1 S. 3, dass **beschränkt Steuerpflichtige** (§§ 1 Abs. 4, 49 ff.) den Sonderausgaben-Pauschbetrag **im Grundsatz nicht** für sich in Anspruch nehmen können (statt aller Blümich/*Hutter* § 10c Rn. 5). Das ist nach Auffassung des BFH europabzw. unionsrechtskonform (vgl. BFH 27.7.2011 – I R 56/10, BFH/NV 2012, 181 unter II.2.d; Korn/*Bauschatz* § 10c Rn. 13). Eine **Ausnahme** gilt nach § 50 Abs. 1 S. 4 indes für beschränkt steuerpflichtige Personen, die **Einkünfte aus nichtselbständiger Arbeit** iSd § 49 Abs. 1 Nr. 4 beziehen (zusammenfassend zur rechtshistorischen Entwicklung KSM/*Söhn* § 10c Rn. B 14). Bei diesen ist aber – anders bei unbeschränkt Steuerpflichtigen (→ Rn. 11) – gemäß § 50 Abs. 1 S. 5 ggf. eine zeitanteilige Kürzung des Pauschbetrags vorzunehmen (s. dazu zB Blümich/*Hutter* § 10c Rn. 13; Frotscher/Geurts/*Lindberg* § 10c Rn. 12; KKB/*Eckhardt* § 10c Rn. 5; Korn/*Bauschatz* § 10c Rn. 13 f.; KSM/*Söhn* § 10c Rn. B 24). Es ist durchaus bemerkenswert, dass der Gesetzgeber an dieser Kürzungsanordnung trotz der geringen Höhe des Pauschbetrags (erg. → Rn. 2.1 f.) nach wie vor festhält.

12.1 Beschränkt steuerpflichtige **Arbeitnehmer aus EU-/EWR-Staaten** können jedoch gemäß § 50 Abs. 2 S. 2 Nr. 4 Buchst. b iVm § 46 Abs. 2 S. 1 Nr. 8 eine Veranlagung zur Einkommensteuer beantragen. In diesem Rahmen könnten dann über den Sonderausgaben-Pauschbetrag hinausgehende Aufwendungen iSv § 10c S. 1 in vollem Umfang geltend gemacht werden, ohne dass die Kürzungsanordnung des § 50 Abs. 1 S. 5 eingreift (Bordewin/*Brandt* § 10c Rn. 33).

12.2 Sogenannte **Grenzgänger** bzw. -pendler unterfallen dagegen idR § 1 Abs. 3 iVm § 46 Abs. 2 Nr. 7 (Bordewin/*Brandt* § 10c Rn. 33; Frotscher/Geurts/*Lindberg* § 10c Rn. 13).

3. Rechtsfolge

13 Die Konsequenz des Eingreifens von § 10c besteht in der **Verminderung der Einkommensteuer-Bemessungsgrundlage** (konkret: des Gesamtbetrags der Einkünfte, vgl. § 2

Abs. 4) um den Sonderausgaben-Pauschbetrag iHv **36 EUR** (S. 1) bzw. – bei Zusammenveranlagung – **72 EUR** (S. 2), wenn nicht höhere Aufwendungen (erg. → Rn. 8) nachgewiesen werden (zur Beweis- bzw. Feststellungslast → Rn. 17). Dies betrifft naturgemäß jeden Veranlagungszeitraum aufs Neue (Abschnittsbesteuerung), vgl. § 2 Abs. 7 S. 1 und 2 iVm § 25 Abs. 1 (ebenso Bordewin/*Brandt* § 10c Rn. 20), und gilt auch dann, wenn der Grundfreibetrag des § 32a Abs. 1 S. 2 Nr. 1 (dadurch) unterschritten wird.

In diesem Fall zeitigt der Ansatz des Pauschbetrages eine **Abgeltungswirkung** (nur) für 14
die in S. 1 abschließend aufgezählten Sonderausgabentatbestände (vgl. Blümich/*Hutter* § 10c Rn. 9; Bordewin/*Brandt* § 10c Rn. 19, 51; Korn/*Bauschatz* § 10c Rn. 16 aE; Lademann EStG/*A. Steiner* § 10c Rn. 1). Dies hat folgende, für das praktische Verständnis der Vorschrift essentielle Konsequenz: Da nach der gesetzlichen Systematik **nur einheitlich** für alle in S. 1 genannten Sonderausgaben entschieden werden kann, ob der Pauschbetrag oder die tatsächlich entstandenen Aufwendungen angesetzt werden soll (erg. → Rn. 7; → Rn. 10), kann der Steuerpflichtige **nicht** für jeden einzelnen der in § 10c S. 1 genannten (insgesamt neun, → Rn. 9 f.) Sonderausgabentatbestände **gesondert entscheiden,** ob jeweils die tatsächlichen Aufwendungen oder der Pauschbetrag abgezogen werden soll (dies würde in der Summe zu einem vom Gesetzgeber nicht intendierten – dann – Sonderausgaben-„Gesamtpauschbetrag" iHv 324 EUR bzw. 648 EUR führen). Vielmehr kann der Steuerpflichtige nur optieren, ob er einmalig, dh mit Abgeltungswirkung für sämtliche in § 10c S. 1 genannten Fälle, den Pauschbetrag in Ansatz gebracht wissen will oder alternativ für jeden einzelnen Tatbestand seinen Nachweisobliegenheiten nachzukommen gedenkt (so iErg auch Bordewin/*Brandt* § 10c Rn. 57; unklar KKB/*Eckhardt* § 10c Rn. 11 („anstelle")).

Im Übrigen ist der Sonderausgaben-Pauschbetrag **unabhängig davon** zu gewähren, **ob** 15
der Steuerpflichtige **überhaupt** entsprechende **Aufwendungen** hatte oder ob ihm seine Aufwendungen etwa von dritter Seite erstattet worden sind (Blümich/*Hutter* § 10c Rn. 13; Bordewin/*Brandt* § 10c Rn. 20, 52; Korn/*Bauschatz* § 10c Rn. 1).

4. Verfahrensmäßige Umsetzung

Die Berücksichtigung des Sonderausgaben-Pauschbetrags erfolgt stets **von Amts wegen** 16
(„amtswegig", so noch KSM/*Söhn* § 10c Rn. A 146), wenn der Steuerpflichtige nicht höhere Aufwendungen der in S. 1 genannten Art nachweist (allgM, vgl. Blümich/*Hutter* § 10c Rn. 3, 7; Bordewin/*Brandt* § 10c Rn. 20; Frotscher/Geurts/*Lindberg* § 10c Rn. 7, 14; HHR/*Kulosa* § 10c Rn. 4; Korn/*Bauschatz* § 10c Rn. 1; KSM/*Söhn* § 10c Rn. A 33, 108, B 30; Lademann EStG/*A. Steiner* § 10c Rn. 1; Schmidt/*Heinicke* § 10c Rn. 1). Das bedeutet konkret, dass der Pauschbetrag vom Gesamtbetrag der Einkünfte (§ 2 Abs. 4; → Rn. 13) in Abzug zu bringen ist, ohne dass der Steuerpflichtige dies gesondert (etwa in der Einkommensteuererklärung) beantragen muss.

Will der Steuerpflichtige dagegen die Berücksichtigung von (einzeln oder in der Summe, 17
→ Rn. 14) höheren Aufwendungen erreichen, obliegt ihm die **Beweislast** (vgl. Bordewin/*Brandt* § 10c Rn. 57; KKB/*Eckhardt* § 10c Rn. 11; Korn/*Bauschatz* § 10c Rn. 17). Dies gilt nach allgemeinen Grundsätzen (s. dazu zB BFH 27.7.1988 – IX B 35/87, BFH/NV 1990, 98) für den **Aufwendungsgrund** ebenso wie für die **Aufwendungshöhe.** Außerdem umfasst dies sowohl die **subjektive Feststellungslast,** dh der Steuerpflichtige ist hinsichtlich der Qualifizierung der von ihm geltend gemachten Aufwendungen als Sonderausgaben – unbeschadet der sich aus § 88 Abs. 1 S. 1 AO, § 76 Abs. 1 S. 1 FGO ergebenden Amtsaufklärungspflichten – in vollem Umfang darlegungs- und beweisbelastet (aA KSM/*Söhn* § 10c Rn. A 108 („nicht wörtlich i. S. einer subjektiven Beweislast (Beweisführungslast) zu verstehen, sondern […] allenfalls […] ‚qualifizierte Mitwirkungspflicht' des Beteiligten")), als auch die **objektive Feststellungslast,** dh etwaige ernstliche bzw. nicht überwindbare Zweifel (sog. non liquet) gehen zu seinen Lasten (s. zu dieser Differenzierung zB BFH 19.8.2015 – X R 30/12, BFH/NV 2016, 203 unter II.1.b. bb (2), betr. das Vorliegen von Betriebsausgaben).

Im Verfahren über die Festsetzung der **Einkommensteuer-Vorauszahlung** bleiben 18
gemäß § 37 Abs. 3 S. 4 ua Aufwendungen iSv § 10 Abs. 1 Nr. 4, 5, 7, 9, Abs. 1a und § 10b außer Betracht. Dies bedingt, dass hier auch der Sonderausgaben-Pauschbetrag nicht in Ansatz gebracht werden kann (vgl. Blümich/*Hutter* § 10c Rn. 7, 13; Frotscher/Geurts/*Lind-*

berg § 10c Rn. 15; KKB/*Eckhardt* § 10c Rn. 15; Korn/*Bauschatz* § 10c Rn. 11; KSM/*Söhn* § 10c Rn. A 111, B 33; Schmidt/*Heinecke* § 10c Rn. 3).

19 Im **Lohnsteuer-Abzugs-/Ermäßigungsverfahren** können über dem Pauschbetrag liegende Sonderausgaben iSv § 10c S. 1 gem. § 39a Abs. 1 S. 1 Nr. 2, Abs. 2 S. 4 bei der Ermittlung der insoweit geltenden 600-Euro-Minimaschwelle auf Antrag berücksichtigt werden (vgl. Blümich/*Hutter* § 10c Rn. 8, 13; Bordewin/*Brandt* § 10c Rn. 21; Frotscher/Geurts/*Lindberg* § 10c Rn. 17; Korn/*Bauschatz* § 10c Rn. 11; KSM/*Söhn* § 10c Rn. B 33; Schmidt/*Heinecke* § 10c Rn. 3).

II. Verdoppelung bei Zusammenveranlagung (§ 10c S. 2)

20 § 10c S. 2 bestimmt, dass sich der Sonderausgaben-Pauschbetrag von 36 EUR auf 72 EUR verdoppelt, wenn eine **Zusammenveranlagung** iSd §§ 26 Abs. 1 S. 1, 26b **gewählt** wird (Blümich/*Hutter* § 10c Rn. 12; Bordewin/*Brandt* § 10c Rn. 61; Korn/*Bauschatz* § 10c Rn. 2, 17.1; KSM/*Söhn* § 10c Rn. B 19, 21, E 7; *Laws* FK Sonderausg. 1/2018, 1 (3); Schmidt/*Heinecke* § 10c Rn. 4). Das betrifft nach den vorgenannten Vorschriften in erster Linie (seit 1.10.2017 auch gleichgeschlechtliche) Ehegatten iSv § 1353 Abs. 1 S. 1 BGB (ggf. iVm § 20a LPartG). Gemäß § 2 Abs. 8 sind diese Regelungen – und damit auch § 10c S. 2 – zudem auf eingetragene Lebenspartnerschaften iSd LPartG anzuwenden.

21 Durch den ersatzlosen Wegfall von § 10c Abs. 4 S. 3 EStG aF („Satz 1 [entspr. § 10c S. 2 nF] gilt auch, wenn die tarifliche Einkommensteuer nach § 32 a Abs. 6 zu ermitteln ist"; → Rn. 3) findet § 10c S. 2 im Fall des sog. **Verwitweten-Splittings** (§ 32a Abs. 6) seit dem Veranlagungszeitraum 2010 keine Anwendung mehr, dh auch hier kommt nur noch der „einfache" Pauschbetrag iHv 36 EUR in Ansatz (Bordewin/*Brandt* § 10c Rn. 62; KKB/*Eckhardt* § 10c Rn. 23; HHR/*Kulosa* § 10c Rn. 5; abw. Blümich/*Hutter* § 10c Rn. 12 aE ohne nähere Begründung).

§ 10d Verlustabzug

(1) [1]Negative Einkünfte, die bei der Ermittlung des Gesamtbetrags der Einkünfte nicht ausgeglichen werden, sind bis zu einem Betrag von 1 000 000 Euro, bei Ehegatten, die nach den §§ 26, 26b zusammenveranlagt werden, bis zu einem Betrag von 2 000 000 Euro vom Gesamtbetrag der Einkünfte des unmittelbar vorangegangenen Veranlagungszeitraums vorrangig vor Sonderausgaben, außergewöhnlichen Belastungen und sonstigen Abzugsbeträgen abzuziehen (Verlustrücktrag). [2]Dabei wird der Gesamtbetrag der Einkünfte des unmittelbar vorangegangenen Veranlagungszeitraums um die Begünstigungsbeträge nach § 34a Absatz 3 Satz 1 gemindert. [3]Ist für den unmittelbar vorangegangenen Veranlagungszeitraum bereits ein Steuerbescheid erlassen worden, so ist er insoweit zu ändern, als der Verlustrücktrag zu gewähren oder zu berichtigen ist. [4]Das gilt auch dann, wenn der Steuerbescheid unanfechtbar geworden ist; die Festsetzungsfrist endet insoweit nicht, bevor die Festsetzungsfrist für den Veranlagungszeitraum abgelaufen ist, in dem die negativen Einkünfte nicht ausgeglichen werden. [5]Auf Antrag des Steuerpflichtigen ist ganz oder teilweise von der Anwendung des Satzes 1 abzusehen. [6]Im Antrag ist die Höhe des Verlustrücktrags anzugeben.

(2) [1]Nicht ausgeglichene negative Einkünfte, die nicht nach Absatz 1 abgezogen worden sind, sind in den folgenden Veranlagungszeiträumen bis zu einem Gesamtbetrag der Einkünfte von 1 Million Euro unbeschränkt, darüber hinaus bis zu 60 Prozent des 1 Million Euro übersteigenden Gesamtbetrags der Einkünfte vorrangig vor Sonderausgaben, außergewöhnlichen Belastungen und sonstigen Abzugsbeträgen abzuziehen (Verlustvortrag). [2]Bei Ehegatten, die nach den §§ 26, 26b zusammenveranlagt werden, tritt an die Stelle des Betrags von 1 Million Euro ein Betrag von 2 Millionen Euro. [3]Der Abzug ist nur insoweit zulässig, als die Verluste nicht nach Absatz 1 abgezogen worden sind und in den vorangegangenen Veranlagungszeiträumen nicht nach Satz 1 und 2 abgezogen werden konnten.

(3) (weggefallen)

(4) [1]Der am Schluss eines Veranlagungszeitraums verbleibende Verlustvortrag ist gesondert festzustellen. [2]Verbleibender Verlustvortrag sind die bei der Ermittlung des Gesamtbetrags der Einkünfte nicht ausgeglichenen negativen Einkünfte, vermindert um die nach Absatz 1 abgezogenen und die nach Absatz 2 abziehbaren Beträge und vermehrt um den auf den Schluss des vorangegangenen Veranlagungszeitraums festgestellten verbleibenden Verlustvortrag. [3]Zuständig für die Feststellung ist das für die Besteuerung zuständige Finanzamt. [4]Bei der Feststellung des verbleibenden Verlustvortrags sind die Besteuerungsgrundlagen so zu berücksichtigen, wie sie den Steuerfestsetzungen des Veranlagungszeitraums, auf dessen Schluss der verbleibende Verlustvortrag festgestellt wird, und des Veranlagungszeitraums, in dem ein Verlustrücktrag vorgenommen werden kann, zu Grunde gelegt worden sind; § 171 Absatz 10, § 175 Absatz 1 Satz 1 Nummer 1 und § 351 Absatz 2 der Abgabenordnung sowie § 42 der Finanzgerichtsordnung gelten entsprechend. [5]Die Besteuerungsgrundlagen dürfen bei der Feststellung nur insoweit abweichend von Satz 4 berücksichtigt werden, wie die Aufhebung, Änderung oder Berichtigung der Steuerbescheide ausschließlich mangels Auswirkung auf die Höhe der festzusetzenden Steuer unterbleibt. [6]Die Feststellungsfrist endet nicht, bevor die Festsetzungsfrist für den Veranlagungszeitraum abgelaufen ist, auf dessen Schluss der verbleibende Verlustvortrag gesondert festzustellen ist; § 181 Absatz 5 der Abgabenordnung ist nur anzuwenden, wenn die zuständige Finanzbehörde die Feststellung des Verlustvortrags pflichtwidrig unterlassen hat.

---

§ 62d EStDV Anwendung des § 10d des Gesetzes bei der Veranlagung von Ehegatten

(1) [1]Im Fall der Einzelveranlagung von Ehegatten (§ 26a des Gesetzes) kann der Steuerpflichtige den Verlustabzug nach § 10d des Gesetzes auch für Verluste derjenigen Veranlagungszeiträume geltend machen, in denen die Ehegatten nach § 26b des Gesetzes zusammen veranlagt worden sind. [2]Der Verlustabzug kann in diesem Fall nur für Verluste geltend gemacht werden, die der einzeln veranlagte Ehegatte erlitten hat.

(2) [1]Im Fall der Zusammenveranlagung von Ehegatten (§ 26b des Gesetzes) kann der Steuerpflichtige den Verlustabzug nach § 10d des Gesetzes auch für Verluste derjenigen Veranlagungszeiträume geltend machen, in denen die Ehegatten nach § 26a des Gesetzes einzeln veranlagt worden sind. [2]Im Fall der Zusammenveranlagung von Ehegatten (§ 26b des Gesetzes) in einem Veranlagungszeitraum, in den negative Einkünfte nach § 10d Abs. 1 des Gesetzes zurückgetragen werden, sind nach Anwendung des § 10d Abs. 1 des Gesetzes verbleibende negative Einkünfte für den Verlustvortrag nach § 10d Abs. 2 des Gesetzes in Veranlagungszeiträume, in denen eine Zusammenveranlagung nicht stattfindet, auf die Ehegatten nach dem Verhältnis aufzuteilen, in dem die auf den einzelnen Ehegatten entfallenden Verluste im Veranlagungszeitraum der Verlustentstehung zueinander stehen.

Überblick

Steuerbare Verluste (negative Einkünfte iSd § 2 Abs. 1) werden zunächst im Entstehungsjahr (innerperiodisch) mit anderen positiven Einkünften derselben (horizontal) und, soweit keine Ausgleichsbeschränkung bestehen, auch mit den positiven Einkünften anderer Einkunftsarten (vertikal) ausgeglichen (Verlustausgleich, § 2 Abs. 3). Soweit dies nicht möglich ist, werden sie in andere Veranlagungszeiträume verlagert und dort vom Gesamtbetrag der Einkünfte abgezogen (inter-/überperiodischer Verlustabzug). Die Vorschrift regelt die Grundlagen des Verlustabzugs für alle Einkunftsarten. Der Verlustrücktrag **(Abs. 1)** ist beschränkt auf das unmittelbar vorangegangene Jahr und gedeckelt durch einen Höchstbetrag. Der Verlustvortrag **(Abs. 2)** ist zeitlich unbegrenzt möglich, aber oberhalb eines Sockelbetrags der Höhe nach beschränkt (Mindestbesteuerung). Der noch nicht abgezogene, verbleibende Verlustvortrag wird gesondert festgestellt **(Abs. 4).** Die Vorschrift durchbricht im Interesse der Steuergerechtigkeit den Grundsatz der Abschnittsbesteuerung (§ 2 Abs. 7, § 25 Abs. 1). Der Verlustabzug konkretisiert das objektive Nettoprinzip in zeitlicher Hinsicht.

Übersicht

A. Allgemeines

1 **Leitentscheidungen, wichtige Verwaltungsanweisungen und Schrifttum (Auswahl):**

1.1 **Entscheidungen des GrS:**
BFH 15.7.1968 – GrS 2/67, BStBl. II 1968, 666 (Keine Verrechnung von Verlusten mit einem gemäß § 11 Nr. 4 KStG steuerfreien Sanierungsgewinn); BFH 17.12.2007 – GrS 2/04, BStBl. II 2008, 608 (Unvererblichkeit des Verlustabzugs).

1.2 **Weitere Leitentscheidungen des BFH:**
BFH 22.8.2012 – I R 9/11, BStBl. II 2013, 512 (Mindestbesteuerung im Grundsatz verfassungsgemäß), Verfassungsbeschw. 2 BvR 2998/12; BFH 26.8.2010 – I B 49/10, BStBl. II 2011, 826 (Ernstliche Zweifel an Verfassungsgemäßheit der Mindestbesteuerung bei endgültiger Nichtberücksichtigung von Verlusten).

1.3 **Wichtige Verwaltungsanweisungen:**
BMF 19.10.2011, BStBl. I 2011, 974 (Mindestgewinnbesteuerung nach § 10d Abs. 2 Satz 1 und 2); BMF 24.7.2008, BStBl. I 2008, 809 (Verlustabzug in Erbfällen); OFD Frankfurt a.M. 5.7.2017, DStR 2017, 2390; OFD Frankfurt a.M. 1.3.2017, BeckVerw 340337; BMF 24.4.2020, DStR 2020, 92 (Corona-Sofortmaßnahme: Antrag auf pauschalierte Herabsetzung bereits geleisteter Vorauszahlungen für 2019, dazu → Rn. 141).

1.4 **Schrifttum (Auswahl):** *Ettlich,* Die gesonderte Feststellung des verbleibenden Verlustabzugs zur Einkommensteuer, DB 2009, 18; *Röder,* Das System der Verlustverrechnung im deutschen Steuerrecht, 2010; *Dötsch,* Verluste im Steuerrecht. Neue Lösungsansätze für Dauerbrennpunkte der Besteuerung (Sechster Deutscher Finanzgerichtstag) 2011, 121; *Desens,* Der Verlust von Verlustvorträgen, FR 2011, 745; *Kube,* Die intertemporale Verlustverrechnung, DStR 2011, 1781 und DStR 2011, 1829; *Heuermann,* Gesonderte Feststellung des Verlustvortrags – Symbiose zwischen materiellem Recht und Verfahrensrecht, DStR 2011, 1489; *Meyer/Ball,* Zeitliche Begrenzung des Verlustabzugs nach dem Jahressteuergesetz 2010, DStR 2011, 345; *Wacker,* Vererbbarkeit von Verlusten – Aktuelle Verwaltungserlasse und Rechtsprechung, JbFfSt 2012/2013, 809; *Heuermann,* System- und Prinzipienfragen beim Verlustabzug, FR 2012, 435; *Röder,* Zur Verfassungswidrigkeit der Mindestbesteuerung (§ 10d Abs. 2 EStG) und der Beschränkung des Verlustabzugs nach § 8c KStG, StuW 2012, 18; *Drüen,* Der verfassungsrechtliche Rahmen für die Kompensation von Unternehmensverlusten – Wann ist die Mindestbesteuerung unzulässig?, StJB 2012/2013, 123; *Drüen,* Verfassungsrechtliche Positionen zur Mindestbesteuerung, FR 2013, 393; *Schöler,* Verlustvortrag und Zusammenveranlagung in der Insolvenz eines Ehegatten, DStR 2013, 1453; *Küspert,* Die Mindestbesteuerung: Damoklesschwert oder „Büchse der Pandora"?, BB 2013, 1949; *Geurts/Faller,* Grenzen der Mindestbesteuerung, DStZ 2013, 85; *Bareis,* Ist die Mindestbesteuerung verfassungsgemäß?, DB 2013, 144; *Hallerbach,* Ist die sog. Mindestbesteuerung bei Definitiveffekten verfassungsgemäß?, FR 2014, 1040.

I. Regelungsanliegen im System des Steuerrechts

1. Zweck der Regelung

Die Vorschrift durchbricht in bestimmten Grenzen das dem EStG zugrunde liegende **Abschnittsprinzip.** Nach diesem Prinzip wiederholen sich die Entstehung, Festsetzung und Erhebung der Einkommensteuer im Jahresrhythmus (§ 2 Abs. 7, § 36 Abs. 1 EStG iVm § 25 Abs. 1, §§ 218 ff. AO). Jeder für die Besteuerung relevante Sachverhalt ist aufgrund gesetzlicher Vorgaben einem Veranlagungszeitraum eindeutig zugeordnet und wird im Grundsatz nur dort berücksichtigt. Davon abweichend werden negative Einkünfte, die dem Entstehungsjahr zugeordnet, aber dort nicht ausgeglichen worden sind, nach § 10d in andere Veranlagungszeiträume zurück- oder vorgetragen und dort berücksichtigt, können also Gewinne oder Überschüsse anderer Besteuerungsabschnitte mindern. 2

Wirtschaftlich gleicht die Vorschrift Nachteile aus, die aus der Abschnittsbesteuerung entstehen können. Der wirtschaftliche Erfolg, den das EStG erfassen will, unterliegt Schwankungen. Auf eine Gewinnphase kann eine Verlustphase folgen. Die Unterteilung dieser Zyklen in gleichlange Besteuerungsabschnitte erscheint aus wirtschaftlicher Sicht nicht sachgerecht und führt unter Umständen dazu, dass negative Einkünfte, die im Entstehungsjahr nicht ausgeglichen werden, untergehen ohne sich zuvor steuerlich ausgewirkt zu haben. § 10d verhindert dies, indem er einen sachlich und zeitlich begrenzten Verlustabzug zulässt. Das BVerfG und der BFH haben dies zugrunde gelegt. 3

BVerfG 26.3.1969 – 1 BvR 512/66, BVerfGE 25, 309: „Nach Sinn und Zweck des § 10d sollen Erträge und Verluste eines betrieblichen Organismus innerhalb eines längeren Zeitraums ausgeglichen werden." 3.1

BFH 23.7.2013 – VIII R 17/10, BStBl. II 2013, 820: „In § 10d EStG hat der Gesetzgeber eine beschränkte Verrechnung von Verlusten eines Wirtschaftsjahrs mit dem Gewinn eines anderen Wirtschaftsjahrs zugelassen, um die Verzerrungen und Zufälligkeiten zu mildern, die daraus entstehen können, dass der Unternehmer jeweils den Gewinn für ein Wirtschaftsjahr gesondert ausweisen und versteuern muss, obwohl das Wirtschaftsjahr kein organischer Abschnitt im Gesamtleben eines Unternehmens ist. Über den Rahmen des § 10d EStG hinaus hat der Gesetzgeber eine Durchbrechung der Abschnittsbesteuerung zur Berücksichtigung von Verlusten nicht zugelassen und damit auch Härten, die sich daraus ergeben, bewusst in Kauf genommen." 3.2

Der **rechtliche Zweck** der Vorschrift ist umstritten. Die Antwort hängt davon ab, ob man den Verlustabzug nicht nur wirtschaftlich, sondern auch rechtlich für geboten hält (näher dazu → Rn. 26). Wer dies bejaht, für den stellt sich die Vorschrift als folgerichtige Ausprägung des objektiven Nettoprinzips dar. Wer dagegen eine zwingende (verfassungs)rechtliche Vorgabe zugunsten des Verlustabzugs nicht annimmt, erkennt in ihr eher ein Instrument der Wirtschafts- und Konjunkturförderung. Der Verlustabzug gerät so in die Nähe einer **Subvention.** Diese Sichtweise entspricht durchaus dem Verständnis des historischen Gesetzgebers (→ Rn. 13). Ob sie verfassungsrechtlich noch Bestand haben kann, ist derzeit nicht abschließend geklärt (→ Rn. 20). 4

Die sachliche und zeitliche Begrenzung des Verlustrücktrags sichert die Beständigkeit der Staatsfinanzierung. Die Mindestbesteuerung beim Verlustvortrag dient der zeitlichen Streckung der Verlustnutzung und der Verstetigung der Staatseinnahmen. Angesichts (angeblich) immenser Verlustvorträge in der deutschen Wirtschaft wäre eine Minderung insbesondere der Körperschaftsteuer bis auf 0 EUR aus der Sicht des Gesetzgebers fiskalisch nicht verkraftbar. 5

Einstweilen frei 6–9

2. Historische Entwicklung

Der Verlustabzug gehörte nicht von Anfang an zur Einkommensteuer. Historischer Vorläufer des Verlustabzugs war die Besteuerung nach dem dreijährigen Durchschnitt → Rn. 10.1. Sie wurde insbesondere bei Einkünften mit stark schwankender Höhe angewandt, um die Härten der strengen Periodizität der Einkommensteuer in Grenzen auszugleichen. 10

Nach dem preußischen Einkommensteuergesetz von 1891 sollten „ihrem Betrage nach unbestimmte oder schwankende Einnahmen" nach dem Durchschnitt der drei der Veranlagung unmittelbar vorange- 10.1

gangenen Jahre berechnet werden. Die Einkommensteuergesetze der wichtigsten anderen deutschen Ländern, mit Ausnahme von Bayern, Württemberg und Baden kannten entsprechende Vorschriften (KSM/*Heuermann* § 10d Rn. A 260). Seit 1906 war in Preußen eine Durchschnittsbesteuerung mit Verlustausgleich (Ansatz der Verluste in Verlustjahren) vorgesehen. Ihr Anwendungsbereich war allerdings auf die Einkünfte buchführender Gewerbetreibender und Landwirte beschränkt.

11 Die Finanznot des Deutschen Reichs nach dem verlorenen 1. Weltkrieg erzwang die Einführung eines reichseinheitlichen Einkommensteuergesetzes und schloss zugleich eine Besteuerung nach dem dreijährigen Durchschnitt oder einen Verlustabzug (Verlustvortrag) vorübergehend aus (KSM/*Heuermann* § 10d Rn. A 261). Die Einkommensteuergesetze von 1920, 1925 und 1934 sahen deshalb in ihrer ursprünglichen Fassung einen Verlustvortrag jeweils nicht vor. Steuersystematisch beruhten diese Gesetze auf dem streng durchgeführten Abschnittsprinzip. Die historischen Gesetzgeber betrachteten eine Verlustverschiebung als nicht gerechtfertigte Abweichung vom Einkommensbegriff und erkannten darin zugleich einen Verstoß gegen die Steuergerechtigkeit (Ungleichbehandlung mit Arbeitnehmern).

11.1 Das EStG 1920 differenzierte nicht zwischen feststehenden und schwankenden Einkünften (*Strutz* Handausgabe des Einkommensteuergesetzes, 3. Aufl. 1921, § 29 Rn. 6). Auch das EStG 1925 sah nur eine innerperiodische Verlustverrechnung vor, ein überperiodischer Verlustausgleich fehlte. Der Reichstag hatte sich insofern bewusst gegen die von konservativen Parteien geforderte Besteuerung gewerblicher Einkünfte nach dem dreijährigen Durchschnitt und gegen die ersatzweise geforderte Möglichkeit des Verlustvortrags entschieden. Namentlich der Verlustvortrag passe nicht zum Einkommensbegriff des EStG, der auf das im Besteuerungszeitraum erzielte Einkommen abstelle (*Strutz* Kommentar zum EStG vom 10. August 1925, 1927, § 10 Rn. 4). Auch das EStG von 1934 (RGBl. 1934 I 1005) sah einen Verlustvortrag nicht vor. Er sei „aus steuerpolitischen Gründen nicht mehr vertretbar" (amtl. Begründung RStBl. 1935, 33).

11.2 Zwischen 1929 und 1934 konnten Gewerbetreibende sowie Land- und Forstwirte, die Bücher führten, Beträge, die zur Beseitigung eines in den Büchern ausgewiesenen Verlusts verwendet waren, als Sonderausgaben abziehen (§ 15 Abs. 1 Nr. 4 EStG idF vom 29. Juni 1929, RGBl. 1929 I 123).

12 Rückblickend hat sich der **Verlustvortrag** lange vor dem Verlustrücktrag entwickelt. Seit 1938 gehört der Verlustvortrag in wechselnder Ausgestaltung als fester Bestandteil zum EStG. Sein Anwendungsbereich war jedoch eingeschränkt, zunächst auf die Einkünfte aus Gewerbebetrieb sowie aus Land- und Forstwirtschaft. Später kamen auch die Einkünfte aus selbständiger Tätigkeit hinzu. Außerdem war der Verlustvortrag lange Zeit von weiteren Voraussetzungen abhängig, insbesondere von einer ordnungsgemäßen Buchführung. Seit 1974 wird eine ordnungsgemäße Buchführung nicht mehr vorausgesetzt (EStRG vom 5.8.1974, BGBl. 1974 I 1769). Anfänglich wurde der vortragsfähige Verlust als Sonderausgabe abgezogen (§ 10 Abs. 1 Nr. 6 EStG 1938). Seit der Einführung von § 10d EStG im Jahr 1954 wird er „wie eine Sonderausgabe" abgezogen (StNG vom 16.12.1954, BGBl. 1954 I 373). Von der Einführung eines Verlustrücktrags sah der Gesetzgeber 1954 noch ab (BT-Drs. II/481, 84).

13 Der **Verlustrücktrag** findet sich erst seit 1976 im Gesetz. Der Gesetzgeber von 1976 bezweckte damit, die Liquidität der vorübergehend in Not geratenen kleineren und mittleren Unternehmen durch Rückzahlung von bereits geleisteten Steuern zu verbessern und sie nicht im Hinblick auf den Verlustvortrag auf zukünftige Gewinnphasen zu verweisen. Dabei sollte es sich jedoch nicht nur um eine vorübergehende Maßnahme zur Förderung der Konjunktur, sondern um eine dauerhafte Ergänzung des Gesetzes handeln. Zugleich wurde der Verlustvor- und -rücktrag auf sämtliche Einkunftsarten ausgedehnt und der Verlustvortrag in zeitlicher Hinsicht auf fünf Jahre begrenzt. (BT-Drs. 7/4604, 3). Umfang und zeitliche Reichweite des Verlustausgleichs wurden in der Folgezeit noch häufig geändert.

14 Das **StReformG 1990** v. 25.7.1988 (BGBl. 1988 I 1083) brachte als wesentliche Neuerung die **gesonderte Feststellung des verbleibenden Verlustvortrags** (§ 10d Abs. 3 EStG 1990). Sie sollte nach der Vorstellung des Gesetzgebers der Vermeidung von Unsicherheiten und Rechtsstreitigkeiten über die Höhe des verbleibenden Verlustabzugs dienen. Bis dahin war der Verlustabzug allein durch Steuerbescheid zu regeln; verbindliche Feststellungen über die Höhe des verbleibenden Verlustabzugs waren nicht vorgesehen. Seit dem VZ 1994 besteht außerdem das Wahlrecht, auf den Verlustrücktrag ganz oder teilweise zugunsten des Verlustvortrags zu verzichten.

Zwischen 1999 und 2003 war der vertikale Verlustausgleich (zwischen verschiedenen Einkunftsarten) beschränkt (§ 2 Abs. 3 EStG 1999, Mindestbesteuerung). Positive und negative Einkünfte konnten unbeschränkt nur noch innerhalb der jeweiligen Einkunftsart miteinander verrechnet werden. Beim Ausgleich mit Einkünften aus anderen Einkunftsarten galten oberhalb bestimmter Sockelbeträge Ausgleichsbeschränkungen, die eine Mindestbesteuerung bewirkten. An dieses in § 2 Abs. 3 angelegte System war § 10d angepasst. Vorrangig war der Verlustausgleich nach § 2 Abs. 3 durchzuführen. Ein Verlustabzug kam nur in Betracht, soweit die nach § 2 Abs. 3 zu ermittelnden Ausgleichsmöglichkeiten im jeweiligen Abzugsjahr noch nicht erschöpft waren. Der verbleibende Verlustvortrag musste für jede Einkunftsart gesondert festgestellt werden. 15

Die durch das **StEntlG 1999/2000/2002** vom 24.3.1999 (BGBl. 1990 I 402) eingeführte Regelung ist durch ProtErklG „Korb II" vom 22.12.2003 (BGBl. 2003 I 2840) hinsichtlich der Beschränkungen des vertikalen Verlustausgleichs (§ 2 Abs. 3 Satz 2 bis 8 EStG 1999) aufgehoben und mit Wirkung ab VZ 2004 durch die im Wesentlichen bis heute geltende Mindestbesteuerung ersetzt worden. 15.1

Der BFH hielt die Vorschriften wegen Verstoßes gegen den Grundsatz der Normenklarheit für verfassungswidrig (BFH 6.9.2006 – XI R 26/04, BStBl. II 2007, 167). Die Vorlage war unzulässig. Auch in der Sache teilte das BVerfG nicht die Bedenken des BFH (BVerfG 12.10.2010 – 2 BvL 59/06, BVerfGE 127, 335). 15.2

Der BFH hat entschieden, dass § 2 Abs. 3 EStG aF und § 10d EStG aF nicht anzuwenden sind auf sog. „echte" Verluste. Das sind Verluste, die wirtschaftlich tatsächlich erzielt worden sind. Die zwischen 1999 und 2003 geltenden Vorschriften über die Beschränkung des Verlustausgleichs und Verlustabzugs sind danach nur noch anzuwenden auf „unechte" Verluste, die der Steuerpflichtige wirtschaftlich nicht getragen hat. Das sind insbesondere Verluste, die auf die Inanspruchnahme von Sonderabschreibungen zurückzuführen sind (KSM/*Heuermann* § 10d Rn. A 283). Verluste, die sich aus der gesetzlichen, auch der erhöhten AfA ergeben, führen hingegen zu „echten" Verlusten, die nicht den Ausgleichs- und Abzugsbeschränkungen unterliegen (BFH 9.3.2011 – IX R 56/05, BStBl. II 2011, 649). Die Vorschriften haben damit auch für Altfälle so gut wie keinen Anwendungsbereich mehr. 15.3

Mit Wirkung ab dem VZ 2004 ist der Verlustausgleich (§ 2 Abs. 3) wieder uneingeschränkt möglich. Der Verlustrücktrag (Abs. 1) ist beschränkt auf das unmittelbar vorangegangene Jahr und gedeckelt durch einen Höchstbetrag. Der Verlustvortrag (Abs. 2) ist zeitlich unbegrenzt möglich, aber oberhalb eines Sockelbetrags der Höhe nach beschränkt (ProtErklG „Korb II" vom 22.12.2003, BGBl. 2003 I 2840, **Mindestbesteuerung** → Rn. 128). Diese Rechtslage gilt unabhängig davon, in welchem Jahr der Verlust entstanden ist, auch für (sämtliche) vor 2004 entstandenen sog. Altverluste (§ 52 Abs. 25). 16

Wesentliche **verfahrensrechtliche Weiterentwicklungen** brachten das **JStG 2007** v. 13.12.2006 (BGBl. 2006 I 2878) und das **JStG 2010** v. 8.12.2010 (BGBl. 2010 I 1768). Nach Abs. 4 Satz 6 Hs. 2 (idF durch das JStG 2007) ist die Anwendung von § 181 Abs. 5 AO grundsätzlich ausgeschlossen. Die Frist für die (erstmalige) Feststellung des verbleibenden Verlustvortrags läuft idR auch dann ab, wenn der Bescheid noch für einen unverjährten Bescheid von Bedeutung wäre. Nach Abs. 4 Satz 4 und 5 (idF durch das JStG 2010) entfalten die Steuerbescheide im Entstehungsjahr und im Rücktragsjahr eine inhaltliche Bindungswirkung für die Feststellung des verbleibenden Verlustvortrags. Dieser kann danach nicht mehr unabhängig von den Steuerbescheiden festgesetzt werden. Damit reagierte der Gesetzgeber auf anders lautende Entscheidungen des BFH. 17

Einstweilen frei **18–19**

3. Verhältnis zu höherrangigem Recht

a) Verfassungsrechtliche Vorgaben. Welche Vorgaben sich für den Verlustabzug und seine Ausgestaltung aus dem GG ergeben, ist derzeit völlig offen. Das BVerfG hat sich dazu noch nicht entschieden geäußert. Die Analyse der vorhandenen Rechtsprechung und Literatur ergibt ein uneinheitliches Bild. 20

aa) Rechtsprechung des BVerfG. Insbesondere die vor 1990 bekannt gewordene Rechtsprechung des BVerfG zu § 10d und zu anderen Verlustabzugsbeschränkungen dürfte überholt sein. 21

21.1 In mehreren Entscheidungen hat das BVerfG die bis 1974 geltende Regelung (→ Rn. 12) hinsichtlich der Beschränkung des Verlustabzugs auf bestimmte Einkunftsarten und im Hinblick auf das Erfordernis einer ordnungsgemäßen Buchführung von Verfassungs wegen nicht beanstandet (zB BVerfG 10.7.1970 – 1 BvR 434/70, HFR 1970, 454; BVerfG 8.3.1978 – 1 BvR 117/78, HFR 1978, 293; BVerfG 30.10.1980 – 1 BvR 785/80, HFR 1981, 181). Diese Beschlüsse enthalten jeweils keine Ausführungen zu zeitlichen oder sachlichen verfassungsrechtlichen Vorgaben für den Verlustabzug.

22 In seinem Kammerbeschluss vom 22.7.1991 (1 BvR 313/88, DStR 1991, 1278) beschreibt das BVerfG die (damals geltende → Rn. 13) **zeitliche Beschränkung des Verlustvortrags** (auf fünf Jahre) als Ausgleich zwischen dem Grundsatz der Abschnittsbesteuerung und dem „Grundsatz des abschnittsübergreifenden Nettoprinzips". Das Abschnittsprinzip diene der Rechtssicherheit, das Nettoprinzip der materiellen Gerechtigkeit. Beide seien wesentliche Bestandteile des Rechtsstaatsprinzips. Der Gesetzgeber sei insofern zu einer **willkürfreien Entscheidung** aufgerufen. Er sei insbesondere nicht verpflichtet, den Wertungswiderspruch zwischen dem Grundsatz der Abschnittsbesteuerung und dem Grundsatz der Besteuerung nach dem Nettoprinzip einseitig zugunsten des Nettoprinzips zu lösen. Danach sei es jedenfalls unter Berücksichtigung des Verlustrücktrags nicht zu beanstanden, wenn der Gesetzgeber Verluste lediglich in einem Zeitraum von sieben Jahren zum Abzug zulasse (Entstehungsjahr, Rücktragsjahr, 5 Vortragsjahre) und danach der Rechtssicherheit den Vorrang einräume.

23 Den **völligen Ausschluss der Verlustverrechnung** (Ausgleich und Abzug) bei bestimmten Einkünften hat das BVerfG allerdings für gleichheitswidrig erachtet und deshalb § 22 Nr. 3 Satz 3 EStG aF für verfassungswidrig erklärt, soweit er sich auf laufende Einkünfte aus der Vermietung beweglicher Gegenstände bezieht (BVerfG 30.9.1998 – 2 BvR 1818/91, BVerfGE 99, 88). Zur Begründung hat das BVerfG nur darauf abgestellt, dass es an einer sachlichen Rechtfertigung für die unterschiedliche Behandlung der Einkunftsart fehle, weil der Gesetzgeber bei allen anderen Einkunftsarten zumindest einen Ausgleich und Abzug mit positiven Einkünften derselben Einkunftsart zulasse. Auf die Frage, ob es darüber hinaus auch inhaltliche verfassungsrechtliche Vorgaben für den Verlustabzug gibt, geht das BVerfG in dieser Entscheidung nicht ein. Die vom BVerfG gewählte Begründung spricht jedoch dagegen.

24 In seiner **Entscheidung zu § 8c KStG** (BVerfG 29.3.2017 – 2 BvL 6/11, BStBl. II 2017, 700) hat das BVerfG explizit offen gelassen, ob und gegebenenfalls in welchem Umfang der Gleichheitssatz (Art. 3 Abs. 1 GG) und der Grundsatz der Ausrichtung der Besteuerung an der wirtschaftlichen Leistungsfähigkeit generell die Möglichkeit eines veranlagungszeitraumübergreifenden Verlustabzugs im Sinne von § 10d erfordern. Daraus ergibt sich, dass das BVerfG die Frage als offen ansieht.

25 *Einstweilen frei*

26 **bb) Kontroverse im Schrifttum.** Im Schrifttum stehen sich im Wesentlichen **zwei Extrempositionen** gegenüber. Der Streit entzündet sich an der Frage, wie das Leistungsfähigkeitsprinzip in zeitlicher Hinsicht konkretisiert werden muss. Während die einen die Leistungsfähigkeit idealiter nur in der **Totalperiode** (Leben, Betriebsdauer) messen wollen, gehen die anderen davon aus, dass sie (nur) im **Besteuerungsabschnitt** zu messen sei. Von diesen unterschiedlichen Standpunkten aus ergeben sich entgegengesetzte Antworten auf die Frage nach den verfassungsrechtlichen Grundlagen des (überperiodischen) Verlustabzugs.

27 **Totalität.** Nach dieser Auffassung steht der zeitlich uneingeschränkte überperiodische Verlustabzug grundsätzlich nicht zur Disposition des Gesetzgebers. Dasselbe gilt für den Verlustausgleich innerhalb derselben Einkunftsart und zwischen den einzelnen Einkunftsarten (*Röder* Das System der Verlustverrechnung im deutschen Steuerrecht, 177 ff.). Vertreter dieser Ansicht gehen davon aus, dass sich jeder durch die Erzielung von Einkünften veranlasste Aufwand irgendwann auswirken müsse. Das fordere das objektive Nettoprinzip, dem auch in seiner den Veranlagungszeitraum überschreitenden Dimension Verfassungsrang beizumessen sei (*Röder* Das System der Verlustverrechnung im deutschen Steuerrecht, 177 ff., 244). Idealerweise könne das Einkommen erst am Schluss der **Totalperiode** bestimmt werden (*Hackmann* Die Besteuerung des Lebenseinkommens, 1979; *Tipke* Die Steuerrechtsordnung Bd. II, 2. Aufl. 2003, 756).

Daraus ergebe sich die Notwendigkeit einer periodenübergreifenden Betrachtung. Die Abschnittsbesteuerung sei dagegen lediglich ein **technisches Prinzip** und stehe im Widerspruch zur Besteuerung nach der Leistungsfähigkeit (*Tipke* StuW 1971, 16; *Lang* DStJG 24 (2001), 49, 63 ff.; *Wendt* DStJG 28 (2005), 41; Tipke/Lang StR/*Hey* § 8 Rn. 44). Sie zerteile inhaltliche Zusammenhänge **willkürlich** (*Tipke* Die Steuerrechtsordnung, Bd. II, 669) und benachteilige Steuerpflichtige mit stark schwankenden Einkünften ungerechtfertigt. Der Verlustabzug sei danach ein notwendiger Ausgleich für die wirtschaftlichen Nachteile der Abschnittsbesteuerung.

Periodizität. Nach der Gegenauffassung muss der Gesetzgeber das objektive Nettoprinzip und die Abschnittsbesteuerung miteinander **zum Ausgleich bringen** (Optimierungsgebot). Danach stehen weder der Verlustabzug noch die Abschnittsbesteuerung vollständig zur Disposition (*Drüen* Periodengewinn und Totalgewinn, 1998, 96 ff.; KSM/*Heuermann* § 10d Rn. A79; *Ismer* DStJG 34 (2011), 91; Kirchhof/*P. Kirchhof* § 2 Rn. 123; *Kube* DStR 2011, 1781 (1784); HHR/*Musil* § 2 Rn. 900). Der Gesetzgeber kann aber in bestimmten Grenzen dem einen Prinzip mehr Gewicht beimessen als dem anderen und daraus konkrete Folgerungen ableiten. Vertreter dieser Ansicht gehen davon aus, dass die Abschnittsbesteuerung ebenfalls ein **materielles Prinzip** ist (*Schick* Der Verlustrücktrag, 1979, 13 ff.; KSM/*P. Kirchhof* § 2 Rn. A136, H20; *Lehner* Verlust im nationalen und internationalen Steuerrecht, 2004, 15; Kirchhof/*P. Kirchhof* § 2 Rn. 122), das dem objektiven Nettoprinzip auch nicht im Rang nachsteht. Die Begründungen dafür gehen allerdings auseinander. 28

Nach *P. Kirchhof* ist eine zeitnahe Besteuerung ein Gebot der Gerechtigkeit, weil derjenige, der den Markt erfolgreich genutzt hat, zu dessen Finanzierung zeitnah beitragen müsse (*P. Kirchhof* StuW 2002, 9). Nach *Schick* lässt sich die individuelle Leistungsfähigkeit verschiedener Individuen überhaupt nur innerhalb desselben überschaubaren Zeitraums angemessen miteinander vergleichen (*Schick* Der Verlustrücktrag, 13 ff.). *Drüen* hat ergänzend hervorgehoben, dass nur die Abschnittsbesteuerung **Rechtssicherheit** gewährleiste. Rechtssicherheit ist ein Element des Rechtsstaatsprinzips und ein Prinzip mit Verfassungsrang (*Drüen* Periodengewinn, 91 ff.). Zum Teil wird auch bestritten, dass ein den Veranlagungszeitraum übergreifendes objektives Nettoprinzip Verfassungsrang habe (KSM/*Kirchhof*/*Geserich* § 2 Rn. D252; KSM/*Heuermann* § 10d Rn. A75).

cc) Stellungnahme. Voraussetzungen. Unbestreitbar besteht ein Gleichheitsproblem, wenn sich im Einzelfall Erwerbsaufwendungen aus Gründen der Abschnittsbesteuerung steuerlich nicht auswirken. Der Verlustabzug dient mithin der **Verwirklichung des objektiven Nettoprinzips.** Ein Teilrechtssystem, welches von nur einem Prinzip dominiert wird, wäre allerdings ein absurdes System. Schon diese Überlegung spricht dafür, dem Abschnittsprinzip als Gegengewicht eine angemessene Bedeutung beizumessen. Das Abschnittsprinzip ist ein materielles Prinzip (ebenso BFH 28.7.2004 – XI R 54/99, BStBl. II 2005, 265; BFH 17.2.2005 – XI B 138/03, BFH/NV 2005, 1264); es erfüllt ebenfalls grundlegende Gerechtigkeitsfunktionen. Die kann man darin sehen, dass ein Vergleich individueller wirtschaftlicher Leistungsfähigkeit überhaupt nur unter (möglichst) gleichen Bedingungen, dh in einem relativ kurzen Zeitabschnitt gelingen kann. Die Abschnittsbesteuerung ist danach eine notwendige Bedingung für die Besteuerung nach der Leistungsfähigkeit. Dieser eher technische Aspekt wird ergänzt durch den Beitrag, den die Abschnittsbesteuerung zur Verwirklichung von Rechtssicherheit leistet. Jenseits aller fiskalischen Interessen ist Rechtssicherheit auch für die Bürger eine unverzichtbare formelle Bedingung von Gerechtigkeit (Art. 20 Abs. 3 GG). 29

Folgerungen: Verlustrücktrag. Geht man davon aus, dass der Gesetzgeber bei der Ausgestaltung des Verlustabzugs der Rechtssicherheit und damit auch dem Interesse an einer Kontinuität der Staatsfinanzierung Rechnung tragen darf, steht der **Verlustrücktrag** insgesamt zur Disposition (ebenso *Kube* DStR 2011, 1781 (1788)). Der Verlustrücktrag wirkt zurück und entzieht dem Staatshaushalt Geld, welches in der Regel bereits budgetiert oder verausgabt ist. Dies erschwert eine verlässliche Finanzplanung. Zwar ist der Verlustrücktrag am Ende der Totalperiode die einzige Möglichkeit, um Verluste noch wirksam werden zu lassen. Dabei handelt es sich jedoch um einen Sonderfall. Der Gesetzgeber könnte deshalb den Verlustrücktrag typisierend versagen; der Verlustrücktrag ist eine **Subvention** (ebenso *Eckhoff* DStJG 28 (2005), 11 ff., 33; Lüdicke/Kempf/Brink Verluste im Steuerrecht/*Mohr*, 2010, 30 ff., 37). 30

Folgerungen: Verlustvortrag. Dieser steht dagegen nicht insgesamt zur Disposition des Gesetzgebers (ebenso *Kube* DStR 2011, 1781 (1785); *Seiler* DStJG 34 (2011), 61 ff., 82). Er 31 muss aber auch nicht grenzenlos gewährt werden. In Betracht kommen zwei Einschränkungen. Eine **zeitliche Streckung** des Verlustvortrags existiert in Form der sog. Mindestbesteuerung. Durch sie fallen negative Einkünfte grundsätzlich nicht weg, sie wirken sich nur in einem späteren Zeitpunkt aus (→ Rn. 32). Eine **zeitliche Begrenzung** des Verlustabzugs führt in einigen Fällen zum Untergang nicht ausgeglichener und nicht abgezogener negativer Einkünfte. Auch dies wäre nicht verfassungswidrig, wenn sich der Zeitraum, in dem der Verlustvortrag zugelassen ist, in einem sachangemessenen Rahmen bewegt (ausführlich *Kube* DStR 2011, 1781 (1785 ff.)). Es genügt, wenn die Verluste über einen Zeitraum vorgetragen werden können, in dem sie sich typischerweise auswirken können und der typischerweise dem Planungshorizont der Wirtschaftssubjekte entspricht (*Ismer* DStJG 34 (2008), 91 ff., 109). Der BFH hat die Befristung der Übergangsregelung zur Verrechnung von sog. Altverlusten mit Aktiengewinnen, die der Abgeltungsteuer unterliegen (auf fünf Jahre), als nicht verfassungswidrig angesehen, obwohl die Altverluste danach in den meisten Fällen wirtschaftlich entwertet sind (BFH 6.12.2016 – IX R 48/15, BStBl. II 2017, 313).

32 **dd) Verfassungswidrigkeit der Mindestbesteuerung?.** Der BFH hält die Mindestbesteuerung (§ 8 Abs. 1 KStG iVm § 10d Abs. 2 Satz 1 EStG und § 10a Satz 1 und 2 GewStG 2002) **in ihrer Grundkonzeption** für verfassungsgemäß. Nach der Rechtsprechung des BFH bestehen im Hinblick auf Art. 3 Abs. 1 GG grundsätzlich keine Bedenken gegen Beschränkungen des Verlustausgleichs oder -abzugs, sofern die Verrechnung der negativen Einkünfte lediglich **zeitlich gestreckt** wird (so schon BFH 29.4.2005 – XI B 127/04, BStBl. II. 2005, 609). Nach diesem Verständnis genügt es, wenn die Verluste überhaupt, wenn auch später berücksichtigt werden (grundlegend BFH 22.8.2012 – I R 9/11, BStBl. II 2013, 512 mwN; BFH 20.9.2012 – IV R 36/10, BStBl. II 2013, 498 zu § 10a Satz 1 und 2 GewStG; BFH 21.9.2016 – I R 65/14, BFH/NV 2017, 267).

33 Der **I. Senat des BFH** hält § 8 Abs. 1 KStG iVm § 10d Abs. 2 Satz 1 EStG und § 10a Satz 1 und 2 GewStG 2002 aber für **verfassungswidrig,** soweit auf der Grundlage eines inneren Sachzusammenhangs bzw. einer Ursachenidentität zwischen Verlust und Gewinn der sog. Mindestbesteuerung im Einzelfall („konkret") die Wirkung zukommt, den Verlustabzug gänzlich (gemeint: endgültig) auszuschließen (BFH 26.8.2010 – I B 49/10, BStBl. II 2011, 826). In diesem Fall sei der **Kernbereich einer Ausgleichsfähigkeit von Verlusten** verletzt. Dies führe zu einer leistungsfähigkeitswidrigen Substanzbesteuerung und sei nicht gerechtfertigt. Der Gesetzgeber könne sich insofern nicht auf seine Befugnis zur Typisierung berufen. Auch die Möglichkeit von einzelfallbezogenen, sachlichen Billigkeitsmaßnahmen ändere daran nichts. Eine strukturelle Korrektur des Gesetzes sei auf diesem Weg ausgeschlossen (BFH 26.2.2014 – I R 59/12, BStBl. II 2014, 1016, Vorlagebeschluss: BVerfG 2 BvL 19/14; zust. BVerwG 19.12.2005 – 9 C 10/14, DStR 2016, 1022).

33.1 **Beispiel:**

Diese Voraussetzungen hat der BFH bejaht im Fall einer GmbH in Insolvenz, bei der die Mindestbesteuerung im Abwicklungszeitraum zum Tragen kam. Die GmbH hatte ausschließlich aufgrund einer Kooperationsvereinbarung mit einer anderen GmbH teilweise deren Aufgaben bei einer städtebaulichen Entwicklungsmaßnahme erfüllt und dabei einen Verlust erwirtschaftet. Zivilrechtlich nahm sie die andere GmbH auf Ausgleich in Anspruch. Im Zuge der Auseinandersetzung schrieb sie eine bereits bilanzierte Ausgleichsforderung zunächst vollständig ab. Dadurch ergab sich ein Jahresfehlbetrag. Nachdem sich die andere GmbH vergleichsweise bereit erklärt hatte, den Verlust der GmbH auszugleichen, holte sie den Wert der Forderung zwei Jahre später wieder auf. Dadurch entstand ein Gewinn. Aufgrund der Mindestbesteuerung konnten die vorgetragenen negativen Einkünfte jedoch nicht in voller Höhe abgezogen werden (vgl. BFH 26.2.2014 – I R 59/12, BStBl. II 2014, 1016). Die im Abwicklungszeitraum nicht abgezogenen negativen Einkünfte sind untergegangen.

34 Der **IV. Senat des BFH** hält demgegenüber § 10a Satz 1 und 2 GewStG 2002 auch bei Definitiveffekten nicht für verfassungswidrig. Er begründet dies mit dem Objektcharakter der Gewerbesteuer (BFH 20.9.2012 – IV R 36/10, BStBl. II 2013, 498). Das **BVerwG** (19.2.2015 – 9 C 10/14, BVerwGE 151, 255) hat **Billigkeitsmaßnahmen** (§ 163 AO) zur generellen Vermeidung von Definitiveffekten im Anwendungsbereich der gewerbesteuerlichen Mindestbesteuerung ausgeschlossen, weil darin eine strukturelle Gesetzeskorrektur läge. Das **BVerfG** hat die dagegen gerichtete Verfassungsbeschwerde nicht zur Entscheidung angenommen (BVerfG 28.2.2017 – 1 BvR 1103/15, NVwZ 2017, 954). Der BFH hat sich der

Rechtsprechung des BVerwG für die Mindestbesteuerung nach § 10d Abs. 2 EStG iVm § 8 Abs. 1 KStG angeschlossen und Billigkeitsmaßnahmen abgelehnt. Er hat das Verfahren auch nicht nach § 74 FGO ausgesetzt, weil er die Verfassungsbeschwerde 2 BvR 242/17 für aussichtslos hält (BFH 11.7.2018 – XI R 33/16, BStBl. II 2019, 258, EStB 2019, 7 mAnm *Aweh*).

Schrifttum und Stellungnahme. Im Schrifttum werden zur zeitlichen Streckung des Verlustvortrags sämtliche denkbaren Auffassungen vertreten (vgl. *Drüen* FR 2013, 393; vgl. auch die Darstellung in BFH 26.2.2014 – I R 9/11, BStBl. II 2014, 1016). Ein **Recht auf zeitnahe Verrechnung** von Verlustvorträgen lässt sich aus Art. 3 Abs. 1 GG nicht herleiten. § 10d Abs. 2 Satz 1 gilt für alle Steuerpflichtigen; ein Gleichheitsproblem besteht nicht (aA *Röder* StuW 2012, 18). Aber auch die Lösung des BFH (teilweise **Verfassungswidrigkeit bei sog. Definitiveffekten**) überzeugt nicht. Die Abgrenzung ist unscharf. Jede zeitliche Verschiebung erhöht die Gefahr eines Definitiveffekts (ebenso *Ernst* BB 2014, 2536). Unscharf sind vor allem die vom BFH angeführten Kriterien des „inneren Sachzusammenhangs bzw. einer Ursachenidentität zwischen Verlust und Gewinn". Sie sind weder überzeugend dargelegt noch anwendbar. In dem vom BFH vorgelegten Fall beruht der Definitiveffekt nicht auf einem inneren Zusammenhang zwischen Abschreibung und Aufholung des Teilwerts, sondern auf der Insolvenz der Gesellschaft. Diese Gefahr kann und muss der Gesetzgeber indes nicht berücksichtigen; ihre Folgen können gegebenenfalls im Billigkeitswege abgemildert werden. Sog. Definitiveffekte sind danach hinzunehmende Folgen einer zulässigen Typisierung (wie hier *Heuermann* FR 2012, 435 (440 ff.); aA *Desens* FR 2011, 745 (750)). 35

Verfassungskonforme Auslegung? Das FG Düsseldorf 12.3.2016 – 6 K 2199/09 K, EFG 2012, 1387 und FG Düsseldorf 18.9.2018 – 6 K 454/15 K, DStRE 2019, 671 (Rev. BFH I R 36/18) legt § 10d Abs. 2 Satz 1 ergänzend so aus, dass die Mindestbesteuerung nur eingreift, soweit sie keine definitive Besteuerung auslöst (→ Rn. 312). Das mag im Ergebnis sachgerecht erscheinen, überschreitet jedoch die Grenzen zulässiger (verfassungskonformer) Auslegung, da insoweit ein Anhaltspunkt im Wortlaut des Gesetzes fehlt. 36

Einstweilen frei **37–39**

b) EU-Recht. Aus dem Gemeinschaftsrecht ergeben sich derzeit keine Vorgaben, mit denen § 10d nicht in Einklang steht. Explizite Vorgaben für die Verlustberücksichtigung gibt es im Gemeinschaftsrecht nicht. Deshalb kommen vor allem die Grundfreiheiten in Betracht (*Cordewener* DStJG 28 (2005), 255). Insofern begegnet § 10d jedoch keinen Bedenken. Die Vorschrift findet auch Anwendung auf im Ausland erzielte Verluste (→ Rn. 54); sie enthält keine diskriminierenden Regelungen. 40

Finale Verluste. Nach der Rechtsprechung des EuGH ergibt sich aus der **Niederlassungsfreiheit,** dass Verluste, für die das Besteuerungsrecht aufgrund eines DBA ausschließlich dem Quellenstaat zusteht, ausnahmsweise dennoch im Sitzstaat abgezogen werden müssen, sofern und soweit der Steuerpflichtige nachweist, dass die Verluste im Quellenstaat steuerlich unter keinen Umständen anderweitig verwertbar sind (sog. finale Verluste, EuGH 15.5.2008 – C-414/06, BStBl. II 2009, 692 – Lidl Belgium). Das sei jedoch nicht der Fall, wenn der Quellenstaat lediglich einen zeitlich begrenzten Verlustvortrag zulasse (EuGH 23.10.2008 – C-157/07, BStBl. II 2009, 566 – Krankenheim Ruhesitz am Wannsee-Seniorenheimstatt). Diese Rechtsprechung, die sich der BFH zu Eigen gemacht und fortentwickelt hatte (BFH 9.6.2010 – I R 107/09, BFHE 230, 35; BFH 5.2.2014 – I R 48/11, DStR 2014, 837), hat der EuGH nun wohl **aufgegeben** (EuGH 17.12.2015 – C-388/14, BStBl. II 2016, 362 – Timac Agro Deutschland). Der EuGH akzeptiert nun die sog. Symmetriethese (→ Rn. 57) als Rechtfertigungsgrund für die Nichtberücksichtigung finaler Verluste. Der BFH ist dieser Wendung nun ebenfalls gefolgt (BFH 22.2.2017 – I R 2/15, BStBl. II 2017, 709). Die offene Frage, ob die finalen Verluste nur im Entstehungsjahr oder auch interperiodisch abgezogen werden müssen, stellt sich derzeit nicht mehr. Die Entwicklung ist aber noch nicht abgeschlossen (OFD Frankfurt 24.5.2017 – S 1301 A-093-St 58, ofix HE DBA/OECD/56). 41

Einstweilen frei **42–43**

4. Verhältnis zu anderen Vorschriften

44 **a) Sachlicher Anwendungsbereich, Steuerarten.** § 10d ist die **Grundnorm** des überperiodischen Verlustabzugs. Sie gilt nicht nur für die **Einkommensteuer,** sondern durch Verweisung in § 8 Abs. 1 KStG auch für die **Körperschaftsteuer** und nach § 51a Abs. 1 (§ 31 Abs. 1 Satz 1 KStG) auch für die Zuschlagssteuern (SolZ und KiSt). Ohne § 10d würden negative Einkünfte untergehen, die in dem Veranlagungszeitraum, dem sie zugeordnet sind, nicht (vollständig) ausgeglichen werden. § 10d regelt im Grundsatz für die Einkommensteuer und für die Körperschaftsteuer, in welchen anderen Veranlagungszeiträumen und in welchen betragsmäßigen Grenzen die nicht ausgeglichenen negativen Einkünfte abgezogen werden können.

45 **Ausnahme Gewerbesteuer.** Nicht anwendbar ist § 10d im Gewerbesteuerrecht. § 10a GewStG verdrängt als abschließende Spezialregelung § 10d. § 10a GewStG sieht einen Verlustrücktrag nicht vor. Dies dient der finanziellen Planungssicherheit der Kommunen, denen das Aufkommen aus der Gewerbesteuer zusteht. § 10a S. 2 GewStG enthält eine § 10d Abs. 2 Satz 1 entsprechende Vorschrift zur Mindestbesteuerung.

46 Die **Tarifermäßigung für Einkünfte aus Land- und Forstwirtschaft (§ 32c),** eingefügt durch Art. 4 Nr. 3 des „JStG 2019" v. 12.12.2019 (BGBl. 2019 I 2451), wird nur gewährt, wenn ein Verlustrücktrag über den dreijährigen Betrachtungszeitraum hinaus nicht durchgeführt worden (§ 32c Abs. 5 S. 1 Nr. 1) und wenn in den Veranlagungszeiträumen zwei und drei des Betrachtungszeitraums kein Antrag nach § 10d Abs. 1 S. 5 auf Verringerung des Verlustrücktrags gestellt worden ist (§ 32c Abs. 5 S. 1 Nr. 2). Dadurch soll eine Doppelberücksichtigung von Verlusten soweit wie möglich vermieden werden (BT-Drs. 19/13436, 127).

47 *Einstweilen frei*

48 **b) Einkommensteuer. Vorbemerkung.** § 10d ist systematisch nicht richtig platziert. Die Einordnung hinter § 10 erklärt sich nur historisch aus dem früheren Abzug „wie Sonderausgaben". Sie ist jedoch überholt. Zwar wird der Verlustabzug in § 2 nicht ausdrücklich erwähnt. Er ist dort jedoch nach Abs. 3 (Abzug vom Gesamtbetrag der Einkünfte) und vor Abs. 4 (Abzug vor Sonderausgaben, außergewöhnlichen Belastungen und anderen Abzugsbeträgen) einzuordnen. Diese Einordnung ergibt sich zunächst aus dem Wortlaut des § 10d. Sie bringt aber darüber hinaus zutreffend zum Ausdruck, dass der Verlustabzug der Verwirklichung des **objektiven Nettoprinzips** dient (→ Rn. 29). Nicht ausgeglichene negative Einkünfte sind keine Privatausgaben, sondern sie gehören zur Erwerbssphäre. Zum Verständnis der systematischen Zusammenhänge ist es deshalb hilfreich, sich § 10d (fiktiv) als § 2 Abs. 3a vorzustellen (HHR/*Hallerbach* § 10d Rn. 7).

49 **aa) Einkunftsarten. Umfassender Anwendungsbereich.** § 10d ist grundsätzlich auf steuerbare Einkünfte **aller Einkunftsarten** (§ 2 Abs. 1 Satz 1 Nr. 1 bis 7) anwendbar. § 2 Abs. 2 Satz 1 schließt negative Einkünfte trotz seines zu engen Wortlauts („Gewinn" bzw. „Überschuss der Einnahmen über die Werbungskosten") nicht von der Besteuerung aus. Ausgenommen sind aber Vorgänge, die nicht den Tatbestand einer Einkunftsart erfüllen und deshalb nicht der Einkommensteuer unterliegen (zB Verlust aus der Veräußerung eines Grundstücks aus dem Privatvermögen nach Ablauf der Haltedauer, Verluste aus nicht erwerbsgerichteten Tätigkeiten, sog. Liebhaberei, oder jegliche Formen der Einkommensverwendung).

50 Einkünfte, die nicht in die **Ermittlung des Gesamtbetrags der Einkünfte** eingehen, beeinflussen den Verlustabzug nicht. Das sind insbesondere steuerfreie und alle abgeltend oder pauschal besteuerten Einkünfte. Sie mindern zum einen nicht den Überhang der nicht ausgeglichenen negativen Einkünfte im Entstehungsjahr (→ Rn. 164) und erhöhen zum anderen nicht den (positiven) Gesamtbetrag der Einkünfte im Rücktrags- (→ Rn. 181) oder im Vortragsjahr (→ Rn. 315). Den umgekehrten Effekt haben nicht abziehbare Betriebsausgaben oder Werbungskosten. Auch sie gehen in die Ermittlung des Gesamtbetrags der Einkünfte nicht ein.

51 Ein **Kirchensteuer-Erstattungsüberhang** (§ 10 Abs. 4b Satz 3) ist dem Gesamtbetrag der Einkünfte hinzuzurechnen. Es handelt sich nicht um eine 8. Einkunftsart, sondern um „negative Sonderausgaben". Der Hinzurechnungsbetrag erhöht deshalb nicht den Gesamtbe-

trag der Einkünfte, sondern im Schema nach dem Verlustausgleich das Einkommen. Er kann folglich auch nicht durch einen Verlustvor- oder -rücktrag gemindert werden (BFH 12.3.2019 – IX R 34/17, BStBl. II 2019, 658, mAnm *Kanzler* FR 2019, 970).

Einstweilen frei **52–53**

bb) Internationaler Anwendungsbereich. Im Ausland erzielte positive wie negative Einkünfte nach § 2 Abs. 1 Satz 1 Nr. 1 bis 7 unterfallen (bei unbeschränkter persönlicher Steuerpflicht und Personenidentität) grundsätzlich der inländischen Besteuerung (**Welteinkommensprinzip**). Etwas anderes kann sich aber aus der jeweils anwendbaren Methode zur Vermeidung der Doppelbesteuerung ergeben (Anrechnungs- oder Freistellungsmethode). **54**

Anrechnungsmethode. Die im Ausland erzielten Einkünfte werden der inländischen Bemessungsgrundlage hinzugerechnet. Im Ausland erzielte Verluste mindern deshalb die inländische Bemessungsgrundlage. Sie nehmen grundsätzlich auch am Verlustabzug teil. Die festgesetzte und gezahlte ausländische Steuer wird auf die Einkommensteuer angerechnet. Diese Methode zur Vermeidung von Doppelbesteuerung liegt dem EStG als **Regelfall** zugrunde (§ 34c). Sie kommt immer dann zum Tragen, wenn Steuern in einem Staat erhoben werden, mit dem Deutschland kein DBA abgeschlossen hat oder soweit das DBA für die jeweiligen Einkünfte die Anrechnungsmethode vorsieht. **55**

§ 2a Abs. 1 und 2 schließt für bestimmte dort aufgeführte (passive) negative Einkünfte den Verlustabzug aus oder schränkt ihn ein. Die Vorschrift setzt die Anrechnungsmethode voraus. Sie geht § 10d als speziellere Norm vor (KSM/*Heuermann* § 10d Rn. A120). Auch daraus ergibt sich, dass § 10d systematisch zutreffend als Abs. 3a in § 2 einzuordnen wäre (→ Rn. 48). **56**

Freistellungsmethode. Im Ausland erzielte Einkünfte sind von der inländischen Besteuerung freigestellt. Sie gehen nach stRspr in die inländische Bemessungsgrundlage nicht ein. Das gilt nach stRspr des BFH nicht nur für positive, sondern auch für negative Einkünfte (sog. **Symmetriethese,** BFH 17.7.2008 – I R 84/04, BStBl. II 2009, 630; BFH 22.2.2017 – I R 2/15, BStBl. II 2017, 709; **aA** *Prokisch* DStJG 28 (2005), 229). Der Verlustabzug ist deshalb ausgeschlossen. Die Rechtsprechung des EuGH, wonach dies für „finale Verluste" nicht gelten sollte, ist wohl überholt (→ Rn. 41). Einkünfte, die im Inland von der Besteuerung freigestellt sind, unterliegen aber häufig (aufgrund von DBA) dem Progressionsvorbehalt. Negative Einkünfte können so die Steuerbelastung mindern, obwohl sie in die Bemessungsgrundlage nicht eingehen. **57**

Einstweilen frei **58–59**

cc) Besondere Abzugsverbote. Besondere gesetzliche Abzugsverbote im EStG schließen die Anwendung von § 10d grundsätzlich aus. Solche Beschränkungen bestehen derzeit für Verluste aus gewerblicher Tierzucht oder gewerblicher Tierhaltung, Verluste aus Termingeschäften, Verluste aus stillen Gesellschaften, Unterbeteiligungen oder sonstigen Innengesellschaften an Kapitalgesellschaften, bei denen der Gesellschafter oder Beteiligte als Mitunternehmer anzusehen ist (§ 15 Abs. 4), Verluste bei beschränkter Haftung (§ 15a), Verluste im Zusammenhang mit Steuerstundungsmodellen (§ 15b), Verluste aus Kapitalvermögen (§ 20 Abs. 6 S. 1), Verluste aus der Veräußerung von Aktien (§ 20 Abs. 6 S. 4), Verluste aus Termingeschäften (§ 20 Abs. 6 S. 5), Verluste aus dem Wertloswerden des eingesetzten Kapitals (§ 20 Abs. 6 S. 6), Werbungskostenüberhänge aus Vermietung und Verpachtung § 21 Abs. 1 Satz 2 iVm § 15a oder § 15b), Werbungskostenüberhänge bei sonstigen Einkünften aus Leistung (§ 22 Nr. 3 Satz 3) und für Verluste aus privaten Veräußerungsgeschäften (§ 22 Nr. 2 iVm § 23 Abs. 3 Satz 7). Diese Einkünfte unterliegen zugleich einem generellen Ausgleichsverbot (→ Rn. 159). **60**

Die in den zitierten Vorschriften jeweils vorkommende Formulierung „dürfen nicht nach § 10d abgezogen werden" (§ 15 Abs. 4 Satz 1 Hs. 2; § 15a Abs. 1 Satz 1 Hs. 2; § 15b Abs. 1 Satz 1 Hs. 2; § 20 Abs. 6 Satz 1 Hs. 2; § 22 Nr. 3 Satz 3 Hs. 2 und § 22 Nr. 2 iVm § 23 Abs. 3 Satz 7 Hs. 2) verweist auf Abs. 1 Satz 1 und Abs. 2 Satz 1, in denen jeweils der Abzug geregelt ist. Ausgeschlossen ist damit nicht nur der Abzug im Rücktrags- oder im Vortragsjahr. Ausgeschlossen ist vielmehr schon die Verlagerung der Einkünfte in einen anderen Veranlagungszeitraum (Vor- oder Rücktrag). Die davon betroffenen Einkünfte erhöhen deshalb auch nicht etwa den verbleibenden Verlustvortrag. **60.1**

Besondere Verlustverrechnungskreise. Ein vollständiges Verbot des Verlustabzugs ist damit jedoch nicht verbunden. Die Vorschriften sehen vielmehr anstelle der großzügigen Regelung in § 10d **60.2**

sachlich mehr oder weniger eng **beschränkte Ausgleichs- und Abzugsmöglichkeiten** vor. Mindern die Verluste andere Einkünfte „nach Maßgabe von § 10d", verweist die jeweilige Vorschrift ohne Einschränkung materiell-rechtlich und verfahrensrechtlich auf § 10d. Teilweise wird die gesonderte Feststellung durch die Formulierung „§ 10d Abs. 4 gilt entsprechend" angeordnet, teilweise ist die gesonderte Feststellung auch speziell angeordnet (§ 15a Abs. 4). Unabhängig vom Regelungsinhalt der jeweiligen Verweisungen handelt es sich um eigenständige Vorschriften, die § 10d verdrängen.

61 *Einstweilen frei*

62 **dd) Auswirkungen auf andere Vorschriften.** Der Verlustabzug mindert den **Gesamtbetrag der Einkünfte** im Abzugsjahr gegebenenfalls bis auf 0 EUR. Das hat zur Folge, dass sich alle im Schema des § 2 nachfolgenden Abzugsbeträge (§ 2 Abs. 4 und 5), insbesondere **Sonderausgaben** und **außergewöhnliche Belastungen** in diesem Jahr bei der Ermittlung des zu versteuernden Einkommens nicht mehr auswirken. Sie gehen ersatzlos unter, da sie auch nicht in andere Veranlagungszeiträume übertragen werden können (keine zeitliche Dimension des subjektiven Nettoprinzips). Näher → Rn. 210 ff. In einem Rücktragsjahr kann der Steuerpflichtige diese für ihn nachteilige Rechtsfolge durch Ausübung des Antragsrechts nach Abs. 1 Satz 5 und 6 ganz oder teilweise abwenden; in Vortragsjahren ist sie dagegen unausweichlich.

63 Entsprechendes gilt grundsätzlich für **tarifliche Begünstigungen.** Auch sie kommen nicht mehr zum Tragen, wenn der Gesamtbetrag der Einkünfte bereits aufgrund des Verlustabzugs auf 0 EUR oder soweit gemindert worden ist, dass eine Steuer nicht festgesetzt wird. Namentlich der **Grundfreibetrag** (§ 32a Abs. 1 Satz 2 Nr. 1) und etwaige Tarifermäßigungen gehen danach regelmäßig ins Leere und wirken sich nicht mehr aus. Das ist die Folge davon, dass der Verlustabzug dem objektiven Nettoprinzip zugeordnet ist (→ Rn. 48) und deshalb dem subjektiven Nettoprinzip vorgeht (stRspr BFH 14.4.2016 – IX B 138/15, BFH/NV 2016, 1017; auch → Rn. 211). Das gilt nicht für die **Tarifbegünstigung gem. § 34a;** sie schließt (umgekehrt) den Verlustrück- und -vortrag auf solche Einkünfte aus, für die die Begünstigung in Anspruch genommen worden ist (§ 34 Abs. 8; → Rn. 230 ff.).

64–65 *Einstweilen frei*

66 **c) Körperschaftsteuer und vorgehende Regeln.** Aufgrund der Verweisung in § 8 Abs. 1 Satz 1 KStG gilt § 10d auch für die Körperschaftsteuer (→ Rn. 44). **8c KStG** schließt unter bestimmten Umständen negative Einkünfte, die noch nicht ausgeglichen und noch nicht abgezogen worden sind, vom weiteren Abzug aus (Mantelkauf). **§ 8d KStG** schränkt die Anwendung von § 8c ein. Die Vorschriften gehen als speziellere Normen § 10d vor. Negative Einkünfte, die nach § 8c KStG nicht mehr abziehbar sind, nehmen am Verlustabzug nicht teil.

67 **InvStG (2018): Investmentfonds** unterliegen mit ihren inländischen Beteiligungseinnahmen, inländischen Immobilienerträgen und sonstigen inländischen Einkünften der Körperschaftsteuer (§ 6 Abs. 2 Satz 1 InvStG). Die Vorschrift verweist vorbehaltlich der Sondervorschriften in § 6 Abs. 2 bis 7 InvStG auf das KStG und enthält in § 6 Abs. 8 InvStG eine Spezialvorschrift für den Verlustabzug. Nicht ausgeglichene negative Einkünfte sind danach in den folgenden Veranlagungszeiträumen abzuziehen (kein Verlustrücktrag); § 10d Abs. 4 ist sinngemäß anzuwenden. Zum Verlustabzug bei Spezial-Investmentfonds → Rn. 76.

68–69 *Einstweilen frei*

70 **d) Verhältnis zu anderen Vorschriften. Gestaltungsmissbrauch (§ 42 AO).** Gestaltungen, die darauf abzielen, Verluste möglichst auszuschöpfen, sind nicht geeignet, den Vorwurf des Gestaltungsmissbrauchs zu begründen. Dass (realisierte) Verluste steuerlich wirksam werden, entspricht dem Gesetz. Es ist deshalb nicht zu beanstanden, wenn durch Sachverhaltsgestaltung ein möglichst vollständiger Verlustausgleich im Rahmen der durch § 10d bestimmten gesetzlichen Vorgaben erreicht wird. Soweit der Verlustausgleich eingeschränkt wird, ergeben sich diese Einschränkungen unmittelbar und abschließend aus den einschlägigen Steuergesetzen; andere Einschränkungen bestehen nicht (BFH 19.8.1999 – I R 77/96, BStBl. II 2001, 43).

71 **Wahlrechte** wie das Antragswahlrecht in Abs. 1 Satz 5 und 6 dürfen grundsätzlich frei ausgeübt und auch geändert werden. Der **Einwand unzulässiger Rechtsausübung** ist jedenfalls nicht gerechtfertigt, solange ein sachlicher Grund für die (geänderte) Wahl angeführt werden kann. Der allgemeine Missbrauchsvorbehalt, der auch für die Ausübung von Wahlrechten gilt (vgl. zB BFH 30.8.2012 – III R 40/10, BFH/NV 2013, 193), hat deshalb allenfalls einen sehr engen Anwendungsbereich.

Verspätungszuschlag (§ 152 AO). Nach § 152 Abs. 12 Satz 1 und 2 AO ist die Festsetzung des Verspätungszuschlags ua aufzuheben, wenn die Festsetzung der Steuer aufgehoben wird. Nach Satz 3 der Vorschrift ist ein Verlustrücktrag nach § 10d Abs. 1 dabei nicht zu berücksichtigen. Die Vorschrift ist eingefügt worden durch das **Gesetz zur Modernisierung des Besteuerungsverfahrens** vom 18. Juli 2016 (BGBl. 2016 I 1679) und am 1. Januar 2017 in Kraft getreten. Aus den Materialien ist eine substantielle Begründung für die Regelung nicht ersichtlich (vgl. BT-Drs. 18/7457, 82). Ein festgesetzter Verspätungszuschlag bleibt also bestehen, wenn die Steuer später rückwirkend aufgrund eines Verlustrücktrags auf 0 EUR festgesetzt wird (aA zur alten Rechtslage KSM/*Heuermann* § 10d Rn. A113). 72

Zinsen (§ 233a AO). Die Vorschrift enthält eine Sonderregelung für den Fall, dass die Steuerfestsetzung auf einem Verlustabzug nach § 10d Abs. 1 (Verlustrücktrag) beruht. Nach § 233a Abs. 2a und 7 AO beginnt in diesem Fall der Zinslauf abweichend von der Grundregel erst 15 Monate nach Ablauf des Kalenderjahrs, in dem der Verlust entstanden ist. Der unterschiedliche Beginn des Zinslaufs in § 233a Abs. 2 AO einerseits und in § 233a Abs. 2a AO andererseits beruht auf dem Gedanken, dass ein Verlustrücktrag bei der ursprünglichen Steuerfestsetzung noch nicht berücksichtigt werden konnte und daher weder der Steuerpflichtige noch das Finanzamt vor dessen Entstehung einen Liquiditätsvorteil oder -nachteil erlitten haben (BFH 17.2.2010 – I R 52/09, BStBl. II 2011, 340). Die Vorschrift ist nach Art. 97 § 15 Abs. 8 EGAO anwendbar, wenn der Verlust nach dem 31. Dezember 1995 entstanden ist. 73

Steuerhinterziehung (§ 370 AO). Eine vollendete Steuerhinterziehung entfällt regelmäßig nicht, wenn die hinterzogene Steuer nachträglich aufgrund eines Verlustrücktrags auf 0 EUR festgesetzt wird (→ Rn. 224). 74

UmwStG. Grundsätzlich tritt der übernehmende Rechtsträger in die Rechtsstellung des übertragenden Rechtsträgers ein. Verluste, die der übertragende Rechtsträger vor der Umwandlung erlitten hat, gehen jedoch wegen des Rechtsträgerwechsels (→ Rn. 87) unter. Das gilt bei einer Verschmelzung auf eine Personengesellschaft oder natürliche Person (§ 4 Abs. 2 Satz 2 UmwStG), beim Formwechsel einer Kapitalgesellschaft in eine Personengesellschaft (§ 9 Abs. 1 Satz 1 UmwStG) und bei der Verschmelzung oder Vermögensübertragung auf eine andere Körperschaft (§ 12 Abs. 3 Hs. 2 UmwStG). Bei der Aufspaltung oder Abspaltung vermindern sich die nicht ausgeglichenen negativen Einkünfte und ein verbleibender Verlustvortrag anteilig (§ 15 Abs. 3 UmwStG; *Mylich* FR 2019, 537 hält das für verfassungswidrig). Etwas anderes gilt nur für Umwandlungsvorgänge ohne Rechtsträgerwechsel und ohne Wechsel des Besteuerungsregimes (→ Rn. 97). 75

InvStG (2018). Spezial-Investmentfonds unterliegen nicht der Körperschaftsteuerpflicht (§ 29 InvStG), soweit sie die **Transparenz-Option** (§ 30 Abs. 1 Satz 1 InvStG) ausgeübt haben. In diesem Fall werden die Einkünfte, die der Fonds erzielt, unmittelbar den Anlegern zugerechnet. Für die Besteuerung der Anleger gelten dann die §§ 34 ff. InvStG. § 41 InvStG enthält eine Sondervorschrift für die Verlustverrechnung. Danach sind negative Erträge des Spezial-Investmentfonds mit positiven Erträgen „gleicher Art" bis zu deren Höhe auszugleichen. Nicht ausgeglichene negative Erträge sind in den folgenden Geschäftsjahren abzuziehen (kein Verlustrücktrag); § 10d Abs. 4 gilt entsprechend. Nicht ausgeglichene Erträge sind nicht abziehbar, soweit der Anleger seine Spezial-Investmentanteile veräußert. Zum Verlustabzug bei Investmentfonds → Rn. 67. 76

AuslInvG. Nach § 10 Abs. 3 AStG sind die dem Hinzurechnungsbetrag zugrunde liegenden Einkünfte in entsprechender Anwendung der Vorschriften des deutschen Steuerrechts zu ermitteln. § 10 Abs. 3 Satz 5 AStG enthält eine Spezialregelung für den Verlustabzug, die § 10d verdrängt. Verluste, die bei den Einkünften entstanden sind, für die die ausländische Gesellschaft Zwischengesellschaft ist, können danach in **entsprechender Anwendung von § 10d** abgezogen werden, soweit sie die nach § 9 AStG außer Ansatz zu lassenden Einkünfte übersteigen. 77

Einstweilen frei 78–79

5. Persönlicher Anwendungsbereich

80 § 10d gilt für Steuerpflichtige mit nicht ausgeglichenen negativen Einkünften. Die Vorschrift setzt voraus, dass dem Steuerpflichtigen negative Einkünfte persönlich zuzurechnen sind; sie regelt dies aber nicht. Die persönliche Zurechnung von Einkünften ergibt sich, wo sie nicht explizit im Gesetz geregelt ist (zB § 20 Abs. 5), aus allgemeinen Grundsätzen.

81 **a) Allgemeines. Steuerpflicht.** Die Anwendung von § 10d setzt die unbeschränkte (§ 1) oder zumindest die beschränkte (§ 1 Abs. 4 EStG; § 2 Abs. 1 KStG) Steuerpflicht einer Person voraus. Die Steuerpflicht ist eine persönliche Voraussetzung dafür, dass der Person steuerpflichtige Einkünfte persönlich zugerechnet werden können. § 10d ist auch bei beschränkter Steuerpflicht anzuwenden (Blümich/*Wied* § 50 Rn. 42), nicht jedoch, soweit die im Inland erzielten Einkünfte (§ 49) abgeltend besteuert werden (§ 50 Abs. 2 Satz 1), denn abgeltend besteuerte Einkünfte sind vom sachlichen Anwendungsbereich der Vorschrift ausgenommen (→ Rn. 50).

82 **aa) Persönliche Zurechnung. Grundsatz.** Der Verlustabzug steht dem Steuerpflichtigen zu, dem die nicht ausgeglichenen negativen Einkünfte persönlich zuzurechnen sind. Die persönliche Zurechnung von Einkünften ist eine Folge der **Tatbestandsverwirklichung** (→ Rn. 147.1). Maßgebend ist die Tatbestandsmäßigkeit des Geschehens, welches zur Entstehung der negativen Einkünfte geführt hat. Negative Einkünfte sind danach demjenigen persönlich zuzurechnen, der den Tatbestand einer Einkunftsart mit negativem Erfolg verwirklicht hat. Das setzt in der Regel voraus, dass der Steuerpflichtige den Verlust selbst getragen hat. Entsprechendes gilt für Personengesellschaften und Körperschaften.

82.1 **Personengesellschaften** sind nach der Rechtsprechung des BFH beschränkt steuerrechtsfähige Subjekte der Gewinnerzielung und Gewinnermittlung. Die von ihnen erzielten (negativen) Einkünfte werden jedoch unmittelbar den Gesellschaftern zugerechnet und für Zwecke der Besteuerung gesondert festgestellt (§ 180 Abs. 1 Nr. 2 Buchst. a AO). Im Feststellungsbescheid wird über Grund und Höhe der Einkünfte, die persönliche Zurechnung sowie über Sondervergütungen etc entschieden, nicht jedoch über die Voraussetzungen von § 10d. Diese sind personenbezogen bei der Veranlagung des jeweiligen Gesellschafters zu berücksichtigen.

82.2 **Körperschaften** sind dagegen eigenständige Rechtssubjekte, denen die von ihnen erzielten Einkünfte selbst zuzurechnen sind (Trennungsprinzip). Für die Anwendung von § 10d kommt es auf die Körperschaft und nicht auf die hinter ihr stehenden Anteilseigner an. Durchbrochen wird das Trennungsprinzip aber beim Mantelkauf → Rn. 90

83 **Ausnahme Zusammenveranlagung.** Nach § 26b werden die (individuell erzielten) Einkünfte nicht nur zusammengerechnet, sondern auch „**gemeinsam zugerechnet**". Dadurch kommt es bei einem Steuerpflichtigen jeweils zu einer Einkünftezurechnung ohne eigene Tatbestandsverwirklichung. Das gilt auch für (nicht ausgeglichene) negative Einkünfte. Durch die Zusammenrechnung und gemeinsame Zurechnung bewirkt die Zusammenveranlagung einen **intersubjektiven Verlustausgleich.** Näher → Rn. 100 ff.

84 **Ausnahme Organschaft.** Das **Einkommen** der Organgesellschaft ist dem Organträger persönlich zuzurechnen, wenn die gesetzlichen Voraussetzungen für die Organschaft vorliegen (§ 14 KStG, § 2 Abs. 2 Satz 2 GewStG). Dadurch können von der Organgesellschaft erzielte Verluste dem Organträger persönlich zuzurechnen sein, obwohl er die Einkünfte nicht selbst erzielt hat.

85–86 *Einstweilen frei*

87 **bb) Grundsatz der Personenidentität. Grundsatz.** Die Person, deren Einkommen durch den Verlustabzug gemindert werden soll, muss mit der Person identisch sein, die den Verlust erlitten, bzw. die negativen Einkünfte erzielt hat. Damit ist jede **intersubjektive Übertragung** von Verlusten (erzielten Einkünften) grundsätzlich **ausgeschlossen.** Der Verlustabzug endet mit dem Tod der natürlichen Person, bei juristischen Personen mit deren Existenz. Eine Rechtsnachfolge in nicht ausgeglichene und nicht abgezogene negative Einkünfte findet nicht statt (→ Rn. 95 ff.).

88 **Ausnahme Zusammenveranlagung** (→ Rn. 83). Die Einkünfte werden „gemeinsam zugerechnet". Sie werden damit immer auch einer Person zugerechnet, die sie nicht selbst erzielt hat. Darin liegt eine Abweichung vom Grundsatz der Personenidentität. Eine intersub-

jektive Übertragung von Einkünften liegt aber nicht vor. Die gemeinsame Zurechnung gilt nur für die Ermittlung des zu versteuernden Einkommens im jeweiligen Veranlagungszeitraum. Im Übrigen bleibt es bei der individuellen Zurechnung der durch Tatbestandsverwirklichung erzielten Einkünfte, zB für die gesonderte Feststellung des verbleibenden Verlustvortrags. Es liegt auch kein Fall der Rechtsnachfolge vor.

Ausnahme Organschaft (→ Rn. 84). Auch bei ihr fallen die Person, der die Einkünfte (das Einkommen) steuerlich zuzurechnen ist und die Person, die es erzielt hat, auseinander. Eine intersubjektive Übertragung liegt aber ebenfalls nicht vor. Die abweichende persönliche Zurechnung des Einkommens setzt zwar den Abschluss eines Gewinnabführungsvertrags voraus. Die Einkünfte werden aber nicht auf Grund des Vertrags übertragen, sondern die abweichende persönliche Zurechnung beruht auf der gesetzlichen Anordnung. Auch eine Rechtsnachfolge liegt nicht vor. Die Organschaft löst nicht die durch Tatbestandsverwirklichung eingetretene persönliche Zurechnung („Einkommen der Organgesellschaft"), sondern überschreibt sie lediglich unter bestimmten Voraussetzungen. 89

Mantelkauf. Für die Identität einer Körperschaft kommt es nicht nur auf den Fortbestand der juristischen Person, sondern auch auf die hinter ihr stehenden Anteilseigner an. Die Mantelkaufregelungen (derzeit § 8c KStG) sollen verhindern, dass der Grundsatz der Personenidentität unterlaufen wird (vgl. auch BVerfG 29.3.2017 – 2 BvL 6/11, BStBl. II 2017, 1082; § 8c KStG ist durch das „JStG 2018" vom 11.12.2018 (BGBl. 2018 I 2338) an die Entscheidung des BVerfG angepasst und rückwirkend neu gefasst worden. 90

Einstweilen frei 91–92

cc) Prinzipielle Einordnung. Das **Subjektsteuerprinzip** (Individualprinzip) ist kein normatives Prinzip, sondern eine Folge der (notwendig) eineindeutigen persönlichen Zurechnung von Einkünften (*Ratschow* DStJG 34 (2011), 35 ff.). Erzielte Einkünfte sind stets einer, aber auch nur einer Person zuzurechnen. Gemeinsam erzielte Einkünfte sind den beteiligten Personen anteilig unter Ausschluss der jeweils anderen zuzurechnen. Das Erzielen von Einkünften (§ 2 Abs. 1 Satz 1) ist ein nicht revidierbarer Tatbestand; die persönliche Zurechnung von Einkünften kann, wenn der Tatbestand vollendet ist, nicht mehr geändert, wohl aber in Ausnahmefällen „überschrieben" werden. Nur im Fall der Zusammenveranlagung kommt es – vorübergehend – zu einer gemeinsamen Zurechnung von Einkünften zu zwei Personen. 93

Einstweilen frei 94

b) Keine Rechtsnachfolge. Erbschaft. Der Erbe kann einen vom Erblasser erzielten Verlustabzug **nicht** bei seiner eigenen Veranlagung zur Einkommensteuer geltend machen. Der vom Erblasser erzielte und nicht mehr ausgenutzte Verlustvortrag geht mit dessen Ableben ersatzlos unter (BFH 17.12.2007 – GrS 2/04, BStBl. II 2008, 608). Er kann sich letztmals bei der Veranlagung des Erblassers im Todesjahr oder im Rücktragsjahr auswirken. Nichts anderes gilt für den überlebenden Ehegatten. Als Erbe hat er nicht mehr Rechte als jeder andere Erbe. Die Rechtsfragen zum Verlustabzug in Erbfällen sind seit dem Beschluss des Großen Senats des BFH geklärt. Der BFH verneint deshalb in diesem Zusammenhang regelmäßig die grundsätzliche Bedeutung der Rechtssache (vgl. BFH 28.4.2016 – IX B 18/16, BFH/NV 2016, 1173). Die alte Rechtslage gilt jedoch für bestimmte Fälle weiter. 95

Fortgeltung der alten Rechtsprechung. Die bis zum Beschluss des Großen Senats ergangene, gegenteilige Rechtsprechung des BFH ist aus Gründen des **Vertrauensschutzes** weiterhin in allen Erbfällen anzuwenden, die bis zur Veröffentlichung des Beschlusses des Großen Senats (12.3.2008) eingetreten sind. Die Finanzverwaltung stellt auf das Datum der Veröffentlichung der Entscheidung im Bundessteuerblatt (18.8.2008) ab. Es kommt nicht darauf an, ob der Steuerpflichtige konkret auf die Fortgeltung der alten Rechtsprechung vertraut und im Vertrauen verfügt hat. Entscheidend ist allein das Sterbedatum. 95.1

Voraussetzungen nach altem Recht. Der Erbe kann Verluste, die der Erblasser zu Lebzeiten erzielt hat, als Rechtsnachfolger nur abziehen, wenn er durch sie **wirtschaftlich belastet** ist (grundlegend BFH 5.5.1999 – XI R 1/97, BStBl. II 1999, 653; zuletzt BFH 14.6.2016 – IX R 30/15, BFH/NV 2017, 11). Den Verlust zu tragen, bzw. durch ihn wirtschaftlich belastet zu sein, bedeutet nicht, dass es allein darauf ankommt, ob der Erbe rechtlich für Schulden des Erblassers in Anspruch genommen werden kann. Es besagt vielmehr, dass der Erbe aufgrund der Verluste des Erblassers wirtschaftlich in seiner Einkommens- oder Vermögenssphäre belastet ist. Eine wirtschaftliche Belastung in diesem Sinne 95.2

liegt nicht vor, wenn dem Erbe aufgrund eines Verlusts des Erblassers lediglich ein geringeres Vermögen zufällt (BFH 22.5.2013 – IX B 185/12, BFH/NV 2013, 1233).

96 **Andere Formen der Rechtsnachfolge.** Der Beschluss des Großen Senats (BFH 17.12.2007 – GrS 2/04, BStBl. II 2008, 608) betrifft zwar nur die Gesamtrechtsnachfolge nach § 1922 BGB. Die Ausführungen gelten jedoch nach zutreffender Auffassung gleichermaßen für alle anderen Fälle der Rechtsnachfolge, bei denen der Rechtsnachfolger von Erwerbsaufwendungen des Rechtsvorgängers wirtschaftlich nicht betroffen ist (BFH 12.1.2011 – I R 112/09, BFH/NV 2011, 1194).

97 **Umwandlungsvorgänge.** Der Grundsatz der Personenidentität verlangt für Fälle einer gesellschaftsrechtlichen Umwandlung die **rechtliche Identität** zwischen den an der Umwandlung beteiligten Gesellschaften (BFH 27.10.1994 – I R 60/94, BStBl. II 1995, 326). Entscheidend ist, dass **kein Rechtsträgerwechsel** stattgefunden hat (BFH 5.4.2006 – I R 23/05, BFH/NV 2007, 15). An einem Rechtsträgerwechsel fehlt es bei einem Formwechsel (§ 190 Abs. 1 UmwG). Außerdem darf kein Wechsel des Besteuerungsregimes stattfinden. Die Umwandlung einer Kapitalgesellschaft in eine Personengesellschaft behandelt § 9 UmwStG deshalb wie eine Umwandlung mit Rechtsträgerwechsel, bei der die Verluste des übertragenden Rechtsträgers untergehen (→ Rn. 75). Personenidentität liegt danach zB vor bei der formwechselnden Umwandlung einer GmbH in eine AG.

98–99 *Einstweilen frei*

100 **c) Zusammenveranlagung. Grundlagen.** Bei der Zusammenveranlagung nach § 26b kann es infolge der Zusammenrechnung und gemeinsamen Zurechnung der Einkünfte zum **intersubjektiven Verlustausgleich** (→ Rn. 83) kommen. Die Zusammenrechnung und gemeinsame Zurechnung findet nicht endgültig, sondern nur für Zwecke der Ermittlung des (gemeinsamen) zu versteuernden Einkommens im jeweiligen Veranlagungszeitraum statt. Im Übrigen, zB für die gesonderte Feststellung des verbleibenden Verlustvortrags, bleibt es bei der individuellen Zurechnung der Einkünfte.

101 **aa) Wirkungsweise im Grundfall. Zusammenrechnung.** Nach der Rechtsprechung des BFH findet die Zusammenrechnung und gemeinsame Zurechnung nach individueller Ermittlung der Einkünfte und personenbezogenem Verlustausgleich, aber vor der Ermittlung des Gesamtbetrags der Einkünfte, insbesondere vor dem Abzug nach § 13 Abs. 3 statt. Dieser ist individuell zu bestimmen, aber von der gemeinsamen Summe der Einkünfte abzuziehen (BFH 25.2.1988 – IV R 32/86, BStBl. II 1988, 827). Dasselbe gilt für den Altersentlastungsbetrag und den Entlastungsbetrag für Alleinerziehende.

102 Der **Grundsatz der Individualbesteuerung** (→ Rn. 93) wird durch die Möglichkeit der Zusammenveranlagung nach § 26b nicht aufgehoben. Dementsprechend sind die Einkünfte jedes Ehegatten getrennt zu ermitteln. In diesem Bereich stehen sich die Eheleute wie Fremde gegenüber. Darauf beruht zB die Möglichkeit des vertraglichen Leistungsaustauschs zwischen den Ehegatten und dessen steuerrechtliche Anerkennung. Nur „außerhalb der Einkünfteermittlung sind zusammen zu veranlagende Eheleute […] als ein Steuerpflichtiger zu behandeln", zB beim Abzug von Sonderausgaben und außergewöhnlichen Belastungen (BFH 23.8.1999 – GrS 1/97, BStBl. II 1999, 778).

103 **Verlustausgleich.** Die Einkünfte der zusammenveranlagten Steuerpflichtigen sind danach zunächst **getrennt zu ermitteln** und auch getrennt zu summieren (§ 2 Abs. 3 „Summe der Einkünfte"). Der horizontale und vertikale Verlustausgleich findet zunächst personenbezogen statt. Ergibt sich danach bei einem Steuerpflichtigen ein Überhang der (nicht ausgeglichenen) negativen Einkünfte, kommt es auf der nächsten Stufe zur **Zusammenrechnung der Einkünfte** und gegebenenfalls zum Ausgleich mit einem Überhang der positiven Einkünfte beim anderen Steuerpflichtigen.

104 **Verlustrücktrag bei Zusammenveranlagung im Rücktragsjahr.** Verbleibt nach der Zusammenrechnung der Einkünfte beider Steuerpflichtiger ein (gemeinsamer) Überhang der (nicht ausgeglichenen) negativen Einkünfte, wird dieser vorbehaltlich der Ausübung des Wahlrechts nach Abs. 1 Satz 5 und 6 in den davor liegenden Veranlagungszeitraum zurückgetragen und dort in den Grenzen des gemeinsamen Höchstbetrags vom gemeinsamen Gesamtbetrag der Einkünfte abgezogen. Den Antrag, vom Verlustrücktrag ganz oder teilweise abzusehen, kann trotz gemeinsamer Zurechnung der Einkünfte derjenige Steuerpflichtige allein

stellen, der die negativen Einkünfte erzielt hat (BFH 17.9.2008 – IX R 72/06, BStBl. II 2009, 639). Insofern bleibt es beim Grundsatz der Individualbesteuerung.

Verlustrücktrag bei Einzelveranlagung im Rücktragsjahr. Der im Entstehungsjahr nicht ausgeglichene Überhang der negativen Einkünfte wird zurückgetragen und bei demjenigen Steuerpflichtigen abgezogen, der die negativen Einkünfte erzielt hat. Haben beide Steuerpflichtige im Entstehungsjahr einen Überhang der negativen Einkünfte erzielt, muss der im Entstehungsjahr verbleibende gemeinsame Überhang der negativen Einkünfte nach Maßgabe von § 62d Abs. 2 Satz 2 EStDV nach dem Verhältnis der negativen Einkünfte im Entstehungsjahr aufgeteilt werden (→ Rn. 115). Jeder Steuerpflichtige kann im Rücktragsjahr anteilig nur die (verbleibenden) negativen Einkünfte abziehen, die er selbst erzielt hat. Eine gesonderte Feststellung findet nicht statt. **105**

Gesonderte Feststellung des verbleibenden Verlustvortrags. Am Schluss des Entstehungszeitraums nicht ausgeglichene und auch im Rücktragsjahr nicht abgezogene (gemeinsame) negative Einkünfte erhöhen den verbleibenden Verlustvortrag desjenigen, der sie erzielt hat (getrennte Feststellung). Die abweichende Zurechnung der Einkünfte nach § 26b hat nur Bedeutung für die Ermittlung des zu versteuernden Einkommens im Entstehungsjahr, nicht jedoch für die gesonderte Feststellung. Haben beide Steuerpflichtige im Entstehungsjahr einen Überhang der negativen Einkünfte erzielt, muss der nach Verlustausgleich und -abzug verbleibende Verlustvortrag nach § 62d Abs. 2 Satz 2 EStDV aufgeteilt werden (→ Rn. 115). **106**

Verlustvortrag. Der gesondert festgestellte verbleibende Verlustvortrag wird im Vortragsjahr vorrangig bei dem Steuerpflichtigen abgezogen, für den er gesondert festgestellt worden ist. Verbleibt danach bei diesem Steuerpflichtigen ein nicht ausgeglichener Überhang der negativen Einkünfte, geht dieser (bei Zusammenveranlagung im Vortragsjahr) in die gemeinsame Summe der Einkünfte nach § 26b ein und mindert diese. Ein verbleibender Verlustvortrag wird wiederum getrennt für denjenigen gesondert festgestellt, der die negativen Einkünfte erzielt hatte (→ Rn. 106 aE). **107**

Einstweilen frei **108–109**

bb) Wechsel der Veranlagungsart. Verordnungsermächtigung. Nach § 26a Abs. 3 kann die Bundesregierung mit Zustimmung des Bundesrats die Anwendung von § 10d durch Rechtsverordnung für den Fall des Übergangs von der Einzelveranlagung zur Zusammenveranlagung und von der Zusammenveranlagung zur Einzelveranlagung zwischen zwei Veranlagungszeiträumen regeln, wenn bei beiden Ehegatten nicht ausgeglichene Verluste vorliegen. Von der Ermächtigung hat die Bundesregierung in § 62d Abs. 2 Satz 2 EStDV Gebrauch gemacht. **110**

§ 62d EStDV lautet: **110.1**

Anwendung des § 10d des Gesetzes bei der Veranlagung von Ehegatten

(1) [1]Im Fall der Einzelveranlagung von Ehegatten (§ 26a des Gesetzes) kann der Steuerpflichtige den Verlustabzug nach § 10d des Gesetzes auch für Verluste derjenigen Veranlagungszeiträume geltend machen, in denen die Ehegatten nach § 26b des Gesetzes zusammen veranlagt worden sind. [2]Der Verlustabzug kann in diesem Fall nur für Verluste geltend gemacht werden, die der einzeln veranlagte Ehegatte erlitten hat.

(2) [1]Im Fall der Zusammenveranlagung von Ehegatten (§ 26b des Gesetzes) kann der Steuerpflichtige den Verlustabzug nach § 10d des Gesetzes auch für Verluste derjenigen Veranlagungszeiträume geltend machen, in denen die Ehegatten nach § 26a des Gesetzes einzeln veranlagt worden sind.[2]Im Fall der Zusammenveranlagung von Ehegatten (§ 26b des Gesetzes) in einem Veranlagungszeitraum, in den negative Einkünfte nach § 10d Abs. 1 des Gesetzes zurückgetragen werden, sind nach Anwendung des § 10d Abs. 1 des Gesetzes verbleibende negative Einkünfte für den Verlustvortrag nach § 10d Abs. 2 des Gesetzes in Veranlagungszeiträume, in denen eine Zusammenveranlagung nicht stattfindet, auf die Ehegatten nach dem Verhältnis aufzuteilen, in dem die auf den einzelnen Ehegatten entfallenden Verluste im Veranlagungszeitraum der Verlustentstehung zueinander stehen.

§ 62d Abs. 1 und Abs. 2 Satz 1 EStDV sind von der Ermächtigungsnorm nicht gedeckt, weil die weitere gesetzliche Voraussetzung, dass bei beiden Ehegatten nicht ausgeglichene Verluste vorliegen müssen, nicht Gegenstand der Regelung ist. Dies ist jedoch unschädlich, denn die Vorschrift hat rein **deklaratorischen Charakter.** Sie regelt nichts, was sich nicht aus allgemeinen Grundsätzen ohnehin ergibt (ausführlich BFH 22.2.2005 – VIII R 89/00, BStBl. II 2005, 624). **111**

112 **§ 62d Abs. 1 EStDV** betrifft den Verlustvortrag aus einem Veranlagungszeitraum mit Zusammenveranlagung in einen Veranlagungszeitraum mit Einzelveranlagung. Aus § 62d Abs. 1 Satz 2 ergibt sich für diesen Fall, dass die in § 26b angeordnete gemeinsame Zurechnung der Einkünfte nicht für den materiell-rechtlich zu verstehenden Verlustvortrag gilt. Das ergibt sich bereits aus § 26b. Eine überperiodische Zusammenrechnung und gemeinsame Zurechnung der Einkünfte findet nicht statt. Materiell-rechtlich bezieht sich der Verlustvortrag nur auf die jeweils individuell erzielten Einkünfte. Dem entspricht es verfahrensrechtlich, dass der verbleibende Verlustvortrag stets individuell und nicht gemeinsam festgestellt wird.

113 **§ 62d Abs. 2 Satz 1 EStDV** betrifft den Verlustvortrag aus einem Veranlagungszeitraum mit Einzelveranlagung in einen Veranlagungszeitraum mit Zusammenveranlagung. Es versteht sich von selbst, dass die bei der Einzelveranlagung nicht ausgeglichenen und auch nicht abgezogenen negativen Einkünfte materiell-rechtlich auch dann vorgetragen werden dürfen, wenn im Vortragsjahr eine Zusammenveranlagung stattfindet. Dem entspricht es verfahrensrechtlich, dass der Bescheid über die gesonderte Feststellung des verbleibenden Verlustvortrags insofern ohne Einschränkung Bindungswirkung entfaltet für den Steuerbescheid im Vortragsjahr.

114 **§ 62d Abs. 2 Satz 2** regelt die **Aufteilung** der von beiden Steuerpflichtigen erzielten und nach § 26b zunächst zusammengerechneten negativen Einkünfte. Ausdrücklich geregelt ist nur der Fall der Zusammenveranlagung im Rücktragsjahr. Die Vorschrift ist jedoch sinngemäß anzuwenden auf die Zusammenveranlagung in Vortragsjahren. In beiden Fällen geht die Aufteilung in die (notwendig individuelle) gesonderte Feststellung des verbleibenden Verlustvortrags ein. Der Sache nach muss auch bei Zusammenveranlagung im Entstehungsjahr und Einzelveranlagung im Rücktragsjahr aufgeteilt werden, wenn beide Steuerpflichtigen im Entstehungsjahr einen Überhang der negativen Einkünfte erzielt haben (→ Rn. 105). **Gegenstand der Aufteilung** ist der (gemeinsame) Betrag der (verbleibenden) nicht ausgeglichenen und nicht abgezogenen negativen Einkünfte.

115 **Aufteilungsmaßstab.** Die nicht ausgeglichenen und nicht abgezogenen negativen Einkünfte sind in dem Verhältnis aufzuteilen, „in dem die auf den einzelnen Ehegatten entfallenden Verluste im Veranlagungszeitraum der Verlustentstehung zueinander stehen". „Verluste" im Sinne der Vorschrift sind negative Einkünfte. Danach sind **(nur) die negativen Einkünfte,** die beide Steuerpflichtige im Entstehungszeitraum erzielt haben (vor Zusammenrechnung und Verlustabzug) einander gegenüberzustellen. Im Verhältnis dieser beiden Größen, ist die Aufteilung vorzunehmen (wie hier KSM/*Heuermann* § 10d Rn. A 212). Die von beiden Steuerpflichtigen erzielten negativen Einkünfte werden danach durch den intersubjektiven Verlustausgleich im Rahmen der Zusammenveranlagung proportional gemindert.

115.1 **Beispiel** (vgl. auch Beispiel in BT-Drs. 15/1518, 14 zu § 62d Abs. 2 Satz 2 EStDV 2000)

Einkunftsart	Ehemann	Ehefrau
§ 19	40.000	40.000
§ 17	- 100.000	
§ 15		- 20.000
§ 21		- 30.000
Summe	-60.000	-10.000

Die gemeinsame Summe der negativen Einkünfte beträgt -70.000. Nach Verlustrücktrag verbleiben nicht ausgeglichene und nicht abgezogene negative Einkünfte von -21.000.

115.2 **Lösung:** Die negativen Einkünfte im Entstehungsjahr (-150.000) entfallen zu 2/3 auf den Ehemann (-100.000) und zu 1/3 auf die Ehefrau (-50.000). Der verbleibende Verlustvortrag ist danach im Verhältnis 2/3 (14.000) zu 1/3 (7.000) aufzuteilen.

115.3 **Alternative:** Aufteilung im Verhältnis 6/7 (Ehemann) zu 1/7 (Ehefrau) = 18.000/3.000. Diese Aufteilung berücksichtigt jedoch nicht die individuellen Verhältnisse und führt zu einer disproportionalen Verrechnung der Verluste bei der Zusammenveranlagung. Sie ist deshalb abzulehnen.

116 **Besonderheiten bei Zusammenveranlagung im Todesjahr.** Negative Einkünfte, die der Erblasser **im Todesjahr erzielt** hat, werden mit positiven Einkünften des anderen Steuerpflichtigen ausgeglichen, auch wenn diese nach dem Tod des Erblassers erzielt worden sind.

Soweit die negativen Einkünfte dabei nicht oder nicht vollständig ausgeglichen werden, werden sie zurückgetragen und bei Einzelveranlagung im Rücktragsjahr vom positiven Gesamtbetrag der Einkünfte des Erblassers, bei Zusammenveranlagung im Rücktragsjahr vom gemeinsamen Gesamtbetrag der Einkünfte abgezogen. Nicht abgezogene negative Einkünfte gehen danach unter. Ein **gesondert festgestellter Verlustvortrag** des Erblassers wird im Todesjahr (soweit möglich) ausgeglichen. Bei Einzelveranlagung im Rücktragsjahr kommt ein Verlustrücktrag nicht mehr in Betracht. Nicht ausgeglichene negative Einkünfte gehen danach unter. Bei nachträglicher Wahl der Zusammenveranlagung im Rücktragsjahr werden die nicht ausgeglichenen negativen Einkünfte zurückgetragen. Soweit sie im Rücktragsjahr nicht abgezogen werden können, gehen sie unter.

Besonderheiten bei Einzelveranlagung im Todesjahr. Der vom Erblasser im Todes- **117** jahr erzielte Überhang negativer Einkünfte, wird zurückgetragen. Bei Einzelveranlagung im Rücktragsjahr wird er vom positiven Gesamtbetrag der Einkünfte des Erblassers, bei Zusammenveranlagung im Rücktragsjahr vom gemeinsamen Gesamtbetrag der Einkünfte abgezogen und geht, soweit er dort nicht vollständig verrechnet werden kann, unter. Ein gesondert festgestellter Verlustvortrag wird letztmalig (soweit möglich) bei der Veranlagung des Erblassers im Todesjahr ausgeglichen und geht danach unter.

Einstweilen frei **118–120**

d) Vermögensverwaltung. Unterliegt das Vermögen des Steuerpflichtigen ganz oder **121** zum Teil der zwangsweisen Verwaltung durch eine andere Person (§ 34 Abs. 3 AO), so erzielt gleichwohl der Steuerpflichtige die Einkünfte, auch wenn er die Beschränkung seiner Verfügungsmacht nicht abwenden kann. Das ist etwa bei **Insolvenz** (BFH 1.10.2015 – X B 71/15, BFH/NV 2016, 34; BFH 2.4.2019 – IX R 21/17, BStBl. II 2019, 481), **Zwangsverwaltung** (BFH 10.2.2015 – IX R 23/14, BStBl. II 2017, 367), **Nachlassverwaltung** (BFH 10.11.2015 – VII R 35/13, BStBl. II 2016, 372) oder **Testamentsvollstreckung** (BFH 29.11.1995 – X B 328/94, BStBl. II 1996, 322) der Fall. Der jeweilige Vermögensverwalter ist kein gesetzlicher Vertreter. Seine Handlungen werden dem Steuerpflichtigen jedoch wie die Handlungen eines gesetzlichen Vertreters zugerechnet (BFH 5.6.2008 – IV R 76/05, BStBl. II 2008, 858 zu Testamentsvollstrecker), obwohl er auf dessen Handlungen keinen Einfluss hat. Unerheblich ist ferner, dass dem Steuerpflichtigen die Einnahmen (Erträge) nicht zustehen und ihm auch nicht selbst zufließen. Der Zufluss beim Verwalter bewirkt (fiktiv) den Zufluss beim Steuerpflichtigen. **Negative Einkünfte** werden ebenfalls dem Steuerpflichtigen zugerechnet. Unbenommen bleibt, welche Verbindlichkeiten aus der verwalteten Vermögensmasse zu entrichten sind (zB § 55 InsO). Die verwaltete Vermögensmasse ist (bis zu ihrer Verteilung an die Gläubiger) trotz der Verfügungsbeschränkungen ebenfalls (noch) dem Steuerpflichtigen zuzurechnen.

Einstweilen frei **122–124**

II. Normstruktur und zentrale Debatten

1. Inhalt der Norm

Verlustabzug. Negative Einkünfte, die im Veranlagungszeitraum ihrer Entstehung nicht **125** oder nicht in voller Höhe ausgeglichen worden sind (Verlustausgleich), gehen nicht unter. Sie werden nach Maßgabe von § 10d in andere Veranlagungszeiträume zurück- oder vorgetragen und dort verrechnet. § 10d regelt als Grundnorm die **interperiodische Verlustverrechnung** (Verlustabzug) materiell- wie verfahrensrechtlich.

Verlustrücktrag. Im Entstehungszeitraum nicht ausgeglichene negative Einkünfte wer- **126** den zunächst in den unmittelbar vorangegangenen Veranlagungszeitraum zurückgetragen. Sie mindern dort den Gesamtbetrag der Einkünfte und mittelbar das zu versteuernde Einkommen. Der Steuerbescheid für das Rücktragsjahr ist entsprechend zu ändern. Ein Rücktrag in weiter zurückliegende Veranlagungszeiträume ist nicht vorgesehen. Der Rücktrag ist der Höhe nach auf 1 Mio. EUR begrenzt (bei Zusammenveranlagung: 2 Mio. EUR). Er findet außerdem nur statt, soweit es im Rücktragsjahr zu einer Verrechnung kommt. Von der Durchführung des Verlustrücktrags wird auf Antrag ganz oder teilweise abgesehen (Wahlrecht).

127 **Verlustvortrag.** Nicht ausgeglichene negative Einkünfte, die im Rücktragsjahr nicht abgezogen worden sind, werden in den dem Entstehungszeitraum unmittelbar nachfolgenden Veranlagungszeitraum vorgetragen. Ein Wahlrecht besteht insofern nicht. Im Vortragsjahr werden sie vom Gesamtbetrag der Einkünfte abgezogen oder, soweit das nicht möglich ist, in den nächsten Veranlagungszeitraum weiter vorgetragen. Dieser Vorgang wiederholt sich grundsätzlich so lange, bis sich die negativen Einkünfte durch Verrechnung mit positiven Einkünften in voller Höhe ausgewirkt haben, bis sie also vollständig „verbraucht" sind.

128 **Mindestbesteuerung.** Die Verrechnung der vorgetragenen negativen Einkünfte mit dem Gesamtbetrag der Einkünfte im Vortragsjahr ist der Höhe nach beschränkt auf einen Sockelbetrag von 1 Mio. EUR (bei Zusammenveranlagung: 2 Mio. EUR) und einen Erhöhungsbetrag (60% des 1 Mio. EUR/2 Mio. EUR übersteigenden Gesamtbetrags der Einkünfte). Der Gesamtbetrag der Einkünfte im Vortragsjahr kann deshalb durch den Verlustvortrag nicht in allen Fällen bis auf null EUR gemindert werden; dadurch kommt es im Vortragsjahr zu einer Mindestbesteuerung. Die danach im Vortragsjahr nicht verrechneten negativen Einkünfte werden in spätere Veranlagungszeiträume weiter vorgetragen. Die für das erste Vortragsjahr geltenden Verrechnungsbeschränkungen der Mindestbesteuerung gelten auch für alle nachfolgenden Vortragsjahre.

129 **Verbleibender Verlustabzug.** Die am Ende eines Veranlagungszeitraums weder ausgeglichenen noch bis dahin abgezogenen negativen Einkünfte werden ohne Rücksicht auf den Zeitpunkt ihrer Entstehung in einer Summe als verbleibender Verlustabzug zusammengefasst. Um diesen Betrag kann der nach innerperiodischem Verlustausgleich im nachfolgenden Veranlagungszeitraum verbleibende positive Gesamtbetrag der Einkünfte vorbehaltlich der Mindestbesteuerung höchstens gemindert werden (**Minderungspotential**).

130 **Gesonderte Feststellung.** Der verbleibende Verlustabzug wird auf den Schluss des Veranlagungszeitraums gesondert festgestellt. Der Feststellungsbescheid ist Grundlagenbescheid für den Einkommensteuerbescheid des nachfolgenden Veranlagungszeitraums und den unmittelbar nachfolgenden Feststellungsbescheid. Inhaltlich besteht (seit 2010) eine Bindung an die Steuerbescheide des Entstehungs- und des Rücktragsjahrs. Der verbleibende Verlustabzug wird für die gesonderte Feststellung also nicht materiell-rechtlich bestimmt (→ Rn. 129). Seine Ermittlung ist auch nicht Gegenstand des Feststellungsverfahrens. Vielmehr kommt es darauf an, ob und wie die Besteuerungsgrundlagen, aus denen sich der verbleibende Verlustabzug zusammensetzt, den maßgebenden Steuerbescheiden zugrunde gelegt worden sind. Lassen sich die (materiell-rechtlich unzutreffenden) Steuerbescheide aus verfahrensrechtlichen Gründen nicht mehr ändern, kann auch der verbleibende Verlustvortrag nur noch in unzutreffender Höhe festgestellt werden. Das ist beabsichtigt.

131 **Metastruktur.** 10d vereint materiell-rechtliche und verfahrensrechtliche Vorschriften in einer Norm (→ Rn. 125). Die grundlegende Unterscheidung zwischen dem materiellen und dem formellen Recht wird dadurch aber nicht in Frage gestellt. Es findet auch keine „Symbiose" statt (so aber *Heuermann* DStR 2011, 1489). Vielmehr sind beide Ebenen strikt voneinander zu trennen. Nur so kann die Norm in allen Aspekten zutreffend erfasst werden. Dabei ergibt sich, dass insbesondere die materiell-rechtliche Ebene zuweilen nicht sehr sorgfältig und nicht sehr vollständig ausformuliert ist. So fehlt im Gesetz etwa der unverzichtbare Begriff des weiteren Verlustvortrags (→ Rn. 340). Die verfahrensrechtliche Ebene weist die Besonderheit auf, dass ihre Vorschriften in Teilen nicht mehr – wie sonst allgemein üblich – der Durchsetzung des materiellen Rechts dienen, sondern vom Gesetzgeber gezielt dazu eingesetzt werden, um die zutreffende Erfassung der Besteuerungsgrundlagen zu verhindern (→ Rn. 130). Dadurch wird das Verständnis der Norm erschwert.

132 *Einstweilen frei*

2. Leitentscheidungen und maßgebliche Debatten

133 **a) Leitentscheidungen. Berufsausbildungskosten.** Streitig war, ob und unter welchen Voraussetzungen der verbleibende Verlustabzug erstmals (noch) festgestellt werden konnte, wenn entweder eine steuerliche Veranlagung in der Vergangenheit nicht stattgefunden hatte oder Steuerbescheide nicht mehr geändert werden konnten. Die Frage stellte sich vor allem im Zusammenhang mit der Anerkennung von (häufig schon weit zurückliegenden) Berufsausbildungskosten als vorab entstandenen Werbungskosten (Pilotenfälle). Der BFH hat dazu

im Jahr 2008 die Rechtsprechung grundlegend neu konzipiert und eine erstmalige Feststellung des verbleibenden Verlustabzugs für zulässig erachtet (BFH 17.9.2008 – IX R 70/06, BStBl. II 2009, 897). Diese Rechtsprechung (→ Rn. 422.5) hat der Gesetzgeber jedoch überschrieben durch die Einführung einer inhaltlichen Bindung des Feststellungsbescheids an die Steuerbescheide in Abs. 4 Satz 4 und 5 (→ Rn. 420 ff.).

Bescheide, in denen die Berücksichtigung von Berufsausbildungskosten als Werbungskosten abgelehnt wird (Steuerbescheide und Bescheide, mit denen eine Festsetzung des verbleibenden Verlustabzugs abgelehnt worden ist), ergehen im Rahmen der verfahrensrechtlichen Möglichkeiten vorläufig nach § 165 Abs. 1 Satz 2 Nr. 3 AO (BMF 10.1.2019, DStR 2019, 107). **133.1**

Inhaltliche Bindung. Zu der seit 2010 in Abs. 4 Satz 4 und 5 angeordneten inhaltlichen Bindung des Feststellungsbescheids hat der BFH ebenfalls bereits grundlegend entschieden (BFH 12.7.2016 – IX R 31/15, BStBl. II 2018, 699). Er hat die inhaltliche Bindung der Sache nach uminterpretiert in ein **Feststellungsverbot,** welches die Bestandskraft des Steuerbescheids schützen soll. Das Gesetz bietet dafür jedoch keinen Anhalt (näher → Rn. 358, → Rn. 433, → Rn. 437). Das BMF hat die Entscheidung nach längerem Zuwarten ohne ergänzende Anmerkungen nun im BStBl. veröffentlicht. **134**

Einstweilen frei **135**

b) Maßgebliche Debatten. Verfassungswidrigkeit der Mindestbesteuerung. Dabei handelt es sich um das die jüngere Diskussion absolut beherrschende Thema, dessen Klärung durch das BVerfG noch aussteht. Zur Darstellung → Rn. 32 ff. **136**

Verfassungsrechtliche Grundlagen der Verlustverrechnung. Neben der Debatte um die Verfassungswidrigkeit der Mindestbesteuerung findet eine Diskussion über die allgemeinen verfassungsrechtlichen Grundlagen der Verlustverrechnung statt. Sie speist sich vor allem daraus, dass das BVerfG insofern bislang noch nicht zu einer klaren Linie gefunden hat. Die Ergebnisse dieser Debatte sind aber wohl eher von theoretischem Interesse (im Einzelnen → Rn. 26 ff.). **137**

Einstweilen frei **138–139**

B. Voraussetzungen und Rechtsfolgen

I. Verlustrücktrag (Abs. 1)

1. Überblick

Absatz 1 regelt materiell-rechtlich und verfahrensrechtlich den **Verlustrücktrag.** Abs. 1 Satz 1 regelt grundlegend Voraussetzungen und Rechtsfolgen beim Verlustrücktrag und definiert dadurch zugleich den Begriff. Abs. 1 Satz 2 verhindert, dass Begünstigungsbeträge nach § 34a Abs. 3 Satz 1 (Begünstigung der nicht entnommenen Gewinne) und ein Verlustrücktrag miteinander kombiniert werden. Die Begünstigungsbeträge nach § 34a Abs. 3 Satz 1 sind vom (positiven) Gesamtbetrag der Einkünfte im Rücktragsjahr abzuziehen und stehen deshalb für einen Verlustrücktrag nicht zur Verfügung. Abs. 1 Satz 3 und 4 enthalten besondere verfahrensrechtliche Vorschriften. Sie gewährleisten, dass der zulässige Verlustrücktrag vollständig und richtig umgesetzt wird. Abs. 1 Satz 5 und 6 räumen dem Steuerpflichtigen ein Wahlrecht ein, vom Verlustrücktrag ganz oder teilweise abzusehen. Nicht zurückgetragene negative Einkünfte erhöhen den verbleibenden Verlustvortrag. **140**

Corona-Sofortmaßnahme: Nachträgliche Herabsetzung von Vorauszahlungen 2019 aufgrund eines vorläufig und pauschal ermittelten Verlustrücktrags für 2020. Nach BMF 24.4.2020 (DStR 2020, 92) können Steuerpflichtige mit Gewinneinkünften oder Einkünften aus Vermietung und Verpachtung die nachträgliche Herabsetzung geleisteter Vorauszahlungen für 2019 beantragen, wenn sie mit den genannten Einkünften bedingt durch die **wirtschaftlichen Auswirkungen der Corona-Krise** „unmittelbar und nicht unerheblich" negativ betroffen sind. Die Voraussetzungen sind darzulegen. **141**

Grundlage der Herabsetzung ist ein **pauschal ermittelter, vorläufiger Verlustrücktrag für 2020.** Der Umfang beträgt 15% des Saldos der Einkünfte, für die die Vorauszahlungen 2019 festgesetzt waren. Die Höchstbeträge für den Verlustabzug (→ Rn. 214) sind zu beachten. Mit Änderung der Festsetzung **141.1** der Vorauszahlungen entsteht ein Erstattungsanspruch (Liquiditätshilfe). Nachzahlungen, die nach Festsetzung der Steuer für 2019 entstehen, werden auf gesonderten Antrag zinslos gestundet bis zur Veranlagung 2020. Müssen die Besteuerungsgrundlagen 2020 geschätzt werden, sind Stundungszinsen festzusetzen.

2. Verlustrücktrag (Abs. 1 Satz 1)

142 **a) Definition. Begriffsbestimmung und Rechtsnorm.** Abs. 1 Satz 1 definiert den Begriff Verlustrücktrag. Von Bedeutung ist die Definition nur für die Anwendung von § 10d. An anderen Stellen kommt der Begriff im EStG nicht vor. Mit der Definition wird nicht nur die Bedeutung des Begriffs geklärt. Abs. 1 Satz 1 ist zugleich eine **Rechtsnorm** mit Voraussetzungen und Rechtsfolgen. Sie regelt, unter welchen Voraussetzungen und in welchen (betragsmäßigen) Grenzen nicht ausgeglichene negative Einkünften in den vorangegangenen Veranlagungszeitraum verlagert und dort abgezogen werden (können).

142.1 Die Definition ist sehr eng. In einem weiteren Sinn ist Verlustrücktrag jede (denkbare) Verlagerung von im Entstehungsjahr nicht ausgeglichenen negativen Einkünften in davor liegende Veranlagungszeiträume. Von diesem Standpunkt aus lässt sich sagen, dass Abs. 1 Satz 1 den Verlustrücktrag in zweifacher Weise beschränkt, nämlich zeitlich (auf den unmittelbar vorangegangenen Veranlagungszeitraum) und betragsmäßig (auf 1 Mio. EUR und bei Zusammenveranlagung nach den §§ 26, 26b auf 2 Mio. EUR).

142.2 Schon aus dem Umstand, dass die Legaldefinition eine Rechtsnorm ist, ergibt sich der normative Charakter des Begriffs. Abs. 1 Satz 1 regelt materiell-rechtlich den Verlustrücktrag. Der danach „richtige" Verlustrücktrag bildet den Maßstab für die Rechtmäßigkeit des jeweiligen Steuerbescheids.

143 *Einstweilen frei*

144 **b) Voraussetzungen Überblick.** Erforderlich ist die Betrachtung von **zwei Perioden,** dem Entstehungsjahr und dem Rücktragsjahr. **Entstehungsjahr** ist der Veranlagungszeitraum, in dem negative Einkünfte nicht (vollständig) ausgeglichen werden (vgl. Abs. 1 Satz 4). Ein „Ausgleich" von positiven und negativen Einkünften findet begrifflich nur im Entstehungsjahr statt (Verlustausgleich, BFH 26.9.2011 – IX B 107/11, BFH/NV 2012, 30). Das ist der Zeitraum, dem der besteuerungsrelevante Sachverhalt aufgrund seiner Verwirklichung zuzuordnen ist, in dem also die Steuer entstanden ist. **Rücktragsjahr** ist der Veranlagungszeitraum, der dem Entstehungsjahr unmittelbar vorangegangen ist. In diesen Veranlagungszeitraum werden die nicht ausgeglichenen negativen Einkünfte „zurückgetragen" und dort „abgezogen". Der Verlustrücktrag setzt dabei voraus, dass (1) im Entstehungsjahr negative Einkünfte bei der Ermittlung des Gesamtbetrags der Einkünfte nicht ausgeglichen werden (**Rücktragspotential** → Rn. 145). Im Rücktragsjahr muss (2) unter Berücksichtigung der Minderung nach Abs. 1 Satz 2 (→ Rn. 232) ein positiver Gesamtbetrag der Einkünfte verbleiben, von dem der Verlustrücktrag abgezogen werden kann (**Abzugspotential** → Rn. 181). Verfahrensrechtlich setzt die Durchführung des Verlustrücktrags vor allem voraus, dass der Steuerpflichtige von seinem Wahlrecht nach Abs. 1 Satz 5 und 6 (→ Rn. 270) keinen Gebrauch gemacht hat.

145 **c) Voraussetzungen im Entstehungsjahr.** Im Entstehungsjahr muss ein (in einer Zahl > 0 auszudrückendes) **Rücktragspotential** (→ Rn. 144) vorhanden sein. Gegenstand des Rücktrags sind negative Einkünfte (→ Rn. 146). Es muss sich um negative Einkünfte handeln, die bei der Ermittlung des Gesamtbetrags der Einkünfte zu berücksichtigen sind (→ Rn. 154). Sie dürfen außerdem im Entstehungsjahr nicht ausgeglichen werden (→ Rn. 162). Die besonderen Abzugsbeträge nach § 24a, § 24b und § 13 Abs. 3 erhöhen das Rücktragspotential nicht (→ Rn. 175). Das Rücktragspotential entspricht dem **Überhang der negativen über die positiven Einkünfte.**

146 **aa) Negative Einkünfte. Begriff.** Abzuziehen sind nach Abs. 1 Satz 1 (seit 1999) negative **Einkünfte.** Der Begriff der Einkünfte verweist unmittelbar auf § 2 Abs. 1 und 2. Dem bis zum Veranlagungszeitraum 1998 im Gesetz verwendeten Begriff der **Verluste** fehlte diese direkte Anbindung an die Zentralnorm der Einkommensteuer. Er findet sich aber weiterhin in der Überschrift zu § 10d, den zusammengesetzten Begriffen des Verlustrück- und Verlustvortrags, in Abs. 2 Satz 3 (→ Rn. 339.1) sowie in zahlreichen anderen Vorschriften des EStG. Für § 10d ist der Begriff **Verluste** mit dem Begriff der negativen Einkünfte gleichzusetzen.

Einkünfte (§ 2 Abs. 1 und Abs. 2) bilden den Gegenstand der Einkommensteuer und der Körperschaftsteuer (§ 8 Abs. 1 Satz 1 KStG). Nur die in § 2 Abs. 1 abschließend aufgeführten und nach § 2 Abs. 2 ermittelten Einkünfte unterliegen der Besteuerung. Das Ergebnis der Einkünfteermittlung kann positiv oder negativ sein. § 2 meint beides; das ergibt sich nicht zuletzt aus § 10d. § 2 regelt auch die allgemeinen Grundlagen des Tatbestands der Einkünfteerzielung. **147**

Tatbestandsmäßigkeit. Die Besteuerung des Einkommens knüpft an die Verwirklichung eines komplexen gesetzlichen Tatbestands an. Ein steuerpflichtiges Handlungssubjekt muss idR durch eigenes Tun, Dulden oder Unterlassen ein wirtschaftliches Ergebnis erzielt haben, welches den Tatbestand einer Einkunftsart erfüllt und nach den für diese Einkunftsart geltenden Vorschriften bei dem Handlungssubjekt zu einem Zuwachs oder Verlust an finanzieller Leistungsfähigkeit geführt hat. Der komplexe Besteuerungstatbestand umfasst dabei die sachliche Zuordnung des Geschehens zu einer Einkunftsart (§§ 13 ff.), die persönliche Zurechnung des erzielten (wirtschaftlichen) Ergebnisses, dessen steuerliche Ermittlung und den Zeitpunkt von dessen steuerlicher Erfassung. Rechtsfolge ist die Entstehung der Steuer. **147.1**

Persönliche Zurechnung. Einkünfte (positive wie negative) sind demjenigen zuzurechnen, der den **Tatbestand der Einkunftserzielung** selbst oder in zurechenbarer Weise durch andere verwirklicht hat. Von einer Person erzielte Einkünfte können nicht gleichzeitig einer anderen Person persönlich zurechenbar sein. Die persönliche Zurechnung ist außerdem im Grundsatz unlösbar. Einmal erzielte Einkünfte können nicht mit steuerlicher Wirkung auf eine andere Person übertragen werden (**Unbeachtlichkeit der Einkommensverwendung**). Negative Einkünfte (Verluste) sind demjenigen zuzurechnen, der sie getragen (erlitten) hat. Nur diese Person kann den Verlust steuerlich geltend machen (**Grundsatz der Personenidentität;** zB BFH 4.12.1991 – I R 74/89, BStBl. II 1992, 432). Diese und andere Fragen werden von § 10d durch die begriffliche Bezugnahme auf § 2 Abs. 1 und 2 nicht geregelt, sondern vorausgesetzt. Ob insbesondere eine interpersonelle Übertragung von negativen Einkünften (dennoch) gelingt, beurteilt sich nicht nach § 10d, sondern nach den dafür geltenden Vorschriften. Vgl. auch Ausführungen zum persönlichen Anwendungsbereich → Rn. 81. **147.2**

Ermittlung der Einkünfte. § 10d unterscheidet nicht zwischen den in § 2 Abs. 2 angelegten unterschiedlichen Ermittlungsmethoden. Ob die Einkünfte als Gewinn (§ 2 Abs. 2 Satz 1 Nr. 1) oder als Überschuss der Einnahmen über die Werbungskosten (§ 2 Abs. 2 Satz 1 Nr. 2) ermittelt werden, ist für den Verlustabzug ohne Bedeutung. Grundsätzlich können Gewinne und Werbungskostenüberschüsse bzw. Einnahmenüberschüsse und Verluste miteinander ausgeglichen und voneinander abgezogen werden. Für den innerperiodischen, vertikalen Verlustausgleich ergibt sich dieser Grundsatz aus § 2 Abs. 3 (Summe der Einkünfte). Auch durch **Schätzung** ermittelte Einkünfte (§ 162 AO) unterliegen grundsätzlich dem Ausgleich (HHR/*Hallerbach* § 10d Rn. 57). **148**

Negative Einkünfte sind danach Einkünfte (→ Rn. 147), deren Ergebnis nach den im Jahr ihrer Entstehung (steuerlichen Erfassung) für sie geltenden Ermittlungsvorschriften negativ ist. Dazu gehören auch **Veräußerungsverluste,** soweit sie ausgleichsfähig sind. „Negative Einnahmen" wie die Rückzahlung von „Arbeitslohn" führen zu negativen Einkünften (BFH 2.4.1974 – VIII R 76/69, BStBl. II 1974, 540). Soweit der Abzug ausländischer Steuern die Bemessungsgrundlage mindert (§ 34c Abs. 2, 3 und Abs. 6), kann dies zu negativen Einkünften führen. Die in § 2 Abs. 3 aufgezählten besonderen Abzugsbeträge führen, wenn sie die positiven Einkünfte übersteigen, nicht zu negativen Einkünften (→ Rn. 175). **149**

Vorrang des horizontalen Verlustausgleichs. Für den Verlustrücktrag kommt es nicht auf die einzelne Einkunftsquelle (zB Vermietungsobjekt), sondern auf den negativen Saldo aller Einkunftsquellen derselben Einkunftsart an. Innerhalb einer Einkunftsart sind positive und negative Einkünfte aus verschiedenen Quellen vorrangig miteinander zu verrechnen. Dieser bereits in § 2 Abs. 1 angelegte innerperiodische, horizontale Verlustausgleich geht dem innerperiodischen, vertikalen Verlustausgleich (Ausgleich zwischen Einkünften verschiedener Einkunftsarten) und dem Verlustabzug vor. Dies ergibt sich aus der begrifflichen Bezugnahme in Abs. 1 (Begriff der Einkünfte) auf § 2 Abs. 1. **150**

Einstweilen frei **151–153**

bb) „bei der Ermittlung des Gesamtbetrags der Einkünfte". Grundsatz. Es muss sich um negative Einkünfte handeln, die bei der Ermittlung des Gesamtbetrags der Einkünfte (§ 2 Abs. 3) zu berücksichtigen sind. Andernfalls würde sich die Frage nicht stellen, ob sie bei der Ermittlung des Gesamtbetrags der Einkünfte (nicht) ausgeglichen werden. Daraus **154**

ergeben sich weitere Anforderungen an die Qualität der negativen Einkünfte. Sie müssen steuerbar sein und in die Ermittlung des Gesamtbetrags der Einkünfte eingehen.

155 **Steuerbarkeit.** Die negativen Einkünfte müssen steuerbar sein (ebenso KSM/*Heuermann* § 10d Rn. B28; HHR/*Hallerbach* § 10d Rn. 56). Nicht steuerbare (negative) Einkünfte gehen nicht in die Ermittlung des Gesamtbetrags der Einkünfte ein. Steuerbar sind die in § 2 Abs. 1 aufgezählten Einkünfte. **Objektiv** nicht steuerbar sind alle Vorgänge, die nicht unter eine der dort aufgeführten Einkunftsarten fallen, für deren Besteuerung es also an einer gesetzlichen Grundlage mangelt. **Subjektiv** nicht steuerbar sind alle objektiv steuerbaren Vorgänge, wenn das im Grundsatz für alle Einkunftsarten gleichermaßen vorausgesetzte (innere) Streben nach (steuerbaren) Einkünften (Einkünfteerzielungs-, Überschusserzielungs-, Gewinnerzielungsabsicht) fehlt (sog. **Liebhaberei**). Nicht steuerbare Vermögensverluste im Bereich der Überschusseinkünfte oder negative Einkünfte aus Liebhaberei sind danach vom Verlustabzug ausgeschlossen.

156 **Nichtabziehbare Betriebsausgaben oder Werbungskosten** (§ 3c, § 5 Abs. 4, § 9 Abs. 5) dürfen die Einkünfte nicht mindern, durch die sie veranlasst sind. Solche Abzugsverbote bewirken die steuerliche Unbeachtlichkeit der betroffenen Aufwendungen. Die durch solche Aufwendungen verursachten wirtschaftlichen Verluste sind dadurch vom Verlustausgleich ausgeschlossen. Dasselbe gilt für die einen Pauschbetrag übersteigenden Aufwendungen, soweit sie steuerlich nicht geltend gemacht werden können.

157 **Abgeltungsteuer (§ 2 Abs. 5b).** (Negative) Einkünfte aus Kapitalvermögen, die dem abgeltenden Sondertarif gemäß § 32d Abs. 1 und § 43 Abs. 5 unterliegen, sind in die Ermittlung des Gesamtbetrags der Einkünfte nicht einzubeziehen (§ 2 Abs. 5b). Sie nehmen deshalb am Verlustabzug nicht teil.

158 **Ausgleichsfähigkeit.** Sie ist nicht Voraussetzung für den Verlustabzug. Abs. 1 Satz 1 lässt offen, aus welchem Grund negative Einkünfte bei der Ermittlung des Gesamtbetrags der Einkünfte „nicht ausgeglichen werden". Es genügt, wenn dies der Fall ist. Der Grund dafür kann auch ein **gesetzliches Ausgleichsverbot** sein. Allerdings wäre es widersinnig, Einkünfte vom Ausgleich auszuschließen und sie zugleich zum Abzug zuzulassen. Der Gesetzgeber regelt deshalb bei Einkünften, die einem Ausgleichsverbot unterliegen, stets das Abzugsverbot im selben Atemzug (→ Rn. 60).

158.1 Diese Regelungstechnik ist allerdings nicht ungefährlich. Im Grundsatz sind alle (negativen) Einkünfte ausgleichsfähig. Das ergibt sich aus § 2 Abs. 3 (Summe der Einkünfte). Etwas anderes kann sich nur aus dem Gesetz ergeben. Besser wäre es de lege ferenda, die Ausgleichsfähigkeit zur Voraussetzung für den Verlustabzug zu machen. Dann müsste das Verbot des Verlustabzugs nicht mehr explizit geregelt werden. Voraussetzung für die Anwendung von Abs. 1 Satz 1 wäre dann, dass es sich um negative Einkünfte handelt, die **mangels positiver Einkünfte** nicht ausgeglichen werden.

159 **Einem Ausgleichsverbot** unterliegen ua Verluste aus gewerblicher Tierzucht oder gewerblicher Tierhaltung (§ 15 Abs. 4 Satz 1), Verluste bei beschränkter Haftung (§ 15a), Verluste im Zusammenhang mit Steuerstundungsmodellen (§ 15b), Verluste aus stiller Gesellschaft (§ 20 Abs. 1 Nr. 4), Verluste aus Kapitalvermögen (§ 20 Abs. 6), Verluste aus Leistungen (§ 22 Nr. 3 Satz 3) und Verluste aus privaten Veräußerungsgeschäften (§ 22 Nr. 2 iVm § 23 Abs. 3 Satz 7). Für sie gilt zugleich ein generelles Abzugsverbot (→ Rn. 60). Sie sind jedoch aufgrund besonderer gesetzlicher Regelung auf die Einkunftsquelle oder die Einkunftsart beschränkt ausgleichs- und abzugsfähig.

160–161 *Einstweilen frei*

162 **cc) „nicht ausgeglichen werden". Grundsatz.** Nur negative Einkünfte, die bei der Ermittlung des Gesamtbetrags der Einkünfte im Entstehungsjahr **nicht ausgeglichen werden,** werden zurückgetragen. Ausgeglichen werden die negativen Einkünfte mit allen positiven Einkünften, soweit diese im Entstehungsjahr bei der Ermittlung des Gesamtbetrags der Einkünfte zu berücksichtigen sind (Ausgleichspotential → Rn. 163 ff.). Ausgleichen bedeutet miteinander verrechnen. Der Vorgang ist materiell-rechtlich zu verstehen (→ Rn. 166 ff.). Ob und in welchem Umfang der Ausgleich materiell-rechtlich (nicht) stattgefunden hat, entscheidet das Finanzamt im Rahmen der Steuerfestsetzung für das Rücktragsjahr (→ Rn. 168 ff.).

163 **Ausgleichspotential.** Dazu gehören grundsätzlich alle steuerbaren positiven Einkünfte jeder Einkunftsart ohne Rücksicht auf die Art ihrer Ermittlung, insbesondere auch **Veräuße-**

rungsgewinne, selbst wenn für sie ein ermäßigter Steuersatz gilt (BFH 25.9.1996 – IV B 120/95, BFH/NV 1997, 223), jedoch nicht, soweit sie steuerfrei sind (§ 14 Satz 2, § 14a, § 16 Abs. 4, § 17 Abs. 3, § 18 Abs. 3). Wird ein dem Grunde nach tarifbegünstigter Gewinn im Jahr seiner Entstehung durch Verluste vollständig ausgeglichen, so entfaltet die Tarifbegünstigung endgültig keine Wirkung (BFH 25.9.1996 – IV B 120/95, BFH/NV 1997, 223).

Ein **Kirchensteuer-Erstattungsüberhang** (§ 10 Abs. 4b S. 3), der dem Gesamtbetrag der Einkünfte hinzuzurechnen ist, erhöht nicht den Gesamtbetrag der Einkünfte und auch nicht das Ausgleichspotential (BFH 12.3.2019 – IX R 34/17, BStBl. II 2019, 658, mAnm *Kanzler* FR 2019, 970). Der Erstattungsüberhang gehört nicht zu den Einkünften (→ Rn. 51), sondern es handelt sich der Sache nach um „negative Sonderausgaben". Er ist deshalb an der Stelle hinzuzurechnen, an der die Sonderausgaben abzuziehen wären. Der Verlustausgleich findet aber „vor Sonderausgaben" statt. **163.1**

Steuerfreie Einnahmen (§ 3) und **steuerfreie Einkünfte** (zB Veräußerungsgewinne, soweit sie steuerfrei sind (→ Rn. 163)) gehen in die Ermittlung des Gesamtbetrags der Einkünfte nicht ein. Sie stehen damit auch nicht zum Ausgleich zur Verfügung. So wird verhindert, dass ausgleichsfähige Verluste durch steuerfreie Einnahmen aufgezehrt werden (HHR/*Musil* § 2 Rn. 566). Entsprechendes gilt für **pauschal versteuerte** Einkünfte wie pauschal versteuerten Arbeitslohn (§ 40 bis § 40b) sowie für alle **abgeltend besteuerten** Einkünfte (§ 43 Abs. 5 Satz 1, § 50 Abs. 2). **164**

Ausgleich. Ausgleichen bedeutet miteinander verrechnen. Die Bedeutung des Merkmals („nicht ausgeglichen werden") erschließt sich zunächst aus seiner Umkehrung. Negative Einkünfte stehen für den Verlustrücktrag nicht zur Verfügung, soweit sie im Entstehungsjahr ausgeglichen werden (worden sind). Der Verlustausgleich hat Vorrang vor dem Verlustrücktrag. Soweit sie bereits im Entstehungsjahr mit positiven Einkünften verrechnet worden sind, sind negative Einkünfte „verbraucht". **165**

Rechtsqualität des Ausgleichs. Das Merkmal („nicht ausgeglichen werden") ist nach der Rechtsprechung des BFH **tatsächlich** zu verstehen; es weist keinen materiell-rechtlichen Bezug zu den Verlusten des Verlustentstehungsjahres auf (BFH 23.8.2011 – IX R 53/05, BStBl. II 2012, 453). Was damit gemeint sein soll, ist unklar. Richtigerweise ist das Merkmal **materiell-rechtlich** zu verstehen. Der Verlustrücktrag ist unabhängig von dem in der Steuerfestsetzung des Verlustentstehungsjahres ausgewiesenen Gesamtbetrag der Einkünfte in zutreffender Höhe durchzuführen (BFH 27.1.2010 – IX R 59/08, BStBl. II 2010, 1009). **166**

Materiell-rechtlich findet der Verlustausgleich **von Gesetzes wegen** ohne Zutun des Steuerpflichtigen oder des Finanzamts statt. Für den Verlustausgleich besteht kein Wahlrecht. Das Finanzamt muss, wo es darauf ankommt, die materielle Rechtslage zutreffend erkennen und im jeweiligen Bescheid richtig abbilden. Einen inhaltlichen Spielraum hat es dabei nicht. Auf die Bescheidlage kommt es insofern nicht an. Eine Veranlagung muss im Entstehungsjahr nicht stattgefunden haben; unerheblich ist auch, ob sie noch möglich ist (wie hier KSM/*Heuermann* § 10d Rn. B 44; Bordewin/Brandt/*Schmicszek* § 10d Rn. 215; wohl auch HHR/*Hallerbach* § 10d Rn. 62). **167**

Verfahrensrechtlich trifft das Finanzamt **im Entstehungsjahr keine Entscheidung** über den Verlustausgleich **(aA** KSM/*Heuermann* § 10d Rn. B44). Das Finanzamt vollzieht im Entstehungsjahr den Verlustausgleich nach, wenn es im Rahmen der Veranlagung den Gesamtbetrag der Einkünfte ermittelt. Eine Entscheidung ergeht darüber jedoch nicht. Die Ermittlung des Gesamtbetrags der Einkünfte betrifft nur die Besteuerungsgrundlagen. Sie entfaltet keine Bindungswirkung für andere Bescheide und auch **keine Tatbestandswirkung** (aA KSM/*Heuermann* § 10d Rn. B44). Eine gesonderte Feststellung findet für Zwecke des Verlustrücktrags nicht statt. Darüber hinaus ist die Höhe des negativen Gesamtbetrags der Einkünfte für die Steuerfestsetzung im Entstehungsjahr grundsätzlich unerheblich. Der Ausgleich der positiven und negativen Einkünfte wird bei der Ermittlung des Gesamtbetrags der Einkünfte gemäß § 2 Abs. 3 nur bis zum Betrag von 0 EUR durchgeführt. Aus dem Steuerbescheid des Entstehungsjahrs ergibt sich deshalb häufig nicht, in welchem Umfang negative Einkünfte nicht ausgeglichen worden sind. **168**

Entscheidung im Rücktragsjahr. Über die Frage, ob und in welchem Umfang negative Einkünfte bei der Ermittlung des Gesamtbetrags der Einkünfte im Entstehungsjahr nicht ausgeglichen werden, entscheidet das Finanzamt deshalb (deklaratorisch) erst im Steuerbescheid für das Rücktragsjahr (stRspr zB BFH 21.1.2004 – VIII R 2/02, BStBl. II 2004, 551; **169**

BFH 22.7.2008 – IX R 74/06, BStBl. II 2009, 124; aA FG Berlin-Brandenburg 11.4.2019 – 7 K 7111/17, EFG 2019, 1516 (im Entstehungsjahr), Rev. BFH IX R 24/19; einhellige Auffassung im Schrifttum vgl. nur KSM/*Heuermann* § 10d Rn. B 29 Fn. 10) und zwar ohne Bindung an den Steuerbescheid des Entstehungsjahrs. Der Steuerbescheid des Entstehungsjahrs ist insbesondere **kein Grundlagenbescheid** für den Verlustrücktrag. Eine inhaltliche Bindung analog Abs. 4 Satz 4 kommt nicht in Betracht. Die Vorschrift gilt ausdrücklich nur für die Feststellung des verbleibenden Verlustvortrags. Unerheblich ist deshalb auch, wenn im Entstehungsjahr bereits Bestandskraft oder Festsetzungsverjährung eingetreten sind oder wenn der Steueranspruch bereits durch Verjährung erloschen ist. Die Bestandskraft betrifft nur die festgesetzte Steuer, die Verjährung den Zahlungsanspruch. Beim Verlustrücktrag geht es jedoch allein um Besteuerungsgrundlagen des Entstehungsjahrs. Sie entfalten außerhalb einer gesonderten Feststellung, die insoweit gerade nicht stattfindet, keine rechtliche Außenwirkung (§ 157 Abs. 2 AO; BFH 27.1.2010 – IX R 59/08, BStBl. II 2010, 1009; BFH 9.3.2011 – IX R 72/04, BStBl. II 2011, 751).

169.1 **Rechtskraft.** Unerheblich ist auch, wenn im Entstehungsjahr bereits rechtskräftig über die Höhe der Einkommensteuer entschieden worden ist. Die Rechtskraft bindet nur im Rahmen desselben Streitgegenstands. Die Einkommensteuer des Entstehungsjahrs und die Einkommensteuer des Rücktragsjahrs sind jedoch verschiedene Streitgegenstände. Zur Abgrenzung → Rn. 192.

169.2 **Beispiel.** Im Rücktragsjahr kann der Steuerpflichtige weitere negative Einkünfte oder verlusterhöhende weitere Aufwendungen oder Ausgaben des Entstehungsjahrs geltend machen, auch wenn er sie dort vergessen hat (§ 173 Abs. 1 Satz 1 Nr. 2 AO). Das Finanzamt kann im Gegenzug gem. § 177 AO aber auch weitere bisher zu Unrecht nicht berücksichtigte Einnahmen des Entstehungsjahrs ansetzen, allerdings nur, um den Betrag der nicht ausgeglichenen negativen Einkünfte für den Verlustrücktrag zu ermitteln. Eine Auswirkung auf die Steuerfestsetzung im Entstehungsjahr hat dies nicht.

170 Ist im Entstehungsjahr ein Steuerbescheid (noch) nicht ergangen, muss das Finanzamt im Rücktragsjahr im Rahmen einer „**Schattenveranlagung**" darüber entscheiden, in welcher Höhe negative Einkünfte bei der Ermittlung des Gesamtbetrags der Einkünfte im Entstehungsjahr nicht ausgeglichen werden (glA KSM/*Heuermann* § 10d Rn. B 45). Dass ein Ausgleich mangels Veranlagung in Bescheidform nicht stattgefunden hat, führt nicht etwa dazu, dass sämtliche negativen Einkünfte zurückgetragen werden können.

171 **Rechtsfehler im Entstehungsjahr.** Ist der Verlustausgleich im Steuerbescheid für das Entstehungsjahr zu Unrecht (ganz oder teilweise) unterblieben, kommt insoweit der Verlustrücktrag nicht in Betracht. Das Merkmal „nicht ausgeglichen werden" ist nicht erfüllt, denn materiell-rechtlich sind die negativen Einkünfte ausgeglichen. Um sie noch steuerlich wirksam werden zu lassen, muss der Steuerbescheid für das Entstehungsjahr geändert werden. Soweit der BFH in der Vergangenheit in Einzelfällen (zB BFH 23.8.2011 – IX R 53/05, BStBl. II 2012, 453) etwas anderes angedeutet hat, kann dies keinen Bestand haben. Sind im Steuerbescheid für das Entstehungsjahr negative Einkünfte ausgeglichen, obwohl dies der materiellen Rechtslage nicht entspricht (zB weil zu hohe positive Einkünfte angesetzt worden sind), hindert dies den Verlustrücktrag nicht. Das Finanzamt muss im Rücktragsjahr überprüfen, ob die negativen Einkünfte im Entstehungsjahr materiell-rechtlich ausgeglichen worden sind.

171.1 Das ist die Folge davon, dass keine Bindung an den Steuerbescheid des Entstehungsjahrs besteht. Diese für das Finanzamt unbefriedigende Rechtslage kann nicht durch die **Konstruktion einer Tatbestandswirkung** beseitigt oder abgemildert werden (so aber KSM/*Heuermann* § 10d Rn. B44). Ein faktischer Gleichlauf zwischen den Steuerbescheiden des Entstehungsjahrs und des Rücktragsjahrs ergibt sich in der Praxis allerdings schon daraus, dass insofern keine besonderen Zuständigkeiten bestehen. Der nämliche Bearbeiter wird sich insofern nicht selbst korrigieren. Eine rechtliche Bindung besteht jedoch nicht.

172–174 *Einstweilen frei*

175 **dd) Besondere Abzugsbeträge.** Die Abzugsbeträge nach § 24a (Altersentlastungsbetrag) und § 24b (Entlastungsbetrag für Alleinerziehende) sowie nach § 13 Abs. 3 (Abzugsbetrag bei geringfügigen Einkünften aus Land- und Forstwirtschaft), die nach § 2 Abs. 3 bei der Ermittlung des Gesamtbetrags der Einkünfte abzuziehen sind, **erhöhen nicht das Rücktragspotential** (ebenso EStR 10d Abs. 1). Sie können den Gesamtbetrag der Einkünfte

bis auf 0 EUR reduzieren, führen aber nicht zu negativen Einkünften (→ Rn. 149). Die Gegenansicht (FG Köln 12.12.2018 – 10 K 1730/17, EFG 2019, 533; Rev. BFH IX R 3/19; Schmidt/*Heinicke* § 10d Rn. 18; HHR/*Hallerbach* § 10d Rn. 59; Bordewin/Brandt/*Schmieszek* § 10d Rn. 205; zustimmend KSM/*Heuermann* § 10d Rn. B 55; *Geserich* DStR 2000, 845), die sich vor allem auf den Wortlaut („bei der Ermittlung des Gesamtbetrags der Einkünfte") stützt, überzeugt nicht. Abziehbar sind nach Abs. 1 nur negative Einkünfte. Dazu gehören die Abzugsbeträge nicht. Das ergibt sich aus § 2 Abs. 3, denn sie gehen nicht in die Summe der Einkünfte ein. Es ist auch nicht ersichtlich, weshalb die jährlich zu gewährenden Entlastungsbeträge das Rücktragspotential erhöhen und so (ganz oder zum Teil) in das Rücktragsjahr verlagert werden sollten.

Rücktragspotential (→ Rn. 145) ist deshalb der **Überhang der negativen Einkünfte** 176 über die positiven Einkünfte, nicht der negative Gesamtbetrag der Einkünfte (so aber KSM/*Heuermann* § 10d Rn. B 53). Der Überhang der negativen Einkünfte über die positiven Einkünfte ergibt sich „bei der Ermittlung des Gesamtbetrags der Einkünfte". Hätte der Gesetzgeber als Rücktragspotential den negativen Gesamtbetrag der Einkünfte erfassen wollen, hätte er dies unschwer eindeutig zum Ausdruck bringen können. Das ist jedoch nicht geschehen.

Einstweilen frei 177–179

d) Voraussetzungen im Rücktragsjahr. Im Rücktragsjahr muss nach innerperiodischem Verlustausgleich und unter Berücksichtigung von Abs. 1 Satz 2 (→ Rn. 230) **ein positiver Gesamtbetrag der Einkünfte** verbleiben (→ Rn. 181 ff.). Weitere Voraussetzungen nennt das Gesetz nicht. Daraus ergibt sich zugleich, dass der Verlustrücktrag nicht ausgeschlossen ist, wenn im Rücktragsjahr bereits ein Verlustvortrag stattgefunden hat (→ Rn. 185). 180

aa) Positiver Gesamtbetrag der Einkünfte. Für die Ermittlung des Gesamtbetrags der 181 Einkünfte im Rücktragsjahr gelten keine Besonderheiten (vgl. insoweit die Hinweise → Rn. 163 ff.). Auch im Rücktragsjahr geht der Verlustausgleich dem Verlustrücktrag vor. Negative Einkünfte des Rücktragsjahrs sind mit positiven Einkünften des Rücktragsjahrs vor Durchführung des Verlustrücktrags auszugleichen. Die Abzugsbeträge nach § 24a, § 24b und § 13 Abs. 3 mindern das positive Abzugspotential (→ Rn. 144) im Rücktragsjahr.

Der Gesamtbetrag der Einkünfte im Rücktragsjahr muss vor Durchführung des Verlust- 182 rücktrags **positiv** sein. Ist ein positiver Gesamtbetrag der Einkünfte im Rücktragsjahr nicht vorhanden, kommt der Verlustrücktrag nicht in Betracht. Der Verlustrücktrag wird nur in dem Umfang durchgeführt, in dem im Rücktragsjahr positives Abzugspotential zur Verfügung steht (→ Rn. 201). Da auf diese Weise ein im Rücktragsjahr nicht verbrauchter Verlustrücktrag nicht entstehen kann, wirkt sich der Verlustrücktrag auch nicht auf die Höhe des verbleibenden Verlustvortrags im Rücktragsjahr aus.

Auf die **Höhe** des Gesamtbetrags der Einkünfte kommt es nicht an; 1 EUR genügt. Der 183 Verlustrücktrag findet auch statt, wenn sich eine steuerliche Auswirkung im Rücktragsjahr nicht ergibt, etwa weil der Gesamtbetrag der Einkünfte vor Durchführung des Verlustrücktrags bereits unter dem Grundfreibetrag liegt. Die Durchführung des Verlustrücktrags kann in diesem Fall aber durch Ausübung des Wahlrechts nach Abs. 1 Satz 5 und 6 abgewendet werden.

Verfahrensrechtlich entscheidet das Finanzamt über die Höhe des Gesamtbetrags der 184 Einkünfte im Rücktragsjahr in der Veranlagung (ESt/KSt) des Rücktragsjahrs (BFH 9.2.2017 – X B 49/16, BFH/NV 2017, 721).

bb) Verlustvortrag und -rücktrag in einem Jahr. Kein Ausschluss. Der Verlustrück- 185 trag ist nicht deshalb ausgeschlossen, weil im Rücktragsjahr bereits ein Verlustvortrag stattgefunden hat. Dazu kann es kommen, wenn nach Durchführung des Verlustvortrags gem. Abs. 2 im Vortragsjahr ein positiver Gesamtbetrag der Einkünfte verbleibt (Mindestbesteuerung). Dieser kann durch einen weiteren Verlustrücktrag aus dem unmittelbar nachfolgenden Veranlagungszeitraum weiter gemindert werden. Zwar läuft dies dem Ziel der Mindestbesteuerung entgegen; ein Rücktragsverbot lässt sich dem Gesetz aber nicht entnehmen (ebenso KSM/*Heuermann* § 10d Rn. B8). Vielmehr ist der Verlustrücktrag ohne weitere Voraussetzungen (→ Rn. 180) durchzuführen.

186 **Reihenfolge der Verlustberücksichtigung.** In diesem Fall gehen ältere den jüngeren Verlusten vor (materielle Priorität). Das Gesetz regelt diese Frage nicht (zutr. KSM/*Heuermann* § 10d Rn. B 9; LBP/*Gasser* § 10d Rn. 42). Auch ein sachlicher Vorrang des Verlustvortrags vor dem Verlustrücktrag (oder umgekehrt) lässt sich nicht begründen. Es erscheint jedoch sachgerecht, die älteren Verluste zuerst abzuziehen. Diese Reihenfolge bewirkt, dass zu Gunsten des Steuerpflichtigen für den Verlustvortrag ein höheres Ausgleichsvolumen zur Verfügung steht (HHR/*Hallerbach* § 10d Rn. 52).

186.1 **Beipiel:**

Im VZ 02 beträgt der positive Gesamtbetrag der Einkünfte 3 Mio. EUR. Der am Schluss des VZ 01 gesondert festgestellte verbleibende Verlustvortrag beträgt ebenfalls 3 Mio. EUR. Der Überhang der negativen Einkünfte im VZ 03 beträgt 1 Mio. EUR.

186.2 **Lösung:**

Aus dem VZ 01 werden zunächst 2,2 Mio. EUR vorgetragen (1 Mio. EUR zuzüglich 60% des 1 Mio. EUR übersteigenden Gesamtbetrags der Einkünfte = 2 Mio. EUR x 0,6 = 1,2 Mio. EUR). Der verbleibende Verlustvortrag auf den Schluss des VZ 02 beträgt 0,8 Mio. EUR. Aus dem VZ 03 werden sodann 0,8 Mio. EUR zurückgetragen und im VZ 02 abgezogen. Der Gesamtbetrag der Einkünfte in 02 vermindert sich dadurch auf 0 EUR. Der verbleibende Verlustvortrag auf den Schluss des VZ 03 beträgt 1 Mio. EUR (0,8 Mio. EUR + 0,2 Mio EUR).

186.3 **Alternative:**

Aus dem VZ 03 wird zunächst 1 Mio. EUR zurückgetragen. Dadurch verringert sich der Gesamtbetrag der Einkünfte im VZ 02 auf 2 Mio. EUR. Aus dem VZ 01 werden sodann 1,6 Mio EUR in den VZ 02 vorgetragen (1 Mio EUR + 60% des 1 Mio. EUR übersteigenden Gesamtbetrags der Einkünfte = 1 Mio. EUR x 0,6 = 0,6 Mio. EUR). Im VZ 02 müssen 0,4 Mio EUR versteuert werden (Mindestbesteuerung). Der verbleibende Verlustvortrag am Schluss des VZ 02 beträgt 1,4 Mio. EUR.

187 *Einstweilen frei*

188 **e) Keine verfahrensrechtlichen Voraussetzungen.** Positive verfahrensrechtliche Voraussetzungen für die Durchführung des Verlustrücktrags sind dem Gesetz nicht zu entnehmen. Unerheblich ist insbesondere, ob die Steuerfestsetzung für das **Entstehungsjahr** noch geändert werden kann. Dies ist nicht Voraussetzung für die Durchführung des Verlustrücktrags (→ Rn. 169). Unerheblich ist ebenfalls, ob der Steueranspruch des Entstehungsjahrs durch Verjährung bereits erloschen ist (§ 47 AO). Maßgeblich sind allein die materiell-rechtlich zu bestimmenden Besteuerungsgrundlagen des Entstehungsjahrs. Sie werden von der Bestandskraft des Bescheids oder dem Erlöschen des Steueranspruchs nicht berührt (BFH 27.1.2010 – IX R 59/08, BStBl. II 2010, 1009).

189 **Veranlagung im Rücktragsjahr.** Sie ist nicht Voraussetzung für die Durchführung des Verlustrücktrags. Zwar kann sich der Verlustrücktrag verfahrensrechtlich nur auswirken, wenn er in einem Steuerbescheid berücksichtigt wird. Nach der materiell-rechtlichen Konzeption des Begriffs (→ Rn. 196) ist dies jedoch nicht erforderlich. Kann im Rücktragsjahr ein Steuerbescheid (zB nach Ablauf der Festsetzungsfrist) nicht mehr erlassen werden, entsteht keine Bindungswirkung nach Abs. 4 Satz 4, denn nur ein Bescheid kann Bindungswirkung entfalten (→ Rn. 430) mit der Folge, dass über die Höhe des Verlustrücktrags bei der Feststellung des verbleibenden Verlustvortrags zu entscheiden ist. In diesem Ausnahmefall kommt das Konzept des **Sollverlustabzugs** beim Verlustrücktrag zum Tragen (→ Rn. 197).

190 **Festsetzungsverjährung im Rücktragsjahr.** Ist der Steuerbescheid des Rücktragsjahrs nicht mehr änderbar, weil im Rücktragsjahr Festsetzungsverjährung eingetreten ist (§ 169 Abs. 1 Satz 1 AO), kann der Verlustrücktrag verfahrensrechtlich nicht durchgeführt werden. Dies hat zur Folge, dass der positive Gesamtbetrag der Einkünfte im Rücktragsjahr nicht gemindert und die Einkommensteuer des Rücktragsjahrs nicht niedriger festgesetzt werden kann. Die negativen Einkünfte erhöhen dann (verfahrensrechtlich) den verbleibenden Verlustvortrag am Schluss des Entstehungsjahrs, denn aus dem nicht geänderten (unrichtigen) Steuerbescheid des Rücktragsjahrs ergibt sich mit Bindungswirkung (Abs. 4 Satz 4), dass der Verlustrücktrag nicht stattgefunden hat. Die materiell-rechtliche Konzeption des Gesetzes kommt in diesem Fall nicht zum Tragen.

191 **Keine Ausübung des Wahlrechts.** Der Steuerpflichtige darf von dem **Wahlrecht** nach Abs. 1 Satz 5 und 6 keinen Gebrauch gemacht haben. Soweit er (wirksam) davon Gebrauch gemacht hat, kommt die Durchführung des Verlustrücktrags materiell und verfahrensrechtlich

nicht in Betracht (BFH 17.9.2008 – IX R 72/06, BStBl. II 2009, 639). Die Ausübung des Wahlrechts bewirkt, dass die nicht zurückgetragenen negativen Einkünfte den verbleibenden Verlustvortrag erhöhen.

Keine entgegenstehende Rechtskraft. Der Verlustrücktrag ist verfahrensrechtlich ausgeschlossen, soweit über denselben Streitgegenstand bereits rechtskräftig entschieden ist (§ 110 Abs. 1 FGO). Das ist zB der Fall, wenn der Verlust, der zurückgetragen werden soll, bereits durch rechtskräftiges Urteil als verbleibender Verlustvortrag festgestellt worden ist (BFH 17.9.2014 – IX B 13/14, BFH/NV 2015, 225). Dann erhöhen die nicht zurückgetragenen negativen Einkünfte den verbleibenden Verlustvortrag. Diese Rechtsfolge widerspricht nicht dem materiellen Recht, denn dieses wird durch das rechtskräftige Urteil mit Wirkung *inter partes* verbindlich gestaltet. Die Wirkung der Rechtskraft geht insofern über die der Bestandskraft hinaus (BFH 17.12.1998 – IV R 47/97, BStBl. II 1999, 303; missverständlich HHR/*Hallerbach* § 10d Rn. 51). 192

Einstweilen frei 193–194

f) Rechtsfolgen. Überblick. Die nicht ausgeglichenen negativen Einkünfte des Entstehungsjahrs sind im unmittelbar vorangegangenen Veranlagungszeitraum ganz oder zum Teil vom (positiven) Gesamtbetrag der Einkünfte vorrangig vor Sonderausgaben, außergewöhnlichen Belastungen und sonstigen Abzugsbeträgen **abzuziehen** (→ Rn. 200 ff.). 195

Die Vorschrift regelt **materiell-rechtlich,** unter welchen Voraussetzungen der Verlustrücktrag stattfindet. Das bedeutet, dass er von Gesetzes wegen, dh ohne Zutun des Steuerpflichtigen und des Finanzamts, geschieht. Die Formulierung der Rechtsfolgeanordnung („sind abzuziehen") unterscheidet sich insofern nicht von der Formulierung in Abs. 2 Satz 1 bei der Definition des Verlustvortrags. Mit dieser Formulierung beschreibt der Gesetzgeber die materiell-rechtliche Dimension der Rechtsfolge (→ Rn. 319). Diese Rechtsfolge (Abzug von Gesetzes wegen) wird auf Antrag nach Abs. 1 Satz 5 und 6 ganz oder zum Teil verhindert, denn der Antrag wirkt nicht nur verfahrensrechtlich, sondern auch materiell-rechtlich (→ Rn. 270). Die stattgebende Entscheidung über den Antrag bewirkt, dass der Verlustrücktrag nicht stattfindet. 196

Verfahrensrechtlich ist der Verlustrücktrag **von Amts wegen** durchzuführen (Offizialprinzip), soweit nicht auf Antrag davon abzusehen ist (Abs. 1 Satz 5 und 6). Über die Höhe des Verlustrücktrags entscheidet das Finanzamt im Steuerbescheid des Rücktragsjahrs (BFH 9.2.2017 – X B 49/16, BFH/NV 2017, 721; BFH 25.6.2019 – X B 96/18, BFH/NV 2019, 911). Zugleich wird das materiell-rechtliche Konzept des Verlustrücktrags maßgeblich modifiziert durch die in Abs. 4 Satz 4 angeordnete Bindungswirkung des Steuerbescheids für das Rücktragsjahr. Davon sieht Abs. 4 Satz 5 in engen Grenzen eine Rückausnahme vor. Negative Einkünfte, die nach Maßgabe des Steuerbescheids für das Rücktragsjahr den Gesamtbetrag der Einkünfte im Rücktragsjahr nicht gemindert haben, erhöhen den verbleibenden Verlustvortrag, auch wenn sie materiell-rechtlich nach Abs. 1 Satz 1 hätten abgezogen werden müssen. 197

Der **Sollverlustabzug** kommt nicht zum Tragen. Anders ist dies in dem seltenen Fall, dass im Rücktragsjahr ein Steuerbescheid nicht ergangen ist und auch nicht mehr ergehen kann. Dann fehlt es an einer Grundlage für die Bindungswirkung (→ Rn. 189). Negative Einkünfte, die nach Maßgabe des Steuerbescheids im Rücktragsjahr zu Unrecht abgezogen worden sind, vermindern (qua Bindungswirkung) den verbleibenden Verlustvortrag. Der Steuerbescheid im Rücktragsjahr kann aber geändert werden (→ Rn. 240).

Steuertechnisch ist zwischen der **zeitlichen Verlagerung** von Besteuerungsgrundlagen und deren **Abzug** zu unterscheiden. Das Gesetz regelt die zeitliche Verlagerung nicht ausdrücklich, sondern setzt sie voraus. Sie klingt in den Begriffen „Verlustrücktrag" und „Verlustvortrag" aber zumindest an. Geregelt ist dagegen der Abzug. 198

Einstweilen frei 199

aa) Wirkungsweise des Verlustabzugs im Rücktragsjahr. Verlagerung von Besteuerungsgrundlagen. Beim Verlustrücktrag werden bestimmte Besteuerungsgrundlagen (nicht ausgeglichene negative Einkünfte), die nach den allgemeinen Grundsätzen (Tatbestand der Einkünfteerzielung) in zeitlicher Hinsicht dem Entstehungsjahr zuzurechnen sind, in das Rücktragsjahr verlagert (so auch HHR/*Hallerbach* § 10d Rn. 67). Sie werden in den unmittelbar vorangegangenen Veranlagungszeitraum „zurückgetragen" und dadurch zu 200

Besteuerungsgrundlagen, die nun im Rücktragsjahr zu berücksichtigen sind. Dass beim Verlustrücktrag Besteuerungsgrundlagen zeitlich verlagert werden, ergibt sich auch aus Abs. 4 Satz 4 und 5, der ua eine Bindung an die Besteuerungsgrundlagen im Rücktragsjahr anordnet. Gemeint sind damit ua die in das Rücktragsjahr verlagerten Besteuerungsgrundlagen des Entstehungsjahrs, eben der Verlustrücktrag (→ Rn. 444).

201 **Abzug im Rücktragsjahr.** Die zurückgetragenen Besteuerungsgrundlagen werden im Rücktragsjahr vom Gesamtbetrag der Einkünfte „abgezogen". Der Minuend, der positive Gesamtbetrag der Einkünfte im Rücktragsjahr (→ Rn. 182) wird dabei um den Subtrahend, die aus dem Entstehungsjahr zurückgetragenen nicht ausgeglichenen negativen Einkünfte (→ Rn. 176), gemindert. Der Abzug findet nur **bis zum Betrag von 0 EUR** statt; eine Minderung unter 0 EUR ist ausgeschlossen. Ein negativer Gesamtbetrag der Einkünfte kann durch Verlustrücktrag nicht entstehen. Dies entspricht der Wirkungsweise des Abzugs beim Verlustvortrag. Auch dort wird der (positive) Gesamtbetrag der Einkünfte des Vortragsjahrs höchstens bis auf 0 EUR gemindert. Die vorgetragenen, aber im Vortragsjahr nicht abziehbaren negativen Einkünfte erhöhen den verbleibenden Verlustvortrag im Vortragsjahr (→ Rn. 319).

202 **Zusammenhang zwischen Verlagerung und Abzug im Rücktragsjahr.** Eine Verlagerung von Besteuerungsgrundlagen findet beim Verlustrücktrag nur statt, soweit ein Abzug im Rücktragsjahr möglich ist. Durch den Verlustrücktrag wird ein positiver Gesamtbetrag der Einkünfte im Rücktragsjahr gegebenenfalls bis auf 0 EUR gemindert, aber nicht darüber hinaus (→ Rn. 201). Das im Rücktragsjahr nicht abziehbare Rücktragspotential wird deshalb nicht zurückgetragen. Es verbleibt im Entstehungsjahr und erhöht dort den verbleibenden Verlustvortrag.

203 Diese **Wirkungsweise des Verlustrücktrags** lässt sich dem Wortlaut des Gesetzes zwar nicht eindeutig entnehmen. Sie ergibt sich aber aus dem Gesamtzusammenhang von Verlustentstehung, -rücktrag, -vortrag und Feststellung des verbleibenden Verlustvortrags. Insbesondere wäre die in Abs. 4 Satz 4 angeordnete inhaltliche Bindung an den Einkommensteuerbescheid des Rücktragsjahrs sinnlos, wenn sich durch den Verlustrücktrag der verbleibende Verlustvortrag im Rücktragsjahr erhöhen würde. Denn in diesem Fall müsste der am Schluss des Rücktragsjahrs verbleibende Verlustvortrag gesondert festgestellt werden und dieser Bescheid würde als Grundlagenbescheid ohnehin Bindungswirkung entfalten.

204 *Einstweilen frei*

205 **bb) Abzug im unmittelbar vorangegangener Veranlagungszeitraum.** Abzuziehen ist der Verlustrücktrag (nur) in dem Veranlagungszeitraum, der dem Entstehungszeitraum unmittelbar vorangeht. Der Abzugszeitraum ist nicht erweiterbar; der Wortlaut des Gesetzes ist eindeutig (BFH 12.12.2012 – I R 69/11, BStBl. II 2017, 1232). Entstehungsjahr ist der Veranlagungszeitraum, in dem die negativen Einkünfte nicht ausgeglichen werden (vgl. Abs. 1 Satz 4 Hs. 2), denn der Ausgleich findet begrifflich nur im Entstehungsjahr statt. Nach § 2 Abs. 7 Satz 2 sind die Grundlagen für die Festsetzung der Einkommensteuer jeweils für ein **Kalenderjahr** zu ermitteln. Der Veranlagungszeitraum bei der Einkommensteuer ist das Kalenderjahr (§ 25 Abs. 1). Davon abweichend ist der Besteuerungszeitraum im Fall der **Liquidation** bestimmter Körperschaften der Zeitraum der Abwicklung (§ 11 Abs. 1 Satz 1 KStG). Der Verlustrücktrag wirkt sich auch in diesem Fall in dem Veranlagungszeitraum (= Kalenderjahr) aus, der dem (verlängerten) Abwicklungszeitraum unmittelbar vorangegangen ist.

206 Bei vom Kalenderjahr **abweichendem Wirtschaftsjahr** (Gewinnermittlungszeitraum) ergibt sich aus § 4a Abs. 2, welche Einkünfte in welchem Veranlagungszeitraum zu erfassen sind. Durch die ohne Zustimmung des Finanzamts mögliche Rückkehr zum Kalenderjahr als Gewinnermittlungszeitraum können die Voraussetzungen für den Verlustrücktrag beeinflusst werden (HHR/*Hallerbach* § 10d Rn. 60), der Abzugszeitraum jedoch nicht. Zu den Rechtsfolgen bei unterjährigem Wechsel zwischen unbeschränkter und beschränkter Steuerpflicht, vgl. § 2 Abs. 7 Satz 3.

207–209 *Einstweilen frei*

210 **cc) Abzug vorrangig vor Sonderausgaben etc. Untergang von Sonderausgaben etc.** Der Abzug vor Sonderausgaben, außergewöhnlichen Belastungen und anderen Abzugsbeträgen führt unter Umständen (Minderung des positiven Gesamtbetrags der Einkünfte

auf 0 EUR) dazu, dass sich diese im Rücktragsjahr nicht mehr auswirken und mangels Übertragbarkeit in einen anderen Veranlagungszeitraum ersatzlos untergehen. Dasselbe gilt für den Grundfreibetrag (§ 32a Abs. 1 Satz 2 Nr. 1). Diese Rechtsfolge ergibt sich zwingend aus der eindeutigen Formulierung in Abs. 1 Satz 1. Damit hat der Gesetzgeber den bis 1998 geltenden Abzug „wie Sonderausgaben" aufgegeben.

Die Regelung ist **nicht verfassungswidrig.** Sie verstößt nicht gegen das subjektive Net- **211**
toprinzip. Das subjektive Nettoprinzip (steuerliche Verschonung des notwendigen Existenzbedarfs) ist nicht betroffen, wenn der Gesamtbetrag der Einkünfte 0 EUR beträgt mit der Folge, dass keine Steuer festgesetzt wird (BFH 23.7.2013 – VIII R 17/10, BStBl. II 2013, 820; FG Schleswig-Holstein 26.3.2019 – 4 K 187/18, DStRE 2019, 1002). Sie verstößt auch nicht gegen das objektive Nettoprinzip. Zwar werden durch den Verlustrücktrag bis 0 EUR Verluste „verbraucht", obwohl die Steuer auch bei einem geringeren Rücktrag auf 0 EUR festzusetzen wäre. Unter den Grundfreibetrag muss der Gesamtbetrag der Einkünfte nicht gemindert werden, damit die Steuer auf 0 EUR festgesetzt werden kann.

Entsprechendes gilt für den **Verlustausgleich im Entstehungszeitraum und den Verlustvortrag.** Es ist indes verfassungsrechtlich nicht zu beanstanden, dass der Gesetzgeber dem objektiven Nettoprinzip (Verlustausgleich) den systematischen Vorrang vor dem subjektiven Nettoprinzip (Existenzsicherung) eingeräumt hat. Diese Rangfolge ist in § 2 angelegt und dem Umstand geschuldet, dass die Einkommensteuer an das Erzielen von Einkünften anknüpft (vgl. auch FG Schleswig-Holstein 26.3.2019 – 4 K 187/18, DStRE 2019, 1002). Der Fall, dass positive Einkünfte durch Verlustausgleich oder -abzug bis auf 0 EUR gemindert werden, steht dem Fall gleich, dass von vornherein keine positiven Einkünfte erzielt worden sind. Auch in diesem Fall wirken sich der Grundfreibetrag und die weiteren Abzugsbeträge nicht aus.

Einstweilen frei **212**

dd) Betragsmäßige Begrenzung des Abzugs. Der Verlustrücktrag wird zum einen **213**
begrenzt durch die Höhe des im Rücktragsjahr zur Verfügung stehenden positiven Gesamtbetrags der Einkünfte (→ Rn. 182). Ergeben sich insoweit keine Beschränkungen, sind zum andern die **Höchstbeträge** zu beachten. Soweit die nicht ausgeglichenen negativen Einkünfte des Entstehungsjahrs danach im Rücktragsjahr nicht abgezogen werden können, bleiben sie dem Entstehungsjahr zugeordnet und werden auf dessen Schluss als verbleibender Verlustvortrag gesondert festgestellt.

Personenbezogenheit. Der Höchstbetrag von 1 Mio. EUR (bis VZ 2012: 511.500 **214**
EUR) und der verdoppelte Höchstbetrag von 2 Mio. EUR (bis VZ 2012: 1.023.000 EUR) bei nach §§ 26, 26b zusammen veranlagten Ehegatten ua (§ 2 Abs. 8) sind personenbezogen. Sie stehen dem Steuerpflichtigen zu, dem die (negativen) Einkünfte nach den allgemeinen Regeln der Tatbestandsverwirklichung zuzurechnen sind (→ Rn. 147.2).

Einzelfragen. Bei Personengesellschaften und Personengemeinschaften sind dies die ein- **215**
zelnen Gesellschafter/Gemeinschafter, bei Kapitalgesellschaften die Gesellschaft. Im Fall der Organschaft (§ 14 KStG) steht der Höchstbetrag dem Organträger zu. Er ist bei diesem auf die Summe der Ergebnisse aller Mitglieder des Organkreises anzuwenden (EStR 10d Abs. 2 Satz 7 und 8).

Verfahrensfragen. Über die persönliche Zurechnung der negativen Einkünfte (Verluste) **216**
ua entscheidet das Finanzamt dem Grund und der Höhe nach bei Personenmehrheiten in der gesonderten und einheitlichen Feststellung der Einkünfte (§ 180 Abs. 1 Satz 1 Nr. 2 Buchst. a und Abs. 2 AO). Über den Verlustabzug nach § 10d ist im Rahmen der Veranlagung zur ESt/KSt im Rücktragsjahr zu entscheiden (EStR 10d Abs. 2 Satz 4 und 5).

Ehegatten und Lebenspartner (§ 2 Abs. 8), die nach §§ 26, 26b zur Einkommensteuer **217**
zusammenveranlagt werden, haben einen doppelten Höchstbetrag von 2 Mio. EUR. Dessen Anwendung setzt voraus, dass im Rahmen der Veranlagung ein **gemeinsamer Gesamtbetrag der Einkünfte** gebildet wird. Es kommt folglich nicht mehr darauf an, wer von ihnen im Entstehungsjahr die negativen und wer im Rücktragsjahr die positiven Einkünfte erzielt hat (EStR 10d Abs. 2 Satz 2). Der Verlustrücktrag findet letztlich so statt, als ob nur eine Person Zurechnungssubjekt wäre, allein der Höchstbetrag ist verdoppelt. Der gesondert festgestellte verbleibende Verlustvortrag ist wieder auf die Ehegatten und Lebenspartner aufzuteilen (→ Rn. 379).

218–219 *Einstweilen frei*

220 **ee) Weitere Wirkungen des Verlustrücktrags. Verlustvortrag.** Der Verlustrücktrag (Abzug der negativen Einkünfte im Rücktragsjahr) mindert den Verlustvortrag. Die im Rücktragsjahr abgezogenen negativen Einkünfte, stehen für den Abzug in einem anderen (zukünftigen) Veranlagungszeitraum nicht mehr zur Verfügung. Sie haben sich ausgewirkt und sind „verbraucht". Aus der Sicht des Entstehungsjahrs geht der Verlustrücktrag dem Verlustvortrag vor. Das ergibt sich eindeutig aus Abs. 2 Satz 1. Der Eintritt dieser Rechtsfolge kann aber durch Ausübung des Wahlrechts gemäß Abs. 1 Satz 5 und 6 ganz oder teilweise abgewendet werden.

221 **Erstattungsanspruch.** Durch den Abzug weiterer negativer Einkünfte im Rücktragsjahr entsteht dort uU ein Steuererstattungsanspruch (§ 37 Abs. 2 AO). Der auf einem Verlustrücktrag beruhende Erstattungsanspruch entsteht nicht bereits mit Ablauf des Veranlagungszeitraums, in dem die negativen Einkünfte abgezogen werden, sondern erst mit Ablauf des Veranlagungszeitraums, in dem der Verlust entstanden ist (BFH 6.6.2000 – VII R 104/98, BStBl. II 2000, 491; BFH 6.3.2002 – XI R 50/00, BStBl. II 2002, 453; BFH 6.3.2002 – XI R 81/00, BStBl. II 2002, 503). Dem liegt die zutreffende Vorstellung zugrunde, dass der Verlustrücktrag der Sache nach ein **zurückwirkendes Ereignis** darstellt. Der Zeitpunkt der Entstehung des Erstattungsanspruchs ist maßgeblich ua für die Abtretbarkeit des Anspruchs (§ 46 AO) und den Beginn des Zinslaufs (§ 233a AO). Nach § 233a Abs. 2a AO beginnt der Zinslauf, soweit die Steuerfestsetzung auf einem Verlustabzug nach § 10d Abs. 1 beruht, 15 Monate nach Ablauf des Kalenderjahrs, in dem der Verlust entstanden ist.

221.1 **Besonderheit bei Zusammenveranlagung.** Erzielt der Steuerpflichtige nach Scheidung der Ehe negative Einkünfte, die in einen Veranlagungszeitraum zurückgetragen werden, für den die früheren Ehegatten zur Einkommensteuer zusammen veranlagt worden sind, so steht ein sich daraus ergebender Erstattungsanspruch den Ehegatten nach dem Verhältnis der Beträge zu, in dem die Steuer für Rechnung eines jeden von ihnen an das Finanzamt gezahlt worden war (BFH 18.9.1990 – VII R 99/89, BStBl. II 1991, 47). Es kommt nicht darauf an, welcher Ehegatte den Verlust erlitten hat.

222 **Steuerliche Nebenleistungen** (§ 3 Abs. 4 AO), die akzessorisch vom Bestehen des Steueranspruchs oder deren Höhe von der Höhe des Steueranspruchs abhängen, müssen entfallen oder der Höhe nach angepasst werden, wenn sich der Steueranspruch nachträglich ändert. Das gilt namentlich für Zinsen (BFH 18.7.1990 – I R 165/86, BFH/NV 1991, 212). Beruht die Steuerfestsetzung auf einem Verlustabzug, beginnt der Zinslauf 15 Monate nach Ablauf des Kalenderjahrs, in dem der Verlust entstanden ist (§ 233a Abs. 2a; → Rn. 73). Die Anpassung oder Aufhebung eines Verspätungszuschlags ist allerdings gesetzlich ausgeschlossen, wenn die Steuer aufgrund eines Verlustrücktrags herabgesetzt worden ist (→ Rn. 72).

223 **Erledigung im Klageverfahren.** Durch einen (unerwarteten) Verlustrücktrag nach Abs. 1 kann sich ein Rechtsstreit über die Höhe der Steuerfestsetzung in der Hauptsache erledigen. Das ist der Fall, wenn nach dem Verlustrücktrag die eigentlich streitige Frage mangels steuerlicher Auswirkungen nicht mehr klärbar ist, zB weil die Steuer bereits auf 0 EUR festgesetzt worden ist. In diesem Fall richtet sich die Kostenfolge nach § 138 Abs. 1 Hs. 2 FGO, weil es sich um ein außerprozessuales Ereignis handelt (BFH 23.11.1989 – IX B 56/88, BFH/NV 1990, 573; BFH 16.10.2001 – X R 128/97, BFH/NV 2002, 337). Anders ist dies, wenn der Verlustrücktrag Gegenstand des Rechtsstreits war. In diesem Fall richtet sich die Kostenfolge bei Abhilfe in der Sache nach § 138 Abs. 2 FGO.

224 **Steuerhinterziehung.** Eine vollendete Steuerhinterziehung entfällt nach der Rechtsprechung des BGH durch Verlustrücktrag nur, wenn die Umstände, die zu dem Verlustrücktrag geführt haben, in einem **unmittelbaren wirtschaftlichen Zusammenhang** stehen mit den verschwiegenen steuererhöhenden Umständen. Beruht der Verlustrücktrag dagegen auf einem Sachverhalt, der mit den verschwiegenen Umständen nicht in einem unmittelbaren wirtschaftlichen Zusammenhang steht, unterfällt er dem Kompensationsverbot nach § 370 Abs. 4 Satz 3 AO und lässt die vollendete Steuerhinterziehung nicht entfallen (BGH 26.6.1984 – 5 StR 322/84, BeckRS 1984, 05226; zust. HHR/*Hallerbach* § 10d Rn. 67; aA wohl Klein/*Jäger* AO § 370 Rn. 137).

225–229 *Einstweilen frei*

3. Thesaurierungsbegünstigung (Abs. 1 Satz 2)

Die **Begünstigungsbeträge** nach § 34a Abs. 3 Satz 1 mindern den Gesamtbetrag der Einkünfte im Rücktragsjahr. Die Vorschrift ist im Zusammenhang mit § 34a Abs. 1 und Abs. 8 zu sehen. Nach § 34a Abs. 1 Satz 1 muss der nicht entnommene Gewinn im zu versteuernden Einkommen „enthalten sein". Die Ermittlung des zu versteuernden Einkommens (§ 2 Abs. 5) setzt allerdings den vorherigen Verlustausgleich (§ 2 Abs. 3) und -abzug (§ 10d) voraus. Nach § 34a Abs. 8 dürfen negative Einkünfte nicht mit nach 34a Abs. 1 Satz 1 ermäßigt besteuerten Gewinnen ausgeglichen oder nach § 10d abgezogen werden. 230

Die Vorschriften (§ 10d Abs. 1 Satz 2, § 34a) sind eingeführt worden durch das **UntStRefG 2008** v. 14.8.2007 (BGBl. 2007 I 1912) und erstmals anzuwenden im Veranlagungszeitraum 2008 (§ 52 Abs. 48 idF durch das UntStRefG 2008). 231

Der **Zweck des Gesetzes** ist angesichts des Normwiderspruchs (*Wacker* FR 2008, 605) zwischen § 34a Abs. 1 Satz 1 und § 34a Abs. 8 unklar. Im Regierungsentwurf wird lediglich darauf hingewiesen, dass der Steuerpflichtige den Antrag auf Begünstigung des nicht entnommenen Gewinns zurücknehmen kann, will er den Verlustrücktrag in Anspruch nehmen. Andernfalls werde der nicht zurückgetragene Verlust nach Abs. 2 vorgetragen (BT-Drs. 16/4841, 54). Zu § 34a Abs. 8 enthält der Regierungsentwurf ebenfalls nur den Hinweis, dass der Verlustrücktrag nach § 10d Abs. 1 Satz 2 ausgeschlossen ist, soweit die Einkünfte im Vorjahr nach § 34a ermäßigt besteuert wurden. Weiter heißt es dort, für alle nicht begünstigt besteuerten Einkünfte könne auch weiterhin ein Verlustrücktrag auf Antrag des Steuerpflichtigen durchgeführt werden (BT-Drs. 16/4841, 64). 232

§ 34a Abs. 1 Satz 1 setzt die Ermittlung des zu versteuernden Einkommens voraus. Der Verlustausgleich nach § 2 Abs. 3 und der Verlustabzug nach § 10d gehen der Anwendung von § 34a also grundsätzlich vor. Die Begünstigung nach § 34a kommt nur in Betracht, soweit der nicht entnommene Gewinn im zu versteuernden Einkommen noch enthalten ist. Das ist nur der Fall, soweit das zu versteuernde Einkommen nach Verlustausgleich und -abzug positiv ist (BFH 20.3.2017 – X R 65/14, BStBl. II 2017, 958; vgl. auch BMF 11.8.2008, BStBl. I 2008, 838 Rn. 1; *Wacker* FR 2008, 605; Kirchhof/*Reiß* § 34a Rn. 17, 82; Blümich/*Ratschow* § 34a Rn. 11 und 85 ff.). Es ist hingegen nicht möglich, durch einen Antrag auf begünstigte Besteuerung nach § 34a einen ausgleichs- und abzugsfähigen Verlust zu generieren (Trennungsthese; so aber KSM/*Heuermann* § 10d Rn. B 103). 233

Beispiel (*Wacker* FR 2008, 605 (606)): 233.1

Der Steuerpflichtige erzielt im VZ 08 einen nach § 34a Abs. 2 begünstigten nicht entnommenen gewerblichen Gewinn von 100 und negative Einkünfte aus VuV von -100.

Lösung:

Der Antrag nach § 34a Abs. 1 geht ins Leere, denn der begünstigte Gewinn ist im zvE von 0 EUR nicht mehr enthalten. Nach der Trennungsthese wird dagegen der nicht entnommene Gewinn nach § 34a begünstigt und der Verlust aus VuV könnte ohne § 10d Abs. 1 Satz 2 zurückgetragen werden, da ein Ausgleich mit dem begünstigten Gewinn ausgeschlossen ist (§ 34a Abs. 8).

Ausgehend vom Vorrang der Einkommensermittlung (→ Rn. 233) besteht ein möglicher **Sinn der Vorschrift** darin, dass einer einmal gewährten Begünstigung nach § 34a durch nachträglich bekannt gewordene Verluste die Grundlage nicht mehr entzogen werden soll (vgl. Blümich/*Ratschow* § 34a Rn. 11). Ohne § 10d Abs. 1 Satz 2 und § 34a Abs. 8 würde der nachträgliche Verlustausgleich und -abzug die Bemessungsgrundlage für die Begünstigung vermindern. Die Begünstigung müsste insoweit rückgängig gemacht werden. Dies soll verhindert werden; die einmal gewährte Begünstigung soll Bestand haben. Für den Verlustrücktrag gewährleistet dies § 10d Abs. 1 Satz 2. Entsprechendes gilt aber wegen § 34a Abs. 8 auch im Entstehungsjahr und für Vortragsjahre. 234

Beispiel wie → Rn. 233.1 nur, dass der Verlust aus VuV erst bekannt wird, nachdem die Begünstigung auf den nicht entnommenen Gewinn gewährt worden ist. Ist der Verlust aus VuV im VZ 09 entstanden, schließt § 10d Abs. 1 Satz 2 aus, dass der im VZ 08 gewährten Begünstigung durch Verlustrücktrag nachträglich die Grundlage entzogen wird. Ist der Verlust im VZ 08 oder im VZ 07 entstanden, ergibt sich Entsprechendes aus § 34a Abs. 8. 234.1

Voraussetzungen. Es muss sich um Begünstigungsbeträge nach § 34a handeln, die **im Rücktragsjahr** gewährt worden sind. Die Veranlagung muss stattgefunden haben und es 235 muss ein Steuerbescheid ergangen sein, in dem für (zumindest) einen bestimmten Gewinn die Tarifbegünstigung nach § 34a gewährt worden ist („Begünstigungsbeträge"). Der Bescheid muss nach allgemeinen Vorschriften wirksam sein; Bestandskraft ist nicht erforderlich. Zugleich müssen die Voraussetzungen dafür vorliegen, dass nachträglich, das heißt nach Ergehen des Steuerbescheids, ein Verlustrücktrag zu berücksichtigen wäre.

236 **Rechtsfolgen.** Der (positive) Gesamtbetrag der Einkünfte im Rücktragsjahr ist um die Begünstigungsbeträge nach § 34a zu mindern. Dadurch vermindert sich das positive Abzugspotential (→ Rn. 144) im Rücktragsjahr und der Verlustrücktrag ist im selben Umfang ausgeschlossen. Will der Steuerpflichtige den Verlustrücktrag gleichwohl in Anspruch nehmen, muss er den Antrag nach § 34a zurückzunehmen. Andernfalls wird der nicht zurückgetragene Verlust nach Abs. 2 vorgetragen.

237–239 *Einstweilen frei*

4. Verfahrensrechtliche Vorschriften (Abs. 1 Satz 3 und 4)

240 **a) Allgemeines. Zwei Regelungen.** Abs. 1 Satz 3 und 4 enthalten zwei unterschiedliche Regelungen. Die Trennung verläuft jedoch nicht zwischen den beiden Sätzen, sondern in Abs. 1 Satz 4 zwischen dem Hs. 1 und dem Hs. 2 (ebenso KSM/*Heuermann* § 10d Rn. B 124). Abs. 1 Satz 3 und Satz 4 Hs. 1 bilden inhaltlich eine Einheit. Danach ist der Steuerbescheid des unmittelbar vorangegangenen Veranlagungszeitraums, auch wenn er unanfechtbar geworden ist, insoweit zu ändern, als der Verlustrücktrag zu gewähren oder zu berichtigen ist (Korrekturnorm). Nach Abs. 1 Satz 4 Hs. 2 endet die Festsetzungsfrist insoweit nicht, bevor die Festsetzungsfrist für den Veranlagungszeitraum abgelaufen ist, in dem die negativen Einkünfte nicht ausgeglichen werden (Ablaufhemmung).

241 **Zweck der Regelungen** ist es, den Verlustrücktrag möglichst richtig und vollständig zu verwirklichen (stRspr BFH 27.1.2010 – IX R 59/08, BStBl. II 2010, 1009). Die besondere Korrekturnorm und die besondere Ablaufhemmung schaffen die verfahrensrechtlichen Voraussetzungen dafür, dass der Verlustrücktrag soweit wie möglich **materiell-rechtlich zutreffend** durchgeführt werden kann. Die Korrektur des Steuerbescheids setzt nur voraus, dass der Verlustrücktrag bisher materiell-rechtlich unzutreffend erfasst ist. Auf die Gründe dafür kommt es nicht an. Korrigiert wird insbesondere auch zu Lasten des Steuerpflichtigen (BFH 14.11.1989 – VIII R 209/85, BStBl. II 1990, 620). Die Festsetzungsfrist im Rücktragsjahr ist an diejenige des Entstehungsjahrs geknüpft und wird dadurch unter Umständen weiter hinausgeschoben (besondere Ablaufhemmung). Damit räumt das Gesetz beim Verlustrücktrag der materiellen Richtigkeit ein höheres Gewicht ein als nach den allgemeinen Vorschriften der AO; die Rechtssicherheit (Bestandsschutz) tritt entsprechend weiter zurück.

242 Ein tragfähiger Grund für die starke Betonung der materiellen Richtigkeit beim Verlustrücktrag ist nicht recht ersichtlich. Erkennbar ist allenfalls das Bestreben, die **Mehrfachberücksichtigung von Verlusten** möglichst auszuschließen. Dies erreicht der Gesetzgeber beim Verlustvortrag verfahrensrechtlich durch die Bindungswirkung der Besteuerungsgrundlagen und die (entsprechende) Anwendung von § 175 Abs. 1 Satz 1 Nr. 1 AO. Beim Verlustrücktrag wirkt die Betonung der materiellen Richtigkeit im Verein mit dem weitreichenden Korrekturauftrag in ähnlicher Weise. Unabhängig davon, was materiell wirklich zutreffend ist, gewährleistet er zumindest weitgehend die aufeinander abgestimmte Berücksichtigung der Verluste im Entstehungs- und im Rücktragsjahr, denn zuständig ist ein und dasselbe Finanzamt. Rechtssicherheit tritt nach der verfahrensrechtlichen, wie nach der materiellrechtlichen Bindung erst ein, wenn sämtliche betroffenen Jahre festsetzungsverjährt sind.

243–244 *Einstweilen frei*

245 **b) Änderung von Steuerbescheiden (Abs. 1 Satz 3 und 4 Hs. 1). aa) Verhältnis zu anderen Korrekturnormen. Eigenständigkeit.** Abs. 1 Satz 3 und 4 Hs. 1 enthält eine gegenüber den §§ 172 ff. AO eigenständige Korrekturnorm (stRspr BFH 4.4.2001 – XI R 59/00, BStBl. II 2001, 564; BFH 24.6.2008 – IX R 64/06, BFH/NV 2008, 1676). Nach § 172 Abs. 1 Satz 1 Nr. 2 Buchst. d AO darf ein Steuerbescheid, soweit er nicht vorläufig oder unter dem Vorbehalt der Nachprüfung ergangen ist, nur aufgehoben oder geändert werden, soweit dies – neben den weiteren dort geregelten Fällen – sonst „gesetzlich zugelassen" ist. Abs. 1 Satz 3 und 4 Hs. 1 enthält eine solche gesetzliche Zulassung (BFH 1.9.1998 –

VIII R 4/97, BFH/NV 1999, 599). Sie verweist nicht lediglich auf die §§ 172 ff. der AO, sondern erlaubt (auch) die **Durchbrechung der Bestandskraft** aus sich heraus unter den in ihr geregelten Voraussetzungen. Das ergibt sich auch aus dem Zweck der Vorschrift, die materielle Richtigkeit des Verlustrücktrags in höherem Maße zu gewährleisten als die §§ 172 ff. AO (überzeugend KSM/*Heuermann* § 10d Rn. B 113).

Konkurrenzverhältnis. Abs. 1 Satz 3 und 4 Hs. 1 ist neben §§ 172 ff. AO anzuwenden und verdrängt diese nicht (aA KSM/*Heuermann* § 10d Rn. B 112). Aus der Eigenständigkeit der Korrekturvorschrift in Abs. 1 Satz 3 und 4 Hs. 1 ergibt sich nicht, in welchem Verhältnis sie zu anderen Korrekturnormen steht. Abs. 1 Satz 3 und 4 Hs. 1 geht den §§ 172 ff. AO nicht als das speziellere Gesetz vor (aA BFH 1.9.1998 – VIII R 4/97, BFH/NV 1999, 599). Zwar gilt sie nur für den Verlustrücktrag; die Voraussetzungen, unter denen eine Änderung möglich ist, sind in ihr aber weiter und nicht enger als in den §§ 172 ff. AO (zutr. KSM/*Heuermann* § 10d Rn. B 112). Aus dem Zweck ergibt sich nichts anderes **(aA** KSM/*Heuermann* § 10d Rn. B 112). 246

Alle Korrekturvorschriften erlauben die **Durchbrechung der Bestandskraft** im Interesse der materiellen Richtigkeit, jedoch in unterschiedlichen Grenzen. Abs. 1 Satz 3 und 4 Hs. 1 stellt geringe Anforderungen an die Durchbrechung der Bestandskraft. Es wird deshalb kaum vorkommen, dass eine Änderung des Verlustrücktrags zwar nach den §§ 172 ff. AO, nicht aber nach Abs. 1 Satz 3 und 4 Hs. 1 zulässig ist. Es ist aber möglich, eine Änderung sowohl auf Abs. 1 Satz 3 und 4 Hs. 1 wie auf die §§ 172 ff. AO zu stützen (BFH 22.10.1993 – IX R 39/92, BFH/NV 1994, 700). Der Zweck, der materiellen Richtigkeit zum Durchbruch zu verhelfen, ist in beiden Fällen gleichermaßen erfüllt. Außerhalb des auf den Verlustrücktrag beschränkten Anwendungsbereichs von Abs. 1 Satz 3 und 4 Hs. 1 (Verlustrücktrag) kommt eine Änderung des Steuerbescheids im Rücktragsjahr nur nach den §§ 172 ff. AO in Betracht.

Einzelheiten. § 175 Abs. 1 Satz 1 Nr. 1 AO kommt nicht in Betracht, da der Steuerbescheid des Entstehungsjahrs für den Verlustrücktrag kein Grundlagenbescheid ist. Das gilt auch, wenn der Verlust (aus einer bestimmten Einkunftsart oder -quelle) einheitlich und gesondert festgestellt worden ist. Der Feststellungsbescheid ist dann Grundlagenbescheid nur für den Steuerbescheid des Entstehungsjahrs, nicht aber für den Verlustrücktrag. Ein rückwirkendes Ereignis (§ 175 Abs. 1 Satz 1 Nr. 2 AO) kann aber vorliegen, wenn der geänderte Verlustrücktrag auf ein nachträgliches Ereignis zurückzuführen ist. Ob ein Ereignis iSv § 175 Abs. 1 Satz 1 Nr. 2 AO steuerlich zurückwirkt, bestimmt sich nach dem materiellen Recht. Beim Verlustrücktrag ergibt sich die materiell-rechtliche Rückwirkung aus § 10d Abs. 1 Satz 1. Die Vorschrift gehört zum materiellen Recht, denn der Verlustrücktrag ist materiell-rechtlich zu verstehen. 247

Berichtigung materieller Rechtsfehler. § 177 AO ist bei einer Änderung nach Abs. 1 Satz 3 und 4 Hs. 1 anwendbar (stRspr BFH 27.9.1988 – VIII R 432/83, BStBl. II 1989, 225; BFH 27.9.1988 – VIII R 98/87, BStBl. II 1989, 229; BFH 22.10.1993 – IX R 39/92, BFH/NV 1994, 700). Im Umfang des nachträglich gewährten Verlustrücktrags (§ 351 Abs. 1 AO) können andere materielle Unrichtigkeiten zu Lasten des Steuerpflichtigen und im Umfang eines nachträglich berichtigten Verlustrücktrags zu Gunsten des Steuerpflichtigen berücksichtigt werden mit der Folge, dass die Steuerfestsetzung in geringerem Umfang geändert wird oder dass eine Änderung ganz unterbleibt. 248

Einstweilen frei 249

bb) Voraussetzungen. Formelle Voraussetzungen. Ein Steuerbescheid muss im Rücktragsjahr erlassen, das heißt wirksam (§ 124 AO) sein. „Bereits“ erlassen ist er, sobald er (wirksam) bekannt gemacht ist (§ 122 AO). Bestandskraft ist nicht erforderlich. Abs. 1 Satz 3 und 4 Hs. 1 erlaubt die jederzeitige Änderung auch vor Eintritt der Bestandskraft. Es besteht insoweit keine Veranlassung für eine vorläufige Steuerfestsetzung (§ 165 AO) oder einen Vorbehalt der Nachprüfung (§ 164 AO). Abs. 1 Satz 4 Hs. 1 erlaubt darüber hinaus ausdrücklich auch die Durchbrechung der Bestandskraft. Der Antrag nach Abs. 1 Satz 5 und 6 beseitigt nicht die Änderbarkeit des Bescheids, sondern wirkt materiell-rechtlich auf die Zulässigkeit des Verlustrücktrags ein (→ Rn. 191). 250

Keine Festsetzungsverjährung. Die Änderung nach Abs. 1 Satz 3 und 4 Hs. 1 ist jedoch ausgeschlossen, wenn die Festsetzungsfrist für die Steuer im Rücktragsjahr abgelaufen ist 251

(BFH 24.10.2007 – XI R 31/06, BFH/NV 2008, 378). Das ergibt sich im Gegenschluss aus Abs. 1 Satz 4 Hs. 2 (→ Rn. 264) und aus der Grundregel in § 169 Abs. 1 Satz 1 AO, die von § 10d nicht verdrängt wird. Ob die Festsetzungsfrist abgelaufen ist, bestimmt sich insbesondere nach Abs. 1 Satz 4 Hs. 2.

252 **Inhaltliche Voraussetzung.** Der Verlustrücktrag muss zu gewähren oder zu berichtigen sein. Zu **gewähren** ist der Verlustrücktrag, wenn oder soweit er (bisher) zu Unrecht unterblieben ist (BFH 24.6.2008 – IX R 64/06, BFH/NV 2008, 1676). Zu **berichtigen** ist er, wenn oder soweit ein bereits gewährter Verlustrücktrag zu korrigieren ist, weil die Voraussetzungen hierfür nicht oder nicht mehr vorliegen (BFH 4.4.2001 – XI R 59/00, BStBl. II 2001, 564). Eine einschränkende Auslegung des Wortes „berichtigen" hat der BFH zu Recht abgelehnt (BFH 1.9.1998 – VIII R 4/97, BFH/NV 1999, 599). Das weite Verständnis der Norm entspricht ihrem Zweck, die Vollständigkeit und Richtigkeit des Verlustrücktrags zu gewährleisten (→ Rn. 241).

253 **Grund der Änderung** ist allein ein fehlerhafter Verlustrücktrag. Der Fehler kann sowohl im Tatsächlichen (Sachverhalt) als auch im Rechtlichen liegen (vgl. BFH 11.11.1993 – XI R 12/93, BFH/NV 1994, 710). Auf die Ursache des Fehlers oder auf Verschulden kommt es nicht an (stRspr BFH 27.1.2010 – IX R 59/08, BStBl. II 2010, 1009). In Betracht kommt insbesondere die unrichtige Ermittlung der Einkünfte im Entstehungsjahr, die unrichtige Durchführung des Verlustausgleichs im Entstehungsjahr und die unrichtige Durchführung des Verlustrücktrags. Unerheblich ist, ob sich der Fehler zu Gunsten oder zu Lasten des Steuerpflichtigen ausgewirkt hat. In letzterem Fall ist er zu „berichtigen" (→ Rn. 252).

254–255 *Einstweilen frei*

256 **cc) Rechtsfolgen. Änderung des Bescheids.** Der Steuerbescheid für den Veranlagungszeitraum, in den die nicht ausgeglichenen Einkünfte zurückzutragen sind, ist nach Abs. 1 Satz 3 und 4 Hs. 1 zu ändern. Die Änderungsbefugnis ist in ihrer sachlichen Reichweite durch ihren Gegenstand begrenzt. Sie reicht nur so weit, wie der Verlustrücktrag materiell-rechtlich zu gewähren oder zu berichtigen ist (→ Rn. 252 ff.). Die Änderung darf sich demnach nur auf den Verlustrücktrag beziehen. Dies schließt jedoch auch Besteuerungsgrundlagen ein, die originär im Rücktragsjahr zu erfassen sind, denn der Verlustrücktrag kann auch deshalb unrichtig sein, weil das positive Abzugspotential (→ Rn. 144) im Rücktragsjahr zu niedrig angesetzt worden ist. Andere Änderungen sind nach Abs. 1 Satz 3 und 4 nicht zulässig. Für sie müssten zusätzlich die allgemeinen Voraussetzungen (§ 172 AO) vorliegen.

257 **Änderungspflicht.** Die Änderung ist zwingend vorzunehmen (ist zu ändern); Ermessen besteht nicht. Sie unterbleibt jedoch, wenn sie keine Auswirkungen auf die Höhe der festgesetzten Steuer im Rücktragsjahr hätte. Gegenstand der Änderung ist der Steuerbescheid für das Rücktragsjahr. Die Änderungsbefugnis bezieht sich auf dessen **Regelungsteil.** Einer Änderung der Besteuerungsgrundlagen bedarf es nicht. Das ergibt sich auch aus Abs. 4 Satz 5. Unterbleibt im Rücktragsjahr die Änderung des Steuerbescheids mangels Auswirkung auf die Höhe der festzusetzenden Steuer, entfällt die Bindungswirkung des Steuerbescheids (der Besteuerungsgrundlagen) für die Feststellung des verbleibenden Verlustvortrags (→ Rn. 495 ff.).

258 **Durchbrechung der Bestandskraft.** War der Steuerbescheid des Rücktragsjahrs bereits unanfechtbar (Abs. 1 Satz 4 Hs. 1), bewirkt die Änderung nach Abs. 1 Satz 3 und 4 Hs. 1 eine punktuelle Durchbrechung der Bestandskraft. Im Umfang der Änderung, das heißt, soweit die festgesetzte Steuer höher oder niedriger festgesetzt worden ist, sind in dem dadurch betragsmäßig vorgegebenen Rahmen **andere Rechtsfehler** zu Gunsten oder zu Ungunsten des Steuerpflichtigen nach § 177 AO zu kompensieren (→ Rn. 248; BFH 9.7.1992 – XI R 29/91, BStBl. II 1993, 29). Im weiteren Verfahren sind die **Anfechtungsbeschränkungen** der § 351 Abs. 1 AO und § 42 FGO zu beachten.

259 **Ausübung von Wahlrechten.** Streitig ist, ob Wahlrechte aus Anlass einer Änderung nach Abs. 1 Satz 3 und 4 Hs. 1 erneut ausgeübt werden können. Unbefristete Wahlrechte können grundsätzlich bis zum Eintritt der Bestandskraft des Bescheids ausgeübt werden, auf den sie sich auswirken sollen. Für die Ausübung des Wahlrechts genügt deshalb grundsätzlich auch die beschränkte Anfechtbarkeit gemäß § 351 Abs. 1 AO nach einer punktuellen Durchbrechung der Bestandskraft. Streitig ist insbesondere, ob sich ein in diesem Stadium erstmals

ausgeübtes Wahlrecht unbeschränkt oder nur in den durch § 351 Abs. 1 AO eröffneten betragsmäßigen Grenzen auswirken kann. Die wohl noch hM geht davon aus, dass Wahlrechte stets unbeschränkt wirken, wenn sie zulässigerweise ausgeübt worden sind. Die Gegenauffassung, der sich jüngst der BFH angeschlossen hat, hält in diesem Fall die Ausübung oder Nichtausübung eines Wahlrechts nur in den Grenzen von § 351 Abs. 1 AO für möglich (BFH 27.10.2015 – X R 44/13, BStBl. II 2016, 278 zu § 16 Abs. 4; BFH 9.12.2015 – X R 56/13, BStBl. II 2016, 967 zu § 34 Abs. 3). Dem ist grundsätzlich zuzustimmen. Eine Ausnahme hiervon gilt allerdings aufgrund der stRspr für das Veranlagungswahlrecht.

Veranlagungswahlrecht. Ist der Einkommensteuerbescheid wegen Verlustrücktrags zu ändern, so können Ehegatten und Lebenspartner (§ 2 Abs. 8) das Veranlagungswahlrecht (§§ 26 ff.) grundsätzlich bis zur Unanfechtbarkeit des Änderungsbescheids erneut ausüben, und zwar unabhängig von dem durch den Verlustabzug eröffneten Korrekturspielraum (stRspr BFH 19.5.1999 – XI R 97/94, BStBl. II 1999, 762; BFH 27.10.2015 – X R 44/13, BStBl. II 2016, 278). Zu beachten ist nur die allgemeine Willkürgrenze (unzulässige Rechtsausübung). **259.1**

Die **Anträge nach Abs. 1 Satz 5 und 6** und **nach § 34a Abs. 1 Satz 4** können auch nach einer punktuellen Durchbrechung der Bestandskraft gestellt, geändert oder zurückgenommen werden. Sie wirken sich dann jedoch nur noch innerhalb des von § 351 Abs. 1 AO eröffneten betragsmäßigen Rahmens aus (→ Rn. 296 zu Abs. 1 Satz 5 und 6). **259.2**

Bindungswirkung. Die im Steuerbescheid des Rücktragsjahrs nach Abs. 1 Satz 3 und 4 Hs. 1 geänderten **Besteuerungsgrundlagen** entfalten Bindungswirkung für die Feststellung des verbleibenden Verlustvortrags (Abs. 4 Satz 4; → Rn. 435). Unterbleibt die Änderung im Steuerbescheid des Rücktragsjahrs ausschließlich deshalb, weil sie keine Auswirkung auf die Höhe der festzusetzenden Steuer hat (hätte), entfällt die Bindungswirkung der für die Ermittlung des verbleibenden Verlustvortrags erheblichen Besteuerungsgrundlagen in dem nicht geänderten Bescheid (→ Rn. 495). Für die Feststellung des verbleibenden Verlustvortrags kommt es dann auf die materielle Rechtslage an, das heißt darauf, wie die Besteuerungsgrundlagen des Rücktragsjahrs hätten geändert werden müssen, wenn die Änderung eine Auswirkung auf die Höhe der Steuer gehabt hätte. **260**

Einstweilen frei **261–263**

c) Ablaufhemmung der Festsetzungsfrist (Abs. 1 Satz 4 Hs. 2). Die Vorschrift kommt zum Tragen, wenn im Rücktragsjahr die Festsetzungsfrist nach den allgemeinen Vorschriften der §§ 169 ff. AO bereits abgelaufen wäre. In diesem Fall wäre der Verlustrücktrag verfahrensrechtlich ausgeschlossen. Dies wollte der Gesetzgeber verhindern (vgl. BT-Drs. 7/4705, 4; BFH 27.1.2010 – IX R 59/08, BStBl. II 2010, 1009). Er hat deshalb eine besondere Ablaufhemmung geschaffen, die es in zeitlicher Hinsicht ermöglicht, den Verlustrücktrag durchzuführen, solange die Festsetzungsfrist für das Entstehungsjahr noch nicht abgelaufen ist. Dies ist der Veranlagungszeitraum, „in dem die negativen Einkünfte nicht ausgeglichen werden“, denn ausgeglichen werden negative Einkünfte begrifflich nur im Entstehungszeitraum (BFH 26.9.2011 – IX B 107/11, BFH/NV 2012, 30). Die Vorschrift ergänzt insofern den nicht abschließenden Katalog der Hemmungstatbestände in § 171 AO. **264**

Voraussetzungen. Zum einen müssen die **Änderungsvoraussetzungen** nach Abs. 1 Satz 3 und Satz 4 Hs. 1 vorliegen (→ Rn. 250 ff.). Nur wenn eine Änderung der Steuerfestsetzung im Rücktragsjahr (wegen des Verlustrücktrags) materiell-rechtlich geboten ist, greifen die Änderungsnorm in Abs. 1 Satz 3 und Satz 4 Hs. 1 und der Hemmungstatbestand ein, um die Änderung auch verfahrensrechtlich zu gewährleisten. Zum andern darf die **Festsetzungsfrist im Entstehungsjahr** noch nicht abgelaufen sein. Sie ist nach den §§ 169 ff. AO zu bestimmen. Besonderheiten gelten insofern nicht. Ist die Festsetzungsfrist im Entstehungsjahr bereits abgelaufen, kommt der Verlustrücktrag gleichwohl in Betracht, aber nur, wenn im Rücktragsjahr die Festsetzungsfrist nach den allgemeinen Vorschriften noch nicht abgelaufen ist (BFH 27.1.2010 – IX R 59/08, BStBl. II 2010, 1009). Abs. 1 Satz 4 Hs. 2 greift dann nicht ein. **265**

Rechtsfolgen. Liegen beide Voraussetzungen vor, wird der Ablauf der Festsetzungsfrist im Rücktragsjahr (Veranlagungszeitraum, in den die nicht ausgeglichenen negativen Einkünfte zurückzutragen sind; BFH 27.1.2010 – IX R 59/08, BStBl. II 2010, 1009) gehemmt bis zum Ablauf der Festsetzungsfrist für das Entstehungsjahr (Veranlagungszeitraum, in dem die negativen Einkünfte nicht ausgeglichen werden). Der genaue **zeitliche Umfang der** **266**

Hemmung kann nur ermittelt werden, wenn bekannt ist, wann im Entstehungsjahr die Festsetzungsfrist abläuft. Für die Durchführung der Änderung nach Abs. 1 Satz 3 und Satz 4 Hs. 1 genügt es jedoch, dass die Festsetzungsfrist im Entstehungsjahr (jedenfalls) noch nicht abgelaufen ist; dann ist sie es im Rücktragsjahr auch noch nicht.

267 Die Festsetzungsfrist ist nur „insoweit", das heißt **punktuell** und betragsmäßig in dem Umfang gehemmt, wie eine Änderung nach Abs. 1 Satz 3 und Satz 4 Hs. 1 materiell-rechtlich geboten ist (HHR/*Hallerbach* § 10d Rn. 83; KSM/*Heuermann* § 10d Rn. B176f). Im Übrigen läuft die Festsetzungsfrist ab, sofern kein anderer Hemmungstatbestand eingreift (**Prinzip der Teilverjährung;** dazu ausführlich BFH 20.11.2012 – IX R 30/12, BStBl. II 2013, 995).

268–269 *Einstweilen frei*

5. Wahlrecht: Absehen vom Verlustrücktrag (Abs. 1 Satz 5 und 6)

270 **a) Allgemeines.** Der Verlustrücktrag ist materiell-rechtlich zu verstehen (→ Rn. 196). Dem entspricht verfahrensrechtlich die Verpflichtung des Finanzamts, Bescheide von Amts wegen zu erlassen oder zu ändern (**Offizialprinzip,** → Rn. 197). Das gilt auch für Änderungen des Verlustrücktrags (→ Rn. 257). Abweichend hiervon, unterbleibt der Verlustrücktrag ganz oder teilweise, wenn der Steuerpflichtige dies beantragt. In den Grenzen des Antragsrechts hat der Steuerpflichtige mithin die **Wahl,** ob und in welchem Umfang der Verlustrücktrag **nicht durchgeführt** werden soll. Das Wahlrecht wirkt materiell-rechtlich und verfahrensrechtlich. Soweit der Verlustrücktrag danach nicht durchgeführt wird, erhöht sich der auf den Schluss des Entstehungsjahrs festzustellende verbleibende Verlustvortrag. Das Finanzamt muss dies beim Erlass oder bei der Änderung von Bescheiden beachten.

271 Der **Zweck des Gesetzes** ist unklar. Die Einführung des Wahlrechts durch das StandOG vom 13.9.1993 (BGBl. 1993 I 1569) zielte wohl allein auf die Vereinfachung des körperschaftsteuerlichen Anrechnungsverfahrens und sollte insbesondere verhindern, dass ein Verlustrücktrag beim Zusammentreffen mit einer Gewinnausschüttung ohne steuerliche Entlastung verbraucht wird (BT-Drs. 12/4487, 26, 36 zu § 8 KStG). Die Erstreckung des Wahlrechts auf natürliche Personen sollte der Gleichbehandlung dienen (BT-Drs. 12/4487, 26). Diese Rechtfertigung ist spätestens mit Abschaffung des Vollanrechnungsverfahrens entfallen. Der BFH hat sich gleichwohl im Jahr 2008 auf die beabsichtigte Gleichbehandlung bezogen, um zu begründen, weshalb das Wahlrecht nicht den Zweck habe, „dem Steuerpflichtigen eine veranlagungszeitraumübergreifende Optimierung seiner Steuerlast" zu ermöglichen (BFH 17.9.2008 – IX R 72/06, BStBl. II 2009, 639).

271.1 **Stellungnahme.** Dem BFH ist zuzugeben, dass sich der **Gesetzesbegründung** der Zweck einer Veranlagungszeitraum übergreifenden Optimierung der Steuerlast nicht entnehmen lässt. Die negative Formulierung des BFH erstaunt dennoch. Zum einen lässt sie offen, welchen Zweck das Wahlrecht hat, obwohl die Rechtsprechung auch dann eine Antwort auf die Frage geben muss, wenn sie sich aus den Materialien nicht ergibt. Zum andern erschließt sich nicht, welchen anderen Zweck das Wahlrecht haben sollte, als den, durch Steuerung des Verlustrücktrags die Gesamtsteuerlast periodenübergreifend zu optimieren. Dieser Zweck lässt sich – wenn auch enger gefasst – der historischen Gesetzesbegründung durchaus entnehmen. Der dort angeführte Fall, dass ein Verlustrücktrag ohne steuerliche Auswirkung verbraucht werden könnte, war niemals Voraussetzung für die Ausübung des Wahlrechts, sondern bildete lediglich ein Beispiel für eine sinnvolle Ausübung des Wahlrechts, zumal Eigenkapitalgliederung und Gewinnausschüttung bei natürlichen Personen ohnehin nicht vorkommen konnten. Jedenfalls lässt sich der Zweck des Wahlrechts nicht darauf reduzieren, dass unerwünschte Ergebnisse vermieden werden, zB der Verbrauch eines Verlusts ohne Reduzierung der Steuerlast durch Verrechnung mit einem Gesamtbetrag der Einkünfte unterhalb des Grundfreibetrags (→ Rn. 210 ff.). Dafür gibt der Wortlaut des Gesetzes nichts her. Ein zulässiger Antrag ermöglicht es dem Steuerpflichtigen mithin, den **Verlustabzug zu optimieren** und seine Gesamtsteuerbelastung periodenübergreifend zu senken. Darin liegt mangels erkennbarer anderer Zwecksetzung zugleich der Zweck der Norm.

272 Das Wahlrecht ist nach hM **kein Gestaltungsrecht.** Der Antrag wirkt nicht unmittelbar auf die Besteuerungsgrundlagen, sondern er bedarf der Umsetzung (stattgebenden Entscheidung) durch das Finanzamt (BFH 17.9.2008 – IX R 72/06, BStBl. II 2009, 639). In dieser bestätigten Form wirkt er auf die materielle Rechtslage ein. Der Steuerpflichtige kann auf diese Weise mithilfe des Antrags den Verlustabzug und damit seine Gesamtsteuerlast überperiodisch zu seinem Vorteil verändern, denn einem zulässigen Antrag muss das Finanzamt stattgeben.

Beratung. Das Finanzamt muss den Steuerpflichtigen im Rahmen seiner Beratungspflicht (§ 89 Abs. 1 AO) darauf hinweisen, dass er den Antrag nach Abs. 1 Satz 5 und 6 stellen kann, wenn dies offensichtlich versehentlich oder aus Unkenntnis unterblieben ist. Ist der Antrag inhaltlich nicht hinreichend konkretisiert, muss das Finanzamt uU auch darauf hinweisen und dem Steuerpflichtigen Gelegenheit zur Nachbesserung geben. Zu einer komplexen Beratung über die möglichst sinnvolle Ausübung des Antragsrechts ist das Finanzamt nicht verpflichtet. **273**

Einstweilen frei **274–275**

b) Antrag. aa) Persönliche Voraussetzungen. Antragsberechtigt ist der Steuerpflichtige. Gemeint ist die Person, der die negativen Einkünfte nach den allgemeinen Grundsätzen für Zwecke der (inländischen) Besteuerung persönlich zuzurechnen sind, die sie also „erzielt" hat (§ 2 Abs. 1 Satz 1, → Rn. 147.2). Das ist bei Körperschaften die Körperschaft, bei Organschaft der Organträger, bei Personengesellschaften und anderen Mitunternehmerschaften der Gesellschafter, bei Treuhandverhältnissen der Treugeber. Bei Zusammenveranlagung (§ 26b, § 2 Abs. 8) steht das Antragsrecht nur dem Ehegatten oder Lebenspartner zu, der die negativen Einkünfte erzielt hat (BFH 17.9.2008 – IX R 72/06, BStBl. II 2009, 639). **276**

Rechtsnachfolge. Das Antragsrecht geht gemäß § 45 AO, § 1922 BGB auf den **Erben** als Gesamtrechtsnachfolger über (str. aA KSM/*Heuermann* § 10d Rn. B192). Es ist insbesondere kein von der Gesamtrechtsnachfolge ausgeschlossenes, höchstpersönliches Recht. Der Erbe kann das Antragsrecht allerdings nur im Rahmen der verfahrensrechtlichen Rechtsnachfolge ausüben, also nur in Bezug auf Steuerbescheide, die gegen den Erblasser ergangen sind. Dem steht nicht entgegen, dass negative Einkünfte, die der Erblasser erzielt hat, nach geänderter Rechtsprechung des BFH (BFH 17.12.2007 – GrS 2/04, BStBl. II 2008 608) nicht (mehr) auf den Erben übergehen. Zwar wird der Erbe in Bezug auf die noch vom Erblasser erzielten negativen Einkünfte nicht „Steuerpflichtiger" iS von Abs. 1 Satz 5, weil sie ihm nicht persönlich zuzurechnen sind. Der Große Senat des BFH hat aber weder explizit noch implizit über die Möglichkeit der verfahrensrechtlichen Gesamtrechtsnachfolge in das dem Erblasser zustehende Wahlrecht nach Abs. 1 Satz 5 entschieden. Ein Grund, weshalb das Antragswahlrecht nicht auf den Erben übergehen sollte, ist nicht ersichtlich. **277**

Insolvenz. Das Antragsrecht unterliegt als vermögensbezogenes Recht – wie das Veranlagungswahlrecht (vgl. FG Münster 21.4.2016 – 2 K 2410/14 E, EFG 2016, 1177, die Revision wurde vom BFH mit Urteil vom 15.3.2017 als unbegründet zurückgewiesen, BFH III R 12/16, BFH/NV 2018, 140) – dem Insolvenzbeschlag (§ 80 Abs. 1 InsO) und kann während des Insolvenzverfahrens nur vom **Insolvenzverwalter** (mit Wirkung für den Steuerpflichtigen) ausgeübt werden (ebenso HHR/*Hallerbach* § 10d Rn. 90). Nach Aufhebung des Insolvenzverfahrens steht das Antragsrecht wieder dem Steuerpflichtigen zu. **278**

Einstweilen frei **279**

bb) Inhalt des Antrags (Abs. 1 Satz 6). Der Antrag ist darauf gerichtet, dass der Verlustrücktrag ganz oder teilweise nicht durchgeführt wird (werden soll). Er kann inhaltlich eingeschränkt werden (ganz oder teilweise), muss aber in jedem Fall **inhaltlich hinreichend bestimmt** sein. Insbesondere bei betragsmäßiger Begrenzung ist die **Höhe des Verlustrücktrags** im Antrag anzugeben. Die Formulierung ist nicht mit Abs. 1 Satz 5 abgestimmt. Alternativ kann, wie es Abs. 1 Satz 5 nahelegt, der Betrag angegeben werden, für den vom Verlustrücktrag abgesehen werden soll. Fehlt eine entsprechende Angabe und lässt sich der Antrag auch im Wege der **Auslegung** nicht inhaltlich konkretisieren, ist er unwirksam; der Verlustrücktrag wird dann im möglichen Umfang nach Abs. 1 Satz 1 von Amts wegen vorgenommen. **280**

Einstweilen frei **281–282**

cc) Form, Zuständigkeit. Der Antrag kann **formlos,** auch mündlich oder konkludent gestellt werden. Es besteht insbesondere kein Formularzwang. Im Regelfall empfiehlt sich aber die Schriftform. Als **empfangsbedürftige Willenserklärung** muss der Antrag dem Empfänger zugehen. Empfänger ist das für die Besteuerung im Rücktragsjahr zuständige **283**

Finanzamt, denn über den Verlustrücktrag wird in dem Jahr entschieden, in dem er sich auswirkt (→ Rn. 169 ff.). Das schließt die Entscheidung über den Antrag nach Abs. 1 Satz 5 ein. Geht der Antrag bei einem unzuständigen Finanzamt ein, entfaltet er erst Wirkung, wenn er an das zuständige Finanzamt weitergeleitet wird und diesem zugeht.

284 **dd) Zeitliche Grenze.** Eine zeitliche Grenze für die Ausübung des Antragsrechts ist im Gesetz nicht vorgesehen. Unbefristete Wahlrechte können grundsätzlich nur bis zum Eintritt der Bestandskraft des Bescheids ausgeübt werden, auf welchen sie sich **auswirken sollen** (BFH 17.9.2008 – IX R 72/06, BStBl. II 2009, 639) und sind mit Eintritt der Bestandskraft dieses Bescheids verbraucht. Rechtsprechung und hM im Schrifttum nehmen an, der Antrag nach Abs. 1 Satz 5 solle sich (stets) auf den Bescheid über die gesonderte Feststellung des verbleibenden Verlustvortrags nach Abs. 4 Satz 1 auswirken (BFH 17.9.2008 – IX R 72/06, BStBl. II 2009, 639). Die Gegenansicht stellt auf den Steuerbescheid des Rücktragsjahrs ab (HHR/*Hallerbach* § 10d Rn. 90).

285 **Tatsächlich** kann sich der Antrag je nach Situation auf unterschiedliche Bescheide auswirken. Im wohl häufigsten Fall wirkt sich der Antrag unmittelbar nur auf den **Steuerbescheid des Rücktragsjahrs** aus, denn in diesem Bescheid wird grundsätzlich über die Höhe des Verlustrücktrags entschieden. Ist auf Antrag ganz oder teilweise vom Verlustrücktrag abzusehen, muss der Steuerbescheid des Rücktragsjahrs geändert werden, auch wenn er bestandskräftig ist (Abs. 1 Satz 3 und 4 Hs. 1). Auch wenn danach in einem weiteren Schritt der Bescheid über die gesonderte Feststellung des verbleibenden Verlustvortrags angepasst wird (Abs. 4 Satz 4 iVm § 175 Abs. 1 Satz 1 Nr. 1 AO), ist dies die bloße Folge der Änderung des Steuerbescheids und keine (unmittelbare) Auswirkung des Antrags. Etwas anderes gilt für den **Sonderfall des Abs. 4 Satz 5.** Liegen dessen Voraussetzungen vor, wird über den Umfang des Verlustrücktrags (inzident) im Bescheid über die gesonderte Feststellung des verbleibenden Verlustvortrags entschieden. In diesem Sonderfall wirkt sich der Antrag unmittelbar auf den Feststellungsbescheid aus. Diese Analyse beantwortet jedoch nicht die Frage, auf welchen Bescheid abzustellen ist hinsichtlich der zeitlichen Grenze für die Ausübung des Antragsrechts.

286 Die Frage ist **nicht einheitlich** zu beantworten. Ist ein Bescheid über die gesonderte Feststellung des verbleibenden Verlustvortrags auf den Schluss des Veranlagungszeitraums, in dem die negativen Einkünfte nicht ausgeglichen worden sind (Entstehungsjahr), ergangen, kommt es auf die Bestandskraft dieses Bescheids an. Andernfalls kommt es auf die Bestandskraft des Steuerbescheids des Veranlagungszeitraums an, in dem ein Verlustrücktrag vorgenommen werden kann (Rücktragsjahr).

287 Der übliche Ansatz, sich ausschließlich auf einen dieser Bescheide festzulegen, führt zu jeweils nicht überzeugenden Ergebnissen.

287.1 Der **Rechtsprechung** (BFH 17.9.2008 – IX R 72/06, BStBl. II 2009, 639) ist darin zu folgen, dass es grundsätzlich auf den Bescheid über die gesonderte Feststellung des verbleibenden Verlustvortrags ankommt. Die Begründung, die der BFH dafür gibt, greift allerdings zu kurz. Es trifft jedenfalls nicht allgemein zu, dass sich der Antrag auf diesen Bescheid auswirken soll (→ Rn. 285). Für die Zulässigkeit des Antrags kann es aber keinen Unterschied machen, ob dieser Sonderfall tatsächlich vorliegt, denn der Zweck der Vorschrift gebietet es, dass der Steuerpflichtige das Antragsrecht grundsätzlich immer dann ausüben können soll, wenn sich die relevanten Besteuerungsgrundlagen für den Verlustabzug ändern (→ Rn. 271.1).

287.2 Die Lösung der Rechtsprechung versagt jedoch, wenn ein Bescheid über die gesonderte Feststellung des verbleibenden Verlustvortrags fehlt. Das kann zB der Fall sein, wenn die nicht ausgeglichenen negativen Einkünfte im Rücktragsjahr vollständig abgezogen werden können. Begehrt der Steuerpflichtige in einem solchen Fall keine gesonderte Feststellung des verbleibenden Verlustvortrags und steht zweifelsfrei fest, dass ein Verlustvortrag nicht verbleibt, bedarf es auch keiner gesonderten Feststellung. Dasselbe gilt aber auch, wenn ein Feststellungsbescheid zu Unrecht nicht erlassen worden ist. Es wäre nicht richtig, wenn das Antragsrecht in einem solchen Fall zeitlich unbegrenzt ausgeübt werden könnte. Vielmehr muss es in diesem Fall auf die Bestandskraft des Steuerbescheids im Rücktragsjahr ankommen.

287.3 Die **Gegenansicht** (HHR/*Hallerbach* § 10d Rn. 90), die ausschließlich auf die Bestandskraft des Steuerbescheids des Rücktragsjahrs abstellen will, vermag ebenfalls nicht zu überzeugen. Sie schließt das Antragsrecht immer dann aus, wenn der Steuerbescheid im Rücktragsjahr bestandskräftig ist und wenn sich eine Änderung der relevanten Besteuerungsgrundlagen unmittelbar und ausschließlich auf den Bescheid über die gesonderte Feststellung des verbleibenden Verlustvortrags auswirkt und nur dort zur Durchbrechung der Bestandskraft führt. Das ist außer im Fall von Abs. 4 Satz 5 (→ Rn. 285) zB auch der Fall, wenn der Steuerpflichtige beantragt hat, vom Verlustrücktrag vollständig abzusehen oder wenn er die Höchstgrenze des Verlustrücktrags bereits ausgeschöpft hat. Es erscheint mit dem Zweck des Antragsrechts nicht vereinbar, wenn in diesen Fällen bei einer Änderung der relevanten Besteuerungsgrundlagen eine erneute Ausübung des Antragsrechts stets ausgeschlossen sein sollte.

Keine Bestandskraft des maßgeblichen Bescheids. Der Antrag ist folglich nur zulässig, wenn der maßgebliche Bescheid (→ Rn. 286) noch nicht bestandskräftig, dh noch mit dem Einspruch anfechtbar ist. Eine bloß **teilweise Durchbrechung** der Bestandskraft (§ 351 AO) genügt. Wenn sich die relevanten Besteuerungsgrundlagen für den Verlustabzug ändern, soll der Steuerpflichtige grundsätzlich die Möglichkeit haben, von seinem Wahlrecht erstmals oder erneut Gebrauch zu machen (hM HHR/*Hallerbach* § 10d Rn. 90; Schmidt/*Heinicke* § 10d Rn. 28; KSM/*Heuermann* § 10d Rn. B188). Das entspricht dem Zweck des Wahlrechts, den Verlustabzug optimieren und dadurch periodenübergreifend die Gesamtsteuerbelastung senken zu können (→ Rn. 271.1). Zum Umfang des Antragsrechts in diesem Fall → Rn. 296. Eine partielle Durchbrechung der Bestandskraft liegt zB vor, wenn der Bescheid über die gesonderte Feststellung des verbleibenden Verlustvortrags nach Abs. 4 Satz 4 iVm § 175 Abs. 1 Satz 1 Nr. 1 AO an den geänderten Steuerbescheid des Rücktragsjahrs angepasst worden ist. Dasselbe gilt, wenn der Steuerbescheid des Rücktragsjahrs nach Abs. 1 Satz 3 und 4 Hs. 1 geändert ist, weil der Verlustrücktrag materiell fehlerhaft war. 288

Einstweilen frei 289

ee) Keine Festsetzungsverjährung im Rücktragsjahr. Der Steuerbescheid des Rücktragsjahrs muss (noch) änderbar sein. Nach Eintritt der Festsetzungsverjährung im Rücktragsjahr geht der Antrag ins Leere, denn in diesem Fall kann er sich (dort) nicht mehr auswirken. Eine Änderung des Steuerbescheids im Rücktragsjahr wäre ausgeschlossen (§ 169 Abs. 1 Satz 1 AO). Aber auch eine Änderung des Bescheids über die gesonderte Feststellung des verbleibenden Verlustvortrags scheidet dann aus. Eine Folgeänderung nach Abs. 4 Satz 4 iVm § 175 Abs. 1 Satz 1 Nr. 1 AO kommt nicht in Betracht, weil der Steuerbescheid nicht geändert werden kann und es liegt auch kein Fall von Abs. 4 Satz 5 vor. Die Änderung des Steuerbescheids im Rücktragsjahr unterbleibt nicht ausschließlich mangels Auswirkung auf die Höhe der Steuer, sondern vor allem wegen Eintritts der Festsetzungsverjährung für das Rücktragsjahr. 290

Unerheblich ist dagegen die **Bestandskraft des Steuerbescheids** im Rücktragsjahr, soweit nicht die zeitliche Grenze für die Ausübung des Antragsrechts ausnahmsweise davon abhängt (→ Rn. 287.2). Der Bescheid wird nach Abs. 1 Satz 3 und 4 Hs. 1 unter partieller Durchbrechung der Bestandskraft geändert, wenn der Antrag nach Abs. 1 Satz 5 zulässig ist. Der durch die Entscheidung des Finanzamts bestätigte Antrag wirkt auch materiell-rechtlich. Der bereits durchgeführte Verlustrücktrag wird in diesem Umfang unrichtig. Auf die Bestandskraft des Steuerbescheids im Entstehungsjahr oder den Eintritt der Festsetzungsverjährung im Entstehungsjahr kommt es ebenfalls nicht an. Der Verlustrücktrag ist auch dann durchzuführen, wenn die Steuerfestsetzung im Entstehungsjahr bestandskräftig oder wenn dort bereits Festsetzungsverjährung eingetreten ist (BFH 27.1.2010 – IX R 59/08, BStBl. II 2010, 1009). Insofern unterliegt auch die Ausübung des Antragsrechts nach Abs. 1 Satz 5 keinen Einschränkungen. 291

ff) Maßgeblicher Zeitpunkt. Die Voraussetzungen für den Antrag müssen sämtlich im Zeitpunkt der **Stellung des Antrags** vorliegen. Der Antrag kann seine eigene Zulässigkeit nicht bewirken. Aus demselben Grund ist der Antrag auch kein rückwirkendes Ereignis (§ 175 Abs. 1 Satz 1 Nr. 2 AO), denn auch dann würde er – zirkulär – seine Zulässigkeit selbst begründen (vgl. BFH 17.9.2008 – IX R 72/06, BStBl. II 2009, 639). 292

Beispiel (KSM/*Heuermann* § 10d Rn. B 189): 292.1

Der Steuerpflichtige macht im bestandskräftig veranlagten Veranlagungszeitraum 02 entstandene weitere negative Einkünfte geltend. Sie können in den Veranlagungszeitraum 01 zurückgetragen werden. Ist das Begehren begründet, wird der bestandskräftige Steuerbescheid für 01 nach Abs. 1 Satz 3 und 4 Hs. 1 geändert. Die geänderten Besteuerungsgrundlagen im Steuerbescheid für 01 entfalten Bindungswirkung für die Ermittlung des verbleibenden Verlustvortrags. Ist ein Bescheid über die gesonderte Feststellung des verbleibenden Verlustvortrags auf den 31. Dezember 02 bereits ergangen und ist er bestandskräftig geworden, wird er gem. Abs. 4 Satz 4 iVm § 175 Abs. 1 Satz 1 Nr. 1 AO angepasst. Danach kann das Antragsrecht erstmals oder erneut ausgeübt werden. Der Antrag selbst würde zwar die dargestellte Änderungskaskade ebenfalls auslösen. Dies führt jedoch nicht zu seiner Zulässigkeit, weil die fehlende Bestandskraft des Feststellungsbescheids im Zeitpunkt der Antragstellung noch nicht vorlag.

293–294 *Einstweilen frei*

295 **gg) Änderung des Antrags. Keine Bindung.** Der Steuerpflichtige ist an den Antrag grundsätzlich nicht gebunden. Er kann ihn innerhalb der dargestellten sachlichen und zeitlichen Grenzen grundsätzlich jederzeit inhaltlich erweitern, einschränken oder zurücknehmen. Gleiches gilt für die Erklärung, den Antrag nicht zu stellen. Auch sie entfaltet keine Bindungswirkung.

296 **Änderungsrahmen.** Ergibt sich die zeitliche Zulässigkeit des Antrags aus einer partiellen Durchbrechung der Bestandskraft des maßgeblichen Bescheids (→ Rn. 288), so kann sich der Antrag nur in dem durch § 351 AO vorgegebenen Änderungsrahmen auswirken. Der Antrag, vom Verlustrücktrag ganz oder teilweise abzusehen, ist danach nur zulässig, soweit die vorangegangene Änderung zu einem höheren Verlustrücktrag geführt hat.

297 *Einstweilen frei*

298 **c) Rechtsfolgen.** Ist der Antrag zulässig, muss ihm das Finanzamt stattgeben (kein Ermessen). Es darf im jeweiligen Umfang die negativen Einkünfte nicht zurücktragen, sondern muss den verbleibenden Verlustvortrag entsprechend erhöhen. Der zulässige Antrag beseitigt insofern auch die Verpflichtung aus Abs. 1 Satz 1. Eine selbständige Entscheidung über den Antrag ist nicht erforderlich. Das Finanzamt entscheidet grundsätzlich im Rahmen des jeweiligen Bescheids (→ Rn. 286), wenn es die Voraussetzungen bejaht, die vorliegen müssen, damit der Antrag Wirkung entfalten kann. Hält das Finanzamt den Antrag für unwirksam, muss es darüber einen rechtsmittelfähigen Ablehnungsbescheid erlassen. Abgelehnt wird in diesem Fall nicht der Antrag, sondern die mit ihm angestrebte Änderung des jeweiligen Bescheids. Dagegen sind Einspruch und Anfechtungsklage (gebundene Entscheidung) gegeben.

299 *Einstweilen frei*

II. Verlustvortrag (Abs. 2)

1. Allgemeines

300 **Überblick.** Abs. 2 Satz 1 enthält in Anlehnung an Abs. 1 Satz 1 eine **Legaldefinition** des Verlustvortrags. Die im Entstehungsjahr nicht ausgeglichenen und auch nicht nach Abs. 1 zurückgetragenen und im Rücktragsjahr abgezogenen negativen Einkünfte werden in den unmittelbar nachfolgenden Veranlagungszeitraum vorgetragen und dort vom (positiven) Gesamtbetrag der Einkünfte abgezogen. Der Abzug ist der Höhe nach begrenzt auf einen fixen Sockelbetrag und einen flexiblen Erhöhungsbetrag. Die Begrenzung bewirkt, dass der Gesamtbetrag der Einkünfte im Vortragsjahr gegebenenfalls nicht bis auf 0 EUR gemindert werden kann, obwohl ausgleichsfähige negative Einkünfte in ausreichender oder übersteigender Höhe vorhanden sind.

Die (beabsichtigte) Folge davon ist eine **Mindestbesteuerung** im Vortragsjahr. Die im Vortragsjahr nicht abgezogenen negativen Einkünfte gehen nicht verloren, sondern werden in nachfolgende Veranlagungszeiträume vorgetragen. In diesem weiteren Sinne ist der Verlustvortrag zeitlich nicht begrenzt. Er wird solange durchgeführt, bis der vorgetragene Verlust vollständig abgezogen ist. Für Ehegatten (ua), die nach §§ 26, 26b zusammenveranlagt werden, ist der Sockelbetrag verdoppelt (Abs. 2 Satz 2). Abs. 2 Satz 3 schließt vorgetragene negative Einkünfte vom Abzug aus, wenn sie in früheren Vortragsjahren hätten abgezogen werden können (sog. Sollverlustabzug).

301 **Bedeutung im Kontext.** Abs. 2 enthält vor allem **materiell-rechtliche Regelungen** und anders als Abs. 1 keine eigenen verfahrensrechtlichen Bestimmungen. Diese ergeben sich für den Verlustvortrag aus Abs. 4. Die Bestimmungen in Abs. 2 und Abs. 4 müssen deshalb stets zusammen gesehen werden. Dabei ergibt sich, dass der materiell-rechtlich zu verstehende Verlustvortrag maßgeblich „überformt" (KSM/*Heuermann* § 10d Rn. C14) wird

durch die das Verfahren und die Praxis der Finanzbehörden bestimmende gesonderte Feststellung des verbleibenden Verlustvortrags. Nicht nur konzeptionell geht die gesonderte Feststellung des verbleibenden Verlustvortrags dem Verlustvortrag voraus (→ Rn. 396), sie ist auch verfahrensrechtlich Voraussetzung für dessen verwaltungsmäßigen Vollzug (vgl. BFH 6.7.1999 – VIII R 12/98, BStBl. II 1999, 731).

2. Verlustvortrag (Abs. 2 Satz 1)

a) Definition. Begriffsbestimmung. Abs. 2 Satz 1 definiert den Begriff des Verlustvor- 302
trags. Für die Legaldefinition als solche gibt es derzeit keinen Anwendungsfall. Der Begriff Verlustvortrag kommt außer in seiner Definition weder in § 10d noch an anderer Stelle im EStG in einer Weise vor, dass es zu seinem Verständnis auf die Definition in Abs. 2 Satz 1 ankommt. Der Verlustvortrag iS von Abs. 2 Satz 1 ist insbesondere nicht identisch mit dem verbleibenden Verlustvortrag. Für diesen Ausdruck enthält Abs. 4 Satz 2 eine eigene gesetzliche Definition (→ Rn. 395 ff.).

§ 32d Abs. 4 erwähnt zwar einen „Verlustvortrag nach § 20 Abs. 6". § 20 Abs. 6 schließt jedoch die 302.1
Anwendung von § 10d aus und erklärt lediglich § 10d Abs. 4 für anwendbar. Gemeint ist damit ebenfalls ein verbleibender Verlustvortrag.

Rechtsnorm. Abs. 2 Satz 1 ist nicht nur eine Begriffsbestimmung, sondern zugleich eine 303
Rechtsnorm. Sie regelt, unter welchen Voraussetzungen und in welchen betragsmäßigen Grenzen im Entstehungsjahr nicht ausgeglichene negative Einkünfte, die auch nicht im Rücktragsjahr abgezogen worden sind, in den unmittelbar nachfolgenden Veranlagungszeitraum und in spätere Veranlagungszeiträume verlagert und dort abgezogen werden. Zu den Implikationen → Rn. 142.2.

Verhältnis zu Abs. 1 Satz 1. Die Definition des Verlustvortrags ist sprachlich an die 304
Definition des Verlustrücktrags in Abs. 1 Satz 1 angelehnt. Zwar bestehen geringfügige sprachliche Unterschiede, diese sind jedoch weitgehend unerheblich (→ Rn. 309). Dagegen werden die bestehenden Unterschiede in der Wirkungsweise des Verlustrücktrags (→ Rn. 200 ff.) und des Verlustvortrags (→ Rn. 317 ff.) im Gesetz nicht verständlich dargestellt.

Verhältnis zu Abs. 4. Die Legaldefinition des verbleibenden Verlustvortrags in Abs. 4 305
Satz 2 verweist mit der Formulierung „die nach Absatz 2 abziehbaren Beträge" auf die Definition in Abs. 2 Satz 1. Der verbleibende Verlustvortrag am Schluss eines Vortragsjahrs wird danach (materiell-rechtlich) gemindert um die beim Verlustvortrag „abziehbaren" Beträge (Sollverlustabzug). Diese materiell-rechtliche Grundregel kommt jedoch nur in dem seltenen Sonderfall zum Tragen, dass in dem Veranlagungszeitraum, auf dessen Schluss der verbleibende Verlustvortrag festzustellen ist, ein Steuerbescheid nicht ergangen ist. Eine Bindungswirkung ohne Bescheid gibt es nicht. Andernfalls entfaltet der Steuerbescheid des Vortragsjahrs hinsichtlich der Höhe des „abziehbaren Betrags" Bindungswirkung nach Abs. 4 Satz 4, selbst wenn er unrichtig ist.

Beispiel: 305.1
Am Schluss des Veranlagungszeitraums 01 ist ein verbleibender Verlustvortrag von 50.000 EUR festgestellt. Im Veranlagungszeitraum 02 beträgt der positive GdE 30.000 EUR. Die Steuer 02 wird (fehlerhaft) ohne Berücksichtigung des Verlustvortrags festgesetzt. Der verbleibende Verlustvortrag am Schluss des Veranlagungszeitraums 02 beträgt 50.000 EUR (Bindungswirkung des vorangegangenen Verlustfeststellungsbescheids). Aus dem Steuerbescheid für 02 ergibt sich bindend, dass die „nach Absatz 2 abziehbaren Beträge" mit 0 EUR anzusetzen sind. Wird der Steuerbescheid für 02 geändert, löst er eine Anpassung des Bescheids über die gesonderte Feststellung des verbleibenden Verlustvortrags nach Abs. 4 Satz 4 Hs. 2 iVm § 175 Abs. 1 Satz 1 Nr. 1 aus.

Einstweilen frei 306–307

b) Voraussetzungen des Verlustvortrags. Abs. 2 Satz 1 erwähnt nur zwei Vorausset- 308
zungen. Es müssen (1) nicht ausgeglichene negative Einkünfte vorhanden sein und sie dürfen (2) nicht nach Abs. 1 abgezogen worden sein. Verfahrensrechtlich muss hinzukommen, dass diese Einkünfte in die gesonderte Feststellung des verbleibenden Verlustvortrags eingegangen sind (Abs. 4).

309 **aa) Nicht ausgeglichene negative Einkünfte.** Gegenstand des Verlustvortrags sind „nicht ausgeglichene negative Einkünfte". Das Merkmal ist gleichbedeutend mit dem komplexen Ausdruck in Abs. 1 Satz 1: „Negative Einkünfte, die bei der Ermittlung des Gesamtbetrags der Einkünfte nicht ausgeglichen werden". Dass in Abs. 2 Satz 1 die Worte „bei der Ermittlung des Gesamtbetrags der Einkünfte" fehlen, hat keine Bedeutung. Es handelt sich im Ausgangspunkt um die nämlichen Einkünfte (ebenso KSM/*Heuermann* § 10d Rn. C14). Auf die Kommentierung zu Abs. 1 Satz 1 wird insofern verwiesen (→ Rn. 145 ff.).

310 **bb) „die nicht nach Abs. 1 abgezogen worden sind". Grundsatz.** Die im Entstehungsjahr nicht ausgeglichenen negativen Einkünfte dürfen auch im Rücktragsjahr nicht abgezogen worden sein. Sie dürfen sich noch nicht ausgewirkt haben. Nur insoweit stehen sie für den Verlustvortrag zur Verfügung. Daraus ergibt sich zugleich der **Vorrang des Verlustrücktrags** vor dem Verlustvortrag.

311 Die Verweisung ist **materiell-rechtlich** zu verstehen. Hat im Rücktragsjahr eine Veranlagung nicht stattgefunden und kann sie auch nicht mehr nachgeholt werden, können die negativen Einkünfte nur insoweit vorgetragen werden, als sie nach Maßgabe der ebenfalls materiell-rechtlich zu verstehenden Definition des Verlustrücktrags (→ Rn. 196) im Rücktragsjahr nicht ausgeglichen worden sind (Sollverlustabzug). Diese materiell-rechtliche Grundlage wird jedoch überlagert durch das Konzept der Bindungswirkung des Steuerbescheids für das Rücktragsjahr (Abs. 4 Satz 4). Tatsächlich kommt es deshalb im Regelfall auf den Inhalt dieses Bescheids an.

311.1 **Rechtsfehler.** Sind im Steuerbescheid für das Rücktragsjahr negative Einkünfte **zu Unrecht abgezogen worden,** ist die vorherige Berichtigung des Fehlers erforderlich, um den Verlustvortrag durchführen zu können. Aus dem Steuerbescheid ergibt sich (bis zu seiner Korrektur) bindend, dass die negativen Einkünfte im Rücktragsjahr abgezogen worden sind. Materiell-rechtlich stehen die negativen Einkünfte für den Verlustvortrag zur Verfügung. Das ergibt sich auch daraus, dass sie nicht „nach Abs. 1" abgezogen worden sind. Denn diese Voraussetzung liegt nur vor, wenn der Abzug in Gemäßheit der Norm geschehen ist, also rechtmäßig war. Sind sie jedoch entgegen Abs. 1 abgezogen worden, ist diese Voraussetzung nicht erfüllt. Sind negative Einkünfte im Rücktragsjahr **zu Unrecht nicht abgezogen** worden, stehen sie bis zur Berichtigung des Steuerbescheids für das Rücktragsjahr für den Vortrag zur Verfügung. Das ergibt sich verfahrensrechtlich aus dem insoweit bindenden Steuerbescheid. Materiell-rechtlich stehen sie für den Vortrag nicht zur Verfügung, weil sie durch den Rücktrag von Gesetzes wegen bereits verbraucht sind (zutr. HHR/*Hallerbach* § 10d Rn. 101: Sollverlustrücktrag; aA KSM/*Heuermann* § 10d Rn. C 16). Wird der zu Unrecht unterlassene Verlustrücktrag später korrigiert (Abs. 1 Satz 3), entfaltet der geänderte Steuerbescheid des Rücktragsjahrs Bindungswirkung für die gesonderte Feststellung des verbleibenden Verlustvortrags und löst dessen Anpassung aus. Der Verlustvortrag wird dann rückgängig gemacht. Der Steuerbescheid im Vortragsjahr wird dadurch zugleich materiell-rechtlich richtig.

312 **Keine weiteren materiell-rechtlichen Voraussetzungen.** Der I. Senat des BFH hat eine verfassungskonforme Einschränkung des Anwendungsbereichs zum Ausschluss von Definitiveffekten abgelehnt (BFH Vorlagebeschluss vom 26.2.2014 – I R 59/12, BStBl. II 2014, 1016, anhängig: BVerfG 2 BvL 19/14; **aA** FG Düsseldorf 18.9.2018 – 6 K 454/15 K, FR 2019, 79 m. Anm. *Zimmermann*; Rev. BFH I R 36/18; OFD Frankfurt 27.12.2018, DStR 2019, 387).

313 *Einstweilen frei*

314 **cc) Gesonderte Feststellung des verbleibenden Verlustvortrags.** Sie ist **keine materiell-rechtliche Voraussetzung** für den Verlustvortrag. Materiell-rechtlich vorzutragende negative Einkünfte dürfen deshalb nach § 155 Abs. 2 AO bei Erlass des Steuerbescheids im Vortragsjahr berücksichtigt werden, auch wenn ein Bescheid über die gesonderte Feststellung des verbleibenden Verlustvortrags auf den Schluss des unmittelbar vorangegangenen Veranlagungszeitraums noch nicht ergangen ist. Andernfalls ist das Verfahren bis zum Erlass des Grundlagenbescheids nach § 363 Abs. 1 AO auszusetzen. Der Feststellungsbescheid muss aber in jedem Fall ergehen, weil die (dauerhafte) Nichtbeachtung des Feststellungsverfahrens zugleich einen Verstoß gegen die Grundordnung des Verfahrens bedeutet (→ Rn. 355). Das **Klageverfahren** über die Steuerfestsetzung ist regelmäßig nach § 74 FGO auszusetzen, bis die Verfahren über die Feststellung vortragsfähiger Verluste aus den Vorjahren bestandskräftig

abgeschlossen sind (BFH 4.2.1998 – VIII B 53/97, BFH/NV 1998, 997; BFH 28.4.2008 – I B 42/08, BFH/NV 2008, 1523).

c) Rechtsfolgen. Die (vorgetragenen) negativen Einkünfte sind vorrangig vor Sonderausgaben, außergewöhnlichen Belastungen und sonstigen Abzugsbeträgen abzuziehen. Der **Vortrag,** also die Verlagerung von Besteuerungsgrundlagen, wird im Gesetz nicht geregelt, sondern vorausgesetzt. Erwähnt ist er im Begriff des Verlustvortrags. Ausdrücklich geregelt ist nur der **Abzug** (zur entsprechenden Regelungstechnik beim Verlustrücktrag → Rn. 198). Die vorgetragenen negativen Einkünfte sind – wie beim Verlustrücktrag – **vom positiven Gesamtbetrag der Einkünfte** (→ Rn. 180 ff.) im Vortragsjahr abzuziehen. Das ergibt sich zwar nicht eindeutig aus dem Wortlaut der Vorschrift. Der Gesamtbetrag der Einkünfte wird in Abs. 2 Satz 1 nur als Bemessungsgrenze für den höchstens abziehbaren Betrag erwähnt. Dafür sprechen aber der Vergleich mit Abs. 1 Satz 1 und die Entstehungsgeschichte. 315

Einstweilen frei 316

aa) Wirkungsweise des Verlustvortrags. Verlagerung von Besteuerungsgrundlagen. Die im Entstehungsjahr nicht ausgeglichenen und im Rücktragsjahr nicht abgezogenen negativen Einkünfte werden aus der Sicht des Entstehungsjahrs in den unmittelbar nachfolgenden Veranlagungszeitraum „vorgetragen" und dort berücksichtigt (→ Rn. 200). Anders als beim Verlustrücktrag ist die zeitliche Verlagerung von Besteuerungsgrundlagen beim Verlustvortrag jedoch nicht der Höhe nach auf die im Vortragsjahr abziehbaren negativen Einkünfte beschränkt (→ Rn. 202). Vielmehr werden die noch nicht ausgeglichenen und nicht abgezogenen, also noch nicht „verbrauchten", negativen Einkünfte **in voller Höhe** in den nachfolgenden Veranlagungszeitraum vorgetragen. Dies vollzieht sich materiell-rechtlich ohne Zutun des Steuerpflichtigen und des Finanzamts. Soweit sie dort (auch unter Berücksichtigung der Mindestbesteuerung) nicht abgezogen werden (können), erhöhen sie den verbleibenden Verlustvortrag am Schluss des Vortragsjahrs und werden so in den jeweils nachfolgenden Veranlagungszeitraum vorgetragen. 317

Verfahrensrechtlich können negative Einkünfte (endgültig) als vorgetragen nur behandelt werden, soweit sie den gesondert festgestellten verbleibenden Verlustvortrag erhöht haben (→ Rn. 314). Erweist sich der Feststellungsbescheid im Hinblick auf die gesetzliche Rechtsfolge der zeitlichen Verlagerung von Besteuerungsgrundlagen als rechtswidrig, muss er vorrangig korrigiert werden, um die Durchführung des Verlustvortrags in materiell-rechtlich zutreffender Höhe durchführen zu können. 318

Abzug im Vortragsjahr. Im Vortragsjahr werden die aus dem Entstehungsjahr vorgetragenen negativen Einkünfte vom (positiven) Gesamtbetrag der Einkünfte dieses Jahres (→ Rn. 315) abgezogen. Die Formulierung „sind abzuziehen" entspricht derjenigen beim Verlustrücktrag und ist **materiell-rechtlich** zu verstehen (→ Rn. 196). Der Abzug geschieht – wie der Vortrag – von Gesetzes wegen ohne Zutun des Steuerpflichtigen oder des Finanzamts. Der Steuerpflichtige kann diese Rechtsfolge nicht beeinflussen. Das Finanzamt muss sie erkennen und im Steuerbescheid (deklaratorisch) richtig umsetzen. Durch den Abzug wird der positive Gesamtbetrag der Einkünfte im Vortragsjahr gegebenenfalls **bis auf 0 EUR** gemindert, jedoch nicht darüber hinaus (wie im Rücktragsjahr → Rn. 201). Soweit die vorgetragenen negativen Einkünfte danach den positiven Gesamtbetrag der Einkünfte im Vortragsjahr gemindert haben, haben sie sich steuerlich ausgewirkt und sind „verbraucht", auch wenn sie die festgesetzte Steuer im Vortragsjahr nicht gemindert haben (→ Rn. 211). Soweit sie den positiven Gesamtbetrag der Einkünfte im Vortragsjahr nicht gemindert haben, erhöhen sie den auf den Schluss des Vortragsjahrs gesondert festzustellenden verbleibenden Verlustvortrag. 319

Verfahrensrechtlich entfaltet der Steuerbescheid für das Vortragsjahr Bindungswirkung (Abs. 4 Satz 4) hinsichtlich der Höhe des Abzugs. Bei der gesonderten Feststellung des verbleibenden Verlustvortrags auf den Schluss des Vortragsjahrs kommt es deshalb für die „nach Abs. 2 abziehbaren Beträge" (Abs. 4 Satz 2) darauf an, in welchem Umfang ein Abzug im Steuerbescheid durchgeführt worden ist → Rn. 410). Etwas anderes gilt, wenn unter den Voraussetzungen von Abs. 4 Satz 5 ein Abzug im Steuerbescheid unterblieben ist. In diesem Fall ist die Höhe der „nach Abs. 2 abziehbaren Beträge" bei der gesonderten Feststellung des verbleibenden Verlustvortrags materiell-rechtlich ohne Bindung an den Steuerbescheid zu ermitteln. Zum Sollverlustabzug (Abs. 2 Satz 3) → Rn. 338. 320

321 Der Abzug **vorrangig vor Sonderausgaben,** außergewöhnlichen Belastungen und sonstigen Abzugsbeträgen bewirkt, dass sich diese ggf. nicht mehr auswirken können (zur vergleichbaren Situation beim Verlustrücktrag → Rn. 210). Dies ist nicht verfassungswidrig (BFH 7.7.2005 – XI B 106/04, BFH/NV 2006, 265 mwN; BFH 14.3.2008 – IX B 247/07, BFH/NV 2008, 1147; BFH 9.4.2010 – IX B 191/09, BFH/NV 2010, 1270, Verfassungsbeschwerde nicht zur Entscheidung angenommen BVerfG 13.4.2012 – 2 BvR 1175/10, BeckRS 2012, 59995; → Rn. 211).

322 Der Verlustvortrag mindert den Gesamtbetrag der Einkünfte auch dann, wenn dieser den **Grundfreibetrag** nicht übersteigt (BFH 11.2.2009 – IX B 207/08, BFH/NV 2009, 920; BFH 14.4.2016 – IX B 138/15, BFH/NV 2016, 1017). Dies ist nicht verfassungswidrig (so schon BFH 26.7.2005 – XI B 93/03, BFH/NV 2005, 2001; BFH 11.2.2009 – IX B 207/08, BFH/NV 2009, 920). Anders als beim Verlustrücktrag kann der Steuerpflichtige dieses für ihn missliche Ergebnis beim Verlustvortrag nicht (durch Wahlrechtsausübung) verhindern. Daran ändert auch die Vorlage einer Nichtveranlagungsbescheinigung nichts, denn sie dient nur der Abstandnahme vom Steuerabzug (BFH 14.4.2016 – IX B 138/15, BFH/NV 2016, 1017).

323–324 *Einstweilen frei*

325 **bb) Mindestbesteuerung.** Der **Abzug** (nicht der Vortrag) der nicht ausgeglichenen und noch nicht abgezogenen negativen Einkünfte ist im Vortragsjahr der Höhe nach begrenzt auf einen fixen Sockelbetrag (sog. Mittelstandskomponente) von 1 Mio. EUR und einen flexiblen Erhöhungsbetrag. Dieser beträgt 60% des 1 Mio. EUR übersteigenden Gesamtbetrags der Einkünfte.

325.1 **Beispiel:**

A erzielt im Veranlagungszeitraum 02 einen Überhang der negativen Einkünfte von 5 Mio. EUR. Auf Antrag wird vom Verlustrücktrag abgesehen. Im Veranlagungszeitraum 03 ergibt sich ein positiver Gesamtbetrag der Einkünfte von 4 Mio. EUR. Vorgetragen werden 5 Mio. EUR, abgezogen werden 2,8 Mio. EUR (1 Mio. EUR und 60% des 1 Mio. EUR übersteigenden GdE von 4 Mio. EUR = 3 Mio. EUR x 0,6 = 1,8 Mio. EUR). 1,2 Mio. EUR müssen im Veranlagungszeitraum 03 versteuert werden, obwohl negative Einkünfte in übersteigender Höhe vorhanden sind (Mindestbesteuerung). Der verbleibende Verlustvortrag zum 31. Dezember 03 beträgt 2,2 Mio. EUR und wird nach 04 vorgetragen.

326 Die durch Protokollerklärungsgesetz (Korb II) vom 22.12.2003 eingeführte Regelung ist seit dem VZ 2004 anzuwenden und erfasst auch **sämtliche Altverluste** (KSM/Heuermann § 10d Rn. A288; HHR/*Hallerbach* § 10d Rn. 4). Dies ist nicht verfassungswidrig (BFH 22.8.2012 – I R 9/11, BStBl. II 2013, 512; BFH 21.9.2016 – I R 65/14, BFH/NV 2017, 267, Verfassungsbeschwerde BVerfG 2 BvR 242/17).

327 **Grundkonzeption nicht verfassungswidrig.** Nach der Rechtsprechung des BFH verstößt die Mindestbesteuerung in ihrer Grundkonzeption nicht gegen Verfassungsrecht (Art. 3 Abs. 1 GG; Vertrauensschutz). Das gilt jedenfalls, soweit sie lediglich eine **zeitliche Streckung** der Verlustberücksichtigung bewirkt und Verluste nicht definitiv vom Abzug ausgeschlossen werden (grundlegend BFH 22.8.2012 – I R 9/11, BStBl. II 2013, 512, Verfassungsbeschwerde BVerfG 2 BvR 2998/12; BFH 21.9.2016 – I R 65/14, BFH/NV 2017, 267).

328 **Ausnahme Definitiveffekt.** Anderes soll aber gelten (verfassungswidrig), wenn auf der Grundlage eines inneren Sachzusammenhangs bzw. einer Ursachenidentität zwischen Verlust und Gewinn der sog. Mindestbesteuerung im Einzelfall („konkret") die Wirkung zukommt, den Verlustabzug gänzlich (gemeint: endgültig) auszuschließen und eine Substanzbesteuerung auszulösen (BFH 26.8.2010 – I B 49/10, BStBl. II 2011, 826: ernstliche Zweifel; BFH 26.2.2014 – I R 59/12, BStBl. II 2014, 1016 Vorlagebeschluss; BVerfG 2 BvL 19/14). Ein vom Steuerpflichtigen prognostiziertes sog. Definitivwerden reicht dazu nicht aus, denn eine solche Prognose berücksichtigt nicht ausreichend, dass es sowohl zu Änderungen des Geschäftsfelds als auch insbesondere zu Änderungen der steuerrechtlichen Regelungslage kommen kann (BFH 21.9.2016 – I R 65/14, BFH/NV 2017, 267). Liegen diese Voraussetzungen vor, wird nach der Auffassung des BFH der Kernbereich der Ausgleichsfähigkeit von Verlusten verletzt. Zur Diskussion dieser These → Rn. 34 ff.

329 **Abwicklungszeitraum.** Der Sockelbetrag darf auch im mehrjährigen Besteuerungszeitraum nach § 11 Abs. 1 Satz 1 KStG nur einmal angesetzt werden. Der Abwicklungszeitraum ist unabhängig von seiner Dauer ein einheitlicher Veranlagungszeitraum, der ggf. länger sein

kann als ein Kalenderjahr. Er tritt an die Stelle des im Normalfall der Besteuerung maßgebenden Kalenderjahres (BFH 23.1.2013 – I R 35/12, BStBl. II 2013, 508).

Einstweilen frei 330–331

cc) Kein Ausschluss des Verlustrücktrags durch Verlustvortrag. Der Verlustvortrag hindert nicht den Verlustrücktrag in denselben Veranlagungszeitraum. Dazu kann es kommen, wenn im Vortragsjahr die Mindestbesteuerung greift, sodass ein positiver GdE zunächst verbleibt. Kommt es im nachfolgenden Veranlagungszeitraum zu einem Überhang der negativen Einkünfte, kann dieser unbeschränkt zurückgetragen werden. Damit wird zwar der Zweck der Mindestbesteuerung unterlaufen. Eine Beschränkung für die Zulässigkeit des Verlustrücktrags lässt sich dem Gesetz jedoch nicht entnehmen (→ Rn. 185). 332

Einstweilen frei 333–334

3. Verdoppelung des Sockelbetrags (Abs. 2 Satz 2)

Bei Ehegatten (ua), die nach §§ 26, 26b zusammen veranlagt werden, beträgt der Sockelbetrag 2 Mio. EUR. § 2 Abs. 8 erweitert den persönlichen Anwendungsbereich der Vorschrift auf Lebenspartner, die nach §§ 26, 26b zusammen veranlagt werden. Die Zusammenveranlagung muss (nur) **im Abzugsjahr** vorliegen. Auf die Verhältnisse im Entstehungsjahr kommt es nicht an. Unerheblich ist auch, wer die negativen Einkünfte erzielt hat. Fällt die Zusammenveranlagung später weg (→ Rn. 259.1), halbiert sich damit zugleich der Sockelbetrag. 335

Einstweilen frei 336–337

4. Sollverlustabzug (Abs. 2 Satz 3)

Überblick. Nach Abs. 2 Satz 3 ist der Abzug nur insoweit zulässig, als die Verluste nicht nach Abs. 1 abgezogen worden sind und in den vorangegangenen Veranlagungszeiträumen nicht nach Abs. 2 Satz 1 und 2 abgezogen werden konnten. Die Vorschrift regelt in materiellrechtlicher Hinsicht den Abzug beim **weiteren Verlustvortrag.** Sie bestimmt insofern, dass negative Einkünfte, die bereits mehr als einmal vorgetragen worden sind, nicht abgezogen werden, wenn sie bereits in einem früheren Vortragsjahr abgezogen werden konnten. 338

Abs. 2 Satz 3 ist sprachlich misslungen. 339

Der Begriff „**Verluste**" kommt ansonsten in § 10d nicht mehr vor (→ Rn. 146). Dass Abs. 2 Satz 3 nicht angepasst worden ist, beruht offenbar auf einer redaktionellen Nachlässigkeit des Gesetzgebers. Abs. 2 Satz 3 bezieht sich inhaltlich auf Abs. 2 Satz 1 und verweist auf Abs. 1. Gemeint sind danach wie im gesamten Kontext **negative Einkünfte.** Dabei geht es in § 10d stets um die nämlichen negativen Einkünfte. 339.1

Dass die negativen Einkünfte **nicht bereits nach Abs. 1 abgezogen worden** sein dürfen, ergibt sich formulierungsgleich bereits aus Abs. 2 Satz 1 und hätte keiner erneuten Regelung bedurft. 339.2

Die Formulierung, dass der Abzug nur beschränkt „**zulässig**" sein soll, verlässt das materiell-rechtliche Regelungskonzept von Abs. 2. Die Zulässigkeit des Abzugs ist keine Kategorie, die sich in dieses Konzept einfügen lässt. Insbesondere ist keine Handlung erforderlich, um den Abzug herbeizuführen (→ Rn. 196). Das gilt auch für den Abzug beim weiteren Verlustvortrag. 339.3

Geregelt wird darüber hinaus der falsche Gegenstand (Abzug): Richtigerweise werden negative Einkünfte, die bereits in früheren (Vortrags-)Jahren abgezogen worden sind, nicht mehr **vorgetragen.** Sie sind durch den Abzug „verbraucht" und nehmen schon am weiteren Verlustvortrag nicht teil. 339.4

Weiterer Verlustvortrag. Abs. 2 Satz 1 regelt aus der Sicht des Entstehungsjahrs nur den Verlustvortrag in den unmittelbar nachfolgenden Veranlagungszeitraum (erstmaliger Verlustvortrag). Lediglich die Formulierung „in den nachfolgenden Veranlagungszeiträumen" lässt darauf schließen, dass ein Verlustvortrag auch in spätere Jahre stattfinden kann (weiterer Verlustvortrag). Es fehlt in Abs. 2 Satz 1 aber die materiell-rechtliche Aussage, dass in (früheren) Vortragsjahren abgezogene negative Einkünfte am weiteren Verlustvortrag nicht mehr teilnehmen. Diese Aussage enthält Abs. 2 Satz 3. 340

Zeitliche Voraussetzung. Abs. 2 Satz 3 setzt voraus, dass die negativen Einkünfte in den vorangegangenen Veranlagungszeiträumen nicht **nach Satz 1 und 2** abgezogen werden konnten. „Nach Satz 1 und 2" können negative Einkünfte nur in Vortragsjahren abgezogen werden. Daraus ergibt sich, dass die Norm nur für (aus der Sicht des Entstehungsjahrs) fernere Vortragsjahre gilt. Ist der dem Entstehungsjahr unmittelbar nachfolgende Veranla- 341 gungszeitraum das Vortragsjahr, so gilt Abs. 2 Satz 3 erstmals für den unmittelbar darauf folgenden Veranlagungszeitraum und alle weiteren Vortragsjahre.

342 **Sollabzug.** Voraussetzung ist weiter, dass die negativen Einkünfte in diesen Jahren nicht **abgezogen werden konnten.** „Konnten" ist nach der Rechtsprechung **materiell-rechtlich** zu verstehen. Negative Einkünfte konnten danach in einem Veranlagungszeitraum abgezogen werden, soweit in ihm ein positiver Gesamtbetrag der Einkünfte zur Verfügung stand (BFH 29.6.2011 – IX R 38/10, BStBl. II 2011, 963; BFH 24.1.2012 – IX R 20/11, BFH/NV 2012, 1132; BFH 15.5.2013 – IX R 5/11, BStBl. II 2014, 143). Das ist auch dann der Fall, wenn die Konsequenzen daraus verfahrensrechtlich nicht gezogen worden sind und auch nicht mehr gezogen werden können (BFH 15.5.2013 – IX R 5/11, BStBl. II 2014, 143 mwN). Gemeint ist also der materiell-rechtliche Abzug, der von Gesetzes wegen stattfindet (→ Rn. 196 und → Rn. 319).

343–344 *Einstweilen frei*

345 **Rechtsfolge.** Negative Einkünfte, die bereits in einem früheren Veranlagungszeitraum abgezogen worden sind, werden nicht noch einmal abgezogen. Das gilt selbstverständlich auch für frühere Vortragsjahre. Dies („werden nicht abgezogen") ist die Rechtsfolge von Abs. 2 Satz 3. Der Abzug ist nicht etwa „unzulässig" (→ Rn. 339.3), er findet nicht statt. Konsequent ist auch dies noch nicht. Richtigerweise werden negative Einkünfte, die bereits abgezogen worden sind, auch nicht (weiter) vorgetragen. Sie sind durch den Abzug „verbraucht" und nehmen am weiteren Verlustvortrag nicht mehr teil (→ Rn. 339.4).

345.1 Vorschlag (de lege ferenda) für eine Neuformulierung von Abs. 2: „Negative Einkünfte, die nicht ausgeglichen und nicht nach Absatz 1 abgezogen worden sind, werden in den folgenden Veranlagungszeitraum vorgetragen und dort vorrangig vor Sonderausgaben, außergewöhnlichen Belastungen und sonstigen Abzugsbeträgen vom Gesamtbetrag der Einkünfte abgezogen (Verlustvortrag). Der Abzug ist begrenzt auf 1 Million EUR zuzüglich 60 Prozent des 1 Million übersteigenden Gesamtbetrags der Einkünfte; bei Ehegatten, die nach §§ 26, 26b zusammenveranlagt werden, tritt an die Stelle des Betrags von 1 Million EUR ein Betrag von 2 Millionen EUR. Nach Satz 1 und 2 nicht abgezogene negative Einkünfte werden in den jeweils folgenden Veranlagungszeitraum vorgetragen und dort nach Satz 1 und 2 abgezogen (weiterer Verlustvortrag)."

346 **Keine verfahrensrechtlichen Rechtsfolgen.** Abs. 2 Satz 3 suspendiert insbesondere nicht die Bindungswirkung des Steuerbescheids für das Jahr, auf dessen Schluss der verbleibende Verlustvortrag festgestellt wird (Abs. 4 Satz 4). Zwar verhindert die Bindungswirkung den Sollverlustabzug; Abs. 4 Satz 4 geht Abs. 2 Satz 3 aber nach allgemeinen Grundsätzen (als die zeitlich spätere und als die speziellere Vorschrift) vor.

346.1 **Beispiel:**

Im Veranlagungszeitraum 13 wird bekannt, dass der Steuerpflichtige im Veranlagungszeitraum 01 einen Überhang der negativen Einkünfte von 100.000 EUR erzielt hat. Ein Verlustrücktrag findet nicht statt. In den Veranlagungszeiträumen 02 bis 06 beträgt der positive Gesamtbetrag der Einkünfte jeweils 20.000 EUR. Für die Steuerbescheide der Jahre 02 bis 05 ist bereits Festsetzungsverjährung eingetreten. Der Steuerbescheid für das Jahr 06 kann mangels einer Änderungsvorschrift nicht geändert werden. Bindungswirkung nach Abs. 4 Satz 4 entfaltet nur der fehlende Verlustabzug im Steuerbescheid für 06. Für die Veranlagungszeiträume 02 bis 05 greift der Sollverlustabzug nach Abs. 2 Satz 3. Gesondert festgestellt wird danach ein verbleibender Verlustvortrag zum 31. Dezember 06 von 20.000EUR.

347 **Kein Absehen von der gesonderten Feststellung.** Aus der Formulierung „ist nur insoweit zulässig" kann insbesondere nicht geschlossen werden, dass die gesonderte Feststellung des verbleibenden Verlustvortrags unter den Voraussetzungen von Abs. 2 Satz 3 unzulässig wäre. Abs. 2 Satz 3 regelt nur materiell-rechtliche Fragen. Ob bereits mehrfach vorgetragene negative Einkünfte in einem vorangegangenen Veranlagungszeitraum abgezogen werden konnten, ist gegebenenfalls im Feststellungsverfahren zu klären. Hat das Finanzamt den Erlass des begehrten Feststellungsbescheids (zu Unrecht) abgelehnt, ist dagegen die Verpflichtungsklage gegeben (vgl. FG Köln 11.6.2010 – 15 K 914/08, EFG 2010, 1999 bestätigt durch BFH 15.5.2013 – IX R 5/11, BStBl. II 2014, 143).

348–349 *Einstweilen frei*

III. Gesonderte Feststellung (Abs. 4)

1. Überblick

Absatz 4 definiert den **verbleibenden Verlustvortrag** und regelt dessen gesonderte Feststellung. Abs. 4 Satz 1 enthält die gesetzliche Anordnung, dass der verbleibende Verlustvortrag gesondert festzustellen ist (Pflicht). Abs. 4 Satz 2 definiert den Ausdruck und gibt die Berechnung vor. Zuständig für die gesonderte Feststellung ist, abweichend von §§ 180, 18 AO, das für die Besteuerung zuständige Finanzamt (Abs. 4 Satz 3; § 19 AO). Abs. 4 Satz 4 und 5 schränken den möglichen Inhalt des Feststellungsbescheids ein. Die für die Verlustfeststellung maßgeblichen Besteuerungsgrundlagen müssen in ihm so berücksichtigt werden, wie sie in den Steuerfestsetzungen (zB Einkommensteuerbescheiden) des Verlustentstehungsjahrs und des Rücktragsjahrs zugrunde gelegt worden sind. Die für Grundlagenbescheide geltenden § 171 Abs. 10 AO, § 175 Abs. 1 Satz 1 Nr. 1 AO, § 351 Abs. 2 AO und § 42 FGO sind entsprechend anzuwenden. 350

Der **Verlustfeststellungsbescheid** wird danach im Verhältnis zu den genannten Steuerfestsetzungen wie ein Folgebescheid behandelt. Das hat Auswirkungen auf das Verfahren und den Rechtsschutz. Eine Ausnahme von dieser Bindungswirkung sieht Abs. 4 Satz 5 für den Fall vor, dass die Aufhebung, Änderung oder Berichtigung der Steuerbescheide nur deshalb unterbleibt, weil sie keine Auswirkung auf die Höhe der Steuer hätte. In diesem Fall ist der verbleibende Verlustvortrag ohne Bindung an die Steuerfestsetzungen zu ermitteln und festzustellen. Abs. 4 Satz 6 enthält eine besondere Ablaufhemmung für die Feststellungsfrist; § 181 Abs. 5 AO (sog. ewige Ablaufhemmung) ist aber nur anzuwenden, wenn die zuständige Finanzbehörde die Feststellung des Verlustvortrags pflichtwidrig unterlassen hat.

Einstweilen frei 351

2. Gesonderte Feststellung (Abs. 4 Satz 1)

Abs. 4 Satz 1 ordnet die gesonderte Feststellung des verbleibenden Verlustvortrags an. Er schafft damit die von § 179 Abs. 1 AO geforderte **gesetzliche Grundlage** für die gesonderte Feststellung (Gesetzesvorbehalt). Grundsätzlich bilden die Besteuerungsgrundlagen einen mit Rechtsbehelfen nicht anfechtbaren (unselbständigen) Teil des Steuerbescheids. Durch die gesonderte Feststellung werden sie verfahrensrechtlich verselbständigt und können (isoliert) mit einem Rechtsbehelf angefochten werden (§ 157 Abs. 2 AO). Durch seine gesonderte Feststellung wird der verbleibende Verlustabzug bindend festgestellt. Zugleich wird das einheitliche Besteuerungsverfahren in zwei jeweils selbständige Verfahren (BFH 14.7.2009 – IX R 52/08, BStBl. II 2011, 26) unterteilt (Festsetzungs- und Feststellungsverfahren). 352

a) Zweck der Regelung. Die gesonderte Feststellung des verbleibenden Verlustvortrags ist erstmals eingefügt worden durch das **StReformG 1990** v. 25.7.1988 (BGBl. 1988 I 1093) im Zusammenhang mit dem Wegfall der zeitlichen Begrenzung (von fünf Jahren) für den Verlustvortrag. Der Gesetzgeber ging davon aus, dass der verbleibende Verlustvortrag „zeitnah" festzustellen sei und versprach sich davon die Vermeidung von Streitigkeiten über dessen Höhe. Dies diene der Steuervereinfachung und dem Rechtsfrieden für den Steuerpflichtigen und die Verwaltung (BT-Drs. 11/2536, 78). 353

Vor Einführung der gesonderten Feststellung wurde über die Höhe des Verlustvortrags erst im jeweiligen Vortragsjahr entschieden. Dies erforderte, sofern der Verlust nicht gemäß § 180 AO mit bindender Wirkung auch für den Verlustvortrag (vgl. Urteil BFH 4.7.1989 – VIII R 217/84, BStBl. II 1989, 792) gesondert festgestellt worden war, im Vortragsjahr die Ermittlung von Besteuerungsgrundlagen in unter Umständen weit zurückliegenden Veranlagungszeiträumen. Das war wenig praktikabel (vgl. auch BT-Drs. 16/2712, 43), fehler- und streitanfällig. 353.1

Wie jedes gesonderte Feststellungsverfahren hat auch das Verfahren zur gesonderten Feststellung des verbleibenden Verlustvortrags **dienende Funktion.** Es dient der (zutreffenden) Steuerfestsetzung, der Vereinfachung des Verfahrens und der Streitvermeidung. Die dienende Funktion des Verfahrens ist bei der Auslegung der betreffenden Vorschriften zu beachten (vgl. BFH 20.11.2012 – IX R 30/12, BStBl. II 2013, 995). 354

355 **b) Pflicht zur gesonderten Feststellung.** Aus der Anordnung („ist festzustellen") ergibt sich zugleich die **Pflicht** (des Finanzamts) zur gesonderten Feststellung (Vorgreiflichkeit des Feststellungsverfahrens). Die Pflicht ist von Amts wegen zu beachten. Ihre Nichtbeachtung durch das Finanzgericht stellt einen Verstoß gegen die **Grundordnung des Verfahrens** dar (BFH 6.7.1999 – VIII R 12/98, BStBl. II 1999, 731). Dabei handelt es sich um einen Verfahrensmangel, der jederzeit ohne Rüge von Amts wegen zu beachten ist (stRspr vgl. BFH 11.11.2015 – VIII R 74/13, BStBl. II 2016, 388) und dessen Erheblichkeit keiner Feststellung bedarf. Verkennt das Finanzamt die Vorgreiflichkeit des Feststellungsverfahrens, ist der Fehler nicht nach § 127 AO unbeachtlich (BFH 11.12.1987 – III R 228/84, BStBl. II 1988, 230; BFH 21.10.2014 – I R 71/13, BFH/NV 2015, 468).

355.1 Die Rechtsprechung hat dies zwar explizit nur für die Verletzung der örtlichen Zuständigkeit gemäß §§ 18, 19 in der durch § 180 Abs. 1 Satz 1 Nr. 2 Buchst. b AO getroffenen Zuordnung entschieden (zB BFH 15.4.1986 – VIII R 325/84, BStBl. II 1987, 195). Sie schränkt damit den Wortlaut von § 127 ein. Es liegt nicht nur eine Verletzung von Vorschriften über die örtliche Zuständigkeit vor, sondern zugleich ein Verstoß gegen die Grundordnung des Verfahrens. Entsprechendes muss deshalb auch für die gesonderte Feststellung des verbleibenden Verlustvortrags gelten, zumal es insofern einer Einschränkung von § 127 nicht bedarf, da für die gesonderte Feststellung nach § 10d Abs. 4 Satz 1 (abweichend von §§ 18, 19) die Zuständigkeit des Wohnsitzfinanzamts begründet ist (Abs. 4 Satz 3, → Rn. 418).

356 Die gesonderte Feststellung des verbleibenden Verlustvortrags ist nicht nur durchzuführen, wenn ein verbleibender Verlustvortrag (eindeutig) feststeht. Es genügt vielmehr, dass er vom Steuerpflichtigen (in zulässiger Weise) **geltend gemacht** wird. Ist das der Fall, muss im Feststellungsverfahren darüber entschieden werden, ob ein verbleibender Verlustvortrag besteht. Wird dies verneint, ist der verbleibende Verlustvortrag mit 0 EUR festzustellen. Der Erlass eines Feststellungsbescheids darf grundsätzlich nicht mit der Begründung abgelehnt werden, ein verbleibender Verlustvortrag bestehe nicht.

357 Etwas anderes ergibt sich nicht aus Abs. 4 Satz 4 und 5. Zwar werden danach die für die Ermittlung des verbleibenden Verlustvortrags relevanten Besteuerungsgrundlagen im Regelfall nicht im Feststellungsverfahren, sondern im Besteuerungsverfahren ermittelt (so auch BFH 12.7.2016 – IX R 31/15, BStBl. II 2018, 699). Im Feststellungsverfahren ist aber zu entscheiden, ob eine inhaltliche Bindung an diese Grundlagen besteht und wie weit diese reicht (→ Rn. 481). Abs. 4 Satz 4 und 5 betreffen den Inhalt des Feststellungsbescheids, aber nicht die Pflicht zur Durchführung eines Feststellungsverfahrens (**aA** BFH → Rn. 358).

358 **Abweichende Entscheidungen des BFH.** Der BFH geht davon aus, dass ein Bescheid über die gesonderte Feststellung des verbleibenden Verlustvortrags **nur erlassen werden darf,** wenn und soweit die bestandskräftigen Steuerbescheide noch geändert werden können, aus denen sich die Grundlagen für die Berechnung des verbleibenden Verlustvortrags ergeben. Nach diesem Verständnis ist die **Änderbarkeit des Steuerbescheids** (Änderung der festgesetzten Steuer) eine in Abs. 1 nicht erwähnte (formelle) Voraussetzung für den Erlass eines Feststellungsbescheids. Bei Unabänderlichkeit der Steuerbescheide (Bestandskraft) entfällt danach die Pflicht zur gesonderten Feststellung (zB BFH 10.2.2015 – IX R 6/14, BFH/NV 2015, 812: „Die Verlustfeststellung entfällt, […]"). Diese Rechtsfolge entnimmt der BFH Abs. 4 Satz 4 und 5. Nach Auffassung des BFH hat Abs. 4 Satz 4 und 5 die Funktion, die Bestandskraft des Steuerbescheids zu sichern. Der BFH behandelt die Vorschrift damit als lex specialis gegenüber Abs. 1 und leitet daraus eine weit reichende Einschränkung der Pflicht zur gesonderten Feststellung ab (BFH 10.2.2015 – IX R 6/14, BFH/NV 2015, 812 und BFH 12.7.2016 – IX R 31/15, BStBl. II 2018, 699).

358.1 **Stellungnahme.** Abs. 4 Satz 4 und 5 regelt lediglich, was „bei der Feststellung des verbleibenden Verlustvortrags" zu beachten ist. Dies setzt ein Verfahren zur Feststellung des verbleibenden Verlustvortrags voraus. Im Gegensatz zur alten Rechtslage (→ Rn. 353.1) enthält Abs. 4 Satz 4 auch nicht mehr eine zu Missverständnissen Anlass gebende weitere Vorschrift, die sich mit dem Erlass eines Feststellungsbescheids befasst (zur alten Rechtslage auch → Rn. 422.2). Dass die Gesetzesbegründung (BT-Drs. 17/2249, 51) unscharf formuliert ist und insofern nicht klar zwischen der Durchführung des Feststellungsverfahrens und dem Inhalt des Feststellungsbescheids unterscheidet, rechtfertigt nicht den Schluss, dass ein Feststellungsverfahren nicht durchzuführen ist, wenn der Steuerbescheid bestandskräftig geworden ist. Damit wird das Ergebnis der im Verfahren durchzuführenden Prüfung zur Voraussetzung von dessen Zulässigkeit gemacht.

Fehlende Veranlagung(en). Der verbleibende Verlustvortrag ist auch dann gesondert festzustellen, wenn im Entstehungsjahr ein Steuerbescheid nicht ergangen ist und auch nicht mehr ergehen kann. Die Veranlagung im Entstehungsjahr ist nicht Voraussetzung für die gesonderte Feststellung des verbleibenden Verlustvortrags (BFH 1.3.2006 – XI R 33/04, BStBl. II 2007, 919; BFH 2.8.2006 – XI R 65/05, BStBl. II 2007, 921; BFH 10.7.2008 – IX R 90/07, BStBl. II 2009, 816; BFH 11.2.2009 – I R 15/08, BFH/NV 2009, 1585). Eine Bindungswirkung gemäß Abs. 4 Satz 4 besteht dann nicht (Sollverlustausgleich). Dasselbe gilt, wenn (auch) im Rücktragsjahr eine Veranlagung nicht durchgeführt worden ist. Der verbleibende Verlustvortrag ist dann (ohne Bindung) so festzustellen, wie er sich bei zutreffender Ermittlung der Besteuerungsgrundlagen, des Verlustausgleichs und des Verlustrücktrags ergeben hätte (Sollverlustabzug; BFH 11.7.2007 – XI R 25/05, BFH/NV 2007, 2261). **359**

Einstweilen frei **360–361**

c) Maßgeblicher Zeitpunkt. Der verbleibende Verlustvortrag ist festzustellen auf den Schluss des Veranlagungszeitraums. Veranlagungszeitraum für die Einkommensteuer ist das Kalenderjahr (§ 25). Maßgeblich ist deshalb der **31. Dezember.** Abs. 4 Satz 1 regelt zwar nicht den Stichtag für die gesonderte Feststellung, sondern den Gegenstand der gesonderten Feststellung. Der am Schluss des Veranlagungszeitraums bestehende Verlust muss jedoch, da es sich um eine Verlaufsgröße handelt, auf diesen Tag festgestellt werden. **362**

Der verbleibende Verlustvortrag ist erstmals festzustellen auf den Schluss des **Veranlagungszeitraums der Verlustentstehung.** Am Ende des Veranlagungszeitraums, in dem ein Verlustrücktrag vorgenommen worden ist, findet (wegen des Verlustrücktrags) eine gesonderte Feststellung nicht statt. Der Wortlaut des Gesetzes lässt diese Frage zwar offen („eines Veranlagungszeitraums"). Sie ist aber eindeutig aus dem Zusammenhang zu beantworten. Eine gesonderte Feststellung im Rücktragsjahr wäre auch entbehrlich, denn sie müsste stets auf 0 EUR lauten. Im Rücktragsjahr muss vor Durchführung des Rücktrags ein positiver GdE vorhanden sein (→ Rn. 182). Negative Einkünfte können allenfalls bis zur Höhe des positiven GdE zurückgetragen werden (→ Rn. 202). Nach Abzug der zurückgetragenen Einkünfte verbleibt im Rücktragsjahr kein Verlustvortrag. **363**

Einstweilen frei **364**

d) Feststellungsverfahren. aa) Anwendbare Vorschriften. Das gesonderte Feststellungsverfahren ist ein **eigenständiges Verwaltungsverfahren** (zB BFH 26.8.2010 – X B 219/09, BFH/NV 2011, 50), welches mit dem Erlass des gesonderten Feststellungsbescheids (Verwaltungsakt) abgeschlossen wird. Anwendbar sind die §§ 179 ff. AO, soweit sich aus Abs. 4 nichts Besonderes ergibt. § 181 AO regelt das Verfahren der gesonderten Feststellung (arg. Abs. 4 Satz 6 Hs. 2) durch sinngemäße Verweisung auf die Vorschriften über die Durchführung der Besteuerung (§§ 134 bis 217 AO). Sinngemäß anwendbar sind danach ua die Vorschriften über die Schätzung (§ 162 AO), den Vorbehalt der Nachprüfung (§ 164 AO), die Verjährung (§§ 169 ff. AO) und die Bestandskraft (§§ 172 ff. AO). Ohne die Verweisung, dh nicht nur „sinngemäß", sondern unmittelbar gelten daneben die Vorschriften im Ersten Teil (§§ 1 bis 32 AO Einleitende Vorschriften) und im Dritten Teil der AO (§§ 78 bis 117c AO Verfahrensgrundsätze und §§ 118 bis 133 AO Verwaltungsakte) sowie die Vorschriften über das außergerichtliche Rechtsbehelfsverfahren (§§ 347 ff. AO). Zu beachten sind aber jeweils die Modifikationen durch Abs. 4. **365**

bb) Erklärungspflicht. Für alle gesondert festzustellenden Besteuerungsgrundlagen besteht eine **gesetzliche Erklärungspflicht** (§ 181 Abs. 2 Satz 1 AO), so auch für den verbleibenden Verlustvortrag (BFH 10.7.2008 – IX R 90/07, BStBl. II 2009, 816; BFH 21.8.2013 – X R 20/10, BFH/NV 2014, 524). Erklärungspflichtig ist, wem der Gegenstand der Feststellung ganz oder teilweise zuzurechnen ist (→ Rn. 147.2). Wegen der Unvererblichkeit von Verlusten gehen Verluste mit dem Tod des Steuerpflichtigen unter. Den Erben trifft deshalb bei seiner eigenen Steuererklärung keine Erklärungspflicht für die vom Erblasser erzielte Verluste; zu Altfällen → Rn. 95.1. **366**

Die Erklärung ist gemäß § 150 Abs. 1 Satz 1 AO iVm § 181 Abs. 1 Satz 1 AO nach amtlich vorgeschriebenem Vordruck abzugeben. Ist die Abgabe einer eigenständigen Erklärung nicht notwendig, weil sich die Grundlagen aus anderen Steuer- oder Feststellungsbescheiden erge- **367** ben, genügen entsprechende Angaben in der Einkommensteuererklärung (BFH 29.6.2011 – IX R 38/10, BStBl. II 2011, 963; BFH 21.8.2013 – X R 20/10, BFH/NV 2014, 524 jeweils unter Bezugnahme auf § 56 EStDV aF).

367.1 Für die Erklärung eines verbleibenden Verlustvortrags gibt es derzeit **kein Formular.** Der Steuerpflichtige kann lediglich auf dem **Mantelbogen der Einkommensteuererklärung** in Zeile 2 das Kästchen „Erklärung zur Feststellung des verbleibenden Verlustvortrags" ankreuzen und damit erklären, dass nach seiner Ansicht ein verbleibender Verlustvortrag gesondert festzustellen ist. Weitere Angaben sind nicht erforderlich. Die für die Feststellung und Berechnung des verbleibenden Verlustvortrags erforderlichen Angaben insbesondere zur Höhe des Verlusts sind in den Anlagen zur Steuererklärung machen. Soweit sie sich aus früheren Steuerfestsetzungen ergeben, die dem zuständigen Finanzamt bekannt sind, besteht keine (weitere) Erklärungspflicht.

368 **Rechtsfolgen.** Die **Abgabe der Erklärung** (→ Rn. 366) bewirkt, dass die Anlaufhemmung endet und die Festsetzungsfrist zu laufen beginnt (§ 170 Abs. 2 Satz 1 Nr. 1 AO). Diese Rechtsfolge ist abschließend. Die Erklärung ist deshalb, wie jede gesetzlich vorgeschriebene Steuererklärung, **kein Antrag iSv § 171 Abs. 3 AO** (BFH 10.7.2008 – IX R 90/07, BStBl. II 2009, 816; BFH 25.5.2011 – IX R 36/10, BStBl. II 2011, 807; BFH 15.5.2013 – IX R 5/11, BStBl. II 2014, 143); sie löst keine Ablaufhemmung aus. Das gilt erst recht für eine nicht zutreffende oder nicht vollständige Erklärung oder eine formlose Anregung an das Finanzamt, den verbleibenden Verlustvortrag gesondert festzustellen.

369 Bei **Nichtabgabe der Feststellungserklärung** (→ Rn. 366) beginnt die Festsetzungsfrist entsprechend § 170 Abs. 2 Satz 1 Nr. 1 AO mit Ablauf des dritten Kalenderjahrs, das auf das Kalenderjahr folgt, in dem der Verlust entstanden ist. Eine gesetzlich vorgeschriebene Feststellungserklärung kann grundsätzlich nicht durch die Abgabe einer (anderen) Steuererklärung ersetzt werden (BFH 12.12.2013 – IV R 33/10, BFH/NV 2014, 665).

370 Etwas anderes gilt jedoch, wenn die Erklärungspflicht durch **Abgabe einer (anderen) Steuererklärung** der Sache nach erfüllt ist und die Bearbeitungszeit für das Finanzamt durch die Nichtabgabe der (formal richtigen) Erklärung tatsächlich nicht verlängert wird (BFH 12.12.2013 – IV R 33/10, BFH/NV 2014, 665). Der BFH hat das Urteil zwar als Einzelfallentscheidung dargestellt. Der Sache nach hat er jedoch § 170 Abs. 2 Satz 1 Nr. 1 AO teleologisch reduziert. Das muss für alle vergleichbaren Fälle gelten. Ergeben sich aus der dem Finanzamt vorliegenden Erklärung und/oder aus dem Finanzamt bekannten Steuerfestsetzungen die notwendigen Angaben zur Feststellung des verbleibenden Verlustvortrags, hat die Nichtabgabe der Feststellungserklärung (→ Rn. 369) keine Auswirkungen auf die Feststellungsfrist (zutr. FG Sachsen-Anhalt 11.11.2014 – 5 K 180/11, EFG 2015, 434; im Ergebnis ebenso BFH 21.8.2013 – X R 20/10, BFH/NV 2014, 524; Gosch AO/FGO/*Paetsch* AO § 170 Rn. 29.1; HHR/*Hallerbach* § 10d Rn. 121; ähnlich bereits BFH 29.6.2011 – IX R 38/10, BStBl. II 2011, 963), denn das Finanzamt muss die gesonderte Feststellung von Amts wegen durchführen (BFH 9.5.2001 – XI R 25/99, BStBl. II 2002, 817).

371 *Einstweilen frei*

372 **cc) Erlass des Feststellungsbescheids.** Innerhalb der Feststellungsfrist muss das zuständige Finanzamt, sobald es über die dafür notwendigen tatsächlichen und rechtlichen Angaben verfügt, einen Bescheid über die gesonderte Feststellung des verbleibenden Verlustvortrags **jederzeit von Amts wegen** erlassen. Das Fehlen einer Feststellungserklärung steht dem nicht entgegen. Unerheblich ist auch, ob und ggf. zu welchem Zeitpunkt der Steuerpflichtige einen (formlosen) **Antrag auf Verlustfeststellung** gestellt hat. Für einen solchen Antrag besteht insbesondere keine Bindung an die Rechtsbehelfsfrist für die Steuerfestsetzung. Seine frühere anders lautende Rechtsprechung hat der BFH aufgegeben (BFH 17.9.2008 – IX R 70/06, BStBl. II 2009, 897; DStR 2008, 2412 mAnm *US*). Aus Abs. 4 Satz 4 ergibt sich nichts anderes, denn die Vorschrift betrifft nur den Inhalt des Feststellungsbescheids, stellt aber keine formalen Anforderungen für dessen Erlass auf (zutr. HHR/*Hallerbach* § 10d Rn. 121).

373 Nach Ablauf der Feststellungsfrist kann (seit 2007) ein Feststellungsbescheid gemäß § 181 Abs. 5 AO nur noch erlassen werden, wenn zusätzlich die Voraussetzungen des Abs. 4 Satz 6 vorliegen (→ Rn. 540 ff.).

374 **Keine Zusammenfassung.** Der Bescheid über die gesonderte Feststellung des verbleibenden Verlustvortrags kann nicht mit dem Steuerbescheid zusammengefasst werden. Dafür fehlt eine gesetzliche Grundlage (KSM/*Heuermann* § 10d Rn. D 74); § 155 Abs. 3 AO ist nicht anzuwenden. Entsprechendes gilt für die Zusammenfassung mehrerer Feststellungsbescheide.

e) Inhalt des Feststellungsbescheids. Zum Inhalt des Feststellungsbescheids gehören zB die Bestimmung des Inhaltsadressaten, der Betrag des verbleibenden Verlustvortrags, die Abziehbarkeit des Verlusts dem Grunde nach, die Entscheidung über die Reihenfolge der Verlustberücksichtigung, wenn Verlustrücktrag und -vortrag in einem Veranlagungszeitraum zusammentreffen (→ Rn. 186 und → Rn. 446) und die Aufteilung des verbleibenden Verlustvortrags nach Zusammenveranlagung. 375

Inhaltsadressat. Der Bescheid über die gesonderte Feststellung des verbleibenden Verlustvortrags ist an denjenigen zu richten (Inhaltsadressat), dem der Gegenstand der Feststellung bei der Besteuerung zuzurechnen ist (§ 179 Abs. 2 Satz 1 AO). Das ist bei materiell-rechtlichem Verständnis derjenige, der den Verlust „erzielt" hat. Diese materiell-rechtliche Sichtweise wird jedoch überlagert und verdrängt durch Abs. 4 Satz 4. Über die persönliche Zurechnung des Verlusts wird danach mit Bindungswirkung bereits im Steuerfestsetzungsbescheid entschieden. Die Frage wird bei der Verlustfeststellung nicht mehr (erneut) überprüft. Entscheidend ist, ob dem Steuerpflichtigen der Verlust im jeweiligen Steuerbescheid (zu Recht oder zu Unrecht) zugerechnet worden ist. 376

Betrag des verbleibenden Verlustvortrags. Der Bescheid stellt in seinem Verfügungssatz den verbleibenden Verlustvortrag betragsmäßig fest. Die Besteuerungsgrundlagen, aus denen sich der verbleibende Verlustvortrag zusammensetzt und errechnet, gehören dagegen nicht zum Regelungsteil des Feststellungsbescheids. Sie ergeben sich (bindend) aus anderen Bescheiden (Abs. 4 Satz 4; → Rn. 420 ff.). Besteht kein verbleibender Verlustvortrag, ist er mit 0 EUR festzusetzen. Hat sich der Betrag (> 0) gegenüber dem Schluss des unmittelbar vorangegangenen Veranlagungszeitraums nicht verändert, ist er in derselben Höhe erneut festzustellen (jährliche **Fortschreibung**). Besteht kein verbleibender Verlustvortrag (mehr), weil der nicht ausgeglichene Verlust in voller Höhe zurückgetragen oder vorgetragen worden ist, wird er (zur Klarstellung) mit 0 EUR festgestellt (EStR 10d Abs. 7 Satz 6, 7). Damit endet die Fortschreibungspflicht. Die Berechnung des verbleibenden Verlustvortrags (Abs. 4 Satz 2) gehört, sofern sie sich aus dem Bescheid ergibt, nicht zum Verfügungsteil des Bescheids, sondern ist Teil von dessen Begründung. 377

Abziehbarkeit des Verlusts dem Grunde nach. Auch sie gehört zum notwendigen Inhalt des Feststellungsbescheids. Die Rechtsprechung hat dies zunächst für die Fälle des § 8 Abs. 4 KStG aF bejaht. Danach ist im Feststellungsbescheid nicht nur die Höhe des jeweiligen Verlustbetrages, sondern auch die steuerliche Abzugsfähigkeit dieses Betrages nach Maßgabe der im Feststellungszeitpunkt geltenden Rechtslage für das spätere Abzugsjahr verbindlich festzulegen (BFH 22.10.2003 – I R 18/02, BStBl. II 2004, 468; BFH 1.10.2014 – I R 95/04, BStBl. II 2015, 612). Im Feststellungsbescheid soll abschließend und bindend darüber entschieden werden, in welcher Höhe ein **steuerlich relevanter verbleibender Verlustvortrag** besteht. Diese Rechtsprechung gilt deshalb nicht nur für § 8c KStG entsprechend (HHR/*Hallerbach* § 10d Rn. 122), sondern ist darüber hinaus zu verallgemeinern (ebenso: KSM/*Heuermann* § 10d Rn. D85). Dies schließt zB die Feststellung ein, dass die Einkünfteerzielungsabsicht besteht (bestanden hat). Kann dies noch nicht sicher genug bejaht werden, muss der Bescheid über die gesonderte Feststellung des verbleibenden Verlustvortrags insofern nach § 165 Abs. 1 AO vorläufig ergehen. 378

Ansonsten ist für den verbleibenden Verlustvortrag bindend festgestellt, dass der Verlust berücksichtigt wird, auch wenn der Steuerbescheid noch vorläufig ist. Wird der Steuerbescheid später nach § 165 Abs. 2 Satz 1 AO geändert, ist der Feststellungsbescheid allerdings anzupassen (Abs. 4 Satz 4 iVm § 175 Abs. 1 Satz 1 Nr. 1 AO). War ein Verlust Gegenstand einer gesonderten und einheitlichen Feststellung nach § 180 Abs. 1 Satz 1 Nr. 2 Buchst. a AO, ist in jenem Bescheid über die Abziehbarkeit dem Grunde nach zu entscheiden. 378.1

Aufteilung des verbleibenden Verlustvortrags nach Zusammenveranlagung. Bei Steuerpflichtigen, die zur Einkommensteuer zusammenveranlagt werden (§ 26b), ist ein verbleibender Verlustvortrag für Zwecke der gesonderten Feststellung (wieder) aufzuteilen. Zwar wird bei der Zusammenveranlagung ein gemeinsamer Gesamtbetrag der Einkünfte gebildet. Auch bildet der Überhang der negativen Einkünfte über die positiven Einkünfte die Ausgangsgröße zur Ermittlung des verbleibenden Verlustvortrags (→ Rn. 176). Die Aufteilung 379 ist aber notwendig, weil ein verbleibender Verlustvortrag nicht mehreren gemeinsam zugerechnet werden kann. Maßstab für die Aufteilung ist das Verhältnis der jeweils individuell erzielten Verluste im Entstehungsjahr (zutr. EStR 10d Abs. 6 Satz 4). Die Zusammenveranlagung ändert nichts an der individuellen Tatbestandsverwirklichung. Sie ist daher bei der Aufteilung zugrunde zu legen. Diese Art der Aufteilung gewährleistet, dass die jeweils erzielten Verluste bei dem im Rahmen der Zusammenveranlagung stattfindenden intersubjektiven Verlustausgleich proportional berücksichtigt werden (→ Rn. 100 ff.).

380 **Nebenbestimmungen.** Der Bescheid über die gesonderte Feststellung des verbleibenden Verlustvortrags kann unter Vorbehalt der Nachprüfung (§ 164 AO) oder teilweise vorläufig (§ 165 AO) ergehen (wie hier HHR/*Hallerbach* § 10d Rn. 121; KSM/*Heuermann* § 10d Rn. D74). Die Gegenauffassung, wonach dies ausgeschlossen sein soll, weil gesonderte Feststellungen Rechtsklarheit schaffen sollen (Bordewin/Brandt/*Schmieszek* § 10d Rn. 339) hat keine gesetzliche Grundlage.

381 Ein **Ergänzungsbescheid** (§ 179 Abs. 3 AO) kann nicht erlassen werden, wenn das Finanzamt bei der Feststellung des verbleibenden Verlustvortrags nicht alle Einkunftsarten berücksichtigt hat. In diesem Fall ist der Feststellungsbescheid sachlich unrichtig und nicht nur, wie in § 179 Abs. 3 AO vorausgesetzt, unvollständig, denn bei der Berechnung des verbleibenden Verlustvortrags sind (verpflichtend) sämtliche Einkünfte des betreffenden Veranlagungszeitraums zu berücksichtigen (BFH 17.12.2008 – IX R 94/07, BStBl. II 2009, 444).

382–384 *Einstweilen frei*

385 **f) Rechtsbehelfe.** Gegen den Bescheid über die gesonderte Feststellung des verbleibenden Verlustvortrags sind Einspruch und Anfechtungsklage gegeben. Das Begehren richtet sich darauf, den Bescheid zu ändern und einen höheren verbleibenden Verlustvortrag festzustellen. Da es sich um eine gebundene Entscheidung handelt, ist nicht die Verpflichtungsklage gegeben. Vorläufiger Rechtsschutz kommt durch **Aussetzung der Vollziehung** in Betracht (BFH 15.12.2004 – I B 115/04, BStBl. II 2005, 528). Die Klage mit dem Ziel, eine niedrigere Verlustfeststellung zu erreichen, ist unzulässig, weil die Feststellung eines zu hohen Verlustvortrags keine Beschwer enthält (BFH 21.10.2014 – I R 1/13, BFH/NV 2015, 690; BFH 12.10.2016 – I R 80/14, IStR 2017, 316).

386–387 *Einstweilen frei*

388 **g) Rechtsfolgen der gesonderten Feststellung. aa) Bindungswirkung.** Der Bescheid über die gesonderte Feststellung des verbleibenden Verlustvortrags, entfaltet – wie jeder Feststellungsbescheid – Bindungswirkung für andere Feststellungsbescheide, Steuermessbescheide, Steuerbescheide und Steueranmeldungen, soweit die Feststellungen für diese Bescheide „von Bedeutung" sind (§ 182 Abs. 1 Satz 1 AO). Im Umfang dieser Bindungswirkung ist der Feststellungsbescheid **Grundlagenbescheid** (§ 171 Abs. 10 AO). Die Bindungswirkung tritt ein mit der Wirksamkeit des Bescheids (Bekanntgabe, § 124 Abs. 1 AO); Bestandskraft ist nicht erforderlich. Bindungswirkung entfalten auch rechtswidrige Feststellungsbescheide, soweit sie nicht nichtig und deshalb unwirksam sind (§ 124 Abs. 3 AO, § 125 AO). Die Bindungswirkung löst bei dem Finanzamt, das den Folgebescheid erlassen muss, die **Umsetzungs- und Anpassungsverpflichtung** gem. § 175 Abs. 1 Satz 1 Nr. 1 AO (→ Rn. 470) aus.

389 **Von Bedeutung** ist der Verlustfeststellungsbescheid (nur) für die Steuerfestsetzung des unmittelbar nachfolgenden Veranlagungszeitraums und den am Schluss dieses Veranlagungszeitraums gesondert festzustellenden verbleibenden Verlustvortrag (zutr. EStR 10d Abs. 7 Satz 4, vgl. auch BT-Drs. 17/2249, 52; zu weit BFH 22.7.2008 – IX R 74/06, BStBl. II 2009, 124: die Einkommensteuerbescheide der Veranlagungszeiträume, in denen ein Verlustvortrag in Betracht kommt). Insoweit wirkt der Feststellungsbescheid als Grundlagenbescheid. Infolge der Bindungswirkung können negative Einkünfte nur in dem Umfang als vorgetragen behandelt und abgezogen werden, wie es sich aus dem Feststellungsbescheid ergibt. Kann der gesondert festgestellte Verlustvortrag im unmittelbar nachfolgenden Veranlagungszeitraum nicht verbraucht werden, ergeht am Ende dieses Veranlagungszeitraums ein weiterer gesonderter Verlustfeststellungsbescheid. Auch für diesen Bescheid ist der Feststellungsbescheid bindend (BFH 10.7.2008 – IX R 90/07, BStBl. II 2009, 816). Bindungswirkung für die Steuerfestsetzung des darauf folgenden Veranlagungszeitraums entfaltet dann der neue Feststellungsbescheid. Für das Rücktragsjahr hat der Feststellungsbescheid keine Bedeutung, denn der Verlustrücktrag geht dem Verlustvortrag vor. Ein Verlustvortrag entsteht nur, soweit der nicht ausgeglichene Verlust des Entstehungsjahrs nicht bereits durch Verlustrücktrag verbraucht ist.

Der **Umfang der Bindungswirkung** richtet sich nach dem **Regelungsgehalt** des (jeweiligen) Feststellungsbescheids. Der Regelungsinhalt eines Verwaltungsakts ist über den bloßen Wortlaut hinaus gegebenenfalls, also insbesondere bei Mehrdeutigkeit im Wege der **Auslegung** zu ermitteln, wobei die §§ 133, 157 BGB auch für öffentlich-rechtliche Willensbekundungen geltende Auslegungsregeln enthalten. Entscheidend ist danach, wie der Betroffene nach den ihm bekannten Umständen und seinem „objektiven Verständnishorizont" den materiellen Gehalt der Erklärung unter Berücksichtigung von Treu und Glauben verstehen durfte (vgl. etwa BFH 10.5.2012 – IV R 34/09, BStBl. II 2013, 471; BFH 18.7.2013 – III R 9/09, BFHE 243, 170). Nicht entscheidend ist, was in dem Feststellungsbescheid hätte geregelt werden müssen oder geregelt werden sollte, sondern was in ihm tatsächlich geregelt worden ist. Die Frage nach dem normativ richtigen Inhalt des Bescheids darf auch nicht dessen Auslegung beeinflussen. Die Annahme, das Finanzamt regele stets, was es regeln soll, hat keine Grundlage. **390**

Einstweilen frei **391–392**

bb) Erklärungspflicht. Ist ein verbleibender Verlustvortrag festgestellt worden, ist gemäß § 56 Satz 2 EStDV für den unmittelbar nachfolgenden Veranlagungszeitraum „eine Steuererklärung" abzugeben. **393**

Gemeint ist eine Einkommensteuererklärung (vgl. BFH 25.5.2011 – IX R 36/10, BStBl. II 2011, 807). Das ergibt sich schon aus dem Zusammenhang. § 56 Satz 1 EStDV betrifft eine besondere Pflicht zur Abgabe der Einkommensteuererklärung; Satz 2 ergänzt Satz 1 („außerdem"). Die Pflicht zur Abgabe einer Feststellungserklärung ergibt sich außerdem aus § 181 Abs. 2 Satz 1 AO und bedarf keiner besonderen Regelung. Die Erklärung nach § 56 Satz 2 EStDV soll die Überprüfung ermöglichen, inwieweit der verbleibende Verlustvortrag fortzuschreiben ist (LBP/*Schneider* § 25 Rn. 30). Die Erklärungspflicht löst für die Einkommensteuer die Anlaufhemmung gemäß § 170 Abs. 2 Nr. 1 AO aus (BFH 30.3.2017 – VI R 43/15, BStBl. II 2017, 1046). **393.1**

Einstweilen frei **394**

3. Verbleibender Verlustvortrag (Abs. 4 Satz 2)

Die Vorschrift enthält die **gesetzliche Definition** des Ausdrucks verbleibender Verlustvortrag. Sie definiert damit den Gegenstand der gesonderten Feststellung. Zugleich ergibt sich aus der Definition, wie der verbleibende Verlustvortrag zu berechnen ist. **395**

a) Grundlagen. Konzeptionell steht die gesonderte Feststellung des verbleibenden Verlustvortrags zwischen dem Verlustausgleich und dem Verlustrücktrag einerseits und dem Verlustvortrag andererseits. Sie geht dem Verlustvortrag gedanklich voraus, indem sie das am Ende eines Veranlagungszeitraums für einen zukünftigen Verlustabzug zur Verfügung stehende Gewinnminderungspotential beziffert und festschreibt. Dabei fügt sich das Konzept des verbleibenden Verlustvortrags grundsätzlich in die **materiell-rechtliche Grundkonzeption des Verlustabzugs** ein. Der verbleibende Verlustvortrag soll in zutreffender Höhe festgestellt werden. Im Grundsatz sollen negative Einkünfte, die noch nicht „verbraucht" sind, solange vorgetragen werden, bis sie sich ausgewirkt haben. Alle bis zum maßgeblichen Zeitpunkt weder ausgeglichenen noch abgezogenen negativen Einkünfte stehen deshalb grundsätzlich für einen zukünftigen Abzug zur Verfügung. Die gesonderte Feststellung hat dienenden Charakter. Sie soll diese Idee verwirklichen. **396**

Einstweilen frei **397**

b) Ermittlung des verbleibenden Verlustvortrags. Sie erfordert eine **den Veranlagungszeitraum übergreifende Betrachtung.** Der verbleibende Verlustvortrag setzt sich theoretisch aus vier Größen zusammen. Erhöhend wirken die bei der Ermittlung des Gesamtbetrags der Einkünfte im Verlustentstehungsjahr nicht ausgeglichenen negativen Einkünfte (neuer Verlust) und der auf den Schluss des vorangegangenen Veranlagungszeitraums festgestellte verbleibende Verlustvortrag (alter Verlust). Mindernd wirken die nach Absatz 1 abgezo- **398**

genen Beträge (Verlustrücktrag) und die nach Absatz 2 abziehbaren Beträge (Verlustvortrag). Durch den Verlustrücktrag werden Verluste verbraucht, durch den Verlustvortrag nur, soweit sie im Vortragsjahr abgezogen werden können (und deshalb abgezogen werden). Der im Gesetz mehrfach verwendete Plural („Einkünfte", „Beträge") ist in Bezug auf die Berechnung unscharf. Alle vier Größen sind jeweils mit nur einer Zahl auszudrücken.

398.1 Indem der Gesetzgeber den verbleibenden Verlustvortrag aus dem vorangegangenen Veranlagungszeitraum einbezogen hat, hat er sich für die sog. große Lösung entschieden. Die sog. kleine Lösung, den verbleibenden Verlustvortrag nur für den jeweils zu Ende gegangenen Veranlagungszeitraum festzustellen, hätte eine Addition der jeweils jährlich festgestellten verbleibenden Verluste außerhalb der Bindungswirkung erfordert (*Baum* DStZ 1988, 512).

399 *Einstweilen frei*

400 **aa) Elemente des verbleibenden Verlustvortrags. Neuer Verlust.** Materiell-rechtlich verweist Abs. 4 Satz 2 („die bei der Ermittlung des Gesamtbetrags der Einkünfte nicht ausgeglichenen negativen Einkünfte") auf Abs. 1 Satz 1 („Negative Einkünfte, die bei der Ermittlung des Gesamtbetrags der Einkünfte nicht ausgeglichen werden"; → Rn. 145 ff.). Die Definition in Abs. 4 Satz 2 geht von einem Verlustjahr aus. Ist der Saldo der ausgleichsfähigen positiven und negativen Einkünfte im Entstehungsjahr hingegen ausgeglichen oder positiv (Gewinnjahr), ist die Berechnungsgröße bei der Ermittlung des verbleibenden Verlustvortrags mit 0 EUR anzusetzen. Die Feststellung eines verbleibenden Verlustvortrags kommt auch in einem ausgeglichenen Jahr oder in einem Gewinnjahr in Betracht.

401 **Verfahrensrechtlich** sind die nicht ausgeglichenen negativen Einkünfte so zu berücksichtigen, wie sie der Steuerfestsetzung des Entstehungszeitraums zugrunde gelegt worden sind (Abs. 4 Satz 4, → Rn. 420 ff.). Insofern kommt es grundsätzlich darauf an, welche Besteuerungsgrundlagen dem Steuerbescheid tatsächlich zugrunde gelegt worden sind (→ Rn. 454 ff.). Nur unter den Voraussetzungen von Abs. 4 Satz 5 können ausnahmsweise Besteuerungsgrundlagen bei der Feststellung des verbleibenden Verlustvortrags berücksichtigt werden, die der Steuerfestsetzung (zu Unrecht) nicht oder in unzutreffender Höhe zugrunde gelegt worden sind (→ Rn. 497). In diesem Fall müssen die Besteuerungsgrundlagen („die bei der Ermittlung des Gesamtbetrags der Einkünfte nicht ausgeglichenen negativen Einkünfte") bei der Feststellung des verbleibenden Verlustvortrags ermittelt werden (sog. Schattenveranlagung; → Rn. 516).

402–403 *Einstweilen frei*

404 **Alter Verlust. Materiell-rechtlich** kommt es darauf an, in welcher Höhe negative Einkünfte nicht ausgeglichen und nach Verlustrücktrag sowie ggf. Verlustvortrag und weiterem Verlustvortrag (alle materiell-rechtlich verstanden) noch nicht abgezogen worden sind. In dieser Höhe gehen sie materiell-rechtlich in den verbleibenden Verlustvortrag ein. Materiell-rechtlich gehen keine negativen Einkünfte verloren, die sich noch nicht ausgewirkt haben (→ Rn. 396). Das kommt in der Definition des verbleibenden Verlustvortrags nur unzureichend zum Ausdruck. Die engere Formulierung des Gesetzes („um den auf den Schluss des vorangegangenen Veranlagungszeitraums festgestellten verbleibenden Verlustvortrag") scheint diesem Verständnis sogar eindeutig zu widersprechen, zumal Abs. 4 Satz 2 als Begriffsdefinition den Anspruch auf Vollständigkeit erheben muss. Das Gesetz lässt aber in Abs. 4 Satz 2 den Fall des weiteren Verlustvortrags unberücksichtigt (→ Rn. 339). Insbesondere Abs. 2 Satz 3 hätte keinen Anwendungsbereich, wenn in den verbleibenden Verlustvortrag stets nur ein gesondert festgestellter verbleibender Verlustvortrag eingehen dürfte (Beispiel → Rn. 346.1).

So hat auch die **Rechtsprechung** in den Fällen der erstmaligen Feststellung eines verbleibenden Verlustvortrags nicht darauf abgestellt, dass der verbleibende Verlustvortrag auf den Schluss des Vorjahres nicht gesondert festgestellt war, sondern darauf, dass er (materiell-rechtlich = Sollverlustabzug) bereits abgezogen war (Nachweise → Rn. 342). Dieses nicht am Wortlaut der Norm haftende Verständnis ist umso mehr geboten, als nach Abs. 4 Satz 6 Hs. 2 fehlende Verlustfeststellungen nicht mehr zeitlich unbegrenzt nachgeholt werden können. Ohne eine materiell-rechtliche Definition des richtigen verbleibenden Verlustvortrags fehlt der Maßstab für die Rechtmäßigkeitskontrolle. Das Feststellungsverfahren, zu dem die Definition in Abs. 4 Satz 2 gehört, hätte dann keinen dienenden Charakter mehr, sondern würde das materiell-rechtliche Konzept des Verlustabzugs verändern.

Gesonderte Feststellung. Ist der verbleibende Verlustvortrag auf den Schluss des Vorjahres gesondert festgestellt worden, geht er in der festgestellten Höhe in die Berechnung des verbleibenden Verlustvortrags ein. Das ist der **verfahrensrechtliche Normalfall.** Bindungswirkung entfaltet der frühere Feststellungsbescheid als Grundlagenbescheid. War der Feststellungsbescheid materiell unrichtig, muss er vorrangig korrigiert werden. § 155 Abs. 2 AO kommt (vorläufig) in Betracht. Auf den unmittelbar vorangegangenen Veranlagungszeitraum kommt es an, denn der jährlich fortgeschriebene Verlustfeststellungsbescheid (→ Rn. 377) weist den jeweils noch verbleibenden Verlustvortrag aus und nimmt insofern alle früheren Bescheide in sich auf. 405

Einstweilen frei 406–407

Verlustrücktrag. Mit der Formulierung „die nach Absatz 1 abgezogenen Beträge" verweist Abs. 4 Satz 2 auf Abs. 1. Die Verweisung ist in erster Linie **materiell-rechtlich** zu verstehen. „Nach Abs. 1" abgezogen ist der Verlustrücktrag nur, soweit der Abzug dem Gesetz entspricht. Dieser vollzieht sich von Gesetzes wegen (→ Rn. 196). **Verfahrensrechtlich** greift hier wiederum die Bindungswirkung gemäß Abs. 4 Satz 4 und 5 ein (Bindung an die Steuerfestsetzung des Veranlagungszeitraums, in dem ein Verlustrücktrag vorgenommen werden kann; → Rn. 444), sodass grundsätzlich auf die Steuerfestsetzung des Jahres abzustellen ist, in dem sich der Verlustrücktrag ausgewirkt hat. Nur ausnahmsweise kann bei der gesonderten Feststellung des verbleibenden Verlustvortrags ein Verlustrücktrag (mindernd) berücksichtigt werden, ohne dass er der Steuerfestsetzung im vorangegangenen Jahr zugrunde gelegt worden ist, wenn die Voraussetzungen von Abs. 4 Satz 5 vorliegen. 408

Daran ändert sich nichts, wenn auf den Schluss des Rücktragsjahrs bereits ein verbleibender Verlustvortrag festgestellt worden ist. Das kann der Fall sein, wenn im Rücktragsjahr hinsichtlich des Verlustvortrags die Mindestbesteuerung eingegriffen hat, sodass sich ein verbleibender Verlustvortrag nicht in voller Höhe auswirken konnte. Ein Verlustrücktrag ist dadurch nicht ausgeschlossen (→ Rn. 185). Durch den Verlustrücktrag entsteht im Rücktragsjahr kein neuer verbleibender (also nicht genutzter) Verlustvortrag, denn der Verlustrücktrag ist immer auf den Betrag eines ausgleichsfähigen positiven Gesamtbetrags der Einkünfte im Rücktragsjahr begrenzt (→ Rn. 201). Deshalb ergibt sich die Bindungswirkung für die Höhe des tatsächlich durchgeführten Verlustrücktrags auch in diesem Fall allein aus dem Steuerbescheid. 408.1

Einstweilen frei 409

Verlustvortrag. Nach dem Wortlaut der Vorschrift kommt es für die Höhe des Verlustvortrags (anders als für die Höhe des Verlustrücktrag → Rn. 408) auf die „nach Absatz 2 abziehbaren" Beträge an. Aus dieser sprachlichen Abweichung können jedoch keine rechtlichen Schlüsse gezogen werden. Soweit damit auf Abs. 2 Satz 1 und 2 verwiesen wird, ist die Verweisung **materiell-rechtlich** zu verstehen (→ Rn. 319). „Nach Abs. 2" abziehbar ist der Verlustvortrag nur, wenn er der materiell-rechtlichen Definition in Abs. 2 Satz 1 und 2 entspricht. **Verfahrensrechtlich** wird über die Höhe des Verlustvortrags abschließend und nach Abs. 4 Satz 4 bindend in dem Bescheid entschieden, in dem er sich auswirkt, nämlich bei der Steuerfestsetzung für den Veranlagungszeitraum, auf dessen Schluss der verbleibende Verlustvortrag gesondert festzustellen ist (→ Rn. 320). Anzusetzen ist deshalb der Betrag, der sich als abgezogener Verlustvortrag aus diesem Steuerbescheid ergibt. Ist der Abzug im Steuerbescheid nur deshalb unterblieben, weil er keine Auswirkung auf die Höhe der Steuer hätte, ist er in zutreffender Höhe ohne Bindung an den Steuerbescheid anzusetzen (Abs. 4 Satz 5). 410

Einstweilen frei 411

Weiterer Verlustvortrag. Die Verweisung in Abs. 4 Satz 2 („die nach Absatz 2 abziehbaren Beträge") schließt darüber hinaus den weiteren Verlustvortrag nach Abs. 2 Satz 3 ein. Danach können auch die in früheren Vortragsjahren abgezogenen Beträge nicht noch einmal abgezogen werden. Insoweit kommt es allein auf die materiell-rechtliche Rechtslage an (Sollverlustabzug; → Rn. 338 ff.). 412

Einstweilen frei 413

bb) Berechnung des verbleibenden Verlustvortrags. Berechnung im Einzelnen. 414
Die in Abs. 4 Satz 2 vorgegebenen vier Maßgrößen können nicht alle in einem Veranlagungszeitraum gleichzeitig verwirklicht sein, sind also niemals Gegenstand einer einheitlichen

Rechnung. In ein **Verlustjahr** (Veranlagungszeitraum, in dem die Summe der ausgleichsfähigen negativen Einkünfte die Summe der ausgleichsfähigen positiven Einkünfte übersteigt) kann ein Verlust nicht zurückgetragen werden, weil kein positiver Gesamtbetrag zur Verfügung steht. In einem **Gewinnjahr** (Veranlagungszeitraum, in dem die Summe der ausgleichsfähigen positiven Einkünfte die Summe der ausgleichsfähigen negativen Einkünfte übersteigt) entsteht kein neuer Verlust (→ Rn. 400). Der in einem solchen Veranlagungszeitraum durchgeführte Verlustrücktrag beeinflusst außerdem nicht die Höhe des verbleibenden Verlustvortrags (→ Rn. 408.1). Aus der Norm ergibt sich deshalb nur mittelbar, wie der verbleibende Verlustvortrag im Einzelfall zu berechnen ist. Die denkbaren Konstellationen lassen sich wie folgt zusammenfassen:

415 **In Verlustjahren** (→ Rn. 414) entspricht der verbleibende Verlustvortrag im einfachsten Fall der Summe der bei der Ermittlung des Gesamtbetrags der Einkünfte nicht ausgeglichenen negativen Einkünfte (Abs. 1 Satz 1). Das ist der Fall, soweit ein Verlustrücktrag nicht möglich ist oder auf Antrag nicht durchgeführt wird (Abs. 1 Satz 5 und 6) und wenn auf den Schluss des unmittelbar vorangegangenen Veranlagungszeitraums ein verbleibender Verlustvortrag nicht festgestellt worden ist. Wird der Verlust zum Teil oder in voller Höhe zurückgetragen, ergibt sich der verbleibende Verlustvortrag aus dem nach Abs. 1 Satz 1 ermittelten Betrag, vermindert um den tatsächlich durchgeführten Verlustrücktrag (→ Rn. 408). Der verbleibende Verlustvortrag beträgt danach gegebenenfalls 0 EUR, wenn er nicht um einen auf den Schluss des vorangegangenen Veranlagungszeitraums festgestellten verbleibenden Verlustvortrag zu erhöhen ist. Dazu kann es kommen, wenn im unmittelbar vorangegangenen Veranlagungszeitraum die Mindestbesteuerung (Abs. 2) gegriffen hat. Dies schließt den Verlustrücktrag nicht aus (→ Rn. 185). Der auf den Schluss des vorangegangenen Veranlagungszeitraums festgestellte verbleibende Verlustvortrag bleibt in diesem Fall der Höhe nach unverändert (→ Rn. 408.1).

416 **In Gewinnjahren** (→ Rn. 414) entspricht der verbleibende Verlustvortrag stets dem auf den Schluss des vorangegangenen Veranlagungszeitraums gesondert festgestellten verbleibenden Verlustvortrag, vermindert um den im Vortragsjahr abziehbaren (abgezogenen) Betrag (→ Rn. 410). Kann der verbleibende Verlustvortrag aus dem unmittelbar vorangegangenen Veranlagungszeitraum im Vortragsjahr vollständig abgezogen werden, verbleibt ein Verlustvortrag von 0 EUR. Greift im Vortragsjahr die Mindestbesteuerung, vermindert sich der auf den Schluss des unmittelbar vorangegangenen Veranlagungszeitraums gesondert festgestellte verbleibende Verlustvortrag um den höchstens zulässigen Verlustvortrag (abziehbaren Betrag). Auf die Berechnung des verbleibenden Verlustvortrags in diesem Jahr wirkt es sich dagegen nicht aus, wenn im nachfolgenden Veranlagungszeitraum ein weiterer Verlust entsteht, der (zusätzlich) in das Gewinnjahr zurückgetragen wird. Der Verlustrücktrag vermindert in diesem Fall nicht den verbleibenden Verlustvortrag im Rücktragsjahr, sondern den im Entstehungsjahr (→ Rn. 202).

417 *Einstweilen frei*

4. Zuständigkeit (Abs. 4 Satz 3)

418 Zuständig für die gesonderte Feststellung des verbleibenden Verlustvortrags ist **das für die Besteuerung zuständige Finanzamt.** Die Formulierung verweist auf § 19 AO (für die ESt) und § 20 AO (für die KSt). Die Regelung wirkt **konstitutiv.** Die gesonderte Feststellung des verbleibenden Verlustvortrags gehört nicht zur „Besteuerung" iS der §§ 19, 20 AO. § 18 AO ist nicht einschlägig, weil kein Fall des § 180 AO vorliegt. Außerdem soll gerade nicht ein Feststellungsfinanzamt zuständig sein. Der Gesetzgeber hat damit den bei Einführung der gesonderten Feststellung bestehenden Zustand fortgeschrieben. Dies ist sachgerecht, geht es doch um Besteuerungsgrundlagen, die das Wohnsitzfinanzamt ohnehin bei der Besteuerung festzustellen hat, sodass eine größere Sachnähe eines anderen Finanzamts nicht besteht.

419 *Einstweilen frei*

5. Bindungswirkung der Steuerfestsetzung (Abs. 4 Satz 4, 5)

420 **a) Überblick.** Nach Abs. 4 Satz 4 Hs. 1 sind die Besteuerungsgrundlagen bei der Feststellung des verbleibenden Verlustvortrags so zu berücksichtigen, wie sie den Steuerfestsetzungen

(1) des Veranlagungszeitraums, auf dessen Schluss der verbleibenden Verlustvortrag festgestellt wird und (2) des Veranlagungszeitraums, in dem ein Verlustrücktrag vorgenommen werden kann, zugrunde gelegt worden sind. Für das Verhältnis von Steuerfestsetzung und gesonderter Feststellung des verbleibenden Verlustvortrags zueinander ordnet Abs. 4 Satz 4 Hs. 2 die entsprechende Anwendung der § 171 Abs. 10 AO, § 175 Abs. 1 Satz 1 Nr. 1 AO und § 351 Abs. 2 AO sowie von § 42 FGO an. Diese Vorschriften betreffen das Verhältnis von Grundlagen- und Folgebescheiden im Steuerverfahrens- und Prozessrecht. Der Steuerfestsetzungsbescheid wirkt danach in dem durch Abs. 4 Satz 4 vorgegebenem Umfang **wie ein Grundlagenbescheid** für die gesonderte Feststellung des verbleibenden Verlustvortrags. Davon abweichend, das heißt ohne Beachtung der Bindungswirkung, dürfen Besteuerungsgrundlagen bei der gesonderten Feststellung des verbleibenden Verlustvortrags nur berücksichtigt werden, wenn die Aufhebung, Änderung oder Berichtigung der Steuerbescheide ausschließlich mangels Auswirkungen auf die Höhe der festzusetzenden Steuer unterbleibt (Abs. 4 Satz 5).

Die Regelung, die stets im Zusammenhang zu sehen ist mit Abs. 4 Satz 5 (Ausnahme zu Abs. 4 Satz 4), modifiziert das **Verfahren der gesonderten Feststellung** des verbleibenden Verlustvortrags. Die Pflicht zur gesonderten Feststellung (Abs. 4 Satz 1) bleibt zwar unberührt (dazu → Rn. 355 ff.). Die Besteuerungsgrundlagen, aus denen sich der verbleibende Verlustvortrag ergibt, werden im Regelfall jedoch nicht (mehr) in diesem Verfahren ermittelt, sondern ergeben sich mit Bindungswirkung aus anderen Steuerbescheiden. Das hat erhebliche Auswirkungen vor allem auf den Rechtsschutz (→ Rn. 475 ff.). 421

b) Zweck der Regelung. Sie stellt eine Reaktion des Gesetzgebers (vgl. BT-Drs. 17/2249, 51) auf die im Jahr 2008 geänderte Rechtsprechung des BFH dar (grundlegend BFH 17.9.2008 – IX R 70/06, BStBl. II 2009, 897; *Ettlich* DB 2009, 18; *US* DStR 2008, 2412). Nach der geänderten Rechtsprechung konnte ein verbleibender Verlustvortrag erstmals gesondert festgestellt werden, wenn der Steuerbescheid des Verlustentstehungsjahrs schon bestandskräftig war und keine nicht ausgeglichenen negativen Einkünfte enthielt. Folge davon war ua, dass Steuerpflichtige (insbesondere angehende Piloten), zT lange Zeit nach bestandskräftiger Steuerfestsetzung, oder wenn eine solche fehlte, erstmals eine gesonderte Feststellung des verbleibenden Verlustvortrags und (neue) Besteuerungsgrundlagen (Berufsausbildungskosten als vorab entstandene Werbungskosten) mit Erfolg geltend machen konnten, die den Steuerbescheiden nicht zugrunde lagen und wegen § 173 Abs. 1 Nr. 2 Satz 1 AO (grobes Verschulden) dort auch nicht mehr hätten berücksichtigt werden können. 422

Zuvor hatte der BFH entgegengesetzt geurteilt. Ein verbleibender Verlustvortrag könne erstmals nur festgestellt werden, wenn der zugrunde liegende, bisher keinen entsprechenden Verlust ausweisende, Einkommensteuerbescheid noch geändert werden könne (vgl. BFH 9.12.1998 – XI R 62/97, BStBl. II 2000, 3; BFH 9.5.2001 – XI R 25/99, BStBl. II 2002, 817). Diese Rechtsprechung beruhte auf § 10d Abs. 3 Satz 4 und 5 EStG aF (entspricht § 10d Abs. 4 Satz 4 und 5 EStG aF). Die Vorschrift lautete: 422.1

„Feststellungsbescheide sind zu erlassen, aufzuheben oder zu ändern, soweit sich die nach Satz 2 zu berücksichtigenden Beträge ändern und deshalb der entsprechende Steuerbescheid zu erlassen, aufzuheben oder zu ändern ist. Satz 4 ist entsprechend anzuwenden, wenn der Erlaß, die Aufhebung oder die Änderung des Steuerbescheids mangels steuerlicher Auswirkung unterbleibt". 422.2

Der BFH ging ursprünglich davon aus, dass die Vorschrift **zwei Voraussetzungen** für den Erlass, die Aufhebung oder Änderung eines Feststellungsbescheids aufstellte, nämlich (1) materiell-rechtlich eine Änderung der maßgeblichen Beträge und (2) verfahrensrechtlich den **Erlass, die Aufhebung oder (praktisch bedeutsam) die Änderung des Steuerbescheids.** Lag die zweite Voraussetzung nicht vor, weil der Steuerbescheid aus verfahrensrechtlichen Gründen nicht mehr geändert werden konnte, verneinte der BFH die Befugnis zum Erlass eines Verlustfeststellungsbescheids. Mangels gesonderter Feststellung des verbleibenden Verlustvortrags gingen die nicht verbrauchten Verluste dadurch ersatzlos unter. Zur Begründung führte der BFH ua aus, die zweite Voraussetzung sichere die Bestandskraft des vorausgehenden Steuerbescheids; andernfalls könnten durch eine Änderung des Feststellungsbescheids in einem bestandskräftigen Bescheid enthaltene Fehler in späteren Veranlagungszeiträumen kompensiert werden (BFH 31.7.1996 – XI R 4/96, BFH/NV 1997, 180 und gleichlautende Begründung in BFH 9.12.1998 – XI R 62/97, BStBl. II 2000, 3 und ohne weitere Begründung BFH 9.5.2001 – XI R 25/99, BStBl. II 2002, 817). 422.3

422.4 Eine Konsequenz aus dieser Rechtsprechung war, dass der Steuerpflichtige, um sich die Verluste zu sichern, eigentlich die Änderung des Einkommensteuerbescheids innerhalb der Einspruchsfrist beantragen musste. Da der Einspruch gegen einen auf 0 EUR lautenden Steuerbescheid jedoch unzulässig war, verlangte die Rechtsprechung ersatzweise einen (so nicht vorgesehenen) Antrag auf Erlass eines Verlustfeststellungsbescheids. Dafür sollte entsprechend § 356 Abs. 2 AO eine Jahresfrist gelten, da eine Belehrung über den fristgebundenen Antrag nicht vorgesehen war (vgl. BFH 9.5.2001 – XI R 25/99, BStBl. II 2002, 817). Diese Rechtsprechung war auf Kritik gestoßen, weil sie im Gesetz keine Stütze (mehr) fand (zB *Paus* INF 2003, 295).

422.5 Dem setzte der IX. Senat im Jahr 2008 und danach ein grundlegend anderes Verständnis der Vorschrift entgegen. Nach der Grundannahme des IX. Senats war Abs. 4 Satz 4 EStG aF für den erstmaligen Erlass eines Verlustfeststellungsbescheids von vornherein nicht anwendbar, wenn sich **die nach Satz 2 zu berücksichtigenden Beträge nicht geändert** hatten. Der IX. Senat folgerte daraus jedoch nicht etwa ein Verbot der gesonderten Verlustfeststellung, sondern – im Gegenteil – eine bedingungslose Pflicht zur Verlustfeststellung. Die Rechtsgrundlage dafür sah er in Abs. 4 Satz 1 EStG aF. Ob sich die maßgeblichen Beträge geändert hatten, beurteilte der IX. Senat nicht rein materiell-rechtlich, sondern er verlangte dafür einen **Bezugspunkt in einem Bescheid,** denn der maßgebliche Betrag müsse sich „bei der Ermittlung des Gesamtbetrags der Einkünfte" geändert haben. Dies geschehe aber in einem Bescheid und sei rein tatsächlich zu verstehen (so KSM/*Heuermann* § 10d Rn. D 143). Als Bezugspunkte kämen nur der Verlustfeststellungsbescheid oder der Steuerbescheid in Betracht (BFH 17.9.2008 – IX R 70/06, BStBl. II 2009, 897). Abzustellen sei allein auf den Verlustfeststellungsbescheid. Abs. 4 Satz 4 sei entgegen seinem Wortlaut eine **reine Korrekturvorschrift,** denn auf den erstmaligen Erlass eines Verlustfeststellungsbescheids sei er nicht anzuwenden, weil sich ein nach Satz 2 maßgeblicher Betrag in einem noch nicht ergangenen Bescheid nicht geändert haben könne (vgl. BFH 14.7.2009 – IX R 52/08, BStBl. II 2011, 26 unter Bezugnahme auf *Ettlich* DB 2009, 18).

423 Der Gesetzgeber befürchtete, durch die Rechtsprechung werde die Wertung des § 173 Abs. 1 Nr. 2 Satz 1 AO unterlaufen. Außerdem habe er immer eine „zeitnahe" Entscheidung über die zukünftig abziehbaren Verluste gewollt (vgl. BT-Drs. 11/2536, 78; → Rn. 353). Die erstmalige Verlustfeststellung solle deshalb nur möglich sein, wenn das Finanzamt bei rechtzeitiger Kenntnis der Tatsachen und Beweismittel schon bei der ursprünglichen Veranlagung mit an Sicherheit grenzender Wahrscheinlichkeit zur entsprechenden Feststellung eines vortragsfähigen Verlusts gelangt wäre. Von einer späteren Änderung der höchstrichterlichen Rechtsprechung (bezüglich der Abzugsfähigkeit von Berufsausbildungskosten) dürften nicht diejenigen profitieren, die sich nicht zeitnah vollständig gegenüber dem Finanzamt erklärt hätten (BT-Drs. 17/2249, 51). Erstmalige oder geänderte Verlustfeststellungen sollten für nachträglich erklärte Verluste nur noch möglich sein, wenn der Steuerbescheid geändert worden sei oder geändert werden könnte (BT-Drs. 17/2249, 52).

424 **Vorrang des Rechtsfriedens.** Die Vorschrift räumt im Grundsatz dem „Rechtsfrieden" den Vorrang vor der materiellen Richtigkeit des Verlustabzugs ein. Sie beruht auf der Vorstellung des Gesetzgebers, dass die materiell unrichtigen Steuerbescheide in der Regel nicht mehr nach § 173 AO geändert werden können. Indem die Verlustfeststellung inhaltlich an diese unrichtigen Bescheide gebunden wird, setzt sich die Unrichtigkeit bei der Verlustfeststellung fort. Dies ist beabsichtigt. Um dieses Ergebnis zu erreichen, nimmt der Gesetzgeber dem Feststellungsverfahren weitgehend seine Selbständigkeit. Für den Vorrang der materiellen Richtigkeit bleibt nur noch der schmale Anwendungsbereich von Abs. 4 Satz 5 (→ Rn. 497). Das Konzept des Gesetzgebers versagt allerdings, wenn ein Steuerbescheid nicht ergangen ist, denn eine Bindungswirkung ohne einen Bescheid kann es nicht geben (→ Rn. 430).

425 *Einstweilen frei*

426 **c) Zeitlicher Anwendungsbereich.** Die Vorschrift ist erstmals anzuwenden auf alle **nach dem 13. Dezember 2010 abgegebenen Erklärungen** zur Feststellung des verbleibenden Verlustvortrags (§ 52 Abs. 25 Satz 5 idF des JStG 2010). Die Übergangsvorschrift ist verfassungsgemäß (BFH 10.2.2015 – IX R 6/14, BFH/NV 2015, 812). Sie führt insbesondere nicht zu einer verfassungsrechtlich unzulässigen (unechten) Rückwirkung, denn der Gesetzgeber konnte nach Änderung der zumindest gefestigten Rechtsprechung des BFH (→ Rn. 422.1 ff.) im Wesentlichen zur früher geltenden Rechtslage zurückkehren, ohne dadurch berechtigtes Vertrauen zu verletzen.

An einer „**Erklärung**“ iS der Übergangsvorschrift fehlt es, wenn der Steuerpflichtige, nachdem der Verlustfeststellungsbescheid bestandskräftig geworden ist, formularmäßig weitere Verluste geltend macht. Zwar setzt § 52 Abs. 25 Satz 5 idF des JStG 2010 eine „erstmalige“ Erklärung nicht voraus. Eine „Erklärung“ mit dem Ziel, die Änderung eines bestandskräftigen Bescheids herbeizuführen, ist jedoch keine Steuererklärung, sondern ein Antrag auf Änderung des bestandskräftigen Bescheids (BFH 4.4.2014 – IX B 137/13, BFH/NV 2014, 1042). Eine Erklärung auf amtlichem Vordruck ist nicht erforderlich (FG Münster 21.7.2016 – 9 K 3457/15 E,F, EFG 2016, 1871, rkr.). 427

Einstweilen frei 428–429

d) Voraussetzungen (Satz 4 Hs. 1). Steuerbescheid. Zumindest einer der in Satz 4 Hs. 1 bezeichneten Steuerbescheide muss erlassen sein. Die Vorschrift knüpft unmissverständlich an die dort genannten Steuerbescheide an. Fehlt es überhaupt an einem der dort bezeichneten Steuerbescheide und darf der Bescheid zB wegen Ablaufs der Festsetzungsfrist nicht mehr erlassen werden, ist die Grundlage für die Bindungswirkung nicht gegeben. Nur ein Bescheid kann Bindungswirkung entfalten (BFH 13.1.2015 – IX R 22/14, BStBl. II 2015, 829). Ohne einen Bescheid hätte die Bindungswirkung auch keinen Sinn, weil der verbindliche Inhalt nicht sicher erkennbar wäre. In diesem Fall kann und muss (Abs. 4 Satz 1) ein verbleibender Verlustvortrag auch dann erstmals festgestellt werden, wenn das Verlustentstehungsjahr schon weit zurückliegt (BFH 13.1.2015 – IX R 22/14, BStBl. II 2015, 829). 430

Im Übrigen gelten die **allgemeinen Voraussetzungen für den Eintritt der Bindungswirkung** entsprechend (§ 182 AO). Der Steuerbescheid, der Bindungswirkung entfalten soll, muss wirksam (§ 124 AO) und darf insbesondere nicht nichtig sein (§ 124 Abs. 3, § 125 AO). Materielle oder formelle Rechtswidrigkeit schadet nicht; Bestandskraft ist nicht erforderlich. Die Bindungswirkung tritt auch ein, wenn die Steuer unter Vorbehalt der Nachprüfung (§ 164 AO) oder soweit sie vorläufig (§ 165 AO) festgesetzt ist. Auch die Aussetzung der Vollziehung berührt die Bindungswirkung nicht (arg. § 361 Abs. 3 Satz 2 AO); die Vollziehung des Folgebescheids ist aber im Umfang der Bindungswirkung ebenfalls auszusetzen. 431

Weitere Voraussetzungen für den Eintritt der Bindungswirkung sind dem Gesetz nicht zu entnehmen. Ob eine Besteuerungsgrundlage dem Steuerbescheid **„zu Grunde gelegt“** worden ist, ist keine Voraussetzung für den Eintritt der Bindungswirkung (aA BFH → Rn. 433), sondern regelt deren Modalität („die Besteuerungsgrundlagen sind so zu berücksichtigen, wie sie den Steuerfestsetzungen […] zu Grunde gelegt worden sind“). Dies ist eine Tat- und keine Rechtsfrage (näher dazu → Rn. 454). 432

Abweichende Entscheidung des BFH. Der BFH geht im Urteil vom 12.7.2016 – IX R 31/15 (BStBl. II 2018, 699) davon aus, dass die Bindungswirkung nur eingreifen kann, wenn die relevante Besteuerungsgrundlage der Steuerfestsetzung auch „zu Grunde gelegt“ worden ist. Der BFH verneint diese Voraussetzung, wenn sich die Besteuerungsgrundlage **auf die Höhe der festgesetzten Steuer** nicht ausgewirkt hat. Das ist zB der Fall, wenn die Steuer trotz Berücksichtigung eines nachträglich erklärten Verlusts wegen § 351 Abs. 1 AO nicht mehr auf 0 EUR reduziert werden kann. Diese Sichtweise des BFH ist im Zusammenhang damit zu sehen, dass der BFH, sofern ein Bescheid ergangen ist (anders, wenn kein Bescheid ergangen ist → Rn. 430) die Änderbarkeit des Bescheids als (weitere) Voraussetzung für den Erlass eines Feststellungsbescheids auffasst (→ Rn. 358). Der BFH möchte auf diese Weise die Bestandskraft des Steuerbescheids auf die gesonderte Feststellung des verbleibenden Verlustvortrags durchschlagen lassen. 433

Das Urteil BFH 12.7.2016 – IX R 31/15, BStBl. II 2018, 699 betraf folgende Konstellation: Nach einer Außenprüfung änderte das Finanzamt den bestandskräftig gewordenen Einkommensteuerbescheid und setzte die Steuer höher fest. Im Einspruchsverfahren machte der Steuerpflichtige erstmals einen hohen Verlust geltend. Der daraufhin erneut geänderte Einkommensteuerbescheid (kein grobes Verschulden!) wies einen negativen Gesamtbetrag der Einkünfte aus; die Steuer wurde allerdings nicht auf 0 EUR, sondern wegen § 351 Abs. 1 AO auf den vor der Erhöhung festgesetzten Betrag ermäßigt. Der danach verbleibende Verlust minderte den Gesamtbetrag der Einkünfte im Vorjahr auf 0. Die Einkommensteuer im Vorjahr wurde auf 0 EUR festgesetzt. Die gesonderte Feststellung des (gleichwohl noch) verbleibenden Verlustvortrags lehnte das Finanzamt ab. Finanzgericht und BFH bestätigten diese Entscheidung. 433.1

433.2 **Stellungnahme.** Nach hier vertretener Auffassung hätte der verbleibende Verlustvortrag gesondert festgestellt werden müssen. Die Pflicht zur Feststellung ergibt sich aus Abs. 4 Satz 1. Sie wird durch Abs. 4 Satz 4 nicht eingeschränkt. Da der geänderte Steuerbescheid bei der Ermittlung des Gesamtbetrags der Einkünfte die negativen Einkünfte enthielt und darüber hinaus einen negativen Gesamtbetrag der Einkünfte auswies, war der streitgegenständliche Verlust bei der Feststellung des verbleibenden Verlustvortrags genauso zu berücksichtigen wie der im Vorjahr durchgeführte Verlustrücktrag. Dafür spricht auch, dass die Voraussetzungen von § 173 Abs. 1 Satz 1 Nr. 2 AO (grobes Verschulden) offenbar nicht vorlagen (dazu → Rn. 422 ff.). Der Zweck, darüber hinaus die Bestandskraft des Steuerbescheids absolut zu schützen, ist weder dem Wortlaut der Norm noch der Gesetzesbegründung zu entnehmen.

434 *Einstweilen frei*

435 **e) Rechtsfolge: Bindungswirkung (Satz 4 Hs. 1).** Rechtsfolge von Satz 4 Hs. 1 ist, dass die Besteuerungsgrundlagen bei der gesonderten Feststellung des verbleibenden Verlustvortrags so zu berücksichtigen sind, wie sie „den Steuerfestsetzungen […] zu Grunde gelegt worden sind". In dieser Formulierung kommt die vom Gesetzgeber gewollte **inhaltliche Bindungswirkung** (BFH 7.12.2016 – I R 76/14, BStBl. II 2017, 704) zum Ausdruck. Dies ist nicht die Bindungswirkung eines Grundlagenbescheids gemäß § 182 AO. Nach der Gesetzesbegründung soll der Steuerbescheid nur **wie ein Grundlagenbescheid** wirken, obwohl er verfahrensrechtlich – wie bisher – kein Grundlagenbescheid ist (BT-Drs. 17/2249, 52; BFH 13.1.2015 – IX R 22/14, BStBl. II 2015, 829). Gemeint ist eine Bindungswirkung eigener Art, die ihre Grundlage zwar nicht in § 182 AO hat, sich der dort geregelten Bindungswirkung jedoch aufgrund der Verweisungen in Abs. 4 Satz 4 Hs. 2 (→ Rn. 460 ff.) annähert. Die Bindungswirkung ist die **einzige Rechtsfolge** des Satzes 4.

436 Die Bindungswirkung lässt die **Pflicht zur gesonderten Feststellung** des verbleibenden Verlustabzugs unberührt (Abs. 4 Satz 1; ebenso BFH 13.1.2015 – IX R 22/14, BStBl. II 2015, 829). Sie entbindet das Finanzamt insbesondere nicht davon, den verbleibenden Verlustvortrag gesondert festzustellen, wenn er vom Steuerpflichtigen geltend gemacht wird (→ Rn. 356). Die Bindungswirkung betrifft allein den Inhalt des Feststellungsbescheids (aA BFH → Rn. 437).

437 **Abweichende Entscheidung des BFH.** Der BFH geht davon aus, dass ein Bescheid über die gesonderte Feststellung des verbleibenden Verlustvortrags nur erlassen werden darf, wenn und soweit die bestandskräftigen Steuerbescheide noch geändert werden können, aus denen sich die Grundlagen für die Berechnung des verbleibenden Verlustvortrags ergeben (→ Rn. 358). Im Urteil vom 13.1.2015 – IX R 22/14, BStBl. II 2015, 829 heißt es in Rn. 15 dazu: „Die Verlust*feststellung* entfällt, wenn der Einkommensteuerbescheid des betroffenen Veranlagungszeitraums nicht mehr änderbar ist. [Hervorhebung d. Verf.]"

437.1 **Stellungnahme** → Rn. 358.1 und → Rn. 433.2.

438 **aa) Steuerbescheide.** In Betracht kommen nur **(1)** der Steuerbescheid des Veranlagungszeitraums, auf dessen Schluss der verbleibende Verlustvortrag festgestellt wird und **(2)** der Steuerbescheid des Veranlagungszeitraums, in dem ein Verlustrücktrag vorgenommen werden kann. Unter (1) fallen der Steuerbescheid für das Verlustentstehungsjahr wie die Steuerbescheide für Vortragsjahre.

Unter (2) fällt der Steuerbescheid des Rücktragsjahrs. Die Formulierung des Gesetzes ist insofern unscharf. Gemeint ist nicht der Veranlagungszeitraum, aus dem der Verlust zurückgetragen wird, sondern derjenige „in den" er zurückgetragen wird. Andere Steuerbescheide können keine bei der gesonderten Feststellung des verbleibenden Verlustvortrags bindenden Besteuerungsgrundlagen enthalten. Das ergibt sich aus dem eindeutigen Wortlaut der Vorschrift.

439 *Einstweilen frei*

440 **bb) Besteuerungsgrundlagen.** Die Bindungswirkung gemäß Abs. 4 Satz 4 bezieht sich auf Besteuerungsgrundlagen. Nicht der Steuerbescheid entfaltet Bindungswirkung (vgl. den Wortlaut des § 171 Abs. 10 AO), sondern **nur bestimmte Besteuerungsgrundlagen** in diesem Bescheid (zutr. FG Düsseldorf 16.2.2016 – 10 K 3686/13 F, EFG 2016, 662). Abs. 4 Satz 4 ist insofern lex specialis zu § 157 Abs. 2 AO. Die Besteuerungsgrundlagen bilden grundsätzlich einen mit Rechtsbehelfen nicht anfechtbaren (nicht bindenden) Teil des Steu-

Satz 4 als ungeschriebenes weiteres Merkmal eine Auswirkung der Besteuerungsgrundlagen auf die Höhe der Steuer voraussetzt (**aA** BFH → Rn. 457).

Abweichende Entscheidung des BFH. Der BFH (Urteil BFH 12.7.2016 – IX R 31/15, BStBl. II 2018, 699) hat davon abweichend entschieden, dass eine Besteuerungsgrundlage nur dann einem Steuerbescheid „zu Grunde gelegt" worden ist, wenn sie sich auf die Höhe der Steuer ausgewirkt hat. Der BFH geht davon aus, dass Abs. 4 Satz 4 und 5 die Bestandskraft des Steuerbescheids schützen will. Soweit der Steuerbescheid bestandskräftig ist, soll danach eine gesonderte Feststellung des verbleibenden Verlustvortrags (verfahrensrechtlich) unzulässig sein (→ Rn. 358 und → Rn. 433 ff.). **457**

§ 155 Abs. 2 AO (vorläufiger Folgebescheid) ist nicht, auch nicht entsprechend anzuwenden. Ein Verlustfeststellungsbescheid mit abweichendem Inhalt darf nicht erlassen werden, solange ein maßgeblicher Steuerbescheid noch nicht geändert ist. Die einzige Ausnahme von der Bindungswirkung sieht Abs. 4 Satz 5 vor. Dies schließt die sinngemäße Anwendung von § 155 Abs. 2 AO in diesem Zusammenhang aus. **458**

Einstweilen frei **459**

f) Verfahrensrechtliche Rechtsfolgen (Satz 4 Hs. 2). Abs. 4 Satz 4 Hs. 2 ordnet die entsprechende Anwendung von § 171 Abs. 10 AO, § 175 Abs. 1 Satz 1 Nr. 1 AO und § 351 Abs. 2 AO sowie von § 42 FGO an. Dadurch soll erreicht werden, dass der Steuerbescheid **wie ein Grundlagenbescheid** wirkt, obwohl er keiner ist (vgl. BT-Drs. 17/2249, 52). Die Vorschrift betrifft nur die in Satz 4 Hs. 1 erwähnten Steuerbescheide. **460**

Abgrenzung. Im Hinblick auf den am Schluss des unmittelbar vorangegangenen Veranlagungszeitraums gesondert festgestellten verbleibenden Verlustvortrag ist der nachfolgende Bescheid über die gesonderte Feststellung des verbleibenden Verlustvortrags originärer Folgebescheid (→ Rn. 388). Insofern sind die in Abs. 4 Satz 4 Hs. 2 erwähnten Vorschriften unmittelbar anzuwenden. **461**

aa) Ablaufhemmung (§ 171 Abs. 10 AO). § 171 Abs. 10 AO enthält eine Ablaufhemmung für Folgebescheide. Die Festsetzungsfrist endet nicht vor Ablauf von zwei Jahren nach Bekanntgabe des Grundlagenbescheids, soweit dessen Bindungswirkung reicht. Die Vorschrift ermöglicht die Umsetzung von Grundlagenbescheiden nach Ablauf der regulären Festsetzungsfrist und verschafft dem Finanzamt eine großzügige Frist zur Umsetzung von Grundlagenbescheiden. Insofern ergänzt sie die Anpassungsverpflichtung aus § 175 Abs. 1 Nr. 1 Satz 1 AO. **462**

Bei entsprechender Anwendung bezieht sich § 171 Abs. 10 AO auf die Feststellungsfrist für die gesonderte Feststellung des verbleibenden Verlustvortrags. Die Ablaufhemmung greift ein, soweit für die Feststellung des verbleibenden Verlustvortrags ein anderer Bescheid bindend ist. Aus dem Zusammenhang mit Abs. 4 Satz 4 Hs. 1 ergibt sich, dass insofern die Bindung an die Steuerbescheide (→ Rn. 438) gemeint ist. Die entsprechende Anwendung von § 171 Abs. 10 AO verschafft damit dem Steuerbescheid partiell dieselbe verjährungshemmende Wirkung wie einem Grundlagenbescheid. **463**

Die Ablaufhemmung greift nur punktuell ein, soweit die Bindungswirkung der Steuerbescheide reicht. Dies betrifft bei der gesonderten Feststellung des verbleibenden Verlustvortrags die Bezugsgrößen (1) Summe der nicht ausgeglichenen negativen Einkünfte, (2) Verlustrücktrag und (3) Verlustvortrag (→ Rn. 444 ff.). **464**

Abs. 4 Satz 4 Hs. 2 iVm § 171 Abs. 10 AO ist lex specialis im Verhältnis zu Abs. 4 Satz 6 Hs. 1. § 171 Abs. 10 AO verlängert den Ablauf der Feststellungsfrist in größerem Umfang als Abs. 4 Satz 6 und verdrängt deshalb in seinem Anwendungsbereich diese konkurrierende Vorschrift (→ Rn. 538). **465**

§ 171 Abs. 10 Satz 2 und 3 AO betreffen ressortfremde Grundlagenbescheide und haben für die entsprechende Anwendung gemäß Abs. 4 Satz 4 Hs. 2 keine Bedeutung, denn die in Abs. 4 Satz 4 Hs. 1 angeordnete Bindungswirkung betrifft nur Steuerbescheide (→ Rn. 438). Die Verweisung geht insofern ins Leere. **466**

Einstweilen frei **467–469**

bb) Anpassungsverpflichtung (§ 175 Abs. 1 Satz 1 Nr. 1 AO). § 175 Abs. 1 Satz 1 Nr. 1 AO ist eine Änderungsvorschrift. Sie erlaubt die Durchbrechung der Bestandskraft und begründet eine Umsetzungs- und Anpassungsverpflichtung. Der Folgebescheid ist anzu- **470**

passen, wenn ein Grundlagenbescheid erlassen, geändert oder aufgehoben wird. Darin spiegelt sich die **Kompetenzverteilung** zwischen dem Feststellungsfinanzamt und dem Veranlagungsfinanzamt. Das für die Steuerfestsetzung zuständige Veranlagungsfinanzamt hat die Entscheidung des Feststellungsfinanzamts grundsätzlich ohne eigene Sach- und Rechtsprüfung zu übernehmen und umzusetzen.

471 Bei entsprechender Anwendung dieser Vorschrift ist der Steuerbescheid (→ Rn. 438) wie ein Grundlagenbescheid zu behandeln, soweit seine Bindungswirkung reicht (→ Rn. 443 ff.). Die Anpassungsverpflichtung besteht für den Bescheid über die gesonderte Feststellung des verbleibenden Verlustvortrags. Wegen des Umfangs der Anpassungsverpflichtung im Einzelnen wird auf die einschlägigen Kommentierungen zu § 175 Abs. 1 Satz 1 Nr. 1 AO verwiesen.

472 Die **Kompetenzverteilung** zwischen dem Feststellungs- und dem Veranlagungsfinanzamt hat für das Verwaltungsverfahren bei der gesonderten Feststellung des verbleibenden Verlustvortrags keine praktische Bedeutung, weil insofern keine besondere Zuständigkeit begründet ist (→ Rn. 418). Erhebliche Auswirkungen hat sie aber für das Rechtsbehelfsverfahren (→ Rn. 475 ff.).

473–474 *Einstweilen frei*

475 **cc) Einspruchsverfahren (§ 351 Abs. 2 AO).** Entscheidungen in einem Grundlagenbescheid (§ 171 Abs. 10 AO) können nur durch Anfechtung dieses Bescheids, nicht auch durch Anfechtung des Folgebescheids angegriffen werden (§ 351 Abs. 2 AO). Die Vorschrift schränkt den Rechtsschutz gegen Folgebescheide ein und regelt, in welchen Fällen der Einspruch gegen den Grundlagenbescheid gerichtet werden muss. Die im Feststellungverfahren bestehende Kompetenzverteilung (→ Rn. 470) gilt auch für das Rechtsbehelfsverfahren. Jedes Finanzamt soll über den Einspruch entscheiden, der sich gegen die von ihm erlassene Entscheidung richtet.

476 Für das Verwaltungsverfahren bei der gesonderten Feststellung des verbleibenden Verlustvortrags hat die mit dem Feststellungsverfahren an sich verbundene Kompetenzverteilung praktisch keine Bedeutung, weil eine besondere Zuständigkeit nicht begründet ist (→ Rn. 472). Gleichwohl ordnet Abs. 4 Satz 4 Hs. 2 die entsprechende Anwendung von § 351 Abs. 2 AO an und belastet dadurch den Steuerpflichtigen einseitig mit der Suche nach dem richtigen Bescheid, gegen den Einspruch eingelegt werden muss. Die gestaltet sich mitunter schwierig und fehleranfällig.

477 Die Vorschrift ist gleichwohl **verfassungsrechtlich nicht zu beanstanden,** weil ein Bedürfnis für die gesonderte Feststellung des verbleibenden Verlustvortrags unabweisbar besteht (→ Rn. 353) und die mit der Selbständigkeit des Feststellungsverfahrens verbundenen Nachteile für die Steuerpflichtigen grundsätzlich zumutbar erscheinen. Bei etwaigen Mehrdeutigkeiten sollte die Finanzverwaltung dem Rechtsschutzbegehren (nicht nur dem begründeten) aber durch möglichst großzügige Auslegung zur Zulässigkeit verhelfen. Eine den eindeutigen Wortlaut korrigierende Auslegung (Umdeutung) kommt idR allerdings nicht in Betracht (**aA** Klein/*Rätke* AO § 351 Rn. 30).

478 Bei entsprechender Anwendung von § 351 Abs. 2 AO muss sich der Einspruch gegen den bindenden Steuerbescheid richten, wenn der Steuerpflichtige die gesonderte Feststellung eines **höheren verbleibenden Verlustvortrags** mit der Begründung begehrt, **(1)** die Summe der nicht ausgeglichenen negativen Einkünfte sei zu niedrig, **(2)** der Verlustrücktrag sei zu Unrecht oder zu hoch und/oder **(3)** der Verlustvortrag sei zu Unrecht oder zu hoch durchgeführt werden. Der Bescheid, gegen den sich der Einspruch richten muss, ist derjenige, in dem die jeweils angegriffene Besteuerungsgrundlage „zu Grunde gelegt" worden ist, in dem sie also mit bindender Wirkung erkennbar vorkommt (→ Rn. 454). Zum Rechtsschutz, wenn die Bindungswirkung ausnahmsweise nach Abs. 4 Satz 5 entfällt → Rn. 517.

479 Nicht gegen den Steuerbescheid, sondern gegen den **Feststellungsbescheid** muss Einspruch eingelegt werden, soweit in ihm die Entscheidung getroffen worden ist, gegen die sich der Einspruch richtet (→ Rn. 375 ff.).

480 Im Feststellungsbescheid wird ua bindend entschieden über die Abziehbarkeit der negativen Einkünfte dem Grunde nach (→ Rn. 378) und über die Aufteilung der negativen Einkünfte nach Zusammenveranlagung (→ Rn. 379).

481 Im Feststellungsbescheid ist auch zu entscheiden über **Bestehen und Reichweite der Anpassungsverpflichtung.** Dabei geht es insbesondere um die Voraussetzungen für die

Bindungswirkung des Steuerbescheids (→ Rn. 471), also ob ein Steuerbescheid wirksam ergangen und nicht nichtig ist (→ Rn. 430) und ferner, ob und mit welchem Betrag dem Bescheid eine für die gesonderte Feststellung des verbleibenden Verlustvortrags relevante Besteuerungsgrundlage (→ Rn. 444) zugrunde gelegt worden ist (→ Rn. 454). In Bezug auf diese Fragen besteht keine Bindungswirkung, denn die Bindungswirkung kann sich nicht auf ihre eigenen Voraussetzungen erstrecken.

Beispiel: 481.1

Der Einwand der **Nichtigkeit des Steuerbescheids** kann deshalb sowohl im Einspruchsverfahren gegen den Steuerbescheid geltend gemacht als auch mit dem Einspruch gegen den Feststellungsbescheid erhoben werden. Im Feststellungsverfahren gehört die Prüfung der Nichtigkeit zu den nicht bindenden Voraussetzungen der Bindungswirkung.

Richtet sich der Angriff gegen den auf den Schluss des unmittelbar vorangegangenen Veranlagungszeitraums gesondert festgestellten verbleibenden Verlustvortrag, muss berücksichtigt werden, dass dieser Feststellungsbescheid inhaltlich ebenfalls weitgehend durch andere Bescheide bestimmt ist (**mehrstufiger Grundlagenbescheid**). Für die Zulässigkeit des Einspruchs kommt es auf den Regelungsgehalt des jeweiligen Bescheids an. Dies zwingt Steuerpflichtige bei unklaren Verlustgrundlagen dazu, soweit wie möglich insbesondere sämtliche Steuerbescheide und Feststellungsbescheide offen zu halten, um nachträgliche Änderungen bei den Verlustgrundlagen ohne Durchbrechung der Bestandskraft steuerlich wirksam werden zu lassen. 482

Für die Beurteilung im Einzelfall, gegen welchen Bescheid Einspruch eingelegt werden muss, kommt es stets auf den **Regelungsgehalt** des jeweiligen Bescheids an (→ Rn. 390) und nicht darauf, worüber das Finanzamt bei richtiger Sachbehandlung hätte entscheiden müssen. Nach gefestigter Rechtsprechung des BFH führt ein Verstoß gegen § 351 Abs. 2 AO nicht zur Unzulässigkeit des Einspruchs, sondern zu dessen Unbegründetheit (str.; BFH 12.10.2011 – VIII R 2/10, BFH/NV 2012, 776 zu § 42 FGO; Gräber/*Levedag* FGO § 42 Rn. 38; **aA** Klein/*Rätke* AO § 351 Rn. 31). 483

Einstweilen frei 484

dd) Klage (§ 42 FGO). Nach § 42 FGO können Folgebescheide durch Klage nicht in weiterem Umfang angegriffen werden als im außergerichtlichen Vorverfahren. Die für das Einspruchsverfahren geltenden Rechtsbehelfsbeschränkungen (→ Rn. 475 ff.) wirken damit im Klageverfahren fort. Ist die Klage nur gegen den Verlustfeststellungsbescheid gerichtet und ausdrücklich nicht gegen die Steuerbescheide, in denen die Besteuerungsgrundlagen korrigiert werden müssten, um die Feststellung eines höheren verbleibenden Verlustabzugs zu ermöglichen, kommt eine Umdeutung nicht in Betracht (BFH 16.5.2018 – XI R 50/17, BStBl. II 2018, 752). 485

ee) Aussetzung der Vollziehung (§ 361 Abs. 3 Satz 1 AO). Nach § 361 Abs. 3 Satz 1 AO ist ein Folgebescheid auszusetzen, soweit die Vollziehung des Grundlagenbescheids ausgesetzt ist. Dass die Vorschrift in Abs. 4 Satz 4 Hs. 2 nicht ausdrücklich erwähnt ist, beruht offenbar auf einem Versehen des Gesetzgebers, der ausweislich der Gesetzesbegründung alle das Verhältnis von Grundlagen- und Folgebescheid betreffenden Vorschriften auf das Verhältnis von Steuerbescheid und gesonderten Verlustfeststellungsbescheid entsprechend anwenden wollte (vgl. BT-Drs. 17/2249, 52). Sie ist deshalb (analog) ebenso entsprechend anzuwenden wie die dort aufgezählten Vorschriften. 486

Ein zum Nachteil des Steuerpflichtigen geänderter Bescheid über die gesonderte Feststellung des verbleibenden Verlustvortrags muss danach von der Vollziehung ausgesetzt werden, wenn der Steuerbescheid, in dem die streitige Bezugsgröße mit bindender Wirkung geändert worden ist, von der Vollziehung ausgesetzt ist. 487

Beispiel: 487.1

Nach einer Außenprüfung wird ein erklärter und bislang berücksichtigter Verlust (negative Einkünfte einer bestimmten Einkunftsart) im Steuerbescheid nicht mehr oder nicht mehr in bisheriger Höhe berücksichtigt. Der geänderte Steuerbescheid ist von der Vollziehung ausgesetzt. Dann muss auf Antrag auch der entsprechend geänderte Bescheid über die gesonderte Feststellung des verbleibenden Verlustvortrags von der Vollziehung ausgesetzt werden.

488–489 *Einstweilen frei*

490 **g) Prozessuale Rechtsfolgen. Klage gegen Nullbescheid.** Wegen der Bindungswirkung fehlt einer Klage gegen einen auf 0 EUR lautenden Steuerbescheid nicht das Rechtsschutzbedürfnis, wenn mit der Klage geltend gemacht wird, die bindenden Besteuerungsgrundlagen führten zu einem zu niedrigen verbleibenden Verlustvortrag (BFH 7.12.2016 – I R 76/14, BStBl. II 2017, 704; FG Düsseldorf 16.2.2016 – 10 K 3686/13 F, EFG 2016, 662). Das Rechtsschutzbedürfnis für die Klage ergibt sich aus der angestrebten **Beseitigung der Bindungswirkung.**

491 Richtige Klageart ist insofern die **Feststellungsklage.** Eine Herabsetzung der auf 0 EUR lautenden Steuerfestsetzung kommt nicht in Betracht (zutr. FG Berlin-Brandenburg 28.4.2016 – 3 K 3106/15, EFG 2016, 1091). Auch eine Verpflichtung zur Berücksichtigung bestimmter Besteuerungsgrundlagen im Steuerbescheid kann vom Gericht nicht ausgesprochen werden, denn Abs. 4 Satz 5 sieht vor, dass die Änderung eines Steuerbescheids unterbleibt, wenn sie sich auf die Höhe der Steuerfestsetzung nicht auswirkt. Eine Pflicht zur Änderung des Bescheids besteht danach gerade nicht. Allerdings kann das Finanzamt den Bescheid freiwillig ändern und dem Begehren durch Berücksichtigung bestimmter Besteuerungsgrundlagen entsprechen. Das gilt auch dann, wenn sich eine Auswirkung auf die Höhe der Steuer nicht ergibt (→ Rn. 523). Ein Verbot besteht insofern nicht. Der geänderte Bescheid entfaltet dann insoweit Bindungswirkung.

492 Hilft das Finanzamt dem Begehren nicht ab, muss das Gericht prüfen, ob die **Voraussetzungen von Abs. 4 Satz 5** vorliegen (Änderung unterbleibt ausschließlich mangels Auswirkungen auf die Höhe der Steuer). Von der Bindungswirkung nach Abs. 4 Satz 4 kann das Gericht nicht suspendieren; es kann insoweit nur prüfen und feststellen, ob sie entfallen ist. Einziger Anwendungsfall dafür ist Abs. 4 Satz 5. Liegen dessen Voraussetzungen vor, spricht das Gericht im Tenor aus, welche (im Einzelnen zu bezeichnenden) Besteuerungsgrundlagen, die sich auf die Höhe des verbleibenden Verlustvortrags auswirken, nicht der Bindungswirkung unterfallen. Das Verfahren betreffend die gesonderte Feststellung des verbleibenden Verlustvortrags ist solange nach § 363 AO oder § 74 FGO auszusetzen, bis über die Feststellungsklage entschieden ist. Dagegen kann das Gericht nicht dazu Stellung nehmen, wie die Besteuerungsgrundlagen richtigerweise anzusetzen sind. Das ist die Folge davon, dass der Steuerbescheid kein Grundlagenbescheid ist, sondern nur partiell wie ein Grundlagenbescheid wirkt.

493 **Weitere Klage gegen Feststellungsbescheid.** Erlässt das Finanzamt im Anschluss daran – ohne Bindungswirkung – den Bescheid über die gesonderte Feststellung des verbleibenden Verlustvortrags und berücksichtigt es darin den vom Kläger in der Sache geltend gemachten Verlust nicht, muss insoweit eine weitere Klage (**Anfechtungsklage**) erhoben werden. Diese ist trotz § 42 FGO und § 351 Abs. 2 AO zulässig, denn die Bindungswirkung besteht nicht. Daraus kann nicht auf die Entbehrlichkeit der Feststellungsklage geschlossen werden. Über die Frage, ob die Voraussetzungen von Abs. 4 Satz 5 vorliegen, kann nur im Verfahren gegen den Bescheid entschieden werden, um dessen Bindungswirkung es geht. Das ergibt sich aus § 42 FGO iVm § 351 Abs. 2 AO.

494 **Streitwert.** Er bestimmt sich gem. § 52 Abs. 1 GKG für die Klage auf Beseitigung der Bindungswirkung wie für die Klage gegen den Verlustfeststellungsbescheid nach den zukünftigen steuerlichen Auswirkungen, die möglichst konkret zu bestimmen sind. Lassen sich die steuerlichen Auswirkungen (noch) nicht beziffern, sind 10% des geltend gemachten Verlusts anzusetzen (BFH 7.8.2018 – IX E 1/18, BFH/NV 2018, 1282; teilweise streitig FG Münster 15.1.2020 – 13 K 2556/15 K,G, EFG 2019, 1553 mwN).

495 **h) Ausnahme von der Bindungswirkung (Satz 5).** Nach Abs. 4 Satz 5 dürfen die Besteuerungsgrundlagen abweichend von Satz 4, dh ohne Bindung an den jeweiligen Steuerbescheid, berücksichtigt werden (Rechtsfolge), wenn der Steuerbescheid nur deshalb nicht geändert, aufgehoben oder berichtigt wird, weil die Änderung, Aufhebung oder Berichtigung keine Auswirkung auf die Höhe der festgesetzten Steuer hätte (Voraussetzungen). Andere, insbesondere andere verfahrensrechtliche Gründe, aus denen die Änderung, Aufhebung oder Berichtigung des Steuerbescheids (auch) unterblieben ist, dürfen nicht vorliegen („ausschließlich").

Satz 5 enthält die einzige Ausnahme von Abs. 4 Satz 4 („dürfen […] nur"). Liegen die Voraussetzungen von Satz 5 nicht vor, bleibt es, wenn ein wirksamer Steuerbescheid ergangen ist, bei der Bindungswirkung gemäß Abs. 4 Satz 4. Liegt ein Bescheid nicht vor oder ist er unwirksam, fehlt es an der Bindungswirkung (→ Rn. 430); Satz 5 ist dann ebenfalls nicht anwendbar. **496**

Die Vorschrift dient der **materiellen Richtigkeit des Verlustabzugs.** Sie gewährleistet in engen Grenzen, dass der verbleibende Verlustvortrag in zutreffender Höhe festgestellt werden kann, wenn die Änderung des Steuerbescheids allein aus Gründen unterbleibt, die nicht der **Sicherung des Rechtsfriedens** dienen (vgl. BT-Drs. 17, 2249, 52 aE). In diesem Fall ist der Steuerbescheid in seinem verfügenden Teil nicht unrichtig, weil die Steuer in zutreffender Höhe festgesetzt ist. Unrichtig sind aber die ihm zugrunde gelegten Besteuerungsgrundlagen. Der Wegfall der Bindungswirkung ermöglicht in dieser Konstellation die zutreffende Berücksichtigung der Besteuerungsgrundlagen bei der gesonderten Feststellung des verbleibenden Verlustvortrags. **497**

Abs. 4 Satz 5 schafft damit einen Ausgleich zwischen dem Anspruch auf materielle Richtigkeit und der Sicherung des Rechtsfriedens. In den von Abs. 4 Satz 5 angesprochenen Fällen unterbleibt die (an sich mögliche) Änderung des Steuerbescheids allein aus verfahrensökonomischen Gründen. **Verfahrensökonomische Gründe** rechtfertigen es indes nicht, dass entstandene Verluste unberücksichtigt bleiben. In diesem, aber auch nur in diesem Fall, geht nach der Konzeption des Gesetzes die materielle Richtigkeit vor. **498**

Einstweilen frei **499**

aa) Voraussetzungen im Einzelnen. Es muss ein **Bescheid mit Bindungswirkung** vorliegen. Insbesondere muss ein Steuerbescheid ergangen und wirksam sein (→ Rn. 431). Das ergibt sich aus der Formulierung „abweichend von Satz 4". Die Abweichung bezieht sich auf die Rechtsfolge: Obwohl die Voraussetzungen von Satz 4 vorliegen, gilt (unter weiteren Voraussetzungen) eine andere Rechtsfolge. **500**

Abgrenzung. Liegt ein Steuerbescheid (noch) nicht vor und kann er auch nicht mehr ergehen, tritt zwar ebenfalls keine Bindungswirkung ein (→ Rn. 430). Die relevanten Besteuerungsgrundlagen sind im Feststellungsverfahren zu ermitteln. Dies stellt jedoch keine Abweichung (Ausnahme) von Satz 4 dar, sondern beruht darauf, dass die Voraussetzungen von Satz 4 nicht erfüllt sind. **501**

Aufhebung, Änderung oder Berichtigung. Es müssen die Voraussetzungen dafür vorliegen, dass der Steuerbescheid aufgehoben, geändert oder berichtigt werden könnte (BFH 10.2.2015 – IX R 6/14, BFH/NV 2015, 812). Dies richtet sich nach den verfahrensrechtlichen Vorschriften (insbesondere § 169 Abs. 1 Satz 1 und 2 AO, §§ 172 ff. AO, § 129 AO, § 177 AO). Nur wenn die verfahrensrechtlichen Voraussetzungen für eine Aufhebung, Änderung oder Berichtigung vorliegen, kann diese aus einem anderen Grund „unterbleiben". **502**

Inhaltlicher Zusammenhang. Die begehrte und verfahrensrechtlich zulässige Aufhebung, Änderung oder Berichtigung des Steuerbescheids muss sich auf eine für die Ermittlung des verbleibenden Verlustvortrags **relevante Besteuerungsgrundlage** (→ Rn. 443) beziehen. Fehlt es daran, wird mit anderen Worten die Aufhebung, Änderung oder Berichtigung des Steuerbescheids aus einem Grund begehrt, der sich auf die Ermittlung des verbleibenden Verlustvortrags nicht auswirken würde und wird sie abgelehnt, erfüllt dies nicht die Voraussetzungen von Abs. 4 Satz 5. Nur wenn das Begehren auf Aufhebung, Änderung oder Berichtigung des Steuerbescheids wegen einer für die Ermittlung des verbleibenden Verlustvortrags relevanten Besteuerungsgrundlage erfolglos bleibt, kommt Abs. 4 Satz 5 in Betracht. **503**

Unterbleiben. Die Aufhebung, Änderung oder Berichtigung des Steuerbescheids muss zudem unterblieben sein. Sie darf also nicht stattgefunden haben. Das ist rein tatsächlich zu verstehen. Es kommt insofern nicht darauf an, ob der Bescheid zu Recht aufgehoben, geändert oder berichtigt worden ist. **504**

Ist der Steuerbescheid ersatzlos aufgehoben worden, richtet sich die Rechtsfolge nach Abs. 4 Satz 1; dh die relevanten Besteuerungsgrundlagen sind ohne inhaltliche Bindung von Amts wegen festzustellen. Der Wegfall der Bindungswirkung beruht in diesem Fall nicht auf Abs. 4 Satz 5, sondern darauf, dass ein Bescheid nicht mehr besteht, der Bindungswirkung entfalten könnte (→ Rn. 501). Ist der Bescheid geändert oder berichtigt, entfaltet er im Umfang der Änderung oder Berichtigung Bindungswirkung und ist insoweit umzusetzen. In diesem Fall tritt die Rechtsfolge von Abs. 4 Satz 5 (keine Bindungswir- **504.1** kung) ebenfalls nicht ein. Auf die Rechtmäßigkeit des Bescheids, auch auf die Frage, ob er hätte aufgehoben, geändert oder berichtigt werden dürfen, kommt es nicht an (→ Rn. 431).

505 **Mangels Auswirkungen auf die Höhe der festzusetzenden Steuer.** Diese Voraussetzung liegt insbesondere vor, wenn die Steuer bereits auf 0 EUR festgesetzt worden ist und ein höherer Verlust geltend gemacht wird oder wenn ein höherer Verlust zwar bejaht, aber mit anderen Rechtsfehlern saldiert wird (§ 177 AO) oder im Fall des § 351 Abs. 1 AO, wenn der Verlust erstmals im Einspruchsverfahren gegen einen nur eingeschränkt anfechtbaren Steuerbescheid geltend gemacht wird (vgl. BFH 12.7.2016 – IX R 31/15, BStBl. II 2018, 699). Denkbar ist auch, dass ein Tarifsprung durch die Änderung oder Berichtigung nicht ausgelöst wird.

506 **Irrtum.** Es genügt, wenn die Finanzbehörde die Aufhebung, Änderung oder Berichtigung des Steuerbescheids in der unzutreffenden Annahme unterlässt, es ergäben sich keine Auswirkungen auf die Höhe der Steuer. Insofern kommt es auf das **Motiv** und nicht auf die Rechtslage an. Diese Auslegung entspricht dem Zweck der Vorschrift, den Verlustvortrag in zutreffender Höhe zu erfassen. Hätte sich das Finanzamt rechtmäßig verhalten und den Bescheid geändert oder berichtigt, hätten die relevanten Besteuerungsgrundlagen insoweit Bindungswirkung für die gesonderte Feststellung des verbleibenden Verlustvortrags gehabt (→ Rn. 504.1). Es ist deshalb konsequent, dass die Bindungswirkung entfällt, wenn die Änderung oder Berichtigung des Bescheids mit Blick auf die vermeintlich fehlende steuerliche Auswirkung zu Unrecht unterblieben ist. Andernfalls könnte das Finanzamt der für den Steuerpflichtigen vorteilhaften Rechtsfolge aus Abs. 4 Satz 5 erfolgreich seinen eigenen Fehler entgegenhalten.

507 *Einstweilen frei*

508 **Ausschließlich.** Die Aufhebung, Änderung oder Berichtigung des Steuerbescheids muss ausschließlich aus diesem Grund unterblieben sein. Die mangelnde Auswirkung auf die Höhe der festgesetzten Steuer muss **der einzige Grund** für die Ablehnung (gewesen) sein. Liegen weitere Gründe vor, weshalb die Aufhebung, Änderung oder Berichtigung nicht durchgeführt werden durfte (insbesondere Bestandskraft; keine Änderungsvorschrift), schließt dies die Anwendung von Abs. 4 Satz 5 aus.

509 **Irrtum.** Die Ausschließlichkeit muss **objektiv** vorliegen. Andere Gründe für die Ablehnung der Aufhebung, Änderung oder Berichtigung des Bescheids dürfen nicht vorliegen. Es kommt insofern nicht darauf an, was sich der Bearbeiter des Finanzamts vorgestellt hat. Dafür spricht schon der eindeutige Wortlaut der Vorschrift. Das gebietet auch der Zweck der Vorschrift. Abs. 4 Satz 5 soll die Feststellung des verbleibenden Verlustvortrags ohne Bindung an den Steuerbescheid nur ermöglichen, soweit der Rechtsfriede nicht betroffen ist (→ Rn. 497). Ob die Voraussetzungen für eine Aufhebung, Änderung oder Berichtigung vorlagen, muss deshalb bei der Anwendung von Abs. 4 Satz 5 festgestellt werden und ist materielle Voraussetzung von Abs. 4 Satz 5 (→ Rn. 502).

510 **bb) Rechtsfolgen im Einzelnen.** Bei der Feststellung dürfen die Besteuerungsgrundlagen abweichend von Satz 4 berücksichtigt werden. Aus dieser Formulierung ergibt sich, dass die **Bindungswirkung entfällt,** soweit die Voraussetzungen von Abs. 4 Satz 5 vorliegen.

510.1 Entsprechendes ergibt sich eindeutig auch aus der Gesetzesbegründung (BT-Drs. 17/2249, 52): „[…] wäre die Korrektur eines Steuerbescheids dem Grunde nach möglich, kann die Verlustfeststellung ausnahmsweise unabhängig von den der Steuerfestsetzung zu Grunde gelegten Besteuerungsgrundlagen erfolgen. Wäre aber die Korrektur […] auch verfahrensrechtlich nicht möglich, […] gilt weiterhin die ‚Bindungswirkung' der Einkommensteuerfestsetzung für die Verlustfeststellung".

511 **Die Besteuerungsgrundlagen.** Gemeint sind die für die Ermittlung des verbleibenden Verlustvortrags relevanten Besteuerungsgrundlagen (Abs. 4 Satz 2; → Rn. 400 ff. und → Rn. 444). Sie dürfen ausnahmsweise ohne Bindung an die Steuerbescheide berücksichtigt werden, soweit die Bindungswirkung aufgehoben ist (→ Rn. 514).

512 **Dürfen.** Der Wortlaut (Erlaubnis) bringt im Kontext lediglich zum Ausdruck, dass die Rechtsfolge aus Satz 5 im Gegensatz zu der aus Satz 4 steht. Im Anwendungsbereich von Satz 4 „dürfen" die Besteuerungsgrundlagen eben nicht ermittelt werden, sondern sie müssen so berücksichtigt werden, wie sie den Steuerbescheiden zugrunde gelegt sind (Verbot). Dies entfällt im Anwendungsbereich von Satz 5.

Eine weitere Bedeutung kommt dem Wortlaut nicht zu. „Dürfen" bedeutet deshalb im konkreten Fall „müssen". Wenn und soweit die Voraussetzungen von Satz 5 vorliegen, sind die Besteuerungsgrundlagen zu ermitteln und materiell zutreffend zu berücksichtigen, denn die Pflicht zur gesonderten Feststellung des verbleibenden Verlustvortrags (in zutreffender Höhe) wird durch Satz 5 nicht eingeschränkt (→ Rn. 436). 513

Grenzen. Die Ausnahme gilt nur für die einzelne(n) Besteuerungsgrundlage(n), für die die Voraussetzungen von Satz 5 vorliegt oder vorliegen („nur insoweit"). Sie bezieht sich zum einen nicht auf den Bescheid im Ganzen. Bindungswirkung iSv Abs. 4 Satz 4 entfaltet nicht der Bescheid. Nur bestimmte in ihm zugrunde gelegte Besteuerungsgrundlagen sind zu berücksichtigen (→ Rn. 443). Sie bezieht sich zum andern nach dem eindeutigen Wortlaut auch nicht auf sämtliche im jeweiligen Bescheid zugrunde gelegten relevanten Besteuerungsgrundlagen, sondern nur auf diejenigen Besteuerungsgrundlagen, bei denen die Voraussetzungen von Abs. 4 Satz 5 vorliegen. Auch innerhalb einer Einkunftsart reicht der Wegfall der Bindungswirkung nur soweit, wie die Voraussetzungen von Abs. 4 Satz 5 vorliegen. 514

Beispiel: Der Steuerpflichtige begehrt die Berücksichtigung höherer Verluste aus Gewerbebetrieb und VuV. Das Finanzamt lehnt den Einspruch gegen den Einkommensteuerbescheid mit der Begründung ab, ein höherer Verlust aus Gewerbebetrieb sei nicht verwirklicht und der lediglich um x EUR höhere Verlust aus VuV löse einen Tarifsprung nicht aus. Lösung: Nur für den Verlust aus VuV (Besteuerungsgrundlage) ist die Bindungswirkung aufgehoben. Ein höherer Verlust aus Gewerbebetrieb kann im Feststellungsverfahren nicht mit Erfolg geltend gemacht werden. Soweit auch der geltend gemachte Verlust aus VuV teilweise abgelehnt worden ist, muss wiederum vorrangig gegen den Einkommensteuerbescheid geklagt werden. 514.1

Verfahrensrecht. Im Umfang des Wegfalls der Bindungswirkung wird die Befugnis, die relevanten Besteuerungsgrundlagen zu ermitteln und festzustellen vom Besteuerungs- in das Feststellungsverfahren (zurück-)verlagert. Diese Verlagerung hat mangels besonderer Zuständigkeit (→ Rn. 418) keine erkennbaren Auswirkungen auf das Besteuerungsverfahren, wohl aber auf das Rechtsbehelfsverfahren (→ Rn. 517). 515

Materiell-rechtlich erfordert die Ermittlung und Feststellung der relevanten Besteuerungsgrundlagen unter Umständen eine „**Schattenveranlagung**". Lassen sich die für die Feststellung des verbleibenden Verlustvortrags relevanten Besteuerungsgrundlagen nicht anders ermitteln, muss ein fiktiver (geänderter) Steuerbescheid erstellt werden. Das gilt auch, wenn ein Steuerbescheid nicht ergangen ist und auch nicht mehr ergehen kann. Zwar liegt dann kein Fall von Abs. 4 Satz 5 vor (→ Rn. 501), die Rechtsfolge ist aber insofern gleich. 516

Rechtsbehelfe. Der Wegfall der Bindungswirkung bewirkt, dass über die relevante(n) Besteuerungsgrundlage(n) (wieder) im Feststellungsbescheid entschieden werden muss. Insofern ist der Feststellungsbescheid nicht mehr wie ein Folgebescheid zu behandeln. § 351 Abs. 2 AO greift nicht, auch nicht entsprechend ein („abweichend von Satz 4"). 517

Das durch Abs. 4 Satz 4 Hs. 2 iVm § 351 Abs. 2 AO vorgegebene Rechtsschutzsystem (→ Rn. 475 ff.) wird durch Abs. 4 Satz 5 nur punktuell, nämlich nur im **Anwendungsbereich der Ausnahmevorschrift** modifiziert. Insofern kommt es wie stets auf den Regelungsgehalt des jeweiligen Bescheids an und nicht darauf, worüber das Finanzamt bei richtiger Sachbehandlung hätte entscheiden müssen (→ Rn. 390 und → Rn. 483). 518

Hat das Finanzamt die Voraussetzungen von Abs. 4 Satz 5 bejaht und deshalb (verfahrensrechtlich zu Recht) im Feststellungsbescheid über eine **relevante Besteuerungsgrundlage** entschieden, muss der Einspruch gegen diesen Bescheid gerichtet werden, wenn geltend gemacht wird, die Feststellung sei inhaltlich unzutreffend. 519

Ob das Finanzamt Abs. 4 Satz 5 angewandt und deshalb im Feststellungsbescheid über eine relevante Besteuerungsgrundlage entschieden hat, muss sich aus dem Bescheid ergeben, ggf. im Wege der Auslegung (→ Rn. 390). Lässt sich dies aus der maßgeblichen Empfängersicht nicht sicher beurteilen, kann das Finanzamt dem Einspruch gegen den Einkommensteuerbescheid als Quasi-Grundlagenbescheid (KSM/*Heuermann* § 10d Rn. D90) nicht mit Erfolg entgegen halten, dass Einspruch gegen den Feststellungsbescheid hätte eingelegt werden müssen. 520

In allen anderen Fällen, muss sich der **Einspruch gegen den Steuerbescheid** richten. Lehnt das Finanzamt die Anwendung von Abs. 4 Satz 5 ab, ist der Anwendungsbereich der Vorschrift nach dem insoweit maßgeblichen Inhalt des Feststellungsbescheids mithin nicht 521 eröffnet, so bejaht das Finanzamt notwendig zugleich die Bindungswirkung der Besteuerungsgrundlagen im Steuerbescheid. Der Einspruch muss sich deshalb gegen den Steuerbescheid richten, in dem eine relevante Besteuerungsgrundlage zugrunde gelegt ist.

522 Der **Einspruch ist auch zulässig,** wenn die Steuer bereits auf 0 EUR festgesetzt ist oder wenn feststeht, dass der Bescheid mangels Auswirkung auf die Höhe der festgesetzten Steuer nicht geändert werden wird. In beiden Fällen mangelt es zwar grundsätzlich an der erforderlichen Beschwer (§ 350 AO). Die Beschwer ergibt sich jedoch aus der angestrebten **Beseitigung der Bindungswirkung,** soweit diese vom Finanzamt bejaht wird (Klein/*Rätke* AO § 350 Rn. 19). In der Konsequenz ist deshalb auch über die Anwendungsvoraussetzungen von Abs. 4 Satz 5 im Einspruchsverfahren gegen den Steuerbescheid zu entscheiden (iErg ebenso KSM/*Heuermann* § 10d Rn. A355 und D94).

522.1 **Beispiel:**
Der Steuerpflichtige begehrt die Berücksichtigung eines bisher nicht erklärten Verlusts. Das Finanzamt lehnt die Änderung des auf 0 EUR lautenden Steuerbescheids mit kumulativer Begründung ab. Es ergäben sich keine Auswirkungen auf die Höhe der festgesetzten Steuer und im Übrigen lägen auch die Voraussetzungen von § 173 Abs. 1 Nr. 2 AO nicht vor. Der verbleibende Verlustvortrag wird unter Berücksichtigung der Bindungswirkung mit 0 EUR festgestellt/die gesonderte Feststellung des verbleibenden Verlustvortrags wird abgelehnt. Zur Begründung führt das Finanzamt ua aus, die Voraussetzungen von Abs. 4 Satz 5 lägen nicht vor, weil die Änderung des Steuerbescheids nicht ausschließlich mangels Auswirkung auf die Höhe der festgesetzten Steuer unterblieben sei.

Lösung: Der Steuerpflichtige muss **Einspruch gegen den Einkommensteuerbescheid** einlegen, wenn er geltend machen will, die Voraussetzungen von § 173 Abs. 1 Nr. 2 hätten vorgelegen. Der Einspruch ist zulässig, weil er darauf gerichtet ist, die vom Finanzamt angenommene Bindungswirkung (Abs. 4 Satz 4) zu beseitigen.

523 Das Finanzamt kann dem **Einspruch abhelfen,** indem es die relevante(n) Besteuerungsgrundlage(n) im Steuerbescheid ändert, ohne die Steuerfestsetzung zu ändern. Das ist möglich, solange der Steuerbescheid noch nicht bestandskräftig ist oder soweit eine Änderungsvorschrift eingreift. Die Änderung der Besteuerungsgrundlagen ist nicht deshalb ausgeschlossen, weil sich die Steuer nicht ändert. Die festgesetzte Steuer dürfte geändert werden. Das gilt erst recht für die Besteuerungsgrundlagen, denn der Bescheid darf insgesamt geändert werden (vgl. den Wortlaut von § 173 Abs. 1 AO). Die geänderte(n) Besteuerungsgrundlage(n) entfalten dann Bindungswirkung iSv Abs. 4 Satz 4, auch wenn sich die Änderung auf die Höhe der festgesetzten Steuer nicht ausgewirkt hat (str. **aA** BFH und KSM/*Heuermann* § 10d Rn. A 355 und D 104). Damit ist dem berechtigten Begehren entsprochen. Auf Abs. 4 Satz 5 kommt es nicht mehr an.

523.1 Nach *Heuermann* (KSM/*Heuermann* § 10d Rn. A 355 und D 104), tritt die Bindungswirkung nur ein, soweit sich die Korrektur auf die Höhe der festgesetzten Steuer ausgewirkt hat. Das ergibt sich jedoch nicht aus Abs. 4 Satz 5. Die Vorschrift stellt keine weiteren Voraussetzungen für den Eintritt der Bindungswirkung auf. Sie regelt ausschließlich, unter welchen Voraussetzungen die Bindungswirkung ausnahmsweise entfällt (→ Rn. 495 ff.). Ein entsprechender Gegenschluss aus Abs. 4 Satz 5 ist ebenfalls nicht zulässig. Das Merkmal der „Ausschließlichkeit" bezieht sich auf den Grund für das Unterbleiben einer Änderung. Der zulässige Gegenschluss lautet insofern: Wenn nur ein anderer Grund für das Unterbleiben der Änderung vorliegt, ist Abs. 4 Satz 5 nicht anzuwenden (→ Rn. 508). Aus dem Merkmal des „Unterbleibens" lässt sich im Gegenschluss nur entnehmen, dass jede Änderung des Steuerbescheids die Anwendung von Abs. 4 Satz 5 ausschließt (→ Rn. 504.1). Da Abs. 4 Satz 5 die einzige Ausnahme von Abs. 4 Satz 4 ist (→ Rn. 496), bleibt es in allen diesen Fällen bei der Bindungswirkung. Andernfalls würden auch mit dem Zweck der Norm nicht vereinbare Schutzlücken entstehen. Abs. 4 Satz 5 soll die Verlustfeststellung in zutreffender Höhe ermöglichen (→ Rn. 497). Entfaltet aber eine Änderung der Besteuerungsgrundlagen, die keine Auswirkung auf die Höhe der festgesetzten Steuer hat, keine Bindungswirkung und ist zugleich Abs. 4 Satz 5 nicht anwendbar, weil eine mögliche Änderung nicht unterblieben, sondern vorgenommen worden ist, so geht ein unstreitig entstandener und zurechenbarer Verlustvortrag unwiederbringlich verloren (so aber iErg BFH 12.7.2016 – IX R 31/15, BStBl. II 2018, 699). Das widerspricht dem Gesetzeszweck.

524 Das Finanzamt kann außerdem aus verfahrensökonomischen Gründen die Änderung des Steuerbescheids mit der Begründung ablehnen, dass sich die Höhe der festgesetzten Steuer nicht ändert. In diesem Fall muss es aber Abs. 4 Satz 5 bejahen, wenn dies der einzige

Grund für das Unterbleiben der Änderung war. Auch damit wird dem Einspruchsbegehren entsprochen. Zu den prozessrechtlichen Auswirkungen → Rn. 490 ff.

Einstweilen frei 525–529

6. Feststellungsfrist, besondere Ablaufhemmung (Abs. 4 Satz 6)

Die durch das JStG 2007 neu eingefügte Vorschrift enthält zwei Regelungen. Sie verhindert zum einen, dass die Feststellungsfrist (für den verbleibenden Verlustvortrag) abläuft, bevor die Festsetzungsfrist (für die Steuer) abgelaufen ist (Abs. 4 Satz 6 Hs. 1). Zum anderen schränkt sie die Anwendung von § 181 Abs. 5 AO ein und schließt für das Feststellungsverfahren eine „ewige Verjährung" aus. Abs. 4 Satz 6 bezweckt eine **zeitnahe Entscheidung** über die Höhe des Verlustabzugs (vgl. BFH 25.5.2011 – IX R 36/10, BStBl. II 2011, 807). 530

Die Vorschrift ist gemäß § 52 Abs. 25 Satz 6 EStG (idF durch das JStG 2007) auf alle bei Inkrafttreten des JStG 2007 (am 19.12.2006) noch nicht abgelaufenen Feststellungsfristen anzuwenden (BFH 14.4.2015 – IX R 17/14, BFH/NV 2015, 1089). Dadurch ist die nach der Rechtsprechung des BFH in bestimmten Fällen noch mögliche erstmalige Verlustfeststellung in vielen Fällen abgeschnitten worden. Darin liegt **keine unzulässige Rückwirkung** und keine Verletzung schützenswerten Vertrauens (BFH 8.4.2014 – IX R 32/13, BFH/NV 2014, 1206 und ausführlich BFH 14.4.2015 – IX R 17/14, BFH/NV 2015, 1089; Verfassungsbeschwerde 1 BvR 2582/16 nicht angenommen). Die bloße Möglichkeit, Gewinne aufgrund einer Verlustverrechnung später steuerfrei vereinnahmen zu können, begründet nach der Rechtsprechung des BVerfG noch keine vertrauensrechtlich geschützte Position (BVerfG 7.7.2010 – 2 BvL 14/02, 2 BvL 2/04, 2 BvL 13/05, BGBl. 2010 I 1296 Rn. 64). 531

Einstweilen frei 532–533

a) Maßgebliche Festsetzungsfrist (Hs. 1). Für die Feststellung des verbleibenden Verlustvortrags gelten gemäß § 181 AO die §§ 169 ff. AO entsprechend (→ Rn. 365). Wegen der Eigenständigkeit des Feststellungsverfahrens (zB BFH 14.7.2009 – IX R 52/08, BStBl. II 2011, 26) ist auch die Feststellungsfrist grundsätzlich unabhängig von der Festsetzungsfrist zu ermitteln (BFH 23.4.2010 – IX B 3/10, BFH/NV 2010, 1449). Zum Beginn der Feststellungsfrist → Rn. 368 ff. Die Feststellungsfrist beträgt 4 Jahre (§ 181 AO iVm § 169 Abs. 2 Satz 1 Nr. 2 AO). Mit ihrem Ablauf tritt vorbehaltlich einer Ablaufhemmung (§ 171 AO) Feststellungsverjährung ein. Ein Bescheid über die gesonderte Feststellung des verbleibenden Verlustvortrags darf dann nicht mehr erlassen, aufgehoben, geändert oder nach § 129 AO berichtigt werden (§ 169 Abs. 1 Satz 1 und 2 AO). 534

Abs. 4 Satz 6 Hs. 1 soll verhindern, dass die Feststellungsverjährung eintritt bevor die Festsetzungsfrist für den Veranlagungszeitraum abgelaufen ist, auf dessen Schluss der verbleibende Verlustvortrag gesondert festzustellen ist. Der Finanzausschuss des BT hielt diese Ergänzung für erforderlich, um sicherzustellen, dass sich Änderungen bei den für die Ermittlung des verbleibenden Verlustvortrags maßgeblichen Bezugsgrößen auch im Feststellungsverfahren auswirken können (BT-Drs. 16/3368, 17). 535

Die Vorschrift ist im Zusammenhang mit der damals geltenden Fassung von Abs. 4 Satz 4 und 5 zu sehen (→ Rn. 422.2). Sie bewirkt eine spezielle, **partielle Ablaufhemmung,** regelt im Übrigen aber nicht abschließend, wann die Feststellungsfrist abläuft („endet nicht, bevor"). Endet die Feststellungsfrist nach eigenständiger Ermittlung vor Ablauf der Festsetzungsfrist, verhindert Abs. 4 Satz 6 Hs. 1 den Ablauf der Frist. Die Feststellungsfrist endet dann gleichzeitig mit der Festsetzungsfrist. Endet die Feststellungsfrist nach eigenständiger Ermittlung nach Ablauf der Festsetzungsfrist, greift Abs. 4 Satz 6 Hs. 1 nicht ein. In diesem Fall kommt es für das Ende der Feststellungsfrist auf die eigenständige Ermittlung an. 536

Die Verweisung auf die „Festsetzungsfrist für den Veranlagungszeitraum" schließt das Prinzip der **Teilverjährung** ein. Hat der Steuerpflichtige die Steuer auf Kapitaleinkünfte hinterzogen, ist die Festsetzungsfrist nur insoweit auf 10 Jahre verlängert, nicht jedoch für (noch nicht erklärte) Einkünfte aus privaten Veräußerungsgeschäften (BFH 20.11.2012 – IX R 30/12, BStBl. II 2013, 995). 537

Abs. 4 Satz 6 Hs. 1 wird für die Zeit **nach Einführung von Abs. Satz 4 und 5 EStG nF** (→ Rn. 426) verdrängt durch die in Abs. 4 Satz 4 Hs. 2 angeordnete entsprechende Anwendung von § 171 Abs. 10 AO. Auch diese Vorschrift verknüpft den Ablauf der Festste- 538 lungsfrist mit dem Ablauf der Festsetzungsfrist und gewährleistet darüber hinaus zu Gunsten der Finanzverwaltung eine Umsetzungsfrist von 2 Jahren (näher → Rn. 462 ff.). Damit wird die Anpassungsverpflichtung gemäß § 175 Abs. 1 AO verjährungsrechtlich abgesichert. § 171 Abs. 10 AO hat einen weiteren Anwendungsbereich als Abs. 4 Satz 6 Hs. 1. Bei entsprechender Anwendung gewährleistet § 171 Abs. 10 AO, dass sich sämtliche Änderungen bei den relevanten Besteuerungsgrundlagen auf die Feststellung des verbleibenden Verlustvortrags auswirken können. Erfasst werden damit auch Änderungen im Rücktragsjahr. Abs. 4 Satz 6 Hs. 1 beschränkt sich dagegen auf den Veranlagungszeitraum, auf dessen Ende der verbleibende Verlustvortrag gesondert festzustellen ist. Danach läuft Abs. 4 Satz 6 Hs. 1 derzeit leer.

539 *Einstweilen frei*

540 **b) Eingeschränkte Anwendung von § 181 Abs. 5 AO (Hs. 2).** Abs. 4 Satz 6 Hs. 2 schließt die Anwendung von § 181 Abs. 5 AO grundsätzlich aus und erlaubt sie nur unter zusätzlichen, engen Voraussetzungen. Zum zeitlichen Anwendungsbereich → Rn. 531.

541 **Zweck der Vorschrift.** Sie soll verhindern, dass die Feststellungsfrist (für die gesonderte Feststellung des verbleibenden Verlustvortrags) **nicht abläuft.** Dazu konnte es gemäß § 181 Abs. 5 AO und der Rechtsprechung des BFH in bestimmten Fällen kommen.

541.1 Nach § 181 Abs. 5 AO kann (darf) eine gesonderte Feststellung auch nach Ablauf der für sie geltenden Feststellungsfrist insoweit erfolgen, als die gesonderte Feststellung für eine Steuerfestsetzung von Bedeutung ist, für die die Festsetzungsfrist im Zeitpunkt der gesonderten Feststellung noch nicht abgelaufen ist. Nach der Rechtsprechung des BFH genügt für die Anwendung von § 181 Abs. 5 AO eine mittelbare Bedeutung (vgl. BFH 12.6.2002 – XI R 26/01, BStBl. II 2002, 681). Da der Verlustvortrag seit 1990 zeitlich nicht mehr begrenzt ist, konnte ein Bescheid über die gesonderte Feststellung des verbleibenden Verlustvortrags jedenfalls in den Fällen ohne zeitliche Begrenzung ergehen, in denen ein Steuerbescheid nicht erlassen war und nach Ablauf der Festsetzungsfrist oder nach Ablauf der Veranlagungsantragsfrist (§ 46 Abs. 2 Nr. 8 Satz 3) auch nicht mehr erlassen werden durfte (BFH 1.3.2006 – XI R 33/04, BStBl. II 2007, 919). In diesen Fällen war Abs. 4 Satz 4 und 5 EStG aF nicht anwendbar, denn keine der maßgeblichen Bezugsgrößen hatte sich geändert (→ Rn. 422.5).

542 Der Gesetzgeber hielt dieses Ergebnis mit dem bei der Einführung der gesonderten Verlustfeststellung verfolgten **Ziel einer zeitnahen Entscheidung** über die Höhe des Verlustvortrags (→ Rn. 353) für unvereinbar (BT-Drs. 16/2712, 44).

543 *Einstweilen frei*

544 **aa) Pflichtwidriges Unterlassen.** § 181 Abs. 5 AO ist auf die gesonderte Feststellung des verbleibenden Verlustvortrags nur unter der weiteren Voraussetzung anzuwenden, dass die zuständige Finanzbehörde die Feststellung des Verlustvortrags pflichtwidrig unterlassen hat. Den Steuerpflichtigen sollen nicht die Folgen einer Pflichtwidrigkeit des Finanzamts treffen (BT-Drs. 16/2712, 44). Das gilt nicht, wenn die Feststellungsfrist vor Inkrafttreten des JStG 2007 (19.12.2006) bereits abgelaufen war (BFH 10.7.2008 – IX R 90/07, BStBl. II 2009, 816).

545 Die **Feststellung des Verlustvortrags** hat das Finanzamt nur unterlassen, wenn es einen Feststellungsbescheid noch nicht erlassen hat. Nur der erstmalige Erlass eines Feststellungsbescheids wird durch die Vorschrift ermöglich; die Änderung eines bereits erlassenen Feststellungsbescheids fällt nicht darunter, auch wenn sie pflichtwidrig unterblieben ist, denn dadurch wird nicht die „Feststellung des Verlustvortrags" unterlassen. Der Wortlaut der Vorschrift ist eindeutig (ausführlich BFH 11.2.2015 – I R 5/13, BStBl. II 2016, 353).

546 Ein **pflichtwidriges Unterlassen** des Finanzamts kann vorliegen, wenn es den verbleibenden Verlustvortrag feststellen kann, weil ihm die relevanten Besteuerungsgrundlagen aus einer Steuererklärung und oder aus anderen Steuerbescheiden bekannt sind (BT-Drs. 16/2712, 44; BFH 8.4.2014 – IX R 32/13, BFH/NV 2014, 1206; BFH 14.4.2015 – IX R 17/14, BFH/NV 2015, 1089) und wenn es den Feststellungsbescheid nach Ablauf einer **angemessenen Bearbeitungsfrist** gleichwohl nicht erlässt oder bewusst verzögert. Maßgebend sind grundsätzlich die Umstände des Einzelfalls. Eine Dienstpflichtverletzung muss nicht vorgelegen haben. Das Finanzamt hat im Rahmen des Möglichen auf die berechtigten Erwartungen des Steuerpflichtigen Rücksicht zu nehmen. Dabei ist auch zu berücksichtigen, dass der Bescheid über die gesonderte Feststellung des verbleibenden Verlustvortrags unter

Vorbehalt der Nachprüfung (§ 164 AO; wie hier KSM/*Heuermann* § 10d Rn. D74 und D 125) erlassen werden kann (→ Rn. 380).

Keine Pflichtwidrigkeit liegt danach vor, solange das Finanzamt die Umstände nicht kennt oder kennen muss (BFH 8.4.2014 – IX R 32/13, BFH/NV 2014, 1206) oder wenn es die Umstände zwar kennt (Ausbildungskosten für Pilotenausbildung), daraus aber vertretbar andere rechtliche Schlüsse zieht (Abzug als Sonderausgaben; FG Hamburg 5.2.2015 – 3 K 201/14, BeckRS 2015, 94681). Das Finanzamt handelt auch dann (noch) nicht pflichtwidrig, wenn es den begehrten Bescheid innerhalb einer **angemessenen Bearbeitungsfrist** nicht erlässt. Eine feste Frist für die Bearbeitung von Erklärungen lässt sich dem Gesetz nicht entnehmen. Für die Angemessenheit der Frist kommt es auf die Umstände im Einzelfall an. Aus § 347 Abs. 1 Satz 2 AO (Untätigkeitseinspruch) ergibt sich ebenfalls keine feste Frist für die Bearbeitung von Anträgen. Ein Zeitraum von mehr als **sechs Monaten** dürfte aber in der Regel unangemessen sein (arg. § 46 Abs. 1 Satz 2 FGO). 547

Eine Bearbeitungsfrist von nur **einem Tag** (BFH 25.5.2011 – IX R 36/10, BStBl. II 2011, 807) bzw. von **zwölf Tagen** (BFH 15.5.2013 – IX R 5/11, BStBl. II 2014, 143) ist nach der Rechtsprechung nicht unangemessen. Diese Rechtsprechung ist zwar zu der Frage ergangen, ob sich der Steuerpflichtige nach Treu und Glauben mit Erfolg darauf berufen kann, die Erklärung rechtzeitig abgegeben zu haben, wenn der Steuerbescheid den Bereich der Behörde nicht mehr rechtzeitig verlassen hat (§ 169 Abs. 1 Satz 3 Nr. 1 AO iVm § 181 Abs. 5 Satz 3 AO). Sie ist jedoch zur Beurteilung der angemessenen Bearbeitungsfrist bei Feststellung einer Pflichtwidrigkeit heranzuziehen, denn die Beurteilung der Angemessenheit unterliegt insofern nicht unterschiedlichen Maßstäben. 548

Einstweilen frei 549

bb) Zur Anwendung von § 181 Abs. 5 Satz 3 AO. Von Bedeutung (§ 181 Abs. 5 Satz 3 AO) sind Feststellungsbescheide nicht nur für die Steuerfestsetzung oder Feststellung desselben oder des sich unmittelbar anschließenden Veranlagungszeitraums; auch eine nur mittelbare Bedeutung dieser Bescheide für spätere Veranlagungen und Feststellungen ist ausreichend (stRspr, grundlegend BFH 12.6.2002 – XI R 26/01, BStBl. II 2002, 681; BFH 11.5.2010 – IX R 48/09, BFH/NV 2010, 1788; BFH 29.6.2011 – IX R 38/10, BStBl. II 2011, 963; BFH 15.5.2013 – IX R 5/11, BStBl. II 2014, 143). 550

Nach (neuerer) Auffassung des BFH richtet es sich „zunächst und vor allen Dingen", unbeschadet der unverzichtbaren verfahrensrechtlichen Bindungswirkung, nach dem **materiellen Recht,** für welche Steuerfestsetzungen die gesonderte Feststellung von Bedeutung ist (BFH 29.6.2011 – IX R 38/10, BStBl. II 2011, 963 und BFH 15.5.2013 – IX R 5/11, BStBl. II 2014, 143). Danach kann ein verbleibender Verlustvortrag nach Ablauf der Feststellungsfrist nicht mehr gesondert festgestellt werden, wenn der Steuerpflichtige in den bereits festsetzungsverjährten Veranlagungszeiträumen, in die der Verlust nach § 10d Abs. 2 hätte vorgetragen werden müssen, über zur Verlustkompensation ausreichende GdE verfügt hat (Sollverlustabzug; dazu → Rn. 338; BFH 22.4.2013 – IX B 13/13, BFH/NV 2013, 1381). 551

Stellungnahme. Dem ist zu widersprechen. Der BFH vermischt materielles und Verfahrensrecht in unzulässiger Weise. Das (verfehlte) materiell-rechtliche Verständnis von § 181 Abs. 5 AO führt dazu, dass die Frage, ob der verbleibende Verlustvortrag durch den Sollverlustabzug verbraucht ist, bei der Anwendung von § 181 Abs. 5 Satz 3 AO inzident geprüft werden muss. Der Ausgang der Sachprüfung wird dadurch zur verfahrensrechtlichen Zulässigkeitsvoraussetzung, das Ergebnis des Verfahrens zu seiner eigenen Voraussetzung erhoben. Richtigerweise muss das Feststellungsverfahren stattfinden, wenn der Feststellungsbescheid (nach verfahrensrechtlichen Maßstäben) für einen anderen Bescheid von Bedeutung sein kann. Dies ist stets zu bejahen, denn die Verlustfeststellung wirkt zumindest mittelbar (→ Rn. 550) unbegrenzt in die Zukunft und kann deswegen stets von Bedeutung sein (zutreffend so noch BFH 12.6.2002 – XI R 26/01, BStBl. II 2002, 681). Im Feststellungsverfahren ist dann zu prüfen, ob ein gesondert festzustellender Verlustvortrag (noch) besteht. Wird das verneint, ist er mit 0 EUR festzusetzen. 551.1

Zeitpunkt. Es kommt auf den Zeitpunkt an, in dem der Feststellungsbescheid zu erlassen ist („im Zeitpunkt der gesonderten Feststellung"). Eine Verschiebung dieses Zeitpunkts kommt nicht in Betracht (BFH 29.6.2011 – IX R 38/10, BStBl. II 2011, 963; BFH 1.8.2012 – IX R 14/11, BFH/NV 2012, 1934). 552

§ 10e Steuerbegünstigung der zu eigenen Wohnzwecken genutzten Wohnung im eigenen Haus

(1) [1]Der Steuerpflichtige kann von den Herstellungskosten einer Wohnung in einem im Inland belegenen eigenen Haus oder einer im Inland belegenen eigenen Eigentumswohnung zuzüglich der Hälfte der Anschaffungskosten für den dazugehörenden Grund und Boden (Bemessungsgrundlage) im Jahr der Fertigstellung und in den drei folgenden Jahren jeweils bis zu 6 Prozent, höchstens jeweils 10 124 Euro, und in den vier darauffolgenden Jahren jeweils bis zu 5 Prozent, höchstens jeweils 8 437 Euro, wie Sonderausgaben abziehen. [2]Voraussetzung ist, dass der Steuerpflichtige die Wohnung hergestellt und in dem jeweiligen Jahr des Zeitraums nach Satz 1 (Abzugszeitraum) zu eigenen Wohnzwecken genutzt hat und die Wohnung keine Ferienwohnung oder Wochenendwohnung ist. [3]Eine Nutzung zu eigenen Wohnzwecken liegt auch vor, wenn Teile einer zu eigenen Wohnzwecken genutzten Wohnung unentgeltlich zu Wohnzwecken überlassen werden. [4]Hat der Steuerpflichtige die Wohnung angeschafft, so sind die Sätze 1 bis 3 mit der Maßgabe anzuwenden, dass an die Stelle des Jahres der Fertigstellung das Jahr der Anschaffung und an die Stelle der Herstellungskosten die Anschaffungskosten treten; hat der Steuerpflichtige die Wohnung nicht bis zum Ende des zweiten auf das Jahr der Fertigstellung folgenden Jahres angeschafft, kann er von der Bemessungsgrundlage im Jahr der Anschaffung und in den drei folgenden Jahren höchstens jeweils 4 602 Euro und in den vier darauffolgenden Jahren höchstens jeweils 3 835 Euro abziehen. [5]§ 6b Absatz 6 gilt sinngemäß. [6]Bei einem Anteil an der zu eigenen Wohnzwecken genutzten Wohnung kann der Steuerpflichtige den entsprechenden Teil der Abzugsbeträge nach Satz 1 wie Sonderausgaben abziehen. [7]Werden Teile der Wohnung nicht zu eigenen Wohnzwecken genutzt, ist die Bemessungsgrundlage um den auf den nicht zu eigenen Wohnzwecken entfallenden Teil zu kürzen. [8]Satz 4 ist nicht anzuwenden, wenn der Steuerpflichtige die Wohnung oder einen Anteil daran von seinem Ehegatten anschafft und bei den Ehegatten die Voraussetzungen des § 26 Absatz 1 vorliegen.

(2) Absatz 1 gilt entsprechend für Herstellungskosten zu eigenen Wohnzwecken genutzter Ausbauten und Erweiterungen an einer im Inland belegenen, zu eigenen Wohnzwecken genutzten Wohnung.

(3) [1]Der Steuerpflichtige kann die Abzugsbeträge nach den Absätzen 1 und 2, die er in einem Jahr des Abzugszeitraums nicht ausgenutzt hat, bis zum Ende des Abzugszeitraums abziehen. [2]Nachträgliche Herstellungskosten oder Anschaffungskosten, die bis zum Ende des Abzugszeitraums entstehen, können vom Jahr ihrer Entstehung an für die Veranlagungszeiträume, in denen der Steuerpflichtige Abzugsbeträge nach den Absätzen 1 und 2 hätte abziehen können, so behandelt werden, als wären sie zu Beginn des Abzugszeitraums entstanden.

(4) [1]Die Abzugsbeträge nach den Absätzen 1 und 2 kann der Steuerpflichtige nur für eine Wohnung oder für einen Ausbau oder eine Erweiterung abziehen. [2]Ehegatten, bei denen die Voraussetzungen des § 26 Absatz 1 vorliegen, können die Abzugsbeträge nach den Absätzen 1 und 2 für insgesamt zwei der in Satz 1 bezeichneten Objekte abziehen, jedoch nicht gleichzeitig für zwei in räumlichem Zusammenhang belegene Objekte, wenn bei den Ehegatten im Zeitpunkt der Herstellung oder Anschaffung der Objekte die Voraussetzungen des § 26 Absatz 1 vorliegen. [3]Den Abzugsbeträgen stehen die erhöhten Absetzungen nach § 7b in der jeweiligen Fassung ab Inkrafttreten des Gesetzes vom 16. Juni 1964 (BGBl. I S. 353) und nach § 15 Absatz 1 bis 4 des Berlinförderungsgesetzes in der jeweiligen Fassung ab Inkrafttreten des Gesetzes vom 11. Juli 1977 (BGBl. I S. 1213) gleich. [4]Nutzt der Steuerpflichtige die Wohnung im eigenen Haus oder die Eigentumswohnung (Erstobjekt) nicht bis zum Ablauf des Abzugszeitraums zu eigenen Wohnzwecken und kann er deshalb die Abzugsbeträge nach den Absätzen 1 und 2 nicht mehr in Anspruch nehmen, so kann er die Abzugsbeträge nach Absatz 1 bei einer weiteren Wohnung im Sinne des Absatzes 1 Satz 1 (Folgeobjekt) in Anspruch nehmen, wenn er das Folgeobjekt innerhalb von zwei Jahren vor und drei Jahren nach Ablauf des

Veranlagungszeitraums, in dem er das Erstobjekt letztmals zu eigenen Wohnzwecken genutzt hat, anschafft oder herstellt; Entsprechendes gilt bei einem Ausbau oder einer Erweiterung einer Wohnung. [5]Im Fall des Satzes 4 ist der Abzugszeitraum für das Folgeobjekt um die Anzahl der Veranlagungszeiträume zu kürzen, in denen der Steuerpflichtige für das Erstobjekt die Abzugsbeträge nach den Absätzen 1 und 2 hätte abziehen können; hat der Steuerpflichtige das Folgeobjekt in einem Veranlagungszeitraum, in dem er das Erstobjekt noch zu eigenen Wohnzwecken genutzt hat, hergestellt oder angeschafft oder ausgebaut oder erweitert, so beginnt der Abzugszeitraum für das Folgeobjekt mit Ablauf des Veranlagungszeitraums, in dem der Steuerpflichtige das Erstobjekt letztmals zu eigenen Wohnzwecken genutzt hat. [6]Für das Folgeobjekt sind die Prozentsätze der vom Erstobjekt verbliebenen Jahre maßgebend. [7]Dem Erstobjekt im Sinne des Satzes 4 steht ein Erstobjekt im Sinne des § 7b Absatz 5 Satz 4 sowie des § 15 Absatz 1 und des § 15b Absatz 1 des Berlinförderungsgesetzes gleich. [8]Ist für den Steuerpflichtigen Objektverbrauch nach den Sätzen 1 bis 3 eingetreten, kann er die Abzugsbeträge nach den Absätzen 1 und 2 für ein weiteres, in dem in Artikel 3 des Einigungsvertrages genannten Gebiet belegenes Objekt abziehen, wenn der Steuerpflichtige oder dessen Ehegatte, bei denen die Voraussetzungen des § 26 Absatz 1 vorliegen, in dem in Artikel 3 des Einigungsvertrages genannten Gebiet zugezogen ist und

1. **seinen ausschließlichen Wohnsitz in diesem Gebiet zu Beginn des Veranlagungszeitraums hat oder ihn im Laufe des Veranlagungszeitraums begründet oder**
2. **bei mehrfachem Wohnsitz einen Wohnsitz in diesem Gebiet hat und sich dort überwiegend aufhält.**

[9]Voraussetzung für die Anwendung des Satzes 8 ist, dass die Wohnung im eigenen Haus oder die Eigentumswohnung vor dem 1. Januar 1995 hergestellt oder angeschafft oder der Ausbau oder die Erweiterung vor diesem Zeitpunkt fertig gestellt worden ist. [10]Die Sätze 2 und 4 bis 6 sind für im Satz 8 bezeichnete Objekte sinngemäß anzuwenden.

(5) [1]Sind mehrere Steuerpflichtige Eigentümer einer zu eigenen Wohnzwecken genutzten Wohnung, so ist Absatz 4 mit der Maßgabe anzuwenden, dass der Anteil des Steuerpflichtigen an der Wohnung einer Wohnung gleichsteht; Entsprechendes gilt bei dem Ausbau oder bei der Erweiterung einer zu eigenen Wohnzwecken genutzten Wohnung. [2]Satz 1 ist nicht anzuwenden, wenn Eigentümer der Wohnung der Steuerpflichtige und sein Ehegatte sind und bei den Ehegatten die Voraussetzungen des § 26 Absatz 1 vorliegen. [3]Erwirbt im Fall des Satzes 2 ein Ehegatte infolge Erbfalls einen Miteigentumsanteil an der Wohnung hinzu, so kann er die auf diesen Anteil entfallenden Abzugsbeträge nach den Absätzen 1 und 2 weiter in der bisherigen Höhe abziehen; Entsprechendes gilt, wenn im Fall des Satzes 2 während des Abzugszeitraums die Voraussetzungen des § 26 Absatz 1 wegfallen und ein Ehegatte den Anteil des anderen Ehegatten an der Wohnung erwirbt.

(5a) [1]Die Abzugsbeträge nach den Absätzen 1 und 2 können nur für die Veranlagungszeiträume in Anspruch genommen werden, in denen der Gesamtbetrag der Einkünfte 61 355 Euro, bei nach § 26b zusammenveranlagten Ehegatten 122 710 Euro nicht übersteigt. [2]Eine Nachholung von Abzugsbeträgen nach Absatz 3 Satz 1 ist nur für Veranlagungszeiträume möglich, in denen die in Satz 1 genannten Voraussetzungen vorgelegen haben; Entsprechendes gilt für nachträgliche Herstellungskosten oder Anschaffungskosten im Sinne des Absatzes 3 Satz 2.

(6) [1]Aufwendungen des Steuerpflichtigen, die bis zum Beginn der erstmaligen Nutzung einer Wohnung im Sinne des Absatzes 1 zu eigenen Wohnzwecken entstehen, unmittelbar mit der Herstellung oder Anschaffung des Gebäudes oder der Eigentumswohnung oder der Anschaffung des dazugehörenden Grund und Bodens zusammenhängen, nicht zu den Herstellungskosten oder Anschaffungskosten der Wohnung oder zu den Anschaffungskosten des Grund und Bodens gehören und die im Fall der Vermietung oder Verpachtung der Wohnung als Werbungskosten abgezogen werden könnten, können wie Sonderausgaben abgezogen werden.

[2]Wird eine Wohnung bis zum Beginn der erstmaligen Nutzung zu eigenen Wohnzwecken vermietet oder zu eigenen beruflichen oder eigenen betrieblichen Zwecken genutzt und sind die Aufwendungen Werbungskosten oder Betriebsausgaben, können sie nicht wie Sonderausgaben abgezogen werden. [3]Aufwendungen nach Satz 1, die Erhaltungsaufwand sind und im Zusammenhang mit der Anschaffung des Gebäudes oder der Eigentumswohnung stehen, können insgesamt nur bis zu 15 Prozent der Anschaffungskosten des Gebäudes oder der Eigentumswohnung, höchstens bis zu 15 Prozent von 76 694 Euro, abgezogen werden. [4]Die Sätze 1 und 2 gelten entsprechend bei Ausbauten und Erweiterungen an einer zu Wohnzwecken genutzten Wohnung.

(6a) [1]Nimmt der Steuerpflichtige Abzugsbeträge für ein Objekt nach den Absätzen 1 oder 2 in Anspruch oder ist er auf Grund des Absatzes 5a zur Inanspruchnahme von Abzugsbeträgen für ein solches Objekt nicht berechtigt, so kann er die mit diesem Objekt in wirtschaftlichem Zusammenhang stehenden Schuldzinsen, die für die Zeit der Nutzung zu eigenen Wohnzwecken entstehen, im Jahr der Herstellung oder Anschaffung und in den beiden folgenden Kalenderjahren bis zur Höhe von jeweils 12 000 Deutsche Mark wie Sonderausgaben abziehen, wenn er das Objekt vor dem 1. Januar 1995 fertiggestellt oder vor diesem Zeitpunkt bis zum Ende des Jahres der Fertigstellung angeschafft hat. [2]Soweit der Schuldzinsenabzug nach Satz 1 nicht in vollem Umfang im Jahr der Herstellung oder Anschaffung in Anspruch genommen werden kann, kann er in dem dritten auf das Jahr der Herstellung oder Anschaffung folgenden Kalenderjahr nachgeholt werden. [3]Absatz 1 Satz 6 gilt sinngemäß.

(7) [1]Sind mehrere Steuerpflichtige Eigentümer einer zu eigenen Wohnzwecken genutzten Wohnung, so können die Abzugsbeträge nach den Absätzen 1 und 2 und die Aufwendungen nach den Absätzen 6 und 6a gesondert und einheitlich festgestellt werden. [2]Die für die gesonderte Feststellung von Einkünften nach § 180 Absatz 1 Nummer 2 Buchstabe a der Abgabenordnung geltenden Vorschriften sind entsprechend anzuwenden.

1 § 10e regelt einen besonderen Sonderausgabenabzug, der eine Steuervergünstigung für selbstgenutzten Wohnraum darstellen soll. § 10e wurde zum VZ 1987 in das EStG eingefügt. Die Neuregelung der Besteuerung des Nutzungswerts von eigengenutzten Wohnungen machte die Regelung notwendig.

2 Ab dem VZ 1996 wurde die Begünstigung jedoch durch eine Zulage nach dem EigZulG ersetzt. Sie hat daher inzwischen **praktisch keinen Anwendungsbereich mehr.** Auf eine Kommentierung wird daher hier verzichtet.

3 § 10e ist ursprünglich im Zuge der Neuregelung der Besteuerung des Nutzungswerts der eigengenutzten Wohnung ab VZ 1987 eingeführt worden. Ab VZ 1996 wurde die Regelung durch eine Zulage nach dem **Eigenheimzulagengesetz** (mit VZ 2006 ausgelaufen) ersetzt (Blümich/*Erhard* § 10e Rn. 1).

4 Ausführliche Erläuterungen zum **EigZulG** finden sich ua in Blümich/*Erhard* EigZulG § 1 Rn. 1 ff.

§ 10f Steuerbegünstigung für zu eigenen Wohnzwecken genutzte Baudenkmale und Gebäude in Sanierungsgebieten und städtebaulichen Entwicklungsbereichen

(1) [1]Der Steuerpflichtige kann Aufwendungen an einem eigenen Gebäude im Kalenderjahr des Abschlusses der Baumaßnahme und in den neun folgenden Kalenderjahren jeweils bis zu 9 Prozent wie Sonderausgaben abziehen, wenn die Voraussetzungen des § 7h oder des § 7i vorliegen. [2]Dies gilt nur, soweit er das Gebäude in dem jeweiligen Kalenderjahr zu eigenen Wohnzwecken nutzt und die Aufwendungen nicht in die Bemessungsgrundlage nach § 10e oder dem Eigenheimzulagengesetz einbezogen hat. [3]Für Zeiträume, für die der Steuerpflichtige erhöhte Absetzungen von Aufwendungen nach § 7h oder § 7i abgezogen hat, kann er für

diese Aufwendungen keine Abzugsbeträge nach Satz 1 in Anspruch nehmen. [4]Eine Nutzung zu eigenen Wohnzwecken liegt auch vor, wenn Teile einer zu eigenen Wohnzwecken genutzten Wohnung unentgeltlich zu Wohnzwecken überlassen werden.

(2) [1]Der Steuerpflichtige kann Erhaltungsaufwand, der an einem eigenen Gebäude entsteht und nicht zu den Betriebsausgaben oder Werbungskosten gehört, im Kalenderjahr des Abschlusses der Maßnahme und in den neun folgenden Kalenderjahren jeweils bis zu 9 Prozent wie Sonderausgaben abziehen, wenn die Voraussetzungen des § 11a Absatz 1 in Verbindung mit § 7h Absatz 2 oder des § 11b Satz 1 oder 2 in Verbindung mit § 7i Absatz 1 Satz 2 und Absatz 2 vorliegen. [2]Dies gilt nur, soweit der Steuerpflichtige das Gebäude in dem jeweiligen Kalenderjahr zu eigenen Wohnzwecken nutzt und diese Aufwendungen nicht nach § 10e Absatz 6 oder § 10i abgezogen hat. [3]Soweit der Steuerpflichtige das Gebäude während des Verteilungszeitraums zur Einkunftserzielung nutzt, ist der noch nicht berücksichtigte Teil des Erhaltungsaufwands im Jahr des Übergangs zur Einkunftserzielung wie Sonderausgaben abzuziehen. [4]Absatz 1 Satz 4 ist entsprechend anzuwenden.

(3) [1]Die Abzugsbeträge nach den Absätzen 1 und 2 kann der Steuerpflichtige nur bei einem Gebäude in Anspruch nehmen. [2]Ehegatten, bei denen die Voraussetzungen des § 26 Absatz 1 vorliegen, können die Abzugsbeträge nach den Absätzen 1 und 2 bei insgesamt zwei Gebäuden abziehen. [3]Gebäuden im Sinne der Absätze 1 und 2 stehen Gebäude gleich, für die Abzugsbeträge nach § 52 Absatz 21 Satz 6 in Verbindung mit § 51 Absatz 1 Nummer 2 Buchstabe x oder Buchstabe y des Einkommensteuergesetzes 1987 in der Fassung der Bekanntmachung vom 27. Februar 1987 (BGBl. I S. 657) in Anspruch genommen worden sind; Entsprechendes gilt für Abzugsbeträge nach § 52 Absatz 21 Satz 7.

(4) [1]Sind mehrere Steuerpflichtige Eigentümer eines Gebäudes, so ist Absatz 3 mit der Maßgabe anzuwenden, dass der Anteil des Steuerpflichtigen an einem solchen Gebäude dem Gebäude gleichsteht. [2]Erwirbt ein Miteigentümer, der für seinen Anteil bereits Abzugsbeträge nach Absatz 1 oder Absatz 2 abgezogen hat, einen Anteil an demselben Gebäude hinzu, kann er für danach von ihm durchgeführte Maßnahmen im Sinne der Absätze 1 oder 2 auch die Abzugsbeträge nach den Absätzen 1 und 2 in Anspruch nehmen, die auf den hinzuerworbenen Anteil entfallen. [3]§ 10e Absatz 5 Satz 2 und 3 sowie Absatz 7 ist sinngemäß anzuwenden.

(5) Die Absätze 1 bis 4 sind auf Gebäudeteile, die selbständige unbewegliche Wirtschaftsgüter sind, und auf Eigentumswohnungen entsprechend anzuwenden.

Überblick

Die staatlichen Lenkungszwecken dienende Steuerbegünstigungsnorm des § 10f ist nachträglich in das Gesetz eingepasst worden (→ Rn. 2 ff.). Ihre praktische Handhabung bereitet abgesehen von allfälligen tatsächlichen Streitpunkten sowie vereinzelten rechtlichen Unklarheiten (→ Rn. 10 ff.; zur Gesamtrechtsnachfolger-Problematik → Rn. 17.2) heute kaum noch ernsthafte Schwierigkeiten. Im Zentrum steht dabei stets und zuvörderst die Frage, ob ein Objekt iSd Vorschrift (betr. Abs. 1 und 2) vorliegt, also ein im Inland belegenes subventionsfähiges Gebäude (→ Rn. 16), das im (zumindest wirtschaftlichen) Eigentum des Steuerpflichtigen steht (→ Rn. 17) und von diesem zu „eigenen Wohnzwecken" genutzt wird (→ Rn. 18 ff.). Die des Weiteren erforderliche Gebäudequalifikation (Lage in einem Sanierungsgebiet oder städtebaulichen Entwicklungsbereich/Baudenkmal) iSd in Bezug genommenen §§ 7h, 7i muss mittels behördlicher Bescheinigung belegt werden (→ Rn. 21). Liegen diese Voraussetzungen vor, kann der Abzug von der privaten Sphäre zuzuordnenden Anschaffungs- und Herstellungskosten (Abs. 1, → Rn. 16 ff.; nicht: des Kaufpreises!, → Rn. 23) bzw. eines entsprechenden Erhaltungsaufwands (Abs. 2, → Rn. 27 ff.) iHv bis zu 90% innerhalb eines Verteilungszeitraums von zehn Jahren erfolgen (→ Rn. 23 ff.). Allerdings hat der Gesetzgeber in § 10f Abs. 3 eine in ihrer Wirkweise unterschiedlich interpretierte Objektbeschränkung eingezogen (→ Rn. 31 ff.). Die Absätze 4 und 5 regeln Folgefragen der Miteigentümerstellung (→ Rn. 34 ff.) und des normspezifischen Gebäudebegriffs

(→ Rn. 38). Mit Blick auf die weiteren gesetzlichen Abzugsrestriktionen werden in der Literatur verschiedene Gestaltungsoptionen diskutiert (→ Rn. 40 f.).

Übersicht

A. Allgemeines

1 **Leitentscheidungen, wichtige Verwaltungsanweisungen und Schrifttum (Auswahl):**

1.1 **Leitentscheidungen des BFH:**
BFH 14.1.2004 – X R 19/02, BStBl. II 2004, 711 (Doppelbegünstigung versus Mehrfachförderung; § 7i Abs. 2-Bescheinigung ist Grundlagenbescheid); BFH 22.10.2014 – X R 15/13, BStBl. II 2015, 367 (§ 7h Abs. 2-Bescheinigung ist Grundlagenbescheid); BFH 14.5.2014 – X R 7/12, BStBl. II 2015, 12 (Vorbehaltsfestsetzung bis zur Vorlage der behördlichen Bescheinigung).

1.2 **Wichtige Verwaltungsanweisungen:**
BMF 21.1.2020, BStBl. I 2020, 169 (Übersicht über die Veröffentlichung der länderspezifischen Bescheinigungsrichtlinien); BMF 4.6.2015, BStBl. I 2015, 506 (Übersicht über die zuständigen Bescheinigungsbehörden).

1.3 **Schrifttum (Auswahl):**
Beck, Kumulationsverbot zwischen dem Sonderausgabenabzug nach § 10f EStG und der Eigenheimzulage beim Erwerb einer denkmalgeschützten Wohnung, DStR 2004, 1738; *Beck*, Bindungswirkung der Bescheinigung nach § 7h Abs. 2 EStG – Bei unterschiedlicher Nutzung des Gebäudes gesonderte Bescheinigungen erforderlich?, DStR 2017, 1469; *Biergans*, Sonderausgabenabzug für Aufwendungen zur Renovierung und Modernisierung von Baudenkmälern und Gebäuden in Sanierungs- und städtebaulichen Entwicklungsgebieten (§ 10f EStG), FR 1990, 133; *Büchner/Fritsch*, Steuerliche Förderung von denkmalgeschütztem Eigentum, DStR 2004, 2169; *Enders*, Steuerfolgen in der Rechtspraxis, Denkmalschutz – Steuervergünstigungen, MDR 1988, 925; *Fuchs/Schabe*, Konkurrenzen und Synergien der §§ 10e und 10f EStG bei Baudenkmälern, FR 1992, 770; *Hahn*, Die einkommensteuerrechtliche Behandlung von Baudenkmalen und Gebäuden in Sanierungsgebieten und städtebaulichen Entwicklungsbereichen nach dem Wohnungsbauförderungsgesetz (WoBauFG) einschließlich der Übergangsregelungen, DB 1990, 65; *Heinen*, Denkmalschutz und -pflege unter steuerlichen Gesichtspunkten, INF 1993, 149 (Teil I), 174 (Teil II); *Kleeberg*, Die Kulturförderung mittels der §§ 7i, 10f, 10g und 11b EStG, FR 1997, 174; *Klein*, Aktuelle Zweifelsfragen der Steuerbegünstigung von Baudenkmälern, DStR 2016, 1399; *König*, Steuerrechtliche Förderungsmöglichkeiten für Zwecke des Denkmalschutzes, D-spezial 44/1997, 1; *König*, Steuerrechtliche Fördermöglichkeiten im Denkmalschutz, BuW 1998, 330; *Koller*, Der Sonderausgabenabzug nach dem neuen § 10f EStG, DStR 1990, 128; *Nacke*, Die steuerliche Förderung von Baudenkmälern optimal ausnutzen, GStB 2008, 160; *Krauß*, Chancen und Fallstricke bei Immobilieninvestitionen in Sanierungsgebieten, DStR 2019, 1185; *Neufang*, AfA bei Baudenkmälern und in Sanierungsgebieten, StB 2018, 218; *Paus*, Steuerliche Hilfen für Baudenkmale, EStB 2009, 239; *Ramisch*, Anwendung der §§ 10a, 10c, 10d, 10e und 10f EStG im Rahmen der getrennten Veranlagung von Ehegatten, DB 1991, 2354; *Steck*, Steuerermäßigung für energetische Maßnahmen bei zu eigenen Wohnzwecken genutzten Gebäuden, DStZ 2020, 234; *Stöcker*, Bauförderung bei Sanierung von Gebäuden in Sanierungsgebieten und von Baudenkmalen im Bundesgebiet sowie Förderung von Neubauten in den neuen Ländern und Berlin (Ost), BB Beilage 9/2000, 1; *Stuhrmann*, Einkommensteuerliche Vergünstigungen bei Baudenkmalen unter Berücksichtigung der Regelungen durch das Wohnungsbauförderungsgesetz, DStZ 1990, 107; *Stephan*, Zu Wahl- und Gestaltungsmöglichkeiten bei § 10f EStG, DB 1992, 8; *Urban*, Steuerermäßigung für energetische Maßnahmen nach § 35c EStG, FR 2020, 354.

I. Regelungsanliegen im System des Steuerrechts

§ 10f **ergänzt** die eine betriebliche Nutzung von Gebäuden in Sanierungsgebieten und städtebaulichen Entwicklungsbereichen bzw. Baudenkmalen begünstigenden Regelungen der **§§ 7h, 7i** (bzgl. Herstellungs-/Anschaffungskosten) und **§§ 11a, 11b** (bzgl. Erhaltungsaufwendungen). Sie bewirkt, dass unter den von ihr statuierten Voraussetzungen auch solche Gebäude, die nicht zur Einkünfteerzielung, sondern zu **eigenen Wohnzwecken** (also privat) genutzt werden (exempl. FG Baden-Württemberg 8.3.2010 – 10 K 2706/08, EFG 2010, 1409 unter 1.a bb, rkr.), durch die Möglichkeit eines („Quasi-") Sonderausgabenabzugs (Abzug **„wie"** Sonderausgaben, dh das subjektive Nettoprinzip wird durchbrochen, vgl. zB Bordewin/Brandt/*Stuhrmann* § 10f Rn. 42 f.; *Klein* DStR 2016, 1399 (1401); KKB/*Eckhardt* § 10f Rn. 1, 5; Schmidt/*Kulosa* § 10f Rn. 3) steuerlich gefördert werden (→ Rn. 14; zum entsprechenden Lenkungszweck → Rn. 4, zu den Konkurrenzen mit anderen Subventionstatbeständen → Rn. 8, eine Vergleichsrechnung „ohne" und „mit § 10f" findet sich bei *Krauß* DStR 2019, 1185 (1190)). 2

Die Vorschrift wurde durch Art. 1 Nr. 14 des Gesetzes zur steuerlichen Förderung des Wohnungsbaus und zur Ergänzung des Steuerreformgesetzes 1990 (Wohnungsbauförderungsgesetz – **WoBauFG**) v. 22.12.1989 (BGBl. 1989 I 2408) ua zusammen mit den §§ 7h, 7i, 11a, 11b in das Gesetz eingefügt (Mat.: BT-Drs. 11/5680; Inkrafttreten gemäß Art. 17 Abs. 1 WoBauFG mWv 23.12.1989; zum zeitlichen Geltungsbereich → Rn. 5). Einen bis heute nicht unwesentlichen Einschnitt brachte Art. 9 Nr. 14 des Haushaltsbegleitgesetzes 2004 **(HBeglG 2004)** vom 29.12.2003 (BGBl. 2003 I 3076) mit sich, bestätigt durch Art. 1 Nr. 8 des Gesetzes zur bestätigenden Regelung verschiedener steuerlicher und verkehrsrechtlicher Vorschriften des Haushaltsbegleitgesetzes 2004 – **HBeglG 2004-BestG** vom 5.4.2011 (BGBl. 2011 I 554; zu den diesbezüglichen Hintergründen s. BVerfG 8.12.2009 – 2 BvR 758/07, BGBl. 2010 I 68 unter C.: formelle Verfassungswidrigkeit aufgrund Kompetenzüberschreitung des Vermittlungsausschusses (Einbeziehung des „Koch/Steinbrück-Papiers" in das HBeglG 2004), mAnm *Axer* DStR 2010, 1057; erg. Bordewin/Brandt/*Stuhrmann* § 10f Rn. 1; Frotscher/Geurts/*Kratzsch* § 10f Rn. 1; Lademann EStG/*Boeker* § 10f Rn. 1 aE; LBP/*Schindler* § 10f Rn. 3), in dem der **maximale Abzugsbetrag** innerhalb des aus profiskalischen Gründen installierten Zehn-Jahres-Zeitraums (vgl. jeweils S. 1 in § 10f Abs. 1 und 2; → Rn. 23) **auf 90% der Gesamtaufwendungen gekürzt** wurde (krit. Bordewin/Brandt/*Stuhrmann* § 10f Rn. 42: „mag nicht befriedigen"; s. zur weiter zurückliegenden Normenhistorie (insbes. betr. den vormaligen § 82k EStDV) *Enders* MDR 1988, 925 (927); *Hahn* DB 1990, 65 (67); HHR/*Meyer* § 10f Rn. 1a f.; *Koller* DStR 1990, 128; KSM/*Kleeberg* § 10f Rn. A 32 ff.; *Stuhrmann* DStZ 1990, 107). 3

Weitere Reformbestrebungen waren nicht von Erfolg gekrönt. Sowohl der von der sog. **Bareis-Kommission** gemachte Vorschlag einer „Herausnahme der Lenkungsnormen aus dem Einkommensteuerrecht" (vgl. BB Beilage 24/1994, 1 (4)) als auch der Versuch, den Verteilungszeitraum (→ Rn. 23) auf 20 Jahre zu verlängern (vgl. Art. 1 Nr. 13 des Entwurfs eines **Steuerentlastungsgesetzes 1999/2000/2002,** BT-Drs. 14/265, 10) oder § 10f gar insgesamt auslaufen zu lassen (vgl. den Entwurf eines **Steuerreformgesetzes 1999,** BT-Drs. 13/7480), konnten sich letztlich nicht durchsetzen (vgl. KSM/*Kleeberg* § 10f Rn. A 67 Fn. 29; *Moench/Otting* NVwZ 2000, 515 (524)). 3.1

Gegen § 10f sind bislang – mit Recht – **keine spezifisch verfassungsrechtlichen Bedenken** geltend gemacht worden (vgl. KSM/*Kleeberg* § 10f Rn. A 36; zur Vereinbarkeit mit Unionsrecht → Rn. 16). Das betrifft insbesondere den mit der Vorschrift primär verfolgten **Zweck** der „unmittelbare(n) Kultur[gut-]förderung" (*Kleeberg* FR 1997, 174) bzw. der „Erhaltung und […] Modernisierung kulturhistorisch wertvoller Gebäude" (BFH 14.1.2004 – X R 19/02, BStBl. II 2004, 711 unter II.2.c, mwN; dto. ua *Hahn* DB 1990, 65; Kirchhof/*Pfirrmann* § 10f Rn. 1; *Klein* DStR 2016, 1399; LBP/*Schindler* § 10f Rn. 2; *Paus* EStB 2009, 239; *Stuhrmann* DStZ 1990, 107), welcher sich unzweifelhaft innerhalb des weiten Gestaltungsspielraums der Legislative im Bereich der **Sozialzweck- bzw. Lenkungs-Steuergesetzgebung** (grundlegend BVerfG 22.6.1995 – 2 BvL 37/91, BGBl. 1995 I 1191 unter C.III.2.c – Vermögensteuer) bewegt (ebenso KSM/*Kleeberg* § 10f Rn. A 36; s. auch *Krauß* DStR 2019, 1185 (1191: „eines der wenigen gesetzlich verankerten Steuersparmodelle […]. Durchsetzung […] durch […] bürokratisches Verwaltungsverfahren erschwert"); erg. BT-Drs. 8/896, 1 f., 5 f. u. 11/5680, 1 f., 9 zu den urspr. Gesetzgebungsmotiven; zum aktuel- 4 len Volumen der Begünstigung s. den 25. Subventionsbericht der Bundesregierung in BT-Drs. 18/5940, 22: 15 Mio. EUR (inkl. der Förderung nach § 10g)). Hinzu tritt das Bestreben, eine Ausgleichsmöglichkeit für die besonderen (finanziellen) Belastungen des Denkmalschutzes bzw. kommunaler Sanierungs-/städtebaulicher Entwicklungsprogramme zu schaffen (vgl. Lademann EStG/*Boeker* § 10f Rn. 3; *Stuhrmann* DStZ 1990, 107; zur daraus resultierenden Gefahr eines kollusiven Zusammenwirkens von Steuerpflichtige und Denkmalschutzbehörde zu Lasten der Finanzverwaltung s. *Klein* DStR 2016, 1399). Diese beiden übergreifenden Gesetzeszwecke liegen auch den **flankierenden Subventionen** bei der **Grundsteuer** (Steuererlass nach § 32 GrStG), der **Erbschaft- und Schenkungsteuer** ((teilweise) Steuerbefreiung nach § 13 Abs. 1 Nr. 2 ErbStG; Zahlungssurrogation nach § 224a AO) und der **Umsatzsteuer** (Steuerbefreiung nach § 4 Nr. 20 Buchst. a UStG) zugrunde, die der Berater keinesfalls übersehen darf (s. dazu *Büchner/Fritsch* DStR 2004, 2169 (2173 ff.); *Enders* MDR 1988, 925 (928); *Heinen* INF 1993, 174 (175 f.); *König* D-spezial 44/1997, 1 (2); *dies.* BuW 1998, 330 (332); *Moench/Otting* NVwZ 2000, 515 (525); *Paus* EStB 2009, 239 (242)).

4.1 Auch die in der Literatur geübte **Fundamentalkritik** an § 10f (Schmidt/*Kulosa* § 10f Rn. 2: „sollte ersatzlos entfallen") **taugt nicht dazu,** die **Verfassungsmäßigkeit** der Regelung insgesamt **in Frage zu stellen.** Zwar sieht sie die Bedeutung von § 10f als auf eine „überflüssige Verkomplizierung" des Steuerrechts reduziert an bzw. beanstandet, § 10f bewirkte „unnötige Baupreissteigerungen, weil die Projektanbieter die Subventionswirkung von vornherein in ihre Preise einkalkulieren" (Schmidt/*Kulosa* § 10f Rn. 2; aA HHR/*Meyer* § 10f Rn. 2: „schließt eine durch den Wegfall der Nutzungswertbesteuerung ab 1.1.1987 [...] entstandene Förderungslücke"; KSM/*Kleeberg* § 10f Rn. A 67: „§ 10f [...] führt zu einer ausgewogenen steuerlichen Förderung"). Außerdem sei „der Umfang der Subvention [...] dem Gesetzgeber unbekannt und für ihn unkontrollierbar, weil die Verantwortlichkeiten für die Ausstellung der Bescheinigung einerseits (Gemeinde, Denkmalbehörde) und die Finanzierung durch öffentl Mittel andererseits (Finanzamt) nicht in einer Hand liegen", was zu „Missbräuchen geradezu" einlade (Schmidt/*Kulosa* § 10f Rn. 2). Unterstellt, diese Einschätzungen träfen uneingeschränkt und flächendeckend zu, belegt all dies dennoch **weder** einen verfassungsrechtlich uU kritischen **Verstoß gegen** das **Folgerichtigkeits- bzw. Konsistenzgebot noch** – gar – ein **strukturelles Vollzugsdefizit** (Art. 3 Abs. 1 GG).

5 Die Frage nach dem **zeitlichen Geltungsbereich** von § 10f ist für die praktische Rechtsanwendung heute nicht mehr von Belang. Die erstmalige Anwendbarkeit von Abs. 1 richtete sich nach § 52 Abs. 14a idF von Art. 1 Nr. 27 Buchst. h WoBauFG (Stichtag – bezogenen auf den Abschluss der Baumaßnahme – je nachdem, ob Herstellungs- oder Anschaffungskosten begünstigt werden sollten, nach dem **31.12.1991** bzw. vor dem **1.1.1992**); Abs. 2 galt entsprechend seiner Anknüpfung an die §§ 11a, 11b (§ 52 Abs. 14b idF von Art. 1 Nr. 27 Buchst. h WoBauFG (→ Rn. 3)) bereits für nach dem **31.12.1989** entstandene Erhaltungsaufwendungen (zusf. Bordewin/Brandt/*Stuhrmann* § 10f Rn. 5 ff.; Lademann EStG/*Boeker* § 10f Rn. 7–10). Die Herabsetzung des Gesamtförderungsbetrags durch Art. 9 Nr. 14 HBeglG 2004 (→ Rn. 3) wurde gem. Art. 9 Nr. 33 Buchst. f desselben Gesetzes in § 52 Abs. 27 S. 1, 3 idF des HBeglG 2004 erstmals für Baumaßnahmen angeordnet, die nach dem **31.12.2003** begannen (vgl. Frotscher/Geurts/*Kratzsch* § 10f Rn. 1a; Lademann EStG/*Boeker* § 10f Rn. 12) bzw. für Erhaltungsaufwand, der nach diesem Tag entstand (vgl. HHR/*Meyer* § 10f Rn. 3 aE; LBP/*Schindler* § 10f Rn. 4; das HBeglG 2004-BestG (→ Rn. 3) trat nach der dortigen Regelung in Art. 8 am 12.4.2011 in Kraft).

6 Ihr **Verhältnis zu anderen Bestimmungen des EStG** stellt die Vorschrift des § 10f zum einen dadurch unmittelbar selbst heraus, dass sie sich bereits **tatbestandlich** auf das Vorliegen der Voraussetzungen der **§§ 7h, 7i** (in Abs. 1 S. 1) bzw. der **§§ 11a Abs. 1, 11b S. 1, 2** (in Abs. 2 S. 1) bezieht (sog. **Korrespondenzprinzip,** vgl. FG Baden-Württemberg 8.3.2010 – 10 K 2706/08, EFG 2010, 1409 unter 1.a aa, rkr.; zur Abgrenzung *Nacke* GStB 2008, 160 ff.). Zur dadurch vermittelten Verknüpfung mit dem Landesdenkmalschutz- und Baurecht → Rn. 11.

7 Hinsichtlich der von § 10f rein tatbestandlich inkludierten §§ 7h, 7i ergibt sich der Ausschluss gleichzeitiger Anwendbarkeit zum einen aus **§ 10f Abs. 1 S. 3,** zum anderen – dh hinsichtlich des gesamten Spektrums der §§ 7h/7i, 11a/11b – aber auch aus der allgemeinen einkommensteuerrechtlichen Systematik (s. dazu FG Köln 6.2.2014 – 10 K 2733/10, EFG 2014, 1086 unter 3., rkr.), weil jene Vorschriften aus dem **AfA-Komplex** bzw. dem Bereich der **Betriebsausgaben/Werbungskosten** selbstredend eine Gebäudenutzung zum Zwecke der Einkünfteerzielung (§ 2) bedingen (→ Rn. 2). Das gilt erst Recht ganz generell für Aufwendungen die als Betriebsausgaben bzw. Werbungskosten zu qualifizieren sind (→ Rn. 20; zu selbstbewohnten Baudenkmalen im land- und forstwirtschaftlichen Betriebsvermögen s. § 13 Abs. 2 Nr. 2; Bordewin/Brandt/*Stuhrmann* § 10f Rn. 2 aE: „Nicht einbezogen").

Außerdem gestattet § 10f in Abs. 1 S. 2, 3 und Abs. 2 S. 2 (jew. Hs. 2) **keine Doppelbegünstigung identischer Aufwendungen** in Relation zu § 10e (zur letztmaligen Anwendung s. § 52 Abs. 19 S. 6: Stichtag 1.1.1996; erg. *Fuchs/Schabe* FR 1992, 770 (771 f.); *Stephan* DB 1992, 8) bzw. dem EigZulG (zur letztmaligen Anwendung s. § 19 Abs. 9 EigZulG: Stichtag 1.1.2006) und § 10i (stRspr, vgl. – grundlegend – BFH 14.1.2004 – X R 19/02, BStBl. II 2004, 711 unter II.1., betr. die davon abzugrenzende, generell zu bejahende **Zulässigkeit** einer Mehrfach- bzw. **kumulativen Förderung derselben Baumaßnahme** mit den Mitteln des Steuerrechts; dto. ua BFH 24.6.2009 – X R 8/08, BStBl. II 2009, 960 unter II.5.). Stattdessen muss sich der Steuerpflichtige insofern für eine dieser Fördermöglichkeiten entscheiden (**Wahlrecht;** s. zum Ganzen ua *Biergans* FR 1990, 133 (136); HHR/*Meyer* § 10f Rn. 16; Kirchhof/*Pfirrmann* § 10f Rn. 1; Korn/*Eggers* § 10f Rn. 7; KSM/*Lüdemann* § 10f Rn. A 16 f., 61, B 19a, 27 f., C 2, D 2 f.; LBP/*Schindler* § 10f Rn. 6). Entsprechendes bestimmt § 10g Abs. 2 S. 2 für seinen speziellen Anwendungsbereich, also ua Baudenkmale, die weder zur Einkünfteerzielung noch zu eigenen Wohnzwecken genutzt werden (→ § 10g Rn. 7; → § 10g Rn. 26; zur Abgrenzung *Nacke* GStB 2008, 160 (162)). Mit Blick auf die mit Wirkung ab dem VZ 2020 in **§ 35c** neu eingeführte **Steuerermäßigung für energetische Maßnahmen** bei zu eigenen Wohnzwecken genutzten Gebäuden gilt gem. § 35c Abs. 3 S. 2 dasselbe (s. dazu BT-Drs. 19/14338, 22; *Urban* FR 2020, 354 (357 f.); *Steck* DStZ 2020, 234 (239 f.)). 8

II. Normstruktur und zentrale Debatten

Die Regelung des § 10f ist in fünf Absätze untergliedert. Trotz ihres nicht gerade übersichtlichen, zT mit Verweisungen auf andere Vorschriften „durchsetzten" Gesetzestextes (LBP/*Schindler* § 10f Rn. 5: „vielfältig […] verwoben"; → Rn. 6) ist ihr normativer Gehalt vergleichsweise **einfach strukturiert.** Danach betreffen Abs. 1 und 2 den Abzug von Herstellungs- bzw. Anschaffungskosten (**Absatz 1;** → Rn. 16 ff.) und Erhaltungsaufwand (**Absatz 2;** → Rn. 27 ff.) „wie" (→ Rn. 2) Sonderausgaben. **Absatz 3** beschränkt die Anzahl der subventionierten Objekte auf ein bzw. – bei zusammenveranlagten Ehegatten – auf insgesamt zwei Gebäude (→ Rn. 31 ff.). **Absatz 4** befasst sich mit den häufig praxisrelevanten Fragen der steuerlichen Abwicklung des Sonderausgabenabzugs bei Miteigentum an demselben Gebäude (→ Rn. 34 ff.). **Absatz 5** (→ Rn. 38) erstreckt den Anwendungsbereich der Norm zuletzt auf Gebäudeteile, die selbständige unbewegliche Wirtschaftsgüter sind, und Eigentumswohnungen. 9

Die sich im Zusammenhang mit § 10f stellenden materiell-rechtlichen Kernfragen können weitestgehend als geklärt angesehen werden (zur generellen Kritik an der Vorschrift → Rn. 4.1). Dies gilt seit dem **Grundsatzurteil des BFH vom 14.1.2004 – X R 19/02** (BStBl. II 2004, 711, mAnm *Beck* DStR 2004, 1738, *Bergkemper* jurisPR-SteuerR 13/2004 Anm. 2, *Bergkemper* HFR 2004, 636, *Hilbertz* EStB 2004, 281, *Lange* IBR 2004, 406) vor allem für die in ihrer dogmatischen Bedeutung weit über den entschiedenen Einzelfall (Konkurrenz zwischen § 10f und dem EigZulG (zur letztmaligen Anwendbarkeit → Rn. 8)) hinausgehenden **Unterscheidung** zwischen einer de lege lata **unzulässigen Doppelbegünstigung** derselben Aufwendungen und der gestaltungsoffenen Möglichkeit der Inanspruchnahme verschiedener steuerlicher Subventionen für dieselbe Baumaßnahme (sog. **Mehrfachförderung;** → Rn. 8). 10

Ebenfalls seit jener grundlegenden BFH-Entscheidung (→ Rn. 10) ist geklärt, dass es sich bei der in § 10f Abs. 1 S. 1, Abs. 2 S. 1 tatbestandlich vorausgesetzten **Bescheinigung** der gemeindlichen Denkmalschutzbehörde **nach § 7i Abs. 2** (→ Rn. 6) um einen **Grundlagenbescheid** iSv § 171 Abs. 10 S. 1 AO handelt, dessen verbindliche Feststellungen sich auf die Tatbestände des zum Landesrecht gehörenden Denkmalschutzrechts beschränken, dh die Finanzbehörden nur – aber eben doch auch – in Bezug auf die darin bescheinigte 11

Baudenkmaleigenschaft des betreffenden Gebäudes (vgl. zB Art. 1 Abs. 2, 3 BayDSchG) sowie dahingehend **binden,** ob die Aufwendungen nach Art und Umfang zur Erhaltung des Gebäudes als Baudenkmal (vgl. zB Art. 4 BayDSchG) erforderlich sind (BFH 14.1.2004 – X R 19/02, BStBl. II 2004, 711 unter II.3., mAnm *Bull* D-spezial 32/2004, 3; *P. Fischer* FR 2004, 836, *P. Fischer* FR 2005, 30, *von Eichborn* HFR 2005, 240, *Hilbertz* EStB 2004, 281; Bsp. aus der verwaltungsgerichtlichen Rechtsprechung: VG Dresden 2.2.2016 – 7 K 1172/13; s. auch Bordewin/Brandt/*Stuhrmann* § 10f Rn. 9, *Kranenberg* StBW 2015, 791 und – aus steuerstrafrechtlicher Perspektive – *Fehn/Schultehinrichs* wistra 2014, 257; vor der Gefahr eines „kollusiven Zusammenwirkens" von Steuerpflichtigem und Denkmalschutzbehörde zu Lasten der Finanzverwaltung warnt *Klein* DStR 2016, 1399; erg. → Rn. 21 ff.).

12 Entsprechendes gilt nach der Rechtsprechung des IX. und – nunmehr auch – des X. Senats für baurechtlich fundierte **Bescheinigungen nach § 7h Abs. 2** betreffend die Lage der Immobilie in einem durch die Gemeinde förmlich festgelegten Sanierungsgebiet (§ 142 BauGB; erg. *Krauß* DStR 2019, 1185 u. 1189) oder städtebaulichen Entwicklungsbereich (§ 165 Abs. 3, 6 BauGB) einschließlich des Vorliegens von Herstellungskosten für Modernisierungs- und Instandsetzungsmaßnahmen iSv § 177 BauGB (BFH 22.9.2005 – IX R 13/04, BStBl. II 2007, 373 unter II.1., mAnm *Formel* EStB 2006, 443, *Heuermann* Information StW 2006, 926; BFH 22.10.2014 – X R 15/13, BStBl. II 2015, 367 unter II.1., mAnm *Aweh* AO-StB 2015, 70, *Aweh* EStB 2015, 89, *Beck* Grundeigentum 2015, 298, *Förster* HFR 2015, 217, *Steinhauff* jurisPR-SteuerR 11/2015 Anm. 2, BFH 6.12.2016 – IX R 17/15 – BStBl. II 2017, 523 unter II.1.e, mAnm *Aweh* EStB 2017, 232; *Beck* DStR 2017, 1469; *Schießl* HFR 2017, 387, *Steinhauff* DStRK 2017, 140; erg. Bordewin/Brandt/*Stuhrmann* § 10f Rn. 9; KKB/*Eckhardt* § 10f Rn. 56; *Pauly* ZfIR 2010, 824; → Rn. 21 ff.).

13 Eine bis dato ungeklärte Grundsatzfrage betrifft die in § 10f Abs. 3 S. 1, 2 normierte **Objektbeschränkung.** Hier wird durch die Finanzrechtsprechung noch zu klären sein, ob der Steuerpflichtige die ihm in § 10f Abs. 1, 2 gewährte Steuerbegünstigung – wofür der Gesetzeswortlaut spricht – **wiederholt** oder iS eines Subventions- bzw. Objektsverbrauchs insgesamt **nur einmal im Leben** in Anspruch nehmen kann (→ Rn. 32).

B. Voraussetzungen und Rechtsfolgen

14 Liegen die in § 10f Abs. 1–5 statuierten Voraussetzungen vor, kann der Steuerpflichtige, bei dem es sich (trotz § 8 Abs. 1 S. 1 KStG) um eine **natürliche Person** handeln muss (vgl. zB Blümich/*Erhard* § 10f Rn. 11; Frotscher/Geurts/*Kratzsch* § 10f Rn. 3; KSM/*Lüdemann* § 10f Rn. A 5; *Neufang* StB 2018, 218 (222); Begr.: nur dann ist eine private Nutzung „zu eigenen Wohnzwecken" begrifflich überhaupt denkbar; zur Personengesellschaft → Rn. 17; → Rn. 37), zehn Jahre lang jeweils bis zu 9% (ergo max. 90%; → Rn. 3) der Anschaffungs- oder Herstellungskosten bzw. des Erhaltungsaufwands für eine vom Subventionstatbestand erfasste Immobilie „wie" Sonderausgaben (→ Rn. 2) **von der Einkommensteuer-Bemessungsgrundlage** (konkret: vom Gesamtbetrag der Einkünfte, § 2 Abs. 4) **abziehen** (vgl. BFH 4.12.1991 – X R 89/90, BStBl. II 1992, 295 unter 2. zu § 10e). Die Möglichkeit zur Berücksichtigung der Aufwendungen bei der Festsetzung der Einkommensteuer-Vorauszahlung und beim Lohnsteuerabzug ergibt sich aus § 37 Abs. 3 bzw. § 39a Abs. 1 Nr. 5 Buchst. a.

15 Im Umkehrschluss zu § 50 Abs. 1 S. 3 kann die Subventionswirkung des § 10f grds. auch von **beschränkt Steuerpflichtigen** (§§ 1 Abs. 4, 49 ff.) beansprucht werden. Allerdings wird mit Blick auf die tatbestandlichen Anforderungen des § 10f (Nutzung einer im Inland belegenen (→ Rn. 16) Immobilie „zu eigenen Wohnzwecken") regelmäßig eine unbeschränkte Steuerpflicht iSv § 1 Abs. 1 S. 1 gegeben sein (vgl. Bordewin/Brandt/*Stuhrmann* § 10f Rn. 2; Frotscher/Geurts/*Kratzsch* § 10f Rn. 3; HHR/*Meyer* § 10f Rn. 3; KSM/*Lüdemann* § 10f Rn. A 21).

I. Abzug von Anschaffungs-/Herstellungskosten (Abs. 1)

1. Subventionsfähiges Gebäude im Inland

16 Tatbestandliche Voraussetzung (§ 10f Abs. 1. S. 1) für die Verminderung der Einkommensteuer-Bemessungsgrundlage (→ Rn. 14) in dem von § 10f ermöglichten Umfang ist zunächst, dass sich die betreffenden Aufwendungen auf ein **im Inland belegenes** (das ergibt sich de iure aus § 10f Abs. 1 S. 1 iVm §§ 7h/7i Abs. 1 S. 1; dto. Blümich/*Erhard* § 10f Rn. 3; KSM/*Lüdemann* § 10f Rn. B 1) **Gebäude** beziehen (zum ertragsteuerlichen Gebäudebegriff: BFH 23.9.2008 – I R 47/07, BStBl. II 2009, 986 unter II.2.a; *Krauß* DStR 2019, 1185 f.; LBP/*Schindler* § 10f Rn. 7), welches subventionsfähig ist, dh die **Voraussetzungen des § 7h oder § 7i erfüllt.** Es muss sich also – im hiesigen Kontext unions-/beihilferechtlich unbedenklich (vgl. Art. 107 Abs. 3 Buchst. d, Art. 167 AEUV) – um eine Immobilie auf dem Staatsgebiet der Bundesrepublik Deutschland handeln (vgl. EuGH 18.12.2014 – C-87/13, IStR 2015, 70 mAnm *Petersen* ISR 2015, 61; erg. EuGH 17.1.2008 – C-152/15, BStBl. II 2008, 326 und BFH 20.10.2010 – IX R 55/09, BFH/NV 2011, 767, jew. zur Eigenheimzulage für Objekte im EU-/EWR-Ausland; *Kreft* PIStB 2009, 282, *Kreft* PIStB 2011, 118), die sich entweder in einem Sanierungsgebiet (§ 142 BauGB; s. dazu *Krauß* DStR 2019, 1185 u. 1189) oder städtebaulichen Entwicklungsbereich (§ 165 Abs. 3, 6 BauGB) befindet (§ 7h) oder bei der es sich nach Maßgabe des Landesdenkmalschutzrechts um ein Baudenkmal (vgl. zB Art. 1 Abs. 2, 3 BayDSchG; erg. *Fuchs/Schabe* FR 1992, 770 (771)) handelt (§ 7i). Für die Förderungsfähigkeit einer solchen Immobilie ist es, wie sich aus § 10f Abs. 5 (→ Rn. 38) ergibt, im Grundsatz unschädlich, wenn lediglich in (nach ihrem Nutzungs- und Funktionszusammenhang) selbständige Gebäudeteile oder eine in dem Objekt befindliche Eigentumswohnung investiert wird.

Der BFH hat mit Recht aus „Wortlaut und Zielsetzung" von § 10f Abs. 1 S. 1 iVm **§ 7i** abgeleitet, **16.1** dass nur Investitionen in **bestehende Gebäude** steuerbegünstigt sind, **nicht** hingegen in **Neubauten** oder der **Wiederaufbau von Gebäuden,** zB nach Abriss eines insgesamt nicht mehr sanierungsfähigen Altbaus (BFH v. 14.1.2004 – X R 19/02, BStBl. II 2004, 711 unter II.2.b; vgl. ua Blümich/*Erhard* § 10f Rn. 16; Bordewin/Brandt/*Stuhrmann* § 10f Rn. 9, 31; Frotscher/Geurts/*Kratzsch* § 10f Rn. 5a; HHR/*Meyer* § 10f Rn. 9; Kirchhof/*Pfirrmann* § 10f Rn. 2; LBP/*Schindler* § 10f Rn. 10; *Nacke* GStB 2008, 160 (164 f.); abw. *Büchner/Fritzsch* DStR 2004, 2169 (2171) für die **Translozierung**). Dasselbe gilt in Bezug auf **§ 7h** (vgl. BFH 18.9.2002 – X R 183/96, BStBl. II 2003, 238 unter II.2.a, BFH 2.9.2008 – X R 7/07, BStBl. II 2009, 596 unter II.2b; BFH 10.10.2017 – X R 1/17, BFH/NV 2018, 416 unter II.3.a).

Für die praktische Rechtsanwendung ist dabei auf den sog. **steuerrechtlichen Neubaubegriff** **16.2** Bedacht zu nehmen (vgl. zB *Kleeberg* FR 2005, 365 (366) mwN: „ wenn das Gebäude aufgrund der Bauarbeiten in bautechnischer Hinsicht neu ist, wenn die erneuerten Bauteile gegenüber dem Altbestand überwiegen, vor allem wenn tragende Teile überwiegend erneuert worden sind"; *Krauß* DStR 2019, 1185 (1186 f.); zur tatbestandsspezifisch-eingeschränkten Auslegung bei Baudenkmalen s. BFH 24.6.2009 – X R 8/08, BStBl. II 2009, 960 unter II.4b; s. auch HHR/*Meyer* § 10f Rn. 9; LBP/*Schindler* § 10f Rn. 10, der diese Rechtsprechung in Abweichung von FG Berlin-Brandenburg 17.11.2010 – 2 K 3060/06 B (DStRE 2011, 990) auch auf die Fälle des § 7h übertragen will; idS jetzt BFH 10.10.2017 – X R 6/16, BStBl. II 2018, 272 unter II.3.a bb, mAnm *Hübner* HFR 2018, 535 – Aufsatz eines zusätzlichen (Dach-)Geschosses auf einen Altbau zu Wohnzwecken). Die dadurch vermittelten (Be-)Wertungsunsicherheiten stellen die steuerliche Planungs- resp. Gestaltungssicherheit jedoch nur bedingt in Frage, da die Finanzverwaltung an einen gemeindlichen Bescheid iSv §§ 7h/7i Abs. 2 gebunden ist (→ Rn. 11 f.), in dem die Kommune das Vorliegen eines **Neubaus „in bautechnischem Sinne"** verneint hat; allerdings steht der Finanzbehörde dagegen nach entsprechender Remonstration in letzter Konsequenz der Verwaltungsrechtsweg offen (vgl. zB BFH 21.8.2001 – IX R 20/99, BStBl. II 2003, 910 unter II.2.a, mAnm *Aweh* EStB 2001, 447, *Heuermann* HFR 2002, 16; BFH 4.5.2004 – XI R 38/01, BStBl. II 2005, 171 unter II.1b, mAnm *Beck* BTR 2005, 75, *von Eichborn* HFR 2005, 240, *Hutter* Information StW 2005, 3, *Pfützenreuter* jurisPR-SteuerR 37/2004 Anm. 2; dto. KKB/*Eckhardt* § 10f Rn. 56; *Krauß* DStR 2019, 1185 (1188 f.); LBP/*Schindler* § 10f Rn. 12; sehr krit. *P. Fischer* FR 2005, 29 (30): „je nach Sachlage – salopp ausgedrückt – ein u.U. subventionsbetrügerisches ‚starkes Stück'"; erg. zur steuerstrafrechtlichen Seite (§ 370 AO; ein Subventionsbetrug im eigentlichen Sinne – § 264 StGB – wird hier nicht vorliegen) *Fehn/Schultehinrichs* wistra 2014, 257).

2. „Eigenes" Gebäude

Darüber hinaus muss es sich **„eigenes" Gebäude** (§ 10f Abs. 1 S. 1) des Steuerpflichtigen **17** handeln. Dies ist nach dem Wortlaut der Vorschrift immer dann der Fall, wenn das betreffende Objekt zivilrechtlich im **Eigentum** (§ 39 Abs. 1 AO, § 903 S. 1 BGB) des Steuerpflichtigen steht oder – nach weiterer Maßgabe von § 10f Abs. 4 (→ Rn. 34 ff.) – wenn er eine Stellung als Bruchteils- bzw. Miteigentümer (§ 39 Abs. 2 Nr. 2 AO, §§ 741 ff. BGB; zur Personengesellschaft → Rn. 37) inne hat. Wenigstens erforderlich, nach einhelliger Meinung im Steuerrecht aber ebenfalls ausreichend ist es, dass dem Steuerpflichtige das **wirtschaftliche Eigentum** iSv § 39 Abs. 2 Nr. 1 AO an der Immobilie zusteht (exempl. BFH 7.3.2001 – X R 82/95, BStBl. II 2001, 481 unter II.1.a, zu § 10e; FG Hamburg 26.8.2009 – 6 K 150/07, EFG 2010, 149 unter 1., rkr., zu § 10f; allgM, vgl. Blümich/*Erhard* § 10f Rn. 17; Bordewin/Brandt/*Stuhrmann* § 10f Rn. 2, 8, 10; Frotscher/Geurts/*Kratzsch* § 10f Rn. 3, 5b; HHR/*Meyer* § 10f Rn. 7; KKB/*Eckhardt* § 10f Rn. 10; Kirchhof/*Pfirrmann* § 10f Rn. 2; *Kleeberg* FR 1997, 174 (175); KSM/*Lüdemann* § 10f Rn. B 8; Lademann EStG/*Boeker* § 10f Rn. 11; LBP/*Schindler* § 10f Rn. 14; Schmidt/*Kulosa* § 10f Rn. 3). Daraus ergibt sich, dass der Kreis potentieller Subventionsbegünstigter bei § 10f enger ist als derjenige der Adressaten der §§ 7h/7i, weil die AfA-Vorschriften für die Abzugsfähigkeit von Aufwendungen kein (wirtschaftliches) Eigentum an dem betreffenden Wirtschaftsgut voraussetzen (so zutr. HHR/*Meyer* § 10f Rn. 7; Schmidt/*Kulosa* § 10f Rn. 3).

17.1 Diese extensive Auslegung des Merkmals **„eigenes"** Gebäude (dh wirtschaftliches Eigentum genügt; → Rn. 17) erweitert den Anwendungsbereich der Vorschrift entgegen dem ersten Anschein indes nur bedingt: So ist zB eine Eigentumsübertragung unter **Vorbehalt** eines lebenslänglichen **Nießbrauchs** (§§ 1030 ff. BGB) im vorliegenden Kontext bereits als **nicht ausreichend** judiziert worden (BFH 28.7.1999 – X R 38/98, BStBl. II 2000, 653 unter II.2., zur insoweit wortlautidentischen Vorschrift des § 10e – „eigenes" Haus, „eigene" Eigentumswohnung –, mAnm *Apitz* EStB 1999, 242, *Weber-Grellet* DStR 1999, 1806; dies ist ohne Weiteres auf § 10f übertragbar, vgl. Schmidt/*Kulosa* § 10f Rn. 3). **Anders** soll die Sache im Falle eines **Erbbau-** (HHR/*Meyer* § 10f Rn. 7) oder **Dauerwohnrechts** nach §§ 31 ff. WEG liegen (Bordewin/Brandt/*Stuhrmann* § 10f Rn. 2; Kirchhof/*Pfirrmann* § 10f Rn. 2; *Kleeberg* FR 1997, 174 (175); KSM/*Lüdemann* § 10f Rn. B 9 unter Verweis auf – aktuell – BMF 21.12.2004, BStBl. I 2005, 305 Abschn. A.II.1.2.2.; in dieser Pauschalität jeweils zweifelhaft). Nach Auffassung des FG Hamburg eröffnet demgegenüber auch ein **langfristiger Mietvertrag** (in concreto: über einen Zeitraum von 35 Jahren mit Verlängerungsoption) **nicht** die Möglichkeit, Aufwendungen auf ein in fremdem Eigentum stehendes historisches Gebäude nach § 10f abzuziehen (FG Hamburg 26.8.2009 – 6 K 150/07, EFG 2010, 149, rkr.; dem zust. Lademann EStG/*Boeker* § 10f Rn. 11; Schmidt/*Kulosa* § 10f Rn. 3).

17.2 Zusätzlich zu dieser im Detail schwierigen Rechtslage ist außerdem noch **höchstrichterlich ungeklärt** und demgemäß teilweise umstritten, ob eine Fortsetzung des Sonderausgabenabzugs nach § 10f auch für einen evtl. **unentgeltlichen Rechtsnachfolger** möglich ist (für den entgeltlichen Rechtsnachfolger scheidet dies schon tatbestandlich aus, da § 10f nur eigene Aufwendungen des Steuerpflichtigen nach dem Erwerb begünstigt (s. bereits *Biergans* FR 1990, 133 (136 f.); *Koller* DStR 1990, 128 (130)); zum Veräußernden → Rn. 25, → Rn. 29, → Rn. 35). Dies ist nach zutreffender Auffassung spätestens seit der Entscheidung des Großen Senats des BFH zur Nichtvererblichkeit des Verlustabzugs nach § 10d (BFH 17.12.2007 – GrS 2/04, BStBl. II 2008, 608) für den Fall der **Gesamtrechtsnachfolge** (dh in erster Linie gem. §§ 1922 ff. BGB) zu **verneinen** (iErg wie hier *Biergans* FR 1990, 133 (137); Blümich/*Erhard* § 10f Rn. 11; KKB/*Eckhardt* § 10f Rn. 11; *Klein* DStR 2016, 1399 (1403); *Koller* DStR 1990, 128 (130); *Krauß* DStR 2019, 1185 (1190); Schmidt/*Kulosa* § 10f Rn. 7, 12 aE; aA Bordewin/Brandt/*Stuhrmann* § 10f Rn. 3; HHR/*Meyer* § 10f Rn. 7 („folgt […] unmittelbar aus § 45 AO"); Kirchhof/*Pfirrmann* § 10f Rn. 3 aE („vertretbar"); KSM/*Lüdemann* § 10f Rn. B 12, C 3; Lademann EStG/*Boeker* § 10f Rn. 11 aE; LBP/*Schindler* § 10f Rn. 14). Dementsprechend kann für den unentgeltlichen **Einzelrechtsnachfolger** (zB gemäß §§ 516 ff. oder § 2174 BGB) – a maiore ad minus – nichts anderes gelten (s. bereits BFH 4.12.1991 – X R 89/90, BStBl. II 1992, 295 zu § 10e), zumal die sich nur auf den AfA-Kontext beziehende Vorschrift des **§ 11d Abs. 1 EStDV** im Bereich des Sonderausgabenabzugs nach § 10f **nicht (analog) anwendbar** ist (stRspr und allgM in der Lit., vgl. zB BFH 4.12.1991 – X R 89/90, BStBl. II 1992, 295 unter 3.; BFH 1.10.1997 – X R 149/94, BStBl. II 1998, 247 unter II.2.b, jew. zu § 10e; *Biergans* FR 1990, 133 (137); Blümich/*Erhard* § 10f Rn. 11; Bordewin/Brandt/*Stuhrmann* § 10f Rn. 4; HHR/*Meyer* § 10f Rn. 7; KKB/*Eckhardt* § 10f Rn. 11; Kirchhof/*Pfirrmann* § 10f Rn. 3; KSM/*Lüdemann* § 10f Rn. B 12, C 3; Lademann EStG/*Boeker* § 10f Rn. 11 aE; LBP/*Schindler* § 10f Rn. 14; Schmidt/*Kulosa* § 10f Rn. 7).

3. Nutzung „zu eigenen Wohnzwecken"

18 Der Sonderausgabenabzug nach § 10f setzt ferner in Abs. 1 S. 2 voraus, dass der Steuerpflichtige das Gebäude in dem jeweiligen Kalenderjahr **„zu eigenen Wohnzwecken"** nutzt.

Nur dann und auch nur „soweit" – dh **ggf. nur (raum-/zeit-)anteilig** (→ Rn. 19.1, → Rn. 20, → Rn. 25 f.) – soll ihm die vom Gesetzgeber in Aussicht gestellt Subvention zugutekommen. Der BFH setzt hierfür in ständiger Rechtsprechung im Grundansatz voraus, dass das Gebäude „von ihm (dh dem Steuerpflichtigen) **selbst** und ggf. den mit ihm in einer Haushaltsgemeinschaft lebenden Familienangehörigen **als Wohnung genutzt** wird" (so – grundlegend – BFH 23.7.1997 – X R 143/94, NZM 1998, 495 unter II.3.a, zur (auch) insoweit wortlautidentischen Regelung des § 10e; ähnl., wenngleich konziser formuliert, BFH 18.1.2011 – X R 13/10, BFH/NV 2011, 974 unter II.2.a, zu § 10f). Konkret fasst er es (auch noch) unter den „Tatbestand der Selbstnutzung [...], wenn der Eigentümer andere Personen, insbesondere nahe Verwandte, Lebensgefährten, Freunde oder Bekannte in seine Wohnung aufnimmt und die Wohnung zusammen mit diesen gemeinsam nutzt. Voraussetzung dabei ist jedoch, daß der Steuerpflichtige die Räume – ebenfalls wie im Fall der Familiengemeinschaft – selbst mit nutzt oder daß die Räume ihm ständig zur Verfügung stehen" (BFH 23.7.1997 – X R 143/94, NZM 1998, 495 unter II.3.a). Voraussetzung ist stets der Einzug in eine bewohnbare Wohnung, was während noch andauernder **Renovierungsarbeiten** nicht der Fall ist, auch wenn der Steuerpflichtige dort de facto bereits behelfsmäßig übernachtet (BFH 4.5.1999 – IX B 38/99, BStBl. II 1999, 587 unter 2., zu § 4 EigZulG).

Aufgrund gesetzlicher Anordnung in **§ 10f Abs. 1 S. 4** liegt eine Nutzung „zu eigenen Wohnzwecken" ferner dann vor, wenn „**Teile** einer zu eigenen Wohnzwecken genutzten Wohnung **unentgeltlich** zu Wohnzwecken überlassen" werden. Letzteres wird in der Rechtswirklichkeit regelmäßig Angehörige des Steuerpflichtigen betreffen (vgl. BT-Drs. 11/5680, 13), wobei dem Gesetz hier – anders als in § 4 S. 2 EigZulG (ebenso Frotscher/Geurts/*Kratzsch* § 10f Rn. 7b aE) – keine Beschränkung auf den in § 15 AO genannten Personenkreis entnommen werden kann. Wird demnach die **gesamte Immobilie** unentgeltlich überlassen (zB an die eigene Tochter), scheidet eine Anwendung von § 10f aus, weil dann keine Nutzung zu „eigenen" Wohnzwecken mehr vorliegt (allgM, vgl. zB Bordewin/Brandt/*Stuhrmann* § 10f Rn. 12, 45; Frotscher/Geurts/*Kratzsch* § 10f Rn. 7; *Koller* DStR 1990, 128); dies ist nur dann anders zu beurteilen, wenn das Objekt (Wohnung) einem einkommensteuerlich zu berücksichtigenden, da unterhaltsberechtigten **Kind iSv § 32** unentgeltlich zur alleinigen Nutzung überlassen wird (vgl. zB BFH 18.1.2011 – X R 13/10, BFH/NV 2011, 974 unter II.2.a, mwN; FG Niedersachsen 6.5.2013 – 9 K 279/12, DStRE 2015, 135 unter 1.a aa; Bordewin/Brandt/*Stuhrmann* § 10f Rn. 12; Frotscher/Geurts/*Kratzsch* § 10f Rn. 7a f.; HHR/*Meyer* § 10f Rn. 18; KKB/*Eckhardt* § 10f Rn. 21; Kirchhof/*Pfirrmann* § 10f Rn. 2; Lademann EStG/*Boeker* § 10f Rn. 18; LBP/*Schindler* § 10f Rn. 18; Schmidt/*Kulosa* § 10f Rn. 4). **19**

Kommt es dagegen zu einer **entgeltlichen** Überlassung von Teilen eines steuerbegünstigten Objekts (zB einer einzelnen, baulich abgetrennten Wohnung; s. auch § 10f Abs. 5), mindert sich die Steuerbegünstigung nach § 10f anteilig (Abs. 1 S. 2: „soweit") um die vermietete Nutzfläche; für Letztere kann dann jedoch – spiegelbildlich – AfA nach §§ 7h, 7i in Anspruch genommen werden (vgl. § 10f Abs. 1 S. 3 (→ Rn. 29) sowie *Biergans* FR 1990, 133 (134); Bordewin/Brandt/*Stuhrmann* § 10f Rn. 40 („lediglich klarstellende Bedeutung"); *Hahn* DB 1990, 65 (67); Frotscher/Geurts/*Kratzsch* § 10f Rn. 9; Korn/*Eggers* § 10f Rn. 7; KSM/*Lüdemann* § 10f Rn. B 19a; Lademann EStG/*Boeker* § 10f Rn. 22; *Neufang* StB 2018, 218 (222); Schmidt/*Kulosa* § 10f Rn. 4; *Stuhrmann* DStZ 1990, 107 (111)). **19.1**

Wer sich hingegen mit einer **Gesamtvermietungsabsicht** trägt, soll die Steuerbegünstigung nach § 10f unabhängig davon, ob bzw. inwieweit er mit Einkünfteerzielungsabsicht handelt, insgesamt nicht mehr in Anspruch nehmen können (so BFH 27.10.2005 – IX R 3/05, BFH/NV 2006, 525 unter II.2.b; zweifelhaft, ungeachtet der in solchen Fällen regelmäßig bestehenden Nachweisproblematik (bloße Absicht der Vermietung bereits abzugsschädlich!?); dem dennoch zust. Blümich/*Erhard* § 10f Rn. 18; Frotscher/Geurts/*Kratzsch* § 10f Rn. 6; Korn/*Eggers* § 10f Rn. 5). **19.2**

Dieser vergleichsweise enge Anwendungsradius („eigene" Wohnzwecke) wird zumindest dadurch wieder etwas gelockert, dass das zu subventionierende Objekt bzw. eine bestimmte darin befindliche Wohnung **nicht** zusätzlich noch den **Lebensmittelpunkt** des Steuerpflichtigen bilden muss (Bordewin/Brandt/*Stuhrmann* § 10f Rn. 11; Frotscher/Geurts/*Kratzsch* § 10f Rn. 4, 6; HHR/*Meyer* § 10f Rn. 14; Korn/*Eggers* § 10f Rn. 4; KSM/*Lüdemann* § 10f Rn. B 11; Lademann EStG/*Boeker* § 10f Rn. 17; LBP/*Schindler* § 10f Rn. 15; Schmidt/*Kulosa* **20**

§ 10f Rn. 4; sehr weitgehend FG Niedersachsen 9.2.2006 – 11 K 11002/03, DStRE 2006, 783: „eigene" Wohnzwecke aufgrund eines „Nutzungs- und Funktionszusammenhangs" bejaht für denkmalgeschütztes Nebengebäude, das als Abstellraum für Gartenmöbel, Hobbywerkstatt, Stall für Kleintiere der Kinder, Lagerplatz für Futtermittel und als Sattelkammer genutzt wird; dem zust. Bordewin/Brandt/*Stuhrmann* § 10f Rn. 10a; Frotscher/Geurts/*Kratzsch* § 10f Rn. 6; HHR/*Meyer* § 10f Rn. 14; Kirchhof/*Pfirrmann* § 10f Rn. 2; Korn/*Eggers* § 10f Rn. 4; KSM/*Lüdemann* § 10f Rn. B 11; LBP/*Schindler* § 10f Rn. 15). Deshalb kann der Steuerpflichtige ohne Weiteres auch mehrere Wohnungen in demselben Objekt zu „eigenen Wohnzwecken" nutzen (allgM, vgl. zB Blümich/*Erhard* § 10f Rn. 18; Bordewin/Brandt/*Stuhrmann* § 10f Rn. 10; LBP/*Schindler* § 10f Rn. 15). Auch kann es sich durchaus lediglich um eine **Wochenend- oder Ferienwohnung** handeln (Frotscher/Geurts/*Kratzsch* § 10f Rn. 4, 6; HHR/*Meyer* § 10f Rn. 14; Korn/*Eggers* § 10f Rn. 4; *Krauß* DStR 2019, 1185 (1186); KSM/*Lüdemann* § 10f Rn. B 11; Lademann EStG/*Boeker* § 10f Rn. 17; LBP/*Schindler* § 10f Rn. 15). Allerdings führt die Beschränkung auf „eigene Wohnzwecke" mitunter dazu, ein in dem Objekt eingerichtetes **häusliches Arbeitszimmer** bei der Gewährung der Steuerbegünstigung anteilig herausgerechnet werden muss (dh **Aufteilung im Verhältnis der Nutzflächen** (idR nach Quadratmetern), vgl. Bordewin/Brandt/*Stuhrmann* § 10f Rn. 13; Frotscher/Geurts/*Kratzsch* § 10f Rn. 8; HHR/*Meyer* § 10f Rn. 15; KKB/*Eckhardt* § 10f Rn. 21; Korn/*Eggers* § 10f Rn. 5; KSM/*Lüdemann* § 10f Rn. B 11; Lademann EStG/*Boeker* § 10f Rn. 16; LBP/*Schindler* § 10f Rn. 16; *Nacke* GStB 2008, 160 (162 f.); *Stuhrmann* DStZ 1990, 107 (111)), da dieses gerade nicht Wohn-, sondern Arbeitszwecken dient (vgl. Bordewin/Brandt/*Stuhrmann* § 10f Rn. 10, 32; HHR/*Meyer* § 10f Rn. 14; Kirchhof/*Pfirrmann* § 10f Rn. 2; Schmidt/*Kulosa* § 10f Rn. 4; *Stöcker* BB Beilage 9/2000, 1 (4); unklar *Krauß* DStR 2019, 1185 (1186 einerseits (wohl abl.), 1190 andererseits (bejaht)); zur systematisch ausgeschlossenen (→ Rn. 7) Kombination von Werbungskosten- und Sonderausgabenabzug in Fällen doppelter Haushaltsführung s. FG Köln 6.2.2014 – 10 K 2733/10, EFG 2014, 1086 unter 3. und 4., rkr. – § 10f nur bei Verzicht auf Werbungskostenansatz; KKB/*Eckhardt* § 10f Rn. 6; *Klein* DStR 2016, 1399 (1403)). Es liegt auf der Hand, dass dies gerade nach der jüngsten, in diesem Bereich „traditionell" restriktiven Judikatur des BFH zur Berücksichtigung der Aufwendungen für ein häusliches Arbeitszimmer (vgl. BFH 27.7.2015 – GrS 1/14, BFHE 251, 408) zu aus Sicht des Steuerpflichtigen unbilligen Ergebnissen führen kann. Über den insoweit eindeutigen Gesetzeswortlaut des § 10f Abs. 1 S. 2 bzw. § 4 Abs. 5 S. 1 Nr. 6b (s. dazu *Klein* DStR 2016, 1399 (1403)) kommt der Rechtsanwender indes nicht (auch nicht mittels § 163 AO oder § 227 AO) hinweg.

4. Bescheinigung über Gebäudequalifizierung

21 Das Vorliegen der Voraussetzungen der §§ 7h oder 7i ist nach § 10f Abs. 1 S. 1 seinerseits **materiell-rechtliche Voraussetzung** für die Gewährung der Steuerbegünstigung (Frotscher/Geurts/*Kratzsch* § 10f Rn. 5; LBP/*Schindler* § 10f Rn. 11; zusf. *Neufang* StB 2018, 218). Der diesbezügliche Nachweis erfolgt durch eine vom Steuerpflichtigen beizubringende (Frotscher/Geurts/*Kratzsch* § 10f Rn. 5), **auf das konkrete Objekt** (zB Eigentumswohnung, nicht die Gesamtimmobilie) **bezogene** (vgl. BFH 6.5.2014 – IX R 17/13, DStR 2015, 158 mAnm *Beck*; BFH 10.10.2017 – X R 6/16, BStBl. II 2018, 272 unter II.2.c, mAnm *Hübner* HFR 2018, 535) **Bescheinigung** der zuständigen (Gemeinde-)Behörde (vgl. §§ 7h/7i Abs. 2 S. 1; im Einzelnen betr. § 10f iVm § 7i: BMF 4.6.2015, BStBl. I 2015, 506), bei der es sich um einen die Finanzbehörde in dem in **§§ 7h/7i Abs. 2** vorgegebenen Rahmen bindenden **Grundlagenbescheid** iSv § 171 Abs. 10 S. 1 AO handelt (statt vieler *Krauß* DStR 2019, 1185 (1187 ff.); Schmidt/*Kulosa* § 10f Rn. 4; → Rn. 11 f.; eine Übersicht über die Veröffentlichung der länderspezifischen Bescheinigungsrichtlinien ist in BMF 21.2.2019, BStBl. I 2019, 211 abgedruckt), auch wenn darin nicht über alle Voraussetzungen für die Steuerbegünstigung nach § 10f entschieden worden ist (FG Köln 26.4.2018 – 6 K 726/16, EFG 2018, 1358 unter 1. mAnm *Lutter*; insoweit bestätigt durch BFH 19.2.2019 – X R 17/18, BFH/NV 2019, 801 unter II.1.). Im Fall des § 7i muss die Baumaßnahme zudem explizit in – auch ansonsten stets empfehlenswerter – **Abstimmung** mit der Gemeinde durchgeführt worden sein (§ 7i Abs. 1 S. 6; vgl. *Büchner/Fritzsch* DStR 2004, 2169 (2172); erg. *Klein* DStR 2016, 1399 zur Gefahr eines „kollusiven Zusammenwirkens" zu Lasten der Finanzverwaltung; s. dazu auch BFH 17.4.2018 – IX R 27/17, BStBl. II 2018, 597 unter II.2.). Die Bescheinigung kann auch noch nachträglich (dh nach Bestandskraft des betr. ESt-Bescheids) vorgelegt werden, mit der Folge, dass das Finanzamt in Ermittlungen einzutreten hat, ob die nicht von der Bindungswirkung des Grundlagenbescheids umfassten Tatbestandsmerkmale des § 7i Abs. 1 erfüllt sind; ist dies der Fall, muss der ESt-Bescheid – innerhalb der Grenzen der Festsetzungsverjährung – zugunsten des Steuerpflichtigen gem. § 175 Abs. 1 S. 1 Nr. 1 AO geändert werden (FG Köln 26.4.2018 – 6 K 726/16, EFG 2018, 1358 unter 1.; BFH 19.2.2019 – X R 17/18, BFH/NV 2019, 801 unter II.1.; aA FG-Berlin-Brandenburg 25.8.2010 – 12 K 12222/09, DStRE 2011, 250 unter 1.).

In der Veranlagungspraxis kann in Fällen, in denen die Bescheinigung nach §§ 7h/7i Abs. 2 im Zeitpunkt der Einkommensteuerveranlagung zwar nicht vorgelegt werden kann, aber entsprechend vorheriger Ankündigung noch nachgereicht werden soll, dem Grunde nach **Aussetzung der Vollziehung** gewährt werden, wenn das Vorliegen eines begünstigten Objekts und von begünstigten Aufwendungen durch geeignete Unterlagen nachgewiesen ist (vgl. LfSt Bayern 13.12.2013, BeckVerw 266940; Blümich/*Erhard* § 10f Rn. 6: „nur unter engen Voraussetzungen"; erg. LBP/*Schindler* § 10f Rn. 13). **21.1**

Gleichermaßen in Betracht zu ziehen (Ermessensentscheidung!) ist aber auch ein sog. **vorauseilender Folgebescheid** der Finanzbehörde, in dem diese die Sanierungsaufwendungen gemäß § 10f ohne den Grundlagenbescheid der Gemeindebehörde bereits **im Schätzungsweg** berücksichtigt (§ 155 Abs. 2 AO iVm § 162 Abs. 5 AO). In einem solchen Fall wird regelmäßig eine **Vorbehaltsfestsetzung** (§ 165 AO) vorzunehmen sein (vgl. BFH 20.7.2010 – X B 70/10, BFH/NV 2010, 2007 unter II.2.c; BFH 14.5.2014 – X R 7/12, BStBl. II 2015, 12, mAnm *Förster* HFR 2014, 1000, *Schuster* jurisPR-SteuerR 48/2014 Anm. 1, *Steinhauff* AO-StB 2014, 335; s. auch Bordewin/Brandt/*Stuhrmann* § 10f Rn. 9; KKB/*Eckhardt* § 10f Rn. 57; Lademann EStG/*Boeker* § 10f Rn. 13 aE; LBP/*Schindler* § 10f Rn. 13; *Neufang* StB 2018, 218 (219); *Steinhauff* jurisPR-SteuerR 33/2019 Anm. 3, unter D.). **21.2**

Fallen die Bescheinigungsvoraussetzungen nachträglich weg, muss die Ausstellungsbehörde die Finanzverwaltung hiervon gem. § 4 der **Mitteilungsverordnung** (MV) vom 7.9.1993 (BGBl. 1993 I 1554) unterrichten. **21.3**

5. Doppelbegünstigungsausschluss

Zuletzt dürfen die den Sonderausgaben zuzuschlagenden Investitionen aufgrund des in § 10f Abs. 1 S. 2 Hs. 2 statuierten Verbots der Doppelbegünstigung identischer Aufwendungen (im Gegensatz zu Mehrfach- bzw. kumulativen Förderung derselben Baumaßnahme; → Rn. 8, → Rn. 10) nicht in die Bemessungsgrundlage nach § 10e EStG oder § 8 EigZulG (bereits ausgelaufenes bzw. auslaufendes Recht, → Rn. 8; LBP/*Schindler* § 10f Rn. 5) einbezogen worden sein. **22**

6. Höhe des Sonderausgabenabzugs

Die Höhe des bei Anwendung von § 10f erzielbaren (zwischenzeitlich reduzierten, → Rn. 3) Sonderausgabenabzugs kann dem Gesetz lediglich abstrakt in ihrem prozentualen Verhältnis zu den vom Steuerpflichtigen getätigten Gesamtaufwendungen für Sanierungsmaßnahmen (**exklusiver Kaufpreis,** ganz hM, vgl. zB LBP/*Schindler* § 10f Rn. 19 („Es gilt der Grundsatz: ‚erst kaufen dann sanieren'"); ebenso *Büchner/Fritsch* DStR 2004, 2169 (2171); KKB/*Eckhardt* § 10f Rn. 9; *Kleeberg* FR 1997, 174 (175); *Klein* DStR 2016, 1399 (1340); *Nacke* GStB 2008, 160 (166); *Neufang* StB 2018, 218 (220); *Paus* EStB 2009, 239; *Stöcker* BB Beilage 9/2000, 1 (10)) entnommen werden. Demnach sind gemäß § 10f Abs. 1 S. 1 **maximal 90% der Anschaffungs-/Herstellungskosten** (scil. iSv § 7h Abs. 1 S. 1–3, § 7i Abs. 1 S. 1–5, vgl. Kirchhof/*Pfirrmann* § 10f Rn. 3) des Steuerpflichtigen abziehbar, allerdings nicht etwa en bloc im Jahr ihrer Entstehung oder Tilgung, sondern pro rata temporis (**Verteilungszeitraum**) beginnend ab dem Kalenderjahr des Abschlusses der Baumaßnahme (→ Rn. 24) und in den neun darauffolgenden Kalenderjahren (Jahresprinzip; **§ 11 Abs. 2** ist demgemäß **nicht** (analog) **anwendbar**) jeweils „bis zu" 9%. Diese gleichmäßige Staffelung der Steuerbegünstigung hat – ebenso wie die Objektbeschränkung in § 10f Abs. 3 (→ Rn. 31) – ganz offensichtlich profiskalische Gründe. Sie ist vor dem Hintergrund zu sehen, dass die **individuelle Investitionshöhe** durch das Gesetz – anders als etwa im Fall des § 10b Abs. 1 S. 1 – **nicht begrenzt** wird (vgl. Blümich/*Erhard* § 10f Rn. 22; KKB/*Eckhardt* § 10f Rn. 25; Kirchhof/*Pfirrmann* § 10f Rn. 3; *Kleeberg* FR 1997, 174 (175: „Eine Preisprüfung **23** erfolgt nicht"); KSM/*Lüdemann* § 10f Rn. A 54 („da dies dem Sinn und Zweck der Vorschrift […] zuwiderlaufen würde"), B 19a; Lademann EStG/*Boeker* § 10f Rn. 24; *Neufang* StB 2018, 218 (222); Schmidt/*Kulosa* § 10f Rn. 7). Allenfalls **Zuschüsse** aus öffentlichen oder privaten Mitteln (Letztere jedenfalls, wenn sie im öffentlichen Interesse geleistet werden (s. auch § 7h Abs. 1 S. 4, § 7i Abs. 1 S. 7)) mindern insoweit die Bemessungsgrundlage (vgl. BFH 20.6.2007 – X R 13/06, BStBl. II 2007, 879 unter II.a, mAnm *Hilbertz* EStB 2007, 366 – Zuschuss einer Denkmalstiftung; Blümich/*Erhard* § 10f Rn. 21; Bordewin/Brandt/*Stuhrmann* § 10f Rn. 38; Frotscher/Geurts/*Kratzsch* § 10f Rn. 5c, 19, 24; KKB/*Eckhardt* § 10f Rn. 9; Kirchhof/*Pfirrmann* § 10f Rn. 3; Korn/*Eggers* § 10f Rn. 7; KSM/*Lüdemann* § 10f Rn. B 19a; Lademann EStG/*Boeker* § 10f Rn. 13; LBP/*Schindler* § 10f Rn. 19; *Nacke* GStB 2008, 160 (163); Schmidt/*Kulosa* § 10f Rn. 5; *Stöcker* BB Beilage 9/2000, 1 (10); zum Problemkreis der Doppelbegünstigung → Rn. 8, → Rn. 10; zur Spendenqualifikation → Rn. 42). Dies ist aber bspw. anders, wenn lediglich eine Abkürzung des Zahlungswegs vorliegt (tendenziell abw. HHR/*Meyer* § 10f Rn. 7).

24 Der für den Beginn der Möglichkeit (→ Rn. 26) des Sonderausgabenabzugs maßgebliche „Abschluss der Baumaßnahme" liegt bei sog. **baulichen Gesamtmaßnahmen** (bspw. Kernsanierung; s. dazu *Büchner/Fritsch* DStR 2004, 2169 (2171) sowie → Rn. 16.2), die aus mehreren, ggf. sogar sachlich abgrenzbaren Einzelmaßnahmen bestehen, erst vor, wenn die Gesamtmaßnahme als solche abgeschlossen ist; auf die gegenläufige Rechtsprechung des BFH zu § 7i Abs. 1 (BFH 20.8.2002 – IX R 40/97, BStBl. II 2003, 582 unter II.1.b aa) kann wegen des unterschiedlichen Gesetzeswortlauts nicht rekurriert werden (im Einzelnen FG Berlin 29.9.2006 – 9 K 9419/03, EFG 2006, 1892 unter 1.c, rkr.; Lademann EStG/*Boeker* § 10f Rn. 19; LBP/*Schindler* § 10f Rn. 22; *Nacke* GStB 2008, 160 (165); Schmidt/*Kulosa* § 10f Rn. 7; *Stuhrmann* DStZ 1990, 107 (110)). Dafür streitet iÜ auch § 9a EStDV (Blümich/*Erhard* § 10f Rn. 26). Werden dagegen (etwa aus finanziellen Gründen) mehrere **Einzel-Baumaßnahmen** nacheinander durchgeführt, beginnt der Begünstigungszeitraum jeweils von neuem, sodass es hier im Ergebnis auch zu einer überlappenden Anwendung von § 10f kommen kann (vgl. Blümich/*Erhard* § 10f Rn. 26; KSM/*Lüdemann* § 10f Rn. B 16; LBP/*Schindler* § 10f Rn. 21).

25 Unabhängig davon kommt eine **zeitanteilige Kürzung** für das erste, idR bereits teilweise abgelaufene Kalenderjahr, in dem die Baumaßnahme abgeschlossen wird, nicht in Betracht (Bordewin/Brandt/*Stuhrmann* § 10f Rn. 10, 45; Frotscher/Geurts/*Kratzsch* § 10f Rn. 12; HHR/*Meyer* § 10f Rn. 13; Kirchhof/*Pfirrmann* § 10f Rn. 3; Korn/*Eggers* § 10f Rn. 5; KSM/*Lüdemann* § 10f Rn. B 16, 22; Lademann EStG/*Boeker* § 10f Rn. 23; *Paus* EStB 2009, 239 (241); Schmidt/*Kulosa* § 10f Rn. 7; diff. LBP/*Schindler* § 10f Rn. 22 aE). Vielmehr steht dem Steuerpflichtigen auch für dieses „erste Jahr" der volle Sonderausgabenabzug iHv max. 9% seiner Gesamtaufwendungen zu. Etwas anderes gilt nur – und zwar unabhängig vom Erstjahr, sondern in Bezug auf den gesamten, sich über zehn Kalenderjahre erstreckenden Begünstigungszeitraum –, wenn bzw. **„soweit"** (§ 10f Abs. 1 S. 2) der Steuerpflichtige die **qualifizierte Nutzung** zu „eigenen Wohnzwecken" (→ Rn. 18 ff.) **unterjährig einstellt** (zB bei unentgeltlicher Komplettüberlassung (→ Rn. 19), Veräußerung, Auszug mit anschließendem Leerstand oder Wechsel zur Einkünfteerzielung (§ 10f Abs. 1 S. 3), weil das Objekt vermietet wird bzw. werden soll; erg. → Rn. 19.2, zum Sofortabzug von Erhaltungsaufwand → Rn. 29 f.). Da ab diesem Zeitpunkt die tatbestandlichen Voraussetzungen des Sonderausgabenabzugs nicht mehr vorliegen, ist der betroffene jährliche Abzugsbetrag (max. 9% der Gesamtaufwendungen) in solchen Fällen zeitanteilig, dh in letzter Konsequenz **taggenau, zu kürzen** (hLit, vgl. *Biergans* FR 1990, 133 (134); Blümich/*Erhard* § 10f Rn. 29, 42; Bordewin/Brandt/*Stuhrmann* § 10f Rn. 39 f.; Frotscher/Geurts/*Kratzsch* § 10f Rn. 6, 9, 12; Kirchhof/*Pfirrmann* § 10f Rn. 3; *Koller* DStR 1990, 128/129; KSM/*Lüdemann* § 10f Rn. B 16, 22; Lademann EStG/*Boeker* § 10f Rn. 20, 28; LBP/*Schindler* § 10f Rn. 16, 22 aE; Schmidt/*Kulosa* § 10f Rn. 4; aA FG Niedersachsen 6.5.2013 – 9 K 279/12, DStRE 2015, 135 unter 1.b – keine zeitanteilige Kürzung, sondern stets Ganzjahresbetrag; dto. HHR/*Meyer* § 10f Rn. 13 („‚soweit' (nicht: solange)"), 16; Kirchhof/*Pfirrmann* § 10f Rn. 2; *Paus* EStB 2009, 239 (241)).

25.1 Das vorgenannte (→ Rn. 25 aE) **Urteil des FG Niedersachsen vom 6.5.2013** (9 K 279/12, DStRE 2015, 135 unter 1.b) **überzeugt nicht** (ebenso *Klein* DStR 2016, 1399 (1402)). Weder die von ihm herangezogenen Gesetzesmaterialien noch sein Vergleich mit § 82i EStDV (aF) bzw. § 7i versetzen den Rechtsanwender in die Lage, den Gesetzeswortlaut **„soweit“** in § 10f Abs. 1 S. 2 als **äußerste Grenze der Auslegung** zu übersteigen. Zudem ist es auch nicht „unstimmig“, für das erste Kalenderjahr – je nach Monat der Fertigstellung – nicht schon per se eine zeitanteilige Kürzung des Sonderausgabenabzugs vorzunehmen, weil sich der Abschluss der Baumaßnahme im Gegensatz zum unterjährigen Nutzungswechsel (nur darauf hebt § 10f Abs. 1 S. 2 in diesem Punkt ab) nicht ausschließlich nach dem Willen des Steuerpflichtigen richtet (s. aber KSM/*Lüdemann* § 10f Rn. A 63, der hier über das „Volumen der Einzelmaßnahme“ durchaus gewisse Gestaltungsmöglichkeiten erkennen will). Würde man dies anders sehen, wäre die Höhe des Sonderausgabenabzugs im „ersten Jahr“ faktisch von den in der Baubranche herrschenden Zufälligkeiten abhängig.

Da die Subventionsvorschrift des § 10f „rechtstechnisch“ als ein vom Steuerpflichtigen **eigens geltend zu machender** Sonderausgabenabzug ausgestaltet ist (vgl. nur KSM/*Lüdemann* § 10f Rn. A 45), ist eine **Nachholung** von im zehnjährigen Begünstigungszeitraum nicht ausgeschöpften Abzugsbeträgen **ausgeschlossen,** weil es an einer dies gestattenden Vorschrift mangelt (vgl. Blümich/*Erhard* § 10f Rn. 28, 44; Bordewin/Brandt/*Stuhrmann* § 10f Rn. 42; Frotscher/Geurts/*Kratzsch* § 10f Rn. 13; HHR/*Meyer* § 10f Rn. 13; Kirchhof/*Pfirrmann* § 10f Rn. 3; *Koller* DStR 1990, 128 (129); Korn/*Eggers* § 10f Rn. 7, 9; *Krauß* DStR 2019, 1185 (1190: „verbleibender Restbetrag geht unter“); KSM/*Lüdemann* § 10f Rn. B 16; Lademann EStG/*Boeker* § 10f Rn. 26; *Neufang* StB 2018, 218 (222); *Paus* EStB 2009, 239 (241); Schmidt/*Kulosa* § 10f Rn. 7). Die anderslautenden Regelungen in § 10e Abs. 3, § 10f Abs. 2 S. 3 (→ Rn. 29) oder § 11a Abs. 2 können nicht (analog) herangezogen werden. Ein versehentlich nicht beantragter Sonderausgabenabzug stellt auch keine „Unrichtigkeit“ iSv § 129 S. 1 AO dar (vgl. BFH 7.12.1993 – IX R 27/92, BFH/NV 1994, 601 unter 1.; KSM/*Lüdemann* § 10f Rn. A 49). Davon zu unterscheiden ist die nachträgliche Vorlage der Bescheinigung nach § 7i Abs. 2, die als zulässig angesehen wird und eine Bescheidänderung nach § 175 Abs. 1 S. 1 Nr. 1 AO nach sich ziehen kann (→ Rn. 21). 26

II. Abzug von Erhaltungsaufwand (Abs. 2)

§ 10f Abs. 2 knüpft für den – von Anschaffungs- und Herstellungskosten iSv § 10f Abs. 1 S. 1 EStG iVm §§ 7h/7i EStG, § 255 Abs. 1, 2 HGB abzugrenzenden – **Erhaltungsaufwand** folgerichtig an die entsprechenden Regelungen der §§ 11a und 11b an. „Erhaltungsaufwand“ idS ist gegeben, „wenn **etwas** bereits **Bestehendes instandgesetzt oder instandgehalten** wird“; demgegenüber liegen (ggf. nachträgliche) Herstellungskosten vor, „wenn nach Fertigstellung bisher nicht vorhandene Bestandteile in das Gebäude eingefügt werden“ (BFH 27.7.2000 – X R 26/97, HFR 2001, 328 unter II.2.a, mwN; s. auch Blümich/*Erhard* § 10f Rn. 36; *Nacke* GStB 2008, 160 (164)). Wegen der iÜ gleichen Tatbestandsvoraussetzungen und auch identischen Rechtsfolgen (BFH 19.2.2019 – X R 17/18, BFH/NV 2019, 801 unter II.2.; *Hahn* DB 1990, 65 (67); Schmidt/*Kulosa* § 10f Rn. 12) dient § 10f Abs. 2 vordergründig dazu, „der Abgrenzung zwischen Herstellungs- (bzw. Anschaffungs-)und Erhaltungsaufwand ihre steuerliche Bedeutung (zu) nehmen“ (*Stuhrmann* DStZ 1990, 107 (111); krit. *Klein* DStR 2016, 1399 (1401 f.)); dem steht freilich die sich nur auf den Erhaltungsaufwand beziehende Sonderregelung über den Sofortabzug in § 10f Abs. 2 S. 3 (→ Rn. 2929“ → Rn. 29) diametral entgegen (ähnl. *Stephan* DB 1992, 8 (9: „Auseinandersetzung […] vorprogrammiert“)). 27

Erhaltungsaufwand iSv § 10f Abs. 2 S. 1 soll nach FG Münster 19.11.2009 – 8 K 1089/06 E (BeckRS 2009, 26028658 unter II., rkr.) bei hohen **Heiz- und Stromkosten** für ein zu eigenen Wohnzwecken genutztes Schloss „offensichtlich“ nicht gegeben sein (aA *Klein* DStR 2016, 1399 (1402)). 27.1

Auch hier muss zunächst eine grds. **subventionsfähige Immobilie** vorliegen (→ Rn. 16), dh es muss sich um ein im Inland belegenes (§§ 11a Abs. 1 S. 1, 11b S. 1) „eigenes“ Gebäude (§ 10f Abs. 2 S. 1; → Rn. 17) des Steuerpflichtigen handeln, welches von diesem „zu eigenen Wohnzwecken“ genutzt wird (§ 10f Abs. 2 S. 2 und 4; → Rn. 18 ff.). Überdies muss die Immobilie die in den gemeindlichen Bescheinigungen nach § 7h Abs. 2 oder § 7i Abs. 2 bindend festgestellten **Qualifizierungsmerkmale** (→ Rn. 11 f., → Rn. 21) aufweisen (§ 10f Abs. 2 S. 1 EStG iVm § 11a Abs. 1 EStG oder § 11b S. 1, 2 EStG). Zuletzt darf es sich bei den zu begünstigenden Erhaltungsaufwendungen – naturgemäß – **nicht** um **Betriebsausgaben** oder **Werbungskosten** handeln (§ 10f Abs. 2 S. 1; andernfalls greifen 28 die §§ 11a/11b unmittelbar ein; erg. → Rn. 7) und es darf gem. § 10f Abs. 2 S. 2 Hs. 2 **keine Doppelbegünstigung** derselben Aufwendungen nach § 10e Abs. 6 oder § 10i erfolgen (insoweit besteht nur ein Begünstigungswahlrecht; → Rn. 8, → Rn. 10).

29 Hinsichtlich des **Höhe des Sonderausgabenabzugs** weist **§ 10f Abs. 2 S. 3** eine vom – iÜ auch hier entsprechend geltenden – Regelungsprogramm des § 10f Abs. 1 (→ Rn. 23 ff.) abweichende Besonderheit auf: „Soweit" der Steuerpflichtige das Gebäude während des Verteilungszeitraums zur Einkunftserzielung nutzt (und deswegen in diesem Umfang keine Abzugsfähigkeit nach § 10f Abs. 2 S. 1 gegeben ist, vgl. *Büchner/Fritsch* DStR 2004, 2169 (2170); → Rn. 19.1, → Rn. 20, → Rn. 25), **kann** (→ Rn. 26; der Normbefehl „ist" bezieht sich allenfalls auf die Finanzverwaltung; aA Frotscher/Geurts/*Kratzsch* § 10f Rn. 21 („kein Wahlrecht"); unklar Blümich/*Erhard* § 10f Rn. 45) der noch nicht berücksichtigte Teil des Erhaltungsaufwands im Jahr des Übergangs zur Einkunftserzielung (zB Vermietung) unter Durchbrechung des Jahresprinzips (→ Rn. 23) unmittelbar **in Gänze abgezogen** werden (vgl. Blümich/*Erhard* § 10f Rn. 45 f.; Schmidt/*Kulosa* § 10f Rn. 12). Geht der Steuerpflichtige dagegen nicht zur Einkünfteerzielung über, sondern stellt er etwa die steuerbegünstigte Gebäudenutzung infolge unentgeltlicher (Komplett-)Überlassung an einen Dritten (aber → Rn. 19), Veräußerung, Abriss oder Auszug mit anschließendem Leerstand gänzlich ein, kommt ein **Sofortabzug** iSv § 10f Abs. 2 S. 3 nach dem klaren Wortlaut der Vorschrift nicht in Betracht (vgl. Blümich/*Erhard* § 10f Rn. 45 aE; Frotscher/Geurts/*Kratzsch* § 10f Rn. 23; *Hahn* DB 1990, 65 (67); HHR/*Meyer* § 10f Rn. 30; Lademann EStG/*Boeker* § 10f Rn. 43; LBP/*Schindler* § 10f Rn. 26; *Stephan* DB 1992, 8 (9); erg. → Rn. 25; zur Gestaltung im Veräußerungsfall → Rn. 41). Den – im Verhältnis zu § 10f Abs. 2 S. 3 – umgekehrten Fall des Übergangs von der Einkünfteerzielung zur Selbstnutzung behandelt § 11a Abs. 2 S. 2 Var. 3, worauf das Gesetz für die Fälle des § 11b im dortigen Satz 3 verweist (s. auch Bordewin/Brandt/*Stuhrmann* § 10f Rn. 49: „Spiegelbild zu § 11a Abs. 2 Satz 2 und § 11b Satz 3"; dto. bereits *Stuhrmann* DStZ 1990, 107 (111)). Kehrt der Steuerpflichtige im Anschluss daran zur (erneuten) Eigennutzung zurück, tangiert dies den zuvor (endgültig) erfolgten Sofortabzug nicht (*Biergans* FR 1990, 133 (136: „Hierdurch eröffnen sich […] erhebliche Gestaltungsspielräume"; → Rn. 41); HHR/*Meyer* § 10f Rn. 30; *Koller* DStR 1990, 128 (129)).

30 Der **Sofortabzug** umfasst denjenigen Erhaltungsaufwand (in Summe), der im Zeitpunkt des Übergangs zur Einkünfteerzielung (ex ante-Sicht) innerhalb des restlichen Begünstigungszeitraums – dh **pro futuro** – noch abziehbar gewesen wäre (vgl. Blümich/*Erhard* § 10f Rn. 46). Eine **Nachholung** versehentlich nicht geltend gemachter Abzugsbeträge (→ Rn. 26) ist daher auch über § 10f Abs. 2 S. 3 **nicht möglich** (hM, vgl. Bordewin/Brandt/*Stuhrmann* § 10f Rn. 50 („unbefriedigende Rechtslage"), 51; Frotscher/Geurts/*Kratzsch* § 10f Rn. 20, 22; HHR/*Meyer* § 10f Rn. 30; Korn/*Eggers* § 10f Rn. 7 aE, 9; KSM/*Lüdemann* § 10f Rn. C 8; Lademann EStG/*Boeker* § 10f Rn. 42; LBP/*Schindler* § 10f Rn. 27; Schmidt/*Kulosa* § 10f Rn. 12; aA Blümich/*Erhard* § 10f Rn. 46; *Koller* DStR 1990, 128 (130); zweifelnd *Biergans* FR 1990, 133 (136); *Stephan* DB 1992, 8 (9)). Zur nachträglichen Vorlage der Bescheinigung nach § 7i Abs. 2 → Rn. 21 aE (ggf. Änderung gem. § 175 Abs. 1 S. 1 Nr. 1 AO).

III. Objektbeschränkung (Abs. 3)

31 § 10f Abs. 3 S. 1 **limitiert** die durch § 10f Abs. 1 und 2 vermittelte **Steuerbegünstigung** aus profiskalischen Gründen auf **ein Gebäude** je Steuerpflichtiger (vgl. KSM/*Lüdemann* § 10f Rn. D 3). Diese – gerade auch in Kumulation mit dem in dieselbe Richtung zielenden Jahresprinzip (→ Rn. 23) durchaus erhebliche – Restriktion „übersetzt" § 10f Abs. 3 S. 2 für den Fall der **Zusammenveranlagung** von (seit 1.10.2017 gem. § 1353 Abs. 1 S. 1 BGB (ggf. iVm § 20a LPartG) auch gleichgeschlechtlichen) Ehegatten (§§ 26 Abs. 1, 26b) besteuerungstechnisch auf „insgesamt zwei Gebäude" iSv zwei verschiedenen Immobilien (zur entspr. Anpassung in Miteigentumsfällen → Rn. 36). Dies gilt, anders als bei getrennter Veranlagung (vgl. KSM/*Lüdemann* § 10f Rn. A 18, D 4), unabhängig davon, welcher Ehegatte Eigentümer (→ Rn. 17) der jeweiligen Immobilie ist (Bordewin/Brandt/*Stuhrmann* § 10f Rn. 22; Schmidt/*Kulosa* § 10f Rn. 14). Die Vorschrift ist auf zusammenveranlagte Partner einer eingetragenen Lebenspartnerschaft iSd LPartG entsprechend anzuwenden (§ 2 Abs. 8).

Anhand des Gesetzeswortlauts **nicht eindeutig** zu beantworten ist, **ob** § 10f Abs. 3 S. 1 über eine „bloße" Beschränkung auf ein Objekt je Steuerpflichtiger pro Veranlagungszeitraum hinausgehend **auch** einen sog. **Objektverbrauch** (ieS) anordnet, wonach die Steuerbegünstigung nach § 10f Abs. 1, 2 vom einzelnen Steuerpflichtigen insgesamt nur „einmal im Leben" (so ausdr. HHR/*Meyer* § 10f Rn. 35) geltend gemacht werden kann. Letzteres ist nach hier vertretener Auffassung **abzulehnen,** dh die Steuerbegünstigung des § 10f kann durchaus in unterschiedlichen Veranlagungszeiträumen (nicht gleichzeitig!) für verschiedene Objekte bzw. wiederholt in Anspruch genommen werden (wie hier nur KSM/*Lüdemann* § 10f Rn. D 3, 10; unklar *Biergans* FR 1990, 133 (137); Blümich/*Erhard* § 10f Rn. 51, 53; *Hahn* DB 1990, 65 (68); Frotscher/Geurts/*Kratzsch* § 10f Rn. 26; Kirchhof/*Pfirrmann* § 10f Rn. 5; *König* D-spezial 44/1997, 1 (2); *König* BuW 1998, 330 (332); Korn/*Eggers* § 10f Rn. 10 f.; Schmidt/*Kulosa* § 10f Rn. 14; aA Bordewin/Brandt/*Stuhrmann* § 10f Rn. 20 („Das Wort ‚einem' i.V.m. dem Begriff Gebäude ist als Zahlwort und nicht als unbestimmter Artikel zu verstehen."); *Fuchs/Schabe* FR 1992, 770 (771: „bittere Pille"); HHR/*Meyer* § 10f Rn. 1; *Koller* DStR 1990, 128 (130 f.); Lademann EStG/*Boeker* § 10f Rn. 48 aE; LBP/*Schindler* § 10f Rn. 29 aE). Alles andere hätte der Gesetzgeber – wie etwa expressis verbis in § 16 Abs. 4 S. 2 („nur einmal") und § 34 Abs. 3 S. 4 („nur einmal im Leben") oder zumindest mittelbar in § 10e Abs. 4 S. 4–6 geschehen – ausdrücklich anordnen müssen (auch die Materialien in BT-Drs. 11/5680, 13 sind insofern wenig ergiebig: „Absatz 3 beschränkt die Inanspruchnahme der Steuerbegünstigung auf ein zu eigenen Wohnzwecken genutztes Objekt. Die Regelung lehnt sich an die Regelung des § 10e an."). Außerdem spricht der für die Auslegung der Norm besonders bedeutsame Telos (→ Rn. 4) des § 10f (vgl. Kirchhof/*Pfirrmann* § 10f Rn. 1; KSM/*Lüdemann* § 10f Rn. A 1) ersichtlich gegen die Annahme eines absoluten Objektverbrauchs (abw. unter Hinweis auf die Gesetzgebungsmotive – Anlehnung an § 10e – *Stuhrmann* DStZ 1990, 107 (111)). **32**

Den in § 10f Abs. 3 S. 3 getroffenen **Altfall- bzw. Übergangsregelungen** kommt nach dem hier vertretenen Verständnis der Objektbeschränkung in § 10f Abs. 3 S. 1 (kein absoluter Objektverbrauch, → Rn. 32) keine praktische Relevanz mehr zu. Sie erstrecken die Objektbeschränkung auf einen bereits auf Grundlage der entsprechenden Vorgängerregelungen in §§ 82g, 82i EStDV 1987 in Anspruch genommenen Sonderausgabenabzug (Schmidt/*Kulosa* § 10f Rn. 14; erg. Blümich/*Erhard* § 10f Rn. 56; Bordewin/Brandt/*Stuhrmann* § 10f Rn. 21; Lademann EStG/*Boeker* § 10f Rn. 49; KSM/*Lüdemann* § 10f Rn. A 10, D 5). **33**

IV. Miteigentumsfälle (Abs. 4)

§ 10f Abs. 4 S. 1 knüpft unmittelbar an § 10f Abs. 3 S. 1 (→ Rn. 31 f.) an und **dehnt** die dort angeordnete **Objektbeschränkung** (→ Rn. 31 f.) für sog. Miteigentumsfälle (dh mehrere Steuerpflichtige sind Eigentümer einer subventionsfähigen Immobilie; → Rn. 17) dahingehend **aus,** dass die jeweiligen Miteigentumsanteile einem gesonderten Gebäude iSd Objektbeschränkung gleichstehen. Das betrifft sowohl „Gebäude" im eigentlichen Sinne als auch – bei Anwendung der Entsprechungsklausel in § 10f Abs. 5 (→ Rn. 38) – Gebäudeteile, die selbständige unbewegliche Wirtschaftsgüter sind, und, praktisch besonders bedeutsam, insbesondere auch Eigentumswohnungen. Folge ist, dass grds. die jeweilige **Miteigentumsquote** die **„obere Grenze"** des Sonderausgabenabzugs bildet (HHR/*Meyer* § 10f Rn. 7, 14; dto. *Biergans* FR 1990, 133 (138); Bordewin/Brandt/*Stuhrmann* § 10f Rn. 54; Frotscher/Geurts/*Kratzsch* § 10f Rn. 3; *Koller* DStR 1990, 128 (131); Korn/*Eggers* § 10f Rn. 12 aE; aA Lademann EStG/*Boeker* § 10f Rn. 44). **34**

Für den **Fall des Hinzuerwerbs** zusätzlicher Miteigentumsanteile an derselben Immobilie (sog. Anwachsung bzw. Verschmelzung) bestimmt § 10f Abs. 4 S. 2 deklaratorisch, dass ein bereits für den bisherigen Miteigentumsanteil erfolgter Sonderausgabenabzug **keinen Objektverbrauch** bewirkt (→ Rn. 32), sprich der Steuerpflichtige für dieses – im steuerlichen Sinne – neues „Gebäude" (→ Rn. 34) wiederholt auf § 10f Abs. 1, 2 zurückgreifen kann. Demgegenüber geht das Abzugsrecht beim Veräußerer des Miteigentumsanteils von da ab verloren und lebt allenfalls bei einem späteren Rückerwerb wieder auf (*Biergans* FR 1990, 133 (138); *Koller* DStR 1990, 128 (131)). **35**

36 Für **zusammenveranlagte Ehegatten** (§§ 26 Abs. 1, 26b; → Rn. 31) verpflichtet § 10f Abs. 4 S. 3 Alt. 1 die Finanzverwaltung, die Vorschriften in § 10e Abs. 5 S. 2, 3 „sinngemäß anzuwenden". Dadurch wird die von § 10f Abs. 4 S. 1 bewirkte **Ausdehnung der Objektbeschränkung** (→ Rn. 34) **neutralisiert,** dh die beiden Miteigentumsanteile werden – auch im Falle der Anwachsung durch Erbfall (§ 10e Abs. 5 S. 3 Hs. 1) oder zB infolge Scheidung (§ 10e Abs. 5 S. 3 Hs. 2) – als ein einziges Objekt behandelt (Bordewin/Brandt/*Stuhrmann* § 10f Rn. 23; HHR/*Meyer* § 10f Rn. 40; Kirchhof/*Pfirrmann* § 10f Rn. 6; KSM/*Lüdemann* § 10f Rn. E 3; s. dazu auch das Bsp. bei *Ramisch* DB 1991, 2354 (2357)). Das gilt auch im Falle einer während des Laufs des Abzugszeitraums neu eingegangene Ehe (Bordewin/Brandt/*Stuhrmann* § 10f Rn. 25). Diese Grundsätze sind gem. § 2 Abs. 8 auf zusammenveranlagte Partner einer eingetragenen Lebenspartnerschaft iSd LPartG zu übertragen.

37 § 10f Abs. 4 S. 3 Alt. 2 eröffnet mit seinem Verweis auf § 10e Abs. 7 („sinngemäß anzuwenden") die verfahrensrechtliche **Möglichkeit** (§ 10e Abs. 7 S. 1: „können"), die **Abzugsbeträge** nach § 10f Abs. 1 und 2 in Miteigentumsfällen nach Maßgabe von § 180 Abs. 1 Nr. 2 Buchst. a **gesondert und einheitlich festzustellen** (zB FG Leipzig, 1.8.2018 – 6 K 282/18, EFG 2020, 45 Rn. 22; einschr. KSM/*Lüdemann* § 10f Rn. E 4: „verlangt […] Durchführung eines Feststellungsverfahrens für die Miteigentümer, abgesehen von Fällen ohne besonderes Gewicht"; ähnl. Bordewin/Brandt/*Stuhrmann* § 10f Rn. 55; *Krauß* DStR 2019, 1185 (1189); zu den Einzelheiten zB FM Mecklenburg-Vorpommern 26.5.2009, BeckVerw 234456). Das betrifft auch die **Gesellschafter einer** (Eigentümer-)**Personengesellschaft** (KSM/*Lüdemann* § 10f Rn. A 26, E 1; Lademann EStG/*Boeker* § 10f Rn. 11; LBP/*Schindler* § 10f Rn. 31), sofern es sich dabei um natürliche Personen handelt (→ Rn. 14, → Rn. 17; erg. BFH 17.7.2001 – IX R 50/98, BStBl. II 2001, 760; FG Baden-Württemberg 8.3.2010 – 10 K 2706/08, EFG 2010, 1409, betr. den Kommanditisten einer KG, rkr.; zur Hemmung der Feststellungsverjährung gem. § 171 Abs. 4 AO bei einem Gesamtobjekt s. BFH 16.6.2015 – IX R 51/14, BStBl. II 2016, 13, mAnm *Haupt* BB 2016, 160, *Jachmann-Michel* jurisPR-SteuerR 9/2016 Anm. 1, *Posegga* AO-StB 2015, 315, *Trossen* HFR 2016, 996; zum Feststellungsverfahren beim Gesamtobjekt s. auch Bordewin/Brandt/*Stuhrmann* § 10f Rn. 16 mwN).

V. Erweiterungsklausel (Abs. 5)

38 Dem Förderzweck entsprechend (→ Rn. 4), kann die Steuerbegünstigung aufgrund der Erweiterungsklausel in § 10f Abs. 5 auch für **Gebäudeteile,** die selbständige unbewegliche Wirtschaftsgüter sind, **und Eigentumswohnungen** (iSv § 1 Abs. 2, § 8 WEG) beansprucht werden (s. auch die entspr. Regelungen in § 7h Abs. 3, § 7i Abs. 3; krit. HHR/*Meyer* § 10f Rn. 45: „ergibt, soweit auch Gebäudeteile eigenständige Förderobjekte darstellen, keinen Sinn, denn nach Abs. 1 Satz 1 und 2 ist ohnehin nur der eigenen Wohnzwecken dienende Teil eines Gebäudes begünstigt"; ähnlich Bordewin/Brandt/*Stuhrmann* § 10f Rn. 17 betr. § 1 Abs. 3 WEG („entbehrlich"); zur anderweitigen Ausdehnung des Fördertatbestands durch erweiternde Auslegung des Tatbestandsmerkmals „zu eigenen Wohnzwecken" bereits → Rn. 20). Für die Frage, ob es sich bei einem Gebäudeteil um ein „selbständiges unbewegliches Wirtschaftsgut" im ertragsteuerlichen Sinne handelt, kommt es nach allgemeinen bewertungsrechtlichen Grundsätzen in erster Linie darauf an, ob ihm gegenüber dem übrigen (ggf. – nach Umbau/Erweiterung – bisherigen) Objekt ein unterschiedlicher (eigenständiger) Nutzungs- und Funktionszusammenhang zukommt (vgl. zB BFH 4.5.2004 – XI R 43/01, DStRE 2004, 1122 unter II.2.b, mwN – bejaht für den in casu zu beurteilenden Dachausbau; ähnl. BFH 10.10.2017 – X R 6/16, BStBl. II 2018, 272, mAnm *Hübner* HFR 2018, 535 – Aufsatz eines zusätzlichen (Dach-)Geschosses auf einen Altbau zu Wohnzwecken; Kirchhof/*Pfirrmann* § 10f Rn. 7; *Krauß* DStR 2019, 1185 (1188)).

VI. Feststellungslast

39 Die objektive und subjektive **Feststellungslast** (s. dazu zB BFH 19.8.2015 – X R 30/12, BFH/NV 2016, 203 unter II.1.b bb (2), mwN) für das Vorliegen der Tatbestandsmerkmale des § 10f Abs. 1 oder 2 liegt nach allgemeinen Grundsätzen **beim Steuerpflichtigen** (Kirchhof/*Pfirrmann* § 10f Rn. 1).

VII. Gestaltungsfragen

In puncto **Steuergestaltung** wird es in der Literatur zT für zulässig erachtet, die Steuerbegünstigung nach **§ 10f Abs. 1 zunächst voll auszunutzen** (dh Abzug von 90% der in ihrer nominalen Gesamthöhe unbegrenzten Anschaffungs-/Herstellungskosten über einen Zeitraum von zehn Jahren; → Rn. 23), um das Gebäude **anschließend** zu **vermieten und die „reguläre" Gebäude-AfA gemäß § 7 Abs. 4 geltend** zu **machen** (vgl. HHR/*Meyer* § 10f Rn. 5; Schmidt/*Kulosa* § 10f Rn. 6; aA Blümich/*Erhard* § 10f Rn. 29; KSM/*Lüdemann* § 10f Rn. B 23; erg. *Neufang* StB 2018, 218 (222), der im „Angehörigenbereich" zur Veräußerung rät). Dies ist auf den ersten Blick nicht ganz unbedenklich, weil faktische Konsequenz eine partielle Übertragung der nur für den Abzug von Erhaltungsaufwand geltenden Sonderregelung in § 10f Abs. 2 S. 3 (→ Rn. 29) ist. Allerdings ist *Kulosa* (in Schmidt § 10f Rn. 6) zuzugeben, dass solches weder dem Gesetzeswortlaut des § 10f (insbes. Abs. 1 S. 3) noch der ertragsteuerlichen Systematik im Verhältnis von § 7 Abs. 4 zu den als „Kann"-Regelungen ausgestalteten §§ 7h, 7i (s. dort jew. Abs. 1 S. 1) zuwiderläuft. Im Ergebnis nicht zu beanstanden ist diese eher langfristig angelegte Gestaltung erst recht, wenn man (dann konsequenterweise) davon ausgeht, dass sich zwar das AfA-Volumen konstruktiv nicht durch den Abzug „wie" Sonderausgaben verringert haben kann (→ Rn. 7), die in den verstrichenen zehn Kalenderjahren ungenutzt gebliebene AfA aber dennoch als verbraucht anzusehen ist (zutr. Schmidt/*Kulosa* § 10f Rn. 6; dem zust. *Klein* DStR 2016, 1399 (1403); ähnl. Frotscher/Geurts/*Kratzsch* § 10f Rn. 9; insges. abl. Blümich/*Erhard* § 10f Rn. 30 unter Berufung auf das – nach hier vertretener Auffassung insoweit nicht einschlägige – Verbot der Doppelbegünstigung). 40

Umstritten ist ferner, ob die **Wirksamkeit der besonderen Sofortabzugsklausel** des § 10f Abs. 2 S. 3 **im** insofern eigentlich abzugsschädlichen **Veräußerungsfall** (→ Rn. 29) dadurch **aufrecht erhalten** werden kann, dass das Gebäude an den Erwerber zunächst für eine gewisse Zeit vermietet wird (so *Biergans* FR 1990, 133 (137); Bordewin/Brandt/*Stuhrmann* § 10f Rn. 50 aE; *Koller* DStR 1990, 128 (139: „Alternative b"); dem zuneigend Schmidt/*Kulosa* § 10f Rn. 3 aE: „Ggf bietet sich hier eine zwischenzeitl Vermietung an den späteren Erwerber an"; *Stephan* DB 1992, 8 (9)). Dieser Gestaltung wird in der Rechtswirklichkeit jedoch in vielen Fällen **§ 42 AO** entgegengehalten werden können (Blümich/*Erhard* § 10f Rn. 45; Bordewin/Brandt/*Stuhrmann* § 10f Rn. 52 („M. E. bedenklich, weil die Einkünfteerzielungsabsicht fehlt."); Frotscher/Geurts/*Kratzsch* § 10f Rn. 23 („teleologische Reduktion des Wortlauts […], wenn der Zeitraum […] so kurz ist, dass er (nahezu) nicht ins Gewicht fällt, z. B. […] nur wenige Tage oder Wochen"; § 42 AO bei „Gesamtplan"); HHR/*Meyer* § 10f Rn. 30; Lademann EStG/*Boeker* § 10f Rn. 43 aE; unklar LBP/*Schindler* § 10f Rn. 26; s. auch Frotscher/Geurts/*Kratzsch* § 10f Rn. 21: „Einhaltung einer ‚Schamfrist' von zwei Jahren sollte regelmäßig ausreichen"). 41

Kürzungen der Bemessungsgrundlage aufgrund von Zuschüssen bzw. Zuwendungen (→ Rn. 23) können ggf. anderweitig als **Spenden** iSv § 10b kompensiert werden. 42

§ 10g Steuerbegünstigung für schutzwürdige Kulturgüter, die weder zur Einkunftserzielung noch zu eigenen Wohnzwecken genutzt werden

(1) [1]Der Steuerpflichtige kann Aufwendungen für Herstellungs- und Erhaltungsmaßnahmen an eigenen schutzwürdigen Kulturgütern im Inland, soweit sie öffentliche oder private Zuwendungen oder etwaige aus diesen Kulturgütern erzielte Einnahmen übersteigen, im Kalenderjahr des Abschlusses der Maßnahme und in den neun folgenden Kalenderjahren jeweils bis zu 9 Prozent wie Sonderausgaben abziehen. [2]Kulturgüter im Sinne des Satzes 1 sind

1. **Gebäude oder Gebäudeteile, die nach den jeweiligen landesrechtlichen Vorschriften ein Baudenkmal sind,**
2. **Gebäude oder Gebäudeteile, die für sich allein nicht die Voraussetzungen für ein Baudenkmal erfüllen, aber Teil einer nach den jeweiligen landesrechtlichen Vorschriften als Einheit geschützten Gebäudegruppe oder Gesamtanlage sind,**

3. gärtnerische, bauliche und sonstige Anlagen, die keine Gebäude oder Gebäudeteile und nach den jeweiligen landesrechtlichen Vorschriften unter Schutz gestellt sind,
4. Mobiliar, Kunstgegenstände, Kunstsammlungen, wissenschaftliche Sammlungen, Bibliotheken oder Archive, die sich seit mindestens 20 Jahren im Besitz der Familie des Steuerpflichtigen befinden oder als nationales Kulturgut in ein Verzeichnis national wertvollen Kulturgutes nach § 7 Absatz 1 des Kulturgutschutzgesetzes vom 31. Juli 2016 (BGBl. I S. 1914) eingetragen ist und deren Erhaltung wegen ihrer Bedeutung für Kunst, Geschichte oder Wissenschaft im öffentlichen Interesse liegt,

wenn sie in einem den Verhältnissen entsprechenden Umfang der wissenschaftlichen Forschung oder der Öffentlichkeit zugänglich gemacht werden, es sei denn, dem Zugang stehen zwingende Gründe des Denkmal- oder Archivschutzes entgegen. [3]Die Maßnahmen müssen nach Maßgabe der geltenden Bestimmungen der Denkmal- und Archivpflege erforderlich und in Abstimmung mit der in Absatz 3 genannten Stelle durchgeführt worden sein; bei Aufwendungen für Herstellungs- und Erhaltungsmaßnahmen an Kulturgütern im Sinne des Satzes 2 Nummer 1 und 2 ist § 7i Absatz 1 Satz 1 bis 4 sinngemäß anzuwenden.

(2) [1]Die Abzugsbeträge nach Absatz 1 Satz 1 kann der Steuerpflichtige nur in Anspruch nehmen, soweit er die schutzwürdigen Kulturgüter im jeweiligen Kalenderjahr weder zur Erzielung von Einkünften im Sinne des § 2 noch Gebäude oder Gebäudeteile zu eigenen Wohnzwecken nutzt und die Aufwendungen nicht nach § 10e Absatz 6, § 10h Satz 3 oder § 10i abgezogen hat. [2]Für Zeiträume, für die der Steuerpflichtige von Aufwendungen Absetzungen für Abnutzung, erhöhte Absetzungen, Sonderabschreibungen oder Beträge nach § 10e Absatz 1 bis 5, den §§ 10f, 10h, 15b des Berlinförderungsgesetzes abgezogen hat, kann er für diese Aufwendungen keine Abzugsbeträge nach Absatz 1 Satz 1 in Anspruch nehmen; Entsprechendes gilt, wenn der Steuerpflichtige für Aufwendungen die Eigenheimzulage nach dem Eigenheimzulagengesetz in Anspruch genommen hat. [3]Soweit die Kulturgüter während des Zeitraums nach Absatz 1 Satz 1 zur Einkunftserzielung genutzt werden, ist der noch nicht berücksichtigte Teil der Aufwendungen, die auf Erhaltungsarbeiten entfallen, im Jahr des Übergangs zur Einkunftserzielung wie Sonderausgaben abzuziehen.

(3) [1]Der Steuerpflichtige kann den Abzug vornehmen, wenn er durch eine Bescheinigung der nach Landesrecht zuständigen oder von der Landesregierung bestimmten Stelle die Voraussetzungen des Absatzes 1 für das Kulturgut und für die Erforderlichkeit der Aufwendungen nachweist. [2]Hat eine der für Denkmal- oder Archivpflege zuständige Behörde ihm Zuschüsse gewährt, so hat die Bescheinigung auch deren Höhe zu enthalten; werden ihm solche Zuschüsse nach Ausstellung der Bescheinigung gewährt, so ist diese entsprechend zu ändern.

(4) [1]Die Absätze 1 bis 3 sind auf Gebäudeteile, die selbständige unbewegliche Wirtschaftsgüter sind, sowie auf Eigentumswohnungen und im Teileigentum stehende Räume entsprechend anzuwenden. [2]§ 10e Absatz 7 gilt sinngemäß.

Überblick

Bei § 10g handelt es sich um eine „Schwesternorm" des § 10f, die ebenfalls erst nachträglich in das Gesetz eingefügt wurde (→ Rn. 3) und gleichfalls ganz offenkundig der Kategorie der Lenkungsgesetzgebung (Kulturgutschutz bzw. -förderung) zuzuordnen ist (→ Rn. 2). Sie setzt im Ausgangspunkt voraus, dass es sich um ein eigenes (→ Rn. 12 ff.), im Inland belegenes (→ Rn. 14) Objekt des Steuerpflichtigen handelt, das dem in Abs. 1 S. 2 der Norm formulierten abschließenden Kulturgüterkatalog (→ Rn. 15 ff.) zugeordnet werden kann. Essentiell für die Abgrenzung zu anderen Begünstigungstatbeständen ist zudem, dass das betreffende Kulturgut nicht zur Einkünfteerzielung oder zu eigenen Wohnzwecken genutzt werden darf; auch sonstige Doppelbegünstigungen schließt das Gesetz in § 10g Abs. 2 S. 1 aus (→ Rn. 7; → Rn. 26 f.). Die Modalitäten des Aufwendungsabzugs „wie" Sonderausgaben entsprechen denjenigen des § 10f („bis zu“ 90% der der Höhe nach nur durch ein Erforderlichkeits- und Abstimmungsmoment begrenzten Herstellungs- oder Erhaltungsaufwendungen über einen Verteilungszeitraum von zehn Jahren ab „Abschluss“ der jeweiligen Maßnahme), was insbesondere auch dafür gilt, dass der Kaufpreis des Objekts als solcher nicht begünstigt ist (→ Rn. 21 f.). Förderungsfähigkeit besteht überdies nur, wenn das Kulturgut der wissenschaftlichen Forschung oder der Öffentlichkeit zugänglich ist (§ 10g Abs. 1 S. 2; → Rn. 19 f.). § 10g Abs. 3 normiert ein umfassendes Bescheinigungserfordernis (Grundlagenbescheid, → Rn. 28). Die der Sache nach allein Baudenkmale betreffende Immobilien-Erweiterungsklausel in § 10g Abs. 4 stimmt mit § 10f Abs. 5 überein (→ Rn. 30 f.).

Übersicht

A. Allgemeines

Leitentscheidungen, wichtige Verwaltungsanweisungen und Schrifttum (Auswahl): 1

Leitentscheidungen des BFH: 1.1
BFH 14.1.2004 – X R 19/02, BStBl. II 2004, 711 (Doppelbegünstigung versus Mehrfachförderung; § 7i Abs. 2-Bescheinigung ist Grundlagenbescheid); BFH 14.5.2014 – X R 7/12, BStBl. II 2015, 12 (Vorbehaltsfestsetzung bis zur Vorlage der behördlichen Bescheinigung).

Wichtige Verwaltungsanweisungen: 1.2
BMF 21.1.2020, BStBl. I 2020, 169 (Übersicht über die Veröffentlichung der länderspezifischen Bescheinigungsrichtlinien); BMF 4.6.2015, BStBl. I 2015, 506 (Übersicht über die zuständigen Bescheinigungsbehörden).

Schrifttum (Auswahl): 1.3
Bajohr, Die finanzielle Förderung der Denkmalpflege in Deutschland, BauR 2003, 1147; *Büchner/Fritzsch*, Steuerliche Förderung von denkmalgeschütztem Eigentum, DStR 2004, 2169; *Enders*, Steuerfolgen in der Rechtspraxis, Denkmalschutz – Steuervergünstigungen, MDR 1988, 925; *Franzmeyer-Weber*, Das Abstimmungserfordernis als Voraussetzung der Inanspruchnahme von Steuererleichterungen für Aufwendungen an einem Baudenkmal, DStZ 2001, 507; *Heinen*, Denkmalschutz und -pflege unter steuerlichen Gesichtspunkten, INF 1993, 149 (Teil I), 174 (Teil II); *Heuer/von Cube*, Die steuerliche Behandlung von Kunstsammlungen im Licht der jüngsten BFH-Rechtsprechung, DStR 2017, 129; *Kleeberg*, Die Kulturförderung mittels der §§ 7i, 10f, 10g und 11b EStG, FR 1997, 174; *Klein*, Aktuelle Zweifelsfragen der Steuerbegünstigung von Baudenkmälern, DStR 2016, 1399; *König*, Steuerrechtliche Förderungsmöglichkeiten für Zwecke des Denkmalschutzes, D-spezial 1997, Nr. 44, 1; *König*, Steuerrechtliche Fördermöglichkeiten im Denkmalschutz, BuW 1998, 330; *Nacke*, Die steuerliche Förderung von Baudenkmälern optimal ausnutzen, GStB 2008, 160; *Paus*, Steuerliche Hilfe für Baudenkmale, EStB 2009, 239; *Stuhrmann*, Steuervergünstigung für weder zur Einkunftserzielung noch zu eigenen Wohnzwecken genutzte Baudenkmale und sonstige Kulturgüter (§ 10g EStG), DStR 1992, 534; *Versin*, Steuervorteile bei Kunst im Privatvermögen, ErbBstg 2020, 115; *Wewers*, Steueränderungsgesetz 1992: Die Änderungen bei der steuerlichen Förderung des Wohneigentums und der Instandsetzung und Instandhaltung von Kulturgütern (Teil II: §§ 10g und 10h EStG und sonstige Änderungen), DB 1992, 753; *Wolff-Diepenbrock*, Sammeln, Sammlung und Steuern, Sonderbeil. zu DStR 12/1987, 1.

I. Regelungsanliegen im System des Steuerrechts

Bei § 10g handelt es sich – ebenso wie bei der bereits zuvor eingeführten (→ § 10f Rn. 3) 2
„Schwesternorm“ des § 10f (s. BT-Drs. 12/1506, 171: „nachgebildet“) und dem zeitgleich

geschaffenen § 10h (→ Rn. 3) – um eine Vorschrift, die in erster Linie **sozialen Zwecken** bzw. gesetzgeberischen **Lenkungszielen** dient (→ § 10f Rn. 4 mwN zur Zulässigkeit einer solchen Steuergesetzgebung). Konkret ist mit ihr beabsichtigt, private **Eigentümer** (→ Rn. 12 ff.) der in § 10g Abs. 1 S. 2 enumerativ aufgezählten **schutzwürdigen Kulturgüter** (→ Rn. 15 ff.) finanziell von solchen Aufwendungen zu **entlasten** (nicht: freizustellen; vgl. Kirchhof/*Pfirrmann* § 10g Rn. 1), die zur Herstellung oder Erhaltung derartiger Objekte erforderlich sind. Grund hierfür ist, dass die Bewahrung des kulturellen Erbes (auch) im öffentlichen Interesse liegt und deshalb staatlicherseits möglichst lückenlos gefördert werden soll (vgl. §§ 7i, 10f und 11b; *Kleeberg* FR 1997, 174 (176 f.); zur in diesem Zusammenhang virulenten Gefahr eines „kollusiven Zusammenwirkens" von Steuerpflichtigem und Denkmalschutzbehörde zu Lasten der Finanzverwaltung s. *Klein* DStR 2016, 1399); an diesem Telos ist iÜ auch die **Auslegung** des § 10g auszurichten (vgl. Kirchhof/*Pfirrmann* § 10g Rn. 1; KSM/*Lüdemann* § 10g Rn. A 1 f., A 65: „rundet [...] umfassende steuerliche Förderung des in privater Hand liegenden Kulturerbes ab und stellt [...] unerlässliche Ergänzung zu der Förderung durch die §§ 7i, 10f und 11b dar"; LBP/*Schindler* § 10g Rn. 3). Als „Vehikel" für diese Kulturgutförderung hat der Gesetzgeber ua, dh parallel zu direkten Zuschüssen (vgl. § 10g Abs. 3 S. 2 Hs. 1; → Rn. 24; → Rn. 28), auch eine **mittelbare Subventionierung** in Gestalt der **Steuerbegünstigung** ermöglicht (vgl. auch – deklaratorisch – § 12 Abs. 1 KGSG). Diese wird dadurch ins Werk gesetzt, dass § 10g Abs. 1 S. 1 den **Abzug** (rein) **privater Aufwendungen** jenseits des subjektiven Nettoprinzips „**wie**" Sonderausgaben (diese Formulierung soll nach Frotscher/Geurts/*Kratzsch* § 10g Rn. 1 einen Ansatz als außergewöhnliche Belastung iSv § 33 sperren; → Rn. 10) zulässt (vgl. Blümich/*Erhard* § 10g Rn. 1; *Klein* DStR 2016, 1399 (1401); KSM/*Lüdemann* § 10g Rn. A 5, A 17, B 19, C 1; Schmidt/*Kulosa* § 10g Rn. 1). Ein eventueller Betriebsausgabenabzug gem. § 4 Abs. 4 ist gleichwohl vorrangig (FG Münster 24.8.2016 – 7 K 1039/14 E, EFG 2016, 1597 unter 2.c). Zu flankierenden Vergünstigungen nach dem GrStG, ErbStG und UStG → Rn. 7.2; → § 10f Rn. 4 aE mwN; erg. *Wolff-Diepenbrock* Sonderbeil. zu DStR 12/1987, 1–7 zur Vermögensteuer.

3 § 10g wurde zusammen mit § 10h durch Art. 1 Nr. 12 des Gesetzes zur Entlastung der Familien und zur Verbesserung der Rahmenbedingungen für Investitionen und Arbeitsplätze (Steueränderungsgesetz 1992 – **StÄndG 1992**) vom 25.2.1992 (BGBl. 1992 I 297) in das EStG aufgenommen (Inkrafttreten gem. Art. 40 Abs. 1 StÄndG 1992 mWv 29.2.1992; zum zeitlichen Geltungsbereich → Rn. 5). Durch die im ursprünglichen Entwurf des StÄndG 1992 (BT-Drs. 12/1108) noch nicht vorgesehene, sondern erst nach Empfehlung des Finanzausschusses des Bundestages hinzugefügte Regelung des § 10g (vgl. BT-Drs. 12/1506, 5) sollte die seit den 1960er Jahren auf Grundlage von **§ 33** iVm entsprechenden bundeseinheitlichen **Ländererlassen** praktizierte Anerkennung der „Erhaltung schutzwürdiger Kulturwerte" als außergewöhnliche Belastung (vgl. BStBl. II 1960, 175, BStBl. I 1973, 2; Bordewin/Brandt/*Stuhrmann* § 10g Rn. 1; *Enders* MDR 1988, 925 (927); KSM/*Lüdemann* § 10g Rn. A 34 mwN zur zT gegenläufigen Rechtsprechung, A 58; Lademann EStG/*Kaligin* § 10g Rn. 1; *Wewers* DB 1992, 753 (754); *Stuhrmann* DStR 1992, 534) in die bestehende Regelungssystematik (Abzug „wie" Sonderausgaben; → Rn. 2) eingepasst und damit auf eine klare gesetzliche Grundlage gestellt werden (vgl. BR-Drs. 601/90, 160 f. – betr. die Kritik des Bundesrechnungshofs; BT-Drs. 12/1506, 171; Kirchhof/*Pfirrmann* § 10g Rn. 1; KSM/*Lüdemann* § 10g Rn. A 2, A 34). Einen nicht unerheblichen Einschnitt bewirkte die – ganz offensichtlich profiskalisch motivierte – **Reduzierung** des Förderungsvolumens **auf 90% der Gesamtaufwendungen** in § 10g Abs. 1 S. 1 durch Art. 9 Nr. 15 des Haushaltsbegleitgesetzes 2004 (**HBeglG 2004**) vom 29.12.2003 (BGBl. 2003 I 3076; best. durch Art. 1 Nr. 9 des Gesetz zur bestätigenden Regelung verschiedener steuerlicher und verkehrsrechtlicher Vorschriften des Haushaltsbegleitgesetzes 2004 – **HBeglG 2004-BestG** vom 5.4.2011, BGBl. 2011 I 554; zu den diesbzgl. Hintergründen sowie dem identischen Vorgehen bei § 10f → § 10f Rn. 3 mwN).

3.1 Sämtlichen **weiteren Reformvorhaben** hat § 10g indes getrotzt. Sowohl der von der sog. **Bareis-Kommission** gemachte Vorschlag einer „Herausnahme der Lenkungsnormen aus dem Einkommensteuerrecht" (BB Beilage 24/1994, 1 (4)) als auch die Versuche, den Verteilungszeitraum (→ Rn. 22) auf 20 Jahre zu verlängern (vgl. Art. 1 Nr. 14 des Entwurfs eines **Steuerentlastungsgesetzes 1999/**

2000/2002, BT-Drs. 14/265, 11) oder § 10g gar insgesamt auslaufen zu lassen (vgl. den Entwurf eines **Steuerreformgesetzes 1999,** BT-Drs. 13/7480), wurden letztlich nicht in Betracht gezogen bzw. scheiterten im weiteren Verlauf des Gesetzgebungsverfahrens (s. KSM/*Lüdemann* § 10g Rn. A 65 Fn. 24; *Moench/Otting* NVwZ 2000, 515 (524)).

Da sich der mit § 10g verfolgte Subventionszweck (→ Rn. 2) innerhalb des (weiten) gesetzgeberischen Gestaltungsspielraums bewegt, sind gegen die Vorschrift bislang **keine verfassungsrechtlichen Bedenken** laut worden (s. nur KSM/*Lüdemann* § 10g Rn. A 40; erg. → § 10f Rn. 4). Sie ist – trotz ihres auf inländische Kulturgüter beschränkten Anwendungsbereichs (→ Rn. 14) – mit Blick auf Art. 107 Abs. 3 Buchst. d und Art. 167 AEUV auch **unions- bzw. beihilferechtlich** als **unbedenklich** einzustufen (vgl. EuGH 18.12.2014 – C-87/13, IStR 2015, 70 mAnm *Petersen* ISR 2015, 61; unklar Bordewin/Brandt/*Stuhrmann* § 10g Rn. 5; Schmidt/*Kulosa* § 10g Rn. 3; aA Lademann EStG/*Kaligin* § 10g Rn. 5; → Rn. 14). 4

Die in der Literatur an § 10f geübte **Fundamentalkritik** (→ § 10f Rn. 4.1 mwN) müsste, wenn man ihr inhaltlich folgen wollte, konsequenterweise auch auf § 10g übertragen werden. Dies ist jedoch bisher nicht geschehen. 4.1

Der für die heutige Anwendung von § 10g nicht mehr relevante **zeitliche Geltungsbereich** der Vorschrift richtete sich nach § 52 Abs. 14b idF von Art. 1 Nr. 51 Buchst. m StÄndG 1992 (→ Rn. 3). Danach war § 10g erstmals auf Aufwendungen für Maßnahmen anzuwenden (**Stichtag**), die nach dem **31.12.1991** abgeschlossen waren (§ 52 Abs. 14b idF des StÄndG 1992), was einen Gleichlauf mit der Anwendbarkeit von § 10f Abs. 1 bedeutete (vgl. Blümich/*Erhard* § 10g Rn. 2; KSM/*Lüdemann* § 10g Rn. A 20, A 35; → § 10f Rn. 5). Die Reduzierung des Förderungsvolumens auf 90% der Gesamtaufwendungen durch Art. 9 Nr. 15 HBeglG 2004 (→ Rn. 3) wurde gem. Art. 9 Nr. 33 Buchst. f desselben Gesetzes in § 52 Abs. 27a S. 1 idF des HBeglG 2004 auf nach dem **31.12.2003** begonnene Herstellungs- und Erhaltungsmaßnahmen festgelegt (s. auch hierzu Blümich/*Erhard* § 10g Rn. 2; LBP/*Schindler* § 10g Rn. 6; das HBeglG 2004-BestG trat nach Art. 8 jenes Gesetzes am 12.4.2011 in Kraft). 5

Was das **Verhältnis zu anderen Bestimmungen** angeht, ist zunächst festzustellen, dass § 10g – anders als § 10f – in weitaus begrenzterem Umfang an die Tatbestandsmerkmale der **§§ 7i bzw. 11b** anknüpft (zu dem bei § 10f geltenden Korrespondenzprinzip → § 10f Rn. 6 mwN). Das liegt daran, dass der in § 10g Abs. 1 S. 2 festgelegte Kreis förderungsfähiger Kulturgüter nicht nur Immobilien in Gestalt von Baudenkmälern (Nr. 1 und 2), sondern darüber hinaus auch bestimmte Anlagen, die keine Gebäude sind (Nr. 3), sowie bewegliche Kulturgüter (Nr. 4) umfasst. Demzufolge ordnet **§ 10g Abs. 1 S. 3 Hs. 2** die „singgemäße" Anwendung von § 7i Abs. 1 S. 1–4 nur für Herstellungs- und Erhaltungsmaßnahmen an Kulturgütern iSv § 10g Abs. 1 S. 2 Nr. 1 und 2 an. Eine weitergehende Verweisung auch auf das Bescheinigungserfordernis nach § 7i Abs. 2 (Grundlagenbescheid; dazu im Kontext des § 10f → § 10f Rn. 11) war insoweit nicht erforderlich, da § 10g in Abs. 3 selbst eine entsprechende, den eigenen Anwendungsbereich generell abdeckende Vorschrift enthält (→ Rn. 28). 6

Überdies muss bei der Anwendung von § 10g ganz generell beachtet werden, dass das jeweilige Kulturgut (→ Rn. 15 ff.) **nicht** zur **Erzielung von Einkünften** iSv § 2 (→ Rn. 2 aE; → Rn. 26; zur Behandlung von Eintrittsgeldern → Rn. 20, zur Kürzung der Bemessungsgrundlage → Rn. 23 f.) bzw. das betreffende Gebäude oder sein als Kulturgut schutzwürdiger Teil (§ 10g Abs. 1 S. 2 Nr. 1, 2) **nicht zu eigenen Wohnzwecken** (→ Rn. 26; zur Wohnnutzung im Übrigen s. KSM/*Lüdemann* § 10g Rn. C 4 (zB Vorbehalts-, Zuwendungs- oder Vermächtnisnießbraucher, Wohnrechtsinhaber bzw. sonstige Nutzungsberechtigte); erg. → § 10f Rn. 18 ff.) genutzt worden sein darf. Dies ergibt sich unmittelbar aus **§ 10g Abs. 2 S. 1** Alt. 1 resp. **S. 2** Hs. 1. Damit ist eine steuerliche **Doppelbegünstigung** identischer Aufwendungen in Bezug auf die §§ 7i, 11b und § 10f kraft Gesetzes **ausgeschlossen** (vgl. zB Blümich/*Erhard* § 10g Rn. 38 („vollständiges Abzugsverbot"); KSM/*Lüdemann* § 10g Rn. A 17, C 3, C 4a; LBP/*Schindler* § 10g Rn. 2, 7 f.; instr. zur Abgrenzung insbesondere zu § 10f Schmidt/*Kulosa* § 10g Rn. 1: „Typische Anwendungsfälle […] Liebhaberei […], […] Leerstand, […] unentgelt[liche] Überlassung an Dritte"; s. auch die graphische Darstellung bei *Nacke* GStB 2008, 160). Dasselbe bewirken die in § 10g Abs. 2 S. 1 7

Alt. 2 und S. 2 in Richtung der §§ 10e, 10h und 10i bzw. § 15b BerlinFG 1990 (zum Anwendungsbereich s. § 31 Abs. 10a BerlinFG 1990) und dem EigZulG (zur letztmaligen Anwendung s. § 19 Abs. 9 EigZulG) getroffenen Konkurrenzregelungen (zum Ganzen auch → § 10f Rn. 7 f. mwN; der vormalige Verweis auf § 7 FördG wurde durch Art. 123 Abs. 6 Nr. 1 des Zweiten G. über die weitere Bereinigung von Bundesrecht v. 8.7.2016 (BGBl. 2016 I 1594) mWv 15.7.2016 gestrichen). Allerdings kann der Steuerpflichtige auf die eine oder andere Subvention für dieselbe Baumaßnahme verzichten und verfügt daher faktisch über ein **Gestaltungs- bzw. Wahlrecht** (so zutr. Blümich/*Erhard* § 10g Rn. 37; s. auch Kirchhof/*Pfirrmann* § 10g Rn. 3).

7.1 Die in der Literatur zT gesehene Konkurrenzsituation im Hinblick auf den allgemeinen Sonderausgabenabzug nach **§ 10 Abs. 1 Nr. 1a S. 1 EStG aF** für „dauernde Lasten" (so etwa noch KSM/*Kleeberg* § 10g Rn. A 1, A 17 (Stand 02/2003): „§ 10g ist lex specialis") ist seit der Neufassung von § 10 Abs. 1 Nr. 1a (ab 1.1.2015: § 10 Abs. 1a Nr. 1) durch Art. 1 Nr. 5 Buchst. a aa des Jahressteuergesetzes 2008 vom 20.12.2007 (BGBl. 2014 I 3150) überholt (erg. BFH 29.3.1988 – IX R 55/83, BFH/NV 1988, 636).

7.2 Die indirekte ertragsteuerliche Kulturgutförderung (→ Rn. 22) wird durch **weitere Begünstigungen** (dh Steuererlass bzw. -befreiung) auf Ebene der **Grundsteuer** (§ 32 GrStG), der **Erbschaft- und Schenkungsteuer** (§ 13 Abs. 1 Nr. 2 ErbStG; ggf. iVm mit der Zahlungssurrogation nach § 224a AO) und der **Umsatzsteuer** (§ 4 Nr. 20 Buchst. a UStG) flankiert (s. dazu ua *Büchner/Fritsch* DStR 2004, 2169 (2173 ff.); *Enders* MDR 1988, 925 (928); *Heinen* INF 1993, 174 (175 f.); *König* D-spezial 44/1997, 1 (2); *König* BuW 1998, 330 (332); *Moench/Otting* NVwZ 2000, 515 (525); *Paus* EStB 2009, 239 (242); *Steiner* ErbStB 2004, 17). Dies ist nicht nur für die Gesetzesauslegung von Bedeutung (vgl. KSM/*Lüdemann* § 10g Rn. A 24; erg. → Rn. 2), sondern muss insbesondere vom Berater bei der Vorstellung bzw. Entwicklung eines ganzheitlichen Förderungskonzepts beachtet werden.

II. Normstruktur und zentrale Debatten

8 Der Inhalt des § 10g ist verhältnismäßig leicht zu überblicken. Danach enthält **Absatz 1** den grundlegenden Steuersubventionstatbestand einschließlich des „Herzstücks" der Norm in Gestalt ihres anschließenden Kulturgüterkatalogs (→ Rn. 15 ff.). **Absatz 2** erklärt Doppelbegünstigungen desselben Herstellungs- oder Erhaltungsaufwands für unzulässig (→ Rn. 7; → Rn. 26). **Absatz 3** statuiert – auf dem Fundament des Abstimmungsgebots nach § 10g Abs. 1 S. 3 Hs. 1 – eine umfassende Bescheinigungspflicht hinsichtlich der Kulturguteigenschaft des zu fördernden Objekts und der Erforderlichkeit der in Abzug zu bringenden Aufwendungen (→ Rn. 21 aE; → Rn. 28). **Absatz 4** erweitert den Anwendungsbereich der Vorschrift bei Baudenkmälern – parallel zu § 7h/§ 7i Abs. 3 bzw. § 10f Abs. 5 (→ § 10f Rn. 38) – auf Gebäudeteile, die selbständige unbewegliche Wirtschaftsgüter sind, sowie auf Eigentumswohnungen und im Teileigentum stehende Räume (→ Rn. 30 f.).

9 Noch offene **materiell-rechtliche Grundsatzfragen** sind heute auch in Bezug auf § 10g **nicht** (mehr) **auszumachen.** Insbesondere kann die im Kontext des § 10f (→ § 10f Rn. 8; → § 10f Rn. 10) behandelte Leitentscheidung des BFH vom 14.1.2004 – X R 19/02 (BStBl. II 2004, 711) zur Unterscheidung zwischen einer unzulässigen Doppelbegünstigung identischer Aufwendungen und einer zulässigen sog. Mehrfach- bzw. Kumulativförderung (→ Rn. 26) resp. zur (bejahten) Frage, ob es sich bei der Bescheinigung nach § 7i um einen Grundlagenbescheid handelt (s. hier → Rn. 28 sowie dort → § 10f Rn. 11 f. mwN), ohne Einschränkungen auf § 10g übertragen werden.

9.1 Allerdings wird in der Literatur zT **in rechtspolitischer Hinsicht** beanstandet, das in § 10g Abs. 1 S. 2 Nr. 4 aufgestellte Erfordernis eines mindestens zwanzigjährigen Familienbesitzes sei als **„Adelsprivileg"** nicht mehr zeitgemäß, da ein öffentliches Interesse an der Erhaltung beweglicher Kulturgüter unabhängig von der Besitzdauer des aktuellen Eigentümers bestehe; außerdem liege ein Eigentümerwechsel im Interesse der Denkmalpflege, wenn der bisherige Eigentümer das Kulturgut nicht befriedigend unterhalte bzw. unterhalten könne (vgl. *Heuer* DStR 2002, 845 (847); KSM/*Lüdemann* § 10g Rn. A 65, B 15; Lademann EStG/*Kaligin* § 10g Rn. 8; LBP/*Schindler* § 10g Rn. 4; *Wachter* ZEV 2002, 331 (333); s. auch BT-Drs. 14/8900, 81 zum gleichlautenden Merkmal in § 13 Abs. 1 Nr. 2 Bucht. b bb ErbStG). Dem ist entgegen zu halten, dass § 10g Abs. 1 S. 2 Nr. 4 alternativ („oder") eine Eintragung in ein Verzeichnis national wertvollen Kulturgutes genügen lässt (→ Rn. 18). In anderen Fällen würde der gänzliche Wegfall des Familienbesitz-Erfordernisses eine erhöhte Missbrauchsgefahr bergen; über eine Verkürzung der Haltefrist auf – zB – zehn Jahre sollte dagegen durchaus nachgedacht werden.

Die bei § 10f umstrittene Frage nach der Auslegung der sog. **Objektbeschränkung** (§ 10f Abs. 3 S. 1, 2; → § 10f Rn. 32) stellt sich im Fall des § 10g nicht, weil der Gesetzgeber hier keine gleichartige Vorschrift installiert hat (vgl. Schmidt/*Kulosa* § 10g Rn. 7). **9.2**

B. Voraussetzungen und Rechtsfolgen

Sind sämtliche Tatbestandsmerkmale der Subventionsvorschrift erfüllt, gestattet § 10g dem Steuerpflichtigen den **Abzug** von Aufwendungen für Herstellungs- und Erhaltungsmaßnahmen an einem begünstigten Kulturgut in einer Gesamthöhe von **„bis zu" 90%** (§ 10g Abs. 1 S. 1: zehn Jahre lang jeweils bis zu 9%) „wie" Sonderausgaben (→ Rn. 2 aE) **von der Einkommensteuer-Bemessungsgrundlage** (dh dem Gesamtbetrag der Einkünfte, § 2 Abs. 4; vgl. BFH 4.12.1991 – X R 89/90, BStBl. II 1992, 295 unter 2., zu § 10e). Anders als bei § 10f (→ § 10f Rn. 14), kann die Steuerbegünstigung nach § 10g nicht nur von natürlichen, sondern **gleichermaßen** von **juristischen Personen** (vgl. § 8 Abs. 1 KStG) in Anspruch genommen werden (so zutr. Blümich/*Erhard* § 10g Rn. 11; Bordewin/Brandt/*Stuhrmann* § 10g Rn. 4; Frotscher/Geurts/*Kratzsch* § 10g Rn. 2; HHR/*Clausen* § 10g Rn. 3; Lademann EStG/*Kaligin* § 10g Rn. 6). Das betrifft in der Praxis oftmals (Kulturgut-/Familien-)Stiftungen (vgl. KSM/*Lüdemann* § 10g Rn. A 6; erg. → Rn. 17). Die Möglichkeit zur Berücksichtigung der Aufwendungen bei der Festsetzung der Einkommensteuer-Vorauszahlung und beim Lohnsteuerabzug ergibt sich aus § 37 Abs. 3 bzw. § 39a Abs. 1 Nr. 5 Buchst. a (vgl. HHR/*Clausen* § 10g Rn. 4; Lademann EStG/*Kaligin* § 10g Rn. 7). **10**

Auch **beschränkt Steuerpflichtige** (§§ 1 Abs. 4, 49 ff.) können grds. von der Kulturgutförderung profitieren, weil § 50 Abs. 1 S. 3 die Anwendung von § 10g nicht ausschließt (arg. e contrario; vgl. HHR/*Clausen* § 10g Rn. 3; Kirchhof/*Pfirrmann* § 10g Rn. 1; KSM/*Lüdemann* § 10g Rn. A 5, A 19; Lademann EStG/*Kaligin* § 10g Rn. 6). **11**

I. Abzug von Herstellungs- und Erhaltungsaufwand (Abs. 1)

1. „Eigenes" Kulturgut

Grundlegende Voraussetzung für die Inanspruchnahme der Steuerbegünstigung ist nach dem Wortlaut von § 10g Abs. 1 S. 1, dass sich die in Frage stehenden Aufwendungen auf ein **„eigenes" schutzwürdiges Kulturgut** des Steuerpflichtigen beziehen. Das ist – ebenso wie bei § 10f (→ § 10f Rn. 17) – dann der Fall, wenn das betreffende Objekt nach zivilrechtlichen Maßstäben in dessen **Alleineigentum** (§ 39 Abs. 1 AO, § 903 S. 1 BGB) steht oder er einer **Miteigentümergemeinschaft** (§ 39 Abs. 2 Nr. 2 AO, §§ 741 ff. BGB) angehört (allgM, vgl. zB KSM/*Lüdemann* § 10g Rn. B 29). Letzteres ergibt sich in Bezug auf Gebäude auch aus § 10g Abs. 4 (→ Rn. 30 f.), wobei diese Norm keinen Umkehrschluss dergestalt ermöglicht, bei den übrigen Kulturgütern müsse stets Alleineigentum vorliegen. Dies liefe ganz offenkundig dem Normzweck (→ Rn. 2) zuwider. Allerdings ist der individuelle Gesamtabzugsbetrag in Miteigentumsfällen (→ Rn. 30) auf die jeweilige **Bruchteilsquote** beschränkt (vgl. KKB/*Eckhardt* § 10g Rn. 34; Frotscher/Geurts/*Kratzsch* § 10g Rn. 2; LBP/*Schindler* § 10g Rn. 28). **12**

Nach steuerrechtlichen Maßstäben ausreichend, aber doch mindestens zu fordern ist, dass der Steuerpflichtige **wirtschaftlicher Eigentümer** (§ 39 Abs. 2 Nr. 1 AO) des jeweiligen Objekts ist (Bordewin/Brandt/*Stuhrmann* § 10g Rn. 3; Frotscher/Geurts/*Kratzsch* § 10g Rn. 2; KKB/*Eckhardt* § 10g Rn. 34 (nicht „Kulturgut-Patenschaften"); Kirchhof/*Pfirrmann* § 10g Rn. 2; KSM/*Lüdemann* § 10g Rn. B 29; LBP/*Schindler* § 10g Rn. 27; Schmidt/*Kulosa* § 10g Rn. 3; zu den diesbzgl. Einzelheiten bei Immobilien → § 10f Rn. 17 f. mwN aus der Rechtsprechung). Die leihweise Überlassung (§§ 598 ff. BGB) von (idR beweglichen) Kulturgütern (zB Bilder) an Aussteller ist unschädlich (vgl. KSM/*Lüdemann* § 10g Rn. C 1; zur Verbringung ins Ausland → Rn. 14). **13**

Parallel zur Rechtslage bei § 10f (→ § 10f Rn. 17.2) herrscht auch in Bezug auf § 10g **Uneinigkeit** darüber, ob bzw. unter welchen Prämissen ein **unentgeltlicher Rechtsnachfolger** den Sonderausgabenabzug des Steuerpflichtigen fortsetzen kann (der entgeltliche Rechtsnachfolger kann dies unstreitig nicht, weil § 10g tatbestandlich nur eigene Aufwendungen des Steuerpflichtigen nach Erwerb begünstigt (so zutr. Kirchhof/*Pfirrmann* § 10g Rn. 3; KSM/*Lüdemann* § 10g Rn. B 30); zum Veräußernden → **13.1**

Rn. 23). Letztlich stellt sich das Meinungsbild hier genauso wie bei § 10f dar: Die Fortsetzungsmöglichkeit ist bei der unentgeltlichen **Gesamtrechtsnachfolge** (idR gem. §§ 1922 ff. BGB) **nicht gegeben** (vgl. KKB/*Eckhardt* § 10g Rn. 35; Schmidt/*Kulosa* § 10g Rn. 7; aA Kirchhof/*Pfirrmann* § 10g Rn. 3 („vertretbar"); KSM/*Lüdemann* § 10g Rn. B 30 unter Hinweis auf § 45 AO; LBP/*Schindler* § 10g Rn. 27). Zur Begründung kann auf die Entscheidung des Großen Senats des BFH zur Nichtvererblichkeit des Verlustabzugs nach § 10d (BFH 17.12.2007 – GrS 2/04, BStBl. II 2008, 608) verwiesen werden, die auf den Abzug von Aufwendungen „wie" Sonderausgaben übertragbar ist. Der unentgeltliche **Einzelrechtsnachfolger** kann den Quasi-Sonderausgabenabzug seines Rechtsvorgängers nach ganz hM erst recht nicht fortführen (vgl. zB BFH 4.12.1991 – X R 89/90, BStBl. II 1992, 295 unter 3.; BFH 1.10.1997 – X R 149/94, BStBl. II 1998, 247 unter II.2.b, jew. zu § 10e; KKB/*Eckhardt* § 10g Rn. 35; Kirchhof/*Pfirrmann* § 10g Rn. 3; KSM/*Lüdemann* § 10g Rn. B 30 („da ein Sonderausgabenabzug nicht auf vertraglicher Basis übertragen werden kann"); LBP/*Schindler* § 10g Rn. 27). Die gegenteilige Auffassung lässt sich insbesondere **nicht** auf **§ 11b Abs. 1 EStDV (analog)** stützen, weil diese (AfA-)Vorschrift nicht auf den Sonderausgabenabzug übertragbar ist.

2. Kulturgut „im Inland"

14 Das den Gegenstand der abzuziehenden Aufwendungen bildende Kulturgut muss außerdem **„im Inland"**, dh innerhalb der Grenzen des Staatsgebiets der Bundesrepublik Deutschland, lokalisiert sein bzw. sich dort befinden (vgl. Blümich/*Erhard* § 10g Rn. 17; Lademann EStG/*Kaligin* § 10g Rn. 13 („im Geltungsbereich des Grundgesetzes")). Dies ist bei **Immobilien** idR unproblematisch festzustellen. Bei **beweglichen Kulturgütern** (Mobilien iSv § 10g Abs. 1 S. 2 Nr. 4) kommt es dagegen auf den regelmäßigen bzw. „dauerhaften" Standort an, mit der Folge, dass etwa vorübergehende Leihgaben an ausländische Museen die Gewährung der Steuerbegünstigung nicht in Frage stellen (KSM/*Lüdemann* § 10g Rn. B 25). Die Grenzen können hier allerdings fließend sein. In Zweifelfällen bietet sich eine vorherige Abstimmung mit der Finanzbehörde (vgl. § 10g Abs. 1 S. 3 Hs. 1) an (bei in ein Verzeichnis national wertvollen Kulturgutes eingetragenen Gegenständen (→ Rn. 18) muss zudem eine Ausfuhrgenehmigung eingeholt werden, vgl. §§ 21 ff. KGSG). Die Beschränkung der Subventionsgewährung auf inländische Kulturgüter **konfligiert** wegen Art. 107 Abs. 3 Buchst. d und Art. 167 AEUV **nicht mit Unions- bzw. Beihilferecht** (→ Rn. 4; erg. → § 10f Rn. 16 mwN).

3. Abschließender Kulturgüterkatalog (Abs. 1 S. 2)

15 Der in § 10g Abs. 1 S. 2 verankerte Katalog schutzwürdiger Kulturgüter (Legaldefinition) ist **abschließend** (zB HHR/*Clausen* § 10g Rn. 27). Die vom Gesetzgeber zu besseren Übersichtlichkeit auf vier Nummern verteilten Kulturgutgruppen zeichnen sich durch die Verwendung **typisierender Sammelbegriffe** aus, wodurch ein hinreichend bestimmter und zugleich möglichst weiter Anwendungsbereich der Begünstigungsnorm gewährleistet werden soll (vgl. KSM/*Lüdemann* § 10g Rn. B 1 aE). Dies entspricht dem gesetzgeberischen Zweck der Vorschrift (→ Rn. 2). Die enumerative Aufzählung lässt sich grob nach **unbeweglichen** (Nr. 1–3) und **beweglichen** (Nr. 4) Kulturgütern unterteilen. Die erste Gruppe ist nach Baudenkmalen einschließlich ihrer wesentlichen Bestandteile iSv §§ 94 f. BGB (**Nr. 1**), Teilen eines Immobilien-Ensembles, die für sich gesehen nicht als Baudenkmal einzustufen sind (**Nr. 2;** s. auch § 7i Abs. 1 S. 4), sowie sonstigen unbeweglichen Anlagen einschließlich ihres beweglichen Zubehörs iSv § 97 BGB (**Nr. 3**) gestaffelt (vgl. KSM/*Lüdemann* § 10g Rn. A 8, B 1 f., B 7), wobei stets eine Unterschutzstellung nach Landesrecht vorausgesetzt und durch entsprechende Bescheinigung nachzuweisen ist (vgl. § 10g Abs. 3 S. 1 Alt. 1; → Rn. 28; zum begünstigungsschädlichen Vorliegen eines „Neubaus" im steuerlichen Sinne → § 10f Rn. 16.1 f.; zum Bodendenkmal → Rn. 21.1). Eine Objektbeschränkung sieht § 10g insofern – im Gegensatz zu § 10f Abs. 3, 4 (→ § 10f Rn. 31 ff.) – nicht vor (KKB/*Eckhardt* § 10g Rn. 26; Korn/*Eggers* § 10g Rn. 4 aE), was unter gestalterischen Gesichtspunkten ins Kalkül gezogen werden sollte. Die Gruppe der Mobilien (**Nr. 4**) hat der Gesetzgeber durch sechs sich zT überschneidende Oberbegriffe („Mobiliar, Kunstgegenstände, Kunstsammlungen, wissenschaftliche Sammlungen, Bibliotheken oder Archive") kategorisiert. Außerdem sind Überschneidungen zwischen den § 10g Abs. 1 S. 2 Nr. 3 unterfallenden beweglichen Zubehörstücken und Mobilien iSv § 10g Abs. 1 S. 2 Nr. 4 denkbar (KSM/*Lüdemann* § 10g Rn. B 7).

Einige nicht abschließende **Beispiele** sollen der Verdeutlichung des weiten sachlichen Anwendungsbereichs der Vorschrift dienen: Gärtnerische, bauliche oder sonstige „**Anlagen**" iSd des Auffangtatbestands in § 10g Abs. 1 S. 2 **Nr. 3** können zB historische Grabanlagen, Friedhöfe, Toreinfahrten, Brunnen, Mauern bzw. Mauerreste, Ruinen oder Brücken, jeweils einschließlich etwaiger beweglicher Ausstattungsstücke, sein (vgl. KSM/*Lüdemann* § 10g Rn. B 5–7; zum Bodendenkmal → Rn. 21.1). **Mobilien** iSv § 10g Abs. 1 S. 2 **Nr. 4** sind bspw. Möbel, Hausrat, historische Rüstungen und Waffen als „Mobiliar", Gemälde, Skulpturen, Graphiken oder Schmuckstücke als „Kunstgegenstände" bzw. Teile einer „Kunstsammlung", technische Gerätschaften zB aus dem Bereich der Luftfahrt (vgl. BFH 19.5.1993 – V R 110/88, BStBl. II 1993, 779 unter II.B.2.e, zu § 4 Nr. 20 Buchst. a UStG), archäologische Fundstücke (zB Münzen) oder Tierpräparate (zB Käfer, vgl. BVerwG 30.3.1992 – 7 B 21/92, NJW 1992, 2584) als Teile von „wissenschaftlichen Sammlungen", Bücher, Akten, Dokumente, Urkunden, Hand- und Zeitschriften oder schriftliche Nachlässe als Bestandteile von „Bibliotheken" oder „Archiven" (vgl. KSM/*Lüdemann* § 10g Rn. B 9-B 13; erg. BFH 17.5.1990 – II R 181/87, BStBl. II 1990, 710 unter 3., zum (dort bewertungsrechtlich definierten) Sammlungsbegriff („Wesensmerkmal […] Zusammentragen und Ordnen bestimmter Gegenstände nach bestimmten Kriterien"); zum Archivbegriff zB Frotscher/Geurts/*Kratzsch* § 10g Rn. 5 („unter sachlichen Gesichtspunkten geordnete Sammlung vorhandener Werke")). 15.1

Bei der Begünstigung von Herstellungs- oder Erhaltungsaufwendungen an Mobilien iSv **§ 10g Abs. 1 S. 2 Nr. 4** ist zu bedenken, dass die dort genannten beweglichen Kulturgüter zwar nicht nach landesrechtlichen Vorschrift unter Schutz gestellt sein müssen. In Entsprechung dazu müssen sie aber **entweder** seit mindestens **20 Jahren** im **Besitz** (§§ 854 ff. BGB) **der Familie** des Steuerpflichtigen befunden haben (→ Rn. 17; erg. → Rn. 9.1) **oder** – dh alternativ – in ein **Verzeichnis** national wertvollen Kulturgutes nach § 7 Abs. 1 KGSG eingetragen sein (das in der bis 6.8.2016 geltenden Gesetzesfassung zusätzliche genannte „Verzeichnis national wertvoller Archive" ist iRd Neufassung des KGSG durch das Gesetz zur Neuregelung des Kulturgutschutzrechts vom 31.7.2016 (BGBl. 2016 I 1914) entfallen resp. darin aufgegangen). Ersteres bedeutet bei Kunst- bzw. wissenschaftlichen Sammlungen, Bibliotheken oder Archiven grds. **nicht,** dass **jeder einzelne Gegenstand** für sich betrachtet seit mindestens 20 Jahren im Familienbesitz gewesen sein muss. Solches wäre nicht nur regelmäßig mit erheblichen Nachweisschwierigkeiten verbunden, sondern auch mit dem von § 10g verfolgten Gesetzeszweck (→ Rn. 2) nicht vereinbar. Denn jede Erweiterung der Sammlung dient der Bewahrung des kulturellen Erbes und liegt daher im öffentlichen Interesse. Folglich muss steuerlich auf die jeweilige „Sammlung" bzw. „Bibliothek" resp. das „Archiv" als **Sachgesamtheit** abgestellt werden (Blümich/*Erhard* § 10g Rn. 22; Frotscher/Geurts/*Kratzsch* § 10g Rn. 5; KSM/*Lüdemann* § 10g Rn. B 15; LBP/*Schindler* § 10g Rn. 15; zur abw. Rechtsprechung im Schenkungsteuerrecht s. BFH 6.6.2001 – II R 7/98, DStRE 2002, 460 unter II.A., mAnm *Heuer* DStR 2002, 845 (847 f.), und BFH 12.5.2016 – II R 56/14, BFHE 254, 48 unter II.3.b aa, mAnm *Kugelmüller-Pugh* HFR 2016, 812 (813) und abl. Bespr. *Heuer/von Cube* DStR 2017, 129 (131), jew. zu § 13 Abs. 1 Nr. 2 Buchst. b ErbStG; offen gelassen von BFH 14.11.1980 – III R 9/79, BStBl. II 1981, 251 unter 1., zur inzwischen aufgehobenen Vorschrift des § 115 Abs. 2 Nr. 4 BewG). Dasselbe gilt – umgekehrt – für die nachträgliche Herauslösung (Veräußerung) einzelner Objekte aus dem Sachverbund, um dadurch Erhaltungsmaßnahmen zu finanzieren. Auch hieran besteht ein öffentliches Interesse, wenn andernfalls einzelne oder die übrigen Bestandteile des Kulturguts notleidend werden, sofern die „Sammlung" bzw. „Bibliothek" oder das „Archiv" nicht im Kernbestand angegriffen werden. Insoweit muss eine einzelfallspezifische Gesamtwürdigung vorgenommen werden (vgl. UStAE 4.20.3 Abs. 2 S. 4 betr. § 4 Nr. 20 Buchst. a UStG: „Verkäufe von sehr untergeordneter Bedeutung beeinträchtigen die Eigenschaft der Kunstausstellung als Kunstsammlung dagegen nicht"). 16

Das Merkmal **„Familie"** des Steuerpflichtigen ist vor dem Hintergrund der Einheit der Steuerrechtsordnung in Anlehnung an § 15 AO auszulegen. Damit kommen zwar ua Verwandte und Verschwägerte in gerade Linie (§ 15 Abs. 1 Nr. 3 AO iVm § 1589 Abs. 1. S. 1 BGB), nicht aber bspw. Verwandte in der Seitenlinie (§ 1589 Abs. 1 S. 2 BGB) oder juristische Personen wie etwa Stiftungen als taugliche Träger des Familienbesitzes in Betracht (vgl. Blümich/*Erhard* § 10g Rn. 22; HHR/*Clausen* § 10g Rn. 27; Schmidt/*Kulosa* § 10g Rn. 3; *Wewers* DB 1992, 753 (755); aA Bordewin/Brandt/*Stuhrmann* § 10g Rn. 12: „muss […] weit ausgelegt werden"; dto. Frotscher/Geurts/*Kratzsch* § 10g Rn. 5; 17

KSM/*Lüdemann* § 10g Rn. B 15; Lademann EStG/*Kaligin* § 10g Rn. 10; LBP/*Schindler* § 10g Rn. 14; erg. → Rn. 10).

18 Die alternativ zum 20-jährigen Familienbesitz mögliche Eintragung in ein **Verzeichnis national wertvollen Kulturgutes** (§ 7 Abs. 1 KGSG) richtet sich nach §§ 14 ff. KGSG (zur Ausfuhr von nationalem Kulturgut → Rn. 14; zum vormaligen „Verzeichnis national wertvoller Archive" → Rn. 16).

19 Konstitutiv für die steuerliche Förderung ist weiterhin, dass das Kulturgut „**der wissenschaftlichen Forschung oder der Öffentlichkeit zugänglich**" ist (§ 10g Abs. 1 S. 2 Hs. 2; zur Kürzungsfolge bei Nichteinhaltung → Rn. 23; erg. § 52 Abs. 1 S. 2 AO; BFH 24.5.2016 – V B 123/15, BFH/NV 2016, 1253 mkritAnm. *P. Fischer* jurisPR-SteuerR 47/2016 Anm. 1; erg. *Heuer/von Cube* DStR 2017, 129 (130 f.) mit Hinweisen zur praktischen Umsetzung). Dies bezieht sich umfassend auf § 10g Abs. 1 S. 1 Nr. 1–4. Es handelt es sich, wie von *Kulosa* treffend umschrieben, quasi um die „‚Gegenleistung' des StPfl für die Subvention" (Schmidt/*Kulosa* § 10g Rn. 4). Wichtig für die Gestaltungsplanung ist zum einen, dass es nach dem Gesetzeswortlaut („oder") ausreichend ist, einen Forschungszugang zu dem betreffenden Objekt zu gewähren; eine öffentliche Ausstellung zB durch Leihgaben oder die Einrichtung eines eigenen Museums bei Mobilien ist daneben nicht erforderlich (unklar Blümich/*Erhard* § 10g Rn. 23). Baudenkmale sind zudem idR bereits per se öffentlich zugänglich, soweit deren künstlerische bzw. architektonische Außengestaltung betroffen ist. Ist die Innenausstattung im Verhältnis dazu nur von untergeordneter Bedeutung, kann im Einzelfall die Möglichkeit einer unbeschränkten äußerlichen Betrachtung steuerlich ausreichend sein (vgl. KSM/*Lüdemann* § 10g Rn. B 18).

20 Dem allgemeinen Verhältnismäßigkeitsprinzip Rechnung tragend, muss der wissenschaftliche/öffentliche Zugang zum anderen nur „**in einem den Verhältnissen entsprechenden Umfang**", also insbesondere nicht „rund um die Uhr", räumlich/örtlich einschränkungslos und auch nicht jedermann iSv zahlenmäßig unbegrenzt und/oder kostenfrei, gewährt werden (vgl. KSM/*Lüdemann* § 10g Rn. B 18: „Ausmaß, das sowohl objektiv der Eigenart und dem Zustand des Kulturguts als auch subjektiv der Situation des Eigentümers angemessen ist"; KKB/*Eckhardt* § 10g Rn. 14). Vereinnahmte Eintrittsgelder (insoweit ist § 11 Abs. 1 S. 1, 2 anwendbar) sind auf die Höhe des Sonderausgabenabzugs anzurechnen, um nicht in die Sphäre subventionsschädlicher Einkunftserzielung (→ Rn. 7) zu geraten (vgl. Blümich/*Erhard* § 10g Rn. 28; Bordewin/Brandt/*Stuhrmann* § 10g Rn. 18; *Büchner/Fritzsch* DStR 2004, 2169 (2173); Frotscher/Geurts/*Kratzsch* § 10g Rn. 13; HHR/*Clausen* § 10g Rn. 15; Korn/*Eggers* § 10g Rn. 6; KSM/*Lüdemann* § 10g Rn. B 43; Lademann EStG/*Kaligin* § 10g Rn. 15; LBP/*Schindler* § 10g Rn. 18, 35; Schmidt/*Kulosa* § 10g Rn. 4). In erster Linie dem Schutz des Kulturgutes selbst dient die Sperrklausel („es sei denn") in § 10g Abs. 1 S. 2 aE, wonach der Zugänglichmachung für Dritte auch keine „**zwingende**(n) **Gründe des Denkmal- oder Archivschutzes**" entgegenstehen dürfen. Ein danach ausnahmsweise möglicher vollständiger Zugangsausschluss betrifft in erster Linie eine Zugänglichmachung für die breite Öffentlichkeit, weil der Zugang durch sach- und fachkundige Forschergruppen idR keine (Be-)Schädigung des Kulturguts (zB Diebstahl einzelner Archivalien mangels zureichender Beaufsichtigungs- resp. Bewachungsmöglichkeiten) befürchten lässt (vgl. KSM/*Lüdemann* § 10g Rn. B 18). Ob unter die zwingenden Gründe des Archivschutzes auch Datenschutzbelange fallen können (so Blümich/*Erhard* § 10g Rn. 23), erscheint vor dem Hintergrund der dadurch ausgelösten Rechtsfolge (vollständiger (!) Zugangsausschluss) zumindest zweifelhaft.

4. Herstellungs- oder Erhaltungsaufwand

21 Die Kulturgutförderung betrifft nach dem Wortlaut von § 10g Abs. 1 S. 1 „Herstellungs- und Erhaltungsmaßnahmen" gleichermaßen, dh das Gesetz macht keinen tatsächlichen oder rechtlichen Unterschied, ob es sich um eine **Instandsetzungs- oder Instandhaltungsmaßnahme** an einem erworbenen bzw. bereits bestehenden Objekt handelt (zu den – nicht erfassten – Anschaffungs- und laufenden Kosten → Rn. 22; die Abgrenzung richtet sich nach den allgemeinen Grundsätzen des § 255 HGB, vgl. *Nacke* GStB 2008, 160 (164)). Dies hat zur Folge, dass insoweit **keine** ins Einzelne gehende **Abgrenzung** (und damit auch keine dahingehende behördliche oder gerichtliche Amtsaufklärung, §§ 88 Abs. 1 AO, 76

Abs. 1 FGO) **vonnöten** ist (vgl. HHR/*Clausen* § 10g Rn. 14; Lademann EStG/*Kaligin* § 10g Rn. 14; Schmidt/*Kulosa* § 10g Rn. 2; zur entspr. Unterscheidung bei § 10f Abs. 2 → § 10f Rn. 27). Die diesbzgl. Aufwendungen bilden die Bemessungsgrundlage für die Höhe des jährlichen Sonderausgabenabzugs (→ Rn. 22 ff.). Durchweg zu beachten ist allerdings, dass diese gemäß **§ 10g Abs. 1 S. 2 Hs. 2 Alt. 2** nach Maßgabe des einschlägigen Denkmal- bzw. Archivrechts für die Herstellung oder Erhaltung des Kulturguts im genannten Sinne „**erforderlich**" gewesen sein müssen, was mit den in § 10g Abs. 3 S. 1 Hs. 1 genannten Behörden im Voraus, dh vor (!) Ausführungsbeginn (Frotscher/Geurts/*Kratzsch* § 10g Rn. 10; HHR/*Clausen* § 10g Rn. 28; KKB/*Eckhardt* § 10g Rn. 22; Korn/*Eggers* § 10g Rn. 7; *Kleeberg* FR 1997, 174 (175); KSM/*Lüdemann* § 10g Rn. B 24; Lademann EStG/*Kaligin* § 10g Rn. 28; LBP/*Schindler* § 10g Rn. 21), positiv abzustimmen (**Abstimmungsgebot;** § 10g Abs. 1 S. 3: „in Abstimmung […] durchgeführt") und durch diese (ggf. erst im Nachhinein) zu bescheinigen (**Nachweispflicht**) ist (→ Rn. 28; erg. *Klein* DStR 2016, 1399 zur dabei bestehenden Gefahr eines „kollusiven Zusammenwirkens" des Steuerpflichtigen und der Behörde zu Lasten der Finanzverwaltung).

Umstritten ist, ob die Kosten für **archäologische Untersuchungen an einem Bodendenkmal** (§ 10g Abs. 1 S. 2 Nr. 3), die aufgrund von bzw. im Bereich der Grabungen dessen Zerstörung nach sich ziehen, begünstigungsfähig sind. Dies ist regelmäßig zu verneinen. Denn der für die Einordnung als Bodendenkmal maßgebliche Befund der konkreten Lage im Boden wird infolge von Grabungen irreversibel vernichtet, also gerade nicht ungestört in situ „erhalten" (vgl. VG Gelsenkirchen 12.12.2019 – 16 K 12444/17, BeckRS 2019, 37364 Rn. 25; aA KSM/*Lüdemann* § 10g Rn. B 21 für die (vom zit. Gelsenkirchener Fall abw.) Konstellation, dass das Bodendenkmal einer Baumaßnahme weichen „muss", da es der Wissenschaft – dann – nur im Wege einer Rettungsgrabung „erhalten" bleiben kann). Daran ändert idR auch der Umstand nichts, dass durch die denkmalgerechte Dokumentation des Vorgefundenen ein „sekundäres" (bewegliches) Kulturgut „hergestellt" wird, weil die Dokumentation als solche entweder schon nicht dem Kulturgüterkatalog in § 10g Abs. 1 S. 2 Nr. 3 oder Nr. 4 zuordenbar ist (insb. handelt es sich nicht um „Zubehör" (iSv § 97 Abs. 1 BGB; → Rn. 15) der vormaligen „sonstigen Anlage") oder aber nicht im (wirtschaftlichen) Eigentum (→ Rn. 12 f.) des Steuerpflichtigen steht (abl. auch VG Gelsenkirchen 12.12.2019 – 16 K 12444/17, BeckRS 2019, 37364 Rn. 27, das darauf abstellt, das sekundäre Kulturgut sei nicht „gleichwertig" (zw.); in Bezug auf konkrete archäologische Fundstücke, die § 10g Abs. 1 S. 2 Nr. 4 unterfallen können (→ Rn. 15.1), sind in allen Bundesländern bis auf Bayern neben § 984 BGB die landesrechtl. Schatzregalien zu beachten (zusf. MüKoBGB/*Oechsler* BGB § 984 Rn. 12)). **21.1**

5. Höhe des Sonderausgabenabzugs

Ebenso wie bei § 10f (→ § 10f Rn. 23) hat der Gesetzgeber die Höhe des Sonderausgabenabzugs auch hier nur in Form eines (zwischenzeitlich reduzierten, → Rn. 3) prozentualen Verhältnisses (**max. 90%**) zu den berücksichtigungsfähigen Aufwendungen im Gesetz abgebildet (§ 10g Abs. 1 S. 1). Der Abzug ist zwar mit Blick auf die **individuelle Investitionshöhe** im Grundsatz (→ Rn. 24) **nicht begrenzt** (vgl. Blümich/*Erhard* § 10g Rn. 29; HHR/*Clausen* § 10g Rn. 15; KKB/*Eckhardt* § 10g Rn. 26; Kirchhof/*Pfirrmann* § 10g Rn. 2; KSM/*Lüdemann* § 10g Rn. B 45; LBP/*Schindler* § 10g Rn. 36; Schmidt/*Kulosa* § 10g Rn. 8), darf dementsprechend aber aus profiskalischen Gründen nur **pro rata temporis** über einen Verteilungszeitraum von zehn Jahren vorgenommen werden. Er kann erst im Jahr des „Abschlusses" der Maßnahme (vgl. § 9a Hs. 2 EStDV) „**an**" (!) dem jeweiligen Kulturgut beginnen (zum Abschluss baulicher Gesamtmaßnahmen → § 10f Rn. 24). Dessen erstmalige Anschaffung/Herstellung bzw. Erweiterung bei Sammlungen, Bibliotheken und Archiven (**Kaufpreis** iwS) sowie **laufende Kosten,** die nicht zur Instandsetzung/-haltung ieS dienen (bspw. Versicherungsprämien, Kosten für Heizung und Strom (aber → § 10f Rn. 27.1), Reinigung, Alarmanlage, Bewachung (erg. → Rn. 20) etc.), sind daher nach ganz hM **nicht begünstigungsfähig** (vgl. FM Mecklenburg-Vorpommern 14.7.1993, DStR 1993, 1330; Blümich/*Erhard* § 10g Rn. 27 (zB „Stromkosten für […] Klimaanlage einer Bildergalerie" als Konservierungsmaßnahme erfasst); Bordewin/Brandt/*Stuhrmann* § 10g Rn. 16; Frotscher/Geurts/*Kratzsch* § 10g Rn. 4, 12, 14; HHR/*Clausen* § 10g Rn. 14; KKB/*Eckhardt* § 10g Rn. 20 f.; Kirchhof/*Pfirrmann* § 10g Rn. 2; Korn/*Eggers* § 10g Rn. 5 aE; KSM/*Lüdemann* § 10g Rn. A 5, B 19 (bei Einsatz von Fremdmitteln (Darlehen) auch Schuldzinsen), B 22 (nicht dagegen **22**

„Lösegeld" im Entwendungsfall); Lademann EStG/*Kaligin* § 10g Rn. 14; LBP/*Schindler* § 10g Rn. 19 f.; *Nacke* GStB 2008, 160 (166); Schmidt/*Kulosa* § 10g Rn. 2; *Wewers* DB 1992, 753 (754 f.)). Dieser **Verteilungszeitraum** erstreckt sich aufgrund gesetzlicher Anordnung über die neun darauffolgenden Kalenderjahre (**§ 11 Abs. 2** gilt demnach **nicht** (analog), vgl. KSM/*Lüdemann* § 10g Rn. A 17, B 41) und beträgt nach dem Prinzip gleichmäßiger Staffelung jeweils „bis zu" 9%. Dabei läuft für jede selbständige Maßnahme ein gesonderter Verteilungszeitraum (Blümich/*Erhard* § 10g Rn. 31; KSM/*Lüdemann* § 10g Rn. B 45; Schmidt/*Kulosa* § 10g Rn. 8), was in der Praxis durchaus zu Überlappungen führen kann (zT abw. KSM/*Lüdemann* § 10g Rn. B 35: „Werden in einem Kalenderjahr verschiedene Einzelmaßnahmen an ein und demselben Kulturgut abgeschlossen, so bestehen keine Bedenken, die Einzelbeträge zusammenzufassen"; zu den daraus resultierenden Gestaltungsmöglichkeiten KSM/*Lüdemann* § 10g Rn. A 61 f. („vorausschauende Einkommensplanung", „Zusammenlegen oder Trennen von Einzelmaßnahmen")).

23 Eine **zeitanteilige Kürzung** des Begünstigungsvolumens kommt in Betracht, wenn das Kulturgut unterjährig veräußert, (ggf. nur vorübergehend, vgl. LBP/*Schindler* § 10g Rn. 31 („Bis zum Gestaltungsmissbrauch iSv § 42 AO")) zur Einkünfteerzielung (zum Sofortabzug nach § 10g Abs. 2 S. 3 → Rn. 27) oder zu eigenen Wohnzwecken (→ Rn. 7, → Rn. 26) genutzt wird oder eine sonstige Begünstigungsvoraussetzung (zB eine solche nach § 10g Abs. 1 S. 2 Hs. 2 (→ Rn. 19 f.)) **ad hoc** in Wegfall gerät (vgl. Blümich/*Erhard* § 10g Rn. 39; *Büchner/Fritzsch* DStR 2004, 2169 (2173); Frotscher/Geurts/*Kratzsch* § 10g Rn. 7, 19; *Heinen* INF 1993, 174; HHR/*Clausen* § 10g Rn. 40; Kirchhof/*Pfirrmann* § 10g Rn. 3; Korn/*Eggers* § 10g Rn. 9; KSM/*Lüdemann* § 10g Rn. B 36, C 8; Lademann EStG/*Kaligin* § 10g Rn. 40; LBP/*Schindler* § 10g Rn. 33M unklar Bordewin/Brandt/*Stuhrmann* § 10g Rn. 30 (Abzug von Aufwendungen, „die auf diesen Teil des Kj. entfallen, […] vollständig ausgeschlossen")). Entscheidender Zeitpunkt für die Vornahme der **taggenau** durchzuführenden (→ § 10f Rn. 25 f. mwN, auch zur aA des FG Niedersachsen (Urt. v. 6.5.2013 – 9 K 279/12, DStRE 2015, 135 unter 1.b – keine zeitanteilige Kürzung, sondern stets Ganzjahresbetrag)) Kürzung ist der Eintritt des begünstigungsschädlichen Ereignisses. Unabhängig davon kann auch im **Erstjahr** der **volle** (Jahres-)Sonderausgabenabzugsbetrag geltend gemacht werden, ohne dass dies vom Zeitpunkt des „Abschlusses" der Maßnahme abhängig wäre (Kirchhof/*Pfirrmann* § 10g Rn. 3; KSM/*Lüdemann* § 10g Rn. B 35, C 8).

24 Aus allgemeinen Grundsätzen, dem in § 10g Abs. 2 S. 1, 2 angelegten Doppelbegünstigungsverbot (→ Rn. 26) sowie – mittelbar – aus § 10g Abs. 3 S. 2 (so zutr. bereits *Heinen* INF 1993, 174;) geht überdies hervor, dass auch eine **Kürzung der Bemessungsgrundlage** (ggf. bis „auf null") vorzunehmen ist, soweit die zu begünstigende Maßnahme durch sonstige **öffentliche oder private Zuschüsse** bzw. Zuwendungen gefördert wurde (allgM, vgl. zB BFH 20.6.2007 – X R 13/06, BStBl. II 2007, 879 unter II.a, mAnm *Hilbertz* EStB 2007, 366, zu § 10f – Zuschuss einer Denkmalstiftung; Bordewin/Brandt/*Stuhrmann* § 10g Rn. 17; Blümich/*Erhard* § 10g Rn. 28; Frotscher/Geurts/*Kratzsch* § 10g Rn. 13; *Heinen* INF 1993, 174; KKB/*Eckhardt* § 10g Rn. 25; Korn/*Eggers* § 10g Rn. 8; KSM/*Lüdemann* § 10g Rn. B 42; Lademann EStG/*Kaligin* § 10g Rn. 15, 37; *Nacke* GStB 2008, 160 (163); Schmidt/*Kulosa* § 10g Rn. 6; *Stuhrmann* DStR 1992, 534 (535); *Wewers* DB 1992, 753 (754); erg. → Rn. 33 zur Qualifizierung als Spenden iSv § 10b). Für die zeitliche Verortung der Kürzung innerhalb des Verteilungszeitraums ist das **Zuflussprinzip** (§ 11 Abs. 1 S. 1, 2) maßgebend (Frotscher/Geurts/*Kratzsch* § 10g Rn. 14; *Heinen* INF 1993, 174; HHR/*Clausen* § 10g Rn. 15; Lademann EStG/*Kaligin* § 10g Rn. 37 f.; LBP/*Schindler* § 10g Rn. 34); auch § 11b ist anwendbar, soweit der Regelungsbereich jener Vorschrift reicht (Blümich/*Erhard* § 10g Rn. 28, 32). Nachträgliche Zuschüsse/Zuwendungen sind vorrangig pro futuro, also in künftigen Verteilungszeiträumen, zu berücksichtigen (Schmidt/*Kulosa* § 10g Rn. 6).

25 Die Möglichkeit einer **Nachholung** von im Verteilungszeitraum nicht ausgeschöpften Abzugsbeträgen steht dem Steuerpflichtigen **nicht** offen, weil es sich (auch) bei § 10g („kann […] abziehen") um eine von diesem eigens geltend zu machende Steuerbegünstigung handelt (vgl. Bordewin/Brandt/*Stuhrmann* § 10g Rn. 24; Blümich/*Erhard* § 10g Rn. 33, 38; HHR/*Clausen* § 10g Rn. 4; KKB/*Eckhardt* § 10g Rn. 26; Kirchhof/*Pfirrmann* § 10g Rn. 3; KSM/*Lüdemann* § 10g Rn. A 48, B 35, C 8; Lademann EStG/*Kaligin* § 10g Rn. 39; Schmidt/*Kulosa* § 10g Rn. 8; *Stuhrmann* DStR 1992, 534 (535)). Die insoweit abweichenden Regelungen in § 10e Abs. 3, § 10f Abs. 2 S. 3 oder § 11a Abs. 2 sind nicht übertragbar. Ein aus Versehen nicht beantragter Sonderausgabenabzug stellt keine „Unrichtigkeit" iSv § 129 S. 1 AO dar (vgl. BFH 7.12.1993 – IX R 27/92, BFH/NV 1994, 601 unter 1.; erg. → § 10f Rn. 26 mwN).

II. Ausschluss bei Einkünfteerzielung, eigener Wohnnutzung und Doppelbegünstigung (Abs. 2)

Der in **§ 10g Abs. 2** normierte Ausschluss der Steuerbegünstigung, „soweit" das betroffene Kulturgut (partiell) zur Erzielung von Einkünften iSv § 2 oder zu eigenen Wohnzwecken (→ § 10f Rn. 18) genutzt wird (**S. 1**), dient ebenso der **Vermeidung** steuerlicher **Doppelbegünstigungen** wie die Konkurrenzregel betreffend die **S. 2** genannten weiteren Abzugsmöglichkeiten (bereits → Rn. 7 ff.). Im zuletzt genannten Fall (S. 2) sind von dem absoluten (dh nicht „kürzungsfähigen") Abzugsverbot (HHR/*Clausen* § 10g Rn. 40; Korn/*Eggers* § 10g Rn. 9; Lademann EStG/*Kaligin* § 10g Rn. 41) – genauso wie bei § 10f – nur identische Aufwendungen betroffen, mit der Folge, dass steuerliche **Mehrfach- bzw. kumulative Förderungen** desselben Kulturguts durchaus denkbar sind und daher auch gestalterisch avisiert werden können (stRspr, vgl. – grundlegend – BFH 14.1.2014 – X R 19/02, BStBl. II 2004, 711 unter II.1.; BFH 24.6.2009 – X R 8/08, BStBl. II 2009, 960 unter II.5.; auch → § 10f Rn. 8 f., → § 10f Rn. 11, → § 10f Rn. 22 mwN). Insofern besteht ein **Wahlrecht** des Steuerpflichtigen (aA etwa KSM/*Lüdemann* § 10g Rn. C 5, der § 10g nur eine „subsidiäre" Geltung iSe „Rangfolge" zuspricht, die sich dem Gesetz jedoch in dieser Schärfe nicht entnehmen lässt). 26

Die in **§ 10g Abs. 2 S. 3** vorgesehene Möglichkeit des **Sofortabzugs** (nur) des **Erhaltungsaufwands,** „soweit" der Steuerpflichtige das Kulturgut während des Verteilungszeitraums (→ Rn. 22) zur Einkünfteerzielung nutzt, entspricht derjenigen in § 10f Abs. 2 S. 3, sodass hinsichtlich der Einzelheiten auf die dortige Kommentierung Bezug genommen werden kann (→ § 10f Rn. 29 f.). Ob die Regelung dem Steuerpflichtigen ein **Wahlrecht** einräumt oder den Sofortabzug zwingend anordnet (so zB Blümich/*Erhard* § 10g Rn. 40; Korn/*Eggers* § 10g Rn. 10), ist auch aufgrund des Wortlauts der Vorschrift nicht eindeutig zu beantworten („ist" als Normbefehl allein gegenüber der Finanzverwaltung?). Da es sich bei § 10g indes insgesamt um eine vom Steuerpflichtigen eigens geltend zu machende Steuerbegünstigung handelt (→ Rn. 25), erschiene es inkonsequent, hiervon für den Fall des Sofortabzugs eine Ausnahme zu machen (→ § 10f Rn. 29). Eine **Nachholung** des Abzugs versehentlich nicht geltend gemachter Erhaltungsaufwendungen (→ Rn. 25) kommt auch im Fall des Sofortabzugs nach § 10g Abs. 2 S. 3 nicht in Betracht (Frotscher/Geurts/*Kratzsch* § 10g Rn. 18; HHR/*Clausen* § 10g Rn. 15; KSM/*Lüdemann* § 10g Rn. C 6; LBP/*Schindler* § 10g Rn. 32; aA Blümich/*Erhard* § 10g Rn. 40; erg. → § 10f Rn. 30). 27

III. Bescheinigungserfordernis (Abs. 3)

Die in § 10g Abs. 3 S. 1 (in Übereinstimmung mit § 7i Abs. 2 für die dort geregelte Konstellation) geforderte, als **materiell-rechtliche Begünstigungsvoraussetzung** fungierende (Frotscher/Geurts/*Kratzsch* § 10g Rn. 9; KKB/*Eckhardt* § 10g Rn. 27; Korn/*Eggers* § 10g Rn. 11; LBP/*Schindler* § 10g Rn. 22) Bescheinigung wirkt – ebenso wie bei § 10f (→ § 10f Rn. 11; → § 10f Rn. 21 mwN) – als **Grundlagenbescheid** iSv § 171 Abs. 10 S. 1 AO (grundlegend BFH 14.1.2004 – X R 19/02, BStBl. II 2004, 711 unter II.3., zu § 10f, mAnm *Bull* D-spezial 32/2004, 3; *P. Fischer* FR 2004, 836, *P. Fischer* FR 2005, 30, *von Eichborn* HFR 2005, 240 und *Hilbertz* EStB 2004, 281; dto. Bordewin/Brandt/*Stuhrmann* § 10g Rn. 35; Kirchhof/*Pfirrmann* § 10g Rn. 5; KSM/*Lüdemann* § 10g Rn. A 25, D 1; Lademann EStG/*Kaligin* § 10g Rn. 19 („Finanzbehörde (hat) ein Remonstrationsrecht"); Schmidt/*Kulosa* § 10g Rn. 5; *Stuhrmann* DStR 1992, 534 (536)). Dies bezieht sich auf das Vorliegen der Voraussetzungen des § 10g Abs. 1 und die Erforderlichkeit der jeweiligen Herstellungs- oder Erhaltungsmaßnahme (→ Rn. 21; im Einzelnen KSM/*Lüdemann* § 10g Rn. D 2; bei wiederkehrenden (periodischen) Maßnahmen genügt eine generelle Vorab-Abstimmung, vgl. Frotscher/Geurts/*Kratzsch* § 10g Rn. 4, 10; HHR/*Clausen* § 10g Rn. 14, 28, Lademann EStG/*Kaligin* § 10g Rn. 30). Zum verbleibenden **Prüfungsprogramm** des Finanzamts s. zB KSM/*Lüdemann* § 10g Rn. D 1, 28

1a (insbes. Zuständigkeit der bescheinigenden Behörde, eigenes Kulturgut des Steuerpflichtigen im Inland (→ Rn. 12 ff.), keine Einkünfteerzielung oder eigene Wohnnutzung (→ Rn. 7; → Rn. 26), Notwendigkeit eventueller Kürzungen (→ Rn. 23 f.), Aufwendungszurechnung, keine Anschaffungskosten und Zeitpunkt des Abschlusses der Maßnahme (→ Rn. 22)); zu dem sich de lege lata aus § 10g Abs. 3 S. 1 Hs. 1 ergebenden Abstimmungsgebot → Rn. 21 aE.

29 Die finanzbehördlichen **Handlungsoptionen** bei Nichtvorlage der Bescheinigung entsprechen denjenigen im Fall des § 10f (Aussetzung der Vollziehung, Erlass eines vorauseilenden (Vorbehalts-)Folgebescheids im Schätzungsweg → § 10f Rn. 21.1 f. mwN; speziell betr. § 10g LBP/*Schindler* § 10g Rn. 26; zur Möglichkeit der Bescheidänderung nach § 175 Abs. 1 S. 1 Nr. 1 AO bei nachträglicher Vorlage der Bescheinigung → § 10f Rn. 21 aE). Nach *Klein* (DStR 2016, 1399) soll an dieser neuralgischen Stelle eine nicht unerhebliche Gefahr des kollusiven Zusammenwirkens zwischen dem Steuerpflichtigem und der Gemeinde-/ Denkmalschutzbehörde zu Lasten der Finanzverwaltung bestehen. Die zuständigen **Bescheinigungsbehörden** sind in BMF 4.6.2015, BStBl. I 2015, 506 aufgelistet. (Allein) Im Fall staatlicher Zuschussgewährung durch eine Denkmalschutz- oder Archivpflegebehörde nach Erteilung der Bescheinigung „ist" diese von der Ausstellungsbehörde zu ändern (§ 10g Abs. 3 S. 2). Fallen die Bescheinigungsvoraussetzungen nachträglich weg, muss die Ausstellungsbehörde die Finanzverwaltung hiervon gem. § 4 der **Mitteilungsverordnung** (MV) vom 7.9.1993 (BGBl. 1993 I 1554) unterrichten (ebenso KSM/*Lüdemann* § 10g Rn. D 3; Lademann EStG/*Kaligin* § 10g Rn. 19).

IV. Immobilien-Erweiterungsklausel (Abs. 4)

30 Die in **§ 10g Abs. 4 S. 1** kodifizierte Erweiterungsklausel betrifft der Sache nach **allein** die § 10g Abs. 1 S. 2 Nr. 1 und 2 genannten **Baudenkmale.** Sie stimmt inhaltlich mit der entsprechenden Vorschrift in § 10f Abs. 5 überein. Die diesbzgl. Ausführungen gelten hier entsprechend (→ § 10f Rn. 38).

31 Die in **§ 10g Abs. 4 S. 2** angeordnete „sinngemäß(e)" Geltung von § 10e Abs. 7 führt dazu, dass hinsichtlich der Eigentumsanteile ein **Feststellungsverfahren** durchgeführt werden kann (§ 179 Abs. 1 Alt. 2 AO).

V. Feststellungslast und Gestaltungsfragen

32 Wie bei § 10f (→ § 10f Rn. 39) liegt die **Feststellungslast** für das Vorliegen der Voraussetzungen des § 10g Abs. 1 nach allgemeinen Grundsätzen **beim Steuerpflichtigen** (dto. Kirchhof/*Pfirrmann* § 10g Rn. 1; KSM/*Lüdemann* § 10g Rn. D 4; Lademann EStG/*Kaligin* § 10g Rn. 32 („nur […] durch Vorlage von Originalrechnungen")).

33 Kürzungen der Bemessungsgrundlage aufgrund von Zuschüssen bzw. Zuwendungen (→ Rn. 24) können anderweitig gegebenenfalls als **Spenden** iSv § 10b kompensiert werden (erg. Bordewin/Brandt/*Stuhrmann* § 10g Rn. 3 aE; *Heuer/von Cube* DStR 2017, 129 (132 f.); KKB/*Eckhardt* § 10g Rn. 34 („oftmals" bei „Kulturgut-Patenschaften"); *Wolff-Diepenbrock* Sonderbeil. zu DStR 12/1987, 1 (7) zur Sachspende).

34 Zur Möglichkeit der **AfA-Gewährung** nach vollständiger Ausnutzung der Steuerbegünstigung nach § 10g Abs. 1 S. 1 → § 10f Rn. 40 (wie dort betr. § 10g zB Blümich/*Erhard* § 10g Rn. 39 unter Hinweis auf BFH 14.2.1989 – IX R 109/84, BStBl. II 1989, 922).

§ 10h Steuerbegünstigung der unentgeltlich zu Wohnzwecken überlassenen Wohnung im eigenen Haus

[1]Der Steuerpflichtige kann von den Aufwendungen, die ihm durch Baumaßnahmen zur Herstellung einer Wohnung entstanden sind, im Jahr der Fertigstellung und in den drei folgenden Jahren jeweils bis zu 6 Prozent, höchstens jeweils 10 124 Euro, und in den vier darauffolgenden Jahren jeweils bis zu 5 Prozent, höchstens jeweils 8 437 Euro, wie Sonderausgaben abziehen. [2]Voraussetzung ist, dass

1. der Steuerpflichtige nach dem 30. September 1991 den Bauantrag gestellt oder mit der Herstellung begonnen hat,
2. die Baumaßnahmen an einem Gebäude im Inland durchgeführt worden sind, in dem der Steuerpflichtige im jeweiligen Jahr des Zeitraums nach Satz 1 eine eigene Wohnung zu eigenen Wohnzwecken nutzt,
3. die Wohnung keine Ferienwohnung oder Wochenendwohnung ist,
4. der Steuerpflichtige die Wohnung insgesamt im jeweiligen Jahr des Zeitraums nach Satz 1 voll unentgeltlich an einen Angehörigen im Sinne des § 15 Absatz 1 Nummer 3 und 4 der Abgabenordnung auf Dauer zu Wohnzwecken überlassen hat und
5. der Steuerpflichtige die Aufwendungen nicht in die Bemessungsgrundlage nach den §§ 10e, 10f Absatz 1, § 10g, 52 Absatz 21 Satz 6 oder nach § 7 des Fördergebietsgesetzes einbezogen hat.

[3]§ 10e Absatz 1 Satz 5 und 6, Absatz 3, 5a, 6 und 7 gilt sinngemäß.

10h war letztmals auf Baumaßnahmen anzuwenden, mit denen **vor dem 1.1.1996 begonnen** wurde (§ 52 Abs. 20 EStG aF). 1

Aufgrund mangelnder Bedeutung in der Praxis wurde § 10h mit dem **ModBestVerfG** v. 18.7.2016 (BGBl. 2016 I 1679) **aufgehoben.** 2

§ 10i Vorkostenabzug bei einer nach dem Eigenheimzulagengesetz begünstigten Wohnung

(1) [1]Der Steuerpflichtige kann nachstehende Vorkosten wie Sonderausgaben abziehen:
1. eine Pauschale von 1 790 Euro im Jahr der Fertigstellung oder Anschaffung, wenn er für die Wohnung im Jahr der Herstellung oder Anschaffung oder in einem der zwei folgenden Jahre eine Eigenheimzulage nach dem Eigenheimzulagengesetz in Anspruch nimmt, und
2. Erhaltungsaufwendungen bis zu 11 504 Euro, die
a) bis zum Beginn der erstmaligen Nutzung einer Wohnung zu eigenen Wohnzwecken entstanden sind oder
b) bis zum Ablauf des auf das Jahr der Anschaffung folgenden Kalenderjahres entstanden sind, wenn der Steuerpflichtige eine von ihm bisher als Mieter genutzte Wohnung anschafft.

[2]Die Erhaltungsaufwendungen nach Satz 1 Nummer 2 müssen unmittelbar mit der Herstellung oder Anschaffung des Gebäudes oder der Eigentumswohnung zusammenhängen, dürfen nicht zu den Herstellungskosten oder Anschaffungskosten der Wohnung oder zu den Anschaffungskosten des Grund und Bodens gehören und müssten im Fall der Vermietung und Verpachtung der Wohnung als Werbungskosten abgezogen werden können. [3]Wird eine Wohnung bis zum Beginn der erstmaligen Nutzung zu eigenen Wohnzwecken vermietet oder zu eigenen beruflichen oder eigenen betrieblichen Zwecken genutzt und sind die Erhaltungsaufwendungen Werbungskosten oder Betriebsausgaben, können sie nicht wie Sonderausgaben abgezogen werden. [4]Bei einem Anteil an der zu eigenen Wohnzwecken genutzten Wohnung kann der Steuerpflichtige den entsprechenden Teil der Abzugsbeträge nach Satz 1 wie Sonderausgaben abziehen. [5]Die vorstehenden Sätze gelten entsprechend bei Ausbauten und Erweiterungen an einer zu eigenen Wohnzwecken genutzten Wohnung.

(2) [1]Sind mehrere Steuerpflichtige Eigentümer einer zu eigenen Wohnzwecken genutzten Wohnung, können die Aufwendungen nach Absatz 1 gesondert und einheitlich festgestellt werden. [2]Die für die gesonderte Feststellung von Einkünften nach § 180 Absatz 1 Nummer 2 Buchstabe a der Abgabenordnung geltenden Vorschriften sind entsprechend anzuwenden.

10i war letztmals auf Wohnobjekte anzuwenden, die bis zum 31.12.1998 angeschafft wurden oder mit deren Herstellung bis zum 31.12.1998 begonnen wurde (§ 52 Abs. 21 EStG aF). 1

Aufgrund mangelnder praktischer Bedeutung in der Praxis wurde § 10i mit dem **ModBestVerfG** v. 18.7.2016 (BGBl. 2016 I 1679) **aufgehoben.** 2

6. Vereinnahmung und Verausgabung

§ 11 [Vereinnahmung und Verausgabung]

(1) [1]Einnahmen sind innerhalb des Kalenderjahres bezogen, in dem sie dem Steuerpflichtigen zugeflossen sind. [2]Regelmäßig wiederkehrende Einnahmen, die dem Steuerpflichtigen kurze Zeit vor Beginn oder kurze Zeit nach Beendigung des Kalenderjahres, zu dem sie wirtschaftlich gehören, zugeflossen sind, gelten als in diesem Kalenderjahr bezogen. [3]Der Steuerpflichtige kann Einnahmen, die auf einer Nutzungsüberlassung im Sinne des Absatzes 2 Satz 3 beruhen, insgesamt auf den Zeitraum gleichmäßig verteilen, für den die Vorauszahlung geleistet wird. [4]Für Einnahmen aus nichtselbständiger Arbeit gilt § 38a Absatz 1 Satz 2 und 3 und § 40 Absatz 3 Satz 2. [5]Die Vorschriften über die Gewinnermittlung (§ 4 Absatz 1, § 5) bleiben unberührt.

(2) [1]Ausgaben sind für das Kalenderjahr abzusetzen, in dem sie geleistet worden sind. [2]Für regelmäßig wiederkehrende Ausgaben gilt Absatz 1 Satz 2 entsprechend. [3]Werden Ausgaben für eine Nutzungsüberlassung von mehr als fünf Jahren im Voraus geleistet, sind sie insgesamt auf den Zeitraum gleichmäßig zu verteilen, für den die Vorauszahlung geleistet wird. [4]Satz 3 ist auf ein Damnum oder Disagio nicht anzuwenden, soweit dieses marktüblich ist. [5]§ 42 der Abgabenordnung bleibt unberührt. [6]Die Vorschriften über die Gewinnermittlung (§ 4 Absatz 1, § 5) bleiben unberührt.

Überblick

§ 11 ist mit der Regelung des Zuflusses von Einnahmen und des Abflusses von Ausgaben eine grundlegende Norm des EStG. Sie ermöglicht in der nach dem Abschnittsprinzip arbeitenden Einkommensteuer die genaue Zuordnung der die Leistungsfähigkeit bestimmenden Einnahmen und Ausgaben, sodass sich eine periodenbezogene Gewinnermittlung durch die in § 4 Abs. 3 geregelte Ermittlung des Überschusses der Einnahmen gegenüber den Ausgaben durchführen lässt. Die Gewinnermittlung durch Bilanzierung gemäß § 4 Abs. 1, § 5, die eine Bewertung des betrieblichen Vermögens verlangt, bleibt von § 11 unberührt, sodass die Norm nur für die Gewinnermittlung nach § 4 Abs. 3 Bedeutung hat. Das Zu- und Abflussprinzip ist aber dennoch ein Leitgedanke des gesamten Steuerrechts. Es gibt dem Steuerpflichtigen eine gewisse Gestaltungsfreiheit bei der Disposition seiner Zahlungsbewegungen.

Übersicht

A. Allgemeines

Leitentscheidungen, wichtige Verwaltungsanweisungen und Schrifttum (Auswahl): 1

Entscheidungen des GrS: 1.1
BFH 25.6.1984 – GrS 4/82, BStBl. II 1984, 751.

Weitere Leitentscheidungen des BFH: 1.2
BFH 13.5.1976 – IV R 83/75, BStBl. II 1976, 592; BFH 18.6.1980 – I R 72/76, BStBl. II 1980, 741; BFH 19.5.1981 – VIII R 143/78, BStBl. II 1981, 665; BFH 10.1.1985 – VIII R 15/83, BStBl. II 1986, 342; BFH 24.9.1985 – IX R 2/80, BStBl. II 1986, 284; BFH 24.6.1986 – IV R 309/84, BStBl. II 1987, 16; BFH 7.10.1986 – IX R 167/83, BStBl. II 1987, 322; BFH 9.7.1987 – IV R 87/85, BStBl. II 1988, 342; BFH 13.10.1989 – III R 30-31, BStBl. II 1990, 283; BFH 27.3.1992 – VI R 145/89, BStBl. II 1992, 837; BFH 19.4.1977 – VIII R 119/75, BStBl. II 1977, 601; BFH 22.7.1997 – VIII R 73/97, BStBl. II 1997, 755; BFH 5.12.1990 – I R 5/88, BStBl. II 1991, 308; BFH 27.5.1993 – VI R 19/92, BStBl. II 1994, 246; BFH 26.1.2000 – IX R 87/95, BStBl. II 2000, 396; BFH 28.10.2008 – VII R 36/04, BStBl. II 2009, 190; BFH 11.11.2009 – IX R 1/09, BStBl. II 2010, 746; BFH 3.2.2011 – VI R 66/09, BStBl. II 2014, 491; BFH 28.9.2011 – VIII R 10/08, BStBl. II 2012, 315; BFH 11.11.2014 – VIII 34/12, BStBl. II 2015, 285; BFH 15.6.2016 – VI R 6/13, FR 2016, 1048; BFH 2.8.2016 – VIII R 4/14, BStBl. II 2017, 310; BFH 22.2.2018 – VI R 17/16, DStR 2018, 1159; BFH 27.6.2018 – X R 44/16, BStBl. II 2018, 781; BFH 21.11.2018 – VI R 54/16, BStBl. II 2019, 311; BFH 4.6.2019 – VI R 34/17, DStR 2019, 1793.

Wichtige Verwaltungsanweisungen: 1.3
EStR 11; EStH 11; EStH 20.1; EStH 20.2; BMF 20.12.2003, BStBl. I 2003, 546.

Schrifttum (Auswahl): 1.4
Birk, Leistungsfähigkeitsprinzip, Festschrift P. Kirchhof, 2013, 1591; *Fischer*, Altersvorsorge und Altersbezüge, in Ebling (Hrsg.), Besteuerung von Einkommen, DStjG 24 (2001), 474; *Giloy*, Zum Zeitpunkt der steuerlichen Erfassung von Einnahmen und Ausgaben als technisches und wertendes Prinzip, in Gedächtnisschrift für Christoph Trzaskalik, 2005, 311; *Grürmann*, Instandhaltungsrücklage: Chance zur Vereinfachung vertan, DStR 2009, 2087; *Offerhaus*, Die Rechtsprechung des Bundesfinanzhofs zum Zuflussprinzip. StuW 2006, 317; *Offerhaus*, „Gesamtplan" – eine zulässige Rechtsfigur im Steuerrecht, Festschrift Spindler, 2011, 677; *Schiffers*, Durchbrechung des Zufluss- und Abflussprinzips bei Zahlungen für langfristige Nutzungsüberlassung – Änderung des 11 EStG durch das Richtlinien-Umsetzungsgesetz, DStZ 2005, 333; *Seer*, Gestaltungsmissbrauch nach § 42 AO bei kurz vor Jahresende allein zur Steuerminderung getätigten Ausgaben?, DStR 1987, 603; *Trzaskalik*, Zuflussprinzip und periodenübergreifende Zusammenhänge, StuW 1985, 222; *Wolff-Diepenbrock*, Einnahmen und Schneeballsystem – Überlegungen zur Forderung als Gegenstand einer Entnahme gemäß § 8 EStG, Festschrift Spindler, 2011,897.

I. Regelungsanliegen im System des Steuerrechts

1. Bedeutung der Norm

a) § 11 als Fundamentalnorm des Einkommensteuerrechts. § 11 gehört zu den **Fundamentalnormen** des Einkommensteuerrechts, denn nur mit der eindeutigen Normierung der Umstände, unter denen das Einkommen sich beim Steuerpflichtigen in der maßgeblichen Besteuerungsperiode bildet, kann eine leistungsfähigkeitsgerechte Ertragsbesteuerung erreicht werden. Weil die Einkommensteuer als auf das Kalenderjahr bezogene Abschnittssteuer das jeweils in einem Kalenderjahr erzielte Einkommen erfasst, müssen gemäß § 2 Abs. 7 die Grundlagen für ihre Festsetzung jeweils auch für ein Kalenderjahr ermittelt werden. 2

Allein das Einkommen, über das der Steuerpflichtige in diesem Kalenderjahr wirtschaftlich verfügen kann, darf Gegenstand des steuerlichen Zugriffs sein. Das **Leistungsfähigkeitsprinzip,** das der Einkommensteuer zugrunde liegt, verlangt die klare Bestimmung der zeitlichen Umstände, die zur wirtschaftlichen Verfügungsmacht im Sinne einer Vermögensmehrung oder -minderung geführt haben. Dazu muss man wissen, ob und wann Einnahmen und Ausgaben beim Steuerpflichtigen stattgefunden haben. Nur so lässt sich Leistungsfähigkeit in der Besteuerungsperiode messen. 3

Das regelt § 11 unter der Überschrift „Vereinnahmung und Verausgabung". Insofern bringt § 11 eine der von Birk (*Birk* FS Kirchhof, 2013, 1591 zu § 147) für nötig erachteten **Konkretisierungen und Entfaltungen des Leistungsfähigkeitsprinzip.** Zu der Norm gibt es eine recht stabile Rechtsprechung aller für die Ertragsteuern zuständigen Senate des BFH, 4 die die Tatbestandsvoraussetzungen weitgehend ausdifferenziert hat. Insofern gibt es ein großes Maß an Rechtssicherheit beim Umgang mit § 11.

4.1 Das Zu-und Abflussprinzip bewährt sich auch bei Gesetzesänderungen, die an einen Stichtag für Einnahmen oder Ausgaben anknüpfen. So ordnet zB § 36a an, dass die Regelungen des Investmentreformgesetzes (erst) auf alle ab dem 1.1.2016 zugeflossenen Kapitalerträge anzuwenden sind.

5 **b) Zufluss, Abfluss.** Die Vorschrift ist die **Grundregelung zu der Definition der Einnahmen** in § 8 Abs. 1 (*Wolff-Diepenbrock* FS Spindler, 2011, 897 (899)). Danach sind Einnahmen alle Güter, die dem Steuerpflichtigen im Rahmen einer Einkunftsart zufließen. Das ist sprachlich zwar eher misslungen, weil die Einnahmen nicht die Güter sind, sondern nur der Zufluss der Güter beim Steuerpflichtigen zu Einnahmen führt. Der Zufluss ist so betrachtet Bestandteil des Begriffs der Einnahme und damit Tatbestandsmerkmal (BFH 21.7.1987 – VIII R 211/82, BFH/NV 1988, 224; s. dazu *Mathiak* FR 1975, 157; *Giloy* FR 1975, 517). Die Erfolgswirksamkeit von Einnahmen und Ausgaben ist dagegen nur deren Rechtsfolge.

6 In Abs. 1 S. 1 der Norm wird als Prinzip bei der Vereinnahmung der **Zufluss** postuliert. Abs. 2 S. 1 stellt für die Verausgabung das Abflussprinzip auf. Eine gesetzliche Definition der vom Gesetz verwendeten Begriffe des „Zufließens" von Einnahmen und des „Leistens" von Ausgaben gibt es aber nicht. Man kann den Zufluss und den Abfluss als spiegelbildliche Begriffe betrachten (Kirchhof/*Seiler* § 11 Rn. 12).

7 Das bedeutet aber **nicht stets Zeitgleichheit** des Vorgangs. Es gibt mithin keine strikte zeitliche Korrespondenz zwischen Zu- und Abfluss. So fließt zB bei einer Überweisung das Geld beim Überweisenden bereits ab, wenn er seiner Bank den Überweisungsauftrag zugeleitet hat. Beim Überweisungsempfänger findet der Zufluss hingegen erst mit der Gutschrift statt (BFH 6.3.1997 – IV R 47/95, BStBl. II 1997, 509; EStH 11). Auch die zeitliche Korrespondenz von Einnahmen und Werbungskosten ist durch § 11 nicht statuiert. Der BFH hat deshalb den Werbungskostenabzug bei Schuldzinsen im Jahr 2007 zugelassen, obschon die Zinsen aus den Kapitalanlagen erst im Jahr 2008 zuflossen (BFH 27.8.2014 – VIII R 53/12, BStBl. II 2015, 255).

8 Das **Zu- und Abflussprinzip** gilt nicht nur bei der Einkommensteuer, sondern auch sonst im Steuerrecht, falls keine anderen Regelungen bestehen. So ist zB im Umsatzsteuerrecht eine Lieferung gemäß § 3 Abs. 1 UStG ausgeführt, wenn dem Empfänger die „Verfügungsmacht verschafft" ist und dieser damit über den gelieferten Gegenstand wie ein Eigentümer verfügen kann. Man könnte auch sagen: Die Lieferung ist ausgeführt, wenn und weil ihm der Gegenstand zugeflossen ist. Gemäß § 8 Abs. 1 KStG gelten die Vorschriften des EStG und damit auch § 11 für die Frage, was bei der Körperschaftsteuer als Einkommen gilt und wie dieses zu ermitteln ist.

9 **c) Ausnahmen vom Prinzip.** Das Zu- und Abflussprinzip erfüllt mit seiner **alltagsgerechten Praktikabilität und evidenten Einfachheit** in überzeugender Weise die Anforderungen, die an ein einsichtiges und Steuersystem zu stellen sind. Entgegen Kister (HHR/*Kister* § 11 Rn. 3) ist die Erlangung der Verfügungsmacht kein zufälliges oder gewillkürtes Ereignis, sondern Ausfluss der Privatautonomie der an einem wirtschaftlich relevanten Ereignisses, das regelmäßig auf vertraglichen Abmachungen auch über den Zeitpunkt des Zuflusses beruht. Insofern hat der Gesetzgeber diese Freiheit der Beteiligten respektiert.

10 **d) Gestaltungsfreiheit der Steuerpflichtigen.** Auch wenn das Prinzip aus diesen Gründen grundsätzlich richtig ist, gibt es und muss es viele Ausnahmen geben, weil das schematische Abstellen auf den Zu- oder Abfluss nicht immer zum wirtschaftlich vernünftigen Ergebnis führt (→ Rn. 42 ff.).

11 Die Norm gibt den Steuerpflichtigen eine gewisse **Gestaltungsfreiheit** bei ihren Einnahmen und Ausgaben insofern, als sie den Zu- oder Abfluss im Rahmen ihrer schon erwähnten Vertragsfreiheit in eine oder mehrere Besteuerungsperiode legen können. Dadurch ist es möglich, zB Freibeträge wie § 3 Nr. 26 – Übungsleiterpauschale – oder Höchstbeträge für Steuerermäßigungen wie gemäß § 35a – haushaltsnahe Dienstleistungen uä – durch Verteilung des Zu- oder Abflusses auf mehreren Kalenderjahre auszunützen. Diese Gestaltungsmöglichkeit ist kein Missbrauch iSv § 42 AO, sondern die nach dem Gesetzesplan hinzunehmende

Folge der Tatbestandsmäßigkeit eines erlaubten Verhaltens der Steuerpflichtigen (vgl. *Giloy* GS Trzaskalik, 2005, 311).

Deshalb kann der Höchstbetrag bei Ausgaben für Handwerkerleistungen von 6.000 EUR gemäß § 35a bei Aufwendungen von 13.000 EUR insofern doppelt in Anspruch genommen werden, wenn zB im Jahr 01 6.000 EUR als Anzahlung gezahlt werden und erst im Jahr 02 die restlichen 7.000 EUR an den Leistenden überwiesen werden. **11.1**

Allerdings muss die gewählte Gestaltung **wirklich gewollt sein und durchgeführt werden;** sie darf sich nicht als nach § 41 Abs. 2 AO unbeachtliches Scheingeschäft darstellen. Auch wenn aufgrund eines sog. Gesamtplans der Zufluss von vorneherein auf Rückabwicklung ausgerichtet ist, kommt eine Anerkennung des Geschäfts nicht in Betracht. Der BFH hat deshalb im Urteil vom 5.12.1990 (BFH 5.12.1990 – I R 5/88, BStBl. II 1991, 308) ein Arbeitsverhältnis zwischen einem gemeinnützigen Verein und seinen Mitgliedern nicht anerkannt, bei dem diesen für die Mithilfe bei geselligen Veranstaltungen ein Entgelt gezahlt wurde, auf das Mitglieder bereits vorher verzichtet hatten und das sie deshalb unmittelbar nach der Auszahlung sogleich wieder zurückzahlten; BFH 27.6.2006 – IX R 25/05, BFH/NV 2007, 657 hat das Urteil vom 5.12.1990 ausdrücklich bestätigt. S. dazu *Offerhaus* FS Spindler, 2011, 677. **12**

e) Die Vorschriften der Gewinnermittlung gemäß § 4 Abs. 1 und § 5 bleiben unberührt. Beide Absätze des § 11 lassen die **Gewinnermittlung gemäß § 4 Abs. 1, § 5 ausdrücklich unberührt.** Damit haben zB Bewertungsfragen bei § 11 keine Bedeutung, ebenso wenig die Fragen der Abzugsfähigkeit von Ausgaben und ihre Qualifikation als Betriebsausgaben, Werbungskosten oder Sonderausgaben. So hat zB das BVerfG im Beschluss vom 14.6.2016 – 2 BvR 290/10 u. 2 BvR 323/10, DB 2016, 1783 mAnm *Müller*, entschieden, dass die Nichtberücksichtigung von Altersvorsorgeaufwendungen in voller Höhe im Zeitpunkt des Abflusses verfassungskonform ist, dh der Gesetzgeber kann die Abzugsfähigkeit unstreitig abgeflossener Aufwendungen begrenzen oder sogar gänzlich verbieten. Dabei gibt es zwar die Grenzen nach dem objektiven Nettoprinzip; § 11 spielt dabei unter dem Gesichtspunkt der Folgerichtigkeit aber keine Rolle. **13**

Die Vorzüge des Prinzips dürfen nicht verdecken, dass es durch die daneben geltende Gewinnermittlung durch Vermögensvergleich gemäß § 4 Abs. 1 zu dem Dualismus der Einkunftsarten kommt, der als eine der Schwächen des geltenden Ertragssteuerrechts angesehen wird. Historisch ist dieser von *Mathiak* sog. Sprengsatz schon in den Einkommensteuergesetzen von Sachsen, Bremen und Hamburg angelegt gewesen, bevor er 1893 in das preußische EStG Eingang fand und seither die Einkommensteuergesetze prägt (s. *Mathiak* Das preußische Einkommensteuergesetz von 1891 im Rahmen der Miquelschen Steuerreform 1891/1893, 2011, 135). **14**

f) § 11 regelt nur die zeitliche Zuordnung der Einnahmen und Ausgaben. Die Vorschrift betrifft ausschließlich die **zeitliche Zuordnung** von Einnahmen und Ausgaben. Auch die Fragen der persönlichen Steuerpflicht oder die der Einkunftsart werden von § 11 nicht angesprochen. Das muss in anderen Normen des EStG geregelt werden. So richtet sich zB der Begriff der Betriebseinnahmen nach § 8 Abs. 1 und § 4 Abs. 4 (BFH 21.11.2018 – VI R 54/16, BStBl. II 2019, 311). Im Urteil vom 3.4.2019 – VI R 19/17, DStR 2019, 1144 hat der BFH zB entschieden, dass die unstreitig beim Sohn abgeflossenen Beträge für die Heimunterbringung seiner Mutter diesen nicht zur Geltendmachung der Steuerermäßigung gem. § 35a Abs. 2 berechtigen, weil nach dieser Vorschrift nur Aufwendungen von Steuerpflichtigen für die eigene Heimunterbringung begünstigt sind. Der Vorgang des Zu- oder Abflusses ist rein tatsächlich zu verstehen im Sinne der Verschaffung oder des Verlusts der Verfügungsberechtigung. Er kann aber Auswirkungen auf die Qualifikation von Einkünften oder Aufwendungen haben. Siehe dazu die Beispiele in den nachfolgenden → Rn. 15.1 ff. **15**

§ 24 Nr. 2 regelt zB, dass Einkünfte aus einer ehemaligen Tätigkeit iSv § 2 Abs. 11 Nr. 1 bis 4 oder aus einem früheren Rechtsverhältnis iSv § 2 Abs. 1 Nr. 5 bis 7 zu den Einkünften gemäß § 2 Abs. 1 gehören, wenn sie dem Steuerpflichtigen als Rechtsnachfolger zufließen. Hier spielt der Zufluss also eine Rolle bei der Qualifikation von Einkünften bei einem Rechtsnachfolger und daher ist das nicht in § 11 geregelt, sondern in § 24. **15.1**

15.2 Ähnliche Fragen stellen sich bei der entgeltlichen Übernahme einer Pensionsverpflichtung für einen ehemaligen GmbH-Geschäftsführer durch eine andere GmbH. Das FG Düsseldorf hat dazu im Urteil vom 13.7.2017 (9 K 1804/16 E, EFG 2018, 299) entschieden, dass im Zeitpunkt der Übernahme keine Einkünfte gem. § 19 entstehen, vielmehr erst bei der späteren Auszahlung, sprich beim Zufluss beim Pensionsberechtigten Einkünfte nach § 22 vorliegen, da dieser kein Wahlrecht hatte, die Zahlung an sich selbst zu verlangen und es mangels ausreichender Liquidität auch nicht zu einer Zahlung zwischen den Gesellschaften gekommen ist. Das Urteil wurde zwischenzeitlich vom BFH aufgehoben (BFH 15.5.2018 – X R 42/17, BFH/NV 2018, 1275).

15.3 Zum Zufluss von Vergütungen an beschränkt Steuerpflichtige, die dem Steuerabzug gem. § 50a Abs. 5 unterliegen, bestimmt § 73c EStDV den Zeitpunkt des Zuflusses bei Zahlung, Verrechnung oder Gutschrift jeweils zu deren tatsächlichem Vollzug, das gilt auch bei der Hinausschiebung der Zahlung wegen vorübergehender Zahlungsunfähigkeit des Schuldners. Im Fall der Gewährung von Vorschüssen kommt es gleichfalls auf den Zeitpunkt der Zahlung, Verrechnung oder Gutschrift des Vorschusses an.

15.4 Zur Behandlung von erstatteten Rentenversicherungsbeiträgen ordnet § 10 Abs. 4b Satz 2 an, dass die Erstattung zunächst mit gleichartigen Sonderausgaben im Jahr der Erstattung zu verrechnen ist. Ist das nicht oder nicht in voller Höhe möglich, ist der Sonderausgabenabzug im Jahr der ursprünglichen Verausgabung zu korrigieren, s. dazu OFD Nordrhein-Westfalen 25.9.2019, DB 2019, 2218 – unter ablehnendem Hinweis auf das Urteil des FG Düsseldorf 22.11.2018 – 14 K 1629/18 E, DStRE 2019, 729, Rev. X R 35/18, das bei der Erstattung von Rentenversicherungsbeiträgen nach § 210 Abs. 1a SGB VI keine Beitragsrückerstattung annimmt, sondern vom Vorliegen einer steuerfreien Einnahme gem. § 22 Nr. 1 S. 3 iVm § 3 Abs. 3 Buchst. b ausgeht.

16 **g) Die Fälligkeit ist ohne Bedeutung.** Die **Frage der Fälligkeit ist unerheblich.** Der Zufluss ist daher auch dann gegeben, wenn eine noch nicht fällige Zahlung beim Steuerpflichtigen eingeht und ein Abfluss liegt vor wenn der Steuerpflichtige auf eine noch nicht fällige Schuld etwas leistet. Deshalb sind auch Vereinbarungen der Vertragsparteien über die Fälligkeit kein Missbrauch gemäß § 42 AO, s. BFH 11.11.2009 – IX R 1/09, BStBl. II 2010, 746; s. dazu *Bode* FR 2010, 389; BFH 11.11.2009 – IX R 14/09, BFH/NV 2010, 1089. Das gilt auch für die Vereinbarung von sog. Vorschüssen; auch dabei kommt es allein auf den Zeitpunkt der tatsächlichen Zahlung an, s. BFH 2.8.2016 – VIII R 4/14, BStBl. II 2017, 310).

2. Gesetzesgeschichte

17 Der Wortlaut des § 11 geht zurück auf das **EStG 1934.** In der Gesetzesbegründung wurde auf den Übergang der Verfügungsmacht abgestellt. Diesem gleichgestellt sollten die Fälle sein, in denen „die Verwirklichung eines Anspruchs in so greifbare Nähe gerückt und so gesichert ist, dass dies wirtschaftlich dem tatsächlichen Eingang der Leistung gleichzustellen ist" (Kirchhof/*Seiler* § 11 Rn. 9). Das verdeutlicht den Realaktcharakter des Zufließens von Einnahmen und des Leistens von Ausgaben, den das EStG einfach konstatiert und nicht auf seine rechtlichen Grundlagen hin untersuchen will.

18 Der aktuelle Text von § 11 Abs. 1 beruht auf den Änderungen, die das **EURLUmsG** v. 9.12.2004 (BGBl. 2004 I 3310) mit Wirkung ab dem VZ 2004 brachte (vgl. § 52 Abs. 30). S. *Schiffers* DStZ 2005, 333 und → Rn. 18.1 ff.

18.1 Dabei wurde der Satz 3 in Abs. 1 eingefügt. Die bisherigen Sätze 3 und 4 wurden die Sätze 4 und 5. Zugleich erhielt § 11 Abs. 2 den Satz 3 → Rn. 19.1.

18.2 Weil die allgemeine Anwendungsvorschrift des § 52 Abs. 1 idF des AltEinkG vom 4.7.2004, BGBl. 2004 I 1427, BStBl. I 2004, 554 erst zum 1.1.2005 in Kraft getreten ist, war zweifelhaft, ob auch § 11 Abs. 1 S. 3 erst ab dem Veranlagungszeitraum gelten 2005 solle (vgl. *Söffing* BB 2005, 771) Die Verwaltung hat in dem BMF-Schreiben vom 5.4.2005 (BStBl. I 2005, 617) die Auffassung vertreten, dass die Neuregelung auf andere Vorauszahlungen als für eine Grundstücksnutzung erstmals für den Veranlagungszeitraum 2005 anzuwenden ist. Die Steuerpflichtigen konnten aber auch die Anwendung schon für 2004 beantragen.

18.3 Der BFH hat im Urteil vom 7.12.2010 – IX R 48/07, BStBl. II 2011, 345, entschieden, dass in der Anwendung des neuen Satz 3 auf das Jahr 2014 trotz der Neufassung des § 52 Abs. 30 erst ab dem 15.12.2004 keine verfassungsrechtlich unzulässige Rückwirkung liegt. Die Neufassung des § 52 Abs. 30 mit Wirkung ab dem 30.7.2014 durch das Gesetz vom 25.7.2014 – Kroatien-Beitrittsgesetz, BGBl. 2014 I 1266, BStBl. I 2014, 1126, sollte nach dem ausdrücklichen Willen des Gesetzgebers keinerlei

Wirkung auf die bisherigen Anwendungszeitpunkte haben, s. BR-Drs. 184/14, Regierungsentwurf des Kroatien-Beitrittsgesetz.

Der derzeit geltende Wortlaut von § 11 Abs. 2 gilt seit dem 1.1.2007 gemäß dem **JStG 2007** v. 13.12.2006 (BGBl. 2006 I 2878). Dadurch kam Satz 4 neu in die Vorschrift. Beachte auch → Rn. 19.1 f. **19**

Aus dem bisherigen Satz 3 wurde der zweite Halbsatz zum neuen eigenständigen Satz 5 und der bisherige Satz 4 wurde ohne weitere Änderung zu Satz 6. **19.1**

Gemäß § 52 Abs. 30 in der damaligen Fassung ist Satz 4 erstmals auf ein Damnum oder Disagio im Zusammenhang mit einem Darlehen für ein Grundstück anzuwenden, das nach dem 31.12.2003 gezahlt wurde. In andern Fällen kommt es auf die Zahlung nach dem 31.12.2004 an. **19.2**

II. Normstruktur und zentrale Debatten

1. Inhalt der Norm

a) § 11 Abs. 1. § 11 Abs. 1 S. 1 stellt für den Zufluss auf das **Kalenderjahr** ab. Das Wirtschaftsjahr ist damit unerheblich. Der Zufluss wird als objektiver Tatbestand formuliert, der ein Handeln des Steuerpflichtigen nicht verlangt. Das unterscheidet sich von der Formulierung des Abflusses in Abs. 2 S. 1, bei dem eine Leistung, das Ausgeben, eine Rolle spielt (→ Rn. 135). **20**

Satz 2 **fingiert den Zufluss** bei **regelmäßig wiederkehrenden Einnahmen** auch dann noch in dem Kalenderjahr, wenn sie kurz vor oder kurz nach dem Beginn des Kalenderjahrs, zu dem sie wirtschaftlich gehören, zugeflossen sind. Diese Ausnahme dient der wirtschaftlich korrekten Ermittlung des Gewinns in den Fällen der Einnahmen-Ausgaben-Überschussrechnung gemäß § 4 Abs. 3. **21**

Satz 3 erlaubt dem Steuerpflichtigen die **gleichmäßige Verteilung von Vorauszahlungen für eine Nutzungsüberlassung** iSv § 11 Abs. 2 S. 3 (Nutzungsüberlassung für mehr als fünf Jahre) auf die Dauer, für die die Vorauszahlung geleistet wird. Damit werden vordergründig die Spitzen der Progression geglättet, weil die Einnahme nicht in voller Höhe im Jahr des Zuflusses angesetzt werden muss. In systematischer Hinsicht ist aber wichtiger, dass damit die Strenge des reinen Zuflussprinzips gemildert wird, um zu einer sinnvollen wirtschaftlichen Zuordnung der Einnahmen zu kommen. **22**

Beispiel: Ein Grundstücksvermieter erhält für einen über zehn Jahre abgeschlossenen Mietvertrag zu Beginn des Mietverhältnisses im Jahr 01eine Vorauszahlung in Höhe von 100.000 EUR. Dann hat er die Wahl, ob er diese Einnahme bereits im Jahr des Zuflusses, also im Jahr 01, in voller Höhe berücksichtigt, oder ob er in den Jahren 01 bis 10 jeweils 10.000 EUR ansetzt. Das Gesetz unterstellt mit der Anordnung der gleichmäßigen Verteilung, dass sich die Vorauszahlung in gleicher Höhe auf jedes Jahr bezieht, für die sie geleistet wird; eine Degression oder Progression der Jahresraten, die wirtschaftlich denkbar wäre, ist – aus Gründen der einfachen Anwendung – nicht vorgesehen. **22.1**

Satz 4 bringt eine weitere **Ausnahme vom Grundsatz** des Satzes 1: Er ordnet für Einnahmen aus nichtselbständiger Arbeit die Geltung von § 38a Abs. 1 S. 2 und 3 sowie von § 40 Abs. 3 S. 2 an. § 38a Abs. 1 S. 2 betrifft laufenden Arbeitslohn; er gilt als in dem Kalenderjahr bezogen, in dem der Lohnzahlungszeitraum endet oder im Fall des § 39b Abs. 5 S. 1 der Lohnabrechnungszeitraum endet. **23**

Damit wird erreicht, dass zB bei Lohnzahlung am 15. eines Monats der Dezember/Januarlohn nicht nach den Jahren aufgeteilt werden muss. § 38a Abs. 1 S. 2 betrifft die sonstigen Bezüge eines Arbeitnehmers, die nicht laufend gezahlt werden. Für diese gilt das reine Zuflussprinzip. Bei § 40 Abs. 2 S. 3 geht es um die pauschalierte Lohnsteuer in den Fällen, in denen diese auf den Arbeitnehmer abgewälzt wurde. Dann gilt diese Steuer als zugeflossener Arbeitslohn. Diese Fiktion des Zuflusses ist nötig, um eine zutreffende Ermittlung der vom Arbeitgeber geschuldeten pauschalen Lohnsteuer zu ermöglichen. **23.1**

Gemäß § 11 Abs. 1 S. 5 bleiben die **Vorschriften über die Gewinnermittlung gemäß § 4 Abs. 1 und § 5 unberührt.** Das betrifft also nur die Gewinnermittlung durch Betriebsvermögensvergleich. Für die Gewinnermittlung durch Ermittlung des Überschusses der Ein- **24** nahmen über die Ausgaben gemäß § 4 Abs. 3 ist § 11 mithin anzuwenden. Nur hier kommt die Vorschrift bei den Gewinneinkünften zur Anwendung und nur hier ist sie systematisch geboten, denn der Betriebsvermögensvergleich stellt nicht auf den Zufluss von Einnahmen oder Abfluss von Ausgaben ab, sondern ermittelt den Gewinn durch die Bildung der Differenz aus des am Ende und am Anfang einer Besteuerungsperiode vorhandenen Betriebsvermögens, das zu bewerten ist. Deswegen sind dabei sind zB Forderungen und Verbindlichkeiten zu berücksichtigen, die erst später zu einem tatsächlichen Zu- oder Abfluss führen, ebenso gilt es zB Vorräte zu bewerten. Die Verbindung von § 11 und § 4 Abs. 3 führt zu der enormen Vereinfachungswirkung, die von der Einnahmen-Ausgaben-Überschussrechnung ausgeht, denn die auf einer Buchführung aufbauende Bilanzierung mit ihren vielfältigen Bewertungsfragen ist ungleich komplizierter als die für die Beachtung von § 11 ausreichende Aufzeichnung des Zeitpunkts des Zuflusses von Einnahmen oder des Abflusses von Ausgaben.

25 Anders als bei § 11 Abs. 2 gibt es in Abs. 1 **keinen Hinweis auf § 42 AO,** der sich mit dem Missbrauch von Gestaltungsmöglichkeiten befasst. Das muss so begriffen werden, dass der Gesetzgeber die Existenz dieser Vorschrift zwar kennt, aber in Abs. 1 für nicht besonders erwähnenswert hält. Der Satz in Abs. 2 (→ Rn. 29), dass § 42 AO unberührt bleibt, versteht sich eigentlich von selbst, wenn es keine andere Aussage im Gesetz gibt, weil die Geltung der AO wie die anderer Gesetze auch nicht eigens durch das EStG herausgestellt werden muss. Dennoch hielt ihn der Gesetzgeber an dieser Stelle für notwendig, weil sich in der Praxis gezeigt hat, dass es insbesondere bei langlaufenden Kreditverträgen aus rein steuerlichen Gründen zu Vereinbarungen sehr hoher Damnumszahlungen gekommen ist, die als sofort anzusetzende Werbungskosten oder Betriebsausgaben wirken und damit zu Gewinnminderungen führen, die das wirtschaftliche Ergebnis aus der Zahlung eines Damnums nicht richtig abbilden. In derartigen Fällen „droht" das EStG nun ausdrücklich mit der Anwendung des § 42 AO, auch wenn damit keinerlei zusätzliche Tatbestandsmerkmale dieser Vorschrift konkretisiert werden.

25.1 Der Praxis ist allerdings mit so offenen Regelungen nicht wirklich geholfen, denn es fehlt an der notwendigen Rechtssicherheit bei Gestaltungsüberlegungen der Steuerpflichtigen. Auch die Verwaltung steht bei Beanstandungen ohne fundierte Maßstäbe da.

26 **b) § 11 Abs. 2.** § 11 Abs. 2 S. 1 postuliert das **Abflussprinzip** für die Ausgaben. Maßgeblich ist das Kalenderjahr – nicht das Wirtschaftsjahr, in dem tatsächlich Ausgaben geleistet wurden. Was Ausgaben sind, ergibt sich aus § 4 Abs. 4 für die Betriebsausgaben. Im Gegensatz zu den Einnahmen im Rahmen einer der Einkunftsarten des § 2 Abs. 1 Satz 1 Nr. 4 bis 7 – sog. Überschusseinkünfte –, bei denen der Zufluss gemäß § 8 Abs. 1 Tatbestandmerkmal ist (→ Rn. 5), verlangt § 4 Abs. 4 nicht ausdrücklich den Abfluss der durch den Betrieb veranlassten Aufwendungen. Auch die Werbungskosten gemäß § 9 sind nicht mit dem Abfluss tatbestandmäßig verbunden.

27 Das ist deshalb richtig, weil es **einkunftsrelevante Aufwendungen gibt, die zu keinem realen Abfluss führen;** das ist so zB bei den Absetzungen für Abnutzung. Dieser Wertverzehr wird auch dann berücksichtigt, wenn er tatsächlich gar nicht stattfindet, weil zB bei Gebäuden der Marktpreis gegenüber den Anschaffungs- und Herstellungskosten gestiegen ist; er ist nur ein Posten bei der Gewinnermittlung, weil er typischerweise eintritt, er muss aber nicht auf einem realen Vorgang beruhen.

28 Satz 2 verweist für **regelmäßig wiederkehrende Ausgaben** auf § 11 Abs. 1 S. 2 (→ Rn. 19) der entsprechend anzuwenden ist.

29 S. 3 verlangt beim Zahlenden die **gleichmäßige Verteilung von Vorauszahlungen** für eine Nutzungsüberlassung über einen Zeitraum von mehr als fünf Jahren. Anders als beim Zahlungsempfänger, dem eine derartige Verteilung gemäß § 11 Abs. 1 S. 3 freigestellt wird (→ Rn. 20), ist die Verteilung auf den Vorauszahlungszeitraum für den Zahlenden zwingend.

30 Dieser **Verteilungszwang** gilt gemäß Satz 4 nicht bei einem marktüblichen Damnum oder Disagio. Damit will das Gesetz für die gängige Vereinbarung eines Damnums oder Disagios keine besondere Regelung aufstellen; Satz 3 gilt aber zB für Vorauszahlungen von Mieten und Pachten oder Lizenzen, die für länger als fünf Jahre vereinbart sind.

31 Gemäß S. 5 bleibt **§ 42 AO unberührt.** In § 11 Abs. 1 fehlt eine derartige Aussage (→ Rn. 23). Daraus kann man schließen, dass der Gesetzgeber ohne nähere Präzisierung offenbar die Vorstellung hat, dass die Leistung von Ausgaben bei absoluter Geltung des Abflussprinzips eher zu missbräuchlichen Gestaltungen führen kann, die steuerlich nicht anzuerkennen sind als Gestaltungen, die den Zufluss betreffen. Wann jedoch die Grenze zum Missbrauch überschritten wird, sagt das Gesetz nicht, insbesondere kann man § 11 Abs. 2 nicht so verstehen, dass hier ein Regelbeispiel missbräuchlicher Gestaltung kodifiziert werden sollte.

Einen eigenen Regelungsinhalt kann man deshalb dem Satz 5 nicht zumessen, denn § 42 AO gälte auch ohne diesen Satz. Ohnehin ist nach dem Wortlaut nicht klar, ob der Satz 5 sich auf alle von § 11 Abs. 2 erfassten Ausgaben bezieht, oder, wofür die Regierungsbegründung zum JStG 2007, mit dem dieser Satz in § 11 Abs. 2 eingefügt wurde (BT-Drs. 15/4050, 56), spricht, nur für die Vorauszahlungen für Nutzungsüberlassungen gemäß Satz 4. So oder so ist § 42 AO aber immer zu beachten, falls er nicht ausdrücklich durch ein Gesetz ausgeschlossen ist. Seine Erwähnung in § 11 Abs. 2 ist daher nur deklaratorisch. 32

Satz 6 schließlich wiederholt den Wortlaut von Abs. 1 S. 5, wonach die Vorschriften über die Gewinnermittlung gemäß § 4 Abs. 1, § 5 unberührt bleiben. Auch für Ausgaben gilt damit das Abflussprinzip nur in den Fällen der Gewinnermittlung gemäß § 4 Abs. 3. 33

2. Zentrale Debatten

a) § 11 vor dem Hintergrund des Leistungsfähigkeitsprinzips. Die **zentrale Debatte** bei § 11 dreht sich um die Fragen der Rolle des Zufluss- und Abflussprinzips im Hinblick auf die zeitgerechte Belastung des Einkommens vor dem Hintergrund der Besteuerung nach der Leistungsfähigkeit. Die mitunter eher zufällige Zusammenballung von Einnahmen in einem Besteuerungszeitraum, aber auch die nicht unter § 42 AO fallenden gestaltbaren Zeitpunkte des Zu- und Abflusses bei der Einnahme-Ausgabeüberschussrechnung führen zu einer nicht unerheblichen Abweichung des ermittelten Überschusses gegenüber der Ermittlung des Gewinns durch Betriebsvermögensvergleich. 34

Diese **Ungleichbehandlung** lässt sich nur rechtfertigen unter dem Gesichtspunkt der Vereinfachung, weil es bei den Überschusseinkunftsarten, für die § 4 Abs. 3 gilt, keine Buchführungspflicht gibt und aus Gründen der Verhältnismäßigkeit auch nicht geben sollte. Auch wäre es zB kaum möglich, bei Einkünften aus unselbständiger Tätigkeit ein „Arbeitsvermögen" zu definieren, das wie Betriebsvermögen jährlich zu bewerten wäre. Daher ist § 11 mit seinen vom Gesetz selbst angeordneten Einschränkungen und Ausnahmen eine sachgerechte Leitentscheidung des EStG. S. auch BFH 26.1.2000 – IX R 87/95, BStBl. II 2000, 396; *Offerhaus* StuW 2006, 317. Zur Behandlung dieser Fragen in den Reformentwürfen von *P. Kirchhof* und der *Stiftung Marktwirtschaft* → Rn. 35.1 f. 35

Auch P. Kirchhof hält in seinem Entwurf eines Bundesteuergesetzbuchs (2011) in § 44 Abs. 3 an dem Dualismus von Gewinn und Überschuss fest, wobei für den Überschuss das Zu- und Abflussprinzip gilt. Zur Rechtfertigung dieser Unterscheidung verweist er auf den unangemessen hohen Ermittlungsaufwand bei den Lohn-, Alters- und Zinseinkünften, der bei einer Bilanzierung anfiele. Die Überschussermittlung entspreche daher „dem Erfordernis kostenbewusster Effektivität jedes Verwaltungshandelns.", s. *P. Kirchhof* Entwurf eines Bundesteuergesetzbuches, 2011 Rn. 10 zu § 44 Buch 2. Einkommensteuer. Man könnte noch hinzufügen, dass es auch ein Gebot der Verhältnismäßigkeit ist, dass der Fiskus den Bürger nur mit der möglichst geringen Mitwirkungspflicht bei der Erhebung von Steuern belastet. 35.1

Ebenso hat § 12 des von der Kommission Steuergesetzbuch der Stiftung Marktwirtschaft vorgelegte EStG (s. *Lang/Eilfort* Struktur der deutschen Ertragsteuern, 2013, das Zu- und Abflussprinzip für die Überschussrechnung gemäß § 9 Abs. 1 postuliert. 35.2

b) Konkurrenz zum Prinzip der wirtschaftlichen Zuordnung. Die auch vom Gesetzgeber gesehenen **Auswirkungen und Grenzen des Zuflussprinzips** zeigen sich besonders deutlich bei der Regelung der Altersbezüge mit der sog. nachgelagerten Besteuerung. So werden zB die Anwartschaften eines Beamten auf Pensionszahlungen, die während der aktiven Zeit erworben werden, nicht als Zufluss von Lohn erfasst, vgl. § 19 Abs. 1 Nr. 2, der von Lohn für frühere Dienstleistungen spricht, die erst im Zeitpunkt der tatsächlichen Pensionszahlung anzusetzen sind. S. dazu *Fischer* DStjG 24, 474. 36

Aber auch die Abflussregel verlangt **Einschränkungen** in diesem Zusammenhang. § 10 Abs. 1 Nr. 3 Satz 4 lässt tatsächlich abgeflossene Beiträge zu Vorsorgeleistungen zum Abzug nur in dem Jahr zu, für das sie geleistet wurden, s. Rn. 133 des Schreibens BMF 19.8.2013, 37

BStBl. I 2013, 1087. Damit soll der wirtschaftlichen Zuordnung der Ausgaben zu einer bestimmten Steuerperiode Rechnung getragen werden.

38 An diesen Entscheidungen des Gesetzes wird deutlich, dass das an tatsächliche Vermögensbewegungen anknüpfende Zu- und Abflussprinzip mit dem auch fundamentalen Grundsatz der wirtschaftlichen Zuordnung von Einnahmen und Ausgaben zu steuerlich relevanten Aktivitäten konkurriert. Das Gesetz verfolgt deshalb je nach Interessenlage das ihm für den Gesetzeszweck besser passende Prinzip.

3. Regelungsanliegen

39 **a) Grundsätze.** Innerhalb der Einkommensteuer, die gemäß § 2 Abs. 7 als Abschnittssteuer konzipiert ist, muss angeordnet werden, wann – konkret: in welchem für die Einkommensbesteuerung **maßgeblichen Zeitabschnitt –** die Einnahmen und Ausgaben eines Steuerpflichtigen anzusetzen sind, damit die Einkommensermittlung rechtsstaatsgerecht gleichmäßig und unausweichlich stattfindet. Nur so kann die Leistungsfähigkeit des Steuerpflichtigen im konkreten Besteuerungszeitraum, nach der sich das Maß der Belastung richten soll, zuverlässig festgestellt werden. Das leistet § 11 mit dem beschriebenen Zu- und Abflussprinzip. Dabei macht die Vorschrift keinen Unterschied zwischen inländischen und ausländischen Einkünften und zwischen unbeschränkter und beschränkter Steuerpflicht.

40 Es ist zwar nicht zu verkennen, dass der in → Rn. 8 herausgestellten grundsätzlichen Einfachheit des Prinzips eine **Gestaltungsfreiheit** durch die Steuerpflichtigen innewohnt, die mitunter zu unsystematisch anmutenden Ergebnissen führen kann. So könnte man es unter dem Gesichtspunkt der Leistungsfähigkeit durchaus für geboten erachten, dass zB der freiwillige Verzicht auf einen rechtlich durchsetzbaren Zufluss bei den Einnahmen berücksichtigt werden sollte. Damit würde die Fälligkeit zum alleinigen Kriterium des Zuflusses, auf die aber das Gesetz, wie seine historische Entwicklung zeigt, gerade nicht abstellt. Dagegen spricht auch das Interesse am unaufwändigen Vollzug, denn neben der Fälligkeit müsste immer auch noch die praktische Durchsetzbarkeit der Forderung geprüft werden.

41 Außerdem ist das Kalenderjahr als Besteuerungsabschnitt so kurz, dass die Auswirkungen einer gestalterischen Verlagerung von Einnahmen und Ausgaben von einem Jahr in ein anderes fiskalisch hinzunehmen sind. Die Frage, ob man eine zB eine Rechnung am 28.12. eines Jahres oder am 5.1. des Folgejahres oder erst in einem späteren Jahr bezahlt, ist im Rahmen der Privatautonomie eine Entscheidung, die von vielerlei Umständen abhängen kann, zB von der aktuellen Liquidität, von der Anwesenheit am Ort, an dem die Rechnung eingegangen ist und damit von der physischen Möglichkeit zur Kenntnisnahme des Rechnungseingangs, von der Beachtung der Fälligkeit, von der Geduld des Geschäftspartners und vielem mehr. Um diese individuellen Umstände will sich das Gesetz nicht kümmern, sondern sein Prinzip nur folgerichtig durchführen.

42 **b) Ausnahmen vom Grundsatz.** Das geschieht durch die in der Norm selbst angeordneten **Ausnahmen** (→ Rn. 9). Sie zeigen bereits, dass das Zu- und Abflussprinzip nicht uneingeschränkt gelten kann und soll. Außerdem gibt es eine große Anzahl von sachlich begründeten Abweichungsanordnungen ua in den folgenden Vorschriften des EStG.

43 Die **durchlaufenden Posten** sind gemäß § 4 Abs. 3 S. 2 nicht als Betriebseinnahmen oder -ausgaben anzusetzen. Sie sind zwar ggf. durchaus real zu- oder abgeflossen, aber eben nicht im Namen und auf Rechnung des Steuerpflichtigen. Der Zu- und Abfluss muss sich in einer Verfügbarkeitssphäre des Steuerpflichtigen abspielen. Daran fehlt es bei den durchlaufenden Posten.

44 Gemäß § 10 Abs. 1 Nr. 3 Satz 4 werden abfließende Vorsorgeaufwendungen dem Jahr zugerechnet, für das sie geleistet werden. Das dient der in diesem Fall vom Gesetz als vorrangig angesehenen wirtschaftlichen Zuordnung von Ausgaben zu dem Besteuerungszeitraum, in dem der Anlass für die Zahlung liegt.

45 Bei der Ermittlung der Veräußerungs-, Aufgabe- und Auflösungsgewinne gemäß §§ 16 und 17 gilt § 11 nicht, weil dort ein Vermögensvergleich für die Ermittlung des Gewinns vorgeschrieben ist, denn nur so kann in diesen Fällen der Gewinn korrekt ermittelt werden.

46 Die Gewinn- und Verlustanteile gemäß § 15 Abs. 1 Nr. 2 sind als Einkünfte aus Gewerbebetrieb ein eigener Besteuerungstatbestand, der von Zu- oder Abflussvorgängen unabhängig ist.

Auch die Gewinne oder Verluste aus privaten Veräußerungsgeschäften gemäß § 23 sind unabhängig von dem Prinzip des § 11 zu ermitteln. 47

Das gilt auch für die **einmaligen Einkünfte gemäß § 22 Nr. 3** (vgl. H 22.8 EStR). Allerdings ist bei Rückzahlung der Einnahmen in einem späteren Veranlagungszeitraum der Abflusszeitpunkt für die Geltendmachung der Steuerminderung maßgeblich (vgl. BFH 26.1.2000 – IX R87/95, BStBl. II 2000, 396). Zur Frage weiterer Ausnahmen vgl. die nachfolgenden Ausführungen in → Rn. 48.1. 48

Bei diesem rechtstatsächlichen Befund stellt sich die grundsätzliche Frage, ob es erlaubt ist, im Billigkeitsweg weitere Ausnahmen zuzulassen. Das FG Düsseldorf hat dies im Urteil v. 20.8.2014 – 4 K 718/13 E, EFG 2015, 285 in einem Fall bejaht, in dem hohe, nach § 33 absetzbare Aufwendungen getätigt wurden, die bei einem Sofortabzug wegen zu geringen Einkünften ins Leere gingen. Das FG hat deshalb eine Verteilung auf mehrere Jahre zugelassen. Dafür spricht, dass so das Ziel der Berücksichtigung außergewöhnlicher Belastungen bei der anzustrebenden Besteuerung nach der Leistungsfähigkeit erreicht wird. Dagegen spricht, dass der Gesetzgeber die Verteilung von Aufwendungen auf mehrere Jahre nur in bestimmten Fällen anordnet oder erlaubt und dies bei § 33 nicht tut. Allerdings lässt sich angesichts der ständigen Änderungen des EStG wohl schwerlich nachweisen, dass die gesetzlich zugelassenen Ausnahmen in einem abschließenden Sinn nach Art eines geschlossenen Kanons geregelt sein sollen. 48.1

B. Voraussetzungen und Rechtsfolgen

I. § 11 Abs. 1 – Zufluss von Einnahmen

1. Zufluss

a) Tatsächliche Einnahmen. Einnahmen sind gemäß § 11 Abs. 1 S. 1 innerhalb des Kalenderjahres bezogen, in dem sie dem Steuerpflichtigen zugeflossen sind. Das Gesetz knüpft die Rechtsfolge des Bezugs von Einnahmen an den tatsächlichen Vorgang des Zuflusses. Allein diese Transaktion, die zu einer Vermögensverschiebung und Bereicherung führt, ist maßgebend. 49

Geldbeträge fließen dem Steuerpflichtigen regelmäßig dadurch zu, dass sie bar ausgezahlt oder einem Konto des Empfängers bei einem Kreditinstitut gutgeschrieben werden. Die Gutschrift kann auch in den Büchern des Verpflichteten stattfinden, dann muss der Gläubiger allerdings in der Lage sein, den Leistungserfolg ohne Weiteres Zutun des leistungsbereiten und leistungsfähigen Schuldners herbeizuführen (so BFH 15.6.2016 – VI R 6/13, FR 2016, 1048 mAnm *Bergkemper* unter Bestätigung von BFH 15.5.2013 – VI R 24/12, BStBl. II 2014, 495). 50

Die Frage der **Fälligkeit oder der Zuordnung zu einem bestimmten Zeitraum ist dabei grundsätzlich unerheblich.** Das Gesetz nimmt es hin, dass die freie Entscheidung über den Zufluss zu steuerlichen Ergebnissen führt, die günstiger sein können als eine Anknüpfung zB an die Fälligkeit. Der BFH hat im Urteil vom BFH 11.11.2009 – IX R 1/09, BStBl. II 2010, 746 ausdrücklich anerkannt, dass Arbeitgeber und Arbeitnehmer den Zeitpunkt es Zuflusses einer Abfindung in der Weise steuerwirksam gestalten können, dass sie deren ursprünglich vorgesehene Fälligkeit auf einen späteren Zeitpunkt verschieben. Vgl. auch LStH 38.2. 51

Das FG Niedersachsen hat im Urteil vom 13.3.2018 (14 K 204/16, EFG 2018, 942, nrkr.; Rev. BFH VI R 14/18) den monatlichen Zufluss eines geldwerten Vorteils bei Arbeitnehmern angenommen, für die der Arbeitgeber die vergünstigte Nutzung eines Fitnessstudios bezahlte. Der Arbeitgeber hatte mit dem Fitnessstudio einen Jahresvertrag geschlossen, mit den Arbeitnehmern mündlich aber eine monatliche Nutzung vereinbart. Das hat Auswirkungen auf die Anwendung der Sachbezugsfreigrenze gem. § 8 Abs. 2 Nr. 11 von monatlich 44 EUR. 51.1

Auf den **Rechtsgrund** für die zugeflossene Einnahme **kommt es nicht an.** Daher ist der Zufluss auch dann gegeben, wenn es an einem Rechtsgrund fehlt und das zugeflossene Wirtschaftsgut nach dem Bereicherungsrecht gemäß § 812 BGB wieder herausgegeben werden muss. Diese Herausgabe ist dann im Zeitpunkt ihrer tatsächlichen Bewerkstelligung ein Abfluss iSv § 11 Abs. 2. 52

53 Die **Faktizität des Zuflusses** verbietet es dem Gesetzesanwender grundsätzlich, ihn auch fiktiv zu begreifen (s. BFH 29.6.2000 – XI B 10/00, BFH/NV 2000, 1469; BFH 15.6.2016 – VI R 6/13, FR 2016, 1048 mAnm *Bergkemper*; BFH 22.2.2018 – VI R 17/16, DStR 2018, 1159). Einen fiktiven Zufluss kann nur der Gesetzgeber anordnen, so gibt es zB in § 10 Abs. 2 S. 1 AStG die Fiktion des Zuflusses von Kapitaleinkünften aus der Beteiligung an einer Zwischengesellschaft. § 38a stellt eine Zuflussfiktion beim Arbeitslohn auf (→ Rn. 130). Auch § 44 Abs. 2 und Abs. 3 arbeiten für die Entrichtung der Kapitalertragsteuer mit Zuflussfiktionen.

54 **b) Fiktive Einnahmen.** Von der Fiktion des Zuflusses zu unterscheiden ist die Fiktion der Einnahme, die allerdings ohne Zufluss nicht angenommen werden kann (BFH 22.9.1994 – IX R 47/89, BFH/NV 1995, 294). Aber auch eine fiktive Einnahme muss einen bereichernden Charakter haben.

54.1 Das war in dem Fall des BFH-Urteils vom 15.6.2016 (BFH 15.6.2016 – VI R 6/13, FR 2016, 1048) beim Gehaltsverzichts eines Gesellschafter-Geschäftsführers nicht der Fall, bei dem wegen des Verzichts vor der Entstehung des Anspruchs keine verdeckte Einlage vorlag, sodass auch insoweit kein Zufluss von Arbeitslohn angenommen werden konnte. Der BFH hat damit sein Urteil vom 15.5.2013 (BFH 15.5.2013 – VI R 24/12, BStBl. II 2014, 485, FR 2013, 1092 mAnm *Siebert/Ivzhenko-Siebert*) bestätigt.

55 **Hauptanwendungsfall der fiktiven Einnahmen und Ausgaben** ist die Besteuerung nach einer den wirtschaftlich angemessenen rechtlichen Gestaltung in den Fällen gemäß § 42 AO bei missbräuchlichen Gestaltungen. Dabei werden für die Zwecke der Besteuerung die tatsächlich verwirklichten Tatbestände ersetzt durch die fiktiven Tatbestände, die bei einer nicht missbräuchlichen Gestaltung der Besteuerung zugrunde zu legen wären. Nur so kann die angemessene Besteuerung erreicht werden, denn die tatsächlich verwirklichten Abläufe lassen sich oft nicht mit Rückwirkung revidieren.

56 Bei verdeckten Gewinnausschüttungen gemäß § 8 KStG zB in Form eines außergewöhnlich zinsverbilligten Darlehens, das eine Gesellschaft ihrem Gesellschafter einräumt, ist der Zufluss des Zinsvorteils in dem Zeitpunkt anzunehmen, in dem die angemessenen Zinsen üblicherweise zu zahlen wären (BFH 23.6.1981 – VIII R 102/80, BStBl. II 1982, 245).

57 **c) Bereicherung.** Die **Bereicherung** muss sich in dem Besteuerungszeitraum des Zuflusses konkret auswirken. Daher ist eine Pensionsanwartschaft, die einem Beamten gesetzlich zusteht, in den Jahren des Anwachsens der Anwartschaft noch kein zu erfassender Zufluss. Gleiches gilt für sonstige Pensionszusagen an andere Arbeitnehmer (BFH 20.7.2005 – VI R 165/01, BStBl. II 2005, 890; BFH 27.5.1993 – VI R 19/92, BStBl. II 1994, 246). Die vom Arbeitgeber zur Absicherung seiner Versorgungslasten geleisteten Versicherungsleistungen führen bei den Arbeitnehmern nicht zu einem Zufluss im Zeitpunkt der Zahlung dieser Versicherungsleistung, denn es fehlt dazu an einer konkreten Bereicherung. Erst die tatsächliche Auszahlung der Pensions- oder Rentenbeträge ist als Zufluss zu erfassen. Zu Einzelfällen → Rn. 57.1 f.

57.1 Ab dem 1.1.2018 haben Arbeitnehmer gem. § 8 Abs. 3 BetrAVG (idF des Betriebsrentenstärkungsgesetzes, BGBl. 2017 I 3217) die Möglichkeit, im Fall der Insolvenz des Arbeitgebers eine auf ihr Leben abgeschlossene Lebensversicherung privat fortzusetzen. Wenn ein Arbeitnehmer dieses Recht ausübt, fließt ihm nach bisherigem Recht ein zu besteuernder Vorteil aus dem aktiven Beschäftigungsverhältnis zu. Weil dies aber dem Grundgedanken der nachgelagerten Besteuerung widerspricht, stellt ab dem 1.1.2018 der neue § 3 Nr. 65 Buchst. d diesen Zufluss steuerfrei. Die späteren Leistungen aus der Rückdeckungsversicherung, in die der Arbeitnehmer eingetreten ist, gehören im Zeitpunkt des tatsächlichen Zuflusses zu den sonstigen Einkünften gem. § 22 Nr. 5 – in vollem Umfang, sodass auch nicht noch teilweise Einkünfte aus nichtselbständiger Tätigkeit gem. § 19 vorliegen, vgl. OFD Nordrhein-Westfalen 20.9.2017, DB 2017, 2581. Das Versicherungsunternehmen hat dazu eine Rentenbezugsmitteilung gem. § 22a zu übermitteln.

57.2 Bei der Übertragung der Rückdeckungsversicherung auf den Arbeitnehmer im Fall der Liquidation der KapGes, die Arbeitgeber ist, außerhalb der Insolvenz, liegt ein steuerpflichtiger Zufluss beim Arbeitnehmer vor. Die Verfügung der OFD Nordrhein-Westfalen 20.9.2017 (DB 2017, 2581) ordnet zur Sicherstellung der Besteuerung die Versendung von Kontrollmitteilungen durch das Finanzamt der Versicherung an das Finanzamt der Arbeitnehmer an.

Es versteht sich von selbst, dass es sich beim Zufluss um einen ernstlich gewollten und tatsächlich vollzogenen Vorgang handeln muss. Deshalb ist bei Transaktionen zwischen Familienangehörigen, bei denen häufig ein unter Dritten nicht üblicher Interessengleichlauf vorliegt, darauf abzustellen, ob vergleichbare Geschäfte auch zwischen Dritten üblich sind. Vgl. BMF 23.12.2010, BStBl. I 2011, 37 mit Änderung durch BMF 29.4.2014, BStBl. I 2014, 809 zur steuerlichen Anerkennung von Darlehensverträgen zwischen Angehörigen, bei denen Zinszahlungen eine Rolle spielen. 58

EStR 4.8 befasst sich mit Arbeitsverhältnissen zwischen Angehörigen, bei denen sich oftmals die Frage stellt, ob die Lohnzahlungen tatsächlich zu einem Zufluss beim Beschäftigten führen, der auf ein anzuerkennendes Arbeitsverhältnis zurückgeht. Ist das zu verneinen, gehören die Zahlungen beim Empfänger nicht zu Einkünften aus nichtselbständiger Tätigkeit. Sie sind dann uU als Darlehen oder Schenkung zu betrachten, die zu keinen anderen steuerbaren Einkünften gehören, beim Zahlenden aber auch keine abziehbaren Betriebsausgaben oder Werbungskosten sind. 59

Diese Grundsätze gelten auch bei den sog. Aufwandsspenden an Vereine durch die Mitglieder. Diese sind dadurch gekennzeichnet, dass die Vereinsmitglieder für im Interesse des Vereins geleistete Arbeiten auf den ihnen nach der Vereinssatzung zustehenden Aufwendungsersatz verzichten. 60

Die Verwaltung verlangt in BMF 25.11.2014 (BStBl. I 2014, 1584; davor BMF 7.6.1999, BStBl. I 1999, 591) ab dem 1.1.2015, dass der Aufwendungsersatz satzungsgemäß und ernsthaft den **Mitgliedern vom Verein** eingeräumt wird und nicht von vorneherein unter der Bedingung des Verzichts steht. Der Verein muss auch wirtschaftlich in der Lage sein, den Anspruch auf Aufwendungsersatz zu erfüllen. Nur wenn es so zu einem Zufluss beim Vereinsmitglied kommt, kann ein anschließender Verzicht als Spende gemäß § 10b anerkannt werden, die beim Spender zu einer endgültigen Belastung und damit zu einem Abfluss führt. Dann ist es auch unschädlich, dass eine reale Geldbewegung zwischen dem Verein zum Mitglied und von diesem wieder zurück an den Verein nicht stattfindet. 61

Bei der entgeltlichen Abtretung von Forderungen kommt es zum Zufluss, wenn das Abtretungsentgelt an den Abtretenden tatsächlich gezahlt wird. Der Abtretende verliert in diesem Zeitpunkt seine ursprüngliche Forderung und hat damit einen Vermögensabfluss, erhält aber das Abtretungsentgelt und damit kommt es in dessen Höhe zu einem Zufluss. 62

Bei **unentgeltlichen Abtretungen** kommt es beim ursprünglichen Forderungsinhaber zu einem Abfluss, dem mangels Entgelt kein Zufluss folgt. Beim neuen Gläubiger kommt es erst zum Zufluss, wenn die Zahlung auf die Forderung an ihn eingeht. Erst damit hat der neue Gläubiger die wirtschaftliche Verfügungsmacht über die übernommene Forderung erhalten. Allerdings könnte er die übernommene Forderung seinerseits erneut abtreten und dann wiederholen sich die dargestellten Zu- und Abflüsse. 63

d) Besonderheiten bei beherrschenden Gesellschaftern. Nach der ständigen Rechtsprechung des BFH ist bei beherrschenden Gesellschaftern allerdings der Zufluss eines Vermögensvorteils nicht erst im Zeitpunkt der Zahlung oder der Gutschrift auf dem Konto des Gesellschafters anzunehmen, sondern bereits im Zeitpunkt der Fälligkeit, denn der beherrschende Gesellschafter hat es in der Hand, bei eindeutigen und unbestrittenen Forderung, die gegen eine zahlungsfähige Gesellschaft fällig sind, die tatsächliche Auszahlung zu veranlassen, so BFH 14.4.2016 – VI R 13/14, DB 2016, 1727 unter Hinweis ua auf BFH 14.2.1984 – VIII R 221/80, BStBl. II 1984, 480; BFH 19.7.1994 – VIII R 58/92, BStBl. II 1995, 362; BFH 3.2.2011 – VI R 4/10, BStBl. II 2014, 493; BFH 3.2.2011 – VI R 66/09, BStBl. II 2014, 491. 64

Diese Grundsätze gelten auch für andere Ansprüche der beherrschenden Gesellschafter gegenüber der Gesellschaft wie zB bei Beratungsgebühren, wenn der Gesellschafter Steuerberater oder Rechtsanwalt ist (BFH 11.2.1965 – IV 213/64 U, BStBl. III 1965, 407), Zinszahlungen für Darlehen (BFH 8.5.2007 – VIII R 13/06, BFH/NV 2007, 2249), Lizenzgebühren (BFH 22.5.1973 – VIII R 97/70, BStBl. II 1973, 815). Weitere Einzelfallgestaltungen sind → Rn. 65.1 f. zu entnehmen. 65

Im Urteil vom 17.11.1998 hat der BFH den Zufluss an den beherrschenden Gesellschafter auf den Zeitpunkt der Beschlussfassung über die Zahlung gelegt und damit eine Regelung über einen anderen 65.1

Fälligkeitszeitpunkt verworfen, weil sonst die Gesellschafter den Zufluss beliebig steuern könnten (BFH 17.11.1998 – VIII R 24/98, BStBl. II 1999, 223).

65.2 Eine vom Jahresergebnis abhängige Tantieme fließt dem beherrschenden Gesellschafter frühestens mit der Feststellung des Jahresergebnisses zu, es sei denn, es gäbe eine wirksame und fremdübliche Regelung zu einem anderen Fälligkeitszeitpunkt, so BFH 3.2.2011 – VI R 66/09, BFH/NV 2011, 1057).

66 Verzichtet der (nicht beherrschende) Gesellschafter-Geschäftsführer einer GmbH schon vor der Entstehung seines Lohnanspruchs auf diesen, wird er lt. BFH 15.6.2016 (BFH 15.6.2016 – VI R 6/13, FR 2016, 1048 mkritAnm *Bergkemper*) unentgeltlich tätig. Damit kommt es nicht zu einem (fiktiven) Zufluss von Arbeitslohn.

66.1 Der BFH stellt in diesem Urteil maßgeblich darauf ab, zu welchem Zeitpunkt der Gehaltsverzicht erklärt wurde, denn danach soll sich die Bilanzierung der Gehaltsverbindlichkeit bei der Gesellschaft richten. Dabei ist für den BFH nicht entscheidend, wie von der Gesellschaft tatsächlich bilanziert wurde – im konkreten Fall war keine Verbindlichkeit passiviert worden. Vielmehr kommt es lt. BFH darauf an, welche Bilanzierung im Zeitpunkt des Verzichts richtig gewesen wäre. Das entspricht zwar der Auffassung des BMF-Schreibens vom 12.5.2014, BStBl. I 2014, 860, überzeugt aber nicht, denn von einer Vermögensumschichtung beim Gesellschafter-Geschäftsführer mit Zuflusscharakter kann nicht ausgegangen werden, wenn der Verzicht nicht in die Bücher der Gesellschaft eingegangen ist, so auch *Bergkemper* FR 2016, 1050.

67 **e) Tatsächliche Verfügungsmacht.** Der **Zufluss ist abgeschlossen,** wenn der Steuerpflichtige die wirtschaftliche Verfügungsmacht über die Einnahme in Form eines in Geld oder Geldeswert bestehenden Wirtschaftsguts erreicht. Dazu genügt die Erlangung der faktischen Verfügungsmöglichkeit; sie muss entsprechend § 39 AO nicht zivilrechtlich abgesichert sein (s. BFH 2.10.1987 – VI R 65/84, BFH/NV 1988, 86). Die tatsächliche Herbeiführung des Leistungserfolgs ist nicht notwendig (vgl. BFH 21.11.1989 – IX R 170/85, BStBl. II 1990, 310; BFH 8.10.1991 – VIII R 48/88, BStBl. II 1992, 174; BFH 11.11.2009 – IX R 1/09, BStBl. II 2010, 746).

68 Es gibt allerdings Fälle, in denen diese Grundsätze zu **unbefriedigenden Ergebnissen** führen: Dies ist so zB wenn ein Autor von seinem Verlag unbestellt Freikarten zum Besuch einer Buchmesse erhält und von diesem Angebot keinen Gebrauch macht. Die Karten haben zwar einen bestimmten Marktwert und der Autor könnte sie ohne Weiteres in Anspruch nehmen, aber es handelt sich letztlich nur um eine Möglichkeit, die sich nicht verwirklicht. Es spricht viel dafür, hier den Zufluss einer Einnahme nur und erst anzunehmen, wenn der Autor tatsächlich von den Karten Gebrauch macht. Das könnte auch dadurch geschehen, dass er sie weitergibt. Dann kommt es zur konkreten Bereicherung des Autors, denn er entäußert sich eines Vermögenswertes, den er zuvor erhalten haben muss.

69 Auch muss die **Verfügungsmacht** nicht endgültig erlangt sein; es genügt eine vorübergehende Dispositionsmöglichkeit, so das BFH-Urteil vom 13.10.1989 (BFH 13.10.1989 – III R 30-31/85, BStBl. II 1990, 287) in einem Fall, in dem bei von einem Unternehmer an seine Vertreter gezahlten Provisionsvorschüssen im Zeitpunkt des Zuflusses schon feststand, dass sie in späteren Jahren von den Vertretern wieder zurückzuzahlen waren.

70 EStH 11 übernimmt diese Auffassung. Das ist freilich nicht unproblematisch unter dem Gesichtspunkt der Besteuerung nach der Leistungsfähigkeit, die bei der vom BFH angestellten Betrachtungsweise allzu sehr perioden-bezogen verstanden wird. Ein akzeptables Ergebnis ist nur dann gewährleistet, wenn die Rückzahlung als negative Einnahme steuerwirksam wird. Das hängt aber von den Einkommensverhältnissen im Jahr der Rückzahlung ab, sodass dies nicht immer gewährleistet ist.

71 Gestalterisch empfiehlt es sich deshalb in derartigen Situationen, die Vorschüsse nur als Darlehen zu vereinbaren, denn die Entgegennahme der Darlehensvaluta führt zwar zu einem Zuwachs an Liquidität, aber nicht zu steuerbaren Einnahmen beim Empfänger.

72 Es spricht viel dafür, beim Verzicht auf eine Forderung keinen Zufluss anzunehmen, obschon man auch sagen kann, dass ein Verzicht voraussetzt, dass man über das Wirtschaftsgut, auf das sich der Verzicht bezieht, nur verfügen kann, wenn man die Verfügungsmacht darüber hat. Zu Einzelfällen im Folgenden → Rn. 72.1 f.

Wenn zB ein Beamter auf die Geltendmachung einer ihm zustehenden Nebentätigkeitsvergütung verzichtet, weil er sie an seinen Dienstherrn abführen müsste, ist er nicht bereichert; es ist ihm nichts tatsächlich zugeflossen. Ob er dienstrechtlich verpflichtet ist, die Vergütung zu verlangen und abzuführen, spielt dabei keine Rolle. 72.1

Auch wenn ein Arbeitnehmer keine Reisekostenerstattung beantragt, kommt es zu keinem Zufluss, obschon es einen durchsetzbaren Anspruch gibt. Ebenso fehlt es an einem Zufluss, wenn ein Freiberufler von der Einziehung einer Forderung absieht. Das Unterlassen der Durchsetzung von Ansprüchen führt nicht zu fiktiven Zuflüssen, → Rn. 53. 72.2

Das bloße Innehaben des Besitzes an einem Wirtschaftsgut erfüllt nicht die Merkmale des Zuflusses. So ist zB ein Mieter zwar in der Lage, den Mietgegenstand zu nutzen und er könnte diesen oftmals auch jederzeit rein tatsächlich veräußern oder vernichten. Dies ist aber nicht der Ausdruck einer wirtschaftlichen Verfügungsmacht, die den Zufluss einer Einnahme kennzeichnet. Bei Darlehen, gleich ob Gelddarlehen oder Sachdarlehen, ist es ebenso. Die Einräumung der Nutzungserlaubnis an dem Wirtschaftsgut führt zwar zu einem Zufluss eines Rechts, das ist aber keine Einnahme, für die § 11 einschlägig ist. 73

Beim **Tausch von körperlichen Gegenständen** hingegen wird mit der Übergabe der Gegenstände an den jeweiligen Tauschpartner der Zu-und Abfluss verwirklicht, denn mit der Übergabe wird die tatsächliche und rechtliche Verfügungsmacht an den Tauschgegenständen verschafft. Ebenso ist es beim tauschähnlichen Umsatz, bei dem Dienstleistungen ausgetauscht werden oder Gegenstände gegen Dienstleistungen hingegeben werden (s. § 10 Abs. 2 UStG, UStAE 10.5). Mit der Erbringung der Dienstleistung ist der Zufluss beim jeweiligen Empfänger bewirkt. Die Bewertung der getauschten Wirtschaftsgüter ist allerdings nicht Sache des § 11, → Rn. 13. 74

Selbstverständlich ist es notwendig, dass der Steuerpflichtige Gelegenheit hat, von dem Vorgang des Zu- oder Abflusses **gesicherte Kenntnis** zu erlangen; andernfalls fehlt es an der tatsächlichen wirtschaftlichen Verfügungsmacht. Konkret bedeutet dies, ähnlich wie beim Zugang von Willenserklärungen, dass zB der Einwurf eines Briefes mit Geld oder einem Scheck in den Hausbriefkasten des Empfängers den Zufluss darstellt (so BFH 24.9.1985 – IX R 2/80, BStBl. II 1986, 284). Es kommt nicht darauf an, wann der Steuerpflichtige den Briefkasten leert und den Brief öffnet. Und selbstverständlich ist es unerheblich, wann der Empfänger einer Überweisung den Kontoauszug einsieht, der ihm die Gutschrift anzeigt. 75

Die **Verfügungsmacht** ist auch dann gegeben, wenn die Einnahme auf ein Sperrkonto fließt, soweit die Kontosperre auf einer freien Vereinbarung zwischen dem Leistenden und dem Steuerpflichtigen beruht (vgl. BFH 28.9.2011 – VIII R 10/08, BStBl. II 2012, 315). Das ist deshalb sachgerecht, weil die Sperre die Bereicherung als solche nicht hindert, sondern nur die Verfügungsmöglichkeit über das Zugeflossene beschränkt. Zu Einzelfragen beachte → Rn. 76.1 ff. 76

Daher sind zB Belegschaftsaktien dem Arbeitnehmer als Lohn schon dann zugeflossen, wenn sie mit einer Sperrfrist für den Verkauf oder mit einer Mindesthaltezeit belegt sind, so BFH 1.1.2007 – VI R 73/04, BFH/NV 2007, 896. 76.1

Bei der Gewährung von Aktienoptionsrechten an Arbeitnehmer durch den Arbeitgeber kommt es zu einem Zufluss beim Arbeitnehmer erst im Zeitpunkt der Ausübung der Option, denn erst dann erhält der Arbeitnehmer wirtschaftliche Verfügungsmacht; vorher hatte er nur eine Chance, so BFH 20.6.2001 – VI R 105/99, BStBl. II 2001, 689. Das Optionsrecht ist ihm zwar auch zugeflossen, aber es lässt sich nicht bewerten. 76.2

Kein Zufluss von Arbeitslohn liegt vor, wenn der Arbeitgeber bei sich dem Arbeitnehmer Gutschriften auf Grund eines Gewinnbeteiligungs- und Vermögensbildungsmodells erteilt, der Arbeitnehmer aber über die gutgeschriebenen Beträge wirtschaftlich nicht verfügen kann, vgl. LStH 28.2 unter Verweis auf BFH 14.5.1982 – VI R 124/77, BStBl. II 1982, 469. 76.3

Ebenso ist es, wenn der Arbeitnehmer auf den Lohnanspruch verzichtet zugunsten von Beitragsleistungen des Arbeitgebers an eine Versorgungseinrichtung, die dem Arbeitnehmer keine eigenen Rechtsansprüche auf Versorgungsleistungen gewährt (BFH 27.5.1993 – VI R 19/92, BStBl. II 1994, 246; LStH 38.2). 76.4

Die Zuführung von vom Arbeitgeber zurückbehaltenem Arbeitslohn zu einer Versorgungsrückstellung führt zu keinem Zufluss von Arbeitslohn beim Arbeitgeber, s. BFH 20.7.2005 – VI R 165/01, BStBl. II 2005, 890; LStH 38.2. 76.5

76.6 Die Überlassung einer Jahresnetzkarte an einen Arbeitnehmer zu dessen privater Nutzung ist Arbeitslohn, der im Zeitpunkt der Überlassung zufließt (s. LStH 38.2 unter Hinweis auf BFH 12.4.2007 – VI R 89/04, BStBl. II 2007, 719).

77 **f) Zufluss von Arbeitslohn.** Arbeitslohn ist auch dann zugeflossen, wenn der Arbeitgeber bei der Auszahlung des Lohns eine mit dem Arbeitnehmer vereinbarte **Verwendungsabrede** erfüllt, vgl. LStR 38.2. Das ist zB der Fall, wenn der Arbeitgeber direkt zu Lasten des Arbeitnehmers Bausparbeiträge oder Versicherungsbeiträge an die jeweiligen Institute abführt und der Arbeitnehmer über die Beträge verfügen kann.

78 Vor allen diesen Fragen beim Arbeitslohn steht freilich die Frage, ob überhaupt ein Lohn anzunehmen ist, der zugeflossen sein könnte. **Kein Lohn** liegt zB vor, wenn ein Paketdienstunternehmer die Verwarnungsgelder, die für das Falschparken seiner Fahrzeuge anfallen, bezahlt. Die Verwarnungsgelder sind zwar durch das von den Arbeitnehmern zu verantwortende Falschparken entstanden; sie treffen aber den Unternehmer als Halter der Fahrzeuge. Damit erfüllt der Unternehmer eine eigene Verbindlichkeit und entlastet nicht die Arbeitnehmer von der Zahlung der Verwarnungsgelder und daher liegt hier kein Zufluss von Lohn vor. So auch FG Düsseldorf (FG Düsseldorf 4.11.2016 – 1 K 2470/14 L, EFG 2017, 315).

78.1 Das FG Düsseldorf wendet in diesem Urteil nicht die Auffassung des BFH (BFH 14.11.2013 – VI R 36/12, BStBl. II 2014, 278 – in Abkehr von BFH) an, wonach die von den Arbeitnehmern begangenen Verkehrsordnungsverstöße keinen betriebsfunktionalen Hintergrund hätten, sodass die Übernahme der Zahlung durch den Arbeitgeber Lohncharakter habe. Es ging dabei um die Nichteinhaltung von Lenk- und Ruhezeiten durch Fahrer einer Spedition. Diese Bußgelder waren gegen die Arbeitnehmer selbst verhängt worden. Mit der Zahlung der gegen den Arbeitgeber ausgesprochenen Verwarnungsgelder für Parkverstöße verfolge der Arbeitnehmer hier nur eigenbetriebliche Interessen, → Rn. 89. Damit komme es nicht zum Zufluss eines geldwerten Vorteils oder Lohns bei den Arbeitnehmern. S. dazu *Krüger* DStR 2013, 2029.

79 Die Einräumung eines **dinglichen Wohnungsrechts** führt zu einem laufenden monatlichen Zufluss von Arbeitslohn, vgl. LStH 38.2 unter Hinweis auf BFH 19.8.2004 – VI R 33/97, BStBl. II 2004, 1076. Weitere Einzelfragen finden sich in → Rn. 79.1 f.

79.1 Das FG Baden-Württemberg hat im Urteil vom 22.6.2017 (12 K 1044/15, EFG 2017, 1585; inzw. bestätigt durch BFH 4.9.2019 – VI R 39/17, BFH/NV 2020, 85) im Gegensatz zur Verwaltung (BMF 17.6.2009, BStBl. I 2009, 1286; → Rn. 79.2) keinen Zufluss von Arbeitslohn angenommen im Zeitpunkt der Wertgutschrift auf dem Arbeitszeitkontos eines Fremdgeschäftsführers einer Gesellschaft, wenn dieser erst in der Freistellungsphase über das Zeitguthaben verfügen kann. Das erscheint zutreffend, denn das entspricht der wirtschaftlichen Situation, die durch die Zeitgutschrift hergestellt wird.

79.2 Im Urteil vom 2.2.2018 (VI R 17/16, DStR 2018, 1159) hat der BFH in diesem Sinne auch die Frage des Zuflusses von Arbeitslohn verneint, in dem ein Arbeitgeber für einen Fremd-Geschäftsführer einem Wertguthabenkonto Gutschriften zuführte zur Finanzierung des vorzeitigen Ruhestandes des Geschäftsführers. Es fehlte dabei an der tatsächlichen Verfügungsmacht des Arbeitnehmers an diesem Guthaben. Der BFH lehnt in dieser Entscheidung die Auffassung der Verwaltung in dem in → Rn. 79.1 erwähnten BMF-Schreiben vom 17.6.2009 ab.

80 **g) Bedingungen beim Zufluss.** Bei einer **aufschiebenden Bedingung** erlangt der Steuerpflichtige erst mit Eintritt der Bedingung die Verfügungsmacht (vgl. BFH 18.6.1980 – I R 72/76, BStBl. II 1980, 741 zum Zufluss einer erfolgsabhängigen Prämie; BFH 2.3.1993 – VIII R 13/91, BStBl. II 1993, 602 zur Zinsgarantie bei einer fristgebundenen Kapitalanlage).

81 Bei einer **auflösenden Bedingung** hingegen gibt es zunächst einen Zufluss, der erst nach Eintritt der Bedingung rückgängig zu machen ist, sodass dann wieder ein Abfluss stattfindet. Das ist sachgerecht, denn der Zufluss vermehrt jedenfalls zunächst die Leistungsfähigkeit des Steuerpflichtigen, s. BFH 30.9.2008 – VI R 67/05, BStBl. II 2009, 282).

81.1 Die von *Trzaskalik* StuW 1985, 222, dagegen vorgeschlagene Behandlung dieser bedingten Zuflüsse als vorläufige Ereignisse iSv § 175 Abs. 1 S. 2 Nr. 2 AO hat sich zu Recht nicht durchgesetzt, denn der tatsächliche Zufluss wird durch eine Rückzahlung nicht aus der Welt geräumt; die Rückzahlung ist kein rückwirkendes Ereignis iSv § 175 Abs. 1 AO (ebenso HHR/*Kister* § 11 Rn. 35 unter Hinweis ua auf BFH 4.5.2006 – VI R 17/03, BStBl. II 2006, 830 zur Rückzahlung von überzahltem Arbeitslohn).

Der Zahlungseingang auf ein gepfändetes Konto des Steuerpflichtigen steht dem Zufluss nicht entgegen, denn die wegen der Pfändung eingeschränkte Verfügungsmacht des Kontoinhabers verhindert nicht seine Bereicherung (vgl. BFH 9.7.1987 – IV R 87/85, BStBl. II 1988, 342). 82

2. Zufluss beim Steuerpflichtigen

a) Formen des Zuflusses. Die Einnahme muss dem Steuerpflichtigen **zufließen.** Das bedeutet zunächst, dass die Vereinnahmung durch den Steuerpflichtigen selbst stattfindet und bei ihm die Bereicherung eintritt. Diese muss von dritter Seite kommen. Eine bloße marktbedingte Wertsteigerung seines Vermögens wäre zwar bei einer als Einkommenergänzungsteuer konzipierten Vermögensteuer relevant, ist aber noch keine Einnahme im Sinne der Einkommensteuer. 83

Bei **Überweisungen** kommt es für den Zufluss auf den Zeitpunkt der Gutschrift auf einem Konto des Steuerpflichtigen an – nicht auf den Zeitpunkt, in dem der Schuldner den Betrag bei der Bank einzahlt oder den Überweisungsauftrag erteilt (BFH 11.12.1990 – XIII R 8/87, BFH/NV 1991, 378). Das führt nur zum Abfluss beim Leistenden, sofern das Konto das nötige Guthaben aufweist oder ein entsprechender Kreditrahmen vorhanden ist (vgl. EStR H 11 – Überweisung). 84

Erfolgt eine **Zahlung durch Scheckübergabe,** kommt es wie bei Bargeldhingabe zum Zufluss im Zeitpunkt der Übergabe des Schecks an den Steuerpflichtigen oder dessen Vertreter (ständige Rechtsprechung des BFH, zuletzt BFH 28.10.2008 – VIII R 36/04, BStBl. II 2009, 190; EStR H 11 – Scheck). Das gilt allerdings für gedeckte Schecks. Fehlt es zunächst an der Deckung, liegt der Zufluss erst vor, wenn der Betrag tatsächlich an den Scheckempfänger ausgezahlt wird. 85

Es ist unerheblich, ob das dem Scheck zugrundeliegende Geschäft wegen **Sittenwidrigkeit** oder wegen eines **gesetzlichen Verbots** nichtig ist (BFH 20.3.2001 – IX R 97/97, BStBl. II 2001, 482). Das gilt selbstverständlich auch für Barzahlungen. Die bei Nichtigkeit ggf. später zivilrechtlich notwendige Rückabwicklung der tatsächlichen Zahlungen oder anderen Vermögensverschiebungen lässt den ursprünglichen Zufluss nicht rückwirkend entfallen. Es kommt dann zu einem Abfluss im Zeitpunkt der tatsächlichen Rückgabe. 86

Bei der **Zahlung mittels Wechsel** führt die Einlösung oder Diskontierung des zahlungshalber hingegebenen Wechsels zum Zufluss beim Wechselempfänger (EStR H 11 – Wechsel – unter Hinweis auf BFH 5.5.1971 – I R 166/69, BStBl. II 1971, 624). Diese Unterscheidung zum Scheck beruht darauf, dass der Wechsel als Kreditmittel eine andere Funktion als der Zahlungserleichterung dienende Scheck hat (BFH 30.10.1980 – IV R 97/78, BStBl. II 1981, 305). Ebenso HHR/*Kister* § 11 Rn. 49. 87

Die **Bereicherung des Steuerpflichtigen** kann auch dadurch stattfinden, dass eine Schuld vom Gläubiger erlassen wird, so wenn zB ein Arbeitgeber dem Arbeitnehmer als Lohn für die Arbeitsleistung eine Schuld erlässt, s. BFH 27.3.1992 – VI R 145/89, BStBl. II 1992, 837. 88

Lohn kann zB auch dadurch zufließen, dass der Arbeitgeber dem Arbeitnehmer auferlegte **Geldbußen oder Geldauflagen** bei nicht ganz überwiegend eigenbetrieblichem Interesse übernimmt, vgl. LStH 19.3 – Arbeitslohn unter Hinweis auf BFH 22.7.2008 – VI R 47/06, BStBl. II 2009, 15. Auch → Rn. 78. 89

In BFH 7.5.2009 – VI R 8/07, BStBl. II 2010, 194 hat das Gericht entschieden, dass **Umlagezahlungen eines Arbeitgeber an eine Versicherungsanstalt,** die dem Arbeitnehmer einen unmittelbaren und unentziehbaren Rechtsanspruch gegen die Versicherungsanstalt verschaffen, im Zeitpunkt ihrer Zahlung zu Arbeitslohn führen. Damit liegt auch in diesem Zeitpunkt ein Zufluss beim Arbeitnehmer vor. S. auch LStH 19.3 – Arbeitslohn. 90

b) Stellvertretung. Beim Zufluss ist auch eine **Stellvertretung durch Bevollmächtigte** des Steuerpflichtigen möglich. EStR 11 nennt als Beispiel dafür die Vereinnahmung von Honoraren von Privatpatienten eines Arztes, die dieser durch eine ärztliche Verrechnungsstelle einziehen lässt. Bereits mit dem Eingang der Zahlungen bei der Verrechnungs- 91 stelle sind die Honorare dem Arzt zugeflossen, denn er kann dann wirtschaftlich über sie verfügen. Der Zeitpunkt der späteren Überweisung des Betrags auf ein Konto des Arztes durch die Verrechnungsstelle ist nicht maßgebend, denn sie betrifft nur das Innenverhältnis zwischen dem Vertreter und dem Vertretenen.

92 Die Stellvertretung muss allerdings **offen sein,** dh der Zahlende muss erkennen können, dass der Empfänger der Zahlung im Namen eines anderen handelt. So ist es zB regelmäßig bei Zahlungen auf das Konto des Verwalters einer Wohnungseigentümergemeinschaft. Zu Zahlungen auf Notaranderkonto und Treuhandkonten → Rn. 92.1 f.

92.1 Auch Zahlungen auf ein Notaranderkonto führen zum Zufluss beim Begünstigten dieses Kontos, wenn die Auszahlungsbedingungen erfüllt sind (vgl. BFH 30.1.1986 – IV R 125/83, BStBl. II 1986, 404; BMF 6.6.1995, DB 1995, 1252).

92.2 Werden Zahlungen an Treuhänder geleistet, liegt ein Zufluss beim Treugeber vor, wenn das Treuhandverhältnis die Entgegennahme von Zahlungen für Rechnung des Treugebers erlaubt (vgl. BFH 11.3.1982 – IV R 46/79, BStBl. II 1982, 542).

93 **c) Mehrheit von Leistungsempfängern.** Auch wenn das Gesetz vom Zufluss beim Steuerpflichtigen spricht, ist nicht ausgeschlossen, dass der **Zufluss gleichzeitig bei mehreren Steuerpflichtigen** stattfindet, wenn diese gesamthänderisch verbunden sind wie dies bei Erbengemeinschaften, Wohnungseigentümergemeinschaften oder BGB-Gesellschaften mit Überschusseinkünften der Fall ist. Dazu gehören auch die Sozietäten von Freiberuflern.

94 Diese Personenvereinigungen sind nach BFH 25.6.1984 – GrS 4/82, BStBl. II 1984, 751 insoweit Steuerrechtssubjekt, als bei ihnen die gesamthänderische Verbundenheit dazu führt, dass Besteuerungstatbestandsmerkmale verwirklicht werden, die den Mitgliedern zuzurechnen sind. Deshalb fließen die Einnahmen den Mitgliedern anteilig regelmäßig gleichzeitig zu, wenn die Zahlung bei der Gesamthandsgemeinschaft eingeht. So auch HHR/*Kister* § 11 Rn. 18. Der Zeitpunkt der Auskehrung der anteiligen Beträge an die einzelnen Mitglieder der Gesamthandgemeinschaft durch diese ist damit für die Frage des Zuflusses in diesen Fällen ohne Interesse.

95 Zahlungen an einen von mehreren Gesamtgläubigern bewirken den (anteiligen) Zufluss bei allen anderen Gesamtgläubigern, wenn sie im Innenverhältnis zum Ausgleich verpflichtet sind, s. BFH 10.1.1985 – VIII R 15/83, BStBl. II 1986, 342.

96 Bei Bruchteilsgemeinschaften wie zB Grundstückgemeinschaften zwischen Eheleuten gelten diese Grundsätze auch, s. BFH 7.10.1986 – IX R 167/83, BStBl. II 1987, 322.

97 **d) Rechtsnachfolge.** Erhält der Steuerpflichtige als Rechtsnachfolger einer anderen Person eine **Zahlung von einem Dritten,** kommt es für die Frage des Zuflusses darauf an, wem die Verfügungsmacht verschafft wurde, so BFH 19.5.1981 – VIII R 143/78, BStBl. II 1981, 665. Wenn dem Erben die Zinsen aus einem geerbten Wertpapierdepot gutgeschrieben werden, liegt bei ihm ein Zufluss auch hinsichtlich des Teils der Zinsen vor, die noch auf die Zeit vor dem Erbfall entfallen. Der Erblasser war zwar Gläubiger dieser Zinsen, aber bei ihm gab es noch keinen Zufluss. Der Erbe ist nur in die Gläubigerstellung eingetreten, die der Erblasser innehatte; der tatsächliche Vorgang der erst nach dem Erbfall erfolgten Zinszahlung kann nicht zurückbezogen werden auf die Zeit, in der der Erblasser noch lebte.

98 Beerbt der Steuerpflichtige seinen Schuldner, geht die Forderung durch Konfusion unter. Das führt zu keinem Zufluss. So zutr. HHR/*Kister* § 11 Rn. 33.

99 **e) Abtretung.** Tritt ein Gläubiger eine Forderung ab, dann kommt es bei unentgeltlicher Abtretung bei ihm zu einem Zufluss, wenn beim neuen Gläubiger die Zahlung eingeht (BFH 13.5.1976 – IV R 83/75, BStBl. II 1976, 592), denn (erst dann) hat der neue Gläubiger die wirtschaftliche Verfügungsmacht an der ihm übertragenen Forderung erlangt.

100 Bei der entgeltlichen Abtretung kommt es zum Zufluss beim Abtretenden in dem Zeitpunkt, in dem ihm das Entgelt für die Abtretung zur Verfügung steht, denn damit hat er seine Forderung verwertet. Dass der Zufluss als Abtretungserlös ankommt und nicht aus der Realisierung der ursprünglichen Forderung stammt, ist ohne Bedeutung. Beim neuen Gläubiger kommt es (erst) zum Zufluss, wenn der Schuldner ihm gegenüber die Forderung erfüllt.

3. Weitere Einzelfragen zum Zufluss

a) Versicherungsbeiträge. Beitragsrückerstattungen durch Versicherungen sind in dem Jahr bei den Sonderausgaben mindernd zu berücksichtigen, in dem sie dem Steuerpflichtigen zufließen, s. Rn. 71 des BMF-Schreiben BMF 19.8.2013, BStBl. I 2013, 1087; BFH 1.6.2016 – X R 17/15, BFH/NV 2016, 1611. In diesem Fall verneinte der BFH allerdings bei Bonuszahlungen einer Krankenkasse in Form einer Geldprämie die Minderung der Versicherungsbeiträge mangels eines hinreichenden wirtschaftlichen Zusammenhangs zwischen der zugeflossenen Prämie und der abgeflossenen Beiträge. Das bestätigt, dass die Fragen des Zuflusses und Abflusses alleine nichts zur steuerlichen Qualifikation von Einnahmen und Ausgaben beitragen. 101

b) Schneeballsysteme. Ein in der Rechtsprechung und im Schrifttum umstrittenes Problem sind die den Anlegern gutgeschriebenen und wieder angelegten Scheinzinsen in betrügerischen Schneeballsystemen, die nur dadurch eine gewisse Zeit lang dadurch „funktionieren", dass die angeblichen Gewinne aus den Einlagen neuer Kunden finanziert werden. Dabei kommt es zu keinem physischen Abfluss der Zinsen an die Anleger, sondern nur zu einer Gutschrift in den vom Betrüger geführten Büchern mit den angeblichen Guthaben der Anleger. 102

Der BFH hat – entgegen der gut begründeten Auffassung zB des FG München (10.12.2002 – 2 K 4246/99, DStRE 2003, 788: ähnlich FG Saarland 10.5.2012 – 1 K 2337/03, EFG 2012, 1642) immer die Auffassung vertreten, dass ein Zufluss der Scheinrenditen gegeben sei, wenn es im Zeitpunkt der Gutschrift auch tatsächliche Auszahlungen gegeben hat (BFH 22.7.1997 – VIII R 73/97, BStBl. II 1997, 755 und acht weitere Urteile vom gleichen Tag, ua BFH 22.7.1997 – VIII R 40/97, BFH/NV 1998, 958; BFH 28.10.2008 – VIII R 36/04, BStBl. II 2009, 190). Daran zeige sich die Zahlungswilligkeit und Zahlungsfähigkeit des Schuldners trotz seiner betrügerischen Absichten. Dass dann, wenn alle Anleger gleichzeitig ihre Zinsen ausbezahlt haben wollten, das System zusammengebrochen wäre, ließ der BFH nicht gelten, denn, dies ist einzuräumen, dazu käme es auch bei seriösen Banken, wenn alle Kunden schlagartig ihre Einlagen abheben wollten. S. *Elicker/Neumann* FR 2003, 221; *Schmidt-Liebig* FR 2007, 409. 103

Ob die Gutschrift einer Scheinrendite eine **Novation** darstellt, hat der BFH im Urteil vom BFH 28.10.2008 – VIII R 36/04, BStBl. II 2009, 190, ebenso offengelassen wie in BFH 16.3.2010 – VIII R 4/07, BFH/NV 2010, 1527, denn auch bei einer Novation müsse der Schuldner zahlungswillig und zahlungsfähig sein. 104

Es erscheint angesichts der **objektiven Tatbestandmäßigkeit des Zuflusses** nicht hilfreich, auf die nur subjektiv zu ermittelnde Zahlungswilligkeit des Schuldners abzustellen. Sie müsste sich ohnehin an den objektiven Möglichkeiten für Geldbewegungen messen lassen. Nur die Zahlungsunfähigkeit lässt sich zuverlässig und objektiv feststellen. Fehlt es an ihr, kommt es nicht zu einer Transaktion und damit kann es auch keinen Zufluss beim Anleger geben. Der BFH hat im Urteil vom 20.10.2001 (BFH 30.10.2001 – VIII R 15/01, BStBl. II 2001, 138) deshalb zutreffend den Zufluss verneint in den Fällen, in denen die Zahlungsunfähigkeit schon vor dem generellen Zusammenbruch des Schneeballsystems eingetreten war. 105

Die **Kritik** ua von Wolf-Diepenbrock (LBP/*Wolf-Diepenbrock* § 11 Rn. 65 ff.) an seiner den Zufluss bejahenden Rechtsprechung hat der BFH nicht akzeptiert, obwohl man nicht überzeugend begründen kann, wie eine wertlose Forderung, die zum Wahrung des betrügerischen Scheins nur gutgeschrieben, aber mangels Liquidität gar nicht physisch ausgezahlt wird, tatsächlich zufließen kann. Ein Zufluss im Wert von Null ist nichts, was eine wirtschaftliche Verfügungsmacht mit sich bringt oder vermittelt (so auch *Wolf-Diepenbrock* FS Spindler, 2011, 897). 106

Die **Lösung dieser Fälle** sollte daher vor allem in der Bewertung der Scheinrendite mit Null gesucht werden, denn der in der Vermögenssphäre liegende Verlust der Einlage kann den vom BFH angenommenen Zufluss der nicht ausgezahlten und wieder angelegten Zinsen nicht rückgängig machen. 107

Bei den tatsächlich ausgezahlten Zinsen und nicht entsprechend dem betrügerischen System wieder angelegten Zinsen ist hingegen der Zufluss unproblematisch, denn die Anleger haben wirtschaftliche 107.1

Verfügungsmacht an den ihnen gutgeschriebenen und ausbezahlten Beträgen erhalten. Daran ändert auch nichts, dass diese Gutschriften in Wahrheit nicht aus erwirtschafteten Erträgen stammten, sondern nur durch die ungetreue Verwendung der neu eingeworbenen Einlagen anderer Anleger finanziert wurden. Der Verlust, der durch die Wiederanlage entstanden ist, lässt den tatsächlichen Zufluss nicht rückwirkend entfallen.

108 **c) Novation.** Wird eine Forderung durch eine andere ersetzt im Wege der Novation, nimmt der BFH auch einen Zufluss der bisherigen Forderung an (BFH 14.2.1984 – VIII R 221/80, BStBl. II 1984, 480; BFH 21.7.1987 – VIII R 211/82, BFH/NV 1988, 224), denn mit der Schuldumwandlung hat der Gläubiger die Ersetzung der bisherigen Schuld durch eine andere akzeptiert.

109 Das kann nicht überzeugen, denn dass dabei Geld zugeflossen sein soll und nicht nur eine neue Forderung, ist schwer begründbar und wird zivilrechtlich auch anders gesehen (so zutreffend *Wolf-Diepenbrock* FS Spindler, 2011, 897 (907)). Zur Rechtsprechung des BFH → Rn. 109.1.

109.1 Der BFH hat im Urteil vom 27.9.2016 (BFH 27.9.2016 – VIII R 66/13, BStBl. II 2017, 626 eine Novation angenommen, wenn ein Lebensversicherungsvertrag vor Ablauf der Versicherungslaufzeit durch Änderung von Laufzeit, Versicherungssumme, Versicherungsprämie und Prämienzahlungsdauer geändert wird. Damit schloss er ausdrücklich an das Urteil BFH 6.7.2005 – VIII R 71/04, BStBl. II 2006, 53 an. Das ist deshalb richtig, weil in diesem Fall alle Essentialia des Versicherungsvertrages so grundlegend geändert wurden, dass der alte Vertrag praktisch aufgehoben und durch den neuen ersetzt wurde. Dann ist es auch konsequent, die Zahlungspflicht für die dem Versicherungsnehmer zustehenden Zinsen – auch hinsichtlich des Zeitraums vor Änderung des Vertrags erst in dem neu vereinbarten Fälligkeitszeitpunkt entstehen zu lassen und mit dem BFH den Zufluss im Zeitpunkt des tatsächlichen Eingangs der Zahlung beim Versicherungsnehmer anzunehmen.

109.2 Hingegen verneinte der BFH im Urteil vom 22.2.2018 (VI R 17/16, DStR 2018, 1169) das Vorliegen einer Novation in einem Fall, in dem die Lohnzahlungsverpflichtung eines Arbeitgebers partiell ersetzt wurde durch eine Verpflichtung zur Erhöhung eines Wertguthabens des Arbeitnehmers zur Finanzierung seines Vorruhestandes. Für einen Zufluss fehlte es dabei an der Zahlungsverpflichtung des Arbeitgebers an den Arbeitnehmer im Zeitpunkt der Zuführung der Gutschrift zum Guthaben.

110 **d) Aufrechnung.** Bei der Aufrechnung durch einen Schuldner mit einer Forderung gegenüber dem Steuerpflichtigen als Gläubiger fließt diesem der geschuldete Betrag im Zeitpunkt des Zugangs der Aufrechnungserklärung zu.

111 Die Aufrechnung mit einer fälligen Gegenforderung stellt nach EStR H 11 – Aufrechnung – eine Leistung gemäß § 11 Abs. 2 dar, sodass es beim Aufrechnenden zu einem Abfluss kommt. So auch BFH 19.4.1977 – VIII R 119/75, BStBl. II 1977, 601.

112 **e) Erlass einer Schuld.** Der **Erlass einer Schuld** durch den Gläubiger kann beim Schuldner zum Zufluss von Einnahmen führen. So ist es zB dann, wenn ein Arbeitgeber gegenüber einem Arbeitnehmer auf die Zahlung einer Schuld verzichtet. Dann kommt es zu einer Bereicherung des Arbeitnehmers, die Lohncharakter hat (BFH 25.1.1985 – VI R 173/80, BStBl. II 1985, 437 betr. Verzicht auf das Entgelt für ein dem Arbeitnehmer zur privaten Verwendung überlassenes Arbeitsgerät; BFH 24.5.2007 – VI R 73/05, BStBl. II 2007, 766; LStH 19.3 unter Hinweis auf BFH 27.3.1992 – VI R 145/89, BStBl. II 1992, 837 betr. Erlass einer Schadenersatzforderung durch den Arbeitgeber wegen einer vom Arbeitnehmer begangenen Sachbeschädigung).

112.1 Die vom Arbeitgeber übernommenen Steuerberatungskosten des Arbeitnehmers führen zum Zufluss von Lohn im Zeitpunkt der Begleichung der Kosten durch den Arbeitgeber, so LStH 19.3 unter Hinweis auf BFH 21.10.2010 – VI R 4/08, BStBl. II 2010, 639.

113 **f) Werbungskosten bei einmaligen sonstigen Leistungen.** Bei Einkünften aus einmaligen sonstigen Leistungen ist der Abzug von Werbungskosten auch dann im Zuflussjahr vorzunehmen, wenn sie vor diesem Jahr angefallen und abgeflossen sind oder erst nach dem Zuflussjahr mit Sicherheit anfallen und abfließen werden. Fallen später Werbungskosten an, die im Zuflussjahr noch nicht sicher abzusehen waren, ist die Veranlagung des Zuflussjahres gemäß § 175 Abs. 1 S. 1 Nr. 2 AO zu ändern, denn dann liegt ein rückwirkendes Ereignis

vor. So EStH 22.8 unter Verweis auf BFH 3.6.1992 – X R 91/90, BStBl. II 1992, 1017. Dies ist sachgerecht, denn nur so können sich die Werbungskosten bei der Ermittlung der einmaligen Einkünfte im Zuflussjahr auswirken.

4. § 11 Abs. 1 Satz 2: Regelmäßig wiederkehrende Einnahmen

a) Zahlungen um die Jahreswende. Vom Grundsatz des § 11 Abs. 1 Satz 1 nimmt Satz 2 die regelmäßig wiederkehrenden Einnahmen aus, die dem Steuerpflichtigen kurze Zeit vor Beginn oder kurze Zeit nach dem Beginn des Kalenderjahres, zu dem sie wirtschaftlich gehören, zugeflossen sind. Diese Einnahmen werden ungeachtet des realen Zuflussdatums diesem Kalenderjahr zugerechnet, wenn die Zahlungen innerhalb der Zehntagesfrist fällig sind und geleistet werden, s. H 11 EStR unter Hinweis auf BFH 24.7.1986 – IV R 309/84, BStBl. II 1987, 16 betr. monatliche Abschlagszahlungen der Kassenärztlichen Vereinigungen an ihre Mitglieder. 114

Auf die Fälligkeit im Jahr der wirtschaftlichen Zugehörigkeit soll es nach H 11 EStR unter Hinweis auf BFH 23.9.1999 – IV R 1-99, BStBl. II 2000, 121, nicht ankommen. Das entspricht dem Grundgedanken des § 11. Es genügt, dass die Zahlung innerhalb der Zehntagesfrist stattfindet, s. BFH 11.11.2014 – VIII R 34/12, BStBl. II 2015, 285 zu Umsatzsteuer-Zahlungen und -Erstattungen. 115

Mit dieser Ausnahme stellt das Gesetz den wirtschaftlichen Zusammenhang von Leistungen zu dem Besteuerungszeitraum her, mit dem sie zeitlich verbunden sind. Allerdings gilt dies nur für regelmäßig wiederkehrende Leistungen wie Mieten und Zinsen, Versicherungsbeiträge und Arbeitslohn, nicht aber für andere Entgelte wie Künstler- oder Arzthonorare, die zwar auch mit einer gewissen Regelmäßigkeit anfallen können, aber immer auf einmaligen Leistungen und nicht auf Dauerschuldverhältnissen beruhen. 116

Auch Gewinnausschüttungen von Kapitalgesellschaften fallen nicht unter diese Ausnahme, denn auch wenn zB eine AG regelmäßig am 5.1. eines Jahres die Dividende auszuschütten pflegt, fehlt es an der hinreichend gesicherten Wiederholung der Zahlung, die immer von der nicht erwartbar regelmäßigen Gewinnentwicklung und dem Gewinnverwendungsbeschluss der AG abhängt. 117

b) „kurze Zeit". Das Gesetz definiert die **„kurze Zeit"** vor oder nach Beginn eines Kalenderjahrs – erstaunlicherweise – nicht. EStH 11 geht unter Hinweis auf BFH 24.7.1986 – V R 309/84, BStBl. II 1987, 16 davon aus, dass die kurze Zeit in der Regel höchstens zehn Tage beträgt (ebenso BFH 6.11.2002 – X B 30/02, BFH/NV 2003, 169 und BFH 1.8.2007 – XI R 48/05, BStBl. II 2008, 282). Damit ist also der Zeitraum vom 22.12. eines Jahres bis 10.1. des Folgejahres betroffen. 118

Im Interesse der Rechtssicherheit wäre es zu begrüßen, wenn dies das Gesetz selbst anordnen würde, denn man könnte bei der Auslegung der „kurzen Zeit" statt bei zehn Tagen sicher auch noch bei elf oder zwölf Tagen von einer kurzen Zeit sprechen. Die Setzung derartiger gesetzesartiger Fristlängen durch die Verwaltung und die Rechtsprechung anstelle des dazu berufenen Gesetzgebers ist auf Dauer nicht zu rechtfertigen. Es ist auch kein Grund ersichtlich, weshalb sich der Gesetzgeber dieser Pflicht zur Präzision von Tatbestandmerkmalen bei einer Eingriffsnorm entzieht und damit eine leicht vermeidbare Rechtsunsicherheit provoziert. 119

c) Wiederkehrende Zahlungen. Auch das **Maß der regelmäßigen Wiederholung** wird vom Gesetz nicht festgelegt. Es muss genügen, dass die Zahlungen auf der zivil- oder öffentlich-rechtlichen Grundlage eines Entschlusses mit einer gewissen Nachhaltigkeit wiederkehrend erfolgen. Damit können bereits zweimalige Vorgänge, die nicht nur zufällig stattfinden, als wiederholt angesehen werden (ebenso Schmidt/*Krüger* § 11 Rn. 25). 120

Für **mindestens dreimalige Wiederkehr** spricht sich HHR/*Kister* § 11 Rn. 78 aus, weil nach dem Gesetzeswortlaut die zweite Zahlung eine der wiederkehrenden Zahlungen sein müsse. Das überzeugt nicht, denn bereits mit der zweiten Zahlung kann die Wiederkehr abgeschlossen sein. Die Leistung kann dabei in unterschiedlicher Höhe stattfinden; es reicht der gemeinsame ursprüngliche Grund für die Wiederkehr der Zahlungen aus. 121

In BFH 1.8.2007 – XI R 48/05, BStBl. II 2008, 282 hat das Gericht entschieden, dass Umsatzsteuer-Vorauszahlungen regelmäßig wiederkehrende Ausgaben iSv § 11 Abs. 2 S. 2 122 sein können. Weil diese Norm auf § 11 Abs. 1 S. 2 verweist, ist die Frage, ob und wann regelmäßig wiederkehrende Leistungen vorliegen, für die Einnahmen ebenso zu entscheiden wie für Ausgaben. Die Verwaltung, die früher dies – wie der BFH selbst (BFH 10.10.1957 – IV 98/56 U, BStBl. III 1958, 23) – anders sah, folgt mit dem BMF-Schreiben vom 10.11.2008, BStBl. I 2008, 958 dem BFH spätestens seit dem 30.4.2008 sowohl bei den Umsatzsteuer-Vorauszahlungen als auch bei den Umsatzsteuer-Erstattungen, die in einem Folgejahr bis zum 10.1. für das vorangegangene Jahr stattfinden.

123 Bei den **Umsatzsteuer-Erstattungen bis 10.1.** eines Jahres liegt sicher in den meisten Fällen keine wirkliche Regelmäßigkeit vor, denn sie finden zwar wiederkehrend, aber zumeist doch unregelmäßig statt. Weil sie aber auf einer regelmäßig zu erfüllenden Erklärungspflicht beruhen, mag diese ständige Wiederholung als Begründung genügen.

123.1 Im Ergebnis wird mit der Zurechnung der am 10.1. eines Jahres zu zahlenden oder zu erstattenden Umsatzsteuer zum Vorjahr die Umsatzsteuer des Vorjahres exakt abgegrenzt auf den Besteuerungszeitraum der Einkommensteuer und der Umsatzsteuer. Nur die auf den regelmäßig abzugebenden Umsatzsteuer-Voranmeldungen beruhenden Zahlungen fallen unter § 11 Abs. 1 S. 2 und Abs. 2 S. 2. Wenn zB die Zahlungen erst nach dem 10.1. geleistet werden, greift die Zurechnung zum Vorjahr nicht. Zahlungen aufgrund einer Außenprüfung fallen nicht unter Satz 2, denn sie beruhen nicht auf einem regelmäßig wiederkehrenden Ereignis. Wenn aber zB eine Erstattung, die sich aus einer Umsatzsteuer-Voranmeldung, die zum 10.12. des Jahres 01 abzugeben war, wegen Rückfragen oder einer Umsatzsteuer-Nachschau noch bis zum 10.1. des Jahres beim Steuerpflichtigen eingeht, ist gemäß § 11 Abs. 1 S. 2 diese Einnahme dem Jahr 01 zuzuordnen.

124 In BFH 11.11.2014 – VIII R 34/12, BStBl. II 2015, 285, verlangt das Gericht, dass die **Fälligkeit der Umsatzsteuer-Zahlung oder -Erstattung innerhalb der Zehntagesfrist** liegt. Diese wird nicht verlängert, wenn die Fälligkeit gemäß § 108 Abs. 3 AO hinausgeschoben wird, weil der zehnte Tag nach Ablauf des Voranmeldungszeitraums (§ 18 Abs. 1 S. 4 UStG) auf einen Samstag, Sonntag oder einen gesetzlichen Feiertag fällt. Insofern gilt die Zehntagesfrist absolut. Die Veröffentlichung des Urteils in BStBl. II zeigt, dass die Verwaltung dem BFH folgt – ohne die eigentlich gebotene Ergänzung des BMF-Schreibens vom 10.11.2008, BStBl. I 2008, 958, vorzunehmen.

125 Das **Erfordernis der Fälligkeit der Leistung innerhalb der Zehntagesfrist** ergibt sich nicht aus dem Gesetzeswortlaut. Die Fälligkeit ist aber nach dem Gesetzeszweck zu verlangen, weil nur bei um die Jahreswende fällig werdenden Leistungen ein Bedarf zu der ausnahmsweisen Zuordnung der Zahlung zu einem anderen Kalenderjahr als dem des Zu- oder Abflusses besteht (ebenso *Seer* DStR 1987, 603, HHR/*Kister* § 11 Rn. 80; Schmidt/*Drenseck* § 11 Rn. 22). Wenn also eine Leistung, die am 2.1. des Jahres 01 fällig ist als Vorauszahlung für das Jahr 01, erst am 10.1. des Jahres 02 gezahlt wird, ist die Zahlung im Jahr 02 anzusetzen, denn die Fälligkeit war bereits am 2.1.01 und nicht um den Wechsel der Jahre 01/02.

126 Obgleich das Gesetz vom Kalenderjahr spricht und damit das Wirtschaftsjahr keine Rolle spielen sollte, hat der BFH entschieden (BFH 23.9.1999 – IV R 1-99, BStBl. II 2000, 121), dass § 11 auch bei abweichendem Wirtschaftsjahr anzuwenden ist.

126.1 Deshalb hat der BFH einem Landwirt, der seinen Gewinn nach § 4 Abs. 3 ermittelt, gestattet, die Pachtzahlungen in dem Wirtschaftsjahr zu erfassen, zu dem sie wirtschaftlich gehören, wenn die Zahlungen kurze Zeit vor Beginn oder nach dem Ende des Wirtschaftsjahrs fällig sind und zufließen. Dabei kommt es nicht auf die Fälligkeit im Jahr der wirtschaftlichen Zugehörigkeit kommt es nicht an.

5. § 11 Abs. 1 Satz 3: Verteilung von Einnahmen aus Nutzungsüberlassungen

127 § 11 Abs. 1 S. 3 erlaubt dem Steuerpflichtigen ohne weitere Formalitäten eine Abweichung vom strengen Zuflussprinzip bei Einnahmen, die auf einer Nutzungsüberlassung iSv § 11 Abs. 2 S. 3, mithin für mehr als fünf Jahren, beruhen, → Rn. 160. Der Steuerpflichtige kann diese Einnahmen insgesamt auf den Zeitraum gleichmäßig verteilen, für den die Vorauszahlung geleistet wird.

128 Diese Verteilung trägt dem Gedanken der **wirtschaftlichen Zugehörigkeit** der Vorauszahlung auf einen längeren Zeitraum als den Besteuerungszeitrum der Vereinnahmung Rechnung. Daher gab es auch vor der Einfügung des Satzes 3 in § 11 Abs. 1 und Abs. 2 durch

das BMF-Schreiben vom 10.12.1996, BStBl. I 1996, 1440, eine Billigkeitsregelung, wonach die Verteilung der Einnahmen und Ausgaben auf zehn Jahre für zulässig erklärt wurde.

Die Regelung kam als Bestätigung dieser Verwaltungspraxis erst durch das EuRLUmsG mit Wirkung ab dem 1.1.2005 in das Gesetz, → Rn. 18. Der Gesetzgeber reagierte damit auf das BFH-Urteil vom 23.9.2003 (BFH 23.9.2003 – IX R 65/02, BFH/NV 2004, 126), in dem der BFH die Auffassung vertrat, dass vorausgezahlte Erbbauzinsen keine Anschaffungskosten für das Erbbaurecht seien, sondern sofort abzugsfähige Werbungskosten für die Grundstücksnutzung darstellten, mithin eine Verteilung nicht vom Gesetz gedeckt sei. Siehe BT-Drs. 15/4050, 53 – Bericht des Finanzausschusses des Deutschen Bundestags zum EuRLUmsG. 128.1

Die **gleichmäßige Verteilung** unterstellt, dass diese wirtschaftliche Zuordnung von den Parteien gewollt ist. Wenn zB für einen Grundstückmietvertrag über die Dauer von zehn Jahren eine Jahresmiete von 50.000 EUR vereinbart ist und im ersten Jahr bei Vertragsschluss eine Vorauszahlung von 100.000 EUR zu leisten ist, und tatsächlich geleistet wird, dann könnte das auch als Vorauszahlung der Miete für die beiden ersten Jahre betrachtet werden. Das Gesetz gestattet dem Steuerpflichtigen aber nur, die 100.000 EUR auf die gesamte Laufzeit des Mietvertrages zu verteilen, dh er kann die Vorauszahlung im Jahr der Vereinnahmung in voller Höhe als Einnahme erfassen gemäß § 11 Abs. 1 S. 1 oder er kann in den Jahren 1 bis 10 jeweils 10.000 EUR als Einnahme aus der Vorauszahlung ansetzen. 129

Der Steuerpflichtige braucht für die Verteilung keinen Antrag beim Finanzamt zu stellen. Das Finanzamt muss die Entscheidung des Steuerpflichtigen hinnehmen und kann von ihr nicht abweichen. Bis zur Bestandskraft des Steuerbescheids kann der Steuerpflichtige sein bereits ausgeübtes Wahlrecht ohne Begründung wieder ändern. 129.1

6. § 11 Abs. 1 Satz 4 – Einnahmen aus nichtselbständiger Tätigkeit

§ 11 Abs. 1 S. 4 ordnet für Einnahmen aus nichtselbständiger Arbeit die Geltung von § 38a Abs. 1 S. 2 und 3 und § 40 Abs. 3 S. 2 an. Mit dieser ausdrücklichen **Verdrängung des Zuflussprinzips** nimmt § 11 Rücksicht auf das Lohnsteuerverfahren. § 38a Abs. 1 S. 2 fingiert dazu den Zufluss von laufendem Arbeitslohn in dem Kalenderjahr, in dem der Lohnzahlungszeitraum oder der Lohnabrechnungszeitraum gemäß § 39b Abs. 5 S. 1 endet. Das gilt auch für irrtümliche Überweisungen von Arbeitslohn durch den Arbeitgeber an den Arbeitnehmer, so BFH 14.4.2016 – VI R 13/14, DB 2016, 1727 unter Hinweis auf die Urteile BFH 22.5.2002 – VIII R 74/99, BFH/NV 2002, 1430 und BFH 4.5.2006 – VI R 17/03, BStBl. II 2006, 830. 130

Weil der Zufluss ein realer Vorgang ist, kann er (nur) vom Gesetz fingiert werden, um zu sachgerechten Ergebnissen zu gelangen, → Rn. 53. Das erreicht § 38a Abs. 1 S. 2, indem allein auf die wirtschaftliche Zugehörigkeit einer laufenden Lohnzahlung zu einem Lohnzahlungszeitraum oder Lohnabrechnungszeitraum abgestellt wird. Das Datum der tatsächlichen Auszahlung des Lohnes ist damit unerheblich. Zu BFH-Urteilen → Rn. 131.1 f. 131

Voraussetzung ist aber auch dann der reale Zufluss. Der BFH hat im Urteil vom 30.9.2008 (BFH 30.9.2008 – VI R 67/05, BStBl. II 2009, 282) zu einem Aktienerwerb durch Arbeitnehmer entschieden, dass ihm der geldwerte Vorteil aus den Belegschaftsaktien in dem Zeitpunkt zufließt, in dem der Anspruch auf Verschaffung der wirtschaftlichen Verfügungsmacht über die Aktien verschafft wird. Dem Zufluss steht nicht entgegen, dass der Arbeitnehmer die Aktien aufgrund einer Sperr- bzw. Haltefrist für eine bestimmte Zeit nicht veräußern kann oder wenn die Aktien unter einer auflösenden Bedingung mit Rückzahlungsverpflichtung überlassen werden. Die wirtschaftliche Verfügungsmacht wird bereits durch die Übertragung der Aktie oder ihre Hinterlegung auf den Namen des Arbeitnehmers im Depot einer Bank verschafft. 131.1

Bei der Überlassung von selbst handelbaren Optionsrechten durch einen Arbeitgeber an seine Arbeitnehmer ist der Zufluss des aus dem Preisnachlass sich ergebenden Vorteils erst dann anzunehmen, wenn die Option verwertet wird (BFH 20.11.2008 – VI R 25/05, BStBl. II 2009, 382). 131.2

Laufender Arbeitslohn ist gemäß § 39b Abs. 2 gegeben, wenn der Arbeitslohn regelmäßig fortlaufend zufließt, vgl. LStR 39b.1. Dazu gehören insbesondere Monatsgehälter, Wochen- und Tagelöhne, Mehrarbeitsvergütungen, Zuschläge und Zulagen, geldwerte Vorteile aus er ständigen Überlassung von Dienstwagen zur privaten Nutzung, Nachzahlungen und Vorauszahlungen, wenn sich diese ausschließlich auf Lohnzahlungszeiträume beziehen, 132 die im Kalenderjahr der Zahlung enden, Arbeitslohn für Lohnzahlungszeiträume des abgelaufenen Kalenderjahres, der innerhalb der ersten drei Wochen des nachfolgenden Kalenderjahres zufließt.

132.1 Für andere, nicht laufende Lohnzahlungen, die sog. sonstigen Bezüge wie zB Jubiläumszuwendungen, dreizehnte und vierzehnte Monatsgehälter, Weihnachtsgratifikationen, Erfindervergütungen, vgl. LStR 39b.2 Abs. 2, gilt § 11 uneingeschränkt.

133 Die Verweisung auf § 40 Abs. 3 S. 2 betrifft die **Pauschalierung der Lohnsteuer,** bei der der Arbeitgeber wegen ihrer Übernahme zum Schuldner wird. Überwälzt er die von ihm geschuldete Lohnsteuer auf den Arbeitnehmer, gilt diese als zugeflossener Arbeitslohn, der die Bemessungsgrundlage nicht mindert. Mit dieser Zuflussfiktion wird erreicht, dass die Bereicherung des Arbeitnehmers richtig erfasst wird, denn auch wenn der Arbeitgeber an seiner Stelle Steuerschuldner ist, handelt es sich doch um Arbeitslohn des Arbeitnehmers in Höhe des Bruttobetrages.

7. § 11 Abs. 1 Satz 5 – Die Vorschriften über die Gewinnermittlung bleiben unberührt

134 Wenn Satz 5 anordnet, dass die Vorschriften über die Gewinnermittlung gemäß § 4 Abs. 1 und § 5 von § 11 Abs. 1 unberührt bleiben, dann zeigt dies, dass der Grundsatz des Zuflussprinzips die Gewinnermittlung durch Vermögensvergleich nicht verdrängt, sondern ausdrücklich respektiert. Diese Regelungsmethode einer Normenkonkurrenz im Sinne des dualen und gleichberechtigten Nebeneinander löst die sonst entstehende Frage, wie sich verschiedenartige Vorschriften innerhalb eines Gesetzes zueinander verhalten. Da § 4 Abs. 1 und § 5 bei der Gewinnermittlung das Zuflussprinzip nicht kennen, bedeutet das Unberührtbleiben, dass § 11 Abs. 1 bei der Anwendung dieser Normen nicht gilt.

II. § 11 Abs. 2: Abfluss von Ausgaben

1. § 11 Abs. 2 Satz 1

135 **a) Ausgaben.** Mit dem ersten Satz von § 11 Abs. 2 stellt das Gesetz – spiegelbildlich zu § 1 Abs. 1 S. 1 – den Grundsatz auf, dass Ausgaben in dem Kalenderjahr abzusetzen sind, in dem sie geleistet werden. Zwar verwendet die Norm nicht den dem Text von § 11 Abs. 1 S. 1 – Zufluss – eigentlich für die entgegengesetzte Transaktion entsprechenden Begriff des Abflusses von Ausgaben; diese sprachliche Variation in der Gesetzesformulierung ändert aber nichts daran, dass dem Zuflussprinzip des § 11 Abs. 1 in Abs. 2 das Abflussprinzip entspricht (BFH 8.10.1985 – VIII R 284/83, BStBl. II 1986, 481). Man könnte auch sagen, Abs. 2 regelt das in Abs. 1 Normierte mit umgekehrten Vorzeichen.

136 Der **Begriff der Ausgabe** ist sprachlich durchaus vieldeutig. Er ist nicht auf Geldbewegungen beschränkt, sondern wird auch räumlich-funktional verwendet wie sich zB an den Worten Essensausgabe, Gepäckausgabe zeigt. Beim Wort Bucherstausgabe wird deutlich, dass ein Werk auf den Markt kommt, also den Produktionsprozess verlässt. In seiner pekuniären Bedeutung im Sinne eines geleisteten Aufwandes ist dem Wort Ausgabe immanent, dass ein Wirtschaftsgut aus seiner bisherigen Verbindung herausgenommen wird, und in der bildhaften Vorstellung des Fließens, die in Abs. 1 S. 1 aufscheint, liegt auch der Gedanke, dass etwas seine aktuelle Umgebung zumindest in einem wirtschaftlichen Sinne verlässt.

137 Dass die Ausgabe **geleistet sein muss,** könnte darauf hindeuten, dass eine größere voluntative Gestaltung vom Steuerpflichtigen ins Werk gesetzt werden müsse als bei der bloß passiven Hinnahme des Zuflusses. Das ist aber vom Gesetzeszweck erkennbar nicht beabsichtigt. Eine derartige Überspannung der Wortinterpretation wäre teleologisch nicht zu rechtfertigen, denn die sprachliche Variation in § 11 Abs. 2 gegenüber Abs. 1 sollte keine inhaltliche Bedeutung haben. Das zeigt die Gesetzesbegründung RStBl. 1935, 40.

138 Die Verweisung in Abs. 2 S. 2 auf die entsprechende Geltung von Abs. 1 S. 2 bei regelmäßig wiederkehrenden Ausgaben macht im Übrigen deutlich, dass der in Abs. 1 verwendete Begriff des Zuflusses ohne Sinnabweichung bei den Ausgaben auch mit deren Abfluss zu verbinden ist. So wie der Zufluss objektiv in § 11 Abs. 1 S. 1 zu verstehen ist, kommt es auch beim Abfluss nur auf die objektive Entreicherung an (vgl. BFH 2.8.1988 – VIII R 18/80, BFH/NV 1989, 307). Eine besondere Leistungshandlung des Steuerpflichtigen ist mithin nicht erforderlich. Freilich kann der Steuerpflichtige im Rahmen der Privatautonomie Einfluss darauf nehmen, ob eine Ausgabe tatsächlich geleistet wird. Entscheidend bei § 11 Abs. 2 ist dennoch allein, dass der Abfluss einem Kalenderjahr zugeordnet werden kann.

Der Abfluss muss **nicht zu einer dauerhaften oder endgültigen Entreicherung führen.** Auch wenn unsicher ist, ob der Leistungsempfänger die Leistung endgültig behalten darf, ist der Abfluss bewirkt; eine spätere tatsächliche Rückgabe entsprechend einer Rückgabeverpflichtung steht den nicht entgegen (BFH 13.12.1983 – VIII R 173/83, BStBl. II 1984, 428). Die Rückgabe führt im Jahr der Erstattung eben wieder zu einem Zufluss bei dem Steuerpflichtigen, der ursprünglich geleistet hat (BFH 2.4.1974 – VIII R 76/69, BStBl. II 1974, 540). **139**

Die Ausgaben werden in § 11 Abs. 2 nicht besonders spezifiziert. Damit sind alle Ausgaben betroffen, dh Werbungskosten, Betriebsausgaben, Sonderausgaben, Aufwendungen für außergewöhnliche Belastungen, Herstellungskosten, Anschaffungskosten, Vorkosten. Die dazu einschlägigen Begriffsabgrenzungen im EStG gelten uneingeschränkt bei § 11 Abs. 2. **140**

b) Abfluss. Der **Abfluss einer Ausgabe** ist erfolgt, wenn der Verlust der wirtschaftlichen Verfügungsmacht beim Steuerpflichtigen eingetreten ist; das zeigt die Spiegelbildlichkeit zum Zufluss, der bei der Erlangung der wirtschaftlichen Verfügungsmacht gegeben ist, → Rn. 49. **141**

Daher ist bei einer Überweisung der Abfluss bereits im Zeitpunkt des Eingangs des Überweisungsauftrags bei der Bank gegeben, wenn das Konto die nötige Deckung aufweist oder ein entsprechender Kreditrahmen vorhanden ist. In diesem Fall kommt also nicht auf den Zeitpunkt der Ausführung des Überweisungsauftrags an. **142**

Andernfalls ist jedoch der tatsächliche Zeitpunkt der Lastschrift maßgebend (so EStH 11 unter Hinweis auf BFH 6.3.1997 – IV R 47/95, BStBl. II 1997, 509). **143**

Deshalb ist die Auffassung, dass die Zahlung der Instandhaltungsrücklage durch Wohnungseigentümer an die Eigentümergemeinschaft im Jahr des Abflusses nicht als Werbungskosten anzusetzen sind, sondern erst in dem Jahr abgezogen werden dürfen, in dem die Eigentümergemeinschaft den Aufwand für Instandhaltungen tatsächlich verausgabt – so H 21.2 EStR unter Hinweis auf BFH 26.1.1988 – X R 119/83, BStBl. II 1988, 577–, nicht recht einsichtig und schon gar nicht praxisgerecht (s. auch *Grürmann* DStR 2009, 2087). Der Wohnungseigentümer hat ab dem Zeitpunkt der Zahlung keine Verfügungsmacht mehr über dieses Geld und er kann es von der Eigentümergemeinschaft auch nicht mehr zurückfordern. Nach dem vom BFH sog. Belastungsprinzip (BFH 19.4.1989 – X R 2/84, BStBl. II 1989, 683) ist der Abfluss aber mit der Zahlung verwirklicht. **144**

Wenn BFH 13.10.1989 – III R 30-31/85, BStBl. II 1990, 287 den Zufluss von Zahlungen sogar dann annimmt, wenn im Zeitpunkt des Zuflusses schon feststeht, dass die Zahlung in absehbarer Zeit zurückzuzahlen ist, dann ist es nicht überzeugend, den Abfluss erst dann anzuerkennen, wenn der Zweck der Zahlung definitiv beim Zahlungsempfänger verwirklicht wird – konkret, wenn die Instandhaltungsausgaben von der Eigentümergemeinschaft beglichen werden. Auch im Fall einer Spende an eine gemeinnützige Organisation stellt man zu Recht nicht darauf ab, wann die Organisation den mit der Spende geförderten Zweck tatsächlich verwirklicht, vielmehr genügt es, dass sich der Spender der hingegebenen Sache oder des Geldbetrags entäußert hat. **145**

Bei den Aufwandsspenden von Vereinsmitgliedern (→ Rn. 60) verlangt das BMF-Schreiben vom 25.11.2014 (BMF 25.11.2014, BStBl. I 2014, 1584), dass dem Abfluss der Spende ein vorheriger Zufluss auf der Grundlage einer ernsthaften und satzungsgemäßen Vereinbarung zwischen Mitglied und Verein vorausgeht, der nicht unter Bedingung des späteren Verzichts steht. Kommt es dann doch zum Verzicht zur Vermeidung realer Geldbewegungen, steht dies dem Abfluss und damit einer Spende gemäß § 10b nicht entgegen. **145.1**

Die vorstehenden Grundsätze führen bei Sonderausgaben und außergewöhnlichen Belastungen zu **unbefriedigenden Ergebnissen,** wenn Ausgaben und Einnahmen durch Erstattungen nicht im gleichen Besteuerungszeitraum liegen, so zB, wenn Krankheitskosten im Jahr 01 gezahlt werden, die Erstattung durch die Krankenkasse oder eine Beihilfestelle erst im Jahr 02 beim Steuerpflichtigen ankommt. Da erstattete Sonderausgaben oder Erstattungen für verauslagte außergewöhnliche Belastungen keine Einnahmen gemäß § 8 sind, ist der **146**

Zufluss der Erstattung einkommensteuerlich nicht relevant. Eine Saldierung der Ausgaben mit den Erstattungen ist nur möglich, wenn im Zuflussjahr noch gleichartige Ausgaben in mindestens gleicher Höhe anfallen (BFH 26.11.2008 – X R 24/08, BFH/NV 2009, 568.

147 Fehlt es daran, korrigiert der BFH und ihm folgend die Verwaltung die Zahlungen im Abflussjahr um die späteren Erstattungen (BFH 28.5.1999 – X R 7/96, BStBl. II 1999, 95; BFH 7.7.2004 – XI R 10/04, BStBl. II 2004, 1058; BFH 2.9.2008 – X R 46/07, BStBl. II 2009, 229, weil in der Erstattung ein rückwirkendes Ereignis gemäß § 175 Abs. 1 S. 1 Nr. 2 AO erblickt wird. Das bestreitet Kister (HHR/*Kister* § 11 Rn. 115), weil der Abfluss als Realakt in seinem tatsächlichen Umfang nicht nachträglich korrigiert werden kann. Insofern soll § 175 AO nur analog anwendbar sein. Letztlich kommt es aber auch dann zu der systematisch richtigen und leistungsfähigkeitsgerechten Berücksichtigung nur der tatsächlich bewirkten Ausgaben.

148 Bei **privaten Veräußerungsgeschäften** sind Werbungskosten nach EStH 23 unter Verweis auf BFH 17.7.1991 – X R 6/91, BStBl. II 1991, 916, abweichend von § 11 Abs. 2 in dem Kalenderjahr zu berücksichtigen, in dem der Verkaufserlös zufließt. Fließt der Verkaufserlös in mehreren Veranlagungszeiträumen zu, sind sämtliche Werbungskosten zunächst mit dem im ersten Zuflussjahr erhaltenen Teilerlös und ein etwa verbleibender Werbungskostenüberschuss mit den in den Folgejahren erhaltenen Teilerlösen zu verrechnen, so EStR 23 unter Verweis auf BFH 3.6.1992 – X R 91/90, BStBl. II 1992, 1017.

149 Es kommt beim Abfluss von Geld oder anderen Wirtschaftsgütern nicht darauf an, ob es sich um **eigene Mittel des Steuerpflichtigen** handelt. Entscheidend ist allein, dass der Steuerpflichtige über die abgeflossenen Mittel wirtschaftlich verfügen konnte. Schulbeispiele sind die Begleichung einer Forderung mit geliehenem Geld oder mit Mitteln aus einem entgeltlichen Geld- oder Sachdarlehen (s. BFH 10.6.1988 – III R 248/83, BStBl. II 1988, 814). Der Steuerpflichtige verfügt in diesem Fall über wirtschaftlich ihm zustehendes Vermögen, das aber von dem Verleiher oder Darlehensgeber nur zur Verfügung gestellt wurde mit der Verpflichtung zur Rückzahlung.

150 **c) Betroffener Personenkreis.** Der Gesetzestext kennt in § 11 Abs. 2 anders in Abs. 1 den **Steuerpflichtigen** nicht. Die Anordnung, dass Ausgaben für das Kalenderjahr abzusetzen sind, in dem sie geleistet werden, richtet sich ausdrücklich an keine bestimmte Person. Normadressat kann allerdings wie bei Abs. 1 nur ein Steuerpflichtiger sein, für andere Personen hat die Norm keine Bedeutung, denn sie haben keinen Gewinn zu ermitteln, der sich aus Einnahmen und Ausgaben in einer Steuerperiode ergibt.

151 Es muss sich dabei aber nicht um **einen einzigen Steuerpflichtigen** handeln. Wenn mehrere Steuerpflichtige durch eine Gemeinschaft im Rechtssinne (Bruchteilsgemeinschaft, Gemeinschaft zur gesamten Hand) verbunden sind, und dabei Ausgaben geleistet werden, ist für alle Beteiligten das Jahr des Abflusses dieser Ausgaben maßgebend (BFH 7.10.1986 – IX R 167/83, BStBl. II 1987, 322). Das gilt nach BFH vom 27.6.1978 (BFH 27.6.1978 – VIII R 168/73, BStBl. II 1978, 674) auch, wenn nur ein Beteiligter an der Gemeinschaft aus seinem Vermögen die Ausgabe leistet, denn diese Zahlung wird den anderen Beteiligten zugerechnet.

151.1 Muss ein Erbe Leistungen zurückerstatten, die sein Erblasser vereinnahmt hatte, dann kommt es beim Erben zum Abfluss. Es spielt keine Rolle, dass der Rückforderungsanspruch vom Gläubiger noch gegen den Erblasser erhoben wurde und damit als Teil des Nachlasses vom Erben geerbt wurde. Da der Abfluss ein tatsächlicher Vorgang ist, ist er allein beim Erben als dem aktuellen Schuldner anzusetzen.

152 **d) Rückzahlungen.** Weil irrtümliche Überweisungen, zB von Arbeitslohn durch einen Arbeitgeber, zu einem Zufluss beim Arbeitnehmer führen, ist die Rückzahlung erst im Zeitpunkt des tatsächlichen Abflusses beim Arbeitnehmer einkünftemindernd zu berücksichtigen, so der BFH in stRspr (s. BFH 14.4.2016 – VI R 13/14, DB 2016, 1727; BFH 22.5.2002 – VIII R 74/99, BFH/NV 2002, 1430; BFH 4.5.2006 – VI R 17/03, BStBl. II 2006, 830).

153 Nach BFH 14.4.2016 – VI R 13/14, DB 2016, 1727 gilt dies auch bei einem beherrschenden Gesellschafter. Der Zeitpunkt der tatsächlichen Leistung ist dabei maßgebend, nicht bereits der Zeitpunkt der Fälligkeit der Rückforderung, denn der beherrschende Gesellschafter kann entscheiden, wann er die Rückzahlung leistet.

Beim umgekehrten Fall – Forderung der Gesellschaft gegen den beherrschenden Gesellschafter ist es freilich anders: Aus der Beherrschungssituation heraus kann der Gesellschafter die Auszahlung regelmäßig anordnen; deshalb liegt der Zufluss bereits im Zeitpunkt der Fälligkeit vor, → Rn. 64. **154**

2. § 11 Abs. 2 Satz 2: Regelmäßig wiederkehrende Ausgaben

a) Zehntagesfrist. Mit der Anordnung der entsprechenden Geltung des Abs. 1 S. 2 in Abs. 2 S. 2 bei **regelmäßig wiederkehrenden Ausgaben** sorgt das Gesetz für einen Gleichlauf der eingehenden und ausgehenden Zahlungen vor oder nach einem Kalenderjahreswechsel. Damit gilt die für die regelmäßig wiederkehrenden Einnahmen praktizierte Zehntagesfrist (→ Rn. 114 ff.) auch für die entsprechenden Ausgaben. Das ist im Interesse der Praktikabilität sinnvoll und fiskalisch gleichen sich die Effekte beim Zufluss und Abfluss wahrscheinlich längerfristig ungefähr aus. Im Urteil v. 27.6.2018 (BFH 27.6.2018 – X R 44/16, BStBl. II 2018, 781 sowie MwStR 2019, 38 mAnm *Rondorf*) hat der BFH allerdings entschieden, dass die zufälligen Ergebnisse bei der Gewinnermittlung, die sich bei Umsatzsteuer-Vorauszahlungen bis zum 10.1. des Folgejahres ergeben können, wenn der 10.1. auf einen Sonnabend, Sonntag oder gesetzlichen Feiertag fällt, wenn mit der Verwaltungsauffassung gem. EStH 11 Allgemeines Gedankenstrich „Kurze Zeit", die Fristverlängerung gem. § 108 Abs. 3 AO bzw. § 108 Abs. 1 AO iVm § 193 BGB angewendet würde, nicht vereinbar sind mit dem Prinzip des § 11, das immer auf den tatsächlichen Zu- oder Abfluss abstellt. **155**

Im Urteil v. 27.6.2018 hat es der BFH dahingestellt sein lassen, ob es bei der tatsächlich am 8.1. geleisteten Zahlung darauf ankam, dass sie auch fällig war, denn der 8.1. lag jedenfalls vor dem wegen des Wochenendes umstrittenen 10.1., der gem. § 18 Abs. 1 S. 4 UStG grundsätzlich für die Fälligkeit maßgebend ist. **155.1**

Rondorf (MwStR 2019, 41) macht darauf aufmerksam, dass sich die Streitfrage frühestens im Jahr 2021 wiederholen kann, denn erst dann wird der 10.1. auf einen Samstag oder Sonntag fallen. **155.2**

Steuerpflichtige, die von der sog. Dauerfristverlängerung Gebrauch machen und daher ihre Umsatzsteuer-Voranmeldung für Dezember oder das 4. Quartal erst zum 10.2. des Folgejahres abgeben müssen und auch erst zu diesem Zeitpunkt ihre Zahlungen leisten, können von der 10-Tages-Regel für diese Voranmeldungszeiträume nicht profitieren. Bei Monatszahlern wirkt sie allerdings für die Voranmeldung für den November des Vorjahres. **155.3**

Bei Steuerpflichtigen, die dem Finanzamt eine Abbuchungsermächtigung erteilt haben, unterstellt die Verwaltung die Zahlung zum 10.1. auch dann, wenn tatsächlich erst später abgebucht wurde, s. OFD Nordrhein-Westfalen 7.3.2014, DStR 2014, 1287; aktualisiert am 2.5.2017, nv; bestätigt durch FG Düsseldorf 28.4.2015 (11 K 397/15 E, DStRE 2016, 131, rkr. nach Zurückweisung der NZB durch den BFH (8.3.2016 – VIII B 58/15, BFH/NV 2016, 1008). S. *Rondorf* MwStR 2019, 41. **155.4**

b) Gestaltungsfreiheit. Auch hier kann der Steuerpflichtige in gewissem Umfang **gestalterisch die periodische Belastung beeinflussen.** Insbesondere kann er seine Geschäfte so gestalten, dass wiederkehrende Ausgaben nicht innerhalb der Zehntagesfrist um den 1.1. ausgeführt werden; dann läuft die Zuweisung einer Ausgabe in ein anderes Jahr ins Leere. Wer seine regelmäßigen Ausgaben in allen Fällen zB auf den 15.1. oder 15.12. eines Jahres legt, ist von § 11 Abs. 2 S. 2 also niemals betroffen. Das wäre nicht missbräuchlich, sondern nur vom Gesetz erlaubte und hinzunehmende Folge der Erfüllung klarer Tatbetandsmerkmale, vgl. *Seer* DStR 1987, 603. **156**

3. § 11 Abs. 2 Satz 3: Zahlungen für langfristige Nutzungsüberlassungen

Die aus § 11 Abs. 1 S. 3 (→ Rn. 127) bekannten Zahlungen für Nutzungsüberlassungen sind erst in § 11 Abs. 2 S. 3, auf den Abs. 1 S. 3 verweist, näher definiert. Allerdings gilt dies nur für die zeitliche Dimension: Es muss sich um eine Nutzungsüberlassung für die Dauer von mehr als fünf Jahren handeln, für die die Ausgaben im Voraus geleistet werden. Im Urteil v. 4.6.2019 (VI R 34/17, DStR 2019, 1793) verlangt der BFH, „dass der Vorauszahlungszeitraum anhand objektiver Umstände – und sei es auch im Wege sachgerechter Schätzung – feststellbar (bestimmbar) ist und ein Nutzungsüberlassungszeitraum von mehr als fünf Jahren entgilt." Dabei legt der BFH den nicht eindeutigen Wortlaut der Vorschrift so aus, dass **157** sich der Zeitraum „von mehr als fünf Jahren im Voraus" nicht nur auf den Nutzungszeitraum, sondern auch auf den Vorauszahlungszeitraum bezieht. Im Streitfall war die Vorauszahlung bereits mehr als ein Jahr vor dem Beginn der Nutzungsüberlassung geleistet worden. Damit konnte die Verteilung auf 25 Jahre, für die das Entgelt vereinbart war, schon im Zuflussjahr beginnen.

158 Welcher **Art die Nutzungsüberlassungen** zu sein haben, sagt das Gesetz nicht. Nach der Entstehungsgeschichte der Sätze 3 in Abs. 1 und Abs. 2 des § 11 ist davon auszugehen, dass es sich um Ausgaben handelt muss, die für die Überlassung des Gebrauchs eines Wirtschaftsgutes, dh einer Sache oder eines Rechts geleistet werden. Auch die Fruchtziehung ist eine derartige Nutzung (s. *Söffing* BB 2005, 77). Die praktisch häufigsten Beispiele dafür sind die Miet- oder Pachtzahlungen für Grundstücke, Lizenzzahlungen für Patente, Zinszahlungen für Darlehen, Erbbauzinszahlungen. Der BFH ist in seinem Urteil v. 8.3.2016 (IX R 38/14, BStBl. II 2016, 646) ohne nähere Begründung davon ausgegangen, dass auch ein Disagio unter § 11 Abs. 2 S. 3 fällt. Im Urteil vom 21.11.2018 (BFH 21.11.2018 – VI R 54/16, BStBl. II 2019, 311) hat er die Einnahmen aus einer Nutzungsüberlassung als Leistungen bezeichnet, die „für eine Nutzung von beweglichen oder unbeweglichen Sachen sowie Rechten erbracht werden". Die notwendige Abgrenzung der Nutzung von der Verwertung führt danach dazu, dass zB Vorteile aus einer Veräußerung oder Zahlungen zum Ausgleich einer Wertminderung keine Einnahmen aus einer Nutzungsüberlassung sind.

158.1 Im oben erwähnten Urteil vom 21.11.2018 hat der BFH daher die Zahlungen eines Landes an einen Grundstückseigentümer für die Eintragung einer beschränkt persönlichen Dienstbarkeit – Recht zur Überflutung einer landwirtwirtschaftlich genutzten Fläche zur Hochwasserregulierung – nicht als Nutzungsüberlassung angesehen, sodass es sich nicht um eine verteilungsfähige Einnahme gem. § 11 Abs. 1 S. 3 handelte. Im konkreten Fall waren zusätzlich die konkreten Schäden aus der Überflutung, die statistisch nur etwa fünfmal im Jahrhundert zu erwarten waren, auszugleichen. Auch das sprach gegen eine Nutzungsüberlassung. Schließlich diente die Eintragung der Dienstbarkeit der Vermeidung einer grundsätzlich zulässigen Enteignung. Der Eigentümer wirkte durch die vertragliche Vereinbarung an der Vermeidung dieser Enteignung mit. Auch dies ist keine Nutzungsüberlassung.

159 Diese Zahlungen sind insgesamt auf den **Zeitraum von mehr als fünf Jahren gleichmäßig zu verteilen.** Das ist also zwingend für den Steuerpflichtigen – anders als bei den Einnahmen gemäß § 11 Abs. 1 S. 3. Diese Verteilung ist auch dann vorzunehmen, wenn die Zahlungen nicht in gleichmäßigen Raten im Voraus tatsächlich gezahlt werden. Das Gesetz will so eine gleichmäßige wirtschaftliche Zuordnung der Ausgaben zu den einzelnen Jahren der Nutzungsüberlassung erreichen und willkürliche Gestaltungen vermeiden. Zahlung im Voraus bedeutet, dass die Nutzungsüberlassung über den Veranlagungszeitraum, in dem die Nutzung beginnt, hinausreicht. Das ist bei einer mehr als fünfjährigen Nutzungsdauer immer der Fall.

160 Es genügt, dass ein Zeitraum von mehr als fünf Jahren für die Nutzungsüberlassung vereinbart wurde; es müssen aber nicht etwa sechs Jahre sein. Theoretisch reicht die Zeit von fünf Jahren und einem Tag, denn wenn das Gesetz so strikte zeitliche Vorgaben macht, ist es nicht missbräuchlich, sie auch wörtlich zu nehmen.

161 Die Dauer von mehr als fünf Jahren ist eine **vom Gesetzgeber gesetzte Frist,** die sich an der Erfahrung orientiert, dass es bei Vorauszahlungen für längere Zeiträume zu einer so großen Zusammenballung von Raten kommt, dass die steuerliche Auswirkung des strikten Abflussprinzips nicht mehr den wirtschaftlichen Zusammenhängen entsprechen würde (BFH 4.6.2019 – VI R 34/17, DStR 2019, 1793 unter Hinweis auf die Gesetzesbegründung in BT-Drs. 15/4050, 56). Die gestalterischen Anreize würden sonst auch zu groß für Steuerpflichtige, die so langjährige Verpflichtungen eingehen.

162 Der **Verteilungszwang betrifft nur Vorauszahlungen.** Der Fall der nachträglichen Entrichtung von Nutzungsentgelten interessiert das Gesetz nicht eigens. Dafür gilt das Abflussprinzip nach § 11 Abs. 2 Satz 1, obschon auch in diesem Fall wirtschaftlich eine Zuordnung zu den einzelnen Jahren der Periodizität eher entsprechen würde als die Zusammenballung von Zahlungen, die viele Jahre betreffen, in einem Jahr. Die praktischen Folgen einer nachträglichen Zuordnung der Zahlungsanteile auf frühere Jahre wären aber verfahrensrechtlich nicht wünschenswert, denn dann müssten die Veranlagungen früherer Jahre geän-

dert werden. Dazu wären abgabenrechtliche Regelungen erforderlich und der administrative Aufwand wäre erheblich (vgl. *Giloy* GS Trzaskalik, 2005, 311 (315)).

4. § 11 Abs. 2 Satz 4: Damnum

Von der **Verteilungspflicht gemäß § 11 Abs. 2 S. 3 nimmt S. 4** ausdrücklich ein marktübliches Damnum oder Disagio aus. Das entspricht der Verwaltungspraxis gemäß BMF-Schreiben vom 20.10.2003, BStBl. I 2003, 546, die vor der Einfügung des Satzes 3 in § 11 Abs. 2 durch das JStG 2007 (→ Rn. 19) herrschte. Insofern handelt es sich nach der Gesetzesbegründung nur um eine Klarstellung (BT-Drs. 16/2712, 44). Der Gesetzgeber ging also davon aus, dass die Einfügung des Satzes 4 keine konstitutive Wirkung haben sollte. Derartige Begründungen werfen freilich immer das Problem auf, ob bei belastenden Normen die Kodifizierung einer bisherigen Praxis mit einer Wirkung für die Vergangenheit zulässig ist. Inzwischen ist diese Frage bei § 11 Abs. 2 S. 4 in der Praxis sicher nicht mehr aktuell. **163**

Weil nur das **marktübliche Damnum oder Disagio** nicht verteilt werden muss, stellt sich die Frage, was marktüblich ist und ob ein nicht marktübliches Damnum insgesamt zu verteilen ist oder nur der Betrag, der die Marktüblichkeit überschreitet. Das hat das Gesetz klar entschieden durch das Wort „soweit", denn damit wird die sofortige Absetzung im Jahr der Zahlung eindeutig nur für den marktüblichen Betrag erlaubt; der überschießende Betrag muss dann auch gleichmäßig auf die mehr als fünfjährige Laufzeit des Darlehens verteilt werden. **164**

Für die Ermittlung der **Marktüblichkeit** müssten streng genommen laufende Beobachtungen durch die Finanzverwaltung angestellt werden oder Expertisen zB bei der Bundesbank oder anderen Finanzmarktbeobachtern eingeholt werden. Die Finanzverwaltung erspart sich diese Mühe und geht in dem Schreiben des BMF 20.10.2003, BStBl. I 2003, 546 davon aus, dass bei einem Darlehen mit mindestens fünfjähriger Laufzeit ein Damnum von allenfalls 5 vH marktüblich ist. **165**

FG Rheinland-Pfalz 16.10.2014 – 4 K 1265/13, EFG 2015, 115 bestätigte diese Praxis. Der BFH hat dieses Urteil aber mit Urteil BFH 8.3.2016 – IX R 38/14, BStBl. II 2016, 646 aufgehoben. Er begründet dies damit, dass die Marktüblichkeit nicht an einen festen Zinssatz gekoppelt werden könne. Das marktübliche Disagio müsse von ungewöhnlichen Gestaltungen abgegrenzt werden, die sich nicht in dem am aktuellen Kreditmarkt üblichen Rahmen halten. Wann dies der Fall ist, unterliegt der tatrichterlichen Würdigung. **166**

Wenn vom Steuerpflichtigen eine **Disagiovereinbarung mit einer Geschäftsbank** geschlossen wird wie unter fremden Dritten, indiziert dies nach dem BFH-Urteil vom 8.3.2016 die Marktüblichkeit. Daher hat der BFH ein Disagio iHv 10 vH in seinem Fall für durchaus noch marktüblich angesehen. Zur Widerlegung der Vermutung der Marktüblichkeit muss in diesen Fällen eine genaue Prüfung der Einzelumstände stattfinden. **167**

5. § 11 Abs. 2 Satz 5: § 42 AO bleibt unberührt

Satz 5 von § 11 Abs. 2 sagt, dass § 42 AO – **Unbeachtlichkeit missbräuchlicher Gestaltungen** – unberührt bleibt. Diese Aussage ist eher inhaltsleer, denn wenn es sie nicht gäbe, bliebe § 42 AO auch unberührt. Es kommt hinzu, dass unklar ist, ob sich der Gesetzgeber vorstellte, dass der Hinweis auf § 42 AO für alle Fragen des § 11 Abs. 2 gelten solle im Sinne einer besonderen Aufmerksamkeit hinsichtlich eventuell missbräuchlicher Gestaltungen bei der zeitlichen Zuordnung von Ausgaben oder ob nur auf die erfahrungsgemäß auftretende Missbrauchsgefahr im Zusammenhang mit wirtschaftlich unangemessenen Vereinbarungen zum Damnum oder Disagio das Augenmerk der Verwaltung und der Gerichte geschärft werden soll. So oder so bringt Satz 5 von § 11 Abs. 2 keine Hilfe für die Praxis und keinen Zugewinn an Rechtssicherheit. Zu weiteren Fragen → Rn. 168.1 ff. **168**

Eine eigene Bedeutung des Satzes nur für die Vereinbarungen zum Damnum oder Disagio ist aber auch deshalb schwer zu erkennen, weil mit der Begrenzung auf die marktübliche Höhe bereits eine Missbrauchsverhinderung im Gesetz angelegt ist. Was darüber hinaus noch mit § 42 AO erreicht werden könnte, ist nicht ersichtlich. **168.1**

Schmidt/*Krüger* § 11 Rn. 46 will den Satz 5 nur auf die Vorauszahlungen für Nutzungsüberlassungen gemäß Satz 3 anwendbar sein lassen unter Hinweis auf die Gesetzesmaterialien (BT-Drs. 15/4050, 56; ebenso HHR/*Kister* § 11 Rn. 130). Dazu stellt sich freilich die Frage, warum erst noch der Satz 4 im **168.2**

Gesetz steht. Und auch Satz 3 hat mit der Mindestdauer von fünf Jahren bei den Nutzungsüberlassungen eine klare Grenze gezogen, ab der der Gesetzestatbestand der Verteilungspflicht eindeutig erfüllt ist.

168.3 Dann könnten allenfalls Zweifel daran aufkommen, ob eine Anzahlung für eine Nutzungsüberlassung für die Zeit von 4 Jahren und 360 Tagen so bewusst unter der Fünf-Jahresfrist bleibt, dass ein wirtschaftlicher Sinn nicht erkennbar ist und eben doch eine missbräuchliche Gestaltung vorliegt. Das ist allerdings das generelle Problem bei festen Daten und Zeiträumen in Steuergesetzen. Auf sie darf sich der Steuerpflichtige einrichten und das bewusste Unter- oder Überschreiten von derartigen Zeit- oder Betragsgrenzen ist in das freie Belieben des Steuerpflichtigen gestellt. Der Gesetzgeber selbst setzt diese Grenzen aus politischen oder praktischen Gründen und muss dann hinnehmen, dass sie vom Steuerpflichtigen ausgeschöpft werden, so wie auch die Steuerpflichtigen keinen Billigkeitsanspruch haben, wenn sie diese Grenzen – aus welchen Gründen auch immer – nicht einhalten. Für Korrekturen der vom Steuerpflichtigen gewählten Gestaltung nach § 42 AO durch die Verwaltung bleibt dann kein Raum (vgl. *Seer* DStR 1987, 603; *Fischer* FR 2008, 306; *Hey* BB 2009, 1044; *Wendt* DStjG 33, 117 (135)).

6. § 11 Abs. 2 Satz 6: Die Vorschriften über die Gewinnermittlung bleiben unberührt

169 **Wortgleich** mit Satz 5 von § 11 Abs. 1 bestimmt Satz 6 von § 11 Abs. 2, dass die Vorschriften über die Gewinnermittlung gemäß § 4 Abs. 1 und § 5 unberührt bleiben. Das bedeutet, dass das in § 11 Abs. 2 geregelte Abflussprinzip bei der Gewinnermittlung durch Betriebsvermögensvergleich keine Anwendung findet. Damit hat es Bedeutung insbesondere bei der Gewinnermittlung gemäß § 4 Abs. 3.

III. ABC des Zu- und Abflusses

170 Angesichts der weitreichenden prinzipiellen Regelungswirkung des § 11 hat sich eine umfangreiche Kasuistik entwickelt, ua in EStH 11, die im folgenden ABC dargestellt wird.

Abtretung

171 Bei der entgeltlichen Abtretung liegt der Zufluss vor, wenn das Entgelt an den Abtretenden gezahlt wird. Bei unentgeltlicher Abtretung liegt der Zufluss erst vor, wenn beim neuen Gläubiger die Zahlung eingeht, denn erst dann erlangt dieser die wirtschaftliche Verfügungsmacht über die Forderung.

Arbeitslohn

172 Laufender Arbeitslohn gilt in dem Jahr als bezogen und fließt damit gemäß § 38a Abs. 1 S. 2 in dem Kalenderjahr zu, in dem der Lohnzahlungszeitraum endet.

173 Arbeitslohn, der nicht als laufender Lohn bezahlt wird, wird in dem Kalenderjahr bezogen, in dem er dem Arbeitnehmer zufließt, § 38a Abs. 1 S. 3.

174 Die Beitragsleistung eines Arbeitgebers zu einer Direktversicherung seines Arbeitnehmers fließt dem Arbeitnehmer in dem Zeitpunkt zu, in dem der Arbeitgeber seiner Bank den entsprechenden Überweisungsauftrag erteilt (BFH 7.7.2005 – IX R 7/05, BStBl. II 2005, 726.

175 Arbeitslohn kann auch vorliegen, wenn ein Arbeitgeber nicht aus ganz überwiegend eigenbetrieblichem Interesse die Zahlung einer gegen den Arbeitnehmer verhängten Geldbuße wegen Verstößen gegen das Lebensmittelrecht übernimmt, BFH 22.7.2008 – VI R 47/06, BStBl. II 2009, 151; LStH 19.3 – Arbeitslohn.

176 Arbeitgeber und Arbeitnehmer können den Zeitpunkt des Zuflusses oder eines Teilbetrags einer Abfindung steuerwirksam verschieben durch Änderung der ursprünglich vereinbarten Fälligkeit (BFH 11.11.2009 – IX R 1/09, BStBl. II 2010, 746; LStH 38.2). Der Zufluss von Arbeitslohn ist bei einer Gutschrift auf dem Zeitwertkonto des Arbeitnehmers erst in der Freistellungsphase anzunehmen, wenn dieser erst dann wirtschaftlich über das Guthaben verfügen kann. Insofern ist die Fälligkeit hinausgeschoben, → Rn. 79.1.

177 Bei Überlassung einer Jahresnetzkarte an einen Arbeitnehmer durch den Arbeitgeber zum privaten Gebrauch des Arbeitnehmers kommt es zum Lohnzufluss im Zeitpunkt der Überlassung (BFH 12.4.2007 – VI R 89/04, BStBl. II 2007, 719, LStH 38.2).

Arzthonorar

Stellen bei Abrechnung durch kassenärztliche Vereinigungen regelmäßig wiederkehrende Einnahmen dar (vgl. BFH 6.7.1995 – IV R 63/94, BStBl. II 1996, 266). Der Zufluss findet erst im Zeitpunkt der Überweisung durch die kassenärztliche Vereinigung statt (vgl. BFH 20.2.1964 – IV 4/61 U, BStBl. III 1964, 329). **178**

Aufrechnung

Mit der Aufrechnung mit einer fälligen Gegenforderung fließt eine Ausgabe ab, denn die Aufrechnung mit einer fälligen Gegenleistung ist eine Leistung gemäß § 11 Abs. 2 (vgl. EStH 11 unter Hinweis auf BFH 19.4.1977 – VIII R 119/75, BStBl. II 1977, 601; s. auch BFH 25.10.1994 – VIII R 79/91, BStBl. II 1995, 121). **179**

Aufwandsspende

S. Verzicht auf Aufwendungsersatz → Rn. 295. **180**

Einstweilen frei **181–185**

Barzahlung

Die Hingabe von Geld bewirkt beim Empfänger den Zufluss im Zeitpunkt der tatsächlichen Entgegennahme; beim Zahlenden ist dies auch der Zeitpunkt des Abflusses. **186**

Beitragsrückerstattungen

Die Erstattung von Beiträgen zu Versicherungen mindern im Jahr ihres Zuflusses unabhängig von ihrer Bezeichnung zB als Pauschalleistung die Versicherungsaufwendungen, s. BMF 19.8.2013, BStBl. I 2013, 1087 Rn. 71; bestätigt durch BFH 1.6.2016 – X R 17/15, BFH/NV 2016, 1611. **187**

Belegschaftsaktien

Sperrfristen oder Mindesthaltezeiten hindern den Zufluss im Zeitpunkt der Ausgabe nicht (vgl. BFH 1.1.2007 – VI R 73/04, BFH/NV 2007, 896). Bei bloßen Aktienoptionsrechten, die einem Arbeitnehmer gewährt werden, kommt es zum Zufluss erst mit der Ausübung der Option, denn vorher hatte der Arbeitnehmer nur eine Chance, aber noch keine wirtschaftliche Verfügungsmacht (s. BFH 20.6.2001 – VI R 105/99, BStBl. II 2001, 689). **188**

Bruchteilsgemeinschaft

Der Zufluss einer der Bruchteilsgemeinschaft zustehenden Einnahme ist gegeben im Zeitpunkt des Eingangs bei dieser. Zu diesem Zeitpunkt erfolgt auch der Zufluss bei den Beteiligten. **189**

Einstweilen frei **190–199**

Damnum

Fließt ab im Zeitpunkt der Einbehaltung bei Auszahlung des Darlehens (vgl. BFH 10.3.1970 – VI R 165/67, BStBl. II 1970, 453). Wird das Darlehen ratenweise ausgezahlt, ist ohne besondere Vereinbarung über den Abflusszeitpunkt eine ratenweise Aufteilung vorzunehmen (vgl. BFH 26.6.1975 – VIII R 78/71, BStBl. II 1975, 880). Bei Aufnahme eines Tilgungsstreckungsdarlehens zur Finanzierung des Damnums fließt es mit den Tilgungsraten dieses Darlehens ab (vgl. BFH 26.11.1974 – VIII R 105/70, BStBl. II 1975, 330). Die Vorauszahlung eines Damnums ist nur als Abfluss anzuerkennen, wenn die Vorauszahlung auf wirtschaftlich vernünftigen Erwägungen beruht (vgl. BFH 3.2.1987 – IX R 85/85, BStBl. II 1987, 492). Die Verwaltung anerkennt wirtschaftlich sinnvolle Gründe für die Vorauszahlung nicht mehr als drei Monate vor der Auszahlung von mindestens 30 vH des Darlehens (s. BMF v. 20.10.2003, BStBl. I 2003, 546 Rn. 15). **200**

Direktversicherung

201 S. Arbeitslohn → Rn. 172.

202–206 *Einstweilen frei*

Erbe

207 Ob der Zufluss beim Erblasser stattgefunden hat oder erst beim Erben stattfindet, richtet sich bei Kapitaleinkünften danach, wann die Erträge wem gutgeschrieben werden. War das noch zu Lebzeiten des Erblassers ist der Zufluss bei diesem anzusetzen, erfolgt die Gutschrift erst nach dem Tod des Erblassers beim Erben, kommt es bei diesem zum Zufluss.

Erstattung von Rentenversicherungsbeiträgen

208 Erstattete Rentenversicherungsbeiträge sind im Jahr der Erstattung mit gleichartigen Sonderausgaben zu verrechnen. Ist das nicht möglich, ist der Sonderausgabenabzug im Jahr der ursprünglichen Verausgabung zu korrigieren → Rn. 15.4.

209–217 *Einstweilen frei*

Geringfügige Beschäftigungsverhältnisse:

218 Siehe Haushaltsnahe Dienstleistung → Rn. 226.

Gesamtgläubiger

219 Wenn eine Forderung mehreren Steuerpflichtigen zusteht und vereinbaren sie mit dem Schuldner, dass dieser nur an einen der Gesamtgläubiger zahlen soll, führt der Eingang der Zahlung beim bestimmten Empfänger auch zum Zufluss des anteiligen Betrags bei den übrigen Gläubigern (vgl. BFH 10.12.1985 – VIII R 15/83, BStBl. II 1986, 342).

Gewinnausschüttung

220 Sie sind dem Gesellschafter schon dann zugeflossen, wenn sie ihm zB auf einem Verrechnungskonto bei der leistungsfähigen Kapitalgesellschaft gutgeschrieben worden sind, über das der Gesellschafter verfügen kann, oder wenn der Gesellschafter aus eigenem Interesse, zB bei einer Novation, seine Gewinnanteile in der Gesellschaft belässt (vgl. EStR 20.2 unter Hinweis auf BFH 14.2.1984 – VIII R 221/80, BStBl. II 1984, 480). Bei einem beherrschenden Gesellschafter oder Alleingesellschafter einer zahlungsfähigen Gesellschaft fließt die Gewinnausschüttung zu im Zeitpunkt der Beschlussfassung über die Gewinnverwendung. Das gilt nach Ansicht des BFH (BFH 17.11.1998 – VIII R 24/98, BStBl. II 1999, 223) auch dann, wenn die Gesellschafterversammlung eine spätere Fälligkeit des Auszahlungsanspruchs beschlossen hat.

221–225 *Einstweilen frei*

Haushaltsnahe Dienstleistung

226 Für die Inanspruchnahme der Steuerermäßigung gemäß § 35a ist auf den Veranlagungszeitraum abzustellen, in dem die Zahlungen, ggf. auch durch Dritte, geleistet werden. Die Vorauszahlungen fallen unter die Zehntageregelung. Bei geringfügigen Beschäftigungsverhältnissen gemäß § 35a Abs. 1 gehören die Abgaben für das in den Monaten Juli bis Dezember erzielte Arbeitsentgelt, die erst am 15.1. des Folgejahres fällig werden, noch zu den begünstigten Aufwendungen des Vorjahres.

227–231 *Einstweilen frei*

Instandhaltungsrücklage

232 H 21.2 EStR lässt in Übereinstimmung mit dem BFH 26.1.1988 – IX R 119/83, BStBl. II 1988, 577, den Abzug der von den Wohnungseigentümern an den Verwalter einer Wohnungseigentumsanlage gezahlten Instandhaltungsrücklage als Werbungskosten gemäß § 21 erst in dem Jahr zu, in dem der Verwalter diese Rücklage verausgabt hat. Das überzeugt nicht.

Wirtschaftsjahr

Der BFH (BFH 23.9.1999 – IV R 1/99, BStBl. II 2000, 121) und ihm folgend die Verwaltung, vgl. EStH 11 wenden § 11 auch bei einem abweichenden Wirtschaftsjahr an, wenn die Zahlungen kurze Zeit vor Beginn oder nach dem Ende des Wirtschaftsjahrs zufließen. 305

Wohnungseigentümer

Laut des Schreibens BMF 10.1.2014, BStBl. I 2014, 75 können Wohnungseigentümer die Aufwendungen für haushaltsnahe Dienstleistungen gemäß § 35a in dem Jahr des Abflusses oder im Jahr der Genehmigung der Jahresabrechnung durch die Wohnungseigentümergemeinschaft geltend machen. Das gilt auch die zeitliche Berücksichtigung von Nebenkosten bei Mietern. 306

Einstweilen frei 307–311

Zahlungsfähigkeit

Die Zahlungsfähigkeit des Schuldners ist Voraussetzung für den Zufluss; bloße Scheingutschriften zB in Schneeballsystemen führen zu keinem Zufluss (vgl. BFH 30.10.2001 – VIII R 15/01, BStBl. II 2002, 138; BFH 11.2.2010 – VI R 47/08, BFH/NV 2010, 1094). 312

§ 11a Sonderbehandlung von Erhaltungsaufwand bei Gebäuden in Sanierungsgebieten und städtebaulichen Entwicklungsbereichen

(1) 1Der Steuerpflichtige kann durch Zuschüsse aus Sanierungs- oder Entwicklungsförderungsmitteln nicht gedeckten Erhaltungsaufwand für Maßnahmen im Sinne des § 177 des Baugesetzbuchs an einem im Inland belegenen Gebäude in einem förmlich festgelegten Sanierungsgebiet oder städtebaulichen Entwicklungsbereich auf zwei bis fünf Jahre gleichmäßig verteilen. 2Satz 1 ist entsprechend anzuwenden auf durch Zuschüsse aus Sanierungs- oder Entwicklungsförderungsmitteln nicht gedeckten Erhaltungsaufwand für Maßnahmen, die der Erhaltung, Erneuerung und funktionsgerechten Verwendung eines Gebäudes im Sinne des Satzes 1 dienen, das wegen seiner geschichtlichen, künstlerischen oder städtebaulichen Bedeutung erhalten bleiben soll, und zu deren Durchführung sich der Eigentümer neben bestimmten Modernisierungsmaßnahmen gegenüber der Gemeinde verpflichtet hat.

(2) 1Wird das Gebäude während des Verteilungszeitraums veräußert, ist der noch nicht berücksichtigte Teil des Erhaltungsaufwands im Jahr der Veräußerung als Betriebsausgaben oder Werbungskosten abzusetzen. 2Das Gleiche gilt, wenn ein nicht zu einem Betriebsvermögen gehörendes Gebäude in ein Betriebsvermögen eingebracht oder wenn ein Gebäude aus dem Betriebsvermögen entnommen oder wenn ein Gebäude nicht mehr zur Einkunftserzielung genutzt wird.

(3) Steht das Gebäude im Eigentum mehrerer Personen, ist der in Absatz 1 bezeichnete Erhaltungsaufwand von allen Eigentümern auf den gleichen Zeitraum zu verteilen.

(4) § 7h Absatz 1a bis 3 ist entsprechend anzuwenden.

Überblick

§ 11a begünstigt den Erhaltungsaufwand für Gebäude in Sanierungsgebieten in der Weise, dass es dem Steuerpflichtigen erlaubt, diesen Aufwand auf zwei bis fünf Jahre gleichmäßig zu verteilen. Durch diesen Dispens vom Abflussprinzip des § 11 kann der Steuerpflichtige verhindern, dass bei geringem Einkommen der Aufwand ohne steuerliche Wirkung bleibt oder er kann einen niedrigeren Grenzsteuersatz erreichen.

Übersicht

A. Allgemeines

1 **Leitentscheidungen, wichtige Verwaltungsanweisungen und Schrifttum (Auswahl):**

1.1 **Wichtige Verwaltungsanweisungen:**
EStR 7h; EStR 11a; EStH 11a; BMF 15.5.2007, BStBl. I 2007, 475.

1.2 **Schrifttum (Auswahl):**
Hahn, Die einkommensteuerrechtliche Behandlung von Baudenkmalen und Gebäuden in Sanierungsgebieten und städtebaulichen Entwicklungsbereichen nach dem WohnungsbauförderungsG (WoBauFG) einschließlich der Übergangsregelungen, DB 1990, 65; *Stuhrmann*, EStliche Vergünstigungen bei Baudenkmalen unter Berücksichtigung der Regelungen durch das WohnungsbauförderungsG, DStZ 1990, 107.

I. Regelungsanliegen im System des Steuerrechts

1. Allgemeines und Normstruktur

2 § 11a ist eine **Spezialvorschrift** zur Möglichkeit der Verteilung von einmalig angefallenem Erhaltungsaufwand zur Sanierung bestimmter Gebäude auf zwei bis fünf Jahre. Damit durchbricht die Vorschrift den Grundsatz des § 11, der die einkommensteuerliche Wirksamkeit von Ausgaben in das Jahr des Abfließens legt. Freilich ist das Prinzip der Verteilung von Aufwand auf einen längeren Zeitraum nicht nur in § 11a zu finden, auch § 11b beruht hierauf und letztlich arbeiten die Abschreibungsregeln danach. Wenn man den Sanierungsaufwand gesetzgeberisch als eigenes Wirtschaftsgut bei der Einkommensteuer – ebenso wie bei der Vorsteuerberichtigung gem. § 15a UStG – behandeln würde und dafür eine Abschreibungsdauer von fünf Jahren anordnete, käme man zum gleichen steuerlichen Ergebnis wie beim Einsatz von § 11a. Da ausdrücklich nur der Erhaltungsaufwand angesprochen wird, gilt die Vorschrift nicht für Anschaffungs- und Herstellungsaufwand.

3 Die Vorschrift spricht nur in ihrem Abs. 2 von **Werbungskosten oder Betriebsausgaben,** sagt aber nicht, bei welcher Einkunftsart diese anzusetzen sind. In Betracht kommen die Einkünfte aus Vermietung und Verpachtung sowie aus Gewerbebetrieb, wenn das Gebäude zu einem Betriebsvermögen gehört. Wer im eigenen Haus wohnt und dabei keine Einkünfte erzielt, ist von § 11a nicht betroffen. Insofern hilft ihm die Vorschrift nicht. Für diese Fälle greift allenfalls der Ansatz von Sonderausgaben gemäß § 10 f.

4 § 11a ist **keine zwingende Norm.** Sie gibt dem Steuerpflichtigen nur ein Wahlrecht zur gleichmäßigen Verteilung des Aufwands auf zwei bis fünf Jahre. Das bedeutet, dass die Verteilung nicht auch degressiv oder in beliebigen Raten zulässig ist. Vielmehr ist zB bei der Verteilung auf drei Jahre für jedes Jahr dann der Ansatz nur von einem Drittel der Kosten zulässig. Damit kann der Steuerpflichtige seine Steuerprogression beeinflussen und es wird auch vermieden, dass Aufwand wegen einer Steuerbelastung von ohnehin Null ins Leere geht. § 11a flankiert so das städtebauliche Anliegen der Sanierung Missstands- oder mangelbehafteter Gebäude.

4.1 Weil die Norm dazu nichts sagt, ist davon auszugehen, dass die einmal getroffene Verteilungsentscheidung vom Steuerpflichtigen nicht geändert werden kann. Es ist also nicht zulässig, zB im dritten Jahr vom gewählten fünfjährigen Verteilungszeitraum auf einen kürzeren Zeitraum zu wechseln. Nur Absatz 2 der Vorschrift regelt die zwangsweise Beendigung des Verteilungszeitraums in bestimmten Fällen (→ Rn. 10 ff.).

2. Entstehungsgeschichte

§ 11a wurde durch das **Wohnungsbauförderungsgesetz** v. 22.12.1989, BGBl. 1989 I 2408 – unbefristet – mit Wirkung ab dem 1.1.1990 in das EStG eingefügt (s. dazu *Hahn* DB 1990, 65; *Stuhrmann* DStZ 1990, 107). Er gilt für nach dem 31.12.1989 angefallenen Erhaltungsaufwand (vgl. § 52 Abs. 14b EStG 1990). Die dieser Kommentierung voranstehende Fassung des § 11a berücksichtigt die Änderung des Abs. 4 (→ Rn. 16), die durch Art. 1 Nr. 11 des **„JStG 2019"** v. 12.12.2019 (BGBl. 2019 I 2451) mit Wirkung ab dem 13.12.2019 (s. Art. 39 Abs. 1 des Änderungsgesetzes) angeordnet wurde. 5

Für vorher angefallenen Aufwand galt § 82h EStDV in der damaligen Fassung. 5.1

In **§ 11b** – Erhaltungsaufwand bei Baudenkmalen – wird auf § 11a verwiesen. Insofern hat die Vorschrift einen über ihren unmittelbaren Wortlaut hinaus geltenden Anwendungsbereich bei einer weiteren Norm. 6

§ 4 Abs. 8 ordnet beim Gewinnbegriff die entsprechende Geltung des § 11a an; das erscheint gesetzestechnisch nicht gelungen, denn wenn die Verteilung des Aufwands gem. § 11a zulässig wird – abweichend vom strengen Abflussprinzip gemäß § 11 –, dann hat dies bei der Ermittlung des Gewinns unmittelbare Auswirkung und muss nicht erst durch die Anordnung der entsprechenden Anwendung im Gesetz ausdrücklich erlaubt werden. 7

3. Zentrale Debatten

§ 11b trägt systematisch zum Einkommensteuerrecht nichts wirklich Bemerkenswertes bei. Die Norm ist eine **Lenkungsvorschrift,** deren Wirkung sich auf relativ wenige wirtschaftliche Vorgänge bezieht, die der Gesetzgeber dadurch steuerlich fördern möchte, dass er eine Ausnahme vom strengen Abflussprinzip bei einem definierten Aufwand erlaubt. Einen Überblick über die praktische Wirkung der Vorschrift und die fiskalische Bedeutung gibt es – durchaus typisch für die Steuergesetzgebung in Deutschland – bisher nicht. 8

Die **FinVerw** hält es außer der Anordnung der entsprechenden Anwendung von EStR 7h nicht für erforderlich, in den EStR dazu etwas zu sagen, s. EStR 11a. 9

Die EStH 11a beschränken sich auf Verweise zu

- den länderspezifischen Bescheinigungsrichtlinien,
- dem BMF-Schreiben BMF 15.5.2007, BStBl. I 2007, 475,
- der Reichweite der Bindungswirkung von Bescheinigungen nach § 7h Abs. 2 und § 7i Abs. 2, sowie
- EStR 21.1 (6) zur Verteilung von Erhaltungsaufwand.

Das zeigt, dass wichtige Fragen der Anwendung der Norm aus anderen Vorschriften des EStG in § 11a importiert werden müssen und nicht originär bei dieser Norm angesiedelt sind.

B. Voraussetzungen und Rechtsfolgen

I. Normstruktur – Inhalt der Norm

1. § 11a Abs. 1

Abs. 1 regelt den **verteilungsfähigen Aufwand,** mit dem sich die Norm befasst: In **Satz 1** geht es zunächst um den Erhaltungsaufwand iSv § 177 BauGB an einem im Inland gelegenen Gebäude in einem förmlich festgelegten Sanierungsgebiet oder städtebaulichen Entwicklungsbereich, soweit dieser Aufwand durch Zuschüsse aus Sanierungs- und Entwicklungsförderungsmitteln nicht gedeckt ist. Da der Steuerpflichtige durch den Aufwand, der durch öffentliche Zuschüsse gedeckt ist, nicht belastet wird, besteht Bedarf zu einer steuerlichen Regelung nur hinsichtlich der restlichen nicht geförderten Kosten. Dass mit der Norm nur Maßnahmen an im Inland gelegenen Gebäuden gefördert werden sollen, versteht sich eigentlich von selbst, denn das BauGB kann und darf sich nicht mit im Ausland gelegenen Bauwerken befassen. Es ist nicht vorstellbar, dass es dort Sanierungsgebiete gibt, für die das BauGB gilt. 10

10.1 § 177 BauGB gibt den Gemeinden die Möglichkeit, zur Beseitigung von bestimmten Missständen und Mängeln an Gebäuden ein Modernisierungsgebot zu erlassen, dem der Eigentümer zu folgen hat (§ 177 Abs. 1 und 2 BauGB). Dabei hat der Eigentümer die Kosten für die von der Gemeinde angeordneten Maßnahmen nur insoweit zu tragen, als er sie selbst aufbringen kann (§ 177 Abs. 3–5 BauGB). Die so nicht gedeckten Kosten werden durch Zuschüsse oder Erstattungen dem Eigentümer ersetzt. § 11a betrifft mithin nur den letztlich vom Eigentümer unfreiwillig selbst getragenen Aufwand.

11 **Satz 2** ordnet die entsprechende Geltung von Satz 1 für die Fälle an, in denen sich der Eigentümer gegenüber der Gemeinde – freiwillig – verpflichtet, an einem Gebäude, das in einem Sanierungsgebiet iSv Satz 1 liegt, Maßnahmen durchzuführen, die der Erhaltung, Erneuerung oder funktionsgerechten Verwendung dienen, weil das Gebäude wegen seiner geschichtlichen, künstlerischen oder städtebaulichen Bedeutung erhalten bleiben soll.

12 Auch hier geht es nur um den vom Eigentümer schließlich selbst getragenen Aufwand.

2. § 11a Abs. 2

13 **§ 11a Abs. 2 S. 1** regelt den Fall, dass während des Verteilungszeitraums das Gebäude veräußert wird. Dann muss der noch nicht in den Vorjahren berücksichtigte Teil des Erhaltungsaufwandes im Jahr der Veräußerung als Werbungskosten oder Betriebsausgaben vollständig abgesetzt werden, denn eine weitere Verteilung ist beim Eigentümer nicht mehr möglich und es gibt für diese Kosten keine Einzelrechtsnachfolge des Erwerbers.

13.1 Da das Gesetz von Veräußerung spricht, fällt der Erbfall als nicht rechtsgeschäftlicher Vorgang nicht unter die Vorschrift. Mithin können die Erben die vom Erblasser vorgenommene Verteilung fortsetzen. Die Veräußerung muss nicht entgeltlich sein, sodass auch Schenkungen von § 11a Abs. 2 betroffen sind.

14 **§ 11a Abs. 2 S. 2** ordnet die in Satz 1 bestimmte vollständige Absetzung des Restbetrags im Jahr der Veräußerung auch für die Fälle an, in denen ein nicht zu einem Betriebsvermögen gehörendes Gebäude während des Verteilungszeitraums in ein Betriebsvermögen eingebracht wird oder wenn ein zu einem Betriebsvermögen gehörendes Gebäude aus dem Betriebsvermögen entnommen wird oder wenn ein Gebäude nicht mehr zur Einkunftserzielung genutzt wird. Das ist zB der Fall bei einem bisher vermieteten Gebäude, das der Eigentümer künftig selbst bewohnt, → Rn. 3. Das ist systematisch richtig, denn in derartigen Fällen ändert sich der einkommensteuerliche Status des Gebäudes, der für die Einkunftsermittlung maßgeblich ist.

3. § 11a Abs. 3

15 **Abs. 3** der Vorschrift betrifft den Fall, dass es mehrere Eigentümer eines von Abs. 1 betroffenen Gebäudes gibt. Dann ist der in Abs. 1 bezeichnete Erhaltungsaufwand von allen Eigentümern auf den gleichen Zeitraum zu verteilen. Es ist also nicht zulässig, dass zB zwei von drei Eigentümern den Aufwand auf drei Jahre verteilen und der dritte Eigentümer den auf ihn entfallenden Anteil auf fünf Jahre verteilt. Die Miteigentümer müssen sich also auf die Dauer der Verteilung einigen. Die Finanzverwaltung ist an diesen Abmachungen nicht beteiligt. Sie bedürfen keiner Genehmigung durch das Finanzamt.

15.1 Wenn die mehreren Eigentümer durch den Erbfall an das Gebäude gekommen sind, treten sie in die Rechtsnachfolge des Erblassers ein und sind an dessen Verteilungsentscheidung gebunden. Die Erben können diese nicht ändern.

4. § 11a Abs. 4

16 Gemäß **§ 11a Abs. 4** sind die Abs. 1a bis 3 (vor dem 13.12.2019: die Abs. 1, 2 und 3, → Rn. 5) des § 7h entsprechend anzuwenden. Damit erspart sich die Vorschrift eine eigenständige Regelung der Nachweisbedingungen, die bei einer derartigen Vorschrift unverzichtbar sind.

17 Über die entsprechende Anwendung des § 7h Abs. 2 wird eine Bescheinigung der zuständigen Gemeindebehörde über die Eigenschaft des Gebäudes iSv § 11a Abs. 1 zur Voraussetzung der Verteilungsmöglichkeit. Außerdem muss die gemeindliche Bescheinigung die Höhe der gewährten Zuschüsse enthalten. Wenn nach Ausstellung der Bescheinigung noch weitere Zuschüsse fließen, muss die Gemeinde die Bescheinigung entsprechend ändern.

Durch diese Regelung wird erreicht, dass der gemäß § 11a Abs. 1 zu verteilende Aufwand korrekt ermittelt werden kann. 18

Die **Bescheinigung der Gemeinde** ist für die FinVerw maßgebend. Sie stellt einen Grundlagenbescheid dar, den die Finanzbehörden inhaltlich nicht zu prüfen haben und auch nicht prüfen dürfen (vgl. EStR 7h Abs. 4; s. auch BFH 13.9.2001 – IX R 62/98, BStBl. II 2003, 912; BFH 14.1.2004 – X R 19/02, BFH/NV 2004, 1021). Ob also zB die Erhaltungsaufwendungen wirklich der „funktionsgerechten Verwendung" des Gebäudes dienen, ist der Überprüfung durch die Finanzbehörden entzogen (BFH 22.10.2014 – X R 15/13, BStBl. II 2015, 367). Das macht Sinn, denn ein Streit darüber zwischen dem Finanzamt und den zuständigen Behörden würde auf dem Rücken des Steuerpflichtigen ausgetragen, dem die Zuschüsse für den Aufwand gewährt wurden. Allenfalls dann, wenn ohne Weiteres erkennbar ist, dass die Bescheinigung unzutreffend ist, haben die Finanzbehörden ein Remonstrationsrecht gegenüber der Gemeinde und können um Rücknahme oder Änderung der Bescheinigung gemäß § 48 Abs. 1 VwVfG bitten. Allerdings hatte sich in der Praxis diese Verfahrensweise nicht wirklich bewährt, denn die Kompetenzverteilung zwischen Gemeinden und Finanzämtern muss so sein, dass die Steuerbehörde ein eigenes Prüfungsrecht hat zur Frage, ob zB durch die Maßnahmen ein Neubau entstanden ist, der nicht begünstigt sein soll nach der Intention des § 7h. Das ist durch die in → Rn. 5 erwähnte Änderung des § 11a Abs. 4 iVm dem neuen § 7h Abs. 1a nun klargestellt: Die Bescheinigung der Bescheinigungsbehörde nach § 7h Abs. 2 umfasst nicht die in § 7f Abs. 1a genannte Voraussetzung (s. die Regierungsbegründung zum „JStG 2019" BT-Drs. 19/13436, zu Art. 1 Nr. 6). 19

Für die Bescheinigungen gibt es länderspezifische Richtlinien; das BMF-Schreiben v. 6.1.2009, BStBl. I 2009, 39 gibt dazu eine Übersicht. 19.1

Die Gemeinde muss dem Finanzamt die Rücknahme oder Änderung der Bescheinigung mitteilen. 19.2

Die Finanzämter haben gem. EStR 7h Abs. 5 (nur) zu prüfen, 19.3

- ob die eingereichte Bescheinigung von der zuständigen Behörde ausgestellt wurde,
- ob die bescheinigten Aufwendungen dem Gebäude zuzuordnen sind,
- ob es sich um Erhaltungsaufwand handelt, vgl. EStR 21.1.,
- ob weitere Zuschüsse gezahlt wurden,
- ob die Aufwendungen bei einer Einkunftsart zu berücksichtigen sind oder zB bei zu Wohnzwecken selbstgenutzten Gebäuden ggf. gem. § 10f wie als Sonderausgaben von Bedeutung sind,
- in welchem Zeitraum die gewählte Verteilung erstmals oder letztmals in Anspruch genommen werden kann.

Da gemäß **§ 7h Abs. 3** die Regelungen des § 7h Abs. 1 und 2 auch für Gebäudeteile, die selbständige unbewegliche Wirtschaftsgüter sind sowie auf Eigentumswohnungen und auf im Teileigentum stehende Räume anzuwenden sind, werden über die Verweisung des § 11a Abs. 4 auf diese Vorschrift auch derartige Gebäudeteile von § 11a Abs. 1–3 begünstigt. 20

II. Weitere Fragen

§ 11a spricht nur von Gebäuden. Anders als in § 11b werden zwar Gebäudeteile nicht eigens erwähnt. Über die Verweisung auf § 7h Abs. 3 werden aber auch Gebäudeteile, die selbständige unbewegliche Wirtschaftsgüter sind sowie Eigentumswohnungen und im Teileigentum stehende Räume in den Anwendungsbereich der Vorschrift einbezogen. 21

Allein **Gebäude,** nicht allgemein Bauwerke sind von der Vorschrift betroffen. Damit sind zB Brücken nicht, wohl aber Brückenhäuser von der Vorschrift umfasst. 22

§ 11b Sonderbehandlung von Erhaltungsaufwand bei Baudenkmalen

[1]Der Steuerpflichtige kann durch Zuschüsse aus öffentlichen Kassen nicht gedeckten Erhaltungsaufwand für ein im Inland belegenes Gebäude oder Gebäudeteil, das nach den jeweiligen landesrechtlichen Vorschriften ein Baudenkmal ist, auf zwei bis fünf Jahre gleichmäßig verteilen, soweit die Aufwendungen nach Art und Umfang zur Erhaltung des Gebäudes oder Gebäudeteils als Baudenkmal oder zu seiner sinnvollen Nutzung erforderlich und die Maßnahmen in Abstimmung mit der in § 7i Absatz 2 bezeichneten Stelle vorgenommen worden sind. [2]Durch

Zuschüsse aus öffentlichen Kassen nicht gedeckten Erhaltungsaufwand für ein im Inland belegenes Gebäude oder Gebäudeteil, das für sich allein nicht die Voraussetzungen für ein Baudenkmal erfüllt, aber Teil einer Gebäudegruppe oder Gesamtanlage ist, die nach den jeweiligen landesrechtlichen Vorschriften als Einheit geschützt ist, kann der Steuerpflichtige auf zwei bis fünf Jahre gleichmäßig verteilen, soweit die Aufwendungen nach Art und Umfang zur Erhaltung des schützenswerten äußeren Erscheinungsbildes der Gebäudegruppe oder Gesamtanlage erforderlich und die Maßnahmen in Abstimmung mit der in § 7i Absatz 2 bezeichneten Stelle vorgenommen worden sind. [3]§ 7h Absatz 3 und § 7i Absatz 1 Satz 2 und Absatz 2 sowie § 11a Absatz 2 und 3 sind entsprechend anzuwenden.

Überblick

§ 11b soll als Lenkungsnorm den Erhaltungsaufwand bei Baudenkmalen dadurch begünstigen, dass er gleichmäßig auf zwei bis fünf Jahre verteilt werden kann, also abweichend von § 11 nicht im Jahr des Abflusses in voller Höhe geltend gemacht werden muss. Durch dieses Wahlrecht lässt sich die Progression glätten und vermeiden, dass in Jahren mit geringem Einkommen der Aufwand uU nicht steuerwirksam wird.

Übersicht

A. Allgemeines

1 **Leitentscheidungen, wichtige Verwaltungsanweisungen und Schrifttum (Auswahl):**

1.1 **Leitentscheidungen des BFH:**
BFH 13.9.2001 – IX R 62/98, BStBl. II 2003, 912; BFH 14.1.2004 – X R 19/02, BFH/NV 2004, 1021.

1.2 **Wichtige Verwaltungsanweisungen:**
EStR 7i und EStR 11b; BMF 10.11.2000. BStBl. I 2000, 1513; BMF 8.11.2004, BStBl. I 2004, 1049; BMF 1.2.2009, BStBl. I 2009, 39.

1.3 **Schrifttum (Auswahl):**
Hahn, Die einkommensteuerrechtliche Behandlung von Baudenkmalen u Gebäuden in Sanierungsgebieten u städtebaulichen Entwicklungsbereichen nach dem WohnungsbauförderungsG (WoBauFG) einschließlich der Übergangsregelungen, DB 1990, 65; *Stuhrmann*, EStliche Vergünstigungen bei Baudenkmalen unter Berücksichtigung der Regelungen durch das WohnungsbauförderungsG, DStZ 1990, 107.

I. Regelungsanliegen im System des Steuerrechts

1. Zweck der Vorschrift

2 § 11b ist im Zusammenhang mit § 11a als einkommensteuerliche Begünstigungsvorschrift im Interesse des Denkmalschutzes zu begreifen. Sie ermöglicht eine von den allgemeinen Prinzipien des § 11 abweichende Behandlung von Erhaltungsaufwand bei Baudenkmälern in der Weise, dass dieser auf zwei bis fünf Jahre verteilt werden kann, mithin nicht im Jahr der Verausgabung sofort und vollständig anzusetzen ist.

3 Die Vorschrift behandelt – ebenso wie § 11a – **nur den Erhaltungsaufwand,** nicht den Anschaffungs- und Herstellungsaufwand für die betroffenen Gebäude. Hinsichtlich der Herstellungskosten bei Baudenkmalen ist auf § 82i EStDV zu verweisen, der erhöhte Absetzungen erlaubt. § 82i EStDV gilt aber nicht für den in § 11b angesprochenen Erhaltungsaufwand.

Bei welcher Einkunftsart der Ansatz des zu verteilenden Aufwandes vorzunehmen ist, gibt die Norm nicht vor. Das ist nach den allgemeinen Grundsätzen zur Abgrenzung der Einkunftsarten zu bestimmen. 4

Die Norm steht neben den Regeln gemäß § 82a–82i EStDV, wonach bei bestimmten Gebäuden Erhaltungsaufwand auch auf mehrere Jahre verteilt werden kann. 5

§ 4 Abs. 8 ordnet bei der Gewinnermittlung die entsprechende Anwendung des § 11b an. 6

2. Entstehungsgeschichte

§ 11b wurde durch das **Wohnungsbauförderungsgesetz** v. 22.12.1989, BGBl. 1989 I 2408; BStBl. I 1989, 505 unbefristet mit Wirkung ab dem 1.1.1990 in das EStG eingefügt (s. dazu *Hahn* DB 1990, 65; *Stuhrmann* DStZ 1990, 107). Er gilt gemäß § 52 Abs. 14b EStG 1990 für **nach dem 31.12.1989** angefallenen Aufwand. 7

Für vor dem 1.1.1990 entstandenen Aufwand galt § 82k EStDV in der damaligen Fassung. 7.1

II. Normstruktur und zentrale Debatten

1. Normstruktur

§ 11b S. 1 erlaubt dem Steuerpflichtigen durch die Formulierung **„kann“** die gleichmäßige Verteilung des durch öffentliche Zuschüsse nicht gedeckten Erhaltungsaufwands auf zwei bis fünf Jahren bei nach landesrechtlichen Vorschriften anerkannten Baudenkmalen. Der Steuerpflichtige ist also nicht gezwungen, den Aufwand zu verteilen. Die Aufwendungen müssen nach Art und Umfang der Erhaltung des Gebäudes oder Gebäudeteils als Baudenkmal oder zu seiner sinnvollen Nutzung erforderlich sein und in Abstimmung mit der in § 7i Abs. 2 bezeichneten Stelle vorgenommen worden sein. 8

Nach Satz 2 der Vorschrift kann die Verteilung wie nach Satz 1 auch für Erhaltungsaufwand an Gebäuden oder Gebäudeteilen vorgenommen werden, die zwar für sich allein nicht die Voraussetzungen als Baudenkmal erfüllen, die aber Teil einer Gebäudegruppe oder Gesamtanlage sind, die nach den landesrechtlichen Vorschriften als Einheit geschützt sind. Die Aufwendungen müssen wie gemäß Satz 1 in Abstimmung mit der in § 7i Abs. 2 bezeichneten Stelle vorgenommen worden sein und nach Art und Umfang zur Erhaltung des schützenswerten äußeren Erscheinungsbildes der Gebäudegruppe oder Gesamtanlage erforderlich sein. 9

Mit der Verweisung in Satz 3 auf die entsprechende Anwendung von § 7h Abs. 3 gilt § 11b auch für Gebäudeteile, die selbständige unbewegliche Wirtschaftsgüter sind, sowie für Eigentumswohnungen und auf in Teileigentum stehende Räume. 10

Die Verweisung in Satz 3 auf § 7i Abs. 1 S. 2 konkretisiert den Begriff der sinnvollen Nutzung des Gebäudes, die nur gegeben ist, wenn die Erhaltung der schützenswerten Substanz des Gebäudes auf Dauer gewährleistet ist. 11

Mit der Verweisung auf § 7i Abs. 2 erspart sich § 11b eigene Bestimmungen zu dem Bescheinigungsverfahren, das zum Nachweis der Erfüllung der Voraussetzungen der Inanspruchnahme der Vorschrift gilt. 12

Schließlich wird durch die Verweisung auf die **entsprechende Anwendung von § 11a Abs. 2** erreicht, dass bei der Veräußerung oder Entnahme des Gebäudes der noch nicht berücksichtigte Teil des verteilten Aufwands im Jahr der Veräußerung oder Entnahme anzusetzen ist. 13

Die Verweisung auf § 11a Abs. 3 gewährleistet, dass mehrere Eigentümer § 11b nur gleichmäßig von § 11b Gebrauch machen können. 14

2. Zentrale Debatten

Wie bei § 11a lässt sich zu zentralen Debatten bei § 11b nichts Eigenständiges bemerken, weil die Vorschrift inhaltlich weitgehend von anderen Normen lebt, die für sie entsprechend gelten. So ordnet auch EStR 11b nur die entsprechende Geltung von EStR 7i an, denn § 11b verweist auf § 7i hinsichtlich des erforderlichen Bescheinigungsverfahrens. Die fiskalische Auswirkung der Vorschrift ist statistisch nicht belegt. Auch ist nicht bekannt, ob von § 11b tatsächlich eine Wirkung in der Weise ausgeht, dass denkmalpflegerisch erwünschter Auf- 15 wand betrieben wird, der ohne die Vorschrift unterblieben wäre. Eher ist zu vermuten, dass die Norm oftmals nur sog. Mitnahmeeffekte auslöst.

15.1 Die Norm gilt nur für im Inland gelegene Denkmäler. Das ist sinnvoll, denn es ist nicht Aufgabe des deutschen Fiskus, im Ausland gelegene denkmalgeschützte Gebäude steuerlich zu fördern. Allerdings kann es bei im Ausland liegenden Gebäuden die Steuerermäßigung für Handwerkerleistungen gem. § 35a geben.

3. Einzelheiten

16 Mit der gleichen „Technik" wie bei § 11a will der Gesetzgeber die Erhaltung von Baudenkmalen steuerlich unterstützen, wobei die hauptsächliche Förderung durch die Zuschüsse geschieht. § 11b befasst sich nur mit dem durch öffentliche Zuschüsse nicht gedeckten Aufwand.

17 Nur der zur Erhaltung des Baudenkmals oder seiner sinnvollen Nutzung erforderliche Aufwand soll von der Verteilungsmöglichkeit profitieren; **„Luxussanierungen"** werden also **nicht begünstigt.** Zum Begriff der sinnvollen Nutzung verweist Satz 3 auf die Definition in § 7i S. 2. Damit sich über die Erforderlichkeit und die Sinnhaftigkeit der Nutzung kein Streit mit den Finanzbehörden ergibt, verlangt die Vorschrift, dass eine Abstimmung mit den nach Landesrecht zuständigen Denkmalschutzbehörden stattgefunden hat. Zur Rechtssicherheit dient der Verweis auf das Bescheinigungsverfahren gem. § 7i Abs. 2 und 3. Die Bescheinigung gilt als Grundlagenbescheid und ist nur eingeschränkt von den Finanzbehörden überprüfbar (s. EStR 7i).

17.1 Auch hier ist auf die Liste der zuständigen Behörden zu verweisen, die das Schreiben des BMF 6.1.2009, BStBl. I 2009, 39 enthält.

17.2 Die Bescheinigungsrichtlinien der Länder lassen sich der Übersicht in den Schreiben BMF 10.11.2000, BStBl. I 2000, 1513 und BMF 8.11.2004, BStBl. I 2004, 1049 entnehmen.

18 Die Vorschrift gilt **nur für Gebäude oder Gebäudeteile,** also nicht allgemein für Bauwerke. Das ist nach dem Wortlaut eindeutig, führt aber bei Satz 2 zu einer gewissen Enge der Anwendung bei den dort auch genannten Gesamtanlagen. So kann zB eine Gebäudegruppe durch Brücken verbunden sein, die auch mit den Denkmalbehörden abgestimmten Erhaltungsaufwand erfordern. Ebenso kann es sich mit Brunnen verhalten. Derartige Bauwerke sind aber keine Gebäude, sodass sie nicht unter § 11b fallen, obschon für sie das gleiche Regelungsanliegen gilt wie für Gebäude. Es wäre dann Sache der Zuschussgeber, den Ausfall der Begünstigung nach § 11b in derartigen Fällen durch die Bemessung des Zuschusses zu kompensieren.

7. Nicht abzugsfähige Ausgaben

§ 12 [Nicht abzugsfähige Ausgaben]

Soweit in § 10 Absatz 1 Nummer 2 bis 5, 7 und 9 sowie Absatz 1a Nummer 1, den §§ 10a, 10b und den §§ 33 bis 33b nichts anderes bestimmt ist, dürfen weder bei den einzelnen Einkunftsarten noch vom Gesamtbetrag der Einkünfte abgezogen werden

1. **die für den Haushalt des Steuerpflichtigen und für den Unterhalt seiner Familienangehörigen aufgewendeten Beträge. [2]Dazu gehören auch die Aufwendungen für die Lebensführung, die die wirtschaftliche oder gesellschaftliche Stellung des Steuerpflichtigen mit sich bringt, auch wenn sie zur Förderung des Berufs oder der Tätigkeit des Steuerpflichtigen erfolgen;**
2. **freiwillige Zuwendungen, Zuwendungen auf Grund einer freiwillig begründeten Rechtspflicht und Zuwendungen an eine gegenüber dem Steuerpflichtigen oder seinem Ehegatten gesetzlich unterhaltsberechtigte Person oder deren Ehegatten, auch wenn diese Zuwendungen auf einer besonderen Vereinbarung beruhen;**

3. die Steuern vom Einkommen und sonstige Personensteuern sowie die Umsatzsteuer für Umsätze, die Entnahmen sind, und die Vorsteuerbeträge auf Aufwendungen, für die das Abzugsverbot der Nummer 1 oder des § 4 Absatz 5 Satz 1 Nummer 1 bis 5, 7 oder Absatz 7 gilt; das gilt auch für die auf diese Steuern entfallenden Nebenleistungen;

4. in einem Strafverfahren festgesetzte Geldstrafen, sonstige Rechtsfolgen vermögensrechtlicher Art, bei denen der Strafcharakter überwiegt, und Leistungen zur Erfüllung von Auflagen oder Weisungen, soweit die Auflagen oder Weisungen nicht lediglich der Wiedergutmachung des durch die Tat verursachten Schadens dienen sowie damit zusammenhängende Aufwendungen.

5. ***(aufgehoben)***

Überblick

Durch die Einkommensteuer hat der Staat am individuellen Erwerbserfolg teil. Steuerbar sind die Erwerbseinnahmen abzüglich der Erwerbsausgaben (§ 2 Abs. 2, objektives erwerbssicherndes Nettoprinzip). § 12 regelt die Gegenseite: Private Aufwendungen sind grundsätzlich nicht abziehbar. § 12 Nr. 1 bis 4 konkretisieren diesen Grundsatz in einer nicht abschließenden Aufzählung für Aufwendungen persönlicher Lebensführung, für sog. Repräsentationsaufwendungen, für freiwillige Zuwendungen, für Steuern und Geldstrafen. Der Grundsatz der Nichtabziehbarkeit privater Kosten wird zuvor im Einleitungssatz des § 12 in einem exemplarischen Verweis auf Regelungen abziehbaren privaten Aufwands eingeschränkt (Sonderausgaben, außergewöhnliche Belastungen). Nach dem subjektiven existenzsichernden Nettoprinzip sind das typisierte Existenzminimum und darüber hinausgreifende zwingende pflichtbestimmte existenzsichernde private Aufwendungen steuerlich zu schonen. Insbesondere der Grundfreibetrag des § 32a Abs. 1 S. 2 Nr. 1 und der Kinderfreibetrag des § 32 Abs. 6, durch die das Existenzminimum des Steuerpflichtigen und seiner Familie und damit der Kernbestand des subjektiven Nettoprinzips geschützt werden, bleiben als Tarifvorschriften bei den Abzugstatbeständen des § 12 unerwähnt, müssen aber bei der konzeptionellen Trennung zwischen Erwerbs- und Privatsphäre mitgedacht werden.

Übersicht

A. Allgemeines

1 **Leitentscheidungen, wichtige Verwaltungsanweisungen und Schrifttum (Auswahl):**

1.1 **Leitentscheidungen des GrS:**
BFH 21.9.2009 – GrS 1/06, BStBl. II 2010, 672 – Aufteilung und Abzug gemischt veranlasster Aufwendungen; BFH 27.7.2015 – GrS 1/14, BStBl. II 2016, 265 – Aufwendungen für ein häusliches Arbeitszimmer und gemischt veranlasste Aufwendungen.

1.2 **Weitere Leitentscheidungen des BFH:**
BFH 12.11.2013 – VIII R 36/10, BStBl. II 2014, 168 – Absetzbarkeit von Erstattungszinsen und Nachforderungszinsen: kein Gleichheitsverstoß.

1.3 **Leitentscheidungen des BVerfG:**
BVerfG 10.11.1998 – 2 BvR 1057/91 ua, BVerfGE 99, 216 – Familienlastenausgleich; BVerfG 10.11.1998 – 2 BvL 42/93, BVerfGE 99, 246 – Kinderexistenzminimum; BVerfG 16.3.2005 – 2 BvL 7/00, BVerfGE 112, 268 – Kinderbetreuungskosten; BVerfG 13.2.2008 – 2 BvL 1/06, BVerfGE 120, 125 – Krankenversicherungsbeitrag als Sonderausgabe; BVerfG 9.12.2008 – 2 BvL 1/07, BVerfGE 122, 210 – Pendlerpauschale; BVerfG 19.11.2019 – 2 BvL 22/14 ua, DStR 2020, 93 – Erstausbildungskosten.

1.4 **Wichtige Verwaltungsanweisungen:**
BMF 6.7.2010, BStBl. I 2010, 614 – steuerliche Beurteilung gemischter Aufwendungen; BMF 22.9.2010, BStBl. I 2010, 721 – Neuregelung der einkommensteuerlichen Behandlung von Berufsausbildungskosten.

1.5 **Schrifttum (Auswahl):**
Tipke, Zur Abgrenzung der Betriebs- oder Berufssphäre von der Privatsphäre im Einkommensteuerrecht, StuW 1979, 193; *Offerhaus*, Zur steuerrechtlichen Abgrenzung zwischen betrieblich (beruflich) veranlassten und durch die Lebensführung veranlassten Aufwendungen, BB 1979, 617 ff., 667 ff.; *Söhn*, Betriebsausgaben, Privatausgaben, gemischte Aufwendungen, DStJG 3 (1980), 13; *Ruppe*, Die Abgrenzung der Betriebsausgaben/Werbungskosten von den Privatausgaben, DStJG 3 (1980), 103; *P. Kirchhof*, Empfiehlt es sich, das Einkommensteuerrecht zur Beseitigung von Ungleichbehandlungen und zur Vereinfachung neu zu ordnen?, Gutachten F zum 57. Deutschen Juristentag, 1988, F5 ff.; *J. Lang*, Die Bemessungsgrundlage der Einkommensteuer, 1988; *Isensee*, Vom Beruf unserer Zeit für Steuervereinfachung, StuW 1994, 3; *Tipke*, Die Steuerrechtsordnung, Bd II, 2. Aufl. 2012; *Geserich*, Das Spendenrecht, DStJG 26 (2003), 245; *Pfab*, Die Behandlung von Bildungsaufwendungen im deutschen Einkommensteuerrecht, 2008; *Seiler*, Grundzüge eines öffentlichen Familienrechts, 2008; *Johenning*, Bildungsaufwendungen im Einkommensteuerrecht, 2009; *Weber*, Die Abgrenzung zwischen Erwerbs- und Privatsphäre nach dem Veranlassungsprinzip, StuW 2009, 184; *Bruschke*, Das steuerliche Abzugsverbot für Sanktionen, DStZ 2009, 489; *Moes*, Die Steuerfreiheit des Existenzminimums vor dem Bundesverfassungsgericht,

2010; *Pezzer*, Das Aufteilungsverbot ist aufgegeben; wie geht es weiter?, DStR 2010, 93; *Heuermann*, Vom Aufteilungsverbot zum Aufteilungsgebot, StBp 2010, 86; *G. Kirchhof*, Nettoprinzip und gemischte Aufwendungen, FS Lang, 2010, 563; *Spindler*, Der BFH verabschiedet sich vom allgemeinen Aufteilungs- und Abzugsverbot, FS Lang, 2010, 589; *Jochum*, Steuerliche Behandlung gemischt veranlasster Aufwendungen, DStZ 2010, 665; *Leisner-Egensperger*, Anteilsmäßige Abzugsfähigkeit berufsfördernder Bewirtungskosten (§ 12 Nr. 1 S. 2), DStZ 2010, 673; *Schwenke*, Neuausrichtung der Rechtsprechung zur Abzugsfähigkeit sog. gemischter Aufwendungen, FR 2011, 1051; *Förster*, Lohnt sich Bildung für den Steuerpflichtigen?, DStR 2012, 486; *G. Kirchhof*, Drei Bereiche privaten Aufwands im Einkommensteuerrecht, DStR 2013, 1867; *Mellinghoff*, Privataufwendungen, in: Leitgedanken des Rechts, 2013, § 174; *Kube*, Stand und Perspektiven der Ehegattenbesteuerung, StuW 2016, 332; *St. Geserich*, Das stete Ringen um den Werbungskostenabzug von Aufwendungen für die berufliche (Erst-)Ausbildung, DStR 2018, 2084; *St. Schneider,* Gemischte Veranlassung, 100 Jahre Steuerrechtsprechung in Deutschland 1918–2018, FS für den BFH, Bd. II, 2018, 1243; *R. Krüger,* Subjektives Nettoprinzip im Einkommensteuerrecht, 100 Jahre Steuerrechtsprechung in Deutschland 1918–2018, FS für den BFH, Bd. II, 2018, 1261; *Möhlenbrock,* Altersvorsorge im Ertragsteuerrecht, 100 Jahre Steuerrechtsprechung in Deutschland 1918–2018, FS für den BFH, Bd. II, 2018, 1295.

I. § 12 im System des Steuerrechts

1. Abzug bestimmten, in der Regel typisierten privaten Aufwands

Das Einkommensteuerrecht unterscheidet auf der Einnahmen- und der Ausgabenseite die Erwerbssphäre von der Privatsphäre, die Einkommenserzielung von der Einkommensverwendung (→ Rn. 115 ff.). Die durch die einzelnen Einkunftsarten definierte Erwerbssphäre ist für die Steuerbemessung grundsätzlich erheblich, die steuerliche Privatsphäre in der Regel nicht (BFH 21.9.2009 – GrS 1/06, BStBl. II 2010, 672 Rn. 93; BVerfG 23.11.1976 – 1 BvR 150/75, BVerfGE 43, 108 (119 f.); *Mellinghoff* Leitgedanken des Rechts, 2013, § 174 Rn. 1 ff.). § 12 bestätigt diesen Ausgangspunkt für **Ausgaben,** die der **Privatsphäre** zuzuordnen sind (BFH 28.1.2003 – VI R 48/99, BStBl. II 2003, 724). Kosten der Lebensführung **mindern das Erwerbseinkommen grundsätzlich nicht, soweit nicht das Steuerrecht die Abziehbarkeit ausdrücklich regelt** (BFH 12.10.2011 – I R 102/10, BStBl. II 2014, 484). Private Aufwendungen sind in diesem System entweder aus verfassungsrechtlichen, aus steuersystematischen oder gemeinwohldienlichen Gründen steuerlich abziehbar. Ein generelles Verbot, privaten Aufwand zum Abzug zuzulassen, besteht nicht. Vielmehr fordern die Besteuerung nach der individuellen Leistungsfähigkeit und der soziale, der Menschenwürde verpflichtete Rechtsstaat, bestimmte Lebensführungskosten steuerlich zu berücksichtigen (*Mellinghoff* Leitgedanken des Rechts, 2013, § 174 Rn. 6; BFH 17.7.2014 – VI R 2/12, BFH/NV 2014, 1954 Rn. 65; → Rn. 22 ff. mwN). 2

§ 12 ist die **Grundsatznorm** für die **Abziehbarkeit privater Aufwendungen.** Der Tatbestand hilft, die nicht abziehbaren Kosten persönlicher Lebensführung von den Erwerbsausgaben zu trennen. Das EStG regelt die steuerliche Teilhabe des Staates am individuellen Erwerbserfolg. Es definiert in § 2 den Ausgangstatbestand der „Einkünfte". Steuerbar sind die Erwerbseinnahmen abzüglich der Erwerbsausgaben (§ 2 Abs. 2, objektives erwerbssicherndes Nettoprinzip; → § 2 Rn. 68). § 12 widmet sich der Gegenseite: Kosten persönlicher Lebensführung sind grundsätzlich steuerlich nicht abziehbar. Die Einkommensteuer ist aus dem privat verfügbaren Einkommen zu entrichten. Der Steuerpflichtige kann über sein Einkommen nach Steuern frei verfügen. 3

Die Regel, private Aufwendungen können grundsätzlich steuerlich nicht abgezogen werden, wird durch § 12 eingeschränkt. Der Einleitungssatz – „soweit […] nichts anderes bestimmt ist" – verspricht eine abschließende Regelung des abziehbaren privaten Aufwands durch Hinweis auf die genannten Sonderausgaben und außergewöhnlichen Belastungen. Doch dieses Systematisierungsversprechen trügt. Die genannten Ausnahmen sind **exemplarisch,** werden schon im subjektiven existenzsichernden Nettoprinzip ergänzt. Die Paragraphen des EStG, die private Aufwendungen regeln, sind über das gesamte Gesetz verteilt. Kosten der Lebensführung werden pauschalierend in Freibeträgen (§ 32, § 32a), enumerativ in Sonderausgaben (§§ 10 ff.) und generalisierend als außergewöhnliche Belastungen (§§ 33 ff.) steuerlich berücksichtigt. Hinzu tritt – in einem Mischsystem – der sog. Familienleistungsausgleich (BVerfG 4.12.2002 – 2 BvR 400/98 ua, BVerfGE 107, 27 (47); kritisch zur gegenwär- 4 tigen Ausgestaltung des Systems *Tipke* Die Steuerrechtsordnung, II, 787, 796 ff.; *Seiler* Grundzüge eines öffentlichen Familienrechts, 2008, 88 ff.; *Mellinghoff* Leitgedanken des Rechts, 2013, § 174 Rn. 16 ff.; *Kube* StuW 2016, 332 (338 ff.); insgesamt sogleich → Rn. 52 ff.). Die im Einleitungssatz exemplarisch genannten Sonderausgaben und außergewöhnlichen Belastungen gehen dem Abzugsverbot des § 12 vor (Spezialität, keine Subsidiarität → Rn. 90). Das Existenzminimum des Steuerpflichtigen und seiner Familie ist von Verfassungs wegen steuerlich zu schonen (subjektives existenzsicherndes Nettoprinzip). Das Steuerrecht erfüllt diesen grundgesetzlichen Schonungsanspruch durch den Grundfreibetrag des § 32a Abs. 1 S. 2 Nr. 1 und den Kinderfreibetrag des § 32 Abs. 6. Diese Regelungen bleiben als Tarifvorschriften bei den Abzugstatbeständen des § 12 unerwähnt. § 12 verweist im Einleitungssatz damit nicht auf die existenzschützenden Kerntatbestände des subjektiven Nettoprinzips. Diese bilden aber bei der konzeptionellen Trennung zwischen Erwerbs- und Privatsphäre eine systematische Einheit.

5 Das grundsätzliche Verbot, privaten Aufwand abzuziehen, entfaltet § 12 in den Nr. 1 bis 4 sodann in einer **nicht abschließenden Aufzählung** (HHR/*Fissenewert* § 12 Rn. 1). Die Kosten der privaten Lebensführung sind als Aufwendungen der freiwilligen Vermögensverwendung der Privatsphäre zuzurechnen und steuerlich nicht absetzbar (**Nr. 1** S. 1; → Rn. 96 ff.). § 12 Nr. 1 S. 2 erstreckt das Abzugsverbot auf sog. Repräsentationsaufwendungen. Dies sind erhöhte Kosten der Lebensführung, durch die der Steuerpflichtige seinen Lebensstil seiner besonderen beruflichen oder gesellschaftlichen Stellung anpasst (gehobene Kleidung, besondere Wohnung und Bewirtung). Diese Aufwendungen sind auch dann als Kosten der allgemeinen Lebensführung nicht abziehbar, wenn sie die Erwerbstätigkeit des Steuerpflichtigen fördern (→ Rn. 109 ff.). Ein allgemeines Aufteilungs- und Abzugsverbot für zugleich erwerblich und privat veranlasste Kosten (gemischte Aufwendungen) regelt der Tatbestand nicht (BFH 21.9.2009 – GrS 1/06, BStBl. II 2010, 672; → Rn. 132 ff.). Freiwillige Zuwendungen und Zuwendungen aufgrund einer freiwillig begründeten Rechtspflicht sind schon begrifflich der freiwilligen Vermögensverwendung zuzurechnen und daher steuerlich nicht abziehbar (→ Rn. 144 ff.). Das Abzugsverbot des § 12 **Nr. 2** erfasst zudem Zuwendungen an gesetzlich unterhaltsberechtigte Personen sowie deren Ehegatten. Zwar folgen die Zuwendungen einer rechtlichen Pflicht, werden aber der Privatsphäre zugeordnet. Unterhaltsleistungen unter Geschiedenen sind nicht in voller Höhe steuerlich abziehbar (§ 10 Abs. 1a). § 12 **Nr. 3** verbietet den Abzug von Personensteuern, der Umsatzsteuer auf Entnahmen sowie von Vorsteuerbeträgen auf Kosten der Lebensführung (Nr. 1) und auf lebensführungsnahe Erwerbsaufwendungen (§ 4 Abs. 5 S. 1 Nr. 1–5 und Abs. 7; → Rn. 47 ff.). Steuern auf die Einkommensverwendung wie die Umsatzsteuer, die Energie-, Tabak-, Kfz- oder Stromsteuer sind nach dem Veranlassungsprinzip entweder als Erwerbsaufwendungen steuerlich absetzbar oder als private Lebensführungskosten vom Abzug ausgeschlossen. Ertragsteuerlasten können hingegen regelmäßig nicht klar der Erwerbs- oder Privatsphäre zugeordnet werden. Für diese Steuern greifen Sonderregelungen (Gewerbesteuer: § 4 Abs. 5b, § 35; Körperschaftsteuer: § 10 KStG; Kirchensteuer: § 10 Abs. 1 Nr. 4). Für verbleibende Zweifelsfälle – insbesondere für die Einkommensteuer, den Solidaritätszuschlag, die Erbschaftsteuer und auch umsatzsteuerliche Lasten – verbietet § 12 Nr. 3 den steuerlichen Abzug (→ Rn. 181 ff.). Gem. § 12 **Nr. 4** dürfen Geldstrafen und sonstige strafende Lasten vermögensrechtlicher Art die Einkommensteuer nicht mindern, weil das mit der Strafe verbundene Unwerturteil den Täter umfassend persönlich treffen soll und nicht durch eine steuerliche Anrechnung abzuschwächen ist (Nr. 4; → Rn. 223 ff.). Das Abzugsverbot für Aufwendungen für die erstmalige Berufsausbildung oder ein Erststudium (**Nr. 5**) wurde mit Wirkung zum Veranlagungszeitraum 2015 aufgehoben. Die neu gefassten § 4 Abs. 9 und § 9 Abs. 6 bilden nunmehr die maßgebliche gesetzliche Spezialregelung (hierzu und zur breiten Diskussion über die steuerliche Absetzbarkeit von Erstausbildungskosten → Rn. 68 ff.).

6 Das EStG konkretisiert das Prinzip der Besteuerung nach individueller Leistungsfähigkeit durch den Abzug der erwerbssichernden Aufwendungen (objektives Nettoprinzip) und den Abzug der existenzsichernden Ausgaben (subjektives Nettoprinzip). Das **objektive erwerbssichernde Nettoprinzip** wird im EStG, insbesondere in § 2 Abs. 2, als strukturbestimmendes Prinzip der Einkommensbesteuerung ausgestaltet. Es ist deshalb nach dem Gleichheitsgebot des Art. 3 Abs. 1 GG folgerichtig umzusetzen (BVerfG 6.7.2010 – 2 BvL 13/09, BVerfGE 126, 268 (279 f.); BFH 21.9.2009 – GrS 1/06, BStBl. II 2010, 672; → § 2

Rn. 68 ff.). Das **subjektive existenzsichernde Nettoprinzip** ist verfassungsrechtlich vorgegeben. Hiernach sind zwingende Ausgaben für die Existenz nicht disponibel und daher steuerlich zu schonen (BVerfG 9.12.2008 – 2 BvL 1/07 ua, BVerfGE 122, 210 (234 f.); BFH 21.9.2009 – GrS 1/06, BStBl. II 2010, 672 Rn. 122; BFH 17.7.2014 – VI R 2/12, BFH/NV 2014, 1954 Rn. 65; grundlegend: BVerfG 29.5.1990 – 1 BvL 20/84, BVerfGE 82, 60 (86 ff.); BVerfG 25.9.1992 – 2 BvL 5/91, BVerfGE 87, 153 (169); *P. Kirchhof* Gutachten F. zum 57. Deutschen Juristentag, 1988, F5 (F51 ff.)). Der Gesetzgeber hat bislang versäumt, das subjektive Nettoprinzip einfachgesetzlich in hinreichender Klarheit zu konkretisieren. § 12 wäre als Grundsatznorm über die nicht abzugsfähigen privaten Ausgaben hierfür der systematisch richtige Ort. Das Bundesverfassungsgericht hat das subjektive Nettoprinzip daher zu Recht „in ausdrücklicher Distanz zum allgemeinen einfachgesetzlichen Abzugsverbot" entwickelt (BVerfG 4.12.2002 – 2 BvR 400/98, BVerfGE 107, 27 (47 ff., Zitat: 49)). Das typisierte Existenzminimum ist steuerlich zu schonen. Zudem mindert nach dem subjektiven Nettoprinzip über diese Typisierung hinausgreifender zwingender pflichtbestimmter existenzsichernder privater Aufwand das Erwerbseinkommen (BVerfG 9.12.2008 – 2 BvL 1/07 ua, BVerfGE 122, 210 (234 f.); BVerfG 16.3.2005 – 2 BvL 7/00, BVerfGE 112, 268 (280); BVerfG 4.12.2002 – 2 BvR 400/98 ua, BVerfGE 107, 27 (49); siehe bereits BVerfG 25.9.1992 – 2 BvL 5/91, BVerfGE 87, 153 (170): „zwangsläufige private Aufwendungen"; BFH 17.7.2014 – VI R 2/12, BFH/NV 2014, 1954 Rn. 65). Welche privaten Aufwendungen deshalb steuerlich zu berücksichtigen sind, ist allerdings bislang „nicht abschließend geklärt" (BVerfG 4.12.2002 – 2 BvR 400/98 ua, BVerfGE 107, 27 (49); ebenso BFH 17.7.2014 – VI R 2/12, BFH/NV 2014, 1954 Rn. 65; insgesamt → Rn. 22 ff.).

Die Aufwendungen der Erwerbssphäre sind grundsätzlich als Betriebsausgaben (§ 4 Abs. 4) **7**
oder Werbungskosten (§ 9 Abs. 1 S. 1) steuerlich abziehbar (§ 2 Abs. 2; BFH 21.9.2009 – GrS 1/06, BStBl. II 2010, 672 Rn. 93). Die Höhe bestimmt der Steuerpflichtige in der Regel mit seiner willentlichen Entscheidung über den tatsächlichen Aufwand. Innerhalb der Privatsphäre ist demgegenüber der **Wille des Steuerpflichtigen,** eine Ausgabe zu tätigen, für die steuerliche Absetzbarkeit grundsätzlich unerheblich. Die Gemeinschaft würde sonst privaten Konsum über die Steuer mitfinanzieren, ein steigender Lebensstandard die Steuerlast senken. Wäre neben den Kosten des Erwerbs auch jeder private Aufwand absetzbar, liefe die Einkommensbesteuerung praktisch ins Leere, da die steuerliche Bemessungsgrundlage willentlich gesenkt werden könnte. Lässt das Steuersystem den Abzug privater Aufwendungen nur ausnahmsweise zu, ist grundsätzlich nicht der tatsächliche Aufwand, sondern der notwendige Bedarf absetzbar. Diesen hat der Gesetzgeber sachgerecht zu **typisieren** (BVerfG 10.11.1998 – 2 BvR 1057/91 ua, BVerfGE 99, 216 (233); → Rn. 28 ff.). Nach dem objektiven erwerbssichernden Nettoprinzip sind die Erwerbsaufwendungen steuerlich abziehbar. Das subjektive existenzsichernde Nettoprinzip gibt vor, das typisierte Existenzminimum und über diese Typisierung hinausgreifende zwingende pflichtbestimmte private Aufwendungen steuerlich zu schonen. Hinzu treten weitere – nicht systemprägende – Abzugstatbestände. Der verbleibende Betrag bildet die Bemessungsgrundlage der Einkommensteuer. Hier gilt das Prinzip keiner weiteren Abzüge. Aus diesem Betrag muss der Steuerpflichtige die Einkommensteuer zahlen und sein Leben und das seiner Familie finanzieren.

§ 12 verweist im Eingangssatz nur auf einen Teil der Vorschriften des EStG, die die **8**
Nichtabziehbarkeit privaten Aufwands regeln. Er konkretisiert das grundsätzliche Abzugsverbot für Lebensführungskosten sodann in den Nr. 1 bis 4 in einer nicht abschließenden Aufzählung (→ Rn. 5). Das EStG errichtet auch an anderer Stelle **kein System** abziehbarer Lebensführungskosten. Der Grundsatz, dass private Aufwendungen nur begrenzt steuerlich anerkannt werden, wird im Eingangssatz des § 12 ausgesprochen, dann aber durch weitere Abzugstatbestände im EStG konkretisiert. Eine allgemeine Regelung wie in § 2 Abs. 2 zur Abziehbarkeit der Erwerbsaufwendungen fehlt auf der privaten Seite. Die Regel, dass private Aufwendungen grundsätzlich steuerlich nicht abziehbar sind, ergibt sich auch aus einem Umkehrschluss des objektiven Nettoprinzips, nach dem nur Erwerbsaufwendungen das Erwerbseinkommen mindern. Doch die These, § 12 habe deswegen weitgehend eine rein deklaratorische Bedeutung (BFH 12.10.2011 – I R 102/10, BStBl. II 2014, 484; HHR/*Fissenewert* § 12 Rn. 3) und sei daher lediglich als „Interpretationshilfe brauchbar" (KSM/*Arndt* § 12 Rn. A2 ff.), fasst die Regelung nicht präzise. Der Umkehrschluss aus dem objektiven Nettoprinzip ist nicht eindeutig, weil das Abzugsverbot nicht für alle privaten Aufwen-

dungen gilt, vielmehr bestimmte, insbesondere existenzsichernde Kosten der Lebensführung steuerlich berücksichtigt werden. **§ 12 klärt Zweifelsfälle der Zurechnung** von Aufwendungen zur Erwerbs- oder Privatsphäre (zu dieser grundlegenden Trennung → Rn. 115 ff.). Die Regelung ist die **Grundsatznorm für die steuerliche Abziehbarkeit privater Aufwendungen** (→ Rn. 3). Systematisch bestimmt das EStG im Abschnitt „II. Einkommen" unter Nr. 7 die nicht abzugsfähigen Ausgaben allein durch § 12 (vgl. BFH 28.1.2003 – VI R 48/99, BStBl. II 2003, 724; BFH 18.8.2005 – VI R 32/03, BStBl. II 2006, 30). Diese Hervorhebung betont die Bedeutung der Vorschrift. § 12 regelt die Lebensführungskosten und damit den Gegenbegriff zu den Erwerbsaufwendungen (vgl. BFH 28.1.2003 – VI R 48/99, BStBl. II 2003, 724). Die Dichotomie von Begriff und Gegenbegriff konkretisiert die Aufwendungen in der Erwerbs- und in der Privatsphäre (vgl. *Ruppe* DStJG 3 (1980), 103 (120 ff.); KSM/*Arndt* § 12 Rn. A2 ff.; → Rn. 115 ff.). Der abziehbare private Aufwand wird jedoch nicht positiv gefasst und auch in dem unzureichenden Verweis auf die weiteren maßgeblichen Bestimmungen des EStG nicht treffend geregelt. § 12 ist **reformbedürftig.** Die Vorschrift sollte zunächst die Grundregel nennen, nach welcher der typisierte existenznotwendige Bedarf steuerlich zu schonen ist, und sodann abschließend alle weiteren Abzugstatbestände für privaten Aufwand regeln.

9 *Einstweilen frei*

2. Historische Entwicklung – hergebrachtes grundsätzliches Abzugsverbot

10 Das Konzept des § 12, praktische Rechtsfolgen punktuell zu regeln, nicht aber eine Systematik der steuerlichen Behandlung privaten Aufwands zu entwickeln, entspringt den historischen Wurzeln der Vorschrift. Das EStG kannte schon im 19. Jahrhundert den Grundsatz der Nichtabzugsfähigkeit privater Aufwendungen (→ Rn. 11), hatte diesen aber eher in speziellen Abzugstatbeständen geregelt und die Frage nach der Rechtfertigung abziehbarer Privataufwendungen nicht präzise gestellt (→ Rn. 11.1). In der zweiten Hälfte des 20. Jahrhunderts wurde das subjektive Nettoprinzip hervorgebracht und entfaltet (→ Rn. 22). Daher wundert nicht, dass zuvor gefasste Gesetze dieses systemtragende Prinzip nicht hinreichend aufnehmen. § 12 versäumt in seiner Herkunft aus solchen Bestimmungen, das subjektive Nettoprinzip sachgerecht umzusetzen und zu konkretisieren (→ Rn. 5 ff.).

11 Das deutsche Einkommensteuerrecht kennt den **Grundsatz der Nichtabzugsfähigkeit privater Aufwendungen** seit dem Ende des 19. Jahrhunderts. Er wird als Selbstverständlichkeit angesehen (*Mellinghoff* Leitgedanken des Rechts, 2013, § 174 Rn. 2 f.; *Ruppe* DStJG 3 (1980), 103 (120 ff.)). Zuvor stellte sich die Frage nach der Abzugsfähigkeit von Lebensführungskosten nicht in gleicher Intensität. Es herrschte ein System der Soll-Ertragsbesteuerung, das insgesamt einen im Vergleich deutlich geringeren Steuerzugriff regelte. Die steuerliche Bemessungsgrundlage wurde inbesondere nach äußeren Kriterien ermittelt. Für ein landwirtschaftliches Unternehmen wurde die Steuerlast nach der Nutzart, der Größe, der Lage, der Anzahl der Mitarbeiter und der sichtbaren Kapitalausstattung bemessen. Der Siegeszug des heute selbstverständlichen Ausgangspunkts der Ist-Ertragsteuer begann in Deutschland erst mit der Hochindustrialisierung, weil die öffentliche Hand an den steigenden Gewinnen genauer teilhaben wollte und die Steuerlasten erhöhte (*Knöller* Die Besteuerung von Sollertrag und Istertrag, 2015, 225 ff.; *G. Kirchhof* DStJG 40 (2017), 47 (69 ff.)). Mit den steigenden Steuerlasten gewann die Frage an Bedeutung, wie privater Aufwand steuerlich zu berücksichtigen ist. Eine ausdrückliche Regelung der nicht abziehbaren privaten Aufwendungen findet sich in **§ 9 Abs. 2 Nr. 2 des Preußischen Einkommensteuergesetzes vom 24. Juni 1891:** „Nicht abzugsfähig sind dagegen insbesondere: […] die zur Bestreitung des Haushalts der Steuerpflichtigen und zum Unterhalte ihrer Angehörigen gemachten Ausgaben, einschließlich des Geldwertes der zu diesen Zwecken verbrauchten Erzeugnisse und Waren des eigenen landwirtschaftlichen oder gewerblichen Betriebs" (PrGS 1891, 175; siehe auch die konkretisierenden Bestimmungen in § 8 Abs. 3 Nr. 2 Preuss. EStG vom 19.6.1906, PrGS 1906, 260; insgesamt BFH 21.9.2009 – GrS 1/06, BStBl. II 2010, 672; HHR/*Fissenewert* § 12 Rn. 2, 21; KSM/*Arndt* § 12 Rn. A30 ff.). Die in § 12 normierte Regel, dass Lebensführungskosten grundsätzlich steuerlich nicht abziehbar sind, begleitete das deutsche einkommensteuerliche System der Ist-Besteuerung von Anfang an. Damit war die grundlegende Frage gestellt, wie die Erwerbs- von der Privatsphäre abzugrenzen ist.

Nach § 9 Abs. 2 Nr. 2 Preuss. EStG vom 24. Juni 1891 sind Lebensführungskosten grundsätzlich nicht absetzbar. „Dass Leistungen, welche von dem freien Willen eines Steuerpflichtigen abhängig sind, ebenso wenig in Abzug gebracht werden dürfen, als die zwar auf privatrechtlicher Verpflichtung beruhenden, aber seine dauernde Belastung darstellenden Aufwendungen, bedarf keiner weiteren Rechtfertigung. Im Übrigen braucht auch hier nicht unterschieden zu werden, ob die abzugsfähigen Lasten dinglicher oder persönlicher Natur oder durch den Gewerbebetrieb des Steuerpflichtigen veranlasst sind" (*Fuisting* Das preußische Einkommensteuergesetz vom 24. Juni 1891, 1892, 151). Kosten der Wohnung, Nahrung, Kleidung, des Haushalts sowie für Pflege und Erziehung minderten die Einkommensteuer nicht (KSM/*Arndt* § 12 Rn. A31). Gem. § 9 Abs. 1 Nr. 4 waren aber Staatssteuern, gem. Nr. 6 „die von den Steuerpflichtigen gesetz- oder vertragsmäßig zu entrichtenden Beiträge zu Kranken-, Unfall-, Alters-, und Invalidenversicherungs-, Witwen-, Waisen- und Pensionskassen" abziehbar (PrGS 1891, 175). Anhand der landwirtschaftlichen Betriebe wurde sodann die Schwierigkeit, die steuerliche Privatsphäre von der Erwerbssphäre abzugrenzen, hervorgehoben. **11.1**

Durch das **Einkommensteuergesetz vom 29.3.1920** (RGBl. 1920, 353) wurde das nunmehr in § 15 geregelte Abzugsverbot um „die von den Steuerpflichtigen entrichtete Einkommensteuer sowie sonstige Personalsteuern" ergänzt (Nr. 4, siehe hierzu nun § 12 Nr. 3, der von Personensteuern spricht). Warum diese Steuern bei der Einkommensteuer nicht abziehbar sind, wurde nicht grundlegend erklärt, die Abzugsbeschränkung aber ausdrücklich auf Personalsteuern reduziert. Das Abzugsverbot erstreckte sich – so die Gesetzesbegründung – bewusst nicht auf die „Grund-, Gewerbe- und Kapitalertragsteuer" (Begründung zum Reichseinkommensteuergesetzentwurf vom 29. November 1919, Finanzarchiv 1920, Bd. 2, 235 (263)). § 12 Nr. 3 bildet insgesamt eine Grundregel der Steuerkonkurrenzen (→ Rn. 181 ff.). **12**

Im Jahre **1934** wurde das Einkommensteuerrecht in einer geänderten Paragraphenfolge neu gefasst, die im Wesentlichen dem **heutigen System** entspricht. Seitdem regelt § 12 die nicht abzugsfähigen Ausgaben (EStG vom 16.10.1934, RGBl. 1934 I 1005). § 12 Nr. 1 wurde um den Satz 2 in der Regelung der sog. Repräsentationsaufwendungen, die auch den Erwerb fördern können, ergänzt und hat damit die Fassung erhalten, die bis heute in Kraft ist. Auch in der übrigen Struktur ähnelt die damalige Regelung dem heutigen Paragraphen. Der neu eingeführte § 12 Nr. 2 verbot den steuerlichen Abzug von freiwilligen Zuwendungen und von Zuwendungen an gesetzlich unterhaltsberechtigte Personen, auch wenn diese Zuwendungen auf einer besonderen Vereinbarung beruhen. Nr. 3 versagte in Kontinuität mit der Vorgängerbestimmung (→ Rn. 12) den Abzug von „Steuern vom Einkommen" und der „Vermögensteuer". Die Abzugsverbote galten unbeschadet der Vorschrift des § 10 (HHR/*Fissenewert* § 12 Rn. 2). Warum freiwillige Zuwendungen vom Abzug ausgeschlossen wurden, wurde nicht erklärt. **13**

Die Gesetzesbegründung betonte aber die Notwendigkeit der klaren Trennung der steuerlichen Erwerbs- von der Privatsphäre. Sog. Repräsentationsaufwendungen sind nur dann der Erwerbsseite zuzuordnen, wenn sie „nichts mit dem Privatleben zu tun haben. Wenn bei Repräsentationsaufwendungen private und berufliche Gründe zusammenwirken und eine Trennung nicht erfolgen kann, sind die Ausgaben nicht abzugsfähig" (RStBl. 1935, 41). **13.1**

Bis ins Jahr 1974 folgten nur kleinere Änderungen des § 12. Durch das EStG vom 6.2.1938 (RGBl. 1938 I 621) wurden die sonstigen Personensteuern in das Abzugsverbot des § 12 Nr. 3 aufgenommen. Das StÄndG vom 18.7.1958 (BGBl. 1958 I 473) passte § 12 Nr. 2 der geänderten Ehegattenbesteuerung an. § 12 Nr. 3 wurde sodann zwei Mal aufgrund der Reform der Umsatzsteuer geändert (StÄndG 22.12.1967, BGBl. 1967 I 1334; StÄndG 23.12.1970, BGBl. 1970 I 1856; insgesamt KSM/*Arndt* § 12 Rn. A36 f.). **14**

Durch das **EStG vom 5.8.1974** (BGBl. 1974 I 1769) wurde das Abzugsverbot in § 12 Nr. 2 auf Zuwendungen ausgedehnt, die aufgrund einer freiwillig begründeten Rechtspflicht entstehen. Dem Vorschlag, das gesamte Einkommensteuerrecht und damit auch § 12 grundlegend zu ändern (BT-Drs. 7/1470), wurde nicht gefolgt (siehe zu § 12 BT-Drs. 7/2180, 18). **15**

Der **Einleitungssatz** des § 12, der den Grundsatz der Nichtabziehbarkeit privater Aufwendungen und die Abzugsverbote der Nr. 1–4 durch Hinweise auf abziehbare Sonderausgaben und außergewöhnliche Belastungen konkretisiert, wurde sodann zunächst klarstellend neu gefasst (StÄndG 1979 vom 30.11.1978, BGBl. 1978 I 1849) und im Anschluss durch **16** verschiedene Änderungsgesetze jeweils auf Novellen in den genannten Regelungen privaten Aufwands angepasst (jüngst: ZollkodexAnpG v. 22.12.2014, BGBl. 2014 I 2417).

16.1 Die folgenden Gesetze änderten den Einleitungssatz redaktionell: StBereinG 1985 vom 14.12.1985, BGBl. 1984 I 1493; StReformÄndG vom 30.6.1989, BGBl. 1989 I 1267; StÄndG 1992 vom 25.2.1992, BGBl. 1992 I 297; WohnEigFG vom 15.12.1995, BGBl. 1995 I 1783; StEntlG 1999/2000/2002 vom 24.3.1999, BGBl. 1999 I 402; Gesetz zur Familienförderung vom 22.12.1999, BGBl. 1999 I 2552; StÄndG vom 20.12.2001, BGBl. 2001 I 3784; AltEinkG vom 5.7.2004, BGBl. 2004 I 1427; Gesetz zur steuerlichen Förderung von Wachstum und Beschäftigung vom 26.4.2006, BGBl. 2006 I 1091; FamLeistG vom 22.12.2008, BGBl. 2008 I 2955; SteuervereinfachungsG 2011 vom 1.11.2011, BGBl. 2011 I 2131; ZollkodexAnpG vom 22.12.2014, BGBl. 2014 I 2417; siehe hierzu auch HHR/*Fissenewert* § 12 Rn. 2.

17 Grundlegender war das **Gesetz zur Änderung des EStG und des KStG vom 25.7.1984** (BGBl. 1984 I 1006). Die Gesetzesnovelle hat die § 4 und § 9 geändert und **§ 12 Nr. 4 neu** eingefügt. Geldstrafen und Geldbußen mindern seitdem das Erwerbseinkommen nicht, weil sie – in den klaren Worten der Gesetzesbegründung – mit einem Unwerturteil verbunden sind, das der Täter vollständig persönlich tragen soll (BT-Drs. 10/1189, 5). Durch das **„JStG 2019"** v. 12.12.2019 (BGBl. 2019 I 2451) wurde die Regelung im Sinne dieser Intention des Gesetzgebers verschärft. Hiernach sind „zukünftig Aufwendungen, die mit Geldbußen, Ordnungsgeldern und Verwarngeldern zusammenhängen, nicht mehr zum Abzug zugelassen" (BT-Drs. 19/13436, 96; → Rn. 223 ff.).

18 Mit dem StReformG 1990 vom 25.7.1988 (BGBl. 1988 I 1093) wurde das Abzugsverbot des **§ 12 Nr. 3** auf steuerliche Nebenleistungen ausgedehnt. Davon ausgenommen waren zunächst Zinsen auf Steuerforderungen nach den § 233a, § 234 und § 237 AO. Diese Ausnahme wurde aber umgehend wieder gestrichen (WoBauFG vom 22.12.1989, BGBl. 1989 I 2408). In der neuen Fassung stellt § 12 Nr. 3 – in den Worten der Gesetzesbegründung – klar, dass „das Verbot des Abzugs der Steuern vom Einkommen und sonstiger Personensteuern sowie der Umsatzsteuer für den Eigenverbrauch und für Lieferungen oder sonstige Leistungen, die Entnahmen sind, auch für Nebenleistungen im Sinne des § 3 Abs. 3 AO gilt, die auf diese Steuern entfallen" (BT-Drs. 11/2157, 146; vgl. BT-Drs. 11/2536, 87).

19 Durch das Gesetz zur Änderung der AO und weiterer Gesetze vom 21.7.2004 (BGBl. 2004 I 1753) wurde **§ 12 Nr. 5** eingefügt, nach dem Aufwendungen für die erstmalige Berufsausbildung und für ein Erststudium außerhalb eines Dienstverhältnisses steuerlich nicht abgezogen werden dürfen. Der Gesetzgeber reagierte so und auch in weiteren Novellen auf Rechtsprechungswechsel des BFH. Das Gericht erlaubte mit unterschiedlichen Begründungen, die Aufwendungen für eine Erstausbildung steuerlich abzuziehen (BFH 17.12.2002 – VI R 137/01, BStBl. II 2003, 407; BFH 22.7.2003 – VI R 50/02, BStBl. II 2004, 889; BFH 28.7.2011 – VI R 7/10, BStBl. II 2012, 557; BFH 28.7.2011 – VI R 38/10, BStBl. II 2012, 561). Der Gesetzgeber ordnete den Nichtabzug zunächst in § 12 Nr. 5, sodann in den § 4 Abs. 9 und § 9 Abs. 6 an. § 12 Nr. 5 wurde schließlich aufgehoben (BeitrRLUmsG vom 7.12.2011, BGBl. 2011 I 2592; ZollkodexAnpG v. 22.12.2014, BGBl. 2014 I 2417). Der BFH legte dem Bundesverfassungsgericht die Frage vor, ob diese Beschränkungen, Aufwendungen für die Erstausbildung als vorweggenommene Erwerbsaufwendungen abzusetzen, verfassungswidrig sind (BFH 17.7.2014 – VI R 2/12, BFH/NV 2014, 1954; BFH 17.7.2014 – VI R 8/12, BFH/NV 2014, 1970). Das Bundesverfassungsgericht hat daraufhin entschieden, dass § 9 Abs. 6 das Grundgesetz nicht verletzt (BVerfG 19.11.2019 – 2 BvL 22/14 ua, DStR 2020, 93; insgesamt → Rn. 68 ff.).

20–21 *Einstweilen frei*

3. Subjektives Nettoprinzip – steuerliche Schonung des Existenzminimums und folgerichtige Ausgestaltung

22 **a) Verfassungsrechtliche Vorgaben.** Kosten der Lebensführung sind grundsätzlich steuerlich nicht absetzbar. Dieser Grundsatz gestattet steuerpolitische, insbesondere aber verfassungsgeforderte Ausnahmen (→ Rn. 2 ff.). Nach dem **subjektiven Nettoprinzip** sind zwingende Ausgaben für die Existenz steuerlich zu schonen (BVerfG 9.12.2008 – 2 BvL 1/07 ua, BVerfGE 122, 210 (234 f.); BFH 21.9.2009 – GrS 1/06, BStBl. II 2010, 672 Rn. 122;

BFH 17.7.2014 – VI R 2/12, BFH/NV 2014, 1954 Rn. 65 ff.). Das Grundgesetz ordnet dieses systemtragende Prinzip (Tipke/Lang/*Hey* § 8 Rn. 71) als verbindliche Vorgabe für den Gesetzgeber und die Rechtsanwendung an. Der allgemeine Gleichheitssatz (Art. 3 Abs. 1 GG) fordert eine Lastengleichheit für alle Steuerpflichtigen. Steuerpflichtige sind bei gleicher Leistungsfähigkeit gleich hoch, bei unterschiedlicher Leistungsfähigkeit entsprechend ihrer Unterschiede zu besteuern (horizontale und vertikale Steuergerechtigkeit; BVerfG 12.10.2010 – 1 BvL 12/07, BVerfGE 127, 224 (244 f.); BVerfG 9.12.2008 – 2 BvL 1/07 ua, BVerfGE 122, 210 (231); → § 2 Rn. 40 ff. mwN). Eine leistungsgerechte Besteuerung greift nur auf den Teil des Erwerbseinkommens zu, der für den Steuerpflichtigen disponibel ist, ihm auch für die Steuerzahlung zur Verfügung steht. Mittel, die beim Steuerpflichtigen existenzsichernd gebunden sind, dürfen nicht besteuert werden. Zwingende existenzsichernde Ausgaben sind daher von der Besteuerung freizustellen (subjektive Leistungsfähigkeit, Art. 3 Abs. 1 GG). Der soziale, der Menschenwürde verpflichtete Staat garantiert jedem das Existenzminimum (Art. 1 Abs. 1, Art. 20 Abs. 1 GG). Was der soziale Staat geben muss, darf der Steuerstaat nicht nehmen. Das Existenzminimum eines jeden, in der Familie das der Eltern und der Kinder (Art. 6 Abs. 1 GG), ist steuerlich zu schonen. Auch das freiheitsrechtliche Verbot, erdrosselnde Steuern zu erheben, bestätigt die verfassungsgeforderte Schonung des steuerlichen Existenzminimums (Art. 2 Abs. 1, Art. 12 Abs. 1, Art. 14 Abs. 1 GG; insgesamt BVerfG 9.12.2008 – 2 BvL 1/07 ua, BVerfGE 122, 210 (234 f.); BVerfG 13.2.2008 – 2 BvL 1/06, BVerfGE 120, 125 (154 f.); BVerfG 10.11.1998 – 2 BvL 42/93, BVerfGE 99, 246; BVerfG 25.9.1992 – 2 BvL 5/91, BVerfGE 87, 153 (169 ff.); BVerfG 29.5.1990 – 1 BvL 20/84, BVerfGE 82, 60 (86 ff.); *Mellinghoff* Leitgedanken des Rechts, 2013, § 174 Rn. 7 ff.; *Tipke* Die Steuerrechtsordnung, II, 785 ff.; *P. Kirchhof* Gutachten F zum 57. Deutschen Juristentag, 1988, F5 (F51 ff.); *R. Krüger* FS für den BFH, Bd. II, 2018, 1261 ff.). Die steuerrechtliche und sozialstaatliche Garantie des Existenzminimums sind in diesem verfassungsrechtlichen Schonungsanspruch miteinander verbunden, jedoch nicht zwingend identisch.

Die Selbsthilfe geht der Sozialhilfe vor. Die Grundrechte schützen das Existenzminimum des Steuer- **22.1** pflichtigen und seiner Familienangehörigen in ihrer klassischen Abwehrfunktion vor einem steuerlichen Zugriff. Als Abwehrrechte fordern sie vom sozialen Staat (Art. 20 Abs. 1 GG), das Existenzminimum zu schonen, und als Teilhaberechte eine angemessene Sozialhilfe. Diesen grundlegenden Unterschied zwischen den Abwehrrechten, die den selbst gestalteten Freiheitsraum wahren, und den Teilhaberechten, die im Existenzminimum zur Freiheitsentfaltung verhelfen, nimmt das Recht sachgerecht auf, wenn es ein eigenständiges und gegenüber der Sozialhilfe höheres steuerliches Existenzminimum gewährleistet (*Mellinghoff* Leitgedanken des Rechts, 2013, § 174 Rn. 11 f.: „Abstandsgebot zum Sozialhilferecht"; insgesamt *Tipke* Die Steuerrechtsordnung, II, 785 ff.).

b) Der existenznotwendige Bedarf. Das Bundesverfassungsgericht hat den nach dem **23** subjektiven Nettoprinzip steuerlich zu schonenden existenznotwendigen Bedarf des Steuerpflichtigen und seiner Familie (→ Rn. 22) in verschiedenen Entscheidungen konkretisiert. Das Steuerrecht und auch das Sozialrecht regeln hingegen keine Definition des Existenzminimums in vergleichbarer Klarheit. Das **Existenzminimum** schützt in den Worten des Gerichts die notwendigen Aufwendungen für „Nahrung, Kleidung, Hausrat, Unterkunft, Heizung, Hygiene und Gesundheit" sowie für die „Möglichkeit zur Pflege zwischenmenschlicher Beziehungen und zu einem Mindestmaß an Teilhabe am gesellschaftlichen, kulturellen und politischen Leben", weil der Mensch „notwendig in sozialen Bezügen" existiert (BVerfG 9.2.2010 – 1 BvL 1/09 ua, BVerfGE 125, 175 (223); BVerfG 13.2.2008 – 2 BvL 1/06, BVerfGE 120, 125 (155 f.); BMF 6.7.2010, BStBl. I 2010, 614 Rn. 4). Die Abziehbarkeit ausschließlich des Mindestbedarfs an Existenzsicherheit und sozialem Leben entspricht dem Kerngedanken der Einkommensteuer, die steuerbaren Erwerbseinnahmen durch die Sicherung der Erwerbsquelle und des Erwerbers zu mindern. Die individuell gestaltbare Lebensführung jenseits dieses Mindestbedarfs ist aus versteuertem Einkommen zu finanzieren. Wären alle Lebensführungskosten von der Besteuerung ausgenommen, fehlte der Einkommensteuer ihr wesentlicher Belastungsgrund. Die Einkommensteuer könnte ihre Finanzierungsfunktion nicht erfüllen (→ Rn. 7). Dem Prinzip eines abziehbaren Mindeststandards entspricht es, dass sich dieser nicht nach den tatsächlichen Aufwendungen bemisst, sondern nach einem **objektivierten Bedarf,** den der Gesetzgeber **realitätsgerecht typisieren** muss

(BVerfG 10.11.1998 – 2 BvR 1057/91 ua, BVerfGE 99, 216 (233); BVerfG 13.2.2008 – 2 BvL 1/06, BVerfGE 120, 125 (155); stRspr; bereits → Rn. 4).

24 *Einstweilen frei*

25 **c) Zwingender pflichtbestimmter Aufwand außerhalb des typisierten Existenzminimums.** Nach dem subjektiven existenzsichernden Nettoprinzip sind über das typisierte Existenzminimum hinausgreifende zwingende pflichtbestimmte Aufwendungen steuerlich abzuziehen. Diese Mittel stehen dem Steuerpflichtigen nicht zur freien Verfügung, er kann aus ihnen keine Steuern entrichten (BVerfG 16.3.2005 – 2 BvL 7/00, BVerfGE 112, 268 (280); BVerfG 25.9.1992 – 2 BvL 5/91, BVerfGE 87, 153 (170); subjektive Leistungsfähigkeit; → § 2 Rn. 40 ff.). Der BFH schien diese verfassungsrechtliche Vorgabe zunächst dahingehend zu verstehen, dass jede rechtliche Zahlungspflicht als zwingender Aufwand steuerlich anzuerkennen sei. Nach dieser Auffassung müssten Notarkosten beim Hauskauf oder die nunmehr in einer Korrektur der Rechtsprechung gesetzlich geregelten Prozesskosten (§ 33 Abs. 2 S. 4) von Verfassungs wegen das Erwerbseinkommen mindern (deutlich BFH 12.5.2011 – VI R 42/10, BStBl. II 2011, 1015). Maßgeblich ist jedoch nicht jede freiwillig eingegangene Rechtspflicht unabhängig von ihrem Gegenstand wie der Vertrag zum Erwerb eines Hauses oder der Beginn eines Prozesses, sondern nur der zwangsläufige Aufwand, der unabhängig von willentlichen Aufwandsdispositionen entsteht (BFH 18.6.2015 – VI R 17/14, BStBl. II 2015, 800; *G. Kirchhof* DStR 2013, 1867 (1869 ff.)). § 12 Nr. 2 Alt. 2 bestätigt dieses Ergebnis, weil hiernach freiwillig begründete Rechtspflichten nicht abziehbar sind (hierzu → Rn. 166 ff.). Die Verfassungsrechtsprechung hat die Sicherung der Existenz des Steuerpflichtigen und seiner Familie, nicht seine vertraglichen Dispositionen zum Gegenstand.

25.1 „Für die verfassungsrechtlich gebotene Besteuerung nach der finanziellen Leistungsfähigkeit kommt es nicht nur auf die Unterscheidung zwischen beruflichem oder privatem Veranlassungsgrund für Aufwendungen an, sondern jedenfalls auch auf die Unterscheidung zwischen freier oder beliebiger Einkommensverwendung einerseits und **zwangsläufigem pflichtbestimmtem Aufwand** andererseits. Die Berücksichtigung privat veranlassten Aufwands – auch jenseits der Grenze des vom Gesetzgeber typisiert zu verschonenden Existenzminimums – steht nicht ohne Weiteres zur Disposition des Gesetzgebers. Dieser hat die unterschiedlichen Gründe, die den Aufwand veranlassen, auch dann im Lichte betroffener Grundrechte differenzierend zu würdigen, wenn solche Gründe ganz oder teilweise der Sphäre der allgemeinen (privaten) Lebensführung zuzuordnen sind. Der Staat darf folglich auf die Mittel, die für den Unterhalt von Kindern unerlässlich sind, bei der Besteuerung nicht in gleicher Weise zugreifen wie auf Mittel, die der Bürger zur Befriedigung beliebiger anderer Bedürfnisse einsetzen kann" (BVerfG 16.3.2005 – 2 BvL 7/00, BVerfGE 112, 268 (280) – Hervorhebungen nur hier; BVerfG 9.12.2008 – 2 BvL 1/07 ua, BVerfGE 122, 210 (234 f.); BVerfG 4.12.2002 – 2 BvR 400/98 ua, BVerfGE 107, 27 (49); BVerfG 25.9.1992 – 2 BvL 5/91, BVerfGE 87, 153 (170)).

26 Treten Aufwendungen, denen sich der Steuerpflichtige schlechterdings nicht entziehen kann, zum Existenzminimum hinzu, stehen diese Mittel für die Besteuerung nicht zur Verfügung und sind steuerlich zu schonen, weil sie die Existenzgrundlage und die lebensnotwendigen Bedürfnisse betreffen. Das Bundesverfassungsgericht entwickelte die Kategorie des zwingenden pflichtbestimmten Aufwands zu Recht im Rahmen der steuerlichen Berücksichtigung von Unterhalts- und Kinderbetreuungskosten (BVerfG 16.3.2005 – 2 BvL 7/00, BVerfGE 112, 268 (280 f.); BVerfG 4.12.2002 – 2 BvR 400/98 ua, BVerfGE 107, 27 (49); BVerfG 25.9.1992 – 2 BvL 5/91, BVerfGE 87, 153 (170)). **Die Adjektive „zwingend" und „pflichtbestimmt" erfassen existenzsichernde Vorgaben** – in den entschiedenen Fällen die Pflicht, für die eigenen Kinder zu sorgen –, begründen einen existenznotwendigen Bedarf. Aufwendungen außerhalb des existenziellen Bereichs mögen zwar auch pflichtbestimmt sein. Sie sind aber nicht zwingend und daher nicht von Verfassungs wegen steuerlich abzuziehen.

27 *Einstweilen frei*

28 **d) Der Auftrag des Gesetzgebers, privaten Aufwand zu typisieren.** Der verfassungsrechtliche Auftrag, das Existenznotwendige steuerlich zu schonen, und die grundgesetzliche Vorgabe, über die Typisierung hinausgreifenden zwingenden pflichtbestimmten Aufwand von der Besteuerung auszunehmen (→ Rn. 22 ff.), fordern eine Quantifizierung des

Existenzminimums und stellen damit die Frage nach Auftrag und Maß gesetzlicher Typisierung. **Jedes Gesetz verallgemeinert** (BVerfG 9.12.2008 – 2 BvL 1/07, BVerfGE 122, 210 (232); BVerfG 7.12.1999 – 2 BvR 301/98, BVerfGE 101, 297 (309); *G. Kirchhof* Die Allgemeinheit des Gesetzes, 2009, 174 ff.). Gesetze begründen für den Regelfall eine Rechtsfolge für alle den Tatbestand erfüllenden Fälle. Die synthetische Einkommensteuer (§ 2 Abs. 1 und Abs. 2; BVerfG 7.12.1999 – 2 BvR 301/98, BVerfGE 101, 297 (310); → § 2 Rn. 387 ff.) behandelt grundsätzlich alle Einkünfte gleich und lässt nach dem objektiven Nettoprinzip in der Regel alle Erwerbsaufwendungen zum Abzug zu (→ § 2 Rn. 68 ff.). Dabei fragt der Gesetzestatbestand nicht, ob der Steuerpflichtige Erwerbseinnahmen in schwerer körperlicher Arbeit erzielt oder mit leichter Hand mitgenommen hat, ob Innovationen oder die Folgen eines Betriebsunfalls finanziert werden. Vielmehr typisiert er wie jedes allgemeine Gesetz: Er erfasst die Lebenswirklichkeit in einem vergröbernden Tatbestand, der die Vielfalt der Sachverhalte in Muster- und Regelfällen verallgemeinert. Dabei fordert insbesondere der Gleichheitssatz, dass der Gesetzgeber seinen Regelungsgegenstand im Regelfall, nicht im Ausnahmefall begreift.

Nach dem subjektiven Nettoprinzip sind im Bereich der Privatsphäre nicht die tatsächlichen Kosten für Wohnung, Nahrung und Kleidung steuerlich abziehbar, sondern der **typisierte Aufwand** (→ Rn. 22 ff.). Den existenznotwendigen Aufwand hat der Bundesgesetzgeber als bundesweit gleichheitsgerechten Tatbestand in Zahlen auszudrücken. Diese gesetzliche Verallgemeinerung des Üblichen – die Vernachlässigung des Besonderen und Ungewöhnlichen – ist gute Gesetzgebungskunst, nicht eine besonders rechtfertigungsbedürftige Ausnahme. Wenn der Gesetzgeber aber in der Kilometerpauschale (§ 4 Abs. 5 S. 1 Nr. 6 S. 2 f., § 6 Abs. 1 Nr. 4 S. 2 f., § 9 Abs. 1 S. 3 Nr. 4 f.) oder in anderen Tatbeständen den steuerlichen Abzug von anderen lebensführungsnahen Erwerbsaufwendungen (insbesondere § 4 Abs. 5; → Rn. 47 ff.) in unwiderlegbaren zahlenmäßig beschränkten Typisierungen vorsieht, sucht er nicht eine Normalität zu verallgemeinern, sondern setzt zur Vermeidung unangemessener Steuergestaltungen und zur Vereinfachung steuerlicher Massenverfahren eine Obergrenze. Diese einschränkenden Typisierungen von Sachverhalten – und ebenso die den Aufwandsbetrag begrenzenden Pauschalierungen – bedürfen vor dem Gleichheitssatz besonderer Rechtfertigung. Sie treten im EStG weniger auf der Einnahmenseite, mehr auf der Ausgabenseite auf. Diese Typisierungen betreffen insbesondere Freibeträge und Freigrenzen, Selbstbehalte und Abzugsverbote, Bewertungen einschließlich des Wertverzehrs (Absetzungen). 29

Typisierungen sind in ihrer vereinfachenden Wirkung insbesondere im steuerlichen Massenfallrecht notwendig, damit das Recht vollzogen werden kann, die Gesetzesbetroffenen insbesondere bei der Steuererklärung nicht überfordert werden und die maßgebliche **Gleichheit im steuerlichen Belastungserfolg** gelingt. Steuergesetze „müssen, um praktikabel zu sein, Sachverhalte, an die sie dieselben steuerrechtlichen Folgen knüpfen, typisieren und dabei in weitem Umfang die Besonderheiten des einzelnen Falles vernachlässigen" (BVerfG 15.1.2008 – 1 BvL 2/04, BVerfGE 120, 1 (30); BVerfG 12.10.2010 – 1 BvL 12/07, BVerfGE 127, 224 (245); BVerfG 9.12.2008 – 2 BvL 1/07, BVerfGE 122, 210 (232); BVerfG 7.12.1999 – 2 BvR 301/98, BVerfGE 101, 297 (309 ff.)). Gesetzliche Typisierungen schaffen Normenklarheit, entlasten die Rechtsbetroffenen und die Verwaltung bei der Rechtsanwendung, bekämpfen steuerlichen Gestaltungsmissbrauch und schützen die Daten der Betroffenen (*Isensee* StuW 1994, 3 (9 f.); *Ruppe* DStJG 3 (1980), 103). Zu diesen gängigen Gründen für Typisierungen tritt vor allem beim Abzug von Privataufwendungen und bei Aufwendungen, die weder der Erwerbs- noch der Privatsphäre klar zugeordnet werden können, die Typisierung als Instrument, den steuerlichen Abzug zu begrenzen und so gegenläufige Prinzipien miteinander in Einklang zu bringen. 30

Typisierungen sind von Verfassungs wegen aus einer möglichst breiten Beobachtung der Realität und am Regelfall zu entwickeln, dürfen sich nicht an einem atypischen Fall orientieren. Sie müssen auf tragfähigen Gründen beruhen, wesentlichen Verschiedenheiten der Betroffenen Rechnung tragen (Art. 3 Abs. 1 GG) und verhältnismäßig sein. Der Gesetzgeber hat in diesen Grenzen einen Gestaltungsraum, Typisierungen zu setzen. Zu Recht werden vom Bundesverfassungsgericht (BVerfG 12.10.2010 – 1 BvL 12/07, BVerfGE 127, 224 (245 f. mwN) und der Literatur (*Isensee* StuW 1994, 3 (9 f.); *Ruppe* DStJG 21 (1998), 29 (37 f.); zusammenfassend Tipke/Lang/*Hey* § 3 Rn. 23, 145 ff. mwN) diese anerkannten Maßstäbe 31 hervorgehoben. Doch ist der Ausgangspunkt zu korrigieren. **Die Typisierung steht nicht im Gegensatz zur gesetzlichen Regel. Vielmehr ist deren Verweigerung rechtfertigungsbedürftig** (→ Rn. 29 f.; *G. Kirchhof* DStJG 40 (2017), 47 (74 ff.)). „Typisierung bedeutet bestimmte in wesentlichen Elementen gleich geartete Lebenssachverhalte normativ zusammenzufassen" (BVerfG 9.12.2008 – 2 BvL 1/07, BVerfGE 122, 210 (232)). Das aber ist Gesetzgebung.

32 Der Grundfreibetrag (§ 32a) und der Kinderfreibetrag einschließlich des Bedarfs für Betreuung und Erziehung (§ 31, § 32 Abs. 6) sind trotz der regionalen Preisgefälle in bundeseinheitlichen Mittelwerten zu fassen (→ Rn. 23). Demgegenüber müssen bei den Kranken- und Pflegeversicherungsbeiträgen insbesondere aufgrund der Unterschiede zwischen privater und gesetzlicher Versicherung die tatsächlichen Aufwendungen stärker berücksichtigt werden. Von Verfassungs wegen steuerlich anzuerkennen ist aber auch dann nur der notwendige Mindeststandard (BVerfG 13.2.2008 – 2 BvL 1/06, BVerfGE 120, 125 (157, 160 f., 164)). Der Schutz vor existenziellen Lebensrisiken – vor Krankheit, Unfällen oder dem Tod eines Familienangehörigen – wird in Teilen vom Gesetzgeber vorgeschrieben. Diese Vorsorge ist in der Elementarsicherung – nicht im jeweils individuell vereinbarten Versicherungsverhältnis – Voraussetzung sozialgesicherter Existenz und damit Teil des steuerlich zu schonenden Existenzminimums (*Mellinghoff* Leitgedanken des Rechts, 2013, § 174 Rn. 20 ff.; *Tipke* Die Steuerrechtsordnung, II, 787, 796 ff.; *Seiler* Grundzüge eines öffentlichen Familienrechts, 2008, 88 ff.). Auch die steuerliche Berücksichtigung von außergewöhnlichen Aufwendungen ist nur zum Teil verfassungsrechtlich gefordert. Eine zumutbare Eigenbelastung bei außergewöhnlichen Belastungen und Höchstbeträge bei Sonderausgaben sind zulässig. **Eine einmal getroffene gesetzliche Entscheidung muss aber folgerichtig ausgestaltet werden** (BVerfG 13.2.2008 – 2 BvL 1/06, BVerfGE 120, 125 (164 f.); → § 2 Rn. 63 ff.).

33 *Einstweilen frei*

34 **e) Verfassungsrechtliche Maßstäbe.** Der Gesetzgeber hat daher auch im Bereich des subjektiven Nettoprinzips einen Gestaltungsraum, den er folgerichtig ausfüllen muss. Er wird durch **drei verfassungsrechtliche Maßstäbe** geleitet und gebunden. Der Gesetzgeber muss **(1.)** das typisierte Existenzminimum in den Grenzen der Verfassung konkretisieren und steuerlich schonen (Minimalabzug). Im Bereich der Existenzsicherung sind **(2.)** auch außerhalb dieser Typisierung zwingende pflichtbestimmte Ausgaben zum Abzug zuzulassen (pflichtbestimmter Zwang). Bei dieser Konkretisierung und bei der darüber hinausgreifenden steuerlichen Berücksichtigung privater Aufwendungen muss der Gesetzgeber sodann **(3.)** eine einmal getroffene Belastungsentscheidung folgerichtig umsetzen (Folgerichtigkeitsgebot).

35 *Einstweilen frei*

4. Stufen privaten Aufwands – Interpretationshilfe

36 Das **Existenzminimum** und der die Existenzgrundlage betreffende zwingende pflichtbestimmte Aufwand sind von Verfassungs wegen steuerlich zu schonen (→ Rn. 22 ff.). Hiervon zu unterscheiden sind Aufwendungen **freiwilliger Vermögensverwendung,** die das Erwerbseinkommen nicht mindern. Zu diesen Bereichen der steuerlich anzuerkennenden existenzsichernden zwingenden pflichtbestimmten Aufwendungen und der steuerlich nicht abziehbaren freiwilligen Vermögensverwendung tritt eine **mittlere Sphäre verpflichtender privater Ausgaben.** Private Ausgaben werden nicht nur in den Bereichen des Zwangs und der Freiwilligkeit, sondern auch in einer Sphäre der Konvention, der ethischen, kulturellen, sozialen und gesetzlichen Vorgaben getätigt, wenn der Steuerpflichtige Vorsorgeaufwendungen aufbringt oder seinen Kindern über das Existenzminimum hinausgehende Bildungschancen bietet. Das subjektive Nettoprinzip und der hiermit in Verbindung stehende Grundsatz, private Aufwendungen nur in bestimmten Fällen zum steuerlichen Abzug zuzulassen, geben dem Gesetzgeber nicht genau vor, ob und wie Ausgaben in diesem zweiten Bereich der Verpflichtung steuerlich zu berücksichtigen sind. Der Gesetzgeber hat hier einen weiten, aber gleichwohl verfassungsrechtlich begrenzten Entscheidungsraum. Er muss die „unterschiedlichen Gründe, die den Aufwand veranlassen", aufnehmen und „im Lichte betroffener Grundrechte differenzierend" würdigen (BVerfG 9.12.2008 – 2 BvL 1/07 ua, BVerfGE 122, 210 (234 f.); BVerfG 16.3.2005 – 2 BvL 7/00, BVerfGE 112, 268 (280 f.); bereits →

Rn. 25.1). Die Ausgaben sind umso eher zum steuerlichen Abzug zuzulassen, je näher sie am Bereich der Existenzsicherung liegen und je intensiver ein Aufwand Grundrechte betrifft. Der Schutz von Leben und Gesundheit sowie die Nähe von Vorsorgeaufwendungen zum Existenzminimum drängen zu Abzugstatbeständen, die entsprechende Kosten steuerlich berücksichtigen. Demgegenüber ist die Entscheidung des Gesetzgebers, gemeindienliche Aufwendungen oder Spenden an politische Parteien steuerlich anzuerkennen, verfassungsrechtlich vielleicht erwünscht, aber nicht vorgezeichnet (hierzu *Geserich* DStJG 26 (2003), 245 (246 ff.); insgesamt *G. Kirchhof* DStR 2013, 1867 (1869 f.)). Die Teilung des Bereichs privater Aufwendungen in Existenzminimum, existenznotwendigen pflichtbestimmten Zwang, Verpflichtung und Freiwilligkeit ist nicht immer trennscharf. Doch sucht sie, die verfassungsrechtlichen Vorgaben in einem abgestuften System zu ordnen und so die Steuergesetzgebung sowie die Interpretation der steuerlichen Vorschriften über privaten Aufwand zu leiten.

Einstweilen frei **37–38**

5. Negative und positive Deutung der steuerlichen Privatsphäre

Das Einkommensteuerrecht unterscheidet die steuerliche Erwerbs- von der Privatsphäre. **39**
Erwerbsaufwendungen mindern grundsätzlich das Erwerbseinkommen. Private Kosten der Lebensführung sind hingegen nur in bestimmten Fällen und dann oft nur typisiert steuerlich abziehbar. Diese Trennung ist fundamental, steuersystematisch und verfassungsrechtlich gefordert (→ Rn. 22 ff.), aber nicht immer eindeutig. Insbesondere wurde diskutiert, ob Aufwendungen für eine erste Berufsausbildung (→ Rn. 68 ff.; *Förster* DStR 2012, 486 (488 f. mwN)) oder Kinderbetreuungskosten der Erwerbssphäre zuzurechnen sind, wenn die Kinderbetreuung ihren Grund in der Erwerbstätigkeit eines Elternteils hat. Kausalitätserwägungen, die Geburt und Bildung als conditio sine qua non des Erwerbs begreifen, helfen kaum, die Grenze zwischen der Erwerbs- und Privatsphäre zu vermessen. Aufwendungen sind – in den Worten des BFH – durch eine Einkunftsart veranlasst und daher der Erwerbssphäre zuzurechnen, „wenn sie hierzu in einem steuerrechtlich anzuerkennenden wirtschaftlichen Zusammenhang stehen. Maßgeblich dafür, ob ein solcher Zusammenhang besteht, ist zum einen die – wertende – Beurteilung des die betreffenden Aufwendungen ‚**auslösenden Moments**', zum anderen dessen Zuweisung zur einkommensteuerrechtlich relevanten Erwerbssphäre. Ergibt diese Prüfung, dass die Aufwendungen nicht oder in nur unbedeutendem Maße auf privaten, der Lebensführung des Steuerpflichtigen zuzurechnenden Umständen beruhen, so sind sie als Betriebsausgaben oder Werbungskosten grundsätzlich abzuziehen. Beruhen die Aufwendungen hingegen nicht oder in nur unbedeutendem Maße auf beruflichen Umständen, so sind sie [grundsätzlich] nicht abziehbar" (BFH 21.9.2009 – GrS 1/06, BStBl. II 2010, 672 Rn. 93 – Hervorhebungen nur hier; BFH 5.7.2012 – VI R 50/10, BStBl. II 2013, 282; BFH 19.1.2017 – VI R 37/15, BStBl. II 2017, 526; *Ruppe* DStJG 3 (1980), 103 (128)).

Diese Zuordnung von Aufwendungen zur Erwerbs- oder Privatsphäre orientiert sich an **40**
der erwerblichen Veranlassung. Der **private Aufwand** wird sodann gleichsam **negativ** ermittelt. Nicht absetzbare Kosten der Lebensführung sind solche, die nicht der Erwerbssphäre zuzuordnen sind (deutlich BFH 6.4.2005 – I R 86/04, BStBl. II 2005, 666; *Weber* StuW 2009, 184 (186)). Diese Zurechnung eines Aufwands zur Privatsphäre kann durch den Schutz des Existenzminimums **positiv präzisiert, jedoch nicht abschließend definiert werden,** weil die freie Vermögensverwendung selbstbestimmt und nicht vorhersehbar ist. Die öffentliche Hand garantiert jedem das Existenzminimum, den Grundbedarf für Nahrung, Kleidung, Unterkunft, Hygiene, Gesundheit, Vorsorge, Bildung und eine Teilhabe am gesellschaftlichen Leben (BVerfG 9.2.2010 – 1 BvL 1/09 ua, BVerfGE 125, 175 (223); BMF 6.7.2010, BStBl. I 2010, 614 Rn. 4; → Rn. 23). Dieser existenzsichernde Bedarf prägt die private Sphäre (insgesamt *G. Kirchhof* DStR 2013, 1867 (1870)). Aufwendungen, die in diesem Bereich getätigt werden, sind der Privatsphäre zuzurechnen. Sie sind von Verfassungs wegen steuerlich anzuerkennen, wenn sie zum Existenzminimum gehören oder aufgrund der Nähe zur Existenzsicherung schlechterdings unumgänglich sind, also einen zwingenden pflichtbestimmten Aufwand bilden (→ Rn. 22 ff.). Im Übrigen sind alle Aufwendungen, die in der so gefassten Privatsphäre getätigt werden, als Kosten der Lebensführung in aller

Regel nicht steuerlich absetzbar. In der freiheitlichen Entfaltung des Steuerpflichtigen ist das private Leben aber nicht vorgezeichnet, werden weitere Ausgaben getätigt, die der Privatsphäre zuzuordnen sind. Der positive Ansatz, die Privatsphäre zu fassen, ist daher keine abschließende Definition.

41 *Einstweilen frei*

6. Drei Bereiche der Einkommensbesteuerung

42 Doch auch bei diesem ergänzenden positiven Ansatz, die steuerliche Privatsphäre zu greifen (→ Rn. 39 f.), bleiben Abgrenzungsschwierigkeiten. Zwar drängt der Gedanke des Existenznotwendigen, Aufwendungen für die Bildung und Kinderbetreuung der Privatsphäre zuzurechnen. Jedoch wird dieser Ausgangspunkt bei einer beruflichen Erstausbildung oder einer Kinderbetreuung, um dem Erwerb nachzugehen (→ Rn. 39 f.), durch das Erwerbsleben überlagert. Zu der Erwerbssphäre und der Privatsphäre tritt insgesamt ein **dritter steuerlicher Bereich,** der keiner der beiden Sphären klar zugeordnet werden kann (*G. Kirchhof* DStR 2013, 1867 (1867 ff.); vgl. *Jochum* DStZ 2010, 665 (670 f.)). Das Leistungsfähigkeitsprinzip, das objektive und das subjektive Nettoprinzip geben hier die steuerliche Berücksichtigung von Aufwendungen nicht vor (→ Rn. 22 ff.). Der Gesetzgeber hat einen Gestaltungsraum, ob und wie er Erwerbsaufwendungen, die die allgemeine Lebensführung berühren (BFH 27.7.2015 – GrS 1/14, BStBl. II 2016, 265 Rn. 78; BVerfG 9.12.2008 – 2 BvL 1/07, BVerfGE 122, 210 (241)), steuerlich anerkennt. Diese lebensführungsnahen Erwerbsaufwendungen (→ Rn. 47 ff.) oder erwerbsnahen Kosten der Lebensführung können als Erwerbsaufwendungen oder in der Privatsphäre als Sonderausgaben oder außergewöhnliche Belastungen vollständig oder in Teilen das Erwerbseinkommen mindern. Aufwendungen in diesem dritten Bereich werden, wenn der Gesetzgeber dies anordnet, **konstitutiv zum steuerlichen Abzug zugelassen.** Die Systematik des EStG drängt allerdings darauf, diese Aufwendungen je nach ihrer Nähe zur Erwerbs- oder Privatsphäre dem Erwerbsaufwand oder den privaten Kosten zuzuordnen. Das gleichheitsrechtliche Erfordernis der Folgerichtigkeit und Widerspruchsfreiheit der Gesetzgebung (→ § 2 Rn. 63 ff.) legt nahe, eine Zwischenkategorie zu vermeiden (sogleich → Rn. 45 ff.). Gesetzliche Folgerichtigkeit und folgerichtige Gesetzesanwendung bauen auf die Grundsatzunterscheidung zwischen Erwerbsaufwendungen und Privataufwendungen.

43–44 *Einstweilen frei*

7. Verhältnis zu anderen Bestimmungen – Erwerbsaufwendungen und steuerlich abziehbarer privater Aufwand

45 Die vier Kerntatbestände privaten Aufwands – Abziehbarkeit existenznotwendiger Kosten, ergänzender Abzug zwingenden pflichtbestimmten Aufwands, gesetzliche Zuordnung und Regelung nicht klar zurechenbarer Aufwendungen und Nichtabziehbarkeit der Kosten privater Lebensführung (→ Rn. 36) – finden ihre Orientierungsnorm und Interpretationshilfe in § 12. Sie prägen zugleich das Verhältnis des § 12 zu anderen Bestimmungen.

46 **a) Erwerbssphäre.** Liegen Aufwendungen in der Erwerbssphäre, weil sie in einem „steuerrechtlich anzuerkennenden wirtschaftlichen Zusammenhang" mit dem Erwerb getätigt wurden (BFH 21.9.2009 – GrS 1/06, BStBl. II 2010, 672 Rn. 93; **Veranlassungsprinzip;** → Rn. 39; → § 2 Rn. 69; zum weiten Verständnis des Veranlassungsprinzips idZ → § 4 Rn. 2691 ff.), greift § 12 als Grundsatznorm für die steuerliche Behandlung privater Aufwendungen nicht (→ Rn. 2 ff.). Die Erwerbssphäre ist von der Privatsphäre getrennt. Ausgaben sind steuerlich entweder dem Erwerb oder dem privaten Bereich zuzuordnen. Erwerbsaufwendungen mindern als Betriebsausgaben (**§ 4 Abs. 4**) oder Werbungskosten (**§ 9 Abs. 1 S. 1**) in aller Regel das Erwerbseinkommen (objektives Nettoprinzip; § 2 Abs. 2; → § 2 Rn. 68 ff.). Privater Aufwand ist nur steuerlich zu schonen, wenn das Steuerrecht dies ausdrücklich regelt (→ Rn. 22 ff.). Zwar sind Zweifelsfälle in der Zuordnung zur Erwerbs- oder Privatsphäre möglich (→ Rn. 42). Das Steuergesetz sucht dann aber jeweils Rechtsklarheit zu schaffen. So ordnet § 4 Abs. 5 als Vorschrift über lebensführungsnahe Erwerbsaufwendungen (sogleich → Rn. 47 ff.; vgl. BVerfG 9.12.2008 – 2 BvL 1/07, BVerfGE 122, 210 (236)) Kosten in Satz 1 als Betriebsausgaben der Erwerbssphäre zu, erlaubt sodann aber nur einen beschränkten Abzug oder untersagt die steuerliche Berücksichtigung, um in Satz 3 zu betonen, dass § 12 Nr. 1 und damit die steuerliche Privatsphäre von der Regelung unberührt bleibt.

b) Lebensführungsnahe Erwerbsaufwendungen. Die Abzugsregelungen in **§ 4 Abs. 5, Abs. 9** und in Teilen die in **§ 9 Abs. 1 und Abs. 6** handeln insbesondere von Aufwendungen, die nicht klar der Erwerbs- oder der Privatsphäre zugeordnet werden können (BVerfG 9.12.2008 – 2 BvL 1/07, BVerfGE 122, 210 (236); BFH 27.7.2015 – GrS 1/14, BStBl. II 2016, 265 Rn. 78; für eine grundsätzliche Zuordnung zur Erwerbssphäre der in § 4 Abs. 5 geregelten Aufwendungen aber → § 4 Rn. 2695 f. mwN). Für diese lebensführungsnahen Erwerbsaufwendungen oder erwerbsnahen Kosten der Lebensführung regelt der Gesetzgeber den Abzug konstitutiv (→ Rn. 42). Aufwendungen für Geschenke, eine Bewirtung, im Zusammenhang mit einer Jagd oder Fischerei, für Gästehäuser, für die Verpflegung, für den Weg zur Arbeit, für eine betrieblich veranlasste doppelte Haushaltsführung, das häusliche Arbeitszimmer und die Berufsausbildung oder das Erststudium (**§ 4 Abs. 5 S. 1 Nr. 1 bis 6b, Abs. 9; § 9 Abs. 1 S. 3 Nr. 4 bis 5a, Abs. 4a, Abs. 6**) mögen in einem auch dichten Zusammenhang mit dem Erwerb anfallen, können aber auch als Kosten für Nahrung und Unterkunft (Haushaltsführung), für die soziale Teilhabe (Geschenke), für Freizeitbeschäftigungen (Jagd oder Fischerei) und Bildung (Berufsausbildung und Erststudium) dem privaten Bereich zugeordnet werden (→ Rn. 39 f.). Der Weg zur Arbeit kann auch als Weg nach Hause, das häusliche Arbeitszimmer auch als Teil des privaten Wohnraums begriffen werden. „Der Gesetzgeber legt" – in den Worten des Großen Senats des BFH – „der Einkommensteuer zwar das sog. Nettoprinzip zugrunde, nach dem nur das Nettoeinkommen, die Erwerbseinnahmen abzüglich der Erwerbsaufwendungen und der existenzsichernden Aufwendungen, besteuert wird. Insbesondere dann, wenn die Erwerbsaufwendungen die Kosten der allgemeinen Lebensführung iSd § 12 berühren, kann der Gesetzgeber zur Klarstellung wie zur Vereinfachung einschränkende Regelungen treffen, durch die zugleich Ermittlungen im Privatbereich eingegrenzt werden. Die in **§ 4 Abs. 5 S. 1 Nr. 6b S. 1** getroffene Regelung ist daher verfassungsrechtlich nicht zu beanstanden" (BFH 27.7.2015 – GrS 1/14, BStBl. II 2016, 265 Rn. 78 – Hervorhebungen nur hier). **47**

Der Gesetzgeber hat seinen Entscheidungsraum genutzt (→ Rn. 42), die in **§ 4 Abs. 5** geregelten Aufwendungen, obgleich sie die allgemeine Lebensführung berühren, als Betriebsausgaben gefasst (§ 4 Abs. 5 S. 1), sodann aber einen beschränkten Abzug zugelassen oder den Abzug untersagt. Wird der beschränkte Abzug zugelassen, soll die steuerliche Berücksichtigung durch die Typisierung in einer „angemessenen Höhe" beschränkt werden (BVerfG 9.12.2008 – 2 BvL 1/07, BVerfGE 122, 210 (236); → Rn. 30). Demgegenüber sind Aufwendungen für Arbeitsmittel – für Werkzeuge und typische Berufskleidung – der Erwerbssphäre zuzurechnen und deshalb gem. **§ 9 Abs. 1 S. 3 Nr. 6** als Werbungskosten absetzbar. Die Bestimmung hat gleichwohl neben dem objektiven Nettoprinzip einen eigenen Regelungsgehalt, weil sie für typische Berufskleidung klarstellend die überwiegende berufliche Veranlassung gesetzlich feststellt (vgl. Kirchhof/*Oertel* § 9 Rn. 130), Ausgaben für Kleider jedoch im Übrigen zur steuerlich nicht absetzbaren Lebensführung gehören (Schmidt/*Krüger* § 9 Rn. 266 f.; → Rn. 96 ff.). **48**

§ 4 Abs. 5 S. 1 Nr. 7 untersagt den steuerlichen Abzug „anderer als der in den Nummern 1 bis 6 und 6b bezeichneten Aufwendungen, die die Lebensführung des Steuerpflichtigen oder anderer Personen berühren, soweit sie nach allgemeiner Verkehrsauffassung als unangemessen anzusehen sind." Die Regelung veranschaulicht in den Worten des Bundesverfassungsgerichts „das allgemeinere einkommensteuerrechtliche Regelungsmodell […] zur Begrenzung der Abzugsfähigkeit – auch – betrieblich veranlassten Aufwands auf die ‚angemessene' Höhe, soweit solcher Aufwand zugleich die private Lebenssphäre berührt" (BVerfG 9.12.2008 – 2 BvL 1/07, BVerfGE 122, 210 (236) – Hervorhebungen nur hier). Nach dem Eingangssatz des § 4 Abs. 5 werden diese Aufwendungen als Betriebsausgaben qualifiziert. Sodann ordnet § 4 Abs. 5 S. 1 Nr. 7 für den Sonderfall der Erwerbsaufwendungen, welche die Lebensführung berühren, eine Angemessenheitsprüfung an, die dem Tatbestand der Erwerbsaufwendungen prinzipiell fremd ist. Sind die Aufwendungen unangemessen, werden sie in der Rechtsfolge nur insoweit der Erwerbssphäre zugerechnet, als sie angemessen sind (KSM/*Spilker* § 4 Rn. M33, M48). Unangemessene „Luxusaufwendungen" werden zu nicht **49**

absetzbaren privaten Kosten der Lebensführung. Diese lebensführungsnahen Erwerbsaufwendungen bilden einen Sonderfall der Aufwandsteilung. Die systematische Alternativität von Erwerbs- und Privatsphäre wird dadurch nicht berührt.

50 Auch die Aufwendungen für Geldbußen, für Ordnungs- und Verwarnungsgelder, für Zinsen auf hinterzogene Steuern, für besondere Ausgleichszahlungen, Zuwendungen von Vorteilen und steuerliche Zuschläge sowie besondere Jahresbeiträge (**§ 4 Abs. 5 S. 1 Nr. 8 bis 13**) nehmen eine Sonderrolle ein. Sie sind ebenfalls in der Regel nicht klar der Erwerbs- oder der Privatsphäre zuzuordnen. Der Gesetzgeber kann dann den Abzug ganz oder in Teilen anordnen, aber auch versperren. Er wird den Abzug nicht allein nach den Maßstäben des Binnensystems des EStG regeln, sondern insbesondere das Zusammentreffen der Besteuerungsgrundsätze mit Sanktionsprinzipien eigenständig werten (siehe hierzu **§ 12 Nr. 3** (Personensteuern; → Rn. 181 ff.) und **Nr. 4** (Geldbußen; → Rn. 223 ff.)).

51 *Einstweilen frei*

52 **c) Existenzsicherung und Lebensführung.** § 12 wirkt als Grundsatznorm privater Aufwendungen in der Privatsphäre (→ Rn. 2 ff.). Der Anwendungsbereich des § 12 wird zunächst durch die ausdrücklich angeordnete Spezialität (Einleitungssatz des § 12; → Rn. 89 ff.), sodann aber vor allem durch die Stufen privaten Aufwands bestimmt (→ Rn. 36).

53 Nach dem **subjektiven Nettoprinzip** sind das typisierte Existenzminimum und der darüber hinausgreifende zwingende pflichtbestimmte Aufwand von Verfassungs wegen steuerlich zu schonen (→ Rn. 22 ff.). Dieser Bereich zwingend steuerlich zu berücksichtigender privater Aufwendungen ist verfassungsrechtlich vorgegeben, jedoch vom Gesetzgeber zu konkretisieren. Das EStG und die Grundsatznorm des § 12 regeln den notwendigen steuerlichen Abzug. Grundfreibetrag und Kinderfreibetrag sind einschließlich eines Bedarfs für die Betreuung und Erziehung in gesetzlicher Typisierung von der Besteuerung ausgenommen (**§ 31, § 32 Abs. 6, § 32a**). Der Schutz vor existenziellen Lebensrisiken durch Krankheit, Tod eines Familienangehörigen, Unfallschäden, Arbeitslosigkeit oder vorzeitige Erwerbsunfähigkeit ist in Teilen gesetzlich vorgeschrieben. Als Voraussetzung einer sozial gesicherten Existenz ist er im notwendigen Mindeststandard – nicht im tatsächlichen individuellen Aufwand – vom subjektiven Nettoprinzip geschützt und daher von Verfassungs wegen steuerlich zu schonen. **§ 10 Abs. 1 Nr. 2 bis 3a** und die **§§ 33 bis 33b** berücksichtigen daher zu Recht Aufwendungen für die Altersvorsorge, Kranken- und Pflegeversicherung, auch für die Absicherung der Berufsfähigkeit und zwangsläufige größere existenzsichernde Aufwendungen in besonderen Fällen, die vom typisierten Existenzminimum wegen der Außergewöhnlichkeit nicht erfasst sind (BVerfG 13.2.2008 – 2 BvL 1/06, BVerfGE 120, 125 (157, 160 f., 164); insgesamt *Tipke* Die Steuerrechtsordnung, II, 796 ff.; *Mellinghoff* Leitgedanken des Rechts, 2013, § 174 Rn. 22 ff.; *Möhlenbrock* FS für den BFH, Bd. II, 2018, 1295 ff.).

54 Demgegenüber entfaltet sich die Regel des § 12, Lebensführungskosten grundsätzlich steuerlich nicht abzuziehen, vollständig im Bereich freiwilliger Vermögensverwendung in der Privatsphäre. Privater Konsum mindert das Erwerbseinkommen nicht (→ Rn. 36).

55 Private Ausgaben, die Konventionen, auch ethischen, kulturellen, sozialen und gesetzlichen Vorgaben folgen, müssen nach den Vorgaben des Grundgesetzes nicht zwingend steuerlich berücksichtigt werden. In seinem Gestaltungsraum muss der Gesetzgeber aber die Gründe, aus denen ein Aufwand geleistet wird, grundrechtlich würdigen und aufnehmen (BVerfG 9.12.2008 – 2 BvL 1/07 ua, BVerfGE 122, 210 (234 f.); → Rn. 36; insgesamt *Tipke* Die Steuerrechtsordnung, II, 806 ff.). Kosten der Kinderbetreuung (**§ 10 Abs. 1 Nr. 5**), Aufwendungen für die eigene Berufsausbildung (**§ 10 Abs. 1 Nr. 7**) und für die Schulbildung der Kinder (**§ 10 Abs. 1 Nr. 9**) sind zwar nicht aufgrund des subjektiven Nettoprinzips von Verfassungs wegen steuerlich von der Besteuerung ausgenommen (→ Rn. 22 ff.). Doch liegen diese Aufwendungen in der Nähe des Existenzminimums, weil die eigene Bildung sowie die Betreuung und Bildung der Kinder notwendig sind. Es handelt sich nicht um Aufwendungen der freiwilligen Vermögensverwendung, die der Steuerpflichtige auch unterlassen könnte, sondern um Ausgaben im Bereich privater Verpflichtung. Der Steuerpflichtige kann sich gewissen Aufwendungen nicht entziehen. Das Grundgesetz drängt daher den Gesetzgeber, die entsprechenden Ausgaben jedenfalls in Teilen zum Abzug zuzulassen. In abgeschwächter Form legt das Grundgesetz nahe, Unterhaltsleistungen an Ehegatten in Teilen zu berücksichtigen (**§ 10 Abs. 1a**), weil diese auch im Scheidungsfall in der ehelichen

Verantwortung gründen. Weil Mitglieder bestimmter Religionsgemeinschaften der Kirchensteuer nicht entgehen können, ist es sachgerecht, diese zum Abzug zuzulassen. Trotz der gleicherweise bestehenden ethischen Pflicht handelt es sich allerdings nicht um einen existenznotwendigen Aufwand, sondern um eine gesetzliche Lösung von Steuerkonkurrenzen (**§ 10 Abs. 1 Nr. 4;** zu diesen Steuerkonkurrenzen § 12 Nr. 3 → Rn. 181 ff.). Eine zusätzliche Altersvorsorge (**§ 10a**) entspricht zwar dem sozialen Staatsziel (Art. 20 Abs. 1 GG), das Grundgesetz legt gleichwohl den steuerlichen Abzug der entsprechenden Aufwendungen – wenn überhaupt – nur zurückhaltend nahe, weil die gesetzlich für notwendig erachtete Vorsorge ergänzt wird. Zwar sprechen sozialpolitische Gründe dafür, Aufwendungen für steuerbegünstigte Zwecke (Spenden, **§ 10b, § 4 Abs. 6**) in Teilen zum steuerlichen Abzug zuzulassen; das Grundgesetz fordert dies aber nicht. Auch der Sonderausgabenabzug für zu eigenen Wohnzwecken genutzten Raum und für schutzwürdige Kulturgüter (**§ 10e, § 10f, § 10g**) liegt im gesellschafts- und sozialpolitischen Gestaltungsraum des Gesetzgebers. Eine Sonderrolle nehmen die Abzugsverbote für freiwillige Zuwendungen (**§ 12 Nr. 2;** → Rn. 144 ff.), für bestimmte Personensteuern (**§ 12 Nr. 3;** → Rn. 181 ff.) und für Geldbußen (**§ 12 Nr. 4;** → Rn. 223 ff.) ein.

Einstweilen frei **56–57**

II. Normstruktur und zentrale Debatten

1. Der Kerngehalt des § 12: Leben aus versteuertem Einkommen, Schonung des Existenzminimums

§ 12 bestätigt als **Grundsatznorm** für Aufwendungen im privaten Bereich (→ Rn. 2 ff.) **58**
die für das Einkommensteuerrecht konstitutive Trennung der Erwerbs- von der Privatsphäre und das subjektive existenzsichernde Nettoprinzip in einer Grundregel: Jenseits des existenznotwendigen Minimums ist das der Lebensführung dienende Einkommen grundsätzlich zu versteuern. Nach § 2 Abs. 1 unterliegen die Einkünfte aus den sieben Einkunftsarten – die Erwerbseinnahmen abzüglich der Erwerbsausgaben (§ 2 Abs. 2) – der Einkommensteuer (Veranlassungsprinzip, objektives Nettoprinzip; → § 2 Rn. 68 ff.). Nicht steuerbar ist im Bereich der Privatsphäre das Existenzminimum, das typisiert im Grundfreibetrag (§ 32a Abs. 1 S. 2 Nr. 1) und im Kinderfreibetrag einschließlich des grundlegenden Bedarfs für Betreuung und Erziehung steuerfrei gestellt wird (§ 31, § 32 Abs. 6). Zudem ist über diese Typisierung hinausgehender zwingender pflichtbestimmter existenzsichernder privater Aufwand steuerlich zu schonen (insgesamt → Rn. 22 ff.).

Der **Einleitungssatz** des § 12 bestätigt auf dieser Grundlage für die steuerliche Privat- **59**
sphäre, dass auch die Beiträge zur gesetzlichen Rentenversicherung, zum Aufbau kapitalgedeckter Altersvorsorge und zur Absicherung der Berufsfähigkeit (§ 10 Abs. 1 Nr. 2), die Kranken- und Pflegeversicherungsbeiträge (§ 10 Abs. 1 Nr. 3 und Nr. 3a) und zwangsläufige größere existenzsichernde Aufwendungen in besonderen Fällen (§§ 33 bis 33b) existenzielle Risiken betreffen und daher jedenfalls im notwendigen Mindeststandard vom subjektiven Nettoprinzip geschützt werden. Vom Abzugsverbot werden zudem Kinderbetreuungskosten (§ 10 Abs. 1 Nr. 5), Kosten für die eigene Berufsausbildung (§ 10 Abs. 1 Nr. 7), das Schulgeld für Kinder (§ 10 Abs. 1 Nr. 9) sowie Unterhaltsleistungen (§ 10 Abs. 1a) ausgenommen. Diese Ausgaben sind zwar nicht nach dem subjektiven Nettoprinzip von Verfassungs wegen steuerlich zu schonen, beruhen jedoch auf allgemeinen Zahlungspflichten, sodass der steuerliche Abzug sachgerecht ist. Nicht aus verfassungsrechtlichen, sondern aus sozialpolitischen Motiven sowie aus Gründen der Steuerkonkurrenz können schließlich Aufwendungen für die zusätzliche Altersvorsorge (§ 10a), für steuerbegünstigte Zwecke (§ 10b, gemeinnützige Zuwendungen, Stiftungsförderung, Parteizuwendungen; § 4 Abs. 6) und für die Kirchensteuer (§ 10 Abs. 1 Nr. 4) steuerlich abgezogen werden (insgesamt → Rn. 52 ff.). Die ausdrückliche Aufzählung speziellerer Tatbestände des Sonderausgabenabzugs und der steuerlichen Berücksichtigung von außergewöhnlichen Belastungen im Einleitungssatz des § 12 ist unvollständig, führt nicht alle maßgeblichen Abzüge im privaten Bereich auf (insgesamt → Rn. 4, → Rn. 89 ff.). Im Blick auf Abzugstatbestände werden insbesondere Tarifvorschriften nicht genannt, obgleich sie das Existenzminimum und damit den Kerntatbestand des subjektiven Nettoprinzips sichern (§ 31, § 32, § 32a; → Rn. 22 ff.).

60 **§ 12 Nr. 1** regelt sodann, dass die für den Haushalt des Steuerpflichtigen und für den Unterhalt seiner Familienangehörigen aufgewendeten Beträge nicht abgezogen werden dürfen, also steuerbar sind, selbst wenn sie als sog. Repräsentationsaufwendungen auch der Erwerbssphäre dienen. Die Einkommensteuer belastet das Erwerbseinkommen abzüglich der Erwerbsaufwendungen (objektives erwerbssicherndes Nettoprinzip) und des existenznotwendigen Bedarfs (subjektives existenzsicherndes Nettoprinzip). Hinzu treten weitere, nicht systemprägende Abzugstatbestände. Aus dem verbleibenden Betrag zahlt der Steuerpflichtige die Steuern und die Kosten für sein Leben und das seiner Familie. Die Lebensführung wird aus versteuertem Einkommen finanziert (→ Rn. 94 ff.). Über diese Leitgedanken des EStG hinausgreifend regelt **§ 12 Nr. 2** insbesondere, dass freiwillige Zuwendungen das Erwerbseinkommen nicht mindern, weil sie aufgrund der selbst bestimmten Verfügung der freiwilligen Vermögensverwendung und damit der steuerlichen Privatsphäre zuzuordnen sind (→ Rn. 144 ff.). **§ 12 Nr. 3** versagt als Regelung der Steuerkonkurrenzen ua den Abzug von Personensteuern (→ Rn. 181 ff.). **§ 12 Nr. 4** erstreckt das Abzugsverbot auf Geldbußen, um Steuer- und Sanktionsprinzipien in Einklang zu bringen (→ Rn. 223 ff.; für eine Übersicht über § 12 auch → Rn. 5). Diese Aufzählung der nicht abziehbaren Beträge ist **nicht abschließend.** Der Grundsatz der Nichtabziehbarkeit wird in weiteren Vorschriften freiwilliger Vermögensverwendung bestätigt (→ Rn. 36, → Rn. 45 ff.).

61 Insgesamt vervollständigt § 12 den das EStG dirigierenden Grundsatz des § 2. Der Steuerpflichtige erwirbt sein Einkommen, um daraus sein Leben zu finanzieren, seine Erwerbsgrundlage zu sichern und zu verbessern, auch um Steuern zu zahlen. § 2 ordnet diese drei Funktionen des Einkommens in der Sicht auf Erwerbsgrundlage und Betrieb. Steuerbar sind nur Gewinn- und Überschusseinkünfte (§ 2 Abs. 2; → § 2 Rn. 365 ff.). Die sich damit aufdrängende Frage, ob auch die für die Lebensführung benötigten Erwerbseinnahmen, die bei fehlenden eigenen Einnahmen durch sozialstaatliche Leistungen ersetzt würden, besteuert werden, wird durch § 12 beantwortet. Die Vorschrift wendet den Blick auf die Betroffenheit des Steuerpflichtigen in seiner privaten Sphäre, seinem Leben außerhalb des Erwerbs, verweist dort auf die steuerfreie Existenzsicherung und regelt sodann die Lebensführung auf der Grundlage eines versteuerten Einkommens. Das Bundesverfassungsgericht hat gleichwohl das subjektive Nettoprinzip „in ausdrücklicher Distanz" zum einfachen Recht entwickelt (BVerfG 4.12.2002 – 2 BvR 400/98, BVerfGE 107, 27 (49); → Rn. 6). Der Verweis auf speziellere Tatbestände im Einleitungssatz und die Aufzählung der nicht abziehbaren Aufwendungen sind unvollständig (→ Rn. 4 f.). § 12 stammt in seiner Struktur und seinen zentralen Regelungsgehalten aus dem Jahre 1934, also aus einer Zeit, in welcher das subjektive Nettoprinzip noch nicht entfaltet war (→ Rn. 10 ff.). In ihrer jetzigen Gestalt wird die Regelung **durch das Verfassungsrecht, insbesondere durch das subjektive Nettoprinzip überlagert.** Bei verfassungskonformer Auslegung wird insbesondere § 12 Nr. 1, nach dem „die für den Haushalt des Steuerpflichtigen aufgewendeten Beträge" steuerlich nicht abgezogen werden dürfen, zu einem allgemeinen Abzugsverbot für Lebensführungskosten erweitert (→ Rn. 96 ff.).

62 *Einstweilen frei*

2. Gemischte Aufwendungen: kein grundsätzliches Aufteilungsverbot

63 Im Jahre 2009 hat der Große Senat des BFH das Verständnis des § 12 Nr. 1 S. 2 zu den sogenannten gemischten Aufwendungen grundlegend geändert (BFH 21.9.2009 – GrS 1/06, BStBl. II 2010, 672). Gemischte Aufwendungen liegen vor, wenn Kosten, die eigentlich klar der Erwerbs- oder der Privatsphäre zuzuordnen wären, **gleichzeitig** die steuerliche Erwerbs- und Privatsphäre berühren, zB an eine Dienstreise Urlaubstage angehängt oder ein Rechner, Telefon oder Kfz sowohl im Privat-, als auch und im Erwerbsleben genutzt werden. Die Kosten für die Reise oder den Rechner werden dem Steuerpflichtigen vom Reiseveranstalter oder Verkäufer einheitlich in Rechnung gestellt, obgleich sie gleichzeitig aus privaten und erwerblichen Gründen angefallen sind (Mitveranlassung). Die **gemischten Aufwendungen** sind von den **lebensführungsnahen Erwerbsaufwendungen** zu unterscheiden, die weder der Erwerbs- noch der Privatsphäre klar zugeordnet werden können, bei denen also gerade keine gleichzeitige, keine Mitveranlassung vorliegt, sondern die Zuordnung zweifelhaft ist. Lebensführungsnahe Erwerbsaufwendungen ordnet der Gesetzgeber einer steuerli-

chen Sphäre zu und regelt sodann einen zumeist beschränkten konstitutiven Abzug oder ein Abzugsverbot (→ Rn. 42, → Rn. 47 ff.). Eine solche einheitliche Zuordnung würde hingegen der gleichzeitigen Veranlassung gemischter Aufwendungen nicht gerecht.

Der BFH erkannte gleichwohl zunächst in § 12 Nr. 1 S. 2 ein **grundsätzliches Aufteilungs- und Abzugsverbot.** Insbesondere sollten Gestaltungen unterbunden werden, durch die bestimmte Steuerpflichtige die Erwerbs- und Privatsphäre miteinander verbinden, damit private Aufwendung für Kleidung, Reisen oder Sport sachwidrig steuerlich abgezogen werden können (BFH 20.7.2006 – VI R 94/01, BStBl. II 2007, 121). Den Grundsatz, gemischte Aufwendungen steuerlich einheitlich zu behandeln, lockerte das Gericht aber schon früh bei gemischten Ausgaben für Telefon, Kfz oder Rechner (siehe nur BFH 21.11.1980 – VI R 202/79, BStBl. II 1981, 131). Auch bei dem Modellfall der gemischten Aufwendungen, den Reisen, ließ der BFH Ausnahmen vom grundsätzlichen Aufteilungs- und Abzugsverbot zu (siehe nur BFH 24.4.1992 – IV R 27/91, BStBl. II 1992, 898). Zu Recht kritisierte die Literatur diese uneinheitliche Rechtsprechung und wies darauf hin, dass die Anwendung des § 12 Nr. 1 S. 2 auf Repräsentationsausgaben beschränkt, der Regelung kein allgemeines Aufteilungs- und Abzugsverbot zu entnehmen sei (*Söhn* DStJG 3 (1980), 13 (49 ff.); *Ruppe* DStJG 3 (1980), 103 (138 ff.); *J. Lang* Die Bemessungsgrundlage der Einkommensteuer, 1988, 328 ff.; insgesamt BFH 21.9.2009 – GrS 1/06, BStBl. II 2010, 672 Rn. 46 ff. mwN). 64

Der Große Senat des BFH hat inzwischen einen grundlegenden Rechtsprechungswechsel vollzogen und sich **gegen ein grundsätzliches Aufteilungs- und Abzugsverbot** ausgesprochen (BFH 21.9.2009 – GrS 1/06, BStBl. II 2010, 672). Nunmehr können gemischte Aufwendungen anhand von **sechs Vorgaben** geteilt und die erwerblichen Teile sodann zum steuerlichen Abzug gebracht werden. Die Aufwendungen müssen nach objektiven, nachprüfbaren Kriterien getrennt werden (**1.**). Der Steuerpflichtige muss die Teilung darlegen (**2.**). Fälle völlig untergeordneter Mitveranlassung sind insgesamt dem Bereich der Hauptveranlassung zuzuordnen (Bagatellanlässe, **3.**). Jeder Einzelfall ist einer Gesamtwürdigung zu unterziehen (**4.**). Bei einer Trennung der gemischten Aufwendungen dürfen dieselben Kosten nicht doppelt berücksichtigt werden (**5.**). Aufwendungen sind vielmehr in einer Alternativität jeweils einem steuerlichen Bereich zuzuordnen (**6.**; insgesamt BFH 21.9.2009 – GrS 1/06, BStBl. II 2010, 672 (91 ff.); *St. Schneider* Gemischte Veranlassung, FS für den BFH, Bd. II, 2018, 1243 ff.; → Rn. 132 ff. mwN). 65

Einstweilen frei 66–67

3. Aufwendungen für die erste Berufsausbildung

Durch das Gesetz zur Änderung der AO und weiterer Gesetze vom 21.7.2004 (BGBl. 2004 I 1753) wurde ein **§ 12 Nr. 5** neu eingefügt, nach dem die Aufwendungen für die erstmalige Berufsausbildung und für ein Erststudium, das zugleich eine Erstausbildung vermittelt, nicht abziehbar sind, wenn diese Berufsausbildung oder dieses Erststudium nicht im Rahmen eines Dienstverhältnisses stattfinden. Der Gesetzgeber reagierte so in einem sog. Nichtanwendungsgesetz auf einen Rechtsprechungswechsel des BFH, in dem das Gericht Kosten für eine erstmalige Berufsausbildung und ein Erststudium zum steuerlichen Abzug zugelassen hatte (BFH 17.12.2002 – VI R 137/01, BStBl. II 2003, 407; BFH 22.7.2003 – VI R 50/02, BStBl. II 2004, 889; siehe insgesamt HHR/*Fissenewert* § 12 Rn. 160). Dies war der Beginn eines **Wechselspiels zwischen BFH und Gesetzgeber,** das die Unsicherheiten verdeutlicht, ob Ausbildungskosten der Erwerbs- oder der Privatsphäre zuzuordnen sind (→ Rn. 36, → Rn. 42; zur Rechtsentwicklung BVerfG 19.11.2019 – 2 BvL 22/14 ua, DStR 2020, 93 (94 ff.); insgesamt *Pfab* Die Behandlung von Bildungsaufwendungen im deutschen Einkommensteuerrecht, 2008; *Johenning* Bildungsaufwendungen im Einkommensteuerrecht, 2009; *Geserich* DStR 2018, 2084 (2084 ff.)). 68

Vor der Rechtsprechungs- und Gesetzesänderung wurden Aufwendungen für die erstmalige Berufsausbildung nur als Sonderausgaben gem. § 10 Abs. 1 Nr. 7 in einem beschränkten Umfang steuerlich berücksichtigt. Der Gesetzgeber ist nunmehr zu dieser Rechtslage zurückgekehrt (siehe auch BMF 22.9.2010, BStBl. I 2010, 721). Nach Einführung des § 12 Nr. 5 suchte der BFH dessen Anwendung in verschiedenen Entscheidungen zu verengen. Das Gericht entschied, dass Ausbildungskosten vorweggenommene Werbungskosten seien, wenn dem Erststudium eine abgeschlossene Berufsausbildung vorausgegangen war (BFH 69

18.6.2009 – VI R 14/07, BStBl. II 2010, 816). Das BeitrRLUmsG vom 7.12.2011 (BGBl. 2011 I 2592) fasste § 12 Nr. 5 neu und schrieb diese Rechtsprechung in das Gesetz. Der BFH betonte aber zudem, dass § 12 nur für Aufwendungen in der Privatsphäre greift. Die Regelung stehe daher – so fuhr der Senat fort – einem Abzug der Kosten für eine erstmalige Berufsausbildung und das Erststudium als vorweggenommene Werbungskosten nicht entgegen (BFH 28.7.2011 – VI R 7/10, BStBl. II 2012, 557; BFH 28.7.2011 – VI R 38/10, BStBl. II 2012, 561). Auch auf diese Entscheidungen reagierte der Gesetzgeber im BeitrRLUmsG vom 7.12.2011 (BGBl. 2011 I 2592), indem er durch § 4 Abs. 9 und § 9 Abs. 6 den steuerlichen Abzug von Erstausbildungskosten als Erwerbsaufwendungen untersagte. Unabhängig davon, ob die Aufwendungen der Erwerbs- oder Privatsphäre zugeordnet werden, sollte ein Abzug gesetzlich ausgeschlossen sein. Das ZollkodexAnpG vom 22.12.2014 (BGBl. 2014 I 2417) hob sodann § 12 Nr. 5 unter Hinweis auf die § 4 Abs. 9 und § 9 Abs. 6 auf. Ausdrücklich betont die Gesetzesbegründung, dass in Reaktion auf die Rechtsprechung des BFH zwar das Abzugsverbot für Erstausbildungskosten systematisch in den Regelungen für Betriebsausgaben (§ 4) und Werbungskosten (§ 9) aufgenommen wurde, die Aufwendungen für die erste Berufsausbildung und das Erststudium aber gleichwohl der steuerlichen Privatsphäre zuzuordnen sind. Die geregelten Abzugsverbote werden durch § 10 Abs. 1 Nr. 7 ergänzt, der den beschränkten steuerlichen Abzug von Aufwendungen für die eigene Berufsausbildung anordnet (BT-Drs. 17/7524, 10). Angedeutet wird, dass die Zuordnung insgesamt nicht eindeutig ist. Die Erstausbildung liegt im Zwischenbereich zwischen Privat- und Erwerbssphäre, in dem der Gesetzgeber konstitutiv entscheiden kann, ob und in welcher Höhe er einen steuerlichen Abzug zulässt (→ Rn. 42, → Rn. 36). Der Gesetzgeber setzt im Rahmen seines verfassungsrechtlichen Gestaltungsraums die Grenze zwischen einer steuerlich der Privatsphäre zuzuordnenden Ausbildung und der steuerlich abziehbaren auch (weiter)bildenden Berufstätigkeit.

69.1 „Mit diesem Abzugsverbot wird“ – in den Worten der Gesetzesbegründung – „nun die Grundentscheidung des Gesetzgebers verdeutlicht, dass die erste Berufsausbildung und das Erststudium als Erstausbildung der privaten Lebensführung zuzuordnen sind. Diese Grundentscheidung folgt auch den Grundsätzen des Sozialrechts, in dem diese Ausbildungsbereiche der Bildungsförderung und nicht der Arbeitsförderung unterliegen. Der Abzug wird im Bereich der Sonderausgaben geregelt, weil der konkrete Veranlassungszusammenhang zwischen Erstausbildung oder Erststudium und späterer Berufstätigkeit typischerweise nicht hinreichend konkret ist, sodass es aus der Sicht des Gesetzgebers erforderlich und zulässig ist, diesen Bereich nicht im Rahmen der Einkünfteermittlung zu regeln“ (BT-Drs. 17/7524, 10).

70 Der **BFH** hält die § 4 Abs. 9 und § 9 Abs. 6 allerdings für **verfassungswidrig** und hat dem Bundesverfassungsgericht diese Frage vorgelegt: Die Abzugsbeschränkungen verletzen „auch unter Berücksichtigung privater Mitveranlassungsaspekte und einer damit dem Gesetzgeber eröffneten Typisierungsbefugnis“ die verfassungsrechtlichen Gebote der Besteuerung nach der finanziellen Leistungsfähigkeit und das Gebot der folgerichtigen Steuergesetzgebung. Kosten für eine erstmalige Berufsausbildung seien Erwerbsaufwendungen, weil die Ausbildung regelmäßig die notwendige Voraussetzung für eine nachfolgende berufliche Betätigung bilde. Nach dem Gebot der folgerichtigen Gesetzgebung seien sie daher zum Abzug zuzulassen. Hinreichende Gründe, vom objektiven Nettoprinzip eine Ausnahme zu machen, bestünden nicht. Wenn der Gesetzgeber aber „von Verfassungs wegen berechtigt gewesen sein sollte, […] die Aufwendungen für die erste Berufsausbildung […] aus dem Anwendungsbereich des Werbungskostenabzugs i.S. des § 9 Abs. 1 S. 1 EStG zu nehmen, verstößt die Neuregelung nach Auffassung des Senats gegen den allgemeinen Gleichheitssatz (Art. 3 Abs. 1 GG) in der Ausprägung des Grundsatzes der Besteuerung nach der subjektiven Leistungsfähigkeit. [… Denn] Aufwendungen, die Steuerpflichtigen für ihre erste Berufsausbildung entstehen, [gehören] jedenfalls zum zwangsläufigen und pflichtbestimmten Aufwand, der nicht zur beliebigen Disposition des Gesetzgebers steht“ (BFH 17.7.2014 – VI R 2/12, BFH/NV 2014, 1954 Rn. 59 ff. (Zitate: 68, 91) – BVerfG: 2 BvL 23/14; BFH 17.7.2014 – VI R 8/12, BFH/NV 2014, 1970 – BVerfG: 2 BvL 24/14).

71 Der Senat ordnet die Aufwendungen für die erste Berufsausbildung und das Erststudium zunächst der Erwerbssphäre zu, um sie sodann hilfsweise als zwingenden pflichtbestimmten Aufwand dem Bereich der Privatsphäre zuzuweisen, der von Verfassungs wegen steuerlich abziehbar ist. Das Gericht bestätigt so die Auffassung, dass die Kosten für eine Erstausbildung weder der Erwerbs- noch der Privatsphäre klar zugerechnet werden können. Die erste Berufsausbildung und das Erststudium schaffen eine allgemeine Voraussetzung für den Erwerb und sind daher nicht eindeutig Teil der Erwerbssphäre. Die Ausbildung zu einem Beruf liegt aber auch nicht in der existenzsichernden Allgemeinbildung, die Teil der Privatsphäre ist. Erstausbildungskosten sind im **Zwischenbereich der Einkommensbesteuerung** zu verorten, der zwischen der Erwerbs- und der Privatsphäre liegt (→ Rn. 42). Dieser Bereich ist weder durch das subjektive noch das objektive Nettoprinzip sowie das hieran anknüpfende verfassungsrechtliche Gebot der folgerichtigen Gesetzgebung grundgesetzlich determiniert. Der Gesetzgeber muss hier in einem Gestaltungsraum Ausgaben konstitutiv zuordnen. Er kann sie ganz oder teilweise zum steuerlichen Abzug zulassen oder den Abzug ausschließen. Die Abzugsbeschränkungen der § 4 Abs. 9 und § 9 Abs. 6 halten sich in diesem Rahmen.

Das **Bundesverfassungsgericht** hat auf die Vorlage des BFH hin betont, dass der Gesetzgeber in den Grenzen des Leistungsfähigkeitsprinzips, des subjektiven Nettoprinzips, des Gleichheitssatzes und des Gebots der folgerichtigen Gesetzgebung bei „der Bewertung und Gewichtung von Lebenssachverhalten im Schnittbereich zwischen beruflicher und privater Sphäre" über „erhebliche" Gestaltungs- und Typisierungsräume verfügt. § 9 Abs. 6 behandelt zwar die Erstausbildungskosten anders als Aufwendungen für weitere Ausbildungen. Doch wird – so fährt das Gericht fort – der Gleichheitssatz nicht verletzt. Die Wertung des Gesetzgebers, nach der „Aufwendungen für eine Erstausbildung im Anschluss an die allgemeine Schulbildung für die Lebensführung, die wirtschaftliche und die gesellschaftliche Stellung des Steuerpflichtigen jedenfalls nicht nur von völlig untergeordneter Bedeutung sind, ist nicht zu beanstanden." Auch in Fällen „einer stark auf einen bestimmten späteren Beruf ausgerichteten Erstausbildung" liege daher eine private Mitveranlassung vor. Die Aufwendungen durften daher den Sonderausgaben zugeordnet werden. Der Gesetzgeber hat seinen Gestaltungsraum nicht verlassen, das Grundgesetz nicht verletzt (BVerfG 19.11.2019 – 2 BvL 22/14 ua, DStR 2020, 93 (97 ff., Rn. 94 ff.; Zitate: 99, Rn. 108; 102, Rn. 124; 103, Rn. 131)). 72

Einstweilen frei 73

B. Voraussetzungen und Rechtsfolgen

I. Persönlicher Anwendungsbereich – Steuerpflichtige mit einer steuerlichen Privatsphäre

1. Natürliche Personen – unbeschränkt und beschränkt Steuerpflichtige

§ 12 ist die Grundsatznorm für Aufwendungen im privaten Bereich (→ Rn. 2 ff.). Diesem grundlegenden Regelungsanliegen folgend findet § 12 auf **alle Steuerpflichtigen** Anwendung, die eine steuerliche Privatsphäre haben. Der persönliche Anwendungsbereich von § 12 erstreckt sich daher auf alle unbeschränkt und beschränkt steuerpflichtigen natürlichen Personen (§ 1). Bei beschränkt Steuerpflichtigen werden die Regeln über den Abzug privater Aufwendungen jedoch aufgrund der Besteuerung durch den Quellenstaat von **§ 50** überlagert, nach dem bestimmte Regelungen nicht oder nur für die inländischen Einkünfte anwendbar sind. 74

Einstweilen frei 75

2. Personengesellschaften

§ 12 ist auch anwendbar, wenn sich natürliche Personen zu einer Personengesellschaft zusammengeschlossen haben und die Gesellschaft private Aufwendungen für ein oder mehrere Gesellschafter tätigt. „Die Übernahme ändert nichts daran, dass derartige Aufwendungen das zu versteuernde Einkommen nicht mindern dürfen. Deshalb sind auch solche Aufwendungen, die eine juristische Person für ihre Gesellschafter übernimmt, als **verdeckte Gewinnausschüttung** zu erfassen. Denn es ist weder Aufgabe einer Kapitalgesellschaft noch einer Personengesellschaft, die Geburtstage von Gesellschaftern und Geschäftsführern zu feiern; auch lässt es das EStG nicht zu, dass die entsprechenden Aufwendungen das zu versteuernde Einkommen mindern" (BFH 27.2.1997 – IV R 60/96, BFH/NV 1997, 560 – 76

Hervorhebungen nur hier; BFH 6.4.2005 – I R 86/04, BStBl. II 2005, 666). Das Abzugsverbot ließe sich sonst leicht umgehen.

77 *Einstweilen frei*

3. Kapitalgesellschaften, Stiftungen, Vereine

78 Kapitalgesellschaften haben grundsätzlich keine steuerliche Privatsphäre, sodass § 12 nicht greift (BFH 22.8.2007 – I R 32/06, BStBl. II 2007, 961; BFH 16.12.1981 – I R 140/81, BStBl. II 1982, 465; BFH 9.8.1989 – I R 4/84, BStBl. II 1990, 237; Kirchhof/*Seiler* § 12 Rn. 1). Ohnehin gilt **§ 10 KStG,** der die nicht abzugsfähigen Aufwendungen im Rahmen der Besteuerung der Körperschaften regelt, jedoch mangels steuerlicher Privatsphäre keine mit dem Eingangssatz des § 12 und § 12 Nr. 1 vergleichbaren Regelungen trifft (HHR/*Fissenewert* § 12 Rn. 4). Übernimmt eine Körperschaft Aufwendungen zB für eine Reise, die in die steuerliche Privatsphäre des Gesellschafter-Geschäftsführers fallen, liegt hierin eine verdeckte Gewinnausschüttung (BFH 6.4.2005 – I R 86/04, BStBl. II 2005, 666, jedoch vor der Aufgabe des Aufteilungs- und Abzugsverbots durch BFH 21.9.2009 – GrS 1/06, BStBl. II 2010, 672; → Rn. 132 ff.). „Wie bei natürlichen Personen, bei denen Aufwendungen, die weder Betriebsausgaben noch Werbungskosten sind, nur abziehbar sind, wenn das Gesetz dies ausdrücklich vorsieht, bedarf es bei **Körperschaftsteuersubjekten,** die eine **außerbetriebliche Sphäre** haben, einer besonderen Vorschrift, die den steuermindernden Abzug der Aufwendungen ausdrücklich zulässt" (BFH 12.10.2011 – I R 102/10, BStBl. II 2014, 484, für **Stiftungen** – Hervorhebungen nur hier).

79 Ein **eingetragener Verein** kann aufgrund seines ideellen Zwecks eine außersteuerliche Sphäre haben, für die dann grundsätzlich das Abzugsverbot greift. Auch eine anteilige Teilung zwischen ideeller (außersteuerlicher) Veranlassung und gewerblicher Mitveranlassung ist möglich. Bei einem Sportverein ist der Spielbetrieb außersteuerlich, die Werbung hingegen erwerblich veranlasst. Die Veranlassungszusammenhänge sind nach objektiven Kriterien abzugrenzen. Gelingt die Teilung nicht, weil die ideellen und gewerblichen Beweggründe untrennbar miteinander verbunden sind, ist der primäre Veranlassungszusammenhang maßgeblich (BFH 15.1.2015 – I R 48/13, BStBl. II 2015, 713, im Einklang mit dem Rechtsprechungswechsel durch BFH 21.9.2009 – GrS 1/06, BStBl. II 2010, 672, zum Aufteilungs- und Abzugsverbot; hierzu → Rn. 132 ff.).

80 *Einstweilen frei*

II. Grundsätzliches Abzugsverbot für freiwilligen privaten Aufwand – sachlicher Anwendungsbereich

1. Grundsatznorm für private Ausgaben, nicht für Einnahmen

81 § 12 greift für alle Ausgaben in der Privatsphäre (→ Rn. 2 ff.). Für Einnahmen gilt § 12 nicht – unabhängig davon, ob sie der Erwerbs- oder der Privatsphäre zuzurechnen sind. Die Anwendung des § 12 ist in seiner Ausrichtung auf Ausgaben und die Privatsphäre unabhängig davon, durch welche Einkunftsart die Erwerbseinnahmen erzielt werden (Gesetzesbegründung, RStBl. 1935, 40; Kirchhof/*Seiler* § 12 Rn. 1; HHR/*Fissenewert* § 12 Rn. 4, 21; LBP/*Wienberger* § 12 Rn. 48 f. mwN).

2. § 12 gilt nicht für Erwerbsaufwendungen – objektives Nettoprinzip

82 Erwerbsaufwendungen mindern das Erwerbseinkommen nach dem objektiven Nettoprinzip grundsätzlich in voller Höhe (§ 2 Abs. 2; → § 2 Rn. 68 ff.) – § 12 greift hier nicht. Für Aufwendungen, die wie die Kosten für Nahrung und Unterkunft aus geschäftlichem Anlass oder für die erste Berufsausbildung weder der Erwerbs- noch der Privatsphäre klar zugeordnet werden können, trifft der Gesetzgeber meist eine die steuerliche Behandlung regelnde Zuordnungsentscheidung (lebensführungsnahe Erwerbsaufwendungen; § 4 Abs. 5 S. 1 Nr. 1 bis 6b, Abs. 9; § 9 Abs. 1 S. 3 Nr. 4 bis 5a, Abs. 4a, Abs. 6; → Rn. 42, → Rn. 47 ff.).

3. Freiwillige Vermögensverwendung

83 Kosten der freiwilligen Vermögensverwendung oder Aufwendungen, die in einem engen Bezug zu dieser stehen, sind nach dem Grundsatz des § 12 steuerlich nicht zum Abzug zuzulassen. Liegen die Aufwendungen außerhalb des zwingenden pflichtbestimmten Aufwands in der Nähe des Existenzminimums, drängt das Grundgesetz hingegen, einen – auch beschränkten oder typisierten – Abzug zuzulassen (→ Rn. 22 ff., → Rn. 52 ff.).

4. Die grundgesetzliche Grenze des subjektiven Nettoprinzips

84 Das grundsätzliche Abzugsverbot für privaten Aufwand (§ 12 Nr. 1), die steuerliche Garantie des Existenzminimums und die Schonung auch des pflichtbestimmten zwingenden existenzsichernden Aufwands (§ 31, § 32, § 32a, § 10 Abs. 1 Nr. 2–3a, §§ 33–33b) setzen das subjektive Nettoprinzip um und verwirklichen die Regelbesteuerung des der privaten Lebensführung dienenden Einkommens (→ Rn. 52 ff.).

5. Privater Bereich der Verpflichtung – § 12 wird verfassungsrechtlich überlagert

85 Das EStG anerkennt weitere Abzugstatbestände im privaten Bereich auch dann, wenn Aufwendungen in der Nähe des Existenznotwendigen vorgenommen werden. Die Verfassung gibt zwar auch im subjektiven Nettoprinzip den steuerlichen Abzug hier nicht zwingend vor, drängt aber zu einer Absetzbarkeit jedenfalls in Teilen, je stärker die Aufwendungen das Existenzminimum berühren. Kosten für die Kinderbetreuung und die Schule der Kinder (§ 10 Abs. 1 Nr. 5 und Nr. 9), für die eigene Berufsausbildung (§ 10 Abs. 1 Nr. 7) sowie für Unterhaltsleistungen (§ 10 Abs. 1a) folgen allgemeinen Zahlungspflichten, sodass der steuerliche Abzug sachgerecht ist. Der Einleitungssatz des § 12 nimmt diese Regelungen vom Abzugsverbot aus (→ Rn. 52 ff.).

6. Sozialpolitische und steuerkonkurrenzrechtliche Abzugstatbestände

86 Über die verfassungsrechtlich geforderte und vom Grundgesetz nahegelegte steuerliche Schonung privaten Aufwands hinaus hat der Gesetzgeber aus sozialpolitischen Gründen Aufwendungen für die zusätzliche Altersvorsorge (§ 10a) sowie gemeinnützige Zuwendungen und Parteispenden (§ 10b) zum Abzug zugelassen. Der gesetzlich angeordnete Abzug der Kirchensteuer (§ 10 Abs. 1 Nr. 4) ist vor allem in der Steuerkonkurrenz begründet. Das Abzugsverbot des § 12 greift auch für diese Tatbestände nach dem Einleitungssatz nicht (→ Rn. 52 ff.).

87–88 *Einstweilen frei*

III. Einleitungssatz – grundsätzliches Abzugsverbot, speziellere Regelungen

89 § 12 nennt in seinem Einleitungssatz Regelungen privaten Aufwands, die dem Abzugsverbot vorgehen. Ausdrücklich genannt sind:

- § 10 Abs. 1 Nr. 2, Sonderausgabenabzug für Beiträge zur gesetzlichen Rentenversicherung, Beiträge zum Aufbau einer kapitalgedeckten Altersvorsorge, Versicherungsbeiträge zur Absicherung einer Berufsunfähigkeit oder einer verminderten Erwerbsfähigkeit,
- § 10 Abs. 1 Nr. 3 und 3a, Sonderausgabenabzug für Krankenversicherungs- und Pflegeversicherungsbeiträge,
- § 10 Abs. 1 Nr. 4, Sonderausgabenabzug für gezahlte Kirchensteuer,
- § 10 Abs. 1 Nr. 5, Sonderausgabenabzug für Kinderbetreuungskosten,
- § 10 Abs. 1 Nr. 7, Sonderausgabenabzug für die eigene Berufsausbildung,
- § 10 Abs. 1 Nr. 9, Sonderausgabenabzug für Schulgeld,
- § 10 Abs. 1a Nr. 1, Sonderausgabenabzug für Unterhaltsleistungen an den geschiedenen oder dauernd getrennt lebenden unbeschränkt einkommensteuerpflichtigen Ehegatten oder eingetragenen Lebenspartner (zu der Beschränkung auf die Nr. 1 → Rn. 145),
- § 10a, Sonderausgabenabzug für eine zusätzliche Altersvorsorge,
- § 10b, Sonderausgabenabzug für steuerbegünstigte Zwecke,
- §§ 33 bis 33b, außergewöhnliche Belastungen.

90 § 12 betont in diesem ausdrücklichen Verweis die Grenzen des grundsätzlichen Abzugsverbots. Die genannten Aufwendungen mindern das Erwerbseinkommen jedenfalls in Teilen, auch wenn sie der Privatsphäre zugerechnet werden. Die Regelungen gehen dem Grundsatz der Nichtabziehbarkeit privater Aufwendungen als **Spezialregelungen** vor (Schmidt/*Loschelder* § 12 Rn. 5; vgl. Kirchhof/*Seiler* § 12 Rn. 1; LBP/*Wienbergen* § 12 Rn. 2, spricht von einem Vorrang). Eine Subsidiarität (HHR/*Fissenewert* § 12 Rn. 12; vgl. Blümich/*Thürmer* § 12 Rn. 25) liegt nicht vor, weil die aufgeführten Tatbestände den steuerlichen Abzug und damit die zum Abzugsverbot des § 12 gegenteilige Rechtsfolge anordnen, § 12 folglich nicht hinter den Regelungen subsidiär greift.

91 Der Verweis auf die Spezialregelungen im Einleitungssatz des § 12 ist nicht vollständig (→ Rn. 4). Den verfassungsrechtlichen Auftrag, das Existenzminimum steuerlich zu schonen (subjektives Nettoprinzip), erfüllt das EStG durch den Grundfreibetrag und den Kinderfreibetrag einschließlich des grundlegenden Bedarfs für Betreuung und Erziehung (**§ 31, § 32 Abs. 6, § 32a;** → Rn. 52 ff.). Als Tarifvorschriften bleiben diese Regelungen im Verweis auf Abzugstatbestände unerwähnt (→ Rn. 4). Der Sonderausgabenabzug bei zu eigenen Wohnzwecken genutztem Raum und für schutzwürdige Kulturgüter (**§ 10e, § 10f, § 10g**) wird ebenfalls im Einleitungssatz nicht genannt. Der Abzug betrifft zwar im weiteren Sinne Kosten der Lebensführung (§ 12 Nr. 1) und auch Ausgaben für freiwillige Zuwendungen (§ 12 Nr. 2). Jedoch sind diese Tatbestände des § 12 allenfalls nur am Rande betroffen, sodass diese Regelungen des § 12 keine Sperrwirkungen entfalten (im Ergebnis ebenso HHR/*Fissenewert* § 12 Rn. 6).

92–93 *Einstweilen frei*

IV. Aufwendungen für Lebensführung und Repräsentation – § 12 Nr. 1

94 **§ 12 Nr. 1 S. 1** regelt das grundsätzliche Verbot, „die für den Haushalt des Steuerpflichtigen und für den Unterhalt seiner Familienangehörigen aufgewendeten Beträge" steuerlich zum Abzug zu bringen. Nach **§ 12 Nr. 1 S. 2** gehören dazu „auch die Aufwendungen für die Lebensführung, die die wirtschaftliche oder gesellschaftliche Stellung des Steuerpflichtigen mit sich bringt, auch wenn sie zur Förderung des Berufs oder der Tätigkeit des Steuerpflichtigen erfolgen." Satz 2 konkretisiert das grundsätzliche Abzugsverbot des Satzes 1 in doppelter Hinsicht. Lebensführungskosten sind auch dann steuerlich nicht abziehbar, wenn sie für die Erwerbstätigkeit des Steuerpflichtigen förderlich sind (zu den sog. Repräsentationsaufwendungen → Rn. 109 ff.). Ein Aufteilungs- und Abzugsverbot für gemischte Aufwendungen besteht nicht, regelt auch diese Bestimmung nicht (BFH 21.9.2009 – GrS 1/06, BStBl. II 2010, 672; → Rn. 132 ff.). Die Formulierung, dass auch die genannten Lebensführungskosten erfasst sind, erlaubt – zweitens – den Rückschluss, dass mit den in Nr. 1 S. 1 genannten Beträgen für Haushalt und Unterhalt Aufwendungen für den allgemeinen Lebensbedarf gemeint sind. Das grundsätzliche Abzugsverbot des § 12 Nr. 1 erstreckt sich daher auf alle Aufwendungen für die private Lebensführung des Steuerpflichtigen und seiner Familie (BFH 21.9.2009 – GrS 1/06, BStBl. II 2010, 672 Rn. 101 f.; Kirchhof/*Seiler* § 12 Rn. 2; HHR/*Fissenewert* § 12 Rn. 20). Auch in verfassungskonformer Auslegung regelt § 12 Nr. 1 ein grundsätzliches Abzugsverbot für private Aufwendungen (→ Rn. 22 ff., → Rn. 36). Die Regelung bestätigt so im Bereich der Ausgaben die **grundsätzliche Trennung zwischen der steuerlichen Erwerbs- und Privatsphäre** (→ Rn. 115 ff.). § 12 ordnet die Rechtsfolge an, dass Aufwendungen der Lebensführung grundsätzlich nicht vom Erwerbseinkommen abgezogen werden dürfen.

95 *Einstweilen frei*

1. Aufwendungen für die Lebensführung – § 12 Nr. 1 Satz 1

96 **a) Keine Legaldefinition.** Gem. **§ 12 Nr. 1 S. 1** können die für den Haushalt des Steuerpflichtigen und für den Unterhalt seiner Familienangehörigen aufgewendeten Beträge nicht zum steuerlichen Abzug gebracht werden. Nach Satz 2 gehören dazu auch die „Aufwendungen für die Lebensführung", auch wenn sie den Beruf und die Tätigkeit des Steuerpflichtigen fördern. Der Begriff der Lebensführungsaufwendungen ist präzise. Er umfasst alle Ausgaben für das Leben. Diese werden in ihrem existenzsichernden Kern steuerlich

berücksichtigt (subjektives existenzsicherndes Nettoprinzip; → Rn. 22 ff.). Die Aufwendungen für die Lebensführung werden in § 12 Nr. 1 S. 1 zu Recht **nicht abschließend definiert.** Eine umfassende Beschreibung ist bei freiheitlich getätigten Aufwendungen nicht möglich. Gleichwohl sollten die Lebensführungskosten exemplarisch positiv veranschaulicht werden. Der Begriff der Lebensführung wird in § 12 Nr. 1 S. 2 jedoch nur genannt.

Eine Ausgabe erfasst steuerlich den Abfluss eines Wirtschaftsgutes in Geld oder Geldeswert, eine Aufwendung hingegen im wirtschaftlichen Duktus jede Vermögensminderung, die auch ohne eine Ausgabe vorliegen kann. Das EStG unterscheidet begrifflich nicht in einem System zwischen Aufwendungen und Ausgaben. Bei der Anwendung des § 12 werden die Begriffe synonym verwendet (HHR/*Fissenewert* § 12 Rn. 30; siehe bereits *Offerhaus* BB 1979, 617 (617 f.); jeweils mwN auch auf unterschiedliche Verwendungen der Begriffe im Ertragsteuerrecht). 96.1

b) Positives und negatives Begriffsverständnis. Das grundsätzliche Abzugsverbot für Lebensführungskosten kennt das geltende einkommensteuerliche System von Beginn an (→ Rn. 10 ff.). Die hier zentrale Regelung des § 9 Abs. 2 Nr. 2 Preuss. EStG vom 24. Juni 1891 (PrGS 1891, 175) wurde später durch § 8 Abs. 3 Nr. 2 Preuss. EStG vom 19. Juni 1906 (PrGS 1906, 260) konkretisiert (HHR/*Fissenewert* § 12 Rn. 21). Nicht abzugsfähig waren hiernach „insbesondere alle Aufwendungen zur Befriedigung persönlicher Bedürfnisse, wie die für Wohnung, Nahrung, Kleidung, Bedienung, Pflege, Erziehung, einschließlich des Geldwertes der zu diesen Zwecken verbrauchten Erzeugnisse des eigenen landwirtschaftlichen gewerblichen Betriebs“ (PrGS 1906, 260). Diese Konkretisierung wurde zwar in den späteren Regelungen nicht übernommen (→ Rn. 12 ff.), verdeutlicht aber, dass der Bereich der privaten Aufwendungen auch positiv gefasst werden kann (→ Rn. 39 f.). 97

Aufwendungen werden der Privatsphäre dennoch vor allem in einem **negativen Begriffsverständnis** zugeordnet. Kosten sind hiernach privat, wenn bei ihnen keine erwerbliche Veranlassung vorliegt. Dieses negative Verständnis entspricht in seiner Offenheit, den privaten Aufwand zu fassen, der Freiheit des Steuerpflichtigen, sein Einkommen nach Belieben zu verwenden. Der Steuerpflichtige wählt selbständig privaten Konsum, Freizeitbeschäftigungen, treibt Sport, verändert die Art seines Reisens und seiner auch digitalen Kommunikation, übernimmt ein Ehrenamt, ist Teil einer Religionsgemeinschaft, engagiert sich im Bereich der Kultur, hat am gesellschaftlichen und politischen Leben Teil, wählt Formen der privaten Vorsorge und Geldanlage oder finanziert seinen Kindern eigene Wege der Entwicklung und Ausbildung. Die freiheitliche Vermögensverwendung ist nicht in einer abschließenden Aufzählung zu fassen. 98

Gleichwohl müssen die Aufwendungen für die Lebensführung auch **positiv** begriffen werden. Das gilt zunächst für das steuerlich zu schonende Existenzminimum (subjektives existenzsicherndes Nettoprinzip; → Rn. 22 ff.). In der Konkretisierung des Bundesverfassungsgerichts sind notwendige Aufwendungen für „Nahrung, Kleidung, Hausrat, Unterkunft, Heizung, Hygiene und Gesundheit“, für den Betreuungs- und Erziehungsbedarf der Kinder sowie für die „Möglichkeit zur Pflege zwischenmenschlicher Beziehungen und zu einem Mindestmaß an Teilhabe am gesellschaftlichen, kulturellen und politischen Leben“ steuerlich zu schonen (BVerfG 9.2.2010 – 1 BvL 1/09 ua, BVerfGE 125, 175 (223); BVerfG 13.2.2008 – 2 BvL 1/06, BVerfGE 120, 125 (155 f.)). Dieser Existenzbedarf wird im Grundfreibetrag (§ 32a Abs. 1 S. 2 Nr. 1) und im Kinderfreibetrag einschließlich des grundlegenden Bedarfs für Betreuung und Erziehung, dem Mindeststandard einer Rentenversicherung, Altersvorsorge, Absicherung der Berufsfähigkeit und einer Kranken- und Pflegeversicherung (§ 10 Abs. 1 Nr. 3 und Nr. 3a) sowie in zwangsläufigen größeren existenzsichernden Aufwendungen steuerfrei gestellt (§ 31, § 32 Abs. 6; § 10 Abs. 1 Nr. 2, 3 und 3a sowie §§ 33–33b; → Rn. 52 ff.). Aufwendungen, die in diese Bereiche fallen, gehören zu den Lebensführungskosten der Privatsphäre. Außerhalb der verfassungsgeforderten Typisierungen und gesetzlichen Abzugstatbestände sind sie Kosten der Lebensführung, die steuerlich nicht absetzbar sind (zu diesem positiven und negativen Verständnis der steuerlichen Privatsphäre bereits → Rn. 39 f.).

Dieses positive Begriffsverständnis weist deutliche Parallelen zu § 8 Abs. 3 Nr. 2 Preuss. EStG vom 19.6.1906 auf (→ Rn. 97), weil lediglich die insoweit nicht mehr zeitgemäßen Kosten für eine Bedie- 98.1

nung ausgelassen und die Aufwendungen für Wohnung und Pflege in den Begriffen Hausrat, Heizung, Hygiene und Gesundheit konkretisiert werden.

99 Die **Verwaltung** fasst das steuerlich zu schonende Existenzminimum in einer nicht abschließenden parallelen Aufzählung, wenn hierzu die Kosten für „Wohnung, Ernährung, Kleidung, allgemeine Schulausbildung, Kindererziehung [und für die] persönlichen Bedürfnisse des täglichen Lebens" wie zB die „Erhaltung der Gesundheit" und für „Pflege" einschließlich der „Hygieneartikel" zählen. Der Bereich der sozialen Teilhabe wird in Aufwendungen für „Zeitung, Rundfunk oder Besuch kultureller und sportlicher Veranstaltungen" konkretisiert (BMF 6.7.2010, BStBl. I 2010, 614 Rn. 4).

100 *Einstweilen frei*

101 **c) Paralleles Verständnis des BFH – Einzelfälle.** Der Bundesfinanzhof rechnet alle Aufwendungen, die nicht dem Erwerbsleben zugeordnet werden können, der Privatsphäre zu (deutlich BFH 10.11.2016 – VI R 7/16, BStBl. II 2017, 40, zur Geburtstagsfeier eines Arbeitnehmers; bereits → Rn. 39 f.). Sie sind grundsätzlich nicht abziehbar.

102 Der Privatsphäre hat der BFH in diesem negativen Verständnis Aufwendungen für die **Wohnung** zugeordnet (BFH 11.2.2014 – IX R 24/13, BFH/NV 2014; BFH 19.8.2004 – VI R 33/97, BStBl. II 2004, 1076). Auch Kosten zur Förderung der **Gesundheit** hat der BFH der Lebensführung zugerechnet und deshalb außerhalb des existenznotwendigen Bedarfs nicht zum steuerlichen Abzug zugelassen (BFH 21.9.2009 – GrS 1/06, BStBl. II 2010, 672). Zahlt ein Arbeitgeber dem Arbeitnehmer keine allgemeinen Pflichtuntersuchungen, sondern besondere Vorsorgeuntersuchungen, bleiben diese Aufwendungen jedoch in der Erwerbssphäre (BFH 11.3.2010 – VI R 7/08, BStBl. II 2010, 763; BFH 31.10.1986 – VI R 73/83, BStBl. II 1987, 142; BFH 17.9.1982 – VI R 75/79, BStBl. II 1983, 39). Aufwendungen für die **Kleidung,** eine Brille oder Armbanduhr sind als Kosten der Lebensführung steuerlich nicht abziehbar (BFH 21.9.2009 – GrS 1/06, BStBl. II 2010, 672; zur Kleidung auch BFH 11.4.2006 – VI R 60/02, BStBl. II 2006, 691; → Rn. 470 ff.). Eine klar erkennbare Berufskleidung und auch eine „uniformähnliche Gemeinschaftsausstattung" in einem Betrieb sind aber der Erwerbssphäre zuzurechnen und mindern daher das Erwerbseinkommen (BFH 22.6.2006 – VI R 21/05, BStBl. II 2006, 915). Kosten für das **private Telefon** (BFH 5.7.2012 – VI R 50/10, BStBl. II 2013, 282, jedoch auch zu der möglichen erwerblichen Veranlassung; → Rn. 420), für die **allgemeine Hygiene** (vgl. BFH 19.1.1993 – VI R 42/92, BStBl. II 1993, 519; BFH 6.7.1989 – IV R 91-92/87, BStBl. II 1990, 49; → Rn. 447), die **körperliche Fitness** (BFH 22.5.2007 – VI B 107/06, BFH/NV 2007, 1690; → Rn. 576 ff.) sowie für **Sportvereine** und **sonstige Vereine** entstehen in aller Regel außerhalb des Erwerbs in der Privatsphäre (BFH 17.7.2014 – VI R 69/13, BStBl. II 2015, 41; BFH 15.5.1992 – VI R 106/88, BStBl. II 1993, 840; → Rn. 331). Aufwendungen für die **Kinderbetreuung** (BFH 23.4.2009 – VI R 60/06, BStBl. II 2010, 267; → Rn. 466) und für die **allgemeine Bildung** (BFH 18.6.2009 – VI R 14/07, BStBl. II 2010, 816; → Rn. 308; aber → Rn. 68 ff. für die Diskussion zu den Kosten der Berufsausbildung und des Erststudiums einschließlich der Vorlage des BFH zum Bundesverfassungsgericht) sind grundsätzlich bereits im Grundfreibetrag steuerlich berücksichtigt. Kosten für einen **Pkw-Führerschein** (BFH 26.6.2003 – VI R 112/98, BStBl. II 2003, 886; → Rn. 393 f.), die **Zeitungslektüre,** den allgemeinbildenden **Radio- und Fernsehkonsum** (BFH 13.4.2010 – VIII R 26/08, BFH/NV 2010, 2035; BFH 7.9.1989 – IV R 128/88, BStBl. II 1990, 19, nach dem aber die Kosten für Fachzeitschriften in die Erwerbssphäre fallen; → Rn. 655, → Rn. 378) und für **Theater- und Konzertbesuche** (BFH 8.2.1971 – VI R 76/68, BStBl. II 1971, 368 – auch zu der möglichen erwerblichen Veranlassung, die aber bei einem Musiklehrer in der Regel fehlt; → Rn. 308) gehören zu den allgemeinen Lebensführungskosten. Aufwendungen für die **Ausbildung und Fortbildung der Kinder** sind ebenfalls grundsätzlich im Grundfreibetrag berücksichtigt, gleichwohl aber in besonderen Fällen steuerlich abziehbar (§ 10 Abs. 1 Nr. 9; BFH 6.11.2012 – VIII R 49/10, BStBl. II 2013, 309; → Rn. 318 f.).

103 Ausgaben für die **Ernährung** ordnet der BFH **positiv** als „notwendige Voraussetzung für die Existenz" der Lebensführung zu (BFH 16.1.1996 – III R 11/94, BFH/NV 1996, 539; BFH 5.5.1994 – VI R 55/92, VI R 56/92, BStBl. II 1994, 771; → Rn. 519 ff.). Werden Speisen und Getränke bei Dienstbesprechungen oder Fortbildungsveranstaltungen

gereicht, liegt der Schwerpunkt jedoch auf dem Gelingen der Veranstaltung, sodass die Kosten der Erwerbssphäre zuzuschreiben sind (BFH 4.8.1994 – VI R 61/92, BStBl. II 1995, 59; Luxusaufwendungen liegen aber auch in diesen Fällen in der Privatsphäre: BFH 16.5.2013 – VI R 94/10, BStBl. II 2015, 186; hierzu auch § 4 Abs. 5 S. 1 Nr. 7 und → Rn. 47 ff.).

In **älteren Judikaten** zeichnet der BFH zudem Ansätze eines **abstrakten allgemeinen** 104
positiven Verständnisses des Bereichs der Lebensführung. Ausgaben für die Erhaltung des Lebens, für die Gesundheit und für die Entfaltung der persönlichen Freiheit seien der Privatsphäre zuzurechnen, weil „Leben, Gesundheit und Freiheit höchstpersönliche Rechtsgüter" sind. Genesungskosten sind aber – so fährt der Senat fort – steuerlich absetzbare Erwerbsaufwendungen, wenn die Krankheit ihren Ursprung im Erwerb hat (BFH 30.10.1980 – IV R 27/77, BStBl. II 1981, 303 Rn. 12, 14 f.). „Unter den Begriff Aufwendungen für die Lebensführung fallen […] die Kosten der Haushaltsführung eines Steuerpflichtigen, worunter in erster Linie die Kosten für Wohnung, Kleidung und Nahrung zu verstehen sind. Dazu gehören aber in Übereinstimmung mit dem allgemeinen Sprachgebrauch auch alle anderen Aufwendungen, die für die Lebensführung eines Menschen in geistiger, sittlicher und weltanschaulicher Sicht bestimmend sind" (BFH 4.3.1986 – VIII R 188/84, BStBl. II 1986, 373). Diese Lebensführungskosten werden im existenziellen Bedarf steuerlich geschont, im Übrigen aus versteuertem Einkommen finanziert.

Einstweilen frei 105

d) Genaue Zuordnungen, Fremdfinanzierung. Eine genaue Zuordnung zu einem 106
Teilbereich privater Lebensführung, insbesondere eine Differenzierung zwischen Aufwendungen für die Wohnung oder den Unterhalt, ist für die Anwendung eines Abzugsverbots (§ 12 Nr. 1) nicht notwendig. Eine Trennung kann aber für die Antwort auf die Frage maßgeblich sein, ob Aufwendungen bereits nach den das subjektive Nettoprinzip konkretisierenden Vorschriften steuerlich geschont werden und wie diese Schonung zu regeln ist (insgesamt → Rn. 52 ff.).

Aufwendungen für die Lebensführung liegen auch vor, wenn der Steuerpflichtige diese 107
durch ein Darlehen finanziert, weil der Arbeitgeber ihm seinen Lohn nicht rechtzeitig zahlt. Die unterlassene Lohnzahlung bewirkt keinen erwerblichen Veranlassungszusammenhang (**Fremdfinanzierung,** BFH 9.5.1989 – VIII R 184/82, BFH/NV 1990, 283).

Einstweilen frei 108

2. Repräsentationsaufwendungen – § 12 Nr. 1 Satz 2

a) Besondere Aufwendungen der freiwilligen Vermögensverwendung. Gem. § 12 109
Nr. 1 S. 2 können „auch die Aufwendungen für die **Lebensführung**" des Steuerpflichtigen steuerlich nicht abgezogen werden, „die die wirtschaftliche oder gesellschaftliche Stellung des Steuerpflichtigen mit sich bringt, auch wenn sie zur Förderung des Berufs oder der Tätigkeit des Steuerpflichtigen erfolgen." Nach der Gesetzesbegründung ist damit „klargestellt, dass die sogenannten Repräsentationsaufwendungen nur dann zu den Betriebsausgaben oder zu den Werbungskosten gerechnet werden können, wenn sie ausschließlich zur landwirtschaftlichen, gewerblichen, beruflichen usw. Tätigkeit gehören und nichts mit dem Privatleben zu tun haben" (RStBl. 1935, 41). Repräsentationsaufwendungen sind Kosten, die den Lebensstil des Steuerpflichtigen betreffen, auf seine berufliche und gesellschaftliche Stellung und auf die daraus resultierenden Erwartungen zurückzuführen sind. Repräsentationsaufwendungen sind insbesondere Ausgaben für an die Stellung angepasste gehobene Kleidung oder private Bewirtungen (sogleich → Rn. 111 ff.).

„Derartige **ihrer Natur nach private Aufwendungen** werden nicht dadurch zu abzieh- 110
baren Betriebsausgaben oder Werbungskosten, dass sie zur Förderung des Berufs dienen" (BFH 21.9.2009 – GrS 1/06, BStBl. II 2010, 672 – Hervorhebungen nur hier). Es handelt sich daher trotz des Bezugs zur Erwerbssphäre, dh obwohl „sie zur Förderung des Berufs oder der Tätigkeit des Steuerpflichtigen erfolgen" (§ 12 Nr. 1 S. 2), nicht um Erwerbsaufwendungen, die nach dem objektiven Nettoprinzip grundsätzlich steuerlich absetzbar sind. Die Ausgaben liegen vielmehr in der Privatsphäre, weil sie als Ausgaben für Nahrung, Kleidung, Unterkunft und den zwischenmenschlichen Kontakt für jeden in der Lebensführung anfallen

(→ Rn. 39 f., → Rn. 96 ff.). Die sozialen Erwartungen erhöhen die Repräsentationsaufwendungen im Vergleich. Der Steuerpflichtige folgt in den Ausgaben für die Repräsentation dann einer sozialen Pflicht, weiß sich in einer gesellschaftlichen Konvention (BFH 29.3.1994 – VIII R 7/92, BStBl. II 1994, 843). Gleichwohl hat das Gesetz die Repräsentationsaufwendungen nicht zum Abzug zugelassen, weil sie nicht in der Nähe des Existenzminimums liegen. Sie sind **der freiwilligen Vermögensverwendung** zugeordnet, deshalb steuerlich nicht absetzbar (zu den Stufen privaten Aufwands → Rn. 36 f.).

111 **b) Begriff der Repräsentationsaufwendungen – Einzelfälle.** Repräsentationsaufwendungen sind Aufwendungen der Lebensführung, die dadurch entstehen, dass der Steuerpflichtige seinen **Lebensstil** sozialen Erwartungen anpasst, die auf seine besondere berufliche oder gesellschaftliche Stellung zurückzuführen sind. Die Ausgaben stehen „mit dem persönlichen Ansehen des Steuerpflichtigen in Zusammenhang", dienen „der Pflege der sozialen Verpflichtungen" (BMF 6.7.2010, BStBl. I 2010, 614 Rn. 5). Repräsentationsaufwendungen entstehen, weil die soziale Stellung eine gehobene **Kleidung, Ernährung, Wohnung** und zuweilen auch eine besondere Kosmetik erwartet (Kirchhof/*Seiler* § 12 Rn. 2; *Leisner-Egensperger* DStZ 2010, 185 (190); *Tipke* StuW 1979, 193 (204)), persönliche **Feste** oder gehobene gesellschaftliche Veranstaltungen (Galadinner) einen besonderen Aufwand fordern (BMF 6.7.2010, BStBl. I 2010, 614 Rn. 5), spezielle **Bewirtungen,** auch kostspielige Güter (**Uhr, Pkw**) oder außergewöhnliche **Aktivitäten** (Diskussionskreise in besonderen Gegenden) erforderlich erscheinen. Die Kosten von erwerblich veranlassten Feiern können zwar als Erwerbsaufwendungen abgezogen werden. Doch „stellt ein persönlicher Anlass (z. B. Geburtstag, Trauerfeier) regelmäßig ein bedeutendes Indiz für die Annahme nicht abziehbarer Repräsentationsaufwendungen dar" (BMF 6.7.2010, BStBl. I 2010, 614 Rn. 5). Weniger überzeugend werden auch **Segeljachten,** ein **Jagdrevier** oder das **Reiten** und **Golfen** zu den Repräsentationsaufwendungen gezählt (für einen Überblick der Diskussion HHR/*Fissenewert* § 12 Rn. 56 mwN). Eine gesellschaftliche Stellung fordert diese Kosten kaum oder jedenfalls nicht in gleicher Intensität. Die entsprechenden Aufwendungen sind daher keine Repräsentationsaufwendungen, aber selbstredend auch außerhalb dieser Bezeichnung der **freiwilligen Vermögensverwendung** zuzurechnen und daher steuerlich nicht abziehbar.

112 Der BFH hat in Einzelfallentscheidungen die **allgemeine Definition** der Repräsentationsaufwendungen bestätigt. Steuerlich nicht abziehbare Repräsentationsaufwendungen liegen vor, wenn besondere Ausgaben anlässlich der Feier eines Geburtstags, einer Beförderung oder Amtseinführung entstehen (BFH 19.1.1993 – VI B 137/92, BStBl. II 1993, 403 mwN) oder ein Dienstzimmer mit Kunstgegenständen ausgestattet wird (BFH 12.3.1993 – VI R 92/92, BStBl. II 1993, 506; BFH 14.5.1991 – VI R 119/88, BStBl. II 1991, 837).

113–114 *Einstweilen frei*

3. Die grundlegende Trennung der Erwerbs- von der Privatsphäre

115 **a) Veranlassungsprinzip und positiver Begriff der Privatsphäre.** Dem Einkommensteuerrecht liegt die Trennung der Erwerbs- von der Privatsphäre, der Einkommenserzielung von der Einkommensverwendung zugrunde. Die Erwerbssphäre ist für die Steuerbemessung grundsätzlich erheblich. Aufwendungen in der Privatsphäre werden hingegen nur in den ausdrücklich geregelten Fällen und dann in der Regel nur in einem typisierten Umfang steuerlich berücksichtigt. Die Unterscheidung betrifft die Einnahmen und die Ausgaben. § 12 widmet sich als Grundsatznorm über den privaten Aufwand nur der **Ausgabenseite.** Für die Rechtsfolge der steuerlichen Absetzbarkeit ist die grundlegende Frage zentral, ob ein Aufwand privat oder erwerblich ist. Diese Frage kann nicht immer eindeutig beantwortet werden (insgesamt → Rn. 42, → Rn. 36).

116 Anerkannter Ausgangspunkt für die Zuordnung eines Aufwands zu der Erwerbs- oder Privatsphäre ist das **Veranlassungsprinzip.** Veranlassung ist mehr als bloße Kausalität. Eine Kausalität würde die Geburt oder die allgemeine sprachliche, schulische und berufliche Bildung als conditio sine qua non des Erwerbs tatbestandlich erfassen, letztlich keine greifbare Grenze zwischen den steuerlichen Sphären ziehen (BFH 5.7.2012 – VI R 50/10, BStBl. II 2013, 282). Aufwendungen sind durch eine Einkunftsart veranlasst und daher der Erwerbssphäre zuzurechnen, wenn sie nach einer wertenden Beurteilung in einem steuerrechtlich anzuerkennenden wirtschaftlichen Zusammenhang mit dem Erwerb stehen (BFH 21.9.2009 – GrS 1/06, BStBl. II 2010, 672 Rn. 93; BFH 5.7.2012 – VI R 50/10, BStBl. II 2013, 282; BFH 19.1.2017 – VI R 37/15, BStBl. II 2017, 526; → Rn. 36). Dieser Veranlassungszusammenhang gilt trotz unterschiedlichen Wortlauts für Betriebsausgaben und für Werbungskosten (→ § 2 Rn. 369 ff.). Im Falle einer völlig **untergeordneten privaten oder erwerblichen Mitveranlassung** – die Verwaltung spricht hier von unter zehn Prozent (BMF 6.7.2010, BStBl. I 2010, 614 Rn. 12) –, sind die Aufwendungen vollständig der in der Hauptsache betroffenen Sphäre zuzuordnen. Eine einheitliche Zuordnung zur Privatsphäre ist vorzunehmen, wenn keine untergeordnete Veranlassung vorliegt und die erwerblichen nicht von den privaten Veranlassungsteilen getrennt werden können. In den übrigen Fällen **gemischt veranlasster Aufwendungen** sind die erwerblichen und privaten Teile zu trennen und die erwerblichen Teilaufwendungen sodann steuerlich abziehbar (insgesamt zu den gemischten Aufwendungen BFH 21.9.2009 – GrS 1/06, BStBl. II 2010, 672; BMF 6.7.2010, BStBl. I 2010, 614 Rn. 12; *St. Schneider* FS für den BFH, Bd. II, 2018, 1243 ff.).

Diese Zuordnung fasst den **privaten Aufwand in der Regel negativ,** als die Kosten der Lebensführung solche sind, die nach dem Veranlassungszusammenhang nicht der Erwerbssphäre zuzuordnen sind (deutlich auch BFH 6.4.2005 – I R 86/04, BStBl. II 2005, 666; BFH 5.7.2012 – VI R 50/10, BStBl. II 2013, 282; → Rn. 39 f.). Doch können die Aufwendungen privater Lebensführung in einem im Ergebnis regelmäßig parallelen Ansatz auch **positiv gefasst** werden – mit dem Ziel, die Erwerbs- von der Privatsphäre in Begriff und Gegenbegriff präziser zu trennen. Das Existenzminimum garantiert den Grundbedarf für Nahrung, Kleidung, Unterkunft, Gesundheit, Hygiene, Vorsorge, Bildung und eine Teilhabe am gesellschaftlichen Leben (BVerfG 9.2.2010 – 1 BvL 1/09 ua, BVerfGE 125, 175 (223); BMF 6.7.2010, BStBl. I 2010, 614 Rn. 4; → Rn. 23). Dieser existenzsichernde Bedarf prägt die private Sphäre. Aufwendungen, die in diesem Bereich getätigt werden, gehören zur Privatsphäre und werden steuerlich geschont, wenn sie vom Existenzminimum erfasst werden oder aufgrund der Nähe zur Existenzsicherung schlechterdings unumgänglich sind. Hinzu treten weitere, nicht systemprägende Abzugstatbestände im Bereich der Privatsphäre. Im Übrigen sind alle so bestimmten Aufwendungen der Lebensführung als Kosten für Nahrung, Kleidung, Unterkunft, Bildung und für das gesellschaftliche Leben steuerlich nicht absetzbar. Das Abzugsverbot des § 12 Nr. 1 greift sodann auch für die weiteren Kosten der freiheitlichen Vermögensverwendung (insgesamt → Rn. 97 ff.). 117

Einstweilen frei 118

b) Notwendige Gesamtwürdigung – Einzelfälle. Die Trennung der Erwerbs- von der Privatsphäre durch das Veranlassungsprinzip und einen positiv gefassten privaten Bereich (→ Rn. 39 f.) hat allerdings nicht die Kraft, einen bestimmten Aufwand immer einer der Sphären klar zuzurechnen. Der elementare Bedarf für die **Betreuung und Erziehung der Kinder** ist durch das Existenzminimum geschützt und damit eindeutig der Privatsphäre zuzurechnen. Nehmen die Kinder jedoch an einem vom Arbeitgeber organisierten Kinderprogramm während einer Betriebsfortbildung teil, liegen die getätigten Aufwendungen nicht im privaten Bereich der Eltern (→ Rn. 42). Die grundlegende **Bildung** in Elternhaus und Schule ist der Privatsphäre zuzuordnen. Die vom Arbeitgeber organisierte berufliche Fortbildung ist hingegen Teil des Erwerbslebens. Diese Beispiele verdeutlichen, dass es jeweils auf den konkreten Fall ankommt. 119

Die Zuordnung eines Aufwands zur Privatsphäre oder zur Erwerbssphäre bestimmt sich nach einer **Gesamtwürdigung aller Umstände des Einzelfalls** (siehe nur BFH 19.6.2008 – VI R 33/07, BStBl. II 2009, 11; BFH 26.1.2010 – VI B 95/09, BFH/NV 2010, 875; BFH 18.8.2016 – VI R 52/15, BFH/NV 2017, 151; BFH 10.11.2016 – VI R 7/16, BStBl. II 2017, 409; BFH 5.7.2012 – VI R 50/10, BStBl. II 2013, 282). **Dieser Verweis auf die Umstände des Einzelfalls ist keine Leerformel,** die eine Benennung des für die Entscheidung bestimmenden Rechtsmaßstabs verweigert. Der Verweis ist vielmehr Ausdruck der richterlichen Erfahrung, dass häufig der zu beurteilende Sachverhalt die Antwort auf die Rechtsfrage in sich trägt. Die allgemeine gesetzliche Regel definiert den Tatbestandstypus, der aber für die Besonderheiten des Einzelfalls weitergedacht werden muss. Ein **Fahrrad** ist in der Regel ein Gegenstand persönlicher Lebensführung, kann aber als 120

Dienstfahrrad ein dem Erwerb dienendes Gut sein. Auslandsreisen können Dienstreisen, Privatreisen oder gemischt veranlasste **Reisen** sein – für letztere kommt eine Aufteilung in Betracht (→ Rn. 136.1, → Rn. 142.1). Die Unterscheidung von Erwerbs- und Privatsphäre ist von Tatsachen geprägt, die von der Vielfalt des Lebens, der Freiheit des Betroffenen bestimmt und in der Person des Steuerpflichtigen verbunden werden. Deswegen muss das Abzugsverbot des § 12 Nr. 1 vervollständigend für die Fälle und Fallgruppen weitergedacht werden, die von dem Text des Tatbestandes nicht unmittelbar erfasst werden. Die Kosten für den privaten Telefonanschluss sind in der Regel der steuerlich nicht abziehbaren Lebensführung zuzuordnen. Im Falle einer längeren Dienstreise können die Aufwendungen für Telefonate auch privaten Inhalts jedoch der Erwerbssphäre zugerechnet werden (BFH 5.7.2012 – VI R 50/10, BStBl. II 2013, 282). Der maßstabgebende Blick auf den Einzelfall kann auch dazu führen, dass ein zunächst privat veranlasster Aufwand aufgrund der Änderung der Umstände sodann der Erwerbssphäre zuzuordnen ist (**Umqualifikation,** Schmidt/*Loschelder* § 12 Rn. 15).

121 Aufwendungen, die in der Regel der Privatsphäre zugerechnet werden (→ Rn. 96 ff.), sind in besonderen Fällen erwerblich veranlasst, wenn sie nach der Gesamtwürdigung des Einzelfalls einen **engen Zusammenhang zum Erwerbsleben** aufweisen und durch dieses geprägt und bestimmt sind, eine mögliche private Mitveranlassung daher vernachlässigbar ist. Der BFH hat diesen allgemeinen Maßstab und dieses Regel-Ausnahmeverhältnis in unterschiedlichen Entscheidungen über Ausgaben betont, die grundsätzlich der allgemeinen Lebensführung zugerechnet werden, im Einzelfall aber als Erwerbsaufwendungen steuerlich abgezogen werden konnten (BFH 8.2.1971 – VI R 76/68, BStBl. II 1971, 368 – besondere erwerblich geprägte **Konzertbesuche;** Kosten der **Allgemeinbildung** und damit auch für Konzertbesuche sind aber in der Regel als Aufwendungen der Lebensführung nicht absetzbar (→ Rn. 308); BFH 10.11.2016 – VI R 7/16, BStBl. II 2017, 409 – Aufwendungen für ein erwerblich geprägtes **Fest;** Aufwendungen für Feste sind aber in der Regel privat veranlasst und daher steuerlich nicht abziehbar (**Bewirtung**); BFH 20.7.2005 – VI R 50/03, BFH/NV 2005, 2185 – **besondere Schutzbrille** für den Arbeitsplatz; aber **Brillen** → Rn. 346; BFH 20.5.2010 – VI R 53/09, BStBl. II 2011, 723 – ausschließlich ober überwiegend erwerblich genutzte **Literatur;** aber **Bücher** → Rn. 347 f.; BFH 21.6.1994 – VI R 16/94, BFH/NV 1995, 216 – erwerblich genutzte **Videokamera;** aber **elektrische Geräte** → Rn. 378; BFH 26.6.2003 – VI R 112/98, BStBl. II 2003, 886 – berufsspezifische **Fahrerlaubnis;** aber **Fahrerlaubnis** → Rn. 393 f.; BFH 30.9.2008 – VI R 4/07, BStBl. II 2009, 111 – Fluglizenz eines **Zeitsoldaten;** aber **Fluglizenzen** → Rn. 403 f.; BFH 29.1.1960 – VI 9/59 U, BStBl. III 1960, 163 – **Jagdhund eines Forstbediensteten;** aber **Jagd** → Rn. 453 und **Tiere** → Rn. 599 f.; BFH 4.12.1987 – VI R 20/85, BFH/NV 1988, 703 – **typische Berufsbekleidung** (§ 9 Abs. 1 S. 3 Nr. 6 S. 1 Alt. 2); aber **Kleidung** → Rn. 470 ff.; BFH 11.7.2013 – VI R 37/12, BStBl. II 2013, 815 – **typische Berufserkrankungen;** aber **Krankheit** → Rn. 483 ff.; BFH 22.6.2006 – VI R 61/02, BStBl. II 2006, 782 – **erwerbsbedingter Sport;** aber **Sport** → Rn. 576 ff.; BFH 18.10.2007 – VI R 42/04, BStBl. II 2008, 223 – **erwerbsbedingtes Strafverfahren;** aber **Strafverfahrenskosten** → Rn. 584; BFH 30.6.2010 – VI R 45/09, BStBl. II 2011, 45 – **polizeilicher Diensthund;** aber **Tiere** → Rn. 599 f.; BFH 23.3.2001 – VI R 189/97, BStBl. II 2002, 56 – **erwerblich veranlasster Umzug;** aber **Umzug** → Rn. 611 f.; BFH 12.11.1982 – VI R 193/79, NJW 1984, 87 – **besondere, atypische Tageszeitung;** aber **Zeitungen** → Rn. 655).

122 *Einstweilen frei*

123 **c) Maßgeblichkeit des Verwendungszwecks.** Maßgeblich für die Zuordnung eines Aufwands zur Erwerbs- oder Privatsphäre ist dessen **Funktion** und damit die **tatsächliche Zweckbestimmung im Einzelfall** (BFH 19.10.1970 – GrS 2/70, BStBl. II 1971, 17; BFH 8.6.2011 – 2 K 164/06, BFH/NV 2012, 782; BFH 8.6.2011 – VI B 80/11, BFH/NV 2012, 782; BFH 30.6.2010 – VI R 45/09, BStBl. II 2011, 45 mwN). Der Verwendungszweck ist bei Wirtschaftsgütern einfach zu bestimmen, die ihrer Art nach nur der beruflichen Tätigkeit zu dienen bestimmt sind (BFH 18.2.1977 – VI R 182/75, BStBl. II 1977, 464). Die Erwerbs- und die Privatsphäre verschränken sich aber in der Person des Steuerpflichtigen, der sich in beiden Sphären bewegt. Insgesamt sind für die zentrale Zweckbestimmung **objektive Gesichtspunkte** maßgeblich. Der konkrete Einzelfall bestimmt, ob der Aufwand auf Erwerb oder auf private Lebensführung ausgerichtet ist (→ Rn. 119 ff.). So ist der Besuch von kulturellen Veranstaltungen regelmäßig der Privatsphäre zuzuordnen. Ein Abzug als Betriebsausgaben oder Werbungskosten ist jedoch möglich, wenn eine private Veranlassung durch ausschließliche oder fast ausschließliche berufliche Zwecke überlagert wird (BFH 8.2.1971 – VI R 76/68, BStBl. II 1971, 368; → Rn. 308 mwN). Die Kosten für eine Weinpresse sind beim Winzer Erwerbsaufwendungen. Wird der Weinberg hingegen in der Freizeit als **Liebhaberei** betrieben, sind die Aufwendungen als Kosten der Lebensführung steuerlich nicht abziehbar (zur Liebhaberei → § 2 Rn. 194 ff.).

Einstweilen frei **124**

d) Kontrollblick: Allgemeine Lebenserfahrung. Ist eine Zuordnung zur Privatsphäre **125** oder Erwerbssphäre nicht eindeutig möglich, kann auch auf die allgemeine Lebenserfahrung zurückgegriffen werden (vgl. BFH 4.8.1977 – IV R 30/76, BStBl. II 1977, 829; BFH 27.9.1991 – VI R 1/90, BStBl. II 1992, 195; BFH 8.10.1993 – VI R 10/90, BStBl. II 1994, 114; siehe für die Teilnahme an einem **Fortbildungskongress der Bundesärztekammer in Davos** BFH 4.8.1977 – IV R 30/76, BStBl. II 1977, 829).

Die allgemeine Lebenserfahrung ist jedoch kein klarer Begriff. Sie muss in einer ausrei- **126** chend begründeten Hilfserwägung, in „konkreten Feststellungen" im Sinne eines Kontrollblicks dargestellt und rechtlich gewürdigt werden. Ein pauschaler Verweis auf die allgemeine Lebenserfahrung ist unzulässig (BFH 24.8.2011 – VI R 40/94, BFH/NV 2002, 182).

Bei einer Gymnasiallehrerin, die die Fächer Psychologie, Biologie und Mathematik unterrichtet **126.1** und auch als Beratungslehrerin tätig ist, kann ein **Lehrgang, der auch psychologische Erkenntnisse vermittelt,** nicht mit der generellen Begründung der Privatsphäre zugeordnet werden, dass „nach allgemeiner Lebenserfahrung" derartige Kurse vielfach aus Gründen persönlicher Selbsterkenntnis gewählt werden würden. Vielmehr sind konkrete Feststellungen zu den Lehrinhalten, dem Ablauf des Lehrgangs und den daran teilnehmenden Personen zu treffen (BFH 24.8.2011 – VI R 40/94, BFH/NV 2002, 182).

Ein **Videorekorder** wird nach der allgemeinen Lebenserfahrung von der überwiegenden Anzahl **126.2** der Steuerpflichtigen für die private Lebensführung angeschafft. Eine Zuordnung zur Erwerbssphäre ist somit nur nach einer Darlegung der Erwerbsdienlichkeit des Geräts durch den Steuerpflichtigen möglich (BFH 27.9.1991 – VI R 1/90, BStBl. II 1992, 195).

Einstweilen frei **127**

e) Darlegungslast des Steuerpflichtigen. Die Zuordnung eines Aufwands zur **128** Erwerbs- oder Privatsphäre bestimmt die steuerliche Absetzbarkeit. Erwerbsaufwendungen sind steuerlich abziehbar, Lebensführungskosten grundsätzlich nicht (→ Rn. 2 ff.). Diese deutlichen Unterschiede in der Rechtsfolge vertragen sich nur schwer mit den allgemeinen Unsicherheiten und Beweisschwierigkeiten (*Tipke* StuW 1979, 193 (206)), die bei dieser Grenzziehung bestehen (→ Rn. 115 ff.). Die Unsicherheiten betreffen die Erwerbs- und Privatsphäre des Steuerpflichtigen. Diese Sphären kennt das Finanzamt nicht oder nur kaum, über sie muss der Steuerpflichtige informieren. Der Steuerpflichtige trägt daher die **Darlegungslast,** dass Aufwendungen steuerlich geltend gemacht werden können, insbesondere der Erwerbssphäre zuzurechnen sind. Die Zuordnung zur Erwerbssphäre ist für den Steuerpflichtigen vorteilhaft, weil sie seine Steuerlast mindert. Rechtsprechung und Finanzverwaltung haben zu berücksichtigen, dass der Gestaltungswille des Steuerpflichtigen daher auf eine Qualifikation als Erwerbsaufwendungen drängt. Sie dürfen sich deshalb nicht ausschließlich auf die Angaben des Steuerpflichtigen verlassen. Vielmehr hat der Steuerpflichtige die berufliche Veranlassung der Aufwendungen im Einzelnen darzulegen und nachzuweisen (BFH 21.9.2010 – GrS 1/06, BStBl. II 2010, 672; BFH 27.9.1991 – VI R 1/90, BStBl. II 1992, 195; BFH 21.6.1994 – VI R 16/94, BFH/NV 1995, 216; BMF 6.7.2010, BStBl. I 2010, 614 Rn. 2; *Völlmeke* DStR 1995, 745 (750)).

Den **Finanzgerichten** obliegt es, die für die rechtliche Bewertung maßgeblichen Tatsa- **129** chen umfassend zu ermitteln. Dabei sind alle entscheidungserheblichen Umstände zu berücksichtigen (BFH 12.2.2005 – VI B 33/04, BFH/NV 2005, 1056).

Sind die Ermittlungsmaßnahmen des Finanzamts oder – im Gerichtsverfahren – des **130** Finanzgerichts ausgeschöpft und bestehen trotz der gebotenen Mitwirkung des Steuerpflichtigen (§ 90 AO) **gewichtige Zweifel** an der erwerblichen Veranlassung einer Aufwendung, hat der Steuerpflichtige die Darlegungspflicht nicht hinreichend erfüllt. Ein steuerlicher Abzug der strittigen Aufwendungen scheidet dann aus (BFH 21.9.2009 – GrS 1/06, BStBl. II 2010, 672).

131 *Einstweilen frei*

4. Aufteilung gemischt veranlasster Aufwendungen

132 **a) Die steuerliche Frage nach den gemischten Aufwendungen.** Die grundlegende Trennung zwischen Erwerbs- und Privatsphäre, zwischen den Erwerbsaufwendungen und den in der Regel nur im existenziellen Bedarf steuerlich berücksichtigten Kosten der Lebensführung ist nicht immer einfach (→ Rn. 115 ff.). Insbesondere die sog. gemischten Aufwendungen führen zu Abgrenzungsproblemen. Wird ein Rechner, ein Telefon oder Kfz privat und im Erwerbsleben genutzt oder endet eine Dienstreise mit zwei angehängten Urlaubstagen, stellt sich die Frage, ob die jeweils entstandenen Kosten steuerlich in einen erwerblichen und privaten Teil getrennt werden dürfen. Aufwendungen, die in anderen Fällen wie beim Dienstrechner oder dem privaten Telefon klar einer steuerlichen Sphäre zugerechnet werden können, berühren **gleichzeitig** die steuerliche Erwerbs- und Privatsphäre. In dieser Mitveranlassung und der entsprechenden Aufteilbarkeit unterscheiden sich die gemischten Aufwendungen von den **lebensführungsnahen Erwerbsaufwendungen,** die weder der Erwerbs- noch der Privatsphäre klar zugerechnet werden können. Bei den lebensführungsnahen Erwerbsaufwendungen liegt keine gleichzeitige Mitveranlassung vor. Vielmehr ist die Veranlassung zweifelhaft. Lebensführungsnahe Erwerbsaufwendungen ordnet der Gesetzgeber einer steuerlichen Sphäre zu und regelt sodann einen beschränkten konstitutiven Abzug oder ein Abzugsverbot (→ Rn. 42, → Rn. 46 ff.). Eine einheitliche Zuordnung würde hingegen der gleichzeitigen Mitveranlassung gemischter Aufwendungen nicht gerecht (insgesamt bereits → Rn. 63 ff.). Gemischte Aufwendungen bieten ein Einfallstor für Gestaltungen, um im Schatten des objektiven Nettoprinzips Kosten der privaten Lebensführung steuerlich geltend zu machen. Deshalb waren diese Aufwendungen lange Zeit steuerlich nicht abziehbar.

133 *Einstweilen frei*

134 **b) Entwicklung der Rechtsprechung des BFH.** Der Große Senat des BFH setzte im Jahr 2009 in einer Grundsatzentscheidung einen Schlussstein in den ausgreifenden Diskussionsbogen über die steuerliche Absetzbarkeit von gemischten Aufwendungen (BFH 21.9.2009 – GrS 1/06, BStBl. II 2010, 672). Lange Zeit vertrat der BFH die Auffassung, **§ 12 Nr. 1 S. 2 regele ein grundsätzliches Aufteilungs- und Abzugsverbot** für gemischte Aufwendungen. Die Regelung erstreckt das Abzugsverbot auf Repräsentationsaufwendungen (→ Rn. 109 ff.), „auch wenn sie zur Förderung des Berufs oder Tätigkeit des Steuerpflichtigen erfolgen." Unstreitig wird hierdurch ein Aufteilungs- und Abzugsverbot für gemischte sog. Repräsentationsaufwendungen errichtet. Doch ging der BFH – im Ergebnis zu Unrecht – von einem weiterreichenden Anwendungsbereich des Verbotes aus. Gemischte Aufwendungen dürften – so das Gericht – insgesamt nicht aufgeteilt werden und der erwerbliche Teil sei steuerlich nicht abziehbar. Diese Interpretation würde verhindern, dass Steuerpflichtige mit bestimmten Berufen die Erwerbs- und Privatsphäre planmäßig miteinander verbinden und dann Aufwendung der Lebensführung für Kleidung, Wohnung, Reisen oder Sport sachwidrig zum steuerlichen Abzug bringen könnten. Der steuerliche Abzug dürfe nicht vom Beruf und Geschick des Steuerpflichtigen abhängen (BFH 20.7.2006 – VI R 94/01, BStBl. II 2007, 121).

134.1 „Nach der Auslegung, die § 12 Nr. 1 S. 2 EStG durch die Rechtsprechung des Großen Senats erfahren hat, verbietet diese Vorschrift zur Wahrung der steuerlichen Gerechtigkeit die Aufteilung und damit den Abzug von Aufwendungen, die sowohl der privaten Lebensführung dienen als auch den Beruf/Betrieb fördern. Es soll verhindert werden, dass Steuerpflichtige durch eine mehr oder weniger zufällige oder bewusst herbeigeführte Verbindung zwischen beruflichen und privaten Interessen Aufwendungen für ihre Lebensführung nur deshalb zum Teil in einen einkommensteuerrechtlich relevanten Bereich verlagern können, weil sie einen entsprechenden Beruf haben, während andere Steuerpflichtige gleichartige Aufwendungen aus versteuertem Einkommen decken müssen" (BFH 20.6.2006 – VI R 94/01, BStBl. II 2007, 121).

Lange hielt der BFH zwar am Grundsatz des Aufteilungs- und Abzugsverbots fest, **wendete diesen aber nicht an,** wenn sich wie beim gemischten Gebrauch eines Rechners, Kfz oder Telefons der dem Erwerbsleben dienende Teil der Aufwendungen nach objektiven Maßstäben mit Sicherheit und leicht – gegebenenfalls auch im Wege der Schätzung – abtrennen ließ (BFH 21.9.2009 – GrS 1/06, BStBl. II 2010, 672; BFH 20.7.2006 – VI R 94/01, BStBl. II 2007, 121). **135**

So durften Aufwendungen für ein **Kfz,** ein **Telefon** (BFH 21.11.1980 – VI R 202/79, BStBl. II 1981, 131), eine **Haushaltshilfe** (BFH 8.11.1979 – IV R 66/77, BStBl. II 1980, 117), für eine **Waschmaschine** und einen **Heimbügler** (BFH 25.10.1985 – III R 173/80, BFH/NV 1986, 281), einen **Kühlschrank,** ein **Privatflugzeug,** einen **Hubschrauber** (BFH 4.8.1977 – IV R 157/74, BFHE 123, 158, BStBl. II 1978, 93), auch die Kosten für die **Reinigung typischer Berufskleidung** (BFH 29.6.1993 – VI R 77/91, BStBl. II 1993, 837) und für **Versicherungen** (BFH 19.2.1993 – VI R 42/92, BStBl. II 1993, 519; BFH 31.1.1997 – VI R 97/94, BFH/NV 1997, 346) sowie **Verpflegungsmehraufwendungen** (BFH 23.4.1982 – VI R 30/80, BStBl. II 1982, 500) und Aufwendungen für gemischt genutzte **Ferienwohnungen** (BFH 6.11.2001 – IX R 97/00, BStBl. II 2002, 726) aufgeteilt und der erwerbliche Teil steuerlich abgesetzt werden (insgesamt BFH 21.9.2009 – GrS 1/06, BStBl. II 2010, 672; BFH 20.7.2006 – VI R 94/01, BStBl. II 2007, 121). **135.1**

Insbesondere bei **gemischt veranlassten Reisen** ging der BFH allerdings in einer uneinheitlichen Rechtsprechung zunächst davon aus, dass ein erwerblicher Teil steuerlich nicht berücksichtigt werden könne, solange die erwerbliche Veranlassung nicht überwiege (zum Grundsatz: BFH 28.10.1976 – IV R 63/75, BStBl. II 1977, 203). Sodann lockerte das Gericht aber auch diesen Grundsatz (BFH 12.4.1979 – IV R 106/77, BStBl. II 1979, 513; BFH 24.4.1992 – IV R 27/91, BStBl. II 1992, 898; BFH 13.6.2002 – VI R 168/00, BStBl. II 2003, 765; BFH 27.8.2002 – VI R 22/01, BStBl. II 2003, 369). **136**

Reisen wurden zunächst regelmäßig „in ihrer Gesamtheit" gewürdigt, als Einheit betrachtet, die insgesamt entweder der Erwerbs- oder der Privatsphäre zuzurechnen sei. „Auslandsreisen, die nach der Lebenserfahrung sowohl dem beruflichen Bereich als auch dem der Lebensführung angehören können, führen nur dann zu abzugsfähigen Betriebsausgaben, wenn die Reisen ausschließlich oder zumindest weitaus überwiegend im beruflichen Interesse unternommen werden, wenn also die Verfolgung privater Interessen, wie z. B. Erholung, Bildung und Erweiterung des allgemeinen Gesichtskreises nach dem Anlass der Reise, dem vorgesehenen Programm und der tatsächlichen Durchführung nahezu ausgeschlossen ist" (BFH 28.10.1976 – IV R 63/75, BStBl. II 1977, 203 mwN). Der BFH anerkannte gleichwohl die steuerliche Kostenteilung bestimmter gemischt veranlasster Reisen (siehe nur BFH 12.4.1979 – IV R 106/77, BStBl. II 1979, 513; BFH 24.4.1992 – IV R 27/91, BStBl. II 1992, 898). Mit Rücksicht auf ein Urteil des EuGH (EuGH 28.10.1999 – C-55/98, IStR 1999, 694 – Vestergaard) nahm der BFH auch Sprachkurse im Ausland vom Aufteilungs- und Abzugsverbot aus (BFH 13.6.2002 – VI R 168/00, BStBl. II 2003, 765). Schließlich wurde auch die Vorgabe, eine Reise müsse weitaus überwiegenden betrieblichen Interessen dienen, damit ihre Kosten absetzbar seien, durch die These gelockert, ein unmittelbarer beruflicher Anlass reiche aus, wenn die privaten Reiseinteressen nicht den Schwerpunkt bilden (BFH 27.8.2002 – VI R 22/01, BStBl. II 2003, 369). **136.1**

Die **Literatur kritisierte** das Aufteilungs- und Abzugsverbot und dessen uneinheitliche Anwendung schon früh. Der Grundsatz schränke das objektive „Nettoprinzip und das Leistungsfähigkeitsprinzip in sachlich nicht zu rechtfertigender Weise" ein und verletze daher den Gleichheitssatz. Zudem sei die „praktische Anwendung" des Grundsatzes „an vielen Stellen von Willkürelementen durchsetzt" und habe eine „höchst ungerechte Kasuistik ausgelöst" (*J. Lang* Die Bemessungsgrundlage der Einkommensteuer, 1988, 328 ff.; *Offerhaus* BB 1979, 617 und 667 (668); *Söhn* DStJG 3 (1980), 13 (49 ff.); *Ruppe* DStJG 3 (1980), 103 (138 ff.); *Wassermeyer* StuW 1981, 245 (253); *Gorski* DStZ 1981, 111 (114); *Scheich* Das Abzugsgebot und -verbot gemischter Aufwendungen, 1996, insbes. 198 ff.; *Kruse* FS Offerhaus, 1999, 491 (496); *Drenseck* FS Offerhaus, 1999, 497 (497); Wissenschaftlicher Beirat der Ernst & Young AG BB 2004, 1024 (1028 f.); jeweils einen fortführenden Überblick über die Diskussion nach der Entscheidung des Großen Senats (BFH 21.9.2009 – GrS 1/06, BStBl. II 2010, 672) bieten *Heuermann* StBp 2010, 86 (88 f.); *Pezzer* DStR 2010, 93 (94 f.); *Leisner-Egensperger* DStZ 2010, 185 (187 f.); *Spindler* FS Lang, 2010, 589 (589 f., 587 ff.); *Schwenke* FR 2011, 1051 (1051 ff.); *Söhn* FS Spindler, 2011, 795 (799 ff.); KSM/*Arndt* § 12 Rn. A95 ff.; HHR/*Fissenewert* § 12 Rn. 55, 60). **137**

138 Diese Kritik wird durch die **historische Entwicklung** bestätigt. Der Grundsatz, nach dem Kosten der Lebensführung steuerlich nicht abziehbar sind, prägte das System der Einkommensbesteuerung von Beginn an (→ Rn. 10 ff.). Zunächst war aber auch anerkannt, dass Aufwendungen, die persönlichen und beruflichen Bedürfnissen dienen, soweit als möglich aufzuteilen und in einem entsprechenden Teil abziehbar sind. So wurden die Löhne von Mägden und Haushälterinnen danach steuerlich getrennt, ob sie im Betrieb oder im Wohnhaus arbeiteten (BFH 21.9.2009 – GrS 1/06, BStBl. II 2010, 672 Rn. 35 mwN). Auch als der Grundsatz später in § 12 aufgenommen wurde, betonte die Gesetzesbegründung, dass Repräsentationsaufwendungen nicht absetzbar sind, wenn „private und berufliche Gründe zusammenwirken und eine Trennung nicht erfolgen kann" (RStBl. 1935, 41).

139 Zu Recht hat der **Große Senat** des BFH das **Aufteilungs- und Abzugsverbot daher aufgegeben** (BFH 21.9.2009 – GrS 1/06, BStBl. II 2010, 672). Die grundlegende Unterscheidung zwischen der Erwerbs- und der Privatsphäre – zwischen objektivem und subjektivem Nettoprinzip – drängt für gemischte Aufwendungen zu der tatsächlichen Unterscheidung, die den privaten Anteil als Lebensführungskosten nicht zum steuerlichen Abzug zulässt, den Erwerbsaufwand jedoch – dem objektiven Nettoprinzip folgend – als Betriebsausgaben oder Werbungskosten zum Abzug bringt. Der Große Senat geht nunmehr davon aus, dass gemischte Aufwendungen grundsätzlich aufgeteilt werden können, „wenn die beruflich veranlassten" Teile „feststehen und nicht von untergeordneter Bedeutung sind. Das unterschiedliche Gewicht der verschiedenen Veranlassungsbeiträge kann es jedoch im Einzelfall erfordern, einen anderen Aufteilungsmaßstab heranzuziehen oder ganz von einer Aufteilung abzusehen" (BFH 21.9.2009 – GrS 1/06, BStBl. II 2010, 672 Rn. 133 f.).

139.1 Den Steuerpflichtigen könne „der Abzug von Betriebsausgaben oder Werbungskosten nicht mit der Begründung versagt werden, ihr Beruf erfordere Aufwendungen, die für andere Steuerpflichtige Privataufwendungen sind. So ist zB ein Hobby-Skiläufer nicht dadurch benachteiligt, dass für den Berufs-Skilehrer die neu angeschafften Skier Arbeitsmittel i. S. von § 9 Abs. 1 Nr. 6 EStG sind. Und so ist auch ein IT-Fachmann, der – wie im Ausgangsverfahren vom FG festgestellt – aus beruflichen Gründen eine Messe der IT-Industrie in den USA besucht, gegenüber einem Touristen nicht sachwidrig privilegiert, sondern wird vielmehr entsprechend seiner Leistungsfähigkeit besteuert, wenn er nur die Kosten des beruflichen Anteils der Reise, nicht aber auch die des privaten Reiseanteils bei seiner Einkünfteermittlung abziehen kann. Das Gebot der Steuergerechtigkeit (Besteuerung nach der wirtschaftlichen Leistungsfähigkeit) vermag also ein generelles Aufteilungs- und Abzugsverbot, das auch einen zweifelsfrei nachgewiesenen beruflichen Kostenanteil nicht zum Abzug als Betriebsausgaben oder Werbungskosten zulässt, nicht zu rechtfertigen; vielmehr gebietet das Leistungsfähigkeitsprinzip die Berücksichtigung des beruflichen Anteils durch Aufteilung, notfalls durch Schätzung" (BFH 21.9.2009 – GrS 1/06, BStBl. II 2010, 672 Rn. 110 f.).

140 Um Missbrauch zu vermeiden, muss der Steuerpflichtige wie bei anderen Aufwendungen die berufliche Veranlassung **nachweisen** (→ Rn. 128 ff.). Bleiben „trotz der gebotenen Mitwirkung […] gewichtige Zweifel, dass den als Betriebsausgaben oder Werbungskosten geltend gemachten Aufwendungen eine berufliche Veranlassung zugrunde liegt, so kommt für die strittigen Aufwendungen schon aus diesem Grund ein Abzug insgesamt nicht in Betracht. Bestehen hingegen keine Zweifel daran, dass ein abgrenzbarer Teil der Aufwendungen beruflich veranlasst ist, bereitet seine Quantifizierung aber Schwierigkeiten, so ist dieser Anteil unter Berücksichtigung aller maßgeblichen Umstände zu **schätzen**" (BFH 21.9.2009 – GrS 1/06, BStBl. II 2010, 672 Rn. 114 ff.). Der Rechtsprechungswechsel ist von grundsätzlicher Bedeutung, weil er eine Vielzahl ähnlicher Fälle betrifft und eine in Rechtsprechung und Literatur kontrovers diskutierte Frage zu beantworten sucht (vgl. BFH 21.9.2009 – GrS 1/06, BStBl. II 2010, 672 Rn. 24).

141 *Einstweilen frei*

142 **c) Aufteilung und Abzug – sechs Vorgaben.** Nach der Entscheidung des Großen Senats sind bei einer Aufteilung und einem partiellen steuerlichen Abzug von gemischten Aufwendungen sechs Vorgaben zu erfüllen, die an bestehende Grundsätze der steuerlichen Anerkennung von Aufwendungen anknüpfen:

(1.) Gemischte Aufwendungen sind nach objektiven, nachprüfbaren Kriterien in einen beruflichen und einen privaten Teil zu trennen und entsprechend steuerlich zu berücksichtigen. Die Aufwendungen müssen nach den zugrundeliegenden Veranlassungsbeiträgen objektiv teilbar sein (insges. HHR/*Fissenewert* § 12 Rn. 66). In **besonderen gesetzlichen Regelungen,** etwa über die steuerliche Behandlung lebensführungsnaher Erwerbsaufwendungen (Geschenke, Bewirtung, doppelte Haushaltsführung, Arbeitszimmer → Rn. 42 ff., insbes. → Rn. 47), nutzt der Gesetzgeber oft seinen Entscheidungsraum und ordnet Aufwendungen ganz oder in Teilen der Erwerbs- oder Privatsphäre zu. Dann bedarf es keiner Aufteilung. Aufgrund der gesetzlichen Zuordnung liegen keine gemischten Aufwendungen vor, die aufzuteilen wären (*St. Schneider* Gemischte Veranlassung, FS für den BFH, Bd. II, 2018, 1243 (1251, 1255 ff.). Kann in den hiervon zu unterscheidenden Fällen aufzuteilender gemischter Aufwendungen eine Teilung nicht vorgenommen werden, weil es an nachprüfbaren Aufteilungskriterien fehlt, ist ein Abzug insgesamt ausgeschlossen. Eine Aufteilung ist ua nach Zeitanteilen (Reise, BFH 21.9.2010 – GrS 1/06, BStBl. II 2010, 672) oder Nutzungsanteilen (Telefon, Pkw, Rechner, BFH 19.2.2004 – VI R 135/01, BStBl. II 2004, 958), auch nach Köpfen (Betriebsfeier, BFH 10.7.2008 – VI R 26/07, BFH/NV 2008, 1831), Flächenanteilen oder Mengen (Räume und Waren, BFH 22.11.2006 – X R 1/05, BStBl. II 2007, 304; FG Baden-Württemberg 7.5.2019 – 8 K 751/17, DStRE 2019, 1250 zur Aufteilung eines selbstgenutzten Wohnhauses nach Flächen, das eine Tagesmutter auch beruflich zur Kindesbetreuung nutzt; siehe insgesamt auch BMF 6.7.2010, BStBl. I 2010, 614 Rn. 15, 17) möglich. Bereitet die Teilung anhand dieser objektiven Kriterien Schwierigkeiten, können die Anteile auch durch eine Schätzung quantifiziert werden (**Gebot der objektiven Teilbarkeit der Aufwendungen**).

Bei erwerblich und privat veranlassten Reisen bietet sich eine Aufteilung nach **Zeitanteilen** an. **142.1** Dies gilt auch für die Kosten der An- und Abreise (BFH 21.9.2010 – GrS 1/06, BStBl. II 2010, 672; BFH 21.4.2010 – VI R 5/07, BStBl. II 2010, 687). Der Steuerpflichtige hat somit anzugeben, wie lange die Reise dauerte und wie er die einzelnen Tage nutzte (*Hillmer* BC 2012, 186 (187 f.); *Kanzler* NWB 2010, 1800 (1800 f.); *Offerhaus* DStR 2005, 446 (449 f.); *Ortmann-Babel* BB 2010, 296 (296); *Urban* DS 2010, 87 (89); *Albert* FR 2018, 257 (261)). Bei Wirtschaftsgütern, die teils beruflich und teils privat verwendet werden, kann nach **Nutzungsanteilen** aufgeteilt werden (Telefon, Pkw, Rechner samt Zubehör, BFH 19.2.2001 – VI R 135/01, BStBl. II 2004, 958; siehe zu Kontogebühren BFH 9.5.1984 – VI R 63/80, BStBl. II 1984, 560). Einen objektiven Aufteilungsmaßstab bietet auch eine Trennung nach **Köpfen** (BFH 25.6.2009 – IX R 49/08, BStBl. II 2010, 122). Bei einer sozialpädagogischen Lebensgemeinschaft, in der Räumlichkeiten sowohl vom Steuerpflichtigen und seiner Familie zu privaten Wohnzwecken als auch zur entgeltlichen Betreuung fremder Kinder verwendet werden, kann eine Aufteilung nach der Personenzahl vorgenommen werden (BFH 25.6.2009 – IX R 49/08, BStBl. II 2010, 122). Bei einem gemischten Teilnehmerkreis an einer Betriebsfeier können die Bewirtungskosten ebenfalls nach Köpfen getrennt werden (BFH 10.7.2008 – VI R 26/07, BFH/NV 2008, 1831; BMF 6.7.2010, BStBl. I 2010, 614 Rn. 15). Räume können auch nach **Flächenanteilen** aufgeteilt werden. Bei einem betrieblich genutzten Raum kann der betriebliche Nutzungsanteil ermittelt werden, indem die Fläche des Raumes mit der Gesamtfläche aller Räume des Gebäudes einschließlich der Nebenräume ins Verhältnis gesetzt wird (BFH 22.11.2006 – X R 1/05, BStBl. II 2007, 304; insgesamt auch *Söhn* FS Spindler, 2011, 795 (806 f.)).

(2.) Weil ein hoher „Anreiz“ besteht, private Aufwendungen im Sog des Erwerbstatbestan- **143** des steuerlich abzusetzen, „hat der Steuerpflichtige die berufliche Veranlassung der Aufwendungen im Einzelnen umfassend darzulegen und nachzuweisen“ (BFH 21.9.2009 – GrS 1/06, BStBl. II 2010, 672 (126)). Gelingt dies nicht, scheidet ein Abzug in der Regel aus (**Darlegungslast;** bereits → Rn. 128 ff.).

(3.) Eine unbedeutende, „völlig untergeordnete“ private oder berufliche Mitveranlassung steht einer vollständigen steuerlichen Zuordnung zur Erwerbs- oder Privatsphäre nicht entgegen (BFH 21.9.2009 – GrS 1/06, BStBl. II 2010, 672; BMF 6.7.2010, BStBl. I 2010, 614 Rn. 12, quantifiziert die untergeordnete Mitveranlassung mit unter zehn Prozent; **Bagatellanlässe**).

(4.) Aber auch eine Teilung nach diesen Kriterien kann die notwendige Gesamtwürdigung des Einzelfalles nicht ersetzen, weil diese oft die prägende Bedeutung des Erwerbs- oder Privatcharakters sichtbar macht (**Gesamtwürdigung des Einzelfalles;** → Rn. 119 ff.).

(5.) Die Differenzierung zwischen der Erwerbs- und der Privatsphäre begründet eine prinzipielle Alternativität. Zwar ließen sich auch Aufwendungen für die bürgerliche Kleidung, für eine Brille oder Armbanduhr, für die allgemeine Pflege und Fitness oder die Nahrung in einen beruflichen und privaten Teil trennen. Diese Aufwendungen gehören aber insgesamt zum unverzichtbaren privaten Lebensaufwand, der grundsätzlich nur in den vom subjektiven Nettoprinzip geforderten Tatbeständen abziehbar ist (→ Rn. 52 ff.). Diese Lebensführungskosten können – um eine zusätzliche Berücksichtigung in der Erwerbssphäre zu vermeiden – auch bei einer möglichen Teilung nicht als Erwerbsaufwand abgezogen werden (**keine Doppelberücksichtigung**).

(6.) Greift das Abzugsverbot des § 12, kommt das objektive Nettoprinzip und dessen Abzugsgebot nicht zur Anwendung. Die Aufteilung fordert, gemischte Aufwendungen in absetzbare erwerbliche und nicht absetzbare private zu teilen. Dann sind die erwerblichen von den privaten Aufwendungen getrennt. Das Stichwort „gemischte Aufwendungen" beschreibt ein Problem, nicht die rechtliche Lösung (**Alternativität der steuerlichen Sphären;** insgesamt BFH 21.9.2009 – GrS 1/06, BStBl. II 2010, 672; siehe zu den Vorgaben auch *G. Kirchhof* FS Lang, 2011, 563 (575); bereits → Rn. 63 ff.).

V. Freiwillige Zuwendungen – § 12 Nr. 2

1. Abzugsverbot für besondere Aufwendungen der Privatsphäre

144 § 12 Nr. 2 konkretisiert das grundsätzliche Abzugsverbot privater Aufwendungen für „freiwillige Zuwendungen, Zuwendungen aufgrund einer freiwillig begründeten Rechtspflicht und Zuwendungen an eine gegenüber dem Steuerpflichtigen oder seinem Ehegatten gesetzlich unterhaltsberechtigte Person oder deren Ehegatten, auch wenn diese Zuwendungen auf einer besonderen Vereinbarung beruhen." Freiwillige Zuwendungen (**Alt. 1**) und freiwillig durch Rechtspflicht begründete Zuwendungen (**Alt. 2**) gehören schon begrifflich zur freiwilligen Vermögensverwendung und damit in die steuerliche Privatsphäre. § 12 Nr. 2 verbietet folglich in den ersten beiden Alternativen den steuerlichen Abzug von Zuwendungen, die im **Bereich der freiwilligen Vermögensverwendung** liegen und deshalb von vorneherein nicht abgezogen werden können. § 12 Nr. 2 Alt. 1 und Alt. 2 kann daher eine deklaratorische Bedeutung zugeschrieben werden (KSM/*Arndt* § 12 Rn. A6 ff. mwN). Zuwendungen an unterhaltsberechtigte Personen (**Alt. 3**) folgen demgegenüber einer rechtlichen Pflicht. Zwar sind sie gleichwohl ebenfalls als Kosten der Lebensführung der Privatsphäre zuzurechnen (→ Rn. 54 ff.). Doch räumt das Abzugsverbot des § 12 Nr. 2 Alt. 3 mögliche, auf die Verpflichtung zurückgehende Zuordnungszweifel aus. Diese konstitutive Regelung hätte steuersystematisch besser in dem hier einschlägigen Tatbestand des Sonderausgabenabzugs oder dem entsprechenden Tatbestand der außergewöhnlichen Belastungen verortet werden sollen (§ 10 Abs. 1a Nr. 1; § 33a Abs. 1; KSM/*Arndt* § 12 Rn. A7a).

145 § 12 Nr. 2 erlangt eine darüber hinausgreifende **besondere Bedeutung** gegenüber **§ 10 Abs. 1a Nr. 2,** der den Abzug auf besonderen Verpflichtungsgründen beruhender, lebenslanger und wiederkehrender Versorgungsleistungen unter bestimmten Voraussetzungen zulässt (Blümich/*Thürmer* § 12 Rn. 142; KSM/*Arndt* § 12 Rn. C2; anders aber LBP/*Wienbergen* § 12 Rn. 183). Der Einleitungssatz des § 12 ordnet die Spezialität (→ Rn. 90) des § 10 Abs. 1a Nr. 1, nicht aber des § 10 Abs. 1a Nr. 2 an. Lebenslange und wiederkehrende Versorgungsleistungen iSd § 10 Abs. 1a Nr. 2 sind daher nicht vom Gesamtbetrag der Einkünfte als Sonderausgaben abziehbar, wenn sie als Zuwendungen an Unterhaltsberechtigte oder aufgrund einer freiwillig begründeten Rechtspflicht iSd § 12 Nr. 2 Alt. 3 gezahlt werden (HHR/*Fissenewert* § 12 Rn. 102; vgl. auch Blümich/*Thürmer* § 12 Rn. 142). Anders als bei den gesetzlichen Unterhaltsleistungen an den geschiedenen oder dauernd getrennt lebenden Ehegatten (§ 10 Abs. 1a Nr. 1) überwiegt hier die Freiwilligkeit. Dies rechtfertigt eine Zuordnung zur freiwilligen Vermögensverwendung und damit das Abzugsverbot.

146 § 12 Nr. 2 regelt keinen allgemeinen Grundsatz, nach dem nicht abziehbare Aufwendungen zu keinen Einkünften führen dürfen (**kein Korrespondenzprinzip**). Zwar sind die dem Abzugsverbot des § 12 Nr. 2 unterliegenden Aufwendungen dem Empfänger wiederkehrender Bezüge nicht als Einkünfte zuzurechnen (§ 22 Nr. 1 S. 2). Dem Einkommensteuerrecht kann aber ein Korrespondenzprinzip nicht verallgemeinernd zugrunde gelegt werden (BFH 25.10.1994 – VIII R 79/91, BStBl. II 1995, 121; Blümich/*Thürmer* § 12 Rn. 155; HHR/*Fissenewert* § 12 Rn. 103). Ein Steuerpflichtiger kann die Kosten für den Friseur oder Theaterbesuch steuerlich nicht abziehen, auch wenn diese Aufwendungen beim Zahlungsempfänger steuerbare Einkünfte bewirken.

§ 12 Nr. 2 ordnet insgesamt sachgerecht freiwillige Zuwendungen (Alt. 1), freiwillig durch Rechtspflicht begründete Zuwendungen (Alt. 2) und Zuwendungen an unterhaltberechtigte Personen (Alt. 3) der steuerlichen Privatsphäre zu. § 12 bleibt dabei eine Grundsatznorm, die private Aufwendungen regelt, nicht für Erwerbsaufwendungen greift (→ Rn. 3). Sollte ausnahmsweise der Anlass für eine Zuwendung der **erwerblichen Sphäre** zuzurechnen sein, wie etwa bei Geschenken zur Förderung der Geschäftsbeziehungen, untersagt § 12 Nr. 2 den nach dem objektiven Nettoprinzip geforderten steuerlichen Abzug als Erwerbsaufwendungen daher nicht (Blümich/*Thürmer* § 12 Rn. 141). Ob ein **Angehöriger** Einkünfte erzielt und der Leistende die Aufwendungen als Betriebsausgaben oder Werbungskosten absetzen kann, richtet sich nach dem für Rechtsbeziehungen zwischen Angehörigen maßgeblichen Fremdvergleich, nicht nach § 12 Nr. 2 (HHR/*Fissenewert* § 12 Rn. 103; zum Fremdvergleich BFH 22.10.2013 – X R 26/11, BStBl. II 2014, 374; BFH 21.4.2014 – X B 181/13, BFH/NV 2014, 523; zuletzt FG Münster 20.11.2018 – 2 K 156/18 E, DStRE 2019, 793; → § 2 Rn. 172 ff.). § 12 Nr. 2 ist **keine Zurechnungsnorm in der Erwerbssphäre,** regelt nicht, wem dort welche Einkünfte oder Ausgaben zuzuordnen sind. **147**

Einstweilen frei **148–149**

2. Zuwendung

Der Begriff der Zuwendung liegt allen drei Tatbestandsvarianten zugrunde. Zuwendungen sind **Leistungen,** die **unentgeltlich** vorgenommen werden (BVerfG 22.7.1970 – 1 BvR 285/66, BVerfGE 29, 104; BFH 28.7.1983 – IV R 174/80, BStBl. II 1984, 97; BFH 27.2.1992 – X R 139/88, BStBl. II 1992, 612). **150**

a) Leistung. Durch eine Leistung geht Geld oder ein geldwertes Gut in ein anderes Vermögen über (**Vermögensübergang**). Der Steuerpflichtige muss als Zuwendender das Geld oder das Gut bewusst und gewollt aus seinem Vermögen in das Vermögen einer anderen Person übertragen haben (HHR/*Fissenewert* § 12 Rn. 108). Da § 12 Nr. 2 die Verpflichtung zu einer Zuwendung ausdrücklich von der Zuwendung als solcher unterscheidet, ist nicht schon die rechtliche Verpflichtung, sondern erst die Erfüllung dieser Verpflichtung eine Zuwendung im Sinne der Vorschrift (KSM/*Arndt* § 12 Rn. C6). **151**

Einstweilen frei **152**

b) Unentgeltlichkeit. Unentgeltlich ist eine Leistung, wenn sie mit keiner oder lediglich mit einer geringfügigen wirtschaftlichen Gegenleistung in ursächlichem Zusammenhang steht (BFH 28.7.1983 – IV R 174/80, BStBl. II 1984, 97). Eine mögliche Gegenleistung ist jeweils präzise zu ermitteln und mithilfe eines **Fremdvergleichs** im Zeitpunkt der schuldrechtlichen Verpflichtung zu bewerten (zum maßgeblichen Zeitpunkt des Vertragsschlusses BFH 30.7.2003 – X R 12/01, BStBl. II 2004, 211). Bei Vermögensübertragungen zwischen Fremden wird die Leistungsäquivalenz, zwischen Angehörigen hingegen das Nichtvorliegen einer vollwertigen Gegenleistung widerlegbar vermutet (BFH 20.6.2007 – X R 2/06, BStBl. II 2008, 99; BFH 30.7.2003 – X R 12/01, BStBl. II 2004, 211). Entscheidend ist, wie das Geschäft zwischen fremden Dritten fiktiv zustande gekommen wäre. Steht der Leistung dann eine nach kaufmännischen Kriterien abgewogene vollwertige Gegenleistung gegenüber, liegt Entgeltlichkeit und damit keine Zuwendung vor (Blümich/*Thürmer* § 12 Rn. 164 f.). **153**

Teilentgeltlich sind Leistungen, mit denen keine vollwertige Gegenleistung in Verbindung steht. Sie sind aufzuteilen und nur insoweit als Zuwendung zu qualifizieren, als die Leistung eine fiktive adäquate Gegenleistung übersteigt (HHR/*Fissenewert* § 12 Rn. 108; Bordewin/Brandt/*Schmieszek* § 12 Rn. 132; LBP/*Wienbergen* § 12 Rn. 183). Insgesamt unentgeltlich ist aber aufgrund ihrer Größe eine wiederkehrende Leistung, deren Barwert das Doppelte des übertragenen Vermögens übertrifft (Blümich/*Thürmer* § 12 Rn. 163; LBP/*Wienbergen* § 12 Rn. 183). **154**

Nicht zu den unentgeltlichen Vermögensübertragungen zählen **Trink- oder Schmiergelder, Schadensersatzleistungen** und **Aufmerksamkeiten für Arbeitnehmer oder Geschäftsfreunde,** zumal diese Aufwendungen in Erwartung einer zukünftigen oder für eine bereits entgegengenommene Gegenleistung erbracht werden (HHR/*Fissenewert* § 12 Rn. 108; Bordewin/Brandt/*Schmieszek* § 12 Rn. 132). **155**

Aufwendungen des **Nießbrauchers** sind nur dann unentgeltlich, wenn er weder vertraglich noch gesetzlich zu den Aufwendungen verpflichtet ist und er von Anfang an auf seinen **156** gesetzlich bestehenden Aufwendungserstattungsanspruch verzichtet (BFH 14.11.1989 – IX R 110/85, BStBl. II 1990, 462; BFH 24.6.2009 – IV R 20/07, BFH/NV 2010, 20).

157 **Subjektiv** muss sich der Steuerpflichtige der Unentgeltlichkeit der Vermögensübertragung bewusst gewesen sein (HHR/*Fissenewert* § 12 Rn. 108). Hieran fehlt es bei einer Fehlvorstellung über den Wert eines Gegenstandes, der aufgrund dieses Irrtums weit unter seinem tatsächlichen Wert verkauft wird.

158 *Einstweilen frei*

159 **c) Einmalige Leistungen.** Ob es sich bei Zuwendungen um wiederkehrende Leistung handeln muss, wird nicht einheitlich beurteilt. Der BFH wendet § 12 Nr. 2 auch auf einmalige Leistungen an (BFH 5.9.1991 – IV R 40/90, BStBl. II 1992, 192). Andere nehmen einmalige Leistungen vom Anwendungsbereich des § 12 Nr. 2 aus (KSM/*Arndt* § 12 Rn. C4; Blümich/*Thürmer* § 12 Rn. 160; HHR/*Fissenewert* § 12 Rn. 108; Schmidt/*Loschelder* § 12 Rn. 22). Der Wortlaut des § 12 Nr. 2 bietet aber keinen Anhaltspunkt für diese Beschränkung (BFH 5.9.1991 – IV R 40/90, BStBl. II 1992, 192). Zudem überzeugt es nicht, für die steuerliche Abziehbarkeit zwischen einmaligen und mehrmaligen Leistungen zu unterscheiden. Eine Leistung kann steuerlich in der Privat- oder Erwerbssphäre einmal, gelegentlich oder mehrmals erbracht werden (→ Rn. 144 ff.).

160 *Einstweilen frei*

3. Freiwillige Zuwendungen – Alt. 1

161 Aufwendungen zur freiwilligen Vermögensverwendung prägen den privaten steuerlichen Bereich und sind steuerlich nicht abziehbar (→ Rn. 36, → Rn. 39 f., → Rn. 52 ff.). § 12 Nr. 2 Alt. 1 konkretisiert daher das Abzugsverbot für Zuwendungen in diesem Bereich deklaratorisch (→ Rn. 144 ff.). Zuwendungen werden freiwillig erbracht, wenn sie nicht infolge einer Rechtspflicht gewährt werden, also dem Willen des Zuwendenden entspringen und weder aufgrund eines Gesetzes oder behördlicher Anordnung getätigt werden (vgl. HHR/*Fissenewert* § 12 Rn. 110; LBP/*Wienbergen* § 12 Rn. 191; Blümich/*Thürmer* § 12 Rn. 176). Die Freiwilligkeit wird auch durch rechtsverbindliche Anweisungen Dritter wie beispielsweise letztwillige Verfügungen ausgeschlossen (LBP/*Wienbergen* § 12 Rn. 191; HHR/*Fissenewert* § 12 Rn. 110; Blümich/*Thürmer* § 12 Rn. 177; KSM/*Arndt* § 12 Rn. C46).

162 Selbst eine **unwirksame oder nicht durchsetzbare Rechtspflicht,** an die sich der Leistende gleichwohl gebunden fühlt, begründet die Unfreiwilligkeit der Zuwendung, weil die Zuwendung dann nicht mehr auf dem freien Willen des Zuwendenden beruht (LBP/*Wienbergen* § 12 Rn. 191; Blümich/*Thürmer* § 12 Rn. 177; KSM/*Arndt* § 12 Rn. C46). Deshalb ist § 12 Nr. 2 Alt. 1 auf die Erfüllung verjährter Ansprüche oder formunwirksamer Verträge nicht anwendbar.

163 Ist die rechtliche Verpflichtung inhaltlich **völlig unbestimmt und widerruflich,** spricht dies für die Freiwilligkeit der erbrachten Leistung (Blümich/*Thürmer* § 12 Rn. 176). Der Freiwilligkeit steht ferner ein **moralischer, sittlicher oder wirtschaftlicher Zwang** nicht entgegen (BFH 27.2.1992 – X R 139/88, BStBl. II 1992, 612 Rn. 26; Blümich/*Thürmer* § 12 Rn. 176; LBP/*Wienbergen* § 12 Rn. 191). Nach dem Willen des historischen Gesetzgebers sollten alle freiwilligen Zuwendungen unabhängig von ihrem Anlass gleichbehandelt werden (BT-Drs. 7/2180, 15, mit Blick auf die im Rahmen einer Konventionalscheidung vereinbarten Unterhaltszahlungen).

164 Die im Einleitungssatz des § 12 geregelte Spezialität greift auch für § 12 Nr. 2. So sind Spenden regelmäßig freiwillige Zuwendungen, die den grundsätzlich steuerlich nicht absetzbaren Kosten der Lebensführung zuzuordnen sind (EStR 12.5). Sie können aber nach den Regelungen des § 10b und des § 34g steuerlich abgezogen werden.

165 *Einstweilen frei*

4. Zuwendungen aufgrund einer freiwillig begründeten Rechtspflicht – Alt. 2

166 Nach § 12 Nr. 2 Alt. 2 gilt das Abzugsverbot auch für Zuwendungen aufgrund einer freiwillig begründeten Rechtspflicht. Die Freiwilligkeit bezieht sich hier im Gegensatz zu Alt. 1 nicht auf die Zuwendung selbst, sondern auf die rechtliche Verpflichtung, der sich

der Steuerpflichtige unterworfen hat. Mit der Gleichstellung von freiwilligen Zuwendungen und solchen aufgrund einer freiwillig begründeten Rechtspflicht soll eine **Umgehung des § 12 Nr. 2 Alt. 1 durch eine freiwillige vertragliche Verpflichtung verhindert** werden (LBP/*Wienbergen* § 12 Rn. 195; KSM/*Arndt* § 12 Rn. C45).

Eine Rechtspflicht wird **freiwillig begründet,** wenn sie der Zuwendende ohne rechtliche Verpflichtung eingeht (HHR/*Fissenewert* § 12 Rn. 112). Auch hier steht eine sittliche Verpflichtung der Rechtspflicht nicht gleich (BFH 27.2.1992 – X R 139/88, BStBl. II 1992, 612). Ferner fehlt es an der Freiwilligkeit der begründeten Rechtspflicht bei Versorgungsleistungen aufgrund einer Vermögensübertragung im Sinne des § 10 Abs. 1a Nr. 2, sofern sie sich als vorbehaltene Vermögenserträge darstellen (BFH 11.10.2007 – X R 14/06, BStBl. II 2008, 123; HHR/*Fissenewert* § 12 Rn. 112). **167**

Die freiwillig begründete Rechtspflicht setzt eine vertragliche Pflicht voraus, darf **keine gesetzliche** sein. Die durch einen gerichtlichen Vergleich konkretisierte Schadensersatzpflicht nach § 834 BGB fällt deshalb nicht in den Anwendungsbereich des § 12 Nr. 2 Alt. 2 (HHR/*Fissenewert* § 12 Rn. 112; KSM/*Arndt* § 12 Rn. C46). Die Pflicht, einem Gesetz zu folgen, entspringt nicht dem freien Willen des Steuerpflichtigen (→ Rn. 161 ff.). **168**

Erhält der Steuerpflichtige vom Zuwendungsempfänger oder einer dritten Person eine adäquate **Gegenleistung** für die Eingehung der rechtlichen Verpflichtung, fehlt es für die Anwendbarkeit des § 12 Nr. 2 schon an dem Tatbestandsmerkmal der Zuwendung (→ Rn. 150). **169**

Einstweilen frei **170**

5. Zuwendungen an unterhaltsberechtigte Personen – Alt. 3

Gemäß § 12 Nr. 2 Alt. 3 sind Zuwendungen an gesetzlich unterhaltsberechtigte Personen sowie deren Ehegatten steuerlich nicht abziehbar, auch wenn sie auf einer besonderen Vereinbarung beruhen. Zwar folgen diese Zuwendungen einer rechtlichen Pflicht. Doch sind sie gleichwohl als Kosten der Lebensführung der Privatsphäre zuzurechnen und deshalb steuerlich nicht abziehbar (→ Rn. 36, → Rn. 54 ff., → Rn. 144 ff.). Der Gesetzgeber wollte vor allem die steuermindernden **Folgen einer Scheidung** eindämmen. Das – in den Worten der Gesetzesbegründung – „Ärgernis bei der Besteuerung", dass Unterhaltsleistungen unter geschiedenen Eheleuten in voller Höhe steuerlich absetzbar waren, wurde beseitigt (BT-Drs. 7/2180, 15) und stattdessen ein beschränkter Abzug zugelassen (heute § 10 Abs. 1a; → Rn. 145 auch zum Einleitungssatz des § 12, der auf die Spezialvorschrift des § 10 Abs. 1a Nr. 1, nicht aber dessen Nr. 2 verweist). **171**

Gesetzlich unterhaltsberechtigt sind alle Personen, die nach dem bürgerlichen Recht einen gesetzlichen Unterhaltsanspruch gegen den Steuerpflichtigen oder seinen Ehegatten haben können (EStR H 12.6). Erfasst werden aber nur familienrechtliche Unterhaltsansprüche, keine Ansprüche etwa aus § 844 Abs. 2 BGB (BFH 19.10.1978 – VIII R 9/77, BStBl. II 1979, 133; KSM/*Arndt* § 12 Rn. C50; Blümich/*Thürmer* § 12 Rn. 186). Die Frage nach den Unterhaltspflichten ist auch dann nach inländischem Recht zu beurteilen, wenn das ausländische Recht solche Pflichten begründet (BFH 5.5.2010 – VI R 5/09, BStBl. II 2011, 115). **172**

Familienrechtliche Unterhaltsansprüche iSd § 12 Nr. 2 Alt. 3 bestehen zwischen Verwandten in gerader Linie (§§ 1601 ff. BGB). Die wechselseitige Verpflichtung und Berechtigung betrifft Kinder, Eltern, Großeltern, Urgroßeltern sowie allgemein Personen, die voneinander abstammen (§ 1589 Abs. 1 S. 1 BGB). In der Seitenlinie verwandte Personen (zB Geschwister, § 1589 Abs. 1 S. 2 BGB) und verschwägerte Personen sind einander nicht unterhaltsverpflichtet. Familienrechtlich unterhaltsberechtigt sind ferner adoptierte Kinder (§ 1754 BGB), nichteheliche Kinder (§ 1615a BGB) und Mutter sowie Vater aus Anlass der Geburt (§ 1615l BGB), Ehegatten während der Ehe (§§ 1360 ff. BGB, § 5 LPartG), Ehegatten nach der Scheidung (§§ 1569 ff. BGB, § 16 LPartG). Die Unterhaltsleistungen an den geschiedenen oder dauernd getrennt lebenden Ehegatten können jedoch als Sonderausgabe im Rahmen des Realsplittings (§ 10 Abs. 1a Nr. 1) abziehbar sein. Eine weitere Abzugsmöglichkeit von Unterhaltszahlungen folgt aus § 33a. Gegenüber beiden Regelungen versperrt § 12 Nr. 2 den Abzug nach dessen Einleitungssatz nicht (Spezialität; → Rn. 90). **173**

174 Im **Erbfall** gehen die Unterhaltspflichten grundsätzlich nicht auf den Erben über (§ 1615 Abs. 1, § 1360a Abs. 3 BGB). Eine Ausnahme gilt allerdings beim Ehegattenunterhalt für die Erben des geschiedenen Ehegatten (§ 1586b BGB). Geerbte Zahlungsverpflichtungen sind grundsätzlich aus der Perspektive des Erblassers zu bewerten, in dessen Rechtsposition der Erbe eintritt. Deshalb kann der Erbe keine wiederkehrenden Leistungen abziehen, die auch der Erblasser wegen § 12 Nr. 2 Alt. 3 nicht geltend machen konnte (BFH 7.12.1962 – VI 115/62 U, BStBl. III 1963, 135; HHR/*Fissenewert* § 12 Rn. 115; Blümich/*Thürmer* § 12 Rn. 190).

175 Nach **bisher überwiegender Ansicht** ist für die gesetzliche Unterhaltsberechtigung nicht erforderlich, dass ein konkreter Unterhaltsanspruch gegen den Steuerpflichtigen besteht. Vielmehr müsse der Unterhaltsberechtigte nur potentiell, das heißt objektiv und **abstrakt begünstigt** sein (BFH 20.5.1992 – X R 207/87, BFH/NV 1992, 805; BFH 18.10.1990 – IV R 36/09, BStBl. II 1991, 205; HHR/*Fissenewert* § 12 Rn. 115; KSM/*Arndt* § 12 Rn. C51; Blümich/*Thürmer* § 12 Rn. 187). Demnach kommt es auf die subjektiven Verhältnisse wie die Bedürftigkeit des Berechtigten, die Leistungsfähigkeit des Verpflichteten und den Vorrang anderer Verpflichteter selbst dann nicht an, wenn der Unterhaltsanspruch aufgrund einer gerichtlichen Entscheidung abgelehnt wurde. Auch Zuwendungen, die über die Unterhaltsverpflichtung hinausgehen, würden erfasst (BFH 13.7.1973 – VI R 222/71, BStBl. II 1973, 776).

176 Infolge der **Rechtsprechungsänderung zu § 33a,** wonach für die Überprüfung der gesetzlichen Unterhaltsberechtigung nun auch eine konkrete zivilrechtliche Betrachtungsweise erforderlich ist und ein potentieller Anspruch nicht mehr ausreicht (BFH 5.5.2010 – VI R 29/09, BStBl. II 2011, 116), ist **zweifelhaft,** ob der BFH an dieser Rechtsprechung zu § 12 Nr. 2 Alt. 3 festhalten wird. In systematischer Hinsicht sollten gleiche Begriffe nicht unterschiedlich ausgelegt werden. Der Wortlaut „unterhaltsberechtigte Person" verweist ersichtlich auf das Zivilrecht. Diese Anknüpfung ist folgerichtig zu berücksichtigen. Darüber hinaus zielt die Vorschrift darauf ab, den Abzug von Unterhaltsleistungen als Aufwendungen der Privatsphäre auszuschließen (KSM/*Arndt* § 12 Rn. C51). Zuwendungen an zivilrechtlich tatsächlich nicht unterhaltsberechtigte Personen sind keine „Leistungen" für den Unterhalt. Sie sind allenfalls freiwillige Zuwendungen und sollten dann unter § 12 Nr. 2 Alt. 1 gefasst werden. Dann aber ist § 12 Nr. 2 Alt. 3 **auf tatsächliche Unterhaltspflichten zu beschränken** (LBP/*Wienbergen* § 12 Rn. 204; EStH 12.6).

177 Verpflichtet eine **andere Rechtsgrundlage** zu Zuwendungen an unterhaltsberechtigte Personen, greift das Abzugsverbot des § 12 Nr. 2 Alt. 3 nicht, wenn die Leistung klar und eindeutig von der Unterhaltsleistung abgrenzbar ist (BFH 17.4.1980 – IV R 207/75, BStBl. II 1980, 639; LBP/*Wienbergen* § 12 Rn. 205; HHR/*Fissenewert* § 12 Rn. 117).

178 § 12 Nr. 2 Alt. 3 erfasst auch **mittelbare Zuwendungen** an eine unterhaltsberechtigte Person oder ihren Ehepartner (Blümich/*Thürmer* § 12 Rn. 188; HHR/*Fissenewert* § 12 Rn. 116). Für die Frage, an wen eine Zuwendung geleistet wird, ist der tatsächliche Zuwendungserfolg maßgeblich.

179–180 *Einstweilen frei*

VI. Personensteuern, bestimmte Umsatzsteuerbeträge, Nebenleistungen – § 12 Nr. 3

1. Steuerkonkurrenzen im System des Einkommensteuerrechts

181 **a) Grundregel der Steuerkonkurrenzen im Rahmen des § 12.** Gem. § 12 Nr. 3 dürfen „die Steuern vom Einkommen und sonstige Personensteuern sowie die Umsatzsteuer für Umsätze, die Entnahmen sind, und die Vorsteuerbeträge auf Aufwendungen, für die das Abzugsverbot der Nummer 1 oder des § 4 Absatz 5 Satz 1 Nummer 1 bis 5, 7 oder Absatz 7 gilt," steuerlich nicht abgezogen werden. Auch „die auf diese Steuern entfallenden Nebenleistungen" sind steuerlich nicht abzugsfähig. § 12 Nr. 3 konkretisiert das grundsätzliche Abzugsverbot privaten Aufwands (→ Rn. 2 ff.) für Personensteuern, bestimmte Umsatzsteuerbeträge sowie die jeweils darauf entfallenden Nebenleistungen.

182 Nach überwiegender, aber hier nicht vertretener Ansicht hat die Regelung eine rein **klarstellende Bedeutung,** weil die genannten Ausgaben keine Erwerbsaufwendungen und

daher nach dem objektiven Nettoprinzip nicht abziehbar sind (BFH 6.10.2009 – I R 39/09, BFH/NV 2010, 470, für die Personensteuern; BFH 22.1.1992 – X R 155/90, BFH/NV 1992, 458, für Personensteuern und steuerliche Nebenleistungen; HHR/*Fissenewert* § 12 Rn. 122; Blümich/*Thürmer* § 12 Rn. 195; KSM/*Arndt* § 12 Rn. D2). Jedoch sind öffentliche Lasten keine Aufwendungen der Lebensführung, die eindeutig der steuerlichen Privatsphäre zuzurechnen sind. § 12 Nr. 3 verbietet den Abzug von Steuern und entsprechenden Nebenleistungen für bestimmte **Zweifelsfälle.** Für diese Fälle beantwortet er die steuersystematische Frage, wie die genannten Steuern bei der Einkommensteuer zu berücksichtigen sind. § 12 Nr. 3 regelt eine **Steuerkonkurrenz.** Dieses Regelungsanliegen entfaltet sich im System der Einkommensbesteuerung. Der Anwendungsbereich des § 12 Nr. 3 ist durch dieses System beschränkt, wird durch das objektive Nettoprinzip, das grundsätzliche Abzugsverbot für privaten Aufwand des § 12 und durch ertragsteuerliche Spezialregelungen ergänzt.

Steuerlasten, die als **Erwerbsaufwendungen** absetzbar sind, bleiben von dem Abzugsverbot unberührt (→ Rn. 184 f.). Als Grundsatznorm für privaten Aufwand verbietet § 12 den vom objektiven Nettoprinzip geforderten steuerlichen Abzug von Erwerbsaufwendungen nicht (→ Rn. 2 ff.). § 12 Nr. 3 konkretisiert das grundsätzliche Abzugsverbot für besondere Steuern und Nebenleistungen. Sind Steuerlasten der freiwilligen Vermögensverwendung und damit der **Privatsphäre** zuzurechnen, greift der allgemeine Grundsatz des § 12, nach dem diese privaten Aufwendungen steuerlich nicht abziehbar sind. Ein Rückgriff auf § 12 Nr. 3 ist nicht notwendig (→ Rn. 186 f.). Schließlich finden die **Regelungen des EStG** über den **umsatzsteuerrechtlichen Vorsteuerabzug** (§ 9b), die **Gewerbesteuer** (§ 4 Abs. 5b, § 35), die **Kirchensteuer** (§ 10 Abs. 1 Nr. 4), die **Erbschaftsteuer** (§ 35b) und die **Kapitalertragsteuer** (§ 36a) Anwendung. Für **Kapitalgesellschaften** greift § 12 mangels steuerlicher Privatsphäre nicht (BFH 22.8.2007 – I R 32/06, BStBl. II 2007, 961; → Rn. 78). Die nicht abziehbaren Aufwendungen regelt **§ 10 KStG,** der in seiner Nr. 2 ein zu § 12 Nr. 3 paralleles Abzugsverbot anordnet. Diese **Spezialregelungen** gehen § 12 Nr. 3 vor. 183

b) Objektives Nettoprinzip: als Erwerbsaufwendungen abziehbare Steuerlasten. 184
Aufwendungen für Steuern sind der Erwerbssphäre zuzurechnen, wenn sie nach einer wertenden Beurteilung in einem anzuerkennenden wirtschaftlichen Zusammenhang mit dem Erwerb stehen (objektives Nettoprinzip; → § 2 Rn. 68 ff.; zum allgemeinen Maßstab: BFH 21.9.2009 – GrS 1/06, BStBl. II 2010, 672; BFH 19.1.2017 – VI R 37/15, BStBl. II 2017, 526; siehe zu Steuern als Betriebsausgaben HHR/*Stapperfend* § 4 Rn. 980; siehe für Steuern auf Grundbesitz § 9 Abs. 1 S. 3 Nr. 2). Knüpfen Steuern an eine erwerbliche Tätigkeit oder an bestimmte Teile des Betriebsvermögens an, sind sie als Erwerbsaufwendungen absetzbar. Das Erwerbseinkommen mindern daher aus erwerblichen Gründen gezahlte **Feuerschutzsteuern, Grundsteuern** für betriebliche Grundstücke, **Hundesteuern** für im Erwerb eingesetzte Hunde, **Kraftfahrzeugsteuern** für erwerblich genutzte Fahrzeuge, die vom Arbeitgeber für seine Arbeitnehmer entrichteten **Lohnsteuern** sowie **Versicherungssteuern** für erwerbliche Versicherungen. Auch die **Grunderwerbsteuer** kann bei erwerblich genutzten Grundstücken steuerlich geltend gemacht werden (als aktivierungspflichtige Anschaffungsnebenkosten: BFH 17.9.2003 – I R 97/02, BStBl. II 2004, 686; als sofort abziehbare Werbungskosten: BFH 2.9.2014 – IX R 50/13, BStBl. II 2015, 260). Sind erwerbliche Waren und Dienstleistungen umsatzsteuerpflichtig oder Zölle und Verbrauchsteuern auf betriebliche Wirtschaftsgüter zu entrichten, sind die **Umsatzsteuerzahlungen** – sofern sie nicht ohnehin durch den Vorsteuerabzug ausgeglichen werden –, **Zölle** und **Verbrauchsteuerlasten** ebenfalls nach dem objektiven Nettoprinzip steuerlich zu berücksichtigen (insgesamt HHR/*Stapperfend* § 4 Rn. 980 mwN; zur Umsatzsteuer → Rn. 189 ff.).

Diese Einzelfallentscheidungen sind zu systematisieren. Grundsätzlich sind **alle Steuern,** 185
die an die **Einkommensverwendung** oder an den **Bestand** (Grundsteuer) anknüpfen und in der Erwerbssphäre anfallen, **als Erwerbsaufwendungen** steuerlich absetzbar, außer die Steuergesetze regeln eine Abzugsbeschränkung oder ein Abzugsverbot (zu einer Übersicht über diese Steuern sogleich → Rn. 186). **Ertragsteuern** – die Einkommen-, Körperschaft-, Gewerbe-, Erbschaft- und Schenkungsteuer einschließlich des Solidaritätszuschlags und der Kirchensteuer sowie der Erhebungsformen (Lohnsteuer, Kapitalertragsteuer) – sind demgegenüber nicht eindeutig der Erwerbs- und auch nicht der Privatsphäre zuzurechnen. **Besondere Tatbestände** regeln hier die Zuordnung und den Abzug. Die **Einkommensteuer**

(§ 12 Nr. 3), der dieser zuzurechnende **Solidaritätszuschlag,** die **Kirchensteuer** (§ 10 Abs. 1 Nr. 4), die **Körperschaft-** (§ 10 Nr. 2 KStG) und **Gewerbesteuer** (§ 4 Abs. 5b, § 35) sowie die **Erbschaft- und Schenkungsteuer** (§ 35b) können nicht als Erwerbsausgaben abgezogen werden (insgesamt → Rn. 196 ff.).

186 **c) Steuerlasten, die als private Aufwendungen nicht abziehbar sind.** Der Grundsatz der Nichtabziehbarkeit privater Ausgaben entfaltet sich im Bereich der **freiwilligen Vermögensverwendung.** Die individuell gestaltbare Lebensführung ist jenseits des steuerlich zu schonenden existenziellen Mindestbedarfs (subjektives existenzsicherndes Nettoprinzip) aus versteuertem Einkommen zu finanzieren. Aufwendungen der freiwilligen Einkommensverwendung sind steuerlich nicht abziehbar (→ Rn. 36). Nach diesem Grundsatz sind auch Steuerlasten, die aufgrund einer freiwilligen Vermögensverwendung anfallen, der Privatsphäre zuzuordnen. Zwar werden Steuern stets aufgrund einer gesetzlichen Pflicht geleistet. Liegt aber der die Steuerpflicht auslösende Tatbestand im Bereich freiwilliger Vermögensverwendung, wird die Steuerlast durch die freie Vermögensdisposition veranlasst. Sie mindert dann das zu versteuernde Erwerbseinkommen nicht. Entrichtet ein Steuerpflichtiger die **Umsatzsteuer** als allgemeine **Verbrauchsteuer** oder **besondere Verbrauchsteuern** wie die **Energie-, Tabak-, Strom-, Branntwein-, Kaffee-, Bier-, Schaumwein-** oder **Zwischenerzeugnissteuer,** mindert diese Steuerlast das Erwerbseinkommen nicht, wenn der Verbrauch in der Privatsphäre liegt, Ausfluss der freiwilligen Vermögensverwendung ist. Belasten **Aufwandsteuern** das private Fahrzeug (**Kfz-Steuer**), die Ferienreise mit dem Flugzeug (**Luftverkehrsteuer**), das private Halten eines Hundes (**Hundesteuer**) oder das zweite private Eigenheim (**Zweitwohnungssteuer**), liegt der besteuerte Aufwand ebenfalls in der steuerlich nicht abziehbaren Privatsphäre. Wird ein Grundstück oder eine Versicherung privat angeschafft oder ein privater Feuerschutz begründet, können die **Grunderwerbsteuer,** die **Versicherungssteuer** und die **Feuerschutzsteuer** ebenfalls steuerlich nicht abgesetzt werden. Zwar belastet die **Grundsteuer** nicht unmittelbar den privaten Grundstückskauf als freiwillige Einkommensverwendung. Doch ist sie mittelbare Folge dieser freiwilligen Vermögensverwendung, weil sie an den **Bestand** des Grundstücks anknüpft. Die Grundsteuer fällt deshalb bei privaten Grundstücken wie der auf private Güter erhobene Zoll ebenfalls in das allgemeine Abzugsverbot, nach dem privater Aufwand steuerlich nicht absetzbar ist. Grundsteuer und Zölle können aber – wie zahlreiche andere Abgaben – auch der Erwerbssphäre zugeordnet werden und dann abziehbar sein (→ Rn. 184 f.). Werden besondere **private Aktivitäten** besteuert (**Sport-, Rennwett- und Lotteriesteuer, Vergnügungssteuer, Jagd- und Fischereisteuer** – zur Nichtabziehbarkeit der Aufwendungen für Jagd- und Fischerei: § 4 Abs. 5 S. 1 Nr. 4), mindern diese Ausgaben der freiwilligen Vermögensverwendung ebenfalls die Einkommensteuer nicht.

187 Im **Ausgangspunkt** der einkommensteuerlichen Berücksichtigung von Steuerlasten greift das **Veranlassungsprinzip.** Sind die genannten Steuern auf die Einkommensverwendung erwerblich veranlasst, mindern sie das Erwerbseinkommen (objektives Nettoprinzip; → Rn. 184 f.). Belasten Verbrauch-, Aufwand- oder Verkehrssteuern die **freiwillige Einkommensverwendung,** greift das grundsätzliche Abzugsverbot des § 12. Diese Veranlassungsgrundsätze beantworten aber die Fragen nicht zweifelsfrei, wie **Steuern des Ertrags** – Personensteuern – und besondere Fälle der Umsatzbesteuerung von Entnahmen sowie umsatzsteuerliche Vorsteuerbeträge auf lebensführungsnahe Erwerbsaufwendungen einkommensteuerlich zu behandeln sind. **Diese Zweifelsfälle regelt § 12 Nr. 3** (→ Rn. 188 ff.).

188 **d) Personensteuern – keine eindeutige Zuordnung zur Privatsphäre.** Personensteuern knüpfen auch an die privaten Verhältnisse des Steuerpflichtigen an und betreffen insoweit die persönliche Lebensführung. Sie können gleichwohl **nicht eindeutig** der nicht abzugsfähigen steuerlichen Privatsphäre zugerechnet werden (aA Blümich/*Thürmer* § 12 Rn. 195; HHR/*Fissenewert* § 12 Rn. 122; KSM/*Arndt* § 12 Rn. D2). Personensteuern liegen anders als Steuern auf die private Einkommensverwendung (→ Rn. 186 f.) nicht im Bereich der freiwilligen Vermögensverwendung, sind keine Aufwendungen der Lebensführung. Schon deshalb hat der Gesetzgeber das grundsätzliche Abzugsverbot des § 12 in Nr. 3 Alt. 1 und Alt. 2 auf Personensteuern erstreckt. „Die Einkommensteuer setzt zwar eine einkommensteuerrechtlich relevante Erwerbssphäre voraus, ist aber als eine nach den persönlichen Verhältnissen bemessene und den Vermögenszuwachs belastende Steuer nicht der Erwerbs-

sphäre, sondern der Privatsphäre eines Steuerpflichtigen zuzuordnen. Sie erfüllt deshalb grundsätzlich nicht den Tatbestand der Erwerbsausgaben“ (BFH 22.1.1992 – X R 155/90, BFH/NV 1992, 458). Das Abzugsverbot ist zudem steuersystematisch in der Steuerbemessung konsequent. Personensteuern erfassen in ihrer Bemessungsgrundlage, den Abzugstatbeständen und dem Tarifverlauf die **Leistungsfähigkeit** des Steuerpflichtigen. Würde die Steuerlast selbst ihre eigene Bemessungsgrundlage verringern, wären die sorgfältig nach der individuellen Leistungsfähigkeit justierten Belastungsunterschiede teilweise sachwidrig widerrufen. **Das Abzugsverbot verhindert, dass die Einkommensteuer ihre eigene Bemessungsgrundlage mindert oder andere Personensteuern zu Lasten der Einkommensteuer finanziert werden.** Insoweit löst § 12 Nr. 3 eine steuersystematische Frage innerhalb des EStG und eine Konkurrenz unter Personensteuern (→ Rn. 182).

e) Umsatzsteuerzahlungen auf Entnahmen und Vorsteuerbeträge auf Lebensführungskosten sowie lebensführungsnahe Erwerbsaufwendungen. Die Umsatzsteuer ist eine Konsumsteuer, belastet den privaten Endverbrauch, den Konsumenten. Der Unternehmer ist zum Vorsteuerabzug berechtigt, trägt die Umsatzsteuer insoweit nicht. Umsatzsteuerrechtlich abziehbare Vorsteuerbeträge gehören daher nicht zu den steuerlich aktivierbaren Anschaffungs- und Herstellungskosten (§ 9b). Die Umsatzsteuer belastet grundsätzlich nicht die Erwerbssphäre, sondern den Konsumenten. Kann der Unternehmer ausnahmsweise keinen Vorsteuerabzug geltend machen, ist die vom Unternehmer tatsächlich getragene Vorsteuer in der erwerblichen Sphäre nach dem objektiven Nettoprinzip grundsätzlich absetzbar (→ Rn. 184 f.). Belastet die Umsatzsteuer hingegen privaten Konsum, fällt sie in den steuerlich nicht absetzbaren Bereich freiwilliger Vermögensverwendung (→ Rn. 186 f.). 189

Diesen **Ausgangspunkt der Veranlassung** bei der einkommensteuerlichen Berücksichtigung von Umsatzsteuerlasten konkretisieren § 12 Nr. 3 Alt. 3, 4 und 5 für die Umsatzsteuer für Entnahmen und die Vorsteuerbeträge auf Lebensführungskosten und lebensführungsnahe Erwerbsaufwendungen. Diese Fälle sind jedenfalls überwiegend nicht in hinreichender Klarheit der Erwerbs- oder der Privatsphäre zuzuordnen. Durch Entnahmen zieht der Steuerpflichtige Wirtschaftsgüter aus dem erwerblichen in seinen persönlichen Bereich. Umsatzsteuerzahlungen auf Entnahmen werden daher gem. § 12 Nr. 3 Alt. 3 der Privatsphäre zugeordnet und können steuerlich nicht abgezogen werden. Das Abzugsverbot für Umsatzsteuerzahlungen bei Entnahmen verhindert zudem eine **Benachteiligung des privaten Endverbrauchers gegenüber Unternehmern** (BFH 7.12.2010 – VIII R 54/07, BStBl. II 2011, 451; KSM/*Arndt* § 12 Rn. D14; LBP/*Wienbergen* § 12 Rn. 18, 223; HHR/*Fissenewert* § 12 Rn. 131). Könnte ein Unternehmer die Umsatzsteuer für eine Privatentnahme einkommensteuerlich geltend machen, wäre er im Vergleich zu einem privaten Endverbraucher bevorteilt, der die Umsatzsteuer als Endverbraucher wirtschaftlich trägt, aber nicht steuerlich abziehen kann. 190

Fallen **Vorsteuerbeträge** auf Kosten der Lebensführung (§ 12 Nr. 1; → Rn. 96 ff.) an, sind sie der steuerlichen Privatsphäre zuzurechnen (für die Umsatzsteuer → Rn. 186 f.). Die Rechtsfolge, dass die Steuerlasten auf Ausgaben der freiwilligen Vermögensverwendung nicht abziehbar sind (§ 12 Nr. 3 Alt. 4), ergibt sich bereits aus dem allgemeinen grundsätzlichen Abzugsverbot (→ Rn. 186 f.). **§ 12 Nr. 3 Alt. 4** hat daher eine **klarstellende Funktion.** Das einkommensteuerliche Abzugsverbot wird sodann auf die gem. § 4 Abs. 5 S. 1 Nr. 1 bis 5, 7 oder Abs. 7 nicht abziehbaren Aufwendungen erstreckt (siehe zum umsatzsteuerrechtlichen Abzugsverbot § 15 Abs. 1a UStG). Die hier geregelten Ausgaben für Geschenke, Bewirtungen, Unterkunft, Aktivitäten, Verpflegung und Luxus sind ihrem Grunde nach der privaten Lebensführung zuzuordnen, werden aber in den konkreten Fällen auch durch den Erwerb geprägt. Als **lebensführungsnahe Erwerbsaufwendungen** sind sie nicht eindeutig der Erwerbssphäre oder der Privatsphäre zuzuordnen (→ Rn. 47 ff.). Gem. **§ 12 Nr. 3 Alt. 5** sind die Vorsteuerbeträge für diese Erwerbsaufwendungen steuerlich nicht abziehbar. Anders als § 4 Abs. 5, der die Aufwendungen als Betriebsausgaben fasst, um sodann den steuerlichen Abzug zu beschränken, weist § 12 Nr. 3 Alt. 5 die Vorsteuerbeträge der nicht abziehbaren Privatsphäre zu. Dieses Regelungssystem überzeugt in den Rechtsfolgen, nicht aber in der unterschiedlichen Zuordnung von Aufwand (Erwerbssphäre) und Vorsteuerbetrag (Privatsphäre). **Systematisch** würde die Regelung des § 12 Nr. 3 Alt. 5 besser in § 4 Abs. 5 verortet. Die Rechtsfolge, der Gleichlauf von nicht abzugsfähigen 191

Aufwendungen und das Abzugsverbot der darauf entfallenden Vorsteuer, ist sachgerecht. Der Endverbrauch in der Privatsphäre soll weder die Umsatz- noch die Einkommensteuerlast reduzieren.

192 **f) Nebenleistungen.** § 12 Nr. 3 Alt. 6 erstreckt das Abzugsverbot von Personensteuern, der Umsatzsteuer auf Entnahmen und von Vorsteuerbeträgen auf lebensführungsnahe Erwerbsaufwendungen auch auf „die auf diese Steuern entfallenden Nebenleistungen." Die Nebenleistungen werden so sachgerecht in der einkommensteuerlichen Behandlung der Hauptleistung zugeordnet, teilen ihr steuerliches „Schicksal" (BFH 30.6.1959 – I 52/59 U, BStBl. III 1959, 340).

193 **g) § 12 Nr. 3 ist verfassungskonform.** Obwohl die Einkommensteuer als gesetzlich besonders hervorgehobener Unterfall der Personensteuer notwendigerweise mit der Erzielung von Einkünften in einem Zusammenhang steht und diese als Bemessungsgrundlage voraussetzt, sind Personensteuern nicht der Erwerbssphäre zuzurechnen (BFH 22.1.1992 – X R 155/90, BFH/NV 1992, 458). Sie sind gem. § 12 Nr. 3 Alt. 1 und Alt. 2 nicht zum Abzug zugelassen, weil sonst die Steuerlast ihre eigene Bemessungsgrundlage verfälschen würde (Einkommensteuer) oder andere Personensteuern zu Lasten der Einkommensteuer wirken würden (→ Rn. 182, → Rn. 188). Umsatzsteuerlasten auf Entnahmen und Vorsteuerbeträge auf Lebensführungskosten und lebensführungsnahe Erwerbsaufwendungen sind keine Erwerbsaufwendungen. Sie werden gem. § 12 Nr. 3 Alt. 3, 4 und 5 sachgerecht als steuerlich nicht abziehbare private Ausgaben behandelt (→ Rn. 189 ff.). Die auf diese Steuerzahlungen entfallenden Nebenleistungen werden wie die Hauptleistungen ebenfalls der steuerlich nicht abziehbaren Privatsphäre zugerechnet (§ 12 Nr. 3 Alt. 6; → Rn. 192). Das **objektive Nettoprinzip,** das von Verfassungs wegen **folgerichtig umzusetzen** ist, fordert daher nicht, die in § 12 Nr. 3 geregelten Lasten steuerlich abzuziehen. § 12 Nr. 3 ist verfassungskonform (BFH 2.9.2008 – VIII R 2/07, BStBl. II 2010, 25).

194–195 *Einstweilen frei*

2. Steuern vom Einkommen und sonstige Personensteuern – § 12 Nr. 3 Alt. 1 und 2

196 „Steuern vom Einkommen und sonstige Personensteuern" sind gem. § 12 Nr. 3 Alt. 1 und Alt. 2 steuerlich nicht abziehbar. Dieses Abzugsverbot betrifft grundsätzlich alle Personensteuern, also solche Steuern, die an die Person und die persönlichen Verhältnisse des Steuerpflichtigen anknüpfen (vgl. BFH 18.1.2011 – X R 63/08, BStBl. II 2011, 680; Lademann EStG/*Claßen* § 12 Rn. 63). Personensteuern bemessen sich nach der individuellen **Leistungsfähigkeit** des Steuerpflichtigen, dürfen diese Bemessungsgrundlage daher nicht reduzieren (→ Rn. 182, → Rn. 188).

197 Der **Begriff der Personensteuern** ist unbestimmt. Die Gesetzesbegründung betont, dass es „der Rechtsprechung zu überlassen sein [wird], welche Steuern" von der Vorschrift erfasst werden (Begründung zum Reichseinkommensteuergesetzentwurf vom 29. November 1919, Finanzarchiv 1920, Bd. 2, 235 (263)). Der gesetzlich geregelte Präzedenzfall der Personensteuern sind „Steuern vom Einkommen", also die **Einkommensteuer.** Keine Rolle spielt, ob die Steuern veranlagt oder in besonderen **Erhebungsformen** als **Lohnsteuer** oder **Kapitalertragsteuer** eingenommen werden (vgl. BFH 22.1.1997 – I R 64/96, BStBl. II 1997, 548; KSM/*Arndt* § 12 Rn. D4). Die Steuern greifen auch in diesen Erhebungsformen auf die individuelle Leistungsfähigkeit zu. Für die Kapitalertragsteuer greift die Sonderregelung des § 36a (→ Rn. 183). Ebenso werden Abgaben erfasst, die wie der **Solidaritätszuschlag** im Zusammenhang mit der Einkommensteuer erhoben werden (HHR/*Fissenewert* § 12 Rn. 128). Der Zuschlag knüpft wie die Hauptsteuer an die individuelle Leistungsfähigkeit an. Für die **Kirchensteuer** greift die Spezialregelung des § 10 Abs. 1 Nr. 4, die nach dem Einleitungssatz des § 12 der Nr. 3 vorgeht. Die Kirchensteuer kann als Sonderausgabe abgezogen werden (insgesamt auch § 51a). § 12 Nr. 3 erfasst auch die im **Ausland** gezahlten, mit der deutschen Einkommensteuer vergleichbaren Personensteuern. Für diese Steuern kommt aber eine Abzugs- oder Anrechnungsmöglichkeit nach § 34c in Betracht (Blümich/*Thürmer* § 12 Rn. 197).

198 Weitere Personensteuern sind die **Erbschaft- und Schenkungsteuer** (BFH 18.1.2011 – X R 63/08, BStBl. II 2011, 680) sowie eine **Vermögensteuer** (HHR/*Fissenewert* § 12

Rn. 128), die aber zurzeit nicht erhoben wird. Zwar knüpfen diese Steuern nicht an den mit Marktanstrengung erwirtschafteten Ertrag des Steuerpflichtigen an. Doch beziehen sie seine persönlichen Verhältnisse bei der Steuerbemessung mit ein, sodass auch hier eine Absetzbarkeit die steuerliche Leistungsfähigkeit sachwidrig beeinträchtigen würde. Für die **Erbschaftsteuer** gilt § 35b, der als Spezialregelung zu § 12 Nr. 3 Alt. 2 in bestimmten Fällen der Erbschaftsteuerbelastung eine Ermäßigung der tariflichen Einkommensteuer gewährt (§ 35b). Nicht § 12, sondern § 10 KStG regelt die nicht abziehbaren Aufwendungen für die **Körperschaften.**

Die **Gewerbesteuer** ist als „objektivierte Ertragsteuer" (BVerfG 15.1.2008 – 1 BvL 2/04, BVerfGE 120, 1; BFH 18.12.2014 – IV R 22/12, DStR 2015, 881) **keine Personensteuer.** **199**
Ohnehin gelten hier die Spezialregelungen der § 4 Abs. 5b, § 35 (zu den Spezialregelungen → Rn. 183). Auch die **Grundsteuer** belastet nicht die Person in ihrer individuellen Leistungsfähigkeit, sondern das Grundstück im Bestand. Sie ist deshalb keine Personensteuer, das Abzugsverbot des § 12 Nr. 3 Alt. 2 greift nicht. Nach dem allgemeinen grundsätzlichen Abzugsverbot kann die Grundsteuer gleichwohl nach einem privaten Grundstückskauf steuerlich nicht abgezogen werden. Sie fällt dann als Belastung der freiwilligen Vermögensverwendung in die steuerliche Privatsphäre. Ist das Grundstück der Erwerbssphäre zuzuordnen, sind die Grundsteuerlasten hingegen als Erwerbsaufwendungen absetzbar (→ Rn. 184 ff.).

Keine Personensteuern sind insbesondere die Steuern auf die **Einkommensverwendung,** die **Verbrauchsteuern** (Umsatzsteuer, Energie-, Tabak-, Strom-, Branntwein-, Kaffee-, Bier-, Schaumwein- und Zwischenerzeugnissteuer), **Aufwandsteuern** (Kfz-Steuer, Luftverkehr-, Hunde- und Zweitwohnungssteuer) und **Verkehrssteuern** (Grunderwerb-, Versicherungs- und Feuerschutzsteuer). Diese Steuern belasten die Einkommensverwendung, knüpfen nicht an den persönlichen Ertrag und die aus diesem folgende individuelle Leistungsfähigkeit des Steuerpflichtigen an. Diese Steuern sind **je nach Veranlassung** der Erwerbs- oder Privatsphäre zuzuordnen, folglich steuerlich als Erwerbsaufwendungen absetzbar oder nach dem allgemeinen grundsätzlichen Abzugsverbot als private Ausgaben nicht abzuziehen (→ Rn. 184 ff.). **200**

Einstweilen frei **201–202**

3. Umsatzsteuer auf Entnahmen, Vorsteuerbeträge auf Lebensführungskosten und lebensnahe Erwerbsaufwendungen – § 12 Nr. 3 Alt. 3, 4 und 5

a) Regelungsgrund. § 12 Nr. 3 Alt. 3, 4 und 5 regeln Abzugsverbote für die Umsatzsteuer auf Entnahmen und die Vorsteuer auf nicht abziehbare Aufwendungen nach Nr. 1 und § 4 Abs. 5 S. 1 Nr. 1–5, Nr. 7 und Abs. 7. **Umsatzsteuerzahlungen** sind als Steuern auf die Einkommensverwendung je nach Veranlassung der Erwerbs- oder Privatsphäre zuzuordnen (→ Rn. 184 ff.). § 12 Nr. 3 Alt. 3, 4 und 5 ergänzen diesen Grundsatz für bestimmte Zweifelsfälle (→ Rn. 189 ff.). § 12 Nr. 3 Alt. 3 nimmt die Umsatzsteuer für **Entnahmen** aus, weil diese Steuerlast mit dem Übergang von der Betriebs- in die Privatsphäre (Entnahme) als private Ausgabe qualifiziert wird. Die Regelung schließt eine Benachteiligung von privaten Endverbrauchern in der steuerlichen Behandlung von Umsatzsteuerlasten aus (→ Rn. 190). § 12 Nr. 3 Alt. 4 und 5 erstrecken das Abzugsverbot auf Vorsteuerbeträge für die allgemeinen Kosten der Lebensführung, die ohnehin in die Privatsphäre fallen, und auf Vorsteuerbeträge für Ausgaben für Geschenke, Bewirtungen, Unterkunft, Aktivitäten und Verpflegung (**§ 4 Abs. 5 S. 1 Nummer 1 bis 5, 7 oder Absatz 7**). Diese lebensführungsnahen Erwerbsaufwendungen (→ Rn. 46 ff.) liegen zwischen der Erwerbs- und der Privatsphäre. Wenn diese nicht absetzbar sind, soll in einem Gleichlauf auch der Vorsteuerbetrag die Einkommensteuer nicht mindern (→ Rn. 191). **203**

b) Umsatzsteuer auf Entnahmen – § 12 Nr. 3 Alt. 3. Das Abzugsverbot für die Umsatzbesteuerung von Entnahmen folgt dem Befund, dass durch eine Entnahme Wirtschaftsgüter in die Privatsphäre entnommen wurden und die Umsatzsteuer deshalb der grundsätzlich nicht abzugsfähigen steuerlichen Sphäre zuzurechnen ist (→ Rn. 203, → Rn. 190). Der Begriff der Entnahme reicht über das in § 3 Abs. 1b S. 1 Nr. 1 UStG verwendete Tatbestandsmerkmal hinaus und ist einkommensteuerrechtlich zu verstehen (BFH 7.12.2010 – VIII R 54/07, BStBl. II 2011, 451; HHR/*Fissenewert* § 12 Rn. 131). **204**

Entnahmen sind gem. § 4 Abs. 1 S. 2 „alle Wirtschaftsgüter (Barentnahmen, Waren, Erzeugnisse, Nutzungen und Leistungen), die der Steuerpflichtige dem Betrieb für sich, für seinen Haushalt oder für andere betriebsfremde Zwecke im Laufe des Wirtschaftsjahres entnommen hat." Erfasst werden sowohl die **Gegenstandsentnahmen** nach § 3 Abs. 1b S. 1 Nr. 1 UStG als auch die **Nutzungsentnahmen** nach § 3 Abs. 9a UStG (HHR/*Fissenewert* § 12 Rn. 131; LBP/*Wienbergen* § 12 Rn. 224; Blümich/*Thürmer* § 12 Rn. 201). Durch beide Formen der Entnahme wird die Privatsphäre des Steuerpflichtigen erreicht.

205 Die **Höhe** der nicht abzugsfähigen Umsatzsteuer auf Entnahmen richtet sich nach den umsatzsteuerlichen, nicht nach den ertragsteuerlichen Regelungen (BFH 7.12.2010 – VIII R 54/07, BStBl. II 2011, 451). § 12 Nr. 3 Alt. 3 will **die entstandene Umsatzsteuerlast vom Abzug ausschließen.** Das gilt auch bei Anwendung der 1%-Regelung nach § 6 Abs. 1 Nr. 4 S. 2 für die Bewertung der **privaten Nutzung eines Kraftfahrzeugs** (EStH 12.4; BFH 7.12.2010 – VIII R 54/07, BStBl. II 2011, 451; Blümich/*Thürmer* § 12 Rn. 201). Löst die Kfz-Nutzung als unentgeltliche Wertabgabe eine Umsatzsteuerpflicht aus, so ist diese grundsätzlich in der umsatzsteuerrechtlich bestimmten Höhe nicht abziehbar (BFH 30.7.2003 – X R 70/01, BFH/NV 2003, 1580; Bordewin/Brandt/*Schmieszek* § 12 Rn. 234). Eine Ausnahme hierzu bildet die private Nutzung eines Kraftfahrzeugs durch Landwirte, welche die Umsatzsteuer nach § 24 UStG pauschalieren (BFH 3.2.2010 – IV R 45/07, BStBl. II 2010, 689). Weil sie den Vorsteuerabzug nicht in Anspruch genommen und deshalb keine Umsatzsteuer auf die Entnahme zu entrichten haben, besteht kein Grund, zur Entnahme eine fiktive Umsatzsteuer hinzuzuzählen (BFH 3.2.2010 – IV R 45/07, BStBl. II 2010, 689; HHR/*Fissenewert* § 12 Rn. 131).

206 Maßgeblicher **Zeitpunkt** ist die Tatbestandsverwirklichung der Entnahme, nicht die Zahlung, Voranmeldung oder Festsetzung der Umsatzsteuer (BFH 7.12.2010 – VIII R 54/07, BStBl. II 2011, 451; LBP/*Wienbergen* § 12 Rn. 226).

207–208 *Einstweilen frei*

209 **c) Vorsteuerbeträge auf Lebensführungskosten und lebensnahe Erwerbsaufwendungen – § 12 Nr. 3 Alt. 4 und 5.** Die vom steuerpflichtigen Unternehmer wirtschaftlich getragene Vorsteuer ist grundsätzlich als Erwerbsaufwand absetzbar, wenn er keinen Vorsteuerabzug geltend machen kann (BFH 17.3.1992 – IX R 55/90, BStBl. II 1993, 17; Bordewin/Brandt/*Schmieszek* § 12 Rn. 234; → Rn. 184 f.). § 12 Nr. 3 Alt. 4 und 5 schränkt diese Möglichkeit für bestimmte Aufwendungen ein, weil diese im Bereich der **Lebensführung** liegen **oder zwischen der Erwerbs- und Privatsphäre anzusiedeln** sind, von der Einkommensteuer aber nicht zum Abzug zugelassen werden (→ Rn. 191 f.).

210 Das Abzugsverbot für Lebensführungskosten (§ 12 Nr. 1; → Rn. 94 ff.) erfasst nicht nur den Nettobetrag, sondern auch die entsprechende Vorsteuer. Nach § 12 Nr. 3 Alt. 4 sind die jeweils auf die nicht abziehbaren lebensführungsnahen Erwerbsaufwendungen entfallenden Vorsteuerbeträge für Geschenke (§ 4 Abs. 5 S. 1 Nr. 1), Bewirtungen aus geschäftlichem Anlass (§ 4 Abs. 5 S. 1 Nr. 2), Gästehäuser (§ 4 Abs. 5 S. 1 Nr. 3), Jagd, Fischerei und ähnliche Zwecke (§ 4 Abs. 5 S. 1 Nr. 4), für Verpflegungsmehraufwendungen (§ 4 Abs. 5 S. 1 Nr. 5) sowie für unangemessene Aufwendungen (§ 4 Abs. 5 S. 1 Nr. 7) nicht abziehbar. Überdies ist ein Abzug ausgeschlossen, falls die Aufwendungen iSd § 4 Abs. 5 S. 1 Nr. 1–4, Nr. 6b, Nr. 7 nicht einzeln und getrennt von den sonstigen Betriebsausgaben aufgezeichnet wurden (§ 4 Abs. 7).

211–212 *Einstweilen frei*

4. Nebenleistungen – § 12 Nr. 3 Alt. 6

213 Nach § 12 Nr. 3 Alt. 6 sind Nebenleistungen auf Steuern, für die das Abzugsverbot der § 12 Nr. 3 Alt. 1 bis 5 greift, ebenfalls nicht abziehbar. Diese Regelung folgt dem allgemeinen **Grundsatz, dass Nebenleistungen das steuerliche Schicksal der Hauptleistung teilen** (BFH 30.6.1959 – I 52/59 U, BStBl. III 1959, 340; Blümich/*Thürmer* § 12 Rn. 206; HHR/*Fissenewert* § 12 Rn. 136; → Rn. 192). Das Abzugsverbot für Nebenleistungen hängt somit davon ab, ob die Steuern, mit denen sie in Verbindung stehen, ihrerseits Personensteuern, Steuern auf Entnahmeumsätze oder nicht abziehbare Vorsteuern sind und demnach unter § 12 Nr. 3 fallen (KSM/*Arndt* § 12 Rn. D11).

Der Tatbestand erfasst die steuerlichen Nebenleistungen iSd § 3 Abs. 4 AO (EStH 12.4; LBP/*Wienbergen* § 12 Rn. 18, 232; HHR/*Fissenewert* § 12 Rn. 136). Darunter fallen **Verspätungszuschläge** (§ 152 AO), **Stundungszinsen** (§ 234 AO; BFH 28.11.1991 – IV R 122/90, BStBl. II 1992, 342), **Hinterziehungszinsen** (§ 235 AO, abziehbar sind sie gem. § 4 Abs. 5 S. 1 Nr. 8a auch dann nicht, wenn sie auf ansonsten abzugsfähige Steuern entfallen), **Aussetzungszinsen** (§ 237 AO; BFH 22.1.1992 – X R 155/90, BFH/NV 1992, 458), **Säumniszuschläge** (§ 240 AO), **Zwangsgelder** (§ 329 AO) sowie Aufwendungen für kostenpflichtige **Amtshandlungen der Zollbehörden** (§ 178 AO), die Durchführung von **Vorabverständigungsverfahren** (§ 178a AO) und für die **Vollstreckung** (§§ 337–345 AO). **214**

Auch **Verzögerungsgelder** (§ 146 Abs. 2b AO) und **Zuschläge** gem. § 162 Abs. 4 AO werden vom Abzugsverbot erfasst (EStH 12.4; HHR/*Fissenewert* § 12 Rn. 136; aA LBP/*Wienbergen* § 12 Rn. 233, unter Hinweis auf den fehlenden wirtschaftlichen Zusammenhang mit der Festsetzung der Einkommensteuer). **215**

Gebühren für die Erteilung verbindlicher Auskünfte (§ 89 Abs. 3 AO) sind hingegen nach dem objektiven Nettoprinzip absetzbar, soweit sie durch die Einkünfteermittlung veranlasst sind (LBP/*Wienbergen* § 12 Rn. 233; Schmidt/*Loschelder* § 12 Rn. 25; aA EStH 12.4; HHR/*Fissenewert* § 12 Rn. 136; Blümich/*Thürmer* § 12 Rn. 205; Bordewin/Brandt/*Schmieszek* § 12 Rn. 237; *Stemplewski* BB 2012, 2220 (2224)). Diese Gebühren sind **keine Nebenforderungen,** die „schicksalhaft" mit der steuerlichen Hauptleistung verbunden sind. Vielmehr handelt es sich um „Entgelte" für Leistungen der öffentlichen Hand. Ist die Auskunft erwerblich veranlasst, sind die Entgelte als Erwerbsaufwendungen steuerlich abziehbar. **216**

Seit der Gesetzesänderung durch das StEntlG 1999/2000/2002 v. 24.3.1999 (BGBl. 1999 I 402) sind Nachforderungs-, Stundungs- und Aussetzungszinsen (§ 233a, § 234, § 237 AO) nicht mehr als Sonderausgaben absetzbar, sondern unterfallen dem § 12 Nr. 3. Somit zählen an das Finanzamt gezahlte **Nachforderungszinsen** zu den nicht abziehbaren Nebenleistungen (§ 233a AO; BFH 25.4.2018 – IX B 21/18, BStBl. II 2018, 415; BFH 21.10.2010 – IV R 6/08, BFH/NV 2011, 430; BFH 15.6.2010 – VIII R 33/07, BStBl. II 2011, 503; BFH 2.9.2008 – VIII R 2/07, BStBl. II 2010, 25). Hingegen sind **Erstattungszinsen** steuerbar, die vom Finanzamt an den Steuerpflichtigen gezahlt werden (§ 20 Abs. 1 Nr. 7 S. 3). Hierin wird zuweilen ein Verstoß gegen den Gleichheitssatz gesehen und sodann in einer verfassungskonformen Auslegung die Abziehbarkeit der Nachzahlungszinsen gefordert (vgl. *Söffing* BB 2002, 1456 (1460, 1462); *Paus* FR 2007, 1055 (1057)). Der BFH geht aber zu Recht nicht von einem Verfassungsverstoß aus. Eine zu geringe Vorleistung auf die entstandene Steuerschuld und eine steuerliche Überzahlung unterscheiden sich maßgeblich (BFH 12.11.2013 – VIII R 36/10, BStBl. II 2014, 168). Durch Erstattungszinsen gewinnt der Steuerpflichtige Leistungsfähigkeit, die auch ertragsteuerlich in der Bemessungsgrundlage berücksichtigt werden kann. Nachforderungszinsen sind demgegenüber Ausgaben des Steuerpflichtigen infolge zu geringer steuerlicher Vorleistungen, die in seinen Verantwortungsbereich fallen. Diese Ausgaben können daher mit der Steuerschuld der Privatsphäre zugewiesen und steuerlich nicht berücksichtigt werden. Sie sind auch Folge eines verfahrensrechtlichen Fehlverhaltens. Der **Gleichheitssatz** wird daher **nicht verletzt.** Die Entscheidung über entsprechende **Verfassungsbeschwerden** (2 BvR 2674/14, 2 BvR 482/14) steht aber noch aus. Die derzeit **unangemessene Höhe der Zinsen** ist kein Problem der Abziehbarkeit, sondern deren zeitgerechten Bemessung. **217**

„Dem Entstehen von Nachforderungsansprüchen einerseits und Erstattungsansprüchen andererseits liegen unterschiedliche Sachverhalte zugrunde, nämlich in einem Fall zu geringe Vorleistungen auf die entstandene Steuerschuld, im anderen Fall eine Überzahlung. Diese unterschiedlichen Sachverhalte sind allenfalls insoweit abstrakt vergleichbar, als sie beide Zahlungsansprüche im Steuerrechtsverhältnis begründen und sich mit unterschiedlichen Vorzeichen auf die Liquidität des Steuerpflichtigen auswirken. In ihrer wirtschaftlichen Auswirkung und ihrer steuerrechtlich maßgeblichen Veranlassung sind sie hingegen nicht vergleichbar. Nachzahlungszinsen sind durch § 12 Nr. 3 EStG der Sphäre der steuerrechtlich unbeachtlichen Einkünfteverwendung zugewiesen. Die Verwendung von Einkommen ist einkommensteuerrechtlich grundsätzlich irrelevant, soweit es sich nicht um Erwerbsaufwendungen (Betriebsausgaben, Werbungskosten) handelt oder die steuerliche Abzugsmöglichkeit (insbesondere als Sonderausgabe oder außergewöhnliche Belastung, §§ 10 ff., 33 f. EStG) ausdrücklich gesetzlich geregelt ist" (BFH 12.11.2013 – VIII R 36/10, BStBl. II 2014, 168; BFH 15.6.2010 – VIII R 33/07, BStBl. II 2011, 503; BFH 2.9.2008 – VIII R 2/07, BStBl. II 2010, 25). **217.1**

218 **Keine steuerliche Nebenleistung** sind **Rechtsverfolgungskosten,** die aber als Folgekosten das rechtliche Schicksal der streitgegenständlichen Zahlung teilen. Daher sind sie nicht abziehbar, wenn der Rechtsstreit die Einkommensteuer betrifft und damit das Abzugsverbot der Nr. 3 berührt (BFH 1.8.2005 – IV B 45/04, BFH/NV 2005, 2186; Blümich/*Thürmer* § 12 Rn. 206). Umgekehrt sind Prozesskosten abzugsfähig, wenn Werbungskosten oder Betriebsausgaben Gegenstand des Verfahrens sind. Die Rechtsverfolgungskosten teilen die einkommensteuerliche Qualifikation des Prozessgegenstandes (BFH 13.4.2010 – VIII R 27/08, BFH/NV 2010, 2038).

219 Auf **Zinsen für die Aufnahme eines Darlehens zur Tilgung von Steuerschulden** ist § 12 Nr. 3 **nicht** anwendbar. Die Abziehbarkeit richtet sich auch hier nach der Abzugsfähigkeit der jeweiligen Steuerschuld (zur Abziehbarkeit von Steuern → Rn. 181 ff.; vgl. zu dieser Deutung des § 12 Nr. 3 BFH 6.10.2009 – I R 39/09, BFH/NV 2010, 470; FG München 15.10.2014 – 1 K 1006/14, DStRE 2016, 519; im Ergebnis offen und für die Diskussion: BFH 28.2.2018 – VIII R 53/14, BStBl. II 2018, 687 mwN).

220 Keine steuerliche Nebenleistung ist der **Strafzuschlag** nach § 398a Abs. 1 Nr. 2 AO (*Roth* DStR 2011, 1410 (1410)). Er unterfällt aber § 12 Nr. 4 (→ Rn. 223 ff.).

221–222 *Einstweilen frei*

VII. Finanzielle Folgen sanktionsbewehrten Verhaltens – § 12 Nr. 4

1. Geltungsgrund und Bedeutung im ertragsteuerlichen System

223 Nach § 12 Nr. 4 sind die „in einem Strafverfahren festgesetzten Geldstrafen, sonstige Rechtsfolgen vermögensrechtlicher Art, bei denen der Strafcharakter überwiegt, und Leistungen zur Erfüllung von Auflagen oder Weisungen, soweit die Auflagen oder Weisungen nicht lediglich der Wiedergutmachung des durch die Tat verursachten Schadens dienen sowie damit zusammenhängende Aufwendungen", steuerlich nicht absetzbar. Die Regelung konkretisiert das grundsätzliche Abzugsverbot für Aufwendungen, die dem Steuerpflichtigen von der öffentlichen Hand auferlegt werden und einen Strafcharakter haben. **Finanzielle Folgen sanktionsbewehrten Verhaltens** verdeutlichen ein Unwerturteil, das der Rechtsbrecher umfänglich persönlich tragen soll. Ein steuerlicher Abzug ist daher verwehrt.

224 § 12 Nr. 4 wurde im Jahr **1984** in das EStG aufgenommen (Gesetz vom 25.7.1984, BGBl. 1984 I 1006; → Rn. 17). Die Gesetzesbegründung bringt den **Regelungsgrund** auf den Punkt: Mit der Strafe als „schärfste staatliche Reaktion auf eine Tat" ist ein „**Unwerturteil** verbunden, **das den Täter persönlich treffen soll** und dessen Wirkungen er persönlich tragen muss. Dieser Sanktionszweck darf nicht durch steuerliche Vorschriften vereitelt oder gemildert werden" (BT-Drs. 10/1189, 5 – Hervorhebungen nur hier; wortgleich: BT-Drs. 10/1314, 6). Das Absetzungsverbot folgt den unterschiedlichen Anknüpfungspunkten des Straf- und Steuerrechts. Die Geldstrafe wird in Tagessätzen nach der persönlichen Schuld und Zahlungsfähigkeit bemessen (vgl. BVerfG 20.3.2002 – 2 BvR 794/95, BVerfGE 105, 135; BVerfG 17.1.1979 – 2 BvL 12/77, BVerfGE 50, 205), die Steuer hingegen nach der finanziellen Leistungsfähigkeit (BVerfG 12.10.2010 – 1 BvL 12/07, BVerfGE 127, 224 (244 f.); BVerfG 9.12.2008 – 2 BvL 1/07 ua, BVerfGE 122, 210 (231)). Die Tagessätze orientieren sich zwar an der finanziellen Leistungsfähigkeit des Täters. Dabei bewahren sie aber den Sanktionscharakter der Geldstrafe, weil sich ihre Gesamthöhe nach der schuldabhängigen Zahl der Tagessätze richtet. Die Geldstrafe ist als eine individuell verhängte persönlich zu tragende Sanktion nicht von der Steuer absetzbar, reduziert folglich die steuerliche Leistungsfähigkeit nicht.

225 Von der öffentlichen Hand auferlegte **Geldstrafen** ordnet § 12 Nr. 4 folgerichtig der steuerlich nicht absetzbaren Privatsphäre zu. **§ 10 Nr. 3 KStG** trifft eine parallele Regelung für Körperschaften. Der Täter soll die Strafen vollständig selbst tragen. Das Abzugsverbot gründet in einer langen Rechtsprechungstradition. Geldstrafen und Auflagen wurden, bevor § 12 Nr. 4 in Kraft trat, als nicht abziehbare Ausgaben der Lebensführung unter § 12 Nr. 1 subsumiert. „Geldstrafen für kriminelle Straftaten" gehören – in den Worten des BFH – „zu den Kosten der Lebensführung, weil sie in engem Zusammenhang mit der Person des Täters stehen. Maßgebend für die Verhängung und Bemessung der Geldstrafe ist nicht der Umstand, dass die Tat im Zusammenhang mit dem Gewerbebetrieb begangen wurde, sondern die

innere Einstellung des Täters, sein schuldhafter Wille. **Die Geldstrafe ist nicht betriebsbezogen, sondern ‚täterbezogen'**; sie trifft nur den Täter persönlich und bemisst sich nach dem individuellen Verschulden und nach den persönlichen Einkommensverhältnissen" (BFH 22.7.1986 – VIII R 93/85, BStBl. II 1986, 845 mwN auch die Rechtsprechung des Reichsfinanzhofs – Hervorhebungen nur hier). Es wäre ein Wertungswiderspruch, Geldstrafen zu verhängen und diese sodann zum steuerlichen Abzug zuzulassen (*Bruschke* DStZ 2009, 489 (489)). Die Strafen würden dann sachwidrig über die Steuer in Teilen von der Rechtsgemeinschaft mitfinanziert.

Das Abzugsverbot des § 12 Nr. 4 erfasste in dieser steuerlichen Anknüpfung an ein Unwerturteil zunächst nur Geldstrafen, **nicht aber Geldbußen,** Ordnungsgelder und Verwarngelder. Aufgrund des **„JStG 2019"** v. 12.12.2019 (BGBl. 2019 I 2451 (2453)) gilt das Abzugsverbot des § 12 Nr. 4 nun aber ausdrücklich auch für alle Aufwendungen, die mit Geldstrafen zusammenhängen. Alle persönlich zu tragenden finanziellen Sanktionen sind erfasst, damit auch Geldbußen, Ordnungsgelder und Verwarngelder (BT-Drs. 19/13436, 96). Trotz des hergebrachten und überzeugenden Verständnisses, Geldstrafen gehörten zu den steuerlich nicht abziehbaren Lebensführungskosten, wurde § 12 Nr. 4 in das EStG aufgenommen. Die Vorschrift stellt der Gesetzesbegründung folgend auch klar, dass „Geldstrafen und die diesen Strafen vergleichbare Rechtsnachteile wegen einer Straftat nicht als Betriebsausgaben oder Werbungskosten abgesetzt werden können" (BT-Drs. 10/1189, 5; BT-Drs. 10/1314, 6). § 12 Nr. 4 erfasst alle finanziellen Folgen sanktionsbewehrten Verhaltens (BT-Drs. 19/13436, 96). Zwischen Geldstrafen und Geldbußen, der Art der Sanktion und dem Maß der Rechtsverletzung ist im steuerlichen Abzug nicht mehr zu unterscheiden. Jede finanzielle Sanktion soll den Rechtsbrecher umfänglich persönlich treffen und nicht über die Steuer in Teilen von der Gemeinschaft getragen werden. **226**

§ 12 ist die Grundsatznorm für private Aufwendungen (→ Rn. 81 ff.). Wer sanktionierende Gelder in Fällen einer beruflichen Verbindung trotz ihres Täterbezugs und Sanktionscharakters nicht der steuerlichen Privatsphäre, sondern der **Erwerbssphäre** zuordnet (hierzu → § 4 Rn. 2806 ff.), gelangt zu der Frage, ob die Sanktionen nach dem objektiven Nettoprinzip (→ § 2 Rn. 68 ff.) steuerlich absetzbar sind. Der Große Senat des BFH hatte den steuerlichen Abzug nicht von Geldstrafen (§ 12 Nr. 4), aber von **Geldbußen als Erwerbsaufwendungen** zugelassen, wenn die Rechtsverstöße „im Zusammenhang mit einem Gewerbebetrieb begangen" wurden (BFH 21.11.1983 – GrS 2/82, BStBl. II 1984, 160; BFH 21.11. 1983 – GrS 3/82, BStBl. II 1984, 166). Später wurde der Abzug von Geldbußen, Ordnungsgeldern und Verwarnungsgeldern jedoch durch § 4 Abs. 5 S. 1 Nr. 8 für Gewinneinkünfte und durch § 9 Abs. 5 für Überschusseinkünfte ausdrücklich verwehrt (→ § 4 Rn. 1208 ff.). Nach dem „JStG 2019" erfassen diese Regelungen numehr parallel zur Änderung des § 12 Nr. 4 ausdrücklich auch Aufwendungen, die mit Geldbußen zusammenhängen. Sanktionierende Gelder mindern die Steuerlast nun auch dann nicht, wenn sie mit einer beruflichen Tätigkeit in Verbindung stehen. **227**

Das Abzugsverbot des § 12 Nr. 4 erstreckt sich ausdrücklich auf alle Geldstrafen und auf alle mit diesen Strafen vergleichbaren Rechtsnachteile wegen einer Straftat, weil das in der Höhe der Geldstrafe festgesetzte Unwerturteil den Täter voll und persönlich treffen soll (→ Rn. 224). Gem. § 12 Nr. 4 **Alt. 1** dürfen im Strafverfahren festgesetzte Geldstrafen steuerlich nicht abgezogen werden. In der **Alt. 2** erfasst das Abzugsverbot auch alle sonstigen Rechtsfolgen vermögensrechtlicher Art, bei denen der Strafcharakter überwiegt und in **Alt. 3** Leistungen zur Erfüllung von Auflagen und Weisungen, soweit die Auflagen oder Weisungen ebenfalls strafend wirken und nicht lediglich der Wiedergutmachung des durch die Tat verursachten Schadens dienen. **Alt. 4** erweitert das Abzugsverbot schließlich auf Aufwendungen, die mit den sanktionierenden Leistungen zusammenhängen (Geldbußen, Orndungsgelder, Verwarngelder). Dem Wortlaut folgend gilt § 12 Nr. 4 nicht für **Strafverfahrenskosten** (Gerichtskosten, Rechtsbeistand). Dennoch sind Strafverfahrenskosten regelmäßig der allgemeinen Lebensführung zuzuordnen, weil Strafverfahren in aller Regel ein privates Verhalten betreffen. Nur in Ausnahmefällen sind sie als Betriebsausgaben oder Werbungskosten abziehbar, insbesondere wenn ein Strafverteidiger wegen eines beruflich veranlassten strafrechtlichen Vorwurfs zu Rate gezogen wird (BFH 12.6.2002 – XI R 35/01, DStRE 2002, 1359; BFH 18.10.2007 – VI R 42/04, BStBl. II 2008, 223; vgl. *Depping* DStR 1994, 1487 (1487 f.)). **228**

Einstweilen frei **229–230**

2. In Strafverfahren festgesetzte Geldstrafen – § 12 Nr. 4 Alt. 1

231 Gem. § 12 Nr. 4 Alt. 1 dürfen in einem Strafverfahren festgesetzte Geldstrafen steuerlich nicht abgezogen werden, weil der Täter diese Rechtsfolgen vermögensrechtlicher Art als „Sühne für kriminelles Unrecht" vollumfänglich persönlich tragen soll (BFH 31.7.1991 – VIII R 89/86, BStBl. II 1992, 85; → Rn. 224).

232 **a) Strafverfahren im Inland und Ausland.** § 12 Nr. 4 Alt. 1 gilt für Geldstrafen, die in einem inländischen oder ausländischen Strafverfahren festgesetzt wurden (BFH 31.7.1991 – VIII R 89/86, BStBl. II 1992, 85). Geldstrafen sind zwar laut der Gesetzesbegründung „alle so bezeichneten Rechtsnachteile, die von einem Gericht im Geltungsbereich des Gesetzes nach den Strafvorschriften des Bundes- oder Landesrechts verhängt werden." In einem Umkehrschluss zu § 4 Abs. 5 S. 1 Nr. 8 betont die Begründung aber sodann, dass eine räumliche Einschränkung in § 12 Nr. 4 – anders als beim zeitgleich eingeführten § 4 Abs. 5 S. 1 Nr. 8 – bewusst nicht geregelt wurde (BT-Drs. 10/1189, 5 f.). § 12 Nr. 4 Alt. 1 erfasst auch seinem Wortlaut nach alle Geldstrafen, unabhängig von dem Ort der Festsetzung. Für ausländische Strafverfahren gelten allerdings Besonderheiten.

233 *Einstweilen frei*

234 **b) Besonderheiten bei ausländischen Strafverfahren.** Geldstrafen, die im Ausland festgesetzt werden, können **ausnahmsweise** als Betriebsausgaben oder Werbungskosten abzugsfähig sein, wenn die Geldstrafe wesentlichen Grundsätzen der deutschen Rechtsordnung widerspricht (**ordre public**) und das sanktionierte Verhalten der Erwerbssphäre des Steuerpflichtigen zuzurechnen ist (BFH 31.7.1991 – VIII R 89/86, BStBl. II 1992, 85; EStR 12.3; BT-Drs. 10/1189, 6). Ein Verstoß gegen den ordre public kann aber nur angenommen werden, wenn die steuerliche Tatsacheninstanz die Urteilsfindung und das dieser vorausgehende Verfahren sorgsam geprüft hat. Aber auch dann wird der ordre public nur in seltenen Fällen maßgeblich. Ein Verstoß liegt nur vor, wenn die „Berücksichtigung des ausländischen Urteils in ihrem Ergebnis zu den Grundgedanken des deutschen Rechts und der ihm zugrundeliegenden Gerechtigkeitsvorstellungen in so starkem Widerspruch steht, dass sie aus deutscher Sicht untragbar erscheint" (insgesamt BFH 31.7.1991 – VIII R 89/86, BStBl. II 1992, 85). Greift der Vorbehalt, erkennt Deutschland den in der Geldstrafe ausgedrückten Unwertgehalt nicht an. Der Steuerpflichtige muss die Strafe nach deutschem Rechtsverständnis dann auch nicht persönlich tragen und kann sie im Falle der erwerblichen Veranlassung steuerlich geltend machen.

235 Nach § 12 Nr. 4 Alt. 1 soll ein Unwerturteil den Betroffenen in der festgesetzten Zahlungspflicht vollständig und persönlich treffen. Dieser **Regelungszweck** greift aber **nicht,** wenn im Ausland festgesetzte Geldstrafen auf **keinem persönlichen Unwerturteil beruhen.** So sind im Ausland sanktionierte Ge- und Verbote denkbar, die – etwa bei geringfügigen Devisen- oder Zollverstößen – nach deutschem Rechtsverständnis keine strafrechtliche Verurteilung rechtfertigen (HHR/*Fissenewert* § 12 Rn. 150; Schmidt/*Loschelder* § 12 Rn. 31; aA Blümich/*Thümer* § 12 Rn. 220). In diesen Fällen versagt § 12 Nr. 4 nach seinem Regelungszweck den Abzug der Geldstrafe als Erwerbsaufwand nicht.

236 *Einstweilen frei*

237 **c) Übernahme einer Geldstrafe durch den Arbeitgeber.** Übernimmt ein Arbeitgeber eine Geldstrafe für einen seiner Arbeitnehmer, kann der Steuerpflichtige die Geldstrafe auch unabhängig von § 12 Nr. 4 mangels eigener Belastung nicht einkommensteuermindernd geltend machen. Die Geldstrafe ist eine Sanktion, die der Täter – hier der Arbeitnehmer – persönlich zu tragen hat und seiner steuerlichen Privatsphäre zuzurechnen ist (→ Rn. 224 f.). Übernimmt der Arbeitgeber eine Geldstrafe, entlastet er den Arbeitnehmer in einem persönlichen Aufwand. Der Arbeitgeber zahlt damit steuerpflichtigen Lohn in Höhe der übernommenen Geldstrafe (siehe insgesamt für die Diskussion HHR/*Fissenewert* § 12 Rn. 150; LBP/*Wienberger* § 12 Rn. 251; jeweils mwN).

238 *Einstweilen frei*

3. Sonstige Rechtsfolgen vermögensrechtlicher Art, bei denen der Strafcharakter überwiegt – § 12 Nr. 4 Alt. 2

Gem. § 12 Nr. 4 Alt. 2 dürfen auch Aufwendungen aufgrund „sonstiger Rechtsfolgen vermögensrechtlicher Art, bei denen der Strafcharakter überwiegt", nicht zum steuerlichen Abzug gebracht werden. Wie bei § 12 Nr. 4 Alt. 1 mindern auch diese Strafen aufgrund des durch sie ausgedrückten Unwerturteils die Steuerlast nicht (→ Rn. 224 f.). Das Abzugsverbot des § 12 Nr. 4 Alt. 2 erstreckt sich daher auf Rechtsfolgen vermögensrechtlicher Art, die aus einem Strafverfahren resultieren und Strafcharakter haben. Hauptanwendungsfall ist die **Einziehung von Gegenständen nach den §§ 73 ff. StGB.** Mit dem **Gesetz zur Reform der strafrechtlichen Vermögensabschöpfung vom 13.4.2017** (BGBl. 2017 I 872), welches am 1.7.2017 in Kraft trat, wurde diese Vermögensabschöpfung neu geregelt (*Trüg* NJW 2017, 1913 (1914 ff.); *Köller/Mück* NZI 2017, 593 (593 ff.)). Dadurch entfiel die zuvor für die Interpretation des § 12 Nr. 4 Alt. 2 maßgebliche Abgrenzung von Einziehung und Verfall. Es kann daher steuerlich nicht mehr darauf verwiesen werden, dass der Verfall wegen seines fehlenden Strafcharakters nicht von § 12 Nr. 4 Alt. 2 umfasst sei (vgl. EStR 12.3; HHR/*Fissenewert* § 12 Rn. 153). Nunmehr ist bei den §§ 73 ff. StGB jeweils zu bestimmen, ob den angeordneten Rechtsfolgen ein überwiegender Strafcharakter zukommt. 239

Einstweilen frei 240

a) Einziehungen mit Strafcharakter. Eine Einziehung wirkt für den steuerpflichtigen Täter oder Teilnehmer strafend und ist deshalb vom Abzugsverbot des § 12 Nr. 4 Alt. 2 erfasst, wenn sie ein **Tatprodukt** oder **Tatmittel** betrifft (§ 74 Abs. 1, Abs. 2 StGB), das dem Täter oder dem Teilnehmer einer Straftat gehört oder zusteht (§ 74 Abs. 3 StGB). Die Einziehung wirkt dann vermögensmindernd, kann aber steuerlich nicht geltend gemacht werden, weil sie im Unwerturteil mit der Tat verbunden ist – der Strafcharakter überwiegt. 241

Tatprodukte werden durch die vorsätzliche Tat hervorgebracht (§ 74 Abs. 1 StGB). Diese sog. producta sceleris sind wegen der Straftat entstanden, wenn zB eine unechte oder verfälschte Urkunde erstellt wird (MüKoStGB/*Joecks* StGB § 74 Rn. 11). Die **Früchte des Verbrechens,** wie das Geld, welches der Drogenverkäufer aus dem Verkauf erlangt, sind hingegen **keine** Tatprodukte (BGH 21.10.1988 – 3 StR 417/88, BeckRS 1988, 31105414; siehe für weitere Beispiele MüKoStGB/*Joecks* StGB § 74 Rn. 12). Der Zugriff auf diese Früchte sucht das durch die Tat verursachte vermögensrechtliche Unrecht wieder aus der Welt zu schaffen und ist insofern steuerlich abziehbar (→ Rn. 246 f.). 242

Tatmittel wurden zur Begehung oder Vorbereitung der Tat gebraucht oder waren hierfür bestimmt (§ 74 Abs. 1 StGB). Unter diese sog. instrumenta sceleris (MüKoStGB/*Joecks* StGB § 74 Rn. 13 ff. mwH) fallen zB Brecheisen, die ein Dieb verwendet, oder Mobiltelefone, mit denen sich die Täter tatbezogen absprechen (BGH 27.2.1996 – 1 StR 60/96, BeckRS 1996, 31097441). 243

Einstweilen frei 244–245

b) Einziehungen ohne Strafcharakter. Das Abzugsverbot des § 12 Nr. 4 Alt. 2 erstreckt sich **nicht** auf Einziehungen von Taterträgen bei Tätern und Teilnehmern nach den **§ 73, § 73a, § 73b und § 73c StGB.** Diese Einziehungen haben **keinen Strafcharakter.** Die Vermögensminderungen beim Täter oder Teilnehmer sollen die unrechtmäßigen Vermögensverschiebungen ausgleichen und einen möglichen Tatgewinn abschöpfen (EStR 12.3). Diese Vermögensentwicklung zeichnet das Steuerrecht nach, weil sich die **steuerliche Leistungsfähigkeit** bei Opfer, Täter und Teilnehmer **maßgeblich ändert.** Täter und Teilnehmer können diese Einziehungen daher steuermindernd zum Abzug bringen. Hierdurch werden sie nicht privilegiert. Das Steuerrecht will anders als das Strafrecht nicht bestrafen, sondern die öffentliche Hand finanzieren. Liegt ein Ertrag nicht mehr bei einem Täter, ist dessen steuerliche Leistungsfähigkeit entsprechend anzupassen. 246

Nach **§ 73 StGB** können Taterträge eingezogen werden. Dies gilt nach Abs. 1 für Erträge, die der Täter oder der Teilnehmer durch eine rechtswidrige Tat oder für eine rechtswidrige Tat erlangt hat – wie zB den Erlös aus dem Verkauf von Betäubungsmitteln (LBP/*Wienberger* § 12 Rn. 257). Die Einziehung erstreckt sich nach Abs. 2 auch auf Nutzungen, die der Täter oder ein Teilnehmer aus dem Erlangten gezogen haben. Eine Einziehung kann nach Abs. 3 Nr. 1 zudem für Gegenstände angeordnet werden, die durch die Veräußerung des Erlangten oder für dessen Zerstörung, Beschädigung oder 246.1

Entziehung erzielt wurden. Hat der Täter oder der Teilnehmer Gegenstände aufgrund eines erlangten Rechts erworben, können nach Abs. 3 Nr. 2 auch diese eingezogen werden. Nach § 73a Abs. 1 StGB kann sich die Einziehung auch auf Gegenstände des Täters oder Teilnehmers erstrecken, die aus einer anderen rechtswidrigen Tat erlangt wurden. Nach § 73b StGB können Taterträge auch bei anderen als dem Täter oder Teilnehmer eingezogen werden. § 73c StGB regelt die Einziehung des Wertes von Taterträgen, soweit die Einziehung des Gegenstandes wegen seiner Beschaffenheit oder aus einem anderen Grund nicht möglich ist.

247 Auch der Sicherungseinziehung nach **§ 74b Abs. 1 StGB** kommt **kein Strafcharakter** zu. Sie ist vom Abzugsverbot des § 12 Nr. 4 Alt. 2 **nicht** erfasst. Gem. § 74b Abs. 1 StGB können Gegenstände eingezogen werden, wenn diese nach ihrer Art und den Umständen die Allgemeinheit gefährden oder zu befürchten ist, dass sie der Begehung rechtswidriger Taten dienen könnten, sofern der Täter oder der Teilnehmer schuldlos handelten oder die Gegenstände einem anderen gehören oder zustehen. Bei Sicherungseinziehungen werden keine Gegenstände bei jemandem eingezogen, der schuldhaft gehandelt hat. Auch diesen Entzug zeichnet das Steuerrecht nach, wenn er die steuerliche Leistungsfähigkeit des Betroffenen mindert.

248–249 *Einstweilen frei*

4. Leistungen zur Erfüllung von Auflagen und Weisungen, soweit die Auflagen oder Weisungen nicht lediglich der Wiedergutmachung des durch die Tat verursachten Schadens dienen sowie damit zusammenhängende Aufwendungen – § 12 Nr. 4 Alt. 3

250 § 12 Nr. 4 Alt. 3 verbietet, „Leistungen zur Erfüllung von Auflagen oder Weisungen" steuerlich zum Abzug zu bringen, „soweit die Auflagen oder Weisungen nicht lediglich der Wiedergutmachung des durch die Tat verursachten Schadens dienen." Erfasst sind auch Aufwendungen, die mit sanktionierenden Leistungen zusammenhängen. Auch hier will das **Abzugsverbot** gewährleisten, dass ein Täter die vermögensrechtliche Sanktion vollständig selbst trägt, diese nicht steuerlich gemindert wird (→ Rn. 224 f.). Auflagen oder Weisungen müssen daher als „strafähnliche Sanktionen die Aufgabe haben, Genugtuung für das begangene Unrecht zu schaffen" (BFH 15.1.2009 – VI R 37/06, BStBl. II 2010, 111). Im Gegensatz zu den Alt. 1 und 2 spricht § 12 Nr. 4 Alt. 3 jedoch nicht davon, dass bei den Auflagen oder Weisungen ein Strafcharakter überwiegen muss. Doch ergibt sich aus dem Zweck des § 12 Nr. 4, den Täter mit einer vermögensrechtlichen Sanktion voll zu belasten, und aus der Einschränkung, dass die Maßnahmen nicht lediglich der Wiedergutmachung des durch die Tat verursachten Schadens dienen dürfen, dass die Auflagen und Weisungen strafend wirken.

251 § 12 Nr. 4 Alt. 3 erfasst auch Aufwendungen, die mit sanktionierenden Leistungen zusammenhängen („JStG 2019" v. 12.12.2019, BGBl. 2019 I 2451 (2453)). Zuvor galt das Abzugsverbot nach seinem Wortlaut nicht für Geldbußen, Ordnungsgelder und Verwarngelder. § 4 Abs. 5 S. 1 Nr. 8 und § 9 Abs. 5 verwehrten aber den steuerlichen Abzug solcher Sanktionen für zahlreiche Fälle. Nach der – sprachlich allerdings missglückten – Erweiterung des § 12 Nr. 4 Alt. 3 können Geldbußen, Ordnungsgelder und Verwarngelder ebenfalls steuerlich nicht geltend gemacht werden (BT-Drs. 19/13436, 96). Finanzielle Sanktionen sollen den Rechtsbrecher umfänglich belasten. Sie dürfen auch nicht in Teilen über den steuerlichen Abzug von der Gemeinschaft getragen werden. § 12 Nr. 4 behandelt so im Abzugsverbot alle finanziellen Folgen sanktionsbewehrten Verhaltens gleich. Insoweit wird nicht zwischen Geldstrafen und Geldbußen, der Art der Sanktion und dem Maß der Rechtsverletzung unterschieden.

252 **a) Abgrenzung zwischen strafähnlicher Sanktion und Wiedergutmachung.** Auflagen und Weisungen mit Strafcharakter dürfen nicht abgezogen werden. Die Strafe soll der Betroffene vollumfänglich tragen. Eine Wiedergutmachung gleicht einen Schaden aus. Dienen Maßnahmen der Wiedergutmachung, vermag sich daher bei Opfer, Täter und Teilnehmer die steuerliche Leistungsfähigkeit zu ändern. Es geht dann nicht um eine persönlich zu tragende Last, sondern um eine vom Steuerrecht nachzuzeichnende Veränderung des Vermögens (→ Rn. 246 f.). Die Abgrenzung, ob eine Strafe oder Wiedergutmachung beabsichtigt ist, bestimmt sich nach den konkreten Umständen des Einzelfalls, dem genauen

Inhalt der maßgeblichen Gerichtsentscheidung (BFH 28.1.2005 – VIII B 117/03, BFH/NV 2005, 1110; BFH 22.7.2008 – VI R 47/06, BStBl. II 2009, 151).

Einstweilen frei **253**

b) Auflagen und Weisungen mit Strafcharakter. Die in einem Strafverfahren festgesetzten Auflagen und Weisungen haben **Strafcharakter,** wenn ein **Geldbetrag zugunsten einer gemeinnützigen Einrichtung oder der Staatskasse** zu zahlen ist (§ 153a Abs. 1 S. 2 Nr. 2 StPO, BFH 16.9.2014 – VIII R 21/11, BFH/NV 2015, 191; BFH 22.7.2008 – VI R 47/06, BStBl. II 2009, 151; BFH 22.7.1986 – VIII R 93/85, BStBl. II 1986, 845; EStR 12.3). Auch Zahlungen an eine gemeinnützige Einrichtung nach § 15 Abs. 1 S. 1 Nr. 4 JGG und an gemeinnützige Einrichtungen oder die Staatskasse nach den § 56b Abs. 2 S. 1 Nr. 2 und Nr. 4 und § 59a Abs. 2 S. 1 Nr. 3 StGB wirken strafend. Sind gemeinnützige Leistungen oder Arbeitsleistungen zu erbringen (§ 153a Abs. 1 S. 2 Nr. 3 StPO; § 56b Abs. 2 S. 1 Nr. 3 StGB; § 15 Abs. 1 S. 1 Nr. 3 JGG), greift das Abzugsverbot ebenfalls. Eine Wiedergutmachung kommt in diesen Fällen schon deshalb nicht in Betracht, weil das Opfer keine Leistungen erhält. **254**

Muss sich ein Täter ernsthaft um einen **Täter-Opfer-Ausgleich** bemühen und dabei seine Tat ganz oder zum überwiegenden Teil wiedergutmachen oder deren Wiedergutmachung zumindest anstreben (§ 153a Abs. 1 S. 2 Nr. 5 StPO), dienen diese Auflagen oder Weisungen nicht ausschließlich der Wiedergutmachung des durch die Tat verursachten Schadens. Anders als bei reinen Wiedergutmachungszahlungen (§ 56b Abs. 2 S. 1 Nr. 1 StGB; § 59a Abs. 2 S. 1 Nr. 1 StGB; § 153a Abs. 1 S. 2 Nr. 1 StPO; § 15 Abs. 1 S. 1 Nr. 1 JGG) kommt dem Täter-Opfer-Ausgleich **auch eine Genugtuungsfunktion** zu. Damit liegen zumindest auch strafähnliche Sanktionen vor (MüKoStPO/*Peters* StPO § 153a Rn. 89), sodass das Abzugsverbot des § 12 Nr. 4 Alt. 3 greift. **255**

Die Teilnahme an einem **sozialen Trainingskurs** (§ 153a Abs. 1 S. 2 Nr. 6 StPO) entfaltet ebenfalls eine strafähnliche Sanktion, da der Täter im sozialen Trainingskurs Verantwortung für die von ihm begangene Straftat übernehmen und lernen muss, sich zukünftig unter Kontrolle zu halten (MüKoStPO/*Peters* StPO § 153a Rn. 93; vergleichbar: § 59a Abs. 2 S. 1 Nr. 5 StGB). **256**

Bei der Teilnahme an einem **Aufbauseminar** (§ 2b Abs. 2 S. 2 StVG), einem **Fahreignungsseminar** (§ 4a StVG), am **Verkehrsunterricht** (§ 59a Abs. 2 S. 1 Nr. 6 StGB) oder an einer ambulanten **Heilbehandlung** oder **Entziehungskur** (§ 59a Abs. 2 S. 1 Nr. 4 StGB) scheidet eine Wiedergutmachung des durch die Tat verursachten Schadens von vornherein aus. Begünstigt ist nicht das Opfer. Die Maßnahmen haben auch einen Sanktionscharakter. **257**

Einstweilen frei **258–259**

c) Auflagen und Weisungen ohne Strafcharakter. Dienen Auflagen und Weisungen lediglich der Wiedergutmachung des durch die Tat verursachten Schadens, kommt ihnen kein Strafcharakter zu. § 12 Nr. 4 Alt. 3 steht der einkommensteuerrechtlichen Geltendmachung der Aufwendungen dann nicht entgegen (→ Rn. 250 ff.). Hierunter fallen insbesondere reine **Wiedergutmachungszahlungen** (§ 56b Abs. 2 S. 1 Nr. 1 StGB; § 59a Abs. 2 S. 1 Nr. 1 StGB; § 153a Abs. 1 S. 2 Nr. 1 StPO und § 15 Abs. 1 S. 1 Nr. 1 JGG; BFH 15.1.2009 – VI R 37/06, BStBl. II 2010, 111), die als solche die steuerliche Leistungsfähigkeit maßgeblich mindern. **260**

Nach § 56b Abs. 2 S. 1 Nr. 1 StGB kann dem Verurteilten auferlegt werden, den durch die Tat verursachten Schaden nach Kräften wiedergutzumachen. Das Gericht kann den Verwarnten nach § 59a Abs. 2 S. 1 Nr. 1 StGB anweisen, sich darum zu bemühen, einen Ausgleich mit dem Verletzten zu erreichen oder sonst den durch die Tat verursachten Schaden wiedergutzumachen. Gem. § 153a StPO kommt als Auflage oder Weisung insbesondere in Betracht, zur Wiedergutmachung des durch die Tat verursachten Schadens eine bestimmte Leistung zu erbringen (§ 15 Abs. 1 S. 1 Nr. 1 JGG entspricht § 56b Abs. 2 S. 1 Nr. 1 StGB). **260.1**

Bei der Weisung oder Auflage, den **Unterhaltspflichten** nachzukommen (§ 153a Abs. 1 S. 2 Nr. 4 StPO; § 59a Abs. 2 S. 1 Nr. 2 StGB), handelt es sich ausschließlich um eine Wiedergutmachung. Der Täter soll die ohnehin bereits bestehenden Unterhaltsansprüche begleichen. **261**

262 Keinen Strafcharakter hat auch die Auflage, die hinterzogenen Betriebssteuern zu zahlen (*Bordewin* FR 1984, 405 (411); Schmidt/*Loschelder* § 12 Rn. 31; LBP/*Wienberger* § 12 Rn. 267; Blümich/*Thürmer* § 12 Rn. 232). Auch hier wird die rechtmäßige Vermögenslage wiederhergestellt.

263–299 *Einstweilen frei*

VIII. ABC

Abfindungen

300 Abfindungen, die aufgrund von privaten Wohnungsübergaben gezahlt werden, sind als Aufwendungen für die Wohnung der Lebensführung zuzurechnen und daher steuerlich nicht absetzbar (Lebensführungskosten → Rn. 495). Sie können aber in Sonderfällen außergewöhnliche Belastungen bewirken, wenn eine Mietabfindung entrichtet wird, um in eine für den gelähmten Sohn geeignete Wohnung zu ziehen (BFH 14.12.1965 – VI 102/65 U, BStBl. III 1966, 113). Auch mit der Abfindung zusammenhängende Kosten wie Zinsen, die für ein Darlehen anfallen, welches ein Hoferbe aufnimmt, um die **höferechtlichen Abfindungsansprüche** der anderen Erben zu tilgen, sind der Privatsphäre zuzuordnen und nicht abzugsfähig (BFH 25.11.1993 – IV R 66/93, BStBl. II 1994, 623). Bei betrieblichen Wohnungen können die Abfindungen aber als Erwerbsaufwendungen abziehbar sein (insgesamt auch → § 4 Rn. 2030).

Abgeltungsteuer

301 Steuern → Rn. 581.

Abschiedsfeier

302 Bewirtung → Rn. 337 ff.

Abtreibung

303 Schwangerschaftsabbruch → Rn. 564.

Abwehrkosten

304 Aufwendungen, die für die Abwehr beruflicher Schädigungen anfallen, sind der Erwerbssphäre zuzuordnen. Dies gilt allerdings nicht für die Abwehr persönlicher **Ehrverletzungen.** Die persönliche Ehre ist untrennbar mit der Privatsphäre verbunden, sodass die Abwehrkosten steuerlich nicht absetzbar sind. Der gute Ruf eines Einkäufers kann aber der Erwerbssphäre zugeordnet sein (vgl. FG Düsseldorf 18.12.1979 – II 539/77 L, EFG 1980, 400; → § 9 Rn. 709).

Adoption

305 Adoptionskosten sind als Aufwendungen für die allgemeine Lebensführung steuerlich nicht absetzbar (Lebensführungskosten → Rn. 495). Sie bewirken regelmäßig auch keine außergewöhnlichen Belastungen. Auch wenn eine Person krankheitsbedingt kein leibliches Kind zeugen kann, greifen die §§ 33 ff. nicht. Die Aufwendungen für die Adoption – mögliche Vermittlungsgebühren und Reisekosten – sind keine zwangsläufigen außergewöhnlichen Belastungen, weil sie auf der freiwilligen Entscheidung für das Kind beruhen. „Kinderlosigkeit kann ihre Ursache zwar in einer Krankheit haben; die Adoption eines Kindes ist aber keine notwendige Folge dieser Krankheit und daher auch nicht als Heilbehandlung anzusehen" (BFH 13.3.1987 – III R 301/84, BStBl. II 1987, 495; BFH 20.3.1987 – III R 150/86, BStBl. II 1987, 596; FG Berlin 5.3.1987 – IV 190/85, BeckRS 1987, 06527 – **Flugkosten eines adoptierten Kindes**).

Alarmanlage

Sicherheit → Rn. 568. 306

Alkoholeinfluss

Die Kosten für die Beseitigung von Schäden, die der Steuerpflichtige unter Alkoholeinfluss verursacht hat, liegen in der Privatsphäre und sind steuerlich daher nicht abziehbar. Bei erwerblichen Fahrten wird die berufliche Veranlassung durch die auf die Alkoholisierung zurückzuführende **Fahruntüchtigkeit** unterbrochen (BFH 24.5.2007 – VI R 73/05, BStBl. II 2007, 766; BFH 6.4.1984 – VI R 103/79, BStBl. II 1984, 434; *Urban* FR 2007, 873 (876 f., 882); *Bergkemper* FR 2007, 892 (893)). Diesen Befund bestätigt der BFH im Lohnsteuerrecht, indem er den Verzicht des Arbeitgebers auf Schadensersatz gegen einen Arbeitnehmer wegen einer Beschädigung eines Fahrzeugs im Zustand der absoluten Fahruntüchtigkeit als steuerpflichtigen Arbeitslohn wertete (BFH 27.3.1992 – VI R 145/89, BStBl. II 1992, 837; → § 9 Rn. 713). 307

Allgemeinbildung

Aufwendungen für die Allgemeinbildung sind der privaten Lebensführung zuzuordnen und können folglich steuerlich nicht abgezogen werden. Der Aufwand wird im typisierten Existenzminimum steuerlich geschont (**subjektives Nettoprinzip** → Rn. 22 ff.; Existenzminimum → Rn. 385). Das Abzugsverbot erfasst die Kosten für die allgemeine Schulbildung und für kulturelle Veranstaltungen (BMF 6.7.2010, BStBl. I 2010, 614 Rn. 4). Aufwendungen „für kulturelle Veranstaltungen und die Teilnahme am gesellschaftlichen Leben, die ähnlich wie Konzertbesuche oder der Besuch von Theater- und Kinovorstellungen von einem breiten interessierten Publikum wahrgenommen werden“, sind grundsätzlich nicht abziehbar, vielmehr vom steuerlich geschonten Existenzminimum erfasst (FG Baden-Württemberg 19.2.2016 – 13 K 2981/13, EFG 2016, 627 – **Kunstausstellungs- und Vernissagebesuche einer verbeamteten Kunstlehrerin**). Entgelte des Steuerpflichtigen für die Schule seiner Kinder sind aber beschränkt als Sonderausgaben abziehbar (§ 10 Abs. 1 Nr. 9). Der Besuch kultureller Veranstaltungen liegt auch dann im Bereich der allgemeinen Lebensführung (Lebensführungskosten → Rn. 495), wenn die Veranstaltung im Zusammenhang mit der beruflichen Tätigkeit des Steuerpflichtigen steht. Ein Abzug als Betriebsausgaben oder Werbungskosten ist nur dann möglich, wenn eine private Veranlassung wegen ausschließlicher oder fast ausschließlicher beruflicher Zwecke ausscheidet (BFH 8.2.1971 – VI R 76/68, BStBl. II 1971, 368 – **Musiklehrerin bei Konzertbesuch**). 308

Einstweilen frei 309

Altersvorsorge

Aufwendungen für die Altersvorsorge sind der Privatsphäre des Steuerpflichtigen zuzuordnen. Sie werden jedoch beim Sonderausgabenabzug nach § 10 Abs. 1 Nr. 2 und § 10a berücksichtigt. Diese Regelungen konkretisieren das subjektive Nettoprinzip, das einen notwendigen Mindestschutz vor existenziellen Lebensrisiken (Krankheit, Tod eines Familienangehörigen, Unfallschäden, Arbeitslosigkeit, vorzeitige Erwerbsunfähigkeit) steuerlich schont (Existenzminimum → Rn. 385). „Wegen des umfangreichen und inhomogenen Leistungsspektrums der gesetzlichen Rentenversicherung einerseits, das nur zum Teil zu steuerbaren Einkünften aus § 22 EStG führt, und des doppelgesichtigen Charakters von Altersvorsorgeaufwendungen andererseits, der sowohl in die Einkunfts- als auch in die Vermögenssphäre weist, steht dem Gesetzgeber jedoch ein weiter Spielraum bei der Bewertung und Gewichtung der unterschiedlichen Anteile zu, der mit der einheitlichen Zuweisung zu den Sonderausgaben nicht überschritten ist“ (BVerfG 14.6.2016 – 2 BvR 290/10, BStBl. II 2016, 801). 310

Antiquitäten

Kunst → Rn. 486. 311

Anwalt

312 Rechtsverfolgung → Rn. 545.

Arbeitskleidung

313 Kleidung → Rn. 470 ff.

Arbeitszimmer

314 → § 4 Rn. 2773 ff.; → § 9 Rn. 723.

Armbanduhr

315 Uhr → Rn. 608.

Auflagen, strafende

316 Geldstrafen → Rn. 418.

Ausbildung (eigene)

317 Aufwendungen für die eigene Berufsausbildung oder das eigene Studium sind der steuerlichen Privatsphäre zuzuordnen. Die Kosten können weder als Betriebsausgaben (§ 4 Abs. 9 S. 1) noch als Werbungskosten (§ 9 Abs. 6 S. 1) steuerlich abgezogen werden (BVerfG 19.11.2019 – 2 BvL 22/14 ua, DStR 2020, 93). Nur wenn der Steuerpflichtige bereits eine Erstausbildung abgeschlossen hat oder die Ausbildung im Rahmen eines Dienstverhältnisses stattfindet, sind die Kosten als Erwerbsaufwendungen absetzbar (§ 9 Abs. 6 S. 1). § 10 Abs. 1 Nr. 4 lässt aber einen beschränkten Abzug als Sonderausgaben zu (insgesamt BMF 22.9.2010, BStBl. I 2010, 721; → Rn. 68 ff.; → § 9 Rn. 676 ff.; aber für eine grundsätzliche Zuordnung zur Erwerbssphäre → § 4 Rn. 2295 ff.).

Ausbildung der Kinder

318 Aufwendungen, die bei den Eltern für die Ausbildung eines Kindes anfallen, sind der **Privatsphäre** zuzuordnen und im **Existenzminimum** typisiert steuerlich geschont (**subjektives Nettoprinzip** → Rn. 22 ff.; Existenzminimum → Rn. 385), in **§ 31 S. 1** beim Familienlastenausgleich im Existenzminimum des Kindes berücksichtigt. In besonderen Fällen können Aufwendungen für die Berufsausbildung des Kindes nach **§ 33a als außergewöhnliche Belastung** abziehbar sein. Aufwendungen für **Privatschulen** werden beim Sonderausgabenabzug nach **§ 10 Abs. 1 Nr. 9** teilweise berücksichtigt (EStH 12.1; → Rn. 55).

319 Aufwendungen für die Ausbildung der Kinder können folglich **nicht als Betriebsausgaben oder Werbungskosten** abgezogen werden (BFH 6.11.2012 – VIII R 49/10, BStBl. II 2013, 309; BFH 23.11.2000 – VI R 38/97, BStBl. II 2001, 132; BFH 29.10.1997 – X R 129/94, BStBl. II 1998, 149; BFH 14.12.1990 – III R 92/88, BStBl. II 1991, 305; EStH 12.1). Dies gilt selbst dann, wenn die Berufsausbildung des Kindes in einem anderen Betrieb eine spätere Unternehmensnachfolge vorbereiten soll (BFH 29.10.1997 – X R 129/94, BStBl. II 1998, 149). **Fortbildungskosten** für im Betrieb mitarbeitende Kinder sind hingegen der Erwerbssphäre zuzuordnen, sofern die dazu getroffenen Vereinbarungen einem Fremdvergleich standhalten (BFH 14.12.1990 – III R 92/88, BStBl. II 1991, 305 – **Kosten des Besuchs einer Meisterfachschule**). Demgemäß sind auch Aufwendungen für eine **Facharztausbildung des Kindes** der Privatsphäre zuzurechnen, sofern diese einem fremden Dritten nicht gewährt worden wäre (BFH 6.11.2012 – VIII R 49/10, BStBl. II 2013, 309).

Ausflug

320 Reisen → Rn. 548 ff.

Auslandsreise

Reisen → Rn. 548 ff. 321

Aussteuer

Heirat → Rn. 441. 322
Einstweilen frei 323–327

Bahn-Card

→ § 9 Rn. 732 328

Beerdigung

Beerdigungskosten sind der allgemeinen Lebensführung zuzuordnen und somit nicht als Betriebsausgaben oder Werbungskosten abziehbar (→ § 4 Rn. 2342 ff.; Lebensführungskosten → Rn. 495). Sie können jedoch in besonderen Fällen als außergewöhnliche Belastung (§ 33) in Abzug gebracht werden, sofern sie nicht aus dem Nachlass finanziert werden können (vgl. BFH 8.9.1961 – VI 177/60 U, BStBl. III 1962, 31). 329

Begleitperson

Reisen → Rn. 548 ff. 330

Beiträge

Beiträge für die Mitgliedschaft in Vereinigungen, die der Erhaltung oder der Fortentwicklung des Erwerbs dienen, sind der Erwerbssphäre zuzuordnen und daher als Erwerbsaufwendungen abziehbar (BFH 7.6.1988 – VIII R 76/85, BStBl. II 1988, 97 – **Wirtschaftsrat der CDU**). Den steuerlichen Abzug hat der Gesetzgeber für Beiträge zu Berufsständen und sonstigen Berufsverbänden, deren Zweck nicht auf einen wirtschaftlichen Geschäftsbetrieb gerichtet ist, für die Überschusseinkunftsarten ausdrücklich in § 9 Abs. 1 S. 1 Nr. 3 geregelt (insgesamt → § 9 Rn. 337 ff.; → § 4 Rn. 2310). **Beiträge für Sportvereine, Geselligkeitsvereine und Freizeitvereine** sind selbst dann nicht als Betriebsausgaben oder Werbungskosten abziehbar, wenn der Steuerpflichtige kein Interesse an der jeweiligen Tätigkeit hat, sondern ausschließlich Vereinsmitglied ist, um geschäftliche Beziehungen aufzunehmen oder zu pflegen (BFH 21.3.2013 – VI R 31/10, BStBl. II 2013, 700 – **Golfclub**). Bei gemeinnützigen Vereinen kommt jedoch ein Sonderausgabenabzug nach § 10b in Betracht. 331

Berufsausbildung

Ausbildung → Rn. 317 ff. 332

Berufsbekleidung

Kleidung → Rn. 470 ff. 333

Besuchsreise

→ § 9 Rn. 738 334

Betreuung

Existenzminimum → Rn. 385 und Kinderbetreuung → Rn. 466. 335

Bewerbung

Aufwendungen für Bewerbungen → § 9 Rn. 741. 336

Bewirtung

337 Die Kosten für die Nahrung sind als existenznotwendiger Bedarf der steuerlichen Privatsphäre zuzuordnen und deshalb nicht abziehbar (Nahrung → Rn. 519 ff.). Bewirtungskosten, die ausnahmsweise erwerblich veranlasst sind, können jedoch als Betriebsausgaben oder Werbungskosten abgezogen werden. Gem. § 4 Abs. 5 S. 1 Nr. 2 S. 1 mindern Bewirtungsaufwendungen aus geschäftlichem Anlass den steuerlichen Gewinn nicht, sofern sie 70 Prozent der Aufwendungen übersteigen, die nach der allgemeinen Verkehrsauffassung angemessen sind. Bewirtungsaufwendungen sind nach § 4 Abs. 5 S. 1 Nr. 4 nicht abziehbar, wenn sie im Zusammenhang mit der Jagd, der Fischerei, mit Ausflügen auf Segeljachten und Motorjachten oder ähnlichen Zwecken stehen. Beide Regelungen gelten durch den Verweis in § 9 Abs. 5 S. 1 auch für Überschusseinkünfte. So sind die Aufwendungen für eine Tagung betrieblich veranlasst, wenn zugleich das Firmenjubiläum gefeiert wird und die Veranstaltung einen (untergeordneten) Eventcharakter besitzt. Für die Zuordnung der Aufwendungen zur Privat- oder Erwerbssphäre ist stets der konkrete Anlass der Bewirtung maßgeblich (BFH 20.2.2019 – XI B 15/18, BFH/NV 2020, 207; vorausgehend FG Münster 9.11.2017 – 13 K 3518/15 K, DStRE 2018, 1281; *Oesterwinter/Mayer* DStR 2020, 534; insgesamt → § 4 Rn. 2731 ff.; → § 9 Rn. 742).

338 Aufwendungen für **gesellschaftliche Veranstaltungen** und **Feste** sind in der Regel auch dann nicht als Betriebsausgaben oder Werbungskosten abziehbar, wenn die Teilnahme aufgrund der gesellschaftlichen Stellung erwartet wird (BFH 1.8.1968 – IV R 232/67, BStBl. II 1968, 713; § 12 Nr. 1 S. 2: Repräsentationsaufwendungen → Rn. 547). Das Abzugsverbot des § 12 Nr. 2 S. 2 erfasst in der Regel die Kosten für ein gesellschaftliches Fest. Der persönliche Anlass einer Veranstaltung, zB der Geburtstag oder ein Grund zu trauern, bildet „regelmäßig ein bedeutendes Indiz für die Annahme nicht abziehbarer Repräsentationsaufwendungen" (BMF 6.7.2010, BStBl. I 2010, 614 Rn. 5; BFH 10.11.2016 – VI R 7/16, BStBl. II 2017, 409 – **Geburtstagsfeier** eines Arbeitnehmers). Die Aufwendungen für eine Feier fallen auch dann in der Privatsphäre an, wenn Geschäftsfreunde zu einer **Karnevalsveranstaltung** eingeladen werden, in der der Geschäftsführer der einladenden Gesellschaft Vereinsmitglied ist (BFH 29.3.1994 – VIII R 7/92, BStBl. II 1994, 843). Die bloße Absicht, bei einem sog. **Herrenabend** den Mandantenstamm zu erweitern, reicht allein nicht aus, um betrieblich veranlasste Aufwendungen zu begründen (FG Düsseldorf 31.7.2018 – 10 K 3355/16 F, U, EFG 2019, 22). Die Kosten einer **Geburtstagsfeier** können nur ausnahmsweise der Erwerbssphäre zugeordnet werden, „wenn die Feier nicht in erster Linie der Ehrung des Jubilars und damit nicht der repräsentativen Erfüllung gesellschaftlicher Konventionen, sondern dem kollegialen Miteinander und daher der Pflege des Betriebsklimas dient, der Jubilar mit seiner Einladung der Belegschaft (den Kolleginnen und Kollegen) Dank und Anerkennung zollt oder gefestigten betrieblichen Gepflogenheiten Rechnung trägt" (BFH 10.11.2016 – VI R 7/16, BStBl. II 2017, 409). Auch ein **Dienstjubiläum** kann nur ausnahmsweise Erwerbsaufwendungen bewirken, wenn der erwerbliche Anlass die Veranstaltung prägt, der Arbeitnehmer zB die Gäste ausschließlich nach abstrakten berufsbezogenen Kriterien einlädt (BFH 20.1.2016 – VI R 24/15, BStBl. II 2016, 744). Dies gilt auch für Bewirtungskosten eines leitenden Beamten wegen seiner **Versetzung** (FG München 21.7.2009 – 6 K 2907/08, DStRE 2010, 719) oder **Entlassung** (FG Hessen 23.4.2013 – 3 K 11/10, EFG 2013, 1583) sowie für einen Arbeitnehmer, der eine dienstliche **Abschiedsfeier** (FG Münster 29.5.2015 – 4 K 3236/12, EFG 2015, 1520) oder eine **Verabschiedung in den Ruhestand mit Dienstübergabe** veranstaltet (BFH 11.1.2007 – VI R 52/03, BStBl. II 2007, 317). Doch ein **Festgottesdienst** mit anschließender Feier anlässlich eines 25-jährigen **Priesterjubiläums** ist privat veranlasst (BFH 24.9.2013 – VI R 35/11, BFH/NV 2014, 500). Ebenso sind die Aufwendungen eines neugeweihten katholischen Priesters für die Verpflegung auf seiner Primizfeier keine Erwerbsaufwendungen, da diese Feier nicht Voraussetzung für die künftige Tätigkeit als Pfarrer ist (FG München 7.12.2017 – 13 K 3477/16, BeckRS 2017, 143430). Werden bei einer der Erwerbssphäre zuzuordnenden Veranstaltung auch Gäste aus dem privaten Bereich bewirtet, können die Aufwendungen nach einem geeigneten Maßstab (hier nach Köpfen) geteilt und die erwerblichen Kosten sodann zum Abzug gebracht werden (BMF 6.7.2010, BStBl. I 2010, 614; gemischte Aufwendungen → Rn. 420). Insgesamt können bei Feiern, die beruflich und erwerblich veranlasst sind, die

Aufwendungen steuerlich geteilt werden (BFH 8.7.2015 – VI R 46/14, BStBl. II 2015, 1013; gemischte Aufwendungen → Rn. 420). Bei privaten Anlässen ist eine Teilung und ein entsprechender Abzug als Erwerbsaufwand nur möglich, wenn der dienstliche Bereich nicht zu vernachlässigen ist. So werden auch Kollegen zu einer privaten Feier privat eingeladen (siehe auch EStH 12.1 und für eine weitgehende Teilung aber *Leisner-Egensperger* FR 2006, 705 (708 ff.); *Holzner* SteuK 2016, 197 (197 ff.)).

Bewirtungskosten bewirken regelmäßig keine außergewöhnlichen Belastungen. Auch die Bewirtung von **Trauergästen** ist nicht zwangsläufig (BFH 17.9.1987 – III R 242/83, BStBl. II 1988, 130). **339**

Einstweilen frei **340**

Biersteuern

Steuern → Rn. 581. **341**

Bilder

Kunst → Rn. 486. **342**

Bildung

Allgemeinbildung → Rn. 308 und Ausbildung → Rn. 317 ff. **343**

Blindenhund

Tier → Rn. 599 f. **344**

Branntweinsteuer

Steuern → Rn. 581. **345**

Brille

Aufwendungen für Brillen (Sehhilfen) sind regelmäßig der allgemeinen Lebensführung zuzuordnen und deshalb steuerlich nicht abziehbar (BFH 28.9.1990 – III R 51/89, BStBl. II 1991, 27 – **Bifokalbrille;** Existenzminimum → Rn. 385; gemischte Aufwendungen → Rn. 420; Lebensführungskosten → Rn. 495). Dies gilt selbst dann, wenn die Sehhilfe ausschließlich am Arbeitsplatz verwendet wird (BFH 23.10.1992 – VI R 31/92, BStBl. II 1993, 193; siehe auch EStH 12.1). Kosten für eine **Bildschirmarbeitsbrille** sind nur ausnahmsweise als Erwerbsaufwendungen abziehbar, wenn die Sehbeschwerden aus der erwerblichen Bildschirmtätigkeit resultieren. Insgesamt sind Aufwendungen für Sehhilfen, die kein medizinisches Hilfsmittel sind, sondern **besondere erwerbliche Zwecke erfüllen,** der Erwerbssphäre zuzuordnen und steuerlich abziehbar (insgesamt BFH 20.7.2005 – VI R 50/03, BFH/NV 2005, 2185 – **Schutzbrillen;** insgesamt → § 9 Rn. 896. **346**

Bücher

Ob Bücher der Erwerbs- oder Privatsphäre zuzuordnen sind, richtet sich nach der tatsächlichen Verwendung des einzelnen Werkes. Bücher können Erwerbsaufwendungen bewirken, wenn sie der Erledigung dienstlicher Aufgaben dienen (BFH 20.5.2010 – VI R 53/09, BStBl. II 2011, 723). **Allgemeinbildende Bücher** sind jedoch selbst dann der Privatsphäre zuzuordnen, wenn sie ein Publizist verwendet, um eine eigene Veröffentlichung anzufertigen (BFH 21.5.1992 – IV R 70/91, BStBl. II 1992, 1015) oder wenn sie auch für Zwecke des Unterrichts verwendet werden (BFH 28.4.1972 – VI R 305/69, BStBl. II 1972, 723). Die Kosten der allgemeinen Bildung gehören zur steuerlichen Privatsphäre (Allgemeinbildung → Rn. 308). Auch **allgemeine Nachschlagewerke** eines Lehrers sind der Privatsphäre zuzuordnen (BFH 29.4.1977 – VI R 208/75, BStBl. II 1977, 716), sofern es sich nicht um ein besonderes, mit der Erwerbssphäre in engem Zusammenhang stehendes Nachschlagewerk handelt, wie zum Beispiel ein englisches Nachschlagewerk bei einem Englischlehrer (BFH 16.10.1981 – VI R 180/79, BStBl. II 1982, 67). Eine erwerbliche Veranlassung kann auch **347** für Bücher vorliegen, die für eine Unterrichtseinheit angeschafft wurden, die dann aber nicht abgehalten wurde. Absetzbare Arbeitsmittel sind hingegen Fachbücher, weil sie der Erledigung der dienstlichen Aufgaben unmittelbar dienen. „Hierzu können auch Zeitschriften und Bücher zählen, wenn die Literatur ausschließlich oder zumindest weitaus überwiegend beruflich genutzt wird" (BFH 20.5.2010 – VI R 53/09, BStBl. II 2011, 723; → Rn. 116; insgesamt → § 4 Rn. 2426 ff.; → § 9 Rn. 748).

348 Aufwendungen für Bücher sind regelmäßig nicht als außergewöhnliche Belastungen abziehbar, auch wenn sie dem Steuerpflichtigen dazu dienen, sich für eine bestimmte Therapie oder einen bestimmten Arzt zu entscheiden (BFH 24.10.1995 – III R 106/93, BStBl. II 1996, 88).

Bürgerliche Kleidung

349 Kleidung → Rn. 470 ff.

Burn-out

350 Krankheit → Rn. 483 ff.

351–355 *Einstweilen frei*

Computer

356 Rechner → Rn. 544.

357–361 *Einstweilen frei*

Diebstahl

362 Verluste, die aus einem Diebstahl resultieren, sind der Erwerbssphäre zuzuordnen und als Betriebsausgaben beziehungsweise Werbungskosten abziehbar, wenn der Diebstahl durch die Erwerbssphäre veranlasst ist (→ § 4 Rn. 1781; → § 4 Rn. 2225.5 ff.; → § 9 Rn. 763). Der Verlust durch Diebstahl bewirkt regelmäßig keine außergewöhnlichen Belastungen, da daraus keine zwangsläufigen Aufwendungen resultieren (BFH 3.9.1976 – VI R 185/74, BStBl. II 1976, 712). Wird das Gestohlene neu angeschafft, kann § 33 einschlägig sein, wenn das Gestohlene zum existenziellen Bereich gehört (Existenzminimum → Rn. 385), den Steuerpflichtigen kein Verschulden trifft und er keine Ersatzansprüche gegen Dritte hat (vgl. BFH 6.5.1994 – III R 27/92, BStBl. II 1995, 104).

Diensthund

363 Tier → Rn. 599 f.

Dienstjubiläum

364 Bewirtung → Rn. 337 ff.

Doktortitel

365 Promotion → Rn. 536.

Doppelte Haushaltsführung

366 Siehe zur doppelten Haushaltsführung § 4 Abs. 5 S. 1 Nr. 6a (→ § 4 Rn. 2770 ff.) und § 9 Abs. 1 S. 3 Nr. 5 (→ § 9 Rn. 487 f.). Die Aufwendungen für eine doppelte Haushaltsführung sind regelmäßig nicht als außergewöhnliche Belastungen abziehbar (BFH 20.11.1987 – III R 296/84, BStBl. II 1988, 137).

367–371 *Einstweilen frei*

Ehescheidung

372 Scheidung → Rn. 562.

Ehrenamt

→ § 2 Rn. 197 f. 373

Ehrverletzung

Abwehrkosten → Rn. 304. 374

Eigenleistungen

→ § 9 Rn. 777. 375

Einbürgerung

Einbürgerungskosten gehören grundsätzlich zu den nicht abziehbaren Aufwendungen der Lebensführung (Lebensführungskosten → Rn. 495). Sie können auch dann nicht als Erwerbsaufwendungen abgezogen werden, wenn die Einbürgerung vorgenommen wird, um ins deutsche Beamtenverhältnis aufgenommen werden zu können (BFH 18.5.1984 – VI R 130/80, BStBl. II 1984, 588; BMF 6.7.2010, BStBl. I 2010, 614 Rn. 19; → § 4 Rn. 2340). Demgegenüber wurden jedoch die Kosten für den Aufenthaltstitel „Blaue Karte EU" als Erwerbsaufwendungen anerkannt, weil der Erwerb „nahezu ausschließlich aus beruflicher Veranlassung erfolgt" (FG Nürnberg 9.8.2017 – 5 K 815/15, BeckRS 2017, 141658). 376

Einkommensteuer

§ 12 Nr. 3 untersagt den steuerlichen Abzug (Steuern → Rn. 581). 377

Elektrische Geräte

Aufwendungen für Unterhaltungselektronik (Fernseher, Radio, Musikanlage, Videorekorder, Videokamera, Spielekonsole, Pay-TV-Abonnement) sind regelmäßig insbesondere aufgrund der im Vordergrund stehenden Unterhaltung der Privatsphäre zuzuordnen und daher steuerlich nicht abziehbar (BFH 7.9.1989 – IV R 128/88, BStBl. II 1990, 19 – **Radio;** BFH 27.9.1991 – VI R 1/90, BStBl. II 1992, 195 – **Videorekorder;** FG Münster 24.3.2015 – 2 K 3027/12 E, BeckRS 2015, 94661 – **Pay-TV-Abonnement** eines Fußballprofis; FG Rheinland-Pfalz 18.7.2014 – 1 K 1490/12, DStRE 2015, 1100). Die Aufwendungen für ein Sky-Bundesliga-Abonnement sind dagegen als Werbungskosten abziehbar, wenn ein angestellter Fußballtrainer das Programmangebot ausschließlich oder weitaus überwiegend nutzt, um die gewonnenen Erkenntnisse für seine berufliche Tätigkeit zu verwenden (BFH 16.1.2019 – VI R 24/16, BStBl. II 2019, 376; nachfolgend FG Düsseldorf 5.11.2019 – 15 K 1338/19 E, DStRE 2020, 129 **– Torwarttrainer einer Lizenzfußballmannschaft**). Weist der Steuerpflichtige nach, dass er ein Gerät nahezu ausschließlich beruflich nutzt, kann es stets der Erwerbssphäre zugeordnet werden. Die Kosten sind dann als Erwerbsaufwendungen abziehbar (vgl. BFH 21.6.1994 – VI R 16/94, BFH/NV 1995, 216 – **Videokamera**). Bei Geräten, die sowohl beruflich als auch privat genutzt werden können, ist der Verwendungszweck maßgeblich (**gemischte Nutzung**). So muss bei Laptops, Beamern und Tablets die berufliche Verwendung nachgewiesen werden. Indizien hierfür können die Aufbewahrung in den Geschäftsräumen, die Dokumentation der beruflichen Nutzung oder der Nachweis eines gleichwertigen privaten Geräts sein (FG Nürnberg 14.11.2018 – 5 K 732/17, EFG 2019, 95 Rn. 66 f. – **iPad**). 378

Energiesteuern

Steuern → Rn. 581. 379

Erbschaftsteuer

§ 12 Nr. 3 untersagt den steuerlichen Abzug (Sonderregelung: § 35b; Steuern → Rn. 581). 380

Erbstreitigkeit

381 Erbstreitigkeiten sind stets der Privatsphäre zuzuordnen, sodass die entstehenden Aufwendungen steuerlich nicht abziehbar sind. Dies gilt auch für Prozesskosten, die ein Steuerpflichtiger zur Anfechtung eines Testaments aufwendet, um einen im Nachlass befindlichen Gewerbebetrieb zu erben (BFH 17.6.1999 – III R 37/98, BStBl. II 1999, 600; EStH 12.1; insgesamt → § 4 Rn. 2342 ff.).

Ernährung

382 Nahrung → Rn. 519 ff.

Erpressung

383 Lösegeld → Rn. 501 f.

Essen

384 Nahrung → Rn. 519 ff.

Existenzminimum

385 Das Existenzminimum ist steuerlich zu schonen (**subjektives Nettoprinzip** → Rn. 22 ff.). Der notwendige Bedarf für Nahrung, Kleidung, Hausrat, Unterkunft, Heizung, Hygiene und Gesundheit sowie für die Möglichkeit zur Pflege zwischenmenschlicher Beziehungen und zu einem Mindestmaß an Teilhabe am gesellschaftlichen, kulturellen und politischen Leben ist vom Gesetzgeber realitätsgerecht zu typisieren. Grundfreibetrag, Kinderfreibetrag und ein Mindestbedarf für die Betreuung und Erziehung (§ 31, § 32 Abs. 6, § 32a) sowie ein notwendiger Mindestschutz vor existenziellen Lebensrisiken (Krankheit, Tod eines Familienangehörigen, Unfallschäden, Arbeitslosigkeit, vorzeitige Erwerbsunfähigkeit) sind von Verfassungs wegen von der Besteuerung ausgenommen (§ 10 Abs. 1 Nr. 2 bis 3a). Auch über diese Typisierungen hinausgreifende zwingende pflichtbestimmte existenzsichernde Aufwendungen sind steuerlich abzuziehen, weil auch diese Mittel dem Steuerpflichtigen nicht zur freien Verfügung stehen, er aus ihnen keine Steuern entrichten kann (§§ 33 bis 33a; BVerfG 9.2.2010 – 1 BvL 1/09 ua, BVerfGE 125, 175 (223); BVerfG 16.3.2005 – 2 BvL 7/00, BVerfGE 112, 268 (280); BVerfG 10.11.1998 – 2 BvR 1057/91 ua, BVerfGE 99, 216 (233); insgesamt → Rn. 22 ff., → Rn. 52 ff.).

386–390 *Einstweilen frei*

Fachliteratur

391 Bücher → Rn. 347 f.

Fahrtkosten

392 Kraftfahrzeug → Rn. 481.

Fahrerlaubnis

393 Die im Zusammenhang mit dem Erwerb einer Fahrerlaubnis anfallenden Aufwendungen sind regelmäßig der Privatsphäre zuzuordnen (BFH 20.2.1969 – IV R 119/66, BStBl. II 1969, 433; BFH 15.2.2005 – VI B 188/04, BFH/NV 2005, 890; FG Münster 27.8.2015 – 4 K 3243/14 E, BeckRS 2015, 95753; BMF 6.7.2010, BStBl. I 2010, 614 Rn. 19). Der Erwerb der Fahrerlaubnis gehört zur allgemeinen Bildung im Bereich der Lebensführung (Lebensführungskosten → Rn. 495). Aufwendungen für eine besondere Fahrerlaubnis von Fahrzeugen, die nicht privat, sondern im Erwerb verwendet werden, können jedoch der Erwerbssphäre zuzuordnen sein (Lastkraftwagen, landwirtschaftliche Zugmaschinen, Busse; FG Niedersachsen 6.6.2012 – 4 K 249/11, EFG 2012, 1532: Fahrerlaubnis Klasse T; → Rn. 102). Diesen Befund bestätigt die Rechtsprechung des BFH zu der Frage, ob die vom Arbeitgeber übernommenen Fahrerlaubniskosten einkommensteuerpflichtigen Lohn bewir-

ken. Werden die Aufwendungen für eine Pkw-Fahrerlaubnis übernommen, erspart sich der Arbeitnehmer durch die Kostenübernahme private Aufwendungen. Handelt es sich jedoch um eine besondere betriebliche Fahrerlaubnis und die dabei beiläufig erworbenen allgemeinen Fahrkenntnisse, liegt kein steuerlicher Lohn vor (BFH 26.6.2003 – VI R 112/98, BStBl. II 2003, 886 – polizeiliche Ausbildung; BFH 2.10.1981 – VI R 31/79, BeckRS 1981, 05053 – erwerblich erlangte Fahrerlaubnis einer Krankenschwester, bei der der Führerschein Einstellungsvoraussetzung war). Die Fahrerlaubnis ist in diesen Fällen der Erwerbssphäre zuzuordnen (insgesamt → § 4 Rn. 2369; → § 9 Rn. 797).

Die Aufwendungen für den Erwerb einer Fahrerlaubnis im privaten Bereich können eine außergewöhnliche Belastung bewirken, wenn die Fahrerlaubnis notwendig ist, um ein schwer steh- und gehbehindertes Kind zu transportieren (BFH 26.3.1993 – III R 9/92, BStBl. II 1993, 749). **394**

Fahruntüchtigkeit

Alkoholeinfluss → Rn. 307. **395**

Familienheimfahrt

Zu Besuchsfahrten eines Ehegatten → § 9 Rn. 738. **396**

Feierlichkeit

Bewirtung → Rn. 337 ff. **397**

Fernseher

Elektrische Geräte → Rn. 378. **398**

Feste

Bewirtung → Rn. 337 ff. **399**

Feuerschutzsteuer

Steuern → Rn. 581. **400**

Fischereisteuer

Steuern → Rn. 581. **401**

Fitness

Sport → Rn. 576 ff. **402**

Fluglizenzen

Die Aufwendungen für eine Fluglizenz fallen in aller Regel in den steuerlich nicht abziehbaren Bereich der allgemeinen Lebensführung (Lebensführungskosten → Rn. 495). Sie sind auch dann nicht der Erwerbssphäre zuzuordnen, wenn sie für die Berufsausübung nützlich sind. Die Privatpilotenlizenz dient überwiegend der Befriedigung persönlicher Neigungen (BFH 20.7.2010 – IX R 49/09, BStBl. II 2010, 1038; BFH 27.5.2003 – VI R 85/02, BStBl. II 2005, 202 – **Stewardess;** BFH 9.8.1996 – VI R 38/96, BFH/NV 1997, 107– **Flugbetriebsingenieur;** BFH 14.2.1992 – VI R 7/89, BFH/NV 1992, 725 – **Fluglotse;** BFH 17.11.1989 – VI R 8/86, BStBl. II 1990, 306 – **Mitarbeiter eines Forschungsinstituts für Luft- und Raumfahrt;** BFH 3.12.2003 – VI B 17/01, BFH/NV 2004, 338 – **Zivilrichter, der auch Haftungsfragen aus Luftunfällen beurteilt;** BFH 20.7.2010 – IX R 49/09, BStBl. II 2010, 1038 – **Programmleiter für Flugzeug-Trainingssimulatoren;** FG Bremen 26.5.1994 – 1 92 087 K 6, EFG 1995, 5 – **Berechtigung für Flächenflugzeuge bei Polizeibeamten, der als Hubschrauberpilot tätig ist;** FG Münster **403**

11.8.2017 – 4 K 2867/16 F, EFG 2017, 1574 – **Hubschrauberlizenz, um „Anti-Frost-Flüge" über eigenem Forst durchzuführen;** Vgl. § 12 Nr. 1 S. 2: Repräsentationsaufwendungen → Rn. 547).

404 Nur in Fällen, in denen der Erwerb oder der Erhalt der privaten Fluglizenz unerlässlich für den Erwerb ist, können die Kosten als Betriebsausgaben oder Werbungskosten geltend gemacht werden. Dann sind die Kosten als Erwerbsaufwendungen abziehbar, selbst wenn der Erwerb einer **Verkehrsflugzeuglizenz** eine private Fluglizenz umfasst (BFH 30.9.2008 – VI R 4/07, BStBl. II 2009, 111 – **Zeitsoldat;** FG Nürnberg 25.3.1992 – V 30/91, EFG 1992, 508 – **Arzt der Flugmedizin;** FG München 27.7.1994 – 13 K 1254/93, EFG 1995, 163 – **technischer Redakteur,** bei dem laut **Stellenausschreibung** fliegerische Erfahrung und eine private Pilotenlizenz notwendig sind; → § 9 Rn. 793).

405 *Einstweilen frei*

Flugzeug

406 Die Nutzung eines Privatflugzeugs aus erwerblichen Gründen kann dazu führen, dass die Aufwendungen abgesetzt werden können. Der Abzug ist aber durch § 4 Abs. 5 S. 1 Nr. 7, § 9 Abs. 5 S. 1 begrenzt (BFH 19.1.2017 – VI R 37/15, BStBl. II 2017, 526; → § 4 Rn. 2852 ff.; Fluglizenz → Rn. 403 f.).

Fortbildung

407 Weiterbildung → Rn. 644.

Freibeträge

408 Existenzminimum → Rn. 385.

Freiwillige Zuwendungen

409 Freiwillige Zuwendungen und Zuwendungen aufgrund einer freiwillig begründeten Rechtspflicht sind schon begrifflich der freiwilligen Vermögensverwendung zuzurechnen und daher steuerlich nicht abziehbar (§ 12 Nr. 2; → Rn. 144 ff.).

Fremdsprachenkurse

410 Reisen → Rn. 548 ff.

Führerschein

411 Fahrerlaubnis → Rn. 393 f.

412–416 *Einstweilen frei*

Geburtstag

417 Bewirtung → Rn. 337 ff.

Geldstrafen

418 Geldstrafen und sonstige strafende Vermögenslasten, Auflagen oder Weisungen mindern die Einkommensteuer nicht, weil das mit der Strafe verbundene Unwerturteil den Täter umfassend persönlich treffen soll, nicht durch eine steuerliche Anrechnung zu mildern ist (§ 12 Nr. 4 → Rn. 223 ff.).

Gemälde

419 Kunst → Rn. 486.

Gemischte Aufwendungen

420 Gemischte Aufwendungen berühren gleichzeitig die steuerliche Erwerbs- und die Privatsphäre, wenn ein Telefon, Rechner, Kfz, weitere Geräte oder Dienstleistungen (Reinigung) der Privat- oder Erwerbssphäre dienen oder eine Reise aus beruflichen und privaten Motiven durchgeführt wird. In dieser Mitveranlassung unterscheiden sie sich von den **lebensführungsnahen Erwerbsaufwendungen** (→ Rn. 46 ff.), die weder der Erwerbs- noch der Privatsphäre klar zugerechnet werden können (zweifelhafte Veranlassung). Der BFH hat in einer Grundlagenentscheidung das zuvor vertretene Aufteilungs- und Abzugsverbot aufgegeben. Nunmehr können gemischte Aufwendungen unter **sechs Vorgaben** geteilt und die erwerblichen Teile sodann zum steuerlichen Abzug gebracht werden (1. Gebot der objektiven Teilbarkeit der Aufwendungen – nach Zeit- oder Nutzungsanteilen, Köpfen, Flächen, Mengen; 2. Darlegungslast; 3. Unbeachtlichkeit von Bagatellanlässen; 4. Gesamtwürdigung des Einzelfalls; 5. Keine Doppelberücksichtigung eines Postens; 6. Die Alternativität von Erwerbs- und Privatsphäre darf auch im Einzelfall nicht aufgegeben werden; insgesamt BFH 21.9.2009 – GrS 1/06, BStBl. II 2010, 672; → Rn. 132 ff.).

Gerichtskosten

Rechtsverfolgung → Rn. 545. 421

Geschäftsreise

Reisen → Rn. 548 ff. 422

Geschenk

Siehe für Geschenke § 4 Abs. 5 S. 1 Nr. 1 S. 1, der gem. § 9 Abs. 5 S. 1 auch für Überschusseinkünfte gilt (→ § 4 Rn. 2724 ff.; auch Spende → Rn. 573 f.). 423

Gesellschaftliche Veranstaltungen

Bewirtung → Rn. 337 ff. 424

Gesundheit

Aufwendungen zur Förderung der Gesundheit sind der allgemeinen Lebensführung zuzuordnen und werden deshalb außerhalb des existenznotwendigen Bedarfs nicht zum steuerlichen Abzug zugelassen (BFH 21.9.2009 – GrS 1/06, BStBl. II 2010, 672; → Rn. 102; Existenzminimum → Rn. 385; Krankheit → Rn. 483 ff.). 425

Getränke

Nahrung → Rn. 519 ff. 426

Gewerbesteuer

Siehe § 4 Abs. 5b, § 35 und Steuern → Rn. 581. 427

Gewerkschaft

Mitgliedschaftsbeiträge in Gewerkschaften sind der Erwerbssphäre zuzuordnen, sofern die Gewerkschaft die beruflichen Interessen des Steuerpflichtigen vertritt. Maßgeblich sind die Satzung und die tatsächliche Tätigkeit der jeweiligen Gewerkschaft (zur ehrenamtlichen Tätigkeit in einer Gewerkschaft → § 2 Rn. 236 f.). 428

Golfclub

Beiträge → Rn. 331. 429

Grundsteuer

Steuern → Rn. 581. 430

Grunderwerbssteuer

431 Steuern → Rn. 581.

432–436 *Einstweilen frei*

Habilitation

437 Aufwendungen für eine Habilitation sind regelmäßig der Erwerbssphäre zuzuordnen und können steuermindernd geltend gemacht werden. Die Habilitation gehört nicht zur allgemeinen akademischen Ausbildung, die mit abschließenden Prüfungen beendet wird (Staatsexamen, Diplom, Bachelor, Master), sondern bildet in der Regel die Voraussetzung, um eine Universitätsprofessur zu erlangen. Die Tätigkeit als wissenschaftlicher Assistent ist ein Beruf, „den der Assistent nach der Vollendung seiner Studien ausübt, wenngleich dieser Beruf normalerweise kein Lebensberuf ist, sondern nur ein Übergang zum endgültigen Beruf. Der Abschluss der Studien ermöglicht [hingegen] viele Wege der Berufsausübung" (BFH 7.8.1967 – VI R 25/67, BStBl. III 1967, 778; FG Rheinland-Pfalz 8.6.1988 – 1 K 150/87, BeckRS 1988, 06882). Die Aufwendungen können hingegen steuerlich nicht geltend gemacht werden, wenn sie die private Lebensführung nicht unerheblich berühren. Eine steuerlich maßgebliche Verbindung zur privaten Lebensführung besteht, wenn die Habilitation nicht für eine eigene fachliche Fortbildung angestrebt wird, sondern das „gesellschaftliche Prestige" fördern soll (FG Münster 13.10.2017 – 4 K 1891/14 F, DStRE 2018, 1031 – selbständig tätiger Zahnarzt; → § 9 Rn. 814). Hingegen können Aufwendungen für eine Vermittlung einer nebenberuflichen Professur steuerlich geltend gemacht werden, wenn die angestrebte Tätigkeit inbesondere der Darstellung einer besonderen wissenschaftlichen Kompetenz im Wettbewerb mit konkurrierenden Freiberuflern dient (FG Schleswig-Holstein 6.3.2019 – 4 K 48/18, EFG 2019, 681).

Haus

438 Wohnung → Rn. 645 ff.

Haushaltshilfe

439 Kinderbetreuung → Rn. 466.

Häusliches Arbeitszimmer

440 Siehe § 4 Abs. 5 S. 1 Nr. 6b.

Heirat

441 Eine Heirat ist stets privat veranlasst, sodass die entsprechenden Aufwendungen steuerlich nicht abziehbar sind (FG Köln 11.11.2014 – 2 K 1706/11, EFG 2015, 635 – **Bewirtungskosten eines politischen Mandatsträgers anlässlich seiner kirchlichen Trauung;** aber zur möglichen Aufteilung gemischter Aufwendungen → Rn. 420). Sie bewirken auch keine außergewöhnliche Belastung (BFH 18.8.1967 – VI R 51/66, BStBl. III 1967, 758 – **Ausstattung** für den heiratenden Sohn; BFH 3.6.1987 – III R 141/86, BStBl. II 1987, 779 – **Aussteuer;** BFH 15.4.1992 – III R 11/91, BStBl. II 1992, 821 – Reisekosten, um eine Ausländerin heiraten zu können). Auch die Kosten für eine Scheidung (→ Rn. 562) sind der steuerlichen Privatsphäre zuzurechnen und nicht abziehbar.

HiFi-Anlage

442 Elektrische Geräte → Rn. 378.

Hund

443 Tiere → Rn. 599 f.

Hundesteuer

Steuern → Rn. 581. 444

Hochzeit

Heirat → Rn. 441. 445

Hörgerät

→ § 9 Rn. 818. 446

Hygiene

Die Aufwendungen für die Hygiene gehören in aller Regel zu den nicht absetzbaren Kosten der Lebensführung (BFH 6.7.1989 – IV R 91-92/87, BStBl. II 1990, 49; Existenzminimum → Rn. 385; Repräsentation → Rn. 547; gemischte Aufwendungen → Rn. 420). 447

Einstweilen frei 448–452

Jagd

Aufwendungen für die Jagd und damit in Zusammenhang stehende Bewirtungen dürfen den Gewinn nach § 4 Abs. 5 S. 1 Nr. 4 nicht mindern. Diese Regelung greift aufgrund des Verweises in § 9 Abs. 5 S. 1 auch für Überschusseinkünfte. Nach § 4 Abs. 5 S. 2 gilt dies allerdings nicht, sofern der Steuerpflichtige die Tätigkeit mit Gewinnabsicht ausübt (→ § 4 Rn. 2745 ff.; Tiere → Rn. 599 f.; zu Hundesteuer Steuern → Rn. 581). 453

Jagdsteuer

Steuern → Rn. 581. 454

Jubiläum

Bewirtung → Rn. 337 ff. 455

Einstweilen frei 456–460

Kaffeesteuer

Steuern → Rn. 581. 461

Kamera

Elektrische Geräte → Rn. 378. 462

Kapitalertragsteuer

Steuern → Rn. 581. 463

Kfz, Aufwendungen

Kraftfahrzeug → Rn. 481 und Fahrerlaubnis → Rn. 393 f. 464

Kfz-Steuer

Steuern → Rn. 581. 465

Kinderbetreuung

Kinderbetreuungskosten sind der Privatsphäre zuzuordnen. Sie werden im typisierten Existenzminimum beim Familienleistungsausgleich steuerlich geschont (subjektives Nettoprinzip → Rn. 22 ff.; Existenzminium → Rn. 385) und darüber hinaus in Teilen als Sonderausgaben abgezogen (§ 10 Abs. 1 Nr. 5). Als Aufwendungen der privaten Lebensführung können 466

Kinderbetreuungskosten nicht als Betriebsausgaben oder als Werbungskosten abgezogen werden, auch wenn der Steuerpflichtige ohne die Kinderbetreuung oder **Haushaltshilfe** keiner Erwerbstätigkeit nachgehen könnte (BFH 23.4.2009 – VI R 60/06, BStBl. II 2010, 257; BFH 9.11.1982 – VIII R 198/81, BStBl. II 1983, 297; FG Baden-Württemberg 24.8.1992 – 12 K 31/92, EFG 1993, 235 – **Kindertagesheim;** BFH 10.5.1973 – IV R 181/70, BStBl. II 1973, 631; BFH 9.11.1982 – VIII R 198/81, BStBl. II 1983, 297; → § 4 Rn. 2289). Wird eine Haushaltshilfe teils im Haushalt und teils im Betrieb tätig, kann eine Aufteilung nach objektiv nachprüfbaren Merkmalen erfolgen (BFH 8.11.1979 – IV R 66/77, BStBl. II 1980, 117; gemischte Aufwendungen → Rn. 420).

Kino

467 Allgemeinbildung → Rn. 308.

Kirchensteuer

468 Gezahlte Kirchensteuern sind der Privatsphäre zuzuordnen und können nicht als Betriebsausgaben oder Werbungskosten abgezogen werden. Es greift jedoch der Sonderausgabenabzug nach § 10 Abs. 1 Nr. 4 (→ Rn. 55; Steuern → Rn. 581).

Klassenfahrt

469 Reisen → Rn. 548 ff.

Kleidung

470 Die Kosten für Kleidung sind grundsätzlich der privaten Lebensführung zuzuordnen und daher steuerlich nicht absetzbar. Der Aufwand wird nach dem objektiven Bedarf im Existenzminimum typisiert steuerlich geschont (**subjektives Nettoprinzip** → Rn. 22 ff.; Existenzminimum → Rn. 385). Auch Aufwendungen, die über die Anschaffungskosten hinaus im Zusammenhang mit **bürgerlicher Bekleidung** entstehen (Reinigung und Instandhaltung; FG München 23.4.2018 – 2 K 1726/16, BeckRS 2018, 36297), werden der allgemeinen Lebensführung zugeordnet (Lebensführungskosten → Rn. 495). Die bürgerliche Kleidung gehört auch dann zur allgemeinen Lebensführung, wenn sie ausschließlich bei der beruflichen Tätigkeit getragen wird (BFH 20.11.1979 – VI R 143/77, BStBl. II 1980, 73 – **Trachtenanzug des Geschäftsführers in einem Lokal;** BFH 19.1.1996 – VI R 73/94, BStBl. II 1996, 202 – **Lodenmantel eines Försters mit Dienstabzeichen;** BFH 24.4.1992 – VI R 94/89, BFH/NV 1993, 23 – **Tropenkleidung;** BFH 18.4.1991 – IV R 13/90, BStBl. II 1991, 751 – **Instrumentalsolistin;** BFH 20.11.1979 – VI R 25/78, BStBl. II 1980, 75 – **Dekorateur;** FG Hamburg 14.3.2002 – VI 247/00, EFG 2002, 963 – **weiße Kleidung einer Altenpflegerin;** FG Münster 1.7.2015 – 9K 3675/14 E, BeckRS 2015, 95404 – **Schuhe einer Schuhverkäuferin;** FG Berlin-Brandenburg 29.8.2018 – 3 K 3278/15, EFG 2018, 1940 – **schwarze Kleidung eines Trauerredners**). Die Aufwendungen sind selbst dann der Privatsphäre zuzuordnen, wenn die berufliche Tätigkeit mit außergewöhnlich hohen Aufwendungen für bürgerliche Kleidung einhergeht (BFH 6.7.1989 – IV R 91-92/87, BStBl. II 1990, 49 – **Schauspielerin;** Repräsentationsaufwendungen → Rn. 547). Da bürgerliche Kleidung auch immer der Erfüllung des allgemeinen menschlichen Bedürfnisses nach Bedeckung dient, liegt in diesen Fällen eine **untrennbare private Mitveranlassung** vor (BFH 18.4.1991 – IV R 13/90, BStBl. II 1991, 751 – **Instrumentalsolistin;** FG Hamburg 26.3.2014 – 6 K 231/12, EFG 2014, 1377 – **Business-Kleidung;** FG München 10.7.2014 – 15 K 1016/12, DStRE 2015, 1482 – **Business-Kleidung;** FG Münster 13.7.2016 – 8 K 3646/15 E, BeckRS 2016, 95210 **– Orchestermusiker**).

471 Aufwendungen für **typische Berufsbekleidung** sind hingegen anders als die Kosten für bürgerliche Kleidung erwerblich veranlasst und daher als Erwerbsaufwendungen abzuziehen (§ 9 Abs. 1 S. 3 Nr. 6 S. 1 Alt. 2). Typische Berufskleidung ist „ihrer Beschaffenheit nach objektiv nahezu ausschließlich für die berufliche Verwendung bestimmt und wegen der Eigenart des Berufes notwendig" (BFH 4.12.1987 – VI R 20/85, BFH/NV 1988, 703). Manche Berufe sind an ihrer typischen Kleidung erkennbar (Schornsteinfeger, Arzt, Handwerker, Koch, Cut eines Empfangschefs, Kellnerfrack). Die private Veranlassung ist dann

steuerlich zu vernachlässigen (BFH 6.6.2005 – VI B 80/04, BFH/NV 2005, 1792; BFH 30.9.1970 – I R 33/69, BStBl. II 1971, 50 – **schwarzer Anzug eines Leichenbestatters;** BFH 29.6.1993 – VI R 77/91, BStBl. II 1993, 837 – **Reinigung der Diensthemden eines Polizeibeamten;** BFH 4.12.1987 – VI R 20/85, BFH/NV 1988, 703 – Kleidung eines **Oberkellners;** hierzu auch BFH 9.3.1979 – VI R 171/77, BStBl. II 1979, 519: Erwerbsaufwendungen, wenn die Kleidung des Kellners den Dienstvorschriften entsprechen muss). Auch ein besonderer beruflich veranlasster Verschleiß kann, wenn er nach objektiven Maßstäben leicht nachprüfbar vom normalen Verschleiß abgegrenzt werden kann, steuerlich abgezogen werden (BFH 24.7.1981 – VI R 171/78, BStBl. II 1981, 781; gemischte Aufwendungen → Rn. 420). Wird typische Berufskleidung zu Hause gereinigt, kann der Aufwand für eine **Waschmaschine** und einen **Heimbügler** aufgeteilt werden (BFH 25.10.1985 – III R 173/80, BFH/NV 1986, 281). Die unmittelbaren Kosten des Waschvorgangs und die Abnutzung, Instandhaltung und Wartung der Waschmaschine sind als Werbungskosten abziehbar (FG Nürnberg 24.10.2014 – 7 K 1704/13, EFG 2015, 1162). Die anfallenden Erwerbsaufwendungen können – ggf. mit Hilfe von Erfahrungen der Verbraucherverbände – geschätzt werden (BFH 29.6.1993 – VI R 53/92, BStBl. II 1993, 838; gemischte Aufwendungen → Rn. 420; → § 9 Rn. 735).

Diese Trennung der Erwerbs- von der Privatsphäre wird durch das **Lohnsteuerrecht** bestätigt. Überlässt ein Kleiderfabrikant einem Arbeitnehmer herkömmliche Kleider, werden diese in die Privatheit zugewendet, weshalb diese Zuwendung lohnsteuerpflichtig ist (BFH 11.4.2006 – VI R 60/02, BStBl. II 2006, 691). Stellt der Arbeitgeber dem Arbeitnehmer eine Unternehmensuniform, ist dies eine typische Berufskleidung, auch wenn der Arbeitnehmer die Kleidung mit nach Hause nehmen darf. Wenn Blusen, Hemden, Pullunder, Tücher und Krawatten in besonderen Farbtönen angeschafft werden, damit die Arbeitnehmer eines Unternehmens leicht an ihrem Äußeren zu erkennen sind, handelt es sich hierbei um eine uniformähnliche Gemeinschaftsausstattung und damit um typische Berufskleidung (BFH 22.6.2006 – VI R 21/05, BStBl. II 2006, 915). **472**

Aufwendungen für Kleidung bewirken regelmäßig auch keine außergewöhnliche Belastung – selbst wenn sie in Folge eines Diebstahls getätigt werden müssen (BFH 3.9.1976 – VI R 185/74, BStBl. II 1976, 712), einer Abmagerungskur (BFH 17.7.1981 – VI R 105/78, BFHE 133, 550) oder einer Geschlechtsangleichung (BFH 25.10.2007 – III R 63/06, BFH/NV 2008, 544). Insbesondere ist auch die Erstausstattung eines erstgeborenen Kindes keine außergewöhnliche Belastung (BFH 28.2.1964 – VI 168/63 U, BeckRS 1964, 21001836; BFH 19.12.1969 – VI R 125/69, BStBl. II 1970, 242 – Zwillinge). **473**

Einstweilen frei **474**

Körperschaftsteuer

Siehe § 10 KStG und Steuern → Rn. 581. **475**

Kommunion und Konfirmation

Aufwendungen, die im Zusammenhang mit einer Kommunion oder Konfirmation entstehen, sind stets der Privatsphäre zuzuordnen und bewirken keine außergewöhnliche Belastung (Bewirtung → Rn. 337 ff.). **476**

Kontogebühren

Kontoführungsgebühren können erwerblich und privat veranlasst sein. Im Falle der gemischten Veranlassung können sie zwischen der Erwerbs- und Privatsphäre aufgeteilt werden. Dafür eignet sich das Verhältnis zwischen privaten und erwerblichen Kontobewegungen (BFH 9.5.1984 – VI R 63/80, BStBl. II 1984, 560; EStH 12.1; gemischte Aufwendungen → Rn. 420; → § 9 Rn. 837). **477**

Konzerte

Allgemeinbildung → Rn. 308. **478**

Kosmetik

479 Aufwendungen für Kosmetik sind immer privat veranlasst. Dies gilt auch für außergewöhnlich hohe Aufwendungen, die aus beruflichen Gründen zB einem **Schauspieler** entstehen (BFH 6.7.1989 – IV R 91-92/87, BStBl. II 1990, 49; § 12 Nr. 1 S. 2; Repräsentationsaufwendungen → Rn. 547).

480 Aufwendungen für kosmetische Behandlungen können jedoch als eine außergewöhnliche Belastung zu berücksichtigen sein, wenn die Behandlung aus medizinischer Sicht, etwa aus psychischen Gründen notwendig ist (Krankheit → Rn. 483 ff.).

Kraftfahrzeug

481 Aufwendungen für ein Kfz sind je nach Veranlassung der Privat- oder Erwerbssphäre zuzuordnen, folglich vom steuerlichen Abzug ausgeschlossen oder als Erwerbsaufwendungen absetzbar (→ § 4 Rn. 2416; → § 9 Rn. 838; jeweils mwN). In den Fällen gemischter Veranlassung sind die Kosten nach objektiven Kriterien aufzuteilen (gemischte Aufwendungen → Rn. 420; s. Fahrtkosten → Rn. 392). Steuerlich nicht anzuerkennen sind betriebliche Aufwendungen, die durch die Überlassung eines Dienstwagens zur unbeschränkten Privatnutzung des Arbeitnehmers im Rahmen einer geringfügigen Beschäftigung zwischen Ehegatten getätigt wurden (BFH 10.10.2018 – X R 44-45/17, DStR 2019, 430 – Ehegatten-„Minijob" mit Firmenwagennutzung).

Krankenversicherung

482 Versicherung → Rn. 627 f.

Krankheit

483 Die Gesundheit ist eine Frage der allgemeinen Lebensführung. Behandlungskosten für Erkrankungen, bei denen es sich nicht um **typische Berufserkrankungen** handelt, sind nur dann als Werbungskosten bzw. Betriebsausgaben abziehbar, wenn die Erkrankung ausschließlich oder nahezu ausschließlich durch die berufliche bzw. betriebliche Sphäre verursacht wurde. Krankenversicherungsbeiträge werden aber beim Sonderausgabenabzug berücksichtigt (Versicherung → Rn. 627 f.). Der Abzug als Erwerbsaufwendungen wurde bei einer beruflichen **Krankengymnastik einer Violinistin zur Wiederherstellung der Gesundheit** (BFH 11.7.2013 – VI R 37/12, BStBl. II 2013, 815) und bei einer **psychischen Erkrankung eines Arbeitnehmers durch das „Mobbing"/„Bossing" der Vorgesetzten** angenommen (FG Rheinland-Pfalz 22.8.2012 – 2 K 1152/12, DStRE 2014, 1217). Verneint wurde eine Zuordnung der Krankheitskosten zur Erwerbssphäre hingegen bei einer **Zuckererkrankung** (BFH 9.2.1962 – VI 10/61 U, BStBl. III 1962, 235), einem **Herzinfarkt** (BFH 4.10.1968 – IV R 59/68, BStBl. II 1969, 179), den **Aufwendungen eines Röntgenarztes für genetische Krankheiten seiner Kinder** (BFH 17.4.1980 – IV R 207/75, BStBl. II 1980, 639) und bei **Burn-out** (BFH 9.11.2015 – VI R 36/13, BFH/NV 2016, 194). Gleiches gilt auch für Aufwendungen, die zur Erhaltung der Gesundheit aufgebracht werden (BFH 21.9.2009 – GrS 1/06, BStBl. II 2010, 672; BMF 6.7.2010, BStBl. I 2010, 614 Rn. 19; BFH 17.7.1992 – VI R 96/88, BFH/NV 1993, 19 – **Kurkosten**).

484 Dies bestätigt die Rechtsprechung des BFH zum Vorliegen von steuerpflichtigem Lohn, wenn der Arbeitgeber Kosten für eine allgemeine **Pflichtuntersuchung** oder eine gängige **Kur** übernimmt (BFH 31.10.1986 – VI R 73/83, BStBl. II 1987, 142; BFH 11.3.2010 – VI R 7/08, BStBl. II 2010, 763). Anders ist dies dann zu beurteilen, wenn der Arbeitgeber die Kosten aus eigenem Interesse trägt. Etwa bei **Vorsorgeuntersuchungen** (BFH 17.9.1982 – VI R 75/79, BStBl. II 1983, 39) oder bei **Massagen** von „Bildschirmarbeitnehmern" (BFH 30.5.2001 – VI R 177/99, BStBl. II 2001, 671).

485 Krankheitskosten können außergewöhnliche Belastungen bewirken, zB für die Behandlung einer **Legasthenie** (BFH 7.6.2000 – III R 54/98, BStBl. II 2001, 94; BFH 30.6.1998 – III R 110/93, BFH/NV 1998, 1480) oder für **medizinische Hilfsmittel** (vgl. BFH 9.8.1991 – III R 54/90, BStBl. II 1991, 920). Der BFH sah aber keine sittliche Verpflichtung eines Sohnes, für seinen Vater eine nicht durch die Krankenversicherung gedeckte **Krebsnachbehandlung** zu zahlen, und verwehrte daher den Abzug als außergewöhnliche Belas-

tungen (BFH 12.12.2002 – III R 25/01, BStBl. II 2003, 299). Auch die Kosten für die Einlagerung von **Nabelschnurblut** sind als Vorsorgeaufwendungen nicht zwangsläufig (BFH 15.10.2007 – III B 112/06, BFH/NV 2008, 355). Bei den Aufwendungen für ein **Fastenprogramm** muss vom Steuerpflichtigen ein amtsärztliches Attest vorgelegt werden, dass das Programm medizinisch notwendig ist (BFH 29.5.2007 – III B 37/06, BFH/NV 2007, 3757; zur Notwendigkeit eines amtsärztlichen Attests ferner BFH 1.2.2001 – III R 22/00, BStBl. II 2001, 543 – **Ayurveda-Behandlung;** BFH 17.3.2006 – III B 93/05, BFH/NV 2006, 1284 – **Multiple Chemical Sensitivity;** BFH 15.11.2007 – III B 205/06, BFH/NV 2008, 368 – **Delfintherapie;** BFH 24.11.2006 – III B 57/06, BFH/NV 2007, 438 – **Fettabsaugung**). Behandlungen, die objektiv ungeeignet sind, eine Krankheit zu heilen, sind eine außergewöhnliche Belastung, wenn der Erkrankte nur noch eine begrenzte Lebenserwartung hat und auf keine kurative Behandlung mehr anspricht, sofern die Behandlung durch eine zur Heilbehandlung zugelassene Person durchgeführt wird. Die Zwangsläufigkeit der Aufwendungen resultiert hier aus der **ausweglosen Lebenssituation** (BFH 2.9.2010 – VI R 11/09, BStBl. II 2011, 119). Behandlungen bei nicht zur Heilbehandlung zugelassenen Personen sind demgegenüber keine außergewöhnliche Belastung (BFH 18.4.1990 – III R 38/86, BFH/NV 1991, 27 – Reise zu einem philippinischen **Wunderheiler**).

Kunst

Das **Ausschmücken des Dienstzimmers** oder dessen Vorzimmer mit Kunstgegenständen ist der Privatsphäre zuzuordnen (BFH 12.3.1993 – VI R 92/92, BStBl. II 1993, 506; BFH 14.5.1991 – VI R 119/88, BStBl. II 1991, 837; FG Rheinland-Pfalz 9.4.1991 – 2 K 2010/89, DStR 1992, 320 – **Kupferstich**). Dies gilt auch für das häusliche Arbeitszimmer (BFH 30.10.1990 – VIII R 42/87, BStBl. II 1991, 340). **Antiquitäten** können jedoch der Erwerbssphäre zuzuordnen sein, sofern sie beruflich gebraucht werden (→ § 9 Rn. 716 „Antiquitäten“; zum Besuch von Kunstausstellungen Allgemeinbildung → Rn. 308). **486**

Künstliche Befruchtung

Die Aufwendungen für eine künstliche Befruchtung sind grundsätzlich Kosten der allgemeinen Lebensführung (Lebensführungskosten → Rn. 495). Der BFH hat diese Kosten jedoch in Fällen medizinisch indizierter Heilbehandlungen als außergewöhnliche Belastungen zum Abzug zugelassen (BFH 16.12.2010 – VI R 43/10, BStBl. II 2011, 414; BFH 5.10.2017 – VI R 47/15, BStBl. II 2018, 350; BFH 5.10.2017 – VI R 2/17, BFH/NV 2018, 194; insgesamt *Teller* DStR 2018, 2318; Krankheit → Rn. 483 ff.). **487**

Kur

Krankheit → Rn. 483 ff. **488**

Kurs

Weiterbildung → Rn. 644. **489**

Einstweilen frei **490–494**

Lebensführungskosten

Kosten der privaten Lebensführung und die Ausgaben für privaten Konsum sind als Aufwendungen der freiwilligen Vermögensverwendung der Privatsphäre zuzurechnen und steuerlich nicht absetzbar (§ 12 Nr. 1 S. 1; → Rn. 96 ff.). Das Existenzminimum – der objektivierte Bedarf für Nahrung, Unterkunft, Kleidung, Hygiene, Gesundheit, Bildung und eine angemessene Teilhabe am sozialen Leben – ist im typisierten Existenzminimum steuerlich zu schonen. Das subjektive Nettoprinzip versagt zudem den steuerlichen Zugriff auf zwingende pflichtbestimmte existenzsichernde Ausgaben, die von dieser Typisierung nicht erfasst sind. Im Übrigen mindern die Kosten der allgemeinen Lebensführung die Einkommensteuer nicht (→ Rn. 22 ff.; → Rn. 115 ff.; Existenzminimum → Rn. 385). **495**

Lebensführungsnahe Erwerbsaufwendungen

496 Die Abzugsregelungen in § 4 Abs. 5, Abs. 9 und § 9 Abs. 1 und 6 handeln von Aufwendungen für Geschenke, die Bewirtung, für Gästehäuser, für eine Jagd oder Fischerei, für die Verpflegung, für den Weg zur Arbeit, für eine betrieblich veranlasste doppelte Haushaltsführung, das häusliche Arbeitszimmer und die Berufsausbildung oder das Erststudium, die nicht klar der Erwerbs- oder der Privatsphäre zugeordnet werden können (lebensführungsnahe Erwerbsaufwendungen). Der Gesetzgeber hat diese Kosten – obgleich sie die allgemeine Lebensführung berühren – als Betriebsausgaben gefasst und sodann einen beschränkten Abzug zugelassen oder den Abzug untersagt. Aufwendungen, die nach allgemeiner Verkehrsauffassung unangemessen sind, sind – auch wenn sie die Erwerbssphäre berühren – nicht abziehbar (§ 4 Abs. 5 S. 1 Nr. 7; insgesamt → Rn. 46 ff.).

Lebensgemeinschaft – Kosten der Wohnung

497 Bei einer Lebensgemeinschaft, in der Räumlichkeiten sowohl vom Steuerpflichtigen und seiner Familie zu Wohnzwecken, als auch zur entgeltlichen Betreuung fremder Kinder verwendet werden, ist eine Aufteilung der Räumlichkeiten nach Köpfen vorzunehmen (BFH 25.6.2009 – IX R 49/08, BStBl. II 2010, 122; gemischte Aufwendungen → Rn. 420).

Lehrgang

498 Weiterbildung → Rn. 644.

Leihmutter

499 Aufwendungen für eine Leihmutterschaft liegen im Bereich der allgemeinen Lebensführung und sind daher steuerlich nicht absetzbar (Lebensführungskosten → Rn. 495). Sie bewirken auch keine außergewöhnlichen Belastungen (FG Düsseldorf 9.5.2003 – 18 K 7931/00 E, DStRE 2003, 1452).

Lohnsteuer

500 Steuern → Rn. 581.

Lösegeld und Erpressung

501 Lösegeldforderungen, die ein Entführter zahlt, sind privat veranlasst und nicht als Betriebsausgaben oder Werbungskosten abziehbar (BFH 30.10.1980 – IV R 27/77, BStBl. II 1981, 303). Ein Abzug als Erwerbsaufwand ist auch dann ausgeschlossen, wenn das Lösegeld von Mitgesellschaftern bezahlt wird (BFH 30.10.1980 – IV R 223/79, BStBl. II 1981, 307, **aA** zum Teil *Wunderlich* DStR 1996, 2003 (2004 f.)). Der Aufwand für die Befreiung ist untrennbar privat veranlasst. Bei einer Lösegeldzahlung einer Kapitalgesellschaft bleibt die Zuordnung zur steuerlichen Privatsphäre auch bei einer Entführung auf einer Dienstreise bestehen; die Lösegeldzahlung war daher eine **verdeckte Gewinnausschüttung** (BFH 22.2.2001 – I B 132/00, BFH/NV 2001, 1048). Erwerblich veranlasst sind aber Erpressungsgelder, die gezahlt werden, um die Wirtschaftsgüter des Betriebs zu schützen (→ § 4 Rn. 2429).

502 Lösegeldzahlungen können eine außergewöhnliche Belastung bewirken (BFH 30.10.1980 – IV R 27/77, BStBl. II 1981, 303).

Lotteriesteuer

503 Steuern → Rn. 581.

Luftverkehrssteuer

504 Steuern → Rn. 581.

505–509 *Einstweilen frei*

Mietabfindung

Abfindungen → Rn. 300. 510

Musikanlage

Elektrische Geräte → Rn. 378. 511

Musikinstrument

Musikinstrumente sind regelmäßig der Privatsphäre zuzuordnen. Ein Abzug der Kosten als Erwerbsaufwand ist ausnahmsweise möglich, wenn die Anschaffung und der Unterhalt des Instruments weitaus überwiegend der Erwerbstätigkeit dienen. So kann der **Konzertflügel** einer Dozentin eines städtischen Konservatoriums (BFH 21.10.1988 – VI R 18/86, BStBl. II 1989, 356) der Erwerbssphäre ebenso zuzuordnen sein wie die **Meistergeige** eines Konzertgeigers (BFH 26.1.2001 – VI R 26/98, BStBl. II 2001, 194; insgesamt → § 9 Rn. 854). 512

Einstweilen frei 513–517

Nachschlagewerk

Bücher → Rn. 347 f. 518

Nahrung

Nahrungsmittel und Getränke sind in der Regel als unverzichtbare Aufwendungen der allgemeinen Lebensführung nicht abziehbar. Sie werden im Existenzminimum nach einem objektivierten Bedarf typisiert und steuerlich geschont (subjektives Nettoprinzip → Rn. 22 ff.; Existenzminimum → Rn. 385). Dies gilt auch für den **Mehraufwand eines Spitzensportlers** (BFH 9.4.2014 – X R 40/11, BFH/NV 2014, 1359), den **Mehraufwand für eine mehr als zwölfstündige Abwesenheit von der Wohnung** (BFH 28.1.1976 – IV R 195/72, BStBl. II 1976, 323) und den **Mehraufwand für Getränke von Gießereiarbeitern** (BFH 17.7.1959 – VI 107/57 U, BStBl. III 1959, 412). **Erhöhte Lebensmittelaufwendungen wegen einer Bulimie-Erkrankung** sind ebenfalls der Privatsphäre zuzuordnen (FG Münster 19.2.2019 – 12 K 302/17 E, EFG 2019, 623). Die Nahrung bleibt auch in diesen Fällen notwendiger existenzsichernder privater Aufwand – eine erwerbliche Veranlassung (BFH 16.1.1996 – III R 11/94, BFH/NV 1996, 539 – **Testessen eines Spitzengastronoms bei Konkurrenten**) scheidet wie eine Aufteilung als gemischte Aufwendungen aus (→ Rn. 420). Kosten für Nahrung können nur in besonderen Fällen erwerblich veranlasst sein. Bei einem **Restaurantkritiker,** der in Restaurants essen muss, um seinem Beruf nachzugehen, hat der BFH die Zuordnung noch offengelassen (BFH 25.8.2000 – IV B 131/99, BFH/NV 2001, 162). Wenn der Restaurantbesuch an Stelle der allgemeinen Nahrungsaufnahme tritt, sind die Kosten jedoch privat veranlasst. Besondere Versorgungsmehraufwendungen können im Einzelfall aber der Erwerbssphäre zuzuordnen sein (BFH 13.11.1987 – III R 222/84, BStBl. II 1988, 428 – **Baustelle mehr als 15 km von Betriebsstätte entfernt;** BFH 16.11.2005 – VI R 12/04, BStBl. II 2006, 267 – **Auswärtstätigkeit eines Marinesoldaten**). 519

Der Gesetzgeber hat sich zudem in § 4 Abs. 5 S. 1 Nr. 5 S. 1 dafür entschieden, Verpflegungsmehraufwendungen nicht gewinnmindernd zu berücksichtigen (lebensführungsnahe Erwerbsaufwendungen → Rn. 46 ff.). Er verweist in S. 2 jedoch auf § 9 Abs. 4a. Ein Abzug ist hiernach in besonderen Fällen möglich, wenn der Steuerpflichtige von seiner Wohnung und dem Mittelpunkt seiner dauerhaft angelegten betrieblichen Tätigkeit entfernt betrieblich tätig ist. 520

Verpflegungsaufwendungen sind auch im Arbeitsleben – und auch wenn der Arbeitgeber die Mahlzeiten des Arbeitnehmers zahlt – grundsätzlich der Privatsphäre zuzuordnen (BFH 5.5.1994 – VI R 55/92 ua, BStBl. II 1994, 771). Die Übernahme der Verpflegungskosten ist dann steuerpflichtiger Lohn. Anders ist dies jedoch bei **Fortbildungsveranstaltungen** zu beurteilen. Übernimmt der Arbeitgeber hier die Kosten für Speisen und Getränke, liegt der Schwerpunkt auf dem Gelingen der Veranstaltung. Die Aufwendungen sind kein steuer- 521 pflichtiger Lohn (BFH 4.8.1994 – VI R 61/92, BStBl. II 1995, 59; BFH 5.5.1994 – VI R 55/92, VI R 56/92, BStBl. II 1994, 771). Die private Lebensführung ist hingegen dann betroffen, wenn der Arbeitgeber bei einer Fortbildungsveranstaltung Luxusaufwendungen tätigt, **Kaviar und Champagner** reicht (siehe auch § 4 Abs. 5 S. 1 Nr. 7; lebensführungsnahe Erwerbsaufwendungen → Rn. 46 ff.).

522–531 *Einstweilen frei*

Persönlichkeitsentfaltung

532 Weiterbildung → Rn. 644.

Pay-TV

533 Elektrische Geräte → Rn. 378.

Pflegeversicherung

534 Versicherung → Rn. 627 f.

Privatschule

535 Ausbildung der Kinder → Rn. 318 f.

Promotion

536 Kosten für eine Promotion liegen als Aufwendungen für die allgemeine wissenschaftliche Bildung – wie die Ausgaben für ein Erststudium – zwischen der Erwerbs- und Privatsphäre. Der Gesetzgeber könnte sie konstitutiv zum steuerlichen Abzug zulassen (Ausbildung → Rn. 317 ff.). Mangels eines entsprechenden Abzugstatbestandes sind die Kosten daher nur abziehbar, wenn sie klar der Erwerbssphäre zuzuordnen sind (Veranlassungsprinzip). „Aufwendungen für eine Bildungsmaßnahme können, sofern sie beruflich veranlasst sind, Werbungskosten (ggf. Betriebsausgaben) sein. Liegt ein erwerbsbezogener Veranlassungszusammenhang vor, kommt es für die steuerliche Berücksichtigung der Aufwendungen nicht darauf an, ob ein neuer, ein anderer oder ein erstmaliger Beruf ausgeübt werden soll.“ Maßgeblich ist nicht, ob die Doktorarbeit Gegenstand eines Dienstverhältnisses ist (anders noch: BFH 27.3.1991 – VI R 52/88, BStBl. II 1991, 637; insgesamt BFH 4.11.2003 – VI R 96/01, BStBl. II 2004, 891; siehe auch für eine Absage an den Abzug als Erwerbsaufwand BFH 8.6.2004 – VI B 158/03, BFH/NV 2004, 1406 – **gekaufter Doktortitel;** → § 9 Rn. 874).

Prozesskosten

537 Rechtsverfolgung → Rn. 545.

538–542 *Einstweilen frei*

Radio

543 Elektrische Geräte → Rn. 378.

Rechner

544 Aufwendungen für einen Rechner und die damit verbundenen Geräte (Drucker, Scanner) sind je nach Veranlassung der Privat- oder Erwerbssphäre zuzuordnen, folglich vom steuerlichen Abzug ausgeschlossen oder als Erwerbsaufwendungen absetzbar. Sofern die Anlage vernachlässigbar zu privaten oder erwerblichen Zwecken genutzt wird (weniger als zehn Prozent), ist sie komplett einer steuerlichen Sphäre zuzuordnen. In den übrigen Fällen gemischter Veranlassung sind die Kosten nach objektiven Kriterien aufzuteilen (gemischte Aufwendungen → Rn. 420; insgesamt → § 9 Rn. 755).

Rechtsverfolgung

→ § 9 Rn. 882. 545

Rennwettsteuer

Steuern → Rn. 581. 546

Repräsentationsaufwendungen

Repräsentationsaufwendungen sind erhöhte Kosten der Lebensführung (Lebensführungskosten → Rn. 495), durch die der Steuerpflichtige seinen Lebensstil seiner besonderen beruflichen oder gesellschaftlichen Stellung anpasst. Diese Aufwendungen für gehobene Kleidung, besondere Ernährung oder Güter (Uhr, Pkw), eine repräsentative Wohnung oder Kosmetika sind auch dann als Kosten der allgemeinen Lebensführung **nicht abziehbar,** wenn sie die Erwerbstätigkeit des Steuerpflichtigen fördern (§ 12 Nr. 1 S. 2; → Rn. 109 ff.). 547

Reisen

Aufwendungen für Reisen (An- und Abreise, Übernachtung, Verpflegung etc) sind regelmäßig der Privatsphäre zuzurechnen und dann steuerlich nicht absetzbar. Die Kosten können aber vollständig als Erwerbsaufwendungen abgezogen werden, wenn die Reise nach einer Gesamtwürdigung einen engen Zusammenhang zur Erwerbstätigkeit aufweist und auf diese ausgerichtet ist, eine mögliche private Mitveranlassung daher vernachlässigbar ist. Maßgeblich ist, ob die Reise aus erwerblichen Gründen erfolgt und insofern fremdbestimmt ist. „Das ist zum einen der Fall, wenn der Reise ein unmittelbarer beruflicher bzw. betrieblicher Anlass zugrunde liegt (z. B. das Aufsuchen eines Geschäftsfreundes, das Halten eines Vortrages auf einem Fachkongress, die Durchführung eines Forschungsauftrages) und die Verfolgung privater Reiseinteressen nicht den Schwerpunkt der Reise bildet. Gleiches gilt, wenn die berufliche bzw. betriebliche Veranlassung bei weitem überwiegt und die Befriedigung privater Interessen, wie z. B. Erholung, Bildung und Erweiterung des allgemeinen Gesichtskreises, nach dem Anlass der Reise, dem vorgesehenen Programm und der tatsächlichen Durchführung nicht ins Gewicht fällt und nur von untergeordneter Bedeutung ist" (BFH 21.4.2010 – VI R 5/07, BStBl. II 2010, 687; BFH 10.4.2002 – VI R 46/01, BStBl. II 2002, 579; BFH 11.5.1990 – VI R 140/86, BStBl. II 1990, 777 – **Klassenfahrt eines Lehrers;** BFH 7.2.1992 – VI R 93/90, BStBl. II 1992, 531 – **im Rahmen der Ausbildung obligatorische Klassenfahrt eines Berufsschülers;** BFH 27.8.2002 – VI R 22/01, BStBl. II 2003, 369 – **Organisation und Durchführung einer Gruppenreise als Dienstaufgabe;** BFH 9.12.2010 – VI R 42/09, BStBl. II 2011, 522 – **Pfarrer begleitet Pilgerfahrt in seelsorgerischer Betreuung;** FG Münster 14.5.2019 – 2 K 2355/18 E, DStRE 2019, 1369 – **Nichtabziehbarkeit von Aufwendungen für beruflich veranlasste Auslandsreisen, die auf die den Reisenden begleitende Ehefrau entfallen,** NZB anh. VIII B 127/19). Aufwendungen für einen Betriebsausflug sind jedoch der Privatsphäre zuzuordnen und bewirken keine Werbungskosten (FG Köln 13.2.1985 – VII K 227/84, NJW 1987, 2544; ingesamt auch → § 4 Rn. 2466 ff.; → § 9 Rn. 884). 548

Reisekosten können bei privater und erwerblicher – also gemischter – Veranlassung anteilig der Erwerbs- und der Privatsphäre zugeordnet werden, wenn eine Trennung nach objektiven Kriterien möglich und kein Veranlassungszusammenhang vernachlässigbar ist (BMF 6.7.2010, BStBl. I 2010, 614 Rn. 12: unter zehn Prozent; BFH 21.4.2010 – VI R 5/07, BStBl. II 2010, 687; → Rn. 132 insbesondere → Rn. 142 mit → Rn. 142.1). Die Aufteilung erfolgt regelmäßig nach Zeitanteilen (BFH 21.9.2009 – GrS 1/06, BStBl. II 2010, 672, auch *Hillmer* BC 2012, 186 (187 f.); *Kanzler* NWB 2010, 1800 (1800 f.); *Offerhaus* DStR 2005, 446 (449 f.); *Ortmann-Babel* BB 2010, 296 (296); *Urban* DS 2010, 87 (89)). Auch die Kosten der An- und Abreise sind zu trennen (BFH 21.9.2010 – GrS 1/06, BStBl. II 2010, 672). Bei einer Ferienreise ins Ausland, bei der der Steuerpflichtige **Lehrbücher** schreibt oder überarbeitet und sich zugleich erholt, sind die Aufwendungen vollständig der Privatsphäre zuzuordnen, wenn eine Trennung kaum möglich ist (BFH 7.5.2013 – VIII R 51/10, BStBl. II 2013, 808). Eine Survival-Reise eines Sportredakteurs ins Ausland, um eine „Initiativberichterstattung" als Nachweis seiner journalistischen Fähigkeiten beim Arbeitge- 549 ber anzufertigen, ist mangels Aufteilungsmöglichkeit privat veranlasst (FG Sachsen 13.5.2011 – 8 K 72/10, BeckRS 2011, 95549; insgesamt gemischte Aufwendungen → Rn. 132 ff.).

550 **Studienaufenthalte** und **Fremdsprachenkurse** sind daher nur als Erwerbsaufwendungen absetzbar, wenn die Veranstaltung nicht zu der Allgemeinbildung als Teil der Privatsphäre gehört (Allgemeinbildung → Rn. 308; untrennbare gemischte Aufwendungen → Rn. 132 ff.), sondern nach einer Gesamtwürdigung aufgrund eines engen Zusammenhangs und einer besonderen Ausrichtung auf das Erwerbsleben diesem zuzuordnen ist (BFH 26.11.1993 – VI R 67/91, BStBl. II 1994, 248; BFH 10.4.2002 – VI R 46/01, BStBl. II 2002, 579; BFH 13.6.2002 – VI R 168/00, BStBl. II 2003, 765, erwähnt einen **Kurs in Wirtschaftsenglisch;** BFH 3.7.2002 – VI R 93/00, BFH/NV 2002, 1444 – **erwerbliche Pflichtveranstaltungen** (nach der Studienordnung obligatorische Exkursion eines Geographiestudenten für eine Auslandsexkursion); BFH 3.7.2002 – VI R 9/99, BeckRS 2002, 25001204 – Sprachkurs im Rahmen eines Ergänzungsstudiums; BFH 19.12.2005 – VI R 65/04, BFH/NV 2006, 1075 – Sprachkurs zur **Vorbereitung eines ergänzenden Staatsexamens**). Kurse, in denen **Grundkenntnisse einer Sprache** vermittelt werden (BFH 26.11.1993 – VI R 67/91, BStBl. II 1994, 248; BFH 22.7.1993 – VI R 103/92, BStBl. II 1993, 787), dienen jedoch regelmäßig der Allgemeinbildung und sind dann der Privatsphäre zuzuordnen. Benötigt der Steuerpflichtige hingegen für seine erwerbliche Tätigkeit bestimmte Sprachkenntnisse, die er nicht hat, „ist ein Sprachkurs bereits dann auf die besonderen beruflichen/betrieblichen Interessen des Steuerpflichtigen zugeschnitten, wenn der Sprachkurs diese Kenntnisse und Fähigkeiten vermittelt" (BFH 13.6.2002 – VI R 168/00, BStBl. II 2003, 765; BFH 24.2.2011 – VI R 12/10, BFH/NV 2011, 1217). Ausgaben für einen **Deutschkurs** sind demgegenüber keine abzugsfähigen Werbungskosten, auch wenn der Kurs für einen ausländischen Staatsbürger notwendig war, um sich erfolgreich auf einen Arbeitsplatz zu bewerben. Das Erlernen der Sprache im Aufenthaltsland gehört zur Allgemeinbildung, sodass das Abzugsverbot des § 12 Nr. 1 S. 2 greift (FG Hamburg 16.8.2017 – 2 K 129/16, DStRE 2018, 641).

551 Aufgrund der **Dienstleistungsfreiheit** (Art. 56 AEUV) sind Veranstaltungen im Inland und im Ausland gleich zu behandeln. Die Absetzbarkeit darf auch nicht allein daran anknüpfen, ob die Veranstaltung an einem typischen Urlaubsort stattfindet (EuGH 28.10.1999 – C-55/98, IStR 1999, 694; BFH 13.6.2002 – VI R 168/00, BStBl. II 2003, 765).

552 Bei Urlaubsreisen von Menschen mit einer Behinderung können Kosten über den Behinderten-Pauschbetrag hinaus als außergewöhnliche Belastung geltend gemacht werden (vgl. BFH 4.7.2002 – III R 58/98, BStBl. II 2002, 765 – Aufwendungen für eine notwendige ständige **Begleitperson**).

Rufschädigung

553 Abwehrkosten → Rn. 304.

554–558 *Einstweilen frei*

Sanktionen

559 Geldstrafen → Rn. 418.

Schadensersatz

560 Die Zuordnung von Aufwendungen für Schadensersatzzahlungen richtet sich danach, ob das den Schadensersatzanspruch auslösende Ereignis der Privatsphäre oder der Erwerbssphäre zuzuordnen ist (BFH 20.10.2016 – VI R 27/15, DStRE 2017, 207; → § 4 Rn. 2485 f.; → § 9 Rn. 892; siehe auch § 12 Nr. 4 → Rn. 223 ff.).

Schaumweinsteuer

561 Steuern → Rn. 581.

Scheidung

Ehescheidungskosten und Kosten im Zusammenhang mit der Aufhebung einer eingetragenen Lebenspartnerschaft sind stets der Privatsphäre zuzuordnen (BFH 10.2.1977 – IV R 87/74, BStBl. II 1977, 462). Auch Folgen des **Zugewinnausgleichs** sind nicht abzugsfähig (BFH 8.12.1992 – IX R 68/89, BStBl. II 1993, 434; → § 4 Rn. 2486). Außergewöhnliche Belastungen bewirken diese Aufwendungen in der Regel nicht (§ 33). 562

Schule

Ausbildung der Kinder → Rn. 318 f. 563

Schwangerschaftsabbruch

Die Kosten für einen Schwangerschaftsabbruch werden bei einer kriminologischen oder medizinischen Indikation von der Krankenkasse übernommen. Im Übrigen sind sie der allgemeinen Privatsphäre zuzuordnen und daher steuerlich nicht abziehbar. Sie bewirken auch keine außergewöhnlichen Belastungen (**aA** HHR/*Kanzler* § 33 Rn. 300 ‚Schwangerschaftsabbruch' mit der Begründung, dass sich niemand mutwillig oder leichtfertig einem Abbruch unterziehe und daher eine kaum widerlegbare Vermutung dafür vorliege, dass die Aufwendungen aus tatsächlichen Gründen zwangsläufig sind). 564

Schwimmhalle

Die Aufwendungen für Schwimmhallen können in aller Regel nicht als Betriebsausgaben oder Werbungskosten abgezogen werden, außer die erwerbliche Veranlassung überwiegt deutlich (BFH 20.11.1980 – IV R 8/78, BStBl. II 1981, 201 – Schwimmhalle eines Arbeitgebers, die von Arbeitnehmern genutzt wird; BFH 23.4.2009 – X B 229/08, BeckRS 2009, 25015121). Nach dem Wegfall des allgemeinen Aufteilungs- und Abzugsverbots (BFH 21.9.2009 – GrS 1/06, BStBl. II 2010, 672; gemischte Aufwendungen → Rn. 420) kommt eine Aufteilung nach objektiven Kriterien in Betracht, wenn eine Schwimmhalle eines Unternehmers, der Schwimmbecken baut und vertreibt, nicht ausschließlich betrieblich genutzt wird (*Fischer* NWB 2010, 412 (420); *Günther* EStB 2010, 151 (153); Schmidt/*Loschelder* § 12 Rn. 20). 565

Sehhilfe

Brille → Rn. 346. 566

Seminar

Weiterbildung → Rn. 644. 567

Sicherheit

Sicherheitsaufwendungen für den Schutz von Vermögen, Freiheit, Gesundheit und Leben gehören grundsätzlich zur Privatsphäre und sind allenfalls dann als Betriebsausgaben oder Werbungskosten abziehbar, wenn mit der Erwerbstätigkeit eine konkrete Gefährdung einhergeht. Eine abstrakte Gefahr ist nicht ausreichend (BFH 5.4.2006 – IX R 109/00, BStBl. II 2006, 541 – **Sicherheitsmaßnahmen am Wohnhaus eines Vorstandsmitglieds;** FG München 7.10.2008 – 6 K 3433/07, BeckRS 2008, 26026286; BMF 6.7.2010, BStBl. I 2010, 614 Rn. 19; → § 9 Rn. 897; Versicherung → Rn. 627 f.). Aufwendungen für einen privaten Sicherheitsdienst sind aber als außergewöhnliche Belastungen abziehbar, wenn der Steuerpflichtige einer schweren Gesundheitsbedrohung und unzumutbaren Freiheitsbeschränkung ausgesetzt war und zu befürchten ist, dass sich dies in Zukunft wiederholen wird (FG Münster 11.12.2017 – 13 K 1045/15 E, EFG 2018, 560). 568

Ski

Sport → Rn. 576 ff. 569

Skulptur

570 Kunst → Rn. 486.

Snowboard

571 Sport → Rn. 576 ff.

Solidaritätszuschlag

572 Steuern → Rn. 581.

Spende

573 Spenden sind regelmäßig der Privatsphäre zuzuordnen. Dies gilt auch für **Parteispenden** (BFH 4.3.1986 – VIII R 188/84, BStBl. II 1986, 373). Gem. § 10b sind Zuwendungen zur **Förderung steuerbegünstigter Zwecke** und an **politische Parteien** bis zu einer bestimmten Höhe als Sonderausgaben abziehbar (→ § 4 Rn. 2491; → § 9 Rn. 899).

574 Spenden bewirken mangels Zwangsläufigkeit regelmäßig keine außergewöhnliche Belastung. Dies gilt auch für **Trinkgelder,** selbst wenn der Anlass eine ärztlich angeordnete Behandlung ist (BFH 30.10.2003 – III R 32/01, BStBl. II 2004, 270).

Spielkonsole

575 Elektrische Geräte → Rn. 378.

Sport

576 Ausgaben für Sport gehören regelmäßig zur allgemeinen Lebensführung und sind daher steuerlich nicht absetzbar (Lebensführungskosten → Rn. 495). Nur in besonderen Einzelfällen können sie der Erwerbssphäre zugeordnet und dann als Erwerbsaufwendungen steuerlich abgezogen werden. Erwartet der Arbeitgeber **Wettkampftätigkeiten,** sind diese erwerblich veranlasst (BFH 22.6.2006 – VI R 61/02, BStBl. II 2006, 782 – mit der Berufstätigkeit eines Sportlehrers im konkreten Zusammenhang stehende Aufwendungen für einen **Snowboardkurs;** BFH 26.8.1988 – VI R 175/85, BStBl. II 1989, 91; BFH 26.7.1991 – VI R 93/87, BFH/NV 1991, 815 – zu den hohen Voraussetzungen beim Erwerb einer **Schulskileiterlizenz;** FG Rheinland-Pfalz 21.8.2008 – 4 K 2076/05, DStRE 2009, 336 – Aufwendungen für Schießsportwettkämpfe und Schießsportausrüstung eines Trainers und Ausbilders bei einem **Sicherheitsunternehmen;** FG Thüringen 25.9.2013 – 3 K 290/13, EFG 2014, 292 – **Sportfördergruppe der Polizei**). Die Fahrtkosten eines Polizeibeamten, um beim **Pflichtdienstsport** teilzunehmen, sind ebenfalls Erwerbsaufwendungen (FG Berlin-Brandenburg 10.1.2008 – 6 K 993/05 (rkr.), DStRE 2008, 676). Auch sportbedingte Aufwendungen eines Auszubildenden im Rahmen der **polizeilichen Sportfördergruppe** können als Werbungskosten abgezogen werden (FG Thüringen 25.9.2013 – 3 K 290/13 (rkr.), DStRE 2014, 780). Kosten eines Polizeibeamten für eine allgemeine sportliche Betätigung sind hingegen auch dann nicht als Werbungskosten abzugsfähig, wenn ein dienstliches Interesse an der Ausübung besteht (FG Münster 5.10.1993 – 11 K 2242/91 E, EFG 1994, 238 – **Tennis;** FG Rheinland-Pfalz 19.6.2009 – 5 K 2517/07, BeckRS 2009, 26027858 – **Hallenhandball**). Dies gilt auch für die Jahresbeiträge für einen **Golfclub** (FG München 9.4.1997 – 1 K 1742/94, EFG 1997, 1105), die Aufwendungen für ein **Fitnessstudio** (BFH 22.5.2007 – VI B 107/06, BFH/NV 2007, 1690 – Aufwendungen eines Polizeibeamten; Schwimmhalle → Rn. 565) und Aufwendungen für Bogenschießen (FG Berlin-Brandenburg 24.1.2018 – 7 K 7100/16, BeckRS 2018, 2538; insgesamt auch → § 9 Rn. 900).

577 Diese Zuordnungen bestätigt der BFH im Lohnsteuerrecht. Die Überlassung von **Tennis- und Squashplätzen** außerhalb des Betriebes an Arbeitnehmer bewirkt steuerpflichtigen Lohn. Das Tennis- und Squashspiel ist der Privatsphäre zuzuordnen (BFH 27.9.1996 – VI R 44/96, BStBl. II 1997, 145). Dies gilt auch für vom Arbeitgeber übernommene Mitgliedsbeiträge in **Sportclubs** oder für der Allgemeinheit zugängliche Vereine (BFH 17.7.2014 – VI R 69/13, BStBl. II 2015, 41; BFH 15.5.1992 – VI R 106/88, BStBl. II 1993, 840).

Aufwendungen für sportliche Aktivitäten bewirken regelmäßig keine außergewöhnliche Belastung. § 33 kann aber einschlägig sein, wenn die sportliche Aktivität medizinisch indiziert ist (vgl. BFH 14.8.1997 – III R 67/96, BStBl. II 1997, 732). 578

Sportwettensteuer

Steuern → Rn. 581. 579

Sprachkurs

Weiterbildung → Rn. 644. 580

Steuern

Steuern auf die Einkommensverwendung wie die Umsatzsteuer, die besonderen Verbrauchsteuern (Energie-, Tabak-, Strom-, Branntwein-, Kaffee-, Bier-, Schaumwein- oder Zwischenerzeugnissteuer), die Aufwandsteuern (Kfz-Steuer, Luftverkehr-, Hunde- und Zweitwohnungssteuer) und Verkehrssteuern (Grunderwerb-, Versicherungs- und Feuerschutzsteuer) sind nach dem **Veranlassungsprinzip** entweder als Erwerbsaufwendungen steuerlich absetzbar oder als private Lebensführungskosten vom Abzug ausgeschlossen. Auch **Steuern auf den Bestand** (Grundsteuer) oder **Zölle** sind je nachdem, ob das Grundstück oder das zollpflichtige Gut der Erwerbs- oder Privatsphäre zuzuordnen ist, steuerlich abziehbar. Werden besondere **private Aktivitäten** besteuert (Sport-, Rennwett-, Lotterie- und Vergnügungssteuer, Jagd- und Fischereisteuer), mindern diese Ausgaben der freiwilligen Vermögensverwendung die Einkommensteuer nicht (insgesamt → Rn. 184 ff.). Für **Ertragsteuern** greifen einerseits Sonderregelungen (Gewerbesteuer: § 4 Abs. 5b, § 35; Körperschaftsteuer: § 10 KStG; siehe für die Kirchensteuer: § 10 Abs. 1 Nr. 4). Für verbleibende Zweifelsfälle, insbesondere für die Einkommensteuer (einschließlich der Erhebungsformen in der Lohn- und Kapitalertragsteuer – siehe zu dieser Abgeltungsteuer aber § 36a), den Solidaritätszuschlag, die Erbschaftsteuer (siehe aber § 35b) und besondere umsatzsteuerliche Lasten, verbietet **§ 12 Nr. 3** den steuerlichen Abzug (→ Rn. 181 ff.). Etwas anderes gilt, wenn ein Steuerpflichtiger Lohnsteuer in Erfüllung der Steuerschuld einer von ihm vertretenen Gesellschaft entrichtet. Das Abzugsverbot des § 12 Nr. 3 greift hier nicht, der Steuerpflichtige kann die Aufwendungen steuermindernd geltend machen (FG Hessen 19.11.2019 – 6 K 360/18, EFG 2020, 346 – Haftungsinanspruchnahme des Geschäftsführers). 581

Steuerberatungskosten

→ § 9 Rn. 902. 582

Strafen

Geldstrafen → Rn. 418. 583

Strafverfahrenskosten

Strafverfahrenskosten sind regelmäßig der allgemeinen Lebensführung zuzuordnen, weil Strafverfahren in aller Regel ein privates Verhalten betreffen. Strafverteidigerkosten sind nur dann als Betriebsausgaben oder Werbungskosten abziehbar, wenn der strafrechtliche Vorwurf beruflich veranlasst ist (BFH 12.6.2002 – XI R 35/01, BFH/NV 2002, 1441; BFH 18.10.2007 – VI R 42/04, BStBl. II 2008, 223; BFH 10.6.2015 – VI B 133/14, BFH/NV 2015, 1247). Diesen Befund bestätigt § 12 Nr. 4. Hiernach gehören in einem Strafverfahren festgesetzte Geldstrafen zur steuerlichen Privatsphäre (insgesamt → Rn. 228; → § 9 Rn. 882). 584

Stromsteuer

Steuern → Rn. 581. 585

Studienaufenthalt

586 Reisen → Rn. 548 ff.

Studienreise

587 Reisen → Rn. 548 ff.

Studium

588 Ausbildung, eigene → Rn. 317.

589–593 *Einstweilen frei*

Tabaksteuer

594 Steuern → Rn. 581.

Taufe

595 Aufwendungen, die im Zusammenhang mit einer Taufe entstehen, sind stets der Privatsphäre zuzuordnen. Sie bewirken auch keine außergewöhnlichen Belastungen (vgl. BFH 17.9.1987 – III R 242/83, BStBl. II 1988, 130).

Telekommunikation

596 gemischte Aufwendungen → Rn. 420; → § 9 Rn. 165.

Tennis

597 Sport → Rn. 576 ff.

Theater

598 Allgemeinbildung → Rn. 308.

Tiere

599 Die Aufwendungen für ein Tier (Anschaffung, Unterhalt) sind regelmäßig der Privatsphäre zuzuordnen und deshalb steuerlich nicht absetzbar (BFH 29.3.1979 – IV R 103/75, BStBl. II 1979, 512 – **Schutzhund einer Landärztin;** BFH 10.9.1990 – VI R 101/86, BFH/NV 1991, 234 – **privater Wachhund eines Schulhausmeisters**). In Ausnahmefällen können die Kosten aber als Erwerbsaufwendungen steuerlich abgezogen werden. So sind die Aufwendungen eines Polizeihundeführers für den ihm zugeteilten **Diensthund** (BFH 30.6.2010 – VI R 45/09, BStBl. II 2011, 45) oder die Kosten eines **Jagdhundes** eines Forstbediensteten Erwerbsaufwendungen (BFH 29.1.1960 – VI 9/59 U, BStBl. III 1960, 163). Aufwendungen für den Hund einer Lehrkraft, der im Schulunterricht als sog. Schulhund eingesetzt wird, sind jedoch dem privaten Bereich zuzuordnen, weil der Schulhund – anders als der Diensthund eines Polizeihundeführers – überwiegend dem privaten Leben der Lehrkraft dient (FG Rheinland-Pfalz 12.3.2018 – 5 K 2345/15, EFG 2018, 726; aA FG Düsseldorf 14.9.2018 – 1 K 2144/17 E, DStRE 2019, 473; Rev. VI R 52/18). Allerdings wurden Aufwendungen einer Lehrerin für einen Therapiehund steuerlich anerkannt, dessen Einsatz als fester Bestandteil des Unterrichts durch die Schulkonferenz beschlossen wurde. Die Höhe der Absetzbarkeit richtet sich nach dem zeitlichen Anteil der beruflichen Nutzung des Hundes (FG Münster 14.3.2019 – 10 K 2852/18 E, EFG 2019, 886; Rev. VI R 15/19). Kann weder eine überwiegende private oder berufliche Verwendung eines Schulhundes festgestellt werden, so ist ein Werbungskostenabzug iHv 50 % zuzulassen (FG Düsseldorf 14.9.2018 – 1 K 2144/17 E, DStRE 2019, 473; Rev. BFH VI R 52/18). Das FG München hat einen **Blindenhund** für einen blinden Arbeitnehmer teilweise der Erwerbssphäre zugeordnet, da er für den Weg zwischen Wohnung und Tätigkeitsstätte notwendig ist (FG München 16.11.1984 – V 8/83 E, EFG 1985, 390; zur Hundesteuer Steuern → Rn. 581; gemischte Aufwendungen → Rn. 420).

Aufwendungen für einen **Blindenhund** bewirken zudem außergewöhnliche Belastungen nach § 33 (KSM/*Arndt* § 33 Rn. C63 „Blindenhund"). 600

Trinkgeld

Spende → Rn. 573 f. 601

TV

Elektrische Geräte → Rn. 378. 602

Einstweilen frei 603–607

Uhr

Die Kosten für eine Uhr sind der allgemeinen Lebensführung zuzuordnen und steuerlich nicht abziehbar (Existenzminimum → Rn. 385; Trennung der Erwerbs- von der Privatsphäre → Rn. 115 ff.; Repräsentationsaufwendungen → Rn. 547). 608

Umgekehrte Familienheimfahrt

→ § 9 Rn. 515. 609

Umsatzsteuer

Steuern → Rn. 581. 610

Umzug

Umzugskosten sind in der Regel der privaten Wohnung und damit der steuerlich nicht abziehbaren Lebensführung zuzuordnen (BFH 21.2.2006 – IX R 108/00, BFH/NV 2006, 1273). In Sonderfällen der erwerblichen Veranlassung können sie als Erwerbsaufwendungen absetzbar sein, wenn zB ein Arbeitnehmer seine nichtselbständige Tätigkeit aufgibt, um eine gleichartige freiberufliche Tätigkeit an einem anderen Ort aufzunehmen (BFH 1.3.1972 – IV R 166/69, BStBl. II 1972, 458), ein Arzt umzieht, um stationär aufgenommene Patienten dadurch leichter betreuen zu können (BFH 28.4.1988 – IV R 42/86, BStBl. II 1988, 777), oder die Fahrzeit zur Tätigkeitsstätte um mindestens eine Stunde verkürzt wird (BFH 23.3.2001 – VI R 189/97, BStBl. II 2002, 56; insgesamt → § 4 Rn. 2519 f.; → § 9 Rn. 920). 611

Regelmäßig können private Umzugskosten nicht als außergewöhnliche Belastung in Abzug gebracht werden. Selbst die Kündigung eines Mietverhältnisses wegen des Baus einer Stadtbahn (BFH 23.6.1978 – VI R 175/75, BStBl. II 1978, 526) oder der Umzug einer Familie mit acht Kindern (BFH 28.2.1975 – VI R 120/73, BStBl. II 1975, 482) bewirken keine außergewöhnlichen Belastungen. Zahlt ein Steuerpflichtiger aber eine Mietabfindung an einen Vormieter, um an eine für den völlig gelähmten Sohn geeignete Wohnung zu gelangen, können die Kosten gem. § 33 abgezogen werden (BFH 14.12.1965 – VI 102/65 U, BStBl. III 1966, 113). 612

Unterbringung

Wohnung → Rn. 645 ff. 613

Unterhaltsleistungen

Zuwendungen an eine gegenüber dem Steuerpflichtigen oder seinem Ehegatten gesetzlich unterhaltsberechtigte Person oder deren Ehegatten sind gem. § 12 Nr. 2 steuerlich nicht abziehbar, auch wenn diese Zuwendungen auf einer besonderen Vereinbarung beruhen (vgl. BFH 12.7.2017 – VI R 59/15, DStR 2017, 2164 – Leistungen im Rahmen eines Wirtschaftsüberlassungsvertrags). Zwar folgen die Zahlungen in der Regel einer rechtlichen Pflicht, sie werden gleichwohl der Privatsphäre zugeordnet. Unterhaltsleistungen unter Geschiedenen sind nicht in voller Höhe steuerlich abziehbar (§ 12 Nr. 2 Alt. 3 → Rn. 171 ff.). Unterhaltsleistungen an den geschiedenen oder dauernd getrennt lebenden unbeschränkt steuerpflichti- 614 gen Ehegatten können aber nach § 10 Abs. 1a Nr. 1 bis zu 13.805 EUR im Jahr als Sonderausgaben abgezogen werden. Sie können zudem nach § 33a Abs. 1 als außergewöhnliche Belastung abzugsfähig sein (BFH 25.4.2018 – VI R 35/16, BFH/NV 2018, 1016; → § 33a Rn. 112).

Unterhaltungselektronik

615 Elektrische Geräte → Rn. 378.

Unterkunft

616 Wohnung → Rn. 645 ff.

Urlaub

617 Reisen → Rn. 548 ff.
618–622 *Einstweilen frei*

Veranstaltungen

623 Bewirtung → Rn. 337 ff.

Verein

624 Beiträge → Rn. 331.

Vergnügungssteuer

625 Steuern → Rn. 581.

Verpflegung

626 Nahrung → Rn. 519 ff.

Versicherung

627 Versicherungsbeiträge sind nur dann als Betriebsausgaben oder Werbungskosten abziehbar, wenn die Versicherung ein erwerbliches Risiko abdeckt. Ist ein **allgemeines Lebensrisiko** versichert, liegen die Aufwendungen in der Privatsphäre und können nicht abgezogen werden (BFH 29.10.1985 – IX R 56/82, BStBl. II 1986, 143 – **Risikolebensversicherung;** BFH 19.5.2009 – VIII R 6/07, BStBl. II 2010, 168 – **Ärztliche Praxisausfallversicherung;** BFH 23.4.2013 – VIII R 4/10, BStBl. II 2013, 615 – **Gegenseitige Risikolebensversicherung von GbR-Gesellschaftern;** BFH 13.10.2015 – IX R 35/14, BStBl. II 2016, 210 – **Risikolebensversicherung zur Absicherung einer der Erwerbssphäre zuzuordnenden Immobilie;** FG Nürnberg 17.10.2018 – 5 K 663/17, EFG 2019, 259 – **Risikolebensversicherung eines Gesellschafters auf das Leben eines anderen Gesellschafters**). Bei gemischt veranlassten Versicherungen kann eine Aufteilung in einen privaten und einen erwerblichen Teil erfolgen. Für die Teilung kann von der Versicherung gefordert werden, eine Kalkulationsauskunft zu erteilen (für die Rechtsschutzversicherung: BFH 31.1.1997 – VI R 97/94, BFH/NV 1997, 346; *Alvermann/Potsch* FR 2009, 1132 (1133 ff.); *Pfirrmann* NWB 2009, 2798 (2799 ff.); insgesamt gemischte Aufwendungen → Rn. 132 ff.; → § 4 Rn. 2531; → § 9 Rn. 935).

628 **Krankenversicherungsbeiträge** sind nicht der Erwerbssphäre zuzuordnen, werden aber beim Sonderausgabenabzug nach § 10 Abs. 1 Nr. 3 und Nr. 3a berücksichtigt (BFH 6.6.2018 – X R 41/17, BStBl. II 2018, 648 – **Prämienzahlung einer gesetzlichen Krankenkasse).** Das gleiche gilt nach § 10 Abs. 1 Nr. 3 Buchst. b und Nr. 3a für die **Pflegeversicherung** (zur Altersvorsorge → Rn. 310). Diese Vorschriften konkretisieren das subjektive Nettoprinzip, das einen notwendigen Mindestschutz vor existenziellen Lebensrisiken (Krankheit, Tod eines Familienangehörigen, Unfallschäden, Arbeitslosigkeit, vorzeitige Erwerbsunfähigkeit) steuerlich schont (Existenzminimum → Rn. 385).

Versicherungssteuer

Steuern → Rn. 581. **629**

Versorgungsleistungen

Auf besonderen Verpflichtungsgründen beruhende, lebenslange und wiederkehrende Versorgungsleistungen können nach § 10 Abs. 1a S. 1 Nr. 2 beim Sonderausgabenabzug zu berücksichtigen sein. **630**

Videokamera

Elektrische Geräte → Rn. 378. **631**

Videorekorder

Elektrische Geräte → Rn. 378. **632**

Vorsteuerbeträge

Steuern → Rn. 581. **633**

Einstweilen frei **634–638**

Wachhund

Tiere → Rn. 599 f. und für die Hundesteuer Steuern → Rn. 581 **639**

Wahlkampf

Aufwendungen für den Wahlkampf, um ein Mandat zu erlangen, mit dem Einnahmen erzielt werden sollen, sind der Erwerbssphäre zuzuordnen (BFH 8.3.1974 – VI R 198/71, BStBl. II 1974, 407 – **gescheiterter Bewerber um die Wiederwahl zum Bürgermeister;** zustimmend BFH 23.1.1991 – X R 6/84, BStBl. II 1991, 396; anders hingegen FG München 26.10.2017 – 10 K 614/17, EFG 2018, 213 – **Wahlkampfkosten als der privaten Lebensführung zuzurechnende Verfolgung und Durchsetzung politischer Ziele**). Dies gilt auch für Wahlkampfaufwendungen für ehrenamtliche Stadtratsmitglieder, da auch diese Tätigkeit der Erzielung positiver Einnahmen dient (BFH 25.1.1996 – IV R 15/95, BStBl. II 1996, 431), nicht aber für private Feste, die mit dem Wahlkampf in Verbindung gebracht werden (Bewirtung → Rn. 337 ff.; → § 4 Rn. 2543; → § 9 Rn. 949). **640**

Waschmaschine

Kleidung → Rn. 470 ff. **641**

Wehrdienst

Aufwendungen des Steuerpflichtigen, um sich von einem ausländischen Wehrdienst freizukaufen, sind weder Werbungskosten noch außergewöhnliche Belastungen (FG Münster 12.2.2014 – 5 K 2545/13 E, BeckRS 2014, 95062 – **türkischer Wehrdienst;** → § 9 Rn. 950). **642**

Weisungen, strafende

Geldstrafen → Rn. 418. **643**

Weiterbildung

Aufwendungen für Seminare, Kurse und Lehrgänge sind nur dann der Erwerbssphäre zuzuordnen, wenn sie primär auf die besonderen Bedürfnisse des Berufs ausgerichtet sind (BFH 18.5.2006 – VI B 145/05, BFH/NV 2006, 1474). Für eine spezielle berufliche Ausrichtung der Veranstaltung sprechen ein homogener Teilnehmerkreis, der Ablauf, ein berufs- **644** mäßiger Veranstalter und insbesondere die ausschließliche Verwendbarkeit der vermittelten Erkenntnisse für einen bestimmten Beruf oder eine bestimmte berufliche Tätigkeit. Dabei ist es unschädlich, wenn sich für die durch den Kurs gewonnenen Kenntnisse auch zwangsläufig private Anwendungsmöglichkeiten ergeben (BFH 28.8.2008 – VI R 44/04, BStBl. II 2009, 106 – **Neurolinguistisches Programmieren;** BFH 28.8.2008 – VI R 35/05, BStBl. II 2009, 108). Ein Fortbildungskurs, der Voraussetzung für die Zusatzbezeichnung „**Sportmedizin**" ist, kann auch dann steuerlich geltend gemacht werden, wenn in dessen Verlauf verbreitete Sportarten in nicht unerheblichem Maße ausgeübt werden (BFH 21.4.2010 – VI R 66/04, BStBl. II 2010, 685). Eine Ausbildung zum **Tanzlehrer** kann bei Musiklehrern zu Werbungskosten führen (BFH 18.10.2007 – VI R 62/04, BFH/NV 2008, 358). **Sprachkurse** sind zum überwiegenden Teil nicht als Betriebsausgaben oder Werbungskosten steuerlich abziehbar, da sie durch die Lebensführung veranlasst sind (BFH 15.3.2007 – VI R 14/04, BStBl. II 2007, 814; BFH 5.7.2007 – VI R 72/06, BFH/NV 2007, 2096; BMF 6.7.2010, BStBl. I 2010, 614 Rn. 19; FG Hamburg 16.8.2017 – 2 K 129/16, DStRE 2018, 641; Allgemeinbildung → Rn. 308 und Reisen → Rn. 548 ff.). Erwerbsaufwendungen liegen aber vor, wenn die Sprachkenntnisse einen konkreten Bezug zu einer Berufstätigkeit im Ausland haben (BFH 31.7.1992 – VI R 112/88, BFH/NV 1993, 224) oder der erwerblichen Fortbildung dienen (BFH 10.4.2002 – VI R 46/01, BStBl. II 2002, 579; BFH 19.12.2005 – VI R 65/04, BFH/NV 2006, 1075). Kosten für ein **Theologiestudium** können von einem Arzt nur dann steuerlich geltend gemacht werden, wenn die vermittelten Inhalte einen konkreten Bezug zur Tätigkeit als Arzt aufweisen, etwa für den Umgang mit Patienten im seelsorgerischen oder kommunikativen Bereich nützlich sind (FG Rheinland-Pfalz 20.6.2012 – 3 K 1240/10, DStRE 2013, 264). Ein **Shaolinkurs** für eine Zahnärztin kann nicht steuermindernd geltend gemacht werden (FG Köln 14.11.2013 – 10 K 1356/13, EFG 2014, 519; insgesamt: Allgemeinbildung → Rn. 308, Ausbildung, eigene → Rn. 317, Reisen → Rn. 548 ff.).

Wohnung

645 Aufwendungen für die private Unterkunft in einer Wohnung oder einem Haus (Miete, Anschaffung, Instandhaltung, Heizung, Versicherung, Hausrat etc) sind der Privatsphäre zuzuordnen, da sie für die Lebensführung unverzichtbar sind. Sie werden in einem objektiven Bedarf im Existenzminimum typisiert steuerlich geschont (Existenzminimum → Rn. 385; BFH 11.2.2014 – IX R 24/13, DStR 2014, 1331; BFH 27.5.2003 – IV B 183/02, BFH/NV 2003, 1410 – **Einzimmerwohnung;** BFH 3.8.2012 – X B 153/11, BFH/NV 2012, 1956 – **Malerarbeiten bei berufsbedingtem Umzug**). Nicht abziehbar ist auch die sog. **negative Eigenmiete,** bei der der Steuerpflichtige eine fremde Wohnung anmietet, um Einnahmen durch die Vermietung seiner eigenen Wohnung erzielen zu können (BFH 11.2.2014 – IX R 24/13, BFH/NV 2014, 1197) und Aufwendungen im Zusammenhang mit der gestaltungsmissbräuchlichen (§ 42 AO) **wechselseitigen Vermietung,** welche nur dazu dient, die Steuerlast zu mindern (BFH 22.1.2013 – IX R 18/12, BFH/NV 2013, 1094 – „**Poolvermietung**"; BFH 30.1.1996 – IX R 100/93, BStBl. II 1996, 359 – hälftige Vermietung an im eigenen Haushalt wohnenden Lebenspartner). Auch Kosten für die **Zweitwohnung** sind grundsätzlich nicht als Betriebsausgaben oder Werbungskosten abziehbar, wenn sich dort zumindest zeitweise der **Lebensmittelpunkt** befindet (BFH 8.7.1976 – IV R 100/72, BStBl. II 1976, 776; BFH 16.11.2017 – VI R 31/16, BStBl. II 2018, 404). Anders kann dies bei den Wohnwagenkosten eines Schaustellers zu beurteilen sein (BFH 9.10.1974 – I R 129/73, BStBl. II 1975, 172 und BFH 12.6.1975 – IV R 159/74, BStBl. II 1975, 769). Zwar liegt im Wohnwagen der Lebensmittelpunkt des Schaustellers, wenn er einen nicht unerheblichen Teil des Jahres dort zusammen mit seiner Familie lebt (KSM/*Arndt* § 12 Rn. B 150). Bei einem Schausteller ist jedoch die Erwerbstätigkeit mit einer besonderen Mobilität verbunden, sodass die Aufwendungen für den Wohnwagen auch erwerblich geprägt sein können und die private Veranlassung steuerlich zurücktritt.

646 Dieser Befund wird durch die Rechtsprechung des BFH zum steuerpflichtigen Lohn bestätigt. Überlässt der Arbeitgeber dem Arbeitnehmer eine Wohnung, ist dafür Lohnsteuer zu entrichten, da der Arbeitnehmer die Wohnung für seine Lebensführung nutzt (BFH 19.8.2004 – VI R 33/97, BStBl. II 2004, 1076).

Der Gesetzgeber hat sich zudem in § 4 Abs. 5 S. 1 Nr. 3 dazu entschieden, Aufwendungen für Gästehäuser nicht gewinnmindernd zu berücksichtigen, sofern sich diese außerhalb eines Betriebes des Steuerpflichtigen befinden (lebensführungsnahe Erwerbsaufwendungen → Rn. 46 ff.). Diese Regelung gilt durch den Verweis in § 9 Abs. 5 S. 1 auch für Überschusseinkünfte. **647**

Aufwendungen für die Unterbringung können in Ausnahmefällen eine außergewöhnliche Belastung sein – etwa im Fall einer medizinisch notwendigen Unterbringung eines Jugendlichen mit Verhaltensauffälligkeiten in einer **sozialtherapeutischen Wohngruppe** (vgl. BFH 21.4.2005 – III R 45/03, BStBl. II 2005, 602) oder eines an Asthma erkrankten Kindes in einem klimatisch günstig gelegenen **Nordseeinternat** (BFH 26.6.1992 – III R 83/91, BStBl. II 1993, 212). Unterbringungskosten bewirken hingegen keine außergewöhnlichen Belastungen, wenn die Wohnsituation maßgeblich vom Willen beeinflusst und deshalb nicht zwangsläufig ist (vgl. BFH 15.4.2010 – VI R 51/09, BStBl. II 2010, 794). So sind die Unterbringungskosten nicht als außergewöhnliche Belastungen abziehbar, wenn ein minderjähriger Halbwaise in einem Internat untergebracht wird, weil sich das überlebende Elternteil aus persönlichen oder gesellschaftlichen Gründen nicht in der Lage sieht, das Kind zu erziehen (BFH 18.4.1990 – III R 126/86, BStBl. II 1990, 738). **648**

Einstweilen frei **649–653**

Zeitschriften

Zeitung → Rn. 655. **654**

Zeitungen

Kosten für allgemeinbildende und unterhaltende Zeitungen und Zeitschriften gehören zur Privatsphäre (Allgemeinbildung → Rn. 308) und sind auch nicht in einen privaten und erwerblichen Teil trennbar (BMF 6.7.2010, BStBl. I 2010, 614 Rn. 17). Die Zeitungskosten sind auch dann nicht als Betriebsausgaben oder Werbungskosten abziehbar, wenn sie die berufliche Tätigkeit fördern, weil die Zeitungslektüre nicht beruflich, sondern privat veranlasst ist (BFH 30.6.1983 – IV R 2/81, BStBl. II 1983, 715; BFH 7.4.2005 – VI B 168/04, BFH/NV 2005, 1300 – **Tageszeitungen;** BFH 7.9.1989 – IV R 128/88, BStBl. II 1990, 19 – **Spiegel und Die Zeit eines Kulturkritikers**). Wenn eine Tageszeitung für die private Wohnung und für den Betrieb bezogen wird, kann es sich bei der im Betrieb verwendeten Zeitung aber um Betriebsausgaben handeln (BFH 30.6.1983 – IV R 2/81, BStBl. II 1983, 715). Bezieht ein auf dem Gebiet der Steuer- und Wirtschaftsberatung tätiger Diplomkaufmann jedoch keine typische, sondern eine besondere Tageszeitung wie das **Handelsblatt,** scheidet eine erwerbliche Veranlassung nicht von vornherein aus, weil das Blatt nach seinem objektiven Charakter einer Fachzeitschrift nahesteht (BFH 12.11.1982 – VI R 193/79, NJW 1984, 87; vgl. auch BFH 19.1.1996 – VI R 64/95, BFH/NV 1996, 402; → § 9 Rn. 957). **655**

Zölle

Steuern → Rn. 581. **656**

Zugewinnausgleich

Scheidung → Rn. 562. **657**

Zweitwohnung

Wohnung → Rn. 645 ff. **658**

Zweitwohnungssteuer

Steuern → Rn. 581. **659**

Zwingender pflichtbestimmter Aufwand

660 Existenzminimum → Rn. 385.

Zwischenerzeugnissteuer

661 Steuern → Rn. 581.

8. Die einzelnen Einkunftsarten

a) Land- und Forstwirtschaft (§ 2 Absatz 1 Satz 1 Nummer 1)

§ 13 Einkünfte aus Land- und Forstwirtschaft

(1) Einkünfte aus Land- und Forstwirtschaft sind

1. Einkünfte aus dem Betrieb von Landwirtschaft, Forstwirtschaft, Weinbau, Gartenbau und aus allen Betrieben, die Pflanzen und Pflanzenteile mit Hilfe der Naturkräfte gewinnen. [2]Zu diesen Einkünften gehören auch die Einkünfte aus der Tierzucht und Tierhaltung, wenn im Wirtschaftsjahr

für die ersten 20 Hektar	**nicht mehr als 10 Vieheinheiten,**
für die nächsten 10 Hektar	**nicht mehr als 7 Vieheinheiten,**
für die nächsten 20 Hektar	**nicht mehr als 6 Vieheinheiten,**
für die nächsten 50 Hektar	**nicht mehr als 3 Vieheinheiten,**
und für die weitere Fläche	**nicht mehr als 1,5 Vieheinheiten**

je Hektar der vom Inhaber des Betriebs regelmäßig landwirtschaftlich genutzten Fläche erzeugt oder gehalten werden. [3]Die Tierbestände sind nach dem Futterbedarf in Vieheinheiten umzurechnen. [4]*§ 51 Absatz 2 bis 5 des Bewertungsgesetzes* [ab VZ 2025: § 241 Absatz 2 bis 5 des Bewertungsgesetzes] ist anzuwenden. [5]Die Einkünfte aus Tierzucht und Tierhaltung einer Gesellschaft, bei der die Gesellschafter als Unternehmer (Mitunternehmer) anzusehen sind, gehören zu den Einkünften im Sinne des Satzes 1, wenn die Voraussetzungen des *§ 51a des Bewertungsgesetzes* [ab VZ 2025: § 13b] erfüllt sind und andere Einkünfte der Gesellschafter aus dieser Gesellschaft zu den Einkünften aus Land- und Forstwirtschaft gehören;

2. Einkünfte aus sonstiger land- und forstwirtschaftlicher Nutzung *(§ 62 Bewertungsgesetz)* [ab VZ 2025: (242 des Bewertungsgesetzes)];

3. Einkünfte aus Jagd, wenn diese mit dem Betrieb einer Landwirtschaft oder einer Forstwirtschaft im Zusammenhang steht;

4. Einkünfte von Hauberg-, Wald-, Forst- und Laubgenossenschaften und ähnlichen Realgemeinden im Sinne des § 3 Absatz 2 des Körperschaftsteuergesetzes.

(2) Zu den Einkünften im Sinne des Absatzes 1 gehören auch

1. Einkünfte aus einem land- und forstwirtschaftlichen Nebenbetrieb. [2]Als Nebenbetrieb gilt ein Betrieb, der dem land- und forstwirtschaftlichen Hauptbetrieb zu dienen bestimmt ist;

2. der Nutzungswert der Wohnung des Steuerpflichtigen, wenn die Wohnung die bei Betrieben gleicher Art übliche Größe nicht überschreitet und das Gebäude oder der Gebäudeteil nach den jeweiligen landesrechtlichen Vorschriften ein Baudenkmal ist;

3. die Produktionsaufgaberente nach dem Gesetz zur Förderung der Einstellung der landwirtschaftlichen Erwerbstätigkeit.

(3) [1]Die Einkünfte aus Land- und Forstwirtschaft werden bei der Ermittlung des Gesamtbetrags der Einkünfte nur berücksichtigt, soweit sie den Betrag von 900 Euro übersteigen. [2]Satz 1 ist nur anzuwenden, wenn die Summe der Einkünfte 30 700 Euro nicht übersteigt. [3]Im Fall der Zusammenveranlagung von Ehegatten verdoppeln sich die Beträge der Sätze 1 und 2.

(4) [1]Absatz 2 Nummer 2 findet nur Anwendung, sofern im Veranlagungszeitraum 1986 bei einem Steuerpflichtigen für die von ihm zu eigenen Wohnzwecken oder zu Wohnzwecken des Altenteilers genutzte Wohnung die Voraussetzungen für die Anwendung des § 13 Absatz 2 Nummer 2 des Einkommensteuergesetzes in der Fassung der Bekanntmachung vom 16. April 1997 (BGBl. I S. 821) vorlagen. [2]Der Steuerpflichtige kann für einen Veranlagungszeitraum nach dem Veranlagungszeitraum 1998 unwiderruflich beantragen, dass Absatz 2 Nummer 2 ab diesem Veranlagungszeitraum nicht mehr angewendet wird. [3]§ 52 Absatz 21 Satz 4 und 6 des Einkommensteuergesetzes in der Fassung der Bekanntmachung vom 16. April 1997 (BGBl. I S. 821) ist entsprechend anzuwenden. [4]Im Fall des Satzes 2 gelten die Wohnung des Steuerpflichtigen und die Altenteilerwohnung sowie der dazugehörende Grund und Boden zu dem Zeitpunkt als entnommen, bis zu dem Absatz 2 Nummer 2 letztmals angewendet wird. [5]Der Entnahmegewinn bleibt außer Ansatz. [6]Werden

1. die Wohnung und der dazugehörende Grund und Boden entnommen oder veräußert, bevor sie nach Satz 4 als entnommen gelten, oder

2. eine vor dem 1. Januar 1987 einem Dritten entgeltlich zur Nutzung überlassene Wohnung und der dazugehörende Grund und Boden für eigene Wohnzwecke oder für Wohnzwecke eines Altenteilers entnommen,

bleibt der Entnahme- oder Veräußerungsgewinn ebenfalls außer Ansatz; Nummer 2 ist nur anzuwenden, soweit nicht Wohnungen vorhanden sind, die Wohnzwecken des Eigentümers des Betriebs oder Wohnzwecken eines Altenteilers dienen und die unter Satz 4 oder unter Nummer 1 fallen.

(5) Wird Grund und Boden dadurch entnommen, dass auf diesem Grund und Boden die Wohnung des Steuerpflichtigen oder eine Altenteilerwohnung errichtet wird, bleibt der Entnahmegewinn außer Ansatz; der Steuerpflichtige kann die Regelung nur für eine zu eigenen Wohnzwecken genutzte Wohnung und für eine Altenteilerwohnung in Anspruch nehmen.

(6) [1]Werden einzelne Wirtschaftsgüter eines land- und forstwirtschaftlichen Betriebs auf einen der gemeinschaftlichen Tierhaltung dienenden Betrieb im Sinne des § 34 Absatz 6a des Bewertungsgesetzes einer Erwerbs- und Wirtschaftsgenossenschaft oder eines Vereins gegen Gewährung von Mitgliedsrechten übertragen, so ist die auf den dabei entstehenden Gewinn entfallende Einkommensteuer auf Antrag in jährlichen Teilbeträgen zu entrichten. [2]Der einzelne Teilbetrag muss mindestens ein Fünftel dieser Steuer betragen.

(7) § 15 Absatz 1 Satz 1 Nummer 2, Absatz 1a, Absatz 2 Satz 2 und 3, §§ 15a und 15b sind entsprechend anzuwenden.

Überblick

Die Vorschrift regelt die Besonderheiten der Einkunftsart Land- und Forstwirtschaft, die als selbständige Gewinnermittlungsart gem. § 2 Abs. 1 neben den weiteren Gewinnermittlungsarten, den Einkünften aus Gewerbebetrieben und selbständiger Arbeit, steht. Aufgrund des verallgemeinerten Einkunftsbegriffs gem. § 15 Abs. 2 S. 1 stehen die drei Gewinnermittlungsarten ohne Rangordnung nebeneinander. Unter Landwirtschaft wird die planmäßige Nutzung der natürlichen Kräfte des Bodens zur Erzeugung und Verwertung von lebenden Pflanzen und Tieren verstanden, wobei die Bodenbewirtschaftung die Grundlage für Tierzucht und Tierhaltung sein muss (BFH 16.11.1978 – IV R 191/74, BStBl. II 1979, 246). Zu den Einkünften aus Land- und Forstwirtschaft zählen daher alle aus der nichtgewerblichen Bodenbewirtschaftung erzielten Einkünfte sowie damit im Zusammenhang stehende Tätigkeiten.

Besonderheiten der Einkunftsart sind der **Freibetrag** für land- und forstwirtschaftliche Einkünfte gem. Abs. 3, Regelungen zur **Nutzungswertbesteuerung** der im Betriebsvermögen befindlichen selbstgenutzten Wohnung gem. Abs. 4 sowie das **Entnahmeprivileg** bei der Errichtung bestimmter Wohnungen gem. Abs. 5. Für **Mitunternehmerschaften** der Land- und Forstwirtschaft gelten aufgrund der Verweisregelung in Abs. 7 die allgemeinen Regelungen des § 15 entsprechend.

Eine wesentliche Besonderheit der Einkünfte aus Land- und Forstwirtschaft ist die besondere Regelung des § 13a zur Ermittlung des Gewinns nach vom Gesetzgeber vorgegebenen Durchschnittssätzen. Ebenfalls eine Besonderheit ist die ab dem VZ 2016 eingeführte besondere Tarifglättungsvorschrift gem. § 32c für land- und forstwirtschaftliche Einkünfte. Zur Anwendung → § 32c Rn. 1. Diese – sog. große – Tarifglättungsvorschrift ergänzt die bereits bestehende – kleine – Tarifglättungsvorschrift des abweichenden Wirtschaftsjahres gem. § 4a. Für die Gewinnermittlung von Bedeutung ist darüber hinaus § 55, welcher im Zusammenhang mit der Einführung der Bodengewinnbesteuerung im Bereich der Land- und Forstwirtschaft zum 1.7.1970 Anschaffungs- oder Herstellungskosten der zum steuerlichen Betriebsvermögen zählenden land- und forstwirtschaftlichen Flächen vorgibt.

Übersicht

A. Allgemeines

1 **Leitentscheidungen, wichtige Verwaltungsanweisungen und Schrifttum (Auswahl):**

1.1 **Leitentscheidungen des BFH:**
BFH 12.7.2017 – VI R 60/15, BFH/NV 2017, 1429; BFH 7.4.2016 – IV R 38/13, BStBl. II 2016, 765; BFH 18.2.2015 – IV R 35/11, BStBl. II 2015, 763; BFH 2.4.2014 – I R 68/12, BStBl. II 2014, 875; BFH 19.7.2011 – IV R 10/09, BStBl. II 2012, 93; BFH 5.5.2011 – IV R 48/08, BStBl. II 2011, 792; BFH 24.3.2011 – IV R 46/08, BStBl. II 2011, 692; BFH 14.5.2009 – IV R 44/06, BStBl. II 2009, 811; BFH 25.3.2009 – IV R 21/06, BStBl. II 2010, 113; BFH 19.2.2009 – IV R 18/06, BStBl. II 2009, 654; BFH 25.9.2008 – IV R 16/07, BStBl. II 2009, 989; BFH 5.6.2008 – IV R 50/07, BStBl. II 2008, 968; BFH 24.1.2008 – IV R 45/05, BStBl. II 2009, 449; BFH 14.12.2006 – IV R 10/05, BStBl. II 2007, 516; BFH 18.8.2005 – IV R 37/04, BStBl. II 2006, 165; BFH 20.11.2003 – IV R 21/03, BStBl. II 2004, 272; BFH 24.6.1999 – IV R 73/97, BStBl. II 2000, 309; BFH 18.3.1999 – IV R 65/98, BStBl. II 1999, 398; BFH 10.12.1992 – IV R 115/91, BStBl. II 1993, 342; BFH 20.4.1989 –

IV R 95/87, BStBl. II 1989, 863; BFH 14.8.1986 – IV R 248/84, BStBl. II 1987, 17; BFH 13.3.1986 – IV R 1/84, BStBl. II 1986, 711; BFH 28.3.1985 – IV R 88/81, BStBl. II 1985, 508; BFH 13.7.1978 – IV R 35/77, BStBl. II 1979, 100.

Wichtige Verwaltungsanweisungen: 1.2

BMF 27.6.2014, BStBl. I 2014, 1094; BMF 16.5.2012, BStBl. I 2012, 594; BMF 13.12.2016, BStBl. I 2017, 33; BMF 3.8.2004, BStBl. I 2004, 716; BMF 21.2.2002, BStBl. I 2002, 335; BMF 14.11.2001, BStBl. I 2001, 864; BMF 1.12.2000, BStBl. I 2000, 1556; BMF 18.5.2018, BStBl. I 2018, 689.

Schrifttum (Auswahl): 1.3

Wiegand, Besteuerung der Land-und Forstwirtschaft, aktuelle Fragen zu ertragsteuerrechtlichen Besonderheiten des Weinbaus, NWB 2018, 28.

I. Regelungsanliegen im System des Steuerrechts

1. Zweck der Regelung

§ 13 beschreibt positiv den **Umfang** der zu den Einkünften aus Land- und Forstwirtschaft zählenden Sachverhalte. Diese positive Umschreibung der Einkünfte aus Land- und Forstwirtschaft ist aufgrund des Subsidiaritätsprinzips der Einkünfte aus Gewerbebetrieb gem. § 15 Abs. 2 S. 1 notwendig und differenziert so die drei Gruppen von Gewinnermittlungsarten, nämlich Einkünfte aus Land- und Forstwirtschaft, selbständige Arbeit und Einkünfte aus Gewerbebetrieb. Danach liegen Einkünfte aus Land- und Forstwirtschaft nur dann vor, wenn eine selbständige nachhaltige Betätigung mit Gewinnerzielungsabsicht und einer Beteiligung am allgemeinen wirtschaftlichen Verkehr ausgeübt wird, die aber gerade keine gewerbliche Tätigkeit darstellt. 2

Als **unternehmerische Einkünfte** unterliegen die Einkünfte aus Land- und Forstwirtschaft der Reinvermögenszugangstheorie (Tipke/Lang StR/*Lang* § 9 Rn. 50), wonach der Gewinnbegriff das periodengerechte Ergebnis der unternehmerischen Tätigkeit aus den laufenden Einnahmen und Ausgaben sowie aus der Veräußerung von Wirtschaftsgütern des Betriebsvermögens umfasst. Der Gesetzgeber hat als Unterscheidungsmerkmal zwischen den gewerblichen und den landwirtschaftlichen Einkunftsarten die Einkünfte aus Land- und Forstwirtschaft in § 13 positiv umschrieben. Der Umfang der nichtgewerblichen Bodenbewirtschaftung wird in § 13 Abs. 1 in Art und Umfang und durch die Regelung bestimmter Grenzen abschließend definiert. Werden diese Grenzen überschritten, ist von gewerblicher Bodenbewirtschaftung iSd § 15 auszugehen. 3

Zweck der Vorschrift ist weiterhin, den aus der Bodengebundenheit resultierenden Besonderheiten im Einkommensteuersystem, zB durch gesonderte Bewertungsregeln für Tiere (BMF 14.11.2001, BStBl. I 2001, 864), mehrjährige Kulturen in Baumschulbetrieben (BMF 27.6.2014, BStBl. I 2014, 1094) oder zur ertragsteuerrechtlichen Behandlung des Wirtschaftsguts Baumbestand (BMF 16.5.2012, BStBl. I 2012, 595) und der Zuordnung von forstwirtschaftlichen Flächen zum steuerlichen Betriebsvermögen (BMF 18.5.2018, BStBl. I 2018, 689) Rechnung zu tragen. 4

Trotz der Dreiteilung der Gewinnermittlungsarten liegt **keine Schedulenbesteuerung** der Einkünfte aus Land- und Forstwirtschaft vor, weil die Einkünfte dem einheitlich gestalteten progressiven Einkommensteuertarif und nicht einem Sondersteuersatz wie zB die Abgeltungsteuer unterliegt. Es gilt das Leistungsfähigkeitsprinzip, wonach der reine Vermögenszuwachs innerhalb einer definierten Periode nach den allgemein geltenden Regelungen der §§ 4 ff. Besteuerungsgrundlage ist. Während bei den gewerblichen Einkünften die bauliche, industrielle oder spekulative Bewirtschaftung des Grund und Bodens (so Tipke/Lang StR/*Lang* § 9 Rn. 404) im Vordergrund steht, liegen Einkünfte aus Land- und Forstwirtschaft nur bei der Urproduktion, also bei einer natürlichen Bewirtschaftung des Grund und Bodens, vor. Bei den Einkünften aus selbständiger Tätigkeit gem. § 18 stehen dagegen die persönlichen und fachlichen Fähigkeiten des Steuerpflichtigen im Vordergrund. 5

Die **Dreiteilung der Gewinnermittlungsarten** ist historisch bedingt und entspricht teilweise der volkswirtschaftlichen Sektorenabgrenzung in den Primärsektor als Urproduktion, den Sekundärsektor als industrielle Produktionsstufe sowie den Tertiärsektor als Dienstleistungsbereich. Mit der Dreiteilung der Gewinnermittlungsarten schafft der Gesetzgeber die Grundlage für daran anknüpfende sektorspezifische Besonderheiten wie zB bei der Tierbewertung oder der Bewertung des Baumbestands. Vergleichbare Bewertungserleichterungen 6 und sektorspezifische Regelungen gibt es ebenso im Bereich der Einkünfte aus Gewerbebetrieb und aus freiberuflicher Tätigkeit.

2. Historische Entwicklung

7 Seit Einführung des EStG im Jahre 1920 (EStG 1920 v. 29.3.1920, RGBl. 1920, 359) waren Gewinne aus der Land- und Forstwirtschaft getrennt zu erfassen und der Besteuerung zu unterwerfen. Mit der grundlegenden Neuordnung der Einkunftsarten (EStG 1934 v. 16.10.1934, RGBl. 1934 I 1005) trat eine selbständige Einkunftsart Land- und Forstwirtschaft als sonstige nicht gewerbliche Bodenbewirtschaftung neben die Einkünfte aus gewerblicher Tätigkeit sowie selbständiger Tätigkeit. Während ursprünglich zwischen gewerblicher und nichtgewerblicher Bodenbewirtschaftung unterschieden wurde, sind heute Einkünfte aus Land- und Forstwirtschaft solche, die Betriebe aus Pflanzen und Pflanzenteilen mit Hilfe der Naturkräfte oder aus der Tierzucht und der Tierhaltung gewinnen. Auch Einkünfte aus land- und forstwirtschaftlichen Nebenbetrieben zählen dazu.

8 Wesentliche Änderungen wurden durch das Gesetz über die Ermittlung des Gewinns aus Land- und Forstwirtschaft nach Durchschnittssätzen (GDL) vom 17.9.1965 (BGBl. 1965 I 1350) mit der Einführung einer Obergrenze für den Viehbestand und der Ausdehnung des Freibetrags auf alle Land- und Forstwirte normiert. Diese Gesetzesänderung wurde erforderlich, weil der BFH 5.11.1964 (IV 11/64 S, BStBl. III 1964, 601) die Verordnung über die Aufstellung von Durchschnittssätzen für die Ermittlung des Gewinns aus Land- und Forstwirtschaft (VOL) vom 2.6.1949 als unvereinbar mit den damals geltenden Regelungen des Einkommensteuergesetzes befunden hat. Nach der sog. VOL wurde der Gewinn derjenigen Landwirte ermittelt, die nicht zur Führung von Büchern verpflichtet oder tatsächlich keine Bücher führten und deren Umsatz unter 40.000 DM/Jahr lag. Diese VOL, so BFH 5.11.1964 (IV 11/64 S, BStBl. III 1964, 601), gehe von zu niedrigen und im Verhältnis der Landwirte untereinander unrichtigen Einheitswerten des Jahres 1935 aus. Damit die Masse der land- und forstwirtschaftlichen Kleinbetriebe weiterhin nach einem vereinfachten Verfahren besteuert werden kann, ist eine Durchschnittssatzgewinnermittlung vom Gesetzgeber eingeführt worden, die an die Einheitsbewertung anknüpft.

9 Mit dem **Bewertungsänderungsgesetz 1971** (v. 27.7.1971, BGBl. 1971 I 1157) wurden die Einkünfte aus Tierzucht und Tierhaltung einer Mitunternehmerschaft (§ 51a BewG) in § 13 aufgenommen und gleichzeitig die Steuerstundungsvorschrift des § 13 Abs. 6 eingeführt. Mit dieser gesetzlichen Änderung wurde das Steuerrecht durch die Einführung des § 51a BewG so umgestaltet, dass es sich gegenüber landwirtschaftlichen Tierhaltungszusammenschlüssen neutral verhält. Ein entsprechender Verweis auf die Regelung des § 51a BewG wurde damals in § 13 Abs. 1 Nr. 1 S. 5 aufgenommen und findet sich auch heute noch in der gültigen Fassung.

10 Im Rahmen des **Gesetzes zur Neuregelung der Einkommensbesteuerung der Land- und Forstwirtschaft** (v. 25.6.1980, BGBl. 1980 I 732) wurde der landwirtschaftliche Freibetrag gem. § 13 Abs. 3 erhöht und das System der Durchschnittssatzgewinnermittlung gem. § 13a zielgenauer gestaltet. So wurden die Übergänge zwischen den verschiedenen Gewinnermittlungsarten und der Wechsel dazwischen, wie zB die heute noch erforderliche Mitteilung des Finanzamts gem. § 13a Abs. 1 S. 2, präzisiert. Mit dem **Gesetz zur Anpassung steuerlicher Vorschriften der Land- und Forstwirtschaft** v. 29.6.1998 (BGBl. 1998 I 1692) wurde die Vieheinheitenstaffel gem. § 13 Abs. 1 Nr. 1 S. 2 auf die noch heute geltenden Werte angepasst.

11 Mit dem **StEntlG 1999/2000/2002** (v. 24.3.1999, BGBl. 1999 I 402) wurde die Nutzungswertbesteuerung der selbstgenutzten Wohnung gem. § 13 Abs. 2 Nr. 2 neu gefasst. Gleichzeitig wurde eine Vielzahl der Sonderregelungen der Einkünfte aus Land- und Forstwirtschaft reduziert, auf kleinere Betriebe zugeschnitten oder ganz abgeschafft. Der Freibetrag gem. § 13 Abs. 3 wurde im Hinblick auf den absoluten Betrag und die Summe der Einkünfte reduziert. § 34e wurde mit Wirkung ab dem VZ 2001 gestrichen. Auch die Sonderregelungen bei der Veräußerung bestimmter land- und forstwirtschaftlicher Betriebe gemäß § 14a wurden mit einer zeitlichen Übergangsfrist gestrichen. Die Gewinnermittlung gemäß § 13a ist durch eine grundsätzliche Änderung auf kleinere Betriebe konzentriert worden.

Ab dem VZ 2015 wurde der Freibetrag für Land- und Forstwirtschaft gem. § 13 Abs. 3 von bislang 670 EUR auf 900 EUR gehoben (Gesetz v. 22.12.2014, BGBl. 2014 I 2417). Mit dieser Anhebung sollte ein Ausgleich für die Mehrbelastungen geschaffen werden, die sich aus der kompletten Neufassung des § 13a ab dem 31.12.2015 ergeben. Durch die Anhebung der bei § 13a ab dem 31.12.2015 anzusetzenden Durchschnittsgewinne ergibt sich für diese Betriebe bis 20 ha LN bewirtschafteter Fläche eine höhere Steuerbelastung, welche durch die Anhebung des Freibetrags gemäß § 13 Abs. 3 zumindest teilweise ausgeglichen werden soll. 12

Mit dem **Gesetz zum Erlass und zur Änderung marktordnungsrechtlicher Vorschriften sowie zur Änderung des Einkommensteuergesetzes** (v. 20.12.2016, BGBl. 2016 I 3045) wurde in Folge der Milchkrise in den Jahren 2015/2016 mit § 32c – vorbehaltlich der Zustimmung durch die EU-Kommission – eine Tarifglättungsvorschrift für Einkünfte aus Land- und Forstwirtschaft eingeführt. Diese Tarifglättungsvorschrift gilt neun Jahre und läuft **bis zum VZ 2022.** Diese Regelung ist durch das **„JStG 2019"** v. 12.12.2019 (BGBl. 2019 I 2451) komplett überarbeitet worden. **Näher dazu → § 32c** Rn. 1 **ff.** 13

Durch das **GrStRefG** v. 26.11.2019 (BGBl. 2019 I 1794 (1811 u. 1813)) werden **mW ab VZ 2025** in **§ 13 Abs. 1 Nr. 1 S. 4** und **Nr. 2** die Hinweise auf das **Bewertungsgesetz sowie** durch das „JStG 2019" v. 12.12.2019 (BGBl. I 2451 (2463)) der Hinweis auf den ebenfalls ab VZ 2025 neu eingeführten **§ 13b** geändert, näher ua → Rn. 21, → Rn. 38 und → Rn. 212.1 f. 14

Einstweilen frei **15–18**

3. Verhältnis zu höherrangigem Recht

Grundlegende **verfassungsrechtliche Fragen** stellen sich aufgrund einer eigenen Einkunftsart für Einkünfte aus Land- und Forstwirtschaft nicht. Das BVerfG hat dem Gesetzgeber einen weiten Entscheidungsspielraum zur Schaffung unterschiedlicher Einkunftsarten und zur Bestimmung unterschiedlicher Regelungen für die einzelnen Einkunftsarten eingeräumt (BVerfG 25.10.1977 – 1 BvR 15/75, BStBl. II 1978, 125 zum Umfang der Gewerbesteuerpflicht). Trotz einer eigenen Einkunftsart liegt insbesondere keine Schedulenbesteuerung vor (siehe dazu *Kanzler* FR 1999, 363). Verfassungsrechtliche Bedenken werden nur hinsichtlich einiger Randbereiche wie bei der Regelung zur Nutzungswertbesteuerung gem. Abs. 2 Nr. 2 und beim Entnahmeprivileg gem. Abs. 5 geäußert (HHR/*Paul* § 13 Rn. 3). 19

Die **unterschiedslose Privilegierung der Landwirte** bei der steuerlichen Erfassung der Gewinne aus der Veräußerung von Grund und Boden, welche mit dem Gleichheitssatz des Artikel 3 GG nicht vereinbar ist (BVerfG 11.5.1970 – 1 BvL 17/67, BStBl. II 1970, 579), ist vom Gesetzgeber durch die Einführung der Bodengewinnbesteuerung in der Land- und Forstwirtschaft ab dem 1.7.1970 korrigiert worden (siehe dazu § 55). Der landwirtschaftliche Freibetrag gem. § 13 Abs. 3 verstößt nicht gegen den Gleichheitsgrundsatz des Grundgesetzes (BFH 25.2.1988 – IV R 32/86, BStBl. II 1988, 827). Bei diesem Freibetrag handelt es sich um eine aus agrarpolitischen Erwägungen gewährte steuerliche Subvention, die nicht die Einkünfte aus Land- und Forstwirtschaft selbst mindern soll, sondern nur den Zweck hat, die Besteuerung insgesamt zu ermäßigen (im Umkehrschluss zum Arbeitnehmer-Freibetrag gem. § 19 Abs. 2, BFH 26.9.1969 – VI R 158/67, BStBl. II 1969, 730). Hauptargument für die Verfassungsmäßigkeit des Freibetrags ist der Ausgleich der produktionsbedingten Nachteile und der Sozialpflichtigkeit land- und forstwirtschaftlicher Flächen, was als ausreichend vernünftiger finanz- und sozialpolitischer Grund für die Differenzierung zu anderen Einkunftsarten gesehen wird (HHR/*Paul* § 13 Rn. 3). 20

Auch die **Begünstigung der landwirtschaftlichen Tierhaltung** gegenüber der gewerblichen Tierhaltung, welche sich in der eingeschränkten Verlustverrechnungsmöglichkeit gem. § 15 Abs. 4 zeigt, verstößt nicht gegen die Regelungen des Grundgesetzes (BFH 24.4.2012 – IV B 84/11, BFH/NV 2012, 1313). Diese Unterscheidung der Besteuerung der gewerblichen Tierzucht von der traditionellen landwirtschaftlichen Tierzucht wird unverändert damit begründet, dass die mit der Bodenwirtschaft verbundene landwirtschaftliche Tierzucht und Tierhaltung vor dem Wettbewerb mit einer industriell betriebenen Tierproduktion geschützt werden muss. Auch die fortschreitenden Strukturveränderungen in land- und forstwirtschaftlichen Betrieben sind noch nicht derartig gravierend, dass der vom 21

Gesetzgeber intendierte Schutz der traditionellen Landwirtschaft leerlaufen würde (so auch BFH 29.10.1987 – VIII R 272/83, BStBl. II 1988, 264). Mit Wirkung ab dem VZ 2025 hat der Gesetzgeber die bisherige Regelung des § 51a BewG zur Tierhaltungskooperation überführt in einen neuen § 13b (**„JStG 2019"** v. 12.12.2019, BGBl. 2019 I 2451). Näher dazu → § 13b Rn. 1 ff.

22 Die **erweiterte Übergangsregelung** des § 13 Abs. 2 Nr. 2, Abs. 4 im Rahmen der Nutzungswertbesteuerung selbstbewohnter Baudenkmäler von Land- und Forstwirten verstößt nicht gegen den allgemeinen Gleichheitssatz (BFH 25.6.2009 – IX R 73/07, BFH/NV 2009, 1802). Dies würde die Literatur kritisch sehen, weil denkmalgeschützte Wohnungen im Privatvermögen nicht erfasst werden und ausschließlich Land- und Forstwirte profitieren können (*Hiller* INF 1998, 450; HHR/*Paul* § 13 Rn. 3 mwN).

23 Eine **generelle Begünstigung** des land- und forstwirtschaftlichen Vermögens hält das Verfassungsgericht im Hinblick auf die Besonderheiten der Land- und Forstwirtschaft für geboten (Urteil BVerfG 17.12.2014 – 1 BvL 21/12, BStBl. II 2015, 50 Rn. 199, 200).

24 Die **selbständige Gewinnermittlungsart** Land- und Forstwirtschaft verstößt nicht gegen das Unionsrecht. Artikel 107 ff. AEOV verbietet es den Mitgliedstaaten aus beihilferechtlichen Gründen, Unternehmen oder Produktionszweige zu begünstigen, woraus sich eine Wettbewerbsbeeinträchtigung ergeben kann. Bei der beihilferechtlichen Prüfung steuerrechtlicher Vorschriften ist die Bestimmung der Selektivität einer begünstigten Maßnahme die bedeutsamste Fragestellung (*Schnittger* IStR 2017, 421). Ausgangspunkt der Prüfung der Selektivität ist die Ermittlung des sog. Referenzrahmens. Ob als Referenzrahmen das EStG insgesamt oder die einzelnen Gewinneinkunftsarten herangezogen werden müssen, ist ungeklärt (*Schnittger* IStR 2017, 421). Für den Bereich der Land- und Forstwirtschaft sieht die EU-Kommission keine sektorale Begünstigung, weil hier besondere Buchführungserfordernisse bestehen und der Bedeutung des Grundeigentums für den Sektor Land- und Forstwirtschaft charakteristische Vermögenswertrechnung betragen wird (Mitteilung der Kommission vom 10.12.1998, ABl. 1998 C 384, 3 Rn. 27; zitiert nach *Schnittger* IStR 2017, 421).

25–29 *Einstweilen frei*

4. Zeitlicher Anwendungsbereich

30 Die Regelung des § 13, sowohl hinsichtlich der Positionierung als auch Nummerierung im Gesetz selbst, ist durch das EStG 1934 (v. 16.10.1934, RGBl. 1934 I 1005) in das EStG aufgenommen worden. Bereits im EStG 1925 (Gesetz v. 10.8.1925, RGBl. 1925 I 189) gab es eine gesonderte Einkunftsart Land- und Forstwirtschaft, damals noch als § 6 Abs. 1 Nr. 1 EStG 1925. Die Regelungen des § 13 sind zeitlich nicht befristet.

31–32 *Einstweilen frei*

5. Verhältnis zu anderen Bestimmungen

33 **Verhältnis zu § 3 Nr. 17.** Der gem. § 32 ALG mögliche Zuschuss zum Alterskassenbeitrag für versicherungspflichtige Landwirte und Ehegatten ist steuerfrei. Dieser Zuschuss kann beantragt werden, wenn das festgestellte Jahreseinkommen einen Betrag von 15 500 EUR nicht übersteigt.

34 **Verhältnis zu § 3 Nr. 27.** Zu den Einkünften aus Land- und Forstwirtschaft gem. § 13 Abs. 2 Nr. 3 zählen auch die Einkünfte aus der Produktionsaufgabenrente. Gemäß § 3 Nr. 27 sind der Grundbetrag und das Ausgleichsgeld bis zu einem Höchstbetrag von 18 407 EUR steuerfrei. Da diese Rente nicht mehr gewährt wird und der Sockelbetrag des steuerfrei gestellten Betrags von den Beziehern bereits überschritten ist, besteht hier keine Praxisrelevanz mehr.

35 **Verhältnis zu § 4a.** Regelwirtschaftsjahr für Land- und Forstwirte ist gem. § 4a Abs. 1 S. 1 Nr. 1 der Zeitraum vom 1. Juli bis zum 30. Juni. Der Gewinn des Wirtschaftsjahres ist zeitanteilig auf die Veranlagungszeiträume gem. § 4a Abs. 2 S. 1 Nr. 1 aufzuteilen. Dies ist die sog. kleine Gewinnglättung, da der Gewinn von 2 Wirtschaftsjahren in einem Veranlagungsjahr zusammengefasst wird. Zur großen Gewinnglättung → § 32c Rn. 1 ff. Sonderregelungen zur Bestimmung des Wirtschaftsjahres für Land- und Forstwirte finden sich in § 8c EStDV.

Verhältnis zu §§ 6b, 6c. § 6b Abs. 4 S. 2 sieht eine eingeschränkte Übertragungsmöglichkeit für in einem Gewerbebetrieb entstandene Rücklagen auf Anschaffungen in einem land- und forstwirtschaftlichen Betrieb vor. Diese Regelung gilt dann nicht, wenn nicht der Gewerbesteuer unterliegende Gewinne aus der Veräußerung oder Aufgabe eines Gewerbebetriebs auf Wirtschaftsgüter eines land- und forstwirtschaftlichen Betriebs übertragen werden (BFH 30.8.2012 – IV R 28/09, BStBl. II 2012, 877). 36

Verhältnis zu § 7g. Für land- und forstwirtschaftliche Betriebe gem. § 13 ist gem. § 7g Abs. 1 S. 2 Nr. 1 Buchst. b ein eigenes Betriebsgrößendenkmal normiert. Im Gegensatz zu Gewerbebetrieben wird nicht auf das Betriebsvermögen, sondern auf den Wirtschaftswert oder den Ersatzwirtschaftswert abgestellt. 37

Verhältnis zu §§ 13a, 13b. § 13a sieht eine gesonderte und vereinfachte Gewinnermittlung nach Durchschnittssätzen für kleine land- und forstwirtschaftliche Betriebe vor. § 13b beinhaltet die aus § 51a BewG übernommene Regelung zur Tierhaltungskooperation, welche aufgrund der Streichung des § 51a BewG im Rahmen der Grundsteuerreform nunmehr einen anderen Platz in den Steuergesetzen finden musste. 38

Verhältnis zu § 14. Während laufende Gewinne gem. § 13 zu ermitteln sind, zählen Veräußerungs- und Aufgabegewinne eines land- und forstwirtschaftlichen Betriebs zu solchen gem. § 14. 39

Verhältnis zu § 14a. Es handelt sich um ausgelaufene besondere Regelungen. 40

Verhältnis zu § 32c. Dabei handelt es sich um eine besondere Tarifglättungsvorschrift nur für Einkünfte aus Land- und Forstwirtschaft. Diese – große – Tarifglättung ist im Hinblick auf die Milchkrise in den Jahren 2015/2016 in das Gesetz aufgenommen worden und wurde befristet bis zum VZ 2022. Begünstigt sind nur Einkünfte aus Land- und Forstwirtschaft gem. § 13, der damit Tatbestandsvoraussetzung für diese Tarifglättungsvorschrift ist. 41

Verhältnis zu § 34b. Einkünfte aus außerordentlichen Holznutzungen gem. § 34b knüpfen nicht daran an, dass Einkünfte gem. § 13 vorliegen. Die Regelung des § 34b steht daher auch Gewerbebetrieben zu. 42

Verhältnis zu § 40a. Die Pauschalierungsmöglichkeit der Lohnsteuer für bestimmte Beschäftigte gem. § 40a Abs. 3 kann nur dann in Anspruch genommen werden, wenn der Betrieb tatbestandlich Einkünfte gem. § 13 Abs. 1 erzielt. 43

Verhältnis zu § 55. Bei der Ermittlung des laufenden Gewinns aus der Veräußerung von Grund und Boden ist zu prüfen, ob der Grund und Boden nach den Regeln des § 55 zu bewerten ist. Die Verlustausschlussklausel des § 55 Abs. 6 ist zu beachten. 44

II. Normstruktur

Aufgrund des Subsidiaritätsprinzips der gewerblichen Einkünfte gem. § 15 Abs. 2 S. 1 beschreibt § 13 positiv alle erforderlichen Tatbestandsmerkmale eines land- und forstwirtschaftlichen Betriebs. Danach erzielen Steuerpflichtige Einkünfte aus Land- und Forstwirtschaft, soweit sie Pflanzen und Pflanzenteile mit Hilfe der Naturkräfte gewinnen. Es handelt sich dabei um die nichtgewerbliche Bodenbewirtschaftung. Weiterhin zählen zur Einkunftsart Land- und Forstwirtschaft auch Einkünfte aus der Tierhaltung und Tierzucht, wenn eine bestimmte Flächen-, Tierrelation gem. § 13 Abs. 1 Nr. 1 S. 2 nicht überschritten wird. Diese Relation, auch **Vieheinheitenstaffel** genannt, ist das ausschlaggebende Abgrenzungskriterium zwischen landwirtschaftlicher und gewerblicher Tierhaltung. Mit dieser Vieheinheitenstaffel versucht der Steuergesetzgeber zum einen die Einkünfte aus Tierhaltung und Tierzucht an die Bodenbewirtschaftung zu koppeln, zum anderen die landwirtschaftliche Tierhaltung gegenüber der gewerblichen Tierhaltung abzugrenzen, um sie vor der industriellen Massentierhaltung durch besondere steuerliche Regelungen zu schützen. 45

Deshalb findet sich **in § 15 Abs. 4 eine Verlustverrechnungsbeschränkung** für die gewerbliche Tierhaltung. Dies ist eingeführt worden, weil ansonsten Verluste aus der gewerblichen Tierhaltung mit Gewinnen aus anderen gewerblichen Betätigungen oder anderen Einkunftsarten ohne Weiteres hätten ausgeglichen werden können. Dieser Wettbewerbsvorteil ist zum Schutz der bäuerlichen Landwirtschaft gesetzlich normiert worden (2. Steueränderungsgesetz 1971 vom 10.8.1971, BGBl. 1971 I 1266). Ebenfalls zu den Einkünften aus Land- und Forstwirtschaft zählen die Einkünfte aus Tierhaltungskooperationen, soweit die Voraussetzungen des § 51a BewG, ab VZ 2025 überführt in § 13b, erfüllt sind. Auch Ein- 46 künfte aus Nebenbetrieben iSd § 42 BewG (dazu KSS/*Stephany* BewG § 42 Rn. 1 ff.) und der Nutzungswert der selbstgenutzten Wohnung, soweit diese sich in einem Gebäude befindet, welches den denkmalschutzrechtlichen Bestimmungen unterfällt, zählen zur Einkunftsart Land- und Forstwirtschaft.

47 Regelungen zum land- und forstwirtschaftlichen Freibetrag finden sich in Abs. 3. Die Höhe des Freibetrags ist mit Wirkung ab dem VZ 2015 auf 900 EUR angehoben worden (Zollkodexanpassungsgesetz vom 22.12.2014, BGBl. 2014 I 2417).

48 Während Absatz 4 die Auswirkungen der Nutzungswertbesteuerung darstellt, sieht Absatz 5 eine steuerfreie Entnahmemöglichkeit für den Grund und Boden vor, wenn dort Wohnungen des Steuerpflichtigen oder eine Altenteilerwohnung errichtet wird. Dieses Entnahmeprivileg (Leingärtner/*Krumm* Kap. 17 Rn. 202) hat seinen Grund in der vom Gesetzgeber beschlossenen Abschaffung der Nutzungswertbesteuerung ab dem 1.1.1987 (Wohnungseigentumsförderungsgesetz vom 15.5.1986, BGBl. 1986 I 730). Mit dem Steuerreformgesetz 1990 (Gesetz vom 25.7.1988, BGBl. 1988 I 1093) wurde § 52 Abs. 15 EStG aF um einen Satz 10 ergänzt, wonach der Entnahmegewinn des Grund und Bodens steuerfrei blieb, wenn darauf die Wohnung des Steuerpflichtigen oder eine Altenteilerwohnung errichtet wird.

49 Diese Regelung ist nach § 13 Abs. 5 überführt worden und heute **Dauerrecht.** Mit diesem Privileg sollte der Weiterentwicklung der Agrarstruktur Rechnung getragen werden, zB durch die Aussiedlung von Betrieben aus der Hoflage in die Feldflur. Vergleichbare Regelungen gibt es auch für Gewerbebetriebe gem. § 15 Abs. 1 S. 3 sowie bei den Einkünften aus selbständiger Arbeit gem. § 18 Abs. 4 S. 1. Der Anwendungsbereich der Regelung des Abs. 6 wird durch die buchwertverknüpfte Übertragungsmöglichkeit von Einzelwirtschaftsgütern gem. § 6 Abs. 5 überlagert. Die Regelung des § 13 Abs. 6 hat daher nur dann eine eigene Bedeutung, soweit Wirtschaftsgüter einer Körperschaft, Personenvereinigung oder Vermögensmasse iSd § 6 Abs. 5 S. 5 übertragen werden.

50 Über die Verknüpfungsregelung des Abs. 7 werden die gesetzlichen Grundlagen für Gewerbebetriebe gem. § 15 mit einer einkunftsartspezifischen Auslegung auf dem Bereich der Land- und Forstwirtschaft für anwendbar erklärt.

51–58 *Einstweilen frei*

B. Voraussetzungen und Rechtsfolgen

I. Persönlicher Anwendungsbereich

59 Die Sonderregelung für land- und forstwirtschaftliche Einkünfte gilt für natürliche Personen, Personengesellschaften (§ 13 Abs. 7) und Körperschaften (§ 8 Abs. 1 KStG), wie zB Vereine (HHR/*Paul* § 13 Rn. 4). Bei beschränkt Steuerpflichtigen führt der inländische Betrieb der Land- und Forstwirtschaft zu inländischen Einkünften (§ 49 Abs. 1 Nr. 1; BFH 17.12.1997 – I R 95/96, BStBl. II 1998, 260).

60 Einkünfte aus Land- und Forstwirtschaft erzielt grundsätzlich nur derjenige, der den Betrieb **auf eigene Rechnung und Gefahr** betreibt, das ist regelmäßig der selbstwirtschaftende (wirtschaftliche) Eigentümer (BFH 26.6.2002 – IV R 55/01, BStBl. II 2003, 13; *Felsmann* ESt Land- und Forstwirte A 222a). Aber auch, wenn er den Betrieb nicht selbst, sondern durch andere Personen verwalten bzw. bewirtschaften lässt, zB durch Angestellte oder Lohnunternehmer, werden dem Inhaber die Einkünfte zugerechnet (*Köhne/Wesche* Landwirtschaftliche Steuerlehre, 226). Handelt nur ein einziger Steuerpflichtiger, muss er grundsätzlich selbst berechtigt sein, sich die Erzeugnisse oder sonstigen Bestandteile als Früchte seiner Tätigkeit anzueignen (§§ 953 ff. BGB).

61 Wird die Nutzung des Betriebes aufgrund eines steuerlich anzuerkennenden Rechtsverhältnisses, zB eines Pachtvertrages, Nutzungsüberlassungsvertrages, Nießbrauchs oder eines Gesellschaftsvertrages **einem anderen überlassen,** so sind die Einkünfte (auch) dem Nutzungsberechtigten zuzurechnen (*Felsmann* ESt Land- und Forstwirte A 222). Weil die ESt eine Personensteuer ist, sind die Einkünfte demjenigen zuzurechnen, der die land- und forstwirtschaftlichen Flächen auf eigene Rechnung und eigenes Risiko bewirtschaftet und somit das Fruchtziehungsrecht hat. Im Falle einer Nutzungsüberlassung bezieht der Inhaber des Betriebes, wenn er keine Betriebsaufgabe erklärt hat, neben dem Nutzungsberechtigten Einkünfte aus Land- und Forstwirtschaft aus einem ruhenden Betrieb.

Einstweilen frei **62–63**

II. Sachlicher Anwendungsbereich

Die Vorschrift regelt die Einkunftsart „Einkünfte aus Land- und Forstwirtschaft" und grenzt diese von gewerblichen Einkünften ab. Land- und forstwirtschaftliche Einkünfte beziehen naturgemäß Kapitalgesellschaften und Genossenschaften nicht, weil sie Einkünfte aus Gewerbebetrieb erzielen (§ 8 Abs. 2 KStG). Zur Ermittlung des körperschaftsteuerlichen Einkommens verweist § 8 Abs. 1 KStG gleichwohl auf § 13 (HHR/*Paul* § 13 Rn. 4). Auch bei einer Mitunternehmerschaft die aufgrund der sog. Abfärbetheorie (§ 15 Abs. 3 Nr. 1) bzw. der gewerblichen Prägung (§ 15 Abs. 3 Nr. 2) gewerbliche Einkünfte erzielt, ist § 13 nicht anwendbar. **64**

Für **Hauberg-, Wald-, Forst- und Laubgenossenschaften** und ähnliche Realgemeinden wird nach § 3 Abs. 2 Satz 2 KStG eine land- und forstwirtschaftliche Mitunternehmerschaft fingiert (*Märkle/Hiller* ESt Land- und Forstwirte Rn. 169), für die dann verfahrensrechtlich eine gesonderte und einheitliche Feststellung der Einkünfte nach §§ 180 Abs. 1 Satz 1 Nr. 2 Buchst. a, 179 Abs. 2 Satz 2 AO durchzuführen ist (HHR/*Paul* § 13 Rn. 100 ff.). **65**

Einstweilen frei **66–67**

III. Einkünfte aus Land- und Forstwirtschaft

1. Besondere Ansatz- und Bewertungsvorschriften

a) Betriebsvermögenseigenschaft. Wirtschaftsgüter, die ausschließlich und unmittelbar für eigenbetriebliche Zwecke des Steuerpflichtigen genutzt werden oder dazu bestimmt sind, sind **notwendiges Betriebsvermögen** (EStR 4.2 Abs. 1 S. 1; HHR/*Paul* § 13 Rn. 31; *Märkle/Hiller* ESt Land- und Forstwirte Rn. 206 ff.). Sie müssen objektiv erkennbar zum unmittelbaren Einsatz im Betrieb selbst bestimmt sein. Das Wirtschaftsgut muss, wenn auch nicht unentbehrlich oder notwendig im Sinne von „erforderlich", so doch in gewisser Weise auf den Betriebsablauf bezogen und ihm zu dienen bestimmt sein. Abzustellen ist auf die tatsächliche Zweckbestimmung, also die konkrete Funktion des Wirtschaftsguts im Betrieb. Die Bestimmung erfordert eine endgültige Funktionszuweisung; dies ist auch schon die abschließende Bestimmung, dass das Wirtschaftsgut in Zukunft betrieblich genutzt wird (BFH 19.12.2019 – VI R 53/16, BB 2020, 1007). Zum Betriebsvermögen gehören damit alle Wirtschaftsgüter, die aus betrieblicher Veranlassung angeschafft, hergestellt oder eingelegt werden. Eine betriebliche Veranlassung liegt vor, wenn ein objektiver wirtschaftlicher und tatsächlicher Zusammenhang mit dem Betrieb besteht (BFH 6.3.1991 – X R 57/88, BStBl. II 1991, 829 und 19.12.2019 – VI R 53/16, BB 2020, 1007). Abnutzbare bewegliche Wirtschaftsgüter gehören dem notwendigen Betriebsvermögen an, wenn deren betriebliche Nutzung mehr als 50% beträgt (BFH 2.10.2003 – IV R 13/03, BStBl. II 2004, 985). **68**

Für die Landwirtschaft als bodengebundene Produktion hat der **Grund und Boden** eine Sonderstellung. Das ergibt sich aus den in § 13 aufgezählten Tätigkeiten, die das Gesetz zur Land- und Forstwirtschaft rechnet und aus der Definition der Landwirtschaft. Land- und Forstwirtschaft ist die planmäßige Nutzung der natürlichen Kräfte des Bodens zur Erzeugung von Pflanzen und Tieren sowie die Verwertung der dadurch selbst gewonnenen Erzeugnisse (BFH 26.2.1976 – VIII R 15/73, BStBl. II 1976, 492 und 16.11.1978 – IV R 191/74, BStBl. II 1979, 246; EStR 15.5 Abs. 1 S. 1). Bei der Zuordnung der Grundstücke des land- und forstwirtschaftlichen Betriebes ist zu unterscheiden zwischen selbst bewirtschafteten und verpachteten Betrieben. **69**

Zum Betriebsvermögen einer **aktiv bewirtschafteten Land- und Forstwirtschaft** gehört demnach der vom Land- und Forstwirt bewirtschaftete Grund und Boden; er stellt die wesentliche Betriebsgrundlage dar (BFH 19.12.2019 – VI R 53/16, BB 2020, 1007). Bei selbst bewirtschafteten Betrieben gehören die eigenen Flächen und die hinzuerworbenen Flächen, soweit sie unmittelbar für eigene betriebliche Zwecke genutzt werden können, zum notwendigen Betriebsvermögen (BFH 12.9.1991 – IV R 14/89, BStBl. II 1992, 134 und **70**

19.12.2019 – VI R 53/16, BB 2020, 1007). **Hinzuerworbene Flächen** sind notwendiges Betriebsvermögen, wenn und soweit sie unmittelbar für eigenbetriebliche Zwecke genutzt werden. Von einem aktiv tätigen Landwirt zur eigenen Bewirtschaftung erworbene landwirtschaftliche Nutzflächen sind daher notwendiges Betriebsvermögen (BFH 19.7.2011 – IV R 10/09, BStBl. II 2012, 93). Erworbene, aber noch verpachtete Flächen, gehören, wenn deren eigenbetriebliche Nutzung eindeutig bekundet wurde und wenn der Bewirtschaftungswille in einem überschaubaren Zeitraum – zB durch Kündigung des Pachtvertrages und Bewirtschaftung innerhalb von 12 Monaten umgesetzt wurde –, auch zum notwendigen Betriebsvermögen (BFH 19.12.2019 – VI R 53/16, BB 2020, 1007); die Flächen müssen in einem **Radius von 100 km** Luftlinie um den Betrieb liegen (BFH 19.7.2011 – IV R 10/09, BStBl. II 2012, 93). Diese relative Grenze gilt aber bei einer **Personengesellschaft** nicht, weil Personengesellschaften nur einen ertragsteuerlichen Betrieb haben können (BFH 10.2.1989 – III R 78/86, BStBl. II 1989, 467 Rn. 3). Das ist aus § 8 Abs. 2 KStG herzuleiten, wonach bei Steuerpflichtigen, die nach den Vorschriften des HGB zur Führung von Büchern verpflichtet sind, alle Einkünfte als Einkünfte aus Gewerbebetrieb zu behandeln sind (für das Gewerbesteuerrecht vgl. § 2 Abs. 2 GewStG; BFH 13.4.2017 – IV R 49/15, BFH/NV 2017, 1129 Rn. 24; Schmidt/*Wacker* § 15 Rn. 194). Erwirbt daher eine land- und forstwirtschaftlich tätige Personengesellschaft ein Grundstück im Gesamthandsvermögen, so ist diese Fläche auch bei einer Entfernung von mehr als 100 km uE dem notwendigen Betriebsvermögen zuzuordnen.

71 Nach einer **Gesamtwürdigung der betrieblichen Verhältnisse** gehören die weiter entfernt liegenden Flächen nicht mehr zum einheitlichen Betrieb der Land- und Forstwirtschaft, weil ein wirtschaftlicher, finanzieller und organisatorischer Zusammenhang mit der ursprünglichen Hofstelle nicht mehr gegeben ist. Maßstab für einen einheitlichen Betrieb ist, ob die ausreichenden Betriebsflächen von einer oder mehreren Hofstellen aus mit jeweils den gleichen oder jeweils anderen Sachmitteln und Arbeitskräften bewirtschaftet werden können oder nicht (BFH 13.10.1988 – IV R 136/85, BStBl. II 1989, 7). Nach der Verkehrsanschauung und auch im Hinblick auf organisatorische Erschwernisse ist insbesondere die räumliche Entfernung ein Umstand, der in die Gesamtwürdigung einzubeziehen ist. Ihm kommt umso weniger Gewicht zu, je intensiver der Leistungsaustausch zwischen den Betriebsteilen und deren organisatorische und sachliche Verzahnung sind. Umgekehrt steigen mit zunehmender Entfernung die Anforderungen an Intensität der Verknüpfung der Betriebsteile (BFH 19.7.2011 – IV R 10/09; BStBl. II 2012, 93). Der strukturelle Wandel der Landwirtschaft, der nicht mehr vom Leitbild des arrondierten Hofes geprägt ist, lässt es dabei im Einzelfall auch denkbar erscheinen, dass auch größere Entfernungen das Gesamtbild eines einheitlichen Betriebes nicht hindern (BFH 10.4.1997 – IV R 48/96, BFH/NV 1997, 749).

71.1 Ob mehrere **räumlich voneinander getrennte Betriebsstätten** einen einheitlichen land- und forstwirtschaftlichen Betrieb bilden, ist aufgrund einer Gesamtbetrachtung der betrieblichen Verhältnisse zu entscheiden. Dabei ist auch die Entfernung zwischen den Betriebsstätten zu berücksichtigen. Eine feste Grenze zog bisher die höchstrichterliche Rechtsprechung nicht (BFH 10.4.1997 – IV R 48/96, BFH/NV 1997, 749). Unterhält ein Nebenerwerbslandwirt einen Ackerbaubetrieb an einem Ort und hat er seinen Wohnsitz am anderen Ort und hält er sich an etwa 20 Tagen jährlich zu Bewirtschaftung seiner Flächen am Betriebssitz auf, verneinte der BFH bei Zupachtung eines 82 Straßenkilometer entfernten Hähnchenmaststalls einen einheitlichen Betrieb.

71.2 Dabei verbrachte der Nebenerwerbslandwirt die Nächte in einem Gasthaus, da das zum Betrieb gehörende Bauernhaus unbewohnbar war. Maschinen und Geräte waren nur in Mindestausstattung vorhanden, sodass die Arbeiten zum Teil durch den Maschinenring ausgeführt wurden. Während eines Mastdurchgangs in dem angepachteten Hähnchenmaststall von durchschnittlich 5 Wochen mästete er jeweils etwa 120.000 Hähnchen. Fütterung und Aufzucht ließ der Nebenerwerbslandwirt von eigens dafür angestellten Aushilfskräften durchführen. Den gesamten auf seinen Flächen erzeugten Weizen verfütterte er an die Masthähnchen und deckte damit 25% des Futterbedarfs. Den angebauten Raps verkaufte er an ein landwirtschaftliches Lagerhaus. Den anfallenden Hähnchenmist (pro Mastdurchgang etwa 120 t) brachte der Nebenerwerbslandwirt als Naturdünger auf seinen Flächen aus.

72 Der **Erwerb eines verpachteten Grundstücks** kann als Vorbereitungshandlung zur Einrichtung eines neuen Betriebes gewürdigt werden. Dazu ist es erforderlich, dass der Landwirt den bestehenden Pachtvertrag zum frühestmöglichen Zeitpunkt kündigt (*Märkle/*

Hiller ESt Land- und Forstwirte Rn. 208). Als überschaubaren Zeitraum sieht der BFH im Zusammenhang mit einer **Betriebsneugründung** in Anlehnung an die gesetzlich geregelte Kündigungsfrist in § 594a BGB einen Zeitraum von bis zu 24 Monaten an (BFH 19.7.2011 – IV R 10/09, BStBl. II 2012, 93). Werden Flächen außerhalb des Radius von 100 km erworben, kann es sich um einen neuen, zweiten land- und forstwirtschaftlichen Betrieb handeln. Diese Flächen werden als notwendiges Betriebsvermögen dem zweiten Betrieb zugeordnet, wenn die Eigenbewirtschaftung innerhalb von 24 Monaten erfolgt.

Auch der Verpächter eines zunächst eigenbewirtschafteten landwirtschaftlichen Betriebs 73 kann die Zusammensetzung des Betriebsvermögens seines fortgeführten (ruhenden) Betriebs – wie ein aktiv wirtschaftender Landwirt – ändern (BFH 19.12.2019 – VI R 53/16, BB 2020, 1007). **Bei verpachteten Betrieben** gehören neben den eigenen bislang selbst bewirtschafteten Flächen die hinzuerworbenen Flächen zum notwendigen Betriebsvermögen, wenn sie den bisherigen Pächtern im Rahmen eines der bestehenden Pachtverhältnisse zur sofortigen Nutzung überlassen (BFH 26.3.2011 – VIII R 104/87, BFH/NV 1991, 671; BFH 24.9.1998 – IV R 1/98, BStBl. II 1999, 55 und BFH 19.12.2019 – VI R 53/16, BB 2020, 1007; *Märkle/Hiller* ESt Land- und Forstwirte Rn. 304; Eisele/*Seitz* Besteuerung der LuF Rn. 242/1) oder innerhalb von 12 Monaten durch einen der bisherigen Pächter bewirtschaftet werden. Durch die hinzukommenden landwirtschaftlichen Nutzflächen wird der Verpachtungsbetrieb unmittelbar erweitert und verstärkt. Nach Ablauf der Pachtzeit kann der Eigentümer (bzw. sein Rechtsnachfolger) den – vergrößerten – Betrieb wieder selbst bewirtschaften (BFH 19.12.2019 – VI R 53/16, BB 2020, 1007). Ist die hinzuerworbene Fläche im Zeitpunkt des Erwerbs noch an einen fremden Landwirt verpachtet, macht es keinen Unterschied, ob die Nutzfläche für die Verstärkung eines eigenbewirtschafteten oder eines verpachteten Betriebs erworben wird. Die Annahme notwendigen Betriebsvermögens setzt aber wie bei der Eigenbewirtschaftung voraus, dass das hinzuerworbene verpachtete Grundstück geeignet und endgültig dazu bestimmt ist, dem verpachteten landwirtschaftlichen Betrieb auf Dauer zu dienen (BFH 19.7.2011 – IV R 10/09, BStBl. II 2012, 92 und BFH 19.12.2019 – VI R 53/16, BB 2020, 1007). Eine Unterscheidung zwischen Betriebsverpachtung im Ganzen und **parzellenweiser Verpachtung** ist nicht erforderlich (BFH 19.12.2019 – VI R 53/16, BB 2020, 1007 Rn. 24; so auch *Märkle/Hiller* ESt Land- und Forstwirte Rn. 320). Nach der höchstrichterlichen Rechtsprechung kann ein landwirtschaftlicher Betrieb auch ohne eigene Hofstelle und eigenes Inventar bestehen (BFH 26.6.2003 – IV R 61/01, BStBl. II 2003, 755; BFH 6.3.2006 – IV B 82/04, BFH/NV 2006, 1291). Die verpachteten Flächen müssen ebenfalls in einem Radius von 100 km um den Betrieb liegen (BFH 19.7.2011 – IV R 10/09, BStBl. II 2012, 93; *Märkle/Hiller* ESt Land- und Forstwirte Rn. 304; aA Eisele/*Seitz* Besteuerung der LuF Rn. 242/1: die Grenze soll bei 80–90 km liegen). Ist eine Einbeziehung in einen bereits bestehenden Pachtvertrag nicht möglich, liegt kein notwendiges Betriebsvermögen vor (*Felsmann* ESt Land- und Forstwirte A 24). Durch einen Zuordnungsakt kann unter Umständen gewillkürtes Vermögen (→ Rn. 75) entstehen.

Einkommensteuerrechtlich sind die in ein **Umlegungsverfahren** (Flurbereinigungsver- 74 fahren) eingebrachten und die daraus im Zuteilungswege erlangten Grundstücke grundsätzlich als wirtschaftlich identisch zu werten. Die Betriebsvermögenseigenschaft eines in das Umlegungsverfahren eingebrachten Grundstücks setzt sich nur insoweit an dem zugeteilten Grundstück fort, als dieses in Erfüllung des Sollanspruchs gemäß § 56 Abs. 1 S. 1 BauGB zugeteilt wird; es tritt keine Gewinnrealisierung ein (BFH 13.3.1986 – IV R 1/84, BStBl. II 1986, 711 und BFH 7.11.1996 – IV R 69/95, BStBl. II 1997, 245). Die Zuordnung des den Sollanspruch übersteigenden ideellen Teils des Grundstücks zum Betriebs- oder Privatvermögen richtet sich nach den allgemeinen Beurteilungskriterien im Ertragsteuerrecht, nämlich nach § 4 Abs. 1 (BFH 23.9.2009 – IV R 70/06, BStBl. II 2010, 270; zum freiwilligen Landtausch BFH 23.10.2019 – VI R 25/17, BFH/NV 2020, 276; Leingärtner/*Kanzler* Kap. 24 Rn. 2; Schmidt/*Kulosa* § 13 Rn. 214; HHR/*Paul* § 13 Rn. 31).

Wirtschaftsgüter, die in einem gewissen objektiven Zusammenhang mit dem Betrieb ste- 75 hen und ihn zu fördern bestimmt und geeignet sind, können sowohl beim aktiv bewirtschafteten als auch beim Verpachtungsbetrieb als **gewillkürtes Betriebsvermögen** behandelt werden (EStR 4.2 Abs. 1 S. 3 und Abs. 9). Um die hinzuerworbene Fläche dem gewillkürten Betriebsvermögen zuzuordnen, ist ein eindeutiger Widmungsakt erforderlich (BFH

27.8.1998 – IV R 77/97, BStBl. II 1999, 279; BFH 19.7.2011 – IV R 10/09, BStBl. II 2012, 93 und BFH 19.12.2019 – VI R 53/16, BB 2020, 1007; *Märkle/Hiller* ESt Land- und Forstwirte Rn. 253). Erwirbt der Inhaber eines landwirtschaftlichen **Verpachtungsbetriebs** weitere an Dritte verpachtete landwirtschaftliche Grundstücke, die von vornherein nicht zur Verpachtung an den oder die Pächter des Verpachtungsbetriebs vorgesehen sind, kann er die hinzuerworbenen Grundstücke dem gewillkürten Betriebsvermögen zuordnen, da deren Eignung, den Betrieb dem Grunde nach zu fördern, regelmäßig zu bejahen ist. Für die Zuordnung des an Dritte verpachteten Grundstücks zum gewillkürten Betriebsvermögen des Verpachtungsbetriebs ist allerdings erforderlich, dass der Land- und Forstwirt seinen diesbezüglichen Zuordnungswillen klar und eindeutig bekundet (BFH 19.12.2019 – VI R 53/16, BB 2020, 1007). Die Fläche muss zeitnah in das Flächenverzeichnis aufgenommen werden. Dies gilt auch bei einem verpachteten Betrieb, der nach den gleichen Grundsätzen wie ein aktiv wirtschaftender Landwirt gewillkürtes Betriebsvermögen bilden kann (BFH 19.12.2019 – VI R 53/16, BB 2020, 1007). Der Steuerpflichtige trägt dafür die Feststellungslast. Andererseits kann auch der Inhaber eines Verpachtungsbetriebs ein an einen Dritten verpachtetes, landwirtschaftlich genutztes Grundstück im **Privatvermögen** erwerben, wenn er dieses nicht zum Einsatz im Pachtbetrieb und darüber hinaus auch nicht für eine künftige (wieder) aktive Bewirtschaftung des Betriebes vorgesehen hat (BFH 19.12.2019 – VI R 53/16, BB 2020, 1007).

76 Die **Bildung von gewillkürtem Betriebsvermögen** erfährt im Bereich der Land- und Forstwirtschaft Einschränkungen. Land- und Forstwirte können Mietwohn- und Geschäftshäuser, die sie auf zugekauftem, bisher nicht zum Betriebsvermögen gehörenden Grund und Boden errichtet oder einschließlich Grund und Boden erworben haben, regelmäßig nicht als Betriebsvermögen behandeln (BFH 28.7.1994 – IV R 80/92, BFH/NV 1995, 288; BFH 23.9.1999 – IV R 12/98, BFH/NV 2000, 317; BFH 14.5.2009 – IV R 44/06, BStBl. II 2009, 811 und EStR 4.2 Abs. 9 S. 3; Leingärtner/*Kanzler* Kap. 24 Rn. 166; *Märkle/Hiller* ESt Land- und Forstwirte Rn. 253d; Eisele/*Seitz* Besteuerung der LuF Rn. 241). Der BFH hat für Land- und Forstwirte – ähnlich wie für Freiberufler – die Möglichkeit zur Willkürung von Betriebsvermögen wegen der Eigenart der betrieblichen Tätigkeit und wegen der besonderen Bedeutung von Grund und Boden für den Erzeugungsprozess insoweit gegenüber Gewerbebetrieben eingeschränkt, als nur solche Wirtschaftsgüter zum Betriebsvermögen gezogen werden dürfen, die vom Gegenstand her objektiv geeignet sind, den land- und forstwirtschaftlichen Betrieb zu dienen und ihn zu fördern (BFH 23.9.1999 – IV R 12/98, BFH/NV 2000, 317). Dagegen können Grundstücke, die ihrer Art nach für einen land- und forstwirtschaftlichen Betrieb wesensfremd sind, nicht durch Einlage dem Betrieb als gewillkürtes Betriebsvermögen zugeordnet werden (EStH 4.2 Abs. 9 „Besonderheiten bei land- und forstwirtschaftlichen Betrieben").

77 Dagegen kann ein Land- und Forstwirt, der seine bisher land- und forstwirtschaftlich genutzten Flächen bebaut und das Gebäude an Betriebsfremde vermietet, dieses als gewillkürtes Betriebsvermögen behandeln, wenn dadurch das Gesamtbild der land- und forstwirtschaftlichen Tätigkeit nicht wesentlich verändert wird (EStR 4.2 Abs. 9 S. 4). Die landwirtschaftsfremden Grundstücke können damit als gewillkürtes Betriebsvermögen behandelt werden, wenn ihr Flächenumfang nicht mehr als 10% der landwirtschaftlichen Nutzfläche ausmacht (für Mietobjekte: BFH 22.8.2002 – IV R 57/00, BStBl. II 2003, 16; für Erbbaurechte: BFH 24.3.2011 – IV R 46/08, BStBl. II 2011, 692; aA Eisele/*Seitz* Besteuerung der LuF Rn. 242).

78 Werden bisher zum notwendigen Betriebsvermögen gehörende Flächen zB dauerhaft verpachtet, an ihnen entgeltliche Erbbaurechte bestellt oder mit Mietwohn- und Geschäftshäusern bebaut, für fremde Zwecke vermietet und so umgestaltet, dass sie einer land- und forstwirtschaftlichen Nutzung nicht mehr zugeführt werden können, entsteht sog. **geduldetes Betriebsvermögen** (BFH 14.5.2009 – IV R 44/06, BStBl. II 2009, 811; § 4 Abs. 1 S. 7; Schmidt/*Loschelder* § 4 Rn. 270; Leingärtner/*Kanzler* Kap. 24 Rn. 150 und Einzelfälle bei Rn. 154 ff.; *Märkle/Hiller* ESt Land- und Forstwirte Rn. 254; Eisele/*Seitz* Besteuerung der LuF Rn. 243). Voraussetzung ist, dass solche wesensfremde Nutzung einen Umfang von nicht mehr als 10% der gesamten Eigentumsfläche des Betriebes einnimmt (für Mietobjekte: BFH 22.8.2002 – IV R 57/00, BStBl. II 2003, 16; für Erbbaurechte: BFH 10.12.1992 – IV R 115/91, BStBl. II 1993, 342 und BFH 24.3.2011 – IV R 46/08, BStBl. II 2011,

692). Die 10%-Grenze ist uE sachgerecht, weil sie nicht statisch ist und der allgemeinen Geringfügigkeitsgrenze im Ertragsteuerrecht entspricht.

In den **Flächenvergleich** sind selbst bewirtschaftete oder verpachtete Eigentumsflächen, nicht jedoch zugepachtete Flächen einzubeziehen (so auch Schmidt/*Kulosa* § 13 Rn. 228), weil die gepachteten Flächen nicht zum Betriebsvermögen des betrachteten Betriebes gehören und damit keinen Einfluss auf den Charakter der landwirtschaftlichen Betätigung haben (BFH 24.3.2011 – IV R 46/08, BStBl. II 2011, 692). Nicht zu berücksichtigen sind uE forstwirtschaftliche Flächen, weil sie regelmäßig einen forstwirtschaftlichen Teilbetrieb (→ Rn. 127) bilden. Auf einen Vergleich der Erträge aus den verschiedenen Nutzungen oder auch die Anwendung anderer Abgrenzungskriterien kommt es erst dann an, wenn der Umfang der anderweitig genutzten Flächen die Geringfügigkeitsgrenze von 10% der Gesamtfläche des Betriebes übersteigt (BFH 22.8.2002 – IV R 57/00, BStBl. II 2003, 16). Erst dann überlagern die landwirtschaftsfremd genutzten Grundstücke die landwirtschaftliche Tätigkeit iS einer Vermögensverwaltung. Kriterien, die hier uE herangezogen werden können, sind der Umsatz/Rohertrag und das Verhältnis der Teilwerte der landwirtschaftlich genutzten Flächen zu den landwirtschaftsfremd genutzten Flächen. Ergibt der personenbezogene Flächenvergleich, dass die 10%-Grenze überschritten ist, werden uE alle wesensfremd genutzten Grundstücke zwangsweise vom Betriebs- in das Privatvermögen überführt (kritisch *Märkle/Hiller* ESt Land- und Forstwirte Rn. 255). 79

Märkle/Hiller (ESt Land- und Forstwirte Rn. 255a) sieht darin aus fiskalischen Gründen die Gefahr, dass auch ohne eine eindeutige Willenserklärung des Unternehmers in verjährter Zeit, dh ohne eine steuerpflichtige Entnahmehandlung, Wirtschaftsgüter vom Betriebsvermögen in das Privatvermögen überführt werden können und will entgegen der Rechtsprechung des BFH den Flächenvergleich betriebsbezogen anwenden. 79.1

Überschreiten die **wesensfremd genutzten Flächen** den schädlichen Umfang von 10%, dann verdrängt insoweit die dadurch betriebene Vermögensverwaltung die landwirtschaftliche Betätigung (BFH 24.3.2011 – IV R 46/08, BStBl. II 2011, 692). Das kann zB durch Bestellung von entgeltlichen Erbbaurechten der Fall sein. Sofern diese Geringfügigkeitsgrenze überschritten ist, kommt es zur zwangsweisen Überführung der wesensfremd genutzten Flächen vom Betriebs- in das Privatvermögen (Schmidt/*Kulosa* § 13 Rn. 228). Werden künftig weitere Flächen betriebsfremd, zB durch Bestellung von Erbbaurechten, genutzt, können die weiteren Flächen (erneut) bis zur 10%-Grenze dem gewillkürten Betriebsvermögen zugeordnet werden (BFH 24.3.2011 – IV R 46/08, BStBl. II 2011, 692). 80

Die Überlassung von ehemals land- und forstwirtschaftlich genutzten Flächen an einen Golfclub (LfSt Bayern 5.12.2007, BeckVerw 107275) und uE auch an einen Wind- oder Solarpark stellt **keine wesensfremde Nutzung** der Grundstücke dar, weil die land- und forstwirtschaftlichen Flächen nicht dauerhaft dem Erzeugungsprozess entzogen werden. Regelmäßig sind die Pächter verpflichtet, die Grundstücke nach Ablauf der Pachtzeit als landwirtschaftliche Flächen wiederherzustellen. Eine Anrechnung dieser Flächen auf die Geringfügigkeitsgrenze von 10% erfolgt nicht. 81

Die **unentgeltliche Überlassung** betrieblicher Wirtschaftsgüter zu außerbetrieblichen Zwecken führt zu einer Entnahme aus dem Betriebsvermögen, wenn sie nicht nur von vorübergehender Dauer ist (BFH 1.7.2004 – IV R 10/03, BStBl. II 2004, 947). Damit wird die bisherige landwirtschaftliche Nutzung auf Dauer so geändert, dass Grundstücke ihre Beziehung zum Betrieb verlieren und dadurch zu **notwendigem Privatvermögen** werden. Unterschreitet der vereinbarte, verbilligte Erbbauzins nicht die Geringfügigkeitsgrenze von 10% des ortsüblichen Erbbauzinses, führt dies regelmäßig nicht zu einer Grundstücksentnahme. Liegt der aus außerbetrieblichen Gründen vereinbarte verbilligte Erbbauzins unterhalb der Geringfügigkeitsgrenze von 10%, kann darauf nicht abgestellt werden, mit der Folge, dass das mit dem Erbbaurecht belastete Grundstück seine Beziehung zum Betrieb verliert und zum notwendigen Privatvermögen wird (BFH 24.3.2011 – IV R 46/08, BStBl. II 2001, 692; *Felsmann* ESt Land- und Forstwirte B 389c, 431c ff.). 82

Produktionsrechte, wie zB Zuckerrübenlieferrechte, Brennrechte, Fischereirechte, Wasserbezugsrechte, Wiederbepflanzungsrechte im Weinbau, Ökopunkte und Zahlungsansprüche nach der GAP-Reform gehören als immaterielle Wirtschaftsgüter dem notwendigen Betriebsvermögen an (Leingärtner/*Kanzler* Kap. 24 Rn. 49; HHR/*Paul* § 13 Rn. 31). Aktien 83 einer Zuckerfabrik sind auch dann dem notwendigen Betriebsvermögen eines land- und forstwirtschaftlichen Betriebs zuzuordnen, wenn mit dem Aktienbesitz satzungsgemäß eine Anbau- und Lieferverpflichtung verbunden ist, die bereits vor Einführung der Europäischen Zuckermarktordnung nicht beachtet wurde, und wenn den Lieferbeziehungen eine Branchenvereinbarung iSd VO (EWG) Nr. 206/68 zugrunde lag (BFH 11.12.2003 – IV R 19/02, BStBl. II 2004, 280).

84 Wirtschaftsgüter, die dem Betrieb der Land- und Forstwirtschaft **wesensfremd** sind und denen eine sachliche Beziehung zum Betrieb fehlt, können auch nicht im Wege der Willkürung zum Betriebsvermögen werden (zu Bodenschätzen: BFH 28.10.1982 – IV R 73/81, BStBl. II 1983, 106; BFH 24.1.2008 – IV R 45/05, BStBl. II 2009, 449 und BFH 21.7.2009 – X R 10/07, BFH/NV 2010, 184; zu Genossenschaftsanteilen am Elektrizitätswerk: BFH 23.9.2009 – IV R 14/07, BStBl. II 2010, 227).

85 Das **Eigenjagdrecht** ist ein selbständiges nicht abnutzbares immaterielles Wirtschaftsgut. Es steht dem Eigentümer einer land-, forst- oder fischereiwirtschaftlich nutzbaren zusammenhängenden Fläche von in der Regel mindestens 75 ha zu (§ 7 BJagdG). Es ist notwendiges Betriebsvermögen des land- und forstwirtschaftlichen Betriebes. Nur beim entgeltlichen Erwerb ist ein Aktivposten in der Steuerbilanz auszuweisen (§ 5 Abs. 2). Soweit bei Anschaffungen von Grundstücken nach dem 30.6.1970 bzw. 30.6.1990 (= DM-Eröffnungsbilanz) die auf das Eigenjagdrecht entfallenden Anschaffungskosten nicht gesondert ausgewiesen worden sind, ist dies durch Bilanzberichtigung gegen entsprechende Minderung des Buchwertes des Grund und Bodens richtig zu stellen. Ist der Grund und Boden bei Anschaffungen vor dem 1.7.1970 nach § 55 Abs. 1 mit dem doppelten Ausgangswert (→ Rn. 90) bewertet worden, so sind die für das Eigenjagdrecht tatsächlich entstandenen Anschaffungskosten gewinnneutral über das Kapitalkonto einzubuchen (Einzelheiten in BMF 23.6.1999, BStBl. I 1999, 593).

86–89 *Einstweilen frei*

90 **b) Besondere Bewertungsregeln.** Für **Grund und Boden,** der mit Ablauf des 30.6.1970 bewertungsrechtlich zum land- und forstwirtschaftlichen Vermögen gehörte, ist der **Ausgangsbetrag** für jedes abgegrenzte Grundstück nach § 55 Abs. 1–4 zu ermitteln (BMWF 29.2.1972 Rn. 10, BStBl. I 1972, 102; OFD Frankfurt 1.3.2007, BeckVerw 100479; Leingärtner/*Wendt* Kap. 29a Rn. 112). Der Grund und Boden ist gem. § 55 Abs. 1 S. 1 mit dem doppelten Ausgangsbetrag zu bewerten. Anzusetzen ist dann die achtfache Ertragsmesszahl (§ 55 Abs. 2 S. 2 Nr. 1 S. 1; *Märkle/Hiller* ESt Land- und Forstwirte Rn. 336; Eisele/*Seitz* Besteuerung der LuF Rn. 1117 ff.).

90.1 Dazu ein **Beispiel:**

Eine Fläche zur Größe von 1 ha hat laut Katasterauszug eine Ertragsmesszahl (EMZ) von 2.000. Der Ausgangsbetrag beträgt zum Stichtag 1.7.1970: 16.000 DM (= 2.000 EMZ × 4 × 2) oder jetzt 8.180,67 EUR.

91 Anstelle des Ausgangsbetrages nach § 55 Abs. 1 und 2 kann der (bis spätestens 31.12.1975) beantragte und festgestellte **höhere Teilwert** eines Grundstücks angesetzt werden (§ 55 Abs. 5; BFH 12.7.1979 – IV R 55/74, BStBl. II 1980, 5; BMWF 29.2.1972 Rn. 11, BStBl. I 1972, 102; Leingärtner/*Wendt* Kap. 29a Rn. 113; *Märkle/Hiller* ESt Land- und Forstwirte Rn. 338 ff.; Eisele/*Seitz* Besteuerung der LuF Rn. 1142).

92 Für Grund und Boden, der nach dem 30.6.1970 entgeltlich angeschafft oder in das Betriebsvermögen eingelegt wurde, ist mit den tatsächlichen Anschaffungskosten bzw. dem Einlagewert (§ 6 Abs. 1 Nr. 5) anzusetzen (*Märkle/Hiller* ESt Land- und Forstwirte Rn. 340 ff.).

93 **Tiere** des Anlagevermögens (Milchkühe, Zuchttiere, Legehennen) sind mit den Anschaffungs-/Herstellungskosten abzüglich AfA (BFH 1.10.1992 – IV R 97/91, BStBl. II 1993, 284) und Tiere des Umlaufvermögens (Masttiere) sind mit den Anschaffungs-/Herstellungskosten zu bewerten (Leingärtner/*Wendt* Kap. 29a Rn. 190). Als Bewertungsmethode kann die Einzelbewertung oder die Gruppenbewertung (§ 240 Abs. 4 HGB) gewählt werden (Schmidt/*Kulosa* § 13 Rn. 46 und 48). Bei beiden Methoden können die Werte betriebsindividuell, nach vergleichbaren Musterbetrieben oder nach den Richtwerten lt. Anlage zum BMF 14.11.2001 (BStBl. I 2001, 864) ermittelt werden (Leingärtner/*Wendt* Kap. 29a Rn. 195). An die gewählte Bewertungsmethode und an das Wertermittlungsverfahren ist der Betrieb in den Folgebilanzen nach dem Grundsatz der Bewertungsstetigkeit gebunden (Schmidt/*Kulosa* § 13 Rn. 49; *Felsmann* ESt Land- und Forstwirte B 605a). Der Grundsatz der Bewertungsstetigkeit hindert den Betrieb jedoch nicht, bezüglich der Neuzugänge des laufenden Wirtschaftsjahres – insoweit aber nur einheitlich – von der Gruppen- zur Einzelbewertung überzugehen (BFH 5.12.1996 – IV R 81/95, BFH/NV 1997, 394 und BFH 15.2.2001 – IV R 19/99, BStBl. II 2001, 549; Schmidt/*Kulosa* § 13 Rn. 49).

Für **besonders wertvolle Tiere** (zB Zuchthengste und Zuchtbullen, Turnier- und Rennpferde) können die Richtwerte der Finanzverwaltung nicht angesetzt werden; eine Gruppenbewertung ist ebenso nicht zulässig, weil deren tatsächliche Anschaffung-/Herstellungskosten erheblich vom Durchschnittswert abweichen (Leingärtner/*Wendt* Kap. 29a Rn. 198; *Felsmann* ESt Land- und Forstwirte B 746). Solche Tiere müssen einzeln mit den Anschaffungs-/Herstellungskosten vermindert um die AfA bewertet werden (BMF 14.11.2001, BStBl. I 2001, 864). 94

Bemessungsgrundlage und Volumen für die AfA nach § 7 und Sonderabschreibungen ist die Differenz zwischen Anschaffungs-/Herstellungskosten und dem **Schlachtwert** (Schmidt/*Kulosa* § 13 Rn. 46). Bei Inanspruchnahme der Bewertungsfreiheit nach § 6 Abs. 2 (GWG) und nach § 6 Abs. 2a (Sammelposten) ist ein Schlachtwert nicht zu berücksichtigen (BFH 24.7.2013 – IV R 1/10, BStBl. II 2014, 246; aA noch BFH 15.2.2001 – IV R 19/99, BStBl. II 2001, 549). 95

Richtwerte für die Viehbewertung (BMF 14.11.2001, BStBl. I 2001, 864 und OFD Magdeburg 26.2.2008, BeckVerw 114297): 95.1

Tierart	AK/HK je Tier in Euro	Schlachtwert je Tier	Gruppenwert je Tier in Euro
Pferde			
bis 1 Jahr	800		800
über 1 bis 2 Jahre	1.400		1.400
über 2 bis 3 Jahre	2.000		2.000
über 3 Jahre	2.600	400	1.500
Rindvieh			
Mastkälber	275		275
Männl. bis ½ Jahr	200		200
Männl. über ½ Jahr bis 1 Jahr	335		335
Männl. über 1 bis 1 ½ Jahre	500		500
Männl. über 1 ½ Jahre	700		700
Weibl. bis ½ Jahr	180		180
Weibl. über ½ Jahr bis 1 Jahr	300		300
Weibl. über 1 Jahr bis 2 Jahre	500		500
Färsen	750		750
Kühe	800	550	675
Zuchtbullen	1.500	1.000	1.250
Schweine			
Ferkel bis 25 kg	30		30
Ferkel bis 50 kg	50		50
Mastschweine über 50 kg	80		80
Jungeber 50-120 kg	90		90
Jungsauen	200		200
Zuchteber	485	125	305
Zuchtsauen	210	150	180
Schafe			

Tierart	AK/HK je Tier in Euro	Schlachtwert je Tier	Gruppenwert je Tier in Euro
Lämmer bis ½ Jahr	30		30
Schafe über ½ Jahr bis 1 Jahr	50		50
Jungschafe bis 20 Monate	70		70
Mutterschafe über 20 Monate	75	25	50
Zuchtböcke	175	25	100
Geflügel			
Aufzuchtküken	1,00		1,00
Junghennen	2,95		2,95
Legehennen	4,50	0,40	2,45
Masthähnchen	0,65		0,65
Schwere Mastputen	7,25		7,25
Enten	2,25		2,25
Gänse	5,30		5,30
Strauße	–	230	–
Damtiere			
Kälber	45		45
Jungtiere	95		95
Alttiere	140	120	130
Hirsche	350	200	275

Kleinpferde sind jeweils mit $^2/3$ und Ponys mit $^1/3$ der Werte für Pferde anzusetzen.

95.2 Die vorstehenden Richtwerte gelten nicht für besonders wertvolle Tiere. Pferde sind besonders wertvoll, wenn es sich um

a) Zucht-, Turnier- und Rennpferde handelt oder

b) zugekaufte Pferde, wenn deren Anschaffungskosten im Alter

bis zu 1 Jahr	1.500 EUR
von 1–2 Jahren	2.600 EUR
von 2–3 Jahren	3.800 EUR
von mehr als 3 Jahren	5.100 EUR

übersteigen (Leingärtner/*Wendt* Kap. 29a Rn. 198).

96 Das **Feldinventar** und die **stehende Ernte** werden mit den Anschaffungs-/Herstellungskosten einzeln bewertet (EStR 14 Abs. 2 S. 5). Anstelle der tatsächlichen Anschaffungs-/Herstellungskosten kann bei einer Einzelbewertung auch der niedrigere Teilwert angesetzt werden (EStR 14 Abs. 2 S. 6). Eine Gruppenbewertung ist zulässig (EStR 6.8 Abs. 4 iVm EStR 14 Abs. 2 S. 7); es können entweder betriebsindividuelle Durchschnittswerte oder standardisierte Werte (zB nach dem BMELV-Jahresabschluss) zugrunde gelegt werden (EStR 14 Abs. 2 S. 8; Schmidt/*Kulosa* § 13 Rn. 238). Bei Betrieben mit jährlicher Fruchtfolge kann für das Feldinventar, die stehende Ernte sowie für selbst gewonnene, nicht zum Verkauf bestimmte Vorräte (zB Heu, Stroh, Silofutter, Trockenfutter, Dünger) auf eine Bestandsaufnahme und Bewertung verzichtet werden (BMF 15.12.1981, BStBl. I 1981, 878 Rn. 3.1.3.; EStR 14 Abs. 3 S. 1; Leingärtner/*Wendt* Kap. 29a Rn. 221; Schmidt/*Kulosa* § 13 Rn. 239; *Märkle/Hiller* ESt Land- und Forstwirte Rn. 130a). Die Rechtsgrundlage sieht die Rechtsprechung des BFH in einer Billigkeitsmaßnahme nach § 163 Abs. 1 Satz 2 AO (BFH 6.4.2000 – IV R 38/99, BStBl. II 2000, 422 und BFH 14.9.2017 – IV R 51/14, BStBl. II 2018, 78 Rn. 21 ff.; Schmidt/*Kulosa* § 13 Rn. 239). Die Billigkeitsmaßnahme ist Betrieben und Teilbetrieben mit Einkünften iSv § 13 vorbehalten (BFH 9.5.2019 – VI R 48/16, BFH/NV 2019, 908). Die Finanzverwaltung lässt sie auch bei **gewerblich geprägten Personengesellschaften** gem. § 15 Abs. 3 Nr. 2 zu (FM Sachsen 12.3.1998, DStR 1998, 606, aA offenbar BFH 9.5.2019 – VI R 48/16, BFH/NV 2019, 908). Zu einer umfassend gewerblichen Personengesellschaft iSv § 15 Abs. 3 Nr. 1 fehlt eine Verwaltungsanweisung, sodass mit dem

BFH von einer Aktivierungspflicht des Feldinventars auszugehen ist (BFH 9.5.2019 – VI R 48/16, BFH/NV 2019, 908). Ein sachlicher Grund für die Unterscheidung ist uE nicht ersichtlich.

Unter **Feldinventar** versteht man die aufgrund der Feldbestellung auf den Feldern vorhandenen Pflanzenbestände. Davon umfasst ist auch die stehende Ernte. Der Wert bemisst sich in der Regel nach den bei der Feldbestellung aufgewendeten Kosten persönlicher und sachlicher Art (BFH 18.3.2010 – IV R 23/07, BStBl. II 2011, 654 Rn. 13). Steuerrechtlich handelt es sich beim Feldinventar um selbständige Wirtschaftsgüter des Umlaufvermögens, wobei das Feldinventar einer abgrenzbaren Fläche (eines einzelnen Feldes) als selbständiges Wirtschaftsgut anzusehen ist (BFH 18.3.2010 – IV R 23/07, BStBl. II 2011, 654 Rn. 14). Da das Feldinventar zu den Wirtschaftsgütern des Umlaufvermögens zählt, richtet sich seine Bewertung nach § 6 Abs. 1 Nr. 2 Satz 1; grundsätzlich ist es daher mit den Anschaffungs- oder Herstellungskosten anzusetzen. Bei dauernder Wertminderung kann der niedrigere Teilwert angesetzt werden. **96.1**

Die **Vereinfachungsregelung** ist einheitlich, bezogen auf das gesamte Feldinventar oder stehende Ernte eines Betriebes, auszuüben (EStR 14 Abs. 4 S. 4; OFD Nordrhein-Westfalen 16.12.2015, BeckVerw 313281 Rn. 2.6 (Grundsatzverfügung)). Das gilt uE nicht für sämtliche selbst gewonnenen, nicht zum Verkauf bestimmten Vorräte (aA *Felsmann* ESt Land- und Forstwirte B 774f). Hier können Landwirte die Billigkeitsmaßnahme nach Art der Vorräte unterschiedlich ausüben. Die Billigkeitsmaßnahme ist wirtschaftsgutbezogen. Befinden sich auf einer abgrenzbaren landwirtschaftlichen Nutzfläche verschiedene Kulturarten, liegen dementsprechend verschiedene selbständige Wirtschaftsgüter vor (BFH 18.3.2010 – IV R 23/07, BStBl. II 2011, 654). Bei Nichtaktivierung brauchen diese Wirtschaftsgüter nicht in der für die Gewinnermittlung nach § 4 Abs. 1 maßgebenden Bilanz erfasst zu werden (BMF 15.12.1981, BStBl. I 1981, 878 Rn. 3.1.3). Die im Rahmen der Gewinnfeststellung getroffene Billigkeitsmaßnahme, von der Aktivierung des Feldinventars abzusehen, wirkt damit auch für die Ermittlung des Gewerbeertrags als Grundlage für die Festsetzung des Gewerbesteuermessbetrags (BFH 14.9.2017 – IV R 51/14, BStBl. II 2018, 78). Der Übergang zur Aktivierung zB des Feldinventars ist jederzeit zulässig. Aktiviert ein Landwirt das Feldinventar, ist er daran für die Zukunft nach dem Grundsatz der Bewertungsstetigkeit gebunden und hat keinen Anspruch darauf, aus Billigkeitsgründen auf die Bewertung verzichten zu können (BFH 18.3.2010 – IV R 23/07, BStBl. II 2011, 654; EStR 14 Abs. 3 S. 2; Schmidt/*Kulosa* § 13 Rn. 240). **96a**

Die bloße Nichtaktivierung des Feldinventars in der der Steuererklärung beigefügten Bilanz ohne weitere Erläuterungen kann nicht als konkludenter Antrag auf Gewährung einer Billigkeitsmaßnahme gemäß R 14 Abs. 2 Satz 3 EStR 2008 ausgelegt werden (BFH 9.5.2019 – VI R 48/16, BFH/NV 2019, 908; aA noch BFH 12.7.2012 – I R 32/11, BStBl. II 2015, 175 und BFH 14.9.2017 – IV R 51/14, BStBl. II 2018, 78). Das Wahlrecht ist eine Billigkeitsmaßnahme iSv § 163 Abs. 1 S. 2 AO (BFH 6.4.2000 – IV R 38/99, BStBl. II 2000, 422 und BFH 14.9.2017 – IV R 51/14, BStBl. II 2018, 78 Rn. 21 ff.). Für Billigkeitsmaßnahmen sieht § 163 Abs. 3 AO einen **Widerrufsvorbehalt** vor. § 163 Abs. 3 AO ist für nach dem 31.12.2016 getroffene Billigkeitsmaßnahmen auch dann anzuwenden, wenn sie Besteuerungszeiträume oder Besteuerungszeitpunkte betreffen, die vor dem 1.1.2017 abgelaufen oder eingetreten sind (§ 29 EGAO). **96a.1**

Selbst erzeugte, zum Verkauf bestimmte Vorräte (zB Getreide, Eier) werden mit den Herstellungskosten ohne USt bewertet (*Märkle/Hiller* ESt Land- und Forstwirte Rn. 135). Aus Vereinfachungsgründen ist es nicht zu beanstanden, wenn als Herstellungskosten die aktuellen Verkaufspreise abzüglich USt, 15% für Verwaltungs- und Vertriebskosten sowie für den Gewinn angesetzt werden. Das gebietet der Grundsatz der **verlustfreien Bewertung,** der sicherstellt, dass bei der Veräußerung der entsprechenden Vermögensgegenstände kein Verlust mehr entstehen kann, der bereits vor dem vorangehenden Abschlussstichtag verursacht war (*Falterbaum* Buchführung und Bilanz, 391). **97**

Zugekaufte Vorräte (Düngemittel, Futtermittel und Kraftstoffe, Heizöl) sind mit den (Netto-)Anschaffungskosten bzw. dem niedrigeren Teilwert anzusetzen. **98**

Bei **Zahlungsansprüchen** im Rahmen der Reform der Gemeinsamen Agrarpolitik (GAP-Reform) handelt es sich um immaterielle Wirtschaftsgüter des Anlagevermögens, weil sie vermögenswerte Vorteile des Betriebes darstellen und einzeln oder zusammen mit dem Betrieb handelbar sind (Leingärtner/*Wendt* Kap. 29a Rn. 135; *Felsmann* ESt Land- und Forst- **99** wirte A 1530). Wirtschaftsgut ist der einzelne Zahlungsanspruch. Nach § 5 Abs. 2 ist der Zahlungsanspruch nur bei entgeltlichem Erwerb zu aktivieren. Eine Abspaltung der Zahlungsansprüche von Grund und Boden kommt nicht in Betracht, da kein Bezug zwischen einem Zahlungsanspruch und einer bestimmten Fläche besteht und die Agrarförderung zu keinerlei Einschränkungen der Nutzbarkeit des Grund und Bodens führt (BMF 25.6.2008, BStBl. I 2008, 682 Rn. 21; *Felsmann* ESt Land- und Forstwirte A 1533).

100 Entgeltlich erworbene Zahlungsansprüche sind auf 10 Jahre **linear** nach § 7 Abs. 1 **abzuschreiben** (für Zahlungsansprüche nach GAP-Reform 2013: BFH 21.10.2015 – IV R 6/12, BStBl. II 2017, 45; BMF 13.12.2016, BeckVerw 335946; aA noch BMF 25.6.2008, BStBl. I 2008, 682 Rn. 19; einschränkend für Wirtschaftsjahre die vor dem 17.12.2013 enden LfSt Rheinland-Pfalz 26.8.2015, BeckVerw 319156; so auch *Felsmann* ESt Land- und Forstwirte A 1537). Unseres Erachtens sind aufgrund der Typisierung durch den BFH auch die entgeltlich erworbenen Zahlungsansprüche nach der GAP-Reform 2015 auf 10 Jahre abzuschreiben, auch wenn sie bis auf weiteres kein konkretes Ablaufdatum haben. Die zeitliche Begrenzung der Zahlungsansprüche folgt daraus, dass die entsprechenden EU-Vorschriften (vgl. Härtel/*Krüger* Handbuch des Fachanwalts Agrarrecht Kap. 6 Rn. 4 ff.) von unbestimmter, aber begrenzter Dauer sind und Gewissheit über ihr Ende, aber nicht über den Zeitpunkt besteht. Die EU garantiert keine dauerhafte Auszahlung; die Zahlungsansprüche können voraussichtlich im Zeitraum von 2015–2020 genutzt werden (Leingärtner/*Kreckl* Kap. 49 Rn. 53; *Felsmann* ESt Land- und Forstwirte A 1537a).

101 Zum 1.1.2015 haben sich die Rahmenbedingungen für die Agrarförderung (GAP-Reform) geändert. Die bis dahin unentgeltlich zugewiesenen und/oder entgeltlich erworbenen Zahlungsansprüche verloren am 31.12.2014 ihre Gültigkeit. Durch den entschädigungslosen Einzug der Zahlungsansprüche zum 31.12.2014 ist bei Steuerpflichtigen mit Gewinnermittlung nach § 4 Abs. 1 oder Abs. 3 der Buchwert auf 0 EUR gewinnmindernd abzusetzen (LfSt Rheinland-Pfalz 26.8.2015, BeckVerw 319156). Die neuen Zahlungsansprüche wurden den Betriebsinhabern auf Antrag im Jahr 2015 neu zugeteilt (LfSt Rheinland-Pfalz 26.8.2015, BeckVerw 319156).

102 **Zuckerrübenlieferrechte** stellen ebenso wie die Zuckerquoten immaterielle Wirtschaftsgüter des Anlagevermögens dar, die, soweit sie entgeltlich erworben wurden, mit den Anschaffungskosten zu aktivieren sind (§ 5 Abs. 2). Sie stellen Wirtschaftsgüter des abnutzbaren Anlagevermögens dar (BFH 16.10.2008 – IV R 1/06, BStBl. II 2010, 28; LfSt Bayern 20.7.2009, BeckVerw 163220; Leingärtner/*Wendt* Kap. 29a Rn. 140; *Felsmann* ESt Land- und Forstwirte B 576k). Dies gilt sowohl für an den Betrieb als auch für an Aktienbesitz gebundene Zuckerrübenlieferrechte erstmals für das Wirtschaftsjahr 2008/09 bis zum Auslaufen der Zuckermarktordnung im Wirtschaftsjahr 2014/15. Für entgeltlich erworbene Zuckerrübenlieferrechte ist daher der Restbuchwert linear auf die Restnutzungsdauer von max. 7 Jahren abzuschreiben (OFD Nordrhein-Westfalen 21.11.2013, BeckVerw 278621).

103 Eine **Buchwertabspaltung** hat der BFH auch bei Zuckerrübenlieferrechten zugelassen, allerdings nur bei solchen, die an den Betrieb gebunden sind (BFH 9.9.2010 – IV R 2/10, BStBl. II 2011, 171). Der abgespaltene Buchwert unterliegt ebenso wenig wie der Buchwert des Grund und Bodens wegen des Verlustabzugsverbots des § 55 Abs. 6 einer AfA. Eine Abspaltung für an Aktien gebundene Zuckerrübenlieferrechte kommt nicht in Betracht (BFH 9.9.2010 – IV R 2/10, BStBl. II 2011, 171). Bei Aktienlieferrechten sind die Anschaffungskosten für eine Aktie auf das damit verbundene Lieferrecht einerseits und das Wertpapier andererseits aufzuteilen; das Lieferrecht ist über die betriebsgewöhnliche Nutzungsdauer abzuschreiben (*Felsmann* ESt Land- und Forstwirte B 576r).

104 Ein **Brennrecht** ist ein verkehrsfähiges, abnutzbares immaterielles Wirtschaftsgut (FG Niedersachsen 18.11.2009 – 2 K 100/07, EFG 2010, 699; *Felsmann* ESt Land- und Forstwirte B 576a).

105 Die **Milchquote** ist ein einheitliches, selbständiges immaterielles Wirtschaftsgut des Anlagevermögens, das entweder zugeteilt bzw. unentgeltlich oder entgeltlich erworben sein kann (so zuletzt BFH 17.1.2019 – VI R 52/16, DStRE 2019, 748; BMF 5.11.2014, BStBl. I 2014, 1503). Ein Aktivposten ist nur anzusetzen, wenn es entgeltlich angeschafft (§ 5 Abs. 2) oder in das Betriebsvermögen eingelegt wurde bzw. soweit es zum 2.4.1984 zugeteilt worden ist. Entgeltlich angeschaffte Milchquoten sind abnutzbare Wirtschaftsgüter mit einer Nutzungsdauer von 10 Jahren (BFH 29.4.2009 – IX R 33/08, BStBl. II 2010, 958; BMF

14.1.2003, BStBl. I 2003, 78; zur Verkürzung des Abschreibungszeitraums bis zum 30.3.2015 vgl. OFD Münster 1.2.2010, BeckVerw 234942; Leingärtner/*Wendt* Kap. 29a Rn. 138).

Das Milchlieferrecht ist in der Bilanz als einheitliches Wirtschaftsgut mit der Summe aller (fiktiven) Anschaffungskosten auszuweisen. Denn das Milchlieferrecht ist als ein zusammengesetztes Wirtschaftsgut aus der mengenmäßig bestimmten Summe der Rechte anzusehen, die der in kg bestimmten Liefermenge (Referenzmenge) zugeordnet sind (BFH 17.1.2019 – VI R 52/16, BStBl. II 2019, 472). Wird ein Milchlieferrecht nur in Höhe einer bestimmten Menge veräußert, sind die anteilig auf diese Menge entfallenden Anschaffungskosten auszubuchen (BFH 28.11.2013 – IV R 58/10, BStBl. 2014, 966 Rn. 18). Wird ein Teil des Milchlieferrechtes unentgeltlich zugunsten der Landesreserve nach § 48 Abs. 3 MilchquotV infolge der Beendigung eines unter § 48 Abs. 1 MilchquotV fallenden Pachtvertrages eingezogen, sind die anteilig auf diese Menge entfallenden (fiktiven) Anschaffungskosten auszubuchen (BFH 17.1.2019 – VI R 52/16, BStBl. II 2019, 472). **105.1**

Für die Milchquote ist ein **Buchwert** zum Zeitpunkt ihrer Einführung (2.4.1984) von den tatsächlichen Anschaffungskosten oder dem Einlagewert des vom 1.7.1970 bis zum 2.4.1984 erworbenen oder in das Betriebsvermögen eingelegten Grund und Bodens nach ständiger Rechtsprechung des BFH **abzuspalten** (BFH 5.3.1998 – IV R 23/96, BStBl. II 2003, 56; BFH 25.11.1999 – IV R 64/98, BStBl. II 2003, 61; BFH 24.8.2000 – IV R 11/00, BStBl. II 2003, 64; BFH 20.3.2003 – IV R 37/02, BFH/NV 2003, 1403 und BFH 29.4.2009 – IX R 33/08, BStBl. II 2010, 958; Einzelheiten BMF 5.11.2014, BStBl. I 2014, 1503 und LfSt Rheinland-Pfalz 26.8.2015, BeckVerw 319156; Leingärtner/*Wendt* Kap. 29a Rn. 137; Schmidt/*Kulosa* § 13 Rn. 253). Bei der Veräußerung von Milchquoten, deren Buchwert ganz oder teilweise von einem nach § 55 Abs. 1 ermittelten Wert des Grund und Bodens abgespalten worden ist, ist die Verlustausschlussklausel des § 55 Abs. 6 entsprechend zu beachten (LfSt Rheinland-Pfalz 26.8.2015, BeckVerw 319156; Schmidt/*Kulosa* § 13 Rn. 254). Ist die Milchquote in einem Zeitraum ganz oder teilweise ohne Gegenrechnung ihres Buchwertes veräußert oder entnommen worden, für den die Veranlagung bereits bestandskräftig durchgeführt worden ist, kann aus Billigkeitsgründen (nur) auf eine Abspaltung eines Buchwertes vom Buchwert des Grund und Bodens verzichtet werden (BMF 14.1.2003, BStBl. I 2003, 78; bestätigt durch BFH 10.6.2010 – IV R 32/08, BStBl. II 2012, 551; BFH 10.6.2010 – IV R 19/07, BFH/NV 2011, 209 und BFH 10.6.2010 – IV R 66/07, BFH/NV 2011, 211). **106**

Die Abspaltung des Milchlieferrechts vom Grund und Boden hat zur Folge, dass die Anschaffungskosten des Grund und Bodens zum Teil dem Milchlieferrecht zuzuordnen sind. Bei der anschließenden **Veräußerung des Milchlieferrechtes** ist dann der Buchwert gewinnmindernd zu berücksichtigen. Wird das **Milchlieferrecht unentgeltlich** zugunsten der Landesreserve **eingezogen,** sind die anteilig auf diese Menge entfallenden Anschaffungskosten auszubuchen. Ist das eingezogene Milchlieferrecht mit dem abgespaltenen Buchwert nach § 55 Abs. 1 bilanziert, werden die anteiligen Anschaffungskosten den Anschaffungskosten des Grund und Bodens, von dem sie sich ursprünglich abgespalten hatten, wieder zugerechnet („Zuspaltung des Buchwerts"). Ist der Grund und Boden, von dem sich der Buchwert des Milchlieferrechts ursprünglich abgespalten hatte, nicht mehr im Betriebsvermögen vorhanden, ist der durch die Einziehung entstandene Verlust gemäß § 55 Abs. 6 Satz 1 nicht zu berücksichtigen (BFH 17.1.2019 – VI R 52/16, BStBl. II 2019, 472). Der BFH hat ausdrücklich offengelassen, ob auch bei einer **Übernahme der Milchquote durch den Pächter** gemäß § 49 Abs. 3 MilchquotV genauso zu verfahren ist wie bei dem unentgeltlichen Einzug des Milchlieferrechtes zugunsten der Landesreserve. Unseres Erachtens spricht einiges dafür, dass auch in diesem Falle der Buchwert der Milchquote zum Buchwert des Grund und Bodens nach Vollzug der Übernahme zuzuspalten ist, weil der Pächter 33% des Milchlieferrechts unentgeltlich und 67% des Milchlieferrechts entgeltlich übernimmt. Bei diesem Normverständnis würde der Verlust aus der unentgeltlichen Übertragung ebenfalls dem Verlustabzugsverbot des § 55 Abs. 6 unterliegen (BFH 17.1.2019 – VI R 52/16, BStBl. II 2019, 472 Rn. 25). **106.1**

Wegen des **Wegfalls der Milchquote** zum 31.3.2015 fallen die abgespaltenen Buchwerte aus dem vor dem 1.7.1970 erworbenen und pauschal nach § 55 Abs. 1–4 bewerteten Grund und Boden auf die zugehörigen Milcherzeugungsflächen zurück (BFH 9.9.2010 – IV R 43/08, BFH/NV 2011, 227; BFH 17.1.2019 – VI R 52/16, BStBl. II 2019, 472). Für Flächen, die mit dem höheren Teilwert nach § 55 Abs. 5 bewertet worden sind, sowie Flächen die zwischen dem 1.7.1970 und 2.4.1984 erworben wurden und letztere mit den tatsächlichen Anschaffungskosten bewertet worden sind, ist der abgespaltene Buchwert für die Milchquote **107** linear abzuschreiben (Einzelheiten BMF 5.11.2014, BStBl. I 2014, 1503 und LfSt Rheinland-Pfalz 26.8.2015, BeckVerw 319156; OFD Nordrhein-Westfalen16.12.2015, BeckVerw 313281 Rn. 2.2 (Grundsatzverfügung)).

107.1 Die Rückgängigmachung der Buchwertabspaltung ist darüber hinaus auch geboten, wenn das Milchlieferrecht aufgrund der **Einziehung zur Landesreserve** entschädigungslos aus dem Betriebsvermögen ausscheidet. Denn die entschädigungslose Einziehung wirkt im wirtschaftlichen Ergebnis ebenso wie der ersatzlose Wegfall des Milchlieferrechts mit dem Auslaufen der MGV zum 31.3.2015. In beiden Fällen geht die Vermögensposition ohne Zutun des Steuerpflichtigen entschädigungslos unter. Auch bei der entschädigungslosen Einziehung führt die Rückgängigmachung der Abspaltung daher zu weitgehend sachgerechten Lösungen im Hinblick auf das Verlustabzugsverbot in § 55 Abs. 6 (BFH 17.1.2019 – VI R 52/16, BStBl. II 2019, 472).

108–111 *Einstweilen frei*

2. Einkünfte aus Pflanzenproduktion

112 **a) Landwirtschaft.** Einkünfte aus Land- und Forstwirtschaft sind in erster Linie Einkünfte aus dem Betrieb von Landwirtschaft. Das Gesetz verwendet den Oberbegriff „Landwirtschaft". Dazu zählt in erster Linie die **landwirtschaftliche Urproduktion** (§ 13 Abs. 1 Nr. 1 S. 1 Alt. 1), dh die Erzeugung von Pflanzen und Pflanzenteilen mit Hilfe der Naturkräfte und deren unmittelbare Verwertung durch Verkauf (BFH 26.2.1976 – VIII R 15/73, BStBl. II 1976, 492 und BFH 16.11.1978 – IV R 191/74, BStBl. II 1979, 246; EStR 15.5 Abs. 1 S. 1). Sowohl auf eigenen Flächen betriebene Landwirtschaft als auch die Verpachtung von einzelnen Flächen oder ganzen Betrieben führt zu Einkünften aus Land- und Forstwirtschaft (sog. ruhende Betriebe). Auch reine Pachtbetriebe erzielen Einkünfte iSv § 13 Abs. 1 Nr. 1 S. 1 Alt. 1.

113 Nicht nur die Produktion auf Böden, sondern auch auf **Substraten,** wie zB bei Keimsprossenkulturen, oder **Wasser** gilt als Landwirtschaft (EStR 15.5 Abs. 1 S. 2; weitere Beispiele bei Leingärtner/*Kreckl* Kap. 5 Rn. 4; Schmidt/*Kulosa* § 13 Rn. 6; *Felsmann* ESt Land- und Forstwirte A 3). Diesbezüglich ist die gesetzliche Definition der land- und forstwirtschaftlichen Einkünfte nicht abschließend. Die gesetzliche Regelung in § 13 Abs. 1 Nr. 1 S. 1 ist als Auffangtatbestand zu verstehen (Blümich/*Nacke* § 13 Rn. 78). Es fallen darunter auch zB Hydrokulturen (*Märkle/Hiller* ESt Land- und Forstwirte Rn. 165a) und die Heil- und Gewürzkräutererzeugung (Leingärtner/*Kreckl* Kap. 5 Rn. 4; Blümich/*Nacke* § 13 Rn. 79).

114 Der Betrieb setzt grundsätzlich weder eine **Mindestgröße** noch vollen landwirtschaftlichen Besatz (Betriebsgebäude, Betriebsmittel usw.) noch eine eigene Hofstelle voraus (BFH 26.8.2004 – IV R 52/02, BFH/NV 2005, 674; Leingärtner/*Kreckl* Kap. 5 Rn. 2; Schmidt/*Kulosa* § 13 Rn. 7; *Felsmann* ESt Land- und Forstwirte A 3f). Auch die ernsthaft betriebene landwirtschaftliche Nutzung von Stückländereien iSv von § 34 Abs. 7 BewG ist deshalb steuerlich Land- und Forstwirtschaft (BFH 31.3.1955 – IV 134/54 U, BStBl. III 1955, 150 und 21.12.1965 – III 291/62 U, BStBl. III 1966, 138). Aus Gründen der Verwaltungsvereinfachung nehmen die Finanzverwaltung und Rechtsprechung an, dass erst ab einer Betriebsgröße von 30 Ar (= 3000 qm) ein landwirtschaftlicher Betrieb vorliegt (BFH 12.11.1992 – IV R 41/91, BStBl. II 1993, 430 und 5.5.2011 – IV R 48/08, BStBl. II 2011, 792). Das Erfordernis einer Mindestfläche ist gerechtfertigt, weil unterhalb von 3000 qm regelmäßig von einer fehlenden Gewinnerzielungsabsicht, wie beispielsweise beim privaten Gartenbesitzer, auszugehen sein wird (Leingärtner/*Kreckl* Kap. 5 Rn. 2; Schmidt/*Kulosa* § 13 Rn. 7; HHR/*Paul* § 13 Rn. 41; *Felsmann* ESt Land- und Forstwirte A 3e; *Märkle/Hiller* ESt Land- und Forstwirte Rn. 164).

115 Die **Rechtsprechung** nimmt für das Vorliegen eines Betriebes der Land- und Forstwirtschaft als Beweisanzeichen die Bewertung einzelner Grundstücksflächen als Stückländereien und damit als Betrieb der Land- und Forstwirtschaft gemäß § 34 Abs. 7 BewG an (BFH 13.12.2001 – IV R 86/99, BStBl. II 2002, 80). Dieses Beweisanzeichen verstärkt sich, wenn auch die Wirtschaftsgebäude und die Betriebsmittel oder beide Arten von Wirtschaftsgütern dem Eigentümer des Grund und Bodens gehören, sodass es sich dann bei dem Betrieb der Land- und Forstwirtschaft nicht (nur) um Stückländereien handelt (§ 34 Abs. 7 Satz 2 BewG).

Die Vereinfachungsregel gilt allerdings nicht, wenn Flächen intensiv, zB für Sonderkulturen, Gemüse-, Blumen- und Zierpflanzenbau, Baumschulen und Weinbau genutzt werden (OFD Nordrhein-Westfalen 16.12.2015, BeckVerw 313281 Rn. 1.2 (Grundsatzverfügung); Härtel/*Ruffer* Handbuch des Fachanwalts Agrarrecht, 1490; Leingärtner/*Kreckl* Kap. 5 Rn. 2; *Felsmann* ESt Land- und Forstwirte A 3e; *Märkle/Hiller* ESt Land- und Forstwirte Rn. 164). Die Vereinfachungsregel begegnet uE keinen verfassungsrechtlichen Bedenken, weil solche objektiven Beweisanzeichen im Einzelfall durch entsprechenden Sachvortrag widerlegt werden können. Andererseits liegt beim Überschreiten der 3000 qm-Grenze nicht zwingend ein landwirtschaftlicher Erwerbsbetrieb vor (FG Rheinland-Pfalz 17.6.2015 – 1 K 2399/12, EFG 2015, 1690, Revision unbegründet: BFH 17.5.2018 – VI R 66/15, DStR 2018, 2135; Leingärtner/*Kreckl* Kap. 5 Rn. 2; HHR/*Paul* § 13 Rn. 41; *Felsmann* ESt Land- und Forstwirte A 3e).

Futterbaubetriebe können abweichend vom Normalwirtschaftsjahr (1.7. bis 30.6) auch den Zeitraum vom 1.5. bis 30.4. als Wirtschaftsjahr wählen (§ 4a Abs. 1 S. 2 Nr. 1 EStG iVm § 8c Abs. 1 S. 1 Nr. 1 EStDV), da Futterbaubetriebe idR am 1. Mai die geringsten Vorräte haben und dadurch der Aufwand für Inventur geringer ist. Dafür ist das Einvernehmen mit dem Finanzamt erforderlich (§ 8b S. 2 Nr. 2 S. 2 EStDV). Der Futterbauanteil muss min. 80% der landwirtschaftlichen Nutzung betragen. Andere Nutzungen, wie Forstwirtschaft, Weinbau oder Gartenbau können daneben im geringen Umfang (bis zu 10%) vorliegen (BFH 3.12.1987 – IV R 4/87, BStBl. II 1988, 269). **116**

Einstweilen frei **117–120**

b) Forstwirtschaft. aa) Begriff. Weitere Einkünfte aus Land- und Forstwirtschaft sind Einkünfte aus dem Betrieb der Forstwirtschaft (§ 13 Abs. 1 Nr. 1 S. 1 Alt. 2). **Forstwirtschaft** ist die planmäßige Nutzung der natürlichen Kräfte des Grund und Boden zur Gewinnung und Verwertung von Rohholz und anderen Walderzeugnissen. Eine forstwirtschaftliche Tätigkeit erfordert grundsätzlich eine geschlossene mit Forstpflanzen bestockte Grundfläche, auf der nahezu ausschließlich Baumarten mit dem Ziel einer langfristigen Holzentnahme erzeugt werden, sog. forstwirtschaftliche Fläche (BMF 18.5.2018, BStBl. I 2018, 689 Rn. I.1.). Den **Forstbetrieb** kennzeichnet eine mit Gewinnerzielungsabsicht nachhaltig ausgeübte selbständige Tätigkeit, die – unter Beteiligung am allgemeinen wirtschaftlichen Verkehr – auf der planmäßigen Nutzung der natürlichen Kräfte des Waldbodens zur Gewinnung von Nutzhölzern und deren Verwertung im Wege der Holzernte beruht (BFH 13.4.1989 – IV R 30/87, BStBl. II 1989, 718; Leingärtner/*Kreckl* Kap. 5 Rn. 6; *Felsmann* ESt Land- und Forstwirte A 11a). Hierzu zählt aber auch die in diesem Zusammenhang stehende Produktion von Baumfrüchten (zB Eicheln, Tannenzapfen), Waldfrüchten (zB Beeren), Pilzen, Heide usw. An das Vorliegen eines Forstbetriebes werden nur geringe Anforderungen gestellt. Ertragsteuerrechtlich reicht das Eigentum an einer forstwirtschaftlichen Fläche grundsätzlich unabhängig von der Flächengröße für die Annahme einer betrieblichen Tätigkeit iSd § 2 Abs. 1 S. 1 Nr. 1 iVm § 13 Abs. 1 Nr. 1 aus, wenn Gewinnerzielungsabsicht besteht (BMF 18.5.2018, BStBl. I 2018, 689 Rn. I.2.). Dies gilt auch dann, wenn der Steuerpflichtige ohne eigene Bewirtschaftungsmaßnahmen (zB Anpflanzung oder Durchforstung) durch den natürlichen Baumbewuchs an der Fruchtziehung beteiligt ist und dadurch einen Gewinn erzielen kann (BFH 9.2.2017 – VI R 86/14, BStBl. II 2017, 981). **121**

Eine forstwirtschaftliche Tätigkeit kann auch ohne Gewinnerzielungsabsicht erfolgen, sog. Liebhaberei (BMF 18.5.2018, BStBl. I 2018, 689 Rn. IV.). Für das Vorliegen einer **Gewinnerzielungsabsicht** ist eine Totalgewinnprognose unter Berücksichtigung der maßgeblichen Gewinnermittlungsart anzustellen. Der maßgebliche Totalgewinn setzt sich aus den in der Vergangenheit erzielten und künftig zu erwartenden laufenden Gewinnen/Verlusten und dem sich bei der Betriebsbeendigung voraussichtlich ergebenden Veräußerung- bzw. Aufgabegewinn/-verlust zusammen. Dabei ist zu prüfen, ob die Wirtschaftsgüter „Baumbestand" zur Erzielung von Einkünften objektiv geeignet sind. Hierzu sind Art und Umfang des Aufwuchses im Zeitpunkt der Totalgewinnprognose zu würdigen und nach dem Nominalwertprinzip anzusetzen (BMF 18.5.2018, BStBl. I 2018, 689 Rn. IV.). Die Totalgewinnprognose ist objektbezogen, dh generationenübergreifend über einen Zeitraum der durchschnittlichen Umtriebszeit des vorherrschenden Baumbestandes zu ermitteln (BFH 7.4.2017 – IV R 38/13, BStBl. II 2016, 765; BFH 9.3.2017 – VI R 86/14, BStBl. II 2017, 981). Dies gilt **121a** zugleich betriebsübergreifend auch dann, wenn der Forstbetrieb zunächst unter Nießbrauchsvorbehalt an die nächste Generation übertragen wird. Die Totalgewinnprognose ist dann ungeachtet der Entstehung zweier Forstbetriebe für einen fiktiven konsolidierten Forstbetrieb zu erstellen (BMF 18.5.2018, BStBl. I 2018, 689 Rn. IV.). Werden bei einer Betriebsgründung bzw. einem Betriebserwerb bereits hergestellte Baumbestände erworben, ist der Prognosezeitraum regelmäßig nach dem Zeitpunkt des Erwerbs bis zur Hiebsreife der Baumbestände zu bemessen (BFH 9.3.2017 – VI R 86/14, BStBl. II 2017, 981).

121b Die Prüfung der Gewinnerzielungsabsicht erfolgt auch bei **räumlich getrennt liegenden Flächen** für den gesamten als Einheit zu beurteilenden Forstbetrieb bzw. forstwirtschaftlichen Teilbetrieb (BFH 9.3.2017 – VI R 86/14, BStBl. II 2017, 981). Unterhält ein Steuerpflichtiger einen landwirtschaftlichen und einen forstwirtschaftlichen Betrieb oder betreibt er innerhalb eines land- und forstwirtschaftlichen Betriebs Landwirtschaft und Forstwirtschaft, so ist die Gewinnerzielungsabsicht für beide Tätigkeitsbereiche grundsätzlich getrennt zu prüfen (BMF 18.5.2018, BStBl. I 2018, 689 Rn. IV.).

122 Die Gewinnerzielungsabsicht kann insbesondere bei kleineren Waldungen, die in keinem Zusammenhang mit einer sonstigen land- und forstwirtschaftlichen Betätigung des Eigentümers stehen, nicht ohne Weiteres erkennbar sein. Der Steuerpflichtige kann aufgrund seiner Feststellungslast die subjektive Gewinnerzielungsabsicht nachweisen (BMF 18.5.2018, BStBl. I 2018, 689 Rn. IV). Auch Wald, der durch **Samenanflug** oder ggf. durch **Stockausschlag** entstanden ist, schließt ab einer gewissen Größe die Annahme eines Forstbetriebs nicht aus. Auch der zwischenzeitliche Eigentümer oder sonst Nutzungsberechtigte, der von dem Einschlag keine Einnahmen durch Holzverkäufe erzielt, kann Forstwirt sein, weil er an dem jährlichen Wertzuwachs des Holzes teilnimmt (BFH 13.4.1989 – IV R 30/87, BStBl. II 1989, 718; BFH 9.3.2017 – VI R 86/14, BStBl. II 2017, 981). Ohne Bedeutung ist die Vermarktungsart, also ob der Forstbesitzer das Holz selbst einschlägt und veräußert oder ob er sog. Selbstwerbern das Trennungs- und Aneignungsrecht bestimmter Flächen oder Bäume entgeltlich überlässt (Leingärtner/*Kreckl* Kap. 5 Rn. 6; HHR/*Paul* § 13 Rn. 62). Ein forstwirtschaftlicher Betrieb liegt auch vor, wenn ein Nichtlandwirt eine Waldparzelle mit aufstehendem Holz erwirbt, das Holz einschlägt und veräußert (aA *Felsmann* ESt Land- und Forstwirte A 11b).

123 In der forstwirtschaftlichen Nutzung werden die **Nutzungsteile** Hochwald, Mittelwald und Niederwald unterschieden. Zum Nutzungsteil Hochwald gehören der Altersklassenwald und der Plenterwald (BewRL 4.02 Abs. 2 und 3). Zum Nutzungsteil Mittelwald gehören alle Bestände, die aus einer oberen, vorwiegend aus Kernwüchsen bestehenden Schicht verschiedener Alters- und Stärkeklassen und aus einer unteren, im Niederwaldbetrieb bewirtschafteten Schicht aus Stockausschlag ausgebaut sind (BewRL 4.02 Abs. 4). Zum Nutzungsteil Niederwald gehören alle Laubholzbestände, die in Umtriebszeiten bis zu 30 Jahren bewirtschaftet werden und sich durch Stockausschläge verjüngen (BewRL 4.02 Abs. 5).

124 Ab welcher **Mindestgröße** ein Forstbetrieb vorliegt, lässt sich dem **Gesetz** nicht entnehmen. Die Abgrenzung ist entscheidend für die Frage ob steuerverstricktes Betriebs- oder nicht steuerverstricktes Privatvermögen vorliegt und ob der Betriebsinhaber Einkünfte aus Land- und Forstwirtschaft oder ggf. aus Vermietung und Verpachtung erzielt. Ein Betrieb der Land- und Forstwirtschaft liegt jedoch nicht vor, wenn wegen einer sehr geringen Nutzfläche nur solche Erträge erzielt werden können, wie sie ein (privater) Gartenbesitzer in der Regel für Eigenbedarfszwecke erzielt. Ein solcher Gartenbesitzer strebt nicht nach einem echten, wirtschaftlich ins Gewicht fallenden Gewinn.

125 Die **Rechtsprechung** legt sich auf eine Mindestgröße nicht fest, bejaht im Einzelfall ab einer Größe von 0,7 bis 2,0 ha das Vorliegen eines Betriebes (BFH 7.3.1985 – IV R 161/81, BStBl. II 1985, 449; BFH 26.6.1985 – IV R 149/83, BStBl. II 1985, 549 und BFH 18.5.2000 – IV R 28/98, BFH/NV 2000, 1455). Der BFH hat für den Fall eines aussetzenden Forstbetriebes als Untergrenze auf einen Gesamtgewinn von auf die Jahre verteilt mindestens 1000 D-Mark pro Jahr abgestellt (BFH 26.6.1985 – IV R 149/83, BStBl. II 1985, 549; offen gelassen in BFH 5.5.2011 – IV R 48/08, BStBl. II 2011, 792; einschränkend BFH 9.3.2017 – VI R 86/14, BStBl. II 2017, 981). In der Praxis hängt die Einzelfallentscheidung von der Art des Nutzholzes ab (Rechtsprechungsübersicht bei Leingärtner/*Kreckl* Kap. 5 Rn. 6; *Felsmann* ESt Land- und Forstwirte A 12b). Die **Finanzverwaltung** geht davon aus, dass die Mindestgröße eines forstwirtschaftlichen Betriebes, der nicht Teil eines landwirtschaftlichen

Betriebes ist, **mindestens 1,0 ha** aufweisen muss (BMF 18.5.2018, BStBl. I 2018, 689 Rn. II.2 iVm BMF 16.5.2012, BStBl. I 2012, 595; LfSt Bayern 14.10.2014, BeckVerw 290647 geht noch von 2,0 ha aus; so auch offenbar Schmidt/*Kulosa* § 13 Rn. 13; Eisele/*Walter* Besteuerung der LuF Rn. 1188; aA *Märkle/Hiller* ESt Land- und Forstwirte Rn. 160). Ab einer zusammenhängenden Fläche von 1,0 ha liegt nämlich ein selbständiges **Wirtschaftsgut Baumbestand** vor (*Märkle/Hiller* ESt Land- und Forstwirte Rn. 454b). In diesem Fall ist die forstwirtschaftliche Fläche ggf. unter Einbeziehung weiterer forstwirtschaftlicher Flächen des Steuerpflichtigen notwendiges Betriebsvermögen eines Forstbetriebes. Besteht nach diesen Grundsätzen ein Betrieb der Forstwirtschaft, so verlieren die einzelnen forstwirtschaftlichen Flächen grundsätzlich auch dann nicht ihre Betriebsvermögenseigenschaft, wenn sie einem Dritten zur Nutzung überlassen werden oder der Flächenumfang zB durch Veräußerung oder Übertragung verringert wird (BMF 18.5.2018, BStBl. I 2018, 689 Rn. II.2). Baumbestände auf **verschiedenen** räumlich voneinander entfernt liegenden **Flurstücken** sind aber auch dann uE selbständige Wirtschaftsgüter, wenn deren Größe 1,0 ha unterschreitet.

Zu unterscheiden ist zwischen Nachhaltsbetrieben und aussetzenden Betrieben. Nach der früheren BFH-Rechtsprechung (BFH 5.11.1981 – IV R 180/77, BStBl. II 1982, 158) hat dies ua Bedeutung gehabt für die Frage, wann von einem Teilbetrieb auszugehen ist (→ Rn. 128). Bei **Nachhaltsbetrieben** ermöglicht die Struktur der vorhandenen Baumbestände (Art, Altersklasse) eine planmäßige jährliche Nutzung (Leingärtner/*Kreckl* Kap. 5 Rn. 9). **Aussetzende Betriebe** (insbesondere Bauernwaldungen) enthalten hingegen nur Bestände aus wenigen Altersklassen; sie setzen weder eine nachhaltige Bestandspflege voraus, noch ermöglichen sie die Vornahme laufender Holzeinschläge (BFH 18.5.2000 – IV R 27/98, BStBl. II 2000, 524; Leingärtner/*Kreckl* Kap. 5 Rn. 10; Schmidt/*Kulosa* § 13 Rn. 11; HHR/*Paul* § 13 Rn. 62). **126**

Eine Legaldefinition des **Teilbetriebs** findet sich im Gesetz nicht (Leingärtner/*Kreckl* Kap. 5 Rn. 12). Im Allgemeinen wird er als ein mit einer gewissen Selbständigkeit ausgestatteter, organisch geschlossener Teil des Gesamtbetriebes definiert, der für sich allein lebensfähig ist (BFH 9.11.2000 – IV R 60/99, BStBl. II 2001, 101; EStR 16 Abs. 3 S. 1). Bei der Frage wann ein forstwirtschaftlicher Teilbetrieb vorliegt, ist nicht mehr zwischen Nachhaltsbetrieben und aussetzenden Betrieben ohne regelmäßige Holznutzung zu unterscheiden (BFH 17.1.1991 – IV R 12/89, BStBl. II 1991, 566; Leingärtner/*Wittwer* Kap. 44 Rn. 141; *Felsmann* ESt Land- und Forstwirte A 13e; *Märkle/Hiller* ESt Land- und Forstwirte Rn. 385a; auf einer Unterscheidung besteht offenbar Schmidt/*Kulosa* § 14 Rn. 8). Allerdings sind an den Teilbetrieb nach der höchstrichterlichen Rechtsprechung nur geringe Anforderungen zu stellen (Leingärtner/*Wittwer* Kap. 44 Rn. 140). Die **Finanzverwaltung** nimmt ab einer Mindestgröße von 1,0 ha einen Teilbetrieb an (BMF 18.5.2018, BStBl. I 2018, 689 Rn. III.; LfSt Bayern 14.10.2014, BeckVerw 290647 geht noch von 2,0 ha aus). Innerhalb eines bestehenden Betriebs der Forstwirtschaft oder forstwirtschaftlichen Teilbetriebs können auch einzelne forstwirtschaftliche Flächen das Merkmal eines Teilbetriebs erfüllen (BMF 18.5.2018, BStBl. I 2018, 689 Rn. III.). Es genügt, wenn von einem Forstareal eine räumlich zusammenhängende Waldfläche von einer Größe abgetrennt und übertragen oder veräußert wird, die der Erwerber als selbständiges, lebensfähiges Forstrevier (Erwerbsbetrieb der Forstwirtschaft) fortführen kann (BFH 5.11.1981 – IV R 180/77, BStBl. II 1982, 158; BFH 17.1.1991 – IV R 12/89, BStBl. II 1991, 566). **127**

Verbleiben nach einer Verkleinerung eines Forstbetriebs oder forstwirtschaftlichen Teilbetriebs nur forstwirtschaftliche Flächen geringer Größe, die nicht die Voraussetzungen für die Annahme eines selbständigen Forstbetriebs erfüllen (→ Rn. 124), so bleiben sie grundsätzlich Betriebsvermögen. Abweichend hiervon können diese Flächen durch eine ausdrückliche und unmissverständliche **Entnahmehandlung** gegenüber dem Finanzamt vom Betriebs- in das Privatvermögen überführt werden (BMF 18.5.2018, BStBl. I 2018, 689 Rn. V.). **128**

Einstweilen frei **129–131**

bb) Besonderheiten der Gewinnermittlung. Das **Wirtschaftsjahr** eines reinen Forstbetriebes kann abweichend vom Normalwirtschaftsjahr (1.7. bis 30.6) auch den Zeitraum 1.10. bis 30.9. (sog. Forstwirtschaftsjahr) oder das Kalenderjahr umfassen (§ 4a Abs. 1 S. 2 Nr. 1 EStG iVm § 8c Abs. 1 S. 1 Nr. 2 und Abs. 2 S. 1 EStDV). Im ersteren Fall ist dazu das **132**

Einvernehmen mit dem Finanzamt erforderlich (§ 8b S. 2 Nr. 2 S. 2 EStDV; BFH 23.9.1999 – IV R 4/98, BStBl. II 2000, 5). Das Wahlrecht gilt auch, wenn eine unschädliche andere land- und forstwirtschaftliche Nutzung „in geringem Umfang" iSd § 8c Abs. 2 S. 2 EStDV vorliegt und zwar wenn der Vergleichswert der anderen land- oder forstwirtschaftlichen Nutzung etwa 10% des Wertes der gesamten Nutzungen nicht übersteigt (BFH 3.12.1987 – IV R 4/87, BStBl. II 1988, 269).

133 Als **Wirtschaftsgut** ist **bei stehendem Holz** der in einem selbständigen Nutzungs- und Funktionszusammenhang stehende Baumbestand anzusehen (BFH 5.6.2008 – IV R 67/05, BStBl. II 2008, 960 und IV R 50/07, BStBl. II 2008, 968; BMF 16.5.2012, BStBl. I 2012, 595; Leingärtner/*Wittwer* Kap. 44 Rn. 2; Schmidt/*Kulosa* § 13 Rn. 14; *Märkle/Hiller* ESt Land- und Forstwirte Rn. 454b). Der Baumbestand ist ein von Grund und Boden getrennt zu bewertendes Wirtschaftsgut des nicht abnutzbaren Anlagevermögens (*Felsmann* ESt Land- und Forstwirte A 17l; *Märkle/Hiller* ESt Land- und Forstwirte Rn. 454a; Eisele/*Walter* Besteuerung der LuF Rn. 1218). Ab dem Wirtschaftsjahr 1999/00 ist die sog. Waldwertminderung (AfA iHv 3%) weggefallen (EStR 1999 212 Abs. 1 S. 3; gebilligt durch BFH 5.6.2008 – IV R 67/05, BStBl. II 2008, 960; Leingärtner/*Wittwer* Kap. 44 Rn. 22; *Felsmann* ESt Land- und Forstwirte A 17g).

134 Ein **Baumbestand** innerhalb eines land- und forstwirtschaftlichen Betriebes tritt in der Regel nur dann als ein selbständiges Wirtschaftsgut nach außen in Erscheinung, wenn er eine Flächengröße von zusammenhängend mindestens 1,0 ha aufweist (BFH 5.6.2008 – IV R 67/05, BStBl. II 2008, 960; BMF 16.5.2012, BStBl. I 2012, 595; *Felsmann* ESt Land- und Forstwirte A 17h; *Märkle/Hiller* ESt Land- und Forstwirte Rn. 454b; Eisele/*Walter* Besteuerung der LuF Rn. 1219 ff.). Der Umfang der einzelnen Wirtschaftsgüter (Baumbestand) ergibt sich aber vorrangig aus einem amtlich anerkannten Betriebsgutachten oder einem Betriebswerk, ansonsten aus den Regelungen zum Anbauverzeichnis nach § 142 AO (BMF 15.12.1981, BStBl. I 1981, 878 Rn. 3.3.3 und BMF 16.5.2012, BStBl. I 2012, 595).

135 Bei Anschaffung oder **Erstaufforstung des Waldes** sind die Aufforstungskosten (Aufforstungslöhne, Kosten der Forstpflanzen und der Befestigung des Pflanzgutes) für das Wirtschaftsgut Baumbestand zu aktivieren (Leingärtner/*Wittwer* Kap. 44 Rn. 12; *Felsmann* ESt Land- und Forstwirte A 17c; Schmidt /*Kulosa* § 13 Rn. 14; *Märkle/Hiller* ESt Land- und Forstwirte Rn. 454a). Das gilt auch für die Wiederaufforstungskosten (Aufforstungslöhne, Aufwendungen für Setzlinge und Befestigung des Pflanzguts) nach einem Kahlschlag (Leingärtner/*Wittwer* Kap. 44 Rn. 15). Für alle Aufwendungen nach Ablauf von fünf Wirtschaftsjahren seit Beginn der Wiederaufforstung ist ein **Aktivposten** anzusetzen (Einzelheiten in BMF 16.5.2012, BStBl. I 2012, 595). Dagegen führen Aufwendungen für Kulturzäune zu Herstellungskosten für ein selbständiges Wirtschaftsgut (BMF 16.5.2012, BStBl. I 2012, 595).

136 Bei einer Holznutzung, die keinen Kahlschlag darstellt und die nicht zu einer Buchwertminderung geführt hat, sind die **Wiederaufforstungskosten** (Aufwendungen für Setzlinge, Aufforstungslöhne) nicht zu aktivieren und sofort als Betriebsausgaben abziehbar (so offenbar auch Leingärtner/*Wittwer* Kap. 44 Rn. 14; *Felsmann* ESt Land- und Forstwirte A 18n; Schmidt /*Kulosa* § 13 Rn. 15; *Märkle/Hiller* ESt Land- und Forstwirte Rn. 456; Eisele/*Walter* Besteuerung der LuF Rn. 1229). Sie sind entsprechend dem Umfang der Verpflichtung und den Wertverhältnissen am Bilanzstichtag in eine Rückstellung einzustellen, wenn die Voraussetzungen für eine Rückstellungsbildung gem. EStR 5.7 Abs. 4 erfüllt sind (für Rückstellung aufgrund öffentlich-rechtlicher Verpflichtung BFH 13.12.2007 – IV R 85/05, BStBl. II 2008, 516 und *Märkle/Hiller* ESt Land- und Forstwirte Rn. 457). Die Grundsätze von EStR 6.11 Abs. 1 (zB für Zuschüsse) sind zu berücksichtigen. Sofern die Wiederaufforstung erst in einem späteren Wirtschaftsjahr vorgenommen wird, ist eine Rückstellung nach § 5 Abs. 4b nicht zulässig (BMF 16.5.2012, BStBl. I 2012, 595). Die Kosten der Urbarmachung des Bodens von bisher nicht forstwirtschaftlich nutzbarer Flächen gehören hingegen zu den Anschaffungskosten des Grund und Bodens (Schmidt/*Kulosa* § 13 Rn. 14).

137 Die Bestandsaufnahme braucht sich nicht auf das stehende Holz zu erstrecken (BMF 15.12.1981, BStBl. I 1981, 878 Rn. 3.1.3; Leingärtner/*Wittwer* Kap. 44 Rn. 6). Der jährliche Wertzuwachs muss nicht aktiviert werden (Schmidt/*Kulosa* § 13 Rn. 14). Im **Anbauverzeichnis** (§ 142 AO) sind die forstwirtschaftlich genutzten Flächen in Holzboden-, Nichtholzboden- und sonstige Flächen (Nebenflächen) aufzugliedern. Die Holzbodenflächen sind nach Holzarten unter Angabe der Altersklassen aufzuteilen. Die im Wirtschaftsjahr kultivierten Flächen sind getrennt nach Wiederaufforstungen und Erstaufforstungen auszuweisen. Ein Anbauverzeichnis erübrigt sich, wenn für einen Forstbetrieb oder Forstbetriebsteil ein amtlich anerkanntes Betriebsgutachten oder ein Betriebswerk vorliegt (BMF 15.12.1981, BStBl. I 1981, 878 Rn. 3.3.3; zur Aktivierung vgl. *Märkle/Hiller* ESt Land- und Forstwirte Rn. 458a).

Die Entfernung des ganzen Baumbestandes (**Kahlschlag**) oder einzelner hiebreifer Bäume in der Endnutzungsphase führt zur Buchwertabspaltung. Auf den kahlgeschlagenen Flächen entsteht mit der nach den Waldgesetzen der Länder vorgeschriebenen Wiederaufforstung ein neuer, nach seiner Altersklasse zusammengehörender Bestand (BFH 18.2.2015 – IV R 35/11, BStBl. II 2015, 763; BMF 16.5.2012, BStBl. I 2012, 595; Leingärtner/*Wittwer* Kap. 44 Rn. 20; *Felsmann* ESt Land- und Forstwirte A 18a). Die Buchwertabspaltung ist vergleichbar mit der derjenigen bei Milch- und Zuckerrübenlieferrechten oder der Abspaltung aus einem alten Aktienrecht. Auch die Anlage befestigter Wege oder Lagerplätze („Polterplätze") aus einem Holzbestand führt zu Buchwertabspaltung aus dem Bestand an stehendem Holz (BFH 18.2.2015 – IV R 35/11, BStBl. II 2015, 763 und BFH 2.7.2015 – IV R 21/14, BFH/NV 2016, 17). Die Buchwertabspaltung ist allerdings nur bis zur Höhe des Teilwerts des jeweiligen Bestands zulässig (OFD Nordrhein-Westfalen 16.12.2015, BeckVerw 323182 Rn. 8 (Veranlagungsverfügung)). 138

Soweit durch **Kalamitätsnutzungen** (→ § 34b Rn. 37) ein Kahlschlag entsteht, können Steuerpflichtige auf die Buchwertminderung verzichten. Die Wiederaufforstungskosten sind in diesem Fall sofort als Betriebsausgaben abzugsfähig (BMF 16.5.2012, BStBl. I 2012, 595; Schmidt /*Kulosa* § 13 Rn. 15). Der Einschlag des Holzes bei Errichtung des befestigten Wegs oder Platzes führt unter Umständen zum Untergang dieses Wirtschaftsguts mit der Folge, dass der Gewinn sofort gemindert wird, wenn keine Verwendung im Betrieb mehr möglich ist (BFH 18.2.2015 – IV R 35/11, BStBl. II 2015, 763). 139

Soll das eingeschlagene Holz verkauft werden, wie es regelmäßig im forstwirtschaftlichen Betrieb der Fall ist, wechselt dieses vom Anlage- in das **Umlaufvermögen** (Eisele/*Walter* Besteuerung der LuF Rn. 1208). Die anteiligen Anschaffungs-/Herstellungskosten des eingeschlagenen Bestandes gehen in die Herstellungskosten des eingeschlagenen Holzes ein (BFH 18.2.2015 – IV R 35/11, BStBl. II 2015, 763). 140

Reine **Durchforstungsmaßnahmen** lassen den Buchwert des stehenden Holzes unberührt; sie führen nicht zu einem Wertverlust des Holzbestandes, sondern zu einer Werterhöhung des Aufwuchses (BMF 16.5.2012, BStBl. I 2012, 595). Durchforstungsmaßnahmen dienen dem Zweck, durch Entfernung forstwirtschaftlich unerwünschter Bäume dem vorhandenen Bestand ein weiteres ungehindertes Wachstum zu sichern und dadurch Wertsteigerungen des Bestandes zu erreichen (BFH 5.6.2008 – IV R 50/07, BStBl. II 2008, 968). Die Substanzminderung durch den Einschlag fällt im Vergleich zur Substanzsicherung des zu erhaltenden Baumbestandes nicht ins Gewicht. Dies gilt auch, wenn Durchforstungsmaßnahmen in einem Jahr einen größeren Umfang haben, weil im Vorjahr von derartigen Maßnahmen abgesehen worden ist (Leingärtner/*Wittwer* Kap. 44 Rn. 20; *Felsmann* ESt Land- und Forstwirte A 18p). 141

Aufwendungen für **Bestandsverjüngung** und Bestandspflege sind sofort abzugsfähige Betriebsausgaben (BMF 16.5.2012, BStBl. I 2012, 595; Schmidt/*Kulosa* § 13 Rn. 15; *Märkle/Hiller* ESt Land- und Forstwirte Rn. 458a). Bei der Anlage von Rückewegen oder -gassen, also unbefestigten Freiflächen, die zum späteren leichteren Abtransport geschlagener Bäume sowie zum beschädigungsfreien Befahren des Waldes mit Erntemaschinen angelegt werden, hat der BFH wie bei den Durchforstungsmaßnahmen auch eine Buchwertabspaltung abgelehnt (BFH 18.2.2015 – IV R 35/11, BStBl. II 2015, 763). Die Anlage von Rückewegen führt nicht zu einer Substanzminderung und dauerhaften Wertminderung des Bestandes und kann deshalb eine Buchwertabspaltung nicht rechtfertigen. 142

Mit der Trennung des stehenden Holzes vom Wurzelstock geht dieses in das Umlaufvermögen über (BMF 16.5.2012, BStBl. I 2012, 595; Schmidt/*Kulosa* § 13 Rn. 15; *Märkle/Hiller* ESt Land- und Forstwirte Rn. 458). Forstbetriebe haben die **Holzaufnahme** und den **Holzeingang** aufzuzeichnen. Zu diesem Zweck sind das eingeschlagene und aufgearbeitete Nutzholz und Brennholz (Derbholz) aufzumessen und mit fortlaufenden Nummern zu versehen. Aus den Aufzeichnungen müssen sich auch die Holzart, die Holzsorte (Güte und Stärkeklasse) und die Holzmenge (Kubikmeter, Stückzahl, uä) ergeben (Einzelheiten in BMF 15.12.1981, BStBl. I 1981, 878 Rn. 3.4). 143

143.1 Bei der Gewinnermittlung durch Betriebsvermögensvergleich kann für **Kalamitätsholz,** das auf Schadensereignissen beruht, die im Zeitraum vom 1. Januar bis 31. Dezember 2018 entstanden sind, von der Aktivierung des eingeschlagenen und unverkauften Kalamitätsholzes ganz oder teilweise abgesehen werden, wenn der Schaden das Doppelte des maßgeblichen Nutzungssatzes übersteigt. Maßgeblich ist der im Zeitpunkt des ersten Schadensereignisses gültige Nutzungssatz oder der nach EStR 34b.6 Abs. 3 anzuwendende Nutzungssatz (BMF 29.4.2019, BStBl. I 2019, 463).

144 Nach den allgemeinen Gewinnrealisierungsgrundsätzen bewirkt erst die Veräußerung des stehenden Holzes einen außerordentlichen Ertrag (Schmidt/*Kulosa* § 13 Rn. 15; *Märkle/Hiller* ESt Land- und Forstwirte Rn. 458; aA HHR/*Paul* § 13 Rn. 63). Soweit beim Übergang vom nicht abnutzbaren Anlagevermögen zum Umlaufvermögen von den fortgeführten Anschaffungs-/Herstellungskosten des Baumbestandes eine Buchwertabspaltung vorzunehmen ist, sind bei der Gewinnermittlung durch Einnahmenüberschussrechnung (§ 4 Abs. 3) im Wirtschaftsjahr des Einschlags in dieser Höhe Betriebsausgaben anzusetzen (BMF 16.5.2012, BStBl. I 2012, 595).

145 Soweit Steuerpflichtige nicht buchführungspflichtig sind und auch keine Bücher führen und deren forstwirtschaftliche Nutzfläche 50 ha nicht übersteigt, können sie die pauschale Gewinnermittlung nach **§ 51 EStDV** in Anspruch nehmen (Leingärtner/*Wittwer* Kap. 44 Rn. 35 ff.; Schmidt/*Kulosa* § 13 Rn. 18; *Märkle/Hiller* ESt Land- und Forstwirte Rn. 459; Eisele/*Walter* Besteuerung der LuF Rn. 1209 ff.). § 51 EStDV gilt sowohl für land- und forstwirtschaftliche Betriebe als auch für Gewerbebetriebe (Schmidt/*Kulosa* § 13 Rn. 18). Durch die Pauschsätze des § 51 EStDV werden nur laufende Gewinne gemindert (§ 51 Abs. 5 EStDV); sie betragen beim Verkauf von eingeschlagenem Holz 55% der Einnahmen (§ 51 Abs. 2 EStDV) bzw. beim Holzverkauf auf dem Stamm 20% (§ 51 Abs. 3 EStDV). Mit der Betriebsausgabenpauschale sind sämtliche Betriebsausgaben, die durch die Holznutzung und Holzverwertung veranlasst sind, wie Löhne und Lohnnebenkosten, Kosten der Schädlingsbekämpfung, Kosten für den Holzeinschlag und die Holzlagerung einschließlich evtl. Beregnung abgegolten (*Märkle/Hiller* Die Einkommensteuer bei Land- und Forstwirten Rn. 459). Fallen Aufwendungen für Holznutzungen im Folgejahr an, sind sie mit der Betriebsausgabenpauschale aufgrund des Abflussprinzips nach § 11 Abs. 2 uE nicht abgegolten (so auch Leingärtner/*Wittwer* Kap. 44 Rn. 40; aA *Felsmann* ESt Land- und Forstwirte A 1047c; offen gelassen in BFH 14.2.2019 – VI R 47/16, DStRE 2019, 796). Wenn im Folgejahr kein Antrag nach § 51 EStDV gestellt wird, können deshalb die im Vorjahr veranlassten Betriebsausgaben abgezogen werden (aA LBP/*Mittelpleininger* § 13a Rn. 214).

146 Mit einer Holznutzung im Zusammenhang stehende **Wiederaufforstungskosten,** die sofort abziehbare Betriebsausgaben sind und Buchwertminderungen bei Kahlschlag der forstlichen Bestockung, sind durch die Pauschsätze des § 51 EStDV **nicht abgegolten** (§ 51 Abs. 3 EStDV; BFH 14.2.2019 – VI R 47/16, DStRE 2019, 796; Schmidt/*Kulosa* § 13 Rn. 18; *Märkle/Hiller* ESt Land- und Forstwirte Rn. 459). Zuschüsse zu den Wiederaufforstungskosten sind Betriebseinnahmen, für die die Pauschsätze nach § 51 Abs. 2 und 3 EStDV nicht beansprucht werden können (BMF 16.5.2012, BStBl. I 2012, 595). Nicht in die Bemessungsgrundlage fließen auch Einnahmen aus Verkäufen von Wirtschaftsgütern des Anlagevermögens, aus Dienstleistungen, aus der Veräußerung von Beeren, Moos, Pilzen und Wildbret ein. UE fließen auch Einnahmen aus Entschädigungen, Zuwendungen und Zuschüssen nicht in die Bemessungsgrundlage ein (BFH 11.9.2013 – IV R 57/10, BFH/NV 2014, 316), denn es fehlt der erforderliche unmittelbare Zusammenhang mit Holzverkäufen. Kosten für Wirtschaftsgebäude stehen ebenfalls nicht unmittelbar mit der Holznutzung in Zusammenhang, deshalb können zusätzlich zu der Betriebsausgabenpauschale Grundstücksabgaben, Versicherungsbeiträge und Erhaltungsaufwand angesetzt werden (so auch *Märkle/Hiller* Die Einkommensteuer bei Land- und Forstwirten Rn. 459).

146.1 Im Wirtschaftsjahr der Einschlagsbeschränkung nach § 1 **Forstschäden-Ausgleichsgesetz** gelten höhere Betriebsausgabenpauschalen (zu Zweifelsfragen OFD Hannover 7.6.2000, BeckVerw 155546 und Leingärtner/*Wittwer* Kap. 44 Rn. 42; *Märkle/Hiller* ESt Land- und Forstwirte Rn. 472 ff.). Die Betriebsausgabenpauschale beträgt dann 90% der Einnahmen. Die erhöhte Betriebsausgabenpauschale von 90% nach § 4 Abs. 1 Forstschäden-Ausgleichsgesetz bezieht sich auf die ordentlichen und die außerordentlichen Holznutzungen (BFH 25.8.1983 – IV R 193/80, BStBl. II 1983, 757). Soweit Holz auf dem Stamm verkauft wird, betragen die pauschalen Betriebsausgaben 65% der Einnahmen aus dem Holzverkauf (§ 4 Forstschäden-Ausgleichsgesetz). Bilanzierende Betriebe können eine steuerfreie Rücklage für die Bildung eines betrieblichen Ausgleichsfonds bilden (§ 3 Forstschäden-Ausgleichsgesetz; Leingärtner/*Wittwer* Kap. 44 Rn. 50 ff.). Die Rücklage darf 100% der im Durchschnitt der vorangegangenen drei Wirtschaftsjahr erzielten nutzungsmäßigen Einnahmen nicht übersteigen (§ 3 Abs. 1 S. 3 Forstschäden-Ausgleichsgesetz).

Weiter können buchführende Betriebe auf die Aktivierung des eingeschlagenen und unverkauften Kalamitätsholzes ganz oder teilweise verzichten (§ 4a Forstschäden-Ausgleichsgesetz). Im Jahr der Einschlagsbeschränkung nach § 1 Forstschäden-Ausgleichsgesetz gilt für jegliche Kalamitätsnutzung einheitlich der ermäßigte Steuersatz nach § 34b Abs. 3 Nr. 2 iHv 1/4 des durchschnittlichen Steuersatzes (§ 5 Abs. 1 Forstschäden-Ausgleichsgesetz). Der Bewertungsabschlag auf den Mehrbestand an Holzvorräten ist in § 7 Forstschäden-Ausgleichsgesetz geregelt. **146.2**

Bei außerordentlichen Holznutzungen kann die **Tarifbegünstigung** nach § 34b in Anspruch genommen werden (BMF 16.5.2012, BStBl. I 2012, 595; Leingärtner/*Wittwer* Kap. 44 Rn. 70 ff.; *Märkle/Hiller* ESt Land- und Forstwirte Rn. 462 ff.). **146.3**

Einstweilen frei **147–150**

c) Weinbau. aa) Begriff. Zu den Einkünften aus Land- und Forstwirtschaft zählen auch die Einkünfte aus dem **Weinbau** (§ 13 Abs. 1 Nr. 1 S. 1 Alt. 3), der die Herstellung von Trauben durch Bodenbewirtschaftung zum Gegenstand hat. Zu dieser Form der Urproduktion zählt auch die Be- und Verarbeitung der eigenerzeugten Trauben zu Wein (Keltern, kellermäßige Behandlung; BFH 27.2.1987 – III R 270/83, BFH/NV 1988, 85 und BFH 11.10.1988 – VIII R 419/83, BStBl. II 1989, 284; BMF 19.10.2017, DStR 2017, 2436; Schmidt/*Kulosa* § 13 Rn. 24). Der diese Tätigkeit abschließende Verkauf ist dann ein landwirtschaftliches Hilfsgeschäft und nicht gewerblicher Handel (BFH 29.11.2001 – IV R 91/99, BStBl. II 2002, 221; *Felsmann* ESt Land- und Forstwirte A 19h). **151**

Dabei sind folgende **Verwertungsmöglichkeiten** zu unterscheiden: 1. Trauben- oder Maischeverkauf oder Ablieferung der Trauben oder Maische an Genossenschaften oder andere Gemeinschaften zu gemeinschaftlichen Verarbeitung (nichtausbauender Betrieb); 2. Verarbeitung der Trauben im eigenen Betrieb mit Erzeugung und Vertrieb von Fasswein (ausbauender Betrieb mit Fassweinerzeugung); 3. Verarbeitung der Trauben im eigenen Betrieb mit Erzeugung und Vertrieb von Flaschenwein (ausbauender Betrieb mit Flaschenweinerzeugung); BewRL 5.02 Abs. 2. Für die Mindestgröße eines Weinbaubetriebes gilt anstelle der 3.000 qm eine Größe von 1.000 qm (*Felsmann* ESt Land- und Forstwirte A 19a). **152**

Als **eigene Erzeugnisse** gelten alle land- und forstwirtschaftlichen Erzeugnisse, die im Rahmen des Erzeugungsprozesses im eigenen land- und forstwirtschaftlichen Betrieb gewonnen werden. Hierzu gehören auch Erzeugnisse der ersten Stufe der Be- oder Verarbeitung und zugekaufte Waren, die als Roh-, Hilfs- oder Betriebsstoffe im Erzeugungsprozess verwendet werden (→ Rn. 308). Im Rahmen des weinbaulichen Erzeugungsprozesses können dies zB Trauben, Traubenmost, Traubensaft und Verschnittwein zur Weinerzeugung sein (BMF 19.10.2017, DStR 2017, 2436). **153**

In den Fällen der untrennbaren Vermischung bzw. Vermengung von eigenen Erzeugnissen und zB zugekauften Trauben, Traubenmost, Traubensaft oder Verschnittwein muss das jeweils zum Verkauf angebotene Enderzeugnis (zB eine Flasche oder ein Fass) zu mehr als 50% aus eigenen Erzeugnissen stammen (BMF 19.10.2017, DStR 2017, 2436). In welchem Stadium die eigenen und fremden Erzeugnisse vermischt bzw. vermengt werden, ist ohne Bedeutung. Erfolgt die Be- oder Verarbeitung über mehrere Ausbaustufen, ist ein zutreffender Mengenvergleich anzustellen. Dabei können lt. BMF folgende Umrechnungsfaktoren berücksichtigt werden: **153.1**

100 kg Trauben/Maische = 78 l Wein
100 l Traubenmost = 100 l Wein

Liegen diese Voraussetzungen vor, handelt es sich um eigene Erzeugnisse iSv EStR 15.5 Abs. 5 S. 1, die unter den Voraussetzungen von EStR 15.5 Abs. 6 S. 1 und S. 2 der Land- und Forstwirtschaft zugerechnet werden.

Der Zukauf von fremderzeugten Weintrauben, Most, Traubensaft und fremden Weinen kann steuerschädlich sein und die Grenze zur Gewerblichkeit überschreiten (BFH 11.10.1988 – VIII R 419/83, BStBl. II 1989, 284; *Felsmann* ESt Land- und Forstwirte A 19h; → Rn. 306). Überwiegen im Falle der untrennbaren Vermischung bzw. Vermengung dagegen im jeweiligen Enderzeugnis die fremden Erzeugnisse (→ Rn. 309), liegt gem. EStR **154**

15.5 Abs. S. 6 und Abs. 5 S. 4 insgesamt ein **fremdes Erzeugnis** vor (BMF 19.10.2017, DStR 2017, 2436). Die weitere Beurteilung dieser fremden Erzeugnisse erfolgt nach EStR 15.5 Abs. 6 S. 3.

155 Die Herstellung von **Perlwein und Sekt** ist als landwirtschaftlicher Nebenbetrieb (→ Rn. 256) anzusehen und die Einkünfte aus dem Vertrieb des Winzersekts sind den Einkünften aus Land- und Forstwirtschaft zuzuordnen, wenn folgende Voraussetzungen gegeben sind (BMF 19.10.2017, DStR 2017, 2436): Der Winzersekt muss aus Grundweinen des Weinbaubetriebes hergestellt werden, die überwiegend aus selbst erzeugten Trauben dieses Betriebes gewonnen wurden. Er muss ferner als Erzeugnis dieses Betriebes unter Angabe der Rebsorten, des Jahrgangs, der geographischen Herkunft und des Weingutes in sinngemäßer Anwendung der bezeichnungsrechtlichen Vorschriften für Schaumwein bezeichnet sein und vom Weinbaubetrieb vermarktet werden. Schließlich müssen die Merkmale eines land- und forstwirtschaftlichen Nebenbetriebs nach EStR 15.5 Abs. 3 S. 1–4 vorliegen.

156 Die Herstellung von Perlwein oder Sekt im Rahmen eines Nebenbetriebes ist dem Grunde nach eine **gewerbliche Tätigkeit,** wenn der jeweilige Perlwein bzw. Sekt aus Grundweinen des Weinbaubetriebes hergestellt wird, die teilweise aus eigenen Erzeugnissen, aber überwiegend aus fremden Erzeugnissen bestehen (BMF 19.10.2017, DStR 2017, 2436). Ertragsteuerlich können solche dem Grunde nach gewerbliche Tätigkeiten, wie die Herstellung von Perlwein oder Sekt noch der Land- und Forstwirtschaft zugerechnet werden, wenn die daraus resultierenden Betriebseinnahmen die Grenzen von EStR 15.5 Abs. 11 nicht nachhaltig übersteigen.

157 Lässt ein Weinbaubetrieb den Perlwein oder Sekt im Wege einer Werkleistung von Dritten herstellen (sog. **Lohnversektung**) und vermarktet ihn als eigenes Erzeugnis, gilt diese Regelung entsprechend (BMF 19.10.2017, DStR 2017, 2436); *Felsmann* ESt Land- und Forstwirte A 19k).

158 Von nicht buchführungspflichtigen Winzern einschl. der Inhaber gemischter Betriebe (Weinbau und Landwirtschaft) können zur Vereinfachung der Gewinnermittlung nach § 4 Abs. 3 **Betriebsausgabenpauschalen,** sog. Richtbeträge, in Anspruch genommen werden (vgl. LfSt Rheinland-Pfalz 19.12.2018, BeckVerw 449049; Schmidt/*Kulosa* § 13 Rn. 26; *Wiegand*, NWB 2018, 28) oder der Gewinn nach § 13a ermittelt werden (→ § 13a Rn. 56). Der Ansatz der Richtbeträge für die Bebauung und den Ausbau dient lediglich der Vereinfachung der Gewinnermittlung und ist ab dem Wirtschaftsjahr 2014/15 durch den Steuerpflichtigen einheitlich auszuüben. Die Einräumung des Wahlrechts erfolgt demzufolge nur zwischen dem Ansatz sämtlicher bei ihm in Betracht kommender Richtbeträge (Bebauungs- und Ausbaukosten) oder dem Nachweis der tatsächlichen Betriebsausgaben. Sofern der Weinbaubetrieb ab dem Wirtschaftsjahr 2016/17 anstelle der Richtbeträge die tatsächlichen Betriebsausgaben geltend macht, kann die Vereinfachungsregelung in den nachfolgenden Wirtschaftsjahren nicht mehr in Anspruch genommen werden. Dies gilt wegen der Betriebsbezogenheit der Vereinfachungsregelung selbst dann, wenn beispielsweise der Betrieb wesentlich verkleinert oder vergrößert wird oder sich die Art und Weise der Vermarktung ändert. Eine Rückkehr ist nach einer unentgeltlichen Betriebsübergabe nach § 6 Abs. 3 oder Einbringung des Betriebes nach § 24 UmwStG zum Buch- oder Zwischenwert auch für den Rechtsnachfolger ausgeschlossen (LfSt Rheinland-Pfalz 19.12.2018, BeckVerw 449049; so auch Wiegand, NWB 2018, 28). Etwas anderes gilt bei Neugründung eines Betriebes. In diesen Fällen kann uE mangels eines bisherigen Ansatzes der tatsächlichen Betriebsausgaben die Vereinfachungsregelung in Anspruch genommen werden (*Wiegand*, NWB 2018, 28). Vereinfachungsregelung kann auch dadurch unwiderruflich verzichtet werden, wenn in Zeile 39 der Anlage Weinbau zur Einkommensteuererklärung ein entsprechender Verzicht erklärt wird (*Wiegand*, NWB 2018, 28). Die Finanzämter sind an die veröffentlichten Richtbeträge und Richtwerte nicht gebunden, wenn ihre Anwendung im Einzelfall zu einer unzutreffenden Gewinnschätzung führt (LfSt Rheinland-Pfalz 19.12.2018, BeckVerw 449049 Rn. 5).

158.1 **Bebauungskostenrichtbeträge.** Mit diesen pauschalen Betriebsausgaben sollen die tatsächlichen Kosten des Weinbaubetriebes während eines Wirtschaftsjahres abgedeckt werden. Eine sachgerechte Anpassung der Richtbeträge (= Erhöhung oder Minderung) ist erforderlich, wenn sich die betrieblichen Verhältnisse im Laufe eines Wirtschaftsjahres durch Pacht, Verpachtung, Kauf oder Verkauf oder eine unentgeltliche Übertragung im Wege der vorweggenommenen Erbfolge, wesentlich verändern.

Bebauungskostenrichtbeträge für das Wirtschaftsjahr 2017/18 nach LfSt Rheinland-Pfalz 19.12.2018, BeckVerw 449049:

Weinbaugebiet	Richtbetrag in EUR/ha Rebfläche	VAK je/ha
Rheinhessen, Pfalz, Nahe	2750	0,5
Ahr, Mittelrhein (einschl. Lahn), Mosel, Ruwer, Saar, Sauer	2650	1,0

Die Bebauungskostenrichtbeträge umfassen die Kosten der Bebauung bis zum Transport der geernteten Trauben zur Kelter oder zur Winzergenossenschaft. Eine Kürzung der Richtbeträge wegen Vollablieferung der Trauben und Maische ist nicht vorzunehmen. Die zusätzlichen Aufwendungen, die bei der Schädlingsbekämpfung durch Hubschrauberspritzung entstehen, sind nur noch in tatsächlich nachgewiesener Höhe neben den Bebauungskostenrichtbeträgen abzugsfähig.

AfA für Wirtschaftsgüter, die der Bebauung dienen, zB für Wirtschaftsgebäude, Maschinen und Geräte sowie Weinbergsanlagen werden von diesen Beträgen nicht erfasst. Deshalb sind die AfA und die Aufwendungen nach § 6 Abs. 2 für geringwertige Wirtschaftsgüter und die jährliche Minderung des Sammelpostens nach § 6 Abs. 2a gegen Nachweis (Anlagenverzeichnis) gesondert zu berücksichtigen (OFD Koblenz 2.12.2013, BeckVerw 279905 Rn. 1.2.1.1.1; *Wiegand,* NWB 2018, 28). **158.2**

Ausbaukostenrichtbeträge. Soweit selbstausbauende Betriebe die Bebauungskosten und Ausbaukosten (einschl. der Kosten für Flaschenfüllung und Ausstattung) nicht nachweisen, können die Aufwendungen für den Ausbau **neben** den Bebauungskostenrichtbeträgen mit folgenden Beträgen in EUR je Liter erzeugten Weins angesetzt werden (LfSt Rheinland-Pfalz 19.12.2018, BeckVerw 449049): **158.3**

bei Verkauf des Mostes	0,02
bei Ausbau zum Fasswein	0,02 + 0,05 = 0,07
für die abgefüllte und ausgestattete 1-Liter-Flasche	0,07 + 0,58 = 0,65
für die abgefüllte und ausgestattete 0,75-Liter-Flasche	0,07 + 0,78 = 0,85

Ab dem Wirtschaftsjahr 2016/17 umfassen die Ausbaukostenrichtbeträge auch die gesamten Vertriebskosten (zB Weinkartons, Versand- und Transportkosten, Abgaben für die Absatzförderung etc.), jedoch **nicht** mehr die AfA für Wirtschaftsgüter, die dem Ausbau dienen, wie AfA für Fassraum oder Kelter. Die AfA, Sonderabschreibungen und die Aufwendungen nach § 6 Abs. 2 für geringwertige Wirtschaftsgüter sowie die jährliche Minderung des Sammelpostens für minderwertige Wirtschaftsgüter nach § 6 Abs. 2a können insgesamt gegen Nachweis (Anlagenverzeichnis) zusätzlich berücksichtigt werden. Dadurch wird eine einheitliche Handhabung mit den Obst- und Gemüsebaubetrieben und den Schätzungslandwirten erreicht (LfSt Rheinland-Pfalz 19.12.2018, BeckVerw 449049 Rn. 7). Nicht zulässig ist nach FinVerw, dass der Betrieb zB die Ausbaukosten zum Fasswein nachweist und lediglich für die Kosten der Abfüllung und Ausstattung der Flaschenweine einen Richtbetrag ansetzt (LfSt Rheinland-Pfalz 19.12.2018, BeckVerw 449049).

Sonstige Kosten. Für Kosten, die betriebsbezogen oder regional bedingt nicht in jedem Weinbaubetrieb anfallen, kann neben dem Bebauungskostenrichtbeitrag und den Ausbaukostenrichtbeiträgen ein Betriebsausgabenabzug erfolgen. Diese berücksichtigungsfähigen sonstigen Kosten sind ab dem Wirtschaftsjahr 2016/17 abschließend aufgezählt (LfSt Rheinland-Pfalz 19.12.2018, BeckVerw 449049): **158.4**

- Lohnaufwand (ohne Löhne für die Herstellung der Rebanlage und Jungfeldpflege),
- Aufwendungen für den Einsatz eines Traubenvollernters,
- Aufwendungen für Hubschraubereinsatz und den Einsatz eines Raupenmechanisierungssystems für die Schädlingsbekämpfung (ohne Spritzmittel),
- Pacht- und Schuldzinsen,
- Beiträge zu Hagelversicherung,
- tatsächlich abgeführte Umsatzsteuer,
- Kosten für Frostschutz, Beregnung, Bewässerung, Wildschutz, soweit nicht zur Rebanlage gehörend,
- Vorsteuerbeträge nach § 15 UStG, soweit sie mit der Anschaffung und Herstellung von Wirtschaftsgütern im Sinne des § 6 im Zusammenhang stehen,
- AfA für Wirtschaftsgüter,

- Aufwendungen für geringwertige Wirtschaftsgüter iSv § 6 Abs. 2 oder minderwertige Wirtschaftsgüter im Sinne von § 6 Abs. 2a,
- Absetzungen für außergewöhnliche technische oder wirtschaftliche Abnutzung von Wirtschaftsgütern, zB der Rebanlage aufgrund von Frostschäden, Reblaus-Verseuchung etc,
- Sonderabschreibungen,
- Aufwendungen für Flurbereinigung, Wegebau sowie Wegeunterhaltungskosten, soweit sie nicht zu aktivieren sind,
- Kosten der Zuckerung,
- Rechts- und Beratungskosten.

Darüber hinausgehende Aufwendungen sind neben den Bebauungskosten- und Ausbaukostenrichtbeträgen nicht mehr als Betriebsausgaben zu berücksichtigen.

159–161 *Einstweilen frei*

162 **bb) Besonderheiten der Gewinnermittlung.** Das **Wirtschaftsjahr** eines reinen Weinbaubetriebes kann abweichend vom Normalwirtschaftsjahr (1.7. bis 30.6) auch den Zeitraum vom 1.9. bis 31.8. umfassen (§ 4a Abs. 1 S. 2 Nr. 1 EStG iVm § 8c Abs. 1 S. 1 Nr. 3 EStDV). Das abweichende Wirtschaftsjahr ist gerechtfertigt, weil zum 31.8. der Wein noch nicht gelesen ist und auf dem Betrieb die geringeren Vorräte zu bewerten sind. Dafür ist das Einvernehmen mit dem Finanzamt erforderlich (§ 8b S. 2 Nr. 2 S. 2 EStDV). Das Wahlrecht gilt auch, wenn eine unschädliche andere land- und forstwirtschaftliche Nutzung „in geringem Umfang" iSd § 8c Abs. 2 S. 2 EStDV vorliegt und zwar, wenn der Vergleichswert der anderen land- oder forstwirtschaftlichen Nutzung etwa 10% des Wertes der gesamten Nutzungen nicht übersteigt (BFH 3.12.1987 – IV R 4/87, BStBl. II 1988, 269).

163 **Rebanlagen** sind gegenüber dem Grund und Boden eigenständige Wirtschaftsgüter des abnutzbaren Anlagevermögens, die mit den Anschaffungs-/Herstellungskosten, gegebenenfalls vermindert um die AfA nach § 7, zu aktivieren sind (Schmidt/*Kulosa* § 13 Rn. 26; *Felsmann* ESt Land- und Forstwirte A 20b; HHR/*Paul* § 13 Rn. 66). Der einzelne Rebstock ist keiner selbständigen Bewertung und Nutzung fähig (BFH 30.11.1978 – IV R 43/78, BStBl. II 1979, 281); es ist die jeweilige Weinbauanlage (Reben, Stützen, Abzäunungen, Terrassen).

164 **Wiederbepflanzungsrechte** stellen selbständige immaterielle Wirtschaftsgüter dar (Schmidt/*Kulosa* § 13 Rn. 26; HHR/*Kanzler* § 55 Rn. 130; HHR/*Paul* § 13 Rn. 66; Leingärtner/*Wendt* Kap. 29a Rn. 135; *Felsmann* ESt Land- und Forstwirte A 20m). Sie vermitteln dem Erzeuger das Recht, nach Rodung einer zulässig bestockten Rebfläche diese wieder mit Rebstöcken zu bepflanzen, und verkörpern damit letztlich das unionsrechtlich beschränkte Recht, Wein zu erzeugen. Es handelt sich bei diesen Rechten bis zum 30.6.2011 um nicht abnutzbaren Wirtschaftsgüter, denn zu diesem Zeitpunkt war ein Ende der Beschränkung des Weinbaus in der EU nicht absehbar (BFH 6.12.2017 – VI R 65/15, BStBl. II 2018, 353; Schmidt/*Kulosa* § 13 Rn. 26; HHR/*Paul* § 13 Rn. 66; Leingärtner/*Kanzler* Kap. 24 Rn. 49; *Felsmann* ESt Land- und Forstwirte A 20n; *Märkle/Hiller* ESt Land- und Forstwirte Rn. 106d). An dieser Rechtslage hat sich durch die Neuregelung der unionsrechtlichen Vorgaben zum Pflanzrechtssystem ab dem 1.1.2016 uE nichts geändert (vgl. LfSt Rheinland-Pfalz 19.12.2018, BeckVerw 449049 Rn. 8.2).

164.1 Aufgrund EU-rechtlicher Vorgaben (VO (EU) Nr. 1308/2013, ABl. 2013 L 347/671, Artikel 62-72 und VO (EU) 2015/561, ABl. L 93/12) fand zum 1.1.2016 ein Wechsel vom bisherigen Pflanzrechtesystem zu einem Genehmigungssystem für Rebpflanzungen statt. Wiederbepflanzungsrechte aus dem alten System sind nicht mehr flächen-, sondern betriebsgebunden und konnten bis Ende 2020 in Genehmigungen umgewandelt werden.

165–167 *Einstweilen frei*

168 **d) Gartenbau. aa) Begriff.** Der **Gartenbau** (§ 13 Abs. 1 Nr. 1 S. 1 Alt. 4) umfasst die gärtnerische Nutzung (§ 34 Abs. 2 Nr. 1d BewG). Die gärtnerische Nutzung gliedert sich in die Nutzungsteile Gemüse-, Blumen- und Zierpflanzenbau, Obstbau und Baumschulen (§ 61 BewG; BewRL 6.01 Abs. 1 Nr. 1). Der Anbau von sog. Zuckermais ist bewertungsrechtlich als gärtnerische Nutzung zu beurteilen (BFH 16.6.2009 – II R 54/06, BStBl. II 2009, 896). Friedhofs- und Landschaftsgärtnereien sind mangels Zusammenhang mit land- und forstwirtschaftlicher Produktion keine Gartenbaubetriebe, sondern regelmäßig Gewerbebetriebe (BFH 26.2.1976 – VIII R 15/73, BStBl. II 1976, 492 und 12.1.1989 – V R 129/84, BStBl. II 1989, 432; HHR/*Paul* § 13 Rn. 67). Bei einer Gartenbewirtschaftung zu Eigenbedarfszwecken, wie es regelmäßig bei Haus- und Schrebergärten der Fall ist, liegt keine gärtnerische Nutzung vor (BFH 5.5.2011 – IV R 48/08, BStBl. II 2011, 792).

Gemüsebau ist die planmäßige Nutzung der natürlichen Kräfte des Bodens zur Erzeugung von Gemüse und dessen Verwertung. Der Gemüsebau ist geprägt durch besonders intensive Bodenbearbeitung (Freilandgemüsebau, Gemüsebau mit Glasanlagen). Keine gärtnerische, sondern eine landwirtschaftliche Nutzung ist der Anbau von Kopfkohl (Weiß-, Rot- und Wirsingkohl), Pflückerbsen und Pflückbohnen nach landwirtschaftlicher Anbaumethode im Rahmen der landwirtschaftlichen Fruchtfolge als Hauptkultur. Sind die vorgenannten Voraussetzungen nicht gegeben, so rechnet der Anbau von Kopfkohl, Pflückerbsen und Pflückbohnen zum Gemüsebau (BewRL 6.07 Abs. 1 Nr. 1). **169**

Aufgrund der überwiegend als Zierpflanzen zu bezeichnenden Pflanzenarten und der nachhaltig erzielten hohen Reinerträge ist die Produktion von Rollrasen und Vegetationsmatten für Dachbegrünungen (FM Niedersachsen 3.1.1994, BeckVerw 269635 und FM Bayern 22.12.1997, BeckVerw 278558) als gärtnerische Nutzung dem Nutzungsteil **Blumen- und Zierpflanzenbau** gem. § 34 Abs. 2 Nr. 1 Buchst. d BewG zuzuordnen. **170**

Obstbau ist die planmäßige Gewinnung und Verwertung von Obst mit Ausnahme von Weintrauben (HHR/*Paul* § 13 Rn. 67). Zu unterscheiden ist das Kern-, Stein- und Beerenobst. Zum Kernobst gehören die Obstsorten Äpfel und Birnen. Zum Steinobst gehören die Obstsorten Süßkirschen, Sauerkirschen, Aprikosen, Pfirsiche, Pflaumen aller Art (auch Zwetschgen, Mirabellen und Renekloden). Zum Beerenobst gehören die Obstsorten Himbeeren und Brombeeren, Stachelbeeren, Johannisbeeren (rot, weiß und schwarz) sowie Erdbeeren (BewRL 6.30). Das Keltern von Obst gehört nicht zum Obstbau (HHR/*Paul* § 13 Rn. 67). Unter Umständen liegt bei der Weiterverarbeitung zu Most oder Apfelwein ein land- und forstwirtschaftlicher Nebenbetrieb (§ 13 Abs. 2 Nr. 1) vor (→ Rn. 256). **171**

Baumschule stellt die Erzeugung von Baumschulgewächsen dar und zwar von Forstpflanzen (Nadel- und Laubgehölze), Rhododendren und Azaleen, Obstgehölzen einschließlich Strauchbeerenobst und sonstigen Gehölzen wie Rosen aus Sämlingen, Ablegern und Stecklingen mit Hilfe der Naturkräfte. Die Sämlinge können dabei auch zugekauft oder als Kostpflanzen an andere Betriebe abgegeben werden (HHR/*Paul* § 13 Rn. 67). Nicht zur Baumschule, sondern zur landwirtschaftlichen Nutzung gehören die baumschulmäßigen Außenflächen eines Betriebes, wenn sie insgesamt 5 Ar nicht übersteigen (BewRL 6.50 Abs. 2). Dient die Baumschule ganz überwiegend dem Eigenbedarf eines forstwirtschaftlichen Betriebs, handelt es sich um einen Teil dieses forstwirtschaftlichen Betriebes (HHR/*Paul* § 13 Rn. 67; → Rn. 121). **172**

Einstweilen frei **173–176**

bb) Besonderheiten der Gewinnermittlung. Das **Wirtschaftsjahr** eines Gartenbaubetriebes kann abweichend vom Normalwirtschaftsjahr (1.7. bis 30.6) – ohne Einvernehmen mit dem Finanzamt – auch das Kalenderjahr umfassen (§ 4a Abs. 1 S. 2 Nr. 1 EStG iVm § 8c Abs. 2 S. 1 EStDV). Gartenbaubetriebe haben ein Anbauverzeichnis zu führen (§ 142 AO; EStR 13.6). **177**

Für **einjährige Kulturen** wie etwa das Feldinventar hat die Finanzverwaltung mit Billigung des BFH zugelassen, dass aus Vereinfachungsgründen auf eine Bilanzierung verzichtet werden kann (BMF 15.12.1981, BStBl. I 1981, 878 Rn. 3.1.3; BFH 14.3.1961 – I 17/60 S, BStBl. III 1961, 398 und BFH 16.11.1978 – IV R 160/74, BStBl. II 1979, 138). Die Vereinfachungsregelung gilt jedoch nicht für **mehrjährige Kulturen,** also solche Pflanzenbestände, die nach mehr als einjähriger Kulturzeit einen einmaligen Ertrag durch Verkauf erbringen sollen, zB Strauch- und Stammrosen, Flieder- und Zierobstbäume (BMF 15.12.1981, BStBl. I 1981, 878 Rn. 3.2; Schmidt/*Kulosa* § 13 Rn. 29). Ein solcher Pflanzenbestand gehört zum Umlaufvermögen und ist zwingend zu aktivieren (BFH 3.12.1970 – IV R 170/67, BStBl. II 1971, 321 und BFH 7.2.1985 – IV R 56/82, BFH/NV 1986, 664). Ob die Kulturzeit mehr als ein Jahr beträgt, hängt dabei nicht von der Aufzucht durch den Steuerpflichtigen, sondern von der gesamten üblichen Kulturzeit der jeweiligen Pflanze ab (BFH 23.4.1998 – IV R 25/97, BFH/NV 1998, 1470). **178**

Auch eine **Dauerkultur,** zB Spargel, Erdbeeren und Hopfenanlage ist zu aktivieren. Eine Dauerkultur ist eine in sich geschlossene Pflanzenanlage, die während einer Reihe von Jahren **179** laufend Erträge durch ihre zum Verkauf bestimmten Früchte oder Pflanzenteile liefert (BMF 15.12.1981, BStBl. I 1981, 878 Rn. 3.2). Die gesamte Dauerkultur ist ein einheitliches bewegliches Wirtschaftsgut des Anlagevermögens (BFH 30.11.1978 – IV R 43/78, BStBl. II 1979, 281). Eine Dauerkultur ist fertiggestellt, sobald sie ihrer Zweckbestimmung entsprechend genutzt werden kann (Leingärtner/*Wendt* Kap. 29a Rn. 226). Die bestimmungsgemäße Nutzbarkeit einer Dauerkultur beginnt mit ihrer Ertragsreife. Die Ertragsreife tritt in der Regel ein bei Rosen im Wirtschaftsjahr der Anpflanzung, bei Stauden, bei Beerenobst, bei Äpfeln und Birnen in Dichtpflanzung (über 1600 St/ha Bodenfläche) im ersten Wirtschaftsjahr, bei Hopfen und bei Spargel im zweiten Wirtschaftsjahr und bei den übrigen Obstgehölzen, bei Ziergehölzen (einschließlich Schnitt- und Bindegrün) und bei Mutterpflanzen aller Arten im dritten Wirtschaftsjahr nach dem Wirtschaftsjahr der Anpflanzung. Die Finanzverwaltung hat keine Bedenken, wenn eine Dauerkultur in dem jeweils genannten Wirtschaftsjahr als fertiggestellt angesehen und die AfA im Wirtschaftsjahr der Fertigstellung in Höhe des für ein volles Wirtschaftsjahr zulässigen Betrags vorgenommen wird (BMF 17.9.1990, BStBl. I 1990, 420).

180 Bei mehrjährigen Kulturen und Dauerkulturen entsprechen die **Anlagekosten** den Anschaffungs-/Herstellungskosten. Dazu gehören zB die Aufwendungen für Jungpflanzen, für die Aushebung der Pflanzgruben, für Baumpfähle und Bindematerial für Umzäunungen oder Drahtschutz gegen Wildverbiss und für Veredlungsarbeiten. Pflegekosten sind aus Vereinfachungsgründen nicht zu aktivieren. Gemeinkosten werden in den meisten Fällen von so geringer Bedeutung sein, dass in der Regel auf ihre Aktivierung ebenfalls verzichtet werden kann. Das Aktivierungswahlrecht des Steuerpflichtigen bleibt dabei unberührt (BMF 15.12.1981, BStBl. I 1981, 878 Rn. 3.2.1; Leingärtner/*Wendt* Kap. 29a Rn. 225).

181 Mehrjährige Kulturen, zB Baumschulen mit einer Umtriebszeit mit 5–15 Jahren, werden mit den Erstanlagekosten bewertet (BFH 14.3.1961 – I 17/60 S, BStBl. III 1961, 398). Die Bewertung von Pflanzenbeständen in Baumschulen erfolgt abweichend von den individuellen Anschaffungs-/Herstellungskosten mit Richtsätzen der Finanzverwaltung im sog. **Baumschulerlass** (BMF 27.6.2014, BStBl. I 2014, 1094; zustimmend BFH 23.4.1998 – IV R 25/97, BFH/NV 1998, 1470; bis Wirtschaftsjahr 2007/08 vgl. Leingärtner/*Wendt* Kap. 29a Rn. 231); damit vermeidet man zugleich die oft schwierige Bewertung dieser Vermögensteile.

182 Das **Anbauverzeichnis** muss grundsätzlich nach den Verhältnissen zu Beginn eines Wirtschaftsjahres aufgestellt werden. Im gärtnerischen Gemüsebau und im Blumen- und Zierpflanzenbau ist zum ersten eines jeden Kalendervierteljahres anzugeben, welche Kulturen am Stichtag in den einzelnen Quartieren, Gewächshäusern usw. stehen (BMF 15.12.1981, BStBl. I 1981, 878 Rn. 3.3.1). In den Anbauverzeichnissen der gärtnerischen Betriebe, Teilbetriebe oder Betriebsteile sind die Nutzungsteile Gemüsebau, Blumen- und Zierpflanzenbau, Obstbau, Baumschulen gesondert auszuweisen. Zu den einzelnen Nutzungsteilen gehören auch die Mutterpflanzenquartiere, Saatkämpen und Jungpflanzenanzuchtflächen. Sie sind besonders zu kennzeichnen. Das gilt auch für Dauerkulturen und mehrjährige Kulturen. Es ist zwischen Freiland-, Niederglas- sowie beheizbaren und nicht beheizbaren Hochglasflächen zu unterscheiden (BMF 15.12.1981, BStBl. I 1981, 878 Rn. 3.3.2). Weitere Einzelheiten zu den Aufzeichnungen für mehrstöckige Bepflanzung, den Obstbau und die Baumschulen ergeben sich aus BMF 15.12.1981 (BStBl. I 1981, 878 Rn. 3.3.2).

183–186 *Einstweilen frei*

3. Einkünfte aus Tierzucht und Tierhaltung

187 **a) Veredelungsbetrieb.** Zu den Einkünften aus Land- und Forstwirtschaft gehören auch die Einkünfte aus Tierzucht und Tierhaltung auf ausreichender **pflanzlicher Futtergrundlage** (§ 13 Abs. 1 Nr. 1 S. 2). Das notwendige Futter in Gestalt von Pflanzen und Pflanzenteilen soll theoretisch auf den landwirtschaftlichen Nutzflächen erzeugt werden können. Dass die Feldfrüchte des Betriebs tatsächlich für die Ernährung der dort gehaltenen Tiere verwendet werden, ist hingegen – abgesehen vom Sonderfall der Pelztiere wie Nutrias und Chinchillas (BFH 29.10.1987 – VIII R 272/83, BStBl. II 1988, 264; § 51 Abs. 5 S. 2 BewG) – nicht erforderlich (BFH 31.3.2004 – I R 71/03, BStBl. II

2004, 742). Pelztiere gehören nur dann zur landwirtschaftlichen Nutzung, wenn das Futter überwiegend von den vom Inhaber des Betriebs landwirtschaftlich genutzten Flächen gewonnen wird (§ 51a Abs. 5 S. 2 BewG). Das Futter der übrigen Tieren kann vollständig aus Zukäufen stammen (Leingärtner/*Stalbold* Kap. 6 Rn. 31; HHR/*Paul* § 13 Rn. 77). Dabei muss die im Gesetz genannte degressive **Vieheinheitenstaffel** eingehalten werden, die ein gesetzlich vorgegebenes Tiere/Flächenverhältnis abbildet. Die degressive Staffelung ist politisch motiviert und begünstigt kleinere und mittlere Betriebe. Durch Betriebsteilung kann der Umfang der landwirtschaftlichen Tierhaltung zT erheblich ausgeweitet werden (Leingärtner/*Stalbold* Kap. 6 Rn. 39).

Zur Feststellung ob eine ausreichende Futtergrundlage vorliegt, werden die Tierbestände in einem ersten Schritt nach dem unterstellten Futterbedarf in **Vieheinheiten** (VE) umgerechnet (§ 13 Abs. 1 Nr. 1 S. 3). Der tatsächliche Futterbedarf ist ohne Bedeutung (HHR/*Paul* § 13 Rn. 79). Eine beispielhafte Übersicht der maßgeblichen Nutztiere mit dem Vieheinheitenschlüssel ergibt sich aus der Anlage 1 zum BewG (§ 13 Abs. 1 Nr. S. 4 EStG iVm § 51 Abs. 4 S. 1 BewG; → § 13a Rn. 47.1). Die in dieser Anlage nicht genannten heimischen Wildtiere, wie Schwarzwild und Fasane, oder auch Weinbergschnecken sind ebenfalls als landwirtschaftliche Nutztiere einzuordnen (Leingärtner/*Stalbold* Kap. 6 Rn. 18). Trampeltiere und Dromedare (Altweltkameliden) werden mit 0,70 VE angesetzt (FM Baden-Württemberg 30.8.1999, DB 1999, 1832). Die Haltung von Karnivoren und Tieren, die nicht der menschlichen Versorgung dienen, fällt nicht unter die landwirtschaftliche Tierhaltung und führt zu gewerblichen Einkünften (zu Dackelzucht: BFH 30.9.1980 – VIII R 22/79, BStBl. II 1981, 210; zu Brieftaubenzucht: BFH 22.9.1992 – VII R 45/92, BStBl. II 1993, 200; zu Nerzzucht: BFH: 19.12.2002 – IV R 47/01, BStBl. II 2003, 507; zu Kleintieren wie Meerschweinchen und Hamster: BFH 16.12.2004 – IV R 4/04, BStBl. II 2005, 347; § 51 Abs. 5 BewG; *Märkle/Hiller* ESt Land- und Forstwirte Rn. 166). **188**

Die Unterhaltung einer **Brüterei,** in der Küken aus Bruteiern gewonnen und als Eintagsküken weiterveräußert werden, stellt einen Gewerbebetrieb dar, nicht aber eine gewerbliche Tierzucht und Tierhaltung (BFH 14.9.1989 – IV R 88/98, BStBl. II 1990, 152). **Fleischtauben** sind wegen der Vergleichbarkeit mit anderen Wirtschaftsgeflügel landwirtschaftliche Nutztiere (HHR/*Paul* § 13 Rn. 76). Auch die **Zucht oder Ausbildung von Pferden** zu Renn- und Turnierpferden, die dem Leistungssport oder der Freizeitgestaltung dienen, haben grundsätzlich landwirtschaftlichen Charakter (BFH 31.3.2004 – I R 71/03, BStBl. II 2004, 742; BFH 17.12.2008 – IV R 34/06, BStBl. II 2009, 453; Blümich/*Nacke* § 13 Rn. 78). Abzugrenzen ist die landwirtschaftliche Pferdehaltung vom gewerblichen Pferdehandel. Bei einem gewerblichen Pferdehandel ist Ziel der schnelle Umschlag des Produkts, um so laufenden An- und Verkauf zu finanzieren und Gewinne erzielen zu können (FG Münster 12.4.2019 – 10 K 1145/18, EFG 2019, 1280). Der Betrieb einer Hengststation zur Deckung fremder Stuten im Rahmen einer Landwirtschaft ist in der Regel kein Gewerbebetrieb (BFH 19.7.1955 – I 203/53 U, BStBl. III 1955, 281). Eine **Rinderbesamungsstation** kann Teil eines landwirtschaftlichen Betriebes sein (FM Schleswig-Holstein 1.3.1973, BeckVerw 269639). **189**

Bei der **Feststellung der Tierbestände** ist bei Tieren des Umlaufvermögens (Mastvieh) von den regelmäßig und nachhaltig im Wirtschaftsjahr erzeugten und bei den übrigen Tierbeständen vom Jahresdurchschnittsbestand auszugehen (EStR 13.2 Abs. 1 S. 1 und 3). Als erzeugt gelten Tiere, deren Zugehörigkeit zum Betrieb sich auf eine Mastperiode oder auf einen Zeitraum von weniger als einem Jahr beschränkt und die danach verkauft oder verbraucht werden (EStR 13.2 Abs. 1 S. 2). Abweichend von dieser Regel ist bei Mastrindern mit einer Mastdauer von weniger als einem Jahr, bei Kälbern und Jungvieh, bei Schafen und bei Damtieren ebenfalls unter einem Jahr stets vom Jahresdurchschnittsbestand auszugehen (EStR 13.2 Abs. 1 S. 4). Eine weitere Ausnahme ist bei sog. Fressern zu machen: Für sieben bis zehn Monate alte Mastrinder ist im Falle der Rinderintensivmast – bezogen auf den Jahresdurchschnittsbestand – der Umrechnungsschlüssel für „Kühe, Färsen und Masttiere“ mit 1,0 VE und nicht derjenige für „Kälber und Jungvieh unter 1 Jahr“ mit 0,30 VE anzuwenden (BFH 17.10.1991 – IV R 134/89, BStBl. II 1992, 378). **190**

Die in der **Anlage 1 zum BewG** genannten VE-Werte für Ferkel, Läufer und Mastschweine beziehen sich, wie aus der Relation der VE-Schlüsselwerte zum jeweiligen Futterbedarf abzuleiten ist, auf ein von Geburt an in einem Betrieb erzeugtes und aufge- **191** zogenes Tier (BFH 28.7.1989 – II R 83/96, BStBl. II 1999, 815). Werden Masttiere, zB Schweine, aus zugekauften Jungtieren gemästet, muss dies durch einen entsprechenden Abzug berücksichtigt werden (→ § 13a Rn. 47.2). Jungmasthühner werden anhand der Anzahl der Durchgänge im Jahr angesetzt. Die Erfassung der Tiere nach der Jahreserzeugung setzt voraus, dass sie ein bestimmtes Stadium der Fertigstellung erreicht haben. Beim Verkauf ist der Verkaufszeitpunkt der Zeitpunkt der Fertigstellung. Tiere, die im Betrieb versetzt werden, zB Jungzuchtschweine, werden bei Vorliegen der Voraussetzungen am Stichtag in den Jahresdurchschnittsbestand einbezogen (*Köhne/Wesche* Landwirtschaftliche Steuerlehre, 65).

191.1 Der Finanzverwaltung steht es wegen der Gesetzesbindung (Art. 20 Abs. 3 GG) nicht zu, für Tiere – beispielsweise Schweine – durch Verwaltungsvorschriften von Anlage 1 zum BewG abweichende Umrechnungsschlüssel vorzugeben. Eine Umrechnung von erzeugten oder gehaltenen Tieren in Vieheinheiten nach Maßgabe der Umrechnungsschlüssel in 13.2 Abs. 1 Satz 5 Nr. 2 EStR 2008 kommt auch dann nicht in Betracht, wenn sich dies gegenüber der Anwendung der Anlage 1 zum BewG zugunsten der Landwirte auswirkt (BFH 3.7.2019 – VI R 49/16, BFH/NV 2019, 1404). Die Verwaltung kann auch beim Wandel der Landwirtschaft zu aufgespaltenen Produktionsstrukturen nicht gesetzesändernd abweichende Umrechnungsschlüssel bestimmen. Dies ist vielmehr Aufgabe des Gesetzgebers – so weiter der BFH.

192 Nicht das ganze Jahr über gehaltene Tiere sind zeitanteilig zu erfassen (HHR/*Paul* § 13 Rn. 78). Verendete Tiere, deren VE auf der Grundlage der Jahreserzeugung ermittelt werden, gelten als nicht erzeugt (HHR/*Paul* § 13 Rn. 78; *Felsmann* ESt Land- und Forstwirte A 48). Verendete Tiere, deren VE nach dem Jahresdurchschnittsbestand zu ermitteln sind, werden dagegen entsprechend ihrer Verweildauer im Betrieb angesetzt (HHR/*Paul* § 13 Rn. 78; *Köhne/Wesche* Landwirtschaftliche Steuerlehre, 65).

193 Bei der Prüfung der Vieheinheitengrenze sind auch die im Betrieb des Land- und Forstwirts gehaltenen und erzeugten fremden Tiere, zB Lohnaufzucht oder Pensionstiere (**Lohntierhaltung**), einzubeziehen (BFH 16.11.1978 – IV R 191/74, BStBl. II 1979, 246 und BFH 14.4.1988 – IV R 40/86, BStBl. II 1988, 774). Damit werden unter Umständen Pensionstiere doppelt erfasst, einmal beim Bewirtschafter der Flächen (Pensionsgeber) und das andere Mal beim Halter und Auftraggeber als Pensionsnehmer (FG Münster 12.4.2019 – 10 K 1145/18, EFG 2019, 1280; Schmidt/*Kulosa* § 13 Rn. 39; *Märkle/Hiller* ESt Land- und Forstwirte Rn. 184; *Köhne/Wesche* Landwirtschaftliche Steuerlehre, 63), was nicht gerechtfertigt ist. Unseres Erachtens sollte die Erfassung der VE ausschließlich beim Pensionsgeber erfolgen, weil das Futter seiner Flächen der Ernährung der Pensionstiere dient (so auch HHR/*Paul* § 13 Rn. 78). Zum Teil wird darauf abgestellt, ob der Pensionsnehmer das wirtschaftliche Risiko der Tierhaltung trägt (Leingärtner/*Stalbold* Kap. 6 Rn. 21; *Felsmann* ESt Land- und Forstwirte A 72–74; Blümich/*Nacke* § 13 Rn. 100). Ist dies nicht der Fall, würde der Pensionsnehmer dem Grunde nach eine gewerbliche Dienstleistung erbringen (FG Münster 12.4.2019 – 10 K 1145/18, EFG 2019, 1280; aA BFH 16.11.1978 – IV R 191/74, BStBl. II 1979, 246).

193.1 Beispiel für Umrechnung in Vieheinheiten (VE) bei einem Sauenbetrieb mit 200 Sauen und 4600 erzeugten Ferkeln bis 30 kg:

200 Sauen x 0,33 VE	66,00 VE
20 Jungsauen x 0,33 VE	6,60 VE
4.600 Ferkeln x 0,06 VE	276,00 VE
Gesamt	348,60 VE

Damit der Betrieb im Beispielsfall nicht gewerblich wird, benötigt er eine selbst bewirtschaftete Fläche von 43, 5 ha.

194 Grundlage für die Subsumtion unter die Vieheinheitenstaffel ist neben den Vieheinheiten die **regelmäßig landwirtschaftlich genutzte Fläche,** also in erster Linie Acker- und Grünland das zur landwirtschaftlichen Nutzung gehört (§ 34 Abs. 2 Nr. 1 BewG). Die Berücksichtigung der Fläche erfolgt in Hektar. Abzustellen ist auf die Verhältnisse zu Beginn des Wirtschaftsjahres (Schmidt/*Kulosa* § 13 Rn. 37; aA *Märkle/Hiller* ESt Land- und Forstwirte Rn. 183a). Im Laufe des Wirtschaftsjahres erworbene oder zugepachtete Flächen sind bereits zu Beginn des Wirtschaftsjahres zu berücksichtigen, sofern sie umgehend in die Bewirtschaftung einbezogen werden (*Felsmann* ESt Land- und Forstwirte A

57; HHR/*Paul* § 13 Rn. 77; aA Schmidt/*Kulosa* § 13 Rn. 37; Blümich/*Nacke* § 13 Rn. 94). Flächenabgänge sind erst zum Ende des Wirtschaftsjahrs anzusetzen (*Felsmann* ESt Land- und Forstwirte A 57; Schmidt/*Kulosa* § 13 Rn. 37). Bei beschränkt Steuerpflichtigen sind nur die inländischen Flächen berücksichtigungsfähig (BFH 17.12.1997 – I R 95/96, BStBl. II 1998, 260).

Angesetzt werden die **selbst bewirtschafteten eigenen Flächen,** die selbstbewirtschafteten zugepachteten Flächen, die stillgelegten Flächen und auch mit Naturschutzauflagen belegte oder in Extensivgrünland umgewandelte Flächen des Betriebes (EStR 13.2 Abs. 3 S. 1; FM Niedersachsen 2.6.1986, BeckVerw 269705; FM Baden-Württemberg 10.3.1989, BeckVerw 278304; Leingärtner/*Stalbold* Kap. 6 Rn. 35; Blümich/*Nacke* § 13 Rn. 95). Bei einer Mitunternehmerschaft sind die Flächen in der Gesamthand einschließlich Sonderbetriebsvermögen maßgebend. Entsprechendes gilt bei einer Gütergemeinschaft oder Erbengemeinschaft (*Felsmann* ESt Land- und Forstwirte A 36). **195**

Bei **beschränkt Steuerpflichtigen,** die im Inland genutzte Flächen haben, ist eine Beurteilung allein nach den im Inland belegenen Flächen vorzunehmen (BFH 17.12.1997 – I R 95/96, BStBl. II 1998, 260; Leingärtner/*Krumm* Kap. 2 Rn. 10a; Blümich/*Nacke* § 13 Rn. 94). Die im Ausland belegenen landwirtschaftlichen Flächen sind uE für die Berechnung der zulässigen Vieheinheiten dann heranzuziehen, wenn sie vom Inland aus bewirtschaftet werden (*Felsmann* ESt Land- und Forstwirte A 40), weil auch diese Fläche (theoretisch) als Futtergrundlage für die gehaltenen Tiere dienen können. **196**

Flächen von mehreren Betrieben des Steuerpflichtigen sind nicht zusammenzuzählen (*Felsmann* ESt Land- und Forstwirte A 35). Ob mehrere **räumlich voneinander getrennte Betriebsstätten** einen einheitlichen land- und forstwirtschaftlichen Betrieb bilden, ist aufgrund einer Gesamtbetrachtung der betrieblichen Verhältnisse zu entscheiden. Dabei ist auch die Entfernung zwischen den Betriebsstätten zu berücksichtigen. Eine feste Grenze für die höchstzulässige Entfernung gibt es nicht, dürfte uE aber bei Einzelbetrieben bei 100 km Luftlinie liegen (BFH 10.4.1997 – IV R 48/96, BFH/NV 1997, 749 noch bei 82 Straßenkilometern; so auch Leingärtner/*Stalbold* Kap. 6 Rn. 12 und HHR/*Paul* § 13 Rn. 77). Diese relative Grenze gilt aber bei einer Personengesellschaft nicht, weil Personengesellschaften nur einen Betrieb haben können (BFH 10.2.1989 – III R 78/86, BStBl. II 1989, 467 Rn. 3; → Rn. 70). Die langfristig verpachteten oder auf anderer Rechtsgrundlage überlassenen Flächen sind auszuscheiden (BFH 29.6.1988 – X R 33/82, BStBl. II 1988, 922; Schmidt/*Kulosa* § 13 Rn. 37; HHR/*Paul* § 13 Rn. 77), so auch Flächen, die einer Mitunternehmerschaft, an der der Landwirt als Mitunternehmer beteiligt ist, überlassen werden (Leingärtner/*Stalbold* Kap. 6 Rn. 34). **197**

Nicht jede landwirtschaftliche Fläche verfügt über Vieheinheiten. Mit der Hälfte sind zu berücksichtigen Obstbauflächen, die so angelegt sind, dass eine regelmäßige landwirtschaftliche Unternutzung stattfindet (EStR 13.2 Abs. 3 S. 3). Mit einem Viertel sind zu berücksichtigen Almen und Hutungen (EStR 13.2 Abs. 3 S. 4). Dabei ist der letzte angefangene Hektar anteilig, also nicht als voller Hektar zu berücksichtigen (BFH 13.7.1989 – V R 110-112/84, BStBl. II 1989, 1036). Keine Vieheinheiten haben das Abbauland, Geringstland, Unland, Flächen des Weinbaus, der Forstwirtschaft sowie des Gartenbaus mit den Nutzungsteilen Gemüse-, Blumen- und Zierpflanzenbau und Baumschulen (*Märkle/Hiller* ESt Land- und Forstwirte Rn. 183). **198**

UE führen die Hof- und Gebäudeflächen **keine Vieheinheiten,** weil dort keine Hauptfrucht, die als Futter dienen könnte, angebaut werden kann (so auch EStR 13.2 Abs. 3 S. 2; HHR/*Paul* § 13 Rn. 77; aA Leingärtner/*Stalbold* Kap. 6 Rn. 32; *Felsmann* ESt Land- und Forstwirte A 39; Schmidt/*Kulosa* § 13 Rn. 38; *Märkle/Hiller* ESt Land- und Forstwirte Rn. 183; Blümich/*Nacke* § 13 Rn. 95). Spinatanbau, zB für Tiefkühlkost, ist dem Nutzungsteil Gemüse-, Blumen- und Zierpflanzenbau zuzurechnen (BewRL 6.07) und damit aus der landwirtschaftlichen Nutzung des Betriebes auszugliedern (so offenbar auch *Felsmann* ESt Land- und Forstwirte A 39). Das gilt zB auch für den feldmäßigen Anbau von Möhren, Zwiebeln, rote Beete oder Süßmais. UE sind auch Flächen für Sonderkulturen auf denen Hopfen und Spargel angebaut wird zu berücksichtigen, weil sie zur landwirtschaftlichen Nutzung zählen (§ 52 BewG). **199**

199.1 Höchstgrenzen für den Einzelbetrieb:

Betriebsgröße in ha LN	VE-Höchstgrenze
1	10
10	100
20	200
30	270
40	330
50	390
60	420
100	540
150	615
250	765
500	1.140
1.000	1.890

200 Übersteigt die Zahl der Vieheinheiten nachhaltig die in § 13 Abs. 1 Nr. 1 S. 2 genannte Grenzen, gehört nur der darüber hinausgehende Tierbestand zur **gewerblichen Tierzucht und Tierhaltung** (§ 13 Abs. 1 Nr. 1 S. 4 EStG iVm § 51 Abs. 2 S. 1 BewG). Zunächst ist der gesamte Tierbestand nach Tierarten aufzuteilen (Schmidt/*Kulosa* § 13 Rn. 41; HHR/*Paul* § 13 Rn. 79). So ist beispielsweise zu unterscheiden zwischen Mastschweinen und Masthühnern. Im zweiten Schritt ist nach Tierzweigen zu unterscheiden. Als Zweig des Tierbestandes gilt bei jeder Tierart für sich das Zugvieh, das Zuchtvieh, das Mastvieh und das übrige Nutzvieh (§ 51 Abs. 3 S. 1 BewG).

201 Die **Aufzucht von Junghennen** unterfällt dem Zweig „übriges Nutzvieh" und ist nicht der „Junghühnermast" zuzurechnen (BFH 24.4.1995 – V B 98/94, BFH/NV 1995, 866). Es kann immer nur ein Zweig des Tierbestandes im Ganzen zur landwirtschaftlichen oder gewerblichen Tierzucht und Tierhaltung gehören. Der Tierbestand des einzelnen Zweiges wird nicht aufgeteilt (§ 51 Abs. 2 S. 4 BewG). Das Zuchtvieh einer Tierart, zB Sauen, gilt nur dann als besonderer Zweig, wenn die erzeugten Jungtiere (Ferkel) überwiegend zum Verkauf bestimmt sind (§ 51 Abs. 3 S. 2 BewG). Werden Ferkel selbst gemästet, so gehören in dem genannten Beispiel die Sauen und Mastschweine zu einem Zweig des Tierbestandes (§ 51 Abs. 3 S. 3 BewG).

202 Hat ein Betrieb einen **Tierbestand mit mehreren Zweigen,** zB Milchvieh und Mastschweine, richtet sich deren Zuordnung nach dem Grad ihrer Flächenabhängigkeit (EStR 13.2 Abs. 2 S. 3). Der gewerblichen Tierzucht und Tierhaltung sind zunächst die weniger flächenabhängigen Zweige des Tierbestandes zuzurechnen (§ 13 Abs. 1 Nr. 1 S. 4 EStG iVm § 51 Abs. 2 S. 2 BewG und Anlage 2 zum BewG; Schmidt/*Kulosa* § 13 Rn. 41). Denn es soll vorrangig derjenige Tierbestand zur landwirtschaftlichen Nutzung gehören, dessen Futterbedarf gedeckt wird (HHR/*Paul* § 13 Rn. 79). Weniger flächenabhängig ist die Erzeugung und Haltung von Schweinen und Geflügel, mehr flächenabhängig die Erzeugung und Haltung von Rindvieh und Schafen (EStR 13.2 Abs. 2 S. 5). Innerhalb der beiden Gruppen der weniger oder mehr flächenabhängigen Tierarten ist jeweils zuerst der Zweig der gewerblichen Tierzucht und Tierhaltung zuzurechnen, der die größere Zahl von Vieheinheiten hat (§ 51 Abs. 2 S. 3 BewG).

202.1 Gruppen der Zweige des Tierbestandes nach der Flächenabhängigkeit (Anlage 2 zum BewG):

Mehr flächenabhängige Zweige	Weniger flächenabhängige Zweige
Pferdehaltung	Schweinezucht
Pferdezucht	Schweinemast
Schafzucht	Hühnerzucht
Schafhaltung	Entenzucht
Rindviehzucht	Gänsezucht
Milchviehhaltung	Putenzucht
Rindviehmast	Legehennenhaltung
	Junghühnermast
	Entenmast
	Gänsemast
	Putenmast

Die in der Anlage 2 zum BewG (→ Rn. 202.1) nicht genannten Tiere sind von ihrer Ernährung her zu beurteilen. Kälbermast, Damtiere und Kaninchen gehören danach zu den mehr flächenabhängigen Zweigen des Tierbestandes (HHR/*Paul* § 13 Rn. 79; *Felsmann* ESt Land- und Forstwirte A 53a). **203**

Wird die Vieheinheitengrenze durch Ausweitung der Viehhaltung oder den Rückgang der bewirtschafteten Flächen überschritten, entsteht regelmäßig nicht sofort ein Gewerbebetrieb. Er liegt nach Ablauf eines Zeitraums von drei aufeinander folgenden Wirtschaftsjahren vor (EStR 15.5 Abs. 2 S. 4; *Märkle/Hiller* ESt Land- und Forstwirte Rn. 185); ab dem vierten Wirtschaftsjahr beginnt der Gewerbebetrieb (**allmählicher Strukturwandel**). Der dreijährige Beobachtungszeitraum ist beim Wechsel des Betriebsinhabers nicht personen-, sondern betriebsbezogen zu sehen (EStR 15.5 Abs. 2 S. 4; kritisch Leingärtner/*Stalbold* Kap. 6 Rn. 60; *Felsmann* ESt Land- und Forstwirte A 57; HHR/*Paul* § 13 Rn. 21; Schmidt/*Kulosa* § 13 Rn. 40). **204**

Strukturiert der Landwirt durch auf Dauer angelegte planmäßige Maßnahmen seinen Betrieb so um, dass die Vieheinheitengrenze nachhaltig überschritten wird (zB durch Stallneubau oder Zupachtung von Ställen), führt dies zur sofortigen Entstehung eines Gewerbebetriebs (BFH 4.2.1976 – I R 113/74, BStBl. II 1976, 423). Dieser tritt neben dem weiter bestehenden landwirtschaftlichen Betrieb und beginnt grundsätzlich mit der ersten Vorbereitungshandlung, die auf die nachhaltige Kapazitätserweiterung gerichtet ist (**sofortiger Strukturwandel**). Das gilt auch für den Strukturwandel vom Gewerbebetrieb zum landwirtschaftlichen Betrieb, zB wenn Flächen langfristig zugepachtet werden (Leingärtner/*Stalbold* Kap. 6 Rn. 58; Schmidt/*Kulosa* § 13 Rn. 40; *Felsmann* ESt Land- und Forstwirte A 62). **205**

Ein **sofortiger Strukturwandel** liegt auch vor, wenn die Vieheinheitengrenze um mehr als 10% überschritten und dadurch zugleich ein zusätzlicher Bedarf an landwirtschaftlichen Flächen von mehr als 10% erforderlich wird (BFH 19.2.2009 – IV R 18/06, BStBl. II 2009, 654). Wirtschaftsgüter des landwirtschaftlichen Betriebs, die nach dem Strukturwandel ausschließlich dem infolge einer Überschreitung der Vieheinheitengrenze gewerblichen Betrieb dienen, sind erst mit der Aufstallung der zusätzlichen Tierbestände in den Gewerbebetrieb zu überführen (Leingärtner/*Stalbold* Kap. 6 Rn. 66; Schmidt/*Kulosa* § 13 Rn. 40). Besteht die Tierhaltung aus einem Tierzweig und wird die Vieheinheitengrenze entweder aufgrund des allmählichen oder sofortigen Strukturwandels überschritten, werden mit dem Ackerbau weiterhin land- und forstwirtschaftliche Einkünfte erzielt. Nur die Viehhaltung wird gewerblich (Leingärtner/*Stalbold* Kap. 6 Rn. 68). **206**

Bei **Neugründung** eines Tierhaltungsbetriebes, der die Vieheinheitenstaffel nicht einhält, ist dieser von Anfang an gewerblich (Schmidt/*Kulosa* § 13 Rn. 40; HHR/*Paul* § 13 Rn. 79; einschränkend Leingärtner/*Stalbold* Kap. 6 Rn. 59). Entsprechendes gilt bei einer Buchwerteinbringung nach § 24 UmwStG in eine Personengesellschaft, denn die Einbringung entspricht einem entgeltlichen Vorgang (vgl. BFH 14.4.2015 – GrS 2/12, DStR 2015, 2368; aA Leingärtner/*Stalbold* Kap. 6 Rn. 61). **207**

Einstweilen frei **208–211**

b) Gemeinschaftliche Tierhaltung. Mitunternehmerschaften ohne eigene oder gepachtete Flächen können nach § 13 Abs. 1 Nr. 1 S. 5 EStG iVm § 51a BewG mit der gemeinschaftlichen Tierhaltung land- und forstwirtschaftliche Einkünfte erzielen (§ 51a Abs. 2 BewG), wenn die dortigen Voraussetzungen erfüllt sind und sie nur landwirtschaftliche Einkünfte erzielen (vgl. EStR 13.2 Abs. 4; Schmidt/*Kulosa* § 13 Rn. 42; *Märkle/Hiller* ESt Land- und Forstwirte Rn. 187). Wirtschaftlich betrachtet „pachten" solche Tierhaltungskooperationen freie Vieheinheiten der Gesellschafter/Mitglieder und nutzen damit die sich aus den landwirtschaftlichen Flächen ergebende Möglichkeit zur Tierhaltung und Tierzucht (zu den Voraussetzungen OFD Niedersachsen 10.10.2013, BeckVerw 277779 und Koblenz 24.10.2005, BeckVerw 068166). Weiter ist für das Vorliegen einer gemeinschaftlichen, landwirtschaftlichen Tierhaltung Voraussetzung, dass die Gesellschafter als Mitunternehmer anzusehen sind. Voraussetzung für das Vorliegen einer Mitunternehmerstellung sind einerseits das **Mitunternehmerrisiko** und zum anderen die **Mitunternehmerinitiative**. **212**

Für gemeinschaftliche Tierhaltungen gemäß § 51a BewG gelten für einkommensteuerrechtliche Zwecke die zu Beginn des Wirtschaftsjahres 2024/25 noch gültigen Vorschriften der §§ 51, 51a bis zum Ablauf des Wirtschaftsjahres 2024/25 fort (§ 52 Abs. 22b). **§ 13b** übernimmt die bisherigen Grundsätze **212.1** des § 51a des Bewertungsgesetzes und führt diese einkommensteuerrechtlich ab dem 1.1.2025 fort (§ 13 Abs. 1 Nr. 1 Satz 5 iVm § 52 Abs. 22b Satz 1). § 51a des Bewertungsgesetzes hat aufgrund des Wegfalls der Einheitsbewertung durch das **GrStRefG** v. 26.11.2019 (BGBl. 2019 I 1794) ab dem 1.1.2025 keinen Anwendungsbereich mehr und wurde aufgehoben.

212.2 § 13b in der Fassung des Artikels 5 des **„JStG 2019"** v. 12.12.2019 (BGBl. 2019 I 2451) ist erstmals für das Wirtschaftsjahr anzuwenden, das nach dem 31. 12.2024 beginnt (§ 52 Abs. 22b Satz 1). Beim abweichendem Wirtschaftsjahr (1.5.–30.4. bzw. 1.7.–30.6.) ist es das Wirtschaftsjahr 2025/26 (→ § 13b Rn. 15).

213 Das EStG spricht für Tierhaltungskooperationen nur Personengesellschaften wie GbRs (sowohl Außen- als auch Innengesellschaft), OHGs, KGs und atypisch stille Gesellschaften an (Leingärtner/*Stalbold* Kap. 7 Rn. 3; HHR/*Paul* § 13 Rn. 80; *Felsmann* ESt Land- und Forstwirte A 80), obwohl § 51a Abs. 1 S. 1 BewG auch Genossenschaften und Vereine als **Rechtsformen** zulässt. Die GmbH & Co. KG kann eine steuerbegünstigte Tierhaltungskooperation nicht gründen, denn es dürfen sich nur natürliche Personen beteiligen (BFH 5.11.2009 – IV R 13/07, BFH/NV 2010, 652; *Märkle/Hiller* ESt Land- und Forstwirte Rn. 187).

214 Das Gesetz geht nur bei Vorliegen von **persönlichen und sachlichen Voraussetzungen** von einer Tierhaltungskooperation iSv § 51a Abs. 1 BewG aus. Daraus folgt, dass bei einer **Personengesellschaft,** die sich an einer Tierhaltungskooperation beteiligt, ebenfalls alle persönlichen und sachlichen Voraussetzungen des § 51a BewG erfüllt sein müssen (Blümich/*Nacke* § 13 Rn. 103, 105; *Felsmann* ESt Land- und Forstwirte A 86; *Märkle/Hiller* ESt Land- und Forstwirte Rn. 187). Wird der landwirtschaftliche Betrieb zB als Gesellschaft des bürgerlichen Rechts (GbR) geführt, so kann sich dieser Betrieb auch an einer Tierhaltungskooperation beteiligen (so auch OFD Niedersachsen 10.10.2013, BeckVerw 277779). Die persönlichen Voraussetzungen können bei einer GbR nur die Gesellschafter in ihrer Person erfüllen. Die sachlichen Voraussetzungen kann nur die Gesellschaft selbst erfüllen. Nur diese ist Inhaberin eines landwirtschaftlichen Betriebes mit selbst bewirtschafteten Flächen. Auch kann nur die Gesellschaft die VE ganz oder teilweise übertragen, denn die GbR bewirtschaftet die Flächen und nicht der einzelne Gesellschafter der GbR. Von einer Mitunternehmerschaft zwischen Ehegatten in der Landwirtschaft ist auch auszugehen, wenn weder ein ausdrücklicher Gesellschaftsvertrag, noch ein mit einer Personengesellschaft wirtschaftlich vergleichbares Gemeinschaftsverhältnis vorliegt (sog. faktische Mitunternehmerschaft; BFH 20.9.2008 – IV R 16/07, BStBl. II 2009, 989).

215 Alle Gesellschafter/Mitglieder müssen **aktive Landwirte** sein (§ 51a Abs. 1 S. 1 Nr. 1 Buchst. a BewG), dh Landwirte, die ihren Betrieb verpachtet oder auf sonstiger Rechtsgrundlage einem Dritten überlassen haben, können sich an einer solchen Tierhaltungskooperation nicht beteiligen. Nicht erforderlich ist, dass die Gesellschafter/Mitglieder Eigentümer des Betriebes sind. Es können sich auch Pächter oder Nutzungsberechtigte beteiligen (*Märkle/Hiller* ESt Land- und Forstwirte Rn. 187). Bringt ein Landwirt seinen gesamten Betrieb in eine Tierhaltungskooperation ein, erfüllt er nicht mehr die gesetzlichen Voraussetzungen, da er nach Einbringung nicht mehr Inhaber eines eigenen landwirtschaftlichen Betriebes mit selbst bewirtschafteten Flächen ist (OFD Niedersachsen 10.10.2013, BeckVerw 277779).

216–217 *Einstweilen frei*

218 Alle Gesellschafter/Mitglieder müssen nach dem Gesamtbild der Verhältnisse **hauptberuflich Land- und Forstwirt** sein (§ 51a Abs. 1 S. 1 Nr. 1 Buchst. b BewG). Das Merkmal der Hauptberuflichkeit wird im Gesetz nicht definiert. Landwirte die ihren Betrieb im Neben- oder Zuerwerb betreiben, sollen nach dem Sinn und Zweck des Gesetzes ausgeschlossen sein. Mit dieser Regelung soll nämlich die Beteiligung von Berufsfremden vermieden werden (*Märkle/Hiller* ESt Land- und Forstwirte Rn. 187). Als hauptberuflich gelten solche Landwirte, die mindestens 50% ihrer Arbeitskraft (0,5 VAK), das entspricht 1190 Stunden/Jahr, im Betrieb einsetzen (OFD Niedersachsen 10.10.2013, BeckVerw 277779; Leingärtner/*Stalbold* Kap. 7 Rn. 12; *Felsmann* ESt Land- und Forstwirte A 87; Blümich/*Nacke* § 13 Rn. 104). Die Arbeitszeiten, die Landwirte in ihren landwirtschaftlichen Betrieb und in eine Tierhaltungskooperation investieren, werden zusammengezählt (FM Bayern 3.4.2002, BeckVerw 279519; OFD Kiel 2.5.2002, BeckVerw 157680).

Alle Gesellschafter/Mitglieder müssen sog. **Alterskassen-Landwirte** sein (§ 51a Abs. 1 S. 1 Nr. 1 Buchst. c BewG), dh durch Bescheinigung der landwirtschaftlichen Alterskasse nachweisen, dass sie Landwirte iSd § 1 Abs. 2 des Gesetzes über die Alterssicherung der Landwirte (ALG) sind. Diesen Tatbestand kann auch ein ausländischer Landwirt erfüllen (*Felsmann* ESt Land- und Forstwirte A 88; für Zeiträume, die nach dem 31.12.2024 beginnen → Rn. 219.2). Inhaber landwirtschaftlicher Betriebe, die wegen ihrer geringen Größe (zB in der Landwirtschaft bis 8 ha einschl. Grünland, ohne Hof- und Gebäudeflächen sowie Hausgarten; Sonderkulturen bis 2,2 ha; im Weinbau bis 2 ha) kein Mitglied in der landwirtschaftlichen Alterskasse sind, bleiben ausgeschlossen. Sie erhalten nicht die erforderliche Bescheinigung der Alterskasse. Eine Befreiung von der Alterskassenpflicht ist unschädlich. Auch Betriebe des Gartenbaus und des Weinbaus sind nach § 1 Abs. 4 ALG Unternehmen der Landwirtschaft (*Märkle/Hiller* ESt Land- und Forstwirte Rn. 187). Der Bezug der Altersrente trotz fehlender Hofabgabe ist uE unschädlich, weil Landwirte weiterhin Mitglied der landwirtschaftlichen Alterskasse bleiben. 219

Mit dem Qualifizierungschancengesetz vom 18.12.2018 (BGBl. 2018 I 2651) wurde die **Hofabgabepflicht** im Gesetz über die Alterssicherung der Landwirte abgeschafft. Der Gesetzgeber hat damit rückwirkend zum 9.8.2018 (Veröffentlichung der Beschlüsse des Bundesverfassungsgerichts vom 23.5.2018, 1 BvR 97/14, 1 BvR 2392/14, NJW 2018, 3007, zur teilweisen Verfassungswidrigkeit der bisherigen Regelungen) diese Voraussetzung für den Bezug einer Rente aus der Alterssicherung der Landwirte (AdL) aufgegeben. Damit ist der Weg für die SVLFG frei, ab sofort Renten endgültig – ohne vorhergehende Hofübergabe – bewilligen zu können. 219.1

Für Wirtschaftsjahre, die nach dem 31.12.2024 beginnen wurde der dann gültige § 13b im Bereich der landwirtschaftlichen Altersklasse an den europäischen Rechtsrahmen angepasst (vgl. § 52 Abs. 22b Satz 1). Es reicht künftig aus, wenn auf Landwirte das Recht der sozialen Sicherheit eines anderen Mitgliedstaates der Europäischen Union anzuwenden ist und dies durch eine Bescheinigung des zuständigen Sozialversicherungsträgers nachgewiesen wird; entsprechendes gilt für die Schweiz oder einen Staat, auf den das Abkommen über den Europäischen Wirtschaftsraum anzuwenden ist (§ 13b Abs. 1 Satz 2). Mangels Differenzierung der Sozialversicherungssysteme in anderen Staaten, erfüllt – aus Gleichbehandlungsgründen – auch die Versicherungspflicht eines (inländischen) hauptberuflichen Landwirts in der gesetzlichen Rentenversicherung die Zugangsvoraussetzungen zu einer Tierhaltungskooperation (→ § 13b Rn. 47). 219.2

Zu den sachlichen Voraussetzungen zählt, dass alle Gesellschafter/Mitglieder mindestens eine **Vieheinheit** auf die Tierhaltungskooperation **übertragen** müssen (§ 51a Abs. 1 S. 1 Nr. 1 Buchst. d BewG; *Felsmann* ESt Land- und Forstwirte A 89). Das Gesetz regelt nicht auf welche Weise die Vieheinheiten auf die Tierhaltungskooperation übertragen werden können (*Märkle/Hiller* ESt Land- und Forstwirte Rn. 187). Die Überlassung der Vieheinheiten kann entgeltlich auf schuldrechtlicher oder unentgeltlich auf gesellschaftsrechtlicher Grundlage erfolgen (HHR/*Paul* § 13 Rn. 80). Die Übertragung der VE kann formlos erfolgen, es bedarf lediglich übereinstimmender Willenserklärungen (Blümich/*Nacke* § 13 Rn. 107). Sinnvoller Weise sollte die Übertragung aus Beweisgründen schriftlich erfolgen; allerdings reichen uE auch mündliche Vereinbarungen aus, die zu einem späteren Zeitpunkt schriftlich fixiert werden können. Mit der Übertragung der Vieheinheiten verzichten die Beteiligten auf die Ausschöpfung der Vieheinheiten in ihrem Einzelbetrieb; sie können völlig auf Tierhaltung in ihrem Einzelbetrieb verzichten und sämtliche zulässigen Vieheinheiten auf die Tierhaltungskooperation übertragen (*Köhne/Wesche* Landwirtschaftliche Steuerlehre, 68). Eine Beteiligung und damit die Übertragung von Vieheinheiten ist gegenüber mehreren Kooperationen zulässig (Leingärtner/*Stalbold* Kap. 7 Rn. 16; *Felsmann* ESt Land- und Forstwirte A 89). 220

Die **Vieheinheitengrenze** nach § 51a Abs. 1 S. 1 Nr. 2 BewG ist zu beachten. Die Tierhaltungskooperation muss zwei Vieheinheitengrenzen einhalten: Sie darf nicht mehr Vieheinheiten ausschöpfen, als ihr von den Einzelbetrieben übertragen worden ist und sie darf die Vieheinheitengrenze nicht überschreiten, die sich ergibt, wenn die Flächen der Beteiligten zusammengerechnet und für diese Summe dann wie bei einem Einzelbetrieb die zulässige Vieheinheitengrenze ermittelt werden würden (*Köhne/Wesche* Landwirtschaftliche Steuerlehre, 68). Zum Nachweis der Einhaltung der Vieheinheitengrenze sind besondere Verzeichnisse laufend zu führen (§ 51a Abs. 1 S. 2 BewG). Ein solches Verzeichnis muss nicht zeitnah, sondern lediglich laufend erstellt werden. Auch ein im Rahmen der Außenprüfung nachträg- 221 lich erstelltes Verzeichnis kann daher den gesetzlichen Anforderungen genügen (BFH 3.7.2019 – VI R 49/16, BFH/NV 2019, 1404; für Wirtschaftsjahre die nach dem 31.12.2024 beginnen, ist nach § 13b Abs. 1 Satz 3 iVm § 52 Abs. 22b ein solches Verzeichnis laufend und zeitnah zu führen). Bewirtschaftet die Tierhaltungskooperation selbst landwirtschaftliche Flächen, sind diese Flächen grundsätzlich wie solche der Gesellschafter/Mitglieder zu behandeln (§ 51a Abs. 3 BewG).

222 Überträgt ein Gesellschafter/Mitglied mehr Vieheinheiten auf die Tierhaltungskooperation als in seinem Einzelbetrieb frei verfügbar, treten in seinem landwirtschaftlichen Betrieb die Rechtsfolgen des § 51 Abs. 2 S. 2 BewG ein: Zunächst ist der umfangreichste flächenunabhängige Tierhaltungszweig als gewerblich auszuklammern. Die Tierhaltungskooperation erzielt weiterhin land- und forstwirtschaftliche Einkünfte (§ 51a Abs. 4 BewG; so auch Leingärtner/*Stalbold* Kap. 7 Rn. 18; *Felsmann* ESt Land- und Forstwirte A 101; KSS/*Stephany* BewG § 51a Rn. 16; Gürsching/Stenger/*Bruschke* BewG § 51a Rn. 73; Rössler/Troll/*Eisele* BewG § 51a Rn. 9; *Köhne/Wesche* Landwirtschaftliche Steuerlehre, 69).

223 Die **Entfernung** der Betriebe der Gesellschafter/Mitglieder darf nicht mehr als 40 km von der Produktionsstätte der Tierhaltungskooperation liegen (§ 51a Abs. 1 S. 1 Nr. 3 BewG). Es zählt nach hM in der Literatur die Luftlinie (Leingärtner/*Stalbold* Kap. 7 Rn. 17; *Märkle/Hiller* ESt Land- und Forstwirte Rn. 187; Gürsching/Stenger/*Bruschke* BewG § 51a Rn. 42). Damit soll ein gewisser räumlicher Zusammenhang zu den einzelnen landwirtschaftlichen Betrieben der Beteiligten sichergestellt werden (Rössler/Troll/*Eisele* BewG § 51a Rn. 7), der in der Praxis leicht nachprüfbar ist. Ein „geringfügiges" Überschreiten dieser Grenze, insbesondere unter Berücksichtigung der örtlichen Gegebenheiten, kann hingenommen werden (Blümich/*Nacke* § 13 Rn. 109; *Felsmann* ESt Land- und Forstwirte A 91; *Märkle/Hiller* ESt Land- und Forstwirte Rn. 187).

224–227 *Einstweilen frei*

4. Einkünfte aus sonstiger land- und forstwirtschaftlicher Nutzung

228 Die Einkünfte aus sonstiger land- und forstwirtschaftlicher Nutzung (§ 13 Abs. 1 Nr. 2 EStG iVm § 62 BewG) werden unter land- und forstwirtschaftliche Einkünfte subsumiert. Die sonstigen land- und forstwirtschaftlichen Nutzungen werden beispielhaft in § 62 Abs. 1 BewG aufgezählt. Es sind die Binnenfischerei, Teichwirtschaft, Fischzucht für Binnenfischerei und Teichwirtschaft, Imkerei, Wanderschäferei, Saatzucht, der Pilzanbau, die Produktion von Nützlingen für biologische Schädlingsbekämpfung (zB Raubmilben, Schlupfwespen; OFD Frankfurt a.M. 29.1.1996, BeckVerw 269638), Weihnachtsbaumkulturen und die Kurzumtriebsplantagen für Energieholz. Eine ausreichende Flächen- bzw. Futtergrundlage oder die Einhaltung von Vieheinheitengrenzen sind entbehrlich (HHR/*Paul* § 13 Rn. 85).

229 **Binnenfischerei** ist die Ausübung der Fischerei in eigenen oder gepachteten, stehenden und fließenden Binnengewässern aufgrund von Fischereiberechtigungen. Die Gewässer können natürlich oder künstlich angelegt sein, also an Seen, Weihern, Teichen, Flüssen und Kanälen (BewRL 7.03; Leingärtner/*Kreckl* Kap. 5 Rn. 29; *Felsmann* ESt Land- und Forstwirte A 117; HHR/*Paul* § 13 Rn. 86). Damit verbunden ist nicht nur die Fischaufzucht, sondern auch die Verwertung des Fischfang durch Absatz (Blümich/*Nacke* § 13 Rn. 118). Die Küsten- und Hochseefischerei sind keine sonstigen land- und forstwirtschaftlichen Nutzungen, sondern gewerbliche Tätigkeiten (*Felsmann* ESt Land- und Forstwirte A 118; Schmidt/*Kulosa* § 13 Rn. 51).

230 Unter **Teichwirtschaft** ist in erster Linie die planmäßige Erzeugung von Speisefischen in Teichen zu verstehen, zB die Karpfen- und Forellenteichwirtschaft. Sie umfasst darüber hinaus die Produktion von Fischen als Futtermittel (Futterfische) für die in denselben Teichen gezüchteten Speisefische. Die Aufzucht von Besatzfischen (Setzlingen) in Teichen gehört auch noch zur Teichwirtschaft, denn sie umfasst alle vorgeschalteten Produktionsstufen (*Märkle/Hiller* ESt Land- und Forstwirte Rn. 166). Teichwirtschaft beinhaltet auch die Aufzucht von Köderfischen für Angler, wenn sie dazu dienen aus Teichen Speisefische zu angeln (BFH 13.3.1987 – V R 55/77, BStBl. II 1987, 467).

231 Die Netzgehegehaltung von **Lachsforellen** in Küstengewässern gehört noch zur Teichwirtschaft (FM Schleswig-Holstein 5.12.1985, DStR 1985, 331; aA Blümich/*Nacke* § 13 Rn. 118). Die Zucht und Produktion von Speisefischen in künstlichen Stahlbehältern stellt

keine Teichwirtschaft dar (FG Niedersachsen 8.9.1994 – V 210/91, EFG 1995, 232). Nicht zur Teichwirtschaft gehören die Zierfischzucht (BFH 13.3.1987 – V R 55/77, BStBl. II 1987, 467), die Produktion von Testfischen im Rahmen der Trinkwassergewinnung (*Köhne/Wesche* Landwirtschaftliche Steuerlehre, 222; *Felsmann* ESt Land- und Forstwirte A 119; *Märkle/Hiller* ESt Land- und Forstwirte Rn. 166) oder die Aufzucht von Köderfischen zum Sportfischereiangeln (Leingärtner/*Kreckl* Kap. 5 Rn. 31) oder für Industriebedarf (Blümich/*Nacke* § 13 Rn. 120).

Die **Imkerei** umfasst alle Formen der Bienenhaltung, die auf ein wirtschaftliches Ziel ausgerichtet sind. Sie erfordert keine selbst bewirtschaftete landwirtschaftliche Nutzfläche (*Felsmann* ESt Land- und Forstwirte A 125). Dabei ist zu unterscheiden zwischen der Bienenhaltung zur Gewinnung von Honig und Wachs (Honigimkerei) und der Spezialimkerei. Bei Spezialimkereien werden Königinnen gezüchtet oder Bienen zu pharmazeutischen Zwecken (Bienengift) gehalten (BewRL 7.19). Erst bei einer Nutzungsgröße von 30 Bienenkästen an aufwärts übersteigt der Ertrag den Aufwand. Unterhalb dieser Schwelle ist eine nachhaltige Ertragsfähigkeit nicht gegeben und damit kein land- und forstwirtschaftlicher Betrieb (BewRL 7.23 Abs. 1 S. 1; *Märkle/Hiller* ESt Land- und Forstwirte Rn. 166). **232**

Die **Wanderschäferei** erstreckt sich von der Wollschaf- bis zur Fleischschafhaltung mit Lämmermast. Bei den extensiven Formen der Schafhaltung werden Hutungen und Stoppelweiden beweidet (BewRL 7.26). Eine Vieheinheitengrenze gibt es nur bei der stationären Schafhaltung (vgl. § 13 Abs. 1 Nr. 1 S. 2; *Felsmann* ESt Land- und Forstwirte A 125a). **233**

Unter **Pilzanbau** ist der Anbau von Kultur-Champignons in Räumen unter oder über der Erde zu verstehen (BewRL 7.30). Auch andere Speisepilze wie zB Austernpilze und Shiitake gehören uE zum Pilzanbau (so auch *Felsmann* ESt Land- und Forstwirte A 125c). Gegenstand der **Saatzucht** ist die züchterische Tätigkeit, also die Vermehrung und Verkauf von Zuchtsaatgut. Vermehrung und Verkauf von Zuchtsaatgut ohne Züchtung bildet keine Saatzucht. Zum Saatgut zählen Samen, Pflanzgut oder Pflanzenteile, die für die Erzeugung von Kulturpflanzen bestimmt sind. Zuchtsaatgut ist nach den Regeln der Erhaltungszüchtung gewonnenes Saatgut züchterisch bearbeiteter Sorten von Kulturpflanzen (BewRL 7.38). Der reine Vertrieb von Saatgut, dessen Aufzuchtrisiko Dritte tragen, stellt grundsätzlich einen Gewerbebetrieb dar (BFH 27.3.2000 – V B 177/99, BFH/NV 2000, 1255; aA BewRL 7.38). Der Vermehrungsanbau und die anschließende Rücknahme des Saatgutes zählen noch zu Landwirtschaft (OFD Magdeburg 3.4.2000, BeckVerw 269637). **234**

Zur **Weihnachtsbaumkultur** als Art der sonstigen land- und forstwirtschaftlichen Nutzung gehören alle Flächen, die ausschließlich dem Anbau von Weihnachtsbäumen dienen; dazu gehören auch alle übrigen Wirtschaftsgüter, die dieser Nutzung dienen. Dagegen gehören nicht zur Weihnachtsbaumkultur Flächen der forstwirtschaftlichen Nutzung, aus denen gelegentlich einzelne Weihnachtsbäume geschlagen werden (BewRL 7.34). Wird Ballenware vermarktet, liegt ein Gartenbaubetrieb iSv § 13 Abs. 1 Nr. 1 S. 1 vor (HHR/*Paul* § 13 Rn. 88). **235**

Einstweilen frei **236–239**

5. Einkünfte aus Jagd

Einkünfte aus einer Jagd können vom Grundsatz her keine Einkünfte aus Land- und Forstwirtschaft sein, weil sie in § 13 Abs. 1 Nr. 1 nicht als ein selbständiger Zweig der Urproduktion genannt sind. Ausnahmsweise gehören Einkünfte und damit auch Verluste aus einer Jagd zu den Einkünften aus Land- und Forstwirtschaft (§ 13 Abs. 1 Nr. 3), wenn die Jagd mit dem Betrieb einer Land- oder Forstwirtschaft zusammenhängt (BFH 22.5.2009 – VI R 11/17, BFH/NV 2019, 1275; Schmidt/*Kulosa* § 13 Rn. 55). Das ist dann der Fall, wenn das Jagdrevier überwiegend, dh zu mehr als 50% aus eigenen oder gepachteten land- und forstwirtschaftlich genutzten Flächen des Betriebes besteht (BFH 13.7.1978 – IV R 35/77, BStBl. II 1979, 100; BFH 11.7.1996 – IV R 71/95, BFH/NV 1997, 103 und BFH 16.5.2002 – IV R 19/00, BStBl. II 2002, 692; *Märkle/Hiller* ESt Land- und Forstwirte Rn. 167). Wirtschaftliches Eigentum an den Flächen ist ausreichend (BFH 16.5.2002 – IV R 19/00, BStBl. II 2002, 692). **240**

Ein **betrieblicher Zusammenhang** wird ohne Weiteres bejaht, wenn der Land- und Forstwirt in einem Eigenjagdbezirk (§ 7 BJagdG) die Jagd selbst ausübt (Eisele/*Seitz* Besteue- **241** rung der LuF Rn. 97). Ob die bewirtschafteten Flächen einen Eigenjagdbezirk bilden (mindestens 75 ha; in Bayern nach Art. 8 Abs. 1 BayJG 81,755 ha und im Hochgebirge 300 ha), ist aber ohne Bedeutung (*Märkle/Hiller* ESt Land- und Forstwirte Rn. 167). Reichen die eigenen Flächen zu Bildung eines Eigenjagdbezirks nicht aus, sondern sind Bestandteil eines gemeinschaftlichen Jagdbezirks (§ 8 BJagdG), so sind zwei Fallgruppen zu unterscheiden: Entweder wird der Jagdbezirk oder ein Teil davon (sog. Jagdbogen) von der Jagdgenossenschaft gepachtet (Schmidt/*Kulosa* § 13 Rn. 55; *Felsmann* ESt Land- und Forstwirte A 131 ff.). Ein ausreichender Zusammenhang mit dem Betrieb ist weiter dann gegeben, wenn die Zupachtung aus zwingenden öffentlich-rechtlichen Gründen erfolgt oder zur ordnungsgemäßen Bewirtschaftung des land- und forstwirtschaftlichen Betriebs erforderlich ist oder wenn die zugepachteten Jagdflächen überwiegend eigenbetrieblich genutzt werden (BFH 11.7.1996 – IV R 71/95, BFH/NV 1997, 103 und BFH 22.5.2019 – VI R 11/17, BFH/NV 2019, 1275). Zwingende öffentlich-rechtliche Gründe liegen nach der Rechtsprechung des BFH vor, wenn dem Besitzer der Eigenjagd entweder durch behördlichen Akt fremde Jagdflächen zur Bejagung zugewiesen werden oder der Steuerpflichtige zur Vermeidung einer hoheitlichen Maßnahme einen Pachtvertrag abschließt. Bedingung für die zweite Alternative ist, dass die Voraussetzungen für eine entsprechende hoheitliche Maßnahme vorlagen und ihre Durchführung ernstlich drohte (BFH 11.7.1996 – IV R 71/95, BFH/NV 1997, 103 und BFH 22.5.2019 – VI R 11/17, BFH/NV 2019, 1275).

241.1 Diese Grundsätze gelten gleichermaßen für den **Pächter** eines land- und forstwirtschaftlichen Betriebs, der einen Eigenjagdjagdbezirk pachtet, der sich auf die von ihm bewirtschafteten Pachtflächen erstreckt, denn § 13 Abs. 1 Nr. 3 stellt nicht nur auf einen Eigentumsbetrieb ab, sondern lediglich auf einen Zusammenhang mit dem Betrieb einer Land- und Forstwirtschaft (BFH 22.5.2019 – VI R 11/17, BFH/NV 2019, 1275). Entsprechend kann auch das von einem Jagdpächter wahrgenommene Jagdausübungsrecht seinen Pachtflächen zugutekommen und damit seinem Betrieb (BFH 13.7.1978 – IV R 35/77, BStBl. II 1979, 100). Der Zusammenhang mit dem Betrieb einer Land- und Forstwirtschaft wird für angegliederte Flächen noch bejaht, wenn die angegliederten Flächen die bewirtschafteten Pachtflächen, die einen ursprünglichen Eigenjagdbezirk bildeten, nicht überwiegen (BFH 22.5.2019 – VI R 11/17, BFH/NV 2019, 1275).

241.2 Ist Inhaberin des land- und forstwirtschaftlichen Betriebs eine **Personengesellschaft,** kann der erforderliche Zusammenhang der Einkünfte aus der Jagd mit dem Betrieb der Personengesellschaft regelmäßig nur gegeben sein, wenn das Jagdausübungsrecht einem Gesellschafter zusteht (BFH 22.5.2019 – VI R 11/17, BFH/NV 2019, 1275).

242 Die **Erträge der Jagdausübung,** zB Erlöse für Wildbret, aus dem Verkauf des Jagdgewehrs oder von Jagdhunden, Abschussentgelte, Entgelte für Begehungsscheine, fließen in den Gesamtgewinn des Betriebes ein. Die **Jagdaufwendungen,** zB für den Erwerb des Jagdscheins, der Waffen, Munition, AfA für den Waffenschrank, Aufwand für den Jagdhund, die Hundesteuer, Versicherungen, sind entgegen § 4 Abs. 5 S. 1 Nr. 4 Betriebsausgaben (§ 4 Abs. 5 S. 2; HHR/*Paul* § 13 Rn. 96), es sei denn, sie sind nach allgemeiner Verkehrsauffassung als unangemessen anzusehen (§ 4 Abs. 5 S. 1 Nr. 7 iVm § 12 Nr. 1) oder die Jagd wird ohne Gewinnerzielungsabsicht ausgeübt (zur Umsatzsteuer BFH 21.5.1987 – V R 109/77, BStBl. II 1987, 735).

242.1 **ABC** der Betriebsausgaben (vgl. HHR/*Paul* § 13 Rn. 96):
Aufwendungen für den Erwerb des Jagdscheins, Kurzwaffen (Revolver, Pistolen), Langwaffen (Büchsen, Flinten), Munition, Jagdoptik, Jagdmesser, Schutzkleidung, Jagdsteuer, Jagdhaftpflichtversicherung, Reviereinrichtung (Hochsitze, Kanzeln und Fallen), Hege (zB Wildfütterung). Kosten für den Jagdhund, Hundefutter, Tierarzt, Hundesteuer. Lohnaufwand für Jagdaufseher, Jäger und Treiber. Jagdpachten und Jagdsteuer (BFH 22.5.2019 – VI R 11/17, BFH/NV 2019, 1275), Wildschadensersatz bzw. Wildschadensverhütungspauschale.

243 **Repräsentationsaufwendungen** für die Bewirtung im Rahmen von Gesellschaftsjagden oder Treibjagden (sog. Schüsseltreiben), die auf Rücksicht auf die wirtschaftliche und gesellschaftliche Stellung des Steuerpflichtigen getätigt werden, dienen der Lebensführung und sind nach § 12 Nr. 1 Satz 2 bzw. § 4 Abs. 5 Nr. 4 nicht abziehbar (BFH 7.11.1963 – IV R 117/60 S, BStBl. III 1964, 181; HHR/*Paul* § 13 Rn. 96; *Märkle/Hiller* ESt Land- und Forstwirte Rn. 167).

Wegen des Zusammenhangs der Jagd mit dem Betrieb der Land- und Forstwirtschaft liegt selbst dann **keine Liebhaberei** vor, wenn mit der Jagd bei isolierter Betrachtung – was uE regelmäßig der Fall sein dürfte – Verluste erzielt werden (Leingärtner/*Kreckl* Kap. 10 Rn. 6; Schmidt/*Kulosa* § 13 Rn. 55; *Felsmann* ESt Land- und Forstwirte A 127). Betreibt der Steuerpflichtige eine Jagd ohne Zusammenhang mit einem land- und forstwirtschaftlichen Betrieb, fällt dies unter § 15 und wird idR als Liebhaberei anzusehen sein (Schmidt/*Kulosa* § 13 Rn. 55). 244

Einstweilen frei 245–248

6. Einkünfte von Hauberg-, Wald-, Forst- und Laubgenossenschaften

Zu den Einkünften aus Land- und Forstwirtschaft werden auch Einkünfte der Beteiligten von Hauberg-, Wald-, Forst- und Laubgenossenschaften und ähnlichen Realgemeinden gerechnet (§ 13 Abs. 1 Nr. 4; Eisele/*Seitz* Besteuerung der LuF Rn. 101). **Ähnliche Realgemeinden** im Sinne dieser Regelung sind Realgemeinden, deren Betätigung einer von den ausdrücklich aufgeführten Genossenschaften ausgeübten Tätigkeit (Land- und Forstwirtschaft einschließlich der Nebenbetriebe) vergleichbar ist oder die durch ihr Tätigwerden unmittelbar den betrieblichen Zwecken der an der Realgemeinde beteiligten Land- und Forstwirte dient, zB Instandhaltung der gemeinschaftlichen Feldwege (OFD Hannover 9.12.2002, BeckVerw 151613; HHR/*Paul* § 13 Rn. 101). 249

Nach § 3 Abs. 2 S. 1 KStG sind diese Realgemeinden nicht körperschaftsteuerpflichtig, wenn sie einen Gewerbebetrieb weder unterhalten noch verpachten, der über den Rahmen eines Nebenbetriebes hinausgeht. Die von den Realgemeinden erzielten Einkünfte sind unmittelbar bei den Beteiligten als Einkünfte aus Land- und Forstwirtschaft zu versteuern (§ 3 Abs. 2 S. 2 KStG); sie sind damit fiktiv wie Personengesellschaften zu behandeln (*Märkle/Hiller* ESt Land- und Forstwirte Rn. 169). Da es sich bei den Gewinnen der Realgemeinden um gemeinschaftlich erwirtschaftete Einkünfte handelt, die auf die Mitglieder zu verteilen sind, können sie nach § 180 Abs. 1 Nr. 2 Buchst. a AO nur im Rahmen einer **einheitlichen und gesonderten Gewinnfeststellung** erfasst werden (BFH 9.10.1986 – IV R 331/84, BStBl. II 1987, 169). Das gilt auch dann, wenn das betreffende Mitglied selbst keine Land- und Forstwirtschaft betreibt. 250

Bei der **Gewinnermittlung der Realgemeinde** ist § 13 Abs. 7 iVm § 15 Abs. 1 S. 1 Nr. 2 zu beachten. Soweit ein Beteiligter Vergütungen für eine Tätigkeit im Dienst der Realgemeinde, für die Hingabe von Darlehen oder für die Überlassung von Wirtschaftsgütern erhält, sind diese Erträge als Teil des Gewinns des Beteiligten aus der Realgemeinde zu erfassen (OFD Hannover 9.12.2002, BeckVerw 151613). 251

Erzielt die Gemeinde einen **nach §§ 6b, 6c begünstigten Gewinn,** so ist es den Beteiligten ebenso wie bei anderen Mitunternehmerschaften möglich, Gewinnübertragungen auf die Anschaffungs-/Herstellungskosten für Wirtschaftsgüter eines anderen Betriebsvermögens (zB eines land- und forstwirtschaftlichen Einzelbetriebes) vorzunehmen (BFH 9.10.1986 – IV R 331/84, BStBl. II 1987, 169 und BFH 28.4.1988 – IV R 298/83, BStBl. II 1988, 885; OFD Hannover 9.12.2002, BeckVerw 151613). Gewinne aus der Veräußerung eines Anteils sind den Beteiligten ebenfalls als Veräußerungsgewinne aus Land- und Forstwirtschaft, die nach §§ 14, 34 begünstigt sind, zuzurechnen (*Märkle/Hiller* ESt Land- und Forstwirte Rn. 169). 252

Die Beteiligung an der Realgemeinde gehört regelmäßig **nicht zum notwendigen Betriebsvermögen** des land- und forstwirtschaftlichen Einzelbetriebes eines Beteiligten. Der festgestellte Gewinnanteil ist daher grundsätzlich nicht im Einzelbetrieb zu erfassen (OFD Hannover 9.12.2002, BeckVerw 151613; aA Blümich/*Nacke* § 13 Rn. 133). 253

Einstweilen frei 254–255

7. Einkünfte aus Nebenbetrieb

Zu den Einkünften aus Land- und Forstwirtschaft gehören nach der gesetzlichen Fiktion auch Einkünfte aus einem Nebenbetrieb (§ 13 Abs. 2 Nr. 1). Ein **Nebenbetrieb** muss dem Hauptbetrieb untergeordnet sein, ihn fördern und ergänzen und durch den Hauptbetrieb geprägt werden; er darf nicht einen selbständigen Gewerbebetrieb darstellen (BFH 256

27.5.1998 – II R 38/96, BFH/NV 1998, 1338). Der Nebenbetrieb muss in funktionaler Hinsicht vom Hauptbetrieb abhängig sein.

257 Die Verbindung darf **nicht nur zufällig oder vorübergehend** und nicht ohne Nachteile für den Hauptbetrieb lösbar sein (EStR 15.5 Abs. 3 Sätze 1-3). Der Hauptbetrieb und der Nebenbetrieb bilden dann einen einheitlichen Betrieb, der land- und forstwirtschaftliche oder gewerbliche Einkünfte haben kann (Schmidt/*Kulosa* § 13 Rn. 62; HHR/*Paul* § 13 Rn. 106). Hauptbetrieb oder Nebenbetrieb können auch Pachtbetriebe sein (Leingärtner/*Kreckl* Kap. 12 Rn. 1; *Felsmann* ESt Land- und Forstwirte A 303a; *Märkle/Hiller* ESt Land- und Forstwirte Rn. 176, 176a). Ohne die gesetzliche Regelung in § 13 Abs. 2 Nr. 1 wären die Einnahmen im Nebenbetrieb Einkünfte aus Gewerbebetrieb (*Felsmann* ESt Land- und Forstwirte A 300b).

258 Nicht zwingend erforderlich ist eine Unternehmeridentität zwischen Haupt- und Nebenbetrieb (so zur Umsatzsteuer BFH 12.3.1992 – V R 55/88, BStBl. II 1992, 982). Ein Nebenbetrieb kann auch dann vorliegen, wenn er gemeinschaftlich mit anderen Landwirten als selbständige Personengesellschaft betrieben wird (BFH 22.1.2004 – IV R 45/02, BStBl. II 2004, 512; EStR 15.5 Abs. 3 S. 8; *Felsmann* ESt Land- und Forstwirte A 146a; *Märkle/Hiller* ESt Land- und Forstwirte Rn. 176a).

259 Ein Nebenbetrieb der Land- und Forstwirtschaft liegt in zwei Fällen vor: Es kann ein **Be- bzw. Verarbeitungsbetrieb** oder ein **Substanzbetrieb** sein (*Felsmann* ESt Land- und Forstwirte A 299b; Eisele/*Seitz* Besteuerung der LuF Rn. 109). Beim Ersteren ist das der Fall, wenn entweder überwiegend im eigenen land- und forstwirtschaftlichen Hauptbetrieb erzeugte Rohstoffe wie beispielsweise Kartoffeln oder Weizen be- oder verarbeitet werden und das dabei gewonnene Produkt, zB der Roh- oder Feinsprit, überwiegend für den Verkauf bestimmt ist (*Märkle/Hiller* ESt Land- und Forstwirte Rn. 177) **oder** ein Landwirt Umsätze aus der Übernahme von Rohstoffen, zB organische Abfälle erzielt, diese be- oder verarbeitet und die dabei gewonnenen Erzeugnisse nahezu ausschließlich im eigenen Betrieb verwendet. In beiden Fällen dürfen die Produkte die erste Verarbeitungsstufe nicht überschreiten (EStR 15.2 Abs. 3 S. 4; *Märkle/Hiller* ESt Land- und Forstwirte Rn. 181; Eisele/*Seitz* Besteuerung der LuF Rn. 104/; aA BFH 12.12.1996 – IV R 78/95, BStBl. II 1997, 427).

259.1 **ABC** der Nebenbetriebe (vgl. Leingärtner/*Kreckl* Kap. 12 Rn. 18):
Sägewerke, Obst- und Kornbrennereien, Kükenbrütereien (ablehnend BFH 14.9.1989 – IV R 88/88, BStBl. II 1990, 152; bejahend BFH 27.5.1998 – II R 38/96, BFH/NV 1998, 1338), Käsereien, Forellenräuchereien, Kartoffelverarbeitungsbetriebe, Molkereien, Mühlen, Sektherstellung, Biogasanlagen oder die Kompostierung von Abfällen.

260 **Produkte der ersten Verarbeitungsstufe** sind nach der Finanzverwaltung ua Butter, Sahne, Joghurt (zu Fruchtjoghurt BFH 27.9.2018 – V R 28/17, BFH/NV 2019, 180), Quark, Most, Obstsäfte, Getreidemehl bzw. -schrot, Schlachttierhälften (FM Nordrhein-Westfalen 8.7.1975, BeckVerw 269714) bzw. bei Rindern noch Viertel (FM Nordrhein-Westfalen 28.4.1977, BeckVerw 269716; Schmidt/*Kulosa* § 13 Rn. 66; *Felsmann* ESt Land- und Forstwirte A 304). Die **Erzeugung von Biogas** erfolgt im Rahmen eines Nebenbetriebes, wenn die Biomasse überwiegend im eigenen Hauptbetrieb erzeugt wird und das Biogas überwiegend zum Verkauf bestimmt ist (EStR 15.5 Abs. 12 S. 3 iVm EStR 15.5 Abs. 3 S. 4 Nr. 1). Die Biomasse stellt noch ein landwirtschaftliches Produkt dar.

261 Die **Verwertung der pflanzlichen oder tierischen Rohstoffe als Biomasse** bis hin zur Reinigung des Biogases ist nach Verkehrsanschauung die erste Verarbeitungsstufe. Wenn Biomasse überwiegend im eigenen Betrieb erzeugt wird und das Biogas **überwiegend zum Verkauf** bestimmt ist, handelt es sich um einen Nebenbetrieb der Land- und Forstwirtschaft (EStR 15.5 Abs. 3 S. 1 Nr. 1; Leingärtner/*Kreckl* Kap. 12 Rn. 27; *Märkle/Hiller* ESt Land- und Forstwirte Rn. 181e). Gleiches gilt in den Fällen, in denen ein Landwirt Umsätze aus der Übernahme der Biomasse erzielt und das hieraus gewonnene Biogas nahezu ausschließlich zur Energieerzeugung **im eigenen** Hauptbetrieb einsetzt (EStR 15.5 Abs. 3 S. 1 Nr. 2; BMF 6.3.2006, BStBl. I 2006, 248; Leingärtner/*Kreckl* Kap. 12 Rn. 27; *Märkle/Hiller* ESt Land- und Forstwirte Rn. 181e). Beim **Absatz von Strom und Wärme,** zB durch Wind-, Solar-Wasserkraft oder Biogasanlage handelt es sich um keine Nebenbetriebe (EStR 15.5 Abs. 12 S. 2; Schmidt/*Kulosa* § 13 Rn. 69; *Märkle/Hiller* ESt Land- und Forstwirte Rn. 181f).

Die Be- oder Verarbeitung eigener Erzeugnisse im Rahmen einer **zweiten Verarbeitungsstufe** ist eine gewerbliche Tätigkeit (EStR 15.5 Abs. 3 S. 5). Die Be- oder Verarbeitung fremder Erzeugnisse ist stets eine gewerbliche Tätigkeit (zur Umsatzsteuer BFH 27.11.1997 – V R 78/93, BStBl. II 1998, 359; EStR 15.5 Abs. 3 S. 6). **262**

Beispiele für die Abgrenzung zwischen der ersten und zweiten Verarbeitungsstufe (vgl. auch *Märkle/Hiller* ESt Land- und Forstwirte Anlage 6 zu Rn. 177): **262.1**

Landwirtschaftliches Produkt	Erste Verarbeitungsstufe	Zweite Verarbeitungsstufe
Rinder und Kühe	geschlachtet und in Viertel zerlegt; auf Kundenwunsch portioniert	Herstellung von Wurst und Schinken; zerlegt in bratfertige Stücke
Schweine, Kälber, Schafe, Ziegen, Wild	geschlachtet und in Hälften zerlegt; auf Kundenwunsch portioniert	Herstellung von Wurst und Schinken; zerlegt in bratfertige Stücke
Puten, Gänse	geschlachtet und in Hälften zerlegt	Herstellung von Wurst; zerlegt in bratfertige Stücke
Sonstiges Geflügel	geschlachtet und gerupft, Verkauf ganzer Tiere	Herstellung von Wurst; Verkauf von Teilstücken
Fisch	Räucherfisch (nicht zerlegt); Fischfilet (auch geräuchert)	vakuumverpackte Räucherfilets; Fischsuppe, Fischkonserven
Milch und Milchprodukte	H-Milch, Magermilch, Kefir, Joghurt, Bioghurt, Molke, Magermilchpulver, Quark, Käse, Butter, Sahne	Kondensmilch, Kefir- und Milchpulver, Speise- und Kunsteis, Saure-Sahne-Dressing
Eier	konserviert, gekocht und gefärbt, Flüssigei; Küken (Brüterei)	Nudeln, Eierlikör
Getreide	Mehl, Schrot, Getreideflocken, Kleie; Roh- und Feinsprit	Brot, Brötchen, Backwaren, Nudeln, Müslimischung; Trinkbranntwein (Ausnahme: Abfindungsbrennerei)
Kartoffeln	Kartoffelflocken, Stärkemehl, geschälte und zerkleinerte Kartoffeln (ungewürzt), ggf. tiefgefroren; ungewürzte Pommes frites Roh- und Feinsprit	zerkleinerte und gewürzte Kartoffeln, Chips, Kartoffelstärkemehl; Trinkbranntwein (Ausnahme: Abfindungsbrennerei), Likör
Kohl	Sauerkraut ohne Zusätze	
Gemüse	geschält, zerkleinert, blanchiert, ggf. tiefgekühlt oder in Konserven; Säfte	Gemüsemischungen, Suppen, Fertiggerichte, Babynahrung
Obst, Trauben	zerkleinert, entkernt (ggf. in Konserven); Trockenobst; Obstsäfte und Most, Obstwein	Obstschnaps, Obstlikör, Obstkuchen, Marmelade, Konfitüre, Gelee
Wein	Perlwein, Winzersekt	Weinbrand
Kräuter	gereinigt, zerkleinert und getrocknet	Kräuter- und Teemischungen
Blumen	Gebinde, Kränze, Tannenzweige, Strohbriketts aus gehäckseltem Stroh	
Holz	Bretter, Bohlen, Balken, Latten; Holzhackschnitzel bzw. -briketts, Kaminholz	Hobeln, Fräsen, Schleifen, Imprägnieren; Kisten, Paletten, Zäune, Gartenmöbel
Stroh	Rohkränze; Strohbriketts	
Biomasse	Biogas, Humuserde, Biomüll	Strom und Wärme

263 Die Rechtsprechung lehnt die Verwaltungsmeinung und die Unterscheidung nach Verarbeitungsstufen ab. Nach BFH ist für die Abgrenzung zwischen einem selbständigen Gewerbebetrieb und einem landwirtschaftlichen Nebenbetrieb in erster Linie auf den Umfang der Veränderung abzustellen, den die landwirtschaftlichen Produkte im zu beurteilenden Betrieb erfahren (BFH 12.12.1996 – IV R 78/95, BStBl. II 1997, 427). Der BFH erkennt dabei nur eine absolute Bagatellgrenze von 17.500 EUR in Anlehnung an § 19 UStG und einen relativen Höchstbetrag bis zu 10% an. Demgemäß ist nach früherer Rechtsprechung von einem Nebenbetrieb zu sprechen, wenn ein Landwirt einen Teil seiner landwirtschaftlichen Erzeugnisse in einem Ladengeschäft absetzt (BFH 30.8.1960 – I 108/59 U, BStBl. III 1960, 460). Das trifft auch für die Vermarktung geringfügig bearbeiteter land- und forstwirtschaftlicher Urerzeugnisse zu, zB wenn Milch haltbar gemacht, in Flaschen gefüllt und selbst vermarktet wird. Gleiches gilt, wenn Milch zu Butter, Quark oder Käse verarbeitet wird und erst diese Produkte verkauft werden.

264 Gegen eine **mehr als geringfügige Weiterverarbeitung** spricht, dass sich die Wertschöpfung für das Produkt dann außerhalb des durch das traditionelle Bild gegebenen Rahmens der Land- und Forstwirtschaft vollzieht und in einer für Gewerbe- und Handwerksbetriebe üblichen Produktionsweise erfolgt und daher mit diesen in Konkurrenz tritt. Unterscheidet sich die Weiterverarbeitung der eigenen land- und forstwirtschaftlichen Urerzeugnisse durch einen Land- und Forstwirt nicht wesentlich von der üblicher Handwerks- und Gewerbebetriebe, so muss nach dieser Rechtsprechung ein selbständiger gewerblicher Betrieb angenommen werden. Die Landwirtschaft muss außerdem die ausschließliche oder hauptsächliche Grundlage für den Nebenbetrieb bilden (BFH 27.5.1998 – II R 38/96, BFH/NV 1998, 1338).

265 Ein **gemeinschaftlicher Nebenbetrieb** kann auch vorliegen, wenn er ausschließlich von Land- und Forstwirten gemeinschaftlich betrieben wird und nur in deren Hauptbetrieben erzeugte Rohstoffe im Rahmen einer ersten Verarbeitungsstufe be- oder verarbeitet werden, oder nur Erzeugnisse gewonnen werden, die ausschließlich in diesen Betrieben verwendet werden (EStR 15.5 Abs. 3 S. 8; zu Biogasanlagen BMF 6.3.2006, BStBl. I 2006, 248; Leingärtner/*Kreckl* Kap. 12 Rn. 21).

266 Eine zweite Art von Nebenbetrieben können sog. **Substanzbetriebe** (§ 43 Abs. 1 BewG) sein, wie zB Sand-, Kies- und Lehmgruben, Steinbrüche oder Torfstiche. Die Ausbeute von solchen Bodenschätzen ist nur dann ein land- und forstwirtschaftlicher Nebenbetrieb, wenn die gewonnene Substanz überwiegend im eigenen Betrieb verwendet wird, zB Torf zum Hausbrand oder Kies zum Wegebau (*Märkle/Hiller* ESt Land- und Forstwirte Rn. 181a; Eisele/*Seitz* Besteuerung der LuF Rn. 111; *Köhne/Wesche* Landwirtschaftliche Steuerlehre, 78). Wird die Substanz dauernd und nachhaltig an Dritte veräußert, liegt ein Gewerbebetrieb vor (Leingärtner/*Kreckl* Kap. 12 Rn. 20).

267 Der **Absatz von eigenen land- und forstwirtschaftlichen Erzeugnissen** über eigenständiges Handels- oder Ladengeschäft, einen Marktstand, Verkaufswagen oder den Großhandel, die Erbringung von Dienstleistungen, der Absatz von Eigenerzeugnissen iVm Dienstleistungen, der Absatz von selbst erzeugten Getränken iVm Dienstleistungen, die Verwendung von Wirtschaftsgütern außerhalb der Betriebes, die Beherbergung von Fremden u.ä. „Einkommenskombinationen" der Landwirte stellen keinen Nebenbetrieb dar (Leingärtner/*Kreckl* Kap. 12 Rn. 25; *Märkle/Hiller* ESt Land- und Forstwirte Rn. 176b), sondern können ein originärer Bestandteil des land- und forstwirtschaftlichen Betriebes sein (BFH 25.3.2009 – IV R 21/06, BStBl. II 2010, 113; zur Abgrenzung Landwirtschaft/Gewerbe: EStR 15.5; → Rn. 289).

268–272 *Einstweilen frei*

8. Nutzungswert der Wohnung

273 Die **Nutzungswertbesteuerung** (§ 13 Abs. 2 Nr. 2) ist für Baudenkmale über den 31.12.1998 hinaus unbefristet unter der Voraussetzung anzuwenden, dass die Betriebsleiter- bzw. Altenteilerwohnung im VZ 1986 beim Steuerpflichtigen der Nutzungswertbesteuerung unterlag und die Wohnung nach den landesrechtlichen Vorschriften ein Baudenkmal ist (§ 13 Abs. 4 S. 1; Einzelheiten OFD Frankfurt 20.7.2007, BeckVerw 100632; OFD Nordrhein-Westfalen 16.12.2015, BeckVerw 313281 Rn. 2.3.2.1 (Grundsatzverfügung); Schmidt/

Kulosa § 13 Rn. 81; *Felsmann* ESt Land- und Forstwirte A 153 ff.; Eisele/*Seitz* Besteuerung der LuF Rn. 581). Damit gehören solche Wohnungen zum Betriebsvermögen des land- und forstwirtschaftlichen Betriebes ohne Rücksicht auf die Art der Gewinnermittlung des Betriebes.

Es reicht aus, wenn diese Voraussetzungen beim Rechtsvorgänger vorgelegen haben. Bei der Gewinnermittlung nach Durchschnittssätzen wird der Nutzungswert der denkmalgeschützten Wohnung nicht besteuert (→ § 13a Rn. 24). § 13 Abs. 2 Nr. 2 kommt in den neuen Bundesländern nicht zur Anwendung (EStR 13.5 Abs. 3). Im **Beitrittsgebiet** fand von Anfang an die sog. Konsumgutlösung Anwendung (EStR 13.5 Abs. 3). Eine Nutzungswertbesteuerung für selbstgenutzte Baudenkmäler ist wegen der Anknüpfung an VZ 1986 ausgeschlossen (Leingärtner/*Krumm* Kap. 17 Rn. 6; HHR/*Paul* § 13 Rn. 110). 274

Die Nutzungswertbesteuerung können sowohl **unbeschränkt als auch beschränkt Steuerpflichtige,** letztere nur für ihre inländischen Einkünfte (§ 49 Abs. 1 Nr. 1), in Anspruch nehmen (Leingärtner/*Krumm* Kap. 17 Rn. 11). Sie gilt nicht für Einkünfte aus Gewerbebetrieb und bei Einkünften aus selbständiger Arbeit (BFH 25.6.2009 – IX R 73/07, BFH/NV 2009, 1802; Leingärtner/*Krumm* Kap. 17 Rn. 19; HHR/*Paul* § 13 Rn. 110; *Felsmann* ESt Land- und Forstwirte A 159 und 174i). 275

Begünstigt ist nur eine **betriebsübliche Wohnung.** Bei Guts- und Herrenhäusern muss die Wohnung der betriebsüblichen Größe solcher Güter entsprechen (Einzelheiten mit Rechtsprechungsnachweisen Leingärtner/*Kanzler* Kap. 17 Rn. 26–27; HHR/*Paul* § 13 Rn. 111). 276

Maßgebend für die betriebsübliche Wohnung sind nicht die individuellen Verhältnisse des jeweiligen Steuerpflichtigen. Die Wohnung muss typisch für vergleichbare Betriebe sein. Erfahrungsgemäß sind gerade denkmalgeschützte Wohnhäuser von Land- und Forstwirten historisch bedingt groß, weil sie den Steuerpflichtigen, seine Familie und auch andere, familienfremde Personen aufnehmen mussten. Auch diese gehörten zum Haushalt des Land- und Forstwirts und wurden mitverpflegt. Zusätzlich ist zu berücksichtigen, dass sämtliche zur Führung eines selbständigen Haushalts erforderlichen Räume, also eine Küche, ein Bad und eine Toilette vorhanden sein müssen (BFH 5.6.2003 – IV R 24/02, BFH/NV 2003, 1552). Zu einer Wohneinheit gehören ferner die vom einheitlichen Nutzungs- und Funktionszusammenhang erfassten Keller- und Abstellräume (BFH 25.11.1983 – III R 73/80, BStBl. II 1984, 292). 276.1

Die von der maßgebenden Behörde getroffene Entscheidung zur **Denkmaleigenschaft** eines Gebäudes ist für die steuerrechtliche Beurteilung ein Grundlagenbescheid (§ 171 Abs. 10 AO) und damit für die Finanzämter bindend (*Felsmann* ESt Land- und Forstwirte A 175a). Der Grund und Boden muss nicht unter Denkmalschutz stehen. Es reicht aus, wenn für die Wohnung die Denkmalschutzeigenschaft bis zum 31.12.1998 vorgelegen hat (Leingärtner/*Krumm* Kap. 17 Rn. 44). Nach dem Gesetzeswortlaut ist auch ein Gebäudeteil begünstigt, der ein Baudenkmal ist. Daraus kann jedoch nicht gefolgert werden, dass die Nutzungswertbesteuerung auch für die einzelnen Räume in einem Gebäude weitergeführt werden kann, die keine selbständige Wohnung darstellen (*Felsmann* ESt Land- und Forstwirte A 175c). Die Vorschrift begünstigt aber nur Wohnungen und nicht einzelne Räume in einem Gebäude (OFD Nordrhein-Westfalen 16.12.2015, BeckVerw 313281 Rn. 2.3.2.1 (Grundsatzverfügung)). 277

Im **VZ 1986** mussten für die Betriebsleiter- bzw. Altenteilerwohnung die Voraussetzungen für eine Nutzungswertbesteuerung vorgelegen haben (§ 13 Abs. 4 S. 1). Das war dann der Fall, wenn sich die Wohnung im Betriebsvermögen befand und vom Betriebsleiter bzw. Altenteiler genutzt wurde (Leingärtner/*Krumm* Kap. 17 Rn. 47–48). Wurde die Wohnung zwischenzeitlich vermietet, konnte bei einer späteren Selbstnutzung bis zum 31.12.1998 die Nutzungswertbesteuerung wiederaufleben (BFH 27.11.2008 – IV R 16/06, BFH/NV 2009, 783). 278

Soweit eine Nutzungswertbesteuerung für Wohnungen des Betriebsinhabers und der Altenteiler durchzuführen ist, ist die **Marktmiete** für eine nach Lage, Art, Ausstattung und Größe vergleichbare Wohnung als fiktive Einkünfte anzusetzen. Eine Kürzung wegen besonderer Umstände, die den Wert beeinflussen, ist in diesem Fall nicht vorzunehmen, weil die für die Kürzung bedeutsamen Umstände (insbesondere das Umfeld der Wohnung) auch für die Vergleichsobjekte entsprechend vorliegen (OFD Nordrhein-Westfalen 16.12.2015, 279

BeckVerw 313281 Rn. 2.3.2.2 (Grundsatzverfügung); *Felsmann* ESt Land- und Forstwirte A 166). Kann für die Wohnung eine Marktmiete mangels Vergleichsobjekte nicht ermittelt werden, so ist grundsätzlich als Nutzungswert der Wohnung die nach der II. Berechnungsverordnung ermittelte **Kostenmiete** mit Abschlägen zwischen 20% und 30% anzusetzen (BFH 30.1.1974 – IV R 105/72, BStBl. II 1974, 608 und 31.3.1998 – IX R 18/96, BStBl. II 1998, 386; Leingärtner/*Krumm* Kap. 17 Rn. 51; Berechnungsschema ab VZ 2002 bei *Felsmann* ESt Land- und Forstwirte A 166e).

280 Die Nutzungswertbesteuerung hat spiegelbildlich zur Folge, dass sämtliche Aufwendungen des Steuerpflichtigen für die begünstigte Wohnung, wie zB Erhaltungssaufwendungen, Schuldzinsen, auch Kosten für Wandmalereien (BFH 27.5.2004 – IV R 30/02, BStBl. II 2004, 945) **Betriebsausgaben** sind (Leingärtner/*Krumm* Kap. 17 Rn. 52). Unabhängig von der Gewinnermittlungsart sind Aufwendungen für Erhaltungsmaßnahmen, die noch vor der Abwahl der Nutzungswertbesteuerung an der Betriebsleiter- oder Altenteilerwohnung durchgeführt werden, auch dann in vollem Umfang als Betriebsausgaben abziehbar, wenn die Zahlung erst nach Ablauf der Nutzungswertbesteuerung erfolgt (BFH 13.2.2003 – IV R 12/01, BStBl. II 2003, 837).

281–284 *Einstweilen frei*

9. Produktionsaufgaberente

285 Das Gesetz zur Förderung der Einstellung der landwirtschaftlichen Erwerbstätigkeit (**FELEG**) v. 21.2.1989 (BGBl. 1989 I 233), zuletzt geändert durch Gesetz vom 31.8.2015 (BGBl. 2015 I 1474) sollte älteren landwirtschaftlichen Unternehmern das Ausscheiden aus dem Erwerbsleben erleichtern. Das FELEG war bis zum 31.12.1996 begrenzt; ab 1.1.1997 gilt es nur noch, wenn die Anspruchsvoraussetzungen vor diesem Zeitpunkt vorgelegen haben (Leingärtner/*Kreckl* Kap. 49 Rn. 35; *Felsmann* ESt Land- und Forstwirte A 1495 ff.; HHR/*Paul* § 13 Rn. 115; Schmidt/*Kulosa* § 13 Rn. 84).

286 Der Landwirt erhält bei der Abgabe des Unternehmens eine **Produktionsaufgaberente.** Außerdem werden die Beiträge zur landwirtschaftlichen Alterskasse und Unfallversicherung übernommen (§ 14 FELEG). Mitarbeitende Familienangehörige und Arbeitnehmer, die ihren Arbeitsplatz durch die Stilllegung oder Abgabe des Betriebs verlieren, können Ausgleichsgeld beziehen (§§ 9 ff. FELEG). Die Leistungen werden von der landwirtschaftlichen Alterskasse gewährt.

287 Die Produktionsaufgaberente zählt zu den Einkünften aus Land- und Forstwirtschaft (§ 13 Abs. 2 Nr. 3). Sie setzt sich aus dem **Grundbetrag** (vorgezogenes Altersgeld) und bei Stilllegung von Flächen dem **Flächenzuschlag** (nach Größe und Bonität der Flächen bemessen) zusammen (§ 6 FELEG). Der Grundbetrag (nicht der Flächenzuschlag) ist bis zum Höchstbetrag von 18.407 EUR steuerfrei (§ 3 Nr. 27). Ist der Höchstbetrag ausgeschöpft, sind die übersteigenden Beträge steuerpflichtig; der Steuerpflichtige erhält uU den landwirtschaftlichen Freibetrag nach § 13 Abs. 3 (→ Rn. 360). Soweit der Steuerpflichtige Beitragsersatz zur Altershilfe und Unfallversicherung erhält, führt dies ebenfalls zu Einkünften aus Land- und Forstwirtschaft (OFD Chemnitz 17.12.1996, BeckVerw 107102).

288 Die Produktionsaufgaberente gehört zum Betriebsvermögen. Auch nach Aufgabe, Veräußerung oder Übergabe des Betriebs behält der Anspruch seinen betrieblichen Charakter bei; die Produktionsaufgaberente ist nicht in den Betriebsaufgabegewinn einzubeziehen (OFD München 7.1.1993, BeckVerw 270713).

IV. Abgrenzung Landwirtschaft zum Gewerbe

289 Die **Abgrenzung** zwischen Einkünften aus Land- und Forstwirtschaft einerseits und Gewerbe andererseits hat der Gesetzgeber im Wesentlichen der Finanzverwaltung (EStR 15.5) und der Rechtsprechung überlassen; sie ist wie die recht detaillierten Verwaltungsverfügungen zeigen, kasuistisch und deshalb streitanfällig (Härtel/*Ruffer* Handbuch des Fachanwalts Agrarrecht, 1489). Wann Verarbeitungsvorgänge noch zu einem Nebenbetrieb führen oder ob die Verarbeitung zu einem Erzeugnis der ersten Verarbeitungsstufe führt oder zu einem Erzeugnis der zweiten Verarbeitungsstufe ist nicht eindeutig. Ebenfalls nicht eindeutig und nicht folgerichtig ist die Grenze, wann die Verarbeitung eines landwirtschaftlichen Produkts noch Teil der landwirtschaftlichen Urproduktion ist und wann sie zur ersten Verarbeitungsstufe führt oder wann sie darüber hinausgeht. Die Verarbeitung der Erdbeeren zu Marmelade soll zur zweiten, gewerblichen Verarbeitungsstufe führen, geräucherte Fischfilets sollen noch zur (unschädlichen) ersten Verarbeitungsstufe gehören.

Im Hinblick auf die Rechtsprechung des BFH zur Abgrenzung eines Betriebes der Land- **290**
und Forstwirtschaft von einem Handelsgeschäft (BFH 25.3.2009 – IV R 21/06, BStBl. II 2010, 113) hielt die Finanzverwaltung an der bisherigen Rechtsauffassung nicht mehr fest (BMF 18.1.2010, BStBl. I 2010, 561; BMF 24.6.2010, BStBl. I 2010, 598; BMF 27.5.2011, BStBl. I 2011, 2011, 561 und BMF 19.12.2011, BStBl. I 2011, 1249; *Wiegand* NWB 2012, 460). Die neuen ertragsteuerlichen Grundsätze gelten grundsätzlich ab dem Wirtschaftsjahr 2012/13 bzw. bei Kalenderjahr-Betrieben ab dem Wirtschaftsjahr 2012. Soweit sich aus den neuen Abgrenzungskriterien Verschlechterungen gegenüber 15.5 EStR 2008 ergeben, sieht die Finanzverwaltung eine Übergangsregelung vor: Landwirte können sich letztendlich bis einschließlich Wirtschaftsjahr 2012/13 auf die Richtlinienfassung in EStR 2008 berufen, weil die EStR 2012 am 28.3.2013 (BStBl. I 2013, 276) veröffentlicht wurde (EStR 15.5 Abs. 14). Die geänderten Regelungen sind deshalb im Regelfall ab dem Wirtschaftsjahr 2013/14 bzw. Kalenderjahr 2014 anzuwenden (LfSt Rheinland-Pfalz 26.8.2015, BeckVerw 319156; *Märkle/Hiller* ESt Land- und Forstwirte Rn. 194; Eisele/*Seitz* Besteuerung der LuF Rn. 116 u. 120).

Liegen teils gewerbliche und teils land- und forstwirtschaftliche Tätigkeiten vor, sind die **291**
Tätigkeiten zu trennen, wenn dies nach der Verkehrsauffassung möglich ist (BFH 8.10.2008 – VIII R 53/07, BStBl. II 2009, 143; EStR 15.5 Abs. 1 S. 4). Sind die verschiedenen Tätigkeiten jedoch derart miteinander verflochten, dass sie sich unlösbar gegenseitig bedingen, liegt eine einheitliche Tätigkeit vor. Eine solche einheitliche Tätigkeit ist danach zu qualifizieren, ob das land- und forstwirtschaftliche oder das gewerbliche Element überwiegt (EStR 15.5 Abs. 1 Sätze 6 und 7).

Die Finanzverwaltung hat für die Abgrenzungsregelung eine **relative und absolute** **292**
Nichtaufgriffsgrenze geschaffen (EStR Abs. 11 S. 1). Danach werden typisierend steuerschädliche Umsätze noch der Land- und Forstwirtschaft zugerechnet, wenn sie insgesamt nicht mehr als 1/3 des Gesamtumsatzes und nicht mehr als 51.500 EUR im Wirtschaftsjahr betragen. Die Typisierung durch die Finanzverwaltung mit einer Umsatzgrenze von 51.500 EUR hat keine gesetzliche Grundlage und ist uE nicht widerspruchsfrei zum Freibetrag nach § 11 Abs. 1 S. 3 Nr. 1 GewStG, der einen Gewerbeertrag, also einen Gewinn von 24.500 EUR gewerbesteuerfrei belässt, zu sehen (vgl. *Wiegand* NWB 2012, 460).

Die **Nichtaufgriffsgrenze** gilt für zwei Fallgruppen (*Felsmann* ESt Land- und Forstwirte **293**
A 295; Eisele/*Seitz* Besteuerung der LuF Rn. 117). Sie ist anzuwenden sowohl für steuerschädliche Vermarktungsumsätze (EStR 15.5 Abs. 3 bis 8) als auch für überbetriebliche Maschinenverwendung einschließlich Dienstleistungen iSv EStR 15.5 Abs. 9 und 10 (EStR 15.5 Abs. 11 S. 2), unter der weiteren Voraussetzung, dass die steuerschädlichen Tätigkeiten in der Summe nicht mehr als 50% des Gesamtumsatzes des landwirtschaftlichen Betriebes betragen (EStR 15.5 Abs. 11 S. 3). Bei der Ermittlung der Umsätze ist von Betriebseinnahmen (ohne Umsatzsteuer) auszugehen (EStR 15.5 Abs. 11 S. 6). Soweit es auf den Gesamtumsatz ankommt, ist hierunter die Summe der Betriebseinnahmen (ohne Umsatzsteuer) zu verstehen (EStR 15.5 Abs. 11 S. 7; einschränkend *Felsmann* ESt Land- und Forstwirte A 296).

Dazu ein **Beispiel:** **293.1**

Der landwirtschaftliche Betrieb mit einem Gesamtumsatz von 390.000 EUR betreibt Ackerbau und Viehzucht (Schweinemast). Daneben erbringt der Landwirt mit seinen Maschinen Lohnunternehmerleistungen und setzt dabei 50.000 EUR um. Wegen der günstigen Marktsituation verkauft er für 50.000 EUR den zugekauften Corn-Cob-Mix.

Lösungshinweise:

Die überbetriebliche Maschinenverwendung und der Absatz von Corn-Cob-Mix sind nach den Abgrenzungsregelungen von EStR 15.5 Abs. 11 gesondert zu prüfen. Der Handel mit dem zugekauften Corn-Cob-Mix übersteigt weder die 1/3 Grenze noch die absolute Grenze von 51.500 EUR im Wirtschaftsjahr (EStR 15.5 Abs. 6 S. 4 iVm Abs. 11 S. 1), sodass der Verkauf noch zu land- und forstwirtschaftlichen Einkünften zählt. Die überbetriebliche Maschinenverwendung ist für sich betrachtet nach EStR 15.5 Abs. 9 S. 3 iVm Abs. 11 S. 2 ebenfalls unschädlich.

Die 1/3 Grenze und die absolute Grenze von 51.500 EUR stehen für den Verkauf fremder Erzeugnisse und für die überbetriebliche Maschinenverwendung nebeneinander (EStR 15.5 Abs. 11 S. 2). Im letzten Schritt wäre dann nur noch zu prüfen, ob die beiden an sich gewerblichen Tätigkeiten die Überwiegensgrenze von 50% überschreiten (EStR 15.5 Abs. 11 S. 3). Bei einem Gesamtumsatz von 390.000 EUR in dem landwirtschaftlichen Betrieb ist das erkennbar nicht der Fall.

294 Bei in **Mitunternehmerschaft** geführten Betrieben ist § 15 Abs. 3 Nr. 1 anzuwenden (sog. Abfärbetheorie). Von der Abfärbetheorie nicht betroffen sind die in der Landwirtschaft häufig vorkommenden Erbengemeinschaften (BFH 23.10.1986 – IV R 214/84, BStBl. II 1987, 120) und Gütergemeinschaften (EStR 15.8 Abs. 5 S. 3; *Felsmann* ESt Land- und Forstwirte A 370o; *Märkle/Hiller* ESt Land- und Forstwirte Rn. 199e). Nach höchstrichterlicher Rechtsprechung werden schädliche (gewerbliche) Einkünfte einer ansonsten Land- und Forstwirtschaft betreibenden Mitunternehmerschaft nicht zu solchen aus Gewerbebetrieb umqualifiziert, wenn die Nettoumsatzerlöse aus diesen Tätigkeiten 3% der Gesamtnettoumsatzerlöse der Mitunternehmerschaft und den Betrag von 24.500 EUR im Veranlagungszeitraum nicht übersteigen (BFH 27.8.2014 – VIII R 6/12, BStBl. II 2015, 1002; VIII R 41/11, BStBl. II 2015, 999 und VIII R 16/11, BStBl. II 2015, 996). Für die Beurteilung von land- und forstwirtschaftlichen Tätigkeiten einer Mitunternehmerschaft einerseits und deren gewerblichen Tätigkeiten andererseits sind die Abgrenzungsgrundsätze in EStR 15.5 aber vorrangig zu prüfen (so auch *Wiegand* AgrB 2015, 16; Leingärtner/*Wendt* Kap. 3 Rn. 41; *Felsmann* ESt Land- und Forstwirte A 370f mit Beispielen und 370j). In anderen Fällen, in denen eine Mitunternehmerschaft mit land- und forstwirtschaftlichen Einkünften gewerbliche Tätigkeiten entfaltet, die nicht in direkter Verbindung zum land- und forstwirtschaftlichen Betrieb stehen, finden die vorstehend genannten Urteile des BFH hingegen unmittelbare Anwendung (zB beim Hoffest, Betrieb einer Fotovoltaikanlage); OFD Nordrhein-Westfalen 16.12.2015 Rn. 7, BeckVerw 323182 (Veranlagungsverfügung).

295 Die **Grundsätze des Strukturwandels** von der landwirtschaftlichen zur gewerblichen Tierhaltung und umgekehrt gelten auch bei der Abgrenzung des Gewerbebetriebes von der Land- und Forstwirtschaft sinngemäß (EStR 15.5 Abs. 2 und Abs. 11 S. 4; *Felsmann* ESt Land- und Forstwirte A 297 ff. und 333; Eisele/*Seitz* Besteuerung der LuF Rn. 119; → Rn. 204). In den Fällen des allmählichen Strukturwandels bezieht sich der Dreijahreszeitraum auf die Umsatzgrenzen und beginnt bei einem Wechsel des Betriebsinhabers nicht neu (EStR 15.5 Abs. 2 S. 5).

296–299 *Einstweilen frei*

1. Verwertung organischer Abfälle

300 Die Klärschlammausbringung auf eigenen selbst bewirtschafteten Flächen gehört wie das Einsammeln, Abfahren und Sortieren anderer organischer Abfälle zu originären Einkünften aus Land- und Forstwirtschaft (EStR 15.5 Abs. 4; Leingärtner/*Kreckl* Kap. 5 Rn. 36; *Felsmann* ESt Land- und Forstwirte A 319; *Märkle/Hiller* ESt Land- und Forstwirte Rn. 181). Das gilt auch bei Verfütterung von Speiseabfällen oder Schlempe an die eigenen Tiere (Schmidt/*Kulosa* § 13 Rn. 73; *Felsmann* ESt Land- und Forstwirte A 320a). Es kommt weder auf eine relative noch auf eine absolute Grenze an. Die Ausbringung und Einarbeitung von Klärschlämmen auf nicht selbst bewirtschafteten eigenen oder fremden Flächen ist dem Grunde nach eine gewerbliche Tätigkeit. Wird sie im Rahmen eines Nebenbetriebes (EStR 15.5 Abs. 3; → Rn. 256) ausgeübt, ist sie noch der Land- und Forstwirtschaft zuzuordnen, wenn die Umsätze daraus nicht mehr als 1/3 des Gesamtumsatzes des Betriebes und nicht mehr als 51.500 EUR im Wirtschaftsjahr betragen (EStR 15.5 Abs. 4 S. 3 iVm EStR 15.5 Abs. 11 S. 2).

301 Erzielt ein Landwirt, der auch einen Gewerbebetrieb für **Klärschlammtransporte** unterhält eine Vergütung für den Transport und die Ausbringung auf eigenen Flächen des landwirtschaftlichen Betriebes, liegen insoweit gewerbliche Einkünfte vor, wenn der Klärschlamm mit Maschinen des Gewerbebetriebes ausgebracht wird (BFH 8.11.2007 – IV R 24/05, BStBl. II 2008, 356; EStR 15.5 Abs. 9 S. 4; Leingärtner/*Kreckl* Kap. 5 Rn. 36; Schmidt/*Kulosa* § 13 Rn. 73). Die Vereinfachungsregelung in EStR 15.5 Abs. 9 und 10 kommt deshalb nicht zur Anwendung, weil sie nur den Fall der überbetrieblichen Maschinenverwendung von Wirtschaftsgütern des landwirtschaftlichen Betriebes betrifft.

Einstweilen frei 302–303

2. Absatz eigener und fremder Erzeugnisse

Die Vermarktung von selbst erzeugten land- und forstwirtschaftlichen Erzeugnissen, wie zB Spargel oder Erdbeeren, gehört zur Landwirtschaft, selbst wenn sie über ein eigenständiges Handelsgeschäft oder eine Verkaufsstelle (zB Großhandelsbetrieb, Einzelhandelsbetrieb, Ladengeschäft, Marktstand oder Verkaufswagen) abgesetzt werden (EStR 15.5 Abs. 6 S. 1; Leingärtner/*Kreckl* Kap. 5 Rn. 3a; *Felsmann* ESt Land- und Forstwirte A 321; HHR/*Paul* § 13 Rn. 17; *Märkle/Hiller* ESt Land- und Forstwirte Rn. 191; Eisele/*Seitz* Besteuerung der LuF Rn. 122). Unerheblich ist die Anzahl der Verkaufsstellen oder ob die Vermarktung in räumlicher Nähe zum Betrieb erfolgt (EStR 15.5 Abs. 6 S. 2). Damit werden insbesondere praktische Schwierigkeiten vermieden und im Falle der Pauschalierung der Umsätze nach § 24 UStG ein Gleichklang zur Umsatzsteuer erreicht. Ob das Handelsgeschäft einen integrierten Bestandteil oder einen gesonderten Betrieb darstellt, ist damit nicht entscheidend (*Wiegand* NWB 2012, 460). 304

Eigenerzeugnisse sind alle land- und forstwirtschaftlichen Produkte, die im Rahmen des Erzeugungsprozesses im Betrieb entstehen. Das können der Zukauf von Ferkeln für die Mast oder Jungtieren für die Weiterzucht (*Felsmann* ESt Land- und Forstwirte A 323), sog. Kostpflanzen im Baumschulbetrieben (*Felsmann* A 322c) oder Zukauf von Grünpflanzen in Gärtnereien sein (*Felsmann* ESt Land- und Forstwirte A 322d). Entscheidend ist uE, ob Produkte anderer Marktgängigkeit, unabhängig von einer starren Zeitvorgabe für die Verweildauer im Betrieb, entstehen. 305

Werden neben eigenen Erzeugnissen auch zugekaufte Waren abgesetzt, liegen vom Grundsatz her eine land- und forstwirtschaftliche und eine gewerbliche Tätigkeit vor. Die gewerbliche Tätigkeit zählt noch zu land- und forstwirtschaftlichen Einkünften, wenn die von der Finanzverwaltung festgelegte **relative und absolute Nichtaufgriffsgrenze** nicht überschritten ist. Diese liegt bei Betriebseinnahmen aus dem Verkauf der Zukaufsware von nicht mehr als 1/3 des Gesamtumsatzes des Betriebes und nicht mehr als 51.500 EUR (netto) im Wirtschaftsjahr (EStR 15.5 Abs. 6 S. 4 iVm EStR 15.5 Abs. 11 S. 1; Leingärtner/*Kreckl* Kap. 5 Rn. 3a; *Märkle/Hiller* ESt Land- und Forstwirte Rn. 194). Der BFH stellt davon abweichend beim Gesamtumsatz auf den Umsatz der Verkaufsstelle ab (BFH 25.3.2009 – IV R 21/06, BStBl. II 2010, 113; so auch HHR/*Paul* § 13 Rn. 17). 306

Wird diese **Grenze überschritten,** liegen bezogen auf den Verkauf der Zukaufsware gewerbliche Einkünfte vor. Auf den bisherigen Einkaufswert-Umsatz-Vergleich stellt die Finanzverwaltung nicht mehr ab (*Märkle/Hiller* ESt Land- und Forstwirte Rn. 194). Die Erzeugung und Vermarktung der eigenen Produkte der ersten Verarbeitungsstufe durch den daneben bestehenden Betrieb der Land- und Forstwirtschaft bleibt davon unberührt (BFH 20.3.2009 – IV R 21/06, BStBl. II 2010, 113; *Märkle/Hiller* ESt Land- und Forstwirte Rn. 194). Der ausschließliche Absatz fremder oder gewerblicher Erzeugnisse stellt von Beginn an stets eine gewerbliche Tätigkeit dar (EStR 15.5 Abs. 6 S. 5). 307

Die Rechtsprechung (BFH 25.3.2009 – IV R 21/06, BStBl. II 2010, 113) will zunächst darüber befinden, ob ein einheitlicher Betrieb oder zwei getrennte Betriebe vorliegen; nämlich einerseits ein landwirtschaftlicher Erzeugerbetrieb und andererseits ein gewerblicher Handelsbetrieb. Die Entscheidung darüber ist davon abhängig, ob in dem Handelsgeschäft ausschließlich selbst erzeugte Produkte oder daneben auch zugekaufte Produkte abgesetzt werden. Werden in dem Hofladen neben den eigenen Erzeugnissen auch zugekaufte Produkte abgesetzt, so führt dies nach BFH zur Entstehung eines selbständigen Gewerbebetriebs, der neben den landwirtschaftlichen Betrieb tritt, wenn der Nettoumsatzanteil aus den zugekauften Produkten 1/3 des Nettogesamtumsatzes des Hofladens oder 51.500 EUR im Wirtschaftsjahr nachhaltig übersteigt. 307.1

Als **eigene Erzeugnisse** gelten alle land- und forstwirtschaftlichen Erzeugnisse, die im Rahmen des Erzeugungsprozesses im eigenen Betrieb gewonnen werden. Hierzu gehören auch Erzeugnisse der ersten Verarbeitungsstufe und zugekaufte Waren, die als Roh-, Hilfs- oder Betriebsstoffe im Erzeugungsprozess verwendet werden (EStR 15. 5 Abs. 5 Sätze 1 und 2; Leingärtner/*Kreckl* Kap. 5 Rn. 3a). Als **Rohstoffe** will die Finanzverwaltung Waren, die im Rahmen des Erzeugungsprozesses weiter kultiviert werden, zB Jungtiere, Saatgut oder Jungpflanzen verstanden wissen (EStR 15. 5 Abs. 5 S. 3). **Hilfsstoffe** sind Waren, die nicht 308 als überwiegender Bestandteil in eigene Erzeugnisse eingehen, zB Futtermittelzusätze, Siliermittel, Starterkulturen und Lab zur Milchverarbeitung, Trauben, Traubenmost und Verschnittwein zur Weinerzeugung, Verpackungsmaterial sowie Blumentöpfe für die eigene Produktion oder als handelsübliche Verpackung (EStR 15.5 Abs. 5 S. 4). Unter **Betriebsstoffen** versteht die Finanzverwaltung Waren, die im Erzeugungsprozess verwendet werden, zB Düngemittel, Treibstoff und Heizöl (EStR 15.5 Abs. 5 S. 5).

309 Als **fremde Erzeugnisse** gelten alle zur Weiterveräußerung zugekauften Erzeugnisse, Produkte oder Handelswaren, die nicht im land- und forstwirtschaftliche Erzeugungsprozess des eigenen Betriebes verwendet werden (EStR 15.5 Abs. 5 S. 7). Auf die Betriebstypizität kommt es nicht mehr an (EStR 15.5 Abs. 5 S. 8). Werden zugekaufte Roh-, Hilfs- oder Betriebsstoffe weiterveräußert, gelten diese zum Zeitpunkt der Veräußerung als fremde Erzeugnisse (EStR 15.5 Abs. 5 S. 9). Dies gilt unabhängig davon, ob die Veräußerung gelegentlich, zB Verkauf von Diesel im Rahmen der Nachbarschaftshilfe oder laufend, zB Verkauf von Blumenerde erfolgt (EStR 15.5 Abs. 5 S. 10). EStR 15.5 gilt auch für Baumschulbetriebe (EStH 15.5).

309.1 Dazu ein **Beispiel:**

Ein Weinbaubetrieb (ausbauender Betrieb mit Flaschenweinerzeugung) vermarktet den Flaschenwein selbst. Er kauft 1/3 Trauben und Traubenmost zu. Der vermarktete Wein besteht überwiegend aus eigenen Trauben. Daneben verkauft er zugekauften Sekt und erzielt damit einen Umsatz von 30.000 EUR (netto) im Wirtschaftsjahr. Der Gesamtumsatz des Betriebes liegt bei 360.000 EUR.

Lösungshinweise:

Die zugekauften Trauben und der Traubenmost sind Hilfsstoffe und gelten als eigene Erzeugnisse, so lange deren Anteil am Endprodukt nicht überwiegt (EStR 15. 5 Abs. 5 S. 4). Ein Überwiegen iS dieser Regelung ist dann anzunehmen, wenn deren Anteil mehr als 50% vom Endprodukt ausmacht. Im Ergebnis verkauft der Weinbaubetrieb eigenen Flaschenwein mit einem Umsatz von 330.000 EUR und erzielt damit land- und forstwirtschaftliche Einkünfte. Der zugekaufte Sekt ist als Zukaufsware zu beurteilen. Weil die Nichtaufgriffsgrenze in EStR 15.5 Abs. 11 S. 1 nicht überschritten ist, liegen auch insoweit land- und Forstwirtschaft die Einkünfte vor.

310–313 *Einstweilen frei*

3. Absatz eigener Erzeugnisse iVm Dienstleistungen

314 Grundsätzlich stellen der Transport und das Einbringen von Pflanzen keine schädlichen Dienstleistungen dar. Es muss deshalb zunächst geprüft werden, ob die Dienstleistung über den Transport und das Einbringen von Pflanzen hinausgeht (*Wiegand* NWB 2012, 460). Bei Dienstleistungen, wie Grabpflege oder Gartengestaltung mit Lieferung eigen erzeugter Pflanzen handelt es sich grundsätzlich um eine gewerbliche Tätigkeit aufgrund eines sog. gemischten Vertrages (EStR 15.5 Abs. 7 S. 1). Soweit im Zusammenhang mit diesen Dienstleistungen ausschließlich eigene oder jedenfalls mindestens 50% land- und forstwirtschaftliche Erzeugnisse geliefert werden und der Dienstleistungsanteil nicht überwiegt (bis zu 50% der Umsatzerlöse), liegen auch noch land- und forstwirtschaftliche Einkünfte vor (EStR 15.5 Abs. 7 S. 2; Leingärtner/*Kreckl* Kap. 5 Rn. 25; Schmidt/*Kulosa* § 13 Rn. 74; *Felsmann* ESt Land- und Forstwirte A 349; *Märkle/Hiller* ESt Land- und Forstwirte Rn. 174; Eisele/*Seitz* Besteuerung der LuF Rn. 123). Überwiegt nach dem jeweiligen Vertragsinhalt der Umsatz aus diesen Dienstleistungen und den fremden Erzeugnissen, liegen aufgrund der Nichtaufgriffsgrenze noch landwirtschaftliche Einkünfte vor, wenn diese gewerbliche Tätigkeit nicht mehr als 1/3 des Gesamtumsatzes des Betriebes und nicht mehr als 51.500 EUR (netto) im Wirtschaftsjahr beträgt (EStR 15.5 Abs. 7 S. 3 iVm EStR 15.5 Abs. 11 S. 1; Leingärtner/*Kreckl* Kap. 5 Rn. 25).

314.1 Dazu ein **Beispiel:**

Der Gesamtumsatz einer Friedhofsgärtnerei beträgt 500.000 EUR im Wirtschaftsjahr. Die Umsätze aus der Grabpflege sollen 100.000 EUR betragen, davon entfallen 40.000 EUR auf den Verkauf selbstgezogener Pflanzen, 20.000 EUR aus den zugekauften Pflanzen und der Rest auf Dienstleistungen.

Lösungshinweise:

Soweit der Friedhofsgärtner die selbst gezogenen Pflanzen ohne Dienstleistungsanteil unmittelbar an Kunden, zB Friedhofsbesucher, verkauft (Umsatzanteil 400.000 EUR) liegen landwirtschaftliche Einkünfte vor.

Im Rahmen der Grabpflege wird ein Umsatz von 100.000 EUR im Wirtschaftsjahr erzielt. Dabei überwiegt der Umsatz (6/10) mit fremden Erzeugnissen (20.000 EUR) und aus Dienstleistungen (40.000 EUR), sodass von einer einheitlich gewerblichen Tätigkeit auszugehen ist (EStR 15. 5 Abs. 7 S. 2). Weil der schädliche Umsatz mehr als 51.500 EUR im Wirtschaftsjahr beträgt, findet die Billigkeitsregelung nach EStR 15. 5 Abs. 11 S. 1 keine Anwendung. Ab dem 4. Wirtschaftsjahr liegen wegen des sog. allmählichen Strukturwandels (→ Rn. 204) gewerbliche Einkünfte vor (EStR 15.5 Abs. 2 S. 4).

Einstweilen frei **315–318**

4. Absatz eigen erzeugter Getränke iVm Dienstleistungen

Der Ausschank von selbst erzeugten Getränken, zB Wein, stellt keine steuerschädliche Dienstleistung dar, sondern Bestandteil des Weinbaus (Schmidt/*Kulosa* § 13 Rn. 75; *Märkle/Hiller* ESt Land- und Forstwirte Rn. 192a; Eisele/*Seitz* Besteuerung der LuF Rn. 124). Dabei ist es ohne Bedeutung, bei welcher Gelegenheit, ob beim Hoffest oder bei einer Weinprobe, die Getränke ausgegeben werden oder in welcher räumlichen Umgebung (auf dem Feld, in einem Gastraum oder einer Probierstube) der Ausschank stattfindet. Zur Weinprobe dürfen solche Speisen angeboten werden, die allein die Bekömmlichkeit der dargebotenen Weine fördern, zB Brot und Käse (*Märkle/Hiller* ESt Land- und Forstwirte Rn. 192a). Der Ausschank stellt lediglich eine Form der Vermarktung dar (EStR 15.5 Abs. 8 S. 1; Leingärtner/*Kreckl* Kap. 5 Rn. 25). Werden daneben in einer Besen- oder Straußwirtschaft auch Speisen und zugekaufte Getränke (Weine, alkoholische und nicht alkoholische Getränke) abgegeben, liegen noch land- und forstwirtschaftliche Einkünfte vor, wenn der Umsatz aus diesen Leistungen 1/3 des Gesamtumsatzes des Betriebes und 51.500 EUR (netto) im Wirtschaftsjahr nicht übersteigt (EStR 15.5 Abs. 8 S. 2 iVm EStR 15.5 Abs. 11 S. 1). **319**

Dazu ein **Beispiel:** **319.1**

Ein Winzer erzielt in seinem Betrieb einen Umsatz von 450.000 EUR. Mit dem Verkauf von Flaschenwein erzielt er 290.000 EUR. In seiner Straußwirtschaft erlöst der Winzer daneben 160.000 EUR, davon entfallen 110.000 EUR auf den eigenen Wein sowie 50.000 EUR auf den Umsatz mit Speisen und zugekauften Getränken.

Lösungshinweise:

Der Verkauf von Flaschenwein und der Ausschank von eigenem Wein fallen originär unter land- und forstwirtschaftliche Einkünfte. Der Verkauf im Rahmen einer Straußwirtschaft ist lediglich eine Form der Vermarktung (EStR 15.5 Abs. 8 S. 1).

Die Umsätze der Straußwirtschaft mit 160.000 EUR sind aufzuteilen in einen steuerunschädlichen Anteil von 110.000 EUR für die Vermarktung des eigenen Weines und 50.000 EUR für die steuerschädlichen Umsätze. Weil vorliegend der schädliche Umsatz in der Straußwirtschaft weder die relative 1/3-Grenze noch die absolute Grenze von 51.500 EUR übersteigt (EStR 15.5 Abs. 11 S. 1), liegen insgesamt land- und forstwirtschaftliche Einkünfte vor.

Einstweilen frei **320–323**

5. Verwendung von Wirtschaftsgütern und Dienstleistungen

Die Vermietung oder Verwendung von landwirtschaftlichen Maschinen und Arbeitsgeräten des eigenen Betriebes, zB Lohndrusch nach Vermittlung durch Maschinenringe oder Betriebshilfsdienste, sowie die Erbringung von Dienstleistungen ohne Verwendung von eigenen Erzeugnissen oder eigenen Wirtschaftsgütern, zB als Bauhelfer, sind unabhängig vom Empfänger der Leistung (Landwirt oder Nichtlandwirt) und ob er eine natürliche oder juristische Person ist, dem Grunde nach gewerbliche Tätigkeiten (EStR 15.5 Abs. 9 S. 1 und EStR 15.5 Abs. 10 S. 1; Schmidt/*Kulosa* § 13 Rn. 76; *Märkle/Hiller* ESt Land- und Forstwirte Rn. 170; Eisele/*Seitz* Besteuerung der LuF Rn. 125). **324**

Gewerbliche Dienstleistungen sind solche Leistungen, die vornehmlich gegenüber Nichtlandwirten für nicht land- und forstwirtschaftliche Zwecke erbracht werden, das sind beispielsweise das Schneeräumen, Landschaftspflege im ländlichen Bereich, Holzrückearbeiten oder Arbeiten im Staatsforst. Aus Vereinfachungsgründen unterfallen diese Dienstleistungen noch unter land- und forstwirtschaftliche Einkünfte, wenn die Umsätze aus diesen Tätigkeiten insgesamt nicht mehr als 1/3 des Gesamtumsatzes und nicht mehr als 51.500 **325**

EUR (netto) Wirtschaftsjahr betragen (EStR 15.5 Abs. 11 S. 2; Leingärtner/*Kreckl* Kap. 5 Rn. 42; *Märkle/Hiller* ESt Land- und Forstwirte Rn. 170).

326 Bei der **überbetrieblichen Maschinenverwendung** darf der Einsatz für eigene landwirtschaftliche Zwecke einen Umfang von 10% nicht unterschreiten (BFH 22.1.2004 – IV R 45/02, BStBl. II 2004, 512; EStR 15.5 Abs. 9 S. 3; Schmidt/*Kulosa* § 13 Rn. 76; *Märkle/Hiller* ESt Land- und Forstwirte Rn. 171). Dabei zählen die Umsätze mit Roh-, Hilfs- oder Betriebsstoffen wie Saatgut, Düngemittel und Diesel als fremde Erzeugnisse (EStR 15.5 Abs. 5 Sätze 9 und 10; → Rn. 309).

327 Die **Vereinfachungsregelung** in EStR 15.5 Abs. 9 findet keine Anwendung, wenn Landwirte Maschinen eigens für Lohnarbeiten anschaffen oder die über den betriebsnotwendigen Umfang hinausgehen (EStR 15.5 Abs. 9 S. 4; Leingärtner/*Stalbold* Kap. 5 Rn. 41; *Felsmann* ESt Land- und Forstwirte A 352b). Die Anschaffung dieser Wirtschaftsgüter, zB eines LKWs für gewerbliche Transporte oder eines Forstspezialschleppers, kann in der Regel nicht auf die Notwendigkeit einer eigenen betrieblichen Nutzung zurückgeführt werden (BFH 23.1.1992 – IV R 19/90, BStBl. II 1992, 651). So kann die Anschaffung eines zweiten Mähdreschers dem Zweck dienen, durch einen außerbetrieblichen Einsatz zusätzliche Einnahmen zu erzielen. Der Einsatz eines zweiten Mähdreschers würde dann uU von vornherein ein gewerbliches Unternehmen darstellen, was naturgemäß von der Betriebsgröße des Ackerbaubetriebes und seiner Mechanisierung abhängt.

328 Werden Dienstleistungen erbracht, so werden sie nach EStR 15.5 Abs. 10 S. 2 noch der Land- und Forstwirtschaft zugerechnet, wenn ein funktionaler Zusammenhang mit typischen land- und forstwirtschaftlichen Tätigkeiten besteht. UE fallen darunter alle Arbeiten, die der ordnungsmäßigen Bewirtschaftung bis zur Fertigstellung der land- und forstwirtschaftlichen Erzeugnisse dienen sowie Arbeiten, die im Zusammenhang mit der Marktaufbereitung der Produkte stehen. Als Beispiele für solche typischen land- und forstwirtschaftlichen Tätigkeiten sind zu nennen die Nachbarschaftshilfe beim Stallbau, Planungsleistungen im Gartenbau oder die Betreuung von Schulklassen auf dem Hof (einschränkend *Felsmann* ESt Land- und Forstwirte A 361). Der Zusammenhang mit der Produktion geht verloren, zB bei verkaufsfördernder Tätigkeit im Einzelhandel oder bei selbständiger Gutachtertätigkeit. Einnahmen aus Schlossbesichtigung gehören zu den gewerblichen Einkünften (BFH 7.8.1979 – VIII R 95/77, BStBl. II 1980, 633).

329 Bei überbetrieblicher Zusammenarbeit in **Maschinen- oder Transportgemeinschaften** liegt kein Gewerbebetrieb vor, wenn die Gemeinschaft Maschinen lediglich kostendeckend an die Gemeinschafter überlässt (BFH 14.4.2005 – XI R 82/03, BStBl. II 2005, 752 zur Büro- und Praxisgemeinschaft von Freiberuflern; BMF 12.2.2009, BStBl. I 2009, 398 zur ärztlichen Laborgemeinschaft; *Felsmann* ESt Land- und Forstwirte A 358; HHR/*Paul* § 13 Rn. 20; *Märkle/Hiller* ESt Land- und Forstwirte Rn. 172).

330–333 *Einstweilen frei*

6. Erzeugung von Energie

334 Bei der Erzeugung von Energie, zB durch Wind-, Solar- oder Wasserkraft, handelt es sich nicht um die planmäßige Nutzung der natürlichen Kräfte des Bodens (*Märkle/Hiller* ESt Land- und Forstwirte Rn. 181b; Eisele/*Seitz* Besteuerung der LuF Rn. 127). Regelmäßig liegen gewerbliche Einkünfte vor (Schmidt/*Kulosa* § 13 Rn. 69; *Felsmann* ESt Land- und Forstwirte A 367a). Nur ausnahmsweise kann ein Nebenbetrieb der Land- und Forstwirtschaft vorliegen (EStR 15.5 Abs. 12 S. 3; Leingärtner/*Kreckl* Kap. 5 Rn. 40; → Rn. 256).

335 Die Erzeugung von **Biogas** ist ein Teil der land- und forstwirtschaftlichen Urproduktion, wenn die Biomasse überwiegend im eigenen Betrieb erzeugt wird und das Biogas bzw. die daraus erzeugte Energie (Wärme, Strom), überwiegend im eigenen Betrieb verwendet werden (BMF 6.3.2006, BStBl. I 2006, 248; Leingärtner/*Kreckl* Kap. 5 Rn. 40; *Märkle/Hiller* ESt Land- und Forstwirte Rn. 181e). Soweit das erzeugte Biogas überwiegend zum Verkauf bestimmt ist, liegt ein land- und forstwirtschaftlicher Nebenbetrieb vor (EStR 15.5 Abs. 3 S. 4 Nr. 1; → Rn. 260). Der Verkauf von Strom oder Wärme aus Biogas fällt unter die zweite, gewerbliche Verarbeitungsstufe und stellt damit gewerbliche Einkünfte dar (EStR 15. 5 Abs. 12 S. 2; Leingärtner/*Kreckl* Kap. 5 Rn. 40; *Felsmann* ESt Land- und Forstwirte A 313a; *Märkle/Hiller* ESt Land- und Forstwirte Rn. 181e). Soweit Landwirte nahezu ihre gesamte Ernte zur Energieerzeugung in einer Biogasanlage verwenden, liegt kein landwirtschaftlicher Betrieb mehr vor, sondern ein Gewerbebetrieb (BFH 6.3.2013 – II R 55/11, BStBl. II 2013, 518 zu KraftStG; BMF 6.3.2006, BStBl. I 2006, 248 unter I. 1.b; Schmidt/*Kulosa* § 13 Rn. 69).

In diesem Fall hat nach dem Gesamtbild der Verhältnisse die land- und forstwirtschaftliche Betätigung nur eine untergeordnete Bedeutung einer Hilfstätigkeit. Die gewerbliche Betätigung gibt dem (Gesamt-)Betrieb das Gepräge. Setzt ein Land- oder Forstwirt seine gesamte Ernte zur Erzeugung in einer Biogasanlage ein und gibt er die erzeugte Energie entgeltlich an Dritte ab, dann hat bei einer solchen Betriebsführung die land- und forstwirtschaftliche Erzeugung von Biomasse eine nur untergeordnete Bedeutung. Die Erträge des Betriebes werden ausschließlich durch den Absatz des erzeugten Stroms erzielt. Im Vordergrund steht die gewerbliche Betätigung der Energieerzeugung, die sich nicht ohne Nachteile für das Gesamtunternehmen von der land- und forstwirtschaftlichen Erzeugung von Biomasse trennen lässt (BFH 6.3.2013 – II R 55/11, BStBl. II 2013, 518). **336**

Bei der Erzeugung von Energie durch **Fotovoltaikanlagen** handelt es sich nicht um die planmäßige Nutzung der natürlichen Kräfte des Bodens (EStR 15.5 Abs. S. 1). Der Absatz von Strom führt zu Einkünften aus einem eigenständigen Gewerbebetrieb (BFH 17.10.2013 – III R 27/12, BStBl. II 2004, 372; EStR 15.5 Abs. 12; LfSt Bayern 30.7.2014, BeckVerw 288450 Rn. 11.2; Leingärtner/*Kreckl* Kap. 5 Rn. 40; *Märkle/Hiller* ESt Land- und Forstwirte Rn. 181c). Dies gilt auch, wenn der Strom teilweise in dem land- und forstwirtschaftlichen Betrieb selbst verbraucht wird (OFD Niedersachsen 22.2.2016, BeckVerw 324806 Rn. III 1, inzwischen ersetzt durch LStN 31.7.2019 (S 2240 – 160 – St 221/St 222), nv). **337**

Betreiben Land- und Forstwirte die **Windkraftanlage** selbst, um elektrischen Strom zu erzeugen und zu vermarkten, liegt kein Nebenbetrieb, sondern eine gewerbliche Tätigkeit vor (EStR 15.5 Abs. 12 Satz 3; Leingärtner/*Kreckl* Kap. 5 Rn. 40; *Märkle/Hiller* ESt Land- und Forstwirte Rn. 181b). Der zugehörige Grund und Boden ist dann notwendiges Betriebsvermögen des Gewerbebetriebes, der zum Buchwert nach § 6 Abs. 5 Satz 1 aus dem land- und forstwirtschaftlichen Betriebsvermögen überführt wird. Wird der Windpark durch eine Mitunternehmerschaft betrieben, an der der Landwirt beteiligt ist, wechselt insoweit der Grund und Boden in das Sonderbetriebsvermögen der Mitunternehmerschaft. **338**

Ein **Windpark** besteht aus mehreren selbständigen Wirtschaftsgütern. Jede Windkraftanlage, die in einem Windpark betrieben wird, stellt mit dem dazugehörigen Fundament und Transformator nebst der verbindenden inneren Verkabelung ein zusammengesetztes Wirtschaftsgut dar. Daneben ist die externe Verkabelung von den Transformatoren bis zum Stromnetz des Energieversorgers zusammen mit der Übergabestation als weiteres zusammengesetztes Wirtschaftsgut zu behandeln, soweit dadurch mehrere Windkraftanlagen miteinander verbunden werden. Auch die Zuwegung und die Stellfläche stellt ein eigenständiges Wirtschaftsgut dar (BFH 14.4.2011 – IV R 46/09, BStBl. II 2011, 696; *Märkle/Hiller* ESt Land- und Forstwirte Rn. 181b). **338.1**

Die im Zusammenhang mit der Errichtung einer Windenergieanlage hergestellte **Zuwegung** kann nach den Umständen des Einzelfalls als Betriebsvorrichtung und damit als bewegliches Wirtschaftsgut anzusehen sein, wenn der Weg nicht für den allgemeinen Verkehr auf dem Grundstück freigegeben ist und allein zur Errichtung und Wartung der Anlage genutzt wird (BFH 11.4.2019 – IV R 3/17, BFH/NV 2019, 1076; so auch *Märkle/Hiller* ESt Land- und Forstwirte Rn. 181b). **338.2**

Einstweilen frei **339–341**

7. Beherbergung von Fremden

Die **Vermietung von** bis zu drei **Fremdenzimmern** oder fünf Betten auf dem land- und forstwirtschaftlichen Betrieb ist steuerunschädlich (EStR 15.5 Abs. 13 S. 2; Schmidt/*Kulosa* § 13 Rn. 77). Als Zusatzleistung darf max. ein Morgenfrühstück angeboten werden. Sofern sich Ferienwohnungen im Betriebsvermögen des Betriebes befinden und keine pensions- und hotelmäßige Vermietung stattfindet (BFH 11.7.1984 – I R 182/79, BStBl. II 1984, 722; EStH 15.7 Abs. 2), liegen noch land- und forstwirtschaftliche Einkünfte vor (*Märkle/Hiller* ESt Land- und Forstwirte Rn. 197). Der Betrieb von Campingplätzen, Liften und die Durchführung von Schlossbesichtigungen ist idR gewerblich (Schmidt/*Kulosa* § 13 Rn. 77; *Felsmann* ESt Land- und Forstwirte A 368d). **342**

342.1 Der **Betrieb eines Campingplatzes** ist auch dann gewerblich, wenn die Standplätze ganz überwiegend an sog. Dauercamper vermietet, die Jahresverträge abschließen und sie häufig erneuern, und ihnen zusätzlich Wasch-, Dusch- und Toilettenräume, Trinkwasserversorgung, Stromversorgung für die Gesamtanlage und die einzelnen Standplätze, Abwässer- und Müllbeseitigung, Platzpflege und Platzüberwachung angeboten werden (BFH 27.1.1983 – IV R 215/80, BStBl. II 1983, 426). Die für die Besichtigung freigegebenen Räume eines Schlosses und die darin ausgestellten Gegenstände sind Grundlage für die gewerbliche Tätigkeit und gehören daher zum notwendigen Betriebsvermögen des Betriebes **„Schlossbesichtigung“** (BFH 7.8.1979 – VIII R 85/77, BStBl. II 1980, 633).

343–344 *Einstweilen frei*

8. Aufzucht und Halten fremder Tiere

345 Die **Pensionspferdehaltung** rechnet auch dann zur landwirtschaftlichen Tierhaltung, wenn den Pferdeeinstellern Reitanlagen einschließlich Reithalle bei ausreichender Futtergrundlage zur Verfügung gestellt werden (BFH 23.9.1988 – III R 182/84, BStBl. II 1989, 111; Schmidt/*Kulosa* § 13 Rn. 34; *Felsmann* ESt Land- und Forstwirte A 365c; *Märkle/Hiller* ESt Land- und Forstwirte Rn. 189; Eisele/*Seitz* Besteuerung der LuF Rn. 59). Die Vermietung von Pferden zu Reitzwecken ist bei vorhandener flächenmäßiger Grundlage als landwirtschaftlich anzusehen, wenn keine ins Gewicht fallenden Leistungen erbracht werden, die nicht der Landwirtschaft zuzurechnen sind (BFH 24.1.1989 – VIII R 91/83, BStBl. II 1989, 416). Der Zukauf, die Ausbildung -während einer nicht zu kurzen Aufenthaltsdauer- und der anschließende Weiterverkauf von Reitpferden sind bei Einhaltung der Vieheinheitengrenze (→ Rn. 199.1) unschädlich (BFH 17.12.2008 – IV R 34/06, BStBl. II 2009, 453).

346 Die dem Grunde nach landwirtschaftliche Pensionspferdehaltung kann als **Gewerbebetrieb** zu beurteilen sein, wenn neben dem Unterstellen und Füttern fremder Pferde weitere nicht zur Landwirtschaft gehörige und nicht nur unbedeutende Dienstleistungen und Tätigkeiten erbracht werden, wie zB Reitunterricht oder das Betreiben eines Reiterstübchens (BFH 16.7.1987 – V R 22/78, BStBl. II 1988, 83 zur Umsatzsteuer und BFH 23.9.1988 – III R 182/84, BStBl. II 1989,111; EStH 15.5; Schmidt/*Kulosa* § 13 Rn. 34; Leingärtner/*Kreckl* Kap. 12 Rn. 53, *Felsmann* ESt Land- und Forstwirte A 365e; *Märkle/Hiller* ESt Land- und Forstwirte Rn. 189; Eisele/*Seitz* Besteuerung der LuF Rn. 60).

347–350 *Einstweilen frei*

9. Gewerblicher Grundstückshandel

351 Die Veräußerung land- und forstwirtschaftlich genutzter Grundstücke (Bauland) ist ein Hilfsgeschäft im Rahmen der Landwirtschaft und nicht Gegenstand eines selbständigen gewerblichen Unternehmens (EStH 15.5; Schmidt/*Kulosa* § 13 Rn. 215; *Felsmann* ESt Land- und Forstwirte A 372; *Märkle/Hiller* ESt Land- und Forstwirte Rn. 198; Eisele/*Seitz* Besteuerung der LuF Rn. 133). Die Eigenschaft als Anlagevermögen des land- und forstwirtschaftlichen Betriebes wird durch den Übergang zur Brachlage oder bei einer Verkaufsabsicht nicht berührt (HHR/*Paul* § 13 Rn. 18). Dies gilt auch dann, wenn baureifes Land parzelliert wird und die einzelnen Parzellen an eine Vielzahl von Erwerbern mit erheblichem Gewinn veräußert werden (BFH 8.9.2005 – IV R 38/03, BStBl. II 2006, 166 und BFH 8.11.2007 – IV R 35/06, BStBl. II 2008, 359). Die Höhe des hierbei erzielten Gewinns, die Größe des Areals und die Anzahl der Parzellen sind insoweit unbeachtlich. In diesem Falle erfolgt keine Umwandlung der Bauparzellen in Umlaufvermögen (BFH 31.5.2001 – IV R 73/00, BStBl. II 2001, 673; BFH 8.9.2005 – IV R 38/03, BStBl. II 2006, 166), sodass für den Veräußerungsgewinn die Steuervergünstigungen nach § 6b in Anspruch genommen werden können. Etwas anderes gilt allerdings dann, wenn Landwirte wiederholt innerhalb eines überschaubaren Zeitraums land- und forstwirtschaftliche Grundstücke oder Betriebe mit Gewinnabsicht veräußern, die sie bereits in der Absicht einer Weiterveräußerung erworben hatten (BFH 28.6.1984 – IV R 156/81, BStBl. II 1984, 798; *Märkle/Hiller* ESt Land- und Forstwirte Rn. 198a).

352 Die Grundstücksveräußerungen werden Gegenstand eines selbständigen **gewerblichen Grundstückshandels,** wenn Landwirte schädliche Aktivitäten entfalten, die über die Parzellierung und Veräußerung hinausgehen und die darauf gerichtet sind, den Grundbesitz zu

einem Objekt anderer Marktgängigkeit zu machen, beispielsweise indem sie die künftigen Erschließungsanlagen planen, einen Bebauungsplan finanzieren oder eine Bauvoranfrage stellen (BFH 8.9.2005 – IV R 38/03, BStBl. II 2006, 166 und BFH 8.11.2007 – IV R 35/06, BStBl. II 2008, 359; BMF 26.3.2004, BStBl. I 2004, 434; Leingärtner/*Stalbold* Kap. 13 Rn. 25; Schmidt/*Kulosa* § 13 Rn. 215; *Felsmann* ESt Land- und Forstwirte A 373 ff.; HHR/*Paul* § 13 Rn. 18; *Märkle/Hiller* ESt Land- und Forstwirte Rn. 198). Entscheidend ist, ob der Landwirt kommunale Aufgaben beauftragt oder selbst durchführt. Bejahendenfalls wechselt das Grundstück zum Buchwert aus dem Anlagevermögen des landwirtschaftlichen Betriebes in das Umlaufvermögen des gewerblichen Grundstückshandels (BMF 26.3.2004, BStBl. I 2004, 434 Rn. 27). Die Zwischenschaltung einer nahestehenden Person im Rahmen von Grundstücksaktivitäten des Steuerpflichtigen kann im Falle der beabsichtigten Vermeidung eines gewerblichen Grundstückshandels nach der Rechtsprechung des BFH einen Missbrauch von rechtlichen Gestaltungsmöglichkeiten gemäß § 42 AO begründen (BFH 10.7.2019 – X R 21-22/17, BFH/NV 2020, 177).

ABC der **schädlichen** Aktivitäten (vgl. Leingärtner/*Stalbold* Kap. 13 Rn. 25): **352.1**

- Landwirt bedient sich zur Erschließung des Baugeländes eines gewerblichen Dritten (Bauunternehmer), BFH 13.3.1969 – IV R 132/68, BStBl. II 1969, 483; BFH 8.11.2007 – IV R 35/06, BStBl. II 2008, 359,
- aktive Mitwirkung bei der Aufstellung eines Bebauungsplans (BFH 22.10.1969 – I R 61/68, BStBl. II 1970, 61; BFH 25.6.1985 – VIII R 14/84, BFH/NV 1985, 73; BFH 25.10.2001 – IV R 47, 48/00, BStBl. II 2001, 289),
- die Durchführung bzw. Mitwirkung an der Erschließung mit Kostentragung, zB Herstellung von Straßen und Wegen sowie von Be- und Entwässerungsanlagen, Ankauf oder Übertragung von Wegeflächen auf die Gemeinde (BFH 7.2.1973 – I R 210/71, BStBl. II 1973, 642; BFH 8.7.1982 – IV R 20/78, BStBl. II 1982, 700; BFH 8.9.2005 – IV R 38/03, BStBl. II 2006, 166),
- der Eigentümer tritt entschädigungslos Straßengrund für die Erschließung ab (BFH 14.11.1972 – VIII R 71/72, BStBl. II 1973, 239; BFH 29.8.1973 – I R 214/71, BStBl. II 1974, 6),
- Aktivitäten einer Erschließungsgesellschaft, in deren Vermögen der Grundstückseigentümer Grundstücke zwecks Umlegung eingebracht hat (BFH 8.7.1982 – IV R 20/78, BStBl. II 1982, 700),
- die Beauftragung und Bezahlung eines sog. Vorhaben- bzw. Erschließungsplans (FG Münster 24.7.2007 – 11 K 1654/04, EFG 2007, 1435),
- das Erwirken eines Vorbescheides für die Wohnbebauung (BFH 8.7.1982 – IV R 20/78, BStBl. II 1982, 700),
- das Stellen eines Bauantrages oder einer Bauvoranfrage (BFH 8.7.1982 – IV R 20/78, BStBl. II 1982, 700; BFH 20.9.1995 – X R 34-35/93, BFH/NV 1996, 302; BFH 8.11.2007 – IV R 34/05, BStBl. II 2008, 231).

Eine Veräußerung von **weniger als vier Objekten** ist nur ausnahmsweise gewerblich. So kann beispielsweise auf eine gewerbliche Betätigung geschlossen werden, wenn das im zeitlichen Zusammenhang mit der Bebauung und Veräußerung (ggf. auch durch Schenkung) erworbene Grundstück schon vor seiner Bebauung verkauft worden ist oder wenn ein solches Grundstück von vorneherein auf Rechnung oder nach Wünschen des Erwerbers bebaut wird (BFH 10.12.2001 – GrS 1/98, BStBl. II 2002, 291; *Märkle/Hiller* ESt Land- und Forstwirte Rn. 198a). **353**

Ebenso kann für eine **gewerbliche Betätigung** der Umstand sprechen, dass das Bauunternehmen des das Grundstück bebauenden Steuerpflichtigen erhebliche Leistungen für den Bau erbringt, die nicht wie unter Fremden abgerechnet werden (BFH 11.6.1997 – XI R 71/96, BFH/NV 1997, 839). Die Wahrnehmung üblicher Mitwirkungsrechte im Rahmen der Bauplanung ist unschädlich, solange Landwirte keine kommunalen Aufgaben übernehmen oder zur optimalen wirtschaftlichen Ausnutzung der Baugrundstücke Einfluss nehmen (BFH 8.9.2005 – IV R 38/03, BStBl. II 2006, 166). Allein der Abschluss eines städtebaulichen Vertrages ist noch kein Indiz für einen gewerblichen Grundstückshandel (BFH 8.11.2007 – IV R 35/06, BStBl. II 2008, 359; FM Bayern 4.1.2000, BeckVerw 106081; Leingärtner/*Stalbold* Kap. 13 Rn. 27). Voraussetzung ist jedoch, dass sämtliche Baulandentwicklungsmaßnahmen und Initiativen von der Kommune ausgehen. Deshalb müssen sämtliche Auftragsvergaben (Werkverträge) durch die Gemeinde erfolgen. **354**

ABC der **unschädlichen** Aktivitäten (vgl. BFH 8.9.2005 – IV R 38/03, BStBl. II 2006, 166; Leingärtner/*Stalbold* Kap. 13 Rn. 25): **354.1**

- der Abschluss des städtebaulichen Vertrages,
- die Beteiligung an den Planungskosten,
- die wiederholte Vorsprache bei den Entscheidungsträgern der Gemeinde,
- die intensive Begleitung von Planungsmaßnahmen,
- die Vorlage eigener Planungsentwürfe,
- die Anregung für die Erschließung in Teilabschnitten,
- die Hinwirkung für die Verringerung der Gemeinschaftsflächen,
- der Antrag auf Änderung des Bebauungsplans,
- die Überlassung von Ausgleichsflächen,
- der Antrag auf Änderung des Flächennutzungsplans.

355–359 *Einstweilen frei*

V. Landwirtschaftlicher Freibetrag

360 Einkünfte aus Land- und Forstwirtschaft werden bei der Ermittlung des Gesamtbetrages der Einkünfte nur berücksichtigt, wenn sie den Betrag von 900 EUR (bis VZ 2014 670 EUR) übersteigen (§ 13 Abs. 3 S. 1; Erhöhung durch das Zollkodex-Anpassungsgesetz v. 22.12.2014, BGBl. 2014 I 2417; → § 13a Rn. 15). Ziel des Freibetrages ist es, aktiv bewirtschaftete landwirtschaftliche Klein- und Kleinstbetriebe zu fördern (BT-Drs. 19/15700, 283). Der landwirtschaftliche Freibetrag ist verfassungsgemäß. Die Bevorzugung von Land- und Forstwirten stellt uE keinen Gleichheitsverstoß gegen Art. 3 Abs. 1 GG dar, weil wesentlich Gleiches gleich behandelt wird (BVerfG 21.7.2010 – 1 BvR 611/07 und 1 BvR 2464/07, DStR 2010, 1721; BVerfG 23.6.2015 – 1 BvL 13/11 und 1 BvL 14/11, BStBl. II 2015, 871). Dem Gesetzgeber kommt bei der Beurteilung von Sachverhalten als wesentlich gleich oder ungleich ein weiter Gestaltungsspielraum zu (HHR/*Paul* § 13 Rn. 3; Schmidt/*Kulosa* § 13 Rn. 101). Der Freibetrag ist nicht auf andere Einkunftsarten übertragbar, weil kein aus Art. 3 GG resultierender verfassungsrechtlicher Anspruch besteht, die Einkünfte in Höhe eines Freibetrags von der Besteuerung freizustellen (FG Hessen 7.3.1996 – 11 K 350/95, EFG 1996, 812, rkr.). Im Hinblick auf die Höhe des Freibetrages hat der Gesetzgeber ebenfalls einen weiten Spielraum. Er ist insbesondere nicht verpflichtet, allein deswegen, weil er einer bestimmten Gruppe von Steuerpflichtigen zur Erreichung eines bestimmten Zwecks einen Freibetrag gewährt hat, einer anderen Gruppe von Steuerpflichtigen, bei denen andere Verhältnisse vorliegen, einen gleich hohen Freibetrag zu gewähren (BFH 26.9.1969 – VI R 158/67, BStBl. II 1969, 730). Im Schrifttum wird die Entlastungswirkung des Freibetrages als gering betrachtet und aus steuersystematischen Gründen dessen Abschaffung für wünschenswert gehalten (HHR/*Paul* § 13 Rn. 3).

360.1 Nach Ansicht des Bundesrechnungshofes (BRH) verfehlt der Freibetrag sein Ziel, aktive kleinere landwirtschaftliche Betriebe zu unterstützen. Maximal zwei Drittel des Fördervolumens kommen der eigentlichen Zielgruppe zugute. Dies sei insbesondere darauf zurückzuführen, dass der Freibetrag jegliche Art von Einkünften aus Land- und Forstwirtschaft begünstigt und die Begünstigung personenbezogen ausgestaltet ist. Die Bevorzugung land- und forstwirtschaftlicher Einkünfte sei gegenüber anderen Einkunftsarten rechtlich bedenklich (BT-Drs. 19/15700, 284). Der BRH empfiehlt deshalb, den Freibetrag abzuschaffen. Soweit Bedarf besteht, bäuerliche Klein- und Kleinstbetriebe zu subventionieren, sollte die Steuervergünstigung in eine direkte Förderung umgewandelt werden, die möglichst Mitnahmeeffekte ausschließt.

361 **Zusammenveranlagte Ehegatten** und eingetragene Partnerschaften (§ 2 Abs. 8) erhalten den doppelten Freibetrag iHv 1.800 EUR, bis VZ 2014 1.340 EUR (§ 13 Abs. 3 S. 3). Für die Verdoppelung des Freibetrages kommt es nicht darauf an, ob beide oder nur einer der Ehegatten Einkünfte aus Land- und Forstwirtschaft erzielt. So der BFH, der in dem Freibetrag eine aus agrarpolitischen Erwägungen gewährte steuerliche Subvention sieht und keinen Verstoß gegen Art. 6 GG (BFH 25.2.1988 – IV R 32/86, BStBl. II 1988, 827). Bei negativen Einkünften aus Land- und Forstwirtschaft wird der Freibetrag nicht gewährt (Leingärtner/*Kanzler* Kap. 47 Rn. 4; *Felsmann* ESt Land- und Forstwirte A 387; HHR/*Paul* § 13 Rn. 121).

362 Land- und Forstwirte erhalten diesen Freibetrag personenbezogen, aber unabhängig von der **Art der Gewinnermittlung** (Leingärtner/*Kanzler* Kap. 47 Rn. 4; HHR/*Paul* § 13 Rn. 120; Schmidt/*Kulosa* § 13 Rn. 101). Der Freibetrag wird nur gewährt, wenn die Summe der Einkünfte 30.700 EUR (bei Zusammenveranlagten 61.400 EUR) nicht übersteigt (§ 13 Abs. 3 S. 2 iVm § 2 Abs. 3). Alle positiven und negativen Einkünfte aus Land- und Forstwirtschaft sind vor Berücksichtigung des Freibetrages zusammen zu rechnen (BFH 25.2.1988 – IV R 32/86, BStBl. II 1988, 827). Die Vorschrift enthält keine Gleitregelung. Ist der Grenzbetrag von 30.700 EUR bzw. 61.400 EUR auch nur geringfügig überschritten, entfällt der Freibetrag.

Den Freibetrag können sowohl unbeschränkt Steuerpflichtige als auch **beschränkt Steuerpflichtige** mit inländischen Einkünften aus Land- und Forstwirtschaft (§ 49 Abs. 1 Nr. 1) in Anspruch nehmen. **363**

Der Freibetrag setzt lediglich voraus, dass es sich um Einkünfte aus Land- und Forstwirtschaft handelt. Auf die **Herkunft der Einkünfte** kommt es nicht an. Deshalb wird der Freibetrag auch gewährt, wenn lediglich Einkünfte aus Beteiligungen an Forstgenossenschaften oder Realgemeinden (§ 13 Abs. 1 Nr. 4; *Felsmann* ESt Land- und Forstwirte A 387; *Köhne/Wesche* Landwirtschaftliche Steuerlehre, 230) oder Veräußerungsgewinne vorliegen (Leingärtner/*Kanzler* Kap. 47 Rn. 6). § 13 Abs. 3 gilt auch für nachträgliche Einkünfte aus Land- und Forstwirtschaft (EStR 13.1 S. 2). Der Freibetrag wird auch dann ungeschmälert gewährt, wenn der Landwirt den Betrieb im Laufe des Kalenderjahres übernommen hat, ihn veräußert hat oder aufgibt (EStR 13.1 S. 3). Auch Verpächter eines Betriebes erhalten den Freibetrag, solange sie das Verpächterwahlrecht nutzen und den Betrieb nicht aufgegeben haben (Leingärtner/*Kanzler* Kap. 47 Rn. 9; *Felsmann* ESt Land- und Forstwirte A 387). Der Abzug des Freibetrages ist ausgeschlossen für Betriebe, die Verluste erwirtschaften. Ebenso erhält der Steuerpflichtige keinen Freibetrag, wenn er durch andere Einkünfte die Einkünftegrenze überschreitet (BT-Drs. 19/15700, 284). **364**

Betriebe mit **land- und forstwirtschaftlicher Grundstruktur,** die aber aufgrund der sog. Abfärbetheorie (§ 15 Abs. 3 Nr. 1) bzw. der gewerblichen Prägung (§ 15 Abs. 3 Nr. 2) gewerbliche Einkünfte erzielen, erhalten den Freibetrag nicht (*Märkle/Hiller* ESt Land- und Forstwirte Rn. 138). Für die Einkünfte von Selbständigen gibt es ebenfalls keinen Freibetrag (BT-Drs. 19/15700, 284). **365**

Sind mehrere Personen an dem Betrieb als **Gesellschafter oder Gemeinschafter** beteiligt, steht der Freibetrag jedem Beteiligten zu (*Märkle/Hiller* ESt Land- und Forstwirte Rn. 138b). Er wird nicht bei der Gewinnfeststellung einer Mitunternehmerschaft, sondern erst bei der Veranlagung des Mitunternehmers berücksichtigt (BFH 15.3.1990 – IV R 90/88, BStBl. II 1990, 689). **366**

Bei der Ermittlung der Veranlagungspflichtgrenze für Arbeitnehmer ist der Freibetrag abzuziehen (§ 46 Abs. 2 Nr. 1). **367**

Einstweilen frei **368–371**

VI. Wegfall der Nutzungswertbesteuerung

Die denkmalgeschützte Wohnung sowie der dazugehörende Grund und Boden, für die die Nutzungswertbesteuerung angewendet wird, sind notwendiges Betriebsvermögen des land- und forstwirtschaftlichen Betriebes (→ Rn. 273; Leingärtner/*Kanzler* Kap. 17 Rn. 9; *Felsmann* A ESt Land- und Forstwirte 167). Wird für eine Wohnung die **Nutzungswertbesteuerung** gem. § 13 Abs. 4 S. 2 auf Antrag **abgewählt,** so bleibt der Entnahmegewinn nach § 13 Abs. 4 S. 5 auch für den dazu gehörenden Grund und Boden außer Ansatz. Der Antrag ist formlos an das Finanzamt zu stellen (Leingärtner/*Kanzler* Kap. 17 Rn. 80; *Felsmann* ESt Land- und Forstwirte A 170a; HHR/*Paul* § 13 Rn. 126). Der Antrag kann nur gestellt werden, wenn grundsätzlich für diesen Veranlagungszeitraum noch ein Nutzungswert anzusetzen gewesen wäre, wenn die Wohnung also vom Betriebsinhaber für eigene Zwecke genutzt oder dem Altenteiler zur Wohnnutzung überlassen wurde (BFH 17.8.2006 – IV B 121/05, BFH/NV 2007, 23). **372**

Der **Antrag** ist mit dem Zugang beim Finanzamt wirksam und ab diesem Zeitpunkt unwiderruflich (BFH 15.10.1996 – IX R 10/95, BStBl. II 1997, 178). Die Antragsfrist für den jeweiligen VZ (und nicht für das Wirtschaftsjahr) endet grundsätzlich erst mit der materiellen Bestandskraft des Einkommensteuerbescheids (Leingärtner/*Kanzler* Kap. 17 Rn. 88) bzw. Eintritt der Verjährung für diesen Veranlagungszeitraum. Die Nutzungswertbesteuerung kann also rückwirkend abgewählt werden (BFH 6.11.2003 – IV R 41/02, BStBl. II 2004, **373**

419 und BFH 3.3.2011 – IV R 35/09, BFH/NV 2011, 2045). Der Zeitpunkt der Entnahme ist nach § 13 Abs. 4 S. 4 der 31.12. eines VZ in dem letztmals die Nutzungswertbesteuerung angesetzt wurde (*Felsmann* ESt Land- und Forstwirte A 170e) und zwar unabhängig davon, dass in der Land- und Forstwirtschaft der Gewinn regelmäßig für ein abweichendes Wirtschaftsjahr ermittelt wird.

374 Mit der Abwahl der Nutzungswertbesteuerung wird die Wohnung und der dazugehörende Grund und Boden **Privatvermögen** (Leingärtner/*Kanzler* Kap. 17 Rn. 119, 131). Der Buchwert der Wohnung und des Grund und Bodens sind auszubuchen. Bei Landwirten mit Einnahmenüberschussrechnung werden die Buchwerte nach § 4 Abs. 3 S. 4 abgesetzt. Der Nutzungswert der denkmalgeschützten Wohnung wird dann nicht mehr besteuert. Nach dem für die rückwirkende Abwahl der Nutzungswertbesteuerung bestimmten Zeitpunkt kann weder eine Nutzungsänderung noch eine Veräußerung der Wohnung und des dazugehörenden Grund und Bodens einen Einfluss auf die Steuerbefreiung haben (BFH 6.11.2003 – IV R 41/02, BStBl. II 2004, 419). Nach dem Gesetzeswortlaut ist zwar grundsätzlich ein Entnahmegewinn nach allgemeinen Vorschriften zu ermitteln (BFH 20.4.2005 – X R 53/04, BStBl. II 2005, 698), dieser wird nicht in die Gewinnermittlung einbezogen oder zumindest nicht der Besteuerung unterworfen (FG Niedersachsen 20.2.2019 – 9 K 139/16, EFG 2019, 1283, Rev. IX R 12/19). Aus dem Wortlaut des § 13 Abs. 4 S. 5, wonach der Entnahmegewinn „außer Ansatz bleibt", ist nicht zu folgern, dass Entnahmewert der Buchwert wäre (BFH 20.4.2005 – X R 53/04, BStBl. II 2005, 698).

375 Nach dem **Wegfall der Nutzungswertbesteuerung** werden steuerliche Vergünstigungen in den Sonderausgabenbereich verlagert (§ 13 Abs. 4 S. 3 EStG iVm § 52 Abs. 21 S. 4 und 6 EStG in der Fassung der Bekanntmachung vom 16.4.1997, BGBl. 1997 I 821; Leingärtner/*Kanzler* Kap. 17 Rn. 126–129). Land- und Forstwirte können für begünstigte Aufwendungen den Sonderausgabenabzug nach § 10f bis zum Ende des Begünstigungszeitraums geltend machen. Dies gilt jedoch nur für zu eigenen Wohnzwecken genutzte Wohnungen in einem Baudenkmal. Für unentgeltlich überlassene Wohnungen, zB Altenteilerwohnungen, ist ggf. ein Sonderausgabenabzug nach § 10g möglich (OFD Nordrhein-Westfalen 16.12.2015, BeckVerw 313281 Rn. 2.3.2.3 (Grundsatzverfügung); *Felsmann* ESt Land- und Forstwirte A 175e).

376 Die **steuerfreie Entnahme der Wohnung** umfasst alle Räume, die in einem einheitlichen Nutzungs- und Funktionszusammenhang mit ihr stehen (Leingärtner/*Kanzler* Kap. 17 Rn. 147–153; HHR/*Paul* § 13 Rn. 127). Die Wohnung muss sämtliche zur Führung eines selbständigen Haushalts erforderlichen Räume, also eine Küche, ein Bad und eine Toilette aufweisen (BFH 5.6.2003 – IV R 24/02, BFH/NV 2003, 1552). Zu einer Wohneinheit gehören ferner Bodenräume, Waschküchen, Keller-, Trocken- und Abstellräume (BFH 25.11.1983 – III R 73/80, BStBl. II 1984, 292) sowie Garagen und Stellplätze.

377 Die **steuerfreie Entnahme des** zu einer Wohnung gehörenden **Grund und Bodens** umfasst nur die für ihre private Nutzung erforderlichen und üblichen Flächen. Der Umfang richtet sich nach den tatsächlichen Verhältnissen zum Entnahmezeitpunkt. Die Bemessung dieses Umfangs ergibt sich aus BMF 4.6.1997 (BStBl. I 1997, 630) und 2.4.2004 (BStBl. I 2004, 442). Dabei ist auch die künftige Nutzung zu berücksichtigen (BFH 26.9.2001 – IV R 22/00, BStBl. II 2001, 762). Die steuerfreie Entnahme eines **Hausgartens** bis zu einer Fläche von nicht mehr als 1000 qm ist zulässig (BMF 4.6.1997, BStBl. I 1997, 630 Rn. 4; OFD Nordrhein-Westfalen 16.12.2015, BeckVerw 313281 (Grundsatzverfügung)). Es handelt sich um eine Nichtbeanstandungsgrenze, die grundsätzlich zu beachten ist, jedoch keinen Anspruch auf Entnahme weiterer 1000 qm Grund und Boden neben der mit der Wohnung bebauten Fläche begründet (BFH 26.9.2001 – IV R 22/00, BStBl. II 2001, 762;).

378 Andererseits ist aber auch nicht ausgeschlossen, dass eine größere Fläche als diese zu einer Wohnung gehören kann, wenn die Flächen für die künftige private Nutzung erforderlich und üblich sind. Der zur Wohnung gehörende Grund und Boden teilt aufgrund des einheitlichen Nutzungs- und Funktionszusammenhangs das rechtliche Schicksal der Wohnung (BFH 26.9.2001 – IV R 31/00, BStBl. II 2002, 78; BFH 6.11.2003 – IV R 41/02, BStBl. II 2004, 419 und BFH 20.11.2003 – IV R 21/03, BStBl. II 2004, 272; Leingärtner/*Kanzler* Kap. 17 Rn. 158–169).

379 **Veräußern oder entnehmen** Land- und Forstwirte die **begünstigte Wohnung** nach dem 31.12.1998 oder fällt die Nutzungswertbesteuerung weg, weil die Wohnung mit Wirkung ab einem Datum nach dem 31.12.1998 nicht mehr als Baudenkmal anerkannt ist, bleibt der dadurch entstehende Entnahmegewinn nach § 13 Abs. 4 S. 6 Nr. 1 außer Ansatz (OFD Nordrhein-Westfalen 16.12.2015, BeckVerw 313281 (Grundsatzverfügung), aA zur Zwangsentnahme Leingärtner/*Kanzler* Kap. 17 Rn. 44). Eine Entnahme kommt auch bei einer Nutzungsänderung, zB bei einer Vermietung, in Betracht (weitere Fälle zu § 13 Abs. 4 S. 6 Nr. 1 vgl. Leingärtner/*Kanzler* Kap. 17 Rn. 181 und HHR/*Paul* § 13 Rn. 128). Damit wird eine Veräußerung oder Entnahme der Wohnung vor der Abwahl der Nutzungswertbesteuerung ebenso begünstigt, wie die Überführung der Wohnung in das Privatvermögen durch Abwahl der Nutzungswertbesteuerung. Zwingende Voraussetzung ist jedoch, dass für die Wohnung im Zeitpunkt der Veräußerung oder Entnahme noch ein Nutzungswert anzusetzen war.

Erweitert wird die Begünstigung in § 13 Abs. 4 S. 6 Nr. 2 auf Wohnungen, für die im VZ 1986 aufgrund einer Fremdvermietung die Nutzungswertbesteuerung nicht angewendet werden konnte. Diese Steuerbegünstigung fällt aber weg, wenn kein Wohnbedarf besteht, dh wenn Wohnungen vorhanden sind, für die das Wahlrecht nach § 13 Abs. 4 S. 4 oder das Entnahmeprivileg nach § 13 Abs. 4 S. 6 Nr. 1 greift (§ 13 Abs. 4 S. 6 HS 2). Das Entnahmeprivileg des § 13 Abs. 4 S. 6 enthält, anders als § 13 Abs. 5, keine Objektbeschränkung (für § 13 Abs. 4 S. 6 Nr. 2 BFH 11.12.2003 – IV R 7/02, BStBl. II 2004, 277; Leingärtner/*Kanzler* Kap. 17 Rn. 183). Diese Regelung ist nur auf Wohnungen in Baudenkmalen anzuwenden; sie ist ausweislich des Zusammenhangs mit § 13 Abs. 4 Satz 1 und § 13 Abs. 2 Nr. 2 nicht auf andere fremdvermietete zum Betriebsvermögen gehörende Wohnungen anzuwenden (so auch FG Baden-Württemberg 15.5.2012 – 8 K 1936/09, EFG 2012, 1545, rkr.; FG Schleswig-Holstein 5.4.2017 – 2 K 26/17, EFG 2017, 1090, Rev. VI R 22/17; Leingärtner/*Krumm* Kap. 17 Rn. 192; HHR/*Paul* § 13 Rn. 129; Schmidt/*Kulosa* § 13 Rn. 102; Blümich/*Nacke* § 13 Rn. 190a; aA *Felsmann* ESt Land- und Forstwirte A 173; *Märkle/Hiller* ESt Land- und Forstwirte Rn. 249). **380**

Bei der Ermittlung eines Veräußerungsgewinns im Rahmen der **Einkünfte aus privatem Veräußerungsgeschäft** nach § 23 Abs. 1 S. 1 Nr. 1, Abs. 3 ist als fiktive Anschaffungskosten der Teilwert gemäß § 6 Abs. 1 Nr. 4 im Zeitpunkt der durch Abwahl der Nutzungswertbesteuerung ausgelösten Entnahme nach § 13 Abs. 4 zugrunde zu legen und nicht der Buchwert (FG Niedersachsen 20.2.2019 – 9 K 139/16, EFG 2019, 1283, rkr., Rev. IX R 12/19 wurde zurückgenommen; entgegen BMF 5.10.2000, BStBl. I 2000, 1383 Rn. 34; bestätigt durch BMF 3.9.2019, BStBl. I 2019, 888). **381**

Einstweilen frei **382–383**

VII. Entnahmeprivileg Grund und Boden gem. § 13 Abs. 5

§ 13 Abs. 5 sieht ein Entnahmeprivileg für den Grund und Boden vor, auf dem die Wohnung des Steuerpflichtigen oder eine Altenteilerwohnung errichtet wird. Der für die Errichtung des Gebäudes erforderliche Grund und Boden stellt eigentlich eine Entnahme aus dem Betriebsvermögen gem. § 6 Abs. 1 Nr. 4 dar, doch bleibt dieser Entnahmegewinn außer Ansatz. Die Regelung geht zurück auf die Ende 1998 ausgelaufene Nutzungswertbesteuerung. Da die Vorschriften des § 52 Abs. 15 S. 10, 11 EStG 1997 mit Ablauf des 31.12.1998 ausgelaufen worden sind, bedurfte es einer Dauerregelung zur steuerfreien Entnahme von Grund und Boden (Dritter Bericht des Finanzausschusses Bundestag zum Entwurf eines SteuerEntlG 1999/2000/2002, BT-Drs. 14/443, 27). **384**

Zur **Nutzungswertbesteuerung** → Rn. 273. Die Möglichkeit der steuerfreien Entnahme des Grund und Bodens ist vom Gesetzgeber aufgenommen worden, weil der Grund und Boden der Hofstelle regelmäßig zum steuerlichen Betriebsvermögen gehört und Land- und Forstwirte aufgrund der betrieblichen Tätigkeit in der Regel gezwungen sind, vor Ort auch ihren Lebensmittelpunkt und damit ihre Wohnung zu nehmen. Muss aus betrieblichen Gründen die Wohnung auf der Hofstelle neu errichtet werden, ist es folgerichtig, dass der dazugehörige Grund und Boden steuerfrei entnommen werden kann, weil durch eine gesetzgeberische Leitentscheidung das privat genutzte Wohnhaus immer dem steuerlichen Privatvermögen zuzuordnen ist. **385**

Auch die **Aussiedlung von land- und forstwirtschaftlichen Betrieben** hatte der Gesetzgeber bei dieser Regelung im Blick. Wird ein land- und forstwirtschaftlicher Betrieb **386** aus der Dorflage in die freie Feldflur verlegt, wird dies in der Regel auch mit der Neuerrichtung der privat genutzten Wohnung oder eines Altenteilerhauses verbunden. Die Regelung des § 13 Abs. 5 kommt immer dann zum Zuge, wenn die Aussiedlung auf Flächen erfolgt, die bereits im Eigentum des Steuerpflichtigen stehen. Soweit für die Aussiedlung Flächen neu hinzuerworben werden, ist der Teil des Grund und Bodens, auf dem das privatgenutzte Wohnhaus errichtet wird, von Anfang an dem steuerlichen Privatvermögen zuzuordnen.

387 Auch **Gewerbetreibende gem. § 15 Abs. 1 S. 3** sowie selbständig Tätige gem. § 18 Abs. 4 können diese Regelung in Anspruch nehmen, wobei dies nur für solche Grundstücke gilt, die sich schon 1986 im steuerlichen Betriebsvermögen bei Gewerbetreibenden oder Freiberuflern befanden.

388 **Begünstigt** ist nur die Errichtung von Betriebsleiter- oder Altenteilerwohnungen. Es muss sich also um die Herstellung einer neuen Wohnung oder die erstmalige Herstellung von Wohnräumen zB durch den Umbau von betrieblich nicht mehr erforderlichen Wirtschaftsgebäuden handeln. Nur der jeweilige Betriebsleiter kann das Entnahmeprivileg für eine von ihm selber oder den Altenteilern genutzte Wohnung in Anspruch nehmen (BFH 13.10.2005 – IV R 33/04, BStBl. II 2006, 68). Erfolgt eine Nutzung zunächst durch Fremdvermietung, scheidet das Entnahmeprivileg aus. Erfolgt eine Errichtung eines neuen Gebäudes im Zusammenhang oder kurze Zeit vor der Hofübergabe, kann das Entnahmeprivileg in Anspruch genommen werden, wenn die Hofübergabe in einem engen sachlichen und zeitlichen Zusammenhang von in der Regel 6 Monaten erfolgt (BFH 13.10.2005 – IV R 33/04, BStBl. II 2006, 68).

389 Wird der landwirtschaftliche Betrieb als Mitunternehmerschaft geführt, kann jeder Mitunternehmer die Regelung für sich in Anspruch nehmen. Das Gesetz stellt auf den Steuerpflichtigen ab. Ist der Mitunternehmer Alleineigentümer der zu bebauenden Fläche, kann die gesamte Fläche entnommen werden. Steht dem Mitunternehmer eigentumsrechtlich nur ein Teil der Fläche zu, kommt nur eine anteilige Inanspruchnahme des Entnahmeprivilegs in Betracht. Dies gilt insbesondere in den Fällen, in denen sich die Fläche im Gesamthandsvermögen der Mitunternehmerschaft befindet. Wird eine Fläche, auf der eine Bebauung geplant ist, zwischen Mitunternehmern eigentumsrechtlich von dem einen in das andere Sonderbetriebsvermögen übertragen, greift hierfür § 6 Abs. 5 S. 3 mit den dort genannten Sperrfristen. Erfolgt zu einem späteren Zeitpunkt eine Bebauung der Fläche, ist zusätzlich zu prüfen, ob ein Sperrzeitenverstoß gegeben ist. Dieser kann eine Steuerbelastung rückwirkend auslösen.

390 Mittlerweile ist die Aufnahme eines Angehörigen in ein Einzelunternehmen gem. § 6 Abs. 3 durch die Finanzverwaltung mit BMF 20.11.2019 (BStBl. I 2019, 1291) neu geregelt worden. Es besteht die Möglichkeit der Übertragung eines Mitunternehmeranteils mit Sonderbetriebsvermögen – überquotal oder quotal – ohne Sperrfrist. Nimmt das Elternteil daher ein Kind in ein bislang bestehendes Einzelunternehmen auf und überträgt in diesem Zusammenhang das Elternteil die Fläche, auf der das Kind ein Betriebsleiter- oder Altenteilerhaus errichten will, zu Eigentum in das Sonderbetriebsvermögen des Kindes, greift keine Sperrfrist. Das Kind kann dann den für die Bebauung benötigen Grund und Boden gem. § 13 Abs. 5 steuerfrei entnehmen. Voraussetzung für die Anwendung ist, dass dem Kind im Rahmen der Aufnahme in das bestehende Einzelunternehmen des Elternteils auch ein Anteil am Gesamthandsvermögen mit einem mindestens quotalen oder überquotalen Anteil am Sonderbetriebsvermögen, also der zu bebauenden Fläche, übertragen wird.

391 Zur Berechnung der Anschaffungskosten im Privatvermögen gem. § 23 Abs. 1 S. 2 siehe BMF 5.10.2000 (BStBl. I 2000, 1383 Rn. 34). Für den betrieblichen Schuldzinsenabzug gem. § 4 Abs. 4a ist die steuerfreie Entnahme der Fläche mit dem Entnahmewert gem. § 6 Abs. 1 Nr. 4 anzusetzen (BMF 17.11.2005, BStBl. I 2005, 1019 Rn. 8).

392 *Einstweilen frei*

VIII. Nutzungsrechte in der Land- und Forstwirtschaft

393 Eine besondere und häufig anzutreffende Form der Einkunftserzielung in der Land- und Forstwirtschaft ist die Flächenüberlassung in Form von Gesamtbetriebsverpachtungen, Verpachtung von Einzelflächen, Nießbrauchsvereinbarungen oder Wirtschaftsüberlassungsverträgen.

1. Verpachtung von Flächen oder Betrieben

Gesamtbetriebsverpachtung. Die Gesamtbetriebsverpachtung im Vorgriff auf die spätere Hofnachfolge ist im Bereich der Land- und Forstwirtschaft häufig anzutreffen. Zivilrechtlich wird in der Regel ein **Eisernes Pachtverhältnis** gem. § 582a BGB vereinbart. Kennzeichen der eisernen Verpachtung ist es, dass der Verpächter den eingerichteten Betrieb dem Pächter als vorgesehener Hofnachfolger mit der Verpflichtung übergibt, die Inventargegenstände bei Beendigung zum Schätzwert wieder zurückzugeben. Zu den zivilrechtlichen Besonderheiten siehe § 582a BGB. Zur ertragsteuerlichen Behandlung siehe BMF 21.2.2002, BStBl. I 2002, 262. Erfolgt die eiserne Verpachtung im Vorgriff auf die spätere Hofübertragung, kann eine Buchwertmethode als Vereinfachungsmethode genutzt werden. Voraussetzung ist, dass Verpächter und Pächter nicht beide ihren Gewinn gem. § 4 Abs. 1 ermitteln, weil es sonst zu ungerechtfertigten Steuervorteilen kommen kann (BFH 24.6.1999 – IV R 73/97, BStBl. II 2000, 39). In der Regel wechselt der Verpächter daher im Zusammenhang mit der Eisernen Verpachtung zur Einnahmenüberschussrechnung gem. § 4 Abs. 3. 394

Verpächterwahlrecht. Werden Flächen oder Betriebe aus einem aktiv bewirtschafteten Betrieb heraus verpachtet, kann das Verpächterwahlrecht gem. § 16 Abs. 3b in Anspruch genommen werden. Eine Einzelflächenverpachtung eines aktiv bewirtschafteten land- und forstwirtschaftlichen Betriebes führt nicht zu einer Entnahme. Diese Fläche bleibt unverändert dem steuerlichen Betriebsvermögen zugeordnet. Sie wird nicht mehr dem notwendigen Betriebsvermögen, sondern dem geduldeten (gewillkürten) Betriebsvermögen zugeordnet. Wird ein gesamter Betrieb an mehrere Pächter verpachtet, spricht man von der parzellierten Verpachtung. Auch in diesen Fällen kann das Verpächterwahlrecht gem. § 16 Abs. 3b angewendet werden. Ob das Verpächterwahlrecht bei der Realteilung mit Einzelwirtschaftsgütern in Anspruch genommen werden kann, ist derzeit unklar. Während die Finanzverwaltung in diesen Fällen das Verpächterwahlrecht zubilligt (BMF 19.12.2018, BStBl. I 2019, 6), lehnt dies der BFH ab (BFH 17.5.2018 – VI R 66/15, DStR 2018, 2135). Dazu soll demnächst eine Überarbeitung des BMF-Schreibens zu § 16 Abs. 3b (BStBl. I 2016, 1326) erfolgen (LfSt Niedersachsen 14.1.2019, BeckVerw 445939). 395

Unentgeltliche Überlassung. Wird im Rahmen einer Gesamtbetriebsverpachtung oder einer Einzelflächenverpachtung kein Entgelt vereinbart, ist weiter zu prüfen, ob die unentgeltliche Überlassung betrieblicher Wirtschaftsgüter zu außerbetrieblichen Zwecken zu einer Zwangsentnahme aus dem Betriebsvermögen führt. Dies ist jedenfalls immer dann gegeben, wenn diese unentgeltliche Überlassung zu außerbetrieblichen Zwecken nicht nur von vorübergehender Dauer ist (BFH 14.8.2014 – IV R 56/11, BFH/NV 2015, 317; BFH 24.3.2011 – IV R 46/08, BStBl. II 2011, 692). Erfolgt lediglich eine verbilligte Überlassung, ist aber mindestens die Geringfügigkeitsgrenze von 10% des ortsüblichen Pacht- oder Mietzinses erreicht, bleibt die Betriebsvermögenseigenschaft zumindest bei der Vereinbarung eines verbilligten Erbbauzinses erhalten (BFH 24.3.2011 – IV R 46/08, BStBl. II 2011, 692; LfSt Rheinland-Pfalz 23.9.2019, BeckVerw 457957). 396

Verbilligte Überlassung. Die Nutzungsentnahme durch die verbilligte Überlassung führt zu einer Erhöhung des Gewinns um die anteiligen Kosten der außerbetrieblichen Nutzung, höchstens aber um den Marktwert der Nutzung (BFH 19.12.2002 – IV R 46/00, BFH/NV 2003, 979). Werden ursprünglich landwirtschaftlich genutzte Flächen im Rahmen einer Gesamtbetriebsverpachtung oder einer Einzelflächenverpachtung insgesamt unentgeltlich überlassen, führt dies nicht zu einer Betriebsaufgabe des landwirtschaftlichen Betriebs. Der Wegfall der Gewinnerzielungsabsicht führt zur Annahme einer Liebhaberei im steuerlichen Sinne, da eine Betriebsaufgabe eine eindeutige Betriebsaufgabeerklärung des Steuerpflichtigen erforderlich macht. 397

Betriebsvermögenseigenschaft der Pachtflächen. Der Verpächter eines landwirtschaftlichen Betriebes kann ebenso wie der aktiv wirtschaftende Landwirt sowohl notwendiges als auch gewillkürtes Betriebsvermögen und auch Privatvermögen bilden. Im Zeitpunkt des Übergangs von der aktiven Bewirtschaftung zur passiven Bewirtschaftung, also der Verpachtung, stellen alle Flächen, die vorher selbst bewirtschaftet worden sind, notwendiges Betriebsvermögen des verpachteten landwirtschaftlichen Betriebes dar. Es spielt keine Rolle, ob es sich um eine Gesamtbetriebsverpachtung oder eine parzellenweise Verpachtung handelt (BFH 19.12.2019 – VI R 53/16, BeckRS 2019, 40732). Erwirbt ein Verpächter während 398 der Verpachtungsdauer eine Fläche hinzu, ist diese nur dann dem notwendigen Betriebsvermögen des Verpachtungsbetriebes zuzuordnen, wenn er diese innerhalb von 12 Monaten in eines der bestehenden Pachtverhältnisse mit einbezieht, also an einen der bisherigen Pächter verpachtet (BFH 19.12.2019 – VI R 53/16, BB 2020, 1007). Erfolgt dagegen keine Verpachtung an einen der Bestandspächter oder kann die Fläche erst nach Ablauf von 12 Monaten in ein bestehendes Pachtverhältnis einbezogen werden, liegt nicht notwendiges Betriebsvermögen vor. Will der Verpächter diese Fläche seinem gewillkürten Betriebsvermögen zuordnen, muss er einen entsprechenden Widmungsakt durch eine geeignete Zuwendungsentscheidung treffen. Diese Zuordnungsentscheidung kann durch die zeitnahe Aufnahme in ein Grundstücksverzeichnis erfolgen und ist der Finanzverwaltung spätestens mit der Abgabe der Steuererklärung für den VZ, in welchem das Grundstück erstmalig dem gewillkürten Betriebsvermögen zugeordnet worden ist, anzuzeigen. Erfolgt eine solche Zuweisungsentscheidung zum gewillkürten Betriebsvermögen nicht, zählt diese Fläche zum notwendigen Privatvermögen (BFH 19.12.2019 – VI R 53/16, BB 2020, 1007). Mit dem Urteil vom 19.12.2019 hat der BFH seine bisherige Rechtsprechung präzisiert (BFH 19.7.2011 – IV R 10/09, BStBl. II 2012, 93) und von Spekulationen in der Literatur bereinigt. Es gelten nunmehr sowohl für einen verpachteten Betrieb als auch für einen aktiv bewirtschafteten Betrieb die gleichen Maßstäbe bei der Begründung von notwendigem oder gewillkürtem Betriebsvermögen sowie notwendigem Privatvermögen.

399 Offengelassen hat der BFH aber die Frage, wann von einem bestehenden Pachtverhältnis im Rahmen des Erwerbs von Flächen und unmittelbarer Verpachtung innerhalb von 12 Monaten auszugehen ist. In Betracht kommt der Pächterbestand zum Zeitpunkt der erstmaligen Ausübung des Verpächterwahlrechts, zum anderen der Pächterbestand zum Zeitpunkt des Erwerbs der Flächen. Da es hier um die Frage der Bildung von notwendigem Betriebsvermögen geht, kommt es nur auf den Bestand der Pächter an, deren Flächen bereits steuerliches Betriebsvermögen beim Verpächter sind. Dabei ist nicht auf den Zeitpunkt der erstmaligen Ausübung des Verpächterwahlrechts, sondern auf den Zeitpunkt der jeweiligen Zuordnungsentscheidung der neu hinzu erworbenen Fläche abzustellen. Soweit daher eine Fläche mangels Zuordnungsentscheidung bei dem Erwerb und der Verpachtung an einen Neupächter dem steuerlichen Privatvermögen zugeordnet worden ist, ist bei einem zeitlich nachfolgenden Kauf und Verpachtung an eben diesen Pächter nicht von einem Bestandspächter im Sinne der BFH-Rechtsprechung auszugehen. In diesem Fall muss der Verpächter, damit diese (zweite) Fläche Betriebsvermögen wird, eine ausdrückliche Zuordnungsentscheidung treffen. Trifft er diese Entscheidung nicht, liegt steuerliches Privatvermögen vor.

2. Nießbrauch an land- und forstwirtschaftlichen Betrieben

400 **Vorbehaltsnießbrauch.** Ebenfalls im Rahmen der Hofnachfolge sind Nießbrauchsgestaltungen in der Land- und Forstwirtschaft üblich und werden oft vereinbart. Häufigster Anwendungsfall ist die Übertragung eines landwirtschaftlichen Betriebs gegen Vorbehaltsnießbrauch. In diesem Fall entstehen bei einem aktiv bewirtschafteten Betrieb zwei Unternehmen im steuerlichen Sinne, zum einen in der Hand des neuen Eigentümers, zum anderen in der Hand des Vorbehaltsnießbrauchers (BFH 26.2.1987 – IV R 325/84, BStBl. II 1987, 772), dem bisherigen Alt-Eigentümer. Der Vorbehaltsnießbraucher – Alt-Eigentümer – erzielt Einkünfte aus der laufenden Bewirtschaftung des Betriebs, der neue Eigentümer solche aus der Veräußerung des Grundbesitzes. Die Abschreibung für die Wirtschaftsgüter des Anlagevermögens kann der Vorbehaltsnießbraucher geltend machen (BFH 24.6.2009 – IV R 20/07, BFH/NV 2010, 20). In dieser Konstellation kann der Neu-Eigentümer, also der Nießbrauchbesteller, eine Betriebsaufgabeerklärung gemäß § 16 Abs. 3b abgeben (BFH 13.11.1963 – GrS 1/63, BStBl. III 1964, 124; BFH 18.3.1964 – IV 114/61, BStBl. III 1964, 303). Liegt dagegen ein verpachteter land- und forstwirtschaftlicher Betrieb vor, entstehen bei einer unentgeltlichen Übertragung gegen Vorbehaltsnießbrauch im steuerlichen Sinne drei Betriebe, nämlich ein ruhender in der Hand des nunmehrigen Eigentümers und Nießbrauchsverpflichteten, ein ruhender Betrieb in der Hand des Nießbrauchsberechtigten und bisherigen Eigentümers (Vorbehaltsnießbraucher) und ein wirtschaftender Betrieb in der Hand des Pächters (Dritter). Die Rechtsprechung zu der unentgeltlichen Übertragung eines land- und forstwirtschaftlichen Betriebs unter Nießbrauchsvorbehalt gilt nach Auffassung und einer Leibrente. Nur bei einer dauernden Last konnte ein vollständiger Sonderausgabenabzug geltend gemacht werden, sodass eine Bezugnahme auf § 323 ZPO häufig aufgenommen worden ist. Da dieses rechtliche Verständnis mittlerweile überwunden worden ist, die Zahlungen im Rahmen eines Wirtschaftsüberlassungsvertrags als Betriebsausgaben anzusetzen sind, ist die Bezugnahme auf § 323 ZPO in steuerlicher Hinsicht nicht mehr erforderlich.

Fremdvergleich. Richterweise hat der BFH (Urteile v. 12.7.2017 – VI R 59/15, VI R 410
60/2015, → Rn. 407), dass die steuerlichen Kriterien eines Fremdvergleichs bei Verträgen zwischen nahen Angehörigen hier nicht anzuwenden sind. Wirtschaftsüberlassungsverträge werden gerade nicht zwischen fremden Dritten, sondern ausschließlich zwischen Familienangehörigen abgeschlossen. Das Kriterium des Fremdvergleichs geht daher fehl und berücksichtigt nicht das objektive Nettoprinzip des Steuerrechts. Nur in den Fällen, in denen die Leistungen des Nutzungsberechtigten das marktübliche Entgelt übersteigen, kann es sich insoweit um eine Unterhaltsleistung gem. § 12 Nr. 2 EStG handeln, die nicht als Betriebsausgaben abziehbar sind.

Neuverträge. Der „neue" Wirtschaftsüberlassungsvertrag ist daher als verkappter Pacht- 411
vertrag ein zivil- und steuerrechtlich einzuordnen, die Leistungen sind als Betriebsaufwand oder Betriebseinnahmen bei den Beteiligten zu erfassen. Der nur in der Land- und Forstwirtschaft bekannte Wirtschaftsüberlassungsvertrags hat daher trotz der Neufassung des § 10 Abs. 1 Nr. 1a überlebt und kann weiter angewendet werden. Dem Berater stehen in der Praxis daher vielfältige Möglichkeiten zur Verfügung, um die Hofübergabe zu gestalten. Neben der lebzeitigen Eigentumsübertragung gegen Einräumung üblicher Altenteilsleistungen gibt es die Möglichkeit der schlichten Verpachtung oder der eisernen Verpachtung. Auch kann zum Wirtschaftsüberlassungsvertrag gegriffen werden, was sich immer dann anbietet, wenn statt eines Pachtpreises ortsübliche Altenteilsleistungen vereinbart werden. Voraussetzung ist immer, dass die vereinbarten Zahlungen und die sonstigen zu tragenden Kosten klar und eindeutig formuliert und auch tatsächlich und pünktlich erbracht werden.

Einstweilen frei 412–413

IX. Mitunternehmerschaften in der Land- und Forstwirtschaft

1. Allgemeines

Mit der Verweisung in § 13 Abs. 7 auf § 15 Abs. 1 S. 1 Nr. 2 trägt der Gesetzgeber der 414
Tatsache Rechnung, dass land- und forstwirtschaftliche Betriebe nicht nur als Einzelunternehmen, sondern auch als Mitunternehmerschaften geführt werden. Der allgemeine Mitunternehmerbegriff des § 15 ist uneingeschränkt auch bei den Einkünften aus Land- und Forstwirtschaft anzuwenden, sodass die Voraussetzungen für gewerbliche Mitunternehmerschaften wie Mitunternehmerinitiative und -risiko ebenso gelten.

Eine **stille Gesellschaft** unter Beteiligung eines land- und forstwirtschaftlichen Betriebs 415
ist in der Regel ausgeschlossen, da man sich an einem landwirtschaftlichen Unternehmen nicht als stiller Gesellschafter iSd § 230 HGB beteiligen kann. Auf Betriebe der Land- und Forstwirtschaft finden gem. § 3 Abs. 1 HGB die Kaufmannsregeln nicht Anwendung, es sei denn, dass Land- und Forstwirte von dem Wahlrecht auf Eintragung ins Handelsregister als Kann-Kaufmann gem. § 2 HGB Gebrauch gemacht haben.

Die **Rechtsprechung** hat sich in diesen Fällen damit beholfen, statt einer stillen Gesell- 416
schaft iSd § 230 HGB eine BGB-Innengesellschaft gem. § 705 BGB anzunehmen (BFH 10.5.2007 – IV R 2/05, BStBl. II 2007, 927). Für eine solche faktische Mitunternehmerschaft müssen aber die üblichen Merkmale wie Mitunternehmerinitiative und Mitunternehmerrisiko mehr oder weniger stark ausgeprägt vorhanden sein (BFH 25.6.1984 – GrS 4/82, BStBl. II 1984, 751). Ob daher tatsächlich eine faktische Mitunternehmerschaft in Form einer BGB-Innengesellschaft vorliegt, ist anhand der einzelnen Merkmale für die Annahme einer steuerlichen Mitunternehmerschaft festzustellen.

Daneben kommen in der Land- und Forstwirtschaft regelmäßig Mitunternehmerschaften 417
zwischen Familienangehörigen vor. Haben Eheleute den vertraglichen **Güterstand der Gütergemeinschaft** vereinbart und gehört der Betrieb zu dem Gesamtgut, sind sie Mitunternehmer des Betriebs, weil der Grund und Boden wesentlich ist für die Erzielung der Einkünfte aus Land- und Forstwirtschaft (BFH 26.10.2011 – IV B 66/10, BFH/NV 2012,

411; BFH 16.12.2009 – IV R 18/07, BFH/NV 2010, 1419; BFH 14.2.2008 – IV R 44/05, BFH/NV 2008, 1156). Nach Auffassung des BFH ergibt sich die Mitunternehmerschaft zwangsläufig aus der Zugehörigkeit des land- und forstwirtschaftlichen Betriebs zum Gesamtgut der Gütergemeinschaft. Gewinne des Betriebes sind den Ehegatten hälftig zuzurechnen, es sei denn, der landwirtschaftliche Betrieb zählt zum Sondergut eines der Ehegatten gem. § 1417 BGB. In diesem Fall ist diesem Ehegatten der Gewinn alleine zuzurechnen (BFH 7.3.1961 – I 287/60 U, BStBl. III 1961, 253). Beenden die Ehegatten die Gütergemeinschaft durch Scheidung, erlischt nicht zeitgleich ebenfalls die Mitunternehmerschaft (BFH 16.10.2011 – IV B 66/10, BFH/NV 2012, 411). Die steuerliche Mitunternehmerschaft endet erst dann, wenn diese aufgelöst und entsprechend abgewickelt wird. Dies kann, muss aber nicht, in der ehevertraglichen Vereinbarung zur Beendigung des Güterstandes der Gütergemeinschaft enthalten sein.

418 Führen **Eltern mit ihren Kindern gemeinsam** einen landwirtschaftlichen Betrieb, kann eine Mitunternehmerschaft vorliegen, wenn zwischen den Eltern und ihren Kindern klare und eindeutige Regelungen vereinbart wurden, die bürgerlich-rechtlich wirksam und auch tatsächlich durchgeführt werden. Der Vertragsinhalt muss einem Fremdvergleich standhalten, wobei familienrechtliche Besonderheiten in der Vertragsgestaltung berücksichtigt werden müssen. Ohne vertragliche Vereinbarung von einer konkludenten Mitunternehmerschaft zwischen Eltern und Kindern auszugehen, scheidet – im Gegensatz zu Ehegatten – mangels vergleichbarer Interessen aus (Leingärtner/*Stephany* Kap. 15 Rn. 32). Eine Ausweitung der Grundsätze für eine faktische Ehegatten-Mitunternehmerschaft auf Mitunternehmerschaften zwischen Eltern und Kindern scheidet richtigerweise aus (so *Wendt* FR 1996, 265), weil zwischen Eltern und Kindern nicht von gleichgerichteten Interessen ausgegangen werden kann. Insoweit unterscheidet sich eine Gesellschaft zwischen Eltern und Kindern von einer nur zwischen Ehegatten abgeschlossenen oder faktisch anzunehmenden Mitunternehmerschaft (→ Rn. 421).

419–420 *Einstweilen frei*

2. Faktische Ehegatten-Mitunternehmerschaft

421 Nach Auffassung des Großen Senats des BFH (BFH 25.6.1984 – GrS 4/82, BStBl. II 1984, 751) kommt eine Mitunternehmerschaft auch zwischen Ehegatten nur dann in Betracht, wenn ein zivilrechtlich wirksames Gesellschaftsverhältnis oder ein wirtschaftlich damit vergleichbares Gemeinschaftsverhältnis begründet worden ist. Deshalb müssen auch im Bereich der Land- und Forstwirtschaft zwischen Ehegatten Vereinbarungen einem Fremdvergleich standhalten und tatsächlich vollzogen worden sein (BFH 14.8.1986 – IV R 341/84, BStBl. II 1987, 23).

422 Aufgrund der Besonderheiten in der Land- und Forstwirtschaft hat der BFH davon eine **Ausnahme** gemacht und unterstellt eine faktische, stillschweigende oder konkludente Mitunternehmerschaft zwischen Landwirtsehegatten auch dann, wenn kein ausdrücklicher Gesellschaftsvertrag vorliegt und auch kein einer Personengesellschaft wirtschaftlich vergleichbares Gemeinschaftsverhältnis vorliegt. Wirtschaftlich vergleichbare Gemeinschaftsverhältnisse sind die eheliche Gütergemeinschaft gem. § 1415 BGB, die fortgesetzte Gütergemeinschaft gem. § 1483 BGB, die Erbengemeinschaft gem. § 2032 BGB oder auch verdeckte Mitunternehmerschaften (dazu Schmidt/*Wacker* § 15 Rn. 171).

423 Voraussetzung ist, dass **(1)** der land- und forstwirtschaftliche Grundbesitz entweder den Eheleuten gemeinsam oder ein erheblicher Teil des landwirtschaftlichen Grundbesitzes jedem Ehegatten zu Alleineigentum oder zu Miteigentum gehört und **(2)** die Eheleute in der Landwirtschaft gemeinsam arbeiten (BFH 30.6.1983 – IV R 206/80, BStBl. II 1983, 636; BFH 27.3.1994 – IV R 26/93, BStBl. II 1994, 462) und **(3)** keine anderweitige schriftliche Nutzungsüberlassungsvereinbarung über die jeweiligen Flächen zwischen den Eheleuten besteht.

424 Mit dieser Rechtsprechung hat der BFH eine Mitunternehmerschaft sui generis geschaffen, also eine **einkunftsartspezifische Mitunternehmerschaft** im Anwendungsbereich des § 13. Die Begründung des BFH beruht auf dem Gedanken, dass dem Eigentümer einer Fläche das Fruchtziehungsrecht gem. § 99 BGB zusteht, soweit er es nicht nach den Regeln der §§ 953 ff. BGB anderweitig übertragen hat. In Folgeurteilen hat der BFH diese Rechtsprechung bestätigt (BFH 22.1.2004 – IV R 44/02, BStBl. II 2004, 500) und die Anforderungen an eine konkludente Mitunternehmerschaft bei Landwirtsehegatten hinsichtlich des jedem Ehegatten zuzuordnenden Fruchtziehungsrechts an den Flächen weiter konkretisiert (BFH 25.9.2008 – IV R 16/07, BStBl. II 2009, 989; zuletzt BFH 16.5.2018 – VI R 45/16, DStR 2018, 2012). Die Annahme einer gemeinsamen Bewirtschaftung kann i. d. R. nur durch den Nachweis widerlegt werden, dass einer der Ehegatten das Nutzungsrecht an seinen eigenen Grundstücken dem anderen Ehegatten durch einen Nutzungsüberlassungsvertrag, der entgeltlich oder unentgeltlich sein kann, eingeräumt und damit auf sein Fruchtziehungsrecht verzichtet hat (BFH 14.8.1996 – IV R 264/84, BStBl. II 1987, 20; BFH 28.7.1994 – IV R 81/93, BFH/NV 1995, 202; BFH 25.9.2008 – IV R 16/07, BStBl. II 2009, 989).

Deshalb gilt für Ehegatten in der Land- und Forstwirtschaft, dass sie ein **Wahlrecht** haben, **425** ob sie eine Mitunternehmerschaft wollen oder nicht. Wenn keine Mitunternehmerschaft beabsichtigt wird, kann eine Vereinbarung über die Nutzungsüberlassung der land- und forstwirtschaftlichen Flächen abgeschlossen werden, sodass beim aktiven Ehegatten ein landwirtschaftliches Einzelunternehmen anzunehmen ist. Wird eine solche Vereinbarung nicht getroffen, liegt dagegen eine stillschweigend vereinbarte faktische Ehegatten-Mitunternehmerschaft vor. Dies gilt auch für neu hinzuerworbene Flächen. Ist die Flächengrenze für die Annahme einer faktischen Mitunternehmerschaft noch nicht überschritten, kann durch eine Vereinbarung zwischen dem die Fläche erwerbenden Ehegatten und dem aktiv tätigen Ehegatten eine entsprechende Nutzungsüberlassungsvereinbarung abgeschlossen werden. Dies hat zur Folge, dass die neu hinzuerworbene Fläche dem erwerbenden Ehegatten alleine als Privatvermögen mangels Eigenbewirtschaftung zugeordnet wird.

Von einer faktischen Ehegatten-Mitunternehmerschaft durch konkludente Handlung kann **426** nur dann ausgegangen werden, wenn beide Ehegatten ohne besondere Vereinbarungen im Betrieb mitarbeiten und die für die Erzielung der Einkünfte **wesentlichen Betriebsmittel** gemeinsam zur Verfügung stellen. Als solche wesentlichen Betriebsmittel sieht der BFH nur den landwirtschaftlich genutzten Grund und Boden als die entscheidende Betriebsgrundlage in der Land- und Forstwirtschaft an, nicht hingegen die Hofstelle oder das Inventar (BFH 27.1.1994 – IV R 26/93, BStBl. II 1994, 462; BFH 26.11.1992 – IV R 53/92, BStBl. II 1993, 395; BFH 16.5.2018 – VI R 45/16, DStR 2018, 2012). Es reicht daher nicht aus, wenn der eine Ehegatte die in seinem Alleineigentum stehenden landwirtschaftlichen Flächen zur Bewirtschaftung überlässt, während der andere Ehegatte nur seine Arbeitskraft und Kapitalbeiträge einbringt oder der andere Ehegatte das für eine Bewirtschaftung des Hofes erforderliche Inventar, die ihm zu Eigentum übertragene Hofstelle oder andere Grundstücke, die nicht für landwirtschaftliche Zwecke genutzt werden können, zur Verfügung stellt (BFH 25.9.2008 – IV R 16/07, BStBl. II 2009, 989).

Eine steuerliche Mitunternehmerschaft liegt auch vor, wenn in **Gütertrennung** lebende **427** Ehegatten unter Einsetzung ihres beiderseitigen erheblichen Vermögens gemeinsam einen landwirtschaftlichen Betrieb erwerben, gemeinsam als Eigentümer im Grundbuch und in der Höferolle eingetragen werden und beide in angemessenem Rahmen in dem landwirtschaftlichen Betrieb mitarbeiten (BFH 10.5.1960 – I 14/60 U, BStBl. III 1960, 326).

Bewirtschaften Eheleute zusammen einen landwirtschaftlichen Betrieb, ist von einer Mit- **428** unternehmerschaft trotz fehlendem Gesellschaftsvertrag auszugehen, wenn jeder der Ehegatten das ihm zuzurechnende Fruchtziehungsrecht gem. § 99 BGB zur Verfügung stellt – **Mindestflächenbeitrag.** Es spielt dabei keine Rolle, ob er dies als Alleineigentümer, als Miteigentümer oder Pächter vollzieht, solange die von ihm zur Verfügung gestellten land- und forstwirtschaftlich genutzten Flächen mehr als 10% der gesamten bewirtschafteten Fläche ausmachen (BFH 25.9.2008 – IV R 16/07, BStBl. II 2009, 989; BFH 16.5.2018 – VI R 45/16, DStR 2018, 2012). Diesen Mindestflächenbeitrag hatte der BFH zunächst bei 20% des jedem Ehegatten zuzuordnenden Eigentumsanteils festgemacht (BFH 7.10.1982 – IV R 186/79, BStBl. II 1983, 73; BFH 30.6.1983 – IV R 206/80, BStBl. II 1983, 636).

Die **Finanzverwaltung** ging bei der vom BFH genannten 20%-Grenze vom Einheitswert **429** des Betriebs aus. Dies konnte dem Urteil des BFH vom 27.2.1962 (I 140/61 U, BStBl. III 1962, 214) so entnommen werden. Der BFH hat die Frage des Abstellens auf die Eigentumsfläche oder den Einheitswert zunächst offen gelassen (BFH 22.1.2004 – IV R 44/02, BStBl. II 2004, 500) und mit BFH 25.9.2008 – IV R 16/07, BStBl. II 2009, 989 – unter Berücksichtigung der allgemein üblichen Geringfügigkeitsgrenze von 10% (BFH 2.10.2003 – IV R

13/03, BStBl. II 2004, 985) die neue 10%-Grenze bestimmt. Der Mindestflächenbeitrag jedes Ehegatten muss daher mindestens 10% der insgesamt bewirtschafteten Flächen ausmachen. Aufgrund der Änderung der Rechtsprechung sind die Grundsätze dieses Urteils erstmals für Wirtschaftsjahre anzuwenden, die nach dem 31.12.2009 beginnen, also für die WJ 10/11 (BMF 18.12.2009, BStBl. I 2009, 1593).

430 Die **neue 10%-Grenze** als Mindestflächenbeitrag darf jedoch nicht starr angewandt werden. Entscheidend ist letztlich, ob die mitbewirtschafteten Grundstücke des anderen Ehegatten wegen ihres Umfangs als wesentliche Betriebsgrundlage angesehen werden können. Dies gilt für alle Flächen, die als notwendiges Betriebsvermögen einzuordnen sind. Handelt es sich dagegen um Flächen des gewillkürten Betriebsvermögens, also fremdverpachtete Flächen, sind diese Flächen nicht mit in den Mindestflächenbeitrag einzubeziehen. Dies ist damit zu begründen, dass die faktische Ehegatten-Mitunternehmerschaft als einkunftsartspezifische Mitunternehmerschaft nur in äußerst engen Grenzen angewendet werden darf. Dies folgt aus der Rechtsprechung des Großen Senats des BFH (BFH 25.6.1984 – GrS 4/82, BStBl. II 1984, 751), wonach von einer Mitunternehmerschaft nur bei Abschluss eines Vertragsverhältnisses ausgegangen werden darf. Wenn nun aber gerade ein solches Vertragsverhältnis nicht besteht, also aus anderen Gründen eine Mitunternehmerschaft begründet wird, muss sich dies auch auf die wesentlichen, also notwendigen Betriebsgrundlagen beschränken.

431 Während zunächst **Pachtflächen** nicht zur Frage der Begründung einer Ehegatten-Mitunternehmerschaft herangezogen wurden, hat der BFH diesbezüglich seine Rechtsprechung richtigerweise geändert (BFH 25.9.2008 – IV R 16/07, BStBl. II 2009, 989; BFH 16.5.2018 – VI R 45/16, BStBl. II 2019, 60). Das zivilrechtliche Fruchtziehungsrecht des § 99 BGB für im Eigentum stehende Flächen gilt auch für zugepachtete Flächen gem. § 956 BGB. Der Pächter wird danach unmittelbarer Eigentümer der erzeugten und weiter zu verwertenden Früchte. Seit dieser Entscheidung stellt das Gericht nur noch auf das Fruchtziehungsrecht ab und darauf, welchen Anteil daran dem jeweiligen Ehegatten als Alleineigentümer, Miteigentümer oder als Pächter zusteht (BFH 21.12.2016 – IV R 45/13, BFH/NV 2017, 459). Aufgrund der Übergangsregelung der Finanzverwaltung (BMF 18.12.2009, BStBl. I 2009, 1593) sind Pachtflächen zwingend ab dem WJ 10/11 oder freiwillig für frühere Wirtschaftsjahre heranzuziehen.

432 Bei der Zuordnung des Fruchtziehungsrechts sind Teilbetriebe getrennt voneinander zu beurteilen. Verfügen die Eheleute wechselseitig über Eigentums- und Pachtrechte an landwirtschaftlichen Flächen und Forstflächen, liegen insoweit zwei verschiedene Teilbetriebe vor. Für jeden der beiden Teilbetriebe Landwirtschaft einerseits und Forst andererseits sind die Voraussetzungen zur Annahme einer faktischen Ehegatten-Mitunternehmerschaft zu prüfen (anders FG München 21.4.2016 – 10 K 1375/15, EFG 2016, 1698; BFH 16.5.2018 – VI R 45/16, BStBl. II 2019, 60). In der Entscheidung v. 16.5.2018 hat der BFH den in seinem Urteil vom 25.9.2008 (IV R 16/07, BStBl. II 2009, 989) aufgezeigten Weg nicht konsequent weiterverfolgt. Damit die Voraussetzungen einer faktischen Ehegatten-Mitunternehmerschaft vorliegen, muss zunächst nach Teilbetrieben differenziert werden. Erst wenn diese „übliche" Abgrenzung zwischen Teilbetrieben, insbesondere zwischen einem landwirtschaftlichen und einem forstwirtschaftlichen Teilbetrieb, vorgenommen worden ist, kann weiter geprüft werden, ob die absolute Ausnahmeregelung zur Annahme einer Mitunternehmerschaft bei Eheleuten greift. In dem entschiedenen BFH-Fall (16.5.2018 – VI R 45/16, BStBl. II 2019, 60) wurde das Verfahren an das erstinstanzliche Gericht zurückverwiesen, weil die vorrangige Frage nicht geklärt wurde, ob bereits Einzelbetriebe bei den Ehegatten vorlagen. Die Annahme einer faktischen Ehegatten-Mitunternehmerschaft ist daher in nur sehr engen Grenzen und nur aufgrund der Besonderheit des Grund und Bodens als wesensbestimmtes Merkmal eines landwirtschaftlichen Betriebs möglich. Ein Forstbetrieb gilt regelmäßig als selbständiger Teilbetrieb im Rahmen eines land- und forstwirtschaftlichen Betriebs, auch dann, wenn keine separate Buchführung dafür vorliegt (Leingärtner/*Wittwer* Kap. 44 Rn. 140; Leingärtner/*Stephany* Kap. 50 Rn. 21).

433 Während bei landwirtschaftlichen Betrieben **regelmäßige und jährliche Erträge** anfallen und eine regelmäßige Bewirtschaftung sowie eine persönliche Arbeitsleistung der Ehegatten permanent erforderlich sind, ist dies bei Forstbetrieben nicht so. Hier stehen häufig Einmal-Erträge gelegentlich anfallenden Betriebsausgaben gegenüber. Solange daher nicht beide Ehegatten über Forstflächen verfügen und eine „gemeinsame Zweckverfolgung" ange-

nommen werden kann, sind die Forstflächen bei der Feststellung der Frage, ob eine faktische Ehegatten-Mitunternehmerschaft vorliegt, separat von den Landwirtschaftsflächen zu erfassen und herauszurechnen. Allerdings hat der BFH (Urteil v. 21.12.2016 – IV R 45/13, BFH/NV 2017, 459) anklingen lassen, dass er Waldgrundstücke in einer Größenordnung von 48,5 ar mit in die Betrachtung aufnimmt. Er begründet dies damit, dass es sich um eine Bauernwaldung handelt, ohne näher den Begriff des Bauernwald näher zu definieren (dazu BFH 9.12.1960 – IV R 67/58, BStBl. III 1961, 124). Offensichtlich meint der BFH Flächen, die kein forstwirtschaftliches Betriebswerk gem. § 34b erfordern. Diese Begründung widerspricht aber der Teilbetriebseigenschaft von Forstflächen, sodass bei der Einbeziehung der dem jeweiligen Ehegatten zuzuordnenden Flächen zu differenzieren ist zwischen Flächen der landwirtschaftlichen Nutzung und der forstwirtschaftlichen Nutzung.

Kennzeichen einer faktischen Ehegatten-Mitunternehmerschaft ist weiterhin, dass nur einer der Ehegatten nach außen als Unternehmer auftritt. Deshalb handelt es sich zivilrechtlich um eine **BGB-Innengesellschaft** aufgrund – unterstellter – gemeinsamer Zweckverfolgung. Es sind daher hinsichtlich der Bilanzierung auch die steuerlichen Grundsätze heranzuziehen, die für eine Innengesellschaft oder eine stille oder atypisch stille Gesellschaft gelten. Bei solchen Gesellschaften gibt es – im Gegensatz zur klassischen Personengesellschaft (GbR, OHG, KG) – kein gemeinschaftliches Vermögen der Gesellschafter, sondern es bestehen nur schuldrechtliche Beziehungen. Der nach außen hin tätige Gesellschafter als Geschäftsherr ist damit Alleineigentümer des „Unternehmensvermögens“, während der Innengesellschafter, der nicht nach außen auftritt, lediglich einen **schuldrechtlichen Auseinandersetzungsanspruch** bei Auflösung der Gesellschaft hat. In der Konsequenz bedeutet dies, dass die im Eigentum des bislang nicht nach außen auftretenden Unternehmers stehenden landwirtschaftlichen Flächen in einer Sonderbilanz zu erfassen sind. 434

Eine **Sonderbilanz** ist daher regelmäßig nur für einen der Ehegatten zu erstellen. Die Wirtschaftsgüter, die dem nach außen auftretenden Ehegatten – dem Geschäftsherrn – zuzurechnen sind, sind „sein“ Unternehmensvermögen. Dabei handelt es sich aber nicht um eine Gesamthandsbilanz im klassischen Sinne, sondern um die **Einzel-Bilanz des Betriebsvermögens** des nach außen auftretenden Ehegatten. Daraus folgt weiterhin, dass für den nach außen auftretenden Ehegatten keine Sonderbilanz zu bilden ist (s. dazu auch BFH 2.5.1984 – VIII R 276/81, BStBl. II 1984, 820). In Fällen der faktischen Ehegatten-Mitunternehmerschaft kommt man deshalb nur dann zu Gesamthandsvermögen, wenn die Eheleute gemeinsam Wirtschaftsgüter, zB Flächen oder Maschinen, angeschafft haben. Dies wird im Regelfall jedoch nicht gegeben sein, da eine konkludente Mitunternehmerschaft regelmäßig unerkannt ist, sodass immer nur einer der Ehepartner nach außen als Unternehmer auftritt. 435

Eine **konkludente Ehegatten-Mitunternehmerschaft** kann dadurch beendet werden, dass die Ehegatten eine Nutzungsvereinbarung abschließen. Darin muss der eine Ehegatte dem anderen Ehegatten die in seinem Eigentum stehenden Flächen oder die hinzugepachteten Flächen zur Nutzung überlassen. Eine solche Nutzungsüberlassung muss nicht entgeltlich ausgestaltet sein, sondern kann auch unentgeltlich erfolgen (BFH 14.8.1986 – IV R 264/84, BStBl. II 1987, 20). Wird nun eine solche Ehegatten-Mitunternehmerschaft derart auseinandergesetzt, hat dies für die Wirtschaftsgüter des Ehepartners, der nach außen aufgetreten ist, keine steuerlichen Auswirkungen. Dieses Betriebsvermögen bleibt unangetastet. Der Ehegatte, der bislang lediglich Flächen zur Nutzung überlassen hat, überführt diese Flächen aus seinem bisherigen Sonderbetriebsvermögen an einer konkludenten Mitunternehmerschaft in ein neu entstehendes Einzelunternehmen. Eine Aufdeckung von stillen Reserven findet mangels Rechtsträgerwechsels gem. § 6 Abs. 5 S. 2 nicht statt. 436

Die **Abfärberegelung des § 15 Abs. 3 Nr. 1** gilt nicht bei der faktischen, konkludenten oder stillschweigend zustande gekommenen Ehegatten-Mitunternehmerschaft. Dies folgt zum einen aus der gesetzlichen Regelung des § 15 Abs. 3 Nr. 1, wonach die Abfärbung nur bei einer OHG, einer KG oder einer anderen Personengesellschaft greift. Deshalb greift die Abfärbung auch nicht bei einer Erbengemeinschaft oder einer Gütergemeinschaft, die neben gewerblichen Einkünften auch andere Einkunftsarten erfüllen (Schmidt/*Wacker* § 15 Rn. 187). Bei einer faktischen oder konkludenten Ehegatten-Mitunternehmerschaft tritt regelmäßig nur einer der beiden Ehegatten nach außen auf. Nur aufgrund der besonderen Rechtsprechung des BFH ist aufgrund des Fehlens eines Gesellschaftsvertrages überhaupt von einer steuerlichen Mitunternehmerschaft auszugehen. 437

438 Infolgedessen handelt es sich um eine Mitunternehmerschaft sui generis, also eine **einkunftsartspezifische Mitunternehmerschaft** im Bereich des § 13. Regelmäßig tritt bei einer möglichen gewerblichen Tätigkeit aber nicht die faktische Ehegatten-Mitunternehmerschaft, sondern nur einer der Ehegatten nach außen auf. Infolgedessen ist nur diesem nach außen auftretenden Ehegatten die gewerbliche Tätigkeit zuzuordnen, sodass sich die Frage nach einer Abfärbung nicht stellt. Dies entspricht auch der Rechtsprechung des BFH (BFH 22.1.2004 – IV R 45/02, BStBl. II 2004, 512). Ist daher einer der Ehegatten einer faktischen L+F-Ehegatten-Mitunternehmerschaft daneben gewerblich tätig, sind die gewerblichen Einkünfte nur dem nach außen auftretenden Gesellschafter zuzuordnen. Aufgrund der zuvor beschriebenen Mitunternehmerschaft sui generis kommt es daher bei einer faktischen, konkludenten oder stillschweigenden Ehegatten-Mitunternehmerschaft aufgrund des fehlenden gemeinschaftlichen Außenauftritts nicht zu einer Abfärbewirkung.

439–443 *Einstweilen frei*

X. Unentgeltlicher Betriebsübergang

444 Die **unentgeltliche Betriebsübertragung** in der Landwirtschaft ist der Regelfall der Generationennachfolge und entspricht langjähriger Tradition. Im Zivilrecht hat die unentgeltliche Übertragung landwirtschaftlicher Betriebe durch die Entwicklung eines Sondererbrechts der Landwirtschaft eine besondere Ausprägung gefunden. Regional unterschiedlich gibt es dafür verschiedene gesetzliche Regelungen, so in den Bundesländern Nordrhein-Westfalen, Niedersachsen, Hamburg und Schleswig-Holstein die Nordwestdeutsche Höfeordnung als partielles Bundesrecht (HöfeO vom 26.7.1976, BGBl. 1976 I 1933) sowie verschiedene Anerbenrechte in weiteren Bundesländern. Am 12.6.2019 hat als erstes ostdeutsches Bundesland Brandenburg eine eigene HöfeO verabschiedet. Gibt es in einem Bundesland kein spezifisches Höfe- oder Anerbenrecht oder sind diese Regelungen freiwillig abgewählt worden, greift das BGB-Erbrecht mit der Besonderheit der Landgutregelung gem. § 2049 BGB. In Einzelfällen kann auch das Grundstücksverkehrsgesetz (GrdstVG vom 28.7.1961, BGBl. 1961 I 1091) mit seinem Zuweisungsverfahren herangezogen werden.

445–446 *Einstweilen frei*

1. Lebzeitiger Übergang

447 Das Landwirtschaftserbrecht, auch als Anerbenrecht oder Höferecht bezeichnet, ist so ausgestaltet, dass nur einer der Erben den Hof als privilegierter Hoferbe erhält und die anderen Abkömmlinge, die als weichende Erben bezeichnet werden, sich mit unter dem Verkehrswert liegenden Abfindungsansprüchen begnügen müssen. Diese Art der Betriebsnachfolge erfolgt zu Lebzeiten entweder durch eine unentgeltliche Betriebsübertragung im Wege der vorweggenommenen Erbfolge oder durch eine Betriebsverpachtung im Ganzen, die häufig auch als eiserne Verpachtung ausgestaltet wird. Die Übertragung zu Lebzeiten im Rahmen der vorweggenommenen Erbfolge erfolgt regelmäßig durch die Vereinbarung von Altenteilsleistungen zugunsten des Übergebers und seines Ehepartners. Soweit keine Nachfolge zu Lebzeiten erfolgt ist, geht der landwirtschaftliche Betrieb erst im Erbfall auf den Nachfolger über.

448 Ertragsteuerlich wird die unentgeltliche Übertragung von betrieblichen Einheiten in § 6 Abs. 3 behandelt. Die Finanzverwaltung hat dazu mit BMF 3.3.2005 (BStBl. I 2005, 458) Stellung genommen. Dieses Schreiben ist grundsätzlich überarbeitet worden mit BMF 20.11.2019 (DStR 2019, 2482). Der Große Senat des BFH hat mit zwei Beschlüssen v. 12.5.2003 (GrS 1/00, BStBl. II 2004, 95 und GrS 2/00, BStBl. II 2004, 100) zur Vermögensübergabe gegen Versorgungsleistungen im Rahmen der vorweggenommenen Erbfolge Stellung genommen und die steuerliche Berücksichtigung der geleisteten Zahlungen als Sonderausgaben neu definiert. Die Finanzverwaltung hat daraufhin mit dem dritten Rentenerlass (BMF 16.9. 2004, BStBl. I 2004, 922) und später dem vierten Rentenerlass (BMF 11.3.2010, BStBl. I 2010, 227) ihre Auffassung der jeweiligen BFH-Rechtsprechung anpassen müssen.

449 Durch das **JStG 2008** v. 20.12.2007 (BGBl. 2007 I 3150) ist die Abziehbarkeit von Versorgungsleistungen als Sonderausgaben gem. § 10 Abs. 1a Nr. 2 auf die Übertragung eines Betriebs, Teilbetriebs oder Mitunternehmeranteils an einem landwirtschaftlichen Betrieb beschränkt worden. Die **Neuregelung** gilt für alle Verträge, die nach dem 31.12.2007 abge-

schlossen wurden (§ 52 Abs. 23e). Für vor dem 1.1.2008 abgeschlossene Verträge bleibt es dagegen unverändert bei den bisherigen Grundsätzen zur Anerkennung des Sonderausgabenabzugs bei der Übertragung eines Betriebs gegen Vereinbarung von Versorgungsleistungen. Für den betrieblichen Bereich ergeben sich aus der Rechtsprechung des Großen Senats Auswirkungen auf die Frage, ob eine betriebliche Einheit iSd § 6 Abs. 3 unentgeltlich, entgeltlich oder teilentgeltlich übertragen worden ist.

§ 6 Abs. 3 S. 1 Hs. 1 beschreibt den Grundtatbestand der unentgeltlichen Übertragung von betrieblichen Einheiten. In § 6 Abs. 3 S. 1 Hs.2 und S. 2 werden Sonderregelungen bei der unentgeltlichen Aufnahme in ein Einzelunternehmen, bei Teilanteilsübertragungen sowie bei vorhandenem Sonderbetriebsvermögen behandelt. § 6 Abs. 3 S. 3 enthält schließlich eine Behaltefrist als Missbrauchs- oder Strafklausel für den Rechtsnachfolger. Diese gesetzlichen Regeln gelten uneingeschränkt auch für unentgeltliche Betriebsübergaben in der Land- und Forstwirtschaft. **450**

Grundaussage des § 6 Abs. 3 ist, dass bei einer unentgeltlichen Übertragung der Empfänger zwingend die Buchwerte des Übergebers fortführen muss. Diese Rechtsfolge meint der Gesetzgeber, wenn es in § 6 Abs. 3 S. 1 Hs.1 heißt, dass „die Wirtschaftsgüter mit den Werten anzusetzen sind, die sich nach den Vorschriften über die Gewinnermittlung ergeben". Bewertungswahlrechte in der Schlussbilanz werden vom Betriebsübergeber ausgeübt, die der Betriebsübernehmer fortsetzen muss. Der Betriebsübernehmer kann hieran durch eine zivilrechtliche Vereinbarung in dem Übergabevertrag mitwirken. Wegen der Bindungswirkung ist die Höhe der Buchwerte für den Rechtsnachfolger für seine zukünftige Besteuerung von entscheidender Bedeutung. **451**

Vor allem wenn der Betriebsübergeber **Rücklagen nach §§ 6b, 6c** gebildet hat und der Betriebsübernehmer diese fortführen (vgl. dazu BFH 22.9.1994 – IV R 61/93, BStBl. II 1995, 367) und evtl. gewinnerhöhend auflösen muss, wird er auch Einfluss auf die Bilanzierung haben wollen. Eine vor einer unentgeltlichen Betriebsübertragung vom Übergeber noch gebildete Rücklage ist vom Betriebsübernehmer fortzuführen (BFH 23.4.2009 – IV R 9/06, BStBl. II 2010, 664). Durch die Bilanzierung des Betriebsübergebers wird auch festgelegt, ob der Betriebsübernehmer Wirtschaftsgüter als Betriebsvermögen oder als Privatvermögen übernimmt, insbesondere wenn es sich um Wirtschaftsgüter handelt, die weder zum notwendigen Betriebsvermögen, noch zum notwendigen Privatvermögen gehören und vom Betriebsübergeber bislang als gewillkürtes Betriebsvermögen geführt worden sind. **452**

Die **unentgeltliche Übergabe** eines land- und forstwirtschaftlichen Betriebes kann auf eine Einzelperson oder eine Personengruppe erfolgen, die den Betrieb als Sachgesamtheit in mitunternehmerschaftlicher Verbundenheit fortführt. Die mitunternehmerische Verbundenheit ist dann zu bejahen, wenn der Betrieb auf Kinder übertragen wird, die zuvor oder spätestens im Zeitpunkt der Übergabe eine Personengesellschaft gegründet haben (BFH 28.8.2001 – VIII B 54/01, BFH/NV 2002, 24). Dies kann auch eine GbR sein, denn der BGH (Urteil BGH 29.1.2001 – II ZR 331/00, NJW 2001, 1056) hat festgestellt, dass die Außen-GbR Rechtsfähigkeit besitzt, soweit sie durch Teilnahme am Rechtsverkehr eigene Rechte und Pflichten begründet. **453**

Eine **unentgeltliche Betriebsübergabe an eine Personengruppe** ist anzunehmen, wenn ein Übergeber die einzelnen Flächen seines landwirtschaftlichen Betriebs unmittelbar auf seine Kinder zu Alleineigentum überträgt und diese sich vertraglich dazu verpflichten, die Flächen gemeinschaftlich durch Gründung einer GbR und einer Nutzungsüberlassung der Flächen an die GbR zu bewirtschaften. In einem Beschluss zur Ansparrücklage gem. § 7g EStG aF hat der VIII. Senat des BFH (Beschluss BFH 28.8.2001 – VIII B 54/01, BFH/NV 2002, 24) ausgeführt, dass bei der Fortführung des Betriebs durch mehrere immer die Buchwertklausel gem. § 6 Abs. 3 greift, soweit eine einheitliche Bewirtschaftung vorliegt. Daher spielt es grundsätzlich nach Auffassung der Rechtsprechung bei der Fortführung eines land- und forstwirtschaftlichen Betriebs durch eine Personengruppe keine Rolle, ob die einzelnen Personen die wesentlichen Betriebsgrundlagen als Alleineigentümer, Miteigentümer oder Bruchteilseigentümer erhalten haben, soweit gewährleistet ist, dass der übergebene Betrieb von den Übernehmern einheitlich und gemeinschaftlich bewirtschaftet wird. Dies gilt auch dann, wenn der Übergeber vom Verpächterwahlrecht Gebrauch gemacht hat und die Übernehmer dies fortsetzen (BFH 5.5.2011 – IV R 58/08, BStBl. II 2011, 792). **454**

Werden die **wesentlichen Betriebsgrundlagen** dagegen an **verschiedene Personen** übergeben, die den Betrieb nicht gemeinschaftlich fortführen, liegt eine gewinnrealisierende **455**

Betriebsaufgabe vor (BFH 16.12. 2009 – IV R 7/07, BStBl. II 2010, 431). Deshalb ist der unentgeltliche Betriebsübergang von der (entgeltlichen) Betriebsveräußerung, der Betriebsaufgabe und der Entnahme von Wirtschaftsgütern bei Fortführung des verkleinerten Betriebes abzugrenzen. Unentgeltlich ist immer der Übergang betrieblicher Einheiten durch Erbfolge oder in Gestalt von Vermächtnissen (BMF 14.3.2006, BStBl. I 2006, 253 Rn. 60, 61). Auch die Erbauseinandersetzung ohne Zuzahlung wird als unentgeltlicher Vorgang bewertet (BMF 14.3.2006, BStBl. I 2006, 253 Rn. 10, 32).

456 **Gegenstand der Übertragung** gem. § 6 Abs. 3 S. 1 können ein Betrieb, Teilbetrieb oder Anteile eines Mitunternehmers an einem Betrieb (Mitunternehmeranteil) sein. Voraussetzung ist, dass in einem einheitlichen Übertragungsakt alle wesentlichen Betriebsgrundlagen im Ganzen auf den Rechtsnachfolger übergehen. Deshalb liegt keine unentgeltliche Betriebsübertragung vor, wenn die wesentlichen Grundlagen des Betriebs teilweise verschenkt und teilweise entgeltlich oder unentgeltlich zur Nutzung überlassen werden. Während der BFH dies früher komplett als Betriebsaufgabe behandelt hat (BFH 30.4.1985 – VIII R 203/80, BFH/NV 1986, 21), liegt nach neuerer Auffassung für die unentgeltlich übertragenen Betriebsgrundlagen eine laufende Entnahme mangels Aufgabeerklärung vor und die zur Nutzung überlassenen wesentlichen Betriebsgrundlagen werden in einem verkleinerten landwirtschaftlichen Betrieb fortgeführt. Das Verpächterwahlrecht, gesetzlich geregelt in § 16 Abs. 3b, kann für diese entgeltlich oder unentgeltlich zur Nutzung überlassenen Betriebsgrundlagen in Anspruch genommen werden (BFH 24.2.2005 – IV R 28/00, BFH/NV 2005, 1062).

457 Dagegen ist von einer **Betriebszerschlagung** im Rahmen der Übertragung auszugehen, wenn gemäß § 6 Abs. 3 die betriebliche Sachgesamtheit des landwirtschaftlichen Betriebs nicht insgesamt, sondern in vorweggenommener Erbfolge auf mehrere nichtmitunternehmerschaftlich verbundene Einzelrechtsnachfolger übertragen werden (Urteile BFH 16.12.2009 – IV R 7/07, BStBl. II 2010, 431; BFH 14.7.2016 – IV R 19/13, BFH/NV 2016, 1702). Dies gilt auch, wenn Flächen, die einen ruhenden landwirtschaftlichen Betrieb darstellen, im Rahmen der vorweggenommenen Erbfolge an zwei Erwerber übertragen werden. In diesen Fällen ist nicht von einer Betriebsverkleinerung, sondern von einer Betriebsaufgabe in Form einer Betriebszerschlagung auszugehen (FG Münster 22.5.2019 – 7 K 802/18 E, EFG 2019, 1288; Rev. BFH VI R 24/19).

458 Davon zu unterscheiden ist die **Abschichtung einer vorweggenommenen Erbfolge** zu Lebzeiten. Wenn der Eigentümer Einzelflächen zur Abfindung weichender Erben diesem überträgt, handelt es sich um eine Entnahme dieser Einzelflächen. Wenn der Eigentümer dann nach Durchführung der Abschichtung den verbleibenden Restbetrieb insgesamt auf die Hofnachfolger oder den vorgesehenen Erben überträgt, sind die Grundsätze des § 6 Abs. 3 ohne Weiteres anwendbar, weil zum Zeitpunkt der Übertragung die Sachgesamtheit des noch vorhandenen land- und forstwirtschaftlichen Betriebes auf einen Nachfolger übertragen wird (Urteil BFH 14.7.2016 – IV R 19/13, BFH/NV 2016, 1702). Die vorherige Entnahme von Einzelflächen steht daher der Anwendung des § 6 Abs. 3 nicht entgegen (Urteile BFH 2.8.2012 – IV R 41/11, DStR 2012, 2118; BFH 9.12.2014 – IV R 29/14, DStR 2015, 211).

459 Der **Übergang kann von Todes wegen oder auch durch eine Schenkung unter Lebenden** im Wege vorweggenommener Erbfolge erfolgen. Wird der Betrieb unter Lebenden unentgeltlich übertragen, müssen alle wesentlichen Grundlagen in einem einheitlichen Vorgang übergehen. Von einem einheitlichen Übertragungsakt kann auch noch dann gesprochen werden, wenn mehrere zivilrechtliche Verträge als zeitlich nacheinander folgende Einzelakte zu einer Gesamtübertragung führen, sofern diese auf einem einheitlichen Willensentschluss beruhen und zwischen den einzelnen Übertragungsvorgängen ein zeitlicher und sachlicher Zusammenhang besteht. Als kurzen Zeitraum in diesem Sinne hat der BFH noch eine Zeitspanne von 25 Monaten zwischen dem ersten und letzten Übertragungsakt angesehen (BFH 12.4.1989 – I R 105/85, BStBl. II 1989, 653), womit als äußerster Zeitrahmen für die einheitliche Gesamtübertragung zwei Jahre angesehen werden können (sog. gleitende Hofnachfolge). Die Finanzverwaltung geht in dem BMF-Schreiben zur vorweggenommenen Erbfolge gem. § 6 Abs. 3 im Rahmen der zeitlich gestreckten Aufgabe eines Mitunternehmeranteils von einer Zeitspanne von bis zu 18 Monaten aus (BMF 20.11.2019, DStR 2019, 2482 Rn. 15). Häufig wird in der Landwirtschaft der gesamte Hof zunächst an Angehörige unentgeltlich oder entgeltlich zur Nutzung überlassen und gleichzeitig das lebende und tote Inventar an den Nutzungsberechtigten oder Pächter verschenkt. Die Übergabe des Grundbesitzes erfolgt dagegen erst zu einem späteren Zeitpunkt. Die Nutzungsüberlassung hat ihren Grund darin, dass nur bei einer Aufgabe der betrieblichen Tätigkeit der Übergeber die Altersrente oder die Erwerbsunfähigkeitsrente erhält.

Für den Begriff der **wesentlichen Grundlagen** und des Teilbetriebs gilt im Anwendungsbereich des § 6 Abs. 3 nur die funktionale, nicht aber die quantitative Betrachtungsweise. Damit besteht ein Unterschied zu den §§ 14, 16. Diese Unterscheidung ist wegen des andersartigen Zwecks des § 6 Abs. 3 gegenüber §§ 14, 16, 34 erforderlich. Während durch § 6 Abs. 3 die Aufdeckung stiller Reserven vermieden werden soll, gewähren die §§ 14, 16, 34 Steuervergünstigungen gerade für aufgedeckte stille Reserven. Der Begriff „wesentliche Betriebsgrundlage" ist normspezifisch auszulegen (vgl. BFH 2.10.1997 – IV R 84/96, BStBl. II 1998, 104). Zu den funktional wesentlichen Betriebsgrundlagen eines Landwirtschaftsbetriebs gehören die Nutzflächen und die Wirtschaftsgebäude. Nicht dazu gehört in der Landwirtschaft das Umlaufvermögen und nach der Rechtsprechung des BFH auch nicht das immaterielle und bewegliche Anlagevermögen (BFH 18.4.1991 – IV R 7/89, BStBl. II 1991, 833). Nur bei einem Pachtbetrieb hat der BFH entschieden, dass das dem Pächter gehörende lebende und tote Inventar, soweit es bei ihm Anlagevermögen ist, zu den wesentlichen Betriebsgrundlagen zählen kann (BFH 26.10.1989 – IV R 25/88, BStBl. II 1990, 373). Dies gilt in den Fällen, in denen es sich bei dem lebenden und toten Inventar um besonders wertvolle Stücke handelt, so zB um wertvolles Zuchtvieh. Funktional nicht wesentliche Wirtschaftsgüter fallen nicht in diesen Anwendungsbereich (BMF 20.11.2019, DStR 2019, 2482 Rn. 8). 460

Nach **gefestigter Rechtsprechung des BFH** gelten 90% der Flächen eines landwirtschaftlichen Betriebs bei der unentgeltlichen Betriebsübertragung gem. § 6 Abs. 3 als funktional wesentliche Betriebsgrundlage, die auf den Betriebsnachfolger übertragen werden muss (BFH 28.3.1985 – IV R 88/81, BStBl. II 1985, 508; BFH1.2.1990 – IV R 8/89, BStBl. II 1990, 428; BFH 24.2.2005 – IV R 28/00, BFH/NV 2005, 1062; BFH 8.9.2005 – IV B 101/04, BFH/NV 2006, 53). Gepachtete Flächen scheiden aus der Beurteilung aus, da bei diesen das Eigentum nicht übertragen werden kann. Zurückbehaltene Flächen, die nicht mehr als 10% der bisherigen Eigentumsflächen ausmachen, sind immer von untergeordneter Bedeutung sein, bei 18% Zurückbehalt an Flächen soll dagegen bereits eine wesentliche Betriebsgrundlage gegeben sein, sodass in diesem Fall § 6 Abs. 3 ausscheiden könnte (BFH 1.2.1990 – IV R 8/89, BStBl. II 1990, 428). 461

Bei einer **geringfügigen Überschreitung der 10%-Grenze** hat der BFH dagegen noch keinen Verstoß gegen den Grundsatz der Übertragung aller wesentlichen Betriebsgrundlagen gesehen (Zurückbehalt von 12% der Flächen, BFH 9.7.1981 – IV R 101/77, BStBl. II 1982, 20; BFH 28.3.1985 – IV R 88/81, BStBl. II 1985, 508). Werden dagegen ca. $^{2}/3$ der Flächen zu Alleineigentum auf eines der Kinder übertragen, die restlichen Flächen teilweise auf ein anderes Kind und teilweise eine Grundstücksgemeinschaft beider Kinder, ist von einer fehlgeschlagenen Betriebsübertragung gemäß § 6 Abs. 3 auszugehen. In diesen Fällen liegt eine Zwangsbetriebsaufgabe des gesamten landwirtschaftlichen Betriebes auf Ebene des Übergebers vor (Urteil BFH 14.7.2016 – IV R 19/13, BFH/NV 2016, 1702). 462

Keine funktional wesentliche Betriebsgrundlage in der Landwirtschaft ist die Hofstelle einschließlich der Wirtschaftsgebäude (BFH 18.3.1999 – IV R 65/98, BStBl. II 1999, 198; BFH 26.6.2003 – IV R 61/01, BStBl. II 2003, 755 zur durch einen Brand zerstörten Hofstelle). Dies gilt in allen viehlosen Betrieben und damit auch für alle verpachteten Betriebe. Häufig ist der vorhandene, ältere Gebäudebestand aufgrund der zunehmenden Größe der Maschinen nicht mehr dazu geeignet, von diesen überhaupt genutzt zu werden. Anders könnte dies bei viehhaltenden Betrieben sein, denn die Stallgebäude als solche stellen sicherlich eine funktional wesentliche Betriebsgrundlage dar. Zu den nicht wesentlichen Betriebsgrundlagen zählen in der Landwirtschaft auch Lieferrechte, wie zB bei Zuckerrüben, Milch oder Zahlungsansprüchen nach der GAP-Reform (dazu *Bahrs* INF 2006, 176 (224), 262). In Analogie zur Rechtsprechung des BFH zum lebenden und toten Inventar sind diese Lieferrechte für die Fortführung eines Betriebs nicht unentbehrlich und können jederzeit über den Markt neu angeschafft werden. 463

Überträgt der Steuerpflichtige **nicht alle wesentlichen Betriebsgrundlagen** des land- und forstwirtschaftlichen Betriebs oder Teilbetriebs, so lag nach früherer Rechtsprechung 464 eine Betriebsaufgabe vor, sodass sämtliche stille Reserven aufzulösen und gem. §§ 14, 16, 34 zu versteuern sind (BFH 9.7.1981 – IV R 101/77, BStBl. II 1982, 20 und BFH 1.2.1990 – IV R 8/89, BStBl. II 1990, 428). Diese Auffassung hat der BFH spätestens mit BFH 24.2.2005 – IV R 28/00, BFH/NV 2005, 1062) aufgegeben, ohne diese Änderung der Rechtsprechung ausreichend deutlich zu machen. In den Urteilsgründen nimmt der BFH Bezug auf ältere Rechtsprechung (BFH 29.10.1992 – IV R 117/91, BFH/NV 1994, 533; BFH 19.2.1981 – IV R 116/77, BStBl. II 1981, 566), wobei in diesen älteren Urteilen immer offengelassen worden ist, was mit der zurückbehaltenen Restfläche ertragsteuerlich passiert, ob sie also steuerliches Privatvermögen wird oder als verkleinerter Restbetrieb steuerliches Betriebsvermögen bleiben kann. Werden daher nicht alle wesentlichen Betriebsgrundlagen übertragen, sind die übertragenen Wirtschaftsgüter als laufende Entnahme zu behandeln und der Übergeber führt mit den restlichen Betriebsgrundlagen einen verkleinerten landwirtschaftlichen Betrieb fort.

465 Werden **alle wesentlichen Betriebsgrundlagen** übergeben und behält der Steuerpflichtige nur nicht wesentliche Wirtschaftsgüter zurück, ist § 6 Abs. 3 dagegen anzuwenden. Überführt der Steuerpflichtige die zurückbehaltenen Wirtschaftsgüter in sein Privatvermögen, ist dafür eine ausdrückliche Aufgabeerklärung erforderlich (BMF 1.12.2000, BStBl. I 2000, 1556). In diesem Fall werden die in das Privatvermögen überführten nicht wesentlichen Wirtschaftsgüter mit dem Teilwert bewertet und sind als laufender, nicht tarifbegünstigter Gewinn zu versteuern (BFH 19.2.1981 – IV R 116/77, BStBl. II 1981, 566; FG Rheinland-Pfalz 8.12.1992 – 2 K 2567/89, EFG 1993, 511 rkr.).

466 Gibt der Steuerpflichtige jedoch **keine Betriebsaufgabeerklärung** hinsichtlich der zurückbehaltenen Wirtschaftsgüter ab und zählen diese zu den nichtwesentlichen Wirtschaftsgütern, führt er die bisherige Tätigkeit in einem verkleinerten landwirtschaftlichen Betrieb fort (BFH 29.10.1992 – IV R 117/91, BFH/NV 1994, 533; BFH 16.12.1999 – IV R 53/99, BFH/NV 2000, 1078). Weil im Anwendungsbereich des § 6 Abs. 3 hinsichtlich der Frage der Wesentlichkeit der Wirtschaftsgüter allein die funktionale Betrachtungsweise gilt, ist es unbeachtlich, wenn die zurückbehaltenen Flächen hochgradiges Bauland sind und damit erhebliche stille Reserven enthalten können. Es muss sich dabei nicht um eine aktive landwirtschaftliche Tätigkeit handeln, eine bloße Verpachtung der zurückbehaltenen Grundstücke ist ausreichend, um einen neuen Betrieb erstmalig zu begründen (BFH 24.2.2005 – IV R 28/00, BFH/NV 1990, 1062).

467 Für die **Anwendung dieser 10%-Grenze** als Geringfügigkeitsgrenze ist es nach Auffassung des BFH nicht von Bedeutung, dass der übertragene oder zurückbehaltene Teil der Flächen als funktionsfähiger landwirtschaftlicher Betrieb aktiv fortgeführt werden kann (BFH 8.9.2005 – IV B 101/04, BFH/NV 2006, 53). Allerdings müssen die Voraussetzungen für einen landwirtschaftlichen Betrieb iSd § 13 überhaupt vorliegen. Dazu müssen zum einen die Flächen landwirtschaftlich genutzt werden können, sodass nur mit Brachland oder Unland im bewertungsrechtlichen Sinne kein landwirtschaftlicher Betrieb geführt werden kann. Zum anderen müssen Flächen in einer gewissen Mindestgröße vorhanden sein, die nach Auffassung der Finanzverwaltung 30 Ar (Koordinierter Ländererlass, zB FM Baden-Württemberg 3.5.1972, BeckVerw 272255) mit der Einschränkung beträgt, dass die Grenze von 3000 qm nicht für Sondernutzungen gilt. Auch die Rechtsprechung hat die 3000 qm-Grenze als Faustformel für die Annahme eines landwirtschaftlichen Betriebsvermögens bestätigt (BFH 5.5.2011 – IV R 48/08, BStBl. II 2011, 792). Eine eigene Hofstelle oder eigene Betriebsmittel brauchen nicht vorhanden sein.

468 Eine **Zwangsbetriebsaufgabe** im Zusammenhang mit einer unentgeltlichen Betriebsübertragung gem. § 6 Abs. 3 kann in der Landwirtschaft damit nur noch dann eintreten, wenn die vom Übergeber zurückbehaltene Fläche diese 30-Ar-Grenze unterschreitet (so auch BMF 1.12.2000, BStBl. I 2000, 1556; BFH 24.2.2005 – IV R 28/00, BFH/NV 2005, 1062; BFH 5.5.2011 – IV R 48/08, BStBl. II 2011, 792; BFH 14.7.2016 – IV R 19/13, BFH/NV 2016, 1702).

469 Aufgrund der **geänderten Rechtsprechung** des BFH kann § 6 Abs. 3, im Gegensatz zu § 16 Abs. 4, § 34, aus gestalterischen Erwägungen mehrmals hintereinander angewendet werden, zumal der Freibetrag zur Abfindung weichender Erben für die Entnahme oder Veräußerung von Flächen gem. § 14a Abs. 4 nach dem 31.12.2005 nicht mehr anwendbar ist.

Beispiel: 469.1
L überträgt von seinen 50 ha LN 45 ha (90%) auf seinen Sohn. Für diese Übertragung kann L § 6 Abs. 3 in Anspruch nehmen. Die zurückbehaltene Fläche von 5 ha verpachtet L an seinen Sohn und überträgt diese Flächen dann nach zwei Jahren insgesamt auf seine Tochter T. Auch für diese zweite Übertragung kann L § 6 Abs. 3 in Anspruch nehmen.

Mit der zurückbehaltenen Fläche, die aufgrund ihrer Größe weniger als 10% der Gesamtfläche ausmacht, entsteht ein vom bisherigen Betrieb abgespalteter, verkleinerter Betrieb, für den auch grundsätzlich das Verpächterwahlrecht gem. § 16 Abs. 3b Anwendung findet. Nach Auffassung des BFH (Urteil BFH 24.2.2005 – IV R 28/00, BFH/NV 2005, 1062) ist auch das Kriterium der vorherigen Selbstbewirtschaftung für die Inanspruchnahme des Verpächterwahlrechts gegeben, denn es entsteht gedanklich kein neuer, sondern lediglich ein aus dem bisherigen Betrieb abgespalteter, verkleinerter Betrieb. Werden die zurückbehaltenen Flächen dagegen ohne vertragliche Vereinbarung unentgeltlich überlassen, sind grundsätzlich dem Eigentümer des Grund und Bodens nach den allgemeinen Regeln des BGB (§§ 90 ff. BGB) die Einkünfte zuzurechnen. 469.2

Für diesen verkleinerten, zurückbehaltenen Betrieb kann dann § 6 Abs. 3 wiederum in Anspruch genommen werden. Gehört zu dem aus dem Zurückbehalt abgespalteten verkleinerten Betrieb ein grundsätzlich der Landwirtschaft wesensfremdes Wirtschaftsgut, zB ein Mietwohnhaus, ist zu beachten, dass dieses nur dann weiterhin zum Betriebsvermögen zählen kann, wenn die für dieses Haus genutzte Fläche 10% der Gesamtfläche des abgespalteten, verkleinerten Betriebs nicht übersteigt (BFH 22.8.2002 – IV R 57/00, BStBl. II 2003, 16). Wird die 10%-Grenze nicht eingehalten, ist im zweiten Schritt zu prüfen, ob das Verhältnis der Mieteinnahmen die landwirtschaftlichen Einnahmen deutlich überschreitet. Erst wenn auch dieses zweite Kriterium zu bejahen wäre, könnte es unter Umständen zu einer Zwangsentnahme des Mietwohnhauses kommen. 469.3

Mitunternehmeranteile können ebenfalls **ohne Aufdeckung der stillen Reserven unentgeltlich** nach § 6 Abs. 3 übertragen werden. Der Mitunternehmeranteil eines Gesellschafters umfasst dabei sowohl seinen Anteil am Gesamthandsvermögen als auch das ihm zuzurechnende Sonderbetriebsvermögen (BFH 12.4.2000 – XI R 35/99, BStBl. II 2001, 26; BMF 3.3.2005, BStBl. I 2005, 458). 470

Zur **Vermeidung einer Gewinnrealisierung** muss der Mitunternehmer deshalb auch sein Sonderbetriebsvermögen übertragen, wenn es zu den wesentlichen Betriebsgrundlagen der Mitunternehmergemeinschaft gehört. Funktional nicht wesentliches Sonderbetriebsvermögen kann zurückbehalten werden (BMF 3.3.2005, BStBl. I 2005, 458 Rn. 8). Soweit aber funktional wesentliches Sonderbetriebsvermögen zurückbehalten und in das Privatvermögen des Übertragenen überführt wird, scheidet eine Buchwertfortführung gem. § 6 Abs. 3 S. 1 aus. Der Steuerpflichtige realisiert vielmehr eine Aufgabe seines gesamten Mitunternehmeranteils unter Aufdeckung der stillen Reserven im Gesamthandsvermögen und im Sonderbetriebsvermögen, kann dafür aber die steuerlichen Vergünstigungen der §§ 16 Abs. 4; 34 in Anspruch nehmen (BFH 31.8.1995 – VIII B 21/93, BStBl. II 1995, 890). 471

Auch bei der Übertragung eines landwirtschaftlichen Betriebs unter Vorbehaltsnießbrauch greift die zwingende Buchwertklausel gem. § 6 Abs. 3. In Abgrenzung zum Gewerbebetrieb (BFH 25.1.2017 – X R 59/14, DStR 2017, 1308) hat der BFH im Wege einer bereichsspezifischen Auslegung entschieden, dass der Vorbehaltsnießbrauch nicht die steuerneutrale unentgeltliche Übertragung eines landwirtschaftlichen Betriebs hindert (BFH 7.4.2016 – IV R 38/13, BStBl. II 2016, 765). Dies wird daraus abgeleitet, dass die Einstellung oder Beendigung der landwirtschaftlichen Betätigung des Übergebers grundsätzlich kein Kriterium für eine Betriebsübergabe oder Betriebsveräußerung ist. Kriterium ist alleine, dass das Eigentum an allen wesentlichen Betriebsgrundlagen, also mind. 90% übergeht.

Einstweilen frei 472–476

2. Übergang im Erbfall

Von einer **unentgeltlichen Übertragung** spricht man auch dann, wenn ein Betrieb, Teilbetrieb oder Mitunternehmeranteil gem. § 6 Abs. 3 im Erbfall übergehen. Dabei kann das Vermögen auf einen Erben oder, soweit mehrere vorhanden sind, auf eine Erbengemeinschaft übergehen. Zur ertragsteuerlichen Behandlung der Erbengemeinschaft und ihre Auseinandersetzung hat die Verwaltung in einem umfangreichen BMF-Schreiben 14.3.2006 (BStBl. I 2006, 253) Stellung genommen. 477

478 Im Falle der Erbeinsetzung liegt in vollem Umfang ein unentgeltlicher Erwerb des Erben unmittelbar vom Erblasser vor. Der Erbfall ist keine Betriebsveräußerung oder Betriebsaufgabe durch den Erblasser. Der Erbe tritt am Todestag in die einkommensteuerliche Rechtsstellung des Erblassers ein und hat die Buchwerte gem. § 6 Abs. 3 fortzuführen (BFH 5.7.1990 – GrS 2/89, BStBl. II 1990, 837). Dem Erben sind die Einkünfte aus dem Betrieb ab Erbfall zuzurechnen. Das gilt auch für einen ruhenden (verpachteten), nicht aufgegebenen Betrieb. Ein Verlustabzug nach § 10d geht auf den Erben nicht über (BFH 17.12.2007 – GrS 2/04, BStBl. II 2008, 608).

479 Der Große Senat hat seine bisherige Rechtsprechung zur **Vererblichkeit des Verlustabzugs** geändert und Vertrauensschutz in allen Erbfällen gewährt, die bis zum Tage der Veröffentlichung des Beschlusses eingetreten sind. Einem als Hoferben im Sinne der Höfeordnung zugleich als Miterben am hoffreien Vermögen eingesetzten Erben steht aufgrund der Vertrauensschutzregelung der vom Erblasser nicht ausgenutzte Verlustabzug allerdings nur in Höhe seines Miterbenanteils zu (BFH 17.9.2008 – IX R 79/99, BFH/NV 2009, 144). Schlägt der Erbe die Erbschaft aus, entfällt die Unternehmereigenschaft rückwirkend. Durchgeführte Veranlagungen sind gem. § 175 Abs. 1 S. 1 Nr. 2 AO zu ändern. Die Ausschlagung einer Erbschaft gegen Abfindung steht der entgeltlichen Veräußerung des Erbteils gleich (BFH 20.4.2004 – IX R 5/02, BStBl. II 2004, 987).

480 Gehört zum Nachlass auch **Privatvermögen,** zB das eigengenutzte Wohnhaus des Landwirts, geht auch dieses unentgeltlich auf den Erben über. Der Erbe hat keine eigenen Anschaffungskosten. AfA-Bemessungsgrundlage, AfA-Volumen und AfA-Methode übernimmt er unverändert vom Erblasser (§ 11d Abs. 1 EStDV). Als Gesamtrechtsnachfolger kann der Erbe die Eigenheimzulage des Erblassers fortführen, sofern bei ihm noch kein Objektverbrauch eingetreten ist.

481 Falls der Betrieb an eine **Erbengemeinschaft** gefallen ist und einer der Erben den Betrieb gegen Gewährung von Abfindungszahlungen an die weichenden Erben übernimmt, ist darin ein Anschaffungsgeschäft zu sehen. Die dabei aufgenommenen Verbindlichkeiten zur Erfüllung der Abfindungszahlungen sind Betriebsschulden mit der Folge, dass die Schuldzinsen in diesem Fall als Betriebsaufwand abzugsfähig sind (BMF 14.3.2006, BStBl. I 2006, 253 Rn. 14). Soweit die Abfindungszahlung das Kapitalkonto des weichenden, abzufindenden Erben unterschreitet, soll nach Auffassung der Finanzverwaltung insgesamt eine unentgeltliche Betriebsübertragung gem. § 6 Abs. 3 vorliegen (BMF 14.3.2006, BStBl. I 2006, 253 Rn. 82). Danach wäre die Abfindungszahlung nur gedanklich als Anschaffungskosten einzuordnen. Ob diese Auffassung zutreffend ist, ist zweifelhaft, zumal die Finanzverwaltung ihre Auffassung auch dahingehend einschränkt, dass dies nur in den Fällen gelten soll, in denen der Betrieb auf Grund des § 2049 BGB nur mit dem Ertragswert bei der erbrechtlichen Auseinandersetzung bewertet wird.

482 Hat der Erbe vermächtnisweise zugewendete wiederkehrende Leistungen zu erfüllen, so kann er sie als Sonderausgaben (Versorgungsleistungen) gem. § 10 Abs. 1a Nr. 2 abziehen, wenn der Berechtigte zum Generationennachfolge-Verbund gehört, also insbesondere der überlebende Ehegatte oder ein Abkömmling des Erblassers. Der Begünstigte muss sie als sonstige Einkünfte gem. § 22 versteuern (BFH 27.2.1992 – X R 139/88, BStBl. II 1992, 612; BMF 16.9.2004, BStBl. I 2004, 922 Rn. 40). In anderen Fällen kann der Erbe vermächtnisweise zu erfüllende wiederkehrende Leistungen steuerlich nicht absetzen, auch nicht den Zins- oder Ertragsanteil (BFH 26.11.2003 – X R 11/01, BStBl. II 2004, 820 zu Vermächtniszahlungen an Personen außerhalb des Generationennachfolge-Verbundes). Der begünstigte Vermächtnisnehmer muss dagegen den Zins- oder Ertragsanteil nach § 20 als Einkünfte aus Kapitalvermögen oder nach § 22 als sonstige Einkünfte versteuern (BFH 26.11.1992 – X R 187/87, BStBl. II 1993, 298 und BFH 28.4.1994 – X B 162/94, BFH/NV 1995, 18).

483 Muss der Erbe einem Dritten Wirtschaftsgüter des Betriebsvermögens des zum Nachlass gehörenden Betriebes als **Vermächtnis** übertragen, so gehen sie zunächst zusammen mit dem Betrieb, zu dem sie gehören, zum Buchwert auf den Erben über (BMF 14.3.2006, BStBl. I 2006, 253 Rn. 60). Die Erfüllung dieser Verpflichtung, also der Übereignung der Wirtschaftsgüter auf den Begünstigten, ist eine Entnahme beim Erben (BFH 5.7.1990 – GrS 2/89, BStBl. II 1990, 837). Der Entnahmegewinn ist deshalb alleine dem Erben zuzurechnen, nicht dem Erblasser und auch nicht – wie nach der früheren Rechtsprechung – dem Vermächtnisnehmer (BMF 14.3.2006, BStBl. I 2006, 253 Rn. 60).

Nach der in den nordwestdeutschen Bundesländern geltenden **HöfeO,** der seit 2019 in Brandenburg geltenden Brandenburgischen HöfeO und anderen Landes-Höfegesetzen fällt der Hof als Teil der Erbschaft kraft Gesetzes nur einem Erben zu (vgl. zB § 4 HöfeO). Dadurch tritt eine Spaltung des Nachlasses ein: Der Hof fällt unmittelbar dem Hoferben als Alleinerben zu (sog. Sonderrechtsnachfolge), daneben kann für das hofesfreie Vermögen eine Erbengemeinschaft bestehen (vgl. BFH 26.3.1987 – IV R 20/84, BStBl. II 1987, 561; BMF 14.3.2006, BStBl. I 2006, 253 Rn. 75 ff.). In diesem Falle übernimmt der Hoferbe den landwirtschaftlichen Betrieb vom Erblasser zum Buchwert nach § 6 Abs. 3. 484

Wird neben einem Hof iSd HöfeO auch **hofesfreies Vermögen übertragen,** sind die allgemeinen Grundsätze anzuwenden. Entsteht dagegen bei teilentgeltlicher Übertragung ein Veräußerungsgewinn, ist die Verlustausschlussklausel des § 55 Abs. 6 beim Grund und Boden zu berücksichtigen, dh der Gewinn kann sich um einen anteiligen, nicht abzugsfähigen Verlust erhöhen. Für die Anwendung des § 55 Abs. 6 teilt die Finanzverwaltung. die Übertragung in einen entgeltlichen und einen unentgeltlichen Anteil auf (BMF 13.1.1993, BStBl. I 1993, 80 Rn. 46). Abstandsgelder, die der Übernehmer nur auf Verlangen des Hofübergebers erbringen muss, sind erst dann Veräußerungsentgelt und damit auch Anschaffungskosten, wenn der Berechtigte sie anfordert (BMF 13.1.1993, BStBl. I 1993, 80 Rn. 45). 485

Wirtschaftsgüter, die ertragsteuerlich **zum Betriebsvermögen des Betriebs gehören,** aber zivilrechtlich hofesfreies Vermögen sind und dem Hoferben deshalb nicht allein gehören, gelten hinsichtlich der Miteigentumsanteile der anderen Miterben als entnommen. In Betracht kommt in der Landwirtschaft insbesondere das gewillkürte Betriebsvermögen, zB an Dritte vermietete Gebäude, die früher landwirtschaftlich genutzt wurden oder vom Erblasser auf bisher selbstgenutzten Flächen errichtet worden sind. Diese Häuser können uU zum hofesfreien Vermögen zählen, insbesondere dann, wenn sie sich nicht auf der Hofparzelle befinden. Durch die Spaltung des Nachlasses fällt dieses hofesfreie Betriebsvermögen der Erbengemeinschaft und nicht dem Hoferben zu. Die Erbengemeinschaft selber verfügt im Regelfall aber nicht über Betriebsvermögen, sodass eine Zwangsentnahme gegeben sein kann. Diese Entnahme ist dem Erblasser zuzurechnen (BMF 14.3.2006, BStBl. I 2006, 253 Rn. 78). 486

Unterliegt der Hof dagegen keiner Sonderrechtsnachfolge, geht der Hof bei mehreren Miterben zunächst auf die Erbengemeinschaft über, danach findet regelmäßig eine Erbauseinandersetzung statt; dafür gelten die allgemeinen steuerlichen Regeln. 487

Einstweilen frei 488–492

XI. Vermögensübergabe gegen Versorgungsleistungen

Vermögensübertragungen zu Lebzeiten, die die künftige Erbfolge vorwegnehmen sollen, werden in der Regel als unentgeltliche Zuwendung angesehen (BMF 13.1.1993, BStBl. I 1993, 80). Es wird damit eine Parallele gezogen zu dem Übergang im Erbfall. Nur in Ausnahmefällen ist in Fällen der vorweggenommenen Erbfolge von einem entgeltlichen Geschäft auszugehen. Bei der Übertragung von Betrieben, Teilbetrieben oder Mitunternehmeranteilen ist Maßstab für die Frage, ob ein unentgeltliches oder entgeltliches Geschäft vorliegt, das Kapitalkonto (näher dazu BMF 13.1.1993, BStBl. I 1993, 80 Rn. 61). Aufgrund der von Rechtsprechung und Finanzverwaltung entwickelten Einheitstheorie (BFH 2.8.2012 – IV R 41/11, BFH/NV 2012, 2053; BMF 13.1.1993, BStBl. I 1993, 80 Rn. 35) handelt es sich entweder um einen voll entgeltlichen oder einen voll unentgeltlichen Übertragungsvorgang. 493

Ist von einem **voll unentgeltlichen Übertragungsvorgang** auszugehen, sind Leistungen des Übernehmers nicht als weitere Anschaffungskosten anzusetzen. Der Übernehmer hat dann vielmehr die Buchwerte des Übergebers unverändert fortzuführen. Werden bereits bestehende betriebliche Verbindlichkeiten übernommen, können die Schuldzinsen unverändert als Betriebsaufwand geltend gemacht werden. Entstehen Schuldzinsen aus der Finanzierung von Abstandszahlungen oder Gleichstellungsgeldern, können diese als Betriebsaufwand ebenfalls geltend gemacht werden (BMF 13.1.1993, BStBl. I 1993, 80 Rn. 40). Liegen die Gegenleistungen des Übernehmers dagegen oberhalb der steuerlichen Kapitalkonten des Übergebers, ist ein voll entgeltlicher Vorgang entstanden, der zu einem Veräußerungsgewinn 494 beim Übergeber und zu Anschaffungskosten bei dem Übernehmer führt (BMF 13.1.1993, BStBl. I 1993, 80 Rn. 35).

495 **Aufschiebend bedingte oder befristete Leistungsverpflichtungen** des Übernehmers führen erst bei Eintritt des Ereignisses, von dem die Leistungspflicht abhängt, zu Veräußerungsentgelt und Anschaffungskosten, zB Gleichstellungsgelder, die nur entstehen, wenn der Berechtigte ein bestimmtes Lebensalter erreicht oder heiratet (vgl. BMF 13.1.1993, BStBl. I 1993, 80 Rn. 19–21). Eine unverzinsliche Geldleistungsverpflichtung des Übernehmers, die erst nach mehr als einem Jahr zu einem bestimmten Zeitpunkt fällig wird, ist für die Ermittlung des Veräußerungsentgelts und der Anschaffungskosten abzuzinsen (BMF 13.1.1993, BStBl. I 1993, 80 Rn. 11); das Gleiche gilt für wiederkehrende Leistungen, die Entgelt sind, also keine Versorgungsleistungen.

496 Bei einem **teilentgeltlichen Geschäft** sind die Anschaffungsnebenkosten, zB Notar- oder Gerichtsgebühren, in voller Höhe, also nicht nur hinsichtlich des entgeltlichen Teils, Anschaffungskosten (BMF 13.1.1993, BStBl. I 1993, 80 Rn. 13). Trägt der Übergeber solche Aufwendungen, handelt es sich bei ihm um Veräußerungskosten, die allerdings zu keinem Verlust führen dürfen, wenn das Entgelt den Buchwert des übertragenen Betriebs nicht übersteigt. Bei einem voll unentgeltlichen Erwerb sind die Nebenkosten weder Anschaffungskosten noch Veräußerungsentgelt, sondern nichtabzugsfähige Aufwendungen nach § 12 Nr. 1. Gleiches gilt für die Schenkungsteuer gem. § 12 Nr. 3.

497 Sind später fällig werdende Leistungen des Erwerbers zu verzinsen oder abzuzinsen, übernimmt er Verbindlichkeiten des Veräußerers. Nimmt der Erwerber zur Erfüllung von Abfindungszahlungen (zB Abstands- und Gleichstellungsgelder) Kredite auf, sind die Schuldzinsen Betriebsausgaben. Das gilt auch, wenn der Betrieb zum Buchwert übergeht, weil das Entgelt niedriger ist als das Kapitalkonto (BMF 13.1.1993, BStBl. I 1993, 80 Rn. 40).

498 Übernimmt der Erwerber private Schulden des Übergebers, werden diese, soweit sie im Zusammenhang mit der Übertragung des Betriebs stehen, zu Betriebsschulden und sind insoweit zu passivieren (BMF 13.1.1993, BStBl. I 1993, 80 Rn. 27–31).

499 Steuerliche Verbleibensfristen und Vorbesitzzeiten, zB nach § 6b, werden nur hinsichtlich des unentgeltlich übertragenen Teils beim Rechtsvorgänger und Rechtsnachfolger zusammengefasst. Hinsichtlich des entgeltlich erworbenen Teils der Wirtschaftsgüter handelt es sich um Veräußerung und Anschaffung, die Fristen beenden bzw. neu in Gang setzen. Übersteigt das Entgelt nicht das Kapitalkonto, sodass der Betrieb zum Buchwert übergeht, tritt der Rechtsnachfolger hinsichtlich steuerlicher Verbleibensfristen und Vorbesitzzeiten in vollem Umfang in die Stellung des Rechtsvorgängers ein (BMF 13.1.1993, BStBl. I 1993, 80 Rn. 41).

500 Wird **gleichzeitig Betriebs- und Privatvermögen übertragen** (sog. Mischfall), zB ein Landwirtschaftsbetrieb und das privatisierte eigengenutzte Wohnhaus, sind die Gegenleistungen des Erwerbers, die zum Entgelt gehören, im Verhältnis der Verkehrswerte auf Betriebs- und Privatvermögen aufzuteilen. Dies gilt aber nicht in den Fällen, in denen Übergeber und Übernehmer im Übertragungsvertrag Leistungen und Gegenleistungen eindeutig dem Betriebs- oder Privatvermögen zugeordnet haben. Eine von den Vertragsparteien vorgenommene Zuordnung der Leistungen auf die einzelnen Bereiche ist maßgeblich für die Besteuerung, soweit dies nicht zu einer unangemessenen wertmäßigen Berücksichtigung führt (BMF 26.2.2007, BStBl. I 2007, 269; Rn. 14, 47 des geänderten BMF-Schreibens 13.1.1993, BStBl. I 1993, 80). Ob Veräußerungsgewinne und Anschaffungskosten vorliegen, ist für das Betriebsvermögen und das Privatvermögen getrennt zu prüfen.

500.1 **Beispiel:**
Der im Wege der vorweggenommenen Erbfolge übertragene Hof hat einen Verkehrswert iHv 1.000.000 EUR, davon entfallen 100.000 EUR auf das zum Privatvermögen gehörende eigengenutzte Einfamilienhaus. Der Übernehmer erbringt Versorgungsleistungen (Altenteil), übernimmt Privatschulden des Übergebers iHv 25.000EUR und hat weichende Erben mit 25.000 EUR abzufinden. Das Kapitalkonto des Betriebs hat einen Buchwert iHv 450.000 EUR. Eine Aufteilung der Leistungen des Übergebers auf das Betriebs- oder Privatvermögen ist im Vertrag nicht vorgenommen worden.

500.2 Die Versorgungsleistungen gehören nicht zum Entgelt, sondern nur die übernommenen Privatschulden und die Gleichstellungsgelder, zusammen 50.000 EUR. Davon entfallen 1/10 = 5.000 EUR auf das Wohnhaus und 45.000 EUR auf den Betrieb, der zum Buchwert gem. § 6 Abs. 3 übergeht, weil der Veräußerungspreis das Kapitalkonto gem. BMF 13.1.1993 (BStBl. I 1993, 80 Rn. 35) nicht übersteigt. Der Erwerber muss 45.000 EUR als Betriebsschulden passivieren und hat somit in seiner Eröffnungsbilanz ein Kapitalkonto iHv 405.000 EUR auszuweisen. Schuldzinsen für die übernommenen Verbindlichkeiten und etwaige Finanzierungskosten für die Gleichstellungsgelder sind zu 9/10 Betriebsausgaben. Der Übernehmer hat für das Wohnhaus einschl. Grund und Boden Anschaffungskosten iHv 5.000 EUR.

Bei einer **Auflagenschenkung gem. § 525 BGB** ist das Entgelt in Mischfällen auf Betriebs- und Privatvermögen aufzuteilen. Es ist aber auch möglich, dass bei einer Hofübergabe der Betrieb unentgeltlich übertragen und das im Privatvermögen befindliche Wohnhaus, (teil-)entgeltlich veräußert wird. In diesem Falle entfällt der Kaufpreis ausschließlich auf die veräußerten Wirtschaftsgüter (vgl. BFH 18.3.1980 – VIII R 148/78, BStBl. II 1981, 794). Wofür der Veräußerer den erhaltenen Veräußerungspreis verwendet, ist unerheblich. So kann er damit zB Privatschulden tilgen oder seinerseits andere Kinder abfinden. **501**

Vom Übergeber **zurückbehaltene einzelne Wirtschaftsgüter** gelten als nicht entnommen, soweit die zurückbehaltenen Wirtschaftsgüter, zB weniger als 10% der Flächen, für sich gesehen die Voraussetzungen eines landwirtschaftlichen Betriebes erfüllen (BFH 24.2.2005 – IV R 28/00, BFH/NV 2005, 1062). Geht der Betrieb mit allen wesentlichen Betriebsgrundlagen (mind. 90% der Flächen) zum Buchwert gem. § 6 Abs. 3 über, weil das zu leistende Entgelt das Kapitalkonto nicht übersteigt, hat der Übergeber daher keinen laufenden Gewinn zu versteuern, sondern die zurückbehaltenen Flächen werden gem. § 6 Abs. 5 S. 1 gedanklich in das gleichzeitig neu entstehende, verkleinerte neue Betriebsvermögen überführt. **502**

Überschreitet dagegen das Entgelt den Buchwert des Kapitalkontos, auch wenn dies nur geringfügig ist, entsteht beim Veräußerer ein nach §§ 14, 16, 34 begünstigter Veräußerungsgewinn (BFH 10.7.1986 – IV R 12/81, BStBl. II 1986, 811 und BFH 31.8.1994 – X R 170/93, BFH/NV 1995, 299), in den auch Entnahmegewinne aus zurückbehaltenen Wirtschaftsgüter einzubeziehen sind. Das ist die logische Folge der Einheitstheorie, die die teilentgeltliche Betriebsveräußerung genauso behandelt wie die vollentgeltliche, sofern das Teilentgelt den Buchwert des Betriebs überschreitet. Auch wenn in zeitlichem und sachlichem Zusammenhang mit der teilentgeltlichen Betriebs- oder Teilbetriebsveräußerung, die zu einem Veräußerungsgewinn führt, einzelne Wirtschaftsgüter an andere Erwerber vollentgeltlich veräußert werden, sind die Gewinne in den begünstigten Veräußerungsgewinn einzubeziehen. **503**

Das Gleiche gilt, wenn ein **Mitunternehmeranteil teilentgeltlich** veräußert wird und dadurch ein Gewinn hinsichtlich des Sonderbetriebsvermögens entsteht, wenn dieses ganz oder teilweise entnommen oder an den Erwerber des Gesellschaftsanteils oder andere Käufer vollentgeltlich veräußert wird. **504**

Veräußert der Steuerpflichtige einige wesentliche Betriebsgrundlagen nicht an den Erwerber des Gesellschaftsanteils, sondern an andere Personen teilentgeltlich (Veräußerungspreis über Buchwert) und behält er andere zurück, die er in sein Privatvermögen überführt, liegt eine Betriebsaufgabe vor, die zur gem. §§ 14, 16, 34 begünstigten Realisierung sämtlicher stillen Reserven führt. Es sind dann nur einzelne Wirtschaftsgüter teilentgeltlich veräußert worden und kein Betrieb oder Teilbetrieb (vgl. BMF 13.1.1993, BStBl. I 1993, 80 Rn. 34). **505**

Die **Einheitstheorie gilt nur,** wenn alle wesentlichen Betriebsgrundlagen eines Betriebs oder Teilbetriebs veräußert, dh also auf einen oder mehrere Erwerber übertragen werden. Deshalb wird auch ein Mitunternehmeranteil unter Auflösung aller stillen Reserven aufgegeben, wenn der Gesellschaftsanteil teilentgeltlich (Entgelt über Kapitalkonto) veräußert wird und gleichzeitig zu den wesentlichen Betriebsgrundlagen gehörendes Sonderbetriebsvermögen entnommen oder an andere Personen veräußert wird. **506**

Werden dagegen zu den wesentlichen Betriebsgrundlagen gehörende Wirtschaftsgüter eines Betriebs oder Teilbetriebs oder des Sonderbetriebsvermögens **ohne Aufdeckung der stillen Reserven** in ein anderes Betriebsvermögen des Steuerpflichtige gem. § 6 Abs. 5 S. 1, 2 überführt (Betriebsvermögen eines verkleinerten Betriebs), führt die teilentgeltliche Veräußerung eines Teils der wesentlichen Betriebsgrundlage zu einem laufenden Gewinn. Dabei werden alle stillen Reserven der veräußerten Wirtschaftsgüter aufgedeckt, zum Teil als Entnahme- und teilweise als Veräußerungsgewinn (entsprechend BMF 13.1.1993, BStBl. I 1993, 80 Rn. 34). **507**

§ 13a Ermittlung des Gewinns aus Land- und Forstwirtschaft nach Durchschnittssätzen

(1) [1]Der Gewinn eines Betriebs der Land- und Forstwirtschaft ist nach den Absätzen 3 bis 7 zu ermitteln, wenn

1. der Steuerpflichtige nicht auf Grund gesetzlicher Vorschriften verpflichtet ist, für den Betrieb Bücher zu führen und regelmäßig Abschlüsse zu machen und

2. in diesem Betrieb am 15. Mai innerhalb des Wirtschaftsjahres Flächen der landwirtschaftlichen Nutzung (§ 160 Absatz 2 Satz 1 Nummer 1 Buchstabe a des Bewertungsgesetzes) selbst bewirtschaftet werden und diese Flächen 20 Hektar ohne Sondernutzungen nicht überschreiten und

3. die Tierbestände insgesamt 50 Vieheinheiten (§ 13 Absatz 1 Nummer 1) nicht übersteigen und

4. die selbst bewirtschafteten Flächen der forstwirtschaftlichen Nutzung (§ 160 Absatz 2 Satz 1 Nummer 1 Buchstabe b des Bewertungsgesetzes) 50 Hektar nicht überschreiten und

5. die selbst bewirtschafteten Flächen der Sondernutzungen (Absatz 6) die in Anlage 1a Nummer 2 Spalte 2 genannten Grenzen nicht überschreiten.

[2]Satz 1 ist auch anzuwenden, wenn nur Sondernutzungen bewirtschaftet werden und die in Anlage 1a Nummer 2 Spalte 2 genannten Grenzen nicht überschritten werden. [3]Die Sätze 1 und 2 gelten nicht, wenn der Betrieb im laufenden Wirtschaftsjahr im Ganzen zur Bewirtschaftung als Eigentümer, Miteigentümer, Nutzungsberechtigter oder durch Umwandlung übergegangen ist und der Gewinn bisher nach § 4 Absatz 1 oder 3 ermittelt wurde. [4]Der Gewinn ist letztmalig für das Wirtschaftsjahr nach Durchschnittssätzen zu ermitteln, das nach Bekanntgabe der Mitteilung endet, durch die die Finanzbehörde auf den Beginn der Buchführungspflicht (§ 141 Absatz 2 der Abgabenordnung) oder auf den Wegfall einer anderen Voraussetzung des Satzes 1 hingewiesen hat. [5]Der Gewinn ist erneut nach Durchschnittssätzen zu ermitteln, wenn die Voraussetzungen des Satzes 1 wieder vorliegen und ein Antrag nach Absatz 2 nicht gestellt wird.

(2) [1]Auf Antrag des Steuerpflichtigen ist für einen Betrieb im Sinne des Absatzes 1 der Gewinn für vier aufeinander folgende Wirtschaftsjahre nicht nach den Absätzen 3 bis 7 zu ermitteln. [2]Wird der Gewinn eines dieser Wirtschaftsjahre durch den Steuerpflichtigen nicht nach § 4 Absatz 1 oder 3 ermittelt, ist der Gewinn für den gesamten Zeitraum von vier Wirtschaftsjahren nach den Absätzen 3 bis 7 zu ermitteln. [3]Der Antrag ist bis zur Abgabe der Steuererklärung, jedoch spätestens zwölf Monate nach Ablauf des ersten Wirtschaftsjahres, auf das er sich bezieht, schriftlich zu stellen. [4]Er kann innerhalb dieser Frist zurückgenommen werden.

(3) [1]Durchschnittssatzgewinn ist die Summe aus

1. dem Gewinn der landwirtschaftlichen Nutzung,

2. dem Gewinn der forstwirtschaftlichen Nutzung,

3. dem Gewinn der Sondernutzungen,

4. den Sondergewinnen,

5. den Einnahmen aus Vermietung und Verpachtung von Wirtschaftsgütern des land- und forstwirtschaftlichen Betriebsvermögens,

6. den Einnahmen aus Kapitalvermögen, soweit sie zu den Einkünften aus Land- und Forstwirtschaft gehören (§ 20 Absatz 8).

[2]Die Vorschriften von § 4 Absatz 4a, § 6 Absatz 2 und 2a sowie zum Investitionsabzugsbetrag und zu Sonderabschreibungen finden keine Anwendung. [3]Bei abnutzbaren Wirtschaftsgütern des Anlagevermögens gilt die Absetzung für Abnutzung in gleichen Jahresbeträgen nach § 7 Absatz 1 Satz 1 bis 5 als in Anspruch genommen. [4]Die Gewinnermittlung ist nach amtlich vorgeschriebenem Datensatz durch Datenfernübertragung spätestens mit der Steuererklärung zu übermitteln. [5]Auf Antrag kann die Finanzbehörde zur Vermeidung unbilliger Härten auf eine elektronische Übermittlung verzichten; in diesem Fall ist der Steuererklärung eine Gewinnermittlung nach amtlich vorgeschriebenem Vordruck beizufügen. [6]§ 150 Absatz 8 der Abgabenordnung gilt entsprechend.

(4) [1]Der Gewinn aus der landwirtschaftlichen Nutzung ist die nach den Grundsätzen des § 4 Absatz 1 ermittelte Summe aus dem Grundbetrag für die selbst bewirtschafteten Flächen und den Zuschlägen für Tierzucht und Tierhaltung. [2]Als Grundbetrag je Hektar der landwirtschaftlichen Nutzung (§ 160 Absatz 2 Satz 1 Nummer 1 Buchstabe a des Bewertungsgesetzes) ist der sich aus Anlage 1a ergebende Betrag vervielfältigt mit der selbst bewirtschafteten Fläche anzusetzen. [3]Als Zuschlag für Tierzucht und Tierhaltung ist im Wirtschaftsjahr je Vieheinheit der sich aus Anlage 1a jeweils ergebende Betrag vervielfältigt mit den Vieheinheiten anzusetzen.

(5) Der Gewinn aus der forstwirtschaftlichen Nutzung (§ 160 Absatz 2 Satz 1 Nummer 1 Buchstabe b des Bewertungsgesetzes) ist nach § 51 der Einkommensteuer-Durchführungsverordnung zu ermitteln.

(6) [1]Als Sondernutzungen gelten die in § 160 Absatz 2 Satz 1 Nummer 1 Buchstabe c bis e des Bewertungsgesetzes in Verbindung mit Anlage 1a Nummer 2 genannten Nutzungen. [2]Bei Sondernutzungen, die die in Anlage 1a Nummer 2 Spalte 3 genannten Grenzen überschreiten, ist ein Gewinn von 1 000 Euro je Sondernutzung anzusetzen. [3]Für die in Anlage 1a Nummer 2 nicht genannten Sondernutzungen ist der Gewinn nach § 4 Absatz 3 zu ermitteln.

(7) [1]Nach § 4 Absatz 3 zu ermittelnde Sondergewinne sind

1. Gewinne
   a) aus der Veräußerung oder Entnahme von Grund und Boden und dem dazugehörigen Aufwuchs, den Gebäuden, den immateriellen Wirtschaftsgütern und den Beteiligungen; § 55 ist anzuwenden;
   b) aus der Veräußerung oder Entnahme der übrigen Wirtschaftsgüter des Anlagevermögens und von Tieren, wenn der Veräußerungspreis oder der an dessen Stelle tretende Wert für das jeweilige Wirtschaftsgut mehr als 15 000 Euro betragen hat;
   c) aus Entschädigungen, die gewährt worden sind für den Verlust, den Untergang oder die Wertminderung der in den Buchstaben a und b genannten Wirtschaftsgüter;
   d) aus der Auflösung von Rücklagen;
2. Betriebseinnahmen oder Betriebsausgaben nach § 9b Absatz 2;
3. Einnahmen aus dem Grunde nach gewerblichen Tätigkeiten, die dem Bereich der Land- und Forstwirtschaft zugerechnet werden, abzüglich der pauschalen Betriebsausgaben nach Anlage 1a Nummer 3;
4. Rückvergütungen nach § 22 des Körperschaftsteuergesetzes aus Hilfs- und Nebengeschäften.

[2]Die Anschaffungs- oder Herstellungskosten bei Wirtschaftsgütern des abnutzbaren Anlagevermögens mindern sich für die Dauer der Durchschnittssatzgewinnermittlung mit dem Ansatz der Gewinne nach den Absätzen 4 bis 6 um die Absetzung für Abnutzung in gleichen Jahresbeträgen. [3]Die Wirtschaftsgüter im Sinne des Satzes 1 Nummer 1 Buchstabe a sind unter Angabe des Tages der Anschaffung oder Herstellung und der Anschaffungs- oder Herstellungskosten oder des an deren Stelle getretenen Werts in besondere, laufend zu führende Verzeichnisse aufzunehmen. [4]Absatz 3 Satz 4 bis 6 gilt entsprechend.

(8) Das Bundesministerium der Finanzen wird ermächtigt, durch Rechtsverordnung mit Zustimmung des Bundesrates die Anlage 1a dadurch zu ändern, dass es die darin aufgeführten Werte turnusmäßig an die Ergebnisse der Erhebungen nach § 2 des Landwirtschaftsgesetzes und im Übrigen an Erhebungen der Finanzverwaltung anpassen kann.

<u>Anlage 1a (zu § 13a)</u>

Ermittlung des Gewinns aus Land- und Forstwirtschaft nach Durchschnittssätzen

Für ein Wirtschaftsjahr betragen

1. der Grundbetrag und die Zuschläge für Tierzucht und Tierhaltung der landwirtschaftlichen Nutzung (§ 13a Absatz 4):

Gewinn pro Hektar selbst bewirtschafteter Fläche	**350 EUR**
bei Tierbeständen für die ersten 25 Vieheinheiten	**0 EUR/Vieheinheit**
bei Tierbeständen für alle weiteren Vieheinheiten	**300 EUR/Vieheinheit**

Angefangene Hektar und Vieheinheiten sind anteilig zu berücksichtigen.

2. **die Grenzen und Gewinne der Sondernutzungen (§ 13a Absatz 6):**

Nutzung	**Grenze**	**Grenze**
1	**2**	**3**
Weinbauliche Nutzung	**0,66 ha**	**0,16 ha**
Nutzungsteil Obstbau	**1,37 ha**	**0,34 ha**
Nutzungsteil Gemüsebau		
Freilandgemüse	**0,67 ha**	**0,17 ha**
Unterglas Gemüse	**0,06 ha**	**0,015 ha**
Nutzungsteil Blumen/ Zierpflanzenbau		
Freiland Zierpflanzen	**0,23 ha**	**0,05 ha**
Unterglas Zierpflanzen	**0,04 ha**	**0,01 ha**
Nutzungsteil Baumschulen	**0,15 ha**	**0,04 ha**
Sondernutzung Spargel	**0,42 ha**	**0,1 ha**
Sondernutzung Hopfen	**0,78 ha**	**0,19 ha**
Binnenfischerei	**2 000 kg Jahresfang**	**500 kg Jahresfang**
Teichwirtschaft	**1,6 ha**	**0,4 ha**
Fischzucht	**0,2 ha**	**0,05 ha**
Imkerei	**70 Völker**	**30 Völker**
Wanderschäfereien	**120 Mutterschafe**	**30 Mutterschafe**
Weihnachtsbaumkulturen	**0,4 ha**	**0,1 ha**

3. **in den Fällen des § 13a Absatz 7 Satz 1 Nummer 3 die Betriebsausgaben 60 Prozent der Betriebseinnahmen.**

Überblick

Die Vorschrift ist eine vereinfachte Gewinnermittlung für kleinere nicht buchführungspflichtige land- und forstwirtschaftliche Betriebe, zumeist im Nebenerwerb. Der Gewinn aus Land- und Forstwirtschaft ist zwingend nach pauschalen Sätzen zu ermitteln, wenn die Tatbestandsvoraussetzungen der Norm erfüllt sind und der Steuerpflichtige keinen wirksamen Antrag auf anderweitige Gewinnermittlung gestellt hat. Ein Antrag auf anderweitige Gewinnermittlung ist regelmäßig dann sinnvoll, wenn der Durchschnittssatzgewinn den tatsächlichen Gewinn des Betriebes übersteigt oder in Verlustsituationen. Tendenziell führt der Durchschnittssatzgewinn bei solchen Betrieben zu höheren Gewinnen, die Sonderabschreibungen nicht in Anspruch nehmen können, Schuld- oder Pachtzinsen nicht geltend machen oder bei Einnahmen aus Vermietung und Verpachtung von Wohn- oder Wirtschaftsgebäuden AfA oder Erhaltungsaufwendungen nicht absetzen können.

Übersicht

A. Allgemeines

Leitentscheidungen, wichtige Verwaltungsanweisungen und Schrifttum (Auswahl): 1

Leitentscheidungen des BFH: 1.1
BFH 26.6.1986 – IV R 151/84, BStBl. II 1986, 741 (Betriebsübernahme/Neugründung); BFH 4.6.1992 – IV R 123-124/91, BStBl. II 1993, 125 (Antrag auf anderweitige Gewinnermittlung); BFH 26.5.1994 – IV R 34/92, BStBl. II 1994, 891 (Einbringung in eine Personengesellschaft); BFH 29.11.2001 – IV R 13/00, BStBl. II 2002, 147 (keine Wegfallmitteilung); BFH 5.12.2002 – IV R 28/02, BStBl. II 2003, 345 (kein Abzug von Betriebsausgaben, die mit Miet- und Pachteinnahmen zusammenhängen); BFH 6.3. 2003 – IV R 26/01, BStBl. II 2003, 702 (Liebhaberei); BFH 23.8.2017 – VI R 70/15, BStBl. II 2018, 174 (Wegfallmitteilung); BFH 14.4.2011 – IV R 1/09, BFH/NV 2011, 1336 (Anwendungsbereich); BFH 30.10.2014 – IV R 61/11, BStBl. II 2015, 478 (keine Wegfallmitteilung).

Wichtige Verwaltungsanweisungen: 1.2
BMF 10.11.2015, BStBl. I 2015, 877; BMF 22.10.2015, BStBl. I 2015, 795; LfSt Bayern 22.5.2017, Merkblatt zu den besonderen, laufend zu führenden Verzeichnissen nach § 13a Abs. 7 Satz 3 EStG, StEd 2017, 495.

Schrifttum (Auswahl): 1.3
Wiegand, Vorschläge der Finanzverwaltung zur Neustrukturierung der Gewinnermittlung nach Durchschnittssätzen nach § 13a EStG, HLBS-Report 2014, 112; *Giere*, Die Neufassung der Gewinnermittlung nach § 13a EStG, AgrB 2015, 18; *Kanzler*, Die neue Durchschnittssatzgewinnermittlung für Land- und Forstwirte – „noch zielgenauer ausgestaltet und weiter vereinfacht", DStZ 2015, 375; *Märkle/Hiller*, Gesetzgebungs-Übermut in Berlin – über heimliche steuerliche Subventionen für die kleinbäuerliche Landwirtschaft, StWa 2015, 23; *Riegler*, Gewinnermittlung nach Durchschnittssätzen, AgrB 2015, 14; *Wiegand*, Die Ermittlung des Gewinns aus Land- und Forstwirtschaft nach Durchschnittssätzen im neuen Gewand, NWB 2015, 250; *Wiegand*, Neuregelung der Gewinnermittlung nach Durchschnittssätzen für Land- und Forstwirte gem. § 13a EStG, NWB 2016, 103; *Wiegand*, Besteuerung der Land- und Forstwirtschaft – Aktuelle Fragen zu ertragsteuerrechtlichen Besonderheiten des Weinbaus, NWB 2018, 28; *Ruß/Hüsing*, Gewinnerfassung land- und forstwirtschaftlicher Betriebe durch § 13a EStG, DStR 2019, 1704.

I. Regelungsanliegen im System des Steuerrechts

1. Zweck der Regelung

Aus dem **Landwirtschaftsgesetz** v. 5.9.1955 (BGBl. 1955 I 565) leitet der Gesetzgeber ua den Auftrag ab, land- und forstwirtschaftliche Betriebe mit Mitteln der Steuerpolitik zu fördern und diese in den Stand zu setzen, die für sie bestehenden naturbedingten und 2 wirtschaftlichen Nachteile gegenüber anderen Wirtschaftsbereichen auszugleichen. Das Einkommensteuerrecht enthält dazu zahlreiche **Sonderregelungen für Land- und Forstwirte,** ua die vereinfachte Gewinnermittlung nach Durchschnittssätzen für kleinere land- und forstwirtschaftliche Betriebe nach § 13a.

3 **Zweck der Durchschnittssatzgewinnermittlung** ist es, Inhabern kleinerer Betriebe durch eigenständige Gewinnermittlungsart den Aufwand und die Kosten einer Buchführung zu ersparen. Die Aufzeichnungspflichten sind eingeschränkt (→ Rn. 137). Unseres Erachtens wird § 13a den verfassungsrechtlichen Anforderungen noch gerecht. Unabhängig davon, ob mit einer Steuernorm allein Fiskalzwecke oder auch Förderungs- und Lenkungsziele verfolgt werden, ist die Befugnis des Gesetzgebers zur Vereinfachung und Typisierung zu beachten. Auf dieser Grundlage darf der Gesetzgeber grundsätzlich generalisierende, typisierende und pauschalierende Regelungen treffen, ohne wegen der damit unvermeidlich verbundenen Härten gegen den allgemeinen Gleichheitssatz zu verstoßen (BVerfG 21.6.2006 – 2 BvL 2/99, DStRE 2006, 988).

4 Nach Ansicht der Bundesregierung hat die **Subventionswirkung** der Vorschrift ab 1999 erheblich abgenommen. Die folgenden Subventionsberichte erwähnen die Gewinnermittlung nach Durchschnittssätzen nicht mehr (vgl. Bericht des Bundesrechnungshofes vom 17.1.2012, BT-Drs. 17/8428, 4; BR-Drs. 23/12). Damit verbleibt es uE beim Vereinfachungseffekt auf Seiten der land- und forstwirtschaftlichen Betriebe wie auch der Finanzverwaltung. Dass dadurch je nach Einzelfall die steuerpflichtigen Gewinne unter den tatsächlichen Gewinnen liegen können, wird vom Gesetzgeber in Kauf genommen (*Felsmann* ESt Land- und Forstwirte C 101).

5 Aus der **Steuerstatistik** des Jahres 2007 ergibt sich, dass 138.204 landwirtschaftliche Betriebe § 13a anwenden. Das entspricht 23,8% aller Fälle mit Einkünften aus Land- und Forstwirtschaft (vgl. Bericht des Bundesrechnungshofes vom 17.1.2012, BT-Drs. 17/8428, 5). Wobei der regionale Schwerpunkt der Betriebe mit Gewinnermittlung nach § 13a in den Bundesländern Bayern, Baden-Württemberg, Hessen und Nordrhein-Westfalen liegt.

2. Historische Entwicklung

6 Ab dem **Wirtschaftsjahr 1948/49** regelte die Verordnung über die Aufstellung von Durchschnittssätzen für die Ermittlung des Gewinns aus der Land- und Forstwirtschaft (VOL) v. 2.6.1949 (WiGBl. 1949, 95) die Gewinnermittlung für nicht buchführungspflichtige Land- und Forstwirte auf dem Gebiet der ehemaligen Bundesrepublik Deutschland. Für Wirtschaftsjahre nach dem 31.12.1964 (idR ab dem Wj. 1965/66) wurde das pauschale Verfahren nach VOL durch das Gesetz über die Ermittlung des Gewinns aus Land- und Forstwirtschaft nach Durchschnittssätzen (GDL) v. 15.9.1965 (BGBl. 1965 I 1350) abgelöst. Im Jahr 1974 hat der Gesetzgeber die Gewinnermittlung nach Durchschnittssätzen (§ 13a) in das Einkommensteuergesetz aufgenommen (Vermögensteuerreformgesetz v. 17.4.1974 (BGBl. 1974 I 949)), um sie durch Eingliederung in das EStG auf eine einheitliche gesetzliche Grundlage zu stellen.

7 Der **Bundesrechnungshof** prüfte im Jahr 1995 erstmals die Gewinnermittlung nach Durchschnittssätzen nach § 13a. Er kam dabei zu dem Ergebnis, dass die Gewinnermittlungsmethode bei mehr als zwei Dritteln der untersuchten Fälle weniger als 50% der tatsächlichen Gewinne abbildete und mahnte den Gesetzgeber an, die Vorschrift zielgenauer zu regeln oder aufzuheben (BT-Drs. 13/2600, 108, 113). Nach Ansicht des Bundesrechnungshofes erfüllte die seinerzeitige Gewinnermittlung nach Durchschnittssätzen insgesamt nicht – mehr – die vorgesehenen Zwecke, nämlich den betroffenen Land- und Forstwirten durch eine typisierende Gewinnschätzung eine begrenzte steuerliche Vergünstigung zu gewähren und die Besteuerung in einem möglichst einfachen, wenig aufwendigen Verfahren durchzuführen (BT-Drs. 13/2600, 108, 114). Der Bundesrechnungshof regte an, zu prüfen, ob gesetzgeberische Maßnahmen zu ergreifen sind. Dem hat das BMF entgegengehalten – ohne auf die verfassungsrechtlichen Bedenken einzugehen –, dass eine Abschaffung der Gewinnermittlung nach Durchschnittssätzen nicht vertretbar sei.

8 Der damit verbundene **Subventionsabbau** sei wegen rückläufiger Gewinne der landwirtschaftlichen Betriebe und wegen der Folgen für das Investitionsverhalten dieser Betriebe schwer zu vertreten und politisch kaum durchsetzbar (BT-Drs. 13/2600, 108, 115). Die

geringe Gewinnerfassungsquote von § 13a EStG aF wird im Schrifttum zum Teil wegen Verstoßes gegen den Gleichheitssatz für verfassungswidrig gehalten (HHR/*Kanzler* § 13a Rn. 5; *Märkle/Hiller* ESt Land- und Forstwirte Rn. 3). Im Rahmen des Steuerentlastungsgesetzes 1999/2000/2002 v. 24.3.1999 (BGBl. 1999 I 402) reagierte der Gesetzgeber auf die Kritik des Bundesrechnungshofes und gestaltete die Gewinnermittlung nach Durchschnittssätzen mit Wirkung für Wirtschaftsjahre, die nach dem 30.12.1999 enden (ab dem Wj. 1999/00 bzw. Kj. 1999), grundlegend neu. Die Zahl der Anwendungsfälle wurde durch die Änderung der Grenzen für die Zugangsberechtigung reduziert, die Gewinnpauschalen wurden erhöht und die unmittelbare Anbindung an die Einheitsbewertung zum 1.1.1964 wurde aufgegeben. Gleichzeitig erfolgte eine Vereinfachung durch Pauschalierung und Nichterfassung von Sondertätigkeiten im Bereich der Land- und Forstwirtschaft.

Spätere Änderungen erfolgten durch das **Steuerbereinigungsgesetz 1999** v. 22.12.1999 (BGBl. 1999 I 2601) und durch das **StÄndG 2001** v. 20.12.2001 (BGBl. 2001 I 3794). Weitere grundlegende Neufassung des § 13a erfolgte aufgrund des Berichts des Bundesrechnungshofes (BT-Drs. 17/8428; BR-Drs. 23/12) durch das **Zollkodex-Anpassungsgesetz** v. 22.12.2014 (BGBl. 2014 I 2417) mit Wirkung ab dem Wirtschaftsjahr 2015/16 bzw. Kalenderjahr 2015 (§ 52 Abs. 22a Satz 2). Die Neufassung des § 13a soll zielgenauer ausgestaltet und weiter vereinfacht werden (BT-Drs. 17/8428, 45). Eine generelle Verpflichtung zur Aufzeichnung und Erfassung der tatsächlichen Betriebseinnahmen hat der Gesetzgeber nicht umfassend umgesetzt. Vielmehr wurden im Wesentlichen die Zugangsvoraussetzungen im Bereich der Sondernutzungen geändert, ein einheitlicher Grundbetrag mit Viehzuschlag eingeführt sowie der Ansatz der Sondergewinne erweitert (kritisch *Märkle/Hiller* ESt Land- und Forstwirte Rn. 5). Die Verpflichtung zur elektronischen Übermittlung der Gewinnermittlung soll außerdem der politischen Zielsetzung nach Senkung der Bürokratie- und Vollzugskosten bei der Finanzverwaltung gerecht werden. **9**

Durch das **ModBestVerfG** v. 18.7.2016 (BGBl. 2016 I 1679) ist § 13a Abs. 3 S. 6 mWv 1.1.2017 ergänzt worden. Mit dem Verweis auf § 150 Abs. 8 AO kann im Falle einer unbilligen Härte auf eine elektronische Übermittlung der Gewinnermittlung nach § 13a verzichtet werden. Einem Antrag ist dann zu entsprechen, wenn die Abgabe einer solchen Gewinnermittlung nach amtlich vorgeschriebenem Datensatz durch Datenfernübertragung für den Steuerpflichtigen wirtschaftlich oder persönlich unzumutbar ist. Dies ist insbesondere der Fall, wenn die Schaffung der technischen Möglichkeiten für eine Datenfernübertragung nur mit einem nicht unerheblichen finanziellen Aufwand möglich wäre oder wenn der Steuerpflichtige nach seinen individuellen Kenntnissen und Fähigkeiten nicht oder nur eingeschränkt in der Lage ist, die Möglichkeiten der Datenfernübertragung zu nutzen (§ 150 Abs. 8 Satz 2 AO). **10**

3. Verhältnis zu höherrangigem Recht

Die Vorschrift des § 13a dient auch nach der Neufassung für Wirtschaftsjahre ab 2015/16 vor allem der Vereinfachung der Gewinnermittlung für kleinere land- und forstwirtschaftliche Betriebe. Dieser Zielsetzung entspricht es, wenn der Gesetzgeber den Steuerpflichtigen die Aufzeichnung von Betriebsausgaben erspart (BFH 5.12.2002 – IV R 28/02, BStBl. II 2003, 345 zu § 13a EStG in der Fassung bis 30.12.2015). Nach der Rechtsprechung des Bundesverfassungsgerichts (BVerfG 7.12.1999 – 2 BvR 301/98, BStBl. II 2000, 162) ist eine **Einschränkung des Nettoprinzips** gerechtfertigt (zustimmend Leingärtner/*Krüger* Kap. 26 Rn. 7 und 65; aA zum Abzugsverbot für Miet- und Pachtzinsen sowie Schuldzinsen HHR/*Kanzler* § 13a Rn. 39). **11**

Der **Prüfungsmaßstab ist Art. 3 GG.** Jede gesetzliche Regelung muss jedoch verallgemeinern können. Der Gesetzgeber darf sich grundsätzlich am Regelfall orientieren und ist nicht gehalten, allen Besonderheiten jeweils durch Sonderregelungen Rechnung zu tragen. Der Gesetzgeber hat Raum für generalisierende, typisierende und pauschalierende Regelungen (BVerfG 10.4.1997 – 2 BvL 77/92, BStBl. II 1997, 518). Die Berufung auf das Netto- und Leistungsfähigkeitsprinzip bei einzelnen Gewinnbestandteilen des § 13a in der Fassung des Gesetzes bis 30.12.2015 vermochte den BFH nicht zu überzeugen, so lange sich diese Art der Gewinnermittlung im Übrigen nicht an diesen Grundsätzen orientiert. Weil Steuerpflichtige auf Antrag (§ 13a Abs. 2) eine andere Gewinnermittlungsart wählen können, ist **12** unseres Erachtens die Einschränkung des Nettoprinzips gerechtfertigt (Leingärtner/*Krüger* Kap. 26 Rn. 7 und 65; aA HHR/*Kanzler* § 13a Rn. *39;* Blümich/*Nacke* § 13a Rn. 8 ohne nähere Begründung). Hingegen ist der pauschale Betriebsausgabenabzug bei den Sondergewinnen in § 13a Abs. 7 Satz 1 Nr. 3 wegen der verfassungsrechtlich zulässigen Typisierung nicht zu beanstanden (so auch Blümich/*Nacke* § 13a Rn. 8)

13 Steuerpflichtige können sich deshalb nicht auf eine **Grundrechtsverletzung** berufen, weil ihnen nach § 13a Abs. 2 Satz 1 das Wahlrecht offen steht, eine andere Gewinnermittlungsart zu bestimmen (BFH 5.12.2002 – IV R 28/02, BStBl. II 2003, 345; Leingärtner/*Krüger* Kap. 26 Rn. 7). Eine andere Frage ist, ob ein Verstoß gegen den Gleichheitssatz vorliegt, weil Betriebe mit Gewinnermittlung nach § 13a eine signifikant geringere Gewinnerfassungsquote aufweisen als buchführungspflichtige land- und forstwirtschaftliche Betriebe (Leingärtner/*Krüger* Kap. 26 Rn. 7; Schmidt/*Kulosa* § 13a Rn. 2; HHR/*Kanzler* § 13a Rn. 5; bejahend *Märkle/Hiller* ESt Land- und Forstwirte Rn. 6). Die Antwort zur Höhe der Gewinnerfassungsquote wird die Steuerstatistik ab dem Wirtschaftsjahr 2015/16 geben. *Kanzler* sieht jedenfalls einen Gleichheitsverstoß in der pauschalen Erfassung der Gewinne aus Sondernutzungen in § 13a Abs. 6 (*Kanzler* DStZ 2015, 375). Unseres Erachtens hat der Gesetzgeber den Raum für eine generalisierende, typisierende und pauschalierende Regelung nicht verlassen, weil er bei Massenerscheinungen berechtigt ist, die Vielzahl der Einzelfälle in dem Gesamtbild zu erfassen, das nach dem ihm vorliegenden Erfahrungen die regelungsbedürftigen Sachverhalte zutreffend wiedergibt (BVerfG 21.6.2006 – 2 BvL 2/99, DStRE 2006, 988).

14 **Verfassungsrechtlich bedenklich** ist, dass nach § 13a Abs. 8 das BMF ermächtigt wird, durch **Rechtsverordnung** mit Zustimmung des Bundesrates die Anlage 1a zu § 13a (den Grundbetrag und die Viehzuschläge, Grenzen für Sondernutzungen sowie den Betriebsausgaben-Pauschbetrag) zu ändern. Damit werden der **Gesetzes- und Parlamentsvorbehalt** sowie die Grenzen des Art. 80 Abs. 1 S. 2 GG verletzt; denn über die Höhe des Gewinns aus Land- und Forstwirtschaft und letztendlich über die Höhe der ESt entscheidet die Finanzverwaltung und nicht der Gesetzgeber (so auch Leingärtner/*Krüger* Kap. 26 Rn. 170; Schmidt/*Kulosa* § 13a Rn. 29; HHR/*Kanzler* § 13a Rn. 80; Blümich/*Nacke* § 13a Rn. 6).

15 Der **Gesetzgeber** geht davon aus, dass die bei der bisherigen Gewinnermittlung bestehenden Besteuerungslücken und sehr unterschiedlichen Erfassungsquoten in der jetzigen Fassung des § 13a beseitigt wurden und dadurch eine Anknüpfung an die wirtschaftliche Leistungsfähigkeit des jeweiligen Betriebes erreicht wird. Die finanziellen Mehreinnahmen von 15 Mio. EUR, die durch die Änderung des § 13a für den Haushalt entstehen, sollen durch die Erhöhung des Freibetrages für Land- und Forstwirtschaft (§ 13 Abs. 3) von bisher 670 EUR auf 900 EUR und für zusammenveranlagte Ehegatten und eingetragene Lebenspartnerschaften (vgl. § 2 Abs. 8) von 1.340 EUR auf 1.800 EUR kompensiert werden (BT-Drs. 18/3017, 45). Die Berufung der Finanzverwaltung auf die kompensatorische Wirkung des erhöhten Freibetrages nach § 13 Abs. 3 verfehlt ihr Ziel, weil der erhöhte Freibetrag allen Steuerpflichtigen unabhängig von der Gewinnermittlungsart offensteht (so auch HHR/*Kanzler* § 13a Rn. 4).

16 **Unionrechtlich** ist § 13a ist insoweit nicht zu beanstanden, als die vereinfachte Gewinnermittlung sowohl für beschränkt als auch unbeschränkt einkommensteuerpflichtige Land- und Forstwirte gilt, die einen inländischen Betrieb unterhalten (Leingärtner/*Krüger* Kap. 26 Rn. 8; Schmidt/*Kulosa* § 13a Rn. 3; *Felsmann* ESt Land- und Forstwirte C 136; HHR/*Kanzler* § 13a Rn. 6). „Betrieb der Land- und Forstwirtschaft" iSd § 13a ist bezogen auf einen beschränkt steuerpflichtigen Landwirt, wegen § 49 Abs. 1 Nr. 1 nur der inländische Teil seiner Land- und Forstwirtschaft (BFH 17.12.1997 – I R 95/96, BStBl. II 1998, 260 zu § 13a EStG idF bis 1998). Ein Verstoß gegen das unionsrechtliche **Beihilfeverbot** (Art. 107 AEUV) ist bislang von der Europäischen Kommission nicht festgestellt worden (Leingärtner/*Krüger* Kap. 26 Rn. 8; HHR/*Kanzler* § 13a Rn. 6).

17 Ausweislich des § 13a Abs. 1 Satz 1 Nr. 2 ist die Durchschnittssatzgewinnermittlung aber auch auf ausländische Flächen anwendbar. Eine Anbindung auf die (inländische) Einheitsbewertung fehlt in der Neuregelung des § 13a, sodass sie auch auf sog. **Traktatländereien** anzuwenden ist (BMF 10.11.2015, BStBl. I 2015, 877 Rn. 1; Leingärtner/*Krüger* Kap. 26 Rn. 12; *Felsmann* ESt Land- und Forstwirte C 307; HHR/*Kanzler* § 13a Rn. 9). Traktatländereien sind im Ausland belegene Betriebsteile eines Betriebs der Land- und Forstwirtschaft

(BMF 10.11.2015, BStBl. I 2015, 877 Rn. 1). Das **Diskriminierungsverbot** gebietet es, die Gewinnermittlung nach § 13a auch auf Auslandsbetriebe unbeschränkt Steuerpflichtiger anzuwenden (HHR/*Kanzler* § 13a Rn. 6).

4. Zeitlicher Anwendungsbereich

Die Fassung des § 13a durch das Zollkodex-Anpassungsgesetz v. 22.12.2014 (BGBl. 2014 I 2417) gilt für Wirtschaftsjahre, die nach dem 30.12.2015 enden, also ab dem Wirtschaftsjahr 2015/16 bzw. Kalenderjahr 2015 (§ 52 Abs. 22a Satz 2). Die Bindungsfrist aufgrund des § 13a Abs. 2 Satz 1 in der am 31.12.2014 geltenden Fassung des Gesetzes bleibt bestehen (§ 52 Abs. 22a Satz 3); sie gilt für Steuerpflichtige, die ihren Gewinn freiwillig nach § 4 Abs. 1 oder Abs. 3 ermitteln. Der Zeitraum der Abwahl der Gewinnermittlung nach § 13a wird dadurch nicht unterbrochen (BMF 10.11.2015, BStBl. I 2015, 877 Rn. 91). **18**

5. Verhältnis zu anderen Bestimmungen

Steuersystematisch regelt § 13a eine eigene Gewinnermittlung für laufende Gewinne von bestimmten land- und forstwirtschaftlichen Betrieben und wäre daher nicht im Abschnitt „Die einzelnen Einkunftsarten" im Einkommensteuergesetz zu verorten, sondern richtigerweise im Abschnitt „Gewinn" (so auch HHR/*Kanzler* § 13a Rn. 1). Für **Betriebsveräußerungen** bzw. **Betriebsaufgaben** ist der Gewinn für den Zeitpunkt der Veräußerung bzw. Betriebsaufgabe nach § 4 Abs. 1 zu ermitteln (§ 16 Abs. 2 Satz 2 iVm Abs. 3). **19**

Bei einem **Wechsel der Gewinnermittlungsart** von § 13a zum Betriebsvermögensvergleich nach § 4 Abs. 1 und umgekehrt ist im Bereich des § 13a Abs. 3 Satz 1 Nr. 1und Nr. 3 iVm Abs. 6 Satz 2 kein Übergangsgewinn zu ermitteln, weil steuersystematisch die Gewinnermittlung nach § 13a der Ermittlung des Gewinns durch Betriebsvermögensvergleich nach § 4 Abs. 1 gleichgestellt ist (EStR 13.5 Abs. 2 Satz 2; *Felsmann* ESt Land- und Forstwirte C 93 ff.). In den übrigen Bereichen des § 13a Abs. 3 Satz 1 Nr. 2, 4 bis 6 ist ein Übergangsgewinn nach den Grundsätzen des Übergangs von der Einnahme-Überschussrechnung (§ 4 Abs. 3) zur Gewinnermittlung nach § 4 Abs. 1 und umgekehrt zu ermitteln. Bei einem Wechsel der Gewinnermittlung von § 13a zur Einnahme-Überschussrechnung (§ 4 Abs. 3) und umgekehrt ist im Bereich des § 13a Abs. 3 S. 1 Nr. 1 und Nr. 3 iVm Abs. 6 S. 2 ebenfalls ein Übergangsgewinn zu ermitteln, entsprechend dem Übergang von der Ermittlung des Gewinns durch Betriebsvermögensvergleich nach § 4 Abs. 1 zur Einnahme-Überschussrechnung; EStR 4.6 ist anzuwenden (Einzelheiten vgl. BMF 10.11.2015, BStBl. I 2015, 877 Rn. 81–83). **20**

Bei **Investitionszuschüssen,** die Landwirten mit Gewinnermittlung nach § 13a für Wirtschaftsgüter des Betriebsvermögens gewährt werden, kann das Wahlrecht, die Zuschüsse auch als Betriebseinnahme anzusetzen (EStR 6.5 Abs. 2 Satz 2), nicht ausgeübt werden (*Felsmann* ESt Land- und Forstwirte A 1468b). Beim Übergang von der Gewinnermittlung nach § 13a zur Gewinnermittlung nach § 4 Abs. 1 oder § 4 Abs. 3 ist daher von der um die Zuschüsse verminderten AfA-Bemessungsgrundlage auszugehen (EStR 6.5 Abs. 2 Satz 3). **20a**

Besonderheiten gelten beim Übergang zur Gewinnermittlung nach § 13a in der Fassung des Gesetzes ab dem 31.12.2015. Außerhalb der Geltung des § 13a gebildete Sammelposten nach § 6 Abs. 2a sind beim Übergang zu § 13a nicht als Abrechnungsbetrag zu berücksichtigen (§ 13a Abs. 3 Satz 2). Die Regelungen zum **Investitionsabzugsbetrag** und zu **Sonderabschreibungen** finden keine Anwendung (§ 13a Abs. 3 Satz 2). Aufgrund der pauschalen Gewinnermittlung ist es uE folgerichtig, Sonderabschreibungen nicht zuzulassen. Zulässigerweise in Anspruch genommene Investitionsabzugsbeträge sind nicht nach § 7g Abs. 2 Satz 1 zum Gewinn des Wirtschaftsjahres der Investitionen zuzurechnen. Demzufolge sind in Vorjahren beanspruchte Investitionsabzugsbeträge gemäß § 7g Abs. 3 im Wirtschaftsjahr des jeweiligen Abzugs rückgängig zu machen (BMF 10.11.2015, BStBl. I 2015, 877 Rn. 85; BMF 20.11.2013, BStBl. I 2013, 1493 Rn. 49 und 55. Es gibt uE für die zeitliche Verschiebung des Gewinns keine Rechtsgrundlage. Aus Billigkeitsgründen beanstandet es die Finanzverwaltung nicht, wenn beim Übergang zur Neuregelung des § 13a im Rahmen der Gewinnermittlung für das Wirtschaftsjahr 2015 oder das abweichende Wirtschaftsjahr 2015/16 noch bestehende Investitionsabzugsbeträge nicht nach § 7g Abs. 3 im ursprünglichen Abzugsjahr **21** rückgängig gemacht, sondern unter sinngemäßer Anwendung von § 7g Abs. 2 Satz 1 in voller Höhe hinzugerechnet werden.

22 Die Vorschriften zum **Schuldzinsenabzug** (§ 4 Abs. 4a), zur **Sofortabschreibung geringwertiger Wirtschaftsgüter** (§ 6 Abs. 2) und zu **Sammelposten** (§ 6 Abs. 2a) finden keine Anwendung (§ 13a Abs. 3 Satz 2). Bei abnutzbaren Wirtschaftsgütern des Anlagevermögens gilt die **lineare AfA** als in Anspruch genommen (§ 13a Abs. 3 Satz 3; zur Ausübung von bilanziellen Wahlrechten bei der Durchschnittssatzbesteuerung BFH 12.12.2013 – IV R 31/10, BFH/NV 2014, 514).

23 Die **Übertragung stiller Reserven** bei Veräußerung bestimmter Anlagegüter (§ 6c) und bei Ersatzbeschaffung (EStR 6.6) sind zulässig. Der **Freibetrag** für Einkünfte aus Land- und Forstwirtschaft (§ 13 Abs. 3) findet Anwendung; er wird unabhängig von der Gewinnermittlungsart gewährt (HHR/*Paul* § 13 Rn. 120 und HHR/*Kanzler* § 13a Rn. 10; Schmidt/*Kulosa* § 13 Rn. 101). Das gilt auch für die **steuerfreie Entnahme** einer Betriebsleiter- bzw. Altenteilerwohnung nach § 13 Abs. 5.

24 Der **Nutzungswert der denkmalgeschützten Wohnung** (§ 13 Abs. 2 Nr. 2) wird nicht besteuert; er gilt als mit dem Grundbetrag nach § 13a Abs. 4 abgegolten (so auch HHR/*Kanzler* § 13a Rn. 10; *Märkle/Hiller* ESt Land- und Forstwirte Rn. 38). Spiegelbildlich sind die damit im Zusammenhang stehenden Schuldzinsen und der laufende Aufwand, zB Erhaltungsaufwendungen, nicht abzugsfähig.

II. Normstruktur und zentrale Debatten

1. Inhalt der Norm

25 Die Norm enthält eine **vereinfachte Gewinnermittlung** für aktiv bewirtschaftete nicht buchführungspflichtige Betriebe der Land- und Forstwirtschaft. Der Gewinn ist zwingend nach § 13a zu ermitteln, wenn die Tatbestandsvoraussetzungen erfüllt sind und der Steuerpflichtige keinen wirksamen Antrag auf anderweitige Gewinnermittlung gestellt hat (Leingärtner/*Krüger* Kap. 26 Rn. 20). Der laufende Gewinn des gesamten Wirtschaftsjahres wird durch den Ansatz eines einheitlichen Sollertragssatzes ggf. zuzüglich eines Viehzuschlags abgebildet. Das Gesetz unterscheidet nicht nach Nutzungsart bzw. Betriebsform (Ackerbau, Milchvieh, Futterbau, Veredelung oder Pflanzenbau-Verbund etc), Betriebsgrößen, Belegenheit des Betriebes oder Bodengüte. Die Gewinnermittlung ist auf kleinere Betriebe, im Wesentlichen im Nebenerwerb zugeschnitten (BT-Drs. 18/3017, 45). Sie wird auch für Betriebe ohne selbstbewirtschaftete landwirtschaftliche Nutzfläche, also für spezialisierte Betriebe mit Sonderkulturen wie beispielsweise Winzer oder Imker geöffnet (Leingärtner/*Krüger* Kap. 26 Rn. 47).

26 Der Gesetzgeber hat die **Kritik des Bundesrechnungshofes** aufgegriffen (BT-Drs. 17/8428). Zusätzlich zum Grundbetrag werden Gewinne aus forstwirtschaftlicher Nutzung nach § 51 EStDV und aus den Sondernutzungen erfasst. Weitere Sondergewinne sind nunmehr solche aus der Veräußerung von Grund und Boden, Gebäuden, immateriellen Wirtschaftsgütern, Beteiligungen, von wertvollem Anlagevermögen sowie Tieren, bei Letzteren beiden mit einem Verkaufspreis von mehr als 15.000 EUR, von Entschädigungen und von 40% der Einnahmen aus dem Grunde nach gewerblichen Tätigkeiten.

2. Leitentscheidungen und zentrale Debatten

27 Die Vorgängervorschriften sind wiederholt auf ihre Verfassungsmäßigkeit hin durch den BFH untersucht worden. Der BFH hat die Verordnung über die Aufstellung von Durchschnittssätzen für die Ermittlung des Gewinns aus Land- und Forstwirtschaft (VOL) vom 2.6.1949 für ungültig erklärt, weil sie gegen den Gleichheitsgrundsatz verstieß (BFH 5.11.1964 – IV 11/64 S, BStBl. III 1964, 602). Nach dem BFH können aber verfassungsrechtliche Bedenken nicht gegen die Einkommensbesteuerung kleinerer Land- und Forstwirte nach Durchschnittssätzen als solche bestehen und auch nicht gegen die vom Gesetzgeber dafür in § 13a EStG idF ab 1974 gewählte Methode, sondern nur gegen die sich daraus ergebenden zu geringen Gewinne, die unstreitig nur einen Bruchteil der tatsächlichen Gewinne dieser Landwirte betragen; nur die sich daraus ergebende zu niedrige Einkommen-

steuer kann den Grundsatz der Gleichheit der Besteuerung iSv Art. 3 GG verletzen (BFH 13.10.1983 – IV R 217/80, BStBl. II 1984, 198).

Bei einer vereinfachten Gewinnermittlung ist nach der **Rechtsprechung des Bundesverfassungsgerichts** eine Einschränkung des Nettoprinzips gerechtfertigt (BVerfG 7.12.1999 – 2 BvR 301/98, BStBl. II 2000, 162). Auch nach der Ausgestaltung des § 13a EStG idF des StEntlG 1999/2000/2002 blieb es bei einer extrem niedrigeren Gewinnerfassungsquote, sodass sich die Gewinnermittlung nach Durchschnittssätzen grundsätzlich immer noch begünstigend auswirkte, weil – unter Verstoß gegen das Leistungsfähigkeitsprinzip – in der Regel zu niedrige Gewinne besteuert wurden (BFH 5.12.2002 – IV R 28/02, BStBl. II 2003, 345). Der BFH sah im Urteil vom 5.12.2002 – IV R 28/02, BStBl. II 2003, 345, in der Nichterfassung von Betriebsausgaben bei einzelnen Gewinnbestandteilen keinen Verstoß gegen das objektive Nettoprinzip und den Leistungsfähigkeitsgrundsatz. 28

B. Voraussetzungen und Rechtsfolgen

I. Sachlicher Anwendungsbereich

Die Durchschnittssatzgewinnermittlung gilt für aktive, nicht buchführungspflichtige Betriebe der Land- und Forstwirtschaft (§ 13a Abs. 1 Satz 1 Nr. 1, Nr. 2 und Abs. 2 Satz 1). Damit sind im Ganzen verpachtete Betriebe oder aufgrund eines anderen Rechtsverhältnisses (zB Nutzungsüberlassungsvertrag, Nießbrauch) überlassene Betriebe von dieser besonderen Gewinnermittlungsart ausgeschlossen, weil sie nicht über eine selbst bewirtschaftete Fläche verfügen (EStR 13a.1 Abs. 1 Satz 1; BFH 14.4.2011 – IV R 1/09, BFH/NV 2011, 1336; so auch Leingärtner/*Krüger* Kap. 26 Rn. 29; HHR/*Kanzler* § 13a Rn. 18; *Märkle/Hiller* ESt Land- und Forstwirte Rn. 11, 14; *Felsmann* ESt Land- und Forstwirte C 310a iVm 133). 29

Diese Auslegung ergibt sich aus dem **Regelungszusammenhang** sowie dem Sinn und Zweck der Vorschrift; sie entspricht der Absicht des Gesetzgebers, eine Vereinfachungsvorschrift für aktive Landwirte zu schaffen (BFH 14.4.2011 – IV R 1/09, BFH/NV 2011, 1336). Für Landwirte die ihren Betrieb nicht mehr bewirtschaften, also beispielsweise verpachtet haben, stellt die Erfassung der Betriebseinnahmen und Betriebsausgaben – solange sie nicht nach § 141 AO buchführungspflichtig sind – im Rahmen einer Einnahme-Überschussrechnung keine besonderen Schwierigkeiten dar. Soweit der Steuerpflichtige mehrere Betriebe bewirtschaftet, die keinen einheitlichen land- und forstwirtschaftlichen Betrieb bilden, ist für jeden einzelnen Betrieb selbständig zu prüfen, ob der Gewinn nach § 13a zu ermitteln ist (Leingärtner/*Krüger* Kap. 26 Rn. 21). 30

Bestehen bei einer Mitunternehmerschaft aufgrund der sog. **Abfärbetheorie** (§ 15 Abs. 3 Nr. 1) bzw. der gewerblichen Prägung (§ 15 Abs. 3 Nr. 2) gewerbliche Einkünfte, ist die Gewinnermittlung nach Durchschnittssätzen unzulässig (*Felsmann* ESt Land- und Forstwirte C 111; *Märkle/Hiller* ESt Land- und Forstwirte Rn. 10). Das ist sachlich gerechtfertigt, weil die Sonderregelung einkünfte- und nicht tätigkeitsbezogen ist. Im Übrigen besteht für Handelsgesellschaften Buchführungspflicht nach § 238 HGB. **Kapitalgesellschaften** und **Genossenschaften** erzielen Einkünfte aus Gewerbebetrieb (§ 8 Abs. 2 KStG) und sind damit ebenfalls von § 13a ausgeschlossen, auch wenn sie eine landwirtschaftliche Grundstruktur aufweisen (Leingärtner/*Krüger* Kap. 26 Rn. 11). Dagegen schließt § 8 Abs. 1 KStG die Gewinnermittlung nach § 13a nicht aus (KStR 8.1 Abs. 1 Nr. 1 iVm Abs. 2), weil zB **Vereine** grundsätzlich Bezieher sämtlicher Einkünfte iSd § 2 Abs. 1 sein können (*Felsmann* ESt Land- und Forstwirte C 111). 31

II. Persönlicher Anwendungsbereich

Die Durchschnittssatzgewinnermittlung findet sowohl auf unbeschränkt als auch auf beschränkt Steuerpflichtige (§ 50 Abs. 1) Anwendung, die im Inland belegene Flächen bewirtschaften (BFH 17.12.1997 – I R 95/96, BStBl. II 1998, 260; Leingärtner/*Krüger* Kap. 26 Rn. 11; *Märkle/Hiller* ESt Land- und Forstwirte Rn. 9; *Wiegand* NWB 2016, 103). Im Ausland belegene Flächen eines inländischen Betriebes (sog. Traktatländereien) gehören zu den selbst bewirtschafteten Nutzungen (BFH 2.4.2014 – I R 68/12, BStBl. II 2014, 875; BMF 10.11.2015, BStBl. I 2015, 877 Rn. 1; Leingärtner/*Krüger* Kap. 26 Rn. 31). § 13a gilt ferner für den inländischen Betrieb einer **Mitunternehmerschaft,** auch der sog. faktischen 32

Mitunternehmerschaft unter Ehegatten und einer Tierhaltungskooperation iSd § 13 Abs. 1 Nr. 1 Satz 5 EStG iVm § 51a BewG (Leingärtner/*Krüger* Kap. 26 Rn. 11; HHR/*Kanzler* § 13a Rn. 9, 16; *Märkle/Hiller* ESt Land- und Forstwirte Rn. 9).

33 Wird der Gewinn nach Durchschnittssätzen ermittelt, ist diese Gewinnermittlungsart auch für die Beurteilung der Gewinnerzielungsabsicht und die Frage der **Liebhaberei** maßgebend (BFH 1.12.1988 – IV R 72/87, BStBl. II 1989, 234; BFH 24.5.2007 – IV B 41/06, BFH/NV 2007, 2049 und BFH 17.3.2010 – IV R 60/07, BFH/NV 2010, 1446). Ergeben sich bei der Gewinnermittlung nach Durchschnittssätzen im Rahmen der Anwendung des § 13a Abs. 7 Verluste, können diese auch eine negative Totalgewinnprognose begründen und somit zur Annahme einer Liebhaberei führen (BFH 6.3.2003 – IV R 26/01, BStBl. II 2003, 702; Leingärtner/*Krüger* Kap. 26 Rn. 9).

III. Tatbestandsvoraussetzungen

1. Zugangsvoraussetzungen

34 Der Gewinn eines selbst bewirtschafteten Betriebes der Land- und Forstwirtschaft ist zwingend nach § 13a zu ermitteln, wenn die Voraussetzungen des § 13a Abs. 1 Satz 1 Nr. 1 bis 5 oder Satz 2 erfüllt sind. Die Zugangsvoraussetzungen sind im Einzelnen:

- keine Buchführungspflicht (§ 13a Abs. 1 Satz 1 Nr. 1 EStG iVm § 141 AO),
- selbst bewirtschaftete Flächen der landwirtschaftlichen Nutzung (ohne Sondernutzungen) von maximal 20 ha (§ 13a Abs. 1 Satz 1 Nr. 2),
- Tierbestände von maximal 50 Vieheinheiten (§ 13a Abs. 1 Satz 1 Nr. 3),
- selbst bewirtschaftete Forstflächen von maximal 50 ha (§ 13a Abs. 1 Satz 1 Nr. 4),
- selbst bewirtschaftete Flächen der Sondernutzungen in den Grenzen der Anlage 1a Nr. 2 Spalte 2 zu § 13a (§ 13a Abs. 1 Satz 1 Nr. 5).

35 Die Berechtigung zur Durchschnittssatzgewinnermittlung endet nicht kraft Gesetzes, sondern aus Gründen der Rechtssicherheit (vgl. BT-Drs. 8/3673, 6) erst nach einer **Wegfallmitteilung** des Finanzamts (§ 13a Abs. 1 S. 4). Einer Mitteilung nach § 13a Abs. 1 S. 4 bedarf es, wenn die Voraussetzungen für die Gewinnermittlung nach Durchschnittssätzen zunächst vorgelegen haben und sodann in einem späteren Wirtschaftsjahr eine der Voraussetzungen weggefallen ist (*Märkle/Hiller* ESt Land- und Forstwirte Rn. 21). Dies gilt auch für den Fall, dass die Voraussetzungen für eine Besteuerung nach Durchschnittssätzen aufgrund einer Gesetzesänderung entfallen sind (BFH 23.8.2017 – VI R 69/15, BFH/NV 2018, 196; VI R 70/15, BStBl. II 2018, 174; VI R 71/15, BFH/NV 2018, 197; VI R 72/15, BFH/NV 2018, 198). In diesem Fall führt der Wegfall der Voraussetzungen allein grundsätzlich noch nicht dazu, dass die Gewinnermittlung nicht mehr nach Durchschnittssätzen vorzunehmen ist (BFH 23.8.2017 – VI R 70/15, BStBl. II 2018, 174). Die Wegfallmitteilung ist der Mitteilung gem. § 141 Abs. 2 AO nachgebildet (BT-Drs. 8/3673, 16) und schließt als rechtsgestaltender Verwaltungsakt konstitutiv die Möglichkeit der Gewinnermittlung nach Durchschnittssätzen für die der Bekanntgabe der Mitteilung nachfolgenden Wirtschaftsjahre aus (BFH 29.3.2007 – IV R 14/05, BStBl. II 2007, 816).

35a Die Mitteilung soll einen **Monat vor Beginn** des folgenden Wirtschaftsjahres an den Inhaber des Betriebes bekannt gegeben werden (EStR 13a.1 Abs. 2 Satz 1). Ziel der Regelung ist, den Umstellungszeitpunkt der Gewinnermittlung gesetzlich klarzustellen (BT-Drs. 8/3673, 15). Eine Mitteilung ist auch dann wirksam, wenn sie innerhalb einer Frist von weniger als einem Monat vor Beginn des maßgebenden Wirtschaftsjahres erfolgt (BFH 29.3.2007 – IV R 14/05, BStBl. II 2007, 816). Die Finanzverwaltung hat den Steuerpflichtigen uU auch gleichzeitig auf den Beginn der Buchführungspflicht hinzuweisen (§ 141 Abs. 2 AO; AEAO zu § 141 Nr. 4). Beide Mitteilungen können miteinander verbunden werden (Leingärtner/*Kanzler* Kap. 21 Rn. 230). In Fällen der Mitunternehmerschaft ist die Mitteilung an die Gesellschaft zu richten. Dasselbe gilt bei faktischen Ehegatten-Mitunternehmerschaften.

36 Bei einer **rechtzeitigen Mitteilung** ist die Gewinnermittlung nach § 13a letztmalig in dem Wirtschaftsjahr zu ermitteln, das nach Bekanntgabe der Mitteilung des Finanzamts endet. Ob der Steuerpflichtige dann buchführungspflichtig ist oder eine Einnahme-Überschussrechnung nach § 4 Abs. 3 zu erstellen hat, richtet sich nach § 141 Abs. 1 Satz 1 AO.

Zum Wechsel der Gewinnermittlungsart → Rn. 20. Ist eine Wegfallmitteilung nach § 13a Abs. 1 Satz 4 ergangen und liegen am maßgeblichen Stichtag (grundsätzlich 15. Mai) des auf die Bekanntgabe der Mitteilung folgenden Wirtschaftsjahres die Voraussetzungen für die Gewinnermittlung nach Durchschnittssätzen wieder vor, hat das Finanzamt die Rechtswirkungen dieser Mitteilung zu beseitigen; § 13a ist weiterhin anzuwenden (BMF 10.11.2015, BStBl. I 2015, 877 Rn. 24 aE).

Ausgehend von dem der Norm zugrunde liegenden Schutzgedanken und unter Heranziehung des Wortlautes des § 13a Abs. 1 S. 4 hat der BFH eine **Mitteilung** für § 13a Abs. 1 S. 2 aF in den Fällen **nicht** für **erforderlich** erachtet, in denen der Steuerpflichtige einen Betrieb neu eröffnet (BFH 26.6.1986 – IV R 151/84, BStBl. II 1986, 741; BFH 1.7.1997 – IV B 35/96, BFH/NV 1997, 856) oder in denen er einen Betrieb gem. § 24 UmwStG in eine Personengesellschaft eingebracht hat (BFH 26.5.1994 – IV R 34/92, BStBl. II 1994, 891). Eine Wegfallmitteilung ist darüber hinaus nicht erforderlich, wenn die Voraussetzungen zur Durchschnittssatzgewinnermittlung auf wissentlich falschen Steuererklärungen, zB zur Flächenangabe oder zum Umfang der Tierbestände, zurückzuführen sind (Leingärtner/*Kanzler* Kap. 21 Rn. 224; *Märkle/Hiller* ESt Land- und Forstwirte Rn. 22). Mit dem Bekanntwerden der tatsächlichen Verhältnisse ist das Finanzamt zur Schätzung des Gewinns befugt, so als habe es rechtzeitig von dem Wegfall der Voraussetzungen der Gewinnermittlung nach Durchschnittssätzen Kenntnis erlangt und eine entsprechende Mitteilung erlassen (BFH 29.11.2001 – IV R 13/00, BStBl. II 2002, 147). Das gilt auch, wenn der Steuerpflichtige pflichtwidrig keine Steuererklärung einreicht (BFH 30.10.2014 – IV R 61/11, BStBl. II 2015, 478). Haben die Voraussetzungen zur Gewinnermittlung nach Durchschnittssätzen von Anfang an nicht vorgelegen, bedarf es auch dann keiner Mitteilung nach § 13a Abs. 1 S. 4, wenn das Finanzamt die Gewinnermittlung nach § 13a jahrelang nicht beanstandet hat. Ein schützenswertes Vertrauen des Steuerpflichtigen in den (vorübergehenden) Fortbestand der für ihn günstigen, aber fehlerhaften Verwaltungspraxis besteht nicht (BFH 23.8.2017 – VI R 69/15, BFH/NV 2018, 196; VI R 70/15, BStBl. II 2018, 174; VI R 71/15, BFH/NV 2018, 197; VI R 72/15, BFH/NV 2018, 198), weil das Fehlen einer Mitteilung nach § 13a Abs. 1 S. 4 kein negatives Tatbestandsmerkmal der Gewinnermittlung nach Durchschnittssätzen ist. 37

Die **Rückkehr** zur Gewinnermittlung nach Durchschnittssätzen ist möglich, wenn die Voraussetzungen des § 13a Abs. 1 Satz 1 oder 2 wieder gegeben sind und ein Antrag nach § 13a Abs. 2 nicht gestellt wird (Leingärtner/*Krüger* Kap. 26 Rn. 54; HHR/*Kanzler* § 13a Rn. 29; *Märkle/Hiller* ESt Land- und Forstwirte Rn. 23). In einem solchen Fall ist auch ohne eine förmliche Mitteilung des Finanzamts die Gewinnermittlung wieder nach § 13a vorzunehmen (§ 13a Abs. 1 Satz 5; BMF 10.11.2015, BStBl. I 2015, 877 Rn. 24), weil es eine § 141 Abs. 2 Satz 2 AO entsprechende Sperre für § 13a nicht gibt (*Märkle/Hiller* ESt Land- und Forstwirte Rn. 23). Bestand für den Land- und Forstwirt Buchführungspflicht nach § 141 Abs. 1 AO, ist zuvor die Feststellung der Finanzbehörde erforderlich, dass die Voraussetzungen für die Buchführungspflicht nicht mehr vorliegen (§ 141 Abs. 2 Satz 2 AO; EStR 13a.1 Abs. 3 Satz 3). 38

a) Keine Buchführungspflicht. Der Steuerpflichtige darf für diesen Betrieb nicht nach §§ 140, 141 AO buchführungspflichtig sein (§ 13a Abs. 1 Satz 1 Nr. 1). Besteht keine **Buchführungspflicht,** werden aber freiwillig Bücher geführt, bleibt der Anwendungsbereich des § 13a gleichwohl eröffnet, wenn kein Antrag nach § 13a Abs. 2 gestellt wird. Unterhält der Steuerpflichtige mehrere Betriebe, so hindert die Buchführungspflicht für den einen, größeren Betrieb nicht die Anwendung der Durchschnittssatzbesteuerung für den anderen, kleineren Betrieb (HHR/*Kanzler* § 13a Rn. 16; Leingärtner/*Krüger* Kap. 26 Rn. 21). 39

Mit der Eintragung einer Personenhandelsgesellschaft (KG, oHG) im **Handelsregister** entsteht ein sog. Kannkaufmann (§ 2 HGB). Dieser ist nach § 238 HGB verpflichtet Bücher zu führen. Die Buchführungspflicht gilt über § 140 AO auch für die Besteuerung (*Märkle/Hiller* ESt Land- und Forstwirte Rn. 10a, 53a), sodass § 13a nicht anwendbar ist. Das gilt auch für eine Tierhaltungskooperation (§ 51a BewG) in der Rechtsform einer KG oder oHG. 40

Soweit Land- und Forstwirte zwecks Inanspruchnahme staatlicher Fördermittel nach einzelnen Förderprogrammen des Bundes oder der Länder verpflichtet sind, für einen bestimm- 41 ten Zeitraum Bücher zu führen und Abschlüsse zu machen, und der zuständigen Landwirtschaftsbehörde jährlich den Buchführungsabschluss vorzulegen (sog. **Auflagenbuchführung**), begründet diese Verpflichtung keine Buchführungspflicht nach § 140 AO, weil sie für außersteuerliche Zwecke erstellt wird (Härtel/*Ruffer* Handbuch des Fachanwalts Agrarrecht Kap. 35 Rn. 19; Leingärtner/*Kanzler* Kap.21 Rn. 66; *Felsmann* ESt Land- und Forstwirte C 128). Das gilt auch für eine Buchführung als **Testbetrieb** nach dem Landwirtschaftsgesetz.

42 **b) Selbst bewirtschaftete Flächen der landwirtschaftlichen Nutzung.** Der Zugang zur Durchschnittssatzgewinnermittlung ist nur eröffnet, wenn die selbst bewirtschafteten Flächen der **landwirtschaftlichen Nutzung** (§ 160 Abs. 2 Satz 1 Nr. 1 Buchst. a BewG; LfSt Rheinland-Pfalz 11.1.2019, BeckVerw 446141 Rn. 7.2) nicht mehr als 20 ha (ohne Sondernutzungen) betragen (§ 13a Abs. 1 Satz 1 Nr. 2). Zur Abgrenzung der landwirtschaftlichen und gärtnerischen Nutzung vgl. Abschn. 1.08 Abs. 2 und 4, Abschn. 1.11 Abs. 3, Abschn. 6.07 Abs. 1 Nr. 1, Abschn. 6.33 und 6.34 BewRL. Der Stichtag für diese Zugangsvoraussetzung ist der 15. Mai des laufenden Wirtschaftsjahres, da Land- und Forstwirte zu diesem Tag die konkreten Flächengrößen ihres Betriebes für Zwecke der Agrarförderung melden müssen (BT-Drs. 18/3017, 46). Umfasst ein Rumpfwirtschaftsjahr nicht den Stichtag 15. Mai, ist aus Vereinfachungsgründen hinsichtlich der Zugangsvoraussetzungen auf die Verhältnisse am Ende des Wirtschaftsjahres abzustellen (BMF 10.11.2015, BStBl. I 2015, 877 Rn. 15; Eisele/*Walter* Besteuerung der LuF Rn. 422/1). Auf den Beginn des Wirtschaftsjahres stellt das Gesetz nicht mehr ab (aA noch EStR 13a.2 Abs. 1 Satz 3).

43 Abzustellen ist auf die **regelmäßig landwirtschaftlich selbstgenutzten Flächen** (§ 51 Abs. 1a BewG), also Acker- und Grünland, auf der Grundlage des Automatischen Liegenschaftskatasters. Werden Kopfkohl (Weiß-, Rot- und Wirsingkohl), Pflückerbsen und Pflückbohnen nach landwirtschaftlicher Anbaumethode im Rahmen der landwirtschaftlichen Fruchtfolge als Hauptkultur angebaut (Gemüsebau der Intensitätsstufe 1), so gehören die Anbauflächen zur landwirtschaftlichen Nutzung (BewRL 1.08 Abs. 2). Flächen für den Obstbau (Obstbaustufe 1 bis 4) gehören zur landwirtschaftlichen Nutzung (BewRL 1.08 Abs. 4 iVm 1.11 Abs. 3 Satz 3), genauso wie Bagatellflächen nach BewRL 1.13 Abs. 1 und Spargelkulturen bis 10 Ar (BewRL 1.13 Abs. 1 Nr. 1). Der Anbau von Zuckermais ist bewertungsrechtlich als gärtnerische Nutzung zu beurteilen (BFH 16.6.2009 – II R 54/06, BStBl. II 2009, 896). Auch Flächen, die als Grundvermögen bewertet sind, aber noch landwirtschaftlich genutzt werden, zählen dazu (§ 69 Abs. 1 BewG; Leingärtner/*Krüger* Kap.26 Rn. 27; *Märkle/Hiller* ESt Land- und Forstwirte Rn. 14).

44 Angesetzt werden die **selbstbewirtschafteten** eigenen **Flächen,** die selbst bewirtschafteten zugepachteten Flächen und die Flächen, die aufgrund öffentlicher Förderprogramme stillgelegt werden sowie Brachflächen (EStR 13.2 Abs. 3; zu Ersatzflächenpools BMF 3.8.2004, BStBl. I 2004, 716; LfSt Rheinland-Pfalz 11.1.2019, BeckVerw 446141 Rn. 7.2). Im Ausland belegene und selbst bewirtschaftete Flächen, sog. Traktatländereien, werden einbezogen (BMF 10.11.2015, BStBl. I 2015, 877 Rn. 11; Leingärtner/*Krüger* Kap.26 Rn. 27; *Felsmann* ESt Land- und Forstwirte C 136; Eisele/*Walter* Besteuerung der LuF Rn. 422/2; aA *Märkle/Hiller* ESt Land- und Forstwirte Rn. 13). Bei Mitunternehmerschaften gehören zu den selbst bewirtschafteten Flächen auch die entsprechenden Flächen im Sonderbetriebsvermögen der jeweiligen Mitunternehmer (HHR/*Kanzler* § 13a Rn. 18; *Märkle/Hiller* ESt Land- und Forstwirte Rn. 14).

45 Die **Hof- und Gebäudeflächen,** jedoch ohne den zur Wohnung gehörenden Grund und Boden, gehören zur maßgeblichen Fläche (§ 163 Abs. 13 BewG; EStR 13a.2 Abs. 1 Satz 2; Leingärtner/*Krüger* Kap.26 Rn. 28; *Märkle/Hiller* ESt Land- und Forstwirte Rn. 14; *Felsmann* ESt Land- und Forstwirte C 134; HHR/*Kanzler* § 13a Rn. 18; Eisele/*Walter* Besteuerung der LuF Rn. 422/2). Dies erfolgt bei mehreren vorhandenen Nutzungen anteilig im Verhältnis der tatsächlichen Nutzung. Anstelle einer anteiligen Zuordnung zu den einzelnen Nutzungen können vorhandene Hof- und Gebäudeflächen aus Vereinfachungsgründen der landwirtschaftlichen Nutzung zugeordnet werden (BMF 10.11.2015, BStBl. I 2015, 877 Rn. 14). Werden sämtliche landwirtschaftliche Flächen ohne Hofstelle verpachtet und sind keine Sondernutzungen vorhanden, liegt uE dem Sinn und Zweck der Norm keine Hof- und Gebäudefläche vor, die den selbst bewirtschafteten Flächen der landwirtschaftlichen

Nutzung dient, sodass die Gewinnermittlung nach § 13a ausscheidet und kein Abwahlantrag iSv § 13a Abs. 2 Satz 1 erforderlich ist (so im Ergebnis auch Leingärtner/*Krüger* Kap.26 Rn. 29).

Schema Berechnung der Flächengrenze: **45.1**
Landwirtschaftlich genutzte Eigentumsflächen
./. verpachtete oder zur Nutzung überlassene Flächen
+ gepachtete oder zur Nutzung erhaltene Flächen
+ Hof- und Gebäudeflächen (ohne Wohnung)
+ Brachflächen und stillgelegte Flächen

Nicht zu landwirtschaftlich genutzten Flächen gehören die Sondernutzungen (§ 160 Abs. 2 Satz 1 Nr. 1 Buchst. c bis Buchst. e BewG), die Flächen der Nebenbetriebe (§ 160 Abs. 2 Satz 1 Nr. 2 BewG), das Abbauland, Geringstland und Unland (§ 160 Abs. 2 Satz 1 Nr. 3 BewG) sowie Almen und Hutungen (Leingärtner/*Krüger* Kap. 26 Rn. 27; *Märkle/Hiller* ESt Land- und Forstwirte Rn. 13). **46**

c) Vieheinheitengrenze. Bei der **Tierbestandsgrenze** (§ 13a Abs. 1 Satz 1 Nr. 3 iVm § 13 Abs. 1 Nr. 1 Satz 2) von 50 Vieheinheiten ist beim Umlaufvermögen (Masttiere) auf die Jahreserzeugung, beim Anlagevermögen (Milchvieh, Zuchttiere) auf den Durchschnittsbestand abzustellen (*Märkle/Hiller* ESt Land- und Forstwirte Rn. 16). Die Tierbestände sind nach dem Futterbedarf in Vieheinheiten umzurechnen (§ 13 Abs. 1 Nr. 1 Satz 3; *Felsmann* ESt Land- und Forstwirte C 141). § 51 Abs. 2 bis 5 BewG ist anzuwenden (§ 13 Abs. 1 Nr. 1 Satz 4). Der Umrechnungsschlüssel für Tierbestände in Vieheinheiten ergibt sich aus der Anlage 1 zu § 51 BewG → Rn. 47.1 (§ 51 Abs. 4 Satz 1 BewG), der mit demjenigen in EStR 13.2 Abs. 1 identisch ist. Trampeltiere und Dromedare (Altweltkameliden) werden nach Meinung der Finanzverwaltung mit 0,70 VE angesetzt (FM Baden-Württemberg 30.8.1999, BeckVerw 151616). Bei der Prüfung der Vieheinheitengrenze sind auch die im Betrieb des Land- und Forstwirts gehaltenen und erzeugten fremden Tiere, zB Pensionstiere (Lohntierhaltung), einzubeziehen (BMF 10.11.2015, BStBl. I 2015, 877 Rn. 6; Leingärtner/*Krüger* Kap. 26 Rn. 35; *Märkle/Hiller* ESt Land- und Forstwirte Rn. 15). **47**

Umrechnungsschlüssel für Tierbestände in Vieheinheiten nach dem Futterbedarf (Anlage 1 zu § 51 BewG): **47.1**

Tierart	Vieheinheit (VE) pro Tier
1.) Für Tiere, die nach dem **Durchschnittsbestand** zu erfassen sind:	
Alpakas	0,08
Damtiere unter 1 Jahr 1 Jahr und älter	 0,04 0,08
Geflügel Legehennen (einschl. einer normalen Aufzucht zur Ergänzung des Bestandes) Legehennen aus zugekauften Junghennen Zuchtputen, -enten, -gänse	 0,02 0,0183 0,04
Kaninchen Zucht- und Angorakaninchen	 0,025
Lamas	0,10
Pferde unter drei Jahren und Kleinpferde drei Jahre und älter	 0,70 1,10
Rindvieh Kälber und Jungvieh unter 1 Jahr (einschl. Mast-, Starterkälber und Fresser) Jungvieh 1 bis 2 Jahre alt Färsen (älter als 2 Jahre) Masttiere (Mastdauer weniger als 1 Jahr) Kühe (einschl. Mutter- und Ammenkühe mit den dazugehörigen Saugkälbern)	 0,30 0,70 1,00 1,00 1,00

Tierart	Vieheinheit (VE) pro Tier
Zuchtbullen, Zugochsen	1,20
Schafe unter 1 Jahr einschl. Mastlämmer 1 Jahr und älter	 0,05 0,10
Schweine Zuchtschweine (einschl. Jungzuchtschweine über etwa 90 kg)	 0,33
Strauße Zuchttiere 14 Monate und älter Jungtiere/Masttiere unter 14 Monate	 0,32 0,25
Ziegen	0,08
2.) Für Tiere, die nach ihrer **Erzeugung** zu erfassen sind: Geflügel Jungmasthühner (bis zu 6 Durchgänge je Jahr-schwere Tiere) (mehr als 6 Durchgänge je Jahr-leichte Tiere) Junghennen Mastenten Mastenten in der Aufzuchtphase Mastenten in der Mastphase Mastputen aus selbst erzeugten Jungputen Mastputen aus zugekauften Jungputen Jungputen (bis etwa 8 Wochen) Mastgänse	 0,0017 0,0013 0,0017 0,0033 0,0011 0,0022 0,0067 0,0050 0,0017 0,0067
Kaninchen	0,0025
Rindvieh Masttiere (Mastdauer 1 Jahr und mehr)	 1,00
Schweine Leichte Ferkel (bis etwa 12 kg) Ferkel (über etwa 12 bis etwa 20 kg) Schwere Ferkel und leichte Läufer (über etwa 20 bis etwa 30 kg) Läufer (über etwa 30 bis etwa 45 kg) Schwere Läufer (über etwa 45 bis etwa 60 kg) Mastschweine Jungzuchtschweine bis etwa 90 kg	 0,01 0,02 0,04 0,06 0,08 0,16 0,12

47.2 Wenn Schweine aus zugekauften Tieren erzeugt werden, ist dies bei der Umrechnung in VE entsprechend zu berücksichtigen:

Beispiel: Mastschweine aus zugekauften Läufern: 0,16 VE-0,06 VE=0,10 VE

48 Bei der Prüfung, ob die Grenze des § 13a Abs. 1 Satz 1 Nr. 3 überschritten ist, sind EStR 13.2 Abs. 1 sowie die Grundsätze von EStR 15.5 Abs. 2 zum **Strukturwandel** entsprechend anzuwenden (EStR 13a.1 Abs. 1 Satz 2; Leingärtner/*Krüger* Kap. 26 Rn. 33; HHR/*Kanzler* § 13a Rn. 19; *Felsmann* ESt Land- und Forstwirte C 144; *Märkle/Hiller* ESt Land- und Forstwirte Rn. 16). Der Gesetzgeber setzte anders als bei der Flächengrenze bei der Tierbestandgrenze keinen Stichtag.

49 **d) Forstwirtschaftliche Nutzung.** Die selbst bewirtschafteten Flächen der **forstwirtschaftlichen Nutzung** (§ 160 Abs. 2 S. 1 Nr. 1 Buchst. b BewG) dürfen 50 ha nicht überschreiten (§ 13a Abs. 1 S. 1 Nr. 4). Diese Grenze entspricht der Höchstgrenze für die pauschale Ermittlung der Gewinne aus Holznutzungen in § 51 Abs. 1 EStDV. Die Gewinnermittlung nach Durchschnittssätzen scheidet bei reinen Forstbetrieben auch unter 50 ha aus (vgl. § 13a Abs. 1 Satz 2 iVm Abs. 6; BFH 14.4.2011 – IV R 1/09, BFH/NV 2011, 1336; BMF 10.11.2015, BStBl. I 2015, 877 Rn. 7; Leingärtner/*Krüger* Kap. 26 Rn. 36; *Felsmann* ESt Land- und Forstwirte C 330c; *Wiegand* NWB 2015, 250).

Zur forstwirtschaftlichen Nutzung gehören alle **Wirtschaftsgüter,** die der Erzeugung und Gewinnung von Rohholz dienen. Das sind insbesondere die der Holzerzeugung dienenden Flächen, die Waldbestockung beispielsweise mit Buche, Eiche, Fichte oder Kiefer sowie Wirtschaftsgebäude und der normale Bestand an umlaufenden Betriebsmitteln. Zu dem normalen Bestand an umlaufenden Betriebsmitteln gehört auch eingeschlagenes Holz, soweit es den jährlichen Nutzungssatz iSd § 68 Abs. 1 EStDV nicht übersteigt. Durch Windbruch und Windwurf angefallenes Holz gilt solange nicht als eingeschlagen, wie es mit der Wurzel verbunden ist (ErbStR B 160.3 Abs. 1 Satz 5). **50**

Die **Fläche** der forstwirtschaftlichen Nutzung umfasst alle Flächen, die auf der Grundlage des Automatischen Liegenschaftskatasters dauernd der Erzeugung von Rohholz gewidmet sind (Holzboden- und Nichtholzbodenfläche; Eisele/*Walter* Besteuerung der LuF Rn. 422/4). Zur Holzbodenfläche rechnen neben bestockten Flächen auch Waldwege, Waldeinteilungs- und Sicherungsstreifen, wenn ihre Breite einschl. der Gräben 5 m nicht übersteigt und Flächen, die nur vorübergehend nicht bestockt sind (Blößen). Die in der Flur oder im bebauten Gebiet gelegene bodengeschätzte Flächen, die Baumschulen bzw. Weihnachtsbaumkulturen dienen, gehören nicht zur forstwirtschaftlichen Nutzung (ErbStR B 160.3 Abs. 2 Satz 7; Eisele/*Walter* Besteuerung der LuF Rn. 422/4). **51**

Welcher **Stichtag** für die Flächen der forstwirtschaftlichen Nutzung gelten soll, regelt das Gesetz nicht. Vertretbar ist auf den 15. Mai des laufenden Wirtschaftsjahres abzustellen (so auch BMF 10.11.2015, BStBl. I 2015, 877 Rn. 8; *Giere* AgrB 2015, 18; aA Leingärtner/*Krüger* Kap. 26 Rn. 36; Eisele/*Walter* Besteuerung der LuF Rn. 422/5). **52**

e) Sondernutzungen. Die Flächen der selbst bewirtschafteten **Sondernutzungen** dürfen die Grenzen in Anlage 1a Nr. 2 Spalte 2 zu § 13a nicht überschreiten (§ 13a Abs. 1 Satz 1 Nr. 5). Zu berücksichtigen sind eigene und gepachtete Flächen auf der Grundlage des Automatisierten Liegenschaftskatasters. Bei Sondernutzungen, die in der Anlage 1a zu § 13a nicht aufgeführt sind, zB Tabak-, Pilzanbau, Saatzucht, Erzeugung von Raubmilben oder Energieholz auf Kurzumtriebsplantagen, gelten für die Durchschnittssatzgewinnermittlung keine Zugangsvoraussetzungen (BMF 10.11.2015, BStBl. I 2015, 877 Rn. 12; Eisele/*Walter* Besteuerung der LuF Rn. 423). Zum maßgeblichen Stichtag gilt das zur forstwirtschaftlichen Nutzung Gesagte entsprechend (→ Rn. 52; aA Eisele/*Walter* Besteuerung der LuF Rn. 423/2). Bei nicht flächengebundenen Sondernutzungen wie der Binnenfischerei, Imkerei und Wanderschäferei ist auf die durchschnittlichen Verhältnisse des laufenden Wirtschaftsjahres abzustellen. **53**

Zu den **Sondernutzungen** (§ 13a Abs. 6 EStG iVm § 160 Abs. 2 Satz 1 Nr. 1 Buchst. c–e BewG) gehören die weinbauliche Nutzung, die gärtnerischen Nutzungsteile Gemüsebau, Blumen- und Zierpflanzenbau, Baumschulen und Obstbau sowie die übrigen land- und forstwirtschaftlichen Nutzungen. Auch die Produktion von Rollrasen und Repositionspflanzen ist diesem Bereich zuzuordnen (FM Niedersachsen 3.1.1994, BeckVerw 269635 und FM Bayern 22.12.1997, BeckVerw 278558; → § 13 Rn. 170). Zu den übrigen land- und forstwirtschaftlichen Nutzungen gehören der Anbau von Hopfen, Spargel, Tabak und anderen Sonderkulturen sowie die sonstigen land- und forstwirtschaftlichen Nutzungen (§ 175 Abs. 1 BewG). Zu den sonstigen land- und forstwirtschaftlichen Nutzungen gehören insbesondere die Binnenfischerei, Teichwirtschaft, Fischzucht für Binnenfischerei und Teichwirtschaft, Imkerei, Wanderschäferei, Saatzucht, der Pilzanbau, die Produktion von Nützlingen, Weihnachtsbaumkulturen und die Kurzumtriebsplantagen (§ 175 Abs. 2 BewG). Nicht zu den Sondernutzungen gehören neben der forstwirtschaftlichen Nutzung auch die Nebenbetriebe, das Abbauland, Geringstland und Unland (*Märkle/Hiller* ESt Land- und Forstwirte Rn. 19; Eisele/*Walter* Besteuerung der LuF Rn. 423/3). **54**

Wird die **Grenze in Anlage 1a Nr. 2 Spalte 2 zu § 13a überschritten,** entfällt die Befugnis zur Gewinnermittlung nach Durchschnittssätzen für den gesamten land- und forstwirtschaftlichen Betrieb. Der Betrieb kann aus Gründen der Rechtssicherheit die Gewinnermittlung nach § 13a solange fortsetzen, bis er nach § 13a Abs. 1 S. 4 vom Finanzamt eine Wegfallmitteilung erhält (→ Rn. 35), dass eine der Voraussetzungen nach § 13a Abs. 1 S. 1, auch für eine Sondernutzung, nicht erfüllt ist (Leingärtner/*Krüger* Kap. 26 Rn. 42). **55**

Für die Anwendung der Durchschnittssatzgewinnermittlung genügt eine **selbst bewirtschaftete Sondernutzung** bis zur Grenze in Anlage 1a Nr. 2 Spalte 2 (aA für die Rechtslage **56** bis zum 30.12.2015: BFH 14.4.2011 – IV B 57/10, BFH/NV 2011, 1331; BFH 13.12.2012 – IV R 51/10, BStBl. II 2013, 857; Eisele/*Walter* Besteuerung der LuF Rn. 424). Neben einer selbst bewirtschafteten Sondernutzung müssen nicht auch selbst bewirtschaftete Flächen der landwirtschaftlichen Nutzung vorhanden sein (§ 13a Abs. 1 Satz 2), sodass zB ein Imker mit 70 Bienenvölkern ohne Eigenfläche die vereinfachte Gewinnermittlung anwenden kann.

2. Neugründung und Betriebsübernahme

57 Bei **Neugründung und Betriebsübernahme** eines Betriebes richtet sich die Zulässigkeit der Gewinnermittlung nach Durchschnittssätzen ausschließlich nach § 13a Abs. 1 Satz 1 oder Satz 2 (*Wiegand* NWB 2015, 250). Die Regelung ist betriebsbezogen (*Felsmann* ESt Land- und Forstwirte C 313d). Es bedarf keiner Mitteilung des Finanzamts, wenn die Voraussetzungen für die Durchschnittssatzbesteuerung nicht vorliegen (BMF 10.11.2015, BStBl. I 2015, 877 Rn. 16). Von einer Betriebsübernahme geht das Gesetz beim Übergang zur Bewirtschaftung im Ganzen auf den Eigentümer, Miteigentümer, Nutzungsberechtigten oder bei einer Umwandlung aus. Davon betroffen ist der entgeltliche Erwerb eines land- und forstwirtschaftlichen Betriebes, die unentgeltliche Hofübergabe durch Einzelrechtsnachfolge (§ 6 Abs. 3) oder Gesamtrechtsnachfolge, die Pacht oder Übernahme durch ein unentgeltliches Nutzungsrecht sowie durch Zuwendungsnießbrauch, die Anwachsung (§ 738 BGB) oder die Einbringung eines Betriebes in eine neu gegründete Personengesellschaft (*Märkle/Hiller* ESt Land- und Forstwirte Rn. 29).

58 Damit geht die Befugnis und Verpflichtung zur Beibehaltung einer Gewinnermittlung nach § 13a nicht vom Verpächter auf den Pächter (BFH 26.6.1986 – IV R 151/84, BStBl. II 1986, 741), vom Einzelunternehmer auf die neu gegründete Gesellschaft bei einer Einbringung nach § 24 UmwStG (BFH 26.5.1994 – IV R 34/92, BStBl. II 1994, 891) oder von einer zweigliedrigen Gesellschaft beim Ausscheiden eines Gesellschafters auf das neue Einzelunternehmen über (BFH 1.7.1997 – IV B 35/96, BFH/NV 1997, 856), denn es fehlt eine dem § 141 Abs. 3 AO vergleichbare Vorschrift (*Märkle/Hiller* ESt Land- und Forstwirte Rn. 29).

59 Liegen die Voraussetzungen des § 13a Abs. 1 Satz 1 oder Satz 2 bei Neugründungen zu **Beginn des ersten Wirtschaftsjahres,** aber nicht am 15. Mai dieses Wirtschaftsjahres vor, besteht für dieses Wirtschaftsjahr keine Berechtigung zur Gewinnermittlung nach Durchschnittssätzen. Es wird in diesen Fällen nicht beanstandet, wenn für das erste Wirtschaftsjahr ein nach den Grundsätzen des § 13a ermittelter Gewinn angesetzt wird (BMF 10.11.2015, BStBl. I 2015, 877 Rn. 19; *Felsmann* ESt Land- und Forstwirte C 313b). Ist das erste Wirtschaftsjahr ein Rumpfwirtschaftsjahr und umfasst dieses nicht den Stichtag 15. Mai, ist anstelle des 15. Mai auf die Verhältnisse am Ende des Wirtschaftsjahres abzustellen. Einer Wegfallmitteilung bedarf es nach § 13a Abs. 1 S. 4 nicht, wenn die Voraussetzungen für die Durchschnittssatzgewinnermittlung nicht am Ende dieses Wirtschaftsjahres vorliegen, sodass im zweiten Wirtschaftsjahr der Gewinn durch Einnahme-Überschussrechnung (§ 4 Abs. 3) zu ermitteln ist (*Felsmann* ESt Land- und Forstwirte C 313c; *Wiegand* NWB 2016, 103).

60 Bei einer Betriebsübernahme kommt es im **Übergangswirtschaftsjahr** grundsätzlich nicht zum Wechsel der Gewinnermittlungsart. Hat der Betriebsübergeber den Gewinn nach § 13a ermittelt, setzt im Übergangswirtschaftsjahr der Übernehmer diese Gewinnermittlung fort (*Felsmann* ESt Land- und Forstwirte C 313d); sie ist aber ausgeschlossen, wenn der Übergeber den Gewinn zulässigerweise durch Buchführung (§ 4 Abs. 1) oder Einnahme-Überschussrechnung (§ 4 Abs. 3) ermittelt hat (§ 13a Abs. 1 S. 3). Führt die Übernahme eines Betriebes beim Übernehmer zur Bildung eines Rumpfwirtschaftsjahres, ist die Anwendung der Gewinnermittlung nach Durchschnittssätzen für dieses Rumpfwirtschaftsjahr dann ausgeschlossen. Trotz der betriebsbezogenen Ausgestaltung der Gewinnermittlung nach Durchschnittssätzen kommt es damit zu einer kurzfristigen Bindung an den Abwahlantrag bis zum Ende des Wirtschaftsjahres (Leingärtner/*Krüger* Kap. 26 Rn. 51; *Märkle/Hiller* ESt Land- und Forstwirte Rn. 24). Die Rechtsfolgen des § 13a Abs. 2 S. 2 treten nicht ein (BMF 10.11.2015, BStBl. I 2015, 877 Rn. 22). Sind aber beim Betriebsübernehmer die Voraussetzungen für die Durchschnittssatzgewinnermittlung am Stichtag 15. Mai des neuen Wirtschaftsjahres erfüllt, so muss er dann die Gewinnermittlung nach § 13a durchführen oder einen Abwahlantrag nach § 13a Abs. 2 stellen (→ Rn. 62; *Märkle/Hiller* ESt Land- und Forstwirte Rn. 24).

Ab dem folgenden Wirtschaftsjahr gelten für den Übernehmer die allgemeinen Voraussetzungen des § 13a (Schmidt/*Kulosa* § 13a Rn. 12; *Felsmann* ESt Land- und Forstwirte C 313e; *Giere* AgrB 2015, 18). Erfüllt der Übernehmer die Zugangsvoraussetzungen nach § 13a und möchte er die Gewinnermittlung nach § 4 Abs. 1 oder Abs. 3 fortsetzen, ist ein Abwahlantrag nach § 13a Abs. 2 erforderlich (→ Rn. 62; BMF 10.11.2015, BStBl. I 2015, 877 Rn. 22; Leingärtner/*Krüger* Kap. 26 Rn. 51). **61**

3. Abwahlantrag

Auf **Antrag** des Steuerpflichtigen kann für einen Betrieb die Gewinnermittelung nach § 13a abgewählt werden. Der Antrag ist für vier Wirtschaftsjahre bindend. Die Bindungsfrist auf Grund des § 13a Abs. 2 Satz 1 in der am 31.12.2014 geltenden Fassung des Gesetzes wird durch die Neufassung der Vorschrift nicht verkürzt (§ 52 Abs. 22a Satz 3). Während der Bindungsfrist wird der Gewinn entweder durch Buchführung (§ 4 Abs. 1) oder eine Einnahme-Überschussrechnung (§ 4 Abs. 3) ermittelt. Erfüllt der Steuerpflichtige für diesen Betrieb diese Voraussetzung nicht durchgängig, so ist der Gewinn für den gesamten Vierjahreszeitraum nach § 13a zu ermitteln, was dem Steuerpflichtigen einen weiten Gestaltungsspielraum eröffnet (*Märkle/Hiller* ESt Land- und Forstwirte Rn. 24). Stellt sich am Ende des Vierjahreszeitraumes heraus, dass die Gewinnermittlung nach § 13a günstiger ist, kann der Antrag faktisch durch Abgabe dieser Gewinnermittlung rückgängig gemacht werden. Die Nichterfüllung der Gewinnermittlungsart ist ein rückwirkendes Ereignis iSv § 175 Abs. 1 Nr. 2 AO (so auch Leingärtner/*Krüger* Kap. 26 Rn. 57; *Felsmann* ESt Land- und Forstwirte C 173; *Märkle/Hiller* ESt Land- und Forstwirte Rn. 28). **62**

Werden innerhalb des Vierjahreszeitraums die **Buchführungsgrenzen des § 141 Abs. 1 AO überschritten** oder die Voraussetzungen nach § 13a Abs. 1 Satz 1 Nr. 2 bis 5 oder Satz 2 nicht mehr erfüllt, so hat eine Mitteilung des Finanzamts zu erfolgen. Im ersteren Falle erfolgt die Mitteilung nach § 13a Abs. 1 Satz 4 Alt. 1 EStG iVm § 141 Abs. 2 Satz 1 AO; im zweiten Falle nach § 13a Abs. 1 Satz 4 Alt. 2. Erfolgt eine solche Mitteilung, verkürzt sich der Vierjahreszeitraum entsprechend (*Felsmann* ESt Land- und Forstwirte C 175; *Märkle/Hiller* ESt Land- und Forstwirte Rn. 25). Die Rechtsfolge des § 13a Abs. 2 Satz 2 tritt nicht ein (BMF 10.11.2015, BStBl. I 2015, 877 Rn. 25 Nr. 3). **63**

Nach **Ablauf des Vierjahreszeitraumes** ist der Gewinn wieder automatisch nach Durchschnittssätzen zu ermitteln, wenn die Voraussetzungen des § 13a Abs. 1 Satz 1 oder 2 erfüllt sind und für den Betrieb das Wahlrecht nach § 13a Abs. 2 nicht erneut ausgeübt wurde, oder die Voraussetzungen nicht erfüllt sind und keine Mitteilung durch das Finanzamt nach § 13a Abs. 1 Satz 4 erfolgte (BMF 10.11.2015, BStBl. I 2015, 877 Rn. 25 Nr. 4; Leingärtner/*Krüger* Kap. 26 Rn. 59; *Märkle/Hiller* ESt Land- und Forstwirte Rn. 24). **64**

Der Antrag ist bis zur Abgabe der Steuererklärung, jedoch spätestens zwölf Monate nach Ablauf des ersten Wirtschaftsjahres, auf das er sich bezieht, **schriftlich** zu stellen (§ 13a Abs. 2 Satz 3); hierfür genügt die Abgabe einer unterschriebenen Steuererklärung unter Beifügung entsprechender Gewinnermittlungsunterlagen; ein ausdrücklicher Antrag ist nicht erforderlich (BFH 28.1.1988 – IV R 12/86, BStBl. II 1988, 530; BFH 19.1.1989 – IV R 62/88, BFH/NV 1989, 775; BFH 4.6.1992 – IV R 123-124/91, BStBl. II 1993, 125; Schmidt/*Kulosa* § 13a Rn. 19; *Märkle/Hiller* ESt Land- und Forstwirte Rn. 26). Regelmäßig wird dazu im Erklärungsvordruck (Anlage L, Zeile 4) die jeweilige Kennziffer für „freiwillige befristete Buchführung nach § 13a Abs. 2 EStG" (Kennziffer 2) bzw. „freiwillige befristete Einnahme-Überschussrechnung nach § 13a Abs. 2 EStG" (Kennziffer 4) eingetragen. Der Antrag ist nur wirksam, wenn die vorgelegte Gewinnermittlung durch Einnahme-Überschussrechnung auf tatsächlichen Aufzeichnungen der Betriebseinnahmen und Betriebsausgaben beruht (BFH 18.3.1993 – IV R 3/92, BStBl. II 1993, 549). Auch Äußerungen des Steuerpflichtigen außerhalb der Steuerdeklaration sind ausreichend, wenn dadurch der Wille zur Wahlrechtsausübung zum Tragen kommt (*Felsmann* ESt Land- und Forstwirte C 178). **65**

Reicht ein Land- und Forstwirt mit der Einkommensteuererklärung lediglich eine auf das Kalenderjahr abgestellte **Einnahme-Überschussrechnung** ein, die einen Verlust ausweist, so kann darin kein Antrag auf freiwillige Gewinnermittlung erblickt werden (BFH **66**

28.1.1988 – IV R 61/86, BStBl. II 1988, 532; in Abgrenzung dazu BFH 4.6.1992 – IV R 123-124/91, BStBl. II 1993, 125). Eine Beschränkung des Antrags auf einzelne Tätigkeitsbereiche, wie zB auf die forstwirtschaftliche Nutzung oder einzelne Sondernutzungen, ist nicht möglich (BT-Drs. 18/3017, 46; *Felsmann* ESt Land- und Forstwirte C 315; *Wiegand* NWB 2015, 250). Die **Antragsfrist** ist eine wiedereinsetzungsfähige Ausschlussfrist (BFH 28.1.1988 – IV R 61/86, BStBl. II 1988, 532; BFH 1.12.1988 – IV R 72/87, BStBl. II 1989, 234). Der Antrag kann innerhalb dieser Frist zurückgenommen werden (§ 13a Abs. 2 Satz 4). Nach Ablauf der Antragsfrist kann der Antrag dahingehend ausgelegt werden, dass er erstmals für das nächstmögliche Wirtschaftsjahr innerhalb der Zwölfmonatsfrist gilt (BFH 1.12.1988 – IV R 72/87, BStBl. II 1989, 234; aA *Märkle/Hiller* ESt Land- und Forstwirte Rn. 26).

IV. Rechtsfolgen

1. Ermittlung des Durchschnittssatzgewinns

67 Der maßgebliche Gewinn (§ 13a Abs. 3 Satz 1) ist die Summe aus

- dem Gewinn der landwirtschaftlichen Nutzung (Nr. 1 → Rn. 72 ff.),
- dem Gewinn der forstwirtschaftlichen Nutzung (Nr. 2 → Rn. 77 ff.),
- dem Gewinn der Sondernutzungen (Nr. 3 → Rn. 86 ff.),
- den Sondergewinnen (Nr. 4 → Rn. 92 ff.),
- den Einnahmen aus Vermietung und Verpachtung von Wirtschaftsgütern des land- und forstwirtschaftlichen Betriebsvermögens (Nr. 5 → Rn. 130 ff.),
- den Einnahmen aus Kapitalvermögen, soweit sie zu den Einkünften aus Land- und Forstwirtschaft gehören (Nr. 6 → Rn. 135 ff.).

68 Der landwirtschaftliche Grundbetrag und die Viehzuschläge (§ 13a Abs. 3 Satz 1 Nr. 1 iVm Abs. 4) sowie der Gewinn aus Sondernutzungen (§ 13a Abs. 3 Satz 1 Nr. 3 iVm Abs. 6) werden nach den Grundsätzen des § 4 Abs. 1 ermittelt (§ 13a Abs. 4 Satz 1; so schon BFH 16.2.1989 – IV R 64/87, BStBl. II 1989, 708 und BFH 12.12.2013 – IV R 31/10, BFH/NV 2014, 514 Rn. 18). Für die übrigen Gewinne ist eine Einnahme-Überschussrechnung zu erstellen (BMF 10.11.2015, BStBl. I 2015, 877 Rn. 26; *Felsmann* ESt Land- und Forstwirte C 105), insoweit gilt das Zuflussprinzip (§ 11).

69 Mit dem **Durchschnittssatzgewinn** sind alle Betriebseinnahmen und Betriebsausgaben abgegolten. Abschreibungen, verausgabte Pachtzinsen, Schuldzinsen und dauernde Lasten, die Betriebsausgaben sind, sind nicht abziehbar (*Felsmann* ESt Land- und Forstwirte C 317). Nicht abzugsfähig als Betriebsausgabe sind damit auch Altenteilsleistungen beim Wirtschaftsüberlassungsvertrag. Betriebsvorgänge, die nicht unter § 13a Abs. 3 S. 1 Nr. 2–6 subsumiert werden können, werden nicht gesondert erfasst und sind mit dem Grundbetrag abgegolten (Leingärtner/*Krüger* Kap. 26 Rn. 60).

70 Die Vorschriften über den Schuldzinsenabzug (§ 4 Abs. 4a), die Abschreibung geringwertiger Wirtschaftsgüter (§ 6 Abs. 2), sog. Sammelposten (§ 6 Abs. 2a) sowie zum Investitionsabzugsbetrag und zu Sonderabschreibungen (§ 7g) finden im Rahmen der gesamten Vorschrift **keine Anwendung** (§ 13a Abs. 3 Satz 2; Leingärtner/*Krüger* Kap. 26 Rn. 71; *Märkle/Hiller* ESt Land- und Forstwirte Rn. 30). Dafür spricht der Aufbau des Gesetzes. Bei abnutzbaren Wirtschaftsgütern des Anlagevermögens wird die Inanspruchnahme der linearen AfA fingiert (§ 13a Abs. 3 S. 3; Leingärtner/*Krüger* Kap. 26 Rn. 72). Bei der forstwirtschaftlichen Nutzung (§ 13a Abs. 3 S. 1 Nr. 2 iVm Abs. 5) und bei den Sondergewinnen (§ 13a Abs. 3 S. 1 Nr. 4 iVm Abs. 7) können Verluste entstehen (BMF 10.11.2015, BStBl. I 2015, 877 Rn. 28).

70.1 **Schema der Gewinnberechnung:**

Grundbetrag	350 EUR/ha
+ Viehzuschlag für Tierbestände ab 26 VE	300 EUR/VE
+ Gewinn der forstwirtschaftlichen Nutzung	45% der Einnahmen bei eingeschlagenem Holz 80% der Einnahmen bei Holz auf dem Stamm
+ Gewinn der Sondernutzungen	1.000 EUR je Sondernutzung
+ Sondergewinne	
+ Einnahmen aus Vermietung und Verpachtung	
+ Einnahmen aus Kapitalvermögen	

Ist der Gewinn nach § 13a für ein **Rumpfwirtschaftsjahr** oder ein verlängertes Wirtschaftsjahr (§ 8c Abs. 2 Satz 2 EStDV) zu ermitteln, sind der Grundbetrag (§ 13a Abs. 4 Satz 2), der Viehzuschlag (§ 13a Abs. 4 Satz 3) und die Gewinne aus Sondernutzungen (§ 13a Abs. 6 Satz 2) anteilig anzusetzen bzw. zu erhöhen (so auch HHR/*Kanzler* § 13a Rn. 10; Schmidt/*Kulosa* § 13a Rn. 28; *Felsmann* ESt Land- und Forstwirte C 303 und 304; *Märkle/Hiller* ESt Land- und Forstwirte Rn. 32 und 51b; für die Vorgängervorschrift glA BFH 6.12.1956 – IV R 246/55 U, BStBl. III 1957, 65 und EStR 13a.2 Abs. 7; aA BMF 10.11.2015, BStBl. I 2015, 877 Rn. 29; Leingärtner/*Krüger* Kap. 26 Rn. 84; *Wiegand* NWB 2016, 103). Die Einkommensteuer ist eine Jahressteuer (§ 36 Abs. 1), deshalb sind uE die gesetzlich festsetzten Pauschbeträge, die zur Steuerzahllast führen können – anders als steuerentlastende Freibeträge – auch ohne eine ausdrückliche gesetzliche Regelung entsprechend der hM Jahresbeträge. Die Aufteilung ist außerdem gerechtfertigt, als die Ernte und deren Vermarktung nicht in das Rumpfwirtschaftsjahr fallen müssen (*Märkle/Hiller* ESt Land- und Forstwirte Rn. 51b). Die **Sondergewinne,** die vereinnahmten Miet- und Pachterträge, die Einnahmen aus Kapitalvermögen sind hingegen in dem Rumpfwirtschaftsjahr anzusetzen, in dem sie angefallen sind (*Märkle/Hiller* ESt Land- und Forstwirte Rn. 51b). 71

2. Gewinn der landwirtschaftlichen Nutzung

Der Gewinn der landwirtschaftlichen Nutzung ist nach den Grundsätzen von § 4 Abs. 1 zu ermitteln (BFH 16.2.1989 – IV R 64/87, BStBl. II 1989, 708; BFH 12.12.2013 – IV R 31/10, BFH/NV 2014, 514). Er setzt sich zusammen aus dem **Grundbetrag** der landwirtschaftlichen Nutzung und ggf. dem Zuschlag für Tierzucht und Tierhaltung (**Viehzuschlag**). Der Grundbetrag je Hektar und der Viehzuschlag je Vieheinheit ergeben sich aus § 13a Abs. 4 Sätze 2 und 3 iVm Anlage 1a zu § 13a und werden mit der selbst bewirtschafteten Fläche bzw. den Vieheinheiten multipliziert. Der Grundbetrag beträgt anhand der gesetzlich festgesetzten Pauschale pro Hektar einheitlich **350 EUR** (Anlage 1a Nr. 1 zu § 13a). Für angefangene Hektar ist ein entsprechender Anteil zu berücksichtigen (BMF 10.11.2015, BStBl. I 2015, 877 Rn. 30; Leingärtner/*Krüger* Kap. 26 Rn. 81; *Giere* AgrB 2015, 18). Die Anbindung an die Einheitsbewertung und an den Hektarwert (§ 40 Abs. 1 Satz 3 BewG) hat der Gesetzgeber damit aufgegeben (*Wiegand* NWB 2015, 250). 72

Zur Ermittlung des Grundbetrages für ein Wirtschaftsjahr sind alle **selbst bewirtschafteten Flächen** der landwirtschaftlichen Nutzung iSd § 160 Abs. 2 Satz 1 Nr. 1 Buchst. a BewG ohne Sondernutzungen (§ 13a Abs. 6 EStG iVm § 160 Abs. 2 Satz 1 Nr. 1 Buchst. c–e BewG) zu berücksichtigen. Dazu gehören auch im Ausland belegene Flächen eines inländischen Betriebes, sog. Traktatländereien (so auch HHR/*Kanzler* § 13a Rn. 9; *Felsmann* ESt Land- und Forstwirte C 136; aA *Märkle/Hiller* ESt Land- und Forstwirte Rn. 32a). Maßgeblich ist der 15. Mai des Wirtschaftsjahres (Schmidt/*Kulosa* § 13a Rn. 26; *Märkle/Hiller* ESt Land- und Forstwirte Rn. 32). Die selbst bewirtschaftete Fläche entspricht den Eigentumsflächen (einschließlich Brachflächen und stillgelegte Flächen), den Hof-/Gebäudeflächen – ohne Grund und Boden für Wohngebäude – (§ 163 Abs. 13 BewG; EStR 13a.2 Abs. 1 Satz 2) sowie den zugepachteten oder unentgeltlich von Dritten überlassenen Flächen. Abzuziehen sind die verpachteten oder unentgeltlich an Dritte überlassenen Flächen, weil sie für den Betrieb ertraglos sind. 73

Der **Zuschlag für Tierzucht und Tierhaltung** je Wirtschaftsjahr ist für die im Betrieb der Land- und Forstwirtschaft gehaltenen und erzeugten Tiere vorzunehmen (Leingärtner/*Krüger* Kap. 26 Rn. 82). Tiere, die in einem gesonderten Betrieb des Steuerpflichtigen oder im Zusammenhang mit einer dem Grunde nach gewerblichen Dienstleistung (§ 13a Abs. 7 Satz 1 Nr. 3) gehalten oder erzeugt werden, sind nicht zu berücksichtigen. Bei Tieren des Umlaufvermögens (Masttiere) sind die im Wirtschaftsjahr erzeugten Tiere maßgeblich. Bei Tieren des Anlagevermögens (Milchkühe, Zuchttiere) ist der im Durchschnitt des Wirtschaftsjahres gehaltene Tierbestand zu berücksichtigen. Für die Höhe der im Wirtschaftsjahr maßgeblichen Vieheinheiten ist nicht auf den Stichtag 15. Mai abzustellen (*Giere* AgrB 2015, 18; aA Schmidt/*Kulosa* § 13a Rn. 26). Die Umrechnung der Tierbestände in Vieheinheiten erfolgt unter Beachtung der bewertungsrechtlichen Vorschriften des § 51 BewG. Der Umrechnungsschlüssel ergibt sich aus Anlage 1 zum BewG (→ Rn. 47.1). 74

74.1 Die Züchtung und das **Halten von Kleintieren,** wie Meerschweinchen, Zwergkaninchen, Hamstern, Ratten und Mäusen, die als Haustiere oder als Lebendfutter für andere Tiere verwendet werden, stellen ungeachtet einer vorhandenen Futtergrundlage eine gewerbliche Tätigkeit dar, nicht aber eine land- und forstwirtschaftliche Tierzucht und -haltung, die zur Gewinnermittlung nach Durchschnittssätzen gemäß § 13a berechtigen würde (BFH 16.12.2004 – IV R 4/04, BStBl. II 2005, 347). Sie dienen weder der Versorgung der Bevölkerung noch sind sie ungeachtet der Verwendung selbsterzeugten Futters nach der Verkehrsanschauung der Land- und Forstwirtschaft zuzurechnen. Dabei kann dahinstehen, ob Meerschweinchen in Südamerika von Indios verzehrt zu werden pflegen. In Deutschland dienen diese Tiere jedenfalls nicht der menschlichen Ernährung.

75 Eine Tierzucht und Tierhaltung bis einschließlich 25 Vieheinheiten ist mit dem Ansatz des Grundbetrages abgegolten. Für alle weiteren Vieheinheiten sind nach Anlage 1a Nr. 1 zu § 13a **300 EUR pro Vieheinheit** als Viehzuschlag für das Wirtschaftsjahr anzusetzen. Für angefangene Vieheinheiten ist ein entsprechender Anteil von 300 EUR zu berücksichtigen (BMF 10.11.2015, BStBl. I 2015, 877 Rn. 33; Leingärtner/*Krüger* Kap. 26 Rn. 82).

75.1 **Beispiel:** Ein Milchviehbetrieb zur Größe von 18 ha, davon 3 ha Pachtland (Jahrespacht 1.200 EUR), hält 30 Milchkühe, 10 Jungvieh unter einem Jahr und 10 Jungvieh 1 bis 2 Jahre alt. Der Pachtaufwand ist nicht abziehbar.

Lösungshinweise:

Grundbetrag	18 ha x 350 EUR/ha	6.300 EUR
Viehzuschlag		
30 Milchkühe = 30 VE		
10 Jungvieh unter 1 Jahr = 3 VE		
10 Jungvieh bis 2 Jahre = 7 VE	40 VE ./. 25 VE x 300 EUR/VE	4.500 EUR
Gewinn der landw. Nutzung		10.800 EUR

76 Mit dem Grundbetrag sind sämtliche **Betriebseinnahmen,** soweit nicht in § 13a Abs. 3 Satz 1 Nr. 2 bis 6 aufgeführt, zB Veräußerungsgewinne von Wirtschafsgüter des übrigen Anlagevermögens und von Tieren unter einem Veräußerungspreis von 15.000 EUR (*Märkle/Hiller* ESt Land- und Forstwirte Rn. 50), Prämien nach der GAP-Reform (*Märkle/Hiller* ESt Land- und Forstwirte Rn. 49a), Ertragsausfallentschädigungen, Entschädigungen für Wirtschaftserschwernisse (OFD Frankfurt a.M. 16.11.2017, BeckVerw 349261 Rn. 1.2.3), Investitionszuschüsse (*Märkle/Hiller* ESt Land- und Forstwirte Rn. 49) und Nutzungswert der denkmalgeschützten Betriebsleiterwohnung abgegolten. Werden für die Übernahme von Patenschaften für Flächen, die von Landwirten mit Blühmischungen zum Schutz von Insekten eingesät werden, Zahlungen geleistet, sind diese uE mit dem Grundbetrag ebenfalls abgegolten, weil es dem Grunde nach keine gewerbliche Tätigkeit ist. Zahlungen der Länder für landwirtschaftliche Unternehmen aufgrund von Dürrehilfsprogrammen (vgl. FM Hessen 5.9.2019, S 2230A-197-II 71) sind uE mit dem Grundbetrag abgegolten, weil damit die sonst üblichen landwirtschaftliche Erträge substituiert werden. Das gilt auch für die finanzielle Corona-Soforthilfe für Kleinstunternehmen, die als steuerbarer Zuschuss bis zum 31.5.2020 aufgelegt wurde (vgl. ua Landesprogramm „NRW-Soforthilfe 2020" gem. § 53 LHO iVm dem Bundesprogramm „Corona-Soforthilfen für Kleinstunternehmer und Soloselbständige"). **Betriebsausgaben** einschließlich des Pachtaufwandes und der Schuldzinsen sowie Löhne können nicht abgezogen werden. Nicht abzugsfähig sind auch Altenteilsleistungen im Rahmen eines Wirtschaftsüberlassungsvertrages (Leingärtner/*Kanzler* Kap. 26 Rn. 60).

76.1 Bei **Investitionszuschüssen** haben Landwirte mit Gewinnermittlung nach Durchschnittssätzen kein Wahlrecht, die AK bzw. HK um die nicht rückzahlbaren Zuschüsse und Beihilfen zu kürzen oder sofort zu versteuern (BFH 5.6.2003 – IV R 56/01, BStBl. II 2003, 1368; *Felsmann* ESt Land- und Forstwirte A 1468b). Denn öffentliche Investitionszuschüsse führen bei bilanzierenden Steuerpflichtigen nach der Auffassung des III. und IV. Senats des BFH grundsätzlich zu einer Minderung der Anschaffungs- oder Herstellungskosten der geförderten Wirtschaftsgüter (BFH 14.7.1988 – IV R 78/85, BStBl. II 1989, 189; BFH 28.4.1989 – III R 4/87, BStBl. II 1989, 618 und BFH 23.3.1995 – IV R 58/94, BStBl. II 1995, 702).

3. Gewinn der forstwirtschaftlichen Nutzung

77 Zur **forstwirtschaftlichen Nutzung** iSv § 13a Abs. 5 EStG iVm § 160 Abs. 2 Satz 1 Nr. 1 Buchst. b BewG gehören alle Wirtschaftsgüter, die der Erzeugung und Gewinnung

von Rohholz dienen. Das sind insbesondere die der Holzerzeugung dienenden Flächen, die Waldbestockung sowie die Wirtschaftsgebäude und der normale Bestand an umlaufenden Betriebsmitteln (= eingeschlagenes Holz innerhalb des Nutzungssatzes; Eisele/*Walter* Besteuerung der LuF Rn. 457). Die Flächen der forstwirtschaftlichen Nutzung umfassen alle Flächen, die dauernd der Erzeugung von Rohholz gewidmet sind (Einzelheiten in ErbStR B 160.3 Satz 1). Eine Bezugnahme auf die Einheitsbewertung enthält das Gesetz nicht, was mit einer Einschränkung des Anwendungsbereichs der forstwirtschaftlichen Nutzung einhergeht, indem Gewinne aus Weihnachtsbaumkulturen oder einem forstwirtschaftlichen Nebenbetrieb, zB einem Sägewerk, gesondert zu erfassen sind (so auch HHR/*Kanzler* § 13a Rn. 47).

Der Gewinn aus der forstwirtschaftlichen Nutzung ist zwingend nach **§ 51 EStDV** zu **78** ermitteln (§ 13a Abs. 5; Leingärtner/*Krüger* Kap. 26 Rn. 88; *Märkle/Hiller* ESt Land- und Forstwirte Rn. 33b). § 51 EStDV gilt nur für laufende Gewinne (§ 51 Abs. 5 EStDV; aA für eingeschlagenes Holz über dem Nutzungssatz Eisele/*Walter* Besteuerung der LuF Rn. 458). Außerordentliche Gewinne aus Waldverkäufen und aus dem Verkauf des übrigen Anlagevermögens sind als Sondergewinne nach § 13a Abs. 7 Satz 1 Nr. 1 Buchst. a und Nr. 1 Buchst. b zu erfassen (BMF 10.11.2015, BStBl. I 2015, 877 Rn. 37).

Alle übrigen Einnahmen in sachlichem Zusammenhang mit Holznutzungen, wie **79** **Zuschüsse** zu den Wiederaufforstungskosten, Entschädigungen für entgangene Holzeinnahmen sowie für Wirtschaftserschwernisse oder für Naturschutzauflagen sind in voller Höhe als Betriebseinnahme zu erfassen, weil sie nicht mit der Verwertung des Holzes zusammenhängen (§ 51 Abs. 5 EStDV; OFD Frankfurt a.M. 23.7.2019, DStR 2019, 2084 Rn. 1.2.3). Eine Besteuerung des Gewinns als außerordentliche Einkünfte (§ 34 Abs. 2 Nr. 2 iVm § 24 Nr. 1 Buchst. a) mit dem ermäßigten Steuersatz nach § 34 Abs. 1 ist nicht zulässig (OFD Frankfurt a.M. 23.7.2019, DStR 2019 2084 Rn. 1.2.3). Die Pauschsätze nach § 51 Abs. 2 und 3 EStDV können hierfür nicht angewendet werden (BFH 11.9.2013 – IV R 57/10, BFH/NV 2014, 316; BMF 16.5.2012, BStBl. I 2012, 595; BMF 10.11.2015, BStBl. I 2015, 877 Rn. 36). Das gilt auch für Entschädigungen, die gewährt werden für den Verlust, den Untergang oder die Wertminderung der in § 13a Abs. 7 S. 1 Buchstaben a und b genannten Wirtschaftsgüter (*Wiegand* NWB 2016, 103). Soweit Entschädigung für die Kosten der Aufforstung gewährt wird, mindert sie die Herstellungskosten des Forsts (EStR 6.5 Abs. 4). Ein darüber hinausgehender Betrag ist als Betriebseinnahme zu erfassen; auf die Bezeichnung in den vertraglichen Vereinbarungen kommt es insoweit nicht an (BFH 11.9.2013 – IV R 57/10, BFH/NV 2014, 316).

Einnahmen aus **Vermietung und Verpachtung** von Waldflächen sowie aus Jagdpacht **80** sind zusätzlich mit dem Bruttobetrag zu erfassen (§ 13a Abs. 3 Satz 1 Nr. 5). Zinsen aus der Kreditierung von Holzverkäufen gehören ebenfalls nicht zu den Einnahmen aus Holznutzungen, sondern zu den Einnahmen aus Kapitalvermögen iSd § 13a Abs. 3 Satz 1 Nr. 6 (BMF 10.11.2015, BStBl. I 2015, 877 Rn. 35; Leingärtner/*Krüger* Kap. 26 Rn. 90).

Einnahmen aus einer anderen Nutzung des Waldes, wie zB aus dem **Verkauf von Wald-** **81** **früchten** (Beeren, Pilze, Bärlauch) oder von Reisholz, Grünschnitt und Schmuckreisig stehen ebenfalls nicht in einem unmittelbaren Zusammenhang mit der Holznutzung (BMF 10.11.2015, BStBl. I 2015, 877 Rn. 35; Leingärtner/*Krüger* Kap. 26 Rn. 90; *Märkle/Hiller* ESt Land- und Forstwirte Rn. 33b; Eisele/*Walter* Besteuerung der LuF Rn. 459). Die Gewinne daraus sind durch eine Einnahme-Überschussrechnung gesondert zu ermitteln. Die Betriebsausgabenpauschale gilt insoweit nicht (§ 51 Abs. 5 EStDV).

§ 51 EStDV enthält ein **Wahlrecht,** den Gewinn entweder durch Buchführung (§ 4 **82** Abs. 1), Einnahme-Überschussrechnung (§ 4 Abs. 3) oder durch Ansatz der Betriebsausgabenpauschale zu ermitteln. Dieses Wahlrecht ist uE insoweit eingeschränkt, als der Gewinn aus forstwirtschaftlicher Nutzung im Rahmen des § 13a nicht durch Buchführung ermittelt werden kann (aA BMF 10.11.2015, BStBl. I 2015, 877 Rn. 34; Leingärtner/*Kanzler* Kap. 26 Rn. 88; HHR/*Kanzler* § 13a Rn. 47; *Wiegand* NWB 2016,103). Die Steuerpflichtigen können mithin wählen zwischen der Gewinnermittlung durch Einnahme-Überschussrechnung und dem Ansatz der Betriebsausgabenpauschale (*Märkle/Hiller* ESt Land- und Forstwirte Rn. 33b), sodass durch den Ansatz der tatsächlichen Betriebsausgaben einerseits bzw. der Betriebsausgabenpauschale und zusätzlich der Wiederaufforstungskosten (§ 51 Abs. 4 EStDV) andererseits ein Verlust entstehen kann.

Die **Betriebsausgabenpauschale** beträgt beim Verkauf von eingeschlagenem Holz 55% **83** (§ 51 Abs. 2 EStDV) und beim Holzverkauf auf dem Stamm 20% der Einnahmen (§ 51 Abs. 3

EStDV). Mit der Betriebsausgabenpauschale sind sämtliche Betriebsausgaben, die durch die Holznutzung und Holzverwertung veranlasst sind, wie Löhne und Lohnnebenkosten, Kosten der Schädlingsbekämpfung, Kosten für den Holzeinschlag und die Holzlagerung einschließlich evtl. Beregnung, abgegolten (*Märkle/Hiller* ESt Land- und Forstwirte Rn. 33b). Weil Kosten für Wirtschaftsgebäude nicht unmittelbar mit der Holznutzung in Zusammenhang stehen, können zusätzlich zu der Betriebsausgabenpauschale Grundstücksabgaben, Versicherungsbeiträge und Erhaltungsaufwand angesetzt werden (so auch *Märkle/Hiller* ESt Land- und Forstwirte Rn. 459; aA BMF 10.11.2015, BStBl. I 2015, 877 Rn. 36). Die Wiederaufforstungskosten und die Buchwertminderung bei Kahlschlag der forstlichen Bestockung können neben den Pauschsätzen in Abzug gebracht werden (§ 51 Abs. 4 EStDV; *Märkle/Hiller* ESt Land- und Forstwirte Rn. 33b). Es gilt das sog. Abflussprinzip, wonach die Kosten im Wirtschaftsjahr der Zahlung als Betriebsausgabe abziehbar sind (BMF 16.5.2012, BStBl. I 2012, 595).

84 Im Wirtschaftsjahr der Einschlagsbeschränkung nach § 1 des **Forstschäden-Ausgleichsgesetzes** (FSchAusglG) gelten uE die höheren Betriebsausgabenpauschalen. Die Betriebsausgabenpauschale beträgt dann 90% der Einnahmen. Soweit Holz auf dem Stamm verkauft wird, betragen die pauschalen Betriebsausgaben 65% der Einnahmen aus der Verwertung des stehenden Holzes (§ 4 FSchAusglG), so auch Schmidt/*Kulosa* § 13a Rn. 32; *Felsmann* ESt Land- und Forstwirte C 334d.

85 Bei außerordentlichen Holznutzungen kann die **Tarifbegünstigung** nach § 34b in Anspruch genommen werden (Leingärtner/*Krüger* Kap. 26 Rn. 90; Eisele/*Walter* Besteuerung der LuF Rn. 459/1). Soweit kein Nutzungssatz festgesetzt wurde, wird ein pauschaler Nutzungssatz von fünf Festmeter je ha nach EStR 34b.6 Abs. 3 unterstellt (*Felsmann* ESt Land- und Forstwirte C 318c; *Wiegand* NWB 2015, 250).

4. Gewinn der Sondernutzungen

86 **Sondernutzungen** iSv § 13a Abs. 6 sind die weinbauliche und die gärtnerische Nutzung sowie die übrigen land- und forstwirtschaftlichen Nutzungen (§ 160 Abs. 2 Satz 1 Nr. 1 Buchst. c bis e BewG; ErbStR B 160.4 bis 160.17; Eisele/*Walter* Besteuerung der LuF Rn. 460/2). Die gärtnerische Nutzung gliedert sich in die Nutzungsteile Gemüsebau, Blumen- und Zierpflanzenbau, Obstbau und Baumschulen (ErbStR B 160.5 Abs. 1 Satz 2). Die übrigen land- und forstwirtschaftlichen Nutzungen (§ 175 BewG) sind ein Sammelbegriff für alle Nutzungen, die nicht zu den in ErbStR B 160.2 bis 8 genannten Nutzungen oder Nutzungsteilen gehören (Einzelheiten in ErbStR B 160.9 bis 160.17). Zu den Sondernutzungen gehören die Sonderkulturen wie der Anbau von Hopfen, Tabak, Spargel und andere Sonderkulturen (§ 175 Abs. 1 Nr. 1 BewG), unabhängig davon, ob eine landwirtschaftliche Nutzung iSv § 160 Abs. 2 Satz 1 Nr. 1 Buchst. a BewG vorliegt. Die Besonderheiten des § 160 Abs. 2 S. 2 BewG finden mangels gesetzlicher Bezugnahme auf diese Vorschrift keine Anwendung (BT-Drs. 18/3017, 46).

87 **Nebenbetriebe** (§ 160 Abs. 2 Satz 1 Nr. 2 iVm Abs. 3 BewG) gehören nicht zu den Sondernutzungen. Der Ansatz eines pauschalen Gewinns für eine Sondernutzung kommt daher nicht in Betracht (LfSt Bayern 6.2.2017, BeckVerw 339298). Die Be- und Verarbeitung überwiegend eigener land- und forstwirtschaftlicher Erzeugnisse in einer ersten Bearbeitungsstufe ist als land- und forstwirtschaftliche Tätigkeit mit dem jeweiligen Gewinn nach § 13a Abs. 4–6 abgegolten. Das gilt auch für Substanzbetriebe, soweit das gewonnene Material im eigenen land- und forstwirtschaftlichen Betrieb verwendet wird (HHR/*Kanzler* § 13a Rn. 66). Gewinne aus den Nebenbetrieben können als Sondergewinn nach § 13a Abs. 3 S. 1 Nr. 5 (Miet- und Pachteinnahmen) oder nach § 13a Abs. 7 S. 1 Nr. 3 erfasst werden (*Wiegand* NWB 2015, 250; *Giere* AgrB 2015, 18).

88 Bei der Ermittlung der Gewinne aus Sondernutzungen ist für jede selbst bewirtschaftete Nutzung und für jeden selbst bewirtschafteten Nutzungsteil ein **Sondergewinn** zu ermitteln (LfSt Rheinland-Pfalz 11.1.2019, BeckVerw 446141 Rn. 7.3). Bei jeder einzelnen Sondernutzung, die die in Anlage 1a Nr. 2 Spalte 3 zu § 13a genannte Grenze überschreitet, ist ein pauschaler Zuschlag von **1.000 EUR je Sondernutzung** anzusetzen (§ 13a Abs. 6 Satz 2; *Märkle/Hiller* ESt Land- und Forstwirte Rn. 19). In einem Rumpfwirtschaftsjahr oder verlängerten Wirtschaftsjahr ist ausweislich des Wortlautes des Gesetzes die Gewinnpauschale von

1.000 EUR nicht zu kürzen bzw. zu erhöhen (BMF 10.11.2015, BStBl. I 2015, 877 Rn. 29; aA Eisele/*Walter* Besteuerung der LuF Rn. 461). Der Gewinn aus Sondernutzungen nach § 13 a Abs. 6 Satz 2 ist ein nach den Grundsätzen des § 4 Abs. 1 ermittelter Gewinn (LfSt Rheinland-Pfalz 11.1.2019, BeckVerw 446141 Rn. 7.3). Ein Abzug von tatsächlichen Betriebsausgaben scheidet aus. Liegt der Flächenumfang unterhalb der Grenze der Anlage 1a Nr. 2 Spalte 3 zu § 13a, ist der Gewinn 0 EUR, also mit dem Grundbetrag (§ 13a Abs. 4) abgegolten (*Märkle/Hiller* ESt Land- und Forstwirte Rn. 19; Eisele/*Walter* Besteuerung der LuF Rn. 461), so zB bei einem Imker mit weniger als 30 Völkern. Liegt der Flächenumfang oberhalb der Grenze in Anlage 1a Nr. 2 Spalte 2 zu § 13a ist bis zur Wegfallmitteilung des Finanzamts nach § 13a Abs. 1 S. 4 (→ Rn. 35) ebenfalls nur ein pauschaler Gewinnzuschlag von 1.000 EUR vorzunehmen (LfSt Rheinland-Pfalz 11.1.2019, BeckVerw 446141 Rn. 7.3).

UE ist es zweifelhaft, ob der Gesetzgeber in **verfassungsrechtlich zulässiger Weise** von einer Typisierung Gebrauch gemacht hat, weil ein einheitlicher Gewinnzuschlag von 1.000 EUR je Sondernutzung unflexibel und sachlich nicht begründet ist (Leingärtner/*Krüger* Kap. 26 Rn. 100; HHR/*Kanzler* § 13a Rn. 52; Schmidt/*Kulosa* § 13a Rn. 34; *Felsmann* ESt Land- und Forstwirte C 319g, so aber BT-Drs. 18/3017, 46); er gilt ohne Rücksicht auf die jeweilige Ertragssituation der einzelnen Sondernutzung. **88a**

Reine Sonderkulturbetriebe unterhalb der Grenzen von Anlage 1a Nr. 2 zu § 13a ermitteln den Gewinn zwingend pauschal. Ist das zB in einer Verlustsituation nicht gewollt, so muss mit einem Abwahlantrag nach § 13a Abs. 2 Satz 1 die Durchschnittssatzgewinnermittlung innerhalb der Antragsfrist insgesamt abgewählt werden (Leingärtner/*Krüger* Kap. 26 Rn. 99). **89**

Die Grenzen der Sondernutzungen (Anlage 1a Nr. 2 zu § 13a): **89.1**

Nutzung	Höchstgrenze Spalte 2	Mindestgrenze Spalte 3
Weinbauliche Nutzung	0,66 ha	0,16 ha
Nutzungsteil Obstbau	1,37 ha	0,34 ha
Nutzungsteil Gemüsebau		
Freilandgemüse	0,67 ha	0,17 ha
Unterglas Gemüse	0,06 ha	0,015 ha
Nutzungsteil Blumen/Zierpflanzenbau	0,23 ha	0,05 ha
Freiland Zierpflanzen	0,04 ha	0,01 ha
Unterglas Zierpflanzen		
Nutzungsteil Baumschulen	0,15 ha	0,04 ha
Sondernutzung Spargel	0,42 ha	0,1 ha
Sondernutzung Hopfen	0,78 ha	0,19 ha
Binnenfischerei	2000 kg Jahresfang	500 kg Jahresfang
Teichwirtschaft	1,6 ha	0,4 ha
Fischzucht	0,2 ha	0,05 ha
Imkerei	70 Völker	30 Völker
Wanderschäfereien	120 Mutterschafe	30 Mutterschafe
Weihnachtsbaumkulturen	0,4 ha	0,1 ha

Welcher **Stichtag** für die Flächengrenze der Anlage 1a Nr. 2 zu § 13a maßgeblich ist, ergibt sich nicht aus dem Gesetz. Vertretbar ist, auf den Beginn des Wirtschaftsjahres abzustellen (so für die Vorgängervorschrift *Märkle/Hiller* ESt Land- und Forstwirte Rn. 21a; auf den Stichtag 15. Mai des Wirtschaftsjahres abstellen: BMF 22.10.2015, BStBl. I 2015, 795 Anlage 13a; *Felsmann* ESt Land- und Forstwirte C 319a; *Giere* AgrB 2015 18), weil dann regelmäßig die Flächen bestellt werden. **90**

Für Sondernutzungen, die nicht in der Anlage 1a Nr. 2 zu § 13a aufgeführt sind, zB Saatzucht, Tabak-, Pilzanbau, Produktion von Nützlingen oder Rollrasen (→ Rn. 54), Anbau von Energie- und Industrieholz auf Kurzumtriebsplantagen und Bambusanbau ist eine **Einnahme-Überschussrechnung** erforderlich (§ 13a Abs. 6 Satz 3; BMF 10.11.2015, BStBl. I 2015, 877 Rn. 40; Leingärtner/*Krüger* Kap. 26 Rn. 99; *Felsmann* ESt Land- und Forstwirte C 319e; *Märkle/Hiller* ESt Land- und Forstwirte Rn. 34c; Eisele/*Walter* Besteuerung der LuF Rn. 462). Für die Gewinnermittlung nach § 4 Abs. 3 gelten die Abzugsverbote nach § 13a Abs. 3 Satz 2 (so auch HHR/*Kanzler* § 13a Rn. 52; *Felsmann* ESt Land- und **91**

Forstwirte C 319f; *Wiegand* NWB 2016,103). Im Umkehrschluss sind die mit den Betriebszweigen zusammenhängenden Miet-, Pacht- und Schuldzinsen abziehbar (Eisele/*Walter* Besteuerung der LuF Rn. 463). Zulässig ist außerdem nur die Absetzung für Abnutzung in gleichen Jahresbeträgen (§ 13a Abs. 3 Satz 3; BMF 10.11.2015, BStBl. I 2015, 877 Rn. 40). Mangels einer Verlustausschlussklausel kann hier auch ein Verlust anzusetzen sein (Leingärtner/*Krüger* Kap. 26 Rn. 99; HHR/*Kanzler* § 13a Rn. 52).

5. Sondergewinne

92 Die **Ermittlung der Sondergewinne** nach § 13a Abs. 7 erfolgt einschließlich der damit verbundenen Aufzeichnungs- und Aufbewahrungspflichten nach § 4 Abs. 3 (→ Rn. 137; Schmidt/*Kulosa* § 13a Rn. 37). Betriebseinnahmen iSv § 13a Abs. 7 Satz 1 sind die zugeflossenen Erlöse (§ 11 Abs. 1) einschließlich der gesetzlichen USt (BFH 17.1.1989 – VIII R 370/83, BStBl. II 1989, 563). Auf den Abgang des betreffenden Wirtschaftsgutes kommt es nicht an. Bei einer Entnahme ist der Teilwert und ggf. USt für die unentgeltliche Wertabgabe anzusetzen (BMF 10.11.2015, BStBl. I 2015, 877 Rn. 41). Die Abzugsverbote nach § 13a Abs. 3 Satz 2 gelten auch hier. Schuldzinsen sind – soweit bei den besonderen Tätigkeitsbereichen und außerordentlichen Geschäftsvorfällen vorhanden – abziehbar (→ Rn. 91; Eisele/*Walter* Besteuerung der LuF Rn. 463; aA Leingärtner/*Krüger* Kap. 26 Rn. 111).

93 Soweit sich bei Ermittlung einzelner Sondergewinne **Verluste** ergeben, sind sie mit anderen Sondergewinnen zu saldieren. Danach kann insgesamt bei der Durchschnittssatzermittlung ein Verlust entstehen (so auch Leingärtner/*Krüger* Kap. 26 Rn. 112; HHR/*Kanzler* § 13a Rn. 60; Schmidt/*Kulosa* § 13a Rn. 37; *Felsmann* ESt Land- und Forstwirte C 320b; *Märkle/Hiller* ESt Land- und Forstwirte Rn. 35; Eisele/*Walter* Besteuerung der LuF Rn. 465; aA BFH 18.3.1982 – IV R 57/79, BStBl. II 1982, 549 zu § 13a in der bis zum 1.7.1980 geltenden Fassung).

94 Die Aufzählung in § 13a Abs. 7 Satz 1 ist abschließend. Weitere Gewinne sind nicht zu erfassen; sie sind mit dem Grundbetrag (§ 13a Abs. 4) abgegolten (Leingärtner/*Krüger* Kap. 26 Rn. 108; HHR/*Kanzler* § 13a Rn. 60; *Felsmann* ESt Land- und Forstwirte C 320; *Märkle/Hiller* ESt Land- und Forstwirte Rn. 35; Eisele/*Walter* Besteuerung der LuF Rn. 464).

95 Der **Buchwert** der historischen AK/HK mindert sich bei Ermittlung des Gewinns bei Wirtschaftsgütern des abnutzbaren Anlagevermögens nur um die lineare AfA (§ 13a Abs. 7 Satz 2; *Märkle/Hiller* ESt Land- und Forstwirte Rn. 35). Zu den AK/HK gehört die USt auch dann nicht, wenn Landwirte ihre Umsätze nach Durchschnittssätzen gemäß § 24 Abs. 1 UStG versteuern (BFH 9.9.2010 – IV R 47/08, BFH/NV 2011, 426). Vorrangig ist die amtliche AfA-Tabelle für die Land- und Forstwirtschaft anzuwenden (BMF 10.11.2015, BStBl. I 2015, 877 Rn. 49). Soweit sich die AK/HK nicht aus einem vom Steuerpflichtigen geführten Anlageverzeichnis ergeben oder nicht mehr nachgewiesen werden können, dürfen allenfalls die vom Steuerpflichtigen angemessen geschätzten AK/HK und der glaubhaft daraus abgeleitete Buchwert zum Zeitpunkt des Ausscheidens aus dem Betriebsvermögen anerkannt werden (BMF 10.11.2015, BStBl. I 2015, 877 Rn. 50). Für die Ermittlung des Buchwertes bei Tieren ist im Hinblick auf die AfA sowie einen ggf. anzusetzenden Schlachtwert BMF 14.10.2001 (BStBl. I 2001, 864) zu beachten.

96 Die **Bildung von gewillkürtem Betriebsvermögen** ist auch bei der Gewinnermittlung nach § 13a nach den für die Land- und Forstwirtschaft geltenden allgemeinen Grundsätzen möglich (BFH 2.10.2003 – IV R 13/03, BStBl. II 2004, 985 und BFH 16.6.2004 – XI R 17/03, BFH/NV 2005, 173; BMF 10.11.2015, BStBl. I 2015, 877 Rn. 44; Schmidt/*Kulosa* § 13a Rn. 37; *Felsmann* ESt Land- und Forstwirte C 321).

97 **a) Gewinne. aa) aus Veräußerung von bestimmten Wirtschaftsgütern.** Gewinn oder Verlust aus der Veräußerung oder Entnahme des zum Betriebsvermögen gehörenden **Grund und Bodens** und des dazugehörigen Aufwuchses (zB Feldinventar, mehrjährige Kulturen, stehendes Holz, Dauerkulturen), der Gebäude, immateriellen Wirtschaftsgüter (zB Zahlungsansprüche, Brennrechte) sowie zum Betriebsvermögen gehörende Beteiligungen (zB Genossenschaftsanteile, GmbH-Anteile, Aktien) ist nach § 13a Abs. 7 S. 1 Nr. 1 Buchst. a als Sondergewinn zu erfassen. Soweit für den Grund und Boden und ggf. immaterielle Wirtschaftsgüter ein Buchwert nach § 55 anzusetzen ist, gilt die Verlustausschlussklausel (§ 55 Abs. 6; *Märkle/Hiller* ESt Land- und Forstwirte Rn. 37b). Die Vorschrift erfasst entsprechend

der Stellung im Gesetz nur Wirtschaftsgüter des Anlagevermögens (Leingärtner/*Krüger* Kap. 26 Rn. 117; HHR/*Kanzler* § 13a Rn. 61), weil in § 13a Abs. 7 S. 1 Nr. 1 Buchst. b die Rede von „übrigen Wirtschaftsgütern des Anlagevermögens" ist (aA Schmidt/*Kulosa* § 13a Rn. 38; *Felsmann* ESt Land- und Forstwirte C 321j). Dass die Veräußerung der in § 13a Abs. 7 S. 1 Nr. 1 Buchst. a genannten Wirtschaftsgüter im Zusammenhang mit einer Betriebsumstellung stattfindet, ist kein Tatbestandsmerkmal mehr (Gründe dafür bei *Wiegand* NWB 2015, 250).

Der Begriff Grund und Boden ist enger als der Begriff „Grundstück" iSv § 94 BGB. Die Vorschrift meint nur den „nackten" Boden (BFH 24.8.1989 – IV R 38/88, BStBl. II 1989, 1016; Leingärtner/*Krüger* Kap. 26 Rn. 117; Eisele/*Walter* Besteuerung der LuF Rn. 467). Zum Grund und Boden rechnen ua **nicht** Bodenschätze (zB Sand- oder Kiesvorkommen), soweit sie als Wirtschaftsgut bereits entstanden sind (§ 68 Abs. 2 Satz 1 Nr. 1 BewG; BFH 6.12.1990 – IV R 3/89, BStBl. II 1991, 346; BFH 13.7.2006 – IV R 51/05, BFH/NV 2006, 2064; BFH 4.12.2006 – GrS 1/05, BStBl. II 2007, 508), Eigenjagdrechte, Erbbaurechte, Be- und Entwässerungsanlagen, Obst- und Baumschulanlagen (EStH 6b.1), Rebanlagen, Spargelanlagen, Feldinventar (Eisele/*Walter* Besteuerung der LuF Rn. 467) sowie Betriebsvorrichtungen (§ 68 Abs. 2 Satz 1 Nr. 2 BewG). Die Veräußerung dieser Wirtschaftsgüter ist mit dem Grundbetrag abgegolten, wenn nicht der Sondergewinn nach § 13a Abs. 7 Satz 1 Nr. 1 Buchst. b erfasst wird. **98**

Gewinne aus der **Veräußerung des Aufwuchses** allein – ohne Grund und Boden – werden nicht nach § 13a Abs. 7 Satz 1 Nr. 1 Buchst. a erfasst (Leingärtner/*Krüger* Kap. 26 Rn. 119). Damit ist die isolierte Veräußerung oder Entnahme des Aufwuchses mit dem Grundbetrag abgegolten. Eine Besteuerung nach § 13a Abs. 7 Satz 1 Nr. 1 Buchst. b scheitert uE am Wortlaut dieser Vorschrift, die „übrige Wirtschaftsgüter" erwähnt. Zum Aufwuchs gehören ua das stehende Holz und die Dauerkulturen. **99**

Gebäude sind Wirtschafts- und Wohngebäude, die dem notwendigen oder gewillkürten Betriebsvermögen angehören. Soweit die Nutzungswertbesteuerung für ein denkmalgeschütztes Betriebsleiter- oder Altenteilerhaus nicht abgewählt wurde (vgl. § 13 Abs. 2 Nr. 2 iVm Abs. 4), ist dessen Veräußerung ebenfalls als Sondergewinn zu erfassen (Leingärtner/*Krüger* Kap. 26 Rn. 121; *Felsmann* ESt Land- und Forstwirte C 321k; *Märkle/Hiller* ESt Land- und Forstwirte Rn. 38). **100**

Die **Bildung einer steuerfreien Rücklage** (§ 6c) ist zulässig, weil deren Auflösung ohne Übertragung auf ein Reinvestitionsobjekt als Sondergewinn zu erfassen ist (§ 13a Abs. 7 S. 1 Nr. 1 Buchst. d; Leingärtner/*Krüger* Kap. 26 Rn. 111; *Märkle/Hiller* ESt Land- und Forstwirte Rn. 37a). Gleiches gilt unter den Voraussetzungen von EStR 6.6 für die Bildung einer Rücklage für Ersatzbeschaffung (BMF 10.11.2015, BStBl. I 2015, 877 Rn. 43). **101**

Gewinne aus der Veräußerung oder Entnahme von **immateriellen Wirtschaftsgütern** sind ebenfalls als Sondergewinne zusätzlich zu erfassen. Das Gesetz regelt nicht eindeutig, ob nur Wirtschaftsgüter des Anlagevermögens oder auch die des Umlaufvermögens darunter zu subsumieren sind. Aus der Stellung im Gesetz sind uE nur Wirtschaftsgüter des Anlagevermögens betroffen (so auch Leingärtner/*Krüger* Kap. 26 Rn. 123; offen gelassen *Felsmann* ESt Land- und Forstwirte C 321m). **102**

Im landwirtschaftlichen Bereich zählen zu den **immateriellen Wirtschaftsgütern** zB Zuckerrübenlieferrechte, Brennrechte, Eigenjagdrechte, Fischereirechte, Wasserbezugsrechte, Zahlungsansprüche (zu Zahlungsansprüchen: Leingärtner/*Kreckl* Kap. 49 Rn. 52; *Felsmann* ESt Land- und Forstwirte A 1530; *Märkle/Hiller* ESt Land- und Forstwirte Rn. 37), Wiederbepflanzungsrecht im Weinbau und uE Ökopunkte (*Märkle/Hiller* ESt Land- und Forstwirte Rn. 88e; aA BMF 3.8.2004, BStBl. I 2004, 716). Weil aber Ökopunkte von ihrer Konzeption her zum Handeln bestimmt sind (OFD Frankfurt a.M. 14.2.2014, BeckVerw 282884), dienen sie nicht dauerhaft dem Betrieb (vgl. § 247 Abs. 2 HGB); sie gehören zum Umlaufvermögen des land- und forstwirtschaftlichen Betriebes (so auch Leingärtner/*Kanzler* Kap. 24 Rn. 50), sodass deren Verkauf uE mit dem Grundbetrag abgegolten ist (so im Ergebnis OFD Nordrhein-Westfalen 16.12.2015, BeckVerw 323181 Rn. 2.5; *Märkle/Hiller* ESt Land- und Forstwirte Rn. 88e). **103**

Zu den **Beteiligungen** zählen insbesondere die zum Betriebsvermögen gehörenden Anteile an Kapitalgesellschaften und Genossenschaften (Leingärtner/*Krüger* Kap. 26 Rn. 124; *Märkle/Hiller* ESt Land- und Forstwirte Rn. 37). **Mitunternehmeranteile** gehören nicht zu den Beteiligungen, wenn sie außerhalb der Gewinnermittlung nach § 13a als gesondertes **104**

Betriebsvermögen behandelt werden (BMF 10.11.2015, BStBl. I 2015, 877 Rn. 45; Eisele/*Walter* Besteuerung der LuF Rn. 471). Anteile an einer **Bruchteilsgemeinschaft** ohne eigene Gewinnerzielungsabsicht (zB an einer Maschinengemeinschaft) werden ertragsteuerlich wie ein eigenes Wirtschaftsgut des Steuerpflichtigen behandelt. In diesen Fällen erfolgt uU eine Erfassung als Sondergewinn nach § 13a Abs. 7 Satz 1 Nr. 1 Buchst. a (BMF 10.11.2015, BStBl. I 2015, 877 Rn. 46; Eisele/*Walter* Besteuerung der LuF Rn. 471).

105 **bb) aus Veräußerung von übrigem Anlagevermögen und von Tieren.** Die Veräußerung oder Entnahme der **übrigen Wirtschaftsgüter des Anlagevermögens** (zB Betriebsvorrichtungen und Maschinen) und von **Tieren** ist als Sondergewinn zu erfassen, wenn der Veräußerungspreis oder der Teilwert (§ 6 Abs. 1 Nr. 4) jeweils mehr als 15.000 EUR beträgt (§ 13a Abs. 7 Satz 1 Nr. 1 Buchst. b). Maßgeblich ist der Veräußerungspreis pro Wirtschaftsgut bzw. Tier einschließlich USt (BFH 17.1.1989 – VIII R 370/83, BStBl. II 1989, 563; Leingärtner/*Krüger* Kap. 26 Rn. 133). Erfolgt die Veräußerung des Wirtschaftsguts im Rahmen eines Tausches oder beim Tausch mit Baraufgabe, ist die Angemessenheit des Wertes für das hingegebene Wirtschaftsgut auf Verlangen des Finanzamts glaubhaft zu machen (BMF 10.11.2015, BStBl. I 2015, 877 Rn. 48). Praktischerweise werden mit dieser Regelung nur wertvollere Wirtschaftsgüter des Anlagevermögens, zB Mähdrescher oder Häcksler, erfasst. Ob mit der Veräußerung gleichzeitig eine Betriebsumstellung erfolgt, ist nicht maßgeblich (*Märkle/Hiller* ESt Land- und Forstwirte Rn. 37a). Damit kann der gesamte Milchvieh- oder Sauenbestand in einem einheitlichen Vorgang abgeschafft werden, ohne dass ein Sondergewinn zu erfassen wäre, weil auf den Veräußerungspreis für jedes einzelne Tier abgestellt wird. Bei Tieren dürfte die Wertgrenze nur bei wertvollen Zuchttieren und Pferden überschritten sein (*Giere* AgrB 2015,18). Es sind Tiere sowohl des Anlage- als auch des Umlaufvermögens betroffen. Das Gesetz differenziert nicht danach, ob die Tiere dazu bestimmt sind, dem Betrieb – wie beispielsweise Zuchttiere – dauernd zu dienen oder zum Verkauf vorgesehen sind (so auch Leingärtner/*Krüger* Kap. 26 Rn. 132; *Märkle/Hiller* ESt Land- und Forstwirte Rn. 37a).

106 Zum Tatbestandsmerkmal gehört als Betragsgrenze der **Veräußerungspreis** von mehr als 15.000 EUR und nicht der Veräußerungsgewinn von mehr als 15.000 EUR. Gewinne bei einem Veräußerungspreis unterhalb dieser Betragsgrenze sind mit dem Grundbetrag abgegolten (*Märkle/Hiller* ESt Land- und Forstwirte Rn. 50). Ein Anlageverzeichnis für die Wirtschaftsgüter iSv § 13a Abs. 7 Satz Nr. 1 Buchst. b ist nach § 4 Abs. 3 Satz 5 verpflichtend (Leingärtner/*Krüger* Kap. 26 Rn. 163). UE werden die Veräußerungs- und Entnahmegewinne von Wirtschaftsgütern des übrigen Anlagevermögens und wertvollen Tieren über der Betragsgrenze doppelt erfasst: Sie werden einmal mit dem Grundbetrag, der aus den Erhebungen nach § 2 des Landwirtschaftsgesetzes abgeleitet wird (vgl. § 13a Abs. 8 iVm Tabelle 1a) und zum anderen als Sondergewinn nach § 13a Abs. 7 Satz 1 Nr. 1 Buchst. b angesetzt.

107 **cc) aus Entschädigungen.** Entschädigungen für den Verlust, den Untergang oder die Wertminderung von in § 13a Abs. 7 Satz 1 Nr. 1 Buchst. a und Buchst. b genannten Wirtschaftsgütern werden als außergewöhnliche Geschäftsvorfälle erfasst (§ 13a Abs. 7 Satz 1 Nr. 1 Buchst. c; so auch zur Brandentschädigung BFH 25.9.2014 – IV R 44/11, BStBl. II 2015, 470; aA zur Wertminderung bei § 13a EStG aF BFH 11.9.2013 – IV R 57/10, BFH/NV 2014, 316). Maßgeblich ist die Entschädigung einschl. Umsatzsteuer. Die Sondergewinne nach § 13a Abs. 7 werden mit einer Einnahme-Überschussrechnung ermittelt, damit scheidet eine Teilwertabschreibung für den Grund und Boden aus. Bei den in § 13a Abs. 7 S. 1 Nr. 1 Buchst. b genannten Wirtschaftsgütern, also beispielsweise wertvollen Tieren, ist die Entschädigung nur oberhalb der Betragsgrenze von 15.000 EUR steuerpflichtig (BMF 10.11.2015, BStBl. I 2015, 877 Rn. 52; Leingärtner/*Krüger* Kap. 26 Rn. 135; Schmidt/*Kulosa* § 13a Rn. 40; *Felsmann* ESt Land- und Forstwirte C 323; *Märkle/Hiller* ESt Land- und Forstwirte Rn. 41). Entschädigungen unterhalb der Betragsgrenze sind damit mit dem Grundbetrag abgegolten.

108 Die Gewinnverwirklichung kann durch Ersatzbeschaffung vermieden werden (EStR 6.6 Abs. 3). Die Bildung einer **Rücklage für Ersatzbeschaffung** (EStR 6.6 Abs. 4) ist auf Antrag zulässig (BT-Drs. 18/3017, 47; Leingärtner/*Krüger* Kap. 26 Rn. 135). Deren Auflösung, ohne Übertragung auf eine Ersatzinvestition, ist folgerichtig als Sondergewinn zu versteuern (§ 13a Abs. 7 Satz 1 Nr. 1 Buchst. d; BFH 25.9.2014 – IV R 44/11, BStBl. II

2015, 470). Das gilt auch für eine **Zuschussrücklage** nach EStR 6.5 Abs. 4 (BFH 11.9.2013 – IV R 57/10, BFH/NV 2014, 316).

Entschädigungen, die als **Ersatz für entgangene Einnahmen** (zB Hagelentschädigung), für Wirtschaftsgüter des Umlaufvermögens oder für erhöhte Betriebsausgaben (zB Entschädigungen für Wirtschaftserschwernisse) gewährt werden, sind bei entsprechendem Veranlassungszusammenhang mit dem Grundbetrag bzw. Gewinn aus Sondernutzungen nach § 13a Abs. 6 Satz 2 abgegolten (BT-Drs. 18/3017, 47; *Felsmann* ESt Land- und Forstwirte C 323a; aA *Märkle/Hiller* ESt Land- und Forstwirte Rn. 41; Eisele/*Walter* Besteuerung der LuF Rn. 477/1). Nur Entschädigungen für die **Wertminderung des Grund und Bodens** werden zusätzlich zum Grundbetrag erfasst (OFD Frankfurt/M. 23.7.2019, DStR 2019, 2084 Rn. 1.2.3). Das ist bei der **Entschädigung für Wirtschaftserschwernisse** gerade nicht der Fall, weil dadurch der erhöhte Betriebsaufwand zB bei der Feldbestellung und bei den Erntearbeiten abgegolten wird (Eisele/*Walter* Besteuerung der LuF Rn. 477/2; aA *Märkle/Hiller* ESt Land- und Forstwirte Rn. 41). Entschädigungen, die für die Schaffung von ökologischen Ausgleichsflächen oder für die Duldung von Erdöl-, Erdgas-, Hochspannungs- und Wasserleitungen sowie für die Errichtung von Pump- und Trafostationen gewährt werden (sog. Duldungsleistungen), sind mit dem Grundbetrag abgegolten (zu Ersatzflächenpools BMF 3.8.2004, BStBl. I 2004, 716; offen gelassen OFD Frankfurt a.M. 23.7.2019, DStR 2019, 2084 Rn. 1.2.3; Eisele/*Walter* Besteuerung der LuF Rn. 477/2; aA *Märkle/Hiller* ESt Land- und Forstwirte Rn. 41), es sei denn, sie werden für die Wertminderung des Grund und Bodens gezahlt (*Felsmann* ESt Land- und Forstwirte C 323b). Bei der forstwirtschaftlichen Nutzung sind solche Entschädigungen nach den Regelungen des § 51 Abs. 5 EStDV zu erfassen (OFD Frankfurt a.M. 23.7.2019, DStR 2019, 2084 Rn. 1.2.3; Eisele/*Walter* Besteuerung der LuF Rn. 477/1; → Rn. 79). Dabei sind pauschale Betriebsausgaben nur zu berücksichtigen, soweit die Zahlungen auf entgangene Einnahmen aus Holznutzungen entfallen (BMF 10.11.2015, BStBl. I 2015, 877 Rn. 53). **109**

dd) aus Auflösung von Rücklagen. Soweit eine Rücklage gebildet wurde (zB § 6c EStG, EStR 6.6 Abs. 4 oder 6.5 Abs. 4; Übersicht der landwirtschaftsbezogenen steuerfreien Rücklagen in Leingärtner/*Kanzler* Kap. 31 Rn. 229), ist die Auflösung der Rücklage, wenn kein entsprechender Betrag von den AK/HK der Investition abgezogen wurde, als Sondergewinn zu erfassen (§ 13a Abs. 7 Satz 1 Nr. 1 Buchst. d; für Zuschussrücklage BFH 11.9.2013 – IV R 57/10, BFH/NV 2014, 316; Eisele/*Walter* Besteuerung der LuF Rn. 479; aA *Märkle/Hiller* ESt Land- und Forstwirte Rn. 42b für Rücklagen nach Übergang von der Gewinnermittlung nach § 4 Abs. 3 zu derjenigen nach § 13a). Als Sondergewinn zu erfassen ist auch ein Zinszuschlag nach § 6b Abs. 7 (*Felsmann* ESt Land- und Forstwirte C 324a). **110**

b) Vorsteuerberichtigungen. Mehrbeträge aus Vorsteuerberichtigung iSd § 15a UStG sind im Zeitpunkt des Zuflusses als Betriebseinnahmen bzw. Minderbeträge als Betriebsausgaben im Zeitpunkt des Abflusses zu erfassen (§ 13a Abs. 7 Satz 1 Nr. 2 iVm § 9b Abs. 2; Leingärtner/*Krüger* Kap. 26 Rn. 150; *Märkle/Hiller* ESt Land- und Forstwirte Rn. 43). **111**

Beispiel (nach *Kanzler/Nacke* Steuergesetzgebung 2014/2015, Herne 2015, 64): **111.1**
Im Januar 2014 hat ein nach § 24 UStG pauschalierender Landwirt mit Durchschnittssatzbesteuerung eine Maschine einschl. USt für 35.700 EUR angeschafft. Die Vorsteuer von 5.700 EUR gehört nicht zu den AK (§ 9b Abs. 1) und bleibt bei der Durchschnittssatzgewinnermittlung unberücksichtigt. Am 1.1.2016 wechselt der Landwirt zur Regelbesteuerung (§ 24 Abs. 4 UStG) und kann deshalb 3 Jahre lang jährlich 12/60 von 5.700 EUR = 1.140 EUR als Vorsteuerberichtigung nach § 15a Abs. 1 UStG geltend machen. Diese Berichtigungsbeträge sind nach § 13a Abs. 7 Satz 1 Nr. 2 iVm § 9b Abs. 2 als Sondergewinn anzusetzen.

c) Einnahmen aus gewerblichen Tätigkeiten. Mit dem Grundbetrag sind nur die originär land- und forstwirtschaftlichen Betriebseinnahmen abgegolten (*Giere* AgrB 2015, 18). Zusätzlich als Sondergewinn zu erfassen sind Einnahmen aus dem Grunde nach **gewerblichen Tätigkeiten,** die dem Bereich der Land- und Forstwirtschaft zugerechnet werden, abzüglich der pauschalen Betriebsausgaben nach Anlage 1a Nr. 3 zu § 13a iHv 60% der Betriebseinnahmen (§ 13a Abs. 7 Satz 1 Nr. 3; Leingärtner/*Krüger* Kap. 26 Rn. 153). Nach EStR 15.5 gelten die dort genannten Nebentätigkeiten noch als land- und forstwirtschaftlich (zB zweite und weitere Be- oder Verarbeitungsstufe eigener Erzeugnisse, Verkauf fremder **112**

Erzeugnisse oder Dienstleistungen), wenn sie dem Grunde und der Höhe nach innerhalb der von der Finanzverwaltung festgelegten Grenzen liegen (Leingärtner/*Krüger* Kap. 26 Rn. 154; *Märkle/Hiller* ESt Land- und Forstwirte Rn. 44). Es kommt nicht mehr darauf an, ob die Tätigkeiten für andere Land- und Forstwirte oder gegenüber Nichtlandwirten erbracht werden (*Märkle/Hiller* ESt Land- und Forstwirte Rn. 44).

113 Solche gewerblichen Nebentätigkeiten sind nur dann typisierend der Land- und Forstwirtschaft zuzurechnen, wenn die Umsätze aus diesen Tätigkeiten dauerhaft insgesamt nicht mehr als ein Drittel des Gesamtumsatzes und nicht mehr als 51.500 EUR im Wirtschaftsjahr betragen (EStR 15.5 Abs. 11). Weitere Voraussetzung ist, dass die Umsätze aus den Tätigkeiten iSv EStR 15.5 Abs. 11 Satz 1 und Satz 2 dauerhaft insgesamt nicht mehr als 50% des Gesamtumsatzes des Betriebes betragen. Anderenfalls liegen hinsichtlich dieser Tätigkeiten unter den Voraussetzungen des Strukturwandels Einkünfte aus Gewerbebetrieb vor. Bei der Ermittlung der Umsätze ist von den Betriebseinnahmen (ohne USt) auszugehen.

114 Soweit Einnahmen (Erlöse und Entnahmen) nach den allgemeinen Grundsätzen in einem gesonderten Gewerbebetrieb zu erfassen sind, sind sie kein innerhalb der Gewinnermittlung nach § 13a zu berücksichtigender Sondergewinn (BMF 10.11.2015, BStBl. I 2015, 877 Rn. 57).

115 Anzusetzen sind **Einnahmen einschließlich Umsatzsteuer.** Der Nachweis höherer Betriebsausgaben als 60% der Betriebseinnahmen (Anlage 1a Nr. 3 zu § 13a) ist nicht möglich (Leingärtner/*Krüger* Kap. 26 Rn. 155; HHR/*Kanzler* § 13a Rn. 66; Schmidt/*Kulosa* § 13a Rn. 44; *Märkle/Hiller* ESt Land- und Forstwirte Rn. 44), sodass ein Verlust nicht entstehen kann.

116 **aa) Nebenbetriebe (EStR 15.5 Abs. 3).** Zu den Einkünften aus Land- und Forstwirtschaft gehören auch die Einkünfte aus einem land- und forstwirtschaftlichen **Nebenbetrieb** (→ § 13 Rn. 256). Ein Nebenbetrieb ist anzunehmen, wenn der Landwirt Rohstoffe, die er überwiegend (also zu mehr als 50%) im eigenen land- und forstwirtschaftlichen Betrieb erzeugt hat, zu Produkten anderer Marktgängigkeit be- oder verarbeitet, um sie anschließend zu veräußern und zwar grundsätzlich unter der weiteren Voraussetzung, dass die Be- und Verarbeitung der Rohstoffe in einer ersten Verarbeitungsstufe erfolgt (EStR 15.5 Abs. 3 S. 4). Ist diese Voraussetzung nicht erfüllt, weil die eingesetzten Stoffe (zB Obst) überwiegend zugekauft worden sind, liegt kein land- und forstwirtschaftlicher Nebenbetrieb, sondern unter Umständen ein eigenständiger Gewerbebetrieb vor. Die landwirtschaftlichen Nebenbetriebe gehören nicht zu den Sondernutzungen (→ Rn. 87). Die **Be- und Verarbeitung** überwiegend eigener land- und forstwirtschaftlicher Erzeugnisse im Rahmen einer ersten Bearbeitungsstufe ist als land- und forstwirtschaftliche Tätigkeit mit dem Grundbetrag (§ 13a Abs. 4 bzw. Abs. 6 Satz 2) abgegolten (HHR/*Kanzler* § 13a Rn. 66; LfSt Bayern 6.2.2017, BeckVerw 339298). Die **Be- und Verarbeitung fremder Erzeugnisse** oder die Bearbeitung eigener Erzeugnisse im Rahmen einer zweiten und weiteren Bearbeitungsstufe wird nach EStR 15.5 Abs. 11 der Land- und Forstwirtschaft zugerechnet, ist aber dem Grunde nach gewerbliche Tätigkeit und als Sondergewinn zu erfassen (HHR/*Kanzler* § 13a Rn. 66). Daher gehören zB die Erträge aus der Verwertung von **Trinkbranntwein** im Rahmen einer Abfindungsbrennerei zu den Sondergewinnen iSd § 13a Abs. 7 S. 1 Nr. 3 (LfSt Bayern 6.2.2017, BeckVerw 339298).

116.1 Zu den Einnahmen aus dem Grunde nach gewerblichen Tätigkeiten iSv § 13a Abs. 7 S. 1 Nr. 3 gehören auch Erlöse, die der Landwirt dadurch erzielt, dass er **Obst für andere Stoffbesitzer** brennt (LfSt Bayern 6.2.2017, BeckVerw 339298).

117 **Substanzbetriebe** gelten als unschädlicher Nebenbetrieb, soweit die gewonnene Substanz im eigenen land- und forstwirtschaftlichen Betrieb verwendet wird (EStR 15.5 Abs. 3 Satz 9). Der Verkauf oder die Entnahme der gewonnenen Substanz ist dagegen als Sondergewinn zu erfassen (BMF 10.11.2015, BStBl. I 2015, 877 Rn. 60; HHR/*Kanzler* § 13a Rn. 66).

118 **bb) Verwertung organischer Abfälle (EStR 15.5 Abs. 4).** Das Einsammeln, Abfahren und Sortieren organischer Abfälle, das mit der Ausbringung auf Flächen oder der Verfütterung an Tiere des selbst bewirtschafteten land- und forstwirtschaftlichen Betriebes einhergeht, ist eine land- und forstwirtschaftliche Tätigkeit (EStR 15.5 Abs. 4 Satz 2) und damit mit dem

Grundbetrag abgegolten (BMF 10.11.2015, BStBl. I 2015, 877 Rn. 62; HHR/*Kanzler* § 13a Rn. 66).

cc) Absatz eigener und fremder Erzeugnisse (EStR 15.5 Abs. 5 und 6). Die **Vermarktung der eigenen Erzeugnisse** der ersten Stufe der Be- oder Verarbeitung ist mit dem Grundbetrag abgegolten, selbst wenn diese Erzeugnisse über ein eigenständiges Handelsgeschäft oder eine Verkaufsstelle (zB Großhandelsbetrieb, Einzelhandelsbetrieb, Ladengeschäft, Marktstand oder Verkaufswagen) abgesetzt werden (HHR/*Kanzler* § 13a Rn. 66). Unerheblich ist die Anzahl der Verkaufsstellen oder ob die Vermarktung in räumlicher Nähe zum Betrieb erfolgt (EStR 15.5 Abs. 6 Satz 1 und 2). Der Absatz fremder Erzeugnisse ist unter den Voraussetzungen von EStR 15.5 Abs. 11 noch der Land- und Forstwirtschaft zuzurechnen, aber als Sondergewinn zu erfassen. 119

dd) Absatz eigener Erzeugnisse iVm Dienstleistungen (EStR 15.5 Abs. 7). Die Lieferung ausschließlich eigener land- und forstwirtschaftlicher Erzeugnisse oder jedenfalls mindestens 50% iVm einem gewerblichen Dienstleistungsanteil von max. 50% der Erlöse, ist noch als land- und forstwirtschaftlich zu qualifizieren und mit dem Grundbetrag abgegolten (BMF 10.11.2015, BStBl. I 2015, 877 Rn. 65; HHR/*Kanzler* § 13a Rn. 66). 120

Eine Dienstleistung im Zusammenhang mit dem Absatz eigener Erzeugnisse, die über den Transport und das Einbringen von Pflanzen hinausgeht (zB Grabpflege, Gartengestaltung), stellt grundsätzlich eine einheitlich zu beurteilende Tätigkeit dar (gemischter Vertrag). Die Finanzverwaltung geht von einer einheitlich gewerblichen Tätigkeit aus (EStR 15.5 Abs. 7 Satz 2), die unter den Voraussetzungen von EStR 15.5 Abs. 11 noch der Land- und Forstwirtschaft zuzurechnen und damit als Sondergewinn zu versteuern ist. 121

ee) Absatz eigen erzeugter Getränke iVm Dienstleistungen (EStR 15.5 Abs. 8). Der Ausschank von eigen erzeugten Getränken, zB Wein, ist lediglich eine Form der Vermarktung und somit eine land- und forstwirtschaftliche Tätigkeit und mit dem Grundbetrag abgegolten (EStR 15.5 Abs. 8 Satz 1). Dagegen ist beim Betrieb von Strauß- und Besenwirtschaften der Absatz von Speisen und anderen Getränken (zB fremde Getränke) nur unter den Voraussetzungen von EStR 15.5 Abs. 11 der Land- und Forstwirtschaft zuzurechnen und damit als Sondergewinn zu erfassen (BMF 10.11.2015, BStBl. I 2015, 877 Rn. 68; HHR/*Kanzler* § 13a Rn. 66). 122

ff) Verwendung von Wirtschaftsgütern und Dienstleistungen (EStR 15.5 Abs. 9 und 10). Die Verwendung von Wirtschaftsgütern sowie Dienstleistungen iSv EStR 15.5 Abs. 9 und 10 sind unabhängig vom Empfänger der Leistung (Landwirt oder Nichtlandwirt) dem Grunde nach gewerbliche Tätigkeiten (HHR/*Kanzler* § 13a Rn. 66). Die Grenzen von EStR 15.5 Abs. 11 sind zu beachten. Die Einnahmen innerhalb dieser Grenzen werden noch der Land- und Forstwirtschaft zugerechnet, sind aber als Sondergewinn zu behandeln. 123

gg) Aufzucht und Halten fremder Tiere. Die **Pensionspferdehaltung** rechnet zur landwirtschaftlichen Tierhaltung, wenn den Pferdeeinstellern lediglich Reitanlagen einschließlich Reithalle bei ausreichender Futtergrundlage zur Verfügung gestellt werden. Sie ist uE nicht als Sondergewinn anzusetzen (HHR/*Kanzler* § 13a Rn. 66; Eisele/*Walter* Besteuerung der LuF Rn. 485). Von einer gesonderten Erfassung des Gewinns ist auch abzusehen, wenn sich die Leistungen des Landwirts im Wesentlichen auf die Überlassung der Futtergrundlage – zB Weidenutzung – beschränken (BFH 29.11.2007 – IV R 49/05, BStBl. II 2008, 425; Schmidt/*Kulosa* § 13a Rn. 45). Die BFH-Rechtsprechung, die zu der Fassung des Gesetzes bis 30.12.2015 ergangen ist, ist uE nicht ohne Weiteres auf die neue Rechtslage anwendbar, denn § 13a Abs. 6 S. 1 Nr. 3 EStG aF erfasste ganz allgemein Dienstleistungen gegenüber Nichtlandwirten als Sondergewinn (aA offenbar BMF 10.11.2015, BStBl. I 2015, 877 Rn. 72). Zieht der Steuerpflichtige bei ausreichender Flächengrundlage auf **eigenes wirtschaftliches Risiko** und ohne Weisung des Einstellers fremde Tiere auf, so ist dies ebenfalls mit dem Ansatz des Grundbetrages abgegolten (BMF 10.11.2015, BStBl. I 2015, 877 Rn. 70; so auch *Felsmann* ESt Land- und Forstwirte C 326j). 124

Beschränkt sich die Leistung des Steuerpflichtigen im Wesentlichen auf die **Vermietung des Stallplatzes,** so liegen Mieteinnahmen nach § 13a Abs. 3 Satz 1 Nr. 5 vor (EStR 13a.2 Abs. 4 Satz 4; BFH 29.11.2007 – IV R 49/05, BStBl. II 2008, 425; HHR/*Kanzler* § 13a 125

Rn. 66; Schmidt/*Kulosa* § 13a Rn. 45; *Felsmann* ESt Land- und Forstwirte C 326j; → Rn. 130).

126 Die dem Grunde nach landwirtschaftliche Pensionspferdehaltung kann als **Gewerbebetrieb** zu beurteilen sein, wenn neben dem Unterstellen und Füttern fremder Pferde weitere nicht zur Landwirtschaft gehörende und nicht nur unbedeutende Dienstleistungen und Tätigkeiten erbracht werden, zB Gastronomie, und sich die Tätigkeiten gegenseitig bedingen und derart miteinander verflochten sind, dass nach der Verkehrsauffassung ein einheitlicher Betrieb anzunehmen ist (BFH 23.9.1988 – III R 182/84, BStBl. II 1989, 111; BFH 24.1.1989 – VIII R 91/83, BStBl. II 1989, 416; so auch Schmidt/*Kulosa* § 13 Rn. 34; HHR/*Kanzler* § 13a Rn. 66; Leingärtner/*Kreckl* Kap. 12 Rn. 53; *Märkle/Hiller* ESt Land- und Forstwirte Rn. 189). Bietet der Steuerpflichtige in einem Reiterhof den Eigentümern der Pensionspferde einheitlich die Nutzung der vorhandenen Reitanlagen an und erteilt ihnen Reitunterricht, handelt es sich im Ganzen um einen Gewerbebetrieb (BFH 16.7.1987 – V R 22/78, BStBl. II 1988, 83 zur Umsatzsteuer). Das gilt auch bei ausreichender Flächengrundlage.

127 Erfolgt das Halten fremder Tiere im Zusammenhang mit einem Bündel von Leistungen im Rahmen eines Dienst-, Werk- oder Geschäftsbesorgungsvertrages (→ Rn. 126), so liegt entweder ein selbständiger Gewerbebetrieb oder eine dem Grunde nach gewerbliche Tätigkeit (Dienstleistung) vor (*Felsmann* ESt Land- und Forstwirte C 3226j; *Giere* AgrB 2015, 18). Aus **Vereinfachungsgründen** hat die Finanzverwaltung keine Bedenken, die hieraus erzielten gesamten Einnahmen ohne Aufteilung in einzelne Leistungsbereiche unter Abzug der pauschalen Betriebsausgaben von 60% als Sondergewinn zu erfassen (BMF 10.11.2015, BStBl. I 2015, 877 Rn. 72).

128 **d) Genossenschaftliche Rückvergütungen.** Einzubeziehen in den Sondergewinn sind genossenschaftliche **Rückvergütungen** nach § 22 KStG aus Hilfs- und Nebengeschäften (§ 13a Abs. 7 Satz 1 Nr. 4; KStR 20 Abs. 6 Nr. 3 und 4). Ein Hilfsgeschäft kann auch der Verkauf einer Immobilie sein. Der Bundesrechnungshof rügte diese Besteuerungslücke in der Fassung des Gesetzes bis zum 30.12.2015 (BT-Drs. 17/8428, 11). Derartige Rückvergütungen können entweder als offene Gewinnausschüttungen oder als vGA in Betracht kommen (Schmidt/*Kulosa* § 13a Rn. 48; *Felsmann* ESt Land- und Forstwirte C 327; *Giere* AgrB 2015, 18).

129 Mit dem Grundbetrag abgegolten und nicht gesondert zu erfassen ist die genossenschaftliche Rückvergütung, die aus dem Zweckgeschäft (vgl. KStR 20 Abs. 6 Nr. 1) herrührt, zB Rückvergütung einer Molkerei am Ende des Wirtschaftsjahres an die Mitglieder zwecks Verteilung von Überschüssen (*Felsmann* ESt Land- und Forstwirte C 327; *Wiegand* NWB 2015, 250).

6. Einnahmen aus Vermietung und Verpachtung

130 Die Einnahmen aus der entgeltlichen **Überlassung von Wirtschaftsgütern des land- und forstwirtschaftlichen Betriebsvermögens** (§ 13a Abs. 3 S. 1 Nr. 5) sind zusätzlich zum Grundbetrag anzusetzen. Auf die vertragliche Bezeichnung der Nutzungsüberlassung, zB als Gestattungsvertrag, kommt es nicht an (EStR 13a.2 Abs. 4 Satz 3; Leingärtner/*Krüger* Kap. 26 Rn. 62; Eisele/*Walter* Besteuerung der LuF Rn. 447). Tatbestandlich werden nur die Vermietung und Verpachtung von Wirtschaftsgütern des notwendigen bzw. gewillkürten Betriebsvermögens erfasst. Die **Ermittlung der Einnahmen** (§ 13a Abs. 3 Satz 1 Nr. 5) erfolgt unter Berücksichtigung des Zuflussprinzips nach § 11 Abs. 1. Soweit Entgelte für eine Nutzungsüberlassung von mehr als 5 Jahren im Voraus geleistet werden, können sie nach § 11 Abs. 1 Satz 3 zeitanteilig auf den Nutzungszeitraum verteilt werden (BFH 4.6.2019 – VI R 34/17, BFH/NV 2019, 1173; HHR/*Kanzler* § 13a Rn. 39; LBP/*Mittelpleininger* § 13a Rn. 183; Eisele/*Walter* Besteuerung der LuF Rn. 447/3). Vereinnahmte Miet- und Pachtzinsen sind sämtliche Gegenleistungen für entgeltliche Nutzungsüberlassungen einschl. USt (EStR 13a2 Abs. 4; Leingärtner/*Krüger* Kap. 26 Rn. 62; HHR/*Kanzler* § 13a Rn. 39; *Felsmann* ESt Land- und Forstwirte C 328a). Hierzu gehören insbesondere Entgelte für die Überlassung von bebauten und unbebauten Grundstücken, beweglichen oder immateriellen Wirtschaftsgütern, wie Zahlungsansprüchen nach der GAP-Reform, von Ferienzimmern und -wohnungen im Rahmen des EStR 15.5 Abs. 13 (BMF 10.11.2015, BStBl. I 2015, 877 Rn. 75; LfSt Bayern 23.1.2019, BeckVerw 447083; OFD Frankfurt a.M. 15.2.2019, Beck-

Verw 448671). Beispielhaft aufzuzählen sind weiter Erbbauzinsen, Entgelte für Nießbrauch und Wohnrechte, Jagdpacht auf landwirtschaftlichen Flächen und Kippgebühren (HHR/*Kanzler* § 13a Rn. 39; Schmidt/*Kulosa* § 13a Rn. 51; *Felsmann* ESt Land- und Forstwirte C 328a; *Märkle/Hiller* ESt Land- und Forstwirte Rn. 46c mit weiteren Beispielen; Eisele/*Walter* Besteuerung der LuF Rn. 447/4 und 447/6). Zu erfassen sind auch Neben- bzw. Betriebskosten einer Mietwohnung (BFH 14.5.2009 – IV R 47/07, BStBl. II 2009, 900). Zahlungen im Zusammenhang mit einem Gestattungsvertrag mit dem Netzbetreiber für eine unterirdische Stromleitung sind uE Einnahmen aus Vermietung und Verpachtung iSd § 13a Abs. 3 Nr. 5. Diese Zahlungen sind nach § 21 Abs. 3 subsidiär den Einkünften aus Land- und Forstwirtschaft zuzurechnen.

Ob die **Einnahmen aus Unterverpachtung** gesondert nach § 13a Abs. 3 S. 1 Nr. 5 zu erfassen sind, ergibt sich nicht eindeutig aus dem Gesetz. UE stellen die gepachteten land- und forstwirtschaftlichen Flächen weder notwendiges noch gewillkürtes Betriebsvermögen des Betriebes dar. Die Einnahmen aus einer solchen Unterverpachtung sind nach einer wortlautgetreuen Auslegung des Gesetzes daher mit dem Grundbetrag abgegolten (aA Blümich/*Nacke* § 13a Rn. 71; *Felsmann* ESt Land- und Forstwirte C 328). Die gegenteilige Meinung leitet die Erfassung solcher Einkünfte aus Unterverpachtung aus § 21 Abs. 3 her, weil auch Einnahmen aus Untervermietung bzw. Unterverpachtung zu den Einnahmen aus Vermietung und Verpachtung iSd § 21 Abs. 1 Nr. 1 gehören (aA offenbar Eisele/*Walter* Besteuerung der LuF Rn. 447). **130a**

Prämien, die für die **Stillegung landwirtschaftlicher Nutzflächen** aufgrund öffentlicher Förderprogramme gezahlt werden, sind nicht als Miet- und Pachtzinsen anzusetzen und deshalb durch den Ansatz des Grundbetrages nach § 13a Abs. 4 bzw. Abs. 6 Satz 2 abgegolten (EStR 13a.2 Abs. 4 Satz 5; Leingärtner/*Krüger* Kap. 26 Rn. 62; HHR/*Kanzler* § 13a Rn. 39; *Felsmann* ESt Land- und Forstwirte C 220; Eisele/*Walter*Besteuerung der LuF Rn. 447/3). Ebenfalls nicht zusätzlich zu erfassen sind die **Zahlungsansprüche** nach der GAP-Reform (Schmidt/*Kulosa* § 13a Rn. 51; *Märkle/Hiller* ESt Land- und Forstwirte Rn. 49a). Das Entgelt für die **Auffüllung einer Bodensenke** mit Erdaushub aus einer Baugrube ist uE kein Vermietungsumsatz, weil dem Bauunternehmer die landwirtschaftliche Nutzfläche nicht zur Nutzung überlassen wird; vielmehr ist das Entgelt mit dem Grundbetrag abgegolten. **131**

Werden Wirtschaftsgüter des Betriebsvermögens im Zusammenhang mit **Dienstleistungen** und vergleichbaren Tätigkeiten überlassen und ist die Dienstleistung hierbei von untergeordneter Bedeutung, sind die Gewinne daraus als Miet- oder Pachteinnahmen und nicht als Sondergewinne nach § 13a Abs. 7 Satz 1 Nr. 3 zu behandeln (BFH 29.11.2007 – IV R 49/05, BStBl. II 2008, 425; EStR 13a.2 Abs. 4 Satz 4; BMF 10.11.2015, BStBl. I 2015, 877 Rn. 76; Leingärtner/*Krüger* Kap. 26 Rn. 62; Schmidt/*Kulosa* § 13a Rn. 45; *Felsmann* ESt Land- und Forstwirte C 326k). **132**

Überwiegt bei der **Beherbergung von Fremden** der Vermietungscharakter (EStR 15.5 Abs. 13 Satz 2) sind die Einnahmen nach § 13a Abs. 3 Satz 1 Nr. 5 anzusetzen (LfSt Bayern 23.1.2019, BeckVerw 447083; OFD Frankfurt a.M. 15.2.2019, BeckVerw 448671; Schmidt/*Kulosa* § 13a Rn. 45; *Felsmann* ESt Land- und Forstwirte C 328a; Eisele/*Walter*Besteuerung der LuF Rn. 447). Um dieser Tätigkeit gewerblichen Charakter zu verleihen, müssen weitere besondere Umstände hinzutreten, so zB eine hotelmäßige Nutzung der Ferienwohnung (EStH 15.7). Ist ein Gewerbebetrieb anzunehmen, liegen keine Einkünfte aus Land- und Forstwirtschaft mehr vor. **133**

Bei den anzusetzenden Entgelten handelt es sich um Bruttoeinnahmen; sie dürfen nicht um **Betriebsausgaben,** wie zB AfA, Reparaturaufwand, Grundsteuer, Gebäudeversicherung und Umlage zur Landwirtschaftskammer, gemindert werden (BFH 5.12.2002 – IV R 28/02, BStBl. II 2003, 345; LfSt Bayern 23.1.2019, BeckVerw 447083; OFD Frankfurt a.M. 15.2.2019, BeckVerw 448671; Schmidt/*Kulosa* § 13a Rn. 52; *Felsmann* ESt Land- und Forstwirte C 328b; Eisele/*Walter* Besteuerung der LuF Rn. 447/1). Darin liegt kein Verstoß gegen das objektive Nettoprinzip (aA *Märkle/Hiller* ESt Land- und Forstwirte Rn. 46). Das Abzugsverbot verletzt auch nicht den Grundsatz der Besteuerung nach der wirtschaftlichen Leistungsfähigkeit (BFH 5.12.2002 – IV R 28/02, BStBl. II 2003, 345). Die Steuerpflichtigen können die Gewinnermittlung nach Durchschnittssätzen durch einen Abwahlantrag → Rn. 62 vermeiden (Leingärtner/*Krüger* Kap. 26 Rn. 62; HHR/*Kanzler* § 13a Rn. 39; Schmidt/*Kulosa* § 13a Rn. 52). **134**

7. Einnahmen aus Kapitalvermögen

135 Die **Ermittlung der Einnahmen** aus Kapitalvermögen (§ 13a Abs. 3 Satz 1 Nr. 6) erfolgt unter Berücksichtigung des Zuflussprinzips nach § 11 Abs. 1 (Leingärtner/*Krüger* Kap. 26 Rn. 63). Zu erfassen sind sämtliche betriebliche Einnahmen aus Kapitalvermögen, die zu den Einkünften aus Land- und Forstwirtschaft zählen (vgl. § 20 Abs. 8 Satz 1), wie Festgeld- und Tagesgeldzinsen auf genossenschaftlichen Konten, Dividenden und Gewinnausschüttungen (für Anteile an Weidegenossenschaften: BFH 1.10.1981 – IV R 147/79, BStBl. II 1982, 250; für Anteile an einer Landhandels-GmbH: BFH 17.1.1985 – IV R 106/81, BStBl. II 1985, 291; für Anteile am Elektrizitätswerk: BFH 23.9.2009 – IV R 14/07, BStBl. II 2010, 227; für Aktien einer Zuckerfabrik: BFH 11.12.2003 – IV R 19/02, BStBl. II 2004, 280). Rückvergütungen nach § 22 KStG aus Hilfs- und Nebengeschäften sind nach § 13a Abs. 7 Satz 1 Nr. 4 als Sondergewinn zu erfassen.

136 Ein Abzug von Betriebsausgaben kommt nicht in Betracht (EStR 13a.2 Abs. 5; *Märkle/Hiller* ESt Land- und Forstwirte Rn. 47c). Bei Anwendung des **Teileinkünfteverfahrens** (§ 3 Nr. 40 Satz 1 EStG, § 8b KStG) sind die Einnahmen nur in Höhe des steuerpflichtigen Teils von 60% zu erfassen (BMF 10.11.2015, BStBl. I 2015, 877 Rn. 79; Leingärtner/*Krüger* Kap. 26 Rn. 64; Eisele/*Walter* Besteuerung der LuF Rn. 447/5).

8. Verfahrensfragen

137 Bei der Gewinnermittlung nach § 13a gelten grundsätzlich keine **Aufzeichnungspflichten** nach §§ 141, 142 AO. Das ergibt sich aus den Zielen der Vorschrift, kleineren Betrieben den Aufwand und die Kosten einer Buchführung zu ersparen. Die Aufzeichnungspflichten können sich aus anderen steuerlichen Vorschriften wie § 22 UStG iVm §§ 63, 67 Sätze 2 u. 3 UStDV bzw. § 41 EStG iVm § 4 LStDV ergeben (*Felsmann* ESt Land- und Forstwirte C 110). Soweit Gewinne nach den Grundsätzen der Einnahme-Überschussrechnung (§ 4 Abs. 3) zu ermitteln sind (§ 13a Abs. 6 Satz 3 und Abs. 7), gelten hierfür die dafür vorgesehenen Aufzeichnungs- und Aufbewahrungspflichten (BMF 10.11.2015, BStBl. I 2015, 877 Rn. 86). Die Finanzverwaltung verlangt für Einnahmen bei im Grunde nach gewerblichen Tätigkeiten (§ 13a Abs. 7 Satz 1 Nr. 3) Aufzeichnungen (BMF 10.11.2015, BStBl. I 2015, 877 Rn. 88). Das ist uE vertretbar, weil der Steuerpflichtige im Rahmen der Feststellungslast die Einhaltung der Abgrenzungsregelungen in EStR 15.5 Abs. 11 (sog. 1/3 Grenze) nachweisen muss (*Felsmann* ESt Land- und Forstwirte C 331b; *Wiegand* NWB 2016, 103).

138 Bei der Ermittlung des Gewinns aus der forstwirtschaftlichen Nutzung (§ 13a Abs. 5 EStG iVm § 51 EStDV) ist nach BMF 16.5.2012 (BStBl. I 2012, 595) zu verfahren. Für die Inanspruchnahme ermäßigter Steuersätze bei Einkünften aus außerordentlichen Holznutzungen sind Nachweise nach § 34b Abs. 4 EStG iVm § 68 EStDV zu führen.

139 Ein besonderes, **laufend zu führendes Verzeichnis** ist für das Anlagevermögen iSv § 13a Abs. 7 Satz 1 Nr. 1 Buchst. a zu führen, im Einzelnen für den Grund und Boden, Aufwuchs, Gebäude, immaterielle Wirtschaftsgüter und Beteiligungen (§ 13a Abs. 7 Satz 3; BMF 22.10.2015, BStBl. I 2015, 795 Anlage AV13a; LfSt Bayern 22.5.2017, BeckVerw 343330). Bei Grundstücken ist jede Flurnummer ein eigenes Wirtschaftsgut. Liegen Flurstücke nebeneinander und stehen sie in einem Nutzungs- und Funktionszusammenhang, dann bilden mehrere Flurnummern ein Wirtschaftsgut (BMF 29.2.1972, BStBl. I 1972, 102 Rn. 2 Abs. 3 Satz 3; LfSt Bayern 22.5.2017, BeckVerw 343330). Die übrigen Wirtschaftsgüter des Anlagevermögens und besonders wertvolle Tiere iSv § 13a Abs. 7 Satz 1 Nr. 1 Buchst. b sind nach § 4 Abs. 3 Satz 5 in besondere, laufend zu führende Verzeichnisse aufzunehmen. Eine besondere Form der Verzeichnisse ist nicht vorgeschrieben (BMF 29.2.1972, BStBl. I 1972, 102 Rn. 2 Abs. 3 Satz 1).

140 Die AK/HK dieser Wirtschaftsgüter und der **Zeitpunkt ihrer Anschaffung** oder Herstellung sind verpflichtend in einem Anlageverzeichnis festzuhalten (aA *Wiegand* NWB 2015, 250). Ein Verzeichnis dient der Kenntnis der AK/HK im Zeitpunkt einer späteren Veräußerung oder Entnahme für die zutreffende Ermittlung des Veräußerungs- oder Entnahmegewinnes (vgl. BT-Drs. 6/1901, 11). Der **Tag der Anschaffung** ist der Tag der Lieferung (§ 9a EStDV). Entscheidend ist die Verschaffung der wirtschaftlichen Verfügungsmacht, der Übergang von Besitz, Nutzen und Lasten (LfSt Bayern 22.5.2017, BeckVerw 343330). Bei Grundstücken, die mit Ablauf des 30.6.1970 zum Anlagevermögen des Betriebes gehörten,

reicht es aus, wenn im Verzeichnis statt des Tages der Anschaffung vermerkt ist, dass sie mit Ablauf des 30.6.1970 zum Anlagevermögen des Betriebs gehörten (BMF 29.2.1972, BStBl. I 1972, 102 Rn. 2 Abs. 4). Der **Tag der Herstellung** ist der Tag der Fertigstellung (LfSt Bayern 22.5.2017, BeckVerw 343330). Entscheidend ist, wann ein Wirtschaftsgut bestimmungsgemäß genutzt werden kann. Bei der Veräußerung oder Entnahme der og Wirtschaftsgüter kann der Restbuchwert abgezogen werden, wenn er nachgewiesen oder glaubhaft gemacht wird (BMF 10.11.2015, BStBl. I 2015, 877 Rn. 87, 50). Im Falle der Übertragung von stillen Reserven sind nach § 6c Abs. 2 oder EStR 6.6 Abs. 1 Satz 2 Nr. 3 iVm Abs. 5 ebenfalls Verzeichnisse erforderlich.

Nach § 55 Abs. 1 gilt bei Grund und Boden, der mit Ablauf des 30.6.1970 zum Anlagevermögen gehört hat, als AK/HK das Zweifache des nach den § 55 Abs. 2–4 zu ermittelnden Ausgangsbetrags. Dabei sind die Flächen nach den am 1.7.1970 maßgebenden bewertungsrechtlichen Grundsätzen den einzelnen Nutzungen zuzuordnen. Nach dem Merkblatt des LfSt Bayern (Stand Mai 2017) ergeben sich folgende Werte: **140.1**

Flächen nach bewertungsrechtlichen Regelungen	Wert nach § 55 Abs. 1, 2–4 EStG
Landwirtschaftliche Nutzfläche	EMZ x 8 = DM
Hopfen, Spargel, Gemüse, Obstbau (nur Grund und Boden)	4,10 EUR/m² wenn Antrag bis 30.6.1972
Blumen- und Zierpflanzenbau, Baumschulen (nur Grund und Boden)	5,12 EUR/m² wenn Antrag bis 30.6.1972
Forstwirtschaftliche Nutzung (nur Waldboden)	1,02 EUR/m²
Weinbauliche Nutzung (nur Grund und Boden, nicht Rebanlage)	2,56 EUR/m²–12,78 EUR/m² je nach Lagenvergleichszahl
Sonstige land- und forstwirtschaftliche Nutzung, zB Teichwirtschaft, Imkerei, Wanderschäferei, Weihnachtsbaumkultur	1,02 EUR/m² oder EMZ x 8 = DM
Hof- und Gebäudeflächen, Hausgärten	5,12 EUR/m²
Geringstland	0,26 EUR/m²
Abbauland	0,52 EUR/m²
Unland	0,10 EUR/m²

Flächen, für die bis spätestens 31.12.1975 ein Antrag auf Feststellung eines höheren Teilwerts gestellt wurde (vgl. § 55 Abs. 5), sind mit dem nachgewiesenen, festgestellten Wert (umgerechnet in EUR) anzusetzen.

Die **Aufbewahrungspflichten** für die Aufzeichnungen ergeben sich aus § 147 Abs. 1 Nr. 1 AO. Die Aufbewahrungszeit beträgt 10 Jahre (§ 147 Abs. 3 AO). **141**

Die Gewinnermittlung und das Anlageverzeichnis nach § 13a Abs. 7 Satz 3 sind ab dem Wirtschaftsjahr 2015 bzw. 2015/16 nach amtlich vorgeschriebenem Datensatz durch **Datenfernübertragung** spätestens mit der Steuererklärung, erstmalig für den VZ 2015, zu übermitteln (§ 13a Abs. 3 S. 4 iVm § 13a Abs. 7 S. 4, § 52 Abs. 22a S. 2; BMF 10.11.2015, BStBl. I 2015, 877 Rn. 90). Dazu erging ein gesondertes BMF-Schreiben (BMF 22.10.2015, BStBl. I 2015, 795). Auf Antrag kann die Finanzbehörde zur Vermeidung unbilliger Härten auf eine elektronische Übermittlung verzichten (§ 13a Abs. 3 Satz 5 EStG iVm § 150 Abs. 8 AO; für Steuerpflichtige mit Gewinneinkünften, die ggf. zugleich auch Umsatzsteuervoranmeldungen zu übermitteln haben vgl. BFH 14.2.2017 – VIII B 43/16, BFH/NV 2017, 729). In diesem Fall ist der Steuererklärung eine Gewinnermittlung nach amtlich vorgeschriebenem Vordruck beizufügen (Vordrucke in BMF 22.10.2015, BStBl. I 2015, 795). Die Pflicht zur Beifügung einer Gewinnermittlung nach amtlich vorgeschriebenem Vordruck ist verhältnismäßig; sie ist insbesondere zur Erreichung der verfolgten Zwecke (Gleichmäßigkeit der Besteuerung, Vereinfachung des Besteuerungsverfahrens) geeignet (BFH 16.11.2011 – X R 18/09, BStBl. II 2012, 129 zu § 60 Abs. 4 EStDV). **142**

143 Das BMF ist **ermächtigt,** durch **Rechtsverordnung** mit Zustimmung des Bundesrates den Grundbetrag, die Viehzuschläge (§ 13a Abs. 4), die Grenzen und Gewinne der Sondernutzungen (§ 13a Abs. 6) sowie die Betriebsausgaben-Pauschale (§ 13a Abs. 7 Satz 1 Nr. 3), die in der Anlage 1a enthalten sind, zu ändern. Die aufgeführten Werte sollen aufgrund der Agrarberichterstattung (vgl. § 2 des Landwirtschaftsgesetzes v. 5.9.1955, BGBl. 1955 I 565) und Erhebungen der Finanzverwaltung „turnusmäßig" angepasst werden. Damit soll auch eine verfassungsrechtlich gebotene Anpassung an die sich ggf. ändernden Rahmenbedingungen und wirtschaftliche Entwicklungen in der Land- und Forstwirtschaft gewährleistet sein und die Vorschrift des § 13a zukunftsfest ausgestaltet werden (BT-Drs. 18/3017, 47; *Wiegand* NWB 2015, 250 (258); *Giere* AgrB 2015, 18). Der Zuschlag für Sondernutzungen von 1.000 EUR je Sondernutzung (§ 13a Abs. 6 Satz 2) ist gesetzlich festgeschrieben und durch eine Rechtsverordnung nach § 13a Abs. 8 nicht änderbar.

[ab VZ 2025:] § 13b Gemeinschaftliche Tierhaltung

(1) [1]Zu den Einkünften aus Land- und Forstwirtschaft gehören auch die Einkünfte aus landwirtschaftlicher Tierzucht und Tierhaltung von Genossenschaften (§ 1 Absatz 1 Nummer 2 des Körperschaftsteuergesetzes), von Gesellschaften, bei denen die Gesellschafter als Mitunternehmer (§ 15 Absatz 1 Satz 1 Nummer 2) anzusehen sind, oder von Vereinen (§ 1 Absatz 1 Nummer 5 des Körperschaftsteuergesetzes), wenn

1. alle Gesellschafter oder Mitglieder
   a) Inhaber eines Betriebs der Land- und Forstwirtschaft mit selbst bewirtschafteten regelmäßig landwirtschaftlich genutzten Flächen sind,
   b) nach dem Gesamtbild der Verhältnisse hauptberuflich Land- und Forstwirte sind,
   c) Landwirte im Sinne des § 1 Absatz 2 des Gesetzes über die Alterssicherung der Landwirte sind und dies durch eine Bescheinigung der jeweiligen Sozialversicherungsträger nachgewiesen wird und
   d) die sich nach § 13 Absatz 1 Nummer 1 Satz 2 für sie ergebende Möglichkeit zur landwirtschaftlichen Tiererzeugung oder Tierhaltung in Vieheinheiten ganz oder teilweise auf die Genossenschaft, die Gesellschaft oder den Verein übertragen haben;

2. die Anzahl der von der Genossenschaft, der Gesellschaft oder dem Verein im Wirtschaftsjahr erzeugten oder gehaltenen Vieheinheiten keine der nachfolgenden Grenzen nachhaltig überschreitet:
   a) die Summe der sich nach Nummer 1 Buchstabe d ergebenden Vieheinheiten und
   b) die Summe der Vieheinheiten, die sich nach § 13 Absatz 1 Nummer 1 Satz 2 auf der Grundlage der Summe der von den Gesellschaftern oder Mitgliedern regelmäßig landwirtschaftlich genutzten Flächen ergibt;

3. die Betriebe der Gesellschafter oder Mitglieder nicht mehr als 40 Kilometer von der Produktionsstätte der Genossenschaft, der Gesellschaft oder des Vereins entfernt liegen.

[2]Die Voraussetzungen des Satzes 1 Nummer 1 Buchstabe c gelten als erfüllt, wenn hauptberufliche Landwirte (Nummer 1 Buchstabe b) nicht die Voraussetzungen des § 1 Absatz 2 des Gesetzes über die Alterssicherung der Landwirte erfüllen, weil sie im Inland in der gesetzlichen Rentenversicherung versicherungspflichtig sind oder auf sie das Recht der sozialen Sicherheit eines anderen Mitgliedstaats der Europäischen Union anzuwenden ist und dies durch eine Bescheinigung des zuständigen Sozialversicherungsträgers nachgewiesen wird; entsprechendes gilt für die Schweiz oder einen Staat, auf den das Abkommen über den Europäischen Wirtschaftsraum anzuwenden ist. [3]Die Voraussetzungen des Satzes 1 Nummer 1 Buchstabe d und des Satzes 1 Nummer 2 sind durch besondere, laufend und zeitnah zu führende Verzeichnisse nachzuweisen.

(2) Der Anwendung des Absatzes 1 steht es nicht entgegen, wenn die dort bezeichneten Genossenschaften, Gesellschaften oder Vereine die Tiererzeugung oder Tierhaltung ohne regelmäßig landwirtschaftlich genutzte Flächen betreiben.

(3) Von den in Absatz 1 bezeichneten Genossenschaften, Gesellschaften oder Vereinen regelmäßig landwirtschaftlich genutzte Flächen sind bei der Ermittlung der nach Absatz 1 Satz 1 Nummer 2 maßgebenden Grenzen wie Flächen von Gesellschaftern oder Mitgliedern zu behandeln, die ihre Möglichkeit zur landwirtschaftlichen Tiererzeugung oder Tierhaltung im Sinne des Absatzes 1 Satz 1 Nummer 1 Buchstabe d auf die Genossenschaft, die Gesellschaft oder den Verein übertragen haben.

(4) Bei dem einzelnen Gesellschafter oder Mitglied der in Absatz 1 bezeichneten Genossenschaften, Gesellschaften oder Vereine ist § 13 Absatz 1 Nummer 1 Satz 2 mit der Maßgabe anzuwenden, dass die in seinem Betrieb erzeugten oder gehaltenen Vieheinheiten mit den Vieheinheiten zusammenzurechnen sind, die im Rahmen der nach Absatz 1 Satz 1 Nummer 1 Buchstabe d übertragenen Möglichkeiten erzeugt oder gehalten werden.

(5) Die Vorschriften des § 241 Absatz 2 bis 5 des Bewertungsgesetzes sind entsprechend anzuwenden.

Überblick

Mitunternehmerschaften ohne eigene oder gepachtete landwirtschaftliche Nutzflächen können unter den Voraussetzungen des § 13b landwirtschaftliche Einkünfte erzielen (§ 13 Abs. 1 Nr. 1 Satz 5). Die Vorschrift **übernimmt die bisherigen Grundsätze des § 51a BewG** und führt diese einkommensteuerrechtlich ab dem 1.1.2025 fort. § 51a BewG hat aufgrund des Wegfalls der Einheitsbewertung durch das GrStRefG v. 26.11.2019 (BGBl. 2019 I 1794) **ab 1.1.2025** keinen Anwendungsbereich mehr und wurde aufgehoben.

Übersicht

A. Allgemeines

Leitentscheidungen, wichtige Verwaltungsanweisungen und Schrifttum (Auswahl): 1

Leitentscheidungen des BFH: 1.1

BFH 4.10.1984 – IV R 195/83, BStBl. II 1985, 133 (Verluste aus gewerblicher Tierhaltung); BFH 5.11.2009 – IV R 13/07, BFH/NV 2010, 652 (GmbH & Co KG); FG Niedersachsen 7.6.2017 – 4 K 96/15 (Schädlichkeit der Gesamteinbringung); BFH 3.7.2019 – VI R 49/16, DStR 2019, 6 (kein Vertrauensschutz).

Wichtige Verwaltungsanweisungen: 1.2

FM Bayern 3.4.2002, BeckVerw 279519 und OFD Kiel 2.5.2002, BeckVerw 157680 (Tatbestandsmerkmal hauptberuflicher Land- und Forstwirt); OFD Koblenz 24.10.2005, DB 2005, 2554; Gleichlautende Ländererlasse 16.6.2016, BStBl. I 2016, 638; OFD Niedersachsen 29.8.2016, BeckVerw 332487 (persönliche und sachliche Voraussetzungen).

Schrifttum (Auswahl): 1.3

Diedenhofen, Die Besteuerung der landwirtschaftlichen Tierhaltungskooperationen nach dem Bewertungsänderungsgesetz 1971, DB 1971, 2086; *Wolter,* Steuerliche Sonderregelung für landwirtschaftliche Tierhaltungskooperationen, DStZ 1971, 326; *Felsmann,* Kooperationsmöglichkeiten bei landwirtschaftlicher Tierzucht und Tierhaltung, INF 1972, 361; *Marre,* Gemeinschaftliche Tierhaltung AgrarR 1976, 128; *Sommerfeldt,* Die bewertungsrechtliche Behandlung der landwirtschaftlichen Tierhaltungsgemeinschaften, DStZ 1980, 100.

I. Regelungsanliegen im System des Steuerrechts

1. Zweck der Regelung

2 In der **Vorgängervorschrift des § 51a BewG** wird die gemeinschaftliche Tierhaltung unter besonderen persönlichen und sachlichen Voraussetzungen als zur landwirtschaftlichen Nutzung zugehörig und über § 34 Abs. 6a BewG damit als Betrieb der Land- und Forstwirte qualifiziert. Diese Regelung wurde aus agrarpolitischen Gründen eingeführt, um neben der Strukturverbesserung in der Landwirtschaft insbesondere die bäuerliche Veredelungswirtschaft zu stärken. Es sollte der freiwillige Zusammenschluss von aktiven landwirtschaftlichen Betrieben zu wettbewerbsfähigen Unternehmen im Bereich der Tierhaltung begünstigt werden. Solche Konstellationen waren bis zur Einführung der Vorschrift gegenüber Einzelbetrieben benachteiligt. Diese Benachteiligungen sollten durch die Zulassung von Tierhaltungskooperationen beseitigt werden (vgl. BT-Drs. VI/2334; Rössler/Troll/*Wiegand* BewG § 51a Rn. 1). Verfügen Kooperationen nicht über eigene Flächen, wäre die Tierhaltung als gewerbliche Tierhaltung anzusehen (Rössler/Troll/*Wiegand* BewG § 51a Rn. 2).

3 Mit der Schaffung eines **neuen Ersatztatbestandes** in § 13b einschließlich der Regelungen in § 25 Abs. 2 KStG, § 3 Nr. 12 GewStG und § 24 Abs. 2 Nr. 2 UStG durch das **„JStG 2019"** v. 12.12.2019 (BGBl. 2019 I 2451) bleibt ein Teil der steuerlichen Konsequenzen aus der Abschaffung des § 51a BewG nach dem 31.12.2024 erhalten.

2. Historische Entwicklung

4 Die Vorgängerregelung § 51a BewG wurde durch das **Bewertungsänderungsgesetz 1971** v. 27.7.1971 (BGBl. 1971 I 1157) in das Gesetz eingefügt. Eine erste Änderung erfolgte durch das **Agrarsozialreformgesetz 1995** v. 29.7.1994 (BGBl. 1994 I 1890). Mit dem **Gesetz zur Anpassung steuerlicher Vorschriften der Land- und Forstwirtschaft** v. 29.6.1998 (BGBl. 1998 I 1692) wurde eine neue Vieheinheitenstaffel (§ 51 Abs. 1a BewG) beschlossen. Weitere Änderungen folgten durch das **StÄndG 2001** v. 20.12.2001 (BGBl. 2001 I 3794) sowie durch das **Gesetz zur Neuordnung der landwirtschaftlichen Sozialversicherung** v. 12.4.2012 (BGBl. 2012 I 579).

5–9 *Einstweilen frei*

3. Verhältnis zu höherrangigem Recht

10 Der Gesetzgeber ist grundsätzlich darin frei, tatbestandliche Voraussetzungen zu normieren, die erfüllt sein müssen, um in den Genuss einer steuerlichen Vergünstigung zu gelangen (BFH 7.8.2008 – IV R 36/07, BStBl. II 2010, 988; BFH 5.11.2009 – IV R 13/07, BFH/NV 2010, 652), deshalb begegnet es uE **keinen verfassungsrechtlichen Bedenken,** wenn Gesellschafter einer Tierhaltungskooperation nur natürliche Personen sein können und Einkünfte aus Land- und Forstwirtschaft erzielen.

11 § 13b wurde im Bereich der landwirtschaftlichen Alterskasse an den **europäischen Rechtsrahmen** angepasst (vgl. § 13b Abs. 1 Satz 2) und wirkt damit einer Benachteiligung von möglichen Gesellschaftern/Mitgliedern innerhalb der EU entgegen. Es reicht aus, wenn auf sie das Recht der sozialen Sicherheit eines anderen Mitgliedstaats der EU anzuwenden ist und dies durch eine entsprechende Bescheinigung des zuständigen Sozialversicherungsträgers nachgewiesen wird.

12–14 *Einstweilen frei*

4. Zeitlicher Anwendungsbereich

§ 13b in der Fassung des Artikels 5 **„JStG 2019“** 12.12.2019 (BGBl. 2019 I 2451) ist erstmals für das Wirtschaftsjahr anzuwenden, das nach dem 31.12.2024 beginnt. Bei abweichendem Wirtschaftsjahr (1.5.–30.4. bzw. 1.7.–30.6.) ist es das Wirtschaftsjahr 2025/26 (Schmidt/*Kulosa* § 13b Rn. 1). Für gemeinschaftliche Tierhaltungen gemäß § 51a BewG gelten für einkommensteuerrechtliche Zwecke die zu Beginn des Wirtschaftsjahres 2024/25 noch gültigen Vorschriften der §§ 51, 51a BewG bis zum Ablauf des Wirtschaftsjahres 2024/25 fort (§ 52 Abs. 22b). **15**

Einstweilen frei **16–18**

5. Verhältnis zu anderen Bestimmungen

Durch die Streichung von § 51a BewG nach Ablauf des Wirtschaftsjahres 2024/25 bedarf es neben Anpassungen in der Ertrags- und Umsatzbesteuerung auch Änderungen in anderen Bereichen um nachteilige Konsequenzen für die Land- und Forstwirte zu vermeiden. Denn ein Teil der Gesetze knüpft an den „Betrieb der Land- und Forstwirtschaft“ an. Durch den Wegfall des § 51a BewG einschließlich der Regelung in § 34 Abs. 6a BewG mangelt es an einer zentralen Norm, die die gemeinschaftliche Tierhaltung noch als Betrieb der Land- und Forstwirtschaft definiert. Beispielhaft für weitere erforderliche gesetzliche Änderungen sind § 3 Nr. 7 KraftStG (Ausnahmen von der Besteuerung), § 13b Abs. 1 Nr. 1 ErbStG (Begünstigtes Vermögen) und § 2 Nr. 1 GrStG (Steuergegenstand) zu nennen. **19**

Einstweilen frei **20–22**

II. Normstruktur

Zu den landwirtschaftlichen Einkünften gehören auch die Einkünfte aus Tierzucht und Tierhaltung auf ausreichender pflanzlicher Grundlage (§ 13 Abs. 1 Nr. 1 Satz 2). Das notwendige Futter in Gestalt von Pflanzen und Pflanzenteilen soll nur theoretisch auf den selbstbewirtschafteten landwirtschaftlichen Nutzflächen erzeugt werden können. Dass die Feldfrüchte des Betriebs tatsächlich für die Ernährung der dort gehaltenen Tiere verwendet werden, ist – abgesehen vom Sonderfall der Pelztiere wie Nutrias und Chinchillas – nicht erforderlich (§ 241 Abs. 4 Satz 2 BewG). **23**

§ 13b **übernimmt die bisherigen Grundsätze des § 51a BewG** und führt diese einkommensteuerrechtlich ab 1.1.2025 fort. Mitunternehmerschaften ohne eigene oder gepachtete Flächen können nach dieser Vorschrift mit der gemeinschaftlichen Tierhaltung land- und forstwirtschaftliche Einkünfte erzielen (§ 13 Abs. 1 Nr. 1 Satz 5), wenn die dortigen Voraussetzungen erfüllt sind und sie nur landwirtschaftliche Einkünfte erzielen (vgl. EStR 13.2 Abs. 4; *Märkle/Hiller* ESt Land- und Forstwirte Rn. 187). Ohne diese Regelung wäre die Tierhaltung solcher Kooperationen immer als gewerbliche Tierhaltung anzusehen, weil die landwirtschaftlich genutzten Flächen steuerlich den beteiligten Landwirten zugerechnet werden (Rössler/Troll/*Wiegand* BewG § 51a Rn. 2; Gürsching/Stenger/*Bruschke* BewG § 51a Rn. 7). **24**

Wirtschaftlich betrachtet „pachten“ solche Tierhaltungskooperationen freie Vieheinheiten der Gesellschafter/Mitglieder und nutzen damit die sich aus den landwirtschaftlichen Flächen ergebende Möglichkeit zur Tierhaltung und Tierzucht (zu den Voraussetzungen bei § 51a BewG vgl. OFD Niedersachsen 29.8.2016, BeckVerw 332487 und OFD Koblenz 24.10.2005, BeckVerw 068166). Weiter ist für das Vorliegen einer gemeinschaftlichen, landwirtschaftlichen Tierhaltung Voraussetzung, dass die Gesellschafter als Mitunternehmer anzusehen sind. Voraussetzung für das Vorliegen einer Mitunternehmerstellung ist einerseits das **Mitunternehmerrisiko** und zum anderen die **Mitunternehmerinitiative** (BFH 13.2.2019 – XI R 24/17, BFH/NV 2019, 597; Gürsching/Stenger/*Bruschke* BewG § 51a Rn. 26).

Die Vorschrift wurde im Bereich der landwirtschaftlichen **Alterskasse** an den europäischen Rechtsrahmen angepasst. Mangels Differenzierung der Sozialversicherungssysteme in anderen Staaten wurde aus Gleichbehandlungsgründen auch die Versicherungspflicht eines hauptberuflichen Landwirts in der deutschen gesetzlichen Rentenversicherung berücksichtigt (Schmidt/*Kulosa* § 13b Rn. 2). **25**

26 Abweichend von BFH 3.7.2019 – VI R 49/16 (BFH/NV 2019, 1404) sind die Voraussetzungen des § 13b Abs. 1 Satz 1 Nr. 1 Buchst. d und Satz 1 Nr. 2 durch zeitnah zu führende Verzeichnisse nachzuweisen.

27–34 *Einstweilen frei*

B. Voraussetzungen und Rechtsfolgen

I. Sachlicher Anwendungsbereich

35 Im Bereich der ESt können Tierhaltungskooperationen nach § 13b nur **Personengesellschaften** wie GbRs (sowohl Außen- als auch Innengesellschaft), OHGs, KGs und atypisch stille Gesellschaften gründen (Leingärtner/*Stalbold* Kap. 7 Rn. 3; HHR/*Paul* § 13 Rn. 80; *Felsmann* ESt Land- und Forstwirte A 80), obwohl § 13b Abs. 1 S. 1 auch Genossenschaften und Vereine als Rechtsformen zulässt.

36 Die **GmbH & Co. KG** kann eine steuerbegünstigte Tierhaltungskooperation nicht gründen, denn es dürfen sich nur natürliche Personen beteiligen (BFH 5.11.2009 – IV R 13/07, BFH/NV 2010, 652; Leingärtner/*Stalbold* Kap. 7 Rn. 3 und 12; *Felsmann* ESt Land- und Forstwirte A 94; *Märkle/Hiller* ESt Land- und Forstwirte Rn. 187; Gürsching/Stenger/*Bruschke* BewG § 51a Rn. 28). Das gilt auch für eine AG oder GmbH, obwohl sie eine gemeinschaftliche (nicht begünstigte) Tierhaltung gleichwohl betreiben können (Leingärtner/*Stalbold* Kap. 7 Rn. 3; Rössler/Troll/*Wiegand* BewG § 51a Rn. 5). Unter den Förderungszweck des § 13b fallen landwirtschaftliche Betriebe in der Rechtsform einer **Kapitalgesellschaft** aus strukturellen Gründen nicht. Denn zum einen erzielen sie kraft Rechtsform Einkünfte aus Gewerbebetrieb und zum anderen handelt es sich in der Regel um Großbetriebe, die gerade keine bäuerlichen Strukturen aufweisen. Dass solche Betriebe nicht unter die Förderung fallen, führt daher nicht zu einer ungerechtfertigten Ungleichbehandlung (BFH 5.11.2009 – IV R 13/07, BFH/NV 2010, 652).

37 Für **Pelztiere** gilt § 13b nur, wenn für sie die erforderlichen Futtermittel überwiegend von den vom Inhaber des Betriebes landwirtschaftlich genutzten Flächen gewonnen werden (§ 13b Abs. 5 iVm § 241 Abs. 4 BewG).

38 *Einstweilen frei*

II. Persönlicher Anwendungsbereich

39 Gesellschafter oder Mitglieder einer Tierhaltungskooperation können nur natürliche Personen sein (BFH 5.11.2009 – IV R 13/07, BFH/NV 2010, 652; Leingärtner/*Stalbold* Kap. 7 Rn. 3; Rössler/Troll/*Wiegand* BewG § 51a Rn. 5; Gürsching/Stenger/*Bruschke* BewG § 51a Rn. 28). Aus § 13b Abs. 1 Satz 2 ergibt sich, dass auch **beschränkt Steuerpflichtige** unter den übrigen Voraussetzungen eine Tierhaltungskooperation gründen können.

40–41 *Einstweilen frei*

III. Tatbestandsvoraussetzungen

42 Das Gesetz geht nur bei Vorliegen von **persönlichen und sachlichen Voraussetzungen** von einer Tierhaltungskooperation iSv § 13b aus. Daraus folgt, dass bei einer **Personengesellschaft,** die sich an einer Tierhaltungskooperation beteiligt, ebenfalls alle persönlichen und sachlichen Voraussetzungen des § 13b erfüllt sein müssen (Blümich/*Nacke* § 13 Rn. 103, 105; *Felsmann* ESt Land- und Forstwirte A 86; *Märkle/Hiller* ESt Land- und Forstwirte Rn. 187). Wird der landwirtschaftliche Betrieb zB als Gesellschaft des bürgerlichen Rechts (GbR) geführt, so kann sich dieser Betrieb auch an einer Tierhaltungskooperation beteiligen (so auch OFD Niedersachsen 29.8.2016, BeckVerw 332487).

Die **persönlichen Voraussetzungen** können bei einer GbR nur die Gesellschafter in ihrer Person erfüllen. Die sachlichen Voraussetzungen kann nur die Gesellschaft selbst erfüllen. Nur diese ist Inhaberin eines landwirtschaftlichen Betriebes mit selbst bewirtschafteten Flächen. Auch kann nur die Gesellschaft Vieheinheiten (VE) ganz oder teilweise übertragen, denn die GbR bewirtschaftet die Flächen und nicht der einzelne Gesellschafter. Von einer Mitunternehmerschaft zwischen Ehegatten in der Landwirtschaft ist auch auszugehen, wenn weder ein ausdrücklicher Gesellschaftsvertrag, noch ein mit einer Personengesellschaft wirtschaftlich vergleichbares Gemeinschaftsverhältnis vorliegt (sog. **faktische Mitunternehmerschaft;** BFH 20.9.2008 – IV R 16/07, BStBl. II 2009, 989).

Nach Literaturmeinung (Leingärtner/*Stalbold* Kap. 7 Rn. 12; *Felsmann* ESt Land- und Forstwirte A 86) soll es hingegen ausreichend sein, wenn sich bei einer Mitunternehmerschaft nur der einzelne Mitunternehmer und nicht die GbR an der Tierhaltungskooperation beteiligt (bestätigt durch FG Niedersachsen 26.10.2016 – 1 K 235/14, EFG 2017, 274, Rev. BFH II R 43/16). **42.1**

1. Persönliche Voraussetzungen

Alle Gesellschafter/Mitglieder müssen **aktive Landwirte** sein (§ 13b Abs. 1 S. 1 Nr. 1 Buchst. a), dh Landwirte, die ihren Betrieb verpachtet oder auf sonstiger Rechtsgrundlage, zB einem Nutzungsüberlassungsvertrag, einem Dritten überlassen haben, können sich an einer solchen Tierhaltungskooperation nicht beteiligen (Rössler/Troll/*Wiegand* BewG § 51a Rn. 6). Nicht erforderlich ist, dass die Gesellschafter/Mitglieder zivilrechtliche oder wirtschaftliche Eigentümer des Betriebes sind. Es können sich auch Pächter oder Nutzungsberechtigte beteiligen, denn es ist nur erforderlich, dass sie landwirtschaftliche **Flächen selbst bewirtschaften** und damit das Fruchtziehungsrecht haben (*Märkle/Hiller* ESt Land- und Forstwirte Rn. 187; Gürsching/Stenger/*Bruschke* BewG § 51a Rn. 33). Bringt ein Landwirt seinen gesamten Betrieb in eine Tierhaltungskooperation ein, erfüllt er nicht mehr die gesetzlichen Voraussetzungen, da er nach Einbringung nicht mehr Inhaber eines landwirtschaftlichen Betriebes mit selbst bewirtschafteten Flächen ist (OFD Niedersachsen 29.8.2016, BeckVerw 332487). **43**

Bei **Ehegatten-Innengesellschaften** (Gütergemeinschaft, faktische Mitunternehmerschaft) müssen sich beide Ehepartner beteiligen (Leingärtner/*Stalbold* Kap. 7 Rn. 11; *Märkle/Hiller* ESt Land- und Forstwirte Rn. 187; Blümich/*Nacke* § 13 Rn. 103; aA Rössler/Troll/*Wiegand* BewG § 51a Rn. 6). Die Zugehörigkeit des land- und forstwirtschaftlichen Betriebs zum Gesamtgut einer **Gütergemeinschaft** (§ 1416 BGB) hat zur Folge, dass nicht nur derjenige Ehegatte, der die Verwaltung des Betriebes übernommen hat, sondern vielmehr beide Ehegatten Inhaber des Betriebes im Sinne von § 13b Abs. 1 S. 1 Nr. 1 Buchst. a sind. Nur wenn die Ehegatten den Betrieb zum Vorbehaltsgut erklärt haben (§ 1418 BGB) reicht es aus, wenn sich der wirtschaftende Ehegatte an der Tierhaltungskooperation beteiligt. Bei einer bisher nicht erkannten sog. faktischen Mitunternehmerschaft genügt es uE aus, wenn sich der nach außen auftretende Ehegatte, weil auch nur er als umsatzsteuerlicher Unternehmer beurteilt wird, an der Tierhaltungskooperation beteiligt (so auch *Felsmann* ESt Land- und Forstwirte A 86). Das gilt auch dann, wenn zB der Betrieb der Ehefrau gehört, aber der Ehemann nach außen als Betriebsinhaber auftritt. In diesem Fall wäre die Ehefrau keine aktive Landwirtin. Bewirtschaftet eine **Erbengemeinschaft** einen landwirtschaftlichen Betrieb, kann sie sich auch an einer Tierhaltungskooperation beteiligen. Voraussetzung ist, dass alle Beteiligten der Erbengemeinschaft die persönlichen Voraussetzungen dafür erfüllen. **44**

Landwirte müssen regelmäßig **landwirtschaftlich genutzte Flächen** bewirtschaften. Das bedeutet, dass nur derjenige als Gesellschafter/Mitglied einer Tierhaltungskooperation infrage kommt, der eine landwirtschaftliche Nutzung im engeren Sinne gemäß § 234 Abs. 1 Nr. 1 BewG betreibt. Die Tierhaltung ist nur dann landwirtschaftlich, wenn sie auf ausreichender Flächengrundlage erfolgt, also in erster Linie auf Acker- oder Grünland (→ § 13 Rn. 194). **45**

Inhaber eines Baumschul-, Obstbau- oder **Gemüsebetriebes,** kommen als Kooperationspartner nicht in Betracht, weil sie keine landwirtschaftlichen Nutzflächen bewirtschaften. Bei einem Gemüsebetrieb gilt dies allerdings nur unter der Einschränkung, dass die gesamte Nutzfläche der gärtnerischen Nutzung zuzurechnen ist. Nur-Forstwirte können mangels einer Möglichkeit zur landwirtschaftlichen Tierhaltung nicht Mitglied einer Tierhaltungskooperation sein (HHR/*Paul* § 13 Rn. 80), wohl aber landwirtschaftliche Betriebe, die neben landwirtschaftlichen Nutzflächen auch **Weihnachtsbaumkulturen** bewirtschaften. **45.1**

Alle Gesellschafter/Mitglieder müssen nach dem Gesamtbild der Verhältnisse **hauptberuflich Land- und Forstwirt** sein (§ 13b Abs. 1 S. 1 Nr. 1 Buchst. b). Das Merkmal der Hauptberuflichkeit wird im Gesetz nicht definiert. Landwirte die ihren Betrieb im Neben- oder Zuerwerb betreiben, sollen nach dem Sinn und Zweck des Gesetzes ausgeschlossen sein. Mit dieser Regelung soll die Beteiligung von Berufsfremden vermieden werden (*Märkle/* **46**

Hiller ESt Land- und Forstwirte Rn. 187). Als hauptberuflich gelten solche Landwirte, die mindestens 50% ihrer Arbeitskraft (0,5 VAK), das entspricht 1190 Stunden/Jahr, im Betrieb einsetzen (OFD Niedersachsen 29.8.2016, BeckVerw 332487; Leingärtner/*Stalbold* Kap. 7 Rn. 12; *Felsmann* ESt Land- und Forstwirte A 87; Blümich/*Nacke* § 13 Rn. 104; Rössler/Troll/*Wiegand* BewG § 51a Rn. 6; Gürsching/Stenger/*Bruschke* BewG § 51a Rn. 35).

Die **Arbeitszeiten,** die Landwirte in ihren landwirtschaftlichen Betrieb und in eine Tierhaltungskooperation investieren, werden zusammengezählt (FM Bayern 3.4.2002, BeckVerw 279519; OFD Kiel 2.5.2002, BeckVerw 157680; Rössler/Troll/*Wiegand* BewG § 51a Rn. 6). Lässt ein Landwirt seinen Betrieb von einem Verwalter oder seinem Ehegatten bewirtschaften und geht er keiner anderweitigen Tätigkeit nach, so ist er ein hauptberuflicher Landwirt (Leingärtner/*Stalbold* Kap. 7 Rn. 12; Blümich/*Nacke* § 13 Rn. 104, aA HHR/*Paul* § 13 Rn. 80). Es ist nicht erforderlich, dass die Einkünfte aus Land- und Forstwirtschaft die anderen Einkünfte überwiegen (HHR/*Paul* § 13 Rn. 80; *Felsmann* ESt Land- und Forstwirte A 87; *Märkle/Hiller* ESt Land- und Forstwirte Rn. 187; Gürsching/Stenger/*Bruschke* BewG § 51a Rn. 35; aA offenbar Rössler/Troll/*Wiegand* BewG § 51a Rn. 6). Damit erfolgt insoweit keine Betriebsgrößen- oder Einkünfteprüfung.

46.1 Nach *Wiegand* soll ohne nähere Begründung und gegen den ausdrücklichen Wortlaut des Gesetzes eine kurzfristige **Mitgliedschaft eines nicht hauptberuflichen Landwirts** unschädlich sein (Rössler/Troll/*Wiegand* BewG § 51a Rn. 6).

47 Alle Gesellschafter/Mitglieder müssen grundsätzlich sog. **Alterskassen-Landwirte** sein (§ 13b Abs. 1 S. 1 Nr. 1 Buchst. c), dh durch Bescheinigung der landwirtschaftlichen Alterskasse nachweisen, dass sie Landwirte iSd § 1 Abs. 2 des Gesetzes über die Alterssicherung der Landwirte (ALG) sind. Diesen Tatbestand kann auch ein ausländischer Landwirt aus anderen EU-/EWR-Staaten und der Schweiz für Zeiträume, die nach dem 31.12.2024 beginnen erfüllen. Der Nachweis erfolgt durch eine Bescheinigung des zuständigen Sozialversicherungsträgers (vgl. § 13b Abs. 1 Satz 2). Inhaber landwirtschaftlicher Betriebe, die wegen der geringen Betriebsgröße (zB in der landwirtschaftlichen Nutzung bis 8 ha einschl. Grünland, ohne Hof- und Gebäudeflächen sowie Hausgarten; Sonderkulturen bis 2,2 ha; im Weinbau bis 2 ha) kein Mitglied in der landwirtschaftlichen Alterskasse sind, werden künftig nicht ausgeschlossen, wenn sie im Inland in der gesetzlichen Rentenversicherung versicherungspflichtig sind (§ 13b Abs. 1 Satz 2; Schmidt/*Kulosa* § 13b Rn. 2).

48–50 *Einstweilen frei*

2. Sachliche Voraussetzungen

51 Zu den sachlichen Voraussetzungen zählt, dass alle Gesellschafter/Mitglieder **mindestens eine Vieheinheit** (VE) auf die Tierhaltungskooperation **übertragen** müssen (§ 13b Abs. 1 S. 1 Nr. 1 Buchst. d; *Felsmann* ESt Land- und Forstwirte A 89; Gürsching/Stenger/*Bruschke* BewG § 51a Rn. 70). Das Gesetz regelt nicht auf welche Weise die Vieheinheiten auf die Tierhaltungskooperation übertragen werden können (*Märkle/Hiller* ESt Land- und Forstwirte Rn. 187). Die Überlassung der Vieheinheiten kann entgeltlich auf schuldrechtlicher oder unentgeltlich auf gesellschaftsrechtlicher Grundlage erfolgen (HHR/*Paul* § 13 Rn. 80). Die Übertragung der VE kann formlos erfolgen, es bedarf lediglich übereinstimmender Willenserklärungen (Blümich/*Nacke* § 13 Rn. 107).

Sinnvollerweise sollte die Übertragung **aus Beweisgründen schriftlich** erfolgen; allerdings reichen uE auch mündliche Vereinbarungen aus, die zu einem späteren Zeitpunkt schriftlich fixiert werden können. Mit der Übertragung der Vieheinheiten verzichten die Beteiligten auf die Ausschöpfung der VE in ihrem Einzelbetrieb; sie können auch völlig auf Tierhaltung in ihrem Einzelbetrieb verzichten und sämtliche zulässigen Vieheinheiten auf die Tierhaltungskooperation übertragen (*Köhne/Wesche* Landwirtschaftliche Steuerlehre, 68). Eine Beteiligung und damit die Übertragung von Vieheinheiten ist gegenüber mehreren Kooperationen zulässig (Leingärtner/*Stalbold* Kap. 7 Rn. 16; *Felsmann* ESt Land- und Forstwirte A 89; Rössler/Troll/*Wiegand* BewG § 51a Rn. 17; Gürsching/Stenger/*Bruschke* BewG § 51a Rn. 76).

51.1 Das Gesetz lässt landwirtschaftliche Tierhaltung nur im Zusammenhang mit landwirtschaftlich genutzter Fläche zu. Damit wird auf die landwirtschaftliche Nutzung im engeren Sinne gemäß § 234

Abs. 1 Nr. 1 Buchst. a BewG abgestellt. Das wiederum hat zur Folge, dass die **Flächen der übrigen Nutzungsteile** (forstwirtschaftliche Nutzung, weinbauliche Nutzung, gärtnerische Nutzung sowie sonstige land- und forstwirtschaftliche Nutzung) – von Ausnahmen abgesehen – keine Vieheinheiten vermitteln können (→ § 13 Rn. 198–199).

Die Nutzungsteile **Hopfen und Spargel** gehören noch zur landwirtschaftlichen Nutzung (vgl. 1.08 Abs. 1 Satz 2 BewRL). Deshalb können uE für Spargel-Flächen Vieheinheiten angesetzt werden. **51.2**

Nach 1.08 Abs. 2 und 6.07 BewRL wird beim **Gemüsebau** nach der Anbauintensität unterschieden. Gemüsebau der Intensitätsstufe 1 zählt zur landwirtschaftlichen Nutzung. Darunter fallen der Anbau von Kopfkohl (Weiß-, Rot- und Wirsingkohl), Pflückerbsen und Pflückbohnen nach landwirtschaftlichen Anbaumethoden im Rahmen der landwirtschaftlichen Fruchtfolge als Hauptkultur. In diesem Falle zählt der Gemüsebau nicht als gärtnerische, sondern als landwirtschaftliche Nutzung (6.07 Abs. 1 Nr. 1 BewRL). Gemüsebau außerhalb dieser Sonderregelung ist dann keine landwirtschaftliche Nutzung. Das gilt zB für den feldmäßigen Anbau von Möhren, Zwiebeln, Rote Beete oder Süßmais. Wird eine Gemüsekultur nur als Vor- oder Nachfrucht angebaut, so ist das uE noch eine landwirtschaftliche Nutzung wie sich aus 1.08 Abs. 2 BewRL ergibt. **51.3**

Weiter sind die **Vieheinheitengrenzen** zu beachten (§ 13b Abs. 1 S. 1 Nr. 2). Die Tierhaltungskooperation muss zwei Vieheinheitengrenzen einhalten (vgl. Rössler/Troll/*Wiegand* BewG § 51a Rn. 8; *Köhne/Wesche* Landwirtschaftliche Steuerlehre, 68): Zum einen darf sie nicht mehr Vieheinheiten ausschöpfen als ihr von den Einzelbetrieben übertragen wurde. Anderseits darf sie die Vieheinheitengrenze nicht überschreiten, die sich ergibt, wenn die Flächen der Beteiligten zusammengerechnet werden und für diese Flächen dann wie bei einem Einzelbetrieb die zulässige Vieheinheitengrenze ermittelt werden würde. Bewirtschaftet die Tierhaltungskooperation selbst landwirtschaftliche Flächen, sind diese Flächen grundsätzlich wie solche der Gesellschafter/Mitglieder zu behandeln (§ 13b Abs. 3 BewG; Beispiel bei Rössler/Troll/*Wiegand* BewG § 51a Rn. 8). **52**

Beispiel zur **Berechnung** der einzuhaltenden Vieheinheitengrenze (nach *Köhne/Wesche* Landwirtschaftliche Steuerlehre, 68, vgl. auch Beispiele bei Gürsching/Stenger/*Bruschke* BewG § 51a Rn. 75): **52.1**

Betrieb	landwirtschaftliche Nutzfläche	Zulässige VE im Einzelbetrieb	Im Einzelbetrieb ausgenutzte VE	Freie VE	Auf Kooperation übertragene VE
Nr. 1	30 ha	270	100	170	170
Nr. 2	40 ha	330	200	130	130
Nr. 3	50 ha	390	50	340	200
Insgesamt	120 ha	**990**	350	640	**500**

Die Tierhaltungskooperation hat zwei Vieheinheitengrenzen einzuhalten; sie darf die jeweils niedrigere Grenze nicht überschreiten. Zum einen ist die Summe der auf die Tierhaltungskooperation übertragenen Vieheinheiten mit 500 VE (Spalte 6) und zum anderen die maximal zulässige Vieheinheitenzahl in einem Einzelbetrieb, der über die gleiche Fläche verfügt wie alle Gesellschafter/Mitglieder der Tierhaltungskooperation, mit 990 VE (Spalte 3) zu beachten. Sinn der Regelung ist, dass der Kooperationsbetrieb nicht bessergestellt wird als ein Einzelbetrieb, der über die gleiche Fläche verfügt wie die an einer Tierhaltungskooperation Beteiligten zusammen.

Die **Beteiligung an mehreren Tierhaltungskooperationen** lässt die Vorschrift des § 13b ebenso wie Vorgängervorschrift des § 51a BewG grundsätzlich zu, weil sich ausweislich des Wortlauts des Gesetzes insoweit keine Einschränkung ergibt. Wie das Beispiel bei → Rn. 52.1 zeigt, bleiben im Betrieb Nr. 3 140 VE ungenutzt. Aus ökonomischen Gründen könnte sich dieser Betrieb mit diesen „freien" VE an einer anderen Tierhaltungskooperation beteiligen. Dadurch könnte sich der Betrieb ohne den Verbrauch eigener Produktionsmittel zusätzliches Einkommen verschaffen. Allerdings ist gesetzlich nicht eindeutig geklärt, wie dann die Viehbestandsgrenze gem. § 13b Abs. 1 S. 1 Nr. 2 Buchst. b ermittelt wird. UE sind sämtliche von den Gesellschaftern oder Mitgliedern regelmäßig landwirtschaftlich genutzten Flächen vollständig anzusetzen (so auch FG Niedersachsen 11.5.2016 – 4 K 122/15, EFG 2016, 1885; inzwischen allerdings aufgehoben durch BFH 3.7.2019 – VI R 49/16, BeckRS 2019, 25196; Leingärtner/*Stalbold* Kap. 7 Rn. 19; aA OFD Niedersachsen 29.8.2016 BeckVerw 332487; *Felsmann* ESt Land- und Forstwirte A 99a; Rössler/Troll/*Wiegand* BewG § 51a Rn. 17; Gürsching/Stenger/*Bruschke* BewG § 51a Rn. 76). Eine hier vertretene Mehrfachbegünstigung hat der Gesetzgeber durch eine nicht eindeutige Regelung uE in Kauf genommen. **52.2**

Dazu ein **Beispiel** (nach Leingärtner/*Stalbold* Kap. 7 Rn. 19; vgl. auch Gürsching/Stenger/*Bruschke* BewG § 51a Rn. 77): **52.3**

An der Tierhaltungskooperation D-KG sind die Landwirte A, B und C als Kommanditisten beteiligt. Die Kommanditisten B und C sind darüber hinaus noch an einer weiteren Tierhaltungskooperation E-KG beteiligt und haben dieser ebenfalls Vieheinheiten (VE) überlassen.

Betrieb	landwirtschaftliche Nutzfläche	im Einzelbetrieb ausgenutzte VE	Freie VE	Übertragung auf D-KG	Übertragung auf E- KG
Landwirt A	100 ha	500	40	40	0
Landwirt B	200 ha	0	690	445	245
Landwirt C	300 ha	0	840	520	320
Insgesamt	600 ha	500	1570	1005	565

Nach FG Niedersachsen 11.5.2016 (4 K 122/15, EFG 2016, 1885) wären bei der Überprüfung der Grenze des jetzigen § 13b Abs. 1 S. 1 Nr. 2 Buchst. b alle Flächen der Gesellschafter zu berücksichtigen. Damit wäre diese zweite Grenze im Beispielsfall bei der D-KG erfüllt, weil bei einer Fläche von insgesamt 600 ha maximal 1290 VE erzeugt werden dürfen. Da nur 1005 VE übertragen wurden, wäre lediglich diese Grenze nach § 13b Abs. 1 S. 1 Nr. 2 Buchst. a zu beachten.

53 Nutzt ein Gesellschafter/Mitglied in seinem landwirtschaftlichen Betrieb Vieheinheiten aus, um dort landwirtschaftliche Tierhaltung zu betreiben, werden die in seinem Betrieb erzeugten oder gehaltenen VE mit denjenigen VE zusammengezählt, die er an die Tierhaltungskooperation übertragen hat (§ 13b Abs. 3).

54 Überträgt ein Gesellschafter/Mitglied **mehr Vieheinheiten** auf die Tierhaltungskooperation **als** in seinem Einzelbetrieb **frei verfügbar** sind, treten zunächst in seinem landwirtschaftlichen Betrieb uE die Rechtsfolgen des § 241 Abs. 2 S. 2 BewG ein: Als Erstes ist der umfangreichste flächenunabhängige Tierhaltungszweig als gewerblich auszuklammern. Die Tierhaltungskooperation erzielt weiterhin land- und forstwirtschaftliche Einkünfte (§ 13b Abs. 4; so auch Leingärtner/*Stalbold* Kap. 7 Rn. 18; *Felsmann* ESt Land- und Forstwirte A 101; KSS/*Stephany* BewG § 51a Rn. 16; Rössler/Troll/*Wiegand* BewG § 51a Rn. 9 und 13; Gürsching/Stenger/*Bruschke* BewG § 51a Rn. 73; *Köhne/Wesche* Landwirtschaftliche Steuerlehre, 69). Eine kurzzeitige Überschreitung der VE-Grenze ist nach den Grundsätzen des allmählichen Strukturwandels unschädlich (Rössler/Troll/*Wiegand* BewG § 51a Rn. 12; Gürsching/Stenger/*Bruschke* BewG § 51a Rn. 50; → § 13 Rn. 204).

55 **Überschreitet** die Tierhaltungskooperation nachhaltig die **VE-Grenze** (→ Rn. 52), so unterhält sie einen Gewerbebetrieb. Die Rechtsfolgen des § 15 Abs. 4 treten ein; sie wird außerdem gewerbesteuerpflichtig und kann die Umsatzsteuerpauschalierung nach § 24 UStG nicht nutzen.

56 Die **Entfernung** der Hofstellen der Betriebe der Gesellschafter/Mitglieder darf nicht mehr als 40 km von der Produktionsstätte der Tierhaltungskooperation liegen (§ 13b Abs. 1 S. 1 Nr. 3). Es zählt nach hM in der Literatur die Luftlinie (Leingärtner/*Stalbold* Kap. 7 Rn. 17; *Märkle/Hiller* ESt Land- und Forstwirte Rn. 187; Rössler/Troll/*Wiegand* BewG § 51a Rn. 9; Gürsching/Stenger/*Bruschke* BewG § 51a Rn. 42). Damit soll ein gewisser räumlicher Zusammenhang zu den einzelnen landwirtschaftlichen Betrieben der Beteiligten sichergestellt werden, der in der Praxis leicht nachprüfbar ist. Ein „geringfügiges" Überschreiten dieser Grenze, insbesondere unter Berücksichtigung der örtlichen Gegebenheiten, kann hingenommen werden (Blümich/*Nacke* § 13 Rn. 109; *Felsmann* ESt Land- und Forstwirte A 91; *Märkle/Hiller* ESt Land- und Forstwirte Rn. 187). Eine Überschreitung der Grenze von 40 km bis zu 10% wäre uE nicht mit dem Wortlaut des Gesetzes in Übereinstimmung zu bringen. Eine kaufmännische ganzzahlige Abrundung – ohne Nachkommastellen – auf 40 km ist aber mit dem Gesetzeswortlaut vereinbar.

3. Buchnachweis

57 Zum Nachweis der Einhaltung der Vieheinheitengrenzen (§ 13b Abs. 1 Satz 1 Nr. 1 Buchst. a und Nr. 2) sind **besondere Verzeichnisse** laufend zuführen. Ein solches Verzeichnis muss zeitnah erstellt werden (Schmidt/*Kulosa* § 13b Rn. 2). Ein im Rahmen der Außenprüfung nachträglich erstelltes Verzeichnis genügt nicht mehr den gesetzlichen Anforderungen (aA noch zu § 51a BewG BFH 3.7.2019 – VI R 49/16, BFH/NV 2019, 1404).

57.1 Aus dem Verzeichnis muss sich ergeben (vgl. Gürsching/Stenger/*Bruschke* BewG § 51a Rn. 56):

- die landwirtschaftlich genutzten Flächen der Gesellschafter/Mitglieder und der Tierhaltungskooperation,
- der Umfang der möglichen Tierhaltung (in VE) in den Einzelbetrieben der Gesellschafter/Mitglieder,
- der Umfang der tatsächlichen Tierhaltung (in VE) in den Einzelbetrieben der Gesellschafter/Mitglieder,
- die Summe der von den Gesellschaftern/Mitgliedern an die Tierhaltungskooperation abgetretenen VE und
- die Summe der VE, die sich auf der Grundlage der gemeinsam von den Gesellschaftern/Mitgliedern regelmäßig genutzten Flächen ergibt.

4. Verhältnis des Viehbestands zur Fläche

§ 241 Abs. 2–5 BewG ist entsprechend anzuwenden (§ 13b Abs. 5). Danach sind für die Tierhaltungskooperation der Umrechnungsschlüssel für Vieheinheiten gemäß Anlage 34 zum BewG (→ § 13 Rn. 187) und die Abgrenzung der Zweige des Tierbestandes (→ § 13 Rn. 200) verbindlich anzuwenden (Rössler/Troll/*Wiegand* BewG § 51a Rn. 14). **58**

IV. Rechtsfolgen

Sind die persönlichen und sachlichen Voraussetzungen einer Tierhaltungskooperation erfüllt, stellt sie bei der ESt einen eigenen landwirtschaftlichen Betrieb dar und erzielt Einkünfte aus Land- und Forstwirtschaft iSv § 13 Abs. 1 Nr. 1 Satz 5 (Rössler/Troll/*Wiegand* BewG § 51a Rn. 3). Wird die Tierhaltungskooperation von einer Genossenschaft betrieben, ist sie von der **Gewerbesteuer** befreit (§ 3 Nr. 12 GewStG). Die Tierhaltungskooperation kann die **Umsatzsteuerpauschalierung** anwenden (§ 24 Abs. 2 Satz 1 Nr. 2 UStG). **59**

V. Verfahrensfragen

Die Einkünfte einer Tierhaltungskooperation sind gesondert und einheitlich festzustellen (§ 180 Abs. 1 Nr. 2 Buchst. a AO). **60**

§ 14 Veräußerung des Betriebs

[1]Zu den Einkünften aus Land- und Forstwirtschaft gehören auch Gewinne, die bei der Veräußerung eines land- oder forstwirtschaftlichen Betriebs oder Teilbetriebs oder eines Anteils an einem land- und forstwirtschaftlichen Betriebsvermögen erzielt werden. [2]§ 16 gilt entsprechend mit der Maßgabe, dass der Freibetrag nach § 16 Absatz 4 nicht zu gewähren ist, wenn der Freibetrag nach § 14a Absatz 1 gewährt wird.

Überblick

Die Vorschrift entspricht sowohl hinsichtlich der Tatbestandsvoraussetzungen als auch der Rechtsfolgen der Regelung des § 16 und bestimmt nur klarstellend, dass zu den Einkünften aus Land- und Forstwirtschaft gemäß § 13 auch solche aus der Veräußerung oder Aufgabe eines Betriebs-, Teilbetriebs oder Mitunternehmeranteils zählen. Mit der Verweisung in Satz 2 wird der gesamte Regelungsbereich des § 16 für anwendbar erklärt. Der einschränkende Verweis auf § 14a Abs. 1 ist obsolet geworden, da diese Vorschrift letztmalig für Veräußerungsvorgänge vor dem 1.1.2001 anwendbar war.

Übersicht

A. Allgemeines

1 **Leitentscheidungen, wichtige Verwaltungsanweisungen und Schrifttum (Auswahl):**

1.1 **Entscheidungen des BFH:**
BFH 18.3.1964 – IV R 114/61 S, BStBl. III 1964, 303; BFH 16.12.2009 – IV R 7/07, BStBl. II 2010, 431; BFH 30.3.2006 – IV R 31/03, BStBl. II 2006, 652; BFH 18.3.1999 – IV R 65/98, BStBl. II 1999, 398; BFH 23.3.1995 – IV R 93/93, BStBl. II 1995, 700; BFH 12.11.1992 – IV R 41/91, BStBl. II 1993, 430; BFH 1.2.1990 – IV R 8/89, BStBl. II 1990, 428; BFH 15.10.1987 – IV R 66/86, BStBl. II 1988, 260; BFH 28.3.1985 – IV R 88/81, BStBl. II 1985, 508; BFH 5.11.1981 – IV R 180/77, BStBl. II 1982, 158; BFH 19.2.1976 – IV R 179/72, BStBl. II 1976, 415.

1.2 **Wichtige Verwaltungsanweisungen:**
BMF 21.2.2002, BStBl. I 2002, 262; BMF 1.12.2000, BStBl. I 2000, 1556; BMF 23.11.1990, BStBl. I 1990, 770.

1.3 **Schrifttum (Auswahl):**
Fischer, Kurzer Abwicklungszeitraum bei Betriebsaufgabe, jurisPR-SteuerR 21/2009 Anm. 3; Dötsch, Betriebsaufgabe aufgrund Übertragung sämtlicher landwirtschaftlicher Nutzflächen, jurisPR-SteuerR 16/2010 Anm. 3; Zimmermann, Teilbetriebsaufgabe einer als landwirtschaftlicher Nebenbetrieb geführten Kornbrennerei, EFG 2014, 916; *Märkle/Hiller,* Unternehmensnachfolge und Ausgliederung, StW 14, 27; *Forchhammer,* Der entgeltliche und unentgeltliche Erwerb eines Waldes im Einkommensteuerrecht, DStR 2015, 977.

I. Regelungsanliegen im System des Steuerrechts

1. Zweck der Regelung

2 Mit dieser Vorschrift werden die Gewinne aus der Veräußerung oder Aufgabe eines Betriebs, Teilbetriebs oder Mitunternehmeranteils an einem land- und forstwirtschaftlichen Betrieb von den laufenden Einkünften **abgegrenzt.** Diese bei den Gewinneinkunftsarten gemäß § 2 Abs. 2 S. 1 Nr. 1 übliche Trennung hat den Zweck, die Besteuerung zusammengeballter Einkünfte durch die Regelungen der § 16 Abs. 4, § 34 mit der Gewährung eines Freibetrags und besonderer Tarifvorschriften abzumildern. Im Rahmen einer Betriebsveräußerung oder Betriebsaufgabe sind alle im Zeitraum der betrieblichen Tätigkeit entstandenen stillen Reserven zusammengeballt aufzudecken und der Besteuerung zu unterwerfen.

3 § 14 gewährleistet eine **analoge Anwendung** der Begünstigung der Veräußerungs- und Aufgabegewinne auch für land- und forstwirtschaftliche Einkünfte wie bei solchen aus gewerblicher Tätigkeit gemäß § 16 und freiberuflicher Tätigkeit gemäß § 18 Abs. 3. Im Gegensatz zu § 18 Abs. 3 verweist § 14 S. 2 jedoch vollumfänglich auf den Anwendungsbereich des § 16. Im Grunde genommen ist die Regelung des § 14 S. 1 überflüssig, da bei den Gewinneinkunftsarten nicht nur die Fruchtziehung, sondern auch die Substanzverwertung steuerpflichtig ist, sodass sie auch zum Reingewinn der betrieblichen Tätigkeit zählt. Eine

einfache Verweisung auf § 16 wäre ausreichend und macht daher einen eigenen Paragrafen für die Veräußerung oder Aufgabe eines luf Betriebs überflüssig.

Nachfolgend werden nur die **Besonderheiten** bei der Veräußerung eines land- und forstwirtschaftlichen Betriebs, Teilbetriebs oder Anteils an einem land- und forstwirtschaftlichen Betrieb aufgezeigt, ansonsten wird auf die Kommentierung und die Erläuterungen zu § 16 hingewiesen (→ § 16 Rn. 1 ff.). Zu den Besonderheiten der Realteilung von land- und forstwirtschaftlichen Betrieben → Rn. 108 **4**

Einstweilen frei **5**

2. Historische Entwicklung

Ursprünglich sah das **EStG 1925** (RGBl. 1925 I 189) keine gesonderte Regelung für die Erfassung von Veräußerungs- und Aufgabegewinnen land- und forstwirtschaftlicher Betriebe vor. Es ergab sich daher die Situation, dass Veräußerungs- und Aufgabegewinne luf Betriebe steuerfrei sein könnten. Die Rechtsprechung hat diese Lücke durch eine analoge Anwendung der Vorgängervorschrift des § 16 frühzeitig geschlossen (RFH 4.12.1929 – VI A 1230/28, RStBl. 1930, 196). Dies wurde damit begründet, dass bisher nicht realisierte Gewinne des steuerlichen Betriebsvermögens spätestens im Zeitpunkt der Veräußerung oder Aufgabe des Betriebs versteuert werden müssen. **6**

Die Rechtsprechung hat damit die vom Gesetzgeber gelassene **Lücke** bei der Gewinnermittlungsart Land- und Forstwirtschaft folgerichtig frühzeitig erkannt und entsprechend gegengesteuert. Dem hat der Gesetzgeber schnell Rechnung getragen (Gesetz vom 16.10.1934 RGBl. 1934 I 1005). Mit der Einführung des § 14a (2. Steueränderungsgesetz 1971, BGBl. 1971 I 1266) wurde § 14 S. 2 entsprechend ergänzt, um eine Kumulation der Vergünstigungen bei der Veräußerung bestimmter land- und forstwirtschaftlicher Betriebe gemäß § 14a Abs. 1 mit dem allgemeinen Freibetrag bei der Betriebsaufgabe oder -veräußerung gemäß § 16 Abs. 4 zu vermeiden. § 14a Abs. 1 ist letztmalig anwendbar für Veräußerungsgewinne, die vor dem 1.1.2001 entstanden sind. **7**

3. Verhältnis zu höherrangigem Recht

Grundlegende verfassungsrechtliche Probleme aus der Begünstigung eines Veräußerungs- oder Aufgabegewinns im betrieblichen Bereich, die auch auf land- und forstwirtschaftliche Betriebe durchschlagen, bestehen nicht. **8**

Einstweilen frei **9**

4. Zeitlicher Anwendungsbereich

Der Verweis auf § 14a Abs. 1 ist aufgrund des Auslaufens dieser Vorschrift mittlerweile überflüssig. **10**

5. Verhältnis zu anderen Bestimmungen

Verhältnis zu § 4a. Der Veräußerungs- oder Aufgabegewinn ist ein stichtagsbezogener Gewinn und ist in dem Veranlagungsjahr zu erfassen, in dem die zeitlichen Voraussetzungen gegeben sind. Dies wird regelmäßig der Übergang des wirtschaftlichen Eigentums sein. Die Regelung des § 4a Abs. 2 Nr. 1 S. 2 ist ausdrücklich nicht auf die Gewinne gemäß § 14 anzuwenden, wenn der Gewinn für ein Wirtschaftsjahr ermittelt wird, welches vom Kalenderjahr abweicht. **11**

Verhältnis zu § 13. Abzugrenzen ist der Veräußerungs- und Aufgabegewinn eines land- und forstwirtschaftlichen Betriebs vom laufenden Gewinn des Betriebs. § 14 gilt für alle in einem land- und forstwirtschaftlichen Betrieb möglichen Gewinnermittlungsarten, also auch für die Gewinnermittlung gemäß § 13 sowie die Gewinnermittlung gemäß § 4 Abs. 3. Die laufenden Gewinne sind von den Gewinnen gemäß § 14 abzugrenzen und gesondert zu ermitteln. Der Gewinn gemäß § 14 ist aufgrund Bestandsvergleichs zu ermitteln, was unter Umständen einen Wechsel der Gewinnermittlungsart erfordert. **12**

Verhältnis zu § 14a. Die gleichzeitige Anwendung des Freibetrags gemäß § 16 Abs. 4 sowie des besonderen Freibetrags bei der Veräußerung land- und forstwirtschaftlicher Betriebe gemäß § 14a Abs. 1 wird durch das Verbot der Kumulation ausgeschlossen. Der **13**

Verweis gilt nicht für den Freibetrag zur Abfindung weichender Erben gemäß § 14a Abs. 4, welcher aber letztmalig für Gewinne anzuwenden ist, die vor dem 1.1.2006 entstanden sind. Auch gilt der Verweis nicht für den Freibetrag gemäß § 14a Abs. 5, welcher seit dem VZ 2001 nicht mehr anwendbar ist.

14 **Verhältnis zu § 16.** Bei der Verweisung in § 14 S. 2 Hs. 1 handelt es sich um eine vollumfängliche Verweisung auf den gesamten Regelungsbereich des § 16. Sämtliche Änderungen dieser Norm sind unmittelbar für den Bereich der Einkünfte aus Land- und Forstwirtschaft anzuwenden. Dies gilt insbesondere für den zeitlichen Anwendungsbereich und Klarstellungen wie zB das Verpächterwahlrecht und die Betriebsaufgabeerklärung gemäß § 16 Abs. 3b. Über diesen Verweis gelten auch die Regelungen des § 16 Abs. 2 zur Ermittlung eines Veräußerungs- oder Aufgabegewinns.

15 **Verhältnis zu § 32c.** Mit dem **„JStG 2019"** v. 12.12.2019 (BGBl. 2019 I 2451) ist § 32c als Tarifglättungsvorschrift für Einkünfte aus Land- und Forstwirtschaft neu formuliert aufgenommen worden. Diese Regelung ist mit Wirkung vom 30.1.2020 in Kraft getreten (BGBl. 2020 I 597). § 32c regelt erstmals ab dem VZ 2016 für den Betrachtungszeitraum VZ 2014 bis 2016 und dann folgend bis 2022 eine entsprechende Tarifglättung. Bei der dort vorgesehenen Ermittlung der tatsächlichen und der durchschnittlichen Einkünfte aus Land- und Forstwirtschaft bleiben Veräußerungsgewinne iSd § 14 außer Betracht. Dies ist zutreffend, da für Veräußerungs- und Aufgabegewinne gem. §§ 14, 16 eine besondere Tarifvorschrift mit § 34 besteht.

16 **Verhältnis zu § 34.** Durch den dynamischen Verweis in § 14 S. 2 auf § 16 gelten auch sämtliche Vorschriften des § 34 für Gewinne gemäß § 14. Im Übrigen erwähnt § 34 Abs. 2 Nr. 1 ausdrücklich auch Veräußerungsgewinne iSd § 14, sodass für diese Gewinne ebenfalls die Tarifabmilderungen gemäß § 34 gelten.

17 **Verhältnis zu § 34a.** Die Thesaurierungsbegünstigung gemäß § 34a kann auch für Veräußerungs- oder Aufgabegewinne iSv § 14 in Anspruch genommen werden. Dies gilt jedoch nicht, soweit der Freibetrag gemäß § 16 Abs. 4 sowie Tarifbegünstigung gemäß § 34 Abs. 3 in Anspruch genommen wurde. Siehe dazu § 34a Abs. 1 S. 1 Hs. 2.

18 **Verhältnis zu § 49.** Zu den beschränkt steuerpflichtigen Einkünften zählen auch Einkünfte gemäß § 14. Das gilt für beschränkt Steuerpflichtige gemäß § 50 Abs. 1 S. 3 allerdings mit der Maßgabe, dass der Freibetrag gemäß § 16 Abs. 4 nicht anzuwenden ist.

19 **Verhältnis zu § 55.** Bei der Ermittlung des Veräußerungs- oder Aufgabegewinns gemäß § 14 ist zu prüfen, ob zum Anlagevermögen Grund und Boden gehört, der gemäß den Regeln des § 55 zu bewerten ist. Die Verlustausschlussklausel des § 55 Abs. 6 ist bei der Berechnung des Veräußerungs- oder Aufgabegewinns zu beachten. Im Einzelnen s. die Kommentierung zu § 55.

20 *Einstweilen frei*

II. Normstruktur

21 Wesentlicher Bestandteil der Norm ist § 14 S. 2 Hs. 1 mit dem **vollumfänglichen Verweis auf § 16.** Der Formulierung des § 14 S. 1 kommt dagegen kein eigenständiger Bedeutungsinhalt zu, da aufgrund der Verweisung die Tatbestandsmerkmale des § 16 Abs. 1 S. 1 mit der Maßgabe anzuwenden sind, dass statt eines Gewerbebetriebs von einem land- und forstwirtschaftlichen Betrieb auszugehen ist. Durch das zeitliche Auslaufen des § 14 S. 1 hat der Verweis auf diese Regelung ebenfalls keinen eigenständigen Bedeutungsinhalt mehr.

22–23 *Einstweilen frei*

B. Voraussetzungen und Rechtsfolgen

I. Persönlicher und sachlicher Anwendungsbereich

24 **Persönlicher Anwendungsbereich.** Gewinne aus der Veräußerung oder Aufgabe eines landwirtschaftlichen Betriebs gemäß § 14 sind dem zivilrechtlichen oder wirtschaftlichen Eigentümer zuzurechnen. Dies ist in der Land- und Forstwirtschaft in der Regel eine natürliche Person, entweder als Einzelunternehmer oder als Gesellschafter einer Mitunternehmerschaft oder Personengesellschaft. Es kann sich aber auch um eine Kapitalgesellschaft, eine Stiftung oder einen Verein handeln, wenn diese den Tatbestand des § 14 erfüllen. Die Rege-

lung gilt für unbeschränkt steuerpflichtige Personen, soweit es sich um einen im Inland belegenden land- und forstwirtschaftlichen Betrieb handelt. Über § 49 Abs. 1 Nr. 1 gilt dies auch für beschränkt steuerpflichtige Personen. Zu beachten ist, dass gemäß § 50 Abs. 1 S. 3 in diesem Fall der Freibetrag gemäß § 16 Abs. 4, der grundsätzlich bei der Veräußerung oder Aufgabe land- und forstwirtschaftlicher Betriebe zur Verfügung steht, nicht greift.

Sachlicher Anwendungsbereich. Die Regelung bezieht sich auf LuF-Betriebe unabhängig von der Lage im Inland. Eine Differenzierung oder gesonderte Regeln für Flächen im Beitrittsgebiet sind aufgrund einer uneingeschränkten Anwendbarkeit im Einigungsvertrag nicht gegeben (Einigungsvertrag vom 31.8.1990, Anlage I, Kap. IV Sachgebiet B, Abschnitt 2 Nr. 141). 25

Einstweilen frei 26

II. Veräußerung eines land- und forstwirtschaftlichen Betriebs

1. Allgemeines

Veräußerungsbegriff. Veräußerung eines Betriebs iSd § 14 ist die entgeltliche Übertragung des zivilrechtlichen Eigentums oder – in den Fällen des § 39Abs. 2 AO – des wirtschaftlichen Eigentums aller wesentlicher Betriebsgrundlagen an einer Sachgesamtheit von einem Einzelunternehmer oder einer PersG (Mitunternehmerschaft) auf eine andere Person (Einzelunternehmer, PersG, KapG). Unter Sachgesamtheit versteht man die Summe aller Wirtschaftsgüter eines Betriebs, Teilbetriebs oder eines Mitunternehmeranteils. Entgeltlich in diesem Sinne ist eine Übertragung, wenn Leistung und Gegenleistung nach kaufmännischen Gesichtspunkten abgewogen sind. Aber auch eine Teilentgeltlichkeit (gemischte Schenkung; Schenkung unter Auflage) fällt unter §§ 14, 16. 27

Kein Veräußerungsgeschäft liegt dagegen bei einer unentgeltlichen Vermögensübertragung nach den Regeln der vorweggenommenen Erbfolge (BMF 13.1.1993, BStBl. I 1993, 80) vor. Erfolgt eine Übertragung gegen Einräumung von Versorgungsleistungen, ist von einem unentgeltlichen Geschäft auszugehen. Mangels Steuerlast bedarf es daher auch keiner Steuerermäßigung. Anzuwenden ist hier die Regelung des § 6 Abs. 3, welche auch für den Erwerb von Todes wegen greift. Ertragsteuerlich ist dann von einem voll unentgeltlichen Geschäft auszugehen (BFH 10.7.1986 – IV R 12/81, BStBl. II 1986, 811; BFH 16.12.1992 – XI R 34/92, BStBl. II 1993, 436; BFH 31.8.1994 – X R 170/93, BFH/NV 1995, 299; BFH 27.9.2006 – X B 71/06, BFH/NV 2007, 37). Werden dagegen durch Gegenleistungen oder Abfindungen die Buchwerte überschritten, liegt zumindest teilweise ein entgeltliches Veräußerungsgeschäft vor. Daher ist in diesem Fall von einem voll entgeltlichen Geschäft auszugehen. 28

Veräußerungsgeschäft. Als zivilrechtliche Verpflichtungsgeschäfte kommen insbesondere der Kaufvertrag und der Tauschvertrag in Betracht. An sich erfüllt auch die Einbringung in Form einer Sacheinlage in eine KapG oder eine PersG die Voraussetzung der Entgeltlichkeit, denn entweder erhält der Einbringende hierfür Gesellschaftsanteile oder es erhöht sich der Wert schon bestehender Anteile an der Gesellschaft. Nach dem UmwStG kann jedoch die Entstehung eines Veräußerungsgewinns vermieden werden (s. §§ 20, 24 UmwStG). Keine Veräußerungen iSd §§ 14, 16 sind der Erwerb von Todes wegen und die vorweggenommene Erbfolge (Schenkung). 29

Einheitlicher Veräußerungsvorgang. Es müssen alle wesentlichen Betriebsgrundlagen in einem einheitlichen Vorgang auf einen Erwerber oder eine Personenmehrheit (PersG) übertragen worden sein. Zum Zeitpunkt der Übertragung muss es sich um einen noch bestehenden Betrieb handeln, wobei es keine Rolle spielt, ob es sich um einen aktiv bewirtschafteten oder einen ruhenden, also im Regelfall verpachteten Betrieb handelt. Werden die wesentlichen Betriebsgrundlagen nicht an einen, sondern an verschiedene Erwerber veräußert, liegt keine Betriebsveräußerung vor, sondern entweder eine entsprechend zu behandelnde gemischte Betriebsveräußerung, eine Betriebsaufgabe oder eine nichtbegünstigte allmähliche Betriebsabwicklung (s. dazu BFH 27.10.1983 – IV R 217/81, BStBl. II 1984, 364; BFH 5.12.1996 – IV R 65/95, BFH/NV 1997, 225). Davon abzugrenzen ist eine zeitlich gestreckte Betriebsaufgabe (BFH 19.5.2005 – IV R 17/02, BStBl. II 2005, 637). Eine Betriebsveräußerung iSd § 14 kann auch vorliegen, wenn der Steuerpflichtige noch Inhaber 30 oder Mitunternehmer eines anderen luf Betriebs ist oder nach der Veräußerung einen anderen luf Betrieb eröffnet oder erwirbt. Nur dann, wenn alle stillen Reserven des steuerlichen Betriebs in der Person des Unternehmers in einem einheitlichen Vorgang innerhalb eines überschaubaren Zeitraums (→ Rn. 71 f.) aufgedeckt werden, kann die Tarifbegünstigung in Anspruch genommen werden. Werden daher einzelne WG zuvor zum Buchwert gemäß § 6 Abs. 5 S. 3 ausgegliedert, kann für das verbleibende Betriebsvermögen die Tarifermäßigung der §§ 16, 34 nicht in Anspruch genommen werden (BFH 17.12.2014 – IV R 57/11, DStR 2015, 407).

31 **Aufgabe der bisherigen LuF-Tätigkeit.** Die Aufgabe der bisherigen LuF-Tätigkeit ist – insoweit anders als bei Veräußerung von Gewerbetreibenden und Freiberuflern – für Betriebsveräußerungsgewinne iSv § 14 nicht erforderlich. Für Gewerbebetriebe wird die Beendigung der mit dem Betriebsvermögen verbundenen Tätigkeit gefordert (BFH 12.6.1996 – XI R 56, 57/95, BStBl. II 1996, 527; FG Münster 18.9.2014 – 13 K 724/11 E, EFG 2014, 2133; Revision unbegründet: BFH 25.1.2017 – X R 59/14, BFH/NV 2017, 1077); für Freiberufler die Einstellung der Tätigkeit zumindest für eine gewisse Zeit am Standort der bisherigen Berufstätigkeit (BFH 18.5.1994 – I R 109/93, BStBl. II 1994, 925; BFH 11.2.2020 – VIII B 131/19, DStR 2020, 486). Es gelten daher nicht tätigkeitsbezogene Kriterien, sondern alleine objektbezogene Kriterien.

32 Für eine steuerbegünstigte Betriebsveräußerung in der Landwirtschaft ist es dagegen unschädlich, wenn der Veräußerer den Betrieb im Anschluss an den Verkauf vom Erwerber zurückpachtet (so auch BFH 28.3.1985 – IV R 88/81, BStBl. II 1985, 508). Im Gegensatz zu den anderen Einkunftsarten ist für den Bereich der LuF die Einstellung oder Beendigung der luf Betätigung nach BFH-Rechtsprechung kein Kriterium der Betriebsveräußerung, denn veräußerbar ist nur das Betriebsvermögen, nicht aber die Betätigung als Land- und Forstwirt als solche. Abgestellt wird daher nicht auf die Tätigkeit als Land- und Forstwirt, sondern auf die Flächenausstattung als objektbezogenes Kriterium, also letztendlich den Grund und Boden. Dementsprechend kann der Landwirt mit den zurückbehaltenen, nicht wesentlichen Betriebsgrundlagen weiterhin einen landwirtschaftlichen Betrieb aufrechterhalten.

33 **Personengesellschaft.** Auch eine PersG (Mitunternehmerschaft) kann einen Veräußerungsgewinn iSd § 14 erzielen. Voraussetzung ist, dass alle wesentlichen Betriebsgrundlagen, auch soweit sie zum Sonderbetriebsvermögen ihrer Gesellschafter gehören, an einen Erwerber oder eine Erwerbergemeinschaft übertragen werden (Übertragung einer Gemeinschaftsbrennerei auf eine Genossenschaft gegen Gewährung von Genossenschaftsanteilen BFH 26.10.1989 – IV R 305/84, BFH/NV 1991, 292). Es handelt sich auch dann noch um einen einheitlichen Vorgang, wenn mehrere Kaufverträge mit dem gleichen Erwerber über das Gesellschaftsvermögen und das Sonderbetriebsvermögen abgeschlossen werden. IdR wird die Gesellschaft nach Veräußerung des Gesellschaftsvermögens oder jedenfalls der wesentlichen Betriebsgrundlagen aufgelöst und abgewickelt. Es ist aber auch denkbar, dass die Gesellschafter einen anderen luf Betrieb übernehmen. Eine PersG kann auch einen begünstigten Veräußerungsgewinn aus der Veräußerung eines Teilbetriebs erzielen.

34 **Erbengemeinschaft.** Ist ein Landwirt neben der eigenbetrieblichen Tätigkeit (LuF-Einzelunternehmen) auch an einer Erbengemeinschaft beteiligt, sind diese betrieblichen Einheiten getrennt voneinander zu beurteilen. Die Inanspruchnahme der §§ 16, 34 bedingt nicht die zeitgleiche Veräußerung oder Aufgabe des Einzelunternehmens und der Beteiligung an der Erbengemeinschaft; es liegen zwei getrennte steuerliche Subjekte vor, für die jeweils selbständig zu entscheiden ist.

34.1 **Beispiel:**

Landwirt L betreibt ein Einzelunternehmen und ist daneben Beteiligter der Erbengemeinschaft mit seiner Schwester S. Anfänglich hat L die Flächen der Erbengemeinschaft bewirtschaftet, mittlerweile sind diese Flächen anderweitig verpachtet. Sein Einzelunternehmen bewirtschaftet L weiterhin. Kann für die Erbengemeinschaft eine separate Betriebsaufgabeerklärung abgegeben werden?

Lösung:

Die Erbengemeinschaft, bestehend aus L und seiner Schwester S, ist selbständiges Steuersubjekt. Es ist eine einheitliche und gesonderte Feststellungserklärung abzugeben. Wenn die Erbengemeinschaft entweder in eigener Rechtszuständigkeit oder die Mitglieder der Erbengemeinschaft jeder für sich die Flächen nicht mehr aktiv bewirtschaftet, sondern nur noch verpachtet, können die Mitglieder der

Erbengemeinschaft insgesamt für die Erbengemeinschaft eine Betriebsaufgabeerklärung abgeben. Diese Betriebsaufgabeerklärung bewirkt nicht, dass L auch eine entsprechende Erklärung für sein daneben bestehendes Einzelunternehmen abgeben muss. Diese Aufgabeerklärung auf Ebene der Erbengemeinschaft bezieht sich auch nicht auf das landwirtschaftliche Einzelunternehmen von L. L kann daher selbständig und unabhängig voneinander entscheiden. Zu berücksichtigen ist aber, dass sowohl der Freibetrag gem. § 16 Abs. 4 als auch der ermäßigte Steuersatz gem. § 34 nur einmal im Leben des Steuerpflichtigen in Anspruch genommen werden kann.

Einstweilen frei **35–37**

2. Wesentliche Betriebsgrundlagen

Funktionale und quantitative Sichtweise. Für § 16 ist der Begriff der wesentlichen Betriebsgrundlagen anders auszulegen als bei einer unentgeltlichen Betriebsübertragung gemäß § 6 Abs. 3. Im Anwendungsbereich des § 16 gehören zu den wesentlichen Grundlagen eines Betriebs nicht nur die funktional wesentlichen Wirtschaftsgüter, sondern auch solche, die funktional gesehen für den Betrieb nicht erforderlich sind, in denen aber erhebliche stille Reserven gebunden sind. Insoweit spricht man von den quantitativ wesentlichen Betriebsgrundlagen (BMF 16.8.2000, BStBl. I 2000, 1253; aufgeh. für Steuertatbestände, die nach dem 31.12.2012 verwirklicht werden; die Anwendung bleibt unberührt für vor dem 1.1.2013 verwirklichte Steuertatbestände). **38**

Nach **Auffassung des BFH** (Urteil BFH 2.10.1997 – IV R 84/96, BStBl. II 1998, 104) ergibt sich dies aus dem Zweck der Regelung des § 16 Abs. 1, eine „zusammengeballte" Realisierung der im Zeitraum des Bestehens des Betriebs entstandenen stillen Reserven zu erzielen. Daher gibt es auch in der LuF bei der Bestimmung der wesentlichen Betriebsgrundlagen eine quantitative und eine funktionale Betrachtungsweise. Bei der quantitativen Betrachtungsweise muss das Verhältnis der in dem einzelnen WG enthaltenen stillen Reserven zu den gesamten übrigen stillen Reserven des Betriebs berücksichtigt werden. Ein einzelnes WG kann also wegen der in ihm steckenden hohen stillen Reserven iSd §§ 14, 16 zu den wesentlichen Betriebsgrundlagen gehören, obwohl es seiner Funktion nach nicht dazu gehören würde. **39**

Grund und Boden. Allerdings gilt es, die Besonderheiten des LuF-Vermögens angemessen zu würdigen, sodass sich eine spezielle Rechtsprechung dazu entwickelt hat. Wesentliche Betriebsgrundlagen eines luf Betriebs sind insbesondere die Nutzflächen, also der Grund und Boden. Als wesentliche Betriebsgrundlagen gelten im Bereich der LuF nach gefestigter Rechtsprechung des BFH 90% der Flächen des Betriebs. Deshalb ist der Zurückbehalt von Flächen in einem Umfang von bis zu 10% unschädlich für die Annahme einer Betriebsveräußerung gemäß §§ 16, 14 (BFH 24.2.2005 – IV R 28/00, BFH/NV 2005, 1062). Werden daher weniger als 10% der landwirtschaftlichen Grundstücksflächen zurückbehalten, ist im Umkehrschluss davon auszugehen, dass keine wesentliche Betriebsgrundlage im funktionalen Sinne gegeben ist. Hinsichtlich dieser zurückbehaltenen unwesentlichen Betriebsgrundlagen besteht für den Steuerpflichtigen das Wahlrecht, diese unter Aufdeckung der stillen Reserven ins Privatvermögen zu überführen. Dann ist insgesamt, also für den veräußerten Teil und die ins Privatvermögen überführten Flächen, §§ 14, 16, 34 anwendbar. Bewirtschaftet der veräußernde Landwirt die zurückbehaltenen, nicht wesentlichen Flächen jedoch, so stellen diese einen verkleinerten Betrieb dar. Diese Grenze von 10% als Wesentlichkeitsgrenze ist vom BFH auf die besonderen Verhältnisse bei der Land- und Forstwirtschaft zugeschnitten und deshalb nicht auf andere Einkommensarten oder Betriebsstrukturen ohne Weiteres übertragbar (BFH 18.6.2015 – IV R 11/13, BFH/NV 2015, 1398). **40**

Hofstelle, Wirtschaftsgebäude. Sowohl die Hofstelle als auch die Wirtschaftsgebäude gehören nach mittlerweile ständiger Rechtsprechung des BFH (BFH 18.3.1999 – IV R 65/98, BStBl. II 1999, 198; BFH 18.6.2015 – IV R 11/13, BFH/NV 2015, 1398; BFH 20.1.2005 – IV R 35/03, BFH/NV 2005, 1046; BFH 8.3.2007 – IV R 57/04, BFH/NV 2007, 1640) nicht mehr zu den funktional wesentlichen Betriebsgrundlagen eines land- und forstwirtschaftlichen Betriebs. In den Jahren vor 1999 gehen die Rechtsprechung und auch die Finanzverwaltung dagegen davon aus, dass die Hofstelle grundsätzlich eine wesentliche Betriebsgrundlage eines selbstbewirtschafteten landwirtschaftlichen Betriebes darstellt (BFH 15.10.1987 – IV R 66/86, BStBl. II 1988, 260; FG München 25.9.2018 – 12 K 3314/16, **41**

EFG 2019, 1448). Im Anwendungsbereich des § 14 können sowohl die Hofstelle als auch die Wirtschaftsgebäude auf Grund der in ihnen ruhenden stillen Reserven als quantitativ wesentliche Betriebsgrundlagen mit einzubeziehen sein. Dem eigengenutzten und noch der Nutzungswertbesteuerung unterliegenden Wohnhaus eines Landwirts, wobei es sich gemäß § 13 Abs. 2 Nr. 2 um ein Baudenkmal handeln muss, kommt eine solche Funktion nicht zu. Es gehört funktional nicht zu den wesentlichen Betriebsgrundlagen und wegen der Steuerbefreiung des Veräußerungs- oder Entnahmegewinns nach § 52 Abs. 15 S. 8 Nr. 1 EStG aF auch dann nicht, wenn es hohe stille Reserven enthielt. Bei Wirtschaftsgebäuden (Stallungen, Scheunen, Lagerhallen) ist zu differenzieren, ob es sich um einen aktiven oder passiven Betrieb handelt. Bei einem passiven Betrieb sind die Wirtschaftsgebäude keine wesentliche Betriebsgrundlage. Bei einem aktiven Betrieb sind Schuppen, Lagerhallen oder Maschinenhallen ebenfalls keine wesentlichen Betriebsgrundlagen. Etwas anderes könnte – entgegen der BFH-Rechtsprechung – bei tierhaltenden Betrieben gelten. Nur in diesen Fällen sind die Stallungen als wesentliche Betriebsgrundlage iSd § 14 einzuordnen.

42 **Umlaufvermögen.** Im Regelfall gehört das Umlaufvermögen bei einem Eigentumsbetrieb nicht zu den wesentlichen Betriebsgrundlagen. Maschinen und Tiere des Anlagevermögens können ohne Weiteres kurzfristig wiederbeschafft werden. Es kommt hier jedoch auf den Einzelfall an. So könnte die im Herdbuch eingetragene Kuhherde eines Grünlandbetriebs zu den wesentlichen Betriebsgrundlagen gehören. Für die Frage, ob ein WG den wesentlichen Betriebsgrundlagen zuzurechnen ist, kommt es in luf Betrieben vor allem auf die Funktion des jeweiligen WG und darauf an, ob es ohne Weiteres kurzfristig wieder beschaffbar ist (BFH 18.4.1991 – IV R 7/89, BStBl. II 1991, 833).

43 **Pachtbetrieb.** Beim Pächter eines luf Betriebs bildet das ihm gehörende lebende und tote Inventar, soweit es Anlagevermögen ist, idR die wesentliche Grundlage seines Pachtbetriebs. Das Gleiche gilt für einen gepachteten Teilbetrieb (vgl. BFH 26.10.1989 – IV R 25/88, BStBl. II 1990, 373).

44 **Produktions- und Lieferrechte.** Auch Produktionsrechte wie die Milchquote bis zu ihrem Auslaufen am 31.3.2015, Zuckerrübenrechte oder die Zahlungsansprüche nach der GAP-Reform zählen nicht zu den funktional wesentlichen Betriebsgrundlagen, da diese immateriellen Wirtschaftsgüter jederzeit kurzfristig wiederbeschafft werden können bzw. konnten. Aufgrund des Auslaufens der Milchgarantieregelung in 2015 sank zudem der Börsenpreis der Milchquote in den Jahren davor stetig, sodass in der Milchquote stille Reserven regelmäßig nicht vorhanden sein dürften.

45–47 *Einstweilen frei*

III. Veräußerung eines land- und forstwirtschaftlichen Teilbetriebs

48 **Begriff des Teilbetriebs.** Die Veräußerung eines luf Teilbetriebs liegt vor, wenn ein organisatorisch mit einer gewissen Selbständigkeit ausgestatteter Teil eines Betriebs der LuF veräußert wird. Nach BFH 1.2.1989 – VIII R 33/85 (BStBl. II 1989, 458) ist die Veräußerung eines im Aufbau befindlichen Teilbetriebs, der also noch keine werbende Tätigkeit aufgenommen hat, ebenfalls nach §§ 14, 16 begünstigt. Der veräußerte Teilbetrieb muss im Wesentlichen die Möglichkeit bieten, künftig als selbständiger Betrieb geführt werden zu können, auch wenn dies noch einzelne Ergänzungen oder Änderungen bedingen sollte. Der Teilbetrieb ist zu differenzieren von einem Betriebsteil eines LuF-Betriebs. Deshalb ist bei einem landwirtschaftlichen Betrieb mit Ackerbau und Tierhaltung von einem einheitlichen Betrieb mit zwei Betriebsteilen auszugehen.

49 **Landwirtschaftlicher Teilbetrieb.** In seinem Urteil BFH 29.3.2001 (IV R 62/99, BFH/NV 2001, 1248) hat sich der BFH zum **Teilbetrieb** in der LuF ausführlich geäußert. Danach definiert sich ein luf Teilbetrieb im steuerlichen Sinne als organisatorische Zusammenfassung personeller, sachlicher und anderer Arbeitsmittel zu einer selbständigen Einheit. Deshalb muss ein Teilbetrieb mit einer gewissen Selbständigkeit ausgestattet, organisch ein geschlossener Teil des Gesamtbetriebs und für sich lebensfähig sein. Anders und in Abgrenzung zu gewerblichen Betrieben sind für die Annahme eines Teilbetriebs in der Landwirtschaft nicht die örtliche Trennung, die Verwendung anderer Betriebsmittel, anderes Anlagevermögen, ein eigener Kundenstamm, eigenes Personal oder eine eigene Buchführung ausschlaggebend.

Nach **Auffassung des BFH** ist die eigene Hofstelle, das eigene Personal und besonderes Anlagevermögen für die geforderte Selbständigkeit in landwirtschaftlichen Betrieben weit gewichtiger als eine selbständige Buchführung, Gewinnermittlung oder eigene Abnehmer, auch wenn dies natürlich ein gewichtiges Indiz für einen Teilbetrieb sein kann. Deshalb ist für das Erfordernis der „gewissen Selbständigkeit" nicht Bedingung, dass eine völlige organisatorische Selbständigkeit der fraglichen Betriebsteile vorliegt Nach Auffassung des BFH ist für die Annahme eines selbständigen Teilbetriebs kein voller landwirtschaftlicher Besatz mit Betriebsgebäuden, Inventar oder Produktionsrechten erforderlich. Weiteres Indiz für die Annahme eines Teilbetriebs ist, ob der jeweilige Teilbetrieb eine bewertungsrechtliche Einheit darstellt. 50

Dieser Fall kann dann gegeben sein, wenn einem Einzelunternehmer ein weiterer landwirtschaftlicher Betrieb als Vorerbe zufällt, er aber verpflichtet ist, nach einem gewissen Zeitablauf diesen Betrieb an den Nacherben herauszugeben. Nach Auffassung des BFH liegt auch dann ein luf Teilbetrieb vor, wenn ein Abkömmling im Wege der vorweggenommenen Erbfolge einen ursprünglich selbständigen, aus eigener Hofstelle, Pachtflächen, lebendem Inventar und Kartoffellieferrechten bestehenden Betrieb beider Elternteile übernimmt, den der Vater neben einem weiteren Hof iSd HöfeO selbständig geführt und bewirtschaftet hat (BFH 29.3.2001 – IV R 62/99, BFH/NV 2001, 1248). Die **Milchviehhaltung** kann einen Teilbetrieb im Rahmen eines landwirtschaftlichen Betriebs bilden (BFH 17.4.2007 – IV B 91/06, BFH/NV 2007, 1853). Unter Bezugnahme auf BFH 26.10.1989 – IV R 25/88 (BStBl. II 1990, 373) kann nach Auffassung des BFH ein **Milchlieferungsrecht** allein keinen Teilbetrieb darstellen, weil es nicht die einzige wesentliche Betriebsgrundlage eines Milchviehbetriebs ist. Demgegenüber kann die **Milchproduktion** als solche sehr wohl einen Teilbetrieb darstellen, soweit die dafür erforderlichen WG, also Stallgebäude, Flächen, Tiere und Lieferrechte, vorhanden sind. Als erforderlich sind dabei jedoch nur die Flächen anzusehen, die gemäß § 13 Abs. 1 Nr. 1, § 51 Abs. 1a BewG aufgrund des vorhandenen Tierbestandes notwendig sind. 51

Forst, Pachtbetrieb, andere Nutzungen. Ein Teilbetrieb in diesem Sinne ist immer der gesamte Forstbetriebsteil eines Land- und Forstwirts. Einzelne Forstflächen können ab einer bestimmten Größe auch die Voraussetzungen eines forstwirtschaftlichen Teilbetriebs erfüllen. Zur Teilbetriebseigenschaft von forstwirtschaftlichen Flächen s. BMF 18.5.2018, BStBl. I 2018, 689. Danach geht die Finanzverwaltung nunmehr bundesweit davon aus, dass ein Forstbetrieb oder ein Teilbetrieb Forst einen Mindestflächenumfang von 1 ha forstwirtschaftlicher Nutzfläche aufweisen muss. Dies erfolgt aus der Bezugnahme auf das BMF-Schreiben v. 16.5.2012 (BStBl. I 2012, 595). Diese Teilbetriebseigenschaft ist auch dann gegeben, wenn diese forstwirtschaftlichen Flächen einem landwirtschaftlichen Betrieb zugeordnet werden. Andere Nutzungen iSd BewG bilden dagegen innerhalb des luf Betriebs nicht ohne Weiteres einen selbständigen Teilbetrieb. Bei einem Betrieb mit Landwirtschaft und Weinbau können zwei Teilbetriebe im einkommensteuerrechtlichen Sinne vorliegen, wenn die Nutzflächen zwischen landwirtschaftlicher und weinbaulicher Nutzung nicht ausgetauscht werden und auch die Maschinen/Betriebsvorrichtungen und die Wirtschaftsgebäude im Wesentlichen getrennt vorhanden sind. Zum Teilbetriebsbegriff während einer Verpachtung BFH 30.5.2007 – IV B 93/06 (BFH/NV 2007, 2051). 52

Nebenbetriebe. Luf Nebenbetriebe iSd § 13 Abs. 2 Nr. 1 können entweder selbständige Betriebe oder Teilbetriebe sein. Besteht eine enge Verbindung zum luf Hauptbetrieb, ist der Nebenbetrieb als Teilbetrieb zu beurteilen. Sind dagegen Hauptbetrieb und Nebenbetrieb getrennt zu beurteilen, ist der Nebenbetrieb auch ein selbständiger Betrieb iSd § 14. 53

Mehrere Teilbetriebe. Die Anforderungen an das Vorhandensein mehrerer Teilbetriebe sind dagegen geringer (vgl. BFH 26.10.1989 – IV R 25/88, BStBl. II 1990, 373, das einen 11 km vom Eigentumsbetrieb belegenen Pachtbetrieb betrifft). Ab 100 km Entfernung geht die Rechtsprechung jedenfalls bei luf Einzelunternehmen von rechtlich selbständigen Betrieben aus (BFH 19.7.2011 – IV R 10/09, BStBl. II 2012, 93). Eine PersG kann nicht mehrere selbständige luf Betriebe, sondern allenfalls mehrere Teilbetriebe haben. Allerdings können die gleichen Personen an verschiedenen PersG beteiligt sein, die jeweils selbständige luf Betriebe bewirtschaften. Dies gilt zB dann, wenn eine PersG in den alten Bundesländern und auch in den neuen Bundesländern jeweils einen in sich geschlossenen landwirtschaftlichen Betrieb bewirtschaftet (BFH 10.2.1989 – III R 78/86, BStBl. II 1989, 467). 54

55 **Veräußerung eines Teilbetriebs.** Ähnlich wie der Veräußerungsgewinn eines ganzen Betriebs ist auch die Veräußerung eines Teilbetriebs nach §§ 14, 16 nur begünstigt, wenn alle wesentlichen Betriebsgrundlagen veräußert werden. Das Zurückbehalten von WG, die nicht zu den wesentlichen Betriebsgrundlagen gehören, schadet nicht.

56 **Kleinstbetrieb (3.000 qm-Grenze).** Landwirtschaftliche Nutzflächen von mehr als 3.000 qm stellen nicht allein im Hinblick auf ihre Größe einen landwirtschaftlichen Teilbetrieb dar (BFH 16.11.2017 – VI R 63/15, DStRE 2018, 193). Auch wenn die Grenze von 3.000 qm als Nichtaufgriffsgrenze für die Annahme eines landwirtschaftlichen Betriebsvermögens herangezogen wird, kann ein bestehender landwirtschaftlicher Betrieb als Sachgesamtheit nicht in einer Vielzahl von Teilbetrieben in Größe von jeweils 3.000 qm aufgeteilt werden. In diesen Fällen fehlt es an dem von der Rechtsprechung geforderten Indiz der gewissen Selbständigkeit und Lebensfähigkeit eines Teilbetriebs. Zur Mindestfläche siehe Gleichlautende Ländererlasse, zB Erlass FM Niedersachsen vom 25.4.1972 (S 2000-14-311).

IV. Aufgabe eines land- und forstwirtschaftlichen Betriebs

1. Allgemeines

57 **Betriebsaufgabe.** Voraussetzung für eine Betriebsaufgabe iSd § 14, § 16 Abs. 3 ist, dass der Steuerpflichtige auf Grund eines Entschlusses alle wesentlichen Betriebsgrundlagen in einem einheitlichen Vorgang entweder in das Privatvermögen überführt, an verschiedene Erwerber veräußert oder sie teilweise veräußert und teilweise in das Privatvermögen überführt. Durch die Handlungen des Steuerpflichtigen muss der luf Betrieb als selbständiger Organismus des Wirtschaftslebens aufhören zu bestehen. Die gesamten Handlungen müssen sich als einheitlicher Vorgang darstellen, was bedeutet, dass die Veräußerungen und Entnahmen innerhalb eines kurzen Zeitraums durchzuführen sind (BFH 19.5.2005 – IV R 17/02, BStBl. II 2005, 637). Die Betriebsaufgabe eines aktiv bewirtschafteten Betriebs ist im Regelfall nicht stichtagbezogen, sondern zeitraumbezogen.

58 **Keine Betriebsaufgabe** in diesem Sinne ist die allmähliche Abwicklung eines Betriebs (BFH 27.10.1983 – IV R 217/81, BStBl. II 1984, 364; zur Abgrenzung von der Betriebsaufgabe und der Verkleinerung des Betriebs vgl. BFH 5.12.1996 – IV R 65/95, BFH/NV 1997, 225), der Strukturwandel von einem landwirtschaftlichen Betrieb zu einem Gewerbebetrieb oder umgekehrt (BFH 7.10.1974 – GrS 1/73, BStBl. II 1975, 168) und der Wechsel vom landwirtschaftlichen Erwerbsbetrieb zum Liebhabereibetrieb (BFH 29.10.1981 – IV R 38/78, BStBl. II 1982, 381). Während einer Betriebsverpachtung kann der Land- und Forstwirt die Betriebsaufgabe dagegen stichtagsbezogen gemäß § 16 Abs. 3b (früher EStR 16 Abs. 5) erklären, ohne eine solche Erklärung liegt eine Aufgabe des Betriebs nicht vor. Der Entschluss zur Betriebsaufgabe muss spätestens vorliegen, wenn der Steuerpflichtige mit objektiv auf die Auflösung des Betriebs gerichteten Handlungen beginnt (BFH 15.6.2011 – IV B 143/09, BFH/NV 2011, 1694).

59 **Beendigung der LuF-Tätigkeit.** Stellt der Land- und Forstwirt die werbende Tätigkeit ein, so ist hierin noch nicht zwingend eine Betriebsaufgabe zu sehen. Es kann sich nur um eine vorübergehende Betriebsunterbrechung handeln (vgl. BFH 17.12.1991 – IV R 97/89, BStBl. II 1992, 392), evtl. auch zum Zweck der räumlichen Betriebsverlegung. Auch wenn der Steuerpflichtige die Bewirtschaftung des Betriebs in absehbarer Zeit nicht wieder aufnehmen will, kann er zwischen einer begünstigten Betriebsaufgabe und einer nicht begünstigten allmählichen Betriebsabwicklung entscheiden (vgl. BFH 25.7.1972 – VIII R 3/66, BStBl. II 1972, 936; BFH 27.10.1983 – IV R 217/81, BStBl. II 1984, 364; BFH 5.12.1996 – IV R 65/95, BFH/NV 1996, 225; BFH 19.5.2005 – IV R 17/02, BStBl. II 2005, 637; BFH 16.12.2009 – IV R 7/07, BStBl. II 2010, 431). Seine Entscheidung kann er durch eindeutige Erklärungen gegenüber dem Finanzamt zum Ausdruck bringen, die aber nicht in Widerspruch zu seinem tatsächlichen Verhalten stehen dürfen. Eine Betriebsaufgabe kann nur noch in Ausnahmefällen auf Grund der tatsächlichen Maßnahmen des Steuerpflichtigen vorliegen. Der BFH geht immer davon aus, dass eine Zwangsbetriebsaufgabe eines landwirtschaftlichen Betriebs durch Umbau der Stallgebäude regelmäßig nicht möglich sein soll (BFH 20.1.2005 – IV R 35/03, BFH/NV 2005, 1046). Zudem sind nunmehr die Voraussetzungen des § 16 Abs. 3b zu beachten. Die Flucht eines Landwirts unter Zurücklassung von Zetteln mit der

Anweisung zur Betriebsauflösung bewirkt keine sofortige Aufgabe eines aktiv bewirtschafteten landwirtschaftlichen Betriebs. Erforderlich ist darüber hinaus die Umsetzung des Entschlusses zur Betriebsaufgabe durch Veräußerung und/oder Entnahme der wesentlichen Betriebsgrundlagen (BFH 30.8.2007 – IV R 5/06, BStBl. II 2008, 113).

Die Einräumung eines Vermächtnisnießbrauchs an einem Betrieb führt ohne Aufgabeerklärung nicht zu einer Betriebsaufgabe (BFH 25.1.1996 – IV R 19/94, BFH/NV 1996, 600; zum Vorbehaltsnießbrauch FG Münster 18.9.2014 – 13 K 724/11 E, EFG 2014, 2133; Revision unbegründet: BFH 25.1.2017 – X R 59/14, BFH/NV 2017, 1077). Werden dagegen sämtliche landwirtschaftliche Nutzflächen an Dritte übertragen und nur das Hofgrundstück zurückbehalten, ist von einer Betriebsaufgabe auszugehen (BFH 16.12.2009 – IV R 7/07, BStBl. II 2010, 431). Deshalb ist auch von einer Zerschlagung und damit einer Betriebsaufgabe eines luf Betriebs auszugehen, wenn ein Betrieb auf mehrere Erben zu Alleineigentum übertragen wird (BFH 16.12.2009 – IV R 7/07, BStBl. II 2010, 431; BFH 26.9.2013 – IV R 16/10, BFH/NV 2014, 324). Dies gilt für die Auseinandersetzung einer Erbengemeinschaft dann nicht, wenn die Grundsätze der Realteilung anzuwenden sind (FG Niedersachsen 2.7.2013 – 15 K 265/11, DStRE 2014, 1095). Zum Verpächterwahlrecht bei der Realteilung → Rn. 75 ff. Zum Verpächterwahlrecht bei der Realteilung einer Mitunternehmerschaft siehe BFH 17.5.2018 – VI R 66/15, DStR 2018, 2135; BFH 17.5.2018 – VI R 73/15, BFH/NV 2018, 1249. 60

Fehlende Aufgabeerklärung. In mehreren Urteilen und Beschlüssen hat der BFH klar zum Ausdruck gebracht, dass eine Betriebsaufgabe eines LuF Betriebs ohne ausdrückliche Entnahme- oder Betriebsaufgabeerklärung nicht möglich ist (BFH 5.7.2006 – IV B 91/05, BFH/NV 2006, 2245; BFH 4.6.2007 – IV B 88/06, BFH/NV 2007, 2088; BFH 14.5.2009 – IV R 44/06, BStBl. II 2009, 811). Deshalb sind folgende Kriterien für eine Betriebsaufgabe heranzuziehen: 61

- Landwirtschaftlich genutzte Grundstücke bleiben bei einer Nutzungsänderung, durch die sie nicht zum notwendigen Privatvermögen werden, ohne eine ausdrückliche unmissverständliche Entnahme- oder Aufgabeerklärung landwirtschaftliches Betriebsvermögen; dies gilt auch dann, wenn der Landwirt seinen Gewinn gemäß § 13a ermittelt;
- für die Entnahme- oder die Aufgabeerklärung bedarf es einer unmissverständlichen und von einem entsprechenden Willen getragenen Handlung oder Erklärung, wie sie seit dem 4.11.2011 auch § 16 Abs. 3b fordert. Dafür muss der Steuerpflichtige die sich aus einer Entnahme- oder Aufgabeerklärung ergebenen Folgerungen ziehen und den Gewinn entsprechend erklären;
- eine objektiv falsche Zuordnung der Einkünfte zu der Einkunftsart Vermietung und Verpachtung ist dagegen weder subjektiv als Entnahme- oder Aufgabeerklärung gemeint noch objektiv entsprechend zu verstehen (so auch FG Münster, 26.4.2018 – 6 K 4135/14 F, EFG 2018, 1362; Rev.VI R 30/18); daran ändert sich auch nichts, wenn langjährig unzutreffende Steuererklärungen eingereicht und die Veranlagungen entsprechend durchgeführt wurden.

Beweislast. Streitig zwischen Steuerpflichtigem und der Finanzverwaltung ist häufig die Frage, wer die Beweislast einer in der Vergangenheit angenommenen Betriebsaufgabe trägt. Geht es um die Frage, ob eine Aufgabeerklärung überhaupt vorgelegen hat, hat der Steuerpflichtige die Beweislast, denn er macht insoweit eine steuermindernde Regelung geltend. Geht es aber um die Frage, ob es sich bei dem Betrieb zuvor überhaupt um steuerliches Betriebsvermögen gehandelt hat, also eine steuerbegründende Regelung, trägt die Finanzverwaltung die Beweislast (FG Münster 5.9.2018 – 7 K 1694/17 F, EFG 2018, 1703). Zur Frage objektiver Beweisanzeichen s. BFH 5.5.2011 (IV R 48/08, BStBl. II 2011, 792; BFH 20.5.2014 – IV B 81/13, BFH/NV 2014, 1366; FG Münster 13.6.2014 – 4 K 4560/11 F, EFG 2014, 1668). In dem Urteil vom 5.5.2011 ging der BFH von Betriebsvermögen aus und begründete dies mit der bewertungsrechtlichen Einordnung, der Zahlung von Beiträgen an die Landwirtschaftskammer sowie von Beiträgen an die Landwirtschaftliche Berufsgenossenschaft. 62

Diese Entscheidung **überzeugt nicht.** Die bewertungsrechtliche Einordnung als Betrieb der LuF hat nichts mit der ertragsteuerlichen Betriebsvermögensdefinition zu tun. Auch sind Beiträge an die Landwirtschaftskammer Zwangsbeiträge, die jeder Grundeigentümer unabhängig von der steuerlichen Einordnung tragen muss. Beiträge an die Landwirtschaftli- 63 che Berufsgenossenschaft ab einer bestimmten Größe werden ebenfalls immer fällig, egal ob diese Flächen genutzt oder nicht genutzt werden. Allerdings hat der BFH (Urteil BFH 5.5.2011 – IV R 48/08, BStBl. II 2011, 792) dies nur als Beweisanzeichen gewertet, die vom Steuerpflichtigen durch anderweitige Beweise erschüttert werden können. Dies ist zB dann gegeben, wenn nachgewiesen wird, dass zum Zeitpunkt der Einführung der Bodengewinnbesteuerung 1970 in einer Steuererklärung Einkünfte aus VuV erklärt worden sind.

64 **Stilllegung eines Betriebs.** Die Stilllegung stellt nicht notwendig eine Betriebsaufgabe dar (BFH 28.9.1995 – IV R 39/94, BStBl. II 1996, 276). Sie kann aber eine Betriebsaufgabe sein, wenn sie ausdrücklich erklärt wird. Aufgrund der Rechtsprechung des BFH seit 1999 (BFH 18.3.1999 – IV R 65/98, BStBl. II 1999, 398) ist jedoch davon auszugehen, dass ein innerbetrieblicher Strukturwandel nicht zur Einstellung der bisherigen landwirtschaftlichen Tätigkeit oder einer Zwangsaufgabe führt. Erforderlich ist in diesen Fällen immer eine eindeutige Betriebsaufgabeerklärung des bisherigen Betriebsinhabers (BFH 18.7.2003 – IV B 60/03, BFH/NV 2004, 31; BFH 29.7.2004 – IV B 204/02, BFH/NV 2004, 1647; BFH 26.8.2004 – IV R 52/02, BFH/NV 2005, 674; BFH 20.1.2005 – IV R 35/03, BFH/NV 2005, 1046; BFH 19.3.2009 – IV R 45/06, BStBl. II 2009, 902).

65 **Verkauf wesentlicher Betriebsgrundlagen.** Soweit wesentliche Grundlagen des Betriebsvermögens veräußert oder verschenkt werden, liegt eine Betriebsaufgabe mit der Folge vor, dass die verpachteten Wirtschaftsgüter zwangsweise ins Privatvermögen überführt werden müssen (FG München, 25.9.2018 – 12 K 3314/16, EFG 2019, 1448). In dem entschiedenen Fall wurde im Jahr 1974 die Hofstelle veräußert und die verbleibenden wenigen Flächen an verschiedene Landwirte verpachtet. Das Gericht ging von einer Zwangsbetriebsaufgabe durch die Veräußerung der Hofstelle als wesentliche Betriebsgrundlage aus, weil zum damaligen Zeitpunkt die Rechtsauffassung vorherrschte, dass für den Betrieb einer Land- und Forstwirtschaft eine eigene Hofstelle zwingend erforderlich sei. Deshalb konnte der Betrieb nicht mehr identitätswahrend fortgeführt werden, sodass auch das Verpächterwahlrecht für die verbliebenen, parzellenweise verpachteten Flächen nicht anwendbar war.

66 **Betriebsaufgabe Forst.** Hinsichtlich eines Forstbetriebs läuft eine Betriebsaufgabeerklärung ins Leere. Die Bewirtschaftung von Forstflächen, sei es als eigenständiger Betrieb oder als Teilbetrieb, gilt immer als betriebliche Tätigkeit. Dies gilt zumindest dann, wenn das Forstareal eine gewisse Mindestgröße mit einem entsprechenden Baumbestand hat, der auch eine gewisse Bestandspflege erfordert (FG München 1.12.2014 – 7 K 2162/12, 12, EFG 2015, 379; FG München 15.12.2014 – 7 K 2242/12, EFG 2015, 376). Nach Auffassung der Finanzverwaltung beträgt die Mindestgröße 1 ha forstwirtschaftliche Fläche (BMF 18.5.2018, BStBl. I 2018, 689). Dies ist damit zu begründen, dass ohne Weiteres Zutun der Steuerpflichtige von dem naturbedingt gegebenen Wachstum der Bäume profitiert (zur Betriebsvermögenseigenschaft einer Forstfläche durch Samenflug siehe BFH 18.5.2000 – IV R 28/98, BFH/NV 2000, 1455). Eine Betriebsaufgabe beim forstwirtschaftlichen Betrieb oder Teilbetrieb ist daher zumindest ab einer gewissen Mindestgröße naturbedingt nicht möglich (dazu LfSt. Bayern 14.10.2014, BeckVerw 290647). Die ertragsteuerliche Entnahme kleinerer forstwirtschaftlicher Flächen ist dagegen möglich, wobei sich dies auf Flächen bis ca. 1 ha beschränkt (BMF 18.5.2018, BStBl. I 2018, 689).

67–68 *Einstweilen frei*

2. Wesentliche Betriebsgrundlagen

69 **Wesentliche Betriebsgrundlage.** Für eine steuerbegünstigte Betriebsaufgabe ist es erforderlich, dass alle – funktional und quantitativ – wesentlichen Betriebsgrundlagen innerhalb kurzer Zeit veräußert oder entnommen werden. Unschädlich ist die Zurückbehaltung oder Überführung von WG in ein anderes Betriebsvermögen des Steuerpflichtigen, die nicht zu den wesentlichen Betriebsgrundlagen gehören. Ebenfalls ist es unschädlich, wenn die vorhandenen landwirtschaftlichen Flächen an verschiedene Personen übertragen und das Hofgrundstück zurückbehalten wird. In diesem Fall gilt das zurückbehaltene Hofgrundstück als in das Privatvermögen überführt (BFH 16.12.2009 – IV R 7/07, BStBl. II 2010, 431). Eine steuerbegünstigte Betriebsaufgabe liegt jedoch nicht vor, wenn wesentliche Betriebsgrundlagen entweder in ein anderes Betriebsvermögen des Steuerpflichtigen überführt oder über längere Zeit nicht veräußert und auch nicht entnommen (zB weil es sich um WG

handelt, die ihrer Art nach kein Privatvermögen sein können) werden. Wurde dagegen in einer Zeit, in der die Hofstelle noch als wesentliche Betriebsgrundlage angesehen wurde, diese veräußert, konnte für die zurückbehaltenen Flächen nicht das Verpächterwahlrecht in Anspruch genommen werden, sodass diese zusammen mit der Veräußerung der Hofstelle zwangsweise ins Privatvermögen zu überführen sind (FG München, 25.9.2018 – 12 K 3314/16, EFG 2019, 1448).

Keine Betriebsaufgabe, sondern eine Einschränkung des Betriebs, liegt vor, wenn der Land- und Forstwirt den Umfang seiner Tätigkeit reduziert. Das gilt auch, wenn dadurch ein bisheriger Vollerwerbsbetrieb zu einem Nebenerwerbsbetrieb wird. Veräußert daher beispielsweise der Inhaber eines 30 ha-Betriebs 25 ha und die nicht mehr benötigten Betriebsmittel, und schränkt er auch die Tierhaltung erheblich ein, bewirtschaftet aber die verbleibenden 5 ha weiter, ist §§ 14, 16 nicht anzuwenden. Es handelt sich weder um eine Betriebsaufgabe noch um eine Betriebsveräußerung (vgl. BFH 15.2.1990 – IV R 59/89, BStBl. II 1991, 11), sondern um eine Betriebsfortführung auf verkleinerter Basis. 70

Einheitlicher Vorgang. Die begünstigte Betriebsaufgabe muss in einem einheitlichen Vorgang vollzogen werden. Sie kann verschiedene Einzelakte umfassen (Veräußerungen und Entnahmen), die sich immer über einen bestimmten Zeitraum erstrecken. Die Betriebsaufgabe beginnt nicht bereits mit dem entsprechenden Entschluss des Steuerpflichtigen und auch nicht mit dessen bloßer Kundgabe nach außen, sondern mit der ersten Veräußerung oder Entnahme, die sich in Vollzug dieses Entschlusses auf eine wesentliche Betriebsgrundlage bezieht (zur Unterscheidung zwischen der Vorbereitung einer künftigen Betriebsaufgabe und zum Beginn dieser Betriebsaufgabe vgl. BFH 5.7.1984 – IV R 36/81, BStBl. II 1984, 711; BFH 16.12.2009 – IV R 7/07, BStBl. II 2010, 431). Die Betriebsaufgabe endet mit der Veräußerung oder Entnahme der letzten wesentlichen Betriebsgrundlage. Was als kurzer Zeitraum gilt, richtet sich nach den Umständen des Einzelfalles (Einzelfälle s. Schmidt/*Wacker* § 16 Rn. 193). Nicht erforderlich ist, dass alle Betriebsaufgabevorgänge in einem VZ abgewickelt werden; sie können sich über mehrere VZ erstrecken. 71

Zieht sich die Aufdeckung der stillen Reserven über mehrere Jahre hin, handelt es sich idR um eine schrittweise Betriebsabwicklung. Ein einheitlicher Vorgang wird immer vorliegen, wenn der Abwicklungszeitraum nicht mehr als sechs Monate beträgt (BFH 25.6.1970 – IV 350/64, BStBl. II 1970, 719). Aber auch ein Zeitraum von 14 oder 18 Monaten kann noch als kurze Zeit idS angesehen werden, wenn besondere Umstände vorliegen (BFH 17.12.2008 – IV R 11/06, BFH/NV 2009, 937: 15 Monate). Es ist dem Steuerpflichtigen nicht zuzumuten, landwirtschaftliche Grundstücke weit unter Preis schnellstmöglich zu veräußern, nur um die Steuervergünstigung noch erhalten zu können (s. auch BFH 16.9.1966 – VI 118/65, VI 119/65, BStBl. III 1967, 70; BFH 8.9.1976 – I R 99/75, BStBl. II 1977, 66: danach ist ein Zeitraum von 5 Jahren in keinem Falle mehr ein kurzer Zeitraum). 72

Der **Abwicklungszeitraum** kann nicht dadurch abgekürzt werden, dass WG, die bei Aufgabe des Betriebs nicht veräußert worden sind, formell in das Privatvermögen überführt werden, um sie anschließend privat zu veräußern. Dies gilt vor allem für WG, die ihrer Art nach kein Privatvermögen sein können. In solchen Fällen setzt der Steuerpflichtige idR seine unternehmerische Tätigkeit fort (s. BFH 16.9.1966 – IV 118/65, IV 119/65, BStBl. III 1967, 70). Der BFH hat es abgelehnt, die Grundsätze der Gesamtplanrechtsprechung in dem Fall heranzuziehen, wenn das landwirtschaftliche Betriebsvermögen in zwei Akten auf den potenziellen Erben übertragen wird (BFH 16.12.2009 – IV R 7/07, BStBl. II 2010, 431). 73

Einstweilen frei 74

V. Verpächterwahlrecht

1. Allgemeines

Verpächterwahlrecht. Verpachtet der Steuerpflichtige seinen Betrieb an einen einzigen Pächter oder in der LuF auch parzelliert, so kann er ihn auf Dauer fortführen, eine zwangsweise Betriebsaufgabe findet nicht statt. Dazu siehe § 16 Abs. 3b, → § 16 Rn. 1114 ff. Eine Betriebsverpachtung im Ganzen liegt vor bei einer Verpachtung nur an einen Pächter, eine parzellenweise Verpachtung dagegen bei einer Verpachtung an mehrere Pächter. Der Verpächter kann die Betriebsaufgabe gemäß § 16 Abs. 3b jederzeit erklären, dadurch entsteht 75 ein begünstigter Betriebsaufgabegewinn zu dem in der Erklärung festgelegten Zeitpunkt. Es gibt in diesem Falle keinen Aufgabezeitraum, sodass vor dem Aufgabezeitpunkt stattfindende Veräußerungen nicht zum Betriebsaufgabegewinn gehören (BFH 5.3.1996 – IV B 78/95, BFH/NV 1996, 735). Etwas anderes gilt aber in den Fällen, in denen ein zeitlicher und sachlicher Zusammenhang zwischen der Aufgabeerklärung und der zuvor erfolgten Veräußerung einzelner WG gegeben ist und die Erklärung den Abschluss darstellt.

76 **Eiserne Verpachtung.** Ein besonderer Fall der Gesamtbetriebsverpachtung ist die Eiserne Verpachtung. Es handelt sich dabei um die Inventarübernahme zum Schätzwert gemäß § 582a BGB, die ein häufiger Fall der Verpachtung zwischen Eltern und Kindern in der LuF als Vorstufe der späteren Hofnachfolge darstellt. Vorteil dieser Regelung ist, dass das Kind, also der Betriebspächter, mit einem voll eingerichteten Betrieb starten kann. Steuerlich ist bei einer solchen Nutzungsüberlassung von Betrieben mit Substanzerhaltungspflicht des Berechtigten die Buchwertmethode als allgemeine Billigkeitsregelung von Seiten der Finanzverwaltung anerkannt (BMF 21.2.2002, BStBl. I 2002, 262). Die Finanzverwaltung erkennt an, dass die Eiserne Verpachtung im Vorgriff auf die spätere Hofübertragung erfolgt. Von daher können Pächter und Verpächter besondere Erleichterungen in Anspruch nehmen. Bedingung ist, dass der Verpächter spätestens zum Ende des WJ, in dem die Verpachtung beginnt, zur EÜR gemäß § 4 Abs. 3 übergeht und der Pächter gemäß § 4 Abs. 1 bilanziert.

77 **Drei-Monats-Frist.** Eine Betriebsaufgabeerklärung kann für einen Zeitpunkt drei Monate vor Abgabe der Erklärung angenommen werden, soweit der Steuerpflichtige dies beantragt. Die bisherige Verwaltungsregelung gemäß EStR 16 Abs. 5 S. 6 ist durch das StVereinfG 2011 v. 1.11.2011 (BGBl. 2011 I 2131) in das Gesetz aufgenommen worden und zwar in § 16 Abs. 3b. Die Regelung ist gemäß § 52 Abs. 34 S. 9 EStG aF nur für Betriebsaufgaben nach dem 4. 11. 11 anzuwenden. Zu den Einzelheiten der Verwaltungsauffassung siehe BMF 22.11.2016, BStBl. I 2016, 1326. Eine Betriebsaufgabeerklärung gem. § 16 Abs. 3b ist eine Gestaltungserklärung und steht damit im Bestimmungsrecht des Steuerpflichtigen, sodass eine freie Widerrufbarkeit nach den üblichen Regeln bis zum Eintritt der materiellen Bestandskraft des Steuerbescheids möglich ist. Eine Angabe von Gründen für die Rücknahme ist nicht erforderlich (zum Pauschalierungswahlrecht gem. § 37b BFH 15.6.2016 – VI R 54/15, BStBl. II 2016, 1010; *Kanzler* FR 2017, 573).

78 **Widerruf Betriebsaufgabeerklärung.** Wird eine Betriebsaufgabeerklärung widerrufen, lebt die Betriebsfortführungsfiktion des Verpächterwahlrechts wieder auf. Ohne die Abgabe einer Betriebsaufgabeerklärung zu einem Stichtag vollzieht sich die Betriebsaufgabe immer über einen bestimmten Zeitraum. Während des Abwicklungszeitraums kann der Steuerpflichtige einzelne WG entnehmen, insbesondere solche, die er nicht veräußern, sondern privat nutzen oder vermieten bzw. verpachten will. Dadurch kann sich der Abwicklungszeitraum so verkürzen, dass eine begünstigte Betriebsaufgabe vorliegt. Werden WG weder veräußert noch entnommen, so erfolgt ihr Übergang in das Privatvermögen in dem Zeitpunkt, in dem nach Einstellung der werbenden Tätigkeit alle anderen wesentlichen Betriebsgrundlagen veräußert oder entnommen worden sind (BFH 26.3.1991 – VIII R 73/87, BFH/NV 1992, 227; BFH 16.12.2009 – IV R 7/07, BStBl. II 2010, 431). Für den Bereich der Land- und Forstwirtschaft ist dagegen ohne zeitliche Begrenzung von einer Fortführung des Betriebs auszugehen, solange die Möglichkeit besteht, den Betrieb fortzuführen (BFH 19.3.2009 – IV R 45/06, BStBl. II 2009, 902). Dies ist idR anzunehmen, wenn die verbleibende Fläche größer als 3.000 qm landwirtschaftliche Nutzfläche ist (BFH 5.5.2011 – IV R 48/08, BStBl. II 2011, 792; FG Münster 13.6.2014 – 4 K 4560/11 F, EFG 2014, 1668).

79 **Verkauf wesentliche Betriebsgrundlage.** Dagegen steht das Verpächterwahlrecht dann nicht zur Verfügung, wenn wesentliche Grundlagen des Betriebsvermögens veräußert werden und so die identitätswahrende Fortführung des landwirtschaftlichen Betriebes nicht mehr möglich ist (FG München, 25.9.2018 – 12 K 3314/16, EFG 2019, 1448). In dem entschiedenen Fall wurde die Hofstelle im Jahr 1974 verkauft, zu einem Zeitpunkt, in dem die Rechtsprechung und die Finanzverwaltung die Hofstelle noch als zu den wesentlichen Betriebsgrundlagen eines land- und forstwirtschaftlichen Betriebes zählten. Die in diesem Fall zurückbehaltenen Flächen sind zwangsweise in das Privatvermögen zu überführen.

80–81 *Einstweilen frei*

82 **Parzellenweise Verpachtung.** Das Verpächterwahlrecht ist Land- und Forstwirten von der Finanzverwaltung ursprünglich nur bei der Betriebsverpachtung im Ganzen eingeräumt

worden (FM Niedersachsen 17.12.1965, BStBl. II 1966, 34). Bei der Verpachtung von luf Flächen an mehrere Pächter, also bei der parzellenweisen Verpachtung, sollte dagegen eine Betriebsaufgabe vorliegen, wenn der Landwirt nicht eine ausdrückliche Fortführungserklärung abgegeben hat. Der BFH hat dies immer anders gesehen und zuletzt in BFH 15.10.1987 (IV R 66/86, BStBl. II 1988, 260) entschieden, dass auch bei der parzellenweisen Verpachtung das Verpächterwahlrecht in Anspruch genommen werden kann.

Stichtag 15.4.1988. Bei einer parzellenweisen Verpachtung, die vor dem Datum der 83
Veröffentlichung des Urteils BFH 15.10.1987 (IV R 66/86, BStBl. II 1988, 260) – dies war der 15.4.1988 – begann, ist aus Billigkeitsgründen aufgrund der bis dato anderen Auffassung der Finanzverwaltung von einer Betriebsaufgabe des gesamten Betriebs auszugehen (FG Niedersachsen 28.2.2007 – 2 K 710/04, EFG 2008, 49; anders bei Nichtverpachtung der ebenfalls vorhandenen Forstflächen, FG Niedersachsen 3.9.2012 l – 2 K 13088/11, BeckRS 2013, 94564). Nach Auffassung der Rechtsprechung handelt es sich bei dem Verpachtungserlass aus dem Jahre 1965 (FM Niedersachsen 17. 12. 65, BStBl. II 1966, 34) um einen auch für die Gerichte im Billigkeitsverfahren zu berücksichtigenden Verwaltungsakt, der die Anpassung der Verwaltungspraxis an die geänderte Rechtsauffassung des BFH zum Verpächterwahlrecht erleichtern sollte.

Billigkeitserlasse. Dementsprechend gab es in den **verschiedenen Bundesländern** 84
gesonderte Erlasse zur parzellenweisen Verpachtung (zB für Nordrhein-Westfalen: OFD Münster/Köln 7.1.1991, DB, 1991, 523; OFD München 10.6.1991, MittBayNot 1991, 228). Daher ist bei der parzellenweisen Verpachtung von einer zwangsweisen Betriebsaufgabe nur dann auszugehen, wenn diese vor dem 15.4.1988 begonnen wurde, der Landwirt keine steuerliche Fortführungserklärung abgegeben und in der Folgezeit keine Einkünfte aus LuF gemäß § 13 erklärt hatte. Die entsprechenden Verwaltungsanweisungen werden von der Rechtsprechung als Billigkeitsmaßnahmen eingeordnet, die den Steuerpflichtigen aus Gründen des Vertrauensschutzes besser stellen. Dies muss aber in einem gesonderten Billigkeitsverfahren nach Maßgabe der §§ 163, 227 AO geltend gemacht werden (BFH 8.3.2007 – IV R 57/04, BFH/NV 2007, 1640).

Teilentgeltlichkeit. Auch bei einer teilentgeltlichen Veräußerung eines im Ganzen ver- 85
pachteten Betriebs setzt sich das Verpächterwahlrecht beim Erwerber fort (Urteil BFH 6.4.2016 – X R 52/13, BStBl. II 2016, 710). Soweit ein verpachteter Betrieb entgeltlich auf einen Betriebsnachfolger übergeht oder veräußert wird, erlischt das Verpächterwahlrecht. Der Erwerber hat in diesen Fällen von Anfang an Privatvermögen, was regelmäßig bei dem Erwerb eines land- und forstwirtschaftlichen Betriebs ohne nachfolgende Eigenbewirtschaftung anzunehmen ist. Es fehlt an der Möglichkeit der Zuordnung der erworbenen Wirtschaftsgüter zu einem gewillkürten oder notwendigen Betriebsvermögen eines land- und forstwirtschaftlichen Betriebs (Urteil BFH 29.3.2001 – IV R 88/99, BStBl. II 2002, 791). Die Eigenbewirtschaftung ist daher beim entgeltlichen Erwerb eines ganzen Betriebs Voraussetzung für die Inanspruchnahme des Verpächterwahlrechts (Urteil BFH 20.4.1989 – IV R 95/87, BStBl. II 1989, 863). Diesen Entscheidungen liegt der Rechtsgedanke zugrunde, dass das Verpächterwahlrecht an dem Betrieb haftet. Hat der entgeltliche Erwerber den Betrieb zu keinem Zeitpunkt selber bewirtschaftet, kann er das Verpächterwahlrecht im Rahmen einer entgeltlichen Veräußerung nicht in Anspruch nehmen.

Verpächterwahlrecht bei unentgeltlicher Rechtsnachfolge. Geht dagegen ein ver- 86
pachteter Betrieb unter Inanspruchnahme des Verpächterwahlrechts unentgeltlich im Wege der Erbfolge oder der Schenkung auf einen Dritten über, so tritt dieser gemäß § 6 Abs. 3 in die Fußstapfen des Rechtsvorgängers. Mithin hat der unentgeltliche Rechtsnachfolger auch das Wahlrecht, die Betriebsaufgabe gemäß § 16 Abs. 3b zu erklären (Urteil BFH 17.10.1991 – IV R 97/89, BStBl. II 1992, 392). Von den klaren Rechtsfolgen bei einer entgeltlichen oder unentgeltlichen Übertragung hat der BFH nun die teilentgeltliche Betriebsübertragung mit Verpächterwahlrecht abgegrenzt. In seinem Urteil vom 6.4.2016 (X R 52/13, BStBl. II 2016, 710) kam er zu dem Ergebnis, dass die teilentgeltliche Übertragung eines Betriebs in Ansehung des Verpächterwahlrechts der unentgeltlichen Übertragung gleichzustellen ist.

Teilentgelt. Das gezahlte Teilentgelt wird den Buchwerten der im Betrieb enthaltenen 87
Wirtschaftsgüter gegenübergestellt. Wenn das Entgelt niedriger ist als das Kapitalkonto, ist grundsätzlich aufgrund der Einheitstheorie von einer unentgeltlichen Fortführung auszugehen (Urteil BFH 10.7.1986 – IV R 12/81, BStBl. II 1986, 811). Ist dagegen das Entgelt

des Betriebsübernehmers höher als das Kapitalkonto des Übergebers, kommt es zu einer teilweisen Aufdeckung stiller Reserven beim Veräußerer. Der Betriebsübernehmer hat insoweit zusätzliche Anschaffungskosten und muss den Buchwert aufstocken. Deshalb steht die unentgeltliche Übertragung eines landwirtschaftlichen Betriebs mit Verpächterwahlrecht der teilentgeltlichen Übertragung gleich. Der Unterschied ist nur darin zu sehen, dass in Höhe des das Kapitalkonto übersteigenden Teilentgelts eine Aufstockung der Buchwerte auf Seiten des Übernehmers vorliegt.

88–90 *Einstweilen frei*

2. Aufgabeerklärung gemäß § 16 Abs. 3b

91 **Zeitliche Anwendung.** Durch das StVereinfG 2011 (BGBl. 2011 I 2131) ist § 16 Abs. 3b neu eingefügt worden. Die Regelung enthält eine Fortführungsfiktion bei der Betriebsverpachtung und der -unterbrechung. Gemäß § 16 Abs. 3b S. 1 Nr. 1 gibt es seit dem 1.11.2011 erstmalig eine rechtliche Grundlage für die bislang nur verwaltungsseitig geregelte Betriebsaufgabeerklärung. Die Regelung ist gemäß § 52 Abs. 34 S. 9 EStG aF nur auf Betriebsaufgaben anzuwenden, die nach dem 4.11.2011 (Tag der Verkündung des StVereinfG 2011) erklärt worden sind. Die Neuregelung gilt nicht für solche Zwangsbetriebsaufgaben, die vor der Verkündung des neuen § 16 Abs. 3b nach den bisherigen Grundlagen bereits zu einer Betriebsaufgabe führten. Siehe dazu BMF 22.11.2016, BStBl. I 2016, 1326.

92 **Anwendungsbereich.** Zum einen klärt § 16 Abs. 3b, dass für eine Betriebsaufgabe, also die Beendigung einer Betriebsverpachtung im Ganzen, ausdrücklich eine entsprechende Erklärung gegenüber dem Finanzamt erforderlich ist. Die Rechtsprechung hat zu EStR 16 Abs. 5 die Rückwirkung einer rechtsgestaltenden Erklärung aufgrund der nur die Verwaltung bindende Regelung nicht anerkannt (BFH 30.6.2005 – IV R 63/04, BFH/NV 2005, 1997; BFH 18.8.2005 – IV R 9/04, BStBl. II 2006, 581). Nach Auffassung der Rechtsprechung entfaltet eine solche Erklärung erst mit dem Zeitpunkt des Eingangs beim Finanzamt Rechtswirkung als Betriebsaufgabeerklärung, wobei der BFH die 3-Monats-Frist aber als Vereinfachungsregelung aus Billigkeitsgründen doch anerkannt hat (BFH 18.8.2005 – IV R 9/04, BStBl. II 2006, 581). Mit der gesetzlichen Regelung ist diese Auffassung des BFH überholt. Zudem klärt § 16 Abs. 3b gesetzlich, dass der Zeitpunkt der Betriebsaufgabe vom Steuerpflichtigen frei gewählt werden kann, soweit der Zeitpunkt nicht mehr als drei Monate rückwärts datiert wird. Dies gilt auch bei Aufgabeerklärungen, die den Aufgabezeitpunkt auf das Ende eines Kalender-, Veranlagungs- oder Wirtschaftsjahres datieren. Wird eine Aufgabeerklärung dagegen für einen Zeitraum, der länger als drei Monate zurückliegt, erklärt, so gilt die Aufgabeerklärung zu dem Zeitpunkt als erklärt, in dem sie der Finanzverwaltung zugegangen ist.

93 **Rückwirkung und Erbfall.** Die Finanzverwaltung hat bislang in EStR 16 Abs. 5 S. 8 bestimmt, dass nach Übergang eines Betriebs durch Erbfall der Erbe eine Rückbeziehung der Betriebsaufgabeerklärung frühestens auf den Zeitpunkt des Erbfalls bestimmen kann. Diese Verwaltungsregelung ist durch die gesetzliche Neuregelung des § 16 Abs. 3b S. 2 hinfällig. Deshalb kann ein Erbe als Gesamtrechtsnachfolger gemäß §§ 1922 BGB, 45 AO eine Betriebsaufgabeerklärung auch auf einen Zeitpunkt vor dem Tod des Erblassers zurückverlagern, solange er die gesetzliche 3-Monats-Frist einhält. Dies ist mit dem Wortlaut der Regelung gedeckt, denn § 16 Abs. 3b S. 2 spricht von „dem Steuerpflichtigen", der die entsprechende Betriebsaufgabeerklärung abgeben kann. Der Erbe tritt als Rechtsnachfolger gemäß § 1922 BGB in die Fußstapfen des Erblassers und hat sämtliche Rechte und Pflichten, Forderungen und Schulden aus dem Steuerschuldverhältnis gemäß § 45 AO zu übernehmen. Dazu zählen auch Willenserklärungen als höchstpersönliche Rechte. Dies gilt ebenso bei § 6b (Schmidt/*Loschelder* § 6b Rn. 3), der auch eine personenbezogene Steuervergünstigung wie § 16 Abs. 3b S. 2 ist. Der Erbe kann daher im Rahmen der 3-Monats-Frist eine Betriebsaufgabeerklärung zu einem von ihm frei wählbaren Zeitpunkt, also auch auf einen Zeitpunkt vor dem Erbfall, abgeben (so auch jetzt BMF 22.11.2016, BStBl. I 2016, 1326). Bei einer Erbengemeinschaft hat diese insgesamt für die Flächen der Erbengemeinschaft eine Betriebsaufgabeerklärung abzugeben. Soweit einer der Miterben Flächen der Erbengemeinschaft im Rahmen seines eigenen land- und forstwirtschaftlichen Betriebes bewirtschaftet, geht die

Betriebsaufgabeerklärung hinsichtlich seines quotalen Anteils an der Erbengemeinschaft ins Leere. Die Flächen bleiben daher entsprechend seines Anteils steuerlich verhaftet.

Widerruf. Die Aufgabeerklärung ist eine Gestaltungserklärung des Steuerpflichtigen, er hat das Wahlrecht, ob er eine solche Erklärung abgibt oder nicht. Der Wortlaut der gesetzlichen Regelung lässt nicht erkennen, dass der Gesetzgeber eine Unwiderrufbarkeit der Betriebsaufgabeerklärung wollte. Von daher kann der Steuerpflichtige nach den üblichen Regeln bis zum Eintritt der materiellen Bestandskraft des Steuerbescheids die Aufgabeerklärung frei widerrufen. Eine Angabe von Gründen ist nicht erforderlich (*Kanzler* FR 2017, 573). Diese Interpretation entspricht der Rechtsprechung des BFH zu den Pauschalierungswahlrechten des § 37b Abs. 1, Abs. 2 (BFH 15.6.2016 – VI R 54/15, BStBl. II 2016, 1010). In dieser Entscheidung hat der BFH darauf abgestellt, ob der Wortlaut des Gesetzes eine Unwiderruflichkeit vorsieht oder nicht. Macht der Steuerpflichtige von seinem Widerrufsrecht Gebrauch, lebt die Betriebsfortführungsfiktion des Verpächterwahlrechts wieder auf. 94

Form. Die Aufgabeerklärung bedarf **keiner besonderen Form.** Erforderlich ist aber, dass die Erklärung unmissverständlich und eindeutig erfolgt (BFH 5.5.2011 – IV R 58/08, BStBl. II 2005, 792; BFH 15.4.2010 – IV R 58/07, BFH/NV 2010, 1785). Die Beweislast für eine Betriebsaufgabeerklärung trägt der Steuerpflichtige oder sein Rechtsnachfolger (BFH 18.8.2005 – IV R 9/04, BStBl. II 2006, 581). Die Erklärung von Verpachtungseinkünften gemäß § 21 ist nicht als Betriebsaufgabe LuF anzuerkennen (BFH 7.12.1995 – IV R 109/94, BFH/NV 1996, 663). Alleine die Umgestaltung der Hofstelle ist keine Betriebsaufgabeerklärung (BFH 18.5.2000 – IV R 84/99, BStBl. II 2000, 470; BFH 20.1.2005 – IV R 35/03, BFH/NV 2005, 1046). Ebenso ist der Brand und Umbau von Stallgebäuden zu einer außerlandwirtschaftlichen Nutzung (BFH 26.6.2003 – IV R 61/01, BStBl. II 2003, 755) wie auch eine branchenfremde Verpachtung (BFH 28.8.2003 – IV R 20/02, BStBl. II 2004, 10) nicht als Betriebsaufgabe anzuerkennen. 95

Einstweilen frei **96–98**

VI. Veräußerung von Mitunternehmeranteilen

Voraussetzungen. Auch bei der Veräußerung oder Aufgabe eines Mitunternehmeranteils kann ein tarifbegünstigter Gewinn gemäß § 14, § 16 Abs. 1 S. 1 Nr. 2 entstehen. Dies gilt aber nur dann, wenn der gesamte Mitunternehmeranteil veräußert oder aufgegeben wird. Wird nur ein Bruchteil davon veräußert oder aufgegeben, erzielt ein Mitunternehmer bei Veräußerungen gemäß § 16 Abs. 1 S. 2, die ab dem Jahr 2002 erfolgen, keinen tarifbegünstigten Gewinn mehr. Eine Anteilsveräußerung kann – Entgeltlichkeit vorausgesetzt – gegeben sein bei Gesellschafterwechsel, Aufnahme eines weiteren Gesellschafters, Ausscheiden eines Gesellschafters, Änderung der Beteiligungsverhältnisse, Einräumung einer Unterbeteiligung, Auflösung der Mitunternehmerschaft durch Liquidation oder Wechsel im Gesellschafterbestand bei Tod eines Mitunternehmers. Umwandlung der Mitunternehmerschaft oder Einbringung des Mitunternehmeranteils in eine Personen- oder Kapitalgesellschaft sind zwar auch Vorgänge, die dem Grunde nach als Veräußerung des Mitunternehmeranteils behandelt werden könnten. Diese Vorgänge werden aber vom UmwStG, welches vorrangig gilt, erfasst. Zur Aufgabe eines Mitunternehmeranteils kommt es, wenn nicht alle wesentlichen Betriebsgrundlagen des Mitunternehmeranteils (anteiliges Gesamthandsvermögen und Sonderbetriebsvermögen) bei der Veräußerung des Gesellschaftsanteils mit übertragen werden, insbesondere Sonderbetriebsvermögen zurückbehalten wird. 99

Umfang des Mitunternehmeranteils. Ein Mitunternehmeranteil besteht zunächst aus der Mitgliedschaft in der Gesellschaft und den Anteilen an den Gegenständen des Gesellschaftsvermögens bzw. bei Bruchteilsgemeinschaften aus dem Bruchteil an dem Gegenstand der Gemeinschaft, auch **Gesamthandsvermögen** genannt. Bei Gesellschaften ohne gesamthänderisch gebundenes Vermögen (zB Unterbeteiligung, atypisch stille Gesellschaft oder eine faktische Ehegatten-Mitunternehmerschaft) tritt an die Stelle der dinglichen Berechtigung an den Gegenständen des Gesellschaftsvermögens die schuldrechtlich wertmäßige Beteiligung am Betriebsvermögen (BFH 3.6.1997 – VIII B 73/96, BFH/NV 1997, 838). Weiterer Bestandteil des Mitunternehmeranteils ist das **Sonderbetriebsvermögen** des Mitunternehmers (BFH 31.8.1995 – VIII B 21/93, BStBl. II 1995, 890). Ein begünstigter Veräußerungs- oder Aufgabegewinn liegt deshalb nur vor, wenn gleichzeitig die stillen Reserven im Gesell- 100 schaftsanteil und im Sonderbetriebsvermögen aufgelöst werden, sofern das Sonderbetriebsvermögen insgesamt oder einzelne WG des Mitunternehmers zu den wesentlichen Betriebsgrundlagen der Mitunternehmerschaft zählen (BFH 2.10.1997 – IV R 84/96, BStBl. II 1998, 104; BFH 24. 8.2000– IV R 51/98, BStBl. II 2005, 173). Die einzelnen gesellschaftsrechtlichen Befugnisse sind untrennbarer Bestandteil des Mitunternehmeranteils.

101 **Isolierter Verkauf Sonderbetriebsvermögen.** Veräußert der Steuerpflichtige nur sein Sonderbetriebsvermögen, ohne dass sich an den Beteiligungsverhältnissen der Mitunternehmerschaft etwas ändert, liegt weder eine Betriebsveräußerung noch eine Teilbetriebsveräußerung noch eine Veräußerung eines Mitunternehmeranteils vor, es sei denn, das Sonderbetriebsvermögen umfasst alle wesentlichen Grundlagen des Betriebs oder ist ausnahmsweise als Teilbetrieb zu beurteilen. Bei einer Veräußerung des gesamten Gesellschaftsanteils an einer PersG, steuerlich also der Anteil des Gesellschafters am Gesamthandsvermögen, ist das Sonderbetriebsvermögen des Gesellschafters entnommen, wenn er es nicht in einen anderen Betrieb gemäß § 6 Abs. 5 überführt. Der Veräußerungsgewinn aus der Veräußerung des Gesellschaftsanteils ist nicht begünstigt, wenn Sonderbetriebsvermögen, das zu den wesentlichen Betriebsgrundlagen der Mitunternehmerschaft gehört, in einen anderen Betrieb des Steuerpflichtigen überführt wird (BFH 17.12.2014 – IV R 57/11, BStBl. II 2015, 536).

102 **Gesamtplanrechtsprechung.** Schädlich für die Tarifbegünstigung ist es auch, wenn WG des Gesamthandsvermögens auf Grund einheitlicher Planung und in engem zeitlichem Zusammenhang mit der Anteilsveräußerung zum Buchwert in ein anderes Betriebsvermögen überführt worden sind (BFH 6.9.2000 – IV R 18/99, BStBl. II 2001, 229). Diese Rechtsprechung des BFH wird auch als Gesamtplanrechtsprechung bezeichnet. Nach gefestigter Rechtsprechung des BFH ist diese Gesamtplanrechtsprechung nur im Zusammenhang mit § 16 und der Tarifvergünstigung des § 34 anwendbar (BFH 17.12.2014 – IV R 57/11, BStBl. II 2015, 536). Auch die Finanzverwaltung wendet den Gesamtplangedanken nur noch im Anwendungsbereich der §§ 16 Abs. 4, 34 an (BMF 20.11.2019, BStBl. I 2019, 1291). Dagegen greift der Gesamtplangedanke dann nicht, wenn ein Mitunternehmer zunächst ein WG veräußert und anschließend den verbleibenden Mitunternehmeranteil unentgeltlich gemäß § 6 Abs. 3 überträgt (BFH 9.12.2014 – IV R 36/13, BStBl. II 2015, 529; BFH 9.12.2014 – IV R 29/14, BStBl. II 2019, 723).

103 **Aufgabe eines Mitunternehmeranteils.** Ein Mitunternehmeranteil kann nicht nur veräußert, sondern auch aufgegeben werden. Dies ist seit 1999 ausdrücklich in § 16 Abs. 3 S. 1 geregelt. Aufgegeben wird der Mitunternehmeranteil vor allem dann, wenn der Gesellschaftsanteil entgeltlich veräußert und das zu den wesentlichen Betriebsgrundlagen gehörende Sonderbetriebsvermögen in das Privatvermögen überführt oder an einen anderen Erwerber als den des Gesellschaftsanteils veräußert wird (BFH 18.5.1983 – I R 5/82, BStBl. II 1983, 771; BFH 24.8.1989 – IV R 67/86, BStBl. II 1990, 132; BFH 31.1.1992 – VIII B 33/90, BStBl. II 1992, 559; BFH 31.8.1995 – VIII B 21/93, BStBl. II 1995, 890; BFH 7.12.1999 – VIII R 26/94, BStBl. II 2000, 300).

104 **Überführung Sonderbetriebsvermögen.** Wird solches Sonderbetriebsvermögen stattdessen zum Buchwert in ein anderes Einzelbetriebsvermögen des betreffenden Mitunternehmers gemäß § 6 Abs. 5 S. 2 überführt oder zum Buchwert auf eine andere Personengesellschaft übertragen, an der der Veräußerer ebenfalls beteiligt ist (§ 6 Abs. 5 S. 3 Nr. 2), liegt weder eine begünstigte Aufgabe des Mitunternehmeranteils noch eine begünstigte Veräußerung iSv § 16 vor; es entsteht vielmehr ein laufender Gewinn (BFH 19.3.1991 – VIII R 76/87, BStBl. II 1991, 635). Die Vergünstigung gemäß § 16 Abs. 4, § 34 wird nicht gewährt, weil nicht alle stillen Reserven in einem einheitlichen Akt aufgedeckt werden.

105–107 *Einstweilen frei*

VII. Realteilung

1. Einführung

108 § 16 Abs. 3 S. 2 regelt die **gewinnneutrale Realteilung von Mitunternehmerschaften.** Gemäß § 14 S. 2 ist diese Bestimmung uneingeschränkt auch für Mitunternehmerschaften mit Einkünften aus Land- und Forstwirtschaft anwendbar. Die Regelung ist sowohl anwendbar auf Personengesellschaften wie eine GbR, OHG, KG, GmbH & Co. KG, aber auch auf Mitunternehmerschaften wie Erbengemeinschaften oder Gütergemeinschaften.

Die Realteilung als solche ist erst seit 1999 im EStG **ausdrücklich geregelt.** Derzeit gilt die ab 2001 bestimmte Rechtslage des § 16 Abs. 3 S. 2 ff. (Unternehmensteuerfortentwicklungsgesetz v. 20.12.2001, BStBl. I 2002, 35). Die Finanzverwaltung hat das 2006 veröffentlichte BMF-Schreiben (BMF 28.2.2006, BStBl. I 2006, 228) überarbeitet und an die zwischenzeitlich ergangene BFH-Rechtsprechung angepasst. Es gilt derzeit das BMF-Schreiben vom 19.12.2018 (BStBl. I 2019, 6; 3. Realteilungserlass). 109

Der **Begriff der Realteilung** ist dabei eine steuerrechtliche Bezeichnung für die zivilrechtliche Auflösung und Auseinandersetzung einer Personengesellschaft durch Naturalteilung, also Verteilung des Gesellschaftsvermögens (*Wendt* FR 2016, 536). Zivilrechtlich wird in diesen Fällen die Personengesellschaft oder Mitunternehmerschaft beendet, steuerrechtlich wird an das Vorliegen einer Betriebsaufgabe gem. § 16 Abs. 3 S. 1 als Tatbestandsmerkmal angeknüpft. Wenn dabei die Wirtschaftsgüter der bisherigen Realteilungsgemeinschaft weiterhin steuerverhaftet bleiben, also weiter zu einem inländischen Betriebsvermögen gehören, hat der Gesetzgeber gem. § 16 Abs. 3 S. 2 die Buchwertfortführung bestimmt. Diese Buchwertfortführung gilt immer dann, wenn eine Zuweisung von 110

- Teilbetrieben,
- Mitunternehmeranteilen,
- einzelnen Wirtschaftsgütern oder
- einer 100%-igen Kapitalbeteiligung als Teilbetrieb

an den jeweiligen Realteiler oder bisherigen Mitunternehmer erfolgt. Es spielt dabei keine Rolle, ob die Wirtschaftsgüter aus dem Gesamthandsvermögen der Mitunternehmerschaft oder aus dem Sonderbetriebsvermögen eines der Mitunternehmer stammen.

Weitere Voraussetzung ist, dass mindestens ein zugewiesenes wesentliches Wirtschaftsgut bei einem der bisherigen Mitunternehmer Betriebsvermögen bleibt, also bei ihm in ein Betriebsvermögen eingelegt wird. Dabei kann im Zusammenhang mit der Realteilung auch erstmalig ein Einzelunternehmen des Realteilers entstehen. Bei der Realteilung land- und forstwirtschaftlicher Betriebe mit Einzelwirtschaftsgütern kann dabei das Verpächterwahlrecht nach der Realteilung erstmalig begründet oder auch fortgeführt werden, unabhängig von der Frage, ob vor Begründung der Mitunternehmerschaft bereits ein landwirtschaftliches Einzelunternehmen vorlag oder nicht. Bei der Realteilung mit Einzelwirtschaftsgütern ist eine Sperrfrist gem. § 16 Abs. 3 S. 3 von 3 Jahren nach Abgabe der Steuererklärung, also der Feststellungserklärung für die Mitunternehmerschaft, zu berücksichtigen. 111

Werden die dem jeweiligen Realteiler zugeordneten Wirtschaftsgüter dagegen nicht einem Betriebsvermögen zugeordnet, sind die stillen Reserven insoweit anteilig aufzudecken. 112

Ein Unterfall der Realteilung ist die **Sachwertabfindung.** In diesem Fall scheidet aus einer mehrgliedrigen Mitunternehmerschaft einer der Mitunternehmer aus. Die Mitunternehmerschaft als solche besteht fort. Bei den verbleibenden Gesellschaftern wächst der Anteil des ausscheidenden Gesellschafters gemäß der Grundregelung des § 738 BGB an. Der ausscheidende Gesellschafter erlangt einen Abfindungsanspruch, welcher an Erfüllung statt durch die Hingabe von Wirtschaftsgütern (Sachwert) aus dem Gesellschaftsvermögen der Personengesellschaft erfüllt wird. 113

Wenn die Voraussetzungen einer Sachwertabfindung vorliegen, hat die Finanzverwaltung zunächst die Anwendung der Realteilungsgrundsätze abgelehnt (BMF 28.2.2006, BStBl. I 2006, 228 – 1. Realteilungserlass). 2015 hat der BFH unter Änderung seiner Rechtsprechung entschieden, dass eine Vollbeendigung der Realteilungsgemeinschaft nicht zwingend erforderlich ist, wenn der Ausscheidende aus einer mehrgliedrigen Personengesellschaft einen Teilbetrieb als Sachwertabfindung erhält (BFH 17.9.2015 – III R 49/13, BStBl. II 2017, 37). Daraufhin hat die Finanzverwaltung den Realteilungserlass in diesem Punkt neu gefasst (BMF 20.12.2016, BStBl. I 2017, 36 – 2. Realteilungserlass). 114

Offengelassen worden ist von der Finanzverwaltung zunächst, ob auch eine Realteilung gegeben ist, wenn eine Sachwertabfindung mit Einzelwirtschaftsgütern erfolgt. 115

Streitig diskutiert wurden hier zwischen Finanzverwaltung und Rechtsprechung insbesondere folgende beiden Fragen: 115.1

Frage 1:

Ist von einer steuerneutralen Realteilung auszugehen, wenn ein Gesellschafter aus einer ansonsten fortbestehenden Mehr-Personengesellschaft gegen Mitnahme von Einzelwirtschaftsgütern ausscheidet?

Frage 2:

Ist von einer Realteilung im steuerlichen Sinne auszugehen, wenn der vorletzte Gesellschafter aus einer zweigliedrigen Personengesellschaft ausscheidet und einer der Gesellschafter den Betrieb der Mitunternehmerschaft als Einzelunternehmer fortführt?

116 In zwei Urteilen des BFH vom März 2017 ist dies zugunsten der Steuerpflichtigen entschieden worden (BFH 16.3.2017 – IV R 31/14, BStBl. II 2019, 24; Urteil BFH 30.3.2017 – IV R 11/15, BStBl. II 2019, 29). Nach Auffassung des BFH ist zwischen der echten und unechten Realteilung zu differenzieren, wobei in beiden Fällen eine steuerneutrale Fortführung gem. § 16 Abs. 3 S. 2 zwingend zu erfolgen hat. Eine **echte Realteilung** nimmt der BFH bei der Auflösung und Beendigung der Mitunternehmerschaft und kompletter Verteilung des Betriebsvermögens an. Von einer **unechten Realteilung** geht er dagegen aus, wenn ein Gesellschafter aus einer Mitunternehmerschaft ausscheidet, Einzelwirtschaftsgüter übertragen bekommt und die übrigen Mitunternehmer die Gesellschaft fortführen. Eine unechte Realteilung ist auch dann möglich, wenn der vorletzte Gesellschafter ausscheidet und der verbleibende Gesellschafter unter Anwachsung des Gesellschaftsanteils des ausscheidenden Gesellschafters gem. § 738 BGB die Gesellschaft nunmehr als Einzelunternehmer fortführt. Es liegt zivilrechtlich eine Gesamtrechtsnachfolge vor. Bei einer echten Realteilung wird die Mitunternehmerschaft daher aufgelöst, bei einer unechten Realteilung bleibt sie bestehen, nur einer der Mitunternehmer scheidet aus.

117 Mittlerweile hat die Finanzverwaltung die Rechtsprechung des BFH umgesetzt und den Realteilungserlass zuletzt am 19.12.2018 (BStBl. I 2019, 6 – 3. Realteilungserlass) geändert. Die Finanzverwaltung differenziert nunmehr auch zwischen der **echten und unechten Realteilung.** Dementsprechend ist auch das Ausscheiden eines Mitunternehmers unter Mitnahme von Einzelwirtschaftsgütern als steuerneutrale Realteilung und nicht als Sachwertabfindung einzuordnen. Im Ergebnis ist daher sowohl die Gründung einer Mitunternehmerschaft steuerneutral zu Buchwerten möglich, als auch das Auflösen oder das Ausscheiden eines Mitunternehmers aus einer Realteilungsgemeinschaft. Es gelten die Regelungen des § 16 Abs. 3 S. 2; es sind die üblichen Sperrfristen zu berücksichtigen, wobei bei einer Realteilung die Sperrfrist nur für Grund und Boden, Gebäude und andere wesentliche Betriebsgrundlagen gilt. Das Inventar zB in land- und forstwirtschaftlichen Betrieben, also insbesondere das Vieh- und Feldinventar, sind nicht von der Sperrfrist betroffen.

118 Werden im Rahmen des **Ausscheidens oder der Auflösung einer Mitunternehmerschaft** Wirtschaftsgüter des Sonderbetriebsvermögens in das Betriebsvermögen des Gesellschafters überführt, spielt sich dies zwar im Rahmen der Realteilung ab, dafür greift aber keine Sperrfrist. Die Sperrfrist gem. § 16 Abs. 3 S. 2 greift nur dann, wenn eine Übertragung von Grund und Boden, Gebäude oder anderen wesentlichen Betriebsgrundlagen erfolgt, also ein entsprechender Rechtsträgerwechsel. Eine Überführung von Wirtschaftsgütern löst mangels Rechtsträgerwechsel daher keine Sperrfrist aus.

119 Die Regelungen zur Realteilung gelten auch bei der Auseinandersetzung von Erbengemeinschaften (BMF 14.3.2006, BStBl. I 2006, 253; ergänzt durch BMF 27.12.2018, BStBl. I 2019, 11). Dort wird ausdrücklich auf den Realteilungserlass der Finanzverwaltung verwiesen. Damit können auch Erbengemeinschaften entweder im Rahmen einer echten oder unechten Realteilung hinsichtlich des steuerlichen Betriebsvermögens auseinandergesetzt werden.

120 Aufgrund der aktuellen Rechtsprechung des BFH ist weiterhin geklärt, dass die Regelung des § 16 Abs. 3 S. 2 zur Realteilung der Regelung des § 6 Abs. 5 S. 3 zur Übertragung von einzelnen Wirtschaftsgütern (Urteil BFH 30.3.2017 – IV R 11/15, BFH/NV 2017, 1125; dazu auch BMF 8.12.2011, BStBl. I 2011, 1279) vorgeht.

121 *Einstweilen frei*

2. Echte Realteilung

122 Als **echte Realteilung** hat der BFH (Urteil BFH 16.3.2017 – IV R 31/14, BStBl. II 2019, 24) eine Realteilung für den Fall angenommen, in dem die Mitunternehmerschaft aufgelöst und das Betriebsvermögen komplett verteilt wird. In diesen Fällen ist von einer idealtypischen Realteilung auszugehen. Sowohl die zivilrechtliche Mitunternehmerschaft als auch der steuerliche Betrieb (Sachgesamtheit) wird gem. § 16 Abs. 3 S. 1 beendet, sodass die zwingende gesetzliche Rechtsfolge der Buchwertfortführung greift. Eine echte Realteilung

kann sowohl bei einer zweigliedrigen als auch mehrgliedrigen Mehrunternehmerschaft vorliegen. Diese Definition der echten Realteilung hat die Finanzverwaltung in dem 3. Realteilungserlass (BMF 19.12.2018, BStBl. I 2019, 6) übernommen. Diese Neuregelung kann auf alle offenen Fälle angewendet werden. Im Unterschied dazu spricht man von einer **unechten Realteilung,** wenn die Mitunternehmerschaft oder Personengesellschaft fortbesteht, jedoch mindestens einer der bisherigen Mitunternehmer oder Personengesellschafter ausscheidet. Ob daher eine echte oder unechte Realteilung vorliegt, hängt maßgeblich davon ab, wie die zivilrechtliche **vertragliche Vereinbarung** zwischen den Mitunternehmern formuliert ist. Werden in der Auseinandersetzungsvereinbarung alle Wirtschaftsgüter zwischen den bisherigen Mitunternehmern verteilt, verbleibt also nichts mehr, ist von einer echten Realteilung auszugehen. Die Gesellschaft ist dann zivilrechtlich beendet. Wird dagegen nur bezeichnet, was der ausscheidende Gesellschafter erhalten soll, im Ergebnis also ein Ausscheiden gegen Sachwertabfindung, gehen auf den oder die verbleibenden Gesellschafter alle anderen Wirtschaftsgüter über. In diesen Fällen ist von einer unechten Realteilung auszugehen, weil bei dem oder den verbleibenden Gesellschaftern der Anwachsungstatbestand des § 738 BGB greift.Auch eine **Erbengemeinschaft** kann sowohl nach den Regeln der echten als auch der unechten Realteilung aufgelöst werden.

Beispiel 1: Vollbeendigung Mitunternehmerschaft

Es besteht eine dreigliedrige V+S+D-GbR. Ursprünglich hatte Vater V mit Landwirt D eine GbR begründet. Das lebende und tote Inventar ist in das Gesamthandsvermögen der GbR übertragen, Flächen und Gebäude sind dem Sonderbetriebsvermögen beider Gesellschafter zugeordnet worden. Zur Vorbereitung der Generationennachfolge ist vor einigen Jahren Sohn S als weiterer Gesellschafter in die GbR eingestiegen. Vater V hatte dazu die Hälfte seines Anteils am Gesamthandsvermögen (25%) seinem Sohn S übertragen. Sohn S hat weitere landwirtschaftliche Flächen, die in seinem Eigentum stehen, der GbR zur Nutzung überlassen (Sonderbetriebsvermögen). Am Vermögen der GbR sind daher V und S zu jeweils 25%, Landwirt D zu 50% beteiligt; jeder der Gesellschafter verfügt über Sonderbetriebsvermögen. **122.1**

Zum 30.6.2017 soll die GbR wie folgt aufgelöst werden:

a) Landwirt D nimmt sein Sonderbetriebsvermögen (Flächen und Gebäude) zurück und erhält die Hälfte des Gesamthandsvermögens (Einzelwirtschaftsgüter). Anschließend bewirtschaftet er auf verkleinerter Basis als Einzelunternehmer einen eigenen landwirtschaftlichen Betrieb.

b) Sohn S übernimmt sein Sonderbetriebsvermögen und erhält seinen Anteil von ¼ am Gesamthandsvermögen. Zusätzlich erhält er von seinem Vater dessen Anteil von ¼ am Gesamthandsvermögen (Einzelwirtschaftsgüter). S bewirtschaftet anschließend ebenfalls als landwirtschaftlicher Einzelunternehmer weiter.

c) Vater V nimmt nur sein Sonderbetriebsvermögen zurück und verpachtet die Flächen und Gebäude an den Landwirt A. Er übt dabei das Verpächterwahlrecht aus.

Liegen die Voraussetzungen einer Realteilung vor?

Lösung:

Scheiden im Zuge der Beendigung einer Personengesellschaft, also bei der Auflösung einer Mitunternehmerschaft, sämtliche Mitunternehmer unter vollständiger Aufteilung des Betriebsvermögens aus, liegt eine idealtypische Realteilung gem. § 16 Abs. 3 S. 2 vor. Sowohl die zivilrechtliche Mitunternehmerschaft als auch der steuerliche Betrieb (Sachgesamtheit) wird gem. § 16 Abs. 3 S. 1 beendet, sodass die zwingende Rechtsfolge der Buchwertfortführung gemäß den Regeln der Realteilung greift. Nach der neuen Definition des BFH ist von einer echten Realteilung, also der tatsächlichen Auflösung der bisherigen Mitunternehmerschaft und kompletter Verteilung des Betriebsvermögens, auszugehen (Urteil BFH 16. 3.2017 – IV R 31/14, BStBl. II 2019, 24).

Jeder der drei bisherigen Gesellschafter nutzt das erhaltene Betriebsvermögen im Rahmen seines jeweiligen neu entstehenden Einzelunternehmens. Gegenstand der Realteilung war laut Sachverhalt das gesamte Betriebsvermögen der Mitunternehmerschaft einschließlich des Sonderbetriebsvermögens der einzelnen Mitunternehmer. Es spielt keine Rolle, dass hier Einzelwirtschaftsgüter des Gesamthandsvermögens den einzelnen Gesellschaftern D und S zugeordnet worden sind, die Regelung des § 16 Abs. 3 S. 2 geht der Regelung des § 6 Abs. 5 S. 3 vor. Dies hat der BFH nun auch ausdrücklich bestätigt (Urteil BFH 30.3.2017 – IV R 11/15, BStBl. II 2019, 29). Dieser Auffassung hat sich die Finanzverwaltung angeschlossen (BMF 19.12.2018, BStBl. I 2019, 6). Auch spielt es keine Rolle, dass Gesellschafter S mehr Wirtschaftsgüter aus dem Gesamthandsvermögen erhalten hat als es seiner Vermögensbeteiligung ursprünglich entsprach. Die Mitunternehmer sind hier frei, in welcher Art und Weise sie sich auseinandersetzen.

Hinsichtlich der Gegenstände, die S und D aus dem Gesamthandsvermögen übernommen haben, ist die Sperrfrist gem. § 16 Abs. 3 S. 3 zu berücksichtigen. Die Sperrfrist gilt dagegen nicht hinsichtlich des von jedem Gesellschafter zurückgenommenen „eigenen" Sonderbetriebsvermögens. Mangels Übertragung von Wirtschaftsgütern greift insoweit die Sperrfrist nicht, die jeweiligen Wirtschaftsgüter werden aus dem jeweiligen Sonderbetriebsvermögen in das jeweilige Einzelunternehmen aller drei bisherigen Mitunternehmer überführt. Dabei ist nach Auffassung des BFH nicht auf § 6 Abs. 5 zurückzugreifen, sondern auch diese Überführung von Wirtschaftsgütern zählt zur Realteilung, mangels Rechtsträgerwechsel greift aber keine Sperrfrist (Urteil BFH 30.3.2017 – IV R 11/15, BStBl. II 2019, 29).

Liegt daher eine Überführung vor, es erfolgt also kein Eigentumswechsel, sind zwar die Regeln der Realteilung gem. § 16 Abs. 3 S. 2 vorrangig anzuwenden, aufgrund des Wortlaut des § 16 Abs. 3 S. 3, der eine Sperrfrist nur für übertragene Einzelwirtschaftsgüter vorsieht, greift aber für das zurückerhaltene Sonderbetriebsvermögen keine Sperrfrist.

Abwandlung 1: Verbindlichkeiten, Barmittel, Forderungen

122.2 Im Gesamthandsvermögen der GbR sind Verbindlichkeiten von 500.000 EUR und Barmittel von 600.000 EUR vorhanden.

Die Gesellschafter einigen sich darauf, dass von den Verbindlichkeiten Landwirt D 300.000 EUR und Landwirt S 200.000 EUR übernehmen. Die Barmittel werden so verteilt, dass Landwirt D 100.000 EUR, Landwirt S 350.000 EUR und Landwirt V 150.000 EUR erhält.

Welche Auswirkung hat die Verteilung der Verbindlichkeiten und der Barmittel auf die Realteiler?

Lösung:

Bei der Realteilung gem. § 16 Abs. 3 S. 2 können Verbindlichkeiten zwischen den Gesellschaftern abweichend von ihrer quotalen Gesellschaftsbeteiligung frei verteilt werden. Im Rahmen der Realteilung ist daher die Übernahme von Verbindlichkeiten kein schädliches Entgelt und löst keine anteilige Aufdeckung von stillen Reserven aus. Es spielt auch keine Rolle, ob die vom jeweiligen Realteiler übernommenen Schulden im wirtschaftlichen Zusammenhang mit den von ihm übernommenen Einzelwirtschaftsgütern stehen (Schmidt/*Wacker* § 16 Rn. 545).

An der Behandlung der Verbindlichkeiten kann man auch die Vorteilhaftigkeit der Realteilungsregeln im Gegensatz zur Auslegung des § 6 Abs. 5 S. 3 durch die Finanzverwaltung erkennen. Während bei der Realteilung die Verbindlichkeiten beliebig verteilt werden können, löst die Übernahme von Verbindlichkeiten im Anwendungsbereich der Einzelwirtschaftsgutübertragung gem. § 6 Abs. 5 S. 3 nach Auffassung der Finanzverwaltung zwingend eine anteilige Aufdeckung von stillen Reserven voraus. Die Frage, ob hier die Trennungs- oder Einheitstheorie anzuwenden ist, lag dem Großen Senat des BFH zur Entscheidung vor (Vorlagebeschluss BFH 27.10.2015 – X R 28/12, BStBl. II 2016, 81; BFH 30.10.2018 – GrS 1/16, BStBl. II 2019, 70 (Ls.)). Dieses Verfahren hat sich mittlerweile aber erledigt, weil das Finanzamt in dem konkreten Fall abgeholfen hat und die Steuerbescheide iSd Steuerpflichtigen geändert worden sind. Das Verfahren vor dem Großen Senat ist hinfällig geworden, eine Entscheidung zwischen der Trennungs- oder Einheitstheorie steht daher weiterhin aus.

Auch die Verteilung der vorhandenen Barmittel kann zwischen den Gesellschaftern frei und unabhängig von der Gesellschafterbeteiligung erfolgen. Ein Spitzenausgleich liegt nur dann vor, wenn ein Mitunternehmer aus eigenen Mitteln einen Ausgleich an die anderen Mitunternehmer leistet. Die Finanzverwaltung setzt hier im 2. Realteilungserlass (BMF 20.12.2016, BStBl. I 2017, 36) die Rechtsprechung des BFH um (BFH 11.4.2013 – III R 32/12, BStBl. II 2014, 242).

Gelder und Forderungen können daher zwischen den Gesellschaftern als Teil des ungeteilten Betriebsvermögens wie andere materielle oder immaterielle Wirtschaftsgüter im Zuge einer Realteilung frei zugeordnet werden (BFH 17.9.2015 – III R 49/13, BStBl. II 2017, 37). Kritisch dürfte nur der Fall sein, in dem im Vorfeld einer Realteilung gezielt Barmittel durch Aufnahme von Verbindlichkeiten der Gesellschaft zugeführt worden sind (*Wendt* FR 2016, 536 (540)).

Abwandlung 2: Folgenutzung erhaltene Wirtschaftsgüter

122.3 Im Gegensatz zum Ausgangsfall gelten folgende Abwandlungen:

a) Vater V verpachtet nunmehr sein zurückerhaltenes Sonderbetriebsvermögen unmittelbar an das landwirtschaftliche Einzelunternehmen seines Sohns S.

b) Daneben bestand bereits eine GbR zwischen Vater und Tochter. Das zurückerhaltene Sonderbetriebsvermögen überlässt V nunmehr der V+T-GbR zur Nutzung, sodass die Flächen und Gebäude sein Sonderbetriebsvermögen bei der V+T-GbR mit seiner Tochter werden.

c) Nunmehr bringt Vater V sein aus der Auflösung der V+S+D-GbR zurückerhaltenes Sonderbetriebsvermögen in das Gesamthandsvermögen der V+T-GbR zu Eigentum ein.

d) Im Rahmen der Auseinandersetzung der V+S+D-GbR überträgt Vater V neben seinem Anteil am Gesamthandsvermögen die Hälfte seines Sonderbetriebsvermögens auf seinen Sohn S und die andere Hälfte des Sonderbetriebsvermögens überführt er in sein daneben stehendes Einzelunternehmen und verpachtet es an Landwirt A.

Liegen in allen Fällen die Voraussetzungen der Realteilung vor?

Lösung:

Ausgangspunkt für die Frage, ob die Regeln der Realteilung greifen, ist die Auflösung der V+S+D-GbR. Diese Mitunternehmerschaft ist gem. § 16 Abs. 3 S. 1 auseinandergesetzt worden, weder das zivilrechtliche Gebilde der GbR noch der steuerliche Betrieb (Sachgesamtheit) bestehen anschließend fort. Es liegt eine echte Realteilung vor. Die übernommenen oder zurückerhaltenen Wirtschaftsgüter stellen in allen Fällen Einzelwirtschaftsgüter und keine Teilbetriebe dar, unabhängig davon, ob Sie das gesamte oder nur einen Teil des Sonderbetriebsvermögens bilden.

zu a) Verpachtung Sonderbetriebsvermögen an einen der bisherigen Mitunternehmer

Es spielt keine Rolle, dass nur S und D anschließend ein aktiv bewirtschaftetes Einzelunternehmen fortführen, der nämliche Betrieb der Mitunternehmerschaft der V+S+D-GbR ist zerschlagen worden und besteht nicht mehr. Vater V hat mit seinem zurückerhaltenen Sonderbetriebsvermögen ein ruhendes Verpächter-Einzelunternehmen begründet. Es ist daher unbeachtlich, an wen Vater V seine zurückerhaltenen Sonderbetriebsvermögens-Flächen verpachtet, also an einen fremden Dritten oder an einen bisherigen Gesellschafter der Mitunternehmerschaft, die aufgelöst worden ist. Deshalb kann Vater V im Rahmen der Ausübung seines Verpächterwahlrechts sein zurückerhaltenes Sonderbetriebsvermögen sofort an das Einzelunternehmen seines Sohns S verpachten (BMF 19.12.2018, BStBl. I 2019, 6, Ziffer IV Nr. 2 S. 2).

zu b) Nutzungsüberlassung des Sonderbetriebsvermögens bei einer anderen Mitunternehmerschaft

Auch bei dieser Fallkonstellation liegt eine Auflösung der V+S+D-GbR und damit die Voraussetzung einer Realteilung vor. Gemäß Ziffer IV Nr. 1 des 3. Realteilungserlasses (BMF 19.12.2018, BStBl. I 2019, 6) ist es für die Begründung von neuem Betriebsvermögen ausreichend, wenn das übernommene Betriebsvermögen der Realteilungsgemeinschaft im Rahmen eines Sonderbetriebsvermögens an eine andere Mitunternehmerschaft überlassen wird.

Von daher ist es möglich, dass Vater V sein zurückerhaltenes Sonderbetriebsvermögen unmittelbar in sein Sonderbetriebsvermögen an einer daneben bereits bestehenden oder in diesem Zusammenhang erstmalig gegründeten V+T-GbR überführt, also zur Nutzung überlässt.

Das Ausscheiden des Vaters aus der V+S+D-GbR erfolgt gem. § 16 Abs. 3 S. 2 im Rahmen einer Realteilung. Da er ausschließlich sein Sonderbetriebsvermögen zurückerhalten hat, greift dafür keine Sperrfrist gem. § 16 Abs. 3 S. 3. Mit dem zurückerhaltenen Sonderbetriebsvermögen bildet er ein Einzelunternehmen, welches er anschließend gem. § 6 Abs. 5 S. 2 in das Sonderbetriebsvermögen der V+T-GbR, an der er beteiligt ist, überführt.

zu c) Übertragung des zurückerhaltenen Sonderbetriebsvermögens in das Gesamthandsvermögen einer anderen Mitunternehmerschaft

Offengelassen hat die Finanzverwaltung die Frage, ob im Zusammenhang mit der Realteilung das zurückerhaltene Sonderbetriebsvermögen eines Realteilers von diesem unmittelbar in das Gesamthandsvermögen einer anderen, daneben bestehenden Personengesellschaft eingebracht werden kann, an der der (ursprüngliche) Realteiler beteiligt ist. Dieser Fall ist aber nicht anders zu behandeln als die Abwandlung b). Vater V als Realteiler erhält sein Sonderbetriebsvermögen zu Buchwerten gem. § 16 Abs. 3 S. 2 und gründet anschließend ein Einzelunternehmen. Dafür greift keine (Realteilungs-)Sperrfrist. Die Wirtschaftsgüter dieses Einzelunternehmens überträgt er dann gem. § 6 Abs. 5 S. 3 Nr. 1 in das Gesamthandsvermögen einer anderen Mitunternehmerschaft, hier die V+T-GbR. Eine zwischenzeitliche Aufdeckung von stillen Reserven erfolgt nicht, für die Übertragung in das Gesamthandsvermögen der V+T-GbR greift eine Sperrfrist gem. § 6 Abs. 5 S. 4.

Ausdrücklich nicht zugelassen hat die Finanzverwaltung dagegen die Übertragung von Einzelwirtschaftsgütern, die ein Realteiler aus dem Gesamthandsvermögen der Realteilungsgemeinschaft erhalten hat, unmittelbar in das Gesamthandsvermögen einer anderen Mitunternehmerschaft, an der er ebenfalls beteiligt ist. Diese Übertragung wird auch ausgeschlossen bei personenidentischen Schwester-Personengesellschaften (Siehe dazu Vorlage an das BVerfG durch den BFH 10.4.2013 – I R 80/12, BStBl. II 2013, 1004 und BFH 30.3.2017 – IV R 11/15, BStBl. II 2019, 24).

zu d) Freie Verteilung von Sonderbetriebsvermögen und Gesamthandsvermögen

Es spielt keine Rolle, wenn Vater V im Rahmen der Auseinandersetzung der V+S+D-GbR ¼ seines Gesamthandsvermögens und die Hälfte seines Sonderbetriebsvermögens eigentumsrechtlich auf seinen Sohn S überträgt.

Aufgrund der Vorrangigkeit der Realteilungsregeln greift hier nicht § 6 Abs. 3. Weil auf Ebene der V+S+D-GbR die Voraussetzungen der Realteilung vorliegen, sind die Regeln des § 16 Abs. 3 S. 2 vorrangig. Zu berücksichtigen ist aber, dass in diesem Fall der Sohn eine Sperrfrist hinsichtlich der erhaltenen wesentlichen Betriebsgrundlagen gem. § 16 Abs. 3 S. 3 hinnehmen muss, also auch hinsichtlich des vormaligen Sonderbetriebsvermögens des Vaters.

Vater V kann mit dem zurückerhaltenen halben Sonderbetriebsvermögen unverändert ein Einzelunternehmen begründen und das Verpächterwahlrecht ausüben. Eine Sperrfrist gem. § 16 Abs. 3 S. 3 greift bei ihm nicht, da er „sein" Sonderbetriebsvermögen in sein neues Einzelunternehmen überführt und nicht übertragen hat. Ob er dann die Flächen an seinen Sohn verpachtet, an einen fremden Dritten oder einer GbR mit seiner Tochter zur Nutzung oder zu Eigentum überlässt, spielt keine Rolle.

Abwandlung 3: Ergänzungsbilanzen, Bilanzierungsfehler

122.4 Zum Zeitpunkt der Auseinandersetzung der V+S+D-GbR wurden für alle drei Gesellschafter unterschiedliche Ergänzungsbilanzen aufgrund der Inanspruchnahme von verschiedenen steuerlichen Wahlrechten gebildet.

Wie ist mit den vorhandenen Ergänzungsbilanzen im Rahmen der Realteilung und Beendigung der GbR umzugehen?

Lösung:

Bei der Auseinandersetzung der GbR nach den Grundsätzen der Realteilung gilt grundsätzlich die Buchwertfortführung. Maßgeblich für die Buchwertfortführung ist einerseits die Auseinandersetzungsbilanz (Schlussbilanz) der Realteilungsgesellschaft und andererseits die Eröffnungsbilanzen der jeweiligen Realteiler in dem jeweils neu entstehenden Einzelunternehmen. Die Buchwertfortführung wird dabei durch die Anwendung der Kapitalkontenanpassungsmethode umgesetzt (BMF 19.12.2018, BStBl. I 2019, 6, Ziffer VII).

Bestehen dabei in der Realteilungsgemeinschaft **Ergänzungsbilanzen für einzelne Gesellschafter,** so sind diese in einem ersten Schritt so aufzulösen, dass der Buchwert in der Gesamthandsbilanz der Mitunternehmerschaft um den in der Ergänzungsbilanz ausgewiesenen Wert erhöht oder gemindert wird (BFH 18.5.1995 – IV R 20/94, BStBl. II 1996, 70; BFH 20.10.2015 – VIII R 33/13, BStBl. II 2016, 596). Das bedeutet konkret, dass auf der Passivseite das Kapital des Inhabers der aufgelösten Ergänzungsbilanz zu erhöhen oder ggfs. zu vermindern ist. Wenn nun auf diesen Realteiler Vermögen übergeht, dessen Buchwert dem Wert seines Kapitalkontos entspricht, erfolgt keine bilanzielle Anpassungsmaßnahme in der Eröffnungsbilanz des Realteilers. Nur dann, wenn die Summe der Buchwerte der übernommenen Wirtschaftsgüter nicht dem Buchwert des Kapitalkontos entspricht, sind nach der sog. Kapitalkontenanpassungsmethode finanzielle Anpassungen erforderlich. Kapitalkontenanpassungsmethode besagt, dass die Buchwerte der übernommenen Wirtschaftsgüter von den Realteilern in ihren eigenen Betrieben unverändert fortgeführt werden. Die Kapitalkonten der Realteiler laut Schlussbilanz der Mitunternehmerschaft werden durch Auf- oder Abstocken gewinnneutral dahin angepasst, dass ihre Höhe der Summe der Buchwerte der übernommenen Wirtschaftsgüter entspricht. Ergebnis der Kapitalkontenanpassung ist daher eine Verschiebung von stillen Reserven zwischen den einzelnen Realteilern, was aber der gesetzlichen Regelung entspricht und auch so gewollt ist (BFH 16.12.2015 – IV R 8/12, BStBl. II 2017, 766).

Weitere Konsequenz ist, dass der jeweilige Realteiler hinsichtlich der von ihm übernommenen Wirtschaftsgüter in die „steuerlichen Fußstapfen" der Realteilungsgemeinschaft eintritt und deren **bilanzsteuerrechtliche Stellung fortführt.** Dies gilt im Hinblick auf Ansatz- und Bewertungswahlrechte (AfA, Wertaufholungsgebot) und auch hinsichtlich von Behaltensfristen gem. § 6b EStG oder R 6.6 EStR. Da auch die Grundsätze des formellen Bilanzzusammenhangs zwischen der Schlussbilanz der Realteilungsgesellschaft und den nachfolgenden Bilanzen der jeweiligen Realteiler greift, kann ein Bilanzierungsfehler der Realteilungsgesellschaft bei den einzelnen Realteilern berichtigt werden (BFH 20.12.2015 – VIII R 33/13, BStBl. II 2016, 596). Ein entsprechender Bilanzierungsfehler wird daher mitgeschleppt, ohne dass die zwischenzeitliche Realteilung dies verhindert. Werden daher später Bilanzierungsfehler entdeckt und die Änderung der Bilanz der Realteilungsgemeinschaft ist aufgrund Bestandskraft nicht mehr möglich, treffen die entsprechenden Korrekturen ausschließlich den jeweiligen Realteiler, der das jeweils betroffene Wirtschaftsgut übernommen hat (*Wendt* FR 2016, 773 (774)).

3. Unechte Realteilung

123 In seiner Rechtsprechung differenziert der BFH zwischen der echten und der unechten Realteilung (BFH 16.3.2017 – IV R 31/14, BStBl. II 2019, 24; BFH 30.3.2017 – IV R 11/15, BStBl. II 2019, 29). Von einer unechten Realteilung wird gesprochen, wenn ein Gesellschafter aus einer ansonsten fortbestehenden Mitunternehmerschaft ausscheidet und

Einzelwirtschaftsgüter oder ein Teilbetrieb im Wege der Anwachsung gem. § 738 BGB auf ihn übergehen. Im Unterschied zur echten Realteilung, die eine zivilrechtliche Auflösung und Komplettverteilung des Gesellschaftsvermögens voraussetzt, bleibt bei einer unechten Realteilung die Mitunternehmerschaft oder die Personengesellschaft bestehen, jedoch mindestens einer der bisherigen Mitunternehmer oder Personengesellschafter scheidet aus. Aufgrund der Anwachsungsregelung des § 738 BGB kann dies sowohl bei einer Zwei-Personen-Mitunternehmerschaft als auch bei einer Mehr-Personen-Mitunternehmerschaft möglich sein. Auch eine **Erbengemeinschaft** kann nach den Regeln der unechten Realteilung aufgelöst werden. Dazu ist es erforderlich, dass in der notariellen Erbauseinandersetzungsvereinbarung der Erbe, der den Betrieb fortführen soll, entweder ausdrücklich diesen Betrieb übertragen bekommt oder die anderen Erben ihren Erbanteil dem fortführenden Erben übertragen und dafür einen Ausgleich erhalten. In diesem Fall tritt Anwachsung iSv § 738 BGB bei dem verbleibenden Erben ein.

Auch die Finanzverwaltung übernimmt diese Differenzierung zwischen echter und unechter Realteilung im 3. Realteilungserlass (BMF 19.12.2018, BStBl. I 2019, 6).

Beispiel 1: Ausscheiden gegen Teilbetrieb Jungviehaufzucht

Die Landwirte A, B und C haben 2005 eine Milchvieh-GbR gegründet. Jeder der Landwirte hatte **123.1** zuvor ein landwirtschaftliches Einzelunternehmen mit Milchproduktion bewirtschaftet. Die GbR wurde ua zum Übergang der Milchquote auf die gemeinsame GbR gegründet. Die Milchproduktion wurde auf der Hofstelle des A durch den Bau eines größeren Milchviehstalls konzentriert.

Landwirt C hat bislang schon auf seiner Hofstelle die Jungviehaufzucht der GbR durchgeführt. C hat sich durch Anwendung bestimmter Fütterungsstrategien darauf spezialisiert und die Jungrinder verblieben mind. 18 Monate auf seiner Betriebsstätte. Danach wurden sie entweder in die Milchproduktion auf die Hofstelle A überführt oder veräußert. Die rund um die Hofstelle des C erfolgte Futtergewinnung reicht zur Verfütterung an die Jungrinder aus, auch kann die Gülle auf den bei C vorhandenen Flächen ausgebracht werden. Ein Maschinentransfer zwischen den einzelnen Betriebsstätten kommt nur in Ausnahmefällen vor.

Im Gesamthandsvermögen (GHV) der GbR befinden sich alle beweglichen Wirtschaftsgüter, Maschinen, Tiere uä. Im jeweiligen Sonderbetriebsvermögen der Gesellschafter befinden sich die Flächen und Wirtschaftsgebäude.

C will zum 30.6.2017 aus der GbR ausscheiden und anschließend auf seiner Hofstelle die Jungviehaufzucht durch An- und Verkauf der Tiere von der GbR fortführen. Die Gesellschafter einigen sich darauf, dass C aus dem Gesellschaftsvermögen alle Wirtschaftsgüter und alle Tiere erhält, die bislang schon auf der Hofstelle des C vorhanden sind (Teilbetrieb). Die Milchvieh-GbR wird zwischen A und B unverändert fortgeführt. Die Vieheinheitengrenzen (VE-Grenzen) werden eingehalten.

Welche steuerlichen Konsequenzen ergeben sich aus dem Ausscheiden des C aus der GbR?

Lösung:

1.)Scheidet ein Gesellschafter gegen Sachwertabfindung aus einer Gesellschaft aus, die anschließend von den verbleibenden Gesellschaftern fortgeführt wird, ist offen, ob eine Realteilung vorliegt, weil die Gesellschaft zivilrechtlich bestehen bleibt.

Die Finanzverwaltung lehnte bislang eine Realteilung selbst dann ab, wenn der Ausscheidende wesentliche Betriebsgrundlagen des Gesamthandsvermögens erhält (1. Realteilungserlass, BMF 28.2.2006, BStBl. I 2006, 228 Ziffer II). Nach Auffassung der Finanzverwaltung ist die Realteilung durch den auf Ebene der Mitunternehmerschaft verwirklichten Tatbestand der Betriebsaufgabe gem. § 16 Abs. 3 Satz 1 gekennzeichnet (enger Realteilungsbegriff). Ein solcher ist jedoch dann nicht gegeben, wenn ein Gesellschafter gegen Sachwertabfindung aus einer mehrgliederigen Personengesellschaft ausscheidet, weil der steuerliche Betrieb fortbesteht. In diesen Fällen handelt es sich vielmehr um den Verkauf eines Mitunternehmeranteils gegen Übertragung von Einzelwirtschaftsgütern an Erfüllung statt. Aufgrund der Regelung des § 6 Abs. 5 kann in bestimmten Fällen jedoch eine Buchwertfortführung möglich sein (Siehe dazu das BMF-Schreiben 8.12.2011, BStBl. I 2011, 1279; Zweifelsfragen zur Übertragung und Überführung einzelner Wirtschaftsgüter gem. § 6 Abs. 5). Wesentlicher Nachteil der Anwendung des § 6 Abs. 5 Satz 3 im Vergleich zur Anwendung der Realteilungsregeln ist, dass nach Auffassung der Finanzverwaltung die Übernahme von Verbindlichkeiten einen – zumindest teilweise – gewinnwirksamen Vorgang darstellt.

In den aktuellen Urteilen hat der BFH entschieden, dass die Aufgabe (Vollbeendigung) der Mitunternehmerschaft nicht mehr zwingende Voraussetzung für die Annahme der Realteilung gem. § 16 Abs. 3 Satz 2 ist (BFH 17.9.2015 – III R 49/13, BStBl. II 2017, 37; BFH 30.3.2017 – IV R 11/15, BStBl. II 2019, 29). Wenn daher der Abfindungsanspruch des ausscheidenden Gesellschafters entweder durch die Übereignung eines Teilbetriebs, also einer Sachgesamtheit, oder durch die Hingabe von Einzelwirtschaftsgütern im Rahmen einer Sachwertabfindung erfüllt wird, ist von einer Realteilung gemäß § 16 Abs. 3 Satz 2 auszugehen. Die bislang zivilrechtlich geprägte Definition der Realteilung durch die Rechtsprechung wird damit durch ein neues steuerrechtliches Begriffsverständnis abgelöst. Die zivilrechtliche Auflösung der Mitunternehmerschaft ist danach nicht mehr zwingende Voraussetzung für die Annahme einer Realteilung (weiter Realteilungsbegriff). Dies gilt sowohl dann, wenn der Ausscheidende einen Teilbetrieb der Mitunternehmerschaft übernimmt, als auch bei Übernahme von Einzelwirtschaftsgütern.

Dogmatisch hat der BFH seine Auffassung ua damit begründet, dass sich die Formulierung des § 16 Abs. 3 Satz 1 nicht nur auf die Betriebsaufgabe bezieht, sondern auch auf die Aufgabe eines Mitunternehmeranteils. Damit stellt der BFH – anders als die Finanzverwaltung – auf die Sichtweise des jeweiligen Mitunternehmers ab, ob bei diesem eine Betriebsaufgabe oder die Aufgabe eines Mitunternehmeranteils vorliegt oder nicht. Die Finanzverwaltung dagegen blickt aus Sicht der Mitunternehmerschaft, ob diese aufgelöst oder beendet wird. Nach Auffassung der Rechtsprechung sei deshalb bei der Aufgabe eines Mitunternehmeranteils trotz Fortführung der ursprünglichen Mitunternehmerschaft § 16 Abs. 3 Satz 1 dem Grunde nach anwendbar, sodass darauf dann auch die Regeln zur Realteilung gem. § 16 Abs. 3 Satz 2 Anwendung finden können. Der aus einer mehrgliedrigen Mitunternehmerschaft ausscheidende Mitunternehmer gibt seinen Mitunternehmeranteil an der ansonsten fortbestehenden Mitunternehmerschaft auf und erhält dafür im Gegenzug einen Teilbetrieb oder Einzelwirtschaftsgüter, die er dann zwangsweise zu Buchwerten als neu entstehendes Einzelunternehmen (Teilbetrieb) oder in seinem bestehenden Betrieb fortführen kann. Eine Sperrfrist greift dafür nicht. Dieser Auffassung hat sich die Finanzverwaltung im 3. Realteilungserlass (BMF 19.12.2018, BStBl. I 2019, 6) mittlerweile angeschlossen.

2.)Laut Sachverhalt liegen hier die Voraussetzungen eines Teilbetriebs im Hinblick auf die von Landwirt C auf seiner Hofstelle betriebene Jungviehaufzucht vor. Aufgrund der geänderten BFH-Rechtsprechung und der neuen Auffassung der Finanzverwaltung bedeutet dies, dass C die Buchwerte der übernommenen Wirtschaftsgüter des Teilbetriebs in seinem (neuen) Einzelunternehmen fortführt. Dies betrifft zum einen die in seinem bisherigen Sonderbetriebsvermögen befindlichen Flächen und Gebäude, zum anderen betrifft dies aber auch die Wirtschaftsgüter, die er aus dem Gesamthandsvermögen übernommen hat, also Tiere, Maschinen, Vorräte oä. Nach Auffassung der Rechtsprechung gibt C hier seinen Mitunternehmeranteil an der GbR auf, sodass das Tatbestandsmerkmal des § 16 Abs. 3 Satz 1 iVm § 16 Abs. 1 Satz 1 Nr. 2 vorliegt. Die Regelungen zur Realteilung gem. § 16 Abs. 3 Satz 2 sind daher aufgrund der Aufgabe eines Mitunternehmeranteils uneingeschränkt anwendbar. Im Rahmen der Realteilung erhält C einen Teilbetrieb. Es gilt hier zwingende Buchwertfortführung, der aus dem Gesamthandsvermögen übernommenen Wirtschaftsgüter, ein Wahlrecht besteht nicht.

Die Fortführung der Buchwerte der Wirtschaftsgüter des Gesamthandsvermögens ist die eigentliche positive Regelung der „neuen" steuerlichen Realteilung, weil trotz eines Überspringens von stillen Reserven dies vom Gesetzgeber geduldet wird. Hier erfolgt eine Übertragung von Wirtschaftsgütern von der bisherigen Gesamthandsgemeinschaft auf einen der Mitunternehmer. Die Sperrfrist gem. § 16 Abs. 3 Satz 3 greift hier nicht, weil diese nur bei einer Realteilung mit Einzelwirtschaftsgütern vorgesehen ist, nicht aber bei einer Realteilung mit Teilbetrieben.

Nach der Realteilung existiert daher die verkleinerte A+B-GbR als Mitunternehmerschaft fort. Das Ausscheiden des C ist auf Ebene der GbR im Rahmen der Kapitalkontenanpassungsmethode zu korrigieren. C dagegen hat die Übernahme des Teilbetriebs in sein (neues) Einzelunternehmen zu Buchwerten zu erfassen, ebenso hat er die bislang in seinem Sonderbetriebsvermögen erfassten Flächen und Gebäude ohne Aufdeckung von stillen Reserven fortzuführen. Nach dem Ausscheiden von C aus der ansonsten fortgeführten Mitunternehmerschaft A+B-GbR bleiben alle Wirtschaftsgüter steuerverhaftet, teilen sich aber auf zwei Steuersubjekte – GbR einerseits und Einzelunternehmen des C andererseits – auf.

Beispiel 2: Ausscheiden gegen Mitnahme anderer LuF-Teilbetriebe

123.2 Es besteht jeweils eine GbR zwischen den beiden Elternteilen Vater und Mutter sowie einem Kind. Im Rahmen der GbR wird immer Ackerbau betrieben und daneben

ein forstwirtschaftlicher Betrieb,
ein Winzerbetrieb,
ein Gartenbaubetrieb,
eine sonstige land- und forstwirtschaftliche Nutzung gem. § 62 BewG oder
einen Nebenbetrieb.

Im Rahmen der jeweiligen V+M+K-GbR wurden für die einzelnen Betriebsteile keine gesonderten Gewinnermittlungen erstellt. Es wurden gemäß den Kontenrahmenplänen der verwendeten Buchführungsprogramme die Aufwendungen und Gewinne der jeweiligen Betriebsteile getrennt erfasst, aber nur eine GbR-Bilanz nebst Sonderbilanzen und damit einheitliche und gesonderte Gewinnfeststellungen abgegeben.

Kind K scheidet jeweils aus der GbR aus und übernimmt den forstwirtschaftlichen Betrieb, den Weinbaubetrieb, den Gartenbaubetrieb, die sonstige landwirtschaftliche Nutzung oder den Nebenbetrieb. Die Eltern bewirtschaften als GbR weiterhin den verbleibenden Ackerbaubetrieb.

Ist in diesen Fällen von einer Realteilung mit Teilbetrieben auszugehen?

Lösung:

Voraussetzung ist in allen Fallkonstellationen, dass land- und forstwirtschaftliche Teilbetriebe iSd § 13 vorliegen. Nur bei der Vorlage von Teilbetrieben ist ohne Weiteres die neue BFH-Rechtsprechung zum Ausscheiden aus einer Realteilungsgemeinschaft gegen Mitnahme eines Teilbetrieb anwendbar.

Von einem land- oder forstwirtschaftlichen Teilbetrieb ist auszugehen, wenn im steuerlichen Sinne eine organisatorische Zusammenfassung personeller, sachlicher und anderer Arbeitsmittel zu einer selbständigen Einheit vorliegt (BFH 29.3.2001 – IV R 62/99, BFH/NV 2001, 1248). Deshalb muss ein Teilbetrieb mit einer gewissen Selbständigkeit ausgestattet, organisch ein geschlossener Teil des Gesamtbetriebs und für sich lebensfähig sein. Im Gegensatz zu gewerblichen Betrieben steht nicht die örtliche Trennung, die Verwendung anderer Betriebsmittel, anderer Anlagevermögen, ein eigener Kundenstamm, eigenes Personal oder eine eigene Buchführung im Vordergrund. Es muss daher keine völlige organisatorische Selbständigkeit der fraglichen Betriebsteile vorliegen. Indiz für die Annahme eines Teilbetriebs ist aber, ob der jeweilige Teilbetrieb eine bewertungsrechtliche Einheit darstellt.

Laut Sachverhalt liegen neben einem Ackerbaubetrieb, welcher als landwirtschaftliche Nutzung gem. § 34 Abs. 2 Nr. 1 Buchst. a BewG selbständig zu bewerten ist, weitere land- und forstwirtschaftliche Nutzungen vor, die bewertungsrechtlich eine selbständige Einheit bilden. Auch § 13 differenziert zwischen den einzelnen bewertungsrechtlich selbständigen Nutzungen. Der Begriff der Land- und Forstwirtschaft ist hier nur als Oberbegriff zu verstehen, unter dem verschiedene selbständige Bewirtschaftungseinheiten zu subsumieren sind. Neben den vorgenannten Wirtschaftseinheiten zählen auch Nebenbetriebe gem. § 42 AO zu Teilbetrieben im ertragsteuerlichen Sinne.

Von daher ist davon auszugehen, dass in der Regel bei einer selbständigen bewertungsrechtlichen Einordnung eines forstwirtschaftlichen Betriebs, eines Winzerbetriebs, einer gärtnerischen Nutzung, einer sonstigen land- und forstwirtschaftlichen Nutzung oder eines Nebenbetriebs jeweils selbständige Teilbetriebe im ertragsteuerlichen Sinne vorliegen.

Laut Sachverhalt scheidet der Sohn in allen Konstellationen gegen Mitnahme eines Teilbetriebs, hier einer bewertungsrechtlichen selbständigen Einheit, aus, sodass hierauf die Regeln zur Realteilung unter Mitnahme eines Teilbetriebs anwendbar sind.

Beispiel 3: Ausscheiden gegen Einzelwirtschaftsgüter

Es besteht eine dreigliedrige Milchvieh-GbR der Landwirte A, B und C. C scheidet mit Ablauf des **123.3** WJ 2016/17 aus der GbR aus Altersgründen aus. Im Rahmen des Ausscheidens erhält er – neben seinem Sonderbetriebsvermögen – ein Stallgebäude aus dem Gesamthandsvermögen (Buchwert 110.000 EUR, Verkehrswert 195.000 EUR), welches er anschließend mit weiteren LuF-Flächen an die GbR weiterverpachtet. Sein Kapitalkonto hat einen Wert von 90.000 EUR, der Vermögenswert seiner Beteiligung beträgt 165.000 EUR. C übernimmt zudem eine Restverbindlichkeit für das Stallgebäude von 30.000 EUR.

Welche steuerlichen Auswirkungen ergeben sich beim ausscheidenden Gesellschafter C und bei den verbleibenden Gesellschaftern A und B?

Lösung:

Zivilrechtlich scheidet hier C aus der ansonsten bestehenbleibenden Mitunternehmerschaft zwischen A und B aus. Sein Abfindungsanspruch, der sich entsprechend den vertraglichen Vereinbarungen ergibt, wird laut Sachverhalt an Erfüllung statt durch Hingabe eines Wirtschaftsguts, also im Rahmen einer Sachwertabfindung, ausgeglichen.

Der BFH hat in seiner aktuellen Entscheidung das Ausscheiden eines Mitunternehmers aus der Mitunternehmerschaft gegen Sachwertabfindung ausdrücklich ebenfalls als Realteilung eingeordnet (Urteil BFH 30.3.2017 – IV R 11/15, BStBl. II 2019, 29). In einer vorherigen Entscheidung hatte der 3. Senat des BFH (Urteil BFH 17.9.2015 – III R 49/13, BStBl. II 2017, 37) noch die Frage offengelassen, ob auch eine Realteilung mit Einzelwirtschaftsgütern möglich ist. Der 3. Senat hatte nur über die Realteilung mit Teilbetrieben zu entscheiden. Durch die Entscheidung des 4. Senats ist diese Frage mittlerweile geklärt (so auch BMF 19.12.2018, BStBl. I 2019, 6 – 3. Realteilungserlass).

Es ergeben sich folgende Auswirkungen laut Sachverhalt:

Gesellschafter C scheidet zivilrechtlich gegen Sachwertabfindung aus der ansonsten bestehenbleibenden Mitunternehmerschaft A & B-GbR aus, weil er zur Abfindung seines Ausscheidungsanspruchs an

Erfüllung statt Einzelwirtschaftsgüter des bisherigen Gesamthandsvermögens der Mitunternehmerschaft erhält. Den verbleibenden Gesellschaftern wächst zivilrechtlich der Anteil des ausscheidenden Gesellschafters C gem. § 738 BGB mit Ablauf des 30.6.2017 an. Der einheitliche Vorgang ist in zwei Schritte aufzuteilen:

Veräußerung des Mitunternehmeranteils des ausscheidenden Gesellschafters C an die verbleibenden Gesellschafter gegen Entstehung eines Abfindungsanspruchs,

Veräußerung der Einzelwirtschaftsgüter durch die Gesellschaft an den ausscheidenden Gesellschafter C zur Tilgung des Abfindungsanspruchs.

Steuerrechtlich gibt Gesellschafter C seinen Mitunternehmeranteil gem. § 16 Abs. 3 S. 1 auf, sodass die Regelungen zur Realteilung gem. § 16 Abs. 3 S. 2 Anwendung finden. Im Rahmen der Realteilungsregeln werden auf ihn Einzelwirtschaftsgüter, hier das Stallgebäude, zu Eigentum übertragen, ebenfalls das Sondervermögen überführt

Er scheidet zum 30.6.2017 aus der GbR aus. Sein Auseinandersetzungsanspruch beträgt unter Berücksichtigung der stillen Reserven 165.000 EUR. Nach der Vereinbarung erhält er das Stallgebäude mit einem Wert von 195.000 EUR. Deshalb hat er zum Ausgleich Verbindlichkeiten iHv 30.000 EUR übernommen.

Gesellschafter C hat in seinem Einzelunternehmen das Stallgebäude mit dem Buchwert von 110.000 EUR zu aktivieren. Auf der Passivseite ist zudem die Restverbindlichkeit von 30.000 EUR und sein angepasstes Kapitalkonto zu erfassen (Kapitalkontenanpassungsmethode).

Auf Ebene der GbR ist der Buchwert des Stallgebäudes und auch die Restverbindlichkeit von 30.000 EUR auf der Passivseite auszubuchen und die Kapitalkonten von A und B sind entsprechend anzupassen.

Die eigentliche Veräußerung des Mitunternehmeranteils ist bereits mit der Entstehung des Abfindungsanspruchs abgeschlossen und ein möglicher Veräußerungsgewinn des ausscheidenden Gesellschafters wird im WJ 2016/17 realisiert. In der Schlussbilanz der Mitunternehmerschaft zum 30.6.2017 ist der Abfindungsanspruch auszuweisen.

Die Tilgung dieser Abfindung durch die Hingabe eines Wirtschaftsguts – Abfindung mit einem Sachwert – spielt sich dann in der Eröffnungsbilanz der GbR des WJ 2017/18 ab, in der der ausscheidende Gesellschafter C nicht mehr berücksichtigt ist.

4. Sperrfrist

124 **Sperrfrist.** Ebenso in Anlehnung an § 6 Abs. 5 S. 4 ist in § 16 Abs. 3 S. 3 für Realteilungen mit bestimmten Einzelwirtschaftsgütern eine Sperrfrist geschaffen worden. Danach ist rückwirkend der gemeine Wert anzusetzen, wenn Grund und Boden, ein Gebäude oder andere wesentliche Betriebsgrundlagen innerhalb von drei Jahren nach Abgabe der Steuererklärung der Mitunternehmerschaft für den VZ der Realteilung veräußert oder entnommen werden. Nach dem Wortlaut muss es sich sowohl beim Grund und Boden als auch bei einem Gebäude um eine wesentliche Betriebsgrundlage handeln, damit § 16 Abs. 3 S. 3 Anwendung findet. Liegt die Eigenschaft als wesentliche Betriebsgrundlage nicht vor, greift insoweit auch nach dem Wortlaut der Vorschrift keine Sperrfrist.

125 Mit der Sperrfrist soll sichergestellt werden, dass stille Reserven nur zum Zweck einer längeren betrieblichen Nutzung auf einen Mitgesellschafter überspringen können. Dies gilt allerdings nur bei Realteilungen in Einzelwirtschaftsgüter bzw. im Fall gemischter Realteilungen, soweit Mitunternehmer einzelne WG erhalten. Sonstige wesentliche Betriebsgrundlage muss dem Zweck der Vorschrift entsprechend ein WG sein, das funktional und quantitativ wesentlich für den Betrieb der Mitunternehmerschaft war, also erhebliche stille Reserven enthält. Die Drei-Jahres-Frist ist vom Tag der Abgabe der Steuererklärung an zu berechnen, wobei mit Steuererklärung nur die Gewinnfeststellungserklärung gemeint sein kann. Die Frist sollte auch bei einer unvollständigen Erklärung der Mitunternehmerschaft beginnen, sofern die Erklärung zumindest erkennen lässt, dass eine Realteilung in Einzelwirtschaftsgüter stattgefunden hat. Schädlicher Vorgang ist eine Entnahme oder Veräußerung des betreffenden WG, auch wenn sie im Zusammenhang mit einer Veräußerung oder Aufgabe eines Betriebs, Teilbetriebs oder Mitunternehmeranteils steht. Eine unentgeltliche Übertragung ist aber unschädlich.

5. Rechtsträgerwechsel

126 Nach Auffassung des BMF (BMF 19.12.2018, BStBl. 2019, 6) ist eine Einbringung im Zusammenhang mit einer Realteilung in eine PersG nach § 24 UmwStG schädlich, weil es

sich bei einem solchen Vorgang um einen Sonderfall der Veräußerung iSd § 16 handelt. Dies gilt aber nur für solche WG, die im Rahmen der Realteilung übertragen werden, bei denen also zumindest teilweise ein Rechtsträgerwechsel stattfindet. Soweit WG lediglich überführt werden, also kein Rechtsträgerwechsel vorliegt, greift die Sperrfrist des § 16 Abs. 3 S. 3 nicht ein. Dies gilt zB bei der Überführung eines WG aus dem Sonderbetriebsvermögen eines der Realteiler in sein nach der Realteilung entstehendes Einzelunternehmen gemäß § 6 Abs. 5 S. 2. Bei einem Verkauf überführter Wirtschaftsgüter aus der Realteilung kommt es daher innerhalb der Sperrfrist nicht zu einem Fall der rückwirkenden Aufdeckung der stillen Reserven auf den Zeitpunkt der Realteilung (so BMF 27.3.2007, BeckVerw 097781 in einem Antwortschreiben an den Deutschen Bauernverband); weitere Beispiele dazu s. *Stephany* INF 2006, 471.

Deshalb kann die Einbringung zu Buchwerten innerhalb der Sperrfrist eine rückwirkende Aufdeckung der stillen Reserven nur für die WG zur Folge haben, die der Realteiler aus dem Gesamthandsvermögen der Realteilungsgemeinschaft oder aus dem Sonderbetriebsvermögen eines der Mit-Realteiler erhalten hat. Die Einbringung in eine KapG hat dieselben Folgen. Die schädliche Entnahme oder Veräußerung führt wohl nur in Bezug auf die betroffenen WG zum Ansatz des gemeinen Werts („jeweiliger Übertragungsvorgang"). Danach sind weder Übertragungen auf andere Mitunternehmer betroffen noch sind alle anderen Übertragungen auf den nämlichen Mitunternehmer zum gemeinen Wert durchzuführen. Verfahrensrechtlich wird der rückwirkende Ansatz durch Änderung der Gewinnfeststellung nach § 175 Abs. 1 S. 1 Nr. 2 AO ermöglicht. Der dadurch zusätzlich festzustellende Gewinn ist auf alle Gesellschafter entsprechend dem zuletzt geltenden Gewinnverteilungsschlüssel zu verteilen, es sei denn, die Gesellschafter haben eine andere Verteilung im Vertrag vorgesehen. Dies hat die Finanzverwaltung ausdrücklich zugelassen (BMF 19.12.2018, BStBl. I 2019, 6). **127**

6. Spitzenausgleich

In der Entscheidung vom 17.9.2015 (BFH 17.9.2015 – III R 49/13, BStBl. II 2017, 37) **128** hat sich der BFH auch zur Begrifflichkeit des Spitzenausgleichs geäußert. So ist ein solcher nur dann anzunehmen, wenn ein ausscheidender Mitunternehmer **aus eigenen Mitteln** einen Ausgleich an den oder die andere Mitunternehmer leistet. Dies erfolgt im Regelfall dann, wenn einer der Realteiler einen Mehrempfang erhält.

Konsequenz des Spitzenausgleich ist es, dass der Empfänger einen Gewinn realisiert, der nicht gem. §§ 16 Abs. 4, 34 begünstigt ist. In Höhe der Entgeltlichkeitsquote – Verhältnisse Spitzenausgleich zum Wert des übernommenen Betriebsvermögens – ist ein anteiliger Buchwert abzuziehen. Der oder die Gesellschafter, die den Spitzenausgleich zahlen, haben entsprechend zusätzliche Anschaffungskosten.

Erfolgt dagegen nur eine Verschiebung von Barmitteln innerhalb der Gesellschaft, ist dies kein schädlicher Spitzenausgleich.

Beispiel 1: Realteilung ohne Spitzenausgleich

Die Landwirte L und F haben AEG-GbR gegründet. Sie sind zu je 50% beteiligt. Das Gesellschafts- **128.1** vermögen der GbR besteht aus der Maschine 1 (Buchwert 40.000 EUR, Verkehrswert 80.000 EUR) und der Maschine 2 (Buchwert 20.000 EUR, Verkehrswert 80.000 EUR). Die Kapitalkonten von LuF betragen jeweils 30.000 EUR. Die Bilanzsumme beläuft sich auf 60.000 EUR, der zusammengerechnete Verkehrswert der Maschinen auf 160.000 EUR.

L und F teilen das Betriebsvermögen der AEG-GbR, L erhält die Maschine 1 und F die Maschine 2. Diese werden in die daneben bestehenden landwirtschaftlichen Einzelunternehmen der beiden Gesellschafter übertragen.

Liegen die Voraussetzungen der Realteilung vor? Wie erfolgt die bilanzielle Behandlung?

Lösung:

Die Auseinandersetzung der AEG-GbR erfolgt nach den Grundsätzen der Realteilung gem. § 16 Abs. 3 Satz 2. Es liegt eine Realteilung ohne Spitzenausgleich vor, die Wirtschaftsgüter sind zwingend zum Buchwert in die Einzelunternehmen der einzelnen Gesellschafter zu überführen. Ein Wahlrecht besteht insoweit nicht.

Regelmäßig entsprechen die Buchwerte der Wirtschaftsgüter, die ein Mitunternehmer bei der Realteilung erhält, nicht dem Buchwert seines Kapitalkontos. Deshalb ist das Kapitalkonto an die Buchwerte nach der Kapitalkontenanpassungsmethode anzupassen (BFH 10.12.1991 – VIII R 69/86, BStBl. II 1992, 385; BMF 19.12.2018, BStBl. I 2019, 6). Diese besagt, dass die Realteiler in ihren Fortführungseröffnungsbilanzen ihr bisheriges Kapitalkonto durch Auf- bzw. Abstocken an die Buchwerte der zugeteilten Wirtschaftsgüter erfolgsneutral anzupassen haben. Dadurch ändert sich zwar die personelle Zuordnung der stillen Reserven nach der Realteilung, sämtliche stillen Reserven bleiben indes steuerverhaftet. Das Überspringen der stillen Reserven zwischen den bisherigen Mitunternehmern wird durch die Sperrfrist abgefedert.

Für Landwirt L bedeutet dies, dass er sein Kapitalkonto erfolgsneutral von bislang 30.000 EUR auf 40.000 EUR aufstocken muss (positiver Kapitalanpassungsposten). In seinem Einzelunternehmen ist deshalb die Maschine 1 mit 40.000 EUR anzusetzen und sein Kapitalkonto ist um 40.000 EUR zu erhöhen.

Landwirt F muss aufgrund des Buchwerts der Maschine 2 sein Kapitalkonto dagegen von 30.000 EUR um 10.000 EUR auf 20.000 EUR abstocken (negativer Kapitalanpassungsposten).

Abwandlung 1: Fortführung Rücklage gem. § 6b

128.2 Es gilt das Ausgangsbeispiel. In der Bilanz ist eine Rücklage gem. § 6b iHv 20.000 EUR eingestellt und die Gesellschaft hat Verbindlichkeiten iHv 20.000 EUR. Die Bilanzsumme ist entsprechend angepasst.

Landwirt F übernimmt auch die gesamter Rücklage gem. § 6 b sowie die Schulden.

Mit welchen Werten sind die Wirtschaftsgüter in die landwirtschaftlichen Einzelunternehmen zu übernehmen?

Lösung:

Eine Rücklage gem. § 6b kann von den Gesellschaftern bei der Realteilung nur entsprechend ihrer gesellschaftsrechtlichen Beteiligung in ihren jeweiligen Einzelunternehmen fortgeführt werden (R 6b.2 Abs. 9 EStR). Es ist nicht möglich, dass ein Gesellschafter die Rücklage gem. § 6b in vollem Umfang alleine fortführt. Eine Rücklage gem. § 6b ist daher immer anteilig fortzuführen. L und F haben die Rücklage jeweils anteilig in ihr LuF-EU zu übernehmen.

Es ist ohne Weiteres möglich, die Verbindlichkeiten frei zwischen den Gesellschaftern aufzuteilen, sodass darüber ein entsprechender Ausgleich erfolgen kann. F hat daher die Verbindlichkeit zu übernehmen.

Abwandlung 2: Sperrfristverletzung

128.3 Die AEG-GbR hat ihre Feststellungserklärung für den VZ 2012 (Auseinandersetzungsjahr) am 15.9.2013 eingereicht. F veräußert die erhaltene Maschine am 8.6.2015.

Welche Konsequenzen hat der Verkauf der Maschine durch Landwirt F?

Lösung:

Durch den Verkauf der Maschine innerhalb der dreijährigen Sperrfrist ist rückwirkend gem. § 16 Abs. 3 Satz 3 der gemeine Wert anzusetzen, soweit die Maschine zu den wesentlichen Betriebsgrundlagen zählte. Dies ist bei einer Maschinengemeinschaft anzunehmen.

Rückwirkend sind daher für den VZ 2012 die stillen Reserven aufzudecken. Die Sperrfrist beginnt dabei im Zeitpunkt der Realteilung und endet taggenau 3 Jahre nach Abgabe der Feststellungserklärung der Mitunternehmerschaft für den Veranlagungszeitraum der Realteilung. Die Sperrfrist beginnt mit der Zuteilung der einzelnen Wirtschaftsgüter, also dem Übergang des wirtschaftlichen Eigentums. Die Frist läuft ab 3 Jahre nach Abgabe der Feststellungserklärung, hier also am 15.9.2016. Die Veräußerung ist daher innerhalb des 3-Jahreszeitraums erfolgt.

Rückwirkend sind daher auf Ebene der GbR die stillen Reserven aufzudecken. Der Feststellungsbescheid ist gem. § 175 Abs. 1 Satz 1 Nr. 2 AO zu ändern. Auf Ebene der GbR ist die Maschine 2 daher mit 80.000 EUR auszuweisen, sodass sich ein entsprechender Gewinn von 60.000 EUR ergibt. Dieser Gewinn ist auf Ebene der GbR einheitlich und gesondert festzustellen.

Zu korrigieren ist der Ansatz der Maschine in der (fiktiven) Eröffnungsbilanz von Landwirt F. Nunmehr ist diese Maschine mit 80.000 EUR anzusetzen und Landwirt F hat ein entsprechend höheres Abschreibungsvolumen.

Diese Korrektur aufgrund des Verkaufs kann verhindert werden, wenn die Realteilungsvereinbarung eine Nachversteuerungsklausel enthält. Diese besagt, dass die Nachversteuerung derjenige Gesellschafter zu tragen hat, der die Veräußerung oder Entnahme tätigt. Eine solche Erklärung ist auch steuerlich anzuerkennen (BMF 19.12.2018, BStBl. I 2019, 6).

Beispiel 2: Realteilung mit Spitzenausgleich

128.4 Die zweigliedrige LuF-GbR unter Fremden wird durch Realteilung aufgelöst. Gesellschafter L erhält weniger vom Betriebsvermögen, als ihm aufgrund seiner Beteiligung zusteht (Verkehrswert gesamt: 240.000 EUR). Gesellschafter F zahlt deshalb einen Ausgleichsbetrag von 30.000 EUR aus seinem Privatvermögen.

F übernimmt aus dem Gesellschaftsvermögen Wirtschaftsgüter im Verkehrswert von 150.000 EUR (Buchwert 100.000 EUR).

Welche steuerlichen Auswirkungen hat diese Realteilung mit Spitzenausgleich?

Lösung:

Auch wenn ein Spitzenausgleich gezahlt wird, sind die Regelungen zur Realteilung gem. § 16 Abs. 3 Satz 2 anzuwenden. Nur hinsichtlich des Spitzenausgleichs liegt ein entgeltliches Geschäft vor.

In dem 3. Realteilungserlass vom 19.12.2018 (BStBl. I 2019, 6) hat die Finanzverwaltung klarstellend geregelt, dass von einer Realteilung mit Spitzenausgleich nur dann auszugehen ist, wenn Gelder für den Spitzenausgleich verwendet werden, die der Mitunternehmer aus eigenen Mitteln erbringt. Ein Spitzenausgleich liegt dagegen nicht vor, wenn die Barmittel zwischen den Gesellschaftern abweichend von ihrer Beteiligungsquote verteilt werden. Eine solche freie Verteilung lässt die Finanzverwaltung ohne Weiteres zu.

Der Realteiler, der den Spitzenausgleich leistet – hier F –, hat zusätzliche Anschaffungskosten. Korrespondierend ist bei dem Realteiler, der den Spitzenausgleich erhält – hier L –, ein entsprechender Veräußerungsgewinn zu ermitteln. Entscheidend und maßgeblich ist das Verhältnis des Spitzenausgleichs zum Wert des übernommenen Betriebsvermögens.

Der Verkehrswert des von F übernommenen Betriebsvermögens beträgt 150.000 EUR. Davon hat F 30.000 EUR, also 20%, entgeltlich angeschafft. Aus Sicht von Landwirt L ergibt sich daher folgende Berechnung des Veräußerungsgewinns:

Ausgleichsbetrag 30.000 EUR
abzgl. 20% Buchwert von 100.000 EUR ./. 20.000 EUR
Veräußerungsgewinn 10.000 EUR

Der Veräußerungsgewinn ist nicht begünstigt gem. §§ 16, 34. Es handelt sich um einen laufenden steuerpflichtigen Gewinn.

Landwirt F, der den Spitzenausgleich gezahlt hat, hat in seinem Betrieb 80% des Buchwertes der Wirtschaftsgüter zu aktivieren. Hinzu kommen die Anschaffungskosten von 30.000 EUR. Er muss die Wirtschaftsgüter daher mit folgenden Werten fortführen:

80% Buchwert von 100.000 EUR 80.000 EUR
zzgl. Anschaffungskosten (Spitzenausgleich) 30.000 EUR
neuer Bilanzausweis 110.000 EUR

Die Buchwerte der Wirtschaftsgüter sind um 10.000 EUR aufzustocken. Diese Aufstockung hat quotal zu erfolgen.

7. Auflösung landwirtschaftlicher Eltern-Kind-GbR

In der LuF ist bei der klassischen Auflösung einer Eltern-Kind-GbR von einer Realteilung auszugehen (BFH 23.3.1995 – IV R 93/93, BStBl. II 1995, 700). Dies hat der BFH mehrfach bestätigt (BFH 27.6.2007 – IV B 113/06, BFH/NV 2007, 2257; BFH 20.5.2014 – IV B 81/13, BFH/NV 2014, 1366; *Stephany* INF 2006, 471). Entgegen der Auffassung der Finanzverwaltung (so BMF 27.3.2007, BeckVerw 097781, in einem Antwortschreiben an den Deutschen Bauernverband; BMF 8.12.2011, BStBl. I 2011, 1279 Rn. 17) ist bei dieser klassischen Auflösung der Eltern-Kind-GbR – wenn zB der Vater sein bislang im Sonderbetriebsvermögen befindliches Eigentum zurücknimmt und anschließend an den Sohn verpachtet und der Sohn den Anteil des Vaters am Gesamthandvermögens übernimmt und insgesamt das Unternehmen fortführt – von einer Realteilung und nicht von einer Sachwertabfindung auszugehen, weil der Sohn den bisherigen Geschäftsbetrieb des Unternehmens nunmehr nicht mehr auf Eigentumsflächen, sondern auf Pachtflächen fortführt. Damit ist der bisherige betriebliche Organismus, also das Betreiben eines landwirtschaftlichen Betriebs überwiegend auf Eigentumsflächen des Vaters, beendet worden. Zudem sind Prämien- und Lieferrechte umzuschreiben, Pachtverträge anzupassen und neue Lieferanten- und Abnehmerverträge zu schließen (zu einem Gewerbebetrieb FG Köln 12.3.2014 – 4 K 1546/10, EFG 2014, 1384). 129

Die **Finanzverwaltung** ging bislang von einer Sachwertabfindung aus. Das vom Vater zurückbehaltene Sonderbetriebsvermögen wird von diesem gemäß § 6 Abs. 5 S. 2 zwingend zu Buchwerten in sein – neu entstehendes – Einzelunternehmen überführt. Dafür kann der Vater das Verpächterwahlrecht gemäß § 16 Abs. 3b ausüben. Die Übertragung der WG des Gesamthandsvermögens von der GbR auf den Sohn soll dagegen nach den Grundsätzen des § 6 Abs. 5 S. 3 Nr. 1 als Übertragung aus dem Gesamthandsvermögen der GbR in das alleinige Betriebsvermögen eines Mitunternehmers behandelt werden (BMF 8.12.2011, BStBl. I 2011, 1279). Allerdings greift die zwingende Buchwertfortführung für das Gesamthandsvermögen gemäß § 6 Abs. 5 S. 3 Nr. 1 nur dann, wenn die Übertragung unentgeltlich 130 oder gegen Gewährung oder Minderung von Gesellschaftsrechten erfolgt ist. Diese Auffassung hat die Finanzverwaltung mittlerweile durch die Veröffentlichung des 3. Realteilungserlasses (BMF 19.12.2018, BStBl. I 2019, 6) aufgegeben. Die klassische Auflösung einer Eltern-Kind-GbR erfolgt daher nach den Grundsätzen der Realteilung. In der Regel handelt es sich um eine echte Realteilung, weil anschließend die Eltern-Kind-GbR nicht mehr fortbesteht, weil das Kind im Rahmen der Anwachsung die bisherige GbR als Einzelunternehmer fortführt.

Beispiel 1: Auflösung Eltern-Kind-GbR

130.1 Es besteht eine LuF-Vater-Sohn-GbR. Der Vater hat den Sohn in sein bisheriges Einzelunternehmen aufgenommen. Das lebende und tote Inventar ist dem Gesamthandsvermögen zuzuordnen, Gebäude und Flächen befinden sich im Sonderbetriebsvermögen des Vaters.

Mit Erreichen des 65. Lebensjahres scheidet L zum 30.6.2017 aus der aktiven Betriebsführung aus. Eine Eigentumsübertragung soll noch nicht erfolgen. Die GbR setzt sich so auseinander, dass der Vater seinen Anteil am Gesellschaftsvermögen (Gesamthandsvermögen) der GbR an seinen Sohn zu Eigentum überträgt. Die in seinem Sonderbetriebsvermögen befindlichen Flächen und Gebäude verpachtet er nach seinem Ausscheiden aus der GbR an seinen Sohn als Einzelunternehmer für 12 Jahre.

Im Gesamthandsvermögen der GbR befinden sich ua 3 Maschinenfinanzierungen in einem Umfang von 200.000 EUR sowie Verbindlichkeiten aus Lieferungen und Leistungen iHv 150.000 EUR.

Ist von einer Realteilung oder einer Sachwertabfindung auszugehen?

Lösung:

Die Finanzverwaltung ging bislang von einer Realteilung gem. § 16 Abs. 3 S. 2 nur dann aus, wenn die Mitunternehmerschaft beendet und den Mitunternehmern lediglich Einzelwirtschaftsgüter zugeteilt werden. Allerdings setzt die Beendigung der Mitunternehmerschaft nach Auffassung der Finanzverwaltung voraus, dass auch der Betrieb, also das nämliche Unternehmen, beendet wird. Neben der zivilrechtlichen Auflösung der Mitunternehmerschaft fordert die Finanzverwaltung daher weitergehend, dass auch die bisher bewirtschaftete Sachgesamtheit, also der Betrieb, aufgeteilt und nicht fortgeführt wird. Wird dagegen das „nämliche Unternehmen" in wirtschaftlich unveränderter Form – hier vom Sohn – fortgeführt, fehle es am Merkmal der Betriebsaufgabe gem. § 16 Abs. 3 S. 1, sodass nur ein Ausscheiden des L gegen Sachwertabfindung anzunehmen ist.

Diese Auffassung der Finanzverwaltung ist durch die neue BFH-Rechtsprechung mittlerweile überholt. Es ist lediglich zu differenzieren, ob eine Beendigung der Gesellschaft vereinbart worden ist – dann echte Realteilung – oder ob einer der beiden Gesellschafter gekündigt hat, sodass der verbleibende Gesellschafter den Betrieb im Rahmen der Anwachsung fortführt – unechte Realteilung –. Die Differenzierung spielt in der Sache aber keine Rolle, weil in beiden Fällen die Grundsätze der Realteilung gemäß § 16 Abs. 3 S. 2 Anwendung finden.

Mit dem 3. Realteilungserlass (BMF 19.12.2018, BStBl. I 2019, 6) hat die Finanzverwaltung – nach langem Anlauf – endlich ihre anderslautende Auffassung aufgegeben. In diesem Fall ist daher von einer steuerneutralen Realteilung mit Einzelwirtschaftsgütern auszugehen.

Die bisherige Auffassung der Finanzverwaltung, dass die Regeln der Realteilung nicht anzuwenden sind, hat im Ergebnis zur Konsequenz, dass Vater L sein zurück erhaltenes Sonderbetriebsvermögen bei der GbR gem. § 6 Abs. 5 S. 2 aus seinem bisherigen Sonderbetriebsvermögen in sein neu entstehendes Verpächter-Einzelunternehmen überführt. Das Verpächterwahlrecht kann der Vater gem. § 16 Abs. 3b dafür ausüben.

Die auf den Sohn übergehenden Wirtschaftsgüter des Vaters aus dem bisherigen Gesamthandsvermögen werden gem. § 6 Abs. 5 S. 3 Nr. 1 als Übertragung aus dem Gesamthandsvermögen der bisherigen Mitunternehmerschaft (GbR) in das Einzelbetriebsvermögen eines Mitunternehmers (Sohn) behandelt. Dabei sind zwingend die Buchwerte fortzuführen, wenn die Übertragung unentgeltlich oder gegen Gewährung oder Minderung von Gesellschaftsrechten erfolgt. Eine Sperrfrist ist zu beachten.

Vorliegend wäre dies eigentlich unschädlich, wenn Sohn S nicht Verbindlichkeiten des Gesamthandsvermögens hätte übernehmen müssen. Die Finanzverwaltung teilt nach Maßgabe der Trennungstheorie aufgrund der Gegenleistung die Übertragung in einen entgeltlichen und einen unentgeltlichen Teil auf. In Höhe des Verhältnisses zwischen dem Verkehrswert der Wirtschaftsgüter und den übernommenen Verbindlichkeiten von 350.000 EUR soll daher eine Aufdeckung von stillen Reserven stattfinden. Für alle anderen Wirtschaftsgüter des Gesamthandsvermögens gilt darüber hinaus die Sperrfrist gem. § 6 Abs. 5 S. 4.

Anders die Auffassung der Rechtsprechung bereits in älteren Entscheidungen. So hat der BFH diese Art der Auflösung einer GbR bereits früher schon als Realteilung iSd § 16 Abs. 3 S. 2 eingeordnet (Beschluss BFH 27.6.2007 – IV B 113/06, BFH/NV 2007, 2257; BFH 6.7.2006 – IV B 95/05, BFH/

NV 2006, 2246). Allerdings ergingen diese Entscheidungen zu Sachverhalten, die zeitlich vor der erstmaligen gesetzlichen Regelung der Realteilung ab 1999 spielten.

VIII. Ermittlung des Veräußerungs- oder Aufgabegewinns

Gewinnermittlungszeitpunkt bei Betriebsveräußerung. Der Betriebsveräußerungsgewinn entsteht grundsätzlich in dem Zeitpunkt, in dem die Besitzübergabe, also der Übergang der Nutzungen und Lasten, erfolgt und damit der Veräußerer seine Leistungen erfüllt hat. Eine vertraglich vereinbarte Rückbeziehung dieses Zeitpunktes der Veräußerung wird steuerlich nicht anerkannt (vgl. BFH 21.12.1972 – IV R 194/69, BStBl. II 1973, 389; *Schmidt/Wacker* § 16 Rn. 215). Wird der Betrieb mit Ablauf oder Beginn eines KJ veräußert, hat der Steuerpflichtige ein gewisses Wahlrecht, den Veräußerungsgewinn dem alten oder dem neuen Jahr zuzuordnen. Bei einem Verkauf „mit Wirkung vom 1. Januar" ist der Gewinn dem neuen, bei der Vereinbarung „mit Ablauf des 31. Dezember" dem alten Jahr zuzurechnen, wenn der Vertrag nicht tatsächlich zu einem anderen Zeitpunkt vollzogen wird (BFH 22.9.1992 – VIII R 7/90, BStBl. II 1993, 228). Der Gewinn entsteht gemäß § 4a Abs. 2 Nr. 1 S. 2 in dem VZ, in dem er entstanden ist, also zeitpunktbezogen. Er fällt daher nicht in dem betroffenen WJ an (BFH 18.8.2010 – X R 8/07, BStBl. II 2010, 1043). 131

Veräußerungsgewinn ist der Betrag, um den der Veräußerungspreis (also die gesamte Gegenleistung) nach Abzug der Veräußerungskosten den Buchwert des Betriebsvermögens übersteigt. Wann die Veräußerungskosten entstehen, ist unerheblich (BFH 6.10.1993 – I R 97/92, BStBl. II 1994, 287). Der Buchwert ist nach § 6 zu ermitteln. Das gilt in der LuF auch für Betriebe mit Durchschnittsgewinnermittlung gemäß § 13a (BFH 3. 6.1965 – IV 180/61 U, BStBl. III 1965, 579). Ein negatives Kapitalkonto erhöht den Veräußerungsgewinn (BFH 11.3.1992 – XI R 6/91, BFH/NV 1992, 593; BFH 16.12.1992 – XI R 34/92, BStBl. II 1993, 436). Ein Überschuldungsbetrag ist nicht abzuziehen (BFH 7.3.1996 – IV R 52/93, BStBl. II 1996, 415). Wurde der Gewinn während des Bestehens des Betriebs nach § 4 Abs. 3 ermittelt, ist für die Ermittlung des Veräußerungs- bzw. Betriebsaufgabegewinns (nicht unbedingt für die Ermittlung des laufenden Gewinns, vgl. BFH 26.4.1995 – XI R 86/94, BStBl. II 1996, 4) zunächst ein Übergang zur Gewinnermittlung durch Bestandsvergleich (§ 4 Abs. 1 bzw. § 5) vorzunehmen (BFH 23.11.1961 – IV 98/60 S, BStBl. III 1962, 199). 132

Verlustausschlussklausel, Aufteilung Veräußerungserlös. Hinsichtlich des Kaufpreises, der auf Grund und Boden entfällt, ist die Verlustausschlussklausel des § 55 Abs. 6 zu beachten, wenn als Buchwert der doppelte Ausgangsbetrag nach § 55 Abs. 1 angesetzt wird. Es handelt sich dabei um die Flächen, die bereits vor dem 1.7.1970 zum steuerlichen Betriebsvermögen zählten. Sind auch Grundstücke vorhanden, die mit den tatsächlichen AK bewertet sind, ist eine weitere Aufteilung des Gesamtveräußerungspreises auf diese Grundstücke erforderlich, weil für sie die Verlustausschlussklausel nicht gilt. Dabei handelt es sich um Flächen, die nach dem 30.6.1970 hinzuerworben worden sind. Das ist auch beim Hinzuerwerb von Miteigentumsanteilen an Grundstücken (zB Hinzuerwerb des anderen Miteigentumsanteils an einer Fläche) nach dem 30.6.1970 zu beachten (BFH 8.8.1985 – IV R 129/83, BStBl. II 1986, 6). Eine Aufteilung des Veräußerungspreises ist auch in den Fällen erforderlich, in denen Flächen veräußert worden sind, für die ein Antrag auf Feststellung eines höheren Teilwerts gemäß § 55 Abs. 5 gestellt worden ist. Die Aufteilung des Veräußerungserlöses hat nach den Teilwerten zu erfolgen. 133

Betriebsaufgabezeitraum. Der Betriebsaufgabegewinn wird im Gegensatz zum Veräußerungsgewinn idR nicht an einem Tage verwirklicht, sondern in einem bestimmten Zeitraum, nämlich zwischen der ersten und der letzten Betriebsaufgabehandlung. Erstreckt sich dieser Zeitraum über zwei VZ, so verteilt sich auch der Aufgabegewinn entsprechend den einzelnen gewinnrealisierenden Vorgänge (Veräußerungen oder Entnahmen). Unabhängig von der sachlichen Zuordnung zeitlich gestreckter Aufgabehandlungen zum Betriebsaufgabegewinn durch Aufnahme in die Aufgabebilanz bestimmt sich der Zeitpunkt der Gewinnverwirklichung für die einzelnen Aufgabevorgänge, also die Veräußerung oder Überführung ins Privatvermögen, nach allgemeinen Gewinnrealisierungsgrundsätzen (BFH 19.5.2005 – IV R 16/02, BStBl. II 2005, 637). Für die Ermittlung des Betriebsaufgabegewinns ist den Veräußerungspreisen der veräußerten WG nach Abzug etwaiger Veräußerungskosten (unabhängig wann sie entstehen, BFH 6.10.1993 – I R 97/92, BStBl. II 1994, 287) und den gemeinen Werten der in das 133.1

Privatvermögen überführten WG der Buchwert des Betriebsvermögens gegenüberzustellen. Nur für entnommene WG ist der gemeine Wert gemäß § 16 Abs. 3 S. 7 anzusetzen, für durch entgeltlichen Umsatzakt veräußerte WG dagegen stets der Veräußerungspreis (§ 16 Abs. 3 S. 6). Gemeiner Wert ist der erzielbare Einzelveräußerungspreis des WG gemäß § 9 Abs. 2 BewG zum Zeitpunkt der Betriebsaufgabe. Veräußert der Steuerpflichtige nach der Betriebsaufgabe WG seines früheren Betriebsvermögens, so kann der erzielte Kaufpreis den gemeinen Wert der WG zum Zeitpunkt der Betriebsaufgabe beeinflussen, wenn der Steuerpflichtige schon damals die Erwartung haben konnte, die WG zu diesem Preis zu verkaufen (vgl. auch BFH 27.2.1985 – I R 235/80, BStBl. II 1985, 456; BFH 17.1.1989 – VIII R 370/83, BFH/NV 1989, 698 und BFH 2.3.1989 – IV R 201/85, BFH/NV 1990, 88). Der gemeine Wert von Grundstücken entspricht idR dem Verkehrswert. Dieser kann auf der Grundlage der VO über die Grundsätze für die Ermittlung der Verkehrswerte von Grundstücken (Immobilienwertermittlungsverordnung – ImmoWertV v. 19. 5.2010, BGBl. 2010 I 639) ermittelt werden.

133.2 Die **ImmoWertV** hat die WertermittlungsVO (v. 6.12.1988, BGBl. 1988 I 2209) mit Wirkung ab dem 1.7.2010 abgelöst. Die ImmoWertV nennt als Wertermittlungsverfahren das Vergleichswertverfahren, das Ertragswertverfahren und das Sachwertverfahren. Für landwirtschaftliche Nutzflächen gilt das Vergleichswertverfahren, das auch den Bodenrichtwerten gemäß § 196 BauGB zugrunde liegt. Pachtverträge über landwirtschaftlich genutzte Grundstücke zu marktüblichen Konditionen sind idR keine wertbildenden Umstände, die ein Abweichen von den amtlichen Richtwerten rechtfertigen (BFH 12.12.1991 – IV R 53/90, BStBl. II 1992, 462). Der Verkehrswert (gemeiner Wert) von Grundstücken, die Bauland sind, ist in Anlehnung an die von den örtlichen Gutachterausschüssen aufgestellten Kaufpreissammlungen zu ermitteln. Grundstücke, die sich in der Entwicklung von rein luf Nutzungsmöglichkeit zu Bauland (für Wohnungsbau, Gewerbe- und Industriebau oder Freizeitzwecke) befinden (Bauerwartungsland, Rohbauland der verschiedenen Entwicklungsstufen), sind mit einem Zwischenwert, der zwischen den Richtwerten für landwirtschaftliche Nutzflächen und baureifem Land liegt, zu bewerten. Hilfreich ist die mittlerweile von vielen Gutachterausschüssen vorgenommene prozentuale Stufung zwischen reinem Ackerland, Bauerwartungsland, Rohbauland und Bauland. Die jeweilige Stufigkeit der Fläche wird in bestimmten Prozentsätzen zum Baulandpreis ausgedrückt. Dieser Art der Bewertung, dass der konkrete Wert durch pauschale Abschläge von den jeweiligen Bodenrichtwerten ermittelt wird, wird in der Bewertungsliteratur kritisch gesehen (*Kleiber* Verkehrswertermittlung von Grundstücken Rn. 430). So wird diesem Abschlagsverfahren entgegengehalten, dass es sich um eine äußerst fragwürdige Methode handelt, deren „Verbreitung weniger auf den gesunden Sachverstand als auf die Bequemlichkeit des Anwenders" zurückgeführt werden kann (zitiert nach *Kleiber* Verkehrswertermittlung von Grundstücken Rn. 436).

134–136 *Einstweilen frei*

137 **Behandlung eines Verlustes.** Ergibt sich ein Veräußerungs- oder Aufgabeverlust, ist dieser im Wege des Verlustausgleichs nach § 2 oder des Verlustabzugs nach § 10d abzugsfähig (BFH 12.6.1975 – IV R 10/72, BStBl. II 1975, 853). Werden anlässlich der Veräußerung oder Aufgabe des Betriebs einzelne WG, die nicht zu den wesentlichen Betriebsgrundlagen gehören, in einen anderen Betrieb, auch evtl. einer anderen Gewinneinkunftsart, des Steuerpflichtigen überführt, erfolgt der Übergang zum Buchwert, also ohne Gewinnrealisierung (BFH 16.2.1996 – I R 183/94, BStBl. II 1996, 342). Dies gilt auch für die Überführung von einem gewerblichen in einen luf Betrieb.

IX. Freibetrag gemäß § 16 Abs. 4

1. Allgemeines

138 **Sachliche Steuerbefreiung.** Durch die sachliche Steuerbefreiung nach § 16 Abs. 4 soll die Veräußerung und Aufgabe kleinerer Betriebe steuerlich entlastet werden. § 16 Abs. 4 enthält keine tarifliche Regelung, sondern eine sachliche Steuerbefreiung. Ein nach dieser Vorschrift steuerfreier Veräußerungsgewinn nimmt am Verlustausgleich des § 2 Abs. 1 nicht teil (BFH 16.12.1975 – VIII R 147/71, BStBl. II 1976, 360). Die Steuerbefreiung des § 16 Abs. 4 gilt gemäß § 14 S. 2 auch für luf Betriebe. Der Freibetrag nach § 16 Abs. 4kann nicht gewährt werden, wenn der Land- und Forstwirt den Freibetrag nach § 14a Abs. 1 in Anspruch nimmt, er hat insoweit ein Wahlrecht. § 14a Abs. 1 ist ab dem VZ 01 weggefallen. Neben dem Freibetrag zur Abfindung weichender Erben gemäß § 14a Abs. 4, der ab dem VZ 06 weggefallen ist, konnte der Freibetrag nach § 16 Abs. 4 in Anspruch genommen werden.

Personenbezogener Freibetrag. Seit dem VZ 96 gibt es einen personenbezogenen Freibetrag, der dem Steuerpflichtigen nur **einmal im Leben** gewährt wird. Mit dieser Regelung verabschiedete sich der Gesetzgeber von der früheren Betriebsbezogenheit des Freibetrags. Durch das HBeglG 2004 v. 29.12.2003 (BGBl. 2003 I 3076) ist der Freibetrag für alle ab **VZ 04** (§ 52 Abs. 1 EStG 2004) zu versteuernden Veräußerungsgewinne **auf 45.000 EUR** festgesetzt worden. Voraussetzung für die Gewährung des Freibetrags ist, dass der Steuerpflichtige entweder das 55. Lebensjahr vollendet hat oder dauernd berufsunfähig ist und einen entsprechenden Antrag auf Gewährung des Freibetrags stellt. Unerheblich ist, ob ein Betrieb, Teilbetrieb oder der gesamte Mitunternehmeranteil veräußert wird. 139

Abschmelzen des Freibetrags: Übersteigt der begünstigte Gewinn den **Höchstbetrag von 136.000 EUR,** wird der Freibetrag von 45.000 EUR um den diese Grenze übersteigenden Betrag gekürzt. Der Freibetrag entfällt also ganz, wenn der Gewinn mehr als 181.000 EUR beträgt. 140

Einstweilen frei 141–143

2. Voraussetzungen

Dauernde Berufsunfähigkeit. Voraussetzung für die Gewährung des Freibetrags ist, dass der Steuerpflichtige im Zeitpunkt der Veräußerung oder Aufgabe im sozialversicherungsrechtlichen Sinne dauernd berufsunfähig ist. Die Verweisung bezieht sich auf § 43 SGB VI, der zwischen teilweiser und voller **Erwerbsminderung** unterscheidet. Dauernde Berufsunfähigkeit ist danach jedenfalls bei voller Erwerbsminderung gegeben. Diese liegt vor, wenn der Steuerpflichtige wegen Krankheit oder Behinderung auf nicht absehbare Zeit außerstande ist, unter den üblichen Bedingungen des allgemeinen Arbeitsmarkts mindestens drei Stunden täglich erwerbstätig zu sein. Es reicht aber auch eine **teilweise Erwerbsminderung** aus, die nach § 240 SGB VI bei Berufsunfähigkeit gewährt wird (so auch FG Rheinland-Pfalz 16.9.2008 – 2 K 2140/07, EFG 2008, 1954). 144

Berufsunfähig ist danach derjenige, dessen Erwerbsfähigkeit wegen Krankheit oder Behinderung im Vergleich zur Erwerbsfähigkeit von körperlich, geistig und seelisch Gesunden mit ähnlicher Ausbildung und gleichwertigen Kenntnissen und Fähigkeiten auf weniger als sechs Stunden gesunken ist (§ 240 Abs. 2 S. 1 SGB VI). Soweit der Betriebsinhaber der Sozialversicherung unterliegt, sind die Feststellungen des Versicherungsträgers über das Vorliegen oder Nichtvorliegen einer Erwerbsminderung bzw. Berufsunfähigkeit nicht als Grundlagenbescheid (§ 171 Abs. 10 AO) anzusehen (FG Rheinland-Pfalz 16.9.2008 – 2 K 2140/07, EFG 2008 1954; aA *Kanzler* FR 1995, 851 (852)). Bei Veräußerung infolge Berufsunfähigkeit kommt es auf den **Zeitpunkt des schuldrechtlichen Vertrages** an (BFH 21.9.1995 – IV R 1/95, BStBl. II 1995, 893). Deshalb steht zB den Erben der Freibetrag zu, wenn noch der Erblasser den Betrieb wegen dauernder Berufsunfähigkeit verkauft hat, der Betrieb aber erst nach seinem Tod übertragen wird (sodass der Veräußerungsgewinn erst bei den Erben entsteht). Ein verpachteter Betrieb kann wegen dauernder Berufsunfähigkeit aufgegeben (Aufgabeerklärung) oder veräußert werden (BFH 13.3.1986 – IV R 176/84, BStBl. II 1986, 601). 145

Vollendung des 55. Lebensjahres. Der Freibetrag kann nur natürlichen Personen gewährt werden, die ihr 55. Lebensjahr vollendet haben. Damit scheidet eine Inanspruchnahme durch KapG und andere juristische Personen tatbestandlich aus. Es reicht aus, dass der Steuerpflichtige zum Zeitpunkt der Entstehung des Veräußerungsgewinns bzw. bis zum Ende der Betriebsaufgabe das 55. Lebensjahr vollendet hat. Wird der Betrieb, Teilbetrieb oder Mitunternehmeranteil dagegen erst von den Erben veräußert, müssen sie selbst die persönlichen Voraussetzungen des § 16 Abs. 4 erfüllen, um den Freibetrag zu erhalten (BFH 3.7.1991 – X R 26/90, BFH/NV 1991, 813). 146

Objektbeschränkung ab 1996. Seit dem VZ 96 kann jeder Steuerpflichtige den Freibetrag nach § 16 Abs. 4 nur einmal im Leben in Anspruch nehmen. Nicht angerechnet werden Freibeträge, die für Veräußerungs- und Aufgabegewinne vor dem 1. 1. 96 gewährt wurden (§ 52 Abs. 34 S. 5). Wird der Freibetrag auf Antrag gewährt, so ist er damit verbraucht, unabhängig davon, ob ein Betrieb, Teilbetrieb (BFH 5.6.2003 – IV R 18/02, BStBl. II 2003, 838) oder Mitunternehmeranteil veräußert oder aufgegeben wurde. Es spielt auch keine Rolle, ob sich der Freibetrag in voller Höhe von 45.000 EUR ausgewirkt hat oder ob er 147 aufgrund der Überschreitung der Freibetragsgrenze von 136.000 EUR gekürzt wurde. Wirkt sich dagegen der Freibetrag überhaupt nicht aus, zB weil er auf 0 EUR gekürzt wird oder weil das Finanzamt keinen begünstigten Gewinn errechnet, ist er nicht verbraucht, auch wenn der Steuerpflichtige ihn beantragt hat. Ist der errechnete steuerpflichtige Veräußerungsgewinn daher höher als 181.000 EUR und kommt von daher der Freibetrag nicht in Betracht, ist der Freibetrag trotz einer Antragstellung des Steuerpflichtigen nicht verbraucht. Der Freibetrag gemäß § 16 Abs. 4 gilt einkunftsartübergreifend (BFH 21.7.2009 – X R 2/09, BStBl. II 2009, 963). Der Freibetrag gemäß § 16 Abs. 4 ist verbraucht, wenn der Steuerpflichtige ihn für die Aufgabe oder Veräußerung eines luf Betriebs, eines Gewerbebetriebs oder eines freiberuflichen Betriebs in Anspruch genommen hat. Ihm steht der Freibetrag nicht für jede Einkunftsart separat zur Verfügung (BFH 21.7.2009 – X R 2/09, BStBl. II 2009, 963; *Kanzler* FR 2000, 1245; EStR 16 Abs. 8 S. 5; Schmidt/*Wacker* § 16 Rn. 581).

148 **Antragserfordernis.** Wegen der Objektbeschränkung wird der Freibetrag nicht von Amts wegen, sondern nur auf Antrag gewährt. Der Steuerpflichtige kann somit entscheiden, für welchen Veräußerungs- oder Aufgabevorgang er den Freibetrag in Anspruch nehmen will, wenn er mehrere Betriebe, Teilbetriebe oder Mitunternehmeranteile hat. Zu beachten ist, dass der Freibetrag aber nur für einen einzigen Veräußerungs- oder Aufgabegewinn in Anspruch genommen werden kann. Eine bestimmte Frist oder Form sieht das Gesetz für den Antrag nicht vor. Er kann deshalb bis zur formellen Bestandskraft des entsprechenden Einkommensteuerbescheides gestellt werden (BFH 27.10.2015 – X R 44/13, DStR 2016, 459). Weil ein einmal gestellter Antrag nicht unwiderruflich ist, kann er bis zur Bestandskraft des Steuerbescheides auch wieder zurückgenommen werden. Der Antrag kann unabhängig von der Tarifermäßigung gemäß § 34 in Anspruch genommen werden (*Wendt* FR 2000, 1199).

149–151 *Einstweilen frei*

X. Erbauseinandersetzung

152 **Allgemeines.** Der Große Senat des BFH hat entschieden (BFH 5.7.1990 – GrS 2/89, BStBl. II 1990, 837), dass zunächst alle Miterben von Anfang an als Mitunternehmer zu behandeln sind und erst die Erbauseinandersetzung als entgeltlicher Veräußerungsvorgang zu werten ist. Seitdem gilt ertragsteuerlich eine Zweiteilung: Der Erbfall einerseits, welcher bei mehreren Erben zu einer Erbengemeinschaft und – bei Betriebsvermögen – zu einer Mitunternehmerschaft führt. Andererseits die Fortführung oder Auseinandersetzung der Erbengemeinschaft als ertragsteuerlich relevanter Vorgang. Dies gilt selbst dann, wenn der Erblasser einen Betrieb durch Teilungsanordnung nur einem Miterben zugeteilt hat und die Erbengemeinschaft sich entsprechend auseinandersetzt. Auch dann sind am Todestag zunächst alle Miterben Mitunternehmer des Betriebs geworden und bleiben es grundsätzlich bis zur Auseinandersetzung. Im Unterschied zu einer Mitunternehmerschaft an einer PersG hat eine Erbengemeinschaft zum Zeitpunkt ihrer Entstehung kein Sonderbetriebsvermögen.

153 **Zurechnung der Einkünfte.** Setzen sich die Miterben innerhalb von sechs Monaten nach dem Erbfall hinsichtlich eines geerbten Betriebs auseinander, auch in Form einer Teilerbauseinandersetzung, so werden die laufenden Einkünfte des Betriebs ab Erbfall nur dem oder den Miterben zugerechnet, der bzw. die ihn auf Grund der Auseinandersetzung erhalten. Voraussetzung ist, dass innerhalb der Frist von in der Regel sechs Monaten eine klare und rechtlich bindende Vereinbarung mit Rückwirkung auf den Todestag abgeschlossen wird. Aus ihr sollte sich ergeben, dass die abzufindenden Miterben am laufenden Gewinn nicht mehr teilnehmen und die Ermittlung des Abfindungsguthabens nach den Verhältnissen vom Todestag erfolgt (vgl. BMF 14.3.2006, BStBl. I 2006, 253 Rn. 4; aktualisiert durch BMF 27.12.2018, BStBl. I 2019, 11). Die Erbengemeinschaft ist dann zivilrechtlich sog. Durchgangserwerberin des Betriebs. Bei einer Teilungsanordnung erkennt die Finanzverwaltung auch eine längere Frist als sechs Monate an, wenn sich die Beteiligten bereits vor der Auseinandersetzung entsprechend dieser Anordnung verhalten haben. Eine zeitliche Begrenzung ist insoweit auch steuerlich nicht erforderlich, denn die Finanzverwaltung hat die Veranlagung mit einem Vorläufigkeitsvermerk gemäß § 165 Abs. 1 S. 1 AO durchzuführen.

154 **Verkauf Erbteil.** Veräußert ein Miterbe seinen Erbteil, ist er genauso zu behandeln wie der Gesellschafter einer luf PersG, der seinen Gesellschaftsanteil verkauft. Soweit das

Veräußerungsentgelt auf Betriebsvermögen entfällt, erzielt er nach §§ 14, 16, 34 begünstigte Veräußerungsgewinne aus der Veräußerung eines oder mehrerer (wenn die Erbengemeinschaft mehrere Betriebe hat) Mitunternehmeranteile, soweit die Begünstigungsvoraussetzungen gegeben sind. Besitzt die Erbengemeinschaft neben Betriebsvermögen auch Privatvermögen, muss das Veräußerungsentgelt für den Erbteil aufgeteilt werden. Die Erbengemeinschaft selbst kann auch ihren einzigen, alle (wenn sie mehrere hat) oder einen von mehreren Betrieben getrennt voneinander veräußern oder aufgeben. Wenn alle Vermögensgegenstände veräußert werden, liegt eine Erbauseinandersetzung durch Veräußerung des gesamten Nachlasses vor. An diesen, nach den allgemeinen Grundsätzen gemäß §§ 14, 16, 34 begünstigten Gewinnen sind die Miterben entsprechend ihren Erbquoten beteiligt.

Unentgeltliches Ausscheiden eines Miterben. Überträgt ein Miterbe seinen gesamten 155 Erbteil unentgeltlich auf Miterben, eigene Abkömmlinge oder andere Personen, kommt es, sofern die Erbengemeinschaft Betriebsvermögen hat, zu keiner Gewinnrealisierung. Die Anteile des bisherigen Miterben als Mitunternehmer an einem oder mehreren Betrieben der Erbengemeinschaft gehen gemäß § 6 Abs. 3 durch die Erbteilsübertragung unentgeltlich auf den Rechtsnachfolger über. Das Gleiche gilt, wenn ein Miterbe ohne Abfindung aus der Erbengemeinschaft ausscheidet. Seine Mitunternehmeranteile an Betrieben der Erbengemeinschaft gehen dadurch gemäß § 6 Abs. 3 zum Buchwert auf die anderen Miterben über, sie wachsen den Miterben zu.

Ausscheiden gegen Barabfindung. Scheidet ein Miterbe gegen Barabfindung aus der 156 Erbengemeinschaft aus, ergeben sich die gleichen Rechtsfolgen wie beim Ausscheiden eines Gesellschafters aus einer PersG. Sein Anteil am Gesamthandsvermögen wächst den verbleibenden Miterben zu. Sonderbetriebsvermögen ist bei einer Erbengemeinschaft nicht vorhanden. Beim ausscheidenden Miterben entsteht ein Veräußerungsgewinn oder ggf. auch -verlust, der durch Gegenüberstellung des Abfindungsbetrags und des Buchwerts seines Kapitalkontos und Abzug von etwaigen Veräußerungskosten zu ermitteln ist. Die verbleibenden Miterben haben zusätzliche AK. Handelt es sich um einen Mischnachlass (Betriebs- und Privatvermögen ist vorhanden), ist die Abfindung auf die steuerlich verschiedenen Vermögensbereiche aufzuteilen. Der auf das Betriebsvermögen entfallende Teil der Abfindung ist weiter aufzuteilen, wenn die Erbengemeinschaft mehrere Betriebe hat, denn für jeden Anteil an einem Betrieb ist der Veräußerungsgewinn für die Anwendung der §§ 14, 16, 34 gesondert zu ermitteln.

Unterschreitet die vereinbarte Barabfindung aus privaten Erwägungen (zB Rücksicht- 157 nahme auf die anderen Miterben) den **Verkehrswert des Erbteils,** gehen die Anteile des ausscheidenden Miterben an den Betrieben der Erbengemeinschaft zum Buchwert auf die Miterben über, wenn die Abfindung, soweit sie auf den jeweiligen Anteil am Betrieb entfällt, das Kapitalkonto des Ausscheidenden nicht überschreitet (teilentgeltliche Veräußerung). Das Gleiche gilt für einen luf Betrieb, wenn dem ausscheidenden Miterben auf Grund gesetzlicher Vorschriften zB nach der Höfeordnung ein Abfindungsanspruch zusteht, der sich nicht am Verkehrswert, sondern wie im Anwendungsbereich der Höfeordnung am Einheitswert als Ertragswert orientiert (BMF 14.3.2006, BStBl. I 2006, 253 Rn. 75 ff.). Die Zahlung eines Ausgleichs an einen angeblichen Miterben auf Grund eines gerichtlichen Vergleichs oder einer außergerichtlichen Einigung unterliegt den steuerlichen Regeln über die Erbauseinandersetzung (BFH 14.3.1996 – IV R 9/95, BStBl. II 1996, 310), dh der Zahlungsempfänger hat einen Mitunternehmeranteil veräußert und die Miterben haben AK.

Ausscheiden gegen Sachwertabfindung. Erhält der ausscheidende Miterbe eine Sach- 158 wertabfindung, so ist der gemeine Wert der Sachwerte als Veräußerungspreis anzusetzen. Es handelt sich um einen tauschähnlichen Vorgang, für den § 6 Abs. 6 S. 1 entsprechend gilt. Im Übrigen ist der Veräußerungsgewinn für den ausscheidenden Miterben genauso zu ermitteln wie bei einer Barabfindung. Außerdem kann bei den verbleibenden Miterben ein laufender Gewinn entstehen, nämlich wenn das zur Abfindung hingegebene WG zum Betriebsvermögen der Erbengemeinschaft gehörte und stille Reserven enthält. Es gelten die gleichen Grundsätze wie für Sachwertabfindungen beim Ausscheiden aus einer PersG (BMF 14.3.2006, BStBl. I 2006, 253 Rn. 51). Überführt der ausscheidende Miterbe das zur Abfindung erhaltene, bei der Erbengemeinschaft zum Betriebsvermögen (Gesamthandsvermögen) gehörende WG in ein eigenes Betriebsvermögen, entsteht dagegen kein Veräußerungsgewinn bei den Beteiligten. Der übernehmende Miterbe hat den Buchwert des erhaltenen WG gemäß § 6 Abs. 5 S. 3 Nr. 1 fortzuführen (BMF 14.3.2006, BStBl. I 2006, 253 Rn. 52).

159 **Vermächtnisse und Teilungsanordnungen.** Vermächtnisse sind vom Grundsatz her Erbfallschulden, deshalb erlangen die Erben durch ihre Erfüllung keine AK. Ist ein einzelnes WG des Betriebsvermögens als Sachvermächtnis auf den Vermächtnisnehmer zu übertragen, entsteht bei den Erben mit der Erfüllung des Vermächtnisses ein Entnahmegewinn. Die frühere Rechtsprechung, wonach der Vermächtnisnehmer den Entnahmegewinn zu versteuern hat (vgl. zB BFH 7.3.1974 – IV R 232/71, BStBl. II 1974, 483), ist überholt (BMF 14.3.2006, BStBl. I 2006, 253 Rn. 60). Der Entnahmegewinn entsteht nicht bereits am Todestag des Erblassers, sondern erst mit Erfüllung des Vermächtnisses (bei Grundstücken daher Übergang von Besitz, Nutzungen und Lasten). Wird Grund und Boden eines luf Betriebs vermächtnisweise übertragen, Ist von einer Entnahme auszugehen, soweit nicht die Voraussetzungen des § 6 Abs. 5 S. 3 vorliegen. Betrifft das Sachvermächtnis einen ganzen Betrieb oder Teilbetrieb, so führt die Erfüllung durch Übertragung auf den Vermächtnisnehmer nicht zu einem Entnahmegewinn. Der Betrieb oder Teilbetrieb geht ohne Aufgabe zum Buchwert gemäß § 6 Abs. 3 auf den Rechtsnachfolger über. Die zwischen Erbfall und Betriebsübertragung erzielten laufenden Gewinne haben grundsätzlich die Erben zu versteuern (BFH 24.9.1991 – VIII R 349/83, BStBl. II 1992, 330). Hat der Vermächtnisnehmer aber schon vorher den Besitz des Betriebs angetreten und ihn auf eigene Rechnung und Gefahr bewirtschaftet, sind ihm die Einkünfte schon vor Übereignung des Betriebs oder Teilbetriebs zuzurechnen (BFH 24.9.1991 – VIII R 349/83, BStBl. II 1992, 330; BMF 14.3.2006, BStBl. I 2006, 253 Rn. 61).

160 **Vorausvermächtnis.** Bei einem Vorausvermächtnis, das ein Miterbe zusätzlich zu seinem Erbteil erhält, besteht ein schuldrechtlicher Anspruch des Vorausvermächtnisnehmers gegenüber der Erbengemeinschaft auf Erfüllung des Vermächtnisses. Der Vermächtnisnehmer erwirbt die Gegenstände nicht unmittelbar vom Erblasser, sondern von der Erbengemeinschaft. Betrifft das Vorausvermächtnis einen Betrieb oder Teilbetrieb, hat der Vorausvermächtnisnehmer die Buchwerte des Erblassers gemäß § 6 Abs. 3 zwingend fortzuführen. Bei einem Vorausvermächtnis, welches ein einzelnes betriebliches WG betrifft, ist zu differenzieren, ob der Bedachte das WG anschließend betrieblich oder privat nutzt. Wird das WG in ein Betriebsvermögen überführt, ist gemäß § 6 Abs. 5 S. 3 der Buchwertansatz zwingend, bei einer Überführung in ein Privatvermögen ist dagegen von der Erbengemeinschaft nach allgemeinen Grundsätzen eine Entnahme zu versteuern.

161 **Teilungsanordnung.** Eine Teilungsanordnung ist ertragsteuerlich unbeachtlich. Dies ist nachvollziehbar, da sich Erben einvernehmlich gemäß § 2048 BGB über die Anordnung des Erblassers hinwegsetzen können. Im ersten Schritt – Erbfall – gehen zunächst alle WG des Erblassers auf die Erbengemeinschaft über. Dieser Vorgang ist ertragsteuerlich neutral, da die Erben gemäß § 6 Abs. 3 in die Fußstapfen des Erblassers treten. Setzen sich die Miterben im zweiten Schritt – Erbauseinandersetzung – gemäß der Teilungsanordnung auseinander, kann ertragsteuerlich eine Realteilung gemäß § 16 Abs. 3 S. 2 vorliegen (BMF 14.3.2006, BStBl. I 2006, 253 Rn. 13). Hat der Erblasser testamentarisch eine Teilungsanordnung mit einem Vorausvermächtnis für den überschießenden Erbanteil gekoppelt, ist von einer Realteilung ohne Spitzenausgleich auszugehen. Zivilrechtlich ist von einer Erbeinsetzung nach Werten auszugehen.

162 **Realteilung einer Erbengemeinschaft.** Auf die Auseinandersetzung einer Erbengemeinschaft sind die Regeln zur Realteilung gemäß § 16 Abs. 3 S. 2 und das Schreiben BMF 19.12.2018 (BStBl. I 2019, 6) zur Realteilung sinngemäß anzuwenden. Es entsteht deshalb kein Gewinn durch die Auseinandersetzung, soweit keine Ausgleichszahlung (Spitzenausgleich) geleistet wird. Wird LuF-Betriebsvermögen eines Verpachtungsbetriebs daher im Wege der Erbauseinandersetzung auf die Miterben zu Alleineigentum übertragen, liegt eine Realteilung mit Einzel-WG zu Buchwerten gemäß § 16 Abs. 3 S. 2 vor. Erhält dabei jeder der Miterben mehr als 3.000 qm LN (Mindestgröße LuF-Betrieb gemäß BFH 5.5.2011 – IV R 48/08, BStBl. II 2011, 792), liegt keine Betriebsaufgabe vor; jeder der Miterben verfügt anschließend über verpachtetes LuF-Betriebsvermögen (FG Niedersachsen 2.7.2013 – 15 K 265/11, DStRE 2014, 1095). Diese Auffassung vertritt die Finanzverwaltung im 3. Rentenerlass (BMF 19.12.2018, BStBl. I 2019, 6). Die Rechtsprechung lehnt diese Auffassung ab und versagt das Verpächterwahlrecht bei der Realteilung mit Einzelwirtschaftsgütern, also in der Regel bei der Aufteilung von landwirtschaftlichen Flächen im Rahmen einer Erbengemeinschaft (BFH 17.5.2018 – VI R 66/15, DStR 2018, 2135; BFH 17.5.2018 – VI R 73/15, BFH/NV 2018, 1249). Zur Frage der Realteilung nach Erbanfall eines LuF-Betriebs soll zeitnah eine Überarbeitung des BMF-Schreibens zur Anwendung des § 16

Abs. 3b vom 22.11.2016 (BStBl. I 2016, 1326) erfolgen (LfSt Niedersachsen 14.1.2019, BeckVerw 445939).

Behandlung von Ausgleichszahlungen. Erhält ein Miterbe bei der Realteilung wertmäßig mehr, als ihm nach seiner Erbquote zusteht, wird er dafür an die anderen Miterben einen Ausgleich (Spitzenausgleich) zahlen müssen. Die Abfindung führt zu einem Anschaffungs- und Veräußerungsgeschäft des mit der Abfindung erworbenen Bruchteils der WG. Die Quote wird anhand der Verkehrswerte ermittelt. **163**

Schuldübernahme. Die Übernahme von Schulden über die Erbquote hinaus ist dagegen unschädlich und führt nicht zu Anschaffungskosten. Insoweit hat die Finanzverwaltung die für die Realteilung geltenden Grundsätze auf die Auseinandersetzung einer Erbengemeinschaft übertragen. **164**

Teilerbauseinandersetzung. Die Miterben können sich auch nur hinsichtlich eines Teils des Nachlasses auseinandersetzen und iÜ die Erbengemeinschaft fortführen. Die Teilerbauseinandersetzung ist steuerlich genauso zu behandeln wie eine Auseinandersetzung über den gesamten Nachlass. Findet nach der ersten eine weitere Teilauseinandersetzung oder eine endgültige Auseinandersetzung innerhalb von fünf Jahren statt, so sind beide bei der steuerlichen Beurteilung als Einheit zu betrachten und steuerlich zusammenzufassen (BMF 14.3.2006, BStBl. I 2006, 253 Rn. 58). Die wechselseitigen oder umgekehrten Abfindungen sind in diesem Falle zu saldieren. Nur hinsichtlich des saldierten Betrags ist ein Anschaffungs- und Veräußerungsgeschäft anzunehmen. Bei der ersten Auseinandersetzung ermittelte AK und Veräußerungserlöse sind ggf. rückgängig zu machen und zwar rückwirkend gem. § 175 Abs. 1 S. 1 Nr. 2 AO. **165**

Aufgabeerklärung § 16 Abs. 3b. Eine Erbengemeinschaft mit einem – selbstbewirtschafteten oder verpachteten – landwirtschaftlichen Betrieb ist als selbständiges Steuersubjekt einzuordnen. Die Erbengemeinschaft als selbständiges Steuersubjekt kann jederzeit eine Betriebsaufgabeerklärung gem. § 16 Abs. 3b S. 1 innerhalb der 3-Monats-Frist gegenüber dem Finanzamt abgeben (→ Rn. 91 ff.). Die Erklärung kann auch auf einen Zeitpunkt vor dem Tod des Erblassers abgegeben werden, soweit die 3-Monats-Frist eingehalten ist (so mittlerweile auch BMF 22.11.2016, BStBl. I 2016, 1326). Eine solche Betriebsaufgabeerklärung der Erbengemeinschaft färbt nicht auf ein Mitglied der Erbengemeinschaft ab, welches daneben als Einzelunternehmer oder Mitunternehmer tätig ist. Gibt daher die Erbengemeinschaft eine steuerlich anzuerkennende Betriebsaufgabeerklärung ab, bedeutet dies nicht, dass damit automatisch auch eine Betriebsaufgabeerklärung hinsichtlich ihres daneben bestehenden Einzelunternehmens oder ihres Mitunternehmeranteils vorliegt. Gleiches gilt im umgekehrten Fall. Die Erbengemeinschaft als rechtlich selbständiges Steuersubjekt ist daher getrennt von betrieblichen Aktivitäten der jeweiligen Miterben zu beurteilen. Gibt dagegen die Erbengemeinschaft eine Betriebsaufgabeerklärung gem. § 16 Abs. 3b ab und bewirtschaftet einer der Miterben Flächen der Erbengemeinschaft, geht für diesen Miterben in Höhe seines Anteils (Quote) am Gesamthandsvermögen der Erbengemeinschaft die Betriebsaufgabeerklärung ins Leere. Der entsprechende Anteil des wirtschaftenden Miterben bleibt steuerlich verhaftet, also steuerliches Betriebsvermögen. **166**

§ 14a Vergünstigungen bei der Veräußerung bestimmter land- und forstwirtschaftlicher Betriebe

(1) [1]Veräußert ein Steuerpflichtiger nach dem 30. Juni 1970 und vor dem 1. Januar 2001 seinen land- und forstwirtschaftlichen Betrieb im Ganzen, so wird auf Antrag der Veräußerungsgewinn (§ 16 Absatz 2) nur insoweit zur Einkommensteuer herangezogen, als er den Betrag von 150 000 Deutsche Mark übersteigt, wenn

1. der für den Zeitpunkt der Veräußerung maßgebende Wirtschaftswert (§ 46 des Bewertungsgesetzes) des Betriebs 40 000 Deutsche Mark nicht übersteigt,
2. die Einkünfte des Steuerpflichtigen im Sinne des § 2 Absatz 1 Satz 1 Nummer 2 bis 7 in den dem Veranlagungszeitraum der Veräußerung vorangegangenen beiden Veranlagungszeiträumen jeweils den Betrag von 35 000 Deutsche Mark nicht überstiegen haben. [2]Bei Ehegatten, die nicht dauernd getrennt leben, gilt Satz 1

mit der Maßgabe, dass die Einkünfte beider Ehegatten zusammen jeweils 70 000 Deutsche Mark nicht überstiegen haben.

[2]Ist im Zeitpunkt der Veräußerung ein nach Nummer 1 maßgebender Wirtschaftswert nicht festgestellt oder sind bis zu diesem Zeitpunkt die Voraussetzungen für eine Wertfortschreibung erfüllt, so ist der Wert maßgebend, der sich für den Zeitpunkt der Veräußerung als Wirtschaftswert ergeben würde.

(2) [1]Der Anwendung des Absatzes 1 und des § 34 Absatz 1 steht nicht entgegen, wenn die zum land- und forstwirtschaftlichen Vermögen gehörenden Gebäude mit dem dazugehörigen Grund und Boden nicht mitveräußert werden. [2]In diesem Fall gelten die Gebäude mit dem dazugehörigen Grund und Boden als entnommen. [3]Der Freibetrag kommt auch dann in Betracht, wenn zum Betrieb ein forstwirtschaftlicher Teilbetrieb gehört und dieser nicht mitveräußert, sondern als eigenständiger Betrieb vom Steuerpflichtigen fortgeführt wird. [4]In diesem Fall ermäßigt sich der Freibetrag auf den Teil, der dem Verhältnis des tatsächlich entstandenen Veräußerungsgewinns zu dem bei einer Veräußerung des ganzen land- und forstwirtschaftlichen Betriebs erzielbaren Veräußerungsgewinn entspricht.

(3) [1]Als Veräußerung gilt auch die Aufgabe des Betriebs, wenn

1. die Voraussetzungen des Absatzes 1 erfüllt sind und
2. der Steuerpflichtige seinen land- und forstwirtschaftlichen Betrieb zum Zweck der Strukturverbesserung abgegeben hat und dies durch eine Bescheinigung der nach Landesrecht zuständigen Stelle nachweist.

[2]§ 16 Absatz 3 Satz 4 und 5 gilt entsprechend.

(4) [1]Veräußert oder entnimmt ein Steuerpflichtiger nach dem 31. Dezember 1979 und vor dem 1. Januar 2006 Teile des zu einem land- und forstwirtschaftlichen Betrieb gehörenden Grund und Bodens, so wird der bei der Veräußerung oder der Entnahme entstehende Gewinn auf Antrag nur insoweit zur Einkommensteuer herangezogen, als er den Betrag von 61 800 Euro übersteigt. [2]Satz 1 ist nur anzuwenden, wenn

1. der Veräußerungspreis nach Abzug der Veräußerungskosten oder der Grund und Boden innerhalb von zwölf Monaten nach der Veräußerung oder Entnahme in sachlichem Zusammenhang mit der Hoferbfolge oder Hofübernahme zur Abfindung weichender Erben verwendet wird und
2. das Einkommen des Steuerpflichtigen ohne Berücksichtigung des Gewinns aus der Veräußerung oder Entnahme und des Freibetrags in dem dem Veranlagungszeitraum der Veräußerung oder Entnahme vorangegangenen Veranlagungszeitraum den Betrag von 18 000 Euro nicht überstiegen hat; bei Ehegatten, die nach den §§ 26, 26b zusammen veranlagt werden, erhöht sich der Betrag von 18 000 Euro auf 36 000 Euro.

[3]Übersteigt das Einkommen den Betrag von 18 000 Euro, so vermindert sich der Betrag von 61 800 Euro nach Satz 1 je angefangene 250 Euro des übersteigenden Einkommens um 10 300 Euro; bei Ehegatten, die nach den §§ 26, 26b zusammen veranlagt werden und deren Einkommen den Betrag von 36 000 Euro übersteigt, vermindert sich der Betrag von 61 800 Euro nach Satz 1 je angefangene 500 Euro des übersteigenden Einkommens um 10 300 Euro. [4]Werden mehrere weichende Erben abgefunden, so kann der Freibetrag mehrmals, jedoch insgesamt nur einmal je weichender Erbe geltend gemacht werden, auch wenn die Abfindung in mehreren Schritten oder durch mehrere Inhaber des Betriebs vorgenommen wird. [5]Weichender Erbe ist, wer gesetzlicher Erbe eines Inhabers eines land- und forstwirtschaftlichen Betriebs ist oder bei gesetzlicher Erbfolge wäre, aber nicht zur Übernahme des Betriebs berufen ist; eine Stellung als Mitunternehmer des Betriebs bis zur Auseinandersetzung steht einer Behandlung als weichender Erbe nicht entgegen, wenn sich die Erben innerhalb von zwei Jahren nach dem Erbfall auseinandersetzen. [6]Ist ein zur Übernahme des Betriebs berufener Miterbe noch minderjährig, beginnt die Frist von zwei Jahren mit Eintritt der Volljährigkeit.

(5) [1]Veräußert ein Steuerpflichtiger nach dem 31. Dezember 1985 und vor dem 1. Januar 2001 Teile des zu einem land- und forstwirtschaftlichen Betrieb gehörenden

Grund und Bodens, so wird der bei der Veräußerung entstehende Gewinn auf Antrag nur insoweit zur Einkommensteuer herangezogen, als er den Betrag von 90 000 Deutsche Mark übersteigt, wenn

1. der Steuerpflichtige den Veräußerungspreis nach Abzug der Veräußerungskosten zur Tilgung von Schulden verwendet, die zu dem land- und forstwirtschaftlichen Betrieb gehören und vor dem 1. Juli 1985 bestanden haben, und

2. die Voraussetzungen des Absatzes 4 Satz 2 Nummer 2 erfüllt sind.

[2]Übersteigt das Einkommen den Betrag von 35 000 Deutsche Mark, so vermindert sich der Betrag von 90 000 Deutsche Mark nach Satz 1 für jede angefangenen 500 Deutsche Mark des übersteigenden Einkommens um 15 000 Deutsche Mark; bei Ehegatten, die nach den §§ 26, 26b zusammen veranlagt werden und bei denen das Einkommen den Betrag von 70 000 Deutsche Mark übersteigt, vermindert sich der Betrag von 90 000 Deutsche Mark nach Satz 1 für jede angefangenen 1 000 Deutsche Mark des übersteigenden Einkommens um 15 000 Deutsche Mark. [3]Der Freibetrag von höchstens 90 000 Deutsche Mark wird für alle Veräußerungen im Sinne des Satzes 1 insgesamt nur einmal gewährt.

(6) Verwendet der Steuerpflichtige den Veräußerungspreis oder entnimmt er den Grund und Boden nur zum Teil zu den in den Absätzen 4 und 5 angegebenen Zwecken, so ist nur der entsprechende Teil des Gewinns aus der Veräußerung oder Entnahme steuerfrei.

(7) Auf die Freibeträge nach Absatz 4 in dieser Fassung sind die Freibeträge, die nach Absatz 4 in den vor dem 1. Januar 1986 geltenden Fassungen gewährt worden sind, anzurechnen.

Überblick

§ 14a Abs. 1–3: Zweck der Vorschrift ist die Veräußerung und die Aufgabe kleinerer Betriebe oder Teilbetriebe durch einen Freibetrag von 150.000 DM zu begünstigen. Der Freibetrag wird auch dann gewährt, wenn die zum land- und forstwirtschaftlichen Vermögen gehörenden Gebäude mit dem dazugehörigen Grund und Boden nicht mit veräußert, sondern entnommen werden. Die Aufgabe des Betriebes ist ua dann begünstigt, wenn der Betrieb zum Zwecke der Strukturverbesserung abgegeben wird. Die Regelungen sind zeitlich vom 1.7.1970 bis zum 31.12.2000 befristet.

§ 14a Abs. 4: Die Veräußerung oder Entnahme eines Grundstücks aus dem land- und forstwirtschaftlichen Betriebsvermögen ist bis zu einem Veräußerungs- oder Entnahmegewinn von 61.800 EUR steuerfrei, wenn der Veräußerungspreis oder das entnommene Grundstück innerhalb eines Jahres zur Abfindung weichender Erben verwendet wird. Weiter definiert die Vorschrift den Begriff des „weichenden Erben". Die Regelung ist zeitlich vom 1.1.1980 bis zum 31.12.2005 befristet.

§ 14a Abs. 5: Die Vorschrift begünstigt die Veräußerung des land- und forstwirtschaftlichen Grund und Bodens durch einen Freibetrag von 90.000 DM, wenn mit dem Veräußerungserlös betriebliche Schulden getilgt werden. Die Regelung ist zeitlich vom 1.1.1986 bis zum 31.12.2000 befristet.

Übersicht

A. Allgemeines

I. Regelungsanliegen im System des Steuerrechts

1 **Leitentscheidungen, wichtige Verwaltungsanweisungen und Schrifttum (Auswahl):**

1.1 **Entscheidungen des BFH:**

1.2 BFH 24.7.1980 – IV R 65/77, BStBl. II 1981, 124 (Fristbeginn); BFH 4.3.1993 – IV R 110/92, BStBl. II 1993, 788 (Vorgezogene Abfindung eines weichenden Erben); BFH 22.9.1994 – IV R 82/93, BStBl. II 1995, 371 (Freiwillige Zuwendungen zur Abfindung weichender Erben); BFH 9.11.1995 – IV R 39/95, BStBl. II 1996, 217 (Schuldumwandlung bei § 14a Abs. 5); BFH 9.5.1996 – IV R 77/95, BStBl. II 1996, 476 (Inanspruchnahme von § 14a Abs. 4 neben § 6 Abs. 3); BFH 18.6.1998 – IV R 9/98, BStBl. II 1998, 623 (Einkommensgrenzen; weichender Erbe); BFH 5.11.1998 – IV R 32/98, BStBl. II 1999, 57 (Nachabfindungen); BFH 23.11.2000 – IV R 85/99, BStBl. II 2001, 122 (Rückwirkendes Ereignis); BFH 12.9.2002 – IV R 28, 29/01, BStBl. II 2002, 813 (Abfindung durch den Verpächter); BFH 24.9.2015 – IV R 39/12, BFH/NV 2016, 30 (Entscheidung über den Freibetrag gem. § 14a Abs. 4 nicht im Gewinnfeststellungsverfahren).

1.3 **Wichtige Verwaltungsanweisungen:**
BMF 3.6.1977, BeckVerw 238168; BMF 13.3.1993, BStBl. I 1993, 80.

1.4 **Schrifttum (Auswahl):**
Grziwotz, Der Ehegatte als weichender Erbe, DB 1991, 2259; *Weiß*, Steuerfreibetrag für weichende Erben nach § 14a Abs. 4 EStG auch für „Nächstberufene" bei Ausschlagung einer Erbschaft oder eines Vermächtnisses, DStR 1992, 1088; *Gmach*, Steuerbegünstigte Abfindung weichender Erben auch bei noch nicht bestimmter Hofübergabe, INF 1994, 45; *Hiller/Weber*, Gestaltungsmöglichkeiten bei Hofübergabeverträgen, INF 1997, 680; *Hiller*, Rücknahme des Freibetrags nach § 14a Abs. 4 EStG wegen geänderter Hofnachfolge, INF 2000, 166.

1. Zweck der Regelung

2 Der **Freibetrag bei Veräußerung oder Aufgabe des ganzen Betriebes** kommt anstelle des Freibetrages nach § 14, § 16 Abs. 4 für kleinere land- und forstwirtschaftliche Betriebe zur Anwendung und führt so zur Milderung der Besteuerung des Veräußerungsgewinns. Die Freibetragsregelung soll außerdem zur Verbesserung der Agrarstruktur führen.

3 Der **Freibetrag zur Abfindung weichender Erben** bezweckt die Sicherung von land- und forstwirtschaftlichen Betrieben mit geringerem Einkommen bei der Erbregelung. Der Freibetrag soll dazu beitragen, dass der Bestand land- und forstwirtschaftlicher Betriebe bei Erbauseinandersetzungen und Hofübergaben nicht gefährdet wird.

4 Der **Freibetrag für die Tilgung von Betriebsschulden** soll die Betriebsfortführung erleichtern, in dem die Entschuldung kleiner land- und forstwirtschaftlicher Betriebe aus Steuermitteln gefördert wird. Betriebe die sich entschulden, sollen aus dem Veräußerungserlös nicht nur den Kredit und das Finanzamt bedienen, sondern auch Liquidität vorhalten können. Das Erfordernis, dass die Altschulden vor dem 1.7.1985 als betriebliche Schulden bestanden haben, ist durch Art. 7 Nr. 5 des Steuerbereinigungsgesetzes 1986 (BGBl. 1985 I 2436) eingeführt worden. Mit dieser Stichtagsregelung wollte der Gesetzgeber Missbräuche ausschließen und andererseits zum Auslaufen der Vorschrift beitragen.

2. Historische Entwicklung

5 Durch das Gesetz zur Änderung des Einkommensteuergesetzes und anderer steuerrechtlicher Vorschriften (**Zweites StÄndG 1971** v. 10.8.1971, BGBl. 1971 I 1266) wurde der **Freibetrag bei Veräußerung oder Aufgabe des ganzen Betriebes** in Höhe von zunächst 60.000 DM mit Wirkung zum 1.7.1970 befristet bis zum 31.12.1973 eingeführt. Der Freibetrag wurde immer wieder verlängert, zuletzt bis zum 31.12.2000. Durch das **StBerG 1986** v. 19.12.1985 (BGBl. 1985 I 2436) erhöhte sich der Freibetrag mit Wirkung zum 1.1.1986 auf 90.000 DM. Eine weitere Erhöhung auf 150.000 DM folgte mit dem **JStG 1996** v. 18.12.1995 (BGBl. 1995 I 1250) mit Wirkung zum 1.1.1996.

6 Der **Freibetrag zur Abfindung weichender Erben** wurde durch das Gesetz zur Neuregelung der Einkommensbesteuerung der Land- und Forstwirtschaft (BGBl. 1980 I 732) zunächst mit Wirkung zum 1.1.1980 befristet bis 31.12.1985 in Höhe von 60.000 DM

wieder eingeführt (zur Rechtsentwicklung davor vgl. Leingärtner/*Kanzler* Kap. 48 Rn. 1). Der Freibetrag wurde immer wieder verlängert, zuletzt bis zum 31.12.2005. Durch das Gesetz zur Neuregelung der steuerrechtlichen Förderung des selbstgenutzten Wohneigentums (**WohneigFG** v. 15.5.1986, BGBl. 1986 I 730) wurde der Freibetrag auf 120.000 DM erhöht. Durch das Gesetz zur Umrechnung und Glättung steuerlicher Euro-Beträge (**StEuglG** v. 19.12.2000, BGBl. 2000 I 1790) wurde dann der Freibetrag mit Wirkung zum 1.1.2002 auf 61.800 EUR umgerechnet.

Der **Freibetrag für die Tilgung von Betriebsschulden** wurde mit dem **StBerG 1986** 7 v. 19.12.1985 (BGBl. 1985 I 2436) mit Wirkung zum 1.1.1986 in Höhe von 90.000 DM eingeführt. Der Freibetrag wurde in der Folgezeit immer wieder verlängert, zuletzt bis zum 31.12.2000.

3. Verhältnis zu höherrangigem Recht

Das **BVerfG** hält die unterschiedslose Privilegierung der Landwirte bei der steuerlichen 8 Erfassung der Gewinne aus der Veräußerung von Grund und Boden als mit dem Gleichheitssatz nicht vereinbar (BVerfG 11.5.1970 – 1 BvL 17/67, BStBl. II 1970, 579). Allerdings kann der Gesetzgeber den besonderen Verhältnissen bei der Veräußerung von weiterhin in landwirtschaftlicher Nutzung verbleibendem Grund und Boden durch Sondervorschriften Rechnung tragen. Dabei wird offen gelassen, ob bei privilegierten Veräußerungen (Entnahmen) weitere Reinvestitionsmöglichkeiten zur Vermeidung einer zu weitgehenden Besteuerung des Veräußerungsgewinns geschaffen werden können oder ob eine Tarifbegünstigung eingeführt werden könne (BVerfG 11.5.1970 – 1 BvL 17/67, BStBl. II 1970, 579). § 14a begegnet keinen verfassungsrechtlichen Bedenken, weil er in einem engen Zusammenhang mit dem Beschluss des BVerfG 11.5.1970 steht (so auch HHR/*Gmach* § 14a Rn. 10).

4. Zeitlicher Anwendungsbereich

Der **Freibetrag bei Veräußerung oder Aufgabe des ganzen Betriebes** wird nur in 9 der Zeit vom 1.7.1970 bis zum 31.12.2000 gewährt. Er kommt für die begünstigten Gewinne, soweit sie nach dem 31.12.2000 entstehen, nicht mehr in Betracht. Maßgebend für die Gewährung des Freibetrages ist, ob der Steuerpflichtige seinen land- und forstwirtschaftlichen Betrieb im ganzen ua vor dem 1.1.2001 veräußert hat, also mindestens das wirtschaftliche Eigentum an den wesentlichen Betriebsgrundlagen auf den Erwerber übergegangen ist. Der Tag, an dem das Verpflichtungsgeschäft abgeschlossen wurde, ist nicht entscheidend (BFH 12.5.2011 – IV R 37/09, BFH/NV 2012, 41).

Der **Freibetrag zur Abfindung weichender Erben** findet auf Veräußerungen bzw. 10 Entnahmen zwischen 1.1.1980 und 31.12.2005 Anwendung. Die Veräußerung oder die Entnahme von einzelnen Grundstücken muss bis zum 31.12.2005 (= Übergang des wirtschaftlichen Eigentums) erfolgt sein.

Der **Freibetrag für die Tilgung von Betriebsschulden** wird in der Zeit vom 1.1.1986 11 bis zum 31.12.2000 gewährt. Die Veräußerung von Grund und Boden für die Inanspruchnahme des Freibetrages für die Tilgung von Betriebsschulden muss in diesem Zeitraum vorgenommen worden sein. Maßgeblich ist der steuerlich wirksame Veräußerungszeitpunkt, also der Übergang von Besitz, Nutzen und Lasten (BFH 7.11.1991 – IV R 43/90, BStBl. II 1992, 398; so auch *Märkle/Hiller* ESt Land- und Forstwirte, 8. Aufl. 2001, Rn. 359c, **aA** Schmidt/*Seeger,* 25. Aufl. 2006, § 14a Rn. 32).

5. Verhältnis zu anderen Bestimmungen

Verhältnis zu §§ 6b, 6c. Für die Gewährung der Freibeträge nach § 14a Abs. 4 und 5 12 ist die Anwendung der Begünstigung nach §§ 6b, 6c für Teile des verwirklichten Gewinns aus der Veräußerung von Grund und Boden ohne Bedeutung (*Felsmann* ESt Land- und Forstwirte D321). Die Vergünstigungen sind allerdings dann ausgeschlossen, wenn der Veräußerungsgewinn in eine Rücklage nach §§ 6b, 6c eingestellt wird; denn er wird insoweit gerade nicht zur Einkommensteuer herangezogen (BFH 29.3.2007 – IV R 48/05, BFH/NV 2007, 1846). Für den Gewinn aus der Auflösung der Rücklage ist dann die Freibetragsgewährung ausgeschlossen (BFH 14.5.2009 – IV R 6/07, BFH/NV 2009, 1989).

13 **Verhältnis zu anderen Freibeträgen.** Der Freibetrag bei Veräußerung oder Aufgabe des ganzen Betriebes und der Freibetrag nach § 14, § 16 Abs. 4 schließen sich gegenseitig aus (§ 14 S. 2). Insoweit hat der Steuerpflichtige ein Wahlrecht, das bei mehreren Betrieben unterschiedlich ausgeübt werden kann (HHR/*Gmach* § 14a Rn. 24; Schmidt/*Seeger*, 25. Aufl. 2006, § 14a Rn. 37).

14 **Freibeträge vor dem 1.1.1986.** Auf den Freibetrag zur Abfindung weichender Erben nach § 14a Abs. 4 sind die Freibeträge, die in den vor dem 1. Januar 1986 geltenden Fassungen gewährt worden sind, anzurechnen (§ 14a Abs. 7). Für die erforderliche Anrechnung von Freibeträgen, sind diese auf die einzelnen weichenden Erben aufzuteilen, wenn die Gewährung des (Alt-)Freibetrages auf einer Abfindung mehrerer weichender Erben beruhte. Dabei ist das Verhältnis der dem weichenden Erben zugewendeten Abfindung zur Gesamtabfindung aus dem einheitlichen Abfindungsvorgang maßgebend (R 14a Abs. 3 EStR 2005).

15 **Betriebsaufgabe/Betriebsveräußerung.** Nach einhelliger Meinung (HHR/*Gmach* § 14a Rn. 13 mwN) können die Freibeträge nach § 14 in Verbindung mit § 16 Abs. 4 bzw. nach § 14a Abs. 1–3 einerseits und die Freibeträge nach § 14a Abs. 4 und Abs. 5 andererseits bei einer Betriebsaufgabe oder Betriebsveräußerung nicht nebeneinander gewährt werden (FG München 12.5.1992 – 13 K 2251/90, EFG 1992, 661). Durch die Freibetragsregelung in § 14a Abs. 5 soll die Betriebsfortführung dem Landwirt erleichtert werden. Dies bedeutet, dass die Schuldentilgung zumindest zu einem Zeitpunkt erfolgen muss, in dem dem Landwirt der Betrieb noch gehört. War der Betrieb im Zeitpunkt der Schuldentilgung bereits veräußert, ist eine Förderung der Fortführung des Betriebes nicht mehr möglich. Dies gilt nicht beim Freibetrag zur Abfindung weichender Erben, wenn der Verpächter Betriebsaufgabe erklärt (BFH 12.9.2006 – IV R 51/05, BFH/NV 2006, 2064).

16 Der **Freibetrag für die Tilgung betrieblicher Schulden** konnte auch neben der Freibetragsregelung nach § 14a Abs. 4 beansprucht werden (Leingärtner/*Kanzler* Kap. 48 Rn. 28). Das Gesetz sieht auch keine Anrechnung schon früher gewährter Freibeträge zur Schuldentilgung vor (vgl. § 14a Abs. 7).

II. Normstruktur

17 **Freibetrag bei Veräußerung oder Aufgabe eines ganzen Betriebes.** Veräußert ein Landwirt seinen land- und forstwirtschaftlichen Betrieb im Ganzen, so wird auf Antrag der Veräußerungsgewinn nur insoweit zur Einkommensteuer herangezogen, als er den Freibetrag von 150.000 DM übersteigt. Voraussetzung für die Freibetragsgewährung ist, dass im Zeitpunkt der Veräußerung der maßgebende Wirtschaftswert (§ 46 BewG) 40.000 DM nicht übersteigt und die außerlandwirtschaftlichen Einkünfte (§ 2 Abs. 1 S. 1 Nr. 2–7) in den beiden VZ der Veräußerung vorangegangenen VZ jeweils den Betrag von 35.000 DM nicht übersteigen (§ 14a Abs. 1 S. 1). Der Freibetrag kommt auch dann in Betracht, wenn zum Betrieb ein forstwirtschaftlicher Teilbetrieb gehört und dieser nicht mitveräußert, sondern als eigenständiger Betrieb vom Steuerpflichtigen fortgeführt wird (§ 14a Abs. 2 S. 3). Das gilt auch für die Aufgabe des Betriebes, wenn der Betrieb zum Zwecke der Strukturverbesserung abgegeben wird (§ 14a Abs. 3 S. 1).

18 **Freibetrag zur Abfindung weichender Erben.** Die Veräußerung oder die Entnahme eines Grundstücks aus dem land- und forstwirtschaftlichen Betriebsvermögen ist bis zu einem Veräußerung- oder Entnahmegewinn von 61.800 EUR steuerfrei, wenn der Veräußerungspreis oder das entnommene Grundstück innerhalb eines Jahres zur Abfindung weichender Erben verwendet wird. Die Voraussetzung dafür ist, dass ua das Einkommen 18.000 EUR, bei zusammenveranlagten Ehegatten 36.000 EUR nicht übersteigt.

19 **Freibetrag für die Tilgung betrieblicher Schulden.** Die Vorschrift begünstigt die Veräußerung des land- und forstwirtschaftlichen Grund und Bodens durch einen Freibetrag von 90.000 DM, wenn mit dem Veräußerungserlös betriebliche Schulden, die vor dem 1.7.1985 bestanden haben, getilgt werden. Außerdem müssen die Einkommensgrenzen des Freibetrages zu Abfindung weichender Erben (§ 14a Abs. 4 S. 2 Nr. 2) erfüllt sein (§ 14a Abs. 5 S. 1 Nr. 2).

20 *Einstweilen frei*

B. Voraussetzungen und Rechtsfolgen

I. Sachlicher Anwendungsbereich

Freibetrag bei Betriebsveräußerung im Ganzen. Der Freibetrag nach § 14a Abs. 1–3 ist objektbezogen; er unterliegt nicht der personenbezogenen Begrenzung des § 16 Abs. 4 EStG (R 133a Abs. 1 S. 1 EStR 1999). Die Regelungen des § 14a Abs. 1–3 gelten unabhängig von der Gewinnermittlungsart des land- und forstwirtschaftlichen Betriebes. Durch die Anknüpfung an den Wirtschaftswert bei den Größenmerkmalen in § 14a Abs. 1 Satz 1 Nr. 1, bezieht sich die Begünstigung nur auf inländische Betriebe (HHR/*Gmach* § 14a Rn. 13). 21

Freibetrag zur Abfindung weichender Erben ist insofern personenbezogen als er sich auf die Person des den Gewinn verwirklichenden Steuerpflichtigen (Hofübergeber, Hofübernehmer) bezieht (HHR/*Gmach* § 14a Rn. 13). Der Freibetrag setzt nicht voraus, dass die Gewinne aus der Veräußerung von Teilen des Grund und Bodens eben des Betriebes entstanden sind, der Gegenstand der Hoferbfolge oder Hofübernahme sein soll (BFH 13.7.2006 – IV R 51/05, BFH/NV 2006, 2064). Die Inanspruchnahme des Freibetrages nach § 14a Abs. 4 ist neben der Anwendung des § 6 Abs. 3 möglich (BFH 9.5.1996 – IV R 77/95, BStBl. II 1996, 476). 22

Freibetrag zur Tilgung betrieblicher Schulden ist personenbezogen ausgestaltet. Der Freibetrag kann jedem Steuerpflichtigen unabhängig von der Zahl der ihm gehörenden land- und forstwirtschaftlichen Betriebe nur einmal gewährt werden (§ 14a Abs. 5 S. 3) und zwar für so viele Veräußerungen bzw. Veräußerungsgewinne, bis der Freibetrag ausgeschöpft ist (HHR/*Gmach* § 14a Rn. 13). 23

Die Freibeträge zur Abfindung weichender Erben und für Tilgung von Betriebsschulden kommen für **Gewerbebetriebe,** die beispielsweise durch Strukturwandel entstanden sind, nicht in Betracht. § 14a gilt nur im Rahmen der Einkünfte aus Land- und Forstwirtschaft. Erfährt der Betrieb einen Strukturwandel hin zum Gewerbebetrieb, können die Freibeträge nicht mehr genutzt werden (HHR/*Gmach* § 14a Rn. 13). 24

II. Tatbestandsvoraussetzungen

1. Freibetrag bei Veräußerung oder Aufgabe eines Betriebs

Persönlicher Anwendungsbereich. Die Vorschrift gilt für natürliche unbeschränkt einkommensteuerpflichtige Personen (HHR/*Gmach* § 14a Rn. 14). Veräußert ein Land- und Forstwirt mehrere Betriebe, so kann der Freibetrag mehrmals in Betracht kommen, weil der Freibetrag objektbezogen ist und das Gesetz keinen „Objektverbrauch" vorsieht (HHR/*Gmach* § 14a Rn. 62). Das gilt auch dann, wenn die Veräußerung der Betriebe in einem VZ erfolgt. Wurde der veräußerte land- und forstwirtschaftliche Betrieb in der Rechtsform einer Personengesellschaft oder von einer Gemeinschaft geführt, so steht der Freibetrag allen Gesellschaftern oder Gemeinschaften gemeinsam nur einmal zu. Dasselbe gilt, wenn alle Gesellschafter oder Gemeinschafter gleichzeitig ihre Anteile veräußern (R 133a Abs. 1 EStR 1999). 25

Begriff der Veräußerung. Veräußerung ist die entgeltliche Übertragung eines Betriebes an einen oder mehrere Erwerber, auch an eine Gesellschaft (BFH 19.2.1981 – IV R 116/77, BStBl. II 1981, 566). Begünstigt ist nur die Veräußerung des Betriebs im Ganzen, sowohl des aktiv bewirtschafteten als auch des Pachtbetriebes (HHR/*Gmach* § 14a Rn. 52). Als Betriebsveräußerung im Sinne des § 14a Abs. 1 gilt auch, wenn Gebäude mit dem dazugehörigen Grund und Boden nicht mitveräußert, sondern in das Privatvermögen überführt werden (§ 14a Abs. 2 S. 1). Zum land- und forstwirtschaftlichen Vermögen gehörende Gebäude sind vor allem Wirtschaftsgebäude (HHR/*Gmach* § 14a Rn. 94). Sie gelten zum Zeitpunkt der Betriebsveräußerung mit dem gemeinen Wert (§ 9 BewG) als entnommen, weil sie Teil des Veräußerungsgewinns sind (HHR/*Gmach* § 14a Rn. 100). Einer ausdrücklichen Entnahmeerklärung bedurfte es hierbei nicht. Das Gesetz fingiert eine Entnahme. Der Entnahmegewinn bleibt jedoch außer Ansatz, soweit er auf eine nach § 52 Abs. 15 S. 8 EStG 1998 begünstigte Betriebsleiter- bzw. Altenteilerwohnung entfällt. 26

Betriebsverkleinerung. Die begünstigte Betriebsveräußerung ist von anderen Tatbeständen, wie zB der Betriebsverkleinerung oder Betriebszerschlagung, abzugrenzen. Werden 27 wesentliche Betriebsgrundlagen zurückbehalten und weiterbewirtschaftet, dann liegt weiterhin Betriebsvermögen vor. Es besteht eine nicht begünstigte Betriebsverkleinerung (HHR/*Gmach* § 14a Rn. 52; *Köhne/Wesche* Landwirtschaftliche Steuerlehre, 450). Ein Zurückbehalten nicht wesentlicher Wirtschaftsgüter ist unschädlich (BFH 18.4.1991 – IV R 7/89, BStBl. II 1991, 833). Bei Veräußerung von wesentlichen Betriebsgrundlagen zB an verschiedene Erwerber, ist eine **Betriebszerschlagung** anzunehmen. Es kann dann eine begünstigte Betriebsaufgabe nach Abs. 3 vorliegen.

28 Die **Veräußerung von Mitunternehmeranteilen** einer Gesellschaft, die Land- und Forstwirtschaft betreibt, ist keine Veräußerung im Sinne des § 14a Abs. 1. Veräußert die Gesellschaft aber den gesamten Betrieb, so ist der Freibetrag nach § 14a Abs. 1 anwendbar (Schmidt/*Seeger,* 20. Aufl. 2006, § 14a Rn. 14; HHR/*Gmach* § 14a Rn. 52).

29 **Teilbetrieb.** Die Veräußerung oder Aufgabe eines Teilbetriebes ist ausweislich des Gesetzeswortlauts grundsätzlich nicht begünstigt. Der Freibetrag kommt aber ab dem VZ 1992 dann in Betracht, wenn zum Betrieb ein forstwirtschaftlicher Teilbetrieb (Wald) gehört und dieser nicht mitveräußert, sondern als eigenständiger Betrieb vom Steuerpflichtigen fortgeführt wird. In diesem Fall ermäßigt sich der Freibetrag auf einen Teil, der dem Verhältnis des tatsächlich entstandenen Veräußerungsgewinns zu dem bei einer Veräußerung des ganzen land- und forstwirtschaftlichen Betriebs erzielbaren Veräußerungsgewinn entspricht (§ 14a Abs. 2 S. 3–4). Zum Begriff des Teilbetriebs → § 13 Rn. 127. Das Zurückbehalten eines landwirtschaftlichen Teilbetriebs ist nicht begünstigt (HHR/*Gmach* § 14a Rn. 116).

30 **Wirtschaftswert.** Der für den Zeitpunkt der Veräußerung maßgebende Wirtschaftswert des Betriebes darf 40.000 DM nicht übersteigen. Maßgebend ist der Wirtschaftswert nach § 46 BewG, also der Einheitswert des Betriebes abzüglich des Wohnungswertes (§ 48 BewG). Der Wirtschaftswert iSv § 46 BewG ist nicht mit dem Wirtschaftswert nach § 141 Abs. 1 S. 1 Nr. 3 AO identisch. Nach § 141 Abs. 1 S. 1 Nr. 3 AO ist einschränkend die selbstbewirtschaftete Fläche maßgeblich. Ist im Zeitpunkt der Veräußerung ein nach § 14a Abs. 1 S. 1 Nr. 1 maßgebender Wirtschaftswert nicht festgestellt oder sind bis zu diesem Zeitpunkt die Voraussetzungen für eine Wertfortschreibung erfüllt, so ist der Wert maßgebend, der sich für den Zeitpunkt der Veräußerung als Wirtschaftswert ergeben würde (§ 14a Abs. 1 S. 2). Die Grenze ist starr; sie enthält keine Gleitklausel, sodass auch nur bei einem geringfügigen Übersteigen der Grenze der Freibetrag entfällt (HHR/*Gmach* § 14a Rn. 70).

31 Bei **Pachtbetrieben** ist der jeweils dem Pächter bzw. Verpächter zugerechnete Teil des Wirtschaftswertes maßgebend (*Felsmann* ESt Land- und Forstwirte D 60f).

32 Im Beitrittsgebiet gilt der **Ersatzwirtschaftswert** nach § 125 BewG (§ 57 Abs. 3 EStG). Der Ersatzwirtschaftswert ist nach Eigentumsverhältnissen umzurechnen (OFD Rostock 6.3.1998).

33 **Aufgabe des Betriebes.** Wird der Betrieb vom Betriebs- in das Privatvermögen überführt, also aufgegeben, ist der Freibetrag nach § 14a Abs. 3 anwendbar. Das gilt auch bei einer Mitunternehmerschaft, bei Betriebsaufgabe durch alle Mitunternehmer (HHR/*Gmach* § 14a Rn. 126). Werden die einzelnen dem Betrieb gewidmeten Wirtschaftsgüter im Rahmen der Aufgabe des Betriebs veräußert, so sind die Veräußerungspreise anzusetzen. Werden die Wirtschaftsgüter nicht veräußert, so ist der gemeine Wert im Zeitpunkt der Aufgabe anzusetzen (§ 14a Abs. 3 S. 2 iVm § 16 Abs. 3 S. 4–5 EStG 2000).

34 **Bescheinigung.** Bei der Aufgabe des Betriebes ist für die Freibetragsgewährung zusätzlich eine Bescheinigung der zuständigen Stelle erforderlich, dass der Betrieb zum Zwecke der Strukturverbesserung abgegeben wurde. Auch eine Verpachtung oder ein anderes Nutzungsverhältnis für mindestens neun Jahre gilt idR als strukturverbessernde Abgabe (vgl. in Nordrhein-Westfalen: RdErl. d. Ministers für Umwelt, Raumordnung und Landwirtschaft vom 18.4.1986 – I B 1 -17.02, MBl. NW 1986, 626). Die Bescheinigung ist wegen der gesetzlich vorgegebenen Nachweisfunktion kein Grundlagenbescheid iSv § 171 Abs. 10 AO (HHR/*Gmach* § 14a Rn. 130). Die nach Landesrecht zuständigen Stellen sind zB in Nordrhein-Westfalen der Geschäftsführer der Kreisstelle der Landwirtschaftskammer als Landesbeauftragter (weiterführende Hinweise dazu unter → Rn. 34.1), in Niedersachsen das Amt für Agrarstruktur oder in Bayern die Ämter für Landwirtschaft.

34.1 In **Nordrhein-Westfalen:** Nach der Verordnung der Landesregierung des Landes Nordrhein-Westfalen vom 18.10.1985 sind die Geschäftsführer der Kreisstelle der Landwirtschaftskammer als Landesbeauftragte im Kreis für die Erteilung dieser Bescheinigung zuständig (Gesetz- und Verordnungsblatt für das Land Nordrhein-Westfalen vom 18. November 1985, 609). Zuständig ist diejenige Stelle, in deren Bezirk die Hofstelle des aufgegebenen Betriebes liegt. Die Bescheinigung einer Landabgabe zum Zwecke der Strukturverbesserung wird auf Antrag ausgestellt. Dem Antrag beizufügen sind die für die Landabgabe und die bisherige Nutzung maßgebenden Verträge, Auszüge aus dem Liegenschaftskataster und eine topographische Karte (Maßstab 1:25.000), in der der aufgegebene Betrieb des Antragstellers (Eigentum, Pacht) und die abgegebenen Flächen dargestellt sind sowie außerdem die zur Beurteilung erforderlichen Nachweise oder Erklärungen.

2. Freibetrag zur Abfindung weichender Erben

Eine Abfindung im Rahmen der **vorweggenommenen Erbfolge** liegt begrifflich dann vor, wenn der Hofübergeber anlässlich der Hofübergabe den Erlös aus dem Verkauf von Betriebsgrundstücken oder Betriebsgrundstücke an weichende Erben überträgt. Die Beteiligten müssen davon ausgehen, dass der Zuwendungsempfänger den Betrieb nicht übernehmen wird und sich die Zuwendung auf seine Abfindungsansprüche anrechnen lassen muss (R 14a Abs. 1 S. 2 EStR 2005). Nicht zu prüfen ist, ob die tatsächliche Abfindung eines weichenden Erben den Betrag übersteigt, der ihm nach der Höfeordnung zusteht (BFH 22.9.1994 – IV R 82/93, BStBl. II 1995, 371). 35

Betriebsübernahme durch den Ehegatten. Das Gesetz definiert den Begriff der vorweggenommenen Erbfolge nicht. Im Gesetz über die Alterssicherung der Landwirte aF (ALG) war ausnahmsweise auch eine Abgabe an den Ehegatten anerkannt (vgl. § 21 Abs. 9 S. 1 ALG), sodass unseres Erachtens auch ein Fall der vorweggenommenen Erbfolge bei der Betriebsübernahme durch den Ehegatten vorliegt. Zwischenzeitlich wurde § 21 ALG durch Art. 4a des Gesetzes v. 18.12.2018 (BGBl. I 2651) aufgehoben. Nach anderer Auffassung liegt keine Abfindungslage vor, wenn der Ehegatte Hofnachfolger wird, weil § 14a Abs. 4 den Generationswechsel erleichtern soll (HHR/*Gmach* § 14a Rn. 167; *Märkle/Hiller* ESt Land- und Forstwirte, 9. Aufl. 2006, Rn. 390a). 36

Bei einer **Mitunternehmerschaft** kann jeder Gesellschafter den Freibetrag nach § 14a Abs. 4 bis zur Höhe des auf ihn entfallenden Anteils am Gewinn und begrenzt auf 61.800 EUR je weichenden Erben in Anspruch nehmen, wenn keine gemeinsamen Erben gefunden werden (Leingärtner/*Kanzler* Kap. 48 Rn. 89). Gehört das Betriebsgrundstück zum Sonderbetriebsvermögen des Mitunternehmers, so ist der Gewinn aus der Veräußerung ihm allein zuzurechnen; die Voraussetzungen des § 14a Abs. 4 müssen in der Person des Mitunternehmers erfüllt sein. 37

Bei einer **Betriebszerschlagung** bleibt der Betrieb nicht bestehen und der Freibetrag zur Abfindung weichender Erben kommt nicht zum Zuge. Das ist nach der Finanzverwaltung zB dann der Fall, wenn nicht der überwiegende Teil des Betriebes seiner nach Abfindung verbleibenden Nutzflächen auf den Hofübernehmer übertragen wird (R 14a Abs. 1 S. 4 EStR 2005; aA BFH 30.12.2004 – IV B 57/04, BFH/NV 2005, 1042). Zu den Nutzflächen eines land- und forstwirtschaftlichen Betriebes zählen auch die im Eigentum des Hofübergebers stehenden verpachteten und brachliegenden Flächen, jedoch nicht Abbauland, Geringstland oder Unland (R 14a Abs. 1 S. 5 EStR 2005). 38

Betriebsaufgabe. Der Steuerbefreiung von Abfindungen weichender Erben stehen weder die Verpachtung des land- und forstwirtschaftlichen Betriebes an den künftigen Hoferben noch die Erklärung der Betriebsaufgabe durch den Abfindenden entgegen. Als agrarpolitische Lenkungsnorm setzt § 14a Abs. 4 weder voraus, dass der von Abfindungslasten befreite Hof im Zeitpunkt der Übertragung auf den Erben dem Übertragenden noch Einkünfte aus Land- und Forstwirtschaft vermittelt, noch dass ein Buchwertübergang gemäß § 6 Abs. 3 möglich ist (BFH 12.9.2002 – IV R 28, 29/01, BStBl. II 2002, 813). 39

Nachabfindungen, die nach vorangegangener Hofübergabe im Zusammenhang mit der späteren Veräußerung einzelner Grundstücke geleistet werden, sind nicht begünstigt (BFH 5.11.1998 – IV R 32/98, BStBl. II 1999, 57). 40

Weichender Erbe. Der Begriff des „weichenden Erben" wird in § 14a Abs. 4 S. 5 Hs. 1 legal definiert. Dh es ist jeder gesetzlich berufene Erbe, der aufgrund einer Erbregelung verzichtet. Der durch eine letztwillige Verfügung (zB Testament) eingesetzte Erbe (§ 1937 BGB) ist nicht begünstigt. Eine Stellung als Mitunternehmer des Betriebes bis zur Auseinandersetzung steht einer Behandlung als weichender Erbe nicht entgegen, wenn sich die Erben 41 innerhalb von zwei Jahren nach dem Erbfall auseinandersetzen (§ 14a Abs. 4 S. 5 Hs. 2). Ist ein zur Übernahme des Betriebs berufener Miterbe noch minderjährig, beginnt die Frist von zwei Jahren mit Eintritt der Volljährigkeit.

42 Der Freibetrag wird auch dann gewährt, wenn Grund und Boden nicht dem weichenden Erben, sondern einem Dritten übereignet und der Wert auf die Erbansprüche des weichenden Erben angerechnet wird (BFH 26.11.1987 – IV R 171/85, BStBl. II 1988, 490). Die Freibetragsregelung ist auch anwendbar, wenn der **Ehegatte des Steuerpflichtigen** (§ 1931 BGB, § 14 HöfeO) abgefunden wird (BFH 18.6.1998 – IV R 53/97, BStBl. II 1998, 621).

43 **Sachlicher Zusammenhang.** Die Freibetragsregelung verlangt einen sachlichen, nicht einen zeitlichen Zusammenhang mit der Hoferbfolge (BFH 3.3.1988 – IV R 62/87, BStBl. II 1988, 111). Damit sind Abfindungen auch schon vor der Hofübergabe begünstigt. Im Zeitpunkt der Abfindung muss feststehen, dass nicht der Abgefundene, sondern ein anderer Hofnachfolger wird. Die Person des künftigen Hofübernehmers muss nicht in rechtlich verbindlicher Weise festgelegt sein, aber nach den tatsächlichen Verhältnissen so gut wie ausgeschlossen sein, dass jemand anderes Hoferbe wird (FG Saarland 14.7.1992 – 1 K 121/92, EFG 1993, 27).

44 Werden alle Kinder ohne Unterschied zwischen dem Hofübernehmer und den nicht zur Hofnachfolge vorgesehenen Geschwistern in gleicher Weise mit Zuwendungen bedacht, liegt ein sachlicher Zusammenhang mit der Hofübergabe nicht vor (BFH 8.5.2009 – IV B 55/08, BFH/NV 2009, 1432). Ob die Abfindung der weichenden Erben durch den Betriebsübergeber, den Betriebsübernehmer oder durch beide erfolgt, ist nicht entscheidend.

45 Kein weichender Erbe ist ein **Vermächtnisnehmer,** wenn er nicht zum Kreis der gesetzlichen Erben gehört (§ 2150 BGB) oder der Ehegatte eines weichenden Erben.

46 **Teilbetrieb.** Die Freibeträge nach §§ 14, 16 Abs. 4 und nach § 14a Abs. 4 kommen nebeneinander zur Anwendung, wenn nur ein Teilbetrieb veräußert wird (Leingärtner/*Kanzler* Kap. 48 Rn. 21).

47 **Zwölfmonatszeitraum.** Der Veräußerungserlös oder die Betriebsgrundstücke müssen innerhalb von zwölf Monaten nach der Veräußerung oder Entnahme zur Abfindung weichender Erben verwendet worden sein. Unter Veräußerung ist die Veräußerung im bürgerlich-rechtlichen Sinne – also Eintragung des Eigentumsübergangs im Grundbuch – zu verstehen, weil der Veräußerer regelmäßig erst in diesem Zeitpunkt über den Veräußerungserlös verfügen kann (BFH 24.7.1980 – IV R 65/77, BStBl. II 1981, 124; aA HHR/*Gmach* § 14a Rn. 162). Die in § 14a Abs. 4 S. 2 Nr. Buchst. a geregelte Verwendungsfrist ist auch dann durch eine Abfindung weichender Erben **vor** der Veräußerung und nicht – wie gesetzlich vorgesehen – innerhalb von 12 Monaten **nach** der Veräußerung oder Entnahme eingehalten (BFH 13.7.2006 – IV R 51/05, BFH/NV 2006, 2064). Der Zwölfmonatszeitraum ist eine nicht verlängerbare gesetzliche Frist (HHR/*Gmach* § 14a Rn. 162). Die Fristberechnung richtet sich nach dem bürgerlichen Recht (§ 108 Abs. 1 AO iVm §§ 187 ff. BGB).

3. Freibetrag für Tilgung betrieblicher Schulden

48 **Begünstigte Veräußerungen und Entnahmen.** Begünstigt ist die Veräußerung von Grund und Boden, der zum land- und forstwirtschaftlichen Betriebsvermögen gehört. Nicht begünstigt ist die Veräußerung von Anlagen im Grund und Boden und von darauf befindlichen Aufwuchs sowie Bauwerken, auch wenn sie zivilrechtlich wesentliche Bestandteile des Grundstücks sind (Schmidt/*Seeger*, 25. Aufl. 2006, § 14a Rn. 31). Bei Veräußerung von mehreren Wirtschaftsgütern, zB Grund und Boden mit Gebäuden, stehendem Holz oder Feldinventar in einem einheitlichen Veräußerungsvorgang, ist nur der auf den Grund und Boden entfallende Gewinn begünstigt (R 133c Abs. 4 EStR 1999). Der Kaufpreis ist dann im Verhältnis der Teilwerte aufzuteilen.

49 **Sachlicher Zusammenhang.** Der Freibetrag setzt voraus, dass der Veräußerungspreis nach Abzug der Veräußerungskosten im sachlichen Zusammenhang zur Tilgung von sog. Altschulden (zB Hypotheken-, Bank-, Wechsel- und Kontokorrentschulden) verwendet wird, die zu dem land- und forstwirtschaftlichen Betrieb gehören und vor dem 1.7.1985 bestanden.

50 **Betriebsschulden.** Ob eine Schuld zum land- und forstwirtschaftlichen Betrieb gehört, ist nach allgemeinen, insbesondere bilanzsteuerrechtlichen Grundsätzen zu beurteilen (BFH

21.5.1987 – IV R 39/85, BStBl. II 1987, 628). Die Tilgung einer fremden Schuld zB die eines Pächters durch den Verpächter, ist nicht begünstigt. Die getilgte Schuld muss am 30.6.1985 bereits eine betriebliche Schuld gewesen sein und im Zeitpunkt der begünstigten Verwendung des Veräußerungserlöses noch als betriebliche Schuld bestehen. Der Freibetrag nach § 14a Abs. 5 ist auch zu gewähren, wenn eine Schuld getilgt wird, die im Rahmen der Umschuldung von Kontokorrentschulden begründet worden ist, die bereits am 30.6.1985 bestanden haben (= Umwandlung kurzfristiger Altverbindlichkeiten in langfristige Verbindlichkeiten). Eine vor der Tilgung erfolgte Umschuldung der Altschulden steht der Freibetragsgewährung nicht entgegen, auch wenn durch die Umschuldung der Gläubiger wechselt (vgl. BFH 9.11.1995 – IV R 39/95, BStBl. II 1996, 217). Ist eine zuvor private Schuld nach dem 30.6.1985 in eine betriebliche Schuld umgewandelt worden, so ist eine Tilgung dieser Schuld nicht begünstigt (HHR/*Gmach* § 14a Rn. 206).

Die Neuaufnahme eines langfristigen Darlehens zur Ablösung einer bereits am 30.6.1985 **51** bestehenden **Kontokorrentverbindlichkeit** ändert demnach den Charakter der Altschuld nicht. Allerdings kann dies nur für den zwischen dem 30.6.1985 und dem Zeitpunkt der Umschuldung niedrigsten Kontokorrentsaldo gelten, weil nur in dieser Höhe noch eine Altschuld vorliegt. Bei Ablösung einer demgegenüber im Umschuldungszeitpunkt höheren Kontokorrentschuld muss daher das aufgenommene Umschuldungsdarlehen zum Zwecke der Berechnung der begünstigten Altschulden aufgeteilt werden. Es ist ohne Bedeutung, ob die getilgten Schulden kurz- oder langfristig waren (Märkle/*Hiller* ESt Land- und Forstwirte, 8. Aufl. 2001, Rn. 359). War die Kontokorrentschuld zu irgendeinem Zeitpunkt nach dem 30.6.1985 in vollem Umfang getilgt, so kommt sie nicht mehr für die Gewährung des Freibetrages nach § 14a Abs. 5 in Betracht (R 133c Abs. 2 EStR 1999).

Zeitlicher Zusammenhang. Ein zeitlicher Zusammenhang zwischen der Veräußerung **52** des Grund und Bodens und der Schuldentilgung braucht nicht zu bestehen (HHR/*Gmach* § 14a Rn. 206). Das Gesetz schreibt in § 14a Abs. 5 keine Verwendungsfrist vor. Allerdings muss der Veräußerungserlös unmittelbar zur betrieblichen Schuldentilgung verwendet werden, sodass es schädlich ist, wenn der Steuerpflichtige mit dem Veräußerungserlös zunächst eine private Schuld tilgt. Schädlich ist es ebenfalls, wenn der Steuerpflichtige mit dem Veräußerungserlös zunächst andere Wirtschaftsgüter, zB Maschinen, Wertpapiere, erwirbt und die betriebliche Schuld erst mit dem Erlös aus der Veräußerung dieser Wirtschaftsgüter tilgt. Unschädlich ist es dagegen, wenn der Steuerpflichtige den Veräußerungserlös zunächst bei einer Bank, zB als Festgeld, anlegt, sofern die begünstigte betriebliche Schuld im Veräußerungszeitpunkt noch nicht getilgt werden kann (R 133c Abs. 3 EStR 1999).

4. Höhe der Freibeträge

Der **Freibetrag bei Veräußerung oder Aufgabe eines Betriebes** ist gewinnunabhängig **53** und beträgt 150.000 DM (bis 1.1.1996: 90.000 DM, bis 1.1.1986: 60.000 DM); er wird auf **Antrag** gewährt. Der Freibetrag wirkt wie eine sachliche Steuerbefreiung, weil er bei der Ermittlung der steuerpflichtigen Einkünfte abgezogen wird (HHR/*Gmach* § 14a Rn. 62). Einen Abbau des Freibetrages ab einer bestimmten Gewinnhöhe sieht das Gesetz nicht vor. Der Freibetrag wird im VZ der Veräußerung bzw. Aufgabe abgezogen und nicht bei der Ermittlung des Gewinns eines abweichenden Wirtschaftsjahres iSv § 4a Abs. 1 Satz 1 Nr. 1, weil bei der Aufteilung des Gewinns entsprechend dem zeitlichen Anteil auf die VZ Veräußerungsgewinne auszuscheiden sind (§ 4a Abs. 2 Nr. 1 S. 2).

Der **Freibetrag zu Abfindung weichender Erben** ist personenbezogen und beträgt **54** 61.800 EUR (bis VZ 2001 120.000 DM); er wird auf **Antrag** gewährt. Der Freibetrag stellt eine sachliche Steuerbefreiung dar. Bei mehreren Erben kann der Freibetrag mehrmals, jedoch insgesamt nur einmal je weichendem Erben geltend gemacht werden (§ 14a Abs. 4 S. 4). Finden mehrere Personen wegen desselben land- und forstwirtschaftlichen Betriebes weichende Erben ab, ist der Freibetrag bis zur Höhe von 61.800 EUR je weichendem Erben anteilig zu gewähren (R 14a Abs. 2 EStR 2005). Das gilt auch bei Ehegattenmitunternehmerschaften oder wenn der künftige Erblasser Inhaber mehrerer Betriebe ist. Wird ein weichender Erbe in mehreren Schritten und/oder von mehreren Personen abgefunden, sind aufgrund von Abfindungen für ihn bereits gewährten Freibeträge anzurechnen (weitere Einzelheiten in R 14a Abs. 2 S. 4–6 EStR 2005).

55 Übersteigt das Einkommen des Steuerpflichtigen die jeweilige Grenze des § 14a Abs. 4 S. 2 Nr. 2, so hat dies eine Minderung des Freibetrages zur Folge (vgl. Gleitregelung → Rn. 62).

56 Der **Freibetrag für die Tilgung von Betriebsschulden** beträgt 90.000 DM und wird auf **Antrag** gewährt. Der Freibetrag ist personenbezogen, weil er unabhängig von der Anzahl der vorhandenen land- und forstwirtschaftlichen Betriebe nur einmal gewährt werden kann (§ 14a Abs. 5 S. 3). Er kann allerdings auch durch mehrere Veräußerungsvorgänge beansprucht werden.

57 Sind an einem Betrieb mehrere Steuerpflichtige beteiligt (**Mitunternehmerschaft**), so hat jeder Beteiligte einen eigenen Anspruch auf einen Freibetrag (HHR/*Gmach* § 14a Rn. 204). Veräußert ein Mitunternehmer Grund und Boden seines Sonderbetriebsvermögens, kann nur er den Freibetrag beanspruchen (HHR/*Gmach* § 14a Rn. 208). Der Hoferbe oder Rechtsnachfolger im Sinne des § 6 Abs. 3 hat unabhängig von der Höhe des dem Rechtsvorgänger bereits gewährten Freibetrages einen eigenen Anspruch auf die Gewährung eines vollen Freibetrages nach § 14a Abs. 5 (R 133c Abs. 1 EStR 1999; vgl. BFH 9.11.1995 – IV R 39/95, BStBl. II 1996, 217).

58 § 14a Abs. 5 S. 2 sieht eine **Gleitregelung** vor, wenn die Einkommensgrenzen von 35.000 DM/70.000 DM überschritten sind (→ Rn. 64).

59 **Teilweise Verwendung.** Wird der Veräußerungspreis oder der entnommene Grund und Boden nur zum Teil zu den in § 14a Abs. 4 und 5 angegebenen Zwecken verwendet, so ist der jeweilige Freibetrag nur mit dem entsprechenden Teil des Gewinns zu berücksichtigen (BFH 23.6.1983 – IV R 77/80, BStBl. II 1983, 633; § 14a Abs. 6; Berechnungsbeispiel unter → Rn. 59.1).

59.1 **Beispiel** (nach BMF 29.2.1972, BStBl. I 1972, 102 Abschn. 8 Abs. 2):

Veräußerungserlös Grund und Boden	111.500 EUR	
Veräußerungskosten	1.500 EUR	
Buchwert	60.000 EUR	
Veräußerungsgewinn	50.000 EUR	
für begünstigte Zwecke verwendeter Betrag	44.000 EUR	
nach § 14a Abs. 4 steuerfrei	$\frac{44.000 \text{ EUR} \times 50.000 \text{ EUR}}{110.000 \text{ EUR}}$	= 20.000 EUR

5. Einkommensgrenzen

60 Der **Freibetrag bei Veräußerung oder Aufgabe eines Betriebes** verlangt, dass die nicht landwirtschaftlichen Einkünfte (§ 2 Abs. 1 S. 1 Nr. 2–7) des Steuerpflichtigen in den dem VZ der Veräußerung vorangegangenen beiden VZ jeweils den Betrag von 35.000 DM (vor dem 1.1.1996: 27.000 DM, vor dem 1.1.1986:18.000 DM) nicht übersteigen (§ 14a Abs. 1 S. 1 Nr. 2). Das Gesetz stellt auf die Summe der Einkünfte der nicht landwirtschaftlichen Einkunftsarten ab. Eine Saldierung positiver Einkünfte des einen VZ mit Verlusten aus dem anderen VZ oder die Bildung eines Durchschnittswertes ist nicht zulässig (HHR/*Gmach* § 14a Rn. 75). Auf die Höhe der Einkünfte im Jahr der Veräußerung kommt es nicht an. Bei Ehegatten, die nicht dauernd getrennt leben, verdoppelt sich die Einkunftsgrenze auf 70.000 DM. Für die Einkunftsgrenze gilt keine Gleitregelung wie in § 14a Abs. 4 und 5. Mit dieser Grenze werden diejenigen Steuerpflichtigen vom Freibetrag ausgeschlossen, deren land- und forstwirtschaftlicher Betrieb zwar auf Dauer nicht als Existenzgrundlage dienen kann, die aber über genügend andere Einkünfte verfügen (HHR/*Gmach* § 14a Rn. 74).

61 Bei Ehegatten, die nicht dauernd getrennt leben, sind die Einkünfte für Zwecke des § 14a Abs. 1 Nr. 2 auch dann zusammenzurechnen, wenn ein Ehegatte die getrennte Veranlagung nach § 26a oder die besondere Veranlagung nach § 26c EStG aF wählt (H 133a EStH 1999).

62 Der **Freibetrag zur Abfindung weichender Erben** sieht Einkommensgrenzen (§ 14a Abs. 4 S. 2 Nr. 2) vor, die bei 18.000 EUR bzw. bei 36.000 EUR bei Zusammenveranlagten (ab dem VZ 2002) liegen. Maßgeblich ist das Einkommen iSv § 2 Abs. 4 desjenigen, der den Gewinn aus der Veräußerung oder Entnahme des Grund und Boden realisiert hat. Der Gewinn aus der Veräußerung oder Entnahme und der Freibetrag in dem der Veräußerung oder der Entnahme vorangegangenen VZ bleiben unberücksichtigt. Bei höheren Einkommen verringert sich der Freibetrag nach der Gleitregelung des § 14a Abs. 4 S. 3 (Berechnungs-

beispiel unter → Rn. 62.2). Bei abweichendem Wirtschaftsjahr wird der Gewinn aus der Veräußerung oder Entnahme von Grund und Boden ebenso wie der Freibetrag auf zwei VZ nach § 4a Abs. 2 Nr. 1 S. 1 verteilt.

Die Gleitregelung wurde rückwirkend ab 1.1.1986 durch das StReformG 1990 vom 25.7.1988 (BGBl. 1988 I 1093) eingeführt. 62.1

Berechnung der Gleitregelung (nach dem 31.12.2001): 62.2

Einkommen bei Einzelveranlagung	Freibetrag nach § 14a Abs. 4
bis 18.000 EUR	61.800 EUR
bis 18.250 EUR	51.500 EUR
bis 18.500 EUR	41.200 EUR
bis 18.750 EUR	30.900 EUR
bis 19.000 EUR	20.600 EUR
bis 19.250 EUR	10.300 EUR
über 19.500 EUR	0 EUR

Bei Zusammenveranlagten vermindert sich der Freibetrag nach § 14a Abs. 4 ebenfalls linear je angefangene 500 EUR um 10.300 EUR.

Der **Freibetrag für Schuldentilgung** kann nur gewährt werden, wenn die Einkommensgrenzen des § 14a Abs. 4 S. 2 Nr. 2 EStG aF nicht überschritten sind. Nach § 14a Abs. 4 S. 2 Nr. 2 EStG aF liegen die Einkommensgrenzen bei Steuerpflichtigen bei 35.000 DM (nach dem 31.12.1995) im Kalenderjahr bei Einzelveranlagung bzw. bei 70.000 DM im Kalenderjahr bei Zusammenveranlagung. Maßgeblich ist das Einkommen iSv § 2 Abs. 5, also einschließlich der Einkünfte aus Land-und Forstwirtschaft ohne Berücksichtigung des Gewinns aus der Veräußerung des Grund und Bodens und des Freibetrages nach § 14a Abs. 5, in dem dem VZ der Veräußerung vorangegangenen VZ. 63

In § 14a Abs. 5 S. 2 ist eine **Gleitregelung** vorgesehen. Danach entfällt der Freibetrag beim teilweisen Überschreiten der genannten Einkommensgrenzen nicht in voller Höhe, sondern nur stufenweise (Berechnungsbeispiel unter→ Rn. 64.1). Der Freibetrag entfällt erst bei einem Einkommen von über 37.500 DM bei Einzelveranlagung bzw. und im Falle der Zusammenveranlagung bei einem Einkommen von über 75.000 DM. 64

Berechnung der Gleitregelung: 64.1

Einkommen bei Einzelveranlagung	Freibetrag nach § 14a Abs. 5
bis 35.000 DM	90.000 DM
bis 35.500 DM	75.000 DM
bis 36.000 DM	60.000 DM
bis 36.500 DM	45.000 DM
bis 37.000 DM	30.000 DM
bis 37.500 DM	15.000 DM
über 37.500 DM	0 DM

Bei Zusammenveranlagten vermindert sich der Freibetrag nach § 14a Abs. 5 ebenfalls linear je angefangene 1000 DM um 15.000 DM.

6. Verfahrensfragen

Antrag. Die Freibeträge nach § 14a Abs. 1–3, Abs. 4 und 5 werden jeweils nur auf Antrag gewährt (HHR/*Gmach* § 14a Rn. 35). Der Antrag ist in der jeweiligen Steuererklärung (ESt-Erklärung bzw. Feststellungserklärung) zu stellen. Er ist weder befristet noch formgebunden. Eine zeitliche Begrenzung des Antragsrechtes ergibt sich aus dem allgemeinen verfahrensrechtlichen Institut der Bestandskraft. Der Antrag ist spätestens bis zur Beendigung der Tatsacheninstanz vor dem Finanzgericht zu stellen (BFH 26.3.1987 – IV R 20/84, BStBl. II 1987, 561). Der Antrag, den Freibetrag nach § 14a Abs. 5 zu gewähren, ist **kein rückwirkendes Ereignis.** Er ist lediglich formelle Voraussetzung für die Berücksichtigung des nach dieser Vorschrift zu gewährenden Freibetrages und hat keine materielle Rückwirkung (BFH 14.5.2009 – IV R 6/07, BFH/NV 2009, 1989 und BFH 26.10.2011 – IV B 107/10, BFH/NV 2012, 166). Bei Mitunternehmerschaften ist der Freibetrag nach § 14a Abs. 1–3 wegen der Betriebsbezogenheit nur nach gemeinschaftlichem Antrag zu gewähren (HHR/*Gmach* § 14a Rn. 55). 65

66 **Gesonderte und einheitliche Feststellung.** Ist der Gewinn aus einem land- und forstwirtschaftlichen Betrieb gesondert und einheitlich festzustellen, so sind die Voraussetzungen für die Gewährung des Freibetrages nach § 14a Abs. 1 mit Ausnahme der Voraussetzung nach § 14a Abs. 1 Nr. 2 (Begrenzung der nicht land- und forstwirtschaftlichen Einkünfte des Steuerpflichtigen) im Rahmen des gesonderten und einheitlichen Gewinnfeststellungsverfahrens zu prüfen (vgl. BFH 17.4.1980 – IV R 58/78, BStBl. II 1980, 721). Bei der strukturverbessernden Betriebsaufgabe nach § 14a Abs. 3 ist der gemäß Abs. 3 Nr. 2 erforderliche Strukturverbesserungsnachweis im Rahmen des gesonderten und einheitlichen Gewinnfeststellungsverfahrens zu prüfen (R 133a Abs. 2 S. 3 EStR 1999). Die Voraussetzungen des § 14a Abs. 4 oder 5 sind ebenfalls in diesem Verfahren festzustellen, zB bei § 14a Abs. 4 die Höhe des Gewinns und die Gewinnverteilung auf die einzelnen Gesellschafter (BFH 24.9.2015 – IV R 39/12, BFH/NV 2016, 30).

67 Ob die Voraussetzungen des § 14a Abs. 1 Nr. 2 bzw. § 14a Abs. 4 Nr. 1 und Nr. 2 oder Abs. 5 Nr. 2 vorliegen, ist bei der Veranlagung des Steuerpflichtigen zur Einkommensteuer durch das Wohnsitzfinanzamt zu entscheiden und nicht im Gewinnfeststellungsverfahren (so zuletzt BFH 24.9.2015 – IV R 39/12, BFH/NV 2016, 30 zu § 14a Abs. 4), weil die Gewährung des Freibetrages tatbestandlich nicht nur an das Vorliegen eines Veräußerungs- oder Entnahmegewinns anknüpft, sondern neben dem Antrag auch an persönliche Merkmale des Steuerpflichtigen. Ob diese persönlichen Merkmale, insbesondere die Höhe des Einkommens, vorliegen und deshalb der Freibetrag zu gewähren ist, beruht damit auf Tatsachen, über deren Kenntnis regelmäßig nur das Wohnsitzfinanzamt desjenigen Feststellungsbeteiligten verfügt, dem der Veräußerungs- bzw. Entnahmegewinn zuzurechnen ist. Über die Freibetragsgewährung ist daher bindend erst bei dessen Veranlagung zur Einkommensteuer zu entscheiden (BFH 24.9.2015 – IV R 39/12, BFH/NV 2016, 30).

68 **Grundlagenbescheid.** Der nach § 46 BewG festgestellte Wirtschaftswert ist Grundlagenbescheid iSv § 171 Abs. 10 AO. Ändert sich nach bestandskräftiger Einkommensteuerveranlagung der Einheitswertbescheid hinsichtlich des Wirtschaftswertes, so ist die Veranlagung gemäß § 175 Abs. 1 S. 1 Nr. 1 AO zu ändern (HHR/*Gmach* § 14a Rn. 71).

69 **Rückwirkendes Ereignis.** Wird der Abgefundene bei Gewährung des Freibetrages zur Abfindung weichender Erben später Erbe oder Hofübernehmer, ist der begünstigende Einkommensteuerbescheid gemäß § 175 Abs. 1 S. 1 Nr. 2 AO zu ändern (BFH 4.3.1993 – IV R 110/92, BStBl. II 1993, 788; R 14a Abs. 1 S. 3 EStR 2005). Ein bereits gewährter Freibetrag ist aus Billigkeitsgründen nicht rückgängig zu machen, wenn nachträglich eingetretene zwingende Umstände die vorgesehene Handhabung unmöglich gemacht haben, zB Tod oder schwere und bleibende Erkrankung des vorgesehenen Hofnachfolgers (R 14a Abs. 1 S. 7 EStR 2005).

70 Ist bei der Veranlagung für den VZ der Veräußerung von Grund und Boden für die Inanspruchnahme des Freibetrages nach § 14a Abs. 5 noch nicht bekannt, ob und in welchem Umfang der Veräußerungserlös zur begünstigten Schuldentilgung verwendet wird, so ist der Steuer- oder Feststellungsbescheid insoweit vorläufig nach § 165 AO zu erteilen (R 133c Abs. 3 S. 5 EStR 1999).

b) Gewerbebetrieb (§ 2 Absatz 1 Satz 1 Nummer 2)

§ 15 Einkünfte aus Gewerbebetrieb

(1) [1]Einkünfte aus Gewerbebetrieb sind

1. **Einkünfte aus gewerblichen Unternehmen. [2]Dazu gehören auch Einkünfte aus gewerblicher Bodenbewirtschaftung, z. B. aus Bergbauunternehmen und aus Betrieben zur Gewinnung von Torf, Steinen und Erden, soweit sie nicht land- oder forstwirtschaftliche Nebenbetriebe sind;**
2. **die Gewinnanteile der Gesellschafter einer Offenen Handelsgesellschaft, einer Kommanditgesellschaft und einer anderen Gesellschaft, bei der der Gesellschafter als Unternehmer (Mitunternehmer) des Betriebs anzusehen ist, und die Vergütungen, die der Gesellschafter von der Gesellschaft für seine Tätigkeit im**

Dienst der Gesellschaft oder für die Hingabe von Darlehen oder für die Überlassung von Wirtschaftsgütern bezogen hat. [2]Der mittelbar über eine oder mehrere Personengesellschaften beteiligte Gesellschafter steht dem unmittelbar beteiligten Gesellschafter gleich; er ist als Mitunternehmer des Betriebs der Gesellschaft anzusehen, an der er mittelbar beteiligt ist, wenn er und die Personengesellschaften, die seine Beteiligung vermitteln, jeweils als Mitunternehmer der Betriebe der Personengesellschaften anzusehen sind, an denen sie unmittelbar beteiligt sind;

3. die Gewinnanteile der persönlich haftenden Gesellschafter einer Kommanditgesellschaft auf Aktien, soweit sie nicht auf Anteile am Grundkapital entfallen, und die Vergütungen, die der persönlich haftende Gesellschafter von der Gesellschaft für seine Tätigkeit im Dienst der Gesellschaft oder für die Hingabe von Darlehen oder für die Überlassung von Wirtschaftsgütern bezogen hat.

[2]Satz 1 Nummer 2 und 3 gilt auch für Vergütungen, die als nachträgliche Einkünfte (§ 24 Nummer 2) bezogen werden. [3]§ 13 Absatz 5 gilt entsprechend, sofern das Grundstück im Veranlagungszeitraum 1986 zu einem gewerblichen Betriebsvermögen gehört hat.

(1a) [1]In den Fällen des § 4 Absatz 1 Satz 5 ist der Gewinn aus einer späteren Veräußerung der Anteile ungeachtet der Bestimmungen eines Abkommens zur Vermeidung der Doppelbesteuerung in der gleichen Art und Weise zu besteuern, wie die Veräußerung dieser Anteile an der Europäischen Gesellschaft oder Europäischen Genossenschaft zu besteuern gewesen wäre, wenn keine Sitzverlegung stattgefunden hätte. [2]Dies gilt auch, wenn später die Anteile verdeckt in eine Kapitalgesellschaft eingelegt werden, die Europäische Gesellschaft oder Europäische Genossenschaft aufgelöst wird oder wenn ihr Kapital herabgesetzt und zurückgezahlt wird oder wenn Beträge aus dem steuerlichen Einlagenkonto im Sinne des § 27 des Körperschaftsteuergesetzes ausgeschüttet oder zurückgezahlt werden.

(2) [1]Eine selbständige nachhaltige Betätigung, die mit der Absicht, Gewinn zu erzielen, unternommen wird und sich als Beteiligung am allgemeinen wirtschaftlichen Verkehr darstellt, ist Gewerbebetrieb, wenn die Betätigung weder als Ausübung von Land- und Forstwirtschaft noch als Ausübung eines freien Berufs noch als eine andere selbständige Arbeit anzusehen ist. [2]Eine durch die Betätigung verursachte Minderung der Steuern vom Einkommen ist kein Gewinn im Sinne des Satzes 1. [3]Ein Gewerbebetrieb liegt, wenn seine Voraussetzungen im Übrigen gegeben sind, auch dann vor, wenn die Gewinnerzielungsabsicht nur ein Nebenzweck ist.

(3) Als Gewerbebetrieb gilt in vollem Umfang die mit Einkünfteerzielungsabsicht unternommene Tätigkeit

1. einer offenen Handelsgesellschaft, einer Kommanditgesellschaft oder einer anderen Personengesellschaft, wenn die Gesellschaft auch eine Tätigkeit im Sinne des Absatzes 1 Satz 1 Nummer 1 ausübt oder gewerbliche Einkünfte im Sinne des Absatzes 1 Satz 1 Nummer 2 bezieht. [2]Dies gilt unabhängig davon, ob aus der Tätigkeit im Sinne des Absatzes 1 Satz 1 Nummer 1 ein Gewinn oder Verlust erzielt wird oder ob die gewerblichen Einkünfte im Sinne des Absatzes 1 Satz 1 Nummer 2 positiv oder negativ sind;

2. einer Personengesellschaft, die keine Tätigkeit im Sinne des Absatzes 1 Satz 1 Nummer 1 ausübt und bei der ausschließlich eine oder mehrere Kapitalgesellschaften persönlich haftende Gesellschafter sind und nur diese oder Personen, die nicht Gesellschafter sind, zur Geschäftsführung befugt sind (gewerblich geprägte Personengesellschaft). [2]Ist eine gewerblich geprägte Personengesellschaft als persönlich haftender Gesellschafter an einer anderen Personengesellschaft beteiligt, so steht für die Beurteilung, ob die Tätigkeit dieser Personengesellschaft als Gewerbebetrieb gilt, die gewerblich geprägte Personengesellschaft einer Kapitalgesellschaft gleich.

(4) [1]Verluste aus gewerblicher Tierzucht oder gewerblicher Tierhaltung dürfen weder mit anderen Einkünften aus Gewerbebetrieb noch mit Einkünften aus ande-

ren Einkunftsarten ausgeglichen werden; sie dürfen auch nicht nach § 10d abgezogen werden. [2]Die Verluste mindern jedoch nach Maßgabe des § 10d die Gewinne, die der Steuerpflichtige in dem unmittelbar vorangegangenen und in den folgenden Wirtschaftsjahren aus gewerblicher Tierzucht oder gewerblicher Tierhaltung erzielt hat oder erzielt; § 10d Absatz 4 gilt entsprechend. [3]Die Sätze 1 und 2 gelten entsprechend für Verluste aus Termingeschäften, durch die der Steuerpflichtige einen Differenzausgleich oder einen durch den Wert einer veränderlichen Bezugsgröße bestimmten Geldbetrag oder Vorteil erlangt. [4]Satz 3 gilt nicht für die Geschäfte, die zum gewöhnlichen Geschäftsbetrieb bei Kreditinstituten, Finanzdienstleistungsinstituten und Finanzunternehmen im Sinne des Gesetzes über das Kreditwesen gehören oder die der Absicherung von Geschäften des gewöhnlichen Geschäftsbetriebs dienen. [5]Satz 4 gilt nicht, wenn es sich um Geschäfte handelt, die der Absicherung von Aktiengeschäften dienen, bei denen der Veräußerungsgewinn nach § 3 Nummer 40 Satz 1 Buchstabe a und b in Verbindung mit § 3c Absatz 2 teilweise steuerfrei ist, oder die nach § 8b Absatz 2 des Körperschaftsteuergesetzes bei der Ermittlung des Einkommens außer Ansatz bleiben. [6]Verluste aus stillen Gesellschaften, Unterbeteiligungen oder sonstigen Innengesellschaften an Kapitalgesellschaften, bei denen der Gesellschafter oder Beteiligte als Mitunternehmer anzusehen ist, dürfen weder mit Einkünften aus Gewerbebetrieb noch aus anderen Einkunftsarten ausgeglichen werden; sie dürfen auch nicht nach § 10d abgezogen werden. [7]Die Verluste mindern jedoch nach Maßgabe des § 10d die Gewinne, die der Gesellschafter oder Beteiligte in dem unmittelbar vorangegangenen Wirtschaftsjahr oder in den folgenden Wirtschaftsjahren aus derselben stillen Gesellschaft, Unterbeteiligung oder sonstigen Innengesellschaft bezieht; § 10d Absatz 4 gilt entsprechend. [8]Die Sätze 6 und 7 gelten nicht, soweit der Verlust auf eine natürliche Person als unmittelbar oder mittelbar beteiligter Mitunternehmer entfällt.

Überblick

§ 15 steht im Zentrum der Gewinneinkunftsarten. Deren Grundtypus ist der Erwerbserfolg der natürlichen Person, die als Unternehmer Einkünfte aus Gewerbebetrieb erzielt **(Abs. 1 S. 1 Nr. 1)**. § 15 folgt dem vermögensgebundenen Gewinnbegriff – das Betriebsvermögen ist „verhaftet", steuerlich „verstrickt".

Abs. 2 definiert den Gewerbebetrieb für das Einkommensteuerrecht. Das Gewerbesteuerrecht macht sich diese Legaldefinition zu eigen (§ 2 Abs. 1 S. 2 GewStG). Zugleich zieht § 15 Abs. 2 Trennungslinien im Spektrum der unternehmerischen Einkünfte, gegenüber der Land- und Forstwirtschaft und andererseits für die Abgrenzung von freiberuflicher Tätigkeit. Ausgegrenzt wird auch die private Vermögensverwaltung. Im Anwendungsbereich der Norm stehen voran die Erfolge der Einzelunternehmer **(Abs. 1 Nr. 1 iVm Abs. 2)**. Entlang der Systementscheidung für steuerliche Transparenz folgen die Einkünfte jener natürlichen oder juristischen Personen, die als „Mitunternehmer" in einer Rechtsgemeinschaft aus mindestens zwei Personen gewerbliche Einkünfte erwirtschaften – originär **(Abs. 1 S. 1 Nr. 2)** oder kraft der Fiktionen des **Abs. 3** (Abfärbung und gewerbliche Prägung). Transparent wird ferner der persönlich haftende Gesellschafter eine KGaA besteuert (Abs. 1 S. 1 Nr. 3).

Abs. 4 sieht Verlustverrechnungsbeschränkungen vor, insbesondere für Termingeschäfte.

Übersicht

A. Allgemeines

1 **Leitentscheidungen, wichtige Verwaltungsanweisungen und Schrifttum (Auswahl):**

1.1 **Entscheidungen des GrS:**
BFH 3.7.1995 – GrS 1/93, BStBl. II 1995, 617.

1.2 **Weitere Leitentscheidungen des BFH:**
BFH 19.1.2017 – IV R 50/14, BStBl. II 2017, 456 (Bild des Gewerbebetriebs); BFH 20.3.2017 – X R 11/16, BStBl. II 2017, 992 (Abgrenzung laufender Gewinn/Veräußerungsgewinn).

1.3 **Wichtige Verwaltungsanweisungen:**
Einkommensteuer-Richtlinien 2012 (EStR 2012), BStBl. I 2005, Sondernummer 1 idF v. 25.3.2013, BStBl. I 2013, 276; Gewerbesteuer-Richtlinien 2009 (GewStR 2009), BStBl. I 2010, Sondernummer 1; BMF 26.9.2014, BStBl. I 2014, 1258 (Anwendung der DBA auf Personengesellschaften); BMF 3.11.2016, BStBl. I 2016, 1187 (Steuerermäßigung gem. § 35).

1.4 **Schrifttum (Auswahl):**
Lang, Die Bemessungsgrundlage der Einkommensteuer, 1981/88; *K. Vogel*, Die Besteuerung von Auslandseinkünften, DStJG 8 (1985), 3; *Zitzelsberger*, Grundlagen der Gewerbesteuer, 1990; *Lehner* (Hrsg.), Verluste im nationalen und Internationalen Steuerrecht, 2004; *Röder*, Das System der Verlustverrechnung im deutschen Steuerrecht. Verfassungsrechtliche Vorgaben und Ausgestaltung de lege ferenda, 2010; *Seer*, Personenunternehmerbesteuerung – Zur Willkürlichkeit des Einkunftsartensteuerrechts, in: Tipke u.a. (Hrsg.), Gestaltung der Steuerrechtsordnung, FS f. Joachim Lang, 2010; *P. Kirchhof*, Bundessteuergesetzbuch (BStGB). Ein Reformentwurf zur Erneuerung des Steuerrechts, 2011; *Hanau*, Mindestlohn und Natur des Arbeitsverhältnisses, ZfA 2012, 269; *Martini*, Das Verhältnis des persönlichen Körperschaftsteuertatbestandes zur Mitunternehmerschaft, DStR 2012, 388; *Weckerle*, Zur teleologischen Begrenzung von Rechtsinstituten richterlicher Rechtsfortbildung im Steuerrecht, StuW 2012, 281; *Gosch*, Körperschaftsteuer, in: Kube u.a. (Hrsg.), Leitgedanken des Rechts, FS f. Paul Kirchhof, Bd. II, 2013, 1937; *Palm*, Person im Ertragsteuerrecht, 2013; *Hüttemann*, Besteuerung von Unternehmen – Entwicklungen und Ausdifferenzierung, StuW 2014, 58; *G. Kirchhof*, Verfassungsrechtliche Grundlagen der Einkommenbesteuerung, in: Herrmann/Heuer/Raupach, EStG und KStG, Einf. ESt, Teil B, 265. Lfg. August 2014; *Hank*, Links, wo das Herz schlägt. Inventur einer politischen Idee, 2015; *P. Kirchhof*, Ethos der Steuergerechtigkeit, JZ 2015, 105; *Freifrau v. Lersner*, Bagatellgrenze für die Nichtanwendung der Abfärberegelung bei teilweise gewerblich tätigen Personengesellschaften in § 15 Abs. 3 Nr. 1 EStG – rechtssystematisch keine Bagatelle, DStR 2015, 2817; *Martini*, Der persönliche Körperschaftsteuertatbestand, 2016; *Ruthig/Storr*, Öffentliches Wirtschaftsrecht, 4. Aufl. 2015; *Tappe*, Festlegende Gleichheit – folgerichtige Gesetzgebung als Verfassungsgebot?, JZ 2016, 27; *Schönfeld/Ditz*, Doppelbesteuerungsabkommen, 2. Aufl. 2019.

1.5 **Verweis auf weitere Literaturköpfe:**
Zur Rechtsfortbildung → Rn. 328; zum Typusbegriff → Rn. 342; zur Theorie der beweglichen Systeme → Rn. 357; zur typisierenden Betrachtungsweise → Rn. 365; zur Vorrangigkeit des Zivilrechts → Rn. 388; zu Auslandssachverhalten → Rn. 501 und → Rn. 563, zum Begriff des Gewerbebetriebs → Rn. 621; zur Gewinnerzielungsabsicht → Rn. 787; zur Ausgrenzung der selbständigen Arbeit → Rn. 855; zur Ausgrenzung der privaten Vermögensverwaltung → Rn. 1029; zur Betriebsaufspaltung → Rn. 1104; zum gewerblichen Grundstückshandel → Rn. 1271; zum gewerblichen Wertpapierhandel → Rn. 1327; zur Mitunternehmerschaft → Rn. 1355; zur KGaA → Rn. 2180; zu nachträglichen Einkünften → Rn. 2219; zum Einleitungssatz des § 15 Abs. 3 → Rn. 2255; zu § 15 Abs. 3 Nr. 1 → Rn. 2265; zu § 15 Abs. 3 Nr. 2 → Rn. 2401; zu § 15 Abs. 4 → Rn. 2478.

I. Regelungsanliegen im System des Steuerrechts

§ 15 des Einkommensteuergesetzes gestaltet den Gläubigeranspruch aus § 1 und § 2 Abs. 1 S. 1 Nr. 2. Die subjektive Steuerpflicht natürlicher Personen (§ 1) setzt er ebenso voraus wie die Einbeziehung der Einkünfte aus Gewerbebetrieb in den objektiven „Umfang der Besteuerung" (amtliche Überschrift des § 2). An diese Vorentscheidungen knüpft § 15 Abs. 1 die schlichte Folgeentscheidung der **Einzelunternehmer-Besteuerung** (§ 15 Abs. 1 S. 1 Nr. 1) und die komplexe Folgeentscheidung der **Mitunternehmer-Besteuerung** (§ 15 Abs. 1 S. 1 Nr. 2) sowie der persönlich haftenden Gesellschafter einer **Kommanditgesellschaft auf Aktien** (§ 15 Abs. 1 S. 1 Nr. 3). 2

In § 15 Abs. 2 wird der **Begriff des Gewerbebetriebs legaldefiniert.** § 15 Abs. 3 **fingiert für Personengesellschaften die (Voll-)Gewerblichkeit** der bezogenen Einkünfte, weil entweder der gewerbliche Teil auch auf die nichtgewerblichen Einkünfte abfärbt (§ 15 Abs. 3 Nr. 1) oder die Personengesellschaft durch die ausschließliche Vollhaftung und die Geschäftsführung durch Kapitalgesellschaften gewerblich geprägt ist (§ 15 Abs. 3 Nr. 2). Zuletzt sieht § 15 Abs. 4 verschiedene **Beschränkungen des Verlustausgleichs** vor. 3

Der Gesellschaftsbegriff des § 15 Abs. 1 S. 1 Nr. 2 schließt Personenvereinigungen mit Rechtspersönlichkeit aus (*Martini* DStR 2012, 388 (392)); hier findet das **Körperschaftsteuergesetz** Anwendung. Soweit Vereinigungen ohne Rechtspersönlichkeit in Rede stehen, sorgt die Subsidiaritätsklausel des **§ 3 KStG** für die formelle Abgrenzung zwischen EStG und KStG. § 3 KStG will „Einkommen jeweils einmal entweder bei dem Rechtsgebilde selbst oder bei den dahinterstehenden Personen der originären Besteuerung" unterwerfen. 4

Vgl. BFH 18.3.2010 – IV R 88/06, BStBl. II 2010, 991 Rn. 32, zur fehlgeschlagenen GmbH-Vorgesellschaft; BFH 24.1.2017 – I R 81/15, BStBl. II 2017, 1071 Rn. 9 f.: nach außen tätig gewordene Vorgesellschaft bildet mit der später eingetragenen Kapitalgesellschaft einen einheitlichen Steuergegenstand, die Frage nach originär gewerblicher Tätigkeit der Vorgesellschaft stellt sich nicht; systematisch zu Vorgesellschaften *Martini* Körperschaftsteuertatbestand, 2016, 120 ff.; kritisch *Palm* Person im Ertragsteuerrecht, 2013, 508 f. et passim. **4.1**

§ 15 erweist sich aus verschiedenen Gründen als **zentraler Baustein des Einkommensteuerrechts und der Unternehmensbesteuerung:** 5

Die Legaldefinition des § 15 Abs. 2 beantwortet die Frage, wie **zwischen** den **Gewinn- und** den **Überschusseinkünften abzugrenzen** ist. Bedeutung kommt dieser Abgrenzung vor allem für die Ermittlung der Einkünfte zu. Kennzeichen der Gewinneinkünfte ist es, nicht nur die aus der Einkunftsquelle bezogenen Einkünfte, sondern darüber hinaus auch (Wertver-)Änderungen im Vermögensstamm zu erfassen. Damit wird die Leistungsfähigkeit in einem umfassenderen Sinne als bei den Überschusseinkunftsarten abgebildet, bei denen Veränderungen im Vermögen, das zur Einkünfteerzielung eingesetzt wird, mit Ausnahme der Abschreibungen sowie des § 20 Abs. 2 keine Berücksichtigung finden. 6

Innerhalb der Gewinneinkünfte kommt § 15 die Funktion eines **Auffangtatbestandes** zu, der hinter die spezielleren Gewinneinkunftsarten der Land- und Forstwirtschaft (§§ 13 ff.) sowie der selbständigen Arbeit (§ 18) zurücktritt (→ Rn. 31). Dies ist auch für die Art und Weise von Bedeutung, wie Leistungsfähigkeit ungeachtet des Grundsatzes der Gesamtgewinngleichheit (BFH 11.5.2016 – X R 61/14, BStBl. II 2016, 939 Rn. 39) in zeitlicher Hinsicht erfasst wird. Da im Anwendungsbereich des § 15 typischerweise bilanziert wird, werden Gewinne und Verluste bei Einkünften aus Gewerbebetrieb **periodengerecht** erfasst. Bei den Einkünften aus selbständiger Arbeit erfolgt die Gewinnermittlung dagegen idR im Wege der Einnahme-Überschussrechnung des § 4 Abs. 3, was für die Steuerpflichtigen weniger aufwändig ist, dafür aber keine periodengerechte Gewinnermittlung ermöglicht. Für Einkünfte aus Land- und Fortwirtschaft ist noch auf die Möglichkeit der Gewinnermittlung nach Durchschnittssätzen hinzuweisen (§ 13a; → § 13a Rn. 25). 7

Für die in § 15 Abs. 1 S. 1 Nr. 2, Abs. 3 erfassten Mitunternehmerschaften verhindert die Norm eine wirtschaftliche Doppelbesteuerung der Mitunternehmerschaft und der hinter ihr stehenden Mitunternehmer. Dies gelingt durch das in § 15 Abs. 1 S. 1 Nr. 2 normierte **Transparenzprinzip.** Danach wird der Gewinn bzw. der Verlust der Mitunternehmerschaft den Mitunternehmern zugerechnet. Die Mitunternehmerschaft selbst ist weder Subjekt der Einkommen- noch der Körperschaftsteuer, sodass durch eine Einmalbesteuerung auf Ebene der Mitunternehmer konsequent eine Doppelbesteuerung vermieden wird. 8

8.1 Ein Gegenmodell zu dem im geltenden Einkommensteuerrecht verwirklichten Transparenzprinzip wird im „Bundessteuergesetzbuch" vorgeschlagen, das unter der Leitung von Paul Kirchhof durch die gleichnamige Forschungsstelle der Universität Heidelberg ausgearbeitet worden ist. Danach soll die Besteuerung ausschließlich auf Ebene der Gesellschaft erfolgen, sodass Gewinnausschüttungen von den Gesellschaftern steuerfrei vereinnahmt werden können (*Kirchhof* Bundessteuergesetzbuch, § 12 Rn. 6 f.). Ein Mittelweg schlägt das geltende Unternehmenssteuerrecht für diejenigen Gesellschaftsformen ein, die der Körperschaftsteuer unterliegen. Diese werden mit der KSt auf Ebene der Gesellschaft einer eigenen (moderaten) Ertragsteuer unterworfen. Auf dieser Ebene erzielte Gewinne bleiben steuerlich solange vor den Anteilseignern abgeschottet, wie die Gewinne thesauriert werden. Damit ist die Sphäre der ertragsteuerlichen Belastung der Körperschaft strikt von der Ebene der Anteilseigner getrennt (**Trennungsprinzip;** s. *Becker,* § 73). Insbesondere ist – vom Sonderfall der Organschaft gem. §§ 14 ff. KStG abgesehen – keine Nutzung der Verluste der Körperschaft auf Ebene ihrer Gesellschafter möglich. Erst im Ausschüttungsfall werden die von der Körperschaft erwirtschafteten Gewinne einkommensteuerlich auf Ebene der Anteilseigner erfasst. Dass es hier nicht zu einer ungebremsten wirtschaftlichen Doppelbesteuerung kommt, vermeidet für Einkommensteuersubjekte das Teileinkünfteverfahren (§ 3 Nr. 40). Danach gehen die bereits auf Ebene der Körperschaft besteuerten Gewinne nicht in vollem Umfang, sondern zu 60% in die einkommensteuerliche Bemessungsgrundlage ein. Anteilseigner, die als juristische Personen selbst der Körperschaftsteuer unterworfen sind, profitieren vom Schachtelprivileg des § 8b Abs. 1, 5 KStG.

9 Mit dem Transparenzprinzip trifft das Einkommensteuerrecht eine Systementscheidung, die für die **Rechtsformwahl** von schlichtweg überragender Bedeutung ist. Dass sich zumal die mittelständische Wirtschaft häufig in der Rechtsform der Personengesellschaft organisiert, ist in weiten Teilen dem Transparenzprinzip geschuldet. Dieses erlaubt es den Mitunternehmern auch – Kehrseite der Gewinnzurechnung –, die von der Mitunternehmerschaft erzielten Verluste mit eigenen positiven Einkünften zu verrechnen. Die Möglichkeit der Verlustverrechnung macht die Personengesellschaft zur Rechtsform der Wahl. Auf diese Weise können Anfangsverluste, wie sie typischerweise in der Gründungsphase eines Unternehmens anfallen, von den Mitunternehmern im Wege der Verlustverrechnung steuerlich genutzt werden.

10 *Einstweilen frei*

1. Grundtatbestand der Marktchancennutzung

11 **a) Wagemut der Unternehmer und Chancengründer.** Die Einkommensteuer belastet den individuellen, freilich in der Rechtsgemeinschaft erwirtschafteten Markterfolg (*P. Kirchhof* JZ 2015, 105 (108); → Rn. 763). Damit rückt der Fiskus in die Rolle eines stillen Teilhabers (*Döllerer* BB 1971, 1333 (1334); *Eckhoff* DStJG 28 (2005), 11 (14 ff.)), der von erwirtschafteten Gewinnen profitiert, ebenso aber Verluste gegen sich gelten lassen muss. In Umsetzung dieses Konzepts ragt § 15 als repräsentativer Tatbestand heraus. Als Adressat der Belastung begegnet der Erfolgreiche, der sein Glück auf eigene Faust – „selbständig" (§ 15 Abs. 2 S. 1) – gesucht und einen Gewinn (§ 2 Abs. 2 Nr. 1) erzielt hat dank **„Beteiligung am allgemeinen wirtschaftlichen Verkehr".**

12 Diese Wendung des § 15 Abs. 2 (BFH 15.3.2012 – III R 30/10, BStBl. II 2012, 661 Rn. 34: „Ausfluss der Markteinkommenstheorie"; ebenso Kirchhof/*Krumm* § 15 Rn. 28) relativiert die Eigenleistung des selbständig Erfolgreichen. Auch und gerade die vitale und selbstbewusste Unternehmerpersönlichkeit, die mit § 15 die Bühne betritt – der Produzent, der Händler, der Dienstleister –, figuriert als **Teilnehmer einer Marktallgemeinheit,** der er seinen Markterfolg mitverdankt. Er hat eine Erwerbsgrundlage erfolgreich genutzt (→ Rn. 625 ff. zum Zustands-, Handlungs- und Erfolgstatbestand), Chancen gehoben als Nutznießer der Marktinfrastruktur, einer freiheitlichen, gesellschaftlichen und staatlichen Gesamtleistung.

13 **aa) Unternehmertum.** Erwächst sein Markterfolg aus einer Infrastruktur-Vorleistung und der „Beteiligung am allgemeinen wirtschaftlichen Verkehr", erscheint auch der selbständige Unternehmer als Beteiligter und Teilhaber, nicht nur als Selfmademan, und belastet auch § 15 „ermöglichte Erfolge" (Begriff: HHR/*G. Kirchhof* Einf. ESt Rn. 102, besonders zum Rechtfertigungspotential). Doch der Unternehmer ermöglicht seinerseits Marktchancen, indem er Arbeitsplätze anbietet, tritt als Wertschöpfer und Hauptprotagonist in der Wertschöpfungskette auf, als Ideengeber und Entdecker, bestenfalls als **Entrepreneur im Schumpeterschen Heldenformat,** als „Unternehmer, der es wagt, mit geborgtem Geld neue und riskante Wege zu

beschreiten, die ihm grosse Gewinne, aber auch den Weg in den Bankrott bescheren können" (so die Skizze der heldenhaften Schumpeterschen Unternehmerpersönlichkeit bei *Rothschild* Die politischen Visionen grosser Ökonomen, 2. Aufl. 2012, 141 ff.). Er ist, in arbeitsrechtlicher Perspektive, derjenige, der keine „Alternative zum eigenen Unternehmertum" sucht, keine „Erlösung von der eigenen unternehmerischen Existenz" (*Hanau* ZfA 2012, 269 (274); → Rn. 57 und → Rn. 653 ff. zu Unternehmerinitiative und Unternehmerrisiko).

Wo er **scheitert,** lässt ihn das Einkommensteuerrecht nicht allein. Die erlittenen Verluste können nach dem Grundsatz der synthetischen Einkommensteuer mit positiven Einkünften (auch) anderer Einkunftsarten verrechnet werden (§ 2 Abs. 3). Damit schont das Transparenzprinzip die Liquidität des Steuerpflichtigen, erhöht die Chance, die Verlustphase aus eigener Kraft zu überwinden, verwirklicht das Leistungsfähigkeitsprinzip und schafft einen Anreiz, sich auf riskante Investitionen einzulassen (zum Umgang mit dem Scheitern als Prüfstein einer Gründungskultur Christian Lindner, „Wutrede", LT NRW, Plenarprotokoll 16/78, 7903 (7928); online abrufbar unter: www.youtube.com/watch?v=m1xFN6nDoDY (geprüft am 16.7.2019)). Gerade auf dem Recht zur Verlustverrechnung (zur eigentumskräftigen Verfestigung *Lehner/Lehner,* Verluste im nationalen und internationalen Steuerrecht, 149 unter Hinweis auf *Reimer*) gründet die besondere steuerliche Attraktivität von Personengesellschaften, die ihr in der deutschen Unternehmenslandschaft eine Schlüsselrolle verschafft hat. 14

Das Einkommensteuergesetz stellt sich den Gewerbetreibenden idealtypisch als eigenständigen, aber auch hartnäckigen Unternehmer vor, dessen „nachhaltige Betätigung" (§ 15 Abs. 2) regelmäßigen, stetig neuen Ertrag abwirft, auch für den Fiskus (§ 2 Abs. 7): § 15 Abs. 1 erfasst **laufende Einkünfte aus Gewerbebetrieb** (vgl. demgegenüber § 15 Abs. 1a, § 16, § 24 Nr. 2; → Rn. 212 und → Rn. 216). Wenn § 15 Abs. 1 S. 1 Nr. 1 S. 2 ausdrücklich das Bergbauunternehmen anspricht, lässt er § 7 Nr. 3 des preußischen EStG 1891 nachklingen, die **Hoffnung auf Beständigkeit,** auf „Jahreseinkünfte" aus „Handel und Gewerbe einschließlich des Bergbaues". Wie alle Einkunftsarten der §§ 13 ff., so korrespondiert auch § 15 mit § 2 Abs. 7, mit dem Jährlichkeitsprinzip (s. auch § 4a und → Rn. 204). Wer **Handel** betreibt, gründet seine Erwerbstätigkeit auf „planmäßiges und dauerhaftes, auf Güterumschlag gerichtetes Tätigwerden" (BFH 19.1.2017 – IV R 50/14, BStBl. II 2017, 456 Rn. 36). 15

Der langjährige, **regelmäßige Zugriff** mag auch Unternehmer treffen, die sich in unterschiedlichen Branchen und immer wieder neu formierten Betriebskonfigurationen engagieren, unstet, gleichwohl hartnäckig. §§ 1, 2, 15 besteuern **personenbezogen,** nicht betriebsbezogen, adressieren den sprunghaften (Mit-)Unternehmer ebenso wie die Inhaber altetablierter, über Generationen fortgeführter Familienbetriebe. Deren Beständigkeit erfüllt freilich alle Erwartungen des Fiskus, auch die der kontinuierlichen inneren Erneuerung. „Ein Wirtschaftsunternehmen stellt eine besonders erfolgreiche Strategie genealogischer Machtausübung und Reichtumsmehrung dar. Die Haniels, die Quandts oder die Mieles sind nicht als Spekulanten reich geworden, sondern durch Bergwerke, Autos oder Waschmaschinen. […] Waren sie klug, haben sie Fabriken verkauft, wenn der Wind der Kundenwünsche sich drehte, und sich neue Geschäftsideen einfallen lassen" (*Hank* Links, wo das Herz schlägt, 2015, 198 f.). 16

Allerdings kann von „dem" Unternehmer, einem die Einkunftsart insgesamt prägenden Idealtypus nicht die Rede sein. Zu den Kennzeichen des § 15 gehört vor allem seine Reichweite, das enorme Spektrum derer, die als Gewerbetreibende „im Sinne des Einkommensteuergesetzes" auftreten. Allein mit der Zusammenfassung der kleinen Einzelunternehmer und der mächtigen Mitunternehmer großer Personengesellschaften wird die **Spannweite der einkommensteuerrechtlichen Gewerblichkeit** vorprogrammiert. 17

bb) Realbefunde. Auf der einen Seite des Spektrums erfasst die Vorschrift die selbständig tätige Stundenbuchhalterin, die sich nur Angehörigen gegenüber verpflichtet, gleichwohl am allgemeinen wirtschaftlichen Verkehr beteiligt (BFH 28.6.2001 – IV R 10/00, BStBl. II 2002, 338). **Auf der anderen Seite** steht etwa die Adolf Würth GmbH & Co. KG mit mehr als 10 Milliarden EUR Jahresumsatz (2014) und 66.000 Mitarbeitern. Wenn freilich die Gruppe aus „über 400 Gesellschaften in mehr als 80 Ländern" besteht (www.wuerth.com), dann erhebt sich die Frage nach dem Anwendungsbereich des § 15 und dem Vorrang zahlreicher leges speciales des internationalen Steuerrechts (→ Rn. 521). 18

Die Statistik der **Existenzgründer** unterscheidet **Chancengründer** mit „expliziter Geschäftsidee" und **Notgründer,** die keine bessere Erwerbsalternative haben. Der Webdesigner 19 kann als typischer „Chancengründer" gelten. Er ergreift seine Chance nach einer Ausbildung zum Mediendesigner und -analytiker im großstädtischen Ballungsraum. Er ist **Sologründer** mit einem Startkapital von 22.600 EUR, das er überwiegend aus Eigenmitteln finanziert; bald stellt er einen, vielleicht zwei oder drei Mitarbeiter ein (alle Zahlen und Zuordnungen: KfW, Gründungsmonitor 2015, 2 ff.). Er kann das Finanzamt und die Finanzgerichte nicht überzeugen, dass er einen Ingenieursberuf oder eine ingenieursähnliche Tätigkeit ausübe. Er repräsentiert den gewerblichen Unternehmensgründer, der eine persönliche Dienstleistung anbietet.

20 Die meisten Existenzgründer haben zumindest in den ersten Jahren mit dem Unternehmensteuerrecht nicht des KStG, sondern des EStG zu tun (zu den Hintergründen bei der steuerlichen Verlustnutzung → Rn. 14). „Existenzgründungen sind typischerweise sehr kleinformatig" (KfW, Gründungsmonitor 2015, 3). Die KfW berichtet über 915.000 Personen, die sich im Jahre 2014 selbständig gemacht haben. Neben vielen Unternehmensberatern, Erziehungs- und Bildungsdienstleistern (beiderlei Geschlechts: 43% der Gründer sind Frauen) repräsentiert der **Berliner oder Hamburger Webdesigner** eine typische Gründerfigur dieser Zeit.

21 Im Jahre 2015 übernimmt der **hessische App-Anbieter** die Rolle des auffälligen Repräsentanten. Die KfW-Statistik führt erstmals den **Digitalen Gründer** auf (KfW, Gründungsmonitor 2016, 1). Er ist häufiger auf internationalen Märkten aktiv. Signifikant drückt der boomende Arbeitsmarkt die Zahl der Existenzgründer auf 763.000. Auffällig steigt die Zahl der Gründer, die zuvor erwerbsinaktiv waren, darunter häufig Frauen. Hessen schiebt sich in der Länderrangliste zwischen Hamburg und Bremen auf Platz drei; Berlin bleibt vorne. Der Anteil der **Novitätsgründer** mit „noch nicht dagewesenen Angeboten" bleibt stabil, der Anteil der „Makrofinanzierer", die im Zuge der Gründung mehr als 25.000 EUR externes Kapital einsetzen, steigt an (KfW, Gründungsmonitor 2016, 2 ff.).

22 Im Jahre 2016 führt der Beschäftigungsrekord die Zahl der Existenzgründungen auf einen neuen Tiefstand von 672.000. Lagen 2011 Chancengründer und Notgründer (→ Rn. 19) noch gleich auf, drückt die überaus positive Arbeitsmarktentwicklung weiter die Zahl der Notgründer – „Chancengründer dominieren klar" (KfW, Gründungsmonitor 2017, 2). In der Länderrangliste fällt Berlin zurück, **Hamburg rückt an die Spitze.** Mehr Gründer richten ihr Gewerbe auf den gesamten deutschsprachigen Raum aus, indessen geht die Zahl der Weltmarktgründer von 10 auf 6% zurück. Die Existenzgründungen werden kapitalintensiver, der Anteil der Makrofinanzierer steigt auf 10% (KfW, Gründungsmonitor 2017, 4 ff.).

23 Im Jahre 2017 drückt die unverändert günstige Beschäftigungslage weiter auf die Zahl der Existenzgründer; sie sinkt auf 557.000. Indessen hat sich die „strukturelle Qualität" der Gründungen „deutlich verbessert", als Repräsentant profiliert sich der **ideengetriebene Chancengründer** (333.000), nicht selten Business-to-Business-Gründer – sie sind innovativ, digital und wachstumsorientiert (KfW, Gründungsmonitor 2018, 3, 7). Wieder sinkt der Anteil von Frauen an Vollerwerbsgründungen. In der Länderrangliste kehrt Berlin auf den Spitzenplatz zurück; Niedersachsen steigt auf (Platz 3 nach Hamburg). Die politischen Rahmenbedingungen werden vonseiten der Gründer selbst und von Expertenseite kritischer beurteilt, besonders kritisch der Aspekt „Regulierung und Steuern" (KfW, Gründungsmonitor 2018, 4 ff.).

24 Im Jahre 2018 stabilisiert sich die Zahl der Existenzgründungen bei 547.000; die Gründerquote hält sich knapp über der Ein-Prozent-Marke (Anteil an der Erwerbsbevölkerung); die weiblichen Gründer machen Boden gut, besonders bei den Vollerwerbsgründungen (KfW, Gründungsmonitor 2019, 3). Die **Übernahmegründer** steigen auf, von 6% im Jahre 2013 auf nunmehr 13%. In der Länderrangliste übernimmt Brandenburg den dritten Platz, hinter Berlin und Hamburg: „Berlin färbt auf Brandenburg ab". Ein Vollerwerbsgründer setzt im Vergleich mit 2008 mehr als doppelt so viel Kapital ein, durchschnittlich 24.700 EUR. Die Zahl der **Arbeitgebergründer** steigt wieder, jeder vierte Gründer beschäftigt Mitarbeiter (KfW, Gründungsmonitor 2019, 5 ff.).

25–26 *Einstweilen frei*

27 **b) § 15: Ausgangstatbestand und Auffangtatbestand.** Den über das gesamte Spektrum der Norm gemeinsamen Grundtatbestand der unternehmerischen Marktchancennutzung konfiguriert § 15 Abs. 2, der in seiner Tatbestandsstruktur Primär- und Subsidiaritätsfunktionen eigentümlich verbindet. **Erwerbsgerichtete, nachhaltige Marktteilnahme** kann als allgemeiner Ausgangstatbestand des Ertragsteuerrechts gelten, Zentrum des § 15 Abs. 2, gemeinsames Kennzeichen nicht nur der Unternehmereinkünfte in der dreifachen

Ausprägung der Gewinneinkunftsarten, sondern auch der (idealtypischen) Arbeitnehmer- oder Vermietereinkünfte (zur kurzfristigen Vermietung aber → § 21 Rn. 254). Erst mit weiteren Merkmalen bewirkt § 15 Abs. 2 die Ausgrenzung der nicht-gewerblichen Formen erwerbsgerichteter Marktteilnahme, dann auch die Abgrenzung von nicht-professioneller, „privater" Vermögensverwaltung (→ Rn. 1030 ff.).

Allein anhand negativer Merkmale gelingt die Ausgrenzung der Freiberufler und der 28
Land- und Forstwirte. Diese Tatbestandstechnik – die Verfeinerung der „erwerbsgerichteten, nachhaltigen Marktteilnahme" – und die dem Steuerpflichtigen aufgebürdete **Feststellungslast** für das Vorliegen eines freien Berufs (BFH 3.5.2016 – VIII R 4/13, BFH/NV 2016, 1275 Rn. 25; FG Hamburg 5.10.2015 – 1 K 131/14, EFG 2016, 206, rkr.) erklären den **Subsidiaritätseffekt** in der Verwaltungs- und Rechtsprechungspraxis.

Die von § 15 Abs. 2 geforderte Ausgrenzung der selbständigen Betätigung (§ 18) sowie der 29
Einkünfte aus Land- und Forstwirtschaft (§§ 13a ff.) wirft die Frage nach dem **Spezifikum der gewerblichen Einkünfte** im Verhältnis zu den anderen beiden Gewinneinkunftsarten auf. Die hierauf zu gebende Antwort führt in die Einkünfteermittlung und das Bilanzsteuerrecht. Allen Gewinneinkunftsarten ist gemein, dass sie das Leistungsfähigkeitsprinzip in einem umfassenderen Sinne als bei den Überschusseinkünften verwirklichen. Steuerlich verstrickt ist bei den Gewinneinkunftsarten auch der zur Gewinnerzielung eingesetzte Vermögensstamm (→ Rn. 37 ff.), sodass sich der steuerliche Zugriff nicht allein auf die laufenden Einkünfte beschränkt. Unterschiede zwischen den Gewinneinkunftsarten bestehen dann in der Art und Weise, wie das Leistungsfähigkeitsprinzip in **periodischer Hinsicht** verwirklicht wird. Hier nimmt das geltende Einkommensteuerrecht bei den Einkünften aus selbständiger Arbeit (§ 18) und aus Land- und Fortwirtschaft (§§ 13a ff.) deutliche Abstriche in Kauf. So sind Einnahme/Überschussrechnern Teilwertabschreibungen (§ 6 Abs. 1 Nr. 1 S. 2, Abs. 1 Nr. 2 S. 2) ebenso verwehrt, wie das in § 11 normierte Zufluss-/Abflussprinzip keine periodengerechte Gewinnermittlung zu garantieren vermag (s. dagegen § 253 Abs. 3 S. 5, Abs. 4 S. 1 HGB).

Damit sind die Einkünfte aus Gewerbebetrieb diejenige Einkunftsart, die die Vorstellung 30
des **Fiskus als stiller Teilhaber** ebenso aber das **Leistungsfähigkeitsprinzip** am konsequentesten verwirklicht. Erkauft ist dieser Vorzug durch den verhältnismäßig hohen Aufwand, der mit der laufenden Buchführung und dem Erstellen des Jahresabschlusses verbunden ist. Praktisch wird dieser freilich in vielen Fällen durch den Umstand gemildert, dass die steuerrechtliche Buchführungspflicht an die sich bereits aus §§ 238 ff. HGB ergebende handelsrechtliche Buchführungspflicht anknüpfen kann.

Diesseits der Außengrenze zwischen Gewerblichkeit und privater Vermögensverwaltung 31
(→ Rn. 1030 ff.) teilen die Land- und Forstwirte, die Gewerbetreibenden und die Freiberufler den Ausgangstatbestand der erwerbsgerichteten, nachhaltigen Marktchancennutzung. In Grenzfällen bewirkt § 15 Abs. 2 Ausgrenzungen. Der gemeinsame Ausgangstatbestand wird zum **Auffangtatbestand** – wenn die Ausgrenzung nicht gelingt und § 15 die streitbefangene Erwerbstätigkeit in der Gewerblichkeit „auffängt".

Einstweilen frei 32–36

2. Funktionen

a) Zuordnung im Dualismus der Einkunftsarten – „Gewinndenken". § 15 leistet 37
seinen Konkretisierungsbeitrag im Verbund aus § 2 Abs. 2 S. 1 Nr. 1 („Einkünfte sind bei [...] Gewerbebetrieb [...] der Gewinn"), § 2 Abs. 7 S. 1 („Jahressteuer") und §§ 4 ff. Für die Einkünfte aus Gewerbebetrieb gilt wie im Grundsatz für die beiden anderen Gewinneinkunftsarten ein **vermögensgebundener Gewinnbegriff** (*Beisse* DStJG 4 (1981), 13 (14 f.)). § 2 Abs. 2 S. 1 Nr. 1 knüpft an den Gewerbebetrieb an, identifiziert „Gewinn" und „Einkünfte aus Gewerbebetrieb" und verweist auf §§ 4 ff., das Recht der periodischen Vermögensrechnung in Form des Betriebsvermögensvergleichs (§ 5 Abs. 1; § 4 Abs. 1) oder der Einnahme-Überschussrechnung nach § 4 Abs. 3. § 15 setzt die Identifikation seiner Einkünfte mit dem Gewinnbegriff des § 4 voraus.

Damit sind gewerbliche Erträge und gewerbliche Aufwendungen Kategorien einer Vermö- 38
gensrechnung im Steuernexus – das Betriebsvermögen ist „verhaftet", „verstrickt". Der vermögensgebundene Gewinnbegriff zeitigt Folgen für die Bemessung der gewerblichen Einkünfte (exemplarisch → Rn. 1245 ff.: Verstrickung durch Betriebsaufspaltung). Er begründet, folgt

man der Sprache des § 6 AStG (amtliche Überschrift), die **Besteuerung des Vermögenszuwachses.** Im Dualismus der Einkunftsarten ordnet § 15 die von ihm erfassten Einkünfte der einen Seite zu, den Gewinneinkunftsarten und dem zugehörigen Gewinnermittlungsrecht, dem „Gewinndenken" (BVerfG 11.5.1970 – 1 BvL 17/67, BVerfGE 28, 227 (237)).

39 Der Normenverbund, der die Einkünfte aus Gewerbebetrieb als Gewinneinkunftsart konstituiert, ist historisch-konzeptionell der Reinvermögenszugangstheorie verpflichtet. Über seine Reichweite entscheiden konstitutiv (Kirchhof/*Seer* § 16 Rn. 8) § 15, § 16 und § 17. Allerdings widersetzt sich die Konzeption des EStG einer ausgreifenden Erfassung aller „Reinerträge". Außer Ansatz bleiben insbesondere unrealisierte Wertsteigerungen. Der verfassungsrechtliche Eigentumsschutz drängt auf Geduld des Fiskus, bis sich die Wertsteigerung im Betriebsvermögen realisiert hat: **Realisationsprinzip.** Nur ausnahmsweise und gerechtfertigt kommen Tatbestände vorzeitiger Entstrickung in Betracht (→ Rn. 595 ff.).

40 Die Zuordnung der gewerblichen Einkünfte zu den Gewinneinkünften trennt diese, voran § 15, von den Überschusseinkünften. Die Zugehörigkeit der Einkunftsart im **Dualismus der Einkünfteermittlung und Einkunftsarten** zu der einen oder anderen Seite wird in langer Tradition gerechtfertigt vor dem Imperativ, dass „jede unterschiedliche Bemessung nach dem allgemeinen Gleichheitssatz begründungsbedürftig" ist (*Osterloh* FS Bryde, 2013, 429 (441)). Das BVerfG hat den Dualismus und die Unterschiede in der Bemessung gebilligt als „Konsequenz aus der das Einkommensteuerrecht prägenden Grundkonzeption, nach der die Einkommensteuer grundsätzlich nur im Rahmen der Gewinneinkunftsarten den Gedanken der Reinvermögenszugangstheorie aufgreift und deshalb auch den Wertzuwachs bei Vermögensgegenständen erfasst" (BVerfG 7.7.2010 – 2 BvL 14/02, 2/04, 13/05, BVerfGE 127, 1 (29); früher BVerfG 11.5.1970 – 1 BvL 17/67, BVerfGE 28, 227 (236 f.); FG Düsseldorf 14.12.2012 – 1 K 2309/09 E, EFG 2013, 692 (696), rkr.: „Dualismus der Einkünfteermittlung als systemprägendes Merkmal der Einkommensbesteuerung").

41–42 *Einstweilen frei*

43 **b) Konkretisierungsfunktion.** § 15 erfüllt in mehrfacher Hinsicht das Konkretisierungsversprechen des § 2 Abs. 1 S. 2. Danach bestimmt sich die Zuordnung der Einkünfte zu den Einkunftsarten „nach den §§ 13 bis 24". So verweist § 2 Abs. 1 S. 2 einerseits auf das je eigene Profil der sieben „Einkünfte aus […]", andererseits auf den Zusammenhang der Vorschriften im Abschnitt II/8 des EStG („Die einzelnen Einkunftsarten") und deren Gesamtleistung. Zu den vielfältigen Konkretisierungsaufgaben trägt § 15 wesentlich bei, er

- profiliert die „Einkünfte aus Gewerbebetrieb" (§ 2 Abs. 1 S. 1 Nr. 2) im **Dreischritt des § 15 Abs. 1 S. 1** (Einkünfte aus gewerblichen Einzelunternehmen; Gewinnanteile und Sondervergütungen und Sonderergebnisse der Mitunternehmer; Gewinnanteile und Sondervergütungen persönlich haftender Gesellschafter einer KGaA); hinzu treten die Fiktionen gewerblicher Einkünfte nach § 15 Abs. 3 Nr. 1 und 2 (→ Rn. 49 ff.);
- etabliert im Besonderen das **Mitunternehmerkonzept** (Begriff: BFH 11.12.2013 – I R 4/13, BStBl. II 2014, 791 Rn. 42; *Seer* FS Lang, 2010, 655 (661)) und einen allgemeinen **Unternehmerbegriff** (§ 15 Abs. 2 S. 1: „Betätigung, die […] unternommen wird"), der das Merkmal des „Erzielens" (§ 2 Abs. 1 S. 1) konkretisiert (→ Rn. 57 ff.);
- präzisiert mit § 15 Abs. 2 übergreifend die **Basismerkmale der Gewinneinkunftsarten:** Selbständigkeit, Nachhaltigkeit, Gewinnerzielungsabsicht, Beteiligung am allgemeinen wirtschaftlichen Verkehr (→ Rn. 67);
- positiviert **Abgrenzungsrecht im System der Einkunftsarten,** indem er die Spezialität der Einkünfte aus selbständiger Arbeit (§ 18) und aus Land- und Forstwirtschaft (§ 13) in negativen Tatbestandsmerkmalen kenntlich macht; zudem steuert er über das Merkmal der Selbständigkeit die Trennung zwischen § 15 und § 19 und nicht zuletzt grenzt er mit einem weiteren (ungeschriebenen) Tatbestandsmerkmal die private Vermögensverwaltung aus (→ Rn. 71);
- aktiviert im Verein mit § 2 Abs. 2 Nr. 1 das **Gewinnermittlungsrecht** der §§ 4 ff. (→ Rn. 199 f.).

44 Die Konkretisierungsleistung des § 15 gewährleistet die durch den Vorbehalt des Gesetzes geforderte **gesetzmäßige Besteuerung** der Einkünfte aus Gewerbebetrieb; deren Erwähnung im Spektrum der Einkunftsarten (§ 2 Abs. 1 S. 1 Nr. 2) genügt nicht (vgl. aber *Lang* Bemessungsgrundlage, 216, der die Tatbestandsmäßigkeit mit § 2 Abs. 1 S. 1 und dem

Merkmal des „Unterliegens" gesichert sieht). Erst mit Einbeziehung des § 15, der den Tatbestand „Einkünfte aus Gewerbebetrieb" ausformt und abgrenzt, kann § 2 Abs. 1 S. 1 Nr. 2 den Anspruch erheben, das **Steuerobjekt hinreichend bestimmt** erfasst und den Steuerpflichtigen, der die gewerblichen Einkünfte erzielt, als Unternehmer identifiziert zu haben.

Die Brückennorm des § 2 Abs. 1 S. 2 bestätigt die Notwendigkeit der Konkretisierung. Der Hinweis auf Zuordnung der Einkünfte „im einzelnen Fall" deutet zugleich Grenzen der gesetzlich-abstrakten Programmierung an. Den „einzelnen" Fall in seiner Individualität und Tatsächlichkeit zu würdigen, ist Sache der Finanzverwaltung und der Finanzgerichte. § 2 Abs. 1 S. 2 postuliert Vervollständigung durch **Gesetz,** dann aber auch weitere Konkretisierung „nach" § 15 in der **Gesetzesanwendung** auf den einzelnen Fall (→ Rn. 342 ff. zum Typusbegriff; → Rn. 813, → Rn. 859 und → Rn. 1051 zur Kontrolldichte im Revisionsverfahren). **45**

aa) Gewerbebetrieb und gewerbliches Unternehmen. § 15 Abs. 1 S. 1 Nr. 1 S. 1 führt den Begriff „gewerbliches Unternehmen" ein; die daraus erzielten Einkünfte „sind" Einkünfte aus Gewerbebetrieb. Dieser Unternehmensbegriff korrespondiert, ohne eigene Zutat (KSM/*Desens/Blischke* § 15 Rn. A 6 und B 1), mit der im folgenden Absatz definierten „Betätigung", die ihrerseits „unternommen wird" und Gewerbebetrieb „ist": **§ 15 Abs. 2 S. 1 konkretisiert in Einzelmerkmalen den Grundbegriff** der Norm. **46**

Dass die Begriffe **Gewerbebetrieb** und gewerbliches Unternehmen **im Sinne des Einkommensteuergesetzes** übereinstimmen, hat der BFH bereits 1973 (BFH 17.1.1973 – I R 191/72, BStBl. II 1973, 260), noch vor der Übernahme der Definition aus dem Gewerbesteuer- in das Einkommensteuerrecht (→ Rn. 104) klargestellt. Überdies betont das Urteil den „Sinnzusammenhang des § 15 [Abs. 1] Nr. 2 EStG mit § 15 [Abs. 1] Nr. 1" und folgert, dass auch die Gesellschaft, aus der Mitunternehmer Gewinnanteile beziehen, ein „gewerbliches Unternehmen" sein müsse (vgl. auch den Verweis des § 15 Abs. 3 Nr. 1 S. 1 auf „eine Tätigkeit im Sinne des Absatzes 1 Satz 1 Nummer 1", bezogen auf Personengesellschaften). **47**

In der Anwendung auf **Personengesellschaften** sind die **Konkretisierungsstufen** des § 15 zu unterscheiden. Diese sind Abs. 1 S. 1 Nr. 2 und Abs. 2 sowie die beiden Fiktionstatbestände des Abs. 3 Nr. 1 und Nr. 2. Die **insgesamt originäre** Gewerblichkeit (§ 15 Abs. 1 S. 1 Nr. 2) erübrigt die Anwendung des § 15 Abs. 3. Auf Ebene des Abs. 1 S. 1 Nr. 2 erzielen die Gesellschafter Einkünfte aus Gewerbebetrieb nicht kraft Rechtsform der Gesellschaft, sondern wenn sie **48**

- „in ihrer Verbundenheit als Personengesellschaft ein **gewerbliches Unternehmen** (§ 15 Abs. 1 S. 1 Nr. 2 EStG) betreiben" (BFH 26.6.2007 – IV R 49/04, BStBl. II 2009, 289 (290); BFH 11.10.2012 – IV R 32/10, BStBl. II 2013, 538 Rn. 20) und
- „als **Mitunternehmer** anzusehen sind (§ 15 Abs. 2)" (BFH 25.6.1984 – GrS 4/82, BStBl. II 1984, 751 (762)), weil sie Mitunternehmerinitiative ausüben und Mitunternehmerrisiko tragen (BFH 10.10.2012 – VIII R 42/10, BStBl. II 2013, 79 Rn. 19).

Die **„auch"-Gewerblichkeit des § 15 Abs. 3 Nr. 1 S. 1 Alt. 1** setzt eine nach § 15 Abs. 1 S. 1 Nr. 2 gewerblich tätige Personengesellschaft voraus. Wenn eine Personengesellschaft originär gewerblich tätig ist, dann werden in den Tatbestand der Gewerblichkeit auch sämtliche andere mit Einkünfteerzielungsabsicht unternommenen Betätigungen einbezogen. Damit verdrängt § 15 Abs. 3 Nr. 1 nicht nur die Überschusseinkunftsarten, sondern ebenso die beiden anderen Gewinneinkunftsarten. Die Fiktion einheitlicher Gewerblichkeit soll Abgrenzungsprobleme vermeiden, ist aber verfassungsrechtlich umstritten (→ Rn. 2281 ff.). Entschärft worden ist die verfassungsrechtliche Kritik durch eine in der jüngeren Rechtsprechung vertretene verfassungskonforme Auslegung, die die Abfärbung bei § 15 Abs. 3 Nr. 1 S. 1 Alt. 1 unter einen Bagatellvorbehalt stellt. Im gleichen Kontext steht die jüngere Rechtsprechung des IV. Senats des BFH (BFH 6.6.2019 – IV R 30/16, DStR 2019, 1630), die die Gewerbesteuer im Bereich des § 15 Abs. 3 Nr. 1 S. 1 Alt. 2 von der Einkommensteuer entkoppelt hat (→ Rn. 156). **49**

Durch ein Reaktionsgesetz ist der Gesetzgeber hingegen mit § 15 Abs. 3 Nr. 1 S. 2 der Rechtsprechung des IV. Senats entgegengetreten, wonach eine Seitwärtsinfektion nach § 15 Abs. 3 Nr. 1 Alt. 1 aF ausscheiden sollte, wenn aus der gewerblichen Betätigung Verluste erzielt wurden (→ Rn. 2325; → Rn. 2388). **49.1**

Zu gewerblichen Einkünften führt auch die **fiktive Gewerblichkeit** der gewerblich geprägten Personengesellschaft, die gerade „keine Tätigkeit im Sinne des Absatzes 1 Satz 1 Nummer 1" entfaltet, gleichwohl „in vollem Umfang" als Gewerbebetrieb gilt (§ 15 Abs. 3 Nr. 2). **50**

51 Wortlaut und Systematik lassen an der Reihenfolge der Konkretisierungsstufen keinen Zweifel. Gleichwohl ist es in einem rein einkommensteuerlichen Kontext nicht zu beanstanden, wenn die Rechtsprechung mit Blick auf die GmbH & Co. KG – scheinbar vorrangig – den Tatbestand der gewerblichen Prägung prüft (BFH 19.1.2017 – IV R 10/14, BStBl. II 2017, 466 Rn. 20; BFH 26.6.2007 – IV R 49/04, BStBl. II 2009, 289 (290); BFH 11.10.2012 – IV R 32/10, BStBl. II 2013, 538 Rn. 21; FG Hamburg 10.7.2015 – 6 K 121/14, EFG 2015, 1917 (1919), rkr.). Für den Umfang und die Ermittlung der Einkünfte gelten uneingeschränkt die für gewerblich tätige Personengesellschaften maßgeblichen Grundsätze (BFH 19.1.2017 – IV R 10/14, BStBl. II 2017, 466 Rn. 21). Dagegen kommt es für den **Beginn der Gewerbesteuerpflicht** (→ Rn. 187) entscheidend darauf an, ob es sich um eine originär gewerbliche oder vermögensverwaltende Personengesellschaft handelt, sodass die genaue Abgrenzung zwischen § 15 Abs. 1 S. 1 Nr. 2 und Abs. 3 Nr. 2 nicht dahinstehen kann (BFH 12.5.2016 – IV R 1/13, BStBl. II 2017, 489 Rn. 31).

52 Auf Ebene der Gesellschaft ist es für die Einkünftequalifikation einer **vermögensverwaltend tätigen Personengesellschaft** ohne Bedeutung, wie die von ihr erzielten Einkünfte auf Ebene ihrer Gesellschafter qualifiziert werden. Die Tätigkeit der Gesellschaft bleibt auch dann vermögensverwaltend, wenn einzelnen Gesellschaftern wie bei Zebragesellschaften gewerbliche Einkünfte zugerechnet werden, wohingegen andere Gesellschafter allein vermögensverwaltend tätig sind (s. aus gewerbesteuerlicher Sicht etwa BFH 25.9.2008 – IV R 80/05, BStBl. II 2009, 266 (269); ausführlich zu Zebragesellschaften → Rn. 1460).

53 Im **transnationalen Fall** schlägt die internrechtlich-fiktive Umqualifikation des § 15 Abs. 3 Nr. 2 nicht auf das **Abkommensrecht** durch (BFH 24.8.2011 – I R 46/10, BStBl. II 2014, 764 Rn. 16; → Rn. 512). Ob Beteiligungseinkünfte inländischer Gesellschafter (natürliche Personen oder Körperschaften) Einkünfte aus vermögensverwaltender Tätigkeit oder gewerbliche sind, hängt ab von dem Befund über originär gewerbliche Einkünfte auf Ebene der Personengesellschaft.

54–56 *Einstweilen frei*

57 **bb) Unternehmer und Mitunternehmer – Zurechnung.** Wer Risiko trägt und Initiative entfaltet, figuriert als Unternehmer. Das **(Mit-)Unternehmerrisiko** – Teilhabe an Gewinnen und Verlusten, stillen Reserven, am Geschäftswert – und die **(Mit-)Unternehmerinitiative** – Teilhabe an unternehmerischen Entscheidungen – konkretisieren das Merkmal des „Erzielens" (§ 2 Abs. 1 S. 1) für alle drei Gewinneinkunftsarten (Kirchhof/*Krumm* § 15 Rn. 152). § 15 Abs. 2 identifiziert anhand positiver Merkmale die (Gesamtmenge der) aus §§ 13, 15, 18 steuerpflichtigen Unternehmer und sodann anhand negativer Merkmale die aus § 15 steuerpflichtigen Unternehmer. Diese sind eine Teilmenge der Gewinneinkünftler, genauer diejenigen Gewinneinkünftler, die weder Einkünfte aus Land- und Forstwirtschaft (§ 13) noch aus selbständiger Arbeit (§ 18) beziehen.

58 Der **gewerbliche Unternehmer** nutzt (Handlungstatbestand) die Erwerbsgrundlage „gewerbliches Unternehmen" (Zustandstatbestand) und erzielt einen Erfolg (→ Rn. 625 ff.: Zustands-, Handlungs- und Erfolgstatbestand). Er hat die steuerpflichtige „Betätigung" (§ 15 Abs. 2 S. 1) „unternommen", daraus Leistungsfähigkeit geschöpft. Der Unternehmerbegriff erweist sich als **Zurechnungsbegriff** (KSM/*Desens/Blischke* § 15 Rn. A 9 ff.). § 15 spricht (nur) den „Mitunternehmer" an, § 16 Abs. 2 S. 3, Abs. 3 S. 5 genauer differenzierend „Unternehmer oder Mitunternehmer".

59 Die Rechtsprechung fragt nach dem **steuerlichen Träger des Unternehmens,** um sich abzusetzen von der Selbstdarstellung der Beteiligten, von einer gewählten „Bezeichnung ihrer Rechtsbeziehungen" (etwa: „geringfügig beschäftigter Arbeitnehmer"), von einem „durch Handelsregistereintragung oder gewerbepolizeiliche Anmeldung gesetzten Rechtsschein" (BFH 4.11.2004 – III R 21/02, BStBl. II 2005, 168 (169); FG Niedersachsen 25.11.2015 – 9 K 49/13, EFG 2016, 479 Rn. 37, rkr.) – unter Umständen auch abzusetzen von der Zuordnung des zivilrechtlichen oder wirtschaftlichen Eigentums und der gesellschaftsrechtlichen Stellung eines „zivilrechtlichen Gesellschafters" (BFH 3.11.2015 – VIII R 63/13, BStBl. II 2016, 383 Rn. 20). Den Ausschlag über die Trägerschaft im Unternehmen gibt der – eigenständig steuerrechtsdogmatische – **Typusbegriff (Mit-)Unternehmer** (BFH 3.11.2015 – VIII R 63/13, BStBl. II 2016, 383 Rn. 19).

60 Das Urteil des VIII. BFH-Senats vom 3.11.2015 postuliert zwar für die Beschreibung des Typus eine „unbestimmte Zahl austauschbarer Merkmale", kehrt aber rasch zu den Grund-

und Orientierungsbegriffen **Unternehmerrisiko und Unternehmerinitiative** zurück: Die Haupterkennungsmerkmale mögen „im Einzelfall mehr oder weniger ausgeprägt sein" – doch „müssen beide Merkmale vorliegen" (BFH 3.11.2015 – VIII R 63/13, BStBl. II 2016, 383 Rn. 20 ff.; BFH 4.11.2004 – III R 21/02, BStBl. II 2005, 168 (170)).

In Fällen offener und verdeckter Stellvertretung sei **der Vertretene Unternehmer,** „sofern das Unternehmen auf seine Rechnung und Gefahr betrieben wird und er dem Vertreter gegenüber weisungsberechtigt ist" (BFH 4.11.2004 – III R 21/02, BStBl. II 2005, 168 (170)). Wer **im eigenen Namen, aber für Rechnung eines anderen** ein Einzelunternehmen führt oder persönlich haftender Gesellschafter einer Personengesellschaft ist, wird „meist" (Mit-)Unternehmer sein, mag ihm auch im Innenverhältnis ein Treugeber Weisungen erteilen und die Freistellung von allen Verbindlichkeiten zusagen (BFH 4.11.2004 – III R 21/02, BStBl. II 2005, 168 (170)). 60.1

Wenn der „Sinnzusammenhang des § 15 [Abs. 1] Nr. 2 EStG mit § 15 [Abs. 1] Nr. 1" (BFH 17.1.1973 – I R 191/72, BStBl. II 1973, 260) verlangt, dass auch die Personengesellschaft „gewerbliches Unternehmen" sein muss, profitiert die Mitunternehmer-Besteuerung von der Konkretisierungsleistung des § 15 Abs. 2. Zugleich präzisiert § 15 Abs. 1 S. 1 Nr. 2 die Reichweite der Norm ratione personae, indem er sich zum **Mitunternehmerkonzept** (*Seer* FS Lang, 2010, 655 (661): „Zurechnung des Gewinns der Personengesellschaft auf die Mitunternehmer als originär eigene Einkünfte") bekennt im Zeichen der Gleichbehandlung mit dem Einzelunternehmer („Gleichstellungsthese"; → Rn. 478). 61

§ 15 Abs. 1 S. 1 Nr. 2 konkretisiert in Einzelbestandteilen die Mitunternehmer-Einkünfte, indem er den Gewinnanteilen näher bestimmte Vergütungen aus dem sog. Sonderbereich zuschlägt, „die der Gesellschafter von der Gesellschaft" bezieht (Abs. 1 S. 1 Nr. 2 Hs. 2). Die Konkretisierung zieht Konsequenzen aus der Entscheidung gegen die Einkommensteuerpflicht der Personengesellschaft und der Systementscheidung für die Steuerpflicht der Gesellschafter als Unternehmer. „Der Gesellschafter soll seinen Anteil am Unternehmerlohn der Gesellschaft nicht durch schuldrechtliche Gestaltungen der Besteuerung als Gewinn entziehen können" (BFH 28.10.1999 – VIII R 41/98, BStBl. II 2000, 339). Darüber hinaus verlangt die Gleichstellungsthese (→ Rn. 478) aber auch, Wertveränderungen der der Gesellschaft überlassenen Wirtschaftsgüter als sog. **Sonderbetriebsvermögen** zu erfassen. 62

§ 15 Abs. 1 Nr. 3 zieht die einkommensteuerliche Konsequenz aus der hybriden Rechtsnatur der KGaA. Danach ist die Besteuerung der persönlich haftenden Gesellschafter der KGaA an die mitunternehmerschaftlichen Einkünfte nach § 15 Abs. 1 S. 1 Nr. 2 angelehnt (→ Rn. 2181 ff.). 63

Einstweilen frei 64–66

cc) Gemeinsame Merkmale der Gewinneinkunftsarten. Ausdrücklich separiert § 15 Abs. 2 die ihrerseits unternehmerische Ausübung von Land- und Forstwirtschaft und die eines freien Berufs im Anschluss an die Aufzählung der **vier gemeinsamen Positivmerkmale,** gibt damit zu erkennen, dass die (1) selbständige (2) nachhaltige (3) Teilnahme am allgemeinen wirtschaftlichen Verkehr (4) mit Gewinnerzielungsabsicht auch jene – folglich nur mehr negativ abgrenzbaren – Nutzung von Erwerbsgrundlagen auszeichnet (→ Rn. 695 ff.). 67

Diese Konkretisierungsleistung übersteigt die Einkunftsart Gewerbebetrieb. Über die Reichweite der Definition wächst § 15 Abs. 2 eine **Gelenkfunktion im Einkunftsartenrecht** zu. So gilt die Definition des Gewerbebetriebs „in gleicher Weise für die anderen betrieblichen Einkunftsarten" (BFH 13.12.2001 – IV R 86/99, BStBl. II 2002, 80; insbesondere für Land- und Forstwirtschaft: BFH 9.3.2017 – VI R 86/14, BStBl. II 2017, 981 Rn. 10; BFH 7.4.2016 – IV R 38/13, BStBl. II 2016, 765 Rn. 17; BFH 11.10.2007 – IV R 15/05, BStBl. II 2008, 465 Rn. 12; FG München 15.12.2014 – 7 K 2242/12, EFG 2015, 376, rkr.). § 15 Abs. 2 erweist sich diesseits der negativen Tatbestandsmerkmale – keine Einkünfte aus Land- und Fortwirtschaft (§ 13) und selbständiger Arbeit (§ 18) – als positivierter allgemeiner Teil der Gewinneinkunftsarten mit kodifikatorischem Charakter. 68

Einstweilen frei 69–70

dd) Abgrenzungsrecht. Die Definition des Gewerbebetriebs in Einzelmerkmalen manifestiert und konkretisiert einzelne **Nahtstellen** zwischen § 15 und anderen Einkunftsarten, aber auch **Außengrenzen der Steuerbarkeit** (→ Rn. 695 ff. und → Rn. 787 ff. zur „Liebhaberei"). Die Abgrenzung entscheidet vielfach über unterschiedliche Rechtsfolgen: 71

offenkundig an den Außengrenzen des Einkommensteuerrechts, sodann wegen der Korrespondenz zwischen § 15 und der Gewerbesteuer (→ Rn. 83) oder wegen verschiedener **Standards der Verlustverrechnung** in Abhängigkeit von der Einkunftsart. Wer sich gutgläubig in ein betrügerisches Schneeballsystem hineinziehen lässt, mag darauf hoffen, dass die fehlgeschlagene Investition den Einkünften aus Gewerbebetrieb zugeschlagen und von den Verlustverrechnungsbeschränkungen des § 20 Abs. 6 und des § 22 Nr. 3 S. 3 ferngehalten werden kann (exemplarisch BFH 7.2.2018 – X R 10/16, BStBl. 2018, 630, zum Betrugssystem „Pflanzenöl-BHKW").

72 Das Merkmal der **Selbständigkeit,** das in der Begriffsbestimmung des § 15 Abs. 2 voransteht, unterscheidet den Unternehmer vom unselbständigen Arbeitnehmer. Die Unterscheidung wird abgrenzungsrechtlich bewältigt in der normativen Opposition zwischen § 15 Abs. 2 EStG und § 1 LStDV (→ Rn. 714). Das Merkmal der **Nachhaltigkeit** grenzt die „gelegentliche" Tätigkeit und den allenfalls einschlägigen Steuertatbestand des § 22 Nr. 3 aus. Das Erfordernis der **Beteiligung am allgemeinen wirtschaftlichen Verkehr** drängt auf Austausch am Markt und schichtet – nicht steuerbare – Eigenproduktion und Eigenversorgung ab. Die **Gewinnerzielungsabsicht** fragt nach der steuerpflichtbegründenden Erwerbsgerichtetheit (→ Rn. 787 ff.).

73 Die Freiberufler werden ebenso wie die Land- und Forstwirte mit § 15 Abs. 2 S. 1 aus der Gewerblichkeit herauskomplimentiert (→ Rn. 845 ff. und → Rn. 856), damit auch vor der Gewerbesteuer in Sicherheit gebracht. Und nicht zuletzt verlangt Gewerblichkeit per definitionem, dass die **Grenze der privaten Vermögensverwaltung überschritten** wird. Das ungeschriebene Tatbestandsmerkmal (→ Rn. 701 ff. und → Rn. 1029 ff.) spiegelt für das einkommensteuerliche Einkunftsartenrecht die Kontrastbegrifflichkeit des § 14 AO, die Unterscheidung zwischen Geschäftsbetrieb und (privater) Vermögensverwaltung. Ohne diese Ausgrenzungsleistung liefen §§ 20, 21 leer, wenn und weil die Positivmerkmale des § 15 Abs. 2 erfüllt sind und §§ 20, 21 nur subsidiär eingreifen (→ Rn. 205). Dem entspricht EStR 15.7 Abs. 1 S. 1: „Die bloße Verwaltung eigenen Vermögens ist regelmäßig keine gewerbliche Tätigkeit".

74–76 *Einstweilen frei*

77 **c) Vereinheitlichungs- und Vereinfachungsfunktion des § 15 Abs. 3.** Nur **teils gewerblich** tätige, dadurch aber gewerblich infizierte (§ 15 Abs. 3 Nr. 1 – „Abfärberegelung") und **nicht gewerblich** tätige, jedoch infolge ihrer Gesellschafterstruktur gewerblich geprägte Personengesellschaften (§ 15 Abs. 3 Nr. 2 – insbesondere die GmbH & Co. KG) erzielen Einkünfte aus Gewerbebetrieb. Schwierigkeiten bei der Einkünfteermittlung begegnet § 15 Abs. 3 mit einer „vereinfachten weil einheitlichen Einkünfteermittlung" (BFH 27.8.2014 – VIII R 6/12, BStBl. II 2015, 1002 Rn. 63) – mit **„Vereinfachung durch Typisierung"** (BFH 29.11.2012 – IV R 37/10, BFH/NV 2013, 910 Rn. 31, bezogen auf § 15 Abs. 3 Nr. 1) durch Konzentration auf eine Einkunftsart.

78 Im engeren Kontext des § 15 erweisen sich die Vorschriften als „Ausnahmeregelungen" (so BFH 20.11.2003 – IV R 5/02, BStBl. II 2004, 464 (465)). Diese Etikettierung verdeckt allerdings die systematische Funktion im Zusammenhang von Einkommen-, Körperschaft- und Gewerbesteuer. § 15 Abs. 3 entzieht die Einkünfte der benannten Gesellschaften den Differenzierungen der Einkunftsarten. **Abfärbung und Gewerblichkeit kraft Rechtsform** überführen die Einkünfte in eine einheitliche Ertragsteuerpflicht – gleichen, „was die steuerliche Verstrickung von Wirtschaftsgütern sowie die Belastung mit Gewerbesteuer betrifft, die Stellung von Personengesellschaften derjenigen von Kapitalgesellschaften an" (BVerfG 15.1.2008 – 1 BvL 2/04, BVerfGE 120, 1 (50)). Bei unbeschränkt körperschaftsteuerpflichtigen Gesellschaften sind alle Einkünfte kraft Gesetzes als Einkünfte aus Gewerbebetrieb zu behandeln (§ 8 Abs. 2 KStG). Der Gesetzgeber bewegt sich im Spektrum erprobter Varianten der Ausgestaltung, wenn er die Einkünftezuordnung in der Besteuerung der gewerblich geprägten und infizierten Personengesellschaften typisierend vereinheitlicht (vgl. BT-Drs. 10/3663, 8, zur Übernahme der Abfärberegelung aus dem GewStG in das EStG; → Rn. 106; zur Verfassungskonformität des § 15 Abs. 3 Nr. 2 → Rn. 2362).

79 Die „Einkünftezuordnungsentscheidung" (BFH 29.11.2012 – IV R 37/10, BFH/NV 2013, 910 Rn. 30) des § 15 Abs. 3 erfüllt eine systematisch nachgeordnete Funktion. Das Vereinfachungsanliegen des § 15 Abs. 3 Nr. 1 kommt nicht zum Zuge, wenn **„gemischte Tätigkeiten"** der Personengesellschaft **untrennbar verflochten** sind. Dann ist die Gesamttätigkeit einheitlich zu qualifizieren und einheitlich etwa der Gewerblichkeit oder auch der Freiberuflichkeit zuzuordnen; Abfärbung erübrigt sich (HHR/*Stapperfend* § 15 Rn. 1073; Schmidt/*Wacker* § 15 Rn. 186). Die nicht-gewerbliche Tätigkeit muss isolierbar sein, wenn sich „die Abfärbung auswirken soll" (BFH 28.9.2017 – IV R 50/15, BStBl. II 2018, 89 Rn. 18).

Einstweilen frei **80–82**

d) Korrespondenznorm der Gewerbesteuer. Das Recht der Abfärbung und gewerblichen Prägung macht bewusst, dass § 15 eine gewichtige Gewährleistungsfunktion für die Gewerbesteuer zukommt. Er ist nicht isoliert einkommensteuerrechtliche, gewerbesteuerlich blinde Norm und schlichtes Verweisobjekt, sondern Korrespondenzsubjekt im Zusammenspiel mit § 2 Abs. 1 S. 2 GewStG: „Unter Gewerbebetrieb ist ein gewerbliches Unternehmen im Sinne des Einkommensteuergesetzes zu verstehen." Diese Vorschrift begründet die **rechtsformunabhängige Korrespondenz** mit § 15 Abs. 2 und seinen die Gewerblichkeit konstituierenden und ausschließenden Merkmalen, andererseits die **tätigkeits- und rechtsformabhängige Korrespondenz** mit § 15 Abs. 3. **83**

Die Verweisung des GewStG auf gewerbliche Unternehmen „im Sinne des Einkommensteuergesetzes" will **auch und gerade die GmbH & Co. KG** in der Fasson des § 15 Abs. 3 Nr. 2 erreichen (BFH 25.9.2008 – IV R 80/05, BStBl. II 2009, 266 (268)), in Anlehnung an § 8 Abs. 2 KStG: Gewerbesteuerpflicht kraft Rechtsform (BFH 20.11.2003 – IV R 5/02, BStBl. II 2004, 464 (466 f.)). § 15 Abs. 1 S. 2 sorgt für die Einbeziehung „nachgesellschaftlicher Sondervergütungen" in den Gewerbeertrag (→ Rn. 108 und → Rn. 218). **84**

Auch die Betriebsaufspaltung und die Folgen der Umqualifikation für das Besitzunternehmen – seine Einbeziehung in § 15 (→ Rn. 1105) – stehen im Zeichen der Gewerbesteuer. Die Rechtsfigur der Betriebsaufspaltung sei entwickelt worden, „um das Gewerbesteueraufkommen unabhängig davon sicherzustellen, ob die Person oder Personengruppe ihre dem Grunde nach einheitliche gewerbliche Betätigung in Gestalt eines oder mehrerer Unternehmen ausübt" (BFH 18.6.2015 – IV R 11/13, DStR 2015, 2424 Rn. 29). Indem § 2 Abs. 1 GewStG jeden stehenden, im Inland betriebenen Gewerbebetrieb der Gewerbesteuer unterwirft (S. 1) und den Steuergegenstand definitorisch mit dem Einkommensteuergesetz verknüpft (S. 2), etabliert er **§ 15 als Basisnorm des Gewerbesteuerrechts** und sichert ihm ständige Präsenz in Konstellationen, die streitgegenständlich (auch) einen Gewerbesteuermessbescheid betreffen. **85**

Das wird exemplarisch deutlich, wenn freiberuflich tätige Einzel- und Mitunternehmer Mitarbeiter beschäftigen und an der Grenze der eigenverantwortlichen Leitung, damit an der Nahtstelle zwischen § 15 und § 18 Abs. 1 Nr. 1 S. 3 balancieren. Je nach Betriebsgröße und Betriebsorganisation muss die Inhaberin einer Kindertagesstätte (FG Hamburg 20.1.2015 – 3 K 157/14, EFG 2015, 912, rkr.: Eigenverantwortlichkeit iSd § 18 Abs. 1 Nr. 1 S. 3 für 45 Kinder noch möglich) oder die Rechtsanwalts-GbR (BFH 27.8.2014 – VIII R 6/12, BStBl. II 2015, 1002: selbständige Insolvenzverwaltertätigkeit eines angestellten Rechtsanwalts) gewärtigen, in Gewerblichkeit und Gewerbesteuerpflicht hineinzuwachsen. Stets betont der BFH in Grenzfällen dieser Art den **Normzweck des § 15, das Gewerbesteueraufkommen zu schützen** (mit Blick auf die Abfärberegelung: BFH 12.4.2018 – IV R 5/15, BStBl. II 2020, 118 Rn. 35). § 15 erweist sich als Systementscheidung auch „bei der Erfassung der gewerbesteuerrechtlichen Bemessungsgrundlage" (BVerfG 15.1.2008 – 1 BvL 2/04, BVerfGE 120, 1 (50)). Gegenläufig und daher **rechtssystematisch zweifelhaft** judiziert der IV. Senat des BFH aber, soweit § 2 Abs. 1 S. 2 GewStG iVm § 15 Abs. 3 Nr. 1 S. 1 Alt. 2 EStG in Fällen der Aufwärtsinfektion teleologisch reduziert und damit die Gewerbesteuer partiell von der Einkommensteuer entkoppelt wird (BFH 6.6.2019 – IV R 30/16, DStR 2019, 1630; → Rn. 2371). **86**

Aus der Systemrelevanz des § 15 für Gewerbesteuer und Gewerbesteueraufkommen folgt nicht zwingend eine effektive Doppelbelastung derer, die auf der Grundlage des § 15 zugleich Einkommensteuer schulden. Zu unterscheiden sind Gläubigerinteressen, Finanzverfassung und Systemgestaltung einerseits, die **Effektivbelastung der Schuldner** andererseits. Das steuerpolitische Anliegen, zur „Gewährleistung" der kommunalen Finanzhoheit eine „wirtschaftskraftbezogene Steuerquelle" (Art. 28 Abs. 2 S. 3 GG; s. auch Art. 106 Abs. 6 GG und Sodan/*Schenke* Art. 106 Rn. 15 ff.) zu erschließen, nimmt keinen Schaden, wenn die doppelt Steuerpflichtigen aufseiten der Einkommensteuer entlastet werden. Heute will der Gesetzgeber die Gewerbesteuerschuld zwar nicht mehr als Betriebsausgabe anerkennen (§ 4 **87**

Abs. 5b); auch die Tarifkappung des § 32c EStG aF ist ausgelaufen. Das EStG entlastet jedoch nach Maßgabe des § 35, einer anrechnungsähnlichen auf die Einkommensteuerschuld bezogenen „Steuerermäßigung bei Einkünften aus Gewerbebetrieb" (→ Rn. 242 f.).

88–91 *Einstweilen frei*

3. Historische Entwicklung

92 In historischer Perspektive lassen sich **fünf Schichten des heutigen § 15** unterscheiden: die seit 1920 fortgeschriebene Trias der Gewerblichkeit (heute Abs. 1 S. 1); der Anbau eines speziellen Verlustverrechnungsregimes (heute Abs. 4) seit 1974; die Verankerung der aus gewerbesteuerlicher Tradition überkommenen Definition des Gewerbebetriebs (Abs. 2) im Jahre 1983; jene Ergänzungen, die legislativ und durchweg konservativ auf Rechtsprechungsänderungen des BFH reagieren (insbesondere Abs. 3); endlich die Einführung des § 15 Abs. 1a mit dem SEStEG im Jahre 2006. Die folgende **Übersicht** weist **für das aktuell geltende Recht** (→ Rn. 92.1 ff.) die Ausgangsfundstellen in den amtlichen Verkündungsblättern sowie die wichtigsten Gesetzgebungsmaterialien nach.

92.1 Das aktuell geltende Recht in der Übersicht:

92.2 **(1) [1]Einkünfte aus Gewerbebetrieb sind**

1. Einkünfte aus gewerblichen Unternehmen.

Entspricht EStG 1934 v. 16.10.1934 (RGBI. I 1934, 1005; RStBl. 1934, 1261) – Wichtige Gesetzgebungsmaterialien: Gesetzesbegründung RStBl. 1935, 33 (42), in der aber ausdrücklich deutlich gemacht wird, dass die bestehende Rechtslage aufrechterhalten bleiben sollte.

Ähnlich formuliert schon in § 7 EStG 1920 v. 29.3.1920 (RGBl. 1920, 359) – Wichtige Gesetzgebungsmaterialien: Gesetzesbegründung zum Entwurf EStG 1920 in Drs. Nationalversammlung Nr. 1624, 15 ff., 43.

In § 29 EStG 1925 waren hingegen die Einkünfte aus gewerblichen Unternehmen nicht erwähnt, da sich deren Erfassung bereits aus § 6 Abs. 1 Nr. 2 EStG 1925 selbstverständlich ergeben würde, inhaltlich sollten dadurch aber keine Änderungen gegenüber EStG 1920 erfolgen (vgl. KSM/*Desens*/*Blischke* § 15 Rn. A 105; amtliche Begründung zum Entwurf EStG 1925, Reichstag III. Wahlperiode 1924/25, Drs. Nr. 795, 55).

92.3 **[2]Dazu gehören auch Einkünfte aus gewerblicher Bodenbewirtschaftung, z. B. aus Bergbauunternehmen und aus Betrieben zur Gewinnung von Torf, Steinen und Erden, soweit sie nicht land- oder forstwirtschaftliche Nebenbetriebe sind;**

Entspricht ebenfalls EStG 1934 v. 16.10.1934 (RGBI. I 1934, 1005; RStBl. 1934, 1261) – Wichtige Gesetzgebungsmaterialien: Gesetzesbegründung RStBl. 1935, 33 (42).

92.4 **2. die Gewinnanteile der Gesellschafter einer Offenen Handelsgesellschaft, einer Kommanditgesellschaft und einer anderen Gesellschaft, bei der der Gesellschafter als Unternehmer (Mitunternehmer) des Betriebs anzusehen ist, und die Vergütungen, die der Gesellschafter von der Gesellschaft für seine Tätigkeit im Dienst der Gesellschaft oder für die Hingabe von Darlehen oder für die Überlassung von Wirtschaftsgütern bezogen hat.**

Entspricht im Wesentlichen EStG 1934 v. 16.10.1934 (RGBI. I 1934, 1005; RStBl. 1934, 1261) – Wichtige Gesetzgebungsmaterialien: Gesetzesbegründung RStBl. 1935, 33 (42), in der aber ausdrücklich deutlich gemacht wird, dass die bestehende Rechtslage aufrechterhalten bleiben sollte.

§ 7 Nr. 3 EStG 1920 v. 29.3.1920 (RGBl. 1920, 359) verwendet erstmals den Begriff „Mitunternehmer" und bezieht „etwaige besondere Vergütungen, die der Gesellschafter für Mühewaltungen im Interesse der Gesellschaft für deren Rechnung bezogen hat" ein – Wichtige Gesetzgebungsmaterialien: Gesetzesbegründung zum Entwurf EStG 1920 in Drs. Nationalversammlung Nr. 1624, 15 ff., 43.

§ 29 EStG 1925 (v. 10.8.1925, RGBl. 1925 I 189) übernimmt die Regelung ohne inhaltliche Änderung – wichtige Gesetzgebungsmaterialien: amtliche Begründung zum Entwurf des EStG 1925, Reichstag III. Wahlperiode 1924/25, Drs. Nr. 795, 55.

Durch StÄndG 1992 v. 25.2.1992 werden lediglich die Worte „des Betriebs" nach „Unternehmer (Mitunternehmer)" eingefügt (BGBl. 1992 I 297; BStBl. I 1992, 146) – Wichtige Gesetzgebungsmaterialien: BT-Drs. 12/1506, 26, ohne nähere Begründung, siehe HHR § 15 Rn. 106.

92.5 **[2]Der mittelbar über eine oder mehrere Personengesellschaften beteiligte Gesellschafter steht dem unmittelbar beteiligten Gesellschafter gleich; er ist als Mitunternehmer des Betriebs der Gesellschaft anzusehen, an der er mittelbar beteiligt ist, wenn er und die Personengesellschaften, die seine Beteiligung vermitteln, jeweils als Mitunternehmer der Betriebe der Personengesellschaften anzusehen sind, an denen sie unmittelbar beteiligt sind;**

StÄndG 1992 v. 25.2.1992 (BGBl. 1992 I 297; BStBl. I 1992, 146) – Wichtige Gesetzgebungsmaterialien: BT-Drs. 12/1108, 7, 58; BT-Drs. 12/1506, 26, 171 f.

3. die Gewinnanteile der persönlich haftenden Gesellschafter einer Kommanditgesellschaft auf Aktien, soweit sie nicht auf Anteile am Grundkapital entfallen, und die Vergütungen, die der persönlich haftende Gesellschafter von der Gesellschaft für seine Tätigkeit im Dienst der Gesellschaft oder für die Hingabe von Darlehen oder für die Überlassung von Wirtschaftsgütern bezogen hat. 92.6

Entspricht EStG 1934 v. 16.10.1934 (RGBl. I 1934, 1005; RStBl. 1934, 1261) – Wichtige Gesetzgebungsmaterialien: Gesetzesbegründung RStBl. 1935, 33 (42), in der aber ausdrücklich deutlich gemacht wird, dass die bestehende Rechtslage aufrechterhalten bleiben sollte.

Zur KGaA erstmals: § 7 Nr. 2 EStG 1920 v. 29.3.1920 (RGBl. 1920, 359) – Wichtige Gesetzgebungsmaterialien: Gesetzesbegründung zum Entwurf EStG 1920 in Drs. Nationalversammlung Nr. 1624, 15 ff.; 43; weitgehend identisch auch in § 29 EStG 1925 v. 10.8.1925 (RGBl. 1925, 189) übernommen (Reichstag III. Wahlperiode 1924/25, Drs. Nr. 795, 55).

[2]Satz 1 Nummer 2 und 3 gilt auch für Vergütungen, die als nachträgliche Einkünfte (§ 24 Nummer 2) bezogen werden. 92.7

Entspricht StBereinG 1986 v. 19.12.1985 (BGBl. 1985 I 2436; BStBl. I 1985, 735) – Wichtige Gesetzgebungsmaterialien: BT-Drs. 10/4498, 19; BT-Drs. 10/4513, 22; BT-Drs. 10/3663, 7 f.

[3]§ 13 Absatz 5 gilt entsprechend, sofern das Grundstück im Veranlagungszeitraum 1986 zu einem gewerblichen Betriebsvermögen gehört hat. 92.8

Entspricht StEntlG 1999/2000/2002 v. 24.3.1999 (BGBl. 1999 I 402; BStBl. I 1999, 304) – Wichtige Gesetzgebungsmaterialien: BT-Drs. 14/442, 15; BT-Drs. 14/443, 27.

Die Änderung war rein redaktioneller Natur, da die Vorschriften des § 52 Abs. 15 S. 10, 11 EStG 1997 (BGBl. 1997 I 821) durch das StEntlG 1999/2000/2002 in § 13 Abs. 5 übernommen wurden.

(1a) [1]In den Fällen des § 4 Absatz 1 Satz 5 ist der Gewinn aus einer späteren Veräußerung der Anteile ungeachtet der Bestimmungen eines Abkommens zur Vermeidung der Doppelbesteuerung in der gleichen Art und Weise zu besteuern, wie die Veräußerung dieser Anteile an der Europäischen Gesellschaft oder Europäischen Genossenschaft zu besteuern gewesen wäre, wenn keine Sitzverlegung stattgefunden hätte. [2]Dies gilt auch, wenn später die Anteile verdeckt in eine Kapitalgesellschaft eingelegt werden, die Europäische Gesellschaft oder Europäische Genossenschaft aufgelöst wird oder wenn ihr Kapital herabgesetzt und zurückgezahlt wird oder wenn Beträge aus dem steuerlichen Einlagenkonto im Sinne des § 27 des Körperschaftsteuergesetzes ausgeschüttet oder zurückgezahlt werden. 92.9

Entspricht SEStEG v. 7.12.2006 (BGBl. 2006 I 2782; BStBl. I 2007, 4) – Wichtige Gesetzgebungsmaterialien: BT-Drs. 16/3315, 8; BT-Drs. 16/3369, 5 f.

Das JStG 2010 v. 8.12.2010 (BGBl. 2010 I 1768) hat allein eine redaktionelle Bedeutung. Der Verweis auf „§ 4 Abs. 1 Satz 4" wurde durch den Verweis auf „§ 4 Abs. 1 Satz 5" ersetzt, der dem vorherigen Satz 4 entspricht. – Wichtige Gesetzgebungsmaterialien: BT-Drs. 17/3449, 13; BT-Drs. 17/3549, 17.

(2) [1]Eine selbständige nachhaltige Betätigung, die mit der Absicht, Gewinn zu erzielen, unternommen wird und sich als Beteiligung am allgemeinen wirtschaftlichen Verkehr darstellt, ist Gewerbebetrieb, wenn die Betätigung weder als Ausübung von Land- und Forstwirtschaft noch als Ausübung eines freien Berufs noch als eine andere selbständige Arbeit anzusehen ist. [2]Eine durch die Betätigung verursachte Minderung der Steuern vom Einkommen ist kein Gewinn im Sinne des Satzes 1. [3]Ein Gewerbebetrieb liegt, wenn seine Voraussetzungen im Übrigen gegeben sind, auch dann vor, wenn die Gewinnerzielungsabsicht nur ein Nebenzweck ist. 92.10

Entspricht StEntlG 1984 v. 22.12.1983 (BGBl. I 1983, 1583; BStBl. I 1984, 14) – Wichtige Gesetzgebungsmaterialien: BT-Drs. 10/336, 8, 26, BT-Drs. 10/686, 12.

(3) Als Gewerbebetrieb gilt in vollem Umfang die mit Einkünfteerzielungsabsicht unternommene Tätigkeit 92.11

1. einer offenen Handelsgesellschaft, einer Kommanditgesellschaft oder einer anderen Personengesellschaft, wenn die Gesellschaft auch eine Tätigkeit im Sinne des Absatzes 1 Satz 1 Nummer 1 ausübt

Entspricht StBereinG 1986 v. 19.12.1985 (BGBl. 1985 I 2436; BStBl. I 1985, 735) – Wichtige Gesetzgebungsmaterialien: BT-Drs. 10/4498, 19; BT-Drs. 10/4513, 22.

Mit dem „JStG 2019" v. 12.12.2019 (BGBl. 2019 I 2451) wurde redaktionell der bisher enthaltene Zitierfehler berichtigt. – Wichtige Gesetzgebungsmaterialien: BR-Drs. 356/19, 5, 104; BT-Drs. 19/13436, 10, 96.

92.12 **oder gewerbliche Einkünfte im Sinne des Absatzes 1 Satz 1 Nummer 2 bezieht,**

Entspricht JStG 2007 v. 13.12.2006 (BGBl. 2006 I 2878; BStBl. I 2007, 28) – Wichtige Gesetzgebungsmaterialien: BR-Drs. 622/06, 5, 73; BT-Drs. 16/2712, 9, 44 f.; BT-Drs. 16/3325, 9.

92.12a **²Dies gilt unabhängig davon, ob aus der Tätigkeit im Sinne des Absatzes 1 Satz 1 Nummer 1 ein Gewinn oder Verlust erzielt wird oder ob die gewerblichen Einkünfte im Sinne des Absatzes 1 Satz 1 Nummer 2 positiv oder negativ sind;**

Entspricht „JStG 2019" v. 12.12.2019 (BGBl. 2019 I 2451) – Wichtige Gesetzgebungsmaterialien: BR-Drs. 356/19, 5, 104; BT-Drs. 19/13436, 10, 96.

92.13 **2. einer Personengesellschaft, die keine Tätigkeit im Sinne des Absatzes 1 Satz 1 Nummer 1 ausübt und bei der ausschließlich eine oder mehrere Kapitalgesellschaften persönlich haftende Gesellschafter sind und nur diese oder Personen, die nicht Gesellschafter sind, zur Geschäftsführung befugt sind (gewerblich geprägte Personengesellschaft). ²Ist eine gewerblich geprägte Personengesellschaft als persönlich haftender Gesellschafter an einer anderen Personengesellschaft beteiligt, so steht für die Beurteilung, ob die Tätigkeit dieser Personengesellschaft als Gewerbebetrieb gilt, die gewerblich geprägte Personengesellschaft einer Kapitalgesellschaft gleich.**

Entspricht StBereinG 1986 v. 19.12.1985 (BGBl. 1985 I 2436; BStBl. I 1985, 735) Wichtige Gesetzgebungsmaterialien: BT-Drs. 10/4498, 19; BT-Drs. 10/4513, 22.

92.14 **(4) ¹Verluste aus gewerblicher Tierzucht oder gewerblicher Tierhaltung dürfen weder mit anderen Einkünften aus Gewerbebetrieb noch mit Einkünften aus anderen Einkunftsarten ausgeglichen werden; sie dürfen auch nicht nach § 10d abgezogen werden.**

Entspricht EStRG v. 5.8.1974 (BGBl. 1974 I 1769; BStBl. 1974, 530), dort aber in dem neu angefügtem § 15 Abs. 2 S. 1 aus § 2a EStG übernommen. – Wichtige Gesetzgebungsmaterialien: BT-Drs. 7/1470, 32.

92.15 **²Die Verluste mindern jedoch nach Maßgabe des § 10d die Gewinne, die der Steuerpflichtige in dem unmittelbar vorangegangenen und in den folgenden Wirtschaftsjahren aus gewerblicher Tierzucht oder gewerblicher Tierhaltung erzielt hat oder erzielt;**

Dem heutigen Wortlaut entspricht die Fassung durch das StEntlG 1999/2000/2002 v. 24.3.1999 (BGBl. 1999 I 402; BStBl. I 1999, 304) – Wichtige Gesetzgebungsmaterialien: BT-Drs. 14/442, 2, 15.

Regelungen zum Verlustausgleich wurden (mit anderem Wortlaut) allerdings bereits mit dem EStRG v. 5.8.1974 (BGBl. 1974 I 1769; BStBl. 1974, 530) für Verluste aus späteren Wirtschaftsjahren in § 15 aus dem damaligen § 2a EStG übernommen (dort: „unter den Voraussetzungen des § 10d")

Der Verlustrücktrag, der mit der Änderung des § 10d eingeführt wurde, ist erstmals durch das ÄndG zum EStG v. 20.4.1976 (BGBl. 1976 I 1054, BStBl. I 1976, 282) in § 15 berücksichtigt worden.

92.16 **§ 10d Absatz 4 gilt entsprechend.**

Entspricht AmtshilfeRLUmsG v. 26.6.2013 (BGBl. 2013 I 1809) – Wichtige Gesetzgebungsmaterialien: BT-Drs. 17/12532, 26; BT-Drs. 17/13722, 9.

92.17 **³Die Sätze 1 und 2 gelten entsprechend für Verluste aus Termingeschäften, durch die der Steuerpflichtige einen Differenzausgleich oder einen durch den Wert einer veränderlichen Bezugsgröße bestimmten Geldbetrag oder Vorteil erlangt.**

Entspricht § 15 Abs. 4 Satz 3 Hs. 1 in der Fassung durch das StEntlG 1999/2000/2002 v. 24.3.1999 (BGBl. 1999 I 402; BStBl. I 1999, 304) – Wichtige Gesetzgebungsmaterialien: BT-Drs. 14/23, 11, 178; BT-Drs. 14/442, 15.

Separat als ein Satz mit identischem Wortlaut gefasst durch StSenkG v. 23.10.2000 (BGBl. 2000 I 1433; BStBl. I 2000, 1428).

92.18 **⁴Satz 3 gilt nicht für die Geschäfte, die zum gewöhnlichen Geschäftsbetrieb bei Kreditinstituten, Finanzdienstleistungsinstituten und Finanzunternehmen im Sinne des Gesetzes über das Kreditwesen gehören oder die der Absicherung von Geschäften des gewöhnlichen Geschäftsbetriebs dienen.**

Entspricht InvZulÄndG 1999 v. 20.12.2000 (BGBl. 2000 I 1850; BStBl. I 2001, 28) – Wichtige Gesetzgebungsmaterialien: BT-Drs. 14/4624, 12.

Wortlaut entspricht im Wesentlichen aber bereits der Fassung durch das StEntlG 1999/2000/2002 v. 24.3.1999 (BGBl. 1999 I 402; BStBl. I 1999, 304), dort allerdings in Satz 3 Hs. 2 – Wichtige Gesetzgebungsmaterialien: BT-Drs. 14/442, 15; BT-Drs. 14/443, 27 f.,

So übernommen auch durch das StSenkG v. 23.10.2000 (BGBl. 2000 I 1433; BStBl. I 2000, 1428) in § 15 Abs. 4 Satz 4 Hs. 1.

92.19 **⁵Satz 4 gilt nicht, wenn es sich um Geschäfte handelt, die der Absicherung von Aktiengeschäften dienen, bei denen der Veräußerungsgewinn nach § 3 Nummer 40 Satz 1 Buchstabe a und b in Verbindung mit § 3c Absatz 2 teilweise steuerfrei ist, oder die nach § 8b Absatz 2 des Körperschaftsteuergesetzes bei der Ermittlung des Einkommens außer Ansatz bleiben.**

Entspricht InvZulÄndG 1999 v. 20.12.2000 (BGBl. 2000 I 1850; BStBl. I 2001, 28) – Wichtige Gesetzgebungsmaterialien: BT-Drs. 14/4624, 12; BR-Drs. 756/00, 5; BT-Drs. 14/4262, 6.

[6]Verluste aus stillen Gesellschaften, Unterbeteiligungen oder sonstigen Innengesellschaften an Kapitalgesellschaften, bei denen der Gesellschafter oder Beteiligte als Mitunternehmer anzusehen ist, dürfen weder mit Einkünften aus Gewerbebetrieb noch aus anderen Einkunftsarten ausgeglichen werden; sie dürfen auch nicht nach § 10d abgezogen werden. 92.20

Entspricht ProtErklG v. 22.12.2003 (BGBl. I 2003, 2840; BStBl. I 2004, 14) – Wichtige Gesetzgebungsmaterialien: BT-Drs. 15/1518, 5, 14 (nur redaktionelle Berichtigung).

[7]Die Verluste mindern jedoch nach Maßgabe des § 10d die Gewinne, die der Gesellschafter oder Beteiligte in dem unmittelbar vorangegangenen Wirtschaftsjahr oder in den folgenden Wirtschaftsjahren aus derselben stillen Gesellschaft, Unterbeteiligung oder sonstigen Innengesellschaft bezieht; 92.21

Entspricht ProtErklG v. 22.12.2003 (BGBl. I 2003, 2840; BStBl. I 2004, 14) – Wichtige Gesetzgebungsmaterialien: BT-Drs. 15/1518, 5, 14

§ 10d Absatz 4 gilt entsprechend. 92.22

Entspricht AmtshilfeRLUmsG v. 26.6.2013 (BGBl. 2013 I 1809) – Wichtige Gesetzgebungsmaterialien: BT-Drs. 17/10604, 10; BT-Drs. 17/13722, 9.

[8]Die Sätze 6 und 7 gelten nicht, soweit der Verlust auf eine natürliche Person als unmittelbar oder mittelbar beteiligter Mitunternehmer entfällt. 92.23

Entspricht ProtErklG v. 22.12.2003 (BGBl. 2003 I 2840; BStBl. I 2004, 14) – Wichtige Gesetzgebungsmaterialien: BT-Drs. 15/1518, 5, 14.

a) Traditionsbestand seit 1920. Mit seiner **hundertjährigen Tradition** präsentiert sich § 15 als Monument der Steuerrechtsgeschichte. In der Entwicklung der Besteuerung von Unternehmen (Nachw. bei *Hüttemann* StuW 2014, 58) hält er als Korrespondenznorm des § 2 Abs. 1 S. 2 GewStG weiter Verbindung mit der historischen Tiefenschicht, dem Gewerbesteuerrecht (→ Rn. 83 ff.). Seine unmittelbare Vorgeschichte beginnt im Kontext der Erzbergerschen Reichsfinanzreform 1919/1920 und im Zuge der Abtrennung einer Körperschaftsteuer (KStG 1920). Zeitgleich entstand die **Trias des heutigen § 15 Abs. 1 und** mit ihr **das Mitunternehmerkonzept.** 93

Im Einkommensteuergesetz vom 29.3.1920, beschlossen von der Weimarer Nationalversammlung mit Zustimmung des Reichsrats (RGBl. 1920, 359), unterteilte **§ 7 EStG 1920** das „Einkommen aus Gewerbebetrieb“ in drei Gruppen: „Einnahmen aus gewerblichen oder bergbaulichen Unternehmungen“ **(Nr. 1);** Gewinnanteile persönlich haftender Gesellschafter der KGaA, „welche auf ihre nicht auf das Grundkapital gemachten Einlagen entfallen“ **(Nr. 2);** „bei Gesellschaftern einer offenen Handelsgesellschaft, einer Kommanditgesellschaft oder einer anderen **Erwerbsgesellschaft,** bei der der Gesellschafter als Unternehmer (Mitunternehmer) des Betriebs anzusehen ist, ihr Anteil am Geschäftsgewinne zuzüglich etwaiger besonderer Vergütungen, die der Gesellschafter für Mühewaltungen im Interesse der Gesellschaft für deren Rechnung bezogen hat“ **(Nr. 3).** Und § 10 des EStG 1920 arrondierte das mit § 7 abgesteckte Feld, indem er „außer“ den dort „bezeichneten“, auch „solche Einkünfte“ einbezog, „die nach der Verkehrsauffassung“ der „Einkommensart“ des § 7 zuzurechnen seien (→ Rn. 627 und → Rn. 705 zum heutigen Rekurs auf die Verkehrsanschauung). 94

Das EStG 1925 (RGBl. 1925 I 189) übernahm seinerseits den salvatorischen Verweis auf die Verkehrsauffassung als Kriterium der Abgrenzung (§ 6 Abs. 2) und die Trias der gewerblichen Einkünfte (§ 29); den Begriff der „Erwerbsgesellschaft“ gab es, wohl folgenlos, auf. Grundlegend führte das EStG 1925 die Begriffe der unbeschränkten und beschränkten Steuerpflicht ein, zudem die **Betriebsstätte** als Zuordnungs- und Abgrenzungsbegriff. Das „inländische Einkommen“ war enumerativ und abschließend („nur“) festgeschrieben in § 3 Abs. 2; dessen Nr. 2 erfasste „Einkünfte aus Gewerbebetrieb, für den im Inland eine Betriebsstätte unterhalten wird oder ein ständiger Vertreter bestellt ist“; auf das so bestimmte „inländische Einkommen“ gründete § 3 Abs. 1 EStG 1925 eine **beschränkte Einkommensteuerpflicht aus Gewerbebetrieb.** 95

Das Einkommensteuergesetz vom 16.10.1934 (RGBl. 1934 I 1005; als Gesetzgeber figurierte die seit März 1933 ermächtigte Reichsregierung) folgte der Systementscheidung von 1920, der Trennung von Einkommen- und Körperschaftsteuer. Die Trias der gewerblichen Einkünfte fand nunmehr ihren **Standort in § 15,** systematisch verortet im **Ab-** 96

schnitt II/8/b. Diesen Platz – unter den Überschriften „Einkommen"; „Die einzelnen Einkunftsarten"; „Gewerbebetrieb" – hat die Einkunftsart bis heute behauptet.

97 Ebenso geht der Systemzusammenhang zwischen persönlicher Steuerpflicht (§ 1), „Einkünften aus Gewerbebetrieb" als eine von sieben Parzellen des Steuerobjekts (seinerzeit § 2 Abs. 3 Nr. 2, § 15) und beschränkter Steuerpflicht nach Maßgabe eines Katalogs mit inländischen Einkünften aus Gewerbebetrieb (bereits damals § 49 Nr. 2) auf das EStG 1934 zurück. Innerhalb der Trias rückten die Mitunternehmer vor, von Nr. 3 auf Nr. 2. Die Formulierung aus dem Jahre 1920, dass der Gesellschafter **„als Unternehmer (Mitunternehmer) des Betriebs"** anzusehen sein muss, wird 1934 verknappt; der Zusatz „des Betriebs" kehrt erst mit dem Steueränderungsgesetz 1992 (BGBl. 1992 I 297) zurück. Insgesamt hat sich die heutige Textfassung der Einkünfte-Trias seit 1920/1934 kaum verändert, abgesehen nur von der Anreicherung des § 15 Abs. 1 S. 1 Nr. 2 S. 2, die den doppel- oder mehrstöckig beteiligten Mitunternehmer betrifft.

98 Ein **Meilenstein der preußischen Vorgeschichte** soll nicht in Vergessenheit geraten: § 14 Abs. 2 Nr. 2 des preußischen Einkommensteuergesetzes vom 24.6.1891 (GS 1891, 175) schlug den „Geschäftsgewinn" einer „Erwerbsgesellschaft", die nicht selbst steuerpflichtig war, den „Theilhabern nach Maßgabe ihres Antheils" zu. So bahnte sich die Unterscheidung zwischen transparenter Einkommensbesteuerung der „Theilhaber" einer Personengesellschaft und separierter Körperschaftsteuer als „Einkommensteuer der juristischen Personen" (*Gosch* FS P. Kirchhof, 2013, 1937) innerhalb des einen, preußischen EStG 1891 an.

99 **b) Spezielles Verlustverrechnungsregime.** § 15 Abs. 4 S. 1–2 fördern die landwirtschaftliche Tierzucht, indem sie die gewerbliche Tierzucht durch eine Verlustverrechnungsbeschränkung benachteiligen (BFH 24.4.2012 – IV B 84/11, BFH/NV 2012, 1313 Rn. 4; → Rn. 2481). Regelungsstandort war zunächst § 2a (Zweites Steueränderungsgesetz 1971 vom 10.8.1971, BGBl. 1971 I 1266) im direkten Anschluss an den Grundsatz des horizontalen und vertikalen Verlustausgleichs, der so als **„Prototyp der legislativen Bekämpfung von Verlustzuweisungsgesellschaften"** gilt (*Röder* System der Verlustverrechnung, 32; vgl. BT-Drs. VI/1934).

100 Das Einkommensteuerreformgesetz vom 5.8.1974 (BGBl. 1974 I 1769) überführte die Vorschrift aus § 2a in § 15 Abs. 2, weg vom Einschränkungsobjekt (§ 2), hin zum Benachteiligungsadressat, dem „landwirtschaftsfremde[n] Unternehmer" (BT-Drs. VI/1934, 2). Die Verlustverrechnungsbeschränkung wanderte 1983 in den seinerzeit neuen Abs. 3 (Steuerentlastungsgesetz 1984 vom 22.12.1983, BGBl. 1983 I 1583), 1985 in den nunmehr neuen **§ 15 Abs. 4** (Steuerbereinigungsgesetz 1986 vom 19.12.1985, BGBl. 1985 I 2436). Dort findet sich seit 2013, mit Inkrafttreten des Gesetzes zur Umsetzung der Amtshilferichtlinie sowie zur Änderung steuerlicher Vorschriften vom 26.6.2013 (BGBl. 2013 I 1809), in S. 2 Hs. 2 ein Verweis auf § 10d Abs. 4 und das Gebot der gesonderten Verlustfeststellung (→ Rn. 2490).

101 Die Sätze 1 und 2 des § 15 Abs. 4 gelten entsprechend für die in S. 3–5 näher bestimmten **Verluste aus Termingeschäften.** Die Ergänzung geht auf das Steuerentlastungsgesetz 1999/2000/2002 vom 24.3.1999 zurück (BGBl. 1999 I 402). Ziel der Regelung war es, den seinerzeit eingeführten § 23 Abs. 1 S. 1 Nr. 4 (heute: § 20 Abs. 2 S. 1 Nr. 3) zu flankieren, insbesondere die dortigen Verlustverrechnungsbeschränkungen (§ 23 Abs. 3), die durch Zuordnung zum gewillkürten Betriebsvermögen hätten umgangen werden können (Bericht des Finanzausschusses, BT-Drs. 14/443, 27; BFH 6.7.2016 – I R 25/14, BStBl. II 2018, 124 Rn. 17; vgl. auch *Röder* System der Verlustverrechnung, 33 f.). Seine heutige Fassung fand § 15 Abs. 4 S. 3–5 durch Gesetz zur Änderung des Investitionszulagengesetzes 1999 vom 20.12.2000 (BGBl. 2000 I 1850; vgl. den Bericht des Finanzausschusses, BT-Drs. 14/4626, 3, zum Bemühen, „negative Auswirkungen der im Steuersenkungsgesetz vorgesehenen steuerlichen Behandlung von Aktien und Derivaten auf den institutionellen inländischen Aktien- und Derivatehandel zu vermeiden").

102 Die Beschränkung der Verlustverrechnung (§ 2 Abs. 3) und des Verlustausgleichs (§ 10d) für **Verluste aus stillen Gesellschaften, Unterbeteiligungen oder sonstigen Innengesellschaften an Kapitalgesellschaften** (§ 15 Abs. 4 S. 6–8) führte der Gesetzgeber ein mit dem Gesetz zur Umsetzung der Protokollerklärung der Bundesregierung zur Vermittlungsempfehlung zum Steuervergünstigungsabbaugesetz vom 22.12.2003 (BGBl. 2003 I 2840, im Anschluss an das Steuervergünstigungsabbaugesetz vom 16.5.2003, BGBl. 2003 I 660).

c) Definition des Gewerbebetriebs. Die Begriffsbestimmung des § 15 Abs. 2 S. 1 entstammt dem Gewerbesteuerrecht. Als urtümliche Definition kann die des preußischen Gewerbesteueredikts vom 28.10.1810 gelten. Das Edikt (GS 1810, 79) knüpfte die Steuerpflicht an „Gewerbe, es bestehe in Handel, Fabriken, Handwerken, es gründe sich auf eine Wissenschaft oder Kunst" – mithin an einen weitreichenden, offenen Tatbestand, der auch die später in der Freiberuflichkeit ausgegrenzten Tätigkeiten einbezieht. Der **Begriff von 1923,** Vorläufer der heutigen Definition, knüpfte an die Rechtsprechung des preußischen OVG an und fand Eingang in die preußische Gewerbesteuerverordnung: **„jede fortgesetzte, auf Gewinnerzielung gerichtete selbständige Tätigkeit, die sich als Beteiligung am allgemeinen wirtschaftlichen Verkehre darstellt"** (§ 1 Abs. 2 der VO vom 23.11.1923, GS 1923, 519, und § 1 Abs. 2 der VO vom 6.5.1926, GS 1926, 149; vgl. auch *Schmidt-Liebig* „Gewerbe" im Steuerrecht, 4 f.; *Zitzelsberger* Grundlagen der Gewerbesteuer, 1990, 45 f.). 103

Die ausdrückliche **Verknüpfung mit negativen Tatbestandsmerkmalen** („weder als Ausübung von Land- und Forstwirtschaft noch als Ausübung eines freien Berufs") geht zurück auf § 7 Abs. 2 der sog. Gemeinnützigkeitsverordnung 1941 (vom 20.12.1941, RStBl. 1941, 937) und die wortgleiche Vorschrift des § 1 Abs. 1 S. 1 GewStDV 1955 (vom 24.3.1956, BGBl. 1956 I 152). Diesen Text hat der Einkommensteuergesetzgeber erst mit dem **Steuerentlastungsgesetz 1984** (vom 22.12.1983, BGBl. 1983 I 1583) in das EStG übernommen – aus „Gründen der Rechtssystematik und Rechtssicherheit" (BT-Drs. 10/336, 26). Noch der Beschluss des Bundesverfassungsgerichts zur Betriebsaufspaltung vom 14.1.1969 (1 BvR 136/62, BVerfGE 25, 28) zog § 1 Abs. 1 S. 1 GewStDV als Referenznorm heran. 104

1985 unternahm die Bundesregierung den Versuch, die nunmehr parlamentsgesetzlich etablierte Definition weiter zu verfeinern, die „bloß vermögensverwaltende Tätigkeit" (BT-Drs. 10/3663, 8) ausdrücklich auszugrenzen, zudem „klarzustellen, daß die Vermietung und Verpachtung von Wirtschaftsgütern im Rahmen von Betriebsaufspaltungen in Übereinstimmung mit der bisherigen Rechtsprechung einen Gewerbebetrieb darstellt" (BT-Drs. 10/6663, 7). Dieser Ergänzungsvorschlag (BT-Drs. 10/6663, 4) ist nicht Gesetz geworden. Die **Ausgrenzung der privaten Vermögensverwaltung** blieb in der Begriffsbestimmung des § 15 Abs. 2 **ungeschriebenes Tatbestandselement** (→ Rn. 697). Die Traditionslinie des Gewerbesteuerrechts hat bis heute Bestand. 105

d) Reaktionsrecht. Im Advent 1985 bedauerte der Finanzausschuss des Deutschen Bundestages den Druck „erhöhter Gesetzgebungsquantität"; er habe sich „für diese Zumutung zu entschuldigen" (BT-Drs. 10/4513, 8). Einer der Beratungsgegenstände war der von der Bundesregierung eingebrachte „Entwurf eines Gesetzes zur vordringlichen Regelung von Fragen der Besteuerung von Personengesellschaften" (BT-Drs. 10/3663). Der Abkehr des BFH von seiner Gepräge-Rechtsprechung (BFH 25.6.1984 – GrS 4/82, BStBl. II 1984, 751 (760 ff.)) setzten Regierung und Parlament Reaktionsrecht entgegen, das die **„Gepräge-Rechtsprechung gesetzlich fundiert"** (BT-Drs. 10/4513, 9; BT-Drs. 10/3663, 6). 106

So fand der heutige § 15 Abs. 3 Nr. 2 durch das Steuerbereinigungsgesetz 1986 vom 19.12.1985 (BGBl. 1985 I 2436) Eingang in das Einkommensteuerrecht. Wie vormals die Gepräge-Rechtsprechung (BFH 17.3.1966 – IV 233/65, IV 234/65, BStBl. III 1966, 171) zielte deren „Vergesetzlichung" auch auf die gewerbesteuerliche **Gleichbehandlung der GmbH & Co. KG** mit der Kapitalgesellschaft (zu den historischen Motiven BFH 20.11.2003 – IV R 5/02, BStBl. II 2004, 464 (465)). 107

Im Zuge der Verankerung der Gepräge-Rechtsprechung wurde aus „rechtssystematischen Gründen" (BT-Drs. 10/3663, 8) auch die bislang im GewStG normierte Abfärberegelung (§ 2 Abs. 2 Nr. 1 GewStG aF) in § 15 Abs. 3 Nr. 1 geregelt. Damit reagierte der Gesetzgeber auf ein obiter dictum in der Entscheidung des Großen Senats zur Gepräge-Rechtsprechung, das der Abfärberegelung nur noch Bedeutung für die Gewerbesteuer zumessen wollte (BFH 25.6.1984 – GrS 4/82, BStBl. II 1984, 751 (763)).

Zugleich – und wiederum mit Rücksicht auf den gewerbesteuerlichen Effekt – reagierte das Steuerbereinigungsgesetz 1986 mit dem neuen **Satz 2 in § 15 Abs. 1** auf unerwünschte Entscheidungen des BFH (24.11.1983 – IV R 14/83, BStBl. II 1984, 431; BFH 25.10.1984 – IV R 165/82, BStBl. II 1985, 212): Kraft dieser Ergänzung ist § 15 Abs. 1 S. 1 Nr. 2 und 3 auch dann anzuwenden, „wenn die Vergütung dem Gesellschafter oder seinem Rechtsnachfolger erst nach seinem Ausscheiden aus der Gesellschaft zufließt" (BT-Drs. 10/3663, 108

7). Die Vorschrift qualifiziert **nachgesellschaftliche** Leistungen als **Sondervergütungen,** die der vormalige Gesellschafter bzw. sein Rechtsnachfolger nachträglich bezieht (→ Rn. 218); § 15 Abs. 1 S. 2 verweist ausdrücklich auf § 24 Nr. 2 (vgl. zur Anpassung der Judikatur an die „klarstellende" Gesetzgebung BFH 6.3.2014 – IV R 14/11, BStBl. II 2014, 624 Rn. 26 ff.: Tätigkeitsvergütung für ausgeschiedenen Gesellschafter).

109 Das Steueränderungsgesetz 1992 vom 25.2.1992 (BGBl. 1992 I 297) ergänzte § 15 Abs. 1 S. 1 Nr. 2, fügte dort einen neuen Satz 2 an, wiederum in **Reaktion** auf unliebsame BFH-Rechtsprechung (BFH 25.2.1991 – GrS 7/89, BStBl. II 1991, 691): Auch der mittelbar über eine oder mehrere Personengesellschaften beteiligte Gesellschafter soll als Mitunternehmer der Obergesellschaft anzusehen sein (→ Rn. 2082 ff.).

110 Durch das Jahressteuergesetz 2007 (BGBl. 2006 I 2878 (2880)) hat der Gesetzgeber auf eine von ihm missbilligte Rechtsprechungsänderung zu § 15 Abs. 3 Nr. 1 reagiert (→ Rn. 92.12). Seitdem stellt § 15 Abs. 3 Nr. 1 aE aF (= § 15 Abs. 3 Nr. 1 S. 1 Alt. 2) das Beziehen gewerblicher Einkünfte gem. Abs. 1 S. 1 Nr. 2 einer originär gewerblichen Betätigung gleich (→ Rn. 2266).

111 Zur historischen Schicht „Reaktionsrecht" gehören auch die Verweise auf das Feststellungsverfahren des § 10d Abs. 4 in **§ 15 Abs. 4 S. 2 Hs. 2 und S. 7 Hs. 2,** eingefügt mit dem Amtshilferichtlinie-Umsetzungsgesetz vom 26.6.2013 (BGBl. 2013 I 1809). Gegen die Rechtsprechung des FG Düsseldorf (20.4.2010 – 6 K 7145/02 K F, BeckRS 2010, 26029531, rkr.) wollte der Gesetzgeber gewährleistet sehen, dass der Verlustabzug in den Korridoren (§ 15 Abs. 4 S. 2, S. 7) nur dann durchgeführt wird, wenn eine gesonderte Verlustfeststellung im Format des § 10d Abs. 4 stattgefunden hat (BT-Drs. 17/10604, 10).

111a Als Reaktion auf die Entscheidung BFH 12.4.2018 – IV R 5/15, BStBl. II 2020, 118, ist § 15 Abs. 3 Nr. 1 durch Art. 1 Nr. 13 des „JStG 2019" v. 12.12.2019 neu gefasst und um **§ 15 Abs. 3 Nr. 1 S. 2** ergänzt worden (BGBl. 2019 I 2451 (2453); → Rn. 92.12a). Eine Seitwärts- und eine Aufwärtsinfektion treten unabhängig davon ein, ob aus der eigenen gewerblichen Betätigung Verluste erzielt werden (§ 15 Abs. 3 Nr. 1 S. 2 Alt. 1) oder der Personengesellschaft aus ihrer gewerblichen Beteiligung nach § 15 Abs. 1 S. 1 Nr. 2 positive oder negative Einkünfte zugerechnet werden. Nach Art. 1 Nr. 27 Buchst. i „JStG 2019" ist die Änderung auch für **Veranlagungszeiträume vor 2019** anzuwenden (BT-Drs. 19/13436, 102).

111b Mit der Neufassung wendet sich der Gesetzgeber gegen die Entscheidung BFH 12.4.2018 – IV R 5/15, BStBl. II 2020, 118. In dieser hatte der IV. Senat die Abfärberegelung des § 15 Abs. 3 Nr. 1 teleologisch reduziert, weil die Vorschrift bei einer vermögensverwaltenden Personengesellschaft nicht mehr eingreifen sollte, wenn die Einkünfte aus der parallel ausgeübten gewerblichen Tätigkeit negativ sind (→ Rn. 2325).

112 **e) SEStEG.** Seit 2006 schließt § 15 Abs. 1a (→ Rn. 605 ff.) ausdrücklich an die Tatbestände und Rechtsfolge des § 4 Abs. 1 S. 5 an, das dortige Verbot, die Sitzverlegung einer Europäischen Gesellschaft (SE) und die einer Europäischen Genossenschaft (SEC) dem Entstrickungstatbestand des § 4 Abs. 1 S. 3 gleichzustellen. § 15 Abs. 1a zieht daraus die Konsequenz und unterwirft der Besteuerung den **Gewinn aus einer Veräußerung der Anteile an einer SE oder SEC,** der „später", nach Sitzverlegung, erzielt wird (BT-Drs. 16/3369, 5 f., auch zu § 15 Abs. 1a S. 2).

113–120 *Einstweilen frei*

4. Anwendungsbereich

121 **a) Persönlicher Anwendungsbereich. aa) Natürliche Personen.** § 15 adressiert zuallererst ansässige Unternehmer und Mitunternehmer. Das sind natürliche Personen, die – erstens – im Inland einen Wohnsitz oder ihren gewöhnlichen Aufenthalt haben, deshalb unbeschränkt einkommensteuerpflichtig sind (§ 1 Abs. 1 S. 1) und – zweitens – gewerbliche Welteinkünfte erzielen. Der Status der unbeschränkten Einkommensteuerpflicht mag abstrakt sein, unabhängig von Einkünfteerzielung und Zuordnung der Einkünfte. Indessen setzt die **persönliche Steuerpflicht aus § 1 Abs. 1 S. 1 iVm § 15** einen „Gewerbebetrieb" voraus – Tatbestände, die Gewerbebetrieb „sind" (vgl. § 15 Abs. 2) oder als Gewerbebetrieb „gelten" (vgl. § 15 Abs. 3). Natürliche Personen, die sowohl einen Ansässigkeitstatbestand des § 1 Abs. 1 S. 1 erfüllen als auch den Tatbestand der gewerblichen „Betätigung" (§ 15 Abs. 2) oder gewerblichen „Tätigkeit“ (§ 15 Abs. 3), sind **ansässige Unternehmer und Mitunternehmer.** Das sind auch und insbesondere die Gesellschafter der gewerblichen Personengesellschaften (§ 15 Abs. 1 S. 1 Nr. 2) und der KGaA (§ 15 Abs. 1 S. 1 Nr. 3).

§§ 1 Abs. 4, 49 Abs. 1 Nr. 2 erstrecken den persönlichen Anwendungsbereich des § 15 auf **beschränkt Steuerpflichtige mit Einkünften aus Gewerbebetrieb.** Damit sind insbesondere einbezogen inländische Personengesellschaften mit ausländischen Gesellschaftern und ausländische Gesellschaften mit im Ausland ansässigen Gesellschaftern und Betriebsstätten im Inland (§ 49 Abs. 1 Nr. 2 Buchst. a; → Rn. 543 ff.). **122**

bb) Körperschaften. Bei **unbeschränkt steuerpflichtigen** Körperschaften iSd § 1 Abs. 1 Nr. 1 bis 3 KStG erübrigt § 8 Abs. 2 KStG eine Anwendungs- und Zuordnungsentscheidung. Diese Körperschaften erzielen „Einkünfte aus Gewerbebetrieb“ entweder materiell-originär (§ 8 Abs. 1 S. 1 KStG iVm § 15 Abs. 2 EStG) oder kraft Umqualifikation (§ 8 Abs. 2 KStG). Damit wird der Dualismus der Einkunftsarten und der Dualismus der Einkünfteermittlung für die rein vermögensverwaltende Körperschaft außer Kraft gesetzt (RHN/*Berninghaus* KStG § 8 Rn. 80: „qualitative Erweiterung des Besteuerungsgegenstands“). Beteiligt sich eine Körperschaft an einer Personengesellschaft, erzielt die Erstgenannte so in jedem Fall gewerbliche Einkünfte und zwar unabhängig davon, ob die Personengesellschaft nur vermögensverwaltend oder selbst bereits gewerblich tätig ist (§ 15 Abs. 1 S. 1 Nr. 2 oder § 15 Abs. 3 Nr. 1 und 2). **123**

Die Generalqualifikation des § 8 Abs. 2 KStG („alle Einkünfte als Einkünfte aus Gewerbebetrieb zu behandeln“) gilt allein für die unbeschränkt steuerpflichtigen Kapitalgesellschaften, Genossenschaften sowie Versicherungs- und Pensionsfondsvereine auf Gegenseitigkeit (§ 1 Abs. 1 Nr. 1 bis 3 KStG). Wie § 1 Abs. 4 EStG verkoppelt auch § 2 Nr. 1 KStG die **beschränkte Körperschaftsteuerpflicht** mit den in § 49 Abs. 1 EStG gruppierten Einkunftsarten. Allein die im **Segment des § 8 Abs. 1 KStG, §§ 15 Abs. 2, 49 Abs. 1 Nr. 2 EStG** erfassten Einkünfte ausländischer Körperschaften sind steuerpflichtige „Einkünfte aus Gewerbebetrieb“ (→ Rn. 553 ff.). **124**

b) Sachlicher Anwendungsbereich. Über die sachliche Reichweite des § 15 bestimmt der Begriff „Einkünfte aus Gewerbebetrieb“. Dieser findet sich in § 2 Abs. 1 S. 1 Nr. 2 zuerst. § 15 greift ihn auf, mit der amtlichen Überschrift und mit der Trias des § 15 Abs. 1 S. 1 Nr. 1–3. Der Grundtatbestand **„gewerbliches Unternehmen“** (§ 15 Abs. 1 S. 1 Nr. 1) konkretisiert den Gegenstandsbereich der Einkunftsart nicht aus sich heraus, jedoch im Verbund mit der Definition des § 15 Abs. 2 S. 1 („[…] ist Gewerbebetrieb“; → Rn. 695 ff. zu den positiven und negativen Begriffsmerkmalen). § 15 Abs. 1 S. 1 Nr. 2–3 erstreckt die Einkünfte aus Gewerbebetrieb auf **„Gewinnanteile“ und „Vergütungen“**, die den Gesellschaftern (Mitunternehmern) der näher qualifizierten Mitunternehmerschaften (→ Rn. 270) und Kommanditgesellschaften auf Aktien (→ Rn. 278) zufließen. Einbezogen sind aber auch die Sonderbereiche, dh die Vergütungen, die die Gesellschafter von der Gesellschaft bezogen haben, einschließlich des Sonderbetriebsvermögens der Gesellschafter. **125**

Einstweilen frei **126–128**

c) Ebene der DBA. Im Anwendungsbereich eines DBA besteht eine sachliche Steuerpflicht nur „nach Maßgabe des abkommensrechtlich modifizierten innerstaatlichen Steuerrechts“ (Vogel/Lehner/*Lehner* Grundlagen Rn. 44, Rn. 200: „Sondervorschriften gegenüber den allgemeinen Steuergesetzen“). Insoweit greifen, je nach Abkommenslage, die **Schrankennormen der DBA.** Ob sie durchweg leges speciales sind, mag man bezweifeln (Tipke/Kruse/*Drüen* AO § 2 Rn. 38 f.). Jedenfalls aber drängt das DBA – als lex specialis oder als lex alia – § 15 in seiner sachlichen Reichweite zurück (Schaumburg Int. StR Rn. 19.37). Die DBA bestimmen auch, ob sich Deutschland als Quellenstaat mit seinem Anspruch aus § 49 Abs. 1 Nr. 2 iVm § 15 gegen den Ansässigkeitsstaat durchsetzen kann. Zugunsten der ansässigen und (auch) im Ausland erfolgreichen Unternehmer vermittelt § 15 Abkommensschutz, soweit er Einkünfte den Unternehmensgewinnen (Art. 7 OECD-MA) zuschlägt und damit der Freistellung den Weg ebnet (→ Rn. 521 ff.). **129**

Der ansässige, aus § 1 Abs. 1 S. 1, § 15 steuerpflichtige (Mit-)Unternehmer, der lediglich im Ausland eine Betriebsstätte unterhält, betreibt gleichwohl ein **deutsches Unternehmen** (BFH 19.1.2017 – IV R 50/13, BFH/NV 2017, 751 Rn. 22). Das ist die Sicht des § 15, der ansässige **130**

Unternehmer adressiert mit gewerblichen Welteinkünften jeder Herkunft (→ Rn. 504), aber auch die Sicht der DBA (Art. 3 Abs. 1 Buchst. d OECD-MA). Soweit sich im DBA-Fall § 15 mit seiner Gewerblichkeitszuordnung in Ermangelung einer abkommensrechtlichen Definition auf DBA-Ebene behauptet (Art. 3 Abs. 2 OECD-MA), vermittelt auch die originär gewerblich tätige – aus Sicht des § 15 und des Abkommens transparente – ausländische Personengesellschaft ihren inländischen Gesellschaftern anteilig jeweils eine Betriebsstätte (BFH 21.1.2016 – I R 49/14, BStBl. II 2017, 107). Auch wenn gerade in diesen Konstellationen (→ Rn. 524 ff.) die Belastungsentscheidung des § 15 verdrängt wird von jener im Betriebsstättenstaat, so bewirkt doch § 15 **Abkommensschutz für Unternehmer:** Soweit § 15 die ansässigen Unternehmer in den Verteilungsartikel für Unternehmensgewinne lotst, resultiert daraus regelmäßig die Freistellung der ausländischen Betriebsstättenerfolge.

131–134 *Einstweilen frei*

135 **d) Zeitlicher Anwendungsbereich.** Die Grundregel des § 52 Abs. 1 S. 1 gilt auch für § 15. Das EStG ist kein Zeitgesetz, wird aber regelmäßig mit einem „neuen Fortgeltungsstichtag" (Kirchhof/*P. Kirchhof* § 52 Rn. 7) versehen. Die Grundregel knüpft an eine – „diese", zuletzt aktualisierte – Fassung an, verfügt deren „erstmalige" Anwendung für den folgenden Veranlagungszeitraum, unter dem Vorbehalt, dass die folgenden Absätze „anderes" bestimmen können. So gilt § 15 vorbehaltlich der **Abweichung in § 52 Abs. 23:** § 15 Abs. 4 S. 2, S. 7 ist in der Fassung vom 30.6.2013 – seinerzeit ergänzt durch Verweise auf § 10d Abs. 4 (Amtshilferichtlinie-Umsetzungsgesetz vom 26.6.2013, BGBl. 2013 I 1809) – in allen Fällen anzuwenden, „in denen am 30. Juni 2013 die Feststellungsfrist noch nicht abgelaufen ist".

136 Auf ein Zeitmoment rekurriert das Entnahmeprivileg des § 15 Abs. 1 S. 3; der Gesetzgeber hat diese Vorschrift 1999 aus § 52 überführt in § 15, die Einkunftsart-Stammvorschrift (Steuerentlastungsgesetz 1999/2000/2002 vom 24.3.1999, BGBl. 1999 I 402). Sie stellt die Entnahme von Grund und Boden aus dem Betriebsvermögen steuerfrei, allerdings anders als § 13 Abs. 5 nur unter der weiteren Voraussetzung, dass das Grundstück bereits im **Veranlagungszeitraum 1986** „zu einem gewerblichen Betriebsvermögen gehört hat".

137–142 *Einstweilen frei*

5. Verhältnis zu höherrangigem Recht

143 **a) Verfassungsrechtliche Maßstäbe. aa) Leistungsfähigkeitsprinzip.** Bei Finanzzwecksteuern muss eine unterschiedlich hohe Belastung der Steuerpflichtigen dem Gebot der **Besteuerung nach der finanziellen Leistungsfähigkeit** genügen, das aus dem allgemeinen Gleichheitssatz abgeleitet wird (BVerfG 15.1.2014 – 1 BvR 1656/09, BVerfGE 135, 126 Rn. 56). Im Interesse der verfassungsrechtlich gebotenen steuerlichen Lastengleichheit ist der Gesetzgeber gehalten, die gesetzliche Belastungsentscheidung **folgerichtig** im Sinne von Belastungsgleichheit umzusetzen (BVerfG 15.1.2008 – 1 BvL 2/04, BVerfGE 120, 1 (44)). Die Rechtsfolgen, die das Gesetz an die Einordnung einer Einkunftsquelle in den Tatbestand gewerblicher Einkünfte knüpft, bedürfen damit der Rechtfertigung, soweit sich im Verhältnis zu anderen Einkunftsarten unterschiedliche Steuerfolgen ergeben. Ausnahmen von dem Gebot gleicher Besteuerung bedürfen eines besonderen sachlichen Grundes. Der weite Spielraum, der dem Gesetzgeber im Bereich des Steuerrechts sowohl bei der Auswahl des Steuergegenstandes als auch bei der Bestimmung des Steuersatzes zur Verfügung steht, kommt ihm hierbei nicht zu (BVerfG 15.1.2008 – 1 BvL 2/04, BVerfGE 120, 1 (45)).

144 **(1) Dualismus der Einkunftsarten.** Im Unterschied zu den Überschusseinkünften bemisst sich bei den Gewinneinkünften – und damit auch bei den Einkünften aus Gewerbebetrieb (§ 15) – die steuerliche Leistungsfähigkeit nicht nur nach den laufend aus einer Einnahmequelle erzielten Einnahmen. Einbezogen sind **auch** die **durch einen Umsatzakt realisierten Wertveränderungen des zur Einkünfteerzielung eingesetzten Vermögens,** des sogenannten Vermögensstamms (→ Rn. 37 ff.). Dies ist jedenfalls bei den Einkünften aus Gewerbebetrieb sachlich geboten, weil der wirtschaftliche Erfolg des Gewerbetreibenden typischerweise gerade das Ergebnis der Umschichtung des eingesetzten Vermögens ist.

145 Dies gilt umso mehr, als sich die **einkommensteuerliche Verstrickung des Betriebsvermögens** keineswegs nur zulasten des Steuerpflichtigen auswirkt. Ebenso wie der Einkommensteuer Vermögenszuwächse aus der Umschichtung von Vermögen unterworfen sind, kann der Steuerpflichtige umgekehrt anfallende Verluste zur Verrechnung mit positiven Einkünften nutzen. Infolge des Imparitätsprinzips setzt deren Steuerwirksamkeit noch nicht einmal voraus, dass sich diese realisiert haben. Steuerlich genutzt werden können sie bereits, wenn das Vermögen in seinem Wert dauerhaft gemindert ist (§ 6 Abs. 1 Nr. 1 S. 2).

(2) Binnendifferenzierung innerhalb der Gewinneinkünfte bei der Einkünfteermittlung. Ebenso eine verfassungsrechtliche Dimension hat die **Binnendifferenzierung innerhalb der Gewinneinkünfte.** Im Vergleich zu den Einkünften aus selbständiger Arbeit sowie aus Land- und Forstwirtschaft sind Gewerbetreibende benachteiligt, weil ihnen bei der Gewinnermittlung nur in beschränktem Umfang Wahlrechte bei der Methode der Gewinnermittlung zustehen und sie ihren Gewinn im Wege des Betriebsvermögensvergleichs nach § 5 Abs. 1 durch Bilanzierung ermitteln müssen. **146**

Eine Gewinnermittlung nach § 4 Abs. 3 kommt für die nach § 15 bezogenen Einkünfte nur in Betracht, wenn es sich um ein Kleingewerbe handelt. Unter diesen Voraussetzungen unterliegt der Steuerpflichtige nicht der Verpflichtung zur handelsrechtlichen Rechnungslegung nach §§ 238 ff. HGB. Eine Buchführungspflicht kann sich damit nicht aus § 140 AO (derivative Buchführungspflicht), sondern allein aus § 141 AO (originäre Buchführungspflicht) ergeben, sofern die dort genannten Gewinn- bzw. Umsatzgrenzen überschritten sind (→ Rn. 253 ff.). **146.1**

Dagegen steht es Steuerpflichtigen, die Einkünfte aus selbständiger Arbeit (§ 18) beziehen, frei, ob sie ihren Gewinn durch Bilanzierung (§ 4 Abs. 1) oder im Wege der Einnahme/Überschuss-Rechnung nach § 4 Abs. 3 ermitteln wollen (zur Gewinnermittlung bei Land- und Forstwirtschaft HHR/*Kanzler* Vorb. §§ 4–7 Rn. 5). Hinter dieser Differenzierung steht der gesetzgeberische Imperativ, die Einkünfte von Gewerbetreibenden, die eine gewisse Betriebsgröße überschritten haben, **periodengerecht** zu ermitteln. Dies ist angesichts der **fiskalischen Bedeutung der Einkunftsart** nachvollziehbar. Die verfassungsrechtliche Rechtfertigung ist darin zu suchen, dass mit einer erhöhten wirtschaftlichen Leistungsfähigkeit auch gesteigerte verfahrensrechtliche Mitwirkungslasten korrelieren. Mit Blick auf die Differenzierung zwischen § 15 und § 18 ist dies nur zu legitimieren, wenn man dem Gesetzgeber einen weiten Spielraum zur Typisierung zubilligt. **147**

(3) Zusatzbelastung mit Gewerbesteuer. Das EStG führt die Einkünfte aus Gewerbebetrieb als Einkunftsart unter anderen Gewinneinkunftsarten, das GewStG greift sie heraus (§ 2 GewStG) und belastet sie zusätzlich. Das ist gleichheitsrechtlich rechtfertigungsbedürftig. Allerdings hat das Bundesverfassungsgericht in seinem Beschluss vom 15.1.2008 die seit 1936 „währende **Rechtstradition**" (1 BvL 2/04, BVerfGE 120, 1 (32)) **der gewerbesteuerrechtlichen Ungleichbehandlung** bestätigt: „Es ist mit dem Gleichheitssatz vereinbar, dass die Einkünfte der freien Berufe, anderen Selbständigen und der Land- und Forstwirte nicht der Gewerbesteuer unterliegen." **148**

Der Beschlusstenor der verfassungsgerichtlichen Entscheidung und die ihr zugrunde liegende Vorlage des Niedersächsischen Finanzgerichts konnten sich kontrollgegenständlich auf § 2 Abs. 1 S. 2 GewStG beschränken. Gegenstand der Normenkontrolle war die gewerbesteuergesetzliche „Bestimmung des Umfangs des Steuergegenstandes" – mit der Folge, dass sie „nur darauf zu überprüfen" war, „ob es für die getroffene Unterscheidung einen sachlichen Grund gibt" (BVerfG 15.1.2008 – 1 BvL 2/04, BVerfGE 120, 1 (30 f.)). In der von Kriterien der Kontrolldichte angeleiteten Auseinandersetzung mit charakteristischen Eigenarten der §§ 13, 15 und 18 wirft der Beschluss ein Licht auf **„Unterschiede in der Typik"** (BVerfG 15.1.2008 – 1 BvL 2/04, BVerfGE 120, 1 (31): „An diese knüpft der gewerbesteuerliche Zugriff an"). Die Unterschiede verpflichten den Gesetzgeber nicht, berechtigen ihn aber, einkunftsartenrechtlich zu differenzieren und § 15 als Korrespondenznorm der Gewerbesteuer (→ Rn. 83 ff.) auszugestalten. **149**

Das Bundesverfassungsgericht betont den „Unterschied in der Kombination der Produktionsfaktoren Boden, Arbeit und Kapital": Land- und Forstwirte seien abhängig von Klima und Boden, die Selbständigen von individueller Begabung, beruflicher Qualifikation und persönlich erbrachter Dienstleistung, indessen die Gewerbetreibenden die Produktion von Waren und Dienstleistungen jederzeit steigern können „durch zusätzlichen Einsatz von Kapital und Arbeit" (BVerfG 15.1.2008 – 1 BvL 2/04, BVerfGE 120, 1 (31 f.)). Indem sich der Beschluss auf **„Typusunterschiede"** konzentriert, insbesondere auf die typisierende Einordnung der freien Berufe **150**

(„weniger personal- und produktionsmittelintensiv"), sanktioniert er verfassungsrechtlich die negativen, ausgrenzenden Tatbestandsmerkmale des § 15 Abs. 2.

151 Nach den Ausgrenzungen verbleibt jedoch ein enorm breites Spektrum gewerblicher Unternehmen (→ Rn. 17 ff.), die **Unterschiede innerhalb des Typus** sind beträchtlich. Ob der traditionelle „Gedanke, dass die Gewerbesteuer einen pauschalen Ausgleich für die besonderen Infrastrukturlasten bietet" (BVerfG 15.1.2008 – 1 BvL 2/04, BVerfGE 120, 1 (39)), die gewerbesteuerliche Gleichbehandlung der mit § 15 erfassten Unternehmen trägt, muss bezweifelt werden. Im Gegenzug sorgt allerdings **§ 35** für eine weitreichende Entlastung (→ Rn. 242 f.).

152 **(4) Professionelle Gewerblichkeit und private Vermögensverwaltung.** Zu den praktisch besonders bedeutsamen Abgrenzungslinien gehört jene zwischen Gewerbebetrieb und „privater", nicht-steuerbarer oder den Überschusseinkünften unterworfener Vermögensverwaltung. **Art. 3 Abs. 1 GG** drängt dahin, die Abgrenzung an den Kriterien der kaufmännischen Professionalität (→ Rn. 653 ff.) und Marktteilnahme-Intensität zu orientieren. Der **Gleichstellungsimperativ** rechtfertigt nicht nur, sondern verlangt, dass professionell-intensive Vermietung (→ Rn. 1059 ff.) oder professionell-intensiver Grundstückshandel (*Weckerle* StuW 2012, 281 (288 f.); → Rn. 1272 ff.) als solche – als unternehmerische – nicht privater Vermögensverwaltung, sondern den Einkünften aus Gewerbebetrieb zugeschlagen werden.

153 **(5) Abfärbung, Prägung und Betriebsaufspaltung.** Die Korrespondenz zwischen § 15 EStG und § 2 Abs. 1 GewStG bewirkt eine Zusatzbelastung auch derjenigen Gewerbebetriebe, die als solche qualifiziert werden durch **Fiktion und Umqualifikation.** Damit kommen die Konstellationen des § 15 Abs. 3 und die Betriebsaufspaltung in Betracht. Gleichheitsrechtlich kann die Einbeziehung nicht-gewerblicher (§ 15 Abs. 3 Nr. 2), auch-gewerblicher (§ 15 Abs. 3 Nr. 1) und wertend-gewerblicher Tätigkeit (Betriebsaufspaltung) **fragwürdig und rechtfertigungsbedürftig,** aber auch, gerade im Lichte des Art. 3 Abs. 1 GG, **möglich, wenn nicht sogar geboten** sein.

154 § 15 Abs. 3 Nr. 1 behandelt die Einkünfte der nur teilweise gewerblich tätigen Personengesellschaft infolge der **Umqualifizierung der nicht-gewerblichen Einkünfte** anders als entsprechende Tätigkeiten des Einzelunternehmers. Dessen Gewerbesteuerbelastung beschränkt sich auf die gewerblichen Einkünfte, hingegen § 15 Abs. 3 Nr. 1 die nicht-gewerblichen Einkünfte infiziert und rechtsformabhängig der Gewerbesteuer unterwirft (→ Rn. 77 f.). Das Bundesverfassungsgericht hat die Abfärberegelung „vor allem in gewerbesteuerrechtlicher Hinsicht" als **Durchbrechung des Gebots „gleicher Besteuerung bei gleicher Ertragskraft"** mit dem Gleichheitssatz konfrontiert (BVerfG 15.1.2008 – 1 BvL 2/04, BVerfGE 120, 1 (43 f.)), im Ergebnis aber gerechtfertigt. Art. 3 Abs. 1 GG fordert einen besonderen sachlichen Grund, wenn sich der Gesetzgeber von der eigenen Belastungsgrundentscheidung abkehrt (Gebot der folgerichtigen Ausgestaltung des steuerrechtlichen Ausgangstatbestands, zuletzt BVerfG 17.12.2014 – 1 BvL 21/12, BVerfGE 138, 136 Rn. 123; ausführlich HHR/G. *Kirchhof* Einf. ESt Rn. 267 ff.; Kritik: *Tappe* JZ 2016, 27).

155 Das Bundesverfassungsgericht erkennt den Vereinfachungszweck des § 15 Abs. 3 Nr. 1 (→ Rn. 77) an und das Anliegen des § 15, die Substanz der Gewerbesteuer zu schützen (→ Rn. 83 ff.), stellt zudem auf die gewerbesteuerliche **Gleichbehandlung mit der Kapitalgesellschaft** ab (BVerfG 15.1.2008 – 1 BvL 2/04, BVerfGE 120, 1 (45 ff.)). Dieser dritte Gesichtspunkt verweist indes auf einen anderen, den *körperschaft*steuerrechtlichen Ausgangstatbestand der §§ 1, 8 Abs. 2 KStG, mithin auf einen Systemzusammenhang jenseits der §§ 1, 15 Abs. 1 EStG. Unter diesem Gesichtspunkt erscheint § 15 Abs. 3 Nr. 1 nicht mehr als rechtfertigungsbedürftige Ausnahme, sondern als eigenständige systematische Verortung der Personengesellschaft im System der Ertragsteuern (→ Rn. 78). Das gilt auch für die **gewerblich geprägte Personengesellschaft** des § 15 Abs. 3 Nr. 2 (BFH 20.11.2003 – IV R 5/02, BStBl. II 2004, 464 (466 f.)). Diese hinsichtlich der Zuordnung der Einkünfte und der „Gewerblichkeit kraft Rechtsform" der Kapitalgesellschaft gleichzustellen, ist dem Gesetzgeber nicht verwehrt.

156 Allerdings drängt das Bundesverfassungsgericht auf eine restriktive Handhabung des § 15 Abs. 3 Nr. 1, die der Abfärberegelung „etwas von ihrer Schärfe" nimmt (BVerfG 15.1.2008 – 1 BvL 2/04, BVerfGE 120, 1 (51)). Sie wäre im Bereich des § 15 Abs. 3 Nr. 1 S. 1 Alt. 1 ohne **Bagatellgrenze** (→ Rn. 156.1) unverhältnismäßig. Im Bemühen um restriktive und verfassungskonforme Auslegung hat der IV. Senat des BFH entschieden, dass allein **positive**

Einkünfte zur Abfärbung führen können (BFH 12.4.2018 – IV R 5/15, BStBl. II 2020, 118 Rn. 34 f.; zur Korrektur dieser Rechtsprechung durch § 15 Abs. 3 Nr. 1 S. 2 → Rn. 2325; → Rn. 2388). Abgelehnt hat es der IV. Senat hingegen, die für die Seitwärtsinfektion (§ 15 Abs. 3 Nr. 1 S. 1 Alt. 1) richterrechtlich entwickelte Bagatellgrenze auf die Aufwärtsinfektion (§ 15 Abs. 3 Nr. 1 S. 1 Alt. 2) zu übertragen. Dafür wird die gewerbesteuerliche Schlechterstellung von Mitunternehmern gegenüber dem Einzelunternehmer aber auf andere Weise vermieden. Hierzu soll § 2 Abs. 1 S. 2 GewStG „verfassungskonform" ausgelegt werden, sodass der Aufwärtsinfektion keine gewerbesteuerliche Relevanz mehr zukommt und die Gewerbesteuer partiell von der Einkommensteuer entkoppelt wird (BFH 6.6.2019 – IV R 30/16, DStR 2019, 1630; → Rn. 2371).

Die Grundsatzurteile des BFH vom 27.8.2014 (VIII R 6/12, BStBl. II 2015, 1002; VIII R 16/11, BStBl. II 2015, 996; VIII R 41/11, BStBl. II 2015, 999) erfüllen die steuerverfassungsrechtliche Erwartung (Kritik an der richterrechtlichen „Verzifferung": *v. Lersner* DStR 2015, 2817 (2818 f.)). Dem Wortlaut und der „die Einkunftsart insgesamt fingierenden Wirkung einer originär gewerblichen Tätigkeit von äußerst geringem Ausmaß" setzen sie ein Mindestvolumen entgegen. Die Umqualifizierung der „im Übrigen" freiberuflichen Tätigkeit setzt voraus, dass die Nettoumsatzerlöse aus der gewerblichen Tätigkeit **3 v.H. der Gesamtnettoumsatzerlöse oder** den Betrag von **24.500 EUR** übersteigen. Die Bagatellgrenze mildert die „Schärfe" der Abfärberegelung gemeinsam mit dem **Ausgliederungsmodell** – der Möglichkeit, der Rechtsfolge des § 15 Abs. 3 Nr. 1 auszuweichen durch Gründung einer zweiten personenidentischen Gesellschaft (BVerfG 15.1.2008 – 1 BvL 2/04, BVerfGE 120, 1 (52); BFH 27.8.2014 – VIII R 41/11, BStBl. II 2015, 999 Rn. 22) – und mit **§ 35,** der Anrechnung der Gewerbesteuer auf die Einkommensteuer (→ Rn. 242 f.). **156.1**

Die **Betriebsaufspaltung** (→ Rn. 1105 ff.) erklärt sich historisch aus einer gleichheitsrechtlich inspirierten Gegenbewegung (zum Motiv „bei der richterrechtlichen Schaffung des Instituts der Betriebsaufspaltung" BFH 29.3.2006 – X R 59/00, BStBl. II 2006, 661 (667)). Soweit die Trennung von Vermögen und die Aufteilung auf zwei Rechtsträger darauf zielt, das verpachtende Besitzunternehmen der Gewerbesteuerpflicht zu entziehen und Anlagevermögen vor steuerlicher Verstrickung zu schützen, scheitert die Gestaltung an der Einbeziehung des Besitzunternehmens in die Gewerblichkeit. Der Imperativ der Gleichbehandlung je nach Leistungsfähigkeit (Art. 3 Abs. 1 GG) widerstreitet einem Manöver, das „gewerblich Gleiches" der Gewinneinkunftsart entzieht und in die Überschusseinkunftsart des § 21 überführt (vgl. auch *Weckerle* StuW 2012, 281 (284)). **157**

Wer, eng verflochten mit einem operativ und originär gewerblich tätigen Betriebsunternehmen, eben diesem zweiten Unternehmen wesentliche Betriebsgrundlagen pacht- oder mietweise zur Nutzung überlässt, soll nicht mehr dem Verwalter privaten Vermögens gleichstehen, sondern dem gewerblichen Unternehmen, das die Wirtschaftsgüter unmittelbar betrieblich nutzt. Die **gleichheitsrechtlich gestützte wirtschaftliche Einschätzung der Betriebsaufspaltung,** dass der Verpächter wie der originär gewerblich Tätige „über das Betriebsunternehmen am allgemeinen wirtschaftlichen Verkehr teilnimmt" (BFH 29.7.2015 – IV R 16/13, BFH/NV 2016, 19 Rn. 13; BFH 16.5.2013 – IV R 54/11, BFH/NV 2016, 19 Rn. 32; FG Hamburg 5.2.2013 – 3 K 190/11, EFG 2013, 942 (aufgehoben aus anderen materiellen Gründen: BFH 24.9.2015 – IV R 9/13, BStBl. II 2016, 154)), verhindert den Tunnelblick auf das – isoliert betrachtet – nur besitzende und verpachtende Unternehmen (→ Rn. 1117). **158**

(6) Verlustausgleichsbeschränkungen. Verlustverrechnungsverbote durchbrechen die gesetzgeberische Grundentscheidung für eine Nettobesteuerung. Das einkommensteuergesetzliche Nettoprinzip verlangt, dass die individuelle Leistungsfähigkeit der steuerpflichtigen Person (§ 1 Abs. 1) im Einkommen (§ 2 Abs. 1) exakt vermessen wird, erheischt grundsätzlich die **gleiche Berücksichtigung aller Einzelergebnisse** (Lehner/*von Groll* Verluste im nationalen und Internationalen Steuerrecht, 34) und die Verrechnung aller positiven und aller negativen Einkünfte: Prinzip der synthetischen Einkommensteuer. „Leistungsfähigkeitsindikator ist nicht das Ergebnis einer einzelnen Einkunftsquelle, sondern das Einkommen" (*Röder* System der Verlustverrechnung, 180). **159**

Die Abweichung vom objektiven **Nettoprinzip** – auch die Einkapselung von Einkunftsunterarten (§ 15 Abs. 4) – durchkreuzt die folgerichtige Konkretisierung des Leistungsfähigkeitsprinzips und steht deshalb verfassungsrechtlich unter Rechtfertigungsdruck, gleichheits- **160** und freiheitsrechtlich. Jede **Abkehr** des Gesetzgebers von der selbstgewählten Systementscheidung, das Einkommen (§ 2 Abs. 1) der Person (§ 1 Abs. 1) leistungsfähigkeitsgerecht in der Summe der Einkünfte (§ 2 Abs. 3) zu bestimmen – synthetische Einkommensteuer –, ist angewiesen auf gute Gründe, die im Einklang mit Art. 3 Abs. 1 GG die Durchbrechung der Belastungsgleichheit rechtfertigen.

160.1 BVerfG 11.11.1998 – 2 BvL 10/95, BVerfGE 99, 280, 290, formuliert so: „Einnahmen und Aufwendungen, die durch eine Erwerbstätigkeit veranlaßt sind und deshalb durch § 2 Abs. 1 und Abs. 2 in die einkommensteuerliche Bemessungsgrundlage einbezogen werden, bilden den **Ausgangstatbestand der Einkommensteuer.** Abweichungen von diesem Tatbestand bedürfen eines besonderen, sachlich rechtfertigenden Grundes." – Der Ausgangstatbestand muss **folgerichtig** umgesetzt werden (BVerfG 15.12.2015 – 2 BvL 1/12, BVerfGE 141, 1 Rn. 96; BVerfG 9.12.2008 – 2 BvL 1, 2/07, 1, 2/08, BVerfGE 122, 210, 230 ff.; BVerfG 6.7.2010 – 2 BvL 13/09, BVerfGE 126, 268, 278; st.Rspr; Maunz/Dürig/*P. Kirchhof* GG Art. 3 Rn. 323, 422). Die **Summierung** aller (positiven und negativen) Einkünfte (§ 2 Abs. 3) bestätigt, die Verrechnungsbeschränkung dementiert den Ausgangstatbestand (Lehner/*von Groll* Verluste im nationalen und Internationalen Steuerrecht, 33 ff.; *Röder* System der Verlustverrechnung, 176 ff. mit Nachw.). Die Summe der Einkünfte (§ 2 Abs. 3) ist der folgerichtige, die Gleichbehandlung der Einkünfte bestätigende Regeltatbestand (Syntheseprinzip), die Verrechnungsbeschränkung die – rechtfertigungsbedürftige – Ausnahme. Die **Durchbrechung des Syntheseprinzips** innerhalb der Steuerperiode, gegen § 2 Abs. 3, wiegt schwerer als die mit § 10d Abs. 2 eingeführte „Grundkonzeption der zeitlichen Streckung des Verlustvortrags" (BFH 26.2.2014 – I R 59/12, BStBl. II 2014, 1016 Rn. 28).

161 Just in der verfassungsrechtlichen Auseinandersetzung mit § 15 Abs. 4 hat der Bundesfinanzhof beiläufig den **Grundsatz der synthetischen Summenbildung** in Frage gestellt: Nettoprinzip und Leistungsfähigkeitsprinzip schlössen Beschränkungen des Verlustausgleichs nicht grundsätzlich aus, „solange nur tatsächlich entstandenen Verluste überhaupt, ggf. in einem anderen Veranlagungszeitraum, und wenn auch beschränkt auf die gleiche Einkunftsart, steuerlich berücksichtigt werden" (BFH 28.4.2016 – IV R 20/13, BStBl. II 2016, 739 Rn. 18). Diese Formel orientiert Einkommensteuer und Einkommensermittlung nicht mehr am Einkommen. Sie ist nicht abgestimmt auf das im Urteil vorangestellte (ebenda Rn. 16) Gebot gleichheitsgerechter und folgerichtiger Ermittlung der Leistungsfähigkeit. Auf dem Weg zur Bemessungsgrundlage (§ 2 Abs. 5 S. 1 Hs. 2) erweist sich die „Summe der Einkünfte" (§ 2 Abs. 3) als unhintergehbare Wegweisung. **Parzellenberücksichtigung** nach Art des § 15 Abs. 4 S. 1 f. (→ Rn. 2481 ff.), S. 3 ff. (→ Rn. 2491 ff.) und S. 6 ff. (→ Rn. 2522 ff.) widerstreitet dem Prinzip synthetischer Summierung.

162 **(7) Besteuerung ausländischer Einkünfte.** Dem Unternehmer wächst Leistungsfähigkeit zu mit gewerblichen Einkünften inländischer und ausländischer Herkunft. Darauf gründet die Berücksichtigung „gewerblicher Welteinkünfte" im Ansässigkeitsstaat (→ Rn. 503). Wenn der deutsche Fiskus den Steuerpflichtigen mit in- und ausländischen Einkünften ebenso in Anspruch nimmt wie den Steuerpflichtigen, der den gleichen Erfolg allein mit Inlandseinkünften erzielt, behandelt er vorderhand Gleiches gleich (Art. 3 Abs. 1 GG). Das ändert sich mit der **Belastung ausländischer Einkünfte im Quellenstaat.** Dessen Zugriff kann äquivalenztheoretisch stärker gerechtfertigt sein als die Besteuerung im Ansässigkeitsstaat (Isensee/P. Kirchhof StaatsR-HdB XI/*Lehner* § 251 Rn. 30). Indem die Bundesrepublik Deutschland die Steuer im Quellenstaat prinzipiell anzuerkennen hat und anerkennt (→ Rn. 524), steht sie verfassungsrechtlich in der Pflicht, Doppelbesteuerung zu vermeiden, jedenfalls abzumildern.

163 Der gleichheitsrechtlich-differenzierte Zugriff Deutschlands auf ausländische Einkünfte aus Gewerbebetrieb folgt dem **Leistungsfähigkeitsprinzip** und dem Gebot seiner folgerichtigen Durchsetzung im Anschluss an die – nur im Ausgangspunkt gleichheitskonforme, vielfach jedoch zu weit ausgreifende – Welteinkommensbesteuerung (Kirchhof/*Gosch* § 34c Rn. 1; KSM/*Prokisch* § 34c Rn. 28 f., 68; Isensee/P. Kirchhof StaatsR-HdB XI/*Lehner* § 251 Rn. 28). Dem entspricht die Bundesrepublik durch „Steuerermäßigung" (§§ 34c, 34d, dort Nr. 2 für ausländische Einkünfte aus Gewerbebetrieb), vor allem aber abkommensrechtlich durch Freistellung ausländischer Betriebsstätteneinkünfte (→ Rn. 529).

164 Der wohlabgewogene **Rückzug des deutschen Fiskus** aus der Besteuerung ausländischer Einkünfte ist nicht nur „nach Prinzipien internationaler Gerechtigkeit" (*K. Vogel* DStJG 8 (1985), 3 (17 ff.)), sondern auch verfassungsrechtlich im Zeichen der Folgerichtigkeit geboten.

Deutschland hat sich für offene Staatlichkeit entschieden (Präambel, Art. 1 Abs. 2, Art. 23 ff. GG). Der Staat des Grundgesetzes muss die **Auslandsinvestition** grundsätzlich **als freiheitliche Entscheidung** und Grundrechtsausübung wenn nicht schützen, dann doch respektieren – und als offener Steuerstaat muss sich die Bundesrepublik konsequent auf Reziprozität einstellen und anerkennen, dass andere Staaten, ebenso wie sie selbst, „Inlandseinkünfte" besteuern wollen. Die folgerichtige Durchführung dieser (nicht etwa einfach-gesetzlichen, sondern) verfassungsrechtlichen Systementscheidungen wäre nicht gewährleistet, wenn das Steuergesetz stehen bliebe bei dem Befund, dass dem Unternehmer auch mit Auslandseinkünften Leistungsfähigkeit zuwächst. Folgerichtigkeit erheischt, dass das deutsche Internationale Steuerrecht den Kontext der Auslandsinvestition und berechtigte Ansprüche des anderen, dortigen Gläubigers systematisch mitbedenkt und einbezieht. Das kann auch und insbesondere dadurch geschehen, dass Deutschland dem Territorialprinzip Tribut zollt.

(8) Gleichbehandlung von Einzel- und Mitunternehmern. Ein zentrales Motiv der Rechtsprechung zur Mitunternehmerschaft ist deren **Gleichbehandlung mit dem Einzelunternehmer** (zur Gleichstellungsthese → Rn. 412). Seinen sichtbarsten Ausdruck fand dies in der Bilanzbündeltheorie, die die Gleichstellung mit dem Einzelunternehmer dadurch verwirklichte, indem steuerrechtlich als Träger des Unternehmens nicht die Personengesellschaft, sondern der Mitunternehmer angesehen wurde (→ Rn. 478). Die Gleichstellungsthese (→ Rn. 478) hat aber nach der Ablösung der Bilanzbündeltheorie durch die Einheitstheorie (zur Entwicklungsgeschichte → Rn. 427) nicht an Bedeutung verloren und gerade in jüngerer Zeit wieder eine Aufwertung erfahren. Dies zeigt sich an der jüngeren Rechtsprechung des BFH zur Einschränkung der Abfärberegelung des § 15 Abs. 3 Nr. 1, die darauf abzielt, eine Schlechterstellung von Mitunternehmern gegenüber Einzelunternehmern zu vermeiden, die ohne Gefahr der Abfärbung neben gewerblichen auch andere Einkunftsarten verwirklichen können (BFH 6.6.2019 – IV R 30/16, DStR 2019, 1630 Rn. 22). Dogmatisch werden bei § 15 Abs. 3 Nr. 1 S. 1 Alt. 1 dabei durch eine Bagatellgrenze (→ Rn. 2312) andere Wege als bei § 15 Abs. 3 Nr. 1 S. 1 Alt. 2 eingeschlagen. Hier verwirft der IV. Senat eine Bagatellgrenze und entschärft die Problematik, indem die Gewerbesteuer von der Einkommensteuer entkoppelt wird (→ Rn. 2371). **165a**

Auf der Linie des Gleichbehandlungsgrundsatzes lag auch die vom IV. Senat befürwortete **Ausgrenzung negativer Einkünfte von einer Seitwärtsinfektion** gem. § 15 Abs. 3 Nr. 1 Alt. 1 aF. Dem ist aber der Gesetzgeber durch die Ergänzung des § 15 Abs. 3 Nr. 1 S. 2 entgegengetreten (→ Rn. 2325). **165a.1**

bb) Bestimmtheitsgrundsatz. Nach vielfach vertretener Auffassung sind sowohl der Begriff des Gewerbebetriebs (§ 15 Abs. 2) als auch der des Mitunternehmers (§ 15 Abs. 1 S. 1 Nr. 2 S. 1) als **Typusbegriffe** einzuordnen (→ Rn. 342 ff.). **165**

Für die Subsumtion unter diese beiden Zentralbegriffe des § 15 kommt es damit auf eine **wertende Gesamtschau** an. In der Literatur sind hiergegen verfassungsrechtliche Einwände erhoben worden, die sich auf die mangelnde Bestimmtheit des § 15 stützen (*Weber-Grellet* FS Beisse, 1997, 551 (568)). **166**

Die Kritik überzeugt nicht. Dies zeigt insbesondere der **Vergleich mit dem Strafrecht.** Wenn dort eine typologische Begriffsexplikation ungeachtet der hohen, sich aus Art. 103 Abs. 2 GG ergebenden Bestimmtheitsanforderungen zulässig ist, muss dies entsprechend erst recht im Steuerrecht zulässig sein (→ Rn. 348). **167**

cc) Grenzen des Richterrechts. Dogmatik und Rechtspraxis des § 15 stehen in vergleichsweiser **loser Verbindung zum Normtext.** Dieser lässt zahlreiche Fragen offen. So fehlte es ursprünglich ebenso an einer Legaldefinition des Gewerbebetriebs (§ 15 Abs. 2; zur Entwicklungsgeschichte → Rn. 103 f.) wie die Geprägetheorie nicht gesetzlich positiviert war (§ 15 Abs. 3 Nr. 2; zur Entwicklungsgeschichte → Rn. 106 f.). Als Reaktion auf eine seitens des BFH forcierte stärkere Hinwendung zum Gesetzeswortlaut (*Woerner* DStZ/A 1977, 299 (301)) hat der Gesetzgeber diese Lücken in Teilen geschlossen. **168**

Auch heute noch sind aber für die Anwendung des § 15 zentrale Rechtsinstitute und Rechtsfragen nicht explizit gesetzlich geregelt. Hierzu gehören etwa die Betriebsaufspaltung (→ Rn. 1030 ff.) sowie das Sonderbetriebsvermögen (→ Rn. 1688 ff.). Dass der Gesetzgeber von einer Positivierung der Betriebsaufspaltung abgesehen hat, unterstreicht, dass er auch in diesem zentralen Bereich des Unternehmensteuerrechts von einer **aktiven Rolle der** **169**

rechtsanwendenden Gewalten ausgeht, die gemeinsam mit dem Gesetzgeber in der Verantwortung stehen, eine in sich stimmige und dem Leistungsfähigkeitsprinzip entsprechende Besteuerung gewerblicher Einkünfte sicherzustellen (→ Rn. 143). Entgegen einer verschiedentlich in der Literatur geäußerten Auffassung können hiergegen prinzipiell auch dann keine verfassungsrechtlichen Einwände erhoben werden, wenn sich eine Rechtsfortbildung zu Lasten des Steuerpflichtigen auswirkt (→ Rn. 333 ff.).

170–172 *Einstweilen frei*

173 **b) Unionsrechtliche Maßstäbe.** § 15 steht nicht allein, sondern in einem komplexen Regelungsumfeld, wenn der deutsche Fiskus Gläubigerkonkurrenzen und darauf spezialisierte Vorschriften des Internationalen Steuerrechts (→ Rn. 521) zu gewärtigen hat. Die Konkurrenzbewältigungsnormen drängen die Grundnormen der Unternehmensbesteuerung zurück, als leges speciales zugeschnitten auf transnationale Sachverhalte, zusammengesetzt aus dem nationalen Außensteuerrecht und dem durch Art. 59 Abs. 2 GG rezipierten Steuervölkerrecht. Oberhalb dieser traditionellen Anwendungskonkurrenz im einfachen Recht entwickelt sich die Maßstäblichkeit des Unionsrechts. Die Union „bietet ihren Bürgerinnen und Bürgern einen Raum der Freiheit, der Sicherheit und des Rechts" und „errichtet einen Binnenmarkt" (Art. 3 Abs. 2, Abs. 3 S. 1 EUV). Diese **leges superiores des Unions- und Binnenmarktrechts** wollen nicht als Normen des Internationalen Rechts begriffen werden, sondern als Verfassungsrecht für einen Raum gleich freier Bürger; nicht als Normen des Internationalen Steuerrechts, sondern als Recht für den unierten Entfaltungsraum – Binnenraum – freier Unternehmer.

174 Allerdings muss der Binnenmarktunternehmer damit rechnen, dass 27 Mitgliedstaaten der Europäischen Union, 27 Gläubiger am raumgreifenden Erfolg teilhaben wollen. Seinem kaufmännischen Interesse stehen die steuerstaatlichen Fiskalinteressen gegenüber. Er kann sich auf hochrangigen Schutz seiner Unternehmerinteressen berufen, auf ihre normative Veredelung durch die **Binnenmarkt-Grundfreiheiten,** voran auf die Niederlassungsfreiheit (Art. 49 AEUV), die zu der „für die Unternehmensbesteuerung wichtigsten Grundfreiheit geworden" ist (Schaumburg/Englisch/*Reimer* Kap. 7 Rn. 7.71). Er muss aber akzeptieren, dass die Mitgliedstaaten mit Rückhalt im **Schrankenrecht** den Schutz der Grundfreiheiten begrenzen und insbesondere Bedacht nehmen auf die „Aufteilung der Besteuerungsbefugnis zwischen den Mitgliedstaaten" (EuGH 21.5.2015 – C-657/13, IStR 2015, 440 Rn. 42 – Verder LabTec). Noch kann er sich nicht darauf verlassen, dass das Aufteilungsrecht seiner wahren „Binnenmarktleistungsfähigkeit" gerecht wird.

175 Mit der Kraft des Anwendungsvorrangs setzt sich das Binnenmarktverfassungsrecht gegen mitgliedstaatliches Steuerrecht durch, auch gegen DBA-Recht zwischen den Mitgliedstaaten. Nicht nur der Rechtsanwender, auch der Gesetzgeber muss mit Korrekturen und Anpassungsdruck rechnen, wenn der Europäische Gerichtshof die unionsrechtlichen Maßstäbe näher präzisiert. Das gelingt dem Gerichtshof nicht immer kontinuierlich und verlässlich (Bestandsaufnahme: *Mitschke* DStR 2014, 37; Kritik am Glossatorenrecht der EuGH-Ausdeutung: *Hufeld* Ubg 2011, 504 (509 f.); → Rn. 578 zur Rechtsprechungswende 2014/15). Auf § 15 wirkt die EuGH-Rechtsprechung zur Niederlassungsfreiheit ein. Das Binnenmarktsteuerrecht des Art. 49 AEUV korrigiert mit der **Cadbury Schweppes-Doktrin** die außensteuergesetzlich ausgedehnte Reichweite der unbeschränkten Steuerpflicht (→ Rn. 589) und korrigiert mit der **Marks & Spencer-Doktrin** die DBA-rechtliche Symmetriethese (→ Rn. 573). Voran steht die Grundsatzfrage, ob das Unionsrecht Doppelbesteuerung im Binnenmarktraum verhindert (→ Rn. 567).

176–178 *Einstweilen frei*

6. Verhältnis zu anderen Bestimmungen

179 Das EStG knüpft in seiner Tatbestandsbildung in weiten Teilen an Begriffe und Institutionen an, die dem Wirtschafts- und Sozialleben entlehnt sind. Häufig haben diese in ähnlicher Form auch in andere Rechtsgebiete Eingang gefunden. Dies gilt bei § 15 nicht nur für den Begriff des Gewerbebetriebs, sondern auch für den der Personengesellschaft (→ Rn. 180). Das Verhältnis zu anderen Vorschriften erschöpft sich aber nicht in derartigen **begrifflichen Anleihen.** Die Tatbestandsverwirklichung des § 15 löst vielfältige Rechtsfolgen nicht nur im Einkommensteuerrecht selbst, sondern auch in anderen Teilen der Steuerrechtsordnung (zur Gewerbesteuer → Rn. 83 ff. und → Rn. 241 ff.; zur Körperschaftsteuer → Rn. 247 f.)

einschließlich des Verfahrensrechts (→ Rn. 253 ff.) aus. Gesondert ist ferner auf internationale Aspekte einzugehen (→ Rn. 227 ff.).

a) Steuerliche und nicht-steuerliche Gewerblichkeit. Der Begriff des Gewerbebetriebs, wie er für das Einkommensteuerrecht in § 15 Abs. 2 legaldefiniert ist, weist enge **Berührungspunkte zu anderen Schlüsselbegriffen sowohl des Steuerrechts wie des öffentlichen und privaten Wirtschaftsrechts** auf. Zu nennen sind hier insbesondere der Begriff des wirtschaftlichen Geschäftsbetriebs (§ 14 AO; → Rn. 183), der Begriff des gewerblichen Unternehmers (§ 141 AO; → Rn. 184), der Begriff des Unternehmers iSd UStG (§ 2 Abs. 1 UStG; → Rn. 185), der gewerbesteuerliche Begriff des Gewerbebetriebs (§ 2 Abs. 1 S. 2 GewStG; → Rn. 187) sowie der Begriff des Gewerbes iSd GewO (→ Rn. 188 ff.). 180

aa) Methodische Grundlegung. Die offensichtlichen Parallelen mögen auf den ersten Blick dazu verleiten, die Begriffe auch parallel auszulegen. Dabei wird freilich übersehen, dass der Gewerbe- bzw. Unternehmerbegriff jeweils in einem spezifischen Funktionszusammenhang und Regelungskontext steht. Der gleiche Begriff kann daher in unterschiedlichen rechtlichen Kontexten auch einen unterschiedlichen rechtlichen Gehalt aufweisen (*Engisch* Einführung in das juristische Denken, 209). Die Rechtstheorie geht daher einhellig von der sogenannten **Relativität der Rechtsbegriffe** aus (→ Rn. 393). 181

Folgerichtig hat das Thüringer Finanzgericht sein Urteil über die Gewerblichkeit einer **Inkassotätigkeit** (FG Thüringen 19.3.2014 – 4 K 1164/12, EFG 2014, 1653, rkr.) zutreffend auf §§ 18, 15 gestützt – ohne Rücksicht darauf, dass das Ordnungsamt die Betätigung des Klägers „zweifelsfrei nicht der GewO" zugeordnet sah. Umgekehrt können **Softwareentwickler, Wirtschaftsinformatiker, Berufsbetreuer** (§§ 1896 ff. BGB) und **Verfahrenspfleger** steuerrechtlich der Freiberuflichkeit zuzuordnen und zugleich an die Gewerbeordnung gebunden sein. Die Verwaltungsrechtsprechung konzediert „allenfalls Indizwirkung" (OVG Lüneburg 16.5.2012 – 7 LC 15/10, BeckRS 2012, 50836), wenn sie mit finanzgerichtlichen Vorentscheidungen zum Berufsbild zu tun hat, und verweist auf den Zweck der GewO, eine ordnungsrechtliche Überwachung sicherzustellen. Die einkommensteuerrechtliche Zuordnung des **Turnierpokerspielers** wird nicht beeinflusst vom strafrechtlichen Begriff des Glücksspiels (BFH 16.9.2015 – X R 43/12, BStBl. II 2016, 48 Rn. 27). 181.1

Mit Blick auf die unternehmerische Selbständigkeit des § 15 Abs. 2 hat die Finanzrechtsprechung der ihrerseits **eigenständigen sozial-, sozialversicherungs- und arbeitsrechtlichen Einordnung** „keine Bindungswirkung" (FG Rheinland-Pfalz 23.1.2014 – 6 K 2294/11, EFG 2014, 538 (539), rkr.; BFH 9.7.2012 – VI B 38/12, BFH/NV 2012, 1968: Begriffe „jedenfalls nicht deckungsgleich") und „maximal indizielle Bedeutung" beigemessen. 182

Vgl. FG Niedersachsen 23.1.2013 – 9 K 43/12, EFG 2013, 750 (753), rkr.; BFH 23.4.2009 – VI R 81/06, BStBl. II 2012, 262 Rn. 33: „Indiz"; FG Baden-Württemberg 5.4.2017 – 4 K 3005/14, BeckRS 2017, 108430 Rn. 46, rkr.: der zivil- und arbeitsrechtlichen Rechtsprechung zur sog. Scheinselbständigkeit könne indizielle Bedeutung zukommen, „vorprägend" sei sie nicht; für Maßgeblichkeit des Sozialrechts auch im Steuerrecht *Bowitz* StB 2015, 185 (187 f.). 182.1

bb) Abgabenordnung (§ 14 S. 1 AO, § 141 Abs. 1 AO). Die **Abgabenordnung** bezeichnet die „selbständige nachhaltige Tätigkeit, durch die Einnahmen oder andere wirtschaftliche Vorteile erzielt werden und die über den Rahmen einer Vermögensverwaltung hinausgeht" (§ 14 S. 1 AO), als wirtschaftlichen Geschäftsbetrieb (FG Köln 31.8.2016 – 10 K 3550/14, EFG 2016, 1997 Rn. 22, Rev. I R 72/16) sieht den Geschäftsbetrieb des § 14 AO „i. d. R. durch die Erzielung von Einkünften aus Gewerbebetrieb i.S. des § 15 EStG begründet"). 183

Unternehmer iSd § 141 Abs. 1 AO ist die Personengesellschaft. Der Funktionsbegriff (Tipke/Kruse/*Drüen* AO § 141 Rn. 3) knüpft zwar an den einkommensteuerrechtlichen Begriff „gewerblicher Unternehmer" an, will aber nicht die Mitunternehmer in die Buchführungspflicht nehmen, sondern die Mitunternehmerschaft. Die Personengesellschaft ist buchführungspflichtig jedenfalls für das Gesamthandsvermögen; der BFH (23.10.1990 – VIII R 142/85, BStBl. II 1991, 401 (404)) erstreckt die Pflicht auch auf das Sonderbetriebsvermögen (ebenso Klein/*Rätke* AO § 141 Rn. 12; aA Tipke/Kruse/*Drüen* AO § 141 Rn. 3a). 184

185 **cc) Umsatzsteuer (§ 2 Abs. 1 UStG).** § 85 S. 1 AO („Steuern nach Maßgabe der Gesetze") verpflichtet die Finanzbehörden im Zeichen der verfassungsrechtlich gebotenen Belastungsgleichheit auf die spezielleren Steuergesetze und deren notwendig autonome Begriffsbildung. Das gilt auch für das UStG und den **Unternehmerbegriff des Umsatzsteuerrechts.** Wiewohl historisch angelehnt an Begriffe des Einkommensteuerrechts, erfüllt er in seinem Kontext und im Lichte der Mehrwertsteuersystemrichtlinie eine eigenständige, weiter ausgreifende Funktion (Reiß/Kraeusel/Langer/*Reiß* UStG § 2 Rn. 21 ff.).

186 Der Unternehmer des UStG übt „eine gewerbliche oder berufliche Tätigkeit selbständig" aus, **§ 2 Abs. 1 S. 1 UStG.** Leistungen aus Vermögensverwaltung, insbesondere Vermietung und Verpachtung und Leistungen, die einkommensteuerrechtlich zu sonstigen Einkünften (§ 22) führen, werden einbezogen mit **§ 2 Abs. 1 S. 3 UStG:** „jede nachhaltige Tätigkeit zur Erzielung von Einnahmen, auch wenn die Absicht, Gewinn zu erzielen, fehlt". Soweit aber umsatzsteuerrechtlich „wirtschaftliche Tätigkeit" abzugrenzen ist von der „bloßen privaten Vermögensverwaltung", sind umsatz- und einkommensteuerrechtliche Parallelbefunde möglich (BFH 30.7.2003 – X R 7/99, BStBl. II 2004, 408 (411)).

186.1 S. auch FG Köln 11.6.2015 – 13 K 3023/13, EFG 2015, 1540, rkr.: „räuberischer Aktionär" als Unternehmer iSd UStG und zumindest an der Grenze des § 15 tätig; FG Köln 4.3.2015 – 14 K 188/13, EFG 2015, 1103, rkr.: jahrelanger, umfangreicher Bierdeckelverkauf über eBay unterliegt als unternehmerische Tätigkeit dem UStG und dem EStG.

187 **dd) Gewerbesteuer.** Autonomie der Begriffsbildung ist auch innerhalb der Teilrechtsordnungen des Steuerrechts möglich und geboten. § 2 Abs. 1 S. 2 GewStG folgt seit Ende 1983 der Begriffsbestimmung des § 15 Abs. 2 (zur historischen Entwicklung → Rn. 103 ff.). Die GewStR verlangen aber darüber hinaus „auch die sachliche Selbständigkeit des Betriebs" (R 2.1 Abs. 1 S. 3 GewStR 2009). Von vornherein beschränkt auf den stehenden Gewerbebetrieb, der „im Inland betrieben wird" (§ 2 Abs. 1 S. 1 GewStG), unterscheidet sich der **gewerbesteuerliche Betrieb** auch in zeitlicher Hinsicht von dem des Einkommensteuerrechts. Der des § 15 Abs. 2 beginnt früher und endet später (→ Rn. 626). Die sachliche Gewerbesteuerpflicht beginnt nicht mit vorbereitender, sondern erst mit werbender Tätigkeit (BFH 12.5.2016 – IV R 1/13, BStBl. II 2017, 489 Rn. 26; FG Berlin-Brandenburg 23.3.2017 – 4 K 4153/16, EFG 2017, 1009 Rn. 33, rkr.); sie endet mit der dauerhaften Einstellung der werbenden Tätigkeit (vgl. BFH 3.4.2014 – IV R 12/10, BStBl. II 2014, 1000 Rn. 69 ff.; BFH 25.6.1984 – GrS 4/82, BStBl. II 1984, 751 (762)).

187.1 „Während die **Einkommensteuer** als Personensteuer **sämtliche betrieblichen Vorgänge** von der ersten Vorbereitungshandlung zur Eröffnung eines Betriebs an erfasst, ist Gegenstand der **Gewerbesteuer** nur der auf den **laufenden Betrieb** entfallende, durch eigene gewerbliche Leistungen entstandene Gewinn. Dies ergibt sich aus dem Wesen der Gewerbesteuer als einer auf den tätigen Gewerbebetrieb bezogenen Sachsteuer" (BFH 3.4.2014 – IV R 12/10, BStBl. II 2014, 1000 Rn. 68; auch BFH 12.5.2016 – IV R 1/13, BStBl. II 2017, 489 Rn. 25). KSM/*Desens/Blischke* § 15 Rn. B 105 weisen zutreffend darauf hin, dass Aufwendungen vor der Beteiligung am allgemeinen wirtschaftlichen Verkehr – mithin: bevor alle Merkmale des § 15 Abs. 2 festgestellt werden können – einkommensteuerlich Anerkennung finden nicht wegen des früheren Betriebsbeginns, sondern als vorab entstandene, ggf. auch vergebliche Betriebsausgaben.

187.2 BFH 12.5.2016 – IV R 1/13, BStBl. II 2017, 489 Rn. 30 f. hat klargestellt, dass die Gewerbesteuerpflicht der gewerblich geprägten Personengesellschaft (§ 15 Abs. 3 Nr. 2) mit der Aufnahme ihrer vermögensverwaltenden Tätigkeit beginnt, indessen die **GmbH & Co. KG** mit originär gewerblichen Einkünften den anderen Personengesellschaften mit originär gewerblicher Tätigkeit gleichgestellt wird: erst mit Aufnahme dieser Tätigkeit beginnt die Gewerbesteuerpflicht. Die nach außen tätig gewordene **Vorgesellschaft** der später eingetragenen Kapitalgesellschaft bildet mit dieser einen einheitlichen Steuergegenstand, unterliegt deshalb der Gewerbesteuer, ungeachtet der Frage, ob sie originär gewerbliche Einkünfte erzielt (BFH 24.1.2017 – I R 81/15, BStBl. II II 2017, 1071 Rn. 9 f.).

188 **ee) Öffentliches Wirtschaftsrecht.** Das **öffentliche Wirtschaftsrecht** versteht unter Gewerbe „jede erlaubte, auf Gewinnerzielung gerichtete, selbständige und auf Dauer angelegte Tätigkeit, die nicht Urproduktion, freier Beruf oder die Verwaltung eigenen Vermögens ist" (BVerwG 24.6.1976 – I C 56/74, NJW 1977, 772; *Ruthig/Storr* Rn. 214).

Die **Parallelen der Begriffsbildung** im Steuerrecht (§ 14 S. 1 AO; § 15 Abs. 2 EStG; § 2 Abs. 1 S. 2 GewStG) und im Gewerberecht sind nicht zu übersehen. Im Zentrum steht hier wie dort die unternehmerische Selbständigkeit als Anknüpfungspunkt einer gewerblich-polizeipflichtigen sowohl wie steuerlich-sozialpflichtigen Verantwortlichkeit. Neben den weiteren Gemeinsamkeiten in der positiven Begriffsbestimmung (Gewinnerzielungsabsicht, Nachhaltigkeit) fällt auf, dass beide Begriffe auf Sonderrecht für Urproduktion und Freiberufler Rücksicht nehmen, zudem eine Eigensphäre „privater" Vermögensverwaltung ausgrenzen. 189

Doch eben diese Ausgrenzung der Vermögensverwaltung gibt einen ersten Hinweis auf signifikante Unterschiede, die auf **unterschiedliche Funktionen der Begriffe** zurückgehen. Wenn das Gewerberecht ausgrenzt, dann will es von gewerberechtlicher Regulierung freistellen (*Ruthig/Storr* Rn. 229 mit Blick auf das Negativmerkmal „keine Verwaltung eigenen Vermögens"); § 15 Abs. 2 hingegen bestimmt zwar anhand der „Absicht, Gewinn zu erzielen" und der „Beteiligung am allgemeinen wirtschaftlichen Verkehr" auch über Grenzlinien der Steuerbarkeit, häufiger aber über die Zuordnung zu Einkunftsarten innerhalb der Einkommensteuer. Die eigene Funktion erklärt auch die Eigenständigkeit gegenüber dem Gewerbebetriebsbegriffen des BGB und des HGB (KSM/*Desens/Blischke* § 15 Rn. B 2). Das gewerberechtliche Merkmal der Erlaubnisfähigkeit kann im Steuerrecht schon mit Rücksicht auf § 40 AO keine Rolle spielen. 190

Bereits im Urteil vom 24.6.1976, Leitentscheidung für die gewerberechtliche Begriffsbildung, hat das BVerwG klargestellt: „Zu Unrecht meint die Revision, die Verpflichtung der Kl. zur Anzeige nach § 14 Abs. 1 GewO müsse danach beurteilt werden, ob die Vermietung die steuerrechtlichen Merkmale eines Gewerbebetriebes erfüllt. **Gewerberecht und Steuerrecht haben unterschiedliche Aufgaben**" (BVerwG 24.6.1976 – I C 56/74, NJW 1977, 772; für einen an der GewO orientierten Gewerbebegriff des Steuerrechts *Schachtschneider* Steuerverfassungsrechtliche Probleme, 33 ff.). Die Anmeldung einer Tätigkeit „als gewerblich" bei einer Ordnungs- oder Aufsichtsbehörde ist steuerrechtlich irrelevant (FG Berlin-Brandenburg 20.1.2010 – 14 K 1355/06, BeckRS 2012, 95321, rkr.). 191

Einstweilen frei 192–194

b) Personengesellschaftsrecht und Mitunternehmerschaft. Tatbestandlich knüpft § 15 Abs. 1 S. 1 Nr. 2, ebenso wie § 15 Abs. 3 Nr. 1, 2 an den **Begriff der (Personen-)Gesellschaft** an. Der zivilrechtliche Zweig der Steuerrechtswissenschaft zieht daraus die Konsequenz, § 15 soweit wie möglich im Einklang mit dem Zivilrecht auszulegen (*Knobbe-Keuk* StuW 1986, 106 (107, 114)). Andere Teile der Steuerrechtswissenschaft verweisen unter Hinweis auf die Relativität der Rechtsbegriffe auf die **Eigenständigkeit des Steuerrechts.** 195

Die Rechtsprechung ist wechselhaft und neigt einmal der einen, einmal der anderen Position zu. Die jüngere Judikatur lehnt sich wieder stärker an das Zivilrecht an, nachdem die Verbindung zwischen Einkommen- und Gesellschaftsrecht zwischenzeitlich weitgehend abgerissen war. So betont die Rechtsprechung nunmehr, dass der Tatbestand gewerblicher Einkünfte **grundsätzlich den Abschluss eines zivilrechtlichen Gesellschaftsverhältnisses** voraussetzt (BFH 1.8.1996 – VIII R 12/94, BStBl. II 1997, 272 (274); BFH 25.6.1984 – GrS 4/82, BStBl. II 1984, 751 (768); → Rn. 1385). Entgegen der älteren Judikatur ist damit für rein faktische Mitunternehmerschaften kein Raum mehr (BFH 1.8.1996 – VIII R 12/94, BStBl. II 1997, 272 (274); → Rn. 1410). 196

Einstweilen frei 197–198

c) Verknüpfungen im EStG. aa) Einkommensteuerlicher Gewerbebetrieb als Grundtatbestand der Gewinneinkünfte. § 2 Abs. 1 S. 1 Nr. 2 unterwirft „Einkünfte aus Gewerbebetrieb" der Einkommensteuer; § 2 Abs. 1 S. 2 verweist zuordnungs- und konkretisierungshalber auf die §§ 13–24, damit auf das Recht der „einzelnen Einkunftsarten" (Abschnitt II/8 im EStG). Die Legaldefinition des § 15 Abs. 2 grenzt die Einkünfte aus Gewerbebetrieb von Einkünften aus Land- und Forstwirtschaft (§ 13) sowie aus selbständiger Arbeit (§ 18) allein durch zwei negative Tatbestandsmerkmale ab: Die Betätigung darf sich weder als Ausübung von Land- und Fortwirtschaft noch als Ausübung eines freien Berufs noch als andere selbständige Arbeit darstellen. Damit wird § 15 Abs. 2 zum **Grund- und Auffangtatbestand der Gewinneinkünfte** (Kirchhof/*Kube* § 13 Rn. 4). 199

200 Dies gilt auch für die gemeinschaftliche Tatbestandsverwirklichung. § 13 Abs. 7 verweist für die Einkünfte aus Land- und Forstwirtschaft auf § 15 Abs. 1 S. 1 Nr. 2 und damit auf die Regeln der **Mitunternehmerschaft.** Ein entsprechender Verweis findet sich für die Einkünfte aus selbständiger Arbeit in § 18 Abs. 4 S. 2. Den beiden erst durch das Gesetz zur Änderung des EStG, KStG und anderen Gesetzen vom 20.8.1980 (BStBl. I 1980, 589) eingefügten Verweisen kommt allein klarstellende Bedeutung zu, weil die Geltung mitunternehmerschaftlicher Grundsätze im Anwendungsbereich der § 13 und § 18 zuvor allgemein anerkannt waren (s. BFH 19.2.1987 – IV R 175/85, BStBl. II 1987, 430 (431)).

201 § 13 Abs. 7 sowie § 18 Abs. 4 S. 2 verweisen weiterhin auf die Besteuerung des Gewinns aus **SE- und SEC-Anteilen nach Sitzverlegung der SE und SEC** (§ 15 Abs. 1a) und auf **Einzelaspekte der Gewinnerzielungsabsicht** (§ 15 Abs. 2 S. 2 und 3), die damit ebenfalls zum Allgemeinen Teil der Gewinneinkünfte zählen.

202 Die Tarifbegünstigung des **§ 34a** knüpft an „nicht entnommene Gewinne aus Land- und Forstwirtschaft, Gewerbebetrieb oder selbständiger Arbeit" an.

203 **bb) Gewinnermittlung und Gewinnermittlungszeitraum. § 5** sieht für die „Gewerbetreibenden" und deren **Gewinnermittlung,** zwingend – qua Verweis in außersteuerliches Recht – oder fakultativ, in der Verknüpfung mit **§ 4** den Betriebsvermögensvergleich vor, zudem die materielle Anknüpfung an die handelsrechtlichen Grundsätze ordnungsgemäßer Buchführung.

204 Den **Gewinnermittlungszeitraum** legt **§ 4a Abs. 1** grundsätzlich auf das Wirtschaftsjahr fest (→ § 4a Rn. 16). Das ist bei Gewerbetreibenden, deren Firma im Handelsregister eingetragen ist, der Zeitraum, für den sie regelmäßig Abschlüsse machen (§ 4a Abs. 1 S. 2 Nr. 2), bei anderen Gewerbetreibenden das Kalenderjahr (§ 4a Abs. 1 S. 2 Nr. 2). Dem Gewerbetreibenden steht die Gewinnermittlungsalternative des **§ 4 Abs. 3** offen, wenn er nicht buchführungspflichtig ist und keine Bücher führt.

205 **cc) Abgrenzung zu den Überschusseinkunftsarten und zum nichtsteuerlichen Bereich.** Wesentliche Beziehungen zu anderen Normen des Einkunftsartenrechts regelt § 15 Abs. 2 selbst. Die Bewältigung heikler Grenzfragen gehört zu seinen Hauptfunktionen (→ Rn. 71 und → Rn. 695 ff.). Zur **nichtselbständigen Arbeit (§ 19)** wird anhand des Merkmals der Selbständigkeit abgegrenzt (→ Rn. 711). Die Abgrenzung zu **Kapitaleinkünften (§ 20)** bestimmt sich danach, ob die Beteiligung als stiller Gesellschafter oder aus einem partiarischen bzw. einem sonstigen Darlehen bereits die Schwelle zur Mitunternehmerschaft (§ 20 Abs. 1 Nr. 4; → § 20 Rn. 765) überschreitet. Die Einkünfteerzielung aus **Vermietung und Verpachtung (§ 21)** kann in Abhängigkeit von den angebotenen Zusatzleistungen sowie dem Grad der Professionalität in den Tatbestand gewerblicher Einkünfte hineinwachsen (→ Rn. 1059).

206 Zugleich treten §§ 20–23 zurück kraft der dortigen **Subsidiaritätsklauseln: § 20 Abs. 8, § 21 Abs. 3, § 22 Nr. 1 S. 1, Nr. 3 S. 1 und § 23 Abs. 2,** wenn Einkünfte auch „anderen Einkunftsarten zuzurechnen" sind (anschaulich zu § 21 Abs. 3: BFH 13.12.2016 – X R 18/12, BStBl. II 2017, 450 Rn. 16: „Die Vermietung [eines Raumes im eigenen Haus der gewerblich tätigen Sachbearbeiterin] gehört zum Gewerbebetrieb der Klägerin, sodass nach § 21 Abs. 3 EStG keine Einkünfte aus der subsidiären Einkunftsart VuV vorliegen können"; vgl. auch BFH 9.11.2017 – IV R 37/14, BStBl. II 2018, 227 Rn. 22).

206.1 Im **Fall eines „räuberischen Aktionärs",** der die „Zahlung vollkommen überhöhter Kosten zur Beendigung von Anfechtungs- und Nichtigkeitsprozessen von Gesellschaftern mit Minimalbeteiligung im Zusammenhang mit vitalen Unternehmensentscheidungen" (FG Köln 11.6.2015 – 13 K 3023/13, EFG 2015, 1540 (1541), rkr.) zum üppigen Geschäftsmodell umfunktioniert, haben Verwaltung und Finanzgericht kapituliert. In vermeintlicher Beweisnot und gegen den Subsidiaritätsvorbehalt des § 23 Nr. 3 S. 1 soll die „planmäßige Instrumentalisierung des Rechtsschutzes zu sachfremden Zwecken" nicht Gewerbebetrieb, sondern private Vermögensverwaltung sein (FG Köln 11.6.2015 – 13 K 3023/13, EFG 2015, 1540 (1542), rkr.).

207 Zum nichtsteuerbaren Bereich wird anhand des Merkmals der Gewinnerzielungsabsicht (→ Rn. 792) abgegrenzt. Fehlt es an der Gewinn- bzw. der Einkünfteerzielungsabsicht, ist eine Tätigkeit als **einkommensteuerlich irrelevante Liebhaberei** zu qualifizieren. Wich-

tigste Konsequenz ist, dass aus der Tätigkeit herrührende Verluste nicht gem. § 2 Abs. 3 mit positiven Einkünften verrechnet werden können.

dd) Ausgrenzung und Einbeziehung privater Veräußerungsgeschäfte (§ 22 Nr. 2 iVm § 23, § 17). Über das ungeschriebene Tatbestandsmerkmal der privaten Vermögensverwaltung (→ Rn. 1032) zieht § 15 Abs. 2 eine Trennlinie zu **privaten Veräußerungsgeschäften** (§§ 22 Nr. 2, 23). Nach Ablauf der dortigen Haltefristen wird dann der nichtsteuerbare Bereich betreten. 208

§ 17 gilt heute – wegen § 20 Abs. 2 Nr. 1 – als Irrläufer im Kontext der Einkünfte aus Gewerbebetrieb. „Richtigerweise" (Kirchhof/*Gosch* § 17 Rn. 2) handle es sich um private Veräußerungsgeschäfte (zur Systemfrage → § 17 Rn. 40). **§ 17 Abs. 5 S. 4** ordnet die entsprechende Anwendung des § 15 Abs. 1a S. 2 an (→ § 17 Rn. 596). 209

ee) Einschränkung der Verlustnutzung (§§ 2a, 15a, 15b). § 2a Abs. 1 S. 1 Nr. 2 erfasst **negative Einkünfte aus einer ausländischen** und außerhalb des EU- und EWR-Raums belegenen **gewerblichen Betriebsstätte** – ein Teilstück der „gewerblichen Welteinkünfte" (→ Rn. 503) sowohl der Einzelunternehmer als auch der Personengesellschafter. Das Teilstück wird vom inländisch besteuerten Welteinkommen nicht abgetrennt. § 2a setzt umgekehrt die Zugehörigkeit zum Welteinkommen voraus; die Vorschrift kommt nicht zum Zuge, soweit Auslandseinkünfte abkommensrechtlich freigestellt sind (→ § 2a Rn. 27). In der Welteinkommensbesteuerung jedoch greift für Verluste aus der passiven Betriebsstätte (§ 2a Abs. 2 S. 1) das sonderrechtliche Verlustverrechnungsregime des § 2a Abs. 1 S. 1–5. Im Kontext der Einkünfte aus Gewerbebetrieb gehört § 2a zu den bedeutsamen, systematisch gegenläufigen, deshalb verfassungsrechtlich heiklen Verlustverrechnungsbeschränkungen (→ § 2a Rn. 76), ebenso wie § 15 Abs. 4 (→ Rn. 2481) und §§ 15a, 15b. 210

§ 15a und § 15b sind als **Verlustausgleichsverbote** systematisch zu unterscheiden von § 15, § 16, soweit diese den Begriff „Einkünfte aus Gewerbebetrieb" konstituieren. § 15a, § 15b setzen die definierten Einkunftsarten voraus, sind unmittelbar anwendbar im Bereich der gewerblichen Verluste, „entsprechend" oder „sinngemäß" auf Verluste aus anderen Einkunftsarten (§ 13 Abs. 7, § 18 Abs. 4, § 21 Abs. 1 S. 2; lediglich auf § 15b verweisen § 20 Abs. 7, § 22 Nr. 1 S. 1 Hs. 2). Typologisch vergleichbar mit **§ 15 Abs. 4 S. 6** (→ Rn. 2522 ff.) erfassen die §§ 15a, 15b Verluste, die nur interperiodisch mit positiven Einkünften aus derselben Einkunftsquelle verrechnet werden können („Beschränkung der Verlustverrechnung auf eine Einkunftsquelle"; vgl. zur Gruppierung der Verlustverrechnungsbeschränkungen *Röder* System der Verlustverrechnung, 20 ff.; zur qualitativen Verschiedenheit von § 15a einerseits, § 15b andererseits Kirchhof/*Gosch* § 15b Rn. 10). § 15 Abs. 4 S. 6–8 konkurriert offen mit **§ 15a;** die weiterreichende Norm setzt sich durch (KSM/*Desens/Blischke* § 15 Rn. I 111; BMF 19.11.2008, BStBl. I 2008, 970 Rn. 7: § 15 Abs. 4 S. 6 ff. findet Anwendung „auf den nach Anwendung des § 15a EStG noch abzugsfähigen Verlust"). Bei nicht-mitunternehmerischer typisch stiller Beteiligung findet die Ausgleichsbeschränkung des § 15 Abs. 4 S. 6–8 „sinngemäß" Anwendung kraft Anordnung des **§ 20 Abs. 1 Nr. 4 S. 2.** 211

ff) Reichweite der Einkunftsart: Veräußerungs- und Aufgabegewinne (§§ 16, 34). Im Anschluss an die Grundnorm des § 15 („Einkünfte aus Gewerbebetrieb sind […]") bestimmen die „auch"-Vorschriften der §§ 16 und 17 über die Reichweite der Einkunftsart. Zu den Einkünften aus Gewerbebetrieb gehören **auch Veräußerungs- und Aufgabegewinne.** § 16 Abs. 1 erfasst (positive und negative) Einkünfte, die „bei der Veräußerung" des Gewerbebetriebs (ganzer Betrieb, Teilbetrieb) oder des gesamten Mitunternehmeranteils erzielt werden; die Aufgabe des Gewerbebetriebs „gilt" als Veräußerung (§ 16 Abs. 2). 212

Tatbestandlich und mit der Ausgrenzung „laufender Gewinne" (§ 16 Abs. 1 S. 2) gibt sich **§ 16 als lex specialis** zu erkennen, zugeschnitten auf die Beendigungsakte der Veräußerung (Totalrealisation) oder Privatisierung (Totalentnahme). Für Veräußerungs- und Aufgabegewinne gewährt § 16 Abs. 4 einen Freibetrag, zudem unterliegen sie nicht der Gewerbesteuer und werden dem ermäßigten Tarif des **§ 34** unterworfen, mithin „privilegiert" (BFH 20.3.2017 – X R 11/16, BStBl. II 2017, 992 Rn. 22). Jedenfalls insoweit wirkt § 16 rechtsbegründend (Schmidt/*Wacker* § 16 Rn. 6), ungeachtet der Frage, ob § 15 als eine der Reinvermögenszugangstheorie verpflichtete Norm die Veräußerungs- und Aufgabegewinne einschlösse. 213

214 In spezifischen Konstellationen der Beendigung kann die **Grenzlinie zwischen § 16 und § 15** fraglich sein, wenn der „betriebliche Organismus" fortbesteht. So erzielt der vormalige Gewerbetreibende auch als Verpächter weiter Einkünfte aus Gewerbebetrieb, wenn er nicht die Betriebsaufgabe erklärt – dazu: **§ 16 Abs. 3b** – und „sich die Verpachtung entweder auf den Betrieb im Ganzen als geschlossenen Organismus oder zumindest auf alle wesentlichen Grundlagen des Betriebs bezieht" (BFH 6.4.2016 – X R 52/13, BStBl. II 2016, 710 Rn. 23; → Rn. 1075 zum Verpächterwahlrecht). Im Strukturwandel zur Liebhaberei (→ Rn. 829) bestreitet der BFH eine gewinnrealisierende Betriebsaufgabe mit dem Argument, „dass der betriebliche Organismus bestehen bleibt und insbesondere die Verknüpfung der Wirtschaftsgüter mit dem Betrieb nicht gelöst wird" (BFH 11.5.2016 – X R 61/14, BStBl. II 2016, 939 Rn. 24).

215 Mitunter ist rechtsfolgenerheblich über **laufende Gewinne oder Aufgabegewinne** zu entscheiden. So führt das Ende der Betriebsaufspaltung regelmäßig zur Betriebsaufgabe (§ 16 Abs. 3 S. 1) und zur Versteuerung der stillen Reserven (BFH 29.11.2012 – IV R 37/10, BFH/NV 2013, 910; → Rn. 1251), die Aufgabe des gewerblichen Grundstückshandels indessen zu laufenden Einkünften, die auch der Gewerbesteuer unterliegen (BFH 28.10.2015 – X R 22/13, BStBl. II 2016, 95; → Rn. 1323). Der **Veräußerungsgewinn** ist **„als laufender Gewinn"** (BFH 20.3.2017 – X R 11/16, BStBl. II 2017, 992 Rn. 20) zu versteuern, wenn der Verkäufer eine wesentliche Betriebsgrundlage zurückbehält und nur zur Nutzung überlässt (BFH 20.3.2017 – X R 11/16, BStBl. II 2017, 992 Rn. 22 ff.).

216 **gg) Nachträgliche Einkünfte (§ 24 Nr. 2).** Nach Beendigung der gewerblichen Betätigung kommt eine **Steuerpflicht nachträglicher Einkünfte aus Gewerbebetrieb** nach Maßgabe des § 24 Nr. 2 in Betracht. Der Tatbestand erfasst nachträgliche Einkünfte aus allen Einkunftsarten. Er kann den vormals Gewerbetreibenden oder dessen Rechtsnachfolger treffen; in dieser Variante wirkt § 24 Nr. 2 (Hs. 2: „auch dann", wenn Einkünfte „dem Steuerpflichtigen als Rechtsnachfolger zufließen") konstitutiv, begründet eine **Steuerpflicht des Erben** (Kirchhof/*Mellinghoff* § 24 Rn. 44). Die Rechtsprechung verlangt einen wirtschaftlichen Zusammenhang mit der ehemaligen Tätigkeit (Nachw.: FG Köln 24.6.2015 – 14 K 1130/13, EFG 2015, 1923 (1926), rkr., mit Blick auf Versorgungsleistungen, die die Witwe eines selbständigen Versicherungsvertreters von dem vertretenen Versicherungsunternehmen „als nachträgliche Einkünfte aus Gewerbebetrieb" erhalten hat).

217 Gewerbliche Einkünfte sind **nachträgliche** nach der Beendigung der betrieblichen Tätigkeit; auf diesen Zeitpunkt ist die Aufgabebilanz aufzustellen. Für die spätere **Gewinnermittlung** hat der IV. BFH-Senat in einem obiter dictum den Betriebsvermögensvergleich und damit ein Wahlrecht zwischen § 4 Abs. 1, § 5 einerseits und § 4 Abs. 3 andererseits ausgeschlossen, der Gewinn sei „zwingend entsprechend den Grundsätzen des § 4 Abs. 3" zu ermitteln (BFH 23.2.2012 – IV R 31/09, BFH/NV 2012, 1448 Rn. 34; s. aber Schmidt/*Wacker* § 16 Rn. 354: „noch nicht abschließend entschieden").

218 § 15 Abs. 1 S. 2, der ausdrücklich auf § 24 Nr. 2 verweist, schlägt auch **nachgesellschaftliche** Leistungen an den vormaligen Gesellschafter den **Sondervergütungen** zu, mithin den Einkünften aus Gewerbebetrieb und damit auch dem gewerbesteuerpflichtigen Gewerbeertrag (BFH 6.3.2014 – IV R 14/11, BStBl. II 2014, 624 Rn. 27: „Schutz des Gewerbesteueraufkommens"). Die gesetzliche Qualifikationsentscheidung (→ Rn. 108) erübrigt einen Zuordnungsstreit über die Frage, ob Zuflüsse noch Sondervergütungen sein können, wenn der Mitunternehmer aus der Gesellschaft ausgeschieden ist.

218.1 BFH 6.3.2014 – IV R 14/11, BStBl. II 2014, 624 Rn. 27, 29, betrachtet § 15 Abs. 1 Nr. 2 zutreffend als **Gleichstellungsnorm** – mit der Folge, dass die **nachträglichen Einkünfte** (§ 24 Nr. 2) zu den **Sondervergütungen** gehören: „Fließt eine Tätigkeitsvergütung dem Gesellschafter erst nach seinem Ausscheiden aus der Gesellschaft zu, so ist die Zahlung der Vergütung dennoch durch die ehemalige Tätigkeit veranlasst. Insoweit kommt es für § 15 Abs. 1 Satz 1 Nr. 2 EStG – wie der durch das Steuerbereinigungsgesetz 1986 vom 19. Dezember 1985 (BGBl. 1985 I 2436) in das Gesetz eingefügte § 15 Abs. 1 Satz 2 EStG klarstellt – nicht darauf an, ob der Vergütungsempfänger noch Gesellschafter der Personengesellschaft ist. Die Norm […] will ab dem Veranlagungszeitraum 1986 als nachträgliche Einkünfte bezogene Vergütungen den Vergütungen i.S. des § 15 Abs. 1 Satz 1 Nr. 2 EStG gleichstellen […] Es ist zwar richtig, dass die Gesellschaft die für einen Gesellschafter gebildete Sonderbilanz im Moment seines Ausscheidens aus der Gesellschaft aufzulösen hat, weil er nicht mehr Mitunternehmer und daher nicht mehr an ihrem Betriebsvermögen beteiligt ist. Dies gilt aber wegen § 15 Abs. 1 Satz 2 EStG nicht für die dort angesprochenen nachträglichen Einkünfte, die auch dann noch zu den Sondervergütungen i.S. von § 15 Abs. 1 Satz 1 Nr. 2 EStG gehören, wenn der Begünstigte nicht mehr Gesellschafter der die Bezüge gewährenden Gesellschaft ist".

Um einen „Steuertatbestand gemäß § 24 Nr. 2 i.V.m. § 15 Abs. 1 EStG" handelt es sich auch in bestimmten Fällen nachträglicher Vermögensverwertung nach einem **Strukturwandel zur Liebhaberei** (→ Rn. 829). Zwar verabschiedet sich der vormalige Erwerbsbetrieb im Übergang zum Liebhabereibetrieb aus der einkommensteuerrechtlichen Sphäre. Die ihm weiter zugeordneten Wirtschaftsgüter bleiben indes Betriebsvermögen (BFH 11.5.2016 – X R 61/14, BStBl. II 2016, 939 Rn. 24 f.), wenn der vormals Gewerbetreibende auf Betriebsveräußerung und Betriebsaufgabe verzichtet (BFH 5.4.2017 – X R 6/15, BStBl. II 2017, 1130 Rn. 13: „eingefrorenes Betriebsvermögen"). Beim Strukturwandel zur Liebhaberei handelt es sich „gerade nicht" um eine Betriebsaufgabe (BFH 11.5.2016 – X R 61/14, BStBl. II 2016, 939 Rn. 35). 219

In Konstellationen der **Veräußerung** des Gewerbebetriebs kann der Steuerpflichtige gegen die Sofortversteuerung (§§ 16, 34) und für die **Zuflussversteuerung nach § 15 Abs. 1, § 24 Nr. 2** optieren, wenn er mit dem Erwerber wiederkehrende Bezüge über Laufzeiten von mehr als zehn Jahren vereinbart (Kirchhof/*Seer* § 16 Rn. 69). Das **Wahlrecht** geht auf höchstrichterliche Rechtsprechung zurück. Sie unterscheidet wagnisbehaftete Bezüge und Kaufpreisraten (BFH 15.6.2010 – X R 36/08, BFH/NV 2017, 4 Rn. 46 ff., dort mit Vorbehalt für das Wahlrecht bei Kaufpreisraten: „kann der Senat offenlassen, ob hieran festzuhalten ist"). 220

hh) Sonder- und Ansparabschreibungen (§ 7g). Die investitionsgut- und betriebsbezogene Fördernorm des § 7g begünstigt unternehmerische Tätigkeit kleinerer und mittlerer Größenordnung. § 7g Abs. 1 S. 2 Nr. 1 adressiert **„Betriebe"** im Spektrum der Gewinneinkunftsarten, „bei Gewerbebetrieben" jene, die ein Betriebsvermögen von 235.000 EUR nicht überschreiten (Buchst. a); für den Fall der Gewinnermittlung nach § 4 Abs. 3 beziffert Buchst. c das „Größenmerkmal" bei einem Gewinn von maximal 100.000 EUR. Den **Investitionsabzugsbetrag** kann in der Betriebsaufspaltung auch das Besitzunternehmen beanspruchen (→ Rn. 1107). § 7g hilft auch dem Unternehmen in Gründung, wenn es die anspruchsvollere Prüfung der Investitionsabsicht besteht (→ Rn. 639). 221

Einstweilen frei **222–226**

d) Internationale Aspekte. aa) Beschränkte Steuerpflicht (§ 49 Abs. 1 Nr. 2). Zur Begründung einer beschränkten Steuerpflicht für Einkünfte aus Gewerbebetrieb (→ Rn. 543) verweist **§ 49 Abs. 1 Nr. 2** zurück auf § 15. 227

bb) „Unternehmen" im Abkommensrecht. Im DBA-Recht kommt dem Begriff „Unternehmen" eine Schlüsselbedeutung zu (Übersicht: Schönfeld/Ditz/*Pohl* DBA Art. 3 Rn. 26 ff.), vor allem für die Vermessung der „Gewinne eines Unternehmens" und der Betriebsstättenbesteuerung (→ Rn. 524). Art. 3 Abs. 1 Buchst. d OECD-MA stellt klar, dass für die **Bestimmung des Unternehmens „eines" oder „des anderen" Vertragsstaats** nicht der Ort entscheidet, an dem das Unternehmen betrieben wird, sondern der **Ort, an dem der Unternehmer ansässig** ist: die „Person" (Art. 3 Abs. 1 Buchst. a OECD-MA), die das Unternehmen betreibt. 228

Allerdings steht in Frage, ob sich der Unternehmensbegriff abkommensautonom auslegen lässt oder ein – ergänzender – **Rückgriff auf § 15 Abs. 2** gestattet ist. Den Rekurs auf das Recht des Anwenderstaates erlaubt Art. 3 Abs. 2 OECD-MA, wenn und soweit das Abkommen keine abschließende Definition bereithält. Das trifft zu auf die teils tautologische, teils ausgreifende Begriffsbildung in Art. 3 Abs. 1 Buchst. c und Buchst. h OECD-MA. Zwar hat sie explizit auch die freiberufliche oder sonstige selbständige Tätigkeit einbezogen (Buchst. h), jedoch mit „Ausübung einer Geschäftstätigkeit" (Buchst. c) den Begriff „Unternehmen" nicht abschließend bestimmt (BMF 26.9.2014, BStBl. I 2014, 1258 Rn. 2.2.1; Vogel/Lehner/*Dürrschmidt* DBA Art. 3 Rn. 41; *Leidel* IStR 2017, 348). 229

Sofern nicht der Vorbehalt des Art. 3 Abs. 2 OECD-MA eingreift („wenn der Zusammenhang nichts anderes erfordert"; → Rn. 512), **trägt § 15 Abs. 2 zur Konkretisierung der abkommensrechtlichen Definition bei:** zur Abgrenzung der originär unternehmerischen 230

Einkünfte (→ Rn. 512; BFH 19.1.2017 – IV R 50/14, BStBl. II 2017, 456 Rn. 25; FG Hamburg 15.9.2016 – 2 K 223/13, EFG 2017, 47 Rn. 73, rkr.; vorsichtiger *Wassermeyer* IStR 2010, 37 (38): „in den Randbereichen"; Schönfeld/Ditz/*Ditz* DBA Art. 7 (2008) Rn. 54: „hilfsweise"; *Schaumburg* Int. StR Rn. 19.234: grundsätzlich abkommensautonome Auslegung). Das gilt auch für konkretisierende Rechtsprechung des BFH – auch diese kommt in Betracht als Referenz der Grenzziehung (FG Münster 30.10.2014 – 2 K 618/11 F, EFG 2015, 351 (355), Rev. I R 12/19) mit Blick auf Art. 7 DBA-Schweiz und die Abgrenzung zwischen Grundstückshandel und privater Vermögensverwaltung; *Mann/Stahl* DStR 2015, 1425 (1427) zur Abgrenzung Goldhandel und private Vermögensverwaltung im Zusammenhang mit dem Goldfinger-Modell; → Rn. 1347 f.).

231 Indessen besteht heute weithin Konsens, dass das Abkommensrecht originäre Gewerblichkeit und Unternehmensgewinne aus – ihrer Art nach – unternehmerischer Tätigkeit voraussetzt (BMF 26.9.2014, BStBl. I 2014, 1258 Rn. 2.2.1; SKK/*Strunk/Kaminski* DBA Art. 7 Rn. 29; → Rn. 512). Der Unternehmensbegriff der Doppelbesteuerungsabkommen sperrt sich gegen „nationalstaatliche Gewerblichkeitsfiktionen" (Kirchhof/*Gosch* § 50i Rn. 1). Die Zuordnungsentscheidungen des **§ 15 Abs. 3** und die (durchaus zu „originärer" Gewerblichkeit führende) **Betriebsaufspaltung** können sich auf Abkommensebene nicht behaupten (Schönfeld/Ditz/*Ditz* DBA Art. 7 (2008) Rn. 55 ff.; Vogel/Lehner/*Hemmelrath* DBA Art. 7 Rn. 57). Sie **stehen zurück** hinter dem insoweit abkommenseigenen und abschließenden Regelungsverständnis des Art. 7 OECD-MA (aA Schönfeld/Ditz/*Pohl* DBA Art. 3 Rn. 35). Diese Rechtslage erklärt die eigentümliche Beziehung des § 15 zu § 50i.

231.1 Ein komplexes, zugleich anschauliches Lehrstück zur zwei-Ebenen-Qualifikation (DBA-Ebene und EStG-Ebene) und zugleich zur Subsidiarität des § 20 Abs. 8 (→ Rn. 206) bietet das Urteil des FG Hessen vom 26.3.2015 – 10 K 2347/09, EFG 2015, 1454, rkr. Zur Entscheidung stand eine Betriebsaufspaltung über die Grenze (→ Rn. 1257). Auf DBA-Ebene entfaltet die Betriebsaufspaltung keine Wirkung – abkommensrechtlich sind die Einkünfte der inländischen Besitz-GbR aus Vermietung ausländischer Grundstücke an die ausländische Betriebsgesellschaft nicht den Unternehmensgewinnen (Art. 7 OECD-MA), sondern den Einkünften aus unbeweglichem Vermögen (Art. 6 OECD-MA) zuzuordnen. Soweit aber Deutschland hinsichtlich der Gewinnausschüttungen (Betriebsgesellschaft an Besitz-GbR) ein Besteuerungsrecht zusteht, entscheidet sich die Einkunftsqualifikation auf EStG-Ebene: Die Betriebsaufspaltung bewirkt die Umqualifikation; § 20 tritt zurück (§ 20 Abs. 8).

232 **cc) § 50d Abs. 10.** Die Grundentscheidung des § 15 Abs. 1 S. 1 Nr. 2, Sondervergütungen in die gewerblichen Einkünfte des Personengesellschafters einzubeziehen, erfasst als „internrechtliche" Qualifikation nicht automatisch auch die transnationale Konstellation. Die **grenzüberschreitende Sondervergütung** mag DBA-rechtlich von den jeweils einschlägigen Bestimmungen über Zinsen, Dividenden oder Lizenzgebühren erfasst sein. Dem widersetzt sich § 50d Abs. 10 (→ § 50d Rn. 233 ff.). Der Gesetzgeber vermeidet das Bekenntnis zum treaty overriding (dagegen Kirchhof/*Gosch* § 50d Rn. 44b: „lupenreines" treaty override, Korrekturgesetz, das den Vorrang der lex-fori-Klausel anordne), flaggt die Vorschrift verschämt als „DBA-Anwendungsregelung" aus und behauptet im Ergebnis die „Einheitlichkeit der Besteuerung inländischer und ausländischer Mitunternehmer" (BT-Drs. 17/10604, 17).

233 **dd) § 50i.** § 50i ist ein illegitimes Kind des § 15, Korrekturvorschrift für rechtsfehlerhaft behandelte Fälle aus der Zeit vor dem 29.6.2013 (§ 50i Abs. 1 S. 1). Vormals hat die Beraterschaft dazu ermutigt, Wirtschaftsgüter des Betriebsvermögens oder Anteile im Sinne des § 17 in eine gewerblich geprägte oder infizierte Personengesellschaft einzulegen, um wegzugswillige Steuerpflichtige vor § 6 AStG zu schützen. Der so ermöglichte und fortbestehende Zugriff des Fiskus auf die inländische (Holding-)GmbH & Co. KG sollte die sofortige Wegzugsbesteuerung erübrigen (WRS PersGes/*Schnittker/Haselmann* Rn. 14.1 ff.; Schmidt/*Loschelder* § 50i Rn. 1; Kirchhof/*Gosch* § 50i Rn. 1). Freilich beruhte diese Gestaltung auf einer **rechtsirrigen Deutung des § 15 Abs. 3,** auf der rechtsirrigen Annahme, dass die unilateral-fiktive Gewerblichkeit im nationalen Recht (§ 15 Abs. 3; Betriebsaufspaltung) durchschlage und auch auf der Abkommensebene zu Unternehmensgewinnen und einem Besteuerungsrecht des Quellenstaates führe.

Dem ist der BFH in seiner inzwischen gefestigten, vonseiten der Finanzverwaltung akzeptierten (→ Rn. 1348) Spruchpraxis entgegengetreten. Der Gesetzgeber wiederum befürchtet steuerfreie Entstrickung in den rechtsfehlerhaft behandelten Altfällen. **§ 50i will die versäumte Wegzugsbesteuerung nachholen** „ungeachtet entgegenstehender Bestimmungen des Abkommens zur Vermeidung der Doppelbesteuerung" (treaty override; zur Verfassungslegalität der einseitigen Abkommensüberschreibung BVerfG 15.12.2015 – 2 BvL 1/12, BVerfGE 141, 1; dagegen Sondervotum *König*, BVerfGE 141, 44). Das Fehlerbereinigungsrecht des § 50i stand und steht weiter in der Kritik. **234**

Einstweilen frei **235–240**

e) Bezug zur Gewerbesteuer. aa) Gewerbebegriff und Gewerbesteuer. Steuergegenstand der Gewerbesteuer ist nach § 2 Abs. 1 S. 1 GewStG der stehende Gewerbebetrieb, soweit er im Inland betrieben wird. Auf eine eigenständige Legaldefinition des Begriffs „Gewerbebetrieb" verzichtet das GewStG und **verweist stattdessen in § 2 Abs. 1 S. 2 GewStG auf das gewerbliche Unternehmen im Sinne des EStG.** Unter Gewerbebetrieb ist demnach ein gewerbliches Unternehmen im Sinne des Einkommensteuergesetzes zu verstehen. Damit wird nicht nur auf die Legaldefinition des Gewerbebetriebs (§ 15 Abs. 2), sondern ebenso auf § 15 Abs. 1 S. 1 Nr. 2 und 3 sowie auf § 15 Abs. 3 Bezug genommen. Allerdings hat der IV. Senat die Verbindung zwischen Einkommen- und Gewerbesteuer in Fällen der Aufwärtsinfektion (§ 15 Abs. 3 Nr. 1 S. 1 Alt. 2) **durchbrochen,** sodass in diesen Fällen zwar ein Gewerbebetrieb im Sinne der Einkommensteuer, nicht aber ein Gewerbebetrieb im Sinne der Gewerbesteuer vorliegt (BFH 6.6.2019 – IV R 30/16, DStR 2019, 1630; → Rn. 86; → Rn. 2371). **241**

bb) Teilentlastung von Gewerbesteuer (§ 35). Mit der **„Steuerermäßigung bei Einkünften aus Gewerbebetrieb",** die § 35 vorsieht, wird die gewerbesteuerliche Zusatzbelastung der Gewerbetreibenden „weitgehend beseitigt" (Kirchhof/*Gosch* § 35 Rn. 9; KSM/*Desens/Blischke* § 15 Rn. A 195). Sie ist gleichheitsrechtlich unangreifbar, weil sie Ungleichbehandlung abbaut. Sie bewirkt annähernd die Gleichbelastung der gewerblichen und nichtgewerblichen Unternehmer (BVerfG 15.1.2008 – 1 BvL 2/04, BVerfGE 120, 1 (41 ff.)) und entschärft die gewerbesteuerlichen Folgen der Abfärberegelung. Zugleich nähert sie die Einzelunternehmer (mit § 35 Abs. 1 S. 1 Nr. 1) und die Mitunternehmer (mit § 35 Abs. 1 S. 1 Nr. 2) den gewerbesteuerpflichtigen Kapitalgesellschaften an, indem sie einen Ausgleich schafft für den geminderten Körperschaftsteuersatz (zur konzeptionell angestrebten Rechtsform- und Belastungsneutralität BFH 22.9.2011 – IV R 3/10, BStBl. II 2012, 14 Rn. 23 ff.). § 35 gilt nicht für Körperschaftsteuersubjekte. **242**

Die Norm des § 35 ist, wiewohl sie Einkunftsart-spezifisch entlastet, verfassungsrechtlich akzeptabel (HHR/*Levedag* § 35 Rn. 8 ff.). Indem sie gewerbliche Einkünfte (§ 35 Abs. 1 S. 3; BMF 3.11.2016, BStBl. I 2016, 1187 Rn. 14) pauschalierend entlastet und in ihrer Wirkung abhängig bleibt von den gemeindlichen Hebesätzen, kann sie **Wirkungsunschärfen** nicht vermeiden (→ § 35 Rn. 25 ff.). Auch diese aber dürften von der Typisierungsbefugnis des Gesetzgebers noch gedeckt sein (Schmidt/*Wacker* § 35 Rn. 7). **243**

Einstweilen frei **244–246**

f) Körperschaftsteuer. aa) Gewerblichkeit kraft Rechtsform (§ 8 Abs. 2 KStG). Vorbehaltlich von Spezialregelungen verweist § 8 Abs. 1 S. 1 KStG für den körperschaftsteuerlichen Einkommensbegriff und die Ermittlung des Einkommens auf das EStG. Nach § 8 Abs. 2 KStG sind bei **unbeschränkt Steuerpflichtigen im Sinne des § 1 Abs. 1 Nr. 1 bis 3 KStG alle Einkünfte als Einkünfte aus Gewerbebetrieb** zu behandeln. Damit kann bei diesen auf die sonst notwendige Subsumtion unter § 15 verzichtet werden. **247**

bb) Organschaft (§ 14 Abs. 1 S. 1 Nr. 2 S. 2 KStG). In einer Organschaft, die zur Ergebniskonsolidierung zwischen Rechtsträgern berechtigt, kann auch eine **Personengesellschaft als Organträger** figurieren. § 14 Abs. 1 S. 1 Nr. 2 S. 2 KStG beschränkt sich allerdings nicht auf diese Klarstellung. Er verlangt zusätzlich, dass die Personengesellschaft „eine Tätigkeit im Sinne des § 15 Absatz 1 Satz 1 Nummer 1 des Einkommensteuergesetzes ausübt". Das qualifizierende Erfordernis schließt die gewerblich geprägte Personengesellschaft (§ 15 Abs. 3 Nr. 2) aus; sie kommt als Organträger nicht in Frage. Die Vorschrift hält jedoch nicht die **Besitz-Personengesellschaft in einer Betriebsaufspaltung** von der Organschaft **248**

fern. Sie kann die mit § 14 Abs. 1 S. 1 Nr. 2 S. 2 KStG vorausgesetzte „Tätigkeit" vorweisen. Sie nimmt über das Betriebsunternehmen selbst – originär gewerblich tätig – am allgemeinen wirtschaftlichen Verkehr teil (→ Rn. 771 und → Rn. 1115).

249–252 *Einstweilen frei*

253 **g) Verfahrensrecht. aa) Buchführungspflichten.** Erzielt der Steuerpflichtige gewerbliche Einkünfte, ist er nicht zwingend, aber doch regelmäßig zur Buchführung und damit gem. § 5 Abs. 1 zur Gewinnermittlung durch **Betriebsvermögensvergleich** nach den handelsrechtlichen Grundsätzen ordnungsmäßiger Buchführung verpflichtet.

254 Ist der Steuerpflichtige Kaufmann iSd §§ 1 ff. HGB, leitet sich seine derivative Buchführungspflicht aus § 140 AO iVm § 238 HGB („Jeder Kaufmann ist verpflichtet, Bücher zu führen […]") ab, der die handelsrechtliche Buchführungspflicht in das Steuerrecht transformiert. § 141 AO begründet eine originäre steuerliche Buchführungspflicht, „wenn sich eine Buchführungspflicht nicht aus § 140 ergibt" und der gewerbliche Unternehmer entweder die **Umsatzgrenze** des § 141 Abs. 1 Nr. 1 AO (mehr als 600 000 EUR im Kalenderjahr) oder die **Gewinngrenze** des § 141 Abs. 1 Nr. 4 AO (mehr als 60 000 EUR im Wirtschaftsjahr) überschreitet. So mag der Grundstücksvermieter, der sich für einen privaten Vermögensverwalter hält und nicht für den Besitzunternehmer in einer Betriebsaufspaltung, von der Aufforderung überrascht werden, nach § 141 AO Bücher zu führen (BFH 25.6.2013 – X B 96/12, BFH/NV 2013, 1802).

254.1 Die Goldfinger-Gestaltungen (→ Rn. 1347 f.) haben zu intensiver Diskussion geführt in der Frage, ob ausländische Rechtsnormen, die zur Bilanzierung verpflichten, etwa eine britische Limited Partnership in die Pflicht nehmen (BFH 25.6.2014 – I R 3/13, IStR 2015, 253; anders für die General Partnership FG München 29.6.2015 – 7 K 928/13, EFG 2015, 1931 (1932) (aufgehoben aus prozessualen Gründen: BFH 27.9.2017 – I R 62/15, BeckRS 2017, 145119)) –, „andere Gesetze als Steuergesetze" iSd § 140 AO sind. Hier erhebt sich die Grundsatzfrage, ob Belastungsfolgen für den inländischen Steuerpflichtigen, insbesondere das Wahlrecht des § 4 Abs. 3, von ausländischer Gesetzgebung abhängig sein dürfen oder allein in der Verantwortung des deutschen Gesetzgebers stehen. Mit guten Gründen für Alleinverantwortlichkeit des dem Grundgesetz verpflichteten Gesetzgebers *J.P. Müller* BB 2015, 2327; differenzierend Tipke/Kruse/*Drüen* AO § 140 Rn. 7 f.; offen noch BFH 25.6.2014 – I R 24/13, BStBl. II 2015, 141 Rn. 17; offen auch BFH 19.1.2017 – IV R 50/14, BStBl. II 2017, 456 Rn. 59.

255 **bb) Gesonderte und einheitliche Gewinnfeststellung (§ 180 Abs. 1 S. 1 Nr. 2 AO).** Für die Besteuerung der Mitunternehmer kommt dem **Gewinnfeststellungsverfahren** des § 180 Abs. 1 S. 1 Nr. 2 Buchst. a AO herausragende praktische Bedeutung zu. Das Betriebsfinanzamt (§ 18 Abs. 1 Nr. 2 AO) erlässt einen – in Abkehr von § 157 Abs. 2 AO gesonderten (§ 179 AO) – Gewinnfeststellungsbescheid, adressiert nicht an die Gesellschaft, sondern an die Mitunternehmer. Die Bekanntgabe erfolgt grundsätzlich an einen gemeinsamen Empfangsbevollmächtigten (§ 183 AO). Dieser Bescheid schichtet den in der Mitunternehmerschaft erwirtschafteten Erfolg ab, stellt Steuerbarkeit und Steuerpflicht der Einkünfte fest, die Höhe der Einkünfte und die Verteilung auf die Gesellschafter (Tipke/Kruse/*Brandis* AO § 180 Rn. 55). Als separater Feststellungsgegenstand innerhalb der gesondert festgestellten gewerblichen Einkünfte kommen die in § 15 Abs. 4 erfassten Einkünfte in Betracht. Eingekapselt und ferngehalten von der allgemeinen Verlustverrechnung, sind sie wegen dieser Eigenart der anknüpfenden Rechtsfolgen (→ Rn. 2490) „weitere selbständige Besteuerungsgrundlagen" (BFH 28.4.2016 – IV R 20/13, BStBl. II 2016, 739 Rn. 8).

256 In den Fällen des § 15 Abs. 1 S. 1 Nr. 2 handelt es sich stets um mehrere Beteiligte, sodass (§ 179 Abs. 2 S. 2 AO) das Betriebsfinanzamt den Gewinn der Personengesellschaft **gesondert und einheitlich** feststellt. Das Verfahren ist durchzuführen, wenn nur „eine Mitunternehmerschaft möglich erscheint" (Klein/*Ratschow* AO § 180 Rn. 9). Der Grundlagenbescheid (§ 171 Abs. 10 AO) bindet die Wohnsitz- (§ 19 Abs. 1 S. 1 AO) bzw. die Gesellschaftsfinanzämter (§ 20 Abs. 1 AO) der Mitunternehmer beim Erlass der Einkommensteuerbescheide (§ 182 Abs. 1 S. 1 AO). § 180 Abs. 1 Nr. 2 Buchst. a („wenn an den Einkünften mehrere Personen beteiligt sind und die Einkünfte diesen Personen steuerlich zuzurechnen sind") **spiegelt verfahrensrechtlich das Transparenzprinzip** des § 15 Abs. 1 S. 1 Nr. 2.

BFH 10.4.2014 – III R 20/13, BStBl. II 2016, 583, hat (mit Blick auf eine Freiberufler-Mitunternehmerschaft) klargestellt, dass der Gewinnfeststellungsbescheid nicht nur in positiver, sondern „auch in negativer Hinsicht Bindungswirkung“ entfaltet. Im Fall hatte das Wohnsitzfinanzamt mit einem Feststellungsbescheid zu tun, in den ein Verlust aus der Veräußerung des Anteils an der Freiberuflergesellschaft nicht einbezogen war. Die **negative Bindungswirkung** hindert das Wohnsitzfinanzamt daran, die im Grundlagenbescheid unerörterte Besteuerungsgrundlage (§ 199 Abs. 1 AO) aufzugreifen. Soweit der Adressat des Folgebescheids Einwendungen erheben will, „können diese nur gegenüber dem Feststellungsbescheid (Grundlagenbescheid), nicht hingegen gegenüber dem Einkommensteuerbescheid (Folgebescheid) geltend gemacht werden“ (BFH 10.4.2014 – III R 20/13, BStBl. II 2016, 583 Rn. 22): § 351 Abs. 2 AO, § 42 FGO. **256.1**

§ 180 Abs. 1 S. 1 Nr. 2 Buchst. a AO separiert feststellungshalber insbesondere die gemeinsam erzielten Ergebnisse der Mitunternehmer, beschränkt sich indessen tatbestandlich nicht auf bestimmte Einkunftsarten. Demgegenüber sieht **§ 180 Abs. 1 S. 1 Nr. 2 Buchst. b AO** die gesonderte Feststellung vor für „Einkünfte aus Land- und Forstwirtschaft, Gewerbebetrieb oder einer freiberuflichen Tätigkeit, wenn nach den Verhältnissen zum Schluss des Gewinnermittlungszeitraums das für die gesonderte Feststellung zuständige Finanzamt nicht auch für die Steuern vom Einkommen zuständig ist“. Die Vorschrift will das sachnähere Finanzamt – bei gewerblichen Einkünften das **Betriebsfinanzamt** – mit der Feststellung der Besteuerungsgrundlagen befassen (Klein/*Ratschow* AO § 180 Rn. 31). **257**

Besondere Probleme wirft die gesonderte und einheitliche Feststellung bei **Zebragesellschaften** auf (→ Rn. 1460). Der Meinungsvielheit innerhalb des BFH, ob über die Umqualifizierung der Einkünfte der gewerblichen Gesellschafter auf Ebene bereits durch das Gesellschafts-Finanzamt entschieden wird oder diese dem Gesellschafter-Finanzamt vorbehalten bleibt, hat der Große Senat 2005 ein Ende bereitet und im Sinne der letztgenannten Position entschieden (BFH 11.4.2005 – GrS 2/02, BStBl. II 2005, 679 (681)). **258**

cc) Außenprüfung (§ 193 AO). Die Außenprüfung (§§ 193 ff. AO) ist voraussetzungslos zulässig nur bei den in § 193 Abs. 1 AO benannten Steuerpflichtigen, in erster Linie den gewerblichen Unternehmern. Die Außenprüfung kann auch und gerade die **Feststellung der Gewerblichkeit** bezwecken (HHS/*Schallmoser* AO § 193 Rn. 44). § 193 AO differenziert grundsätzlich zwischen der betrieblichen (Abs. 1) und der privaten (Abs. 2) Sphäre, bedenkt auch die spezifischen Bedingungen einer Kontrolle unternehmerischer Buchführung und betrieblicher Aufzeichnungen (Klein/*Rüsken* AO § 193 Rn. 15). **259**

dd) Deklarationspflichten. Der aus § 15 Steuerpflichtige hat, wie jede steuerpflichtige Person, für den Veranlagungszeitraum eine Einkommensteuererklärung abzugeben (§ 25 Abs. 3). Er ist, wie Land- und Forstwirte und die Freiberufler, gehalten, die Erklärung durch Datenfernübertragung zu übermitteln, **§ 25 Abs. 4,** wenn nicht ein Veranlagungsfall des § 46 Abs. 2 Nr. 2 bis 8 betroffen ist. Die Übermittlung durch Datenfernübertragung sieht **§ 5b** auch für den Inhalt der Bilanz sowie die Gewinn- und Verlustrechnung vor. **§ 60 EStDV** verlangt, dass die dort benannten Unterlagen der Steuererklärung beigefügt werden, die Bilanz, wenn die Finanzbehörde auf die elektronische Übermittlung verzichtet (§ 5b Abs. 2), ggf. die Einnahme-Überschussrechnung. **260**

Einstweilen frei **261–266**

II. Normstruktur und zentrale Debatten

1. Inhalt der Norm

a) Einkünfte aus Gewerbebetrieb (Abs. 1). Abs. 1 konkretisiert den Tatbestand der Einkünfte aus Gewerbebetrieb („Einkünfte aus Gewerbebetrieb sind“), der in § 2 S. 1 Nr. 2 als einer der sieben Einkunftsarten angelegt ist. Abs. 1 ist nicht abschließend. Neben Abs. 1 S. 1 Nr. 1–3, S. 2 und 3 treten die Erweiterungen in § 15 Abs. 3 (→ Rn. 306), in § 17 (→ Rn. 209) sowie in § 16 (→ Rn. 212 ff.). **267**

aa) Gewerblicher Einzelunternehmer (Abs. 1 S. 1 Nr. 1 iVm Abs. 2). Nach **Abs. 1 S. 1 Nr. 1 iVm Abs. 2** zählen zu den Einkünften aus Gewerbebetrieb zunächst die Einkünfte aus gewerblichen Unternehmen. Aus der Zusammenschau mit Abs. 1 S. 1 **268**

Nr. 2 ergibt sich, dass mit gewerblichen Unternehmen allein der Einzelunternehmer gemeint ist. Einkünfte aus gewerblicher Mitunternehmerschaft fallen hingegen unter § 15 Abs. 1 S. 1 Nr. 2 (→ Rn. 270). Der Begriff des Gewerbebetriebs, der nicht nur § 15 Abs. 1 S. 1 Nr. 1, sondern ebenso Nr. 2 und 3 zugrunde liegt, wird in Abs. 2 legaldefiniert (→ Rn. 291 ff.).

269 Nach **Abs. 1 S. 1 Nr. 1 S. 2** gehören zu den Einkünften aus gewerblichen Unternehmen auch die Einkünfte aus gewerblicher Bodenbewirtschaftung, zum Beispiel aus Bergbauunternehmen und aus Betrieben zur Gewinnung von Torf, Steinen und Erden, soweit sie nicht land- oder forstwirtschaftliche Nebenbetriebe sind. Regelungsgegenstand der Bestimmung ist damit die **Abgrenzung zur Land- und Forstwirtschaft.** Rechtssystematisch stimmig wäre die Vorschrift daher besser bei § 15 Abs. 2 eingeordnet worden.

270 **bb) Einkünfte aus gewerblicher Mitunternehmerschaft (Abs. 1 S. 1 Nr. 2).** Weiterhin zählen nach **Abs. 1 S. 1 Nr. 2 S. 1** zu den Einkünften aus Gewerbebetrieb die Gewinnanteile der Gesellschafter einer Offenen Handelsgesellschaft, einer Kommanditgesellschaft und einer anderen Gesellschaft, bei der der Gesellschafter als Unternehmer (Mitunternehmer) des Betriebs anzusehen ist, und die Vergütungen, die der Gesellschafter von der Gesellschaft für seine Tätigkeit im Dienst der Gesellschaft oder für die Hingabe von Darlehen oder für die Überlassung von Wirtschaftsgütern bezogen hat.

271 Abs. 1 S. 1 Nr. 2 S. 1 Hs. 1 ist Ausdruck des **Transparenzprinzips.** Personenhandelsgesellschaften und andere Mitunternehmerschaften sind weder eigenständige Subjekte der Einkommensteuer noch unterliegen sie der Körperschaftsteuer. Die von ihnen erwirtschafteten Einkünfte werden auf Ebene ihrer Gesellschafter bzw. Mitunternehmer versteuert. Tatbestandlich setzt § 15 Abs. 1 S. 1 Nr. 2 S. 1 **dreierlei** voraus:

272 **(1) Mitunternehmerschaft.** Eine **Mitunternehmerschaft,** dh eine Rechtsgemeinschaft, die transparent besteuert wird. Regelbeispiele der Mitunternehmerschaft sind die in § 15 Abs. 1 S. 1 Nr. 2 S. 1 ausdrücklich genannte OHG und KG. Daneben treten andere Gesellschaften, bei denen die Gesellschafter als Unternehmer (Mitunternehmer) anzusehen sind. Oberbegriff der drei Varianten des § 15 Abs. 1 S. 1 Nr. 2 S. 1 ist der der Mitunternehmerschaft. Notwendige, aber auch hinreichende Bedingung einer Mitunternehmerschaft ist, dass **an einer Rechtsgemeinschaft wenigstens zwei Personen mitunternehmerschaftlich beteiligt sind** (so im Ergebnis auch KSM/*Desens/Blischke* § 15 Rn. C 37; ähnlich auch BFH 6.6.2019 – IV R 34/16, BFH/NV 2019, 1078 Rn. 29). Das Erfordernis einer mitunternehmerschaftlichen Beteiligung ist bereits auf dieser Ebene zu prüfen. Das Tatbestandsmerkmal kann aber bejaht und die Prüfung abgebrochen werden, wenn zwei (natürliche oder juristische) Personen als Mitunternehmer identifiziert sind.

272.1 Fehlt es neben dem Geschäftsinhaber an einem weiteren Beteiligten, dem Mitunternehmerstellung zukommt, ist § 15 Abs. 1 S. 1 Nr. 2 nicht einschlägig. In diesem Fall erzielt der Geschäftsinhaber Einkünfte als gewerblicher Einzelunternehmer (§ 15 Abs. 1 S. 1 Nr. 1; s. zur Parallelproblematik der Gewerbesteuer BFH 6.6.2019 – IV R 34/16, BFH/NV 2019, 1078 Rn. 22), sofern er sich entsprechend den Anforderungen des § 15 Abs. 2 gewerblich betätigt. Dies ist auch für die Regelbeispiele einer OHG und KG denkbar. So kann beispielsweise nicht von einer Mitunternehmerschaft ausgegangen werden, wenn bei einer 2-Personen-KG der Kommanditist eine feste, gewinnunabhängige Verzinsung seiner Einlage erhält. Seine Rechtsstellung hat sich dann so eng an die eines (typisch) stillen Gesellschafters angenähert, dass die Garantieverzinsung auf Ebene des Geschäftsinhabers als Betriebsausgabe anzusetzen ist, wohingegen der Kommanditist Einkünfte aus Kapitalvermögen bezieht.

273 **(2) Gewerblichkeit der Einkünfte der Mitunternehmerschaft.** Die Personengesellschaft ist einkommensteuerlich zwar nicht vollrechtsfähig, wohl aber Subjekt der Gewinnerzielung und der Gewinnermittlung (grundlegend BFH 25.6.1984 – GrS 4/82, BStBl. II 1984, 751 (761 f.)). Damit ist sowohl bei der Qualifikation als auch der Ermittlung der Einkünfte auf die Personengesellschaft selbst abzustellen (partielle Steuerrechtsfähigkeit der Personengesellschaft BFH 25.6.1984 – GrS 4/82, BStBl. II 1984, 751 (763, 765)). Dies gilt aber nicht ausnahmslos. Mitunter kann die Einkunftsart der Mitunternehmerschaft nur in Abhängigkeit davon bestimmt werden, wer an ihr beteiligt ist.

Ganz deutlich wird dies in Abgrenzung zur freiberuflichen Mitunternehmerschaft (§ 18 Abs. 4 S. 2). Nach ständiger Rechtsprechung ist selbst bei einer freiberuflichen Betätigung zwingend von gewerblichen Einkünften auszugehen, wenn an der nach ihrem Geschäftsgegenstand an sich freiberuflichen Mitunternehmerschaft auch nur ein Berufsfremder beteiligt ist (→ Rn. 433). Weiterhin lässt die auf Ebene der Mitunternehmerschaft verwirklichte Einkunftsart noch keine zwingenden Rückschlüsse darauf zu, wie die Einkünfte auf Ebene der Mitunternehmer qualifiziert werden. Dies zeigt das Beispiel der Zebragesellschaft (→ Rn. 1460). 273.1

(3) Mitunternehmerstellung des Gesellschafters. Gewinn bzw. Verlust der Mitunternehmerschaft wird denjenigen Gesellschaftern bzw. sonstigen Beteiligten zugerechnet, die Mitunternehmer sind. Hierzu müssen sie über hinreichende **Mitunternehmerinitiative** und **Mitunternehmerrisiko** verfügen. Prüfstein und Untergrenze ist die Stellung eines Kommanditisten nach dem Regelstatut der KG (§§ 161 ff. HGB; → Rn. 1491). Nicht ausreichend sind hingegen die Rechte, die einem stillen Gesellschafter im Rahmen einer typisch stillen Gesellschaft nach §§ 230 ff. HGB zustehen (s. § 20 Abs. 1 Nr. 4 S. 1). 274

(4) Rechtfolge. Als **Rechtsfolge** des § 15 Abs. 1 S. 1 Nr. 2 S. 1 hat der Mitunternehmer nicht nur den auf ihn entfallenden **Gewinn- bzw. Verlustanteil,** sondern auch die Vergütungen, die der Gesellschafter von der Gesellschaft für seine Tätigkeit im Dienst der Gesellschaft oder für die Hingabe von Darlehen oder für die Überlassung von Wirtschaftsgütern bezogen hat (sog. **Sonderbereich,** einschließlich des Sonderbetriebsvermögens, § 15 Abs. 1 S. 1 S. 1 Hs. 2) zu versteuern. Dies dient der Gleichbehandlung von Mitunternehmern mit dem Einzelunternehmer und soll eine Aushöhlung der Bemessungsgrundlage der Gewerbesteuer verhindern (→ Rn. 1682). Ebenso wie es einem Einzelunternehmer verwehrt ist, die Bemessungsgrundlage des Gewerbebetriebs durch den Abschluss von Rechtsgeschäften mit sich selbst zu verkürzen (beispielsweise durch entgeltliche Überlassung von Wirtschaftsgütern aus dem Privatvermögens), bleibt diese Option auch den Mitunternehmern verschlossen. Weiterhin ist sichergestellt, dass Wirtschaftsgüter, die betrieblich genutzt werden, auch dann steuerlich verstrickt sind, wenn sie nicht zum Gesamthandsvermögen der Gesellschaft gehören. 275

Die Auslegung des § 15 Abs. 1 S. 1 Nr. 2 S. 1 ist Gegenstand **zahlreicher dogmatischer** Kontroversen. Hierzu zählt die Debatte, ob die Mitunternehmer selbst den Tatbestand der gewerblichen Einkünfteerzielung in eigener Person verwirklichen oder der Unternehmensträger richtigerweise die Mitunternehmerschaft ist, deren Einkünfte sich die Mitunternehmer lediglich zurechnen lassen müssen (→ Rn. 1565 f.). Ebenso umstritten ist, wie Bilanzierungskonkurrenzen aufzulösen sind (→ Rn. 1743 ff.). Entsprechende Fragen stellen sich, wenn das zur Einkünfteerzielung eingesetzte Sondervermögen bereits vorher zum Betriebsvermögen des Mitunternehmers gezählt hat. Hier muss entschieden werden, ob dieses nunmehr dem Sonderbereich der nutzenden Mitunternehmerschaft zuzurechnen oder es bilanztechnisch weiterhin bei dem ursprünglichen Unternehmensträger zu erfassen ist. 276

(5) Doppelstöckige Personengesellschaft. Abs. 1 S. 1 Nr. 2 S. 2 Hs. 1 stellt mittelbar über eine oder mehrere Personengesellschaften beteiligte Gesellschafter (sog. **Obergesellschafter**) dem unmittelbar beteiligten Gesellschafter (sog. **Untergesellschafter**) gleich. Gemäß Abs. 1 S. 1 Nr. 2 S. 2 Hs. 2 ist der Obergesellschafter als Mitunternehmer des Betriebs der Gesellschaft anzusehen, an der er mittelbar beteiligt ist, wenn er und die Personengesellschaften, die seine Beteiligung vermitteln, jeweils als Mitunternehmer der Betriebe der Personengesellschaften anzusehen sind, an denen sie unmittelbar beteiligt sind. Sinn und Zweck der Vorschrift ist es, möglichen Aushöhlungen der Bemessungsgrundlage der Untergesellschaft vorzubeugen, indem ihr Gewinn durch Rechtsgeschäfte zwischen der Untergesellschaft und Obergesellschaftern, die nicht unmittelbar an der Untergesellschaft beteiligt sind, gemindert wird (→ Rn. 2149). Entsprechendes gilt für die betriebliche Verstrickung von Wirtschaftsgütern der Obergesellschafter, die dem Betrieb der Untergesellschaft dienen. Mit dieser Ergänzung des Abs. 1 S. 1 Nr. 2 hat der Gesetzgeber auf eine Entscheidung des Großen Senats reagiert (BFH 25.2.1991 – GrS 7/89, BStBl. II 1991, 691 (699 f.)), der eine Verkürzung der Bemessungsgrundlage der Untergesellschaft durch mit Obergesellschaftern abgeschlossene Verträge zugelassen hatte (→ Rn. 2105 ff. und → Rn. 2150). 277

277.1 Beispiel zur Obergesellschaft: A und B sind Gesellschafter der A&B-OHG. Diese ist als Obergesellschaft wiederum Gesellschafter der ABC-KG (Untergesellschaft), an der neben der A&B-OHG auch die C beteiligt ist. Wenn Obergesellschafter B ein Betriebsgrundstück an die ABC-KG vermietet, mindern die Mietzinsen als Betriebsausgaben (§ 4 Abs. 4) zwar die Bemessungsgrundlage der ABC-KG, zählen aber zu den Sonderbetriebseinnahmen des B bei der ABC-KG, sodass der Betriebsausgabenabzug im Sonderbereich kompensiert wird. Außerdem ist das Betriebsgrundstück gewerblich verstrickt.

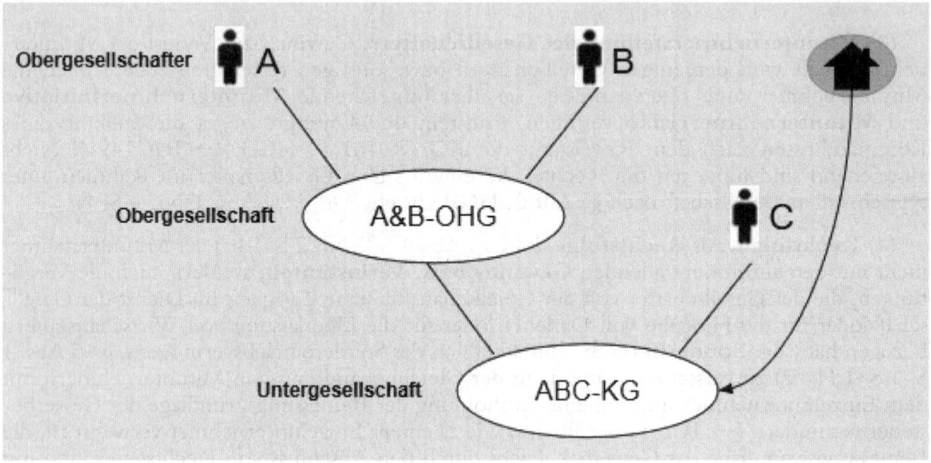

278 **cc) Kommanditgesellschaft auf Aktien (Abs. 1 S. 1 Nr. 3). Abs. 1 S. 1 Nr. 3** regelt im Verbund mit § 9 Abs. 1 S. 1 Nr. 1 KStG die ertragsteuerliche Einordnung der **Kommanditgesellschaft auf Aktien** (§§ 278 ff. AktG). Die Kommanditgesellschaft auf Aktien ist als Kapitalgesellschaft eine juristische Person, hat aber zumindest einen persönlich haftenden Gesellschafter, dessen Rechtsstellung weitgehend dem persönlich haftenden Gesellschafter einer Kommanditgesellschaft angeglichen ist (siehe § 278 Abs. 2 AktG).

279 Gemäß § 15 Abs. 1 S. 1 Nr. 3 werden die Gewinnanteile der persönlich haftenden Gesellschafter diesen zugerechnet, soweit sie nicht auf Anteile am Grundkapital entfallen. Ebenso erfasst sind die Vergütungen, die der persönlich haftende Gesellschafter von der Gesellschaft für seine Tätigkeit im Dienst der Gesellschaft oder für die Hingabe von Darlehen oder für die Überlassung von Wirtschaftsgütern bezogen hat, sodass der persönliche Gesellschafter zwar nicht als Mitunternehmer bezeichnet wird, aber „**wie ein Mitunternehmer zu behandeln**" ist.

280 **dd) Nachträgliche Einkünfte (Abs. 1 S. 2). Abs. 1 S. 2** trifft für die Zuordnung nachträglicher Einkünfte im Sonderbereich in den Fällen des S. 1 Nr. 2 und 3 eine klarstellende Regelung. Danach sind Vergütungen, die als nachträgliche Einkünfte (§ 24 Nr. 2) bezogen werden, weiterhin als gewerblich einzuordnen (→ Rn. 2220).

281 **ee) Entnahme zu eigenen Wohnzwecken (Abs. 1 S. 3). Abs. 1 S. 3** ordnet die entsprechende Geltung des § 13 Abs. 5 an, sofern das Grundstück im Veranlagungszeitraum 1986 zu einem gewerblichen Betriebsvermögen gehört hat. § 13 Abs. 5 ist eine **besondere Bewertungsvorschrift** für die Entnahme von Grund und Boden im Bereich der Einkünfte aus Land- und Forstwirtschaft. Sofern auf ursprünglich land- und forstwirtschaftlich genutztem Grund und Boden die eigene Wohnung des Steuerpflichtigen oder eine Altenteilerwohnung (Letzteres ist im Rahmen des § 15 nicht relevant, s. HHR/*Tiede* § 15 Rn. 940) errichtet wird, bleibt der Entnahmegewinn außer Ansatz, sodass auf eine Besteuerung etwaig anfallender stiller Reserven verzichtet wird. Wie die Parallelvorschrift des § 18 Abs. 4 S. 1 sieht auch § 15 Abs. 1 S. 3 die temporale Einschränkung vor, dass das Grundstück im Veranlagungszeitraum 1986 zum (gewerblichen) Betriebsvermögen gehört hat. Da § 13 Abs. 5 keine entsprechende Einschränkung enthält, ist § 15 Abs. 1

Ein besonders anschauliches Beispiel hierfür ist die Debatte zwischen der sogenannten Bilanzbündeltheorie und der Einheitstheorie (besonders instruktiv *Meßmer* StbJb 1972/73, 127 ff.). Für die in der Rechtsprechung des Reichsfinanzhofs und zunächst auch des Bundesfinanzhofs vertretene Bilanzbündeltheorie sind Träger der Mitunternehmerschaft nicht die Personengesellschaft, sondern die einzelnen Gesellschafter. Dessen ungeachtet sah sich die Rechtsprechung aber in nicht wenigen Fällen genötigt, bei der Auslegung des EStG auf die „Einheit der Personengesellschaft" abzustellen und damit den eigenen theoretischen Ausgangspunkt zu durchbrechen (→ Rn. 419). Seit der Überwindung der Bilanzbündeltheorie durch die Einheitstheorie, die nicht die einzelnen Gesellschafter, sondern die Personengesellschaft selbst als Trägerin des Unternehmens ansieht, stellt sich das Problem unter umgekehrten Vorzeichen. Hier rückt die Rechtsprechung immer wieder von der Einheitsbetrachtung ab und fällt damit scheinbar systemwidrig in die Bilanzbündeltheorie zurück (→ Rn. 433). Legitimiert wird dies unter Rücksicht auf den Topos der sachlich zutreffenden Besteuerung (→ Rn. 432). 324.1

Die Bedeutung der Vorfragen sollte in der praktischen Rechtsanwendung daher nicht überschätzt werden. Aus rechtstheoretischer Sicht handelt es sich allein um **Topoi,** dh Problemlösungsgesichtspunkte, die bei der praktischen Rechtsfindung Hilfestellung leisten können, aber keinen Absolutheitsanspruch aufweisen und daher nicht schematisch gehandhabt werden können. 325

Die folgende Darstellung schichtet der Auslegung des § 15 – wirklich oder nur vermeintlich – vorgelagerte Weichenstellungen danach ab, ob sie eher auf Ebene der **juristischen Methodenlehre** (→ Rn. 327 ff.) oder der **Rechtsdogmatik** (→ Rn. 387 ff.) angesiedelt sind. 326

a) Rechtsmethodische Grundfragen. Die Auslegung des § 15 ist zum steuerrechtlichen Austragungsort zahlreicher rechtsmethodischer Grundsatzdebatten geworden. Hierzu gehören die **Grenzen der Rechtsfortbildung** (→ Rn. 329) und die semantische Struktur seiner Schlüsselbegriffe „Gewerbebetrieb" und „Mitunternehmer" (**Typusbegriffe versus Klassenbegriffe** → Rn. 343). Verschiedentlich ist vorgeschlagen worden, die sich im Rahmen der Auslegung des § 15 stellenden Qualifikationsprobleme mithilfe der **Theorie der beweglichen Systeme** zu lösen (→ Rn. 358). Dem Typusdenken und der Theorie der beweglichen Systeme gegenläufig greifen Rechtsprechung, Verwaltungspraxis und Literatur zur Konkretisierung des Begriffs der gewerblichen Einkünfte zu vergleichsweise starren Quantifizierungen, die Ausdruck der sogenannten **typisierenden Betrachtungsweise** sind (→ Rn. 366). 327

aa) Grenzen der Rechtsfortbildung

Leitentscheidungen, wichtige Verwaltungsanweisungen und Schrifttum (Auswahl): 328

Leitentscheidungen des BFH: 328.1
BFH 20.10.1983 – IV R 175/79, BStBl. II 1984, 221; BFH 21.7.1999 – I R 141/97, BStBl. II 1999, 832.

Entscheidungen des BVerfG: 328.2
BVerfG 31.10.2016 – 1 BvR 871/13, 1 BvR 1833/13, NVwZ 2017, 617; BVerfG 15.7.1969 – 1 BvR 457/66, BStBl. II 1969, 718; BVerfG 14.8.1996 – 2 BvR 2088/93, NJW 1996, 3146.

Schrifttum (Auswahl): 328.3
Crezelius, Steuerrechtliche Rechtsanwendung und allgemeine Rechtsordnung, 1983; *Crezelius*, Verkappte Analogien in der Finanzrechtsprechung, StuW 1981, 117; *Lang*, Die Ausfüllung von Lücken in Steuergesetzen, in: Cagianut/Vallender (Hrsg.), FS f. Ernst Höhn, 1995, 159; *Hey*, Steuerplanungssicherheit als Rechtsproblem, 2002, 570 ff.; *Schenke*, Die Rechtsfindung im Steuerrecht, 2007; *Schenke*, Kritik der steuerrechtlichen Methodenlehre, StuW 2008, 206; *Tipke*, Rechtsetzung durch Steuergerichte und Steuerverwaltungsbehörden? – Zum Thema der Mainzer Tagung der Deutschen Steuerjuristischen Gesellschaft, StuW 1981, 189; *Walz*, Steuergerechtigkeit und Rechtsanwendung, 1980.

(1) Grundfragen der Rechtsfortbildung. Bei der Interpretation des § 15 vertritt die Rechtsprechung nicht selten Positionen, die sich nicht mehr als bloße Normauslegung legitimieren lassen, sondern die **Grenze zur Rechtsfortbildung überschreiten** (→ Rn. 330). § 15 wirft daher in besonderer Weise die Frage nach den Grenzen der Rechtsfortbildung im Steuerrecht auf (Tipke/Kruse/*Drüen* AO § 4 Rn. 344 ff.; ausführlich *Schenke* Die Rechtsfindung im Steuerrecht, 172 ff., 423 ff.). 329

330 Ein Beispiel hierfür ist die Einordnung von Vermögensgegenständen, die ein Mitunternehmer der Gesellschaft auf schuldrechtlicher Basis zur Verfügung stellt. Die herrschende Meinung ordnet entsprechende Vermögensgegenstände dem sogenannten **Sonderbetriebsvermögen** zu (→ Rn. 1688 ff.). Dies hat zur Folge, dass das eingesetzte Vermögen auch dann steuerlich verstrickt ist, wenn es sich ursprünglich nicht im Betriebsvermögen, sondern im Privatvermögen des Mitunternehmers befunden hat. Im Wortlaut des § 15 Abs. 1 S. 1 Nr. 2 hat dies keinen Niederschlag gefunden. Hier ist lediglich die Rede davon, dass Vergütungen, die der Gesellschafter für die Überlassung von Wirtschaftsgütern bezogen hat, als Einkünfte aus Gewerbebetrieb zu qualifizieren sind. Ein anderes Beispiel für eine den Wortlaut des Gesetzes überschreitende Interpretation ist das Erfordernis einer **mitunternehmerschaftlichen Betätigung der Gesellschafter einer OHG oder KG** (BFH 21.2.1974 – IV B 28/73, BStBl. II 1974, 404 (406 f.)). Wenn man allein vom Normtext ausgeht, liegt es an sich nahe, dies nur bei einer „anderen Gesellschaft" iSd § 15 Abs. 1 S. 1 Nr. 2 zu verlangen.

330a Als Problem der Grenzen der richterlichen Rechtsfortbildung wird zudem die Zulässigkeit der sogenannten Betriebsaufspaltung (→ Rn. 1105 ff.) eingeordnet. Jüngere Beispiele sind die vom IV. Senat vertretene (mittlerweile aber vom Gesetzgeber korrigierte) **teleologische Reduktion der Abfärberegelung des § 15 Abs. 3 Nr. 1** (BFH 12.4.2018 – IV R 5/15, BStBl. II 2020, 118, → Rn. 2312), die bei negativen gewerblichen Einkünften nicht länger Platz greifen sollte (s. aber nunmehr § 15 Abs. 3 Nr. 1 S. 2 → Rn. 2325; → Rn. 2388), sowie die teleologische Reduktion des § 2 Abs. 1 S. 2 GewStG iVm § 15 Abs. 3 Nr. 1 S. 1 Alt. 2 EStG (→ Rn. 2371).

331 Ihr vorgelagert ist die **Abgrenzung zwischen Auslegung und Rechtsfortbildung.** Im Einklang mit der Methodenlehre von *Karl Larenz* stützt sich die mittlerweile ganz herrschende Meinung auf die **Grenze des möglichen Wortsinns** (BVerfG 31.10.2016 – 1 BvR 871/13, 1 BvR 1833/13, NVwZ 2017, 617 Rn. 22; Tipke/Kruse/*Drüen* AO § 4 Rn. 340; grundlegend *Larenz* Methodenlehre der Rechtswissenschaft, 343). Jenseits des möglichen Wortsinns kann eine Norminterpretation methodengerecht nur noch als Analogie oder als teleologische Reduktion legitimiert werden.

332 Hinsichtlich der **Zulässigkeit der Rechtsfortbildung** wird ganz überwiegend nach ihren Wirkungen differenziert. So sollen die Grenzen der Rechtsfortbildung weiter gesetzt sein, wenn die Rechte des Einzelnen ausgedehnt werden, enger gesetzt sein, wenn diese beschränkt werden (zuletzt BVerfG 31.10.2016 – 1 BvR 871/13, 1 BvR 1833/13, WM 2017, 154 Rn. 20). Nur eine Mindermeinung lehnt eine Rechtsfortbildung generell ab, sodass diese weder zugunsten noch zulasten des Steuerpflichtigen möglich ist (*Crezelius* BB 1984, 1377 (1381); *Crezelius* Steuerrechtliche Rechtsanwendung und allgemeine Rechtsordnung, 365 ff.; so in der Tendenz nunmehr aber auch *Reimer*, zitiert nach *Ebner/Malzahn/Martini* DStR-Beih. 2017, 77 (81 ff.)).

332.1 Dahinter steht die These der radikalen Positivität des Steuerrechts. So sollen die anspruchsbegründenden Tatbestände des Steuerrechts keinen wie auch immer gearteten Sachgesetzlichkeiten unterliegen (*Flume*, Richterrecht im Steuerrecht, StbJb 1964/65, 55 (68 f.)). Die Rechtsfindung so eng an den Gesetzeswortlaut zurückzubinden, wird aber weder der Stellung der Verwaltung noch der Rechtsprechung im gewaltenteilenden Gefüge des Grundgesetzes gerecht. Der Richter war in Europa niemals lediglich „la bouche qui prononce les paroles de la loi" (BVerfG 8.4.1987 – 2 BvR 687/85, BVerfGE 75, 223 (243)). Entsprechendes muss auch für die Rechtsfortbildung durch die Finanzverwaltung gelten, die im Unterschied zur Judikative sogar noch stärker demokratisch legitimiert ist (*Schenke* Die Rechtsfindung im Steuerrecht, 358). Die ganz hM befürwortet damit zu Recht jedenfalls die Zulässigkeit einer Rechtsfortbildung **zugunsten der Steuerpflichtigen** (Tipke/Kruse/*Drüen* AO § 4 Rn. 363). Aus verfassungsrechtlicher Sicht ist dies nachvollziehbar, weil eine Rechtsfortbildung zugunsten der Steuerpflichtigen deren Rechtskreis erweitert, sodass die Schutzfunktion des Vorbehalts des Gesetzes nicht berührt ist und kein Vertrauen in den Gesetzeswortlaut enttäuscht werden kann (BVerfG 31.10.2016 – 1 BvR 871/13, 1 BvR 1833/13, NVwZ 2017, 617 Rn. 20).

333 Wesentlich problematischer und weiterhin nicht abschließend geklärt ist die Zulässigkeit der **belastenden Rechtsfortbildung** (zuletzt hierzu BVerfG 31.10.2016 – 1 BvR 871/13, 1 BvR 1833/13, NVwZ 2017, 617). In der Rechtsprechung des BFH ist dies bislang nur in einer Entscheidung explizit bejaht worden (BFH 20.10.1983 – IV R 175/79, BStBl. II 1984, 221), in daran anschließenden Urteilen hingegen wieder offen gelassen (BFH

24.11.1983 – IV R 14/83, BStBl. II 1984, 431 (432); BFH 13.1.1984 – VI R 194/80, BStBl. II 1984, 315 (316); BFH 12.1.1990 – VI R 29/86, BStBl. II 1990, 423 (425)) oder verneint worden (BFH 21.7.1999 – I R 141/97, BStBl. II 1999, 832 (834)). Die Literatur ist gespalten (für die Zulässigkeit etwa *Lang* FS Höhn, 1995, 159 (159 ff.); APW/*Kirchhof*, Besonderes Verwaltungsrecht: Ein Lehr- und Handbuch. Band II. Kommunal-, Haushalts-, Abgaben-, Ordnungs-, Sozial-, Dienstrecht, § 20 Rn. 50, 131; *Hey* Steuerplanungssicherheit als Rechtsproblem, 570 ff.; dagegen Tipke/Kruse/*Drüen* AO § 4 Rn. 360).

In der Entscheidungspraxis lassen sich nicht wenige Fälle nachweisen, in denen der BFH Entscheidungen der Finanzverwaltung gebilligt hat, die sich methodengerecht nur im Wege einer belastenden Rechtsfortbildung legitimieren lassen (→ Rn. 330). Da der BFH in der Regel eine klare Positionierung vermeidet, ist ihm immer wieder mangelnde Methodenehrlichkeit vorgeworfen worden (*Crezelius* StuW 1981, 117 (121 ff.)). 334

Richtigerweise kann im Steuerrecht nicht von einem generellen Verbot belastender Rechtsfortbildung ausgegangen werden, sofern sich diese als methodengerechte Norminterpretation darstellt. Unter diesen Voraussetzungen können weder aus dem **Demokratieprinzip** noch aus dem Rechtsstaatsprinzip zwingende Einwände gegen eine Norminterpretation abgeleitet werden, die keinen hinreichenden Ausdruck im Gesetzeswortlaut gefunden hat. Im Gegenteil verwirklichen Analogie und teleologische Reduktion die Gesetzesbindung (Art. 20 Abs. 3 GG), indem sie das Gesetz nicht nur als Worthülse, sondern als Träger eines Normzwecks begreifen. 335

Dieses teleologische Gesetzesverständnis hat in § 4 Reichsabgabenordnung seinen deutlichen Ausdruck gefunden. Auf die Übernahme der Vorschrift in die AO hat der Gesetzgeber nur deshalb verzichtet, weil er die Geltung dieser Grundsätze als selbstverständlich vorausgesetzt hat (*Schenke* Die Rechtsfindung im Steuerrecht, 403). Wo der Gesetzeswortlaut methodengerecht fortgebildet wird, steht auch der **Vertrauensschutz** der Steuerpflichtigen einer Belastung nicht zwingend entgegen. Auf den Gesetzeswortlaut kann dort nicht vertraut werden, wo er eine planwidrige Regelungslücke aufweist. Im Einzelfall unbillige Ergebnisse können gegebenenfalls über einen Billigkeitserlass nachkorrigiert werden (*Schenke* Die Rechtsfindung im Steuerrecht, 423 ff.; *Schenke* StuW 2008, 206; aA aber *Schön* DStJG 33 (2010), 29 (55)). 335.1

Im Anwendungsbereich des § 15 hat das BVerfG im Einklang mit der hier vertretenen Position vielfach gegen **belastende Rechtsfortbildungen durch den BFH keine verfassungsrechtlichen Einwände** erhoben. So wurde das Rechtsinstitut der Betriebsaufspaltung in verschiedenen Entscheidungen gebilligt (BVerfG 15.7.1969 – 1 BvR 457/66, BStBl. II 1969, 718 (721)). Ebenso hat das BVerfG die Zurechnung von Wirtschaftsgütern, die im Eigentum eines Gesellschafters stehen und dem Betrieb der Personengesellschaft dienen, zum Betriebsvermögen gebilligt. Da sich die Existenz des Sonderbetriebsvermögens nicht unmittelbar aus § 15 Abs. 1 S. 1 Nr. 2 ergibt, hat es zur Legitimation auf die im Steuerrecht zulässige wirtschaftliche Betrachtungsweise sowie das Gesamtsystem des Einkommensteuerrechts verwiesen (BVerfG 15.7.1969 – 1 BvR 457/66, BStBl. II 1969, 718 (721)). 336

Insgesamt leidet die Diskussion darunter, dass häufig nicht in der gebotenen Weise zwischen der **generellen Zulässigkeit** der belastenden Rechtsfortbildung und der Frage unterschieden wird, ob auch **im konkreten Fall** eine Rechtsfortbildung zulasten der Steuerpflichtigen methodengerecht begründet werden kann. Aus einzelnen Entscheidungen, in denen eine Rechtsfortbildung zulasten des Steuerpflichtigen abgelehnt wird (zuletzt BVerfG 31.10.2016 – 1 BvR 871/13, 1 BvR 1833/13, NVwZ 2017, 617), kann daher keinesfalls geschlossen werden, diese sei generell unzulässig. Dies gilt insbesondere für eine 1996 ergangenen Kammerscheidung des BVerfG (BVerfG 14.8.1996 – 2 BvR 2088/93, NJW 1996, 3146), bei der die Voraussetzungen eines Analogieschlusses nicht gegeben waren, aus der aber keine klare Positionsbestimmung des BVerfG abgeleitet werden kann (abweichend aber Tipke/Kruse/*Drüen* AO § 4 Rn. 361). Dagegen bekennt sich das BVerfG in der jüngsten Kammerentscheidung zur Zweitwohnungsteuer zu der prinzipiellen Zulässigkeit einer belastenden Rechtsfortbildung im Steuerrecht. Die Grenze zu einer verfassungswidrigen unzulässigen Rechtsfortbildung wird erst durch eine Interpretation überschritten, die den klaren Wortlaut des Gesetzes hintenanstellt, ihren Widerhall nicht im Gesetz findet und vom Gesetzgeber nicht ausdrücklich oder – bei Vorliegen einer erkennbar planwidrigen Gesetzeslücke – stillschweigend gebilligt wird (BVerfG 31.10.2016 – 1 BvR 871/13, 1 BvR 1833/13, NVwZ 2017, 617 Rn. 23). 336.1

337 Die Beispiele des Sonderbetriebsvermögens und der Betriebsaufspaltung zeigen, dass die Unterscheidung zwischen begünstigender und belastender Rechtsfortbildung unterkomplex ist. Wenn ein Wirtschaftsgut steuerlich verstrickt ist, führt dies zu einer Steuererhöhung, sofern stille Reserven offen gelegt werden. Umgekehrt kann die Verstrickung aber auch zu einer Steuerminderung führen, wenn das Wirtschaftsgut an Wert verliert und so eine Teilwertabschreibung vorzunehmen ist. In diesen Fällen **janusförmiger Rechtswirkungen** kann es richtigerweise allein darauf ankommen, ob sich eine Norminterpretation als methodengerechte Gesetzesanwendung legitimieren lässt (s. etwa *Woerner* BB 1986, 704 (706)).

338 Ziel und Richtung gibt der Rechtsfortbildung die **normativ erwartete Regelung** vor (*Schenke* Die Rechtsfindung im Steuerrecht, 177), dh der ideale Sollzustand, der im Gesetzeswortlaut nur unvollkommen Ausdruck gefunden hat und dann im Wege der Analogie oder der teleologischen Reduktion korrigiert wird. Speziell im Kontext der Besteuerung mitunternehmerschaftlicher Einkünfte kommt dem Topos der Einschränkung rechtsformbedingter Gestaltungsmöglichkeiten wichtige Bedeutung zu (s. auch *Weber-Grellet* DStR 1995, 1339). So beruft sich der BFH häufig auf das Anliegen, den Mitunternehmer einem Einzelunternehmer gleichzustellen (→ Rn. 478).

339–341 *Einstweilen frei*

bb) Typusbegriff versus Klassenbegriff

342 Leitentscheidungen, wichtige Verwaltungsanweisungen und Schrifttum (Auswahl):

342.1 Leitentscheidungen des BFH:
Einordnung des Gewerbebetriebs als Typusbegriff: BFH 2.12.1998 – X R 83/96, BStBl. II 1999, 534 – Typusbezogene Auslegung des § 15 Abs. 2; BFH 15.12.1999 – I R 16/99, BStBl. II 2000, 404 (405) – Anknüpfung an das typische Bild eines Gewerbebetriebs.

342.2 Schrifttum (Auswahl):
Fischer, Anmerkung zu BFH, Urt. v. 18.5. 1999, FR 1999, 946; *Mössner*, Typusbegriffe im Steuerrecht, in: Drenseck/Seer (Hrsg.), FS f. Heinrich-W. Kruse, 2001, 161; *Weber-Grellet*, Der Typus des Typus, in: Budde (Hrsg.), FS f. Heinrich Beisse, 1997, 551; *Schenke*, Die Rechtsfindung im Steuerrecht, 2007.

343 Bei der Konkretisierung des Begriffs des **Mitunternehmers** (BFH 21.2.1974 – IV B 28/73, BStBl. II 1974, 404 (407); BFH 3.11.2015 – VIII R 63/13, BStBl. II 2016, 383 Rn. 19), ebenso aber auch der **Legaldefinition des Gewerbebetriebs** in § 15 Abs. 2 greift der BFH zum Teil explizit, zum Teil aber doch zumindest implizit auf die Lehre vom Typusbegriff zurück. Der letztgenannten Fallgruppe sind zahlreiche, auch neuere Entscheidungen zugeordnet, in denen der BFH auf das „Bild des Gewerbebetriebs" verweist, das durch eine Orientierung an unmittelbar aus der Lebenswirklichkeit entlehnten Berufsbildern konturiert werden soll (BFH 19.1.2017 – IV R 50/14, BStBl. II 2017, 456 Rn. 28; s. auch BFH 15.12.1999 – I R 16/99, BStBl. II 2000, 404 (405): Orientierung am „typischen Bild des Gewerbebetriebs").

344 Der **Typusbegriff** ist untrennbar mit der Methodenlehre von *Karl Larenz* verbunden, der den Typusbegriff vom Klassenbegriff unterscheidet (*Larenz* Methodenlehre der Rechtswissenschaft, 218 ff., 303 f., 461 ff.). Der Typusbegriff hat aber auch Eingang in die Rechtsprechung des BVerfG gefunden (zur Deutung der in Art. 105, 106 GG aufgeführten Steuern und Steuerarten als Typusbegriffe BVerfG 13.4.2017 – 2 BvL 6/13, BVerfGE 145, 171 Rn. 65; dazu *Schenke* FS Schmidt-Preuß, 2018, 257 (269)). Kennzeichnend für den **Klassenbegriff** ist, dass er abschließend durch einzelne Begriffselemente beschrieben werden kann, die nach dem Modell der notwendigen und hinreichenden Bedingung verknüpft sind. Das bedeutet, dass einem Sachverhalt nur dann ein Tatbestand(-smerkmal) zugeschrieben werden kann, wenn sämtliche Bedingungen erfüllt sind (notwendige Bedingung), das Vorliegen dieser Bedingungen dann aber auch zwingend zur Erfüllung des Tatbestands(-merkmals) führt (hinreichende Bedingung). Der Klassenbegriff bietet damit den vermeintlichen Vorzug einer mechanischen Subsumtion, bei der die einzelnen Begriffselemente „nur" nacheinander abgearbeitet werden müssen.

345 Wenn man den Begriff des Gewerbebetriebs gem. § 15 Abs. 2 als Klassenbegriff deutet, **scheidet eine Subsumtion folglich zwingend aus,** wenn auch nur eines der positiven Tatbestandsmerkmale (Selbständigkeit, Nachhaltigkeit, Gewinnerzielungsabsicht, Beteiligung am allgemeinen wirtschaftlichen Verkehr) nicht vorliegt oder umgekehrt eines der negativen Tatbestandsmerkmale erfüllt ist.

Jedenfalls vordergründig komplexer gestaltet sich die Rechtsanwendung beim **Typusbegriff.** Dieser kann nur durch eine unbestimmte Zahl austauschbarer Merkmale beschrieben werden (BFH 3.11.2015 – VIII R 63/13, BStBl. II 2016, 383 Rn. 19). Ob ein Sachverhalt einem Typusbegriff entspricht, soll davon abhängen, ob die für den Typus als typisch angesehenen Merkmale in solcher Zahl und Stärke vorhanden sind, dass der Sachverhalt im Ganzen dem Erscheinungsbild des Typus entspricht. Dabei können einzelne Merkmale auch entbehrlich sein und gegeneinander ausgetauscht werden (BVerfG 13.4.2017 – 2 BvL 6/13, BVerfGE 145, 171 Rn. 65; anders für den Mitunternehmerbegriff, der zwingend sowohl Mitunternehmerrisiko wie Mitunternehmerinitiative erfordert BFH 3.11.2015 – VIII R 63/13, BStBl. II 2016, 383 Rn. 22; ausführlich → Rn. 1498). Im Gegensatz zum Klassenbegriff verlangt der Typusbegriff folglich nach einer wertenden Zuordnung. Den einzelnen Begriffsmerkmalen kommt damit indizielle Bedeutung zu. **346**

In der neueren rechtstheoretischen Debatte ist dem Larenz'schen Typusbegriff häufig **Irrationalität** und eine mangelnde rechtsstaatliche Bestimmtheit vorgehalten worden (kritisch *Weber-Grellet* FS Beisse, 1997, 551 (568); *Mössner* FS Kruse, 2001, 161 (170 f.)). Hierzu trägt sicherlich auch bei, dass Larenz die Grundlagen seiner Lehre vom Begriff im Kontext der nationalsozialistischen Rechtstheorie entwickelt hat (*Larenz* Über Gegenstand und Methode des völkischen Rechtsdenkens, 43 ff.). Bei näherer Hinsicht vermögen die gegen den Larenz'schen Typusbegriff erhobenen Einwände indes nicht zu überzeugen. **347**

Wenn man nicht einem genetischen Fehlschluss erliegen will, folgt aus dem unrühmlichen Kontext der Anfänge der Larenz'schen Methodenlehre noch keineswegs, dass die damals entwickelten Konzepte per se untauglich sind. Dafür spricht nicht zuletzt, dass der Larenz'sche Typusbegriff von anderen Rechtstheoretikern der Nachkriegszeit aufgegriffen worden ist, die insoweit über jeden Zweifel erhaben sind (*Schenke* Die Rechtsfindung im Steuerrecht, 164 ff.). **347.1**

Typusbegriffe für unvereinbar mit dem **rechtsstaatlichen Bestimmtheitsgebot** zu halten, überdehnt die sich aus dem Rechtsstaatsprinzip ergebenden Anforderungen. Dies zeigt insbesondere der Vergleich mit dem Strafrecht. Wenn dort vielfach mit Typusbegriffen gearbeitet wird (zB der Begriff des Mittäters gem. § 25 Abs. 2 StGB), muss dies auch im Steuerrecht zulässig sein, weil die steuerrechtlichen Anforderungen an die Bestimmtheit der Norm jedenfalls nicht über die sich aus Art. 103 Abs. 2 GG ergebenden Anforderungen hinausgehen können (*Schenke* Die Rechtsfindung im Steuerrecht, 376). **348**

Zudem ist für die Deutung des einkommensteuerlichen Gewerbebetriebs als Klassenbegriff gerade unter dem Aspekt des Bestimmtheitsgebots seinerseits ein hoher Preis zu zahlen. Um unbillige Ergebnisse zu vermeiden, sieht sich die Rechtsprechung vielfach gezwungen, die einzelnen Begriffselemente der Legaldefinition des § 15 Abs. 2 **bis zur Unkenntlichkeit aufzulösen,** wenn nicht geradezu in das Gegenteil ihres eigentlichen Bedeutungskerns zu verkehren (kritisch *Mössner* FS Kruse, 2001, 161 (173); *Schmidt-Liebig* FR 1997, 325 (327 ff.)). **349**

Ein Beispiel hierfür ist, dass es für die Beteiligung am allgemeinen wirtschaftlichen Verkehr bereits ausreichen soll, mit lediglich einem Geschäftspartner in Kontakt zu treten (BFH 15.12.1999 – I R 16/99, BStBl. II 2000, 404 (405); BFH 26.10.1977 – I R 110/76, BStBl. II 1978, 137 (139)). Ebenso soll eine einmalig ausgeübte Tätigkeit unter bestimmten Voraussetzungen bereits die Anforderungen der nachhaltigen Betätigung erfüllen (→ Rn. 741 ff.). **349.1**

Rechtsstaatliche Sollbruchstelle der Deutung des § 15 Abs. 2 als Klassenbegriff ist zudem das dann notwendig werdende ungeschriebene negative Tatbestandsmerkmal der **privaten Vermögensverwaltung** (→ Rn. 1029 ff.). Dieses weist seinerseits eine hohe Unbestimmtheit auf. Im praktischen Ergebnis dürften zwischen beiden Konzepten daher jedenfalls unter dem Aspekt der tatbestandlichen Bestimmtheit keine nennenswerten Unterschiede bestehen. So handelt es sich bei Tätigkeiten im Rahmen einer privaten Vermögensverwaltung um solche, die die Tatbestandsmerkmale des Abs. 2 insgesamt in so schwacher Ausprägung erfüllen, dass dies nicht mehr dem Typus eines Gewerbebetriebs entspricht (s. auch HHR/*Stapperfend* § 15 Rn. 1004). Gerade weil der Typusbegriff eine schärfere und präzisere Definition der einzelnen Untermerkmale erlaubt, verdient dieses Konzept aus rechtstheoretischer Sicht den Vorzug. **350**

Die Bedeutung des Meinungsstreits darf aber nicht überbetont werden. In seiner Rechtsprechungspraxis neigt der BFH ohnehin dazu, **typologische und klassifikatorische** **351**

Ansätze zu vermischen, sodass auch zwischen dem Typusbegriff und dem Klassenbegriff fließende Übergänge denkbar sind (*Schenke* Die Rechtsfindung im Steuerrecht, 170 ff.). Ein Beispiel hierfür ist die Anwendung der Drei-Objekt-Regel zur Abgrenzung zwischen gewerblichem Grundstückshandel und privater Vermögensverwaltung. Hier stützen sich Rechtsprechung und Literatur zur Konkretisierung eines Typusbegriffs jedenfalls der Sache nach auf eine typisierende Betrachtungsweise, indem das Vorliegen gewerblichen Grundstückshandelns vermutet wird, wenn innerhalb eines Fünfjahreszeitraumes mehr als drei Objekte angekauft und wieder veräußert werden (→ Rn. 1292).

352 Vielfach greift der BFH zur Abgrenzung auch auf Kriterienkataloge zurück, wobei Indizien, die für oder gegen das Vorliegen eines Tatbestandsmerkmals sprechen können, bewertet und dann gegeneinander abgewogen werden (BFH 19.1.2017 – IV R 50/14, BStBl. II 2017, 456 Rn. 37 ff.). Rechtstheoretisch führt dieser Ansatz auf die Theorie der beweglichen Systeme zurück (→ Rn. 358).

353–356 *Einstweilen frei*

cc) Theorie der beweglichen Systeme

357 Leitentscheidungen, wichtige Verwaltungsanweisungen und Schrifttum (Auswahl):

357.1 Leitentscheidungen des BFH:
BFH 19.1.2017 – IV R 50/14, BStBl. II 2017, 456.

357.2 Schrifttum (Auswahl):
Drüen, Über den Nutzen beweglicher Systeme im Steuerrecht, StuW 2000, 289; *Michael*, Der allgemeine Gleichheitssatz als Methodennorm komparativer Systeme, 1997; *Petersen*, Unternehmenssteuerrecht und bewegliches System, 1999; *Wilburg*, Entwicklung eines beweglichen Systems im bürgerlichen Recht, 1950.

358 Zur Abgrenzung und Konturierung der Schlüsselbegriffe des Gewerbebetriebs, aber auch der Mitunternehmerschaft bedient sich der BFH häufig **Kriterienkatalogen,** deren einzelnen Elementen **Indizwirkung** für das Vorliegen eines Tatbestandsmerkmals zukommt und die untereinander und gegeneinander abgewogen werden (besonders deutlich BFH 19.1.2017 – IV R 50/14, BStBl. II 2017, 456 Rn. 37 ff.).

359 Von *Petersen* ist vorgeschlagen worden, die Theorie der beweglichen Systeme für die Rationalisierung derartiger komplexer Abwägungsentscheidungen fruchtbar zu machen (*Petersen* Unternehmenssteuerrecht und bewegliches System, 100 ff.). In der Rechtsprechung ist dieser Ansatz bislang noch explizit nicht aufgegriffen worden, verdient aber mehr Aufmerksamkeit, als ihm bislang zuteil geworden ist (siehe aber etwa *Drüen* StuW 2000, 289 ff.). Die Theorie der **beweglichen Systeme** zielt darauf, komplexe Wertungsentscheidungen zu rationalisieren und intersubjektiv nachvollziehbar zu machen.

360 Die rechtstheoretischen Grundlagen dieses Konzepts führen ursprünglich auf Arbeiten des österreichischen Zivilisten *Walter Wilburg* zurück (*Wilburg* Entwicklung eines beweglichen Systems im bürgerlichen Recht, 22 ff.; aus jüngerer Zeit *Michael* Der allgemeine Gleichheitssatz als Methodennorm komparativer Systeme, 50 ff.). Das Grundanliegen des Konzepts liegt in einer stärkeren **Betonung der Einzelfallgerechtigkeit,** die sich aber bewusst von einer irrationalen Gefühlsjurisprudenz abgrenzen will. Bei der Lösung eines komplexen Wertungsproblems werden dazu die relevanten Gesichtspunkte in einem ersten Schritt identifiziert und in einem zweiten Schritt in ihrer konkreten Bedeutung gewichtet. Auf diese Weise kann ein Aspekt, dem abstrakt ein hoher Rang zukommt, möglicherweise durch einen anderen niederrangigen Aspekt überspielt werden, wenn sich letzterer für die Lösung eines Sachproblems als besonders relevant erweist.

360.1 *Wilburg* hat die Lehre vom beweglichen System am **Beispiel des Deliktsrechts** entwickelt. Dessen innere Ordnung sieht er nicht durch einen einheitlichen Gedanken, sondern durch ein Zusammenspiel von Gesichtspunkten – wie etwa dem Grad des Verschuldens, der Gefährdung, der Nähe des Kausalzusammenhangs zwischen Schaden und haftungsbegründenden Ursachen sowie der sozialen Abwägung der Vermögenslage des Beschädigten und des Beschädigers – gekennzeichnet. Ob eine Schadenshaftung zu rechtfertigen ist, soll sich aus dem jeweiligen Zusammentreffen und Stärkegrad der Kräfte ergeben, wobei die Gesamtwirkung ihres variablen Stils entscheidet (*Wilburg* Entwicklung eines beweglichen Systems im bürgerlichen Recht, 13 ff.).

Anwendungsfelder der Lehre vom beweglichen System im Steuerrecht sind vielfältig. Beispiele sind etwa der Begriff des **Mitunternehmers** (*Petersen* Unternehmenssteuerrecht und bewegliches System, 100), die **Betriebsaufspaltung** (*Petersen* Unternehmenssteuerrecht und bewegliches System, 59 ff.) oder eine Konkretisierung des Begriffs der **privaten Vermögensverwaltung.** Allen drei Fragekreisen ist gemein, dass sich die einkommensteuerliche Qualifikation nicht in einer mechanistisch anmutenden Subsumtion erschöpft, sondern eine komplexe Wertentscheidung verlangt, bei der eine Vielzahl unterschiedlicher Aspekte zu berücksichtigen ist. Um die Entscheidung intersubjektiv plausibel und kritisierbar zu machen, kann die Theorie der beweglichen Systeme eine gedankliche Folie bilden, auf der sich die Gewichtungsprobleme abbilden lassen. **361**

Schwachstelle der Theorie der beweglichen Systeme ist eine mögliche **Überbetonung der Einzelfallgerechtigkeit,** die in einem Rechtsgebiet, das überwiegend durch Massenfallrecht geprägt ist, wenig sachgerecht erscheint. Dem lässt sich entgegensteuern, indem Gesichtspunkte der Praktikabilität und der Vollzugstauglichkeit selbst in die Abwägung eingestellt werden, sodass Unterschiede hinwegtypisiert werden können. **361.1**

Einstweilen frei **362–364**

dd) Typisierende Betrachtungsweise

Leitentscheidungen, wichtige Verwaltungsanweisungen und Schrifttum (Auswahl): **365**

Entscheidungen des GrS: **365.1**
BFH 10.12.2001 – GrS 1/98, BStBl. II 2002, 291.

Weitere Leitentscheidungen des BFH: **365.2**
BFH 9.12.1986 – VIII R 317/82, BStBl. II 1988, 244; BFH 23.10.1987 – III R 275/83, BStBl. II 1988, 293; BFH 5.5.2004 – XI R 7/02, BStBl. II 2004, 738.

Wichtige Verwaltungsanweisungen: **365.3**
BMF 26.3.2004, BStBl. I 2004, 434.

Schrifttum (Auswahl): **365.4**
Hoffmann, Der maßvolle Gesetzesvollzug im Steuerrecht, 1999; *Müller-Franken*, Maßvolles Verwalten, 2004; *Osterloh*, Gesetzesbindung und Typisierungsspielräume bei der Anwendung der Steuergesetze, 1992; *Schenke*, Die Rechtsfindung im Steuerrecht, 2007.

Der wohl eingängigste und prominenteste Anwendungsfall der typisierenden Betrachtungsweise im Ertragsteuerrecht ist die sogenannte **Drei-Objekt-Regel** (→ Rn. 1272 ff.). Mit deren Hilfe grenzt die Rechtsprechung den gewerblichen Grundstückshandel von der privaten Vermögensverwaltung ab. Die Grenze zum gewerblichen Grundstückshandel soll dann überschritten sein, wenn innerhalb eines Fünfjahreszeitraumes mehr als drei Objekte angeschafft und wieder veräußert werden. Allerdings haben die Zahl der Objekte und der zeitliche Abstand der maßgeblichen Tätigkeit nur indizielle Bedeutung (BFH 10.12.2001 – GrS 1/98, BStBl. II 2002, 291 (294)). **366**

Allgemein handelt es sich bei der typisierenden Betrachtungsweise um eine **vereinfachte Form der Gesetzesanwendung,** die es im Interesse der Vollzugsvereinfachung erlaubt, Besonderheiten des Einzelfalls außer Acht zu lassen (*Schenke* Die Rechtsfindung im Steuerrecht, 131). Üblicherweise wird zwischen der formellen und der materiellen Typisierung unterschieden. Während bei der materiellen Typisierung ein Gegenbeweis kategorisch ausgeschlossen ist, begründet eine formelle Typisierung nur eine Vermutungsregel (*Müller-Franken* Maßvolles Verwalten, 246 ff.; Tipke/Kruse/*Drüen* AO § 4 Rn. 386). **367**

In das herkömmliche Subsumtionsschema ist die typisierende Betrachtungsweise richtigerweise nicht als Problem der Sachverhaltsermittlung, sondern als Frage der **Auslegung und Konkretisierung des gesetzlichen Tatbestandes** einzuordnen (*Osterloh* Gesetzesbindung und Typisierungsspielräume bei der Anwendung der Steuergesetze, 54 ff.; *Hoffmann* Der maßvolle Gesetzesvollzug im Steuerrecht, 110 f.). **368**

Wenn das Steuerrecht nicht zu einem vollzugsunfähigen Rechtsgebiet denaturieren soll, muss eine Typisierung nicht nur auf Ebene der Gesetzgebung, sondern auch der Konkretisierung einzelner Tatbestandsmerkmale zulässig sein. Der Weg, dies gegen **verfassungsrechtliche Einwände** abzusichern, führt auf Ebene der Finanzverwaltung über das Institut normkonkretisierender Verwaltungsvorschriften und der Selbstbindung der Verwaltung durch den **369** allgemeinen Gleichheitssatz, auf Ebene der Rechtsprechung über das Institut der Präjudizienbindung (zusammenfassend *Schenke* Die Rechtsfindung im Steuerrecht, 420 f.).

370–372 *Einstweilen frei*

ee) Auslegung von Reaktionsgesetzen

373 **Leitentscheidungen, wichtige Verwaltungsanweisungen und Schrifttum (Auswahl):**

373.1 **Schrifttum (Auswahl):**
Desens, Bindung der Finanzverwaltung an die Rechtsprechung, 2011; *Hey*, Rückwirkende Klarstellung und rückwirkende Nichtanwendungsgesetzgebung – Eine Bewertung in vertrauensschutzrechtlicher Hinsicht nach dem Beschluss des BVerfG v. 17.12.2013 – 1 BvL 5/08, JZ 2014, 500.

374 Der Gesetzgeber hat bei § 15 vielfach auf ihm unliebsame Rechtsprechung des Bundesfinanzhofs reagiert, um – aus seiner Sicht deklaratorisch – den vorher geltenden Rechtszustand wiederherzustellen (→ Rn. 106). Beispiele hierfür sind die Kodifikation der früheren Gepräge-Rechtsprechung in § 15 Abs. 3 Nr. 2 (BFH 25.6.1984 – GrS 4/82, BStBl. II 1984, 751) oder die Regelung des § 15 Abs. 1 S. 1 Nr. 1 S. 2 zur Einordnung doppel- und mehrstöckiger Personengesellschaften (BFH 25.2.1991 – GrS 7/89, BStBl. II 1991, 691). In Teilen der Literatur hat sich für derartige gesetzgeberische Eingriffe der – eher missverständliche – Begriff der **„Nichtanwendungsgesetzgebung"** eingebürgert (s. etwa *Hey* JZ 2014, 500). Die lex posterior ist jedoch kein „Nichtanwendungsgesetz", sondern Frucht demokratischer Erneuerung. Der Begriff „Nichtanwendungsgesetz" transportiert den Beiklang, der Gesetzgeber lasse sich auf einen Übergriff zu Lasten der Justiz ein, indem er eine justizförmig festgestellte Rechtslage durchkreuze. Diese Konnotation beschädigt das Demokratieprinzip. Die Rechtslage (pro futuro) zu ändern – und sei es auf Anstoß der Justiz und aus Anlass justizieller Deutung der lex lata –, ist auch und gerade in der erneuerungsfähigen Demokratie das elementare Hoheitsrecht der Gesetzgebung.

375 Treffender ist der Begriff der **Reaktionsgesetzgebung.** Hierunter werden Gesetze verstanden, mit denen der Gesetzgeber auf eine seiner Ansicht nach verfehlte Rechtsprechung reagiert, um eine neue Rechtslage oder auch den (vermeintlichen) Status quo ante wiederherzustellen.

375.1 Soweit Reaktionsgesetze die Rechtslage rückwirkend verschärfen, müssen sie sich auf den Prüfstein des im Rechtsstaatsprinzip verankerten Vertrauensschutzprinzips stellen lassen. Reaktionsgesetze, die zügig zu einer zuvor gefestigten höchstrichterlichen Rechtsprechung zurückkehren, um so eine vermeintliche Fehlentscheidung zu korrigieren, sind im Ergebnis keinen verfassungsrechtlichen Einwänden ausgesetzt (BVerfGE 126, 369 (393 ff.); 131, 20 (36 ff.)). Dem kann auch nicht die Ende 2013 ergangenen Entscheidung zu § 43 Abs. 18 KAGG (BVerfGE 135, 1 ff.) entgegengehalten werden (zweifelnd aber *Hey* JZ 2014, 500 ff.). Zwar hat der Erste Senat des BVerfG in dieser Entscheidung den Vertrauensschutz gegenüber Änderungen des Normtextes aufgewertet, die aus Sicht des Gesetzgebers allein deklaratorisch wirken. Dessen ungeachtet wird in der Entscheidung ausdrücklich an der oben zitierten Rechtsprechung des I. Senats festgehalten, wonach das Vertrauen auf den Fortbestand einer Rechtslage, die im Widerspruch zu einer zuvor gefestigten Rechtsprechung steht und die kurzfristig durch den Gesetzgeber korrigiert wird, nicht schutzwürdig ist (BVerfGE 135, 1 Rn. 69 ff.).

376 Verfehlt ist es, dem Reaktionsgesetzgeber per se einen **schlechten Gesetzgebungsstil** zu attestieren. Auf Entscheidungen der Judikative zu reagieren, ist ureigene Aufgabe parlamentarischer Gesetzgebung und unmittelbarer Ausdruck des Demokratieprinzips (s. auch BVerfG 17.12.2013 – 1 BvL 5/08, BVerfGE 135, 1 Rn. 69). Der Judikative kommt allein ein Rechtsprechungs-, aber kein Rechtsetzungsmonopol zu. Zwar sind der Judikative im gewaltenteilenden Gefüge des Grundgesetzes auch Aufgaben der richterlichen Fortbildung des Rechts zugewiesen. Dies ist einfachgesetzlich etwa in § 11 Abs. 4 FGO anerkannt und auch immer wieder in der Rechtsprechung des BVerfG betont worden (BVerfG 8.4.1987 – 2 BvR 687/85, BVerfGE 75, 223 (243)). Aus der begrenzten Befugnis der Judikative zur richterlichen Rechtsfortbildung leitet sich aber keinesfalls ein Vorrang gegenüber dem parlamentarischen Gesetzgeber ab. Vielmehr wird Richterrecht, sofern man dies überhaupt als Rechtsquelle anerkennt, nach dem Grundsatz *lex posterior derogat legi priori* durch einfaches Gesetzesrecht verdrängt.

Zuletzt wenig überzeugend ist es auch, den parlamentarischen Gesetzgeber im Steuerrecht unter Hinweis auf das Quasi-Monopol des BMF bei der Ausarbeitung von steuerlichen Gesetzesinitiativen zu diskreditieren. **377**

So aber etwa *Knobbe-Keuk* Bilanz- und Unternehmenssteuerrecht, 368: „Die Aufhebung von einzelnen Gerichtsentscheidungen durch den Gesetzgeber als weitere Instanz ist nur geeignet, das Vertrauen des Bürgers in den Schutz der Gerichte gegen unberechtigte Eingriffe [im Original: Begriffe] des Staates zu erschüttern: die Finanzverwaltung hat immer eine Instanz mehr als der Steuerpflichtige". **377.1**

Dass **Gesetzesinitiativen seitens der Ministerialbürokratie** erarbeitet werden, ist **kein demokratischer Betriebsunfall.** Art. 76 Abs. 1 GG nennt die Bundesregierung an erster Stelle der drei Verfassungsorgane, die zur Gesetzesinitiative berechtigt sind. Die Erarbeitung von Gesetzesinitiativen durch das BMF entspricht damit einem der Normalfälle parlamentarischer Gesetzgebung. **378**

Für die Auslegung von Reaktionsgesetzen können damit im Grundsatz **keine besonderen Regeln** gelten. Insbesondere besteht keine Veranlassung, diese unter Hinweis auf eine Missachtung der Judikative besonders restriktiv auszulegen (aA aber *Knobbe-Keuk* Bilanz- und Unternehmenssteuerrecht, 381). Auch bei Reaktionsgesetzen ist die Rechtsanwendung nicht an den Gesetzeswortlaut, sondern den **Inhalt der Norm** gebunden. Dieser lässt sich bei Reaktionsgesetzen häufig aus der Entstehungsgeschichte der Norm entnehmen. Keinesfalls vertretbar ist dabei eine Norminterpretation, die die Ziele des Gesetzgebers in ihr Gegenteil verkehrt (s. auch *Lepsius* JZ 2014, 488 (489 f.); instruktiv zu den Ursachen redaktioneller Defizite von Reaktionsgesetzen *Seer* StuW 1992, 35 (46)). Vielmehr muss gerade dort, wo das Gesetz redaktionelle Unzulänglichkeiten aufweist, aus dem unstimmigen Normtext ein systematisch überzeugender Norminhalt herausdestilliert werden. Dabei besteht **kein Anlass, per se auf eine lückenschließende und berichtigende Norminterpretation** zu verzichten. Aufgabe von Rechtsprechung und Verwaltung ist es, die geltenden Gesetze anzuwenden, nicht aber edukatorisch auf eine Verbesserung des Gesetzgebungsstils hinzuwirken. **379**

Deutlich abweichend aber *Knobbe-Keuk* Bilanz- und Unternehmenssteuerrecht, 381: „Nur mit einer solchen Einstellung könne der Gesetzgeber auf Dauer dazu angehalten werden, entweder unsystematische Regelung überhaupt zu unterlassen oder zumindest so sorgfältig zu formulieren, dass das von ihm Gemeinte auch im Gesetzestext zum Ausdruck kommt." **379.1**

Einstweilen frei **380–386**

b) Rechtsdogmatische Grundfragen. Zu den rechtsdogmatischen Grundfragen, die bei § 15 über die Auslegung einzelner Tatbestandsmerkmale hinausreichen, gehören das Verhältnis zum Zivilrecht (→ Rn. 389), die Deutung der Mitunternehmerschaft zwischen Vielheit der Gesellschafter und der Einheit der Gesellschaft (→ Rn. 408 ff.), die bilanztheoretischen Grundlagen der Mitunternehmerschaft (→ Rn. 455 ff.) sowie die sogenannte Gleichstellungsthese (→ Rn. 478 ff.). **387**

aa) Vorrangigkeit des Zivilrechts und Einheit der Rechtsordnung

Leitentscheidungen, wichtige Verwaltungsanweisungen und Schrifttum (Auswahl): **388**

Entscheidungen des GrS: **388.1**

BFH 25.2.1991 – GrS 7/89, BStBl. II 1991, 691; BFH 25.6.1984 – GrS 4/82, BStBl. II 1984, 751.

Schrifttum (Auswahl): **388.2**

Ball, Steuerrecht und Privatrecht, 1924; *Felix*, Einheit der Rechtsordnung, 1998; *Jestaedt*, Grundrechtsentfaltung im Gesetz, 1999; *Groh*, Das Steuerrecht als unerwünschte Quelle des Gesellschaftsrechts, BB 1984, 304; *Groh*, Trennungs- und Transparenzprinzip im Steuerrecht der Personengesellschaften, ZIP 1998, 89; *Hallerbach*, Der Einfluß des Zivilrechts auf das Steuerrecht, DStR 1999, 2125; *Keuk*, Die Besteuerung des Gewinns der Personengesellschaft und der Sondervergütungen der Gesellschaft, StuW 1974, 1; *Lamprecht*, Verschränkungen zwischen Unternehmensrecht und Unternehmenssteuerrecht, in: Jung/Lamprecht/Blasek/Schmidt-Kessel (Hrsg.), FS f. Uwe Blaurock, 2013, 291; *Leisner-Egensperger*, Aufdeckung stiller Reserven bei Übertragungen zwischen Schwester-Personengesellschaften? – Eine neue unternehmenssteuerliche Divergenz in der BFH-Rechtsprechung, DStZ 2010, 900; *Scholz*, ‚Einheit der Gesellschaft' versus ‚Vielheit der Gesellschafter', 2015.

389 Unter dem Topos der Einheit der Rechtsordnung können im hier bestehenden Kontext unterschiedliche Problemkreise erörtert werden. Ihre verbindende Klammer ist die Frage nach **möglichen Wechselwirkungen zwischen Steuer- und Zivilrecht** unter dem Vorzeichen einer Vorrangigkeit des Zivilrechts. Diskutiert worden ist dies bereits in den Anfängen des modernen Steuerrechts in der Weimarer Zeit (*Becker* StuW 1924, Spl. 145, 166 ff.; *Hensel* FG Zitelmann, 1923, 217 (241 ff.)).

390 Nach wie vor stehen sich zwei Grundpositionen gegenüber. Die eine deutet das Steuerrecht als bloßes **Folgerecht des Zivilrechts** (so plakativ *Crezelius* Steuerrechtliche Rechtsanwendung und allgemeine Rechtsordnung, 334; sehr deutlich etwa *Hensel* FG Zitelmann, 1923, 217 (242) zur Eigenart des Steuerrechts „als eines dem Privatrecht gewissermaßen aufgepfropften Sondergebiets").

391 Dem stellen andere Autoren die **Eigenständigkeit des Steuerrechts** gegenüber (wegweisend *Ball* Steuerrecht und Privatrecht, 148 ff.; s. auch *Becker* StuW 1924, Spl. 145 (166 ff.)), was überhaupt erst die Notwendigkeit bzw. die Existenzberechtigung einer eigenständigen Steuerrechtsdogmatik und Steuerrechtswissenschaft begründet. Unter der Herrschaft des Grundgesetzes ist die Debatte vielfach noch durch den Topos der Einheit der Rechtsordnung angereichert worden, der auf einen Gleichlauf steuerrechtlicher mit (vermeintlich höherrangigen) zivilrechtlichen Wertungen drängen soll (kritisch zur Einheit der Rechtsordnung nur *Felix* Einheit der Rechtsordnung, 399 ff.).

392 Im Folgenden werden die miteinander verwobenen Diskurse auf **drei Ebenen** abgeschichtet. Der Einfluss oder genauer die Vorrangigkeit des Zivilrechts kann sich auf eine rein **begriffliche Ebene** und die Forderung beschränken, steuerrechtliche Tatbestände nach dem Vorbild bzw. im Einklang mit dem Zivil- und Handelsrecht auszulegen (→ Rn. 393). Darüber hinausgreifend sind Wechselwirkungen auf Ebene **dogmatischer Systementscheidungen und Tiefenstrukturen** (→ Rn. 395) und zuletzt ein **generelles Kohärenzgebot** in der Weise denkbar, dass das Steuerrecht Rücksicht auf Wertungen und Systementscheidungen des vorrangigen Gesellschaftsrechts nehmen sollte (→ Rn. 400).

393 **(1) Begriffliche Ebene.** Nicht mehr haltbar ist der Ansatz, von einer Vorrangigkeit des Zivilrechts auf Ebene der Auslegung einzelner Tatbestandsmerkmale auszugehen. Zwar knüpfen steuerrechtliche Tatbestände nicht zuletzt im Rahmen des § 15 Abs. 1 S. 1 Nr. 2, Abs. 3 häufig an Begriffe an, die wie der der Personengesellschaft dem Zivilrecht entlehnt sind. Allein hieraus lässt sich aber noch nicht ableiten, dass diese steuerrechtlichen Tatbestandsmerkmale auch zivilrechtlich ausgelegt werden müssen (so aber *Crezelius* Steuerrechtliche Rechtsanwendung und allgemeine Rechtsordnung, 330 ff.). Wo der Steuergesetzgeber auf einen Begriff zurückgreift, der in einem anderen Rechtsgebiet ausgeformt und konkretisiert worden ist, mag zwar eine Vermutung dafür sprechen, den Begriff auch in diesem Sinne zu interpretieren (*Hallerbach* DStR 1999, 2125 (2130)). Diese kann aber widerlegt werden, wenn eine gleichlaufende Norminterpretation zu Ergebnissen führt, die der Eigenlogik des Steuerrechts widersprechen (s. auch *Hallerbach* DStR 1999, 2125 (2128)). In der Rechtstheorie wird dies unter dem Topos der **Relativität der Rechtsbegriffe** thematisiert und ist dort weithin anerkannt (*Engisch* Einführung in das juristische Denken, 209; weitere Nachw. bei *Seiler* Der einheitliche Parlamentsvorbehalt, 298; s. auch *Larenz* Methodenlehre der Rechtswissenschaft, 321 f.).

394 Von der Relativität der Rechtsbegriffe ausgehend ist daher beispielsweise nicht zu beanstanden, dass die zivilrechtliche Anerkennung einer Gesellschaft noch nicht zwangsläufig zur Folge haben muss, dass diese **auch als Mitunternehmerschaft** und damit als Personengesellschaft iSd § 15 Abs. 1 Nr. 2 S. 1 zu qualifizieren ist (→ Rn. 1373).

395 **(2) Dogmatische Ebene.** Erhebliche praktische Bedeutung hat die Debatte um die Vorrangigkeit des Zivilrechts auf der Ebene grundlegender **steuerrechtsdogmatischer Systementscheidungen.** Im Kontext des § 15 gilt dies in besonderer Weise für die Frage der (Teil-)Rechtsfähigkeit der Personengesellschaft. Die früher vertretene Bilanzbündeltheorie (→ Rn. 412) betonte die Vielheit der Gesellschafter. Die Abkehr von der Bilanzbündeltheorie und die Hinwendung zur Einheitstheorie (→ Rn. 427) ist in Rechtsprechung und Literatur ua unter Hinweis auf die Parallele zur zivilrechtlichen Einordnung der Personengesellschaft begründet worden (*Keuk* StuW 1974, 1). Eine Konsequenz ist die Anerkennung der Abschirmwirkung einer Obergesellschaft für Leistungsbeziehungen zwischen Obergesell-

schafter und Untergesellschaft, sodass der Obergesellschafter ungeachtet des Transparenzprinzips nicht als Mitunternehmer der Untergesellschaft einzuordnen ist (BFH 25.2.1991 – GrS 7/89, BStBl. II 1991, 691).

Besonders deutlich BFH 25.2.1991 – GrS 7/89, BStBl. II 1991, 691 (698): „[…] die Steuerrechtsprechung [hat] im Rahmen der Gewinnermittlung zunehmend auf die Einheit der Personengesellschaft abgestellt; sie folgt damit einer Entwicklung im Zivilrecht". **395.1**

Zutreffender Ausgangspunkt dieser Überlegungen ist die Tendenz der Zivilrechtsdogmatik, nicht nur die Personenhandelsgesellschaften, sondern auch die GbR als Grundform der **Personengesellschaft rechtlich zu verselbständigen** (BFH 25.2.1991 – GrS 7/89, BStBl. II 1991, 691, 698 f.; zu aktuellen Reformperspektiven *Westermann* NJW 2016, 2625 ff.). Diese Entwicklung geht wesentlich auf die Arbeiten von *Flume* zurück (vgl. etwa *Flume* ZHR 1972, 177 (184 ff.)) und hat beispielsweise in der Grundbuchfähigkeit der GbR ihren Ausdruck gefunden (BGH 4.12.2008 – V ZB 74/08, BGHZ 179, 102). **396**

Durch G. v. 11.8.2009 (BGBl. 2009 I 2713) hat der Gesetzgeber die Grundbuchfähigkeit der GbR nunmehr in § 47 Abs. 2 GBO ausdrücklich gesetzlich geregelt. **396.1**

Der rechtlichen Verselbständigung der GbR wird in weiten Teilen der Steuerrechtsdogmatik auch Bedeutung für die Mitunternehmerschaft zugesprochen (grundlegend *Keuk* StuW 1974, 1 (3 f.)). Die wohl bedeutsamste Folgerung ist die **Anerkennung der Teilrechtsfähigkeit der Personengesellschaft,** wonach diese Subjekt der Verwirklichung des Steuertatbestandes und der Gewinnermittlung sein soll (BFH 25.6.1984 – GrS 4/82, BStBl. II 1984, 751 (761 f.); KSM/*Desens/Blischke* § 15 Rn. C 230). **397**

Den Grundlagenstreit zwischen Bilanzbündel- und Einheitstheorie unter Hinweis auf die Einheit der Rechtsordnung entscheiden zu wollen, führt aber sowohl verfassungsrechtlich wie rechtstheoretisch in die Irre. Für einen Gleichlauf zivilrechtlicher mit steuerrechtlichen Wertungen **fehlt es an einer verfassungsrechtlichen Grundlage.** Beide Rechtsgebiete erfüllen unterschiedliche Aufgaben (s. auch *Seer* StuW 1992, 35 (39); *Leisner-Egensperger* DStZ 2010, 900 (905)). Insbesondere spielt der das Steuerrecht prägende Grundsatz der Besteuerung nach der Leistungsfähigkeit (→ Rn. 143) im Zivilrecht ersichtlich keine Rolle (s. auch *Hallerbach* DStR 1999, 2125 (2127)). Damit ist aber auch nicht einzusehen, warum die einkommensteuerliche Einordnung der Personengesellschaft zwingend auf Linie mit dem Zivilrecht liegen sollte (s. auch BVerfG 15.7.1969 – 1 BvR 457/66, BStBl. II 1969, 718 (720 f.)). **398**

Ein derartiger **Gleichlauf** bleibt **möglich,** ist **aber weder aus zivil- noch aus steuerrechtlicher Sicht ein Desiderat.** Einer Ausstrahlung der Zivilrechts- auf die Steuerrechtsdogmatik im Sinne einer Vorrangigkeit des Zivilrechts ist eine deutliche Absage zu erteilen (s. auch *Groh* ZIP 1998, 89 (92)). **399**

(3) Kohärenzgebot. Eine weitere Facette der vermeintlichen Vorrangigkeit des Zivilrechts ist die auf *Wiedemann* zurückgehende These vom **„Steuerrecht als unerwünschte Rechtsquelle des Gesellschaftsrechts"** (*Wiedemann*, Gesellschaftsrecht Bd. I, 1980, 23; s. dazu nur *Groh* BB 1984, 304 ff.; *Knobbe-Keuk* Das Steuerrecht – eine unerwünschte Rechtsquelle des Gesellschaftsrechts?, 17 ff.). Dabei wird eine **Denaturierung privatrechtlicher Institutionen** durch die Anerkennung hybrider Gesellschaftsformen beklagt, die allesamt steuerrechtlich induziert seien (*Wiedemann* Gesellschaftsrecht Bd. 1: Grundlagen, 23). Klassische Beispiele hierfür sind die steuerrechtliche Anerkennung der GmbH & Co. KG, doppel- und mehrstöckiger Personengesellschaften oder von Publikumsgesellschaften, die allesamt zu einer erheblichen Verkomplizierung des Gesellschaftsrechts beigetragen haben (*Groh* BB 1984, 304 (305 f.)). **400**

Als Therapie gegen diese gesellschaftsrechtlichen Kollateralschäden ist vorgeschlagen worden, den neu geschaffenen Instituten die steuerrechtliche Anerkennung zu versagen (*Walz* Steuergerechtigkeit und Rechtsanwendung, 3; *Walz* ZHR 1983, 281 (283 ff.)). In diesem Kontext steht beispielsweise die Forderung, die Publikums-KG als Subjekt der Körperschaftsteuer einzuordnen (*Walz* Steuergerechtigkeit und Rechtsanwendung, 345; *Uelner* JbFfSt 1980, 359; dagegen aber BFH 25.6.1984 – GrS 4/82, BStBl. II 1984, 751 (759 f.)). Konsequent weitergedacht hätte dies eine Art **Kohärenzgebot** zur Folge, dass die Steuerrechtsdog- **401** matik in den Dienst der Wahrung der Stimmigkeit und Systemkonformität der Zivilrechtsordnung stellen würde.

402 Unausgesprochen geht auch diese Auffassung von einer Vorrangigkeit der Zivilrechtsordnung aus, ohne dass dieser Vorrang überzeugend begründet werden kann. Vielmehr verfolgen beide Rechtsgebiete unterschiedliche Regelungsziele (*Lamprecht* FS Blaurock, 2013, 291 (301)). Primäre Aufgabe der Steuerrechtsdogmatik kann nicht die Rücksichtnahme auf Ordnungsstrukturen des Zivilrechts, sondern müssen das **Prinzip der Gesetzmäßigkeit und das Leistungsfähigkeitsprinzip** sein. Davon abgesehen sind die tieferen Ursachen für die skizzierten Fehlentwicklungen nur vordergründig in der Gestaltungsphantasie der Kautelarjurisprudenz zu suchen (so aber *Groh* BB 1984, 304 (305)). Sie liegen vielmehr in der mangelnden Rechtsformneutralität des Steuerrechts (*Knobbe-Keuk* Das Steuerrecht – eine unerwünschte Rechtsquelle des Gesellschaftsrechts?, 1).

402.1 Für eine konsequente Abhilfe kann damit allenfalls der Steuergesetzgeber, gleichrangig aber das **Gesellschaftsrecht selbst** sorgen (dazu plakativ nur *Knobbe-Keuk* Das Steuerrecht – eine unerwünschte Rechtsquelle des Gesellschaftsrechts?, 5: „Die Gesellschaftsrechtler werfen mit Steinen aus dem Glashaus. Denn sie haben den Reaktionen der Kautelarjurisprudenz auf die jeweiligen steuerlichen Gegebenheiten keinen Widerstand geleistet, vielmehr allzu willfährig die steuerlich veranlaßten Konstruktionen akzeptiert und sie teilweise sogar gefördert“).

403–406 *Einstweilen frei*

bb) Mitunternehmerschaft zwischen der Vielheit der Gesellschafter und der Einheit der Gesellschaft

407 **Leitentscheidungen, wichtige Verwaltungsanweisungen und Schrifttum (Auswahl):**

407.1 **Entscheidungen des GrS:**
BFH 25.6.1984 – GrS 4/82, BStBl. II 1984, 751; BFH 3.7.1995 – GrS 1/93, BStBl. II 1995, 617.

407.2 **Weitere Leitentscheidungen des BFH:**
BFH 20.11.1990 – VIII R 15/87, BStBl. II 1991, 345 (Abschirmwirkung der Personengesellschaft beim gewerblichen Grundstückshandel); BFH 15.11.2011 – VIII R 12/09, BStBl. II 2012, 207; BFH 8.1.1975 – I R 142/72, BStBl. II 1975, 437.

407.3 **Schrifttum (Auswahl):**
Becker, Die Grundlagen der Einkommensteuer, 1940; *von Zezschwitz*, Die Bilanzbündeltheorie – ein brüchiger Torso (I. Teil), FR 1970, 133; *von Zezschwitz*, Die Bilanzbündeltheorie – ein brüchiger Torso (Schluß), FR 1970, 158; *Meßmer*, Die Bilanzbündeltheorie. Eine meisterhafte Schöpfung der Rechtsprechung?, StbJb 1972/73, 127; *Döllerer*, Die Steuerbilanz der Personenhandelsgesellschaft als konsolidierte Bilanz einer wirtschaftlichen Einheit, DStZ 1974, 211; *Döllerer*, Neues Steuerrecht der Personengesellschaft, DStZ 1983, 179; *Herzig/Kessler*, Die begrenzte Steuerrechtsfähigkeit von Personenmehrheiten nach dem Beschluß des Großen Senats des BFH vom 25.6.1984 (Teil I), DB 1985, 2476; *Best*, Einkünftequalifikation und Gewinnermittlung bei Personengesellschaften – Ein Beitrag zur Personengesellschaft als partielles Steuerrechtssubjekt, DStR 1991, 1545; *Kempermann*, Einheit der Gesellschaft – Vielheit der Gesellschafter. Die Personengesellschaft in einkommen-, gewerbe- und umsatzsteuerlicher Hinsicht, DStZ 1995, 225; *Haas*, Ist die Bilanzbündeltheorie tatsächlich überholt?, DStR 1997, 1706; *Pinkernell*, Einkünftezurechnung bei Personengesellschaften, 2001; *Carlé*, Steuerlicher „Durchgriff“ bei Mitunternehmern und Körperschaften, KÖSDI 2009, 16769; *Scholz*, ‚Einheit der Gesellschaft‘ versus ‚Vielheit der Gesellschafter‘, 2015; Lange/Bilitewski/Götz/*Driesch*, Personengesellschaften im Steuerrecht, 10. Aufl. 2018; *Wichmann*, Fortwirkung der Bilanzbündeltheorie?, DStR 2019, 2214.

408 In welchem Verhältnis Gesellschafter und Gesellschaft zueinander stehen, gehört zu den immer noch nicht abschließend geklärten Grundfragen der einkommensteuerlichen Einordnung von Personengesellschaften. Hier stehen sich traditionell die sogenannte **Bilanzbündeltheorie** (→ Rn. 412) sowie die **Einheitstheorie** gegenüber (→ Rn. 427). Die gegenwärtige Rechtspraxis basiert tendenziell auf einer dritten Position, die ebenfalls von einer Einheitsvorstellung ausgeht, diese aber nicht in der Gesamthand, sondern in der Einheit von Gesamthands- und Sonderbereich (**synthetische Einheitstheorie**) verortet (→ Rn. 439).

409 Darstellung und Bewertung dieser Positionen wird durch terminologische Unklarheiten erschwert. Unter dem Schlagwort Bilanzbündeltheorie versus Einheitstheorie wird zum Teil allein der Status des Sonderbetriebsvermögens diskutiert (s. BT-Drs. 7/1470, 248). Für die

Bilanzbündeltheorie handelt es sich dabei zwingend um Betriebsvermögen, wohingegen auf Grundlage der Einheitstheorie auch eine Zuordnung zum Privatvermögen für möglich gehalten wird (*Keuk* StuW 1974, 1 (35)).

Richtigerweise ist der Kern der Auseinandersetzung zwischen Bilanzbündel- und Einheitstheorie dagegen in der Frage zu suchen, wer Träger des Unternehmens der Personengesellschaft ist. Nach der Bilanzbündeltheorie sind dies die **einzelnen Gesellschafter,** nach der Einheitstheorie die **Personengesellschaft selbst,** deren Betriebsergebnis den Personengesellschaftern lediglich zugerechnet wird. Die synthetische Einheitstheorie, die der heute hM zugrunde liegt, gibt auf diese Fragen keine eindeutige Antwort. In der Tendenz steht sie aber eher auf dem Boden der Einheitstheorie, sodass im Grundsatz auf die Einheit der Gesellschaft abgestellt wird. Abweichendes soll gelten, wenn dies keine sachlich zutreffende Besteuerung ermöglicht (BFH 25.6.1984 – GrS 4/82, BStBl. II 1984, 751 (763); BFH 2.9.1992 – XI R 21/91, BStBl. II 1993, 668 (671); BFH 3.7.1995 – GrS 1/93, BStBl. II 1995, 617 (621 f.); BFH 10.12.1998 – III R 61/97, BStBl. II 1999, 390 (393 f.); BFH 28.11.2002 – III R 1/01, BStBl. II 2003, 250 (256); BFH 14.4.2011 – IV R 50/08, BFH/NV 2011, 1334 Rn. 20 f.; BFH 18.4.2012 – X R 34/10, BStBl. II 2012, 647 (649 f.); BFH 22.8.2012 – X R 24/11, BStBl. II 2012, 865 (866); BFH 26.6.2014 – IV R 5/11, BStBl. II 2014, 972 Rn. 17, 25 f.; BFH 21.7.2016 – X R 56-57/14, X R 56/14, X R 57/14, BFH/NV 2017, 589 Rn. 27). 410

Nach der Einheitstheorie wird der Tatbestand gewerblicher Einkünfteerzielung durch die A&B-OHG selbst verwirklicht. A und B wird lediglich deren Gewinn zuzüglich etwaiger Sondervergütungen zugerechnet. In der Lesart der Bilanzbündeltheorie verwirklichen A und B den Tatbestand der Erzielung gewerblicher Einkünfte hingegen unmittelbar selbst. Jeder Mitunternehmer wird steuerlich so behandelt, als würde er einen eigenen Betrieb führen. Materiellrechtlich hat die Gesellschaft damit keine Bedeutung. 410.1

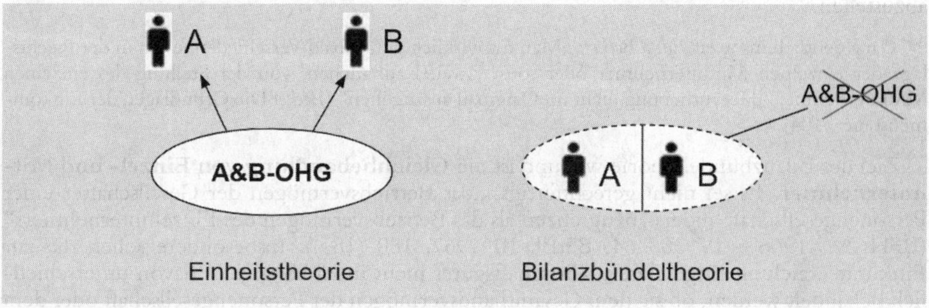

Im Entwurf für ein Drittes Steuerreformgesetz (BT-Drs. 7/1470), der letztlich der Diskontinuität zum Opfer gefallen und nie gültiges Recht geworden ist, sollte die Bilanzbündeltheorie in § 14 Abs. 1 Nr. 2 EStG-E kodifiziert werden (BT-Drs. 7/1470, 21). § 14 Abs. 1 Nr. 2 sah vor, dass notwendiges Sonderbetriebsvermögen in der Steuerbilanz der Gesellschaft ausgewiesen werden sollte. Für gewillkürtes Sonderbetriebsvermögen war dagegen ein Wahlrecht vorgesehen. Als Trägerin des Unternehmens benannte § 14 Abs. 1 Nr. 1 hingegen die Personengesellschaft selbst. Ausgehend von dem hier vertretenen (weiteren) Verständnis der Bilanzbündeltheorie (→ Rn. 412) stand das Dritte Steuerreformgesetz damit letztlich auf dem Boden der Einheitstheorie. 410.2

Rechtspraktische Konsequenzen hat der Meinungsstreit ua für die Anerkennung und den Umfang des Sonderbetriebsvermögens (→ Rn. 1688), die Auflösung von Bilanzierungskonkurrenzen, sowie für die Qualifikation der von der Personengesellschaft erwirtschafteten Einkünfte (→ Rn. 1427 ff.). 411

(1) Bilanzbündeltheorie. Theoretisches Leitbild für die einkommensteuerliche Einordnung der Personengesellschaft war in der Rechtsprechung des RFH (RFH 14.7.1937 – VI A 422/37, RStBl. 1937, 937), aber bis in die 1970er Jahre auch noch in der des BFH (BFH 29.9.1966 – IV 308/64, BStBl. III 1967, 180 (181); BFH 19.10.1970 – GrS 1/70, BStBl. II 1971, 177) die sogenannte **Bilanzbündeltheorie.** 412

Der **Begriff** der Bilanzbündeltheorie ist erst Anfang der 1950er Jahre geprägt worden, hat sich dann aber schnell durchgesetzt. 413

413.1 Als Urheber der Begriffsschöpfung gilt *Böttcher* (*Böttcher* StbJb 1953/54, 239 (269)). Der eingängige Terminus ist in der Rechtsprechung des BFH rezipiert (zuerst wohl BFH 11.12.1956 – I 194/56 U, BStBl. III 1957, 105 (106); BFH 14.1.1958 – I 159/57 U, BStBl. III 1958, 75 (76) und dann auch vielfach im Schrifttum aufgegriffen worden (Thoma/Zacharias/Niemann/*Fink*, Steuerberater-Jahrbuch 1955/56, 525 (527 ff.); *Seeliger* DStR 1965, 125 (126); *Meßmer* StbJb 1972/73, 127; *Kurth* StuW 1978, 1 (2 ff.)).

414 Nach der Bilanzbündeltheorie bildet die Beteiligung des Mitunternehmers an der Personengesellschaft einen **eigenständigen Gewerbebetrieb.** Die Personengesellschaft wird für Zwecke des Einkommensteuerrechts gedanklich in Einzelunternehmen der einzelnen Gesellschafter aufgespalten (BVerfG 15.7.1969 – 1 BvR 457/66, BStBl. II 1969, 718). Die einheitliche Bilanz des Unternehmens sollte daher „steuerlich nur eine Zusammenfassung der an sich für jeden einzelnen Mitunternehmer besonders aufzustellenden Bilanz" sein (RFH 14.7.1937 – VI A 422/37, RStBl. 1937, 937). Die einheitliche und gesonderte Gewinnfeststellung diente allein dazu, widersprechende Entscheidungen zu vermeiden.

414.1 Besonders deutlich ist die Grundkonzeption der Bilanzbündeltheorie seitens *Enno Beckers* wie folgt formuliert worden: „Bei der einheitlichen Gewinnfeststellung der an einer Kommanditgesellschaft beteiligten Mitunternehmer sind für die Einkommensteuer die Gewinne zu ermitteln, die die einzelnen Gesellschafter in ihren einkommensteuerrechtlich als besondere Betriebsvermögen zu erfassenden Betrieben erzielt haben; diese Gewinnermittlung erfolgt nur deshalb in einem einheitlichen Verfahren, um widersprechende Entscheidungen zu vermeiden" (*Becker* Die Grundlagen der Einkommensteuer, 104).

415 Wenn auf Grundlage der Bilanzbündeltheorie jeder Gesellschafter einen eigenen Gewerbebetrieb unterhält, ist bei der Verwirklichung einkommensteuerlicher Tatbestandsmerkmale folgerichtig nicht auf die Personengesellschaft, sondern auf die **einzelnen Gesellschafter** abzustellen.

415.1 Ganz deutlich insoweit *Enno Becker*: „Man tut wirklich gut, sobald Verschiedenheiten in der Rechtslage der einzelnen Mitunternehmer oder sonst Zweifel auftauchen, von der Stellung des einzelnen Mitunternehmers [Hervorhebung nicht im Original] auszugehen" (*Becker* Die Grundlagen der Einkommensteuer, 104).

416 Ziel der Bilanzbündeltheorie war und ist die **Gleichbehandlung von Einzel- und Mitunternehmer.** Es sei nicht gerechtfertigt, „das Betriebsvermögen der Gesellschafter einer Personengesellschaft anders abzugrenzen als das Betriebsvermögen des Einzelunternehmers" (BFH 29.9.1966 – IV 308/64, BStBl. III 1967, 180 (181)). Insbesondere sollen die zur Einkünfteerzielung eingesetzten Wirtschaftsgüter nicht in Abhängigkeit davon unterschiedlich behandelt werden, ob sie dem Gesamthandsvermögen der Personengesellschaft oder dem Sonderbetriebsvermögen eines Gesellschafters zuzuordnen sind. Wenn jeder Gesellschafter in einkommensteuerlicher Hinsicht einen eigenen Gewerbebetrieb unterhält, ist unmittelbar einsichtig, dass das Sonderbetriebsvermögen Betriebsvermögen ist. Der Wortlaut des § 15 Abs. 1 S. 1 Nr. 2 lässt dagegen durchaus eine andere Lesart zu, weil in der Vorschrift allein von der Umqualifizierung von Vergütungen für Nutzungsüberlassungen die Rede ist, ohne dass das eingesetzte Vermögen der betrieblichen Sphäre zugeordnet wird (ausführlich zur Einordnung des Sonderbetriebsvermögens → Rn. 1688). Jedenfalls unter dem Aspekt des Leistungsfähigkeitsprinzips müsste dies aber zu schwerlich befriedigenden Ergebnissen führen und einen unerwünschten Gestaltungsanreiz setzen, die Bildung von Gesamthandsvermögen zugunsten von Sonderbetriebsvermögen zu vermeiden.

417 Die überzeugende Einordnung des Sonderbetriebsvermögens erklärt, warum die Bilanzbündeltheorie über viele Jahre die Rechtsprechung dominiert hat, obwohl sie im Übrigen dogmatisch auf tönernen Füßen stand (zu den dogmatischen Schwächen und Ungereimtheiten grundlegend *von Zezschwitz* FR 1970, 158 ff.; zuletzt *Wichmann* DStR 2019, 2214 ff.). Die Bilanzbündeltheorie ist nur schwer mit dem Wortlaut des § 15 Abs. 1 S. 1 Nr. 2 S. 1 in Einklang zu bringen. Wenn demnach dem steuerpflichtigen Gesellschafter die Gewinnanteile der Gesellschaft zugerechnet werden, liegt es auf Grundlage der grammatischen Auslegung näher, die Gesellschaft als Träger des Unternehmens anzusehen, sodass nicht die Gesellschafter, sondern die Gesellschaft selbst gewerblich tätig ist. Auch aus bilanzrechtlicher Sicht ist die Bilanzbündeltheorie mit erheblichen Ungereimtheiten verbunden. Bei einer gesonder-

ten Bilanzierung der Gesellschafter geht der Bezug zur Handelsbilanz verloren. Dies konterkariert das Anliegen des Maßgeblichkeitsgrundsatzes (§ 5 Abs. 1), aus verfahrensökonomischen Gründen auf die Erstellung einer gesonderten Steuerbilanz zu verzichten.

Weitere Probleme treten zutage, wenn das Verhältnis der Kapitalkonten von der Gewinnverteilungsabrede abweicht. Um hier nicht zu verfehlten Ergebnissen zu kommen, müssen Wirtschaftsgüter, die als Surrogate an die Stelle von Wirtschaftsgütern treten, die bereits in der Öffnungsbilanz enthalten waren, in Höhe des Buchwertes des ausgeschiedenen Wirtschaftsgutes den Gesellschaftern im Verhältnis ihrer Kapitalkonten zugeordnet werden. Ein darüber hinausgehender Gewinn ist dagegen nach dem Gewinnverteilungsschlüssel aufzuteilen. **417.1**

Aus diesen Gründen ist in der Praxis auf die Erstellung gesonderter Bilanzen der Gesellschafter verzichtet worden, sodass die Gesamthandelsbilanz der Personenhandelsgesellschaft den Ausgangspunkt der steuerlichen Gewinnermittlung bildet und für Zwecke des Steuerrechts lediglich angepasst wird. **418**

Tatsächlich hat sich die Rechtsprechung auch im Übrigen bei der Anwendung der Bilanzbündeltheorie eher von einem gesunden **Pragmatismus** leiten lassen. Anstatt auf die einzelnen Gesellschafter ist vereinzelt dann doch auf die Einheit der Personengesellschaft abgestellt worden. So findet sich in zahlreichen Urteilen die Feststellung, die Bilanzbündeltheorie dürfe nicht in ihrer reinen Form durchgeführt werden (BFH 15.1.1963 – I 238/60 U, BStBl. III 1963, 237; BFH 23.3.1965 – I 338/60 U, BStBl. III 1965, 449 (450); BFH 8.1.1963 – I 237/61 U, BStBl. III 1963, 188). Der „gedanklichen Aufgliederung der Personengesellschaft in Einzelunternehmen der Gesellschafter" wird schon in früheren Entscheidungen auch die „Einheit der Personengesellschaft" entgegengesetzt (BFH 14.1.1958 – I 159/57 U, BStBl. III 1958, 75 (76)). Beispielsweise hat es der BFH abgelehnt, den Mitunternehmern eine gesonderte Ausübung steuerlicher Wahlrechte zu gestatten, weil dies das System der einheitlichen Gewinnfeststellung beeinträchtigen würde, mit erheblichen praktischen Schwierigkeiten verbunden sei und zu einer dem Sinn des Gesetzes nicht entsprechenden Verkomplizierung der Finanzierung und Gewinnberechnung führen würde (BFH 14.1.1958 – I 159/57 U, BStBl. III 1958, 75 (76)). **419**

In einer 1969 gefällten Entscheidung des BVerfG ist dem BFH bescheinigt worden, die Bilanzbündeltheorie sei **keinen verfassungsrechtlichen Einwänden ausgesetzt** (BVerfG 15.7.1969 – 1 BvR 457/66, BStBl. II 1969, 718). Damit war der Bilanzbündeltheorie ein verfassungsrechtlicher Persilschein ausgestellt worden. Ihren weiteren Niedergang konnte die Entscheidung aber nicht mehr aufhalten, weil das Urteil keine verfassungsrechtliche Bestandsgarantie für die Bilanzbündeltheorie enthielt. Vielmehr hatte das BVerfG allein über die Legitimität der Verstrickung des Sonderbetriebsvermögens geurteilt und diese unter Hinweis auf die Bilanzbündeltheorie als zulässige richterliche Rechtsfortbildung bejaht (*Knobbe-Keuk* Bilanz- und Unternehmenssteuerrecht, 363 Fn. 6). Die Entscheidung hat die Literatur deshalb nicht daran gehindert, von der Bilanzbündeltheorie abzurücken. Entscheidenden Anteil hieran hatten die vielzitierten Beiträge von *von Zezschwitz* FR 1970, 133 (133 ff.; 158 ff.) sowie von *Meßmer* StbJb 1972/73, 127 (127 ff.). **420**

Einstweilen frei **421–426**

(2) Einheitstheorie. Unter dem Eindruck der immer heftiger werdenden Kritik in der Literatur (*von Zezschwitz* FR 1970, 133 (133 ff.; 158 ff.); *Meßmer* StbJb 1972/73, 127 (127 ff.)) rückte auch der BFH seit Mitte der 1970er Jahre von der Bilanzbündeltheorie ab (sehr instruktiv BFH 25.2.1991 – GrS 7/89, BStBl. II 1991, 691 (699); BFH 8.1.1975 – I R 142/72, BStBl. II 1975, 437). Anstatt auf die Vielheit der Gesellschafter wird bei der einkommensteuerlichen Systembildung nunmehr auf die **Personengesellschaft selbst als Unternehmensträgerin** abgestellt (*Keuk* StuW 1974, 1 (1 ff.)). Diese verwirklicht den Tatbestand, wohingegen sich der Mitunternehmer allein die von Personengesellschaft erzielten Einkünfte als eigene gewerbliche Einkünfte zurechnen lassen muss. **427**

Dieser Ansatz hat aus rechtsdogmatischer Sicht vordergründig eine ganze Reihe von Vorzügen. Häufig genannte Argumente sind der Gesetzeswortlaut, der systematische Zusammenhang mit § 16 Abs. 1 Nr. 2 sowie der Hinweis auf die Einheit der Rechtsordnung. So ist es mit dem **Wortlaut des Gesetzes** nur schwer zu vereinbaren, die Existenz der Personengesellschaft einkommensteuerlich zu leugnen, obwohl § 15 Abs. 1 S. 1 Nr. 2 S. 1 die Zurechnung des auf den einzelnen Gesellschafter anfallenden Gewinnanteils anordnet (*Keuk* StuW 1974, **428**

1 (3)). In eine ähnliche Richtung deutet die **Systematik des § 16.** Wenn bereits die Beteiligung an einer gewerblich tätigen Personengesellschaft einen Betrieb begründen würde, wäre § 16 Abs. 1 Nr. 2 überflüssig, weil die Veräußerung eines Mitunternehmeranteils bereits durch § 16 Abs. 1 Nr. 1 erfasst wäre (*Keuk* StuW 1974, 1 (4)). In die gleiche Richtung soll der Topos der **Einheit der Rechtsordnung** deuten. Sofern von einem Gleichklang oder sogar einem Vorrang zivilrechtlicher Wertungen auch für das Steuerrecht auszugehen ist (→ Rn. 389), muss die zivilrechtliche Aufwertung der Personengesellschaft als teilrechtsfähiges Gebilde auch Auswirkungen für die einkommensteuerliche Einordnung haben (*Keuk* StuW 1974, 1 (2)).

429 Schlechthin **zwingend sind diese Argumente indes nicht.** So lässt sich der scheinbare Widerspruch der Bilanzbündeltheorie zu § 16 Abs. 1 Nr. 2 dahingehend auflösen, dass die Vorschrift allein deklaratorische Bedeutung hat. Der Topos der Einheit der Rechtsordnung steht argumentativ auf eher schwachen Füßen, weil für einen Gleichklang steuerrechtlicher und verfassungsrechtlicher Wertungen sowohl ein verfassungsrechtlicher wie einfachgesetzlicher Anknüpfungspunkt fehlt (→ Rn. 389 ff.). Dem Hinweis auf § 15 Abs. 1 S. 1 Nr. 2 S. 1 lässt sich § 2 Abs. 1 entgegenhalten, wonach der Steuerpflichtige die Einkünfte erzielt (s. BFH 3.7.1995 – GrS 1/93, BStBl. II 1995, 617 (621)).

430 Dessen ungeachtet ist die Bilanzbündeltheorie sowohl in der Rechtsprechung wie in der Literatur als theoretisches Leitbild der einkommensteuerlichen Einordnung der Personengesellschaft aufgegeben worden (s. aber auch *Weber-Grellet* DStR 1995, 1339: Vorrang der Vielheitsbetrachtung; *Jakob/Hörmann* FR 1990, 33 (37 ff.)). Letztlich entscheidend hierfür dürften **rechtspraktische Überlegungen** sein. Wenn man die Bilanzbündeltheorie ernst nimmt, nötigt sie zu einer eigenständigen Bilanzierung der Gesellschafter. Hiermit ist ein deutlich größerer Aufwand verbunden als mit der Einheitstheorie, die auf der ersten Stufe der Gewinnermittlung problemlos an die Handelsbilanz der Personengesellschaft anknüpfen kann (s. auch *Weber-Grellet* DStR 1995, 1339).

431 Gleichwohl ist hinter dem **Siegeszug der Einheitstheorie ein vorsichtiges Fragezeichen zu setzen.** So kontrastieren mit dem Bekenntnis zur Einheitstheorie eine ganze Reihe von Entscheidungen, die eher auf dem Boden der Bilanzbündeltheorie zu stehen scheinen. Seitens der Vertreter der Einheitstheorie ist der Rechtsprechung daher immer wieder mangelnde Konsequenz und Systemlosigkeit vorgehalten worden (*Schön* StuW 1996, 275 (281 f.)).

431.1 Beispielsweise sind nach einer 1995 gefällten Entscheidung des Großen Senats des BFH **Grundstücksverkäufe einer GbR einem Gesellschafter zuzurechnen,** sodass der Gesellschafter durch weitere eigene Verkäufe die Schwelle zum gewerblichen Grundstückshandel überschreiten kann (BFH 3.7.1995 – GrS 1/93, BStBl. II 1995, 617). Nimmt man die Einheitstheorie ernst, müsste die Personengesellschaft dagegen für ihre Gesellschafter vergleichbar einer Kapitalgesellschaft Abschirmwirkung entfalten. Nicht auf dem Boden der Einheitstheorie zu erklären ist ferner die 1993 getroffene Entscheidung des Großen Senats zum **Verlustabzug nach § 10a GewStG nach dem Ausscheiden eines Personengesellschafters.** Danach soll der Verlustabzug für die Personengesellschaft im Fall des Ausscheidens anteilig untergehen (BFH 3.5.1993 – GrS 3/92, BStBl. II 1993, 616), womit der Große Senat zu einer gesellschafterbezogenen Sichtweise zurückkehrt (kritisch *Schön* StuW 1996, 275 (279 f.)).

432 Der BFH betont im Rahmen der steuerlichen Gewinnermittlung in mittlerweile ständiger Rechtsprechung, es bedürfe im Einzelfall stets der Prüfung, ob der Grundsatz der einheitlichen Gewinnermittlung zugunsten einer gesellschafterbezogenen Betrachtung zu durchbrechen sei, um eine **„sachlich zutreffende Besteuerung“** der Gesellschafter zu ermöglichen (BFH 29.3.2007 – IV R 72/02, BStBl. II 2008, 420; BFH 8.10.2010 – IV B 46/10, BFH/NV 2011, 244; BFH 14.4.2011 – IV R 15/09, BStBl. II 2011, 706).

433 Eine derartige **gesellschafterbezogene Betrachtung** soll ua in folgenden Fällen notwendig sein (HHR/*Rätke* § 15 Rn. 94 f.):

- Soweit § 15 Abs. 1 S. 1 Nr. 2 über den Verweis des § 18 Abs. 4 S. 2 entsprechend anwendbar ist, muss er personenbezogen ausgelegt werden, weil im Rahmen des § 18 Abs. 1 S. 1 Nr. 1 die **persönliche Arbeitsleistung des Berufsträgers** entscheidend und der Kapitaleinsatz nur von untergeordneter Bedeutung ist (BFH 8.4.2008 – VIII R 73/05, BStBl. II 2008, 681 (682); BFH 21.2.2017 – VIII R 45/13, BStBl. II 2018, 4 Rn. 27).

- Bei sogenannten **Zebragesellschaften,** dh solchen vermögensverwaltenden Personengesellschaften, an denen wenigstens ein Gesellschafter beteiligt ist, der seinen Anteil im Betriebsvermögen hält. Die Zebragesellschaft erzielt auf Gesellschaftsebene Überschusseinkünfte, endgültig wird über die Qualifikation der Einkünfte aber erst auf Ebene ihrer Gesellschafter entschieden. Dort werden die Einkünfte bei den gewerblich tätigen Gesellschaftern nicht nur in gewerbliche Einkünfte umqualifiziert, sondern anteilig auch die Gewinne und Verluste aus der Veräußerung der Wirtschaftsgüter durch die Personengesellschafter erfasst (KSM/*Desens/Blischke* § 15 Rn. C 244).
- **Anwendung der Drei-Objekt-Regelung:** Ungeachtet einer steuerrechtlich vorrangigen Beurteilung auf Ebene der Gesellschaft sollen alle willensbestimmten eigenen Aktivitäten des Beteiligten am Grundstücksmarkt in dessen Person nach Maßgabe des jeweils eigenen Steuertatbestandes zusammenfassend beurteilt werden (BFH 3.7.1995 – GrS 1/93, BStBl. II 1995, 617 (620)). Der hiermit gebotenen Gesamtbetrachtung kommt im Zusammenhang mit der Drei-Objekte-Grenze Bedeutung zu.
- **Abgrenzung des Sonderbereichs:** Der Einordnung einer Rechtsbeziehung in den Sonderbereich kann ein Gesellschafter auch nicht dadurch entgehen, dass eine Personengesellschaft dazwischengeschaltet wird (→ Rn. 1772).
- **Bildung von Ergänzungsbilanzen:** Sofern Sachverhalte, die das Gesamthandsvermögen betreffen, sich nicht auf die steuerliche Gewinnermittlung der Gesellschaft, sondern nur auf die Einkünfte eines Gesellschafters auswirken, ist eine **Ergänzungsbilanz** aufzustellen und fortzuschreiben. Damit ist die Ergänzungsbilanz Ausfluss des Spannungsverhältnisses zwischen Einheit der Gesellschaft und Vielheit der Gesellschafter, da die Personengesellschaft zwar Einkünfteerzielungs- und Gewinnermittlungssubjekt, nicht hingegen Subjekt der Einkommensteuer ist (*Kahle* FR 2013, 873 (874)).

Ausfluss der Einheitstheorie ist dagegen ua (HHR/*Rätke* § 15 Rn. 90 ff.): **434**

- Die beschränkte Steuerrechtssubjektivität der Personengesellschaft: Sie ist **Subjekt der Gewinnerzielung und -ermittlung.** Auch die Qualifikation der Einkunftsart richtet sich nach der Tätigkeit der Gesellschaft. Insofern kommt es für die Verwirklichung des Tatbestandes auf die Gesellschaft an (BFH 25.6.1984 – GrS 4/82, BStBl. II 1984, 751 (761 f.)).
- Die **Anerkennung von (fremdüblichen) Verträgen zwischen der Personengesellschaft und ihren Gesellschaftern** (BFH 3.5.1993 – GrS 3/92, BStBl. II 1993, 616 (622)).
- Das Verhältnis des Obergesellschafters zur Untergesellschaft: Die Obergesellschafter sind **keine Mitunternehmer der Untergesellschaft** (*Kahle* DStZ 2014, 273 (275)). Daran ändert sich auch nichts, wenn der Obergesellschafter bei der Untergesellschaft einen Sonderbereich unterhält. Die in § 15 Abs. 1 S. 1 Nr. 2 S. 2 angeordnete Gleichstellung beschränkt sich auf den Sonderbereich (BFH 6.9.2000 – IV R 69/99, BStBl. II 2001, 731).

Einstweilen frei **435–438**

(3) Synthetische Einheitstheorie. Eine vermittelnde Stellung zwischen der Trennungsthese der Bilanzbündeltheorie und der vor allem im zivilrechtlichen Schrifttum vertretenen Einheitsvorstellung nimmt die von dem langjährigen Mitglied des Ersten Senats des BFH *Woerner* entwickelte Position ein (*Woerner* BB 1975, 465). *Woerner* selbst hat seine Auffassung als Beitragstheorie bezeichnet, was auch Eingang in die Rechtsprechung gefunden hat (BFH 31.11.1978 – IV R 15/73, BStBl. II 1979, 236 (239)). Auch die Beitragsthese geht von einer Einheitsvorstellung aus. Im Unterschied zur oben entfalteten Einheitsthese wird diese Einheit aber nicht allein in der Gesamthand verortet, sondern das **Gesamthandsvermögen und das Sonderbetriebsvermögen zu einem „neuen umgreifenden Gebilde"** vereint (*Woerner* BB 1975, 465). Damit ist der strikte Gegensatz zwischen der Einheits- und der Vielheitsbetrachtung aufgehoben, was Raum für eine differenzierte Einzelfallbetrachtung lässt. **439**

Abweichend von der Bilanzbündeltheorie wird die im Zivilrecht anerkannte **Selbständigkeit der Personengesellschaft** auch einkommensteuerrechtlich nachvollzogen. Rechtsbeziehungen zwischen Personengesellschaft und ihren Gesellschaftern sind grundsätzlich auch steuerlich anzuerkennen. Abweichendes gilt aber für den in § 15 Abs. 1 S. 1 Nr. 2 **440**

Hs. 2 geregelten Sonderbereich. Die hier vom Gesellschafter erwirtschafteten Erträge werden bei wirtschaftlicher Betrachtungsweise als Beiträge angesehen, die der Gesellschafter zur Förderung des gemeinsamen Gesellschaftszwecks einsetzt (*Woerner* BB 1975, 465). Aus diesem Beitragsgedanken wird dann die wirtschaftliche Einheit des Gesellschaftsvermögens und des Sonderbetriebsvermögens abgeleitet, indem das Gesellschaftsvermögen um die Sphäre des Sonderbetriebsvermögens ergänzt wird. Abweichend von der Einheitstheorie kennt die synthetische Einheitstheorie **Sonderbetriebsvermögen,** das gewerblich verstrickt ist. Eine andere, sich aus der Beitragstheorie ergebende Konsequenz ist der **Gleichlauf der Gewinnermittlungsvorschriften** im Gesamthands- und im Sonderbereich (*Woerner* BB 1975, 465).

441 Wie die Einheit aus Gesamthandsbereich und Sonderbereich steuerbilanziell abzubilden ist, lässt die Beitragstheorie offen. *Woerner* selbst hat sich zunächst für das von *Döllerer* entwickelte Konzept einer **konsolidierten Gesamtbilanz** ausgesprochen (*Woerner* BB 1975, 465; ausführlich → Rn. 462 ff.). Neuere Auffassungen halten dagegen die Erstellung einer Gesamtbilanz für überflüssig (HHR/*Tiede* § 15 Rn. 452; HHR/*Schneider* § 15 Rn. 729) und favorisieren stattdessen eine **additive Gewinnermittlung.** Deren Grundlage bildet der dem Gesellschafter aus der Steuerbilanz der Gesamthand zugerechnete Gewinnanteil (1. Stufe), der dann um das Ergebnis des Sonderbereichs des Gesellschafters ergänzt wird (ausführlich → Rn. 468 ff.).

442–444 *Einstweilen frei*

445 **(4) Stellungnahme und jüngere Entwicklungen.** Über die Frage, ob die Personengesellschaft selbst oder ihre Gesellschafter Träger des Unternehmens sind, wird seit fast 80 Jahren intensiv gestritten. Von einer **Lösung der Problematik scheint man dabei weiter denn je entfernt.** Zwar ist die Bilanzbündeltheorie schon lange aufgegeben worden (BFH 25.6.1984 – GrS 4/82, BStBl. II 1984, 751 (764)). Ungeachtet des Bekenntnisses zur Einheitstheorie trifft die Rechtsprechung aber doch in nicht wenigen Fällen Entscheidungen, die eine deutliche Nähe zur Bilanzbündeltheorie erkennen lassen (→ Rn. 431).

446 Gerade in jüngerer Zeit ist der BFH auch verbal **deutlich von der Einheitstheorie** abgerückt. Stellvertretend hierfür steht eine jüngere Entscheidung des IV. Senats, wonach der Mitunternehmer einer gewerblichen Personengesellschaft auf der Grundlage ihrer gesellschaftsrechtlichen Verbindung – strukturell gleich einem Einzelunternehmer – in eigener Person gewerbliche Einkünfte erzielen soll (BFH 12.5.2016 – IV R 29/13, BFH/NV 2016, 1489 Rn. 11). Dies steht in einem denkbar scharfen Kontrast zu den Prämissen der Einheitstheorie, nach der dem Mitunternehmer fremde, nämlich die seitens der Personengesellschaft erzielten Einkünfte zugerechnet werden.

447 Dieser Befund lässt mehrere Schlüsse zu. Wenn Rechtsprechung und Dogmatik aus eigener Kraft nicht in der Lage sind, die Frage nach dem Träger des Unternehmens einer abschließenden Antwort zuzuführen, scheint prima facie der **Ruf nach dem Gesetzgeber** angebracht. Ein entsprechender Versuch ist in der 7. Legislaturperiode im Rahmen der großen und dann gescheiterten Steuerreform unternommen worden (BT-Drs. 7/1470, 21; → Rn. 410.2).

447.1 Dabei gibt zu denken, dass sich die Bundesregierung der Tragweite der vermeintlichen Entscheidung für die Bilanzbündeltheorie offensichtlich gar nicht bewusst war und mit der geplanten Regelung im Ergebnis die Einheitstheorie kodifiziert worden wäre (→ Rn. 410.2).

448 Wenn sich die Problematik auch keiner Lösung durch den Gesetzgeber zuführen lässt, legt dies zuletzt einen ganz anderen Schluss nahe: Möglicherweise ist die Frage, ob die Gesellschafter oder die Personengesellschaft selbst Träger des Unternehmens und Anknüpfungspunkt für die einkommensteuerliche Systembildung sind, **schon im Ausgangspunkt** falsch gestellt. Zwar erscheint eine eindeutige Positionsbestimmung durchaus denkbar. Auffällig ist aber, dass sich der BFH sowohl auf dem Boden der Bilanzbündel- wie umgekehrt der Einheitstheorie stets genötigt sah, die zuvor eingenommene Grundposition zu durchbrechen. Dementsprechend muss sich die neuere Rechtsprechung seitens der Vertreter der Einheitstheorie auch immer Inkonsequenz vorhalten lassen, wenn in scheinbarer Verkennung der Einheit der Gesellschaft in Einzelfällen nicht an die Gesellschaft selbst, sondern an die einzelnen Gesellschafter angeknüpft wird. Der Preis für eine lupenreine Anwendung der Einheitstheorie wäre indes außerordentlich hoch.

449 So sprechen in den Fällen, in denen sich die Rechtsprechung im praktischen Ergebnis der Bilanzbündeltheorie zugewendet hat (→ Rn. 431), vor allem Gesichtspunkte der **Steu-**

ergerechtigkeit und der (unerwünschten) **gestalterischen Konsequenzen** dafür, auf die einzelnen Gesellschafter abzustellen. Wo dies (wie insbesondere bei der Einordnung der doppelstöckigen Personengesellschaft → Rn. 277) nicht geschehen ist, sah sich der Gesetzgeber dann gezwungen, korrigierend einzugreifen. In Anbetracht der Realitäten steuerlicher Gesetzgebung überrascht es nicht, dass die gesetzgeberischen Interventionen oftmals nur neue Probleme geschaffen haben.

Richtigerweise kann auf die Frage, ob bei der Subsumtion unter Tatbestände des Einkommensteuergesetzes auf die Gesellschaft oder die Gesellschafter abzustellen ist, **keine allgemeingültige Antwort** gegeben werden. Vielmehr ist diese Frage von Fall zu Fall und unter Berücksichtigung der jeweils damit verbundenen Konsequenzen (→ Rn. 449) zu entscheiden. Eine Notwendigkeit, zu einheitlichen Ergebnissen zu kommen, besteht nicht. Weder die Bilanzbündeltheorie noch die Einheitstheorie sind kodifiziert worden. Für beide Positionen lassen sich jeweils gute Gründe anführen, die sich in einer Gesamtschau nahezu wechselseitig aufheben. **450**

Einstweilen frei **451–454**

cc) Bilanztheoretische Grundlagen der Mitunternehmerschaft Leitentscheidungen, wichtige Verwaltungsanweisungen und Schrifttum (Auswahl): 455

Entscheidungen des GrS: 455.1
BFH 19.10.1970 – GrS 1/70, BStBl. II 1971, 177; BFH 25.2.1991 – GrS 7/89, BStBl. II 1991, 691.

Weitere Leitentscheidungen des BFH: 455.2
BFH 8.1.1975 – I R 142/72, BStBl. II 1975, 437; BFH 28.8.1974 – I R 18/73, BStBl. II 1975, 166; BFH 14.11.1985 – IV R 63/83, BStBl. II 1986, 58; BFH 12.12.1995 – VIII R 59/92, BStBl. II 1996, 219; BFH 13.10.1998 – VIII R 78/97, BStBl. II 1999, 163.

Schrifttum (Auswahl): 455.3
Institut für Steuerrecht der Rechtsanwaltschaft eV/*Döllerer*, Jahrbuch der Fachanwälte für Steuerrecht 1974/1975, 142; *Keuk*, Die Besteuerung des Gewinns der Personengesellschaft und der Sondervergütungen der Gesellschaft, StuW 1974, 1; *Knobbe-Keuk*, Die steuerliche „Gesamtbilanz" bei einer Personengesellschaft, DStR 1980, 423; *Pinkernell*, Einkünftezurechnung bei Personengesellschaften, 2001; *Raupach*, Konsolidierte oder strukturierte Gesamtbilanz der Mitunternehmerschaft oder additive Ermittlung der Einkünfte aus Gewerbebetrieb der Mitunternehmer mit oder ohne korrespondierende Bilanzierung?, DStZ 1992, 692; *Woerner*, Die neuere Rechtsprechung des Bundesfinanzhofs zur Einkommensbesteuerung von Gesellschaftern einer Personengesellschaft, BB 1975, 465.

In einer engen Verbindung mit der oben diskutierten einkommensteuerlichen Einordnung der Mitunternehmerschaft steht die Frage nach ihrer bilanziellen Abbildung. Bedeutung kommt dem insbesondere im **Sonderbereich der Mitunternehmerschaft** zu. Um diesen adäquat zu erfassen, griffen der RFH und anfänglich auch der BFH auf die Abzugsthese (→ Rn. 458 ff.) zurück. Nach Ablösung der Bilanzbündeltheorie (→ Rn. 412) konkurrierten die Theorie der konsolidierten Gesamtbilanz (→ Rn. 462 ff.) und die additive Gewinnermittlung (→ Rn. 468 ff.) miteinander. Auch wenn sich die additive Gewinnermittlung nahezu unangefochten durchgesetzt hat, sind die beiden anderen Positionen nicht nur von rechtshistorischem Interesse. Teilelemente dieser Auffassungen leben in der aktuellen Rechtsprechung fort, obwohl die zugrundeliegende dogmatische Grundposition mittlerweile aufgegeben worden ist. **456**

Allen Positionen ist gemeinsam, dass **Ausgangspunkt der steuerlichen Gewinnermittlung** der Mitunternehmerschaft – allerdings nur soweit vorhanden – die **Handelsbilanz** der Personengesellschaft ist (*Döllerer* DStZ 1974, 211 (211)). Unklar ist hingegen, wie der Sonderbereich abzubilden ist. **457**

(1) Lehre vom Abzugsverbot. Die Abzugsthese steht in enger **Verbindung zur Bilanzbündeltheorie** (→ Rn. 412 ff.). Für diese ist die Vorstellung prägend, dass die Beteiligung des Gesellschafters einen selbständigen Gewerbebetrieb darstellt. Damit steht sie in einem denkbar scharfen Kontrast zur zivilrechtlichen Vorstellung der Einheit der Personengesellschaft (→ Rn. 427 ff.). **458**

Auf dieser Linie liegt es, besondere Vergütungen als besondere Berechnung des Anteils am Gewinn der Gesellschaft einzuordnen, der dem Steuerpflichtigen für seine besondere Leistung vorweg zugewiesen wird. Bilanztechnisch wurde dies dadurch umgesetzt, dass die **459** entsprechenden Positionen nicht vom Gewinn der Personengesellschaft abgezogen, sondern dem betroffenen Gesellschafter **als besonderer Gewinnanteil zugeteilt** wurden.

459.1 Auf dem Boden dieser Position folgerichtig hat etwa der Große Senat des BFH entschieden, dass Arbeitgeberanteile zur Sozialversicherung eines angestellten Kommanditisten zu den Vergütungen nach § 15 Nr. 2 gehört und so den Gewinn der Gesellschaft sowie den Gewinnanteil des Kommanditisten erhöht (BFH 19.10.1970 – GrS 1/70, BStBl. II 1971, 177 (178)).

460 Wirtschaftsgüter, die der Gesellschafter der Gesellschaft lediglich **zur Nutzung überlässt,** werden abweichend vom Zivilrecht dem **Gesamthandsvermögen zugerechnet** und als Einlage behandelt (RFH 28.10.1943 – III 59/43, RStBl. 1944, 35; zu den hiermit verbundenen Inkonsistenzen überzeugend *von Zezschwitz* FR 1970, 158 (159 f.)).

461 Mit der Aufgabe der Bilanzbündeltheorie ist der Abzugsthese ihr **dogmatisches Fundament** entzogen worden. An deren Stelle ist nach ganz hM nunmehr die Theorie der additiven Gewinnermittlung getreten (→ Rn. 468 ff.). Eine weitere konkurrierende Position, die in Teilen ebenfalls Eingang in die Rechtsprechung des BFH gefunden hat, ist das Konzept der konsolidierten Gesamtbilanz (→ Rn. 462 ff.).

462 **(2) Konsolidierte Gesamtbilanz.** Eine bilanztheoretische Antwort auf die Abkehr von der Bilanzbündeltheorie ist die von *Döllerer* entwickelte Theorie der konsolidierten Gesamtbilanz. Dogmatisches Fundament dieser Auffassung ist die Vorstellung, der Betrieb der Gesellschaft und die Sonderbetriebe der Gesellschafter würden eine **Einheit in der Hand der Gesellschaft** bilden (*Döllerer* DStZ 1974, 211 (215)). Bilanzrechtliche Folgerung aus dem Bestehen einer wirtschaftlichen Einheit soll eine „konsolidierte Bilanz" nach dem Vorbild der Konzernbilanzierung sein. In dieser werden die Bilanzen rechtlich selbständiger Unternehmen einer wirtschaftlichen Einheit so zusammengefasst, als ob es sich auch rechtlich um ein einheitliches Unternehmen handelt (*Döllerer* DStZ 1974, 211 (216)).

463 Die steuerrechtliche Gewinnermittlung soll sich damit ausgehend von der Handelsbilanz in **zwei Stufen** vollziehen. Auf der **ersten Stufe** sei die Handelsbilanz an die allgemeinen steuerrechtlichen Vorschriften anzupassen. Auf der **zweiten Stufe** steht deren Konsolidierung auf Grundlage des § 15 Abs. 1 S. 1 Nr. 2 (*Döllerer* DStZ 1974, 211 (216)). In die Gesamtbilanz aufzunehmen sind nicht nur die Wirtschaftsgüter, die im Gesamthandseigentum der Gesellschaft stehen, sondern auch das Sonderbetriebsvermögen der Gesellschafter, dh die Wirtschaftsgüter der Gesellschafter, die der Gesellschaft zur Nutzung überlassen sind oder sonst dem Betrieb der Gesellschaft dienen (*Döllerer* DStZ 1974, 211 (216)). Wichtigste Konsequenz der Konsolidierung ist, dass Forderungsverbindlichkeiten zwischen der Gesellschaft und den Gesellschaftern, soweit sie bei diesen zum Sonderbetriebsvermögen gehören, wegzulassen sind (*Döllerer* DStZ 1974, 211 (217)).

464 Für **der Gesellschaft gewährte Darlehen** hat dies zur Konsequenz, dass nach Auszahlung des Darlehens die Darlehensschuld der Gesellschaft gegenüber dem Gesellschafter nicht in die Gesamtbilanz aufgenommen werden kann. Eine Gewinnrealisierung wird durch Verbuchung einer Einlage des Darlehensgebers vermieden, die bei der Ermittlung des Gewinns nach § 5, § 4 Abs. 1 in Abzug zu bringen ist (*Döllerer* DStZ 1974, 211 (217)).

465 Das Konzept der Gesamtbilanz hat sich insgesamt **nicht durchsetzen können.**

466 Welchen Mehrwert das Konzept der Gesamtbilanz gegenüber dem Konzept der additiven Gewinnermittlung (→ Rn. 468) haben soll, ist nicht ersichtlich. Dies gilt umso mehr, als es bei § 15 Abs. 1 S. 1 Nr. 2 nicht primär darum geht, das Gesamtergebnis einer „Konzerneinheit" im Außenverhältnis darzustellen, sondern die Einkünfte der Gesellschafter zu ermitteln (*Raupach* DStZ 1992, 692 (693)). In der neueren Literatur wird die Theorie der Gesamtbilanz daher nicht mehr vertreten (ablehnend etwa *Pinkernell* Einkünftezurechnung bei Personengesellschaften, 192 f.; *Groh* StuW 1995, 383 (389)).

467 Immerhin lassen sich aber zwei wichtige Weichenstellungen in der aktuellen Rechtsprechung des BFH zur Bilanzierung von Personengesellschaften auf die Theorie der konsolidierten Gesamtbilanz zurückführen (instruktiv *Pinkernell* Einkünftezurechnung bei Personengesellschaften, 192). Der Gedanke der Einheit der Gesellschaft erklärt schlüssig, warum im **Verhältnis von Gesellschafter und Gesellschaft das Imparitätsprinzip nicht zur Anwendung kommen kann.** Übernommen hat der BFH auch die bilanzielle Einordnung von **Gesellschafterdarlehen,** die nicht als Verbindlichkeiten gegenüber dem Darlehensgeber, sondern als Einlagen verbucht werden (s. auch *Groh* StuW 1995, 383 (389)). In diesem

Kontext wird auch noch in der neueren Judikatur des BFH verschiedentlich die These vertreten, der Gesamtgewinn der Mitunternehmerschaft sei in einer „Gesamtbilanz" der Mitunternehmerschaft zu erfassen (BFH 12.12.1995 – VIII R 59/92, BStBl. II 1996, 219 (225)). Ob es einer Umqualifizierung in Eigenkapital wirklich bedarf, um schlüssige Ergebnisse zu erzielen, ist aber zumindest zweifelhaft.

(3) Additive Gewinnermittlung und Beitragsgedanke. Heute nahezu unangefochtene Methode der Bilanzierung von Personengesellschaften ist das Konzept der additiven Gewinnermittlung, das sich auf Überlegungen von *Meßmer* (*Meßmer* StbJb 1972/73, 127 (196 ff.) sowie speziell hinsichtlich der bilanziellen Einordnung des Sonderbereichs auf einen wegweisenden Beitrag von *von Zezschwitz* (*von Zezschwitz* FR 1970, 158 (163 ff.)) zurückführen lässt. **468**

Danach ist der Gewinn der Gesellschafter einer Personengesellschaft steuerlich in zwei Schritten bzw. Stufen zu ermitteln (sog. **additive Gewinnermittlung**). Auf der ersten Stufe steht die Feststellung des Gewinnanteils des Gesellschafters, der auf der Grundlage des auf den Gesellschaftsgewinn anzuwendenden Gewinnverteilungsschlüssels ermittelt wird (*Meßmer* StbJb 1972/73, 127 (197)). Mit Rücksicht auf den Grundsatz der Maßgeblichkeit werden wie im Handelsrecht schuldrechtliche Beziehungen zwischen Gesellschaft und Gesellschafter anerkannt und stellen aus Sicht der Gesellschaft Betriebsausgaben dar (*Meßmer* StbJb 1972/73, 127 (200)). Diese werden dann auf einer zweiten Stufe als besondere Vergütungen als Einkünfte aus Gewerbebetrieb erfasst (*Meßmer* StbJb 1972/73, 127 (197)). **469**

Uneinigkeit bestand in den Anfängen dieser Lehre hinsichtlich der Einordnung von Wirtschaftsgütern, die der Gesellschafter der Gesellschaft zur Verfügung stellt, ohne diese in das Gesamthandsvermögen zu überführen. Diese sind nach der Rechtsprechung und der überwiegenden Auffassung in der Literatur als (Sonder-)Betriebsvermögen zu qualifizieren (grundlegend *von Zezschwitz* FR 1970, 158 (163)). Die Gegenauffassung hält dagegen auch eine Einordnung als Privatvermögen für möglich (*Keuk* StuW 1974, 1 (32 ff.); ausführlich zum Meinungsstreit → Rn. 1695 ff.). **470**

Einstweilen frei **471–476**

dd) Gleichstellungsthese

Leitentscheidungen, wichtige Verwaltungsanweisungen und Schrifttum (Auswahl): **477**

Entscheidungen des GrS: **477.1**

BFH 19.10.1970 – GrS 1/70, BStBl. II 1971, 177; BFH 25.2.1991 – GrS 7/89, BStBl. II 1991, 691.

Weitere Leitentscheidungen des BFH: **477.2**

BFH 20.11.2014 – IV R 1/11, BStBl. II 2017, 34; BFH 28.3.2000 – VIII R 13/99, BStBl. II 2000, 612.

Schrifttum (Auswahl): **477.3**

Bodden, Einkünftequalifikation bei Mitunternehmern, 2001; *Bodden*, Einkünftequalifikation bei Mitunternehmern. 4 Thesen zur Neuorientierung bei der Besteuerung von Personengesellschaften, FR 2002, 559; *Dötsch*, Mitunternehmer und Mitunternehmerschaft, in: Schön/Hüttemann (Hrsg.), Die Personengesellschaft im Steuerrecht: Gedächtnissymposion für Brigitte Knobbe-Keuk, 2011, 7; *Hallerbach*, Gleichstellungsthese – Wann ist der Mitunternehmer Einzelunternehmer?, FR 2016, 1117; *Hennrichs*, Besteuerung von Personengesellschaften – Transparenz- oder Trennungsprinzip?, FR 2010, 721; *Palm*, Person im Ertragsteuerrecht, 2013; *Pinkernell*, Einkünftezurechnung bei Personengesellschaften, 2001.

Ein häufig verwandter Topos in der Dogmatik der Mitunternehmerschaft ist die **Gleichstellungsthese.** Nach der Gleichstellungsthese ist die (Einkommens-)„Besteuerung des Mitunternehmers soweit wie möglich der des Einzelunternehmers" anzugleichen (BFH 20.11.2014 – IV R 1/11, BStBl. II 2017, 34 Rn. 16). Die frühere Rechtsprechung des BFH (zur historischen Entwicklung nur *Hallerbach* FR 2016, 1117 (1118 ff.)) hat sich noch auf Grundlage der Bilanzbündeltheorie (→ Rn. 412) wiederholt zur Gleichstellungsthese bekannt (BFH 18.9.1969 – IV 338/64, BStBl. II 1970, 43; BFH 19.10.1970 – GrS 1/70, BStBl. II 1971, 177 (178); BFH 25.1.1980 – IV R 159/78, BStBl. II 1980, 275 (276)). Einen Schwerpunkt markiert dabei die Rechtsprechung zum Sonderbereich (BFH 31.11.1978 – IV R 15/73, BStBl. II 1979, 236 (237 f.)). **478**

Mit der Aufgabe der Bilanzbündel- und der Hinwendung zur Einheitstheorie ist die Gleichstellungsthese zwar nicht aufgegeben worden (BFH 28.4.1983 – IV R 131/79, BStBl. **479**

II 1983, 668 (669)), trat aber in den **Hintergrund.** Den (auch nur vorläufigen) Abschluss dieser Entwicklung markiert die 1991 getroffene Entscheidung des Großen Senats, wonach das Gleichstellungspostulat **nur noch gelte,** „soweit das Gesetz eine Gleichstellung zulässt" (BFH 25.2.1991 – GrS 7/89, BStBl. II 1991, 691 (698)).

480 In jüngerer Zeit hat die Gleichstellungsthese wieder eine **deutliche Aufwertung** erfahren. Besondere Erwähnung verdient eine Entscheidung des IV. Senats des BFH, in der zur Begründung von Wahlrechten bei der AfA-Methode auf die Gleichstellungsthese verwiesen worden ist (BFH 20.11.2014 – IV R 1/11, BStBl. II 2017, 34 Rn. 16 ff.). Auch in anderen Entscheidungen ist wieder auf die Gleichstellungsthese zurückgegriffen worden (BFH 12.5.2016 – IV R 29/13, BFH/NV 2016, 1489 Rn. 11). Jüngstes Beispiel ist die Rechtsprechung des IV. Senats des BFH zur Durchbrechung des § 15 Abs. 3 Nr. 1 S. 1 Alt. 2 (Aufwärtsinfektion) für die Gewerbesteuer (BFH 6.6.2019 – IV R 30/16, DStR 2019, 1630; → Rn. 2371).

481 In der Literatur ist die Gleichstellungsthese vielfach auf Ablehnung gestoßen. Ein Argument hierfür ist die (schrittweise) **rechtliche Verselbständigung der Personengesellschaft.** Die Personengesellschaft stehe nach den zivilrechtlichen Grundentscheidungen den Kapitalgesellschaften daher näher als den Einzelunternehmern (*Hennrichs* FR 2010, 721 (725); *Dötsch* Gedächtnissymposion Knobbe-Keuk, 2011, 7 (10)). Im Unterschied zum Einzelunternehmer könne der Gesellschafter einer Personengesellschaft **nicht unbeschränkt über seinen Gewinnanteil verfügen,** sodass sein Gewinnanteil nicht als „disponibles Einkommen" zur Verfügung stehe (*Knobbe-Keuk* DB 1990, 905 (907)). Dem Hinweis auf die Erwähnung der Sondervergütungen in § 15 Abs. 1 S. 1 Nr. 2 wird entgegengehalten, diese sei rein positivistischer Natur. Die Vorschrift sei im EStG 1934 nicht aus einem einkommensteuerlichen Grund aufgenommen worden, sondern als gewerbesteuerrechtliche Hinzurechnungsvorschrift gedacht gewesen (*Knobbe-Keuk* Bilanz- und Unternehmenssteuerrecht, 367).

482 De lege ferenda mag vieles dafür sprechen, Personengesellschaften steuerlich Kapitalgesellschaften anzugleichen. De lege lata sind die vorstehenden Argumente aber nicht geeignet, die **Legitimität der Gleichstellungsthese** in Abrede zu stellen. Einkommen- und Gewerbesteuer sind so eng miteinander verschränkt, dass sich der gewerbesteuerliche Hintergrund des § 15 Abs. 1 S. 2 Nr. 2 Hs. 2 nicht vom Einkommensteuerrecht isolieren lässt. Dies gilt umso mehr, als sich die Frage der Gleichstellung auch außerhalb des gewerbesteuerlichen Kontextes stellt. Die rechtliche Verselbständigung der Personengesellschaft im Zivilrecht ändert auch nichts daran, dass bei Personengesellschaften jedenfalls die persönlich haftenden Gesellschafter unbeschränkt mit ihrem Privatvermögen für die Verbindlichkeiten der Gesellschaft einzustehen haben. Damit korreliert die Möglichkeit der steuerlichen Verlustnutzung mit dem Haftungsrisiko. Dass Kapitalgesellschafter in einer Vielzahl der Fälle aufgrund schuldrechtlicher Beziehungen in gleichartiger Weise verpflichtet sind (so zutreffend *Palm* Person im Ertragsteuerrecht, 558), kann den Gesetzgeber angesichts seiner Typisierungsbefugnis nicht daran hindern, für die Haftungsfrage allein an das Gesellschaftsrecht anzuknüpfen.

483 Eine Bestätigung hat die Gleichstellungsthese nicht zuletzt durch die **gesetzgeberische Reaktion auf die 1991 getroffene Entscheidung des Großen Senats zur doppelstöckigen Personengesellschaft** erfahren. Hier hat der Gesetzgeber auf die partielle Absage an die Gleichstellungsthese (BFH 25.2.1991 – GrS 7/89, BStBl. II 1991, 691: „(gilt) nur noch, soweit das Gesetz eine solche Gleichstellung zulässt") damit reagiert, dass er den Obergesellschafter den Gesellschaftern der Untergesellschaft gleich gestellt hat, um damit insgesamt das Anliegen einer Gleichstellung von Einzelunternehmern und Personengesellschaften zu unterstreichen.

484 Den Kritikern an der **Gleichstellungsthese** ist aber zuzugeben, dass das Gleichstellungspostulat **nicht verabsolutiert werden darf.** Bei der Auslegung des § 15 sind neben dem Anliegen einer Gleichstellung von Personengesellschaftern und Einzelunternehmern auch andere Gesichtspunkte zu berücksichtigen, die gegenteilige Auslegungsergebnisse legitimieren können. Solche Gesichtspunkte können insbesondere die Einfachheit und Praktikabilität des Steuervollzugs sein, die sich gegen einen Vorrang der Gleichstellungsthese in Stellung bringen lassen (s. auch *Hallerbach* FR 2016, 1117 (1124)).

485–500 *Einstweilen frei*

B. Einkünfte aus Gewerbebetrieb

I. Unbeschränkte und beschränkte Steuerpflicht gewerblicher Unternehmer

Leitentscheidungen, wichtige Verwaltungsanweisungen und Schrifttum (Auswahl): 501

Leitentscheidungen des BFH: 501.1
BFH 25.5.2011 – I R 95/10, BStBl. II 2014, 760 (autonom abkommensrechtliche Einkunftsqualifikation); BFH 19.1.2017 – IV R 50/14, BStBl. II 2017, 456 (Bestätigung der Goldfinger-Gestaltung); BFH 20.12.2017 – I R 98/15, DStR 2018, 449 (gewerbliche Welteinkünfte des Fußballschiedsrichters aus einem „deutschen Unternehmen").

Wichtige Verwaltungsanweisungen: 501.2
BMF 26.9.2014, BStBl. I 2014, 1258 (Anwendung der DBA auf Personengesellschaften).

Schrifttum (Auswahl): 501.3
K. Vogel, Die Besteuerung von Auslandseinkünften, DStJG 8 (1985), 3; *Rust/Reimer*, Treaty Override im deutschen Internationalen Steuerrecht, IStR 2005, 843; *Birk*, Doppelbesteuerungsabkommen im Rechtssystem der Bundesrepublik Deutschland, in: Tipke u.a. (Hrsg.), Gestaltung der Steuerrechtsordnung, FS f. Joachim Lang, 2010, 1131; *Wassermeyer*, Über Unternehmensgewinne im Sinne des Art. 7 OECD-MA, IStR 2010, 37; *Lehner*, Internationale Reichweite staatlicher Besteuerungshoheit, in: Isensee/Kirchhof (Hrsg.), Handbuch des Staatsrechts Bd. XI, 3. Aufl. 2013, § 251; *Frotscher*, Internationales Steuerrecht, 4. Aufl. 2015; *Kindich/Meyer/Kahle*, Aktuelle Entwicklungen der Ertragsbesteuerung von Betriebsstätten deutscher Unternehmen in China, Ubg 2015, 211; *Kube*, Staatliches Steuerrecht, Internationales Steuerrecht und Verfassungsrecht, StuW 2015, 134; *Müller-Gatermann*, Unternehmensgewinne nach Art. 7 und 14 des deutsch-türkischen DBA, IStR 2015, 387; *Vogel* (Begr.)/*Lehner* (Hrsg.), Doppelbesteuerungsabkommen, 6. Aufl. 2015; *Wassermeyer/Richter/Schnittker*, Personengesellschaften im Internationalen Steuerrecht, 2. Aufl. 2015; *Cortez*, Aktuelle Entwicklungen der Betriebsstättenbesteuerung, IWB 2016, 814; *Leidel*, Zur Bedeutung des Art. 3 Abs. 1 Buchst. c OECD-MA für die Auslegung des abkommensrechtlichen Unternehmensbegriffs, IStR 2017, 348; *Schaumburg* (Hrsg.), Internationales Steuerrecht, 4. Aufl. 2017; *Gosch*, Betriebsstätte und AOA, in: Drüen/Hey/Mellinghoff (Hrsg.), 100 Jahre Steuerrechtsprechung in Deutschland, FS f. den BFH, Bd. I, 2018, 1027; *Schönfeld/Ditz* (Hrsg.), Doppelbesteuerungsabkommen, 2. Aufl. 2019.

Das Einkommensteuergesetz adressiert in erster Linie (§ 1 Abs. 1) die unbeschränkt steuerpflichtige natürliche Person und deren Welteinkommen, darunter die **gewerblichen Welteinkünfte** (→ Rn. 503 ff.). Soweit der deutsche Fiskus seinen Anspruch unilateral oder abkommensrechtlich in der Konkurrenz mit anderen Gläubigern zurücknimmt (→ Rn. 521 ff.), verkleinert er die inländische Steuerpflicht des gewerblichen Welteinkommens. Zudem sind weitere transnationale Konstellationen zu bedenken (→ Rn. 543 ff.), insbesondere gewerbliche Einkünfte der beschränkt Steuerpflichtigen. 502

1. Die gewerblichen Welteinkünfte der ansässigen Unternehmer

In seiner definierten (Abs. 2) und fingierten (Abs. 3) Reichweite schneidet § 15 aus der Gesamtmenge „Welteinkommen" die **Teilmenge gewerbliche Welteinkünfte** heraus. Den Schnitt bewirkt zuallererst Absatz 2 mit der Gewerblichkeitsdefinition („[…] ist Gewerbebetrieb"), mit den dort festgeschriebenen Ein- und Ausgrenzungen (→ Rn. 695 ff.). Qua Fiktion dehnt § 15 Abs. 3 die Teilmenge aus („Als Gewerbebetrieb gilt […]"), indem er (Nr. 1) teils gewerblich, teils nicht-gewerblich erzielte Einkünfte einheitlich § 15 zuschlägt, zudem (Nr. 2) die nicht-gewerblich tätige, jedoch gewerblich geprägte Personengesellschaft der Gewerblichkeit zuordnet (→ Rn. 2261 ff.). Allerdings erhebt sich die Frage, ob innerstaatliche Gewerblichkeitsfiktionen durchschlagen, wenn das DBA-Recht nach seinen eigenen Regeln unternehmerische Einkünfte auf zwei Gläubigerstaaten verteilt (→ Rn. 512). 503

Zum Welteinkommen des ansässigen, deshalb unbeschränkt Steuerpflichtigen gehören neben „Welteinkünften" aus anderen Einkunftsarten auch die gewerblichen Welteinkünfte. Das sind grundsätzlich (zur Korrektur kraft DBA → Rn. 521 ff.) **alle national und global erwirtschafteten Erfolge des Gewerbetreibenden** – Gewinne und Verluste (→ § 2a Rn. 7; *Frotscher* Internationales Steuerrecht Rn. 932) – aus Produktion und Verkauf, Handel und Dienstleistung (BFH 20.12.2017 – I R 98/15, DStR 2018, 449 mit Blick auf den ansässigen, international tätigen Fußballschiedsrichter). Allerdings ist dem Gesetzgeber nicht 504 schlechthin verwehrt, die aus Welterfolgen gespeiste Bemessungsgrundlage des ansässigen Unternehmers zu verkleinern. Insbesondere macht der Betriebsstättenvorbehalt (→ Rn. 528) bewusst, dass der deutsche Fiskus die Interessen konkurrierender Gläubiger anerkennen muss und will.

505 Jedoch: **Der Gläubiger-Konkurrenzvorbehalt,** vor allem DBA-Verteilungsrecht mit Rückwirkung auf das im Inland zu versteuernde Welteinkommen des gewerblichen Unternehmers, **rüttelt nicht am Status der unbeschränkten Steuerpflicht.** Die raumgreifende *persönliche* Steuerpflicht des Ansässigen erstreckt sich auch auf das im Ausland verfestigte Engagement, etwa auf die dem ansässigen Gesellschafter durch die ausländische Personengesellschaft vermittelte Betriebsstätte (→ Rn. 507 ff.).

505.1 Gleiches gilt für die **Betriebsstätte des Einzelunternehmers,** etwa das Aargauer Büro des in Süddeutschland ansässigen Unternehmers (FG Baden-Württemberg 9.12.2009 – 11 V 2885/09, rkr.), der unbeschränkt steuerpflichtig bleibt für die Dauer der Ansässigkeit, unabhängig vom Schicksal seiner süddeutschen Agentur für Finanzdienstleistungen, unabhängig von inländischen Einkünften. Solange gewerbliches Eigenengagement in Rede steht – national und/oder transnational – und die Auslands- wie die Inlandstätigkeit dem Steuerinländer und nicht einer anderen natürlichen oder juristischen Person zuzurechnen ist, stehen ansässige Unternehmer unbeschränkt in der Steuerpflicht aus § 15. Vgl. für **Verluste** des Einzelunternehmers (hier Freiberuflers) aus einer in Belgien belegenen festen Einrichtung BFH 11.7.2018 – I R 52/16, BStBl. II 2019, 105: Einkünftebegriff des § 50d Abs. 9 S. 1 erfasst auch negative Einkünfte.

506 Das Internationale Steuerrecht mag § 15 *sachlich* zurückdrängen, Deutschlands Besteuerungsanspruch einschränken und andere Gläubigerstaaten zum Zuge kommen lassen. **Sachliche Einschränkungen des universalen Besteuerungsanspruchs** mögen zurückgehen auf spezielles bilaterales Steuervölkerrecht (→ Rn. 521 ff.; vgl. die Rückzugsnorm des § 34c Abs. 6 für den Fall, dass „ein Abkommen zur Vermeidung der Doppelbesteuerung besteht“) oder auf unilaterales Recht nach Art des § 2a Abs. 1 S. 1 Nr. 2 (→ § 2a Rn. 190 ff.), der passive Betriebsstätten in Drittstaaten einem Sonderrecht unterwirft (vgl. auch die „Steuerermäßigung“ der §§ 34c, 34d Nr. 2 für Einkünfte aus Gewerbebetrieb). Modifikationen der systemreinen Welteinkommensbesteuerung geben Anlass, inländische und ausländische Einkünfte zu unterscheiden – **berühren** indes **nicht die unbeschränkte Steuerpflicht** derjenigen natürlichen Personen, die im Inland einen Wohnsitz oder ihren gewöhnlichen Aufenthalt haben und gewerbliche Welteinkünfte erzielen (§§ 1, 15).

507 Zu den gewerblichen Welteinkünften gehören nicht zuletzt jene Erträge, die in Deutschland **ansässige Mitunternehmer** erwirtschaften **als Gesellschafter** […]

508 (1) […] einer **inländischen Personengesellschaft mit ausländischer Betriebsstätte** (exemplarisch FG Hamburg 15.9.2016 – 2 K 223/13, EFG 2017, 47 Rn. 61 ff., rkr.: inländische Fondsgesellschaft und britische Tochtergesellschaft, die Handel mit Lebensversicherungspolicen betreibt);

508.1 Das FG Hamburg entschied auf Klage einer gewerblich geprägten KG. Die Zugehörigkeit der an inländische Gesellschafter einer inländischen GmbH & Co. KG gezahlten Sondervergütungen zu den Einkünften aus Gewerbebetrieb resultiert – soweit Sonderbetriebsergebnisse der ausländischen Betriebsstätte zuzuordnen sind – weder aus § 15 Abs. 1 S. 1 Nr. 2 noch aus § 50d Abs. 10 (§ 50d Abs. 10 S. 7 Nr. 1: Unanwendbarkeit „auf Gesellschaften im Sinne des § 15 Absatz 3 Nummer 2“). Dann sind **grenzüberschreitende Sondervergütungen** autonom abkommensrechtlich zu qualifizieren (→ Rn. 231). FG Hamburg 15.9.2016 – 2 K 223/13, EFG 2017, 47 Rn. 61 ff., 72 ff. erkannte sowohl in der vergüteten Tätigkeit der inländischen Gesellschafter als auch im Policenhandel der britischen Tochtergesellschaft originär gewerbliche Tätigkeit; die Handelstätigkeit der Tochter beurteilte es in Ermangelung einer abkommensrechtlichen Definition „nach innerstaatlichem Verständnis“ (→ Rn. 228 f. zum Rekurs auf das Recht des Anwenderstaates). Gleichwohl drang die KG mit der Anfechtung der Gewinnfeststellung nicht durch: FG Hamburg 15.9.2016 – 2 K 223/13, EFG 2017, 47 Rn. 83 ff. ordnete die Sonderbetriebsergebnisse nicht der britischen Tochtergesellschaft zu und verneinte die DBA-rechtliche Freistellung.

509 (2) […] **einer ausländischen Personengesellschaft** (exemplarisch BFH 19.1.2017 – IV R 50/14, BStBl. II 2017, 456: Handel mit physischem Gold über eine in London ansässige General Partnership; BFH 21.10.2009 – I R 114/08, BStBl. II 2010, 774 Rn. 16: belgische Personengesellschaft vermittelt den in Deutschland ansässigen Gesellschaftern „jeweils eine

Betriebsstätte"; BFH 17.11.1999 – I R 7/99, BStBl. II 2000, 605 (606): Beteiligung an einer US-amerikanischen Personengesellschaft, deren Tätigkeit als gewerblicher Grundstückshandel zu qualifizieren sein könnte);

(3) […] der ausländischen Personengesellschaft mit inländischer Betriebsstätte. **510**

Über den **Befund „Personengesellschaft im Ausland"**, die Subjektqualifikation, entscheidet der Rechtstypenvergleich aus deutscher Sicht (BFH 19.1.2017 – IV R 50/14, BStBl. II 2017, 456 Rn. 22). Davon hängt die Anwendung des § 15 ab. Zu beurteilen ist, ob das ausländische Rechtsgebilde eher dem „Typ" Personengesellschaft oder eher dem „Typ" Kapitalgesellschaft ähnelt (WRS PersGes/*Schnittker* Rn. 3.5 ff.). „Die Einordnung nach dem Zivil- oder Steuerrecht des jeweiligen Sitzstaates ist nicht maßgebend" (BMF 26.9.2014, BStBl. I 2014, 1258 Rn. 1.2). Im subjektiven Qualifikationskonflikt (etwa: Personengesellschaft aus deutscher, Körperschaft aus ausländischer Sicht) folgt Deutschland seinem Steuerrecht, nicht dem des Quellenstaates (BFH 25.5.2011 – I R 95/10, BStBl. II 2014, 760 Rn. 16; BMF 26.9.2014, BStBl. I 2014, 1258 Rn. 4.1.4.1). **511**

Die **Einkunftsqualifikation** jedoch erfolgt differenziert, abkommensrechtlich teils autonom, teils in Anknüpfung an § 15 Abs. 2; eigenständig auf der Ebene des innerstaatlichen Rechts. Wenn ein DBA **„Gewinne eines Unternehmens"** anspricht, meint es Einkünfte aus einer ihrer Art nach „unternehmerischen" Tätigkeit (auch der freiberuflichen, Art. 3 Abs. 1 Buchst. g OECD-MA) – und meint nicht Einkünfte aus einer Tätigkeit, „die inhaltlich zum Bereich der Vermögensverwaltung gehört" (BFH 28.4.2010 – I R 81/09, BStBl. II 2014, 754 Rn. 23; BFH 9.12.2010 – I R 49/09, BStBl. II 2011, 482 Rn. 18); insoweit blockiert der **abkommensspezifische „Zusammenhang"** (Art. 3 Abs. 2 OECD-MA) den Rekurs auf § 15 Abs. 2. Für die Abgrenzung der originär unternehmerischen Einkünfte jedoch behelfen sich die DBA über **Verknüpfungen** auf der Linie des Art. 3 Abs. 2 OECD-MA **mit dem Grenzregime des § 15 Abs. 2** (BFH 28.4.2010 – I R 81/09, BStBl. II 2014, 754 Rn. 23; BFH 4.5.2011 – II R 51/09, BStBl. II 2014, 751 Rn. 29: „Hilfsfunktion" des nationalen Rechts; BFH 24.8.2011 – I R 46/10, BStBl. II 2014, 764 Rn. 17 ff.; BFH 19.1.2017 – IV R 50/14, BStBl. II 2017, 456 Rn. 25). Art. 3 Abs. 1 Buchst. c OECD-MA (Ausdruck „Unternehmen" bezogen auf die „Ausübung einer Geschäftstätigkeit") ändert daran nichts (*Leidel* IStR 2017, 348 (348 ff.)). **512**

Daraus folgt: „Abkommensrechtlich verbleibt es bei der tatsächlich verwirklichten Einkunftsart" (BFH 25.5.2011 – I R 95/10, BStBl. II 2014, 760 Rn. 22; *Birk* FS Lang, 2010, 1131 (1135 f.); WRS PersGes/*Oenings* Rn. 10.47 ff.): **Umqualifikationen des deutschen Steuerrechts** – Abfärbung; Prägung; Betriebsaufspaltung – **schlagen auf die DBA-rechtliche Einkunftsqualifikation nicht durch.** Unberührt bleibt indessen auch die innerstaatliche (Um-)Qualifikation und bleibt es dabei, dass die ausländische Gesellschaft mit – aus deutscher Sicht – gewerblichen Einkünften ihren inländischen Gesellschaftern jeweils eine Betriebsstätte und Einkünfte aus Gewerbebetrieb vermittelt (→ Rn. 1257 ff. zur Betriebsaufspaltung über die Grenze). **513**

Für eine i.S. von § 15 Abs. 3 Nr. 2 gewerblich geprägte Personengesellschaft (Private Equity Fonds in Großbritannien) hat der BFH entschieden, dass abkommensrechtlich nicht die Prägung den Ausschlag gibt, sondern „allein die tatsächlich verwirklichte Einkunftsart". Die Entscheidung über originär gewerbliche oder vermögensverwaltende Tätigkeit jedoch, „richtet sich im Kern nach denselben Abgrenzungskriterien wie bei vergleichbaren Inlandsgesellschaften, insbesondere zum Wertpapierhandel" (BFH 24.8.2011 – I R 46/10, BStBl. II 2014, 764 Rn. 16, 18). **513.1**

Dass der Betriebsstättenstaat abkommensrechtlich berechtigt sein mag, in Übereinstimmung mit Art. 7 Abs. 1 OECD-MA die in der Betriebsstätte erwirtschafteten Erfolge seiner Besteuerung zu unterwerfen, berührt wiederum nicht die unbeschränkte Steuerpflicht der inländischen Gesellschafter und die **Zugehörigkeit der Einkünfte aus der „anteiligen Betriebsstätte des inländischen Gesellschafters"** (BMF 26.9.2014, BStBl. I 2014, 1258 Rn. 2.2.3) **zu den gewerblichen Welteinkünften** (BFH 21.10.2009 – I R 114/08, BStBl. II 2010, 774 Rn. 16). „Unternehmen" im Sinne des Abkommens (vgl. Art. 7 Abs. 1 OECD-MA; → Rn. 530) ist der Anteil des Gesellschafters selbst (*Schaumburg* Int. StR Rn. 19.234). Ebenso gehören die Einkünfte aus der ausländischen Betriebsstätte der inländischen Gesellschaft zu den Welteinkünften der ansässigen Mitunternehmer (§ 15 Abs. 1 S. 1 Nr. 2), auch wenn abkommensrechtlich ein „Quellenstaatsbesteuerungsrecht" (BMF **514**

26.9.2014, BStBl. I 2014, 1258 Rn. 2.2.3) besteht und Deutschland den Betriebsstättengewinn freistellt (→ Rn. 529).

515 In Betracht kommt ferner der **Hinzurechnungsbetrag des § 10 AStG** (→ Rn. 587 ff.). Gehören Anteile an einer im Ausland passiv tätigen und niedrig besteuerten Zwischengesellschaft (§ 8 AStG) zu einem inländischen Betriebsvermögen (vgl. BFH 13.6.2018 – I R 94/15, IStR 2018, 882), „so gehört der Hinzurechnungsbetrag zu den Einkünften aus Gewerbebetrieb, aus Land- und Forstwirtschaft oder aus selbständiger Arbeit" (§ 10 Abs. 2 S. 2 AStG); über die Zuordnungskonkurrenz innerhalb der Gewinneinkunftsarten entscheidet wiederum § 15 Abs. 2.

516 Soweit § 10 AStG den Hinzurechnungsbetrag in den Anwendungsbereich des § 15 überführt, schlägt er Erfolge einer ausländischen, freilich von Inländern beherrschten Kapitalgesellschaft (*controlled foreign company*, vgl. § 7 Abs. 1 AStG) den gewerblichen Einkünften zu, ohne auf Repatriierung durch Ausschüttung zu warten – **„erhöht" den Gewinn des Betriebs** „für das Wirtschaftsjahr, das nach dem Ablauf des maßgebenden Wirtschaftsjahrs der ausländischen Gesellschaft endet" (§ 10 Abs. 2 S. 2 AStG). Weireichenden Schutz vor dem „Einkünfteerhöhungsbetrag" (Blümich/*Vogt* AStG § 10 Rn. 36) garantiert indessen die Niederlassungsfreiheit des Art. 49 AEUV. Nach Maßgabe des Unionsrechts (→ Rn. 173 ff.) figuriert die von Inländern beherrschte Kapitalgesellschaft mit Sitz in der EU oder einem Vertragsstaat des EWR nicht als Zwischengesellschaft (§ 8 Abs. 2 AStG), gewinnt ihre eigene Steuerrechtssubjektivität zurück („Abschirmwirkung") und trägt nicht bei zu den inländischen Einkünften aus Gewerbebetrieb.

517–520 *Einstweilen frei*

2. Konkurrenz mit leges speciales – Internationales Steuerrecht

521 **a) Gläubigerkonkurrenz.** Offenkundig greifen §§ 1, 15 im sachlichen Anwendungsbereich zu weit aus, wenn der Gewerbetreibende auch im Ausland Erfolge erwirtschaftet und die ausländischen Fisci ihrerseits Besteuerungsansprüche erheben. In der **Konkurrenz mit ausländischen Gläubigern** (→ § 2a Rn. 69 ff.) nimmt der deutsche Fiskus nicht die persönlich „unbeschränkte" Steuerpflicht zurück (→ Rn. 506) – muss sich aber sachlich auf Zugeständnisse einlassen. Unbeirrt adressiert § 34c den „unbeschränkt Steuerpflichtigen", sichert ihm gleichwohl „Steuerermäßigung bei ausländischen Einkünften" zu (Überschrift vor §§ 34c, 34d).

522 Die „festgesetzte und gezahlte und um einen entstandenen Ermäßigungsanspruch gekürzte ausländische Steuer" wird angerechnet nach Maßgabe der §§ 34c Abs. 1 und 34d. **Ausländische Einkünfte aus Gewerbebetrieb** identifiziert § 34d Nr. 2. Zugleich bekennt sich das Einkommensteuergesetz (§ 34c Abs. 6 S. 1) ebenso wie die Abgabenordnung (§ 2) grundsätzlich zur vorrangigen Anwendung der Doppelbesteuerungsabkommen – mit der Folge, dass im Anwendungsbereich eines DBA eine sachliche Steuerpflicht nur besteht „nach Maßgabe des abkommensrechtlich modifizierten innerstaatlichen Steuerrechts" (Vogel/Lehner/*Lehner* DBA Grundlagen Rn. 44; vgl. auch *P. Kirchhof* BStGB § 63 Rn. 7: „Der inländische Anspruch [...] steht unter dem Vorbehalt abweichender internationaler Rechtsvorschriften.").

523 Soweit ausländische Einkünfte aus Gewerbebetrieb in Rede stehen, gehört zum modifizierten innerstaatlichen Steuerrecht auch und vor allem § 15. Der Rechtssatz, dass die in § 15 „bestimmten" Einkünfte der deutschen Einkommensteuer „unterliegen" (§ 2 Abs. 1 S. 2, S. 1 Nr. 2), soll sich gegen das **spezielle, auf grenzüberschreitende Sachverhalte anwendbare Steuerrecht** (Internationales Steuerrecht) nicht durchsetzen, allenfalls partiell über den Progressionsvorbehalt. Der lex specialis kommt Vorrang zu, die lex generalis steht zurück, auch die zeitlich jüngere, jedoch allgemeinere Norm (lex generalis posterior non derogat legi speciali priori). Indem **Doppelbesteuerungsabkommen** das jeweils bilateral vereinbarte Regime als „individuelle Zweistaatenlösung" konzipieren, wächst dem Abkommen jene tatbestandliche Spezialität zu, die eine lex specialis auszeichnet (*Kube* StuW 2015, 134 (137 f.); *Birk* FS Lang, 2010, 1131 (1133); *Rust/Reimer* IStR 2005, 843 (845)).

524 In der Konkurrenz der Gläubigerstaaten um Unternehmensgewinne und in der abkommensrechtlichen Verständigung kommt dem **Betriebsstättenprinzip** herausragende Bedeutung zu (Begriff der Betriebsstätte: *Cortez* IWB 2016, 814; *Frotscher* Internationales Steuerrecht Rn. 412 ff.; *Kaminski* Stbg 2012, 354). Der deutsche Fiskus kann und will einem

anderen Staat nicht den Zugriff bestreiten, den er seinerseits als Quellenstaat mit § 49 Abs. 1 Nr. 2 Buchst. a für sich reklamiert. Der deutschen Besteuerung des Gebietsfremden, der im Inland eine Betriebsstätte unterhält, entsprechen die **Ansprüche anderer Staaten,** spiegelbildlich die auf je eigenem Territorium belegenen Betriebsstätten der in Deutschland ansässigen Gewerbetreibenden zu besteuern.

Einstweilen frei **525–526**

b) DBA-Betriebsstättenvorbehalt. Deutschland anerkennt den konkurrierenden und vorrangigen Anspruch auf Betriebsstättenbesteuerung in seinen DBA traditionell im Zusammenwirken von Verteilungsnorm und Freistellung: **527**

(1) **Betriebsstättenvorbehalt.** Soweit die Bundesrepublik und ihre Vertragspartner dem OECD-Musterabkommen folgen, begegnet dem in Deutschland aus §§ 1, 2, 15 unbeschränkt Steuerpflichtigen mit ausländischer Betriebsstätte ein sog. Betriebsstättenstaat, den das deutsche Internationale Steuerrecht abkommensrechtlich als zweiten Gläubigerstaat anerkennt. Die Verteilungsnormen für Unternehmensgewinne auf der Linie des **Art. 7 OECD-MA** bekräftigen zwar zunächst den Totalzugriff im Ansässigkeitsstaat („nur in diesem Staat"; *K. Vogel* DStJG 8 (1985), 3 (5 f.): keine Bestätigung des Welteinkommensprinzips, „sondern es wird hier nur die Quelle als im Wohnsitzstaat belegen betrachtet"). Dann aber kommen sie „dem anderen Staat" (Art. 7 Abs. 1 S. 2 OECD-MA) entgegen, soweit dieser eine territorial fundierte Teilgröße im Steuerobjekt „gewerbliche Welteinkünfte" (→ Rn. 503 ff.) für sich reklamiert. **Im jeweils abkommensrechtlich konsentierten Umfang** greift der „andere Staat" auf die Gewinne der „dort gelegenen Betriebsstätte" zu; im konsentierten Umfang schützt der Betriebsstättenvorbehalt den im anderen Staat begründeten Anspruch aus beschränkter Steuerpflicht. Indem der deutsche Zustimmungsgesetzgeber (Art. 59 Abs. 2 GG) mit jedem DBA-Betriebsstättenvorbehalt **weitere Gläubiger** in Stellung bringt, ist er verfassungs- und unionsrechtlich gehalten (→ Rn. 162 ff. und → Rn. 173 ff.), den allgemeinen weltumspannenden Besteuerungsanspruch aus § 15 anzupassen. **528**

(2) **Freistellung.** Im Verein mit Art. 7 Abs. 1 OECD-MA, der einen „anderen" Anspruch schützt, verfehlte der Universalzugriff des § 15 eine Besteuerung nach Maßgabe individueller Leistungsfähigkeit. Deshalb bekennt sich das deutsche Abkommensrecht regelmäßig dazu, dass die im Betriebsstättenstaat besteuerten gewerblichen Einkünfte von der inländischen Bemessungsgrundlage „ausgenommen" oder, deutlicher noch (etwa Art. 23 DBA-Belgien v. 11.4.1967, BGBl. 1969 II 18), **„in der Bundesrepublik Deutschland von der Steuer befreit"** werden. Abgesehen vom Progressionsvorbehalt, begrenzt die Freistellungsmethode (vgl. Art. 23A Abs. 1 OECD-MA) die Besteuerung gewerblicher Einkünfte qua **Nichtanwendung des § 15,** der zurücktritt hinter den leges speciales des deutschen Internationalen Steuerrechts. **529**

Der Begriff **„Gewinne eines Unternehmens"** im heutigen Art. 7 Abs. 1 OECD-MA korrespondiert nicht allein mit dem einkommensteuergesetzlichen „Gewinn aus Gewerbebetrieb" (§§ 2, 15). Das Aufteilungsrecht der DBA begrenzt auch die Besteuerung der inländischen Körperschaften (§§ 1, 8 KStG; exemplarisch: BFH 5.2.2014 – I R 48/11, IStR 2014, 377 Rn. 9). Und seit dem OECD-Update 2000 bezieht sich der abkommensrechtliche Ausdruck „Unternehmen" auf die „Ausübung einer Geschäftstätigkeit" (Art. 3 Abs. 1 Buchst. c OECD-MA) und schließt der Ausdruck „Geschäftstätigkeit" auch die Ausübung einer freiberuflichen oder sonstigen selbständigen Tätigkeit ein (Art. 3 Abs. 1 Buchst. h OECD-MA). **530**

Das spezielle Regime (Vogel/Lehner/*Lehner* DBA Grundlagen Rn. 87) konkurriert nicht nur, aber auch und nicht zuletzt mit § 15. Die DBA-rechtlichen leges speciales **für gewerbliche Geschäftstätigkeit** der Einzelunternehmer und Personengesellschaften **im Betriebsstättenformat** – im Format des Art. 5 OECD-MA, mithin außerhalb der weiteren Grundformate des Auslandsengagements: Direktgeschäft, Tochtergesellschaft – und Freistellung in Deutschland finden sich heute in den jeweiligen Art. 3, 7 und 22 (oder Art. 23, soweit der vormalige Art. 14 für selbständige Arbeit fortbesteht). **531**

Die Betriebsstättendefinition eines DBA (Art. 5) verdrängt § 12 AO, kann freilich nur **im Rahmen des jeweiligen Abkommens** Anwendung finden. Der AEAO verweist inzwischen (Änderung vom August 2017) ausdrücklich auf BFH 20.7.2016 – I R 50/15, BStBl. II 2017, 230, die Leitentscheidung, die ein Übergreifen der abkommensrechtlichen Begriffsbestimmung auf das innerstaatliche Steuerrecht **531.1** grundsätzlich ablehnt. Nr. 4 zu § 12 AEAO: „Soweit die Steuergesetze (insbes. EStG und GewStG) den Begriff „Betriebsstätte" verwenden, ohne ihn selbst abweichend von § 12 AO zu definieren (wie etwa § 41 Abs. 2 EStG), bestimmt sich dieser Begriff grundsätzlich nicht nach der Definition eines einschlägigen DBA, sondern nach innerstaatlichem Recht (vgl. BFH 20.7.2016 – I R 50/15, BStBl. 2017 II S. 230)."

532 Soweit die DBA den **Begriff** der Betriebsstätte so abzirkeln wie das Musterabkommen der OECD, greifen die Standards des Art. 5 OECD-MA. Dann „bedeutet" der Ausdruck im Grundtatbestand „eine **feste Geschäftseinrichtung, durch die die Geschäftstätigkeit eines Unternehmens ganz oder teilweise ausgeübt wird**" (→ Rn. 530 zur „Geschäftstätigkeit"). Herkömmlich erfasst das Spektrum des Art. 5 OECD-MA über die *Geschäftseinrichtungsbetriebsstätte* hinaus, die *Vertreterbetriebsstätte* und die *Baubetriebsstätte* (zur Trias: Schönfeld/Ditz/*Hruschka* DBA Art. 5 Rn. 12). Vereinzelt lässt sich Deutschland in neueren DBA auf die im OECD-MK vorgeschlagene *Dienstleistungsbetriebsstätte* ein.

532.1 Zum weitreichenden Betriebsstättenbegriff im DBA-China *Kindich/Meyer/Kahle* Ubg 2015, 211. Art. 5 Abs. 3 Buchst. b **DBA-China** erstreckt den Begriff auf die Dienstleistungsbetriebsstätte: „Der Ausdruck ‚Betriebsstätte' umfasst ebenso […] die Erbringung von Dienstleistungen, einschließlich Beratungsleistungen, durch ein Unternehmen mithilfe von Angestellten oder sonstigem für diesen Zweck verpflichteten Personal, jedoch nur, wenn diese Tätigkeiten (für dasselbe oder ein damit verbundenes Vorhaben) in einem Vertragsstaat innerhalb eines Zeitraums von zwölf Monaten insgesamt mehr als 183 Tage andauern." Ebenso, wenn auch nicht wortidentisch, Art. 5 Abs. 3 Buchst. b **DBA-Türkei.**

533 Nicht mehr sprachlich, aber sachlich bestätigt das heutige Verteilungsrecht für Unternehmensgewinne das alte **Zwei-Gläubiger-Prinzip,** wie es paradigmatisch in früheren DBA (etwa Art. 5 Abs. 1 DBA-Luxemburg v. 23.8.1958, BGBl. 1959 II 1270) zum Ausdruck kam: Bezieht eine Person mit Wohnsitz in Deutschland „als Unternehmer oder Mitunternehmer Einkünfte aus einem gewerblichen Unternehmen, dessen Tätigkeit sich auf das Gebiet des anderen Staates erstreckt, so hat der andere Staat das Besteuerungsrecht für diese Einkünfte nur insoweit, als sie auf eine dort befindliche Betriebstätte des Unternehmens entfallen". Wenn und weil sich § 15 nicht auf inländische Einkünfte beschränkt und das deutsche Internationale Steuerrecht abkommensrechtlich Land für Land die Ansprüche konkurrierender Gläubiger im Umfang der Betriebsstättenerfolge respektiert, erweist sich die Verdrängung des zu weit ausgreifenden § 15 im Wege einer lex specialis-Derogation als notwendige Konsequenz. Das deutsche Unternehmensteuerrecht anerkennt den weltweit etablierten Anspruch auf Betriebsstättenbesteuerung und bewirkt den **Nachrang des § 15** abkommensrechtlich durch Freistellung.

534 Vorrang der abkommensrechtlichen Freistellung und Nachrang des § 15 gelten einheitlich und **symmetrisch für positive und negative Betriebsstätteneinkünfte** (→ § 2a Rn. 13). Die Finanzgerichte verfechten das Symmetrieprinzip in ständiger Rechtsprechung (BFH 11.7.2018 – I R 52/16, BStBl. II 2019, 105 Rn. 24; BFH 5.2.2014 – I R 48/11, IStR 2014, 377 Rn. 9; FG Düsseldorf 28.10.2014 – 6 K 50/10 K, EFG 2015, 313 (Rücknahme der Klage im Rev.-Verfahren); FG Hamburg 23.9.2014 – 6 K 224/13, EFG 2015, 156, rkr.; FG Hamburg 6.8.2014 – 2 K 355/12, EFG 2014, 2084 Rn. 24, Rev. I R 17/16; vgl. Kirchhof/*Gosch* § 2a Rn. 5; *P. Kirchhof* BStGB § 63 Rn. 14), bestätigen damit die DBA-rechtliche Durchführung des Zwei-Gläubiger-Prinzips für die Steuerquelle „Betriebsstätte", die vonseiten des Stammhausstaates insgesamt freigestellt, insgesamt dem Betriebsstättenstaat überantwortet wird. Allerdings kann der Stammhausstaat unionsrechtlich gehalten sein, für sog. finale Verluste eine „Ausfallbürgschaft" zu übernehmen. In dieser Konstellation setzt sich Art. 49 AEUV als lex superior gegen die abkommensrechtliche lex specialis durch und bewirkt damit die Rückkehr zur Anwendung des § 15 (→ Rn. 573 ff.).

535 Im Internationalen Steuerrecht gilt die Betriebsstätte als „der wichtigste Anknüpfungstatbestand" (*Frotscher* Internationales Steuerrecht Rn. 407) und Art. 7 OECD-MA als „die wichtigste abkommensrechtliche Einkunftsart" (Schönfeld/Ditz/*Schönfeld/Häck* DBA Systematik Rn. 48). Die Befunde reflektieren die globale Bedeutung der Konkurrenzentscheidungen zwischen Sitzstaat (Stammhausstaat) und Quellenstaat (Betriebsstättenstaat). Aus Sicht des verdrängten § 15 geht es um den Umfang des Verzichts, den Umfang der Freistellung.

536 Art. 7 Abs. 1 OECD-MA verknüpft das Betriebsstättenprinzip (S. 1) mit dem **Zurechnungsprinzip** (S. 2): Der Betriebsstättenstaat soll diejenigen Gewinne des Gesamtunternehmens besteuern können, „die der Betriebsstätte gemäß den Bestimmungen von Absatz 2 zuzurechnen sind". Als zentralen Maßstab der **Betriebsstättengewinnabgrenzung** führt Art. 7 Abs. 2 OECD-MA den Fremdvergleichsgrundsatz ein. Seit dem OECD-Update 2010 gilt der sog. Authorised OECD Approach – **AOA** – und mit ihm uneingeschränkt die **Selbständigkeits- und Unabhängigkeitsfiktion.**

Der Betriebsstätte sind die Gewinne **zuzurechnen,** die sie, insbesondere aus ihren Innenbeziehungen mit anderen Teilen des Unternehmens, „voraussichtlich erzielt hätte, wenn sie die gleichen oder ähnlichen Tätigkeiten unter den gleichen oder ähnlichen Bedingungen als selbständiges und unabhängiges Unternehmen ausgeübt hätte" (ausführlich zur Gewinnabgrenzung nach dem AOA Vogel/Lehner/*Hemmelrath* DBA Art. 7 Rn. 182 ff.; SKK/*Strunk/Kaminski* DBA Aktuelle Entwicklungen Rn. 15 ff.; Schönfeld/Ditz/*Ditz* DBA Art. 7 (2017) Rn. 21 ff.; zum Umgang mit älteren DBA im Lichte des neuen AOA *Müller-Gatermann* IStR 2015, 387; im neuen DBA-China ist der AOA nicht vereinbart, s. zu den Konsequenzen *Kindich/Meyer/Kahle* Ubg 2015, 211 (221 f.)). Der deutsche Gesetzgeber hat den AOA unilateral umgesetzt mit **§ 1 Abs. 5 AStG** und der auf § 1 Abs. 6 AStG gestützten Betriebsstättengewinnaufteilungsverordnung (BsGaV v. 13.10.2014, BGBl. 2014 I 1603). Das AStG setzt den AOA allerdings einseitig um, korrigiert nur, wenn die ausländischen Einkünfte des unbeschränkt Steuerpflichtigen gegen den Fremdvergleichsgrundsatz zu hoch angesetzt werden (Kritik: *Frotscher* Internationales Steuerrecht Rn. 449 ff.; *Gosch* FS BFH, 2018, 1027 (1035); *Kaminski* Stbg 2012, 363). 537

Ohne Betriebsstätte und ohne Recht des Quellenstaates, an die bloße Tätigkeit des Unternehmers anzuknüpfen, **„gehören" die gewerblichen Welteinkünfte dem Ansässigkeitsstaat allein.** Das zeigt anschaulich der Fall des weltweit tätigen Fußballschiedsrichters. Seine Wohnung in Deutschland mag „Mittelpunkt der geschäftlichen Oberleitung" sein (§ 12 S. 2 Nr. 1 AO: „Stätte der Geschäftsleitung"). Wenn er sich andernorts nicht auf dem Niveau der Betriebsstätte festsetzt und andere Verteilungsnormen nicht in Frage kommen, etwa die für Sportler, behauptet sich Deutschland als Ansässigkeitsstaat mit seinem Recht des globalen Zugriffs aus § 1 Abs. 1, § 15 (BFH 20.12.2017 – I R 98/15, DStR 2018, 449 Rn. 26 ff.). 538

Einstweilen frei **539–542**

3. Einkünfte aus Gewerbebetrieb und beschränkte Steuerpflicht

a) Ausländische Unternehmer. Bevor § 49 Abs. 1 Nr. 2 in sieben Schritten (Buchst. a–g) abschließend die für die Begründung einer beschränkten Steuerpflicht (§ 1 Abs. 4) notwendigen **Inlandsbezüge** („genuine link") herstellt, knüpft er an den Begriff „Einkünfte aus Gewerbebetrieb" an und bestimmt ihn näher im Verweis auf §§ 15–17. Den Segmenten der beschränkten Steuerpflicht ausländischer Unternehmer (§ 49 Abs. 1 Nr. 2) liegen sämtliche **Grundtatbestände der §§ 15 ff.** voraus (→ § 49 Rn. 167; BFH 29.11.2017 – I R 58/15, DStR 2018, 657 Rn. 18; Schmidt/*Loschelder* § 49 Rn. 11; *Schaumburg* Int. StR Rn. 6.123). 543

Ob sich Deutschland **in DBA-Konstellationen** als Quellenstaat gegen den Ansässigkeitsstaat durchsetzt, entscheidet sich auf Abkommensebene. In Betracht kommen insbesondere jene Unternehmensgewinne, die das DBA-Verteilungsrecht getreu dem Muster des Art. 7 OECD-MA (auch) dem Betriebsstättenstaat zuordnet (→ Rn. 524): Betriebsstätten der ausländischen Einzel- und Mitunternehmer – sei es der ausländischen Gesellschafter ausländischer Personengesellschaften mit inländischen Betriebsstätten, sei es der ausländischen Gesellschafter inländischer Personengesellschaften mit inländischen Betriebsstätten (BMF 26.9.2014, BStBl. I 2014, 1258 Rn. 2.2.3). 544

Im Hauptfall des § 49 Abs. 1 Nr. 2 Buchst. a setzt sich der **Gewerbebetrieb aus ausländischem Stammhaus und inländischer Betriebsstätte** zusammen. Nur wenn der im Ausland ansässige Unternehmer sein Engagement auf eine Betriebsstätte in Deutschland beschränkt, füllt diese allein den Tatbestand „Gewerbebetrieb" aus (KSM/*Hidien* § 49 Rn. D 11) – auch in diesem Fall jedoch ist „mit Blick über die Grenze" zu fragen, ob der Steuerausländer persönlich die Voraussetzungen des § 15 Abs. 2 erfüllt oder etwa als Freiberufler den Raum der „Einkünfte aus Gewerbebetrieb" (§ 49 Abs. 1 Nr. 2) verlässt. Der Besteuerungsanspruch aus § 49 Abs. 1 Nr. 2 trifft den ausländischen Unternehmer, der aus einer insgesamt gewerblichen Unternehmung die durch Buchst. a–d inlandsradizierten Einkünfte 545 erzielt. Die Verknüpfung der §§ 1 Abs. 4, 49 Abs. 1 Nr. 2 Buchst. a mit § 15 Abs. 1 S. 1 Nr. 2 nimmt den im Ausland ansässigen Gesellschafter einer inländischen Personengesellschaft in die Steuerpflicht für die **anteilige Betriebsstätte des ausländischen Gesellschafters** (BMF 26.9.2014, BStBl. I 2014, 1258 Rn. 2.2.3 und Rn. 3; BFH 29.11.2017 – I R 58/15, DStR 2018, 657 Rn. 27; Blümich/*Reimer* § 49 Rn. 84).

546 „Im Ausland gegebene Besteuerungsmerkmale" sind allerdings unbeachtlich nach Maßgabe des § 49 Abs. 2. Diese **isolierende Betrachtungsweise sperrt** insbesondere **die Subsidiaritätsklauseln** in § 20 Abs. 8, § 21 Abs. 3, § 22 Nr. 1 S. 1, Nr. 3 S. 1 und § 23 Abs. 2: Umqualifikation nach den Regeln der Subsidiarität unterbleibt, „soweit" sie infolge der Berücksichtigung ausländischer Besteuerungsmerkmale die beschränkte Steuerpflicht entfallen ließe. Einkünfte, die unter Berücksichtigung der ausländischen Verhältnisse als umqualifizierte Einkünfte aus Gewerbebetrieb zu behandeln wären, sind in isolierender Betrachtung als Überschusseinkünfte zu versteuern (→ § 49 Rn. 658; *Frotscher* Int. SteuerR Rn. 190 ff.; Kirchhof/*Gosch* § 49 Rn. 103; Schmidt/*Loschelder* § 49 Rn. 133; Blümich/*Reimer* § 49 Rn. 322). So wandeln sich nach Gesamtbetrachtung gewerbliche, als solche jedoch mit § 49 Abs. 1 Nr. 2 nicht erfasste Einkünfte in – isoliert-inländisch betrachtet – steuerpflichtige (z. B. § 49 Abs. 1 Nr. 5) nicht-gewerbliche Einkünfte.

547 Neben dem Grundfall des § 49 Abs. 1 Nr. 2 Buchst. a – den gewerblichen Einkünften, die der Steuerausländer durch eine inländische Betriebsstätte (§ 12 AO) oder durch einen inländischen Vertreter (§ 13 AO) erzielt – kommt dem Tatbestand des **§ 49 Abs. 1 Nr. 2 Buchst. d** eine praktisch bedeutsame Ergänzungsfunktion zu. Auch die hier erfassten **Darbietungen** setzen einen Gewerbebetrieb iSd § 15 Abs. 2 als Erwerbsgrundlage voraus (→ § 49 Rn. 244; Schmidt/*Loschelder* § 49 Rn. 36) und fungieren als Anknüpfungspunkte für eine beschränkte Steuerpflicht gewerblicher Einkünfte, die nicht bereits mit der Basisnorm des § 49 Abs. 1 Nr. 2 Buchst. a einbezogen sind (KSM/*Hidien* § 49 Rn. E 162 f., 174; auch Korn/*Strunk* § 49 Rn. 143, der den Befund „Erweiterung des Begriffs gewerbliche Einkünfte" wohl auf die Reichweite des § 49 Abs. 1 Nr. 2 bezieht, nicht auf den Gewerbebegriff des § 15 Abs. 2). Fehlt es am Grundtatbestand, etwa an der Gewinnerzielungsabsicht (Liebhaberei ausländischer Amateursportler: FG München 25.5.2009 – 7 K 1531/07, BeckRS 2009, 26027474, rkr.; keine Liebhaberei ausländischer Pyroteams mit künstlerischer Darbietung von Feuerwerkshows: FG Berlin-Brandenburg 8.12.2016 – 13 K 9226/14, EFG 2017, 665 Rn. 25 f., rkr.), entfällt auch die beschränkte Steuerpflicht.

548–552 *Einstweilen frei*

553 **b) Ausländische Kapitalgesellschaften.** Die ausländische Körperschaft, die an einer inländischen Personengesellschaft beteiligt ist, erzielt mitunternehmerisch gewerbliche Einkünfte, in Deutschland steuerpflichtig aus § 2 Nr. 1 KStG iVm § 8 Abs. 1 S. 1 KStG und § 49 Abs. 1 Nr. 2 Buchst. a EStG iVm § 15 EStG (exemplarisch: BFH 29.11.2017 – I R 58/15, DStR 2018, 657 Rn. 15 f.). Über §§ 2, 8 Abs. 1 KStG nimmt § 49 Abs. 1 Nr. 2 Buchst. d auch und gerade die (zwischengeschaltete) ausländische Körperschaft ohne inländische Betriebsstätte in die beschränkte Steuerpflicht für Einkünfte aus Gewerbebetrieb. Wie § 1 Abs. 4 EStG verkoppelt auch § 2 Nr. 1 KStG die **beschränkte Körperschaftsteuerpflicht** mit den in § 49 Abs. 1 EStG gruppierten Einkünften (→ § 49 Rn. 116). Die Generalqualifikation des § 8 Abs. 2 KStG („alle Einkünfte als Einkünfte aus Gewerbebetrieb zu behandeln") gilt allein für die unbeschränkt steuerpflichtigen Kapitalgesellschaften, Genossenschaften sowie Versicherungs- und Pensionsfondsvereine auf Gegenseitigkeit (§ 1 Abs. 1 Nr. 1 bis 3 KStG); nur für diese erübrigt § 8 Abs. 2 KStG die Frage nach originär gewerblichen Einkünften und den Rekurs auf § 15 EStG. Dagegen sind **inländische Einkünfte abzuzirkeln** nach Maßgabe der §§ 2 Nr. 1, 8 Abs. 1 KStG iVm §§ 13 ff., 49 Abs. 1 EStG. Denn die ausländischen Körperschaftsteuersubjekte können (nur) über die Segmente des § 49 Abs. 1 im gesamten Spektrum der Einkunftsarten in die Steuerpflicht hineinwachsen (HHR/*Schallmoser* KStG § 8 Rn. 34; *Schaumburg* Int. StR Rn. 7.26).

554 Allein die im **Segment des § 8 Abs. 1 KStG, §§ 15 Abs. 2, 49 Abs. 1 Nr. 2 EStG** erfassten Einkünfte ausländischer Körperschaften sind steuerpflichtige „Einkünfte aus Gewerbebetrieb". § 49 Abs. 1 Nr. 2 Buchst. f kombiniert einen auf originäre Gewerblichkeit gegründeten Tatbestand (S. 1) mit einer Gewerblichkeitsfiktion (S. 2), die vermögensverwaltend tätige ausländische Kapitalgesellschaften erfasst (BFH 15.10.2015 – I B 93/15, BStBl. II 2016, 66).

Verschafft eine Kapitalgesellschaft luxemburgischen Rechts einer inländischen Werbeagentur Dienstleistungen eines prominenten Sportlers, so handelt es sich um gewerbliche Einkünfte (§ 15), die der beschränkten Körperschaftsteuerpflicht unterliegen, wenn für die ausländische Kapitalgesellschaft eine inländische Betriebsstätte tätig wird: §§ 2 Nr. 1, 8 Abs. 1 KStG iVm **§§ 15, 49 Abs. 1 Nr. 2 Buchst. a** EStG (exemplarisch: BFH 28.1.2004 – I R 73/02, BStBl. II 2005, 550). Wird der ausländische Berufssportler oder Künstler über eine ausländische „Künstlerverleihgesellschaft" ohne inländische Betriebsstätte engagiert, begründen §§ 2 Nr. 1, 8 Abs. 1 KStG iVm §§ 15, 49 Abs. 1 Nr. 2 **Buchst. d** EStG eine beschränkte Körperschaftsteuerpflicht für inländische Einkünfte aus Gewerbebetrieb (KSM/*Hidien* § 49 Rn. E 161 f.). Auch **Liebhaberei ist möglich,** weil § 8 Abs. 2 KStG für die ausländische Kapitalgesellschaft nicht gilt, deshalb auch nicht das Dogma, die Kapitalgesellschaft habe keine außerbetriebliche Sphäre (BFH 7.11.2001 – I R 14/01, BStBl. II 2002, 861 (863 f.)). 555

Einstweilen frei 556–558

c) Erweiterte beschränkte Steuerpflicht. In seltenen Konstellationen verpflichtet § 2 Abs. 1 AStG deutsche Staatsbürger nach einem Wohnsitzwechsel in ein Niedrigsteuerland (§ 2 Abs. 2) „über die beschränkte Steuerpflicht" des § 49 „hinaus". § 2 Abs. 1 S. 1 AStG setzt voraus, dass die Person vormals unbeschränkt einkommensteuerpflichtig war (fünf Jahre „in den letzten zehn Jahren vor dem Ende ihrer unbeschränkten Steuerpflicht"). Diese sog. erweiterte beschränkte Steuerpflicht wäre nach der Lesart des Bundesfinanzhofs (BFH 19.12.2007 – I R 19/06, DStRE 2008, 401 (404)) „bei Einkünften aus Gewerbebetrieb weitgehend ohne Wirkkraft" geblieben, auch bei einem „reisenden Gewerbetreibenden", etwa einem deutschen Künstler oder Berufssportler: Wer an den Tätigkeitsorten **keine Betriebsstätte** begründe, lediglich über eine Geschäftsleitungsbetriebsstätte im Wohnsitzstaat verfüge und **keine „betriebsstättenlosen" gewerblichen Einkünfte** erziele, könne allenfalls nach Maßgabe besonderer Tatbestände des § 49 Abs. 1 Nr. 2 steuerpflichtig sein. Dem trat der Gesetzgeber entgegen mit der **Fiktion des § 2 Abs. 1 S. 2 AStG** (Überblick: *Schaumburg* Int. StR Rn. 6.312 ff.). Für den Fall, dass die Einkünfte der natürlichen Person nicht „durch deren ausländische Betriebsstätte" erzielt werden, soll nach § 2 Abs. 1 S. 2 AStG eine inländische Geschäftsleitungsbetriebsstätte „anzunehmen" sein (s. die Kritik bei SKK/*Zimmermann/Köhnemann* AStG § 2 Rn. 90.1). 559

Einstweilen frei 560–562

II. Der ansässige Binnenmarktunternehmer

Leitentscheidungen, wichtige Verwaltungsanweisungen und Schrifttum (Auswahl): 563

Leitentscheidungen des EuGH: 563.1
EuGH 13.12.2005 – C-446/03, DStR 2005, 2168 – Marks & Spencer (Grundsatzurteil zur grenzüberschreitenden Verrechnung der finalen Verluste); EuGH 12.9.2006 – C-196/04, IStR 2006, 670 – Cadbury Schweppes (Grundsatzurteil zum Recht des Binnenmarktunternehmers, der Hinzurechnungsbesteuerung und ihrer abstrakten Missbrauchsvermutung entgegenzutreten); EuGH 15.5.2008 – C-414/06, DStR 2008, 1030 – Lidl Belgium (Erstreckung der Marks & Spencer-Doktrin auf die Stammhaus-Betriebsstätte-Konstellation); EuGH 21.5.2015 – C-657/13, IStR 2015, 440 – Verder LabTec (Entstrickungsbesteuerung und Binnenmarkt); EuGH 12.6.2018 – C-650/16, IStR 2018, 502 – Bevola (Neubefestigung der Marks & Spencer-Doktrin).

Leitentscheidungen des BFH: 563.2
BFH 17.7.2008 – I R 84/04, BStBl. II 2009, 630 (Rezeption der der Marks & Spencer/Lidl Belgium-Doktrin); BFH 9.6.2010 – I R 107/09, DStR 2010, 1611 und BFH 5.2.2014 – I R 48/11, IStR 2014, 377 (Bekräftigung der Marks & Spencer/Lidl Belgium-Doktrin).

Wichtige Verwaltungsanweisungen: 563.3
BMF 13.7.2009, BStBl. I 2009, 835 (Nichtanwendung der Grundsätze des „Lidl Belgium"-Folgeurteils des BFH).

Schrifttum (Auswahl): 563.4
Gosch, Über das Treaty Overriding. Bestandsaufnahme – Verfassungsrecht – Europarecht, IStR 2008, 413; *Eisenbarth*, Grenzüberschreitende Verlustverrechnung als Kerngebiet des Europäischen Steuerrechts. Eine Rechtsprechungsanalyse im europarechtlichen Kontext, 2011; *Hufeld*, Grenzüberschreitende Verlustverrechnung als subjektives Recht – Normative Grundlagen, aktuelle Rechtsprechung und GKKB, Ubg 2011, 504; *Gosch*, Missbrauchsabwehr im Internationalen Steuerrecht, DStJG 36 (2013), 201;

Schön, Deutsche Hinzurechnungsbesteuerung und Europäische Grundfreiheiten, IStR-Beih. 2013, 3; *Dobratz*, Grundfreiheiten und „Exit"-Besteuerung, ISR 2014, 198; *Englisch*, Nordea Bank – ein weiterer Meilenstein der EuGH-Judikatur, IStR 2014, 561; *Mitschke*, Direktes Europäisches Steuerrecht auf Schlingerkurs?, IStR 2014, 37; *Bernütz/Loll,* Finaler Betriebsstättenverlust und negativer Progressionsvorbehalt bei (Freiberufler-)Personengesellschaften, DStR 2015, 1226; *Cordewener*, Die EuGH-Rechtsprechung zur steuerlichen Berücksichtigung von („finalen") Auslandsverlusten – noch immer kein Finale in Sicht!, EuZW 2015, 295; *Niemann/Dodos*, Verrechnung von „finalen" Auslandsverlusten – auch nach „Timac Agro"!, DStR 2016, 1057; *Schnitger*, EuGH in der Rs. Timac Agro zu finalen ausländischen Betriebsstättenverlusten – War es das bei der Freistellungsmethode?, IStR 2016, 72; *F. Schumacher*, Das EuGH-Urteil Timac Agro – Was bleibt von der Rechtsfigur der finalen Verluste übrig?, IStR 2016, 473; *Broekmann*, Nutzungsentstrickungsbesteuerung in Deutschland, 2017; *Kögel*, Finale Verluste nach Timac Agro, IWB 2017, 7; *Schenke*, Kommentierung des Art. 110 AEUV, in: Pechstein/Nowak/Häde (Hrsg.), Frankfurter Kommentar zu EUV, GRC und AEUV, Bd. III, 2017; *Schulz-Trieglaff*, Das Ende der finalen Verluste: Spektakuläre Änderung in der Rechtsprechung des BFH, StuB 2017, 593; *Kokott*, Das Steuerrecht der Europäischen Union, 2018; *Kreienbaum*, Hinzurechnungsbesteuerung, DStJG 41 (2018), 475; *Wacker*, Wegzug und Entstrickung, DStJG 41 (2018), 423; *Kopec/Wellmann*, Kein Finale für die finalen Verluste – Berücksichtigung von definitiven Betriebsstättenverlusten nach dem EuGH-Urteil Bevola, ISR 2019, 7; *Schaumburg/Englisch* (Hrsg.), Europäisches Steuerrecht, 2. Aufl. 2020.

564 Die Unternehmer und Mitunternehmer, die § 15 adressiert, ergreifen Marktchancen selbstverständlich auch im Ausland (→ § 2a Rn. 87 ff. zum Bürgerrecht auf freies ökonomisches Auslandsengagement), weltweit. Allerdings: Marktchancennutzung im **Binnenmarkt-Raum** (Art. 26 Abs. 2 AEUV) liegt näher, geographisch, ökonomisch und rechtlich. Die Grundfreiheiten vermitteln den Berechtigten Ansprüche auf gleiche Freiheit – freie und gleiche Marktteilnahme – und verpflichten die Staaten auf binnenmarktkonformes Marktordnungsrecht. Die grundfreiheitliche Verpflichtung der Staaten erstreckt sich auch auf deren Steuerrecht (PNH/*Schenke* Art. 110 AEUV Rn. 40). Unter diesen Vorzeichen grundfreiheitlicher *Berechtigung und Inpflichtnahme* kann nicht mehr einheitlich von **„Ausland"** die Rede sein.

565 Konsequent unterscheidet § 2a Abs. 2a zwischen dem EU/EWR-Raum einerseits und Drittstaaten andererseits (→ § 2a Rn. 37 ff.). Thematisch begrenzt auf Drittstaatenverluste, gibt § 2a einen ersten gesetzlichen Hinweis auf die **verfassungsnormative Eigenständigkeit des Binnenmarktsteuerrechts** (→ Rn. 173 ff.). Nur im Binnenmarkt-Kontext erklärt sich die Eigentümlichkeit des § 15 Abs. 1a (→ Rn. 605 ff.) und stellt sich die Frage nach grenzüberschreitender Verlustverrechnung, die nicht (nur) den Regeln des DBA-Rechts, sondern (auch) dem binnenmarktrechtlichen Regime des vorrangigen Unionsrechts folgt (→ Rn. 573 ff.). Besonders – eigenständig auch im Verhältnis zum Internationalen Steuerrecht – zu beachten ist zudem die unionsrechtliche Korrektur der Hinzurechnungsbesteuerung (→ Rn. 587 ff.) und die Entstrickungsbesteuerung (→ Rn. 595 ff.), zunächst aber die Grundfrage der Binnenmarktverträglichkeit von Doppelbesteuerung (→ Rn. 567 f.).

566 *Einstweilen frei*

1. Unionsrechtliches Verbot der Doppelbesteuerung

567 Binnenmarktidee und Binnenmarktrecht stemmen sich allerdings energisch gegen doppelten Zugriff – auf denselben Steuerpflichtigen für denselben Steuergegenstand und denselben Zeitraum mit vergleichbaren Steuern in einem Raum, „in dem der freie Verkehr von Waren, Personen, Dienstleistungen und Kapital gewährleistet ist" (Art. 26 Abs. 2 AEUV). Die politische Freiheit, in teilräumliche steuerstaatliche „Sprengel-Souveränität" zurückzukehren und auf jedweden multi-, bi- und unilateralen Schutz vor Doppelbesteuerung zu verzichten, haben die Mitgliedstaaten der Europäischen Union verloren. EU-Mitgliedstaaten-DBA sind binnenmarktrechtlich partiell notwendig zur **Gewährleistung der Grundfreiheiten und der unternehmerischen Freiheit** (Art. 16 GRCh), sind Ausfluss freiheitsrechtlich begründeter Schutzpflichten und sind dem Untermaßverbot geschuldet, solange und soweit DBA-substituierendes Sekundärrecht fehlt.

568 Wäre der in Hamburg ansässige Unternehmer mit einer Betriebsstätte in Paris gänzlich schutzlos gestellt, hätte er mit einem deutschen Fiskus zu tun, der auf sein Welteinkommen zugreift, indessen der französische Fiskus von der territorial radizierten Betriebsstättenbesteuerung nicht abließe. Diese Doppelbesteuerung wäre offenkundig unvereinbar mit der Niederlassungsfreiheit. **EU-Mitgliedstaaten-DBA schließen eine Lücke im Unionsrecht,** beruhen nicht mehr nur auf politisch-freiwilliger Koordinierung, sondern auf dem unionsverfassungsrechtlichen Gestaltungsimperativ aus Art. 16 GRCh, Art. 49 AEUV.

Kritik an der noch restriktiven Rechtsprechung des EuGH im Umgang mit „doppelten Hürden": Tipke/Lang StR/*Englisch* § 4 Rn. 92; Vogel/Lehner/*Lehner* DBA Grundlagen Rn. 264d; KSM/*Prokisch* § 34c Rn. A 72 ff.; Schönfeld/Ditz/*Schönfeld/Häck* DBA Systematik Rn. 119 ff.; Schaumburg/Englisch Europ. StR/*Reimer* Kap. 7 Rn. 7.180 ff., mit der Perspektive, dass die Grundfreiheiten subjektivrechtlich nicht nur für „Kästchengleichheit" streiten, sondern auch gegen binnenmarktliche Status quo-Verschlechterung. Gegen ein aus den Grundfreiheiten extrahiertes Verbot der Doppelbesteuerung *Kokott* EU-SteuerR § 2 Rn. 180; PNH/*Schenke* Art. 110 AEUV Rn. 45. **568.1**

Einstweilen frei **569–572**

2. Korrektur des Symmetrieprinzips

§ 15 kommt nicht zur Anwendung, soweit spezielles DBA-Recht die Betriebsstätte im Ausland freistellt. Zieht der deutsche Fiskus seinen universalen Besteuerungsanspruch abkommensrechtlich qua Befreiungsmethode zurück, distanziert er sich von positiven, ebenso aber von negativen Betriebsstättenergebnissen (Symmetrieprinzip → Rn. 534 und → § 2a Rn. 13 ff.). Diese einheitlich-symmetrische Aufteilung hat der Europäische Gerichtshof durchkreuzt für eine praktisch bedeutsame Binnenmarkt-Konstellation. Auf Vorlage des BFH hat der Europäische Gerichtshof mit Urteil vom 15. Mai 2008 (C-414/06, DStR 2008, 1030 – Lidl Belgium,; umfassende Analyse: *Eisenbarth* Grenzüberschreitende Verlustverrechnung, 150 ff.) seine bereits 2005 begründete **Marks & Spencer-Doktrin** der transnationalen Verlustverrechnung im „Finalitätsfall" (EuGH 13.12.2005 – C-446/03, DStR 2005, 2168 Rn. 55 f., ausführlich → § 2a Rn. 123 ff.) bestätigt und ausgedehnt auf die Unternehmung mit Betriebsstätte („Lidl-Variante"). Zehn Jahre später hat der EuGH seine Linie mit dem Bevola-Urteil neuerlich bekräftigt (EuGH 12.6.2018 – C-650/16, IStR 2018, 502; Bestätigung und Abgrenzung von der Konstellation, in der Altverluste aus dem Wegzugsstaat in den Zuzugsstaat mitgebracht werden sollen: EuGH 27.2.2020 – C-405/18, IStR 2020, 267 Rn. 44 ff. – AURES). **573**

Seither gilt die Marks & Spencer/Lidl Belgium/Bevola-Doktrin des EuGH (Rechtsprechungsentwicklung im Überblick: *Kopec/Wellmann* ISR 2019, 7; *Niemann/Dodos* DStR 2016, 1057; *F. Schumacher* IStR 2016, 473; *Cordewener* EuZW 2015, 295) nicht mehr nur für die interpersonale Verlustverrechnung zwischen Mutter- und Tochtergesellschaften. Sie gilt auch für die Verluste aus Binnenmarkt-Betriebsstätten. Die Niederlassungsfreiheit (Art. 49 AEUV) verdrängt das Symmetrieprinzip, wenn Verluste aus tatsächlichen Gründen (→ Rn. 577) nicht im Betriebsstättenstaat, nur mehr im Stammhaus-Staat Deutschland verwertet werden können. Dann besteuert der Fiskus die Einkünfte aus Gewerbebetrieb (§ 15 EStG; § 8 Abs. 2 KStG) unter **Berücksichtigung der aus tatsächlichen Gründen „finalen" Verluste.** **574**

Körperschaft- und einkommensteuerpflichtige Inländer, die jenseits der deutschen Grenzen, jedoch Binnenmarkt-intern Betriebsstätten eingerichtet haben, sind subjektiv berechtigt aus Art. 49 AEUV. Die Grundfreiheit schließt grundsätzlich das Recht auf Verlustverrechnung mit ein (*Hufeld* Ubg 2011, 504, zur „Verrechnungsfreiheit" als Ausprägung transnationaler Wirtschaftsfreiheit). In der Binnenmarktkonzeption erscheint die **Abschottung staatlich-territorialer Parzellen** als Störungstatbestand. Strikte Parzellenbesteuerung verfehlt mehr oder weniger deutlich die Leistungsfähigkeit des Unternehmens. Darin ähnelt das DBA-rechtliche System der territorialen Parzellenbesteuerung einer auf die Einkunftsart beschränkten Verlustverrechnung (→ Rn. 161) – Parzellierung verfehlt die synthetische Summenbildung und die wahre Leistungsfähigkeit. **575**

Im Vergleich mit der Inlandsunternehmung wird die Binnenmarktniederlassung zum Risiko, wenn sie scheitert und (Anlauf-)Verluste zu versickern drohen: Problem der Keinmalberücksichtigung. Der EU-Mitgliedstaat muss den Parzellierungseffekt der Symmetriethese rechtfertigen, die Beschränkung der Niederlassungsfreiheit erklären: entweder aus der objektiven Unvergleichbarkeit der Auslands- mit der Inlandssituation oder aus „zwingenden Gründen des Allgemeininteresses" (EuGH 27.2.2020 – C-405/18, IStR 2020, 267 Rn. 36 – AURES; EuGH 12.6.2018 – C-650/16, IStR 2018, 502 Rn. 20 – Bevola; EuGH **576**

15.5.2008 – C-414/06, DStR 2008, 1030 Rn. 27 – Lidl Belgium;). Die allenfalls gerechtfertigte Beschränkung ist zu minimieren im Zeichen der Verhältnismäßigkeit. Diese Prozeduren der Anpassung machen bewusst, dass vormals souveräne, DBA-rechtlich mit anderen souveränen Staaten abgestimmte Betriebsstättenbesteuerung binnenmarktrechtlich unter Rechtfertigungsdruck steht als **Eingriff in die Niederlassungsfreiheit.**

577 Der EuGH anerkennt und schützt das Fiskalinteresse an der **„Wahrung der Aufteilung der Besteuerungsbefugnis zwischen den Mitgliedstaaten"** (EuGH 12.6.2018 – C-650/16, IStR 2018, 502 Rn. 42 – Bevola; *Kokott* EU-SteuerR § 5 Rn. 21 ff.) und insbesondere die symmetrische Zuordnung der Gewinne und Verluste, solange die Betriebsstätte fortexistiert und im Belegenheitsstaat (Quellenstaat) intertemporale Verlustverrechnung möglich bleibt; derart dem Betriebsstättenstaat verpflichtet, muss sich das Gesamtunternehmen auch mit dortigen Verlustverrechnungsbeschränkungen abfinden, mit „finalen" Verlusten aus Rechtsgründen. Wenn aber *tatsächliche* Gründe – Betriebsaufgabe; Veräußerung; Umwandlung (Kirchhof/*Gosch* § 2a Rn. 5b) – zu definitiven Verlusten führen, dann behauptet sich das subjektive Recht aus Art. 49 AEUV gegen das mitgliedstaatliche Schrankeninteresse (EuGH 12.6.2018 – C-650/16, IStR 2018, 502 Rn. 59 – Bevola; BFH 5.2.2014 – I R 48/11, IStR 2014, 377 Rn. 11; BFH 9.6.2010 – I R 107/09, DStR 2010, 1611 Rn. 15 ff.; BFH 17.7.2008 – I R 84/04, BStBl. II 2009, 630 (dazu der Nichtanwendungserlass BMF 13.7.2009, BStBl. I 2009, 835); FG Düsseldorf 28.10.2014 – 6 K 50/10 K, EFG 2015, 313 (Rücknahme der Klage im Rev.-Verfahren); FG Hamburg 6.8.2014 – 2 K 355/12, EFG 2014, 2084 Rn. 25 ff., Rev. I R 17/16; Schaumburg/Englisch Europ. StR/*Oellerich* Kap. 8 Rn. 8.100 ff.). In dieser Konstellation **verkleinert der Verlustimport die inländische Bemessungsgrundlage** (mit Blick insbesondere auf die Personengesellschafter: *Bernütz/Loll* DStR 2015, 1226).

578 Zwischenzeitlich, in Anknüpfung an das **Timac Agro-Urteil** des EuGH hatte sich eine Rechtsprechungswende angebahnt. Im Kern beruhte die Gegenbewegung auf der Vorstellung, dass die abkommensrechtliche Aufteilung der Besteuerungsrechte, der geteilte Zugriff auf Stammhaus und Betriebsstätte, zu objektiver Unvergleichbarkeit führe: Soweit sich gebietsfremde Betriebsstätten „nicht in einer mit der Situation gebietsansässiger Betriebsstätten vergleichbaren Situation befinden" (EuGH 17.12.2015 – C-388/14, DStR 2016, 28 Rn. 27 – Timac Agro, mit Verweis auf EuGH 17.7.2014 – C-48/13, IStR 2014, 563 Rn. 24 – Nordea Bank Danmark), entkommen die Staaten ohne Weiteres – ohne Verhältnismäßigkeitskontrolle – dem grundfreiheitlichen Rechtfertigungsdruck. Das Urteil Timac Agro behauptete diese objektive Unvergleichbarkeit **für die Situation der Freistellungsbetriebsstätte** (EuGH 17.12.2015 – C-388/14, DStR 2016, 28 Rn. 64 f.).

579 Mit dieser Gegenbewegung hätte sich im Bereich der freigestellten Betriebsstätten – nicht aber diesseits der Freistellung (*Schulz-Trieglaff* StuB 2017, 593 (596) mit Blick auf Subject-to-tax-, Switch-over- und Aktivitätsklauseln) – jede Chance auf transnationale Verlustverrechnung erledigt. Auch der BFH hatte sich zur Timac Agro-Gegentradition bekannt (BFH 22.2.2017 – I R 2/15, BStBl. II 2017, 709 Rn. 35 ff.) und die Verrechnung finaler Verluste abgelehnt, weil im „Fall der abkommensrechtlichen Freistellung der ausländischen Einkünfte im Sitzstaat wegen der fehlenden Besteuerungsbefugnis […] bei der Prüfung eines Verstoßes gegen das Beschränkungsverbot nunmehr schon tatbestandlich eine Vergleichbarkeit mit der Behandlung reiner Inlandsfälle abzulehnen" sei (BFH 22.2.2017 – I R 2/15, BStBl. II 2017, 709 Rn. 38). **Das Bevola-Urteil hat die Gegenbewegung angehalten** (EuGH 12.6.2018 – C-650/16, IStR 2018, 502 Rn. 30 ff – Bevola). Der BFH ist unionsrechtlich gehalten, seine Rechtsprechung (neuerlich) anzupassen.

579.1 **Nach Marks & Spencer,** andeutungsweise schon im Lidl-Urteil (EuGH 15.5.2008 – C-414/06, DStR 2008, 1030 Rn. 33), sehr deutlich im Urteil Krankenheim Ruhesitz am Wannsee (EuGH 23.10.2008 – C-157/07, DStRE 2009, 556 Rn. 43 f.; ausführlich *Eisenbarth* Grenzüberschreitende Verlustverrechnung, 212 ff.) und dann dogmatisch scheinbar perfektioniert mit dem Urteil Timac Agro (EuGH 17.12.2015 – C-388/14, DStR 2016, 28 Rn. 27 und 65), **hatte sich in der EuGH-Judikatur der Symmetriegedanke verselbständigt.** „Symmetrie" zielt im binnenmarktlichen Kontext auf Staaten-Zuständigkeit, auf zuständigkeitshalber gleiche Zuordnung der Gewinn- und der Verlustbesteuerung. Implantiert in das Binnenmarkt-Steuerrecht, zementiert das Symmetriepostulat die Parzellenbesteuerung. Lidl Belgium verknüpft den Symmetriegedanken mit der „Aufteilung der Besteuerungsbefugnis"; Krankenheim Ruhesitz am Wannsee forciert die Symmetrie unter Berufung auf „Kohärenz"; und Timac Agro mobilisiert Symmetrie nicht mehr nur auf der Rechtfertigungsebene (EuGH 17.12.2015 – C-388/14, DStR 2016, 28 Rn. 34 ff.), sondern als Topos der Unvergleichbarkeit (EuGH 17.12.2015 – C-388/14, DStR 2016, 28 Rn. 27 und 65). **Bevola kehrt zurück zu Marks & Spencer.**

Die Symmetriedoktrin zerlegt die Binnenmarkteinheit in 28 geschlossene Teilgebiete. **Timac Agro** greift die Wegweisung des Urteils Nordea Bank Danmark (EuGH 17.7.2014 – C-48/13, IStR 2014, 563 Rn. 24) auf und erklärt, dass „die Situation einer in Österreich belegenen **Betriebsstätte, über deren Ergebnisse die Bundesrepublik Deutschland keine Steuerhoheit ausübt** und deren Verluste in Deutschland nicht mehr abzugsfähig sind, in Bezug auf Maßnahmen der Bundesrepublik Deutschland zur Vermeidung oder Abschwächung einer Doppelbesteuerung der Gewinne einer gebietsansässigen Gesellschaft **nicht mit der Situation einer in Deutschland belegenen Betriebsstätte vergleichbar** ist" (EuGH 17.12.2015 – C-388/14, DStR 2016, 28 Rn. 65; zur Rechtsprechungsentwicklung seit Nordea Bank Danmark näher *Ackermann/Höft* EuZW 2016, 258 (260 f.); *Eisendle* ISR 2016, 37 (38 f.); *Cloer/Sejdija/Vogel* SWI 2016, 81 (83); *Englisch* IStR 2014, 561; *Kögel* IWB 2017, 7; *Schiefer* IStR 2016, 79; *Schlücke* FR 2016, 130; *Schnitger* IStR 2016, 72). Die Timac Agro-Kehrtwende des EuGH konnte nicht überzeugen (beifällig aber *Mitschke* FR 2016, 132; *Benecke/Staats* IStR 2016, 80). Ausgerechnet das **DBA-Parzellierungsrecht,** das gegen Art. 49 AEUV die einheitliche Binnenmarktleistungsfähigkeit aufteilt in eine Stammhaus-Leistungsfähigkeit und eine Betriebsstätten-Leistungsfähigkeit, ausgerechnet das DBA-Aufteilungsrecht sollte sich von den grundfreiheitlichen Rechtfertigungsanforderungen freizeichnen können. Just die anspruchsvolle Verhältnismäßigkeitskontrolle – dort hat die Korrektur des Symmetrieprinzips ihren Sitz – wäre entfallen mit dem allzu schlichten „Unvergleichbarkeit"-Befund. Soweit sich DBA-Aufteilungsrecht konzeptionell dem Einheitsinteresse des Binnenmarktunternehmers frontal widersetzt, muss das bilateral vereinbarte Recht der Mitgliedstaaten Kontrollobjekt sein. 579.2

Das Bevola-Urteil qualifiziert die **symmetrische Freistellung** (→ § 2a Rn. 13 ff.) für den Binnenmarktraum **als rechtfertigungsbedürftige Beschränkung** (EuGH 12.6.2018 – C-650/16, IStR 2018, 502 Rn. 41 ff. – Bevola). Derart in Rechtfertigungsnot, hat die DBA-rechtliche Freistellungsnorm insbesondere mit der **Verhältnismäßigkeitskontrolle** zu tun. Das hat Folgen für den mitgliedstaatlichen Versuch, auch die finalen Verluste der gebietsfremden Betriebsstätte fernzuhalten (→ Rn. 581). Symmetrie wird anerkannt, aber nicht mehr verabsolutiert (→ Rn. 579.1). Indes wird **Leistungsfähigkeit** zum Thema des Binnenmarktrechts: Das Bevola-Urteil sieht die mitgliedstaatliche Freistellungsnorm dem Anliegen verpflichtet, die „Leistungsfähigkeit der Gesellschaft" richtig zu vermessen – und hält den Mitgliedstaat an der *ratio legis* fest. Wenn und weil dieser mitgliedstaatliche Zweck in Rede steht, können Inlands- und Auslandssituation nicht unvergleichbar sein (EuGH 12.6.2018 – C-650/16, IStR 2018, 502 Rn. 39 – Bevola), kann binnenmarktrechtlich die Beschränkung kraft „Aufteilung der Besteuerungsbefugnis" gelingen, aber auch die Abschottung gegen gebietsfremde Verluste misslingen. „Leistungsfähigkeit" wird Teil der Binnenmarktlogik (→ § 2a Rn. 118). 580

Die Orientierung an „Leistungsfähigkeit" dürfte dem Generalanwalt *Campos Sánchez-Bordona* zu danken sein. Er verankert das irgendwo-Prinzip der Verlustberücksichtigung – im Staat der Betriebsstätte, ansonsten aber im Sitzstaat des Unternehmens – dogmatisch präzise auf der Prüfungsstufe der „objektiven Vergleichbarkeit der Situationen": endgültige (finale) Verluste ansässiger und gebietsfremder Betriebsstätten sind vergleichbar „aus der Perspektive der Anwendung des Grundsatzes der Wahrung der steuerlichen Leistungsfähigkeit" (Schlussanträge GA *Campos Sánchez-Bordona* v. 17.1.2018 – C-650/16 Rn. 59). Das Argument versteht sich in der Handhabung der Maßstabsnorm (Art. 49 AEUV) nicht von selbst. Leistungsfähigkeit als Argument setzt voraus, Binnenmarkt-Besteuerung und binnenmarktgestützte Leistungsfähigkeit zusammenzudenken. Grundfreiheitlicher Fluchtpunkt wird der Binnenmarkt-Saldo, jene Ziffer, die den Binnenmarkt-Gesamterfolg so abbildet, als habe der Steuerpflichtige mit einem Markt und einem Territorium zu tun – und einem Fiskus, der an „Staatsparzellen der Leistungsfähigkeit" nicht interessiert ist. Zur Diskussion des Bevola-Urteils im Schrifttum: *Heckerodt/Schulz* DStR 2018, 1457; *Schlücke* FR 2018, 648. 580.1

Indem das Bevola-Urteil zur binnenmarktrechtlich gebotenen Freiheit-Schranken-Logik zurückfindet (→ § 2a Rn. 109 ff.), kann sich der Primat der Grundfreiheit (Art. 49 AEUV) gegen das mitgliedstaatliche Schrankeninteresse *prinzipiell* behaupten, sodann *effektiv* nach Maßgabe der Verhältnismäßigkeit: Die Niederlassungsfreiheit duldet „Staatsparzellen der Verlustverrechnung", solange die Aufteilung (Staat der Mutter/Staat der Tochter; Stammhaus- 581 staat/Betriebsstättenstaat) eine Besteuerung nach Maßgabe der Binnenmarkt-Leistungsfähigkeit zwar abschnittsweise vereitelt, dadurch Liquiditätsverluste verursacht, jedoch Verluste im Betriebsstättenstaat in Folgejahren Berücksichtigung finden; *diese* Beschränkung des Art. 49 AEUV ist nicht unverhältnismäßig (EuGH 12.6.2018 – C-650/16, IStR 2018, 502 Rn. 56 – Bevola). Indes erweist sich **Parzellenabschottung als unverhältnismäßiger Eingriff, wenn Verluste** der Betriebsstätte oder Tochtergesellschaft **final unterzugehen drohen,** im Staat der Betriebsstätte (Tochtergesellschaft) endgültig nicht verrechnet werden können (EuGH 12.6.2018 – C-650/16, IStR 2018, 502 Rn. 59 – Bevola).

582 In dieser Konstellation kommt innerhalb der Teilmenge der gewerblichen Welteinkünfte (→ Rn. 503) die Teilmenge der gewerblichen Binnenmarkteinkünfte in Betracht, die positiven im Stammhausstaat Deutschland und die negativen im Betriebsstättenstaat, dort infolge tatsächlicher Finalität (→ Rn. 577) nicht mehr verwertbar. **Insoweit korrigiert das Unionsrecht das strenge Parzellenregime** der Doppelbesteuerungsabkommen und mutet dem deutschen Fiskus zu, in der Bemessung der Einkünfte aus § 15 den **Binnenmarktsaldo** zu berücksichtigen.

583–586 *Einstweilen frei*

3. Korrektur der Hinzurechnungsbesteuerung

587 Das AStG vermutet steuerflüchtige Gestaltung, wenn unbeschränkt Steuerpflichtige eine niedrig besteuerte (§ 8 Abs. 3 AStG) und passiv tätige (§ 8 Abs. 1 AStG) **ausländische Zwischengesellschaft** beherrschen (§§ 7 Abs. 1, 8 Abs. 1 AStG; vgl. § 20 Abs. 2 AStG zur Betriebsstätte). Dieser Gestaltung tritt das Gesetz entgegen, indem es die Abschirmwirkung der Basisgesellschaft dementiert und die missliebigen Auslandsgewinne repatriiert: einen **Hinzurechnungsbetrag** ansetzt, der unter den Voraussetzungen des § 10 Abs. 2 S. 2 AStG zu den Einkünften aus Gewerbebetrieb gehört (→ Rn. 515).

588 Das Binnenmarktrecht jedoch stemmt sich gegen die Aufteilung in aktive und passive Wirtschaftstätigkeit (*Schön* IStR-Beih. 2013, 3, (4 ff., 13 ff.)) und gegen das Konzept einer „generellen, typisierten Missbrauchsahndung" (*Gosch* DStJG 36 (2013), 201 (217 f.)) – stemmt sich grundsätzlich gegen die Innen-Außen-Unterscheidung des AStG. Im **Schutzbereich der Niederlassungsfreiheit** ist die Ausgründung einer Gesellschaft oder Betriebsstätte vermutlich die Inanspruchnahme eines vornehmen Rechts und Ausdruck individueller Entscheidung über die Allokation wirtschaftlicher Ressourcen im Binnenraum.

589 Mit § 8 Abs. 2 AStG nimmt das Gesetz die **Cadbury Schweppes-Doktrin** auf, jene unionsrechtlichen Maßstäbe (EuGH 12.9.2006 – C-196/04, IStR 2006, 670 Rn. 47 ff. – Cadbury Schweppes), die für den Binnenmarktraum radikal mit der herkömmlichen „Missbrauchsvermutungskultur" des AStG brechen. Die Hinzurechnung von Einkünften einer Gesellschaft mit Sitz oder Geschäftsleitung in einem EU- oder EWR-Staat unterbleibt, wenn sie „einer tatsächlichen wirtschaftlichen Tätigkeit in diesem Staat nachgeht". Damit orientiert sich das Gesetz nicht mehr am Belastungsniveau in „Steueroasen" und missbrauchsverdächtiger Auslagerung in „controlled foreign companies", sondern an grundfreiheitlichen Standards.

590 Den Ausschlag gibt, ob die aus der Grundfreiheit berechtigten Unternehmer das Binnenmarktkonzept mit einer „rein künstlichen Gestaltung" (EuGH 12.9.2006 – C-196/04, IStR 2006, 670 Rn. 51 – Cadbury Schweppes) unterlaufen – oder aber der Erwartung des Art. 49 AEUV entsprechen und „in stabiler und kontinuierlicher Weise am Wirtschaftsleben eines anderen Mitgliedstaats als desjenigen ihrer Herkunft" teilnehmen „und daraus Nutzen ziehen" (EuGH 12.9.2006 – C-196/04, IStR 2006, 670 Rn. 53 – Cadbury Schweppes). Dieser unionsrechtliche Maßstab verpflichtet die Mitgliedstaaten, unabhängig von einer **„Motivtest"-Regelung** nach Art des § 8 Abs. 2 AStG (BFH 21.10.2009 – I R 114/08, BStBl. II 2010, 774 Rn. 24 ff.). Diese verdeutlicht den unionsrechtlichen Imperativ deklaratorisch.

591 Der Binnenmarktunternehmer hat es in der Hand, im Zielstaat **hinreichende wirtschaftliche Substanz** aufzubauen (*Kreienbaum* DStJG 41 (2018), 475 (487 ff.); *Gosch* DStJG 36 (2013), 201 (217); *Schön* IStR-Beih. 2013, 3 (11 f.); anschaulich zur „wirklichen wirtschaftlichen Tätigkeit" iSd Schweppes-Doktrin FG Münster 20.11.2015 – 10 K 1410/12 F, EFG 2016, 453 Rn. 42 ff.: Ankauf, Verwaltung und Weitergabe von Buchlizenzen durch Ltd. auf Zypern; nur zum Teil revisionsrechtlich gewürdigt in BFH 13.6.2018 – I R 94/15, IStR

2018, 882 Rn. 22 ff.). Indem er substantiell, stabil und kontinuierlich am Wirtschaftsleben im Unionsstaat der Niederlassung teilnimmt, nimmt er seine Niederlassungsfreiheit in Anspruch und kann Hinzurechnungsbesteuerung abwehren.

Mit Rückhalt in der **Kapitalverkehrsfreiheit** gelingt das auch **im Drittstaatenfall** unter der Voraussetzung, dass ein effektiver Kontrollmechanismus besteht. Wiederum kann der bloße Umstand, dass der inländische Unternehmer „eine Beteiligung an einer anderen, in einem Drittland ansässigen Gesellschaft hält, als solcher keine allgemeine Vermutung der Steuerhinterziehung und Steuerumgehung begründen und damit eine steuerliche Maßnahme rechtfertigen, die den freien Kapitalverkehr beeinträchtigt" (EuGH 26.2.2019 – C-135/17, IStR 2019, 347 Rn. 80 – X GmbH). Auch im Drittstaatenfall muss der Unternehmer Gelegenheit haben, „Anhaltspunkte für etwaige wirtschaftliche Gründe für den Abschluss des betreffenden Geschäfts beizubringen" (EuGH 26.2.2019 – C-135/17, IStR 2019, 347 Rn. 87 – X GmbH). Allerdings erwartet der BFH im Anschluss an die EuGH-Judikatur verlässliche Auskunftsbereitschaft aufseiten der Drittstaaten, etwa „eine vertragliche Verpflichtung der Schweiz gegenüber den deutschen Steuerbehörden", um die Richtigkeit der Angaben zu überprüfen (BFH 22.5.2019 – I R 11/19 (I R 80/14), DStR 2019, 2353 Rn. 33). **592**

Einstweilen frei **593–594**

4. Entstrickungsbesteuerung

Der unbeschränkt Steuerpflichtige mit Einkünften aus Gewerbebetrieb mag diese seine subjektive und objektive Steuerpflicht beenden. Er hat tatsächlichen Zugriff auf seinen Status kraft seiner Entscheidung über Wohnsitz und gewöhnlichen Aufenthalt im Inland (§ 1 Abs. 1 S. 1). Wenn er Deutschland den Rücken kehrt, jedoch innerhalb der Europäischen Union umzieht, bleibt er Binnenmarktunternehmer, freilich ohne Ansässigkeit im „Inland" des EStG (§ 1 Abs. 1). Er hat zum Ende seiner unbeschränkten Steuerpflicht allenfalls mit der Vermögenszuwachsbesteuerung „ohne Veräußerung" (§ 6 Abs. 1 S. 1 AStG) zu rechnen – mit der **Wegzugsbesteuerung** des § 6 AStG iVm § 17 EStG (BFH 26.4.2017 – I R 27/15, BStBl. II 2017, 1194: keine Berücksichtigung fiktiver Veräußerungs*verluste*). Für den Binnenmarkt-Umzug vermeidet § 6 Abs. 5 AStG die Sofortbesteuerung mit speziellen Vorschriften zur zinslosen Stundung und zum Widerruf der Stundung (§ 6 Abs. 5 S. 4 AStG: Realisation und Ersatzrealisationstatbestände). Für den **Umzug in die Schweiz** können natürliche Personen zwar nicht den Schutz der Grundfreiheiten in Anspruch nehmen, aber den Diskriminierungsschutz des Freizügigkeitsabkommens (FZA). Auch in dieser Konstellation ist die Sofortbesteuerung ausgeschlossen und die Stundung geboten; der EuGH hat allerdings den aus dem FZA verpflichteten Staaten freigestellt, die Stundung mit einer Sicherheitsleistung zu verknüpfen (EuGH 26.2.2019 – C-581/17, IStR 2019, 260 Rn. 64 ff. – Martin Wächtler). **595**

Vermögenszuwachsbesteuerung des ansässigen Unternehmers **innerhalb der § 15-Gewinnbesteuerung** statuiert § 15 iVm § 4 Abs. 1 S. 4 „insbesondere" für den Fall, dass der Steuerpflichtige Wirtschaftsgüter von der inländischen in eine ausländische Betriebsstätte transferiert. Dieser Transfer wird der Entnahme gleichgestellt (§ 4 Abs. 1 S. 3) und löst „Entstrickungsbesteuerung" aus. Zu unterscheiden ist wiederum zwischen dem Transfer von Wirtschaftsgütern in Drittstaaten einerseits, in EU-Staaten andererseits. Bei Zuordnung der Wirtschaftsgüter „zu einer Betriebsstätte desselben Steuerpflichtigen in einem anderen Mitgliedstaat der Europäischen Union" (§ 4g Abs. 1 S. 1) gilt das Verschonungskonzept des § 4g. Der Ausgleichsposten ist in fünf Schritten aufzulösen (§ 4g Abs. 2 S. 1), die Sofortbelastung wird vermieden (→ § 4g Rn. 69 f.). **596**

Den Musterfall zu § 4 Abs. 1 S. 4 im Kontext der § 15-Besteuerung hat das FG Düsseldorf erörtert und dem EuGH vorgelegt. Das FG trug Bedenken mit Blick auf einen Bescheid über die gesonderte und einheitliche Feststellung von Besteuerungsgrundlagen (FG Düsseldorf 19.11.2016 – 8 K 3664/11 F, EFG 2016, 209; zum Revisionsverfahren *Wacker* DStJG 41 (2018), 423 (427 ff.), Rev. I R 99/15 ruht seit dem Beschluss des BFH vom 14.6.2017), adressiert an die **inländische KG Verder LabTec.** Diese hatte Patent-, Marken- und Gebrauchsmusterrechte auf ihre niederländische Betriebsstätte übertragen (Tatbestand des § 4 Abs. 1 S. 4). In Frage steht, wie das Unionsrecht mit einer Binnenmarkt-internen **597**

„Fiskalentstrickung" umgeht. Behauptet sich der Fiskusanspruch auf Entstrickungsbesteuerung ohne Realisation? Verträgt sich der Ersatzrealisationstatbestand des § 4 Abs. 1 S. 3 mit dem Recht der freien Niederlassung, dem subjektiven Recht aus Art. 49 AEUV?

598 Der Europäische Gerichtshof hat zwar auf eine Beschränkung der Niederlassungsfreiheit erkannt (EuGH 21.5.2015 – C-657/13, IStR 2015, 440 Rn. 36 – Verder LabTec), zugleich aber auf deren Rechtfertigung aus dem Gedanken der Aufteilung der Besteuerungsbefugnisse (→ Rn. 577 f.). Aus dem **Recht der Mitgliedstaaten zur Besteuerung der stillen Reserven,** „die entstanden sind, als sich das betreffende Vermögen in ihrem Hoheitsgebiet befand", erwachse „die Befugnis, für diese Besteuerung einen anderen Entstehungstatbestand als die tatsächliche Realisierung dieser stillen Reserven vorzusehen" (EuGH 21.5.2015 – C-657/13, IStR 2015, 440 Rn. 45 – Verder LabTec).

599 So kann sich das mitgliedstaatliche Fiskalinteresse an einer „Ersatzrealisationsgewinnbesteuerung" im Format des § 4 Abs. 1 S. 4 gegen die Niederlassungsfreiheit behaupten. Doch verhindert das Binnenmarktrecht die Sofortbelastung des Steuerpflichtigen. § 4g Abs. 2 mit seinem **Konzept der Stundung und Ratenzahlung** erweist sich als notwendige und hinreichende Verschonung (EuGH 21.5.2015 – C-657/13, IStR 2015, 440 Rn. 48 ff. – Verder LabTec; Folgeentscheidung des FG Düsseldorf 19.11.2015 – 8 K 3664/11 F, EFG 2016, 209, Rev. I R 99/15 ruht seit Beschluss des BFH vom 14.6.2017; zum unionsrechtlichen Kontext der „Exit"-Besteuerung, konsolidiert seit 2014 mit dem EuGH-Urteil Grid Indus: *Wacker* DStJG 41 (2018), 423 (445 ff.); *Dobratz* ISR 2014, 198 ff.). Hier gewährleistet Art. 49 AEUV zeitlichen Schutz, vergleichbar dem Anliegen des Art. 14 GG, den Fiskus regelmäßig auf Realisation warten zu lassen, bevor Vermögenszuwachsbesteuerung stattfindet.

600 Auf der Tatbestandsseite des § 4 Abs. 1 S. 3 beruht die Fiskalentstrickung auf dem Ausschluss (Freistellung der Auslandsbetriebsstätte) oder der Beschränkung (Anrechnung der ausländischen Steuer) des deutschen Besteuerungsrechts hinsichtlich etwaiger Gewinne (Gefährdungstatbestand) aus künftiger Veräußerung (Var. 1) oder Nutzung (Var. 2) des Wirtschaftsguts. Der **Nutzungstatbestand** kommt nur in Betracht, wenn der mit Var. 1 erfasste Zuordnungswechsel unterbleibt und das Wirtschaftsgut der Betriebsstätte vorübergehend zur Nutzung überlassen wird (*Broekmann* Nutzungsentstrickungsbesteuerung, 42 ff., exemplarisch 83 ff. zu einer Konstellation im Anwendungsbereich des § 15).

601–604 *Einstweilen frei*

5. § 15 Abs. 1a: Besteuerungsaufschub nach Fiskalentstrickung durch Sitzverlegung einer SE oder SEC

605 **a) Regelungsanliegen im Systemzusammenhang.** § 15 Abs. 1a reagiert auf die Rechtsfolgensperre des § 4 Abs. 1 S. 5. Diese Vorschrift erfasst *tatbestandlich* die Sitzverlegung einer Europäischen Gesellschaft (SE) und einer Europäischen Genossenschaft (SEC) mit einem inländischen Anteilseigner (Mitglied), der **SE- oder SEC-Anteile im Betriebsvermögen** hält. Schlösse sich § 4 Abs. 1 S. 5 im Kontext der „Fiskalentstrickung" wie S. 4 auch auf der *Rechtsfolgenseite* der Grundnorm des § 4 Abs. 1 S. 3 an, ginge es wiederum um einen Ersatzrealisationstatbestand, um den rechtzeitigen Zugriff auf stille Reserven in den SE- und SEC-Anteilen noch vor der **Fiskalentstrickung:** vor einem *Verlust* (bei DBA-rechtlicher Freistellung) oder einer *Beschränkung* (bei DBA-rechtlicher Anrechnung) des deutschen Besteuerungsrechts. Jedoch: Art. 14 Abs. 1 der **Fusionsrichtlinie** (RL 2009/133/EG v. 19.10.2009, Amtsbl. EU Nr. L 310, 34, geändert durch Art. 1 ÄndRL 2013/13/EU v. 13.5.2013, ABl. Nr. L 141, 30; vormals Art. 10d Abs. 1 der EG-Fusions-RL 90/434/EWG) verhindert, dass die Sitzverlegung zum Anknüpfungspunkt einer Besteuerung wird. Die **Rechtsfolgensperre des § 4 Abs. 1 S. 5** – für seinen Bereich *„gilt nicht"* die Gleichstellung von Fiskalentstrickung und Entnahme – geht auf Sekundärrecht der Europäischen Union zurück.

606 Mit Rücksicht auf die unionsrechtlich blockierte Fiskalentstrickungsbesteuerung kehrt § 15 Abs. 1a in „den Fällen des § 4 Absatz 1 Satz 5" zum Realisationsprinzip zurück. Der Verbund aus § 4 Abs. 1 S. 5 und § 15 Abs. 1a gewährt Besteuerungsaufschub (§ 4 Abs. 1 S. 5) bis zu einer „späteren Veräußerung" der SE- und SEC-Anteile (§ 15 Abs. 1a S. 1) oder einem veräußerungsgleichen Vorgang (§ 15 Abs. 1a S. 2). Für die nunmehrige Gewinnbesteu-

erung ist die Sitzverlegung (§ 4 Abs. 1 S. 5) hinwegzudenken („wie […] zu besteuern gewesen wäre, wenn keine Sitzverlegung stattgefunden hätte"). Damit freilich – mit **Besteuerungsaufschub und Leugnung der Sitzverlegung** – greift die Norm auch auf Wertsteigerungen im Zeitraum zwischen Sitzverlegung und Veräußerung aus (*Gosch* IStR 2008, 413 (417)). Über entgegenstehendes DBA-Recht setzt sie sich qua **treaty override** hinweg (zur Verfassungslegalität der einseitigen Abkommensüberschreibung BVerfG 15.12.2015 – 2 BvL 1/12, BVerfGE 141, 1; dagegen Sondervotum *König*, BVerfGE 141, 44).

Für SE- und SEC-Anteile im Betriebsvermögen der Land- und Forstwirte verweist § 13 Abs. 7 auf **606.1**
§ 15 Abs. 1a, ebenso § 18 Abs. 4 S. 2 für den Bereich der Freiberufler. Für Anteile im Privatvermögen findet sich die Parallelvorschrift in § 17 Abs. 5 S. 3–4. Bei Veräußerung von SE- und SEC-Anteilen nach Zuordnung zu einer Auslandsbetriebsstätte einer Körperschaft gilt § 15 Abs. 1a kraft Verweisung in § 12 Abs. 1 S. 1 Hs. 2 KStG. § 13 Abs. 2 S. 1 Nr. 2 S. 2 UmwStG (Besteuerung der Anteilseigner der übertragenden Körperschaft) und § 21 Abs. 2 S. 3 Nr. 2 UmwStG (Bewertung der Anteile beim Anteilstausch) verweisen auf § 15 Abs. 1a S. 2.

Dieser konsequente Besteuerungsaufschub „ungeachtet der Bestimmungen eines Abkom- **607**
mens" setzt allerdings ein DBA voraus, das dem Ansässigkeitsstaat des Gesellschafters nach der Sitzverlegung der Gesellschaft die Besteuerungsbefugnis bei Anteilsveräußerung streitig macht und die **Besteuerungsbefugnis** dem **Sitzstaat der Gesellschaft** zuordnet. Das ist die **seltene Ausnahme** (KSM/*Desens/Blischke* § 15 Rn. H 1). Die DBA folgen regelmäßig dem Muster des Art. 13 Abs. 5 OECD-MA, der auf die Ansässigkeit des Veräußerers, nicht auf den Sitz der Gesellschaft abstellt. Art. 13 Abs. 5 OECD-MA erfasst insbesondere die Veräußerung von Kapitalgesellschaftsanteilen (Schönfeld/Ditz/*Lieber* DBA Art. 13 Rn. 100), soweit nicht für Immobiliengesellschaften Art. 13 Abs. 4 OECD-MA eingreift.

Einstweilen frei **608**

b) Unionsrechtliche Determinanten. Unionsrechtlich darf die Verlegung des Sitzes **609**
einer SE bzw. einer SCE „für sich allein keine Besteuerung des Veräußerungsgewinns der Gesellschafter auslösen" (→ Rn. 605). Zugleich will **Art. 14 Abs. 2 der Fusionsrichtlinie** die mitgliedstaatliche Besteuerung offenhalten für den Zeitpunkt der Realisation; das Richtlinienrecht hindert die Staaten nicht, so ausdrücklich Abs. 2, „den Gewinn aus einer späteren Veräußerung der Anteile am Gesellschaftskapital der ihren Sitz verlegenden SE bzw. SCE zu besteuern". Daraus jedoch erwächst **keine sekundärrechtliche Freigabe für mitgliedstaatliches treaty overriding** (so aber wohl RHN/*von Freeden* KStG § 12 Rn. 76). Art. 14 Abs. 2 der Fusionsrichtlinie ist Zeitnorm, die die Mitgliedstaaten wegen der Blockade der Fiskalentstrickungsbesteuerung (Abs. 1) deklaratorisch auf den „Normalzeitpunkt" der Realisation verweist. Art. 14 Abs. 2 ist nicht Verteilungsnorm. Als Zuweisungsnorm, die der ausgreifenden Besteuerung des § 15 Abs. 1a den Weg ebnet und Doppelbesteuerung vorzeichnet, wäre sie unvereinbar mit Unionsprimärrecht.

Das Primärrecht der Europäischen Union stemmt sich gegen Doppelbesteuerung im allge- **610**
meinen (→ Rn. 567 f.) und a fortiori gegen die unilaterale Korrektur einer abkommensrechtlichen Verständigung, die Besteuerungsbefugnisse zwischen Binnenmarkt-Staaten Binnenmarkt-konform aufteilt. In dieser Konstellation steht **treaty overriding unter unionsrechtlicher Beobachtung.** Wenn Deutschland als Ansässigkeitsstaat des Gesellschafters mit dem Sitzstaat der Gesellschaft übereinkommt, dass diesem nach Sitzverlegung der Gesellschaft das Besteuerungsrecht für Wertzuwächse auf Ebene der Gesellschafter in der Phase zwischen Sitzverlegung und Anteilsveräußerung zukommen soll, so handelt es sich um eine **Binnenmarkt-notwendige Verabredung zur Vermeidung der Doppelbesteuerung,** die das Binnenmarktprojekt stabilisiert.

Der EuGH hat vielfach festgestellt, dass die Mitgliedstaaten „in Ermangelung unionsrechtlicher **610.1**
Vereinheitlichungs- oder Harmonisierungsmaßnahmen befugt bleiben", „Kriterien für die Aufteilung ihrer Steuerhoheit vertraglich oder einseitig festzulegen" – freilich nur „zur Beseitigung der Doppelbesteuerung" und für „die ausgewogene Aufteilung der Besteuerungsbefugnis" (etwa: EuGH 21.12.2016 – C-503/14, IStR 2017, 69 Rn. 51 – Kommission ./. Portugiesische Republik). Das mitgliedstaatliche **Abkommensrecht ist (dauer-)provisorische Stabilisierung des Binnenmarktrechts,** seine Durchbrechung qua treaty override – gegen die Ausgewogenheit der Aufteilung von Besteuerungsbefugnissen und unter Inkaufnahme von Doppelbesteuerung – ein Störungstatbestand. Für eine Eingriffs-

rechtfertigung des § 15 Abs. 1a ist nichts ersichtlich. Im Gegenteil hält der EuGH den „mit einem zeitlichen Element verbundenen Grundsatz der Territorialität" hoch (EuGH 29.11.2011 – C-371/10, IStR 2012, 27 Rn. 58 – National Grid Indus BV) im Vertrauen auf einen Aufteilungsmechanismus, der Binnenmarkt-konform Doppelbesteuerung vermeidet.

611 Die Destabilisierung des Binnenmarktrechts dadurch, dass § 15 Abs. 1a aus seiner Not – Verbot der Fiskalentstrickungsbesteuerung im Zeitpunkt der SE- und SEC-Sitzverlegung (Art. 14 Abs. 1 Fusionsrichtlinie) – durch treaty overriding und zeitlichen Übergriff eine Untugend macht, **verletzt die Niederlassungsfreiheit.** Der unionsrechtlich notwendig „spätere" Zugriff im Zeitpunkt der Veräußerung muss sich gleichwohl auf die Wertzuwächse in der Zeit bis zur Sitzverlegung (*Phase 1*) beschränken, darf nicht ausgreifen auf Wertsteigerungen zwischen Sitzverlegung und Veräußerung (*Phase 2*). Dieser „Fortsetzungszugriff" ist grundfreiheitlich nicht zu rechtfertigen (im Ergebnis auch KSM/*Desens/Blischke* § 15 Rn. H 8).

612 Die **partielle Unionsrechtswidrigkeit des § 15 Abs. 1a** führt nicht zur Unanwendbarkeit der Norm in toto. Auch eine unionsrechtskonforme Auslegung kommt nicht in Betracht (so aber HHR/*Stapperfend* § 15 Rn. 971). Das eindeutige Anliegen der Vorschrift, die Veräußerungsgewinnbesteuerung ungeschmälert gegen Abkommensrecht zu behaupten, eröffnet keine Auslegungsspielräume (KSM/*Desens/Blischke* § 15 Rn. H 5). Allein die **geltungserhaltende Reduktion** (BFH 2.7.2014 – I R 57/12, BFH/NV 2015, 11 Rn. 15; BFH 3.2.2010 – I R 21/06, BStBl. II 2010, 692 Rn. 31) gewährleistet die gesetzlich gebotene Anwendung des § 15 Abs. 1a in der *Phase 1* – bis zur Sitzverlegung der SE oder SEC – und seine unionsrechtlich gebotene Nicht-Anwendung in der *Phase 2* nach der Sitzverlegung. Die geltungserhaltende Reduktion schützt den Geltungsanspruch des Gesetzes, zugleich aber den Anwendungsvorrang des Unionsrechts.

613–614 *Einstweilen frei*

615 **c) Tatbestand und Rechtsfolge.** Nach alledem setzt sich der Tatbestand zusammen aus **(1)** „Fällen des § 4 Absatz 1 Satz 5", die voraussetzen: im Betriebsvermögen gehaltene SE- und SEC-Anteile an einer Europäischen Gesellschaft (§ 4 Abs. 1 S. 5 Nr. 1) oder einer Europäischen Genossenschaft (§ 4 Abs. 1 S. 5 Nr. 2), die innerhalb der Europäischen Union ihren Sitz verlegt; **(2)** dem Element der Fiskalentstrickung, mithin dem *Verlust* (bei DBA-rechtlicher Freistellung) oder einer *Beschränkung* (bei DBA-rechtlicher Anrechnung) des deutschen Besteuerungsrechts infolge einer (ersten) Sitzverlegung von Deutschland in einen anderen Mitgliedstaat der Europäischen Union; **(3)** dem Gewinn aus einer späteren Anteilsveräußerung (entgeltlichen Übertragung auf einen anderen Rechtsträger) oder einem veräußerungsgleichen Vorgang des § 15 Abs. 1a S. 2 (KSM/*Desens/Blischke* § 15 Rn. H 20 ff.).

615.1 § 15a Abs. 1a **Satz 2** stellt dem Veräußerungstatbestand (S. 1) mit **Variante 1** die **verdeckte Einlage** (§ 8 Abs. 3 S. 3 KStG) gleich. Eine verdeckte Einlage setzt voraus, dass ein Gesellschafter oder eine ihm nahestehende Person der Gesellschaft einen einlagefähigen Vermögensvorteil unentgeltlich zuwendet – darin unterscheidet sich der Vorgang von der Veräußerung (§ 15 Abs. 1a S. 1) – und dass diese Zuwendung ihre Ursache im Gesellschaftsverhältnis hat (BFH 15.6.2016 – VI R 6/13, BStBl. II 2016, 903 Rn. 14). **Variante 2** stellt die **Auflösung der SE oder SEC** gleich, begreift die dadurch veranlasste Ausschüttung des Vermögens an die Anteilseigner als veräußerungsgleichen Realisationstatbestand (→ § 17 Rn. 542 ff.). Wie § 17 Abs. 4 S. 1 stellt § 15 Abs. 1a S. 2 in seiner **Variante 3** die **Kapitalherabsetzung und Kapitalrückzahlung** gleich sowie in der **Variante 4** die **Ausschüttung oder Rückzahlung** von Beträgen aus dem steuerlichen Einlagekonto (§ 27 KStG).

616 Infolge der geltungserhaltenden Reduktion (→ Rn. 612) erübrigt sich der treaty override zu Lasten eines anderen, nach der Sitzverlegung besteuerungsbefugten EU-Mitgliedstaats und entfällt die Belastung einer Wertsteigerung nach Sitzverlegung. Auf der **Rechtsfolgenseite** beschränkt sich § 15 Abs. 1a auf eine **zeitgerechte Umsetzung der Fusionsrichtlinie** – belastet, geltungserhaltend eingeschränkt auf Phase 1 (→ Rn. 612), zeitgerecht die in Deutschland aufgebauten stillen Reserven, vermeidet indessen den unionsrechtlich verwehrten (→ Rn. 611) Zugriff auf weitere Wertzuwächse aus der Zeit nach der Sitzverlegung. In dieser Fasson leistet § 15 Abs. 1a seinen Beitrag zur „konsequenten Sicherung deutscher Besteuerungsrechte" (BT-Drs. 16/2710, 1).

617–620 *Einstweilen frei*

III. Begriff des Gewerbebetriebs und Einkünfte aus gewerblichem Unternehmen (§ 15 Abs. 1 S. 1 Nr. 1 iVm Abs. 2)

Leitentscheidungen, wichtige Verwaltungsanweisungen und Schrifttum (Auswahl): 621

Entscheidungen des GrS: 621.1
BFH 25.6.1984 – GrS 4/82, BStBl. II 1984, 751.

Weitere Leitentscheidungen des BFH: 621.2
BFH 22.2.2012 – X R 14/10, BStBl. II 2012, 511 (Abgrenzung Selbständiger/Arbeitnehmer); BFH 3.11.2015 – VIII R 63/13, BStBl. II 2016, 383 (Mitunternehmerrisiko und Mitunternehmerinitiative); BFH 22.4.2015 – X R 25/13, BStBl. II 2015, 897 (Nachhaltigkeit); BFH 8.6.2017 – IV R 30/14, DStR 2017, 1971 (Abgrenzung Gewerblichkeit/private Vermögensverwaltung; Nachhaltigkeit); BFH 20.12.2017 – I R 98/15, DStR 2018, 449 (Beteiligung am allgemeinen wirtschaftlichen Verkehr – anspruchslose Auslegung).

Wichtige Verwaltungsanweisungen: 621.3
Gleichlt LänderErl 15.12.2011, BStBl. I 2011, 1213.

Schrifttum (Auswahl): 621.4
Schmidt-Liebig, „Gewerbe" im Steuerrecht, 1977; *Lang,* Die Bemessungsgrundlage der Einkommensteuer, Köln 1981/88; *Schön,* Unternehmerrisiko und Unternehmerinitiative im Lichte der Einkommenstheorien, in: P. Kirchhof u.a. (Hrsg.), Steuerrechtsprechung. Steuergesetz. Steuerreform, FS f. Klaus Offerhaus, 1999, 385; *Schön,* Zum Merkmal der „Beteiligung am allgemeinen wirtschaftlichen Verkehr" i.S.v. § 15 Abs. 2 EStG, in: P. Kirchhof u.a. (Hrsg.), Staaten und Steuern, FS f. Klaus Vogel, Heidelberg 2000, 661; *S. Müller,* Der Arbeitnehmerbegriff im Steuerrecht, SteuK 2013, 140; *Hanau,* Wirtschaftsrisiko und Spielräume für Flexibilisierung, ZfA 2014, 131; *N. Meier,* Zur Einkommensteuerpflicht von Preisgeldern aus Turnierpokerspielen, FR 2016, 359; *Drüen,* Arbeitnehmerbesteuerung im System der Einkommensteuer, DStJG 40 (2017), 11; *P. Kirchhof,* Bedeutung von Einkommensbegriffen und Einkommenstheorien, in: Drüen/Hey/Mellinghoff (Hrsg.), 100 Jahre Steuerrechtsprechung in Deutschland, FS f. den BFH, Bd. II, 2018, 1197.

Der Tatbestand des § 15 Abs. 1 ist erfüllt, wenn Einzelunternehmer (natürliche Personen) oder Mitunternehmer (→ Rn. 57 ff.) in ihrer Verbundenheit als Personengesellschaft ein gewerbliches Unternehmen (§ 15 Abs. 1 S. 1 Nr. 1) betreiben. Sie erzielen (§ 2 Abs. 1 S. 1) **„originär gewerbliche Einkünfte"** aus einer **„originär gewerblichen Tätigkeit"** (vgl. zum Sprachgebrauch BFH 19.1.2017 – IV R 50/14, BStBl. II 2017, 456 Rn. 25; BFH 22.9.2016 – IV R 35/13, BStBl. II 2017, 116 Rn. 18). 622

Gewerbebetrieb in diesem Sinne ist wesentlich ein **Tätigkeitsbegriff,** der an den Zustandstatbestand „gewerbliches Unternehmen" anknüpft. Die in § 15 Abs. 2 S. 1 definierte „Betätigung" wird „unternommen" (*Lang* Bemessungsgrundlage, 230 f., noch mit Bezug auf § 1 Abs. 1 GewStDV: „Betrieb" als „Arbeit"). Der Handlungstatbestand – die Nutzung des gewerblichen Unternehmens – entscheidet mit der **Zurechnung** zu einem oder mehreren Unternehmern über die **Steuerschuldnerschaft.** Das Subjekt der Betätigung, die im Sinne des § 15 Abs. 2 S. 1 „unternommen wird", „erzielt" Einkünfte im Sinne des § 2 Abs. 1 S. 1 Nr. 2 (→ Rn. 653 ff.). 623

Einstweilen frei 624

1. Zustands-, Handlungs- und Erfolgstatbestand „Gewerbebetrieb"

Die Einkommensteuer belastet den am Markt objektiv Erfolgreichen. Dessen subjektive, innere Erfolgsbereitschaft kommt nicht in Betracht. Der steuerverfassungsrechtliche Imperativ der Gleichbelastung versperrt dem Steuerpflichtigen, der Finanzverwaltung, aber auch dem Gesetzgeber die psychologische Erforschung einer subjektiv begriffenen „Gewinnerzielungsabsicht". Die Einkommensteuerbelastung gründet im **dreifach objektiven Tatbestand** der erfolgreichen Nutzung einer Erwerbsgrundlage, zusammengesetzt aus dem objektiven Zustandstatbestand, objektiven Handlungstatbestand und objektiven Erfolgstatbestand (BVerfG 30.9.1998 – 2 BvR 1818/91, BVerfGE 99, 88 (95); → § 2 Rn. 154 ff.). Das gilt auch für die Einkünfte aus Gewerbebetrieb. 625

Der gewerbliche Unternehmer stützt sich auf eine Markt-widmungsfähige Erwerbsgrundlage (→ Rn. 627 ff.), die er professionell-erwerbsgerichtet nutzt (→ Rn. 645 ff.). Die Marktwidmung wird manifest **mit den ersten Vorbereitungshandlungen** – damit **beginnt der Gewerbebetrieb** (BFH 12.5.2016 – IV R 1/13, BStBl. II 2017, 489 Rn. 26: 626

„z. B. die Anmietung eines Geschäftslokals, die Errichtung eines Fabrikgebäudes oder eines Hotels"; BFH 19.8.2009 – III R 31/07, BFH/NV 2010, 844 Rn. 29; aber → Rn. 187 zum späteren Beginn der sachlichen Gewerbesteuerpflicht). Erzielt der Unternehmer oder Mitunternehmer auf dieser Grundlage und aus dieser Nutzung einen (positiven oder negativen) Markterfolg (→ Rn. 679 ff.), wird er steuerpflichtig aus § 2 Abs. 1 S. 1 Nr. 2, § 15. **Indem** ein Tatbestandsmerkmal des **§ 15 Abs. 2 entfällt, endet der Gewerbebetrieb** (KSM/*Desens/Blischke* § 15 Rn. B 107), insbesondere mit Beendigung der Marktwidmung (BFH 13.12.2016 – X R 4/15, BStBl. II 2017, 786 Rn. 29 zur Betriebsaufgabe, die mit „der ersten vom Aufgabeentschluss getragenen Handlung" beginnt – und endet, „wenn die letzte wesentliche Betriebsgrundlage veräußert oder in das Privatvermögen überführt worden ist").

627 **a) Zustandstatbestand gewerbliches Unternehmen. aa) Markt-widmungsfähige Grundlage.** Wenn der Unternehmer Einkünfte „aus Gewerbebetrieb" erzielt, so spricht das Gesetz zunächst die Erwerbsgrundlage an, **das gewerbliche Unternehmen als Zustandstatbestand,** meint damit aber nicht nur sächliche Grundlagen, Ausstattung und Werkzeug, Kapital und Betriebsorganisation. Die Existenz einer objektiven, planvoll organisierten Wirtschaftseinheit kann wesentlich beitragen zum **„Bild […], das nach der Verkehrsanschauung einen Gewerbebetrieb ausmacht"** (Standardformel der Rspr., etwa BFH 19.1.2017 – IV R 50/14, BStBl. II 2017, 456 Rn. 28; BFH 11.10.2012 – IV R 32/10, BStBl. II 2013, 538 Rn. 28). Aber auch der „schlicht Werktätige", der sich allein auf seine physischen und geistigen Fähigkeiten stützt, nutzt eine Erwerbsgrundlage.

628 Körperliche Fitness und Regelkenntnis des professionellen Sportschiedsrichters werden zu einem „Gewerbebetrieb", „aus" dem er Einkünfte erzielt, wenn er sein **persönliches Können als Erwerbsgrundlage erwerbsgerichtet eingesetzt** und so „betätigt" hat, wie es § 15 definiert (→ Rn. 695 ff.). Der in einem Unternehmen der Markt- und Meinungsforschung tätige Telefon-Interviewer arbeitet, je nach Vertragsgestaltung, als Arbeitnehmer oder als seinerseits selbständiger Auftragnehmer (BFH 18.6.2015 – VI R 77/12, BStBl. II 2015, 903), der selbst mit seinen Fähigkeiten die Erwerbsgrundlage verkörpert.

629 Aus der Offenheit des Begriffs „gewerbliches Unternehmen" auch für das sächlich nicht weiter unterlegte Anbieten persönlicher Fähigkeiten erklärt sich, dass Zustands- und Handlungstatbestand mitunter schwer zu trennen sind. Doch ist die **Feststellung einer objektiv dem Markt gewidmeten Erwerbsgrundlage** unverzichtbare erste Voraussetzung, um Erwerbs- und Privatsphäre abzugrenzen. Die objektiv nicht-erwerbsgerichtete „Liebhaberei" gibt sich zu erkennen in nicht-erwerbsgerichteter Nutzung (→ Rn. 787 ff.) oder bereits darin, dass der Tätigkeitsgrundlage die Erwerbsgerichtetheit fehlt, deshalb von einer Erwerbsgrundlage keine Rede sein kann (*P. Kirchhof* DStR-Beih. 2007, 11 (12) mit Verweis auf BFH 7.11.2001 – I R 14/01, BStBl. II 2002, 861 (864): Erwerbsgerichtetheit des Pferdezuchtbetriebs fraglich, damit auch die Steuerpflicht von Preisgeldern).

630 Im „einzelnen Fall" (§ 2 Abs. 1 S. 2) ist die **Erwerbsgrundlage in persona** zu suchen. Zutreffend hat das Finanzgericht Köln (31.10.2012 – 12 K 1136/11, EFG 2013, 612; bestätigt von BFH 16.9.2015 – X R 43/12, BStBl. II 2016, 48, dort Rn. 28 zum „Geschicklichkeitselement" des Spiels und in der Person des Spielers) mit Blick auf langjährige Gewinne aus Pokerturnieren nicht nur das Spiel, sondern auch den Spieler betrachtet. Der Befund, dass sich Spielvarianten mit einem relevanten Geschicklichkeitsanteil („Texas Hold'em", „Limit Omaha") vom Glücksspiel abheben (*N. Meier* FR 2016, 359 (363): „zumindest Turnierpoker in Varianten mit offenen Gemeinschaftskarten"), genügt nicht. Wohl aber lässt sich auf die **persönliche Geschicklichkeit,** die Chancen des Geschicklichkeitsspiels zu ergreifen, eine Erwerbsgrundlage bauen. Und auf dem Weg **vom Anfänger zum Profi** (FG Münster 12.10.2018 – 14 K 799/11 E, G, EFG 2018, 2019 Rn. 43 ff.; Rev. III R 67/18) kann sich Gewerblichkeit im Zeitablauf ergeben.

631 Dass „Merkmale der Professionalität" ein „Gesamtbild" entstehen lassen, das „nach der Verkehrsanschauung einen Gewerbebetrieb ausmacht" (BFH 19.8.2009 – III R 31/07, BFH/NV 2010, 844 Rn. 16 ff., zum Wertpapierhandel; dort hat sich „Professionalität" in traditionellen Textbausteinen festgesetzt, → Rn. 1330), hängt von „individuellen Gegebenheiten in Person des Steuerpflichtigen" ab: „Die Fähigkeiten und Fertigkeiten des Klägers manifestieren sich in seinen Erfolgen, die letztlich zum Ausdruck bringen, dass das Glückselement in Person des Klägers in den Hintergrund tritt" (FG Köln 31.10.2012 – 12 K 1136/11, EFG 2013, 612 (614); Rev. unbegründet: BFH 16.9.2015 – X R 43/12, BStBl. II 2016, 48). Die tatrichterlich erhobenen Befunde zur **Professionalität** des Spielers in öffentlichen Arenen tragen die Feststellung, dass er eine Erwerbsgrundlage **dem Markt gewidmet** hat. Auch und gerade in dieser Konstellation lassen sich Zustands-, Handlungs- und Erfolgstatbestand unterscheiden, so sehr die Elemente aufeinander bezogen sind. Deutlich wird, dass eine professionelle Nutzung die professionell nutzbare Erwerbsgrundlage voraussetzt.

Der Lottokönig stützt sich nicht auf eine Erwerbsgrundlage. Der Pokerspieler mag aus seinen Fähigkeiten und Fertigkeiten eine **„Markt-widmungsfähige" Erwerbsgrundlage** formen. Sie eröffnet die Chance der professionell-erwerbsgerichteten (→ Rn. 645 ff.) Nutzung. Die Gewerblichkeit des Lottospielers scheitert nicht erst daran, dass „es an der Verknüpfung von Leistung und Gegenleistung fehlt" (so BFH 16.9.2015 – X R 43/12, BStBl. II 2016, 48 Rn. 19) und damit die Teilnahme am allgemeinen wirtschaftlichen Verkehr entfällt (→ Rn. 766) – sie scheitert bereits an der Unmöglichkeit, reines Glücksspiel als Marktwidmungsfähige Grundlage einer Erwerbstätigkeit einzurichten. Hier fehlt bereits der Zustandstatbestand. Diese Wertung korrespondiert mit der Erfolgsprognose *ex ante*, die den Lottospieler von der Erwerbssphäre fernhält, auch wenn er gegen alle Wahrscheinlichkeit gewinnt (*Ismer/Riemer* FR 2011, 455 (485): negative Totalerfolgsprognose als objektive Seite der Liebhaberei). Wer am Lottospiel teilnimmt, sucht sein Glück, nicht aber „den Zugang zu den allgemeinen Erwerbsmöglichkeiten" (*P. Kirchhof* FS BFH, 2018, 1197 (1225) zum Begriff der Erwerbsgrundlage). **632**

In einer Stufenprüfung erst den objektiven Zustandstatbestand, dann den objektiven Handlungstatbestand festzustellen, erübrigt die komplexe Gewinnabsicht-Liebhaberei-Dogmatik. Der Sportler, der seine Fähigkeiten und sein Renommee in die Nationalspielervermarktung einbringt, hat objektiv eine Erwerbsgrundlage aktiviert und nutzt sie objektiv („erwerbsgerichtet"); irrelevant bleibt sein subjektives Interesse am Zusatzeinkommen (BFH 22.2.2012 – X R 14/10, BStBl. II 2012, 511 Rn. 45; → Rn. 817). Allerdings kann subjektive „Markt-Widmungsunwilligkeit" den Befund Erwerbsgrundlage von vornherein ausschließen. Sportler betreten je nach Sportart unterschiedlich erfolgsträchtige Märkte, sofern sie überhaupt **„widmungswillig"** auf professionelle Marktchancennutzung ausgehen. Der Sportler mag **„widmungsunwillig"** sein Können brachliegen lassen, bleibt dann „Sportliebhaber" (BFH 23.10.1992 – VI R 59/91, BStBl. II 1993, 303 (305)), auch wenn ihm gelegentlich – somit: nicht nachhaltig – Preisgelder zufließen. Wer als Könner, Liebhaber, Müßiggänger allerlei persönliche und Markt-widmungsfähige Talente nicht ummünzt, verzichtet letztlich auf Erwerbserfolg, in systematischer Betrachtung allerdings bereits darauf, eine Erwerbsgrundlage zu aktivieren. **633**

Mag auch das „gewerbliche Unternehmen" des § 15 Abs. 1 S. 1 Nr. 1 S. 1 eher den Zustandstatbestand und die „Betätigung" des § 15 Abs. 2 S. 1 eher den Handlungstatbestand kennzeichnen, so verweisen doch beide Begriffe auf Zustands- und Handlungstatbestand in ihrer wechselseitigen Bedingtheit. Bereits das Wort „Unternehmen" lässt personale Aktion anklingen. Und § 15 Abs. 2 S. 1 meint mit der „Betätigung" gewiss das tätige Betreiben eines Gewerbes, verobjektiviert sie dann aber im Gewerbebetrieb („[…] ist Gewerbebetrieb"). Indem § 15 Abs. 2 S. 1 die definierte „Betätigung" implizit als professionelle Nutzung der Erwerbsgrundlage anspricht, ist der Rechtsanwender nicht mehr gehalten, den Zustandstatbestand isoliert festzustellen. **Die Subsumtion unter die Begriffsbestimmung des § 15 Abs. 2 S. 1 schließt den Zustandstatbestand ein,** führt zur Feststellung einer Nutzung der Erwerbsgrundlage „gewerbliches Unternehmen". **634**

Einstweilen frei **635–636**

bb) Unternehmenseinheit und Vielheit der Betriebe. Der Einzelunternehmer kann mehrere Gewerbebetriebe unterhalten mit verschiedenen oder gleichartigen Betätigungen. Das gilt für die objektbezogene Beurteilung des Gewerbesteuerrechts (BFH 23.4.2009 – IV R 73/06, BStBl. II 2010, 40 (43); Blümich/*Drüen* GewStG § 2 Rn. 36 ff.), ebenso aber für die Einkommensteuer (KSM/*Desens/Blischke* § 15 Rn. B 6). Die Vielheit, die in der Summe der Einkünfte (§ 2 Abs. 3) zusammenläuft, geht auf verschiedene Einkunftsarten zurück oder auf mehrere Quellen einer Einkunftsart – **unterscheidbare Erwerbsgrundlagen,** ggf. selbständige Betriebe mit positiven und negativen Ergebnissen. Der horizontale **637**

Verlustausgleich setzt Zweiheit oder Mehrheit voraus; er ist rechnerische Zusammenfassung *vor* der vertikalen Einkünfte-Saldi-Gesamt(ver)rechnung, hebt aber nicht die Verschiedenheit der Gewerbebetriebe auf.

638 Die Verschiedenheit der Betriebe bleibt folgenlos (und verflüchtigt sich auf dem Weg zur einheitlichen Bemessungsgrundlage), wenn nicht ausnahmsweise **Rechtsfolgen je Betrieb** greifen, etwa betriebsbezogen Investitionsabzugsbeträge des § 7g in Anspruch genommen werden (vgl. für die Gewerbesteuer den objektbezogenen Freibetrag des § 11 Abs. 1 S. 3 Nr. 1 GewStG). Umgekehrt kann entscheidungserheblich sein, ob der Gewerbetreibende seinen Betrieb (wesentlich oder unwesentlich) erweitert oder aber einen weiteren Betrieb eröffnet (BFH 25.2.2016 – X B 130, 131/15, BFH/NV 2016, 915; BFH 15.9.2010 – X R 21/08, BFH/NV 2011, 235 Rn. 21 ff.: Elektrounternehmen und Photovoltaikanlage, → Rn. 640.1).

639 **Vor Betriebseröffnung** gilt ein strenger Maßstab für die in § 7g Abs. 1 S. 1 vorausgesetzte Investitionsabsicht (BFH 20.6.2012 – X R 42/11, BStBl. II 2013, 719 Rn. 23 ff.; FG Nürnberg 13.10.2016 – 4 K 146/15, EFG 2016, 2066 Rn. 30 ff., rkr.: gleicher Maßstab für Personengesellschaft trotz Einheitlichkeit ihres Gewerbebetriebs im Zeichen der „Gleichstellungsthese"). Gewerbesteuerrechtlich kann der Verlustvortrag von Unternehmer- und Unternehmensidentität abhängig sein. Das Gewerbesteuerrecht kennt den ruhenden Gewerbebetrieb (→ Rn. 672) nicht (BFH 30.10.2019 – IV R 59/16, BStBl. II 2020, 147 Rn. 30 ff.).

640 Wenn sich die Frage nach Unternehmenseinheit oder Vielheit der Betriebe stellt, verlangt der BFH **vollkommene Eigenständigkeit:** „Eine Verbindung darf im wesentlichen nur in der Person des Steuerpflichtigen bestehen. Der Steuerpflichtige muß die Betriebe nebeneinander am Wirtschaftsleben teilnehmen lassen". Sobald er die Aktivitäten bündle, um eine größere Marktwirksamkeit zu erreichen, sei eine **Wirtschaftseinheit** gegeben (BFH 9.8.1989 – X R 130/87, BStBl. II 1989, 901 (902)). Relevante Merkmale seien „vor allem" die Gleichartigkeit der Betätigungen, die Möglichkeit, dass sich die verschiedenen Tätigkeiten ergänzen, die räumliche Nähe der Betriebe, ferner die Gesichtspunkte: selbständige Organisation, eigenes Rechnungswesen, eigenes Personal, eigenes Anlagevermögen (BFH 15.9.2010 – X R 21/08, BFH/NV 2011, 235 Rn. 23; vgl. zu den „Kennzeichen für einen organisatorischen Zusammenhang" auch FG Nürnberg 7.10.2015 – 3 K 1631/14, EFG 2016, 203 (204), rkr.). Über das **Gesamtbild der Verhältnisse** entscheidet erstinstanzlich das FG als Tatsachengericht, nicht das Revisionsgericht (BFH 25.2.2016 – X B 130, 131/15, BFH/NV 2016, 915 Rn. 14).

640.1 Das Urteil BFH 15.9.2010 – X R 21/08, BFH/NV 2011, 235, hat für die Annahme einer Wirtschaftseinheit genügen lassen, dass die **Photovoltaikanlage** in räumlicher Nähe installiert worden sei und dem **Elektrounternehmen** diene, da sie den Inhaber als fachkundigen Elektrounternehmer ausweise, die Vermutung ihrer Wirtschaftlichkeit begründe und so dazu beitrug, Kunden von Kauf und Installation einer solchen Anlage zu überzeugen (Rn. 25). Demgegenüber erkannte BFH 24.10.2012 – X R 36/10, EFG 2013, 159, dass die räumliche Nähe der beiden gewerblichen Tätigkeiten (Photovoltaikanlage auf dem Dach des Einzelhandelsgeschäfts) allein nicht geeignet sei, eine **organisatorische, finanzielle und wirtschaftliche Verflechtung** zu begründen (Rn. 23): Die beiden ungleichartigen Tätigkeiten – Herstellungsbetrieb/Handelsbetrieb – „ergänzen und fördern sich nicht. Das klägerische Vorbringen, die Photovoltaikanlage sei geschäftsfördernd, reicht nicht aus, um einen Nutzen für den Betrieb, der weder Strom noch Photovoltaikanlagen anbietet, zu belegen" (Rn. 22; vgl. auch Rn. 15: „Maßgebend sind die objektiven Merkmale; dem Willen des Unternehmers kommt insoweit Bedeutung zu, als er in den tatsächlichen Verhältnissen seinen Ausdruck findet").

640.2 FG Nürnberg 7.10.2015 – 3 K 1631/14, EFG 2016, 203 (204), rkr., hat entscheiden, dass **Elektromeisterbetrieb** und **Windkraftanlage** „unabhängig voneinander am Wirtschaftsleben" teilnehmen: „Es handelt sich um ungleichartige Betätigungen, die sich nicht einander ergänzen. Beide Gewerbebetriebe lassen eine unabhängige Teilnahme am Wirtschaftsleben zu. Steuerpflichtige, die eine Windkraftanlage betreiben und damit Strom erzeugen (Erzeugerbetrieb), erzielen hieraus in Höhe der vom Netzbetreiber gewährten Vergütung Einnahmen aus einer gewerblichen Betätigung im Sinne des § 15 Abs. 2 EStG."

640.3 FG Münster 10.10.2017 – 7 K 3662/14 G, EFG 2018, 1281 (Rev. X R 15/18) hat ein Eiscafé und einen Imbiss nach dem Gesamtbild der Verhältnisse als (gewerbesteuerlich) selbständige Gewerbebetriebe qualifiziert, die einander nicht fördern und ergänzen, ungeachtet gemeinsamer Nutzung von Räumlichkeiten (Kundentoilette) und Betriebsvorrichtungen (Geschäftsfahrzeug).

Anders als der Einzelunternehmer kann eine **Personengesellschaft** auch bei verschiedenartiger Tätigkeit nur einen (Gewerbe-)Betrieb innehaben (BFH 17.5.2018 – VI R 73/15, BeckRS 2018, 23771 Rn. 41; BFH 23.4.2009 – IV R 73/06, BStBl. II 2010, 40 (43): „deshalb auch der Freibetrag nach § 11 Abs. 1 Satz 3 Nr. 1 GewStG nur einmal zu berücksichtigen"; vgl. aber dort S. 44 zu **Tracking-Stock-Strukturen,** Innen-Gesellschaftsverträgen, die auf die Teilhabe an den Ergebnissen einzelner Geschäftsbereiche beschränkt sind und die mehrfache Inanspruchnahme des Freibetrags ermöglichen). Indem **§ 15 Abs. 3 Nr. 1** verschiedene Tätigkeiten qualifikatorisch vereinheitlicht (→ Rn. 2301), widersetzt er sich einer Vielheitsbetrachtung in der Entität Personengesellschaft auch innerhalb der Einkunftsart. Die Gesellschafter werden, wenn sie unternehmerische Bereiche separieren wollen, auf die Gründung einer personenidentischen Schwestergesellschaft verwiesen (vgl. BVerfG 15.1.2008 – 1 BvL 2/04, BVerfGE 120, 1 (52 ff.), dort bezogen auf „die drohende Erstreckung der Gewerbesteuer auf Einkünfte aus anderen Einkunftsarten"). **641**

In Betracht kommt, dass die Personengesellschaft **Teilbetriebe** unterhält (BFH 17.5.2018 – VI R 73/15, BeckRS 2018, 23771 Rn. 41 f.). Diese sind jedoch weder rechtlich selbständig noch einkommensteuerrechtlich als gesonderte Mitunternehmerschaften zu qualifizieren. Betriebsbezogene Gewinnermittlungsvorschriften (wie etwa § 4 Abs. 4a oder § 7g) sind daher nicht auf die Teilbetriebe, sondern auf den Gesamtbetrieb der Personengesellschaft anzuwenden (BFH 13.7.2016 – VIII R 56/13, BStBl. II 2016, 933). Allerdings kann die Einstellung eines Teilbetriebs mit Beendigung der Infektion zu einer Betriebsaufgabe führen (→ § 16 Rn. 948; HHR/*Kulosa* § 16 Rn. 510). **642**

Nicht ausgeschlossen ist, dass die Personengesellschaft ebenso wie ein Einzelunternehmer **auf der Zeitachse mehrere Betriebe** nacheinander innehat (BFH 19.12.2019 – IV R 8/17, DStR 2020, 978 Rn. 25). Der Frage nach Beendigung und Neugründung kommt Relevanz zu im Hinblick auf die Begünstigung der Betriebsveräußerung und Betriebsaufgabe (BFH 3.4.2014 – IV R 12/10, BStBl. II 2014, 1000) oder im Hinblick auf das Erfordernis der Unternehmensidentität zur Verlustsicherung nach § 10a GewStG (BFH 19.12.2019 – IV R 8/17, DStR 2020, 978; BFH 30.10.2019 – IV R 59/16, BStBl. II 2020, 147 Rn. 31). **643**

Einstweilen frei **644**

b) Handlungstatbestand professionell-erwerbsgerichtete Betätigung. aa) Fluchtpunkt Totalgewinn. Die Ertragsteuergesetze sind die Erneuerbare-Energien-Gesetze der Hoheitsträger. Deshalb belasten sie nur solche Tätigkeiten, aus denen „**auf Dauer gesehen positive Einkünfte** für die Besteuerung erfaßt werden können". So formulierte der BFH in seiner Leitentscheidung zur Gewinnerzielungsabsicht (BFH 25.6.1984 – GrS 4/82, BStBl. II 1984, 751 (766)). Der Zweck, „Mittel für die öffentliche Hand zu beschaffen", sei nicht zu erreichen mit Tätigkeiten, die „auf Dauer" nur negative Einkünfte eintragen können. Dergleichen sei „Liebhaberei" (→ Rn. 787 ff.). **645**

Wenn aber im Zugriff Jahr für Jahr (§ 2 Abs. 7) das „Gesamtergebnis des Betriebes von der Gründung bis zur Veräußerung oder Aufgabe oder Liquidation", mithin der **Totalgewinn oder Totalverlust ungewiss** bleibt, muss im Zugriffszeitpunkt genügen, dass der Betrieb auf das positive Totalergebnis *ausgerichtet* wird (ähnlich KSM/*Desens/Blischke* § 15 Rn. B 32 f., auch für Risikotätigkeiten). Der darauf angelegte Betrieb wird von den „EEG des Steuerstaates" erfasst, weil er wohl – nach seiner Ausrichtung wahrscheinlich – in der Lage sein wird, nachhaltig zur haushaltswirtschaftlichen Energieversorgung beizutragen. Kurz: Notwendig, aber auch ausreichend ist die **Erwerbsgerichtetheit der Betriebsführung.** **646**

Wenn und weil Erwerbshandeln aufseiten des Steuerpflichtigen *im Laufe der Zeit* angepasst, Erwerbsgerichtetheit vonseiten der Verwaltung über mehrere Jahre beobachtet werden kann, wird das **„Wollenselement"** unwichtiger und das **„Wissenselement"** wichtiger. Daraus erklärt sich der im Zeitablauf **wachsende Druck des Gleichheitssatzes** (Art. 3 Abs. 1 GG), die Gewinnerzielungsabsicht zu objektivieren: Wer nach einer (steuerlich anzuerkennenden) Anlaufphase die Verlustursachen kennt, gleichwohl nicht reagiert, muss – je länger, je mehr – „Wissen" gegen sich gelten lassen und kann sich nicht – je länger, je weniger – auf „Wollen" zurückziehen. Das Zeitmoment drängt auf Objektivierung der Gewinnerzielungsabsicht. Wer um die notorische Erfolglosigkeit seiner Unternehmung weiß, darf nicht die Gleichbehandlung mit denjenigen einfordern, die stetig-professionell die Erwerbsgerichtetheit des Gewerbebetriebs gewährleisten. **647**

648 Der Rekurs des BFH auf den Mittelbeschaffungszweck hätte Anlass geben können, die Erwerbsgerichtetheit objektiv zu bestimmen. Will der Staat nur die erfolgsträchtig betriebenen Unternehmen, diese aber vollständig-gleichheitsgerecht einbeziehen, kann er sich nicht auf Motivforschung einlassen, je länger, je weniger. Nicht subjektives Beabsichtigen gibt Auskunft über eine „Gewinnerzielungsabsicht", sondern die **objektiv erwerbsgerichtete Nutzung der Erwerbsgrundlage.** „Maßgeblich ist das Erwerbshandeln, nicht der Erwerbswille" (Kirchhof/P. *Kirchhof* § 2 Rn. 58; vgl. BFH 5.4.2017 – X R 6/15, BStBl. II 2017, 1130 Rn. 14: „Betriebsführung nicht mehr ernstlich auf eine am Markt erfolgreiche Tätigkeit gerichtet").

649 Objektives Erwerbshandeln bemisst sich nicht nach dem Erfolg; ökonomischer Misserfolg erlaubt nicht den Schluss auf steuerliche Irrelevanz. Erwerbsgerichtetheit meint gerade im Kontext des § 15 nicht, dass der Gewerbetreibende den unternehmerischen Erfolg zu garantieren hat. Wenn und weil die in § 15 Abs. 2 definierte Betätigung wesentlich durch das Unternehmerrisiko geprägt ist, erlaubt dieser Unternehmerbegriff auch **„professionelles Scheitern".** Erwachsen Verluste aus erwerbsgerichteter Tätigkeit, sind sie anzuerkennen; Verluste aus nicht-erwerbsgerichteter Tätigkeit sind „Liebhaberei"-Verluste (→ Rn. 787 ff.). Der Gesichtspunkt der Unternehmerprofessionalität bestätigt die Notwendigkeit, die „Gewinnerzielungsabsicht" objektiv zu bestimmen.

650–652 *Einstweilen frei*

653 **bb) Unternehmerprofessionalität.** Der Steuerpflichtige kann das „Bild [...], das nach der Verkehrsanschauung einen Gewerbebetrieb ausmacht" (BFH 19.1.2017 – IV R 50/14, BStBl. II 2017, 456 Rn. 27; BFH 11.10.2012 – IV R 32/10, BStBl. II 2013, 538 Rn. 28), nicht selbst entwerfen. Zum objektiven Bild des professionell tätigen Unternehmers gehören wesentlich Unternehmerrisiko und Unternehmerinitiative. Diese Merkmale kennzeichnen zum einen die **professionell-erwerbsgerichtete Handlung,** zum anderen erlauben sie die **Zurechnung** der gewerblichen Einkünfte (→ Rn. 57 ff.).

654 Wer **Risiko** trägt und **Initiative** ergreifen kann, zudem die weiteren (negativen) Merkmale des § 15 Abs. 2 erfüllt, ist Unternehmer und Zurechnungssubjekt für die Einkünfte aus § 15 (BFH 10.7.2019 – X R 21-22/17, BeckRS 2019, 34243 Rn. 26; Kirchhof/*Krumm* § 15 Rn. 152; Schmidt/*Wacker* § 15 Rn. 135). Ein Rückgriff auf § 5 Abs. 1 S. 2 GewStG, dem als Unternehmer gilt, „für dessen Rechnung das Gewerbe betrieben wird", ist entbehrlich (aA *Schön* FS Offerhaus, 1999, 385 (389 f.), der in § 15 Abs. 2 EStG „lediglich den objektiven Tatbestand" des Gewerbebetriebs umschrieben sieht, indessen § 5 Abs. 1 S. 2 GewStG die „subjektive Zurechnung" vornehme).

654.1 Das Urteil BFH 4.11.2004 – III R 21/02, BStBl. II 2005, 168, billigt für einen **„Ausnahmefall"**, dass Finanzamt und Finanzgericht die gewerblichen Einkünfte aus einer Handelsagentur nicht der „Strohfrau" zurechnen, sondern dem geschäftstüchtigen, jedoch verbeamteten und nebentätigkeitsrechtlich an eigener Gewerbetätigkeit gehinderten Ehemann. Richtiger mag von einem **Grenzfall** die Rede sein, in dem die Kriterien Unternehmerrisiko und Unternehmerinitiative derart (gegen-)wirken, dass aus dem „geringfügig beschäftigten Arbeitnehmer" der Alleinunternehmer, aus der „Strohfrau" indessen eine Mitarbeiterin wird, zuständig für „untergeordnete Tätigkeiten": „Zwar werden – wie ausgeführt – die Umstände in Fällen, in denen der „Strohmann" persönlich unbeschränkt haftet, regelmäßig für dessen Mitunternehmerschaft sprechen. Jedoch ist bei Handelsvertretungen eine abweichende Würdigung dann denkbar, wenn – wie hier – die eigentliche unternehmerische Tätigkeit allein vom Vertretenen ausgeübt wird, dieser wegen einer weiteren beruflichen Tätigkeit (hier als Beamter) das Unternehmen nicht in eigenem Namen führen, aber über das Vermögen des Unternehmens verfügen kann, das sich aus der persönlichen Haftung ergebende Risiko gering, kein wesentliches Betriebsvermögen vorhanden ist und auch das Unternehmen, für das die Handelsagentur tätig wird, von einem Strohmannverhältnis ausgeht" (BFH 4.11.2004 – III R 21/02, BStBl. II 2005, 171).

654.2 Das Urteil BFH 3.11.2015 – VIII R 63/13, BStBl. II 2016, 383, bestreitet einer Ärztin, Mitunternehmerin der Gemeinschaftspraxis zu sein: „Die Beigeladene zu 1. war – wie das FG zu Recht erkannt hat – nicht am Gewinn der GbR beteiligt, an deren Verlust nahm sie nur begrenzt teil. Zudem war sie von einer Teilhabe an den stillen Reserven ausgeschlossen, sodass sich für sie – auch unter Berücksichtigung des von ihr als (Schein-)Gesellschafterin zu tragenden Haftungsrisikos – lediglich ein geringes Mitunternehmerrisiko ergab, das nicht durch eine besonders ausgeprägte Mitunternehmerinitiative ausgeglichen wurde" (BFH 3.11.2015 – VIII R 63/13, BStBl. II 2016, 383 Rn. 26).

Das Urteil FG Niedersachsen 25.11.2015 – 9 K 49/13, EFG 2016, 479, rkr., schlägt Provisionseinkünfte nicht dem Kläger und dessen Einzelunternehmen zu, sondern der vom Kläger als Gesellschafter-Geschäftsführer beherrschten GmbH. Der Senat fragt wiederum nach dem **steuerlichen Träger des Unternehmens** (→ Rn. 59), berücksichtigt „die durch die tatsächlichen Verhältnisse bedingte Verlagerung der Unternehmerstellung" (EFG 2016, 479 Rn. 48) und orientiert sich an **Unternehmerrisiko und Unternehmerinitiative im Zeichen steuerlicher Leistungsfähigkeit** (→ Rn. 57): „Tatsächlich sind die Provisionen auf ein Konto der A GmbH geflossen und dort verblieben. Zur Verwirklichung des Leistungsfähigkeitsprinzips ist es nach Überzeugung des Senats geboten, die Provisionseinnahmen steuerlich der Person zuzurechnen, die die Einnahmen durch ihre Tätigkeit unter Verwendung der eigenen Betriebsmittel erwirtschaftet hat (die A GmbH) und die dadurch entstandenen Aufwendungen bei der Person als abzugsfähig anzusehen, die sie getragen hat (ebenfalls die A GmbH). […] Derartig klare tatsächliche Verhältnisse überlagern eine im Streitfall abweichende zivilrechtliche Vertragslage" (FG Niedersachsen 25.11.2015 – 9 K 49/13, EFG 2016, 479 Rn. 53, 55). **654.3**

Der Unternehmer **„erzielt"** (§ 2 Abs. 1 S. 1) Einkünfte aus Gewerbebetrieb (§ 15), weil sich ökonomische Erfolge und Misserfolge in seinem Vermögen unmittelbar niederschlagen – **Unternehmerrisiko** –, weil er die Betriebsführung mit seinem Willen beherrscht – **Unternehmerinitiative** – und weil er professionell-intensive Vorkehrungen trifft dafür, dass *unternehmerischer* Erfolg und damit ein *unternehmerischer* „steuerstaatlicher EEG-Beitrag" überhaupt möglich sind: **Unternehmerprofessionalität.** Eine erfolgversprechende Erwerbsgrundlage genügt nicht; sie muss, wenn sie der Erwerbs- und nicht der Privatsphäre zugehören soll, professionell-erwerbsgerichtet genutzt werden. Bei Einschaltung eines Werkzeugs (einer nahestehenden Person) ohne unternehmerische Eigenverantwortlichkeit mag der Hintermann derjenige sein, der professionell agiert, Risiko trägt und Initiative entfaltet. Dann verwirklicht dieser **kraft mittelbarer Tatherrschaft** „wesentliche Teile des steuerbaren Handlungstatbestands" (BFH 10.7.2019 – X R 21-22/17, BeckRS 2019, 34243 Rn. 36). **655**

BFH 7.2.2018 – X R 10/16, BStBl. II 2018, 630 Rn. 52 (Unternehmerrisiko) und Rn. 53 (Unternehmerinitiative). Mit Recht hat das FG Nürnberg in der Beurteilung eines großdimensionierten, von Banken und öffentlichen Händen geförderten Modelleisenbahnmuseums (→ Rn. 823) auf die „laienhafte Herangehensweise" des Betreibers abgestellt: „Nach Überzeugung des Senats ist das Konzept nicht falsch gewesen, sondern schlicht bewusst nicht durchgeführt worden" (FG Nürnberg 16.5.2013 – 6 K 889/12, EFG 2013, 1587 (1589), rkr.). **655.1**

Wer eine Erwerbsgrundlage **professionell-intensiv** nutzt, beteiligt sich am „allgemeinen wirtschaftlichen Verkehr" (→ Rn. 763 ff.), anders freilich – professioneller, intensiver – als diejenigen, die „privat" am Marktverkehr teilnehmen und Überschusseinkünfte erzielen. Marktteilnahme erweist sich als Klammer aller Einkunftsarten, den Subsystemen Gewinn- und Überschusseinkünften vorgeordnet (*S. Schneider* Tatbestand der privaten Vermögensverwaltung, 107 ff., auch zum „Intensitätsgrad der Marktteilnahme" als Unterscheidungskriterium). **656**

Der professionelle Unternehmer tritt allerdings nicht „privat" auf. Von „privater Vermögensverwaltung", privater, weniger intensiver Marktteilnahme setzt er sich ab. So deuten **professionelle Ausgestaltung des Geschäftsbetriebs und hohe Volumina der getätigten Geschäfte** auf Gewerblichkeit (BFH 19.1.2017 – IV R 50/14, BStBl. II 2017, 456 Rn. 38). Darin, im Handlungstatbestand, unterscheidet er sich. Auf ein vorfindliches, gemeinhin als „Gewerbe" anerkanntes Berufsbild ist er nicht angewiesen. **657**

Dass Unternehmerprofessionalität den Ausschlag gibt, nicht ein etabliertes Berufsbild, hat inzwischen auch der X. BFH-Senat eingestanden. Das *Eddy S.*-Urteil zum Turnierpokerspieler stellt klar: Das FG war nicht gehalten, „die Betätigung des Klägers einem konkreten, bereits als Gewerbeausübung anerkannten Berufsbild" zuzuweisen. „Es genügte, die Betätigung des Klägers unspezifisch in den – im weitesten Sinne – **beruflichen (professionellen) Kontext** einzuordnen" (BFH 16.9.2015 – X R 43/12, BStBl. II 2016, 48 Rn. 37, dort der Klammerzusatz; vgl. auch FG Münster 12.10.2018 – 14 K 799/11 E, G, EFG 2018, 2019 Rn. 43 ff.; Rev. III R 67/18). Als Kriterium der Professionalität erweis sich hier das „Geschicklichkeitselement" (→ Rn. 630). Das Urteil bekennt sich zu einer „Gesamtbild ohne Berufsbild"-Dogmatik (vgl. BFH 16.9.2015 – X R 43/12, BStBl. II 2016, 48 Rn. 37), die Halt gewinnt im Handlungstatbestand professionell-intensive Nutzung einer Markt-widmungsfähigen Erwerbsgrundlage. Die Orientierung am Handlungstatbestand verdient den **658**

Vorzug vor einer verengenden Urbild-Berufsbild-Festlegung (vgl. BFH 20.12.2000 – X R 1/97, BStBl. II 2001, 706 (707) und BFH 25.7.2001 – X R 55/97, BStBl. II 2001, 809 (810) zu den „Urbildern" Händler, Produzent, Dienstleistender).

659 Nicht zuletzt trägt das Merkmal der Unternehmerprofessionalität zur Abgrenzung zwischen Gewerbebetrieb und privater Vermögensverwaltung bei (BFH 16.9.2008 – X B 158/07, BFH/NV 2008, 2024; FG Hessen 19.7.2018 – 2 K 1835/16, EFG 2019, 777 Rn. 34, Rev. X R 26/18). Der einheitliche **Rekurs auf professionell-intensive Marktteilnahme** setzt der Teilbereichsdogmatik der „Berufsbilder" (BFH 11.10.2012 – IV R 32/10, BStBl. II 2013, 538 Rn. 28) gleichheitsgerecht den einheitlichen Handlungstatbestand entgegen. Dieser Rekurs ist der „Orientierung an unmittelbar der Lebenswirklichkeit entlehnten Berufsbildern" (BFH 11.10.2012 – IV R 32/10, BStBl. II 2013, 538 Rn. 28; zur „Bilder"-Rechtsprechung ausführlich → Rn. 1039 ff.) **dogmatisch überlegen.**

660 Der Rekurs auf den einheitlichen **Handlungstatbestand** kann rechtssicher und gleichheitsgerecht erklären, dass nicht nur der professionelle Pokerspieler ein gewerbliches Unternehmen betreibt, sondern auch der millionenschwere Fonds, der sich für 7 500 Kapitalanleger professionell auf dem Zweitverwertungsmarkt für US-amerikanische Lebensversicherungen betätigt (aA BFH 11.10.2012 – IV R 32/10, BStBl. II 2013, 538; Kritik: → Rn. 1097). Indessen fehlt es an professionell-intensiver Marktteilnahme, wenn der Eigentümer einer Berliner Wohnung gelegentlich ohne Service und Sonderleistungen vermietet, den Schlüssel nicht „hotelmäßig-professionell" aushändigen lässt, sondern von der „Wohnungsnachbarin auf viermaliges Klingeln" (FG Berlin-Brandenburg 20.1.2010 – 14 K 1355/06, BeckRS 2012, 95321, rkr.).

661–662 *Einstweilen frei*

663 **cc) Segmentierung.** Betreibt der Steuerpflichtige mehrere selbständige Gewerbebetriebe (→ Rn. 637 ff.), ist auch die Erwerbsgerichtetheit je einzeln festzustellen. Dem Unternehmer bleibt freilich unbenommen, verschiedene Tätigkeiten in einer Wirtschaftseinheit zusammenzufassen, in räumlicher und organisatorisch-betrieblicher Nähe (Merkmale der Einheit oder Zweiheit: BFH 15.9.2010 – X R 21/08, BFH/NV 2011, 235 Rn. 23; FG Münster 10.10.2017 – 7 K 3662/14 G, EFG 2018, 1281 Rn. 17 ff., Rev. X R 15/18). Dann kann allerdings die professionell-erwerbsgerichtete Nutzung der einheitlichen Erwerbsgrundlage für **Teileinheiten** – Segmente – fraglich werden. **„Unternehmensteile"** des „bisher" einheitlichen Unternehmens (FG Schleswig-Holstein 9.3.2016 – 2 K 180/12, DStRE 2017, 724 (726), aufgehoben durch BFH 23.8.2017 – X R 27/16, BFH/NV 2018, 36) mögen aufzulösen sein in steuerrechtlich selbständige Unternehmen. Aufwendungen, die auf beide Unternehmen entfallen, sind aufzuteilen, ggf. die Quoten zu schätzen.

664 Richtigerweise prüft der BFH die Gewinnabsicht, genauer: die **Erwerbsgerichtetheit bei unterscheidbaren, wirtschaftlich eigenständigen Betätigungen** gesondert, segmentiert, für jeden quasi-selbständigen Tätigkeitsbereich. Das gilt für die Personengesellschaft und für den Einzelgewerbetreibenden (BFH 23.8.2017 – X R 27/16, BFH/NV 2018, 36; BFH 25.6.1996 – VIII R 28/94, BStBl. II 1997, 202; BFH 24.2.1999 – X R 106/95, BFH/NV 1999, 1081; FG Berlin-Brandenburg 29.4.2008 – 6 K 4071/04 B, BeckRS 2008, 26025231, rkr.). Der „Rechtsgrundsatz" (BFH 23.8.2017 – X R 27/16, BFH/NV 2018, 36 Rn. 14) erheischt, dass die Erwerbsgerichtetheit für Parzellen zu beurteilen ist nach einer Aufteilung im Zeichen wirtschaftlicher Eigenständigkeit.

665 Segmentierung der (durch Steuererklärung) zur Einheit zusammengesetzten Tätigkeiten setzt positiv deren Trennbarkeit voraus und negativ, dass sie sich nicht wechselseitig bedingen (FG Schleswig-Holstein 9.3.2016 – 2 K 180/12, DStRE 2017, 724 (725), aufgehoben durch BFH 23.8.2017 – X R 27/16, BFH/NV 2018, 36). Eine wirtschaftlich eigenständige Betätigung ist anzunehmen bei einem **selbständigen Tätigkeitsbereich,** „der keine bloße Hilfs- oder Nebentätigkeit zur Haupttätigkeit ist", abzugrenzen nach dem „Förderungs- und Sachzusammenhang", in dem die jeweilige Einzeltätigkeit zu der betrieblichen Haupttätigkeit oder der steuerlich unbeachtlichen Tätigkeit steht (BFH 24.2.1999 – X R 106/95, BFH/NV 1999, 1081; FG Rheinland-Pfalz 24.9.2014 – 2 K 1611/13, BeckRS 2014, 96485, rkr.).

666 Die in der Rechtsprechung entwickelten Zusammengehörigkeitskriterien haben nach Jahrzehnten gesetzlichen Niederschlag gefunden in **§ 8d Abs. 1 S. 3 KStG.** Die Vorschrift widmet den nach § 8c KStG schädlichen Beteiligungserwerb in einen unschädlichen um, vermeidet den mit § 8c KStG angeordneten Verlustuntergang unter der Voraussetzung, dass die Körperschaft „ausschließlich denselben Geschäftsbetrieb unterhält" (§ 8d Abs. 1 S. 1 KStG). Verlustverrechnung soll in „demselben" Geschäftsbetrieb möglich sein, nicht aber zwischen „verschiedenen Geschäftsbetrieben" (BT-Drs. 18/9986, 13). „Derselbe" Geschäftsbetrieb umfasst – auf der Linie der Segmentierungskriterien – **die „sich gegenseitig ergänzenden und fördernden Betätigungen"** (§ 8d Abs. 1 S. 3). Dass sich der Begriff des § 8d KStG an der etablierten Judikatur zur Einheit des Gewerbebetriebs orientiert, ist entstehungsgeschichtlich verbürgt (Bericht der Arbeitsgruppe „Weiterentwicklung der Regelungen zur Verlustverrechnung nach Anteilseignerwechsel (§ 8c KStG)", FR 2017, 113 (122 f.); vgl. BT-Drs. 18/9986, 12 ff.). Die **„Gesamtbetrachtung"** des § 8d Abs. 1 S. 3, S. 4 KStG („qualitative Merkmale") mag zurückwirken auf das Einkommensteuerrecht der Segmentierung.

Der **Förderungs- und Sachzusammenhang** entscheidet über die **Beurteilungseinheit** **667** (*Weber-Grellet* DStR 1998, 873 (873 f.); BFH 28.6.2006 – IV B 94/04, BFH/NV 2006, 2059) oder die Mehrzahl der Beurteilungseinheiten – über Segmentierung (Littmann/Bitz/Pust/*Bitz* § 15 Rn. 125a; Blümich/*Bode* § 15 Rn. 43; HHR/*Musil* § 2 Rn. 389). Zusammenhanglose Teileinheiten sind im Zeichen der Erwerbsgerichtetheit je für sich zu beurteilen. Umgekehrt „schließt es der Förderungs- und Sachzusammenhang aus, durch eine weitreichende Segmentierung etwa eine Vielzahl isoliert betrachtet verlustbringender Tätigkeiten aus dem einkünfterelevanten Bereich auszuscheiden" (BFH 25.6.1996 – VIII R 28/94, BStBl. II 1997, 202 (205)).

Exemplarisch FG Baden-Württemberg 18.3.2008 – 4 K 111/06, EFG 2008, 1118 (1119), rkr.: **667.1** „Unter Anwendung der vom BFH aufgestellten Grundsätze zur Segmentierung auf den Streitfall handelte es sich bei der vom Kl. ausgeübten Geschäftstätigkeit als Handeltreibender mit Reinigungsmitteln um eine eigenständige wirtschaftliche Betätigung, die mit der daneben zunächst als Arbeitnehmer und seit Beginn des Streitjahres 2001 als selbständiger Gewerbetreibender ausgeübten Tätigkeit als Maschinenführer **in keinem Förderungs- und Sachzusammenhang** stand. Der Verkauf von Reinigungstüchern, Reinigungsgeräten, Sauerstoffwasseraufbereitern, Brillentüchern, Fensterreinigern, Klapphaltern und Kalklösern war – wie bereits der Umstand zeigt, dass ihn der Kl. seit 1994 ohne Verknüpfung mit seinem Beschäftigungsverhältnis als Arbeitnehmer im Nebenberuf nach Feierabend hatte ausüben können – von der Tätigkeit eines Maschinenführers sachlich und wirtschaftlich ohne Weiteres abgrenzbar. Beide Tätigkeiten bedingten sich weder gegenseitig, noch standen sie als Haupt- und Nebentätigkeit in einem Zusammenhang der gegenseitigen Förderung miteinander. Der Anteil der Reinigungsprodukte, die der Kl. an die zugleich als Auftraggeber seiner Maschinenführertätigkeit auftretenden Kunden verkaufte, am Gesamtumfang der vertriebenen Handelsware war mit etwa fünf Prozent fast verschwindend gering. Dass ihn die Auftraggeber seiner Maschinenführertätigkeit nur deswegen oder im Wesentlichen gerade deshalb beschäftigten, weil sie über seine Handelstätigkeit auf ihn aufmerksam geworden wären, hat der Kl. – auch im Erörterungstermin vor dem Berichterstatter des Senats – selbst nicht behauptet. Maschinenführer- und Handelstätigkeit des Kl. standen jedenfalls in keinem engeren Sachzusammenhang zueinander als die vom BFH bereits im Sinne einer Segmentierung entschiedenen Fälle der Trennung der (verlustträchtigen) Vermietung von Fluggeräten von der (gewinnträchtigen) Verpachtung von Baumaschinen (BFH-Urteil vom 25. Juni 1996 VIII R 28/94, BFHE 181, 133, BStBl. II 1997, 202), der (verlustträchtigen) Vermietung eines Motorbootes von der (gewinnträchtigen) Betätigung als Anlageberater und Reise- und Veranstaltungsvermittler (BFH-Urteil vom 24. Februar 1999 X R 106/95, BFH/NV 1999, 1081) und des (verlustträchtigen) Betriebs einer Heilfasten-Klinik von der (gewinnträchtigen) Ausübung einer Tätigkeit als niedergelassener Arzt in eigener Praxis (BFH-Urteil vom 15. November 2006 XI R 58/04, BFH/NV 2007, 434)."

Einstweilen frei **668–670**

dd) Betriebsunterbrechung. Der Steuerpflichtige mag die Nutzung der Erwerbsgrund- **671** lage (Handlungstatbestand *erwerbsgerichtete Nutzung*) unterbrechen, die werbende Geschäftstätigkeit einstellen, indessen von der Betriebsaufgabe (→ Rn. 671.1) absehen. Er mag an einer **späteren, identitätswahrenden Fortführung** des Betriebes interessiert sein. In dieser Lage – etwa des Saisonbetriebs oder des behördlich nur vorübergehend stillgelegten Betriebs, aber auch bei ungewisser Nachfolge im Familienbetrieb – wäre die Besteuerung stiller Reserven ökonomisch schädlich, auch fiskalisch untunlich, sofern denn der spätere Zugriff möglich bleibt (KSM/*Desens/Blischke* § 15 Rn. B 108; HHR/*Kulosa* § 16 Rn. 656).

671.1 Eine **Betriebsaufgabe** (§ 16 Abs. 3) liegt vor, „wenn der Steuerpflichtige den Entschluss gefasst hat, seine betriebliche Tätigkeit einzustellen und seinen Betrieb als selbständigen Organismus des Wirtschaftslebens aufzulösen, und in Ausführung dieses Entschlusses alle wesentlichen Betriebsgrundlagen des Betriebs in einem einheitlichen Vorgang innerhalb kurzer Zeit an verschiedene Abnehmer veräußert oder in das Privatvermögen überführt" (BFH 18.7.2018 – X R 36/17, BFH/NV 2019, 195 Rn. 22; → § 16 Rn. 937). Dagegen liegt keine Betriebsaufgabe vor, wenn bei Einstellung der bisherigen gewerblichen Tätigkeit weder eine Veräußerung stattfindet noch eine Überführung in das Privatvermögen, sondern unter Einsatz des bisherigen Betriebsvermögens eine andere gewerbliche Tätigkeit ausgeübt wird (Blümich/*Schallmoser* § 16 Rn. 485).

Ohne Aufgabeerklärung des Steuerpflichtigen oder tatsächliche Aufgabe, die dem Finanzamt bekannt wird, „gilt" der Gewerbebetrieb und ein Mitunternehmeranteil „nicht als aufgegeben", **§ 16 Abs. 3b** (zur „Betriebsfortführungsfiktion" BMF 22.11.2016, BStBl. I 2016, 1326; *Hiller/Wildermuth* StuB 2017, 188; HHR/*Kulosa* § 16 Rn. 673). Er ruht, bis er „eines Tages" (BFH 8.2.2007 – IV R 65/01, BStBl. II 2009, 699 (702)) fortgeführt wird. „Ruhen" und „Unterbrechung" setzen allerdings voraus, „dass dieser Zustand zeitlich begrenzt ist" (BFH 9.11.2017 – IV R 37/14, BStBl. II 2018, 227 Rn. 27 f.: „keine feste zeitliche Grenze"). Das FG Hamburg sieht bei einer **drei Generationen umfassenden Betriebsverpachtung** den zeitlichen Rahmen der Betriebsunterbrechung noch nicht überschritten: „Die Großelterngeneration und die Enkelgeneration kennen sich i. d. R. noch und die Zeitspanne insgesamt (d.h. von der Betriebseröffnung durch den Großvater bis zum möglichen Übernahmezeitpunkt durch die Enkel) ist auch bei drei Generationen regelmäßig noch nicht länger als die durchschnittliche Lebenserwartung eines Menschenlebens" (FG Hamburg 26.3.2019 – 6 K 9/18, EFG 2019, 1172 Rn. 62; Rev. IV R 13/19).

672 § 16 Abs. 3b drängt dahin, nicht auf eine Fortführungsabsicht abzustellen, sondern auf die objektive Fortführungsmöglichkeit. Unter dieser Voraussetzung und diesseits der „Fiktionsbeendigungsfälle" des § 16 Abs. 3b S. 1 Nr. 1 (Aufgabeerklärung) und Nr. 2 (tatsächliche Aufgabe und Kenntnis des Finanzamts) unterhält der Steuerpflichtige einen *Gewerbebetrieb ohne Handlungstatbestand* – einen **ruhenden und gewerbesteuerfreien Gewerbebetrieb,** dessen **Betriebsvermögen latent** erhalten bleibt (BFH 14.3.2006 – VIII R 80/03, BStBl. II 2006, 591 (592); → Rn. 1075 ff. zur Betriebsverpachtung im Ganzen). Unterbleibt die Aufgabeerklärung, ist der fortführungsfähige Betrieb ein ruhender Gewerbebetrieb (BFH 9.11.2017 – IV R 37/14, BStBl. II 2018, 227 Rn. 25).

673 Eine Fortführung des ruhenden Betriebs findet statt, wenn der Betrieb wieder aufgenommen wird „in dem Zustand, in dem sich das Unternehmen befand, als die letzte werbende Tätigkeit eingestellt wurde" (BFH 8.2.2007 – IV R 65/01, BStBl. II 2009, 699 (702)). Der **Fortführungsfall** und die **Fortführungsfiktion** – aus Sicht des Steuerpflichtigen: der Verzicht auf die Handlungen des § 16 Abs. 3b S. 1 – ermöglichen strategische Planung, auch Gestaltungsfreiheit in der Frage, wann stille Reserven aufgelöst werden.

674 Indessen wird der objektive Befund „Betriebsaufgabe" unvermeidlich, wenn wesentliche Betriebsgrundlagen nicht mehr vorhanden sind oder umgestaltet werden, damit die identitätswahrende Fortführung ausgeschlossen ist (HHR/*Kulosa* § 16 Rn. 665). Stille Reserven sind aufzudecken; „ewiges Betriebsvermögen" wird vermieden (BFH 9.11.2017 – IV R 37/14, BStBl. II 2018, 227 Rn. 26; BFH 18.7.2018 – X R 36/17, BFH/NV 2019, 195 Rn. 26: „stärker objektivierende Betrachtung").

675–678 *Einstweilen frei*

679 **c) Erfolgstatbestand. aa) Gewinn.** „Wer nicht erworben hat, bleibt steuerfrei" (*P. Kirchhof* FS BFH, 2018, 1197 (1227)). Wenn und weil die Einkommensteuer keine Bereicherungssteuer ist, kommt als einkommensteuerpflichtiger Erfolgstatbestand nur derjenige Erwerbserfolg in Betracht, der aus der Nutzung einer der in § 2 Abs. 1 aufgelisteten Erwerbsgrundlagen erwächst. Der **„aus Gewerbebetrieb"** erwirtschaftete Erfolg heißt **Gewinn** (§ 2 Abs. 1 S. 1 Nr. 2 – ergänzt und konkretisiert durch § 15 –, **§ 2 Abs. 2 S. 1 Nr. 1**).

680 Wer dem Erwerb nachgeht, eine Erwerbsgrundlage nutzt, erzielt auch **Zufallsgewinne** erwerbswirtschaftlich und steuerbar (Kirchhof/*P. Kirchhof* § 2 Rn. 60). Betriebseinnahmen sind alle Zugänge in Geld oder Geldeswert, die **durch den Betrieb veranlasst** sind – durch das Erwerbshandeln, nicht durch den Erwerbswillen. „Betriebseinnahmen können auch vorliegen, wenn der Steuerpflichtige als Betriebsinhaber unentgeltliche Zuwendungen erhält, mit denen weder ein zuvor begründeter Rechtsanspruch erfüllt, noch eine in der Vergangenheit erbrachte Leistung vergütet werden soll" (BFH 2.9.2008 – X R 25/07, BStBl. II 2010, 550 (551); FG Münster 18.7.2016 – 14 K 1370/12 E, G, EFG 2016, 1864 Rn. 90, aus anderen Gründen aufgehoben durch BFH 7.11.2018 – X R 34/16, BeckRS 2018, 42592).

Der Gewerbetreibende ist entweder auf die **Gewinnermittlungsart** der §§ 5, 4 verpflichtet oder wahlberechtigt: **681**

- **§ 5 Abs. 1** adressiert die Gewerbetreibenden, die gesetzlich verpflichtet sind, Bücher zu führen, und diejenigen, die ohne eine solche Verpflichtung Bücher führen und regelmäßig Abschlüsse machen. Für diese Gruppe sieht § 5 Abs. 1 den **Betriebsvermögensvergleich** des § 4 Abs. 1 vor, den der BFH als **„Grundform"** (BFH 23.2.2012 – IV R 31/09, BFH/NV 2012, 1448 Rn. 32) und **„Grundregel"** (BFH 20.3.2013 – X R 15/11, BFH/NV 2013, 1548 Rn. 23) bezeichnet.
- Besteht keine gesetzliche Verpflichtung, Bücher zu führen, eröffnet § 4 Abs. 3 S. 1 den Gewerbetreibenden ein Wahlrecht. Wenn sie „keine Bücher führen und keine Abschlüsse machen" wollen, steht die **Einnahme-Überschussrechnung des § 4 Abs. 3** als alternative Gewinnermittlungsart zur Verfügung.
- Der Gewerbetreibende bleibt der „Grundform", dem Betriebsvermögensvergleich verpflichtet, wenn er **„keine (wirksame) Wahl** für die eine oder andere Gewinnermittlungsart getroffen hat" (BFH 23.2.2012 – IV R 31/09, BFH/NV 2012, 1448 Rn. 32).
- Wenn der Steuerpflichtige freiwillig oder kraft gesetzlicher Verpflichtung von der Einnahme-Überschussrechnung zum Bestandsvergleich übergeht, hat er einen **Übergangsgewinn** zu versteuern. Diesen kann er auf Antrag auf bis zu drei Jahre verteilen (EStR 4.6 Abs. 1). Die Gewinnkorrekturen rechtfertigen sich „aus der Systematik des Gesetzes, weil sich Geschäftsvorfälle weder doppelt noch überhaupt nicht auswirken dürfen" (BFH 11.5.2016 – X R 61/14, BStBl. II 2016, 939 Rn. 30).

Über die Buchführungspflicht des gewerblichen Unternehmers entscheidet § 140 AO und subsidiär § 141 AO. § 140 AO begründet abgeleitete, § 141 AO originär-steuerrechtliche Buchführungspflichten. Die **aus § 238 HGB abgeleitete Buchführungspflicht** trifft den Einzelkaufmann (§ 1 HGB), die OHG und die KG (§ 6 HGB). Einzelkaufleute können freigezeichnet sein nach **§ 241a HGB.** Sie „brauchen die §§ 238 bis 241 nicht anzuwenden", wenn sie an den Abschlussstichtagen von zwei aufeinander folgenden Geschäftsjahren nicht mehr als 600.000 Euro Umsatzerlöse und 60.000 Euro Jahresüberschuss aufweisen. Dieser **nichtbuchführungspflichtige Kaufmann** (Tipke/Kruse/*Drüen* AO § 140 Rn. 11a) kann sich, wenn nicht § 141 AO eingreift, für die Überschussrechnung des § 4 Abs. 3 entscheiden, ebenso wie der **nichtkaufmännische Kleingewerbetreibende,** dessen Unternehmen nach Art und Umfang keinen in kaufmännischer Weise eingerichteten Geschäftsbetrieb erfordert und der auch nicht freiwillig in das Handelsregister eingetragen ist (§ 2 HGB). **682**

Unter welchen Umständen das Wahlrecht des § 4 Abs. 3 verlorengeht, macht der **(Grenz-)Fall eines gewerblichen Grundstückshändlers** bewusst, der nicht mehr „nur einzelne wenige Geschäfte", sondern über längere Zeit „jährlich mindestens fünf Parzellen veräußert" (FG Berlin-Brandenburg 20.3.2012 – 11 K 11159/07, EFG 2012, 1427 (1428), rkr.). Dann bestätigen die tatrichterlichen Befunde – komplexe Planung und Überwachung, Parzellierung der erworbenen Grundstücke, der Umfang der logistischen Vorarbeiten, das Management der Gesamtfinanzierung, die Vielzahl der Geschäftsvorfälle – zu **Art und Umfang des Geschäftsbetriebs** (§§ 1, 2 HGB) die Pflicht des Gewerbetreibenden „zur Gewinnermittlung nach § 4 Abs. 1" (FG Berlin-Brandenburg 20.3.2012 – 11 K 11159/07, EFG 2012, 1427, rkr.). **683**

Einstweilen frei **684–686**

bb) Laufender Gewinn. Der mit § 15 erfasste, typische Erwerbserfolg speist sich aus laufenden Einkünften (→ Rn. 15). Allerdings kennt die Norm kein Tatbestandselement, das den Befund *„laufender Gewinn"* zur notwendigen Voraussetzung erhöbe. § 15 schließt gewerbliche **„Einmalgewinne"** aller Art mit ein (→ Rn. 595 ff. zur Entstrickungsbesteuerung; → Rn. 605 ff. zu den Veräußerungskonstellationen des § 15 Abs. 1a) – soweit sie nicht spezialgesetzlich herausgeschnitten werden. Auch insoweit erweist sich § 15 als Auffangtatbestand (→ Rn. 27 ff.). Zwar kann § 16 als lex specialis, zugeschnitten auf die Beendigungsakte der Veräußerung (Totalrealisation) oder Privatisierung (Totalentnahme), mit der **687**

Ausgrenzung „laufender Gewinne" (§ 16 Abs. 1 S. 2) auf § 15 zurückverweisen. Daraus folgt aber nicht, dass § 15 seinen Zugriff auf laufende Einkünfte beschränkt.

688 Indessen entzieht sich der laufende Gewinn dem **Rechtsfolgenprivileg des § 16.** Für Veräußerungs- und Aufgabegewinne gewährt § 16 Abs. 4 einen Freibetrag (→ § 16 Rn. 1139 ff.), zudem unterliegen sie nicht der Gewerbesteuer und werden dem ermäßigten Tarif des § 34 unterworfen, mithin „privilegiert" (BFH 20.3.2017 – X R 11/16, BStBl. II 2017, 992 Rn. 22). Jedenfalls insoweit wirkt § 16 rechtsbegründend (Schmidt/*Wacker* § 16 Rn. 6), ungeachtet der Frage, ob § 15 als eine der Reinvermögenszugangstheorie verpflichtete Norm die Veräußerungs- und Aufgabegewinne einschlösse.

689 Der vormalige Gewerbetreibende auch als Verpächter weiter Einkünfte aus Gewerbebetrieb, wenn er nicht die Betriebsaufgabe erklärt – dazu: **§ 16 Abs. 3b** – und „sich die Verpachtung entweder auf den Betrieb im Ganzen als geschlossenen Organismus oder zumindest auf alle wesentlichen Grundlagen des Betriebs bezieht" (BFH 6.4.2016 – X R 52/13, BStBl. II 2016, 710 Rn. 23; → Rn. 1075 ff. zum Verpächterwahlrecht). Im **Strukturwandel zur Liebhaberei** (→ Rn. 829 ff.) bestreitet der BFH eine gewinnrealisierende Betriebsaufgabe mit dem Argument, „dass der betriebliche Organismus bestehen bleibt und insbesondere die Verknüpfung der Wirtschaftsgüter mit dem Betrieb nicht gelöst wird" (BFH 11.5.2016 – X R 61/14, BStBl. II 2016, 939 Rn. 24). Das **Ende der Betriebsaufspaltung** führt regelmäßig zur Betriebsaufgabe (§ 16 Abs. 3 S. 1) und zur Versteuerung der stillen Reserven (BFH 29.11.2012 – IV R 37/10, BFH/NV 2013, 910; → Rn. 1251 ff.), die **Aufgabe des gewerblichen Grundstückshandels** indessen zu laufenden Einkünften, die auch der Gewerbesteuer unterliegen (BFH 28.10.2015 – X R 22/13, BStBl. II 2016, 95; → Rn. 1322).

690 Der **Veräußerungsgewinn** ist **„als laufender Gewinn"** (BFH 20.3.2017 – X R 11/16, BStBl. II 2017, 992 Rn. 20) zu versteuern, wenn der Verkäufer eine wesentliche Betriebsgrundlage zurückbehält und nur zur Nutzung überlässt (BFH 20.3.2017 – X R 11/16, BStBl. II 2017, 992 Rn. 22 ff.). § 16 beschränkt sein Rechtsfolgenprivileg auf eine atypische Zusammenballung. Daran fehlt es, wenn der Gewerbetreibende einen Erotikshop veräußert, jedoch dessen guten Namen (Bezeichnung) zurückbehält und dem Käufer als Franchisenehmer überlässt: eine Weiterführung ohne die Bezeichnung hätte dem Betrieb „die Unverwechselbarkeit und damit eine wichtige Grundlage für das Auftreten am Markt genommen" (BFH 20.3.2017 – X R 11/16, BStBl. II 2017, 992 Rn. 34).

691–694 *Einstweilen frei*

2. Positive und negative Begriffsmerkmale

695 Zu den Einkünften, die solche aus Gewerbebetrieb „sind", gehören die in § 15 Abs. 1 S. 1 identifizierten Einkünfte. Gleichwohl kommt das „sind" des Abs. 1 nicht ohne das „ist" des Abs. 2 aus. Denn das „gewerbliche Unternehmen" des § 15 Abs. 1 S. 1 Nr. 1 stützt sich auf den einkommensteuergesetzlichen **Gewerblichkeitsbegriff;** auch die Gewinnanteile der Personengesellschafter werden erst dadurch zu Einkünften aus Gewerbebetrieb, dass die Gesellschafter in ihrer Verbundenheit ein gewerbliches Unternehmen betreiben und als Mitunternehmer anzusehen sind (→ Rn. 57 ff.). Das sind Verweise auf das „ist" der nachfolgenden Begriffsbestimmung.

696 **Gewerbebetrieb „ist"** die professionelle, erwerbsgerichtete, selbständige und nachhaltige Beteiligung am allgemeinen wirtschaftlichen Verkehr (§ 15 Abs. 2 S. 1), wenn nicht spezielle Ausgrenzungstatbestände eingreifen. Der Begriff ist in Beziehung zu setzen mit dem Verhalten, der tatsächlichen Betätigung des Unternehmers oder der Mitunternehmer. Der Selbstqualifikation in einem Gesellschaftsvertrag oder der Eintragung im Handelsregister kommt zuordnungshalber keine Relevanz zu (BFH 17.1.1985 – IV R 106/81, BStBl. II 1985, 291 (293)).

697 Die **„ist"-Bestimmung** des § 15 Abs. 2 S. 1 setzt sich zusammen **aus sieben Elementen,** vier geschriebenen Positivmerkmalen, zwei geschriebenen Negativmerkmalen und dem ungeschriebenen – wiederum negativen – Tatbestandsmerkmal, dass sich die Tätigkeit nicht den „Bildern des Unternehmerischen", jedoch der privaten Vermögensverwaltung zuschlagen lässt. Den Vorschlag der Bundesregierung vom Juli 1985, das ungeschriebene Element in ein weiteres geschriebenes „noch" zu überführen („noch als Vermögensverwaltung anzusehen ist", BT-Drs. 10/3663, 4), hat der Gesetzgeber nicht aufgegriffen.

Der tatbestandstechnischen Verfeinerung der „erwerbsgerichteten, nachhaltigen Marktteilnahme" (Grundtatbestand) durch Gruppierung („wenn die Betätigung weder […] noch […] noch") entspricht die dem Steuerpflichtigen aufgebürdete **Feststellungslast** „für das Vorliegen eines freien Berufs" (FG Köln 25.4.2018 – 3 K 265/15, EFG 2018, 1212 Rn. 46, rkr.; FG Köln 26.7.2017 – 3 K 1384/14, EFG 2017, 1681 Rn. 39, rkr.; FG Hamburg 5.10.2015 – 1 K 131/14, EFG 2016, 206, rkr.) – **für die Negation des „ist"**, die den Freiberufler aus der Gewerblichkeit des § 15 und aus der Gewerbesteuerpflicht befreit. 698

Bevor die drei negativen Begriffsmerkmale ausgrenzen, stehen **vier positive Tatbestandsmerkmale** voran: Selbständigkeit (→ Rn. 711 ff.), Nachhaltigkeit (→ Rn. 741 ff.), Beteiligung am allgemeinen wirtschaftlichen Verkehr (→ Rn. 763 ff.) und Gewinnerzielungsabsicht (→ Rn. 787 ff.). Die positiv umschriebene „Beteiligung" ist eine „Betätigung", die „unternommen wird". Die Wendung knüpft an den Zustandstatbestand „Unternehmen" an. Diese positiven Kennzeichnungen sind die gemeinsamen der drei Gewinneinkunftsarten – insoweit bietet § 15 normative Grundlagen einheitlich für die **Unternehmereinkünfte des § 2 Abs. 2 S. 1 Nr. 1** (BFH 7.4.2016 – IV R 38/13, BStBl. II 2016, 765 Rn. 17: § 15 Abs. 2 „auch auf die Einkünfte aus Land- und Forstwirtschaft i.S. des § 13 EStG anzuwenden"). 699

So begründet erst die siebenfaltig, auch negativ definierte „Beteiligung" einen „Gewerbebetrieb" – **drei negative Tatbestandselemente** vervollständigen den Doppelbefund (Handlungs- und Zustandstatbestand) iSd § 15 Abs. 2 S. 1. Die Begriffsbestimmung grenzt im Anschluss an die vier Positivmerkmale zunächst jene Tätigkeiten aus, die den Einkunftsarten „Land- und Forstwirtschaft" (§ 13) sowie „selbständige Arbeit" (§ 18) zugehören. Insoweit managt sie die Abgrenzung innerhalb der Gewinneinkunftsarten. Entsteht darüber Streit, geht es nicht um den gemeinsamen Ausgangstatbestand der erwerbsgerichteten, nachhaltigen Marktchancennutzung (→ Rn. 11 ff.), sondern um spezielle Ausgrenzungen. Indem **Gewerblichkeit verbleibt, wenn die Ausgrenzungstatbestände nicht greifen,** wandelt sich der § 15 Abs. 2-Ausgangstatbestand in einen Auffangtatbestand. 700

So führt der **Streit über Ausgrenzungstatbestände** vielfach zurück in die Gewerblichkeit: etwa weil die Verbindung des Pferdehandels mit dem land- und forstwirtschaftlichen Betrieb nicht besteht (FG Münster 13.1.2015 – 1 K 2332/12 F, EFG 2015, 907, Rücknahme der Klage im Rev.-Verfahren); weil sich die behauptete Unselbständigkeit des Fußballnationalspielers, auf Werbetour für den DFB, nicht bestätigt (BFH 22.2.2012 – X R 14/10, BStBl. II 2012, 511); weil die Diplomsozialarbeiterin auf ihre Klienten nicht „im Ganzen" einwirkt, mithin nicht erzieherisch, damit den Weg in § 18 nicht findet, nicht in einen der Katalogberufe, auch nicht in einen „ähnlichen Beruf" (FG Köln 1.6.2017 – 15 K 243/14, EFG 2017, 1662 Rn. 32 ff., Rev. VIII R 10/17); weil die Werbemoderatorin eines Verkaufssenders nicht dartun kann, journalistisch und künstlerisch tätig zu sein (BFH 16.9.2014 – VIII R 5/12, BStBl. II 2015, 217); weil auch der Sachverständige keine ingenieurähnliche Tätigkeit feststellen kann (BFH 11.11.2014 – VIII R 17/12, BeckRS 2015, 94885); weil der allzu „unbedeutende Ausschnitt aus der BWL jedenfalls keine Einstufung als freiberuflich tätiger Unternehmensberater" erlaubt (FG Thüringen 19.3.2014 – 4 K 1164/12, EFG 2014, 1653 (1655), rkr.); soweit die Gesellschafter der Rechtsanwalts-GbR in einem einzelnen Geschäftssegment nicht mehr leitend und eigenverantwortlich (§ 18 Abs. 1 Nr. 1 S. 3) tätig sind (BFH 27.8.2014 – VIII R 6/12, BStBl. II 2015, 1002 Rn. 47); weil die Übersetzer- und Dolmetscher-GbR Fremdübersetzungen zukauft (BFH 21.2.2017 – VIII R 45/13, DStRE 2017, 961); weil sich eine Unternehmensstruktur als Betriebsaufspaltung entpuppt und vermeintliche VuV-Einkünfte als gewerbliche Einkünfte erweisen (BFH 16.4.2013 – III B 89/11, BFH/NV 2013, 1100). Dass **selbständige Marktchancennutzung im Grundformat des § 15** in Rede steht, kann sich auch im Streit um eine Lohnsteuerhaftung des Vertragspartners erweisen (BFH 14.6.2007 – VI R 5/06, BStBl. II 2009, 931: selbständige Fotomodelle). 700.1

Zum Begriff des § 15 Abs. 2 gehört endlich die Feststellung, **dass die „Betätigung den Rahmen einer privaten Vermögensverwaltung überschreitet"** – so eine Standardformulierung der Rechtsprechung (etwa BFH 8.6.2017 – IV R 30/14, DStR 2017, 1971 Rn. 29; BFH 20.12.2000 – X R 1/97, BStBl. II 2001, 706 (707)). Dass ein negatives Tatbestandsmerkmal in Rede steht, folgt vordergründig aus dem Moment des „Nichtvorliegens einer privaten Vermögensverwaltung" (BFH 25.6.1984 – GrS 4/82, BStBl. II 1984, 751 (762)). Mitunter formuliert der Bundesfinanzhof schmucklos: „Zudem darf es sich nicht 701 um typische Vermögensverwaltung handeln“ (BFH 24.8.2011 – I R 46/10, BStBl. II 2014, 764 Rn. 18; auch BFH 16.9.2015 – X R 43/12, BStBl. II 2016, 48 Rn. 15).

701.1 Auf dieser Linie auch BFH 20.11.2012 – IX R 10/11, BFH/NV 2013, 715 Rn. 27: Gewerblicher Grundstückshandel (→ Rn. 1272 ff.) sei „die schlagwortartige Sammelbezeichnung für Betätigungen im Grundstücksbereich, welche die positiv normierten Tatbestandsmerkmale des § 15 Abs. 2 EStG erfüllen und nicht der privaten Vermögensverwaltung zuzuordnen sind“. Offen bleibt, ob das negative Tatbestandsmerkmal des § 15 Abs. 2 einen positiven Begriff der privaten Vermögensverwaltung spiegelt.

702 Allerdings bewältigt der BFH die Abgrenzung zwischen Gewerblichkeit und privater Vermögensverwaltung (→ Rn. 1029 ff.) nicht im Rückgriff auf eine verlässliche, *positive* Definition der Vermögensverwaltung. Indem er sich an überkommenen, „typischen“ Berufsbildern unternehmerischer Gewerblichkeit „nach der Verkehrsauffassung“ orientiert, „Bildern des Handels“, des produzierenden und des Dienstleistungsgewerbes – und daraus, also „letztlich negativ“ (BFH 19.1.2017 – IV R 50/14, BStBl. II 2017, 456 Rn. 27; BFH 25.7.2001 – X R 55/97, BStBl. II 2001, 809 (811); BFH 11.10.2012 – IV R 32/10, BStBl. II 2013, 538 Rn. 27), **Gegenbilder** der privaten Vermögensverwaltung entwickelt, bestimmt er „private Vermögensverwaltung“ weder positiv noch negativ, sondern im Abgleich.

703 **Das Merkmal schillert** wie die „Bilder“-Rechtsprechung (→ Rn. 1040 ff.). Mal resultiert der negative Befund „keine private Vermögensverwaltung“ aus der positiven „Orientierung an unmittelbar der Lebenswirklichkeit entlehnten Berufsbildern“ der Gewerblichkeit (BFH 11.10.2012 – IV R 32/10, BStBl. II 2013, 538 Rn. 28), dann orientiert sich der BFH wieder positiv an typischer Vermögensverwaltung, um davon nur unter „besonderen Umständen“ wieder abzurücken (BFH 14.7.2016 – IV R 34/13, BStBl. II 2017, 175 Rn. 36 für Vermietungstätigkeit).

704 Dem ist entgegenzuhalten, dass § 15 Abs. 2 nicht auf historische oder neu etablierte Berufsbilder abstellt, sondern auf abstrakte Merkmale. Diese konstituieren die professionell-intensive Nutzung (Handlungstatbestand) einer Markt-widmungsfähigen Erwerbsgrundlage (Zustandstatbestand). Der Handlungstatbestand (→ Rn. 645 ff.) verarbeitet auch die **Abkehr** („Überschreiten“) von privater **Jedermann-Vermögensverwaltung.** Diese durch *Professionalisierung* hinter sich zu lassen, zeichnet den gewerblichen Unternehmer aus, wesentlich ist hier der – negative – Vorgang der „Entprivatisierung“.

705 Mit Blick sowohl auf die positiven als auch die negativen Merkmale hat der Große Senat des BFH herausgestellt, es handle sich um „gesetzliche Mindesterfordernisse“ – bei der Auslegung sei allerdings das **„Bild des Gewerbetreibenden“** heranzuziehen (BFH 10.12.2001 – GrS 1/98, BStBl. II 2002, 291 (292)), dafür wiederum die **Verkehrsanschauung.** Ohne die vom Gesetzgeber offenbar als bekannt vorausgesetzte Verkehrsanschauung könne der Rechtsanwender nicht bestimmen, ob eine gewerbliche Tätigkeit gegeben ist. Allerdings empfiehlt es sich, mit der jüngeren Rechtsprechung des X. Senat auf ein *Gesamtbild ohne vorfindliches Berufsbild* abzustellen (BFH 16.9.2015 – X R 43/12, BStBl. II 2016, 48 Rn. 37). Zum Gesamtbild gehört – negativ –, dass der Unternehmer *nicht* als privater Vermögensverwalter figuriert, der Sphäre unprofessionell-privater Vermögensverwaltung kraft seiner Professionalität entwächst (→ Rn. 656).

706–710 *Einstweilen frei*

3. Selbständigkeit

711 **a) Doppel-Rekurs auf Initiative und Risiko.** Im Merkmal der Selbständigkeit finden nicht nur die drei Gewinneinkunftsarten, sondern fast alle Einkunftsarten ihr gemeinsames Zentrum. Dem steht gegenüber die „nichtselbständige Arbeit“ (§ 2 Abs. 1 Nr. 4, § 19). An dieser Grenzlinie sind eindeutige **Zuordnungsentscheidungen** unabdingbar. Mag die Grenze schwer zu ziehen sein, so verbietet sich dennoch der Grenzenlosigkeitsschluss: Mit der Zuordnung zur Einkunftsart des § 19 entscheidet sich u.a. die praktisch wichtige Frage der Lohnsteuerpflicht. Steht ein Lohnsteuerhaftungsbescheid im Streit und hängt seine Rechtmäßigkeit davon ab, dass der „Auftragnehmer“ ein Arbeitnehmer ist (BFH 18.6.2015 – VI R 77/12, BStBl. II 2015, 903), schulden Verwaltung und Rechtsprechung ungeachtet aller Abgrenzungsschwierigkeiten („Gesamtbild der Verhältnisse“) die Einordnung auf der einen oder der anderen Seite.

Wer **eigeninitiativ und auf eigenes Risiko** Marktchancen ergreift, begegnet dem elementaren „Geschlagensein mit dem Wirtschaftsrisiko“: besinnt sich in menschlich „ursprünglicher Reaktion“ darauf, „die Arbeitskraft durch selbständiges Auftreten an den Güter- oder Dienstleistungsmärkten zu verwerten“ (Zitate: *Hanau* ZfA 2014, 131 (133 f.)). Der selbständig Erfolgreiche hat sich sein Auskommen gewiss erarbeitet, aber – anders als der Arbeitnehmer – seine Leistung nicht „eingeordnet“, nicht einem vorfindlichen und vorgeordneten Betriebszusammenhang unterworfen. **712**

Der Selbständige bestimmt den betrieblichen Ordnungszusammenhang selbst; die Tätigkeit der dort eingegliederten Arbeitnehmer wird ihm zugerechnet (Kirchhof/*Krumm* § 15 Rn. 18). Der selbständige Unternehmer kann mit seiner Initiative scheitern. Das Erfolgsrisiko erlebt er als Kehrseite seiner Bestimmungsmacht über die Erwerbsgrundlage; er beherrscht den Betrieb bis zur „Aufgabe des Gewerbebetriebs“ (§ 16 Abs. 3 S. 1), die seine Initiativen und Risikokalkulationen beendet. Indessen sieht sich der Arbeitnehmer in die Betriebsorganisation des Arbeitgebers eingebunden und verwiesen auf dessen „Personalhoheit“ (FG München 14.12.2007 – 8 K 849/05, EFG 2008, 687 (690), rkr.). **713**

Als Leitentscheidung kann das Urteil des BFH vom 22. Februar 2012 (X R 14/10, BStBl. II 2012, 511) gelten. Sie hat sich, wiewohl die „selbständige […] Betätigung“ in § 15 Abs. 2 die Liste der Positivmerkmale anführt, auf eine **Bestimmung der Selbständigkeit ex negativo** festgelegt. Selbständig trete auf, wer nicht als Arbeitnehmer anzusehen sei. Der X. Senat lässt sich in der „Abgrenzung zwischen einer selbständigen und einer nichtselbständigen Betätigung“ vom **Gegenbild des § 1 der Lohnsteuer-Durchführungsverordnung** leiten (BFH 22.2.2012 – X R 14/10, BStBl. II 2012, 511 Rn. 30; BFH 29.3.2017 – I R 48/16, BFH/NV 2017, 1316 Rn. 9: zutreffende Auslegung des Arbeitnehmerbegriffs; BFH 20.12.2017 – I R 98/15, DStR 2018, 449 Rn. 16; Kritik an der Steuerungsleistung der LStDV im Untergesetzesrang: KSM/*Breinersdorfer* § 19 Rn. A 218). **714**

§ 1 der Lohnsteuer-Durchführungsverordnung erwähnt „selbständig“ nur kontrastbegrifflich (§ 1 Abs. 3 LStDV), konkretisiert aber den Begriff **„Dienstverhältnis“,** damit den (im Normtext nicht verwendeten) Begriff der Unselbständigkeit: Wenn der Angestellte oder Beschäftigte einem Arbeitgeber unter dessen „Leitung“ oder „im geschäftlichen Organismus des Arbeitgebers“ weisungsverpflichtet (§ 1 Abs. 2 S. 2 LStDV) „seine Arbeitskraft schuldet“ (§ 1 Abs. 2 S. 1 LStDV) und aus diesem Dienstverhältnis Arbeitslohn bezieht (§ 1 Abs. 1 S. 1 LStDV), dann als nicht-selbständiger (arg. § 1 Abs. 3 LStDV) Arbeitnehmer. Das Dienstverhältnis gründet in einem Rechtsverhältnis (Arbeitsvertrag, öffentlicher Dienst: normatives Dienstverhältnis) oder resultiert aus einem tatsächlichen Leistungsaustausch (faktisches Dienstverhältnis; KSM/*Breinersdorfer* § 19 Rn. B 42 ff.). **715**

Auf dieser Linie bezieht der BFH den Beurteilungsmaßstab **„Gesamtbild der Verhältnisse“** und sein Bekenntnis zum „offenen Typusbegriff“ (→ Rn. 342) auf den Arbeitnehmer-Begriff, nicht auf die in § 15 Abs. 2 vorausgesetzte Selbständigkeit (BFH 22.2.2012 – X R 14/10, BStBl. II 2012, 511 Rn. 31). Die Begriffe Selbständigkeit und Nicht-Selbständigkeit werden unselbständig, abgelöst vom Typusbegriff Arbeitnehmer und dem **Komplementär-Typusbegriff des Arbeitgebers** (*Drüen* DStJG 40 (2017), 11 (17); KSM/*Breinersdorfer* § 19 Rn. B 50 zum „Dienstverhältnis“ als Typusbegriff). Dann verläuft eine Trennungslinie zwischen dem Unternehmer, der für sich arbeitet und arbeiten lässt, und der Arbeitsleistung des Nicht-Selbständigen „für eine andere Person“ (*Drüen* DStJG 40 (2017), 11 (24); BFH 29.3.2017 – I R 48/16, BFH/NV 2017, 1316 Rn. 9: „im geschäftlichen Organismus des Arbeitgebers dessen Weisungen zu folgen verpflichtet“). **716**

Dem entspricht ein – nicht geschlossener (BFH 29.3.2017 – I R 48/16, BeckRS 2017,122277 Rn. 9), gleichwohl fest etablierter – **Katalog der 19 Merkmale** (BFH 22.2.2012 – X R 14/10, BStBl. II 2012, 511 Rn. 31; zuvor schon BFH 14.6.1985 – VI R 150-152/82, BStBl. II 1985, 661; vom VI. Senat bestätigt mit Urteil v. 18.6.2015 – VI R 77/12, BStBl. II 2015, 903; jüngere FG-Rechtsprechung: FG Niedersachsen 23.1.2013 – 9 K 43/12, EFG 2013, 750 (752 f.), rkr.; FG München 4.12.2012 – 10 K 3854/09, BeckRS 2013, 94554, rkr.; FG Hamburg 19.3.2007 – 5 K 193/05, EFG 2007, 1437, bestätigt durch BFH 2.7.2008 – VI R 19/07, BFH/NV 2008, 1485; FG Köln 19.1.2007 – 10 K 2841/05, EFG 2007, 1032, rkr.): **717**

- persönliche Abhängigkeit,
- Weisungsgebundenheit hinsichtlich Ort, Zeit und Inhalt der Tätigkeit,

- feste Arbeitszeiten,
- Ausübung der Tätigkeit gleichbleibend an einem bestimmten Ort,
- feste Bezüge,
- Urlaubsanspruch,
- Anspruch auf sonstige Sozialleistungen,
- Fortzahlung der Bezüge im Krankheitsfall,
- Überstundenvergütung,
- zeitlicher Umfang der Dienstleistungen,
- Unselbständigkeit in Organisation und Durchführung der Tätigkeit,
- fehlendes Unternehmerrisiko,
- fehlende Unternehmerinitiative,
- kein Kapitaleinsatz,
- keine Pflicht zur Beschaffung von Arbeitsmitteln,
- Notwendigkeit der engen ständigen Zusammenarbeit mit anderen Mitarbeitern,
- Eingliederung in den Betrieb,
- geschuldet wird die Arbeitskraft, nicht aber ein Arbeitserfolg,
- Ausführung von einfachen Tätigkeiten, bei denen eine Weisungsabhängigkeit die Regel ist.

718 Diese **Einzelmerkmale** will der BFH „zum Zwecke der Systematisierung" (BFH 22.2.2012 – X R 14/10, BStBl. II 2012, 511 Rn. 32; auch *Müller* SteuK 2013, 140 (142 f.); KSM/*Breinersdorfer* § 19 Rn. B 81 ff., B 88 ff.) gruppieren im Rekurs auf die **Oberbegriffe** „Unternehmerinitiative" und „Unternehmerrisiko". Wenn damit ein **unverzichtbarer Doppel-Rekurs** gemeint ist – notwendig sowohl die Unternehmerinitiative als auch das Unternehmerrisiko feststellbar sein muss (BFH 3.11.2015 – VIII R 63/13, BStBl. II 2016, 383 Rn. 22: Haupterkennungsmerkmale mögen „im Einzelfall mehr oder weniger ausgeprägt sein", doch „müssen beide Merkmale vorliegen"; auch BFH 7.2.2018 – X R 10/16, BStBl. II 2018, 630 Rn. 59; BFH 20.12.2017 – I R 98/15, DStR 2018, 449 Rn. 17 ff.) –, dann erfüllen die Begriffe nicht nur eine heuristische, sondern eine **dogmatische Funktion.** Dann geht es nicht um eine „verzichtbare Zwischenkategorisierung" (so aber KSM/*Desens/Blischke* § 15 Rn. B 9), sondern um Rechtssicherheit im Umgang mit dem Typusbegriff „Selbständigkeit".

719 Dem Fußball-Nationalspieler, der Einkünfte erzielt aus vom DFB arrangierten „*Promotion*-Maßnahmen" und Werbeterminen (BFH 22.2.2012 – X R 14/10, BStBl. II 2012, 511), wird **Unternehmerinitiative** bescheinigt – eine Grenzfallentscheidung: Hier stehen weder Arbeitnehmer-Einkünfte des Vereinsspielers in Rede noch Einkünfte aus Werbeleistungen, die der Sportler von sich aus und eigenständig anbietet, gewerblich „sich selbst verwertend". Wer beim DFB Nationalspieler sein will, muss sich allen verbandlichen Arrangements unterwerfen, auch den einträglichen Werbeterminen stellen. Im Verhältnis zum werbenden Unternehmen allerdings kann der BFH keine Weisungsgebundenheit und keine Eingliederung feststellen.

720 In dieser externen Beziehung hilft die **Je-desto-Formel,** die die Statusverschiedenheit zwischen Arbeitnehmer und Unternehmer wesentlich nach dem Zeitkriterium bestimmt. „Denn je kürzer die zeitliche Berührung des Auftragnehmers mit dem Betrieb des Auftraggebers ist, desto geringer wird der **Grad von** dessen **Eingliederung und Weisungsunterworfenheit** sein" (BFH 22.2.2012 – X R 14/10, BStBl. II 2012, 511 Rn. 32; FG Niedersachsen 23.1.2013 – 9 K 43/12, EFG 2013, 750 (753), rkr.). Und mit Verweis auf das „Vermögensrisiko für Ausfallzeiten" begründet der X. Senat das Unternehmerrisiko. Wenn er bestreitet, dass „auch in Abgrenzung zu nichtselbständigen Tätigkeiten stets eine Beteiligung am möglichen Verlust des Geschäfts, ein Verlustrisiko oder zumindest ein Haftungsrisiko" gegeben sein müsse, macht er auch für das **Unternehmerrisiko** bewusst, dass kein Ja-Nein-Begriff in Rede steht, deshalb **Je-desto-Wertungen** möglich sind.

721 Das Beispiel steht repräsentativ für eine Abgrenzungsjudikatur, die das Merkmal der Selbständigkeit in der Orientierung an der Vielzahl der Kriterien bestimmt, mit Gewichtungen des „hier mehr" und „dort weniger", letztlich durch **Abwägung auf der Ebene der Tatsacheninstanz.** Sie soll „revisionsrechtlich nur begrenzt überprüfbar" sein (BFH 14.6.2007 – VI R 5/06, BStBl. II 2009, 931 (932); BFH 29.3.2017 – I R 48/16, BFH/NV 2017, 1316 Rn. 9). Einerseits gilt: Dem FG unterläuft ein materiell-rechtlicher Fehler, „wenn die

Tatsacheninstanz die nach der Rechtsprechung des BFH maßgeblichen Umstände nicht vollständig oder ihrer Bedeutung entsprechend in ihre Überzeugungsbildung einbezieht" (BFH 18.6.2015 – VI R 77/12, BStBl. II 2015, 903 Rn. 14). Und andererseits: „Der BFH darf als Revisionsgericht seine eigene Würdigung nicht an die Stelle der noch vertretbaren Würdigung des FG setzen" (BFH 29.5.2008 – VI R 11/07, BStBl. II 2008, 933 Rn. 19).

Einstweilen frei 722–724

b) Leitplanken der Abwägung. Das kann indessen nicht für verallgemeinerte Abwägungsregeln gelten. Wenn das FG München (4.12.2012 – 10 K 3854/09, BeckRS 2013, 94554, rkr.) annimmt, dass eine Eingliederung in den Betrieb „eher" bei untergeordneten als gehobenen Tätigkeiten anzunehmen sei, ist der BFH nicht gehindert, Gewicht und Verallgemeinerungsfähigkeit der Regel revisionsrechtlich zu begrenzen. Umgekehrt kann er das Gewicht einzelner Kriterien betonen und verstärken. In der Abwägung **besonders gewichtig** sind: 725

Fluchtpunkt der Verpflichtung: **Arbeitnehmer schulden ihre Arbeitskraft** (§ 1 Abs. 2 S. 1 LStDV), nicht einen bestimmten Erfolg. Das ist zunächst Tatfrage (exemplarisch für hauswirtschaftliche Dienstleistungen: FG Niedersachsen 17.2.2011 – 10 K 258/10, EFG 2011, 1606 (1607), aufgehoben aus anderen Gründen durch BFH 20.3.2013 – X R 15/11, BFH/NV 2013, 1548), jedoch stehen Verwertung und Gewichtung des Kriteriums der revisionsgerichtlichen Überprüfung offen (BFH 20.3.2013 – X R 15/11, BFH/NV 2013, 1548 Rn. 17). 726

Gebundenheit der Tätigkeit durch **Weisung** (KSM/*Breinersdorfer* § 19 Rn. B 46: „Weisungsunterworfenheit begründet die Nichtselbständigkeit des Arbeitnehmers und damit den Kern des § 19"), zeitliche **Einbindung** und „Hand in Hand"-**Mitarbeit** „im Team" (FG München 4.12.2012 – 10 K 3854/09, BeckRS 2013, 94554, rkr.): Weisungsgebundenheit kontrastiert paradigmatisch mit der in § 15 Abs. 2 vorausgesetzten Selbständigkeit. Auch arbeitszeitliche Gebundenheit und Begrenzung, abgesichert etwa durch ein Zeiterfassungsprogramm (FG Rheinland-Pfalz 23.1.2014 – 6 K 2294/11, EFG 2014, 538 (540), bestätigt durch BFH 12.12.2017 – VIII R 9/14, BStBl. II 2018, 387), setzt den Arbeitnehmer signifikant von der Unternehmerfigur ab, die sich als selbständige auch „Selbstausbeutung" gestatten darf. Der EuGH betont für den unionsrechtlichen Arbeitnehmerbegriff, dass „jemand während einer bestimmten Zeit für einen anderen nach dessen Weisung Leistungen erbringt", dies „im Rahmen eines Unterordnungsverhältnisses" (EuGH 26.2.2019 – C-581/17, IStR 2019, 260 Rn. 45 – Martin Wächtler). 727

„Erlösung von der eigenen unternehmerischen Existenz" (*Hanau* ZfA 2012, 269 (274)): Der Arbeitnehmer darf, unabhängig von allen Fährnissen des geschäftlichen Erfolgs, für sich auf einen Totalerfolg in verlässlichen Teilerfolgen hoffen (Kirchhof/*P. Kirchhof* § 2 Rn. 87: „monatlichen, jedenfalls einen jährlichen Überschuss"). Er ist **freigestellt vom Unternehmerrisiko** – nicht jedoch vom allgemeinen Berufserfolgsrisiko (KSM/*Breinersdorfer* § 19 Rn. B 95 mit Kritik an BFH 14.6.2007 – VI R 5/06, BStBl. II 2009, 931 (932): Dass sich die Models neue Aufträge erarbeiten, indem „sie die vorangegangenen jeweils zur Zufriedenheit des Auftraggebers ausführten" (BFH), sei Berufserfolgsrisiko; wenn das Model allerdings ein Absatzrisiko trägt, deutet seine Lage wiederum auf unternehmerischen Existenzkampf; vgl. auch FG München 14.12.2007 – 8 K 849/05, EFG 2008, 687 (691 f.), rkr.: gewisses Entgeltrisiko der im Bordellbetrieb eingegliederten Prostituierten noch kein Unternehmerrisiko). 728

Auffindbarkeit sowohl der Elemente des Unternehmerrisikos als auch jener der Unternehmerinitiative: Der Doppel-Rekurs (→ Rn. 718) macht aus der offenen Abwägung eine gebundene und beherrschbare. Wenn und weil beide Merkmale vorliegen müssen (BFH 3.11.2015 – VIII R 63/13, BStBl. II 2016, 383 Rn. 22), geben sie der Abwägung eine feste Struktur. 729

Der VI. Senat hat seine Leitentscheidung aus dem Jahre 1985 (BFH 14.6.1985 – VI R 150-152/82, BStBl. II 1985, 661) zur Maßgeblichkeit der 19 Einzelmerkmale (→ Rn. 716 ff.) dreißig Jahre später bekräftigt (BFH 18.6.2015 – VI R 77/12, BStBl. II 2015, 903), jedoch klargestellt: „Diese Indizien stehen allerdings nicht für sich allein". In die Würdigung sei „insbesondere" auch einzubeziehen, „wie **das der Beschäftigung zugrunde liegende Vertragsverhältnis** ausgestaltet worden ist, sofern die Vereinbarungen ernsthaft gewollt und tatsächlich durchgeführt worden sind" (BFH 18.6.2015 – VI R 77/12, BStBl. II 2015, 903 Rn. 13). Mit Blick auf Telefon-Interviewer im Bereich der Markt- und 729.1

Meinungsforschung findet er in der Vereinbarung von Erfolgshonoraren ein wesentliches Indiz dafür, dass kein lohnsteuerrechtlich erhebliches Beschäftigungsverhältnis vorliegt. Wer – wie der selbständig tätige Handwerker und Rechtsanwalt – **Honorare auf Stundenbasis** abrechne und einen **Honorarausfall** gewärtigen müsse, trage Unternehmerrisiko (BFH 18.6.2015 – VI R 77/12, BStBl. II 2015, 903 Rn. 16 f.). Das Urteil sieht die Telefon-Interviewer aus dem Unternehmerrisiko auch nicht dadurch entlassen, dass sie einer Nebentätigkeit nachgehen. „Denn der Umfang des wirtschaftlichen Risikos richtet sich nicht nach dem Verhältnis der tatsächlichen zu der maximal möglichen gesamten Wochen- oder Monatsarbeitszeit“ BFH 18.6.2015 – VI R 77/12, BStBl. II 2015, 903 Rn. 19).

730–732 *Einstweilen frei*

733 **c) Einzelfälle.** Das „Gesamtbild der Verhältnisse“ ist in Einzelfallbetrachtung konkret zu bestimmen, zumal für Tätigkeiten, die unselbständig und ebenso gut selbständig ausgeführt werden mögen: Taxifahren (Schmidt/*Wacker* § 15 Rn. 15); Prostitution im Nachtclub (FG München 18.6.2009 – 15 K 2482/06, EFG 2010, 50, rkr.). Die **von Vertragspartnern gewählte Bezeichnung** kann Fingerzeig sein, freilich auch der Verschleierung der wahren Verhältnisse dienen, so der „Subunternehmervertrag“ für den Scheinselbständigen (FG München 4.12.2012 – 10 K 3854/09, BeckRS 2013, 94554, rkr.) oder die **„freie Mitarbeit“,** die etwa die Tätigkeit des Telefon-Interviewers mal unzutreffend (BFH 29.5.2008 – VI R 11/07, BStBl. II 2008, 933), mal zutreffend (BFH 18.6.2015 – VI R 77/12, BStBl. II 2015, 903) bezeichnet.

734 So ist mit Blick auf das Spektrum der Fälle (→ Rn. 739 und → Rn. 740) und insbesondere der „Grenzfälle“ stets zu bedenken, dass die **Umstände des Einzelfalles** den Ausschlag geben, nicht zuletzt die **Ausgestaltung der Vertragsverhältnisse** und die Antwort auf die Frage, ob die vertraglichen Vereinbarungen ernsthaft gewollt und tatsächlich durchgeführt worden sind – endlich auch die **Selbständigkeit der steuerrechtlichen Würdigung** gegenüber sozial-, arbeits- und sozialversicherungsrechtlicher Qualifikation (BFH 2.12.1998 – X R 83/96, BStBl. II 1999, 534; *Brenner/Porten/Rieck* DB 2017, 2058 (2061) mit Blick auf den Status der Notärzte und deren Selbständigkeit).

735–738 *Einstweilen frei*

739 *Selbständigkeit bejaht – Einzelfälle*: FG Düsseldorf 24.4.2018 – 14 K 2347/15 G, EFG 2018, 1287, rkr.: **Gesellschafter als Berater** der Kapitalgesellschaft, an der er beteiligt ist; BFH 20.12.2017 – I R 98/15, DStR 2018, 449: **Fußballschiedsrichter;** BFH 18.6.2015 – VI R 77/12, BStBl. II 2015, 903: **Telefon-Interviewer** auf Stundenhonorarbasis in der Markt- und Meinungsforschung; BFH 20.3.2013 – X R 15/11, BFH/NV 2013, 1548: **hauswirtschaftlich-pflegerische Dienstleistung;** FG München 18.6.2009 – 15 K 2482/06, EFG 2010, 50, rkr.: **Prostituierte** im Nachtclub; BFH 14.6.2007 – VI R 5/06, BStBl. II 2009, 931: **Fotomodelle,** die kurzfristig für verschiedene Auftraggeber tätig sind; FG Hamburg 19.3.2007 – 5 K 193/05, EFG 2007, 1437, bestätigt durch BFH 2.7.2008 – VI R 19/07, BFH/NV 2008, 1485: **Regisseure und Kameraleute** bei der Herstellung von Werbespots; BFH 14.6.1985 – VI R 150-152/82, BStBl. II 1985, 661: **Werbedamen** für besondere, kurzfristige Werbeaktionen.

740 *Selbständigkeit verneint – Einzelfälle*: FG Rheinland-Pfalz 23.1.2014 – 6 K 2294/11, EFG 2014, 538, bestätigt durch BFH 12.12.2017 – VIII R 9/14, BStBl. II 2018, 387: Zahnarztgattin als **Arzthelferin;** FG München 4.12.2012 – 10 K 3854/09, BeckRS 2013, 94554, rkr.: **scheinselbständiger Bauhelfer;** BFH 29.5.2008 – VI R 11/07, BStBl. II 2008, 933: strikt gebundene und überwachte **Telefon-Interviewer** (Gegenbeispiel: BFH 18.6.2015 – VI R 77/12, BStBl. II 2015, 903: selbständige Telefon-Interviewer); FG München 14.12.2007 – 8 K 849/05, EFG 2008, 687, rkr.: **Prostituierte,** im Bordell fest eingegliedert, trotz Entgeltrisiko; FG Köln 19.1.2007 – 10 K 2841/05, EFG 2007, 1032: **Telefonistin** im Telefonsex-Call-Center.

4. Nachhaltigkeit

741 **a) Kaufmannstypik.** § 15 Abs. 2 unterscheidet zwischen professioneller Gewerblichkeit und privater Gelegentlichkeit – zwischen dem Grundtatbestand der Marktchancennutzung (→ Rn. 11 ff.) und „sonstigen“ (§ 22 Nr. 3), eher beiläufigen Markterfolgen, die punktuell einbezogen sein mögen (neben § 22 Nr. 3 etwa die Testamentsvollstreckung in § 18 Abs. 1

Nr. 3), ansonsten aber in der nicht-steuerbaren Privatsphäre verbleiben. Der „Sportliebhaber", der **gelegentlich „Gewinnpreise"** erhält (BFH 23.10.1992 – VI R 59/91, BStBl. II 1993, 303 (305)), indessen darauf verzichtet, die kraft seiner Physis aktivierbare Erwerbsgrundlage dem Markt zu widmen, erzielt keine steuerbaren Einkünfte. Demgegenüber profiliert sich der Geschicklichkeitsspieler, der regelmäßig an Turnieren teilnimmt (FG Köln 31.10.2012 – 12 K 1136/11, EFG 2013, 612; bestätigt von BFH 16.9.2015 – X R 43/12, BStBl. II 2016, 48; BFH 7.11.2018 – X R 34/16, BeckRS 2018, 42592 Rn. 25: 28 Pokerturniere in einem Jahr), als Profi der Marktchancennutzung.

§ 22 Nr. 3 belastet „Einkünfte aus Leistungen" an der Außengrenze der Einkommensteuer- **742** barkeit „auch bei nur einmaliger Tätigkeit" (BFH 28.11.2007 – IX R 39/06, BStBl. II 2008, 469 (471); FG Köln 28.2.2019 – 1 V 2304/18, EFG 2019, 895 Rn. 26, rkr.: einmalige Nutzungsüberlassung eines Hauses zur Renovierung in der Fernsehshow „Zuhause im Glück"). Mit den exemplarisch aufgeführten „gelegentlichen Vermittlungen" kennzeichnet § 22 Nr. 3 tatbestandlich-begrifflich Tätigkeiten, die als *nicht* nachhaltige erfasst werden (Kirchhof/*Fischer* § 22 Rn. 66), und bestätigt im Kontrast die **Grenzziehung zwischen kaufmannstypischer Hartnäckigkeit und privatem Beifang** (FG Nürnberg 15.4.2015 – 5 K 1723/12, EFG 2015, 1425 (1426), rkr.: nicht-professionelle Tätigkeit des Turnierrichters im Pferdesport).

Auch **§ 18 Abs. 1 Nr. 3** („z. B. Vergütungen für die Vollstreckung von Testamenten, für **743** Vermögensverwaltung und für die Tätigkeit als Aufsichtsratsmitglied") erfasst „vor allem gelegentliche Tätigkeiten und nur ausnahmsweise auch nachhaltig ausgeübte Betätigungen" (BFH 28.8.2003 – IV R 1/03, BStBl. II 2004, 112 (113)). Ansonsten laufen § 18 und § 15 parallel – **§ 18 Abs. 2** kann als gemeinsame deklaratorische Ausprägung gelten: „vorübergehende Tätigkeit" ist zu unterscheiden von gelegentlicher Tätigkeit; diese ist nicht nachhaltig, jene des § 18 Abs. 2 steht für einen (Grenz-)Fall der Nachhaltigkeit, wenn und weil sie „mit der Absicht ausgeübt wird, sie bei sich bietender Gelegenheit zu wiederholen" (BFH 10.9.2003 – XI R 26/02, BStBl. II 2004, 218 (219); FG Düsseldorf 6.4.2016 – 2 K 896/14 E, EFG 2017, 288 Rn. 34, Rev. erledigt, BFH III R 11/16).

Wer in fünf Jahren zwei Kaufverträge über Edelhölzer abschließt, um sie in ferner Zukunft **744** zu veräußern, verhält sich wie ein Anleger, nicht wie ein Händler (FG Köln 1.3.2012 – 12 K 3259/09, DStRE 2013, 13, rkr.). Den händlertypischen Güterumschlag am Markt zeichnet **Wiederholung** aus. Wer (idealtypisch) **Handel** betreibt, gründet seine Erwerbstätigkeit auf „planmäßiges und dauerhaftes, auf Güterumschlag gerichtetes Tätigwerden" (BFH 19.1.2017 – IV R 50/14, BStBl. II 2017, 456 Rn. 36). Entfällt marktmäßiger Umschlag auf der Verwertungsseite, entscheidet sich die Nachhaltigkeit auf der Beschaffungsseite (BFH 14.9.2017 – IV R 34/15, BFH/NV 2018, 24 Rn. 33 mit Blick auf den Forderungskäufer).

Kategorische **Einmaligkeit** ist dem gewerblichen Anbieter fremd. Wer einen einzelnen **745** Gegenstand gelegentlich vermietet, etwa das eigene Wohnmobil, unentschlossen, „ob er seine Tätigkeit wiederholen wird, eine solche Wiederholung also ebensogut möglich wie nicht möglich ist" (BFH 21.8.1985 – I R 60/80, BStBl. II 1986, 88 (90)), figuriert nicht als Unternehmer. Wer im Big Brother-Container seine Privatheit ausstellt, mag den „Schritt von einer reinen Spieltätigkeit zur steuerlich relevanten Leistung" gehen (BFH 24.4.2012 – IX R 6/10, BStBl. II 2012, 581 Rn. 16: sonstige Einkünfte nach § 22 Nr. 3), nicht aber den zur professionell-nachhaltigen Unternehmertätigkeit. Diesen Schritt geht der gewerbliche Forderungskäufer, wenn er wiederholt ankauft und weitere Geschäfte plant (BFH 14.9.2017 – IV R 34/15, BFH/NV 2018, 24 Rn. 29 ff.)

Der Kaufmans- und Händlertypik entspricht indessen der auf **weitere Geschäfte** gerich- **746** tete Plan. Diese Nachhaltigkeit muss sich „– wie bei einem Händler typisch – auf die Absatzseite beziehen" und ist „zu bejahen, wenn **mindestens zwei Absatzgeschäfte** geplant" sind (BFH 8.6.2017 – IV R 30/14, DStR 2017, 1971 Rn. 42 f.) „Liegen tatsächlich zwei Absatzgeschäfte vor, wird das Vorliegen der Wiederholungsabsicht vermutet" (BFH 8.6.2017 – IV R 30/14, DStR 2017, 1971 Rn. 43). Ebenso sind **mehrere Erwerbsgeschäfte** zu fordern, wenn sich die Nachhaltigkeit auf der Beschaffungsseite entscheidet (BFH 14.9.2017 – IV R 34/15, BFH/NV 2018, 24 Rn. 33).

Einstweilen frei **747–750**

b) Auf Wiederholung angelegt. Der BFH stellt jedenfalls beim Händler „entscheidend **751** auf das Verhalten des Steuerpflichtigen beim Verkauf ab" (BFH 22.4.2015 – X R 25/13,

BStBl. II 2015, 897 Rn. 22; BFH 14.9.2017 – IV R 34/15, BFH/NV 2018, 24 Rn. 30): Einerseits reiche eine wiederholte Tätigkeit auf der Beschaffungsseite allein grundsätzlich nicht aus (BFH 8.6.2017 – IV R 30/14, DStR 2017, 1971 Rn. 42), wenn lediglich ein einziges Verkaufsgeschäft stattfindet; andererseits hindere es die Annahme von Nachhaltigkeit nicht, wenn nur ein einziger Kaufvorgang, aber mehrere Verkaufsvorgänge gegeben sind. Anhand dieser äußerlichen Merkmale will der BFH auf eine Wiederholungsabsicht schließen; dergestalt – objektiv unterlegt – ist sie Teil der Begriffsbestimmung: **„Eine Tätigkeit ist nachhaltig, wenn sie von der Absicht getragen ist, sie zu wiederholen und daraus eine ständige Erwerbsquelle zu machen, und sie objektiv erkennbar auf Wiederholung angelegt ist"** (BFH 22.4.2015 – X R 25/13, BStBl. II 2015, 897 Rn. 22).

751.1 FG Hessen 19.7.2018 – 2 K 1835/16, EFG 2019, 777 Rn. 41 (Rev. X R 26/18) sieht die so bestimmte Nachhaltigkeit auch im Fall des Verkäufers, der über Jahre „beim Stöbern bei Haushaltsauflösungen kostengünstig diverse Gegenstände eingekauft und diese nachfolgend auf der Internetplattform eBay in Form von Versteigerungen zum Verkauf angeboten" hat.

752 So besteht die Funktion des Positivmerkmals Nachhaltigkeit darin, jene privaten Betätigungen auszuscheiden, die bereits „aufgrund ihrer Einmaligkeit regelmäßig dem Bereich der privaten Vermögensverwaltung zuzuordnen sind" (HHR/*Stapperfend* § 15 Rn. 1040). Man mag hier einen rechtspositiven Anknüpfungspunkt für die systematische Ausgrenzung der privaten Vermögensverwaltung finden. Dem negativen Tatbestandselement kommt indessen eine andere **funktionale Bedeutung** zu als dem Merkmal der Nachhaltigkeit. Jenes konfrontiert private Nutzung und erwerbsgeneigte Umschichtung (→ Rn. 1029 ff.), dieses fragt nach der Absicht, die Erwerbsgrundlage als ständige Erwerbsquelle zu nutzen.

753 Auch im Bereich der Grundstücksgeschäfte sind einmalige – nicht nachhaltige – Umschichtungen denkbar, Konstellationen, in denen die Grenze privater Vermögensverwaltung überschritten wird, dennoch die Nachhaltigkeit fraglich bleibt (BFH 22.4.2015 – X R 25/13, BStBl. II 2015, 897 Rn. 20 f.; BFH 7.10.2004 – IV R 27/03, BStBl. II 2005, 164 (165 f.); BFH 12.7.1991 – III R 47/88, BStBl. II 1992, 143 (145 f.)). **Nachhaltigkeit grenzt die „gelegentliche" Tätigkeit aus,** muss indessen gewerbliche „Anfangstätigkeiten" (Schmidt/*Wacker* § 15 Rn. 17) einbeziehen. Daraus erklärt sich eine heikle Grenzdogmatik und die Rechtsprechungslinie, die die Grenze der privaten Vermögensverwaltung hin zur Gewerblichkeit in puncto Nachhaltigkeit rasch überschritten sieht.

754 Mit der Leitentscheidung des BFH vom 21. August 1985 (I R 60/80, BStBl. II 1986, 88) hat sich die Formel durchgesetzt, die Betätigung müsse **auf Wiederholung angelegt** sein (vgl. BFH 8.6.2017 – IV R 30/14, DStR 2017, 1971 Rn. 42). Das Urteil folgte 1985 für die seinerzeit junge Parallelbegrifflichkeit in § 14 S. 1 AO und § 15 Abs. 2 S. 1 EStG der traditionellen umsatzsteuerrechtlichen Judikatur (seit RFHE 1, 141) und dem Befund, diese Rechtsprechung des RFH und des BFH habe „nachhaltig" nicht eng ausgelegt (BFH 21.8.1985 – I R 60/80, BStBl. II 1986, 88 (89)). Damit war der Boden bereitet für eine quantitativ angeleitete, aber **wertungsoffene Auslegung,** die der typusbegrifflichen Handhabung entspricht (deutlich BFH 26.4.2012 – V R 2/11, BStBl. II 2012, 634 Rn. 35 zum Parallelbegriff des § 2 Abs. 1 S. 3 UStG: Gesamtbild der Verhältnisse; offene Reihe verschiedener Kriterien, die unterschiedlich gewichtet werden können).

755 Klarer bestätigt die **Definition des XI. BFH-Senats** die Grundannahme objektiver Gewerblichkeit, den Befund objektiver Erwerbsgerichtetheit (→ Rn. 625 ff.) als Voraussetzung unternehmerischer Aktivität: Nachhaltig sei eine Tätigkeit, „wenn sie von der Absicht getragen ist, sie zu wiederholen und daraus eine Einkunftsquelle zu machen und wenn sie sich objektiv als nachhaltig darstellt" (BFH 10.9.2003 – XI R 26/02, BStBl. II 2004, 218 (219); FG Düsseldorf 6.4.2016 – 2 K 896/14 E, EFG 2017, 288 Rn. 34, Rev. erledigt, BFH III R 11/16; FG Rheinland-Pfalz 31.10.2007 – 1 K 1941/05, DStRE 2008, 562 (563), rkr.). Dennoch bleibt bei „Einzeltätigkeit" die objektive Nachhaltigkeit fraglich und der Rechtsanwender verwiesen auf eine fallbezogene Wertung.

756 So ist die einmalige Tätigkeit nur „grundsätzlich nicht nachhaltig" (BFH 21.8.1985 – I R 60/80, BStBl. II 1986, 88 (90); BFH 13.12.1995 – XI R 43–45/89, BStBl. II 1996, 232 (238); BFH 14.9.2017 – IV R 34/15, BFH/NV 2018, 24 Rn. 33), zumal allein eine **Mehrzahl von Handlungen innerhalb „einer" Tätigkeit** auch in sehr kurzer Frist die Nachhaltigkeit begründen kann, wie der BFH (31.7.1990 – I R 173/83, BStBl. II 1991, 66 (68)) für ein fünfwöchiges Spekulationsabenteuer entschieden hat: „Zehn abgeschlossene An- und Verkaufsgeschäfte mit festverzinslichen Wertpapieren bilden aber immer eine Mehrzahl von Handlungen". Auch die **Veräußerung mehrerer Objekte an einen Erwerber** gilt nur „grundsätzlich" als nicht nachhaltig (Kritik an der „Einzeltätigkeitsrechtsprechung": KSM/*Desens/Blischke* § 15 Rn. B 20).

Mit seinem Urteil vom April 2015 hat der X. Senat drei **„Ausnahme-Fallgruppen"** unterschieden (BFH 22.4.2015 – X R 25/13, BStBl. II 2015, 897 Rn. 25 ff. mit zahlreichen weit. Nachw.): Nachhaltigkeit sei anzunehmen trotz tatsächlicher Vornahme nur eines einzigen Verkaufsgeschäfts, wenn der Steuerpflichtige – erstens – erkennbar mehrere Verkäufe beabsichtigt hatte, sich etwa zuvor um Einzelverkäufe bemüht hatte. Sie sei – zweitens – anzunehmen, wenn er zur Vorbereitung des einzigen Veräußerungsgeschäfts „eine Vielzahl unterschiedlicher Einzeltätigkeiten" entfaltet habe. Drittens könne dem Steuerpflichtigen im Falle einer En-bloc-Veräußerung an eine nahestehende Personen- oder Kapitalgesellschaft deren nachhaltiges Tätigwerden unter dem Gesichtspunkt des Scheingeschäfts oder des Gestaltungsmissbrauchs zugerechnet werden. **756.1**

Zutreffend haben das FG Düsseldorf (11.12.2014 – 16 K 3501/12 E, DStRE 2016, 1481) und im Revisionsverfahren der Bundesfinanzhof (BFH 23.8.2017 – X R 7/15, DStR 2018, 180 Rn. 41) das einzige Veräußerungsgeschäft der in einen gewerblichen Grundstückshandel „eingeschalteten" Ehefrau (→ Rn. 1305) als nicht nachhaltig qualifiziert. Der Ehemann übertrug die Eigentumswohnung durch Schenkung auf die Ehefrau. Deren Veräußerungsgeschäft mag Teil einer nachhaltigen Strategie des Gatten gewesen sein; die Gattin ihrerseits war nicht nachhaltig tätig, auch nicht ausnahmsweise (→ Rn. 756.1). **756.2**

Der BFH stellt nicht auf Zeitlichkeit ab, „nicht entscheidend auf das lang dauernde Erzielen von Einnahmen" (BFH 21.8.1985 – I R 60/80, BStBl. II 1986, 88 (90)), sondern auf Wiederholung in langer oder kurzer Frist und auf **Wiederholungsabsicht.** Der „gelegentlichen" steht die „wiederholte" Tätigkeit gegenüber. In der geplanten (BFH 28.9.2017 – IV R 50/15, BStBl. II 2018, 89 Rn. 43) und tatsächlichen Wiederholung wird Nachhaltigkeit offenkundig. Eine nur im Gesellschaftsvertrag bekundete Wiederholungsabsicht genügt nicht (BFH 14.9.2017 – IV R 34/15, BFH/NV 2018, 24 Rn. 29). Denkbar ist die Wiederholung „gelegentlicher" Tätigkeit; dann fehlt aber der subjektive Tatbestand der Nachhaltigkeit. Umgekehrt soll die erste Tat als nachhaltig zu beurteilen sein, wenn die Absicht der Wiederholung erkennbar wird, mag sich auch die auf Wiederholung angelegte Tat später als „einmalige Tätigkeit" erweisen (BFH 13.12.1995 – XI R 43–45/89, BStBl. II 1996, 232 (238)). **757**

Veräußern **Personengesellschafter** „in GbR" einen Gebäudekomplex mit vier Grundstücken in einem einzigen Verkaufsgeschäft (BFH 7.10.2004 – IV R 27/03, BStBl. II 2005, 164), ist nach Überschreiten der Drei-Objekt-Grenze – damit auch der privaten Vermögensverwaltung – für jeden Gesellschafter individuell die Nachhaltigkeit des Grundstückshandels festzustellen. Zu fragen ist, ob es Bemühungen um Einzelverkäufe gab oder zumindest einer der Gesellschafter weitere Grundstücksgeschäfte plant. Die Konstellation macht bewusst, dass die Nachhaltigkeit sachlich und sprachlich (§ 15 Abs. 2 S. 1) auf **Marktaktivität** bezogen ist. **758**

An nachhaltiger Marktaktivität des Steuerpflichtigen besteht kein Zweifel, wenn er **an zehn GbR beteiligt** ist und diese Gesellschaften ihren Grundbesitz an acht verschiedene GmbH veräußern; wegen der Abschirmwirkung der Kapitalgesellschaft spielt keine Rolle, dass diese Erwerber von derselben Mutter-AG dirigiert werden; hier ist – bezogen auf den Personengesellschafter – die Nachhaltigkeit „sicher zu bejahen" (BFH 22.4.2015 – X R 25/13, BStBl. II 2015, 897 Rn. 33). Die Begriffsbestimmung des § 15 Abs. 2 S. 1 verlangt, dass die „selbständige nachhaltige Betätigung" sich „darstellt" als Beteiligung am allgemeinen wirtschaftlichen Verkehr. **759**

Noch unbekanntes Terrain betritt die Rechtsanwendung im Umgang mit **Mining,** der privaten, freihändigen „Geldschöpfung" (zum Begriff Mining und zur umsatzsteuerlichen Behandlung *Dietsch* MwStR 2018, 250). Dass Mining gewerblich betrieben werden kann, sollte nicht zweifelhaft sein. Die OFD Nordrhein-Westfalen will aus Anfangsinvestitionen in hohe Rechnerleistungen auf eine nachhaltige Tätigkeit schließen (20.4.2018, DB 2018, 1185). Der Schluss liegt nahe: Wer erhebliche Ressourcen für die Verwaltung einer Werteinheit beschafft, zielt nicht auf private Gelegentlichkeit. In Rede stehen dann Kapazitäten, die für stetiges, „auf Wiederholung angelegtes" Handeln bereitstehen. **760**

761–762 *Einstweilen frei*

5. Beteiligung am allgemeinen wirtschaftlichen Verkehr

763 **a) Tauschbereitschaft.** In der Beteiligung am Wirtschaftsverkehr und in der Offenheit für unbestimmt viele Geschäfte und Geschäftsbeziehungen – in der Teilhabe am „wirtschaftlichen", näherhin am „allgemeinen wirtschaftlichen" Verkehr (§ 15 Abs. 2 S. 1) – findet der Unternehmer zu seiner eigentlichen Bestimmung, zur **Teilnahme am Markt** durch „nachhaltige Betätigung" **als Anbieter** (Kirchhof/*Krumm* § 15 Rn. 29; Schmidt/*Wacker* § 15 Rn. 20). Er figuriert nicht als Konsument, sondern ergreift Marktchancen als Wertschöpfer, als Händler, Produzent, Dienstleistender (zu den „Urbildern" BFH 20.12.2000 – X R 1/97, BStBl. II 2001, 706 (707); FG Baden-Württemberg 5.4.2017 – 4 K 3005/14, BeckRS 2017, 94703 Rn. 45, rkr.: GbR als Stromproduzentin durch Betrieb einer Fotovoltaikanlage; OFD Nordrhein-Westfalen 20.4.2018, DB 2018, 1185: „wenn die durch Mining gewonnenen Kryptowährungen veräußert, gegen andere Kryptowährungen getauscht oder als Zahlungsmittel eingesetzt werden").

764 Die Marktchancen verdankt er der Rechtsgemeinschaft, der freiheitlichen Verfassung, der Privatautonomie, dem Staat, dem dauerhaften Erhalt einer Infrastruktur (→ Rn. 11 f.). Indem § 15 Abs. 2 unternehmerischen Erfolg zusammendenkt mit Allgemeinheit und Marktverkehr, bestätigt er den Rechtfertigungszusammenhang (*P. Kirchhof* JZ 2015, 105 (108)) zwischen Ertrag, erwachsen auch aus Vor- und Gegenleistungen der Rechtsgemeinschaft, und Ertragsbesteuerung, die der Allgemeinheit einen Erfolgsanteil sichert. Offenkundig unterscheidet sich die professionell unternehmerische Beteiligung am wirtschaftlichen Verkehr vom **Gegenbild der Marktteilnahme eines „reinen Abnehmers"** (FG Baden-Württemberg 23.6.2015 – 8 K 1493/13, EFG 2016, 276 Rn. 56, rkr.).

765 Die Judikatur verknappt diesen Zusammenhang in dem Erfordernis, dass der Steuerpflichtige eine Tätigkeit am Markt **gegen Entgelt für Dritte** äußerlich erkennbar anbietet (BFH 9.7.2019 – X R 9/17, DStR 2019, 2626 Rn. 26; BFH 28.9.2017 – IV R 50/15, BStBl. II 2018, 89 Rn. 41; BFH 16.9.2015 – X R 43/12, BStBl. II 2016, 48 Rn. 20; FG Niedersachsen 6.12.2016 – 8 K 123/16, EFG 2017, 462 Rn. 17, rkr.). Das „Beteiligungs"-Merkmal gilt mit Recht als **Ausfluss der Markteinkommenstheorie** (BFH 15.3.2012 – III R 30/10, BStBl. II 2012, 661 Rn. 34; Kirchhof/*Krumm* § 15 Rn. 28), schillert jedoch in seiner dogmatischen Bedeutung. Sein definitorischer Eigenbeitrag ist ungewiss, wenn Gewerblichkeit genauer erfasst wird in einem Zustandstatbestand (Markt-widmungsfähige Erwerbsgrundlage → Rn. 627 ff.) und in einem Handlungstatbestand (professionell-intensive Nutzung → Rn. 645 ff.). Wer Darlehen ausschließlich Gesellschaften zur Verfügung stellt, an denen er, der Darlehensgeber, beteiligt ist, gewährt Kredite nicht professionell-intensiv (unternehmerisch); er betätigt sich nicht „als Marktteilnehmer" (BFH 9.7.2019 – X R 9/17, DStR 2019, 2626 Rn. 29).

765.1 Der BFH hat im *Eddy S.*-Urteil nicht weniger als 18 Randnummern in die Prüfung der Beteiligung am allgemeinen wirtschaftlichen Verkehr investiert (BFH 16.9.2015 – X R 43/12, BStBl. II 2016, 48 Rn. 17–34), insbesondere die Frage verhandelt, ob Turnierpoker als Glücksspiel dem Marktteilnahmebefund entgegenstehe. Gleichwohl vermerkt der X. Senat, dass die individuellen Fähigkeiten des Pokerspielers „vorrangig bei den weiteren Tatbestandsmerkmalen der Nachhaltigkeit und der Gewinnerzielungsabsicht" zu berücksichtigen seien (Rn. 31). In dieser Dramaturgie wird das Tatbestandselement „Beteiligung am allgemeinen wirtschaftlichen Verkehr" zugleich über- und unterfordert. Die Ausgrenzung des reinen Glücksspiels leistet der **Zustandstatbestand** – das ist im *Eddy S.*-Fall allerdings die persönliche Fähigkeit, das in den Geschicklichkeitselementen des Spiels ruhende ökonomische Potential abzuschöpfen; dieses Können ist Markt-widmungsfähig (→ Rn. 630). Der weitere Befund, dass der Pokerspieler, die Erwerbsgrundlage professionell-intensiv nutzt – **Handlungstatbestand** –, beruhte in concreto auf der Feststellung, dass der Spieler seine Fähigkeiten „strukturell-gewerblich" (BFH 16.9.2015 – X R 43/12, BStBl. II 2016, 48 Rn. 36) zu Markte trug, mithin im Pokerspielermilieu („begrenzte Allgemeinheit") geschäftsmäßig andiente. Die nämlichen Befunde sind auch möglich, wenn **Pokerturniere im Internet** ausgetragen werden; dazu näher *Kußmaul/Naumann/Nothof* StB 2019, 305 (306 f.) und → Rn. 773.

766 Die Anwendungsschwierigkeiten dürften gerade auf die paradigmatische Bedeutung des Merkmals zurückgehen. Vielfach greifen die anderen Gewerblichkeitsmerkmale spezielle

Aspekte der Wirtschaftsverkehr-Teilnahme auf und erübrigen den Rekurs auf das repräsentative, typusprägende, gleichwohl subsidiäre Kennzeichen. Wenn die Beteiligung am „wirtschaftlichen" Verkehr darin besteht, dass der Steuerpflichtige am **Leistungs- und Güteraustausch** teilnimmt (BFH 7.11.2018 – X R 34/16, BeckRS 2018, 42592 Rn. 28; BFH 7.2.2018 – X R 10/16, BStBl. II 2018, 630 Rn. 48; BFH 16.9.2015 – X R 43/12, BStBl. II 2016, 48 Rn. 18; BFH 15.12.1999 – I R 16/99, BStBl. II 2000, 404 (405); BFH 31.7.1990 – I R 173/83, BStBl. II 1991, 66 (68)), trägt allenfalls das Erfordernis „Austausch" zur Abgrenzung bei mit der **Ausgrenzung von Eigenproduktion und Eigenversorgung** (Unterscheidung von Selbst- und Fremdversorgung als „Kern des Tatbestandsmerkmals": *Schön* FS Vogel, 2000, 661 (666 f.)). Wer nicht tauscht, erzielt keinen Marktverkehrsgewinn; dann aber sorgt bereits das Merkmal der Gewinnabsicht für Ausgrenzung derer, die an Gegenleistungen nicht interessiert sind (*Schmidt-Liebig* „Gewerbe" im Steuerrecht, 23).

Zutreffend hat das FG Düsseldorf einen Leistungsaustausch und unternehmerische Marktteilnahme anerkannt für den Fall, dass der gewerbliche Berater gegenüber Kapitalgesellschaften tätig wird, an denen er selbst beteiligt ist (FG Düsseldorf 24.4.2018 – 14 K 2347/15 G, EFG 2018, 1287 Rn. 49, rkr.; BFH 19.9.2002 – X R 51/98, BStBl. II 2003, 394). Der **beratende Gesellschafter** tauscht in der Erfüllung eines Beratervertrages mit der Kapitalgesellschaft Leistungen mit einem Dritten aus. Das gilt auch im Verhältnis zu der von ihm beherrschten Gesellschaft, grundsätzlich auch bei 100%-Beherrschung (insoweit zweifelt FG Düsseldorf 24.4.2018 – 14 K 2347/15 G, EFG 2018, 1287 Rn. 51, rkr.). 767

Einstweilen frei 768–770

b) Marktoffenheit. Beteiligung am Allgemeinverkehr erfordert, dass der Steuerpflichtige **nach außen hin in Erscheinung tritt** und „sich an eine – wenn auch begrenzte – Allgemeinheit wendet" (BFH 16.9.2015 – X R 43/12, BStBl. II 2016, 48 Rn. 20; BFH 13.12.1995 – XI R 43–45/89, BStBl. II 1996, 232 (239); BFH 31.7.1990 – I R 173/83, BStBl. II 1991, 66 (68); HHR/*Stapperfend* § 15 Rn. 1051), dabei „seine Leistungen an andere Personen in deren Eigenschaft als Marktteilnehmer und nicht aus anderen Gründen erbringt" (BFH 15.3.2012 – III R 30/10, BStBl. II 2012, 661 Rn. 34). Allgemeinverkehr setzt prinzipielle Offenheit voraus: für jeden, der die Vertragsbedingungen erfüllt. Hinwendung an Viele und Offenheit kennzeichnen auch und gerade das unternehmerische Handeln in der **Internet-Allgemeinheit.** 771

Diese Marktoffenheit meint nicht, dass der Unternehmer persönlich auftritt. Es reicht aus, dass er sich „eines Maklers oder Vertreters bedient" (BFH 7.2.2018 – X R 10/16, BStBl. II 2018, 630 Rn. 49) – allgemeiner: dass „ihm eine für seine Rechnung ausgeübte **Teilnahme** am allgemeinen wirtschaftlichen Verkehr **zuzurechnen** ist" (BFH 13.12.1995 – XI R 43–45/89, BStBl. II 1996, 232 (239)). In der Konstellation der Betriebsaufspaltung (→ Rn. 1105 ff.) nimmt das gewerblich tätige Besitzunternehmen „über die Betriebsgesellschaft" teil (BFH 10.5.2016 – X R 5/14, BFH/NV 2017, 8 Rn. 15; BFH 29.7.2015 – IV R 16/13, BFH/NV 2016, 19 Rn. 13; BFH 16.5.2013 – IV R 54/11, BFH/NV 2013, 1557 Rn. 32; KSM/*Desens/Blischke* § 15 Rn. B 117 f.). 772

Unabdingbar ist, dass der Unternehmer einen durch **Offenheit spezifisch qualifizierten Markt** betritt. Von einem „allgemeinen wirtschaftlichen Verkehr" kann nur die Rede sein, wenn sich Anbieter und Nachfrager grundsätzlich frei begegnen, der Marktzutritt allgemein und allgemein anerkannt offensteht. Professionelle Spieler mögen unter sich bleiben und auf Vermarktung verzichten (*N. Meier* FR 2016, 359 (360 f.): Pokerturnier „unter vollständigem Ausschluss der Öffentlichkeit" versus Casino- und Online-Poker) oder ihre Fähigkeiten im „Verkehrskreis der Turnierpokerspieler" öffentlich vermarkten (BFH 7.11.2018 – X R 34/16, BeckRS 2018, 42592 Rn. 34; auch → Rn. 631). § 15 Abs. 2 S. 1 setzt die Beteiligung an einem **erkennbar offenen Markt** voraus. 773

Marktallgemeinheit, Marktoffenheit in diesem Sinne grenzt Leistungsbeziehungen in geschlossenen Systemen (→ Rn. 776) und im abgeschotteten Privatraum (→ Rn. 779) aus, aber auch Ganovengeschäfte. Das ist bedeutsam für die **Grenzlinie zwischen § 15 und § 22 Nr. 3.** Führt der Steuerpflichtige „Geschäfte des Arbeitgebers zu dessen Nachteil aus und erhält hierfür Bestechungsgelder davon profitierender Dritter, erzielt er sonstige Einkünfte gemäß § 22 Nr. 3" (BFH 20.7.2007 – XI B 193/06, BFH/NV 2007, 1887). 774

Der BFH rekurriert auf die Verkehrsanschauung und das dort bestehende **Bild des Gewerbebetriebs** (BFH 20.12.2017 – I R 98/15, DStR 2018, 449 Rn. 21; BFH 775

15.12.1999 – I R 16/99, BStBl. II 2000, 404 (405): „wertende Betrachtung"). Dieser Maßstab eröffnet Wertungsspielräume, wird aber handhabbar und objektivierbar, wenn man einer ökonomisch aufgeklärten Verkehrsanschauung zutraut, **„Bilder" und „Zerrbilder"** zu unterscheiden anhand der in § 15 Abs. 2 S. 1 verankerten Kriterien des allgemein anerkannten und für die Allgemeinheit offenen Marktzugangs. Diese Beurteilung kann sich im Laufe der Zeit ändern. „Gewerbsmäßige Unzucht" gilt nicht mehr als „Zerrbild" eines Gewerbes (BFH 20.2.2013 – GrS 1/12, BStBl. II 2013, 441, im Anschluss an BFH 15.3.2012 – III R 30/10, BStBl. II 2012, 661 Rn. 25, 33: „jedenfalls seit Inkrafttreten des ProstG"; FG Hamburg 16.11.2016 – 2 K 110/15, EFG 2017, 489, rkr.).

776 Das FG Rheinland-Pfalz (18.7.2014 – 1 K 2552/11, EFG 2014, 2065 (2066), aufgehoben durch BFH 20.12.2017 – I R 98/15, DStR 2018, 449) geht zu weit, wenn es die Existenz eines Marktes für Fußballschiedsrichter bestreitet für den Fall, dass der Schiedsrichter auf Verträge mit nicht-verbandlichen Veranstaltern verzichtet. Dem Gesetzgeber ist nicht verwehrt, Zahlungen und Aufwandsentschädigungen im geschlossenen System der Verbände (DFB; UEFA; FIFA) mit § 22 Nr. 3 zu erfassen, damit steuerrechtlich die Außengrenzen von „Markt" und „Markteinkommen" mitzubestimmen. Das Finanzgericht hat aber richtig gesehen, dass der Schiedsrichter nicht den durch § 15 Abs. 2 S. 1 qualifizierten Markt betritt, wenn er sich ausschließlich im Verbandswesen nominieren lässt für jeweils eigene, verbandlich-monopolistisch organisierte Turniere. **Der Verbandsschiedsrichter figuriert nicht als Unternehmer** iSd § 15 Abs. 2 S. 1 (FG Rheinland-Pfalz 18.7.2014 – 1 K 2552/11, EFG 2014, 2065 (2066 f.), mAnm *K. J. Wagner*, der zutreffend auf das „Fehlen eines durch Offenheit gekennzeichneten Marktgeschehens" abstellt; **anders das Revisionsurteil BFH** 20.12.2017 – I R 98/15, DStR 2018, 449, dazu → Rn. 777). Das ändert sich nicht dadurch, dass der DFB-Schiedsrichter zusätzlich für die UEFA oder die FIFA aktiv wird (so aber die Erlasse der Länder, die für diese „Fallgruppe" Einkünfte aus Gewerbebetrieb annehmen; exemplarisch FSen Berlin 8.2.2011, BeckVerw 253343).

777 Der Bundesfinanzhof weicht mit Blick auf den Verbandsschiedsrichter der Diskussion über *Allgemeinheit, Markt* und *Marktoffenheit* aus. Der I. Senat findet „allein entscheidend, dass die Verbände dieselbe angebotene Leistung – die Spielleitung als Schiedsrichter – nachfragen und dafür eine Vergütung anbieten" (BFH 20.12.2017 – I R 98/15, DStR 2018, 449 Rn. 23). Die **Allgemeinheit der Legaldefinition** („Beteiligung am allgemeinen wirtschaftlichen Verkehr") meint nicht allgemeine Sichtbarkeit eines geschlossenen Marktes; der Hinweis des BFH auf die für Spieler und Stadionbesucher sichtbare Schiedsrichtertätigkeit (BFH 20.12.2017 – I R 98/15, DStR 2018, 449 Rn. 22) verfehlt den kritischen Punkt. Indem der BFH nur mehr auf „Leistungsaustausch" abstellt (BFH 20.12.2017 – I R 98/15, DStR 2018, 449 Rn. 21 f.), löst er sich vom Text des § 15 Abs. 2 S. 1 und verflüssigt die Trennlinie zwischen § 15 und § 22 Nr. 3.

778 Der **Zahl der Auftraggeber** kommt Indizfunktion zu; den Ausschlag gibt sie nicht. Der Fußballschiedsrichter mag sich mehreren Verbänden verpflichten, bleibt indes außerhalb des begrifflich (§ 15 Abs. 2 S. 1) qualifizierten Marktes tätig. Demgegenüber kann die **Tätigkeit für einen einzigen Abnehmer** „nach Art und Umfang dem Bild einer unternehmerischen Marktteilnahme" entsprechen (BFH 28.9.2017 – IV R 50/15, BStBl. II 2018, 89 Rn. 41; BFH 15.12.1999 – I R 16/99, BStBl. II 2000, 404 (405) mit verfassungsrechtlicher Begründung: „formale Unterscheidungen" nach der Zahl der Kunden wären unvereinbar mit dem Gebot gleichmäßiger Besteuerung; BFH 2.12.1998 – X R 83/96, BStBl. II 1999, 534 (538): „in atypischen Fällen"; FG Baden-Württemberg 5.4.2017 – 4 K 3005/14, BeckRS 2017, 94703 Rn. 42, rkr.: Stromproduktion mit Fotovoltaikanlage für einen Abnehmer).

779 Wer **erkennbar offen** (→ Rn. 773) bereit „wäre, zu vergleichbaren Bedingungen auch für andere Auftraggeber tätig zu werden" (BFH 20.3.2013 – X R 15/11, BFH/NV 2013, 1548 Rn. 19; FG Niedersachsen 6.12.2016 – 8 K 123/16, EFG 2017, 462 Rn. 17; HHR/*Stapperfend* § 15 Rn. 1051), schottet sich nicht ab, verschließt sich nicht dem qualifizierten Markt des § 15 Abs. 2 S. 1. Unter diesen Umständen kann ein marktüblicher Güter- und Leistungsaustausch auch zu bejahen sein, wenn der Steuerpflichtige **nur für Angehörige** (BFH 28.6.2001 – IV R 10/00, BStBl. II 2002, 338; FG München 15.12.2014 – 7 K 2242/12, EFG 2015, 376, rkr.) oder die nahestehende GmbH (BFH 19.9.2002 – X R 51/98, BStBl. II 2003, 394 (397)) tätig wird.

780 Fraglich ist, ob anhand der Beteiligung am „allgemeinen" Verkehr beurteilt werden kann, wer Vermögen laufend umschichten und wer lediglich Erträge aus dem bleibenden Vermögensstamm als Früchte vereinnahmen will. Der Rekurs auf den Allgemeinverkehr und die Verkehrsanschauung dient immerhin der Rückversicherung, wenn der Richter in der Abgrenzung zwischen **Vermögensverwaltung** in der Privatsphäre und allgemein-offener **Gewerblichkeit** nach der objektiven Erkennbarkeit nachhaltiger gewerbsmäßiger Umschichtung fragt (*Schön* FS Vogel, 2000, 661 (674 ff.)).

Einstweilen frei **781–784**

c) Einzelfälle. Beteiligung am allgemeinen wirtschaftlichen Verkehr bejaht – *Einzelfälle*: BFH 7.11.2018 – X R 34/16, BeckRS 2018, 42592 und BFH 16.9.2015 – X R 43/12, BStBl. II 2016, 48: **Turnierpokerspieler;** BFH 20.12.2017 – I R 98/15, DStR 2018, 449: **Verbandsschiedsrichter;** FG Niedersachsen 6.12.2016 – 8 K 123/16, EFG 2017, 462, rkr.: **Handel mit Vorratsgesellschaften;** BFH 20.3.2013 – X R 15/11, BFH/NV 2013, 1548: **hauswirtschaftlich-pflegerische Dienstleistung;** BFH 15.3.2012 – III R 30/10, BStBl. II 2012, 661, und BFH 20.2.2013 – GrS 1/12, BStBl. II 2013, 441: **Eigenprostitution;** BFH 28.10.2008 – VIII R 73/06, BStBl. II 2009: einheitlich Leitung durch **Holding-Personengesellschaft** anhand äußerer Merkmale erkennbar. **785**

Beteiligung am allgemeinen wirtschaftlichen Verkehr verneint – *Einzelfälle*: FG Rheinland-Pfalz 18.7.2014 – 1 K 2552/11, EFG 2014, 2065: **Verbandsschiedsrichter** (bejahend aber BFH 20.12.2017 – I R 98/15, DStR 2018, 449, zu diesem Urteil → Rn. 777); BFH 20.7.2007 – XI B 193/06, BFH/NV 2007, 1887: **Ausführung von Geschäften** des Arbeitgebers zu dessen Nachteil **gegen Bestechungsgelder;** BFH 6.6.1973 – I R 203/71, BStBl. II 1973, 727: **Einsammeln von Pfandflaschen.** **786**

6. Gewinnerzielungsabsicht

Leitentscheidungen, wichtige Verwaltungsanweisungen und Schrifttum (Auswahl): **787**

Entscheidungen des GrS: **787.1**
BFH 25.6.1984 – GrS 4/82, BStBl. II 1984, 751.

Weitere Leitentscheidungen des BFH: **787.2**
BFH 16.9.2015 – X R 43/12, BStBl. II 2016, 48 (Turnierpoker); BFH 11.5.2016 – X R 61/14, BStBl. II 2016, 939 (Strukturwandel zur Liebhaberei); BFH 5.4.2017 – X R 6/15, BStBl. II 2017, 1130 (Wegfall der Gewinnerzielungsabsicht – „Betriebsführung nicht mehr ernstlich auf eine am Markt erfolgreiche Tätigkeit gerichtet"); BFH 23.8.2017 – X R 27/16, BFH/NV 2018, 36 (Anforderungen an die Feststellung persönlicher Motive, wenn außerhalb des Hobbybereichs Verluste hingenommen werden).

Wichtige Verwaltungsanweisungen: **787.3**
EStH 15.3.

Schrifttum (Auswahl): **787.4**
Weber-Grellet, Liebhaberei im Ertragsteuerrecht, DStR 1998, 873; *P. Kirchhof*, Subjektive Merkmale für die Erzielung von Einkünften, DStR-Beih. 2007, 11; *Pezzer*, Subjektive Merkmale für das Erzielen von Einkünften, DStR-Beih. 2007, 16; *Birk*, Liebhaberei im Ertragssteuerrecht, BB 2009, 860; *Ismer/Riemer*, Der zweigliedrige Liebhabereibegriff: Negative Totalgewinnprognose und fehlende Einkünfteerzielungsabsicht, FR 2011, 455; *Kraft/Schaz*, Liebhaberei bei vermögenden Privatpersonen – Ein Rechtsprechungskompendium, DStR 2016, 2936; *Stöber*, Die subjektübergreifende Einkünfteerzielungsabsicht, FR 2017, 801.

a) Erwerbsgerichtetheit. Das Erwerbshandeln bestimmt über die Reichweite der Einkommensteuer – nicht der Erwerbswille (→ Rn. 648). *Erwerbsgerichtetheit* ist ein Thema aller sieben Einkunftsarten (HHR/*Musil* § 2 Rn. 345 ff.; *Kraft/Schaz* DStR 2016, 2936 (2937 ff.) über Land- und Forstwirtschaft: „das klassische Feld der Liebhaberei"). Der Tatbestand setzt zuallererst eine Erwerbsgrundlage voraus (→ Rn. 627 ff.). Dass eine Person eine Erwerbsgrundlage und einen Erwerbswillen behauptet, genügt nicht. Die – objektive – **Eignung der Erwerbsgrundlage und deren Nutzung** begründet die Erwerbsgerichtetheit der Betriebsführung. Im Laufe der Zeit mag sie entfallen. Wer nach einer Anlaufphase die Verlustursachen kennt, gleichwohl nicht reagiert, kann sich nicht auf schieres „Wollen" zurückziehen. Das Zeitmoment drängt auf eine Objektivierung, die die gleichheitsgerechte Handhabung der Gewinnerzielungsabsicht gewährleistet (→ Rn. 647 ff. und → Rn. 801 ff.). **788**

789 Den Ausschlag gibt die **Totalgewinnprognose** (→ Rn. 645 ff.). Die Prognose findet **subjektbezogen** statt (Blümich/*Ratschow* § 2 Rn. 128) und ist **objektbezogen** zu ergänzen (*Stöber* FR 2017, 801 (805 ff.)) in Abhängigkeit von Art und Zuschnitt des Betriebs. Je nach Zustandstatbestand (→ Rn. 627 ff.) stellt sich das „gewerbliche Unternehmen" mal als verselbständigte, vom Betriebsinhaber weithin unabhängige Zusammenfassung personeller und sächlicher Mittel dar, mal als sächlich nicht weiter unterlegtes Anbieten persönlicher Fähigkeiten. Je weniger von einem Gewerbebetrieb in persona die Rede sein kann, desto eher kommt in Betracht, bei unentgeltlicher Rechtsnachfolge die Gewinnerzielungsabsicht subjektübergreifend zu bestimmen.

790 *Einstweilen frei*

791 **aa) Objektivierungstendenz der Rechtsprechung.** Mit der in § 15 Abs. 2 S. 1 vorausgesetzten „Absicht, Gewinn zu erzielen" scheint sich das Gesetz auf einen subjektiven Tatbestand einzulassen, auf inneres Wollen. Die Wendung geht zurück auf die Bezeichnung „Gewinnabsicht" (§ 7 Abs. 2 der sog. Gemeinnützigkeitsverordnung 1941 vom 20.12.1941, RStBl. 1941, 937, und § 1 Abs. 1 S. 1 GewStDV 1955 vom 24.3.1956, BGBl. 1956 I 152; vgl. auch § 4 Abs. 5 S. 2). Die Rechtsprechung verlangt ein „**Bestreben,** das Betriebsvermögen zu mehren und **auf Dauer einen Totalgewinn zu erzielen**" (BFH 7.4.2016 – IV R 38/13, BStBl. II 2016, 765 Rn. 18; BFH 30.10.2014 – IV R 34/11, BStBl. II 2015, 380 Rn. 26; zur Vorgeschichte dieser „Mantra"-Formulierung *Pezzer* DStR-Beih. 2007, 16 (17)) und bekennt sich zum subjektiven Tatbestand (→ Rn. 791.1), verstanden als „Vorgang" „in der Vorstellung von Menschen".

791.1 So die – sprachliche, deshalb nicht notwendig inhaltliche – **Rechtsprechungskontinuität** seit BFH 25.6.1984 – GrS 4/82, BStBl. II 1984, 751 (767); jüngst FG Hamburg 2.3.2017 – 1 K 141/16, GmbH-Stpr 2018, 187, rkr.; FG München 21.11.2016 – 7 K 3067/15, BeckRS 2017, 94461, rkr.; FG Baden-Württemberg 23.6.2015 – 8 K 1493/13, EFG 2016, 276, rkr.; FG Köln 4.3.2015 – 14 K 188/13, EFG 2015, 1103 (1107), rkr.; FG Rheinland-Pfalz 24.9.2014 – 2 K 1611/13, BeckRS 2014, 96485, rkr.; FG München 23.1.2014 – 5 K 618/12, DStRE 2015, 706, rkr.; FG Nürnberg 16.5.2013 – 6 K 889/12, EFG 2013, 1587 (1588), rkr.; FG Niedersachsen 18.4.2013 – 11 K 138/12, EFG 2013, 1308 (1310), rkr.; FG Sachsen 25.1.2012 – 8 K 1504/08, BeckRS 2012, 94640, rkr. FG Nürnberg 11.2.2016 – 4 K 1104/14, EFG 2016, 902 Rn. 38, rkr., verlängert die Kontinuitätslinie, findet dann freilich zu einer Wendung, die die „Vorstellung eines Menschen" an harter Objektivität abprallen lässt (Rn. 46): „Ihre Prognoseberechnung, die die Klägerin im Klageverfahren vorgelegt hat, stützt sich zur Erzielung eines positiven Ergebnisses im Wesentlichen auf (fiktive) hohe Entnahmewerte der Ferienwohnung im Jahr 2025. Sie ist damit vom Prinzip Hoffnung getragen." – Auch im **Schrifttum** wird nach wie vor und nicht nur vereinzelt eine Einkünfteerzielungsabsicht als subjektives Merkmal verfochten: HHR/*Musil* § 2 Rn. 357; HHR/*Stapperfend* § 15 Rn. 1045: „innere Tatsache"; *Stöber* FR 2017, 801 (803).

792 Folgt man nur der Semantik des Obersatzes, sehen sich die Gerichte gehalten, eine **„innere Tatsache"** zu ergründen, und verpflichtet, anhand „äußerer Umstände" (BFH 23.8.2017 – X R 27/16, BFH/NV 2018, 36 Rn. 15), objektiver „Beweisanzeichen" oder „äußerlich erkennbarer Merkmale" (FG Baden-Württemberg 23.6.2015 – 8 K 1493/13, EFG 2016, 276 Rn. 67, rkr.) auf Absichten des Steuerpflichtigen zurückzuschließen. Tatsächlich – und rechtlich zutreffend (Schmidt/*Weber-Grellet* § 2 Rn. 23), zumal verfassungsrechtlich geboten (→ Rn. 648) – hat aber in der Rechtsprechungspraxis der objektive Tatbestand der Gewinnabsicht die Oberhand gewonnen, das **objektivierende Erfordernis der Erwerbsgerichtetheit** (→ Rn. 645). Ihr Fluchtpunkt ist der Totalgewinn: das „Gesamtergebnis des Betriebs in der Zeit von seiner Gründung bis zu seiner Veräußerung, Aufgabe oder Liquidation" (BFH 4.3.2016 – X B 188/15, BeckRS 2016, 94725 Rn. 4; BFH 7.4.2016 – IV R 38/13, BStBl. II 2016, 765 Rn. 18; FG Nürnberg 14.11.2018 – 5 K 732/17, EFG 2019, 95 Rn. 47, rkr.).

793 Zu beobachten ist eine schleichende, noch nicht erklärte, eher verschleierte dogmatische Kehrtwende (Blümich/*Ratschow* § 2 Rn. 112: „weitgehende Objektivierung"; HHR/*Stapperfend* § 15 Rn. 1045: „Verobjektivierung des eigentlich subjektiven Merkmals"). Dass sich der BFH nicht den „Absichtserklärungen des Steuerpflichtigen" verpflichtet sieht, sondern den „äußeren Umständen", hat er im *Eddy S.*-Urteil dem Turnierpokerspieler entgegengehalten (BFH 16.9.2015 – X R 43/12, BStBl. II 2016, 48 Rn. 35). Dessen „Spielleidenschaft" kommt nicht in Betracht. Hier aktiviert der BFH **§ 15 Abs. 2 Satz 3 als Objektivierungs-**

moment: persönliche Gewichtungen (Spielleidenschaft vor Gewinnmitnahme) und „innere" Präferenzen (Befriedigung der Spielleidenschaft als Hauptzweck, Gewinnmitnahme als Nebenzweck) treten zurück.

Der X. Senat will mit Blick auf den Turnierteilnehmer nicht auf „seine privaten Spielbedürfnisse" abstellen, sondern auf **„strukturell-gewerbliche Aspekte"** (BFH 16.9.2015 – X R 43/12, BStBl. II 2016, 48 Rn. 36 f.): „Es genügte, die Betätigung des Klägers unspezifisch in den – im weitesten Sinne – beruflichen (professionellen) Kontext einzuordnen" (Klammerzusatz im Original). Diese Begründungspassagen (Rn. 36 f.) verhalten sich urteilsdramaturgisch zwar nicht mehr zur Gewinnerzielungsabsicht, zeichnen aber ein „Gesamtbild" (Rn. 36), das die Objektivität kaufmännisch-professioneller Nutzung einer Erwerbsgrundlage abbildet. Auf die Erforschung „innerer Tatsachen" lässt sich der Senat nicht ein. Den Ausschlag gibt die objektive Erwerbsgerichtetheit. 794

Umgekehrt, freilich auf der gleichen Linie hat der X. Senat einem gewerblichen Grundstückshändler zwar eine „anfängliche Durststrecke" zugestanden – zur kritischen **Anlaufphase** → Rn. 809 –, dann aber vorgehalten, er habe „die Angelegenheit" sich selbst überlassen „und mehr auf glückliche Umstände gebaut als konkreten Plänen Gestalt verliehen". Der Senat vermisst „aktive Vermarktungsbemühungen" des vormaligen Händlers, dessen Aktivitäten „erschöpften sich in einer durch die Realität ersichtlich nicht gedeckten Hoffnung, durch Inserate einen Zufallstreffer zu erzielen" (BFH 5.4.2017 – X R 6/15, BStBl. II 2017, 1130 Rn. 16 f.; vgl. zur unprofessionellen Nebenberufstätigkeit FG Nürnberg 14.11.2018 – 5 K 732/17, EFG 2019, 95 Rn. 50, rkr.: „nach objektiver Betrachtung von Anfang an keine Einkunftsquelle"). 795

Das sind Bekenntnisse zum objektiven Zustandstatbestand (aktivierte Erwerbsgrundlage in persona; → Rn. 630) und zum objektiven Handlungstatbestand (erwerbsgerichtete Nutzung; → Rn. 658) – und die Absage an einen subjektiven Erwerbswillen. Die Tatbestandsbefunde bewirken objektiv die **Abgrenzung zwischen Einkünfteerzielung und Einkommensverwendung.** Diese findet in einer einkommensteuerrechtlich irrelevanten Privatsphäre statt, jene wird einkommensteuerrechtlich erfasst, strikt im Zeichen der Belastungsgleichheit. Das Verfassungsgebot (Art. 3 Abs. 1 GG) widersetzt sich jedem Versuch, Aufwendungen „so umzufunktionieren, dass sie aus der privaten Sphäre gelöst und der steuerrechtlich relevanten Sphäre zugeordnet werden können" (*Birk* BB 2009, 860), drängt deshalb auf objektive Befunde. Dass Verluste qua Verrechnung eine **Steuerersparnis** eintragen können, deutet für sich genommen nicht auf **„Verlusterzielungsabsicht".** 796

BFH 4.3.2016 – X B 188/15, BeckRS 2016, 94725 Rn. 19, stellt klar, die Rechtsprechung habe in keinem Fall die Möglichkeit der Verrechnung „echter" – den Steuerpflichtigen wirtschaftlich belastender – Verluste mit anderweitigen positiven Einkünften „schon für sich genommen als privates Motiv angesehen". Der BFH habe im Gegenteil mehrfach betont, „dass allein dieser Umstand zur Verneinung der Gewinnerzielungsabsicht nicht ausreicht". Demgegenüber sei ein schädliches „persönliches Motiv" anzunehmen, wenn **Verlustzuweisung als Geschäftskonzept** in Rede stehe (Verlustzuweisungsgesellschaft) oder eine Tätigkeit die Möglichkeit eröffne, **Kosten der privaten Lebensführung** „in den einkommensteuerlich relevanten Bereich zu verlagern". 796.1

Diese objektiven Befunde steuern die Sphärentrennung – **„Liebhaberei" erweist sich als Etikettbegriff nach der Abgrenzung** (*Heuermann* DStZ 2010, 825 (827): „Gegenbegriff"; umfassend zum Liebhabereibegriff HHR/*Musil* § 2 Rn. 347). Dem als Liebhaber überführten Steuerpflichtigen wird „Gewinnerzielungsabsicht" und die Steuererheblichkeit seines Handelns bestritten, wenn er eine Erwerbsgrundlage nicht erwerbsgerichtet nutzt (Handlungstatbestand nicht erfüllt). „Liebhaberei" als Etikett kommt auch in Betracht, wenn es schon auf der Vorstufe an der Erwerbsgrundlage fehlt (Zustandstatbestand nicht erfüllt). Wer eine Erwerbsgrundlage auf Vermögenszuwachs *ausrichtet*, dafür objektiv Vorkehrungen trifft, handelt unternehmerisch, weil er – bezogen auf die Gesamtdauer der Betätigung bis hin zu einem Veräußerungsgewinn (BFH 9.3.2017 – VI R 86/14, BStBl. II 2017, 981 Rn. 24) – auf einen **Totalgewinn in der Erwerbssphäre** *ausgeht.* Verluste bleiben steuerlich relevant, solange die positive Totalgewinnprognose Bestand hat. 797

Fehlt der Zustandstatbestand von Anfang an, gilt die Formel: **ohne Erwerbsgrundlage sind alle Ausgaben der Einkommensverwendung zuzuschlagen.** Dann kann auch von berücksichtigungsfähigen „Anlaufverlusten" keine Rede sein. Wer nebenberuflich-unprofes- 798 sionell ein Kutschunternehmen betreibt, das von Beginn an „keine realistische Aussicht" auf einen Totalgewinn bietet (FG Nürnberg 14.11.2018 – 5 K 732/17, EFG 2019, 95 Rn. 52, rkr.), bewegt sich in allen Phasen außerhalb der einkommensteuerlich relevanten Sphäre der Einkommenserzielung. Das gilt ebenso für eine nebenberuflich, außerhalb regulärer Arbeitszeiten eines Arbeitnehmers verfolgte Tätigkeit, die von vornherein keine Aussicht auf nachhaltige Gewinne verspricht (FG München 3.6.2019 – 15 K 2481/17, BeckRS 2019, 22287 (NZB X B 109/19): „Geschäftsidee im Planungsstadium").

799–800 *Einstweilen frei*

801 **bb) Wissen in der Zeit als Objektivierungsgrundlage.** „Erwerbsgerichtetheit" erweist sich als objektivierender Tatbestand, der sich nicht abkoppelt von den subjektiven Elementen „Wollen" und „Wissen" (→ Rn. 648). So bleibt die (objektive) „Erwerbsgerichtetheit" der (subjektiven) „Absicht" (§ 15 Abs. 2 S. 1) verbunden. Allerdings ist das **Wissenselement im Lauf der Zeit immer höher zu veranschlagen.** Anlaufverluste in den ersten fünf Jahren (BFH 5.4.2017 – X R 6/15, BStBl. II 2017, 1130 Rn. 15: Richtmaß, „keine starre Grenze") mögen steuerrechtlich im Zeichen eines erwerbsgerichteten „Wollens" anzuerkennen sein. Indessen mag das in dieser Phase angesammelte „Wissen" auf Anpassung drängen, auf dass eine **„nachjustierte Erwerbsgerichtetheit"** die Gewinnprognose auch für die weitere Zukunft trägt.

801.1 BFH 23.8.2017 – X R 27/16, BFH/NV 2018, 36 Rn. 16 verzichtet bei **längeren Verlustperioden** auf „zusätzliche Anhaltspunkte" und nähere Feststellungen zu persönlichen Motiven, die Verluste hinzunehmen. Auf längere Sicht genügt „das fehlende Bemühen", Verlustursachen zu ermitteln und diesen zu begegnen, „für sich genommen".

802 „Absicht" iSd § 15 Abs. 2 S. 1 kann sich nicht auf einen dolus directus ersten Grades, auf ein „zielgerichtetes Anstreben" beschränken. Das gilt für positive und negative Ergebnisse. Die Steuerpflicht der Einnahmen hängt nicht davon ab, ob sie zielgerichtet und um ihrer selbst willen **erwirtschaftet oder** „duldend" **entgegengenommen** werden (BFH 22.2.2012 – X R 14/10, BStBl. II 2012, 511 Rn. 45). Und gutachterliche Prognosen erübrigen sich, wenn der Unternehmer tatsächlich Gewinne erwirtschaftet. „Mutmaßungen über die künftig zu erzielenden Gewinne sind zur Beurteilung der Gewinnerzielungsabsicht vielmehr nur heranzuziehen, wenn Verluste geltend gemacht werden" (BFH 9.3.2017 – VI R 86/14, BStBl. II 2017, 981 Rn. 23).

803 Umgekehrt kann schieres „Anstreben" ökonomischer Erfolge, schieres Wollen und die Wollensbehauptung die Zuordnung zur Erwerbssphäre nicht begründen, **wenn „Wissen" und „sichere Kenntnis" – dolus directus zweiten Grades – aufseiten des vermeintlichen Marktteilnehmers die eigene Ambition dementieren.** Ohne erweiternde, verfassungskonforme Auslegung der „Absicht" (§ 15 Abs. 2 S. 1) wäre Gleichbelastung nicht gewährleistet.

804 Uneingestanden folgt die Rechtsprechung dieser Linie, wenn sie die **Reaktionen auf Verluste** als „wichtige äußere Beweisanzeichen" veranschlagt – und die **Reaktionspflicht** (FG Baden-Württemberg 9.2.2017 – 1 K 841/15, DStRE 2018, 710 (717), rkr.) zunehmend strenger einfordert, je länger die Verlustperiode andauert (FG München 21.11.2016 – 7 K 3067/15, BeckRS 2017, 94461 sub II 3, rkr.). Auf der Zeitachse wird immer dringlicher, „Verlustursachen zu ermitteln und ihnen mit geeigneten Maßnahmen zu begegnen" (BFH 19.3.2009 – IV R 40/06, BFH/NV 2009, 1115; FG Hamburg 2.3.2017 – 1 K 141/16, GmbH-Stpr 2018, 187, rkr.; vgl. auch FG Köln 23.1.2015 – 3 K 3439/10, EFG 2016, 899 Rn. 43–48 (vollständig in BeckRS 2016, 94648, in der Rev. bestätigt durch BFH 11.10.2017 – X R 2/16, DStRE 2018, 331): kein Bemühen um Aufträge).

805 Korrespondiert das „nicht marktgerechte Verhalten" (FG Hamburg 2.3.2017 – 1 K 141/16, GmbH-Stpr 2018, 187, rkr.; FG München 21.11.2016 – 7 K 3067/15, BeckRS 2017, 94461 sub II 3, rkr.) mit einem **Unterlassen der Umstrukturierung trotz positiver Kenntnis der Aussichtslosigkeit,** dann entscheiden Verwaltung und Gerichte nicht übergriffig aus angemaßter Kaufmannsrationalität, sondern objektivierend in Anknüpfung an „Wissen" („Absicht" iSd § 15 Abs. 2 S. 1). Der X. Senat bekennt, dass es „objektive Umstände gibt, namentlich hohe Verlustprognosen und lange Verlustperioden, die in besonderem Maße die Frage aufwerfen, warum der Steuerpflichtige die Tätigkeit fortgesetzt hat" (BFH 23.8.2017 – X R 27/16, BFH/NV 2018, 36 Rn. 20).

Die **Prognose** ist von Anfang an oder wird nach einer Anlaufphase negativ, wenn es von vornherein an einer Erwerbsgrundlage fehlt oder die erwerbsgerichtete Betriebsführung unterbleibt. Sie **ist den Umständen anzupassen:** Eine zunächst gegebene Gewinnerzielungsabsicht kann „wieder wegfallen" (BFH 5.4.2017 – X R 6/15, BStBl. II 2017, 1130 Rn. 13) – auch „kann im umgekehrten Fall das spätere Entstehen einer Gewinnerzielungsabsicht den Wechsel von einer Liebhaberei in einen der Besteuerung unterliegenden Betrieb bewirken" (BFH 16.3.2012 – IV B 155/11, BFH/NV 2012, 950 Rn. 16). Der Zustandstatbestand *gewerbliches Unternehmen* erwächst nicht subjektiv aus Hoffnung und Motivation (*Ismer/Riemer* FR 2011, 455 (456)), sondern aus objektiver Markt-Widmungsfähigkeit der Erwerbsgrundlage (→ Rn. 629 ff.) und tatsächlicher Widmung. Der Steuerpflichtige verlässt die Erwerbssphäre, wenn die bisherige Betriebsführung „nicht mehr ernstlich auf eine am Markt erfolgreiche Tätigkeit gerichtet" ist (BFH 5.4.2017 – X R 6/15, BStBl. II 2017, 1130 Rn. 14). **806**

Die Rechtsprechung lässt sich auf einen **Prognosezeitraum** von allenfalls 30 Jahren ein, weil „Einkünfteprognosen über Zeiträume von 50 Jahren oder von 100 Jahren zu viele spekulative Komponenten enthielten" (BFH 5.3.2007 – X B 146/05, BFH/NV 2007, 1125), betrachtet bei ungewisser Dauer des Unternehmens die Totalgewinnchance seit der Gründung und pro futuro auf „absehbare Zeit" (FG Nürnberg 11.2.2016 – 4 K 1104/14, EFG 2016, 902 Rn. 39, rkr.; BFH 7.4.2016 – IV R 38/13, BStBl. II 2016, 765 Rn. 23: Zeitraum „stets einzelfallbezogen zu beurteilen"; FG Baden-Württemberg 9.2.2017 – 1 K 841/15, DStRE 2018, 710 (715), rkr.: Prognosezeitraum 20 Jahre in Anlehnung an die betriebsgewöhnliche Nutzungsdauer einer Photovoltaikanlage; *Stöber* FR 2017, 801 (802)). Dem FG kommt eine eigene Schätzungsbefugnis zu (§ 96 Abs. 1 S. 1 Hs. 2 FGO iVm § 162 AO; dazu Gräber/*Ratschow* FGO § 96 Rn. 115 f.). **807**

Oft halten die Gerichte nur im Obersatz an ihrer Absicht fest, einer inneren Absicht des Steuerpflichtigen nachzuspüren. In der Beurteilung der kritischen Fälle setzen sie, gegen (behauptetes) Wollen und Beabsichtigen, **objektivierte Standards** durch, Erfahrungssätze, Vermutungsregeln und Fallgruppenrecht. Allerdings sind Verwaltung und Rechtsprechung nicht befugt, mit eigenen betriebswirtschaftlichen Einschätzungen und Risikokalkulationen *ex post* die erwerbsgerichtete Unternehmung in einen Liebhabereibetrieb zu verwandeln. „Auch eine risikobehaftete Tätigkeit kann von Gewinnerzielungsabsicht getragen sein" (FG Nürnberg 16.5.2013 – 6 K 889/12, EFG 2013, 1587 (1588), rkr.). Hier ist die objektive Handhabung besonders bedeutsam. Jedenfalls ist der **einfache Kurzschluss verboten** – ist es „nicht zulässig, von dem tatsächlichen Ausbleiben eines Gewinns auf das Fehlen der Gewinnerzielungsabsicht zu schließen" (BFH 5.4.2017 – X R 6/15, BStBl. II 2017, 1130 Rn. 12). **808**

Insbesondere muss die Verwaltung im **Fall des unternehmerischen Scheiterns** der Versuchung widerstehen, dem riskanten Projekt die objektive Gewerblichkeit zu nehmen, damit die Verwertbarkeit der Verluste zu bestreiten, indem sie subjektive „Liebhaberei-Absicht" unterstellt. Dafür, dass **Verluste in der Anlaufphase** – in den ersten, etwa fünf Jahren (BFH 5.4.2017 – X R 6/15, BStBl. II 2017, 1130 Rn. 15: „keine starre Grenze"; FG München 21.11.2016 – 7 K 3067/15, BeckRS 2017, 94461, rkr.: „Zeitraum von weniger als fünf Jahren nur im Ausnahmefall") – auf unternehmerisch-erwerbsgerichtete Tätigkeit zurückgehen, streitet der Beweis des ersten Anscheins. **809**

BFH 30.10.2014 – IV R 34/11, BStBl. II 2015, 380 Rn. 29; FG Nürnberg 14.11.2018 – 5 K 732/17, EFG 2019, 95 Rn. 49, rkr.; FG Köln 23.1.2015 – 3 K 3439/10, EFG 2016, 899 Rn. 36 (bestätigt durch BFH 11.10.2017 – X R 2/16, DStRE 2018, 331); KSM/*Desens/Blischke* § 15 Rn. B 33; Kirchhof/*Krumm* § 15 Rn. 44; HHR/*Stapperfend* § 15 Rn. 1045; EStH 15.3 („Anlaufverluste") zur „vielfach" längeren Anlaufzeit bei Künstlern und Schriftstellern; vgl. auch *Kraft/Schaz* DStR 2016, 2936 (2939 f.) zu etwaigen Besonderheiten (nebenberuflicher) künstlerischer Tätigkeit. **809.1**

Wiederum aber ist das **Gewicht objektiver Umstände** zu bedenken. Wenn „bei objektiver Betrachtung ein positives Ergebnis nicht zu erwarten" ist, muss der Steuerpflichtige „nachweisen, dass er die objektiven Gegebenheiten verkannt und erwartet habe, dass zunächst angefallene Verluste im Laufe der weiteren Entwicklung des Betriebs durch Gewinne ausgeglichen würden und insgesamt ein positives Gesamtergebnis erzielt werden könne" (BFH 7.4.2016 – IV R 38/13, BStBl. II 2016, 765 Rn. 19). Wenn sich die „zunächst" angefallenen Verluste verstetigen, werden objektive Umstände und objektive Betrachtung übermächtig, Fehleinschätzungen des Steuerpflichtigen irrelevant **809.2**

(→ Rn. 818 ff.). Im Sachverhalt BFH 11.5.2016 – X R 61/14, BStBl. II 2016, 939 Rn. 2, haben Verwaltung und Steuerpflichtiger die Totalperiode (13 Jahre, nur Verlustjahre „mit Ausnahme eines kleinen Gewinns im Jahr 1999") in eine steuerrechtlich anzuerkennende erste und steuerlich irrelevante zweite Phase zerlegt.

810 Einkunftserzielungsabsicht ist ein **Merkmal aller Einkunftsarten** (BFH 25.6.1984 – GrS 4/82, BStBl. II 1984, 751 (766); HHR/*Musil* § 2 Rn. 345 ff.). Wer als Psychotherapeut (§ 18 EStG) in fünf Jahren nur Verluste erwirtschaftet und im darauffolgenden Streitjahr „nur eine Patientin betreut", lässt in Tat und Wahrheit den Schluss auf Liebhaberei zu – den Schluss, „dass die Betriebsführung nicht ernstlich darauf ausgerichtet ist, erfolgreich am Markt tätig zu werden" (FG München 23.1.2014 – 5 K 618/12, DStRE 2015, 706, rkr.). Die dogmatische Gemeinsamkeit kommt zum Ausdruck im Begriff des „Erzielens" (§ 2 Abs. 1 S. 1), der Nutzbarkeit und Nutzung einer Erwerbsgrundlage voraussetzt.

811 Den Ausschlag gibt stets der objektive Tatbestand der Erwerbsgerichtetheit, die Einrichtung und Nutzung einer Erwerbsgrundlage – **Markt-Widmung,** die mehr verheißt als „eine theoretische, unter außergewöhnlich glücklichen Umständen zu realisierende Gewinnchance" (FG Nürnberg 16.5.2013 – 6 K 889/12, EFG 2013, 1587 (1588), rkr.). Der „Sportliebhaber" (BFH 23.10.1992 – VI R 59/91, BStBl. II 1993, 303 (305)) mag gelegentlich Preisgelder vereinnahmen. Den Raum der Einkommensteuerbarkeit betritt der Liebhaber erst, wenn er Erwerbsfähigkeiten aktiviert, sein „Vermögen" (im einen oder anderen – oder im doppelten Sinne von „Haben" und „Können") dem Markt widmet (BFH 23.10.1992 – VI R 59/91, BStBl. II 1993, 303 (305) für den Fall, dass Sportausübung „nicht mehr reiner Selbstzweck" ist, sondern „auch Mittel zur Erzielung von Einkünften").

812 Geht es in der Frage der Erwerbsgerichtetheit um die kaufmännisch-professionelle Nutzung einer Erwerbsgrundlage im Einzelfall, stehen oft **lange Zeiträume** im Streit – im Wege der vorläufigen Steuerfestsetzung (§ 165 Abs. 1 S. 1 AO) langjährig offengehaltene Beobachtungen der Finanzämter, die nicht selten erst nach sechs, acht oder zehn Jahren endgültig festsetzen können (§ 165 Abs. 2 AO; vgl. etwa FG Hamburg 2.4.2014 – 3 K 244/13, BeckRS 2014, 95263, rkr.; FG Köln 23.1.2015 – 3 K 3439/10, EFG 2016, 899 (bestätigt durch BFH 11.10.2017 – X R 2/16, DStRE 2018, 331); FG Köln 20.8.2015 – 11 K 2921/14, EFG 2015, 1937, rkr.). Die objektive Beurteilung der erwerbsgerichteten, unternehmerprofessionellen Betriebsführung wird beherrschbar in einer Fallgruppenbildung (*Birk* BB 2009, 860 (863 ff.); stärker subjektivierend, jedoch typisierend *Ismer/Riemer* FR 2011, 455 (458 ff.); → Rn. 817 ff.).

813 Zuvörderst sind die **Finanzgerichte als Tatsachengerichte** berufen, die konkreten Umstände und jene Vorkehrungen zu beurteilen, die den Schluss auf Unternehmerprofessionalität (→ Rn. 655) erlauben. Der BFH entscheidet, ob die Feststellungen und die Tatsachenwürdigung des FG dessen Schlussfolgerungen zur Gewinnerzielungsabsicht tragen (BFH 30.10.2014 – IV R 34/11, BStBl. II 2015, 380 Rn. 32; BFH 16.9.2015 – X R 43/12, BStBl. II 2016, 48 Rn. 35 ff.). Als Revisionsgericht trägt er aber zur Herausbildung verallgemeinerungsfähiger Standards bei und zur praktisch wichtigen Fallgruppenbildung.

814–816 *Einstweilen frei*

817 **b) Zustands- und Handlungstatbestand – Fallgruppen.** Das gilt zuallererst für die (seltene) Konstellation, dass der erfolgreiche Unternehmer eine Erfolgsabsicht bestreitet, gleichsam sein **Desinteresse am Gewinn** behauptet (*Pezzer* DStR-Beih. 2007, 16 (17)). Der Fußballnationalspieler, der Einkünfte aus DFB-Werbeterminen erzielte (→ Rn. 718) und den Einwand erhob, „die erhaltene Vergütung sei für ihn irrelevant gewesen, weil es ihm nur darauf angekommen sei, Nationalspieler zu werden", fand beim Bundesfinanzhof kein Gehör (BFH 22.2.2012 – X R 14/10, BStBl. II 2012, 511 Rn. 45): „Denn weder die Steuerpflicht von Einnahmen noch die Abgrenzung zwischen gewerblichen und Arbeitnehmer-Einkünften ist davon abhängig, ob jemand eine tatsächlich bezogene Vergütung lediglich duldend entgegennimmt oder ob er seine am Markt entfaltete Tätigkeit zielgerichtet und ausschließlich um der Vergütung willen ausübt". Der BFH folgt hier unausgesprochen dem **Verfassungsgebot** (Art. 3 Abs. 1 GG), **die Einkommensteuerlast** als allgemeine und gleiche Last derer, die am Markt Leistungsfähigkeit hinzugewinnen, **von einem rein subjektiven Tatbestand** (dolus directus ersten Grades) **abzukoppeln.**

Das Verfassungsgebot gilt ebenso für die Beantwortung der allgemeinen Grundfrage, ob einem Handeln überhaupt steuerliche Relevanz zukommt. Das Handeln innerhalb der Einkunftsarten ist zu unterscheiden vom Handeln außerhalb der Einkunftsarten – „auch als **‚Liebhaberei'** bezeichnet" (BFH 25.6.1984 – GrS 4/82, BStBl. II 1984, 751 (766)). Bereits diese Leitentscheidung von 1984 schlingerte zwischen Gewinnabsicht als „innerer Tatsache" und „Beweisanzeichen", die eine objektive Feststellung ermöglichen. Beweisanzeichen könne „eine Betriebsführung sein, bei der der **Betrieb nach seiner Wesensart und der Art seiner Bewirtschaftung auf die Dauer gesehen dazu geeignet und bestimmt ist, mit Gewinn zu arbeiten**" (BFH 25.6.1984 – GrS 4/82, BStBl. II 1984, 751 (767); BFH 30.10.2014 – IV R 34/11, BStBl. II 2015, 380 Rn. 27; FG Schleswig-Holstein 9.3.2016 – 2 K 180/12, DStRE 2017, 724 (728), aufgehoben durch BFH 23.8.2017 – X R 27/16, BFH/NV 2018, 36). Verstanden nicht nur als Beweisanzeichen, sondern als Grundlage einer von innerem Beabsichtigen unabhängigen Beurteilung, entscheiden über die Gewinnerzielungsabsicht des Gewerbetreibenden die objektiven Befunde 818

- Erwerbsgrundlage gewerbliches Unternehmen („Wesensart des Betriebs") und die
- Betriebsführung („Art seiner Bewirtschaftung"), gerichtet auf einen Totalerfolg (BFH 7.4.2016 – IV R 38/13, BStBl. II 2016, 765 Rn. 19).

Der objektive Nutzungstatbestand Betriebsführung bezieht sich notwendig auf den – durch Markt-Widmung aktivierten (→ Rn. 633) – objektiven Zustandstatbestand Erwerbsgrundlage, sodass eine **einheitliche Prüfung** der Erwerbsgerichtetheit (Kirchhof/*P. Kirchhof* § 2 Rn. 70) möglich und geboten ist. Ein „Lizenzerwerber", der sich an hochspekulativer, einem Schneeballsystem vergleichbarer Kapitalsammlung beteiligt, lässt sich nicht professionell, sondern spekulativ und spielerisch auf ein „Geschäftsmodell" ein, das „von Beginn an zum Scheitern verurteilt" ist (FG Baden-Württemberg 23.6.2015 – 8 K 1493/13, EFG 2016, 276 Rn. 71, 73, 86, rkr.: Prognosen im Werbematerial „um das 4 000-fache überhöht"). Ein nebenberuflich betriebenes Kutschunternehmen mag „bei objektiver Betrachtung von vornherein nicht in der Lage" sein, nachhaltig Gewinne zu erzielen (FG Nürnberg 14.11.2018 – 5 K 732/17, EFG 2019, 95 Rn. 51, rkr.). In diesen Konstellationen verhindert die Wesensart des Betriebs eine unternehmerisch-professionelle Art der Bewirtschaftung von Anfang an. 819

Die Unterscheidung der beiden Elemente erlaubt aber eine Fallgruppenbildung in Anknüpfung an die Eigenart der Erwerbsgrundlage. Mit Recht gruppiert die Rechtsprechung – **erste Fallgruppe** – Tätigkeiten, die „typischerweise der Befriedigung persönlicher Neigungen/Hobbys/Leidenschaften des Steuerpflichtigen dienen" (FG Rheinland-Pfalz 24.9.2014 – 2 K 1611/13, BeckRS 2014, 96485, rkr.; BFH 23.8.2017 – X R 27/16, BFH/NV 2018, 36 Rn. 16: „Hobbybereich"), und – **zweite Fallgruppe** – Tätigkeiten, die „nicht typischerweise dazu bestimmt und geeignet sind, der Befriedigung persönlicher Neigungen oder der Erlangung wirtschaftlicher Vorteile außerhalb der Einkunftssphäre zu dienen", dann „müssen zusätzliche Anhaltspunkte dafür vorliegen, dass die Verluste aus persönlichen Gründen oder Neigungen hingenommen werden" (BFH 30.10.2014 – IV R 34/11, BStBl. II 2015, 380 Rn. 27; BFH 23.8.2017 – X R 27/16, BFH/NV 2018, 36 Rn. 16). 820

FG Schleswig-Holstein 9.3.2016 – 2 K 180/12, DStRE 2017, 724, hat mit Blick auf die Tätigkeit „Vercharterung von Segelyachten" den **Gesichtspunkt der Selbstnutzung** herausgestellt. Selbstnutzung deute auf einen „Hobbybetrieb". Im Fall hat das FG keine Selbstnutzung festgestellt, zudem umfangreiche Handels- und Reparaturtätigkeit. Indessen spreche „das fehlende Bemühen, die Verlustursachen zu ermitteln und ihnen mit geeigneten Maßnahmen zu begegnen, für sich genommen schon dafür, dass langjährige Verluste aus im persönlichen Bereich liegenden Neigungen und Motiven hingenommen werden" (FG Schleswig-Holstein 9.3.2016 – 2 K 180/12, DStRE 2017, 724 (728); → Rn. 831 zu den allenfalls gebotenen „Reaktionen des Steuerpflichtigen"). Auf die Revision der Kläger hat BFH 23.8.2017 – X R 27/16, BFH/NV 2018, 36 Rn. 23 der langjährigen Verlusthinnahme zwar „erhebliche Indizwirkung" zugesprochen, gleichwohl das FG-Urteil aufgehoben. Das FG habe – trotz langjähriger Verluste – **persönliche Motive tatsacheninstanzlich festzustellen.** – Im Fall FG München 21.11.2016 – 7 K 3067/15, BeckRS 2017, 94461, rkr., allerdings hat den Klägern geschadet, dass die geltend gemachten Verluste im Zusammenhang stehen mit dem „Erwerb des eigengenutzten Hauses". 820.1

In der zweiten Fallgruppe entscheidet die Betriebsführung, bei längeren Verlustperioden insbesondere Bemühen und Bereitschaft des Steuerpflichtigen, eine erwerbsgerichtete „Art 821 der Bewirtschaftung" und damit eine Einkunftsquelle zu ermöglichen. Unterbleiben erfolgsträchtige Anstrengungen, darf das Finanzgericht allein daraus noch nicht auf Steuerersparnis durch Verlustverrechnung schließen. Doch kann es gehalten sein, das **persönliche Steuersparmotiv** positiv festzustellen, „wenn die Beendigung der verlustbringenden Tätigkeit möglich wäre, aber unterbleibt, weil die Fortführung wegen der Möglichkeit der steuerlichen Verrechnung der Verluste für den Steuerpflichtigen per saldo finanziell günstiger ist" (BFH 29.3.2007 – IV R 6/05, BFH/NV 2007, 1492; FG Nürnberg 11.2.2016 – 4 K 1104/14, EFG 2016, 902 Rn. 67, rkr.).

822 Allerdings geraten **„Gestüte und ähnliche Betriebe"** oder auch ein **Pflanzenzuchtbetrieb** leichter in Verdacht, „keine Einkunftsquelle" zu sein, aber durchaus erklärbar als „persönliche Passion einer gehobenen Lebenshaltung" (FG Köln 3.9.2014 – 2 K 2875/09, EFG 2014, 2120 (2121), rkr.; FG Niedersachsen 18.4.2013 – 11 K 138/12, EFG 2013, 1308 (1310), rkr.). In dieser Fallgruppe liegt näher, bei langjährigen Verlusten Liebhaberei-Verluste von Anfang an anzunehmen. Die objektiven Umstände müssen den Schluss zulassen, dass die trotz der Verluste über Jahre fortgesetzte Betriebsführung nicht auf Erwerb und einen Totalgewinn, sondern auf persönliche Neigungen ausgerichtet ist. Ein Interesse, diese Verluste mit positiven Einkünften zu verrechnen, darf nicht isoliert betrachtet (BFH 19.3.2009 – IV R 40/06, BFH/NV 2009, 1115), aber gewichtet werden. Der **Totalverlust** wird objektiv wahrscheinlicher, wenn sich der Steuerpflichtige dem Rentenalter annähert.

822.1 So hat das FG Köln die Geduld verloren mit einer Pflanzenzüchterin, die in 20 Jahren einen Gesamtverlust von 470.170,18 Euro erwirtschaftet hat, in der mündlichen Verhandlung erklärt, sie wolle in elf Jahren in Rente gehen, indes die Gewinnprognose für diesen Zeitraum nicht substantiieren kann. Auch in dieser Konstellation gaben die **objektiven Befunde** über Erwerbsgerichtetheit und Unternehmerprofessionalität den Ausschlag: „Unterstellt, die in dem Gutachten verwendeten statistischen Angaben zu[r] Gewinnermittlung wären zutreffend, kann die Klägerin mit ihrem Betrieb innerhalb von elf Jahren noch keinen Totalgewinn erwirtschaften" (FG Köln 3.9.2014 – 2 K 2875/09, EFG 2014, 2120 (2122)).

823 Ähnlich kann sich der „Hobbymodelleisenbahner" nicht auf ein Exposé zurückziehen, das subjektiven Ehrgeiz ausdrückt und „theoretisch tragfähig gewesen" wäre (FG Nürnberg 16.5.2013 – 6 K 889/12, EFG 2013, 1587 (1589), rkr.), deshalb Kredite und öffentliche Förderung eingetragen hat, wenn das erwerbsgerichtete Konzept dementiert wird. Er muss die tragfähige Erwerbsgrundlage professionell-erwerbsgerichtet nutzen (→ Rn. 645 ff. zum Handlungstatbestand). Wenn er sich stattdessen die „Ausübung seines Hobbys in großem Stil" über elf Verlustjahre angelegen sein lässt (FG Nürnberg 16.5.2013 – 6 K 889/12, EFG 2013, 1587 (1588 f.), rkr.), geht es nicht mehr um eine risikoreiche Unternehmung, die scheitern darf, sondern um **Liebhaberei-Verluste von Anfang an.**

824 Auch eine an sich unverdächtige Handelstätigkeit kann sich als Liebhaberei von Anfang an erweisen. Wenn der Bundesfinanzhof mit Blick auf einen sieben Jahre lang verlustträchtigen **Weinhandel** die Konkurrenzsituation am Ort, die Beschränkung des Angebots auf die Erzeugnisse einer einzigen Kellerei, den privaten Nutzen, die unzureichende Werbung und den Verzicht auf Laufkundschaft ins Gewicht fallen lässt, ein schlüssiges Betriebskonzept vermisst und der eigensinnigen Geschäftsidee der Klägerin insgesamt nicht traut, dann „war der Betrieb **bei objektiver Betrachtung** nach seiner Art, nach der Gestaltung der Betriebsführung und nach den gegebenen Ertragsaussichten von vornherein zur Erzielung eines Totalgewinns nicht in der Lage" (BFH 27.5.2009 – X R 62/06, BFH/NV 2009, 1793; auch FG Nürnberg 14.11.2018 – 5 K 732/17, EFG 2019, 95, rkr.).

825 Die Prüfung verlagert ihren Schwerpunkt vom Zustands- auf den Handlungstatbestand, wenn Tätigkeiten in Rede stehen, „die **nicht typischerweise in der Nähe des Hobbybereichs** anzusiedeln" sind (BFH 19.3.2009 – IV R 40/06, BFH/NV 2009, 1115; BFH 23.8.2017 – X R 27/16, BFH/NV 2018, 36). Das hat der BFH für den Betrieb von Spielautomaten angenommen. Fallen über Jahre nur Verluste an, sollen die **Reaktionen des Steuerpflichtigen** die Bedeutung „wichtiger äußerer Beweisanzeichen" erlangen: „So spricht vor allem das fehlende Bemühen, die Verlustursachen zu ermitteln und ihnen mit geeigneten Maßnahmen zu begegnen, für sich genommen schon dafür, dass langjährige Verluste aus im persönlichen Bereich liegenden Neigungen und Motiven hingenommen werden" (BFH 19.3.2009 – IV R 40/06, BFH/NV 2009, 1115; vgl. auch FG Köln

23.1.2015 – 3 K 3439/10, EFG 2016, 899 Rn. 43–48 (vollständig in BeckRS 2016, 94648, in der Rev. bestätigt durch BFH 11.10.2017 – X R 2/16, DStRE 2018, 331): kein Bemühen um Aufträge). **Umstrukturierungsmaßnahmen** sind – wiederum objektivierend – „aus der Sicht eines wirtschaftlich vernünftigen Gewerbetreibenden" zu beurteilen (BFH 4.3.2016 – X B 188/15, BeckRS 2016, 94725 Rn. 13).

FG Schleswig-Holstein 9.3.2016 – 2 K 180/12, DStRE 2017, 724 (728) hält – betriebswirtschaftlich problematisch – einem Yachtvercharterer vor, er habe „ein drittes Boot angeschafft, obwohl die beiden ersten Boote, trotz sehr guter Auslastung, zusammen mit den Erlösen aus dem Yachthandel und Reparaturbereich kein positives Ergebnis erbracht hatten". Auf die Revision der Kläger hat BFH 23.8.2017 – X R 27/16, BFH/NV 2018, 36 dem FG aufgegeben, das private Motiv für die Hinnahme der Verluste festzustellen. **825.1**

Einstweilen frei **826–828**

c) Strukturwandel zur Liebhaberei. Die Erwerbsgerichtet eines Gewerbebetriebs kann zunächst anzunehmen sein, in einer ersten Phase, indessen später entfallen – auch wenn insgesamt nur Verluste entstehen (→ Rn. 809). Die Zäsur markiert den **Übergang** vom einkommensteuerlich relevanten Betrieb **zum Liebhabereibetrieb:** sog. Strukturwandel zur Liebhaberei (BFH 11.5.2016 – X R 61/14, BStBl. II 2016, 939 Rn. 24; kritisch Kirchhof/*Seer* § 16 Rn. 186). In der Folgezeit kommen laufende Einkünfte und einkommensteuerrechtlich relevante Wertänderungen des Betriebsvermögens nicht mehr in Betracht; sie ereignen sich in der nachgelagerten, irrelevanten Phase der Liebhaberei. **829**

Im Fall BFH 5.4.2017 – X R 6/15, BStBl. II 2017, 1130, hat der Senat dahinstehen lassen, ob der Steuerpflichtige „zunächst" einen gewerblichen Grundstückshandel begründet hat. Die Gewinnerzielungsabsicht sei „jedenfalls noch vor dem Streitjahr" fortgefallen. Damit war – für das Streitjahr – ein Liebhabereibetrieb festgestellt, „selbst wenn" zuvor ein Gewerbebetrieb anzunehmen war. Diese „jedenfalls-Lösung" kommt freilich nur in Betracht, wenn ausschließlich Verluste im Streit stehen – irrelevante Liebhaberei-Verluste – und die Frage einer historischen Verstrickung und späteren Entstrickung des „eingefrorenen Betriebsvermögens" (→ Rn. 832.1) offen bleiben kann. **829.1**

Der Strukturwandel zur Liebhaberei ist **keine gewinnrealisierende Betriebsaufgabe.** Die (noch) nicht veräußerten Wirtschaftsgüter bleiben Betriebsvermögen, im Wert festgeschrieben auf den Übergangszeitpunkt (BFH 11.5.2016 – X R 61/14, BStBl. II 2016, 939 Rn. 24 ff.): **eingefrorenes Betriebsvermögen** (BFH 5.4.2017 – X R 6/15, BStBl. II 2017, 1130 Rn. 13; BFH 11.5.2016 – X R 15/15, BStBl. II 2017, 112 Rn. 17). Dem (gerade noch aus § 15) Steuerpflichtigen steht frei, den Betrieb zu veräußern oder die Betriebsaufgabe zu erklären, „um nicht in die Liebhaberei zu geraten" (BFH 5.4.2017 – X R 6/15, BStBl. II 2017, 1130 Rn. 18) – oder zuzuwarten, den Liebhabereibetrieb weiter zu bewirtschaften, so die Auflösung und Versteuerung stiller Reserven zu vertagen. **830**

Ob er am Tag der Realisation durch **Veräußerung des Liebhabereibetriebs** (§ 16 Abs. 1 S. 1 Nr. 1) einen positiven Gewinn erzielt, bestimmt sich im Rückblick auf den Zeitpunkt des Übergangs zur Liebhaberei und die Wertentwicklung vor dem Stichtag (BFH 11.5.2016 – X R 15/15, BStBl. II 2017, 112 Rn. 28); ein negativer Gewinn in der Liebhabereiphase kann sich nicht auswirken. „Wenn ein im steuerverhafteten Betriebsvermögen entstandener Gewinn durch einen der Privatsphäre zuzuordnenden Verlust aus Sicht des Steuerpflichtigen wirtschaftlich zunichte gemacht wird, so ändert das nichts an der Realisierung eines steuerverhafteten Gewinns" (BFH 11.5.2016 – X R 15/15, BStBl. II 2017, 112 Rn. 33). **831**

Ansonsten gilt, dass bei Veräußerung oder Entnahme eines einzelnen Wirtschaftsguts **Nachversteuerungspflichten** entstehen: „Die Verwirklichung eines Realisationsaktes in Bezug auf diejenigen Wirtschaftsgüter des Umlaufvermögens, die im Zeitpunkt des Strukturwandels bereits vorhanden waren und deren Anschaffungskosten der Steuerpflichtige in Fällen der Gewinnermittlung durch Einnahme-Überschussrechnung steuerwirksam als Betriebsausgaben abgezogen hatte, stellt dem Grunde nach einen Steuertatbestand gemäß § 24 Nr. 2 i.V.m. § 15 Abs. 1 EStG dar" (BFH 11.5.2016 – X R 61/14, BStBl. II 2016, 939 Rn. 38). **832**

BFH 11.5.2016 – X R 61/14, BStBl. II 2016, 939 Rn. 29 ff. hat keine Rechtsgrundlage gefunden „für einen zwangsweisen Wechsel der Gewinnermittlungsart". Wer den Gewinn vor dem Strukturwandel zur Liebhaberei durch Einnahme-Überschussrechnung ermittelt hat, ist **nicht gehalten, zum** **832.1**

Betriebsvermögensvergleich überzugehen und daraus einen Übergangsgewinn zu ermitteln. Der BFH hat die Konstellation insgesamt von den Fallgestaltungen der Betriebsveräußerung und Betriebsaufgabe, insbesondere von § 16 Abs. 2 S. 2 abgesetzt. Der Strukturwandel zur Liebhaberei sei „gerade nicht“ Betriebsaufgabe. Sollte sich die Nachversteuerung aus §§ 24 Nr. 2, 15 Abs. 1 als zu kompliziert erweisen, „wäre es Sache des Gesetz- bzw. Verordnungsgebers, ggf. eine ausdrückliche Rechtsgrundlage [für einen Wechsel der Gewinnermittlungsart samt sofortiger Versteuerung] zu schaffen“.

833–834 *Einstweilen frei*

835 **d) Erwerbsgerichtetheit der Personengesellschaft.** „Bei den von einer Personengesellschaft erzielten Einkünften“ verlangt der BFH eine **doppelte Prüfung:** „So muss einerseits auf Ebene der Gesellschaft die Absicht zur Vermehrung des Betriebsvermögens bestehen. Andererseits sind nur für die Gesellschafter Einkünfte festzustellen, die auch persönlich die Absicht haben, aus ihrer Beteiligung einen Gewinn zu erzielen“ (BFH 30.10.2014 – IV R 34/11, BStBl. II 2015, 380 Rn. 31). Auch die infizierten und geprägten Gesellschaften des § 15 Abs. 3 erzielen gewerbliche Einkünfte nur unter der Voraussetzung einer Gewinnerzielungsabsicht; der im Wortlaut vorangestellte Oberbegriff der „Einkünfteerzielungsabsicht“ ist „im Zusammenhang mit der allgemeinen Vorschrift des § 15 Abs. 2 EStG“ einschränkend auszulegen (BFH 25.9.2008 – IV R 80/05, BStBl. II 2009, 266 (270)).

836 Zugunsten einer **Vorratsgesellschaft in der Rechtsform der GmbH & Co. KG** spricht die Vermutung, dass die von der Gesellschaft und den Gesellschaftern anvisierte Tätigkeit auf Gewinnerzielung ausgerichtet ist. Wenn sich keine gegenläufigen Anhaltspunkte ergeben, sieht der BFH bei Erwerb oder Gründung einer gewerblich geprägten GmbH & Co. KG „grundsätzlich“ ausgeschlossen, „dass hierfür nicht betriebliche Gründe oder in der privaten Sphäre der Gesellschafter liegende Motive ausschlaggebend gewesen sein könnten“ (BFH 30.10.2014 – IV R 34/11, BStBl. II 2015, 380 Rn. 35). Der Beweis des ersten Anscheins für **Gewinnerzielungsabsicht bei Verlusten in der Anlaufphase** streitet auch für Personengesellschaften.

837–838 *Einstweilen frei*

839 **e) Einzelfälle der Liebhaberei.** FG Nürnberg 14.11.2018 – 5 K 732/17, EFG 2019, 95, rkr.: **Kutschbetrieb** ohne betriebswirtschaftlich tragfähige Basis; BFH 23.8.2017 – X R 27/16, BFH/NV 2018, 36: langjährige Verluste im **Yachtcharter-Betrieb** als starkes Indiz für Liebhaberei, gleichwohl Feststellung privater Motive erforderlich; FG Baden-Württemberg 9.2.2017 – 1 K 841/15, DStRE 2018, 710, rkr.: Betrieb einer **Photovoltaikanlage** mit negativer Ertragsprognose, jedoch Bemühen um Ergebnisverbesserung (Gewinnerzielungsabsicht bejaht); FG München 21.11.2016 – 7 K 3067/15, BeckRS 2017, 94461, rkr.: verlustreiche **Holzbildhauerei** über sieben Jahre ohne Bereitschaft zur Umstrukturierung weiterbetrieben; FG Nürnberg 11.2.2016 – 4 K 1104/14, EFG 2016, 902, rkr.: **Fortführung verlustbringender Vermietung** einer Ferienwohnung aus steuerlichen Gründen (Verlustverrechnung); FG Sachsen 16.9.2015 – 8 K 877/13, BeckRS 2015, 95946, rkr.: **Kleinflugzeugvercharterung** objektiv nicht rentabel; FG Baden-Württemberg 23.6.2015 – 8 K 1493/13, EFG 2016, 276, rkr.: **Spielerisch-spekulative Beteiligung** an einem unrealistisch beworbenen („um das 4 000-fache überhöht“) und betriebenen „Geschäftsmodell“; FG Köln 23.1.2015 – 3 K 3439/10, EFG 2016, 899 (vollständig in BeckRS 2016, 94648, in der Rev. bestätigt durch BFH 11.10.2017 – X R 2/16, DStRE 2018, 331): **kein Bemühen um Aufträge;** FG Köln 3.9.2014 – 2 K 2875/09, EFG 2014, 2120, rkr.: **Pflanzenzuchtbetrieb;** BFH 19.3.2009 – IV R 40/06, BFH/NV 2009, 1115 und BFH 27.5.2009 – X R 62/06, BFH/NV 2009, 1793: **Desinteresse an Verlustursachen,** fehlendes Bemühen, ihnen mit geeigneten Maßnahmen zu begegnen, kein schlüssiges Betriebskonzept.

840 *Einstweilen frei*

7. Ausgrenzung der Land- und Forstwirtschaft

841 **a) „Bodenbewirtschaftung“.** Indem § 15 Abs. 1 S. 1 Nr. 1 im dortigen zweiten Satz „Einkünfte aus gewerblicher Bodenbewirtschaftung“ den Einkünften aus gewerblichen Unternehmen zuschlägt, legt er eine rechtsfolgenerhebliche Zweiteilung der „Bodenbewirtschaftung“ nahe. Der erste Eindruck täuscht. **§ 15 Abs. 1 S. 1 Nr. 1 S. 2** korrigiert nicht das Prinzip der „Ausschlusszuordnung“ (KSM/*Krumm* § 13 Rn. B 2): Allein die mit § 13 normpositiv der Land- und Fortwirtschaft zugeordneten Betriebe und Tätigkeiten (Schmidt/*Kulosa* § 13 Rn. 6 ff., 11 ff.) gehören nicht (mehr) zum Gewerbebetrieb des § 15. Dass nicht alle Unternehmen der Bodenbewirtschaftung Gewerbebetriebe sind, folgt nicht aus einer Zweiteilung des Begriffs, sondern aus der negativen Ausschlussanordnung des § 15 Abs. 1 S. 1 („weder als Ausübung von Land- und Forstwirtschaft […] anzusehen […]") und der positiven Zuordnungsleistung des § 13.

Dem Begriff **„gewerbliche Bodenbewirtschaftung"** – und den hierfür angeführten Beispielen: Bergbauunternehmen, Betriebe zur Gewinnung von Torf, Steinen und Erden – kommt mithin keine konstitutive, sondern lediglich **deklaratorische Bedeutung** zu (KSM/*Desens/Blischke* § 15 Rn. A 7, B 90). Diese Unternehmen der Bodenbewirtschaftung verbleiben in der Gewerblichkeit des § 15, weil sie nicht kraft Zuordnung durch § 13 aussortiert werden (arg. § 15 Abs. 2; → Rn. 830). § 15 Abs. 1 S. 1 Nr. 1 S. 2 stellt auch klar – mit Rückhalt in § 13 Abs. 2 Nr. 1 –, dass die benannten Bodenbewirtschaftungsunternehmen als land- oder forstwirtschaftliche Nebenbetriebe (KSM/*Krumm* § 13 Rn. C 1 ff.) dem Anwendungsbereich des § 13 zugehören, damit aus der Gewerblichkeit des § 15 ausscheiden. **842**

Einstweilen frei **843–844**

b) § 13 als Ausgrenzungsnorm. Die land- und forstwirtschaftlichen Betriebe unterliegen der Grundsteuer, nicht der Gewerbesteuer, und ermitteln ihren Gewinn nach eigenen Regeln (→ § 13a Rn. 29 ff. zur Ermittlung des Gewinns aus Land- und Forstwirtschaft nach Durchschnittssätzen). Die Eigenart der Rechtsfolgen setzt eine verlässliche Abgrenzung zwischen § 13 und § 15 voraus. § 13 Abs. 1 Nr. 1 stellt auf die **„Hilfe der Naturkräfte"** ab. Der Land- und Forstwirt tritt nicht als Händler und Dienstleister auf, auch nicht als Erzeuger eines Erfinderprodukts, sondern als **Urproduzent.** **845**

Mit § 13 Abs. 1 Nr. 1 S. 2 (iVm §§ 51, 51a BewG) werden die Einkünfte aus der Tierzucht und der Tierhaltung einbezogen, soweit die dort festgelegten Grenzen – „Vieheinheiten je Hektar" – nicht überschritten und die Tiere mit Erzeugnissen der Bodenproduktion ernährt werden (KSM/*Krumm* § 13 Rn. B 25 ff.). Jenseits der Grenzen und bei der Zucht und Haltung von Fleischfressern handelt es sich nicht mehr um **bodenabhängige Land- und Forstwirtschaft,** sondern um eine gewerbliche Unternehmung (BFH 21.9.1995 – IV R 96/94, BStBl. II 1996, 85 (86)); Verluste jenseits der Grenze werden mit § 15 Abs. 4 S. 1 in Quarantäne genommen (→ Rn. 2481 ff.). **846**

Land- und Forstwirtschaft ist die **planmäßige Nutzung der natürlichen Kräfte des Bodens** zur Erzeugung von Pflanzen und Tieren sowie die Verwertung der dadurch selbstgewonnenen Erzeugnisse (EStR 15.5 Abs. 1 S. 1; Gleichlt LänderErl 15.12.2011, BStBl. I 2011, 1213, Abschn. II Abs. 1 S. 1; Schmidt/*Kulosa* § 13 Rn. 6: „Landwirtschaft iwS"). Der **Forstbetrieb** insbesondere widmet sich der „planmäßigen Nutzung der natürlichen Kräfte des Waldbodens zur Gewinnung von Nutzhölzern und ihrer Verwertung im Wege der Holzernte" (BFH 9.3.2017 – VI R 86/14, BStBl. II 2017, 981 Rn. 9). Planmäßige Nutzung der natürlichen Kräfte des Bodens liegt nicht vor, wenn Land- und Forstwirte in Fotovoltaikanlagen Strom erzeugen (OFD Niedersachsen 22.11.2016, BeckVerw 324806). **847**

Wenn der klarstellende § 15 Abs. 1 S. 1 Nr. 1 S. 2 die substanzausbeutende Bodenbewirtschaftung distanziert, mag darin ein weiterer Hinweis gefunden werden auf die § 13-Leitideen der Urproduktion und Feldwirtschaft als Landwirtschaft „im engsten Sinne" (KSM/*Krumm* § 13 Rn. B 11 f.). Durchweg jedoch **bestimmen die Einzelzuordnungen des § 13** und deren Ausschlusswirkung (§ 15 Abs. 2 S. 1) über die Abgrenzung zwischen § 13 und § 15; eine übergreifende, die Abgrenzung zwischen § 15 und § 13 verlässlich dirigierende Definition von Land- und Forstwirtschaft fehlt. **848**

Vermarktung und Veräußerung der Eigenerzeugnisse ist „stets Teil der landwirtschaftlichen Urproduktion" (BFH 25.3.2009 – IV R 21/06, BStBl. II 2010, 113 (115)). Das trifft nicht mehr zu auf den **Zukauf und Absatz fremder Produkte.** Denn damit „gibt der Landwirt zu erkennen, dass er nunmehr auch als Händler tätig wird" (BFH 25.3.2009 – IV R 21/06, BStBl. II 2010, 113 (115)). Seine gesamte Absatztätigkeit wird gewerblich, wenn der Nettoumsatzanteil 51.500 Euro oder ein Drittel des Nettogesamtumsatzes im Wirtschaftsjahr nachhaltig übersteigt (**Drittelgrenze:** Gleichlt LänderErl 15.12.2011, BStBl. I 2011, 1213, Abschn. II Abs. 11 S. 1; BFH 25.3.2009 – IV R 21/06, BStBl. II 2010, 113 (115); Schmidt/*Kulosa* § 13 Rn. 61). Allerdings hat der BFH die Verkaufstätigkeit als **trennbare Tätigkeit** **849** angesehen. Mit Überschreiten der Drittelgrenze ist zwar nicht mehr innerhalb des – insgesamt gewerblichen – Verkaufs zwischen eigenerzeugten und zugekauften Produkten zu unterscheiden, jedoch die übrige landwirtschaftliche Tätigkeit dem Tatbestand des § 13 zuzuschlagen. „Eine Umqualifizierung der gesamten Produktionstätigkeit des Landwirts […] erfolgt nicht" (BFH 25.3.2009 – IV R 21/06, BStBl. II 2010, 113 (116)).

850 Die einkunftsartenrechtliche Trennung erübrigt sich, wenn und soweit eine weitere Tätigkeit als **Nebenbetrieb** (KSM/*Krumm* § 13 Rn. C 1 ff.; Schmidt/*Kulosa* § 13 Rn. 61 ff.) oder landwirtschaftliche **Nebenleistung** (EStR 15.5 Abs. 9 ff.) qualifiziert werden kann. Arbeiten in einer GbR ein Pferdehändler, ein Pferdewirt und ein Reitlehrer zusammen, sind gewerbliche Einkünfte abzutrennen, wenn zwischen Pferdeveredelung und Pferdehandel einerseits sowie Bodenbewirtschaftung einer gepachteten Grünfläche andererseits kein einheitlicher landwirtschaftlicher Betrieb im organisatorischen, wirtschaftlichen oder finanziellen Zusammenhang besteht (FG Münster 13.1.2015 – 1 K 2332/12 F, EFG 2015, 907 (908 ff.), rkr.).

851 Die Frage der Abgrenzung zwischen Betrieben der Land- und Forstwirtschaft und Gewerbebetrieben stellt sich neu im **Strukturwandel,** regelmäßig im Wandel von der land- und forstwirtschaftlichen zur gewerblichen Tätigkeit, aber auch umgekehrt (EStR 15.5 Abs. 2). Der BFH unterscheidet sofortigen und allmählichen Strukturwandel (BFH 25.3.2009 – IV R 21/06, BStBl. II 2010, 113 (116); BFH 14.12.2006 – IV R 10/05, BStBl. II 2007, 515 (518)). Strukturmaßnahmen, die den Betrieb neu auf Gewerblichkeit ausrichten (EStR 15.5 Abs. 2 zur dauerhaften Umstrukturierung), führen zur sofortigen Umgestaltung; ansonsten kann der Wandel nach Ablauf eines „Beobachtungszeitraums" von drei Jahren (BFH 25.3.2009 – IV R 21/06, BStBl. II 2010, 113 (116)) anzunehmen sein. Die Aufdeckung stiller Reserven ist nicht zu besorgen (Schmidt/*Kulosa* § 13 Rn. 64). Ein Gasthof und eine Landwirtschaft können ein **einheitliches gewerbliches Unternehmen** bilden, wenn der Landwirtschaft nur untergeordnete Bedeutung zukommt, indessen der Gasthof dem Betrieb das Gepräge gibt (BFH 27.1.1995 – IV B 109/94, BFH/NV 1995, 772).

852–854 *Einstweilen frei*

8. Ausgrenzung der selbständigen Arbeit

855 Leitentscheidungen, wichtige Verwaltungsanweisungen und Schrifttum (Auswahl):

855.1 Leitentscheidungen des BFH:
BFH 14.5.2014 – VIII R 18/11, BStBl. II 2015, 128 (Gewerblichkeit der Politikberatung); BFH 16.9.2014 – VIII R 5/12, BStBl. II 2015, 217 (Gewerblichkeit der Teleshoppingmoderation); BFH 20.10.2016 – VIII R 2/14, BStBl. II 2017, 882 (Autodidakt; beratender Betriebswirt, „ähnlicher" Beruf; Wissensprüfung); BFH 21.2.2017 – VIII R 45/13, BStBl. II 2018, 4 (Übersetzer-GbR, Zukauf von Fremdübersetzungen); BFH 7.5.2019 – VIII R 2/16, BStBl. II 2019, 528 (Gewerblichkeit der Rentenberatung).

855.2 Wichtige Verwaltungsanweisungen:
EStH 15.6.

855.3 Schrifttum (Auswahl):
Schulze zur Wiesche, Steuerliche Anerkennung von interprofessionellen Mitunternehmerschaften als freiberufliche Mitunternehmerschaften, DStR 2001, 1589; *Kubata/Riegler/Straßen*, Zur Gewerblichkeit freiberuflich tätiger Personengesellschaften, DStR 2014, 1949; *Ueberfeldt*, Das Verbot der gewerblichen Tätigkeit für Steuerberater und seine Ausnahmen, DStR 2014, 1191; *Jahn*, Steuerliche Abgrenzung gewerblicher Tätigkeit von freiberuflicher und sonstiger Tätigkeit, DB 2015, 641; *Brunckhorst/Sterzinger*, Ertragsteuerliche Behandlung von Bloggern, Podcastern und YouTubern, DStR 2018, 1689; *Levedag*, Gewerbliche Einkünfte von Rechtsanwaltssozietäten durch Abfärbung, DStR 2018, 2094; *Levedag*, Besteuerung der einzelnen Gesellschaften und Rechtsformvergleich (Ertragsteuern), in: Wachter (Hrsg.), Praxis des Handels- und Gesellschaftsrechts, 4. Aufl. 2018, § 23 (Teil B); *Geyer/Kratzenberger/Ullmann*, Freiberufliche Einkünfte unter Mithilfe fachlich gebildeter Arbeitskräfte – Auslegung des Tatbestandsmerkmals der eigenverantwortlichen Tätigkeit, DStR 2019, 1285; *Schäfer*, Die Besteuerung von Social-Media-Berufen in der Ertragsteuer, StB 2019, 209.

856 **a) Grundsätzliches. aa) Ausgrenzung kraft Gesetzes – „gemischte Tätigkeit".** Der Umgang des § 15 Abs. 2 S. 1 mit dem Merkmal der Selbständigkeit scheint widersprüchlich. Zunächst verlangt die Definition positiv, dass die „Betätigung" „selbständig" unternommen werde – dann aber negativ, dass eben diese Betätigung nicht als „selbständige Arbeit" anzusehen sei. Handhabbar wird die Ausgrenzung allein dadurch, dass sie als **dynamischer Verweis auf § 18** begriffen wird. Die „Ausübung eines freien Berufs" und die „andere selbständige Arbeit" verweist auf die in § 18 abgezirkelte Teilmenge. Die dort erfassten Personen teilen allerdings mit der Gesamtgruppe der selbständig, nachhaltig, erwerbsgerichtet und am Allgemeinverkehr beteiligten Marktteilnehmer die in § 15 Abs. 2 S. 1 vorangestellten Positivmerkmale.

§ 18 gruppiert seinerseits positiv „Einkünfte aus freiberuflicher Tätigkeit", enumerativ benannte und „ähnliche" Erscheinungsformen selbständiger Arbeit. Für die Zusammenschau der §§ 15, 18 gilt: Das (zweite) Negativmerkmal des § 15 Abs. 2 S. 1 spiegelt die mit der **Positivliste** des § 18 Abs. 1 bewirkte Ausgrenzung. Der Steuerpflichtige trägt die **Feststellungslast** „für das Vorliegen eines freien Berufs" (FG Köln 25.4.2018 – 3 K 265/15, EFG 2018, 1212 Rn. 46, rkr.; FG Köln 26.7.2017 – 3 K 1384/14, EFG 2017, 1681 Rn. 39, rkr.; FG Hamburg 5.10.2015 – 1 K 131/14, EFG 2016, 206, rkr.), die Finanzgerichte und der BFH tragen die **Abgrenzungslast.** **857**

Die Gerichte sind nicht berufen, qua **„Ähnlichkeit"** (§ 18 Abs. 1 Nr. 1 S. 2 aE) den Gesetzesvorbehalt zu überspielen. Der *ähnliche* Beruf muss dem gesetzlich *katalogisierten* Beruf sowohl hinsichtlich der Ausbildung als auch hinsichtlich der tatsächlich entfalteten beruflichen Tätigkeit im Wesentlichen gleichen (BFH 7.5.2019 – VIII R 2/16, BStBl. II 2019, 528 Rn. 13; BFH 22.9.2009 – VIII R 63/06, BStBl. II 2010, 466 Rn. 12; FG Hamburg 5.10.2015 – 1 K 131/14, EFG 2016, 206, rkr.; → Rn. 870 f.; FG Sachsen 13.8.2015 – 1 K 189/14, EFG 2016, 1715 Rn. 20, rkr.): **wesentlich gleich kraft Doppelähnlichkeit.** **858**

§ 18 und § 15 verhalten sich zueinander wie **Sondertatbestand und Auffangtatbestand.** § 18 separiert Einkünfte „aus" selbständiger Arbeit. Das rechtfertigt die grundsätzliche **Aufteilung der** – aus freiberuflichen und gewerblichen Elementen zusammengesetzten – **„gemischten Tätigkeiten".** Über die „Tatfrage", ob sich die Bestandteile überhaupt trennen lassen, entscheiden die Finanzgerichte, nicht der Bundesfinanzhof (BFH 8.10.2008 – VIII R 53/07, BStBl. II 2009, 143 (146); BFH 9.5.2017 – VIII R 11/15, BStBl. II 2017, 911 Rn. 17 f. schließt an den revisionsrechtlichen Nichtbeanstandungsbefund eine eigene Wertung an). Wenn ein Laborarzt im Betriebsablauf nach dem Vorscreening die positiven und negativen Befunde unterschiedlich behandelt, steht gleichwohl eine insgesamt einheitliche Tätigkeit in Rede, fehlt es bereits an einer „Mischung" (so wohl auch BFH 12.6.2018 – VIII B 154/17, BFH/NV 2018, 945 Rn. 3). **859**

Gelingt die Aufteilung bei enger Verflechtung zusammengehöriger Leistungen „ausnahmsweise" (BFH 25.3.2009 – IV R 21/06, BStBl. II 2010, 113 (116)) nicht, so „ist der Betrieb danach zu qualifizieren, welche der einzelnen Tätigkeiten der Gesamttätigkeit das Gepräge gibt" (BFH 8.10.2008 – VIII R 53/07, BStBl. II 2009, 143 (146)). Nur in dieser **Gepräge-Konstellation** erfolgt eine Gesamtzuordnung sowohl für den Einzelunternehmer (BFH 21.11.2017 – VIII R 17/15, DStR 2018, 667 Rn. 38: „gemischte Tätigkeit ohne Trennungsmöglichkeit"; BFH 2.10.2003 – IV R 48/01, BStBl. II 2004, 363; Schmidt/*Wacker* § 15 Rn. 97 ff.) als auch für die Personengesellschaft; die Abfärberegelung kommt nicht mehr in Betracht (→ Rn. 79). **860**

BFH 9.5.2017 – VIII R 11/15, BStBl. II 2017, 911 hat die Ausbildung eines Blindenführerhundes (gewerblich) und die unterrichtende Einweisung und Einarbeitung des sehbehinderten Menschen in den Umgang mit dem Hund (allenfalls freiberuflich) als einheitlich gewerblich angesehen. Die vorherige Ausbildung des Hundes sei **das „prägende" Element der Tätigkeit,** die nachfolgende Einweisung „untergeordnete Tätigkeit". Dass die Entgelte in der Buchführung getrennt aufgeführt werden, könne an der Beurteilung nichts ändern (BFH 9.5.2017 – VIII R 11/15, BStBl. II 2017, 911 Rn. 17 f.). **860.1**

Die Rechtsprechung verlangt die **Trennung soweit möglich.** Die gewerbliche Verpachtung des Mandantenstamms (Betriebsaufspaltung → Rn. 1223) und eigene freiberufliche Beratungstätigkeit können trennbar sein (BFH 21.11.2017 – VIII R 17/15, DStR 2018, 667 Rn. 37), auch die schriftstellerische Tätigkeit eines Bloggers oder die journalistische Tätigkeit eines YouTubers, der zudem Werbung betreibt (*Schäfer* StB 2019, 209 (212); *Brunckhorst/Sterzinger* DStR 2018, 1689 (1692)). Wenn ein Rechtsanwalt (§ 18 Abs. 1 Nr. 1 S. 2) für einen Mandanten rechtsberatend tätig ist und binnen weniger Monate 684.704 standardisierte Mahnungen verschickt, wird das Mengeninkasso als kaufmännische Dienstleistung abgetrennt **861** und den Einkünften aus Gewerbebetrieb zugeschlagen (FG Niedersachsen 15.9.2011 – 14 K 312/09, BeckRS 2012, 94060, bestätigt mit BFH 20.8.2012 – III B 246/11, BFH/NV 2012, 1959; zur Gewerblichkeit des Inkassounternehmers auch FG Thüringen 19.3.2014 – 4 K 1164/12, EFG 2014, 1653: kein beratender Volks- und Betriebswirt, keine dem Rechtsanwalt ähnliche Tätigkeit). Auch die Nebentätigkeit des Rechtsanwalts als Datenschutzbeauftragter kann abzutrennen sein (BFH 14.1.2020 – VIII R 27/17, DStR 2020, 633 Rn. 15).

862 Trotz getrennter Buchführung kann eine einheitliche Tätigkeit anzunehmen sein (BFH 9.5.2017 – VIII R 11/15, BStBl. II 2017, 911 Rn. 18) – indessen **hängt die Trennbarkeit nicht von getrennter Buchführung ab:** Soweit eine Krankengymnastin selbst behandelt, ist sie persönlich-freiberuflich „am Patienten" tätig – aber nicht mehr leitend und eigenverantwortlich und deshalb gewerblich, soweit sie als Praxisinhaberin ihren Mitarbeitern Anamnese und Patientenbehandlung überlässt (FG Hamburg 10.9.2013 – 3 K 80/13, BeckRS 2013, 96698, rkr.). Dass in praxi „Berührungspunkte" der Tätigkeiten bestehen, hindert nicht die Trennung, auch nicht die Schätzung der Anteile bei einheitlicher Buchführung.

863–864 *Einstweilen frei*

865 **bb) Typusunterschiede.** Als wesentliche Kriterien der Abgrenzung gelten nach wie vor jene **Typusunterschiede,** die historisch Anlass gegeben haben, die Gewerbetreibenden einerseits neben den „Bauersleuten" und andererseits neben den „studierten Leuten" zu gruppieren. Zuletzt hat das Bundesverfassungsgericht die Unterschiede **„in der Kombination der Produktionsfaktoren Boden, Arbeit und Kapital"** rekapituliert und die darauf gestützten Differenzierungen des Gesetzgebers gebilligt: Land- und Forstwirte seien abhängig von Klima und Boden, die Selbständigen von individueller Begabung, beruflicher Qualifikation und persönlich erbrachter Dienstleistung, indessen die Gewerbetreibenden die Produktion von Waren und Dienstleistungen jederzeit steigern können „durch zusätzlichen Einsatz von Kapital und Arbeit" (BVerfG 15.1.2008 – 1 BvL 2/04, BVerfGE 120, 1 (31 f.)).

866 In der Finanzrechtsprechung hat sich die Formel durchgesetzt, die Leistung des Freiberuflers trage den **„Stempel der Persönlichkeit"** (BFH 16.7.2014 – VIII R 41/12, BStBl. II 2015, 216 Rn. 13; FG Köln 23.5.2019 – 1 K 1430/16, EFG 2019, 1989 Rn. 53, rkr.; FG Hamburg 20.1.2015 – 3 K 157/14, EFG 2015, 912 (913), rkr.; FG Köln 1.6.2017 – 15 K 243/14, EFG 2017, 1662 Rn. 43, Rev. VIII R 10/17). Entsprechend für den mehrwertsteuerrechtlichen Begriff betont der EuGH (11.10.2001 – C-267/99, IStR 2001, 718 Rn. 39) den „ausgesprochen intellektuellen Charakter", die „hohe Qualifikation" und die Gebundenheit an berufsständisches Recht. Alle Umschreibungen zielen auf überkommene oder neue, aber „ähnliche" (§ 18 Abs. 1 Nr. 1 S. 2 aE) Berufsbilder, die sich auszeichnen durch **„persönliche Dienste höherer Art"** (*Jahn* DB 2015, 641 (642), der zur näheren Kennzeichnung von „einer gewissen ideellen Motivation" spricht, „die das bloße Gewinnstreben überlagert", ohne damit ein Tatbestandsmerkmal einzuführen).

867 Geht es ausgrenzungshalber um „persönliche Dienste höherer Art", lassen sich **Grenzkonflikte** an der Linie zwischen § 18 und § 15 nicht vermeiden. Im Streit haben Verwaltung und Gerichte zu entscheiden über die **persönliche Arbeitsleistung des Berufsträgers** und über § 18 Abs. 1 Nr. 1 S. 3, der die „Mithilfe fachlich vorgebildeter Arbeitskräfte" erlaubt, jedoch voraussetzt, dass der Freiberufler gleichwohl „leitend und eigenverantwortlich tätig wird" (→ § 18 Rn. 362 ff.; *Geyer/Kratzenberger/Ullmann* DStR 2019, 1285). Wer für einen Seminarbetrieb umfänglich „Fremd-Dozenten" (Honorarkräfte) einsetzt, wird nicht eigenverantwortlich unterrichtend und damit freiberuflich tätig, sondern gewerblich (FG Berlin-Brandenburg 20.10.2015 – 4 K 4236/14, EFG 2017, 192 Rn. 30, rkr.). **Intensive Leitung erübrigt nicht die Eigenverantwortlichkeit.** Fehlt diese Eigentätigkeit im Sinne einer Selbstorganschaft, erweist sich *Leitung* als *gewerbliche Leistung.*

867.1 Das hat das FG Köln zutreffend festgestellt mit Blick auf eine Diplomsozialarbeiterin, die mit ihren Klienten „Erstgespräche" führt, dann nur mehr halbjährlichen persönlichen Kontakt hält, im Übrigen die „Zweitgespräche" ihren Mitarbeitern überlässt. Geboten sei „die **persönliche Teilnahme des Berufsträgers an der praktischen Arbeit** in ausreichendem Umfang" (FG Köln 1.6.2017 – 15 K 243/14, EFG 2017, 1662 Rn. 43, Rev. VIII R 10/17). Für die freiberufliche Unterrichtstätigkeit verlangt das Gericht die **„charakteristische Beziehung des Unterrichtenden zum Schüler":** Eine erzieherische Tätigkeit könne der Betriebsinhaber nur dann persönlich prägen, wenn er an der Formung junger Menschen „einen aktiven Anteil" hat und „nicht nur organisatorisch sicherstellt, dass sein Erziehungskonzept durchgeführt wird“ (FG Köln 23.5.2019 – 1 K 1430/16, EFG 2019, 1989 Rn. 56, 59, rkr.).

Häufiger aber behaupten Steuerpflichtige jene charakteristische **Leistung höherer Art,** etwa eine „Gestaltungshöhe“, auf der sich der Künstler (§ 18) vom Gebrauchskunsthandwerker (§ 15) unterscheidet. 868

Indem § 18 Abs. 1 Nr. 1 S. 2 auch die „künstlerische Tätigkeit“ einbezieht, damit der Gewerblichkeit entzieht, müssen **Finanzrichter als Kunstrichter** figurieren: Dank „ihrer Lebenserfahrung und privater Kontakte zu Künstlern und Graphikern“ konnten Münchner Richter feststellen, dass ein Kläger bei der Erstellung von Dokumenten mittels Bleisatz und Buchdruck nur „geringen künstlerischen Freiraum“ zu nutzen vermochte, indes an Kundenwünsche gebunden war, sodass die „handwerklich saubere Ausführung des Auftrags“ überwog (FG München 10.7.2014 – 15 K 2275/11, BeckRS 2014, 96073, rkr.). Rheinische Richter urteilten „aufgrund ihrer Lebenserfahrung, privater Kontakte zu Künstlern und Gebrauchsgraphikern, Veranstaltung von Ausstellungen im Finanzgericht Düsseldorf, Besuch weiterer Kunstausstellungen und sonstiger Auseinandersetzung mit Kunstwerken“ (FG Düsseldorf 5.11.2004 – 1 K 3118/02 G, EFG 2007, 197, rkr.) und führten den „Gebrauchskünstler“ auf den goldenen Boden des Handwerks und in die Steuerpflicht aus § 15 zurück. 869

Auf der gleichen Linie entschied FG Baden-Württemberg 23.11.2004 – 11 K 208/04, EFG 2005, 870, rkr., für einen **Geigenbauer,** auch wenn dieser sein Handwerk perfektioniert: „Auch wenn der Kläger es hierbei zu einer besonderen Meisterschaft gebracht und seinen Instrumenten besondere klangliche Eigenschaften verliehen hat, ist er zwar ein hervorragender Geigenbaumeister, der seinen jeweiligen Instrumenten persönliche Charaktereigenschaften vermittelt, die sie von anderen abhebt. […] Dies ändert aber nichts daran, dass er hierdurch an der Klangschöpfung als Musiker nicht entscheidend mitwirkt. Die Tätigkeit des Klägers bleibt insgesamt eine Anwendung erlernbarer Kenntnisse und Techniken, mögen auch einzelne Arbeitsschritte – wie z. B. die Anfertigung der Schnecke – künstlerische Ausformungen erlauben. Soweit der im Rahmen der Handwerksordnung erlernte und anerkannte Ausbildungsberuf des Geigenbauers im Laufe des Arbeitslebens dadurch eine Qualifikation erfährt, dass der diesen Beruf Ausübende aufgrund besonderer Fähigkeiten, Intuition und Ideenreichtum es zu einer besonderen Meisterschaft bringt, kann dies – wie oben bereits ausgeführt – erst dann die Annahme einer künstlerischen Tätigkeit rechtfertigen, wenn er darüber hinaus an der Klangschöpfung als Musiker entscheidend mitwirkt, wovon das Gericht im Streitfall nicht überzeugt werden konnte.“ – Allerdings hat das FG nicht ausgeschlossen, dass in Einzelfällen **auf handwerklicher Grundlage Kunst** ausgeübt werde. Ein Geigenbaumeister könne mit dem Bau von Streichinstrumenten ausnahmsweise als „Künstler“ i.S. des § 18 sein, wenn er mit seinen Werken in fachkundigen Kreisen als „Künstler“ anerkannt und behandelt werde. 869.1

Die Fachgerichtsbarkeit rekurriert in diesen Fällen auf den verfassungsgerichtlichen **Kunstbegriff,** auf die Beschreibung künstlerischer Betätigung als „freie schöpferische Gestaltung, in der Eindrücke, Erfahrungen, Erlebnisse des Künstlers durch das Medium einer bestimmten Formensprache zu unmittelbarer Anschauung gebracht werden“ (BVerfG 17.7.1984 – 1 BvR 816/82, BVerfGE 67, 213 (226); ausführlich *von Arnauld* Bonner Kommentar GG, Art. 5 Abs. 3 (Kunstfreiheit) Rn. 41 ff.). Zuletzt hat BFH 3.12.2015 – V R 61/14, DStR 2016, 468 Rn. 15, im umsatzsteuerlichen Kontext (§ 12 Abs. 2 Nr. 7 Buchst. a UStG) an diese Begriffsbestimmung angeknüpft und dem FG für den zweiten Rechtszug aufgegeben, mit Blick auf einen **Hochzeits- und Trauerredner** festzustellen, ob er sich „auf eine schablonenartige Wiederholung anhand eines Redegerüstes beschränkt“. Das gilt entsprechend für die Abgrenzung zwischen § 15 und § 18 EStG: allein mit künstlerischer Rede entfernt sich der professionelle Redner von der Gewerblichkeit. 869.2

Regelmäßig entzündet sich die Frage nach der Grenzziehung zwischen § 15 und § 18 in der Auseinandersetzung über die Gewerbesteuerpflicht. Diese knüpft an § 15 an; wer sich im Ausgrenzungsbereich des § 18 bewegt, arbeitet nicht-gewerblich und damit auch außerhalb des GewStG. So balancieren auch und nicht zuletzt die **Streitfragen rund um die „ähnlichen Berufe“** (§ 18 Abs. 1 Nr. 1 S. 2 aE) auf der Grenzlinie der §§ 15 und 18 (→ Rn. 858). In der nachgerade standardisierten Kampflage will das Finanzamt auf Gewerbesteuermessbescheide verpflichten, indessen die Adressaten Schutz suchen im sicheren Hafen des § 18 – etwa eine Heileurythmistin die „Ähnlichkeit“ mit Heilpraktikern, Krankengymnasten oder Physiotherapeuten behauptet, die Rentenberaterin „Ähnlichkeit“ mit dem Beruf des Rechtsanwalts reklamiert (→ Rn. 871). 870

871 In dieser typischen **Dramaturgie der Grenzziehung** setzten die Finanzgerichte bei § 2 Abs. 1 S. 1 GewStG, der Begriffsbestimmung des § 15 Abs. 2 EStG und der dortigen Ausgrenzung freier Berufe an, um die Abgrenzung endlich über Anforderungen der „Ähnlichkeit (§ 18 Abs. 1 Nr. 1 S. 2 aE) zu steuern. Dem Rentenberater etwa werden im Zeichen der Belastungsgleichheit (Art. 3 Abs. 1 GG) **in Tiefe und Breite vergleichbare Kenntnisse** abverlangt, wenn er „Ähnlichkeit" mit dem Katalogberuf des Rechtsanwalts oder Steuerberater beanspruchen will (ablehnend BFH 7.5.2019 – VIII R 2/16, BStBl. II 2019, 528 Rn. 16 ff.; FG Sachsen 13.8.2015 – 1 K 189/14, EFG 2016, 1715, rkr.). Ihm muss die Gleichstellung mit einem katalogisierten Beruf gelingen; **Gruppenähnlichkeit genügt nicht** (BFH 7.5.2019 – VIII R 2/16, BStBl. II 2019, 528 Rn. 12; BFH 25.4.2017 – VIII R 24/14, BStBl. II 2017, 908 Rn. 19, auch gegen eine Ähnlichkeit mit dem „Freiberufler an sich").

872 Die Finanzgerichte entscheiden auch und gerade im Streit über „Ähnlichkeit" (§ 18 Abs. 1 Nr. 1 S. 2) anhand persönlicher Umstände und individueller Sachverhalte – über Ausbildungsbiographien und konkrete Tätigkeiten in singulären Konstellationen. **§ 118 Abs. 2 FGO** bindet den Bundesfinanzhof „an die in dem angefochtenen Urteil getroffenen tatsächlichen Feststellungen", vorbehaltlich begründeter Angriffe der Revision auf die Tatsachenermittlung (Gräber/*Ratschow* FGO § 118 Rn. 36 ff., 65 ff.; exemplarisch BFH 3.5.2016 – VIII R 4/13, BFH/NV 2016, 1275 Rn. 34 ff.).

873 Freiberuflichkeit ist nicht vererblich. Der **Erbe des Freiberuflers** erzielt Einkünfte aus Gewerbebetrieb, wenn er mit dem geerbten Betriebsvermögen die Tätigkeit des Erblassers fortführt, seinerseits jedoch – **„berufsfremd"** – die höchstpersönlichen Anforderungen der Freiberufe nicht erfüllt. Das gilt auch für die Erbengemeinschaft, sei es, dass alle Mitglieder der Freiberuflichkeit fernstehen, sei es, dass nur ein Miterbe als berufsfremder Mitunternehmer die Abfärberegelung des § 15 Abs. 3 Nr. 1 aktiviert (FG Köln 24.6.2015 – 14 K 1130/13, EFG 2015, 1923 (1929 f.), rkr.; BMF 14.3.2006, BStBl. I 2006, 253 Rn. 5). Diese Konstellationen der **Unternehmensfortführung durch Nicht-Freiberufler** bestätigen den Befund, dass § 18 sondertatbestandlich verdrängt, indessen § 15 als Auffangtatbestand fungiert (→ Rn. 859).

873.1 Das rechtskräftige Urteil des FG Köln erörtert die **Gewerblichkeit einer Erbengemeinschaft,** die das Unternehmen eines freiberuflichen Erfinders fortführt. Der **Tod des Freiberuflers** führe weder zu einer Betriebsaufgabe, noch gehe das der Freiberuflichkeit dienende Betriebsvermögen durch den Erbfall in das Privatvermögen der Erben über. Bei Betriebsfortführung müssen „alle Miterben" persönlich „die Qualifizierungsvoraussetzungen des Freiberufs erfüllen" (FG Köln 24.6.2015 – 14 K 1130/13, EFG 2015, 1923 (1926), rkr.) – ansonsten erzielen sie gewerbliche Einkünfte. Die eigenständige Abgrenzung auf Ebene der Miterben setzt allerdings voraus, dass keine Einkünfte i.S. des § 24 Nr. 2 vorliegen (dazu ausführlich FG Köln ebenda S. 1926 ff.). Im Ergebnis hält das FG fest (ebenda S. 1930): „Die Miterben selbst, zumindest der Miterbe H1, waren nicht als Erfinder tätig und damit berufsfremd. Aufgrund der Abfärberegelung des § 15 Abs. 3 Nr. 1 EStG waren damit die von den Miterben auf der Grundlage des geerbten Betriebsvermögens erzielten Einkünfte als solche aus Gewerbebetrieb zu qualifizieren."

874–876 *Einstweilen frei*

877 **b) Einzelfälle.** An einer „Leistung mit einer gewissen Gestaltungshöhe" und einer „eigenschöpferischen Ausrichtung" sieht die Rechtsprechung auch eine **Teleshoppingmoderation** gehindert (BFH 16.9.2014 – VIII R 5/12, BStBl. II 2015, 217 Rn. 34 f.). Die Werbemoderation reize **auftraggeberorientiert** zum Kauf an, auch fehle das Element der „kritischen Auseinandersetzung", das den Journalismus präge. „Vertrauenswerbung für eine Ware", die den „von Auftraggebern erstellten Produktbüchern" folge, sei keine freiberufliche, sondern gewerbliche Tätigkeit (BFH 16.9.2014 – VIII R 5/12, BStBl. II 2015, 217 Rn. 23 ff.; ähnlich FG Nürnberg 17.1.2018 – 5 K 391/17, EFG 2018, 767 (768), rkr.: auftraggeberbezogene Produktschulungen und Verkaufstrainings).

878 Dass die Ausübung eines Berufs auf wissenschaftlicher Ausbildungsgrundlage nicht selbst „wissenschaftliche Tätigkeit" i.S. des § 18 Abs. 1 Nr. 1 S. 2 ist, hat der BFH mit Blick auf einen **Politikberater** wiederholt (BFH 14.5.2014 – VIII R 18/11, BStBl. II 2015, 128 Rn. 15 f., auch zu den Begriffen „reine" und „angewandte Wissenschaft"). Der Berater, der für einzelne Auftraggeber schreibt, erreiche geschlossene Adressatenkreise, sei nicht wie der

Schriftsteller „für die Öffentlichkeit" tätig und auch nicht wie der Journalist auf die Information der Öffentlichkeit ausgerichtet (BFH 14.5.2014 – VIII R 18/11, BStBl. II 2015, 128 Rn. 18 ff., 22 ff.), bleibt deshalb Gewerbetreibender, wenn nicht schon „die weitgehende Fremdbestimmtheit seiner Tätigkeit den Zugang zur privilegierten Besteuerung als Freiberufler verschlossen hat" (*Kanzler* FR 2015, 377 (378)). Dem Politikberater gelang der Sprung aus der Gewerblichkeit – und der Gewerbesteuerpflicht – in die Freiberuflichkeit so wenig wie dem **Promotionsberater** (BFH 8.10.2008 – VIII R 74/05, BStBl. II 2009, 238): Ghostwriting möge wissenschaftlich sein, wer aber nur Doktorvater und Thema vermittle, erreiche nicht wissenschaftliche Gestaltungshöhe.

Nicht zuletzt haben Finanzämter und Finanzgerichte über **„Ähnlichkeitstatbestände"** **879**
zu entscheiden, gleichsam an der Nahtstelle zwischen § 18 (selbständige Tätigkeit „ähnlicher Berufe") und § 15. Zwar verlangt die Judikatur neben der „im Wesentlichen" gleichen Tätigkeit auch die Ähnlichkeit der Ausbildung (→ Rn. 857). Sie hat freilich – wohl ausnahmsweise (HHR/*Brandt* § 18 Rn. 191) – auch dem **Autodidakten** bescheinigt, Kenntnisse und Fähigkeiten erwerben zu können, die „in Breite und Tiefe" etwa „denen eines an einer Fachhochschule diplomierten Informatikers oder Wirtschaftsinformatikers entsprechen" (BFH 3.5.2016 – VIII R 4/13, BFH/NV 2016, 1275 Rn. 28; BFH 22.9.2009 – VIII R 63/06, BStBl. II 2010, 466 Rn. 13; FG Berlin-Brandenburg 26.11.2015 – 15 K 1183/13, EFG 2016, 1622 Rn. 22 (bestätigt durch BFH 7.5.2019 – VIII R 2/16, BStBl. II 2019, 528): „aus Gründen der steuerlichen Belastungsgleichheit").

Das FG führt im Rahmen seiner Sachaufklärungspflicht (§ 76 FGO) eine **Wissensprüfung** **880**
durch, wenn der Kläger die Ähnlichkeit im Wissen nicht anders nachweisen kann: durch abgeschlossene Fortbildungsmaßnahmen; Selbststudium; eigene praktische Arbeiten (BFH 19.1.2017 – III R 3/14, DStRE 2017, 1031 Rn. 17 ff.). Die Wissensprüfung ist **„ergänzendes Beweismittel"**, weist „Defizite im Hinblick auf die Unmittelbarkeit der Beweisaufnahme auf" und kann lediglich „aktuell vorhandenes Wissen" nachweisen (BFH 20.10.2016 – VIII R 2/14, BStBl. II 2017, 882 Rn. 16: „weitere Rückschlüsse auf den Kenntnisstand im Streitzeitraum notwendig").

BFH 19.1.2017 – III R 3/14, DStRE 2017, 1031, betont mit Blick auf **Autodidakten,** dass sie **880.1**
„Erfahrungen und Kenntnisse in allen Kernbereichen des Katalogberufs" nachzuweisen haben. **Tätigkeitsgleichheit genügt nicht.** „Ein Autodidakt, der eine Tätigkeit ausübt, die auch für Diplom-Wirtschaftsinformatiker berufstypisch ist, dessen Wissen aber in seiner Gesamtheit nicht mit den Kenntnissen eines Diplom-Informatikers vergleichbar ist, wird nicht freiberuflich, sondern gewerblich tätig" (BFH 19.1.2017 – III R 3/14, DStRE 2017, 1031 Rn. 16).

Andererseits respektiert die Rechtsprechung den Vorbehalt des Gesetzes in der Gestaltung **881**
des Katalogs (§ 18 Abs. 1 Nr. 1 S. 2), wenn sie **EDV-Beratung** als eigenständige Tätigkeit qualifiziert, nicht ohne Weiteres die **Ähnlichkeit** mit dem Ingenieurberuf oder dem des beratenden Betriebswirts anerkennt. Ohne Nachweis vergleichbar umfänglichen Wissens (BFH 18.4.2007 – XI R 29/06, BStBl. II 2007, 781), **ohne konkrete Betätigung auf den Hauptfeldern der Betriebswirtschaftslehre** (FG Hamburg 5.10.2015 – 1 K 131/14, EFG 2016, 206, rkr.; FG Köln 26.7.2017 – 3 K 1384/14, EFG 2017, 1681 Rn. 47, rkr.) streitet der Gesichtspunkt der Belastungsgleichheit (Art. 3 Abs. 1 GG) gegen die Gleichstellung der EDV-Beratung mit einem Katalogberuf. Auch kann „Konzeptionierung und Gestaltung der Produktplazierung" allenfalls „indirekten Einfluss auf den betrieblichen Hauptbereich des Marketing" nehmen, damit auch nicht „wenigstens einen der betrieblichen Hauptbereiche der Betriebswirtschaft" abdecken (FG Hamburg 10.2.2016 – 6 K 83/14, BeckRS 2016, 94713, rkr., im Abgleich mit dem „Berufsbild eines beratenden Betriebswirts").

Der **Clinical Research Associate,** der für einen erfolgreichen Verlauf klinischer Studien **882**
sorgt und die Entwicklung pharmazeutischer oder medizintechnischer Produkte unterstützt, ähnelt nicht dem Krankengymnasten und nicht dem Physiotherapeuten (BFH 25.4.2017 – VIII R 24/14, BStBl. II 2017, 908 Rn. 17 ff., gegen die Vorinstanz: FG Münster 29.4.2014 – 2 K 3993/12 G, EFG 2014, 1389). Der Clinical Research Associate ist nicht therapeutisch tätig, verfügt auch nicht über eine staatliche Erlaubnis (Erlaubnis als Ähnlichkeitsvoraussetzung für den Fall, dass der allenfalls vergleichbare Beruf seinerseits erlaubnispflichtig ist: BFH 25.4.2017 – VIII R 24/14, BStBl. II 2017, 908 Rn. 18).

883 **Spezialisierung des Beraters** schadet, wenn der studierte Volks- oder Betriebswirt nicht (mehr) die Gesamtkompetenz für zumindest einen Hauptbereich der Volks- oder Betriebswirtschaftslehre für sich reklamieren kann – nicht als „beratender Volks- und Betriebswirt" (§ 18 Abs. 1 Nr. 1 S. 2) figuriert, sondern nur mehr Einzelelemente seines Fachs in ein eigenständiges, mit § 18 nicht erfasstes Geschäftsmodell einbringt. Diese Abkehr vom fixen Profil des Katalogberufs hat das Hessische Finanzgericht mit Blick auf den Berater entlassener Führungskräfte festgestellt (FG Hessen 20.7.2016 – 8 K 86/11, EFG 2016, 1619, rkr.). Seiner **Outplacement-Beratung** (Trennungsmanagement, Karrieremanagement) fehle die „fachliche Breite", sei insbesondere „keine Tätigkeit auf dem Gebiet des Personalwesens" (FG Hessen 20.7.2016 – 8 K 86/11, EFG 2016, 1619 Rn. 54 f., rkr.; FG Köln 26.7.2017 – 3 K 1384/14, EFG 2017, 1681 Rn. 42, rkr.: Umschlag in Gewerblichkeit infolge einer Spezialisierung).

883.1 **Freiberuflichkeit bejaht** – *neuere Einzelfälle*: BFH 20.11.2018 – VIII R 26/15, DStRE 2019, 601: Integrierter Versorgungsvertrags nach §§ 140a ff. SGB V (sog. IV-Verträge) zwischen dem Berufsverband der **Heileurythmisten** und einer gesetzlichen Krankenkasse stellt ein ausreichendes Indiz für das Vorliegen einer dem Katalogberuf des Krankengymnasten/Physiotherapeuten ähnlichen Ausbildung und Tätigkeit iSd § 18 Abs. 1 Nr. 1 dar; FG Hamburg 10.9.2013 – 3 K 80/13, BeckRS 2013, 96698, rkr.: **Krankengymnastin** soweit persönlich-freiberuflich „am Patienten" tätig, nicht mehr als delegierende Praxisinhaberin; FG Köln 24.10.2012 – 15 K 4041/10, EFG 2013, 1768, bestätigt durch BFH 21.2.2017 – VIII R 45/13, BStBl. II 2018, 4: **Übersetzer- und Dolmetscher-GbR,** soweit sie nicht Fremdübersetzungen zukauft; BFH 22.9.2009 – VIII R 63/06, BStBl. II 2010, 466: Entwicklung, Implementierung und Betreuung von Software **„wie ein Ingenieur"** (ähnlicher Beruf); BFH 18.5.1995 – IV R 31/94, BStBl. II 1995, 718: **Tanzlehrer** mit der unterrichtenden Tätigkeit, für eine GbR jedoch Abfärbungsgefahr (§ 15 Abs. 3 Nr. 1) bei Getränkeverkauf.

883.2 Zahlreiche weitere Beispiele: **EStH 15.6 Buchst. a** „Beispiele für selbständige Arbeit".

883.3 **Freiberuflichkeit verneint** – *neuere Einzelfälle*: FG Köln 23.5.2019 – 1 K 1430/16, EFG 2019, 1989, rkr.: **Diplom-Sozialarbeiter,** der leitend, nicht selbst erzieherisch tätig ist; FG Hamburg 9.5.2019 – 2 K 342/17, EFG 2019, 1383, rkr.: **Hufbeschlagschmied;** BFH 7.5.2019 – VIII R 2/16, BStBl. II 2019, 528 und BFH 7.5.2019 – VIII R 26/16, BStBl. II 2019, 532: **Rentenberater;** BFH 12.6.2018 – VIII B 154/17, BFH/NV 2018, 945: **Laborarzt,** der die unauffälligen Negativbefunde nicht selbst zur Kenntnis nimmt, somit nicht freiberuflich-eigenverantwortlich tätig ist; FG Köln 25.4.2018 – 3 K 265/15, EFG 2018, 1212, rkr.: **Werbefilmproducerin,** die den Dreh überwacht, nicht jedoch selbst künstlerisch tätig ist; FG Düsseldorf 24.4.2018 – 14 K 2347/15 G, EFG 2018, 1287, rkr.: **Gesellschafter als Berater** der Kapitalgesellschaft, an der er beteiligt ist, wird als „weiterer Geschäftsführer" tätig, wartet indessen nicht mit theoretischen Fachkenntnissen in den Hauptbereichen der BWL auf; FG Köln 26.7.2017 – 3 K 1384/14, EFG 2017, 1681, rkr.: **Personalberater,** der Kandidaten nur vermittelt, übt „gewerbliche maklerähnliche Tätigkeit" aus; FG Köln 1.6.2017 – 15 K 243/14, EFG 2017, 1662, Rev. VIII R 10/17: **Sozialarbeiterin,** die nur „Erstgespräche" führt; BFH 9.5.2017 – VIII R 11/15, BStBl. II 2017, 911: Die **Blindenführhundeschule** ist Gewerbebetrieb, weil unter Unterricht und Erziehung von Menschen nicht die Dressur von Tieren zu fassen, zudem die Einweisung des sehbehinderten Menschen untergeordnete Tätigkeit ist; BFH 25.4.2017 – VIII R 24/14, BStBl. II 2017, 908: Die Tätigkeit des **Clinical Research Associate,** der für einen erfolgreichen Verlauf klinischer Studien sorgt, ähnelt nicht der des Krankengymnasten; FG Berlin-Brandenburg 20.10.2015 – 4 K 4236/14, EFG 2017, 192, rkr.: umfänglicher **Fremd-Dozenten-Einsatz** im Seminarbetrieb schließt eigenverantwortliche Unterrichtungstätigkeit aus; FG Hessen 20.7.2016 – 8 K 86/11, EFG 2016, 1619, rkr.: **Outplacement-Berater,** der bei Beratung entlassener Führungskräfte weder unterrichtet noch dem Katalogberuf des beratenden Volks- und Betriebswirts entspricht; BFH 3.12.2015 – V R 61/14, DStR 2016, 468 (im umsatzsteuerlichen Kontext, näher → Rn. 869.2): **Hochzeits- und Trauerredner,** der ein Redegerüst schablonenartig wiederholt; FG Hamburg 5.10.2015 – 1 K 131/14, EFG 2016, 206, rkr.: **EDV-Beratung,** die nicht in ingenieurähnlicher Weise ausgeübt wird und nur teilweise die Hauptbereiche der Betriebswirtschaftslehre berührt; FG Köln 24.6.2015 – 14 K 1130/13, EFG 2015, 1923, rkr.: Erbengemeinschaft, wenn nur einer der **Miterben eines Erfinders** nicht die Voraussetzungen des § 18 erfüllt; BFH 16.9.2014 – VIII R 5/12, BStBl. II 2015, 217: **Teleshoppingmoderation;** BFH 14.5.2014 – VIII R 18/11, BStBl. II 2015, 128: **Politikberater;** FG Thüringen 19.3.2014 – 4 K 1164/12, EFG 2014, 1653, rkr.: **Inkassounternehmer;** BFH 8.10.2008 – VIII R 74/05, BStBl. II 2009, 238: **Promotionsberater.**

883.4 Zahlreiche weitere Beispiele: **EStH 15.6 Buchst. b** „Beispiele für Gewerbebetrieb".

Einstweilen frei 884–888

889 **c) Ausgrenzung der freiberuflichen Mitunternehmerschaft.** Das negative Merkmal, dass die unternehmerische Tätigkeit weder „als Ausübung eines freien Berufs noch als eine andere selbständige Arbeit anzusehen" sein darf (§ 15 Abs. 2 S. 1), lässt auch die freiberufliche Mitunternehmerschaft aus der Zone der Gewerblichkeit heraustreten. Allerdings können die Voraussetzungen der Freiberuflichkeit nur von natürlichen Personen, nicht von der Personengesellschaft erfüllt werden (BFH 21.2.2017 – VIII R 45/13, BStBl. II 2018, 4 Rn. 27; BFH 27.8.2014 – VIII R 6/12, BStBl. II 2015, 1002 Rn. 17; Wachter/*Levedag* § 23 Rn. 329). Der BFH verlangt, dass **jeder Gesellschafter** als Steuerpflichtiger **die Hauptmerkmale des freien Berufs in eigener Person** positiv erfüllen muss und eine freiberufliche Tätigkeit, zu deren Ausübung er persönlich qualifiziert ist, tatsächlich auch entfaltet (BFH 14.5.2019 – VIII R 35/16, BStBl. II 2019, 580 Rn. 11; BFH 10.10.2012 – VIII R 42/10, BStBl. II 2013, 79 Rn. 14).

890 Das Erfordernis duldet „kein Element einer nicht freiberuflichen Tätigkeit" (BFH 27.8.2014 – VIII R 6/12, BStBl. II 2015, 1002 Rn. 17), drängt indes nicht auf professionelle Homogenität. **Auch freiberuflich-interprofessionelle Mitunternehmerschaften** (*Schulze zur Wiesche* DStR 2001, 1589) agieren jenseits der Gewerblichkeit. So mögen sich Rechtsanwälte (§ 18 Abs. 1 Nr. 1) mit Insolvenz-, Zwangs- und Vergleichsverwaltern (vermögensverwaltende Tätigkeit iSd § 18 Abs. 1 Nr. 3) zusammentun (BFH 27.8.2014 – VIII R 6/12, BStBl. II 2015, 1002 Rn. 18) oder Medienschaffende mit unterschiedlichen freiberuflichen Beiträgen in der Durchführung von Auftragsproduktionen (BFH 23.4.2009 – IV R 73/06, BStBl. II 2010, 40 (41)).

891 Zu unterscheiden ist zwischen **Beimischung gewerblicher Tätigkeit infolge unzureichender Primärqualifikation** einerseits und Beteiligung berufsfremder Gesellschafter andererseits. Wenn die Mitunternehmer den Auftrag des Kunden nicht vollumfänglich selbst erledigen können, auch nicht additiv im Zusammenwirken, etwa ein Büro für Übersetzungen im erheblichen Umfang Fremdübersetzungen zukaufen muss (BFH 21.2.2017 – VIII R 45/13, BStBl. II 2018, 4 Rn. 6 ff.; vgl. *Levedag* DStR 2018, 2094 (2096) zur Einschaltung externer *Legal Tech*-Dienstleistungen durch Rechtsanwaltskanzleien), so fehlt es bereits an der für die Freiberuflichkeit charakteristischen Eigenhändigkeit. Dann scheitert die Ausgrenzung bereits an § 15 Abs. 2 S. 1, weil die Tätigkeit der Gesellschafter nicht als „selbständige Arbeit anzusehen ist"; § 15 Abs. 3 Nr. 1 kommt nicht zum Zuge.

892 Demgegenüber **stört und infiziert der berufsfremde, gewerblich tätige Gesellschafter** mit der Folge, dass – **qua Abfärbung** (§ 15 Abs. 3 Nr. 1) – alle Gesellschafter Einkünfte aus Gewerbebetrieb erzielen: „Übt ein Gesellschafter keinen freien Beruf aus, so gilt nach § 15 Abs. 3 Nr. 1 iVm Abs. 1 S. 1 Nr. 2 die gesamte, mit Einkünfteerzielungsabsicht unternommene Tätigkeit der Personengesellschaft als Gewerbebetrieb" (BFH 8.4.2008 – VIII R 73/05, BStBl. II 2008, 681 (682); für die Erbengemeinschaft: FG Köln 24.6.2015 – 14 K 1130/13, EFG 2015, 1923 (1925), rkr.; BMF 14.3.2006, BStBl. I 2006, 253 Rn. 5; Schmidt/*Wacker* § 15 Rn. 187 sieht die teils gewerblich tätige Erbengemeinschaft nicht erfasst; zur Rechtsanwaltssozietät *Levedag* DStR 2018, 2094 (2095)).

893 Das gilt auch und insbesondere für den Fall der GmbH-Beteiligung. Die **GmbH** kann die Merkmale des freien Berufs nicht erfüllen und erzielt stets gewerbliche Einkünfte (§ 8 Abs. 2 KStG). Die mitunternehmerisch beteiligte GmbH durchkreuzt als **berufsfremde Gesellschafterin** die ansonsten freiberufliche Identität der Gesellschaft und lotst sie insgesamt in die Gewerblichkeit (BFH 23.4.2009 – IV R 73/06, BStBl. II 2010, 40 (42); HHR/*Brandt* § 18 Rn. 444; Wachter/*Levedag* § 23 Rn. 329; Kirchhof/*Pfirrmann* § 18 Rn. 24; HHR/*Stapperfend* § 15 Rn. 1427; Schmidt/*Wacker* § 15 Rn. 54). Ob die GmbH-Gesellschafter ihrerseits Freiberufler sind, spielt keine Rolle. Auch in dieser Konstellation kann die Personengesellschaft der Abfärbung nicht entrinnen, § 15 Abs. 3 Nr. 1.

893.1 FG Hamburg 7.1.2016 – 6 K 147/15, DStRE 2017, 663, rkr., hat diese Judikatur bestätigt für eine **Wirtschaftsprüfungs-KG,** an der eine von der Wirtschaftsprüferkammer „berufsrechtlich anerkannte" Wirtschaftsprüfungsgesellschaft mbH als Kommanditistin beteiligt ist. Die mitunternehmerisch beteiligte Kapitalgesellschaft sei einem Berufsfremden gleichgestellt mit der Folge, dass nach „**§ 15 Abs. 3 Nr. 1** i.V.m. Abs. 1 S. 1 Nr. 2 EStG die gesamte, mit Einkünfteerzielungsabsicht unternommene Tätigkeit der Personengesellschaft als Gewerbebetrieb" zu gelten habe. Den Ausschlag gibt, dass die „persönliche

Berufsqualifikation" als prägendes Kennzeichen der Freiberuflichkeit allein natürlichen Personen vorbehalten bleibt.

894 Diese Rechtsfolge kann auch die in der Rechtsform der **GmbH & Co. KG** organisierte Steuerberatungsgesellschaft treffen, wiewohl den Steuerberatern mit § 57 Abs. 4 Nr. 1 StBerG die originär gewerbliche Tätigkeit grundsätzlich versperrt bleibt (Unvereinbarkeitsbestimmung unter Ausnahmevorbehalt; *Ueberfeldt* DStR 2014, 1191 (1196): „Adel verpflichtet"). Der Bundesfinanzhof hat in seiner Grundsatzentscheidung vom 10. Oktober 2012 offengelassen, ob allein die Rechtsform die Gewerblichkeit begründet, allein die Unfähigkeit der beteiligten GmbH, freiberufliche Einkünfte zu erzielen (§ 8 Abs. 2 KStG). Indes dürfte es gestalterisch schwerfallen, die GmbH in der GmbH & Co. KG von Mitunternehmerinitiative und Mitunternehmerrisiko fernzuhalten. Denn der BFH sieht sie in die **Mitunternehmerstellung** hineinwachsen bereits mit Rücksicht auf die unentziehbare Vertretungsbefugnis und das Haftungsrisiko des persönlich haftenden Gesellschafters (BFH 10.10.2012 – VIII R 42/10, BStBl. II 2013, 79 Rn. 22 ff.; Kritik: *Kubata/Riegler/Straßen* DStR 2014, 1949, dort (1954 f.) die Empfehlung, die Partnerschaftsgesellschaft mit beschränkter Berufshaftung zu wählen).

895 Das Erfordernis, dass jeder Gesellschafter die Merkmale des freien Berufs in eigener Person erfüllen muss, steht nicht in Frage, wenn die Berufsträger angestelltes Personal einschalten – solange die freiberuflichen **Gesellschafter eigenverantwortlich** bleiben und jeder Leistung den Stempel ihrer Persönlichkeit(en) aufdrücken (BFH 14.5.2019 – VIII R 35/16, BStBl. II 2019, 580 Rn. 12; BFH 27.8.2014 – VIII R 6/12, BStBl. II 2015, 1002 Rn. 28; FG Sachsen 24.2.2016 – 2 K 1479/15, EFG 2016, 1341 Rn. 15, bestätigt durch BFH 14.5.2019 – VIII R 35/16, BStBl. II 2019, 580). Die angestellten Mitarbeiter durchkreuzen die zwar vergesellschaftete, jedoch **dem Gesellschafterkreis exklusiv aufgegebene Höchstpersönlichkeit** in der Leistungserbringung.

896 Das ist nicht mehr der Fall, wenn der angestellte Rechtsanwalt gegen **§ 18 Abs. 1 Nr. 1 S. 3** seinerseits leitend und eigenverantwortlich arbeitet, „so dass im Umkehrschluss insoweit nicht mehr von einer leitenden und eigenverantwortlichen Tätigkeit der Gesellschafter" die Rede sein kann (BFH 27.8.2014 – VIII R 6/12, BStBl. II 2015, 1002 Rn. 38). Daraus erwächst **Gewerblichkeit qua Abfärbung mangels umfassender Leitung und Eigenverantwortlichkeit** (BFH 14.5.2019 – VIII R 35/16, BStBl. II 2019, 580 Rn. 20 ff.; BFH 3.11.2015 – VIII R 62/13, BStBl. II 2016, 381 Rn. 16; BFH 27.8.2014 – VIII R 6/12, BStBl. II 2015, 1002 Rn. 21; *Levedag* DStR 2018, 2094 (2095)). In welchem **Umfang** der Berufsträger höchstpersönlich tätig sein muss, soll allerdings vom jeweiligen **Berufsbild** abhängen (BFH 14.5.2019 – VIII R 35/16, BStBl. II 2019, 580 Rn. 12).

896.1 Das Urteil BFH 3.11.2015 – VIII R 62/13, BStBl. II 2016, 381, demonstriert eindrucksvoll den **Zusammenhang zwischen Mitunternehmer-Status und Abfärberegelung.** Das Urteil 62/13 ist verschwistert mit BFH 3.11.2015 – VIII R 63/13, BStBl. II 2016, 383: diese Parallelentscheidung bestreitet einer Ärztin, Mitunternehmerrisiko zu tragen und Mitunternehmerin der Gemeinschaftspraxis zu sein (→ Rn. 654.2). Der Nicht-Unternehmer-Status schlägt durch auf die Qualifikation der Einkünfte. Die Gemeinschaftspraxis scheitert als Freiberufler-Praxis, die selbständig praktizierende Ärztin verhindert die umfassende Leitung und Eigenverantwortlichkeit der Mitunternehmer, § 15 Abs. 3 Nr. 1 lenkt alle Einkünfte in die Gewerblichkeit und in die Gewerbesteuerpflicht: War die GbR „hiernach nicht in vollem Umfang freiberuflich tätig, so waren ihre Einkünfte in solche aus Gewerbebetrieb umzuqualifizieren" (BFH 3.11.2015 – VIII R 62/13, BStBl. II 2016, 381 Rn. 18).

896.2 Der BFH sieht die Anforderungen des § 18 Abs. 1 Nr. 1 S. 3 überdehnt, wenn von Anästhesisten die unmittelbare Ausführung ihrer Tätigkeit verlangt wird. Den Gesellschaftern einer Gemeinschaftspraxis in der Rechtsform der GbR mit angestellter Ärztin hat er leitende Eigenverantwortlichkeit (§ 18 Abs. 1 Nr. 1 S. 3) bescheinigt: „Dabei ist für einen Arzt ebenso wie für Krankenpfleger zu berücksichtigen, dass sie eine höchstpersönliche, **individuelle Arbeitsleistung am Patienten** schulden und deshalb einen wesentlichen Teil der Dienstleistungen selbst übernehmen müssen. Dafür reicht es aber aus, dass sie aufgrund ihrer Fachkenntnisse durch regelmäßige und eingehende Kontrolle maßgeblich auf die Tätigkeit ihres angestellten Fachpersonals – patientenbezogen – Einfluss nehmen" (BFH 16.7.2014 – VIII R 41/12, BStBl. II 2015, 216 Rn. 13). Wenn eine Übersetzer- und Dolmetscher-GbR Fremdübersetzungen zukauft, die Gesellschafter insoweit nicht mehr „leitend und eigenverantwortlich" (§ 18 Abs. 1 Nr. 1 S. 3) tätig sind, führt die **Trennbarkeit zwischen Eigenübersetzungen und Zukauf** über

§ 15 Abs. 3 Nr. 1 zur Abfärbung (im Ergebnis auch FG Köln 24.10.2012 – 15 K 4041/10, EFG 2013, 1768 (1770 f.), bestätigt durch BFH 21.2.2017 – VIII R 45/13, BStBl. II 2018, 4).

FG Sachsen 24.2.2016 – 2 K 1479/15, EFG 2016, 1341 (bestätigend BFH 14.5.2019 – VIII R 35/16, BStBl. II 2019, 580) hat im Blick auf eine Kfz-Sachverständigen-GbR mit zwei Gesellschaftern und drei weiteren Prüfingenieuren auf den **Umfang der Prüftätigkeiten** abgestellt: „Wenn von 9.276 ausgeführten Tätigkeiten insgesamt 7.965 durch Angestellte durchgeführt werden, können die Gesellschafter nur einen geringen Teil selbst erbracht haben" (Rn. 16). – Dass die „starke gesetzliche Determinierung" der Prüftätigkeit eine **von den Gesellschaftern bestimmte Prägung** weithin verhindert, die Angestellten dem allgemeinen Gesetz, kaum jedoch dem höchstpersönlichen Einfluss der Gesellschafter folgen, kann nicht auf § 18 Abs. 1 Nr. 1 S. 3 durchschlagen. Auch bei reduzierten Entfaltungschancen für Höchstpersönlichkeit bleiben die Gesellschafter auf exklusiv-eigenständige Leistungserbringung verpflichtet (→ Rn. 895), auf eine Dominanz, die den Befund rechtfertigt, dass sie – nur sie, als Berufsträger und Betriebsinhaber – „auf Grund eigener Fachkenntnisse leitend und eigenverantwortlich tätig" sind (§ 18 Abs. 1 Nr. 1 S. 3). Kritik an der Entscheidung des FG Sachsen: *Geyer/Kratzenberger/Ullmann* DStR 2019, 1285 (1290 ff.). 896.3

Einstweilen frei 897–900

d) ABC der Grenzfälle. *Einstweilen frei* 901

Apotheker

Apotheker repräsentieren einen, vielleicht den Traditionsgrenzfall. Verfassungs- und Gewerberecht anerkennen eine Hybridstellung (vgl. nur BVerfG 22.5.1996 – 1 BvR 744/88 u.a., BVerfGE 94, 372 (375): „Der selbständige Apotheker betreibt ein Handelsgewerbe (§ 1 Abs. 2 Nr. 1 HGB) und ist gewerbesteuerpflichtig. Er zählt jedoch im Rahmen des verfassungsrechtlich gebilligten überkommenen Berufsbildes (vgl. BVerfGE 17, 232) zu den sogenannten freien Berufen."). Der BFH betont, dass den berufs- und standesrechtlichen Besonderheiten untergeordnete Bedeutung zukomme. Das Steuerrecht, das auf das wirtschaftliche Ergebnis der betrieblichen Tätigkeit abstelle, knüpfe an den „Betrieb der Apotheke selbst" an. Der aber sei Gewerbe: „Verkauf der – zumeist vorgefertigten – Arzneimittel" (BFH 14.1.1998 – IV B 48/97, DStRE 1998, 547 (548 f.)). 902

Architekt

Der Architekt – Planungsfachmann für Bauwerke – ist nicht gewerblich, sondern freiberuflich tätig, soweit er den Aufgaben treu bleibt, die den Katalogberuf des § 18 Abs. 1 Nr. 1 S. 2 ausmachen. Anders aber, wenn er aus der Rolle fällt und Einkünfte erzielt „außerhalb der freiberuflichen Tätigkeit eines Architekten" (so FG Münster 30.11.2005 – 1 K 6112/02 G, EFG 2006, 585 (bestätigt durch BFH 18.10.2006 – XI R 10/06, BStBl. II 2008, 54): der Architekt sei „trotz seiner Berufsbezeichnung" bauunternehmerisch tätig geworden, habe „das gesamte Kosten-, Insolvenz- und Ausführungsrisiko der Bauwerke wie ein Bauunternehmer, der schlüsselfertige Objekte am Markt anbietet" übernommen; vgl. auch HHR/*Brandt* § 18 Rn. 162). 903

Autodidakt

Der Autodidakt figuriert als streitbarer Grenzgänger zwischen § 18 und § 15. Tätigkeitsgleichheit genügt nicht (BFH 19.1.2017 – III R 3/14, DStRE 2017, 1031 Rn. 16). Er kann und muss nachweisen, dass seine Erfahrungen und Kenntnisse „in Tiefe und Breite" dem des anerkannten Freiberuflers entsprechen. Er führt den Nachweis „durch erfolgreich abgeschlossene Fortbildungsmaßnahmen und/oder das Selbststudium und/oder eigene praktische Arbeiten" (BFH 3.5.2016 – VIII R 4/13, BFH/NV 2016, 1275 Rn. 28) oder auch vor dem Finanzgericht in einer „Wissensprüfung als ergänzendes Beweismittel" (BFH 19.1.2017 – III R 3/14, DStRE 2017, 1031 Rn. 17; FG Berlin-Brandenburg 26.11.2015 – 15 K 1183/13, EFG 2016, 1622 Rn. 36 (bestätigt durch BFH 7.5.2019 – VIII R 2/16, BStBl. II 2019, 528); FG Baden-Württemberg 2.3.2011 – 7 K 5850/08, EFG 2011, 1632, rkr.). Von der „Qualität der beruflichen Tätigkeit" darf auf die Vorbildung geschlossen werden (BFH 3.5.2016 – VIII R 4/13, BFH/NV 2016, 1275 Rn. 32). 904

905–909 *Einstweilen frei*

Ballettstudio

910 → Rn. 992 Sportstudio.

Berater

911 Der Berater kann als allgegenwärtiges Gespenst im Niemandsland gelten; der „Berater"-Titel alleine hilft nicht. Regelmäßig drängt er in die Freiberuflichkeit, oft verbleibt er in der Gewerblichkeit: **Abfallwirtschaftsberater** (BFH 9.2.2006 – IV R 27/05, DStRE 2006, 658: kein Wissenschaftler, eventuell „ingenieurähnlich"); **Anlageberater** (BFH 2.9.1988 – III R 58/85, BStBl. II 1989, 24); **EDV-Berater** (FG Hamburg 5.10.2015 – 1 K 131/14, EFG 2016, 206, rkr.); **Finanz- und Kreditberater** (BFH 13.4.1988 – I R 300/83, BStBl. II 1988, 666); **Hygieneberater** (FG Münster 9.11.2004 – 7 K 4789/03, BeckRS 2004, 26019895; für Freiberuflichkeit: BFH 6.9.2006 – XI R 64/05, BStBl. II 2007, 177); **Militärberater** (FG Baden-Württemberg 2.3.2011 – 7 K 5850/08, EFG 2011, 1632); **Personalberater** (FG Köln 26.7.2017 – 3 K 1384/14, EFG 2017, 1681, rkr.); **Politikberater** (BFH 14.5.2014 – VIII R 18/11, BStBl. II 2015, 128); **Produktberater** (FG Nürnberg 17.1.2018 – 5 K 391/17, EFG 2018, 767, rkr.); **Promotionsberater** (BFH 8.10.2008 – VIII R 74/05, BStBl. II 2009, 238); **Rentenberater** (BFH 7.5.2019 – VIII R 2/16 und VIII R 26/16, BStBl. II 2019, 528 und 532); **Rundfunkberater** (FG Berlin-Brandenburg 26.5.2010 – 3 K 6009/05 B, EFG 2010, 1882, rkr.); **Spielerberater** (BFH 26.11.1998 – IV R 59/97, BStBl. II 1999, 167: „maklerähnlich", deshalb gewerblich); **Umweltberater** (BFH 19.9.2002 – IV R 74/00, BStBl. II 2003, 27); **Unternehmensberater** (FG Thüringen 19.3.2014 – 4 K 1164/12, EFG 2014, 1653, rkr.).

Beratende Betriebswirte

912 Beratende Betriebswirte sind der stRspr des BFH zufolge „nach einem entsprechenden Studium oder einem vergleichbaren Selbststudium, verbunden mit praktischer Erfahrung, mit den hauptsächlichen Bereichen der Betriebswirtschaft – und nicht nur mit einzelnen Spezialgebieten – vertraut", können diese fachliche Breite ihres Wissens in der Praxis einsetzen und setzen sie tatsächlich ein (BFH 20.10.2016 – VIII R 2/14, BStBl. II 2017, 882 Rn. 15). Die fachliche Breite umfasst Fragen der Unternehmensführung, der Leistungserstellung, der Fertigung, der Materialwirtschaft, der Finanzierung, des Vertriebs, des Verwaltungs- und Rechnungswesens sowie des Personalwesens (BFH 28.8.2003 – IV R 1/03, BStBl. II 2004, 112). Ein dem beratenden Betriebswirt **„ähnlicher Beruf"** liegt nur dann vor, „wenn er auf einer vergleichbar breiten fachlichen Vorbildung beruht und sich die Beratungstätigkeit auf einen vergleichbar breiten betrieblichen Bereich erstreckt" (BFH 20.10.2016 – VIII R 2/14, BStBl. II 2017, 882 Rn. 15).

Berufssportler

913 Berufssportler sind nicht Freiberufler (FG München 19.11.2003 – 10 K 1534/00, EFG 2004, 333, dort auch zum Stuntcoordinator; bestätigt durch BFH 28.6.2006 – XI R 78/03, BFH/NV 2006, 2062), sondern Gewerbetreibende, sofern sie nicht unselbständige Arbeitnehmer sind (→ Rn. 719 f.).

Betriebswirt

914 → Rn. 1012 Volks- und Betriebswirt.

Betreuer

915 **Betreuer,** die professionell nach Maßgabe der **§§ 1896 ff. BGB** Angelegenheiten des Betreuten rechtlich besorgen (rechtliche Betreuung), und **Verfahrenspfleger** hatte der vormals zuständige IV. Senat noch der Gewerblichkeit zugeschlagen (BFH 4.11.2004 – IV R 26/03, BStBl. II 2005, 288). Der nunmehr zuständige VIII. Senat hat diese Linie aufgegeben

(BFH 15.6.2010 – VIII R 14/09, BStBl. II 2010, 906): § 18 Abs. 1 Nr. 3 bezeichne Regelbeispiele, die Auflistung sei kein abschließender Katalog (BFH 14.1.2020 – VIII R 27/17, DStR 2020, 633 Rn. 24 zum Grundsatz der sog. Gruppenähnlichkeit). Berufsbildtypisch seien auch die Tätigkeiten der Berufsbetreuer und Verfahrenspfleger „durch eine selbständige fremdnützige Tätigkeit in einem fremden Geschäftskreis sowie durch Aufgaben der Vermögensverwaltung geprägt" (kritisch Schmidt/*Wacker* § 18 Rn. 140, der „Konturlosigkeit" befürchtet; bekräftigend aber BFH 7.5.2019 – VIII R 2/16, BStBl. II 2019, 528 Rn. 28).

Bildberichterstatter

Bildberichterstatter sind freiberuflich tätig, wenn sie an der Gestaltung der geistigen Inhalte **916** publizistischer Medien mitwirken, ihre Bilder als aktuelle Nachrichten über Zustände oder Ereignisse politischer, wirtschaftlicher, gesellschaftlicher oder kultureller Art für sich selbst sprechen; wer das Geschehen lediglich „abfilmt" nach redaktioneller Vorgabe, ist indessen gewerblich tätig (BFH 20.12.2000 – XI R 8/00, BStBl. II 2002, 478).

Blindenführhundeschule

Die Blindenführhundeschule ist Gewerbebetrieb, weil Unterricht und Erziehung von **917** Menschen nicht die Dressur von Tieren einschließt, zudem die Einweisung des sehbehinderten Menschen untergeordnete, nicht trennbare Tätigkeit ist (BFH 9.5.2017 – VIII R 11/15, BStBl. II 2017, 911).

Blogger

Der Blogger, der in einem Weblog eigene Gedanken schriftlich für die Öffentlichkeit **918** niederlegt, ist schriftstellerisch und damit freiberuflich tätig (*Schäfer* StB 2019, 209; *Brunkhorst/Sterzinger* DStR 2018, 1689).

Bodybuildingstudio

→ Rn. 992 Sportstudio. **919**

Einstweilen frei **920–922**

Datenschutzbeauftragter

Der Datenschutzbeauftragte ist gewerblicher Unternehmer, seine Tätigkeit ist nicht ver- **923** gleichbar mit der des beratenden Betriebswirts oder des Ingenieurs (BFH 5.6.2003 – IV R 34/01, BStBl. II 2003, 761), auch nicht mit der des Rechtsanwalts (BFH 14.1.2020 – VIII R 27/17, DStR 2020, 633; *Levedag* DStR 2018, 2094).

Dispacheur

Der Dispacheur verwertet kaufmännische Erfahrungen und Kenntnisse über Häfen und **924** Handelsbräuche, er ist nicht wissenschaftlich tätig, sondern gewerblich (BFH 26.11.1992 – IV R 109/90, BStBl. II 1993, 235).

Einstweilen frei **925–929**

EDV-Berater

Der EDV-Berater, auch der als EDV-Berater tätige Betriebswirt, muss sich auf den Haupt- **930** feldern der Betriebswirtschaftslehre betätigen, wenn er für sich die Ähnlichkeit mit beratenden Betriebswirten reklamieren will (FG Hamburg 5.10.2015 – 1 K 131/14, EFG 2016, 206, rkr.). Nur wer über Kenntnisse und Fähigkeiten verfügt, die in Breite und Tiefe denen eines Diplom-Informatikers entsprechen, kann einen ingenieurähnlichen und damit freien Beruf ausüben (BFH 18.4.2007 – XI R 29/06, BStBl. II 2007, 781), etwa wenn er Betriebs- und Datenübertragungssysteme einrichtet und betreut (BFH 22.9.2009 – VIII R 63/06, BStBl. II 2010, 466; zur Rechtsprechung bis 2002: *Graf/Bisle* DStR 2003, 1823).

Erbe des Freiberuflers

931 → Rn. 873.

Erfinder

932 Der Erfinder, der nicht unselbständig als Arbeitnehmer arbeitet, ist in der Regel wissenschaftlich tätig (§ 18 Abs. 1 Nr. 1 S. 2). Eine gewerbliche Erfindertätigkeit sei jedoch anzunehmen, „wenn die Anregung zu einer technischen Neuerung und deren weitere Entwicklung mit dem Betrieb eines gewerblichen Unternehmens zusammenhängt und die Erfindung – zumindest auch – dem gewerblichen Betrieb des Erfinders dienen soll" (BFH 2.3.2011 – II R 5/09, BFH/NV 2011, 1147).

933–937 *Einstweilen frei*

Fitnessstudio

938 → Rn. 992 Sportstudio.

Fotograf

939 Der Fotograf ist nicht als Bildberichterstatter (§ 18 Abs. 1 Nr. 1 S. 2) tätig, wenn er eine Wirklichkeit wiedergibt, der an sich schon Werbecharakter zukommt, und die Bilder über ein Produkt informieren, dafür einen Kaufanreiz schaffen sollen; er ist Bildberichterstatter, wenn er aktuelle Informationen zur politischen, wirtschaftlichen, sozialen oder kulturellen Wirklichkeit vermittelt und die Bilder als Nachrichten, besonders über ein aktuelles Geschehen, für sich selbst sprechen (BFH 10.9.1998 – IV R 70/97, BFH/NV 1999, 456).

Fußreflexzonenmasseur

940 Dem Fußreflexzonenmasseur fehlen „wesentliche Berufsmerkmale" des Heilpraktikers und des Krankengymnasten, die einer staatlichen Erlaubnis bedürfen und damit der Überwachung durch die Gesundheitsämter unterliegen; dem Fußreflexzonenmasseurs wird nicht eine „bestimmte Ausbildung" vorgeschrieben, seine fachlichen Kenntnisse werden nicht staatlich überprüft (BFH 19.9.2002 – IV R 45/00, BStBl. II 2003, 21).

941–945 *Einstweilen frei*

Geigenbauer

946 Die Tätigkeit des Geigenbauers bleibt „Anwendung erlernbarer Kenntnisse und Techniken". Die Annahme einer künstlerischen Tätigkeit setze voraus, dass der Geigenbauer „an der Klangschöpfung als Musiker entscheidend mitwirkt" Er könne allenfalls und ausnahmsweise „Künstler" iSd § 18 sein, wenn er mit seinen Werken in fachkundigen Kreisen als „Künstler" anerkannt und behandelt werde (FG Baden-Württemberg 23.11.2004 – 11 K 208/04, EFG 2005, 870, rkr.).

Graphiker

947 Der Graphiker muss objektiv festzustellende Gestaltungshöhe erreichen, um dem freiberuflichen Künstler gleichzustehen. Beschränkt er sich auf Werbematerial, das er in Bindung an Vorgaben des Auftraggebers fertigt, fehlt es an Abstraktion und eigenschöpferischer Aussage (FG Düsseldorf 5.11.2004 – 1 K 3118/02 G, EFG 2007, 197, rkr.).

948–952 *Einstweilen frei*

Headhunter

953 Der maklerähnlich vermittelnde Headhunter mag sich „Personalberater" nennen, ähnelt freilich nicht dem beratenden Betriebswirt, wenn er ein Erfolgshonorar bezieht für die „Moderation zwischen Kandidat und Auftraggeber" (FG Köln 26.7.2017 – 3 K 1384/14, EFG 2017, 1681, rkr.).

Heilmasseur

Deren Tätigkeit ähnelt der der Krankengymnasten; auch Bäder, die der Vor- oder Nachbehandlung der Heilmassage dienen, können Teil der freiberuflichen Tätigkeit des Heilmasseurs sein (BFH 30.5.1984 – I R 71/80, BeckRS 1984, 04753). **954**

Heileurythmistin

Deren Tätigkeit ist vergleichbar mit der der Krankengymnastin/Physiotherapeutin iSd § 18. Dies ergibt sich aus dem Abschluss integrierter Versorgungsverträge nach §§ 140a ff. SGB V (sog. IV-Verträge) zwischen dem Berufsverband der Heileurythmisten und den gesetzlichen Krankenkassen. Vor diesem Hintergrund erübrigt sich auch eine weitergehende Überprüfung der Vergleichbarkeit (BFH 20.11.2018 – VIII R 26/15, DStRE 2019, 601). **955**

Hufbeschlagschmied

Der Beruf des Hufbeschlagschmieds ist nicht vergleichbar mit dem des Tierarztes, dessen Ausbildung nicht auf die unteren Extremitäten beschränkt ist. Der Hufbeschlagschmied ist auch nicht mit dem Heilpraktiker vergleichbar und ähnelt weder dem Krankengymnasten noch dem Physiotherapeuten. Er ist gewerblich tätig (FG Hamburg 9.5.2019 – 2 K 342/17, EFG 2019, 1383, rkr.). **956**

Einstweilen frei **957–959**

Inkassotätigkeit

Inkassotätigkeit ist gewerblich (FG Thüringen 19.3.2014 – 4 K 1164/12, EFG 2014, 1653; FG Niedersachsen 15.9.2011 – 14 K 312/09, BeckRS 2012, 94060, bestätigt mit BFH 20.8.2012 – III B 246/11, BFH/NV 2012, 1959; *Levedag* DStR 2018, 2094 (2095), zur automatisierten Inkassotätigkeit des Rechtsanwalts). **960**

Insolvenzverwalter

Der Insolvenzverwalter geht einer „sonstigen selbständigen Arbeit" (§ 18 Abs. 1 Nr. 3) nach. Auch Rechtsanwälte können Insolvenzverwalter sein. Bei Einsatz vorgebildeter Mitarbeiter gibt den Ausschlag, ob der Steuerpflichtige selbst leitend und eigenverantwortlich tätig ist (BFH 15.12.2010 – VIII R 50/09, BStBl. II 2011, 506). **961**

Einstweilen frei **962–966**

Kinderheimbetreiber

Ein Kinderheimbetreiber erzielt Einkünfte aus Gewerbebetrieb, wenn die Tätigkeit zwar die Heimunterbringung und Personensorge der Kinder, jedoch keine erzieherischen Aufgaben umfasst (BFH 23.4.1985 – VIII R 171/84, BeckRS 1985, 05296). Die Inhaberin einer **Kindertagesstätte** wird erzieherisch und freiberuflich tätig, wenn sie eigenverantwortlich tätig ist, zwar Mitarbeiter beschäftigt, jedoch persönlich Einfluss auf die Kindererziehung nehmen und eine persönliche Beziehung zu den Kindern aufrechterhalten kann (FG Hamburg 20.1.2015 – 3 K 157/14, EFG 2015, 912, rkr.), ebenso die selbständige **Kindertagespflegeperson,** die ein der Kindertagesstätte ähnliches Angebot im familiären Rahmen bietet (BMF 11.11.2016, BStBl. I 2016, 1236). **967**

Kunsthandwerker

Der Kunsthandwerker ist Gewerbetreibender, nicht Künstler, wenn er „Gestaltungshöhe" verfehlt, in der Bindung an Vorgaben des Auftraggebers verfehlen muss (→ Rn. 868 f.). **968**

Einstweilen frei **969–970**

Laborarzt

Gegenüber „behandelnden Ärzten" wird der Laborarzt in der Frage der Eigenverantwortlichkeit (§ 18 Abs. 1 Nr. 1 S. 3) nicht privilegiert, auch nicht im Zuge fortschreitender **971**

Technisierung (*Levedag* DStR 2018, 2094 (2095 f.)). Auch bei unauffälligen Routinebefunden ist er gehalten, jeden Untersuchungsauftrag nach Inhalt und Fragestellung zur Kenntnis zu nehmen (BFH 12.6.2018 – VIII B 154/17, BFH/NV 2018, 945); andernfalls ist er gewerblich tätig.

972–973 *Einstweilen frei*

Managementtrainer

974 → Rn. 976 Persönlichkeitstrainer.

975–977 *Einstweilen frei*

Parlamentsstenograph

978 Dass Parlamentsstenographen mit der „intensiven Überarbeitung des Stenogramms für die Erstellung analytischer Protokolle" und „der daran anschließenden komprimierten schriftlichen Darstellung des so gewonnenen Konstrukts" eigene Gedanken ähnlich dem Schriftstellerberuf wiedergeben (FG Niedersachsen 12.3.2003 – 4 K 601/95, EFG 2004, 567, rkr.) darf man bezweifeln. Die Abgrenzung hängt wesentlich von den tatsächlichen Befunden ab.

Persönlichkeitstrainer

979 Der Persönlichkeits- und Managementtrainer lässt die Gewerblichkeit (nur) dann hinter sich, wenn er Rahmen feststehender Unterrichts- und Seminarpläne seine Lerninhalte an eine ganze Gruppe von Führungskräften vermittelt, mithin unterrichtend tätig ist (§ 18 Abs. 1 Nr. 1 S. 2); anders ein Trainer, der sich um einzelne Führungskräfte individuell kümmert und in ihrer besonderen beruflichen Situation berät (FG Nürnberg 15.1.2003 – V 147/2000, DStRE 2003, 586, rkr.).

Pfleger

980 Pflege kann heilberufsähnlich sein. Gewerbetreibender ist der Krankenpfleger, der häusliche ambulante Pflegedienste anbietet, jedoch nicht eigenverantwortlich arbeitet, die Pflege der Patienten „weitgehend seinen Mitarbeitern überlässt und somit seine eigene Tätigkeit auf die Vertretung in Urlaubs- und Krankheitsfällen beschränkt" (BFH 30.8.2007 – XI B 1/07, BFH/NV 2007, 2280; vgl. auch FG Berlin 26.4.2001 – 4 K 4005/99, EFG 2001, 1311, rkr.).

Pilot

981 Piloten ohne an einer Hochschule oder im Selbststudium erworbene Kenntnisse des Ingenieurwesens üben keinen ingenieursähnlichen Beruf und ähneln auch nicht dem Lotsen, dessen Tätigkeit durch Gesetz ausgestaltet ist, behördlicher Aufsicht unterliegt oder sich durch Kammermitgliedschaft auszeichnet (BFH 16.5.2002 – IV R 94/99, BStBl. II 2002, 565).

Podcaster

982 Der Podcaster legt seine Gedanken nicht schriftlich nieder, er ist nicht Schriftsteller; Podcasting beschränkt sich auf das Angebot, Audio- und Videodateien zu abonnieren. Er kann aber, je nach den Umständen, journalistisch und damit freiberuflich tätig sein (*Brunkhorst/Sterzinger* DStR 2018, 1689).

Politikberater

983 Politikberater sind weder schriftstellerisch noch wissenschaftlich oder journalistisch, damit aber gewerblich tätig, wenn sie Analysen und Forschungsergebnisse aufbereiten, indes nicht selbst forschen und mit ihren Texten geschlossene Adressatenkreise erreichen, nicht die Öffentlichkeit (BFH 14.5.2014 – VIII R 18/11, BStBl. II 2015, 128).

Produktberater

Der einem Auftraggeber verpflichtete Produktberater unterrichtet nicht, die im Zusammenhang mit der Produktschulung stehenden Newsletter erwachsen nicht aus schriftstellerischer Tätigkeit (FG Nürnberg 17.1.2018 – 5 K 391/17, EFG 2018, 767, rkr.). **984**

Promotionsberater

Promotionsberater, die anhand einer auf Gesprächen mit Klienten und deren Lebensläufen beruhenden „Begabungsanalyse“ Dissertationsthemen finden, Betreuer vermitteln und in die wissenschaftliche Methodik einweisen, erbringen keine eigene wissenschaftliche Leistung und sind gewerblich tätig; diese Leistungen erreichen weder den einer wissenschaftlichen Arbeit entsprechenden Schwierigkeitsgrad noch wissenschaftliche Gestaltungshöhe (BFH 8.10.2008 – VIII R 74/05, BStBl. II 2009, 238). **985**

Prüfingenieur

Auch der Prüfingenieur, der Hauptuntersuchungen und Sicherheitsprüfungen in der Kraftfahrzeugüberwachung durchführt, ist Ingenieur (§ 18 Abs. 1 Nr. 1 Satz 2), ungeachtet umfassender Reglementierung der Prüftätigkeit (BFH 14.5.2019 – VIII R 35/16, BStBl. II 2019, 580). **986**

Einstweilen frei **987–989**

Rentenberater

Der Rentenberater ist kein Freiberufler, sondern Gewerbetreibender. Ihm fehlt für die rechtlich ausschlaggebende „Ähnlichkeit“ (→ Rn. 858) seiner Tätigkeit – mit der eines Rechtsanwalts, Steuerberaters oder Steuerbevollmächtigten – jedenfalls die wesentlich gleiche Ausbildung (BFH 7.5.2019 – VIII R 2/16 und VIII R 26/16, BStBl. II 2019, 528 und 532; aA, ohne Begründung, HHR/*Brandt* § 18 Rn. 600); häufig wird auch die wesentlich gleiche Tätigkeit fraglich sein. Seine Tätigkeit ist beratender Natur, er verwaltet nicht – wie die in § 18 Abs. 1 Nr. 3 erfassten Selbständigen (BFH 14.1.2020 – VIII R 27/17, DStR 2020, 633 Rn. 24) – ihm anvertrautes Vermögen der Kunden. **990**

Rundfunkberater

Dem Rundfunkberater hat das FG Berlin-Brandenburg (26.5.2010 – 3 K 6009/05 B, EFG 2010, 1882, rkr.) bestritten, in Breite und Tiefe über die Vorbildung eines beratenden Betriebswirts zu verfügen. Die theoretische Ausbildung des beratenden Betriebswirts gehe über die Bereitstellung von Dienstleistungen hinaus. **991**

Einstweilen frei **992–995**

Schiedsrichter, Turnierrichter

Die Tätigkeit des Fußballschiedsrichters ist nicht „als solche“ eine freiberufliche (BFH 20.12.2017 – I R 98/15, DStR 2018, 449), der Turnierrichter im Pferdesport ist nicht unterrichtend tätig, zudem nicht vergleichbar mit einem Ausbilder oder Erzieher (FG Nürnberg 15.4.2015 – 5 K 1723/12, EFG 2015, 1425). **996**

Sozialarbeiter

Sozialarbeiter sind allenfalls „erzieherisch“ tätig, wenn sie auf ihre Klienten „im Ganzen“ einwirken; soweit Sozialarbeiter erwachsene Personen begleiten, stellt sich die weitere Frage, ob volljährige und geschäftsfähige Personen „erzogen“ werden können (skeptisch: FG Köln 1.6.2017 – 15 K 243/14, EFG 2017, 1662, Rev. VIII R 10/17). Jedenfalls muss er die Erziehung „prägen“, organisatorisch-leitende Tätigkeit lässt die Eigenverantwortlichkeit entfallen (FG Köln 23.5.2019 – 1 K 1430/16, EFG 2019, 1989, rkr.). **997**

Sportstudio

998 **Sport-, Tanz-, Ballett-, Fitness-, Bodybuildingstudio:** Die Tätigkeit des Betreibers kann (nur) als unterrichtende der Freiberuflichkeit zuzuordnen sein (FG Düsseldorf 8.11.2006 – 7 K 6425/04 G, EFG 2007, 689, rkr., für klassisches Ballett und Jazztanz, aber auch für das Fitnessstudio, „wenn der Studioinhaber für jeden Kursteilnehmer ein individuelles Trainingsprogramm entwirft und dieses während der gesamten Vertragsdauer überwacht"; BFH 18.4.1996 – IV R 35/95, BStBl. II 1996, 573; BFH 13.1.1994 – IV R 79/92, BStBl. II 1994, 362).

999–1003 *Einstweilen frei*

Tanzstudio

1004 → Rn. 992 Sportstudio.

1005–1009 *Einstweilen frei*

Übersetzer

1010 Der Übersetzer ist Freiberufler, nicht Gewerbetreibender, wenn er dank eigener Sprachkenntnisse die geschuldete Übersetzungsleistung entweder selbst erbringt oder, wenn er sich zulässig (§ 18 Abs. 1 S. 3) der Mitarbeit fachlich vorgebildeter Personen bedient, leitend und eigenverantwortlich tätig ist – indessen Gewerbetreibender, wenn er die beauftragten Sprachen nicht beherrscht (BFH 21.2.2017 – VIII R 45/13, BStBl. II 2018, 4 Rn. 29 f.).

Umweltberater

1011 Der Umweltberater ist gewerblich tätig (BFH 19.9.2002 – IV R 74/00, BStBl. II 2003, 27), es sei denn, er übt eine ingenieurähnliche Tätigkeit aus (BFH 9.2.2006 – IV R 27/05, DStRE 2006, 658) oder eine Beratungstätigkeit, die „an der Schnittstelle der betriebswirtschaftlichen Hauptbereiche Marketing und Umweltmanagement" anzusiedeln ist (FG Rheinland-Pfalz 26.8.2004 – 6 K 2667/02, EFG 2004, 1835, rkr.: Tätigkeit „der eines beratenden Betriebswirts ähnlich").

1012–1016 *Einstweilen frei*

Verfahrenspfleger

1017 → Rn. 905 Betreuer.

Volks- und Betriebswirt

1018 Volks- und Betriebswirte, die beratend tätig sind, üben den in § 18 Abs. 1 Nr. 1 S. 2 katalogisierten Beruf aus. In praxi wird nicht selten über den „ähnlichen Beruf" gestritten. Die Finanzgerichte erwarten, dass der Steuerpflichtige wenigstens auf einem der Hauptfelder der Volks- oder Betriebswirtschaft tätig ist (BFH 19.9.2002 – IV R 74/00, BStBl. II 2003, 27: „alle Fragen des Marketing"; FG Hamburg 5.10.2015 – 1 K 131/14, EFG 2016, 206, rkr.). Beratung muss auf Vorbildung beruhen. Der Autodidakt muss sich auf eine vergleichbar breite fachliche Vorbildung stützen können (BFH 20.10.2016 – VIII R 2/14, BStBl. II 2017, 882 Rn. 15; FG Baden-Württemberg 2.3.2011 – 7 K 5850/08, EFG 2011, 1632, rkr.).

1019–1023 *Einstweilen frei*

Werbemoderatorin

→ Rn. 877.

1024–1025 *Einstweilen frei*

YouTuber

1026 Der journalistisch tätige YouTuber ist Freiberufler. Soweit er Produkte testet, etwa Kosmetika, betreibt er ein Gewerbe (→ Rn. 877), zu dem auch Einnahmen aus Marketing und Werbung gehören können, etwa aus dem YouTube-Partnerprogramm mit Affiliate-Marketing (*Brunckhorst/Sterzinger* DStR 2018, 1689).

Einstweilen frei 1027–1028

9. Ausgrenzung der privaten Vermögensverwaltung

Leitentscheidungen, wichtige Verwaltungsanweisungen und Schrifttum (Auswahl): 1029

Entscheidungen des GrS: 1029.1
BFH 8.11.1971 – GrS 2/71, BStBl. II 1972, 63; BFH 25.6.1984 – GrS 4/82, BStBl. II; BFH 3.7.1995 – GrS 1/93, BStBl. II 1995, 617; BFH 10.12.2001 – GrS 1/98, BStBl. II 2002, 291.

Weitere Leitentscheidungen des BFH: 1029.2
BFH 11.10.2012 – IV R 32/10, BStBl. II 2013, 538 (Erwerb und Verwertung von Versicherungsansprüchen); BFH 14.7.2016 – IV R 34/13, BStBl. II 2017, 175 (Nicht-Gewerblichkeit des Shopping Center); BFH 19.1.2017 – IV R 50/14, BStBl. II 2017, 456 (Bestätigung der Goldfinger-Gestaltung); BFH 8.6.2017 – IV R 30/14, DStR 2017, 1971 (Geschäftskonzept der Fondsgesellschaft, Mitkalkulation des Verkaufserlöses als Prüfstein); BFH 28.9.2017 – IV R 50/15, BStBl. II 2018, 89 (Erstreckung der Verklammerungsrechtsprechung auf unbewegliche Wirtschaftsgüter); BFH 9.7.2019 – X R 9/17, DStR 2019, 2626 (Abgrenzung einer gewerblichen Kreditvergabe, Anlehnung an die Kriterien des gewerblichen Wertpapierhandels).

Wichtige Verwaltungsanweisungen: 1029.3
BMF 16.12.2003, BStBl. I 2004, 40 (PE-Erlass); BMF 22.11.2016, BStBl. I 2016, 1326 (Anwendungsschreiben zu § 16 Abs. 3b EStG).

Schrifttum (Auswahl): 1029.4
Lang, Die Bemessungsgrundlage der Einkommensteuer, 1981/88; *S. Schneider*, Der Tatbestand der privaten Vermögensverwaltung im Einkommensteuerrecht, 1995; *Schnorr*, Die steuerrechtliche Abgrenzung zwischen Gewerbebetrieb und Vermögensverwaltung, NJW 2004, 3214; *Elicker*, Die Grenzziehung zwischen Gewerbebetrieb und Vermögensverwaltung – Eine steuerverfassungsrechtliche Analyse –, DStJG 30 (2007), 97; *Demleitner*, Die Abgrenzung zwischen vermögensverwaltender und gewerblicher Vermietung bei einem Shopping Center, BB 2015, 1307; *Auerswald*, Die Vermögensverwaltung im Ertragsteuerrecht, 2016; *Kußmaul/Kloster*, Sharing Economy: Versteuerung der privaten Wohnraum(unter)vermietung im Zwielicht?, DStR 2016, 1280; *Schnittker/Steinbiß*, Gewerblichkeit oder Vermögensverwaltung bei PE/VC-Fonds, FR 2016, 1069; *Spohn/Lipps*, Verklammerungsgeschäft als neues Rechtsinstitut im Grenzbereich zwischen Gewerblichkeit und privater Vermögensverwaltung bei unbeweglichen Wirtschaftsgütern, DStR 2018, 605; *Wagner/Brüggen*, Die Verklammerungstheorie des BFH bei Immobilien: Praktische Fragestellungen, DB 2018, 408; *Albrecht/John*, Die einkommensteuerliche Abgrenzung zwischen Gewerbebetrieb und Vermögensverwaltung bei Investitionen in Kryptotoken, FR 2019, 393; *Liegmann/Farruggia-Weber*, Stablecoins – Zur steuerlichen Behandlung von „tokenisierten Fiat-Währungen" – Teil II: Gewerblicher Handel mit Stablecoins, BB 2019, 2524.

a) Grundlagen. „Außerordentliche Einnahmen […] aus dem nicht gewerbsmäßig oder zu Spekulationszwecken unternommenen Verkauf von Grundstücken und ähnliche Erwerbungen gelten nicht als steuerpflichtiges Einkommen, sondern als Vermehrung des Stammvermögens". So formulierte § 8 des preußischen Einkommensteuergesetzes vom 24. Juni 1891 (GS 1891, 175). In seiner Dramaturgie war der gewerbsmäßige Verkauf von Grundstücken **Kontrastprogramm:** daraus erzielte Einkünfte waren nicht „außerordentliche", die steuerfrei das Stammvermögen vermehren, sondern ordentliche aus „Handel und Gewerbe" (§ 7 Nr. 3 des preußischen EStG 1891). 1030

Wer sich von „Stammvermögen" nicht trennt, etwa ein Grundstück geerbt hat und weitervererben will, Vermögen „erwirbt, um es zu besitzen", hält offenkundig Distanz von einem Vermögensumschlag, der das Verhalten des Händlers charakterisiert. Das ändert sich auch nicht dadurch, dass der Eigentümer sein Grundstück vermietet. Das ist eine eher passive, auf Fruchtziehung gerichtete Tätigkeit – **Vermögensverwaltung durch stetige Nutzung.** Sie gehört zum „Tätigkeitstypus" der quellentheoretisch konzipierten Überschusseinkunftsarten (*Lang* Bemessungsgrundlage, 474; *Elicker* DStJG 30 (2007), 97 (98 f.)). „Der Tatbestand der privaten Vermögensverwaltung kennzeichnet eine Form der Marktteilnahme, deren Marktbezug zwar im Hinblick auf den Vermögensertrag, nicht aber im Hinblick auf die Vermögenssubstanz die einkommensteuerrechtliche Erheblichkeitsschwelle überschreitet" (*S. Schneider* Tatbestand der privaten Vermögensverwaltung, 118). 1031

Wenn das Gesetz typologisch unternehmerische und nicht-unternehmerische Mehrung individueller Leistungsfähigkeit unterscheidet und wenn im Bereich der §§ 20 ff. nicht- 1032 unternehmerische, gleichwohl selbständig und nachhaltig erwirtschaftete Markterfolge belastet werden, drängt das **duale System** der Einkunftsarten auf **Komplementärbegriffe** unterhalb des „wirtschaftlichen Geschäftsbetriebs". Indem § 15 Abs. 2 S. 1 nicht nur die beiden ausdrücklich benannten Gewinneinkunftsarten aussortiert, sondern auch die nichtunternehmerischen Tätigkeiten, entfaltet er definitorische Kraft als „Unterbegriff" (BFH 8.11.1971 – GrS 2/71, BStBl. II 1972, 63, sub V 2; *Heuermann* DStJG 30 (2007), 121 (123)), der sich gegen den **anderen Typus der Vermögensverwaltung** behauptet. Der Unternehmer gewinnt sein Profil letztlich daraus, dass er die private Sphäre der (steuerbaren oder auch nicht-steuerbaren) „Jedermann-Vermögensverwaltung" verlässt kraft Professionalität und Intensität (→ Rn. 645 ff.).

1033 Das ist ein effektvoller Kunstgriff in der Handhabung des § 15 Abs. 2. Der BFH betont traditionell die „Unvollständigkeit" der Begriffsbestimmung, die „das zur Kennzeichnung eines gewerblichen Unternehmens notwendige Negativmerkmal des Nichtvorliegens einer privaten Vermögensverwaltung unerwähnt" lasse (BFH 25.6.1984 – GrS 4/82, BStBl. II 1984, 751 (762)). Erst mit diesem Negativmerkmal wird der Begriff des gewerblichen Unternehmers Unterbegriff und komplementärer Rechtsbegriff. Jetzt verlangt er den Abgleich der – nur typologisch, nicht klassifikatorisch unterscheidbaren – Erscheinungsformen, der **„Bilder des Unternehmerischen"** und der **„Bilder der Vermögensverwaltung"** (HHS/*Fischer* AO § 14 Rn. 79 f.) unter Berücksichtigung der **Verkehrsanschauung.** Auf der einen Seite stehen „typische" Vermieter, Sparer, private Kapitalanleger, Wertpapierdepot-Inhaber, auf der anderen Seite „typische" Grundstückshändler, „banktypische" Finanzunternehmer und professionelle Wertpapierhändler.

1034 Der Rekurs auf Bilder und Verkehrsauffassung sichert gewiss eine für Neuerungen offene **Interpretationsdynamik.** Im gesellschaftlichen, zumal im technologischen Wandel verändern sich auch gewerbliche Formate und der Blick auf Professionen. Die Anwendung des § 15 Abs. 2 darf jedoch nicht erstarren in „Urbildern", historischen Berufsbildern und leblosen Kontinuitätslinien der Rechtsprechung, abgekoppelt von gegenwärtiger Verkehrsanschauung (vgl. zur Kritik *Schnorr* NJW 2004, 3214 (3215): „Eine steuerliche Diskriminierung anhand bestimmter Urbilder von Gewerbetreibenden passt dabei besser zu einer ständischen Gesellschaft, in der man sich in bestimmte vorgegebene Erwerbszweige einzufügen hat, als zur freiheitlichen Grundordnung des Grundgesetzes, in der Art. 12 Abs. 1 GG gerade nicht nur Berufe schützt, die einem traditionellen Berufsbild entsprechen"; *Demleitner* BB 2015, 1307 (1310); *V. Wendt* EFG 2015, 1437 (1439)). Die Rechtsanwendung sollte sich von einer offenen Gesamtbild-Betrachtung leiten lassen (→ Rn. 1044), nicht von geschlossenen Berufsbildern, aber auch nicht von zeitgeistkonformer Hobbykellerprofessionalisierung.

1035 Verwaltung durch stetige Nutzung (→ Rn. 1031) betont das Zeitmoment der privaten Vermögensverwaltung. **Ruhendes Vermögen** steht im scharfen Kontrast zu Unruhe und Tempo des Umschlags im Handel. Diesen Gesichtspunkt betont der IX. Senat: Private Vermögensverwaltung sei grundsätzlich **langfristig ausgerichtet.** „Sie dient dazu, Privatvermögen nutzbringend anzulegen und mittels der Wertsteigerungen und Erträge ein finanzielles Polster zu schaffen" (BFH 27.6.2017 – IX R 3/17, DStRE 2018, 404 Rn. 16).

1036–1038 *Einstweilen frei*

1039 **b) Bilder und Gegenbilder – Gesamtbild.** Insbesondere im Blick auf den Wertpapierhandel hat sich die Rechtsprechung vor und nach der Finanzkrise (→ Rn. 1351) **gegen eine technologiegetriebene (Schein-)Professionalisierung** des Privaten gestemmt. Die Bereitschaft des BFH, der „Entwicklung der Verhältnisse" Rechnung zu tragen, führte nur dahin, „Bildschirmhandel" und „Spekulieren per Mausklick" auch in der Sphäre privater Vermögensverwaltung zu beheimaten (BFH 20.12.2000 – X R 1/97, BStBl. II 2001, 706 (708)): Der technologische Fortschritt habe „handelsübliche Personalcomputer und einschlägige Standard-Software" hervorgebracht, Auswirkungen auf die kurzfristige Handelbarkeit von Kapitalanlagen und die Technik der Geschäftsabschlüsse – aber nur mit der Konsequenz, dass das Kriterium der „büromäßigen Organisation" an Bedeutung verliere. Im Jahre 2003 hat der X. Senat mit Rücksicht auf „die zunehmende Größe der Privatvermögen" auch Privatanlegern den Umgang mit großen Volumina zugestanden (BFH 30.7.2003 – X R 7/99, BStBl. II 2004, 408 (413)).

1040 Der BFH sieht das **„Bild des Handels"** durch Umschichtung von Vermögenswerten gekennzeichnet, durch den **marktmäßigen Umschlag** von Sachwerten, das „Bild des gewerblichen Dienstleisters“ durch ein Tätigwerden für Andere und *für fremde Rechnung* (BFH 19.1.2017 – IV R 50/14, BStBl. II 2017, 456 Rn. 39; BFH 11.10.2012 – IV R 32/10, BStBl. II 2013, 538 Rn. 29 f.). Jede Bildbeschreibung lässt **Kontrastbilder** entstehen. So deutet ein Tätigwerden ausschließlich *für eigene Rechnung* „im Regelfall darauf hin, dass der Rahmen der privaten Vermögensverwaltung nicht überschritten wird“ (BFH 9.7.2019 – X R 9/17, DStR 2019, 2626 Rn. 33; BFH 11.10.2012 – IV R 32/10, BStBl. II 2013, 538 Rn. 30; BFH 19.1.2017 – IV R 50/14, BStBl. II 2017, 456 Rn. 39).

Eine ausführlichere Auseinandersetzung mit „Urbildern“ findet sich in BFH 25.7.2001 – X R 55/ **1040.1**
97, BStBl. II 2001, 809: Das **„Bild des Handels“** sei gekennzeichnet durch die wiederholte Anschaffung und Veräußerung von Wirtschaftsgütern. Seit jeher werde „der Handel“ umschrieben als „die der Vermittlung des Güterumlaufs zugewendete Erwerbstätigkeit“. Zu seinem Wesen gehöre der Kauf oder die sonstige Anschaffung von Sachen zum Zwecke der **Weiterveräußerung in gleichem Zustande oder nach Be- und Verarbeitung.** – Dem **„Bild des produzierenden Unternehmers“** entspreche, dass er eigeninitiativ und mit Unternehmerrisiko Produktionsfaktoren – die eigene Arbeitsleistung, Eigen- und Fremdkapital und nichtselbständig erbrachte Leistungen Dritter – zu marktfähigen Güter- und Dienstleistungsangeboten bündle und am Markt absetze: gewerbliche **Produktion als nachhaltige Wertschöpfung** (BFH 25.7.2001 – X R 55/97, BStBl. II 2001, 809 (810 f.)).

Der Eigentümer eines Einkaufszentrums, der an viele Einzelhändler vermietet, mag sich **1041**
vom **Bild des herkömmlichen Vermieters** entfernen und dem **Kontrastbild eines Shopping Center-Strategen** und umfassend verantwortlichen Dienstleisters annähern, wenn er nicht mehr nur für die Reinigung der Gemeinschaftsflächen verantwortlich zeichnet, sondern auch für ein Gastronomiezentrum, Sanitäranlagen, Parkplätze, Werbekampagnen und die Bewachung des Gesamtprojekts (noch für Vermietung allerdings BFH 14.7.2016 – IV R 34/13, BStBl. II 2017, 175; → Rn. 1066; ausführlich zu den Varianten der Shopping Center-Vermietung, auch zur „Gefahr der Erbringung gewerblicher Sonderleistungen“: *Demleitner* BB 2015, 1307).

§ 14 S. 3 AO zählt **Regelbeispiele** auf, erfasst einen Kernbereich der Vermögensverwal- **1042**
tung: die verzinsliche Anlage von Kapitalvermögen und die Vermietung oder Verpachtung von unbeweglichem Vermögen – typische Erscheinungsformen der Vermögensverwaltung; eine abschließende Aufzählung bietet § 14 S. 3 AO nicht (Tipke/Kruse/*Seer* AO § 14 Rn. 11). Vor allem aber will er nicht verhindern, dass Vermietung von Grundvermögen als (wenn auch wesentliches → Rn. 1065 f.) Teilelement eines Geschäftsmodells aufgeht in einem Gesamtbild, das die Annahme der Gewerblichkeit rechtfertigt.

Zugleich orientiert sich die Rechtsprechung an Berufsbildern, die nach der Verkehrsauf- **1043**
fassung einen *Gewerbebetrieb* ausmachen, an den Tätigkeiten der Produzenten, der Dienstleister und der Händler, entwickelt *daraus*, also „letztlich negativ“ (BFH 19.1.2017 – IV R 50/14, BStBl. II 2017, 456 Rn. 27; BFH 11.10.2012 – IV R 32/10, BStBl. II 2013, 538 Rn. 27), die **Gegenbilder der privaten Vermögensverwaltung.** Es entspreche langjähriger und gefestigter Rechtsprechungstradition, das „Bild des Gewerbebetriebs“ durch Orientierung an unmittelbar der Lebenswirklichkeit entlehnten Berufsbildern zu konturieren (BFH 27.6.2017 – IX R 3/17, DStRE 2018, 404 Rn. 12; BFH 11.10.2012 – IV R 32/10, BStBl. II 2013, 538 Rn. 28).

Diese Judikatur läuft Gefahr, auf der Suche nach etablierten „Bildern des Gewerbebe- **1044**
triebs“ den charakteristischen Handlungstatbestand der professionell-intensiven Marktteilnahme zu überspielen, uneinheitlich „Bilder“-Segmente zu bilden (→ Rn. 659), letztlich § 15 zu eng, private Vermögensverwaltung zu weit zu fassen – und dynamische Interpretation (→ Rn. 1034) einzutauschen gegen eine starre, an historischen Leitbildern orientierte Eingrenzung der Gewerblichkeit (vgl. BFH 20.12.2000 – X R 1/97, BStBl. II 2001, 706 (707), zu den „Urbildern“ Händler, Produzent, Dienstleistender). Den Vorzug verdient eine **Gesamtbild ohne Berufsbild-Doktrin** (auf dieser Linie auch BFH 16.9.2015 – X R 43/12, BStBl. II 2016, 48 Rn. 37; → Rn. 658). Sie widersetzt sich der Rechtsprechung des IV. Senats im Bereich der geschäftsmäßigen Bewirtschaftung von Kapitalvermögen (etwa: Handel mit Versicherungsansprüchen oder non-performing loans → Rn. 1097 f.), auch im Bereich der Vermietung und Verpachtung (→ Rn. 1066).

Ausgewogene **Bilder-Rechtsprechung konkretisiert** die traditionelle, freilich zu **1045**
abstrakte Standardformel, die nach **„Fruchtziehung oder Umschichtung“** fragt. Diese

Begriffe spiegeln ihrerseits die Konfrontation zwischen Quellentheorie und Reinvermögenszuwachstheorie (*Elicker* DStJG 30 (2007), 97 (99); kritisch zur Fruchtziehungsformel *Schnittker/Steinbiß*, FR 2016, 1069 (1071); auch HHS/*Fischer* AO § 14 Rn. 73: „dient eher der rituellen Invokation"; vgl. auch *Auerswald* Vermögensverwaltung im Ertragsteuerrecht, 81 ff.): „Die Grenze der privaten Vermögensverwaltung zum Gewerbebetrieb wird überschritten, wenn nach dem Gesamtbild der Betätigung und unter Berücksichtigung der Verkehrsauffassung die Ausnutzung substantieller Vermögenswerte durch Umschichtung gegenüber der Nutzung der Vermögenswerte im Sinne einer Fruchtziehung aus zu erhaltenden Substanzwerten entscheidend in den Vordergrund tritt" (st.Rspr., jüngst BFH 9.7.2019 – X R 9/17, DStR 2019, 2626 Rn. 31; BFH 27.6.2017 – IX R 3/17, DStRE 2018, 404 Rn. 11; BFH 14.7.2016 – IV R 34/13, BStBl. II 2017, 175 Rn. 35; BFH 11.10.2012 – IV R 32/10, BStBl. II 2013, 538 Rn. 27; FG München 29.6.2015 – 7 K 928/13, EFG 2015, 1931 (1932), aus prozessualen Gründen aufgehoben durch BFH 27.9.2017 – I R 62/15, BeckRS 2017, 145119).

1046 Die Formel verweist auf die Fluchtpunkte des Grenzregimes; verlässliche Kriterien der Abgrenzung liefert sie nicht. Den Ausschlag geben in der Rechtsprechungspraxis **bereichsspezifische Standards** mit Rücksicht auch auf Besonderheiten der jeweils „gehandelten Ware" (FG Hamburg 23.4.2015 – 5 K 115/12, BeckRS 2015, 95187, rkr.; *Baldauf* EFG 2015, 1804 (1805)), die „artspezifischen Besonderheiten" (BFH 9.7.2019 – X R 9/17, DStR 2019, 2626 Rn. 31; BFH 27.6.2017 – IX R 3/17, DStRE 2018, 404 Rn. 12; BFH 19.1.2017 – IV R 50/14, BStBl. II 2017, 456 Rn. 29; BFH 14.7.2016 – IV R 34/13, BStBl. II 2017, 175 Rn. 35; BFH 25.7.2001 – X R 55/97, BStBl. II 2001, 809 (811)) und **Fallgruppen** (→ Rn. 1057 ff.; BFH 9.7.2019 – X R 9/17, DStR 2019, 2626 Rn. 32 f.: Prüfung der allenfalls gewerblichen Kreditvergabe entlang der Kriterien für den Wertpapierhandel). Die Vermietung von Grundvermögen, Wohnungen und beweglichen Gegenständen soll „in der Regel" der privaten Vermögensverwaltung zuzuschlagen sein, wenn nicht „besondere Umstände" hinzutreten (BFH 8.6.2017 – IV R 30/14, DStR 2017, 1971 Rn. 30; BFH 14.7.2016 – IV R 34/13, BStBl. II 2017, 175 Rn. 36; FG Baden-Württemberg 17.2.2016 – 4 K 1349/15, EFG 2016, 820 Rn. 95, rkr.).

1047 Drei **Grundlinien,** die in den Beschlüssen des Großen Senats vom Juli 1995 (BFH 3.7.1995 – GrS 1/93, BStBl. II 1995, 617) und vom Dezember 2001 (BFH 10.12.2001 – GrS 1/98, BStBl. II 2002, 291) zusammenlaufen und bis heute fortgeführt werden, verweisen (über die vorgelegten Rechtsfragen zum gewerblichen Grundstückshandel hinaus) zugleich auf drei **Grundprobleme.** Die traditionelle Rechtsprechung muss den Imperativ des Art. 3 Abs. 1 GG aufnehmen, oszilliert zwischen „Gesamtbild" und „Berufsbild" und riskiert eine dogmatische Zerklüftung in unverbundener Fallgruppenjudikatur:

1048 (1) Die von der Rechtsprechung entwickelten Beweisanzeichen (etwa Zahl der Objekte beim Grundstückshandel; „Hotel-Referenz": Ähnlichkeit mit einem Beherbergungsbetrieb) dienen dem Zweck, eine die **Gleichheit der Rechtsanwendung** gewährleistende Zuordnung zum „Bild des Gewerbebetriebs" oder zur privaten Vermögensverwaltung zu ermöglichen. Das ist eine notwendige Konkretisierungsleistung zur Gewährleistung der Rechtsanwendungsgleichheit. Allerdings verarbeitet sie die im Lichte der Rechtsetzungsgleichheit prekäre „Verwerfung zwischen zwei nicht miteinander versöhnlichen Systemen der Einkommensbesteuerung" (*Elicker* DStJG 30 (2007), 97 (119); vgl. auch HHR/*Musil* § 2 Rn. 528; S. *Schneider* Tatbestand der privaten Vermögensverwaltung, 72: Vermögensverwaltung greife den „Befund einer im Vergleich zum Gewerbebetrieb minder intensiven Marktteilnahme auf"; dazu kritisch und differenzierend *Auerswald* Vermögensverwaltung im Ertragsteuerrecht, 191 ff.).

1049 (2) Bei der Abgrenzung zwischen Gewerbebetrieb und Vermögensverwaltung ist auf das **Gesamtbild** der Verhältnisse und auf die Verkehrsanschauung abzustellen. In Zweifelsfällen sei die **gerichtsbekannte und nicht beweisbedürftige** Auffassung darüber maßgebend, ob die Tätigkeit, soll sie in den gewerblichen Bereich fallen, dem Bild entspricht, das nach der **Verkehrsanschauung** einen Gewerbebetrieb ausmacht und einer privaten Vermögensverwaltung fremd ist (BFH 10.12.2001 – GrS 1/98, BStBl. II 2002, 291 (292)). Der IV. Senat judiziert spannungsreich zwischen „Gesamtbild" und „unmittelbar der Lebenswirklichkeit entlehnten Berufsbildern" (BFH 11.10.2012 – IV R 32/10, BStBl. II 2013, 538 Rn. 28; Kritik: → Rn. 1097). Gerade in den Grenzfällen erhebt sich die Frage, ob die Verkehrsanschauung die Judikatur oder umgekehrt die Rechtsprechung die Verkehrsanschauung prägt (vgl. das Bekenntnis bei *V. Wendt* EFG 2015, 1437) und ob das entlehnte Berufsbild das Gesamtbild konturiert oder zudeckt.

(3) Die „Drei-Objekt-Grenze" kann als besonders heikles Beispiel gelten für bereichsspezifische **Sonderrechtsprechung.** Bestenfalls sorgt die Verfeinerung für Rechtssicherheit. Andernfalls löst sie eine Bereichsdogmatik in unkalkulierbare Einzelfallkasuistik auf. Zu fragen ist auch, ob mehrere, unverbundene Bereichsdogmatiken (BFH 14.7.2016 – IV R 34/13, BStBl. II 2017, 175 Rn. 35: „Ob eine Tätigkeit noch der privaten Vermögensverwaltung zuzuordnen ist, lässt sich nicht für alle Bereiche nach einheitlichen Maßstäben beurteilen") dem einen – zwar ungeschriebenen, aber doch gesetzlichen – Tatbestandsmerkmal verpflichtet bleiben können. Unverkennbar besteht die Gefahr, dass Sonderdogmatiken den einheitlichen Tatbestand *gewerbliches Unternehmen* uneinheitlich segmentieren. **1050**

In der gerichtlichen Bewältigung der Abgrenzung ist auch und nicht zuletzt die **Arbeitsteilung zwischen FG und BFH** zu bedenken. Das Finanzgericht „erforscht den Sachverhalt" (§ 76 Abs. 1 S. 1 FGO) und damit auch jene konkreten Umstände, die das abgrenzungshalber relevante „Gesamtbild der Verhältnisse" ausmachen (→ Rn. 630 und → Rn. 1045). § 118 Abs. 2 FGO bindet den Bundesfinanzhof „an die in dem angefochtenen Urteil getroffenen tatsächlichen Feststellungen", vorbehaltlich begründeter Angriffe der Revision auf die Tatsachenermittlung (Gräber/*Ratschow* FGO § 118 Rn. 36 ff., 65 ff.). Wenn das FG feststellt, dass eine General Partnership in London einen Handel mit Gold betreibt und nicht vermögensverwaltend tätig ist, so mögen diese Befunde „möglich" sein „und damit" revisionsrechtlich für den BFH-Senat „bindend" (BFH 19.1.2017 – IV R 50/14, BStBl. II 2017, 456 Rn. 24). **1051**

Soweit in Grenzfällen eine Zuordnung *in abstracto*, etwa zu einem „Bild des Handels" oder „Bild des gewerblichen Dienstleisters", abhängt von einzelnen Befunden *in concreto*, etwa von Veräußerungsgeschäften, die „marktmäßigen Umschlag" erkennen lassen, steuert der BFH mit der **Kontrolldichte** auch die Arbeitsteilung der Instanzen. Wie jedes Höchstgericht verweigert sich auch der BFH einer strikten Dogmatik der Kontrolldichte; wie er sie im Einzelfall dosiert, welche Regeln gelten für den Tenor der Selbstbescheidung: dass das Urteil der Vorinstanz „revisionsrechtlich nicht zu beanstanden" sei (exemplarisch: BFH 11.10.2012 – IV R 32/10, BStBl. II 2013, 538 Rn. 25), bleibt ein letztes Geheimnis der richterlichen Binnenkontrolle. Immerhin kann der BFH zielgenaue Tatsachenfeststellung und kontinuierliche Rechtsprechung gewährleisten mit seinem revisionsgerichtlichen Beitrag zur Fallgruppenbildung. **1052**

Einstweilen frei **1053–1056**

c) Fallgruppen. Soweit die Befunde der „händlertypischen Umschichtung" und „privaten, händleruntypischen Fruchtziehung" nur nachträgliche Etikettierungen ermöglichen und eine Abgrenzung voraussetzen (→ Rn. 1045), kommt der Fallgruppenbildung besondere Bedeutung zu. Die Vermietung von Grundbesitz und Wohnraum gehe, so der BFH, „in der Regel" nicht über den Rahmen der privaten Vermögensverwaltung hinaus (BFH 14.7.2016 – IV R 34/13, BStBl. II 2017, 175 Rn. 36 f.; BFH 14.1.2004 – X R 7/02, BFH/NV 2004, 945) – anders aber, wenn die Vermietung nur in der Verklammerung mit einem späteren Verkauf auf ein positives Gesamtergebnis hoffen lässt (BFH 28.9.2017 – IV R 50/15, BStBl. II 2018, 89: „gewerbliche Vermietungseinkünfte"; → Rn. 1069). Und innerhalb der Fallgruppe können sich bereichs-, sogar wirtschaftsgutspezifische Standards etablieren (BFH 14.7.2016 – IV R 34/13, BStBl. II 2017, 175 Rn. 38: „objektbezogen nach der Art des Vermietungsobjekts"). **1057**

Allerdings wird im Dissens über die **Zuordnung zur Fallgruppe** auch die dogmatische Entlastung durch Fallgruppenbildung fraglich. Wird der Goldhandel dem Wertpapierhandel zugeschlagen, kann er nur „in besonderen Fällen" als gewerbliche Tätigkeit einzuordnen sein (FG München 29.6.2015 – 7 K 928/13, EFG 2015, 1931 (1932 f.), aus prozessualen Gründen aufgehoben durch BFH 27.9.2017 – I R 62/15, BeckRS 2017, 145119; demgegenüber FG Münster 11.12.2013 – 6 K 3045/11 F, EFG 2014, 753 (756): „Goldbarren sind keine Wertpapiere", → Rn. 1347 f. zur bestätigenden „Goldfinger"-Entscheidung des BFH). Diese Debatte hat der BFH allerdings 2017 beendet: Mit dem „fruchtlosen" Wirtschaftsgut Gold lasse sich nur durch dessen Veräußerung ein Ertrag erzielen – der Goldhandel **1058** erfordere deshalb von vornherein „einen anderen konzeptionellen Geschäftsansatz als der Handel mit Wertpapieren" (BFH 19.1.2017 – IV R 50/14, BStBl. II 2017, 456 Rn. 32).

1059 **aa) Vermietung und Verpachtung; Verklammerungsrechtsprechung.** Der Katalog des § 21 Abs. 1 S. 1 identifiziert „Einkünfte aus Vermietung und Verpachtung". Die schiere Existenz des § 21 schließt aus, dass die entgeltliche Überlassung der dort benannten Vermögensgegenstände an Dritte ohne Weiteres den Tatbestand Gewerbebetrieb erfüllt. *Nicht ohne Weiteres* bedeutet: Treten weitere Leistungselemente hinzu – Sonderleistungen, richtiger: charakteristisch professionelle, umprägende Zusatzleistungen –, mag die Tätigkeit in der Gesamtschau dem „Bild des Unternehmerischen" entsprechen; dann kommt private Vermögensverwaltung im Format des § 21 nicht mehr in Betracht. § 14 S. 3 AO, der „Vermögensverwaltung" über einen Kern repräsentativer Regelbeispiele erschließt, führt ausdrücklich das Exempel an, dass „**unbewegliches Vermögen** vermietet oder verpachtet wird".

1060 Geht es um die Überlassung von Wohnraum, konfrontiert die Judikatur **„übliche"** und **„hotelmäßige"** Vermietung (BFH 14.7.2016 – IV R 34/13, BStBl. II 2017, 175 Rn. 37; BFH 28.9.2010 – X B 42/10, BeckRS 2010, 25016624; BFH 14.1.2004 – X R 7/02, BFH/NV 2004, 945; zu Ferienwohnungen: BFH 14.7.2004 – IX R 69/02, BFH/NV 2004, 1640; FG Mecklenburg-Vorpommern 20.12.2017 – 3 K 342/14, EFG 2018, 1172, Rev. IV R 10/18; FG Berlin-Brandenburg 24.11.2016 – 9 K 9292/13, DStRE 2018, 82, rkr.). Die Hotel-Referenz lässt nicht deutlich erkennen, ob sich die Abgrenzung an etablierten Berufsbildern orientiert oder – zutreffend (→ Rn. 655 ff.) – am Bild gewerblicher Professionalität. **Das Hotel** steht für den altehrwürdigen Beherbergungs- und Verpflegungsbetrieb, der eine unternehmerische Organisation voraussetzt, vor allem aber professionelle Bewirtschaftung. Den Ausschlag gibt nicht „Berufsbild Hotel"-Ähnlichkeit, sondern der Grad der Professionalisierung.

1061 Die jüngere Rechtsprechung fragt nach Hotel-ähnlichen **Sonderleistungen** oder – alternativ – unternehmerischer **Organisation,** die unabhängig von Zusatzleistungen notwendig wird, etwa wegen des häufigen Mieterwechsels (BFH 16.4.2013 – IX R 22/12, BFH/NV 2013, 1552; FG Thüringen 5.12.2018 – 1 K 743/16, EFG 2019, 287 Rn. 14, rkr.; FG Mecklenburg-Vorpommern 20.12.2017 – 3 K 342/14, EFG 2018, 1172 Rn. 34, Rev. IV R 10/18; FG Hamburg 10.7.2014 – 6 K 125/13, BeckRS 2014, 95867, rkr.). Wer an Prostituierte lediglich vermietet, sich im Übrigen auf „bloße Gefälligkeiten oder übliche Hausmeistertätigkeiten" beschränkt (FG Hamburg 13.5.2016 – 2 V 271/15, BeckRS 2016, 95024, rkr.), verbleibt im Tätigkeitsbereich des § 21.

1061.1 FG Thüringen 5.12.2018 – 1 K 743/16, EFG 2019, 287 Rn. 19, rkr., hat in einem Fall der Flüchtlingsunterbringung „einen gewerblichen Vertrag sui generis oder einen gewerblichen Mischvertrag" angenommen: „Denn kennzeichnend für die Vermietung von Wohnraum ist die Überlassung eines bestimmten Mietgegenstandes, dessen Wert sich nach Größe, Lage, Ausstattung und sonstigen mietsachebezogenen Umständen richtet." Der Stadt sei jedoch keine Mietsache im engeren Sinne überlassen worden. Der Vermieter habe sich vertraglich verpflichtet, Flüchtlinge im Rahmen einer bestimmten Kapazität – ohne Rückgriff auf den umbauten Raum und die vermietete Fläche – unterzubringen.

1062 **Quantität** allein begründet nicht die Gewerbe-typische Professionalität, zumal das Internet auch dem unprofessionellen Anbieter als Intensitätsverstärker behilflich ist. Der Vermieter einer Berliner Wohnung, der in einem Jahr über 162 Tage an 17 Stadtbesucher vermietet, Innenausstattung und Endreinigung, aber keine Sonderleistungen anbietet, seinerseits als Lehrer tätig ist und den Schlüssel von der Nachbarin an die Mieter übergeben lässt (FG Berlin-Brandenburg 20.1.2010 – 14 K 1355/06, BeckRS 2012, 95321, rkr.: „improvisatorische Züge"), erreicht nicht das Professionalitätsniveau, das den Gewerbetreibenden auszeichnet.

1062.1 Dazu auch BFH 14.7.2016 – IV R 34/13, BStBl. II 2017, 175 Rn. 37: „Die Vermietung von Grundbesitz bleibt auch dann Vermögensverwaltung, wenn der Besitz sehr umfangreich ist, an eine Vielzahl von Mietern vermietet und zur Verwaltung ein in kaufmännischer Weise eingerichteter Geschäftsbetrieb unterhalten wird". Diese Sentenz aus dem Maßstäbeteil des Urteils erfasst allerdings nicht die Eigentümlichkeit der dort streitbefangenen Shopping Center-Gesamtsteuerung. Hier stellt sich die Frage, ob das strategisch gemanagte Arrangement in seiner Eigenständigkeit von Vermietung abgesetzt und unternehmerischer Tätigkeit zugeschlagen werden muss (→ Rn. 1066).

Auch die Internet-basierte Vermittlung privaten Wohnraums wird *nicht ohne Weiteres* zu gewerblicher Tätigkeit der Vermieter und Untervermieter. Der Begriff **Sharing Economy** trägt zur Abgrenzung nichts bei. Das Internet öffnet sich neutral für private und professionelle Vermieter, für treuherzige Idealisten und brachiale Maximalisten. Auch die über Plattformen im Internet gesteuerte Wohnraumvermietung bleibt in der Frage der Abgrenzung zwischen § 21 und § 15 beherrschbar nach den etablierten Standards (*Kußmaul/Kloster* DStR 2016, 1280 (1282 f.)). Digitalisierung der Kommunikation führt nicht auf kurzem Wege in die Professionalisierung der Tätigkeit. **1063**

So bleibt es bei den altetablierten **Kriterien der Professionalität:** Kurzfristigkeit der Vermietung; jederzeitige Vermietungsbereitschaft, darauf eingerichtete sachliche und personelle Vorkehrungen („Unternehmensorganisation", BFH 14.1.2004 – X R 7/02, BFH/NV 2004, 945); erhebliche Zusatzleistungen; Werbung. Der Vermieter einer Ferienwohnung mag die Schwelle hin zum Professionalitätsniveau überschreiten durch Einschaltung einer Feriendienstorganisation, die Werbung und Verwaltung übernimmt (FG Nürnberg 11.2.2016 – 4 K 1104/14, EFG 2016, 902 Rn. 32–33, rkr.), wenn auch die Einbeziehung gewerblicher Vermittler für sich genommen nicht genügt (BFH 14.1.2004 – X R 7/02, BFH/NV 2004, 945). Das gilt ebenso für die Zwischenschaltung professioneller Internet-Plattformen. **1064**

Gewerblich-professionell betätigt sich indessen eine GmbH & Co. KG, die Wohnungen einer Seniorenresidenz vermietet mit zahlreichen Sonderleistungen, ein Komplettpaket – **„betreutes Wohnen"** mit Grund- und Wahlleistungen, die zwar von dritter Seite erbracht, jedoch über den Mietvertrag mitvermittelt werden (**aA** FG Baden-Württemberg 17.2.2016 – 4 K 1349/15, EFG 2016, 820, rkr.). Wer nicht nur Wohnraum zur Verfügung stellt, sondern Betreuung arrangiert, Beratung und Vollversorgung vermittelt, die Leistungen Dritter im Zuge umfassender Kooperation in das Angebot integriert und die Mieter auf Inanspruchnahme der Drittleistungen verpflichtet (vgl. FG Baden-Württemberg 17.2.2016 – 4 K 1349/15, EFG 2016, 820 Rn. 8 ff.), handelt **umfassend leistungsbereit, organisiert und professionell** – überschreitet deutlich den Rahmen der privaten Vermögensverwaltung (**aA** FG Baden-Württemberg 17.2.2016 – 4 K 1349/15, EFG 2016, 820 Rn. 96 ff., rkr.: vermögensverwaltende GmbH & Co. KG, die auch nicht die Voraussetzungen des § 15 Abs. 3 Nr. 2 erfüllt). **1065**

Problematisch erscheint deshalb auch das **Shopping Center-Urteil des BFH** vom Juli 2016. Der IV. Senat betont seinerseits, dass das Center-Arrangement des Vermieters „mehr darstellt als die Summe der Angebote der dort angesiedelten Händler und Dienstleister" (BFH 14.7.2016 – IV R 34/13, BStBl. II 2017, 175 Rn. 39). Wer einen „einheitlichen Rahmen für den Betrieb des gesamten Einkaufszentrums herstellt" (ebda), das Arrangement zum Geschäftsmodell erhebt, umfassend als Gesamtheit organisiert und bewirbt, die Vertragspartner wie ein Puppenspieler gruppiert, ein- und auswechselt, **das Gesamtarrangement professionell steuert** und stetig anpasst, figuriert in einer Gesamtbild-Betrachtung als gewerblicher Unternehmer, nicht mehr als schlichter Vermieter. **1066**

Über einen ebenso anschaulichen wie heiklen Grenz- und Abgrenzungsfall hat das FG Münster mit Urteil vom Mai 2015 (13.5.2015 – 10 K 1207/13 E, G, EFG 2015, 1435, rkr.) entschieden. Der Kläger habe Markt- und Gewinnchancen genutzt, die sich aus den besonderen wirtschaftlichen Rahmenbedingungen der fleischverarbeitenden Industrie ergaben: „Die Mieter nutzten die von ihnen angemieteten Immobilien als Unterkünfte für die von ihnen beschäftigten bzw. nach Deutschland entsandten ausländischen Arbeitnehmer" – eben diese möblierten und ausgestatteten „Unterkunftsplätze" seien das „Substrat der Vermietungstätigkeit". Das FG sah nicht mehr bloßes „Halten der Immobilie", sondern ein Betriebskonzept, das auf „optimale Raumausnutzung" ausgeht: „Die Gewinnmargen von teilweise 400 v.H. oder 600 v.H. hätte der Kläger mit der Vermietung der bloßen Immobilie ohne gleichzeitige Einrichtung von Schlafplätzen und personenbezogene Bemessung der Mieten nicht erzielen können." – Dagegen ist einzuwenden, dass optimierte Raumnutzung und **Marktchancennutzung kein besonderes Kennzeichen** ist, das den Gewerbetreibenden unterscheidet. Auch der Vermieter ergreift Marktchancen. Dass der Kläger systematisch die unerfreulichen Umstände der Fleischindustrie ausgeschlachtet und die Ausstattung der Immobilien nicht seinen Mietern überlassen hat, macht ihn nicht zum Unternehmer (Kritik am Urteil auch bei *V. Wendt* EFG 2015, 1437 ff.). **1066.1**

Die **Shopping Center-Kultur** eröffnet dem Eigentümer und Vermieter des Zentrums eine Bandbreite der Gestaltungen: Nebenleistungen wie die Reinigung der Gemeinschaftsflächen entsprechen **1066.2** noch dem herkömmlichen „Bild der Vermögensverwaltung"; mit umfänglichen Zusatzleistungen, jedenfalls einem das Gesamtarrangement prägenden Geschäftsmodell (→ Rn. 1066) und Generalmanagement (Gastronomie, Sanitäranlagen, Parkplätze, Werbung, Bewachung, Reinigung aller Geschäftslokale) wird der Vermieter zum Unternehmer. Vgl. FG Berlin 11.4.2005 – 9 K 4184/01, EFG 2005, 1689, rkr.: mit „Wartungs-, Instandhaltungs- und Reinigungsleistungen das bei langfristigen Vermietungen übliche Maß" nicht überschritten. Vgl. auch die (durch BFH 14.7.2016 – IV R 34/13, BStBl. II 2017, 175 aufgehobene) Entscheidung FG Niedersachsen 26.6.2013 – 7 K 10056/09, EFG 2014, 1135: Zusatzleistungen für Werbung, Umsatzförderung und den laufenden Betrieb, erbracht von eigenständigen Gesellschaften, sollen wegen „mit dem Mietvertrag gekoppelter Verträge im Rahmen eines einheitlichen Leistungspakets" der vermietenden KG zuzurechnen sein; *Demleitner* BB 2015, 1307; *Müller/Burg* StuB 2017, 421.

1067 Die Grenzlinie zwischen gewerblicher und privater Vermietung ist auch zwischen **§ 22 Nr. 3 und § 15** zu ziehen. Den Ausschlag gibt wiederum, ob der Steuerpflichtige nachhaltig, organisiert und professionell vermietet – oder „schlicht", etwa ein einzelnes Wirtschaftsgut „an nur einen einzigen Pächter ohne weitere Zusatzleistungen" (FG Münster 11.3.2016 – 4 K 3365/14 E, EFG 2016, 807 Rn. 50 (aufgehoben durch BFH 7.2.2018 – X R 10/16, BStBl. II 2018, 630); Kirchhof/*Krumm* § 15 Rn. 72). An dieser Nahtstelle trägt das Merkmal der Nachhaltigkeit zur Abgrenzung zwischen professioneller Gewerblichkeit und privater Gelegentlichkeit bei (→ Rn. 741; auch → Rn. 774 zur Abgrenzung entlang der „Marktallgemeinheit").

1068 Für den Fall der **Vermietung beweglicher Gegenstände** hat der IV. Senat die Regelannahme privater Vermögensverwaltung (→ Rn. 1046) neuerlich bestätigt. Dass „ausnahmsweise" die „Vermietungsleistung als Ganzes" gewerblich wird, kann sich aus einer **„Verklammerungswirkung"** ergeben: Das Geschäft mag so konzipiert sein, dass „die Vermietungstätigkeit mit dem An- und Verkauf der beweglichen Wirtschaftsgüter" verklammert ist – und ein Veräußerungserlös erforderlich, „um überhaupt einen Gewinn zu erzielen" (BFH 8.6.2017 – IV R 30/14, DStR 2017, 1971 Rn. 31 f.). Dann tritt *Umschichtung* gegenüber *Fruchtziehung* „entscheidend" in der Vordergrund, abgestützt in dem „Rechtssatz", dass die Verklammerung abhängig sei von einem Geschäftsmodell, das den Veräußerungserfolg von Anfang an für ein positives Gesamtergebnis mitkalkuliert (BFH 8.6.2017 – IV R 30/14, DStR 2017, 1971 Rn. 33). Die Verklammerung begegnet der gestalterischen, „gezielten Zerlegung einer einheitlichen Tätigkeit in zwei Teilakte" (*Wendt* FR 2018, 270).

1068.1 Unter diesen Vorzeichen hat der IV. Senat das Urteil der Vorinstanz (FG Hamburg 14.8.2013 – 2 K 242/12, EFG 2013, 1908) aufgehoben. Die klagende, in Liquidation befindliche Fondsgesellschaft (KG) hatte Container vermietet und veräußert. Bereits im Prospekt hatte sie verlautbart: „Der Beteiligungserfolg hängt zu einem wesentlichen Teil von der erfolgreichen Veräußerung der Container ab." – Anders als das FG Hamburg lässt der BFH nicht die mit dem prognostizierten Veräußerungsgewinn gesteigerte Attraktivität der Anlage genügen. Der Renditeerwartung komme für die Einkünftequalifikation kein ausschlaggebendes Gewicht zu. „Die Verklammerung setzt vielmehr voraus, dass bereits im Zeitpunkt der Aufnahme der Tätigkeit der Fondsgesellschaft festgestanden hat, dass sich das erwartete positive Gesamtergebnis nur unter Einbeziehung des Erlöses aus dem Verkauf der vermieteten (verleasten) Wirtschaftsgüter erzielen lässt" (BFH 8.6.2017 – IV R 30/14, DStR 2017, 1971 Rn. 37). *Wagner/Brüggen* (DB 2018, 408 (410)) kennzeichnen die Judikatur als „Sonderrechtsprechung für Fonds" und bewegliche Wirtschaftsgüter, kritisieren unter diesem Vorzeichen die mit der BFH-Entscheidung vom 28.9.2017 (IV R 50/15, BStBl. II 2018, 89) bewirkte Erstreckung auf unbewegliche Wirtschaftsgüter.

1069 Der Bundesfinanzhof hat diese seine **Verklammerungsrechtsprechung** mit Urteil vom September 2017 **auf unbewegliche Wirtschaftsgüter ausgedehnt** (BFH 28.9.2017 – IV R 50/15, BStBl. II 2018, 89 Rn. 30). Die Entscheidung hat Kritik auf sich gezogen; nicht unberechtigt zielen die Einwände auf praktische Handhabbarkeit und Rechtssicherheit (*Spohn/Lipps* DStR 2018, 605; *Wagner/Brüggen* DB 2018, 408). Die Diskussion macht bewusst, dass (auch hier) die Begriffe „Umschichtung" und „Fruchtziehung" zur Abgrenzung allzu wenig beitragen. Zu fragen ist (auch hier) nach der unternehmertypischen **Professionalität.** Sie gibt den Ausschlag, wenn – auf der Linie des IV. Senats – von Anfang an feststeht, dass sich das positive Gesamtergebnis nur unter Einbeziehung des Verkaufserfolgs erzielen lässt und dieser Gesamtplan in einem „Geschäftskonzept" (BFH 28.9.2017 – IV R 50/15, BStBl. II 2018, 89 Rn. 27) seinen Niederschlag findet. Das sind hinreichend gewichtige, auch rechtssicher handhabbare Indizien für Unternehmerprofessionalität. Der Professionalitätsbefund im Handlungstatbestand (→ Rn. 655) entkräftet die Wertung des § 23 Abs. 1 S. 1 Nr. 1 (Veräußerung nach einer Haltedauer von mehr als zehn Jahren grundsätzlich privat).

Allerdings erheischt die Beurteilung des „Geschäftskonzepts" eine Prognose. Stichtag dafür ist der Beginn der Tätigkeit. Erklärt das Einkünfteerzielungssubjekt „infolge einer tatsächlich erfolgten Nutzungsüberlassung Einkünfte aus Vermietung und Verpachtung nach § 21 Abs. 1 Satz 1 Nr. 1 EStG, ist im Rahmen der Prognose zu prüfen, ob für den Zeitraum der tatsächlichen Vermögensnutzung ein Totalüberschuss erzielt wird". Bei der Ermittlung des Totalüberschusses sei von den Ergebnissen auszugehen, die sich nach den einkommensteuerrechtlichen Vorschriften voraussichtlich ergeben werden. „Diese Überschussprognose folgt im Grundsatz denselben Regeln, die auch sonst im Rahmen des § 21 EStG zur Feststellung der Einkünfteerzielungsabsicht Anwendung finden" (Zitate: BFH 28.9.2017 – IV R 50/15, BStBl. II 2018, 89 Rn. 38; Kritik: *Wagner/Brüggen* DB 2018, 408 (410)). **1069.1**

Einstweilen frei **1070–1074**

bb) Betriebsverpachtung – Verpächterwahlrecht. Die Verpachtung eines Betriebes im Ganzen führt zu **Einkünften aus Vermietung und Verpachtung,** auch wenn ein Geschäftswert mitverpachtet wird. Ebenso erzielt fortan Einkünfte aus § 21, wer entgeltlich einen gewerblichen Verpachtungsbetrieb erwirbt (BFH 6.4.2016 – X R 52/13, BStBl. II 2016, 710 Rn. 28: „von Beginn an Privatvermögen"). Davon zu unterscheiden sind Konstellationen der **Fortsetzungsgewerblichkeit,** in denen der Gewerbebetrieb zwar „im Ganzen" (§ 16 Abs. 3b S. 1) verpachtet, gleichwohl aufseiten des vormaligen Betreibers, nunmehrigen Verpächters nicht beendet, sondern – quasi auf Eis gelegt – festgehalten wird. So kann der Verpächter das Betriebsvermögen zusammenhalten und die Aufdeckung stiller Reserven verhindern (→ Rn. 1076 ff. zum „Verpachtungsbetrieb" der „gewerblichen Betriebsverpachtung"). **1075**

Der vormals vollaktive Gewerbetreibende mag mit der Betriebsverpachtung seine Entscheidung über den Rückzug aus dem Erwerbsleben aufschieben – eventuell später in die Vollaktivität zurückkehren. Wenn der verpachtete Betrieb fortbesteht, der geschlossene Organismus oder jedenfalls die wesentlichen Betriebsgrundlagen (BFH 17.4.2019 – IV R 12/16, BStBl. II 2019, 745 Rn. 38), bleibt die Rückkehr in die Vollgewerblichkeit möglich. Sie ist ungewiss, kurzfristig oder auch auf lange Jahre, zumal in Fällen einer Rechtsnachfolge auf Verpächterseite. Dann bleibt womöglich jahrzehntelang offen, ob der Verpächter, ggf. der Rechtsnachfolger in die Vollgewerblichkeit zurückfindet. Mit „Rücksicht auf diese Ungewissheit hat der Steuerpflichtige sich zu erklären, wie er sich den weiteren Fortgang denkt" (BFH 6.4.2016 – X R 52/13, BStBl. II 2016, 710 Rn. 22). **Ohne Betriebsaufgabeerklärung** im Format des § 16 Abs. 3b lebt der Gewerbebetrieb weiter als **Verpachtungsbetrieb** (zur „Betriebsfortführungsfiktion" BMF 22.11.2016, BStBl. I 2016, 1326; *Schulze zur Wiesche* DStZ 2019, 867 (870 f.); *Hiller/Wildermuth* StuB 2017, 188). **1076**

So drängt die ungewisse, jedoch mögliche Fortführung des Betriebs und drängt das **Realisationsprinzip** auf ein Institut der Fortsetzungsgewerblichkeit und ein Verpächterwahlrecht. Spätere Fortführung – durch den vormals vollaktiven Inhaber, seinen Erben oder Rechtsnachfolger (BFH 15.6.2010 – X R 36/08, BFH/NV 2017, 4 Rn. 25; → Rn. 1080 ff. zu den Varianten der Rechtsnachfolge) – bleibt möglich, wenn der Betrieb nicht zerschlagen, sondern als Ganzes von einem Pächter (vorübergehend) übernommen wird. Hier führt aber der Übergang zur Verpachtung nicht zur besteuerungswürdigen Realisation, nicht zu einem Mittelzufluss, „aus dem die Steuer entrichtet werden könnte" (BFH 6.4.2016 – X R 52/13, BStBl. II 2016, 710 Rn. 36). Diese Lage rechtfertigt das **Wahlrecht des Verpächters.** **1077**

Mit der seit November 2011 in § 16 Abs. 3b positivierten Wahl kann der Steuerpflichtige – Einzel- und Mitunternehmer, nicht die gewerblich geprägte Personengesellschaft (BMF 22.11.2016, BStBl. I 2016, 1326) – entweder für die Betriebsaufgabe optieren oder „zum Schutz vor Zerschlagung des betrieblichen Organismus die zwangsweise Aufdeckung der stillen Reserven verhindern" (BFH 6.4.2016 – X R 52/13, BStBl. II 2016, 710 Rn. 38). Die Aufgabeerklärung (§ 16 Abs. 3b) führt zur Betriebsaufgabe (§ 16 Abs. 3), andernfalls jedoch erzielt der Verpächter – **gewerbesteuerfrei** (Kirchhof/*Seer* § 16 Rn. 244) – **Einkünfte aus Gewerbebetrieb** (KSM/*Desens/Blischke* § 15 Rn. A 131, A 214, B 102: „latentes Betriebsvermögen eines nur ruhenden Gewerbebetriebes"; Frotscher/Geurts/*Kauffmann* § 15 **1078**

Rn. 128 f.). Die Förderung aus § 7g kann der Verpächter nicht beanspruchen, sie bleibt dem aktiven, eine werbende Tätigkeit ausübenden Marktteilnehmer vorbehalten (BMF 20.11.2013, BStBl. I 2013, 1493 Rn. 1).

1079 Fehlt es an einer Aufgabeerklärung, erzielt auch der verpachtende Erbe wie vor ihm der verpachtende Erblasser laufende Einkünfte aus gewerblicher Betriebsverpachtung. Der **Tod** des Verpächters **führt nicht zur Aufgabe** des Verpachtungsbetriebs (BFH 3.4.2014 – X R 16/10, BFH/NV 2014, 1038 Rn. 31). Wenn die Wiederaufnahme des Betriebs aufseiten des nachfolgenden Verpächters möglich bleibt, wird auch die Fortführungsabsicht weiter unterstellt. Dann ist es Sache des Rechtsnachfolgers, die **Aufgabe klar und eindeutig zu erklären** (BFH 3.4.2014 – X R 16/10, BFH/NV 2014, 1038 Rn. 28, 41 f.).

1080 Das Grundsatzurteil des X. Senats vom April 2016 hat Klarheit gebracht in der Frage, unter welchen Umständen auch der **Rechtsnachfolger des fiktiv-gewerblichen Verpächters** das Wahlrecht ausüben kann. Den Ausschlag gibt die (Un-)Entgeltlichkeit des Vorgangs (BFH 6.4.2016 – X R 52/13, BStBl. II 2016, 710 Rn. 26 ff.):

- Bei Rechtsnachfolge im Wege **entgeltlicher Veräußerung** erlischt das Verpächterwahlrecht. Der BFH (17.4.2002 – X R 8/00, BStBl. II 2002, 527 (529 ff.)) hat diese teleologische Reduktion des § 16 Abs. 3 erstreckt auf die Betriebsverpachtung im Ganzen nach Wegfall der Betriebsaufspaltung (→ Rn. 1251 und → Rn. 1252.1). Der mit § 16 Abs. 3b bewirkte Aufschub („gilt ein Gewerbebetrieb […] nicht als aufgegeben") erledigt sich durch Veräußerung des „ganzen Gewerbebetriebs" (§ 16 Abs. 1 S. 1 Nr. 1). „Der Erwerber hat von Beginn an Privatvermögen und erzielt Einkünfte aus Vermietung und Verpachtung" (BFH 6.4.2016 – X R 52/13, BStBl. II 2016, 710 Rn. 28).
- Nach Beendigung einer Betriebsaufspaltung kann die subsidiäre Betriebsverpachtung wiederaufleben (→ Rn. 1252). Bei unentgeltlicher Übergabe im Wege der **Erbfolge oder Schenkung,** die für sich genommen regelmäßig unter § 6 Abs. 3 fällt, tritt der Rechtsnachfolger auch in das fortbestehende Verpächterwahlrecht ein. Unterlässt er die Aufgabeerklärung, bleibt er gewerblicher Verpächter und vermeidet die Aufdeckung stiller Reserven (BFH 6.4.2016 – X R 52/13, BStBl. II 2016, 710 Rn. 27).
- Die **teilentgeltliche Übertragung** des Verpachtungsbetriebs ist „in Ansehung des Verpächterwahlrechts der unentgeltlichen Übertragung gleichzustellen" (BFH 6.4.2016 – X R 52/13, BStBl. II 2016, 710 Rn. 31). Dies ist Folge der sog. Einheitstheorie bei Übertragung betrieblicher Einheiten. Der Rechtsnachfolger tritt in die Rechtsstellung des bisherigen Betriebsinhabers und gewerblichen Verpächters ein, entscheidet seinerseits über Aufgabe oder Fortsetzung der fiktiven Gewerblichkeit.

1080.1 BFH 6.4.2016 – X R 52/13, BStBl. II 2016, 710, sah sich mit einem **Pachtbetrieb kraft Fortsetzungsgewerblichkeit über einen Zeitraum von 31 Jahren** konfrontiert: Die Mutter der im Jahre 2001 aus § 16 Abs. 1 S. 1 Nr. 1 Steuerpflichtigen hatte einen Pensionsbetrieb bis 1970 selbst betrieben, 1970 verpachtet und 1985/1986 auf die Tochter teilentgeltlich übertragen. Diese unbeschadet der Übertragung auf eine Rechtsnachfolgerin fortgesetzte Gewerblichkeit (→ Rn. 1080 dritter Gedankenstrich) endete erst mit der entgeltlichen Veräußerung an einen Dritten (→ Rn. 1080 erster Gedankenstrich). Vgl. demgegenüber die vorinstanzliche Entscheidung FG München 28.10.2013 – 7 K 2500/10, EFG 2015, 334, mAnm *Wüllenkemper* EFG 2014, 337–339.

1081 Im Zuge der Neustrukturierung eines gewerblichen Unternehmens durch Aus- und Neugründung mag das Altunternehmen in der Gewerblichkeit verbleiben als Besitzunternehmen einer echten **Betriebsaufspaltung** (→ Rn. 1161). Nach Beendigung einer Betriebsaufspaltung kann die **überlagerte Betriebsverpachtung** wiederaufleben (→ Rn. 1252). Auch nach einer unechten Betriebsaufspaltung kann das „ehemalige Besitzunternehmen" (BFH 17.4.2019 – IV R 12/16, BStBl. II 2019, 745 Rn. 46) durch Betriebsverpachtung im Ganzen seine gewerbliche Tätigkeit fortsetzen. Alternativ kommt in Betracht der Übergang von einem Produktions- oder Vertriebsunternehmen „zu einem reinen Verpachtungsunternehmen" (FG Köln 20.1.2016 – 10 K 2841/13, EFG 2016, 667 Rn. 38, rkr.).

1082–1086 *Einstweilen frei*

1087 **cc) Betriebsaufspaltung.** Der Begriff schillert. In der üblichen Verwendung schließt „Betriebsaufspaltung" nicht nur einen tatsächlichen Befund ein, etikettiert nicht nur eine – betriebswirtschaftlich erwünschte – Unternehmensformation, sondern auch die (erwünschte oder unerwünschte) Konsequenz auf der Rechtsfolgenseite, die Umqualifikation der Einkünfte aus Nutzungsüberlassung. Dann ist eine „gewerblich qualifizierte Vermietung" gemeint (*S. Schneider* Tatbestand der privaten Vermögensverwaltung, 88, konfrontiert diese, die „gewerbliche Betriebsaufspaltung" und die „vermögensverwaltende Betriebsaufspaltung"). Allein unter den in langer Rechtsprechungstradition näher bestimmten Voraussetzungen, aufgegriffen in § 50i Abs. 1 S. 4, kann von **gewerblicher Betriebsaufspaltung** die Rede sein (ausführlich → Rn. 1105 ff.).

Einstweilen frei **1088**

dd) Gewerblicher Grundstückshandel. Die Veräußerung eines Grundstücks kann, für sich genommen, **Handelsgeschäft** sein, **oder** aber Beendigung einer **Vermietungstätigkeit.** Wenn die schlichte Nutzungsüberlassung der privaten Vermögensverwaltung zugehört (§ 14 S. 3 AO: „unbewegliches Vermögen vermietet oder verpachtet wird"), so gilt das ebenso für den Anschaffungs- und Veräußerungsvorgang im Zusammenhang mit dieser – nicht-gewerblichen (§ 21), privaten – Tätigkeit, auch wenn der Vermietungsplan scheitert (*Tipke* Steuerrechtsordnung II, 728). Anders als der Händler hegt der Vermieter keine Veräußerungsabsicht. **1089**

Der Rechtsanwender, der die **Grenzlinie** sucht zwischen dem privaten Veräußerungsgeschäft im Anschluss an „Fruchtziehung" und dem gewerblichen Grundstückshandel („schlagwortartige Sammelbezeichnung", so BFH 24.6.2009 – X R 36/06, BStBl. II 2010, 171 (173) für die handelstypische „Umschichtung"), kann die wahren Absichten nicht ignorieren, aber auch nicht verlässlich erforschen. Ein Grenzenlosigkeitsschluss ist ihm nicht gestattet – der Dualismus der Einkunftsarten und der Einkunftsartenermittlung erheischt die eindeutige Zuordnung diesseits oder jenseits der Grenze. Die Rechtsprechungspraxis behilft sich mit Anscheinsbeweisen und Indizien (BFH 27.6.2018 – X R 26/17, BFH/NV 2018, 1255 Rn. 26), insbesondere mit der an Quantität orientierten Linie entlang der Drei-Objekt-Grenze (ausführlich → Rn. 1272 ff. und → Rn. 1287 ff.). **1090**

Einstweilen frei **1091–1092**

ee) Handel mit Wertpapieren, Versicherungsansprüchen, NPL, Kryptotoken. Auch für die Beurteilung des An- und Verkaufs von Wertpapieren hat sich eine eigentümliche, spezifisch auf die „gehandelte Ware" zugeschnittene Bereichsdogmatik durchgesetzt. **Gewerblichkeit** soll nur ausnahmsweise, **„nur in besonderen Fällen"** (BFH 24.8.2011 – I R 46/10, BStBl. II 2014, 764 Rn. 19; FG München 29.6.2015 – 7 K 928/13, EFG 2015, 1931 (1932 f.), aus prozessualen Gründen aufgehoben durch BFH 27.9.2017 – I R 62/15, BeckRS 2017, 145119) anzunehmen sein. Der Vermögensanlage in Wertpapieren sei eigen, dass bei deren kurzfristigem Umschlag schon wegen der Stichtagsbezogenheit der Gewinnausschüttung von Kapitalgesellschaften die Fruchtziehung nicht notwendigerweise im Zufluss von Dividenden und Bezugsrechten bestehe, dass sich vielmehr wirtschaftlich die Ertragserwartung des Anlegers auch aus der Kursentwicklung ergeben könne (BFH 20.12.2000 – X R 1/97, BStBl. II 2001, 706 (707 f.); FG Hamburg 23.4.2015 – 5 K 115/12, BeckRS 2015, 95187, rkr.). „Ähnlich" (BFH 9.7.2019 – X R 9/17, DStR 2019, 2626 Rn. 33) will der BFH die Abgrenzung der gewerblichen **Kreditvergabe** beurteilen. **1093**

In der Fallgruppe *Wertpapierhandel* (ausführlich → Rn. 1328 ff.) wird die Fruchtziehungs-Umschichtungs-Doktrin traditionell angepasst und damit als Abgrenzungsprinzip dementiert. Auch nach der Verkehrsauffassung gehöre „die Umschichtung von Wertpapieren – selbst in erheblichem Umfang – regelmäßig noch zur privaten Vermögensverwaltung" (BFH 19.8.2009 – III R 31/07, BFH/NV 2010, 844). Etabliert hat sich als **Begründungsformel für ausgedehnte Umschichtung noch in der privaten Sphäre** die Wendung, dass es „bei Wertpapieren in der Natur der Sache liegt, den Bestand zu verändern, schlechte Papiere abzustoßen, gute zu erwerben und Kursgewinne zu realisieren" (BFH 11.7.1968 – IV 139/63, BStBl. II 1968, 775 (777); BFH 30.7.2003 – X R 7/99, BStBl. II 2004, 408 (410); BFH 19.8.2009 – III R 31/07, BFH/NV 2010, 844 Rn. 18; FG Köln 23.10.2014 – 11 K 1217/09, EFG 2015, 217 (218), rkr.; FG Berlin-Brandenburg 9.6.2015 – 6 K 6138/12, EFG 2015, 1802, aufgehoben durch BFH 14.9.2017 – IV R 34/15, BFH/NV 2018, 24; FG München 29.6.2015 – 7 K 928/13, EFG 2015, 1931 (1932), aus prozessualen Gründen aufgehoben durch BFH 27.9.2017 – I R 62/15, BeckRS 2017, 145119). **1094**

Das Grundsatzurteil des Bundesfinanzhofs zu *Erwerb und Verwertung von Versicherungsansprüchen* (BFH 11.10.2012 – IV R 32/10, BStBl. II 2013, 538) sieht den Erwerber der sog. **1095**

„gebrauchten" Lebensversicherung in der gleichen Lage wie den Erwerber einer Sache, der diese weitervermietet. Die Klägerin sei Abnehmerin, nicht Anbieterin – zugespitzt: **wer nicht veräußert, handelt nicht,** sondern beschränke sich auf (Neu-)Beginn und „Ende einer in erster Linie auf Fruchtziehung gerichteten Tätigkeit" – wenn nicht im Einzelfall weitere, „besondere" Umstände hinzutreten, die dem Halten der Versicherung und dem Einzug der Versicherungssumme ein gewerbliches Gepräge geben (BFH 11.10.2012 – IV R 32/10, BStBl. II 2013, 538 Rn. 31, 35 ff.). Das Urteil gilt als **Referenz für eine großzügige Vermessung der privaten Vermögensverwaltung,** erteilt insbesondere quantitativen Kriterien eine Absage und verweigert sich einem „Rechts- oder Erfahrungssatz", dass „mit steigendem Kapitaleinsatz (zwingend) ein Übergang zur gewerblichen Betätigung einhergeht" (BFH 11.10.2012 – IV R 32/10, BStBl. II 2013, 538 Rn. 45; vgl. *Baldauf* EFG 2015, 1804 (1805), die zu bedenken gibt, auf die „Anzahl der Forderungserwerbe" abzustellen).

1096 Allerdings kehrt sich das Urteil nicht wie bei Wertpapieren von der Leit- und Zuordnungsfunktion der Kontrastbegriffe **Umschichtung** (gewerblich) und **Fruchtziehung** (privat) ab – bemüht sich nicht, einen Umschichtungsvorgang in den Bereich der privaten Vermögensverwaltung zu ziehen. Eher umgekehrt lotst es „Anspruchsrealisierung" in den Bereich der Fruchtziehung. Dass der (Zweit-)Erwerber von Lebensversicherungsverträgen nicht auf laufenden, wiederkehrenden Ertrag (Zinsen oder Dividenden) ausgeht, sei irrelevant. Die „Fruchtziehung aus zu erhaltenden Substanzwerten wird nicht dadurch ausgeschlossen, dass die Ertragserwartung in der Anspruchsrealisierung liegt" (BFH 11.10.2012 – IV R 32/10, BStBl. II 2013, 538 Rn. 44) – gerichtet auf die Differenz zwischen Kaufpreis und Versicherungssumme.

1096.1 Dass diese Fruchtziehung eine „private vermögensverwaltende" sei, will die Leitentscheidung vom Oktober 2012 vierfach absichern (BFH 11.10.2012 – IV R 32/10, BStBl. II 2013, 538 Rn. 45 ff.): Erstens komme der Einsatz umfangreicher finanzieller Mittel auch in der privaten Sphäre vor, ebenso – zweitens – die Inanspruchnahme fremder Dienste und Expertise (im Fall die Einschaltung einer Settlement-Gesellschaft, die der klagenden GmbH & Co. KG den Zugang zum US-amerikanischen Zweitverwertungsmarkt vermittelte). Auch – drittens – die intensive Beobachtung des Marktes sei keine Besonderheit der und kein Indiz für gewerbliche Betätigung, ebenso wenig – viertens – die Übernahme eines „unternehmerischen Risikos"; ein „derartiges Risiko" könne wiederum auch in der privaten Sphäre auftauchen.

1097 Das Urteil kann nicht überzeugen. Auf dem kurzen Weg vom „Gesamtbild" über das „Berufsbild" zum „Bild des Handels" und dem „Bild des gewerblichen Dienstleisters" (BFH 11.10.2012 – IV R 32/10, BStBl. II 2013, 538 Rn. 28–30) gelangt es zu dem Erfordernis, auch der professionell spezialisierte Fonds der 7 500 Kapitalanleger müsse sich klassisch „wie ein Händler" oder „Dienstleister" verhalten (Rn. 31). Dieser „Bilder"-Weg führt indes nicht zu dem abgrenzungserheblichen Kriterium der Unternehmerprofessionalität, zum Handlungstatbestand des § 15 (→ Rn. 645 ff.), zu der Frage, ob der Fonds **professionell und „marktteilnahmeintensiv"** – unternehmerisch – agiert; ob er einzelne Versicherungsverträge fortführt „wie ein privater Vermögensverwalter" (FG Berlin-Brandenburg 9.6.2015 – 6 K 6138/12, EFG 2015, 1802 (1803), aufgehoben durch BFH 14.9.2017 – IV R 34/15, BFH/NV 2018, 24) oder umfänglich und systematisch managt wie ein Unternehmer (FG Hamburg 15.9.2016 – 2 K 223/13, EFG 2017, 47 Rn. 77, rkr.: „händlertypisch und marktmäßig"). Eine Gesamtbild-Betrachtung muss am typologischen Abgleich interessiert sein (→ Rn. 1033) und die klassifikatorische Festlegung auf fixe Berufsbilder vermeiden.

1098 Die Folgewirkung der problematischen Leitentscheidung vom Oktober 2012 wird deutlich in der Diskussion über das **NPL-Geschäftsmodell.** Dass der systematische Erwerb und die professionelle Verwertung notleidender Forderungen – *non-performing loans* (NPL) – nicht der privaten Vermögensverwaltung, sondern gewerblich-unternehmerischer Tätigkeit zuzuordnen ist, scheint offenkundig. Das FG Berlin-Brandenburg hat denn auch auf dieser Linie entschieden (9.6.2015 – 6 K 6138/12, EFG 2015, 1802, aufgehoben durch BFH 14.9.2017 – IV R 34/15, BFH/NV 2018, 24), muss sich allerdings um die Quadratur des Kreises bemühen: um Zuordnung zu § 15 in Übereinstimmung mit dem Versicherungsverwertungsjudikat des BFH von 2012 (→ Rn. 1095 ff.).

1098.1 Das FG räumt zunächst ein, dass Fruchtziehung bei Darlehensforderungen stärker im Vordergrund stehe als bei Wertpapieren, Gold und Versicherungsansprüchen. Aufseiten des Erwerbers einer Forderung sei aber zu unterscheiden zwischen demjenigen, der sich anschicke, „weiterhin vorrangig die Früchte zu ziehen“, und demjenigen, dem nur mehr an **Einziehung** gelegen sei. Die (nicht gewerblich geprägte) GmbH & Co. KG „verhielt sich auf Grund ihrer Einziehungsabsicht wie ein Erwerber von Immobilien, der nicht an einer Vermietung, sondern an einer alsbaldigen Verwertung der Immobilie interessiert ist und der von der Rspr. ebenfalls – nach Maßgabe der sog. Drei-Objekt-Grenze – als gewerblich behandelt wird“ (FG Berlin-Brandenburg 9.6.2015 – 6 K 6138/12, EFG 2015, 1802 (1804)).

Der BFH stemmt sich im Revisionsurteil nicht gegen die Quadratur des Kreises, konzentriert sich ausschließlich auf die Frage der Nachhaltigkeit. Einziehung von Forderungen und Verwertung von Sicherheiten seien nicht händlertypische Veräußerungsgeschäfte – beim „Forderungskäufer“ sei nicht auf die Verwertungsseite, sondern auf die Beschaffungsseite abzustellen: Ohne „besondere Aktivitäten“ (büromäßige Organisation, Personal) fehle es bei einem „Erwerb mehrerer Forderungen in einem einzigen Vertrag“ an der Nachhaltigkeit der Tätigkeit (BFH 14.9.2017 – IV R 34/15, BFH/NV 2018, 24 Rn. 33). **1099**

Die Investition in **Kryptotoken** steht dem Wertpapierhandel nahe. Kennzeichen dieser digital abgebildeten Forderungen und Werte ist die Nutzung einer dezentralen Netzwerkstruktur, der *Distributed Ledger Technologie* (DLT). *Julian Albrecht* und *David John* (FR 2019, 393) haben gezeigt, dass die Abgrenzungsstandards für den Wertpapierhandel (→ Rn. 1328 ff.) auch und erst recht für „tokenisierte Vermögensanlagen“ zu gelten haben (auf dieser Linie auch *Liegmann/Farruggia-Weber* BB 2019, 2524 (2526 f.)). Sie sind nicht vergleichbar mit dem Investitionsobjekt Gold; infolge der technologiegestützten Entmaterialisierung stehen Kryptotoken für einen „Gegenentwurf zu natürlichen Rohstoffen“ (*Albrecht/John* FR 2019, 393 (399)). Die Verkehrsanschauung nimmt Kryptotoken und Kryptowährungen als – ohne zwischengeschaltete Depotbank leicht erreichbare und marktzugangsfrei handelbare – Spekulations- und Investitionsobjekte wahr (*Albrecht/John* FR 2019, 393 (402 f.)). Auch hier gilt, dass sich der private Jedermann dem Handelstempo anpassen kann, damit allein jedoch noch nicht das Niveau gewerblicher Professionalität erreicht (→ Rn. 1329 ff.). **1100**

Einstweilen frei **1101–1103**

IV. Betriebsaufspaltung

Leitentscheidungen, wichtige Verwaltungsanweisungen und Schrifttum (Auswahl): **1104**

Entscheidungen des GrS: **1104.1**
BFH 8.11.1971 – GrS 2/71, BStBl. II 1972, 63.

Weitere Leitentscheidungen des BFH: **1104.2**
BFH 29.3.2006 – X R 59/00, BStBl. II 2006, 661 (gewerbesteuerliche Merkmalsübertragung); BFH 20.8.2015 – IV R 26/13, BStBl. II 2016, 408 (Schutz des Gewerbesteueraufkommens als Rechtfertigungstopos); BFH 29.11.2017 – X R 34/15, BFH/NV 2018, 623 (sachliche Verflechtung, immaterielle Wirtschaftsgüter als wesentliche Betriebsgrundlagen).

Wichtige Verwaltungsanweisungen: **1104.3**
OFD Frankfurt/M 24.11.2009, BeckVerw 251876 (Verfügung betr. Gesamtdarstellung einer Betriebsaufspaltung).

Schrifttum (Auswahl): **1104.4**
Roellecke, Rechtsstaatliche Grenzen der Steuerrechtsprechung am Beispiel der Betriebsaufspaltung, in: Pawlowski u.a. (Hrsg.), FS f. Konrad Duden, 1977, 481; *Groh*, Das Steuerrecht als unerwünschte Quelle des Gesellschaftsrechts, BB 1984, 304; *Ruf*, Die Betriebsaufspaltung über die Grenze, IStR 2006, 232; *Kußmaul/Schwarz*, Voraussetzungen, Erscheinungsformen und Modelle der Betriebsaufspaltung, GmbHR 2012, 834; *Micker*, Aktuelle Praxisfragen der Betriebsaufspaltung, DStR 2012, 589; *Rupp*, Die klassische Betriebsaufspaltung zwischen wirtschaftlicher Einheit und rechtlicher Selbstständigkeit, 2013; *Carlé*, Die Betriebsaufspaltung. Gestaltung, Beratung, Muster, 2. Aufl. 2014; *Dreßler*, Neues zur Betriebsaufspaltung – ein Überblick über die aktuelle BFH-Rechtsprechung, Ubg 2014, 240; *Kohlhepp*, Betriebsaufspaltung bei Verpachtung über Zwischengesellschaft, DStR 2014, 1143; *Hennig*, Die Betriebsaufspaltung in der Nachfolgeplanung – Grundlagen, Risiken und Gestaltungsmöglichkeiten, RNotZ 2015, 127; *Kesseler*, Zivilrechtliche Fragen des Wiesbadener Modells, DStR 2015, 1189; *Niehus/Wilke*, Die Besteuerung der Personengesellschaften, 7. Aufl. 2015; *Baltromejus*, Die grenzüberschreitende Betriebsaufspaltung, IWB 2016, 25; *Kudert/Mroz*, Die Betriebsaufspaltung im Spannungsverhältnis zwischen gesetzlichen Regelungen und richterlicher Rechtsfortbildung, StuW 2016, 146; *Neufang/Bohnenberger*, Wegfall der personellen Verflechtung bei der Betriebsaufspaltung, DStR 2016, 578; *Kaligin*, Die

Betriebsaufspaltung, 10. Aufl. 2017; *Mroz*, Merkmalsübertragung bei der Betriebsaufspaltung, FR 2017, 476; *Mroz*, Die isolierende Betrachtungsweise – ein Anwendungsfall für die grenzüberschreitende Betriebsaufspaltung?, IStR 2017, 742; *Neumer*, Die Besitzgesellschaft im nationalen und internationalen Steuerrecht, 2017; *Patt*, Praxisleitfaden Betriebsaufspaltung, 2017; *Dehmer*, Betriebsaufspaltung. Recht – Steuern – Bilanzierung, 4. Aufl. 2018; *Hendricks/Preuss*, Die Betriebsaufspaltung, 2018; *Levedag*, Betriebsaufspaltungen, in: Wachter (Hrsg.), Praxis des Handels- und Gesellschaftsrechts, 4. Aufl. 2018, § 15; *Stiller*, Grenzüberschreitende Betriebsaufspaltung und ihre Beendigung, IStR 2018, 328; *Ott*, Absicherung und steuerneutrale Beendigung der Betriebsaufspaltung, DStZ 2019, 693; *Schulze zur Wiesche*, Betriebsaufspaltung in der BFH-Rechtsprechung der Jahre 2017 bis 2019, DStZ 2019, 867; *Söffing/Micker*, Die Betriebsaufspaltung, 7. Aufl. 2019.

1105 Wäre der Gesetzgeber genötigt, Tatbestand und Rechtsfolge der Betriebsaufspaltung im EStG zu positivieren – die **Vermögenssonderung** und die **Gewerblichkeitsfolge** –, käme als Standort eine Nr. 3 in § 15 Abs. 3 oder auch ein § 15 Abs. 3a in Betracht. Das Gedankenexperiment macht bewusst, dass eine Umqualifikation in Rede steht: Die Einkünfte des „besitzenden" Unternehmens, das einem anderen, „operativ" tätigen Unternehmen wesentliche Betriebsgrundlagen zur Nutzung überlässt, sind „an sich" Früchte privater Vermögensverwaltung, deshalb „eigentlich" – bei isolierter Betrachtung – ein Ausgrenzungsfall (→ Rn. 1029 ff.). Zudem hätte das Unternehmen, das eine operative Einheit abspaltet und sich selbst aus der Gewerblichkeit verabschiedet, die entstrickungsrechtlichen Folgen einer Betriebsaufgabe zu gewärtigen.

1105.1 Die Bundesregierung schlug im Juli 1985 eine Ergänzung nicht des Abs. 3, sondern des Abs. 2 vor: „Keine Vermögensverwaltung, sondern Beteiligung am allgemeinen wirtschaftlichen Verkehr im Sinne des Satzes 1 ist die Vermietung, Verpachtung oder sonstige Überlassung von Wirtschaftsgütern zur Nutzung im Rahmen einer Betriebsaufspaltung" (BT-Drs. 10/3663, 4). Diese Positivierung hätte den **Tatbestand Gewerbebetrieb** klargestellt, indessen die Platzierung in § 15 Abs. 3 die Rechtsfolge der Umqualifizierung akzentuierte. Der Vorschlag von 1985 ist nicht Gesetz geworden. Nunmehr findet die Betriebsaufspaltung gesetzlichen Rückhalt in § 50i (→ Rn. 1121 ff.).

1106 Dem tritt das Institut der Betriebsaufspaltung entgegen. Infolge der „Umqualifizierung des Besitzunternehmens in einen Gewerbebetrieb" (*Söffing/Micker* Rn. 76) bleibt dessen Vermögen Betriebsvermögen und bleiben seine Einkünfte solche aus Gewerbebetrieb. Dieser Rechtsfolgen wegen könnte die Betriebsaufspaltung im Umfeld des § 15 Abs. 3 vor Anker gehen, wenn denn dem Gesetzgeber daran gelegen wäre, dem **richterrechtlichen Institut** gesetzlich-positive Konturen zu geben. Auf der Tatbestandsseite jedoch erhebt sich die Frage, ob die Betriebsaufspaltung *nicht*-gewerbliche Tätigkeit „umfingiert" in gewerbliche – oder aber der Beziehungsstatus des Besitzunternehmens die Annahme *originärer* Gewerblichkeit rechtfertigt.

1107 Damit ist die Grundfrage nach **Einheit oder Zweiheit** der durch Aufspaltung entstehenden „Gesamtunternehmung" aufgeworfen. Als fester Ausgangspunkt kann die **Gewerblichkeit des Betriebsunternehmens** gelten. Die Nutzungsüberlassung an eine freiberuflich tätige Personengesellschaft führt nicht zur Betriebsaufspaltung (BFH 10.11.2005 – IV R 29/04, BStBl. II 2006, 173 (175)). Der heutige Stand der Dogmatik konstatiert eine die Zweiheit überwölbende Verbundenheit derart, dass die gewerbliche Tätigkeit des Betriebsunternehmens dem Besitzunternehmen eigene – „originäre" – Gewerblichkeit vermittelt (BFH 30.10.2019 – IV R 59/16, BStBl. II 2020, 147 Rn. 33). Konsequent kann den betriebsbezogenen Investitionsabzugsbetrag des § 7g nicht nur die Betriebsgesellschaft beanspruchen, sondern auch das Besitzunternehmen (BMF 20.11.2013, BStBl. I 2013, 1493 Rn. 1).

1108 Die tatbestandlich vorausgesetzte Verflochtenheit (→ Rn. 1169 ff.) in der Betriebsaufspaltung, gestützt auf Kriterien einer besonderen, nicht allein schuldrechtlichen Verbundenheit, sperrt sich gegen Trennungsdenken, gegen die Vergleichbarkeit mit „Fremdvermietung". Eine die Aufspaltung überbrückende Betrachtung begründet den **Befund der Gewerblichkeit auch aufseiten des Besitzunternehmens** und lässt die Rechtsfolge der Umqualifikation nicht fiktiv eingreifen, sondern in Anknüpfung an eine buchstäblich zwiespältige Betriebsstruktur (→ Rn. 1115 ff.).

1109 Als Kandidatin der Ein- oder Ausgrenzung in den Anwendungsbereich des § 15 und der angeseilten Gewerbesteuer ist die Betriebsaufspaltung ein systematisch und praktisch bedeutsames Thema der Einkünfte aus Gewerbebetrieb. Zumal als **Mischform** kann sie Gestaltungsvariante sein (Gegenüberstellung von klassischer Betriebsaufspaltung und GmbH & Co. KG: *Bauer* StuB 2017, 609), in der **Kombinationsform** lassen sich Vorteile der Einkommen- und der Körperschaftsteuer verbinden (*Patt* Praxisleitfaden Betriebsaufspaltung, 6 ff.). Die Zweiheit ermöglicht Verträge zwischen den Teileinheiten.

Die **gewollte Betriebsaufspaltung** kalkuliert typischerweise (→ Rn. 1152) mit den Vorzügen beider Welten, die sich begegnen im Zweierverbund aus besitzender Personengesellschaft und operativer Kapitalgesellschaft (waghalsig gebaut im Fall BFH 18.6.2015 – IV R 11/13, DStR 2015, 2424: zwei Gesellschafter formieren 23 Besitz-Grundstücksgesellschaften und eine Betriebs-GmbH, die anmietet und weitervermietet; problematisch hier die fiktive Gewerblichkeit der Betriebsgesellschaft (→ Rn. 1119) und die sachliche Verflechtung in den 23 Einzelbeziehungen (→ Rn. 1219); zur Kombinationsidee, auch zu zivilrechtlichen Vorteilen der Betriebsgesellschaft *Niehus/Wilke* Personengesellschaften, 369 f. und → Rn. 1152). Die Gestaltung, bald 100 Jahre alt (*Groh* BB 1984, 304 (305 f.): Rückblick auf die Modellentwicklung um 1920), vermeidet die Verwandlung in eine GmbH & Co. KG. **1110**

Die **unerwünschte Betriebsaufspaltung** (exemplarisch BFH 29.7.2015 – IV R 16/13, BFH/NV 2016, 19; FG Köln 23.11.2016 – 4 K 3688/12, EFG 2017, 400, rkr.) kann gestalterisch vermieden werden (Wachter/*Levedag* § 15 Rn. 63 ff., 103 ff.). Ansonsten gilt: Auf die Betriebsstruktur, in der das besitzende Unternehmen die Rolle eines „reinen Vermögensverwalters" spielen soll, jedoch planwidrig in die des gewerblichen Besitzunternehmens hineinwächst, findet § 15 aufseiten des Vermieters ebenso Anwendung wie auf die gewollte und zweckentsprechend arrangierte Betriebsaufspaltung. **1111**

Einstweilen frei **1112–1114**

1. Der Grundtatbestand: Zweiheit in Verbundenheit

Ungeachtet der Vorgeschichte in der Rechtsprechung des RFH (1.7.1942 – VI 96/42, RStBl. 1942, 1081; *S. Schneider* Tatbestand der privaten Vermögensverwaltung, 89, auch *Wüllenkemper* EFG 2014, 2073 (2074) zum ungewissen Einfluss des Staatssekretärs *Fritz Reinhardt*; Begriffsbildung in der BFH-Rechtsprechung seit 1952: *Neumer* Besitzgesellschaft, 125 ff.) rekurriert die Spruchpraxis wie jede Analyse der Betriebsaufspaltung seit Jahrzehnten auf den Beschluss des BFH vom November 1971. Seinerzeit erklärte der Große Senat, er gehe von dem **„Vorhandensein zweier Unternehmen"** aus (BFH 8.11.1971 – GrS 2/71, BStBl. II 1972, 63). Damit war einer schlichten Einheitsbetrachtung der Boden entzogen. **1115**

Die Senate des BFH konnten sich aber auch nicht auf jene einfache Formel einigen, die den in einer Betriebsaufspaltung verflochtenen Betrieben „rechtliche Zweiheit und wirtschaftliche Einheit" bescheinigt (vgl. zu den konkurrierenden Rechtsprechungslinien BFH 29.3.2006 – X R 59/00, BStBl. II 2006, 661 (663, 666); vgl. auch das (durch BFH 22.6.2016 – X R 54/14, BStBl. II 2017, 529 aufgehobene) Urteil FG München 5.8.2014 – 13 K 2280/11, EFG 2014, 2069 (2071): „weder eine rechtliche noch eine wirtschaftliche Einheit"). Die **Zweiheit** erklärt, dass das vormalige Einheitsunternehmen stille Reserven aufdeckt, wenn es den anderen – zweiten – Rechtsträger ausgründet und ausstattet mit den vormals eigenen Wirtschaftsgütern (→ Rn. 1239 zur Entnahme im Zuge der echten Betriebsaufspaltung). **1116**

Gleichwohl, als gemeinsamer Nenner seit 1971 kann gelten, dass die Verbundenheit der Unternehmen eine gewisse Einheitlichkeit begründet, nicht eine Unternehmenseinheit, aber doch bei wertender, gleichheitsrechtlich (→ Rn. 1126 und → Rn. 157 f.) und ökonomisch wertender Betrachtung eine **Zweiheit in Verbundenheit** – eine „so enge wirtschaftliche Verflechtung", dass „die Besitzgesellschaft durch die Vermietungs- oder Verpachtungstätigkeit über das Betriebsunternehmen am allgemeinen wirtschaftlichen Verkehr teilnimmt" (BFH 29.7.2015 – IV R 16/13, BFH/NV 2016, 19 Rn. 13; BFH 16.5.2013 – IV R 54/11, BFH/NV 2013, 1557 Rn. 32) und die Rede sein kann von der „Ausübung einer gewerblichen Tätigkeit in einem **Doppelunternehmen**" (BFH 10.11.2005 – IV R 29/04, BStBl. II 2006, 173 (175)). Dass diese Zweiheit die Selbständigkeit beider Unternehmen nicht aufhebt, wird deutlich im Erfordernis einer Gewinnerzielungsabsicht auch aufseiten des Besitzunternehmens. Dessen Gewinnerzielungsabsicht kann entfallen, wenn es die wesentlichen Betriebsgrundlagen unentgeltlich oder zu einem nicht kostendeckenden Entgelt überlässt (BFH 12.4.2018 – IV R 5/15, DStR 2018, 1421 Rn. 25; → Rn. 1207). **1117**

Einstweilen frei **1118**

1119 **a) Qualifizierte Verbundenheit.** Das Institut der Betriebsaufspaltung stemmt sich **gegen die Verlagerung** von – originär oder gesetzlich-fiktiv – gewerblichen Einkünften **in die Sphäre der Nicht-Gewerblichkeit.** Das ist sein historisch verbürgtes telos. Die Einrichtung einer operativ tätigen Betriebs-GmbH bewirkt die Umqualifizierung aufseiten der Besitzgesellschaft, weil die GmbH **Einkünfte aus Gewerbebetrieb kraft Rechtsform** erzielt. Der unausweichliche § 8 Abs. 2 KStG wird auch nicht in der Betriebsaufspaltung gestaltbar, der einheitliche geschäftliche Betätigungswille bezieht sich unentrinnbar und für die auch das Besitzunternehmen beherrschenden Personen erkennbar auf die operative GmbH im steuergesetzlichen Format.

1120 Zum Format gehört § 8 Abs. 2 KStG. Gegen das Format soll nicht verlagert werden. Deshalb ist nicht von Belang, dass § 8 Abs. 2 KStG nur die Einkünfte, nicht die Tätigkeit umqualifiziert (darauf stützen KSM/*Desens/Blischke* § 15 Rn. B 120 ihre **aA,** das „Erfordernis einer originär gewerblichen Tätigkeit" auch der Betriebs-GmbH). **Gewerblichkeit der Betriebsgesellschaft** – kraft Rechtsform, Abfärbung und Prägung (§ 8 Abs. 2 KStG, § 15 Abs. 3 EStG) – genügt (BFH 22.6.2016 – X R 54/14, BStBl. II 2017, 529 Rn. 20; BFH 18.6.2015 – IV R 11/13, DStR 2015, 2424 Rn. 29; FG Thüringen 15.6.2016 – 3 K 719/15, EFG 2017, 412 Rn. 30, bestätigt durch BFH 19.2.2019 – X R 42/16, BFH/NV 2019, 586; Carlé/*Bauschatz* Rn. 314; Blümich/*Bode* § 15 Rn. 591; Kirchhof/*Krumm* § 15 Rn. 88; Schmidt/*Wacker* § 15 Rn. 855; aA *Mroz* FR 2017, 476 (478 f.)).

1121 Infolge qualifizierter Verbundenheit wird das **Besitzunternehmen selbst und originär gewerblich** tätig (FG Köln 31.8.2016 – 10 K 3550/14, EFG 2016, 1997 Rn. 23, Rev. I R 72/16; KSM/*Desens/Blischke* § 15 Rn. B 116 ff.); deshalb kann es Organträger sein (§ 14 Abs. 1 S. 1 Nr. 2 S. 2 KStG; BFH 24.7.2013 – I R 40/12, BStBl. II 2014, 272 Rn. 20), anders als die gewerblich geprägte Personengesellschaft. § 50i Abs. 1 S. 4 formuliert, dass Einzelunternehmer oder Personengesellschaften „deswegen" – infolge der in § 50i Abs. 1 S. 4 näher konturierten Verflochtenheit – „Einkünfte aus Gewerbebetrieb erzielen".

1122 Unbestritten gehört zum Tatbestand der Betriebsaufspaltung die **Zweiheit der Rechtsträger,** in der „typischen" (Grund-)Variante ein Personenunternehmen als Verpächter und Besitzunternehmen auf der einen, eine GmbH als Pächterin und operativ tätige Betriebsgesellschaft auf der anderen Seite. Der **Einzelunternehmer** kann nicht „Betriebsunternehmer" sein, jedoch Besitzunternehmer. Dann betreibt er ein **Einzelbesitzunternehmen** (FG Münster 24.6.2014 – 3 K 3886/12 F, EFG 2014, 1951 (1952), rkr.).

1123 Die rechtliche Zweiheit kommt im EStG zum Ausdruck, indem § 50i Abs. 1 S. 4 zwischen dem **„überlassenden Betrieb"** und dem **„nutzenden Betrieb"** unterscheidet. In der Diktion des BFH begegnen sich auch das „Betriebsaufspaltungsbesitzunternehmen" und das „Betriebsaufspaltungsbetriebsunternehmen" (BFH 12.6.2013 – X R 2/10, BStBl. II 2013, 907 Rn. 21). Darlehensbeziehungen werden selbstverständlich anerkannt, zugleich aber haben die Finanzgerichte in der Beurteilung von Krise und Kreditwürdigkeit aufseiten des Betriebsunternehmens einer „Gesamtbeurteilung" (FG Köln 26.3.2015 – 10 K 1107/13, EFG 2016, 365, bestätigt durch BFH 11.10.2017 – IX R 51/15, BFH/NV 2018, 329) und „Einheitsbetrachtung" (BFH 11.10.2017 – IX R 51/15, BFH/NV 2018, 329 Rn. 23) beider Unternehmen das Wort geredet.

1124 Mit Überlassung und Nutzung greift das Gesetz notwendige, indes nicht hinreichende Elemente der Zweierbeziehung auf. Die Betriebsgesellschaft nutzt die ihr gerade vonseiten der Besitzgesellschaft überlassenen Wirtschaftsgüter. Darin aber unterscheidet sich die Betriebsaufspaltung noch nicht von normaler schuldrechtlicher Verbundenheit. Eine qualifizierte Zweierbeziehung bahnt sich an, wenn die Nutzungsüberlassung als Instrument der Beherrschung in Frage kommt (Wachter/*Levedag* § 15 Rn. 46), der überlassende Betrieb „dem nutzenden Betrieb eine **wesentliche Betriebsgrundlage** zur Nutzung überlässt" (§ 50i Abs. 1 S. 4). Allerdings erlaubt die Wesentlichkeit der überlassenen Wirtschaftsgüter noch nicht den Schluss auf Beherrschung.

1125 Den Ausschlag gibt, dass diese Überlassung nicht mehr als „Fremdvermietung" erscheint, wenn die (rechtlich gewiss fremden) Wirtschaftsgüter einem „einheitlichen geschäftlichen Betätigungswillen der hinter beiden Unternehmen stehenden Personen unterstellt" sind (BVerfG 14.1.1969 – 1 BvR 136/62, BVerfGE 25, 28 (37); BFH 8.11.1971 – GrS 2/71, BStBl. II 1972, 63). Auch diesen **„einheitlichen geschäftlichen Betätigungswillen"** hat das Gesetz in § 50i Abs. 1 S. 4 ausdrücklich aufgegriffen.

„Wirtschaftlich gesehen" fand das Bundesverfassungsgericht im Zeichen des Art. 3 Abs. 1 GG einen „erheblichen" Unterschied zwischen „Fremdvermietung" und einem Mietverhältnis zwischen Unternehmen, die „betrieblich und personell" **miteinander verflochten** seien (BVerfG 14.1.1969 – 1 BvR 136/62, BVerfGE 25, 28 (37)). Auf dieser Linie stellte der BFH darauf ab, dass „die Person oder die Personen, die das Besitzunternehmen tatsächlich beherrschen, in der Lage sind, auch in der Betriebsgesellschaft ihren Willen durchzusetzen" (BFH 8.11.1971 – GrS 2/71, BStBl. II 1972, 63); nicht erforderlich sei, dass „an beiden Unternehmen die gleichen Beteiligungen derselben Personen bestehen" (→ Rn. 1179 ff.). Die Leitentscheidungen des BVerfG und des BFH wirken fort im doppelten, allerdings Abstufungen zugänglichen **Erfordernis der personellen und sachlichen Verflechtung** (→ Rn. 1169 ff. und → Rn. 1208 ff.). 1126

So verlässt der „Besitzunternehmer", verlassen die „Besitzgesellschafter" (Begriffe: BFH 29.3.2006 – X R 59/00, BStBl. II 2006, 661 (665)) den Bereich der privaten Vermögensverwaltung nicht durch Leitung einer Gesamtunternehmung; der Singular im Begriff „Betriebsaufspaltung" führt in die Irre. Die Erwerbsgrundlage, die den **Zustandstatbestand** „gewerbliches Unternehmen" begründet, ist nicht die beherrschte Zweiheit, sondern **das verflochtene Besitzunternehmen.** 1127

Diese Sicht anerkennt, dass die Umqualifikation der Einkünfte nicht durch Zurechnung der operativen Tätigkeit im Betriebsunternehmen bewirkt wird (Kirchhof/*Krumm* § 15 Rn. 77 f.), andererseits ist zuzugeben, dass die Betriebsaufspaltung ohne **„Heranziehung von Gegebenheiten […], die außerhalb des Besitzunternehmens liegen"** (BFH 29.3.2006 – X R 59/00, BStBl. II 2006, 661 (664)), nicht erklärt werden kann (dazu bereits *Roellecke* FS Duden, 1977, 481 (484 f.); *Kudert/Mroz* StuW 2016, 146 (150 ff.)). Dass die Betriebsgesellschaft ihrerseits einen Gewerbebetrieb unterhalten muss – kraft originärer Tätigkeit, kraft Abfärbung (§ 15 Abs. 3 Nr. 1), kraft Prägung (§ 15 Abs. 3 Nr. 2) oder kraft Rechtsform (§ 8 Abs. 2 KStG → Rn. 1119) –, führt nicht zu einer „Gewerblichkeitstransfusion", gehört aber unabdingbar zum Grundtatbestand der Betriebsaufspaltung. 1128

Einstweilen frei 1129–1132

b) Gewerbesteuerliche Merkmalsübertragung. Aus der eigentümlichen Zweiheit in Verbundenheit folgt auch, dass die gewerbesteuerliche Merkmalsübertragung möglich ist – die **Erstreckung einer Gewerbesteuerbefreiung** (oder -begünstigung) der Betriebsgesellschaft **auf das Besitzunternehmen.** Dessen Rechtsform ist nicht von Belang (*Binnewies* GmbH-StB 2019, 17). Der BFH postuliert im Zeichen der Folgerichtigkeit eine Balance dergestalt, dass der Gesichtspunkt der „wirtschaftlichen Verflochtenheit" nicht nur hinsichtlich der Gewerblichkeit des Besitzunternehmens als konstituierender Belastungsgrund den Ausschlag geben dürfe, sondern auch als Entlastungsgrund für die Gewerbesteuerbefreiung (BFH 29.3.2006 – X R 59/00, BStBl. II 2006, 661 (665)). 1133

Der X. Senat unterscheidet allerdings zwischen der **Sozialzwecknorm des § 3 Nr. 20 GewStG** (und des **§ 3 Nr. 6** sowie des **§ 3 Nr. 13** GewStG: FG Thüringen 15.6.2016 – 3 K 719/15, EFG 2017, 412 Rn. 39 ff., Rev. verworfen bzw. abgewiesen durch BFH 19.2.2019 – X R 42/16, BFH/NV 2019, 586) und der **Fiskalzwecknorm des § 9 Nr. 1 S. 2 GewStG:** Das Besitzunternehmen kann die Merkmale, die aufseiten der Betriebsgesellschaft zur erweiterten Kürzung führen, nicht für sich reklamieren und erfüllt auch selbst nicht die Voraussetzungen des § 9 Nr. 1 S. 2 GewStG (BFH 22.6.2016 – X R 54/14, BStBl. II 2017, 529 Rn. 21: „Entscheidend dafür ist, dass die personelle und sachliche Verflechtung, die für eine Betriebsaufspaltung kennzeichnend ist, den Rahmen der bloßen Vermögensverwaltung überschreitet"). Das gilt unabhängig davon, ob die Betriebsgesellschaft originär gewerblich tätig ist (BFH 22.6.2016 – X R 54/14, BStBl. II 2017, 529 Rn. 22). 1134

Die Leitentscheidung zur Merkmalsübertragung hat spezifisch auf **§ 3 Nr. 20 GewStG** abgestellt: „Die mit § 3 Nr. 20 GewStG verfolgten Zwecke werden in den Fällen der Betriebsaufspaltung entgegen der Intention des Gesetzgebers nur unvollkommen erreicht, sofern man – mit der bisherigen Rechtsprechung des BFH – eine Erstreckung der entsprechenden Befreiungstatbestände auf das Besitzunternehmen verneint", BFH 29.3.2006 – X R 59/00, BStBl. II 2006, 661 (665). Entlang dieser Linie hat das FG Thüringen 15.6.2016 – 3 K 719/15, EFG 2017, 412 Rn. 39 ff., entschieden für die **Befreiung privater Schulen** (§ 3 Nr. 13 GewStG), aber auch für den **Grundtatbestand des § 3 Nr. 6 GewStG,** 1134.1

die Befreiung der Körperschaften, die gemeinnützigen Zwecken dienen (Rev. verworfen bzw. abgewiesen durch BFH 19.2.2019 – X R 42/16, BFH/NV 2019, 586).

1134.2 Mit Urteil vom 20.8.2015 (IV R 26/13, BStBl. II 2016, 408 = FR 2016, 30 mAnm *M. Wendt*) hat der IV. Senat die Rechtsprechungslinie des X. Senats bestätigt – ausdrücklich auch für ein Besitzunternehmen in der Rechtsform der GmbH & Co. KG – mit Blick auf **§ 3 Nr. 20 Buchst. b GewStG,** der Krankenhäuser freistellt, die Zweckbetriebe (§ 67 AO) sind: „Die tätigkeitsbezogene und rechtsformneutrale Befreiung der Betriebskapitalgesellschaft von der Gewerbesteuer nach § 3 Nr. 20 Buchst. b GewStG erstreckt sich bei einer Betriebsaufspaltung auch auf die Vermietungs- oder Verpachtungstätigkeit der Besitzpersonengesellschaft in der Rechtsform einer GmbH & Co. KG" (Leitsatz).

1134.3 BFH 22.6.2016 – X R 54/14, BStBl. II 2017, 529 Rn. 27 ff. unterscheidet strikt zwischen den Befreiungstatbeständen des § 3 GewStG und **§ 9 Nr. 1 S. 2 GewStG.** Dieser sei Abzugsposten im Rahmen der Ermittlung des Gewerbeertrags. „Folglich steht sie der Anwendung des § 9 Nr. 2a GewStG auf die Ausschüttung der Betriebs-Kapitalgesellschaft an das Besitzunternehmen nicht entgegen. Der ausgeschüttete Gewinn der Betriebs-Kapitalgesellschaft wird daher, soweit er auf der Verwaltung und Nutzung von eigenem Grundbesitz beruht, auch im wirtschaftlichen Ergebnis vollständig von der Gewerbesteuer freigestellt. Es lässt sich daher – anders als bei der Gewerbesteuerbefreiung nach § 3 Nr. 20 GewStG – nicht sagen, dass diese Steuerbefreiung durch eine an anderer Stelle ersatzweise eintretende Steuerpflicht in vollem Umfang konterkariert wird" (BFH 22.6.2016 – X R 54/14, BStBl. II 2017, 529 Rn. 35; Kritik: *Mroz* FR 2017, 476 (479 ff.)).

1135 Die Betriebsaufspaltung spaltet. Das Institut begründet kein Einheitsunternehmen, auch nicht in der gewerbesteuerlichen Betrachtung (Wachter/*Levedag* § 15 Rn. 14; BFH 22.6.2016 – X R 54/14, BStBl. II 2017, 529 Rn. 31). Unbeschadet der je nach Merkmalszweck möglichen Merkmalsübertragung bleibt es beim Tatbestand der Betriebsaufspaltung, der auch bei Erstreckung einer Gewerbesteuerbefreiung weiter Bedeutung zukommt jedenfalls „für die Qualifikation des Vermögens des Besitzunternehmens" (BFH 20.8.2015 – IV R 26/13, BStBl. II 2016, 408 = FR 2016, 30 (mAnm *M. Wendt*) Rn. 24; → Rn. 1245 zur Verstrickung als Betriebsvermögen infolge der Umqualifikation). Die Merkmalsübertragung und die mit ihr verbundene Befreiung von der Gewerbesteuer ändert nichts an der Qualifizierung des Besitzunternehmens als Gewerbebetrieb mit der Folge, dass die Wirtschaftsgüter steuerverstrickt sind und bleiben.

1136–1138 *Einstweilen frei*

2. Rechtfertigung und Rechtsgrundlage

1139 Die Betriebsaufspaltung geht historisch auf das Bemühen der Rechtsprechung zurück, das **Gewerbesteueraufkommen** zu schützen. Aus der Trennung von Vermögen und der Aufteilung auf zwei Rechtsträger sollte nicht die Chance erwachsen, das verpachtende Besitzunternehmen der Gewerbesteuerpflicht zu entziehen (zum Motiv „bei der richterrechtlichen Schaffung des Instituts der Betriebsaufspaltung" BFH 29.3.2006 – X R 59/00, BStBl. II 2006, 661 (667)). Das historische Movens, eine Besserstellung des aufgespaltenen Unternehmens gegenüber dem „Einheitsunternehmen" zu verhindern, blieb und bleibt gegenwärtig: Die gewerbesteuerliche Merkmalsübertragung (→ Rn. 1133) wird dirigiert von der Testfrage, ob die Besserstellung des aufgespaltenen Unternehmens zu besorgen ist (BFH 20.8.2015 – IV R 26/13, BStBl. II 2016, 408 Rn. 19: „Umgehung der Gewerbesteuerpflicht durch eine Aufspaltung" komme nicht in Betracht).

1140 Die Rechtsfigur der Betriebsaufspaltung steht seit jeher in der Kritik. Die Kritiker vermissen insbesondere eine gesetzliche Grundlage (repräsentativ: Littmann/Bitz/Pust/*Bitz* § 15 Rn. 304 f.). Auch die mit § 35 bewirkte Anrechnung der Gewerbesteuer rüttelt an der althergebrachten Rechtfertigung (Kirchhof/*Gosch* § 35 Rn. 3). Indessen hat der BFH mit Blick auf die Verhaftung der überlassenen Wirtschaftsgüter im notwendigen Betriebsvermögen (→ Rn. 1245 ff.) zutreffend auf die „**Bedeutung für die Qualifikation des Vermögens** des Besitzunternehmens" hingewiesen (BFH 20.8.2015 – IV R 26/13, BStBl. II 2016, 408 Rn. 24) und in concreto mit Blick auf Grundvermögen klargestellt: „Zumindest wird die Annahme einer gewerblichen Tätigkeit des Besitzunternehmens dadurch gerechtfertigt, dass die stillen Reserven in den überlassenen Grundstücken dauerhaft einkommensteuerlich verstrickt bleiben" (BFH 18.6.2015 – IV R 11/13, DStR 2015, 2424 Rn. 30).

1141 Diese **Rechtfertigungsformel** entkoppelt den Tatbestand der Betriebsaufspaltung von § 35, seiner Wirkung und seiner Reichweite; entbehrlich wird auch die Feststellung, dass im konkreten Einzelfall das Gewerbesteueraufkommen gefährdet sein könnte. Nicht zu bestreiten ist allerdings, dass die Rechtsfigur auf den Dualismus der Einkunftsarten zurückgeht und ihrerseits zu den mit dem Einkünftepluralismus heraufbeschworenen Komplikationen beiträgt (vgl. die Kritik bei *Tipke* Steuerrechtsordnung II, 716 ff., 729 ff.).

Die Betriebsaufspaltung gilt als Produkt richterlicher Rechtsschöpfung. Der schlichte Verweis auf „§ 15 Abs. 1 S. 1 Nr. 1, Abs. 2 EStG und § 2 Abs. 1 Sätze 1 und 2 GewStG“ (BFH 20.8.2015 – IV R 26/13, BStBl. II 2016, 408 Rn. 10 f.) oder „§ 15 Abs. 1 S. 1 Nr. 1, Abs. 2, § 21 Abs. 3 EStG“ (BFH 23.3.2011 – X R 45/09, BStBl. II 2011, 778 Rn. 21) kann sie nicht rechtfertigen; die Anknüpfung allein an § 21 Abs. 3 (BFH 10.5.2016 – X R 5/14, BFH/NV 2017, 8 Rn. 30) führt in einen Zirkel. Immerhin kann § 50i Abs. 1 S. 4 als positivrechtliche Bekräftigung und spätes Bekenntnis gelten (→ Rn. 1121 ff.). 1142

Der BFH beruft sich denn auch – selbstreferentiell – auf seine Rechtsprechung seit 1963 „bis zum heutigen Tage“ (BFH 25.6.2013 – X B 96/12, BFH/NV 2013, 1802 Rn. 14); auf **Gewohnheitsrecht** (BFH 25.5.2011 – I R 95/10, BStBl. II 2014, 760 Rn. 22); auf „zulässige richterliche Rechtsfortbildung, mit der die auslegungsfähigen und auslegungsbedürftigen gesetzlichen Tatbestandsmerkmale eines Gewerbebetriebs i.S. des § 15 Abs. 2 S. 1 EStG und § 2 Abs. 1 S. 1 des Gewerbesteuergesetzes ausgefüllt werden“ (BFH 8.9.2011 – IV R 44/07, BStBl. II 2012, 136 Rn. 31); auf Rückhalt in der Verfassungsrechtsprechung (st. Verweis auf BVerfG 12.3.1985 – 1 BvR 571/81 u.a., BVerfGE 69, 188, 203 ff.) und insbesondere auf die **wirtschaftliche Betrachtungsweise des Merkmals der „Beteiligung am allgemeinen wirtschaftlichen Verkehr“** (BFH 23.3.2011 – X R 45/09, BStBl. II 2011, 778 Rn. 26; → Rn. 772). 1143

Die höchstrichterliche Rechtsprechung konnte sich stets auf **Rückhalt im Schrifttum** verlassen (jüngst KSM/*Desens/Blischke* § 15 Rn. B 116 ff.) und hält unbeirrt an ihrem Institut fest. Ebenso hartnäckig halten sich die **kritischen Stimmen** (jüngst Littmann/Bitz/Pust/*Bitz* § 15 Rn. 304 f.; HHR/*Gluth* § 15 Rn. 774), die eine hinreichend bestimmte Rechtsgrundlage im Steuergesetz vermissen. *Dieter Carlé* zählte 2004 nicht weniger als 18 namhafte Kritiker seit den 1970er Jahren auf (Carlé/*D. Carlé* Rn. 3), in seiner Liste fehlt allein *Gerd Roellecke,* der „rechtsstaatliche Grenzen der Steuerrechtsprechung“ just „am Beispiel der Betriebsaufspaltung“ auslotete (*Roellecke* FS Duden, 1977, 481). 1144

Es lohnt sich, an diesen Text zu erinnern. Die gesetzliche Grundlage fand *Roellecke* nicht in § 21 Abs. 3 (*Roellecke* FS Duden, 1977, 481 (487 f.)), der die Zugehörigkeit der Einkünfte aus Vermietung und Verpachtung zu „anderen Einkunftsarten“ voraussetze, nicht jedoch begründe. Zudem hat er betont, dass „die wirtschaftliche Betrachtungsweise keine gesetzliche Grundlage sein“ (*Roellecke* FS Duden, 1977, 481 (494)), allenfalls nach und innerhalb der herkömmlichen Auslegung herangezogen werden kann. Vor allem aber hat er gezeigt, dass die Betriebsaufspaltung im Laufe der Rechtsprechungsentwicklung den Charakter einer auf Missbrauch (Vermeidung der Gewerbesteuer) reagierenden Norm verloren hatte, indem sie auch auf die wirtschaftlich sinnvolle Gestaltung Anwendung findet, etwa im Zuge vorweggenommener Erbfolge (*Roellecke* FS Duden, 1977, 481 (496 f.)). Für eine unterschiedslose, vereinfachende **Gleichbehandlung aller Fälle der Betriebsaufspaltung** sei aber nicht der Richter, sondern der Gesetzgeber zuständig (*Roellecke* FS Duden, 1977, 481 (498): „Vereinfachung ohne Gesetz ist ein ungerechtfertigter Eingriff“). Allerdings beruhte *Roelleckes* Kritik wesentlich darauf, dass die „Beteiligung am allgemeinen wirtschaftlichen Verkehr“ seinerzeit untergesetzliches Tatbestandsmerkmal der GewStDV war (→ Rn. 104). Seit 1984 ist die „Beteiligung“ Teil der gesetzlichen Gewerblichkeitsdefinition; die normenhierarchisch begründeten Einwände der Kritik haben sich seither erledigt. 1145

Dass der Gesetzgeber 1983 (mit dem Steuerentlastungsgesetz 1984 vom 22.12.1983, BGBl. 1983 I 1583) die Betriebsaufspaltung einbezog als **Beifang eines in das EStG implantierten Tatbestandsmerkmals** und einer etablierten Grenzziehung zwischen Gewerblichkeit und privater Vermögensverwaltung, hat er mit § 50i Abs. 1 S. 4 nur mehr bestätigt, dort allerdings „gesetzlich fixiert“ (*Eisgruber* ISR 2013, 229 (231); *M. Wendt* FR 2016, 273: „Makel fehlender gesetzlicher Grundlage der Betriebsaufspaltung und damit eines Verstoßes gegen den verfassungsrechtlichen Grundsatz des Vorbehalts des Gesetzes getilgt“; BFH 14.7.2016 – IV R 34/13, BStBl. II 2017, 175 Rn. 49: „jetzt auch § 50i Abs. 1 Satz 4 EStG“). 1146

So ist nicht mehr eine fragwürdige Gleichbehandlung aller Fälle der Betriebsaufspaltung zu besorgen, noch weniger eine „verordnungskonforme Auslegung des Gesetzes“, wohl aber eine **verfassungskonforme Auslegung** des Gesetzes möglich geworden: Die wirtschaftli- 1147 che Betrachtung und Einschätzung dahin, dass der Besitzunternehmer dem Gewerbetreibenden näher steht als dem Vermieter, findet Rückhalt im Gleichheitssatz des Art. 3 Abs. 1 GG (→ Rn. 1126). Der BFH hat diese Überlegung fruchtbar gemacht für die Gleichbehandlung von unechter und echter Betriebsaufspaltung (BFH 17.4.2002 – X R 8/00, BStBl. II 2002, 527 (529): „Gleichmäßigkeit der Besteuerung").

1148–1150 *Einstweilen frei*

3. Erscheinungsformen

1151 Dass die Betriebsaufspaltung als „Kind des Steuerrechts" (*K. Schmidt*, Gesellschaftsrecht, 345), näherhin als „Kind der steuerlichen Gestaltungsberatung" (Wachter/*Levedag* § 15 Rn. 295) und „rein steuerliches Konstrukt" (*Hennig* RNotZ 2015, 127) bezeichnet wird, gleichwohl das dem Institut gewidmete Handbuch Carlé/Carlé/Bauschatz dem „Steuerrecht der Betriebsaufspaltung" ein umfängliches **„Zivilrecht der Betriebsaufspaltung"** voranstellt (*Carlé* Erster Teil Rn. 16 ff.), muss man nicht als Widerspruch begreifen. Der Begriff hat Karriere gemacht im Steuerrecht, der Tatbestand jedoch knüpft an eine Fülle zivilrechtlicher Gestaltungen an – Fluchtpunkt ist die steuerliche Rechtsfolge der Umqualifikation, Bezugspunkt aber die individuelle unternehmerische Entscheidung für Zweiheit. Indem die beiderseits beherrschenden Akteure diese Zweiheit variieren oder auch unitarisieren und beenden können, handhaben sie Gestaltungsangebote des Zivilrechts und kommen zivilrechtlich modellierte Erscheinungsformen (Übersicht: *Neumer* Besitzgesellschaft, 56 ff.; *Hendricks/Preuss* 4 ff.) der Betriebsaufspaltung in Betracht.

1152 Die **typische Betriebsaufspaltung,** etwa die zwischen einer „Besitz-GbR" und einer „Betriebs-GmbH", zeichnet sich dadurch aus, dass ein Personenunternehmen (Einzelunternehmen oder Personengesellschaft) der personell verflochtenen Betriebs-GmbH (oder einer anderen Kapitalgesellschaft) wesentliche Betriebsgrundlagen überlässt. Den Charakter der Gesamtgestaltung, ihre Typizität macht u.a. aus, dass sie die Haftungsmasse der GmbH reduziert (*Groh* BB 1984, 304 (308 f.); *Rupp* Klassische Betriebsaufspaltung, 12 ff.), soweit diese mietet oder pachtet („Trennung von Vermögen"). Dass die Betriebs-GmbH womöglich ihrerseits rein vermögensverwaltend tätig ist und lediglich kraft Rechtsform gewerblich, spielt keine Rolle (BFH 22.6.2016 – X R 54/14, BStBl. II 2017, 529 Rn. 20; BFH 18.6.2015 – IV R 11/13, DStR 2015, 2424 Rn. 29).

1152.1 Das bisher dem Privatvermögen von A zugeordnete Wirtschaftsgut wird an die GmbH vermietet und stellt bei dieser eine funktional wesentliche Betriebsgrundlage dar. Die funktionale Komponente tritt erst mit Überlassung ein. Infolgedessen übt A eine gewerbliche Tätigkeit als Einzelunternehmen aus (alternativ: Personengesellschaft), die eine Einlage des Wirtschaftsguts aus dem Privatvermögen in das Betriebsvermögen bewirkt:

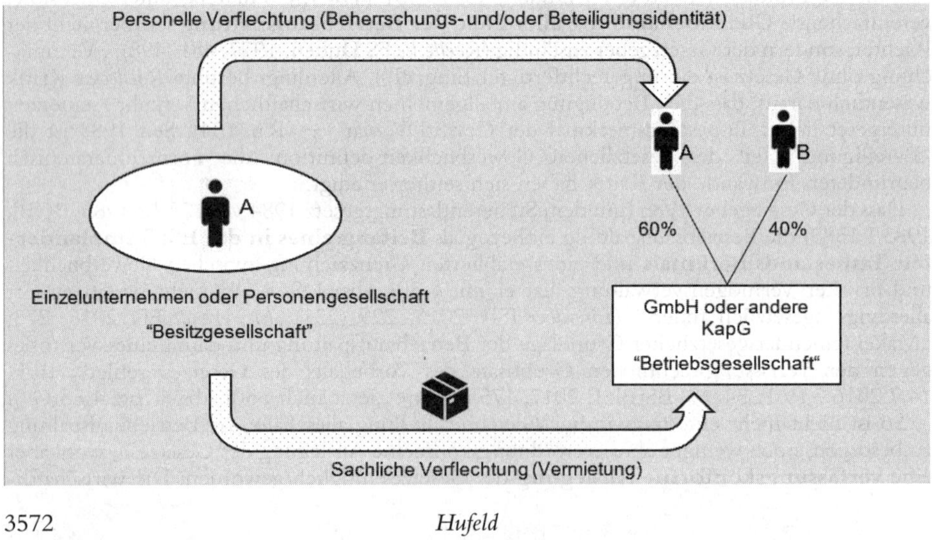

Demgegenüber dreht die **umgekehrte Betriebsaufspaltung** die Rollenzuordnung: die Kapitalgesellschaft übernimmt die Rolle des Besitzunternehmens, die Personengesellschaft, häufig eine GmbH & Co. KG, die der Betriebsgesellschaft (exemplarisch FG Düsseldorf 22.11.2016 – 10 K 2233/13 F, EFG 2017, 108, rkr.: GmbH verpachtet an GmbH & Co. KG; Korrektur des zu niedrigen Pachtzinses über § 8 Abs. 3 S. 2 KStG). Hier erzielt das Besitzunternehmen gewerbliche Einkünfte kraft Rechtsform (§ 8 Abs. 2 KStG, § 2 Abs. 2 GewStG), das Betriebsunternehmen wird regelmäßig originär gewerblich tätig sein (Wachter/*Levedag* § 15 Rn. 206). **1153**

Die GmbH vermietet ein für die GmbH & Co. KG funktional wesentliches Wirtschaftsgut an ebendiese. Infolgedessen werden die bisher im Privatvermögen gehaltenen GmbH-Anteile von A und B fortan dem Sonderbetriebsvermögen der GmbH & Co. KG zugeordnet: **1153.1**

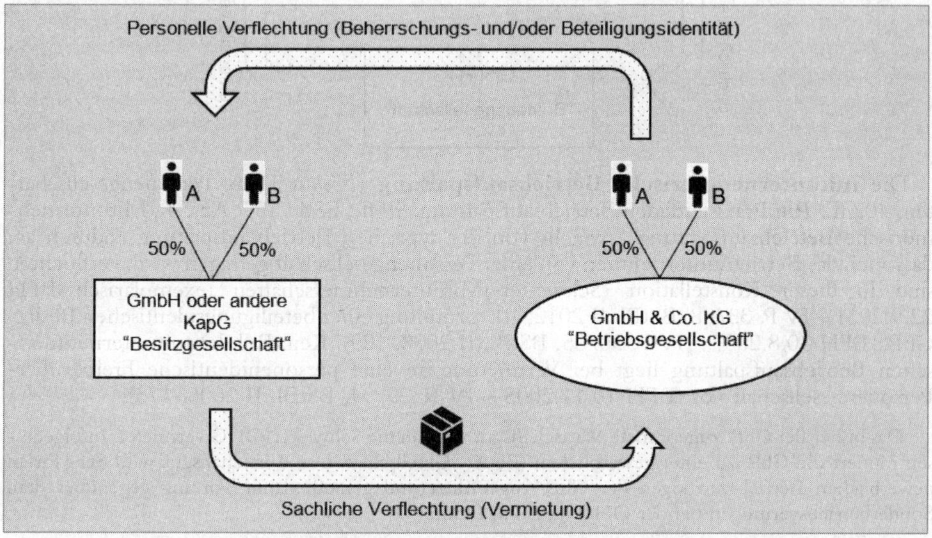

Bei der **kapitalistischen Betriebsaufspaltung** agieren beide Unternehmen in der Rechtsform einer Kapitalgesellschaft, die Besitzkapitalgesellschaft ist als Muttergesellschaft unmittelbar oder mittelbar zu mehr als 50% an der Betriebskapitalgesellschaft beteiligt (BFH 28.1.2015 – I R 20/14, BFH/NV 2015, 1109: AG vermietet bebaute Grundstücke an GmbH, an der sie über eine zwischengeschaltete GmbH zu 100% beteiligt ist). Sie ist kein Thema des § 15; ohnehin sind die Gesellschaften kraft Rechtsform gewerblich tätig (Carlé/*Th. Carlé* Rn. 555 zu Folgen der kapitalistischen Betriebsaufspaltung mit Blick auf § 9 Abs. 1 Nr. 1 S. 2 GewStG und das InvZulG; FG Köln 31.8.2016 – 10 K 3550/14, EFG 2016, 1997 Rn. 24 zur gemeinnützigen Stiftung, die als „gemeinnützige Besitzgesellschaft" aus § 5 Abs. 1 Nr. 9 S. 2 KStG partiell steuerpflichtig wird, Rev. I R 72/16, der BFH hat das BMF am 16.1.2019 aufgefordert, dem Verfahren beizutreten). **1154**

1154.1 Die GmbH 1 vermietet ein für die Tochter-GmbH 2 funktional wesentliches Wirtschaftsgut an ebendiese:

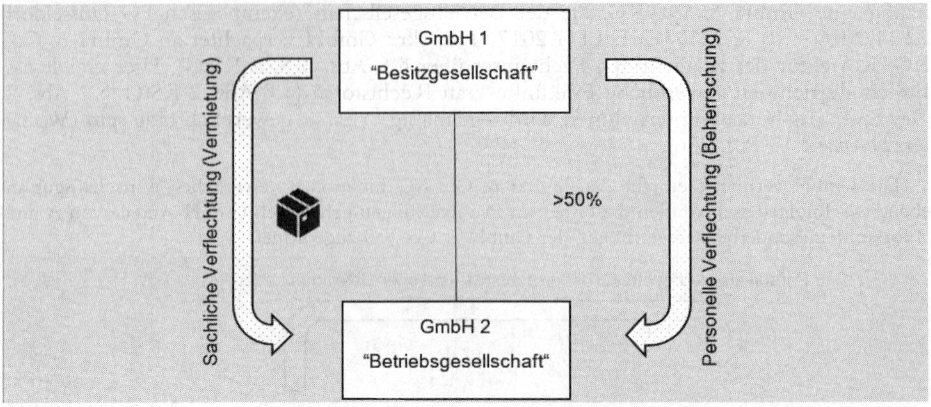

1155 Die **mitunternehmerische Betriebsaufspaltung** (*Niehus/Wilke* Personengesellschaften, 402 ff.; *Patt* Praxisleitfaden Betriebsaufspaltung, 99 ff.; EStH 15.7 Abs. 4 „Mitunternehmerische Betriebsaufspaltung") weicht von der typischen Betriebsaufspaltung dadurch ab, dass auch das Betriebsunternehmen von einer Personengesellschaft getragen wird; verflochten sind in dieser Konstellation (Schwester-)Mitunternehmerschaften (exemplarisch BFH 22.9.2011 – IV R 33/08, BStBl. II 2012, 10: Gründung einer beteiligungsidentischen Besitz-GbR; BFH 30.8.2007 – IV R 50/05, BStBl. II 2008, 129). Kein Fall der mitunternehmerischen Betriebsaufspaltung liegt bei Vermietung an eine personenidentische Freiberufler-Personengesellschaft vor (BFH 10.11.2005 – IV R 29/04, BStBl. II 2006, 173).

1155.1 Das bisher der GbR zugeordnete Wirtschaftsgut wird an die Schwester-OHG vermietet. Infolgedessen mutiert die GbR zu einer gewerblichen (Besitz-)Gesellschaft. Das Wirtschaftsgut wird dem fortan gewerblichen Betriebsvermögen der GbR zugeordnet und genießt damit Vorrang gegenüber dem Sonderbetriebsvermögen bei der OHG (→ Rn. 1155.2):

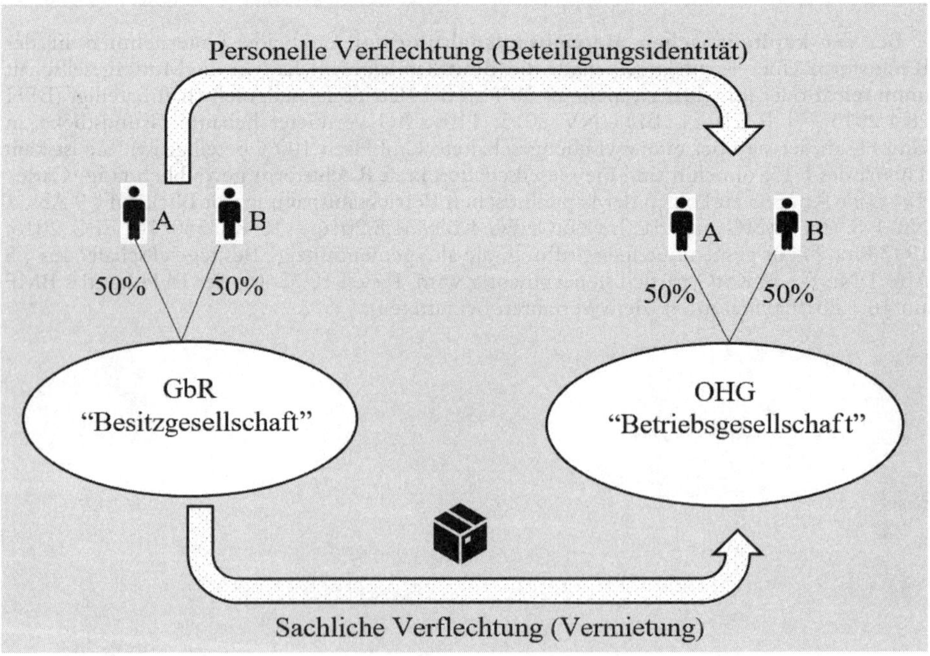

In der mitunternehmerischen Betriebsaufspaltung erhebt sich die Frage der bilanziellen Zuordnung der verpachteten wesentlichen Wirtschaftsgüter. Diese sind jedenfalls Sonderbetriebsvermögen bei der Betriebspersonengesellschaft. Aufseiten der Besitzpersonengesellschaft gehören sie entweder zum Gesamthandsvermögen der Gesellschaft oder zum Sonderbetriebsvermögen der Gesellschafter. In dieser **Bilanzierungskonkurrenz** setzt sich die Betriebsaufspaltung gegen die Zuordnung zum Sonderbetriebsvermögen bei der Betriebspersonengesellschaft durch („Ablehnung der Subsidiaritätsthese", BFH 22.9.2011 – IV R 33/08, BStBl. II 2012, 10 Rn. 20; EStH 15.7 Abs. 4 „Mitunternehmerische Betriebsaufspaltung"). Die wesentlichen Wirtschaftsgüter sind bei der Besitzgesellschaft zu bilanzieren (FG Berlin-Brandenburg 8.1.2019 – 6 K 6313/17, EFG 2019, 636, Rev. IV R 6/19). Für die Dauer der Betriebsaufspaltung handelt es sich aufseiten der Betriebsgesellschaft nur mehr um **latentes Sonderbetriebsvermögen,** das „mit der Beendigung der Betriebsaufspaltung wieder auflebt" (BFH 22.9.2011 – IV R 33/08, BStBl. II 2012, 10 Rn. 21). **1155.2**

Ein weiterer Rechtsträger tritt in der **dreistufigen Betriebsaufspaltung** auf den Plan. In dieser Konstellation tritt ein Dritter als Vermieter oder Verpächter auf, das Besitzunternehmen figuriert nicht als Eigentümer, sondern seinerseits als Mieter oder Pächter der wiederum dem Betriebsunternehmen überlassenen Wirtschaftsgüter (als Variante der Betriebsaufspaltung bestätigt in BFH 21.1.2015 – X R 16/12, BFH/NV 2015, 815 Rn. 42). **1156**

In Konstellationen der **mehrfachen Betriebsaufspaltung** sind, nicht gestuft, sondern verzweigt, mindestens drei Rechtsträger zu unterscheiden. Überlässt das Besitzunternehmen wesentliche Betriebsgrundlagen zwei oder mehreren Betriebsgesellschaften, lassen sich separate Betriebsaufspaltungen unterscheiden (BFH 10.5.2012 – IV R 34/09, BStBl. II 2013, 471: doppelte Betriebsaufspaltung mit einem Besitzunternehmen in der Rechtsform der GbR, dann der GmbH & Co. KG, und zwei Betriebsgesellschaften, einer Produktionsgesellschaft (GmbH & Co. KG) und einer Vertriebsgesellschaft (GmbH)). **1157**

Allerdings kommen andere Kriterien für eine Systematisierung der Erscheinungsvielfalt in Betracht. Unter gestalterischen Gesichtspunkten interessiert vor allem anderen die Entscheidung für oder gegen die Betriebsaufspaltung – die **ungewollte Betriebsaufspaltung** gilt es zu vermeiden (ausführlich Wachter/*Levedag* § 15 Rn. 63 ff., besonders zu den Einstimmigkeitsabreden als Gestaltungsinstrument zur Vermeidung der personellen Verflechtung: „de facto-Wahlrecht"), die **gewollte Betriebsaufspaltung** will passgenau modelliert werden. Wer sie fortsetzt, vermeidet die Aufdeckung stiller Reserven; kraft der Zuordnung zum Betriebsvermögen mögen erbschaft- und schenkungsteuerliche Vorteile erreichbar sein (BFH 22.6.2016 – X R 54/14, BStBl. II 2017, 529 Rn. 39). **1158**

So lassen sich Betriebsaufspaltungen nach dem Umfang der Nutzungsüberlassung unterscheiden als „Modelle" (*Kußmaul/Schwarz* GmbHR 2012, 834 (840 f.)) im Spektrum zwischen der Verpachtung des gesamten Unternehmens als Inbegriff aller beweglichen und unbeweglichen Sachen, der Rechte und immateriellen Wirtschaftsgüter – **Unternehmenspachtmodell** (Betriebserhaltungsmodell) – und der Verpachtung einzelner Wirtschaftsgüter. Von Unternehmenspacht kann die Rede sein, wenn die Substanz erhalten bleibt, der Pächter dem Verpächter nach Ende der Vertragslaufzeit einen intakten Betrieb zurückgibt. **1159**

Davon unterscheidet sich das **Schrumpfungsmodell,** wenn die Betriebskapitalgesellschaft zwar den Betrieb als Ganzes pachtet, nicht jedoch auf Substanzerhaltung verpflichtet wird und eigenständig Ersatzbeschaffungen vornimmt; dadurch mag die sachliche Verflechtung entfallen (*Hennig* RNotZ 2015, 127 (133): „schleichende" Entflechtung). Im **Steuerberatermodell** werden nur einzelne Betriebsgrundlagen verpachtet (Carlé/*D. Carlé* Rn. 28). Das **Wiesbadener Modell** (→ Rn. 1160.1; *Rupp* Klassische Betriebsaufspaltung, 83 ff.; *Kaligin* Die Betriebsaufspaltung, 140 ff.; EStH 15.7 Abs. 7 „Wiesbadener Modell") vermeidet die Betriebsaufspaltung „mittels konträrer Ehegattenbeteiligung" (*Kußmaul/Schwarz* GmbHR 2012, 834 (841); Wachter/*Levedag* § 15 Rn. 78 ff.; zu zivilrechtlichen Fragen des Wiesbadener Modells *Kesseler* DStR 2015, 1189). **1160**

Das dem privaten Eigentum der Ehefrau zugeordnete Wirtschaftsgut wird an die Ehemann-GmbH vermietet. Aufgrund konträrer Zuordnungen von Wirtschaftsgut und GmbH-Anteil fehlt es an der personellen Verflechtung (Wiesbadener Modell): **1160.1**

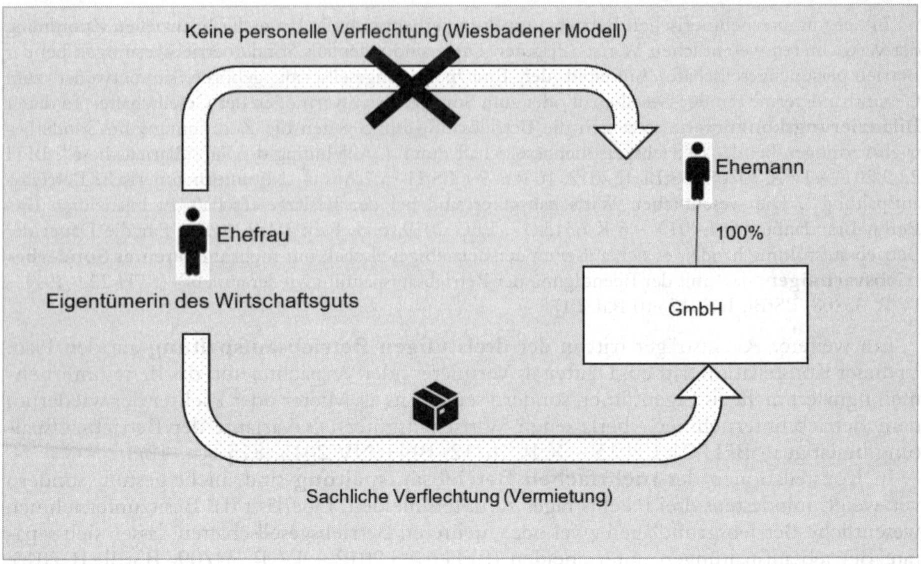

1161 Als klassische, **echte Betriebsaufspaltung** gilt die Auflösung einer Unternehmenseinheit durch Ausgründung, häufig Neugründung der Betriebsgesellschaft – etwa dergestalt, dass ein Einzelunternehmer alle Aktiva und Passiva auf eine neue Betriebs-GmbH überträgt, jedoch das Betriebsgrundstück zurückbehält, sich an der GmbH mit 60% beteiligt und seinen Kindern je 20% überlässt. Der BFH formuliert, dass „der bisher von dem Besitzunternehmen geführte Betrieb als solcher auf das neugegründete Betriebsunternehmen übergeht, Wirtschaftsgüter, insbesondere Grundbesitz, die zu den wesentlichen Grundlagen des übergegangenen Betriebs gehören, aber bei dem Besitzunternehmen verbleiben" (BFH 10.5.2016 – X R 5/14, BFH/NV 2017, 8 Rn. 23).

1162 Von **unechter Betriebsaufspaltung** geht die Rede, wenn einem operativ tätigen Unternehmen nachträglich ein Besitzunternehmen an die Seite gestellt wird, sei es durch Gründung des Besitzunternehmens, sei es durch nachträgliche Verflechtung (BFH 24.7.2013 – I R 40/12, BStBl. II 2014, 272 Rn. 19; KSM/*Desens/Blischke* § 15 Rn. B 165; Wachter/*Levedag* § 15 Rn. 22 f., auch zum Herkommen der Unterscheidung in der Rechtsprechungsentwicklung vor und nach 1959; *Söffing/Micker* Rn. 54 ff., 1013 f.).

1162.1 Seit der BFH mit Urteil vom 3. November 1959 (I 217/58 U, BStBl. III 1960, 50) die Rechtsfolge der Betriebsaufspaltung (Umqualifikation) ausdehnte auf den Fall, dass „Besitz- und Betriebsgesellschaft nicht durch Betriebsaufspaltung entstanden, sondern als zwei getrennte Betriebe errichtet worden sind" (sog. **unechte Betriebsaufspaltung**), musste sich die Begründung von der Unternehmensvorgeschichte lösen – vom Rekurs auf die vormalige, eindeutig gewerbliche Nutzung des Betriebsvermögens innerhalb des noch einheitlichen Gewerbebetriebs des Steuerpflichtigen. Seit 1959 tritt an die Stelle der „unternehmensgeschichtlichen" die „unternehmensgestalterische" Betrachtung, der Verweis auf die wirtschaftliche (nicht rechtliche) Einheit der Unternehmen, dann, seit 1971 (BFH 8.11.1971 – GrS 2/71, BStBl. II 1972, 63) auf den **„einheitlichen geschäftlichen Betätigungswillen";** diese Wendung des Großen Senats geht zurück auf BVerfGE 25, 28 (37); → Rn. 1125. Ausführlich zum Begründungswandel in der Rechtsprechung zur Betriebsaufspaltung seit 1942: S. *Schneider* Tatbestand der privaten Vermögensverwaltung, 91 ff.

1163 Rechtsfolgen zeitigt die **Differenzierung zwischen echter und unechter Betriebsaufspaltung** in der Regel nicht (BFH 17.4.2002 – X R 8/00, BStBl. II 2002, 527 (529); BFH 10.5.2016 – X R 5/14, BFH/NV 2017, 8 Rn. 29 drängt strikt auf Gleichbehandlung). Der BFH hat den **Grundsatz steuerrechtlicher Gleichbehandlung** ausdrücklich bekräftigt mit Blick auf das Verpächterwahlrecht: Das Recht, den Betrieb ungeachtet der Einstellung der gewerblichen Tätigkeit fortzuführen, bestehe auch bei Beendigung der unechten Betriebsaufspaltung. Bei weiterer Überlassung wesentlicher Betriebsgrundlagen zur Betriebsverpachtung (→ Rn. 1075 ff.) führe es die bisherige gewerbliche Tätigkeit im Ergebnis fort (BFH 17.4.2019 – IV R 12/16, BStBl. II 2019, 745 Rn. 43 ff.).

Unterscheidbar sind zudem **Dreieckskonstellationen und Einheitsbetriebsaufspal- tungen.** In der „Dreiecksvariante" werden Besitz- und Betriebsgesellschaft wie Schwesterpersonengesellschaften gedacht, beherrscht von einer „dahinter stehenden" Person oder Personengruppe (Wachter/*Levedag* § 15 Rn. 25 f.). Hält das Besitzunternehmen – ein Einzelunternehmer oder eine Personengesellschaft – selbst alle Anteile an der Betriebsgesellschaft oder die Mehrheit der Anteile, so handelt es sich um eine Einheitsbetriebsaufspaltung; sie bietet Schutz vor der ungewollten Beendigung (Carlé/*D. Carlé* Rn. 18, 20; *Dehmer* Betriebsaufspaltung § 1 Rn. 38). **1164**

Die ohnehin bereits gewerbliche GmbH & Co. KG (alternativ: Einzelunternehmen) vermietet ein für die GmbH funktional wesentliches Wirtschaftsgut an ebendiese: **1164.1**

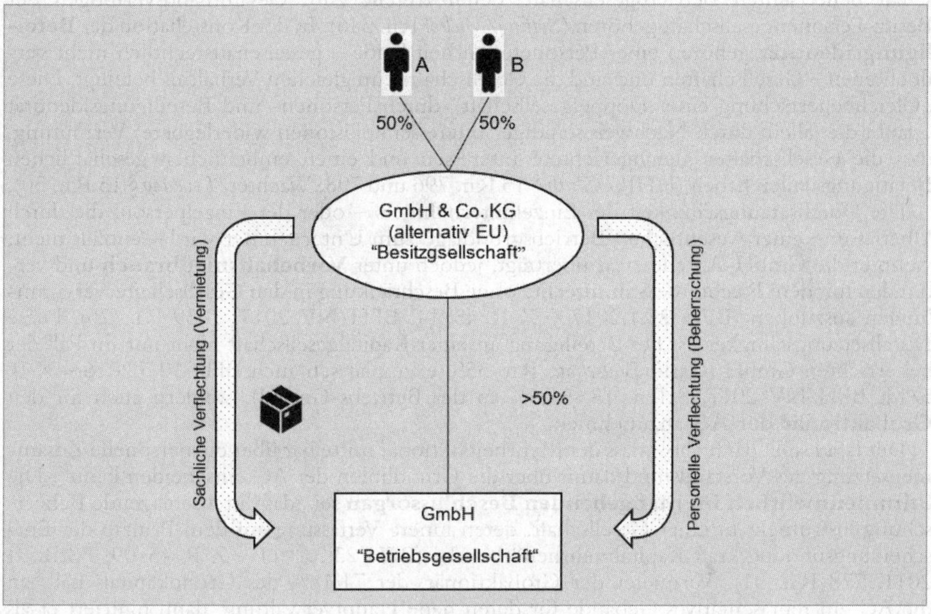

Exemplarisch BFH 25.1.2017 – X R 45/14, BFH/NV 2017, 1039: Alleineigentümer zweier Grundstücke vermietet diese an eine GmbH, an der er zu 64,99% beteiligt ist; BFH 22.6.2016 – X R 54/14, BStBl. II 2017, 529: Einzelunternehmerin als Alleingesellschafterin der (ihrerseits vermietenden) Betriebs-GmbH; BFH 25.6.2013 – X B 96/12, BFH/NV 2013, 1802: Einzelunternehmer hält 90% an der Betriebs-GmbH; BFH 12.6.2013 – X R 2/10, BStBl. II 2013, 907: Einzelunternehmer hält 100% an Autovermietung-GmbH; für eine Einheitsbetriebsaufspaltung über die Grenze FG Hessen 26.3.2015 – 10 K 2347/09, EFG 2015, 1454, rkr.: GbR unmittelbar an britischer Limited beteiligt. **1164.2**

Einstweilen frei **1165–1168**

4. Personelle Verflechtung

a) Grundsätze. Auf der Tatbestandsseite der Betriebsaufspaltung steht voran das Erfordernis der personellen Verflechtung. Sie gibt dem Gesamtarrangement und insbesondere der Überlassung einer wesentlichen Betriebsgrundlage (sachliche Verflechtung) den instrumentellen Charakter, der den Befund rechtfertigt, dass auch das **Besitzunternehmen ein § 15-Akteur** ist – und „über das Betriebsunternehmen" (BFH 16.5.2013 – IV R 54/11, BFH/NV 2013, 1557 Rn. 32) als Gewerbebetrieb (*Söffing/Micker* Rn. 76) am allgemeinen wirtschaftlichen Verkehr teilnimmt. **1169**

So ging zwar der Große Senat des BFH in der bis heute richtungweisenden Leitentscheidung vom November 1971 „von dem Vorhandensein zweier Unternehmen aus". Entscheidend sei aber, dass die **Personen hinter den Unternehmen „einen einheitlichen** **1170**

geschäftlichen Betätigungswillen" haben (BFH 8.11.1971 – GrS 2/71, BStBl. II 1972, 63; EStH 15.7 Abs. 6 „Allgemeines") und durchsetzen können. Der heute gängige Obersatz verlangt, dass „eine **Person oder Personengruppe** beide Unternehmen in der Weise beherrscht, dass sie in der Lage ist, in beiden Unternehmen einen einheitlichen Geschäfts- und Betätigungswillen durchzusetzen" (BFH 25.1.2017 – X R 45/14, BFH/NV 2017, 1039 Rn. 27; BFH 24.9.2015 – IV R 9/13, BStBl. II 2016, 154 Rn. 27; BFH 29.7.2015 – IV R 16/13, BFH/NV 2016, 19 Rn. 13; BFH 21.1.2015 – X R 16/12, BFH/NV 2015, 815 Rn. 42; FG Köln 7.12.2016 – 9 K 2034/14, EFG 2017, 593 Rn. 35, Rev. IV R 4/17).

1171 Das ist unproblematisch bei der **Einheitsbetriebsaufspaltung** (→ Rn. 1189) und in Fällen der Beteiligungsidentität. Kann sich der Besitz-Einzelunternehmer in der Betriebsgesellschaft durchsetzen, als Alleingesellschafter oder Inhaber der Stimmrechtsmehrheit, steht die personelle Verflechtung so wenig in Zweifel wie im Fall der wie von einer Muttergesellschaft beherrschten Betriebsgesellschaft, deren Anteile zum Gesamthandsvermögen der Besitz-Personengesellschaft gehören (*Söffing/Micker* Rn. 346). In der Konstellation der **Beteiligungsidentität** gehören einer Personenmehrheit beide – gesellschaftsrechtlich nicht verflochtenen – Gesellschaften und sind die Gesellschafter im gleichen Verhältnis beteiligt. Diese „Gleichbeherrschung einer Doppelgesellschaft" durch Personen- und Beteiligungsidentität erlaubt die (allein durch Nachweis ständiger Interessenkollisionen widerlegbare) Vermutung, dass die Gesellschafter gleichgerichtete Interessen und einen einheitlichen geschäftlichen Betätigungswillen haben (HHR/*Gluth* § 15 Rn. 796 und 798; Wachter/*Levedag* § 15 Rn. 30).

1172 Die Durchsetzungsfähigkeit des Einzelunternehmers – oder der Einzelperson, die durch Überlassung einer wesentlichen Betriebsgrundlage zum Unternehmer wird – entfällt nicht, wenn er die GmbH-Anteile zwar überträgt, jedoch unter **Vorbehaltsnießbrauch** und verbunden mit dem Recht, die Stimmrechte ohne Beschränkung in den Gesellschafterversammlungen auszuüben (BFH 25.1.2017 – X R 45/14, BFH/NV 2017, 1039 Rn. 26). Diese Durchsetzungsfähigkeit ist bei Beteiligung an einer Kapitalgesellschaft nicht nur im Fall der beherrschten GmbH (Carlé/*Bauschatz* Rn. 359; exemplarisch auch BFH 10.5.2016 – X R 5/14, BFH/NV 2017, 8 Rn. 18: 51,6% an der Betriebs-GmbH), sondern auch für den **Großaktionär der AG** anzunehmen.

1173 Der BFH stellt darauf ab, „dass der Mehrheitsaktionär mittelbar über die personelle Zusammensetzung des Vorstands und damit über die Grundlinien der AG entscheiden kann". Die **Stimmenmehrheit im maßgebenden Beschlussorgan** sei „das durchschlagende Beherrschungsinstrument in einer Gesellschaft, deren innere Verfassung auf dem Prinzip der Entscheidungsfindung kraft Kapitalmehrheit" beruhe (BFH 23.3.2011 – X R 45/09, BStBl. II 2011, 778 Rn. 31). Vermietet der Großaktionär, der 71,18% des Grundkapitals hält, an die AG ein repräsentatives Gebäude für deren neue Hauptverwaltung, dann figuriert er als „herrschendes Unternehmen" iSd. § 17 AktG. Er verfügt nicht wie der beherrschende GmbH-Gesellschafter über die Steuerungsinstrumente des § 37 Abs. 1 GmbHG. Indessen genügt, dass er die Mitglieder der geschäftsführenden AG-Organe zu bestellen und abzuberufen vermag, sodass sich „in der Betriebsgesellschaft auf Dauer nur ein geschäftlicher Betätigungswille entfalten kann" (BFH 23.3.2011 – X R 45/09, BStBl. II 2011, 778 Rn. 30).

1174 Außerhalb der „Ein-Mann-Beherrschung" und der beiderseits gleichen Beteiligung einer Personenmehrheit (Beteiligungsidentität), sind weitere praxiswichtige **Standardkonstellationen** der personellen Verflechtung zu beachten, insbesondere die der Beherrschungsidentität, der Einbeziehung von Familienangehörigen, die der faktischen Beherrschung und endlich Fälle der mittelbaren Beherrschung.

1175–1178 *Einstweilen frei*

1179 **b) Beherrschungsidentität.** Die Frage nach „Beherrschungsidentität" rückt wieder stärker die Zweiheit der Unternehmen ins Bewusstsein, sei es, dass sich Personenmehrheiten ungleich formieren und die jeweiligen Anteile unterschiedlich dosieren, sei es, dass „Nur-Besitzgesellschafter" und/oder „Nur-Betriebsgesellschafter" beteiligt sind (Übersicht und Beispiele bei Littmann/Bitz/Pust/*Bitz* § 15 Rn. 320a; *Niehus/Wilke* Personengesellschaften, 376 ff.). Die Rechtsprechung sieht die **Durchsetzung eines Beherrschungswillens** gewährleistet bei gleichgerichteten Interessen einer geschlossenen Personengruppe (BFH 21.8.1996 – X R 25/93, BStBl. II 1997, 44; → Rn. 1181 zur Personengruppentheorie), auch wenn die Beteiligungsverhältnisse in beiden Unternehmen unterschiedlich sind (EStH 15.7 Abs. 6 „Beherrschungsidentität").

Tritt etwa ein **Nur-Besitzgesellschafter** auf den Plan, vermag sich die im Betriebsunternehmen herrschende Person oder Personengruppe nur mehr unter den konkreten gesellschaftsvertraglichen Umständen auch im Besitzunternehmen mit ihrem Willen durchzusetzen. Soweit dort das Einstimmigkeitsprinzip gilt, kann von Beherrschungsidentität und personeller Verflechtung keine Rede sein (FG Köln 7.12.2016 – 9 K 2034/14, EFG 2017, 593 (Rev. IV R 4/17): 1%-Nur-Besitzgesellschafter und Einstimmigkeitsvorbehalt). Die **Einstimmigkeitsabrede** gerät zum **Gestaltungsinstrument** (Wachter/*Levedag* § 15 Rn. 64 ff.; zur Einstimmigkeitsabrede auch BMF 7.10.2002, BStBl. I 2002, 1028), zur Vermeidung der Betriebsaufspaltung oder auch in der Absicht, deren Rechtsfolgen herbeizuführen: „de facto-Wahlrecht". Die Beherrschungsfrage – mehrheitliche Beschlussfassung gegen den Nur-Besitzgesellschafter oder Einstimmigkeit – ist auf die Nutzungsüberlassung im Verhältnis zwischen Besitz- und Betriebsunternehmen zu beziehen, auf die wesentliche Betriebsgrundlage. **1180**

Diese **Beherrschungsfrage** nötigt den Finanzrichter, mit Blick gerade auf die zur Nutzung überlassene Betriebsgrundlage die gesellschaftsvertraglichen Anforderungen über Gesellschafterbeschlüsse festzustellen. Die Auslegung von Willenserklärungen in einem GbR-Vertrag gehört zur Feststellung von Tatsachen, die dem FG obliegt; seine nicht zwingende, aber mögliche Auslegung bindet den BFH. Indes kann sich das FG im Revisionsverfahren nicht mit einem Verstoß gegen §§ 133, 157 BGB durchsetzen. So hat der BFH (24.9.2015 – IV R 9/13, BStBl. II 2016, 154; aufgenommen in EStH 15.7 Abs. 5 „Erbbaurecht") mit Blick auf die **wesentliche Betriebsgrundlage Erbbaurecht** (→ Rn. 1210) gegen das FG Hamburg (5.2.2013 – 3 K 190/11, EFG 2013, 942 (943 f.)) den Vertrag der Besitz-GbR dahin ausgelegt, dass sich der Mehrheitsgesellschafter A – zugleich Alleingesellschafter der Betriebs-GmbH – in der GbR nicht ohne Zustimmung seiner mit 10% beteiligten Ehefrau durchsetzen könne: „Entscheidend gegen eine Beherrschungsidentität durch A spricht indes, dass bei der Klägerin nach § 12 Nr. 1 S. 1 GbR-Vertrag ein einstimmiger Gesellschafterbeschluss von A und M zum Abschluss des Erbbaurechtsvertrages erforderlich war, und A auch keine rechtliche Möglichkeit hatte, dessen Beendigung vor dem vereinbarten Zeitablauf nach 49 Jahren alleine herbeizuführen" (BFH 24.9.2015 – IV R 9/13, BStBl. II 2016, 154 Rn. 34; vgl. zur Kritik an der Vorentscheidung des FG Hamburg auch *Kohlhepp* DStR 2014, 1143 (1145 f.)). **1180.1**

Die **Personengruppentheorie** erlaubt die Annahme personeller Verflechtung (nur) dann, „wenn die Personen, die an beiden Unternehmen zusammen mehrheitlich beteiligt sind und damit die Betriebs-GmbH beherrschen, auch im Besitzunternehmen über die Mehrheit der Stimmen verfügen und im Besitzunternehmen kraft Gesetzes oder vertraglich wenigstens für Geschäfte des täglichen Lebens das Mehrheitsprinzip maßgeblich ist" (BFH 16.5.2013 – IV R 54/11, BFH/NV 2013, 1557 Rn. 36). Diese Judikatur lässt genügen, dass die Personen kraft ihrer vermutlich zweckgerichteten Doppelverankerung ihren Willen in beiden Unternehmen einheitlich ausrichten, als Gruppe beiderseits herrschen können (zur Personengruppentheorie Carlé/*Bauschatz* Rn. 344 ff.; *Dehmer* Betriebsaufspaltung § 2 Rn. 25; KSM/*Desens*/*Blischke* § 15 Rn. B 123 f.; Frotscher/Geurts/*Kahle*/*Heinstein*, Anhang 2 zu § 15 Rn. 94 ff.; *Kaligin* Die Betriebsaufspaltung, 104 ff.; *Söffing*/*Micker* Rn. 371 ff.; EStH 15.7 Abs. 6 „Personengruppentheorie"). Das eigenständige Haftungskonzept des **§ 74 AO bleibt unberührt** (BFH 1.12.2015 – VII R 34/14, DStR 2016, 600). **1181**

BFH 1.12.2015 – VII R 34/14, DStR 2016, 600, hat an die entstehungsgeschichtlich wirksame Befürchtung erinnert, dass sich die Beitreibung einer Gewerbesteuerschuld gegenüber einem Unternehmen als unmöglich erweisen könnte, weil alle pfändbaren, dem Betrieb gehörenden Gegenstände einem anderen als dem Unternehmer gehören, „insbesondere wenn der Unternehmer mit gepachteten Betriebsmitteln wirtschaftet" (Rn. 18). Gleichwohl hat der Senat zutreffend das Haftungsregime des § 74 AO und die Bestimmung der wesentlichen Beteiligung (§ 74 Abs. 2 AO) als exakte und abschließende Konzeption qualifiziert. Daran kann, wenn es um die Haftung für Steuerschulden des Betriebsunternehmens geht, die Personengruppentheorie nicht rütteln. „Auf die Feststellung einer personellen Verflechtung von Gesellschaftern und eines einheitlichen geschäftlichen Betätigungswillens kommt es […] bei der Bestimmung einer wesentlichen Beteiligung nach § 74 Abs. 2 S. 1 AO nicht an" (BFH 1.12.2015 – VII R 34/14, DStR 2016, 600 Rn. 19). **1181.1**

Die Personengruppe kann nicht herrschen, kann sich nicht durchsetzen, soweit im Besitzunternehmen das **Einstimmigkeitsprinzip** gilt (FG Köln 7.12.2016 – 9 K 2034/14, EFG 2017, 593 Rn. 35, Rev. IV R 4/17). Nicht genügen dürfte, dass die Gruppe nach einstimmi- **1182** ger Begründung der Betriebsaufspaltung blockadefähig wird, dadurch gesichert ist, dass „das Nutzungsverhältnis nicht gegen den Willen der Person oder Personengruppe, die das Besitzunternehmen beherrscht, aufgelöst werden kann“ (FG Hamburg 5.2.2013 – 3 K 190/11, EFG 2013, 942 (943); aufgehoben durch BFH 24.9.2015 – IV R 9/13, BStBl. II 2016, 154; vgl. *Kohlhepp* DStR 2014, 1143 (1145 f.)).

1183 Der Nur-Besitzgesellschafter der GbR mag sich von den Verwaltungsgeschäften fernhalten und zulassen, dass die gemeinschaftliche Geschäftsführung abbedungen und die Führung der Geschäfte einem oder mehreren Gesellschaftern übertragen wird (§ 710 BGB). So kann **trotz Einstimmigkeitserfordernis für Grundlagengeschäfte** eine personelle Verflechtung und damit die Betriebsaufspaltung zustandekommen (FG Köln 7.12.2016 – 9 K 2034/14, EFG 2017, 593 Rn. 36 (Rev. IV R 4/17): Zu den Verwaltungsgeschäften gehöre „zumindest nach Begründung der Betriebsaufspaltung auch die Vermietung oder Verpachtung eines Grundstücks durch das Besitzunternehmen an das Betriebsunternehmen“; vgl. auch FG Hamburg 31.10.2013 – 3 K 90/13, BeckRS 2014, 94111, rkr.), wenn der Nur-Besitzgesellschafter die Mehrheitsgesellschafter von den Beschränkungen des **§ 181 BGB** befreit.

1184 Die **Mehrheitsherrschaft** der Gruppe gründet auf dem **Mehrheitsprinzip.** Allerdings lehnt der IV. Senat in seinem Urteil vom Mai 2013 das „alleinige Abstellen auf die Stimmenmehrheit“ ab, verlangt eine „Gesamtwürdigung aller Umstände des Einzelfalles“ und gewichtet insbesondere den Umstand, dass „Geschäftsführungsbefugnisse im Besitz- und/oder Betriebsunternehmen nicht oder nicht ausschließlich den Mehrheitsgesellschaftern zustehen“ (BFH 16.5.2013 – IV R 54/11, BFH/NV 2013, 1557 Rn. 36; dazu affirmativ *Dreßler* Ubg 2014, 240 (242 f.); kritisch *Wälzholz* MittBayNot 2014, 571 (571 f.)).

1185 Die Personengruppentheorie beruht auf der widerleglichen Vermutung, dass die beiderseits durchsetzungsfähigen Akteure **durch gleichgerichtete Interessen verbunden** sind. Durch Blockbildung der Sowohl-als-auch-Gesellschafter wird die Gruppe zur Willenseinheit (*Söffing/Micker* Rn. 386 ff.). Darauf gründet die Fähigkeit, den einheitlichen geschäftlichen Betätigungswillen zu haben und durchzusetzen. Nur ausnahmsweise kann mit dem Nachweis eines konkreten Interessenkonflikts die Vermutung gleichgerichteter Interessen erschüttert werden. Der BFH verlangt, dass bei Beschlussfassungen ernstliche Meinungsverschiedenheiten aufgetreten sind, die den Schluss erlauben auf unterschiedliche geschäftliche Interessen der Gesellschafter und die Aufgabe des Willens, die geschäftliche Betätigung durch die vormals gewählte „Doppelkonstruktion“ zu verwirklichen (BFH 7.1.2008 – IV B 24/07, BFH/NV 2008, 784). Insoweit gilt die Rechtsprechung als „sehr restriktiv“ (Wachter/*Levedag* § 15 Rn. 33). Indessen darf sich die Annahme gleichgerichteter Interessen nicht allein auf die Ehe stützen (BVerfG 12.3.1985 – 1 BvR 571/81 u.a., BVerfGE 69, 188; EStH 15.7 Abs. 7 „Allgemeines“).

1185.1 BVerfG 12.3.1985 – 1 BvR 571/81 u.a., BVerfGE 69, 188 Ls. 2: „Es ist mit Art. 3 Abs. 1 GG in Verbindung mit Art. 6 Abs. 1 GG unvereinbar, wenn bei der Beurteilung der personellen Verflechtung zwischen Besitz- und Betriebsunternehmen als Voraussetzung für die Annahme einer Betriebsaufspaltung von der – wenn auch widerlegbaren – Vermutung auszugehen ist, Ehegatten verfolgten gleichgerichtete wirtschaftliche Interessen.“

1186–1188 *Einstweilen frei*

1189 **c) Gesamtbetrachtung im Familienverbund.** Für die Betrachtung von Ehegattenanteilen haben sich im Zeichen des Art. 6 Abs. 1 GG differenzierte Standards herausgebildet. Gehört das Besitzunternehmen dem einen, das Betriebsunternehmen dem anderen Ehepartner (→ Rn. 1160 zum **Wiesbadener Modell**), darf nicht allein aus der Ehe ein Interessengleichklang abgeleitet werden (→ Rn. 1185.1). Doch erfüllen auch Eheleute den Tatbestand der personellen Verflechtung bei „Gleichbeherrschung einer Doppelgesellschaft“ (→ Rn. 1171 zur **Beteiligungsidentität**) und wenn sie die Gesellschaften, an denen sie unterschiedlich beteiligt sind, als Personengruppe beherrschen. In diesen Konstellationen werden die Eheleute nicht diskriminiert, aber auch nicht privilegiert, sondern gleichbehandelt, ungeachtet der Ehe (BFH 24.2.2000 – IV R 62/98, BStBl. II 2000, 417; OFD Frankfurt 24.11.2009, BeckVerw 251876 sub 2.2.3.1.).

1190 Besondere Konsequenzen können sich aus der **Gütergemeinschaft** ergeben. Verpachten die Eheleute an eine GmbH, deren alleiniger Gesellschafter der Ehemann ist, nimmt der BFH gleichwohl Beteiligungsidentität an, wenn die Gesellschaftsbeteiligung zum Gesamtgut (gemeinschaftliches Vermögen beider Ehegatten, § 1416 BGB) gehört, sieht dadurch beide Gatten an der Gesellschaft beteiligt, mithin Personenidentität in der Gütergemeinschaft (Besitzunternehmen) und der Betriebskapitalgesellschaft (BFH 19.10.2006 – IV R 22/02, DStR 2006, 2207 (2208 f.) unter Berücksichtigung des § 15 Abs. 1 GmbHG: aus der freien Übertragbarkeit des GmbH-Anteils folgt, dass er grundsätzlich in das Gesamtgut fällt; EStH 15.7 Abs. 6 „Gütergemeinschaft“). Die Gütergemeinschaft gefährdet das Wiesbadener Modell (*Dehmer* Betriebsaufspaltung § 2 Rn. 175 ff.).

Eine Zusammenrechnung mit Anteilen minderjähriger Kinder kommt in Betracht, wenn die Vermögenssorge nach der Grundregel des § 1626 Abs. 1 BGB als Teil der elterlichen Sorge ausschließlich den Eltern zukommt, Dritte nicht involviert sind, etwa ein Pfleger oder Bevollmächtigter. Von einer **personellen Verflechtung infolge der Zusammenrechnung mit den Anteilen Minderjähriger** kann aber nur die Rede sein, wenn die Addition in mindestens einem Unternehmen zur Mehrheit der Stimmrechte führt und die Eheleute das andere Unternehmen gemeinsam beherrschen, mit oder ohne Kindesanteil. **1191**

R 15.7 Abs. 8 EStR 2012 differenziert zwischen Fällen der Gruppenbeherrschung (Zusammenrechnung mit mindestens einem Elternteil in beiden Unternehmen; Beherrschung durch beide Elternteile in einem, Zusammenrechnung im anderen Unternehmen) und solchen Fällen, in denen einem Elternteil alleine die Mehrheit der Stimmrechte in einem der beiden Unternehmen zuzurechnen ist. R 15.7 Abs. 8 S. 3 und S. 4 EStR 2012 lehnt die personelle Verflechtung in der zweiten Fallgruppe zutreffend ab; vgl. auch Wachter/*Levedag* § 15 Rn. 38. Grundsätzlich gegen eine Zusammenrechnung der Anteile von Eltern und minderjährigen Kindern: FG Baden-Württemberg 29.1.2019 – 11 K 1398/16, BeckRS 2019, 18453 Rn. 32 ff. (Rev. X R 5/19), mit Verweis auf BVerfGE 69, 188; HHR/*Gluth* § 15 Rn. 806. **1191.1**

Mit Eintritt der **Volljährigkeit** des Kindes gelten die allgemeinen Regeln, mit der Vermögenssorge entfällt auch die Grundlage einer Zusammenrechnung, die personelle Verflechtung entfällt, die Betriebsaufspaltung findet ihr Ende. Dies kann zur zwangsweisen Betriebsaufgabe und zur Aufdeckung stiller Reserven führen (→ Rn. 1227). Die Finanzverwaltung gewährt indes ein Wahlrecht zur Fortführung der gewerblichen Tätigkeit (EStR 16 Abs. 2 S. 3). Beachtung erheischt auch § 723 Abs. 1 S. 3 Nr. 2 BGB: Mit Vollendung des 18. Lebensjahres wächst dem bislang minderjährigen Gesellschafter ein Kündigungsrecht vor Ablauf der für die Gesellschaft bestimmten Zeit zu. Mit Kündigung und Ausscheiden kann die Betriebsaufspaltung entfallen, aber auch entstehen, wenn der vormals Minderjährige als Nur-Besitzgesellschafter oder Nur-Betriebsgesellschafter die personelle Verflechtung blockiert hatte (Wachter/*Levedag* § 15 Rn. 40). **1192**

Einstweilen frei **1193–1196**

d) Faktische Beherrschung. Die Fähigkeit, in beiden Unternehmen einen einheitlichen geschäftlichen Betätigungswillen durchzusetzen, kann auf eine **„besondere tatsächliche Machtstellung“** (BFH 29.1.1997 – XI R 23/96, BStBl. II 1997, 437; EStH 15.7 Abs. 6 „Faktische Beherrschung“) gegründet sein. Die Formel deutet an, dass die Annahme faktischer Beherrschung – gegen die gesellschaftsrechtliche, insbesondere gesellschaftsvertragliche Situation – nur ausnahmsweise in Betracht kommt (OFD Frankfurt 24.11.2009, BeckVerw 251876 sub 2.2.6.; zum „Ausnahmefall“ auch Carlé/*Bauschatz* Rn. 371; *Hendricks/Preuss* 51 f.; mit guten Gründen prinzipiell gegen die rechtsunsichere Figur der faktischen Beherrschung *Söffing/Micker* Rn. 535 ff.; KSM/*Desens/Blischke* § 15 Rn. B 126 für „strenge Anforderungen“). **1197**

Aus „rein“ tatsächlichen Gründen wird sie sich kaum ergeben (BFH 1.12.1989 – III R 94/87, BeckRS 1989, 22009287, hat „exklusive Fachkenntnisse“ erörtert), eher in der **Zusammenschau rechtlicher und tatsächlicher Aspekte.** Auch das Referenzurteil aus dem Jahre 1997 stellte „wesentlich“ darauf ab, dass der Inhaber des Besitzunternehmens kraft einer Vollmacht jederzeit in der Lage war, die Stimmenmehrheit in der Betriebs-GmbH zu erlangen und seinen 49%igen Geschäftsanteil auf über 50% bis zu 98% zu erhöhen; hinzu traten tatsächliche Aspekte, die Sachkunde des Besitzunternehmers und das Alter der GmbH-Mehrheitsgesellschafterin. Über die Feststellung der Umstände, die zur personellen Verflechtung infolge faktischer Beherrschung führen, entscheidet das Finanzgericht als Tatsacheninstanz; das FG bindet den BFH nach Maßgabe des § 118 Abs. 2 FGO. **1198**

Einstweilen frei **1199–1200**

1201 **e) Mittelbare Beherrschung.** Eine nur mittelbare Beherrschung der **Betriebsgesellschaft** soll der personellen Verflechtung nicht entgegenstehen (BFH 29.11.2017 – X R 8/16, BStBl. II 2018, 426 Rn. 48). Verpachtet ein Erfinder seine Patente an eine ihm allein gehörende GmbH, die er mittelbar beherrscht über eine zwischengeschaltete GmbH, deren Alleingesellschafter er ist, bestehen keine Zweifel am einheitlichen geschäftlichen Betätigungswillen und der personellen Verflechtung (BFH 22.1.1988 – III B 9/87, BStBl. II 1988, 537; BFH 29.11.2007 – IV R 82/05, BStBl. II 2008, 471 (474); Wachter/*Levedag* § 15 Rn. 43). In Betracht kommt auch, dass die Gesellschafter einer Besitz-GbR an einer Betriebs-KG über eine GmbH mittelbar beteiligt sind (BFH 29.11.2017 – X R 8/16, BStBl. II 2018, 426 Rn. 48; EStH 15.7 Abs. 6 „Mittelbare Beteiligung").

1201.1 BFH 28.6.2006 – XI R 31/05, BStBl. II 2007, 378 (382) hat sich zu einer **zwischengeschalteten GbR** verhalten, an der Zahnarztgatten mit je 50% beteiligt waren. Wenn über ein Grundstück ein Mietvertrag bestehe zwischen einer mehrheitlich vom Ehemann beherrschten Betriebs-GmbH und der GbR, der der Ehemann das ihm gehörende Grundstück unentgeltlich zur Nutzung überlassen hat, so sei nicht gerechtfertigt, „die Überlassung des Grundstücks an die GmbH steuerlich ausschließlich dem Kläger zuzurechnen". Das Grundstück sei der GbR unentgeltlich und zunächst für ihre eigenen unmittelbaren Zwecke überlassen worden, Anhaltspunkte für einen Missbrauch von Gestaltungsmöglichkeiten seien nicht ersichtlich.

1202 Indessen begründe, so judiziert der BFH, die mittelbare Beherrschung des **Besitzunternehmens** keine personelle Verflechtung: „Die Beteiligung am Besitzunternehmen über eine hundertprozentige Tochterkapitalgesellschaft begründet keine personelle Verflechtung zwischen Besitz- und Betriebsunternehmen. Die Kapitalgesellschaft entfaltet insoweit Abschirmwirkung und führt daher zu einem Durchgriffsverbot auf die an ihr beteiligten Personen" (BFH 8.9.2011 – IV R 44/07, BStBl. II 2012, 136 Rn. 24; dazu kritisch KSM/*Desens/Blischke* § 15 Rn. B 125).

1203 Im Zeichen dieser Rechtsprechung empfiehlt sich, soll die Betriebsaufspaltung vermieden werden, die **Zwischenschaltung einer Kapitalgesellschaft** als Nur-Besitzgesellschafterin einer GbR, für die das Einstimmigkeitsprinzip gilt. Allerdings hat der BFH bislang nicht erklärt, warum die mittelbare Beherrschung beim Betriebs-, nicht aber beim Besitzunternehmen genügen soll. Der Gleichheitssatz steht dieser Ungleichbehandlung entgegen (KSM/*Desens/Blischke* § 15 Rn. B 125; *Kußmaul/Schwarz* GmbHR 2012, 834 (837); HHR/*Gluth* § 15 Rn. 801) und drängt dahin, einheitlich auf Beherrschung abzustellen, unmittelbare oder mittelbare (Wachter/*Levedag* § 15 Rn. 43; Kirchhof/*Krumm* § 15 Rn. 96; Schmidt/*Wacker* § 15 Rn. 835).

1204 BFH 30.10.2019 – IV R 59/16, BStBl. II 2020, 147 Rn. 42 ff. scheint gewillt, an der Rechtsprechung zur **Abschirmwirkung** (→ Rn. 1202) der zwischengeschalteten Kapitalgesellschaft festzuhalten, verweist aber wiederum auf die Abstimmungsmodalitäten im Besitzunternehmen: Soweit dort mehrheitlich entschieden wird, hindert die Beteiligung des Nur-Besitzgesellschafters die personelle Verflechtung nicht.

1205–1206 *Einstweilen frei*

5. Sachliche Verflechtung

1207 Dass Besitzunternehmer die Betriebsgesellschaft beherrschen, erklärt sich – zweitens – aus der Überlassung zumindest einer wesentlichen Betriebsgrundlage. Die **qualifizierte entgeltliche Überlassung** führt zu einer sachlichen Verflechtung, die „gewährleistet, dass die Einflussnahme auf beide Unternehmen und ihre Geschäftspolitik koordiniert wird" (BFH 10.5.2016 – X R 5/14, BFH/NV 2017, 8 Rn. 19). Werden wesentliche Betriebsgrundlagen unentgeltlich oder nicht kostendeckend überlassen, entfällt regelmäßig die Gewinnerzielungsabsicht des Besitzunternehmens (BFH 12.4.2018 – IV R 5/15, DStR 2018, 1421 Rn. 25). Das gilt jedenfalls für die mitunternehmerische Betriebsaufspaltung. Bei der Nutzungsüberlassung an eine Betriebs-GmbH kann die Gewinnerzielungsabsicht des Besitzunternehmens „jedoch in dem Bestreben liegen, Beteiligungserträge zu erzielen" (BFH 2.9.2009 – I R 20/09, BFH/NV 2010, 391 Rn. 17).

1208 **a) Wesentliche Betriebsgrundlage.** Folgt man § 50i Abs. 1 S. 4, gehört zu einer (dort nicht als Betriebsaufspaltung bezeichneten) Zweierbeziehung mit gewerblichen Einkünften aufseiten „eines Einzelunternehmens oder einer Personengesellschaft" der einheitliche geschäftliche Betätigungswille, gegründet auch auf „eine wesentliche Betriebsgrundlage", die das Personenunternehmen einem „nutzenden Betrieb" überlässt. Die gesetzliche Wendung entspricht der etablierten Rechtsprechung, die bereits die **Überlassung einzelner funktional wesentlicher Wirtschaftsgüter** genügen lässt (BFH 24.9.2015 – IV R 9/13, BStBl. II 2016, 154 Rn. 21; BFH 18.6.2015 – IV R 11/13, DStR 2015, 2424 Rn. 25; BFH 29.11.2012 – IV R 37/10, BFH/NV 2013, 910 Rn. 25; FG Köln 31.8.2016 – 10 K 3550/14, EFG 2016, 1997 Rn. 26, Rev. I R 72/16; EStH 15.7 Abs. 5 „Wesentliche Betriebsgrundlage"), mithin nicht verlangt, dass das Besitzunternehmen sämtliche für den operativen Betrieb wesentlichen Betriebsgrundlagen vermietet oder verpachtet (zur dergestalt „qualifizierten" Betriebsaufspaltung: BFH 17.4.2002 – X R 8/00, BStBl. II 2002, 527 (528); HHR/*Gluth* § 15 Rn. 784; Abgrenzung zur Betriebsverpachtung im Ganzen, welche die Überlassung *aller* wesentlichen Betriebsgrundlagen voraussetzt: BFH 29.11.2017 – X R 34/15, BFH/NV 2018, 623 Rn. 62).

Daraus folgt, dass das Betriebsunternehmen **Betriebsaufspaltungen vervielfältigen** 1209
kann mit weiteren Besitzunternehmen, die jeweils einzelne wesentliche Betriebsgrundlagen überlassen. Das überlassene Wirtschaftsgut muss nicht im Eigentum des Besitzunternehmers stehen (BFH 10.5.2016 – X R 5/14, BFH/NV 2017, 8 Rn. 21; *Niehus/Wilke* Personengesellschaften, 372).

Wesentlich sind Wirtschaftsgüter, denen ein besonderes **wirtschaftliches Gewicht** für die 1210
Betriebsführung zukommt (Wachter/*Levedag* § 15 Rn. 47; nicht ohne Weiteres für das Darlehen: BFH 9.7.2019 – X R 9/17, DStR 2019, 2626 Rn. 42; *Micker* DStR 2012, 589 (589 f.); die Finanzverwaltung stellt darauf ab, ob die Wirtschaftsgüter zur Erreichung des Betriebszwecks erforderlich sind und ein besonderes wirtschaftliches Gewicht für die Betriebsführung aufweisen, EStH 15.7 Abs. 5 „Wesentliche Betriebsgrundlage"). „Dies ist vor allem für Wirtschaftsgüter des Anlagevermögens anzunehmen, die für den Betriebsablauf unerläßlich sind, so daß ein Erwerber des Betriebs diesen nur unter Einsatz dieser Wirtschaftsgüter in der bisherigen Form fortführen könnte" (BFH 12.2.1992 – XI R 18/90, BStBl. II 1992, 723; FG Köln 23.11.2016 – 4 K 3688/12, EFG 2017, 400 Rn. 43, rkr.: Überlassung des Anlagevermögens, „namentlich der Maschinen und Werkzeuge"). Der BFH verlangt eine Betrachtung der **besonderen Verhältnisse des jeweiligen Betriebs** (BFH 29.11.2017 – X R 34/15, BFH/NV 2018, 623 Rn. 70), nimmt damit in erster Linie die Finanzgerichte als Tatsachengerichte in die Pflicht.

In Betracht kommt die **Überlassung wesentlicher Betriebsgrundlagen auf schuld-** 1211
rechtlicher oder dinglicher Grundlage, etwa ein Erbbaurecht an einem unbebauten Grundstück – „jedenfalls dann, wenn das Grundstück von der Betriebsgesellschaft mit Zustimmung des Besitzunternehmens mit Gebäuden oder Vorrichtungen bebaut werden soll, die für das Betriebsunternehmen eine wesentliche Betriebsgrundlage darstellen" (BFH 24.9.2015 – IV R 9/13, BStBl. II 2016, 154 Rn. 21; zu unbebauten und bebauten Grundstücken als wesentliche Betriebsgrundlage im Überblick: Frotscher/Geurts/*Kahle/Heinstein* Anhang 2 zu § 15 Rn. 39 ff.; → Rn. 1217 ff.).

Die Eigenschaft als wesentliche Betriebsgrundlage wird indes nicht dadurch ausgeschlos- 1212
sen, dass sich die Betriebsgesellschaft das Wirtschaftsgut auch von dritter Seite beschaffen kann (BFH 29.11.2012 – IV R 37/10, BFH/NV 2013, 910 Rn. 24). Insgesamt tendiert der BFH seit dem Dachdecker-Urteil von 1993 (BFH 26.5.1993 – X R 78/91, BStBl. II 1993, 718), jedenfalls aber seit dem Krankenhaus-Urteil von 2002 (BFH 19.3.2002 – VIII R 57/99, BStBl. II 2002, 662) zu einem weiten Begriff der wesentlichen Betriebsgrundlage und damit zu **anspruchslosen Erfordernissen sachlicher Verflechtung** (kritisch *Niehus/Wilke* Personengesellschaften, 375: „heillose Rechtsprechungskasuistik"; vgl. auch die Kritik bei *Rupp* Klassische Betriebsaufspaltung, 47 f.).

Vom Betriebsunternehmen nach seinen Bedürfnissen eingerichtet, kann auch ein **unbe-** 1213
bautes Grundstück wesentliche Betriebsgrundlage sein (BFH 22.6.2016 – X R 54/14, BStBl. II 2017, 529 Rn. 18 und → Rn. 1218); für **bebaute Grundstücke und Büroräume** wird, praktisch bedeutsam, regelmäßig die Wesentlichkeit, nur mehr ausnahmsweise die Unwesentlichkeit der Betriebsgrundlage angenommen (BFH 29.11.2017 – X R 34/15, BFH/NV 2018, 623 Rn. 39; Wachter/*Levedag* § 15 Rn. 48 ff.; Schmidt/*Wacker* § 15 Rn. 811 ff.; Bürogebäude als wesentliche Betriebsgrundlage: OFD Frankfurt 24.11.2009, BeckVerw 251876 sub 2.1.3.; EStH 15.7 Abs. 5 „Wesentliche Betriebsgrundlage").

1213.1 Demgegenüber schlägt Carlé/*Bauschatz* Rn. 332 einen engeren Begriff der wesentlichen Betriebsgrundlage vor, verlangt, dass eine Ersatzbeschaffung in angemessener Frist nicht möglich ist („qualitatives Element"; explizit dagegen die Finanzverwaltung in EStH 15.7 Abs. 5 „Wesentliche Betriebsgrundlage") und dass das Wirtschaftsgut den Betrieb der Betriebsgesellschaft in wesentlichem Umfang fördert („quantitatives Element"). Kritik an der neueren Rechtsprechung auch bei *Söffing/Micker* Rn. 126 ff.; kritisch zum „Sonderfall der Überlassung von Büro- und Verwaltungsgebäuden" HHR/*Gluth* § 15 Rn. 813.

1213.2 Das Urteil des IV. Senats vom 29. Juli 2015 (IV R 16/13, BFH/NV 2016, 19) lässt allerdings erkennen, dass sich Verwaltung und Finanzgerichte nicht schematisch auf den Befund „Grundstück" oder „Büroraum" beschränken dürfen – auch nicht auf die Feststellung, dass sich am Standort des Grundstücks der Unternehmenssitz der Betriebsgesellschaft befindet: „Es ist für die Annahme einer funktional wesentlichen Betriebsgrundlage bei der Überlassung von Büroräumen zum Zwecke der Geschäftsleitung vielmehr erforderlich, dass ein nicht unbedeutender Teil des Tagesgeschäfts der Geschäftsleitung in diesen Räumlichkeiten stattfindet" (IV R 16/13, BFH/NV 2016, 19 Rn. 23). Auch bei der Überlassung von Grundstücken und Verwaltungsräumen verlangt das Urteil eine **Gesamtbildbetrachtung** im Einzelfall.

1214–1216 *Einstweilen frei*

1217 **b) Grundstücke.** Die frühere Rechtsprechung des BFH verlangte eine gewisse Unverzichtbarkeit, bevor sie das überlassene Grundstück – im hiesigen Kontext stets: den zusammenhängenden Grundbesitz, „nicht die katastermäßige Parzelle" (OFD Frankfurt 24.11.2009, BeckVerw 251876 sub 2.1.2.) – als wesentliche Betriebsgrundlage qualifizierte (BFH 12.2.1992 – XI R 18/90, BStBl. II 1992, 723). Unverzichtbarkeit in diesem Sinne konnte sich daraus ergeben, dass Gebäude oder Gebäudeteile, etwa ein Geschäftslokal, die örtliche und sachliche Grundlage für das Betriebsunternehmen bildeten. Dem entsprach die **frühere sog. Austauschbarkeits-Rechtsprechung:** Wer sich mit einem anderen Grundstück helfen, das überlassene Grundstück mühelos austauschen kann, führt den Betrieb gerade nicht auf einer unverzichtbaren, wesentlichen Grundlage. Diese strengen Anforderungen und insbesondere die Austauschbarkeits-Rechtsprechung hat der BFH aufgegeben (Wachter/*Levedag* § 15 Rn. 50 f.).

1218 Nur im jedenfalls-Format leben die früheren Kriterien fort. So genügt gewiss auch heute der Befund, dass „der Betrieb **auf das Grundstück angewiesen** ist" (BFH 29.7.2015 – IV R 16/13, BFH/NV 2016, 19 Rn. 16; vgl. auch BFH 22.6.2016 – X R 54/14, BStBl. II 2017, 529 Rn. 19 zu einem Grundstück „in einer höchst begehrten Lage für Gewerbeimmobilien") oder dass das Gebäude durch seine Gliederung und Bauart dauernd für die Betriebs-GmbH eingerichtet oder nach Lage, Größe und Grundriss auf den operativen Betrieb zugeschnitten ist (BFH 29.11.2012 – IV R 37/10, BFH/NV 2013, 910 Rn. 22). Ansonsten gilt als **Faustregel,** dass bereits die Nutzung des Grundstücks die Annahme der „wesentlichen Betriebsgrundlage" und damit der sachlichen Verflechtung rechtfertigen kann.

1219 Ob der BFH dergestalt seine Judikatur „verschärfend" verändert hat (so *Söffing/Micker* Rn. 105), hängt freilich vom Gestaltungsinteresse der beteiligten Akteure ab. Das Urteil vom Juni 2015 bejaht die Betriebsaufspaltung – gegen das Finanzamt und zugunsten der klagenden GbR – und bestätigt die Rechtsprechungsstandards zum Grundstück als wesentliche Betriebsgrundlage, insbesondere die **Gesamtbildbetrachtung** (BFH 18.6.2015 – IV R 11/13, DStR 2015, 2424; ebenso BFH 29.7.2015 – IV R 16/13, BFH/NV 2016, 19 Rn. 19). Maßgebend sei, ob dem überlassenen Grundstück im Rahmen aller das Betriebsunternehmen kennzeichnenden Umstände eine **funktional nicht nur untergeordnete Bedeutung** zukomme (BFH 18.6.2015 – IV R 11/13, DStR 2015, 2424 Rn. 26).

1220 So kam es im Fall der von 23 Grundstücksgesellschaften anmietenden und ihrerseits weitervermietenden Betriebs-GmbH nicht auf die relative Bedeutung des einzelnen Grundstücks an, sondern auf das in dieser Betriebsstruktur diversifizierte Risiko. Deshalb diene grundsätzlich jedes der GmbH überlassene Grundstück deren unternehmerischer Tätigkeit (BFH 18.6.2015 – IV R 11/13, DStR 2015, 2424 Rn. 28). Das Urteil respektiert die Gestaltungsentscheidung als unternehmerische Entscheidung und überträgt die für eine **Filialstruktur** entwickelten Grundsätze (BFH 19.3.2009 – IV R 78/06, BStBl. II 2009, 803) auf das Vermietungsunternehmen: „Ebenso wie bei einem Filialunternehmen eröffnet die vorliegende Betriebsstruktur, die Anmietung/-pachtung und Weitervermietung/-verpachtung einer Vielzahl von Grundstücken, die Möglichkeit, das unternehmerische Risiko objektübergreifend zu diversifizieren" (BFH 18.6.2015 – IV R 11/13, DStR 2015, 2424 Rn. 28). In der Gesamtbildbetrachtung kommt es nicht auf relative Proportionen (einer Filiale, einer Mieteinheit) an und nicht darauf, ob die Grundstücksüberlassung als solche einen beherrschenden Einfluss auf das Betriebsunternehmen vermittelt, sondern auf die funktionale Einbindung der Grundstücke in das unternehmerische Gesamtkonzept.

Das FG Köln (27.8.2015 – 15 K 2410/15, EFG 2016, 286, aufgehoben durch BFH 29.11.2017 – X R 34/15, BFH/NV 2018, 623) hat die funktionale Einbindung zutreffend bestritten für ein Grundstück, das lediglich als Tauschobjekt für die Nutzung eines anderen Grundstücks fungierte: „Die Betriebsgesellschaft nutzte das Grundstück selbst nicht aktiv für ihre betrieblichen Zwecke, sondern stellte es lediglich im Tauschwege einem anderen Unternehmer, nämlich Herrn A2, zur Verfügung" (FG Köln 27.8.2015 – 15 K 2410/15, EFG 2016, 286 Rn. 136). 1220.1

Das Urteil des BFH vom 29. Juli 2015 (IV R 16/13, BFH/NV 2016, 19) spricht dem **Sitz einer AG** „lediglich Indizwirkung" zu „dahingehend, dass am Ort des Sitzes angemietete Räumlichkeiten für die AG von funktional wesentlicher Bedeutung sind". Das kann sich im Zuge der Unternehmensentwicklung ändern. „Hierfür könnte der Vortrag der Klägerin sprechen, dass die AG **mittlerweile an drei Standorten** über insgesamt 6 730 qm Fläche (davon 1 120 qm Verwaltungsfläche) verfüge, über 50 Mitarbeiter beschäftige" und einen hohen Umsatz erziele (BFH 29.7.2015 – IV R 16/13, BFH/NV 2016, 19 Rn. 23). Anders als in der Konstellation IV R 11/13 (→ Rn. 1220) geben hier relative Proportionen den Ausschlag, soweit einem kleinen Büro, einem Archivraum und Garagen im unternehmerischen Gesamtarrangement nur mehr untergeordnete Bedeutung zukommen (Tatfrage). 1220.2

Jedenfalls und „insbesondere" bejaht der BFH die Wesentlichkeit der Betriebsgrundlage, wenn die **Betriebsführung** (insbesondere von Einzelhandelsbetrieben) **durch die Lage des Grundstücks bestimmt** wird oder das **Grundstück auf die Bedürfnisse der Betriebsgesellschaft zugeschnitten** ist (BFH 29.11.2017 – X R 34/15, BFH/NV 2018, 623 Rn. 71). 1221

Einstweilen frei 1222

c) Immaterielle und bewegliche Wirtschaftsgüter. Auch immaterielle Wirtschaftsgüter kommen als wesentliche Betriebsgrundlage in Frage (BFH 22.1.1988 – III B 9/87, BStBl. II 1988, 537: „vor allem Patente"; BFH 20.7.2005 – X R 22/02, BStBl. II 2006, 457: „insbesondere Erfindungen"; Frotscher/Geurts/*Kahle/Heinstein* Anhang 2 zu § 15 Rn. 58 ff.; *Söffing/Micker* Rn. 222 ff.; EStH 15.7 Abs. 5 „Wesentliche Betriebsgrundlage"): **Patente,** Gebrauchsmuster, Marken, Autorenrechte, Namens- und Zeichenrechte, ungeschützte Erfindungen (BFH 29.11.2017 – X R 34/15, BFH/NV 2018, 623 Rn. 55), auch der Kunden- oder **Mandantenstamm** (BFH 21.11.2017 – VIII R 17/15, DStR 2018, 667 Rn. 34; → § 18 Rn. 1017 ff. zur Praxisaufspaltung), eine eingeführte Geschäftsbezeichnung und der Firmenwert (BFH 29.11.2017 – X R 34/15, BFH/NV 2018, 623 Rn. 55). Allerdings verlangt der BFH, dass die Produktion in der Betriebsgesellschaft in erheblichem Umfang auf diesen Wirtschaftsgütern beruht. Als „Richtschnur" (Wachter/*Levedag* § 15 Rn. 57) gilt ein **Umsatzanteil von mehr als 50%.** Der BFH hat mit Blick auf Patente, einer Betriebs-GmbH von einer Erfinder-GbR überlassen, darauf abgestellt, ob „die auf den Erfindungen beruhenden Umsätze ein überwiegendes Gewicht im Verhältnis zum Gesamtumsatz des Betriebsunternehmens einnehmen" (BFH 11.7.1989 – VIII R 151/85, BFH/NV 1990, 99). 1223

Beweglichen Wirtschaftsgütern, die das Besitzunternehmen der Betriebsgesellschaft überlässt, kann **funktional erhebliche Bedeutung** zukommen (*Patt* Praxisleitfaden Betriebsaufspaltung, 21 f.). Das ist anzuerkennen – und damit die sachliche Verflechtung –, wenn die Betriebsfortführung von diesen Wirtschaftsgütern wesentlich abhängt, zudem die kurzfristige Wiederbeschaffung nicht möglich ist. „Das ist vor allem für **Wirtschaftsgüter des Anlagevermögens** anzunehmen, die für den Betriebsablauf unerlässlich sind, so dass ein Pächter des Betriebs diesen nur mit ihrer Hilfe in der bisherigen Form fortführen könnte; sie werden benötigt, um den Betrieb als intakte Wirtschafts- und Organisationseinheit zu erhalten" (BFH 18.5.2004 – X B 167/03, BFH/NV 2004, 1262). Das gilt für den **Fabrikationsbetrieb,** nicht aber ohne Weiteres für den Handwerksbetrieb (BFH 29.11.2017 – X R 34/15, BFH/NV 2018, 623 Rn. 51). 1224

1225 Kurzfristige Austauschbarkeit streitet gegen die Annahme einer funktional erheblichen Bedeutung; anders als bei Grundstücken (→ Rn. 1217 f.) kann und muss das Kriterium der Austauschbarkeit in eine Gesamtbetrachtung eingehen; eine typisierend einheitliche Gewichtung aller beweglichen Wirtschaftsgüter scheidet aus. Vermietet eine Besitz-GbR das gesamte **Hotelinventar** an eine Betriebs-GmbH (FG Berlin-Brandenburg 3.4.2014 – 5 K 5097/12, EFG 2015, 289, rkr.), so dürften diese Wirtschaftsgüter jedenfalls in ihrer Gesamtheit schwerlich in kurzer Frist austauschbar sein.

1226 *Einstweilen frei*

6. Beendigung der Betriebsaufspaltung

1227 Entfallen ihre Voraussetzungen, führt die Beendigung der Betriebsaufspaltung regelmäßig zur (begünstigten) Betriebsaufgabe. Das gesamte **Betriebsvermögen der Besitzgesellschaft** – auch und vor allem: die Anteile an der Betriebsgesellschaft und die ihr zur Nutzung überlassenen Wirtschaftsgüter – **wird Privatvermögen** (BFH 22.10.2013 – X R 14/11, BStBl. II 2014, 158 Rn. 25; BFH 30.8.2007 – IV R 50/05, BStBl. II 2008, 129 (131); FG Sachsen-Anhalt 24.2.2015 – 4 K 219/13, BeckRS 2016, 94287, rkr., für den Fall der Insolvenz des Betriebsunternehmens; EStH 15.7 Abs. 6 „Insolvenz des Betriebsunternehmens"; → Rn. 1192 zur Fortführung des Gewerbebetriebs aus Billigkeitsgründen trotz Volljährigkeit des Kindes). Stille Reserven sind zu versteuern.

1228 Diese „Zwangsprivatisierung des bisherigen Betriebsvermögens" (BFH 17.4.2019 – IV R 12/16, BStBl. II 2019, 745 Rn. 38; BFH 17.4.2002 – X R 8/00, BStBl. II 2002, 527 (529); FG Baden-Württemberg 10.2.2016 – 12 K 2840/13, EFG 2016, 1167 Rn. 43 (aufgehoben durch BFH 17.4.2019 – IV R 12/16, BStBl. II 2019, 745): „Sonderform der Entnahme"; *Schulze zur Wiesche* DStZ 2019, 867 (870)) resultiert aus der **Entflechtung** der vormals verflochtenen Unternehmen. Der Entflechtung korrespondiert die **Entstrickung** der zuvor im Vermögen des gewerblichen Besitzunternehmens verhafteten Wirtschaftsgüter. In der Folge kommt es zu einer „Entstrickungsbesteuerung" (→ Rn. 1251).

1229 Zwangsprivatisierung und Zwangsrealisierung finden nicht statt, stille Reserven werden nicht gehoben, soweit die Wirtschaftsgüter Betriebsvermögen bleiben. Bei der **Beendigung der mitunternehmerischen Betriebsaufspaltung** (→ Rn. 1155) mag das überlassene Wirtschaftsgut, soeben noch Betriebsvermögen der Besitz-GbR, etwa ein Grundstück, mit Beendigung der Betriebsaufspaltung wieder als Sonderbetriebsvermögen der KG, der vormaligen Betriebs-KG, zu bilanzieren sein. Was in der Zeit der Betriebsaufspaltung zwischen GbR und KG infolge der Bilanzierungskonkurrenz nicht zum Tragen kam, gibt nunmehr wieder den Ausschlag: dass das Wirtschaftsgut im Eigentum eines oder mehrerer Gesellschafter steht und dazu bestimmt und geeignet ist, der KG zu dienen (BFH 30.8.2007 – IV R 50/05, BStBl. II 2008, 129 (131); zur Bilanzierungskonkurrenz BFH 22.9.2011 – IV R 33/08, BStBl. II 2012, 10 Rn. 20; → Rn. 1155.1).

1230 Die Betriebsaufspaltung endet mit der **Eröffnung des Insolvenzverfahrens** über das Vermögen der Betriebsgesellschaft. Indem „das Recht des Schuldners, das zur Insolvenzmasse gehörende Vermögen zu verwalten und über es zu verfügen, auf den Insolvenzverwalter" übergeht (§ 80 Abs. 1 InsO), entfällt die personelle Verflechtung. Die vordem beherrschende Person oder Personengruppe kann ihren geschäftlichen Willen nicht mehr durchsetzen, weder im Besitz- noch im Betriebsunternehmen (BFH 30.8.2007 – IV R 50/05, BStBl. II 2008, 129 (131)).

1231 Der Notwendigkeit doppelter, einer personellen und sachlichen Verflechtung entspricht die Möglichkeit – oder, wenn die Akteure die Betriebsaufspaltung fortsetzen wollen: die Gefahr –, dass die Unternehmen durch Zugriff auf eine der Voraussetzungen entflochten werden (*Hendricks/Preuss* 104 ff. zur planmäßigen, 112 ff. zur unplanmäßigen Beendigung). Stellt eine Betriebs-GmbH die werbende Tätigkeit ein, verlieren die überlassenen Wirtschaftsgüter ihre Eigenschaft als wesentliche Betriebsgrundlagen. Das ist der Grundfall der **sachlichen Entflechtung** (BFH 14.3.2006 – VIII R 80/03, BStBl. II 2006, 591 (592)). Die **personelle Entflechtung** kann alternativ – wie BFH 13.12.2018 – III R 13/15, BeckRS 2018, 46313 Rn. 17 f. anschaulich macht – darauf zurückgehen, dass der bisherige „Regent" entweder in der Betriebsgesellschaft oder aber im Besitzunternehmen die „Beherrschungs- und Durchsetzungsfähigkeit" verliert. Entfällt der einheitliche geschäftliche Betätigungswille, etwa durch Aufnahme eines Nur-Besitzgesellschafters in die Besitz-GbR, in der einstimmig entschieden werden muss, führt die Neuaufstellung zur personellen Entflechtung (zu einzelnen Varianten Carlé/*Bauschatz* Rn. 482 ff.; Wachter/*Levedag* § 15 Rn. 254).

Endet das Miet- oder Pachtverhältnis (*Kaligin* Die Betriebsaufspaltung, 287 ff.) oder veräu- **1232**
ßert das Besitzunternehmen die der Betriebsgesellschaft überlassenen Wirtschaftsgüter, entfällt der Tatbestand der Überlassung wesentlicher Betriebsgrundlagen und mit ihm die sachliche Verflechtung; hier führt die **Veräußerung** zur sachlichen Entflechtung (BFH 22.10.2013 – X R 14/11, BStBl. II 2014, 158 Rn. 25); verbleiben die Anteile an der Betriebsgesellschaft in der Hand des vormaligen Besitzunternehmers, dann hält er sie nunmehr im Privatvermögen. Die Veräußerung einzelner überlassener Gegenstände beendet die Betriebsaufspaltung nicht, wenn noch mindestens eine wesentliche Betriebsgrundlage verbleibt. Gewiss aber führt die **Einbringung des Besitzunternehmens in die Betriebsgesellschaft** zur Beendigung der Betriebsaufspaltung (vgl. BFH 29.11.2017 – I R 7/16, DStR 2018, 1014: steuerneutrale Einbringung nach § 20 UmwStG scheitert am Rückbehalt eines Grundstücksanteils).

Entflechtung setzt Verflechtung voraus. Überträgt eine Gesellschafterin ihren Kommanditanteil **1232.1**
an der Besitz-KG und ihren Anteil an der Betriebs-GmbH auf eine andere Person, scheidet ein „Entnahmegewinn unter dem Gesichtspunkt der Aufgabe des Besitzunternehmens" aus, wenn sie sich als Minderheitsgesellschafterin gegen den Mehrheitsgesellschafter nicht durchsetzen konnte, deshalb nicht „Inhaberin eines Besitzunternehmens im Rahmen einer Betriebsaufspaltung" war, FG Münster 24.6.2014 – 3 K 3886/12 F, EFG 2014, 1951 (1952), rkr.

Auf den Entflechtungserfolg oder die Entflechtungsgefahr ist insbesondere Bedacht zu **1233**
nehmen, wenn die Unternehmen auf die Kindergeneration im Wege der **vorweggenommenen Erbfolge** übergehen sollen. Werden die Kinder in die Besitz-GbR einbezogen, jedoch von der Betriebs-GmbH ferngehalten (oder umgekehrt: FG Niedersachsen 19.11.2015 – 5 K 286/12, EFG 2016, 138 Rn. 6, rkr.), hängt die Fortsetzung der Betriebsaufspaltung von der weiteren Gestaltung ab. Gilt in der GbR das Einstimmigkeitsprinzip, kommt Beherrschungsidentität nicht mehr in Betracht (BFH 29.11.2012 – IV R 37/10, BFH/NV 2013, 910 Rn. 43).

Der **Rückzug allein aus der Betriebsgesellschaft** macht den übergabewilligen Vater **1234**
zum Nur-Besitzgesellschafter (FG Baden-Württemberg 10.2.2016 – 12 K 2840/13, EFG 2016, 1167 Rn. 42 f., vgl. aber Rev. BFH 17.4.2019 – IV R 12/16, BStBl. II 2019, 745 zur Fortführung des Gewerbebetriebs qua Betriebsverpachtung, → Rn. 1075 ff.). Die Fortsetzung der Betriebsaufspaltung wird auch dann vereitelt, wenn sich der vormalige Alleininhaber des Besitzunternehmens und vormalige Alleingesellschafter der Betriebs-GmbH zwar das **Nießbrauchsrecht** vorbehält und das Besitzunternehmen weiter beherrscht, jedoch in der GmbH als Nießbraucher kein Stimmrecht ausüben kann (BFH 21.1.2015 – X R 16/12, BFH/NV 2015, 815 Rn. 43; kritAnm *Dehmer* MittBayNot 2016, 277 f.: BFH habe verabsäumt, die faktische Beherrschung zu prüfen). Indem der Alteigentümer die personelle Entflechtung bewirkt, hat er die Besteuerung des Aufgabegewinns zu gewärtigen (→ Rn. 1227 ff.).

Demgegenüber löst sich die personelle Verflechtung nicht auf, wenn der Sohn in die **1235**
Betriebs-GmbH mit einem Anteil einbezogen wird, indessen der Vater Alleininhaber des Besitzunternehmens bleibt, sich an dem auf den Sohn übertragenen Anteil auf Lebenszeit den Nießbrauch vorbehält und unwiderruflich bevollmächtigen lässt, das Stimmrecht in der Gesellschafterversammlung auszuüben. Den Ausschlag gibt, **ob der Veräußerer weiter** (für die Dauer des Nießbrauchsrechts) **über das Stimmrecht des Erwerbers verfügt.** Dann kann „der bisherige Gesellschafter weiterhin seinen Geschäfts- und Betätigungswillen im Betriebsunternehmen durchsetzen" (BFH 25.1.2017 – X R 45/14, BFH/NV 2017, 1039 Rn. 28) und kann von Entflechtung keine Rede sein.

Der Fall BFH 25.1.2017 – X R 45/14, BFH/NV 2017, 1039 macht die **Risiken der vorwegge-** **1235.1**
nommenen Erbfolge im Kontext der Betriebsaufspaltung bewusst. Knapp zwei Jahre bevor die Zweiheit der Unternehmen endete, indem die (Betriebs-)GmbH die zuvor gemieteten Grundstücke erwarb, übertrug der Vater seinem Sohn 15% der Anteile an der GmbH; der Vater war zuvor mit 64,99% beteiligt. Das Finanzamt verkannte zunächst (spätere Korrektur über § 174 Abs. 4 AO), dass die personelle Verflechtung fortbestand infolge der Stimmrechtsüberlassung zugunsten des Vaters. –

Freilich kann die Beendigung der Betriebsaufspaltung auch dadurch vermieden werden, dass der Nießbrauchsbelastete kraft einer Stimmrechtsvereinbarung auch das Besitzunternehmen beherrscht; vgl. Frotscher/Geurts/*Kahle/Heinstein* Anhang 2 zu § 15 Rn. 112, 149 ff.; *Dehmer* MittBayNot 2016, 278 f.

1236–1238 *Einstweilen frei*

7. Rechtsfolgen der Betriebsaufspaltung

1239 **a) Begründung.** Wird dem operativ tätigen Unternehmen in der unechten Betriebsaufspaltung (→ Rn. 1162) durch Gründung des Besitzunternehmens oder nachträgliche Verflechtung ein Besitzunternehmen an die Seite gestellt, droht keine Gewinnrealisierung infolge Spaltung und Ausgründung. **Gewinnrealisierungen beim Aufspaltungsvorgang** (Wachter/*Levedag* § 15 Rn. 156 ff.; *Kaligin* Die Betriebsaufspaltung, 175 ff.) sind ein Thema der echten Betriebsaufspaltung. Bevor Wirtschaftsgüter in das Betriebsvermögen der neu gegründeten Betriebskapitalgesellschaft eingelegt werden können, sind sie zu entnehmen. Die (vorausliegende) Entnahme aus dem (nunmehrigen) Besitzunternehmen führt, auch wenn sie unentgeltlich erfolgt, zur Realisierung stiller Reserven (BFH 16.6.2004 – X R 34/03, BStBl. II 2005, 378; Carlé/*Bauschatz* Rn. 397; zur Rechtslage bis 1998/2000: *Söffing/Micker* Rn. 1180 ff.); die Übertragung zu Buchwerten ist nicht möglich (Schmidt/*Wacker* § 15 Rn. 877).

1240 So löst die Begründung der echten Betriebsaufspaltung mit der Übertragung von Wirtschaftsgütern auf die Betriebs-GmbH – den anderen Rechtsträger (→ Rn. 1115) – wegen § 4 Abs. 1 S. 2, § 6 Abs. 6 S. 2 die **Entnahmebesteuerung** aus. Wenn und weil aufseiten des Besitzunternehmens wesentliche Betriebsgrundlagen zurückbleiben sollen, gelingt der steuerneutrale Transfer der Wirtschaftsgüter auch nicht im Wege des § 20 UmwStG.

1241 In der Diskussion stehen deshalb mehrstufige Gestaltungen, die verzweifelt Halt suchen in der **Buchwertfortführung** des § 6 Abs. 5 S. 3 (*Kaligin* Die Betriebsaufspaltung, 178: „Tohuwabohu"). Personengesellschafter einer Ausgangs-GmbH & Co. KG können Sonderbetriebsvermögen, das später verpachtet werden soll, steuerneutral in eine Schwesterpersonengesellschaft einbringen (§ 6 Abs. 5 S. 3 Nr. 2). Qua erweiterter Anwachsung (Einbringung der Kommanditbeteiligungen an der Ausgangs-GmbH & Co. KG in die Betriebs-GmbH; späteres Ausscheiden der Komplementär-GmbH; Erlöschen der Ausgangs-GmbH & Co. KG ohne Liquidation) und mit Rückhalt in § 20 Abs. 2 S. 2 UmwStG entsteht die Betriebs-GmbH; ihr überlässt die Schwesterpersonengesellschaft wesentliche Betriebsgrundlagen, begründet so die sachliche Verflechtung (*Dehmer* Betriebsaufspaltung § 4 Rn. 33; Carlé/*Bauschatz* Rn. 400). Zu bedenken ist aber stets, dass die Stufenlösung an der Gesamtplan-Rechtsprechung scheitern kann (Wachter/*Levedag* § 15 Rn. 158).

1242–1244 *Einstweilen frei*

1245 **b) Verstrickung – Umqualifizierung der Einkünfte.** Das Besitzunternehmen erzielt infolge der **Umqualifizierung** durch Betriebsaufspaltung Einkünfte nicht aus Vermietung und Verpachtung, sondern gewerbliche Einkünfte (BFH 17.4.2019 – IV R 12/16, BStBl. II 2019, 745 Rn. 35; BFH 12.4.2018 – IV R 5/15, DStR 2018, 1421 Rn. 24). Als solche werden sie auch dem Nur-Besitzgesellschafter zugeordnet. Der Gewerbeertrag unterliegt der Gewerbesteuer, sofern nicht Befreiungsvorschriften eingreifen (→ Rn. 1133 zur gewerbesteuerlichen Merkmalsübertragung). Mit der Umqualifikation ist die **Verstrickung** der überlassenen Wirtschaftsgüter verbunden. Sie sind, weil die Vermietung die Tätigkeit des Besitzunternehmens prägt, notwendiges Betriebsvermögen (BFH 29.11.2017 – I R 7/16, DStR 2018, 1014 Rn. 16); die darin enthaltenen stillen Reserven sind steuerverhaftet (BFH 18.6.2015 – IV R 11/13, DStR 2015, 2424 Rn. 29; Wachter/*Levedag* § 15 Rn. 185); gehören Anteile an der Betriebs-GmbH zum Sonderbetriebsvermögen eines Besitzgesellschafters, mithin nicht zu dessen Privatvermögen, scheidet die Anwendung des § 17 aus (FG Köln 23.11.2016 – 4 K 3688/12, EFG 2017, 400 Rn. 40, rkr.). Der **Umfang der Umqualifikation und Verstrickung** hängt wesentlich davon ab, ob aufseiten des Besitzunternehmens ein Besitz-Einzelunternehmer oder eine Besitz-Mitunternehmerschaft steht.

1246 Alle (wesentlichen und unwesentlichen) Gegenstände, die der Besitz-Einzelunternehmer der Betriebsgesellschaft zur Nutzung überlässt, werden notwendiges Betriebsvermögen

(Kirchhof/*Krumm* § 15 Rn. 102). Auch die **Anteile** des Besitz-Einzelunternehmers **an der Betriebsgesellschaft** gehören zum notwendigen Betriebsvermögen (BFH 13.12.2018 – III R 13/15, BeckRS 2018, 46313 Rn. 15; BFH 22.10.2013 – X R 14/11, BStBl. II 2014, 158 Rn. 24). Die Zuordnung weiterer Beteiligungen kann erhebliche Schwierigkeiten bereiten. Der BFH stellt die Frage, ob die Beteiligung dazu dient, die gewerbliche Betätigung des Besitzunternehmens „entscheidend zu fördern", und bejaht sie, wenn sie dazu bestimmt und geeignet ist, „das operative Geschäft der Betriebsgesellschaft zu fördern" (BFH 12.6.2013 – X R 2/10, BStBl. II 2013, 907 Rn. 19, mit Blick auf eine GmbH (Anteil des Besitzunternehmers 11%), die weder zum Besitzunternehmer noch zur Betriebs-GmbH unmittelbare Geschäftsbeziehungen unterhielt, jedoch mittelbar über eine GmbH & Co. KG, in der sie als Komplementär-GmbH entscheidenden Einfluss ausübte; kritische Anmerkungen zu diesem Urteil und Nachw. bei *Dreßler* Ubg 2014, 240 (243 ff.)).

Ausgreifende Folgen zeitigt die Umqualifikation für eine **Besitzpersonengesellschaft.** **1247**
Auch wenn sie ihre „originär" gewerblichen Einkünfte ausschließlich in der Betriebsaufspaltung erzielt, bewirkt die **Abfärberegelung** des § 15 Abs. 3 Nr. 1 die Infektion der weiteren Einkünfte; das Vermögen der Gesellschaft wird Betriebsvermögen (OFD Frankfurt 24.11.2009, BeckVerw 251876 sub 3.2.; *Söffing/Micker* Rn. 1066). Das Urteil des BFH vom 29. November 2012 (IV R 37/10, BFH/NV 2013, 910) hat die Konsequenz anschaulich gemacht: Vermietet die Besitz-GbR eine Gebäudenutzfläche zu 48% an die mit ihr verflochtene Großhandel-GmbH, ansonsten an Dritte, ist das Grundstück gleichwohl „insgesamt dem steuerlichen Betriebsvermögen der Mitunternehmerschaft zuzuordnen" (BFH 29.11.2012 – IV R 37/10, BFH/NV 2013, 910 Rn. 20), „sämtliche Wirtschaftsgüter der Personengesellschaft" (BFH 29.11.2012 – IV R 37/10, BFH/NV 2013, 910 Rn. 41) sind im Betriebsvermögen verhaftet und gilt die Tätigkeit „in vollem Umfang" (§ 15 Abs. 3 Nr. 1) als Gewerbebetrieb.

Das Urteil des BFH vom 12.4.2018 wollte die Wucht der Abfärbung für den Fall abfangen, dass die **1247.1**
Besitzgesellschaft aus der gewerblichen Tätigkeit negative Einkünfte erzielt; diese sollen auf die anderen, die vermögensverwaltenden Einkünfte nicht abfärben können, das Gewerbesteueraufkommen sei nicht gefährdet (BFH 12.4.2018 – IV R 5/15, DStR 2018, 1421 Rn. 34 f.). Das Urteil hat ein Reaktionsgesetz in Gestalt des § 15 Abs. 3 Nr. 1 S. 2 veranlasst: § 15 Abs. 3 S. 1 soll unabhängig davon gelten, ob die Personengesellschaft aus der gewerblichen Tätigkeit positive oder negative Einkünfte erzielt, → Rn. 111a f.

Anteile an der Betriebs-GmbH im **Gesamthandsvermögen** gehören zum notwendigen **1248**
Betriebsvermögen der Besitzpersonengesellschaft, ebenso Darlehensforderungen der Besitzgesellschaft gegen die Betriebsgesellschaft (Wachter/*Levedag* § 15 Rn. 191 ff., 226 ff.; zu Darlehen und Bürgschaften im Sonderbetriebsvermögen II: OFD Frankfurt 24.11.2009, BeckVerw 251876 sub 3.3.3.2. und 3.3.3.3.; EStH 15.7 Abs. 4 „Bürgschaft für die Betriebskapitalgesellschaft" und „Darlehen"). Vermieten Miteigentümer als Gesellschafter ein Grundstück an eine Betriebsgesellschaft, sind die Miteigentumsanteile **Sonderbetriebsvermögen** der Bruchteilseigentümer (BFH 29.7.2015 – IV R 16/13, BFH/NV 2016, 19 Rn. 11). Ausschüttungen der Betriebsgesellschaft sind gewerbliche und gewerbesteuerpflichtige Einkünfte (BFH 20.8.2015 – IV R 26/13, BStBl. II 2016, 408 Rn. 22). Werden die Anteile an der Betriebsgesellschaft nicht im Gesamthandsvermögen des Besitzunternehmens, sondern von den Besitz-Gesellschaftern gehalten, gehören sie zu deren Sonderbetriebsvermögen II (BFH 4.12.2014 – IV R 28/11, BFH/NV 2015, 495 Rn. 29; FG Köln 23.11.2016 – 4 K 3688/12, EFG 2017, 400 Rn. 50, rkr.; fraglich FG Niedersachsen 19.11.2015 – 5 K 286/12, EFG 2016, 138 Rn. 33 ff., rkr.: Sonderbetriebsvermögen II der Besitz-Personengesellschaft).

Einstweilen frei **1249–1250**

c) Beendigung. Das Ende der Betriebsaufspaltung (→ Rn. 1227 ff.) zieht regelmäßig **1251**
(→ Rn. 1075 zum Wahlrecht bei anschließender Betriebsverpachtung im Ganzen) die **Betriebsaufgabe** nach sich. Sie führt zur Versteuerung der stillen Reserven infolge der Entstrickung der nicht mehr betrieblich gebundenen Wirtschaftsgüter und zur Steuerpflicht aus **§ 16 Abs. 3 S. 1** – tarifbegünstigt unter den Voraussetzungen des § 34 Abs. 1, ggf. auch begünstigt mit dem Freibetrag des § 16 Abs. 4 und dem halben Steuersatz des § 34 Abs. 3. Erzielt das Besitzunternehmen weiter Vermietungseinkünfte, so handelt es sich wieder – gleichsam in Umkehrung der Umqualifizierung (→ Rn. 1245) – um Einkünfte aus Vermie-

tung und Verpachtung (zur „Ausnahme" bei Vertriebsverpachtung im Ganzen: BFH 17.4.2019 – IV R 12/16, BStBl. II 2019, 745, gegen das vorinstanzliche Urteil FG Baden-Württemberg 10.2.2016 – 12 K 2840/13, EFG 2016, 1167 Rn. 40 f.).

1251.1 **Betriebsaufgabe durch Beendigung der Betriebsaufspaltung – Einzelfälle:** BFH 29.11.2017 – I R 7/16, DStR 2018, 1014: Einbringung eines Besitzeinzelunternehmens in die Betriebs-GmbH, Buchwerteinbringung nach § 20 UmwStG scheitert am Rückbehalt eines Grundstücksanteils; BFH 21.11.2017 – VIII R 17/15, DStR 2018, 667: Veräußerung des bislang der Betriebs-GmbH zur Nutzung überlassenen Mandantenstamms; BFH 21.1.2015 – X R 16/12, BFH/NV 2015, 815: vorweggenommene Erbfolge, jedoch Nießbrauchsrecht am Besitzunternehmen; BFH 22.10.2013 – X R 14/11, BStBl. II 2014, 158: tarifbegünstigte Betriebsaufgabe durch Veräußerung von Grundstücken; BFH 29.11.2012 – IV R 37/10, BFH/NV 2013, 910: Übertragung von Geschäftsanteilen nur an der Besitz-GbR, nicht an der Betriebs-GmbH auf Kinder; vgl. auch den Sachverhalt in BFH 16.4.2015 – IV R 2/12, BFH/NV 2015, 1331 Rn. 7: Beendigung der Betriebsaufspaltung durch Übertragung eines Miteigentumsanteils; FG Münster 23.9.2015 – 10 K 4079/14 F, EFG 2016, 20 bejaht die Anwendbarkeit des § 34 Abs. 1 (Fünftelregelung) auch für den Fall, dass der Steuerpflichtige für den Teil des Gewinns, der auf die Veräußerung eines Kapitalgesellschaftsanteils entfällt, eine Rücklage nach § 6b Abs. 10 bildet (teleologische Reduktion des § 34 Abs. 1 S. 4).

1252 Diese Rechtsfolgen treten nicht ein, wenn **Vermeidungsstrategien** (*Ott* DStZ 2019, 693 (695 ff.); *Niehus/Wilke* Personengesellschaften, 401) oder **Auffangtatbestände** (Wachter/*Levedag* § 15 Rn. 255) die Entstrickung erübrigen: wenn die subsidiäre, bislang durch die Betriebsaufspaltung überlagerte Betriebsverpachtung (→ Rn. 1075 ff.) wiederauflebt (BFH 17.4.2019 – IV R 12/16, BStBl. II 2019, 745; BFH 8.2.2007 – IV R 65/01, BStBl. II 2009, 699 (702); FG Sachsen-Anhalt 24.2.2015 – 4 K 219/13, BeckRS 2016, 94287, rkr.; *Ott* DStZ 2019, 693 (694 f.); *Neufang/Bohnenberger* DStR 2016, 578 (579 f.); *Wüllenkemper* EFG 2016, 1169); wenn die Umwandlung des Besitzunternehmens in eine Kapitalgesellschaft unter Ansatz der Buchwerte gelingt (§ 20 UmwStG); wenn das Besitzunternehmen als GmbH & Co. KG weiter gewerbliche Einkünfte erzielt; wenn vor Beendigung der Betriebsaufspaltung eine atypisch stille Gesellschaft an der Betriebskapitalgesellschaft begründet wird und die Wirtschaftsgüter in das Sonderbetriebsvermögen ebendieser gemäß § 6 Abs. 5 zurückfallen; wenn die Beendigung der mitunternehmerischen Betriebsaufspaltung bei der nutzenden Gesellschaft zum Rückfall der Wirtschaftsgüter in das Sonderbetriebsvermögen gemäß § 6 Abs. 5 führt (→ Rn. 1229). Zu bedenken ist auch **§ 20 UmwStG** für den Fall der Einbringung des Besitzunternehmens in die Betriebsgesellschaft (BFH 29.11.2017 – I R 7/16, DStR 2018, 1014 Rn. 14: „steuerlich begünstigt, wenn alle funktional wesentlichen Betriebsgrundlagen in einem einheitlichen Vorgang auf die übernehmende Kapitalgesellschaft übertragen werden").

1252.1 BFH 14.3.2006 – VIII R 80/03, BStBl. II 2006, 591 (592) hat grundsätzlich entschieden: „**Stellt ein Unternehmer seine werbende gewerbliche Tätigkeit ein,** so liegt darin **nicht notwendigerweise eine Betriebsaufgabe.** Die Einstellung kann auch nur als Betriebsunterbrechung zu beurteilen sein, die den Fortbestand des Betriebes unberührt lässt […]. Die Betriebsunterbrechung kann darin bestehen, dass der Betriebsinhaber die wesentlichen Betriebsgrundlagen – in der Regel einheitlich an einen anderen Unternehmer – verpachtet oder darin, dass er die gewerbliche Tätigkeit ruhen lässt. Wird keine Aufgabeerklärung abgegeben, so geht die Rechtsprechung davon aus, dass die Absicht besteht, den unterbrochenen Betrieb künftig wieder aufzunehmen, sofern die zurückbehaltenen Wirtschaftsgüter dies ermöglichen". Diese für die Einstellung der werbenden Tätigkeit durch den Unternehmer geltenden Grundsätze zu § 16 Abs. 3b seien **bei der Beendigung einer Betriebsaufspaltung gleichermaßen** zu beachten. „Das gilt zunächst für die durch eine Betriebsaufspaltung überlagerte Betriebsverpachtung im Ganzen. In der Rechtsprechung des BFH ist seit langem anerkannt, dass das sog. Verpächterwahlrecht bei Beendigung einer Betriebsaufspaltung wieder auflebt […]. Der BFH hat dies vor allem mit der Erwägung gerechtfertigt, dass das Verpächterwahlrecht […] bei der Begründung einer sog. echten Betriebsaufspaltung nicht untergehe. Zwar könne der Besitzunternehmer die an das Betriebsunternehmen verpachteten Wirtschaftsgüter zu diesem Zeitpunkt nicht durch Abgabe einer Erklärung in das Privatvermögen überführen. Dem Zwang zur Buchwertfortführung korrespondiere aber das **Aufleben des Verpächterwahlrechts beim Wegfall der Betriebsaufspaltung** […]. Aus Gründen der Gleichbehandlung hat der BFH diese Rechtsfolge auch auf den Wegfall einer sog. unechten Betriebsaufspaltung bezogen […]." Für die Betriebsunterbrechung im engeren Sinne gelte nichts anderes. „Eine **Betriebsunterbrechung im engeren Sinne** hat der BFH im Zusammenhang mit einer

Betriebsaufspaltung für möglich gehalten beim vorübergehenden Wegfall der personellen Verflechtung wegen Eröffnung des Konkursverfahrens über das Vermögen der Betriebsgesellschaft [...] und bejaht bei einer beabsichtigten mangels personeller Verflechtung von Besitz- und Betriebsunternehmen, aber fehlgeschlagenen Betriebsaufspaltung [...]. Eine Betriebsunterbrechung kann bei der vormaligen Besitzgesellschaft auch dann vorliegen, wenn die Betriebsgesellschaft die werbende Geschäftstätigkeit endgültig eingestellt hat. Daraus und aus der damit verbundenen Beendigung der Betriebsaufspaltung ergibt sich nicht eindeutig, dass auch die Besitzgesellschaft ihren Gewerbebetrieb endgültig aufgegeben hat. Sie kann – soweit die personelle und sachliche Verflechtung wiederhergestellt werden – mit derselben oder mit einer anderen Betriebsgesellschaft ihre gewerbliche Tätigkeit als Besitzgesellschaft wieder aufnehmen".

Der **Betriebsaufgabegewinn** ergibt sich aus der Differenz zwischen den gemeinen Werten und den Buchwerten. Der Steuerpflichtige hat eine Schlussbilanz und eine Aufgabebilanz aufzustellen. § 16 Abs. 2 S. 2 zwingt den § 4 Abs. 3-Rechner, die Gewinnermittlungsart zu wechseln (BFH 21.11.2017 – VIII R 17/15, DStR 2018, 667 Rn. 43); das kann zu einer (einmaligen) Gewinnberichtigung führen (zu weiteren Auswirkungen und zur möglichen Verteilung EStR 4.6). Für den Fall fehlender Bilanzierung bei nachträglich erkannter Betriebsaufspaltung hat der BFH verlangt, dass die Bewertung mit den Werten zu erfolgen hat, die sich bei ordnungsgemäßer Fortführung einer Eröffnungsbilanz auf den Betriebsbeginn ergeben hätten (BFH 22.10.2013 – X R 14/11, BStBl. II 2014, 158 Rn. 47). Der Aufgabegewinn unterliegt nicht der Gewerbesteuer (Carlé/*Bauschatz* Rn. 487; Wachter/*Levedag* § 15 Rn. 256; *Micker* DStR 2012, 589 (593)). 1253

Einstweilen frei 1254–1256

8. Betriebsaufspaltung über die Grenze

Zu unterscheiden sind Betriebsaufspaltungen über die Grenze mit Ansässigkeit des Besitzunternehmens im Inland, des Betriebsunternehmens im Ausland (→ Rn. 1258), umgekehrt mit ausländischem Besitz- und inländischem Betriebsunternehmen (→ Rn. 1265), ferner Konstellationen mit beiden Unternehmen in einem, Gesellschaftern im anderen Staat (→ Rn. 1261 und → Rn. 1268). 1257

a) Inländisches Besitzunternehmen. Die für die Betriebsaufspaltung charakteristische Verbundenheit entsteht transnational, wenn die verflochtenen Unternehmen **in verschiedenen Staaten** ansässig sind. Vermietet eine deutsche Besitz-GbR ihr im Vereinigten Königreich belegenes Grundeigentum an eine dort operativ tätige Limited (FG Hessen 26.3.2015 – 10 K 2347/09, EFG 2015, 1454, rkr.; parallel: inländische Stiftung als „gemeinnützige Besitzgesellschaft" und niederländische B.V. als Betriebsunternehmen, FG Köln 31.8.2016 – 10 K 3550/14, EFG 2016, 1997: partielle Steuerpflicht aus § 5 Abs. 1 Nr. 9 S. 2 KStG, Rev. I R 72/16), wird sie **über die Grenze gewerblich** tätig kraft Betriebsaufspaltung (*Neumer* Besitzgesellschaft, 394 ff., 396: „gleichgültig, wo sich die Marktteilnahme vollzieht"; zu den Rechtsfolgen bei Beendigung der Betriebsaufspaltung im Outbound-Fall *Stiller* IStR 2018, 328 (332 ff.)). 1258

So gehört die **Beteiligung** an der britischen Betriebsgesellschaft zum **Betriebsvermögen der deutschen GbR** und sind die Gewinnausschüttungen in Deutschland als Einkünfte aus Gewerbebetrieb zu erfassen (FG Hessen 26.3.2015 – 10 K 2347/09, EFG 2015, 1454, rkr., das der Bilanzierung der Beteiligung als Betriebsvermögen zutreffend Vorrang gibt vor einer Bilanzierung als Sonderbetriebsvermögen II bei der Schwestergesellschaft; vgl. auch *Baltromejus* IWB 2016, 25 (29 ff.)). Die unbeschränkt steuerpflichtigen Gesellschafter verlassen den subsidiären (§ 20 Abs. 8) Anwendungsbereich der Einkünfte aus Kapitalvermögen; sie sind Mitunternehmer. 1259

Allerdings setzt diese Umqualifikation ein Besteuerungsrecht voraus. Auf die Verteilungsnormen des DBA hat das deutsche Einkunftsqualifikationsrecht keinen Einfluss (→ Rn. 507). Auf der Abkommensebene entfaltet die Betriebsaufspaltung keine qualifikatorische Wirkung. Einkünfte aus der Vermietung von Grundeigentum bleiben Einkünfte aus unbeweglichem Vermögen (Art. 6 OECD-MA); werden sie in Großbritannien tatsächlich besteuert, stellt Deutschland frei (Art. 23 Abs. 1 Buchst. a DBA-Großbritannien). Soweit aber Deutschland als Ansässigkeitsstaat für Dividendeneinkünfte ein Besteuerungsrecht zusteht, ist die **innerstaatliche Einkunftsqualifikation** eine gleichheits- 1260 rechtlich angeleitete Aufgabe des nationalen Steuerrechts (aA *Dehmer* Betriebsaufspaltung § 9 Rn. 23, ohne Differenzierung zwischen Verteilungsfunktion auf DBA-Ebene und innerstaatlicher Einkünftezuordnung). Die Auffassung, dass die ausländische Betriebsgesellschaft eine inländische Betriebsstätte haben müsse (*Söffing/Micker* Rn. 942; Schmidt/*Wacker* § 15 Rn. 862), kann nicht überzeugen (ebenso WRS PersGes/*Kempermann* Rn. 2.99 f.; *Ruf* IStR 2006, 232 (234 f.); *Stiller* IStR 2018, 328 (330)). Ihr steht der Gleichbehandlungsimperativ des Art. 3 Abs. 1 GG entgegen.

1261 Denkbar ist auch, dass in Deutschland ansässige Besitzgesellschafter ihre Auslandsaktivität über **zwei Unternehmen jenseits der Grenze** steuern, beide im Quellenstaat ansässig und aus deutscher Sicht in einer Betriebsaufspaltung verbunden. Mit dieser Konstellation hatte der BFH in seiner Leitentscheidung zur autonom abkommensrechtlichen Einkunftsqualifikation zu tun: Der unbeschränkt einkommensteuerpflichtige Kläger engagierte sich in Ungarn als Mehrheitsgesellschafter in zwei Personengesellschaften ungarischen Rechts (BFH 25.5.2011 – I R 95/10, BStBl. II 2014, 760). Wiederum kann die innerstaatlich-deutsche Qualifikation der mitunternehmerischen Betriebsaufspaltung und der Einkünfte des Besitzunternehmens nicht auf die abkommensrechtliche Einkunftsqualifikation durchschlagen. Umgekehrt aber beschränkt sich das DBA-Recht auf sein Aufteilungsanliegen und hindert nicht die innerstaatliche Umqualifikation (Kirchhof/*Krumm* § 15 Rn. 113; aA *Söffing/Micker* Rn. 938 ff.). Soweit das DBA das Besteuerungsrecht Deutschland zuordnet, versteuert der ansässige Besitzunternehmer gewerbliche Einkünfte.

1262–1264 *Einstweilen frei*

1265 **b) Ausländisches Besitzunternehmen.** Eine Betriebsaufspaltung über die Grenze entsteht auch durch Verflechtung eines ausländischen Besitzunternehmens mit einer inländischen Betriebsgesellschaft (*Neumer* Besitzgesellschaft, 422 ff.). **Ansässige Gesellschafter** erzielen Einkünfte aus Gewerbebetrieb. Größere Schwierigkeiten bereiten Konstellationen mit gebietsfremden Gesellschaftern – etwa die Betriebsaufspaltung zwischen einem Besitzunternehmer, der ihm gehörende, in Deutschland belegene Grundstücke an eine von ihm beherrschte deutsche GmbH verpachtet.

1266 Den **ausländischen Besitzunternehmer** mit inländischen Einkünften aus Vermietung und Verpachtung „von inländischem unbeweglichem Vermögen, von Sachinbegriffen oder Rechten, die im Inland belegen oder in ein inländisches öffentliches Buch oder Register eingetragen sind oder deren Verwertung in einer inländischen Betriebsstätte oder anderen Einrichtung erfolgt" nimmt § 49 Abs. 1 Nr. 2 Buchst. f in die **beschränkte Steuerpflicht:** Mit der Betriebsaufspaltung erfüllt er die in § 49 Abs. 1 Nr. 2 durchweg vorausgesetzte Gewerblichkeit (*Baltromejus* IWB 2016, 25 (28 f.); Kirchhof/*Gosch* § 49 Rn. 43; *Mroz* IStR 2017, 742 (742 f.); SenFin Berlin 21.7.2014, DStR 2014, 2569); die gewerbliche Vermietung und Verpachtung (§ 49 Abs. 1 Nr. 2 Buchst. f/aa) geht dem VuV-Tatbestand des § 49 Abs. 1 Nr. 6 vor.

1267 Die Finanzverwaltung hat für den Fall der Beendigung dieser transnationalen Betriebsaufspaltung durch **Entflechtung** (→ Rn. 1227 f.) klargestellt, dass § 49 Abs. 1 Nr. 2 Buchst. f/aa die mit der Betriebsaufgabe (→ Rn. 1251) verbundene „Totalentnahme" einschließt; die Entnahme stelle keinen gesonderten Einkunftstatbestand dar und bedürfe keiner gesonderten Festschreibung (SenFin Berlin 21.7.2014, DStR 2014, 2569). Die Beendigung der Betriebsaufspaltung über die Grenze führt im Rahmen der beschränkten Steuerpflicht zur Besteuerung der im inländischen Grundstück ruhenden stillen Reserven.

1268 **Ausländische Gesellschafter** von inländischen, in einer Betriebsaufspaltung verbundenen Unternehmen mögen in der abkommensautonomen Zuordnung Einkünfte aus unbeweglichem Vermögen erzielen (Art. 6 OECD-MA) – innerstaatlich werden sie umqualifiziert und als Einkünfte aus Gewerbebetrieb erfasst (Kirchhof/*Krumm* § 15 Rn. 115). Wiederum gilt, dass die innerstaatliche Qualifikation den eigenen Gesetzen folgt – die Tatbestände des § 49 Abs. 1 Nr. 2 begründen „Einkünfte aus Gewerbebetrieb" –, jedoch nur Platz greifen, wenn dem Quellenstaat Deutschland abkommensrechtlich ein Besteuerungsrecht zukommt.

1269–1270 *Einstweilen frei*

V. Gewerblicher Grundstückshandel

Leitentscheidungen, wichtige Verwaltungsanweisungen und Schrifttum (Auswahl): 1271

Entscheidungen des GrS: 1271.1
BFH 3.7.1995 – GrS 1/93, BStBl. II 1995, 617; BFH 10.12.2001 – GrS 1/98, BStBl. II 2002, 291.
Weitere Leitentscheidungen des BFH: 1271.2
BFH 9.12.1986 – VIII R 317/82, BStBl. II 1988, 244 („zahlenmäßige Begrenzung" im Zeichen der Vereinfachung); BFH 19.9.2002 – X R 51/98, BStBl. II 2003, 394 (ausnahmsweise Gewerblichkeit trotz Über- oder Unterschreitens der Drei-Objekt-Grenze); BFH 5.5.2011 – IV R 34/08, BStBl. II 2011, 787 (ungeteiltes Grundstück mit fünf Mehrfamilienhäusern ein Objekt im Sinne der Drei-Objekt-Grenze); BFH 21.7.2016 – X R 56-57/14, BFH/NV 2017, 481 (Drei-Objekt-Grenze, strenge sachenrechtliche Qualifikation, Ausnahmen); BFH 23.8.2017 – X R 7/15, DStR 2018, 180 (gewerblicher Grundstückshandel im Zusammenhang mit geschenkten Objekten); BFH 28.9.2017 – IV R 50/15, BStBl. II 2018, 89 (Drei-Objekt-Grenze: „nur Indizwirkung").
Wichtige Verwaltungsanweisungen: 1271.3
BMF 26.3.2004, BStBl. I 2004, 434.
Schrifttum (Auswahl): 1271.4
Heuermann, Die Grenzziehung zwischen Gewerbebetrieb und Vermögensverwaltung (im Rahmen der §§ 21, 23 EStG, § 14 AO) am Beispiel des gewerblichen Grundstückshandels, DStJG 30 (2007), 121; *Figgener/von der Tann*, Gewerblicher Grundstückshandel allein durch Zurechnung der Verkäufe von Personengesellschaften und Gemeinschaften, DStR 2012, 2579; *Dorn/Langeloh*, Gewerblicher Grundstückshandel durch Formwechsel einer Personen- in eine Kapitalgesellschaft in mehrstufigen Strukturen?, DStR 2016, 1455; *Söffing*, Gewerblicher Grundstückshandel und private Veräußerungsgeschäfte mit Grundstücken, 5. Aufl. 2017; *Neufang*, Gewerblicher Grundstückshandel, StB 2019, 256.

Der Grundstückshändler ist Gewerbetreibender, einkommensteuerpflichtig aus § 15 EStG und gewerbesteuerpflichtig aus § 2 Abs. 1 S. 1 und 2, § 5 GewStG. Wer aber figuriert als Händler mit Grundstücken? Gewiss nicht die in § 14 S. 3 AO angesprochene Person, die „unbewegliches Vermögen vermietet oder verpachtet". Das ist entweder die in § 21 EStG erfasste Tätigkeit oder, bei unentgeltlicher Überlassung, ein Verhalten außerhalb der einkommensteuerrechtlich relevanten Sphäre (*Heuermann* DStJG 30 (2007), 121 (131)). Wer indessen ein Grundstück erwirbt, um es zu veräußern, ist nicht an Nutzung und Fruchtziehung interessiert, sondern an **Substanzverwertung.** Diese Person nähert sich dem in § 15 Abs. 2 S. 1 abgezirkelten Raum; sie wird, wenn sie sich nachhaltig betätigt und alle weiteren Voraussetzungen der Definition erfüllt, Protagonistin eines gewerblichen Grundstückshandels. 1272

Gewerblicher Grundstückshandel ist ein klassisches Abgrenzungsthema des Einkommensteuerrechts (→ Rn. 1089; § 8 des preußischen EStG 1891: „Außerordentliche Einnahmen […] aus dem nicht gewerbsmäßig oder zu Spekulationszwecken unternommenen Verkauf von Grundstücken und ähnliche Erwerbungen gelten nicht als steuerpflichtiges Einkommen, sondern als Vermehrung des Stammvermögens") mit Folgen für die Gewerbesteuer (→ Rn. 83), kann aber im Streit um die **erweiterte Kürzung des § 9 Nr. 1 S. 2 GewStG** auch Subjekte der Körperschaftsteuer beschäftigen. Diese können nur als grundstücksverwaltende Gesellschaften die erweiterte Kürzung in Anspruch nehmen; als gewerbliche Grundstückshändler können sie von § 9 Nr. 1 S. 2 GewStG nicht mehr profitieren (BFH 22.5.2019 – III R 21/16, BeckRS 2019, 31082 Rn. 15). 1273

Einstweilen frei 1274–1276

1. Fruchtziehung oder Umschichtung

Es geht um einen Standardfall an der Grenze zwischen Gewerblichkeit und privater Vermögensverwaltung. Mag die Orientierung an „Fruchtziehung" und „Umschichtung" in anderen Grenzfallkonstellationen „eher der rituellen Invokation" dienen (HHS/*Fischer* AO § 14 Rn. 73) – hier, an den Übergängen zwischen Grundstückshandel und Vermögensverwaltung, mögen die **Leitbegriffe** immerhin die Richtung weisen. Denn „Nutzung von Grundbesitz durch Fruchtziehung aus zu erhaltender Substanz" will das Gesetz anders behandelt sehen (arg. § 21 Abs. 1 Nr. 1) als „Ausnutzung substantieller Vermögenswerte durch Umschichtungen" (BFH 10.12.2001 – GrS 1/98, BStBl. II 2002, 291 (292); BFH 19.9.2002 – X R 51/98, BStBl. II 2003, 394 (395); BFH 5.5.2011 – IV R 34/08, BStBl. II 1277

2011, 787 Rn. 29; BFH 27.9.2012 – III R 19/11, BStBl. II 2013, 433 Rn. 18; BFH 27.6.2018 – X R 26/17, BFH/NV 2018, 1255 Rn. 24).

1277.1 Allerdings fällen die Gerichte mitunter Grenzfall-Entscheidungen entlang der Drei-Objekt-Dogmatik (→ Rn. 1287 ff.) ohne Rekurs auf die Grenzlinie Fruchtziehung/Umschichtung, so etwa BFH 21.7.2016 – X R 56-57/14, BFH/NV 2017, 481. Hier wird deutlich, dass die Drei-Objekt-Grenze die Leitbegriffe aufspeichert, selbständig verarbeitet und zugleich verdeckt. Mit dieser Verarbeitungsleistung weist sie sich als Dogmatik mit Speicherfunktion aus.

1278 Deshalb ist Grundstückshandel auch in Ein-Objekt-Fällen möglich. Auch ein einzelnes Grundstück kann „umgeschichtet" werden; die Drei-Objekt-Grenze (→ Rn. 1287 ff.) wird nicht verabsolutiert. **Händlertypisches Kaufen und Verkaufen** passt zum Bild des Gewerbebetriebs. Das ist auch im Ein-Objekt-Fall unter Berücksichtigung der Verkehrsauffassung **anhand objektiver Umstände** zu beurteilen (BFH 3.3.2011 – IV R 10/08, NJW 2011, 3806 Rn. 14, 16; BMF 26.3.2004, BStBl. I 2004, 434 Rn. 28: insbesondere Verkauf vor Bebauung oder Unmittelbarkeitszusammenhang zwischen Erwerb, Bebauung und Veräußerung). Davon rückt der BFH nicht ab, wenn er auf eine „unbedingte Veräußerungsabsicht" abstellt. **„Veräußerungsabsicht"** repräsentiert objektives händlertypisches Verhalten, verweist nicht auf einen subjektiven Tatbestand (*Heuermann* DStJG 30 (2007), 121 (137): allenfalls „Element zur Feststellung des objektiven Tatbestandes").

1279 Die heutige Handhabung der „Veräußerungsabsicht" geht auf den Beschluss des Großen Senats vom Dezember 2001 zurück (BFH 10.12.2001 – GrS 1/98, BStBl. II 2002, 291 (292)). Dort verliert sie jede selbständige Bedeutung; einer „im Grunde stets bestehenden bedingten Veräußerungsabsicht" kann unterscheidungshalber keine Bedeutung zukommen (→ Rn. 1300 zur verbliebenen Bedeutung der bedingten Veräußerungsabsicht); und die **unbedingte** – feste, von Anfang an bestehende – **Veräußerungsabsicht, die den Händler auszeichnet,** muss in objektiven Beweisanzeichen gründen. Bei der Bebauung eigener Grundstücke kommt es „im Regelfall" auf „eine gewisse Anzahl von Verkäufen" an und können, wenn weniger als vier Objekte veräußert werden, „besondere Umstände" die Annahme der gewerblichen Betätigung begründen (BFH 10.12.2001 – GrS 1/98, BStBl. II 2002, 291 (293 f.)).

1280 Der Beschluss des Großen Senats hat die Drei-Objekt-Grenze bestätigt und zugleich relativiert, jedenfalls aber die „Bilder"-Rechtsprechung gestärkt. Er nimmt **Bauunternehmer, Generalübernehmer und Baubetreuer** in den Blick, die kein eigenes Grundstück bebauen und deren Tätigkeit „eindeutig der eines Gewerbetreibenden entspricht" – „Bautätigkeiten, die auf Gewerblichkeit hindeuten" (BFH 10.12.2001 – GrS 1/98, BStBl. II 2002, 291 (293)), unabhängig von der Drei-Objekt-Grenze. Das BMF vergleicht zudem mit dem **Baulandaufschließungsunternehmer** (BMF 26.3.2004, BStBl. I 2004, 434 Rn. 3).

1281 Diesen Berufsbildern nähern sich diejenigen an, die das im zeitlichen Zusammenhang mit der Bebauung und Veräußerung erworbene Grundstück bereits vor der Bebauung verkaufen oder nach den Wünschen des Erwerbers bebauen (BFH 3.3.2011 – IV R 10/08, NJW 2011, 3806 Rn. 19: „wie ein Bauunternehmer, Generalübernehmer und Baubetreuer und damit gewerblich"; *Söffing* Rn. 496 ff.). Ansonsten offenbart bei Bautätigkeit **auf eigenem Grund** „nur eine gewisse Anzahl von Verkäufen" jene objektiven Beweisanzeichen, die den Schluss zulassen, dass der Bauherr wie ein Händler agiert – umschichtet, mit dem Ziel der Substanzverwertung –, nicht wie ein Vermögensverwalter auf Substanzerhaltung und Fruchtziehung ausgeht.

1281.1 Damit trat der Große Senat dem vorlegenden X. Senat entgegen. Dieser drängte auf eine Unterscheidung von „Durchhandelsfällen" und „Errichtungsfällen". Im vorgelegten Fall wollte der X. Senat die Errichtung von drei Eigentumswohnungen auf eigenem Grund der Tätigkeit des „produzierenden Bauunternehmers" gleichstellen. Dem hielt der Große Senat entgegen: „Das Bebauen des eigenen Grunds mit einem Gebäude ist so wenig wie der Erwerb von Grundbesitz kennzeichnend dafür, dass eine Nutzung des Grundstücks durch künftige Vermietung nicht beabsichtigt ist" (BFH 10.12.2001 – GrS 1/98, BStBl. II 2002, 291 (293)). Der Große Senat will den **Verkauf** betrachtet sehen: „Zeigt sich die Gewerblichkeit eines Bauträgers für den Außenstehenden aber erst im Verkauf, so kann – ebenso wie beim bloßen An- und Verkauf von Grundstücken – im Regelfall nur eine gewisse Anzahl von Verkäufen als Beweisanzeichen dafür geeignet sein, dass die Tätigkeit die Grenze zur Gewerblichkeit überschritten hat" (ebenda). Der Beschluss des Großen Senats vom 10. Dezember 2001 sorgt für

Stabilität der Kriterien durch Verobjektivierung (Absage an eine allzu filigrane Handhabung der „bedingten Veräußerungsabsicht"), stärkt die Drei-Objekt-Grenze und schützt mit der **Gleichbehandlung von Durchhandels- und Errichtungsfällen** vor nicht mehr nachvollziehbaren Verästelungen der Rechtsprechung.

Im Fall BFH 3.3.2011 – IV R 10/08, NJW 2011, 3806, hat eine GbR 1992 von der Treuhandanstalt ein unbebautes Grundstück erworben, im Juni 1994 einen Generalunternehmer mit der Errichtung eines Bürogebäudes beauftragt und im Oktober 1994 den größten Teil des Grundstücks an einen Immobilienfonds veräußert. Der BFH knüpft an die **Alternativität Umschichtung oder Fruchtziehung** an. Für die „Konkretisierung dieser Unterscheidung im Bereich des gewerblichen Grundstückshandels" (Rn. 15) verlässt sich der BFH nicht allein auf die Drei-Objekt-Grenze; sie habe nur Indizwirkung. Wird sie nicht überschritten, kann gleichwohl „aufgrund objektiver Umstände" (Rn. 16) festzustellen sein, dass die GbR „wie ein Bauunternehmer, Generalübernehmer oder Baubetreuer und damit gewerblich tätig" war (Rn. 19). Objektive Befunde sollen den Rückschluss auf eine „unbedingte Veräußerungsabsicht" tragen; diese erweist sich als rhetorischer Fluchtpunkt. Den Ausschlag geben objektive Kriterien (Rn. 16, 19 ff.): Verkauf schon vor Bebauung; Bebauung auf Rechnung und nach den Wünschen des Erwerbers; kurzfristige Finanzierung des Vorhabens; Veräußerungsbemühungen durch Zeitungsanzeigen; Beauftragung eines Maklers. Allein der enge zeitliche Zusammenhang von Kauf, Bebauung und Veräußerung begründet die „unbedingte Veräußerungsabsicht" nicht (Rn. 21). Im Fall konnte der BFH aus den konkreten Abläufen keine Schlüsse in Richtung Gewerblichkeit ziehen, insbesondere war der GbR das Kaufangebot des Immobilienfonds erst nach dem Bebauungsauftrag unterbreitet worden; zuvor hatte die GbR ihren Makler lediglich mit der Suche nach Mietern beauftragt (Rn. 24 ff.). **1281.2**

Einstweilen frei **1282–1286**

2. Drei-Objekt-Grenze

a) Grundlagen. aa) Zählobjekte in der Zeit. Die „Zahl der Objekte" und der „zeitliche Abstand der maßgebenden Tätigkeiten" – Anschaffung, Bebauung, Verkauf – haben **indizielle Bedeutung** (BFH 10.12.2001 – GrS 1/98, BStBl. II 2002, 291 (293); FG Baden-Württemberg 5.4.2017 – 4 K 1740/16, EFG 2017, 1346 Rn. 21, bestätigt durch BFH 27.6.2018 – X R 26/17, BFH/NV 2018, 1255). Insbesondere kommt in Betracht, dass sich der Steuerpflichtige als Grundstückshändler betätigt auch mit der Veräußerung von weniger als vier Objekten in knapper Zeit (→ Rn. 1290 ff.). Für diese Fälle hat der Schwenk des Großen Senats – weg von der unwiderleglichen Typisierung hin zur indiziellen Bedeutung (→ Rn. 365 ff.) – „die Rechtslage für den Steuerpflichtigen verschärft" (BFH 21.7.2016 – X R 11/14, DStR 2016, 2753 Rn. 18). **1287**

Danach ist (nur) *regelmäßig* von einem gewerblichen Grundstückshandel auszugehen, wenn innerhalb eines engen zeitlichen Zusammenhangs zwischen Anschaffung bzw. Errichtung und Verkauf **mindestens vier Objekte** veräußert werden (BFH 21.7.2016 – X R 56-57/14, BFH/NV 2017, 481 Rn. 28; BFH 28.10.2015 – X R 22/13, BStBl. II 2016, 95 Rn. 14; BFH 20.11.2012 – IX R 10/11, BFH/NV 2013, 715 Rn. 28; BFH 3.3.2011 – IV R 10/08, NJW 2011, 3806 Rn. 15), weil diese äußeren Umstände „den Schluss zulassen, dass es dem Steuerpflichtigen auf die Ausnutzung substantieller Vermögenswerte durch **Umschichtung** ankommt" (BFH 23.8.2017 – X R 7/15, DStR 2018, 180 Rn. 23; BFH 28.10.2015 – X R 22/13, BStBl. II 2016, 95 Rn. 14; BFH 27.9.2012 – III R 19/11, BStBl. II 2013, 433 Rn. 18; FG Baden-Württemberg 5.4.2017 – 4 K 1740/16, EFG 2017, 1346 Rn. 21, bestätigt durch BFH 27.6.2018 – X R 26/17, BFH/NV 2018, 1255). Diese Quantifizierung hat lediglich Indizwirkung (→ Rn. 1299 ff.), zeichnet auch diesseits der Grenze nicht frei. Die Drei-Objekt-Grenze ist „keine Freigrenze" (BFH 28.9.2017 – IV R 50/15, BStBl. II 2018, 89 Rn. 30). **1288**

Die Finanzverwaltung hat sich diese – richterrechtlich im Zeichen der Vereinfachung und Rechtssicherheit seit 1986 (BFH 9.12.1986 – VIII R 317/82, BStBl. II 1988, 244 (245) mit Verweis auf die unveröffentlichte Entscheidung I R 57/74 vom 2.6.1976) befestigte – Drei-Objekt-Grenze zu Eigen gemacht (BMF 26.3.2004, BStBl. I 2004, 434 Rn. 5: „Indiz"). Es geht, mit einem Wort, um die „**Quantifizierung des händlertypischen** – kurzfristigen und häufigen – **Umschlags**" (BFH 22.7.2010 – IV R 62/07, BFH/NV 2010, 2261 Rn. 30). Die Rechtsprechung unterscheidet nicht danach, ob der Steuerpflichtige die veräußerten **1289**

Objekte **angeschafft oder errichtet** hat (BFH 24.6.2009 – X R 36/06, BStBl. II 2010, 171 (173); → Rn. 1281.1). Folgerichtig zählen auch unentgeltlich erworbene, jedoch verwertungshalber erheblich verbesserte, etwa sanierte Objekte (BFH 23.8.2017 – X R 7/15, DStR 2018, 180 Rn. 27) – nicht jedoch sonstige durch Schenkung erworbene Grundstücke.

1290 Von Umschichtung und Umschlag kann nur die Rede sein, wenn Grundstücke im **engen zeitlichen Zusammenhang** angeschafft (oder Objekte errichtet) und verkauft werden. Die Judikatur betrachtet „in der Regel" (BFH 23.8.2017 – X R 7/15, DStR 2018, 180 Rn. 23; BFH 27.6.2018 – X R 26/17, BFH/NV 2018, 1255 Rn. 25) **fünf Jahre** für die Zählung der Objekte „ab Anschaffung" (BFH 21.7.2016 – X R 56-57/14, BFH/NV 2017, 481 Rn. 28; BFH 10.12.2001 – GrS 1/98, BStBl. II 2002, 291 (293); FG Nürnberg 6.10.2017 – 4 K 857/15, EFG 2018, 639 Rn. 37, rkr.), allenfalls und sofern weitere Anhaltspunkte hinzutreten **maximal zehn Jahre.**

1290.1 FG Baden-Württemberg 5.4.2017 – 4 K 1740/16, EFG 2017, 1346 (BeckRS 2017, 114994 sub I 1 a, insoweit nicht abgedruckt in EFG 2017, 1346), bestätigt durch BFH 27.6.2018 – X R 26/17, BFH/NV 2018, 1255; FG Hamburg 6.2.2019 – 3 K 284/17, BeckRS 2019, 5438 Rn. 49, rkr.: „Betrachtungszeitraum" von zehn Jahren unter „Einbeziehung der Anschaffung oder Errichtung eines Einzelobjekts"; zur Bemessung des „zeitlichen Zusammenhangs" auch *Söffing* Rn. 266 ff., Rn. 281 f. für eine starre Zehn-Jahre-Obergrenze.

1291 Dass sich die Zeitraumbetrachtung der Finanzverwaltung nicht strikt auf exakt fünf Jahre festlegen lassen muss, kann inzwischen als gefestigte Rechtsprechung gelten (BFH 21.7.2016 – X R 56-57/14, BFH/NV 2017, 481 Rn. 36; BFH 27.9.2012 – III R 19/11, BStBl. II 2013, 433 Rn. 18: „etwa" fünf Jahre; BMF 26.3.2004, BStBl. I 2004, 434 Rn. 5: „keine starre Bedeutung"). Die **Überschreitung um wenige Monate** befreit den Steuerpflichtigen nicht aus der Gewerblichkeit, wenn der „Zusammenhang" der Handelstätigkeiten (→ Rn. 1290) sich im Fünf-Jahres-Zeitraum anbahnt, etwa mit der Erstellung der Aufteilungspläne (BFH 21.7.2016 – X R 56-57/14, BFH/NV 2017, 481 Rn. 36). Ohnehin kommt es in Wertsteigerungsfällen (→ Rn. 1289) nicht auf den Zeitpunkt des Eigentumserwerbs, sondern auf den Beginn der wertsteigernden Maßnahmen an (BFH 23.8.2017 – X R 7/15, DStR 2018, 180 Rn. 28).

1292 Allein der Verkauf von mehr als drei Objekten innerhalb von zwei oder drei Jahren genügt dem Zeiterfordernis nicht. Der Fünf-Jahre-Zeitraum muss die Anschaffung oder Errichtung mit einschließen. Erst dadurch wird das Grundstück oder sonstige Objekt zum **Zählobjekt** (*Söffing* Rn. 206 ff.); ggf. ist auf den Beginn der wertsteigernden Maßnahme abzustellen (→ Rn. 1291). Die Finanzverwaltung beobachtet jenseits der Fünf-Jahre-Grenze eine **zweite Phase** bis zur „Obergrenze" von zehn Jahren: Veräußerungsvorgänge in den Jahren sechs bis zehn seien mitzurechnen, wenn „weitere Umstände" den Schluss auf ein gewerbliches Unternehmen zulassen (BMF 26.3.2004, BStBl. I 2004, 434 Rn. 6; *Neufang* Stb 2019, 256 (259)).

1293 Als Objekte – in der Zeitdimension: Zählobjekte – kommen in Betracht **Immobilienobjekte,** die selbständig veräußert und genutzt werden können (BFH 21.7.2016 – X R 56-57/14, BFH/NV 2017, 481 Rn. 29; BFH 5.5.2011 – IV R 34/08, BStBl. II 2011, 787 Rn. 34; BFH 22.7.2010 – IV R 62/07, BFH/NV 2010, 2261 Rn. 28; BFH 21.7.2016 – X R 11/14, DStR 2016, 2753 Rn. 1: Mehrfamilienhaus mit sieben Wohneinheiten, drei binnen Jahresfrist veräußert; KSM/*Desens/Blischke* § 15 Rn. B 69): Grundstücke, grundstücksgleiche Rechte oder Rechte nach dem Wohnungseigentumsgesetz, unabhängig von Größe, Wert und anderen Umständen, **auch im Ausland belegene Objekte** (Blümich/*Bode* § 15 Rn. 178; HHR/*Buge* § 15 Rn. 1132), nicht jedoch Zubehörräume, etwa eine zum Haus oder zur Wohnung gehörende Garage (*Neufang* StB 2019, 256 (260)). Wenn und weil die Unternehmerprofessionalität den Ausschlag gibt, kann der Belegenheit keine Bedeutung zukommen. „Grundstücke, deren Nutzung in nicht unwesentlichem Umfang auf Dauer zu eigenen Wohnzwecken des Grundstückshändlers angelegt ist, gehören daher zu dessen Privatvermögen" (FG Hamburg 6.2.2019 – 3 K 284/17, BeckRS 2019, 5438 Rn. 60; anders aber Rn. 66 ff., rkr., zum Feriendomizil).

1294 Für das Merkmal der selbständigen Veräußerbarkeit hält der BFH den **Grundsatz der sachenrechtlichen Qualifikation** hoch, lässt freilich Ausnahmen zu (BFH 21.7.2016 – X R 56-57/14, BFH/NV 2017, 481 Rn. 29 ff.; BFH 30.9.2010 – IV R 44/08, BStBl. II

2011, 645: Übertragung eines Miteigentumsanteils bei gleichzeitiger Teilungserklärung). Die entgeltliche Einbringung in ein Gesamthandsvermögen steht der Veräußerung gleich (BMF 26.3.2004, BStBl. I 2004, 434 Rn. 7); das ungeteilte Mehrfamilienhaus zählt als ein Objekt (BFH 18.3.2004 – III R 25/02, BStBl. II 2004, 787 (789); → Rn. 1296).

BFH 21.7.2016 – X R 56-57/14, BFH/NV 2017, 481, stellt **einerseits** auf Einzelaspekte ab, die eine Ausnahme vom Grundsatz der sachenrechtlichen Qualifikation tragen, in concreto die Annahme mehrerer Objekte: frühzeitige Erstellung der Aufteilungspläne; Aufteilung des Kaufpreises auf einzelne Wohnungen; Gewährleistung „mietvertragsfreier Übertragung" und Bedingungen der Kaufpreiszahlung je für einzelne Wohnungen (Rn. 31 ff.). **Andererseits** betont der X. Senat den Vorbehalt tatrichterlicher Würdigung, sieht sich an die „vertretbare Würdigung der tatsächlichen Feststellungen" gebunden (§ 118 Abs. s FGO). 1294.1

Objekte iSd der Drei-Objekt-Grenze sind auch **Anteile an Personengesellschaften, die Grundvermögen verwalten** („Grundstücksgesellschaft", „Objekt-GbR"), unabhängig davon, ob die Gesellschaft ihrerseits rein vermögensverwaltend tätig oder gewerblich geprägt ist (BFH 26.11.2008 – X R 23/05, BStBl. II 2009, 407 (409)). Der Anteil steht dem Immobilienobjekt gleich – unter der Voraussetzung, dass der Gesellschafter zu mindestens 10% beteiligt ist oder der Verkehrswert des Gesellschaftsanteils oder des veräußerten Anteils am Grundstück mehr als 250.000 EUR beträgt (BMF 26.3.2004, BStBl. I 2004, 434 Rn. 17). So wird der Gesellschafter zum Grundstückshändler, wenn er innerhalb von fünf Jahren mehr als drei solcher Gesellschaftsanteile erwirbt und veräußert oder die Grenze dadurch überschreitet, dass er teils Anteile dieser Art, teils Grundstücke umschlägt (*Dorn/Langeloh* DStR 2016, 1455 (1456), die sich mit guten Gründen dagegen aussprechen, die fingierte Veräußerung infolge Formwechsels einer Personen- in eine Kapitalgesellschaft in die Drei-Objekt-Betrachtung einzubeziehen). 1295

Veräußert der Steuerpflichtige **mehrere Eigentumswohnungen** – jenseits der Drei-Objekt-Grenze – an verschiedene Erwerber, nimmt der BFH auch dann mehrere Zählobjekte an, wenn die Eigentumswohnungen sachenrechtlich noch nicht getrennt sind (BFH 23.2.2015 – X B 71/14, BFH/NV 2015, 834). Ob mehrere Gebäude, insbesondere rechtlich selbständige **Mehrfamilienhäuser** auf einem ungeteilten Grundbuchgrundstück als selbständige Objekte anzusehen sind, scheint in der Rechtsprechung nicht endgültig geklärt. Die Revision gegen das Urteil des FG Düsseldorf vom November 2016 (16 K 3895/15 F, EFG 2017, 127) mag zu einer Entscheidung führen zwischen der grundbuchrechtlichen Behandlung (BFH 5.5.2011 – IV R 34/08, BStBl. II 2011, 787 Rn. 36 f.) und der Zählung wirtschaftlicher Einheiten iSd § 2 BewG. 1296

Im Fall IV R 34/08, BStBl. II 2011, 787, **hat der IV. Senat seine Beurteilung deutlich abgesetzt vom „Häuserzeile"-Urteil des X. Senats** (3.8.2004 – X R 40/03, BStBl. II 2005, 35): Zwar habe der X. Senat entschieden, „dass aneinandergrenzende, rechtlich selbständige Mehrfamilienhausgrundstücke grundsätzlich jeweils gesonderte wirtschaftliche Einheiten sind, die auch durch eine Vereinigung/Zuschreibung nach § 890 BGB, §§ 3 ff. GBO nicht zu einem einzigen Objekt im Sinne der Drei-Objekt-Grenze werden können. Die Grundsätze dieses Urteils lassen sich jedoch auf die vorliegend zu entscheidende Frage nicht übertragen. Denn im Streitfall geht es nicht um rechtlich selbständige Mehrfamilienhausgrundstücke. Vielmehr kommt es vorliegend darauf an, ob die Errichtung von fünf Mehrfamilienhäusern auf einem ungeteilten Grundstück zur Entstehung von jeweils selbständigen Objekten geführt hat. Soweit dem Urteil in […] BStBl. II 2005, 35 zu entnehmen sein sollte, dass auch in einem solchen Fall von fünf Objekten im Sinne der Objektzählung auszugehen wäre, wäre dies mit der vorstehend dargestellten Rechtsprechung nicht vereinbar; die Frage war im damaligen Urteilsfall auch nicht entscheidungserheblich. Der Senat könnte sich einer solchen Auslegung aus den dargestellten Gründen auch nicht anschließen" (BFH 5.5.2011 – IV R 34/08, BStBl. II 2011, 787 Rn. 37); zur Kritik am „Häuserzeilen"-Urteil des X. Senats auch *Söffing* Rn. 371 ff. 1296.1

Neuerdings tritt das FG Düsseldorf (16 K 3895/15 F, EFG 2017, 127 Rn. 16 ff., rkr.) „der grundbuchrechtlichen Behandlung" entgegen und rekurriert im Anschluss an das „Häuserzeile"-Urteil des X. Senats (3.8.2004 – X R 40/03, BStBl. II 2005, 35) auf § 2 BewG und die nach § 15 Abs. 2 „gebotene **Quantifizierung des händler-typischen Umschlags**". Wohl komme in Betracht, sachenrechtlich selbständige Einheiten „zu verklammern" – doch setze die Verkehrsanschauung der Möglichkeit Grenzen, „durch grundbuchtechnische Maßnahmen auf der Grundlage der §§ 3 ff. GBO die Objektzählung zu beeinflussen". In der Folge hat das FG einen „Straßenzug" – bebaut mit neun Mehrfamilienhäusern, grundbuchrechtlich ein Flurstück – mit neun Objekten der Zählung zugeschlagen. 1296.2

1297–1298 *Einstweilen frei*

1299 **bb) Indizwirkung.** Dass der Steuerpflichtige bei Anschaffung (Errichtung) und Veräußerung innerhalb von fünf Jahren als Grundstückshändler agiert, folgt aus den objektiven Befunden. Diese allein begründen einen **Anscheinsbeweis** (BFH 27.9.2012 – III R 19/11, BStBl. II 2013, 433 Rn. 22: keine unwiderlegliche Vermutung; BFH 28.9.2017 – IV R 50/15, BStBl. II 2018, 89 Rn. 26: „nur Indizwirkung"). Wenn die Judikatur zugleich auf eine zumindest „bedingte" Veräußerungsabsicht schließt (zur bedingten Veräußerungsabsicht *Heuermann* DStJG 30 (2007), 121 (133): „Hier kommt es dem Steuerpflichtigen nicht in erster Linie auf die Veräußerung an. Er schließt sie aber auch nicht aus."), so reguliert sie den Umgang mit Anscheinsbeweis und Gegenbeweis.

1300 „Das Überschreiten der Drei-Objekt-Grenze ist ein **gewichtiges Indiz** für die von Anfang an bestehende Veräußerungsabsicht" (BFH 5.5.2011 – IV R 34/08, BStBl. II 2011, 787 Rn. 30). Die Indizwirkung der objektiven Befunde soll **abgeschirmt** werden **gegen allerlei persönliche Beweggründe,** die Anlass gegeben haben mögen, das Grundstück zu veräußern: Krankheit, Ehescheidung, Druck der Banken, drohende Zwangsversteigerung (BFH 3.3.2011 – IV R 10/08, NJW 2011, 3806), Gefälligkeit gegenüber Mandanten, unerwartet hohes Kaufangebot (vgl. BFH 27.9.2012 – III R 19/11, BStBl. II 2013, 433 Rn. 21). Eigenständige Bedeutung kommt der „bedingten Veräußerungsabsicht" nicht zu: „Die Bedeutung der bedingten Veräußerungsabsicht erschöpft sich darin, dem Einwand des Steuerpflichtigen entgegenzutreten, er habe trotz Verkaufs von mehr als drei Objekten in einem Zeitraum von fünf Jahren beim Erwerb oder der Bebauung die Absicht gehabt, diese im Wege der Vermögensverwaltung (Selbstnutzung oder Vermietung) zu nutzen" (BFH 3.3.2011 – IV R 10/08, NJW 2011, 3806 Rn. 17).

1301 Ausnahmsweise kann die Indizwirkung der Drei-Objekt-Grenze entkräftet werden, in beide Richtungen. **Diesseits der Grenze** kann gewerblicher Grundstückshandel anzunehmen, **jenseits der Grenze** kann der Gewerblichkeitsbefund auszuschließen sein (BFH 28.9.2017 – IV R 50/15, BStBl. II 2018, 89 Rn. 26; BFH 19.9.2002 – X R 51/98, BStBl. II 2003, 394 (395 f.); FG Nürnberg 6.10.2017 – 4 K 857/15, EFG 2018, 639 Rn. 44: Grundstückserwerb, Baufertigstellung und Veräußerung von drei Teileigentumseinheiten binnen 16 Monaten; FG München 29.2.2016 – 7 K 1109/14, EFG 2016, 932 Rn. 19, bestätigt durch BFH 22.5.2019 – III R 21/16, BeckRS 2019, 31082; KSM/*Desens/Blischke* § 15 Rn. B 69 f.). Wer langfristig finanziert oder langfristig vermietet, verhält sich händleruntypisch, lässt sich auf Gestaltungen ein, „die eine Veräußerung innerhalb eines Zeitrahmens von etwa fünf Jahren erschweren oder unwirtschaftlicher machen" (BFH 28.10.2015 – X R 22/13, BStBl. II 2016, 95 Rn. 23: „So spricht der Abschluss eines Pacht- oder Mietvertrags über eine von vornherein vereinbarte Laufzeit von mehr als fünf Jahren gegen die Indizwirkung der Drei-Objekt-Grenze, weil die Immobilie hierdurch nur eingeschränkt durch Veräußerung verwertbar ist"). Das Innehaben einer gewerberechtlichen Erlaubnis nach § 34c GewO setzt die Indizwirkung der Drei-Objekt-Grenze nicht ohne Weiteres außer Kraft (FG Berlin-Brandenburg 24.11.2016 – 9 K 9292/13, DStRE 2018, 82 (88), rkr.).

1302 Der BFH arbeitet weiter mit Formeln, die auf „Veräußerungsabsicht" rekurrieren: „Trotz Überschreitens der Drei-Objekt-Grenze ist ein gewerblicher Grundstückshandel nicht anzunehmen, wenn eindeutige Anhaltspunkte gegen eine von Anfang an bestehende Veräußerungsabsicht sprechen, die derartig gewichtig erscheinen, dass einer im Grunde stets bestehenden bedingten Veräußerungsabsicht keine Bedeutung zukommt" (BFH 5.5.2011 – IV R 34/08, BStBl. II 2011, 787 Rn. 31). In Wahrheit geht es wiederum um **objektive Umstände** (repräsentativ BFH 5.5.2011 – IV R 34/08, BStBl. II 2011, 787 Rn. 39 ff.: Prüfung „besonderer Umstände" im Einzelfall; dazu auch BMF 26.3.2004, BStBl. I 2004, 434 Rn. 28 ff.) und **„Gesamtumstände"** (BFH 20.11.2012 – IX R 10/11, BFH/NV 2013, 715 Rn. 31).

1302.1 BFH 24.6.2009 – X R 36/06, BStBl. II 2010, 171 (174 f.), sieht in der **Veräußerung eines Bauvorhabens vor Fertigstellung** einen „besonderen Umstand". Die entgeltliche Übertragung eines Objekts auf eine vom Steuerpflichtigen beherrschte GmbH im Wege der Einbringung gegen ein „Mischentgelt" vor Fertigstellung des Objekts sei als Indiz für das Vorliegen einer unbedingten Veräußerungsabsicht ebenso heranzuziehen wie die Veräußerung an einen fremden Dritten vor Fertigstellung. „Weitere Anhaltspunkte für das Vorliegen eines gewerblichen Grundstückshandels sind im Streitfall die zeitliche Nähe – weniger als neun Monate – zwischen dem Erwerb des Grundstücks und der Sacheinlage in die GmbH sowie die Branchennähe des Klägers, der auch als Immobilienmakler tätig war. Die vom Kläger angeführten Gründe für die Sacheinlage, mittels Übertragung des Objekts auf die GmbH sein Gewährleistungs- und Haftungsrisiko zu minimieren, führen nicht zu einer anderen Würdigung. Im Gegenteil: Sie sind Anzeichen dafür, dass der Kläger bereits bei Erwerb beabsichtigt hat, die Wohnung Nr. 5 wie ein Bauträger zu teilen und die sechs entstehenden Wohnungen über die GmbH zu veräußern. Er hat zudem mit der Einbringung in die GmbH sämtliche Finanzierungsverbindlichkeiten aus dem Grundstückserwerb und den Umbaukosten auf die GmbH verlagert und einen bereits entstandenen Wertzuwachs in Höhe der ihm eingeräumten Darlehensforderung abgeschöpft."

Im Fall BFH 20.11.2012 – IX R 10/11, BFH/NV 2013, 715, hatte der Kläger einen Architekten mit der Planung von vier Doppelhaushälften beauftragt und einen Vorbescheid beantragt. In der Folge erwies sich, dass die geplante Bebauung und Veräußerung von vier Objekten aus baurechtlichen Gründen von vornherein nicht zu realisieren war. „Allein die – nur als solche ins Werk gesetzte – Planung der Errichtung und Veräußerung von vier Objekten rechtfertigt jedoch noch nicht die Annahme eines gewerblichen Grundstückshandels […]. Auch waren die Planungen der Kläger noch nicht hinreichend konkret, um Gewerblichkeit zu begründen. Insbesondere **fehlte eine gesicherte baurechtliche Grundlage, um die Planungen bereits als ersten Schritt der Tätigkeit eines gewerblichen Grundstückshändlers qualifizieren zu können.** Tatsächlich wurde kein geplantes Objekt errichtet und dann veräußert. Dies hat das FG verkannt. Wie das Überschreiten der Drei-Objekt-Grenze im Sinne der Rechtsprechung nicht ausnahmslos Nachhaltigkeit indiziert, so sind erst recht bei der Beurteilung eines nur geplanten potentiellen gewerblichen Grundstückshandels die Gesamtumstände der Planung zu berücksichtigen. Im vorliegenden Fall erwies sich das geplante, u.U. gewerbliche Vorhaben von vornherein als nicht realisierbar" (BFH 20.11.2012 – IX R 10/11, BFH/NV 2013, 715 Rn. 31). **1302.2**

Einstweilen frei **1303–1304**

b) Missbrauch von Gestaltungsmöglichkeiten. Der Steuerpflichtige mag in Versuchung kommen, eine nahestehende Person in das Umschichtungsprojekt – Anschaffung bzw. Errichtung und Verkauf von mehr als drei Objekten innerhalb von fünf Jahren – einzuschalten und damit die **Zählobjekte auf zwei Zählsubjekte** zu verteilen. Traditionell bietet sich die Ehefrau als treue Umschichtungsgehilfin an, auch die GmbH (*Hüttemann* JöR 65 (2017), 147 (176 ff.) zur „Einschaltung" juristischer Personen als Gestaltungsinstrument) und die zwischengeschaltete Personengesellschaft (BFH 10.7.2019 – X R 21-22/17, BeckRS 2019, 34243 Rn. 33 zur nicht-nachhaltigen „en-bloc-Veräußerung" mehrerer Grundstücke an eine Personengesellschaft sowie zu weiteren Umständen, die einen Gestaltungsmissbrauch nahelegen). **1305**

Die wohldosiert beschenkte Gattin muss nicht befürchten, ihrerseits zur Grundstückshändlerin aufzusteigen (BFH 6.8.1998 – III R 227/94, DStRE 1999, 392: zwei Wohnungen); wird sie mit einem – just dem vierten – Objekt beschenkt (BFH 23.8.2017 – X R 7/15, DStR 2018, 180), fehlt es bei sich anschließender Veräußerung regelmäßig schon an gewerbetypischer Nachhaltigkeit (→ Rn. 754). Jedoch muss der Gatte gewärtigen, dass Verwaltung und Rechtsprechung die **„Zwischenschaltung der Ehefrau"** missbilligen, für die Schenkung keinen Grund erkennen „außer der Steuervermeidung" (Zitate: BFH 6.8.1998 – III R 227/94, DStRE 1999, 392 (394); aktuelle Varianten: BFH 23.8.2017 – X R 7/15, DStR 2018, 180; BFH 10.7.2019 – X R 21-22/17, BeckRS 2019, 34243 Rn. 32 ff.: Fallgruppen). **1306**

In der **Fallgruppenbildung** hat der X. Senat vier Varianten unterschieden (BFH 10.7.2019 – X R 21-22/17, BeckRS 2019, 34243 Rn. 32 ff.): Zwischenschaltung einer wirtschaftlich funktionslosen Personengesellschaft, die etwa beim Erwerb Mittel einsetzt, die vom Veräußerer selbst stammen oder ausschließlich aus Personen besteht, die dem Veräußerer nahestehen; Zwischenschaltung einer funktionslosen Kapitalgesellschaft (→ Rn. 1308.1); wirtschaftlich sinnlose Zwischenschaltung einer natürlichen Person, die beherrscht und gesteuert wird; Zwischenschaltung einer nahestehenden Person, der eine ausgehandelte, unterschriftsreife Geschäftschance übertragen wird, ihrerseits jedoch keinen unternehmerischen Erfolgsbeitrag beisteuert (Konstellation der „mittelbaren Tatherrschaft"). **1306.1**

Zutreffend tritt das FG Düsseldorf (11.12.2014 – 16 K 3501/12 E, DStRE 2016, 1481 Rn. 21 ff., bestätigt durch BFH 23.8.2017 – X R 7/15, DStR 2018, 180) der Verwaltungsauffassung entgegen, die im Erbfall, bei vorweggenommener Erbfolge und Schenkung das übertragene Objekt sowohl aufseiten des Rechtsvorgängers als auch aufseiten des Rechtsnachfolgers als Zählobjekt einbeziehen will (BMF 26.3.2004, BStBl. I 2004, 434 Rn. 9). Aufseiten des Schenkers kommt das Objekt nicht mehr in Betracht, sofern nicht ausnahmsweise ein Rechtsgrund für die außerordentliche Zurechnung eingreift. **1306.2**

Verschenkte Objekte und „solche, mit deren Weitergabe kein Gewinn erzielt werden soll" (BFH 23.8.2017 – X R 7/15, DStR 2018, 180 Rn. 30), scheiden grundsätzlich aus der Zählung aus (→ Rn. 1309).

1307 Für diese Situation dekretiert **§ 42 Abs. 1 S. 1 AO:** Durch Missbrauch von Gestaltungsmöglichkeiten kann die Drei-Objekt-Grenze nicht unterlaufen werden. Der Missbrauchsfall liegt vor, wenn eine unangemessene rechtliche Gestaltung gewählt wird, die „im Vergleich zu einer angemessenen Gestaltung zu einem gesetzlich nicht vorgesehenen Steuervorteil führt" und der Steuerpflichtige keine beachtlichen außersteuerlichen Gründe nachweisen kann (§ 42 Abs. 2 AO, der die vormals etablierte Formel der Rechtsprechung aufgreift; vgl. BFH 18.3.2004 – III R 25/02, BStBl. II 2004, 787 (791 f.); BFH 23.8.2017 – X R 7/15, DStR 2018, 180 Rn. 31; Klein/*Ratschow* AO § 42 Rn. 45 ff.).

1308 Der **gesetzlich nicht vorgesehene Steuervorteil** erwächst aus der gestalterischen und unangemessenen – in der Diktion des EuGH: „rein künstlichen" (12.9.2006 – C-196/04, DStR 2006, 1686 Rn. 51) – Verteilung der Handelsgeschäfte auf zwei Personen, wiewohl sie bei angemessener Gestaltung allein solche des Steuerpflichtigen wären. Ihm wird das künstlich verlagerte Geschäft zugerechnet (BFH 10.7.2019 – X R 21-22/17, BeckRS 2019, 34243 Rn. 36; BFH 6.8.1998 – III R 227/94, DStRE 1999, 392 (394)). In der Folge (§ 42 Abs. 1 S. 3 AO) „ist § 15 EStG ungeachtet dessen anzuwenden, dass der Steuerpflichtige Teilakte des Steuertatbestandes nicht in eigener Person verwirklicht, sondern sich hierzu planmäßig eines Dritten bedient, um realisierte Wertsteigerung ganz oder teilweise im nicht steuerbaren Bereich der Vermögensverwaltung entstehen zu lassen" (BFH 18.3.2004 – III R 25/02, BStBl. II 2004, 787 (792)).

1308.1 Das Urteil vom März 2004 hatte nicht mit „Zwischenschaltung der Ehefrau", sondern mit **Zwischenschaltung der beherrschten GmbH** (vgl. Klein/*Ratschow* AO § 42 Rn. 152; *Söffing* Rn. 506 ff.) zu tun. Im konkreten Fall gab den Ausschlag, dass die Vertragsgestaltung uneingeschränkten Erwerb aufseiten der GmbH verhinderte, diese „nur für den Fall des Weiterverkaufs überhaupt Eigentum erwerben" konnte (BFH 18.3.2004 – III R 25/02, BStBl. II 2004, 787 (794)). Derart instrumentalisiert, fehlte der GmbH ökonomischer Selbststand, zumal die Mittel für den an den Anteilseigner zu entrichtenden Kaufpreis zu einem erheblichen Teil erst aus den Weiterverkaufserlösen zu erbringen waren. Das Urteil von 2004 verdient aber auch Beachtung, weil es grundsätzlich fragt, „ob entweder der vom Kläger nur teilweise selbstverwirklichte Tatbestand des § 15 Abs. 2 EStG um Aktivitäten einer ihm nahe stehenden, vor- bzw. zwischengeschalteten und von ihm beherrschten Kapitalgesellschaft ergänzt werden oder die zwischengeschaltete GmbH zumindest steuerrechtlich negiert werden darf" (BFH 18.3.2004 – III R 25/02, BStBl. II 2004, 787 (789); vgl. *Hüttemann* JöR 65 (2017), 147 (176 f.) zu steuerrechtlichen Grenzen der Gestaltungsfreiheit) – und dazu systematisch die denkbaren Lösungswege abschreitet: Durchgriff durch die Kapitalgesellschaft; mittelbare Tatbestandsverwirklichung; Gesamtbildbetrachtung; Gestaltungsmissbrauch. Mit guten Gründen bekennt sich der III. Senat zu dem gesetzlich eröffneten Weg des § 42 AO, verweist in der Diskussion des Durchgriffs insbesondere auf die kategoriale Verschiedenheit von „Zurechnung" (trotz Abschirmwirkung) bei der Personengesellschaft einerseits (→ Rn. 1314), der Kapitalgesellschaft andererseits (BFH 18.3.2004 – III R 25/02, BStBl. II 2004, 787 (789 f.)).

1309 Bei **Weiterveräußerung geschenkter Objekte** hat der BFH der Einschaltung naher Angehöriger einzelne Varianten gleichgestellt – durchweg mit der Folge, dass die Veräußerung ausnahmsweise dem Schenker zugeordnet und bei ihm gezählt wird: unter der Voraussetzung, dass der Schenker „das Geschehen beherrscht hat"; bei Nichtanerkennung der unentgeltlichen Übertragung im Falle von Strohmann-Geschäften oder Scheingeschäften (BFH 23.8.2017 – X R 7/15, DStR 2018, 180 Rn. 31). „Hiervon unabhängig" will der BFH darauf abstellen, dass der Schenker vor der schenkweisen Übertragung bestrebt war, dass Objekt am Markt zu verwerten (BFH 23.8.2017 – X R 7/15, DStR 2018, 180 Rn. 32). Die bloße Absicht kann indes nicht genügen. Nur wenn weitere objektive Umstände hinzutreten, die eine Schenkung ins Zwielicht rücken, kann von einer begründeten Ausnahme die Rede sein. Andernfalls kippt die Regel, dass verschenkte Objekte aufseiten des Schenkers nicht mehr zählen.

1310–1312 *Einstweilen frei*

3. Grundstücksgesellschaften und Gesamtbetrachtung

Die Personengesellschaft kann ihrerseits gewerblichen Grundstückshandel betreiben und originär gewerbliche Einkünfte erzielen. In diesem Zuschnitt unterscheidet sie sich von vermögensverwaltenden Personengesellschaften, aber auch von gewerblich geprägten Immobiliengesellschaften, die ungeachtet der Prägung die erweiterte Kürzung des § 9 Nr. 1 S. 2 GewStG beantragen können, sofern sie sich auf drei Objekte beschränken, mithin Distanz halten von originärer Gewerblichkeit; das gilt auch für Schwesterpersonengesellschaften. Insofern sich die Beratung um **Vermeidung der Gewerbesteuer** bemüht, muss sie auf das Privileg des § 9 Nr. 1 S. 2 GewStG ausgehen (*Figgener/von der Tann* DStR 2012, 2579 (2581)) und jedenfalls eine „Vier-Immobilien-Bewirtschaftung" auf Ebene der Gesellschaft vermeiden. **1313**

Allerdings bestehen **Risiken der Zurechnung** auf Ebene der Gesellschafter. In seiner Person kommen eigene Grundstücksgeschäfte in Betracht und solche, die er „in Verfolgung eines Gesellschaftszwecks (§ 705 BGB) oder als Gemeinschafter verwirklicht, die aber für sich genommen in der „Einheit der Gesellschaft/Gemeinschaft" wegen ihres – auf dieser Ebene – geringen Umfangs nicht als gewerblich anzusehen sind" (BFH 3.7.1995 – GrS 1/93, BStBl. II 1995, 617, sub C IV 1). In seinem Beschluss vom Juli 1995 hat der Große Senat der Einheit der Personengesellschaft **Abschirmwirkung bestritten** und einer **Gesamtbeurteilung** Raum gegeben: „Dies kann dazu führen, daß von der Personenmehrheit getätigte und auf dieser Ebene nicht steuerbare Grundstücksgeschäfte zusammen mit einem oder mehreren An- und Verkaufsgeschäften durch den Steuerpflichtigen selbst in seiner Person als gewerblich zu beurteilen sind. Grundstücksgeschäfte einer vermögensverwaltenden Personenmehrheit können mithin auch dann in die steuerrechtliche Gesamtbeurteilung der eigenen Tätigkeit des Steuerpflichtigen einbezogen werden und den Tatbestand der Gewerblichkeit mitbegründen, wenn der Steuerpflichtige die Beteiligung nicht in einem Betriebsvermögen hält" (BFH 3.7.1995 – GrS 1/93, BStBl. II 1995, 617, sub C IV 1; dem folgt BFH 28.10.2015 – X R 22/13, BStBl. II 2016, 95 Rn. 16; BFH 18.3.2004 – III R 25/02, BStBl. II 2004, 787 (790): wegen § 15 Abs. 1 Nr. 2 „folgerichtig, dass der in Mitunternehmerschaft geführte Betrieb des Steuerpflichtigen und seine eigenen wirtschaftlichen Betätigungen als Einzelperson nach dem Gesamtbild der Verhältnisse insgesamt ein gewerbliches Unternehmen darstellen können"; BMF 26.3.2004, BStBl. I 2004, 434 Rn. 17). **1314**

Der X. Senat hat die **Dogmatik der Zusammenrechnung** im August 2012 konsolidiert und systematisch die denkbaren Varianten gruppiert (BFH 22.8.2012 – X R 24/11, BStBl. II 2012, 865). Zu entscheiden war über die Steuerpflicht eines Gesellschafters und Gemeinschafters, der in eigener Person keine Grundstücksgeschäfte tätigte, jedoch einerseits an einer gewerblichen Grundstückshandel betreibenden OHG, andererseits an einer vermögensverwaltenden Gemeinschaft beteiligt war. Wiederum muss die „Einheit der Personengesellschaft" gegenüber „dem Gedanken der Vielheit der Gesellschaft zurücktreten", um „eine sachlich zutreffende Besteuerung des Gesellschafters" (BFH 3.7.1995 – GrS 1/93, BStBl. II 1995, 617, sub C IV 3) zu ermöglichen. **1315**

Zu den etablierten **Fallgruppen** der Zusammenrechnung – eigene Geschäfte und zusätzlich solche der Gesellschaft oder Gemeinschaft, die vermögensverwaltend (Gruppe 1) oder gewerblich (Gruppe 2) tätig ist; Beteiligung an mehreren jeweils vermögensverwaltenden Personengesellschaften beteiligten Gesellschafters (Gruppe 3); der Gesellschafter veräußert mehr als drei Anteile an gewerblich geprägten Personengesellschaften (BFH 5.6.2008 – IV R 81/06, BStBl. II 2010, 974) – trat die weitere (Gruppe 5), dass der seinerseits handelsabstinente Gesellschafter „sowohl an vermögensverwaltenden als auch an mitunternehmerischen Personengesellschaften beteiligt ist" (BFH 22.8.2012 – X R 24/11, BStBl. II 2012, 865 Rn. 14 – etablierte Fallgruppen; Rn. 17 ff. – neue Fallgruppe). **1316**

Im Fall X R 24/11, BStBl. II 2012, 865, war die Klägerin mit einer weiteren an einer OHG und einer Bruchteilsgemeinschaft zu je 50% beteiligt. Die OHG betrieb ihrerseits einen gewerblichen Grundstückshandel. Die Bruchteilsgemeinschaft veräußerte ein Objekt, fünf hielt sie langfristig. Die Klägerin selbst veräußerte kein Objekt. Finanzamt und Finanzrechtsprechung addierten „auf der Ebene der Beteiligten" die 14 von der OHG gehandelten und das eine von der Gemeinschaft veräußerte Objekt, wiewohl „die Grundstücksgemeinschaft lediglich vermögensverwaltend tätig geworden" war. „Wenn einerseits Grundstücksgeschäfte, die vermögensverwaltende Personengesellschaften tätigen, bei **1316.1** der Besteuerung des Gesellschafters auch in solchen Fällen als zu einem gewerblichen Grundstückshandel gehörig umqualifiziert werden können, in denen der Gesellschafter selbst keine Objekte veräußert, und andererseits keine Unterscheidung zwischen vermögensverwaltenden und gewerblich tätigen Personengesellschaften vorzunehmen ist (vgl. hierzu jeweils die Nachweise unter 1.), dann ist eine zusammenfassende Würdigung auch dann möglich und geboten, wenn der Gesellschafter sowohl an vermögensverwaltenden als auch an mitunternehmerischen Personengesellschaften beteiligt ist. Andernfalls wäre die vom Großen Senat des BFH hervorgehobene „sachlich zutreffende Besteuerung des Gesellschafters" nicht zu erreichen" (BFH 22.8.2012 – X R 24/11, BStBl. II 2012, 865 Rn. 18).

1317–1318 *Einstweilen frei*

4. Anfang, Umfang und Ende des Grundstückshandels

1319 Geschäfte mit Grundstücken werden Gewerbebetrieb, sobald „der Steuerpflichtige mit Tätigkeiten beginnt, die objektiv erkennbar auf die **Vorbereitung des Grundstücksgeschäftes** gerichtet sind" (BFH 21.6.2001 – III R 27/98, BStBl. II 2002, 537 (542)). Der Zeitpunkt ist freilich retrospektiv zu bestimmen, wenn sich erst später erweist – womöglich erst im Zeitpunkt der Veräußerung eines vierten Objekts –, dass die Voraussetzungen des gewerblichen Grundstückshandels vorliegen (*Söffing* Rn. 652 ff.).

1320 Zum notwendigen Betriebsvermögen eines Gewerbebetriebs gehören gemeinhin die Wirtschaftsgüter, die dem Betrieb dergestalt unmittelbar dienen, dass sie objektiv erkennbar für den unmittelbaren Einsatz im Betrieb bestimmt sind. „Für einen gewerblichen Grundstückshandel gilt dies entsprechend" (BFH 28.10.2015 – X R 22/13, BStBl. II 2016, 95 Rn. 34). Mit Beginn (→ Rn. 1319) werden die Objekte **Umlaufvermögen** (BFH 21.6.2001 – III R 27/98, BStBl. II 2002, 537 (542)).

1321 Zum unmittelbaren Einsatz im Betrieb „bestimmt" und damit **im Betriebsvermögen verstrickt** sind jene Wirtschaftsgüter, auf die sich die Veräußerungsabsicht des Steuerpflichtigen bezieht. „Es sind allerdings nur diejenigen Grundstücksgeschäfte als gewerblich zu beurteilen, die in einem solchen sachlichen und zeitlichen Zusammenhang zueinander stehen, dass der Schluss auf einen einheitlichen Betätigungswillen möglich ist" (BFH 28.10.2015 – X R 22/13, BStBl. II 2016, 95 Rn. 34; FG Baden-Württemberg 5.4.2017 – 4 K 1740/16, EFG 2017, 1346 Rn. 24, bestätigt durch BFH 27.6.2018 – X R 26/17, BFH/NV 2018, 1255).

1322 Die Grundstücksveräußerungen sind durchweg **laufende Geschäftsvorfälle** (*Söffing* Rn. 767). Indem der Gewerbebetrieb darauf ausgeht, die Grundstücke gewinnbringend zu veräußern, und die Grundstücke zum Umlaufvermögen gehören, sind die Veräußerungsgeschäfte in den laufenden Gewinn einzubeziehen. Damit sind sie für die Tarifbegünstigung aus §§ 16, 34 verloren, wenn sie nicht vorrangig einem anderen Gewerbebetrieb des Steuerpflichtigen zuzuordnen sind (BFH 21.6.2001 – III R 27/98, BStBl. II 2002, 537 (543): „subsidiäre Zuordnung der Veräußerungen von Grundstücken zu einem gewerblichen Grundstückshandel").

1323 Wenn und weil die Grundstücksveräußerung dem „typusprägenden Verhalten des Grundstückshändlers" entspreche, schlägt die Rechtsprechung **auch das letzte Veräußerungsgeschäft vor der Betriebsaufgabe** nicht den begünstigten Veräußerungsgewinnen der §§ 16, 34 zu, sondern den laufenden Einkünften i.S. des § 15 und dem gewerbesteuerpflichtigen Gewerbeertrag (stRspr seit BFH 15.12.1971 – I R 49/70, BStBl. II 1972, 291; aus jüngerer Zeit BFH 24.6.2009 – X R 36/06, BStBl. II 2010, 171 (176)).

1323.1 Der X. Senat hat die Rechtsprechungslinie mit Urteil vom 28. Oktober 2015 (X R 22/13, BStBl. II 2016, 95 Rn. 43, dort ohne Hervorhebungen) bestätigt und verlängert: „Nach der ständigen BFH-Rechtsprechung geht nicht jeder Gewinn aus der Veräußerung von Wirtschaftsgütern im Zusammenhang mit der Betriebsaufgabe in den (tarifbegünstigten) Aufgabegewinn ein. Ausgenommen werden Gewinne aus Geschäftsvorfällen, die auf der im Wesentlichen unveränderten **Fortführung der bisherigen unternehmerischen Tätigkeit** beruhen (BFH-Urteil vom 9. September 1993 IV R 30/92, BFHE 172, 344, BStBl. II 1994, 105, mwN). Dementsprechend hat der BFH in Fällen der Aufgabe eines gewerblichen Grundstückshandels die Veräußerung von Grundstücken auch dann stets als (gewerbesteuerbare) **laufende Einkünfte** i.S. des § 15 EStG und nicht als Veräußerungsgewinne gemäß § 16 EStG angesehen, wenn das letzte zum Betriebsvermögen gehörende Grundstück an einen Abnehmer veräußert wurde und sich daran die Betriebsaufgabe anschloss. […] Irrelevant sei sowohl, ob das Grundstück an einen Endkunden, Wiederverkäufer oder Großabnehmer verkauft werde, als auch in welcher Phase des Durchhandelns, der Grundstücksentwicklung, -bebauung, -modernisierung oder -teilung es veräußert werde. Auch gewerbesteuerrechtlich sei davon auszugehen, dass die Umsätze aus der Veräußerung von zum Umlaufvermögen gehörenden Grundstücken eines gewerblichen Grundstückshändlers anlässlich der Betriebsaufgabe dem laufenden Gewinn zuzuordnen seien (s. Senatsurteil vom 24. Juni 2009 X R 36/06, BFHE 225, 407, BStBl. II 2010, 171, unter II.5.b, mwN). Diese Grundsätze wurden vom erkennenden Senat auch auf Einbringungen gegen Gewährung von Gesellschaftsrechten und weitere Gegenleistungen gemäß § 20 des Umwandlungssteuergesetzes 1977 erstreckt (Senatsurteil in BFHE 225, 407, BStBl. II 2010, 171). Für die streitgegenständliche Einbringung der Grundstücke zum Teilwert gegen Übernahme von Verbindlichkeiten und Einräumung einer Darlehensforderung kann nichts anderes gelten."

Einstweilen frei **1324–1326**

VI. Gewerblicher Wertpapierhandel und Anteilshandel

Leitentscheidungen, wichtige Verwaltungsanweisungen und Schrifttum (Auswahl): **1327**

Entscheidungen des GrS: **1327.1**
BFH 3.7.1995 – GrS 1/93, BStBl. II 1995, 617.

Weitere Leitentscheidungen des BFH: **1327.2**
BFH 25.7.2001 – X R 55/97, BStBl. II 2001, 809 (Anteilshandel); BFH 30.7.2003 – X R 7/99, BStBl. II 2004, 408; BFH 19.1.2017 – IV R 50/14, BStBl. II 2017, 456 (Grundsätze des Wertpapierhandels nicht auf den Goldhandel übertragbar).

Wichtige Verwaltungsanweisungen: **1327.3**
BMF 16.12.2003, BStBl. I 2004, 40 (PE-Erlass).

Schrifttum (Auswahl): **1327.4**
P. Kirchhof, Erwerbsstreben und Maß des Rechts, in: Isensee/Kirchhof (Hrsg.), Handbuch des Staatsrechts Bd. VIII, 3. Aufl. 2010, § 169; *Ewald/Jansen*, Ausgewählte ertragsteuerrechtliche Aspekte bei Investment-Kommanditgesellschaften, DStR 2016, 1784; *Schnittker/Steinbiß*, Gewerblichkeit oder Vermögensverwaltung bei PE/VC-Fonds, FR 2016, 1069.

1. Grundlagen

Für die Eigentümlichkeiten der Vermögensanlage in Wertpapieren beruft sich der BFH **1328** auf die **Verkehrsanschauung,** die Natur der Sache (BFH 19.1.2017 – IV R 50/14, BStBl. II 2017, 456 Rn. 31) und eine Rechtsprechungslinie seit 1929 (BFH 30.7.2003 – X R 7/99, BStBl. II 2004, 408 (410), mit Verweis auf RFH 6.2.1929 – VI A 1523/28, StuW 1929, Nr. 347): *Umschichtung* – selbst in erheblichem Umfang – unterscheide private und unternehmerische Vermögensverwaltung nicht, „weil es bei Wertpapieren in der Natur der Sache liegt, den Bestand zu verändern, schlechte Papiere abzustoßen, gute zu erwerben und Kursgewinne zu realisieren" (BFH 19.8.2009 – III R 31/07, BFH/NV 2010, 844 Rn. 18; FG Berlin-Brandenburg 9.6.2015 – 6 K 6138/12, EFG 2015, 1802, aufgehoben durch BFH 14.9.2017 – IV R 34/15, BFH/NV 2018, 24; FG Köln 23.10.2014 – 11 K 1217/09, EFG 2015, 217 (218), rkr.; FG München 29.6.2015 – 7 K 928/13, EFG 2015, 1931 (1932), aus prozessualen Gründen aufgehoben durch BFH 27.9.2017 – I R 62/15, BeckRS 2017, 145119).

Die Quantität des Umschlags bleibt hier, anders als beim Grundstückshandel **1329** (→ Rn. 1287 f.), außer Betracht. Die Ungleichbehandlung rechtfertigt sich aus der Eigenart des Wertpapierhandels (KSM/*Desens/Blischke* § 15 Rn. B 81; vgl. auch BFH 28.5.2015 – X B 171/14, BFH/NV 2015, 1243 Rn. 36: „strukturelle Unterschiede"). Sein Kennzeichen ist der mitkalkulierte Effekt aus dem vielfachen, oft kurzfristigen („Daytrading") Kauf und Verkauf, aus einem Handelstempo, dem sich auch der private Jedermann anpassen kann (→ Rn. 1039 und → Rn. 1351 f.). Zumal der technisch mühelose, mobile, scheinbar spielerische Marktzugang erlaubt die (mitunter wahnhafte) Selbsteinschätzung, ein geborener Händler zu sein. Jedoch gilt: „Auch nach der – keines Beweises bedürftigen – Verkehrsauffassung gehört die Pflege eines selbst großen Wertpapierdepots zu den üblichen Vorgängen der Vermögensverwaltung" (BFH 25.7.2001 – X R 55/97, BStBl. II 2001, 809 (811); FG Niedersachsen 6.12.2016 – 8 K 123/16, EFG 2017, 462 Rn. 23, rkr.).

1330 Wenn die Rechtsprechung auf dieser altetablierten Linie **„besondere Umstände"** für die Annahme gewerblicher – händlertypischer oder bankähnlicher – Tätigkeit verlangt, so dürfte und sollte sie nicht auf eine Ausnahmesituation zielen, nicht auf *Besonderheiten*, sondern auf *Eigentümlichkeiten* ungeachtet der Gemeinsamkeit, dass Privatanleger wie Händler auf Kursgewinne ausgehen. Denn **Merkmale der Professionalität,** die den Gewerbetreibenden hier im Besonderen (BFH 30.7.2003 – X R 7/99, BStBl. II 2004, 408 (410)) wie im Allgemeinen auszeichnen (→ Rn. 645 ff.), sind nicht deshalb „besondere" Umstände, weil sie selten oder ausnahmsweise vorkommen. Sie sind auch nicht schwerer zu erkennen.

1331 Allein der Rekurs auf die Kontrastbegriffe Umschichtung/Fruchtziehung führt (auch hier) nicht weiter, wenn sich **auch der Jedermann „wie ein Händler"** verhält. Unabdingbar sind einheitliche und rechtssichere Kriterien, um professionellen, gewerblichen Wertpapierhandel zu identifizieren. Konsistente Dogmatik schützt gegen den Verdacht, *positive* Einkünfte seien willkommen als zusätzlich gewerbesteuerpflichtige Einkünfte aus Gewerbebetrieb, indessen *negative* in die Schedule des § 20 mit ihrer Verlustverrechnungsbeschränkung (§ 20 Abs. 6) verbannt werden sollen (→ Rn. 1351 f. und die Kritik bei *Schnorr* NJW 2004, 3214 (3215); exemplarisch auch das Bemühen des Gymnasiallehrers, dessen Besoldung „nicht einmal 1% des Volumens der Wertpapiergeschäfte" erreicht, die Handelsverluste in die Gewerblichkeit zu lotsen: BFH 19.8.2009 – III R 31/07, BFH/NV 2010, 844 Rn. 11).

1332 Zutreffend findet der BFH **in gesetzlichen Berufsbildern** Kriterien „von hoher Indizwirkung" (BFH 30.7.2003 – X R 7/99, BStBl. II 2004, 408 (411 f.)), insbesondere in den Legaldefinitionen des Kreditwesengesetzes (KWG) und des Wertpapierhandelsgesetzes (WpHG). Bedenklich wäre jedoch eine Verengung des – aus steuerlicher Sicht – gewerblichen Wertpapierhandels infolge strikter Anlehnung an das Finanzaufsichtsrecht (kritisch auch HHR/*Buge* § 15 Rn. 1171). Die Rechtsprechung bekennt sich ihrerseits zu einer **„Gesamtbild"-Betrachtung** (BFH 25.6.1984 – GrS 4/82, BStBl. II 1984, 751 (763); BFH 20.12.2000 – X R 1/97, BStBl. II 2001, 706 (707); BFH 11.10.2012 – IV R 32/10, BStBl. II 2013, 538 Rn. 28; FG Hamburg 23.4.2015 – 5 K 115/12, BeckRS 2015, 95187, rkr.); in diesem Rahmen können die Standards des KWG und des WpHG ins Gewicht fallen.

1332.1 § 1 Abs. 3d S. 4 KWG: „**Wertpapierhandelsunternehmen** sind Institute, die keine CRR-Kreditinstitute sind und die Bankgeschäfte im Sinne des Absatzes 1 Satz 2 Nr. 4 oder 10 betreiben oder Finanzdienstleistungen im Sinne des Absatzes 1a Satz 2 Nr. 1 bis 4 erbringen, es sei denn, die Bankgeschäfte oder Finanzdienstleistungen beschränken sich auf Devisen oder Rechnungseinheiten." Damit sind als **Bankgeschäfte** in Bezug genommen: „die Anschaffung und die Veräußerung von Finanzinstrumenten im eigenen Namen für fremde Rechnung (Finanzkommissionsgeschäft)", § 1 Abs. 1 S. 2 Nr. 4 KWG, „die Übernahme von Finanzinstrumenten für eigenes Risiko zur Plazierung oder die Übernahme gleichwertiger Garantien (Emissionsgeschäft)", § 1 Abs. 1 S. 2 Nr. 10 KWG, ferner die in § 1 Abs. 1a S. 2 Nr. 1 bis 4 KWG legaldefinierten **Finanzdienstleistungen:** Anlagevermittlung, Anlageberatung, Betrieb eines multilateralen Handelssystems, Platzierungsgeschäft, Abschlussvermittlung, Finanzportfolioverwaltung und weitere (Nr. 4, darunter das Anschaffen oder Veräußern von Finanzinstrumenten für eigene Rechnung als Dienstleistung für andere); s. näher Schwennicke/Auerbach/*Schwennicke* KWG § 1 Rn. 9 ff. (Bankgeschäfte) Rn. 78 ff. (Finanzdienstleistungen) und Rn. 204 (Wertpapierhandelsunternehmen).

1332.2 § 1 Abs. 3 KWG: „**Finanzunternehmen** sind Unternehmen, die keine Institute und keine Kapitalverwaltungsgesellschaften oder extern verwaltete Investmentgesellschaften sind und deren Haupttätigkeit darin besteht, 1. Beteiligungen zu erwerben und zu halten, 2. Geldforderungen entgeltlich zu erwerben, 3. Leasing-Objektgesellschaft im Sinne des § 2 Abs. 6 S. 1 Nr. 17 zu sein, 4. [aufgehoben], 5. mit Finanzinstrumenten für eigene Rechnung zu handeln, 6. andere bei der Anlage in Finanzinstrumenten zu beraten, 7. Unternehmen über die Kapitalstruktur, die industrielle Strategie und die damit verbundenen Fragen zu beraten sowie bei Zusammenschlüssen und Übernahmen von Unternehmen diese zu beraten und ihnen Dienstleistungen anzubieten oder 8. Darlehen zwischen Kreditinstituten zu vermitteln (Geldmaklergeschäfte)."

1333 Als Kriterien der Abgrenzung zwischen professionellen und privaten Wertpapier-Vermögensverwaltern kommen insbesondere in Betracht:

- **Merkmale der Professionalität,** die sich im KWG oder WpHG niederschlagen (BFH 2.9.2008 – X R 14/07, BFH/NV 2008, 2012 Rn. 23) oder im Einzelfall erkennbar werden, etwa aus besonderen Kenntnissen und beruflichen Erfahrungen, „über die ein durchschnittlicher Anleger nicht verfügt" (BFH 28.11.2007 – X R 24/06, BFH/NV 2008,

774; FG Münster 8.4.2014 – 10 K 3960/12 F, EFG 2014, 1162 (1163), rkr.; vgl. auch BFH 9.7.2019 – X R 9/17, DStR 2019, 2626 Rn. 35);
- dem Tätigwerden für fremde Rechnung (professionell) oder eigene Rechnung (privat) kommt „besonderes Gewicht im Rahmen der Gesamtbetrachtung" zu (BFH 30.7.2003 – X R 7/99, BStBl. II 2004, 408 (412); BFH 9.7.2019 – X R 9/17, DStR 2019, 2626 Rn. 33; FG München 28.7.2009 – 13 K 1717/07, BeckRS 2009, 26027921, rkr.);
- unmittelbarer Handel mit anderen Marktteilnehmern und institutionellen Partnern spricht für Professionalität (BFH 28.11.2007 – X R 24/06, BFH/NV 2008, 774), Abwicklung der Geschäfte über eine depotführende Bank kennzeichnet die private Vermögensverwaltung (BFH 19.8.2009 – III R 31/07, BFH/NV 2010, 844 Rn. 21; FG Berlin-Brandenburg 29.8.2007 – 3 K 5109/03 B, EFG 2008, 128 (130), rkr.);
- Wertpapierhändler und Finanzunternehmer betätigen sich hauptberuflich, der Privatanleger in seiner Freizeit, freizeitlich aktivierte Sachkenntnis lässt nicht auf Professionalisierung schließen (BFH 2.9.2008 – X R 14/07, BFH/NV 2008, 2012 Rn. 32, mit Blick auf einen gelernten Bankkaufmann; FG Berlin-Brandenburg 29.8.2007 – 3 K 5109/03 B, EFG 2008, 128 (131), rkr.), wohl aber „das Ausnutzen eines Marktes unter Einsatz beruflicher Erfahrungen" (BFH 19.8.2009 – III R 31/07, BFH/NV 2010, 844 Rn. 19; BFH 28.11.2007 – X R 24/06, BFH/NV 2008, 774);
- im Einzelfall zu gewichtende Bedeutung kommt weiteren „Anzeichen" zu: dem Umfang der Geschäfte und dem Umfang einzelner Transaktionen; das Unterhalten eines Büros – im Gegensatz zur Tätigkeit „von zu Hause aus" – oder einer Organisation zur Durchführung von Geschäften (BFH 9.7.2019 – X R 9/17, DStR 2019, 2626 Rn. 35); das Anbieten von Wertpapiergeschäften gegenüber einer breiteren Öffentlichkeit (BFH 19.8.2009 – III R 31/07, BFH/NV 2010, 844 Rn. 19; BFH 2.9.2008 – X R 14/07, BFH/NV 2008, 2012 Rn. 32, 35; FG Köln 23.10.2014 – 11 K 1217/09, EFG 2015, 217 (218), rkr.).

Einstweilen frei **1334–1336**

2. Anteilshandel und PE-Fonds

2001 ergriff der X. BFH-Senat eine günstige Gelegenheit. Der Kläger betrieb nicht nur einen sprichwörtlich schwunghaften Handel mit GmbH-Beteiligungen. Er gründete „mindestens elf weitere", die er auf den Markt für Rechtsträger mit Güterfernverkehrsgenehmigungen brachte (BFH 25.7.2001 – X R 55/97, BStBl. II 2001, 809 (812): als „lebensfähige Betriebe organisiert und bestimmungsgemäß abgesetzt"). Damit aber betätigte er sich nicht nur **wie ein Händler,** sondern auch **wie ein Produzent:** „Die Schaffung eines marktfähigen Produkts kann auch in der Gründung eines Unternehmens liegen, das Gegenstand eines Kaufs im Wege der Einzelübertragung von Wirtschaftsgütern oder mittels Anteilsübertragung ist" (BFH 25.7.2001 – X R 55/97, BStBl. II 2001, 809 (812); FG Niedersachsen 6.12.2016 – 8 K 123/16, EFG 2017, 462 Rn. 25, rkr.: „Produkt Vorratsgesellschaft"; BFH 27.6.2017 – IX R 3/17, DStRE 2018, 404 Rn. 15: Wirtschaftsgut „GmbH-Beteiligung"). **1337**

Das FG Niedersachsen 6.12.2016 – 8 K 123/16, EFG 2017, 462, rkr., hat Gründung und Veräußerung von 40 GmbH der Gewerblichkeit zugeschlagen mit Hinweis auf die kurze Haltedauer (unter einem Jahr) und das Desinteresse der Händlerin an einer Kursentwicklung: als „leere" Gesellschaften verkörperten die Vorratsgesellschaften keine Ertragserwartung – „Fruchtziehung ist nicht vorgesehen" (FG Niedersachsen 6.12.2016 – 8 K 123/16, EFG 2017, 462 Rn. 27; *Hennigfeld* EFG 2017, 464: funktionslose Hüllen, weder Chancen noch Risiken). Das hat BFH 27.6.2017 – IX R 3/17, DStRE 2018, 404 Rn. 15 bestätigt: „Die Klägerin hat damit nicht ein bereits vorhandenes Wirtschaftsgut zur Kapitalanlage angeschafft, sondern sich mit der Schaffung eines neuen Wirtschaftsguts wie ein Produzent oder Dienstleister verhalten, mit dem Unterschied, keine körperlichen Waren hergestellt, sondern mit der Gründung der Beteiligung ein marktgängiges und verkehrsfähiges Wirtschaftsgut geschaffen zu haben." **1337.1**

In dieser Konstellation distanziert der BFH bereits den Anteilshändler, erst recht den Anteilsproduzenten vom Wertpapierhändler. Dieser nutze Vermögen iSd § 14 S. 3 AO, jener schlage um. Der (händlertypische oder produzentenähnliche) Anteilshandel, der **Ankauf und Verkauf von Unternehmen** seien „unternehmerisch geprägte Rechtsvorgänge" (BFH 25.7.2001 – X R 55/97, BStBl. II 2001, 809 (812); BFH 27.6.2017 – IX R 3/17, DStRE 2018, 404 Rn. 15: Gründungsaufwand als Dienstleistung). So sehr die Etikettierungen über- **1338** zeugen, so heikel bleibt die materielle Unterscheidung zwischen Beteiligungshandel und Wertpapierhandel, wenn das Urteil von 2001 auch Beteiligungen funktional entweder den Finanzanlagen oder dem Umlaufvermögen zugeordnet sieht (BFH 25.7.2001 – X R 55/97, BStBl. II 2001, 809 (811); überzeugender der Hinweis auf den „wesentlich" Beteiligten, der dem Mitunternehmer nahesteht).

1339 In der Beurteilung von **Venture Capital und Private Equity Fonds** zieht das BMF-Schreiben (BMF 16.12.2003, BStBl. I 2004, 40 – „PE-Erlass") einerseits die herkömmlichen Kriterien für den Wertpapierhandel heran, andererseits die BFH-Grundsätze von 2001 (→ Rn. 1337). Den typischen Fonds (vormals in Gestalt der GmbH & Co. KG; zum neuen Archetypus des KAGB, dem Alternativen Investmentfonds: *Ewald/Jansen* DStR 2016, 1784) platziert der PE-Erlass „in der Regel" (BMF 16.12.2003, BStBl. I 2004, 40 Rn. 8) aufseiten des Wertpapierhandels und damit der privaten Vermögensverwaltung (ausführlich zum PE-Erlass *Schnittker/Steinbiß* FR 2016, 1069 (1073 ff.), dort auch der Abgleich mit BFH 24.8.2011 – I R 46/10, BStBl. II 2014, 764). Freilich hängt diese „Regel" von einer anspruchsvollen Typizität und Merkmalsvielfalt ab. Der PE-Erlass bekennt sich seinerseits zum „Gesamtbild der Betätigung" (BMF 16.12.2003, BStBl. I 2004, 40 Rn. 18; Rn. 8: „die einzelnen Kriterien sind im Zusammenhang zu würdigen"; auch FG Münster 28.4.2017 – 10 K 106/13 F, BeckRS 2017, 112995 Rn. 74, rkr.; zur Gesamtbild-Dogmatik → Rn. 658 und → Rn. 705).

1339.1 Der PE-Erlass berücksichtigt in der **Gesamtschau für die „Regel"-Annahme** der Vermögensverwaltung/Nicht-Gewerblichkeit (1) dass der Fonds den Erwerb von Anteilen an der Portfolio-Gesellschaft im wesentlich aus Eigenmitteln finanziert; (2) dass der Fonds keine umfangreiche eigene Organisation unterhält; (3) dass sich der Fonds nicht eines Marktes bedient und auf fremde Rechnung unter Einsatz beruflicher Erfahrungen tätig wird; (4) dass der Fonds Beteiligungen an den Portfolio-Gesellschaften nicht gegenüber einer breiten Öffentlichkeit anbietet; (5) dass der Fonds die Beteiligungen mindestens mittelfristig (drei bis fünf Jahre) hält, andernfalls wiederum „Umschichtung" in Frage kommt; (6) dass der Fonds Veräußerungserlöse ausschüttet, nicht reinvestiert; (7) dass der Fonds sich nicht am aktiven Management der Portfolio-Gesellschaft beteiligt, BMF 16.12.2003, BStBl. I 2004, 40 Rn. 9–16; Erprobung und Erstreckung der Merkmale auf den Alternativen Investmentfonds des § 1 Abs. 3 KAGB: *Ewald/Jansen* DStR 2016, 1784 (1785 ff.).

1340 Dass der Venture Capital/Private Equity Fonds durchaus rasch in die Gewerblichkeit kippen kann, zeigt das Urteil des BFH von 2011 zu einem englischen PE-Fonds. Bei Investitionen in eine Auslandsgesellschaft mögen die inländischen Gesellschafter an der Freistellung der ausländischen Unternehmensgewinne (→ Rn. 524 ff.) und deshalb am Gewerblichkeitssiegel interessiert sein. Der I. Senat beurteilt die Zuordnung „nach denselben Abgrenzungskriterien wie bei vergleichbaren Inlandsgesellschaften, insbesondere zum Wertpapierhandel" (BFH 24.8.2011 – I R 46/10, BStBl. II 2014, 764 Rn. 18; FG Münster 28.4.2017 – 10 K 106/13 F, BeckRS 2017, 112995 Rn. 74, rkr.). **Händlertypisches Verhalten** erkennt er in der Fremdfinanzierung der Beteiligungserwerbe, der Ausnutzung des sog. Leverageeffekts, „welcher eintritt, wenn der Fonds aufgrund der Kreditaufnahme einen höheren Betrag in Portfoliogesellschaften investiert, als er ihm aufgrund des Zeichnungskapitals zur Verfügung steht" (BFH 24.8.2011 – I R 46/10, BStBl. II 2014, 764 Rn. 22), auch in der Beteiligung am aktiven Management der Zielgesellschaften (im Umgang mit diesem Merkmal eher restriktiv: *Schnittker/Steinbiß* FR 2016, 1069 (1075)).

1341 Der I. BFH-Senat verdient Beifall, soweit er in der Auseinandersetzung mit dem „typischen Geschäftsmodell" (BFH 24.8.2011 – I R 46/10, BStBl. II 2014, 764 Rn. 22) die – zuordnungshalber ausschlaggebende – Orientierung an der **PE Fonds-Professionalität und Umschlagintensität** nahelegt. Die kurz-, allenfalls mittelfristige Geduld der „betreuenden" Fonds-Investoren, die unbedingte Wiederveräußerungsabsicht (Kirchhof/*Krumm* § 15 Rn. 132), der Betreuungsfuror der *Business Angels*, die Ausrichtung auf professionellen Beistand mit Hebeleffekt in eher knapper Frist streiten für Gewerblichkeit (HHR/*Buge* § 15 Rn. 1172 lehnt den Buy-to-Sell-Ansatz ab, wiewohl er für den Wertpapier- und Beteiligungshandel auf entscheidend auf die „Absicht alsbaldiger Veräußerung" abstellen will (ebda Rn. 1171 f.); richtigerweise darf die Veräußerungsabsicht für Zwecke der Abgrenzung nicht verabsolutiert und nicht aussortiert werden; vgl. auch BFH 27.6.2017 – IX R 3/17, DStRE 2018, 404 Rn. 16 zur Haltedauer als Indiz beim Handel mit Vorratsgesellschaften).

Auch FG Münster 28.4.2017 – 10 K 106/13 F, BeckRS 2017, 112995 Rn. 77 ff., rkr., hat darauf abgestellt, dass der Fonds **notleidende Unternehmen erworben und marktgängig gemacht,** die Überschüsse nicht reinvestiert, sondern ausgeschüttet habe, selbst am Markt und nicht über eine depotführende Bank tätig geworden sei und, nicht zuletzt, eigene Leute in die Gremien der Portfolio-Gesellschaften entsandt habe (vgl. auch den Parallelfall FG Münster 28.4.2017 – 10 K 3435/13 F, BeckRS 2017, 113311 Rn. 61 ff.). Dieser Substanzumschlag in der professionellen und gemanagten Struktur steht dem bloßen Halten und gelegentlichen Umschlagen nach Art des konventionellen Wertpapierhandels allzu fern. 1342

Das **Buy-to-Sell-Geschäftsmodell** mag sich von einem Händler-Urbild unterscheiden (das betonen *Schnittker/Steinbiß* FR 2016, 1069 (1078); Kritik an der „Urbild"-Orientierung: → Rn. 658 und → Rn. 1034), erweist sich aber regelmäßig als Dreh- und Angelpunkt in einem unternehmerischen Gesamtkonzept, das dogmatisch als „Gesamtbild" der Gewerblichkeit erscheint. Die Regel-Annahme des BMF-Schreibens (BMF 16.12.2003, BStBl. I 2004, 40 Rn. 8 ff. mit Tendenz zur privaten Vermögensverwaltung) dürfte im Bereich der Venture Capital und Private Equity Fonds die Ausnahme sein. 1343

Einstweilen frei 1344–1346

3. Einzelfälle

a) Ausgrenzung des Goldhandels. Das „Goldfinger-Modell" hat Anlass gegeben, über die **Gleichstellung** des Goldhandels mit dem Wertpapierhandel grundsätzlich zu entscheiden. Der BFH hat die Gleichbehandlung **abgelehnt** (BFH 19.1.2017 – IV R 50/14, BStBl. II 2017, 456 Rn. 30 ff.; BFH 19.1.2017 – IV R 50/13, BFH/NV 2017, 751 Rn. 29 ff.). Die Übernahme der für den Wertpapierhandel entwickelten Grundsätze hätte allerdings die Gewerblichkeit der Goldfinger-Geschäfte und damit den Modell-Effekt durchkreuzt (zum Goldfinger-Modell: *Mann/Stahl* DStR 2015, 1425; *Neu* EFG 2017, 1253). Die Gestalter waren in der Auslandsvariante auf DBA-rechtlich freigestellte Verluste aus Gewerbebetrieb angewiesen, damit auf die Vorteile aus dem negativen Progressionsvorbehalt, und in der Inlandsvariante auf sofort abziehbare Betriebsausgaben. 1347

Zur Bestimmung des Begriffs **„gewerbliche Einkünfte" i.S. des DBA-Großbritannien** 1964/1970 (vgl. nunmehr Art. 7 Abs. 1 S. 1 DBA-Großbritannien 2010: „Gewinne eines Unternehmens") hat BFH 19.1.2017 – IV R 50/14, BStBl. II 2017, 456 Rn. 21 ff., in Ermangelung einer Begriffsbestimmung im Abkommen auf § 15 zurückgegriffen und diesen Leitsatz vorangestellt: „Gewerbliche Gewinne" seien „jedenfalls" solche, die inländischen Gesellschaftern „aus einer originär gewerblichen Tätigkeit der ausländischen Personengesellschaft i.S. des § 15 Abs. 2" zugerechnet werden (Rn. 25). Die tatrichterliche Würdigung des FG Münster, dass die britische General Partnership aus dem Handel mit Gold „gewerbliche Einkünfte i.S. des § 15 Abs. 2 Satz 1 EStG erzielt und keine vermögensverwaltende Tätigkeit ausgeübt hat", sei möglich und damit für den Senat bindend (Rn. 24). Demgegenüber hatte das FG München mit Urteil vom 29. Juni 2015 (7 K 928/13, EFG 2015, 1931,aus prozessualen Gründen aufgehoben durch BFH 27.9.2017 – I R 62/15, BeckRS 2017, 145119) entlang der inländischen Kriterien für den Wertpapierhandel – ebenfalls in einer Goldfinger-Konstellation – gegen die Gewerblichkeit der britischen General Partnership entschieden: Allein die professionelle Organisation des Londoner Büros (mit dem Ziel, freigestellte Unternehmenseinkünfte über den negativen Progressionsvorbehalt in Deutschland zu nutzen) spreche *für* Gewerblichkeit; *dagegen* spreche das Tätigwerden ausschließlich für eigene Rechnung und die händleruntypische, anonyme Teilnahme am Handel über Börsenplätze, EFG 2015, 1931 (1933 f.). 1347.1

Der BFH hat eingeräumt, dass physisches Gold ebenso wie Wertpapiere der Vermögensanlage dienen und über Banken erworben werden können – demgegenüber jedoch **„grundlegende Unterschiede"** betont (BFH 19.1.2017 – IV R 50/14, BStBl. II 2017, 456 Rn. 31). Goldhandel sei Handel, dieser verstanden als „planmäßiges und dauerhaftes, auf Güterumschlag gerichtetes Tätigwerden" (BFH 19.1.2017 – IV R 50/14, BStBl. II 2017, 456 Rn. 36). Dieses häufige und kurzfristige Umschichten sei der *vermögensverwaltenden* Goldanlage fremd. Auch unterliege der Goldhandel in Deutschland nahezu keiner staatlichen Regulierung, anders als beim Wertpapierhandel könne nicht auf ein gesetzlich definiertes Leitbild zurückgegriffen werden (BFH 19.1.2017 – IV R 50/14, BStBl. II 2017, 456 Rn. 32 ff.). Das Urteil führt den Goldhandel in das allgemeine Abgrenzungsrecht zurück („Bild des Handels", BFH 1348

19.1.2017 – IV R 50/14, BStBl. II 2017, 456 Rn. 36 ff.), macht damit bewusst, dass die Qualifikation des Wertpapierhandels ihrerseits einer nicht verallgemeinerungsfähigen Sonderdogmatik folgt.

1349–1350 *Einstweilen frei*

1351 **b) Weitere Einzelfälle.** Über einen unspektakulären, kaum bemerkten, dennoch bemerkenswerten Einzelfall hat das FG München mit Urteil vom 28. Juli 2009 entschieden (13 K 1717/07, BeckRS 2009, 26027921, rkr.). Im Sommer 2009, nach dem *Lehman*-Schock, hatte sich die in der Finanzbranche kultivierte Hybris der Nuller-Jahre bereits erledigt. Neues Nachdenken über den ehrbaren Kaufmann setzte ein (repräsentativ: Isensee/P. Kirchhof StaatsR-HdB VIII/*P. Kirchhof* § 169 Rn. 70 ff.). Das FG hatte indes mit dem **Streitjahr 2000** zu tun und jener Phase, in der sich ein aus Ideen globaler Totalökonomisierung und Digitalisierung gespeister Größenwahn weiter aufbaute, mochte auch gerade (März 2000) die Dotcom-Blase geplatzt sein. Der Kläger wollte nicht wahrhaben, dass seine Verluste (56.099 DM) der Sphäre privater Spekulationsgeschäfte zuzuschlagen seien. Er sah sich als professionellen **Daytrader,** qualifiziert an der Fachhochschule Regensburg, zusatzqualifiziert im Online Seminar „Daytrading an der NASDAQ", ausgestattet mit einer „doppelten ISDN-Leitung", von „aktiven Tradings" in Beschlag genommen zwischen 16 und 18 Stunden pro Tag über acht Monate. Das FG hielt ihm entgegen, in der Ernüchterung des Jahres 2009: „Den Geschäften des Klägers fehlt aber die Professionalität der Finanzunternehmen" (FG München 28.7.2009 – 13 K 1717/07, BeckRS 2009, 26027921, rkr.).

1351.1 Das FG rekurrierte hier auf das Merkmal des „unmittelbaren Handels" (→ Rn. 1332.1): „Der Kontakt zur NASDAQ erfolgte aber […] über die Internetfirma IB […] Der Kläger hielt keinen – wie von ihm vorgetragen – unmittelbaren Zugang zur Börse, sondern der Zugang zur Börse wurde ihm nur durch IB als seinem Online-Broker vermittelt". Zutreffend gab das FG der **Gesamtbild-Betrachtung** den Vorzug vor einer **Berufsbild-Betrachtung:** „Die gegenteilige Auffassung, dass ein Daytrader Einkünfte aus Gewerbebetrieb erzielt (*Schmidt-Liebig*, Die Information über Steuer und Wirtschaft – Inf – 1999, 641 (645)), hält der erkennende Senat nicht für zutreffend. Zwar unterscheidet sich die Tätigkeit des Klägers im Streitjahr insoweit in der Tat von der Tätigkeit des normalen Privatanlegers, der seinen Wertpapierhandel neben der normalen Hauptbeschäftigung in der Freizeit ausübt. Jedoch ist das Indiz, dass der Wertpapierhandel die Haupttätigkeit des Steuerpflichtigen darstellt, nur eines von mehreren Indizien, die in einer Gesamtbetrachtung für das Vorliegen einer gewerblichen Wertpapierhandelstätigkeit i.S. des § 15 Abs. 2 EStG sprechen" (FG München 28.7.2009 – 13 K 1717/07, BeckRS 2009, 26027921).

1352 In umgekehrter Schlachtordnung begegneten sich vor dem Finanzgericht Berlin-Brandenburg ein überaus erfolgreicher Daytrader, der von Gewerblichkeit nichts wissen wollte, und die Finanzverwaltung, die ihm die Erklärung von Einkünften aus privater Vermögensverwaltung streitig machte (FG Berlin-Brandenburg 29.8.2007 – 3 K 5109/03 B, EFG 2008, 128, rkr.). Das Urteil entschied einen **Grenzfall der Halbprofessionalisierung,** verdient deshalb Beachtung. Anerkennung für eine erstaunliche Selbstprofessionalisierung im Umgang mit „Tradingsoftware", Informationen, Depotbanken und „online-Brokern" mochte das Gericht dem Kläger nicht versagen. Dieser operierte wohl an der Grenze der Gewerblichkeit (u.a.: „geschäftsmäßige Organisation" „im Zimmer seines elterlichen Haushalts"), blieb aber letztlich ein begabter Hobbyist ohne Branchenwissen und Insiderkenntnisse (FG Berlin-Brandenburg 29.8.2007 – 3 K 5109/03 B, EFG 2008, 128 (131), rkr., in Abgrenzung von FG München 15.3.2006 – 1 K 2294/03, EFG 2006, 1322 (bestätigt durch BFH 28.11.2007 – X R 24/06, BFH/NV 2008, 774); → Rn. 1353.1).

1353 Jenseits der allgemeinen Standards für privaten oder professionellen Wertpapierhandel (→ Rn. 1328 ff.) können Besonderheiten einzelner Geschäftstypen beachtlich sein. **Wertpapieroptionsgeschäften** (→ Rn. 2400) hat der BFH bescheinigt, grundsätzlich privater Natur zu sein; Optionen gewährten keine Früchte, der Inhaber „verwerte" sie, indem er sie ausübe oder verfallen lasse, bei Bestehen eines Sekundärmarktes auch durch Veräußerung; im Hebel- oder Leverageeffekt liege die eigenständige wirtschaftliche Bedeutung; einen Rechtsgrundsatz, dass Differenzgeschäfte wegen eines „Spielcharakters" schlechthin nicht steuerbar wären, anerkennt der X. Senat nicht (BFH 28.11.2007 – X R 24/06, BFH/NV 2008, 774).

Just in dem 2007 entschiedenen Fall hat der BFH – ausdrücklich trotz der grundsätzlich privaten Natur von Termingeschäften – die Annahme von **Einkünften aus Gewerbebetrieb** bestätigt: „Das FG hat seine Beurteilung maßgeblich darauf gestützt, dass die Klägerin sich in Ausübung ihrer beruflichen Position ohne Einsatz eigenen Vermögens wie eine Händlerin am institutionellen Markt bewegt sowie mit den Marktteilnehmern in unmittelbarer Beziehung agiert hat und dabei Kursdifferenzen ausgenützt und sich damit bankentypisch verhalten hat. […] Zu Recht hat das FG berücksichtigt, dass der (sinnvolle) Einsatz von Optionsgeschäften besondere Kenntnisse erfordert, die bei einem durchschnittlichen Privatanleger in der Regel nicht vorhanden sind. Die sinnvolle Nutzung derivativer Finanzinstrumente erfordert **besondere Kenntnisse und Erfahrungen,** über die ein durchschnittlicher Anleger nicht verfügt (vgl. *Schick*, Die Besteuerung von Optionsgeschäften, 1998, 236). Die Klägerin hat die sich ihr aufgrund ihrer beruflichen Stellung ergebenden Möglichkeiten genutzt. Dahingestellt bleiben kann, ob sie die Überschüsse aus dem Kauf bzw. Verkauf von Optionsscheinen, als Stillhalterin oder – wie sie behauptet – überwiegend durch Differenzgeschäfte erzielt hat. Ohne den ihr durch ihren Arbeitgeber eröffneten Zugang zum institutionellen Markt der Börse hätte sie keine unmittelbare Beziehung zu den Marktteilnehmern aufnehmen können, sondern wäre auf die Einschaltung gewerblich tätiger Finanzunternehmen angewiesen gewesen. Die spätere Einschränkung der für eigene Rechnung möglichen Tätigkeit der Klägerin durch die Insider-Richtlinien ändert daran nichts, sondern bestätigt im Gegenteil, dass die Klägerin aus den Optionsgeschäften nur aufgrund ihrer besonderen, in ihrer beruflichen Stellung begründeten Kenntnisse Überschüsse erzielen konnte. Insoweit unterscheidet sich der zu beurteilende Sachverhalt wesentlich von dem vom IX. Senat des BFH im Urteil vom 7. September 2004 IX R 73/00 (BFH/NV 2005, 51) entschiedenen Sachverhalt, in dem der handelnden Steuerpflichtigen die entscheidenden **Merkmale der Professionalität** fehlten" (BFH 28.11.2007 – X R 24/06, BFH/NV 2008, 774, Zurückweisung der Revision gegen FG München 15.3.2006 – 1 K 2294/03, EFG 2006, 1322; → Rn. 1352). 1353.1

Einstweilen frei 1354

C. Einkünfte aus Gewerbebetrieb – § 15 Abs. 1 S. 1 Nr. 2 und 3, Abs. 1 S. 2

I. Einkünfte aus Mitunternehmerschaft (§ 15 Abs. 1 S. 1 Nr. 2 S. 1)

Leitentscheidungen, wichtige Verwaltungsanweisungen und Schrifttum (Auswahl): 1355

Entscheidungen des GrS: 1355.1

BFH 25.6.1984 – GrS 4/82, BStBl. II 1984, 751.

Wichtige Verwaltungsanweisungen: 1355.2

EStR 15.8 Abs. 2, 5, 6.

Schrifttum (Auswahl): 1355.3

Pinkernell, Einkünftezurechnung bei Personengesellschaften, 2001; *Wacker*, Aktuelles zum Einfluss des Gesellschafts- und Zivilrechts auf die ertragsteuerrechtliche Rechtsfähigkeit von Personengesellschaften, in: Habersack/Hommelhoff (Hrsg.), FS f. Wulf Goette, 2011, 561; *Florstedt*, Stand und Entwicklung der steuerrechtlichen Mitunternehmerdoktrin, 2015.

Verweis auf weitere Literaturköpfe: 1355.4

Zum Grundverständnis der Mitunternehmerschaft → Rn. 407; zu den bilanztheoretischen Grundlagen → Rn. 455; zur Gleichstellungsthese → Rn. 477; zum Gesellschaftsverhältnis → Rn. 1360; zu verdeckten Mitunternehmerschaften → Rn. 1395; zu faktischen Mitunternehmerschaften → Rn. 1409; zur Gewerblichkeit der Mitunternehmerschaft → Rn. 1422; zu Zebragesellschaften → Rn. 1459; zum Mitunternehmer → Rn. 1481; zur doppelten Mitunternehmerstellung → Rn. 1559a; zur Gewinnermittlung bei Mitunternehmerschaften → Rn. 1560; zu Ergänzungsbilanzen → Rn. 1634a; zum Sonderbereich → Rn. 1675; zum Sonderbetriebsvermögen → Rn. 1687; zum Tatbestand des Sonderbereichs → Rn. 1761; zu Familienpersonengesellschaften → Rn. 1823; zur Offenen Handelsgesellschaft → Rn. 1890; zur Kommanditgesellschaft → Rn. 1898; zur GmbH & Co. KG → Rn. 1914; zu Publikums- und Abschreibungsgesellschaften → Rn. 1928; zu Partnerschaftsgesellschaften → Rn. 1935; zu EWIV → Rn. 1939; zur Partenreederei → Rn. 1942; zur GbR → Rn. 1945; zu Innengesellschaften → Rn. 1950; zur GmbH & atypisch Still → Rn. 1973; zum Nießbrauch → Rn. 1983; zu Treuhandverhältnissen → Rn. 1996; zu Unterbeteiligungen → Rn. 2012; zu Bruchteilsgemeinschaften → Rn. 2031; zu ehelichen Güterständen → Rn. 2034; zu Erbengemeinschaften → Rn. 2047; zu Büro- und Praxisgemeinschaften → Rn. 2070; zu vermögensverwaltenden Personengesellschaften → Rn. 2072; zu Beteiligungen juristischer Personen des öffentlichen Rechts → Rn. 2076; zu doppelstöckigen Personengesellschaften → Rn. 2081.

1356 Der **Grundtatbestand der Erzielung gewerblicher Einkünfte aus Mitunternehmerschaft** (§ 15 Abs. 1 S. 1 Nr. 2) setzt nach überwiegender Auffassung **dreierlei** voraus (s. etwa BFH 25.6.1984 – GrS 4/82, BStBl. II 1984, 751 (760 f.); *Niehus/Wilke* Die Besteuerung der Personengesellschaften, 37):

- Das Bestehen eines Gesellschaftsverhältnisses oder zumindest einer vergleichbaren rechtlichen Verbindung (**Mitunternehmerschaft**) (→ Rn. 1361 ff.)
- Die Erzielung **gewerblicher Einkünfte** durch die Mitunternehmerschaft (→ Rn. 1423 ff.)
- Die **Mitunternehmerstellung** des Steuerpflichtigen als Gesellschafter bzw. sonstiger Beteiligter (→ Rn. 1482 ff.; str.)

1357 Die drei **Tatbestandsmerkmale haben unterschiedliche Funktionen.** Das erste Tatbestandsmerkmal (Mitunternehmerschaft) identifiziert diejenigen Rechtsgemeinschaften, die transparent besteuert werden. Das zweite Tatbestandsmerkmal (Gewerblichkeit) grenzt die gewerbliche Mitunternehmerschaft von Mitunternehmerschaften aus Land- und Forstwirtschaft (§ 13 Abs. 7) sowie aus selbständiger Arbeit (§ 18 Abs. 4 S. 2) ab. Das dritte Tatbestandsmerkmal (Mitunternehmerstellung) entscheidet darüber, welchen Steuerpflichtigen die durch die Mitunternehmerschaft erzielten Einkünfte zugerechnet werden sowie über den Umfang etwaiger Sonderbereiche (s. zum Ganzen *Florstedt* Stand und Entwicklung der steuerrechtlichen Mitunternehmerdoktrin, 13 ff.).

1358 Als **Rechtsfolge** werden dem Steuerpflichtigen als Einkünfte aus Gewerbebetrieb nicht nur sein **Gewinnanteil** (§ 15 Abs. 1 S. 1 Nr. 2 S. 1 Hs. 1), sondern auch etwaige **Sondervergütungen** (§ 15 Abs. 1 S. 1 Nr. 2 S. 1 Hs. 2) zugerechnet. Über den Gesetzeswortlaut hinaus führt die Mitunternehmerstellung aber auch dazu, dass das vom Mitunternehmer für Leistungen an die Gesellschaft eingesetzte Vermögen als **Sonderbetriebsvermögen** steuerlich verstrickt ist. Damit müssen etwaige Veräußerungsgewinne ebenso als gewerbliche Einkünfte versteuert werden wie etwaige Veräußerungsverluste und Aufwendungen (zB Fremdfinanzierungsaufwand, AfA), die steuerlich relevant sind.

1359 Zu § 15 Abs. 1 S. 1 Nr. 2 liegt umfangreiche Rechtsprechung vor, die sich oftmals in Abhängigkeit von den verschiedenen Gesellschaftsformen ausdifferenziert hat. Gleichwohl lässt sich aus der Fülle des Rechtsprechungsmaterials ein **Allgemeiner Teil** abstrahieren. Dieser umfasst die einkommensteuerlichen Grundsätze der gewerblichen Mitunternehmerschaft. Dagegen knüpft der **Besondere Teil** an die einzelnen Gesellschaftsformen und sonstigen Mitunternehmerschaften an. Die Kommentierung greift diese Zweiteilung auf. In den Abschnitten 1–3 werden die Tatbestandsvoraussetzungen (→ Rn. 1361 ff.) und im Abschnitt 4 die Gewinnermittlung der gewerblichen Mitunternehmerschaft (→ Rn. 1561 ff.) zunächst allgemein erläutert. Auch der 5. Abschnitt zu den Familienpersonengesellschaften gehört noch zum Allgemeinen Teil (→ Rn. 1824 ff.). Der 6. Abschnitt geht in einem Besonderen Teil auf Sonderfragen einzelner Mitunternehmerschaften ein (→ Rn. 1889 ff.).

1. Gesellschaftsverhältnis oder sonstige Mitunternehmerschaft

1360 **Leitentscheidungen, wichtige Verwaltungsanweisungen und Schrifttum (Auswahl):**

1360.1 **Schrifttum (Auswahl):**
Knobbe-Keuk, Gesellschaft und Mitunternehmerschaft, StuW 1986, 106; *Priester*, Die faktische Mitunternehmerschaft – Ein gesellschaftsrechtliches Problem, in: Raupach, Arndt Uelner, Adalbert (Hrsg.), FS f. Ludwig Schmidt, 1993, 331; *Haas/Drüen*, Die Bruchteilsgemeinschaft als steuerrechtliche Mitunternehmerschaft, in: Hommelhoff/Rawert/Schmidt (Hrsg.), FS f. Hans-J. Priester, 2007, 133.

1361 Grundvoraussetzung für die Erzielung gewerblicher Einkünfte aus § 15 Abs. 1 S. 1 Nr. 2 S. 1 ist das Bestehen einer **Mitunternehmerschaft.**

1362 **a) Oberbegriff der Mitunternehmerschaft.** Das Tatbestandsmerkmal der Mitunternehmerschaft ist nicht explizit im Normtext verankert, liegt § 15 Abs. 1 S. 1 Nr. 2 S. 1 aber unausgesprochen zugrunde. Wenn dem Steuerpflichtigen ua die Gewinnanteile zugerechnet werden, die er als Gesellschafter einer OHG, einer KG und einer anderen Gesellschaft, bei der der Gesellschafter als Unternehmer des Betriebs anzusehen ist, erzielt hat, so bietet es sich an, von einem **gemeinsamen Oberbegriff** der drei im Gesetz genannten Rechtsgemeinschaften auszugehen.

In der Dogmatik hat sich als dieser **Oberbegriff** der der **Mitunternehmerschaft** durchgesetzt (Frotscher/Geurts/*Kauffmann* § 15 Rn. 219). Dies liegt auch insofern nahe, als das Einkommensteuergesetz den Begriff explizit **an anderer Stelle** (s. § 4h Abs. 2, § 6 Abs. 3, 5, § 16 Abs. 3, § 35 Abs. 2, 3) verwendet und in § 15 Abs. 1 S. 1 Nr. 2 S. 1 von Mitunternehmern die Rede ist. **1363**

Auf Grundlage der Rechtsprechung des BFH hat der Begriff der Mitunternehmerschaft vergleichsweise feste Konturen gewonnen, die sich auf folgende unausgesprochene Kernaussage zurückführen lassen: **Eine Mitunternehmerschaft ist eine Verbindung von wenigstens zwei Mitunternehmern** (KSM/*Desens/Blischke* § 15 Rn. C 37). Etwas abweichend formuliert der BFH, der im Grundsatz an eine Innen- oder Außengesellschaft anknüpft, aber auch ein wirtschaftlich vergleichbares Gesellschaftsverhältnis ausreichen lässt (BFH 25.6.1984 – GrS 4/82, BStBl. II 1984, 751 (768); BFH 20.9.2018 – IV R 6/16, BStBl. II 2019, 160 Rn. 21). Der Sache nach bestehen zu der hier vertretenen Auffassung aber keine Unterschiede (→ Rn. 1392 ff.). Den in § 15 Abs. 1 S. 1 Nr. 2 S. 1 genannten Personenhandelsgesellschaften der **OHG** und der **KG** kommt allein die Bedeutung von **Regelbeispielen** zu. Regelbeispiel bedeutet, dass andere Gesellschaften und Rechtsgemeinschaften nur dann als Mitunternehmerschaften anzuerkennen sind, wenn sie mit der OHG und insbesondere der KG vergleichbar sind. Darüber hinaus sind OHG und KG zwar typischerweise Mitunternehmerschaften, aber nicht jede Beteiligung an einer OHG oder KG muss auch notwendigerweise zu gewerblichen Einkünften führen (s. BFH 28.10.1999 – VIII R 66-70/97, BStBl. II 2000, 183 (184); BFH 3.11.2015 – VIII R 63/13, BStBl. II 2016, 383 Rn. 20). **1364**

b) Funktion. Die **Funktion** des Tatbestandsmerkmals der Mitunternehmerschaft ist es, diejenigen Rechtsgemeinschaften zu identifizieren, bei denen das Zusammenwirken mehrerer Steuerrechtssubjekte transparent besteuert wird. Entgegen der früher vertretenen Bilanzbündeltheorie bedeutet transparente Besteuerung nicht, dass die Personengesellschaft für Zwecke des Einkommensteuerrechts nicht vorhanden ist. Die Personengesellschaft bzw. die Mitunternehmerschaft ist vielmehr nach heute ganz herrschender Meinung Subjekt der Gewinnerzielung und der Gewinnermittlung, die sowohl bei der Qualifikation wie bei der Ermittlung der Einkünfte als Einheit zu betrachten ist (BFH 25.6.1984 – GrS 4/82, BStBl. II 1984, 751). Zurechnungssubjekt der Einkünfte sind aber weiterhin allein die Mitunternehmer bzw. Gesellschafter. Der Personengesellschaft kommt im Einkommensteuerrecht damit nicht die Vollrechtsfähigkeit, sondern nur eine Teilrechtsfähigkeit zu (sog. **partielle Steuerrechtsfähigkeit der Personengesellschaft**). **1365**

Mit Rücksicht auf das Transparenzprinzip sind Mitunternehmerschaften in zwei Richtungen von anderen Formen der gemeinschaftlichen Einkünfteerzielung abzugrenzen: **1366**

- Dies ist das Zusammenwirken mehrerer Gesellschafter in Form juristischer Personen, die der **Körperschaftsteuer** unterliegen. Für die Besteuerung von Körperschaften gilt das Trennungsprinzip. Die Körperschaft entfaltet für ihre Gesellschafter bis zur Gewinnausschüttung (und vorbehaltlich einer Organschaft gem. § 14 KStG) Abschirmwirkung, was eine Zurechnung der auf der Ebene der Körperschaft erzielten Gewinne ebenso wie eine etwaige Verlustverrechnung verhindert.
- Weiterhin ist das mitunternehmerschaftliche Zusammenwirken von einer bloß **kapitalmäßigen Beteiligung** abzugrenzen, bei der die Steuerpflichtigen Einkünfte aus Kapitalvermögen erzielen (insbesondere § 20 Abs. 1 Nr. 4, 7).

c) Die Konkretisierung der Mitunternehmerschaft: Erster grammatischer und systematischer Befund. Der grammatische und systematische Befund stößt bei der Konkretisierung des Begriffs der Mitunternehmerschaft an Grenzen. § 15 Abs. 1 S. 1 Nr. 2 S. 1 bestimmt lediglich, dass die Gewinnanteile einer OHG, einer KG und einer anderen Gesellschaft, bei der der Gesellschafter als Unternehmer (Mitunternehmer) des Betriebs anzusehen ist, als Einkünfte aus Gewerbebetrieb zu qualifizieren sind. Offen bleibt hingegen, ob sich der einschränkende Relativsatz („bei der der Gesellschafter als Unternehmer (Mitunternehmer) des Betriebs anzusehen ist") **nur auf Var. 3 oder auch auf die Var. 1 und 2 des § 15 Abs. 1 S. 1 Nr. 2 S. 1 erstreckt.** Ebenso vage bleibt, was unter einer **„anderen** **1367**

Gesellschaft" iSd § 15 Abs. 1 S. 1 Nr. 2 S. 1 Var. 3 zu verstehen ist. Die Beantwortung dieser Fragen ist für die Auslegung der Vorschrift von entscheidender Bedeutung.

1368 Sofern sich der einschränkende Relativsatz allein auf die **Var. 3** des § 15 Abs. 1 S. 1 Nr. 2 S. 1 beziehen würde, müssten die Gesellschafter einer OHG und KG in jedem Fall kraft ihrer gesellschaftsrechtlichen Beteiligung gewerbliche Einkünfte aus Mitunternehmerschaft erzielen (so KCSS/*Carlé* § 15 Rn. 15; *Hallerbach* Die Personengesellschaft im Einkommensteuerrecht, 154 f.; *Messmer* FS Döllerer, 1988, 429 (432); → Rn. 1374).

1369 Nach herrschender und zutreffender Auffassung bezieht sich der einschränkende Hs. des § 15 Abs. 1 S. 1 Nr. 2 S. 1 dagegen **auch auf Var. 1 und 2.** Bei der OHG und der KG handelt es sich lediglich um **Regelbeispiele** der Mitunternehmerschaft (HHR/*Haep* § 15 Rn. 300), die nicht in allen Fällen, sondern nur im Regelfall transparent besteuert werden (→ Rn. 1371).

1370 Nicht als zielführend erweist sich der Versuch, der „anderen Gesellschaft" iSd § 15 Abs. 1 S. 1 Nr. 2 S. 1 Var. 3 durch eine Generalisierung der Var. 1 und Var. 2 Konturen zu verleihen. Nach zutreffender Auffassung muss die andere Gesellschaft **keine Personenhandelsgesellschaft,** noch **nicht einmal Gesellschaft** im zivilrechtlichen Sinne (→ Rn. 1384) und erst recht **keine Außengesellschaft** (→ Rn. 1381) sein. Möglich sind auch sog. **verdeckte Mitunternehmerschaften.** Unabdingbare Voraussetzung mitunternehmerschaftlicher Betätigung ist dagegen, dass Subjekt der Einkünfteerzielung eine Personenmehrheit ist (→ Rn. 1380).

1371 **d) OHG und KG als bloße Regelbeispiele der Mitunternehmerschaft.** Richtigerweise sind die OHG und KG **nur Regelbeispiele** der Mitunternehmerschaft (HHR/*Haep* § 15 Rn. 300; *Haas/Drüen* FS Priester, 2007, 133 (143)). Damit spricht eine Vermutung dafür, dass beide transparent besteuert werden. Abweichendes gilt, wenn die zivilrechtliche und die steuerrechtliche Einordnung auseinanderfallen. Trotz einer zivilrechtlich wirksamen (Personenhandels-)Gesellschaft liegt keine Mitunternehmerschaft vor, wenn nur ein zivilrechtlicher Gesellschafter Mitunternehmer ist, dh Unternehmerinitiative entfaltet und Unternehmerrisiko trägt. Ein praktisch wichtiger Anwendungsfall ist das **Treuhandmodell** (→ Rn. 2009).

1371.1 Sofern nur ein Gesellschafter die Anforderung einer (mit-)unternehmerschaftlichen Beteiligung erfüllt, erzielt er als (Allein-)Unternehmer gem. § 15 Abs. 1 S. 1 Nr. 1 gewerbliche Einkünfte (HHR/*Haep* § 15 Rn. 305). Den anderen Gesellschaftern sind Einkünfte aus Kapitalvermögen (§ 20 Abs. 1 Nr. 4 oder 7) zuzurechnen (BFH 28.10.1999 – VIII R 66-70/97, BStBl. II 2000, 183 (184)).

1372 Im Übrigen können eine OHG und KG nur dann Einkünfte aus § 15 Abs. 1 S. 1 Nr. 2 S. 1 vermitteln, wenn sie **gewerblich tätig** sind, dh entweder originär nach § 15 Abs. 2 gewerbliche Einkünfte erzielen oder die (Voll-)Gewerblichkeit ihrer bezogenen Einkünfte über § 15 Abs. 3 Nr. 1 oder 2 fingiert wird (HHR/*Haep* § 15 Rn. 300).

1373 Die Stellung als Gesellschafter einer OHG oder KG muss damit **nicht notwendigerweise zu Einkünften aus gewerblicher Mitunternehmerschaft** führen (BFH 25.6.1984 – GrS 4/82, BStBl. II 1984, 751 (769); BFH 28.10.1999 – VIII R 66-70/97, BStBl. II 2000, 183 (184); BFH 26.6.2008 – IV R 89/05, BFH/NV 2008, 1984 (1988); BFH 3.11.2015 – VIII R 63/13, BStBl. II 2016, 383 Rn. 20).

1373.1 Weitere Nw. etwa BFH 3.5.1993 – GrS 3/92, BStBl. II 1993, 616 (621); aus der älteren Rechtsprechung etwa BFH 21.2.1974 – IV B 28/73, BStBl. II 1974, 404 (405 f.); BFH 8.2.1979 – IV R 163/76, BStBl. II 1979, 405 (407 f.); aus der Literatur etwa Frotscher/Geurts/*Kauffmann* § 15 Rn. 231.

1374 Nach der in der **Literatur** vertretenen Gegenauffassung soll dagegen – vorbehaltlich von Missbrauchsfällen – jede OHG und KG ihren Gesellschaftern Einkünfte aus gewerblicher Mitunternehmerschaft vermitteln (KCSS/*Carlé* § 15 Rn. 29). Für diese Position wird der „klare Gesetzeswortlaut" angeführt (KCSS/*Carlé* § 15 Rn. 27). Bei der Auslegung steuerrechtlicher Normen sei im Grundsatz von einer Bindung an eine zivilrechtlich geprägte Begrifflichkeit auszugehen (*Boettcher* StuW 1965, Spl. 35 (42)). Auch aus der Entstehungsgeschichte ergebe sich, dass sich der Relativsatz des § 15 Abs. 1 S. 1 Nr. 2 S. 1 allein auf die Var. 3 bezöge (*Hallerbach* Die Personengesellschaft im Einkommensteuerrecht, 152 f.).

1375 Demgegenüber ist einzuwenden, dass **Wortlaut und Systematik des Gesetzes keinesfalls eindeutig** sind (BFH 8.2.1979 – IV R 163/76, BStBl. II 1979, 405 (407 f.); BFH

29.4.1981 – IV R 131/78, BStBl. II 1981, 663). Der zweite Hs. lässt sich auch dahingehend interpretieren, dass er sich neben der Var. 3 auch auf die Var. 1 und 2 bezieht. Die These von der Vorrangigkeit des Zivilrechts ist überholt und steht gerade aus historischer Perspektive in klarem Widerspruch zu der damals geltenden Auslegungsregel des § 4 RAO, mit der eine Emanzipation vom Zivilrecht intendiert war (s. *Schenke* Die Rechtsfindung im Steuerrecht, 202 f., 240 f.). Einem Rückgriff auf die historische Auslegung ist zudem entgegenzuhalten, dass dem Gesetzgeber die Konstellationen, in denen von einem Auseinanderfallen der zivilrechtlichen Stellung als Gesellschafter und der Stellung als Mitunternehmer ausgegangen wird, nicht geläufig waren.

Für eine Interpretation der Vorschrift, die den einschränkenden Hs. auf alle drei Varianten des § 15 Abs. 1 S. 1 Nr. 1 S. 1 bezieht, sprechen zuletzt Gründe der **Systemgerechtigkeit.** Bei den Gesellschaftern einer GbR, die allein von § 15 Abs. 1 S. 1 Nr. 2 S. 1 Var. 3 erfasst sind, müsste danach differenziert werden, ob diesen die Stellung eines Mitunternehmers zukommt. Abweichendes würde hingegen für Gesellschafter einer OHG und KG gelten. Ein sachlicher Grund für diese Differenzierung ist nicht ersichtlich. Entsprechende Wertungswidersprüche lassen sich konsequent vermeiden, wenn der einschränkende Hs. des § 15 Abs. 1 S. 1 Nr. 2 S. 1 auch auf die Var. 1 und 2 der Norm bezogen wird (→ Rn. 1373). 1376

Auf den ersten Blick mag man dem hier vertretenen Ansatz entgegenhalten, dass er die Unterschiede zwischen dem Bestehen einer Mitunternehmerschaft und der Mitunternehmerstellung verwischt. Dies ist insofern richtig, als für das Bestehen einer Mitunternehmerschaft allein die Verbindung von zwei Mitunternehmern eine **notwendige, aber auch hinreichende Bedingung** ist. Gleichwohl haben beide Tatbestandsmerkmale eine unterschiedliche Funktion. Nach Bejahung einer Mitunternehmerschaft steht allein fest, dass eine Rechtsgemeinschaft transparent besteuert wird. Wem die erzielten Einkünfte konkret zugerechnet werden und welche Einkünfte im Einzelnen zu berücksichtigen sind, kann erst abschließend beurteilt werden, wenn der Kreis der Mitunternehmer feststeht. 1377

Beispielsweise ist es denkbar, dass an einer KG ein Komplementär und zwei Kommanditisten beteiligt sind, von denen aber nur einem eine mitunternehmerische Stellung zukommt. In diesem Fall erzielen allein der Komplementär und ein Kommanditist Einkünfte aus gewerblicher Mitunternehmerschaft (§ 15 Abs. 1 S. 1 Nr. 2 S. 1), wohingegen der zweite Kommanditist Einkünfte aus Kapitalvermögen (§ 20 Abs. 1 Nr. 4) bezieht. 1377.1

Allein aus dem Bestehen einer zivilrechtlich wirksamen OHG oder KG kann damit noch nicht zwingend abgeleitet werden, dass eine Mitunternehmerschaft vorliegt. Hinzukommen muss, dass an dieser Personenhandelsgesellschaft **zumindest zwei Gesellschafter mitunternehmerschaftlich beteiligt** sind. Welche Anforderungen insoweit zu erfüllen sind, wird im Einzelnen im Abschnitt zur Mitunternehmerstellung ausgeführt (→ Rn. 1482 ff.). 1378

e) Bedeutung der „anderen Gesellschaft" (§ 15 Abs. 1 S. 1 Nr. 2 S. 1 Var. 3). Neben der **OHG** und der **KG** (§ 15 Abs. 1 S. 1 Nr. 2 S. 1 Var. 1 und 2) kennt das Gesetz auch noch andere Rechtsgemeinschaften, deren Gewinn bzw. Verlust transparent bei ihren Mitunternehmern als gewerbliche Einkünfte besteuert werden. § 15 Abs. 1 S. 1 Nr. 2 S. 1 Var. 3 umschreibt diese als **andere Gesellschaft,** bei der der Gesellschafter als Unternehmer (Mitunternehmer) des Betriebs anzusehen ist. Hierbei leitet der Versuch, aus den beiden explizit genannten Gesellschaftsformen allgemeine Kriterien zu gewinnen, die dann auch auf die Var. 3 zu übertragen sind, eher in die Irre (→ Rn. 1367). 1379

aa) Personenmehrheit. Zwingende Voraussetzung der Mitunternehmerschaft ist, dass an ihr zumindest **zwei Personen als Mitunternehmer** beteiligt sind (*Kromer* DStR 2000, 2157 (2161); BFH 11.4.1973 – IV R 67/69, BStBl. II 1973, 528 (531): „Der Begriff des Mitunternehmers beinhaltet gerade, dass jemand neben anderen am Mitunternehmerrisiko teilhat"). Einmann-Personengesellschaften sind nicht denkbar (BFH 13.2.1997 – IV R 15/96, BStBl. II 1997, 535 (536)). Da nicht jede gesellschaftsrechtliche Beteiligung auch steuerlich die Mitunternehmerstellung vermittelt (→ Rn. 1373), kann es zu einem Auseinanderfallen von zivil- bzw. handelsrechtlicher Betrachtung einerseits und steuerrechtlicher Einordnung andererseits kommen. 1380

1380.1 **Beispiel:**
Die Eheleute A und B sind Gesellschafter der A&B-OHG. Ihre minderjährige Tochter T wird als Kommanditistin aufgenommen. Ihre gesellschaftliche Rechtsstellung ist aber so schwach ausgebildet, dass ihr keine Mitunternehmerstellung zukommt. Ungeachtet ihrer zivilrechtlich wirksamen Kommanditistenstellung erzielt T keine Einkünfte aus § 15 Abs. 1 S. 1 Nr. 2 S. 1. Ihr „Gewinnanteil" ist, soweit T als typisch stille Gesellschafterin anzusehen ist, den Einkünften aus Kapitalvermögen zuzurechnen (§ 20 Abs. 1 Nr. 4). Im Übrigen liegt eine gem. § 12 Nr. 1 S. 1 unbeachtliche private Vermögensverwendung vor (HHR/*Buge* § 15 Rn. 898).

1381 **bb) Keine Beschränkung auf Außengesellschaften.** Sowohl die OHG als auch die KG – und damit beide Regelbeispiele des § 15 Abs. 1 S. 1 Nr. 2 S. 1 – sind Außengesellschaften, dh Gesellschaften, die unter eigenem Namen im Rechtsverkehr auftreten und Träger des Gesellschaftsvermögens sind. Andere Gesellschaft iSd Var. 3 muss aber **nicht zwingend eine Außen-** (HHR/*Haep* § 15 Rn. 333), sondern kann **auch eine reine Innengesellschaft** sein (BFH 25.6.1984 – GrS 4/82, BStBl. II 1984, 751 (768); BFH 22.9.2009 – VIII R 79/06, BStBl. II 2010, 404; BFH 16.12.1997 – VIII R 32/90, BStBl. II 1998, 480 (482)). Notwendig ist allein, dass an der Innengesellschaft zumindest zwei Personen mitunternehmerschaftlich beteiligt sind (→ Rn. 1392). Beispiele hierfür sind die atypisch stille Gesellschaft (→ Rn. 1959) sowie Treuhandverhältnisse (→ Rn. 1997 ff.).

1382 **cc) Rechtsnatur bzw. Rechtsform der Gesellschafter.** An die Rechtsform der Gesellschafter stellt das Gesetz keine besonderen Anforderungen. Gesellschafter können nicht nur **natürliche,** sondern ebenso auch **juristische Personen** sein. Ebenso denkbar ist, dass natürliche und juristische Personen nebeneinander in einer Gesellschaft beteiligt sind. Das klassische Beispiel für diese Konstellation ist die GmbH & Co. KG, in der einer GmbH die Rolle des phG zukommt, wohingegen natürliche Personen als Kommanditisten nur mit ihrer Einlage haften, zumeist zugleich aber Gesellschafter der GmbH sind (→ Rn. 1915).

1383 Möglich ist auch, dass eine Mitunternehmerschaft ihrerseits an einer anderen Mitunternehmerschaft mitunternehmerisch beteiligt ist. In diesen Fällen spricht man von einer doppelstöckigen Personengesellschaft. Über doppelstöckige Personengesellschaften hinaus sind auch mehrstufige Beteiligungsketten anerkannt. **Doppelstöckige und mehrstöckige Personengesellschaften** haben ua in § 15 Abs. 1 S. 1 Nr. 2 S. 2 eine Sonderregelung erfahren (→ Rn. 2082 ff.).

1384 **dd) Verhältnis zum Gesellschaftsrecht.** Die frühere Rechtsprechung des BFH hat den Begriff der Mitunternehmerschaft nahezu vollständig vom Gesellschaftsrecht entkoppelt (BFH 17.11.1964 – VI 319/63 U, BStBl. III 1965, 260; kritisch *Knobbe-Keuk* StuW 1986, 106). So sollte es nicht darauf ankommen, ob der Beteiligte Gesellschafter im zivilrechtlichen Sinne ist, sondern allein darauf, ob er eine gewisse Mitunternehmerinitiative entfalten kann und ein Mitunternehmerrisiko trägt (BFH 28.11.1974 – I R 232/72, BStBl. II 1975, 498 (499)).

1384.1 Ganz deutlich BFH 29.1.1976 – IV R 97/74, BStBl. II 1976, 332 (334): „[…] der BFH [hat] wiederholt ausgesprochen, dass auch jemand, der zivilrechtlich nicht Gesellschafter ist, gleichwohl Mitunternehmer eines von einer Personengesellschaft betriebenen […] Unternehmens sein kann."

1385 Seit der 1984 ergangenen Grundsatzentscheidung des Großen Senats zur GmbH & Co. KG lehnt sich der BFH zumindest **verbal wieder stärker an das Gesellschaftsrecht** an. Demnach kann – jedenfalls im Grundsatz – nur Mitunternehmer sein, „wer zivilrechtlich Gesellschafter einer Personengesellschaft ist" (BFH 25.6.1984 – GrS 4/82, BStBl. II 1984, 751 (768)). Begründet wird dies unter Hinweis auf den Wortlaut des § 15 Abs. 1 S. 1 Nr. 2 S. 1, wonach der Mitunternehmer „Gesellschafter" ist (BFH 25.6.1984 – GrS 4/82, BStBl. II 1984, 751 (768)). In neueren Entscheidungen formuliert der IV. Senat, Mitunternehmer sei, „wer zivilrechtlich Gesellschafter einer Personengesellschaft ist oder – in Ausnahmefällen – eine diesem wirtschaftlich vergleichbare Stellung inne hat" (BFH 22.6.2017 – IV R 42/13, BFH/NV 2018, 265 Rn. 32; BFH 1.3.2018 – IV R 15/15, BStBl. II 2018, 539 Rn. 32). Tatsächlich wird die Anknüpfung an das Gesellschaftsrecht in vielerlei Hinsicht durchbrochen.

(1) Wirksamkeit des Gesellschaftsvertrages. Noch vergleichsweise unproblematisch ist es zu erklären, dass eine Mitunternehmerschaft keinen wirksamen Gesellschaftsvertrag voraussetzt. Auch im Zivilrecht wird eine sog. **fehlerhafte Gesellschaft** (jedenfalls) für die Vergangenheit als wirksam betrachtet (BGH 6.2.1958 – II ZR 210/56, NJW 1958, 668; BGH 14.4.1969 – II ZR 142/67, NJW 1969, 1483). Ausnahmen gelten im Zivilrecht allein für die Beteiligung von Minderjährigen (dazu etwa Baumbach/Hopt/*Roth* HGB § 105 Rn. 84). Die sich hieraus ergebenden steuerlichen Konsequenzen werden im Abschnitt zu Familienpersonengesellschaften erläutert (→ Rn. 1854). **1386**

Damit ist auch kein Grund ersichtlich, die fehlerhafte Gesellschaft steuerrechtlich nicht anzuerkennen. Dies gilt umso mehr, als nach allgemeinen steuerrechtlichen Grundsätzen die **zivilrechtliche Unwirksamkeit tatsächlich vollzogener Verträge steuerlich unbeachtlich** ist (§ 41 Abs. 1 AO). Folgerichtig soll nach der neueren Rechtsprechung auch eine fehlerhafte Gesellschaft ein für die Mitunternehmerschaft erforderliches Gesellschaftsverhältnis begründen (BFH 1.7.2010 – IV R 100/06, BFH/NV 2010, 2056 Rn. 31; BFH 22.1.1985 – VIII R 303/81, BStBl. II 1985, 363 (364)). **1387**

Der Abschluss eines Gesellschaftsvertrages bedarf grundsätzlich **keiner besonderen Form** und kann damit auch mündlich erfolgen (BFH 29.1.1976 – IV R 73/73, BStBl. II 1976, 324 (328)). Ihn schriftlich zu fixieren, ist aber schon aus Gründen der Nachweisbarkeit zu empfehlen (KSM/*Desens/Blischke* § 15 Rn. C 181). Besondere Formerfordernisse sind aber bei der Verpflichtung zur **Einbringung eines Grundstücks** (§ 311b Abs. 1 S. 1 BGB) sowie zur **Übertragung eines GmbH-Anteils** (§ 15 Abs. 4 S. 1 GmbHG) zu beachten. In beiden Fällen kann ein Formverstoß geheilt werden (§ 311b Abs. 1 S. 2 BGB, § 15 Abs. 4 S. 2 GmbHG) (KSM/*Desens/Blischke* § 15 Rn. C 181). **1388**

Besonderheiten sind insbesondere bei einer schenkweisen Übertragung von Gesellschaftsanteilen für **Familienpersonengesellschaften** zu beachten (→ Rn. 1855). **1389**

(2) Vorläufige Gesellschaftsverhältnisse. Ebenso unerheblich ist es, dass sich die Beteiligten noch nicht auf einen **Gesellschaftsvertrag** geeinigt haben, sofern die Gesellschaft nur einverständlich in Vollzug gesetzt wurde (BFH 10.11.1983 – IV R 86/80, BStBl. II 1984, 152 (153)). Nach § 154 Abs. 1 BGB ist ein Vertrag im Zweifel zwar erst geschlossen, wenn über sämtliche Punkte Einigkeit besteht. Abweichendes gilt jedoch, wenn eine Gesellschaft einverständlich im Vollzug gesetzt wird. In diesem Fall kommt ein **vorläufiges Gesellschaftsverhältnis** zustande (BFH 10.11.1983 – IV R 86/80, BStBl. II 1984, 152 (153)). Soweit zwischen den Mitunternehmern ein Dissens besteht, kann dieser im Wege richterlicher Vertragsergänzung ausgefüllt werden (BFH 10.11.1983 – IV R 86/80, BStBl. II 1984, 152 (153)). **1390**

(3) Übergang des wirtschaftlichen Eigentums. Ebenso ausreichend ist, wenn zwar noch nicht die rechtliche, wohl aber die **wirtschaftliche Inhaberschaft** (§ 39 Abs. 2 Nr. 1 S. 1 AO) an einem Mitunternehmeranteil übergegangen ist. Dazu muss der Erwerber aufgrund eines (bürgerlich-rechtlichen) Rechtsgeschäfts bereits eine rechtlich geschützte, auf den Erwerb des Rechts gerichtete Position erworben haben, die ihm gegen seinen Willen nicht mehr entzogen werden kann. Dazu hat er anstelle des Gesellschafters vollständig dessen gesellschaftsrechtliche Position einzunehmen, die es ihm ermöglicht, Mitunternehmerrisiko zu tragen und Mitunternehmerinitiative zu entfalten (BFH 1.3.2018 – IV R 15/15, BStBl. II 2018, 539 Rn. 32 f.). Ob das wirtschaftliche Eigentum übergegangen ist, beurteilt sich nach dem Gesamtbild der tatsächlichen Verhältnisse im jeweiligen Einzelfall. Ausschlaggebend ist nicht das formal Erklärte oder formal-rechtlich Vereinbarte, sondern das wirtschaftlich Gewollte und das tatsächlich Bewirkte (BFH 1.3.2018 – IV R 15/15, BStBl. II 2018, 539 Rn. 33). **1390a**

Von Bedeutung kann der genaue Zeitpunkt des Übergangs des wirtschaftlichen Eigentums an einem Mitunternehmeranteil etwa für die Gewinnrealisierung (BFH 1.3.2018 – IV R 15/15, BStBl. II 2018, 539), aber etwa auch für die Frage sein, ab wann Fremdfinanzierungsaufwendungen als Sonderbetriebsausgaben geltend gemacht werden können (*Kestler/Schoch* DStR 2019, 1489). **1390a.1**

In der Entscheidung des IV. Senats ging es um folgenden (vereinfacht dargestellten) Sachverhalt: Die K-AG erwarb im Jahr 00 zunächst 75% aller Kommanditanteile der A-GmbH & Co. KG sowie 75% der Anteile an der V-GmbH. Gleichzeitig wurden sämtliche Gewinnansprüche der Kommanditisten C, D, E und F an die K-AG abgetreten. Darüber hinaus wurde der Gesellschaftsvertrag so geändert, **1390a.2** dass die K-AG die Mehrheit der Mitglieder des Verwaltungsrates stellt, welcher der Geschäftsführung zur Seite steht. Die übrigen Gesellschafter der A-GmbH & Co. KG konnten ihre Mitwirkungsrechte faktisch nur noch zu Gunsten der K-AG ausüben. Im Jahr 01 erwarb die K-AG die restlichen 25% der Kommanditanteile an der A-GmbH & Co. KG sowie die übrigen Anteile an der TV-GmbH.

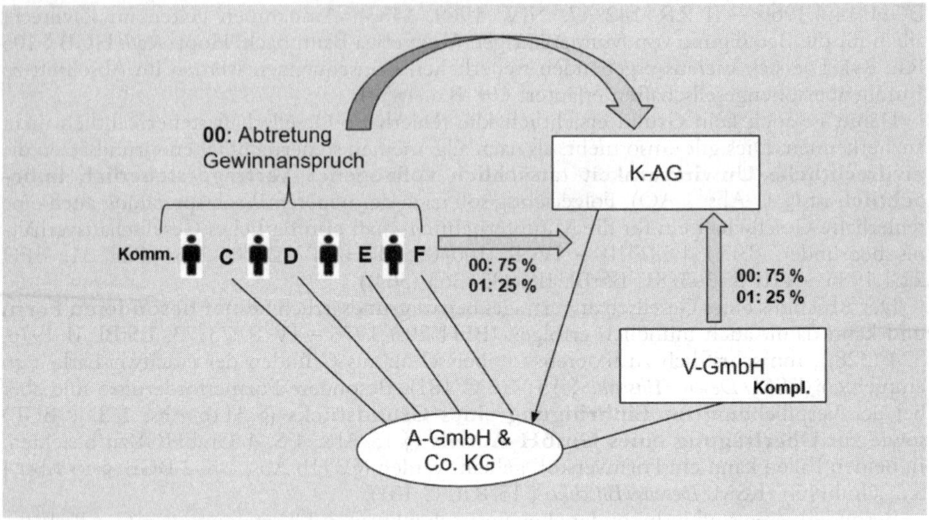

1390a.3 Der IV. Senat ging davon aus, dass die (Alt-)Kommanditisten C, D, E und F ihre Mitunternehmerstellung bereits in 00 verloren haben (BFH 1.3.2018 – IV R 15/15, BStBl. II 2018, 539 Rn. 30). Bei der K-AG liegen dagegen bereits in 00 Mitunternehmerinitiative und Mitunternehmerrisiko vor. Das wirtschaftliche Eigentum an den erst in 01 übertragenen Mitunternehmeranteilen ist folglich bereits in 00 auf die K-AG übergegangen.

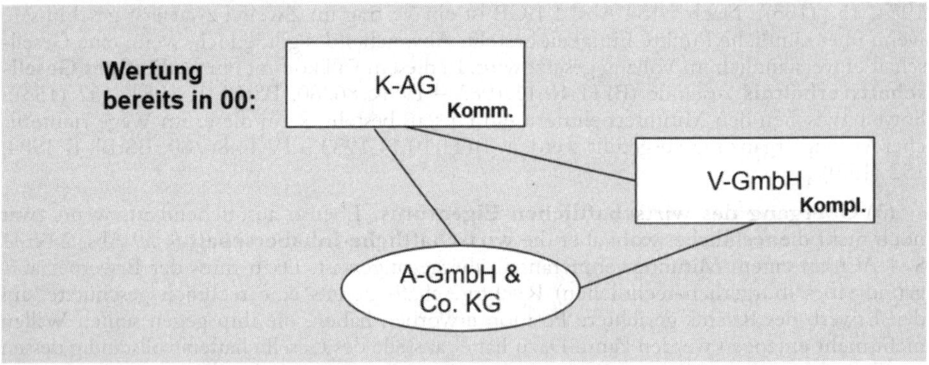

1391 **ee) Wirtschaftlich vergleichbare Gemeinschaftsverhältnisse.** Wenn man von der Prämisse ausgeht, § 15 Abs. 1 S. 1 Nr. 2 S. 1 setze mit Rücksicht auf den Wortlaut der Norm zwingend das Bestehen einer Gesellschaft voraus, bedarf es eines größeren Begründungsaufwands, auch **wirtschaftlich vergleichbare Gemeinschaftsverhältnisse** einzubeziehen (BFH 25.6.1984 – GrS 4/82, BStBl. II 1984, 751 (768)). Ein solches nimmt der Große Senat jedenfalls bei Gesamthandsgemeinschaften in Form der Erben- (→ Rn. 2048 ff.), der Güter- (→ Rn. 2035 ff.) und der Bruchteilsgemeinschaft (→ Rn. 2032) an (BFH 25.6.1984 – GrS 4/82, BStBl. II 1984, 751 (768)). Neuerdings gilt das auch für die Wohnungseigentümergemeinschaft (→ Rn. 2033a). Methodengerecht lässt sich dies nur im Wege eines Analogieschlusses begründen (so zutreffend *Fischer* FR 1998, 813 (817), der letztlich aber zu einem abweichenden Ergebnis kommt).

1392 **ff) Dogmatische Folgerungen.** Um die für einen Analogieschluss erforderliche Vergleichbarkeit der Interessenlage zu begründen, bleibt letztlich nicht mehr, aber auch nicht weniger, als dass mindestens zwei (natürliche oder auch juristische) Personen mitunternehmerschaftlich zusammenwirken, dh gemeinsam Mitunternehmerrisiko tragen und Mitunternehmerinitiative entfalten. Tatsächlich prüft der BFH in den Fällen, in denen er ein vergleichbares Gemeinschaftsverhältnis anerkannt hat, auch allein die Mitunternehmerstellung der Beteiligten (s. etwa BFH 21.4.2009 – II R 26/07, BStBl. II 2009, 602 (604)). Um diesen Sachverhalt zu verbrämen, wird zT von der Mitunternehmerstellung der Beteiligten auf den Abschluss eines konkludenten Gesellschaftsvertrages geschlossen (BFH 25.6.1984 – GrS 4/82, BStBl. II 1984, 751 (768); BFH 2.9.1985 – IV B 51/85, BStBl. II 1986, 10 (11); BFH 13.7.1993 – VIII R 50/92, BStBl. II 1994, 282 (284)). Ein derartiger Rückschluss ist aber nicht unproblematisch. Mit dieser Annahme ist die zumindest latente Gefahr verbunden, den zivilrechtlichen Sachverhalt aus steuerrechtlichen Motiven umzudeuten (*Fischer* FR 1998, 813). Damit wird das Steuerrecht einmal mehr zur unerwünschten „Rechtsquelle" des Gesellschaftsrechts.

Anstatt mit fragwürdigen Vermutungsregeln zu arbeiten, erscheint es folgerichtiger, das Kriterium eines Gesellschaftsverhältnisses als zwingendes Erfordernis einer Mitunternehmerschaft aufzugeben und **stattdessen unmittelbar vom Oberbegriff der Mitunternehmerschaft auszugehen.** Für diese Auffassung spricht auch der neuere Sprachgebrauch des EStG. Der Gesetzgeber knüpft in jüngeren Normen des Einkommensteuerrechts direkt an den Begriff der Mitunternehmerschaft an (s. § 4h Abs. 2; → Rn. 1363). Bestätigt wird die hier vertretene Position weiterhin durch § 20 Abs. 1 Nr. 4. Danach zählen zu den Einkünften aus Kapitalvermögen die Einnahmen aus der Beteiligung an einem Handelsgewerbe als stiller Gesellschafter und aus partiarischem Darlehen, es sei denn, dass der Gesellschafter **oder Darlehensgeber** als Mitunternehmer anzusehen ist. Hiermit gibt das Gesetz deutlich zu erkennen, dass das Bestehen eines Gesellschaftsverhältnisses keine Voraussetzung für eine Mitunternehmerschaft ist. Nach allgemeinen Regeln der juristischen Methodenlehre muss das auch Rückwirkung für § 15 Abs. 1 S. 1 Nr. 2 S. 1 haben (zur Fernwirkung jüngerer Gesetze für die Interpretation älterer Normen statt vieler nur *Rüthers/Höpfner* JZ 2005, 21 (23)). 1393

Im Einklang mit der tatsächlichen Entscheidungspraxis ist damit entgegen der in der neueren Rechtsprechung erhobenen Forderung auf das Erfordernis eines zivilrechtlichen Gesellschaftsverhältnisses zu **verzichten.** Stattdessen ist der Wortlaut des § 15 Abs. 1 S. 1 Nr. 2 S. 1 berichtigend auszulegen und im Einklang mit der neueren Terminologie des EStG den Begriff der Mitunternehmerschaft in den Mittelpunkt der Systembildung zu stellen (dezidiert aA aber *Knobbe-Keuk* StuW 1986, 106). Damit entfällt die Notwendigkeit, aus steuerlichen Gründen, auch dort künstlich ein Gesellschaftsverhältnis zu konstruieren, wo es nach allgemeinen zivilrechtlichen Grundsätzen an den entsprechenden Voraussetzungen fehlt. Dies schließt nicht aus, dass in den allermeisten Fällen, in denen zwei oder mehrere Beteiligte mitunternehmerschaftlich zusammenwirken, um gewerbliche Einkünfte zu erzielen, jedenfalls von einer konkludenten Vereinbarung einer Innengesellschaft auszugehen ist (BFH 25.6.1984 – GrS 4/82, BStBl. II 1984, 751 (768)). Die praktische Bedeutung des Meinungsstreits dürfte damit äußerst gering sein. 1394

gg) Verdeckte Mitunternehmerschaften

Leitentscheidungen, wichtige Verwaltungsanweisungen und Schrifttum (Auswahl): 1395

Leitentscheidungen des BFH: 1395.1

BFH 16.5.2018 – VI R 45/16, BStBl. II 2019, 60.

Schrifttum (Auswahl): 1395.2

Priester, Die faktische Mitunternehmerschaft – Ein gesellschaftsrechtliches Problem, in: Raupach, Arndt Uelner, Adalbert (Hrsg.), FS f. Ludwig Schmidt, 1993, 331; *Haas/Drüen*, Die Bruchteilsgemeinschaft als steuerrechtliche Mitunternehmerschaft, in: Hommelhoff/Rawert/Schmidt (Hrsg.), FS f. Hans-J. Priester, 2007, 133.

Der Begriff der **verdeckten Mitunternehmerschaft** ist in der finanzgerichtlichen Rechtsprechung geprägt worden (zuerst wohl FG Baden-Württemberg 23.9.1976 – III (II) 53/73, EFG 1977, 73, rkr.; aus der Rechtsprechung des BFH s. etwa BFH 5.6.1986 – IV R 272/84, BStBl. II 1986, 802; BFH 16.5.2018 – VI R 45/16, BStBl. II 2019, 60 Rn. 18). 1396

Die Anwendungsfälle sind vielfältig. Gemeinsam ist ihnen, dass es sich abweichend von den Regelbeispielen des § 15 Abs. 1 S. 2 S. 1 Nr. 1 Var. 1 und 2 nicht um Außengesellschaften 1397 handelt. Verdeckte Mitunternehmerschaften können insbesondere Gesellschaften sein, die als **Innengesellschaften** nicht am Rechtsverkehr teilnehmen und als solche nicht erkennbar sind (BFH 13.7.1993 – VIII R 50/92, BStBl. II 1994, 282 (284); BFH 16.5.2018 – VI R 45/16, BStBl. II 2019, 60 Rn. 15). Darüber hinaus werden aber auch Mitunternehmerschaften einbezogen, bei denen **kein Gesellschaftsvertrag** abgeschlossen wurde, es sich aber um eine wirtschaftlich vergleichbare Gemeinschaft handelt (BFH 7.4.1987 – VIII R 259/84, BStBl. II 1987, 766 (768)). Ein weiterer denkbarer Anwendungsfall ist die verfehlte Selbstqualifikation einer vermeintlich nur schuldrechtlichen Austauschbeziehung, die aber tatsächlich eine mitunternehmerschaftliche Rechtsstellung vermittelt (BFH 28.3.1974 – IV R 153/73, BStBl. II 1974, 515; → Rn. 1399). Aus Sicht des § 15 Abs. 1 S. 1 Nr. 2 bleibt die Qualifikation als verdeckte Mitunternehmerschaft im Vergleich zu der regulären, durch zivilrechtlichen Vertrag begründeten Außengesellschaft folgenlos. In beiden Fällen handelt es sich um „echte" Mitunternehmerschaften, insbesondere ist auch bei der verdeckten Mitunternehmerschaft das Sonderbetriebsvermögen steuerlich verstrickt. Abzugrenzen ist die verdeckte Mitunternehmerschaft dagegen von faktischen Mitunternehmerschaften, bei denen es sich gerade nicht um Mitunternehmerschaften handeln soll (→ Rn. 1396).

1398 Der Erkenntnisgewinn, der sich mit dem Begriff der verdeckten Mitunternehmerschaft verbindet, bleibt insgesamt begrenzt. Nach der hier vertretenen Auffassung, wonach der Abschluss eines Gesellschaftsvertrags keine zwingende Voraussetzung für die Begründung einer Mitunternehmerschaft ist (→ Rn. 1392 ff.), erweist sich das Institut als **überflüssig.** Entscheidend für das Bestehen einer Mitunternehmerschaft ist nicht der Abschluss eines zivilrechtlichen Vertrages, sondern allein das mitunternehmerschaftliche Zusammenwirken von wenigstens zwei Beteiligten. Abweichend stellt sich dies für die seitens des BFH vertretene Position dar. Wenn – unter Hinweis auf den Wortlaut – für die Anwendung des § 15 Abs. 1 S. 1 Nr. 2 im Grundsatz ein zivilrechtlicher Gesellschaftsvertrag Voraussetzung ist, bedarf jede Abweichung von dieser Regel einer besonderen Begründung. Der Begriff der verdeckten Mitunternehmerschaft bezeichnet dann nicht mehr, aber auch nicht weniger als diejenigen Formen des mitunternehmerschaftlichen Zusammenwirkens, die nicht auf einem zivilrechtlichen Vertrag zur Gründung einer Außengesellschaft fundiert sind (BFH 21.4.2009 – II R 26/07, BStBl. II 2009, 602 (604)). Zur Frage, wann und in welchen Fällen hiervon auszugehen ist, kann der Begriff der verdeckten Mitunternehmerschaft aber nichts beitragen.

1399 **hh) Schuldrechtliche Austauschverträge.** Schuldrechtliche Austauschverträge, wie insbesondere Arbeitsverträge, Darlehensverträge, Miet- oder Pachtverträge, begründen im Grundsatz **keine Mitunternehmerschaft** (HHR/*Haep* § 15 Rn. 342). Ausgehend von der Position der Rechtsprechung, wonach § 15 Abs. 1 S. 1 Nr. 2 S. 1 zwingend das Bestehen eines Gesellschaftsverhältnisses oder eines vergleichbaren Gemeinschaftsverhältnisses voraussetzt, ist dies verhältnismäßig einfach zu erklären, weil sich ein schuldrechtlicher Vertrag kategorial von einem Gesellschaftsvertrag unterscheidet (s. BFH 21.4.2009 – II R 26/07, BStBl. II 2009, 602 (604)).

1399.1 BFH 21.4.2009 – II R 26/07, BStBl. II 2009, 602 (604): „Rechtsbeziehungen wie Anstellungs-, Darlehens-, Miet- oder Pachtverträgen [wohnt] an sich […] [das] **Element von Leistung und Gegenleistung** [inne]".

1400 Der hier vertretene Ansatz, wonach es für das Vorliegen einer Mitunternehmerschaft allein auf die Führung eines Unternehmens durch zumindest zwei mitunternehmerschaftliche Beteiligte ankommt (→ Rn. 1392 ff.), kommt zu dem gleichen Ergebnis. Fremdübliche Austauschbeziehungen mögen dem schuldrechtlichen Vertragspartner zwar Einfluss auf das Unternehmen einräumen, ebenso wie sich mit jeder schuldrechtlichen Vorleistung ein wirtschaftliches Risiko verbindet. Verglichen mit der Stellung der Gesellschafter einer OHG und KG bleiben die durch schuldrechtliche Verträge vermittelten Einflussmöglichkeiten und Risiken aber doch **deutlich hinter dem Typus des Mitunternehmers** zurück. Beispielsweise kann das Risiko, mit einer ungesicherten Forderung aus Darlehensvertrag auszufallen, noch nicht ein hinreichendes Mitunternehmerrisiko begründen (BFH 21.4.2009 – II R 26/07, BStBl. II 2009, 602 (604)).

Sonderfragen stellen sich in drei Konstellationen: 1401
- Die Selbstqualifikation eines Rechtsverhältnisses durch die Beteiligten weicht von der zutreffenden zivilrechtlichen Einordnung einer Vertragsbeziehung ab (**verfehlte Selbstqualifikation;** → Rn. 1402).
- Den schuldrechtlichen Vertragspartnern werden überhöhte Vergütungen gewährt, die nicht mehr fremdüblich sind (**überhöhte Vergütungen;** → Rn. 1406).
- Zwischen den Beteiligten bestehen nebeneinander verschiedene schuldrechtliche Austauschbeziehungen, wobei die für den einzelnen Vertrag gewährte Vergütung für sich betrachtet jeweils angemessen und fremdüblich ist (**Bündelung von Vertragsbeziehungen;** → Rn. 1407).

(1) Verfehlte Selbstqualifikation. Die fehlerhafte Qualifikation bzw. Bezeichnung eines 1402 Rechtsverhältnisses kann verschiedene Ursachen haben. Denkbar ist es, dass die falsche Bezeichnung schlichtweg auf **Unkenntnis der Beteiligten** beruht. Nicht selten wird eine rechtlich unzutreffende Bezeichnung aber auch **bewusst** gewählt, um die nachteiligen steuerlichen Rechtsfolgen zu vermeiden, die mit der zutreffenden steuerlichen Qualifikation verbunden sind. In beiden Fällen gilt schon zivilrechtlich, dass die falsche Bezeichnung rechtlich unerheblich ist und allein das von den Beteiligten wirklich Gewollte gilt. Ausnahmen von dieser Regel („falsa demonstratio non nocet") sind allein mit Blick auf zwingende gesetzliche Formvorschriften denkbar, was im hier bestehenden Zusammenhang aber ersichtlich keine Rolle spielt. Entsprechend betont der BFH in ständiger Rechtsprechung, dass die zwischen den Beteiligten bestehenden Rechtsbeziehungen bei der Beurteilung der Gesellschaftereigenschaft nicht allein nach deren formaler Bezeichnung, sondern nach den von den Gesellschaftern gewollten Rechtswirkungen maßgeblich sind (BFH 1.8.1996 – VIII R 12/94, BStBl. II 1997, 272 (274); BFH 2.9.1985 – IV B 51/85, BStBl. II 1986, 10 (11); BFH 5.6.1986 – IV R 272/84, BStBl. II 1986, 802 (803)).

Besonders plakativ BFH 2.9.1985 – IV B 51/85, BStBl. II 1986, 10 (11): „Vertragliche Beziehungen 1402.1 werden den schuldrechtlichen Vertragstypen entsprechend den vereinbarten Leistungen zugeordnet; dies gilt auch für die Frage, ob eine Vertragsbeziehung als Gesellschaftsverhältnis anzusehen ist".

Entsprechende Fragen stellen sich bei **partiarischen Rechtsverhältnissen** (zB einem 1403 gewinnabhängigen Pachtvertrag oder erfolgsabhängigen Geschäftsführervergütungen) einerseits und stillen Gesellschaften bzw. anderen Innengesellschaften andererseits (s. etwa BFH 21.4.2009 – II R 26/07, BStBl. II 2009, 602 (604 f.)). Kennzeichnend für eine schuldrechtliche Austauschbeziehung ist das diesen Verträgen innewohnende Element von Leistung und Gegenleistung, bei dem jeder Vertragspartner auf eigene Rechnung tätig wird. Dagegen ist für die Mitunternehmerschaft das Zusammenwirken zu dem gemeinsamen Zweck der Gewinnerzielung maßgeblich (HHR/*Haep* § 15 Rn. 345; s. auch BFH 21.4.2009 – II R 26/07, BStBl. II 2009, 602 (604)).

Ein weiteres Anwendungsbeispiel ist die Abgrenzung zwischen **Arbeitsverträgen** und 1404 stillen Gesellschaften bzw. sonstigen Innengesellschaften (ausführlich HHR/*Haep* § 15 Rn. 346). Ein wichtiges Kriterium für die Annahme einer Mitunternehmerschaft ist, dass Unternehmer und (vermeintlicher) Arbeitnehmer einander gleichgeordnet sind (BFH 5.6.1986 – IV R 272/84, BStBl. II 1986, 802; BFH 28.1.1982 – IV R 197/79, BStBl. II 1982, 389).

Entsprechende Abgrenzungsfragen hatte der BFH ua in **folgenden Fällen** zu entscheiden: 1405
- BFH 11.9.1986 – IV R 82/85, BStBl. II 1987, 111 (112): Keine Stellung als Mitunternehmer, wenn dem Angestellten entgegen § 709 Abs. 1 BGB kein Widerspruchsrecht gegen eigene Entscheidungen des Arbeitgebers eingeräumt wird.
- BFH 2.9.1985 – IV B 51/85, BStBl. II 1986, 10 (11): Ungewöhnlich hohe Provisionen von 20% des vermittelten Umsatzes und weitere 2% des Umsatzes bei Beendigung des Vertragsverhältnisses; alleinige Verantwortung für alle unternehmenswichtigen Entscheidungen im Verkaufsbereich; Kenntnismonopol für den Aufbau des Unternehmens.
- BFH 9.10.1969 – IV 294/64, BStBl. II 1970, 320 (322): Volle persönliche Haftung des Arbeitnehmers mit dem gesamten Vermögen; Wahl des Anstellungsverhältnisses, um so einen Sozialversicherungsanspruch als Altersversorgung zu erhalten.

- BFH 28.7.1971 – I R 78/68, BStBl. II 1971, 815: Möglichkeit der Anpassung nicht nur der Tantieme, sondern auch des Festgehalts an die wirtschaftliche Lage; keine freie Verfügung über die Tantieme.

1406 **(2) Gewährung überhöhter Vergütungen.** Unangemessene, nicht leistungsbezogene Entgelte können den Charakter als gegenseitige Austauschverträge infrage stellen. Halten diese einem Fremdvergleich nicht stand, kann dies als Beweisanzeichen ein **verdecktes Gesellschaftsverhältnis indizieren** (BFH 1.8.1996 – VIII R 12/94, BStBl. II 1997, 272 (275 f.)).

1407 **(3) Bündelung von Vertragsbeziehungen.** Auch eine Bündelung von Vertragsbeziehungen führt für sich allein betrachtet **noch nicht zur Annahme einer Mitunternehmerschaft.** Schuldrechtlichen Austauschverträgen ist das Element von Leistung und Gegenleistung immanent, das sich kategorisch von der gemeinschaftlichen Zweckverfolgung unterscheidet. Abweichendes ist dann anzunehmen, wenn in einer Gesamtbetrachtung von einem Zusammenwirken zu einem gemeinsamen Zweck auszugehen ist (BFH 21.4.2009 – II R 26/07, BStBl. II 2009, 602 (604)). In diesem Fall soll eine verdeckte Mitunternehmerschaft vorliegen.

1408 Richtigerweise kann auf den Umweg der Konstruktion einer verdeckten Mitunternehmerschaft verzichtet werden. Vielmehr muss allein entscheidend sein, ob einem Vertragspartner eines Unternehmens als nach außen auftretender Geschäftsherr **hinreichende Mitunternehmerinitiative** zukommt und er ein **hinreichendes Mitunternehmerrisiko** trägt, um ihn als Mitunternehmer zu qualifizieren (→ Rn. 1392 ff.).

ii) Faktische Mitunternehmerschaften

1409 **Leitentscheidungen, wichtige Verwaltungsanweisungen und Schrifttum (Auswahl):**

1409.1 **Entscheidungen des GrS:**
BFH 25.6.1984 – GrS 4/82, BStBl. II 1984, 751.

1409.2 **Wichtige Verwaltungsanweisungen:**
OFD Freiburg 1.12.1983, Faktische Mitunternehmerschaft, ESt-Kartei BW 1978 § 15 EStG Nr. 21 (außer Kraft).

1409.3 **Schrifttum (Auswahl):**
Lucas, Grundsätzliches zur sogenannten „faktischen Mitunternehmerschaft“, FR 1983, 389; *Woerner*, Einschränkung des Mitunternehmerbegriffs durch den Bundesfinanzhof, BB 1986, 704; *Lucas*, Das „Aus“ der sogenannten faktischen Gesellschaft (Mitunternehmerschaft) – es lebe die verdeckte Mitunternehmerschaft bzw. gesellschaftsähnliche Mitunternehmerschaft, FR 1986, 633; *Priester*, Die faktische Mitunternehmerschaft – Ein gesellschaftsrechtliches Problem, in: Raupach, Arndt Uelner, Adalbert (Hrsg.), FS f. Ludwig Schmidt, 1993, 331.

1410 Der Begriff der faktischen Mitunternehmerschaft ist Ende 1983 durch drei gleichlautende **Verfügungen der Oberfinanzdirektionen Karlsruhe, Freiburg und Stuttgart** eingeführt worden (OFD Freiburg 1.12.1983, ESt-Kartei BW 1978 § 15 EStG Nr. 21). Was unter einer faktischen Mitunternehmerschaft zu verstehen ist, wird unterschiedlich gedeutet.

1411 In den Verfügungen der Oberfinanzdirektionen Karlsruhe, Freiburg und Stuttgart wird die faktische Mitunternehmerschaft als Mitunternehmerschaft iSd § 15 Abs. 1 S. 1 Nr. 2 verstanden, soll aber zwingend eine **zumindest stillschweigend eingegangene Innengesellschaft** voraussetzen (OFD Freiburg 1.12.1983, ESt-Kartei BW 1978 § 15 EStG Nr. 21).

1412 Dagegen wird in der Literatur unter dem Topos die Frage diskutiert, ob eine Mitunternehmerschaft auch denkbar ist, **ohne von einer zumindest konkludent abgeschlossenen Innengesellschaft** auszugehen (*Priester* FS Schmidt, 1993, 331 (335)).

1413 In anderen Teilen der Literatur steht der Begriff der **faktischen Mitunternehmerschaft** als Synonym zur verdeckten Mitunternehmerschaft (Schmidt/*Wacker* § 15 Rn. 280).

1414 Der BFH lehnt eine derartige Gleichsetzung unter Hinweis auf seine mit BFH 25.6.1984 – GrS 4/82, BStBl. II 1984, 751 eingeleitete Wende (→ Rn. 1385) ausdrücklich ab (BFH 7.4.1987 – VIII R 259/84, BStBl. II 1987, 766 (768); BFH 2.9.1985 – IV B 51/85, BStBl. II 1986, 10 (11); s. auch BFH 13.7.1993 – VIII R 50/92, BStBl. II 1994, 282 (284)). Eine faktische Mitunternehmerschaft soll im Unterschied zur verdeckten Mitunternehmerschaft gerade **keine Mitunternehmerschaft** sein, sodass § 15 Abs. 1 S. 1 Nr. 2 nicht anwendbar ist. Nicht zur Begründung einer Mitunternehmerschaft soll insbesondere eine bloße Bündelung von für sich betrachtet fremdüblichen schuldrechtlichen Austauschbeziehungen zwischen einer Gesellschaft und Nicht-Gesellschaftern führen (BFH 13.7.1993 – VIII R 50/92, BStBl. II 1994, 282 (284)). In anderen Entscheidungen steht der Begriff dann wieder als Synonym für ein ggf. verdecktes oder wirtschaftlich vergleichbares Rechtsverhältnis (zB BFH 1.8.1996 – VIII R 12/94, BStBl. II 1997, 272 (274)), sodass auch eine faktische Mitunternehmerschaft den Tatbestand des § 15 Abs. 1 S. 1 Nr. 2 verwirklichen kann.

Nach der hier vertretenen Position ist der **Begriff entbehrlich.** Der ohnehin schon vieldeutigen Bezeichnung der verdeckten Mitunternehmerschaft ein Synonym zur Seite zu stellen (s. aber die Nw. → Rn. 1414), trägt nur zur begrifflichen Verwirrung bei. Dies gilt umso mehr, als die beiden Attribute („faktisch", „verborgen") unterschiedlich konnotiert sind. Auch die (abweichende) Terminologie des BFH kann aber leicht zu Fehldeutungen führen. Sofern die faktische Mitunternehmerschaft außerhalb des Anwendungsbereichs des § 15 Abs. 1 S. 1 Nr. 2 steht, ist sie eben gerade keine Mitunternehmerschaft. Vorzugswürdig scheint es daher, auf den Begriff der „faktischen" Mitunternehmerschaft zu verzichten. Stattdessen ist zwischen Mitunternehmerschaften einerseits und Gegenbegriffen zu unterscheiden, die, wie etwa bloße schuldrechtliche Austauschbeziehungen, gerade keine Mitunternehmerschaft begründen. 1415

f) Temporale Fragen. Einkommensteuerlich beginnt ein Gewerbebetrieb nicht erst mit der eigentlich werbenden Tätigkeit, sondern mit den **ersten Maßnahmen, die der Vorbereitung der werbenden Tätigkeit** dienen und mit dieser in unmittelbarem wirtschaftlichen Zusammenhang stehen (BFH 10.12.1992 – XI R 45/88, BStBl. II 1993, 538 (541); BFH 17.4.1986 – IV R 100/84, BStBl. II 1986, 527). Aufwendungen, die durch Vorbereitungshandlungen entstehen, sind Betriebsausgaben und können ggf. zu Verlusten aus Gewerbebetrieb führen (BFH 10.12.1992 – XI R 45/88, BStBl. II 1993, 538 (541); BFH 19.8.1977 – IV R 107/74, BStBl. II 1978, 23 (24)). Auch wenn entsprechende Aufwendungen den erst zu einem späteren Zeitpunkt eintretenden Gesellschaftern zugutekommen, können diese **nicht** an Verlusten teilnehmen, die **vor ihrem Eintritt** entstanden sind (BFH 10.12.1992 – XI R 45/88, BStBl. II 1993, 538 (541 f.)). 1416

Die gewerbliche Tätigkeit endet mit dem letzten betrieblichen Vorgang, der zur Veräußerung oder Entnahme des letzten betrieblichen Wirtschaftsgutes führt (BFH 17.4.1986 – IV R 100/84, BStBl. II 1986, 527; BFH 27.4.1978 – IV R 187/74, BStBl. II 1979, 89). Von der Einstellung der gewerblichen Betätigung ist die **Vollbeendigung der Personengesellschaft** zu unterscheiden. Diese tritt ein, wenn die Liquidation abgeschlossen und das Gesamthandsvermögen vollständig abgewickelt ist. Zur sofortigen Vollbeendigung einer Personengesellschaft kommt es auch, wenn der vorletzte Gesellschafter seinen Anteil auf den verbleibenden Gesellschafter überträgt. Gleiches gilt in Fällen der Anwachsung, wenn der vorletzte Gesellschafter aus der Gesellschaft ausscheidet (§ 738 Abs. 1 S. 1 BGB; BFH 17.4.2019 – IV R 12/16, BStBl. II 2019, 745 Rn. 28). Eine Vollbeendigung liegt auch dann vor, wenn alle Anteile an einer Personengesellschaft in eine andere Personengesellschaft eingebracht werden (BFH 17.4.2019 – IV R 12/16, BStBl. II 2019, 745 Rn. 28). Von der Vollbeendigung abzugrenzen ist die rein formwechselnde Umwandlung einer Personengesellschaft. Bei dieser wird die bisherige Mitunternehmerschaft identitätswahrend in neuer Rechtsform weitergeführt (BFH 17.4.2019 – IV R 12/16, BStBl. II 2019, 745 Rn. 28). 1417

Abweichende Grundsätze gelten für die **Gewerbesteuer,** weil Objekt der Gewerbesteuer nach § 2 Abs. 1 S. 1 GewStG der stehende Gewerbebetrieb ist (BFH 17.4.1986 – IV R 100/84, BStBl. II 1986, 527). Gegenstand der Gewerbesteuer ist nur der auf den laufenden Betrieb entfallende Gewinn. Dementsprechend beginnt die Gewerbesteuerpflicht erst, wenn alle tatbestandlichen Voraussetzungen eines Gewerbebetriebs vorliegen und der Gewerbebetrieb **in Gang gesetzt worden ist** (BFH 22.1.2015 – IV R 10/12, BFH/NV 2015, 678 Rn. 24; BFH 17.4.1986 – IV R 100/84, BStBl. II 1986, 527; FG Berlin-Brandenburg 23.3.2017 – 4 K 4153/16, EFG 2017, 1009 Rn. 32, rkr.). Zu bloßen, gewerbesteuerlich noch unbeachtlichen Vorbereitungshandlungen werden zB die Anmietung eines Geschäftlokals, die Errichtung eines Fabrikgebäudes oder eines Hotels gezählt, wenn mit deren Betrieb erst nach deren Fertigstellung begonnen wird (BFH 12.5.2016 – IV R 1/13, BStBl. II 2017, 489 Rn. 26). 1418

Was als **werbende Tätigkeit** anzusehen ist, richtet sich nach dem von der Gesellschaft verfolgten Gegenstand ihrer Tätigkeit (BFH 22.1.2015 – IV R 10/12, BFH/NV 2015, 678 1419

Rn. 28). Hier kann als Indiz auf den Gesellschaftsvertrag zurückgegriffen werden, letztlich maßgeblich ist aber die **tatsächlich ausgeübte Tätigkeit** (BFH 12.5.2016 – IV R 1/13, BStBl. II 2017, 489 Rn. 28; BFH 13.4.2017 – IV R 49/15, BFH/NV 2017, 1129 Rn. 20).

1420 Die sachliche Gewerbesteuerpflicht endet mit der **dauerhaften Einstellung** der werbenden Tätigkeit. Auch eine nach Einkommensteuerrecht nicht begünstigte **„allmähliche Abwicklung"** eines Gewerbebetriebs kann zu nicht gewerbesteuerbaren Gewinnen führen, wenn sie auf Maßnahmen zur Vermögensverwertung nach Einstellung der werbenden Tätigkeit des Betriebs beruht (BFH 22.1.2015 – IV R 10/12, BFH/NV 2015, 678 Rn. 26).

1421 **g) Mitunternehmerschaft und Betrieb.** Eine Mitunternehmerschaft kann **nur einen Betrieb** unterhalten (BFH 25.6.1996 – VIII R 28/94, BStBl. II 1997, 202 (203); s. auch BFH 27.8.2014 – VIII R 16/11, BStBl. II 2015, 996 Rn. 24). Dies ergibt sich zwar nicht unmittelbar aus dem Wortlaut des § 15 Abs. 3 Nr. 1, wohl aber aus Sinn und Zweck der Vorschrift. Die in § 15 Abs. 3 Nr. 1 S. 1 kodifizierte Abfärberechtsprechung (s. BT-Drs. 10/3663, 8) zielt darauf, die erheblichen Abgrenzungsschwierigkeiten zu vermeiden, die sich bei einer getrennten Betrachtung eines Betriebs der Mitunternehmerschaft ergeben würden (BFH 10.11.1983 – IV R 86/80, BStBl. II 1984, 152). Dies wäre hinfällig, wenn eine Mitunternehmerschaft mehrere Betriebe unterhalten könnte und sich entsprechende Abgrenzungsschwierigkeiten dann zwischen den verschiedenen Betrieben stellen würden.

2. Gewerblichkeit der Mitunternehmerschaft

1422 **Leitentscheidungen, wichtige Verwaltungsanweisungen und Schrifttum (Auswahl):**

1422.1 **Entscheidungen des GrS:**
BFH 25.6.1984 – GrS 4/82, BStBl. II 1984, 751.

1422.2 **Weitere Leitentscheidungen des BFH:**
BFH 10.10.2012 – VIII R 42/10, BStBl. II 2013, 79: GmbH als alleiniger Komplementär einer freiberuflichen KG; BFH 22.2.2017 – I R 35/14, BStBl. II 2018, 33.

1422.3 **Wichtige Verwaltungsanweisungen:**
BMF 13.7.1992, Verfahren bei der Geltendmachung von negativen Einkünften aus der Beteiligung an Verlustzuweisungsgesellschaften und vergleichbaren Modellen, BStBl. I 1992, 404; BMF 28.6.1994, Verfahren bei der Geltendmachung von negativen Einkünften aus der Beteiligung an Verlustzuweisungsgesellschaften und vergleichbaren Modellen, BStBl. I 1994, 420.

1423 Um den Mitunternehmern nach § 15 Abs. 1 S. 1 Nr. 2 gewerbliche Einkünfte zuzurechnen, müssen die Gesellschafter in **ihrer Verbundenheit als Personengesellschaft ein gewerbliches Unternehmen** betreiben (grundlegend BFH 25.6.1984 – GrS 4/82, BStBl. II 1984, 751 (762); s. auch BFH 19.3.1981 – IV R 167/80, BStBl. II 1981, 527 (529)).

1424 Die Einkunftsart ist im Grundsatz (zu den Ausnahmen → Rn. 1426) nicht auf Ebene der Gesellschafter, sondern bereits **auf Ebene der Gesellschaft** zu bestimmen. Diese Sichtweise entspricht der heute ganz hM und hat sich mit der Ablösung der Bilanzbündel- durch die **Einheitstheorie** praktisch einhellig durchgesetzt.

1425 Die Qualifikation der Einkünfte bestimmt sich nach allgemeinen Regeln, sodass auf § 15 Abs. 2 abzustellen ist. Scheidet danach eine Qualifikation als (originär) gewerbliche Personengesellschaft aus, kann sich die Gewerblichkeit noch aus den **Fiktionstatbeständen des § 15 Abs. 3 Nr. 1 und 2** ergeben. Nach § 15 Abs. 3 Nr. 1 werden die Einkünfte einer Personengesellschaft einheitlich zu gewerblichen Einkünften umqualifiziert, wenn sie neben gewerblichen auch andere Einkünfte erzielt. § 15 Abs. 3 Nr. 2 hat die frühere Geprägerechtsprechung positiviert.

1426 Auch im Rahmen der Einkünftequalifikation zeigt sich, dass die Einheitstheorie nicht konsequent durchgehalten werden kann. In verschiedenen Fallkonstellationen muss auf die Ebene der Gesellschafter durchgegriffen werden. Dies gilt für die **Abgrenzung zur freiberuflichen Mitunternehmerschaft** (→ Rn. 1446), für die Abgrenzung zur **privaten Vermögensverwaltung** (→ Rn. 1434 ff.) ebenso wie bei sog. **Zebragesellschaften** (→ Rn. 1461). Ein weiterer dogmatischer Stolperstein der Einkünftequalifikation ist die im Gesetz nicht ausdrücklich thematisierte Frage, welche Anforderungen an die **gemeinschaftliche Tatbestandsverwirklichung** (→ Rn. 1446) zu stellen sind und wie mit **gemischten, nicht aufteilbaren Tätigkeiten** (→ Rn. 1443) zu verfahren ist.

1427 **a) Einkünftequalifikation und Einheitstheorie.** Nach dem Transparenzprinzip (§ 15 Abs. 1 S. 1 Nr. 1 S. 1 Hs. 1) werden den Gesellschaftern die Gewinnanteile der Personengesellschaft sowie etwaige Sondervergütungen zugerechnet. Die früher vertretene **Bilanzbündeltheorie** schloss hieraus, dass die Personengesellschafter voneinander getrennte Betriebe unterhielten und leugnete einkommensteuerlich die Existenz der Personengesellschaft. Diese Betrachtungsweise ist seit Mitte der 1980er Jahre durch die Einheitstheorie abgelöst worden. Nach der Einheitstheorie kommt der Personengesellschaft im Einkommensteuerrecht zumindest insoweit eine begrenzte Steuerrechtssubjektivität zu, als sie in der **Einheit ihrer Gesellschafter Merkmale eines Besteuerungstatbestandes verwirklicht** (BFH 25.6.1984 – GrS 4/82, BStBl. II 1984, 751 (761 f.); BFH 16.6.1994 – IV R 48/93, BStBl. II 1996, 82 (84)).

1428 Dass die Personengesellschaft selbst einen Gewerbebetrieb unterhält, legt bereits der **Wortlaut** nahe, weil in § 15 Abs. 1 S. 1 Nr. 2 S. 2 vom Betrieb der Gesellschaft die Rede ist. Betrieb iSd Vorschrift kann dann aber nur der Gewerbebetrieb sein, wie er in § 15 Abs. 2 legaldefiniert ist (KSM/*Desens/Blischke* § 15 Rn. C 68; HHR/*Haep* § 15 Rn. 367). In die gleiche Richtung deuten **systematische Erwägungen.** Die Zurechnung der von der Personengesellschaft erzielten Einkünfte setzt voraus, die Einkunftsquelle bereits auf Ebene der Personengesellschaft zu qualifizieren, weil die Einkünfte nur in Abhängigkeit von der verwirklichten Einkunftsart ermittelt werden können (BFH 25.6.1984 – GrS 4/82, BStBl. II 1984, 751 (762): „[…] die Feststellung der Einkunftsart ist Voraussetzung dafür, ob das Ergebnis der Personengesellschaft, dessen Anteile den Gesellschaftern zuzurechnen sind, als Gewinn […] oder als Überschuß […] zu ermitteln ist.").

1429 Zusätzlich bestätigt wird dies durch einen **Umkehrschluss aus § 13 Abs. 7, § 18 Abs. 4 S. 2** (Einkünfte aus Land- und Forstwirtschaft, Einkünfte aus selbständiger Arbeit). Neben den mitunternehmerschaftlichen Einkünften aus Gewerbebetrieb können auch solche aus Land- und Forstwirtschaft sowie aus selbständiger Arbeit bezogen werden. Eine Abgrenzung zwischen diesen kann nur anhand der Einkunftsart gelingen, welche die Mitunternehmerschaft verwirklicht (KSM/*Desens/Blischke* § 15 Rn. C 68). Allein an die Rechtsform einer Personenhandelsgesellschaft anzuknüpfen, muss sich schon deshalb verbieten, weil das HGB auch vermögensverwaltende Personenhandelsgesellschaften zulässt (Preißer/*Preißer* Unternehmenssteuerrecht und Steuerbilanzrecht, 303).

1430 Welche Einkunftsart eine Personengesellschaft verwirklicht, wird in erster Linie durch „die Tätigkeit der Gesellschafter in ihrer gesamthänderischen Verbundenheit, mithin durch die **Tätigkeit der Gesellschaft,** bestimmt" (Hervorhebungen durch den Verf.; BFH 25.6.1984 – GrS 4/82, BStBl. II 1984, 751 (761)).

1431 Dass der BFH so vorsichtig formuliert, rechtfertigt sich mit Blick auf die Abgrenzung der gewerblichen zur freiberuflichen Mitunternehmerschaft. Insoweit soll entgegen des dogmatischen Ausgangspunkts der Einheitstheorie doch auf die Ebene der Gesellschafter durchgegriffen werden (→ Rn. 1446 ff.). Einer weiteren Durchbrechung oder doch jedenfalls Ergänzung bedarf die Einheitstheorie bei sog. **Zebragesellschaften** (→ Rn. 1461).

1432 **b) Gewerbebetrieb der Personengesellschaft.** Unter dem Tatbestandsmerkmal „Gewerbebetrieb der Personengesellschaft" grenzt die Rechtsprechung die **einzelunternehmerische von der mitunternehmerischen Betätigung** ab (BFH 22.2.2017 – I R 35/14, BStBl. II 2018, 33 Rn. 23). Dazu müssen sich mindestens zwei Personen zu gemeinschaftlicher gewerblicher Betätigung zusammengefunden haben (BFH 22.2.2017 – I R 35/14, BStBl. II 2018, 33 Rn. 23; BFH 13.7.2017 – IV R 41/14, BStBl. II 2017, 1133 Rn. 19). Dies kann vor allem bei Innengesellschaften schwierige Abgrenzungsfragen aufwerfen (→ Rn. 1951).

1433 Vergleichbare Zuordnungsfragen stellen sich ferner, wenn zwischen **verschiedenen Personengesellschaften** abzugrenzen ist, deren Gesellschafter identisch oder teilweise identisch sind. Da die Personengesellschaft insoweit Besteuerungssubjekt ist, als sie in der Einheit ihrer Gesellschafter Merkmale eines Besteuerungstatbestandes verwirklicht, können die Personengesellschaften nicht zu einem einheitlichen Steuersubjekt zusammengefasst werden (BFH 31.7.1991 – VIII R 23/89, BStBl. II 1992, 375 (377)). Damit wird nicht nur eine Abfärbung gem. § 15 Abs. 3 Nr. 1 vermieden. Folgen hat dies auch in verfahrensrechtlicher und in gewerbesteuerlicher Hinsicht. Es haben mehrere Feststellungsbescheide zu ergehen, der gewerbesteuerliche Verlustausgleich kann mehrfach genutzt werden, nicht möglich ist dagegen ein zwischenbetrieblicher Verlustausgleich (Schmidt/*Wacker* § 15 Rn. 194).

1434 **c) Besonderheiten der Einkünftequalifikation auf Gesellschaftsebene, insbesondere bei Feststellung der Gewinnerzielungsabsicht.** Für die gemeinschaftliche Verwirklichung einer Einkunftsart ist im Grundsatz auf die **Tätigkeit der Gesellschaft** abzustellen, wie sie nach außen hin in Erscheinung tritt (s. auch KSM/*Desens/Blischke* § 15 Rn. C 88).

1435 Nicht erforderlich ist, dass alle Mitunternehmer **in eigener Person** den Tatbestand verwirklichen. Um im Rahmen einer Mitunternehmerschaft gewerbliche Einkünfte zu erzielen, muss sich ein Gesellschafter also beispielsweise nicht selbst am allgemeinen geschäftlichen Verkehr beteiligen. Entscheidend und ausreichend ist die **gemeinschaftliche Tatbestandsverwirklichung,** bei der der Betrieb der Personengesellschaft sämtliche Gesellschafter einschließt, die Mitunternehmerrisiko tragen und Mitunternehmerinitiative entfalten.

1436 Die Qualifikation einer Tätigkeit als gewerblich bestimmt sich im Grundsatz nach den **gleichen Kriterien wie für den Einzelunternehmer** (BFH 25.6.1984 – GrS 4/82, BStBl. II 1984, 751 (763); Frotscher/Geurts/*Kauffmann* § 15 Rn. 277).

1437 Zur Beurteilung der **Gewinnerzielungsabsicht,** bei der es auf die Erzielung eines Totalgewinns zwischen Gründung und Beendigung der Personengesellschaft ankommt, ist neben dem Betriebsvermögen der Gesellschaft auch das **Sonderbetriebsvermögen** der Gesellschafter einzubeziehen (BFH 25.6.1996 – VIII R 28/94, BStBl. II 1997, 202 (205)). Die Erzielung **steuerfreier Einkünfte** ist im Unterschied zu nicht steuerbaren Einkünften unschädlich (BFH 18.9.1996 – I R 69/95, BFH/NV 1997, 408 Rn. 21).

1438 Soweit für **verschiedene Tätigkeitsbereiche** nicht jeweils eigene (Schwester-)Personengesellschaften bestehen, sondern lediglich eine, unterhält diese einen **einheitlichen Gewerbebetrieb** (BFH 25.6.1996 – VIII R 28/94, BStBl. II 1997, 202 (203) unter Hinweis auf § 15 Abs. 3 Nr. 1 S. 1). Gleichwohl sind Tätigkeiten, die **ohne Gewinnerzielungsabsicht** verfolgt und nicht betrieblich veranlasst sind, steuerlich nicht in die Gewinnermittlung der Personengesellschaft einzubeziehen (BFH 25.6.1996 – VIII R 28/94, BStBl. II 1997, 202 (205)). Unzulässig ist dagegen eine Segmentierung von Hilfs- oder Nebentätigkeiten, weil dies gegen das objektive Nettoprinzip verstoßen würde. Der BFH will nach dem Förderungs- und Sachzusammenhang abgrenzen, in dem die jeweiligen Einzeltätigkeiten zu der betrieblichen Haupttätigkeit oder der privat veranlassten Tätigkeit stehen (BFH 25.6.1996 – VIII R 28/94, BStBl. II 1997, 202 (205)).

1439 Weitere Besonderheiten sind für die **Gewinnerzielungsabsicht** sog. **Verlustzuweisungsgesellschaften** zu beachten (s. auch Schmidt/*Wacker* § 15 Rn. 182).

1439.1 Die Initiatoren einer Verlustzuweisungsgesellschaft wählen typischerweise die Rechtsform einer GmbH & Co. KG oder einer atypisch stillen Gesellschaft. Wegen des Transparenzprinzips können die beigetretenen Anleger als Mitunternehmer unmittelbar an den Gewinnen und Verlusten der Gesellschaft teilnehmen. Das über eine Vielzahl von Anlegern beschaffte Kapital wird nur zu einem Teil Eigenkapital der Gesellschaft. Durch einen hohen Fremdfinanzierungsanteil und ggf. durch die Inanspruchnahme von Investitionszulagen waren in der Vergangenheit Verlustzuweisungen von mehr als 100% des eingesetzten Eigenkapitals möglich (BFH 12.12.1995 – VIII R 59/92, BStBl. II 1996, 219 (223)). Die hohen geschäftlichen Risiken konnten im Allgemeinen nur getragen werden, wenn es gelang, das eingesetzte Kapital bei einem entsprechend hohen deutschen Steuersatz in weiten Teilen aus der Steuerersparnis zu finanzieren (BFH 12.12.1995 – VIII R 59/92, BStBl. II 1996, 219 (223)). Dementsprechend stand bei der **Werbung der Anleger die Steuerersparnis im Vordergrund.** Bei derartigen Zuweisungsgesellschaften ging der BFH von einer tatsächlichen Vermutung aus, dass für ihre Gründung und Fortführung nicht die Absicht, Gewinne zu erzielen, sondern einkommensteuerrechtlich nicht relevante persönliche Gründe bestimmend waren und die Möglichkeit einer späteren Gewinnerzielung lediglich in Kauf genommen wurde (BFH 12.12.1995 – VIII R 59/92, BStBl. II 1996, 219 (223)). Die Vermutung wurde widerlegt, wenn es aufgrund nachgewiesener Tatsachen ernstlich möglich erschien, dass trotz des äußeren Anscheins einer Verlustzuweisungsgesellschaft bereits bei Gründung der Gesellschaft nach dem Urteil eines ordentlichen Kaufmanns ein Totalgewinn wahrscheinlich erzielbar war (BFH 12.12.1995 – VIII R 59/92, BStBl. II 1996, 219 (224)).

1439.2 Zutreffend weisen der BFH und das BMF darauf hin, dass von einer Verlustzuweisungsgesellschaft nicht bereits dann ausgegangen werden kann, wenn **Steuervergünstigungen in Form von Sonderabschreibungen** in Anspruch genommen werden sollen. Würde dies bereits ausreichen, würden die wirtschaftspolitischen Zielsetzungen der diesbezüglichen steuerlichen Lenkungsnormen konterkariert (BFH 29.3.2007 – IV R 6/05, BFH/NV 2007, 1492 Rn. 32).

Bei Personengesellschaften ist die **Gewinnerzielungsabsicht in zweifacher Hinsicht zu prüfen.** Einerseits muss auf Ebene der Gesellschaft die Absicht zur Vermehrung des Betriebsvermögens bestehen. Andererseits sind nur für die Gesellschafter Einkünfte festzustellen, die auch persönlich die Absicht haben, aus ihrer Beteiligung einen Gewinn zu erzielen (BFH 30.10.2014 – IV R 34/11, BStBl. II 2015, 380 Rn. 31). 1440

d) Irrelevante Kriterien. Ohne Relevanz für die Qualifikation der Einkünfte ist, wie der Unternehmensgegenstand im **Gesellschaftsvertrag** bezeichnet ist oder ob die Gesellschaft in das **Handelsregister** eingetragen ist (BFH 17.1.1985 – IV R 106/81, BStBl. II 1985, 291 (293); BFH 19.3.1981 – IV R 167/80, BStBl. II 1981, 527 (529)). Die Eintragung kann allenfalls ein Beweisanzeichen für das Vorliegen eines Gewerbebetriebs sein (BFH 18.5.2000 – IV R 26/99, BStBl. II 2000, 498 (499)). 1441

Ohne Bedeutung für die Einkünftequalifikation auf Ebene der Personengesellschaft ist auch, ob ihre **Gesellschafter ihre Anteile im Betriebsvermögen** halten, insbesondere ob einer, mehrere oder sogar alle Gesellschafter Kapitalgesellschaften sind (BFH 25.6.1984 – GrS 4/82, BStBl. II 1984, 751 (763)). Entscheidend ist allein die Tätigkeit der Gesellschaft (BFH 25.6.1984 – GrS 4/82, BStBl. II 1984, 751 (765)). Allerdings kann sich die Gewerblichkeit unter den Voraussetzungen des § 15 Abs. 3 Nr. 2 aus der gewerblichen Prägung der Personengesellschaft ergeben. 1442

e) Gemischte, aber nicht aufteilbare Tätigkeiten. Der Einkünftequalifikation vorgelagert ist die Frage, ob von einer **einheitlichen Betätigung oder mehreren Betätigungen** der Personengesellschaft auszugehen ist, die dann im Ausgangspunkt (und vorbehaltlich einer Umqualifikation nach § 15 Abs. 3 Nr. 1) getrennt zu qualifizieren sind. 1443

Eine parallele Verwirklichung unterschiedlicher Einkunftsarten wird vermieden, wenn gemischte Tätigkeiten ein **nicht aufteilbares Konglomerat** bilden. Dies ist beispielsweise der Fall, wenn eine Betätigung wissenschaftliche, künstlerische oder handwerkliche Leistungen in sich vereinigt (s. BFH 4.11.2004 – IV R 63/02, BStBl. II 2005, 362 (364)). Die einheitliche Leistung muss dann danach beurteilt werden, welche Betätigung ihr das **Gepräge** gibt (BFH 4.11.2004 – IV R 63/02, BStBl. II 2005, 362 (364): An einer Hochschule ausgebildeter Restaurator; BFH 30.3.1994 – I R 54/93, BStBl. II 1994, 864 (865)). Dies ist anhand der tatsächlichen Verhältnisse des Einzelfalls zu prüfen und kann nur eingeschränkt revisionsrichterlich überprüft werden (BFH 30.3.1994 – I R 54/93, BStBl. II 1994, 864 (865)). Die Feststellungslast trägt der Steuerpflichtige, der sich auf die negativen Tatbestandsmerkmale des § 15 Abs. 2 S. 1 beruft (BFH 4.11.2004 – IV R 63/02, BStBl. II 2005, 362 (364)). 1444

f) Getrennte und auch gewerbliche Tätigkeiten. Sofern eine Personengesellschaft neben einer gewerblichen Betätigung andere Einkunftsarten verwirklicht, ist die Abfärberegel des § 15 Abs. 3 Nr. 1 zu beachten. Danach gilt die **gesamte Tätigkeit als gewerblich.** Eine Ausnahme ist nur für den Fall anzuerkennen, dass die gewerbliche Tätigkeit von untergeordneter Bedeutung ist (BFH 4.11.2004 – IV R 63/02, BStBl. II 2005, 362 (364); ausführlich zur Quantifizierung des Bagatellvorbehalts → Rn. 2312 ff.). Irrelevant ist gem. § 15 Abs. 3 Nr. 1 S. 2 hingegen, ob aus einer gewerblichen Betätigung ein Gewinn oder ein Verlust bzw. positive oder negative Einkünfte erzielt werden (→ Rn. 2388). 1445

g) Abgrenzung zu einer freiberuflich tätigen Personengesellschaft. Bei einer freiberuflichen Tätigkeit muss die individuelle, über die Leitungsfunktion hinausgehende Qualifikation des Betriebsinhabers den gesamten Bereich der betrieblichen Tätigkeit umfassen. Der Betriebsinhaber muss also über **alle erforderlichen Kenntnisse im Umfang der gesamten ausgeübten betrieblichen Tätigkeit** verfügen (BFH 21.2.2017 – VIII R 45/13, BStBl. II 2018, 4 Rn. 28). Bei einer Personengesellschaft, die eine **künstlerische Tätigkeit** ausübt, ist dagegen nicht eine bestimmte fachliche Qualifikation entscheidend, sondern dass der „Schaffende eigenschöpferisch tätig wird, dh Leistungen vollbringt, in denen sich eine individuelle Anschauungsweise und eine besondere Gestaltungskraft widerspiegeln" (BFH 27.8.2014 – VIII R 16/11, BStBl. II 2015, 996 Rn. 17). 1446

1447 Die Abgrenzung zwischen einer freiberuflichen und einer gewerblich tätigen GbR vollzieht sich in mehreren Schritten. Dabei ist zwischen der Primärqualifikation (→ Rn. 1448), der Frage einer einheitlichen freiberuflichen Gesamtleistung (→ Rn. 1450) und zuletzt einer Umqualifizierung nach § 15 Abs. 3 Nr. 1 zu unterscheiden (→ Rn. 1451). Sonderprobleme stellen sich bei der Beteiligung Berufsfremder (→ Rn. 1452).

1448 **aa) Primärqualifikation.** Bei Personengesellschaften sind die Kompetenzen der mitunternehmerschaftlich beteiligten Gesellschafter **zu addieren.** Nicht erforderlich ist, dass sämtliche Gesellschafter für sämtliche angebotenen Leistungen hinreichend qualifiziert sind, wohl aber dass für jede der angebotenen Leistungen wenigstens ein mitunternehmerschaftlich beteiligter Gesellschafter hinreichend qualifiziert ist.

1449 Die Annahme einer freiberuflichen Mitunternehmerschaft scheidet damit (im Grundsatz, zu den Ausnahmen → Rn. 1450) aus, wenn die GbR auch Leistungen erbringt, für die die Gesellschafter als Betriebsinhaber **nicht über die erforderlichen Kenntnisse** verfügen. Dies hat der BFH etwa angenommen, wenn ein Übersetzungsbüro in einem nicht unerheblichen Umfang Übersetzungen in Sprachen anbietet, die die Gesellschafter nicht selbst beherrschen, sondern zukaufen müssen (BFH 21.2.2017 – VIII R 45/13, BStBl. II 2018, 4 Rn. 30).

1450 **bb) Einheitlich freiberufliche Gesamtleistung.** Der Zukauf von Kompetenzen schließt eine einheitliche Qualifikation als freiberufliche Betätigung aber nicht kategorisch aus. Sie bleibt möglich, wenn die Tätigkeiten im konkreten Einzelfall **untrennbar miteinander verflochten** sind und die eigene freiberufliche Tätigkeit der **einheitlichen Gesamttätigkeit das Gepräge** gibt (→ Rn. 1444). Auch eine Umqualifikation nach § 15 Abs. 3 Nr. 1 kommt in diesen Fällen nicht in Betracht, weil die Anwendung der Abfärberegel neben der gewerblichen eine andere nichtgewerbliche Betätigung der Personengesellschaft voraussetzt. Daran fehlt es, wenn eine Gesamtleistung erbracht wird.

1451 **cc) Umqualifizierung aufgrund der Abfärberegelung.** Anwendbar ist die Abfärberegel des § 15 Abs. 3 Nr. 1 dagegen nach allgemeinen Grundsätzen, wenn sich die Personengesellschaft **nicht allein freiberuflich betätigt,** sondern daneben auch eine weitere (eigenständige) gewerbliche Betätigung ausübt.

1452 **dd) Sonderproblem Beteiligung Berufsfremder.** Nach ständiger Rechtsprechung erzielt eine an sich freiberuflich tätige Personengesellschaft gewerbliche Einkünfte, wenn sich an ihr **Berufsfremde** in mitunternehmerschaftlicher Stellung beteiligen. Die von der Freiberufler-Personengesellschaft bezogenen Einkünfte sind nach der Rechtsprechung des BFH dann insgesamt in gewerbliche Einkünfte umzuqualifizieren (BFH 21.2.2017 – VIII R 45/13, BStBl. II 2018, 4 Rn. 40).

1453 Dies ist unstreitig, wenn der Berufsfremde **aktiv am Markt für die Personengesellschaft tätig** ist (so auch KSM/*Desens/Blischke* § 15 Rn. C 90). Der Berufsfremde übt dann für die Personengesellschaft eine gewerbliche Betätigung aus. Nach § 15 Abs. 3 Nr. 1 S. 1 Alt. 1 muss dies die Umqualifizierung der gesamten Einkünfte zur Folge haben.

1454 Abweichendes wird hingegen in Teilen der Literatur bei einer **lediglich passiven Beteiligung** angenommen. In diesen Fällen soll die Einordnung der Tätigkeit der Personengesellschaft als freiberuflich als solche unberührt bleiben und die Einkunftsart erst auf Ebene des nicht freiberuflichen Gesellschafters umqualifiziert werden (s. KSM/*Desens/Blischke* § 15 Rn. C 89 dort auch zu den gewerbesteuerlichen Folgen).

1455 Für diese Auffassung spricht, dass es nach der Einheitstheorie für die Einkünftequalifikation auf die Tätigkeit der Personengesellschaft selbst ankommt. **Vorbild** für eine spätere Umqualifizierung auf Ebene der Gesellschafter ist die **Zebragesellschaft,** die auf Ebene der Personengesellschaft vermögensverwaltend tätig ist, bei der einzelne Gesellschafter aber auch gewerbliche Einkünfte beziehen (→ Rn. 1460 ff.). Zuzugeben ist der Literaturmeinung, dass die Umqualifizierung nicht im Wege des § 15 Abs. 3 Nr. 1 begründet werden kann. Dem steht entgegen, dass es auf Ebene der Gesellschaft an einer anderen Tätigkeit fehlt (KSM/*Desens/Blischke* § 15 Rn. C 88).

1456 Gleichwohl vermag diese Auffassung im Ergebnis nicht zu überzeugen. Kennzeichen der freiberuflichen Betätigung ist nicht nur die Art der angebotenen Leistung, sondern gerade der **Modus der Leistungserbringung,** weil die Leistung höchstpersönlich und eigenverantwortlich durch Berufsträger erbracht werden muss. Aus diesem Grund muss eine Einordnung als freiberufliche Betätigung ausscheiden, wenn der Berufsträger zur Erbringung seiner Leistung auf vertraglicher, nicht gesellschaftsrechtlicher Basis Leistungen hinzukauft (BFH 21.2.2017 – VIII R 45/13, BStBl. II 2018, 4 Rn. 29). Wenn dies richtig ist, erscheint es wertungswidersprüchlich, freiberufliche Betätigung auch dann anzunehmen, wenn ein Gesellschafter Mitunternehmerinitiative entfaltet, ohne hinreichend qualifiziert zu sein.

Um dies zu begründen, bedarf es **keines Rückgriffs auf § 15 Abs. 3 Nr. 1** (s. auch BFH 21.2.2017 – VIII R 45/13, BStBl. II 2018, 4 Rn. 40). Vielmehr ist richtigerweise bereits auf Ebene der Primärqualifikation und den Besonderheiten der freiberuflichen Einkünfteerzielung anzusetzen. Dem lässt sich auch nicht entgegenhalten, der Widerspruch zum Wesen des freien Berufs sei nicht mehr zeitgemäß (KSM/*Desens/Blischke* § 15 Rn. C 88). Die Differenzierung zwischen gewerblichen und freiberuflichen Einkünften mag sich historisch überholt haben. Sie ist aber solange zu respektieren, wie sie weiterhin dem geltenden Recht zugrunde liegt. 1457

ee) Insbesondere: Beteiligung einer Kapitalgesellschaft. Entsprechende Probleme stellen sich, wenn sich eine **Kapitalgesellschaft an einer freiberuflichen GbR mitunternehmerschaftlich beteiligt.** Nach der Rechtsprechung des BFH erzielt die Personengesellschaft insgesamt gewerbliche Einkünfte (BFH 10.10.2012 – VIII R 42/10, BStBl. II 2013, 79 Rn. 16). Auch hier greift der Einwand, dieses Ergebnis könne nicht aus § 15 Abs. 3 Nr. 1 abgeleitet werden (KSM/*Desens/Blischke* § 15 Rn. C 94), nicht. Richtigerweise ergibt sich dies aus dem besonderen Modus der Leistungserbringung der freiberuflichen Betätigung, die auf eine höchstpersönliche Dienstleistung angelegt ist (→ Rn. 1456). 1458

h) Inkurs: Zebragesellschaften

Leitentscheidungen, wichtige Verwaltungsanweisungen und Schrifttum (Auswahl): 1459

Entscheidungen des GrS: 1459.1

BFH 25.6.1984 – GrS 4/82, BStBl. II 1984, 751; BFH 3.7.1995 – GrS 1/93, BStBl. II 1995, 617; BFH 11.4.2005 – GrS 2/02, BStBl. II 2005, 679.

Weitere Leitentscheidungen des BFH: 1459.2

BFH 11.12.1997 – III R 14/96, BStBl. II 1999, 401: Ping-Pong-Lösung; BFH 9.10.2008 – IX R 72/07, BStBl. II 2009, 231; BFH 26.4.2012 – IV R 44/09, BStBl. II 2013, 142.

Wichtige Verwaltungsanweisungen: 1459.3

BMF 29.4.1994, Einkunftsermittlung bei im Betriebsvermögen gehaltenen Beteiligungen an vermögensverwaltenden Personengesellschaften, BStBl. I 1994, 282; BMF 16.1.1996, Beteiligung an vermögensverwaltender Personengesellschaft, BB 1996, 424; BMF 27.12.1996, Einkunftsermittlung bei im Betriebsvermögen gehaltenen Beteiligungen an vermögensverwaltenden Personengesellschaften, BStBl. I 1996, 1521; BMF 8.6.1999, Einkunftsermittlung und Feststellungsverfahren bei im Betriebsvermögen gehaltenen Beteiligungen an vermögensverwaltenden Personengesellschaften, BStBl. I 1999, 592; OFD Berlin 23.4.2004, Veräußerung eines Wirtschaftsguts des Gewerbetreibenden an eine vermögensverwaltende KG, deren Ergebnis und Vermögen dem Gewerbetreibenden zu 100% zugerechnet wird, DB 2004, 1235; BMF 17.7.2007, Anwendungsschreiben § 15b EStG, BStBl. I 2007, 542.

Schrifttum (Auswahl): 1459.4

Herzig/Kessler, Die begrenzte Steuerrechtsfähigkeit von Personenmehrheiten nach dem Beschluß des Großen Senats des BFH vom 25.6.1984 (Teil I), DB 1985, 2476; *Zähle*, Die Umqualifizierung der Einkünfte eines betrieblich an einer Zebragesellschaft beteiligten Gesellschafters, DStR 2003, 1328; *Lüdicke*, Mehrstufiges Feststellungsverfahren bei Zebragesellschaften – München locuta causa finita? – Anmerkung zum Beschluss des Großen Senats des BFH vom 11.4.2005 GrS 2/02, DB 2005, 1813; *Dürrschmidt/Friedrich-Vache*, Materiell und verfahrensrechtliche Aspekte der Einkünfteermittlung bei der Zebragesellschaft, DStR 2005, 1515; *Wacker*, Vermögensverwaltende Gesamthand und Bruchteilsbetrachtung – eine Zwischenbilanz, DStR 2005, 2014.

aa) Begriff und rechtsdogmatische Grundlagen. Der **Begriff der Zebragesellschaft** ist nicht unmittelbar im Gesetz verankert, sondern eine **Schöpfung der Rechtsdogmatik,** die auf die Ablösung der Bilanzbündeltheorie durch die heute vorherrschende Einheitstheorie zurückführt. Üblicherweise werden unter Zebragesellschaften solche **vermögensverwaltenden Personengesellschaften** verstanden, an denen zumindest einer, aber nicht alle Personengesellschafter betrieblich, in der Praxis zumeist gewerblich beteiligt sind (s. auch HHR/*Paul* § 15 Rn. 1470; Tipke/Lang/*Hennrichs* Steuerrecht, § 10 Rn. 47; BFH 11.4.2005 – GrS 2/02, BStBl. II 2005, 679 (681)). 1460

1460.1 Die **Terminologie ist nicht ganz einheitlich:** Teilweise ist von Zebragesellschaften schon dann die Rede, wenn die Personengesellschaft **Überschusseinkünfte** erzielt und der Einkunftsanteil bei mindestens einem, aber nicht bei allen Personengesellschaftern zu den **Gewinneinkünften** zählt (HHR/*Paul* § 15 Rn. 1470). Dagegen spricht der BFH ausdrücklich von einer vermögensverwaltenden Personengesellschaft, verlangt auf Ebene des Personengesellschafters aber nur eine betriebliche, nicht zwingend eine gewerbliche Beteiligung (BFH 11.4.2005 – GrS 2/02, BStBl. II 2005, 679 (681)).

1460.2 Verschiedentlich wird noch zwischen echten und unechten Zebragesellschaften unterschieden. Bei **echten Zebragesellschaften** hält zumindest ein Gesellschafter seine Beteiligung im Betriebsvermögen und zumindest ein anderer Gesellschafter im Privatvermögen. Bei **unechten Zebragesellschaft** halten dagegen sämtliche Gesellschafter ihre Anteile im Betriebsvermögen (HHR/*Paul* § 15 Rn. 1470). An die Unterscheidung knüpfen sich unmittelbar keine Rechtsfolgen. Anders ist dies bei sog. **umgekehrten Zebragesellschaften.** Dies sind vermögensverwaltende Personengesellschaften, die sich an einer gewerblich tätigen Mitunternehmerschaft beteiligten (HHR/*Paul* § 15 Rn. 1470). Die umgekehrte Zebragesellschaft erzielt nach § 15 Abs. 3 Nr. 1 S. 1 Alt. 2 gewerbliche Einkünfte, sodass sich keine Abweichung bei der Einkünftequalifikation ergibt.

1461 Die Beteiligung der gewerblich tätigen Gesellschafter führt nicht dazu, dass die Tätigkeit der Personengesellschaft insgesamt als gewerblich einzustufen ist (BFH 11.12.1997 – III R 14/96, BStBl. II 1999, 401 (403)). Die Anteile dieser Gesellschafter an den Wirtschaftsgütern der Gesellschaft gehören bei diesen aber zum Betriebsvermögen, ebenso wie die diesen Gesellschaftern zuzurechnenden Einkünfte betriebliche Einkünfte sind (BFH 11.4.2005 – GrS 2/02, BStBl. II 2005, 679 (681)). Damit **weicht die Einkünftequalifikation auf Ebene der Personengesellschaft von der auf Ebene ihrer gewerblich tätigen Personengesellschafter ab.**

1462 Eine solche Betrachtung setzt voraus, der Personengesellschaft jedenfalls insoweit Steuerrechtsfähigkeit zuzusprechen, als diese **eigenständiges Subjekt der Einkünfteermittlung** ist. Dies hatte die Bilanzbündeltheorie abgelehnt, die die Existenz der Personengesellschaft vollständig leugnete und nur die Gesellschafter als Träger eines jeweils eigenen Betriebs ansah. Diese Auffassung hat sich spätestens mit der Entscheidung des Großen Senates (BFH 25.6.1984 – GrS 4/82, BStBl. II 1984, 751) überholt, mit der sich die partielle Steuerrechtsfähigkeit der Personengesellschaft fast allgemein durchgesetzt hat.

1463 Die **materiellrechtlichen Fragen** der Besteuerung von Zebragesellschaften sind bereits seit langem geklärt (→ Rn. 1464). Bis zu einer 2005 gefällten Entscheidung des Großen Senats ist dagegen ihre **verfahrensrechtliche Einordnung** in Rechtsprechung und Literatur kontrovers diskutiert worden (→ Rn. 1471).

1464 **bb) Materiellrechtliche Einordnung.** Nach der Einheitstheorie hängt die einkommensteuerliche Qualifizierung der Einkünfte von Gesellschaftern einer Personengesellschaft grundsätzlich davon ab, welche Einkunftsart durch die Tätigkeit der Gesellschafter in ihrer gesamthänderischen Verbundenheit, mithin durch die **Tätigkeit der Gesellschaft** verwirklicht wird (BFH 11.4.2005 – GrS 2/02, BStBl. II 2005, 679 (681)).

1465 Eine Zebragesellschaft ist **vermögensverwaltend** tätig. Dem steht nicht entgegen, dass einzelne Gesellschafter aus der Beteiligung gewerbliche Einkünfte beziehen. Dies allein führt nicht dazu, die Tätigkeit der Personengesellschaft selbst als gewerblich einzustufen. Abweichendes gilt nur, wenn die Personengesellschaft nach § 15 Abs. 3 Nr. 2 gewerblich geprägt ist, was die Annahme einer Zebragesellschaft ausschließt. Entsprechendes gilt, wenn die Personengesellschaft als Besitzunternehmen im Rahmen einer Betriebsaufspaltung betriebliche Einkünfte bezieht (KSM/*Desens*/*Blischke* § 15 Rn. C 222).

1465.1 Grundlegend für die Anerkennung der Zebragesellschaft war die Entscheidung des Großen Senats vom 25.6.1984, in der er sich von der Gepräge-Rechtsprechung abwandte (BFH 25.6.1984 – GrS 4/82, BStBl. II 1984, 751 (761)). Der Umstand, dass ein phG eine gewerblich tätige Kapitalgesellschaft ist, führe nicht dazu, dass dies auf die Gesellschaftsebene durchschlage. Das Transparenzprinzip wirke gerade nicht in umgekehrter Richtung. Nach heute geltendem Recht wäre der Sachverhalt anders zu lösen, da der Gesetzgeber die Gepräge-Rechtsprechung in § 15 Abs. 3 Nr. 2 S. 1 positiviert hat (→ Rn. 309).

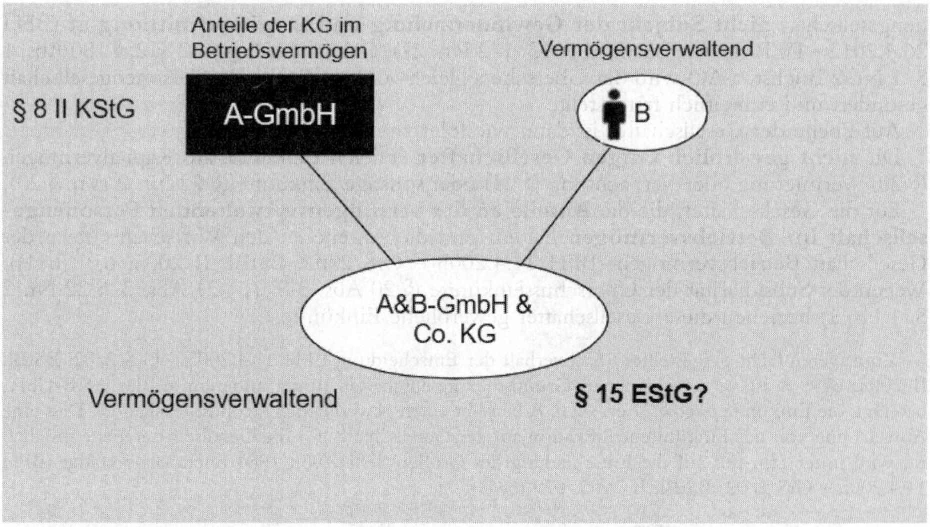

Die Wirtschaftsgüter im Gesamthandsvermögen der Personengesellschaft werden den Beteiligten nach **§ 39 Abs. 2 Nr. 2 AO anteilig zugerechnet.** Insoweit kann für Zebragesellschaften nichts anderes als auch im Übrigen für die Beteiligung an einer vermögensverwaltenden Personengesellschaft gelten. Die Beteiligung ist nach der Bruchteilsbetrachtung des § 39 Abs. 2 Nr. 2 in Anteile an den Wirtschaftsgütern der Gesamthand zu transformieren. Dementsprechend sind in der Bilanz des gewerblich Beteiligten sämtliche aktiven und passiven Wirtschaftsgüter des Gesamthandsvermögens anteilig auszuweisen (BFH 11.4.2005 – GrS 2/02, BStBl. II 2005, 679 (681); BFH 25.6.2014 – I R 29/13, BFH/NV 2015, 27 Rn. 22). **1466**

Zur anteiligen Zurechnung von Wirtschaftsgütern bei dem gewerbliche Einkünfte erzielenden Gesellschafter im Falle der Veräußerung auf Ebene der Personengesellschaft (BFH 25.6.1984 – GrS 4/82, BStBl. II 1984, 751 (763 f.)): Die sachlich zutreffende Besteuerung erfordert eine getrennte Zurechnung der Wirtschaftsgüter. Insofern wird die Einheitstheorie durchbrochen. Auf Ebene des Gesellschafters muss der Veräußerungsgewinn versteuert werden, obwohl auf Ebene der Personengesellschaft eine steuerfreie Vermögensveräußerung vorliegt. **1466.1**

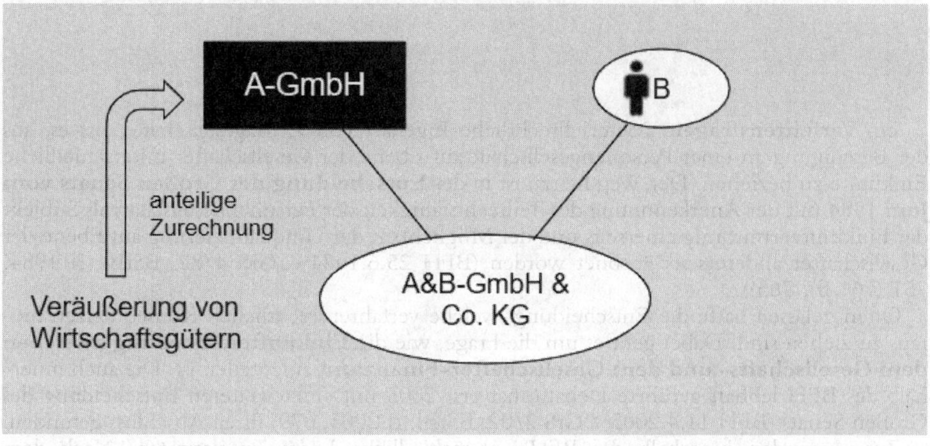

§ 39 Abs. 2 Nr. 2 AO bleibt anwendbar und wird nicht durch § 15 Abs. 1 S. 1 Nr. 2 S. 1 als lex specialis verdrängt, der eine unternehmerisch tätige Personengesellschaft voraussetzt (BFH 26.4.2012 – IV R 44/09, BStBl. II 2013, 142 Rn. 18, 27). Der Gesichtspunkt der Einheit der Personengesellschaft muss zurücktreten, weil die vermögensverwaltende Perso- **1467**

nengesellschaft **nicht Subjekt der Gewinnerzielung und Gewinnermittlung** ist (BFH 26.4.2012 – IV R 44/09, BStBl. II 2013, 142 Rn. 27). Gemäß § 179 Abs. 2 S. 2, § 180 Abs. 1 S. 1 Nr. 2 Buchst. a AO wird der Überschuss gleichwohl auf Ebene der Personengesellschaft gesondert und einheitlich festgestellt.

1468 Auf Ebene der Gesellschafter ist dann wie folgt zu differenzieren:

1469 Die **nicht gewerblich tätigen Gesellschafter** erzielen Einkünfte aus Kapitalvermögen (§ 20), Vermietung oder Verpachtung (§ 21) oder sonstige Einkünfte (§ 22 Nr. 2 iVm § 23).

1470 Für die Gesellschafter, die die **Anteile an der vermögensverwaltenden Personengesellschaft im Betriebsvermögen** halten, sind die Anteile an den Wirtschaftsgütern der Gesellschaft Betriebsvermögen (BFH 11.4.2005 – GrS 2/02, BStBl. II 2005, 679 (681)). Wegen der Subsidiarität der Überschusseinkünfte (§ 20 Abs. 8 S. 1, § 21 Abs. 3, § 22 Nr. 2 S. 1 Hs. 1) beziehen diese Gesellschafter gewerbliche Einkünfte.

1470.1 Zum (vereinfacht dargestellten) Sachverhalt der Entscheidung BFH 11.4.2005 – GrS 2/02, BStBl. II 2005, 679: A ist an verschiedenen Grundstücksgesellschaften, unter anderem an der A&B-GbR, beteiligt, die Einkünfte nach § 21 erzielen. A betreibt einen gewerblichen Grundstückshandel. Dass eine Abweichung von der Einkünftequalifikation auf der Gesellschafts- für die Gesellschafterebene möglich ist, wird unter Hinweis auf die Entscheidung des Großen Senats von 1984 nochmals bestätigt (BFH 11.4.2005 – GrS 2/02, BStBl. II 2005, 679 (681)).

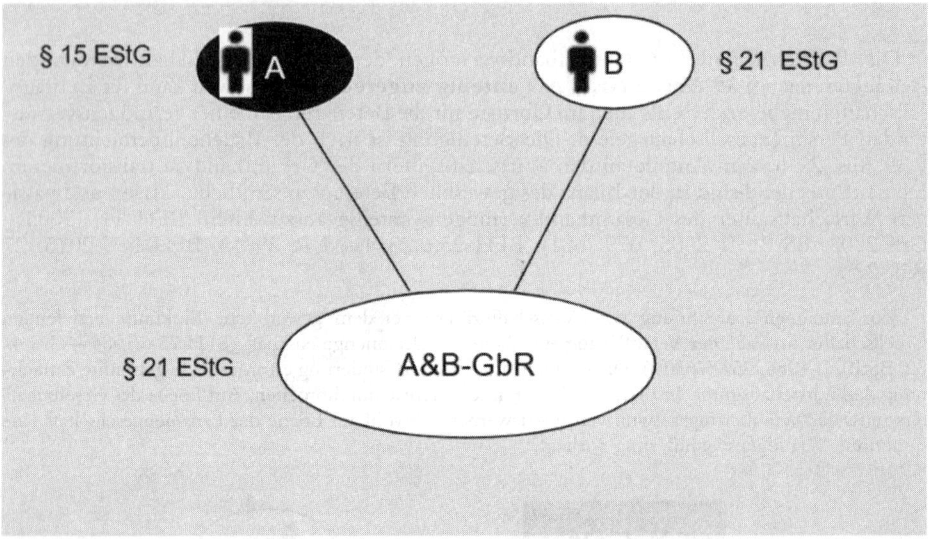

1471 **cc) Verfahrensfragen.** Materiellrechtliche Eigenart von Zebragesellschaften ist es, aus der Beteiligung an einer Personengesellschaft auf Ebene der Gesellschafter unterschiedliche Einkünfte zu beziehen. Der Weg hierzu ist in der **Entscheidung des Großen Senats vom Juni 1984** mit der Anerkennnung der Teilrechtsfähigkeit der Personengesellschaft als Subjekt der Einkünfteermittlung einerseits und der Möglichkeit der Umqualifizierung auf Ebene der Gesellschafter andererseits geebnet worden (BFH 25.6.1984 – GrS 4/82, BStBl. II 1984, 751 (761 ff., 763)).

1472 Offen gelassen hatte die Entscheidung, welche verfahrensrechtlichen Konsequenzen hieraus zu ziehen sind. Dabei geht es um die Frage, wie die **Einkünftefeststellung zwischen dem Gesellschafts- und dem Gesellschafter-Finanzamt** aufzuteilen ist. Die auch innerhalb des BFH lebhaft geführte Debatte hat erst 2005 mit einer weiteren Entscheidung des Großen Senats (BFH 11.4.2005 – GrS 2/02, BStBl. II 2005, 679) ihren Abschluss gefunden.

1473 Zuvor wurden innerhalb des BFH unterschiedliche Lösungen vertreten. Nach dem **IV. Senat** sollte die verbindliche Feststellung **auf Ebene der Gesellschaft erfolgen** (BFH 17.1.1985 – IV R 106/81, BStBl. II 1985, 291 (293); BFH 21.9.2000 – IV R 77/99, BFHE 193, 311 Rn. 12; BFH 11.7.1996 – IV R 103/94, BStBl. II 1997, 39 (40 f.)). Zur Rechtfertigung verwies der IV. Senat auf verfahrensökonomische Gründe. Die Gesellschaft könne, selbst wenn sie keine Bücher führe, anhand ihrer Unterlagen ihr Betriebsvermögen und in Gestalt eines Kapitalkontos den (saldierten) Anteil des Gesellschafters an den Vermögenswerten der Gesellschaft unschwer errechnen (BFH 11.7.1996 – IV R 103/94, BStBl. II 1997, 39 (41)). Eine entsprechende Berechnung durchzuführen, bliebe hingegen jedenfalls einem Komanditisten verwehrt, weil dieser nicht auf das Rechenwerk der Gesellschaft zurückgreifen könne (BFH 11.7.1996 – IV R 103/94, BStBl. II 1997, 39 (41)).

§ 180 Abs. 1 Nr. 2 Buchst. a AO stehe dem nicht im Wege, da dieser nicht voraussetze, dass die festgestellten Einkünfte derselben Einkunftsart angehörten (BFH 11.7.1996 – IV R 103/94, BStBl. II 1997, 39 (40 f.); s. auch BFH 11.4.2005 – GrS 2/02, BStBl. II 2005, 679 (681 f.)). **1473.1**

Auch in der Literatur fand diese Position vielfach Unterstützung. Dort ist auf Ebene der Personengesellschaft eine **doppelte Gewinnermittlung** vorgeschlagen worden, bei der neben einer Überschussrechnung für die Gesellschafter, die Gewinneinkünfte beziehen, eine sog. **„Als-Ob-Bilanz"** treten sollte (*Groh* DB 1984, 2373 (2375); *Herzig/Kessler* DB 1985, 2476 (2480)). **1474**

Demgegenüber sprach sich der **VIII. Senat** dafür aus, die Einkünfte der gewerblichen Gesellschafter erst **auf Gesellschafterebene** durch den Folgebescheid umzuqualifizieren (BFH 20.11.1990 – VIII R 15/87, BStBl. II 1991, 345 (346); BFH 26.3.1993 – VIII B 20/91, juris Rn. 1). **1475**

Beide Ansätze haben ihre Schwächen. Wenn die Einkunftsart verbindlich auf **Ebene des Gesellschafts-Finanzamtes** festgestellt wird, ist dieses gezwungen, Umstände auf Ebene der Gesellschafter zu berücksichtigen, die an sich in die Zuständigkeit des Gesellschafter-Finanzamtes fallen. Sofern die Qualität der von den Gesellschaftern in der Gesellschaft erzielten Einkünfte materiell-rechtlich von Merkmalen abhängt, die allein oder im Rahmen anderer Gesellschaften verwirklicht werden, besteht die Gefahr einander widersprechender Entscheidungen (BFH 11.12.1997 – III R 14/96, BStBl. II 1999, 401 (404)). Ebenso problematisch ist es, die Einkünftequalifikation bei einer Zebragesellschaft ganz dem **Finanzamt des einzelnen Gesellschafters** zu überlassen. Hier wäre nicht auszuschließen, dass die für die Besteuerung der einzelnen Gesellschafter zuständigen Finanzämter zu unterschiedlichen Ergebnissen gelangen würden (BFH 11.12.1997 – III R 14/96, BStBl. II 1999, 401 (404)). **1476**

Aus diesem Grund ist durch den **III. Senat** mit der sog. **Ping-Pong-Lösung** ein vermittelnder Weg beschritten worden, der beide Ansätze miteinander kombiniert (BFH 11.12.1997 – III R 14/96, BStBl. II 1999, 401; BFH 10.12.1998 – III R 61/97, BStBl. II 1999, 390; BFH 13.12.1999 – III B 15/99, BFH/NV 2000, 827). Diesem Konzept hat sich auch der XI. Senat angeschlossen (BFH 4.11.1999 – XI B 25/99, BFH/NV 2000, 306). Nach der Ping-Pong-Lösung hat das Gesellschafts-Finanzamt die verbindiche Entscheidung über die Einkünfteermittlung als solche, das Gesellschafter-Finanzamt hingegen die verbindliche Entscheidung über die Einkünftezuordnung unter Berücksichtigung der außerhalb der Gesellschaft verwirklichten Besteuerungsmerkmale zu treffen. Nicht nur der Bescheid des Gesellschafts-Finanzamtes, sondern auch der des Gesellschafter-Finanzamtes sollten Grundlagenbescheide sein und in wechselseitiger Abhängigkeit zueinander stehen. Damit konnten die betreffenden Besteuerungsgrundlagen von dem jeweiligen anderen Finanzamt nur gem. § 155 Abs. 2 AO vorläufig angesetzt werden (BFH 11.12.1997 – III R 14/96, BStBl. II 1999, 401 (404)). **1477**

Auf Vorlage des **IX. Senats** (BFH 30.10.2002 – IX R 80/98, BStBl. II 2003, 167) hat der **Große Senat** diesen Ansatz verworfen. Für die Ping-Pong-Lösung fehle es im Gesetz an der notwendigen Rechtsgrundlage, die auch nicht unter Hinweis auf die Praktikabilität und Verfahrensökonomie wechselseitiger verbindlicher Feststellungen ersetzt werden könne. Nach Auffassung des Großen Senats vollzieht sich die Umqualifizierung der Beteiligungseinkünfte der betrieblich beteiligten Gesellschafter **außerhalb der Zebragesellschaft** (BFH 30.10.2002 – IX R 80/98, BStBl. II 2003, 167 (172)). Von dieser Prämisse ausgehend ist es dann nur konsequent, diese Einkünfte erst in einem Folgebescheid auf der Ebene des Beteiligten als gewerbliche Einkünfte zu qualifizieren (BFH 30.10.2002 – IX R 80/98, BStBl. II 2003, 167 (172)). **1478**

Beispiel: A und B sind Gesellschafter der vermögensverwaltenden A&B-GbR. A betreibt einen gewerblichen Grundstückshandel. **1478.1**

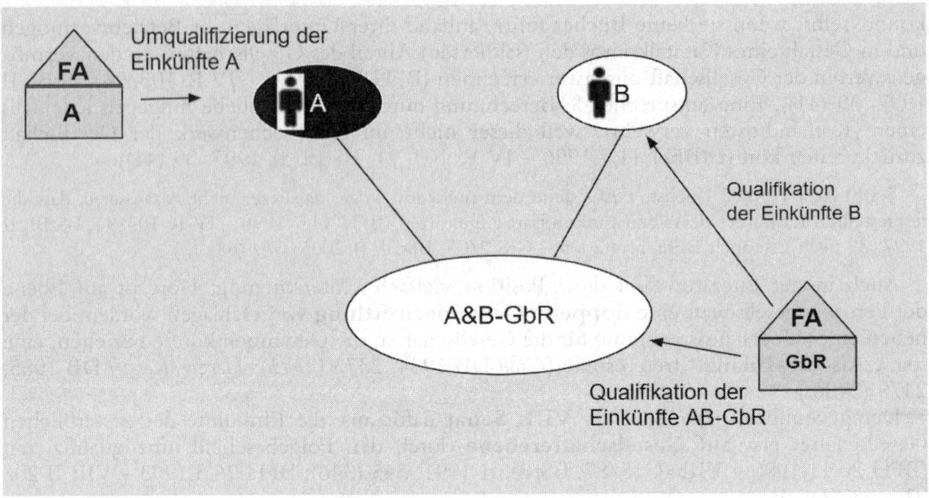

1479 Dem Grundlagenbescheid auf Ebene des Gesellschafts-Finanzamts kommt demnach nur eine **begrenzte Feststellungswirkung** zu, die sich allein auf die gemeinschaftlich verwirklichten Tatbestandsmerkmale bezieht. Die Entscheidung über Art und Höhe der Einkünfte, die von außerhalb der Gesellschaften verwirklichten Tatbestandsmerkmalen abhängig sind, erfolgt erst auf der Ebene des Gesellschafters.

1479.1 Vorteil dieser Lösung ist eine bessere **Wahrung des Steuergeheimnisses,** weil die persönlichen Verhältnisse, die zur anteiligen Umqualifizierung der Einkünfte führen, nicht auf Ebene des Grundlagenbescheids berücksichtigt werden müssen. Weiterhin bereitet es dem Wohnsitz-Finanzamt in der Regel keine größeren Schwierigkeiten, sich die notwendigen Informationen bei dem Gesellschafts-Finanzamt zu beschaffen (BFH 11.4.2005 – GrS 2/02, BStBl. II 2005, 679 (682 f.)).

1480 Einzuräumen ist, dass es unter Umständen zu widersprüchlichen Entscheidungen kommen kann. Das ist aber eine eher theoretische Gefahr, die im Einzelfall durch **wechselseitige Beiladungen** vermieden werden kann (BFH 30.10.2002 – IX R 80/98, BStBl. II 2003, 167 (173)).

3. Mitunternehmer

1481 **Leitentscheidungen, wichtige Verwaltungsanweisungen und Schrifttum (Auswahl):**

1481.1 **Entscheidungen des GrS:**
BFH 25.6.1984 – GrS 4/82, BStBl. II 1984, 751 (Grundsätzlicher Konnex zwischen Mitunternehmerstellung und Stellung als Gesellschafter).

1481.2 **Weitere Leitentscheidungen des BFH:**
BFH 22.1.1985 – VIII R 303/81, BStBl. II 1985, 363 (Obiter dictum zur fehlerhaften Gesellschaft); BFH 13.7.1993 – VIII R 50/92, BStBl. II 1994, 282 (Verdeckte Mitunternehmerschaft); BFH 25.4.2006 – VIII R 74/03, BStBl. II 2006, 595 (Deutung als Typusbegriff); BFH 21.4.2009 – II R 26/07, BStBl. II 2009, 602 (Verdeckte Mitunternehmerschaft); BFH 30.8.2012 – IV R 54/10, BStBl. II 2012, 927 (Eröffnung des Betriebs).

1481.3 **Schrifttum (Auswahl):**
Boettcher, Zur Mitunternehmerschaft als Institut des Einkommensteuerrechts, StuW 1965, Spl. 35; *Knobbe-Keuk*, Gesellschaft und Mitunternehmerschaft, StuW 1986, 106; *Woerner*, Einschränkung des Mitunternehmerbegriffs durch den Bundesfinanzhof, BB 1986, 704; *Schreiber*, Wer ist Mitunternehmer?, 1995; *Petersen*, Unternehmenssteuerrecht und bewegliches System, 1999; *Pinkernell*, Einkünftezurechnung bei Personengesellschaften, 2001; *Klein*, Mitunternehmerbegriff, 2016.

1482 **a) Überblick.** Wenn die ersten beiden Tatbestandsvoraussetzungen des § 15 Abs. 1 S. 1 Nr. 2 erfüllt sind, dh eine Mitunternehmerschaft gewerbliche Einkünfte erzielt, steht allein fest, dass die Personengesellschaft oder sonstige Mitunternehmerschaft transparent besteuert wird. **Wem die Einkünfte zugerechnet werden,** ist damit noch nicht beantwortet. Dies ist von der Mitunternehmerstellung der Steuerpflichtigen, dem dritten Tatbestandsmerkmal des § 15 Abs. 1 S. 1 Nr. 2 S. 1, abhängig.

§ 15 Abs. 1 S. 1 Nr. 2 S. 1 rechnet die Einkünfte dem Steuerpflichtigen nur unter der Voraussetzung zu, dass dieser **Mitunternehmer** ist (BFH 29.4.1981 – IV R 131/78, BStBl. II 1981, 663). Zu dem Erfordernis mitunternehmerschaftlicher Beteiligung liegt eine umfangreiche Rechtsprechung des BFH vor. Aus dieser lassen sich allgemeine Kriterien ableiten (→ Rn. 1490 ff.), die sich in Teilen aber auch in Abhängigkeit von der jeweiligen Gesellschaftsform ausdifferenziert haben (zu den verschiedenen Mitunternehmerschaften im Einzelnen → Rn. 1889 ff.). 1483

Allein die gesellschaftsrechtliche Beteiligung an einer Mitunternehmerschaft lässt noch keine zwingenden Rückschlüsse auf die Mitunternehmerstellung zu. Vielmehr ist **selbst bei den Gesellschaftern einer OHG und der KG im Einzelfall zu prüfen, ob diese Mitunternehmer sind,** weil nicht jeder Gesellschafter einer Personengesellschaft auch Mitunternehmer ist (s. etwa BFH 10.10.2012 – VIII R 42/10, BStBl. II 2013, 79 (81); → Rn. 1488). 1484

Mitunternehmer ist, wer **Mitunternehmerinitiative** entfalten kann und **Mitunternehmerrisiko** trägt (BFH 24.7.1984 – VIII R 65/84, BStBl. II 1985, 85 (87); BFH 13.7.2017 – IV R 41/14, BStBl. II 2017, 1133 Rn. 20). Mitunternehmerinitiative (→ Rn. 1503) bedeutet dabei vor allem Teilnahme an unternehmerischen Entscheidungen; Mitunternehmerrisiko trägt, wer gesellschaftsrechtlich oder diesem Status vergleichbar am Erfolg oder Misserfolg eines gewerblichen Unternehmens teilnimmt (BFH 13.7.2017 – IV R 41/14, BStBl. II 2017, 1133 Rn. 20). Der Begriff des Mitunternehmers wird üblicherweise als **Typusbegriff** eingeordnet. Für die Subsumtion kommt es im Ergebnis auf eine wertende Gesamtschau eines nicht abgeschlossenen Katalogs von Kriterien an (→ Rn. 1494). Einen Orientierungspunkt, wie diese Anforderungen zu konkretisieren sind, bietet die Stellung des **Kommanditisten** in einer KG. Dieser ist Mitunternehmer, obwohl sein Mitunternehmerrisiko wie auch seine Mitunternehmerinitiative im Vergleich zu den Gesellschaftern einer OHG und zu der der Komplementäre deutlich schwächer ausgeprägt sind (→ Rn. 1491). **Gegenbild** des Mitunternehmers ist der typisch stille Gesellschafter. Dieser ist im Gegensatz zum atypisch stillen Gesellschafter kein Mitunternehmer, sondern bezieht Einkünfte aus Kapitalvermögen (§ 20 Abs. 1 Nr. 4; → Rn. 1492). 1485

Schwierige Abgrenzungsfragen wirft die Anerkennung einer Mitunternehmerschaft insbesondere bei **Familienpersonengesellschaften** auf, dh solchen Personengesellschaften, bei denen aufgrund enger, familiärer Verbindungen kein natürlicher Interessengegensatz besteht (→ Rn. 1824 f.). Je schwächer die Stellung insbesondere schenkweise und möglicherweise nur befristet aufgenommener Kinder im Gesellschaftsvertrag ausgestaltet ist, umso eher spricht eine Vermutung dafür, dass diesen mit der formalen zivilrechtlichen Gesellschafterstellung keine Einkunftsquelle übertragen wurde. In diesem Fall stellen sich zugewiesene Gewinnanteile als freiwillige Zuwendungen der Geschäftsinhaber dar, die einkommensteuerlich irrelevant sind (§ 12 Nr. 2). 1486

Schon mit Rücksicht auf die Wertentscheidung des Art. 6 GG beurteilt sich die Anerkennung einer Gesellschafterstellung auch bei Familienpersonengesellschaften **nach allgemeinen Kriterien** (→ Rn. 1868). Gleichwohl sollen diejenigen Abgrenzungsfragen, die sich in erster Linie im Rahmen von Familienpersonengesellschaften stellen, in einem gesonderten Abschnitt behandelt werden. Hierzu zählen beispielsweise die Zulässigkeit von Hinauskündigungsklauseln (→ Rn. 1874) oder Einschränkungen des Rechts zur Entnahme von Gewinnen (→ Rn. 1876). 1487

b) Mitunternehmerstellung als generelles Tatbestandsmerkmal des § 15 Abs. 1 S. 1 Nr. 2 S. 1. Das Erfordernis einer mitunternehmerschaftlichen Beteiligung ist im Normtext unmissverständlich allein für § 15 Abs. 1 S. 1 Nr. 2 Var. 3, dh die „andere Gesellschaft" vorgesehen, bei der der Gesellschafter als Unternehmer des Betriebs anzusehen ist (§ 15 Abs. 1 S. 1 Nr. 2 S. 1 Var. 3). Richtigerweise ist es aber **auch für die Gesellschafter einer OHG und einer KG** zu beachten (BFH 10.10.2012 – VIII R 42/10, BStBl. II 2013, 79 Rn. 19; BFH 25.4.2006 – VIII R 74/03, BStBl. II 2006, 595 (596); BFH 21.2.1974 – IV B 28/73, BStBl. II 1974, 404 (406); BFH 25.6.1984 – GrS 4/82, BStBl. II 1984, 751 (761, 768); BFH 3.5.1993 – GrS 3/92, BStBl. II 1993, 616 (621); aA *Boettcher* StuW 1965, Spl. 1488

35 (41 f.); *Meßmer* StbJb 1972/73, 127 (134 Fn. 26, 184)). Damit ist nicht jeder Gesellschafter einer OHG oder KG notwendigerweise auch Mitunternehmer. Vielmehr muss er hierzu **Mitunternehmerrisiko** tragen und **Mitunternehmerinitiative** entfalten. Fehlt es daran, bezieht der Gesellschafter keine gewerblichen Einkünfte (§ 15), sondern Einkünfte aus Kapitalvermögen (§ 20).

1488.1 Die Gegenauffassung prüft die Mitunternehmerstellung allein in den Fällen des § 15 Abs. 1 S. 1 Nr. 2 Var. 3. Für Var. 1 und 2, dh für die Gesellschafter einer OHG oder KG, soll es keiner entsprechenden Prüfung bedürfen, sodass jeder Gesellschafter dieser beiden Grundformen der Personenhandelsgesellschaft gewerbliche Einkünfte beziehe. Die Mindermeinung beruft sich auf den Wortlaut des Gesetzes (*Meßmer* StbJb 1972/73, 127 (134 Fn. 26, 184)) sowie auf die grundsätzliche Beachtlichkeit der zivilrechtlichen Gestaltung (*Boettcher* StuW 1965, Spl. 35 (42)). **Wortlaut und Systematik des Gesetzes sind aber keinesfalls eindeutig.** Der Relativsatz („bei der der Gesellschafter als Unternehmer (Mitunternehmer) des Betriebs anzusehen ist,") kann auch so gedeutet werden, dass er sich auch auf die Beteiligung an einer OHG oder einer KG bezieht. Der Umstand, dass die Mitunternehmerschaft zwingende Voraussetzung für eine Zurechnung nach § 15 Abs. 1 S. 1 Nr. 2 S. 1 Var. 3 ist, lässt deshalb nicht den Umkehrschluss zu, dass für die erste und zweite Variante auf das Erfordernis einer mitunternehmerschaftlichen Beteiligung verzichtet werden kann.

1488.2 In die gleiche Richtung deutet § 16 Abs. 1 Nr. 2. Wenn danach Gewinne aus der Veräußerung des Anteils eines Gesellschafters nur dann zu den Einkünften aus Gewerbebetrieb zählen, wenn dieser als Mitunternehmer des Betriebs anzusehen ist, so muss wegen des engen Zusammenhangs beider Bestimmungen entsprechendes auch für den laufenden Gewinn gelten (BFH 29.4.1981 – IV R 131/78, BStBl. II 1981, 663). Dies gilt umso mehr, als dies etwa bei Familienpersonengesellschaften andernfalls zu sachwidrigen, dem Gleichheitssatz widersprechenden Ergebnissen führen würde. Das räumt auch die Gegenauffassung ein, wenn in diesen Fällen auf § 42 AO zurückgegriffen werden soll (*Boettcher* StuW 1965, Spl. 35 (42 f.)). Eines solchen Umwegs bedarf es nicht, weil steuerrechtliche Normen richtigerweise **autonom** und ohne Bindung an das Zivilrecht auszulegen sind (zuletzt ausführlich *Weber-Grellet* StuW 2016, 226 (235 f.)).

1489 Damit erzielen Gesellschafter einer Personengesellschaft nur dann Einkünfte aus Gewerbebetrieb, wenn sie Mitunternehmer sind (BFH 29.4.1981 – IV R 131/78, BStBl. II 1981, 663). Allerdings spricht eine **Vermutung** dafür, dass die Gesellschafter einer OHG oder KG regelmäßig Mitunternehmer sind (BFH 28.1.1971 – IV 127/64, BStBl. II 1971, 662 (664); *Meßmer* StbJb 1972/73, 127 (184)). So wie die OHG und die KG Regelbeispiele der Mitunternehmerschaft sind, gilt dies auch für ihre Gesellschafter als Regelbeispiele einer mitunternehmerschaftlichen Beteiligung.

1490 **c) Die Konkretisierung des Mitunternehmerbegriffs: Grammatischer und systematischer Befund.** Der Begriff des Mitunternehmers wird im Gesetz nur kursorisch erläutert. Aus der Klammerdefinition des § 15 Abs. 1 S. 1 Nr. 2 S. 1 („Gesellschafter als Unternehmer (Mitunternehmer)") lässt sich allein entnehmen, dass der Begriff die Unternehmerstellung mit der Beteiligung als Gesellschafter kombiniert. **Die Begriffe „Unternehmer" und „Mitunternehmer" sind gleichrangig.** Vom Einzelunternehmer unterscheidet sich der Mitunternehmer dadurch, dass er seine unternehmerische Tätigkeit nicht alleine, sondern zusammen mit anderen (Mit-)Unternehmern in gesellschaftlicher Verbundenheit ausübt (BFH 3.5.1993 – GrS 3/92, BStBl. II 1993, 616 (621)). Bedeutung kommt dieser Gleichstellung insbesondere für die Frage zu, ob die Gewinnerzielungsabsicht Voraussetzung für die Mitunternehmerstellung ist. Richtigerweise ist dies mit einer neueren Auffassung in der Rechtsprechung des BFH (BFH 30.10.2014 – IV R 34/11, BStBl. II 2015, 380 Rn. 31) und abweichend von der früheren Judikatur (BFH 25.6.1984 – GrS 4/82, BStBl. II 1984, 751 (770)) zu bejahen (→ Rn. 1558).

1491 Wenn man die Gesellschafter einer OHG und KG als Regelbeispiele für eine mitunternehmerschaftliche Beteiligung ansieht (→ Rn. 1489), lässt das Gesetz noch weitere Rückschlüsse auf den Mitunternehmerbegriff zu. Da § 15 Abs. 1 S. 1 Nr. 2 S. 1 Var. 2 nicht zwischen Komplementären und Kommanditisten differenziert, müssen im Grundsatz bereits die einem Komplementär nach dem gesetzlichen Regelstatut zustehenden Rechte ausreichen, um eine Mitunternehmerstellung zu begründen (BFH 25.4.2006 – VIII R 74/03, BStBl. II 2006, 595 (596 f.)). Insofern kommt dem **Kommanditisten die Funktion eines Orientierungspunktes** für die Mitunternehmerschaft zu (HHR/*Haep* § 15 Rn. 303). Einem Kommanditisten entsprechende und sogar noch darüber hinausgehende Rechte, auf ein Unternehmen einzuwirken und an dessen wirtschaftlichen Erfolg zu partizipieren, müssen ausreichen, um die Stellung als Mitunternehmer zu begründen (BFH 29.4.1981 – IV R 131/78, BStBl. II 1981, 663 (664); BFH 10.11.1987 – VIII R 166/84, BStBl. II 1989, 758 (759); BFH 10.12.2008 – II R 34/07, BStBl. II 2009, 312 (314); BFH 22.6.2017 – IV R 42/13, BFH/NV 2018, 265 Rn. 44; BFH 19.7.2018 – IV R 10/17, BFH/NV 2018, 1268 Rn. 36; BFH 6.6.2019 – IV R 34/16, BFH/NV 2019, 1078 Rn. 30; BFH 13.2.2019 – XI R 24/17, BFH/NV 2019, 597 Rn. 22, 24).

Eine **Untergrenze** der Mitunternehmerstellung lässt sich zudem im Wege der systemati- 1492
schen Interpretation im Rückschluss aus § 20 Abs. 1 Nr. 4 entnehmen. Ein **stiller Gesellschafter** bezieht nach § 20 Abs. 1 Nr. 4 Einkünfte aus Kapitalvermögen. Gesellschafter einer Personengesellschaft sind daher dann nicht als Mitunternehmer zu behandeln, wenn ihre Stellung im Gesellschaftsvertrag der eines stillen Gesellschafters entspricht (BFH 25.6.1984 – GrS 4/82, BStBl. II 1984, 751 (769)).

Nach einer mittlerweile seit vielen Jahrzehnten gefestigten Rechtsprechung kann der 1493
Begriff des Mitunternehmers nicht abschließend durch eine begrenzte Zahl von Kriterien definiert, sondern nur durch eine unbestimmte Zahl von Merkmalen beschrieben werden (BFH 25.6.1984 – GrS 4/82, BStBl. II 1984, 751 (769)). Kennzeichnend für den Begriff des Mitunternehmers ist aber, dass er zusammen mit anderen Personen Unternehmerinitiative entfalten kann (**Mitunternehmerinitiative**) und ein Unternehmerrisiko (**Mitunternehmerrisiko**) trägt (BFH 25.6.1984 – GrS 4/82, BStBl. II 1984, 751 (769); BFH 25.4.2006 – VIII R 74/03, BStBl. II 2006, 595 (596); BFH 3.5.1993 – GrS 3/92, BStBl. II 1993, 616 (621); BFH 22.6.2017 – IV R 42/13, BFH/NV 2018, 265 Rn. 32).

d) Einordnung als Typusbegriff. Die Forderung, auf das Gesamtbild aller Umstände 1494
im Einzelfall abzustellen (*Boettcher* StuW 1965, Spl. 35 (43)), führt in rechtsmethodischer Hinsicht auf die Lehre vom **Typusbegriff** zurück. In verschiedenen Entscheidungen zur Mitunternehmerschaft hat sich der BFH ausdrücklich zur Typuslehre bekannt (BFH 25.4.2006 – VIII R 74/03, BStBl. II 2006, 595 (597); BFH 8.4.2008 – VIII R 73/05, BStBl. II 2008, 681 (683); BFH 28.10.2008 – VII R 32/07, BFH/NV 2009, 355 Rn. 16; BFH 26.6.2008 – IV R 89/05, BFH/NV 2008, 1984 Rn. 39). Zahlreiche andere Entscheidungen orientieren sich erkennbar daran, verzichten aber auf einen entsprechenden Hinweis (BFH 25.6.1984 – GrS 4/82, BStBl. II 1984, 751 (769); BFH 1.8.1996 – VIII R 12/94, BStBl. II 1997, 272 (275)).

Aus der Literatur für die Einordnung des Mitunternehmerbegriffs als Typusbegriff etwa *Woerner* BB 1494.1
1986, 704; Schmidt/*Wacker* § 15 Rn. 261; Blümich/*Bode* § 15 Rn. 345; aA aber *Petersen* Unternehmenssteuerrecht und bewegliches System, 110 ff.; *Florstedt* Stand und Entwicklung der steuerrechtlichen Mitunternehmerdoktrin, 66 ff., 74; *Weber-Grellet* FS Beisse, 1997, 551.

Das Vorliegen von Mitunternehmerinitiative und Mitunternehmerrisiko soll „unter 1495
Berücksichtigung aller die rechtliche oder wirtschaftliche Stellung einer Person insgesamt bestimmenden Umstände […] zu würdigen" sein (BFH 13.7.2017 – IV R 41/14, BStBl. II 2017, 1133 Rn. 20; BFH 28.10.1981 – I R 25/79, BStBl. II 1982, 186 (188)). Dies entspricht der Gesamtschau aller relevanten Merkmale bzw. der Beurteilung nach dem „**Gesamtbild der Verhältnisse**", die für das Typuskonzept kennzeichnend ist.

Ebenso Ausdruck des Typuskonzepts ist die Aussage, die Merkmale könnten „unterschied- 1496
lich stark" (BFH 21.4.1988 – IV R 47/85, BStBl. II 1989, 722 (724); BFH 10.12.1992 – XI R 45/88, BStBl. II 1993, 538 (540)) bzw. „mehr oder weniger ausgeprägt sein" (BFH 25.6.1984 – GrS 4/82, BStBl. II 1984, 751 (769); BFH 8.4.2008 – VIII R 73/05, BStBl. II 2008, 681 (683); BFH 13.7.2017 – IV R 41/14, BStBl. II 2017, 1133 Rn. 20).

Ein weiteres Charakteristikum von Typusbegriffen ist es, dass sich die verschiedenen 1497
Begriffsmerkmale **jedenfalls partiell substituieren** können. So kann eine schwächere Mitunternehmerinitiative durch ein stärkeres Mitunternehmerrisiko kompensiert werden (BFH 16.11.2011 – I R 31/10, BFH/NV 2012, 786 Rn. 44). In umgekehrter Richtung kann ein schwächer ausgeprägtes Mitunternehmerrisiko durch eine stärkere Mitunternehmerinitiative ausgeglichen werden (BFH 16.12.1997 – VIII R 32/90, BStBl. II 1998, 480 (483); BFH 21.9.1995 – IV R 65/94, BStBl. II 1996, 66 (68); BFH 1.2.2017 – VIII B 15/16, BFH/NV 2017, 574 Rn. 13; BFH 13.7.2017 – IV R 41/14, BStBl. II 2017, 1133 Rn. 23 ff.).

Welche Anforderungen im Einzelnen zu stellen sind, wird in der Rechtsprechung des BFH in aller Regel in Abhängigkeit von der jeweiligen Rechtsform näher spezifiziert (exemplarisch für die Mitunternehmerstellung (atypisch) stiller Gesellschafter BFH 13.7.2017 – IV R 41/14, BStBl. II 2017, 1133 Rn. 21 ff.).

1498 Nach der Rechtsprechung ist aber **unverzichtbar, dass beide Elemente vorhanden sind** (BFH 25.6.1984 – GrS 4/82, BStBl. II 1984, 751 (769); BFH 10.12.1992 – XI R 45/88, BStBl. II 1993, 538 (540); BFH 8.4.2008 – VIII R 73/05, BStBl. II 2008, 681 (683); BFH 28.10.2008 – VII R 32/07, BFH/NV 2009, 355 Rn. 16; BFH 13.7.2017 – IV R 41/14, BStBl. II 2017, 1133 Rn. 20; BFH 13.2.2019 – XI R 24/17, BFH/NV 2019, 597 Rn. 23; s. auch BFH 1.8.1996 – VIII R 12/94, BStBl. II 1997, 272 (275)). Damit muss eine Qualifikation als Mitunternehmer ausscheiden, wenn eines der beiden Merkmale vollständig fehlt.

1498.1 Weitere Nw. etwa BFH 1.8.1996 – VIII R 12/94, BStBl. II 1997, 272 (275); BFH 10.11.1987 – VIII R 166/84, BStBl. II 1989, 758 (759); BFH 11.10.1988 – VIII R 328/83, BStBl. II 1989, 762.

1499 Aus rechtstheoretischer Sichtweise ist hinter diese Aussage ein Fragezeichen zu setzen. Wenn es sich bei der Mitunternehmerinitiative und dem Mitunternehmerrisiko um graduelle Begriffe bzw. Steigerungsbegriffe handelt, dh diese mehr oder weniger vorhanden bzw. ausgeprägt sind, sind kaum Fälle denkbar, in denen Mitunternehmeriniative oder Mitunternehmerrisiko gänzlich fehlen. Tatsächlich geht es wohl darum, dass ein bestimmtes **Mindestniveau beider Merkmalsausprägungen zwingend ist und nicht unterschritten werden darf,** um die Mitunternehmerstellung zu bejahen.

1500 In der Literatur ist die Deutung des Mitunternehmers als Typusbegriff umstritten. Hauptkritikpunkt ist die mangelnde Rechtssicherheit (*Knobbe-Keuk* StuW 1986, 106 (112)), weil die Subsumtion unter einen Typusbegriff immer in Gefahr stehe, in eine irrationale Gefühlsjurisprudenz abzugleiten. Dem ist entgegenzuhalten, dass die hierzu erwogenen **Alternativen zumindest im Kontext des § 15 kaum einen Zugewinn an Rechtssicherheit verbürgen können.** Wenn sogar im Strafrecht Typusbegriffe ungeachtet der besonderen Bestimmtheitsanforderungen des Art. 103 Abs. 2 GG zulässig sind, können auch gegen die Einordnung des Mitunternehmers als Typusbegriff keine zwingenden verfassungsrechtlichen Einwände erhoben werden.

1500.1 Nicht überzeugend ist die Kritik, der Mitunternehmerbegriff sei kein „Typenbegriff" im Sinne eines Steigerungsbegriffs. Mitunternehmer könne man nicht mehr-oder-weniger sein (*Florstedt* Stand und Entwicklung der steuerrechtlichen Mitunternehmerdoktrin, 74). Zwar weist der Mitunternehmerbegriff im Kontext des § 15 Abs. 1 S. 1 Nr. 2 eine binäre Struktur auf, weil das Tatbestandsmerkmal nur erfüllt oder alternativ nicht erfüllt sein kann. Dessen ungeachtet lassen sich verschiedene Sachverhalte bzw. Beteiligungsformen sehr wohl danach in einer Typenreihe anordnen, in welchem Umfang Mitunternehmerinitiative und Mitunternehmerrisiko verwirklicht sind.

1501 **e) Keine Entbehrlichkeit der Mitunternehmerinitiative.** Im Anschluss an *Knobbe-Keuk* (*Knobbe-Keuk* StuW 1986, 106 (114)) sprechen sich gewichtige Stimmen in der Literatur dafür aus, auf das Erfordernis der **Mitunternehmerinitiative zu verzichten** (*Schön* StuW 1996, 275 (286); *Hüttemann* Gedächtnissymposion Knobbe-Keuk, 2011, 1 (3)). Das Widerspruchsrecht des Kommanditisten nach § 176 HGB oder das Kontrollrecht nach § 716 BGB als Entfaltung von Mitunternehmerinitiative anzusehen, sei geradezu eine Verdrehung des Wortsinns (*Knobbe-Keuk* StuW 1986, 106 (114)).

1502 Die Kritik verkennt, dass es sich beim Merkmal der Mitunternehmerinitative um ein **graduelles Konzept** handelt (s. auch *Florstedt* Stand und Entwicklung der steuerrechtlichen Mitunternehmerdoktrin, 16: „Die Prädikate „Risiko" und „Initiative" sind so allgemein, dass sie in nahezu jedem Rechtsverhältnis vorgefunden werden können."). Die Rechtsstellung eines Kommanditisten markiert **nicht mehr, aber auch nicht weniger als die Untergrenze der notwendigen Mitunternehmerinitiative.** Unbefriedigend an der Alternativkonzeption ist zudem, dass ein nur schwach ausgeprägtes Mitunternehmerrisiko nicht mehr durch eine stark ausgeprägte Mitunternehmeriniative ausgeglichen werden könnte. Damit würde sich der Mitunternehmerbegriff sehr weit vom allgemeinen Sprachgebrauch entfernen, der eine unternehmerische Betätigung nicht nur mit dem unternehmerischen Risko, sondern gerade auch mit der aktiven Führung des Unternehmens verbindet.

f) Mitunternehmerinitiative. Seit der Entscheidung (BFH 28.10.1981 – I R 25/79, BStBl. II 1982, 186 (188)) prüft der BFH das Vorliegen einer Mitunternehmerschaft anhand der beiden Kriterien der **Mitunternehmerinitiative** und des **Mitunternehmerrisikos** (BFH 25.4.2006 – VIII R 74/03, BStBl. II 2006, 595 (596)). Am häufigsten wird insoweit auf die Leitentscheidung des Großen Senats von 1984 Bezug genommen, in der beide Begriffe vergleichsweise ausführlich erläutert werden (BFH 25.6.1984 – GrS 4/82, BStBl. II 1984, 751 (769 f.)). 1503

Mitunternehmerinitiative bedeutet **Teilhabe an unternehmerischen Entscheidungen,** wie sie typischerweise Gesellschaftern oder diesen vergleichbaren Personen als Geschäftsführern, Prokuristen oder anderen leitenden Angestellten obliegt (BFH 25.6.1984 – GrS 4/82, BStBl. II 1984, 751 (769); BFH 23.1.1974 – I R 206/69, BStBl. II 1974, 480 (481)). Um eine Untergrenze zu bestimmen, orientiert sich die Rechtsprechung am Regelbeispiel des Kommanditisten (BFH 25.6.1984 – GrS 4/82, BStBl. II 1984, 751 (769); BFH 1.8.1996 – VIII R 12/94, BStBl. II 1997, 272 (275); BFH 25.4.2006 – VIII R 74/03, BStBl. II 2006, 595 (597); BFH 19.7.2018 – IV R 10/17, BFH/NV 2018, 1268 Rn. 29). Ausreichend für die Mitunternehmerinitiative soll daher schon die Möglichkeit zur Ausübung von Gesellschafterrechten sein, die wenigstens den Stimm-, Kontroll- und Widerspruchsrechten angenähert sind, die einem Kommanditisten nach dem HGB zustehen (BFH 25.6.1984 – GrS 4/82, BStBl. II 1984, 751 (769); BFH 29.4.1981 – IV R 131/78, BStBl. II 1981, 663 (664)). 1504

Bei diesen, den **Kommanditisten zustehenden Rechten** handelt es sich im Einzelnen um 1505
- **Stimmrechte** (→ Rn. 1507),
- **Widerspruchsrechte** (→ Rn. 1509) sowie
- **Kontrollrechte** (→ Rn. 1511).

Für die Abgrenzungsfragen, die sich in in erster Linie bei **Familienpersonengesellschaften** stellen, wird ergänzend auf die gesonderte und zusammenhängende Darstellung in Abschnitt VII. 5. verwiesen (→ Rn. 1866). 1506

aa) Stimmrechte. Das Stimmrecht ist das **wichtigste Mitverwaltungsrecht** in einer Personengesellschaft und vermittelt die rechtliche und tatsächliche Möglichkeit, Unternehmerinitiative zu entfalten (BFH 11.4.1973 – IV R 67/69, BStBl. II 1973, 528 (530)). Das gesetzliche Leitbild der OHG und der KG – einstimmige Beschlüsse in der Gesellschafterversammlung (§ 119 HGB iVm § 161 Abs. 2 HGB) – ist wenig praktikabel und wird daher in aller Regel abbedungen. An die Stelle des Einstimmigkeitsprinzips treten **Mehrheitsentscheidungen,** bei denen die Stimmrechte nach Kapitalanteilen verteilt werden. Möglich ist auch, das Stimmrecht gegenständlich einzuschränken, es also beispielsweise auf Grundlagengeschäfte zu beschränken. Zu diesen Grundlagengeschäften, die die Rechtsbeziehungen der Gesellschafter untereinander betreffen, gehören insbesondere die Feststellung des Jahresabschlusses sowie die Entscheidung über die Gewinnverwendung (BFH 16.12.2009 – II R 44/08, BFH/NV 2010, 690 Rn. 20). 1507

Durch die Vereinbarung einer **allgemeinen Mehrheitsklausel** ist die Mitunternehmerinitiative der Minderheitsgesellschafter zwar beschränkt, aber noch nicht vollständig ausgeschlossen. Dies gilt jedenfalls dann, wenn sich die Mehrheitsklausel allein auf Geschäftsführungsfragen und laufende Angelegenheiten der Gesellschaft beschränkt, ohne das Widerspruchsrecht nach § 164 HGB abzubedingen. Dagegen kann nicht mehr von einer hinreichenden Mitunternehmerinitiative eines Minderheitsgesellschafters ausgegangen werden, wenn neben einer umfassenden Mehrheitsklausel auch der Ausschluss des Widerspruchsrechts vereinbart wird (BFH 11.7.1989 – VIII R 41/84, BFH/NV 1990, 92 Rn. 34). 1508

bb) Widerspruchsrechte. Ein Korrelat zum Ausschluss der Kommanditisten von der Geschäftsführung ist das ihnen nach § 164 HGB zukommende Widerspruchsrecht. Die Vorschrift wird erweiternd ausgelegt. Kommanditisten sind nicht auf ein nachträgliches Widerspruchsrecht beschränkt. Darüber hinaus bedürfen Handlungen, die über den gewöhnlichen Geschäftsbetrieb hinausgehen, ihrer vorherigen Zustimmung (GW/*Scheel* Münchener Handbuch des Gesellschaftsrechts, Bd. 2, § 7 Rn. 50 mwN). 1509

§ 164 HGB ist **dispositiv.** Wird das Widerspruchsrecht durch den Gesellschaftsvertrag abbedungen, muss die Mitunternehmerinitiative noch nicht zwingend entfallen. Sie setzt dann aber voraus, dass der Kommanditist über Kontroll- und Stimmrechte verfügt (BFH 1510

10.11.1987 – VIII R 166/84, BStBl. II 1989, 758 (759 f.); BFH 27.1.1994 – IV R 114/91, BStBl. II 1994, 635 (637); BFH 19.7.2018 – IV R 10/17, BFH/NV 2018, 1268 Rn. 35). Nicht mehr von hinreichender Mitunternehmerinitiative ist auszugehen, wenn das Widerspruchsrecht ausgeschlossen ist und nach dem Gesellschaftsvertrag mit Stimmenmehrheit des Komplementärs Satzungsänderungen sowie die Auflösung der Gesellschaft beschlossen werden können (BFH 11.10.1988 – VIII R 328/83, BStBl. II 1989, 762 (763)).

1511 **cc) Kontrollrechte.** Kontrollrechte sind für den Kommanditisten in § 166 HGB, für von der Geschäftsführung einer GbR ausgeschlossene Gesellschafter in § 716 BGB sowie für den stillen Gesellschafter in § 233 HGB normiert. Die Kontrollrechte zielen darauf, einen **Ausgleich für den Ausschluss eines Gesellschafters von der Geschäftsführung** zu schaffen.

1512 Nach **§ 166 Abs. 1 HGB** kann der **Kommanditist** eine Abschrift des Jahresabschlusses verlangen und dessen Richtigkeit unter Einsicht der Bücher und Papiere prüfen. Nach überwiegender Auffassung kann § 166 HGB nicht abbedungen werden. Allein das Kontrollrecht des § 166 HGB reicht aber noch nicht, um hinreichende Mitunternehmerinitiative zu begründen (BFH 11.10.1988 – VIII R 328/83, BStBl. II 1989, 762 (763)). Die zum Teil in der älteren Rechtsprechung vertretene Gegenauffassung (BFH 30.7.1975 – I R 174/73, BStBl. II 1975, 818 (820)) überzeugt nicht, weil ein bloßes Kontrollrecht noch keinen Einfluss auf unternehmerische Entscheidungen verbürgt (HHR/*Haep* § 15 Rn. 313).

1513 Das Kontrollrecht des von der Geschäftsführung ausgeschlossenen Gesellschafters einer **GbR** nach **§ 716 BGB** räumt einen Anspruch auf persönliche Unterrichtung über die Angelegenheiten der Gesellschaft ein. Damit vermittelt die Vorschrift weitergehende Rechte als § 166 HGB einem Kommanditisten, dem kein Anspruch auf persönliche Unterrichtung zusteht. Auf der anderen Seite bleibt § 716 BGB hinter den gesetzlichen Mitwirkungsrechten des Kommanditisten zurück, dem nach § 164 HGB ein Widerspruchsrecht zukommt (HHR/*Haep* § 15 Rn. 314).

1514 Nach Auffassung des BFH können die Kontrollrechte des § 716 BGB bereits **ausreichen, um von einer hinreichenden Mitunternehmerinitiative auszugehen** (BFH 25.6.1984 – GrS 4/82, BStBl. II 1984, 751 (769); BFH 9.9.1999 – IV B 18/99, BFH/NV 2000, 313 Rn. 12). Dem wird in der Literatur zum Teil entgegengehalten, ein bloßes Kontrollrecht ermögliche noch keine Einflussnahme auf die laufenden Geschäfte (*Pinkernell* Einkünftezurechnung bei Personengesellschaften, 149). Für die Auffassung der Rechtsprechung spricht, dass die Rechtsstellung eines Kommanditisten nur ungleich schwächer ist, weil das ihm nach § 164 HGB zukommende Recht in aller Regel durch Mehrheitsentscheidung überstimmt werden kann. Die tatsächlichen Einwirkungsmöglichkeiten eines Kommanditisten gehen damit kaum über die einem Gesellschafter nach § 716 BGB vermittelten Rechte hinaus. Wenn die Mitunternehmerinitiative allein auf die Rechte des § 716 BGB beschränkt ist, bedarf es dann aber der Kompensation durch ein stärker ausgeprägtes Mitunternehmerrisiko, um von einer Mitunternehmerstellung auszugehen (BFH 8.4.2008 – VIII R 73/05, BStBl. II 2008, 681 (683)).

1515 Entsprechende Fragen stellen sich auch bei der atypischen stillen Gesellschaft. Hier will der BFH bereits dann von einer hinreichenden Mitunternehmerinitiative ausgehen, wenn der **stille Gesellschafter** über die in **§ 233 HGB** normierten Einsichts- und Kontrollrechte verfügt (BFH 11.12.1990 – VIII R 122/86, BFHE 163, 346 Rn. 25; BFH 19.7.2018 – IV R 10/17, BFH/NV 2018, 1268 Rn. 36). Da diese hinter § 716 BGB zurückbleiben (§ 233 Abs. 2 HGB), ist dies kaum überzeugend und steht im Widerspruch zur Rechtsprechung zu § 166 HGB. Demnach sollen die Rechte des Kommanditisten gerade noch nicht ausreichen, um Mitunternehmerinitiative zu begründen (→ Rn. 1512).

1516 **dd) Auswirkungen der tatsächlichen Praxis.** Widersprüche zwischen einer vertraglichen Regelung und der tatsächlichen Praxis können sich im Einklang mit allgemeinen Grundsätzen **in unterschiedlicher Weise** auf die Mitunternehmerstellung auswirken.

1517 Ohne Relevanz ist grundsätzlich, ob vertraglich eingeräumte Rechte auch **tatsächlich ausgeübt werden** (BFH 24.7.1984 – VIII R 65/84, BStBl. II 1985, 85 (86); BFH 8.4.2008 – VIII R 73/05, BStBl. II 2008, 681 (683)). Daran soll sich selbst dann nichts ändern, wenn sich der Gesellschafter noch nicht einmal seiner Gesellschafterstellung bewusst ist (BFH 12.2.1992 – XI R 49/89, BFH/NV 1993, 156 Rn. 20).

Ein Gesellschaftsvertrag und die aus ihm fließende Mitunternehmerstellung können **stillschweigend geändert** werden. Insofern kann eine vom (schriftlichen) Gesellschaftsvertrag abweichende tatsächliche Handhabung, die auf gegenseitigem Einverständnis der Beteiligten beruht, die Mitunternehmerstellung entfallen lassen (BFH 11.12.1997 – IV R 4/95, BFH/NV 1998, 947 (949); BFH 9.9.1999 – IV B 18/99, BFH/NV 2000, 313 Rn. 13). Dagegen führen **Vertragsverstöße** nicht dazu, die die Mitunternehmerstellung begründenden Weisungs- und Kontrollrechte zu negieren (BFH 10.12.1992 – XI R 45/88, BStBl. II 1993, 538; BFH 11.12.1997 – IV R 4/95, BFH/NV 1998, 947 (949)). Sind die Gesellschafterstellung oder der Umfang der einem Gesellschafter zukommenden Rechte umstritten, wirkt eine Beendigung des Rechtsstreits durch Urteil oder Vergleich zurück (BFH 9.9.1999 – IV B 18/99, BFH/NV 2000, 313 Rn. 13). Ob der betroffene Gesellschafter in der Zwischenzeit von der Ausübung seiner Kontrollrechte ferngehalten wurde, ist unerheblich (BFH 9.9.1999 – IV B 18/99, BFH/NV 2000, 313 Rn. 13; BFH 18.1.1990 – IV R 97/88, BFH/NV 1991, 21 Rn. 11; BFH 23.4.1975 – I R 234/74, BStBl. II 1975, 603). 1518

Sonderfragen stellen sich bei **Familienpersonengesellschaften.** Um Manipulationen auszuschließen, bedarf es klarer und eindeutiger Vereinbarungen, die bereits im Voraus schriftlich fixiert werden müssen (→ Rn. 1857). Die Mitunternehmerinitiative stillschweigend zu begründen, ist nicht denkbar (HHR/*Haep* § 15 Rn. 316). 1519

ee) Beschränkungen im Innenverhältnis. Beschränkungen im Innenverhältnis vermögen die Mitunternehmerinitiative eines phG **nicht infrage zu stellen.** Da diese nicht nach außen wirken, wird die Mitunternehmerinitiative lediglich gemindert, aber noch nicht aufgehoben (so aber *Fischer* BB 1986, 779 (781); offen BFH 14.8.1986 – IV R 131/84, BStBl. II 1987, 60), zumal die Anforderungen an die Mitunternehmerinitiative insgesamt relativ gering sind. Wenn bereits die Kontrollrechte nach § 716 BGB ausreichen, um Mitunternehmerinitiative zu begründen (→ Rn. 1514), und es unerheblich ist, ob diese tatsächliche ausgeübt werden, kann auch eine Beschränkung im Innenverhältnis nicht auf die Mitunternehmerstellung durchschlagen (BFH 11.6.1985 – VIII R 252/80, BStBl. II 1987, 33 (34); HHR/*Haep* § 15 Rn. 316). 1520

Entsprechendes gilt für die **Bindung an Weisungen und Beschlüsse der Gesellschafterversammlung oder eines Beirates.** Die Mitunternehmerinitiative wird durch derartige Beschränkungen nicht infrage gestellt (BFH 14.8.1986 – IV R 131/84, BStBl. II 1987, 60 (61)). Dies gilt selbst dann, wenn der geschäftsführende Gesellschafter jederzeit gegen seinen Willen aus der Gesellschaft herausgedrängt werden kann. Eine entsprechende Möglichkeit ändert nichts daran, dass dem Gesellschafter solange Mitunternehmerinitiative zukommt, wie er die ihm zustehenden Rechte (noch) ausüben kann (BFH 9.2.1999 – VIII R 43/98, BFH/NV 1999, 1196 Rn. 18). 1521

ff) Einschaltung von Treuhändern. Kann ein Kommanditist die ihm zukommenden Rechte allein über einen **gemeinsamen Treuhänder** ausüben, stellt dies die Mitunternehmerinitiative nicht infrage (BFH 30.11.2005 – I R 54/04, BFH/NV 2006, 1148 Rn. 15; BFH 16.11.2011 – I R 31/10, BFH/NV 2012, 786 Rn. 43). Die Möglichkeit einer Einflussnahme reicht bereits aus. Die schwach ausgeprägte Mitunternehmerinitiative muss dann aber durch ein umfassendes Mitunternehmerrisiko ausgeglichen werden (BFH 16.11.2011 – I R 31/10, BFH/NV 2012, 786 Rn. 44). 1522

g) Mitunternehmerrisiko. Mitunternehmerrisiko bedeutet gesellschaftsrechtliche oder eine dieser wirtschaftlich vergleichbare **Teilnahme am Erfolg oder Misserfolg eines gewerblichen Unternehmens** (BFH 25.6.1984 – GrS 4/82, BStBl. II 1984, 751 (769)). Mitunternehmerrisiko wird regelmäßig durch die Beteiligung am Gewinn und Verlust sowie an den stillen Reserven des Anlagevermögens einschließlich eines Geschäftswertes vermittelt (BFH 25.6.1984 – GrS 4/82, BStBl. II 1984, 751 (769); BFH 24.7.1984 – VIII R 65/84, BStBl. II 1985, 85 (87)). Insoweit unterscheidet sich der Mitunternehmer vom bloßen Darlehensgeber und sonstigen Finanzierungsgeschäften, bei denen der Darlehensgeber lediglich einen Anspruch auf Rückerstattung des hingegebenen Geldes hat (BFH 19.2.1981 – IV R 152/76, BStBl. II 1981, 602 (603)). Die Teilnahme eines Gesellschafters am Erfolg oder Misserfolg eines gewerblichen Unternehmens setzt voraus, dass dieser zugunsten der Gesellschaft sein eigenes Vermögen belastet. Möglich ist dies durch die **Haftung gegenüber** 1523

den Gläubigern der Gesellschaft oder durch die Einbringung eines sein Vermögen belastenden **Gesellschafterbeitrages.** Dieser Beitrag kann in einer Bar- oder Sacheinlage, in einer Nutzungseinlage (dh der unentgeltlichen Überlassung von Anlagevermögen zur Nutzung) oder einem (Forderungs-)Verzicht auf ein Entgelt für Arbeit bestehen, die im Interesse der Gesellschaft geleitstet wurde (BFH 13.7.2017 – IV R 41/14, BStBl. II 2017, 1133 Rn. 32).

1524 Um die Untergrenze des Mitunternehmerrisikos zu bestimmen, orientiert sich die Rechtsprechung ähnlich wie bei der Mitunternehmerinitiative am **Regelbeispiel des Kommanditisten,** der nach dem gesetzlichen Regelstatut als Mitunternehmer anzusehen ist. Im Unterschied zu Komplementären und den Gesellschaftern einer OHG haftet der Komplementär zwar nur in Höhe seines Kommanditanteils (§ 167 Abs. 3 HGB). Gleichwohl trägt auch er in ausreichender Weise Mitunternehmerrisiko, weil er einerseits am laufenden Gewinn, im Fall seines Ausscheidens und der Liquidation der KG aber auch an den stillen Reserven beteiligt ist (BFH 25.6.1984 – GrS 4/82, BStBl. II 1984, 751 (769); BFH 28.10.2008 – VII R 32/07, BFH/NV 2009, 355 Rn. 14).

1525 Die umfangreiche Rechtsprechung des BFH (sehr instruktiv HHR/*Haep* § 15 Rn. 321 ff.) lässt sich danach systematisieren, welche Anforderungen im Einzelnen an die Beteiligung am **laufenden Gewinn** (→ Rn. 1528), an **laufenden Verlusten** (→ Rn. 1533), an den **stillen Reserven und dem Geschäftswert** (→ Rn. 1536) gestellt werden und welche Bedeutung der **unbeschränkten persönlichen Haftung** zukommt (→ Rn. 1539). Umstritten ist, inwieweit der Mitunternehmer **Gewinnerzielungsabsicht** haben muss. Praktisch relevant wird dies insbesondere bei zeitlich befristeten Beteiligungen ohne Möglichkeit der individuellen Gewinnerzielung (→ Rn. 1542).

1526 Für die Abgrenzungsfragen, die sich in in erster Linie bei **Familienpersonengesellschaften** stellen, wird auf die gesonderte und zusammenhängende Darstellung in Abschnitt VII. 5. verwiesen (→ Rn. 1866 ff.).

1527 Die Einordnung des Mitunternehmerbegriff als **Typusbegriff** (→ Rn. 1494) wirkt sich auch auf Ebene des Mitunternehmerrisikos aus. Die oben genannten Merkmale können sich in begrenztem Umfang wechselseitig substituieren und sind untereinander austauschbar. Erst in ihrer Gesamtschau und in Abhängigkeit von der Stärke der Mitunternehmerinitiative entscheidet sich, ob das Mitunternehmerrisiko hinreichend stark ausgeprägt ist, um die Mitunternehmerstellung eines Gesellschafters oder eines sonstigen Beteiligten zu begründen.

1528 **aa) Laufende Gewinnbeteiligung.** Die Beteiligung am laufenden Gewinn ist für eine mitunternehmerschaftliche Beteiligung **typisch.** Gleichwohl handelt es sich nicht um ein zwingend notwendiges Merkmal. Wer weder am laufenden Gewinn noch am Gesamtgewinn der Gesellschaft beteiligt ist, ist zwar grundsätzlich kein Mitunternehmer (BFH 28.10.1999 – VIII R 66-70/97, BStBl. II 2000, 183 (184); BFH 17.5.2006 – VIII R 21/04, BFH/NV 2006, 1839 Rn. 25). Abweichendes gilt aber für einen phG (BFH 17.5.2006 – VIII R 21/04, BFH/NV 2006, 1839 Rn. 25). Praktisch relevant wird dies insbesondere bei der GmbH & Co. KG, bei der die persönlich haftende GmbH nicht am Gewinn beteiligt ist (→ Rn. 1920).

1529 Am **Gewinn einer Personengesellschaft ist eine Person als Mitunternehmer beteiligt,** wenn das, was sie aus der Gesellschaft bezieht, von der Höhe des erzielten Gewinns der Gesellschaft abhängig ist (BFH 4.7.1989 – VIII R 139/85, BFH/NV 1990, 160 Rn. 14). Über eine prozentuale Gewinnbeteiligung hinaus ist eine Beteiligung an den stillen Reserven nicht unbedingt gefordert (BFH 18.4.2000 – VIII R 68/98, BStBl. II 2001, 359 (363)). Deren Fehlen kann durch eine hohe Beteiligung an den laufenden Gewinnen oder durch Einfluss auf typische Unternehmensentscheidungen kompensiert werden (BFH 18.4.2000 – VIII R 68/98, BStBl. II 2001, 359 (363)). In umgekehrter Richtung kann eine fehlende Beteiligung am laufenden Gewinn durch eine alleinige Beteiligung an den stillen Reserven und am Firmenwert kompensiert werden (HHR/*Haep* § 15 Rn. 322). Für die Frage der Beteiligung am laufenden Gewinn ist ohne Relevanz, ob der Kommanditist im maßgeblichen Zeitraum tatsächlich Ausschüttungen von der Gesellschaft erhalten hat. Entscheidend ist allein, dass ihm nach dem Inhalt des tatsächlich durchgeführten Gesellschaftsvertrags ein bei der Gesellschaft entstandener Gewinn steuerrechtlich zuzurechnen war (BFH 22.6.2017 – IV R 42/13, BFH/NV 2018, 265 Rn. 47).

1530 Eine geschäftsübliche **Beteiligung am Umsatz** begründet keine Gewinnbeteiligung (zu verdeckten Gewinnbeteiligungen aber sogleich → Rn. 1531). Eine Umsatzbeteiligung hat keine Erzielung eines Gewinns zur Voraussetzung und muss auch in Verlustjahren gewährt werden (BFH 26.6.1990 – VIII R 81/85, BStBl. II 1994, 645 (647); BFH 18.4.2000 – VIII R 68/98, BStBl. II 2001, 359 (363)). Daran ändert sich auch dann nichts, wenn die Umsatzbeteiligung in Verlustjahren entfällt (BFH 4.7.1989 – VIII R 139/85, BFH/NV 1990, 160 Rn. 14).

Im Einklang mit allgemeinen Grundsätzen ist es irrelevant, ob eine Gewinnbeteiligung 1531 als solche im Gesellschaftsvertrag bezeichnet wird (HHR/*Haep* § 15 Rn. 322; s. auch BFH 3.11.2015 – VIII R 63/13, BStBl. II 2016, 383 Rn. 28). Denkbar ist damit auch eine sog. **verdeckte Gewinnbeteiligung.** Folgerichtig kann eine Mitunternehmerstellung auch durch eine Umsatz- oder Kostenbeteiligung ausgelöst werden, die sich im Ergebnis wie eine Gewinnbeteiligung auswirkt. Hiervon ist bei Umsatzbeteiligungen auszugehen, deren Höhe von der Umsatzrendite abhängig ist (BFH 28.1.1982 – IV R 197/79, BStBl. II 1982, 389). Entsprechendes gilt für schuldrechtliche Austauschverträge in Form einer verdeckten Mitunternehmerschaft (→ Rn. 1396 f.; → Rn. 1399).

Nicht ausreichend für eine Gewinnbeteiligung ist es, dass Eheleute oder Lebenspartner 1532 lediglich insoweit **mittelbar am wirtschaftlichen Erfolg eines Unternehmens** teil haben, als sich dieser in einem ggf. gehobenen Lebenswandel widerspiegelt (BFH 28.10.2008 – VII R 32/07, BFH/NV 2009, 355 Rn. 22). Kein Mitunternehmerrisiko trägt ferner, wer sich durch die Teilnahme an betrügerischen Machenschaften des Geschäftsinhabers der Gefahr der Strafverfolgung ausgesetzt hat (BFH 28.10.2008 – VII R 32/07, BFH/NV 2009, 355 Rn. 22).

bb) Verlustbeteiligung. Einschränkungen oder sogar der Ausschluss der Beteiligung an 1533 Verlusten **mindern das Mitunternehmerrisiko.** Die Annahme einer Mitunternehmerschaft schließen sie aber nicht kategorisch aus.

Unkritisch ist eine **Beschränkung der Verlustbeteiligung.** Diese entspricht dem gesetz- 1534 lichen Leitbild der KG, bei der neben den Komplementären auch die Kommanditisten, welche nur mit ihrer Einlage haften (§ 167 Abs. 3 HGB, § 169 HGB), Mitunternehmer sind (BFH 22.8.2002 – IV R 6/01, BFH/NV 2003, 36 Rn. 17).

Auch ein **Ausschluss der Verlustbeteiligung** steht der Mitunternehmerschaft nicht 1535 zwingend entgegen. Der BFH verweist insoweit auf die Rechtsstellung des atypisch stillen Gesellschafters, der nicht notwendigerweise am Verlust des Unternehmens teilhat (§ 231 Abs. 2 HGB) (BFH 16.12.1997 – VIII R 32/90, BStBl. II 1998, 480 (483)).

cc) Beteiligung an stillen Reserven und dem Geschäftswert. Mitunternehmerrisiko 1536 wird **regelmäßig** durch die Beteiligung an den stillen Reserven und am Geschäftswert vermittelt (BFH 25.6.1984 – GrS 4/82, BStBl. II 1984, 751 (769)). Ausgehend von der typologischen Deutung des Mitunternehmerrisikos (→ Rn. 1527) sind von diesem Grundsatz aber auch Ausnahmen denkbar (HHR/*Haep* § 15 Rn. 324):

- Eine Beteiligung an den stillen Reserven kann entbehrlich sein, wenn dieses Defizit durch die Übernahme der **unbeschränkten persönlichen Haftung** kompensiert wird (→ Rn. 1539).
- Kompensatorisch ist auch eine hohe Beteiligung **am laufenden Gewinn** oder eine **gesteigerte Mitunternehmerinitiative** (BFH 18.4.2000 – VIII R 68/98, BStBl. II 2001, 359 (363): Einfluss auf typische Unternehmensentscheidungen).
- Ebenso unschädlich ist eine fehlende Beteiligung, wenn die Gesellschaft überhaupt **nicht über Gesamthandsvermögen verfügt.** In diesen Fällen können die Gesellschafter nur an den stillen Reserven beteiligt sein, die im Sonderbetriebsvermögen der betreffenden Gesellschafter entstehen (BFH 6.5.1986 – VIII R 300/82, BStBl. II 1986, 891 (893)).
- Unschädlich ist es, sofern bei Beendigung der Vertragsbeziehung ein **möglicher Geschäftswert ohnehin untergeht** (BFH 18.4.2000 – VIII R 68/98, BStBl. II 2001, 359 (363)).

Mit der Mitunternehmerstellung ist auch eine bloße Buchwertabfindung vereinbar, sofern der Gesellschafter aufgrund einer **eigenen Kündigung** aus der Gesellschaft ausscheidet (BFH 7.11.2000 – VIII R 16/97, BStBl. II 2001, 186 (188)).

In umgekehrter Richtung kann die vertragliche Vereinbarung einer Beteiligung an stillen 1537 Reserven **nicht ausreichen,** Mitunternehmerrisiko zu begründen, wenn nicht mit der Entstehung stiller Reserven zu rechnen ist (BFH 22.1.1981 – IV B 41/80, BStBl. II 1981,

424 (426)). Abweichendes gilt, wenn der Beteiligung an stillen Reserven mehr als nur theoretische Bedeutung zukommt (BFH 1.7.2010 – IV R 100/06, BFH/NV 2010, 2056 Rn. 43 f.).

1538 Ebenso nicht von ausreichendem Mitunternehmerrisiko ist auszugehen, wenn die Beteiligung an den stillen Reserven durch ein **unbeschränktes Entnahmerecht** des Schenkers des Gesellschaftsanteils wirtschaftlich vollständig entwertet werden kann (FG Rheinland-Pfalz 27.4.2006 – 4 K 2163/03, EFG 2007, 1792 (aufgehoben aus anderen materiellen Gründen: BFH 10.12.2008 – II R 33/07, BeckRS 2008, 25014706); HHR/*Haep* § 15 Rn. 325; offen gelassen aber in BFH 10.12.2008 – II R 33/07, BeckRS 2008, 25014706 Rn. 17).

1539 **dd) Persönliche Haftung.** Dem Merkmal der persönlichen Haftung kommt **besondere Bedeutung** zu. Wer unbeschränkt haftet, hat für Verluste der Gesellschaft im ungünstigsten Fall mit seinem gesamten Vermögen einzustehen, sodass die Haftungsübernahme schon für sich betrachtet das Mitunternehmerrisiko indizieren muss. Die Rechtsprechung hat diesen Gedanken ua bemüht, um zu begründen, dass die Beteiligung an den stillen Reserven unschädlich ist, wenn der Gesellschafter persönlich haftet, aber nicht am laufenden Gewinn beteiligt ist (BFH 11.12.1986 – IV R 222/84, BStBl. II 1987, 553 (555); BFH 3.11.2015 – VIII R 63/13, BStBl. II 2016, 383 Rn. 23; BFH 1.2.2017 – VIII B 15/16, BFH/NV 2017, 574 Rn. 13).

1540 Die neuere Rechtsprechung geht mit Recht noch einen Schritt weiter. Danach ist beim phG selbst dann noch von ausreichendem Mitunternehmerrisiko auszugehen, wenn er als Komplementär weder am Gewinn und Verlust der KG noch an deren Vermögen beteiligt ist, **er lediglich eine feste Haftungsvergütung** erhält und er **intern von der Haftung freigestellt** wird. Das schwach ausgeprägte Mitunternehmerrisiko muss dann aber durch eine signifikante Mitunternehmerinitiative ausgeglichen werden. Insoweit verweist der BFH auf das organschaftsrechtliche Vertretungsrecht nach § 170 HGB sowie die Befugnis zur Geschäftsführung nach § 164 HGB, § 161 Abs. 2 HGB iVm § 114 HGB (BFH 25.4.2006 – VIII R 74/03, BStBl. II 2006, 595 (598); BFH 10.5.2007 – IV R 2/05, BStBl. II 2007, 927 (929)). Entsprechend verfahren wird bei nicht offen gelegten Treuhandverhältnissen der Treuhänder allein schon wegen der unbeschränkten persönlichen Haftung zum Mitunternehmer (BFH 4.11.2004 – III R 21/02, BStBl. II 2005, 168).

1541 Allerdings ist die Vermutung für die aus der Haftungsübernahme abgeleitete Mitunternehmerstellung auch **nicht unwiderlegbar.** Denkbar ist dies, wenn das Unternehmen wesentlich durch die persönliche Arbeitsleistung geprägt wird, ein nur geringer Kapitaleinsatz erforderlich ist und die Geschäftsabschlüsse kein nennenswertes wirtschaftliches Risiko bergen. Diese Voraussetzungen können bei einer Handelsagentur vorliegen, weil deren Inhaber nicht selbst die vertraglichen Ansprüche erfüllen muss, sondern die Geschäfte nur für einen anderen Unternehmer vermittelt und unter dessen Namen abschließt (BFH 4.11.2004 – III R 21/02, BStBl. II 2005, 168 (170)).

1542 **ee) Fehlende Gewinnmöglichkeit.** Innerhalb des BFH besteht keine Einigkeit, welche Konsequenzen eine objektiv fehlende Möglichkeit der Gewinnerzielung für den einzelnen Gesellschafter hat. Die Problematik stellt sich bei **befristeten Beteiligungen.** Ein Teil der Rechtsprechung will in diesen Fällen das Mitunternehmerrisiko verneinen (BFH 1.7.2010 – IV R 100/06, BFH/NV 2010, 2056 Rn. 45; BFH 25.6.1984 – GrS 4/82, BStBl. II 1984, 751 (770)). Dagegen fragt die zutreffende Gegenauffassung (BFH 30.10.2014 – IV R 34/11, BStBl. II 2015, 380 Rn. 31) allein nach der Gewinnerzielungsabsicht (→ Rn. 1558 f.).

1543 **h) Mitunternehmerstellung und Stellung als Gesellschafter.** Die bereits oben diskutierte Frage, ob eine Mitunternehmerschaft ein zivilrechtliches Gesellschaftsverhältnis voraussetzt (→ Rn. 1384), lässt sich auch dahingehend reformulieren, ob mitunternehmerschaftlich nur beteiligt sein kann, wer **zugleich Gesellschafter** ist.

1544 **aa) Position des BFH.** Die ältere Rechtsprechung hat dies **zT explizit verneint** (BFH 28.11.1974 – I R 232/72, BStBl. II 1975, 498 (499); BFH 29.1.1976 – IV R 97/74, BStBl. II 1976, 332 (334); s. auch BFH 21.2.1980 – I R 95/76, BStBl. II 1980, 465 (467): „Personen, die (formal) nicht Gesellschafter einer Personengesellschaft sind, [können] gleichwohl Mitunternehmer des zivilrechtlich der Personengesellschaft zuzurechnenden Gewerbebetriebs sein"). Geprüft wurde allein, ob dem Steuerpflichtigen die nach steuerrechtlichen Grundsätzen zu bestimmende Mitunternehmerstellung zukommt, dh er Unternehmerinitiative entwickeln kann und ein Unternehmerrisiko trägt (BFH 17.11.1964 – VI 319/63 U, BStBl. III 1965, 260; BFH 28.1.1971 – IV 127/64, BStBl. II 1971, 662 (663)).

Als Folge der Rückbesinnung auf das Zivilrecht (*Woerner* BB 1986, 704 (704 f.)) und unter Hinweis auf den Wortlaut des § 15 Abs. 1 S. 1 Nr. 2 lehnt sich der BFH seit der Entscheidung des Großen Senats (BFH 25.6.1984 – GrS 4/82, BStBl. II 1984, 751 (768)) zumindest **verbal wieder stärker an das Zivilrecht an:** Mitunternehmer iSd § 15 Abs. 1 S. 1 Nr. 2 kann nur sein, wer zivilrechtlich Gesellschafter einer Personengesellschaft ist oder – in Ausnahmefällen – eine diesem wirtschaftlich vergleichbare Stellung innehat (BFH 25.6.1984 – GrS 4/82, BStBl. II 1984, 751 (768); BFH 1.3.2018 – IV R 15/15, BStBl. II 2018, 539 Rn. 32). 1545

Dem aus der Literatur zustimmend etwa *Knobbe-Keuk* StuW 1986, 106 (114); Frotscher/Geurts/*Kauffmann* § 15 Rn. 320; Tipke/Lang/*Hennrichs* Steuerrecht, § 10 Rn. 34; s. auch *Florstedt* Stand und Entwicklung der steuerrechtlichen Mitunternehmerdoktrin, 96. 1545.1

Die **tatsächliche Bedeutung** dieses Merkmals ist aber aus verschiedenen Gründen denkbar gering. 1546

In der Regel kann bei Bejahung der Mitunternehmereigenschaft auf eine besondere Prüfung der Gesellschafterstellung verzichtet werden. **Wer Mitunternehmer ist, ist regelmäßig auch zivilrechtlicher Gesellschafter.** Voraussetzung für das Vorliegen einer Gesellschaft ist nach § 705 BGB allein, dass sich mehrere Personen zur Erreichung eines gemeinsamen Zwecks vertraglich binden und sich verpflichten, diesen zu fördern. Wer Mitunternehmer ist, wird regelmäßig diese Voraussetzungen erfüllen, weil der Begriff des Mitunternehmers auch ein gemeinsames Handeln zu einem gemeinsamen Zweck von einander gleich geordneten Personen zum Inhalt hat (BFH 25.6.1984 – GrS 4/82, BStBl. II 1984, 751 (768)). Ausreichend für das Bestehen einer Gesellschaft ist auch eine reine Innengesellschaft, sodass die mitunternehmerschaftliche Beteiligung im Außenverhältnis nicht publik werden muss. Thematisiert werden die entsprechenden Fallgruppen unter dem Stichwort der sog. **verdeckten Mitunternehmerschaft** (→ Rn. 1396 f.). 1547

Darüber hinaus kann eine Mitunternehmerstellung auch durch ein **wirtschaftlich einer Außen- oder Innengesellschaft vergleichbares Gemeinschaftsverhältnis** begründet werden (BFH 25.6.1984 – GrS 4/82, BStBl. II 1984, 751 (768)). Als Beispiele hierfür benennt der BFH Gesamthandsgemeinschaften in der Form der Erben- oder Gütergemeinschaft sowie Bruchteilsgemeinschaften (BFH 25.6.1984 – GrS 4/82, BStBl. II 1984, 751 (768)). 1548

bb) Eigene Position. In Anbetracht der oben skizzierten Einschränkungen spricht vieles dafür, auf das **Erfordernis einer gesellschaftsrechtlichen Beteiligung des Mitunternehmers zu verzichten.** Ein Tatbestandsmerkmal zu postulieren, ist nur sinnvoll, wenn ihm auch eine Ausschlusswirkung zukommt. Dazu müsste die Annahme einer Mitunternehmerschaft am Fehlen eines Gesellschaftsverhältnisses scheitert können. Dies ist nach der gegenwärtigen Rechtsprechungspraxis aber nur eine theoretische Option. 1549

Wirklich substantiell prüft die Rechtsprechung allein, ob ein Steuerpflichtiger über hinreichende Mitunternehmeriniative verfügt und Mitunternehmerrisiko trägt. Wird dies verneint, scheidet die Annahme einer Mitunternehmerschaft ohnehin aus. Wird die Mitunternehmerstellung bejaht, schließt die Rechtsprechung hieraus auf ein Gesellschaftsverhältnis (BFH 25.6.1984 – GrS 4/82, BStBl. II 1984, 751 (768); BFH 13.7.1993 – VIII R 50/92, BStBl. II 1994, 282 (284)). Dem Nachsatz, diese Vermutung könne durch substantiiertes Bestreiten widerlegt werden (BFH 13.7.1993 – VIII R 50/92, BStBl. II 1994, 282 (284)), kommt keine praktische Bedeutung zu. 1550

Richtigerweise dürfte in derartigen Fällen eher Anlass bestehen, zu prüfen, ob tatsächlich die Voraussetzungen einer mitunternehmerschaftlichen Beteiligung gegeben sind. 1550.1

Darüber hinaus kann die Mitunternehmerstellung zuletzt auch ohne Begründung einer Innen- bzw. Außengesellschaft allein über ein **wirtschaftlich vergleichbares Gemeinschaftsverhältnis** bejaht werden (BFH 25.6.1984 – GrS 4/82, BStBl. II 1984, 751 (768)). 1551

Damit konvergiert die Differenzierungsleistung, die das Erfordernis einer gesellschaftsrechtlichen Beteiligung erbringt, gegen null. Mit einer in der Literatur vertretenen Auffassung 1552 ist deshalb für die Mitunternehmerstellung allein auf die Kriterien der Mitunternehmerinitiative und des Mitunternehmerrisikos abzustellen (KSM/*Desens/Blischke* § 15 Rn. C 37; HHR/*Haep* § 15 Rn. 336; Kirchhof/*Reiß* § 15 Rn. 174 f.; *Pinkernell* Einkünftezurechnung bei Personengesellschaften, 153 f.; *Bodden* FR 2002, 559 (563 ff.)).

1553 **i) Andere irrelevante Kriterien.** Ohne Relevanz ist, ob ein Gesellschafter, wie gesetzlich vorgesehen, in das **Handelsregister eingetragen** ist (BFH 19.4.2007 – IV R 70/04, BStBl. II 2007, 868 (870); BFH 4.11.2004 – III R 21/02, BStBl. II 2005, 168 (169); zT aA aber *Boettcher* StuW 1965, Spl. 35 (42), wonach die Eintragung zwar kein zwingendes Erfordernis für das Vorliegen einer Mitunternehmerschaft ist, wohl aber die Eintragung für seine Mitunternehmereigenschaft spricht). Entsprechendes gilt für den Rechtsschein einer **gewerbepolizeilichen Anmeldung** (BFH 4.11.2004 – III R 21/02, BStBl. II 2005, 168 (169)).

1554 Irrelevant ist auch, wie eine **Vertragsbeziehung von den Beteiligten benannt** wird (BFH 4.11.2004 – III R 21/02, BStBl. II 2005, 168 (169)). Mitunternehmer kann daher auch sein, wer nicht als Gesellschafter, sondern beispielsweise als Arbeitnehmer oder als Darlehensgeber bezeichnet ist (sog. verdeckte Mitunternehmerschaft, → Rn. 1396 f.; → Rn. 1399 ff.). Allein entscheidend ist, ob mit bzw. über die Vertragsbeziehung hinreichendes Mitunternehmerrisiko und hinreichende Mitunternehmerinitiative vermittelt wird.

1555 Der Mitunternehmerstellung steht nicht entgegen, dass der Beteiligte **weder zur Geschäftsführung noch zur Vertretung** berechtigt ist. Dies ergibt sich schon aus dem Vergleich zur Rechtsstellung des Kommanditisten, der Mitunternehmer ist, obwohl ihm keine entsprechenden Rechte zustehen (§ 164 HGB, § 170 HGB) (BFH 11.4.1973 – IV R 67/69, BStBl. II 1973, 528 (530)).

1556 Ein Mitunternehmer muss auch nicht zwingend am **Gesamthandsvermögen dinglich mitberechtigt** sein. Dies zeigt das Beispiel des atypisch stillen Gesellschafters (BFH 11.4.1973 – IV R 67/69, BStBl. II 1973, 528 (530); BFH 10.12.1992 – XI R 45/88, BStBl. II 1993, 538 (540)). Selbst eine obligatorische Beteiligung an den stillen Reserven und am Geschäftswert ist nicht unerlässlich. Ihr Fehlen ist zwar ein gewichtiges Indiz gegen eine Mitunternehmerschaft, das jedoch anderweitig aufgewogen werden kann, da letztlich allein das Gesamtbild der Verhältnisse entscheidend ist (BFH 11.4.1973 – IV R 67/69, BStBl. II 1973, 528 (530)).

1557 Keine Relevanz für die Mitunternehmerstellung hat die **Höhe einer Beteiligung** (BFH 12.2.1992 – XI R 49/89, BFH/NV 1993, 156 Rn. 14). Ebenso wenig wird die Mitunternehmerstellung dadurch infrage gestellt, dass der Gesellschafter **zugleich Arbeitnehmer** ist und die Arbeitnehmerstellung die Gesellschafterstellung überwiegt (BFH 12.2.1992 – XI R 49/89, BFH/NV 1993, 156 Rn. 14). Allgemein zur verdeckten Mitunternehmerschaft und schuldrechtlichen Austauschverträgen (→ Rn. 1396 f.; → Rn. 1399 ff.).

1558 **j) Folge der Gleichstellungsthese, insbesondere Gewinnerzielungsabsicht.** Ausgehend von der **Gleichstellungsthese** muss der Mitunternehmer auch in seiner Person die Tatbestandsmerkmale des § 15 Abs. 2 verwirklichen. Dies folgt aus dem Wortlaut des § 15 Abs. 1 S. 1 Nr. 2 S. 1, wonach der Gesellschafter als „Unternehmer" anzusehen ist.

1559 Praktische Konsequenzen kann dies für die **Gewinnerzielungsabsicht** in den Fällen einer nur befristeten Beteiligung eines Gesellschafters haben. Die Entscheidung des Großen Senats aus dem Jahr 1984 hielt das Merkmal der Gewinnerzielungsabsicht auf Ebene der Gesellschafter nicht für erforderlich. Stattdessen wird das Merkmal des Mitunternehmerrisikos so interpretiert, dass es allein auf eine „objektive Möglichkeit zur Teilhabe an einer Betriebsvermögensmehrung" ankommen sollte. Ein subjektives Element wird ausdrücklich abgelehnt (BFH 25.6.1984 – GrS 4/82, BStBl. II 1984, 751). Die neuere Rechtsprechung des BFH prüft die Gewinnerzielungsabsicht dagegen überzeugend sowohl auf Ebene der Gesellschaft wie der Gesellschafter (BFH 30.10.2014 – IV R 34/11, BStBl. II 2015, 380 Rn. 31; zustimmend HHR/*Rätke* § 15 Rn. 96; HHR/*Haep* § 15 Rn. 326). Darauf hinzuweisen ist, dass sich dies im praktischen Ergebnis, etwa bei Fehlinvestitionen der Gesellschaft, sehr wohl auch zugunsten des Gesellschafters auswirken kann. Hier für den Mitunternehmer zu anderen Ergebnissen als für den Einzelunternehmer zu kommen, ist unter gleichheitsrechtlichen Aspekten unstimmig. Allerdings dürften die Unterschiede zwischen beiden Auffassungen im praktischen Ergebnis zumal dann gering sein, wenn sich die Tendenz der Rechtsprechung fortsetzt, das Merkmal der Gewinnerzielungsabsicht zu objektivieren.

k) Doppelte Mitunternehmerstellung

Leitentscheidungen, wichtige Verwaltungsanweisungen und Schrifttum (Auswahl): **1559a**

Leitentscheidungen des BFH: **1559a.1**
BFH 19.7.2018 – IV R 10/17, BFH/NV 2018, 1268; BFH 25.1.2017 – X R 59/14, BStBl. II 2019, 730; BFH 8.5.2019 – VI R 26/17, BStBl. II 2019, 660.

Schrifttum (Auswahl): **1559a.2**
Korn, Nießbrauch: Steuerfallen und Gestaltungsmöglichkeiten, KÖSDI 2018, 20597; *Messner*, Mitunternehmeranteil: Wirtschaftliches Eigentum und doppelte Mitunternehmerschaft, AktStR 2019, 67; *Kepper*, Übertragung von Einzelunternehmen und Anteilen an Personengesellschaften unter Nießbrauchsvorbehalt im Lichte der neueren BFH-Rechtsprechung, NZG 2019, 211; *Götz*, Ende der doppelten Mitunternehmerstellung bei Übertragung eines Mitunternehmeranteils unter Nießbrauchsvorbehalt?, FR 2019, 605; *Hermes*, Mitunternehmerisches Nießbrauchrecht nur bei wirtschaftlichem Eigentum am Mitunternehmeranteil?, DStZ 2019, 112.

Durch eine jüngere Entscheidung des IV. Senats ist zweifelhaft geworden, ob weiterhin eine **Spaltung eines Mitunternehmeranteils** in Form einer sog. **doppelten Mitunternehmerschaft** zulässig ist. In der Entscheidung postuliert der IV. Senat nunmehr den „Grundsatz, dass an einem Gesellschaftsanteil **nur eine einzige Mitunternehmerstellung** begründet werden kann" (BFH 19.7.2018 – IV R 10/17, BFH/NV 2018, 1268 Rn. 36). Diese Annahme steht im Widerspruch zu einer langjährigen, vielfach verbreiteten Gestaltungspraxis des Vorbehaltsnießbrauchs an Mitunternehmeranteilen. Dieser ermöglichte im Wege einer vorweggenommenen Erbfolge eine ertrag- sowie erbschaftsteuerlich optimierte Übertragung eines Gesellschaftsanteils auf die nachfolgende Erbengeneration. Der gewünschte Effekt setzt aber zwingend voraus, dass sowohl dem neuen als auch dem alten Gesellschafter eine Mitunternehmerstellung zukommt, diese also quasi verdoppelt wird (→ Rn. 1994 ff.). **1559b**

Zweifel an der bisherigen Praxis waren bereits durch eine im Januar 2017 getroffene Entscheidung des X. Senats aufgekommen, der beim Vorbehaltsnießbrauch eine steuerneutrale Übertragung zu Buchwerten ausgeschlossen hatte (BFH 25.1.2017 – X R 59/14, BStBl. II 2019, 730; hierzu kritisch BFH/*Wendt* FR 2017, 1055; *Götz* FR 2019, 605). **1559b.1**

Woraus sich das Postulat einer Unteilbarkeit der Mitunternehmerstellung ergeben soll, ist indes nicht ohne Weiteres einsichtig (kritisch *Korn* KÖSDI 2018, 20597; *Kepper* NZG 2019, 211). Dem Gesetzeswortlaut lässt es sich jedenfalls nicht entnehmen. Ausgehend von allgemeinen Grundsätzen kann und muss für die Stellung als Mitunternehmer vielmehr **allein entscheidend sein, ob ein Beteiligter über eine Rechtsstellung verfügt, die es ihm ermöglicht, Mitunternehmerinitiative und Mitunternehmerrisiko auszuüben,** die in einer Gesamtschau jedenfalls der Stellung eines Kommanditisten entspricht. Wenn den Kommanditisten einer Publikums-KG die Mitunternehmerstellung zukommt, spricht prima facie nichts dagegen, dass auch eine aufgespaltene Mitunternehmerstellung noch hinreichendes Mitunternehmerrisiko und hinreichende Mitunternehmerinitiative zu verbürgen vermag. In diese Richtung deutet nunmehr auch eine jüngere Entscheidung des VI. Senats (BFH 8.5.2019 – VI R 26/17, BStBl. II 2019, 660; → Rn. 1994 ff.). **1559c**

Der hier vertretenen Auffassung lässt sich nicht entgegenhalten, dass **das wirtschaftliche Eigentum** an einem Mitunternehmeranteil (s. § 39 Abs. 2 Nr. 1 S. 1 AO) nicht gleichzeitig bei verschiedenen Personen liegen kann. Hierum geht es bei der doppelten Mitunternehmerschaft nicht. Entscheidend ist allein, ob die Rechtsposition, die nach der Aufspaltung eines Mitunternehmeranteils verbleibt, jeweils für sich betrachtet das wirtschaftliche Eigentum an einer Berechtigung vermittelt, die die Kriterien der Mitunternehmerschaft erfüllt. **1559c.1**

4. Gewinnermittlung

Leitentscheidungen, wichtige Verwaltungsanweisungen und Schrifttum (Auswahl): **1560**

Entscheidungen des GrS: **1560.1**
BFH 10.11.1980 – GrS 1/79, BStBl. II 1981, 164; BFH 25.2.1991 – GrS 7/89, BStBl. II 1991, 691.

Weitere Leitentscheidungen des BFH: **1560.2**
BFH 12.12.1995 – VIII R 59/92, BStBl. II 1996, 219.

1560.3 **Wichtige Verwaltungsanweisungen:**
EStR R 4.1 Abs. 3, 4; EStR 6b.2 Abs. 6, 7, 9; BMF 20.12.1977, Besteuerung der Mitunternehmer von Personengesellschaften, BStBl. I 1978, 8; OFD Frankfurt/M 1.9.2003, Bildung von Rücklagen nach § 6b Abs. 10 EStG – Betragsgrenze i. H. von 500 000 € nach § 6b Abs. 10 Satz 1 EStG, DB 2003, 2466; OFD Koblenz 23.12.2003, Identität des veräußerten und des angeschafften/hergestellten Wirtschaftsguts, DStR 2004, 314; BMF 17.11.2005, Betrieblicher Schuldzinsenabzug gemäß § 4 Abs. 4a EStG, BStBl. I 2005, 1019; BMF 12.6.2006, Ermittlung der nicht abziehbaren Schuldzinsen nach § 4 Abs. 4a EStG; Berücksichtigung einer vor dem 1. Januar 1999 entstandenen Unterentnahme, BStBl. I 2006, 416; BMF 29.2.2008, Übertragung einer Rücklage nach § 6b EStG von einer Kapitalgesellschaft auf ein Wirtschaftsgut einer Personengesellschaft, an der die Kapitalgesellschaft beteiligt ist; Umgekehrte Maßgeblichkeit nach § 5 Abs. 1 Satz 2 EStG, BStBl. I 2008, 495; BMF 7.5.2008, Betrieblicher Schuldzinsenabzug nach § 4 Abs. 4a EStG; Schuldzinsen bei Mitunternehmerschaften, BStBl. I 2008, 588; BMF 4.11.2008, Betrieblicher Schuldzinsenabzug nach § 4 Abs. 4a EStG; Gesellschafterbezogene Ermittlung der Überentnahmen, BStBl. I 2008, 957; BMF 23.12.2010, Steuerrechtliche Anerkennung von Darlehensverträgen zwischen Angehörigen, BStBl. I 2011, 37; OFD Frankfurt/M 13.5.2015, Disquotale Gewinnverteilung bei Personengesellschaften, DStR 2015, 1802.

1560.4 **Schrifttum (Auswahl):**
Hallerbach, Die Personengesellschaft im Einkommensteuerrecht, 1999; *Pinkernell,* Einkünftezurechnung bei Personengesellschaften, 2001; *Bodden,* Einkünftequalifikation bei Mitunternehmern. 4 Thesen zur Neuorientierung bei der Besteuerung von Personengesellschaften, FR 2002, 559; *Schwandtner,* Disquotale Gewinnausschüttungen in Personen- und Kapitalgesellschaften, 2006; *Kahle,* Die Steuerbilanz der Personengesellschaft, DStZ 2012, 61.

1561 **a) Grundlagen.** Die Gewinnermittlung von Mitunternehmerschaften ist in § 15 Abs. 1 S. 1 Nr. 2 nur **fragmentarisch geregelt.** Das Gesetz beschränkt sich darauf, dem Mitunternehmer seinen Gewinnanteil sowie die Sondervergütungen („Vergütungen, die der Gesellschafter von der Gesellschaft für seine Tätigkeit im Dienst der Gesellschaft oder für die Hingabe von Darlehen oder für die Überlassung von Wirtschaftsgütern bezogen hat") zuzurechnen, lässt aber viele Einzelfragen offen.

1562 Die Vorschrift gilt nicht nur für die **gewerbliche,** sondern kraft ausdrücklicher gesetzlicher Verweise ebenso für **land- und fortwirtschaftliche** sowie für **freiberufliche Mitunternehmerschaften** (§ 13 Abs. 7; § 18 Abs. 4 S. 2). Erfasst sind auch teilgewerbliche (§ 15 Abs. 3 Nr. 1) sowie gewerblich geprägte Personengesellschaften (§ 15 Abs. 3 Nr. 2) (HHR/*Tiede* § 15 Rn. 450).

1563 Das hinter § 15 Abs. 1 S. 1 Nr. 2 S. 1 stehende **Konzept** ist im Ausgangspunkt relativ klar: Im Unterschied zu Kapitalgesellschaften, für die das Trennungsprinzip gilt, sind Gesellschafter der Personengesellschaft und die Personengesellschaft nicht zwei voneinander getrennte Besteuerungsobjekte. Vielmehr werden die seitens der Personengesellschaft erwirtschafteten Gewinne den Mitunternehmern unmittelbar zugerechnet und von diesen versteuert (**Transparenzprinzip**). Ob die Gewinne entnommen oder ein entsprechender Gewinnverteilungsbeschluss gefasst wurde, ist irrelevant (BFH 24.2.1988 – I R 95/84, BStBl. II 1988, 663 (666); BFH 3.5.1993 – GrS 3/92, BStBl. II 1993, 616 (621)). Durch die transparente Besteuerung soll eine Gleichbehandlung von Einzelunternehmern und den Gesellschaftern von Personengesellschaften erreicht werden (BFH 25.2.1991 – GrS 7/89, BStBl. II 1991, 691 (698); BFH 28.10.1999 – VIII R 41/98, BStBl. II 2000, 339 (341)). Ebenso wie ein Einzelunternehmer den in seinem Betrieb erzielten Gewinn unmittelbar und ohne Rücksicht darauf versteuern muss, ob er diesen entnommen hat, gilt dies auch für die Gesellschafter von Personengesellschaften.

1564 Neben die Zurechnung des **Gewinnanteils** treten die Ergebnisse der **Sonderbereiche** der Mitunternehmer. Das Gesetz spricht insoweit nur von „Vergütungen", die der Gesellschafter von der Gesellschaft für seine Tätigkeit im Dienst der Gesellschaft oder für die Hingabe von Darlehen oder für die Überlassung von Wirtschaftsgütern bezogen hat. Diese „Vergütungen" markieren aber nur einen vergleichsweise kleinen Ausschnitt aus einem nach hM wesentlich weiter abgesteckten Sonderbereich. Diesen einzubeziehen, wird in der zivilrechtlichen Literatur als rein positivistische Entscheidung des Gesetzgebers gewertet (*Knobbe-Keuk* Bilanz- und Unternehmenssteuerrecht, 367). Wenn man vom Leitbild der **Gleichbehandlung des Mitunternehmers mit dem Einzelunternehmer** ausgeht, ist dies nicht überzeugend. Da es dem Einzelunternehmer verwehrt ist, die einkommen- und gewerbesteuerliche Bemessungsgrundlage durch mit sich selbst als Privatperson abgeschlossene Verträge zu mindern, muss entsprechendes auch für die Gesellschafter einer Personengesellschaft gelten. Zudem sollten Wirtschaftsgüter, die in einem engen wirtschaftlichen Zusammenhang mit der Personengesellschaft stehen, einheitlichen Regeln unterworfen werden, unabhängig davon, ob diese in das Gesamthandsvermögen überführt werden oder weiterhin im Eigentum eines Gesellschafters stehen.

Die Technik der steuerlichen Gewinnermittlung durch Bilanzierung, ebenso wie die Ver- **1565**
buchung von Geschäftsvorfällen zwischen der Gesellschaft und den Gesellschaftern, ist entscheidend vom ertragsteuerlichen Leitbild der Personengesellschaft abhängig. Die bis Anfang der 1970er Jahre dominierende **Bilanzbündeltheorie** negierte die ertragsteuerliche Existenz der Personengesellschaft nahezu vollständig. Die Gleichstellung zwischen Einzelunternehmer und Gesellschafter einer Personengesellschaft spiegelte sich auch in der Technik der steuerlichen Gewinnermittlung wider (*Kurth* StuW 1978, 1 (9, 16)). Für die einzelnen Gesellschafter sollten getrennte (Steuer-)Bilanzen erstellt werden, in denen alle Geschäftsvorfälle zu dem Gewinnverteilungsschlüssel entsprechenden Bruchteilen zu verbuchen waren. Wirtschaftsgüter des Gesamthandsvermögens wurden mit ihrem Bruchteil, Wirtschaftsgüter des Sonderbetriebsvermögens dagegen vollumfänglich erfasst (RFH 10.1.1940 – VI 704/39, RStBl. 1940, 134 (135)). Veräußerungen zwischen Personengesellschaft und Gesellschaftern stellten sich in der dem eigenen Anteil des Gesellschafters entsprechenden Quote als Einlage bzw. Entnahme dar (BFH 3.12.1964 – IV 419/62 U, BStBl. III 1965, 92 (93)).

In der Praxis ist die Forderung, getrennte Bilanzen zu erstellen, aber nicht umgesetzt bzw. nicht **1565.1**
durchgehalten worden. Anstatt getrennt zu bilanzieren, ging man auch ertragsteuerlich tatsächlich von der Handelsbilanz der Personenhandelsgesellschaft aus, die für Zwecke der steuerlichen Gewinnermittlung lediglich angepasst und modifiziert wurde (*Döllerer* DStZ 1974, 211).

Auf dem Boden der **Einheitstheorie** verfolgt die heute ganz herrschende Meinung einen **1566**
anderen Ansatz. Der Gewinn oder Verlust der Gesellschaft wird nicht durch einen Vermögensvergleich der einzelnen Gesellschafter, sondern durch einen **Vermögensvergleich auf Ebene der Gesellschaft** ermittelt (BFH 10.11.1980 – GrS 1/79, BStBl. II 1981, 164 (167)). Deren Grundlage ist die aus der Handelsbilanz abgeleitete Steuerbilanz der Gesellschaft, nicht hingegen sind dies die gedachten oder wirklichen Einzelbilanzen der Gesellschafter (BFH 10.11.1980 – GrS 1/79, BStBl. II 1981, 164 (167); BFH 23.5.1979 – I R 163/77, BStBl. II 1979, 757 (759); BFH 21.12.1972 – IV R 53/72, BStBl. II 1973, 298 (300)).

An die Stelle einzelner Bilanzen der Gesellschafter, in denen die Anteile des Gesamthands- **1567**
vermögens sowie das eigene zur Verfolgung des Gesellschaftszwecks eingesetzte Vermögens angesetzt wurden, ist eine **zweistufige Gewinnermittlung** getreten (BFH 25.2.1991 – GrS 7/89, BStBl. II 1991, 691 (697); BFH 12.12.1995 – VIII R 59/92, BStBl. II 1996, 219 (225); BFH 10.11.1980 – GrS 1/79, BStBl. II 1981, 164 (167 f.)), was Ausdruck der Anerkennung der Personengesellschaft als eigenständiges Einkünfte- und Gewinnermittlungssubjekt ist. Auf der **ersten Stufe** wird der Gewinn der Personengesellschaft ermittelt, auf der **zweiten Stufe** das Ergebnis der Sonderbereiche der einzelnen Gesellschafter hinzugerechnet.

Bereits die erste Gewinnermittlungsstufe ist von der **Dualität zwischen Einheit der Gesellschaft** **1567.1**
und Vielheit der Gesellschafter bestimmt. Beispielsweise werden Rechtsgeschäfte zwischen der Personengesellschaft und ihren Gesellschaftern zwar im Grundsatz auch steuerlich in vollem Umfang anerkannt, einschränkend ist aber auch hier der Fremdvergleichsvorbehalt zu beachten. Ebenso wird sich eine betriebliche Veranlassung eines Rechtsgeschäfts **häufig nur unter Rückgriff** auf die Verhältnisse der Gesellschafter bestimmen lassen. Ähnlich wie beim Einzelunternehmer ist dabei ein Grundmotiv der Rechtsdogmatik, einer steuerlichen Anerkennung privater Dispositionen und Aufwendungen Grenzen zu setzen.

Den Ausgangspunkt der Gewinnermittlung der Mitunternehmerschaft markiert auf der **1568**
ersten Gewinnermittlungsstufe die (Handels-)Bilanz der Personengesellschaft, aus der sich der Anteil des Gesellschafters am Gewinn oder Verlust der Gesellschaft ergibt (BFH 10.11.1980 – GrS 1/79, BStBl. II 1981, 164 (167 f.)). Ggf. muss die Handelsbilanz um Wirtschaftsgüter bereinigt werden, die zwar zum Gesamthandsvermögen der Personengesellschaft gehören, die aber nicht betrieblich veranlasst sind (→ Rn. 1581). Sofern die Bilanzansätze einzelner Gesellschafter von der Gesamthandsbilanz abweichen, ist dies durch sog.

Ergänzungsbilanzen zu korrigieren. Die Notwendigkeit einer Korrektur durch Aufstellung von Ergänzungsbilanzen kann sich etwa daraus ergeben, dass im Zuge eines Gesellschafterwechsels stille Reserven offengelegt werden, wohingegen der Bilanzansatz der übrigen (Alt-)Gesellschafter unverändert durch die Anschaffungs- bzw. Herstellungskosten limitiert ist. Ebenfalls auf der ersten Gewinnermittlungsstufe ist die Handelsbilanz an etwaige besondere steuerliche Ansatz- und Bewertungsvorschriften anzupassen (HHR/*Tiede* § 15 Rn. 450).

1569 Der sich daraus ergebende Anteil des Gesellschafters am Gesamtgewinn wird auf der **zweiten Gewinnermittlungsstufe** durch das Ergebnis des Sonderbereichs ergänzt (→ Rn. 1676). Dieser umfasst neben den eigentlichen **Sondervergütungen** sämtliche Wirtschaftsgüter eines Gesellschafters, die nicht im Gesamthandsvermögen der Personengesellschaft stehen, aber dazu bestimmt sind, der Personengesellschaft zu dienen und dieser auf schuldrechtlicher, unter Umständen bereits aber auch auf gesellschaftsrechtlicher Ebene zur Verfügung gestellt werden (**Sonderbetriebsvermögen**). Ebenso erfasst werden mit der Beteiligung an der Personengesellschaft verbundene Erträge wie Aufwendungen. Bei den Erträgen kann es sich beispielsweise um Miet- oder Pachteinnahmen für Wirtschaftsgüter handeln, die der Gesellschaft auf schuldrechtlicher Basis zur Verfügung gestellt wurden. Beispiele für Sonderbetriebsausgaben sind die AfA oder Zinsen, die der Gesellschafter zur Finanzierung der im Sonderbereich eingesetzten Wirtschaftsgüter aufwenden muss (BFH 12.10.2016 – I R 92/12, DStR 2017, 589 Rn. 23; BFH 27.4.2017 – IV B 53/16, BFH/NV 2017, 1032 Rn. 25).

1570 Lebhaft umstritten ist, wie weit der **Kreis des Sonderbetriebsvermögens** zu ziehen ist (→ Rn. 1688 ff.). Nach herrschender Meinung ist zwischen Sonderbetriebsvermögen I und Sonderbetriebsvermögen II zu unterscheiden. Bei dem Sonderbetriebsvermögen I handelt es sich um Wirtschaftsgüter des Gesellschafters, die unmittelbar dem Betrieb der Personengesellschaft zu dienen bestimmt sind, wie beispielsweise auf schuldrechtlicher Basis zur Verfügung gestellte Wirtschaftsgüter. Die Rechtsprechung bezieht darüber hinaus aber auch den Sonderbereich II ein. Dies sind Wirtschaftsgüter, die die Beteiligung des Gesellschafters an der Personengesellschaft stärken, ohne unmittelbar deren Betrieb zu dienen. Klassisches Beispiel hierfür sind bei der GmbH & Co. KG die Anteile an der Komplementär-GmbH, die seitens eines Kommanditisten gehalten werden.

1571 Gesonderter Erörterung bedarf die Frage, in welchem Verhältnis die beiden Gewinnermittlungsstufen zueinander stehen (**Interdependenzen,** → Rn. 1808 ff.). Diesem Fragen- und Problemkreis ist beispielsweise der Grundsatz der **korrespondierenden Bilanzierung** sowie die **Wahl der Gewinnermittlungsmethode** zuzurechnen (→ Rn. 1809). Abschließend sind verfahrensrechtliche Fragen zu erörtern (→ Rn. 1818).

1572 **b) Übersicht über die Schritte der Gewinnermittlung.** In **schematischer Übersicht** ist bei der Gewinnermittlung wie folgt vorzugehen:

1. Ausgangspunkt ist das Betriebsergebnis, wie es sich aus der **Handelsbilanz** ergibt. Über den Grundsatz der Maßgeblichkeit (§ 5 Abs. 1) ist dieses Grundlage der steuerlichen Gewinnermittlung.
2. Mit Rücksicht auf steuerrechtliche Besonderheiten ist potentiell jeder Geschäftsvorfall daraufhin zu untersuchen, ob es einer **steuerrechtlichen Anpassung bzw. Korrektur** bedarf. Dies können sein:
   a) (+)/(-) Vorrang des wirtschaftlichen vor dem steuerlichen Eigentum (§ 39 AO)
   b) (+) Betriebliche Veranlassung
   c) (+) nicht abziehbare Betriebsausgaben nach § 4 Abs. 5
3. Zurechnung nach dem steuerlichen Gewinnverteilungsschlüssel
   a) Maßgeblichkeit des handelsrechtlichen Gewinnverteilungsschlüssels
   b) Steuerliche Anpassungen
4. (+)/(-)Ergebnisse der Ergänzungsbilanz zum Gewinnanteil des Mitunternehmers (= Ergebnis der ersten Gewinnermittlungsstufe)
5. Zweite Gewinnermittlungsstufe: Addition des Ergebnisses der Sonderbilanz des einzelnen Mitunternehmers
   a) (+) Sondervergütungen
   b) (+) sonstige Sonderbetriebseinnahmen
   c) (-) Sonderbetriebsausgaben

1573 **c) Zurechnung des Gewinnanteils (Erste Gewinnermittlungsstufe).** Den Ausgangspunkt der ersten Gewinnermittlungsstufe markiert der Gewinn der Personengesellschaft, wie er sich nach dem **(handels-)bilanziellen Betriebsvermögensvergleich** ergibt (→ Rn. 1574). Daran anschließend sind die gebotenen Korrekturen vorzunehmen, um das steuerlich relevante Betriebsvermögen zu bestimmen. Hierfür ist nicht das rechtliche, sondern nach § 39 AO das **wirtschaftliche Eigentum** entscheidend (→ Rn. 1575). Weiterer Korrekturbedarf ergibt sich mit Rücksicht auf das Erfordernis, Wirtschaftsgüter bzw. Geschäftsvorfälle auszusondern, die nicht betrieblich veranlasst sind (→ Rn. 1581).

1574 **aa) Handelsbilanzieller Betriebsvermögensvergleich.** Den Ausgangspunkt der Gewinnermittlung der Mitunternehmerschaft bildet die (Handels-)Bilanz der Personengesellschaft, aus der sich der Anteil des Gesellschafters am Gewinn oder Verlust der Gesellschaft ergibt (BFH 10.11.1980 – GrS 1/79, BStBl. II 1981, 164 (167 f.)). Ausgehend vom Leitbild der Einheitstheorie werden den Gesellschaftern grundsätzlich nicht (anteilig) einzelne Geschäftsvorfälle und Wirtschaftsgüter, sondern **unmittelbar der Gewinn der Personengesellschaft** zugerechnet (BFH 26.6.2014 – IV R 5/11, BStBl. II 2014, 972 Rn. 16; BFH 3.7.1995 – GrS 1/93, BStBl. II 1995, 617 (621); BFH 25.6.1984 – GrS 4/82, BStBl. II 1984, 751 (762)). Insofern wird § 39 Abs. 2 Nr. 2 AO durch § 15 Abs. 1 S. 1 Nr. 2 verdrängt (BFH 25.2.1991 – GrS 7/89, BStBl. II 1991, 691 (699)). In Einzelfällen rückt der BFH von der gesellschaftsbezogenen Betrachtung aber zugunsten einer gesellschafterbezogenen Betrachtung ab. So soll die gesellschaftsbezogene, dem Grundsatz der Einheit der Gesellschaft geschuldete Beurteilung dann gegenüber dem Gedanken der Vielheit der Gesellschaft zurücktreten, wenn andernfalls eine sachlich zutreffende Besteuerung des Gesellschafters nicht möglich wäre (BFH 26.6.2014 – IV R 5/11, BStBl. II 2014, 972 Rn. 17; BFH 3.7.1995 – GrS 1/93, BStBl. II 1995, 617 (622)). Konsequenzen hat dies im Rahmen der steuerlichen Gewinnermittlung insbesondere im Rahmen der Frage der betrieblichen Veranlassung (→ Rn. 1581).

1575 **bb) Umfang und Bewertung des Betriebsvermögens: Wirtschaftliches Eigentum (§ 39 Abs. 1 AO).** Nach allgemeinen Grundsätzen ist für die steuerrechtliche Zuordnung nicht das rechtliche, sondern das **wirtschaftliche Eigentum** entscheidend (§ 39 Abs. 1 AO). Dementsprechend muss das Betriebsvermögen der Personengesellschaft um solche Wirtschaftsgüter erweitert werden, die der Personengesellschaft zwar nicht rechtlich, wohl aber wirtschaftlich zuzuordnen sind. Umgekehrt sind Wirtschaftsgüter auszusondern, bei denen die Personengesellschaft nur rechtlicher, nicht aber auch wirtschaftlicher Eigentümer ist.

1576 Mit Rücksicht auf den Grund der Maßgeblichkeit der Handelsbilanz für die Steuerbilanz gehören Wirtschaftsgüter des Gesellschaftsvermögens einer Personenhandelsgesellschaft grundsätzlich zum **notwendigen Betriebsvermögen** der Gesellschaft (BFH 30.6.1987 – VIII R 353/82, BStBl. II 1988, 418 (420); BFH 13.10.1998 – VIII R 61/96, BFH/NV 1999, 463 Rn. 12). Dagegen kann **kein gewillkürtes Betriebsvermögen** gebildet werden (BFH 13.10.1998 – VIII R 61/96, BFH/NV 1999, 463 Rn. 12). Wohl aber ist das notwendige Betriebsvermögen um Wirtschaftsgüter zu bereinigen, die nicht betrieblich veranlasst sind (→ Rn. 1581 ff.).

1577 Bei **Außengesellschaften** umfasst die Handelsbilanz allein das Gesamthandsvermögen. Der Sonderbereich und das Sonderbetriebsvermögen sind – als ausschließlich steuerrechtliche Kategorie – erst auf der zweiten Gewinnermittlungsstufe zu berücksichtigen. Mit Rücksicht auf den Grundsatz der Maßgeblichkeit (§ 5 Abs. 1) sind Wirtschaftsgüter des Gesamthandsvermögens steuerrechtlich notwendiges Betriebsvermögen (BFH 22.5.1975 – IV R 193/71, BStBl. II 1975, 804 (806)). Dies gilt auch für gewerblich tätige GbRs (BFH 16.3.1983 – IV R 36/79, BStBl. II 1983, 459), weil nach § 15 Abs. 3 Nr. 1 S. 1 die Tätigkeit einer solchen Personengesellschaft in vollem Umfang als Gewerbebetrieb gilt.

1578 Bei **Innengesellschaften,** bei denen kein Gesamthandsvermögen gebildet werden kann, ist auf das Betriebsvermögen des Geschäftsinhabers abzustellen. Auch hier ist das Sonderbetriebsvermögen nicht einzubeziehen, da das Handelsrecht kein solches kennt. Relevant wird dies erst auf der zweiten Gewinnermittlungsstufe.

1579 Ob ein Wirtschaftsgut dem **Anlagevermögen oder dem Umlaufvermögen** der Personengesellschaft zuzuordnen ist, ist auf Ebene der Gesellschaft zu beurteilen. Absichten und

Aktivitäten der Gesellschafter sind hierfür nicht relevant (BFH 8.10.2010 – IV B 46/10, BFH/NV 2011, 244). Die Feststellung der betrieblichen Zweckbestimmung eines Wirtschaftsgutes liegt im Wesentlichen auf **tatsächlichem Gebiet** (BFH 19.1.2017 – IV R 5/16, BFH/NV 2017, 755 Rn. 25). Eine gewerblich geprägte Personengesellschaft (§ 15 Abs. 3 Nr. 2) verfügt nicht nur über Anlage-, sondern kann ebenso über Umlaufvermögen verfügen (→ Rn. 2476).

1580 Das Gesellschaftsvermögen ist auch dann in vollem Umfang Betriebsvermögen, wenn **einzelnen Gesellschaftern keine Mitunternehmerstellung** zukommt, weil ihre Mitunternehmerstellung und ihre Mitunternehmerinitiative nicht hinreichend stark ausgeprägt sind (→ Rn. 1488). Bei einem derartigen Auseinanderfallen der gesellschaftsrechtlichen und der steuerlichen Betrachtung kommt es nicht zu einer Bruchteilsbetrachtung. Hinsichtlich der Gewinnanteile der Gesellschafter, die nicht mitunternehmerschaftlich beteiligt sind, ist wie folgt zu differenzieren: Bei betrieblicher Veranlassung sind die Gewinnanteile als Betriebsausgaben, andernfalls als Privatentnahmen zu qualifizieren (HHR/*Tiede* § 15 Rn. 456).

1581 **cc) Betriebliche Veranlassung und sonstige Fragen der Anerkennung von Betriebsausgaben.** Auszusondern sind diejenigen Wirtschaftsgüter bzw. Geschäftsvorfälle, für die **keine betriebliche Veranlassung** besteht (HHR/*Tiede* § 15 Rn. 457; BFH 19.7.1984 – IV R 207/83, BStBl. II 1985, 6 (7); BFH 11.5.1989 – IV R 56/87, BStBl. II 1989, 657; BFH 9.5.1996 – IV R 64/93, BStBl. II 1996, 642 (644); BFH 2.3.1967 – IV 32/63, BStBl. III 1967, 391 (392): „nicht notwendig betrieblicher Vorgang"). Ziel dieser Einschränkung ist die **Gleichbehandlung mit dem Einzelunternehmer,** bei dem notwendiges Privatvermögen und rein privat veranlasste Geschäftsvorfälle ebenfalls steuerlich nicht anzuerkennen sind (BFH 11.5.1989 – IV R 56/87, BStBl. II 1989, 657). Die Grundsätze über die Abgrenzung zwischen Betriebs- und Privatvermögen gehen insoweit der Maßgeblichkeit (§ 5 Abs. 1) vor, die grundsätzlich die Übernahme des in der Handelsbilanz ausgewiesenen Gesellschaftsvermögens verlangen würde (BFH 11.5.1989 – IV R 56/87, BStBl. II 1989, 657).

1582 Was betrieblich und was privat veranlasst ist, lässt sich oftmals nicht ohne Rückgriff auf die **Verhältnisse der einzelnen Mitunternehmer** bestimmen. Die hier aufgeworfenen Fragen (→ Rn. 1585) sind in vielen Fällen Variationen des Dualismus zwischen der Einheit der Gesellschafter und der Vielheit der Gesellschafter (→ Rn. 408 ff.).

1583 **Rechtsfolge** einer fehlenden betrieblichen Veranlassung ist, dass die betroffenen Wirtschaftsgüter aus dem steuerlichen Betriebsvermögen ausgesondert werden. Vertragsverhältnisse, die den Privatbereich der Gesellschafter betreffen, sind bei der Gewinnermittlung für die Personengesellschaft außer Betracht zu lassen, sodass entsprechende Aufwände und Erträge nicht berücksichtigt werden können (BFH 11.5.1989 – IV R 56/87, BStBl. II 1989, 657 (657 f.); BFH 5.3.1981 – IV R 94/78, BStBl. II 1981, 658 (658)). Die ausgesonderten Wirtschaftsgüter sind zwingendes Privatvermögen und werden den Gesellschaftern anteilig zugeordnet (HHR/*Tiede* § 15 Rn. 457).

1584 Wann im Einzelnen von der betrieblichen Veranlassung auszugehen ist, ist in der Rechtsprechung des BFH in einer Vielzahl von Entscheidungen ausdifferenziert worden (ausführlich HHR/*Tiede* § 15 Rn. 457 ff.). Auch für Personengesellschaften gelten dabei im Grundsatz die **allgemeinen Regeln,** wie beispielsweise für die Aussonderung von

- **hochspekulativen Geschäften,** die privat veranlasst sind (BFH 20.4.1999 – VIII R 63/96, BStBl. II 1999, 466) oder
- **verlustgezeichneten Wirtschaftsgütern** (BFH 30.11.2000 – IV B 47/00, BFH/NV 2001, 597 Rn. 2). Hierunter sind solche Wirtschaftsgüter zu verstehen, bei denen bereits beim Erwerb erkennbar ist, dass sie dem Betrieb der Personengesellschaft keinen Nutzen, sondern nur Verluste bringen können (BFH 22.5.1975 – IV R 193/71, BStBl. II 1975, 804 (805)).
- Nach allgemeinen Grundsätzen der **Liebhaberei** (→ Rn. 797) nicht in die Gewinnermittlung einzubeziehen sind Tätigkeiten einer Personengesellschaft, die ohne Gewinnerzielungsabsicht verfolgt werden und somit nicht betrieblich veranlasst sind. Abzugrenzen ist die Liebhaberei zu bloßen Hilfs- oder Nebentätigkeiten von einer dem Gewerbebetrieb der Personengesellschaft dienenden Haupttätigkeit (BFH 25.6.1996 – VIII R 28/94, BStBl. II 1997, 202 (205)). Entscheidend ist der Förderungs- und Sachzusammenhang, in dem

die jeweilige Einzeltätigkeit zu der betrieblichen Haupttätigkeit oder der privat veranlassten Tätigkeit steht. Dabei muss verhindert werden, durch eine zu weitreichende Segmentierung eine Vielzahl isoliert verlustbringender Tätigkeiten aus dem einkünfterelevanten Bereich auszuscheiden (BFH 25.6.1996 – VIII R 28/94, BStBl. II 1997, 202 (205)).

Zu den **wichtigsten Fallgruppen** der Abgrenzung zwischen betrieblicher und privater Veranlassung, die einen **spezifischen Bezug zu Personengesellschaften** aufweisen, gehören: 1585

- Die Nutzung eines Wirtschaftsgutes für **private Wohnzwecke** (→ Rn. 1586)
- **Missachtung des Fremdvergleichsgrundsatzes** (→ Rn. 1589)
- **Absicherung privater Risiken** (→ Rn. 1596)
- **Passive Wirtschaftsgüter** (→ Rn. 1600)

Aus dem Betriebsvermögen auszusondern sind Wirtschaftsgüter des Gesamthandsvermögens, die **überwiegend privat genutzt** werden. Die Rechtsprechung quantifiziert eine überwiegend private Nutzung dahingehend, dass das Wirtschaftsgut zu mindestens 90% der privaten Lebensführung dienen muss. Praktisch sehr bedeutsam ist eine Nutzung für **private Wohnzwecke** (BFH 30.6.1987 – VIII R 353/82, BStBl. II 1988, 418 (420); BFH 11.5.1989 – IV R 56/87, BStBl. II 1989, 657; BFH 3.10.1989 – VIII R 184/85, BStBl. II 1990, 319 (320); BFH 23.11.2000 – IV R 82/99, BStBl. II 2001, 232). In Höhe der Anschaffungskosten liegt dann eine Entnahme vor. Zuzurechnen ist diese nicht nur dem Begünstigten, sondern nach dem Gewinnverteilungsschlüssel anteilig allen Gesellschaftern (HHR/*Tiede* § 15 Rn. 458). Entsprechendes gilt, wenn die Nutzung nicht durch einen Gesellschafter, sondern eine ihm oder mehreren anderen Gesellschaftern nahestehende Person erfolgt (BFH 23.11.2000 – IV R 82/99, BStBl. II 2001, 232 (233)). 1586

Der Aussonderung notwendigen Privatvermögens steht auch **nicht § 15 Abs. 3 Nr. 1 S. 1** entgegen. Durch die Vorschrift soll lediglich vermieden werden, dass eine gewerblich tätige Personengesellschaft Einkünfte aus mehreren Einkunftsarten bezieht. Dem vorgelagert ist die Frage, ob überhaupt eine der sieben Einkunftsarten verwirklicht wird, woran es bei rein privater Veranlassung gerade fehlt (BFH 3.10.1989 – VIII R 184/85, BStBl. II 1990, 319 (320)). 1586.1

Ein **Wechsel der Nutzung** ist in beide Richtungen denkbar. Eine ursprünglich betriebliche, dann aber private Nutzung eines Wirtschaftsgutes ist durch eine Entnahme zu neutralisieren. Wird ein Wirtschaftsgut, das ursprünglich privat genutzt wird, betrieblich genutzt, liegt eine Einlage vor. 1587

Eine **kurzfristige private Nutzung** lässt die steuerliche Einordnung als Betriebsvermögen unberührt. Die mit der außerbetrieblichen Nutzung verbundenen Aufwendungen, zB die anteilige AfA oder die Kosten der Fremdfinanzierung, mindern das Betriebsvermögen. Da es an einer betrieblichen Veranlassung fehlt, muss die Vermögensminderung durch Hinzurechnung einer entsprechenden (Nutzungs-)Entnahme neutralisiert bzw. rückgängig gemacht werden (BFH 23.3.1995 – IV R 94/93, BStBl. II 1995, 637 (639)). Entsprechende Nutzungsentnahmen liegen auch vor, wenn die übrigen Gesellschafter der Nutzung nicht zugestimmt haben, dh diese unberechtigt war (BFH 30.6.1987 – VIII R 353/82, BStBl. II 1988, 418 (421)). Sofern die Nutzungsüberlassung zu fremdüblichen Bedingungen erfolgt, bleibt das Wirtschaftsgut Betriebsvermögen. Dabei ist unerheblich, ob ein förmlicher Mietvertrag abgeschlossen worden ist (BFH 23.11.2000 – IV R 82/99, BStBl. II 2001, 232 (233)). 1588

Missachtung des Fremdvergleichsgrundsatzes: Besondere Vorsicht ist bei Rechtsgeschäften mit Gesellschaftern oder diesen nahestehenden Personen angebracht. Hiervon betroffen sind Darlehensvergaben der Gesellschaft an ihre Gesellschafter (→ Rn. 1590), an Schwester-Personengesellschaften ausgereichte Darlehen (→ Rn. 1591) sowie Veräußerungsgeschäfte zwischen der Gesellschaft und ihren Gesellschaftern (→ Rn. 1593). 1589

Wenn die **Gesellschaft einem Gesellschafter ein Darlehen gewährt,** bestimmen sich die steuerlichen Rechtsfolgen nicht nach § 15 Abs. 1 S. 1 Nr. 2 S. 1, sondern nach § 4, § 5 und § 6. Eine gesellschaftliche Verlassung ist dann anzunehmen, wenn nach Lage der Dinge ausgeschlossen werden kann, dass die Gesellschaft einem fremden Dritten Geld zu vergleichbaren Bedingungen zur Verfügung gestellt hätte (BFH 9.5.1996 – IV R 64/93, BStBl. II 1996, 642 (643 f.)). Maßgebliche Abgrenzungskriterien sind die Verzinsung und die (fehlende) verkehrsübliche Sicherung des Zahlungsanspruchs. Anderes gilt, wenn die Darlehensvergabe dem Betrieb heutige Vorteile verschafft, die den Nachteil der Ertragslosigkeit ausglei- 1590 chen und auch den Verzicht auf ausreichende Sicherheiten als betrieblich erscheinen lassen (BFH 9.5.1996 – IV R 64/93, BStBl. II 1996, 642 (643 f.)).

1591 Entsprechende Fragen stellen sich auch beim Leistungsaustausch **zwischen Schwester-Personengesellschaften** (BFH 7.4.2005 – IV R 24/03, BStBl. II 2005, 598 (590)). Soweit die Entgelte unangemessen sind, liegen aus Sicht der einen Gesellschaft in Höhe der unangemessenen Entgelte verdeckte Entnahmen und aus Sicht der anderen Gesellschaft verdeckte Einlagen vor (s. BFH 26.1.1995 – IV R 73/93, BStBl. II 1995, 589 (590)).

1592 Bei den **Rechtsfolgen fehlender Fremdüblichkeit** ist wie folgt zu differenzieren: Sofern ein Ausfall der Forderung so gut wie ausgeschlossen erscheint, führt die Darlehensvergabe nur zu einer Nutzungsentnahme. Diese ist mit den Selbstkosten der Personengesellschaft ohne Gewinnzuschlag zu bewerten (HHR/*Tiede* § 15 Rn. 458; s. auch BFH 19.12.2002 – IV R 46/00, BFH/NV 2003, 979 Rn. 24 ff. zur Nutzungsentnahme einer Wohnung). Andernfalls stellt sich die Darlehensvergabe als Entnahme dar, die allen Gesellschaftern anteilig unter Minderung ihrer Kapitalkonten zuzurechnen ist. Bei Uneinbringlichkeit der Darlehensforderung entfällt damit nicht nur die steuerliche Berechtigung zu einer Teilwertabschreibung, sondern auch die Möglichkeit, dass die verbleibenden Gesellschafter beim Ausscheiden eines Schuldners aus der Gesellschaft einen steuerlichen Verlust geltend machen können (BFH 9.5.1996 – IV R 64/93, BStBl. II 1996, 642 (645)).

1593 Bei Veräußerungsgeschäften fehlt es an der betrieblichen Veranlassung, wenn es als **ausgeschlossen angesehen werden muss,** dass die Personengesellschaft das Wirtschaftsgut auch von einem Fremden erworben hätte (BFH 22.5.1975 – IV R 193/71, BStBl. II 1975, 804 (806)).

1594 Wenn hingegen lediglich der **Veräußerungspreis unangemessen hoch** ist, liegt hinsichtlich des Mehrbetrags bei Veräußerung durch die Gesellschaft an die Gesellschafter eine Einlage, im umgekehrten Fall der Veräußerung an die Gesellschaft eine Entnahme vor (*Niehus/Wilke* Die Besteuerung der Personengesellschaften, 200 f.; s. auch BFH 11.12.2001 – VIII R 58/98, BStBl. II 2002, 420 (422)).

1595 Unter dem Blickwinkel der Fremdüblichkeit ergeben sich weitere Einschränkungen für die steuerliche Anerkennung von **Verbindlichkeiten gegenüber Angehörigen von Mitunternehmern** (ausführlich HHR/*Tiede* § 15 Rn. 478). Voraussetzung ist hierfür aber, dass der bzw. die Gesellschafter des begünstigten Angehörigen die Gesellschaft beherrschen (BFH 10.6.2008 – VIII R 68/06, BStBl. II 2008, 973 (975)).

1596 Umfangreiche Rechtsprechung liegt zur Frage vor, inwieweit die **Absicherung privater Risiken** betrieblich veranlasst ist (HHR/*Tiede* § 15 Rn. 458). Dies wird für Versicherungen auf das Leben oder den Todesfall eines Gesellschafters im Grundsatz verneint, selbst wenn eine Lebensversicherung der finanziellen Absicherung der Finanzierung von Abfindungen, der Sicherung betrieblicher Kredite oder anderen betrieblichen Zwecken dient (BFH 3.3.2011 – IV R 45/08, BStBl. II 2011, 552 (554); BFH 28.6.2001 – IV R 41/00, BStBl. II 2002, 724 (726)).

1597 Abweichendes gilt aber, wenn sich die betriebliche Veranlassung aus besonderen Umständen ergibt. Nach der Rechtsprechung ist dies der Fall, wenn der Zweck der Vertragsgestaltung darin besteht, Mittel für die Tilgung betrieblicher Kredite anzusparen und das für eine Lebensversicherung charakteristische Element der Absicherung des Todesfallrisikos in den Hintergrund tritt (BFH 3.3.2011 – IV R 45/08, BStBl. II 2011, 552 Rn. 24). Betrieblich veranlasst kann auch eine Versicherung auf das Leben oder den Tod eines fremden Dritten sein, sofern die Personengesellschaft Bezugsberechtigte der Lebensversicherung ist (BFH 14.3.1996 – IV R 14/95, BStBl. II 1997, 343 (343 f.)).

1598 **Fehlt es an der betrieblichen Veranlassung,** sind die Prämien **keine Betriebsausgaben,** sondern Entnahmen. Zuzurechnen sind diese nicht allein dem begünstigten Gesellschafter, sondern mit Rücksicht auf die Gesamthand allen Gesellschaftern (HHR/*Tiede* § 15 Rn. 458; BFH 28.6.2001 – IV R 41/00, BStBl. II 2002, 724 (726)). Der Versicherungsanspruch gehört nicht zum Betriebsvermögen der Gesellschaft, obwohl er weiterhin im Gesamthandsvermögen verbleibt. Bei Fälligkeit wird die Versicherungsprämie steuerfrei vereinnahmt (BFH 28.6.2001 – IV R 41/00, BStBl. II 2002, 724 (726)).

1599 Ist hingegen nach den obigen Grundsätzen (→ Rn. 1596) doch von einer **betrieblichen Veranlassung** auszugehen, ist der Anspruch der Gesellschaft gegen den Versicherer in Höhe des geschäftsplanmäßigen Deckungskapitals zu aktivieren. Die diesen Betrag übersteigenden

Anteile der Prämienzahlungen sind als Betriebsausgaben abzuziehen (BFH 3.3.2011 – IV R 45/08, BStBl. II 2011, 552 Rn. 27 ff.).

Nach dem Vollständigkeitsgebot (§ 246 Abs. 1 S. 1 HGB) sind bei den **passiven Wirtschaftsgütern** sämtliche Verbindlichkeiten der Personengesellschaft in der Handelsbilanz auszuweisen. Die in der Handelsbilanz ausgewiesene Schuld ist über den Maßgeblichkeitsgrundsatz (§ 5 Abs. 1) grundsätzlich auch für die steuerliche Gewinnermittlung verbindlich (BFH 26.6.2007 – IV R 29/06, BStBl. II 2008, 103 (104)). Aus dem Betriebsvermögen sind solche Wirtschaftsgüter **auszusondern,** deren Zugehörigkeit zum Gesellschaftsvermögen nicht betrieblich veranlasst ist (BFH 26.6.2007 – IV R 29/06, BStBl. II 2008, 103 (104); BFH 19.7.1984 – IV R 207/83, BStBl. II 1985, 6 (7)). Insofern verdrängt die steuerrechtliche Qualifikation von Schulden nach dem Veranlassungsprinzip gem. § 4 Abs. 1 iVm § 5 Abs. 1 und § 6 einen handelsrechtlich darüber hinausgreifenden Bilanzausweis (BFH 4.7.1990 – GrS 2-3/88, BStBl. II 1990, 817 (824)). 1600

Dem Betriebsvermögen der Personengesellschaft ist eine Verbindlichkeit zuzurechnen, wenn sie mit deren Betrieb in wirtschaftlichem Zusammenhang steht oder zu dem Zweck eingegangen worden ist, dem Betrieb der Personengesellschaft Mittel zuzuführen (BFH 23.6.1983 – IV R 192/80, BStBl. II 1983, 725 (727)). Zwischen einer **Kreditaufnahme und dem finanzierten Gegenstand besteht ein steuerlicher Zurechnungszusammenhang** (BFH 4.7.1990 – GrS 2-3/88, BStBl. II 1990, 817 (824)). Dieser wird nicht allein durch den Zeitpunkt der Anschaffung bestimmt, sondern besteht solange fort, wie das angeschaffte Wirtschaftsgut nicht ausgebucht ist. Dementsprechend führt eine Änderung der Verwendung des fremdfinanzierten Wirtschaftsgutes auch zu einer korrespondierenden Änderung der betrieblichen Zuordnung der Darlehensschuld (BFH 4.7.1990 – GrS 2-3/88, BStBl. II 1990, 817 (824)). Bei einer gemischten Verwendung kann die Verbindlichkeit nur in dem Umfang bilanziert werden, in dem das Darlehen für betriebliche Zwecke verwendet worden ist. Die für den Kredit entrichteten Zinsen sind dann auch nur anteilig als Betriebsausgaben abziehbar (BFH 4.7.1990 – GrS 2-3/88, BStBl. II 1990, 817 (824)). 1601

Zu bejahen ist die betriebliche Veranlassung, wenn die Kreditaufnahme dazu dient, ein **fremdübliches Gesellschafterdarlehen** zurückzuzahlen (BFH 5.3.1991 – VIII R 93/84, BStBl. II 1991, 516 (517)). Nicht betrieblich, sondern privat veranlasst ist hingegen eine Kreditaufnahme, die dazu dient, **Einlagen der Gesellschafter** zurückzuzahlen (HHR/*Tiede* § 15 Rn. 459). Betrieblich veranlasst ist eine Kreditaufnahme dagegen, die dazu dient, **Sondervergütungen** der Mitunternehmer zu finanzieren (Schmidt/*Wacker* § 15 Rn. 488), weil die Gesellschaft eine Gegenleistung erhält, die das Betriebsvermögen erhöht (HHR/*Tiede* § 15 Rn. 459). 1602

Hinsichtlich der **Finanzierung von Entnahmen** ist wie folgt zu differenzieren: 1603

- Von der **betrieblichen Veranlassung** ist bei einer Verwendung des Darlehens für betriebliche Zwecke auch dann auszugehen, wenn der Gesellschaft zuvor Barmittel für private Zwecke entnommen worden sind (BFH 4.7.1990 – GrS 2-3/88, BStBl. II 1990, 817 (825); BFH 8.12.1997 – GrS 1-2/95, BStBl. II 1998, 193 (197)). Dem Unternehmer steht es frei, ob er sein Unternehmen durch Eigenkapital oder durch Fremdkapital finanzieren will (BFH 8.12.1997 – GrS 1-2/95, BStBl. II 1998, 193 (197)). Seit dem Veranlagungszeitraum 1999 gilt dieser Grundsatz allerdings nicht mehr uneingeschränkt, weil § 4 Abs. 4a den Schuldzinsenabzug im Fall sog. **Überentnahmen** einschränkt.
- Dagegen ist eine Darlehensaufnahme zur Finanzierung einer folgenden Entnahme privat veranlasst (sog. **fremdfinanzierte Entnahme**). Dies gilt auch dann, wenn die im Betrieb zuvor vorhandenen Eigenmittel für betriebliche Zwecke verwendet wurden, sodass private Aufwendungen nicht mehr durch Entnahmen aus dem Betrieb finanziert werden können (BFH 21.2.1991 – IV R 46/86, BStBl. II 1991, 514 (515 f.); zum Ganzen nur HHR/*Tiede* § 15 Rn. 459).

Zu den Rechtfragen der Anwendung der **Zinsschranke** bei Personengesellschaften und Mitunternehmerschaften s. im Einzelnen KSM/*Schenke* § 4h Rn. B 105 ff., C 174. 1604

Die Übernahme einer **Geldstrafe oder Geldbuße eines Gesellschafters** durch die Gesellschaft wird auch dann nicht als Betriebsausgabe anerkannt, wenn die Tat bzw. das Vergehen im Zusammenhang mit einer gewerblichen Betätigung begangen wurde. Steuerlich handelt es sich um die Entnahme aller oder eines der Gesellschafter, weil die Zahlung durch die Lebensführung des Gesellschafters veranlasst ist (BFH 31.7.1991 – VIII R 89/86, BStBl. II 1992, 85 (87)). 1605

1606 Eine Personengesellschaft ist nicht berechtigt, **Spenden iSd § 10b** geltend zu machen, da diese als Sonderausgaben erst nach Ermittlung der Einkünfte abzuziehen sind. Die Hingabe von Spenden berührt daher auch nicht den einheitlich festzustellenden Gewinn der Mitunternehmerschaft, sondern ist einkommensteuerlich als Einkommensverwendung der Gesellschafter einzuordnen, die diese als Sonderausgaben gem. § 10b von ihrem Einkommen abziehen können (BFH 8.8.1990 – X R 149/88, BStBl. II 1991, 70 f.).

1607 **dd) Außerbilanzielle Korrekturen.** Nach allgemeinen Grundsätzen sind außerbilanzielle Korrekturen vorzunehmen. Hierzu zählen beispielsweise Hinzurechnungen von nach **§ 4 Abs. 5 nicht abziehbaren Betriebsausgaben.**

1608 Praktisch sehr bedeutsam sind Anpassungen, die sich aus der Anwendung des **Teileinkünfteverfahrens** ergeben:

1609 Für **Kapitalgesellschaften** als Mitunternehmer ist die sich aus Gewinnausschüttungen anderer Kapitalgesellschaften sowie der Veräußerung von Anteilen an anderen Kapitalgesellschaften ergebende Steuerlast im Ergebnis auf 5% des Mehrergebnisses zu reduzieren.

1610 Für **natürliche Personen** als Mitunternehmer stellt § 3 Nr. 40 40% aller offenen und verdeckten Gewinnausschüttungen sowie Mehrungen des Betriebsvermögens aus der Veräußerung oder Entnahme von Anteilen an Kapitalgesellschaften steuerfrei.

1611 **ee) Gewinnverteilung. (1) Grundlagen.** Gewinnanteile iSd § 15 Abs. 1 S. 1 Nr. 2 S. 1 sind die **Anteile der Gesellschafter am Gewinn der Gesellschaft** (BFH 10.11.1980 – GrS 1/79, BStBl. II 1981, 164 (167)). Erwirtschaftet die Gesellschaft Verluste, so sind auch die auf die Gesellschafter entfallenden Verluste „Gewinnanteile" iSd Vorschrift (BFH 10.11.1980 – GrS 1/79, BStBl. II 1981, 164 (167)). Für die Zurechnung bedarf es keines Zufließens des Gewinns bzw. auch keines Zufließens des Verlustes (BFH 10.11.1980 – GrS 1/79, BStBl. II 1981, 164 (167)).

1612 Der **handelsrechtliche Gewinn- und Verlustverteilungsschlüssel** ist grundsätzlich auch für die Zurechnung des steuerrechtlichen Gewinns einer Personengesellschaft maßgebend (BFH 29.5.2001 – VIII R 10/00, BStBl. II 2001, 747 (752); BFH 10.11.1980 – GrS 1/79, BStBl. II 1981, 164 (168); BFH 25.2.1991 – GrS 7/89, BStBl. II 1991, 691 (698); → Rn. 1615).

1613 Seine Anerkennung steht allerdings unter dem **Vorbehalt „besonderer einkommensteuerrechtlicher Bestimmungen".** Insoweit sind in der Rechtsprechung des BFH die folgenden Fallgruppen anerkannt (BFH 29.5.2001 – VIII R 10/00, BStBl. II 2001, 747 (752 f.)), die steuerlich zu Abweichungen führen können:

- Keine Anerkennung **rückbezüglicher Gewinnverteilungsabreden** (→ Rn. 1620).
- Verbot der **Abziehbarkeit privater Zuwendungen** durch eine Angemessenheitsprüfung (§ 12 Nr. 2) (→ Rn. 1624).
- **Widerspruch der handelsrechtlichen Gewinnverteilung zu dem wirtschaftlichen Gehalt des Sachverhalts** (s. zu Sonderfragen des negativen Kapitalkontos → § 15a Rn. 1 ff.).
- Einschränkungen der Nutzung von Wertverlusten von Wirtschaftsgütern, die der Erzielung von Überschusseinkünften dienen (→ Rn. 1626).

1614 Näherer Betrachtung bedürfen die folgenden **besonderen Geschäftsvorfälle:**

- **Entnahmen** (→ Rn. 1627)
- **Nicht abziehbare Betriebsausgaben** (→ Rn. 1629)
- Von **dritter Seite gewährte Vorteile** (→ Rn. 1630)
- **Veruntreuungen** (→ Rn. 1631)
- **Gesellschafterwechsel** (→ Rn. 1634)

1615 **(2) Maßgeblichkeit des handelsrechtlichen Gewinnverteilungsschlüssels.** Der handelsrechtliche Gewinnverteilungsschlüssel gilt auch für die Verteilung etwaiger steuerrechtlicher Mehrgewinne (BFH 10.11.1980 – GrS 1/79, BStBl. II 1981, 164 (168); BFH 1.8.1968 – IV R 177/66, BStBl. II 1968, 740). Er bestimmt sich üblicherweise nach der gesellschaftsvertraglichen Vereinbarung. Diese bedarf **keiner besonderen Form** und kann auch mündlich abgeschlossen werden (BFH 24.6.2009 – IV R 55/06, BStBl. II 2009, 950). Lediglich subsidiär ist auf den gesetzlichen Gewinnverteilungsschlüssel abzustellen, der sich nach der jeweiligen Rechtsform bestimmt. Praktisch spielt dies aber keine Rolle, weil die gesetzliche Gewinnverteilung nicht sachgerecht ist.

Bei der GbR ist der Gewinn unabhängig von der Höhe der Einlagen nach Köpfen zu verteilen (§ 722 BGB). Bei der OHG sind die Kapitalanteile der Gesellschafter zunächst in Höhe von 4% zu verzinsen. Gewinne, die darüber hinausgehen, werden wiederum nach Köpfen verteilt (§ 121 HGB). Vergleichsweise vage bleibt die gesetzliche Gewinnverteilung in der KG (§ 168 HGB). Die Kapitalanteile der Kommanditisten und Komplementäre sind zunächst mit 4% zu verzinsen. Gewinne, die darüber hinausgehen, sind angemessen zu verteilen. **1615.1**

Die Besteuerungsmerkmale verwirklicht eine Personengesellschaft **laufend mit den einzelnen Geschäftsvorfällen** (s. allgemein BFH 29.3.1984 – IV R 271/83, BStBl. II 1984, 602 (603)). Erzielt und zugleich zugerechnet werden der Gewinn und Verlust den Mitunternehmern hingegen erst am Ende des Wirtschaftsjahres. Gewinnanteil iSd § 15 Abs. 1 S. 1 Nr. 2 S. 1 ist nicht der gesellschaftsrechtliche Anspruch des einzelnen Gesellschafters auf Auszahlung des ihm zukommenden Gewinns, sondern der Gewinn der Gesellschaft und der davon auf den einzelnen Gesellschafter entfallende Teil (BFH 24.2.1988 – I R 95/84, BStBl. II 1988, 663 (666)). Für den **Zeitpunkt der Ergebniszurechnung** spielt es dagegen keine Rolle **1616**

- wann der **Jahresabschluss festgestellt** wird (HHR/*Tiede* § 15 Rn. 495; aA und nicht überzeugend demgegenüber *Bauschatz* FR 2005, 1230 (1234)),
- ob bzw. wann **Gewinngutschriften** auf den Gesellschafterkonten ausgekehrt werden (BFH 24.2.1988 – I R 95/84, BStBl. II 1988, 663 (666)),
- wann den Gesellschaftern der Gewinn **tatsächlich zufließt** (BFH 23.4.1975 – I R 234/74, BStBl. II 1975, 603 (603)),
- ob die Gewinne mit Rücksicht auf die Liquidität und Ertragslage der Gesellschaft tatsächlich **nicht entnommen werden können** und möglicherweise handelsrechtlich nicht entnommen werden dürfen (BFH 23.4.1975 – I R 234/74, BStBl. II 1975, 603 (603)).

Änderungen der Gewinnverteilungsabrede sind prinzipiell steuerrechtlich beachtlich und auch mündlich möglich (BFH 24.6.2009 – IV R 55/06, BStBl. II 2009, 950 (952 f.)). Abweichendes gilt für rückbezügliche Änderungen der Gewinnverteilung (→ Rn. 1620). Einschränkungen der steuerlichen Anerkennung können sich ferner mit Rücksicht auf die fehlende Angemessenheit ergeben (→ Rn. 1624). **1617**

In diesem Rahmen sind auch **Sondergewinn- und Sonderverlustabreden** zulässig. Diesen ist nur dann die Anerkennung zu versagen, wenn sie außerbetrieblich veranlasst oder rechtsmissbräuchlich sind (BFH 17.3.1987 – VIII R 293/82, BStBl. II 1987, 558 (560)). Beispielsweise können Änderungen des Gewinnverteilungsschlüssels steuerrechtlich zulässig sein, um künftige Verluste für eine begrenzte Zeit nicht auf alle Gesellschafter, sondern nur auf die Kommanditisten zu verteilen, die zuvor ihre Kommanditeinlage erhöht haben (BFH 7.7.1983 – IV R 209/80, BStBl. II 1984, 53 (55)). Die gesellschaftsvertragliche Vereinbarung zur **Übernahme eventuell anfallender Gewerbesteuer** durch einzelne Gesellschafter ist als (bloße) Gewinnverteilungsabrede einzuordnen und begründet insofern keine Sonderbetriebsausgaben bei dem Gesellschafter (BFH 19.7.2018 – IV R 14/16, BFH/NV 2018, 1336 Rn. 41; → Rn. 1767). **1618**

Zum Zeitpunkt der Entstehung eines Veräußerungs- und Aufgabegewinns beim **negativen Kapitalkonto des Kommanditisten** (→ Rn. 1911). **1619**

(3) Durchbrechungen. (a) Keine Anerkennung rückbezüglicher Gewinnverteilungsabreden. Handelsrechtlich ist auch eine rückwirkende Änderung der Gewinnverteilung zulässig. Äußerste Grenzen setzt hier allein § 138 BGB (HHR/*Tiede* § 15 Rn. 491). Sittenwidrig und damit unbeachtlich kann eine nachträgliche Vereinbarung beispielsweise bei einem vollständigen Gewinnausschluss sein, sofern dem auch kein anderweitiger Nutzen für den Gesellschafter gegenübersteht (*Bormann/Hellberg* DB 1997, 2415 (2420)). **1620**

Abweichendes gilt im Steuerrecht. Eine Änderung des Gewinn- und Verlustverteilungsschlüssels ist **steuerrechtlich** während eines Wirtschaftsjahres mit Rückbeziehung auf ein vorangegangenes Wirtschaftsjahr oder auf den Beginn des Wirtschaftsjahres **grundsätzlich nicht anzuerkennen** (BFH 17.3.1987 – VIII R 293/82, BStBl. II 1987, 558 (559); BFH 29.5.2001 – VIII R 10/00, BStBl. II 2001, 747 (752)). Da die Höhe des Jahresgewinnes oder -verlustes in erster Linie durch die einzelnen Geschäftsvorfälle bestimmt wird (→ **1621**

Rn. 1616), können diese nicht rückwirkend herbeigeführt, ungeschehen gemacht oder in ihrem Inhalt verändert werden (BFH 17.3.1987 – VIII R 293/82, BStBl. II 1987, 558 (559); BFH 7.7.1983 – IV R 209/80, BStBl. II 1984, 53 (55)).

1621.1 S. auch BFH 18.9.1984 – VIII R 119/81, BStBl. II 1985, 55 (56): „Grundsätzlich kann mit steuerrechtlicher Wirkung ein Sachverhalt nicht rückwirkend gestaltet werden, weil der Steuerpflichtige auf einen entstandenen Steueranspruch nicht rückwirkend Einfluss nehmen kann."

1622 **Ausnahmen** vom Verbot rückbezogener Änderungen der Gewinnverteilung lässt die Rechtsprechung aber in zwei Fallgruppen zu:

- Zulässig soll dies im Rahmen von **gerichtlichen oder außergerichtlichen Vergleichen** sein (BFH 13.2.1997 – IV R 15/96, BStBl. II 1997, 535 (538); BFH 23.4.1975 – I R 234/74, BStBl. II 1975, 603). In diesen Fällen besteht keine Manipulationsgefahr, weil es sich nicht um die Änderung eines klaren, sondern um die richtige Feststellung eines unklaren Sachverhaltes handelt (BFH 23.4.1975 – I R 234/74, BStBl. II 1975, 603; BFH 14.10.1966 – IV 61/64, BStBl. III 1967, 175 (177)). Die Besteuerung der Mehrgewinnanteile erfolgt dann nicht im Zeitpunkt des Zufließens, sondern in dem Jahr, auf das sie entfallen (BFH 23.4.1975 – I R 234/74, BStBl. II 1975, 603).
- Entsprechendes gilt, wenn sich die Rückwirkung **nur über eine kurze Zeit erstreckt und den Umständen des Falles nach vertretbar erscheint** (BFH 18.9.1984 – VIII R 119/81, BStBl. II 1985, 55 (57)). Hiervon ist insbesondere auszugehen, sofern mit der Rückwirkung kein steuerlicher Vorteil angestrebt wird (BFH 24.1.1979 – I R 202/75, BStBl. II 1979, 581 (582)). Die Rückbeziehung dient dann lediglich der technischen Vereinfachung der Besteuerung. Deshalb darf sich in der Zwischenzeit nichts ereignet haben, was möglicherweise für die Besteuerung noch erheblich ist (BFH 18.9.1984 – VIII R 119/81, BStBl. II 1985, 55 (57)). Andernfalls besteht die Gefahr, dass die Rückbeziehung zu einer unzutreffenden Besteuerung führt (BFH 24.1.1979 – I R 202/75, BStBl. II 1979, 581 (582)).

1623 Wenn die schuldrechtliche Rückbeziehung tatsächlich vollzogen, aber **steuerlich nicht anerkannt wird,** kann darin ein Veräußerungs- und Anschaffungsvorgang von Gesellschaftsanteilen zu sehen sein. Die einkommensteuerlichen Auswirkungen richten sich dann nach den Rechtsgrundsätzen, die allgemein für derartige Veräußerungs- und Anschaffungsvorgänge maßgeblich sind (BFH 7.7.1983 – IV R 209/80, BStBl. II 1984, 53 (56)).

1624 **(b) Angemessenheitsprüfung zum Ausschluss der Abziehbarkeit privater Zuwendungen (§ 12 Nr. 2).** Um entgegen des Verbots des § 12 Nr. 2 eine **Abziehbarkeit privater Zuwendungen** zu verhindern, unterliegen Gewinnabreden, die durch außerbetriebliche Erwägungen beeinflusst sein können, einer **Angemessenheitsprüfung** (BFH 29.5.2001 – VIII R 10/00, BStBl. II 2001, 747 (752)).

1625 Anlass, die Angemessenheit zu überprüfen und ggf. zu korrigieren, besteht in erster Linie bei einer **disquotalen Gewinnverteilung.** Darunter ist eine Aufteilung der Gewinne zu verstehen, die vom Verhältnis der Kapitalkonten der Gesellschafter abweicht. Eine solche ist anzuerkennen, wenn für sie wirtschaftliche Gründe bestehen. Diese können etwa die Übernahme einer besonderen Haftung oder die besondere Bedeutung eingebrachter Wirtschaftsgüter sein, deren Überlassung nicht durch Sondervergütungen abgegolten wird (HHR/*Tiede* § 15 Rn. 485). Steuerlich nicht anerkannt werden hingegen **familiäre Motive,** wie dies in besondere Weise für Familienpersonengesellschaften relevant wird (→ Rn. 1824).

1626 **(c) Einschränkungen der Nutzung von Wertverlusten von Wirtschaftsgütern die der Erzielung von Überschusseinkünften dienen.** Der BFH korrigiert die Gewinnverteilung ferner, wenn die Gewinnabrede im **Widerspruch zum Dualismus der Einkunftsarten** steht. Dies wird relevant, wenn ein Mitunternehmer wertlose Forderungen mit den Nennwert einlegt, um so einen im System der Überschusseinkunftsarten eigentlich nicht steuerbaren Wertverlust von Forderungen geltend zu machen (BFH 29.5.2001 – VIII R 10/00, BStBl. II 2001, 747 (752 f.)).

1627 **(4) Besondere Geschäftsvorfälle.** Bei **Entnahme** eines Wirtschaftsgutes aus dem Gesamthandsvermögen einer Personengesellschaft, die mit Zustimmung aller Gesellschafter erfolgt, wird der Wert des entnommenen Wirtschaftsgutes regelmäßig allein auf dem **Kapi-**

talkonto des begünstigten Gesellschafters belastet (BFH 28.9.1995 – IV R 39/94, BStBl. II 1996, 276 (279)). Auf diese Weise ist sichergestellt, dass die Entnahme später gegenüber den anderen Gesellschaftern ausgeglichen wird, weil die Höhe des Auseinandersetzungsanspruchs entsprechend vermindert ist (BFH 19.1.1993 – VIII R 128/84, BStBl. II 1993, 594 (596)).

Sofern durch die Entnahme **stille Reserven offengelegt werden,** ist der Buchgewinn 1628
je nach dem wirtschaftlichen Gehalt des zugrunde liegenden Rechtsgeschäfts auf unterschiedliche Art und Weise zu verteilen (BFH 28.9.1995 – IV R 39/94, BStBl. II 1996, 276 (279 f.)):

- Vorbehaltlich einer abweichenden Vereinbarung ist der Entnahmegewinn **allen Gesellschaftern** nach dem allgemeinen Gewinnverteilungsschlüssel zuzurechnen.
- Regelfall dürfte aber eine ausdrückliche oder jedenfalls stillschweigende Änderung der Gewinnverteilung sein, dass der Buchgewinn **allein dem entnehmenden Gesellschafter** zuzurechnen ist. Dabei ist die buchmäßige Behandlung als Beweisanzeichen zu werten.
- Zuletzt kann der begünstigte Gesellschafter – was insbesondere bei **Familiengesellschaften** denkbar ist – die in dem entnommenen Wirtschaftsgut ruhenden stillen Reserven geschenkt erhalten. In diesem Fall erhöht der Entnahmegewinn anteilig das Kapitalkonto des **zuwendenden Gesellschafters** und vermindert sich wieder anteilig durch den Abgang des entnommenen Wirtschaftsgutes.

Ist der Gewinn nachträglich – etwa im Rahmen einer Betriebsprüfung – um **nicht** 1629
abziehbare Betriebsausgaben zu erhöhen, ist der erzielte Mehrgewinn grundsätzlich allen Gesellschaftern nach dem allgemeinen Gewinnverteilungsschlüssel zuzurechnen. Abweichendes gilt aber, wenn die Mehrgewinne ausschließlich einem Gesellschafter zugute gekommen sind und weder die Gesellschaft noch die anderen Gesellschafter in der Lage sind, etwa bestehende Erstattungsansprüche gegen den Mitunternehmer durchzusetzen. Derartige Mehrgewinne sind dann dem Mitunternehmer zuzurechnen, dem sie endgültig verbleiben, weil kein Steuerpflichtiger ein Einkommen zu versteuern braucht, das tatsächlich einem anderen zugeflossen ist (BFH 23.6.1999 – IV B 13/99, BFH/NV 2000, 29 Rn. 6).

(Geldwerte) Vorteile, die **einem Mitunternehmer von dritter Seite gewährt werden,** 1630
aber betrieblich veranlasst sind, sind einkommensteuerlich sowohl Betriebseinnahmen der Gesellschaft als auch Entnahmen des begünstigten Gesellschafters (BFH 20.4.1989 – IV R 106/87, BStBl. II 1989, 641). Nicht erforderlich ist, dass die Vorteile die Voraussetzungen eines Wirtschaftsgutes erfüllen müssen. In diesem Fall sind sie bei dem bilanzierenden Steuerpflichtigen außerhalb der Bilanz als Betriebseinnahmen zu erfassen (BFH 26.9.1995 – VIII R 35/93, BStBl. II 1996, 273 (274)).

Die **Veruntreuung** durch den Gesellschafter durch „Griff in die Kasse" ist genauso zu 1631
behandeln, als habe ein Dritter das Gesellschaftsvermögen entwendet. Aus Sicht der Gesellschaft liegt ein gewinnmindernder Aufwand vor (HHR/*Tiede* § 15 Rn. 488). Die Annahme einer Sonderbetriebseinnahme scheidet aus, da die Veruntreuung bzw. Unterschlagung nicht durch die Beteiligung des Gesellschafters veranlasst ist (BFH 8.6.2000 – IV R 39/99, BStBl. II 2000, 670 (671)).

Abweichendes gilt für die Veruntreuung von Einnahmen, die den **Gesellschaftsgewinn** 1632
vor ihrer Veruntreuung noch nicht erhöht haben. Denkbar ist dies etwa, wenn ein Gesellschafter ohne Rechnung in die eigene Tasche wirtschaftet (weitere Beispiele bei *Kempermann* FR 2001, 405 (409)). In diesen Fällen erzielt der Mitunternehmer durch die Veruntreuung Sonderbetriebseinnahmen. Wenn er später Schadensersatzansprüchen der Gesellschaft ausgesetzt ist, sind dies aus seiner Sicht Sonderbetriebsausgaben, wohingegen die Gesellschaft den Anspruch gewinnerhöhend zu aktivieren hat (BFH 8.6.2000 – IV R 39/99, BStBl. II 2000, 670 (671)).

Die steuerliche Zuordnung und Erfassung von Einkünften wird durch die Vorschriften 1633
der **Insolvenzordnung** nicht verändert. Dies gilt sowohl im Fall der Insolvenz der Mitunternehmerschaft wie im Fall der Insolvenz eines Mitunternehmers, ebenso aber, wenn sowohl die Mitunternehmerschaft als auch der Mitunternehmer insolvent geworden sind (BFH 5.3.2008 – X R 60/04, BStBl. II 2008, 787 (788)).

Auch bei einem **Gesellschafterwechsel** ist die Unbeachtlichkeit rückbezüglicher Verän- 1634
derungen der Gewinnverteilung zu beachten (→ Rn. 1620). Einem neuen Gesellschafter können deshalb allein die nach seinem Beitritt erwirtschafteten Ergebnisse zugerechnet werden (BFH 7.7.1983 – IV R 209/80, BStBl. II 1984, 53 (55 f.); BFH 18.5.1995 – IV R 125/92, BStBl. II 1996, 5 (8)). Der Wechsel im Bestand der Gesellschafter zwingt nicht zur

Bildung eines Rumpfwirtschaftsjahres nach § 8b S. 2 EStDV. Ebenso wenig erfordern die Grundsätze ordnungsgemäßer Buchführung die Aufstellung einer Zwischenbilanz (BFH 19.4.1994 – VIII R 48/93, BFH/NV 1995, 84 Rn. 28; ausführlich BFH 9.12.1976 – IV R 34/73, BStBl. II 1977, 241 (243)). Der Gewinn kann auch im Wege einer Schätzung aufgeteilt werden (BFH 18.5.1995 – IV R 125/92, BStBl. II 1996, 5 (8)). Die gesonderte und einheitliche Gewinnfeststellung umfasst das volle Wirtschaftsjahr, zumal die Identität der Personengesellschaft als Gewinnerzielungs- und Gewinnermittlungssubjekt ungeachtet des Gesellschafterswechsels unberührt bleibt (BFH 19.4.1994 – VIII R 48/93, BFH/NV 1995, 84 Rn. 29 ff.).

ff) Ergänzungsbilanzen

1634a **Leitentscheidungen, wichtige Verwaltungsanweisungen und Schrifttum (Auswahl):**

1634a.1 **Leitentscheidungen des BFH:**
BFH 28.9.1995 – IV R 57/94, BStBl. II 1996, 68; BFH 15.3.2017 – I R 41/16, BFHE 258, 246.

1634a.2 **Wichtige Verwaltungsanweisungen:**
SenFin Berlin 11.11.2005, Weiterentwicklung einer negativen Ergänzungsbilanz bei Inanspruchnahme von Sonderabschreibungen nach dem Fördergebietsgesetz durch eine Personengesellschaft, DB 2005, 2719; BMF 11.11.2011, Anwendung des Umwandlungssteuergesetzes i. d. F. des Gesetzes über steuerliche Begleitmaßnahmen zur Einführung der Europäischen Gesellschaft und zur Änderung weiterer steuerrechtlicher Vorschriften (SEStEG), BStBl. I 2011, 1314; BMF 19.12.2016, Absetzungen für Abnutzung eines in der Ergänzungsbilanz eines Mitunternehmers aktivierten Mehrwerts für ein bewegliches Wirtschaftsgut; Anwendung des BFH-Urteils vom 20. November 2014 – IV R 1/11 – (BStBl. II 2017 S. 34), BStBl. I 2017, 34.

1634a.3 **Schrifttum (Auswahl):**
Regniet, Ergänzungsbilanzen bei der Personengesellschaft, 1990; *Ising*, Ergänzungsbilanzen anlässlich eines entgeltlichen Gesellschafterwechsels, 2001; *Ley*, Ausgewählte Fragen und Probleme im Zusammenhang mit Gesellschafterkonten und Ergänzungsbilanzen, StbJb 2003/2004, 135; *Kahle*, Ergänzungsbilanzen bei Personengesellschaften, FR 2013, 873; *Bolk*, Auflösung von Ergänzungsbilanzen, DStZ 2015, 472.

1635 **(1) Grundlagen.** Ergänzungsbilanzen stellen **Korrekturen zu den Wertansätzen in der Steuerbilanz der Personengesellschaft** dar (BFH 28.9.1995 – IV R 57/94, BStBl. II 1996, 68 (69)). Die aus ihr abgeleiteten Ergebnisse korrigieren im Interesse einer zutreffenden Besteuerung des einzelnen Mitunternehmers den Gewinnanteil einzelner (niemals aber der Gesamtheit der) Gesellschafter (BFH 15.3.2017 – I R 41/16, BFHE 258, 246 Rn. 21). Der Begriff „Ergänzungsbilanz" ist streng genommen missverständlich, da Ergänzungsbilanzen im Unterschied zur Gesamthandsbilanz und den Sonderbilanzen kein Vermögen ausweisen, sondern lediglich Bilanzposten des Gesamthandsvermögens gesellschafterbezogen korrigieren.

1636 Explizit erwähnt sind Ergänzungsbilanzen in § 15 nicht. Dagegen hat der Begriff in **§ 6 Abs. 5 S. 4 sowie in § 24 Abs. 2 S. 1, Abs. 3 S. 1 UmwStG** Eingang gefunden, ohne ihn aber näher zu erläutern. Wenn für einen Gesellschafter eine Ergänzungsbilanz gebildet wird, weichen dessen Bilanzansatz und korrespondierend dessen Abschreibungen einzelner Wirtschaftsgüter von der steuerlichen Gesamthandsbilanz ab. Eine Abweichung kann beispielsweise darauf beruhen, dass das Gesetz wie in § 7a Abs. 7 S. 1 für Sonderabschreibungen – und entgegen den Prämissen der Einheitstheorie – ausdrücklich eine gesellschafterbezogene Betrachtung vorschreibt.

1637 Der Eindruck, Ergänzungsbilanzen seien untrennbar mit der Einheitstheorie und dem Konzept der zweistufigen Gewinnermittlung verbunden, täuscht. Auch auf Grundlage der **Bilanzbündeltheorie** wurden bereits Ergänzungsbilanzen gebildet. Anstatt für jeden Gesellschafter getrennte Bilanzen aufzustellen, war auch seinerzeit die Handels- und Gesamthandsbilanz Ausgangspunkt der steuerlichen Gewinnermittlung. Unterschiedliche Bilanzansätze wurden nicht durch gesonderte Bilanzen, sondern durch Ergänzungsbilanzen zur Gesamthandsbilanz abgebildet. Damit konnte auf die Aufstellung eigenständiger Bilanzen verzichtet werden, der einzelne Gesellschafter aber gleichwohl so gestellt werden, als ob er sein eigenes Unternehmen führen würde. Dem Institut kam also im Kern eine Vereinfachungsfunktion zu.

Nach der **Einheitstheorie** ist Träger des Unternehmens die Personengesellschaft selbst. Deren Ergebnisse werden den Mitunternehmern lediglich zugerechnet, ohne dass diese selbst den Tatbestand der Erzielung gewerblicher Einkünfte verwirklichen. Gleichwohl muss auch auf Grundlage der Einheitstheorie in bestimmten Konstellationen auf die einzelnen Gesellschafter durchgegriffen werden. Die Notwendigkeit einer individuellen Betrachtung beschränkt sich nicht auf die zweite Gewinnermittlungsstufe, weil der **Bilanzansatz in der Gesellschaftsbilanz vom individuellen steuerlichen Ansatz eines Gesellschafters abweichen kann** (*Niehus* StuW 2002, 116 f.). Dies ist beispielsweise im Interesse einer sachlich zutreffenden Besteuerung geboten, wenn beim entgeltlichen Erwerb eines Mitunternehmeranteils stille Reserven im Gesamthandsvermögen **offengelegt** wurden, wohingegen der Bilanzansatz in der Gesamthandsbilanz weiterhin durch die Anschaffungs- bzw. Herstellungskosten gedeckelt ist. 1638

Die dann notwendigen **gesellschafterbezogenen Wertkorrekturen** werden in Ergänzungsbilanzen abgebildet, die Ausdruck der Grundidee der Bilanzbündeltheorie sind, dem einzelnen Gesellschafter ideelle Anteile an den einzelnen Wirtschaftsgütern des Gesamthandsvermögens zuzuordnen (→ Rn. 433). Die aus ihr ableitbaren Ergebnisse korrigieren den sich aus § 15 Abs. 1 S. 1 Nr. 2 ergebenden Gewinnanteil des Gesellschafters und ermöglichen eine im Ergebnis zutreffende Besteuerung (BFH 28.9.1995 – IV R 57/94, BStBl. II 1996, 68). Damit bleibt das Anschaffungskostenprinzip gewahrt und es ist zugleich sichergestellt, dass in der Gesamthandsbilanz die Buchwerte fortgeführt werden können (*IDW* Doppelstöckige Personengesellschaften, Rn. 11). 1639

Je nach Richtung der Anpassung wird entweder eine positive oder eine negative Ergänzungsbilanz aufgestellt. In **positiven Ergänzungsbilanzen** wird ein im Vergleich zur Gesellschaftsbilanz höherer Bilanzansatz (Aufstockung), in **negativen Ergänzungsbilanzen** ein im Vergleich zur Gesellschaftsbilanz niedriger Bilanzansatz (Abstockung) ausgewiesen (BFH 28.9.1995 – IV R 57/94, BStBl. II 1996, 68). 1640

Ergänzungsbilanzen sind streng **von Sonderbilanzen zu unterscheiden.** Die Ergänzungsbilanz ist Bestandteil der ersten Gewinnermittlungsstufe, indem sie Wertkorrekturen zu Wirtschaftsgütern des Gesamthandsvermögens ausweist. Dagegen werden in Sonderbilanzen auf der zweiten Gewinnermittlungsstufe eigene Wirtschaftsgüter des Gesellschafters erfasst, die nicht zum Gesamthandsvermögen gehören (HHR/*Tiede* § 15 Rn. 500). Beiden gemeinsam ist lediglich, dass sie für einzelne Gesellschafter aufgestellt werden. 1641

Die steuersystematische Einordnung von Ergänzungsbilanzen ist umstritten (HHR/*Tiede* § 15 Rn. 500). Die Rechtsprechung sieht in diesen zusätzliche bzw. geminderte Anschaffungskosten, die sich auf dem Mitunternehmer zuzurechnende Anteile an den Wirtschaftsgütern des Gesellschaftsvermögens beziehen (BFH 25.4.1985 – IV R 83/83, BStBl. II 1986, 350 (352); BFH 20.11.2014 – IV R 1/11, BStBl. II 2017, 34 Rn. 15). Dagegen werden Ergänzungsbilanzen in Teilen des Schrifttums allein als **rechnerische Korrekturposten zur Steuerbilanz der Personengesellschaft** eingeordnet (*Regniet* Ergänzungsbilanzen bei der Personengesellschaft, 22; *Prinz/Thiel* FR 1992, 192 (193); *Schmitt/Keuthen* DStR 2013, 1565 (1567)). Für diese Position könnte auf den ersten Blick sprechen, dass es auf Grundlage der Einheitstheorie unstimmig erscheint, einzelnen Gesellschaftern ideelle Anteile am Gesellschaftsvermögen gegenständlich zuzuordnen. Mit diesem vermeintlichen Rückfall in die Bilanzbündeltheorie steht aber in Einklang, dass in Ergänzungsbilanzen unbestritten Mehr- bzw. Minderanschaffungskosten einzelner Wirtschaftsgüter bilanziert werden. Damit muss notwendigerweise von einer gesellschafter- und gerade nicht von einer gesellschaftsbezogenen Betrachtung ausgegangen werden. Da der Meinungsstreit keine praktischen Konsequenzen hat, kann er letztlich auf sich beruhen. 1642

Das Konzept der Ergänzungsbilanz ist nicht an die Ergebnisermittlung durch Betriebsvermögensvergleich nach § 4 Abs. 1, § 5 Abs. 1 gebunden. Vielmehr ist auch auf Grundlage einer **Einnahme-Überschussrechnung** eine Ergänzungsrechnung vorzunehmen, sofern Mehr- oder Minderaufwendungen einzelner Gesellschafter nicht in der Überschussrechnung der Gesellschaft abgebildet werden können (BFH 24.6.2009 – VIII R 13/07, BStBl. II 2009, 993; *Ley* KÖSDI 2001, 12982). 1643

Als Korrekturen zu den Wertansätzen der Wirtschaftsgüter des Gesamthandsvermögens sind Ergänzungsbilanzen **fortzuentwickeln,** dh mit Abgang oder Verbrauch der Wirtschaftsgüter gewinnwirksam aufzulösen (BFH 28.9.1995 – IV R 57/94, BStBl. II 1996, 68 (69); BFH 15.3.2017 – I R 41/16, BFHE 258, 246 Rn. 24). 1644

1645 Ergänzungskapital ist Bestandteil des **Kapitalkontos iSd § 15a** (BFH 30.3.1993 – VIII R 63/91, BStBl. II 1993, 706). Ebenso sind Ergänzungsbilanzen im Rahmen des § 4 Abs. 4a zu berücksichtigen. Bei Mehrkapital einer positiven Ergänzungsbilanz handelt es sich im Jahr der erstmaligen Bildung um eine Einlage iSd § 4 Abs. 4a. Minderkapital einer negativen Ergänzungsbilanz gilt als Entnahme (*Ley* KÖSDI 2001, 12982).

1646 Wertdiskrepanzen zwischen der Gesellschaftsbilanz und dem individuellen Bilanzansatz, die in einer Ergänzungsbilanz abzubilden sind, können **unterschiedliche Ursachen** haben. Dies sind (*Niehus* StuW 2002, 116 (117 f.))

- der **entgeltliche Erwerb von Mitunternehmeranteilen** (→ Rn. 1647),
- die **Einbringung eines Betriebs, Teilbetriebs oder eines Mitunternehmeranteils** in die Personengesellschaft gem. § 24 UmwStG (→ Rn. 1672),
- die Übertragung **einzelner Wirtschaftsgüter in das Gesellschaftsvermögen** (→ Rn. 1673) sowie
- die Inanspruchnahme **personenbezogener Steuervergünstigungen** (→ Rn. 1674).

1647 **(2) Entgeltlicher Erwerb eines Mitunternehmeranteils.** Der entgeltliche Erwerb eines Mitunternehmeranteils an einer Personengesellschaft ist einkommensteuerrechtlich nicht als Erwerb des Gesellschaftsanteils in Form eines eigenständigen Wirtschaftsgutes, sondern als **Anschaffung von Anteilen an den einzelnen zum Gesellschaftsvermögen gehörenden Wirtschaftsgütern** zu werten (BFH 20.11.2014 – IV R 1/11, BStBl. II 2017, 34 Rn. 14; BFH 25.2.1991 – GrS 7/89, BStBl. II 1991, 691 (700); BFH 6.5.2010 – IV R 52/08, BStBl. II 2011, 261 Rn. 13).

1648 Dabei lassen sich ausgehend von einem Vergleich der Anschaffungskosten mit dem Kapitalkonto des ausscheidenden Gesellschafters **drei Grundkonstellationen** unterscheiden, von denen aber nur zwei zur Bildung von Ergänzungsbilanzen führen. Keiner Ergänzungsbilanz bedarf es, wenn sich der Erwerbsvorgang im Rahmen der Gesamthandsbilanz abbilden lässt (→ Rn. 1650).

1649 Eine Ergänzungsbilanz wird dagegen notwendig, wenn die Anschaffungskosten des neu eintretenden Gesellschafters **über oder unter dem Wert des Kapitalkontos des ausgeschiedenen Gesellschafters** liegen (BFH 21.4.1994 – IV R 70/92, BStBl. II 1994, 745 (746 f.)). Da der Erwerber eines Mitunternehmeranteils die bestehenden Vermögensrechte aus der Beteiligung und damit auch das Kapitalkonto seines Vorgängers übernimmt, lässt sich der Anschaffungspreis des Erwerbers nur darstellen, indem in einer für ihn aufzustellenden Ergänzungsbilanz das Kapitalkonto des Veräußerers in der Gesellschaftsbilanz auf den Anschaffungspreis berichtigt wird. Bei Anschaffungskosten über dem Wert des Kapitalkontos des ausgeschiedenen Gesellschafters ist in aller Regel eine **positive** (→ Rn. 1653), bei Anschaffungskosten unter dem Wert des Kapitalkontos dagegen eine **negative Ergänzungsbilanz** (→ Rn. 1667) zu erstellen.

1650 **(a) Entbehrlichkeit einer Ergänzungsbilanz. Keine Ergänzungsbilanz** ist zu bilden, sofern das vom neuen Gesellschafter aufgewendete Entgelt dem Kapitalkonto des ausgeschiedenen Gesellschafters entspricht. In diesem Fall bleibt der Vorgang für den ausgeschiedenen Gesellschafter steuerneutral. Etwaige stille Reserven, ebenso aber stille Lasten, die im Gesamthandsvermögen enthalten sind, gehen auf den neuen Gesellschafter über (*Niehus/Wilke* Die Besteuerung der Personengesellschaften, 315). Da der Wert seines fiktiven Anteils an den Wirtschaftsgütern des Gesamthandsvermögens genau den Anschaffungskosten entspricht, besteht keine Notwendigkeit, die Gesamthandsbilanz für den Erwerber individuell anzupassen.

1651 Verzichtbar ist eine Ergänzungsbilanz ferner, wenn zwar Mehraufwendungen geleistet werden, diese aber gleichwohl in der **Gesamthandsbilanz abgebildet werden können.** Dies trifft dann zu, wenn ein Mitunternehmer ausscheidet und sein Anteil den verbliebenen Gesellschaftern anwächst (BFH 28.9.1993 – VIII R 67/92, BStBl. II 1994, 449 (450); BFH 12.12.1996 – IV R 77/93, BStBl. II 1998, 180 (182)). Entsprechendes kann im Fall des Wechsels sämtlicher Gesellschafter gelten (BFH 28.9.1993 – VIII R 67/92, BStBl. II 1994, 449 (450)).

1652 Ebenso wenig bedarf es einer Ergänzungsbilanz, wenn sämtliche Anteile durch eine Person übernommen werden, die das **Unternehmen als Einzelunternehmen fortführt.**

1653 **(b) Positive Ergänzungsbilanz.** Soweit das geleistete Entgelt über das übergehende Kapitalkonto hinausgeht, **entstehen dem Erwerber Anschaffungskosten** für die Wirtschaftsgüter, die nicht mehr in der Gesellschaftsbilanz und den anteilig auf die Gesellschafter entfallenden Anschaffungs- und Herstellungskosten abgebildet sind. Diese sind dann in einer von der Gesellschaft aufzustellenden Ergänzungsbilanz für den Anteilseigner auszuweisen (BFH 20.11.2014 – IV R 1/11, BStBl. II 2017, 34 Rn. 15).

1654 Sofern das zu zahlende Entgelt den Betrag des übergehenden Kapitalkontos übersteigt, wird vermutet, dass das Entgelt auf stille Reserven in den Wirtschaftsgütern des Gesellschaftsvermögens entfällt (BFH 20.11.2014 – IV R 1/11, BStBl. II 2017, 34 Rn. 14). Das **Leistungsfähigkeitsprinzip** erfordert, die über das Kapitalkonto hinausgehenden Anschaffungskosten in einer positiven Ergänzungsbilanz als Mehrkapital auszuweisen. Andernfalls müsste der neu eingetretene Gesellschafter bei einem Ausscheiden von Wirtschaftsgütern stille Reserven auch insoweit erneut versteuern, als diese bereits durch den Gesellschafterwechsel offen gelegt und durch den ausgeschiedenen Gesellschafter versteuert wurden. Die Folge wäre ein Widerspruch zu einer speziellen Ausprägung des Gleichbehandlungsgrundsatzes, wonach der Erwerb eines Mitunternehmeranteils im Einkommensteuerrecht grundsätzlich nicht anders als der Erwerb eines Einzelunternehmens zu behandeln ist (BFH 20.11.2014 – IV R 1/11, BStBl. II 2017, 34 Rn. 17).

1655 Vergleichsweise unproblematisch ist der Fall, dass die über das Kapitalkonto hinausgehenden Anschaffungskosten den (anteiligen) **stillen Reserven entsprechen.** Das Mehrkapital ist dann auf die einzelnen Wirtschaftsgüter in Höhe der ihnen jeweils zuzuordnenden stillen Reserven aufzuteilen (HHR/*Tiede* § 15 Rn. 504).

1656 Unstreitig ist auch, wie zu verfahren ist, wenn feststeht, dass stille Reserven oder nicht bilanzierte Wirtschaftsgüter nicht vorhanden sind (BFH 20.11.2014 – IV R 1/11, BStBl. II 2017, 34 Rn. 14; BFH 18.2.1993 – IV R 40/92, BStBl. II 1994, 224 (225)) oder die stillen Reserven einschließlich eines etwaigen anzusetzenden Firmenwertes nicht ausreichen, um den Mehraufwand aufzufangen. Insoweit führt der Mehraufwand zu einem **sofortigen Betriebsausgabenabzug** (s. aber zum Sonderfall der Übernahme eines negativen Kapitalkontos → Rn. 1663). Bei entsprechenden Erwerbsverlusten handelt es sich um Sonderbetriebsausgaben des Gesellschafters, der den Mehrbetrag geleistet hat (BFH 30.3.1993 – VIII R 63/91, BStBl. II 1993, 706).

1657 Schwieriger gestaltet sich der Fall, dass die Anschaffungskosten für den Mitunternehmeranteil **zwischen dem (anteiligen) Buchwert und dem (anteiligen) Teilwert der Wirtschaftsgüter des Gesamthandsvermögens liegen** (HHR/*Tiede* § 15 Rn. 504). Hier stellt sich ein Aufteilungsproblem, das für die Höhe der Abschreibungen praktisch bedeutsam wird.

1657.1 Sich ergebende Unterschiede können sowohl auf unterschiedlichen Abschreibungsmethoden, einer unterschiedlichen Abschreibungsdauer, aber auch darauf beruhen, dass das aufzustockende Wirtschaftsgut wie Grund und Boden überhaupt keiner Abschreibung zugänglich ist (s. instruktiv *Ley* KÖSDI 2001, 12982; Schmidt/*Wacker* § 15 Rn. 23).

1658 Die zu beantwortenden Fragen lassen sich danach abschichten, in welcher **Reihenfolge die Mehrwerte auf die Wirtschaftsgüter verteilt werden** (→ Rn. 1659) und welcher **Aufteilungsmaßstab innerhalb einer Gruppe** gleichrangiger Wirtschaftsgüter anzuwenden ist (→ Rn. 1662).

1659 Hinsichtlich der ersten Frage sind die 3-Stufen Theorie, die modifizierte Stufentheorie sowie eine dritte Auffassung der gleichmäßigen Verteilung zu unterscheiden. Nach der **3-Stufen-Theorie** (*Herzig* DB 1990, 133 (134); *Meier* FR 1991, 261) sind auf der **1. Stufe** zunächst alle bilanzierten materiellen und immateriellen Wirtschaftsgüter bis zum maximal zulässigen Teilwertansatz aufzustocken. Verbleibt danach ein Mehrwert, sind in der Ergänzungsbilanz erst in der **2. Stufe** die in der Gesamthandsbilanz nicht bilanzierten immateriellen Einzelwirtschaftsgüter auszuweisen. Schöpft auch dies den Mehrwert nicht vollständig aus, ist auf der **3. Stufe** ein originärer Firmenwert auszuweisen.

1659.1 § 5 Abs. 2 steht dem nicht entgegen, weil der neu eintretende Gesellschafter seinen Anteil an den materiellen Wirtschaftsgütern quasi entgeltlich erworben hat.

1660 Die **modifizierte Stufentheorie** fasst die 1. und 2. Stufe zusammen (*Ley* KÖSDI 2001, 12982), sodass alle materiellen und immateriellen Wirtschaftsgüter unabhängig davon, ob sie in der Gesamthandsbilanz bilanziert wurden, auf der gleichen Stufe stehen. Nach einer dritten Auffassung sind sich ergebende Mehrwerte **gleichmäßig** auf alle Wirtschaftsgüter einschließlich eines etwaigen Firmenwerts zu verteilen (*Siegel* DStR 1991, 1477).

1661 Den Vorzug dürfte die modifizierte Stufentheorie verdienen. Für sie spricht die über den Maßgeblichkeitsgrundsatz auch für das Steuerrecht geltende **Wertung des § 246 Abs. 1 HGB.** Danach handelt es sich beim Firmenwert um eine Restgröße, die erst nachrangig anzusetzen ist (*Ley* KÖSDI 2001, 12982 Rn. 23).

1662 Als **Verteilungsmaßstab** innerhalb einer gleichrangigen Gruppe wird zT auf das Verhältnis der Teilwerte (Kirchhof/*Reiß* § 15 Rn. 247), zT auf das Verhältnis der in den Wirtschaftsgütern enthaltenen stillen Reserven abgestellt (*Ley* KÖSDI 2001, 12982 Rn. 24). Dem Leistungsfähigkeitsprinzip entspricht am ehesten, auf das Verhältnis der Teilwerte abzustellen.

1663 Sonderfragen stellen sich bei der Übernahme eines **negativen Kapitalkontos** (*Ley* KÖSDI 2001, 12982 Rn. 16 ff.). Hier ergibt sich der zu verteilende Mehrwert aus der Höhe der Anschaffungskosten zuzüglich des negativen Kapitalkontos. Als Ausgangspunkt ist das Mehrkapital nach den oben beschriebenen allgemeinen Regeln aufzuteilen. Soweit sich der Mehrwert nicht auf vorhandene Wirtschaftsgüter oder einen Firmenwert aufteilen lässt, handelt es sich bei dem Restbetrag nicht um sofort berücksichtigungsfähige Erwerbsverluste (BFH 19.2.1998 – IV R 59/96, BStBl. II 1999, 266 (267); BFH 14.6.1994 – VIII R 37/93, BStBl. II 1995, 246 (247 f.); BFH 21.4.1994 – IV R 70/92, BStBl. II 1994, 745 (748)). Vielmehr verbleiben auf den Erwerber entfallende Gewinnanteile bis zur Auffüllung des negativen Kapitalkontos unwirksam (BFH 21.4.1994 – IV R 70/92, BStBl. II 1994, 745 (748)).

1664 Keine Einigkeit besteht, wie dieser Mehrwert **bilanztechnisch abzubilden** ist. Nach einer Auffassung ist in der Ergänzungsbilanz des Erwerbers ein aktiver Ausgleichsposten zu bilden. Dieser ist erfolgswirksam aufzulösen, soweit die KG Gewinne erzielt (BFH 21.4.1994 – IV R 70/92, BStBl. II 1994, 745). Nach der Gegenauffassung ist außerhalb der Ergänzungsbilanz ein Ausgleichsposten zu bilden (BFH 14.6.1994 – VIII R 37/93, BStBl. II 1995, 246 (248)).

1665 Werden **mehrere Geschäftsanteile** erworben, ist gleichwohl nur eine Ergänzungsbilanz zu bilden (BFH 21.4.1994 – IV R 70/92, BStBl. II 1994, 745 (749)).

1666 Umstritten ist, welche Bedeutung der Grundsatz der Einheitlichkeit der Gesellschaftsbilanz für die **Fortführung der Ergänzungsbilanz** hat. Nach einem Teil der Literatur sollen sich die Restnutzungsdauer und die Methode der AfA nach der Gesellschaftsbilanz bestimmen (Blümich/*Bode* § 15 Rn. 556a; *Ley* KÖSDI 1992, 9152 Rn. 52 ff.). Gerechtfertigt wird dies unter Hinweis auf die Einheit der Gesellschaft. Demgegenüber betont die neuere Rechtsprechung des BFH die Vielheit der Gesellschafter. Der Erwerb eines Mitunternehmeranteils sei im Einkommensteuerrecht grundsätzlich nicht anders zu behandeln als der Erwerb eines Einzelunternehmens (BFH 20.11.2014 – IV R 1/11, BStBl. II 2017, 34 Rn. 17). Deshalb sei die AfA auf die im Zeitpunkt des Anteilserwerbs geltende Restnutzungsdauer vorzunehmen. Zugleich sollen dem Gesellschafter die Abschreibungswahlrechte zustehen, die auch ein Einzelunternehmer in Anspruch nehmen könnte, wenn er ein entsprechendes Wirtschaftsgut im Zeitpunkt des Anteilserwerbs angeschafft hätte (BFH 20.11.2014 – IV R 1/11, BStBl. II 2017, 34 Rn. 18).

1667 **(c) Negative Ergänzungsbilanz.** Sofern der **Kaufpreis** für ein Gesellschaftsanteil **unter dem Betrag des erworbenen positiven Kapitalkontos** liegt, wird der Minderbetrag in einer Ergänzungsbilanz passiviert (BFH 21.4.1994 – IV R 70/92, BStBl. II 1994, 745 (747)). Dazu werden die auf den neuen Gesellschafter entfallenden Buchwerte der Wirtschaftsgüter des Gesellschaftsvermögens in der Ergänzungsbilanz durch Korrekturen herabgesetzt.

1668 Die Abstockungsbeträge sind auf die **aktiven Wirtschaftsgüter** zu verteilen. Mangels Bilanzansatz scheidet eine Verteilung auf die nicht ausgewiesenen immateriellen Wirtschaftsgüter (§ 5 Abs. 2) aus. Die wohl hM greift als Verteilungsmaßstab auf das Verhältnis der Buchwerte der aktiven Wirtschaftsgüter zurück (*Ley* KÖSDI 2001, 12982 Rn. 25). Die Gegenauffassung will nach dem Verhältnis der Teilwerte abstocken (*Weber-Grellet* Bilanzsteuerrecht, Rn. 418; *Kempf/Obermann* DB 1998, 545 (546)), was aber zu sachwidrigen Ergebnissen führen muss, wenn einzelne Wirtschaftsgüter hohe stille Reserven enthalten (*Ley* KÖSDI 2001, 12982 Rn. 25).

Nicht zulässig ist es, alternativ anstelle der auf die einzelnen Wirtschaftsgüter entfallenden Minderwerte einen **negativen Geschäftswert** zu passivieren (BFH 21.4.1994 – IV R 70/92, BStBl. II 1994, 745 (747); grundlegend BFH 19.2.1981 – IV R 41/78, BStBl. II 1981, 730 (731)). **1669**

Sofern **kein Abstockungspotential** mehr vorhanden ist, weil die Differenz zwischen dem Kaufpreis und dem Wert des positiven Kapitalkontos die Buchwerte übersteigt, ist ein verbleibender Minderwert in einem **passiven Ausgleichsposten** aufzufangen (BFH 21.4.1994 – IV R 70/92, BStBl. II 1994, 745 (747)). Dieser verhindert, dass aus der Übernahme der Beteiligung ein Erwerbsgewinn erzielt wird, wodurch der Geschäftsanteil praktisch unverkäuflich würde (BFH 21.4.1994 – IV R 70/92, BStBl. II 1994, 745 (747)). Zudem ist dadurch sichergestellt, dass sich für den Erwerber keine Gewinnminderung ergibt (BFH 21.4.1994 – IV R 70/92, BStBl. II 1994, 745 (747)). Zur dogmatischen Rechtfertigung dieses Ausgleichspostens verweist der BFH auf das Anschaffungskostenprinzip und verwirft das Konzept eines negativen Geschäftswerts (BFH 21.4.1994 – IV R 70/92, BStBl. II 1994, 745 (747)). **1670**

Nach hM sollen sich die **AfA-Methode** und die **Restnutzungsdauer** einer negativen Ergänzungsbilanz **nach der Steuerbilanz** der Mitunternehmerschaft bestimmen (*Ley* KÖSDI 2001, 12982 Rn. 28; *Niehus* StuW 2002, 116 (123); HHR/*Tiede* § 15 Rn. 506). Diese Abweichung von der Parallelproblematik positiver Ergänzungsbilanzen überzeugt nicht. Wenn mit Rücksicht auf die Gleichstellungsthese bei positiven Ergänzungsbilanzen eine Bindung an die Steuerbilanz der Gesellschaft verneint wird, muss dies auch für negative Ergänzungsbilanzen gelten (→ Rn. 1666). **1671**

(3) Weitere Fälle. § 24 Abs. 2 S. 2 UmwStG räumt einer Personengesellschaft ein Wahlrecht ein, ob ein in die **Personengesellschaft eingebrachter Betrieb, Teilbetrieb oder Mitunternehmeranteil** anstatt mit dem gemeinen Wert mit dem Buchwert oder einem Zwischenwert angesetzt wird. Wird der Ansatz mit dem Buch- oder einem Zwischenwert gewählt, bedarf es der Aufstellung einer Ergänzungsbilanz (s. hierzu ausführlich BFH 8.12.1994 – IV R 82/92, BStBl. II 1995, 599 (600); BFH 25.4.2006 – VIII R 52/04, BStBl. II 2006, 847 (850 ff.); BMF 11.11.2011, BStBl. I 2011, 1314 Rn. 24.14; HHR/*Tiede* § 15 Rn. 509; *Ley* KÖSDI 2001, 12982 Rn. 34 ff.; 76 f.; *Schmitt/Keuthen* DStR 2013, 1565 (1566 ff.)). **1672**

Zur Bildung von Ergänzungsbilanzen bei der Übertragung von Einzelwirtschaftsgütern zwischen einer Personengesellschaft und ihren Mitunternehmern (s. § 6 Abs. 5 S. 3). **1673**

Ein weiterer Anwendungsfall von Ergänzungsbilanzen sind **personenbezogene Steuervergünstigungen,** sofern diese nur von einzelnen Gesellschaftern in Anspruch genommen werden. Wichtige Anwendungsbeispiele personenbezogener Steuervergünstigungen sind § 6b, § 7 Abs. 5, § 7h (Schmidt/*Wacker* § 15 Rn. 474, 411 ff.; HHR/*Tiede* § 15 Rn. 516). Werden personenbezogene Steuervergünstigen von einzelnen Gesellschaftern wahrgenommen, bestehen **zwei Möglichkeiten, diese abzubilden.** Entweder bleibt die Gesamthandsbilanz unverändert und die anteiligen Buchwerte werden allein für die Gesellschafter in negativen Ergänzungsbilanzen abgestockt, die das Wahlrecht genutzt haben. Alternativ hierzu kann die Sonderabschreibung bereits in der Gesamthandsbilanz berücksichtigt werden. In diesem Fall sind die Buchwerte für diejenigen Gesellschafter durch positive Ergänzungsbilanzen aufzustocken, die von dem eingeräumten Wahlrecht keinen Gebrauch gemacht haben (KSM/*Desens/Blischke* § 15 Rn. F 269; HHR/*Tiede* § 15 Rn. 516). **1674**

d) Sonderbereich (Zweite Gewinnermittlungsstufe)

Leitentscheidungen, wichtige Verwaltungsanweisungen und Schrifttum (Auswahl): 1675

Wichtige Verwaltungsanweisungen: 1675.1

EStR 4.2 Abs. 2, 11-12; OFD München 2.4.2001, Ertragsteuerliche Beurteilung der Mitunternehmern gehörenden Anteile an Kapitalgesellschaften, DStR 2001, 1032.

aa) Überblick. Nach § 15 Abs. 1 S. 1 Nr. 2 S. 1 Hs. 2 sind den Gewinnanteilen des Mitunternehmers die „Vergütungen, die der Gesellschafter von der Gesellschaft für seine **1676**

Tätigkeit im Dienst der Gesellschaft oder für die Hingabe von Darlehen oder für die Überlassung von Wirtschaftsgütern bezogen hat", hinzuzurechnen. Die Vorschrift ist gesetzlicher Anknüpfungspunkt der zweiten Gewinnermittlungsstufe, des sog. **Sonderbereichs** (zur zweistufigen Gewinnermittlung → Rn. 1567). Die Norm regelt den Sonderbereich nur fragmentarisch. Alle zentralen Begriffe – Sonderbetriebseinnahmen, Sonderbetriebsausgaben, Sonderbetriebsvermögen – waren und sind zum Teil heute noch nicht unmittelbar dem Gesetz entlehnt, sondern Schöpfungen der Rechtsdogmatik. Auch die zentrale Frage der Reichweite des Sonderbereichs lässt das Gesetz offen (→ Rn. 1688 ff.).

1677 Im Normtext des § 15 Abs. 1 S. 1 Nr. 2 S. 1 Hs. 2 sind lediglich „Vergütungen" benannt, die aber auch nur einen Ausschnitt aus den noch weiter gefassten Sonderbetriebseinnahmen markieren. Schon mit Rücksicht auf das objektive Nettoprinzip müssen den **Sonderbetriebseinnahmen** nach einhelliger Auffassung auch die durch die Beteiligung veranlassten und nicht ausdrücklich gesetzlich geregelten **Sonderbetriebsausgaben** gegenübergestellt werden, die gewinnmindernd zum Abzug zu bringen sind (*Mückl* DB 2009, 1088).

1678 Nicht explizit geregelt ist ferner, inwieweit Vermögen, das in einem wirtschaftlichen Zusammenhang mit der Beteiligung steht, steuerlich verstrickt ist. Je weiter das Sonderbetriebsvermögen reicht, desto größer ist auch der korrespondierende Kreis der Sonderbetriebseinnahmen und Sonderbetriebsausgaben. Das Sonderbetriebsvermögen umfasst nach hM sowohl das sog. Sonderbetriebsvermögen I wie das Sonderbetriebsvermögen II. Beim **Sonderbetriebsvermögen I** handelt es sich um Wirtschaftsgüter, die im wirtschaftlichen Eigentum eines Gesellschafters stehen, aber objektiv geeignet und subjektiv dazu bestimmt sind, dem Betrieb zu dienen. Klassisches Anwendungsbeispiel ist das Betriebsgrundstück, das ein Gesellschafter der Gesellschaft vermietet (→ Rn. 1711 ff.). Das **Sonderbetriebsvermögen II** umfasst Wirtschaftsgüter, die der Beteiligung des Mitunternehmers an der Personengesellschaft dienen oder diese fördern sollen und im wirtschaftlichen Eigentum des Mitunternehmers stehen. Ein praktisch häufiger Anwendungsfall sind bei der GmbH & Co. KG die Anteile an der Komplementär-GmbH, die von einem Kommanditisten gehalten werden (→ Rn. 1728).

1679 Das Sonderbetriebsvermögen ist **betrieblich verstrickt,** sodass der Steuerpflichtige etwaige Gewinne aus Vermögensumschichtungen unabhängig von Haltefristen (s. § 23) oder Beteiligungshöhen (s. § 17) zu versteuern hat. Umgekehrt sind Veräußerungsverluste gewinnmindernd zu berücksichtigen (zur Bedeutung der Qualifikation als Sonderbetriebsvermögen *Schneider* Sonderbetriebsvermögen, 704). Dem **Sonderbetriebsvermögen** korrespondiert der Umfang der Sonderbetriebsausgaben bzw. Sonderbetriebseinnahmen.

1680 In § 15 bleibt weiterhin offen, wie sog. **Bilanzierungskonkurrenzen** aufzulösen sind (→ Rn. 1743). Unter diesem Stichwort wird die Frage diskutiert, welchem Betrieb Wirtschaftsgüter und damit zusammenhängend Aufwendungen und Erträge im Sonderbereich zuzuordnen sind, wenn diese bereits ursprünglich betrieblich genutzt wurden, nun aber einer Personengesellschaft als Sonderbetriebsvermögen dienen. Der Grundfall hierfür ist die Vermietung eines Grundstücks aus dem Betriebsvermögen eines Einzelunternehmers an eine Personengesellschaft, an der der Einzelunternehmer mitunternehmerschaftlich beteiligt ist.

1681 Die Vielzahl der gesetzlich nicht geregelten Vorfragen zwingt dazu, den Tatbestand des § 15 Abs. 1 S. 1 Nr. 2 S. 2 erst im Anschluss zu erörtern. Schwerpunkt des folgenden **Grundlagenabschnitts** ist die ratio legis des § 15 Abs. 1 S. 1 Nr. 2 S. 1 Hs. 2 (→ Rn. 1682 ff.). Im folgenden Abschnitt werden der **Umfang des Sonderbetriebsvermögens** (→ Rn. 1688 ff.) und die Frage der **Bilanzierungskonkurrenzen** (→ Rn. 1743 ff.) thematisiert. Erst auf dieser Grundlage können dann die verschiedenen Tatbestandsmerkmale des § 15 Abs. 1 S. 1 Nr. 2 S. 1 Hs. 2 im Einzelnen ausbuchstabiert werden (→ Rn. 1762 ff.).

1682 **bb) Grundlagen.** Nach der ursprünglichen Gesetzesbegründung ist es **Sinn und Zweck** der Hinzurechnung, eine **Aushöhlung der gewerbesteuerlichen Bemessungsgrundlage zu verhindern** (RStBl. 1935, 33 (42)). Indem die Vergütungen aus dem Sonderbereich in den Gewinn der Personengesellschaft einbezogen werden, bleibt es dem Mitunternehmer verwehrt, Einkünfte in sein Privatvermögen zu verlagern. Aufwendungen der Personengesellschaft im Sonderbereich stehen korrespondierende Sonderbetriebseinnahmen auf Ebene des leistenden Gesellschafters gegenüber. Der Vorgang ist auf Ebene der Mitunternehmerschaft insgesamt gewinnneutral und führt nur zu einer vom allgemeinen Gewinnverteilungsschlüssel abweichenden Gewinnverteilung zwischen den Gesellschaftern (BFH 11.12.2003 – IV R 42/02, BStBl. II 2004, 353 (355); BFH 11.12.1986 – IV R 222/84, BStBl. II 1987, 553 (556)).

Dem Erhalt der gewerbesteuerlichen Bemessungsgrundlage wird als weiteres Regelungs- 1683
anliegen die **Gleichstellung des Mitunternehmers mit dem Einzelunternehmer** zur Seite gestellt (BFH 25.2.1991 – GrS 7/89, BStBl. II 1991, 691 (698)). Wenn wie beim Einzelunternehmer sein betrieblich genutztes Vermögen steuerlich verstrickt ist, gilt dies auch für Mitunternehmer ganz unabhängig davon, ob ein Wirtschaftsgut in das Gesamthandsvermögen überführt oder der Gesellschaft nur auf schuldrechtlicher Basis zur Verfügung gestellt wird. Die Rechtsprechung zum Sonderbereich ist daher einer der Schwerpunkte der Gleichstellungsthese (→ Rn. 478).

Neben die beiden oben genannten Motive tritt ein weiterer Gesetzeszweck. Die Hinzu- 1684
rechnungen mindern den Gestaltungsanreiz, Leistungen in den Sonderbereich zu verlagern. Dadurch bleibt es der Rechtspraxis **erspart, aufwändig zwischen dem Sonderbereich und Gesellschafterbeiträgen abzugrenzen** (s. BFH 24.1.1980 – IV R 156, 157/78, BStBl. II 1980, 271 (274) auch zu dem Ziel, Streitigkeit über die Natur der Bezüge von vornherein auszuschließen).

Die Wirtschaftsgüter des Sondervermögens I und II sind für **jeden Gesellschafter in** 1685
getrennten Sonderbilanzen zu erfassen und festzustellen.

Sonderbilanzen sind streng **von Ergänzungsbilanzen zu unterscheiden.** In Ergän- 1686
zungsbilanzen werden gesellschafterbezogen Mehr- oder Minderwerte des Gesamthandsvermögens abgebildet. Dagegen werden in Sonderbilanzen Wirtschaftsgüter erfasst, die außerhalb des Gesamthandsbereichs stehen und wirtschaftlich (in der Regel) allein einem Gesellschafter zuzurechnen sind. Beiden gemein ist allein, dass sie jeweils für einzelne Mitunternehmer geführt werden und neben das Ergebnis aus der Steuerbilanz der Personengesellschaft treten. Ergänzungsbilanzen sind hingegen auf der ersten, Sonderbilanzen auf der zweiten Gewinnermittlungsstufe angesiedelt.

cc) Sonderbetriebsvermögen

Leitentscheidungen, wichtige Verwaltungsanweisungen und Schrifttum (Auswahl): 1687

Wichtige Verwaltungsanweisungen: 1687.1
BMF 10.12.1979, Besteuerung der Mitunternehmer von Personengesellschaften, BStBl. I 1979, 683; BMF 18.1.1996, Sonderbetriebsvermögen bei Vermietung an eine Schwestergesellschaft – Anwendung der BFH-Urteile vom 16. Juni und vom 22. November 1994 (BStBl. 1996 II S. 82, 93), BStBl. I 1996, 86; BMF 28.4.1998, Sonderbetriebsvermögen bei Vermietung an eine Schwester-Personengesellschaft, BStBl. I 1998, 583; OFD München 10.6.1999, Sonderbetriebsvermögen bei Vermietung an eine Schwester-Personengesellschaft und Verhältnis des § 15 Abs. 1 Nr. 2 EStG zur mitunternehmerischen Betriebsaufspaltung – Zum BMF-Schreiben vom 28.4.1998, DB 1999, 1878.

Schrifttum (Auswahl): 1687.2
Döllerer, Die Steuerbilanz der Personenhandelsgesellschaft als konsolidierte Bilanz einer wirtschaftlichen Einheit, DStZ 1974, 211; *Mellwig*, Zur steuerlichen Behandlung von Sondervergütungen iS § 15 Abs. 1 Nr. 2 EStG an inländische Gewerbebetriebe (I), DB 1978, 1047; *Mellwig*, Zur steuerlichen Behandlung von Sondervergütungen iS § 15 Abs. 1 Nr. 2 EStG an inländische Gewerbebetriebe (II), DB 1978, 1099; *Schneider*, Sonderbetriebsvermögen, 2000; *Ley*, Sonderbetriebsvermögen in der Beratungspraxis, KÖSDI 2003, 13907; *Heurung*, Besteuerungsprinzipien bei Personengesellschaften im Falle der Bilanzierungskonkurrenz, in: Michael Wehrheim (Hrsg.), FS f. Winfried Mellwig, 2007, 145; *Söffing*, Für die Anwendung der Subsidiaritätsthese in Fällen der Bilanzierungskonkurrenz, DB 2007, 1994; *Kahle*, Die Sonderbilanz bei der Personengesellschaft, FR 2012, 109; *Wichmann*, Die Sonderbilanz – eine kritische Bestandsaufnahme, DStZ 2016, 414.

(1) Grundlagen. Der **Begriff des Sonderbetriebsvermögens** ist ursprünglich eine 1688
Schöpfung der Rechtsdogmatik (zur Entwicklungsgeschichte *Schneider* Sonderbetriebsvermögen, 59 ff.). Mittlerweile hat er aber auch Eingang in das EStG gefunden (→ Rn. 1692). Sowohl in der Rechtspraxis wie auch in der Literatur wird ganz einhellig zwischen **Sonderbetriebsvermögen I** (→ Rn. 1689) und **Sonderbetriebsvermögen II** (→ Rn. 1690) unterschieden.

Nach ständiger Rechtsprechung des BFH sind **Sonderbetriebsvermögen I** Wirtschafts- 1689
güter, die der Mitunternehmer der Gesellschaft auf schuldrechtlicher Basis zur Verfügung

gestellt hat, die aber steuerlich verstrickt und Teil des Betriebsvermögens der Mitunternehmerschaft sind (BFH 29.9.1966 – IV 308/64, BStBl. III 1967, 180 (181)). Entsprechendes gilt für damit im Zusammenhang stehende Verbindlichkeiten (ausführlich zum Sonderbetriebsvermögen I → Rn. 1709 ff.).

1689.1 **Beispiel:** A ist Gesellschafter der A&B-OHG und vermietet ein in seinem Eigentum stehendes Grundstück an die OHG.

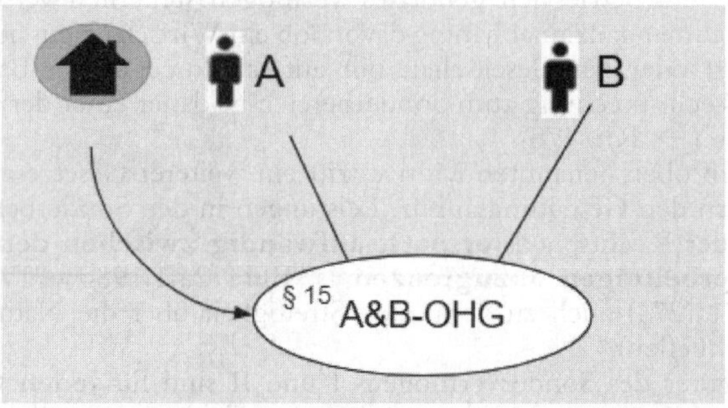

1690 Beim **Sonderbetriebsvermögen II** handelt es sich um Wirtschaftsgüter, die im wirtschaftlichen Eigentum eines Mitunternehmers stehen und dazu geeignet und bestimmt sind, der Beteiligung des Gesellschafters an der Gesellschaft zu dienen oder diese zu fördern (BFH 1.2.2001 – IV R 3/00, BStBl. II 2001, 520 (522); BFH 30.3.1993 – VIII R 8/91, BStBl. II 1993, 864 (866); BFH 7.7.1992 – VIII R 2/87, BStBl. II 1993, 328 (329); ausführlich zum Sonderbetriebsvermögen II → Rn. 1727 ff.).

1690.1 **Beispiel:** A und die B-GmbH sind Gesellschafter der A&B-OHG. A hält zudem 100% der Anteile an der B-GmbH. Die Beteiligung von A an der B-GmbH ist Sonderbetriebsvermögen II des A bei der A&B-OHG.

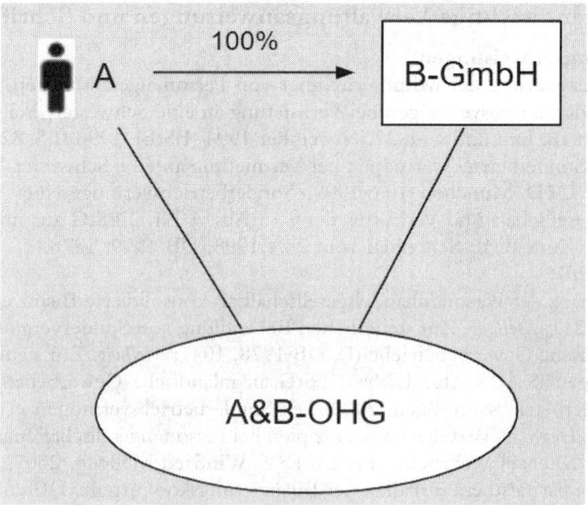

1691 Beiden Formen ist gemeinsam, dass es sich um Wirtschaftsgüter handelt, die in **enger wirtschaftlicher Beziehung** zu der Beteiligung an der Personengesellschaft stehen, aber nicht dem Gesamthandsvermögen der Personengesellschaft zugehörig sind, sondern im wirtschaftlichen Eigentum eines (ggf. auch mehrerer) Gesellschafters stehen. Auf Grundlage der hM kann die Abgrenzung zwischen Sonderbetriebsvermögen I und II im Regelfall dahinstehen. Abweichendes gilt im Fall etwaiger Bilanzierungskonkurrenzen (→ Rn. 1743 ff. und → Rn. 2161 ff.) sowie generell für die Auffassungen, die das Rechtsinstitut des Sonderbetriebsvermögens II kategorisch ablehnen (→ Rn. 1697).

1692 Im **EStG** ist der Begriff des Sonderbetriebsvermögens erstmals 1999 in § 6 Abs. 5 positiviert worden (StEntlG 1999/2000/2002 vom 24.3.1999, BGBl. 1999 I 402 (405)). Mittlerweile knüpft das Einkommensteuerrecht auch in § 4h Abs. 2 S. 7 sowie in § 97 Abs. 1 Nr. 5 BewG an den Terminus an. Dass der Gesetzgeber auf eine Legaldefinition verzichtet, lässt nur den Schluss zu, dass er an das Begriffsverständnis anknüpfen wollte, wie es sich im Wechselspiel von Rechtsprechung und Dogmatik herausgebildet hat. Entgegen einer verschiedentlich in der Literatur vertretenen Auffassung (*Wichmann* DStR 2019, 2214 (2220)) kann das Rechtsinstitut des Sonderbetriebsvermögens darüber hinaus nach seiner Positivierung auch unter verfassungsrechtlichen Aspekten nicht mehr ernstlich in Zweifel gezogen werden (ausführlich → Rn. 1695 ff.).

Wichtigste **steuerliche Rechtsfolge** der Begründung von Sonderbetriebsvermögen ist **1693**
die steuerliche Verstrickung als Teil des Betriebsvermögens der Mitunternehmerschaft (BFH 29.9.1966 – IV 308/64, BStBl. III 1967, 180 (181)). Damit sind Veräußerungsgewinne bzw. Veräußerungsverluste unabhängig von Haltefristen des Privatvermögens (§ 17, § 23 EStG, § 21 UmwStG) als gewerbliche Einkünfte zu versteuern. Von Bedeutung ist die Zuordnung für die Abgrenzung von Privatvermögen und Sonderbetriebsvermögen aber beispielsweise auch für Umwandlungen (HHR/*Witt* § 15 Rn. 704).

Die **Handelsbilanz** kennt kein Sonderbetriebsvermögen. Nach handelsrechtlichen **1694**
Grundsätzen ist allein das nach § 124 HGB iVm § 719 BGB gesamthänderisch gebundene Sondervermögen als Vermögen der Personengesellschaft bilanzmäßig anzusetzen (BVerfG 15.7.1969 – 1 BvR 457/66, BStBl. II 1969, 718 (720)).

(2) Dogmatische Herleitung und verfassungsrechtliche Kritik. Nach der bis Mitte **1695**
der 1970er Jahre vorherrschenden **Bilanzbündeltheorie** ist die Personengesellschaft steuerlich nicht existent. Aus steuerrechtlicher Sicht waren Träger des Unternehmens die Mitunternehmer, die, wenn auch im Rahmen der Personengesellschaft, einen eigenen Betrieb führten. Damit verstand es sich nahezu von selbst, dass das Betriebsvermögen eines Mitunternehmers nicht nur seinen Anteil am Gesamthandsvermögen, sondern auch die Wirtschaftsgüter einschloss, die er der Gesellschaft aus seinem sonstigen Vermögen auf schuldrechtlicher Basis zur Verfügung stellt (KSM/*Desens/Blischke* § 15 Rn. C 8; *Niehus/Wilke* Die Besteuerung der Personengesellschaften, 72). Dass auch diese Wirtschaftsgüter steuerlich verstrickt und Teil des Betriebsvermögens des Mitunternehmers waren, entsprach der ständigen Rechtsprechung (RFH 22.10.1931 – VI A 1949/29, RStBl. 1932, 388; RFH 23.11.1932 – VI A 782/31, RStBl. 1933, 222; RFH 23.3.1933 – VI A 183/33, RStBl. 1933, 636; weitere Nw. bei BFH 2.12.1982 – IV R 72/79, BStBl. II 1983, 215 (217)). § 15 Nr. 2 EStG 1934 kam insofern allein eine klarstellende Funktion zu (BFH 2.12.1982 – IV R 72/79, BStBl. II 1983, 215 (217)). Die heute als Sonderbetriebsvermögen bezeichneten Wirtschaftsgüter wurden in eine aus der Handelsbilanz abgeleitete Bilanz aufgenommen, sodass die Sondergüter dem Gesamthandsbetriebsvermögen zugeordnet wurden (*von Zezschwitz* FR 1970, 158 (162)).

Nach Aufgabe der Bilanzbündeltheorie bedurfte die Anerkennung von Sondergütern einer **1696**
neuen Rechtfertigung, weil das Sonderbetriebsvermögen im Gesetzeswortlaut keinen unmittelbaren Ausdruck gefunden hat. § 15 Abs. 1 S. 1 Nr. 2 S. 1 bestimmt lediglich, dass der Gewinnanteil um die Sondervergütungen zu ergänzen ist. Bei einer streng am Wortlaut orientierten Auslegung sind damit allein Sonderbetriebseinnahmen in gewerbliche Einkünfte umzuqualifizieren (s. auch BVerfG 22.12.1992 – 1 BvR 1333/89, NJW 1993, 2734 (2735)). Daraus **kann aber noch nicht abgeleitet werden, dass das eingesetzte Vermögen auch betrieblich verstrickt ist** (so *Wichmann* DStZ 2016, 414; *Rose* FS Moxter, 1994, 1089 (1101)).

In **Teilen der Literatur** wurde das Sonderbetriebsvermögen (und wird es weiterhin) als **1697**
unzulässige Rechtsfortbildung abgelehnt. Dies gilt bereits für das Sonderbetriebsvermögen I (*Keuk* StuW 1974, 1 (32 ff.)), in weiterem Umfang aber noch für das Sonderbetriebsvermögen II (HHR/*Schneider* § 15 Rn. 714; *Schön* DStR 1993, 185).

Das **BVerfG** hat weder gegen die Anerkennung des Sonderbetriebsvermögens I (BVerfG **1698**
15.7.1969 – 1 BvR 457/66, BStBl. II 1969, 718 (720) = BVerfGE 26, 327 (333)) noch gegen die Anerkennung des Sonderbetriebsvermögens II (BVerfG 22.12.1992 – 1 BvR 1333/89, NJW 1993, 2734) verfassungsrechtliche Einwände erhoben. Argumentativ stützt sich das BVerfG im Wesentlichen auf die Gleichstellungsthese und legitimiert das Sonderbetriebsvermögen als **zulässige richterliche Rechtsfortbildung** (BVerfG 15.7.1969 – 1 BvR 457/66, BStBl. II 1969, 718 (720 f.)).

1699 Rechtfertigen lässt sich die Position der hM nur im Wege eines **Analogieschlusses,** der durch die Gleichstellungsthese getragen wird. Das mit § 15 Abs. 1 S. 1 Nr. 2 S. 1 Hs. 2 verfolgte Ziel der steuerlichen Gleichstellung des Einzel- mit dem Mitunternehmer kann nur erreicht werden, wenn sämtliches Vermögen des Mitunternehmers, das dieser in den Dienst der Personengesellschaft stellt, unabhängig davon betrieblich verstrickt ist, ob dieses Gesamthandseigentum ist oder im Sonderbereich zurückgehalten wird (überzeugend *von Zezschwitz* FR 1970, 158 (163)). Allein die Einbeziehung der Sondervergütungen in die gewerblichen Einkünfte ohne gleichzeitige Einbeziehung der Sonderaufwendungen und Sondergüter würde zudem den zugrunde liegenden wirtschaftlichen Vorgang in sachwidriger Weise zerreißen (*von Zezschwitz* FR 1970, 158 (163)).

1700 In der neueren Rechtsprechung des **BFH** wird das Sonderbetriebsvermögen direkt auf § 4 Abs. 1 gestützt. So gehe das EStG mit Ausnahme des § 17 davon aus, dass dort, wo bestimmte Einkünfte als betriebliche Einkünfte erfasst würden, das den Einkünften zugrunde liegende Vermögen Betriebsvermögen darstelle. § 15 Abs. 1 S. 1 Nr. 2 soll insofern nur eine klarstellende und bestätigende Bedeutung haben (BFH 2.12.1982 – IV R 72/79, BStBl. II 1983, 215 (217)). In einer jüngeren Entscheidung stützt sich der X. Senat hingegen auf eine „richterliche Rechtsfortbildung und Auslegung von § 2 Abs. 2 Nr. 1 i.V.m. §§ 4 ff. und 15 Abs. 1 Satz 1 Nr. 2 EStG", um Sonderbetriebsvermögen I und „erweiternd" auch das Sonderbetriebsvermögen II zu rechtfertigen (BFH 12.6.2019 – X R 38/17, BStBl. II 2019, 518 Rn. 38).

1700.1 Zum Teil wird bei der Anerkennung von Sonderbetriebsvermögen zwischen Sonderbetriebsvermögen I und Sonderbetriebsvermögen II differenziert. So wird die Existenz von Sonderbetriebsvermögen I mit dem Argument gerechtfertigt, bei zur Nutzung überlassenen Wirtschaftsgütern ergebe sich deren Zugehörigkeit unmittelbar aus dem Wortlaut des § 15 Abs. 1 Nr. 2 S. 1 Hs. 2. Die Umqualifizierung von Sondervergütungen als gewerbliche Einkünfte müsse auch das überlassene Vermögen erfassen. Fehle es an einer entsprechenden Überlassung, sei für die Annahme von Sonderbetriebsvermögen dagegen keine gesetzliche Grundlage ersichtlich (HHR/*Witt* § 15 Rn. ; HHR/*Schneider* § 15 Rn. 714 unter Hinweis auf *Schneider* Sonderbetriebsvermögen, 142 ff.). Richtigerweise ist dieser Differenzierung durch die Verankerung des Sonderbetriebsvermögens nicht nur im Normtext des EStG, sondern auch des BewG (→ Rn. 1692) die Grundlage entzogen worden (→ Rn. 1701).

1701 Mittlerweile hat sich der Meinungsstreit durch **jüngere Gesetzesänderungen überholt.** Indem der Gesetzgeber an verschiedenen Stellen ausdrücklich auf das Sonderbetriebsvermögen Bezug nimmt (→ Rn. 1692), geht er offensichtlich von der Legitimität dieses Rechtsinstituts aus. Warum dies nicht als Rechtsgrundlage ausreichen soll, ist nicht ersichtlich. Ohne die Existenz von Sonderbetriebsvermögen wären die betreffenden Normen schlichtweg sinnlos. Diesen muss damit zumindest die Bedeutung zukommen, ein ursprünglich im Wege der Rechtsfortbildung geschaffenes Institut **nachträglich zu legitimieren** (aA aber *Florstedt* Stand und Entwicklung der steuerrechtlichen Mitunternehmerdoktrin, 25).

1701.1 Fragwürdig ist hingegen der Versuch, den gesetzlichen Änderungen mit dem Argument die Legitimation zu entziehen, die „im Gesetzeswortlaut anklingenden, und von den Gesetzgebungsorganen unbedacht übernommenen dogmatischen Ansichten" könnten für die Norminterpretationen nicht entscheidend sein (*Florstedt* Stand und Entwicklung der steuerrechtlichen Mitunternehmerdoktrin, 25). Der Finanzverwaltung und der Rechtsprechung ist es schon mit Rücksicht auf das Demokratieprinzip und den Grundsatz der Gewaltenteilung verwehrt, einer Norm allein deshalb die Gefolgschaft zu verweigern, weil diese als „unbedacht" eingeordnet wird.

1702 Da in der Rechtsprechung neben dem Sonderbetriebsvermögen I auch Sonderbetriebsvermögen II anerkannt ist, muss sich entgegen einer verschiedentlich vertretenen Auffassung (→ Rn. 1700.1) insoweit auch eine **Differenzierung zwischen beiden Formen des Sonderbetriebsvermögens** verbieten.

1703 **(3) Sachlicher und persönlicher Anwendungsbereich.** In sachlicher Hinsicht ist Sonderbetriebsvermögen nicht auf **gewerbliche Einkünfte** beschränkt. Ebenso ist es bei Einkünften aus **Land- und Forstwirtschaft** (BFH 19.2.1987 – IV R 175/85, BStBl. II 1987, 430 (431)) sowie bei Einkünften aus **selbständiger Arbeit** anzuerkennen (BFH 2.12.1982 – IV R 72/79, BStBl. II 1983, 215 (217)). Der Gesetzgeber hat dies mittlerweile durch die Verweise in § 13 Abs. 7, § 18 Abs. 4 S. 2 klargestellt, was aber auch schon zuvor der ganz hM entsprach (BFH 19.2.1987 – IV R 175/85, BStBl. II 1987, 430 (431); BFH 20.3.1969 – IV R 43/67, BStBl. II 1969, 463 (463)).

1704 Einzubeziehen sind neben inländischen **auch ausländische Personengesellschaften** (HHR/*Schneider* § 15 Rn. 704; BFH 24.3.1999 – I R 114/97, BStBl. II 2000, 399 (402); BFH 19.5.1993 – I R 60/92, BStBl. II 1993, 714 (715); BFH 17.10.2007 – I R 5/06, BStBl. II 2009, 356 (357)).

1705 Keine Rolle spielt, nach welchen Vorschriften die Personengesellschaft ihren Gewinn ermittelt. Neben der Gewinnermittlung durch Betriebsvermögensvergleich (§ 5 Abs. 1 iVm § 4 Abs. 1) können dies auch Personengesellschaften sein, die ihren Gewinn im Wege einer **Überschussrechnung nach § 4 Abs. 3** ermitteln (BFH 4.4.2001 – II B 71/00, BFH/NV 2001, 1230).

1706 **(4) Notwendiges und gewillkürtes Sonderbetriebsvermögen.** Auch beim Sonderbetriebsvermögen ist zwischen **notwendigem** und **gewillkürtem Sonderbetriebsvermögen** zu unterscheiden (*Kahle* FR 2012, 109 (112 ff.)). Beim **notwendigen Betriebsvermögen** besteht objektiv ein ummittelbarer funktionaler Zusammenhang zwischen dem eingesetzten Wirtschaftsgut und dem Betrieb. Ob das Wirtschaftsgut in der Buchführung des Mitunternehmers geführt wird, spielt dementsprechend keine Rolle (→ Rn. 1715). Notwendiges Sonderbetriebsvermögen I muss dem Betrieb der Personengesellschaft unmittelbar dienen bzw. objektiv erkennbar zum unmittelbaren Einsatz im Betrieb der Personengesellschaft selbst bestimmt sein (→ Rn. 1709), notwendiges Sonderbetriebsvermögen II unmittelbar zur Begründung oder Stärkung der Beteiligung des Mitunternehmers an der Mitunternehmerschaft eingesetzt werden (→ Rn. 1727).

1707 Loser ist die funktionale Verbindung zwischen Wirtschaftsgut und dem Gesamthandsbereich dagegen beim **gewillkürten Betriebsvermögen.** Hierzu muss ein Wirtschaftsgut zwar nicht schon aufgrund seiner Funktionen, aber doch objektiv geeignet und subjektiv dazu bestimmt sein, dem Betrieb der Personengesellschaft oder der Beteiligung des Mitunternehmens an der Personengesellschaft zu dienen (BFH 23.1.1992 – XI R 36/88, BStBl. II 1992, 721 (723)). Auch insoweit ist zwischen gewillkürtem Sonderbetriebsvermögen I und gewillkürtem Sonderbetriebsvermögen II zu unterscheiden. Neben das Kriterium der objektiven Eignung tritt beim gewillkürten Sonderbetriebsvermögen zwingend eine subjektive Komponente. Die subjektive Bestimmung setzt voraus, dass das Wirtschaftsgut in der Buchführung und Bilanz des Sonderbetriebsvermögens, aber auch in der steuerlichen Gesamtbilanz der Mitunternehmerschaft in einem zeitnahen Akt ausgewiesen ist (BFH 23.1.1992 – XI R 36/88, BStBl. II 1992, 721 (723)). Die subjektive Bestimmung wird nicht dadurch infrage gestellt, dass ein Wirtschaftsgut formal unrichtig in eine „Ergänzungsbilanz" aufgenommen wird (BFH 20.9.2018 – IV R 39/11, BStBl. II 2019, 131 Rn. 30).

1708 Die **Prüfungsreihenfolge** zwischen notwendigem und gewillkürtem Sonderbetriebsvermögen ist eine reine Frage der Praktikabilität. In der Regel dürfte es sich anbieten, vorrangig gewillkürtes Sonderbetriebsvermögen zu prüfen (s. etwa BFH 24.9.1976 – I R 149/74, BStBl. II 1977, 69 (70 f.); BFH 31.10.1989 – VIII R 374/83, BStBl. II 1990, 677 (678)). Die subjektive Komponente – die Aufnahme in die Buchführung – ist vergleichbar einfach zu ermitteln. An die objektive Komponente des gewillkürten Betriebsvermögens sind dann nur geringe Anforderungen zu stellen. Fehlt die subjektive Komponente des gewillkürten Betriebsvermögens (→ Rn. 1707), führt dagegen kein Weg daran vorbei, die in objektiver Hinsicht (erhöhten) Anforderungen des notwendigen Betriebsvermögens festzustellen.

1709 **(5) Sonderbetriebsvermögen I.** Ein Wirtschaftsgut gehört zum Sonderbetriebsvermögen I eines Mitunternehmers, wenn es ihm wirtschaftlich zuzurechnen ist, jedoch **dazu geeignet und bestimmt ist, dem Betrieb der Personengesellschaft zu dienen** (BFH 18.12.2001 – VIII R 27/00, BStBl. II 2002, 733 (735)). Dazu muss das Wirtschaftsgut objektiv erkennbar zum unmittelbaren Einsatz im Betrieb der Personengesellschaft selbst bestimmt sein (BFH 18.12.2001 – VIII R 27/00, BStBl. II 2002, 733 (735)).

1710 Die folgende Darstellung differenziert zwischen Fällen der Nutzungsüberlassungen (→ Rn. 1711), Kapitalüberlassungen (→ Rn. 1717) sowie sonstigem Sonderbetriebsvermögen (→ Rn. 1725).

1711 **(a) Nutzungsüberlassungen.** Prototyp des Sonderbetriebsvermögens I sind Wirtschaftsgüter, die ein Gesellschafter der Personengesellschaft zur betrieblichen **Nutzung überlässt**

und die von ihr für ihre eigengewerbliche Tätigkeit eingesetzt werden (BFH 18.12.2001 – VIII R 27/00, BStBl. II 2002, 733 (735); BFH 7.12.2000 – III R 35/98, BStBl. II 2001, 316 (319)).

1712 Sonderbetriebsvermögen kann **jedes Wirtschaftsgut** sein, das dem **Mitunternehmer** einkommensteuerrechtlich persönlich zuzurechnen ist (→ Rn. 1713).

1712.1 Umstritten ist allein, ob Beteiligungen an anderen Mitunternehmerschaften Sonderbetriebsvermögen sein können (s. zum Meinungsstreit mwN HHR/*Schneider* § 15 Rn. 720).

1713 Wirtschaftsgüter, die nicht einem oder mehreren Mitunternehmern gehören, können kein Sonderbetriebsvermögen der Mitunternehmerschaft sein (BFH 3.5.1993 – GrS 3/92, BStBl. II 1993, 616). Die Zurechnung bestimmt sich nach dem **wirtschaftlichen Eigentum** (§ 39 Abs. 2 Nr. 1 AO). Kein Sonderbetriebsvermögen liegt damit vor, sofern das Wirtschaftsgut im wirtschaftlichen Eigentum der Personengesellschaft steht. Die bloße Nutzungsüberlassung reicht nach allgemeinen Grundsätzen noch nicht aus, um wirtschaftliches Eigentum der Personengesellschaft zu begründen.

1714 Ausgehend vom Veranlassungsprinzip kann für die Begründung von Sonderbetriebsvermögen **nicht jede, auch nur ganz kurzfristige Nutzungsüberlassung** ausreichend sein (überzeugend HHR/*Schneider* § 15 Rn. 723). Der BFH hat dies aber bislang offen gelassen (BFH 2.12.1982 – IV R 72/79, BStBl. II 1983, 215 (218)). Eine von vornherein auf ein Jahr und neun Monate befristete Nutzungsüberlassung eines Grundstücks sah er aber nicht mehr als nur kurzfristig an (BFH 5.4.1979 – IV R 48/77, BStBl. II 1979, 554 (556)). Abgelehnt wurde eine kurze Nutzungsdauer auch bei einer auf zwei Jahre und neun Monate begrenzten Vermietung eines Bürogebäudes (BFH 2.12.1982 – IV R 72/79, BStBl. II 1983, 215 (218)).

1715 Bei Anerkennung von Sonderbetriebsvermögen verfährt der BFH **tendenziell großzügig** und hat verschiedene Aspekte, die der Begründung von Sonderbetriebsvermögen entgegenstehen könnten, als unwesentlich verworfen. So spielt es **keine Rolle,**

- ob die vom Gesellschafter überlassenen Wirtschaftsgüter für die Zwecke der Gesellschaft **„nötig"** sind (BFH 23.5.1991 – IV R 94/90, BStBl. II 1991, 800; BFH 30.3.1993 – VIII R 8/91, BStBl. II 1993, 864 (866)),
- ob die zurückbehaltenen und überlassenen Wirtschaftsgüter **wesentliche Grundlage des mitunternehmerischen Betriebs** darstellen (BFH 3.2.1994 – III R 23/89, BStBl. II 1994, 709 (710)),
- ob die Wirtschaftsgüter bereits tatsächlich zur Nutzung überlassen oder diese nur – aber bereits endgültig – **für eine spätere Nutzung bestimmt** sind (BFH 7.12.2000 – III R 35/98, BStBl. II 2001, 316 (320)),
- ob die Wirtschaftsgüter **entgeltlich oder unentgeltlich** überlassen werden (BFH 1.3.1994 – VIII R 35/92, BStBl. II 1995, 241 (243)). Letzteres ist für die Position, die die Anerkennung von Sonderbetriebsvermögen mit dem Argument rechtfertigt, das eingesetzte Vermögen teile die Rechtsnatur der aus ihm bezogenen Einkünfte (→ Rn. 1700.1), nicht unproblematisch. Hier könnte einer Einordnung als Sonderbetriebsvermögen entgegenhalten werden, dass mangels Entgeltlichkeit überhaupt keine Einkünfte bezogen werden. Richtigerweise geht dieser Einwand ins Leere, da dies mit dem Leistungsfähigkeitsprinzip kaum vereinbare Gestaltungsmöglichkeiten eröffnen würde.
- ob das Wirtschaftsgut in die **Bilanz bzw. Buchführung** des Sondermitunternehmers aufgenommen ist (BFH 19.2.1991 – VIII R 65/89, BStBl. II 1991, 789 (790)),
- auf welcher **Rechtsgrundlage** eine Nutzungsüberlassung beruht; diese kann sowohl schuldrechtlicher wie gesellschaftsrechtlicher Natur sein (BFH 18.7.1979 – I R 199/75, BStBl. II 1979, 750 (753); BFH 3.5.1993 – GrS 3/92, BStBl. II 1993, 616 (622)),
- ob sich ein Wirtschaftsgut **zuvor bereits im Betriebsvermögen** eines Mitunternehmers befunden hat (BFH 18.7.1979 – I R 199/75, BStBl. II 1979, 750 (753); zu Bilanzierungskonkurrenzen → Rn. 1743),
- ob die Gegenleistung für die Nutzungsüberlassung in einem **höheren Gewinnanteil** oder in einer **schuldrechtlichen Vergütung** besteht (s. auch BFH 23.5.1979 – I R 163/77, BStBl. II 1979, 757 (761 f.)),
- ob der Vermieter erst **später als Gesellschafter in die Personengesellschaft eingetreten ist.** Vielmehr entsteht Sonderbetriebsvermögen, sobald Gesellschafterstellung und

Eigentum am Wirtschaftsgut nebeneinander bestehen (BFH 9.9.1993 – IV R 14/91, BStBl. II 1994, 250 (252)).

Sonderbetriebsvermögen I hat der BFH bei von Gesellschaftern der Gesellschaft zur Nutzung **überlassenen Wirtschaftsgütern** ua in folgenden Fällen angenommen: 1716

- **Grundstücke** (BFH 11.3.1992 – XI R 38/89, BStBl. II 1992, 797 (798); BFH 3.2.1994 – III R 23/89, BStBl. II 1994, 709 (710))
- **bewegliche Wirtschaftsgüter** (s. BFH 28.1.1981 – IV R 111/77, BStBl. II 1981, 430 (431))
- **immaterielle Rechte,** wie das Recht an einem Namen (BFH 16.12.2009 – I R 97/08, BStBl. II 2010, 808 Rn. 14); hierzu zählen etwa auch Urheberrechte (BFH 31.11.1978 – IV R 15/73, BStBl. II 1979, 236 (237)); darauf, ob diese Rechte selbständig bilanzierungsfähig sind, kommt es nicht an, ebenso wenig, ob ein zum Sonderbetriebsvermögen gehörendes Zeichenrecht warenzeichenrechtlich bzw. markenrechtlich geschützt ist (BFH 16.12.2009 – I R 97/08, BStBl. II 2010, 808 Rn. 14)
- Wirtschaftsgüter, die im **Miteigentum eines Gesellschafters** stehen; zum Sonderbetriebsvermögen des Gesellschafters gehört dann der Miteigentumsanteil (BFH 28.1.1981 – IV R 111/77, BStBl. II 1981, 430 (431))

(b) Kapitalüberlassungen. Wenn der Gesellschafter der Gesellschaft Kapital zuführt, ist zwischen Eigenkapital- und Fremdkapitalfinanzierung zu unterscheiden. Nicht um Sonderbetriebsvermögen handelt es sich, wenn das **Kapital als Eigenkapital** zur Verfügung gestellt wird. Da die Kapitalkonten grundsätzlich frei gestaltet werden können, greift die Rechtsprechung zur Abgrenzung auf unterschiedliche Kriterien zurück. Für Eigenkapital und gegen Fremdkapital sprechen, dass auf dem Konto auch Verluste verbucht werden (BFH 28.3.2000 – VIII R 28/98, BStBl. II 2000, 347 (349)) und das Konto in die Ermittlung des Abfindungsguthabens des Gesellschafters eingeht. Indizien für Darlehenskonten sind hingegen die Vereinbarung von Tilgungs- und sonstigen Rückzahlungsmodalitäten (BFH 4.5.2000 – IV R 16/99, BStBl. II 2001, 171 (173); BFH 7.4.2005 – IV R 24/03, BStBl. II 2005, 598 (601)). Dagegen ist von einem Kapitalkonto auszugehen, wenn auf dem Konto auch Verluste verbucht werden, da eine Verlustbeteiligung des Gläubigers grundsätzlich nicht mit dem Begriff des Darlehens zu vereinbaren ist (BFH 15.5.2008 – IV R 46/05, BStBl. II 2008, 812 (814)). 1717

Darlehensverbindlichkeiten der Gesellschaft gegenüber den Gesellschaftern sind wie Verbindlichkeiten gegenüber Dritten in der **Steuerbilanz der Gesellschaft zu passivieren** (BFH 9.12.2009 – IV B 129/08, BFH/NV 2010, 640 Rn. 9; BFH 12.12.1996 – IV R 77/93, BStBl. II 1998, 180 Rn. 14). In der **Sonderbilanz des Gesellschafters** ist die Forderung korrespondierend zu **aktivieren** (BFH 12.12.1996 – IV R 77/93, BStBl. II 1998, 180 (182); BFH 1.3.2005 – VIII R 5/03, BFH/NV 2005, 1523 Rn. 37). 1718

Nach ständiger Rechtsprechung des BFH ist die Forderung darüber hinaus in der aus der Gesellschaftsbilanz und den Sonderbilanzen zu bildenden **Gesamtbilanz der Gesellschaft** als **Eigenkapital** auszuweisen (BFH 5.6.2003 – IV R 36/02, BStBl. II 2003, 871 (874) mwN; BFH 12.12.1996 – IV R 77/93, BStBl. II 1998, 180 (182); BFH 1.3.2005 – VIII R 5/03, BFH/NV 2005, 1523 Rn. 37; BFH 9.12.2009 – IV B 129/08, BFH/NV 2010, 640 Rn. 9). Bilanztheoretischer Hintergrund ist die auf *Döllerer* zurückgehende Theorie der konsolidierten Gesamtbilanz (→ Rn. 462). Die Einordnung als Eigenkapital soll erklären, dass eine Wertberichtigung während des Bestehens der Gesellschaft nicht in Betracht komme, weil die Verbindlichkeit in der Gesellschaftsbilanz dem Grunde und der Höhe nach zwar nicht formal, aber doch funktional Eigenkapital der Gesellschaft ausweise (BFH 1.3.2005 – VIII R 5/03, BFH/NV 2005, 1523 Rn. 37). 1719

Dieses Ergebnis lässt sich richtigerweise aber bereits auf Grundlage der additiven Gewinnermittlung und des Korrespondenzprinzips erzielen. Der **Aufstellung einer Gesamtbilanz** bedarf es damit nicht (s. auch *Kahle* DStZ 2012, 61 (65)). 1720

Wird eine Darlehensforderung gegen die Gesellschaft notleidend, wäre der Gesellschafter-gläubiger nach allgemeinen Grundsätzen zu einer **Teilwertabschreibung in seiner Sonderbilanz** berechtigt (und verpflichtet). Das Imparitätsprinzip, wonach bereits drohende Verluste zu berücksichtigen sind, wird für Rechtsbeziehungen zwischen der Gesellschaft und ihren Gesellschaftern indes durch den Grundsatz der korrespondierenden Bilanzierung 1721 überlagert. Aus diesem Grund kann der Verlust im Sonderbetriebsvermögen grundsätzlich (→ Rn. 1721.1) erst bei Beendigung der Mitunternehmerstellung, dh im Fall des Ausscheidens des Gesellschafters oder der Liquidation der Gesellschaft realisiert werden (BFH 26.9.1996 – IV R 105/94, BStBl. II 1997, 277 (280 f.); BFH 24.7.2006 – VIII B 233/05, BFH/NV 2006, 2110 Rn. 16; BFH 9.12.2009 – IV B 129/08, BFH/NV 2010, 640 Rn. 6; BFH 16.3.2017 – IV R 1/15, BStBl. II 2017, 943 Rn. 39; *Herbst/Stegemann* DStR 2013, 176 (177)).

1721.1 Realisiert werden kann der Verlust hingegen, indem die Forderung durch **Übertragung aus dem Sonderbetriebsvermögen** ausscheidet (BFH 1.3.2005 – VIII R 5/03, BFH/NV 2005, 1523 Rn. 49). Sofern die Übertragung dem Fremdvergleichsgrundsatz standhält, kann eine so ermöglichte Verlustrealisierung auch nicht als Gestaltungsmissbrauch gewertet werden (BFH 1.3.2005 – VIII R 5/03, BFH/NV 2005, 1523; HHR/*Schneider* § 15 Rn. 729).

1722 Bei **unverzinslichen Darlehen** findet § 6 Abs. 1 Nr. 3 keine Anwendung, sodass keine Abzinsung vorzunehmen ist. Dies wird zT mit dem Charakter der Forderung als Eigenkapital (Kahle DStZ 2012, 61 (65)), zT mit dem Grundsatz der korrespondierenden Bilanzierung (→ Rn. 1813), kann aber auch damit begründet werden, dass § 6 Abs. 1 Nr. 3 bereits tatbestandlich nicht anwendbar ist, da dem Gläubiger über seine Beteiligung an der Gesellschaft ein anderer Vorteil gewährt wird (HHR/*Schneider* § 15 Rn. 730).

1723 Beim **Forderungsverzicht** ist zwischen dem Verzicht aus gesellschaftlichen und aus eigenbetrieblichen Gründen zu differenzieren (Schmidt/*Wacker* § 15 Rn. 550):

- Der Verzicht aus **gesellschaftlichen Gründen** stellt grundsätzlich den Regelfall dar (FG Münster 1.9.2009 – 1 K 3384/06 F, EFG 2010, 52, rkr.). Von seinen Rechtsfolgen steht dieser der nach § 6 Abs. 5 S. 3 erfolgsneutralen Übertragung eines Wirtschaftsgutes in das Gesamthandsvermögen gleich. Damit erhöht sich der Kapitalanteil des übertragenden Mitunternehmers, während die Forderung durch Kollusion untergeht und sich das Kapital in der Sonderbilanz entsprechend verringert. Damit hat der Vorgang keine Gewinnauswirkung (BFH 12.12.1996 – IV R 77/93, BStBl. II 1998, 180 (182)). Gesellschaftlich ist ein Forderungsrecht veranlasst, wenn dieses einem Fremdvergleich nicht standhält, dh ein Nichtgesellschafter bei Anwendung der Sorgfalt eines ordentlichen Kaufmanns der Gesellschaft den Vermögensvorteil nicht eingeräumt hätte (*Erhardt/Zeller* DStR 2012, 1636 (1638)).
- Beim Verzicht aus **betrieblichen Gründen,** beispielsweise zum Erhalt von Geschäftsbeziehungen, gelten die Grundsätze für den Verzicht von Gesellschaftern gegenüber Kapitalgesellschaften (BFH 9.6.1997 – GrS 1/94, BStBl. II 1998, 307) entsprechend. Hinsichtlich des noch werthaltigen Teils liegt bei der Personengesellschaft eine Einlage und beim Gesellschafter eine Entnahme vor. Bei nicht werthaltigen Teilen ist bei der Personengesellschaft von einem steuerlichen Ertrag und beim Gesellschafter von einem korrespondierenden Aufwand auszugehen (HHR/*Schneider* § 15 Rn. 730).

1724 Im Fall eines **Rangrücktritts** ist die Forderung unter den Voraussetzungen des § 5 Abs. 2a aus der Steuerbilanz der Gesellschaft auszubuchen. Mit Rücksicht auf den Grundsatz der korrespondierenden Bilanzierung steht dem Ertrag auf Ebene der Gesellschaft ein Aufwand im Sonderbereich des Mitunternehmers gegenüber (HHR/*Schneider* § 15 Rn. 730).

1725 **(c) Sonstiges Sonderbetriebsvermögen I.** Die Rechtsprechung hat Sonderbetriebsvermögen I auch in Fällen bejaht, in denen die Wirtschaftsgüter nicht unmittelbar der Personengesellschaft überlassen wurden. Ausreichend soll es bereits sein, wenn das dem Gesellschafter gehörende Wirtschaftsgut **erkennbar zum unmittelbaren Einsatz im Betrieb bestimmt ist** (BFH 19.2.1991 – VIII R 65/89, BStBl. II 1991, 789 (790); BFH 13.9.1988 – VIII R 236/81, BStBl. II 1989, 37 (39)).

1726 Hiervon wurde dann ausgegangen, wenn ein Gesellschafter seiner Gesellschaft ein ihm gehörendes Grundstück für die Errichtung und Vermarktung von Eigentumswohnungen durch die Gesellschaft zur Verfügung stellt und zwischen Gesellschaft und Gesellschafter Einigkeit darüber besteht, dass **künftige Bauinteressenten mit der Gesellschaft Baubetreuungsverträge abzuschließen haben** (BFH 19.2.1991 – VIII R 65/89, BStBl. II 1991, 789 (790)). Kein Sonderbetriebsvermögen liegt hingegen vor, wenn das Grundstück nicht zur Vermarktung, sondern lediglich zur Planung überlassen worden ist (BFH 6.5.1986 – VIII R 160/85, BStBl. II 1986, 838 (839); zur Abgrenzung siehe auch BFH 19.2.1991 –

VIII R 65/89, BStBl. II 1991, 789 (790 f.); kritisch HHR/*Schneider* § 15 Rn. 731). Bejaht wurde Sonderbetriebsvermögen I ferner, wenn der Gesellschafter der Baubetreuungs-KG ein Grundstück verkauft, das von dieser an die Bauinteressenten weiterveräußert wird (BFH 19.2.1991 – VIII R 84/88, BFH/NV 1992, 161 Rn. 20 f.).

(6) Sonderbetriebsvermögen II. Wirtschaftsgüter, die einem Mitunternehmer gehören, die aber dazu geeignet und bestimmt sind, der **Beteiligung des Mitunternehmers zu dienen,** sind Sonderbetriebsvermögen II (BFH 31.1.1991 – IV R 2/90, BStBl. II 1991, 786 (787)). Sonderbetriebsvermögen II kommt grundsätzlich nur in Betracht, wenn das Wirtschaftsgut ein Mittel darstellt, um **besonderen Einfluss auf die Personengesellschaft auszuüben und damit unmittelbar die Stellung in der Personengesellschaft zu stärken** (BFH 30.3.1993 – VIII R 8/91, BStBl. II 1993, 864 (866)). 1727

Ein wichtiger und geläufiger Anwendungsfall ist die **Beteiligung des Kommanditisten an der Komplementär-GmbH** (BFH 30.3.1993 – VIII R 8/91, BStBl. II 1993, 864 (866); BFH 20.9.2018 – IV R 39/11, BStBl. II 2019, 131 Rn. 29). Die GmbH-Anteile gestatten den Anteilsinhabern, in ihrer Eigenschaft als Mitunternehmer in der KG über den Betrieb der GmbH – als Geschäftsführerin der KG – auf den Betrieb der KG besonderen Einfluss auszuüben (BFH 15.10.1975 – I R 16/73, BStBl. II 1976, 188 (189)). 1728

Die Stärkung der Beteiligung kann prinzipiell auf zwei unterschiedlichen Wegen erfolgen (BFH 24.2.2005 – IV R 23/03, BStBl. II 2005, 578 (580)). Möglich ist dies, indem das Wirtschaftsgut der **Mitunternehmerstellung des Gesellschafters selbst dient** (→ Rn. 1730), aber auch dass der **Besitz des Wirtschaftsgutes für das Unternehmen der Personengesellschaft (allein) wirtschaftlich vorteilhaft** ist (→ Rn. 1731). 1729

Ein **Dienen der Beteiligung** ist zu bejahen, wenn das Wirtschaftsgut ein Mittel darstellt, besonderen Einfluss auf die Personengesellschaft auszuüben (BFH 23.1.2001 – VIII R 12/99, BStBl. II 2001, 825 (826); *Ley* KÖSDI 2003, 13907 Rn. 14). Dies gilt insbesondere für die Anteile der Kommanditisten an der Komplementär-GmbH einer **GmbH & Co. KG.** Abweichendes ist anzunehmen, wenn die Komplementär-GmbH einen eigenen Geschäftsbetrieb von nicht ganz untergeordneter Bedeutung unterhält (BFH 11.12.1990 – VIII R 14/87, BStBl. II 1991, 510 (511); BFH 25.11.2009 – I R 72/08, BStBl. II 2010, 471 Rn. 16). Ebenso scheidet die Annahme von Sonderbetriebsvermögen II bei der **Einheits-GmbH & Co. KG** aus (*Normann* GmbH-StB 2014, 237 (238)). Bejaht wurde Sonderbetriebsvermögen hingegen bei einer **GmbH & atypisch stillen Gesellschaft** für die Beteiligung des atypisch stillen Gesellschafters an der GmbH (BFH 15.10.1998 – IV R 18/98, BStBl. II 1999, 286 (288 f.)). Auch hier scheidet Sonderbetriebsvermögen aber aus, wenn die GmbH noch einer anderen Geschäftstätigkeit nachgeht und diese nicht von ganz untergeordneter Bedeutung ist (BFH 15.10.1998 – IV R 18/98, BStBl. II 1999, 286 (289)). 1730

Große Schwierigkeiten bereitet das **Kriterium der wirtschaftlichen Vorteilhaftigkeit** (instruktiv *Ley* KÖSDI 2003, 13907 Rn. 15 ff.), weil es in hohem Maße unbestimmt ist. 1731

Hierfür nicht ausreichend sollen bloß mittelbar günstige Wirkungen auf den Betrieb der Personengesellschaft sein (BFH 30.3.1993 – VIII R 8/91, BStBl. II 1993, 864 (866)). Sonderbetriebsvermögen II ist in der Rechtsprechung des BFH beispielsweise für ein Darlehen verneint worden, das vom Kommanditisten einer GmbH & Co. KG für eine Tochterkapitalgesellschaft der GmbH & Co. KG gewährt wird (BFH 30.3.1993 – VIII R 8/91, BStBl. II 1993, 864 (866)). 1732

Zwischen den beiden Polen – einerseits der unmittelbaren Stärkung der Stellung in der Personengesellschaften und andererseits bloß mittelbar günstigen Wirkungen – sind je nach dem Grad der wirtschaftlichen Verbindung **zahlreiche Abstufungen** denkbar. In dieser Gleitzone operable Abgrenzungskriterien zu entwickeln, stellt die Rechtspraxis vor erhebliche Schwierigkeiten. Wie so häufig lässt sich dabei nicht auf eine ohne Weiteres subsumtionsfähige Universalformel zurückgreifen, sondern verbürgt allein die Bildung und schrittweise Ausdifferenzierung von Fallgruppen relative Rechtssicherheit (s. auch HHR/*Schneider* § 15 Rn. 736). 1733

Zu den anerkannten Fallgruppen des Sonderbetriebsvermögens gehören **mittelbare Nutzungsüberlassungen,** dh Nutzungsüberlassungen des Mitunternehmers an eine dritte Person, die das Wirtschaftsgut dann wiederum der Personengesellschaft zur Verfügung stellt. Hier handelt es sich um Sonderbetriebsvermögen II, sofern der Dritte zur Überlassung des 1734

Wirtschaftsgutes an die Gesellschaft vertraglich verpflichtet ist (BFH 15.1.1981 – IV R 76/77, BStBl. II 1981, 314 (316)). Bejaht wurde Sonderbetriebsvermögen II aber auch bereits dann, wenn zwischen den Vertragsparteien lediglich Einigkeit über die Wechselseitigkeit von Grundstücksvermietung und anschließender Verpachtung bestand (BFH 24.2.2005 – IV R 23/03, BStBl. II 2005, 578 (581)). Der Annahme von Sonderbetriebsvermögen II stand nicht entgegen, dass der Mietvertrag langfristig, der zwischen dem Mieter und der Gesellschaft abgeschlossene Pachtvertrag dagegen unbefristet und praktisch jederzeit kündbar war (BFH 24.2.2005 – IV R 23/03, BStBl. II 2005, 578 (581)).

1735 Wirtschaftlich vorteilhaft können auch **Anteile eines Kommanditisten an einer Kapitalgesellschaft** sein, mit der die Mitunternehmerschaft Geschäftsbeziehungen unterhält (BFH 7.7.1992 – VIII R 2/87, BStBl. II 1993, 328 (330)). Nicht ausreichend ist aber die Unterhaltung von Geschäftsbeziehungen, wie sie üblicherweise auch mit anderen Unternehmen bestehen und zwar selbst dann nicht, wenn diese Geschäftsbeziehungen besonders intensiv sind (BFH 31.1.1991 – IV R 2/90, BStBl. II 1991, 786 (787)). Vielmehr bedarf es einer **besonders engen wirtschaftlichen Verflechtung** zwischen der Personengesellschaft und der Kapitalgesellschaft derart, dass die eine Gesellschaft **eine wesentliche wirtschaftliche Funktion der anderen erfüllt** (BFH 7.7.1992 – VIII R 2/87, BStBl. II 1993, 328(329)).

1735a Hiervon ist die Rechtsprechung ausgegangen, wenn

- die Mitunternehmerschaft ihr Anlagevermögen an eine Kapitalgesellschaft durch Miet- oder Pachtvertrag überlassen hat. Von den dadurch begründeten wirtschaftlich besonders engen Beziehungen ist insbesondere in Fällen der **Betriebsaufspaltung** (BFH 29.10.1986 – II R 226/82, BStBl. II 1987, 99 (100)) auszugehen.
- die Personengesellschaft den **Alleinvertrieb der Produktions-GmbH** übernommen hat (BFH 6.7.1989 – IV R 62/86, BStBl. II 1989, 890).
- der Vertrieb für die Produktions-Personengesellschaft durch eine **Vertriebs-GmbH** übernommen wird (BFH 7.12.1984 – III R 35/79, BStBl. II 1985, 236 (238)). Abweichendes gilt aber, wenn die Geschäftsverbindung aus Sicht der Produktionsgesellschaft nur von geringer Bedeutung ist und die Vertriebsgesellschaft neben dem Vertrieb der Erzeugnisse der Produktionsgesellschaft noch in erheblichem Umfang anderweitig geschäftlich tätig ist (BFH 31.10.1989 – VIII R 374/83, BStBl. II 1990, 677 (678)).
- die Beteiligung an einer Immobilien-GmbH gehalten wird, die nahezu ausschließlich **Wohnungen an die Arbeitnehmer der KG** vermietet und es so der KG erleichtert, neue Arbeitskräfte zu gewinnen (BFH 14.1.2010 – IV R 86/06, BFH/NV 2010, 1096).
- **der Gesellschafter einer Steuerberatungs-GbR an einer Kapitalgesellschaft beteiligt ist,** mit der die Steuerberatungs-GbR ihre wesentlichen Umsätze erzielt (FG Münster 8.6.2005 – 1 K 2550/03 F, EFG 2005, 1847, rkr.).

1736 **Verneint** wird die Annahme von Sonderbetriebsvermögen II hingegen, wenn

- die Personengesellschaft **keine aktive gewerbliche Tätigkeit ausübt,** sondern sich lediglich auf Holding-Funktionen beschränkt (BFH 7.3.1996 – IV R 12/95, BFH/NV 1996, 736 Rn. 13),
- nicht die Beteiligung des Mitunternehmers der Mitunternehmerschaft, sondern umgekehrt infolge der Beteiligung eines Mitunternehmers an einer Kapitalgesellschaft **die Mitunternehmerschaft der Kapitalgesellschaft dient** (BFH 31.8.2006 – IV B 20/05, BFH/NV 2006, 2257 Rn. 11),
- an einer Kapitalgesellschaft ein **reiner Ertragsnießbrauch** besteht (FG Baden-Württemberg 27.9.2005 – 4 K 469/99, EFG 2006, 793 Rn. 27, rkr.).

1737 Sonderfragen stellen sich, wenn zwischen einer Mitunternehmerschaft als Organträger und einer Kapitalgesellschaft als Organgesellschaft ein **Organschaftsverhältnis** besteht (s. HHR/*Schneider* § 15 Rn. 740). Mit Inkrafttreten des StVergAbG (BGBl. 2003 I 660 v. 20.5.2003) ist es nicht länger möglich, dass als Organträger zwei oder mehrere Unternehmen fungieren, deren einheitliche Willensbildung über eine Innen-GbR koordiniert wird (sog. Mehrmütterorganschaft). Damit scheidet die Annahme einer Organschaft nunmehr aus, wenn sich die für die finanzielle Eingliederung notwendige Stimmrechtsmehrheit nur in der Zusammenschau von Gesamthandsvermögen und Anteilen an der Organgesellschaft ergibt, die im Sonderbetriebsvermögen gehalten werden (zur alten Rechtslage s. aber BFH 28.8.2003 – IV R 46/02, BStBl. II 2004, 216 (218)).

1738 Anteile an der Organgesellschaft, die ein Gesellschafter hält, sind dann Sonderbetriebsvermögen, wenn die **Organgesellschaft nahezu ausschließlich für die Organträgerin, dh**

die Mitunternehmerschaft, tätig ist. Zur Begründung verweist der BFH auf die Parallele zu einer Betriebs-Kapitalgesellschaft und einer Besitz-Personengesellschaft (BFH 28.8.2003 – IV R 46/02, BStBl. II 2004, 216 (218)). Ist dagegen die Organgesellschaft nicht ausschließlich für die Organträgerin tätig, kommt eine Einordnung der Anteile an der Organgesellschaft in das Sonderbetriebsvermögen II nach allgemeinen Grundsätzen nur in Betracht, wenn die Beteiligung an der Kapitalgesellschaft zugleich die Stellung des Mitunternehmers in der Personengesellschaft stärkt. Diese Voraussetzung ist bei einer nicht mehrheitsvermittelnden geringfügigen Beteiligung an der Kapitalgesellschaft nicht erfüllt. Die Grenze zu einer geringfügigen Beteiligung soll jedenfalls dann nicht überschritten sein, wenn die Anteile des einzelnen Gesellschafters weniger als 1% des Kapitals der Organgesellschaft ausmachen (BFH 28.8.2003 – IV R 46/02, BStBl. II 2004, 216 (218)).

(7) Passives Sonderbetriebsvermögen. Schon mit Rücksicht auf das objektive Nettoprinzip gehen in den Gewinn, den ein Gesellschafter aus seiner Beteiligung bezieht, nicht nur der Gesellschaftsgewinn, sondern auch die Sonderbetriebseinnahmen und die Sonderbetriebsausgaben ein (BFH 12.7.1990 – IV R 37/89, BStBl. II 1991, 64 (65)). Damit umfasst der Sonderbereich nicht nur das aktive, sondern auch das **passive Sonderbetriebsvermögen.** Teilweise wird auch insoweit zwischen Sonderbetriebsvermögen I und II unterschieden (BFH 20.9.2007 – IV R 68/05, BStBl. II 2008, 483 (485)). Sachlich gefordert ist eine Differenzierung aber wohl nur im Fall etwaiger Bilanzierungskonkurrenzen (→ Rn. 1743 ff. und → Rn. 2161 ff.). 1739

Der Passivposten muss entweder durch den **Betrieb oder die Beteiligung des Mitunternehmers bedingt sein.** Hierzu gehören insbesondere 1740
- Verbindlichkeiten, die der Gesellschafter zur Finanzierung seines Mitunternehmeranteils (BFH 28.10.1999 – VIII R 42/98, BStBl. II 2000, 390), einer Sacheinlage oder einer späteren Kapitalerhöhung aufgenommen hat,
- die Fremdfinanzierung von Wirtschaftsgütern des Sonderbetriebsvermögens I und II einschließlich der Finanzierung von Sonderbetriebsaufwand (s. BFH 28.10.1999 – VIII R 42/98, BStBl. II 2000, 390 (391); BFH 27.4.2017 – IV B 53/16, BFH/NV 2017, 1032 Rn. 25),
- die Kosten gesellschaftsrechtlicher Beratung (BFH 17.6.2019 – IV R 19/16, BStBl. II 2019, 614 Rn. 19).

Bürgschaften eines **Gesellschafters zugunsten der Mitunternehmerschaft** sind der Vergabe von Darlehen des Mitunternehmers an die Gesellschaft gleichzustellen. Eine gewinnmindernde Passivierung ist damit erst dann möglich, wenn die Personengesellschaft aufgelöst wird oder ein Mitunternehmer aus der Gesellschaft ausscheidet (BFH 27.6.2006 – VIII R 31/04, BStBl. II 2006, 874 (877)). 1741

Sofern ein wirtschaftlicher Veranlassungszusammenhang besteht, können auch **Bürgschaften,** die Gesellschafter für die Verbindlichkeiten Dritter eingehen, zum Sonderbetriebsvermögen zählen (BFH 27.6.2006 – VIII R 31/04, BStBl. II 2006, 874 (877); näher HHR/*Schneider* § 15 Rn. 751). 1742

dd) Bilanzierungskonkurrenzen. Zu den umstrittensten Fragen des Steuerbilanzrechts der Mitunternehmerschaft gehört die Auflösung von **Bilanzierungskonkurrenzen** im Bereich des Sonderbetriebsvermögens (hierzu einführend und sehr instruktiv *Niehus/Wilke* Die Besteuerung der Personengesellschaften, 80 ff.). Sie stellt sich, wenn ein Wirtschaftsgut einer Personengesellschaft überlassen wird, das der Mitunternehmer bereits zuvor anderweitig betrieblich genutzt hat. Die folgende Darstellung geht zunächst vom Grundfall der Überlassung eines Wirtschaftsgutes aus dem Betriebsvermögen des gewerblich tätigen Einzelunternehmers aus. Im Anschluss werden andere Konstellationen erörtert. Ausgeblendet bleiben allein die Fragen, die im Zusammenhang mit **doppel- und mehrstöckigen Personengesellschaften** zu beantworten sind (→ Rn. 2161 ff.). 1743

(1) Grundfragen. § 15 Abs. 1 S. 1 Nr. 2 S. 1 Hs. 2 lässt sich nicht unmittelbar entnehmen, wie Wirtschaftsgüter bilanziell einzuordnen sind, die ein Mitunternehmer der Personengesellschaft zur Nutzung überlässt, die er bereits zuvor in seinem Betriebsvermögen gehalten hat. Denkbar erscheint, diese weiterhin dem Betriebsvermögen des anderen Betriebs oder alternativ dem Sonderbetriebsvermögen der Mitunternehmerschaft zuzuordnen. Die erste 1744

Auffassung wird als **Subsidiaritätstheorie** bezeichnet. Nach ihr ist ein Wirtschaftsgut nur dann als Sonderbetriebsvermögen zu qualifizieren, wenn es vorher nicht bereits in einem Betriebsvermögen des Mitunternehmers steuerlich verstrickt war. Nach der gegenteiligen **Vorrangtheorie** verdrängt § 15 Abs. 1 S. 1 Nr. 2 S. 1 Hs. 2 die bisherige betriebliche Zuordnung, sodass beispielsweise auch dann von Sonderbetriebsvermögen auszugehen ist, wenn das Wirtschaftsgut zuvor im Gewerbebetrieb des überlassenden Gesellschafters genutzt wurde.

1744.1 **Beispiel:** A ist Gesellschafter der A&B-OHG. Er vermietet der OHG ein Grundstück, das er in seinem Betriebsvermögen aktiviert hat. Nach der Vorrangthese ist das Grundstück nunmehr im Sonderbereich der A&B-OHG zu aktivieren, nach der Subsidiaritätsthese ist es weiterhin dem Einzelunternehmen des A zugehörig.

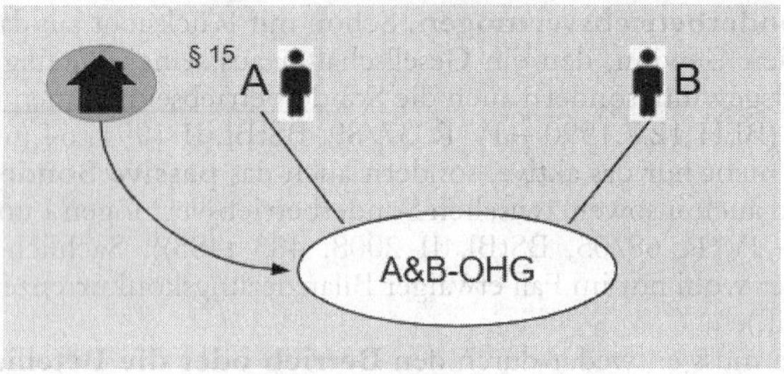

1745 Rechtssystematisch führt die Thematik auf die Frage zurück, ob § 15 Abs. 1 S. 1 Nr. 2 S. 1 Hs. 2 eine bloße Qualifikationsnorm oder eine Zuordnungsnorm ist. Für die Subsidiaritätsthese ist die Norm eine reine **Qualifikationsnorm.** Ihr Gehalt erschöpft sich darin, Überschusseinkünfte in Gewinneinkünfte umzuqualifizieren. Sofern das Wirtschaftsgut hingegen bereits betrieblich verstrickt ist, bedarf es keiner Umqualifizierung, sodass § 15 Abs. 1 S. 1 Nr. 2 S. 1 Hs. 2 leer läuft (*Söffing* DB 2007, 1994). Nach der Gegenauffassung ist die Vorschrift nicht nur Qualifikations-, sondern auch Zuordnungsnorm (BFH 18.7.1979 – I R 199/75, BStBl. II 1979, 750 (753)). Das Wirtschaftsgut wird deshalb auch dann dem Sonderbetriebsvermögen der Mitunternehmerschaft zugeordnet, wenn es bereits zuvor betrieblich verstrickt war. Dem Sonderbereich kommt Vorrang gegenüber der vorherigen bilanziellen Zuordnung des Wirtschaftsgutes zu.

1746 **Praktisch relevant** wird der Meinungsstreit ua (*Niehus/Wilke* Die Besteuerung der Personengesellschaften, 82; s.a. *Ley* KÖSDI 2003, 13907)

- bei Betriebsaufgaben oder Betriebsveräußerungen,
- bei **Veräußerungen eines Mitunternehmeranteils;** hier stellt sich die Frage, ob die Tarifvergünstigung für den Mitunternehmeranteil zwingend voraussetzt, dass auch das Sonderbetriebsvermögen mitveräußert wird,
- für die **Gewerbesteuer,** sofern für den Betrieb der Mitunternehmerschaft und den Ausgangsbetrieb unterschiedliche Gewerbesteuersätze gelten oder sogar nur einer der Betriebe der Gewerbesteuer unterliegt,
- sofern im Betrieb der Mitunternehmerschaft und im Ausgangsbetrieb **unterschiedliche Gewinnermittlungsvorschriften** zur Anwendung kommen, beispielsweise der Gewinn im Ausgangsbetrieb durch Überschussrechnung nach § 4 Abs. 3, in der Mitunternehmerschaft hingegen durch Betriebsvermögensvergleich nach § 5 Abs. 1 iVm § 4 Abs. 1 ermittelt wird.

1747 Die Rechtsprechung folgt heute im **Grundsatz der Vorrangthese** (→ Rn. 1748). In bestimmten Konstellationen wird diese Grundregel aber zugunsten der Subsidiaritätsthese durchbrochen (→ Rn. 1751).

1748 **(2) Grundsatz: Vorrang des Sonderbetriebsvermögens.** Die Rechtsprechung und Finanzverwaltung gingen **ursprünglich von der Subsidiaritätsthese** aus (BFH 6.11.1980 – IV R 5/77, BStBl. II 1981, 307 (308); Mitunternehmererlass, BMF 20.12.1977, BStBl. I 1978, 8 Rn. 13 und 83), die auch ganz überwiegend in der Literatur vertreten wurde und dort zT noch heute Unterstützung findet (*Knobbe-Keuk* Bilanz- und Unternehmenssteuerrecht, 448 f.; *Söffing* DB 2007, 1994 (1995 ff.)).

Mit der Entscheidung BFH 18.7.1979 – I R 199/75, BStBl. II 1979, 750 (753) hat der BFH seine Position revidiert und vertritt seither in ständiger Rechtsprechung die **Vorrangthese** (BFH 6.11.1980 – IV R 5/77, BStBl. II 1981, 307 (308); BFH 23.10.1986 – IV R 352/84, BStBl. II 1988, 128 (130)). Hierbei konnte er auf grundlegenden Arbeiten von Mellwig aufbauen (*Mellwig* DB 1978, 1047 ff.; *Mellwig* DB 1978, 1099 ff.). **1749**

Vorzug der Vorrangthese ist es, in weitem Umfang die **Gleichstellung von Einzelunternehmer und Mitunternehmer** zu verwirklichen. Nicht entgegengehalten werden kann ihr, die gesetzgeberische Intention müsse dann leerlaufen, wenn das der Personengesellschaft überlassene Wirtschaftsgut bereits dem Betriebsvermögen des überlassenden Gesellschafters zugehörig sei (so aber *Söffing* DB 2007, 1994 (1995)). Hierbei wird verkannt, dass es nicht nur um die Abgrenzung zwischen Betriebs- und Privatvermögen geht, sondern die Zuordnung darüber hinaus auch erhebliche Konsequenzen haben kann (→ Rn. 1746). Die Subsidiaritätsthese würde hier beträchtliche Gestaltungsmöglichkeiten eröffnen. So kommt es für die Zuordnungsentscheidung nicht allein darauf an, in welchem Betrieb das Wirtschaftsgut tatsächlich verwendet wird, sondern darauf, ob dieses in das Gesamthandsvermögen der Personengesellschaft überführt wird oder wirtschaftlich weiterhin allein dem Mitunternehmer zuzurechnen ist, der dieses auf schuldrechtlicher Basis zur Verfügung stellt. Derartige Gestaltungsmöglichkeiten sollen durch § 15 Abs. 1 S. 1 Nr. 2 S. 1 Hs. 2 aber gerade ausgeschlossen werden, weil diese auch dem Einzelunternehmer nicht zur Verfügung stehen. Damit ist entgegen der in der Literatur geäußerten Kritik und im Einklang mit der neueren Rechtsprechung des BFH an der Vorrangthese festzuhalten. Mittlerweile ist auch die Finanzverwaltung auf diese Position eingeschwenkt (BMF 10.12.1979, BStBl. I 1979, 683, bekräftigt durch BMF 18.1.1996, BStBl. I 1996, 86). **1750**

Ein weiterer Vorzug der Vorrangthese ist, dass sie dazu beiträgt, gewerbesteuerliche Disparitäten zu beseitigen. So führt die Subsidiaritätsthese etwa bei der Darlehensvergabe zu einer partiellen gewerbesteuerlichen Doppelbelastung (s. zB § 8 Nr. 1 Buchst. a, d, e GewStG). Derartige Disparitäten mögen zwar letztlich Folge des Charakters der Gewerbesteuer als Objektsteuer sein (so *Söffing* DB 2007, 1994 (1997)), sind aber gleichwohl keinesfalls erstrebenswert. **1750.1**

(3) Durchbrechungen. In bestimmten Konstellationen ist die neuere Rechtsprechung von der Vorrangthese (→ Rn. 1748) **abgerückt** (hierzu kritisch *Heurung* FS Mellwig, 2007, 145). Ihnen gemeinsam ist, dass es um Nutzungsüberlassungen zwischen Schwesterpersonengesellschaften geht. **1751**

Hierzu zählte zunächst eine Entscheidung zu einer nach **§ 15 Abs. 3 Nr. 2 gewerblich geprägten Schein-KG** (BFH 16.6.1994 – IV R 48/93, BStBl. II 1996, 82 (84)). Danach soll auch die rein steuerliche Fiktion der Gewerblichkeit ausreichen, um eine Zurechnung der vermieteten Wirtschaftsgüter zum Betriebsvermögen der vermietenden Gesellschaft zu rechtfertigen. Zur Begründung verweist der BFH darauf, auch die gewerblich geprägte Personengesellschaft sei als Subjekt der Gewinnerzielung und Gewinnermittlung anzusehen (BFH 16.6.1994 – IV R 48/93, BStBl. II 1996, 82 (86)). Auf der gleichen Linie liegen weitere Entscheidungen, in denen sich der BFH jedenfalls der Sache nach zur Subsidiaritätsthese bekannt hat: **1752**

Die Qualifikation als Sonderbetriebsvermögen ist gegenüber der Qualifikation des Vermögens und der Einkünfte aus der Verpachtung dieses Vermögens einer **gewerblich tätigen atypisch stillen Gesellschaft** nachranging. Dem steht auch nicht entgegen, dass bei einer (atypisch) stillen Gesellschaft die Geschäfte im Außenverhältnis nur der tätige Gesellschafter führt und es im zivilrechtlichen Sinne daher eine Tätigkeit der stillen Gesellschaft nicht gibt (BFH 26.11.1996 – VIII R 42/94, BStBl. II 1998, 328 (329)). **1753**

Ebenso sind bei der **mitunternehmerschaftlichen Betriebsaufspaltung** die von einer Besitzgesellschaft während der Dauer einer Betriebsaufspaltung von der Betriebsgesellschaft bezogenen Vergütungen als Einnahmen bei den Einkünften aus Gewerbebetrieb zu erfassen (BFH 23.4.1996 – VIII R 13/95, BStBl. II 1998, 325 (326)). Der IV. Senat, der dies ursprünglich anders entschieden hatte (BFH 25.4.1985 – IV R 36/82, BStBl. II 1985, 622 (624)), hat seine frühere Position auf Anfrage des VIII. Senates aufgegeben, sodass auf die Anrufung des Großen Senats verzichtet werden konnte. **1754**

Keine Rolle spielt, ob es sich um **ganz oder nur teilweise identische Schwestergesellschaften** handelt (BFH 26.11.1996 – VIII R 42/94, BStBl. II 1998, 328). **1755**

1756 Dessen ungeachtet ist mit der Hinwendung zur Subsidiaritätsthese beim Leistungsaustausch zwischen Schwestergesellschaften **keine generelle Abkehr von der Vorrangthese** verbunden. So hält der BFH für die steuerlichen Rechtsverhältnisse einer Obergesellschaft zur mitunternehmerischen Untergesellschaft an der Vorrangthese fest (BFH 24.3.1999 – I R 114/97, BStBl. II 2000, 399 (402); s. auch BFH 22.11.1994 – VIII R 63/93, BStBl. II 1996, 93 (96)).

1756.1 Zur Begründung hat sich der I. Senat allerdings allein auf ein formales Argument berufen. Der Kontinuität der Rechtsprechung komme große Bedeutung zu, die der von Art. 20 Abs. 3 GG umfassten Rechtssicherheit diene und nur aus wichtigem Grund aufgegeben werden könne. Allein die Tatsache, dass die Ablehnung der Subsidiaritätstheorie durch die höchstrichterliche Rechtsprechung in der Literatur keine uneingeschränkte Zustimmung gefunden habe, sei kein wichtiger Grund zur Aufgabe jahrzehntelanger Rechtsprechung (BFH 24.3.1999 – I R 114/97, BStBl. II 2000, 399 (402)).

1757 Die **Finanzverwaltung** ist mittlerweile auf die Linie des BFH eingeschwenkt. Die Subsidiaritätsthese gilt aber allein im Verhältnis von Schwesterpersonengesellschaften, im Übrigen bekennt sich die Finanzverwaltung weiterhin zur Vorrangthese (BMF 28.4.1998, BStBl. I 1998, 583).

1758 In der Literatur sind die Durchbrechungen der Vorrangthese auf ein **gemischtes Echo** gestoßen. ZT wird die partielle Abkehr begrüßt und dem BFH allein vorgehalten, gewissermaßen auf halbem Weg stehen geblieben zu sein (*Söffing* DB 2007, 1994 ff.).

1759 Zutreffend sprechen sich andere Stimmen hingegen dafür aus, **generell zur Vorrangthese zurückzukehren** (*Heurung* FS Mellwig, 2007, 145). Weder der Wortlaut noch die Zwecksetzung des § 15 Abs. 1 S. 1 Nr. 2 S. 1 Hs. 2 bieten Anhaltspunkte dafür, dass die dort angeordneten Rechtsfolgen nicht eintreten sollen (s. BFH 25.4.1985 – IV R 36/82, BStBl. II 1985, 622 (624)). Sinn und Zweck der Zurechnung von Sonderbetriebseinnahmen und der Anerkennung des Sonderbetriebsvermögens ist die **Gleichstellung von Mitunternehmern mit Einzelunternehmern** (→ Rn. 1683). Auch wenn ein Einzelunternehmer mehrere Betriebe führen kann, ist es ihm doch zivil- wie steuerrechtlich verwehrt, Verträge mit sich selbst abzuschließen. Vielmehr sind Wirtschaftsgüter zwingend dem Betriebsvermögen zuzuordnen, in dem sie tatsächlich genutzt werden. Folgerichtig darf es dann auch keine Rolle spielen, ob ein Wirtschaftsgut auf schuldrechtlicher Basis oder durch Einbringung in das Gesamthandsvermögen zur Nutzung überlassen wird.

1760 Auch dem vom BFH bemühten Hinweis auf die Einheit der Personengesellschaft (BFH 16.6.1994 – IV R 48/93, BStBl. II 1996, 82 (86)) und der in dieser Konzeption angelegten Abschirmwirkung der Personengesellschaft lässt sich kein zwingendes Argument für die Geltung der Subsidiaritätsthese entnehmen. Der Einheit der Personengesellschaft kommt auf Grundlage der heute herrschenden **synthetischen Einheitstheorie** (→ Rn. 439) nur noch die Bedeutung einer Vermutungsregel zu. Damit kann und muss die Einheitsbetrachtung durchbrochen werden, wenn diese zu einer sachlich nicht gerechtfertigten Besteuerung führt. Eine solche würde sich aber ergeben, wenn im Verhältnis von personenidentischen Schwesterpersonengesellschaften entgegen der Teleologie des § 15 Abs. 1 S. 1 Nr. 2 S. 1 Raum für das Neutralitätspostulat verletzende Steuergestaltung eröffnet wird.

ee) Tatbestand

1761 **Leitentscheidungen, wichtige Verwaltungsanweisungen und Schrifttum (Auswahl):**

1761.1 **Wichtige Verwaltungsanweisungen:**
BMF 29.1.2008, Bilanzsteuerliche Behandlung von Pensionszusagen einer Personengesellschaft an einen Gesellschafter und dessen Hinterbliebene, BStBl. I 2008, 317.

1762 Den Sonderbereich umschreibt § 15 Abs. 1 S. 1 Nr. 2 S. 1 Hs. 2 dahingehend, dass Vergütungen hinzuzurechnen sind, „die der Gesellschafter von der Gesellschaft für seine Tätigkeit im Dienst der Gesellschaft oder für die Hingabe von Darlehen oder für die Überlassung von Wirtschaftsgütern bezogen hat." Damit sind nach dem Gesetzeswortlaut **drei Vertragstypen** zu unterscheiden, nämlich Dienstverträge (→ Rn. 1773), Darlehensverträge (→ Rn. 1781) sowie Nutzungsüberlassungen (→ Rn. 1785), bei denen der Gesellschafter jeweils Leistungen an die Mitunternehmerschaft erbringt und dafür eine besondere Vergütung erhält. Der Darstellung der einzelnen Vertragstypen ist ein **Allgemeiner Teil** vorangestellt (→ Rn. 1763 ff.). Abschließend wird in einem zusammenhängenden Abschnitt auf die **nicht einbezogenen Verträge** eingegangen (→ Rn. 1801 ff.).

(1) Allgemeiner Teil einschließlich Abgrenzung zum Gewinnvoraus. Ausgehend von der ratio legis, die Bemessungsgrundlage der Gewerbesteuer zu erhalten und den Mitunternehmer dem Einzelunternehmer gleichzustellen (→ Rn. 1682 f.), ist die Aufzählung des § 15 Abs. 1 S. 1 Nr. 2 S. 1 Hs. 2 **nicht abschließend** und hat lediglich exemplarischen Charakter. Entscheidend für die Einordnung in den Sonderbereich ist nach dem auf *Woerner* zurückgehenden Beitragsgedanken, dass sich die Leistung an die Gesellschaft bei wirtschaftlicher Betrachtung als Beitrag zur Förderung des Gesellschaftszwecks darstellt (*Woerner* BB 1975, 465). 1763

Voraussetzung für die Zuordnung der Sondervergütungen ist, dass die von der Gesellschaft vergütete Leistung des Gesellschafters **durch das Gesellschaftsverhältnis veranlasst war** (BFH 27.5.1981 – I R 112/79, BStBl. II 1982, 192 (196)). Daran fehlt es nur dann, wenn **jeglicher wirtschaftlicher Zusammenhang** zwischen der Leistung des Gesellschafters und dem Mitunternehmerverhältnis **ausgeschlossen werden kann** (BFH 23.5.1979 – I R 163/77, BStBl. II 1979, 757; BFH 23.5.1979 – I R 56/77, BStBl. II 1979, 763 bzw. BFH 23.5.1979 – I R 85/77, BStBl. II 1979, 767). Ebenso auszugrenzen sind Veräußerungsgeschäfte (→ Rn. 1802). 1764

Sondervergütungen müssen auf **besonderen Vertragsbeziehungen** zwischen der Gesellschaft und den einzelnen Gesellschaftern beruhen (BFH 13.10.1998 – VIII R 4/98, BStBl. II 1999, 284 (285); BFH 25.2.1991 – GrS 7/89, BStBl. II 1991, 691 (698)). 1765

Keine Rolle spielt es, auf welcher **Rechtsgrundlage die Sonderbeziehung beruht.** Die Tätigkeit muss also nicht bereits im Gesellschaftsvertrag vereinbart sein (BFH 28.10.1964 – IV 155/63, BeckRS 1964, 21007256; BFH 13.10.1998 – VIII R 4/98, BStBl. II 1999, 284 (285); BFH 21.12.2017 – IV R 44/14, BFH/NV 2018, 407 Rn. 25). Ebenso kann die Tätigkeit auch aufgrund eines neben dem Gesellschaftsverhältnis und rechtlich unabhängig von diesem bestehenden schuldrechtlichen Rechtsverhältnisses (sog. Drittverhältnis), wie etwa einem Arbeitsverhältnis erbracht werden (BFH 24.1.1980 – IV R 156, 157/78, BStBl. II 1980, 271 (274)). Ebenso wenig ist erforderlich, dass sie sich wenigstens den gesamten Umständen nach als Ausfluss der Mitunternehmerschaft darstellt (BFH 28.10.1964 – IV 155/63, BeckRS 1964, 21007256). 1766

Bei einer gesellschaftsvertraglichen Grundlage ist zwischen Sondervergütungen einerseits und Gewinnvoraus bzw. Gewinnvorab andererseits abzugrenzen. Beim **Gewinnvoraus oder Gewinnvorab** handelt es sich um Vergütungen, die einem Gesellschafter vorweg aus dem Gewinn gewährt werden und die nicht als Aufwand behandelt werden (Schmidt/*Wacker* § 15 Rn. 440). Dagegen liegen **Sondervergütungen** vor, wenn die Vergütung nach den Bestimmungen des Gesellschaftsvertrags als (handelsrechtliche) Unkosten zu behandeln und insbesondere – im Gegensatz zu einem Gewinnvorab – auch dann zu zahlen sind, wenn kein Gewinn erwirtschaftet wird (BFH 23.1.2001 – VIII R 30/99, BStBl. II 2001, 621 (624)). Fehlt es an einer hierauf gerichteten unmissverständlichen Vereinbarung, so ist im Zweifel von einer bloßen Gewinnverteilungsabrede auszugehen (BFH 23.1.2001 – VIII R 30/99, BStBl. II 2001, 621 (624)). Eine gesellschaftsvertragliche Vereinbarung zur **Übernahme eventuell anfallender Gewerbesteuer** durch einzelne Gesellschafter ist als (bloße) Gewinnverteilungsabrede einzuordnen und begründet insofern keine Sonderbetriebsausgaben bei dem Gesellschafter (BFH 19.7.2018 – IV R 14/16, BFH/NV 2018, 1336 Rn. 41; → Rn. 1618). 1767

Das Tatbestandsmerkmal „**bezogen**" in § 15 Abs. 1 S. 1 Nr. 2 ist nicht im Sinne eines tatsächlichen Vorganges, sondern im Sinne einer zeitlichen Zuordnung zu verstehen. Für die Zurechnung der Vergütungen an den Gesellschafter zu den Einkünften aus Gewerbebetrieb eines bestimmten Kalenderjahres ist es daher unerheblich, ob diese dem Gesellschafter während dieses Kalenderjahres auch tatsächlich iSd § 11 Abs. 1 S. 1 zugeflossen sind (BFH 23.5.1979 – I R 56/77, BStBl. II 1979, 763 (766); BFH 19.10.1970 – GrS 1/70, BStBl. II 1971, 177 (178); BFH 21.12.2017 – IV R 44/14, BFH/NV 2018, 407 Rn. 27). 1768

Vielmehr ist eine Vergütung schon dann „bezogen", wenn die Zahlung **im Interesse des Gesellschafters** liegt und ihm einen **geldwerten Vorteil** verschafft (BFH 19.10.1970 – GrS 1/70, BStBl. II 1971, 177 (178)). 1769

1770 Auch im Sonderbereich ist der **Fremdvergleichsgrundsatz** zu beachten. Die Anerkennung von Sonderbetriebsausgaben steht damit unter dem Vorbehalt der Angemessenheit (BFH 13.10.1998 – VIII R 4/98, BStBl. II 1999, 284 (286)). Was über die angemessene Vergütung hinausgeht, ist als Entnahme zu werten, die in der Regel allen Gesellschaftern nach dem allgemeinen Gewinnverteilungsschlüssel zuzurechnen ist (HHR/*Tiede* § 15 Rn. 488, 526; zudem → Rn. 1628).

1771 Üblicherweise **korrespondieren Sonderbetriebseinnahmen mit Sonderbetriebsausgaben** der Personengesellschaft. Dieser Zusammenhang ist aber **nicht zwingend.** So steht der Annahme einer Sonderbeziehung nicht entgegen, dass Sonderbetriebseinnahmen des Gesellschafters auf Ebene der Personengesellschaft nicht zu sofort abziehbarem Aufwand, sondern zu Anschaffungskosten eines Wirtschaftsgutes führen (BFH 23.5.1979 – I R 56/77, BStBl. II 1979, 763 (767); BFH 11.12.1986 – IV R 222/84, BStBl. II 1987, 553 (556)). In diesen Fällen ist die Leistungsvergütung auf Ebene des Gesellschafters sofort und nicht erst dann zu erfassen, wenn sie bei der Gesellschaft mittels der AfA, einer Teilwertabschreibung oder im Hinblick auf einen Veräußerungs- oder Entnahmevorgang zu Aufwand wird (BFH 11.12.1986 – IV R 222/84, BStBl. II 1987, 553 (556)).

1772 Im Übrigen tendiert die Rechtsprechung zu einer eher extensiven Interpretation der Vorschrift und hat verschiedene **denkbare Eingrenzungen verworfen:**

- Grundsätzlich ohne Relevanz ist die **Höhe der Beteiligung des Gesellschafters,** sofern nur die von der Gesellschaft vergütete Leistung des Gesellschafters durch das Gesellschaftsverhältnis veranlasst ist (s. auch BFH 27.5.1981 – I R 112/79, BStBl. II 1982, 192 (196)).
- Sondervergütung kann auch eine **einmalige Vergütung** sein (BFH 11.12.2003 – IV R 42/02, BStBl. II 2004, 353 (355); BFH 23.4.1996 – VIII R 53/94, BStBl. II 1996, 515).
- Das Entgelt kann auch in einer **Sachleistung** bestehen (BFH 11.12.2003 – IV R 42/02, BStBl. II 2004, 353 (355)).
- Eine **zwischengeschaltete Personengesellschaft entfaltet keine Abschirmwirkung.** Der BFH hat dies in seiner älteren Rechtsprechung mit dem Argument begründet, die BGB-Gesellschaft sei keine selbständige Rechtsperson, vielmehr seien die „Gesellschaft" die Gesellschafter in ihrer gesamthänderischen Verbundenheit (BFH 23.5.1979 – I R 56/77, BStBl. II 1979, 763 (765)).

Beispiel: Die X-GbR vermietet ein Grundstück an die Y-OHG, an der A als Gesellschafter beteiligt ist. Das Mietverhältnis ist zu dem Anteil dem Sonderbereich der Y-OHG zuzurechnen, zu dem A zugleich an der X-GbR beteiligt ist.

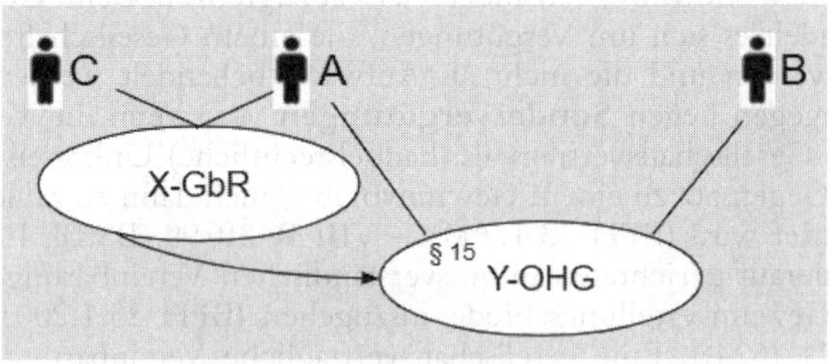

1773 **(2) Tätigwerden im Dienst der Gesellschaft.** Prototypisch für die **Tätigkeit im Dienst der Gesellschaft** sind Dienstverträge (§§ 611 ff. BGB), etwa wenn ein Gesellschafter bei seiner Gesellschaft als Geschäftsführer tätig ist. Der Begriff der „Tätigkeit im Dienst der Gesellschaft" ist **weit auszulegen** (BFH 23.5.1979 – I R 56/77, BStBl. II 1979, 763 (765); BFH 28.10.1964 – IV 155/63, BeckRS 1964, 21007256). Hierzu zählen sowohl eine Tätigkeit als Geschäftsführer (BFH 2.8.1960 – I 221/595, BStBl. III 1960, 408), eine Tätigkeit als Prokurist (RFH 8.2.1928 – VI A 817/27, StuW 1928 Nr. 185), ebenso aber Tätigkeiten auf Grund untergeordneter Angestellten- und Arbeitsverhältnisse (BFH 28.1.1958 – I 71/57 U, BStBl. III 1958, 112).

1774 Aus dem Begriff **„im Dienst"** kann nicht geschlossen werden, dass es sich notwendigerweise um ein Dienstverhältnis handeln muss (BFH 28.10.1999 – VIII R 41/98, BStBl. II 2000, 339 (340); BFH 28.10.1964 – IV 155/63, BeckRS 1964, 21007256). Durch die Wendung bringt das Gesetz lediglich zum Ausdruck, dass es sich um Tätigkeiten handeln muss, die der Gesellschaft dienen und von ihr vergütet werden (BFH 28.10.1964 – IV 155/63, BeckRS 1964, 21007256). Deshalb werden auch Leistungen im Rahmen eines Werk- oder Geschäftsbesorgungsvertrags iSd § 631 BGB, § 675 BGB erfasst (BFH 28.10.1999 – VIII R 41/98, BStBl. II 2000, 339 (340); BFH 23.5.1979 – I R 56/77, BStBl. II 1979, 763 (765)).

Eingeschlossen sind auch Tätigkeiten, die isoliert für sich betrachtet als **Einkünfte aus selbständiger Tätigkeit** zu erfassen wären (BFH 23.5.1979 – I R 56/77, BStBl. II 1979, 763 (765)). Welcher Einkunftsart die Vergütung sonst zuzurechnen wäre, ist irrelevant (BFH 27.5.1981 – I R 112/79, BStBl. II 1982, 192 (194)). Es besteht **keine höchstpersönliche Dienstpflicht** (BFH 28.10.1999 – VIII R 41/98, BStBl. II 2000, 339 (340); BFH 23.5.1979 – I R 56/77, BStBl. II 1979, 763 (765)). Ein Tätigwerden im Dienst der Gesellschaft liegt also auch vor, wenn sich der Mitunternehmer zur Erfüllung seiner Dienstleistungspflicht einer eigenen Organisation mit Hilfskräften bedient. Eine zwischengeschaltete BGB-Gesellschaft entfaltet keine Abschirmwirkung (BFH 23.5.1979 – I R 56/77, BStBl. II 1979, 763 (765 f.)). Die Höhe der Beteiligung spielt ebenso wenig eine Rolle (BFH 27.5.1981 – I R 112/79, BStBl. II 1982, 192 (195); BFH 1.2.2001 – IV R 3/00, BStBl. II 2001, 520 (522); BFH 30.8.2007 – IV R 14/06, BStBl. II 2007, 942 (943)). Irrelevant ist auch, ob das Dienstverhältnis schon **vor Begründung der Gesellschafterstellung** bestand (BFH 27.5.1981 – I R 112/79, BStBl. II 1982, 192 (196)). 1775

Vergütungen im Dienste der Gesellschaft sind auch **Pensionszusagen,** die der Gesellschafter für seine Tätigkeit als Geschäftsführer der Gesellschaft erhalten hat (BFH 2.12.1997 – VIII R 15/96, BStBl. II 2008, 174 (176)). Deren Höhe richtet sich nach § 6a (BMF 29.1.2008, BStBl. I 2008, 317 Rn. 3). Nach dem Grundsatz der korrespondierenden Bilanzierung steht dem ein gleichhoher Aktivposten in der Sonderbilanz des begünstigen Gesellschafters gegenüber (BFH 14.2.2006 – VIII R 40/03, BStBl. II 2008, 182 (186); BMF 29.1.2008, BStBl. I 2008, 317 Rn. 1). 1776

Ursprünglich sah die Rechtsprechung Pensionsrückstellungen an ihre Gesellschafter-Geschäftsführer hingegen als Gewinnverteilungsabrede zwischen den Gesellschaftern an, die den Gewinn der Gesellschaft nicht beeinflussen konnten (s. etwa BFH 16.2.1967 – IV R 62/66, BStBl. III 1967, 222 (224); BFH 8.1.1975 – I R 142/72, BStBl. II 1975, 437 (438)). Diese Position hatte der BFH 1997 aufgegeben und die Pensionszusage auf Ebene der Personengesellschaft anerkannt (BFH 2.12.1997 – VIII R 15/96, BStBl. II 2008, 174 (176)). Dabei war aber offen gelassen worden, ob der Aktivposten in der Sonderbilanz des begünstigten Gesellschafters oder in der Sonderbilanz aller Gesellschafter anzusetzen sei (BFH 16.12.1992 – I R 105/91, BStBl. II 1993, 792 (794)). Die erstgenannte Auffassung verdient den Vorzug, wird doch so verhindert, dass die nicht begünstigten Gesellschafter die Pensionszusage versteuern müssen, obwohl ihnen diese nicht zugutekommt. Einzuräumen ist allerdings, dass dies bei dem begünstigten Gesellschafter zu einer vorgelagerten Besteuerung führt, was den Wertungen des AltEinkG vom 5.5.2004 widerspricht (HHR/*Tiede* § 15 Rn. 538). 1776.1

Nach **Eintritt des Versorgungsfalles** sind die laufenden Pensionsleistungen als Betriebsausgaben abziehbar, wohingegen die gebildete Pensionsrückstellung anteilig gewinnerhöhend aufzulösen ist (BMF 29.1.2008, BStBl. I 2008, 317 Rn. 4). 1777

Von Pensionszusagen, die unmittelbar einem Gesellschafter-Geschäftsführer durch die Gesellschaft gewährt werden, sind bei der **GmbH & Co. KG Pensionszusagen an den Gesellschafter-Geschäftsführer seitens der Komplementär-GmbH** zu unterscheiden (→ Rn. 1793). 1778

Nicht erfasst sind **normale Warenlieferungen** (BFH 18.9.1969 – IV 338/64, BStBl. II 1970, 43) oder sonstige **zu fremdüblichen Bedingungen geschlossene Veräußerungsgeschäfte** zwischen Gesellschaft und Gesellschafter (BFH 28.10.1999 – VIII R 41/98, BStBl. II 2000, 339 (340); BFH 3.5.1993 – GrS 3/92, BStBl. II 1993, 616 (622)). Bei gemischten Verträgen scheidet die Anwendung des § 15 Abs. 1 S. 1 Nr. 2 S. 1 Hs. 2 bereits aus, wenn bei einer Gesamtleistung der **Wert der Warenlieferung im Verhältnis zum Wert der Arbeit nicht mehr von untergeordneter Bedeutung** ist (BFH 28.10.1999 – VIII R 41/98, BStBl. II 2000, 339 (341)). 1779

Soweit Vergütungen an den Gesellschafter **Aufwendungen zur Herstellung eines Wirtschaftsgutes** sind, sind diese nach allgemeinen Regeln zu aktivieren (BFH 23.5.1979 – I R 56/77, BStBl. II 1979, 763 (767); → Rn. 1771). 1780

1781 **(3) Darlehensverträge.** Auch § 15 Abs. 1 S. 1 Nr. 2 S. 1 Hs. 2 Var. 2 wird weit ausgelegt. **Darlehen** in diesem Sinne sind nicht nur Geld- oder Sachdarlehen iSv §§ 488 ff. BGB, §§ 607 ff. BGB, sondern jede Überlassung von Kapital auf schuldrechtlicher oder gesellschaftsrechtlicher Grundlage (Schmidt/*Wacker* § 15 Rn. 594; s. auch BFH 21.9.2000 – IV R 50/99, BStBl. II 2001, 299 (301)). Damit spielt es keine Rolle, ob die Kreditgewährung auf einem eigenständigen und vom Gesellschaftsvertrag unabhängigen Darlehensvertrag beruht oder diese als gesellschaftsrechtlicher Beitrag geschuldet wird (BFH 13.10.1998 – VIII R 78/97, BStBl. II 1999, 163 (166)).

1782 Die **Hingabe** beschränkt sich nicht auf eine „aktive" Überlassung von Kapital, beispielsweise indem der Gesellschafter der Gesellschaft Barmittel zuführt oder auf ein Konto der Gesellschaft einzahlt (Blümich/*Bode* § 15 Rn. 526; KSM/*Desens/Blischke* § 15 Rn. F 312; BFH 10.11.1983 – IV R 62/82, BStBl. II 1984, 605 (606)). Eingeschlossen ist auch die Stundung von Forderungen (Schmidt/*Wacker* § 15 Rn. 594; BFH 18.7.1979 – I R 38/76, BStBl. II 1979, 673 (674); BFH 18.12.1992 – XI R 42/88, XI R 43/88, BStBl. II 1992, 585 (587)) sowie das Stehenlassen von Gewinnanteilen, sofern diesen Forderungscharakter zukommt (HHR/*Tiede* § 15 Rn. 541).

1783 Darlehensverhältnisse iSd Vorschrift sind damit ua **typisch stille Beteiligungen** (BFH 21.9.2000 – IV R 50/99, BStBl. II 2001, 299 (301)).

1784 Zu den Vergütungen gehören auch die **Habenzinsen für ein Giro-, Festgeld- und Sparguthaben,** die ein Kommanditist bei „seiner" ein Bankgeschäft betreibenden KG unterhält, sofern vorstellbar ist, dass die Unterhaltung derartiger Guthaben auch Gegenstand einer rechtlichen Leistungspflicht der Gesellschafter sein kann (BFH 25.1.1980 – IV R 159/78, BStBl. II 1980, 275 (276)). Daran fehlt es, wenn die Darlehensgewährung und die Mitunternehmereigenschaft nur zufällig und vorübergehend zusammenfallen und zwischen beiden jeglicher wirtschaftlicher Zusammenhang ausgeschlossen erscheint (BFH 25.1.1980 – IV R 159/78, BStBl. II 1980, 275 (276)).

1784.1 Als Beispiel für ein nur zufälliges und vorübergehendes Zusammenfallen benennt BFH 25.1.1980 – IV R 159/78, BStBl. II 1980, 275 (276) den Fall, dass der Kommanditist einer KG einen Dritten beerbt, der bei der KG ein Sparguthaben unterhalten hat und der Kommanditist das Guthaben alsbald nach dem Erbfall auflöst.

1785 **(4) Überlassung von Wirtschaftsgütern.** Nach § 15 Abs. 1 S. 1 Nr. 2 S. 1 Hs. 2 Var. 3 sind in den Sonderbereich auch **Vergütungen des Gesellschafters für die Überlassung von Wirtschaftsgütern** einzubeziehen.

1786 Der Begriff des **Wirtschaftsgutes** ist weit zu verstehen. Wirtschaftsgüter iSd Vorschrift können materielle und immaterielle Wirtschaftsgüter aller Art sein, wie beispielsweise bebaute oder unbebaute Grundstücke, Patente oder Urheberrechte (Schmidt/*Wacker* § 15 Rn. 593). In der Regel gehören diese zum Sonderbetriebsvermögen des überlassenden Gesellschafters (Schmidt/*Wacker* § 15 Rn. 593).

1787 Sofern die **Nutzungsüberlassung** nur der Förderung des Gesellschaftszwecks dient, spielt es keine Rolle, ob es sich um eine längerfristige oder nur um eine kurzfristige Nutzungsüberlassung handelt (HHR/*Tiede* § 15 Rn. 542). Ebenfalls unbeachtlich ist es, ob der Gesellschafter das Wirtschaftsgut seinerseits angemietet hat, also weder rechtlicher noch wirtschaftlicher Eigentümer ist (BFH 31.7.1985 – VIII R 261/81, BStBl. II 1986, 304 (305)).

1788 **Vergütungen** sind sämtliche Gegenleistungen für die Nutzungsüberlassung unabhängig davon, ob es sich um Geld- oder Sachleistungen, laufende oder einmalige Vergütungen handelt (BFH 11.12.2003 – IV R 42/02, BStBl. II 2004, 353 (355)). Hierzu zählt auch der entschädigungslose Übergang des Eigentums an den von der Personengesellschaft als Erbbauberechtigte errichteten Gebäuden auf den Gesellschafter infolge des Erlöschens des Erbbaurechts (BFH 11.12.2003 – IV R 42/02, BStBl. II 2004, 353 (354 f.)). Eine Sondervergütung ist auch die direkte Übernahme einer Zahlungsverpflichtung für den Gesellschafter, der das der Gesellschaft überlassene Wirtschaftsgut seinerseits angemietet hat (BFH 31.7.1985 – VIII R 261/81, BStBl. II 1986, 304 (305)).

1789 **(5) Sonstige Sonderbeziehungen.** Über den Wortlaut des § 15 Abs. 1 S. 1 Nr. 2 S. 1 Hs. 2 hinaus sind in den Sonderbereich auch noch weitere Sonderbetriebseinnahmen und Sonderbetriebsausgaben einzubeziehen, die ihren Rechtsgrund **nicht in unmittelbaren**

Vertragsbeziehungen zwischen einem Gesellschafter und der Personengesellschaft haben. Diese Erweiterung ist durch den Grundsatz der Gleichstellung der Mitunternehmerschaft mit dem Einzelunternehmer gefordert (→ Rn. 478). Voraussetzung der Einbeziehung ist daher, dass ein enger wirtschaftlicher Zusammenhang zu der Mitunternehmerstellung besteht, sodass die Einnahmen und Ausgaben Ausfluss der Mitunternehmerstellung sind.

Hiervon ist die Rechtsprechung ua **in den folgenden Fällen ausgegangen:** **1790**

Bei **Zahlungen Dritter, die an die Stelle von Sondervergütungen treten.** Sonderbe- **1791**
triebseinnahmen sind damit die durch die ehrenamtliche Tätigkeit als Präsident einer Handwerkskammer erzielten Einnahmen, die der Zugehörigkeit zum Handwerk geschuldet sind (BFH 15.6.2004 – VIII R 72/03, BFH/NV 2005, 29 Rn. 17 ff.).

Ein praktisch wichtiger Anwendungsfall sind bei der **GmbH & Co. KG die Geschäfts-** **1792**
führervergütung des Kommanditisten, die dieser für die Geschäftsführung der Komplementär-GmbH erhält (BFH 10.7.2002 – I R 71/01, BStBl. II 2003, 191 (192); BFH 25.2.1991 – GrS 7/89, BStBl. II 1991, 691 (701)). Die Rechtsprechung rechtfertigt dies mit der Erwägung, die Zahlung einer Tätigkeitsvergütung an den Gesellschafter-Kommanditisten sei wirtschaftlich einer Gewinnverteilung vergleichbar (BFH 10.7.2002 – I R 71/01, BStBl. II 2003, 191 (193)).

Analog zu den laufenden Geschäftsführervergütungen (→ Rn. 1792) sind **Pensionszusa-** **1793**
gen der Komplementär-GmbH an den Gesellschafter-Geschäftsführer einzuordnen. Sofern eine Komplementär-GmbH eine Pensionszusage an den Gesellschafter eine GmbH & Co. KG gewährt, hat die Komplementär-GmbH nach Maßgabe des § 6a eine Pensionsrückstellung zu bilden, die sich als Sonderbetriebsausgabe darstellt. Dem steht auf Ebene des begünstigten Gesellschafters eine Sonderbetriebseinnahme gegenüber, die sich nach den gleichen Grundsätzen wie bei unmittelbaren Pensionszusagen zwischen Gesellschafter und Gesellschaft bestimmt (BMF 29.1.2008, BStBl. I 2008, 317 Rn. 12 ff.; → Rn. 1776).

Einzubeziehen sind bei der GmbH & Co. KG ferner die **Gewinnausschüttungen der** **1794**
Komplementär-GmbH an diejenigen Gesellschafter, die zugleich Mitunternehmer (in der Regel Kommanditisten) der KG sind (BFH 16.5.1995 – VIII R 18/93, BStBl. II 1995, 714 (717 f.)).

Einzubeziehen sind **Miet- und Pachteinkünfte, die ein Gesellschafter von dritter** **1795**
Seite bezieht, wenn das Wirtschaftsgut von dem Dritten an die Personengesellschaft weitervermietet wird (BFH 15.1.1981 – IV R 76/77, BStBl. II 1981, 314 (316)). Gleiches gilt für Erbbauzinsen (BFH 7.4.1994 – IV R 11/92, BStBl. II 1994, 796).

Provisionszahlungen, die einem Gesellschafter von dritter Seite zufließen, können als **1796**
Sonderbetriebseinnahmen zu erfassen sein. Dies gilt aber dann nicht, wenn der Gesellschafter zugleich ein Einzelunternehmen betreibt, das auch mit anderen Personen als der Personengesellschaft und deren Geschäftspartnern in Geschäftsverkehr tritt und mit der Betätigung der Personengesellschaft lediglich ein wirtschaftlicher Zusammenhang besteht (BFH 9.2.1978 – IV R 85/77, BStBl. II 1979, 111 (113); BFH 14.3.2012 – X R 24/10, BStBl. II 2012, 498 Rn. 34).

Erhält ein Gesellschafter **Zinsen von einem Dritten aufgrund eines diesem im Inte-** **1797**
resse der Gesellschaft gewährten Darlehens (zB um den Dritten als Kunden zu erhalten oder zu gewinnen), können diese als Sonderbetriebseinnahmen erfasst werden (Bordewin StbJb 1992/93, 171 (188) unter Verweis auf BFH 31.1.1991 – IV R 2/90, BStBl. II 1991, 786 (788)).

Schmiergelder, die dem Gesellschafter von einem Dritten gezahlt werden, können unter **1798**
bestimmten Voraussetzungen ebenfalls erfasst sein (BFH 9.2.1978 – IV R 85/77, BStBl. II 1979, 111 (113)).

Veruntreute, der Gesellschaft zustehende Einnahmen, die bei ihr nicht gebucht **1799**
wurden, sind Sonderbetriebseinnahmen beim veruntreuenden Gesellschafter (BFH 22.6.2006 – IV R 56/04, BStBl. II 2006, 838; → Rn. 1631).

Versicherungsleistungen für einen gestohlenen PKW des Sonderbetriebsvermögens **1800**
sind in voller Höhe als Sonderbetriebseinnahmen zu qualifizieren (BFH 13.5.2001 – VIII R 57/07, DStRE 2010, 331 (332)).

Zu Sonderbetriebsausgaben führen auch die Aufwendungen eines Mitunternehmers, die **1800a**
ihm als dem Hauptbeteiligten durch eine **typisch stille Unterbeteiligung an seinem Gesellschaftsanteil** entstehen, wenn die Begründung der stillen Unterbeteiligung betrieblich veranlasst ist (BFH 7.11.2018 – IV R 20/16, BStBl. II 2019, 224 Rn. 47, 49).

1801 **(6) Nicht einbezogene Geschäftsvorfälle.** Mit Rücksicht auf die Gleichstellungsthese (→ Rn. 478) neigt die Rechtsprechung zu einer extensiven Interpretation des Sonderbereichs und löst sich damit vom Wortlaut des § 15 Abs. 1 S. 1 Nr. 2 S. 1 Hs. 2. Auszugrenzen sind aber Vertragsbeziehungen zwischen Personengesellschaft und Gesellschafter, die sich **nicht als Beitrag zur Verwirklichung des Gesellschaftszwecks** darstellen.

1802 Auszuschließen sind damit **Veräußerungsgeschäfte zwischen Gesellschafter und Gesellschaft.** Dabei spielt es keine Rolle, ob sich das Wirtschaftsgut im Privatvermögen des Gesellschafters (BFH 3.5.1993 – GrS 3/92, BStBl. II 1993, 616 (622)) oder in dessen Sonderbetriebsvermögen (BFH 25.7.1995 – VIII R 25/94, BStBl. II 1996, 684 (687)) befand.

1803 Wenn der vereinbarte **Kaufpreis nicht dem Fremdvergleichsgrundsatz** genügt, liegt hinsichtlich des Differenzbetrages zu dem zwischen fremden Dritten üblichen Kaufpreis bei einem zu hohen Kaufpreis eine verdeckte Entnahme (KSM/*Desens/Blischke* § 15 Rn. F 175), im umgekehrten Fall dagegen eine verdeckte Einlage vor (KSM/*Desens/Blischke* § 15 Rn. F 174 f.).

1804 Da es sich bei den **von der Gesellschaft für ihre Gesellschafter gezahlten Geldauflagen** nicht um durch deren Mitunternehmeranteil veranlasste persönliche Erträge handelt, stellen solche Geldauflagen bei den Gesellschaftern keine Sonderbetriebseinnahmen dar (BFH 16.9.2014 – VIII R 21/11, BFH/NV 2015, 191 Rn. 30).

1805 Bei **unberechtigten Entnahmen aus dem bereits vorhandenen oder realisierten Gesellschaftsvermögen („Griff in die Kasse")** liegen keine Sonderbetriebseinnahmen beim veruntreuenden Gesellschafter vor (→ Rn. 1631; BFH 8.6.2000 – IV R 39/99, BStBl. II 2000, 670 (671)).

1806 Ein haftender Gesellschafter kann im Fall seiner **drohenden Inanspruchnahme keine Rückstellung als negatives Sonderbilanzvermögen** bilden. Andernfalls würde das Verlustvolumen teilweise verdoppelt (BFH 21.6.1989 – X R 14/88, BStBl. II 1989, 881 (888)).

1807 **Arbeitgeberanteil der Sozialversicherung:** Der geldwerte Vorteil besteht in dem Anspruch des Gesellschafters auf Leistungen aus der Sozialversicherung (BFH 19.10.1970 – GrS 1/70, BStBl. II 1971, 177 (178)).

1807a In der **vorzeitigen Zahlung des Kaufpreises für den Erwerb des Mitunternehmeranteils** liegt zwar ein Verzicht auf die Erzielung von Einnahmen aus der eigenen Verwendung der Mittel (HHR/*Musil* § 2 Rn. 155). Das stellt allerdings keinen Aufwand für den Erwerb des Mitunternehmeranteils dar, sodass auch keine Sonderbetriebsausgaben vorliegen können (BFH 9.5.2017 – VIII R 1/14, BFH/NV 2017, 1418 Rn. 55).

1808 **e) Wechselwirkungen zwischen den Ebenen: Einheit der Gesellschaft und Vielheit der Gesellschafter.** Die beiden Gewinnermittlungsstufen stehen nicht unverbunden nebeneinander. Wegen der **wirtschaftlichen Einheit der Personengesellschaft** als einheitlicher Gewerbebetrieb gilt dies sowohl im Verhältnis der Gesellschafter zueinander, wie im Verhältnis der Mitunternehmer zur Personengesellschaft.

1809 Auf beiden Stufen der Gewinnermittlung ist zwingend von einer **einheitlichen Gewinnermittlungsmethode** auszugehen. Sofern eine Personengesellschaft ihren Gewinn im Wege des Betriebsvermögensvergleichs ermittelt, hat entsprechendes auch für den Sonderbereich zu gelten (BFH 11.3.1992 – XI R 38/89, BStBI. II 1992, 797 (798); BFH 14.5.2002 – VIII R 30/98, BStBl. II 2002, 741 (742)). Wenn der Gewinn im Wege der Überschussrechnung ermittelt wird, ist § 4 Abs. 3 auch im Ergänzungs- und Sonderbereich anzuwenden (BFH 24.8.2010 – VIII B 28/10, BFH/NV 2010, 2272 Rn. 2; *Kahle* DStZ 2012, 61 (64)). Da die Gesellschaft einen einheitlichen Betriebsvermögensvergleich durchführt, sind grundsätzlich auch die Wirtschaftsgüter einheitlich zu bilanzieren. Ebenso können die steuerlichen **Bilanzierungs- und Bewertungswahlrechte grundsätzlich nur einheitlich** für die Gesellschaft als solche und nicht unterschiedlich für jeden einzelnen Mitunternehmer ausgeübt bzw. in Anspruch genommen werden (BFH 7.8.1986 – IV R 137/83, BStBl. II 1986, 910 (761)).

1810 Abweichendes gilt aber, wenn das Gesetz wie bei **personenbezogenen Steuervergünstigungen** auf die Person des Mitunternehmers abstellt. So schreibt die für erhöhte Absetzungen und Sonderabschreibungen im Einkommensteuergesetz allgemein geltende Vorschrift des § 7a Abs. 7 S. 1 bei mehreren Beteiligten ausdrücklich eine getrennte Betrachtungsweise vor (BFH 17.7.2001 – IX R 50/98, BStBl. II 2001, 760 (761)). Erhöhte Absetzungen und

Sonderabschreibungen dürfen von den berechtigten Beteiligten dann nach § 7a Abs. 7 S. 2 aber nur einheitlich vorgenommen werden. Ebenso gesellschafterbezogen ist auch § 6b auszulegen (→ § 6b Rn. 1 ff.).

Nach der neueren Rechtsprechung gilt für **Ergänzungsbilanzen eine weitere Ausnahme** (BFH 20.11.2014 – IV R 1/11, BStBl. II 2017, 34 Rn. 17 f.). Hier ist der neu eintretende Gesellschafter weder hinsichtlich der Restnutzungsdauer noch hinsichtlich etwaiger Abschreibungswahlrechte an die Gesamtshandsbilanz gebunden. Begründet wird dies unter Hinweis auf die Gleichstellungsthese (→ Rn. 1666). 1811

Andere Steuervergünstigungen (s. § 7g Abs. 7, § 1 Abs. 1 S. 3 InvZulG 2010) knüpfen nicht an den Steuerpflichtigen, sondern als **sachliche Steuervergünstigungen** an die Gesellschaft als Anspruchsberechtigte an. Bislang zeigt die Rechtsprechung des BFH keine Neigung, das Nebeneinander von sachlichen und personellen Steuervergünstigungen unter verfassungsrechtlichem Blickwinkel zu problematisieren (BFH 17.7.2001 – IX R 50/98, BStBl. II 2001, 760 (761 f.)). 1812

Auf beiden Gewinnermittlungsstufen ist **korrespondierend,** dh zeit- und betragsgleich, zu bilanzieren. Dem Aufwand der Personengesellschaft durch Sondervergütungen hat ein entsprechender Ertrag in der Sonderbilanz des empfangenden Gesellschafters gegenüberzustehen. Beispielsweise ist im Fall einer Rückstellung für die Erstellung des Jahresabschlusses der Gesellschaft in der Sonderbilanz des Gesellschafters eine Forderung zu aktivieren, wenn zum Bilanzstichtag feststeht, dass der Jahresabschluss gegen eine entsprechende Vergütung durch den Gesellschafter aufgestellt wird (BFH 21.12.2017 – IV R 44/14, BFH/NV 2018, 407 Rn. 27). Der Grundsatz der **korrespondierenden Bilanzierung** findet seine Rechtfertigung in dem § 15 Abs. 1 S. 1 Nr. 2 zugrunde liegenden Gedanken, den erzielten Gewinn nicht davon abhängig zu machen, ob Leistungen zwischen der Gesellschaft und ihren Gesellschaftern auf einer gesellschaftsrechtlichen oder einer schuldrechtlichen Basis beruhen (BFH 28.3.2000 – VIII R 13/99, BStBl. II 2000, 612 (613); *Herbst/Stegemann* DStR 2013, 176 (177)). 1813

Zum Sachverhalt von BFH 21.12.2017 – IV R 44/14, BFH/NV 2018, 407: Gesellschafter der GmbH & atypisch Still (Untergesellschaft) sind die B-GbR und die M-GmbH. Gesellschafer der B-GbR (Obergesellschaft) sind B und D. Für die Aufstellung des Jahresabschlusses in 10 durch B wird eine Rückstellung in der Bilanz der GmbH & atypisch Still gebildet. Korrespondierend muss eine Forderung im Sonderbereich des B bei der GmbH & atypisch Still aktiviert werden. 1813.1

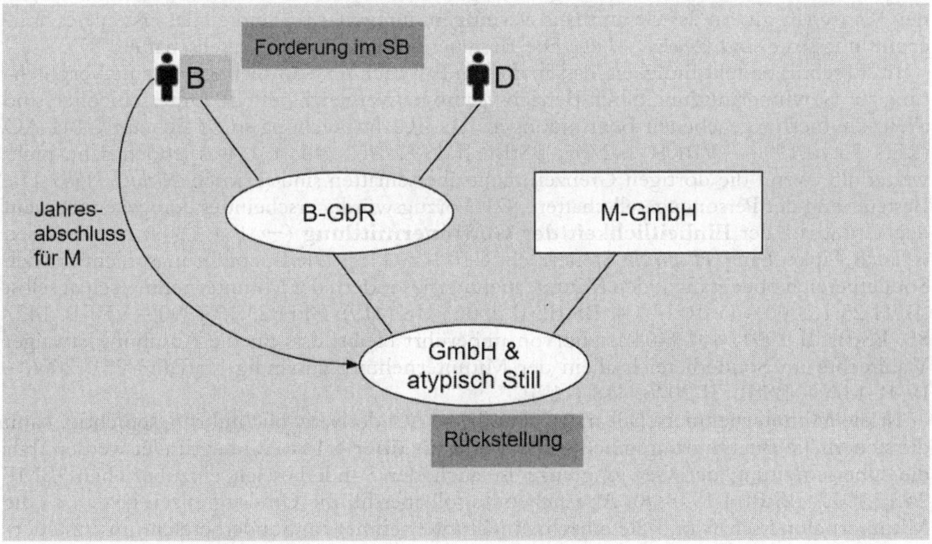

Dies muss es ausschließen, im Verhältnis zwischen Mitunternehmer und Mitunternehmerschaft den § 252 Abs. 1 Nr. 4 HGB anzuwenden. Nach dem Imparitätsgrundsatz sind Verluste bereits dann zu erfassen, wenn sie drohen, während Gewinne erst dann auszuweisen sind, 1814

wenn sie tatsächlich realisiert wurden. Für **Sondervergütungen** lässt sich dies über einen Vorrang des § 15 Abs. 1 S. 1 Nr. 2 vor § 252 Abs. 1 Nr. 4 HGB rechtfertigen (aA aber *Knobbe-Keuk* Bilanz- und Unternehmenssteuerrecht, § 11 V; *Thiel* StuW 1984, 104 (105); *Kusterer* DStR 1993, 1209 (1212)). Entsprechend kann die Aktivierung einer Forderung im Sonderbereich geboten sein, obwohl dies nach den allgemeinen Grundsätzen ordnungsgemäßer Buchführung nicht zulässig ist (BFH 21.12.2017 – IV R 44/14, BFH/NV 2018, 407 Rn. 35).

1815 Richtigerweise gilt der Grundsatz der korrespondierenden Bilanzierung aber nicht nur für Sondervergütungen, sondern **im gesamten Sonderbereich** (HHR/*Tiede* § 15 Rn. 452; aA *Sieker* Eigenkapital und Fremdkapital der Personengesellschaft, 81 f.; wohl auch BFH 28.3.2000 – VIII R 13/99, BStBl. II 2000, 612 (613)). Insoweit ist auf den Rechtsgedanken des § 15 Abs. 1 S. 1 Nr. 2 und die Gleichstellungsthese zu verweisen (HHR/*Tiede* § 15 Rn. 452; BFH 21.12.2017 – IV R 44/14, BFH/NV 2018, 407 Rn. 35).

1816 Der BFH lehnt daher eine Teilwertabschreibung von Ansprüchen des Gesellschafters auf Darlehensrückzahlung ebenso ab wie eine Teilwertabschreibung von entsprechenden Regressansprüchen (BFH 5.6.2003 – IV R 36/02, BStBl. II 2003, 871 (874); BFH 9.12.2009 – IV B 129/08, BFH/NV 2010, 640; BFH 9.12.2009 – IV B 129/08, BFH/NV 2010, 640 Rn. 6). Ein entsprechender **Verlust wird erst im Zeitpunkt der Beendigung der Mitunternehmerstellung** realisiert (BFH 5.6.2003 – IV R 36/02, BStBl. II 2003, 871 (874); BFH 9.12.2009 – IV B 129/08, BFH/NV 2010, 640 Rn. 6; BFH 16.3.2017 – IV R 1/15, BStBl. II 2017, 943 Rn. 39; *Herbst/Stegemann* DStR 2013, 176).

1817 Ebenso wenig kann ein Gesellschafter im Fall seiner **drohenden persönlichen Haftung als Gesellschafter oder als Bürge eine Rückstellung** bilden (BFH 12.7.1990 – IV R 37/89, BStBl. II 1991, 64). Entsprechend sind unverzinsliche Gesellschafterdarlehen nicht gem. § 6 Abs. 1 Nr. 3 abzuzinsen (BFH 24.1.2008 – IV R 66/05, BFH/NV 2008, 1301 Rn. 45).

1818 **f) Verfahrensrechtliche Fragen.** Soweit **Personenhandelsgesellschaften** nach § 238 HGB buchführungspflichtig sind, besteht über § 140 AO auch steuerlich eine Pflicht zur Buchführung. Da die Handelsbilanz keinen Sonderbereich kennt, erstreckt sich die **derivative Buchführungspflicht** (§ 140 AO iVm §§ 238 ff. HGB) zunächst nur auf das Gesamthandsvermögen (BFH 23.10.1990 – VIII R 142/85, BStBl. II 1991, 401 (403)). Darin eingeschlossen sind auch etwaige **Ergänzungsbilanzen,** die als Korrekturposten zu einzelnen Wirtschaftsgütern des Gesamthandsvermögens integraler Bestandteil der ersten Gewinnermittlungsstufe sind (*Niehus/Wilke* Die Besteuerung der Personengesellschaften, 87).

1819 Im Ergebnis besteht Einigkeit, dass in diesem Fall auch im **Sonderbereich** eine Verpflichtung zur Gewinnermittlung durch Betriebsvermögensvergleich besteht. Unterschiedlich sind allein die hierfür gegebenen Begründungen. Die Rechtsprechung stützt sich auf § 141 AO (BFH 23.10.1990 – VIII R 142/85, BStBl. II 1991, 401 (403 f.)), was jedoch dann nicht weiterhilft, wenn die dortigen Grenzen nicht überschritten sind (kritisch *Niehus/Wilke* Die Besteuerung der Personengesellschaften, 87). Vorzugswürdig erscheint es demgegenüber, auf den Grundsatz der **Einheitlichkeit der Gewinnermittlung** (→ Rn. 1809) zu verweisen (s. auch Tipke/Lang/*Hennrichs* Steuerrecht § 10 Rn. 115). Die Buchführungspflicht für den Sonderbereich obliegt nicht den Mitunternehmern, sondern der Mitunternehmerschaft selbst (BFH 25.1.2006 – IV R 14/04, BStBl. II 2006, 418 (419); BFH 23.10.1990 – VIII R 142/85, BStBl. II 1991, 401 (404)). Hiervon unberührt bleibt, dass für die Ausübung etwaiger Wahlrechte im Sonderbereich allein der Mitunternehmer zuständig ist (BFH 25.1.2006 – IV R 14/04, BStBl. II 2006, 418 (419)).

1820 Ist die Mitunternehmerschaft nicht über § 140 AO derivativ buchführungspflichtig, kann die steuerliche Buchführungspflicht allein **originär über § 141 AO** begründet werden. Für die Überschreitung der Gewinngrenze ist auch der Sonderbereich einzubeziehen (BMF 20.12.1977, BStBl. I 1978, 8). Abweichendes soll aber für die Umsatzgrenzen gelten, da die Mitunternehmerschaft und die einzelnen Mitunternehmer im Sonderbereich umsatzsteuerlich verschiedene Unternehmen sind (*Zimmermann/Hottmann/Kiebele/Schaeberle/Scheel* Die Personengesellschaft im Steuerrecht, Rn. B 171; *Niehus/Wilke* Die Besteuerung der Personengesellschaften, 87 f.). Ist die Umsatzgrenze im Sonderbereich überschritten, muss dies wegen der Einheitlichkeit der Gewinnermittlung auch auf die Gesamthand durchschlagen.

1821 Sofern sich weder aus § 140 AO noch aus § 141 AO eine Buchführungspflicht ableiten lässt, besteht ein **Wahlrecht,** die Gewinne entweder durch Überschussrechnung nach § 4 Abs. 3 oder freiwillig nach § 4 Abs. 1 iVm § 5 Abs. 1 im Wege des Betriebsvermögensvergleichs zu ermitteln. Wegen der Einheitlichkeit der Gewinnermittlung muss dieses Wahlrecht aber **einheitlich ausgeübt werden.**

1822 Der Gewinnfeststellungsbescheid der Mitunternehmerschaft ist Grundlagenbescheid für die Gewinnfeststellung der Gesellschafter. Das hat zur Konsequenz, dass **Sondervergütungen der Gesellschafter grundsätzlich nur insoweit erfasst werden dürfen, als sie in dem Gewinnfeststellungsbescheid der Mitunternehmerschaft enthalten sind.** Dessen ungeachtet kann nach § 155 Abs. 2 AO ein Folgebescheid auch bereits dann erteilt werden, wenn ein Grundlagenbescheid noch nicht erlassen wurde (BFH 11.12.2003 – IV R 42/02, BStBl. II 2004, 353 (355) für doppelstöckige Personengesellschaften).

5. Familienpersonengesellschaften

Leitentscheidungen, wichtige Verwaltungsanweisungen und Schrifttum (Auswahl): 1823

Entscheidungen des GrS: 1823.1
BFH 29.5.1972 – GrS 4/71, BStBl. II 1973, 5.

Weitere Leitentscheidungen des BFH: 1823.2
BFH 22.8.1951 – IV 246/50 S, BStBl. III 1951, 181; BFH 22.10.2013 – X R 26/11, BStBl. II 2014, 374.

Wichtige Verwaltungsanweisungen: 1823.3
EStR 15.9 Abs. 1–4; OFD Düsseldorf 9.9.1999, Unentgeltliche Aufnahme von Angehörigen in ein Einzelunternehmen, DB 1999, 1980.

Schrifttum (Auswahl): 1823.4
Carlé/Halm, Entwicklungen des Sondersteuerrechts der Familienpersonengesellschaften, KÖSDI 2000, 12383; *Zipfel/Pfeffer,* Verträge unter nahen Angehörigen, BB 2010, 343.

1824 **a) Grundlagen.** Eine Vielzahl mittelständischer Unternehmen wird als sog. **Familienpersonengesellschaften** geführt. Der Begriff ist eine Schöpfung der Rechtsdogmatik und nicht unmittelbar dem Gesetz entlehnt. Üblicherweise werden unter Familienpersonengesellschaften solche **Personengesellschaften verstanden, an denen nahe Angehörige mehrheitlich beteiligt sind** (KSM/*Desens/Blischke* § 15 Rn. C 161).

1825 Bei Familienpersonengesellschaften stellen sich ähnliche Fragen wie auch sonst bei Verträgen zwischen nahen Angehörigen (s. etwa BFH 22.10.2013 – X R 26/11, BStBl. II 2014, 374 Rn. 35; → § 2 Rn. 172 ff.). Da es zwischen den Beteiligten an einem natürlichen Interessengegensatz fehlt, besteht zumindest **potentiell die Gefahr eines steuerlichen Missbrauchs von Gestaltungsmöglichkeiten.**

1826 Hierbei sind **zwei Grundkonstellationen** zu unterscheiden (s. auch BFH 16.5.2018 – VI R 45/16, BStBl. II 2019, 60 Rn. 18). Beiden ist gemeinsam, dass die zivilrechtliche Qualifikation von der steuerrechtlichen Einordnung abweichen kann.

- Bei der **erwünschten Mitunternehmerschaft** wird einzelnen Gesellschaftern die Anerkennung ihrer Mitunternehmerstellung verweigert. Grund ist die (vermeintliche) Missbräuchlichkeit der Vertragsgestaltung, beispielsweise weil die vermeintlichen Gewinnbeteiligungen der schenkweise aufgenommenen Neugesellschafter tatsächlich verdeckte Unterhaltszahlungen des Schenkers sind (Schmidt/*Wacker* § 15 Rn. 741).
- Bei der **unerwünschten Mitunternehmerschaft** wollen die Beteiligten ihre Rechtsbeziehungen dagegen umgekehrt nicht als Gesellschaftsverhältnis ausgestalten, beispielsweise um eine Umqualifizierung von Mieteinnahmen, Darlehenszinsen oder Geschäftsführervergütungen in Sonderbetriebseinnahmen zu vermeiden (Schmidt/*Wacker* § 15 Rn. 744).

1827 Die Finanzverwaltung verband mit Verträgen zwischen nahen Familienangehörigen ursprünglich einen pauschalen Missbrauchsverdacht und stand deren Anerkennung **generell ablehnend gegenüber.** Dass diese Position relativiert wurde, ist der Rechtsprechung des BVerfG zu verdanken. Nach Art. 6 Abs. 1 GG stehen Ehe und Familie unter dem besonderen Schutz des Staates (grundlegend BVerfG 17.1.1957 – 1 BvL 4/54, BStBl. II 1957, 193 (199) = BVerfGE 6, 55 (76)). Wenn ein Rechtsverhältnis mit Rücksicht auf die enge familiäre Verbindung der Beteiligten abweichend von sonst geltenden Grundsätzen umqualifiziert wird, bewegen sich Rechtsprechung und Finanzverwaltung deshalb verfassungsrechtlich auf einem schmalen Grad. Die legitime Abwehr von Missbräuchen darf nicht in eine verbotene Diskriminierung von Ehe und Familie umschlagen.

1828 Die neuere Rechtsprechung schlägt einen Mittelweg ein. Prinzipiell akzeptiert das BVerfG, dass an die Anerkennung von Verträgen zwischen nahen Familienangehörigen **erhöhte Anforderungen** gestellt werden. Einem Missbrauch der Vertragsgestaltung zwischen Ehegatten ist nicht nur auf Ebene der Gesetzgebung, sondern auch auf Rechtsanwendungsebene entgegenzuwirken (BVerfG 7.11.1995 – 2 BvR 802/90, BStBl. II 1996, 34 (36)). Der Schluss auf die mangelnde betriebliche Veranlassung darf auch in Anknüpfung an „äußerlich erkennbare Merkmale als Beweisanzeichen (Indizien)" gezogen werden (BVerfG 7.11.1995 – 2 BvR 802/90, BStBl. II 1996, 34 (36)). Diese **Indizien dürfen aber nicht zu schematisch gehandhabt werden.** Daher kann und darf auch nicht jede geringfügige Abweichung einzelner Sachverhaltsmerkmale vom Üblichen die steuerrechtliche Anerkennung des Vertragsverhältnisses ausschließen (BFH 22.10.2013 – X R 26/11, BStBl. II 2014, 374 Rn. 35).

1829 Speziell für Familienpersonengesellschaften hat der BFH die Voraussetzungen für die Anerkennung wie folgt zusammengefasst: Mit Rücksicht auf den fehlenden natürlichen Interessengegensatz werden Vereinbarungen unter nahen Angehörigen nur anerkannt, wenn sie **zivilrechtlich wirksam, klar, eindeutig und leicht nachprüfbar** sind und dem entsprechen, was **unter sonst gleichen Umständen auch zwischen fremden Personen hätte vereinbart werden können.** Zudem muss die **tatsächliche Durchführung** des Vertrags wie unter fremden Dritten erfolgt sein (BFH 17.7.2014 – IV R 52/11, BFHE 246, 349 Rn. 17; zu den zu beachtenden Anforderungen im Einzelnen → Rn. 1846).

1830 **b) Motive für die Gründung von Personengesellschaften.** Die Motive für die Gründung von Personengesellschaften sind vielfältig und reichen weit über das Einkommensteuerrecht hinaus (*Carlé/Halm* KÖSDI 2000, 12383 Rn. 7 ff.). Eine mitunternehmerschaftliche Beteiligung erlaubt es, Kinder schrittweise an die Unternehmensleitung heranzuführen und so die **Generationennachfolge in Stufen zu vollziehen.** Dies kann auch unter erbschaft- und schenkungsteuerlichen Aspekten von Vorteil sein, insbesondere um Schenkungsfreibeträge wiederholt auszunutzen. Werden Kinder mitunternehmerisch am Unternehmenserfolg beteiligt, kann im Wege der Vertragsgestaltung der gleiche Effekt wie durch das vieldiskutierte **Familiensplitting** (Blümich/*Wagner* § 32a Rn. 45 ff.; *Pfab* Zeitschrift für Rechtspolitik 2006, 212 ff.) erzielt werden. Dies ist jedenfalls dann nicht mit § 12 Nr. 2 zu vereinbaren, wenn die Übertragung nur zum Schein erfolgt oder zeitlich befristet ist (→ Rn. 1833).

1831 **c) Rechtsdogmatische Rechtfertigung.** Verträge zur Gründung einer Familienpersonengesellschaft will der BFH ebenso wie andere Verträge unter nahen Angehörigen **nur unter einschränkenden Voraussetzungen** anerkennen. Diese sollen nur dann steuerlich Berücksichtigung finden, wenn sie rechtswirksam zustande gekommen sind, inhaltlich dem unter Dritten Üblichen entsprechen und auch wie unter Dritten vollzogen werden (BFH 5.6.1986 – IV R 53/82, BStBl. II 1986, 798 (799)).

1832 Begründet wird dies mit dem **fehlenden natürlichen Interessengegensatz,** sodass die Verträge ohne wirtschaftlichen Gehalt allein auf die Erzielung steuerlicher Vorteile angelegt sein könnten. In diesem Fall würden sie private Zuwendungen des Steuerpflichtigen beinhalten bzw. verdecken, die seine Einkünfte nicht mindern dürften.

1833 Rechtfertigender Grund der **Einschränkungen ist § 12 Nr. 2.** Die Vorschrift verbietet, freiwillige Zuwendungen, Zuwendungen aufgrund einer freiwillig begründeten Rechtspflicht und Zuwendungen an eine gegenüber dem Steuerpflichtigen oder seinem Ehegatten gesetzlich unterhaltsberechtigte Person oder dem Ehegatten zum Abzug zu bringen, selbst wenn diese Zuwendungen auf einer besonderen Vereinbarung beruhen. Die erhöhten Anerkennungsvoraussetzungen verhindern, dass derartige private Zuwendungen unter geschäftlichen Beziehungen „getarnt" werden und die Systementscheidung des Einkommensteuerrechts aufgehoben wird, der Einkommensverwendung prinzipiell keine Relevanz zukommen zu lassen.

1834 Diese Grundsätze sollen nach ständiger Rechtsprechung **auch für Gesellschaftsverhältnisse** gelten (BFH 5.6.1986 – IV R 53/82, BStBl. II 1986, 798 (799); BFH 22.8.1951 – IV 246/50 S, BStBl. III 1951, 181 (182); BFH 29.5.1972 – GrS 4/71, BStBl. II 1973, 5 (7); BFH 14.5.2003 – X R 14/99, BFH/NV 2003, 1547).

1835 In der Literatur wird dem in der Sache die mangelnde Verankerung dieser Einschränkungen im **Wortlaut des § 15 Abs. 1 S. 1 Nr. 2** entgegengehalten (KCSS/*Carlé/Bauschatz* § 15 Rn. 161).

1835.1 Besonders deutlich KCSS/*Carlé/Bauschatz* § 15 Rn. 161, wonach der hM entgegenstehen soll, „dass eine Gesetzesnorm nicht unter einen Sachverhalt, sondern der Sachverhalt unter die Gesetzesnorm zu subsumieren ist. Dies gilt allgemein und damit auch für Steuergesetze. Dementsprechend kann ein im Übrigen gleich gelagerter Sachverhalt nicht deshalb unterschiedlich beurteilt werden, weil im einen Fall fremde Dritte und dem im anderen nahe Angehörige an einer Personengesellschaft beteiligt sind.

1836 Zu überzeugen vermag diese Kritik nicht. Der Wortlaut der Norm ist keine absolute Auslegungsgrenze. Daneben ist auch die **Gesetzessystematik** eine anerkannte Auslegungsmethode, bei der § 12 Nr. 2 in Richtung der Position des BFH deutet. Zudem kann der Sachverhalt unmittelbar unter § 12 Nr. 2 subsumiert werden, sodass sich bereits das Wortlautargument wechselseitig neutralisiert. Speziell für Familienpersonengesellschaften kommt hinzu, dass schon nach allgemeinen Grundsätzen nicht jede gesellschaftsrechtliche Beteiligung auch zu mitunternehmerschaftlichen Einkünften führt. Hinzutreten muss, dass die Gesellschafter über **hinreichende Mitunternehmerinitiative und Mitunternehmerrisiko** verfügen (→ Rn. 1373). Daran kann es bei Familienpersonengesellschaften aber fehlen, wenn die Gesellschafterstellung nur zum Schein eingeräumt wird, zeitlich befristet ist oder praktisch keinen Einfluss auf die Unternehmensführung vermittelt.

1837 **d) Personelle Reichweite.** Umstritten ist, wie **weit in personeller Hinsicht** der Kreis der Personen reicht, deren Beteiligung besonderen Anforderungen unterworfen ist (instruktiv HHR/*Buge* § 15 Rn. 840; KSM/*Desens/Blischke* § 15 Rn. C 165).

1838 Ein **Teil der Literatur orientiert sich an § 15 AO** (*Carlé/Halm* KÖSDI 2000, 12383 Rn. 2; Blümich/*Bode* § 15 Rn. 371; aA für das Verlöbnis BFH 17.1.1985 – IV R 149/84, BFH/NV 1986, 148 Rn. 12), dh an der Legaldefinition der Angehörigen in der Abgabenordnung. Vorzug dieser Auffassung ist, dass sie Rechtssicherheit verbürgt.

1839 Die ratio des tendenziell weit auszulegenden § 15 AO ist aber auf die Vermeidung von Interessenkonflikten im Besteuerungsverfahren zugeschnitten. Dies ist mit dem Anliegen, missbräuchliche Steuergestaltungen zu verhindern, die in einem fehlenden Interessengegensatz zwischen den Beteiligten gründen, nicht notwendigerweise deckungsgleich (*Zipfel/Pfeffer* BB 2010, 343). Die Rechtsprechung unterwirft Gesellschaftsverträge daher zutreffend nur dann besonderen Anforderungen, wenn zwischen den Beteiligten **kein natürlicher Interessengegensatz** besteht (BFH 14.4.1988 – IV R 225/85, BStBl. II 1988, 670 (671)). Ob hiervon auszugehen ist, soll sich dann **nach der Gesamtheit der objektiven Gegebenheiten** bestimmen (am Beispiel von Mietverträgen zwischen Angehörigen BFH 7.5.1996 – IX R 69/94, BStBl. II 1997, 196 (197)).

1840 Richtigerweise bedarf der Begriff der nahen Angehörigen einer **restriktiven Interpretation.** Rechtfertigen lassen sich die erhöhten Anforderungen an die steuerrechtliche Anerkennung von Personengesellschaften allein mit Rücksicht auf eine potentielle Umgehung des Abzugsverbots des § 12 Nr. 2. Damit können sie beispielsweise nicht zwischen Geschwistern, wohl aber zwischen Schwiegereltern und Schwiegerkindern Anwendung finden (s. im Einzelnen → Rn. 1843 ff.).

1841 Hiervon unberührt bleibt, im Einzelfall unbillige Ergebnisse durch Anwendung der **allgemein geltenden Regeln** zu verhindern. Hierzu zählen insbesondere die steuerliche Unbeachtlichkeit von Scheingeschäften (§ 41 Abs. 2 S. 1 AO) sowie der Missbrauch von Gestaltungsmöglichkeiten (§ 42 AO). Abweichend von dem Sonderrecht der Anerkennung von Familienpersonengesellschaften liegt die Feststellungslast hier aber nicht bei den Steuerpflichtigen, sondern bei der Finanzverwaltung (KSM/*Desens/Blischke* § 15 Rn. C 165, 169).

1842 Durch **Zwischenschaltung einer Personengesellschaft** können die besonderen Anforderungen, die an die steuerliche Anerkennung von Verträgen zwischen nahen Angehörigen zu stellen sind, nicht umgangen werden. In Durchbrechung der Einheitstheorie (→ Rn. 427) sind diese vielmehr auch für Vereinbarungen zu beachten, die nicht unmittelbar zwischen Angehörigen, sondern zwischen einer Personengesellschaft und Angehörigen der Gesellschafter geschlossen sind, wenn die Gesellschafter, mit deren Angehörigen die Verträge bestehen, die Gesellschaft beherrschen (BFH 18.12.1990 – VIII R 290/82, BStBl. II 1991, 391 (394); BFH 15.12.1988 – IV R 29/86, BStBl. II 1989, 500 (501)).

1843 Die Rechtsprechung zieht den **Kreis der nahen Angehörigen** wie folgt:
- **Ehegatten** (BFH 11.5.2010 – IX R 19/09, BStBl. II 2010, 823)
- **Eltern und Kinder** (BFH 22.10.2013 – X R 26/11, BStBl. II 2014, 374; BFH 18.12.1990 – VIII R 290/82, BStBl. II 1991, 391 (394))
- **Großeltern und Enkelkinder** (BFH 7.6.2006 – IX R 4/04, BStBl. II 2007, 294 (295); BFH 18.12.1990 – VIII R 290/82, BStBl. II 1991, 391 (394))
- **Schwesterpersonengesellschaften** (BFH 21.9.2000 – IV R 50/99, BStBl. II 2001, 299 (301))
- **Eingetragene Lebenspartner** (KSM/*Desens/Blischke* § 15 Rn. C 166). Dies ergibt sich aus § 2 Abs. 8, der Lebenspartner und Lebenspartnerschaften Ehegatten und Ehen gleichstellt.

1844 **Kein Angehörigenverhältnis** besteht hingegen
- innerhalb einer **nichtehelichen Lebensgemeinschaft,** weil diese weder in persönlicher noch in wirtschaftlicher Hinsicht eine Rechtsgemeinschaft bildet (BFH 14.4.1988 – IV R 225/85, BStBl. II 1988, 670 (671)),
- zwischen **Verlobten,** weil das Verlöbnis von Rechts wegen keine Lebens- und Wirtschaftsgemeinschaft begründet (BFH 14.4.1988 – IV R 225/85, BStBl. II 1988, 670 (671); für Arbeitsverhältnisse zwischen Verlobten BFH 17.1.1985 – IV R 149/84, BFH/NV 1986, 148 Rn. 12,
- zwischen **Verschwägerten** (BFH 22.7.1981 – I R 54/79, BStBl. II 1983, 14; aA aber für Mietverträge BFH 27.7.2004 – IX R 73/01, BFH/NV 2005, 192).

1845 Umstritten, aber vom **BFH bejaht,** ist die Angehörigenstellung ferner
- zwischen **Geschwistern** (BFH 11.7.1989 – VIII R 41/84, BFH/NV 1990, 92). Dies überzeugt nicht, weil im Geschwisterverhältnis keine Gefahr einer Umgehung des § 12 Nr. 2 besteht (s. im Ergebnis auch KSM/*Desens/Blischke* § 15 Rn. C 169).
- zwischen **Schwiegereltern und Schwiegerkindern** (BFH 5.2.1988 – III R 234/84, BFH/NV 1988, 628 Rn. 10).

1846 **e) Voraussetzungen der Anerkennung von erwünschten Personengesellschaften.** Die Anerkennung einer Familienpersonengesellschaft bzw. die Anerkennung der Mitunternehmerstellung macht der BFH von folgenden **drei, kumulativ zu erfüllenden Voraussetzungen** abhängig:
- der **zivilrechtlichen Wirksamkeit** des Vertrages (→ Rn. 1848)
- dem **tatsächlichen Vollzug** des Vertrages (→ Rn. 1861)
- der **Fremdüblichkeit** der Vertragsgestaltung (→ Rn. 1866)

1847 Mit Rücksicht auf die Wertentscheidung des Art. 6 Abs. 1 GG handelt es sich bei den diese Anforderungen konkretisierenden Subkriterien lediglich um **Beweisanzeichen.** Daher darf auch nicht jede geringfügige Abweichung einzelner Sachverhaltsmerkmale vom Üblichen von vornherein die steuerrechtliche Anerkennung des Vertragsverhältnisses ausschließen (BFH 22.10.2013 – X R 26/11, BStBl. II 2014, 374 Rn. 35; BFH 17.7.2014 – IV R 52/11, BFHE 246, 349 Rn. 17).

1848 **aa) Zivilrechtliche Wirksamkeit. (1) Verhältnis zu § 41 Abs. 1 S. 1 AO.** Abweichend von § 41 AO soll ein Vertrag zwischen nahen Angehörigen steuerlich grundsätzlich nur anerkannt werden, wenn die ihm zugrundeliegende Vereinbarung zivilrechtlich wirksam, insbesondere in der **gesetzlich vorgeschriebenen Form** zustande gekommen ist. Dem liegt die Überlegung zugrunde, dass aus der Nichtbeachtung von Formvorschriften auf einen fehlenden Bindungswillen geschlossen werden kann (BFH 13.7.1999 – VIII R 29/97, BStBl. II 2000, 386 (388)), der wiederum die mangelnde betriebliche Veranlassung indiziert.

1849 In der neueren Judikatur wird das **Kriterium relativiert.** Bei einem Formverstoß kann allein entscheidend sein, ob aus den besonderen übrigen Umständen des konkreten Einzelfalles zweifelsfrei abgeleitet werden kann, dass die Vertragspartner einen **ernsthaften Bindungswillen** hatten (BFH 13.7.1999 – VIII R 29/97, BStBl. II 2000, 386 (388)).

1850 Erste und notwendige Voraussetzung dafür soll sein, dass den Vertragspartnern die Nichtbeachtung der Formvorschriften **nicht angelastet werden kann.** Dieses Erfordernis sei jedenfalls dann erfüllt, wenn sich für den konkreten Fall die Anwendbarkeit der Formvorschriften nicht aus dem Gesetzeswortlaut, sondern nur im Wege der erweiternden Auslegung oder eines Analogieschlusses ergebe. Außerdem müsse hinzu kommen, dass die Angehörigen

zeitnah nach dem Erkennen der Unwirksamkeit oder dem Auftauchen von Zweifeln an der Wirksamkeit des Vertrages die erforderlichen Maßnahmen eingeleitet haben, um die Wirksamkeit herbeizuführen oder klarzustellen (BFH 13.7.1999 – VIII R 29/97, BStBl. II 2000, 386 (388)).

Die Literatur hat hieraus zutreffend die Konsequenz gezogen, § 41 Abs. 1 S. 1 AO nicht **1851**
länger zu durchbrechen. Entscheidend kann nicht die zivilrechtliche Betrachtung, sondern allein sein, ob der nahe Angehörige Mitunternehmerrisiko trägt und Mitunternehmerinitiative entfaltet (HHR/*Buge* § 15 Rn. 853). Dies gilt umso mehr, als auch im Gesellschaftsrecht **fehlerhafte Gesellschaften** anerkannt sind (→ Rn. 1386 f.), sodass kein Grund ersichtlich ist, hinter diese Erkenntnis generell im Steuerrecht zurückzufallen.

(2) Formfragen. Formerfordernisse für den Abschluss eines Gesellschaftsvertrages sind **1852**
bei der **Beteiligung von Minderjährigen** (→ Rn. 1854) zu beachten, können sich je nach dem Vertragsgegenstand aber auch aus anderen **Sondervorschriften** wie § 518 Abs. 1 BGB (Schenkungsversprechen), § 311b BGB (Grundstücksgeschäfte), § 15 Abs. 3 GmbHG (Abtretung von Geschäftsanteilen) ergeben.

Im Übrigen bedarf der Abschluss eines Gesellschaftsvertrages **keiner besonderen Form** **1853**
(BFH 14.5.2003 – X R 14/99, BFH/NV 2003, 1547 Rn. 70; zur Sonderproblematik der Beteiligung von Minderjährigen aber → Rn. 1854) und kann auch mündlich erfolgen (BFH 29.1.1976 – IV R 73/73, BStBl. II 1976, 324 (328)). Von einem mündlichen Vertragsabschluss ist jedoch schon aus Gründen der Nachweisbarkeit abzuraten (KSM/*Desens/Blischke* § 15 Rn. C 181). Eine spätere schriftliche Fixierung ist möglich (BFH 29.1.1976 – IV R 73/73, BStBl. II 1976, 324 (328)), nicht hingegen eine bloße Rückdatierung (KSM/*Desens/Blischke* § 15 Rn. C 181).

Sonderfragen stellen sich im Zusammenhang mit der **Beteiligung Minderjähriger.** In **1854**
diesen Fällen bedarf der Abschluss des Gesellschaftsvertrages nach § 1643 Abs. 1 BGB iVm § 1822 Nr. 3 BGB der **Genehmigung des Familiengerichts.** Diese wirkt nicht nur zivilrechtlich, sondern auch steuerrechtlich auf den Zeitpunkt des Vertragsschlusses zurück (BFH 22.6.2017 – IV R 42/13, BFH/NV 2018, 265 Rn. 54). Weiterhin muss sich der Minderjährige beim Vertragsabschluss gem. § 1643 Abs. 1 BGB, § 1822 Nr. 3 BGB, § 1795 BGB, § 1909 BGB durch einen **Ergänzungspfleger** vertreten lassen. Bei mehreren Kindern müssen diese jeweils durch einen eigenen Pfleger vertreten werden. Werden diese Formerfordernisse nicht beachtet, ist der Vertrag schwebend unwirksam. Die familiengerichtliche Genehmigung und die Pflegergenehmigung können auch nachträglich erteilt werden. Einkommensteuerlich kann das aber nur dann auf den Zeitpunkt des Vertragsschlusses zurückwirken, wenn die Genehmigung unverzüglich beantragt wird, die Pflegerbestellung in angemessener Frist erfolgt und die Genehmigung in eben dieser Frist auch erteilt wird (BFH 16.12.2008 – VIII R 83/05, BFH/NV 2009, 1118 Rn. 22). Falls die unverzügliche Antragstellung infolge einer amtlichen Fehlauskunft unterbleibt, kann dies den Beteiligten nicht angelastet werden (BFH 16.12.2008 – VIII R 83/05, BFH/NV 2009, 1118 Rn. 22). Der Bestellung eines Dauerergänzungspflegers bedarf es nicht (→ Rn. 1863).

Mit Rücksicht auf § 518 Abs. 2 BGB bedarf die **schenkweise Aufnahme** eines nahen **1855**
Angehörigen bei einer Außengesellschaft keiner notariellen Beurkundung (HHR/*Buge* § 15 Rn. 855). Abweichendes gilt für Innengesellschaften, die wie die atypisch stille Gesellschaft über kein Gesamthandsvermögen verfügen (BFH 8.8.1979 – I R 82/76, BStBl. II 1979, 768 (770)).

Die **Nichtbeachtung von Formvorschriften** muss nicht zwangsläufig die mangelnde **1856**
steuerliche Anerkennung zur Konsequenz haben (→ Rn. 1848 f.).

(3) Klarheit und Eindeutigkeit. Die Klarheit und Eindeutigkeit der Vereinbarung wird **1857**
in der Rechtsprechung häufig als **Kriterium für die Anerkennung von Familienpersonengesellschaften** genannt (BFH 22.10.2013 – X R 26/11, BStBl. II 2014, 374 Rn. 35; BFH 17.7.2014 – IV R 52/11, BFHE 246, 349 Rn. 17; BFH 7.11.2000 – VIII R 16/97, BStBl. II 2001, 186 (188)).

Üblicherweise wird dies allein in Fällen der **erwünschten Mitunternehmerschaft** (→ **1858**
Rn. 1826) relevant. Die fehlende Klarheit und Eindeutigkeit einer Vereinbarung kann ein Indiz dafür sein, dass diese tatsächlich nicht gewollt ist. Dem wird in der Literatur entgegengehalten, die Gründe für eine Unklarheit könnten auch schlichtweg in der fehlenden rechtli-

chen Vorbildung der Steuerpflichtigen und der Komplexität der Materie zu suchen sein (KSM/*Desens/Blischke* § 15 Rn. C 185). Dem ist insoweit zuzustimmen, als unter den genannten Voraussetzungen die Indizwirkung leerläuft, vermag die Tauglichkeit des Kriteriums aber nicht generell infrage zu stellen.

1859 Unabhängig hiervon dürfen die **Anforderungen an die Klarheit und Eindeutigkeit nicht überspannt werden.** Auch bei Verträgen zwischen nahen Angehörigen muss es möglich sein, den Parteiwillen im Wege der Auslegung zu ermitteln (BFH 7.11.2000 – VIII R 16/97, BStBl. II 2001, 186 (189): „Eine nach ihrem Wortlaut unbestimmte Vertragsklausel ist auch dann klar, wenn ihr Inhalt im Wege der Auslegung gem. §§ 133, 157 BGB zweifelsfrei festgestellt werden kann"). Ebenso wenig kann die Klarheit einer Regelung allein deshalb infrage gestellt werden, weil mehrere Auslegungsmöglichkeiten denkbar erscheinen (überzeugend HHR/*Buge* § 15 Rn. 862 gegen BFH 29.1.1976 – IV R 102/73, BStBl. II 1976, 328 (331 f.)).

1860 Bei der **unerwünschten Mitunternehmerschaft** (→ Rn. 1826) spielt das Kriterium der Klarheit und Eindeutigkeit hingegen praktisch keine Rolle. Nach der Rechtsprechung kann zur Begründung einer Mitunternehmerschaft zwischen Ehegatten bereits eine **konkludent geschlossene Innengesellschaft** ausreichen (BFH 14.8.1986 – IV R 248/84, BStBl. II 1987, 17 (19)). In dieser Variante der Familienpersonengesellschaften kommt dem Kriterium eine Schutzfunktion für den Steuerpflichtigen zu, sodass schon mit Rücksicht auf die Wertentscheidung des Art. 6 GG viel dafür spricht, es nicht vollständig aufzugeben.

1861 **bb) Tatsächlicher Vollzug.** Nahezu unstreitig kann eine Vereinbarung unter nahen Familienangehörigen nur anerkannt werden, wenn sie auch **tatsächlich vollzogen worden** ist (BFH 22.10.2013 – X R 26/11, BStBl. II 2014, 374 Rn. 35; BFH 17.7.2014 – IV R 52/11, BFHE 246, 349 Rn. 17; BFH 7.11.2000 – VIII R 16/97, BStBl. II 2001, 186 (188); KSM/*Desens/Blischke* § 15 Rn. C 186; HHR/*Buge* § 15 Rn. 865).

1862 Vor dem Hintergrund der Wertentscheidung des Art. 6 GG dürfen aber auch insoweit **keine überzogenen Anforderungen** gestellt werden. Insbesondere kann im Einklang mit allgemeinen Grundsätzen nicht verlangt werden, dass gesellschaftsvertraglich eingeräumte Kontroll- und Widerspruchsrechte auch tatsächlich wahrgenommen werden (→ Rn. 1517).

1863 **Nicht erforderlich** ist es, zur Ausübung der Gesellschafterrechte der minderjährigen Gesellschafter dauerhaft einen **Ergänzungspfleger (§ 1909 BGB)** zu bestellen (BFH 29.1.1976 – IV R 102/73, BStBl. II 1976, 328 unter ausdrücklicher Abkehr von der gegenteiligen Vorentscheidung BFH 1.2.1973 – IV R 61/72, BStBl. II 1973, 309).

1864 Unschädlich ist es, auf die **Entnahme von Gewinnen zu verzichten,** weil dies auch in KG zwischen Fremden üblich ist (BFH 29.1.1976 – IV R 102/73, BStBl. II 1976, 328 (330)). Bei einer **atypisch stillen Gesellschaft** muss aber jedenfalls eine Vereinbarung über das darlehensweise Stehenlassen des Gewinnanteils getroffen werden (BFH 13.6.1989 – VIII R 47/85, BStBl. II 1989, 720 (721 f.)).

1865 Schädlich ist es, wenn die nach dem Gesellschaftsvertrag geschuldete **Einlage tatsächlich nicht erbracht** wird (BFH 29.1.1976 – IV R 73/73, BStBl. II 1976, 324 (328)). Nicht ausreichend ist es zudem, wenn die Einlage dem Kind darlehensweise unter fremdunüblichen Bedingungen zur Verfügung gestellt wird (BFH 5.7.1979 – IV R 27/76, BStBl. II 1979, 670 (672)) oder die Kinder sich lediglich verpflichten, einen Teil ihrer künftigen Gewinnanteile zur Auffüllung ihres Kapitalanteils stehen zu lassen (BFH 1.2.1973 – IV R 138/67, BStBl. II 1973, 526 (528)). Als **schädlich** ist es anzusehen, wenn für die aufgenommenen Kommanditisten keine gesonderten Kapitalkonten geführt, sondern die **Gewinnanteile weiterhin den Eltern gutgeschrieben** und von diesen an die Kinder weitergeleitet werden (BFH 18.3.1964 – IV 86/63 U, BStBl. III 1964, 429 (430)). Nicht ausreichend ist es weiterhin die Gewinnanteile zunächst auf getrennte Konten einzuzahlen, dann aber über die Guthaben wie über eigenes Vermögen zu verfügen (BFH 25.6.1981 – IV R 61/78, BStBl. II 1982, 59 (60)).

1866 **cc) Fremdvergleich.** Wesentliche Bedeutung für die steuerliche Anerkennung ist zuletzt die Fremdüblichkeit, dh die Frage, ob **Vertragschancen und Vertragsrisiken in fremdüblicher Weise verteilt** sind (BFH 22.10.2013 – X R 26/11, BStBl. II 2014, 374 Rn. 35).

1867 **(1) Grundlagen.** Allerdings dürfen die einzelnen Kriterien des Fremdvergleichs nicht zu Tatbestandsmerkmalen verselbständigt werden, die schon je für sich genommen die steuerliche Anerkennung des Vertragsverhältnisses ausschließen. Vielmehr können sie nur als **Indizien** im Rahmen einer Gesamtwürdigung betrachtet werden (BFH 14.5.2003 – X R 14/99, BFH/NV 2003, 1547 Rn. 44).

Richtigerweise tritt das Kriterium der Fremdüblichkeit nicht als weiteres Erfordernis neben die Mitunternehmerstellung. Vielmehr ist die **Fremdüblichkeit integraler Bestandteil der Mitunterstellung,** sodass Letztere entfallen muss, wenn die gesellschaftsvertragliche Stellung keinen fremdüblichen Bedingungen standhält (HHR/*Buge* § 15 Rn. 875; BFH 5.7.1979 – IV R 27/76, BStBl. II 1979, 670 (671 f.); BFH 1.7.1982 – IV R 152/79, BStBl. II 1982, 646 (648)). Dies gilt umso mehr, als vermeintlich gegenläufige Entscheidungen (so etwa BFH 7.11.2000 – VIII R 16/97, BStBl. II 2001, 186 (188)) durchaus einer anderen Interpretation zugänglich sind. **1868**

Allgemein gilt, dass **einseitige Beschränkungen** der Gesellschafterstellung die Mitunternehmerschaft ausschließen können, selbst wenn sich die Beschränkung für sich betrachtet noch im Rahmen des Fremdüblichen bewegt (BFH 8.2.1979 – IV R 163/76, BStBl. II 1979, 405 (409)). **1869**

Welche Anforderungen im Einzelnen zu stellen sind, ist in der Rechtsprechung in einer Vielzahl von Entscheidungen ausdifferenziert worden. Diese betreffen ua die **Gewinnverteilung** (→ Rn. 1872), eine **zeitliche Befristung** der Gesellschafterstellung (→ Rn. 1873), **Hinauskündigungsklauseln** (→ Rn. 1874), **Abfindungsklauseln** (→ Rn. 1875) sowie Einschränkungen der **Entnahmerechte** (→ Rn. 1876). **1870**

Eine **Sonderstellung nimmt die Gewinnverteilung** ein. Hier ist zwischen der Gesellschafterstellung als solcher (→ Rn. 1872) und der ggf. zu korrigierenden Höhe der Gewinnbeteiligung (→ Rn. 1877) zu unterscheiden, die die Anerkennung des Gesellschaftsverhältnisses als solches unberührt lässt (BFH 29.5.1972 – GrS 4/71, BStBl. II 1973, 5 (6); BFH 5.6.1986 – IV R 53/82, BStBl. II 1986, 798 (799); BFH 22.8.1951 – IV 246/50 S, BStBl. III 1951, 181 (183)). **1871**

(2) Einzelfragen. Bei der **Gewinnverteilung** ist zwischen der Anerkennung der Gesellschaft als solcher und der Anerkennung der vereinbarten Gewinnverteilung (→ Rn. 1877) zu unterscheiden. **Unverzichtbar** für die Mitunternehmerstellung ist die **Beteiligung am laufenden Gewinn** (BFH 26.2.1987 – IV R 147/85, BFH/NV 1989, 363 Rn. 11). Eine **Verlustbeteiligung** indiziert eine mitunternehmerische Beteiligung. Abweichendes gilt aber, wenn ein Verlust nicht ernsthaft zu erwarten ist (BFH 6.4.1979 – I R 116/77, BStBl. II 1979, 620 (622); BFH 1.2.1973 – IV R 138/67, BStBl. II 1973, 526 (528)). Nicht zwingend erforderlich ist es, neu eintretende Gesellschafter auch an den **stillen Reserven** zu beteiligen, die vor deren Eintritt entstanden sind. Abweichendes gilt aber für Gewinne bzw. stille Reserven, die während der Zeit der Zugehörigkeit entstehen (BFH 13.2.1962 – I 55/61 U, BStBl. III 1963, 84 (85)). Nicht von einer ausreichenden Gewinnbeteiligung ist auszugehen, wenn die Gewinnanteile mit einem Nießbrauch zugunsten des Zuwendenden belastet sind (BFH 26.2.1987 – IV R 147/85, BFH/NV 1989, 363). **1872**

Schädlich ist es, wenn die Gesellschafterstellung **von vornherein nur befristet** ist (s. BFH 29.1.1976 – IV R 73/73, BStBl. II 1976, 324 (327f.)). **1873**

Besondere Anforderungen sind bei sog. **Hinauskündigungsklauseln** zu beachten, dh wenn dem Schenker das Recht zusteht, das Gesellschaftsverhältnis ohne besondere Gründe auch wieder beenden: **1874**

- **Nicht zulässig** ist es, wenn der phG die Gesellschaft jederzeit zum Ende des Geschäftsjahres gegen **Buchwertabfindung** kündigen und so die anderen Gesellschafter aus der Gesellschaft drängen kann (BFH 29.4.1981 – IV R 131/78, BStBl. II 1981, 663 (664); BFH 6.7.1995 – IV R 79/94, BStBl. II 1996, 269 (271)).
- Unschädlich ist eine bloße Buchwertabfindung hingegen, sofern der Kommanditist aus **eigener Initiative ausscheidet** (BFH 10.11.1987 – VIII R 166/84, BStBl. II 1989, 758 (760); BFH 6.4.1979 – I R 116/77, BStBl. II 1979, 620 (622)). Dies gilt umso mehr, wenn er damit nicht schlechter als der phG gestellt ist (BFH 10.11.1987 – VIII R 166/84, BStBl. II 1989, 758 (760)).
- Keinen Bestand können jedoch Hinauskündigungsklauseln haben, sofern die Abfindung nur die stillen Reserven, nicht aber den **Geschäftswert** entschädigt (BFH 15.10.1981 – IV R 52/79, BStBl. II 1982, 342 (343 f.); BFH 10.11.1987 – VIII R 166/84, BStBl. II 1989, 758 (760); BFH 6.7.1995 – IV R 79/94, BStBl. II 1996, 269 (271)).

1875 Bei **Abfindungsklauseln** ist eine ratenweise Abfindung zulässig. Unzulässig ist es hingegen, den Anspruch auf das Abfindungsguthaben erst in zehn Jahren **fällig zu stellen** (BFH 3.5.1979 – IV R 153/78, BStBl. II 1979, 515 (517 f.)).

1876 Die Mitunternehmerstellung setzt üblicherweise das Recht voraus, über den eigenen Gewinnanteil frei verfügen, insbesondere diesen auch entnehmen zu können (BFH 4.8.1971 – I R 209/69, BStBl. II 1972, 10 (12)). **Beschränkungen des Entnahmerechts** können aber auch aus nachvollziehbaren, gesellschaftsrechtlichen Erwägungen vorgesehen sein, beispielsweise um zu vermeiden, dass dem Unternehmen die für ein weiteres Wachstum erforderlichen Mittel entzogen werden (BFH 10.11.1987 – VIII R 166/84, BStBl. II 1989, 758 (760)). Eine Beschränkung des Entnahmerechts genügt für sich allein damit im Allgemeinen nicht, um eine Mitunternehmerschaft zu verneinen (BFH 5.7.1979 – IV R 27/76, BStBl. II 1979, 670). Die negative Indizwirkung nimmt ab, wenn die stehengebliebenen Gewinne angemessen verzinst weden (BFH 10.11.1987 – VIII R 166/84, BStBl. II 1989, 758 (760)). Entsprechendes gilt, wenn das Recht, Gewinne zu entnehmen, in etwa gleichmäßig beschränkt wird (BFH 5.7.1979 – IV R 27/76, BStBl. II 1979, 670 (673)). Akzeptiert hat der BFH auch die Klausel, Gewinnanteile zunächst zur Auffüllung einer Kapitalrücklage zu verwenden (BFH 5.11.1985 – VIII R 275/81, BFH/NV 1986, 327 Rn. 53). Unschädlich ist ferner eine zeitlich befristete Beschränkung, Gewinne bis zum Abschluss der Ausbildung nur zur Bestreitung eines angemessenen Lebensunterhaltes entnehmen zu können (BFH 5.11.1985 – VIII R 275/81, BFH/NV 1986, 327).

1877 **f) Angemessene Gewinnverteilung.** Wie vorstehend ausgeführt, kann eine unangemessene Gewinnverteilung **bereits die Mitunternehmerstellung ausschließen** (→ Rn. 1871). Ist die Gesellschafterstellung als solche anzuerkennen, stellt sich auf einer zweiten nachgelagerten Ebene die Frage nach der Angemessenheit der Gewinnverteilung (BFH 29.5.1972 – GrS 4/71, BStBl. II 1973, 5 (6)). Grund hierfür ist, dass die Gewinnabreden bei Familienpersonengesellschaften wegen des fehlenden Interessengegensatzes häufig nicht allein auf der Gesellschafterstellung der Beteiligten, sondern auf privaten Motiven beruhen. Die Gewinnverteilungsabreden bei Familienpersonengesellschaften sind deshalb daraufhin zu prüfen, ob sie auch von Fremden in zumindest ähnlicher Weise getroffen worden wären (BFH 29.5.1972 – GrS 4/71, BStBl. II 1973, 5 (7); s. auch BFH 23.8.1990 – IV R 71/89, BStBl. II 1991, 172 (173)) und ggf. so zu korrigieren, wie sie ohne die Zuwendung vereinbart worden wären (BFH 23.8.1990 – IV R 71/89, BStBl. II 1991, 172 (173)).

1878 **Relevante Faktoren** sind außer dem Kapitaleinsatz, dem Arbeitseinsatz und dem übernommenen Kapitalrisiko auch weitere weichere Faktoren wie etwa die Einbringung eines angesehenen Namens, die Seriosität oder Kreditwürdigkeit eines Gesellschafters. Bei schenkweise als Kommanditisten oder als atypisch stillen Gesellschaftern aufgenommenen und nicht mitarbeitenden Kindern muss daher eine Orientierung allein am Verhältnis der Festkapitalkonten zu unangemessenen Ergebnissen führen, weil dies die Beiträge der anderen Gesellschafter, die über die Zurverfügungstellung von Kapital hinausgehen, nicht abbilden würde (BFH 29.5.1972 – GrS 4/71, BStBl. II 1973, 5 (8)). Die Angemessenheit des Gewinnanteils des Kommanditisten kann daher nicht nach der Höhe des Festkapitals, sondern nur nach dem tatsächlichen Wert des Kapitalanteils beurteilt werden. Angemessen soll daher eine Gewinnbeteiligung sein, die zu einer **marktüblichen Verzinsung des tatsächlichen Werts** der Beteiligung des nicht mitarbeitenden Kommanditisten führt (BFH 29.5.1972 – GrS 4/71, BStBl. II 1973, 5 (8)).

1878.1 Sachverhalt nach BFH 29.5.1972 – GrS 4/71, BStBl. II 1973, 5: Vater V gründet gemeinsam mit seinem Kind K eine KG, in die er sein Einzelunternehmen einbringt. Die Einlage des K wird durch V schenkungshalber geleistet, soweit Ks Guthaben auf dem Darlehenskonto der bisherigen Einzelfirma nicht ausreicht. V ist Komplementär und allein zur Geschäftsführung befugt. Er erhält eine Tätigkeitsvergütung, danach erfolgt eine Verzinsung der Festeinlagen und schließlich wird der Restgewinn im Verhältnis der Festeinlagen zueinander verteilt. Bei K würde dies zu einer Kapitalverzinsung von über 100% führen. Die KG ist steuerlich anzuerkennen, fraglich ist jedoch, ob die Gewinnverteilung angemessen ist.

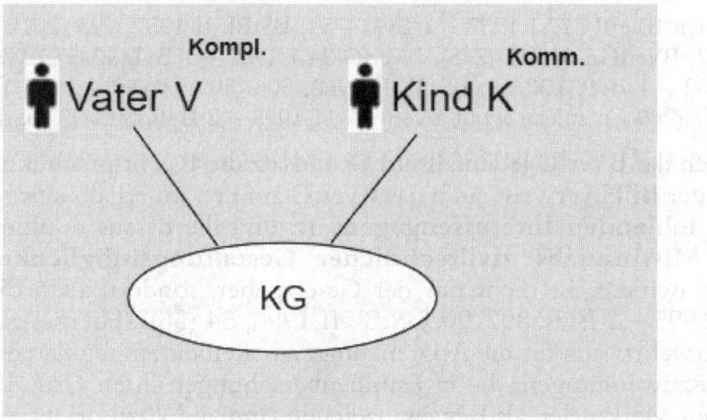

In ständiger Rechtsprechung quantifiziert dies der BFH dahingehend, dass eine Gewinnverteilung im Allgemeinen dann nicht zu beanstanden ist, wenn der Gewinnverteilungsschlüssel eine **durchschnittliche Rendite von nicht mehr als 15% des tatsächlichen Werts der Beteiligung** ergibt (BFH 14.5.2003 – X R 14/99, BFH/NV 2003, 1547 Rn. 79; BFH 5.11.1985 – VIII R 275/81, BFH/NV 1986, 327). Darüber hinausgehende Gewinnanteile sind den anderen Gesellschaftern zuzurechnen, sofern für diese nicht selbst entsprechende Begrenzungen zu beachten sind. **1879**

Maßgebend für die Beurteilung der Angemessenheit sollen nicht die Verhältnisse nur eines Wirtschaftsjahres, sondern im Regelfall ein Zeitraum von fünf Wirtschaftsjahren sein. **Wesentliche Veränderungen der Verhältnisse** erfordern, den Gewinnverteilungsschlüssel einer Revision zu unterziehen (BFH 29.5.1972 – GrS 4/71, BStBl. II 1973, 5 (8)). **1880**

Von dem Wert des Kapitalanteils ist noch ein **angemessener Abschlag** hinzunehmen, sofern der Gesellschafter in seinem Entnahmerecht beschränkt ist (BFH 14.5.2003 – X R 14/99, BFH/NV 2003, 1547 Rn. 79; BFH 5.11.1985 – VIII R 275/81, BFH/NV 1986, 327 Rn. 69). **1881**

In der Literatur ist die 15%-Regel auf Ablehnung gestoßen, wobei dem BFH eine letztlich **willkürliche Grenzziehung** und das Versäumnis vorgehalten wird, seine Position **nicht ausreichend gesetzlich begründet** zu haben (*Carlé/Halm* KÖSDI 2000, 12383 Rn. 29 f.). Auf die Würdigung dieser im Ergebnis nicht überzeugenden Kritik ist im Rahmen des Abschnitts zur verfassungsrechtlichen Bewertung einzugehen (→ Rn. 1888). **1882**

g) Unerwünschte Personengesellschaften. Bei unerwünschten Personengesellschaften stellt sich die Thematik quasi mit **umgekehrtem Vorzeichen.** Hier wollen die Beteiligten eine mitunternehmerschaftliche Beteiligung vermeiden. Gestaltungsziel kann es beispielsweise sein, die gewerbesteuerliche Bemessungsgrundlage durch Miet- und Darlehensverträge oder Geschäftsführervergütungen zu verkleinern, die im Rahmen einer Mitunternehmerschaft als Sonderbetriebseinnahmen erfasst würden. Die Rechtsprechung greift in diesen Fällen auf die Grundsätze der **verdeckten Mitunternehmerschaft** zurück. Richtigerweise bedarf es dieses Umwegs nicht. Vielmehr muss allein entscheidend sein, ob der unerwünschte Personengesellschafter hinreichendes Mitunternehmerrisiko trägt und Mitunternehmerinitiative entfalten kann (→ Rn. 1398). Bei unerwünschten Personengesellschaften finden die einschränkenden Voraussetzungen für die Anerkennung von erwünschten Familienpersonengesellschaften (→ Rn. 1846) keine Anwendung. Insbesondere unterliegt eine verdeckte Mitunternehmerschaft in Form einer Innengesellschaft **keinem Fremdvergleich** (BFH 16.5.2018 – VI R 45/16, BStBl. II 2019, 60 Rn. 18). **1883**

h) Verfassungsrechtliche Bewertung. In der Literatur ist an dem Sondersteuerrecht der Familienpersonengesellschaft vielfach Kritik geübt worden (*Carlé/Halm* KÖSDI 2000, 12383 Rn. 6). Dieser ist jedenfalls insoweit zuzustimmen, als die Einschränkungen für die Anerkennung von Familienpersonengesellschaften (→ Rn. 1846) einer besonderen Rechtfertigung bedürfen und vor Art. 6 GG Bestand haben müssen. Insofern weist die Thematik auch eine **verfassungsrechtliche Dimension** auf. Mit dieser hat sich sich das BVerfG bereits mehrfach auseinandergesetzt. **1884**

1884.1 S. im Einzelnen BVerfG 17.1.1957 – 1 BvL 4/54, BStBl. II 1957, 193 (201); BVerfG 14.4.1959 – 1 BvL 23, 34/57, BVerfGE 9, 237 (245); BVerfG 24.1.1962 – 1 BvL 32/57, BVerfGE 13, 290 (316); BVerfG 24.1.1962 – 1 BvR 232/60, BStBl. II 1962, 506 (509); BVerfG 26.11.1964 – 1 BvL 14/62, BVerfGE 18, 257 (269 f.); zuletzt wohl BVerfG 7.11.1995 – 2 BvR 802/90, BStBl. II 1996, 34 (36).

1885 Dabei hat sich das BVerfG jedenfalls im Grundsatz die Rechtsprechung des BFH zu Eigen gemacht. Wie der BFH verweist auch das BVerfG auf den innerhalb eines Familienverbundes typischerweise **fehlenden Interessengegensatz** und die daraus resultierende **Gefahr des steuerlichen Missbrauchs zivilrechtlicher Gestaltungsmöglichkeiten.** Legitimiert, dem entgegenzuwirken, ist nicht nur der Gesetzgeber, sondern auch die Rechtsprechung (BVerfG 7.11.1995 – 2 BvR 802/90, BStBl. II 1996, 34 (36)). Hierbei ist es der Rechtsprechung nicht verwehrt, sich für die Abgrenzung zwischen einem regulären Leistungsaustausch und Vermögenszuwendungen, die in Familienbeziehungen ihren Grund haben, an „äußerlich erkennbaren Merkmalen als Beweisanzeichen (Indizien)" zu orientieren, da die Motivation der Beteiligten als innere Tatsache häufig nicht zweifelsfrei festgestellt werden kann (BVerfG 7.11.1995 – 2 BvR 802/90, BStBl. II 1996, 34 (36) unter Bezug auf BFH 27.11.1989 – GrS 1/88, BStBl. II 1990, 160 (164)).

1886 Entsprechende Indizien dürfen allerdings nicht verabsolutiert und zu Quasi-Tatbestandsmerkmalen umgeformt werden. Dementsprechend ist es unzulässig, ein Indizmerkmal auch dann mit ausschlaggebender Bedeutung heranzuziehen, wenn ein Sachverhalt nicht beweisbedürftig ist, sondern **schon aus anderen Quellen mit hinreichender Sicherheit festgestellt werden** kann (BVerfG 7.11.1995 – 2 BvR 802/90, BStBl. II 1996, 34 (36)).

1886.1 Dementsprechend sah es das BVerfG als objektiv willkürlich an, ein Ehegattenarbeitsverhältnis allein deshalb nicht anzuerkennen, weil das Gehalt auf ein Konto des Arbeitnehmerehegatten überwiesen wurde, über das der Arbeitgebergatte auch allein verfügen konnte (BVerfG 7.11.1995 – 2 BvR 802/90, BStBl. II 1996, 34 (36)).

1887 Mit den vorstehend skizzierten Einschränkungen greifen die gegen die Rechtsprechung erhobenen Einwände im Ergebnis nicht durch. Eine schematische Orientierung an der zivilgerichtlichen Einordnung eines Vertragsverhältnisses würde unangemessene Gestaltungsspielräume eröffnen, die auch durch die Rechtsanwendung abzuwehren sind. Dies gilt umso mehr, als sich mit § 12 Nr. 2 durchaus ein **einfachgesetzlicher Anknüpfungspunkt** für das vermeintliche Sondersteuerrecht der Familienpersonengesellschaft (s. nur *Carlé/Halm* KÖSDI 2000, 12383) ausmachen lässt. Der Wertentscheidung des Art. 6 GG trägt die neuere Rechtsprechung jedenfalls insoweit Rechnung, als den Kritierien, die gegen eine Anerkennung einer Familienpersonengesellschaft sprechen, nur Indiziencharakter beigemessen wird, diese also im Einzelfall auch widerlegt werden können (→ Rn. 1886).

1888 Mit der **15%-Regel** greift der BFH zu einer vergleichsweise groben Typisierung (zur Kritik → Rn. 1882). Auch diese ist aber noch von der Befugnis der Rechtsprechung gedeckt, nur schwer operable Grenzziehungen zu quantifizieren und ist Kehrseite des hiermit verbundenen Gewinns an **Rechtssicherheit.**

6. Einzelne Mitunternehmerschaften

1889 Im folgenden Abschnitt werden **Sonderfragen der einkommensteuerlichen Einordnung einzelner Mitunternehmerschaften** erörtert. Dem ist in der Regel ein knapper Überblick über die **zivil- und handelsrechtlichen Grundlagen** der Gesellschaftsform bzw. sonstigen Rechtsgemeinschaft vorangestellt.

a) Offene Handelsgesellschaft (§§ 105 ff. HGB)

1890 **Leitentscheidungen, wichtige Verwaltungsanweisungen und Schrifttum (Auswahl):**

1890.1 **Entscheidungen des GrS:**
BFH 25.6.1984 – GrS 4/82, BStBl. II 1984, 751; BFH 3.5.1993 – GrS 3/92, BStBl. II 1993, 616.

1890.2 **Schrifttum (Auswahl):**
Schön, Die vermögensverwaltende Personenhandelsgesellschaft – Ein Kind der HGB-Reform, DB 1998, 1169.

1891 **aa) Zivilrechtliche Grundlagen.** Die OHG ist der **Grundtypus der Personenhandelsgesellschaft.** Ihr Zweck ist der Betrieb eines Handelsgewerbes unter gemeinschaftlicher

Firma (§ 105 Abs. 1 HGB; zur nur vermögensverwaltenden oder Einkünfte aus Land- und Forstwirtschaft erzielenden OHG → Rn. 1896). Das handelsrechtliche Rechtsregime der OHG ist im Einzelnen in §§ 105 ff. HGB geregelt.

Gegenüber den Gläubigern haften die Gesellschafter **unbeschränkt** (§ 105 Abs. 1 HGB), im Unterschied zur GbR sind sie zur **alleinigen Geschäftsführung** befugt (§ 114 Abs. 1 HGB). Für außergewöhnliche Geschäfte ist nach § 116 Abs. 2 HGB ein Beschluss sämtlicher Gesellschafter erforderlich. Gem. § 125 Abs. 1 HGB besteht im Grundsatz ein Alleinvertretungsrecht der Gesellschafter. Das Recht zur Geschäftsführung sowie das Recht zur Vertretung sind weitgehend **dispositiv.** Selbst Kontrollrechte können bis zur Grenze der Annahme einer unredlichen Geschäftsführung abbedungen werden (§ 118 Abs. 1, Abs. 2 HGB). Unabdingbar ist hingegen die unbeschränkte Haftung im Außenverhältnis (Baumbach/Hopt/*Roth* HGB § 105 Rn. 6). 1892

bb) Steuerrechtliche Einordnung. Gemäß § 15 Abs. 1 S. 1 Nr. 2 Var. 1 ist die OHG neben der KG das **gesetzliche Leitbild** der Mitunternehmerschaft. Damit werden ihre Gesellschafter regelmäßig transparent besteuert. **Mitunternehmerinitiative** und **Mitunternehmerrisiko** ergeben sich nach dem gesetzlichen Regelstatut unproblematisch aus der Geschäftsführungs- und Vertretungsbefugnis sowie aus der unbeschränkten persönlichen Haftung im Außenverhältnis (*Niehus/Wilke* Die Besteuerung der Personengesellschaften, 53 f.; → Rn. 1539). Beschränkungen des Rechts zur Geschäftsführung stellen die Mitunternehmerinitiative jedenfalls dann nicht infrage, sofern dem Gesellschafter noch einem Kommanditisten vergleichbare Kontrollrechte zustehen. 1893

Die OHG nicht als Mitunternehmerschaft bzw. ihre Gesellschafter nicht als Mitunternehmer einzuordnen, ist nur in **Sonderkonstellationen** denkbar: 1894

Hierzu zählt, dass die **OHG ohne Gewinnerzielungsabsicht** handelt. Dies steht zwar ihrer Einordnung als Personenhandelsgesellschaft nicht entgegen, da die Gewinnerzielungsabsicht handelsrechtlich nicht gefordert ist. Dagegen findet § 15 Abs. 1 S. 1 Nr. 2 keine Anwendung (BFH 25.6.1984 – GrS 4/82, BStBl. II 1984, 751 (769 f.); Schmidt/*Wacker* § 15 Rn. 320). 1895

Keine größere praktische Bedeutung haben OHGs, die nur **Land- und Forstwirtschaft** betreiben oder **nur eigenes Vermögen verwalten.** Dass dies mit der Rechtsstellung der OHG vereinbar ist, ergibt sich seit 1998 unmittelbar aus dem Wortlaut des § 105 Abs. 2 HGB (Art. 3 HRefG v. 22.6.1998, BGBl. 1998 I 1474). In diesen Fällen erzielen die Gesellschafter keine Einkünfte aus § 15 Abs. 1 S. 1 Nr. 2, sondern aus Land- und Forstwirtschaft (§ 13) bzw. aus Kapitalvermögen (§ 20) oder Vermietung und Verpachtung (§ 21) (s. bereits RFH 8.8.1934 – VI A 2024/32, RStBl. 1935, 920). 1896

Der BFH betont ist ständiger Rechtsprechung, dass **auch bei der OHG** und der KG Mitunternehmer **nur die Gesellschafter sind, die Mitunternehmerrisiko tragen und Mitunternehmerinitiative entfalten** (BFH 3.5.1993 – GrS 3/92, BStBl. II 1993, 616 (621); BFH 14.8.1986 – IV R 131/84, BStBl. II 1987, 60 (61); BFH 25.6.1984 – GrS 4/82, BStBl. II 1984, 751 (769)). **Analog zu den Treuhandfällen** bei der KG (→ Rn. 1997) ist der Ausschluss der Mitunternehmerstellung eines Gesellschafters einer OHG aber nur dann denkbar, wenn die Mitunternehmerinitiative durch den Gesellschaftsvertrag so weit beschränkt worden ist, dass sie hinter den einem Kommanditisten zustehenden Rechten zurückbleibt, und sich das Mitunternehmerrisiko entgegen der hM nicht bereits aus dem Verlustrisiko im Fall der Haftungsinanspruchnahme ergibt (BFH 17.11.1987 – VIII R 83/84, BFHE 152, 230; offen gelassen in BFH 14.8.1986 – IV R 131/84, BStBl. II 1987, 60 (61)). 1897

b) Kommanditgesellschaft (§§ 161 ff. HGB)

Leitentscheidungen, wichtige Verwaltungsanweisungen und Schrifttum (Auswahl): 1898

Schrifttum (Auswahl): 1898.1

Preißer/Rönn, Die KG und die GmbH & Co. KG, 3., aktualisierte und überarb. Aufl. 2013.

aa) Zivilrechtliche Grundlagen. Der Zweck einer KG ist auf den **Betrieb eines Handelsgewerbes** unter gemeinschaftlicher Firma gerichtet (§ 161 Abs. 1 S. 1 HGB). Ähnlich wie bei der OHG ist der Geschäftsgegenstand seit Inkrafttreten des HRefG (HRefG v. 1899

22.6.1998, BGBl. 1998 I 1474) jedoch nicht mehr zwingend auf den Betrieb eines Handelsgewerbes beschränkt (→ Rn. 1896).

1900 Im Unterschied zur OHG ist bei der KG bei wenigstens einem Gesellschafter die Haftung gegenüber den Gesellschaftsgläubigern auf den Betrag einer bestimmten Vermögenseinlage beschränkt (**Kommanditist,** § 161 Abs. 1 S. 1 Hs. 1 HGB), während der andere Teil der Gesellschafter als Komplementäre unbeschränkt mit ihrem gesamten Privatvermögen haftet (**phG,** § 161 Abs. 1 Hs. 2 HGB). Auf die KG finden subsidiär die Regeln der OHG Anwendung, sofern in den §§ 161 ff. HGB nicht etwas abweichendes bestimmt ist. Schwerpunkt der dortigen Regelungen ist die Rechtsstellung der Kommanditisten (→ Rn. 1901). Für die Rechtsstellung der **Komplementäre** kann dagegen auf die Ausführungen zur OHG verwiesen werden (→ Rn. 1892).

1901 Nach dem Regelstatut sind die **Kommanditisten** von der Geschäftsführung ausgeschlossen (§ 164 S. 1 Hs. 1 HGB). Ebensowenig sind sie zur Vertretung der Gesellschaft ermächtigt (§ 170 HGB). Für Grundlagengeschäfte steht ihnen ein Widerspruchsrecht zu (§ 164 S. 1 Hs. 2 HGB). Weiterhin räumt ihnen das Gesetz verschiedene Kontroll- und Einsichtsrechte ein (§ 166 Abs. 3 HGB). Den Gläubigern haftet der Kommanditist beschränkt auf die Höhe der Einlage unmittelbar, die Haftung ist jedoch ausgeschlossen, soweit die Einlage geleistet wurde (§ 171 Abs. 1 HGB).

1902 Die dem Kommanditisten nach dem Regelstatut zukommenden Rechte sind in weiten Teilen **abdingbar.** Damit kann dessen Rechtsstellung im Gesellschaftsvertrag sehr individuell ausgestaltet werden. Besonderer Vorzug der KG ist die Möglichkeit der Haftungsbeschränkung. Dies macht die Rechtsform insbesondere dann attraktiv, wenn die zu übernehmenden Risiken nur schwer zu kalkulieren sind. Dies gilt nicht zuletzt, weil auch die **Typenverbindung** einer GmbH & Co. KG (→ Rn. 1915) zulässig ist, sodass die persönliche Haftung auch durch eine juristische Person übernommen werden kann.

1903 **bb) Einordnung als Mitunternehmerschaft.** Da die KG in § 15 Abs. 1 S. 1 Nr. 2 S. 1 explizit aufgeführt ist, ist sie **regelmäßig als Mitunternehmerschaft** zu qualifizieren. Abweichendes kann nur in Sonderfällen gelten. Denkbar ist dies etwa, wenn lediglich ein Gesellschafter (regelmäßig der Komplementär) Unternehmerrisiko und Unternehmerinitiative trägt, während die Rechtsstellung der anderen Gesellschafter zu schwach ausgeprägt ist, um die Anforderungen einer mitunternehmerschaftlichen Beteiligung zu erfüllen. In diesen Fällen ist der Komplementär steuerlich als Alleinunternehmer einzustufen (BFH 5.6.1986 – IV R 53/82, BStBl. II 1986, 798 (802)); ausführlich zum sog. **Treuhandmodell** → Rn. 2009 f.).

1904 **cc) Mitunternehmerstellung.** Von der regelmäßig zu bejahenden Frage, ob die KG als Mitunternehmerschaft transparent besteuert wird (→ Rn. 1903), ist die der **Mitunternehmerstellung** ihrer Gesellschafter zu unterscheiden. Hier ist bei der KG zwischen den phG und den Kommanditisten zu differenzieren.

1905 Die Rechtsstellung der **Komplementäre** entspricht derjenigen eines Gesellschafters einer OHG. Damit ist mit Rücksicht auf die unbeschränkte Haftung und die Befugnis zur Geschäftsführung unproblematisch von der Mitunternehmerstellung der phG auszugehen (→ Rn. 1893).

1906 § 15 Abs. 1 S. 1 Nr. 2 benennt neben der OHG auch die KG als weiteres Regelbeispiel der Mitunternehmerschaft. Da das Gesetz nicht nach der Gesellschafterstellung differenziert, kommt nicht nur den Komplementären (dh den phG), sondern grundsätzlich auch dem bzw. den in der Haftung beschränkten **Kommanditisten** die **Mitunternehmerstellung** zu. Voraussetzung hierfür ist aber, dass ihnen im Gesellschaftsvertrag wenigstens annäherungsweise die Rechte eingeräumt sind, die einem Kommanditisten nach dem Regelstatut des HGB zustehen (BFH 5.6.1986 – IV R 53/82, BStBl. II 1986, 798 (799)).

1907 Dem steht nicht entgegen, dass die Mitunternehmerinitiative und das Mitunternehmerrisiko der Kommanditisten **deutlich hinter dem der Komplementäre zurückbleiben.** So beschränkt sich die Haftung und damit das Mitunternehmerrisiko der Kommanditisten auf ihre Einlage. Auch die Mitunternehmerinitiative ist schwächer ausgeprägt. Zur Geschäftsführung sind die Kommanditisten nicht befugt. Bei außergewöhnlichen Geschäften steht ihnen allein ein Widerspruchsrecht zu, zudem verfügen sie über verschiedene Kontrollrechte (→ Rn. 1901). Wenn ihnen das Gesetz gleichwohl Mitunternehmerstellung einräumt, so wird damit aber eine Untergrenze markiert. Sofern die Stellung eines Kommanditisten hinter dem Regelstatut zurückbleibt, muss dieses Defizit anderweitig durch eine stärkere Stellung kompensiert werden, damit in einer Gesamtschau noch von der Mitunternehmerstellung ausgegangen werden kann (BFH 26.6.2008 – IV R 89/05, BFH/NV 2008, 1984 (1988)); ausführlich zur Deutung des Mitunternehmerbegriffs als Typusbegriff (→ Rn. 1494).

In der finanzgerichtlichen Bewertung der Kautelarpraxis hat sich mittlerweile eine **umfangreiche Kasuistik** herausgebildet, unter welchen Voraussetzungen einem Kommanditisten trotz Einschränkungen des Regelstatuts Mitunternehmerstellung zukommt (im Einzelnen zur Mitunternehmerinitiative → Rn. 1503 ff. und zum Mitunternehmerrisiko → Rn. 1523 ff.). **1908**

Kommt einem Kommanditisten **keine Mitunternehmerstellung** zu, hat er seinen „Gewinnanteil" nach § 20 Abs. 1 Nr. 4 zu versteuern. Aus Sicht der Gesellschaft stellen die Gewinnanteile Betriebsausgaben dar (§ 4 Abs. 4). **1909**

dd) Besonderheiten der Gewinnermittlung. Für die Gewinnverteilung sind hinsichtlich der Kommanditisten eine Reihe von **Besonderheiten** zu beachten. Zu erörtern sind

- die Zurechnung von **Verlusten** (→ Rn. 1910),
- die Einordnung von **Provisionsaufwand für den Beitritt von Kommanditisten** (→ Rn. 1913) sowie
- die Verteilung von Mehrwerten in Ergänzungsbilanzen bei der **Übernahme eines negativen Kapitalkontos** (→ Rn. 1663).

Nach § 167 Abs. 3 HGB nimmt der Kommanditist an dem **Verlust** nur bis zum Betrag seines Kapitalanteils und seiner noch rückständigen Einlagen teil. Die Vorschrift gilt nach heute ganz hM allerdings nur für die Verteilung eines sich aus der Liquidationsschlussbilanz der Gesellschaft ergebenden Verlustes. Dagegen ist der sich aus der Jahresbilanz der Gesellschaft ergebende Verlust nach dem vorgesehenen Verlustverteilungsschlüssel auch auf den Kommanditisten zu verteilen. Der Verlustanteil ist auch dann vom Kapitalanteil abzuschreiben, wenn dieser negativ wird (BFH 10.11.1980 – GrS 1/79, BStBl. II 1981, 164 (168)). Solange der Kapitalanteil negativ ist, kann der Kommanditist entsprechend § 169 Abs. 1 S. 2 HGB die Auszahlung künftiger Gewinnanteile nicht fordern, sondern muss diese Gewinnanteile zur Deckung des negativen Kapitalanteils verwenden. Wirtschaftlich betrachtet beschränkt sich die Wirkung des negativen Kapitalkontos folglich auf eine „Verlusthaftung mit künftigen Gewinnanteilen" (BFH 10.11.1980 – GrS 1/79, BStBl. II 1981, 164 (168)). **1910**

Welche **steuerrechtlichen Konsequenzen** hieraus zu ziehen sind, war bis zu einer 1980 gefällten Entscheidung des Großen Senats des BFH umstritten (BFH 10.11.1980 – GrS 1/79, BStBl. II 1981, 164). Gegen die Maßgeblichkeit der handelsrechtlichen Verteilung eines Verlustes auf den Kommanditisten wurde zum Teil eingewendet, dass der Kommanditist in Höhe des negativen Kapitalkontos weder den Gläubigern der Gesellschaft noch der Gesellschaft oder den übrigen Gesellschaftern gegenüber hafte (so die in BFH 10.11.1980 – GrS 1/79, BStBl. II 1981, 164 (165) wiedergegebene Position des Vorlagebeschlusses des IV. Senats). Dem hielt der Große Senat entgegen, auch die Verlusthaftung mit künftigen Gewinnanteilen, auf die sich der rechtliche Gehalt des negativen Kapitalkontos des Kommanditisten beschränke, sei Ausdruck des Unternehmerrisikos des Kommanditisten. Daher sei das negative Kapitalkonto grundsätzlich steuerlich anzuerkennen, was aber dort seine Grenze finden müsse, wo es an einer Auswirkung des Verlustanteils auf die rechtliche und wirtschaftliche Stellung des Kommanditisten fehle. Daher sei ein Verlustanteil, der nur auf dem Papier steht, steuerlich nicht anzuerkennen. **1911**

Hiervon ist auszugehen, soweit bei Aufstellung der Bilanz nach den Verhältnissen am Bilanzstichtag feststeht, dass ein **Ausgleich** des negativen Kapitalkontos mit künftigen Gewinnanteilen des Kommanditisten **nicht mehr in Betracht kommt** (BFH 10.11.1980 – GrS 1/79, BStBl. II 1981, 164 (169); BFH 7.7.1983 – IV R 209/80, BStBl. II 1984, 53 (55); BFH 29.5.2001 – VIII R 10/00, BStBl. II 2001, 747 (752)). In diesem Fall ist der Verlust auf die phG und die übrigen Kommanditisten – bei letzteren beschränkt bis zur Höhe ihrer Kapitalanteile und ihrer noch rückständigen Einlagen – nach dem üblich geltenden Gewinnverteilungsschlüssel zu verteilen (BFH 10.11.1980 – GrS 1/79, BStBl. II 1981, 164 (169)). **1912**

Provisionsaufwand für den Beitritt von Kommanditisten kann nicht in der Handelsbilanz aktiviert werden und ist daher steuerlich gem. § 4 Abs. 4 als Betriebsausgabe sofort **1913**

abzugsfähig (BFH 13.10.1983 – IV R 160/78, BStBl. II 1984, 101 (104)). Besonderheiten sind hier aber bei Publikums- und Abschreibungsgesellschaften zu beachten (→ Rn. 1934).

c) GmbH & Co. KG

1914 **Leitentscheidungen, wichtige Verwaltungsanweisungen und Schrifttum (Auswahl):**

1914.1 **Wichtige Verwaltungsanweisungen:**
OFD München 2.4.2001, Ertragsteuerliche Beurteilung der Mitunternehmern gehörenden Anteile an Kapitalgesellschaften, DStR 2001, 1032; OFD NRW 21.6.2016, Anteile an einer Komplementär-GmbH als funktional wesentliche Betriebsgrundlage, DB 2016, 1907.

1914.2 **Schrifttum (Auswahl):**
Wagner/Rux, Die GmbH & Co. KG, 9. Aufl. 2001; *Binz/Sorg,* Die GmbH & Co. KG im Gesellschafts- und Steuerrecht, 11. Aufl. 2010; *Roser,* Steuerliche Aspekte geschlossener (GmbH & Co. KG) Publikums-Fonds – Wie können entstandene Verluste genutzt werden?, EStB 2012, 182; *Reichert,* GmbH & Co. KG, 7. Aufl. 2015.

1915 **aa) Zivilrechtliche Grundlagen.** Die GmbH & Co. KG ist ihrer Rechtsnatur nach eine **KG,** bei der der **phG eine GmbH** ist. Ihre weite Verbreitung erklärt sich aus ihrer Verbindung der Vorzüge einer Kapitalgesellschaft mit den handels- und steuerrechtlichen Vorteilen einer Personengesellschaft (Frotscher/Geurts/*Avella* Anhang 1 zu § 15 Rn. 5). Hierzu gehören aus zivilrechtlicher Sicht die Haftungsbeschränkung, die im Vergleich zur GmbH größere Flexibilität bei der Änderung des Gesellschaftsvertrags, aus steuerlicher Sicht aber insbesondere die Möglichkeit der sofortigen Verlustverrechnung auf Ebene ihrer Gesellschafter.

1916 In der Literatur werden üblicherweise verschiedene Varianten der GmbH & Co. KG unterschieden. Bei der **echten GmbH & Co. KG** ist der einzige phG eine GmbH. Bei der **typischen GmbH & Co. KG** sind Kommanditisten ausschließlich die Gesellschafter der Komplementär-GmbH. Bei der **Publikums-GmbH & Co. KG** kommt den Kommanditisten nur eine sehr schwache Stellung zu, die eher der von bloßen Kapitalanlegern entspricht (*Niehus/Wilke* Die Besteuerung der Personengesellschaften, 347 f.; Schmidt/*Wacker* § 15 Rn. 700, 705).

1917 Je nach ihrer konkreten Ausgestaltung kann die GmbH & Co. KG einer echten Kapitalgesellschaft sehr nahe stehen. Gleichwohl ergibt sich schon aus § 177a HGB, dass das Gesetz an der **zivilrechtlichen Einordnung der GmbH & Co. KG als Personengesellschaft keinen Zweifel** lässt (Schmidt/*Wacker* § 15 Rn. 701).

1918 **bb) Steuerliche Einordnung.** In der handelsrechtlichen Rechnungslegung steht die GmbH & Co. KG Kapitalgesellschaften gleich (§ 264a HGB). In der Literatur ist verschiedentlich vorgeschlagen worden, die GmbH & Co. KG auch steuerlich einer Kapitalgesellschaft gleichzustellen und jedenfalls Publikums-GmbH & Co. KG nicht der Einkommen-, sondern der Körperschaftsteuerpflicht zu unterwerfen (*Walz* Steuergerechtigkeit und Rechtsanwendung, 345 ff.). Der BFH hat dieser Auffassung eine klare Absage erteilt (BFH 25.6.1984 – GrS 4/82, BStBl. II 1984, 751 (759); s. bereits RFH 13.3.1929 – I A 174-176/28, RStBl. 1929, 329). Steuerrechtlich gehört die Publikums-GmbH & Co. KG als Personengesellschaft zu den nichtrechtsfähigen Personenvereinigungen, deren **Einkommen unmittelbar bei den Mitgliedern zu versteuern ist** (BFH 25.6.1984 – GrS 4/82, BStBl. II 1984, 751 (760)). Damit unterliegen nicht die insgesamt von der GmbH & Co. KG erzielten Gewinne der Körperschaftsteuer, sondern allein die Gewinnanteile, die der Komplementär-GmbH zugerechnet werden.

1919 Als KG wird auch die GmbH & Co. KG nur dann transparent als Mitunternehmerschaft besteuert, wenn an ihr jedenfalls zwei Gesellschafter mitunternehmerschaftlich beteiligt sind (s. auch BFH 25.4.2006 – VIII R 74/03, BStBl. II 2006, 595 (596); BFH 10.10.2012 – VIII R 42/10, BStBl. II 2013, 79 (81)). Ob die Komplementär-GmbH und die Kommanditisten über hinreichende **Mitunternehmerinitiative** verfügen und hinreichendes **Mitunternehmerrisiko** tragen, bestimmt sich im Grundsatz nach den allgemein geltenden Regeln (→ Rn. 1482 ff.). Besonderer Erörterung bedürfen die Stellung der Komplementär-GmbH, wenn Mitunternehmerinitiative und Mitunternehmerrisiko nur schwach ausgeprägt sind (→ Rn. 1920) sowie verdeckte Mitunternehmerschaften eines Geschäftsführers der Komplementär-GmbH (→ Rn. 1921).

1920 Wenn die **Komplementär-GmbH** nicht am Gewinn bzw. Verlust beteiligt ist und nur eine feste Vergütung für die Übernahme des Haftungsrisikos erhält, steht dies der Annahme ihrer Mitunternehmerstellung nicht entgegen. Das Mitunternehmerrisiko leitet sich aus der Übernahme der persönlichen Haftung ab (→ Rn. 1539). Die Mitunternehmerinitiative ist selbst dann nicht ausgeschlossen, wenn die GmbH von der Geschäftsführung ausgeschlossen ist und kein Stimmrecht in der Gesellschafterversammlung hat. Ausreichend ist insoweit die organschaftliche Vertretung, die vertraglich nicht ausgeschlossen werden kann (BFH 10.10.2012 – VIII R 42/10, BStBl. II 2013, 79 (81)).

1921 Eine Gestaltungsvariante der GmbH & Co. KG ist es, die Gewinnanteile der Komplementär-GmbH in Gestalt hoher, aber nicht unangemessener Tätigkeitsvergütungen (→ Rn. 1921.1) dem **Geschäftsführer der Komplementär-GmbH** zukommen zu lassen. Da der Geschäftsführer Einkünfte aus nichtselbständiger Arbeit bezieht, wird so eine Belastung mit Gewerbesteuer vermieden. Dies kann aber nur gelingen, wenn der Geschäftsführer der GmbH nicht zugleich mitunternehmerschaftlich an der KG beteiligt ist. Andernfalls müsste die Geschäftsführervergütung in den Sonderbereich II des Kommanditisten (→ Rn. 1925) einbezogen werden (Frotscher/Geurts/*Avella* Anhang 1 zu § 15 Rn. 69).

1921.1 Unangemessen hohe Vergütungen an den Gesellschafter-Geschäftsführer der GmbH führen hingegen zu verdeckten Gewinnausschüttungen und sind auf Ebene der Komplementär-GmbH zu versteuern (Schmidt/*Wacker* § 15 Rn. 718).

1922 Die vorstehend skizzierte Gestaltungsvariante ist Hintergrund der Frage, ob und unter welchen Voraussetzungen die **Geschäftsführer der Komplementär-GmbH als Mitunternehmer zu qualifizieren sind** (ausführlich HHR/*Haep* § 15 Rn. 375). Nach der hier vertretenen Auffassung bestimmt sich dies allein danach, ob der Geschäftsführer hinreichendes Mitunternehmerrisiko trägt und Mitunternehmerinitiative entfalten kann. Bei fremdüblicher Gestaltung dürfte jedenfalls das Mitunternehmerrisiko in aller Regel zu verneinen sein. Auch wenn der Geschäftsführer der Komplementär-GmbH an dieser als Gesellschafter beteiligt ist, trägt dieser kein Mitunternehmerrisiko. Dieses hat allein die Komplementär-GmbH zu tragen, das wegen der Abschirmwirkung der zwischengeschalteten GmbH nicht unmittelbar den Gesellschaftern der GmbH zugerechnet werden kann (BFH 31.1.1985 – IV R 104/82, BFH/NV 1986, 17 Rn. 18).

1923 Abweichendes hat aber dann zu gelten, wenn die Ergebnisbeteiligung des Geschäftsführers nicht mehr fremdüblich ist und **im Ergebnis stets der überwiegende Teil des Jahresgewinns der KG dem Geschäftsführer zufließt.** Der BFH wertet dies als starkes Indiz für den Abschluss eines verdeckten Gesellschaftsverhältnisses (BFH 1.8.1996 – VIII R 12/94, BStBl. II 1997, 272 (276)). Richtigerweise bedarf es dieses Umwegs über die Annahme einer verdeckten Mitunternehmerschaft nicht (allgemein kritisch zum Rechtsinstitut des verdeckten Gesellschaftsverhältnisses → Rn. 1398), sondern ist bei unangemessen hohen Tantiemen schon nach allgemeinen Grundsätzen von hinreichendem Mitunternehmerrisiko auszugehen (so im Ergebnis auch HHR/*Haep* § 15 Rn. 375).

1924 Auch bei einer **Vorratsgesellschaft in Rechtsform einer GmbH & Co. KG** als gewerblich geprägte Gesellschaft spricht eine Vermutung dafür, dass die von der Gesellschaft und ihren Gesellschaftern angestrebte Tätigkeit auf Gewinnerzielung ausgerichtet ist (BFH 30.10.2014 – IV R 34/11, BStBl. II 2015, 380 Rn. 35).

1925 **cc) Gewinnermittlung.** Dem Geschäftsführer der Komplementär-GmbH, der zugleich Kommanditist ist, werden seine **Geschäftsführerbezüge als gewerbliche Einkünfte zugerechnet** (BFH 14.12.1978 – IV R 98/74, BStBl. II 1979, 284 (285)).

1926 **Verzichtet die Komplementär-GmbH im Interesse der übrigen Gesellschafter auf eine Gewinnbeteiligung,** kann der Verzicht keinen Einfluss auf die Gewinnverteilung haben, sofern er seine Ursache nicht in den Verhältnissen der Personengesellschaft findet (BFH 23.8.1990 – IV R 71/89, BStBl. II 1991, 172 (172)). Maßstab ist, ob die Gewinnbeteiligung dem entspricht, mit dem sich auch eine GmbH zufrieden gegeben hätte, die aus gesellschafterfremden Personen besteht (BFH 15.11.1967 – IV R 139/67, BStBl. II 1968, 152). Mit dem Verzicht auf den erreichbaren Gewinnanteil nimmt die Kapitalgesellschaft den Verzicht auf eine Vermögensmehrung in Kauf und wendet gleichzeitig ihren Gesellschaftern im Hinblick auf das Gesellschaftsverhältnis außerhalb der Gewinnverteilung einen Vermögensvorteil zu. Die dadurch bewirkte verdeckte Gewinnausschüttung kann ihren körperschaftsteuerpflichtigen Gewinn nicht beeinträchtigen (§ 8 Abs. 3 S. 2 KStG) (BFH 23.8.1990 – IV R 71/89, BStBl. II 1991, 172 (172)). Die überhöhte Gewinnbeteiligung führt auf Ebene der Kommanditisten zu Sonderbetriebseinnahmen, weil die Anteile an der GmbH im Sonderbetriebsvermögen II der Kommanditisten stehen. Verfahrensrechtliche Konsequenz ist, dass die Sonderbetriebseinnahmen in die einheitliche Gewinnfeststellung für die GmbH & Co. KG aufzunehmen sind (BFH 23.8.1990 – IV R 71/89, BStBl. II 1991, 172 (172); BFH 15.11.1967 – IV R 139/67, BStBl. II 1968, 152).

1927 **Änderungen der Gewinnverteilung** einer GmbH & Co. KG können zu **verdeckten Einlagen** in oder zu **verdeckten Gewinnausschüttungen** der Komplementär-GmbH führen (BFH 29.5.2001 – VIII R 10/00, BStBl. II 2001, 747 (752); ausführlich BFH 23.8.1990 – IV R 71/89, BStBl. II 1991, 172 (173 f.)).

d) Publikums- und Abschreibungsgesellschaften

1928 **Leitentscheidungen, wichtige Verwaltungsanweisungen und Schrifttum (Auswahl):**

1928.1 **Schrifttum (Auswahl):**

Schiefer, Rechtsformen der Publikumsgesellschaften und Sonderrecht der Publikums-KG (Teil I), DStR 1997, 119; *Schiefer,* Rechtsformen der Publikumsgesellschaften und Sonderrecht der Publikums-KG (Teil II), DStR 1997, 164.

1929 **aa) Wirtschaftlicher Hintergrund und zivilrechtliche Besonderheiten.** Publikumsgesellschaften – alternative Bezeichnungen sind kapitalistische Personengesellschaften (*Drüen* GmbHR 2008, 393 (401)) oder Massengesellschaften (Lademann EStG/*Markl/Zeidler* § 15 Rn. 214b) – nutzen meist die Form der KG und stellen damit eine Alternative zur AG dar. Die **Gründer der Publikums-KG sind zumeist auch Gesellschafter der Komplementär-GmbH.** Die größte Ähnlichkeit zur AG besteht darin, dass eine unbestimmte Anzahl von Kommanditisten eine Beteiligung an der Publikums-KG erwerben können (Frotscher/Geurts/*Kauffmann* § 15 Rn. 346).

1930 Im Unterschied zur AG weist die Publikums-KG aber in zivilrechtlicher Hinsicht den Vorteil **größerer Gestaltungsfreiheit** (Lademann EStG/*Markl/Zeidler* § 15 Rn. 214a) und in steuerrechtlicher Hinsicht den Vorteil der **unmittelbaren (Gewinn- bzw.) Verlustzuweisung** auf, die sich aus dem Transparenzprinzip ergibt. Aus diesem Grund werden Publikums-KGs häufig auch als Abschreibungsgesellschaften bezeichnet (Frotscher/Geurts/*Kauffmann* § 15 Rn. 352).

1931 Für die Stellung der Anleger kann zwischen zwei Modellen unterschieden werden. Möglich ist entweder eine **direkte Beteiligung an der Publikums-KG,** bei der die Rechte und Einflussmöglichkeiten der Anleger jedoch stark eingeschränkt sind, oder die **mittelbare Beteiligung** über eine weitere, zwischengeschaltete Personengesellschaft, die als Treuhänder die Rechte der Anleger in der Publikums-KG wahrnimmt (Frotscher/Geurts/*Avella* Anhang 1 zu § 15 Rn. 60). In der Rechtsprechung besteht die Tendenz, die Rechtsstellung der Anleger zu ihrem Schutz derjenigen von Aktionären anzunähern (s. dazu *Walz* Steuergerechtigkeit und Rechtsanwendung, 345 ff.; 19).

1932 **bb) Steuerrechtliche Einordnung.** Für die grundlegende ertragsteuerliche Einordnung kann auf die **Ausführungen zur GmbH & Co.KG** verwiesen werden (→ Rn. 1915 ff.).

1933 Die Rechtsprechung stellt an die Mitunternehmerinitiative der Anleger nur geringe Anforderungen. Dabei spielt eine wesentliche Rolle, dass das Recht, einem Treuhänder aus wichtigem Grund zu kündigen, auch ohne besondere Vereinbarung besteht und vertraglich nicht abbedungen werden kann (BFH 10.12.1992 – XI R 45/88, BStBl. II 1993, 538 (540); BFH 21.4.1988 – IV R 47/85, BStBl. II 1989, 722 (725)).

1934 **cc) Besonderheiten der Gewinnermittlung.** Bei vermögensverwaltenden Personengesellschaften stellen alle an die Anbieterseite zu leistenden Aufwendungen, die auf den Erwerb des Grundstücks mit dem bezugsfähigen Gebäude gerichtet sind, Anschaffungskosten dar, wenn sich die Anleger im Rahmen eines Bauherrenmodells aufgrund eines von den Projektanbietern vorformulierten Vertragswerks beteiligen und sich bei den damit zusammenhängenden Rechtsgeschäften durch die Projektgesellschaft vertreten lassen (BFH 14.11.1989 – IX R 197/84, BStBl. 1990, 299 (305); HHR/*Tiede* § 15 Rn. 463). Unter Hinweis auf § 42 AO soll entsprechendes für gewerblich gefärbte oder gewerblich geprägte

Personengesellschaften gelten. Demnach sind die im Zusammenhang mit der Abwicklung des Projekts vereinbarten Provisionen oder „Gebühren" wie Anschaffungskosten zu werten (BFH 28.6.2001 – IV R 40/97, BStBl. II 2001, 717; BFH 14.11.1989 – IX R 197/84, BStBl. 1990, 299 (305)). Hinter diesen „Umweg" über § 42 AO ist ein deutliches Fragezeichen zu setzen. Vorzugswürdig dürfte es stattdessen sein, den Durchgriff auf die Gesellschafterebene und die damit verbundene Durchbrechung der Einheitstheorie unter Hinweis auf den Topos der sachlich zutreffenden Besteuerung (→ Rn. 432) zu rechtfertigen.

e) Partnerschaftsgesellschaften (PartGG)

Leitentscheidungen, wichtige Verwaltungsanweisungen und Schrifttum (Auswahl): 1935

Wichtige Verwaltungsanweisungen: 1935.1
OFD Niedersachsen 26.10.2015, Partnerschaftsgesellschaft mit beschränkter Berufshaftung, DStR 2016, 245.

Schrifttum (Auswahl): 1935.2
BRAK, Merkblatt zur PartGmbB, Stand: 8.7.2014.

1936 Gegenstand einer Partnerschaft und Anforderungen an ihre Gesellschafter sind in § 1 Abs. 1 PartGG normiert. Die Partnerschaft ist eine Personengesellschaft, in der sich **Angehörige freier Berufe** zur Ausübung ihrer Berufe zusammenschließen. Sie übt kein Handelsgewerbe aus. Angehörige einer Partnerschaft können nur natürliche Personen sein.

1937 Untervariante ist die Partnerschaftsgesellschaft mit beschränkter Berufshaftung (**PartGmbB**). Vom Gesetzgeber ist sie als Alternative zur englischen LLP konzipiert worden (BT-Drs. 17/10487, 11). Bei der PartGmbB kann die Haftung für Verbindlichkeiten aus Schäden wegen fehlerhafter Berufsausübung auf das Gesellschaftsvermögen begrenzt werden (§ 8 Abs. 4 PartGG). Dazu muss die Gesellschaft eine zu diesem Zweck erhöhte Berufshaftpflichtversicherung abschließen und den Zusatz „mit beschränkter Berufshaftung" oder eine allgemeinverständliche Abkürzung dieser Bezeichnung führen. Auch die PartGmbB ist keine Kapital-, sondern eine **Personengesellschaft.**

1938 **Einkommensteuerlich** erzielt eine PartG mangels gewerblicher Tätigkeit keine Einkünfte aus § 15 Abs. 1 S. 1 Nr. 2, sondern freiberufliche Einkünfte (§ 18 Abs. 1 Nr. 1, Abs. 4 S. 2). Dies gilt auch für die PartGmbB. Über § 15 Abs. 3 Nr. 1 S. 1 Alt. 1 kann die Erzielung gewerblicher Einkünfte zu insgesamt gewerblichen Einkünften führen. Eine Abfärbewirkung durch Beteiligung einer berufsfremden Person oder eine gewerbliche Prägung (§ 15 Abs. 3 Nr. 2) kann sich nicht ergeben, weil sich zivilrechtlich nur natürliche und nicht berufsfremde Personen an dieser Gesellschaftsform beteiligen können. Insbesondere kann sich eine Kapitalgesellschaft nicht an einer PartGmbB beteiligen (OFD Niedersachen, DStR 2016, 245).

f) Europäische wirtschaftliche Interessenvereinigungen (EWIV)

Leitentscheidungen, wichtige Verwaltungsanweisungen und Schrifttum (Auswahl): 1939

Wichtige Verwaltungsanweisungen: 1939.1
GewStR 5.2.

1940 An einer EWIV müssen mindestens **zwei Gesellschafter aus unterschiedlichen Mitgliedstaaten** beteiligt sein. Zweck der Gesellschaft ist es, die wirtschaftliche Tätigkeit ihrer Mitglieder zu erleichtern oder zu entwickeln. Die EWIV ist nicht auf die eigene Gewinnerzielung ausgerichtet, eine tatsächliche Gewinnerzielung ist aber nicht untersagt (*Saenger* Gesellschaftsrecht, 834). Die Rechtsgrundlagen der EWIV beruhen auf Ebene der Union auf der VO (EWG) Nr. 2137/85 (EWIV-VO) sowie für Deutschland auf dem Ausführungsgesetz vom 14.4.1988 (EWIV-Ausführungsgesetz). Subsidiär findet auf die EWIV das Recht der OHG Anwendung.

1941 Dies gilt auch im **Steuerrecht,** sodass die Gesellschafter Einkünfte aus gewerblicher Mitunternehmerschaft gem. § 15 Abs. 1 S. 1 Nr. 2 beziehen (EStR 15.8 Abs. 1).

g) Partenreederei

Leitentscheidungen, wichtige Verwaltungsanweisungen und Schrifttum (Auswahl): 1942

Leitentscheidungen des BFH: 1942.1
BFH 28.1.1981 – IV R 111/77, BStBl. II 1981, 430; BFH 10.7.1980 – IV R 12/80, BStBl. II 1981, 90.

1943 **Die Partenreederei** ist eine insgesamt wenig gebräuchliche Gesellschaftsform des deutschen Seehandelsrechts. Seit dem Inkrafttreten des Gesetzes zur Reform des Seehandelsrechts (BGBl. 2013 I 831) am 25.4.2013 ist eine Neugründung ausgeschlossen, für bereits bestehende Partenreedereien gelten aber die Bestimmungen der §§ 489 ff. HGB aF fort. Gesellschaftszweck der Partenreederei ist es, ein einzelnes, den Mitgliedern gemeinschaftlich zustehendes Schiff zum Erwerb durch die Seefahrt für gemeinsame Rechnung zu verwenden, ohne eine Handelsgesellschaft zu gründen (§ 489 HGB aF).

1943.1 An die Stelle der Partenreederei ist als Rechtsform der Wahl für den Zusammenschluss mehrerer Personen zum Bau oder Betrieb eines Schiffes im Regelfall die OHG getreten (MüKoHGB/*Herber* EGHGB Art. 71 Rn. 2).

1944 Sofern die Rechtsstellung der Partenreeder dem Regelstatut des HGB entspricht, ist die Partenreederei Mitunternehmerschaft und wird über ihre Gesellschafter gem. § 15 Abs. 1 S. 1 Nr. 2 transparent besteuert. Je nach Ausgestaltung können aber auch nur Einkünfte aus Vermietung und Verpachtung erzielt werden (HHR/*Haep* § 15 Rn. 414). Die für Wirtschaftsgüter des Gesellschaftsvermögens einer OHG entwickelten Rechtsgrundsätze sind sinngemäß auf Wirtschaftsgüter des Gesellschaftsvermögens einer Partenreederei anzuwenden (BFH 28.1.1981 – IV R 111/77, BStBl. II 1981, 430 (431)). Dies gilt unabhängig davon, ob das oder die Schiffe und das übrige Reedereivermögen zivilrechtlich im Bruchteilseigentum oder im Gesamthandseigentum der Mitreeder stehen (BFH 10.7.1980 – IV R 12/80, BStBl. II 1981, 90 (92)).

h) Gesellschaft bürgerlichen Rechts (§§ 705 ff. BGB)

1945 **Leitentscheidungen, wichtige Verwaltungsanweisungen und Schrifttum (Auswahl):**

1945.1 **Leitentscheidungen des BFH:**
BFH 27.8.2014 – VIII R 16/11, BStBl. II 2015, 996.

1945.2 **Wichtige Verwaltungsanweisungen:**
BMF 27.1.1998, Gewinnrealisierung bei Mitgliedern von Bau-Arbeitsgemeinschaften; Anwendung des Mitunternehmererlasses auf sog. „kleine“ Arbeitsgemeinschaften, BStBl. I 1998, 251; GewStR R 2a.

1946 **aa) Zivilrechtliche Grundlagen.** Die Gesellschaft bürgerlichen Rechts ist der **Grundtypus der Personengesellschaft.** Geregelt ist sie in §§ 705 ff. BGB. Tatbestandlich setzt sie lediglich eine vertragliche Vereinbarung mehrerer Personen voraus, einen gemeinsamen Zweck zu fördern. Eine besondere Form ist für den Vertrag nicht vorgesehen, ebenso wenig ist ein Registereintrag erforderlich. Wenn der gemeinsame Zweck im Betrieb eines kaufmännischen Handelsgewerbes besteht, wird die GbR durch die speziellere OHG verdrängt.

1947 **bb) Steuerrechtliche Einordnung.** Ähnlich wie bei der OHG und der KG handelt es sich aber **nicht bei jeder GbR,** die gewerbliche Einkünfte verwirklicht, zwingend **auch um eine Mitunternehmerschaft.** Hieran kann es insbesondere dann fehlen, wenn innerhalb der GbR nur einem Gesellschafter eine hinreichend starke Stellung zukommt, die die Anforderungen einer mitunternehmerschaftlichen Beteiligung erfüllt.

1948 Mitunternehmerschaft kann auch eine **reine Innengesellschaft** sein (BFH 19.2.1981 – IV R 152/76, BStBl. II 1981, 602; BFH 9.10.1969 – IV 294/64, BStBl. II 1970, 320; BFH 11.12.1980 – IV R 91/76, BStBl. II 1981, 310). Mitunternehmer erzielen auch dann Einkünfte aus Gewerbebetrieb, wenn die gemeinsame Betätigung, die nach außen hin nur durch einen Gesellschafter ausgeübt zu werden braucht, ein Gewerbebetrieb ist (BFH 26.5.1993 – X R 108/91, BStBl. II 1994, 96 (98)).

1949 Die GbR ist unstreitig **„sonstige Gesellschaft“ iSd § 15 Abs. 1 S. 1 Nr. 2** (BFH 1.8.1996 – VIII R 12/94, BStBl. II 1997, 272 (274)) und wird daher transparent besteuert, sofern der Gesellschaftszweck auf die Erzielung gewerblicher Einkünfte gerichtet ist, ohne dass es sich bei der Gesellschaft bereits um eine OHG handelt. Denkbar ist dies etwa in Fällen eines Mindergewerbes (§ 1 Abs. 2 HGB). In vielen Fällen scheitert bei GbRs der Tatbestand gewerblicher Einkünfte ihrer Gesellschaft gem. § 15 Abs. 1 S. 1 Nr. 2 an der mangelnden Gewerblichkeit ihrer Betätigung, weil die Personengesellschaft vermögensverwaltend tätig ist oder Einkünfte aus Land- und Forstwirtschaft oder aus nicht selbständiger Arbeit bezieht.

i) Innengesellschaften, insbesondere stille Gesellschaft (§§ 230 ff. HGB)

Leitentscheidungen, wichtige Verwaltungsanweisungen und Schrifttum (Auswahl): 1950

Wichtige Verwaltungsanweisungen: 1950.1

GewStR R 2.4 Abs. 5; BMF 28.12.1999, Steuerliche Behandlung von Gewinnanteilen aus atypischen stillen Beteiligungen nach den DBA, DStR 2000, 245; OFD Erfurt 23.10.2003, Steuerliche Behandlung der typisch und atypisch stillen Gesellschaft, FR 2003, 1299; OFD Magdeburg 6.3.2012, Folgen der Begründung einer atypisch stillen Beteiligung für den gewerbesteuerlichen Verlustabzug, DStR 2012, 1088.

Schrifttum (Auswahl): 1950.2

Blaurock, Handbuch Stille Gesellschaft, 8. Aufl.; *Jakob*, Die Mitunternehmerschaft in der Form der sogenannten atypisch stillen Gesellschaft, BB 1986, 1615; Assmann/Schütze/*Wagner*, Handbuch des Kapitalanlagerechts, 4. Aufl., § 18; *Bolk*, Einkünfte des an einer GmbH still beteiligten Gesellschafters, in: Kirchhof/Nieskens (Hrsg.), FS f. Wolfram Reiss, 2008, 449; weitere Nw. → Rn. 1973.

aa) Zivilrechtliche Grundlagen. Innengesellschaften sind Gesellschaften bürgerlichen Rechts (§§ 705 ff. BGB). Praktisch besonders bedeutsame Anwendungsfälle sind die stille Gesellschaft (§§ 230 ff. HGB; → Rn. 1954) einschließlich der GmbH & atypisch Still (→ Rn. 1973). Der Gegenbegriff zur Innengesellschaft ist die Außengesellschaft. Im Unterschied zu Außengesellschaften treten Innengesellschaften nicht nach außen im Rechtsverkehr auf (BFH 23.8.1990 – IV R 58/89, BFH/NV 1991, 661 Rn. 12). Auch bei der Innengesellschaft verpflichten sich die Gesellschafter zur Erreichung eines gemeinsamen Zwecks. Im Unterschied zur Außengesellschaft wird den Gesellschaftern aber keine Vertretungsmacht eingeräumt, sodass diese auch nur in eigenem Namen auftreten (OLG Köln NJW-RR 1996, 27). Nach hM können Innengesellschaften kein Gesamthandsvermögen bilden (Schmidt Gesellschaftsrecht, § 43 II 3b, § 58 II 2b; BGH 22.6.1981 – II ZR 94/80, NJW 1982, 99; aA hingegen BeckOK BGB/*Schöne* BGB § 705 Rn. 135, 138; *Priester* FS Schmidt, 1993, 331 (338 f.)). Der Gesellschaftsvertrag kann bei der Innengesellschaft grundsätzlich **formfrei** und auch **konkludent** durch schlüssiges Handeln abgeschlossen werden (BFH 1.8.1996 – VIII R 12/94, BStBl. II 1997, 272 (275) mwN). 1951

Ein auf den Abschluss eines Gesellschaftsvertrages gerichteter Rechtsbindungswille der Beteiligten ist anhand der gesamten äußeren Umstände festzustellen. Der entsprechende Verpflichtungswille darf **nicht lediglich fiktiv unterstellt werden.** Insbesondere kann ein rein tatsächliches Miteinander noch keinen Schluss auf ein Gesellschaftsvertrag erlauben. Ebenso wenig genügen für eine solche Annahme für sich betrachtet bereits tatsächliche Einflussmöglichkeiten (BFH 1.8.1996 – VIII R 12/94, BStBl. II 1997, 272 (275)). 1952

Von einer Innengesellschaft ist auch auszugehen, wenn sich ein Gesellschafter **nur an einzelnen Geschäften beteiligt.** Der Annahme einer stillen Gesellschaft steht dann entgegen, dass diese die Beteiligung am gesamten Handelsgewerbe voraussetzt. Möglich ist auch, dass sich die Innengesellschaft auf bestimmte Geschäftsbereiche eines einheitlichen Handelsgewerbes beschränkt. Steuerlich können damit mehrere Mitunternehmerschaften nebeneinander bestehen (BFH 22.2.2017 – I R 35/14, BStBl. II 2018, 33 Rn. 27). 1953

Im hier bestehenden Kontext ist die **stille Gesellschaft** wichtigster Anwendungsfall der Innengesellschaft. Gesetzlich ist sie in den §§ 230 ff. HGB geregelt, die weitgehend dispositiv sind. Subsidiär ist auf die §§ 705 ff. BGB zurückzugreifen. Der stille Gesellschafter **beteiligt sich an dem Handelsgewerbe eines anderen,** indem er an den Geschäftsinhaber eine **Vermögenseinlage** leistet. Dafür ist er am **Gewinn und Verlust zu beteiligen,** die Verlustbeteiligung ist allerdings nicht zwingend (§ 231 Abs. 2 HGB). Wird die Einlage durch Verluste gemindert, besteht keine Nachschusspflicht, Gewinne dürften aber erst nach Wiederauffüllung der Einlage bezogen werden (§ 232 Abs. 2 HGB). Die stille Gesellschaft ist eine Innengesellschaft, sodass aus den in dem Betrieb geschlossenen Geschäften allein der Inhaber berechtigt und verpflichtet wird (§ 230 Abs. 2 HGB). 1954

Dem stillen Gesellschafter stehen die in § 233 HGB normierten **Kontrollrechte** zu, nach dem Regelstatut dagegen keine Rechte zur Geschäftsführung. Der stille Gesellschafter ist berechtigt, die abschriftliche Mitteilung des Jahresabschlusses zu verlangen und dessen Richtigkeit unter Einsicht der Papiere und Bücher zu prüfen (§ 233 Abs. 1 HGB). Dagegen stehen dem stillen Gesellschafter nicht die Rechte eines von der Geschäftsführung ausgeschlossenen Gesellschafters nach § 716 BGB zu, zu denen das Recht auf persönliche Unterrichtung sowie 1955 das Recht gehört, die Geschäftsbücher und Papiere der Gesellschaft einzusehen (§ 233 Abs. 2 HGB). Allerdings kann auf Antrag des stillen Gesellschafters bei Vorliegen wichtiger Gründe ua die Vorlegung der Bücher und Papiere angeordnet werden (§ 233 Abs. 3 HGB).

1956 Entspricht eine Beteiligung dem Regelstatut der §§ 230 ff. HGB oder vermittelt jedenfalls keine wesentlich darüber hinausgehenden Rechte, wird eine solche Form der Beteiligung im Zivilrecht als **typisch stille Gesellschaft** bezeichnet. Bei abweichenden Gestaltungen handelt es sich um eine **atypisch stille Gesellschaft** (zur zT hiervon abweichenden steuerrechtlichen Terminologie → Rn. 1957). Die in der Praxis wichtigsten Typen sind eine Ausgestaltung als Publikumsgesellschaft, eine Vermögensbeteiligung und/oder Geschäftsbeteiligung des Stillen (Blaurock/*Blaurock* Handbuch Stille Gesellschaft § 4 Rn. 4.27 ff.). Bei der atypischen Beteiligung an einer Personengesellschaft sind Grundlagen der Gesellschaft berührt, sodass die Beteiligung einer Änderung des Gesellschaftsvertrages gleichkommt, welche die Vertretungsmacht eines einzelnen Gesellschafters überschreitet (Blaurock/*Jung* Handbuch Stille Gesellschaft § 9 Rn. 9.68). Wird dies missachtet, ist dies steuerrechtlich aber nach den allgemeinen Grundsätzen der fehlerhaften Gesellschaft zu behandeln und damit ohne Relevanz (→ Rn. 1386).

1957 **bb) Steuerrechtliche Einordnung.** Für die einkommensteuerliche Einordnung ist ebenfalls zwischen der **typisch stillen** und der **atypisch stillen Gesellschaft** zu unterscheiden. Im Vergleich zum Zivilrecht liegt der Abgrenzung aber ein **anderes Differenzierungskriterium** zugrunde, sodass die zivil- und die steuerrechtliche Einordnung voneinander abweichen können (Blaurock/*Blaurock* Handbuch Stille Gesellschaft § 4 Rn. 4.33).

1958 Ein Gleichlauf zwischen Zivil- und Steuerrecht besteht hinsichtlich der **typisch stillen Gesellschaft,** dh solchen stillen Gesellschaften, bei denen die dem stillen Gesellschafter zustehenden Rechte nicht wesentlich über die §§ 230 ff. HGB hinausgehen. In diesem Fall erzielt der (typische) stille Gesellschafter Einkünfte aus Kapitalvermögen gem. § 20 Abs. 1 Nr. 4 (Schmidt/*Wacker* § 15 Rn. 341). Der Geschäftsinhaber ist Alleinunternehmer, sofern sich der Stille nicht an einer Personengesellschaft beteiligt hat. Aus Sicht des Geschäftsinhabers stellen die Gewinnbeteiligungen Betriebsausgaben dar (§ 4 Abs. 4).

1959 Eine **atypisch stille Gesellschaft** iSd Steuerrechts ist dagegen ein Gesellschaftsverhältnis, das den Kriterien der steuerlichen Mituntnehmerschaft entspricht (BFH 1.3.2018 – IV R 38/15, BStBl. II 2018, 587 Rn. 37; Blaurock/*Blaurock* Handbuch Stille Gesellschaft § 4 Rn. 4.33). Der atypisch stille Gesellschafter ist Mitunternehmer, sodass die atypisch stille Gesellschaft iSd Steuerrechts als Mitunternehmerschaft nach § 15 Abs. 1 S. 1 Nr. 2 S. 1 transparent bei dem Geschäftsinhaber und den stillen Beteiligten besteuert wird (Schmidt/*Wacker* § 15 Rn. 341). Die atypisch stille Beteiligung stellt die **(Mit-)Unternehmerstellung des Geschäftsinhabers** nicht infrage. Das Mitunternehmerrisiko ergibt sich schon aus der persönlichen Haftung im Außenverhältnis (→ Rn. 1539). Die Mitunternehmerinitiative leitet sich aus dem Recht zur Geschäftsführung ab. Daran ändert sich auch dann nichts, wenn dem Geschäftsinhaber im Innenverhältnis nur ein fester Vorabgewinn zusteht und er in seiner Geschäftsführungsbefugnis einem Zustimmungsvorbehalt des Stillen unterworfen ist (BFH 10.5.2007 – IV R 2/05, BStBl. II 2007, 927 (929 f.)). Die Anforderungen, die an die Mitunternehmerstellung des **atypisch still Beteiligten** zu stellen sind, waren gerade in jüngerer Zeit mehrfach Gegenstand der höchstrichterlichen Rechtsprechung.

1960 **cc) Abgrenzung zwischen typisch stiller und atypisch stiller Beteiligung.** Die Abgrenzung zwischen typischer und atypisch stiller Beteiligung folgt den **allgemeinen Regeln der Mitunternehmerschaft.** Die dem atypisch stillen Gesellschafter zustehenden Rechte müssen hinreichendes Mitunternehmerrisiko und hinreichende Mitunternehmerinitiative vermitteln (→ Rn. 1482 ff.). Prüfstein bzw. Vergleichsmaßstab bildet die Rechtsstellung eines Kommanditisten (BFH 19.7.2018 – IV R 10/17, BFH/NV 2018, 1268 Rn. 36; BFH 12.11.1985 – VIII R 364/83, BStBl. II 1986, 311 (314)). Vielfach geht der BFH von einem Gleichlauf der Anforderungen an die Mitunternehmerschaft bei atypisch stillen Beteiligten und mitunternehmerschaftlich Unterbeteiligten aus (BFH 27.1.1994 – IV R 114/91, BStBl. II 1994, 635 (636 f.) für Beteiligung zwischen nahen Angehörigen).

1961 **(1) Mitunternehmerrisiko.** Nach dem Regelstatut der typisch stillen Gesellschaft muss der Stille zwingend allein am Gewinn, nicht hingegen auch am Verlust beteiligt sein (§ 232

Abs. 2 HGB). Bleibt es dabei, schließt **eine fehlende Verlustbeteiligung** die Mitunternehmerschaft noch nicht kategorisch aus (zumindest missverständlich daher BFH 27.6.2013 – IV R 53/10, BFH/NV 2013, 1920 nur LS). Das durch einen Ausschluss der Verlustbeteiligung schwach ausgeprägte Mitunternehmerrisiko muss dann aber durch eine deutlich über dem Regelstatut ausgeprägte Mitunternehmerinitiative kompensiert werden (zur Einordnung der Mitunternehmerschaft als Typusbegriff → Rn. 1494). Noch keine Mitunternehmerschaft kann daher allein mit Rücksicht auf eine **hohe Kapitaleinlage** und eine **hohe Ergebnisbeteiligung** angenommen werden (BFH 9.12.2002 – VIII R 20/01, BFH/NV 2003, 601 Rn. 22).

Mit der Mitunternehmerstellung vereinbar ist, dass eine Verlustbeteiligung auf die Höhe **1962**
der vom Stillen geleisteten **Einlage begrenzt** ist (§ 232 Abs. 2 HGB). Dass dies ausreichen muss, ergibt sich schon im Vergleich zur Rechtsstellung des Kommanditisten, dessen Verlustrisiko sich in gleicher Weise auf die Einlage beschränkt. Abweichendes muss bei einer auf die Einlage begrenzte Haftung dagegen gelten, wenn die Einlage bereits bei ihrer Leistung wertlos ist (BFH 31.5.2012 – IV R 40/09, BFH/NV 2012, 1440 Rn. 21).

Regelvoraussetzung für die Annahme hinreichenden Mitunterrisikos ist, dass sich der **1963**
atypisch stille Gesellschafter an den **stillen Reserven** und am **Geschäftswert** beteiligt (BFH 25.6.1981 – IV R 61/78, BStBl. II 1982, 59; BFH 9.12.2002 – VIII R 20/01, BFH/NV 2003, 601; BFH 13.7.2017 – IV R 41/14, BStBl. II 2017, 1133 Rn. 22). Eine bloße Globalabfindung reicht hierzu nicht aus (BFH 27.5.1993 – IV R 1/92, BStBl. II 1994, 700; BFH 25.6.1981 – IV R 61/78, BStBl. II 1982, 59). Wenn die Beteiligung gegenständlich auf die stillen Reserven und den Geschäftswert beschränkt ist, der nach der Gründung der stillen Gesellschaft entstanden sind, ist dies zwar unüblich (BFH 3.3.1998 – VIII B 62/97, BStBl. II 1998, 401 Rn. 66 – dort nicht veröffentlicht), aber bereits ausreichend (aA HHR/*Haep* § 15 Rn. 394; offen BFH 3.3.1998 – VIII B 62/97, BStBl. II 1998, 401 Rn. 66 – dort nicht veröffentlicht).

Die **Beteiligung an den stillen Reserven** ist entgegen einer in der Literatur vertretenen **1964**
Auffassung (so aber *Knobbe-Keuk* Bilanz- und Unternehmenssteuerrecht, 403) kein zwingendes Erfordernis einer atypisch stillen Beteiligung. Die Gegenposition ist insofern folgerichtig, als die Literaturauffassung für die Begründung der Mitunternehmerstellung vollständig auf das Kriterium der Mitunternehmerinitiative verzichten will (→ Rn. 1501). Wenn die Mitunternehmerstellung sich ausschließlich anhand der Stärke des Mitunternehmerrisikos beurteilt, dann dürfen die hieran zu stellenden Anforderungen nicht zu gering ausfallen. Richtigerweise ist der Begriff des Mitunternehmers aber als **Typusbegriff** zu deuten, der sowohl durch die Kriterien des Mitunternehmerrisikos wie der Mitunternehmeriniative ausgefüllt wird, wobei sich beide Kritierien bedingt wechselseitig substituieren können (→ Rn. 1494). Zutreffend geht die Rechtsprechung daher davon aus, dass die fehlende Beteiligung an den stillen Reserven durch eine besonders ausgeprägte Mitunternehmerinitiative kompensiert werden kann (BFH 28.1.1982 – IV R 197/79, BStBl. II 1982, 389 (390); BFH 15.12.1992 – VIII R 42/90, BStBl. II 1994, 702 (704); BFH 15.10.1998 – IV R 18/98, BStBl. II 1999, 286 (288); BFH 7.11.2006 – VIII R 5/04, BFH/NV 2007, 906 (Rn. 23)).

(2) Mitunternehmerinitiative. Welche Bedeutung das Kriterium der Mitunternehme- **1965**
riniative für die atypisch stille Gesellschaft hat, ist in weiten Teilen ein **Spiegelbild des Meinungsstreits um die generelle Bedeutung des Merkmals.** Die Auffassung, das Merkmal der Mitunternehmerinitiative sei allgemein und damit auch für die stille Gesellschaft entbehrlich (→ Rn. 1501), vermag nicht zu überzeugen und verkennt den Typuscharakter des Mitunternehmerbegriffs (→ Rn. 1494). Verfehlt ist auch die Annahme, auf das Merkmal käme es jedenfalls für die atypisch stille Gesellschaft nicht an, da der stille Gesellschafter nach dem gesetzlichen Regelstatut nicht an unternehmerischen Entscheidungen beteiligt sei (so aber *Jakob* BB 1986, 1615 (1618 f.)). Wenn das gesetzliche Leitbild des stillen Gesellschafters ausweislich des § 20 Abs. 1 Nr. 4 keine Mitunternehmerstellung begründet, sondern zu Einkünften aus Kapitalvermögen führt, sagt dies nichts darüber aus, ob der Stille nicht in die Stellung eines Mitunternehmers hineinwachsen kann, indem ihm vertraglich Rechte eingeräumt werden, die Unternehmensführung mitzugestalten.

Die Rechtsprechung stellt an die Mitunternehmerinitiative nur **relativ geringe Anforde-** **1966**
rungen. Bei einer starken Ausprägung des Mitunternehmerrisikos (Beteiligung an Gewinn

und Verlust sowie an den stillen Reserven) reicht es für die Bejahung der Mitunternehmerinitiative aus, wenn der Stille nur annähernd die Einsichts- und Kontrollrechte hat, die einem stillen Gesellschafter nach dem Regelstatut des HGB zustehen und die denen des Kommanditisten nach § 166 HGB entsprechen (BFH 27.1.1994 – IV R 114/91, BStBl. II 1994, 635 (637); s. auch BFH 2.10.1997 – IV R 75/96, BStBl. II 1998, 137 (139)).

1967 Im Vergleich zum Regelstatut **erweitert sich die Mitunternehmerinitiative,** wenn dem Stillen das Recht zusteht, die Geschäftsbücher und Papiere der Gesellschaft zu kontrollieren und er im Gesellschaftsvertrag mit der Buchhaltung und der Aufstellung der Bilanzabschlüsse betraut ist, sodass er sich jederzeit einen vollständigen Überblick über die Unternehmensführung verschaffen kann (BFH 12.11.1985 – VIII R 364/83, BStBl. II 1986, 311 (314)). Noch weitergehender ist seine Mitunternehmerinitiative, wenn ihm eine Teilnahme an unternehmerischen Entscheidungen eingeräumt ist, wie sie Geschäftsführern und leitenden Angestellten obliegt (BFH 29.4.1991 – IV B 165/90, BFH/NV 1992, 388 Rn. 22). Gleiches gilt, wenn dem Stillen eine Weisungsbefugnis zusteht (BFH 15.10.1998 – IV R 18/98, BStBl. II 1999, 286 (288)).

1968 Aus dem Typuscharakter des Mitunternehmerbegriffs folgt (→ Rn. 1494), dass bei erweiterter Mitunternehmerinitiative die **Anforderungen an das Mitunternehmerrisiko abnehmen** (BFH 15.10.1998 – IV R 18/98, BStBl. II 1999, 286 (288) zur Entbehrlichkeit einer Beteiligung an den stillen Reserven und am Geschäftswert).

1969 **dd) Besonderheiten der Einkünfte- und Gewinnermittlung.** Seit der Entscheidung BFH 25.6.1984 – GrS 4/82, BStBl. II 1984, 751 (761 f.) ist die Personengesellschaft im Steuerrecht als Subjekt der Einkünfte- und der Gewinnermittlung anerkannt (→ Rn. 397). Ob sich die dort entwickelten Grundsätze ohne Weiteres **auf Innengesellschaften wie die atypisch stille Gesellschaft übertragen lassen,** ist nicht ganz zweifelsfrei, weil Innengesellschaften auch im Zivilrecht nicht rechtsfähig sind (BGH 29.1.2001 – II ZR 331/00, BGHZ 146, 341; Blaurock/*Blaurock* Handbuch Stille Gesellschaft § 4 Rn. 4.12).

1970 Handelsrechtlich gibt es nur einen Vermögensvergleich und einen Gewinn oder Verlust des Inhabers des Handelsgeschäfts und einen Anteil des atypisch stillen Gesellschafters an diesem Gewinn oder Verlust (BFH 12.11.1985 – VIII R 364/83, BStBl. II 1986, 311 (313)). Hieraus schloss die **frühere Rechtsprechung,** im Rahmen der **Einkünftequalifikation** sei allein auf den **Geschäftsinhaber** abzustellen, weil nur dieser ein gewerbliches Unternehmen betreiben könne (BFH 12.11.1985 – VIII R 364/83, BStBl. II 1986, 311 (313)). Ebenso könne die atypisch stille Gesellschaft **kein Subjekt der Gewinnerzielung** sein (BFH 12.11.1985 – VIII R 364/83, BStBl. II 1986, 311 (313)).

1971 Die dahinterstehende These einer Bindung des Steuerrechts an zivilrechtliche Wertungen entbehrt aber einer überzeugenden Begründung (→ Rn. 395). Richtigerweise hat der VIII. Senat daher seine frühere Position aufgegeben und sieht die atypisch stille Gesellschaft nunmehr als **Subjekt der Einkünftequalifikation und der Gewinnermittlung** an (BFH 26.11.1996 – VIII R 42/94, BStBl. II 1998, 328 (329); BFH 25.6.2014 – I R 24/13, BStBl. II 2015, 141 Rn. 15; BFH 12.2.2015 – IV R 48/11, BFH/NV 2015, 1075 Rn. 31). Daraus ergibt sich die Notwendigkeit, eine Steuerbilanz der atypisch stillen Gesellschaft aufzustellen, mit deren Hilfe Gewinn und Verlust der Gesellschaft sowie die den einzelnen Gesellschaftern zuzurechnenden Anteile ermittelt werden (Schmidt/*Wacker* § 15 Rn. 347; BFH 25.6.2014 – I R 24/13, BStBl. II 2015, 141 Rn. 15: Gesamtbilanz, die aus der Handels- und Steuerbilanz des Geschäftsinhabers abzuleiten ist; ähnlich BFH 21.12.2017 – IV R 44/14, BFH/NV 2018, 407 Rn. 26: Der steuerliche Gesamtgewinn der atypisch stillen Gesellschaft setzt sich aus dem vom handelsrechtlichen Jahresabschluss des Prinzipals abgeleiteten steuerlichen Gewinn und den Gewinnen aus eventuell aufzustellenden Sonder- und/oder Ergänzungsbilanzen für die Mitunternehmer zusammen).

1971a Für die Dauer des Bestehens der atypisch stillen Gesellschaft wird das Unternehmen des Inhabers des Handelsgewerbes ertragsteuerrechtlich dieser Mitunternehmerschaft zugeordnet. Damit wird das Betriebsvermögen des Inhabers des Handelsgewerbes **mitunternehmerisches Vermögen,** das vom Inhaber des Handelsgewerbes im eigenen Namen, aber für Rechnung der Mitunternehmerschaft verwaltet wird (BFH 1.3.2018 – IV R 38/15, BStBl. II 2018, 587 Rn. 37). Die Entstehung einer atypisch stillen Gesellschaft ist ertragsteuerrechtlich insoweit wie eine Einbringung des Betriebs des Inhabers des Handelsgewerbes in die stille

Gesellschaft iSd § 24 UmwStG zu würdigen (BFH 1.3.2018 – IV R 38/15, BStBl. II 2018, 587 Rn. 37). Im Ergebnis wird die atypisch stille Gesellschaft für steuerliche Zwecke wie eine **im Innenverhältnis bestehende (fiktive) KG** behandelt (BFH 21.12.2017 – IV R 44/14, BFH/NV 2018, 407 Rn. 26; BFH 1.3.2018 – IV R 38/15, BStBl. II 2018, 587 Rn. 37).

ee) Verfahrensrechtliche Besonderheiten. Innengesellschaften können **nicht Beteiligte eines finanzgerichtlichen Verfahrens** sein (BFH 12.11.1985 – VIII R 364/83, BStBl. II 1986, 311 (312 f.); BFH 13.7.2017 – IV R 41/14, BStBl. II 2017, 1133 Rn. 16). Als Beteiligte eines Steuerprozesses, der die einheitliche Feststellung des Gewinns des Gewerbebetriebs oder auch die Gewerbesteuer betrifft, kommt primär der Empfangsbevollmächtigte in Betracht, der bei der atypisch stillen Gesellschaft die Rolle des nicht vorhandenen Geschäftsführers übernimmt (s. § 48 Abs. 1 Nr. 1 Alt. 2, Abs. 2 FGO; BFH 13.7.2017 – IV R 41/14, BStBl. II 2017, 1133 Rn. 16). Er wird dem Geschäftsführer auch prozessual gleichgestellt, indem ihm dieselben Befugnisse zugesprochen werden, die ein Geschäftsführer nach § 48 Abs. 1 Nr. 1 Alt. 1 FGO hätte (BFH 12.5.2016 – IV R 27/13, BFH/NV 2016, 1559 Rn. 16). Gibt es keinen Empfangsbevollmächtigten, dann steht die Klagebefugnis jedem Gesellschafter zu, gegen den der Feststellungsbescheid ergangen ist oder zu ergehen hätte (BFH 13.7.2017 – IV R 41/14, BStBl. II 2017, 1133 Rn. 16). 1972

j) GmbH & atypisch Still

Leitentscheidungen, wichtige Verwaltungsanweisungen und Schrifttum (Auswahl): 1973

Leitentscheidungen des BFH: 1973.1
BFH 15.12.1992 – VIII R 42/90, BStBl. II 1994, 702.

Schrifttum (Auswahl): 1973.2
Knobbe-Keuk, Die Fremdfinanzierung inländischer Kapitalgesellschaften durch nichtanrechnungsberechtigte Anteilseigner, StuW 1982, 201; *Blaurock*, Die GmbH & Still im Steuerrecht, BB 1992, 1969; *Kessler/Eicke*, Die Limited – Fluch oder Segen für die Steuerberatung?, DStR 2005, 2101; *Wichmann*, Gesellschafts-, handels- und steuerrechtliche Fragen zur GmbH & Still, DStZ 2014, 442; Blaurock/*Levedag*, Handbuch Stille Gesellschaft, 8. Aufl., § 20 Rn. 20.78 ff.; *Levedag* GmbHR 2019, 699; *Schulze zur Wiesche*, GmbH & atypisch Still, DStZ 2019, 233.

aa) Zivilrechtliche Grundlagen. Eine Untervariante der stillen Gesellschaft ist die GmbH & (atypisch) Still bzw. die Limited & Still (zu letzterer nur *Kessler/Eicke* DStR 2005, 2101 (2106 f.)). Geschäftsinhaber ist hier eine GmbH, was § 230 Abs. 1 HGB zulässt, der für den Stillen lediglich die Beteiligung an einem Handelsgewerbe eines anderen verlangt. Geschäftsinhaber kann daher auch eine Kapitalgesellschaft sein. Zivilrechtlich ist anerkannt, dass der **Stille zugleich Gesellschafter oder Geschäftsführer der GmbH** sein kann (BFH 15.12.1992 – VIII R 42/90, BStBl. II 1994, 702; BFH 9.12.1976 – IV R 47/72, BStBl. II 1977, 155 (156)). Zulässig ist dies auch bei einer Einmann-GmbH (BFH 21.6.1983 – VIII R 237/80, BStBl. II 1983, 563). 1974

Die GmbH & Still ist eine mögliche Alternative zur Betriebsaufspaltung. Wie diese ermöglicht sie es, die Bemessungsgrundlage der Kapitalgesellschaft zu reduzieren und Einkünfte auf den Stillen zu verlagern, die dann nicht der Gewerbesteuer unterliegen, sofern der Stille die Schwelle zur Mitunternehmerschaft noch nicht überschritten hat (s. auch *Groh* BB 1984, 304 (306)). 1974.1

bb) Steuerrechtliche Einordnung. Für die steuerrechtliche Einordnung, insbesondere die Abgrenzung zwischen typischer und atypischer stiller Beteiligung, gelten die allgemeinen Grundsätze der Stillen Gesellschaft (→ Rn. 1951), sofern der Stille **weder Gesellschafter noch Geschäftsführer** der GmbH ist (HHR/*Haep* § 15 Rn. 397). 1975

Viel diskutierte Sonderfragen stellen sich hingegen, sofern der **Stille zugleich Gesellschafter oder Geschäftsführer** ist (Schmidt/*Wacker* § 15 Rn. 355 ff.). 1976

Wegen des **fehlenden Interessengegensatzes** bei einer Beteiligung an der „eigenen" GmbH sind an die steuerliche Anerkennung entsprechender Verträge **erhöhte Anforderungen** zu stellen, die in der Sache denen für die ertragsteuerliche Anerkennung zwischen nahen Familienangehörigen (→ Rn. 1846) entsprechen (vgl. BFH 10.4.1997 – IV B 90/96, BFH/NV 1997, 662 Rn. 24). Verträge müssen unter Beachtung der Formvorschriften im Vorhi- 1977 nein abgeschlossen und auch tatsächlich durchgeführt werden. Der Vollzug der atypisch stillen Gesellschaft ist in Fällen des Selbstkontrahierens regelmäßig erst dann nach außen erkennbar, wenn die Einlage zeitnah (§ 146 Abs. 1 AO) eingebucht wird (BFH 10.4.1997 – IV B 90/96, BFH/NV 1997, 662 Rn. 24).

1978 Vermag der Vertrag diesen Anforderungen nicht gerecht zu werden, sind Leistungen der GmbH an den Stillen als **verdeckte Gewinnausschüttung** zu werten (BFH 26.4.1989 – I R 96/85, BFH/NV 1990, 63 Rn. 11; s. auch BFH 9.12.1976 – IV R 47/72, BStBl. II 1977, 155 (157)).

1979 Unterschiedlich beurteilt wird, ob bei der Bewertung der Rechtsstellung des Stillen die Rechte (mit-)zuberücksichtigen sind, die sich aus seiner Stellung als Gesellschafter oder Geschäftsführer ergeben. Wird dies bejaht, kommt es zu einem **Durchgriff durch die GmbH** (grundlegend *Knobbe-Keuk* StuW 1982, 201 (221)). Ob der still Beteiligte über hinreichende Mitunternehmerinitiative und Mitunternehmerrisiko verfügt, wird also auch unter Berücksichtigung der dem Stillen aus seiner Stellung als Gesellschafter und Geschäftsführer der GmbH zukommenden Rechte beurteilt. Nach der Gegenauffassung ist dagegen zwischen beiden Rechtskreisen strikt zu trennen (grundlegend *Blaurock* BB 1992, 1969 (1975)).

1980 Die Rechtsprechung lehnte ursprünglich einen Durchgriff ab (BFH 21.6.1983 – VIII R 237/80, BStBl. II 1983, 563 (565 f.)), ist mittlerweile aber zutreffend auf die Gegenposition eingeschwenkt. Danach ist jedenfalls bei einer **hohen stillen Beteiligung stets von einer atypisch stillen Gesellschaft** auszugehen (BFH 15.12.1992 – VIII R 42/90, BStBl. II 1994, 702 (704 f.)). Zwischen der stillen Beteiligung und der Beteiligung an der GmbH zu trennen, mutet künstlich an und verkennt, dass im Rahmen der Beurteilung von Mitunternehmerinitiative und Mitunternehmerrisiko eine umfassende Interessenbeurteilung vorzunehmen ist. Mitunternehmer kann ohne Beteiligung an den stillen Reserven daher auch der Gesellschafter sein, der als alleiniger Geschäftsführer der GmbH die Geschicke des Unternehmens der Gesellschaft bestimmt, weil seine Möglichkeit zur Entfaltung von Mitunternehmerinitiative besonders stark ausgeprägt ist (BFH 14.10.2003 – VIII B 281/02, BFH/NV 2004, 188 Rn. 2).

1981 Eine **in Relation zum Stamm- bzw. zum Eigenkapital der Gesellschaft** hohe Einlage des stillen Gesellschafters indiziert die Mitunternehmerstellung, wenn dem Stillen zugleich Geschäftsführungsbefugnisse zustehen (BFH 15.12.1992 – VIII R 42/90, BStBl. II 1994, 702 (704); BFH 26.11.2003 – VIII R 64/03, BFH/NV 2004, 631 Rn. 13).

1982 **k) Verdeckte Mitunternehmerschaft.** Der Begriff ist irreführend und kann zur Lösung der sich hier stellenden Abgrenzungsprobleme nichts beitragen (→ Rn. 1396).

l) Nießbrauch

1983 **Leitentscheidungen, wichtige Verwaltungsanweisungen und Schrifttum (Auswahl):**

1983.1 **Leitentscheidungen des BFH:**
BFH 11.4.1973 – IV R 67/69, BStBl. II 1973, 528; BFH 1.3.1994 – VIII R 35/92, BStBl. II 1995, 241; BFH 1.9.2011 – II R 67/09, BStBl. II 2013, 210.

1983.2 **Wichtige Verwaltungsanweisungen:**
BMF 18.1.2013, Steuerermäßigung bei Einkünften aus Gewerbebetrieb gemäß § 35 EStG; Nießbrauch an einem Mitunternehmerteil, DStR 2013, 199.

1983.3 **Schrifttum (Auswahl):**
Petzoldt, Nießbrauch an Personengesellschaftsanteilen, DStR 1992, 1171; *Schulze zur Wiesche*, Die ertragsteuerliche Behandlung von Nießbrauch und Treuhand an einem KG-Anteil, BB 2004, 355; *Jansen/Jansen*, Der Nießbrauch im Zivil- und Steuerrecht, 8. Aufl. 2009; *Küspert*, Der Nießbrauch am Personengesellschaftsanteil, FR 2014, 397; *Wachter*, Stimmrechtsvollmachten bei der Übertragung von KG-Anteilen unter Vorbehaltsnießbrauch, DStR 2016, 2065; *Götz/Hülsmann*, Der Nießbrauch im Zivil- und Steuerrecht, 11. Aufl. 2017; *Korn*, Nießbrauch: Steuerfallen und Gestaltungsmöglichkeiten, KÖSDI 2018, 20597; *Messner*, Mitunternehmeranteil: Wirtschaftliches Eigentum und doppelte Mitunternehmerschaft, AktStR 2019, 67; *Kepper*, Übertragung von Einzelunternehmen und Anteilen an Personengesellschaften unter Nießbrauchsvorbehalt im Lichte der neueren BFH-Rechtsprechung, NZG 2019, 211; *Götz*, Ende der doppelten Mitunternehmerstellung bei Übertragung eines Mitunternehmeranteils unter Nießbrauchsvorbehalt?, FR 2019, 605; *Sobisch*, Nießbrauchsurteil des BFH vom 25.1.2017: Ein Blick auf bilanzsteuerrechtliche und weitere steuerliche Folgen, EStB 2019, 243; *Hermes*, Mitunternehmerisches Nießbrauchrecht nur bei wirtschaftlichem Eigentum am Mitunternehmeranteil?, DStZ 2019, 112; *Stein*, Aktuelle ertragsteuerliche Fragestellungen zum Nießbrauchsvorbehalt an Gesellschaftsanteilen, ZEV 2019, 131.

aa) Zivilrechtliche Grundlagen. Durch Nießbrauchbestellung wird eine Sache bzw. ein Recht in der Weise belastet, dass der Nießbrauchberechtigte die Nutzungen an der Sache bzw. dem Recht ziehen kann (§ 1030 Abs. 1 BGB). An Rechten, die nicht übertragbar sind, kann kein Nießbrauch bestellt werden (§ 1069 Abs. 2 BGB). Nach mittlerweile ganz herrschender Meinung steht die Vorschrift der Einräumung eines **Nießbrauchs an dem Anteil einer Personengesellschaft** aber nicht entgegen (BFH 1.3.1994 – VIII R 35/92, BStBl. II 1995, 241 (244)), obwohl gesellschaftsrechtlich Befugnisse aus der Mitgliedschaft nicht von der Gesellschafterstellung abgespalten werden können (zum Ganzen instruktiv BeckOK BGB/*Wegmann* BGB § 1068 Rn. 14). **1984**

Zur Zulässigkeit der Nießbrauchsbestellung an einem Gesellschaftsanteil aus zivilrechtlicher Sicht nur BGH 20.4.1972 – II ZR 143/69, BGHZ 58, 316 s. zur früheren Diskussion auch die Nw. bei BFH 11.4.1973 – IV R 67/69, BStBl. II 1973, 528 (530). **1984.1**

Aus § 1069 Abs. 2 BGB folgt aber, dass eine Nießbrauchbestellung nur zulässig sein kann, wenn sie ausdrücklich im **Gesellschaftsvertrag vorgesehen** ist oder die **übrigen Gesellschafter zugestimmt** haben. **1985**

Durch die Nießbrauchbestellung stehen dem Nießbraucher die aus dem Anteil an der Personengesellschaft resultierenden Nutzungen zu, Inhaber des Anteils bleibt aber der Gesellschafter selbst. Die Aufteilung der Rechte zwischen Gesellschafter und Nießbraucher ist umstritten, nach überwiegender Auffassung ist wie folgt zu differenzieren: **1986**

- Der **Gewinnanspruch des Nießbrauchers** beschränkt sich auf den entnahmefähigen Gewinn und ist damit vom Gewinnverwendungsbeschluss der Gesellschaft abhängig (BFH 1.3.1994 – VIII R 35/92, BStBl. II 1995, 241 (244)).
- **Außerordentliche Erträge** aus der Auflösung stiller Reserven stehen allein dem Gesellschafter zu (BFH 1.3.1994 – VIII R 35/92, BStBl. II 1995, 241 (244)). Gleiches gilt für einen **Liquidationserlös.**
- Im **Außenverhältnis** haftet allein der Gesellschafter (BFH 1.3.1994 – VIII R 35/92, BStBl. II 1995, 241 (245)), nicht hingegen der Nießbraucher.
- Auch das **Stimmrecht** steht grundsätzlich allein dem Gesellschafter zu. Allerdings geht der BFH von einem ausschließlichen eigenen Stimmrecht des Nießbrauchers bei Beschlüssen über die laufenden Angelegenheiten der Gesellschaft aus. Ebenso sollen ihm zur Sicherung seines Fruchtziehungsrechts Kontroll- und Informationsrechte zustehen (BFH 1.3.1994 – VIII R 35/92, BStBl. II 1995, 241 (245)).
- **Verluste** hat der Nießbraucher insoweit zu tragen, als die in den Folgejahren anfallenden Gewinne zunächst zum Ausgleich der Verluste genutzt werden müssen.

Durch die Bestellung eines Nießbrauchs an einem Gesellschaftsanteil können unterschiedliche Ziele verfolgt werden: Im Zuge einer **vorweggenommenen Nachfolgeregelung** dient der Nießbrauch häufig dazu, den früheren Gesellschafter weiterhin an den Erträgen der Gesellschaft zu beteiligen, nachdem der Anteil bereits auf den Nachfolger übergegangen ist. Bei dem sog. **Vorbehaltsnießbrauch** überträgt der Altgesellschafter seinen Gesellschaftsanteil unentgeltlich auf den Neugesellschafter, behält sich aber ein Nießbrauchsrecht am Gesellschaftsanteil vor (zur Aufteilung der Rechte zwischen Gesellschafter und Nießbraucher → Rn. 1986). Die bislang ganz hM ging in diesen Fällen von einer Buchwertfortführung nach § 6 Abs. 3 durch den Neugesellschafter, der Begünstigung des Neugesellschafters für die Schenkung von Betriebsvermögen nach §§ 13a, 13b ErbStG sowie einem Bezug gewerblicher Einkünfte für die Erträge aus dem Nießbrauch für den Nießbraucher und Altgesellschafter aus (*Messner* AktStR 2019, 67 (71)). Ob dies weiterhin gilt, ist nach neueren Entwicklungen in der Rechtsprechung des BFH zumindest fragwürdig geworden (s. etwa *Kepper* NZG 2019, 211 ff.; *Götz* FR 2019, 605 ff.; → Rn. 1994). **1987**

Eine Alternative zu einer Vor- und Nacherbschaft ist ein **Nießbrauchvermächtnis.** **1987a**
Dieses wird zugunsten des überlebenden Ehegatten eingeräumt und ermöglicht es, den Anteil an einer Personengesellschaft unmittelbar an die Abkömmlinge zu vererben. Zuletzt bietet sich eine Nießbrauchsbestellung an, um eine **Einkunftsquelle zu übertragen bzw. aufzuteilen,** was ertragsteuerliche Vorteile – etwa Progressionsvorteile – haben kann (zum Ganzen Prinz/Hoffmann/*Müller* Beck'sches Handbuch der Personengesellschaften § 4 Rn. 29).

Da in der früheren Rechtsprechung die Zulässigkeit des Nießbrauchs an einem Gesellschaftsanteil umstritten war, ist verschiedentlich zu Ersatzkonstruktion gegriffen worden. Bei **1988** der **Nutzungs- oder Nießbrauchstreuhand** wurde das Vollrecht übertragen, im Innenverhältnis durfte der Nutzungstreuhänder aber nur Nießbrauchsrechte ausüben (HHR/*Haep* § 15 Rn. 437). Beim **schuldrechtlichen Nießbrauch** werden dem Berechtigten nur im Innenverhältnis Rechte eingeräumt, die den Rechten eines Nießbrauchers entsprechen (HHR/*Haep* § 15 Rn. 437).

1989 **bb) Steuerrechtliche Einordnung.** In ertragsteuerlicher Hinsicht ist beim Nießbrauch insbesondere zu klären, welche Konsequenzen die Bestellung für den **Kreis der Mitunternehmer** hat. Dabei muss naturgemäß zwischen dem Gesellschafter, der den Nießbrauch bestellt hat, und dem Nießbraucher unterschieden werden.

1990 Im Grundsatz lässt die Bestellung eines Nießbrauchs die Mitunternehmerstellung des **bisherigen Gesellschafters** unberührt (BFH 1.3.1994 – VIII R 35/92, BStBl. II 1995, 241 (244 f.); BFH 16.5.1995 – VIII R 18/93, BStBl. II 1995, 714 (716 f.); BFH 23.5.1996 – IV R 87/93, BStBl. II 1996, 523; BFH 23.5.1996 – IV R 87/93, BStBl. II 1996, 523 (526); BFH 10.12.2008 – II R 34/07, BStBl. II 2009, 312 (314); BFH 16.12.2009 – II R 44/08, BFH/NV 2010, 690 Rn. 22; BFH 23.2.2010 – II R 42/08, BStBl. II 2010, 555 Rn. 16). Dieser verfügt weiterhin über Mitunternehmerrisiko und Mitunternehmerinitiative.

1991 Das **Mitunternehmerrisiko** folgt aus der Haftung im Außenverhältnis sowie seiner fortbestehenden Beteiligung an den Verlusten und den stillen Reserven der Gesellschaft (BFH 1.3.1994 – VIII R 35/92, BStBl. II 1995, 241 (244 f.)). Die **Mitunternehmerinitiative** leitet sich aus den ungeachtet der Nießbrauchsbestellung fortbestehenden Mitwirkungsrechten des Gesellschafters ab (*Schulze zur Wiesche* BB 2004, 355 (356)). Darunter fallen insbesondere die Grundlagengeschäfte, ua die Feststellung des Jahresabschlusses sowie die Entscheidung über die Gewinnverwendung (BFH 16.12.2009 – II R 44/08, BFH/NV 2010, 690 Rn. 23). Etwas anderes gilt aber, sofern sich ein Vorbehaltsnießbraucher durch eine **umfassende Stimmrechtsvollmacht** alle unternehmerischen Entscheidungen vorbehalten hat (BFH 10.12.2008 – II R 34/07, BStBl. II 2009, 312 (314); BFH 23.2.2010 – II R 42/08, BStBl. II 2010, 555 Rn. 16).

1992 Weniger klare Aussagen lassen sich der Rechtsprechung zur Mitunternehmerstellung des **Nießbrauchers** entnehmen. Prüfstein müssen hier im Einklang mit allgemeinen Grundsätzen hinreichendes Mitunternehmerrisiko und hinreichende Mitunternehmerinitiative sein (BFH 11.4.1973 – IV R 67/69, BStBl. II 1973, 528 (530)).

1993 **Mitunternehmerinitiative** steht dem Nießbraucher zu, soweit er berechtigt ist, die Stimmrechte (aus Kommanditanteilen) auszuüben, weil das Stimmrecht das wichtigste Mitverwaltungsrecht in einer Personengesellschaft ist (BFH 11.4.1973 – IV R 67/69, BStBl. II 1973, 528 (530)). Dem **Mitunternehmerrisiko** des Nießbrauchers steht nicht zwingend entgegen, dass dieser nicht dinglich am Gesamthandsvermögen mitberechtigt ist. Dieses kann sich aus dem Umstand ergeben, dass die Bezüge des Nießbrauchers ertragsabhängig sind. Zudem ist auch der Nießbraucher insoweit an den Verlusten beteiligt, als Gewinne in Folgejahren solange nicht entnommen werden können, bis die Verluste ausgeglichen worden sind (BFH 11.4.1973 – IV R 67/69, BStBl. II 1973, 528 (530)). Allerdings muss das insgesamt schwach ausgeprägte Mitunternehmerrisiko dann durch eine entsprechend starke Mitunternehmerinitiative kompensiert werden. Fehlt es hieran, scheidet eine Mitunternehmerstellung des Nießbrauchers aus (FG Köln 15.11.2002 – 5 K 4243/93, EFG 2003, 587, rkr.). Dagegen steht dem Nießbraucher die Mitunternehmerstellung zu, wenn er an den stillen Reserven beteiligt ist (BFH 1.9.2011 – II R 67/09, BStBl. II 2013, 210 Rn. 48).

1994 Nicht explizit wird in der Rechtsprechung thematisiert, inwieweit ein **Nießbraucher neben dem Gesellschafter,** dh parallel, Mitunternehmer sein kann, jedoch geht sie hiervon mit der ganz hM wohl implizit aus (HHR/*Haep* § 15 Rn. 441; *Schulze zur Wiesche* BB 2004, 355 (356)). Nießbraucher und Besteller stehen dazu in einem Bruchteilsgemeinschaftsverhältnis, das als Obergesellschaft an der Personengesellschaft beteiligt ist (KSM/*Desens/Blischke* § 15 Rn. C 145). Auf Grundlage einer jüngeren Entscheidung des IV. Senats, wonach an einem **Gesellschaftsanteil nur eine einzige Mitunternehmerstellung begründet werden kann** (BFH 19.7.2018 – IV R 10/17, BFH/NV 2018, 1268 Rn. 36), wäre eine Spaltung eines Mitunternehmeranteils in Form einer doppelten Mitunternehmerstellung (*Messner* AktStR 2019, 67 (78); → Rn. 1559a) hingegen ausgeschlossen (dazu kritisch etwa *Götz* FR 2019, 605 (607 f.); *Kepper* NZG 2019, 211 (215)) und damit dem Gestaltungsmodell des Vorbehaltsnießbrauch (→ Rn. 1987) die Grundlage entzogen. Dem ist entgegenzuhalten, dass der vom IV. Senat postulierte Grundsatz keine Grundlage im Gesetz findet. Vielmehr kann und muss es für die Zuerkennung der Mitunternehmerstellung allein darauf ankommen, ob nach allgemeinen Kriterien die Anforderungen hinreichender Mitunternehmerinitiative und hinreichenden Mitunternehmerrisikos erfüllt sind (→ Rn. 1559a ff.).

Dass die Position des IV. Senats auch im BFH nicht unumstritten ist, unterstreicht eine jüngere Entscheidung des VI. Senats zum Vorbehaltsnießbrauch bei unentgeltlicher Übertragung eines verpachteten land- und forstwirtschaftlichen Betriebs. Wenn durch eine Nießbrauchsbestellung zwei Betriebe entstehen sollen (BFH 8.5.2019 – VI R 26/17, BStBl. II 2019, 660 Rn. 22), muss folgerichtig bei der Bestellung eines Nießbrauchs an dem Anteil an einer Personengesellschaft auch eine „doppelte Mitunternehmerstellung" möglich sein (→ Rn. 1559c). 1994a

Beispiel: A und B sind Gesellschafter der A&B-GbR. An dem Mitunternehmeranteil des A wird ein Nießbrauch in der Gestalt bestellt, dass wirtschaftlich das Eigentum auf N übergeht. 1994a.1

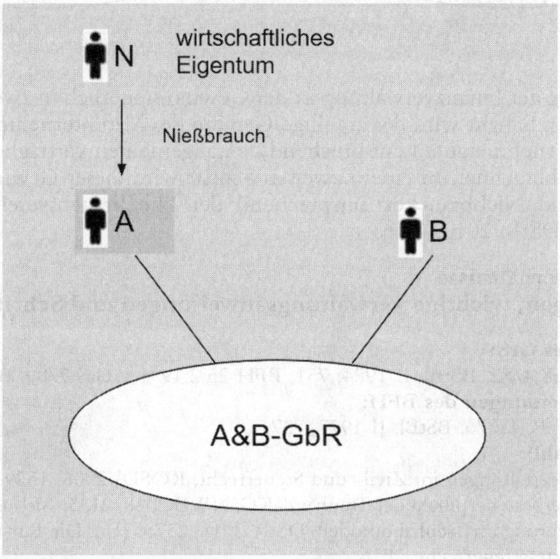

Wertung unter Anerkennung der doppelten Mitunternehmerstellung:Sowohl A als auch N sind Mitunternehmer. 1994a.2

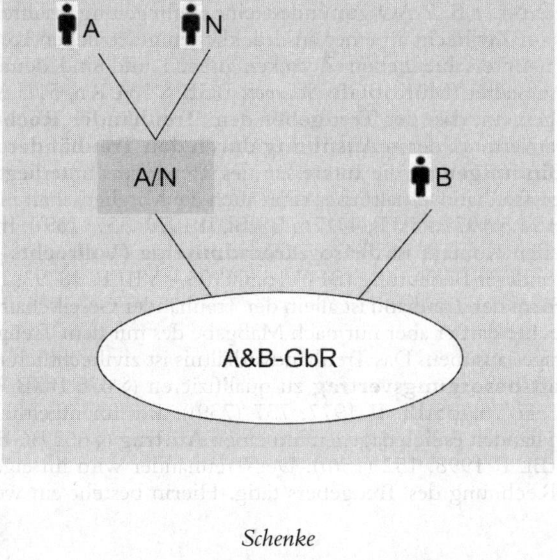

1994a.3 Folgt man der Entscheidung des IV. Senats, könnte nur entweder der Nießbraucher oder der Eigentümer (Nießbrauchsverpflichteter) Mitunternehmer der A&B-GbR sein. Dies ist davon abhängig, ob durch die Einräumung des Nießbrauchs das wirtschaftliche Eigentum auf N übergegangen ist.

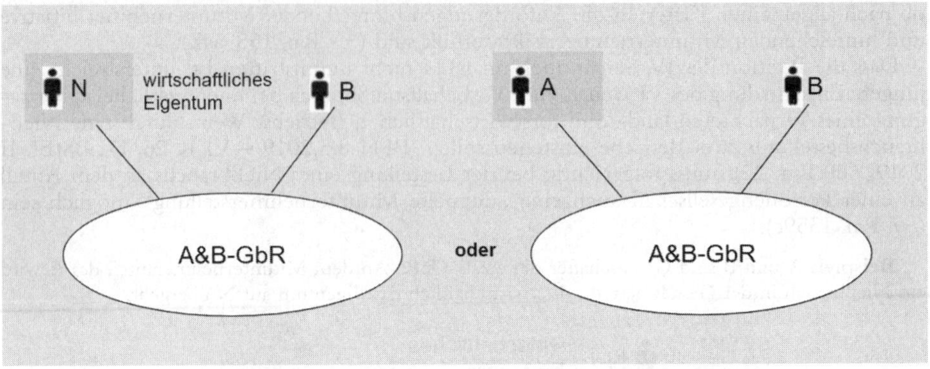

1995 Nach Auffassung der Finanzverwaltung ist der Gewinn steuerlich in zwei Stufen zu verteilen. In einem ersten Schritt wird der anteilige Gewinn des Mitunternehmers (des Bestellers) für seinen Mitunternehmeranteil entsprechend den allgemeinen vertraglichen oder gesetzlichen Regelungen berechnet. In einem zweiten Schritt wird dieser Gewinnanteil dann zwischen Besteller und Nießbraucher entsprechend der Nießbrauchsvereinbarung aufgeteilt (BMF 18.1.2013, DStR 2013, 199).

m) Treuhandverhältnisse

1996 **Leitentscheidungen, wichtige Verwaltungsanweisungen und Schrifttum (Auswahl):**

1996.1 **Entscheidungen des GrS:**
BFH 25.6.1984 – GrS 4/82, BStBl. II 1984, 751; BFH 25.2.1991 – GrS 7/89, BStBl. II 1991, 691.

1996.2 **Weitere Leitentscheidungen des BFH:**
BFH 24.5.1977 – IV R 47/76, BStBl. II 1977, 737.

1996.3 **Schrifttum (Auswahl):**
Fuhrmann, Treuhandgestaltungen im Zivil- und Steuerrecht, KÖSDI 2006, 15293; *Wacker*, Treuhandmodell – Keine Gewerbesteuerpflicht der Treuhand-KG, NWB 2010, 2133; *Viebrock/Stegemann*, Ertragsteuerliche Konsolidierung im Treuhandmodell, DStR 2013, 2375; *Burr*, Die Ein-Unternehmer-Personengesellschaft im Ertragsteuerrecht, 2016.

1997 **aa) Zivilrechtliche Einordnung.** Im Unterschied zum Steuerrecht, in dem die Treuhand in § 39 Abs. 2 Nr. 1 S. 2 AO zumindest eine Teilregelung erfahren hat (sogleich → Rn. 2000), fehlt es im Zivilrecht an einer ausdrücklichen gesetzlichen Regelung. Treuhandverhältnisse können unterschiedlichen Zwecken dienen und sind dementsprechend auch unterschiedlich ausgestaltet (MüKoBGB/*Schubert* BGB § 164 Rn. 51). Allen Treuhandverhältnissen ist aber gemein, dass der **Treugeber** dem **Treuhänder Rechte überträgt** oder eine Rechtsmacht anvertraut, deren **Ausübung durch den Treuhänder im Innenverhältnis besonderen Bindungen** an die Interessen des Treugebers unterliegt.

1998 Gegenstand eines Treuhandverhältnisses kann auch die Mitgliedschaft in einer Personengesellschaft sein (BFH 24.5.1977 – IV R 47/76, BStBl. II 1977, 737 (739)). Im hier bestehenden gesellschaftsrechtlichen Kontext ist die sog. **fremdnützige (Vollrechts-)Treuhand** (echte Treuhand) von besonderer Bedeutung (BFH 16.5.1995 – VIII R 18/93, BStBl. II 1995, 714 (716)). Bei dieser Form der Treuhand ist allein der Treuhänder Gesellschafter der Personengesellschaft. Seine Rechte darf er aber nur nach Maßgabe des mit dem Treugeber abgeschlossenen Treuhandvertrages ausüben. Das Treuhandverhältnis ist zivilrechtlich regelmäßig als **entgeltlicher Geschäftsbesorgungsvertrag** zu qualifizieren (§ 675 BGB, § 611 BGB) (BFH 24.5.1977 – IV R 47/76, BStBl. II 1977, 737 (739)). Bei unentgeltlicher Ausübung der Treuhänderstellung handelt es sich dagegen um einen **Auftrag** (§ 662 BGB) (BFH 5.7.1997 – VIII R 56/93, BStBl. II 1998, 152 (156)). Der Treuhänder wird im eigenen Namen, aber ausschließlich auf Rechnung des Treugebers tätig. Hierin besteht ein wesentlicher **Unter-**

schied zur Unterbeteiligung, bei der der Hauptbeteiligte für eigene und fremde Rechnung Gesellschafter ist (BFH 24.5.1977 – IV R 47/76, BStBl. II 1977, 737 (739)).

Das Treuhandverhältnis kann sowohl **offen,** dh den anderen Gesellschaftern bekannt, als auch **verdeckt,** dh den anderen Gesellschaftern unbekannt sein (BFH 24.5.1977 – IV R 47/76, BStBl. II 1977, 737 (739)) (zu verfahrensrechtlichen Konsequenzen der Unterscheidung → Rn. 2007). Auch bei der offenen Treuhand schließt der Treuhänder den Gesellschaftsvertrag im eigenen Namen ab. Allein er wird Gesellschafter und Träger aller Rechte und Pflichten aus dem Gesellschaftsverhältnis und wird in das Handelsregister eingetragen. Dagegen ist der **Treugeber kein Gesellschafter** und steht lediglich in einer schuldrechtlichen Rechtsbeziehung zum Treuhänder. Zwischen dem Treugeber und der Personengesellschaft bestehen keine unmittelbaren Rechtsbeziehungen (BFH 24.5.1977 – IV R 47/76, BStBl. II 1977, 737 (739)). 1999

bb) Steuerrechtliche Einordnung. Steuerlich ist die Treuhand in **§ 39 Abs. 2 Nr. 1 S. 2 AO** geregelt. Den Begriff der Treuhand setzt die Vorschrift hingegen voraus. Nach ihr sind bei einem Treuhandverhältnis die **Wirtschaftsgüter dem Treugeber zuzurechnen.** Damit fallen das zivilrechtliche und das steuerrechtliche Eigentum auseinander. Über den Wortlaut des § 39 Abs. 2 Nr. 1 S. 2 AO hinaus erstreckt sich die Zurechnung nicht nur auf einzelne Wirtschaftsgüter, sondern auch auf ganze Einkunftsquellen, insbesondere die daraus fließenden Einkünfte (BFH 24.5.1977 – IV R 47/76, BStBl. II 1977, 737 (740)). Eine weitere verfahrensrechtliche Sondervorschrift findet sich in § 159 AO. 2000

Mitunternehmer ist unter den folgenden drei, kumulativ zu erfüllenden Voraussetzungen der **Treugeber** (BFH 24.5.1977 – IV R 47/76, BStBl. II 1977, 737 (740)): 2001

- Das Treuhandverhältnis muss nachgewiesen und auch tatsächlich durchgeführt werden. Dabei sind die besonderen Nachweispflichten zu beachten, die sich für den Treuhänder aus § 159 AO ergeben.
- Die Verfügungsmacht des Treuhänders muss im Innenverhältnis zugunsten des Treugebers in einem Maße eingeschränkt sein, dass deren rechtliche Inhaberschaft als „leere Hülle" erscheint (BFH 20.1.1999 – I R 69/97, BStBl. II 1999, 514 (516)). Dies setzt die Weisungsbefugnis des Treugebers, die Weisungsgebundenheit des Treuhänders und die – jedenfalls im Grundsatz – bestehende Verpflichtung des Treuhänders zur jederzeitigen Rückgabe des Treugutes voraus (BFH 20.1.1999 – I R 69/97, BStBl. II 1999, 514 (516)).
- Gesellschaftsrechtlich muss die Stellung des Treuhänders in der Personengesellschaft sowohl in rechtlicher wie in tatsächlicher Hinsicht so ausgestaltet sein, dass ihm selbst die Mitunternehmerstellung zukommen würde, wenn er ganz oder teilweise auf eigene Rechnung handeln würde (BFH 24.5.1977 – IV R 47/76, BStBl. II 1977, 737).

Die **Mitunternehmerinitiative** des Treugebers ergibt sich daraus, dass der Treuhänder seine ihm aus dem Gesellschaftsverhältnis fließenden Stimm-, Kontroll- und Widerspruchsrechte im Innenverhältnis pflichtgebunden für den Treugeber ausübt. Da der Treuhänder für Rechnung des Treugebers tätig wird und im Innenverhältnis freizustellen ist, trägt der Treugeber auch ein entsprechendes **Mitunternehmerrisiko** (BFH 16.5.1995 – VIII R 18/93, BStBl. II 1995, 714 (716)). Unter diesen Voraussetzungen werden dem Treugeber die Einkünfte des Treuhänders zugerechnet (BFH 25.6.1984 – GrS 4/82, BStBl. II 1984, 751 (769); BFH 28.11.2002 – III R 1/01, BStBl. II 2003, 250 (255)). 2002

Soweit der Treugeber Mitunternehmer ist, gelten im Übrigen die allgemeinen Regeln. Insbesondere werden **Sondervergütungen,** die der Treugeber seitens der Mitunternehmerschaft bezieht, gem. § 15 Abs. 1 S. 1 Nr. 2 S. 1 Hs. 2 in Einkünfte aus Gewerbebetrieb umqualifiziert. Die für die Einkünfteerzielung eingesetzten Wirtschaftsgüter gehören zu seinem Sonderbetriebsvermögen und sind damit steuerlich verstrickt. 2003

Dagegen kommt dem **Treuhänder** unter den oben genannten Voraussetzungen (→ Rn. 2001) **keine Mitunternehmerstellung** zu. Da er seine gesellschaftsrechtlichen Mitwirkungs- und Kontrollrechte nur weisungsgebunden ausüben darf, kann er keine eigene Mitunternehmerinitiative entfalten. Auch das Mitunternehmerrisiko fehlt, soweit er für Rechnung des Treugebers handelt (*Niehus/Wilke* Die Besteuerung der Personengesellschaften, 59). 2004

Abweichendes gilt aber, sofern der Treuhänder **unbeschränkt im Außenrechtsverhältnis haftet** (BFH 4.11.2004 – III R 21/02, BStBl. II 2005, 168 (170)). Das Unternehmerrisiko, das in der persönlichen unbeschränkten Haftung gründet, wird dann alleinig durch 2005 die Zusage des Treugebers limitiert, ihn im Innenverhältnis von allen Verbindlichkeiten freizustellen. Ob sich ein derartiger Rückgriffsanspruch realisieren lässt, ist offen. Auch die Weisungsbefugnis im Innenverhältnis vermag die Mitunternehmerstellung des Treuhänders dann nicht auszuschließen (BFH 4.11.2004 – III R 21/02, BStBl. II 2005, 168 (170)). Abweichendes ist allein denkbar, wenn das Unternehmen wesentlich durch die persönliche Arbeitsleistung geprägt wird, nur ein geringer Kapitaleinsatz erforderlich ist und die Geschäftsabschlüsse kein nennenswertes wirtschaftliches Risiko bergen (BFH 4.11.2004 – III R 21/02, BStBl. II 2005, 168 (170)).

2006 Ein weiterer Sonderfall, der ausnahmsweise zur Mitunternehmerstellung des Treuhänders führt, ist die sog. **Nutzungstreuhand.** In diesem Fall wird dem Treuhänder die Treuhandstellung in eigennützigem Interesse eingeräumt, damit dieser die Nutzungen aus der Gesellschafterstellung wie ein Nießbraucher ziehen kann (HHR/*Haep* § 15 Rn. 424). Sofern die dem Treuhänder eingeräumten Rechte bei einem echten Nießbrauch zur Mitunternehmerstellung führen würden, ist dann auch der Treuhänder Mitunternehmer (→ Rn. 1992).

2007 **cc) Verfahrensrechtliche Fragen.** In verfahrensrechtlicher Hinsicht sind in Treuhandfällen grundsätzlich **zwei Gewinnfeststellungsverfahren** erforderlich (zum einstufigen Feststellungsverfahren s. aber sogleich → Rn. 2008). In dem einen Verfahren wird gem. § 180 Abs. 1 Nr. 2a AO festgestellt, welchen Gewinn die Personengesellschaft erzielt hat und wie sich dieser Gewinn auf die Gesellschafter, darunter auch den Treuhänder, verteilt. In einem zweiten Verfahren wird der Gewinnanteil, der für den Treuhänder festgestellt wurde, gem. § 179 Abs. 2 S. 3 AO auf die Treugeber aufgeteilt, für deren Rechnung der Treuhänder die Gesellschaftsbeteiligung hält (BFH 13.3.1986 – IV R 204/84, BStBl. II 1986, 584 (585)). Der Gewinnfeststellungsbescheid für die Personengesellschaft ist Grundlagenbescheid für das Gewinnfeststellungsverfahren der Treugeber (§ 182 Abs. 1 AO). Gegen den Folgebescheid können die Treugeber daher nicht geltend machen, dass die Verteilung in anderer Weise hätte erfolgen müssen. Ebenso wenig können diese gegen den Grundlagenbescheid vorgehen (BFH 13.3.1986 – IV R 204/84, BStBl. II 1986, 584 (585)). Vielmehr ist an der gesonderten und einheitlichen Gewinnfeststellung (§ 180 Abs. 1 S. 1 Nr. 2 AO) nur der Treuhänder beteiligt (BFH 21.4.1994 – IV R 70/92, BStBl. II 1994, 745 (746)).

2008 Sofern das Treuhandverhältnis allen Beteiligten bekannt ist, ist mit Einverständnis der Gesellschafter auch ein **einstufiges Feststellungsverfahren** denkbar. Das Treuhandverhältnis wird dann bereits auf Ebene der Gewinnfeststellung der Gesellschaft berücksichtigt (HHR/*Haep* § 15 Rn. 425). Ungeachtet der Feststellungen in einem Bescheid kann der Treugeber gegen den Gewinnfeststellungsbescheid der Personengesellschaft aber auch in diesem Fall keine Einwendungen geltend machen (BFH 15.4.2003 – IV B 188/01, BFH/NV 2003, 1283).

2009 **dd) Sonderfall Treuhandmodell.** Ein Anwendungsfall der oben genannten Grundsätze ist das sog. **Treuhandmodell** (s. auch KSM/*Schenke* § 4h Rn. F 54). Dabei handelt es sich um Personengesellschaften, die steuerlich nicht als Mitunternehmerschaften einzuordnen sind. Der Annahme einer Mitunternehmerschaft steht entgegen, dass neben dem Hauptgesellschafter zwar weitere (zivilrechtliche) Gesellschafter vorhanden sind, diese ihre Beteiligung aber für den Treugeber halten, sodass ihnen keine Mitunternehmerstellung zukommt. Da allein dem Komplementär Unternehmerrisiko und Unternehmerinitiative zukommt, ist die KG einkommensteuerlich wie ein Einzelunternehmen zu behandeln. Ertragssteuerlich stellt sie eine bloße Betriebsstätte des Hauptgesellschafters dar. Sofern der Treuhänder persönlich haftet, ist er dagegen als Mitunternehmer zu behandeln (→ Rn. 2005; aA *Hüttemann* Gedächtnissymposion Knobbe-Keuk, 2011, 39 (46)).

2010 Der BFH hat das Treuhandmodell auch **gewerbesteuerlich anerkannt** (BFH 3.2.2010 – IV R 26/07, BStBl. II 2010, 751 Rn. 32). Das Auseinanderfallen der steuerrechtlichen und der handelsrechtlichen Einordnung führt zu einer Ergebniskonsolidierung auf Ebene des Hauptgesellschafters (*Viebrock/Stegemann* DStR 2013, 2375 ff.). Dies ermöglicht es, Geschäftsbereiche steuerneutral in zivilrechtlich selbständige Einheiten auszugliedern (*Hahne* StuB 2010, 420 (423), dort auch mit weiteren Vorzügen des Modells).

2011 **ee) Testamentsvollstreckung.** In enger Verbindung zu den oben behandelten Treuhandfällen stehen die Fälle der Testamentsvollstreckung. Der zum Treuhänder bestellte Testamentsvollstrecker nimmt eine dem vertraglich bestellten Treuhänder vergleichbare Stellung ein (BFH 16.5.1995 – VIII R 18/93, BStBl. II 1995, 714 (716)).

n) Unterbeteiligungen

Leitentscheidungen, wichtige Verwaltungsanweisungen und Schrifttum (Auswahl): **2012**

Leitentscheidungen des BFH: **2012.1**
BFH 6.7.1995 – IV R 79/94, BStBl. II 1996, 269; BFH 19.4.2007 – IV R 70/04, BStBl. II 2007, 868; BFH 7.11.2018 – IV R 20/16, BStBl. II 2019, 224.

Schrifttum (Auswahl): **2012.2**
Blaurock, Unterbeteiligung und Treuhand an Gesellschaftsanteilen, 1981; *Schindhelm/Pickhardt-Poremba/Hilling*, Das zivil- und steuerrechtliche Schicksal der Unterbeteiligung bei „Umwandlung" der Hauptgesellschaft, DStR 2003, 1444; *Carlé*, Unterbeteiligungen: Zivil- und Steuerrechtliche Hinweise, KÖSDI 2005, 14475; *Groh*, Die Bilanz der Untergesellschaft, in: Hommelhoff/Rawert/Schmidt (Hrsg.), FS f. Hans-J. Priester, 2007, 107; *Carlé*, Unterbeteiligungen bei Personen- und Kapitalgesellschaften – Gestaltungschancen, Risiken, Umstrukturierung, KÖSDI 2008, 16166; *Maetz*, Ausgewählte ertragsteuerliche Problemkreise bei atypischen Unterbeteiligungen, DStR 2015, 1844; *Krauß/Meischelbeck*, Unternehmensnachfolge bei minderjährigen Kindern, DB 2015, 2114.

aa) Zivilrechtliche Einordnung und Erscheinungsformen. Eine praktisch bedeutsame Form, sich wirtschaftlich an einer Personengesellschaft unterhalb der Schwelle einer Stellung als Gesellschafter zu beteiligen, ist die **Unterbeteiligung** (*Carlé* KÖSDI 2008, 16166 Rn. 2). **2013**

Durch die Unterbeteiligung entsteht zivilrechtlich eine **zweigliedrige Gesellschaft** (zur möglicherweise abweichenden steuerlichen Einordnung → Rn. 2020). Der Gesellschafter der Hauptgesellschaft verpflichtet sich gegenüber dem Unterbeteiligten, mit diesem seinen Gewinn bzw. seinen Verlust, ggf. aber auch seinen Anteil an den stillen Reserven zu teilen. Als Gegenleistung für die Unterbeteiligung leistet der Unterbeteiligte typischerweise eine Einlage in das Vermögen des Hauptbeteiligten. Rechtsgrund der Unterbeteiligung kann aber auch eine Schenkung sein. Gegenstand der Unterbeteiligung ist eine Hauptbeteiligung an einer Personen- oder Kapitalgesellschaft, wohingegen sich der Stille bei der stillen Beteiligung an dem Unternehmen beteiligt (KSM/*Desens/Blischke* § 15 Rn. C 111). **2014**

Die wirtschaftlichen Hintergründe von Unterbeteiligungen können sehr unterschiedlich sein. Ua können durch Unterbeteiligungen Splitterbeteiligungen vermieden, Abkömmlinge frühzeitig an die Unternehmensnachfolge herangeführt, Erben abgefunden, aber auch Abtretungsverbote umgangen werden (*Carlé* KÖSDI 2005, 14475 Rn. 2 f.). **2015**

Die Unterbeteiligung ist nicht ausdrücklich gesetzlich geregelt. Es handelt sich um eine **Innengesellschaft** (§§ 705 ff. BGB), sodass kein Gesamthandsvermögen entsteht (BFH 7.11.2018 – IV R 20/16, BStBl. II 2019, 224 Rn. 48). Der Unterbeteiligte steht in keiner unmittelbaren Rechtsbeziehung zur Gesellschaft, sondern allein in einer Rechtsbeziehung zu dem Gesellschafter, an dessen Anteil er unterbeteiligt ist. **2016**

Lücken in der vertraglichen Regelung sind vorrangig durch Rückgriff auf die **§§ 705 ff. BGB,** ergänzend durch Rückgriff auf das Rechtsregime der **stillen Gesellschaft (§§ 230 ff. HGB)** zu schließen (KCSS/*Carlé* § 15 Rn. 4). Die Ausgestaltung im Detail kann im Einzelnen sehr vielschichtig sein. **2017**

Ähnlich wie bei der stillen Gesellschaft lässt sich zwischen einer typischen und einer atypischen Unterbeteiligung unterscheiden. Die **typische Unterbeteiligung** beschränkt sich auf eine kapitalmäßige Beteiligung (→ Rn. 2021). Dagegen kommt den Unterbeteiligten bei der **atypischen Unterbeteiligung** eine unternehmerische Stellung zu. Das kann so weit gehen, dass er in steuerlicher Hinsicht zum Mitunternehmer der Hauptgesellschaft aufrückt (→ Rn. 2025). **2018**

Weiterhin kann zwischen der zweigliedrigen und der mehrgliedrigen Unterbeteiligung differenziert werden. Bei der **zweigliedrigen Unterbeteiligung** gründet der Hauptbeteiligte eine bzw. mehrere Unterbeteiligungsgesellschaften, die allein zwischen dem Hauptbeteiligten und dem bzw. den verschiedenen Unterbeteiligten bestehen. Bei **mehrgliedrigen Unterbeteiligungsgesellschaften** sind wiederum zwei Varianten zu unterscheiden. Entweder schließt der Unterbeteiligte einen einheitlichen Vertrag mit den Unterbeteiligten oder der Vertrag wird zwischen dem Hauptbeteiligten und einer Unterbeteiligungs-GbR abge- **2019** schlossen, in der sich die Unterbeteiligten ihrerseits zusammengeschlossen haben (*Carlé* KÖSDI 2005, 14475 Rn. 14 f.).

2020 **bb) Steuerrechtliche Einordnung.** Die steuerliche Einordnung ist von der **Ausgestaltung der Unterbeteiligung,** insbesondere der Rechtsstellung des Unterbeteiligten abhängig.

2021 Bei der **typischen Unterbeteiligung** liegt nur eine kapitalmäßige Beteiligung am Gesellschaftsanteil des Hauptbeteiligten vor. Der typisch Unterbeteiligte erzielt Einkünfte aus Kapitalvermögen (§ 20 Abs. 1 Nr. 4) (BFH 28.11.1990 – I R 111/88, BStBl. II 1991, 313 (314)). Seine Gewinnanteile stellen aus Sicht des Hauptbeteiligten Betriebsausgaben (§ 4 Abs. 4) dar. Bei einer vermögensverwaltenden Hauptgesellschaft handelt es sich um Werbungskosten (§ 9 Abs. 1).

2022 Der Unterbeteiligte kann aber auch als **Mitunternehmer** einzuordnen sein (**atypische Unterbeteiligung**). Bei der atypischen Unterbeteiligung ist nicht nur umstritten, unter welchen Voraussetzungen hiervon im Verhältnis Hauptbeteiligter-Unterbeteiligter auszugehen ist, sondern auch, ob der Unterbeteiligte ggf. auch Mitunternehmer der Hauptgesellschaft sein kann (zum Meinungsstand HHR/*Haep* § 15 Rn. 429 f.).

2022.1 **Beispiel:** Im Unterbeteiligungsvertrag hat sich C weitreichende Kontroll- und Mitbestimmungsrechte am Gesellschaftsanteil des A an der A&B-KG zusichern lassen, sodass ihm Mitunternehmerinitiative und Mitunternehmerstellung zukommen. Konstruktiv ist es denkbar, die Unterbeteiligung einkommensteuerlich als doppelstöckige Personengesellschaft zu qualifzieren oder von einer eigenen mitunternehmerschaftlichen Beteiligung des C an der A&B-KG auszugehen.

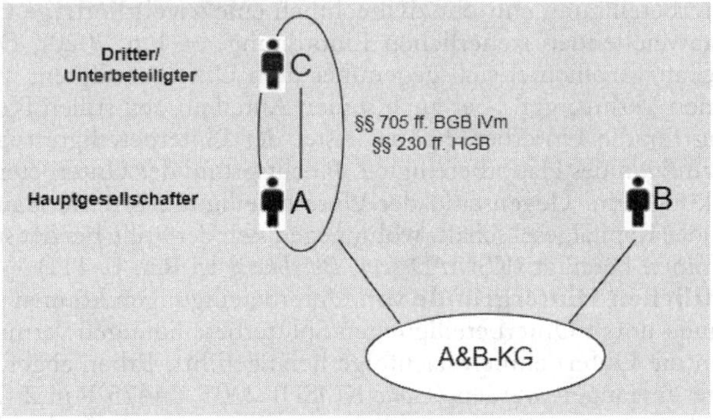

2023 In beiden Konstellationen setzt die **Mitunternehmerstellung des Unterbeteiligten** zwingend voraus, dass der **Hauptbeteiligte selbst gewerbliche Einkünfte** erzielt. Fehlt es hieran, wie beispielsweise bei der Unterbeteiligung an einem GmbH-Anteil, scheidet die Annahme einer Mitunternehmerschaft von vornherein aus (BFH 18.5.2005 – VIII R 34/01, BStBl. II 2005, 857).

2024 Weiterhin muss der Unterbeteiligte nach allgemeinen Regeln **Mitunternehmerinitiative** entfalten sowie **Mitunternehmerrisiko** tragen (*Carlé* KÖSDI 2005, 14475 Rn. 63). Hinsichtlich der Anforderungen ist zwischen der Annahme einer Mitunternehmerschaft auf Ebene der **Gesellschaft des Hauptbeteiligten** (→ Rn. 2025) sowie einer Mitunternehmerschaft auf Ebene der **Unterbeteiligung** zu differenzieren (→ Rn. 2026).

2025 Nach überwiegender Meinung kann der Unterbeteiligte prinzipiell neben dem Hauptbeteiligten Mitunternehmer der Hauptgesellschaft sein. In dieser Konstellation ist die Unterbeteiligung als eine **andere Gesellschaft** einzuordnen, bei der der Unterbeteiligte als Mitunternehmer anzusehen ist (BFH 6.7.1995 – IV R 79/94, BStBl. II 1996, 269 (270)). Die Rechtsprechung stellt hieran zu Recht strenge Anforderungen (HHR/*Haep* § 15 Rn. 430), da zwischen dem Unterbeteiligten und der Hauptgesellschaft keine unmittelbaren gesellschaftsrechtlichen Rechtsbeziehungen bestehen und der Unterbeteiligte nur über den Hauptbeteiligten auf die Hauptgesellschaft einwirken kann. Der Unterbeteiligte muss eine besonders ausgeprägte Mitunternehmerinitiative in der Hauptgesellschaft ausüben, was der BFH etwa für einen leitenden Angestellten bejaht hat (BFH 22.1.1985 – VIII R 303/81, BStBl. II 1985, 363 (364)). Prinzipiell soll eine unmittelbare Mitunternehmerschaft aber auch im

Fall einer verdeckten Mitunternehmerschaft des Unterbeteiligten möglich sein (BFH 12.10.1999 – VIII R 67/98, BFH/NV 2000, 427 f.).

Verfügt der Unterbeteiligte über keine hinreichend starke Stellung, um ihn auf Ebene der Hauptgesellschaft als Mitunternehmer zu qualifizieren, kann er aber **Mitunternehmer auf Ebene der Unterbeteiligung** sein. Hier verfährt die Rechtsprechung mit der Annahme einer Mitunternehmerstellung deutlich großzügiger. Im Grundsatz bedarf es auch hier hinreichender Mitunternehmerinitiative und hinreichenden Mitunternehmerrisikos. **2026**

Für die Annahme von **Mitunternehmerinitiative** soll es bereits genügen, wenn dem Unterbeteiligten mindestens die Rechte eines stillen Gesellschafters nach § 233 HGB zustehen (BFH 2.10.1997 – IV R 75/96, BStBl. II 1998, 137 (138)). Ein überzeugender Grund, die Anforderungen bei der Unterbeteiligung abweichend von den allgemeinen Regeln abzusenken, ist nicht ersichtlich. Prüfstein für die Mitunternehmerstellung des Unterbeteiligten muss auch hier § 166 HGB sein, sodass es nicht ausreicht, auf § 233 HGB abzustellen (HHR/*Haep* § 15 Rn. 430; so wohl nunmehr auch BFH 16.1.2008 – II R 10/06, BStBl. II 2008, 631 (633)). **2027**

Mitunternehmerrisiko verlangt, dass der Unterbeteiligte nicht nur am laufenden Gewinn und Verlust, sondern darüber hinaus auch an den stillen Reserven einschließlich des Geschäftswertes beteiligt ist, sofern die Unterbeteiligung, etwa durch Beendigung der Hauptgesellschaft, endet (BFH 27.5.1993 – IV R 1/92, BStBl. II 1994, 700). **2028**

Unter diesen Voraussetzungen ist der Unterbeteiligte mittelbarer Mitunternehmer der Hauptgesellschaft. § 15 Abs. 1 S. 1 Nr. 2 S. 2 ist zumindest entsprechend anzuwenden (KSM/*Desens/Blischke* § 15 Rn. C 112). **2029**

Der Annahme einer Mitunternehmerschaft steht nicht entgegen, das Haupt- und Unterbeteiligte **nahe Angehörige** sind und der Hauptbeteiligte dem Unterbeteiligten die Unterbeteiligung geschenkt hat. Nach allgemeinen Regeln sind hier die auch sonst bei Gesellschaftsverträgen zwischen nahen Angehörigen maßgebenden Rechtsgrundsätze zu beachten. Der Vertrag muss zivilrechtlich wirksam sein, inhaltlich dem zwischen Fremden Üblichen entsprechen und auch tatsächlich durchgeführt werden (*Krauß/Meischelbeck* DB 2015, 2114 (2115); → Rn. 1846). **2030**

o) Bruchteilsgemeinschaft und Wohnungseigentümergemeinschaft

Leitentscheidungen, wichtige Verwaltungsanweisungen und Schrifttum (Auswahl): **2031**

Entscheidungen des GrS: **2031.1**
BFH 25.6.1984 – GrS 4/82, BStBl. II 1984, 751.

Weitere Leitentscheidungen des BFH: **2031.2**
BFH 29.8.2001 – VIII R 34/00, BFH/NV 2002, 185; BFH 18.8.2005 – IV R 59/04, BStBl. II 2005, 830; BFH 20.9.2018 – IV R 6/16, BStBl. II 2019, 160.

Wichtige Verwaltungsanweisungen: **2031.3**
OFD München 10.6.1999, Sonderbetriebsvermögen bei Vermietung an eine Schwester-Personengesellschaft und Verhältnis des § 15 Abs. 1 Nr. 2 EStG zur mitunternehmerischen Betriebsaufspaltung – Zum BMF-Schreiben vom 28.4.1998, DB 1999, 1878.

Schrifttum (Auswahl): **2031.4**
Haas/Drüen, Die Bruchteilsgemeinschaft als steuerrechtliche Mitunternehmerschaft, in: Hommelhoff/Rawert/Schmidt (Hrsg.), FS f. Hans-J. Priester, 2007, 133; *Kaminski*, Wohnungseigentümergemeinschaft als gewerbliche Mitunternehmerschaft, AktStR 2019, 265.

Eine **Bruchteilsgemeinschaft** (§§ 741 ff. BGB) ist **keine Mitunternehmerschaft,** neben die Bruchteilsgemeinschaft kann aber ein Gesellschaftsverhältnis treten (BFH 10.11.1983 – IV R 86/80, BStBl. II 1984, 152 (153)). Der gemeinsame Zweck ist dann das Halten und Verwalten eines Gegenstandes in Form einer Bruchteilsgemeinschaft (*Haas/Drüen* FS Priester, 2007, 133 (138)). **2032**

Eine derartige Bruchteilsgemeinschaft ohne Gesamthandsvermögen kann auch **Besitzgesellschaft einer mitunternehmerischen Betriebsaufspaltung** sein (OFD München 10.6.1999, DB 1999, 1878). Hier ist regelmäßig von einer zumindest konkludent vereinbarten GbR auszugehen (BFH 29.8.2001 – VIII R 34/00, BFH/NV 2002, 185). Dies muss jedenfalls gelten, wenn die Miteigentümer das Grundstück an die Betriebsgesellschaft gegen ein ausreichendes Entgelt – und somit mit Gewinnerzielungsabsicht – vermieten (BFH 18.8.2005 – IV R 59/04, BStBl. II 2005, 830 (832)). Die Miteigentumsanteile am Grund- **2033** stück sind dann Sonderbetriebsvermögen I der Bruchteilseigentümer bei der Besitz-GbR (BFH 18.8.2005 – IV R 59/04, BStBl. II 2005, 830 (832)).

2033a Die **Wohnungseigentümergemeinschaft** ist ein „Verband sui generis" (BFH 20.9.2018 – IV R 6/16, BStBl. II 2019, 160 Rn. 23; BGH 2.6.2005 – V ZB 32/05, NJW 2005, 2061 (2066)). Zivilrechtlich lässt sie sich keinem bestehenden Typus einer Personengesellschaft oder juristischen Person zuordnen. § 10 Abs. 6 S. 1 WoEigG, der auf das Gesetz zur Änderung des Wohnungseigentumsgesetzes und anderer Gesetze vom 26.3.2007 zurückgeht (BGBl. 2007 I 370), spricht ihr eine Teilrechtsfähigkeit zu, indem die Gemeinschaft der Wohnungseigentümer im Rahmen der gesamten Verwaltung des gemeinschaftlichen Eigentums gegenüber Dritten und Wohnungseigentümern selbst Rechte erwerben und Pflichten eingehen kann. Der in § 10 Abs. 6 S. 1 WoEigG bestimmte Verbandszweck („gesamte Verwaltung des gemeinschaftlichen Eigentums") ist weit zu verstehen. Er schließt auch eine **unternehmerische Tätigkeit** ein (zB Betrieb eines zur Wohnanlage gehörenden Blockheizkraftwerks), solange das Verwaltungshandeln nicht ein völlig untergeordneter Nebenzweck ist (BFH 20.9.2018 – IV R 6/16, BStBl. II 2019, 160 Rn. 29). Erst in diesem Fall bedarf es zum Schutz des Rechtsverkehrs der Annahme einer konkludent errichteten GbR, die beim Überschreiten des Verbandszwecks neben der Wohnungseigentümergemeinschaft besteht (BFH 20.9.2018 – IV R 6/16, BStBl. II 2019, 160; aA wohl OFD Frankfurt 21.10.2009, S 2241 A-110-St 213 außer Kraft). Im Unterschied zu den Gesellschaftern einer GbR haften die Mitglieder einer WEG im Außenverhältnis für Verbindlichkeiten der Gemeinschaft grundsätzlich nur teilschuldnerisch im Verhältnis ihres Miteigentumanteils (§ 10 Abs. 8 WEG).

2033a.1 Fallbeispiel in Anlehnung an *Wilhelmy* NZM 2014, 569: An einer Wohnungseigentümergemeinschaft sind 11 Wohnungseigentümer beteiligt. Die Wohnungseigentümergemeinschaft betreibt ein Blockheizkraftwerk, welches zu 75% dem Eigenverbrauch dient. Für den Überschuss von 25% hat sie einen Stromeinspeisevertrag mit der M-GmbH abgeschlossen. Der BFH hatte zu klären, ob die Wohnungseigentümergemeinschaft oder eine personenidentische GbR gewerbliche Einkünfte (§ 15) erzielt. Sofern sich die Wohnungseigentümergemeinschaft mitunternehmerschaftlich betätigt (vom BFH bejaht, BFH 20.9.2018 – IV R 6/16, BStBl. II 2019, 160 Rn. 22), müssen auch Einkünfte, die aus etwaiger Vermietung eines Grundstückes an einen Dritten von der WEG erzielt werden, wegen § 15 Abs. 3 Nr. 1 S. 1 Alt. 1 zu gewerblichen Einkünften umqualifiziert werden (*Wilhelmy* NZM 2014, 569 (571)).

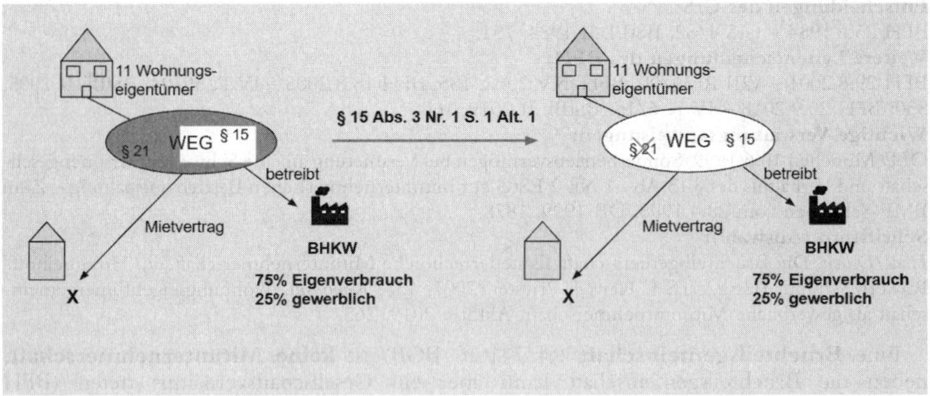

2033b Die durch § 10 Abs. 6 S. 1 WoEigG eingeräumte Teilrechtsfähigkeit hat aber **nicht** zur Konsequenz, dass die Wohnungseigentümergemeinschaft nach § 1 KStG zum **Körperschaftsteuersubjekt** wird (BFH 20.9.2018 – IV R 6/16, BStBl. II 2019, 160 Rn. 23). Nach dem gesetzlichen Regelstatut sind die Mitglieder einer Wohnungseigentümergemeinschaft, die gemeinschaftlich unternehmerisch tätig werden, ertragsteuerlich als **Mitunternehmer** anzusehen. Deren **Mitunternehmerinitiative** ergibt sich aus § 20 Abs. 1, § 21 Abs. 1 WoEigG. Diese wird auch nicht durch die Bestellung eines Verwalters (§ 26 WoEigG) ausgeschlossen. Der Verwalter ist weisungsgebunden, zudem verbleiben den Wohnungseigentümern ausreichende Stimm- (§ 23 WoEigG) und Kontrollrechte (ua § 24 Abs. 6, 28 Abs. 4 WoEigG).

Das **Mitunternehmerrisiko** leitet sich aus § 16 Abs. 1 WoEigG ab, wonach die Wohnungseigentümer anteilig am Gewinn und Verlust der Wohnungseigentümergemeinschaft beteiligt sind (BFH 20.9.2018 – IV R 6/16, BStBl. II 2019, 160 Rn. 26).

Soweit die Wohnungseigentümergemeinschaft neben ihrer gewerblichen Tätigkeit sonstige Einkünfte erzielt (zB solche aus Vermietung und Verpachtung gem. § 21), ist das ertragsteuerliche Risiko der **Abfärbung nach § 15 Abs. 3 Nr. 1 S. 1** zu berücksichtigen (*Wilhelmy* NZM 2014, 569 (572)). **2033c**

Sofern ein Verwalter bestellt ist (§ 26 WoEigG), trifft auch diesen die **Steuererklärungspflicht** nach § 180 Abs. 2 S. 2 Nr. 4, § 34 AO (*Kaminski* AktStR 2019, 265 (272 f.)). **2033d**

p) Eheliche Güterstände, Lebenspartnerschaft, nichteheliche Lebensgemeinschaft

Leitentscheidungen, wichtige Verwaltungsanweisungen und Schrifttum (Auswahl): **2034**

Leitentscheidungen des BFH: **2034.1**

BFH 18.2.1959 – VI D 1/58 S, BStBl. III 1959, 263; BFH 4.11.1997 – VIII R 18/95, BStBl. II 1999, 384.

Schrifttum (Auswahl): **2034.2**

Drenseck, Ehefrau nicht Mitunternehmerin trotz Gütergemeinschaft, FR 1980, 541; *Schmidt-Liebig*, Grenzbereiche von Einkunftsqualifikation, Einkunftszurechnung, Unternehmer- und Mitunternehmerbegriff – ausgelotet am Beispiel der ehelichen Gütergemeinschaft, StuW 1989, 110.

aa) Überblick und zivilrechtliche Grundlagen. Von den verschiedenen ehelichen Güterständen bedarf im hier bestehenden Zusammenhang allein die **Gütergemeinschaft** (§§ 1415 ff. BGB) näherer Betrachtung (→ Rn. 2039). **2035**

Beim Güterstand der **Gütertrennung** (§ 1414 BGB) scheidet die Annahme einer Mitunternehmerschaft von vornherein aus. Gleiches gilt auch für den gesetzlichen Güterstand der **Zugewinngemeinschaft** (§§ 1371 ff. BGB). Durch die Zugewinngemeinschaft wird kein gemeinschaftliches Vermögen gebildet (§ 1363 Abs. 2 BGB). Der nach Auflösung der Zugewinngemeinschaft entstehende Anspruch auf einen hälftigen Wertausgleich des Zugewinns (§§ 1371 ff. BGB), begründet keine Mitunternehmerinitiative. Damit kommt eine Mitunternehmerstellung, die allein an den gesetzlichen Güterstand anknüpft, nicht in Betracht. Wohl aber können Eheleute gemeinsam einen (Gewerbe-)Betrieb unterhalten, wenn ihr gemeinschaftliches Zusammenwirken nach allgemeinen Grundsätzen den Kriterien einer mitunternehmerschaftlichen Beteiligung entspricht, dh von beiden Mitunternehmerrisiko getragen und Mitunternehmerinitiative entfaltet wird. Nach der Rechtsprechung bedarf es hierzu allein eines partnerschaftlichen Zusammenwirkens auf unternehmerischer Grundlage zur Erreichung eines gemeinsamen wirtschaftlichen Ziels. Hierzu kann bereits eine **konkludent geschlossene Innengesellschaft** ausreichen (BFH 14.8.1986 – IV R 248/84, BStBl. II 1987, 17 (19)). **2036**

Entsprechendes gilt für die **nichteheliche Lebensgemeinschaft,** die nach ganz hM keine güterrechtlichen Konsequenzen hat (BGH 9.7.2008 – XII ZR 179/05, BGHZ 177, 193 Rn. 20). Ob die Partner einer nichtehelichen Lebensgemeinschaft eine Mitunternehmerschaft unterhalten, bestimmt sich auch hier nach den allgemeinen Grundsätzen. **2037**

In güterrechtlicher und damit auch in ertragsteuerlicher Hinsicht gelten für die **Lebenspartnerschaft** die gleichen Regeln wie für Eheleute. Ohne abweichende Vereinbarung im Lebenspartnerschaftsvertrag leben die Lebenspartner im Güterstand der Zugewinngemeinschaft (§ 6 LPartG). Gütertrennung oder Gütergemeinschaft können im Lebenspartnerschaftsvertrag vereinbart werden (§ 7 LPartG). **2038**

Im Güterstand der **Gütergemeinschaft,** der durch Ehevertrag vereinbart werden muss (§ 1414 BGB), wird das Vermögen der Eheleute durch die Gütergemeinschaft gemeinschaftliches Vermögen beider Ehegatten (Gesamtgut, § 1416 Abs. 1 BGB), sofern es sich nicht um Sondergut (§ 1417 BGB) oder Vorbehaltsgut (§ 1418 BGB) handelt. Zu Letzterem gehören insbesondere die Gegenstände, die durch Ehevertrag zum Vorbehaltsgut erklärt worden sind (§ 1418 Abs. 2 Nr. 1 BGB). **2039**

bb) Steuerliche Einordnung der Gütergemeinschaft. Die Gütergemeinschaft führt nicht unmittelbar und zwangsläufig zur wechselseitigen Zurechnung der von den Ehegatten erzielten Einkünfte. Allerdings können sich aus einer Gütergemeinschaft Folgewirkungen **2040**

auch für das Steuerrecht in der Weise ergeben, dass – losgelöst vom Bestehen der Ehe – zwischen den Ehegatten eine Gemeinschaft besteht, wie sie auch zwischen Fremden möglich wäre (BFH 4.11.1997 – VIII R 18/95, BStBl. II 1999, 384; BFH 22.1.1985 – VIII R 303/81, BStBl. II 1985, 363 (364)). Prüfstein für das Bestehen einer Mitunternehmerschaft sind die hinreichende Mitunternehmerinitiative und hinreichendes Mitunternehmerrisiko (BFH 4.11.1997 – VIII R 18/95, BStBl. II 1999, 384).

2041 Hinsichtlich der ertragsteuerlichen Einordnung ist damit in Abhängigkeit davon, in welcher Vermögensmasse sich ein (Gewerbe-)Betrieb befindet und welche Bedeutung der Vermögenseinsatz hat, wie folgt zu **differenzieren:**

2042 Die Annahme einer Mitunternehmerschaft allein in Anknüpfung an den Güterstand der Gütergemeinschaft zu begründen scheidet aus, wenn der **Betrieb zum Vorbehaltsgut** (§ 1418 BGB) gehört. Die zum Sondergut eines Ehegatten gehörende Beteiligung an einer Personenhandelsgesellschaft ist nur dem Ehegatten zuzurechnen, der Gesellschafter ist, auch wenn diese Gewinnanteile güterrechtlich unmittelbar in das Gesamtgut fallen (BFH 7.10.1976 – IV R 50/72, BStBl. II 1977, 201 (202)).

2043 Befindet sich der Betrieb im **Gesamtgut,** sind regelmäßig die für eine Mitunternehmerschaft konstituierenden Voraussetzungen des Mitunternehmerrisikos und der Mitunternehmerinitiative erfüllt (BFH 4.11.1997 – VIII R 18/95, BStBl. II 1999, 384). Dabei kann die Mitunternehmerinitiative aus den Mitwirkungsrechten abgeleitet werden, die sich nach den Vorschriften über die Gütergemeinschaft ergeben (§§ 1423 ff. BGB), wohingegen sich das Mitunternehmerrisiko aus der Gesamthandsberechtigung am gemeinschaftlichen Vermögen ergibt.

2044 Dagegen scheidet die Annahme einer Mitunternehmerschaft regelmäßig aus, wenn **kein nennenswerter Kapitaleinsatz** erforderlich ist, sondern der Gewinn im wesentlichen von der persönlichen Leistung des Inhabers des Gewerbebetriebs abhängig ist (BFH 4.11.1997 – VIII R 18/95, BStBl. II 1999, 384 (385)).

2044.1 Hiervon ist der BFH für den Handelsvertreter (BFH 7.10.1976 – IV R 50/72, BStBl. II 1977, 201 (203); BFH 20.3.1980 – IV R 53/76, BStBl. II 1980, 634 (635); BFH 2.10.1980 – IV R 42/79, BStBl. II 1981, 63 (66)), den Betrieb eines Installationsgeschäfts (BFH 22.6.1977 – I R 185/75, BStBl. II 1977, 836 (838)), ebenso für einen Erfinder (BFH 18.10.1989 – I R 126/88, BStBl. II 1990, 377 (379)) ausgegangen.

2045 Bei einem Einzelhandelsunternehmen **mit erheblichem Anlage- und Umlaufvermögen** ist dagegen regelmäßig von einer Mitunternehmerschaft auszugehen, weil hier dem Vermögenseinsatz entscheidende Bedeutung für den Betrieb zukommt (BFH 4.11.1997 – VIII R 18/95, BStBl. II 1999, 384 (385)).

2045.1 Bejaht wurde dies ua für den Betrieb einer Spielhalle (BFH 4.11.1997 – VIII R 18/95, BStBl. II 1999, 384 (386)), die Bewirtschaftung eines Hofs durch Landwirtsehegatten (BFH 18.8.2005 – IV R 37/04, BStBl. II 2006, 165), den Betrieb eines Einzelhandelsgeschäfts (BFH 2.10.1980 – IV R 42/79, BStBl. II 1981, 63 (66)) oder eines Großhandels (BFH 1.10.1992 – IV R 130/90, BStBl. II 1993, 574 (576 f.)).

2046 Sofern sich der Güterstand nach **ausländischem Recht** bestimmt, ist im Einzelnen zu untersuchen, inwieweit die sich daraus ergebenden Rechte und Pflichten die Kriterien einer mitunternehmerschaftlichen Beteiligung erfüllen (BFH 4.11.1997 – VIII R 18/95, BStBl. II 1999, 384 (385 f.)).

q) Erbengemeinschaft als Rechtsnachfolger eines Einzelunternehmers

2047 **Leitentscheidungen, wichtige Verwaltungsanweisungen und Schrifttum (Auswahl):**

2047.1 **Entscheidungen des GrS:**
BFH 5.7.1990 – GrS 2/89, BStBl. II 1990, 837.

2047.2 **Weitere Leitentscheidungen des BFH:**
BFH 4.5.2000 – IV R 10/99, BStBl. II 2002, 850.

2047.3 **Wichtige Verwaltungsanweisungen:**
BMF 11.1.2006, Ertragsteuerliche Behandlung der Erbengemeinschaft und ihrer Auseinandersetzung, BStBl. I 2006, 253.

aa) Zivilrechtliche Grundlagen. Nach dem Grundsatz der Universalsukzession geht mit dem Tod des Erblassers der gesamte Nachlass im Wege der **Gesamtrechtsnachfolge** auf den Alleinerben oder die Erbengemeinschaft über (§ 1922 BGB). Ein zum Nachlass gehörendes gewerbliches Unternehmen wird Gesamthandsvermögen der Erben. Nach dem Erbfall ist die Erbengemeinschaft Träger des Unternehmens. Die Erben befinden nach § 2038 Abs. 1 BGB darüber, ob und in welcher Weise das Unternehmen fortgeführt wird. Für Verbindlichkeiten, die aus der Fortführung entstehen, haften sie gem. § 1967 BGB mit dem Nachlass, darüber hinaus aber auch mit ihrem sonstigen Vermögen. Die Erbengemeinschaft kann ohne zeitliche Begrenzung fortgesetzt werden (BFH 5.7.1990 – GrS 2/89, BStBl. II 1990, 837 (842)). 2048

Ein **Vermächtnis** (§§ 2147 ff. BGB) begründet hingegen nur einen schuldrechtlichen Anspruch auf Übertragung eines Rechts oder einer Sachgesamtheit. Solange das Vermächtnis nicht erfüllt ist, gehört damit auch ein Betrieb, der im Wege eines Sachvermächtnisses einem Begünstigten zugewandt wird, weiterhin zum Gesamthandsvermögen der Erbengemeinschaft. 2049

bb) Ertragsteuerliche Einordnung. Eine Erbengemeinschaft ist kein Gesellschaftsverhältnis, wohl aber stehen die Erben in einem wirtschaftlich vergleichbaren Gemeinschaftsverhältnis zueinander (BFH 25.6.1984 – GrS 4/82, BStBl. II 1984, 751 (768)).Wenn der Erblasser **Einkünfte aus Gewerbebetrieb als Alleinunternehmer gem. § 15 Abs. 1 S. 1 Nr. 1** bezogen hat, wird die Erbengemeinschaft, solange sie sich noch nicht auseinandergesetzt hat (§ 2042 BGB), als Mitunternehmerschaft behandelt (BMF 11.1.2006, BStBl. I 2006, 253 Rn. 2 f.; BFH 5.7.1990 – GrS 2/89, BStBl. II 1990, 837 (842)). Die Erbengemeinschaft kann unbegrenzt bestehen bleiben (BMF 11.1.2006, BStBl. I 2006, 253 Rn. 2). 2050

Eine Erbengemeinschaft kann nebeneinander Gewinn- und Überschusseinkünfte beziehen. **§ 15 Abs. 3 Nr. 1 ist nicht anwendbar** (BFH 5.7.1990 – GrS 2/89, BStBl. II 1990, 837 (845)). 2051

Eine **Teilungsanordnung des Erblassers** (§ 2048 BGB) lässt die gesamthänderische Beteiligung der später weichenden Erben unberührt. Der durch eine Teilungsanordnung begünstigte Erbe wird also – vorbehaltlich einer rückwirkenden Zurechnung (→ Rn. 2054) – nicht schon vom Zeitpunkt des Erbfalls an wirtschaftlicher Inhaber der Beteiligung des Erblassers (BFH 4.5.2000 – IV R 10/99, BStBl. II 2002, 850 (851); aA *Groh* DB 1991, 724 (726)). 2052

Für ein **Vermächtnis** gilt mit Rücksicht auf dessen nur schuldrechtliche Bedeutung Entsprechendes (→ Rn. 2049). Abweichendes ist aber anzunehmen, wenn der Vermächtnisnehmer das Unternehmen mit dem Erbfall in Besitz nimmt und dieses nicht auf Rechnung der Erben, sondern auf eigene Rechnung und Gefahr führt (BFH 24.9.1991 – VIII R 349/83, BStBl. II 1992, 330 (332)). 2053

Im Fall der Auseinandersetzung einer Erbengemeinschaft lassen Rechtsprechung und Finanzverwaltung eine **rückwirkende Zurechnung laufender Einkünfte** bei dem fortführenden (Mit-)Unternehmer zu (BFH 4.5.2000 – IV R 10/99, BStBl. II 2002, 850 (852); BMF 11.1.2006, BStBl. I 2006, 253 Rn. 8 f.). Die Finanzverwaltung will von einer 6-Monats-Frist ausgehen, die mit dem Erbfall zu laufen beginnt. Im Fall einer Teilungsanordnung soll eine rückwirkende Zurechnung auch über einen längeren Zeitraum möglich sein, sofern sich die Miterben tatsächlich entsprechend der Vereinbarung verhalten (BMF 11.1.2006, BStBl. I 2006, 253 Rn. 8). 2054

Sofern der Erblasser Einkünfte aus **selbständiger Tätigkeit gem. § 18 Abs. 1 Nr. 1** (beispielsweise als Arzt, Steuerberater oder Rechtsanwalt) erzielt hat, ist für die weitere ertragsteuerliche Einordnung danach zu differenzieren, ob die Erben berufsfremd sind oder die erforderliche freiberufliche Qualifikation besitzen. Sind alle Miterben Berufsträger, erzielt die Mitunternehmerschaft freiberufliche Einkünfte. Sofern auch nur ein Miterbe berufsfremd ist, werden die Einkünfte der Erbengemeinschaft zu Einkünften aus Gewerbebetrieb gem. § 15 Abs. 1 S. 1 Nr. 2 umqualifiziert. In diesen Fällen kommt es nicht zu einer Betriebsaufgabe, weil der Betrieb als wirtschaftlicher Organismus bestehen bleibt und lediglich in seiner ertragsteuerlichen Einordnung verändert wird (BFH 12.3.1992 – IV R 29/91, BStBl. II 1993, 36 (39); BFH 19.5.1981 – VIII R 143/78, BStBl. II 1981, 665 (667)). 2055

r) Vererbung eines Mitunternehmeranteils. aa) Zivilrechtliche Grundlagen. Eine Beteiligung an einer Personengesellschaft ist Teil des dem Erblasser zustehenden Vermögens und gehört deswegen zum Nachlass (BFH 13.12.1990 – IV R 107/89, BStBl. II 1992, 510 (511)). In 2056

Durchbrechung des Grundsatzes der Universalsukzession (§ 1922 BGB) kann eine Erbengemeinschaft aber grundsätzlich nicht Gesellschafterin einer werbenden Personengesellschaft sein (BFH 1.3.1994 – VIII R 35/92, BStBl. II 1995, 241 (242); zu Abwicklungsgesellschaften und weiteren Ausnahmen → Rn. 2060). Wenn ein Gesellschafter einer Personengesellschaft verstirbt, rückt deshalb **nicht die Erbengemeinschaft als Ganzes, sondern die einzelnen Erben in seine Stellung ein.** Jedem Miterben steht ein seinem Erbteil entsprechender Gesellschaftsanteil zu (BFH 1.3.1994 – VIII R 35/92, BStBl. II 1995, 241 (242)).

2057 Dagegen geht das **Sonderbetriebsvermögen** zivilrechtlich auf die Erbengemeinschaft über. Daran ändert sich auch dann nichts, wenn sich die Erben zeitnah über das Sonderbetriebsvermögen auseinandersetzen und dieses auf die Mitunternehmer übergeht (BMF 11.1.2006, BStBl. I 2006, 253 Rn. 7).

2058 Welche Rechtsfolgen beim Versterben eines Gesellschafters im Einzelnen eintreten, bestimmt sich vorrangig nach dem **Gesellschaftsvertrag.** Nur subsidiär ist auf das dispositive Gesetzesrecht zurückgreifen, das in Abhängigkeit von der **Gesellschaftsform** unterschiedliche Regelungen vorsieht.

2059 Für die **GbR** bestimmt § 727 Abs. 1 BGB, dass die Gesellschaft durch den Tod eines der Gesellschafter aufgelöst wird, sofern nicht etwas anderes im Gesellschaftsvertrag geregelt ist. Ist keine Fortsetzung vereinbart, wird die Gesellschaft damit in eine Abwicklungs- oder Liquidationsgesellschaft umgewandelt.

2060 Bei **Abwicklungsgesellschaften** tritt die Erbengemeinschaft in Durchbrechung des oben genannten Grundsatzes als Ganzes in die Rechtsstellung des verstorbenen Gesellschafters ein (BFH 1.3.1994 – VIII R 35/92, BStBl. II 1995, 241 (242); BFH 29.10.1991 – VIII R 51/84, BStBl. II 1992, 512 (515)). Entsprechendes gilt, wenn sich der Erblasser mitunternehmerschaftlich an einer **atypisch stillen Gesellschaft** oder an einer **Bruchteilsgemeinschaft** beteiligt hat (*Groh* DB 1991, 724 (725)).

2061 Dagegen führt bei der **OHG** der Tod eines Gesellschafters lediglich zu seinem Ausscheiden aus der Gesellschaft (§ 131 Abs. 3 Nr. 1 HGB). Die Gesellschaft wandelt sich nicht in eine Liquidationsgesellschaft um, sondern wird fortgesetzt. Nach § 738 Abs. 1 S. 1 BGB wächst der Anteil des ausgeschiedenen Gesellschafters den übrigen Gesellschaftern zu. Zum Ausgleich steht den Erben gem. § 738 Abs. 1 S. 2 BGB ein Abfindungsanspruch zu, der in den Nachlass fällt. Im Gesellschaftsvertrag werden in der Regel abweichende Regelungen vereinbart. Typischerweise ist vorgesehen, die Gesellschaft mit einem oder mehreren Erben fortzusetzen oder diesen jedenfalls einen Eintritt in die Personengesellschaft zu ermöglichen. Wirtschaftlicher Hintergrund ist es, die Gesellschaft vor einem Abfluss an Liquidität zu schützen, der mit Erfüllung des Abfindungsanspruchs verbunden wäre (im Einzelnen → Rn. 2065).

2062 Bei der **KG** differenziert das dispositive Gesetzesrecht zwischen dem Versterben eines phG und dem eines Kommanditisten. Bei phG entsprechen die Rechtsfolgen denen der OHG (§ 161 Abs. 2 HGB iVm § 131 Abs. 3 Nr. 1 HGB). Beim Kommanditisten wird die Gesellschaft mangels abweichender vertraglicher Bestimmungen mit den Erben fortgesetzt (§ 177 HGB). Diese und nicht die Erbengemeinschaft als Ganze treten dann im Wege der Singularsukzession unmittelbar in die Gesellschaft ein (→ Rn. 2056).

2062.1 Sofern es keine Erben gibt, die an die Stelle des verstorbenen einzigen phG treten, ist die Gesellschaft zu liquidieren. Falls die Liquidation nicht rechtzeitig eingeleitet und stattdessen die Tätigkeit der Gesellschaft von den verbleibenden Kommanditisten weitergeführt wird, wandelt sich die KG in eine OHG oder GbR um (s. im Einzelnen Westermann/Wertenbruch/*Blaum* Handbuch Personengesellschaften § 48 Rn. 2435 (Stand: Mai 2017)).

2063 Ist im Gesellschaftsvertrag eine **Fortsetzung der Gesellschaft** mit einem oder mehreren Erben vereinbart oder wird diese doch jedenfalls ermöglicht, ist in der Kautelarpraxis zwischen **einfachen** (→ Rn. 2066) **und qualifizierten Nachfolgeklauseln** (→ Rn. 2067) sowie **Eintrittsklauseln** (→ Rn. 2068) zu unterscheiden, an die sich dann auch ertragsteuerlich differenzierte Rechtsfolgen knüpfen.

2064 **bb) Ertragsteuerliche Einordnung.** Wandelt sich die Gesellschaft mit dem Versterben eines Gesellschafters in eine **Liquidationsgesellschaft** um (→ Rn. 2060), tritt die Erbengemeinschaft als Ganzes in die Rechtsstellung des Altgesellschafters ein. Damit entsteht eine doppelstöckige Personengesellschaft, da die Erbengemeinschaft als Mitunternehmerschaft (→ Rn. 2050) zum Mitunternehmer einer anderen Personengesellschaft geworden ist (BFH

29.10.1991 – VIII R 51/84, BStBl. II 1992, 512 (515)). Entsprechendes gilt für die Vererbung einer atypisch stillen Beteiligung sowie im Fall einer Bruchteilsgemeinschaft (→ Rn. 2060).

Sofern die Personengesellschaft fortgeführt wird, ist je nach Art der **Fortsetzungsklausel** wie folgt zu differenzieren: 2065

Bei **einfachen Nachfolgeklauseln** rücken die Erben im Zeitpunkt des Versterbens des früheren Gesellschafters in dessen Rechtsstellung im Wege der Singularsukzession ein (BFH 13.12.1990 – IV R 107/89, BStBl. II 1992, 510 (511); BFH 29.10.1991 – VIII R 51/84, BStBl. II 1992, 512 (515)). Dies gilt auch dann, wenn der Gesellschaftsanteil aufgrund eines Vermächtnisses oder einer Teilungsanordnung herauszugeben ist (BFH 16.5.1995 – VIII R 18/93, BStBl. II 1995, 714 (715) für ein Vermächtnis im Fall des § 177 HGB). **Mitunternehmer** wird nicht die Erbengemeinschaft, sondern die **eintretenden Erben** (BFH 13.12.1990 – IV R 107/89, BStBl. II 1992, 510 (511); BFH 29.10.1991 – VIII R 51/84, BStBl. II 1992, 512 (515)). Etwaige Ausgleichszahlungen an weichende Gesellschafter führen bei den verbleibenden Erben zu Anschaffungskosten (BMF 11.1.2006, BStBl. I 2006, 253 Rn. 71). 2066

Bei der **qualifizierten Nachfolgeklausel** werden nicht alle, sondern nur diejenigen Erben Gesellschafter, die in der Regel bereits im Gesellschaftsvertrag benannt sind. Entsprechendes gilt für die Mitunternehmerstellung. Die Erben, die nicht in die Gesellschaft eintreten, sind keine Mitunternehmer, weil diese keine Mitunternehmerinitiative ausüben können (BFH 29.10.1991 – VIII R 51/84, BStBl. II 1992, 512 (514 f.); BFH 15.3.2000 – VIII R 51/98, BStBl. II 2000, 316). Da hinsichtlich der nicht qualifizierten Erben kein Durchgangserwerb vorliegt, führen etwaige Abfindungen, die durch die qualifizierten Erben geleistet werden, weder zu Veräußerungsgewinnen noch zu Anschaffungskosten (BMF 11.1.2006, BStBl. I 2006, 253 Rn. 72). Hinsichtlich des Sonderbetriebsvermögens, das auf die nicht qualifizierten Gesellschafter entfällt, kommt es zu einer anteiligen Entnahme (BMF 11.1.2006, BStBl. I 2006, 253 Rn. 73). 2067

Durch **Eintrittsklauseln** wird einem oder ggf. auch mehreren Erben das Recht zum Eintritt in die Gesellschaft eingeräumt. Die Gesellschaft wird zunächst mit den verbliebenen Gesellschaftern fortgesetzt (BMF 11.1.2006, BStBl. I 2006, 253 Rn. 70). Dabei können die Altgesellschafter die Anteile des verstorbenen Gesellschafters bis zur Entscheidung über den Eintritt treuhänderisch halten. Alternativ ist es denkbar, dass der Erblasser aus der Gesellschaft ausscheidet und der Eintrittsberechtigte lediglich das Recht erhält, gegen Verrechnung mit dem Abfindungsanspruch in die Gesellschaft einzutreten. Im Fall des Nichteintritts erzielt der Erblasser einen nach §§ 16, 34 tarifbegünstigten Veräußerungsgewinn (BMF 11.1.2006, BStBl. I 2006, 253 Rn. 70). Nach Auffassung der Finanzverwaltung wird der Eintretende bei Ausübung des Eintrittsrechts innerhalb einer Sechs-Monats-Frist rückwirkend zum Mitunternehmer. Die Rechtsfolgen entsprechen dann denen bei einer einfachen bzw. einer qualifizierten Nachfolgeklausel (BMF 11.1.2006, BStBl. I 2006, 253 Rn. 70). 2068

Wird die Gesellschaft nach dem Ausscheiden des verstorbenen Gesellschafters **allein mit den verbliebenen Gesellschaftern fortgeführt,** realisiert der Erblasser durch Aufgabe seines Mitunternehmeranteils unter Anwachsung bei den verbleibenden Gesellschaftern einen begünstigten Veräußerungsgewinn (§§ 16, 34) in Höhe des Unterschieds zwischen dem Abfindungsanspruch und dem Buchwert seines Kapitalkontos im Todeszeitpunkt (BFH 15.4.1993 – IV R 66/92, BStBl. II 1994, 227); BMF 11.1.2006, BStBl. I 2006, 253 Rn. 69). 2069

s) Büro-/Praxisgemeinschaft

Leitentscheidungen, wichtige Verwaltungsanweisungen und Schrifttum (Auswahl): 2070

Leitentscheidungen des BFH: 2070.1

BFH 14.4.2005 – XI R 82/03, BStBl. II 2005, 752.

Der Zweck einer Büro- und Praxisgemeinschaft beschränkt sich darauf, den **Beruf in gemeinsamen Räumlichkeiten auszuüben** und dabei idR bestimmte Kosten von der Gemeinschaft tragen zu lassen bzw. auf deren Mitglieder umzulegen. Damit ist bei einer Büro- und Praxisgemeinschaft eine individuelle Gewinnerzielung beabsichtigt, an einer gemeinschaftlichen Gewinnerzielungsabsicht fehlt es hingegen (BFH 14.4.2005 – XI R 82/03, BStBl. II 2005, 752 (754)). Der Praxiswert bleibt den einzelnen Beteiligten zugeordnet (BFH 14.4.2005 – XI R 82/03, BStBl. II 2005, 752 (754)). Einheitliches Auftreten nach außen führt noch nicht dazu, dass aus einer Bürogemeinschaft eine Mitunternehmerschaft 2071 wird (BFH 14.4.2005 – XI R 82/03, BStBl. II 2005, 752 (754)). Ebenso irrelevant ist, ob Personal gemeinsam beschäftigt wird oder Einrichtungsgegenstände gemeinsam genutzt werden (BFH 14.4.2005 – XI R 82/03, BStBl. II 2005, 752 (754)).

t) Vermögensverwaltende Personengesellschaften

2072 **Leitentscheidungen, wichtige Verwaltungsanweisungen und Schrifttum (Auswahl):**

2072.1 **Schrifttum (Auswahl):**
Milatz/Sax, Transparenz der vermögensverwaltenden Personengesellschaft, DStR 2017, 141.

2073 Bei vermögensverwaltenden Personengesellschaften ist § 15 Abs. 1 S. 1 Nr. 2 nicht anwendbar. Damit kommt es zu einem **Auseinanderfallen der zivilrechtlichen und der steuerlichen Vermögenszuordnung.** Während die vermögensverwaltende Personengesellschaft zivilrechtlich nach allgemeinen Grundsätzen Gesamthandsvermögen bildet, werden die Wirtschaftsgüter steuerrechtlich gem. § 39 Abs. 2 Nr. 2 AO den einzelnen Gesellschaftern nach Bruchteilen zugerechnet (HHR/*Tiede* § 15 Rn. 456).

2074 Sämtliche Größen, die im Rahmen der § 17, § 23 den Veräußerungsgewinn (BFH 13.7.1999 – VIII R 72/98, BStBl. II 1999, 820 (821); BFH 20.4.2004 – IX R 5/02, BStBl. II 2004, 987 (989)) und im Rahmen des § 21 die Anschaffungskosten bestimmen (BFH 6.10.2004 – IX R 68/01, BStBl. II 2005, 324 (326)), sind den Gesellschaftern **anteilig zuzurechnen** (HHR/*Tiede* § 15 Rn. 456).

2075 Ein praktisch bedeutsamer Unterfall vermögensverwaltender Personengesellschaften sind sog. **Zebragesellschaften.** Darunter sind vermögensverwaltende Personengesellschaften zu verstehen, an denen zumindest einer, aber nicht alle Personengesellschafter betrieblich, zumeist gewerblich beteiligt sind (ausführlich → Rn. 1460).

u) Beteiligungen juristischer Personen des öffentlichen Rechts an einer Personengesellschaft

2076 **Leitentscheidungen, wichtige Verwaltungsanweisungen und Schrifttum (Auswahl):**

2076.1 **Leitentscheidungen des BFH:**
BFH 25.3.2015 – I R 52/13, BStBl. II 2016, 172.

2076.2 **Wichtige Verwaltungsanweisungen:**
BMF 8.2.2016, Beteiligung von juristischen Personen des öffentlichen Rechts an einer Personengesellschaft; Folgen aus dem BFH-Urteil I R 52/13 vom 25. März 2015, BStBl. I 2016, 237; BMF 21.6.2017, Beteiligung einer juristischen Person des öffentlichen Rechts an einer Personengesellschaft, BStBl. I 2017, 880; OFD Karlsruhe 14.6.2018, Beteiligung einer juristischen Person des öffentlichen Rechts an einer Personengesellschaft (14.06.2018, S 270.6/242-St 213, FMNR257070018).

2076.3 **Schrifttum (Auswahl):**
Schiffers, Besteuerung von Beteiligung einer juristischen Person des öffentlichen Rechts an einer Personengesellschaft – Bestandsaufnahme auf Basis der aktuellen Rechtsprechung und der fehlenden Positionierung der Finanzverwaltung, DStZ 2016, 535; *Schiffers*, Besteuerung von Beteiligung einer juristischen Person des öffentlichen Rechts an einer Personengesellschaft – Positionspapier der Finanzverwaltung, DStZ 2017, 305; *Schiffers*, BMF-Schreiben vom 21.6.2017 zur Beteiligung einer juristischen Person des öffentlichen Rechts an einer Personengesellschaft, DStZ 2017, 600; *OFD NRW*, Besteuerung der juristischen Personen des öffentlichen Rechts. Arbeitshilfe, 15.3.2019.

2077 Der Beteiligung juristischer Personen des öffentlichen Rechts kommt im Zuge **Öffentlich-Privater-Partnerschaften** (ÖPP bzw. PPP) sowie **Öffentlich-Öffentlicher-Partnerschaften** (ÖPP) wachsende Bedeutung zu (*Schiffers* DStZ 2017, 562 f.).

2078 Nach der Auffassung der Finanzverwaltung soll die Beteiligung an einer Mitunternehmerschaft iSd § 15 Abs. 1 S. 1 Nr. 2 **auch dann als gewerblich eingestuft werden, sofern die Tätigkeit bei unmittelbarer Ausübung durch die juristische Person des öffentlichen Rechts als Hoheitsbetrieb einzustufen wäre** (BMF 21.6.2017, BStBl. I 2017, 880 Rn. 2; BFH 25.3.2015 – I R 52/13, BStBl. II 2016, 172 Rn. 19). Die hieran geäußerte Kritik, eine steuerliche Erfassung sei auch aus Gründen der Herstellung der Wettbewerbsneutralitität nicht geboten (*Schiffers* DStZ 2017, 305 (307)), dürfte zu kurz greifen. Dies muss jedenfalls gelten, wenn das Neutralitätspostulat auf eine rein private Aufgabenerfüllung ausgedehnt wird.

2079 Entgegen der Grundregel, dass eine Personengesellschaft nur einen einheitlichen Betrieb unterhalten kann, soll jede Tätigkeit der Mitunternehmerschaft iSd § 15 Abs. 1 S. 1 Nr. 2

oder Abs. 3 Nr. 1 **gesondert zu beurteilen** sein (BMF 21.6.2017, BStBl. I 2017, 880 Rn. 3; kritisch *Schiffers* DStZ 2017, 305 (307 f.)), woraus sich Einschränkungen der Möglichkeiten zum Verlustausgleich ergeben können. Die Beteiligung an einer nur nach § 15 Abs. 3 Nr. 2 gewerblich geprägten Personengesellschaft reicht nicht aus, um einen Betrieb gewerblicher Art zu begründen. Der ausschließlich tätigkeitsbezogenen Definition des Betriebs gewerblicher Art nach § 4 KStG kommt insofern Vorrang vor § 15 Abs. 3 Nr. 2 zu (BFH 29.11.2017 – I R 83/15, BStBl. II 2018, 495 Rn. 23 ff.).

Zu weiteren Fragen der ertragsteuerlichen Einordnung s. im Einzelnen zuletzt *Schiffers* DStZ 2017, 600 ff. **2080**

II. Doppelstöckige Personengesellschaft (§ 15 Abs. 1 S. 1 Nr. 2 S. 2)

Leitentscheidungen, wichtige Verwaltungsanweisungen und Schrifttum (Auswahl): **2081**

Entscheidungen des GrS: **2081.1**
BFH 25.2.1991 – GrS 7/89, BStBl. II 1991, 691.
Weitere Leitentscheidungen des BFH: **2081.2**
BFH 31.8.1999 – VIII B 74/99, BStBl. II 1999, 794; BFH 12.10.2016 – I R 93/12, BFH/NV 2017, 586 (SBV II bei der Untergesellschaft).
Wichtige Verwaltungsanweisungen: **2081.3**
EStR 15.8 Abs. 2; OFD Nürnberg 13.11.1997, Doppelstöckige Personengesellschaft, BB 1998, 44; OFD Berlin 24.8.2001, Verteilung der Sonderabschreibungen nach dem FördG bei einer sog. doppelstöckigen Personengesellschaft, FR 2002, 48.
Schrifttum (Auswahl): **2081.4**
Regniet, Ergänzungsbilanzen bei der Personengesellschaft, 1990; *Ley*, Besteuerung bei „doppelstöckigen" Personengesellschaften, KÖSDI 1996, 10923; *Dietel*, Bilanzierung von Anteilen an Personengesellschaften in Handels- und Steuerbilanz, DStR 2002, 2140; *Paul*, Die Behandlung negativer Kapitalkonten bei doppelstöckigen Personengesellschaften, 2007; *Mückl*, Refinanzierungsaufwendungen des Obergesellschafters doppel- bzw. mehrstöckiger Personengesellschaften, DB 2009, 1088; *Ley*, Ausgewählte Fragen und Probleme der Besteuerung doppelstöckiger Personengesellschaften, KÖSDI 2010, 17148; *Stegemann*, Bilanzierungskonkurrenzen bei doppelstöckigen Personengesellschaften in Sonderfällen, DB 2012, 372; *Kahle*, Steuerliche Gewinnermittlung bei doppelstöckigen Personengesellschaften, DStZ 2014, 273; *Baschnagel*, Ertragsteuerliche Aspekte doppelstöckiger Personengesellschaften, BB 2015, 349; *Kamchen*, Besonderheiten doppel- oder mehrstöckiger Personengesellschaften – Fallweise Darstellung der Besteuerungsprobleme und unterschiedlichen Auffassungen, NWB 2016, 1275; *IDW*, Doppelstöckige Personengesellschaften, 2017; *Schulze zur Wiesche*, Mehrstöckige Personengesellschaften im Unternehmensverbund, DStZ 2017, 784.

1. Überblick

Eine Personengesellschaft kann sich als sog. **Obergesellschaft** an einer anderen Personengesellschaft, der sog. **Untergesellschaft,** beteiligen. Eine solche Beteiligungsstruktur wird üblicherweise als **doppelstöckige Personengesellschaft** bezeichnet. **2082**

Beispiel: Gesellschafter der C-KG (Untergesellschaft) sind C und die A&B-OHG (Obergesellschaft). Deren Gesellschafter sind A und B (Obergesellschafter). **2082.1**

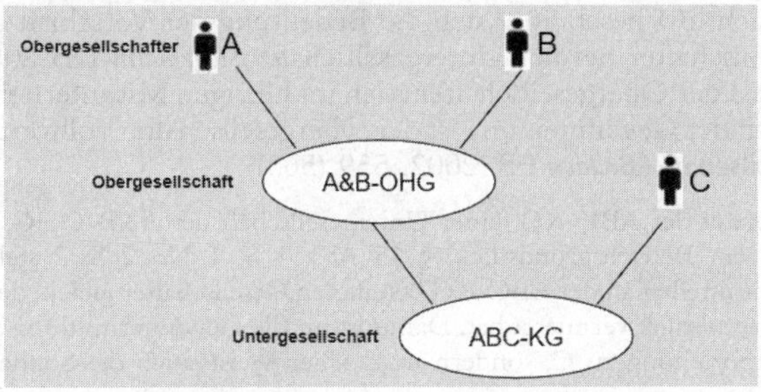

Über die zweistufige Grundkonstellation hinaus sind aber auch mehrstufige Beteiligungsketten denkbar. Bei einer **mehrstöckigen Personengesellschaft** ist zwischen der Untergе- **2083**

sellschaft und der Personengesellschaft auf der obersten Ebene zumindest eine weitere Personengesellschaft dazwischengeschaltet.

2083.1 **Beispiel:** Gesellschafter der ABCD-KG (Untergesellschaft) sind D sowie die ABC-KG (Obergesellschaft 1). Deren Anteil werden von C sowie der A&B-OHG (Obergesellschaft 2) gehalten. Deren Gesellschafters sind A und B (Obergesellschafter).

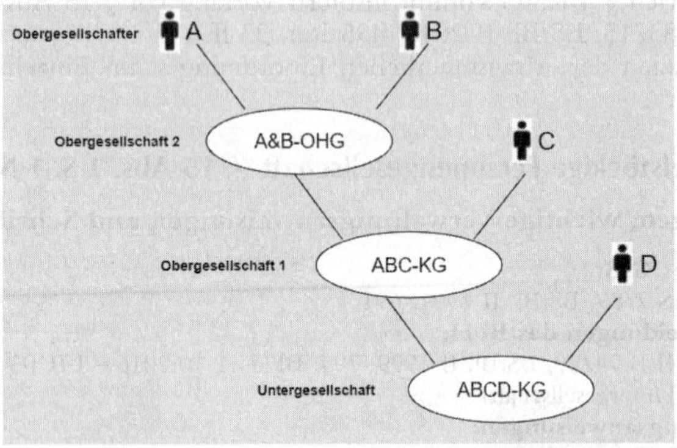

2084 Eine Untervariante der doppel- bzw. mehrstöckigen Personengesellschaft ist die **doppelt gewerblich geprägte Personengesellschaft** (§ 15 Abs. 3 Nr. 2 S. 2; → Rn. 2089).

2085 Insbesondere in der **mittelständischen Wirtschaft** haben doppelstöckige Personengesellschaften weite Verbreitung gefunden. Bei Familienpersonengesellschaften dienen doppelstöckige Personengesellschaften häufig der Bündelung von Stimmrechten. Als Vorzüge gelten ua die Möglichkeit einer mehrfachen Nutzung des Gewerbesteuerfreibetrags sowie die Begrenzung von Haftungsrisiken (*Kahle* DStZ 2014, 273). Vorteile verbürgen doppelstöckige Strukturen nicht zuletzt auch im Zuge von Umstrukturierungsprozessen.

2085.1 Darüber hinaus bleiben gewerbesteuerliche Verlustvorträge der Untergesellschaft auch nach einem Gesellschafterwechsel bei der Obergesellschaft erhalten (*Meyer-Scharenberg* DStR 1991, 919 (921)). Weitere Vorteile können sich im Rahmen der Zinsschranke ergeben, indem die Freigrenze des § 4h Abs. 2 S. 1 Buchst. a doppelt bzw. sogar mehrfach genutzt werden kann (*Ley* KÖSDI 2010, 17148 Rn. 46).

2086 Explizit sind in § 15 nur **drei Teilaspekte** der ertragsteuerlichen Einordnung doppel- und mehrstöckiger Personengesellschaften geregelt. Im Zentrum steht der § 15 Abs. 1 S. 1 Nr. 2 S. 2 (Sonderbeziehungen zwischen Obergesellschafter und Untergesellschaft, → Rn. 2087), der durch zwei weitere Vorschriften in § 15 Abs. 3 Nr. 1 S. 1 Alt. 2 (Aufwärtsinfektion, → Rn. 2088) sowie in § 15 Abs. 3 Nr. 2 S. 2 (doppelt gewerblich geprägte Personengesellschaft, → Rn. 2089) ergänzt wird. Damit steht § 15 Abs. 1 S. 1 Nr. 2 S. 2 in einem **engen systematischen Zusammenhang zu § 15 Abs. 3.**

2087 Regelungsgegenstand des **§ 15 Abs. 1 S. 1 Nr. 2 S. 2** sind die Sonderbeziehungen zwischen Obergesellschaftern und der Untergesellschaft. Die Vorschrift stellt Obergesellschafter unter den in § 15 Abs. 1 S. 1 Nr. 2 S. 2 Hs. 2 geregelten Voraussetzungen den unmittelbar beteiligten Gesellschaftern gleich. Die Einordnung der Vorschrift ist umstritten (→ Rn. 2127). Nach hM beschränkt sich die Bedeutung der Vorschrift auf den Sonderbereich der Obergesellschafter bei der Untergesellschaft (*Stegemann* DB 2012, 372 (373); → Rn. 2130), ohne dass der Obergesellschafter auch im Übrigen Mitunternehmer der Untergesellschaft wird. Nach der Gegenmeinung ist der Obergesellschafter vollwertiger Mitunternehmer der Untergesellschaft (*Bodden* FR 2002, 559 (563)).

2087.1 **Beispiel:** B vermietet der ABC-KG, einer Untergesellschaft der A&B-OHG, an der B als Gesellschafter beteiligt ist, ein Betriebsgrundstück. § 15 Abs. 1 S. 1 Nr. 2 S. 2 stellt B als mittelbaren Gesellschafter dem unmittelbar an der ABC-KG beteiligten Gesellschafter gleich, der an die Untergesellschaft ebenfalls ein Grundstück vermietet hat. Damit ist für die Gewinnermittlung der Untergesellschaft nicht nur die Sonderbeziehung zu C, sondern in gleicher Weise auch die Sonderbeziehung zu B zu berücksichtigen.

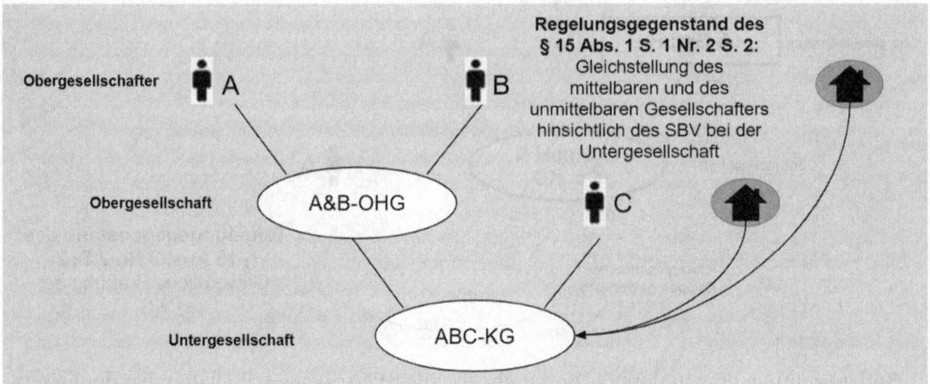

§ 15 Abs. 3 Nr. 1 S. 1 Alt. 2 hat die Einkünftequalifikation auf Ebene der Obergesellschaft zum Gegenstand. Die Vorschrift fingiert, dass eine Obergesellschaft in vollem Umfang gewerbliche Einkünfte bezieht, wenn sie mitunternehmerschaftlich an einer gewerblich tätigen Untergesellschaft beteiligt ist. Damit gibt das Gesetz zu erkennen, dass – ungeachtet der fehlenden Steuerrechtssubjektivität der Obergesellschaft – die Obergesellschaft und nicht die Obergesellschafter Mitunternehmer der Untergesellschaft ist (→ Rn. 2091). 2088

Beispiel: Die A&B-GbR ist vermögensverwaltend tätig und mitunternehmerschaftlich an der originär gewerblichen C-KG beteiligt. Kraft ihrer Beteiligung an der C-KG erzielt die A&B-GbR insgesamt gewerbliche Einkünfte. 2088.1

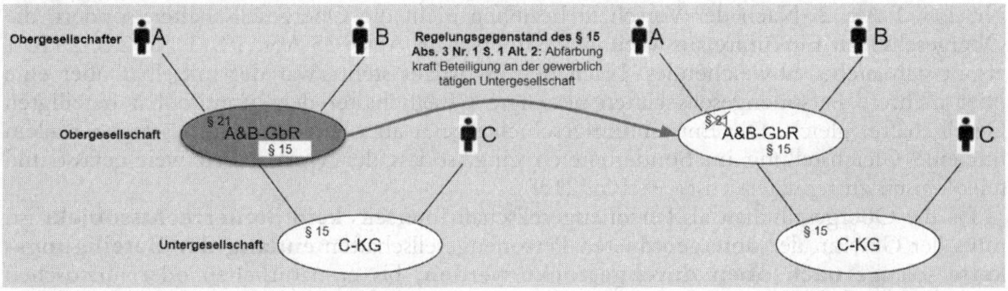

§ 15 Abs. 3 Nr. 2 S. 2 markiert einen weiteren Ausschnitt aus der Gesamtproblematik. Regelungsgegenstand der Vorschrift ist die **Einkünftequalifikation der Untergesellschaft** bei sog. **doppelt gewerblich geprägten Personengesellschaften.** Nach § 15 Abs. 3 Nr. 2 S. 1 setzt die gewerbliche Prägung voraus, dass die phG ausschließlich Kapitalgesellschaften sind und nur diese oder Nichtgesellschafter zur Geschäftsführung befugt sind (→ Rn. 309; → Rn. 2402 ff.). Durch § 15 Abs. 3 Nr. 2 S. 2 wird die gewerblich geprägte Personengesellschaft im Rahmen der Prüfung der gewerblichen Prägung einer Personengesellschaft (dh der Obergesellschaft) einer Kapitalgesellschaft gleichgestellt. Eine Untergesellschaft wird damit nicht allein durch eine Kapitalgesellschaft, sondern auch durch eine ihrerseits gewerblich geprägte Personengesellschaft gewerblich geprägt (→ Rn. 2455). 2089

Beispiel: An der Immo-KG, deren Tätigkeit sich auf Vermögensverwaltung beschränkt, sind die gewerblich geprägte A-GmbH & Co. KG als Komplementärin sowie der A als Kommanditist beteiligt. Zur Geschäftsführung der Immo-KG ist ausschließlich die A-GmbH & Co. KG befugt. Über § 15 Abs. 3 Nr. 2 S. 2 wird die Immo-KG gewerblich geprägt, obwohl phG und Geschäftsführer keine Kapitalgesellschaft, sondern eine Personengesellschaft ist. 2089.1

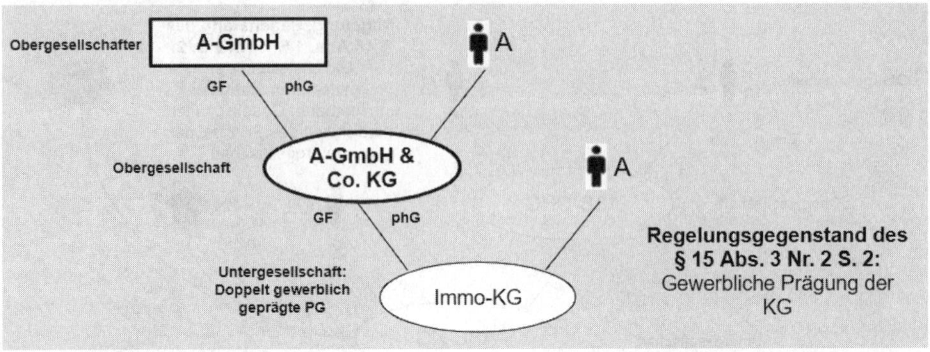

2090 Andere zentrale Fragen doppel- und mehrstöckiger Personengesellschaften hat der Gesetzgeber nicht geregelt, sodass diese nach **allgemeinen Grundsätzen** zu beantworten sind. Bestehende Kontroversen führen vielfach auf die Grundsatzfrage zurück, ob die Obergesellschafter nur Sondermitunternehmer oder vollwertige Mitunternehmer der Untergesellschaft sind (→ Rn. 2127).

2. Grundlegende ertragsteuerliche Einordnung doppel- und mehrstöckiger Personengesellschaften

2091 Bei der doppelstöckigen Personengesellschaft wird der Gewinn der Untergesellschaft zunächst der Obergesellschaft zugerechnet. **Die Obergesellschaft und nicht die Obergesellschafter sind Mitunternehmer der Untergesellschaft.** Dies verdeutlicht § 15 Abs. 3 Nr. 1 S. 1 Alt. 2. Nach der Vorschrift beziehen nicht die Obergesellschafter, sondern die Obergesellschaft Einkünfte aus Mitunternehmerschaft. Aus § 15 Abs. 1 S. 1 Nr. 2 S. 2 Hs. 1 ergibt sich nichts Abweichendes. Nach dem Wortlaut steht zwar der mittelbar über eine oder mehrere Personengesellschaften beteiligte Gesellschafter dem unmittelbar beteiligten Gesellschafter gleich. Die Entstehungsgeschichte zeigt aber, dass es dem Gesetzgeber allein um eine Gleichstellung im Sonderbereich ging, sodass der Wortlaut zu weit gefasst und teleologisch zu reduzieren ist (→ Rn. 2130).

2092 Da die Obergesellschaft als Personengesellschaft ihrerseits **kein Steuerrechtssubjekt** ist, muss der Gewinn der untergeordneten Personengesellschaften **entlang der Beteiligungskette** solange **nach oben durchgestockt werden,** bis er natürlichen oder juristischen Personen zugerechnet wird (*Ley* KÖSDI 2010, 17148 Rn. 4). Dort unterliegt er entweder der Einkommen- oder der Körperschaftsteuer.

2093 Die Grundsatzfrage der ertragsteuerlichen Einordnung der Personengesellschaft, wie das **Spannungsfeld zwischen Einheit der Gesellschaft und Vielheit der Gesellschafter** auszutarieren ist (→ Rn. 408), stellt sich bei der Besteuerung der doppelstöckigen Personengesellschaft in besonderer Schärfe.

2094 Wenn die Vielheit der Gesellschafter betont wird, hat die Besteuerung im Ergebnis so zu erfolgen, als ob die **Obergesellschaft das Vermögen aller ihr nachgeordneten Untergesellschaften in sich vereinigen würde** (s. *Ley* KÖSDI 2010, 17148 Rn. 7). Folgerichtig sind Anteile an der Personengesellschaft nicht wie Anteile an Kapitalgesellschaften, sondern mit dem steuerlichen Wert des Eigenkapitals des Gesellschafters und Anteilseigners bei der Untergesellschaft zu verbuchen. Auf Grundlage dieses Leitbildes liegt es zudem nahe, Sonderbetriebsvermögen II (→ Rn. 2153) und Ergänzungsbilanzen der Obergesellschafter unmittelbar auf Ebene der Untergesellschaft (→ Rn. 2142) zuzulassen.

2095 Nach dem Leitbild der Einheitstheorie der Gesellschaft müssen die zwischen der Untergesellschaft und den Obergesellschaftern zwischengeschalteten Personengesellschaften dagegen **Abschirmwirkung** entfalten. Auf Basis dieser dogmatischen Grundannahme spricht viel dafür, Ergänzungsbilanzen der Obergesellschafter sowie die Bildung von Sonderbetriebsvermögen II nur auf Ebene der Obergesellschaft zuzulassen.

3. Bilanzierung von Beteiligungen an Personengesellschaften

Die Frage, wie Beteiligungen an Personengesellschaften zu bilanzieren sind, stellt sich nicht nur im Kontext doppel- und mehrstöckiger Personengesellschaften, sondern immer dann, wenn **ein Gesellschafter seine Beteiligung im Betriebsvermögen hält.** Der Thematik kommt bei mehrstufigen Personengesellschaften aber besondere Relevanz zu, weshalb sie auch im hier bestehenden Zusammenhang erörtert werden soll. **2096**

a) Handelsbilanz. Der **älteren Bilanzierungspraxis** lag die sog. **Spiegelbildmethode** zugrunde (s. *IDW* Wpg 1976, 591). Nach der Spiegelbildmethode ist die Beteiligung an einer Personengesellschaft mit dem anteiligen Eigenkapital der Gesellschaft zu bilanzieren. Der Bilanzansatz des Gesellschafters spiegelt also das Kapitalkonto wider, wie dieses in der Bilanz der (Unter-)Gesellschaft ausgewiesen wird. **2097**

Aktuell orientiert sich die **handelsbilanzielle Praxis** an einer Stellungnahme des Hauptfachausschusses der Wirtschaftsprüfung von 1991 (*Ley* KÖSDI 1996, 10923 (10924)). Anteile an Personengesellschaften sind danach wie **Anteile an Kapitalgesellschaften** zu bilanzieren (*IDW* Wpg 1991, 334 (334 f.)). Die Abkehr von der Spiegelbildmethode ist konsequenter Ausdruck der Tendenz zur rechtlichen Verselbständigung der Gesamthand (hierzu → Rn. 408 ff.). Die Beteiligung ist zunächst mit ihren historischen Anschaffungskosten anzusetzen. Da die Beteiligung regelmäßig zum Anlagevermögen gehört, besteht bei einer vorübergehenden Wertminderung ein Wahlrecht, ob der niedrigere Stichtagswert angesetzt wird. Bei einer voraussichtlich dauernden Wertminderung ist der niedrigere Wert zwingend anzusetzen (§ 253 Abs. 3 HGB; BFH 25.6.2014 – I R 29/13, BFH/NV 2015, 27 Rn. 22). Einlagen sind nachträgliche Anschaffungskosten, die den Bilanzansatz erhöhen. Verluste der Personengesellschaft können allein über außerplanmäßige Abschreibungen zu einer Reduzierung des Bilanzansatzes führen (*Dietel* DStR 2002, 2140). **2098**

b) Steuerbilanz. Wie die **Beteiligung steuerlich** auszuweisen ist, ist umstritten. Das unübersichtliche Meinungsspektrum lässt sich anhand der Vorfrage systematisieren, ob die Beteiligung auch in der Steuerbilanz als **eigenes Wirtschaftsgut** zu bilanzieren ist (instruktiv *Dietel* DStR 2002, 2140 ff.; *Ley* DStR 2004, 1498 (1499)). **2099**

Die Rechtsprechung verneint dies (zuletzt BFH 15.1.2019 – X R 34/17, BFH/NV 2019, 530 Rn. 89, dort auch zu den Konsequenzen, die sich aus der Unzulässigkeit einer Teilwertabschreibung ergeben). Bei dem Anteil an einer Personengesellschaft soll es sich **nicht um ein eigenständiges immaterielles Wirtschaftsgut** handeln. Vielmehr verkörpert der Anteil die quotale Berechtigung des Gesellschafters an den zum Gesamthandsvermögen gehörenden Wirtschaftsgütern (BFH 6.5.2010 – IV R 52/08, BStBl. II 2011, 261 Rn. 13; BFH 12.12.1996 – IV R 77/93, BStBl. II 1998, 180 (182); BFH 25.2.1991 – GrS 7/89, BStBl. II 1991, 691 (700); BFH 6.7.1995 – IV R 30/93, BStBl. II 1995, 831; BFH 18.2.1993 – IV R 40/92, BStBl. II 1994, 224 (225)). In Konsequenz dieser, dem Transparenzprinzip geschuldeten Betrachtung sind in der Bilanz sämtliche aktive und passive Wirtschaftsgüter des Gesamthandsvermögens anteilig auszuweisen (BFH 25.6.2014 – I R 29/13, BFH/NV 2015, 27 Rn. 22). In der Praxis geschieht dies durch Aufnahme eines Merkpostens, der die Summe der Anteile an den Wirtschaftsgütern der Untergesellschaft repräsentiert (HHR/*Rätke* § 15 Rn. 643; Schmidt/*Wacker* § 15 Rn. 690). Für den konkreten Ansatz gilt die **Spiegelbildmethode.** In der Steuerbilanz der Obergesellschaft wird die Beteiligung spiegelbildlich mit dem Kapitalkonto der Obergesellschaft ausgewiesen, wie sich dieses aus der Steuerbilanz der Untergesellschaft ergibt (→ Rn. 2102). **2100**

Teile der Literatur orientieren sich dagegen am handelsrechtlichen Vorbild und qualifizieren die Beteiligung an einer Personengesellschaft als **eigenständiges Wirtschaftsgut** (*Schön* FR 1994, 658 (662); *Ley* DStR 2004, 1498 (1499); *Groh* StuW 1995, 383 (385)). Begründet wird dies unter Hinweis auf den Grundsatz der Maßgeblichkeit. Auch innerhalb dieser Auffassung besteht allerdings keine Einigkeit, welche Konsequenzen hieraus für den konkreten Bilanzansatz zu ziehen sind. Der Vorschlag, sich auch insoweit am handelsrechtlichen Vorbild zu orientieren (*Schön* FR 1994, 658 (662)), hat sich nicht durchsetzen können. Stattdessen bekennt sich die überwiegende Meinung zur Spiegelbildmethode (*Groh* StuW 1995, 383 (385); dazu sogleich → Rn. 2102). **2101**

2102 **c) Spiegelbildmethode.** Nach der Spiegelbildmethode spiegelt der steuerbilanzielle Ansatz das anteilige steuerliche Eigenkapital des Gesellschafters wider (*IDW* Doppelstöckige Personengesellschaften, Rn. 29). Damit setzt die Spiegelbildmethode **konsequent das Transparenzprinzip** um, indem das auf Ebene der Untergesellschaft erzielte Ergebnis unmittelbar dem Gesellschafter zugerechnet wird.

2103 Folgerichtig ist der Bilanzansatz **nicht durch die Anschaffungskosten** gedeckelt. Umgekehrt wirken sich auf Ebene der Untergesellschaft erzielte Verluste unmittelbar auf das steuerbilanzielle Ergebnis des Mitunternehmers aus (*IDW* Doppelstöckige Personengesellschaften, Rn. 32). Teilwertabschreibungen auf die Beteiligung an der Personengesellschaft sind unzulässig (*IDW* Doppelstöckige Personengesellschaften, Rn. 30).

2104 In das Kapitalkonto der Obergesellschaft sind auch etwaige auf Ebene der Untergesellschaft gebildete **Ergänzungsbilanzen** einzubeziehen. Nicht einzubeziehen sind hingegen die Ergebnisse von Sonderbilanzen, weil dies mit Blick auf § 15a zu Verzerrungen führen würde (HHR/*Rätke* § 15 Rn. 643; aA aber *IDW* Doppelstöckige Personengesellschaften, Rn. 29).

4. Der Sonderbereich von Obergesellschaftern bei der Untergesellschaft (§ 15 Abs. 1 S. 1 Nr. 2 S. 2)

2105 **a) Einordnung.** § 15 Abs. 1 S. 1 Nr. 2 S. 2 geht auf das **StÄndG 1992** v. 25.2.1992 (BGBl. 1992 I 297; BStBl. I 1992, 146) zurück. Mit der Neuregelung hat der Gesetzgeber auf eine Entscheidung des Großen Senates des BFH reagiert (BFH 25.2.1991 – GrS 7/89, BStBl. II 1991, 691 (697 ff.); s. aber auch bereits BFH 12.11.1985 – VIII R 268/81, BStBl. II 1986, 55) und das geltende Recht iSd bereits zuvor vertretenen Position der Finanzverwaltung (s. etwa Finanzministerium Baden-Württemberg 19.4.1978 – S 2241-1/76, FMNR110700078) berichtigt.

2106 Gegenstand der Entscheidung des Großen Senats war die Frage, ob die **Gesellschafter der Obergesellschaft zugleich Mitunternehmer der Untergesellschaft** sind. Der Große Senat des BFH hat dies ua unter Hinweis auf die Einheit der Personengesellschaft verneint (BFH 25.2.1991 – GrS 7/89, BStBl. II 1991, 691 (698)). Den hiermit verbundenen Gestaltungsmöglichkeiten wollte der Gesetzgeber mit Rücksicht auf befürchtete Einnahmeausfälle bei der Gewerbesteuer sowie der Einkommensteuer entgegentreten (BT-Drs. 12/110858).

2106.1 **Beispiel:** Gesellschafter der ABC-KG (Untergesellschaft) sind C und die A&B-OHG (Obergesellschaft). Deren Gesellschafter sind A und B (Obergesellschafter). A ist bei der ABC-KG angestellt. In der Entscheidung des Großen Senats war fraglich, ob die Tätigkeitsvergütungen von A als Sonderbetriebseinnahmen bei der ABC-KG zu erfassen sind.

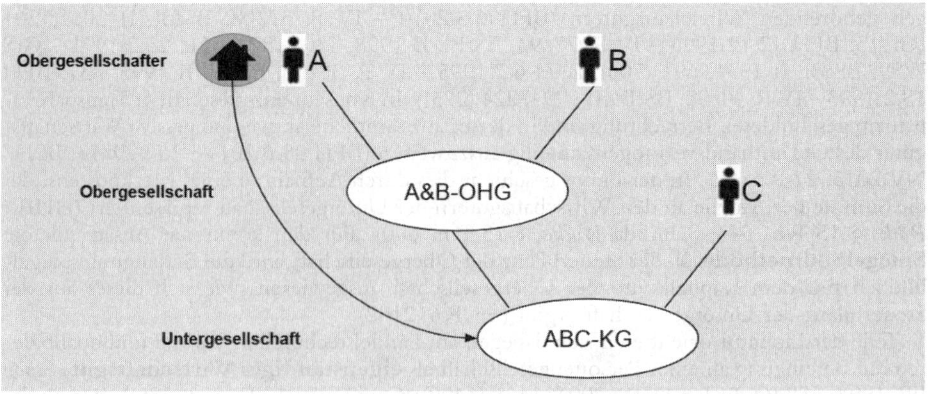

2107 Wenn man die direkte Beteiligung der Obergesellschafter an der Untergesellschaft verneint, hätte dies zur Konsequenz, dass die Obergesellschaft für Vertragsbeziehungen zwischen den Obergesellschaftern und der Untergesellschaft **Abschirmwirkung** entfalten würde. Dies würde vielfältige Gestaltungsmöglichkeiten zulasten des Gewerbe- und Einkommensteueraufkommens eröffnen (BT-Drs. 12/1108, 58): Einmal könnte durch Verträge zwischen den Obergesellschaftern und der Untergesellschaft die Bemessungsgrundlage der Untergesellschaft ausgehöhlt werden. Wenn die Obergesellschafter keine Mitunternehmer der Untergesellschaft sind, mindern Vergütungen der Obergesellschafter die Bemessungsgrundlage der Untergesellschaft, weil diese nicht als Sondervergütungen gem. § 15 Abs. 1 S. 1 Nr. 2 S. 1 Hs. 2 hinzuzurechnen sind. Durch den Abschluss entsprechender Verträge könnte damit der Gewinn der Untergesellschaft zu Lasten des Gewerbesteueraufkommens gemindert werden. Weiterhin wäre es möglich, bei der Untergesellschaft Pensionsrückstellungen zugunsten der für sie tätigen Obergesellschafter zu bilden. Zuletzt wären Wirtschaftsgüter, die von den Obergesellschaftern der Untergesellschaft zur Nutzung überlassen werden, nicht als Sonderbetriebsvermögen steuerlich verstrickt, was eine Veräußerung bzw. Entnahme ohne Aufdeckung stiller Reserven ermöglichen würde. Diesen Gestaltungsmöglichkeiten wollte der Gesetzgeber mit § 15 Abs. 1 S. 1 Nr. 2 S. 2 entgegentreten.

b) Systematik. § 15 Abs. 1 S. 1 Nr. 2 S. 2 untergliedert sich in zwei Halbsätze. Hs. 1 **2108** ordnet als Rechtsfolge an, dass der Obergesellschafter (der „mittelbar über eine oder mehrere Personengesellschaften beteiligte Gesellschafter") den direkt beteiligten Gesellschaftern der Untergesellschaft gleichzustellen ist. Hs. 2 präzisiert die Grundaussage des Hs. 1 und normiert eine ununterbrochene Mitunternehmerkette als Voraussetzung für die Gleichstellung bzw. für die Fiktion seiner Mitunternehmerstellung bei der Untergesellschaft. Gesetzestechnisch missglückt ist die **mangelnde Abstimmung der Rechtsfolge des Hs. 1 mit Hs. 2.** Während Hs. 1 die Gleichstellung des Obergesellschafters mit den Gesellschaftern der Untergesellschaft anordnet, wird in Hs. 2 die Mitunternehmerstellung lediglich fingiert („er ist als Mitunternehmer […] anzusehen"). Die in Hs. 1 normierte Gleichstellung erweist sich damit als entbehrlich (HHR/*Rätke* § 15 Rn. 107). Wenig geglückt ist es auch, die Voraussetzungen für die Gleichstellung bzw. Fiktion auf zwei Hs. zu verteilen. In der Literatur ist daher mit Recht die Unübersichtlichkeit und Komplexität der Vorschrift kritisiert worden (*Seer* StuW 1992, 35 (46)).

Wie weit die Gleichstellung der Obergesellschafter mit den unmittelbar an der Unterge- **2109** sellschaft beteiligten Mitunternehmern reicht, wird unterschiedlich beurteilt. Der BFH geht in seiner Rechtsprechung davon aus, dass die **Gleichstellung allein für den Sonderbereich gilt** (BFH 6.9.2000 – IV R 69/99, BStBl. II 2001, 731 (733); zum Meinungsstreit → Rn. 2127). Praktische Bedeutung kommt der Frage im Rahmen der Verlustnutzung zu (→ Rn. 2127).

Wegen der gesetzestechnischen Unzulänglichkeiten löst sich folgende Darstellung von der **2110** äußeren Gesetzessystematik und erörtert den **Tatbestand und die Rechtsfolgen des § 15 Abs. 1 S. 1 Nr. 2 S. 2 Hs. 1 und Hs. 2 zusammenhängend.**

c) Tatbestand. Nach § 15 Abs. 1 S. 1 Nr. 2 S. 2 Hs. 1 steht der mittelbar über eine **2111** oder mehrere Personengesellschaften beteiligte Gesellschafter dem unmittelbar beteiligten Gesellschafter gleich. **§ 15 Abs. 1 S. 1 Nr. 2 S. 2 Hs. 1** setzt voraus, dass der Gesellschafter (der Obergesellschafter) einer Personengesellschaft (der Obergesellschaft) über eine (die Obergesellschaft) oder über mehrere Personengesellschaften an einer gewerblich tätigen Untergesellschaft beteiligt ist. **§ 15 Abs. 1 S. 1 Nr. 2 S. 2 Hs. 2** normiert als weitere Voraussetzung, dass der Obergesellschafter („er") sowie (ggf.) weitere Personengesellschaften (dh zwischengeschaltete Obergesellschaften) Mitunternehmer der Gesellschaft sind, an der sie unmittelbar beteiligt sind.

Als Tatbestandsvoraussetzungen des § 15 Abs. 1 S. 1 Nr. 2 S. 2 lassen sich damit Anforde- **2112** rungen an den **Obergesellschafter** (→ Rn. 2119), die **Obergesellschaft** und weitere **vermittelnde Gesellschaften** (→ Rn. 2116), die **Untergesellschaft** (→ Rn. 2113) sowie das Erfordernis einer **ununterbrochenen Mitunternehmerkette** (→ Rn. 2122) unterscheiden.

aa) Untergesellschaft. Untergesellschaft kann nur eine **Personengesellschaft** sein. **2113** Keine Rolle spielt, ob es sich um eine Außen- oder eine Innengesellschaft handelt, sodass sämtliche Mitunternehmerschaften iSd § 15 Abs. 1 S. 1 Nr. 2 S. 1 erfasst sind (HHR/*Rätke* § 15 Rn. 620).

Die Untergesellschaft muss **gewerbliche Einkünfte** erzielen. Neben einer originär **2114** gewerblichen Tätigkeit (§ 15 Abs. 1 S. 1 Nr. 2 iVm § 15 Abs. 2) ist auch eine Teilgewerblichkeit ausreichend, die über § 15 Abs. 3 Nr. 1 S. 1 Alt. 1 zur Fiktion der Vollgewerblichkeit sämtlicher Einkünfte führt (→ Rn. 306 ff; → Rn. 2270 ff.). Zuletzt kann sich die Gewerblichkeit auch aus einer gewerblichen Prägung ergeben (§ 15 Abs. 3 Nr. 2; → Rn. 309 ff.; → Rn. 2089; → Rn. 2345).

2115 Über die Verweise des § 18 Abs. 4 S. 2 bzw. § 13 Abs. 7 ist die Vorschrift für Einkünfte aus **selbständiger Arbeit** sowie Einkünfte aus **Land- und Forstwirtschaft** entsprechend anwendbar (HHR/*Rätke* § 15 Rn. 620).

2116 **bb) Obergesellschaft. Obergesellschaft** iSd § 15 Abs. 1 S. 1 Nr. 2 S. 2 muss eine **Personengesellschaft** sein („Der mittelbar über eine oder mehrere Personengesellschaften beteiligte Gesellschafter"), die gewerblich tätig ist. Die Obergesellschaft muss nicht zwingend eine Außengesellschaft sein, eine Innengesellschaft reicht aus. Der BFH hat dies in verschiedenen Entscheidungen ua für die atypisch stille Gesellschaft (BFH 2.10.1997 – IV R 75/96, BStBl. II 1998, 137 (138)) sowie für atypisch stille Unterbeteiligung bejaht (BFH 2.10.1997 – IV R 75/96, BStBl. II 1998, 137 (138)). Obergesellschaft kann auch eine Erbengemeinschaft sein (→ Rn. 2064).

2117 Das Erfordernis der **Gewerblichkeit der Obergesellschaft** ergibt sich im Umkehrschluss aus § 13 Abs. 7, § 18 Abs. 4 S. 2, weil die Obergesellschaft dem Obergesellschafter andernfalls Einkünfte aus Land- und Fortwirtschaft bzw. aus selbständiger Arbeit vermitteln würde. Zu beachten ist, dass sich die Gewerblichkeit der Obergesellschaft bereits aus ihrer Beteiligung an einer gewerblich tätigen Untergesellschaft ergeben kann (§ 15 Abs. 3 Nr. 1 S. 1 Alt. 2).

2118 Nicht anwendbar ist die Vorschrift dagegen für einen mittelbar über eine Kapitalgesellschaft an einer Personengesellschaft beteiligten Gesellschafter (BFH 28.10.1999 – VIII R 66-70/97, BStBl. II 2000, 183 (185)). Obergesellschaft kann also keine juristische Person sein. Eine Kapitalgesellschaft als Obergesellschaft (oder zwischengeschaltete Gesellschaft) begründet Abschirmwirkung für ihre (Kapital-)Gesellschafter (sowie Gesellschafter ihr übergeordneter Gesellschaften). Der Kapitalgesellschafter ist kein Mitunternehmer der Untergesellschaft.

2118.1 Vergütungen, die er von der Untergesellschaft erhält, stellen aus Sicht der Untergesellschaft Betriebsausgaben (§ 4 Abs. 4) dar, ohne dass es zu einer Zurechnung korrespondierender Sonderbetriebseinnahmen kommt. Überhöhte Vergütungen der Untergesellschaft an die Gesellschafter der mitunternehmerschaftlich beteiligten Kapitalgesellschaft können nach den Grundsätzen der verdeckten Gewinnausschüttung zu Gewinnerhöhungen bei der Kapitalgesellschaft führen (HHR/*Rätke* § 15 Rn. 618; *Wassermeyer* GmbHR 1999, 18 (21).

2119 **cc) Obergesellschafter.** Die Gesellschafter der Obergesellschaft sind entweder **natürliche oder juristische Personen.** Ist einer Personengesellschaft, die Anteile an der Untergesellschaft hält, eine weitere Personengesellschaft übergeordnet, liegt eine mehrstufige Struktur vor. Um weitere (potentielle) Bezieher von Sondervergütungen der Untergesellschaft bestimmen zu können, muss die Beteiligungskette deshalb solange nach oben hin abgeschritten werden, bis an einer Gesellschaft keine andere Personengesellschaft mehr, sondern nur noch natürliche oder juristische Personen beteiligt sind.

2120 Obergesellschafter ist bei der fremdnützigen Treuhand der **Treugeber,** wenn allein ihm die Mitunternehmerstellung zukommt (BFH 16.5.1995 – VIII R 18/93, BStBl. II 1995, 714 (716)).

2121 Zur **Bilanzierungskonkurrenz** bei Zusammentreffen einer unmittelbaren Beteiligung an der Untergesellschaft und einer weiteren mittelbaren, über die Stellung als Obergesellschafter vermittelten Beteiligung → Rn. 2168.

2122 **dd) Ununterbrochene Mitunternehmerkette.** Zwischen den Gesellschaftern der (obersten) Obergesellschaft und der Untergesellschaft muss eine **ununterbrochene Mitunternehmerkette** bestehen (BT-Drs. 12/1506, 171; *Ley* KÖSDI 2010, 17148; KSM/*Desens/Blischke* § 15 Rn. C 152). Dies ergibt sich aus § 15 Abs. 1 S. 1 Nr. 2 S. 2 Hs. 2 („wenn er und die Personengesellschaften, die seine Beteiligung vermitteln, jeweils als Mitunternehmer der Betriebe der Personengesellschaften anzusehen sind, an denen sie unmittelbar beteiligt sind").

2123 Da die vermittelnde Gesellschaft nur eine Mitunternehmerschaft sein kann, muss es sich bei dieser zwingend um eine **Personengesellschaft** oder gleichgestellte Mitunternehmerschaft handeln. Eine zwischengeschaltete Kapitalgesellschaft schirmt ihre Gesellschafter gegen die Mitunternehmerstellung bei der Untergesellschaft ab (bereits → Rn. 2118 f.).

Die **Mitunternehmerstellung** an der jeweils untergeordneten Gesellschaft bestimmt sich nach allgemeinen Regeln. Erforderlich sind ein hinreichendes Mitunternehmerrisiko und eine hinreichende Mitunternehmerinitiative. Dagegen muss dem Obergesellschafter bei der Untergesellschaft keine Mitunternehmerstellung zukommen (*Kahle* DStZ 2014, 273 (275)). Mitunternehmer der Untergesellschaft ist nicht der Obergesellschafter, sondern allein die Obergesellschaft (BFH 10.8.2006 – II R 24/05, BStBl. II 2007, 87). Als Mitunternehmer muss der Obergesellschafter **gewerbliche Einkünfte** erzielen. Selbst wenn die Obergesellschaft nicht originär gewerblich, sondern lediglich vermögensverwaltend tätig ist, kommt es im Wege der Abfärbung nach § 15 Abs. 3 Nr. 1 S. 1 Alt. 2 zu einer gewerblichen Infizierung, sodass dieses Erfordernis stets erfüllt ist (→ Rn. 2088; → Rn. 2335). **2124**

Im Umkehrschluss aus § 17 Abs. 1 S. 1 ergibt sich, dass die **Größe der Beteiligung** an der Untergesellschaft bzw. an weiteren zwischengeschalteten Obergesellschaften) keine Rolle spielt. § 15 Abs. 1 S. 1 Nr. 2 S. 2 ist daher im Grundsatz selbst in Fällen einer mehrfachen Minimalbeteiligung anzuwenden. Abweichendes gilt aber, wenn zwischen der Leistungsbeziehung und der Mitunternehmerstellung jeglicher wirtschaftlicher Zusammenhang fehlt, weil diese nur zufällig und vorübergehend zusammentreffen (Schmidt/*Wacker* § 15 Rn. 621). Unter diesen Voraussetzungen ist § 15 Abs. 1 S. 1 Nr. 2 S. 2 teleologisch zu reduzieren. **2125**

Durch die Formulierung „über eine oder mehrere Personengesellschaften" wird sichergestellt, dass die Abschirmwirkung **auch bei mehrstufigen Beteiligungsketten** durchbrochen wird (Preißer/*Preißer* Unternehmenssteuerrecht und Steuerbilanzrecht, 308). **2126**

d) Rechtsfolge. Als Rechtsfolge ordnet § 15 Abs. 2 S. 1 Nr. 2 S. 2 Hs. 2 die **Fiktion der Mitunternehmerstellung des Obergesellschafters bei der Untergesellschaft** an („er ist als Mitunternehmer des Betriebs der Gesellschaft anzusehen, an der er mittelbar beteiligt ist"). Umstritten ist, wie weit die Gleichstellung des mittelbar beteiligten Gesellschafters mit den unmittelbar beteiligten Gesellschaftern reicht. **2127**

Der **Normtext** lässt die Interpretation zu, den Obergesellschafter in vollem Umfang den unmittelbar beteiligten Gesellschaftern gleichzustellen (Kirchhof/*Reiß* § 15 Rn. 347; *Bodden* FR 2002, 559 (564)). **2128**

Die Rechtsprechung und die überwiegende Auffassung im Schrifttum gehen hingegen nur von einer **partiellen Gleichstellung** aus (BFH 6.9.2000 – IV R 69/99, BStBl. II 2001, 731 (733); BFH 31.8.1999 – VIII B 74/99, BStBl. II 1999, 794 (795); *Ley* KÖSDI 2010, 17148; KSM/*Desens/Blischke* § 15 Rn. C 153). Danach sind die mittelbar beteiligten Gesellschafter lediglich wegen der Tätigkeits- und Nutzungsvergütungen und des Sonderbetriebsvermögens wie die unmittelbar beteiligten Gesellschafter zu behandeln. **2129**

Für die letztgenannte Auffassung spricht die Entstehungsgeschichte, weil der Gesetzgeber bei § 15 Abs. 1 S. 1 Nr. 2 S. 2 vom Leitbild der Personengesellschaft ausgegangen ist, wie es in der im Juni 1984 gefällten Grundsatzentscheidung des Großen Senats (BFH 25.6.1984 – GrS 4/82, BStBl. II 1984, 751) vertreten worden ist (BT-Drs. 12/1506, 171). Dort wird aber die **Personengesellschaft insoweit als Steuerrechtssubjekt angesehen, als sie in der Einheit ihrer Gesellschafter Merkmale eines Besteuerungstatbestandes verwirklicht** (BFH 25.6.1984 – GrS 4/82, BStBl. II 1984, 751 (761)). Damit ist eine Gleichstellung des Obergesellschafters mit den Gesellschaftern der Untergesellschaft nur insoweit gefordert, als der **Sonderbereich des Obergesellschafters bei der Untergesellschaft berührt ist.** Vorzug der hM ist zudem, eine klare Abgrenzung zwischen dem Anwendungsbereich des § 15 Abs. 1 S. 1 Nr. 2 S. 1 und S. 2 zu ermöglichen. Hinsichtlich der unmittelbaren Beteiligungsverhältnisse bleibt S. 1 anwendbar, wohingegen sich der Regelungsgegenstand des S. 2 allein auf den Sonderbereich des Obergesellschafters beschränkt (HHR/*Rätke* § 15 Rn. 629). **2130**

Der Obergesellschafter ist damit kein regulärer Mitunternehmer der Untergesellschaft, sondern lediglich **Sondermitunternehmer** (*Felix* KÖSDI 1994, 9767 Rn. 4; *Ley* KÖSDI 2010, 17148 Rn. 3). **2131**

e) Rechtspolitische Bewertung. Das Grundanliegen des § 15 Abs. 1 S. 1 Nr. 2 S. 2 ist aus rechtspolitischer Sicht zu begrüßen (s. auch *Niehus/Wilke* Die Besteuerung der Personengesellschaften, 360; *Seer* StuW 1992, 35 (39)). Vom Festhalten an der bisherigen Regelung **2132**

wäre ein starker Anreiz ausgegangen, einstufige Personengesellschaften allein aus Gründen der Steuerersparnis in mehr- und doppelstöckige Personengesellschaften umzuformen, obwohl diese Gesellschaftsform aus gesellschaftsrechtlicher Sicht eine Vielzahl von Problemen aufwirft (*Schmidt* DB 1990, 93). Damit hätte sich das **Steuerrecht** einmal mehr **als unerwünschte Rechtsquelle des Gesellschaftsrechts** erwiesen (*Knobbe-Keuk* Das Steuerrecht – eine unerwünschte Rechtsquelle des Gesellschaftsrechts?, 1). Eine hiervon zu unterscheidende Frage ist, ob § 15 Abs. 1 S. 1 Nr. 2 S. 2 gesetzestechnisch gelungen ist. Insoweit ist in der Literatur mit Recht Kritik geübt worden (*Seer* StuW 1992, 35 (46); → Rn. 2108; zur Problematik der Auslegung von Reaktionsgesetzen → Rn. 373).

5. Gewinnermittlung

2133 **a) Überblick.** Für die Gewinnermittlung bei der doppelstöckigen Personengesellschaft gelten im Grundsatz die **allgemeinen Regeln.** Die Personengesellschaft ist Einkünfte- und Gewinnermittlungssubjekt, infolge des Transparenzprinzips aber nicht Schuldnerin der Einkommensteuer. Bei der doppelstöckigen Personengesellschaft muss daher zunächst der Gewinn der Untergesellschaft ermittelt werden, der dann in den Gewinn der Obergesellschaft eingeht. Besteuerungssubjekte sind nach dem Transparenzprinzip aber allein die Obergesellschafter, denen der Gewinn der Obergesellschaft und so mittelbar auch der Gewinn der Untergesellschaft zugerechnet wird (BFH 25.6.2008 – X B 210/05, BFH/NV 2008, 1649).

2134 Bei **mehrstufigen Beteiligungsstrukturen** muss der Gewinn innerhalb der Beteiligungskette solange durchgestockt werden, bis der Gesellschafter keine Personengesellschaft mehr, sondern als natürliche oder juristische Person einkommen- bzw. körperschaftsteuerpflichtig ist (*Ley* KÖSDI 2010, 17148 Rn. 2, 4). Im Ergebnis wird der mittelbare Gesellschafter (der Obergesellschafter) damit so gestellt, als wäre er unmittelbar an der Untergesellschaft beteiligt (*Ley* KÖSDI 2010, 17148 Rn. 4).

2135 Auch bei doppel- und mehrstöckigen Personengesellschaften sind nach dem Konzept der additiven Gewinnermittlung neben dem Steuerbilanzgewinn die Ergebnisse etwaiger Ergänzungsbilanzen und Sonderbilanzen zu berücksichtigen. Dies gilt unstreitig im Verhältnis zur jeweils übergeordneten Ebene. Bei einer doppelstöckigen Personengesellschaft sind daher sowohl Ergänzungs- und Sonderbilanzen für die Obergesellschaft bei der Untergesellschaft als auch Ergänzungs- und Sonderbilanzen der Obergesellschafter bei der Obergesellschaft zu bilden. Umstritten ist hingegen, **in welchem Umfang es weiterer Ergänzungs- und Sonderbilanzen auch für Gesellschafter bedarf, die an einer Personengesellschaft nicht unmittelbar, sondern lediglich mittelbar beteiligt sind,** weil der Gesellschaft und dem Gesellschafter zumindest eine weitere Personengesellschaft zwischengeschaltet ist.

2136 Der Gesetzgeber hat diese Frage jedenfalls für die **Sonderbilanzen** klar in § 15 Abs. 1 S. 1 Nr. 2 S. 2 beantwortet. Indem der mittelbar über eine oder mehrere Personengesellschaften beteiligte Gesellschafter dem unmittelbar beteiligten Gesellschafter gleichgestellt wird, bestehen Sonderbeziehungen nicht nur zur unmittelbar nachgeordneten Gesellschaft, sondern ebenso zu weiteren nachgeordneten Gesellschaften. Umstritten ist hingegen, inwieweit diese Grundsätze auf **Ergänzungsbilanzen** (→ Rn. 2142) zu übertragen sind. Sonderfragen stellen sich zudem im Zusammenhang mit Bilanzierungskonkurrenzen (→ Rn. 2161) sowie im Zusammenhang mit Verlustausgleichsbeschränkungen wie § 15a sowie § 15 Abs. 4 (→ Rn. 2169).

2137 **b) Gewinnermittlung auf Ebene der Untergesellschaft. aa) Überblick.** Nach dem Grundsatz der **additiven Gewinnermittlung** ist der Gewinn zweistufig zu ermitteln. Ausgangspunkt ist auf der ersten Gewinnermittlungsstufe der Steuerbilanzgewinn der Untergesellschaft, ggf. modifiziert durch außerbilanzielle Korrekturen und für einzelne Gesellschafter zu bildende Ergänzungsbilanzen.

2138 Damit setzt sich das Ergebnis der Untergesellschaft auf der **ersten Stufe** (zum Ganzen nur *Ley* KÖSDI 2010, 17148 Rn. 8 f.) zusammen aus

- dem Ergebnis der Steuerbilanz der Untergesellschaft,
- außerbilanziellen Korrekturen zur Steuerbilanz der Untergesellschaft,
- etwaigen Ergänzungsbilanzen der Obergesellschaft bei der Untergesellschaft (→ Rn. 2141) und

• etwaigen Ergänzungsbilanzen der Obergesellschaft, die diese für mittelbare Gesellschafter führt (→ Rn. 2142).

Auf der **zweiten Stufe** sind zu berücksichtigen 2139

• der Sonderbereich der Obergesellschaft bei der Untergesellschaft, § 15 Abs. 1 S. 1 Nr. 2 S. 1 Hs. 2 (insoweit gelten die allgemeinen Grundsätze, → Rn. 1688 ff.) und
• der Sonderbereich der Obergesellschafter (und ggf. weiterer zwischengeschalteter Sondermitunternehmer) bei der Untergesellschaft, § 15 Abs. 1 S. 1 Nr. 2 S. 2; → Rn. 2149.
• Ggf. auch die Sonderbereiche der übrigen Gesellschafter (insoweit gelten die allgemeinen Grundsätze, → Rn. 1688).

Darüber hinaus einzubeziehen ist der **Gewinn der Obergesellschaft aus der Veräußerung ihres Anteils an der Untergesellschaft** (§ 16 Abs. 1 S. 1 Nr. 2). 2140

bb) Ergänzungsbilanzen der Obergesellschaft bei der Untergesellschaft. Nach **allgemeinen Regeln** sind bei der Obergesellschaft ggf. Ergänzungsbilanzen zu bilden, mit denen Mehr- oder Minderwerte hinsichtlich **einzelner Wirtschaftsgüter im Gesamthandsvermögen der Untergesellschaft** für die Obergesellschaft abgebildet werden (→ Rn. 1635). 2141

cc) Ergänzungsbilanzen der Obergesellschaft bei der Untergesellschaft für mittelbar beteiligte Gesellschafter. Viel diskutiert ist die Frage, in welchem Umfang für Obergesellschafter bei der Untergesellschaft Ergänzungsbilanzen zu bilden sind (dazu *Ley* KÖSDI 2010, 17148 Rn. 25 f.). Relevant wird dies, wenn **Anteile an der Obergesellschaft erworben werden und die über den Buchwerten liegenden Anschaffungskosten auch auf stille Reserven der Untergesellschaft** entfallen. 2142

Ein paralles Problem stellt sich, wenn stille Reserven im **Sonderbetriebsvermögen der Obergesellschaft bei der Untergesellschaft** offen gelegt werden (*Ley* KÖSDI 2011, 17277 Rn. 1). Hier kommt dem Sonderbetriebsvermögen nach allgemeinen Grundsätzen der Bilanzierungskonkurrenz Vorrang vor dem Betrieb des Gesellschafters (hier des Gesamthandsvermögens der Obergesellschaft) zu. 2143

Beispiel: Die A&B-OHG (OG) vermietet ein in ihrem Gesamthandseigentum stehendes Grundstück an die ABC-KG (UG), an der sie selbst mitunternehmerisch beteiligt ist. Das Grundstück, in dem sich stille Reserven befinden, ist nach der Vorrangthese (→ Rn. 1748) nicht länger dem Betriebsvermögen der A&B-OHG, sondern dem SBV I der A&B-OHG bei der ABC-KG zuzuordnen. Wenn B seine Anteile an der OG an einen neu eintretenden Gesellschafter zu einem Kaufpreis über dem Buchwert der Beteiligung veräußert, werden damit stille Reserven nicht auf Ebene der OG, sondern auf Ebene der UG offen gelegt.

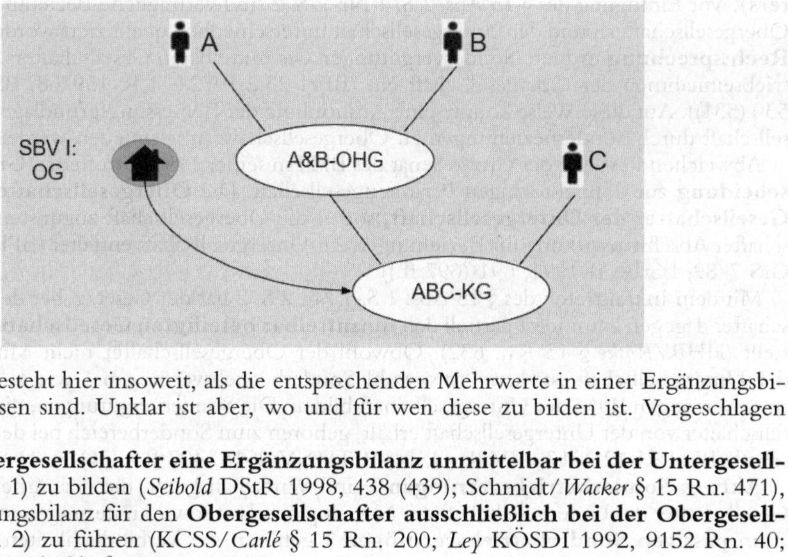

Einigkeit besteht hier insoweit, als die entsprechenden Mehrwerte in einer Ergänzungsbilanz auszuweisen sind. Unklar ist aber, wo und für wen diese zu bilden ist. Vorgeschlagen wird, 2144

• für den **Obergesellschafter eine Ergänzungsbilanz unmittelbar bei der Untergesellschaft** (Var. 1) zu bilden (*Seibold* DStR 1998, 438 (439); Schmidt/*Wacker* § 15 Rn. 471),
• die Ergänzungsbilanz für den **Obergesellschafter ausschließlich bei der Obergesellschaft** (Var. 2) zu führen (KCSS/*Carlé* § 15 Rn. 200; *Ley* KÖSDI 1992, 9152 Rn. 40; KSM/*Desens/Blischke* § 15 Rn. F 246),

- für den **Obergesellschafter bei der Untergesellschaft eine Ergänzungsbilanz über die Obergesellschaft** (Var. 3) auszuweisen (*Ley* DStR 2004, 1498 (1502 ff.); *Ley* KÖSDI 2010, 17148 Rn. 25; wohl auch BFH 1.7.2004 – IV R 67/00, BStBl. II 2010, 157 (159)) oder
- für den Obergesellschafter sowohl bei der Unter- als auch bei der Obergesellschaft eine Ergänzungsbilanz (Var. 4) zu bilden (E 256).

2145 Die Var. 1, dh der Ausweis der Ergänzungsbilanz unmittelbar für die Obergesellschafter bei der Untergesellschaft, ist nicht mit der Stellung mittelbarer Gesellschafter zu vereinbaren, die **lediglich Sondermitunternehmer,** aber nicht unmittelbar am Gesamthandsvermögen der Untergesellschaft beteiligt sind (*Ley* KÖSDI 2010, 17148 Rn. 26; KSM/*Desens/Blischke* § 15 Rn. F 246). Aus praktischen Gründen spricht gegen sie, dass die Untergesellschaft von Veränderungen auf Ebene der Obergesellschafter keine Kenntnis erlangen muss (*Sievert* WPg-Sonderheft 2006, 118 (119); KCSS/*Carlé* § 15 Rn. 201).

2146 Die Ergänzungsbilanz mit der Var. 2 für den Obergesellschafter ausschließlich bei der Obergesellschaft zu führen, berücksichtigt nicht hinreichend, dass die **stillen Reserven bei der Untergesellschaft offengelegt** werden. Dies führt insbesondere im Kontext des § 15a zu sachwidrigen Ergebnissen, weil das höhere Verlustausgleichspotential auf Ebene der Untergesellschaft nicht ausgewiesen wird (HHR/*Rätke* § 15 Rn. 637).

2147 Die Schwachpunkte der beiden erstgenannten Auffassungen vermeidet der Ansatz, bei der Untergesellschaft für den Obergesellschafter über die Obergesellschaft eine Ergänzungsbilanz auszuweisen (Var. 3). Damit wird das **Kapitalkonto der Untergesellschaft zutreffend korrigiert,** um dies dann im zweiten Schritt auf der Ebene der Obergesellschaft zutreffend allein zugunsten bzw. zulasten des mittelbar beteiligten Gesellschafters zu berücksichtigen, dessen Eintritt in die Obergesellschaft überhaupt erst zur Aufdeckung der stillen Reserven geführt hat (HHR/*Rätke* § 15 Rn. 637).

2148 Die Var. 4, für den Obergesellschafter sowohl eine Ergänzungsbilanz bei der Ober- als auch bei der Untergesellschaft auszuweisen, kommt zu dem gleichen Ergebnis wie die hier befürwortete Var. 3 (HHR/*Rätke* § 15 Rn. 637). Rechtskonstruktiv ist ihr aber ebenso wie der ersten Variante entgegenzuhalten, dass der Ausweis einer Ergänzungsbilanz des Obergesellschafters an der Untergesellschaft die **Mitunternehmerstellung voraussetzt.** Diese kommt den mittelbar beteiligten Gesellschaftern aber nur im Sonderbereich zu (→ Rn. 2127), weil diese allein Sondermitunternehmer sind und nur insoweit den unmittelbar beteiligten Gesellschaftern der Untergesellschaft gleichzustellen sind.

2149 **dd) Sonderbereich des mittelbar beteiligten Gesellschafters (Obergesellschafters).** Vor Einfügung des § 15 Abs. 1 S. 1 Nr. 2 S. 2 sind vertragliche Beziehungen zwischen Obergesellschaftern und der Untergesellschaft unterschiedlich qualifiziert worden. Die **ältere Rechtsprechung** ordnete Sondervergütungen des mittelbaren Gesellschafters als Sonderbetriebseinnahmen der Obergesellschaft ein (BFH 23.2.1972 – I R 159/68, BStBl. II 1972, 530 (531)). Auf diese Weise konnte eine Aushöhlung der Bemessungsgrundlage der Untergesellschaft durch Sonderbeziehungen zu Obergesellschaftern vermieden werden.

2150 Abweichend urteilte der Große Senat des BFH in seiner 1991 getroffenen **Grundsatzentscheidung** zur doppelstöckigen Personengesellschaft. Die **Obergesellschafter sind keine Gesellschafter der Untergesellschaft,** sodass die Obergesellschaft zugunsten ihrer Gesellschafter Abschirmwirkung für Beziehungen zur Untergesellschaft entfaltet (BFH 25.2.1991 – GrS 7/89, BStBl. II 1991, 691 (697 ff.)).

2151 Mit dem Inkrafttreten des § 15 Abs. 1 S. 1 Nr. 2 S. 2 hat der Gesetzgeber den Obergesellschafter dagegen zumindest partiell den **unmittelbar beteiligten Gesellschaftern** gleichgestellt (HHR/*Rätke* § 15 Rn. 632). Obwohl der Obergesellschafter nicht Mitunternehmer der Untergesellschaft ist, kann er sowohl Sonderbetriebsvermögen I wie auch Sonderbetriebsvermögen II bei der Untergesellschaft bilden. Die Sondervergütungen, die der Obergesellschafter von der Untergesellschaft erhält, gehören zum Sonderbereich bei der Untergesellschaft (BFH 21.12.2017 – IV R 44/14, BFH/NV 2018, 407 Rn. 36).

2152 **Aktives Sonderbetriebsvermögen I** sind Wirtschaftsgüter, die der mittelbar beteiligte Gesellschafter der Untergesellschaft zur Nutzung überlässt sowie an sie ausgereichte Darlehen. Zum **passiven Sonderbetriebsvermögen I** gehören die Verbindlichkeiten des mittelbar beteiligten Gesellschafters, die mit dem aktiven Sonderbetriebsvermögen I im Zusammenhang stehen. Hierzu zählen auch Verbindlichkeiten aus einer Bürgschaft, die der Obergesellschafter zugunsten der Untergesellschaft übernommen hat (BFH 28.3.2007 – IV B 137/06, BFH/NV 2007, 1489). Nicht einzubeziehen sind dagegen Wirtschaftsgüter sowie damit im Zusammenhang stehende Darlehen, die der mittelbar beteiligte Gesellschafter der Obergesellschaft zur Nutzung überlässt. Daran ändert sich auch dann nichts, wenn die Obergesellschaft die Wirtschaftsgüter der Untergesellschaft zur Nutzung überlässt (HHR/*Rätke* § 15 Rn. 633; *Stegemann* DB 2012, 372 (375); *Ley* KÖSDI 2003, 13907 (13918)).

Zum **Sonderbetriebsvermögen II** bei der Untergesellschaft gehören Wirtschaftsgüter **2153** des mittelbar beteiligten Gesellschafters, die unmittelbar der Begründung und Stärkung der mittelbaren Beteiligung an der Untergesellschaft dienen (*Felix* KÖSDI 1994, 9767 (9770)). Hiervon ist etwa auszugehen, wenn der Obergesellschafter bei einer GmbH & Co. KG als Untergesellschafter Anteile der Komplementär-GmbH hält und so seine mittelbare Beteiligung an der Untergesellschaft stärken kann (HHR/*Rätke* § 15 Rn. 633).

Umstritten ist, inwieweit für den Obergesellschafter bei der Untergesellschaft für Refinan- **2154** zierungsaufwendungen im Zusammenhang mit dem Anteilserwerb an der Obergesellschaft **passives Sonderbetriebsvermögen II** gebildet werden kann. Die Frage wird unten im Kontext der Bilanzierungskonkurrenzen erörtert (→ Rn. 2164).

Zum Sonderbetriebsvermögen II gehört auch der Anteil des Gesellschafters der Unterge- **2155** sellschaft an der Komplementär-GmbH der Obergesellschaft (BFH 11.12.1990 – VIII R 14/87, BStBl. II 1991, 510 (511)).

Sowohl auf Ebene des Sonderbetriebsvermögens I wie II sind nach allgemeinen Regeln **2156** auch die Gewinne bzw. Verluste aus der Veräußerung bzw. aus der Entnahme von Wirtschaftsgütern des Sonderbetriebsvermögens des mittelbar beteiligten Gesellschafters zu berücksichtigen (HHR/*Rätke* § 15 Rn. 633).

c) Gewinnermittlung bei der Obergesellschaft. Auch für die Gewinnermittlung der **2157** Obergesellschaft gilt der Grundsatz der **additiven Gewinnermittlung,** sodass auf der ersten Stufe der Steuerbilanzgewinn sowie das Ergebnis etwaiger Ergänzungsbilanzen und auf der zweiten Stufe die Ergebnisse etwaiger Sonderbereiche bei der Obergesellschaft zu berücksichtigen sind.

Der Gewinn der Obergesellschaft setzt sich damit aus **folgenden Positionen** zusammen: **2158**
- dem Steuerbilanzgewinn der Obergesellschaft unter Einbeziehung der Ergebnisse aus der Beteiligung an der Untergesellschaft,
- den Ergebnissen etwaiger Ergänzungsbilanzen, die für die Obergesellschafter bei der Obergesellschaft gebildet wurden (→ Rn. 2160),
- den Ergebnissen des Sonderbereichs der Obergesellschafter bei der Obergesellschaft,
- den Ergebnissen aus der Veräußerung des Gesellschaftsanteils der Obergesellschaft durch den Obergesellschafter (§ 16 Abs. 1 S. 1 Nr. 2).

Unstreitig sind für die Obergesellschafter Ergänzungsbilanzen zu bilden, soweit durch diese **2159** **Mehr- oder Minderwerte am Gesamthandsvermögen** der Obergesellschaft auszuweisen sind (Schmidt/*Wacker* § 15 Rn. 471).

Keine Einigkeit besteht dagegen in der Frage, ob eine weitere Ergänzungsbilanz auch **2160** dann notwendig ist, wenn auf **Ebene der Untergesellschaft eine Ergänzungsbilanz für die Obergesellschaft gebildet wurde,** um so die stillen Reserven zu erfassen, die bei Veräußerungen von Anteilen der Obergesellschaft auf Ebene der Untergesellschaft offengelegt wurden. Die Rechtsprechung musste bislang noch keine Stellung beziehen. Teile der Literatur befürworten eine entsprechende Ergänzungsbilanz (Kirchhof/*Reiß* § 15 Rn. 350; *Mayer* KÖSDI 2005, 14609), andere Stimmen lehnen dies ab (*Ley* KÖSDI 2005, 14486 Rn. 13 ff.; *Ley* KÖSDI 2005, 14614).

Beide Auffassungen führen letztlich zum gleichen Ergebnis. Die Position, die auf eine Ergänzungsbi- **2160.1** lanz verzichtet, schlägt den Mehrwert an den Anteilen der Untergesellschaft in der Gesamthandsbilanz der Obergesellschaft dem Beteiligungsbuchwert zu. Sie sieht sich dann gezwungen, das Gesamthandsergebnis abweichend vom allgemeinen Gewinnverteilungsschlüssel zu verteilen.

d) Bilanzierungskonkurrenzen. Im Zusammenhang mit doppelstöckigen Personenge- **2161** sellschaften stellen sich verschiedene Fragen, wie Bilanzierungskonkurrenzen aufzulösen sind.

2162 **aa) Nutzungsüberlassung aus dem Betriebsvermögen eines Obergesellschafters an die Untergesellschaft. Nutzungsüberlassungen aus dem Betriebsvermögen des Obergesellschafters an die Untergesellschaft** können steuerbilanziell prima facie drei unterschiedlichen Ebenen zugeordnet werden. Denkbar ist es, dass dieses weiterhin dem Einzelunternehmen zuzuordnen ist. Alternativ könnte das Wirtschaftsgut aber als Sonderbetriebsvermögens I des Obergesellschafters bei der Untergesellschaft sowie als Sonderbetriebsvermögen II des Obergesellschafters bei der Obergesellschaft eingeordnet werden, weil durch die Nutzungsüberlassung die Stellung des Obergesellschafters bei der Obergesellschaft gestärkt wird.

2163 Hier ist nach allgemeiner Auffassung von einem **Vorrang des Sonderbetriebsvermögens I** bei der Untergesellschaft auszugehen (*Mückl* DB 2009, 1088 (1090); BFH 7.12.2000 – III R 35/98, BStBl. II 2001, 316 (319); BFH 6.10.1987 – VIII R 137/84, BStBl. II 1988, 679).

2163.1 **Beispiel:** A vermietet aus seinem Betriebsvermögen als Einzelunternehmer ein Wirtschaftsgut an die ABC-KG. Deren Gesellschafter ist auch A&B-OHG, an der wiederum A gesellschaftsrechtlich beteiligt ist. Steuerbilanziell scheidet das Wirtschaftsgut aus dem Einzelunternehmen des A aus und wird zum SBV I der Untergesellschaft.

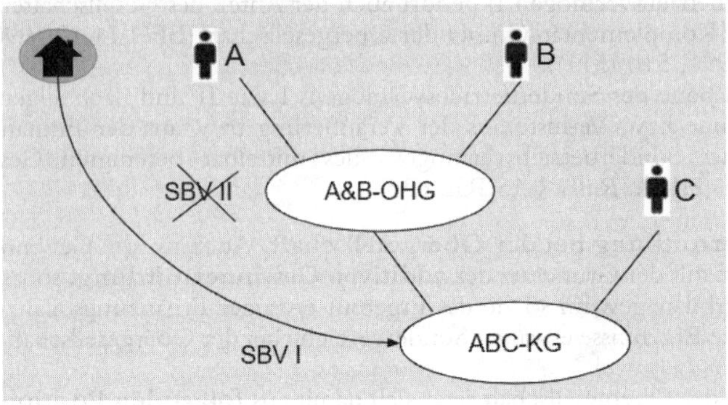

2164 **bb) Zuordnung von Passiva, insbesondere von Refinanzierungsaufwendungen.** Die **Zuordnung von Passiva** bestimmt sich nach der wirtschaftlichen Veranlassung (BFH 27.6.2006 – VIII R 31/04, BStBl. II 2006, 874 (876)). Für die Zuordnung kommt es demnach darauf an, ob das fremdfinanzierte Wirtschaftsgut der Obergesellschaft oder der Untergesellschaft dient (*Mückl* DB 2009, 1088 (1090)).

2165 **Refinanzierungskosten** zum Erwerb des Mitunternehmeranteils an einer **einstöckigen Personengesellschaft** sind passives Sonderbetriebsvermögen II (*Mückl* DB 2009, 1088 (1090 f.)).

2166 Unterschiedlich eingeordnet werden **Darlehensverbindlichkeiten, die der Obergesellschafter zur Finanzierung seiner Beteiligung an der Obergesellschaft** aufgenommen hat. Nach einer Auffassung können die hiermit verbundenen Aufwendungen nach dem Verhältnis der Teilwerte von Ober- und Untergesellschaft auf die Untergesellschaft durchgestockt werden (*Mückl* DB 2009, 1088). Nach der Gegenauffassung ist die Darlehensverbindlichkeit ausschließlich als Sonderbetriebsvermögen II bei der Obergesellschaft einzuordnen (*Ley* KÖSDI 2010, 17148 Rn. 34; HHR/*Rätke* § 15 Rn. 633). Von Bedeutung kann die Zuordnung für die Gewerbesteuer, im Rahmen der Zinsschranke (§ 4h) sowie unter verfahrensrechtlichen Aspekten sein (*Mückl* DB 2009, 1088 (1089)). Der IV. Senat hat die Frage offen gelassen (BFH 30.11.2017 – IV R 33/14, BFH/NV 2018, 428 Rn. 19 f.).

2166.1 Da gewerbliche Personengesellschaften eigenständige Gewerbesteuersubjekte sind, ist es bei unterschiedlichen Hebesätzen von Bedeutung, auf welcher Ebene die Sonderbetriebsausgaben den Gewerbeertrag vermindern. Entsprechendes gilt für die Zinsschranke, weil mehrstöckige Personengesellschaften über mehrere Betriebe verfügen, deren steuerunschädliches Zinsabzugsvolumen jeweils gesondert zu bestimmen ist (*Mückl* DB 2009, 1088 (1089)).

2167 Einer Einordnung als Sonderbetriebsvermögen auf Ebene der Untergesellschaft steht entgegen, dass **keine direkten Beziehungen** zwischen dem Obergesellschafter und der Untergesellschaft bestehen. Erworben hat der Obergesellschafter nur den Anteil an der Obergesellschaft, sodass die Refinanzierungsaufwendungen auch nur im Zusammenhang mit diesem Anteil stehen (*Ley* KÖSDI 2010, 17148 Rn. 34). Die Gegenauffassung erweist sich zudem als wenig **verfahrensökonomisch,** weil das Gesellschafts-Finanzamt der Untergesellschaft ermitteln müsste, wie die Refinanzierungsaufwendungen auf die ihr übergeordneten Mitunternehmerschaften zu verteilen sind.

cc) Zusammentreffen einer mittelbaren mit einer unmittelbaren Beteiligung. Ist ein Gesellschafter der Untergesellschaft an dieser zugleich noch mittelbar über eine weitere Beteiligung an übergeordneten Gesellschaften beteiligt, so verdrängt § 15 Abs. 1 S. 1 Nr. 2 S. 1 Hs. 2 (unmittelbare Beteiligung) § 15 Abs. 1 S. 1 Nr. 2 S. 2. Eines Rückgriffs auf S. 2 bedarf es nicht, weil das Ziel der Gleichstellung mit dem Einzelunternehmer bereits durch die unmittelbare Beteiligung erreicht ist (HHR/*Rätke* § 15 Rn. 619). 2168

Beispiel: B ist sowohl Gesellschafter der A&B-OHG (OG) als auch Gesellschafter der AB-KG (UG), einer Untergesellschaft der A&B-OHG. B vermietet der AB-KG (UG) ein Grundstück. § 15 Abs. 1 S. 1 Nr. 2 S. 1 verdrängt S. 2. Das Grundstück gehört damit zum SBV I des B bei der UG. 2168.1

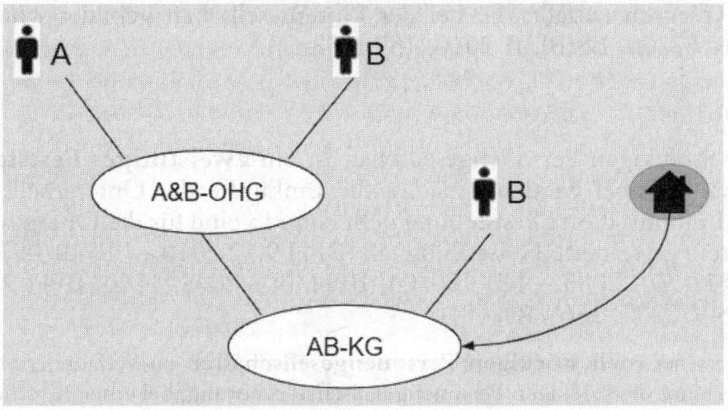

e) Verlustausgleichsbeschränkungen. Besondere Fragen werfen doppelstöckige Personengesellschaften im Zusammenhang mit den Verlustausgleichsbestimmungen des § 15a (→ Rn. 2171) sowie des § 15 Abs. 4 auf (→ Rn. 2174). 2169

Die Anwendung des **§ 15a** (Beschränkung des Verlustausgleichs bei negativem Kapitalkonto des Kommanditisten) auf doppelstöckige Personengesellschaften ist nicht unproblematisch und nur im Wege einer erweiternden Auslegung zu begründen (hierfür BFH 18.12.2003 – IV B 201/03, BStBl. II 2004, 231 (232 f.); *Ley* DStR 2004, 1498). § 15a schränkt als Rechtsfolge den Ausgleich mit anderen Einkünften aus Gewerbebetrieb sowie mit Einkünften aus anderen Einkunftsarten ein. Da die Obergesellschaft als gewerbliche Personengesellschaft nur einen Betrieb unterhält und so weder andere gewerbliche Einkünfte noch sonstige Einkünfte beziehen kann, kommt ein derartiger Ausgleich von vornherein nicht in Betracht (BFH 18.12.2003 – IV B 201/03, BStBl. II 2004, 231 (233); *Seibold* DStR 1998, 438 (440)). Damit müsste die Vorschrift bei strikter Beachtung der Wortlautgrenze für doppelstöckige Personengesellschaften leerlaufen. Der Obergesellschafter könnte die ihm über seine Beteiligung an der Obergesellschaft zugewiesenen Verluste zur Verlustverrechnung nutzen. 2170

Um dies zu vermeiden, tritt die Verlustausgleichsbeschränkung nach ganz hM mittelbar über die Obergesellschaft ein (BFH 29.8.2001 – VII B 341/00, BFH/NV 2002, 231 (234); aA aber *Seibold* DStR 1998, 438 (438 ff.)). Begründet wird dies unter Rückgriff auf den Rechtsgedanken des § 15a, eine Verlustnutzung dann auszuschließen, wenn der Gesellschafter mit den ihm zugewiesenen Verlusten nicht wirtschaftlich belastet ist (*Ley* DStR 2004, 1498). Im Ergebnis werden der Obergesellschaft damit keine ausgleichsfähigen Verluste zugewiesen (BFH 29.8.2001 – VII B 341/00, BFH/NV 2002, 231 (234)). 2171

Bilanztechnisch wird dies seitens der Finanzverwaltung über die Bildung eines **außerbilanziellen Merkpostens bei der Obergesellschaft** umgesetzt (KSM/*Desens*/*Blischke* § 15 Rn. F 243). Notwendig wird dies, weil das Eigenkapital der Untergesellschaft auch durch Verluste gemindert wird, die nicht zum Verlustausgleich genutzt werden können, sondern 2172 nur verrechenbar sind. Nach der Spiegelbildmethode (→ Rn. 2102) wirkt sich dies auch auf Ebene der Obergesellschaft kapitalmindernd aus, was zu einer zweckwidrigen doppelten Berücksichtigung des Verlustes führen würde, der bereits auf Ebene der Untergesellschaft festgestellt wird. Dem wirkt die Bildung eines außerbilanziellen Merkpostens vor (OFD Chemnitz 5.2.1998, FR 1998, 289; OFD Frankfurt 23.7.2013, DStR 2013, 2699), der bei Veränderungen der verrechenbaren Verluste entsprechend fortzuschreiben ist.

2173 Vergleichbare Probleme stellen sich auch im Rahmen des **§ 15 Abs. 4,** sofern die Untergesellschaft **nicht ausgleichsfähige Verluste aus gewerblicher Tierzucht und Tierhaltung** erzielt. Hier wäre entgegen der ratio legis eine Verlustnutzung auf Ebene der Obergesellschaft möglich. Um dies zu vermeiden, dehnt die Rechtsprechung die Ausgleichs- und Abzugsbeschränkung für laufende Verluste einer Untergesellschaft aus gewerblicher Tierzucht und Tierhaltung auch auf die Besteuerung des Gesellschafters der Obergesellschaft aus (BFH 1.7.2004 – IV R 67/00, BStBl. II 2010, 157 (158)).

2174 Kehrseite des Ausschlusses der Nutzung laufender Verluste durch die Obergesellschafter ist, dass **Gewinne aus der Veräußerung von Anteilen der Obergesellschaft** insoweit mit den laufenden Verlusten zu verrechnen sind, als der Gewinn aus der Anteilsveräußerung auf die stillen Reserven entfällt, die bei der Untergesellschaft gebildet worden sind (BFH 1.7.2004 – IV R 67/00, BStBl. II 2010, 157 (158 f.)).

6. Verfahren

2175 Bei der doppelstöckigen Personengesellschaft ist ein **zweistufiges Feststellungsverfahren** durchzuführen. Dabei werden zunächst die Einkünfte der Untergesellschaft gesondert festgestellt. Das Ergebnis dieser Feststellung geht dann in eine für die Obergesellschaft durchzuführende weitere gesonderte Feststellung ein (BFH 9.12.2010 – I R 49/09, BStBl. II 2011, 482 Rn. 12; BFH 26.4.2005 – I B 159/04, BFH/NV 2005, 1560; BFH 26.4.2005 – I B 159/04, BFH/NV 2005, 1560 Rn. 14).

2175.1 Entsprechend ist bei **mehrstöckigen Personengesellschaften** zu verfahren, sodass das Feststellungsverfahren bei einer dreistöckigen Personengesellschaft dreistufig, bei einer vierstöckigen Personengesellschaft vierstufig ist.

2176 Vom zweistufigen Feststellungsverfahren ist eine **Ausnahme** zu machen, wenn an den Einkünften der Untergesellschaft zwar eine Obergesellschaft mit mehreren im Inland steuerpflichtigen Gesellschaftern, daneben aber keine weiteren im Inland steuerpflichtigen Personen unmittelbar oder mittelbar beteiligt sind. In diesem Fall ist in entsprechender Anwendung des § 180 Abs. 3 S. 1 AO kein eigenständiges Herstellungsverfahren für die Einkünfte der Untergesellschaften erforderlich, sondern nur für die Obergesellschaft eine gesonderte Feststellung vorzunehmen (BFH 9.12.2010 – I R 49/09, BStBl. II 2011, 482 Rn. 12 f.).

2176.1 Eine direkte Anwendung des § 180 Abs. 3 Nr. 1 AO scheidet aus, weil die Obergesellschaft selbst nicht steuerpflichtig ist (BFH 9.12.2010 – I R 49/09, BStBl. II 2011, 482 Rn. 13).

2177 Die im Feststellungsverfahren für die Untergesellschaft festgestellten Besteuerungsgrundlagen sind **allein der Obergesellschaft,** nicht aber unmittelbar deren Gesellschaftern zuzurechnen (BFH 10.8.2006 – II R 24/05, BStBl. II 2007, 87 (89)). Der Bescheid über die Gewinnfeststellung der Untergesellschaft ist **Grundlagenbescheid für den Gewinnfeststellungsbescheid der Obergesellschaft** (KSM/*Desens/Blischke* § 15 Rn. C 158).

2178 **Sondervergütungen für die Überlassung von Wirtschaftsgütern der Obergesellschaft an die Untergesellschaft** können in der Gewinnermittlung damit nur insoweit erfasst werden, als sie in dem die Untergesellschaft betreffenden Gewinnfeststellungsbescheid enthalten sind (BFH 11.12.2003 – IV R 42/02, BStBl. II 2004, 353 (355)).

2179 Der Gewinnfeststellungsbescheid auf Ebene der Obergesellschaft ist Folgebescheid des Gewinnfeststellungsbescheids auf Ebene der Untergesellschaft (§ 182 Abs. 1 AO) und zugleich Grundlagenbescheid für die Gewinnfeststellung der Obergesellschafter (§ 170 Abs. 10 S. 1 AO) (KSM/*Desens/Blischke* § 15 Rn. C 159).

III. Einkünfte persönlich haftender Gesellschafter einer KGaA (§ 15 Abs. 1 S. 1 Nr. 3)

Leitentscheidungen, wichtige Verwaltungsanweisungen und Schrifttum (Auswahl): 2180

Leitentscheidungen des BFH: 2180.1
BFH 21.6.1989 – X R 14/88, BStBl. II 1989, 881; BFH 19.5.2010 – I R 62/09, BFH/NV 2010, 1919; BFH 7.9.2016 – I R 57/14, DStR 2017, 193; BFH 15.3.2017 – I R 41/16, BFHE 258, 246.
Wichtige Verwaltungsanweisungen: 2180.2
OFD Köln 10.7.1991, Bei Entschädigung für Bauten auf fremdem Grund und Boden Vorsteuerabzugsberechtigung des Pächters nicht relevant, DStR 1991, 1281.
Schrifttum (Auswahl): 2180.4
Kusterer, Die Kommanditgesellschaft auf Aktien im Wandel – Wechsel von körperschaftlicher zu mitunternehmerischer Sichtweise, FR 2003, 502; *Bock,* Die steuerlichen Folgen des Erwerbs eines KGaA-Komplementäranteils. Zugleich Anmerkung zu FG München v. 10.7.2003 – 5 K 2681/97, GmbHR 2004, 554; *Kessler,* Die KGaA im System der dualen Unternehmensbesteuerung, in: Carlé/Stahl/Strahl (Hrsg.), FS f. Klaus Korn, 2005, 307; *Kusterer,* Überlegungen zur Besteuerung des persönlich haftenden Gesellschafters einer Kommanditgesellschaft auf Aktien, DStR 2008, 484; *Hageböke,* Das „KGaA-Modell", 2008; *Kramer,* Das internationale Schachtelprivileg der KGaA – Zugleich Anmerkung zum Urteil des Hessischen FG vom 23.6.2009, 12 K 3439/01, IStR 2010, 57; *Wassermeyer,* Die Wurzeltheorie bei der Besteuerung persönlich haftender Gesellschafter einer Kommanditgesellschaft auf Aktien unter Beachtung des BFH-Urteils vom 19.05.2010 – I R 62/09, Ubg 2011, 47; *Wassermeyer,* Die Besteuerung des Gewinnanteils des phG einer KGaA, in: Binnewies/Spatscheck (Hrsg.), FS f. Michael Streck, 2011, 259; *Kollruss,* Besteuerung der KGaA: Klärung der Besteuerungssystematik in fünf Stufen, BB 2012, 3178; *Drüen/van Heek,* Sondervergütungen an den Komplementär einer KGaA – (K)eine Frage der Transparenz? – Überlegungen aus Anlass des BFH-Urteils vom 7.12.2011 – I R 5/11, DB 2012, 2184; *Drüen/van Heek,* Die Kommanditgesellschaft auf Aktien zwischen Trennungs- und Transparenzprinzip. Eine steuersystematische Bestandsaufnahme, DStR 2012, 541; *Hoppe,* Die Besteuerung der Kommanditgesellschaft auf Aktien zwischen Trennungs- und Transparenzprinzip, 2014; *Fischer,* Die (deutsche) KGaA im internationalen Steuerrecht, in: Lüdicke/Mellinghoff/Rödder (Hrsg.), FS f. Dietmar Gosch, 2016, 69.

1. Zivilrechtliche Grundlagen

Zivilrechtlich handelt es sich bei der KGaA um eine **besondere Form der Aktiengesellschaft.** Ihre handelsrechtlichen Rechtsgrundlagen finden sich in §§ 278 ff. AktG. Danach ist die KGaA keine Personengesellschaft, sondern eine Kapitalgesellschaft. Gleichwohl weist sie auch Elemente der KG auf. Eine KGaA verfügt zumindest über einen phG und wird daher als hybride Gesellschaftsform bezeichnet (*Drüen/van Heek* DStR 2012, 541). Für die Rechtsstellung des phG verweist § 278 Abs. 2 AktG auf die Vorschriften über die KG. Neben diesen treten die Aktionäre, die nicht persönlich für die Verbindlichkeiten haften (§ 278 Abs. 1 AktG). Für deren Rechtsstellung wie auch im Übrigen verweist § 278 Abs. 3 AktG auf die Vorschriften über die Aktiengesellschaft. 2181

Seit der Entscheidung BGH 24.2.1997 – II ZB 11/96, BGHZ 134, 392 ist anerkannt, dass **phG** auch eine **juristische Person** sein kann. Dadurch haben sich vielfältige Gestaltungsoptionen eröffnet. Ein Beispiel hierfür ist die GmbH & Co. KGaA, bei der eine GmbH als einziger phG firmiert. Dass diese neuen Gesellschaftstypen nur eingeschränkt genutzt werden und die KGaA nicht noch größere Verbreitung gefunden hat, ist nicht zuletzt Folge der **Rechtsunsicherheiten,** die bei der Einordnung der Gesellschaftsform sowohl in gesellschafts-, wie aber auch in steuerrechtlicher Hinsicht bestehen. 2182

Einschränkungen der **Rechts- und Planungssicherheit** stehen nicht unerheblichen gesellschaftsrechtlichen Vorzügen und **Rechtsformvorteilen** der KGaA gegenüber (*Drüen/van Heek* DStR 2012, 541, 542 f.). Im Vergleich zur AG sind hier der beschränkte Einfluss des Aufsichtsrates und die gerade für mittelständische Unternehmen attraktive Stellung des phG zu nennen. Im Vergleich zur GmbH & Co. KG eröffnet sich für die KGaA der Zugang zum Kapitalmarkt. Hinzu treten weitere erbschafts- und schenkungssteuerliche Vorteile, die den Nachteil der persönlichen Haftung des phG aufwiegen können (KSM/*Desens/Blischke* § 15 Rn. D 8). Dies gilt umso mehr als sich auch dieses Haftungsrisiko minimieren lässt, weil phG nicht nur natürliche Personen, sondern ebenso juristische Personen (BGH 2183

24.2.1997 – II ZB 11/96, BGHZ 134, 392 (400 f.)) sowie Personengesellschaften sein können (Bürgers/Fett/*Bürgers*, Die Kommanditgesellschaft auf Aktien § 4 Rn. 9).

2. Grundfragen der steuerrechtlichen Einordnung

2184 **Steuerrechtliche Regelungen** zur KGaA finden sich neben § 15 Abs. 1 S. 1 Nr. 3 vor allem in § 1 Abs. 1 Nr. 1 KStG sowie in § 9 Abs. 1 Nr. 1 KStG. Ergänzt werden diese Zentralnormen durch § 16 Abs. 1 S. 1 Nr. 3, Abs. 2 S. 1, § 3 Nr. 40 Buchstabe b sowie im Gewerbesteuerrecht durch § 8 Nr. 4 GewStG. In jüngerer Zeit ist als Reaktion auf eine Entscheidung des I. Senats des BFH (BFH 19.5.2010 – I R 62/09, BFH/NV 2010, 1919) noch § 50d Abs. 11 hinzugekommen (→ § 50d Rn. 266).

2185 Aus diesen Bestimmungen ein kohärentes Besteuerungskonzept zu entwickeln, bereitet nach wie vor erhebliche Schwierigkeiten, die auf den **Hybridcharakter** der KGaA zurückzuführen sind. Dabei sind nicht nur Detailfragen umstritten. Vereinfacht ausgedrückt werden die KGaA und ihre nicht phG, die sog. Kommanditaktionäre, steuerlich einer AG und ihren Aktionären gleichgestellt. Dagegen ist die Besteuerung der phG den Mitunternehmern einer Personengesellschaft angenähert.

2186 Ertragsteuerlicher Ausgangspunkt ist § 1 Abs. 1 Nr. 1 KStG. Als Kapitalgesellschaft unterliegt die KGaA der Körperschaftsteuer und erzielt ausschließlich gewerbliche Einkünfte (§ 8 Abs. 2 KStG). Im Verhältnis zu den **Kommanditaktionären** gilt das Trennungsprinzip. Der nicht auf die Komplementäre entfallende Gewinnanteil wird zunächst auf Ebene der Gesellschaft besteuert. Zu einer Besteuerung auf Ebene der Kommanditaktionäre kommt es erst im Ausschüttungsfall. Anteile im Privatvermögen sind dann als Dividenden und mithin als Einkünfte aus Kapitalvermögen (§ 20 Abs. 1 Nr. 1 S. 1) zu versteuern.

2187 Die Gewinnanteile der **phG** einer KGaA sind ebenso wie die Vergütungen, die der phG von der Gesellschaft für seine Tätigkeit im Dienst der Gesellschaft oder für die Hingabe von Darlehen oder für die Überlassung von Wirtschaftsgütern bezogen hat, als Einkünfte aus Gewerbebetrieb zu versteuern (§ 15 Abs. 1 S. 1 Nr. 3).

2188 Die mit dem Nebeneinander von § 1 Abs. 1 Nr. 1 KStG und § 15 Abs. 1 S. 1 Nr. 3 drohende **Doppelbesteuerung** vermeiden § 9 Abs. 1 Nr. 1 KStG sowie für Sondervergütungen des phG § 4 Abs. 4. Nach § 9 Abs. 1 Nr. 1 KStG sind die Gewinnanteile und Geschäftsführervergütungen des phG (letztere nur insoweit als es sich um einen Gewinnvoraus handelt, s. *Drüen/van Heek* DB 2012, 2184 (2185)) als Aufwendungen vom Gewinn der KGaA abziehbar. Sondervergütungen einschließlich Geschäftsführervergütungen stellen (reguläre) Betriebsausgaben dar, sodass diese bereits nach § 4 Abs. 4 die Bemessungsgrundlage der KGaA vermindert haben.

2188.1 Um eine Doppelbegünstigung zu vermeiden, ist § 9 Abs. 1 Nr. 1 KStG deshalb hinsichtlich der Geschäftsführervergütungen, die Sonderbetriebsausgaben darstellen, teleologisch zu reduzieren (*Drüen/van Heek* DB 2012, 2184 (2185)).

3. Gewinnanteile der persönlich haftenden Gesellschafter (§ 15 Abs. 1 S. 1 Nr. 3 Hs. 1)

2189 Nach § 15 Abs. 1 S. 1 Nr. 3 Hs. 1 sind die Gewinnanteile der phG einer KGaA, soweit sie nicht auf Anteile am Grundkapital entfallen, als Einkünfte aus Gewerbebetrieb zu versteuern. Die dogmatische Einordnung der Vorschrift ist weiterhin nicht restlos geklärt.

2190 **a) Keine Geltung des Zufluss-/Abflussprinzips.** Der RFH und die ältere Rechtsprechung des BFH deuteten die Vorschrift als bloße Qualifikationsnorm vom phG bezogener Dividenden, die über § 15 Abs. 1 S. 1 Nr. 3 Hs. 1 in gewerbliche Einkünfte umqualifiziert wurden (RFH 12.12.1923 – III A 362/23, RFHE 13, 166 (167); so wohl auch *Kramer* IStR 2010, 57 (58)). Für die Zurechnung von Gewinnanteilen und Sondervergütungen wurde folgerichtig auf den Zeitpunkt des Zuflusses im Rahmen einer Überschussrechnung abgestellt (s. etwa RFH 12.12.1923 – III A 362/23, RFHE 13, 166 (166)); RFH 4.12.1929 – VI A 1843/29, RStBl. 1930, 345 (345); s. auch RFH 20.2.1936 – III A 376/34, RFHE 39, 124 (128)).

2191 Seit BFH 21.6.1989 – X R 14/88, BStBl. II 1989, 881 (885) zieht die Rechtsprechung im Einklang mit der Gesetzessystematik eine Parallele zu § 15 Abs. 1 S. 1 Nr. 2. Der

Gewinnanteil der phG einer KGaA wird gem. § 15 Abs. 1 S. 1 Nr. 3 Hs. 1 **transparent besteuert,** dh diesem unmittelbar – vergleichbar wie der Gewinnanteil eines Mitunternehmers an einer Personengesellschaft – zugerechnet. Die Einkünfte des phG sind gem. § 15 Abs. 1 S. 1 Nr. 3 durch **Betriebsvermögensvergleich** (§ 5 iVm § 4 Abs. 1) zu ermitteln.

b) Ausgrenzungen und Klarstellungen. Vom Komplementär gehaltene **Kommanditaktien** gehören weder zur Gewinnbeteiligung noch zum Sonderbetriebsvermögen des phG (BFH 21.6.1989 – X R 14/88, BStBl. II 1989, 881 (886)). Dies folgt aus dem Wortlaut des § 15 Abs. 1 S. 1 Nr. 3, sodass die Besteuerung eines phG einer KGaA streng von seiner möglicherweise gleichzeitig eingenommenen Stellung als Kommanditaktionär zu unterscheiden ist (BFH 21.6.1989 – X R 14/88, BStBl. II 1989, 881 (886)). 2192

§ 15 Abs. 1 S. 1 Nr. 3 setzt **nicht voraus,** dass der phG **Mitunternehmer iSv § 15 Abs. 1 S. 1 Nr. 2** ist. Vielmehr kommt es allein auf die zivilrechtliche Stellung als phG an (BFH 21.6.1989 – X R 14/88, BStBl. II 1989, 881 (884); bereits RFH 21.12.1937 – I 251/37, RFHE 43, 27 (28)). Folgerichtig hat der BFH die Anwendung des § 15 Abs. 1 S. 1 Nr. 3 auch dann bejaht, wenn der phG keine Kapitaleinlage erbracht hat, im Innenverhältnis wie ein Angestellter behandelt wird und von der Haftung freigestellt ist (BFH 21.6.1989 – X R 14/88, BStBl. II 1989, 881 (884)). 2193

c) Intransparente versus transparente Betrachtungsweise. Gegenstand einer seit vielen Jahren ausgetragen Debatte ist, wie der Gewinnanteil des phG zu berechnen ist, insbesondere in welchem Verhältnis § 15 Abs. 1 S. 1 Nr. 3 zu der Kürzungsvorschrift des § 9 Abs. 1 Nr. 1 KStG steht. Hier stehen sich das **intransparente und das transparente Besteuerungskonzept** der KGaA gegenüber (instruktiv *Drüen/van Heek* DStR 2012, 541 (544 f.); *Kusterer* DStR 2008, 484 (485 ff.)). 2194

Nach der **intransparenten Betrachtung** wird die KGaA hinsichtlich ihres gesamten Gewinnanteils, dh auch hinsichtlich der auf den phG entfallenden Gewinnanteile, den Besteuerungsvorschriften für Kapitalgesellschaften unterworfen (*Kramer* IStR 2010, 57 (58)). Die hiermit verbundenen Konsequenzen zeigen sich etwa am Beispiel des körperschaftsteuerlichen Schachtelprivilegs bei der Vereinnahmung von Dividenden. Auch bezüglich der auf die phG entfallenden Gewinnanteile kommt § 8b Abs. 1, 5 KStG zur Anwendung, sodass die Bemessungsgrundlage der KGaA nur um 5% der Dividende erhöht wird. Der so ermittelte Gewinn ist dann gem. § 9 Abs. 1 Nr. 1 KStG um den Teil des Gewinns, der an phG auf ihre nicht auf das Grundkapital gemachten Einlagen oder als Vergütung (Tantieme) für die Geschäftsführung verteilt wird, zu kürzen. Dieser Betrag ist nach § 15 Abs. 1 S. 1 Nr. 3 in einem letzten Schritt auf Ebene der phG als Einkünfte aus Gewerbebetrieb zu versteuern. 2195

Was nach § 9 Abs. 1 Nr. 1 KStG abzuziehen und korrespondierend auf Ebene des phG nach § 15 Abs. 1 S. 1 Nr. 3 zu versteuern ist, ist innerhalb der intransparenten Betrachtung umstritten. Zum Teil wird der Gewinnanteil mit dem sich aus der **Handelsbilanz ergebenden Bruttogewinn** gleichgesetzt (Streck/*Olgemöller* KStG § 9 Rn. 9). Nach anderer Auffassung soll es sich bei dem Abzugsbetrag nicht um eine Bruttogröße, sondern um den auf Ebene des phG versteuerten Anteil am Gesamtgewinn handeln (*Wassermeyer* FS Streck, 2011, 259 (270)). Beide Positionen vermögen nicht zu überzeugen. So kann ein Abzug des Bruttogewinns zu dem Leistungsfähigkeitsprinzip widersprechenden Ergebnissen führen (*Kusterer* DStR 2008, 484 (486 f.)), was etwa am Beispiel von hohen Dividendenanteilen am Gesamtgewinn deutlich wird. Hier kommt es zu einer systemwidrigen Doppelbegünstigung der KGaA (*Drüen/van Heek* DStR 2012, 541 (544)). Umgekehrt gehen nicht abziehbare Betriebsausgaben allein zu Lasten der KGaA (*Drüen/van Heek* DStR 2012, 541 (544)). 2196

Beispiel: Bezieht die KGaA ausschließlich Dividendeneinkünfte in Höhe von 100.000 EUR und wird der Gewinn gleichmäßig zwischen phG und den Kommanditaktionären geteilt, so würde sich für die KGaA ein Verlust ergeben: Von der Bemessungsgrundlage nach Anwendung der § 8b Abs. 1, 5 KStG in Höhe von 50.000 EUR wären nach § 9 Abs. 1 Nr. 1 KStG 50.000 EUR zum Abzug zu bringen. 2196.1

Erheblichen Einwänden ist auch die Auffassung ausgesetzt, die § 9 Abs. 1 Nr. 1 KStG als Nettogröße versteht und den dem phG zugewiesenen Betrag unmodifiziert beim phG versteuert (*Wassermeyer* FS Streck, 2011, 259 (266)). Damit würde eine natürliche Person als phG in vollem Umfang von Steuererleichterungen profitieren, die allein auf Körperschaften 2197 zugeschnitten sind. Die Folge wäre eine Durchbrechung des Teileinkünfteverfahrens, die dem phG einen steuersystematisch nicht zu rechtfertigenden Vorteil zuwenden würde (hiergegen überzeugend *Drüen/van Heek* DStR 2012, 541 (546)).

2197.1 **Beispiel:** Im obigen Beispielsfall (→ Rn. 2196.1) würde die Bemessungsgrundlage des phG lediglich um 2.500 EUR erhöht.

2198 Die oben skizzierten Schwierigkeiten vermeidet die **transparente Betrachtungsweise** (grundlegend BFH 21.6.1989 – X R 14/88, BStBl. II 1989, 881; s. aber bereits Becker StuW 1936, 79 (97)). Danach wird der auf den phG entfallende Gewinnanteil an der Wurzel der KGaA abgespaltet, weshalb sich für diese Auffassung auch der Begriff der **„Wurzeltheorie"** eingebürgert hat. Ihren Kritikern ist zuzugeben, dass die Wurzeltheorie nur schwer mit dem Gesetzeswortlaut zu vereinbaren ist. In § 9 Abs. 1 Nr. 1 KStG ist nicht von einer Abspaltung an der Wurzel, sondern von abziehbaren Aufwendungen die Rede. Zudem deutet die systematische Stellung des § 9 Abs. 1 Nr. 1 KStG eher darauf hin, dass die Vorschrift erst nach dem körperschaftsteuerlichen Schachtelprivileg zur Anwendung kommt.

2199 Dieser Schwäche der transparenten Betrachtungsweise stehen aber deutliche steuersystematische Vorteile gegenüber. So trägt die transparente Theorie konsequent der hybriden Rechtsnatur der KGaA Rechnung und stellt sicher, dass beide Gesellschaftergruppen nach den jeweils für sie geltenden Vorschriften besteuert werden. Selbst wenn man bei der transparenten Betrachtungsweise von einem Widerspruch gegen den Gesetzeswortlaut ausgehen sollte, so wäre eine Abweichung als systemgerechte Rechtsfortbildung zu legitimieren. Im Ergebnis bedeutet dies, dass allein der auf die Kommanditaktionäre entfallende Anteil am Gesamtgewinn der KGaA nach den für die Körperschaft geltenden Regeln besteuert wird. Dagegen unterliegt der **Gewinnanteil des phG den Regeln der Mitunternehmerschaft** (so bereits *Becker* StuW 1936, 79 (97)). Steuerrechtliche Korrekturen des handelsbilanziellen Ergebnisses sind damit gesondert für die KGaA sowie für die phG durchzuführen.

2199.1 **Beispiel:** Im obigen Beispielsfall hätte die KGaA lediglich 50% ihres Handelsbilanzgewinns zu versteuern. Auf diesen Teil käme § 8b Abs. 1, 3 KStG zur Anwendung, sodass von 100.000 EUR Gesamtgewinn seitens der KGaA 2.500 EUR zu versteuern wären. Der Gewinnanteil, der auf die phG entfällt und von diesen als Einkünfte aus Gewerbebetrieb gem. § 15 Abs. 1 S. 1 Nr. 3 zu versteuern ist, unterliegt hingegen dem Teileinkünfteverfahren. Die Bemessungsgrundlage der phG erhöht sich damit um 60% der Dividende, dh um 30.000 EUR.

2200 **d) Neuere Entwicklungen in der Rechtsprechung des BFH.** Umstritten ist, wie die 2010 getroffene Entscheidung des BFH 19.5.2010 – I R 62/09, BFH/NV 2010, 1919 einzuordnen ist. In dieser hatte der I. Senat eine Freistellung von Dividenden nach dem DBA-Schachtelprivileg auf die gesamte KGaA und damit auch auf den Anteil bezogen, der auf den phG entfiel und von einer OHG gehalten wurde, an der neben unbeschränkt auch lediglich beschränkt Steuerpflichtige beteiligt waren. Geht man von der Wurzeltheorie aus, erscheint es hingegen folgerichtig zu sein, den auf die OHG entfallenden Gewinnanteil abzuspalten und dann den beschränkt steuerpflichtigen Gesellschaftern die Berufung auf die Dividendenfreistellung mangels Abkommensberechtigung vorzuenthalten (s. zur Position des Finanzamts BFH 19.5.2010 – I R 62/09, BFH/NV 2010, 1919 Rn. 5). Die Entscheidung ist daher zum Teil als **Abkehr von der Wurzeltheorie gedeutet worden** (*Drüen/van Heek* DStR 2012, 541 (545)).

2201 Diese **Interpretation ist aber keinesfalls zwingend.** In den Entscheidungsgründen wird die Wurzeltheorie als solche ausdrücklich nicht infrage gestellt (BFH 19.5.2010 – I R 62/09, BFH/NV 2010, 1919 Rn. 25). Ähnlich wie die Entscheidung der Vorinstanz (FG Hessen 23.6.2009 – 12 K 3439/01, EFG 2010, 1418, rkr.) kann das Urteil auch dahingehend interpretiert werden, dass die innerstaatliche Zuordnung der Gewinnanteile des phG allein durch das Abkommensrecht als lex specialis verdrängt wird (so auch *Kramer* IStR 2010, 57 (58) zur Entscheidung des FG Hessen, der sich selbst aber für ein intransparentes Besteuerungskonzept ausspricht).

2202 Auf die Entscheidung des I. Senates hat der Gesetzgeber mit Einführung eines **treaty override in § 50d Abs. 11 S. 2** reagiert. Die Gesetzesbegründung stellt klar, dass der Gesetzgeber die Vorschrift lediglich als Zwischenlösung auf dem Weg zu einer grundlegenden Klärung der Besteuerung der KGaA betrachtet. Ausdrücklich soll mit ihr keine Vorabfestlegung eines intransparenten oder teiltransparenten Besteuerungssystems verbunden sein (BR-Drs. 114/12, 2).

4. Sonderbereich des persönlich haftenden Gesellschafters (§ 15 Abs. 1 S. 1 Nr. 3 Hs. 2)

In Anbetracht der Parallelität von § 15 Abs. 1 S. 1 Nr. 2 und 3 gelten die Grundsätze zur Besteuerung von **Sondervergütungen, zum Ansatz von Sonderbetriebsvermögen, Sonderbetriebseinnahmen und -ausgaben** (Abs. 1 S. 1 Nr. 2) im Grundsatz entsprechend auch für Abs. 1 S. 1 Nr. 3 (BFH 21.6.1989 – X R 14/88, BStBl. II 1989, 881 (884 f.)). Insbesondere ist auch das Ergebnis des Sonderbereichs im Wege des Betriebsvermögensvergleichs zu ermitteln (BFH 21.6.1989 – X R 14/88, BStBl. II 1989, 881 (886)). Dagegen sind vom Komplementär gehaltene Kommanditaktien selbst **dann kein Sonderbetriebsvermögen II,** wenn der Komplementär durch die Aktien seine Stellung in der KGaA festigen möchte und ihm so die Möglichkeit eröffnet wird, in der Hauptversammlung Einfluss zu nehmen (BFH 21.6.1989 – X R 14/88, BStBl. II 1989, 881 (886)). Insoweit können die Grundsätze, die für die ertragsteuerliche Einordnung der Anteile gelten, die ein Kommanditist an der Komplementär-GmbH im Rahmen einer GmbH & Co. KG hält, nicht übertragen werden (BFH 21.6.1989 – X R 14/88, BStBl. II 1989, 881 (886); HHR/*Drüen* KStG § 9 Rn. 32). **2203**

§ 15 Abs. 1 S. 1 Nr. 3 findet keine Anwendung auf Personen, die **nur mittelbar über eine Beteiligung an einer Personengesellschaft an einer KGaA beteiligt** sind. Damit entfaltet eine zwischengeschaltete Personengesellschaft für einen mittelbar Beteiligten Abschirmwirkung. Um diese zu durchbrechen, bedürfte es einer § 15 Abs. 1 S. 1 Nr. 2 S. 2 vergleichbaren Regelung, an der es bei § 15 Abs. 1 S. 1 Nr. 3 fehlt (HHR/*Witt* § 15 Rn. 902). **2204**

5. Sonderfragen der Gewinnermittlung

a) Monistische versus dualistische Gewinnermittlung. Bereits auf Ebene der handelsrechtlichen Gewinnermittlung ist umstritten, ob der Jahresabschluss der KGaA einheitlich nach aktienrechtlichen Regeln zu bestimmen ist (**monistische Auffassung** – Hüffer/Koch/*Koch* AktG § 288 Rn. 2; Hoffmann-Becking/*Herfs* Münchener Handbuch des Gesellschaftsrechts, Bd. 4, § 81 Rn. 11) oder sich der Gewinnanteil des phG aus einem zweiten Abschluss ergeben soll, der nach personengesellschaftsrechtlichen Vorgaben aufzustellen ist (**dualistische Auffassung** – Großkomm AktG/*Assmann/Sethe* AktG § 288 Rn. 8 ff.). Praktisch kommt dem Meinungsstreit keine Bedeutung zu (offen gelassen BFH 21.6.1989 – X R 14/88, BStBl. II 1989, 881 (885)), da in der Kautelarpraxis ein etwaiges Erfordernis einer doppelten Gewinnermittlung präventiv abbedungen wird (*Drüen/van Heek* DStR 2012, 541 (544)). Eines zweiten internen Jahresabschlusses für die Gewinnanteile der Komplementäre bedarf es damit nicht. **2205**

Fehlt es an einer derartigen Klausel, wären aufgrund der dualistischen Auffassung hingegen ua die §§ 150 ff. AktG nicht auf den Gewinnanteil des Komplementärs anzuwenden (vgl. Großkomm AktG/*Assmann/Sethe* AktG § 288 Rn. 20). **2205.1**

b) Zulässigkeit von Ergänzungsbilanzen. Lange Zeit nicht höchstrichterlich geklärt war, ob der phG berechtigt ist, Abweichungen zwischen seinen Anschaffungskosten und dem Buchwert seines anteiligen Betriebsvermögens in **Ergänzungsbilanzen** abzubilden. Der BFH hatte dies für eine in der Literatur viel diskutierte Konstellation verneint (zum KGaA-Modell → Rn. 2212), die Frage aber grundsätzlich offen gelassen (BFH 7.9.2016 – I R 57/14, DStR 2017, 193 Rn. 14). Generell gegen die Bildung von Ergänzungsbilanzen haben sich das FG München und das FG Baden-Württemberg ausgesprochen (FG München 10.7.2003 – 5 K 2681/97, DStRE 2003, 1336, rkr.; FG Baden-Württemberg 22.9.2014 – 10 K 1946/13, nV, rkr.). Die Literatur ist gespalten. Überwiegend wird die Möglichkeit zur Bildung von Ergänzungsbilanzen bejaht (HHR/*Witt* § 15 Rn. 905; *Bock* GmbHR 2004, 554), von einer Mindermeinung dagegen verneint (Frotscher/Drüen/*Mai* KStG § 9 Rn. 15). **2206**

2207 Richtigerweise verdient eine **vermittelnde Lösung** den Vorzug. Ergänzungsbilanzen für phG sind nur insoweit zulässig, wie deren Anerkennung nicht systemwidrig dazu nötigen würde, Ergänzungsbilanzen auch für Kommanditaktionäre zu bilden und damit die Beteiligung der Kommanditaktionäre einer mitunternehmerischen Beteiligung gleichzustellen (vgl. im Grundsatz auch BFH 7.9.2016 – I R 57/14, DStR 2017, 193 Rn. 17). Damit können Ergänzungsbilanzen allein dort gebildet werden, wo sich dies ausschließlich zwischen phG auswirkt. Nicht zulässig sind sie hingegen, sofern die Bildung einer Ergänzungsbilanz auch Folgen für die Besteuerung der Kommanditaktionäre haben würde.

2208 Nach ständiger Rechtsprechung des BFH sind phG wie Mitunternehmer zu behandeln (BFH 15.3.2017 – I R 41/16, BFHE 258, 246 Rn. 26; BFH 7.9.2016 – I R 57/14, DStR 2017, 193 Rn. 14; BFH 21.6.1989 – X R 14/88, BStBl. II 1989, 881 (883)). Da die Bildung von Ergänzungsbilanzen als Ergänzungsrechnung für den sich aus der Gesamthandsbilanz ergebenden Bilanzansatz integraler Bestandteil der ersten Gewinnermittlungsstufe ist (→ Rn. 1635), müssen Ergänzungsbilanzen im Grundsatz **auch für phG einer KGaA** zulässig sein (so nunmehr ausdrücklich BFH 15.3.2017 – I R 41/16, BFHE 258, 246).

2209 Dagegen wird eingewendet, dass Eigentümerin der Wirtschaftsgüter allein die KGaA selbst, nicht hingegen die phG seien. Zudem habe die Gewinnermittlung für die KGaA nach Körperschaftsteuerrecht zu erfolgen (FG München 10.7.2003 – 5 K 2681/97, DStRE 2003, 1336, rkr.). Der Hinweis auf die mangelnde dingliche Berechtigung überzeugt nicht, weil diese auch bei der atypisch stillen Gesellschaft fehlt, bei der nach hM Ergänzungsbilanzen zu bilden sind (BFH 15.3.2017 – I R 41/16, BFHE 258, 246 Rn. 28; HHR/*Witt* § 15 Rn. 905). Für die prinzipielle Zulässigkeit von Ergänzungsbilanzen spricht ferner das systematische Argument aus § 16 Abs. 2 S. 2 iVm Abs. 1 S. 1 Nr. 3. Dort wird bei der Berechnung des Veräußerungsgewinns auf den Anteil am Betriebsvermögen des phG abgestellt. Hiermit ist es nicht zu vereinbaren, den Anteil des phG an der KGaA als eigenständiges Wirtschaftsgut zu betrachten (BFH 15.3.2017 – I R 41/16, BFHE 258, 246 Rn. 28; HHR/*Witt* § 15 Rn. 905).

2210 Gleichwohl sind der Anerkennung von Ergänzungsbilanzen bei phG einer KGaA **engere Grenzen als im Rahmen des § 15 Abs. 1 S. 1 Nr. 2** gesetzt. So sind steuerlich „wie Mitunternehmer" allein die phG (BFH 7.9.2016 – I R 57/14, DStR 2017, 193 Rn. 14), nicht hingegen die Kommanditaktionäre zu behandeln (BFH 7.9.2016 – I R 57/14, DStR 2017, 193 Rn. 17). Dies schließt die Bildung von Ergänzungsbilanzen bei phG aus, sofern dann auch die Beteiligung der Kommanditaktionäre einer mitunternehmerischen Beteiligung gleichgestellt und damit insgesamt die KGaA als Personengesellschaft behandelt werden müsste (BFH 7.9.2016 – I R 57/14, DStR 2017, 193 Rn. 17).

2211 Abweichend von § 15 Abs. 1 S. 1 Nr. 1 Nr. 2 gehen die Ergänzungsbilanzen **nicht in die Gewinnermittlung der KGaA** und in die **Ermittlung des Gewinnanteils des phG nach § 9 Abs. 1 Nr. 1 KStG** ein. Damit kann die Höhe des Gewinnanteils, der nach § 15 Abs. 1 S. 1 Nr. 3 vom phG zu versteuern ist, von der Höhe des vom Ergebnis der KGaA abziehbaren Gewinnanteils nach § 9 Abs. 1 Nr. 1 KStG abweichen (*Märtens* jurisPR-SteuerR 44/2017, Anm. 5).

2212 Die obige Einschränkung (→ Rn. 2210) schließt es aus, bei sog. **KGaA-Modellen** Ergänzungsbilanzen zu bilden (HHR/*Witt* § 15 Rn. 905; jüngst BFH 7.9.2016 – I R 57/14, DStR 2017, 193).

2212.1 KGaA-Modelle zielen darauf, auch bei einem Share-Deal einen steuerneutralen Step-up zu ermöglichen. § 8b Abs. 3 S. 3 KStG hat seit 2000 früheren Gestaltungsmöglichkeiten, beim Anteilskauf offen gelegte stille Reserven durch Generierung von Abschreibungspotential zu neutralisieren, die Grundlage entzogen (instruktiv *Bruski* FR 2002, 181). Als eine mögliche Alternative hierzu wird das sogenannte KGaA-Modell angesehen (ausführlich *Hageböke* Das „KGaA-Modell", 125 ff.). Hier wird die Zielgesellschaft in eine KGaA umgewandelt, bei der der Käufer sämtliche Kommanditaktien hält und phG ist. In Höhe der Differenz zwischen dem anteiligen Kapitalanteil des Gesellschafters und den vom phG eingebrachten Einlagen kann keine Ergänzungsbilanz gebildet werden. Entsprechendes gilt auch, wenn die KGaA Kommanditaktien unter Auflösung der Kapitalrücklage zurückkauft, die auf ein vom phG beim Eintritt gezahltes Aufgeld zurückgehen.

2213 Zulässig muss hingegen beispielsweise die Bildung einer positiven Ergänzungsbilanz im Fall eines Gesellschafterwechsels sein, wenn die **Abfindung des ausscheidenden phG über seinem anteiligen Buchwert** liegt.

c) Steuerliche Behandlung unangemessener Vergütungen an Gesellschafter. Für unangemessene Vertragsbeziehungen zwischen der **KGaA und Kommanditaktionären** gelten die allgemeinen Grundsätze der vGA (Bürgers/Fett/*Engels* Die Kommanditgesellschaft auf Aktien, 33). 2214

Noch nicht höchstrichterlich geklärt ist hingegen die Einordnung unangemessener **Vergütungen für phG.** Ein Teil der Literatur will auch insoweit auf die Grundsätze der vGA zurückgreifen (*Fischer* DStR 1997, 1519 (1519 f.)). Die überzeugende Gegenauffassung löst die Problematik auf Grundlage des Transparenzprinzips, indem (auch) die (überhöhte) Vergütung dem phG nach § 15 Abs. 1 S. 1 Nr. 3 zugewiesen wird. Einer Anwendung des § 8 Abs. 3 S. 2 KStG bedarf es dann nicht mehr, weil der überhöhte Gewinn bereits an der Wurzel abgespalten wird (FG Köln 17.8.2006 – 6 K 6170/03, EFG 2006, 1923 Rn. 33, rkr.; HHR/*Witt* § 15 Rn. 920). 2215

Sofern der **phG zugleich Kommanditaktionär** ist, wird eine unangemessene Vergütung praktisch durch die Stellung als phG bedingt sein (HHR/*Witt* § 15 Rn. 920). Damit ergeben sich keine Unterschiede zu der Grundkonstellation, dass der phG keine Kommanditaktien hält. Einer Aufteilung einer (auch) auf die Stellung als Kommanditaktionär entfallenden überhöhten Vergütung bedarf es damit in der Regel nicht (hierfür aber Schnitger/Fehrenbacher/*Ellerbeck* KStG § 9 Rn. 64). 2216

6. Verfahrensfragen

Der BFH hat in seiner jüngeren Rechtsprechung die Frage **offen gelassen,** inwieweit für die KGaA eine gesonderte und einheitliche Gewinnfeststellung nach § 180 Abs. 1 Nr. 2 Buchst. a AO vorzunehmen ist (BFH 21.6.1989 – X R 14/88, BStBl. II 1989, 881 (883); für eine gesonderte Feststellung bei der Beteiligung mehrerer phG aber BFH 21.7.1967 – VI 270/65, n.v.). In den Entscheidungen FG München 16.1.2003 – 7 K 5340/01, EFG 2003, 670, rkr. und FG Hamburg 14.11.2002 – V 231/99, EFG 2003, 711, rkr. ist dies verneint worden. Dagegen sprechen sich weite Teile der Literatur für eine gesonderte und einheitliche Feststellung aus, wobei die Feststellungsparteien umstritten sind. Nach der einen Auffassung soll der Gewinn zwischen den Komplementären und der Gesamtheit der Kommanditaktionäre gesondert und einheitlich festgestellt werden (HHSp/*Söhn* AO § 180 Rn. 176; Tipke/Kruse/*Brandis* AO § 180 Rn. 17). Die Gegenauffassung spricht sich für eine Feststellung zwischen dem Komplementär und und der KGaA selbst aus (HHR/*Drüen* KStG § 9 Rn. 35; *Kusterer* DStR 2008, 484 (488)). 2217

Letztere Position verdient den Vorzug. Eine gesonderte und einheitliche Feststellung hilft, sich widersprechende Entscheidungen zu vermeiden. Da nach der Wurzeltheorie Einnahmen und Ausgaben der KGaA bereits an der Quelle zugunsten des Komplementärs von der KGaA abzuspalten sind (→ Rn. 2198), lässt sich § 180 Abs. 1 Nr. 2a AO zwanglos dahingehend interpretieren, dass der Gewinn gesondert und einheitlich zwischen der KGaA und den phG festzustellen ist. Dagegen kommt eine Feststellung gegenüber der Gesamtheit der Kommanditaktionäre nicht in Betracht, weil die **Gesamtheit der Kommanditaktionäre kein besonderer Personenverband** ist (überzeugend HHR/*Drüen* KStG § 9 Rn. 35). 2218

IV. Nachträgliche Einkünfte (§ 15 Abs. 1 S. 2)

Leitentscheidungen, wichtige Verwaltungsanweisungen und Schrifttum (Auswahl): 2219

Leitentscheidungen des BFH: 2219.1
BFH 24.11.1983 – IV R 14/83, BStBl. II 1984, 431; BFH 25.10.1984 – IV R 165/82, BStBl. II 1985, 212; BFH 25.1.1994 – VIII B 111/93, BStBl. II 1994, 455; BFH 14.5.2002 – VIII R 8/01, BStBl. II 2002, 532; BFH 30.3.2006 – IV R 25/04, BStBl. II 2008, 171; BFH 6.3.2014 – IV R 14/11, BStBl. II 2014, 624.

Wichtige Verwaltungsanweisungen: 2219.2
BMF 29.1.2008, Bilanzsteuerliche Behandlung von Pensionszusagen einer Personengesellschaft an einen Gesellschafter und dessen Hinterbliebene, BStBl. I 2008, 317.

Schrifttum (Auswahl): 2219.3
Flume, Die Pensionen für Gesellschafter-Geschäftsführer von Personengesellschaften oder ihre Witwen, in: Knobbe-Keuk/Klein/Moxter (Hrsg.), FS f. Georg Döllerer, 1988, 133.

1. Regelungsanliegen

2220 Die Vorschrift geht auf das StBereinG 1986 v. 19.12.1985 (BGBl. 1985 I 2436; BStBl. I 1985, 735) zurück und ist am 1.1.1986 in Kraft getreten. Regelungsgegenstand der Vorschrift ist der **Bezug von Sondervergütungen** nach Beendigung der mitunternehmerschaftlichen Beteiligung (§ 15 Abs. 1 S. 1 Nr. 2) bzw. der Beteiligung als phG einer KGaA (§ 15 Abs. 1 S. 1 Nr. 3). Zum Schutz des Gewerbesteueraufkommens wird sichergestellt, dass Vergütungen für die in § 15 Abs. 1 S. 1 Nr. 2 und 3 erbrachten Leistungen der Gesellschafter auch dann dem Gesellschaftsgewinn hinzugerechnet werden, wenn sie an einen ausgeschiedenen Gesellschafter oder an dessen Rechtsnachfolger geleistet werden (BFH 6.3.2014 – IV R 14/11, BStBl. II 2014, 624 Rn. 27).

2221 Mit der Vorschrift hat der Gesetzgeber auf zwei, aus seiner Sicht verfehlte Entscheidungen des BFH (BFH 24.11.1983 – IV R 14/83, BStBl. II 1984, 431 (432); BFH 25.10.1984 – IV R 165/82, BStBl. II 1985, 212 (214)) reagiert. Unter Hinweis auf den Wortlaut des § 15 Abs. 1 Nr. 2 Hs. 2 EStG aF (heute: § 15 Abs. 1 S. 1 Nr. 2 S. 1 Hs. 2) sollte die Vorschrift danach **nur für Vergütungen anwendbar** sein, die bei der Gesellschaft in einem Zeitpunkt aufwandswirksam werden, **in dem der Bezieher der Einkünfte noch mitunternehmerschaftlich an der Gesellschaft beteiligt** ist (BFH 24.11.1983 – IV R 14/83, BStBl. II 1984, 431 (432)). Folge dieser Rechtsprechung war eine Minderung des Gewerbesteueraufkommens (KSM/*Desens/Blischke* § 15 Rn. F 293). Der BFH hat selbst eingeräumt, dass Sinn und Zweck des § 15 Abs. 1 Nr. 2 Hs. 2 EStG aF (heute: § 15 Abs. 1 S. 1 Nr. 2 S. 1 Hs. 2) ein gegenteiliges Auslegungsergebnis erfordern würden, sah sich hieran aber unter Hinweis auf den Wortlaut der Vorschrift gehindert (BFH 24.11.1983 – IV R 14/83, BStBl. II 1984, 431 (432); kritisch KSM/*Desens/Blischke* § 15 Rn. F 293, F 295). Rechtsmethodisch überzeugt dies nicht, weil der Wortlaut der Norm keine unüberwindliche Interpretationsschranke errichtet (→ Rn. 329).

2. Tatbestand

2222 Der Tatbestand des § 15 Abs. 1 S. 2 verweist auf § 24 Nr. 2. Soweit im hier bestehenden Zusammenhang relevant, bestimmt dieser, dass zu den Einkünften iSd § 2 Abs. 1 auch Einkünfte aus einer **ehemaligen Tätigkeit** aus Gewerbebetrieb einschließlich der dem Steuerpflichtigen **als Rechtsnachfolger** zugeflossenen Einkünfte gehören. Damit ist eine zeitliche von einer personellen und einer sachlichen Komponente zu unterscheiden.

2223 In **zeitlicher Hinsicht** setzt § 15 Abs. 1 S. 2 den Bezug von Einkünften nach Beendigung der Stellung als Mitunternehmer bzw. phG einer KGaA voraus. Nicht einbezogen sind Vergütungen, die während des **Bestehens der Mitunternehmerschaft** bezogen werden. Diese werden direkt von § 15 Abs. 1 S. 1 Nr. 2 und 3 erfasst (HHR/*Tiede* § 15 Rn. 930). Außerhalb des Anwendungsbereichs des § 15 Abs. 1 S. 2 stehen auch Vergütungen, die an einen Gesellschafter für Leistungen gezahlt werden, die erbracht wurden, als er **noch nicht Gesellschafter** war (BFH 8.1.1975 – I R 142/72, BStBl. II 1975, 437 (439)).

2224 In **personeller Hinsicht** erstreckt sich § 15 Abs. 1 S. 2 auch auf Zahlungen, die an den **Rechtsnachfolger** des ehemaligen Gesellschafters erbracht werden (BFH 25.1.1994 – VIII B 111/93, BStBl. II 1994, 455 (456); aA wohl aber *Knobbe-Keuk* Bilanz- und Unternehmenssteuerrecht, 463). Dies ergibt sich unmissverständlich aus der Entstehungsgeschichte der Norm, weil sich der Gesetzgeber mit der Neuregelung explizit gegen die beiden abweichenden Entscheidungen des BFH zur einkommensteuerlichen Einordnung von Witwenpensionen gewandt hatte (→ Rn. 2221).

2225 Rechtsnachfolger ist auch, wer durch einen **Vertrag zugunsten Dritter (§ 328 BGB)** begünstigt wird (Schmidt/*Wacker* § 15 Rn. 572; offen BFH 25.1.1994 – VIII B 111/93, BStBl. II 1994, 455 (456)).

2226 In **sachlicher Hinsicht** beschränkt sich § 15 Abs. 1 S. 2 auf den **Sonderbereich** („Vergütungen"), nicht einbezogen sind hingegen Gewinnanteile. Was Vergütungen sind, bestimmt sich nach den allgemeinen Regeln des Sonderbereichs (→ Rn. 1762). Keine Vergütungen iSd Vorschrift sind Leistungen der Gesellschaft für Gegenleistungen des ehemaligen Gesellschafters, die dieser erst **nach Beendigung seiner Mitunternehmerstellung** erbracht hat (KSM/*Desens/Blischke* § 15 Rn. F 294).

Führt ein Gesellschafter einen Gewerbebetrieb nach dem **Ausscheiden des vorletzten Mitgesellschafters** weiter, wächst ihm nach § 738 BGB das Gesellschaftsvermögen zu. Nachträgliche Vergütungen, die der Einzelunternehmer an ehemalige Mitunternehmer (bzw. Rechtsnachfolger derselben) leistet, können mangels Fortbestand einer Gesellschaft nicht unmittelbar unter § 15 Abs. 1 S. 2 subsumiert werden. In diesen Fällen ist die Vorschrift **analog anzuwenden** (KSM/*Desens/Blischke* § 15 Rn. F 295; der Sache nach auch FG Hamburg 22.3.1991 – VII 126/89, EFG 1992, 70, rkr.). § 15 Abs. 1 S. 2 soll eine Aushöhlung der Bemessungsgrundlage vermeiden, indem einem Gesellschafter an Stelle von Gewinnanteilen Sondervergütungen zugewendet werden. Damit kann es für die Anwendung des § 15 Abs. 1 S. 2 allein darauf ankommen, ob im Zeitpunkt der Leistungserbringung ein Gesellschaftsverhältnis bestand und diese Leistungen erst nach dem Ausscheiden vergütet werden (zur bilanztechnischen Umsetzung → Rn. 2229). 2227

3. Rechtsfolge

Als Rechtsfolge verweist § 15 Abs. 1 S. 2 auf § 15 Abs. 1 S. 1 Nr. 2 und 3. Die Vergütungen, die auf der ersten Gewinnermittlungsstufe der Personengesellschaft den Gewinn gemindert haben, werden nach allgemeinen Regeln für Sonderbetriebseinnahmen wieder **auf der zweiten Gewinnermittlungsstufe** hinzugerechnet (HHR/*Tiede* § 15 Rn. 932). Damit wird insbesondere verhindert, dass die nachträglichen Vergütungen die gewerbesteuerliche Bemessungsgrundlage der Gesellschaft mindern (KSM/*Desens/Blischke* § 15 Rn. F 297). 2228

Nach einer vereinzelt vertretenen Auffassung soll sich die Rechtsfolge des § 15 Abs. 1 S. 2 dagegen darauf beschränken, die **nachträglich bezogenen Vergütungen auf Ebene des Empfängers in Einkünfte aus Gewerbebetrieb umzuqualifizieren** (*Knobbe-Keuk* Bilanz- und Unternehmenssteuerrecht, 463). Vertretbar ist dieses Auslegungsergebnis wohl nur auf Grundlage einer Auslegungsmaxime, bei Reaktionsgesetzen sei das Regelungsziel des Gesetzgebers wenn immer möglich in sein Gegenteil zu verkehren. Mit allgemeinen Grundsätzen der juristischen Methodenlehre und dem Stellenwert, der der historischen Auslegung mit Rücksicht auf das Demokratieprinzip zukommt, ist dies nicht zu vereinbaren. 2228.1

In den Fällen der Fortführung einer Gesellschaft durch einen Einzelunternehmer (§ 738 BGB; → Rn. 2227) geht die Pensionsanwartschaft nicht in das Privatvermögen des bisherigen Mitunternehmers über, sondern **verbleibt im Restsonderbetriebsvermögen des ausgeschiedenen Gesellschafters** (ausführlich und überzeugend KSM/*Desens/Blischke* § 15 Rn. F 296). 2229

4. Verfahrensfragen

§ 15 Abs. 1 S. 2 hat auch verfahrensrechtliche Konsequenzen. Die Vergütungen sind **Teil der gesonderten und einheitlichen Gewinnfeststellung** auf Ebene der Personengesellschaft (HHR/*Tiede* § 15 Rn. 932). Den hiergegen unter dem Gesichtspunkt der informationellen Selbstbestimmung erhobenen Einwänden (*Knobbe-Keuk* Bilanz- und Unternehmenssteuerrecht, 463: „[…] die Besteuerungsdaten der Gesellschaft und der anderen Gesellschafter [gehen Nichtgesellschafter] schlichtweg nichts an.") ist durch eine verfassungskonforme, restriktive Anwendung Rechnung zu tragen. Dem ehemaligen Gesellschafter bzw. dessen Rechtsnachfolger ist der einheitliche und gesonderte Feststellungsbescheid aus Gründen des Geheimhaltungsinteresses nur hinsichtlich der nachträglichen Sondervergütungen bekannt zu geben (KSM/*Desens/Blischke* § 15 Rn. F 299). 2230

D. Einkünfte aus Gewerbebetrieb – § 15 Abs. 1 Satz 3, Abs. 1a und Abs. 2

I. Entnahme zu eigenen Wohnzwecken (§ 15 Abs. 1 Satz 3)

Die Norm geht auf das Steuerentlastungsgesetz 1999/2000/2002 vom 24. März 1999 zurück. Das Änderungsgesetz (BGBl. 1999 I 402) überführte das **Entnahmeprivileg** aus § 52 (seinerzeit Abs. 15 S. 10, 11) in die Einkunftsart-Stammvorschrift – stellt unter den bestimmten Voraussetzungen die Entnahme von Grund und Boden aus dem Betriebsvermögen steuerfrei. 2231

2232 § 15 Abs. 1 S. 3 knüpft auf der Tatbestandsseite an die parallele Privilegierungsnorm des § 13 an. Aus dem **Verweis auf § 13 Abs. 5** ergibt sich, dass Grund und Boden „dadurch" entnommen werden muss, „dass auf diesem Grund und Boden die Wohnung des Steuerpflichtigen oder eine Altenteilerwohnung errichtet wird" (→ § 13 Rn. 384, auch zur Anknüpfung der Norm an die ausgelaufene Nutzungswertbesteuerung); der in den Verweis einbezogene § 13 Abs. 5 Hs. 2 verlangt zusätzlich, dass der Steuerpflichtige das Privileg „nur für eine **zu eigenen Wohnzecken** genutzte Wohnung und für eine Altenteilerwohnung" in Anspruch nimmt. Allerdings setzt § 15 Abs. 1 S. 3 auch – und anders als § 13 Abs. 5 – voraus, dass das Grundstück bereits im **Veranlagungszeitraum 1986** „zu einem gewerblichen Betriebsvermögen gehört hat". Ein Altenteiler hat den Betrieb in vorweggenommener Erbfolge übertragen und erhält dafür Nutzungen oder Leistungen (Schmidt/*Kulosa* § 13 Rn. 103).

2233 Diese **Ungleichbehandlung** zwischen dem Landwirt (§ 13Abs. 5) einerseits, dem Gewerbetreibenden und dem Freiberufler (§ 18 Abs. 4 S. 1) andererseits ist verfassungsrechtlich schwerlich zu rechtfertigen (KSM/*Desens/Blischke* § 15 Rn. G 2). Zur Rechtfertigung kann allenfalls angeführt werden, dass Betrieb und Wohnstätte bei Land- und Forstwirten enger verbunden sind, diese Gruppe eher „vor Ort" wird Wohnung nehmen müssen.

2234 Der Verweis des § 15 Abs. 1 S. 3 auf § 13 Abs. 5 erweist sich als **tatbestandlich enggeführte Rechtsgrundverweisung** – Zugehörigkeit zum gewerblichen Betriebsvermögen im Veranlagungszeitraum 1986 – und entsprechend begrenzte **Rechtsfolgenverweisung.** Unter den bestimmten Voraussetzungen (→ Rn. 2232) „bleibt der Entnahmegewinn außer Ansatz" (§ 13 Abs. 5 Hs. 1).

2235–2236 *Einstweilen frei*

II. Besteuerungsaufschub nach Fiskalentstrickung durch Sitzverlegung einer SE oder SEC (§ 15 Abs. 1a)

2237 Unionsrechtlich darf die Verlegung des Sitzes einer Europäischen Gesellschaft (SE) und einer Europäischen Genossenschaft (SCE) „für sich allein keine Besteuerung des Veräußerungsgewinns der Gesellschafter auslösen" (Art. 14 Abs. 1 der Fusionsrichtlinie, dazu näher → Rn. 605). **§ 4 Abs. 1 S. 5 blockiert** deshalb **eine vorgezogene,** an die „Fiskalentstrickung" (→ Rn. 2238) anknüpfende **Besteuerung** (Ersatzrealisationstatbestand) nach dem Muster des § 4 Abs. 1 S. 3. Indessen will die Fusionsrichtlinie die mitgliedstaatliche Besteuerung offenhalten für den Zeitpunkt der Realisation; das Unionsrecht hindert die Staaten nicht, so ausdrücklich Art. 14 Abs. 2 der Richtlinie, „den Gewinn aus einer späteren Veräußerung der Anteile am Gesellschaftskapital der ihren Sitz verlegenden SE bzw. SCE zu besteuern". So **kehrt § 15 Abs. 1a in „den Fällen des § 4 Absatz 1 Satz 5" zum Realisationsprinzip zurück** (ausführlich → Rn. 609 im Kontext der Besteuerung ansässiger Binnenmarktunternehmer).

2238 Tatbestandlich setzt Abs. 1a S. 1 voraus: im Betriebsvermögen gehaltene SE- oder SEC-Anteile; Sitzverlegung der Europäischen Gesellschaft oder Genossenschaft (§ 4 Abs. 1 S. 5 Nr. 1 oder Nr. 2) innerhalb der Europäischen Union; **Fiskalentstrickung,** mithin den *Verlust* (bei DBA-rechtlicher Freistellung) oder die *Beschränkung* (bei DBA-rechtlicher Anrechnung) des deutschen Besteuerungsrechts infolge einer (ersten) Sitzverlegung von Deutschland in einen anderen Mitgliedstaat der EU; **spätere Anteilsveräußerung** (entgeltliche Übertragung auf einen anderen Rechtsträger) oder einen veräußerungsgleichen Vorgang des § 15 Abs. 1a **S. 2.** Der Verbund aus § 4 Abs. 1 S. 5 und § 15 Abs. 1a gewährt Besteuerungsaufschub (§ 4 Abs. 1 S. 5) bis zu einer „späteren Veräußerung" der SE- und SEC-Anteile (§ 15 Abs. 1a S. 1) oder einem veräußerungsgleichen Vorgang (§ 15 Abs. 1a S. 2).

2239 Damit freilich – mit **Besteuerungsaufschub und Leugnung der Sitzverlegung** („wie […] zu besteuern gewesen wäre, wenn keine Sitzverlegung stattgefunden hätte") – greift die Norm auch zu auf Wertsteigerungen im Zeitraum zwischen Sitzverlegung und Veräußerung. Über entgegenstehendes DBA-Recht will sie sich qua **treaty override** hinwegsetzen. Jedoch erwächst aus Art. 14 Abs. 2 der Fusionsrichtlinie keine sekundärrechtliche Freigabe für mitgliedstaatliches treaty overriding. § 15 Abs. 1a ist **geltungserhaltend zu reduzieren** (→ Rn. 612). Die geltungserhaltende Reduktion schützt den Geltungsanspruch des Gesetzes, zugleich aber den Anwendungsvorrang des Unionsrechts, gewährleistet die gesetzlich gebotene Anwendung des § 15 Abs. 1a in der *Phase 1* – bis zur Sitzverlegung der SE oder SEC – und seine unionsrechtlich gebotene Nicht-Anwendung in der *Phase 2* nach der Sitzverlegung.

Einstweilen frei **2240–2242**

III. Legaldefinition des Gewerbebetriebs (§ 15 Abs. 2)

§ 15 unterscheidet den „ist"-Gewerbebetrieb im Format des § 15 Abs. 2 und den „gilt als"-Gewerbebetrieb des § 15 Abs. 3 (→ Rn. 2251 ff.). **Gewerbebetrieb „ist"** die professionell-erwerbsgerichtete (→ Rn. 645 ff.), selbständige (→ Rn. 711 ff.) und nachhaltige (→ Rn. 741 ff.) Beteiligung am allgemeinen wirtschaftlichen Verkehr (→ Rn. 763 ff.), wenn nicht spezielle Ausgrenzungstatbestände (→ Rn. 841 ff.) eingreifen. **2243**

Die **„ist"**-Bestimmung des § 15 Abs. 2 S. 1 setzt sich zusammen **aus sieben Elementen,** vier Positivmerkmalen, zwei Negativmerkmalen und dem ungeschriebenen – wiederum negativen – Tatbestandsmerkmal, dass sich die Tätigkeit nicht den „Bildern des Unternehmerischen", jedoch der privaten Vermögensverwaltung zuschlagen lässt (→ Rn. 1030 ff.). **2244**

Im Anschluss an die vier geschriebenen Positivmerkmale grenzt die Begriffsbestimmung jene Tätigkeiten aus, die den Einkunftsarten „Land- und Forstwirtschaft" (§ 13) sowie „selbständige Arbeit" (§ 18) zugehören. Insoweit steuert sie die Abgrenzung innerhalb der Gewinneinkunftsarten. Der Begriff verlangt ferner die Feststellung, dass die „Betätigung den Rahmen einer privaten Vermögensverwaltung überschreitet" (Standardformulierung, etwa BFH 14.7.2016 – IV R 34/13, BStBl. II 2017, 175 Rn. 32). Indem **Gewerblichkeit verbleibt, wenn die Ausgrenzungstatbestände nicht Platz greifen,** wandelt sich der Ausgangstatbestand der erwerbsgerichteten, selbständigen und nachhaltigen Marktteilnahme in einen Auffangtatbestand. **2245**

Die positiv umschriebene „Beteiligung" ist eine „Betätigung", die „unternommen wird". Die Wendung knüpft an den Zustandstatbestand „Unternehmen" an (→ Rn. 627). Die vier positiven Kennzeichnungen (→ Rn. 2243) sind die gemeinsamen der drei Gewinneinkunftsarten – insoweit bietet § 15 **normative Grundlagen für einen Allgemeinen Teil der Unternehmereinkünfte** (§ 2 Abs. 2 S. 1 Nr. 1). **2246**

Einstweilen frei **2247–2250**

E. Fiktionen des Gewerbebetriebs (§ 15 Abs. 3)

§ 15 Abs. 3 normiert in Nr. 1 und Nr. 2 zwei praktisch sehr bedeutsame Fiktionen eines Gewerbebetriebs. Nr. 1 hat die **teilweise gewerblich tätige Personengesellschaft** (→ Rn. 2266), Nr. 2 die sog. **gewerblich geprägte Personengesellschaft** zum Gegenstand (→ Rn. 2402). Verklammert werden beide Tatbestände durch den Einleitungssatz, wonach eine mit **Einkünfteerzielungsabsicht unternommene Tätigkeit** vorausgesetzt wird (dazu sogleich → Rn. 2475). Beiden Tatbeständen gemeinsame **Rechtsfolge** ist die Fiktion eines Gewerbebetriebs (→ Rn. 2473). **2251**

Durch die Fiktion der Gewerblichkeit wird das **Gewerbesteueraufkommen gesichert.** Speziell § 15 Abs. 3 Nr. 1 dient weiterhin der **Steuervereinfachung,** indem unterschiedliche Einkunftsquellen nicht voneinander abgegrenzt werden müssen und eine parallele Anwendung unterschiedlicher Einkünfteermittlungsvorschriften vermieden wird (→ Rn. 2266). Bedeutung und Reichweite des § 15 Abs. 3 erschließen sich vollständig erst in der Zusammenschau mit anderen Vorschriften, insbesondere § 15 Abs. 1 S. 1 Nr. 2 S. 2: Die Aufwärtsinfektion des § 15 Abs. 3 Nr. 1 S. 1 Alt. 2 stellt bei mehrstöckigen Personengesellschaften sicher, dass die Zwischenschaltung einer nicht originär gewerblich tätigen Personengesellschaft die Stellung als Sondermitunternehmer unberührt lässt (→ Rn. 2335). Ebenfalls lückenschließende Funktion hat § 15 Abs. 3 Nr. 2 S. 2 (→ Rn. 2455) Nicht zuletzt durch diese Verschränkungen weist die Vorschrift eine denkbar hohe Komplexität auf. **2252**

Einstweilen frei **2253–2254**

I. Einleitungssatz („Einkünfteerzielungsabsicht")

2255 **Leitentscheidungen, wichtige Verwaltungsanweisungen und Schrifttum (Auswahl):**

2255.1 **Leitentscheidungen des BFH:**
BFH 25.6.1996 – VIII R 28/94, BStBl. II 1997, 202; BFH 25.9.2008 – IV R 80/05, BStBl. II 2009, 266.

2255.2 **Schrifttum (Auswahl):**
Eisgruber, Gewerblich prägbare Tätigkeiten einer Personengesellschaft, DStR 1995, 1569; *Henkel/Jakobs*, Einkunftserzielungsabsicht als Tatbestandsmerkmal des § 15 Abs. 3 EStG, FR 1995, 145; *Henkel/Jakobs*, Gewinnerzielungsabsicht bei gewerblicher Prägung, DStR 1995, 1573; *Lüdemann*, Zur Kontroverse um die Einkünfteerzielungsabsicht bei gewerblich geprägten Personengesellschaften gem. § 15 Abs. 3 Nr. 2 EStG, BB 1996, 2650.

2256 Die Fiktion eines Gewerbebetriebs nach Abs. 3 Nr. 1 und 2 setzt in beiden Fällen eine mit **Einkünfteerzielungsabsicht unternommene Tätigkeit** voraus. Auffällig ist, dass das Gesetz von Einkünfteerzielungsabsicht spricht. Dagegen ist bei § 15 Abs. 2 von der Absicht die Rede, Gewinn zu erzielen. Wie sich aus dem systematischen Zusammenhang zu § 2 Abs. 2 ergibt, liegt Einkünfteerzielungsabsicht immer dann vor, wenn im Rahmen einer Gewinneinkunftsart Gewinnerzielungsabsicht besteht oder bei den Überschusseinkunftsarten ein Überschuss der Einnahmen über die Werbungskosten erzielt werden soll (HHR/*Stapperfend* § 15 Rn. 1420). Einkünfteerzielungsabsicht ist also der gemeinsame **Oberbegriff von Gewinn- und Überschusserzielungsabsicht** (BFH 25.9.2008 – IV R 80/05, BStBl. II 2009, 266 (270); *Lüdemann* BB 1996, 2650; KSM/*Desens/Blischke* § 15 Rn. E 4).

2257 Über **Sinn und Zweck** des einschränkenden Kriteriums der Einkünfteerzielungsabsicht besteht jedenfalls im Grundsatz Einigkeit. Durch das Erfordernis soll eine Verlustverrechnung von originär nicht steuerbaren Liebhabereigeschäften verhindert werden (KSM/*Desens/Blischke* § 15 Rn. E 4), ebenso wie dies auch einem Einzelunternehmer verwehrt ist. Damit zielt die Vorschrift auf eine Gleichstellung von Einzelunternehmer und Gesellschaftern einer Personengesellschaft (zur Gleichstellungsthese → Rn. 478).

2258 Wie konsequent dieser Schutzzweck verfolgt wird, entscheidet sich danach, auf welchen **Zeitpunkt für die Beurteilung der Einkünfteerzielungsabsicht** abzustellen ist (dazu grundlegend *Lüdemann* BB 1996, 2650 ff.). Praktisch relevant wird der Meinungsstreit etwa dann, wenn die Tätigkeit, die über § 15 Abs. 3 Nr. 1 oder Nr. 2 umqualifiziert wird, originär den Überschusseinkunftsarten, insbesondere den Einkünften aus Vermietung und Verpachtung (§ 21) zuzurechnen ist. Da bei den Überschusseinkünften Veräußerungsgeschäfte für die Bestimmung der Überschusserzielungsabsicht außer Betracht bleiben, kann es zu unterschiedlichen Ergebnissen kommen, je nachdem ob vor der Umqualifizierung auf die Überschusserzielungsabsicht, nach der Umqualifizierung auf die Gewinnerzielungsabsicht bezogen auf den Totalgewinn abgestellt wird oder sogar beide Anforderungen zu kombinieren sind (sehr scharfsinnig hierzu *Lüdemann* BB 1996, 2650 (2655); dem folgend KSM/*Desens/Blischke* § 15 Rn. E 5).

2259 Die **Rechtsprechung des BFH** will hier sowohl bei § 15 Abs. 3 Nr. 1 (BFH 25.6.1996 – VIII R 28/94, BStBl. II 1997, 202 (204); BFH 18.5.1995 – IV R 31/94, BStBl. II 1995, 718 (719)), als auch bei § 15 Abs. 3 Nr. 2 (BFH 25.9.2008 – IV R 80/05, BStBl. II 2009, 266 (270); BFH 30.10.2014 – IV R 34/11, BStBl. II 2015, 380 Rn. 23) auf den **Zeitpunkt nach der Umqualifizierung** abstellen. Begründet wird dies mit systematischen Erwägungen, weil sich die Art der Ermittlung der Einkünfte nach § 2 Abs. 2 erst vornehmen lasse, nachdem die Tätigkeit einer bestimmten Einkunftsart zugeordnet worden sei (BFH 25.9.2008 – IV R 80/05, BStBl. II 2009, 266 (270)). Verwiesen wird ferner auf die Entstehungsgeschichte (BFH 25.9.2008 – IV R 80/05, BStBl. II 2009, 266 (271)).

2259.1 Im Gesetzentwurf der Bundesregierung war das einschränkende Merkmal der Einkünfteerzielungsabsicht ursprünglich noch nicht enthalten (BT-Drs. 10/3663, 8). In der Gesetzesbegründung wird hingegen unmissverständlich ausgeführt, auch in diesen Fällen der gewerblichen Prägung gelte § 15 Abs. 2 S. 2, „so daß Voraussetzung für die Annahme einer gewerblichen Tätigkeit die Absicht ist, eine Betriebsvermögensmehrung zu erzielen." Die Umformulierung des Gesetzentwurfs im Finanzausschuss ist in der Literatur dahingehend interpretiert worden, der Gesetzgeber habe die ursprüngliche Konzeption aufgegeben (*Christoffel/Dankmeyer* DB 1986, 347 (350 f.)). Dem ist der BFH mit dem Argument entgegengetreten, die Neufassung sei im Finanzausschuss nicht begründet worden. Damit könne nicht davon ausgegangen werden, dass der Gesetzgeber von seiner ursprünglichen Zielsetzung habe abrücken wollen (BFH 25.9.2008 – IV R 80/05, BStBl. II 2009, 266 (271)).

In der Literatur wird für die Bestimmung der Einkünfteerzielungsabsicht dagegen zT auf die **Methode der Einkünfteermittlung vor Umqualifizierung** abgestellt (*Eisgruber* DStR 1995, 1569 ff.). Dafür könnte sprechen, dass es nur schwer zu erklären ist, warum der Gesetzgeber den Begriff der „Einkünfteerzielungsabsicht" gewählt hat, obwohl es im Ergebnis auf eine Totalprognose im Sinne einer Gewinnerzielungsabsicht ankommen soll (*Eisgruber* DStR 1995, 1569 (1571)). Ein weiteres Argument sind die sich im Zusammenhang mit § 15 Abs. 3 Nr. 2 und hohen Sonderabschreibungen eröffnenden Gestaltungsmöglichkeiten (*Eisgruber* DStR 1995, 1569 (1572)). **2260**

Die befürchteten Steuerausfälle sind aber genau der Preis, den der Gesetzgeber zu zahlen bereit war, um den von ihm **erwünschten Lenkungseffekt** herbeizuführen. Damit spricht umgekehrt gerade die Sicherung der Effektivität der Lenkungsnormen dafür, auf eine Totalprognose im Sinne von Gewinnerzielungsabsicht abzustellen. Zudem lässt sich auch das Wortlautargument unter Hinweis auf die Entstehungsgeschichte neutralisieren (→ Rn. 2259.1) **2261**

Einstweilen frei **2262–2264**

II. Teilweise gewerblich tätige Personengesellschaft (§ 15 Abs. 3 Nr. 1)

Leitentscheidungen, wichtige Verwaltungsanweisungen und Schrifttum (Auswahl): **2265**

Leitentscheidungen: **2265.1**
BFH 11.8.1999 – XI R 12/98, BStBl. II 2000, 229 (Alt. 1: Bagatellgrenze); BVerfG 26.10.2004 – 2 BvR 246/98, DStRE 2005, 877; BVerfG 15.1.2008 – 1 BvL 2/04, BVerfGE 120, 1; BFH 26.6.2014 – IV R 5/11, BStBl. II 2014, 972; BFH 27.8.2014 – VIII R 16/11, BStBl. II 2015, 996; BFH 27.8.2014 – VIII R 41/11, BStBl. II 2015, 999; BFH 27.8.2014 – VIII R 6/12, BStBl. II 2015, 1002; BFH 12.4.2018 – IV R 5/15, BFH/NV 2018, 881; BFH 6.6.2019 – IV R 30/16, DStR 2019, 1630 (Alt. 1: negative Einkünfte); BFH 6.6.2019 – IV R 30/16, DStR 2019, 1630 (Alt. 2: Entkopplung von der Gewerbesteuer).

Wichtige Verwaltungsanweisungen: **2265.2**
EStR 15.8 Abs. 5; BMF 13.5.1996, Beteiligung einer nicht gewerblich tätigen Personengesellschaft an einer gewerblich tätigen Personengesellschaft; Anwendung des BFH-Urteils vom 8. Dezember 1994 (BStBl. 1996 II S. 264), BStBl. I 1996, 621; BMF 14.5.1997, Steuerrechtliche Behandlung des Verkaufs von Kontaktlinsen nebst Pflegemitteln, von Mundhygieneartikeln sowie von Tierarzneimitteln durch ärztliche Gemeinschaftspraxen, BStBl. I 1997, 566; BMF 18.5.2005, Umqualifizierung der Einkünfte einer vermögensverwaltenden Personengesellschaft, zu deren Gesamthandsvermögen eine Beteiligung an einer gewerblichen Personengesellschaft gehört, in gewerbliche Einkünfte; Anwendung des BFH-Urteils vom 6. Oktober 2004 – IX R 53/01 –, BStBl. I 2005, 698.

Schrifttum (Auswahl): **2265.3**
Neu, Einkünfteinfektion nach § 15 Abs. 3 Nr. 1 EStG – Genügt der Obstkarren?, DStR 1995, 1893; *Neu*, Einkünfteinfektion nach § 15 Abs. 3 Nr. 1 EStG: Und der Obstkarren genügt doch nicht!(?), DStR 1999, 2109; *Drüen*, Über Zweck und Grenzen der Abfärberegelung des § 15 Abs. 3 Nr. 1 EStG – Trendwende durch das Urteil des XI. Senats des BFH vom 11.8.1999, FR 2000, 177; *Seer/Drüen*, Ausgliederung gewerblicher Tätigkeit zur Vermeidung der Gewerbesteuerpflicht freiberuflicher Sozietäten, BB 2000, 2176; *Demuth*, Die Abfärbe- und Infektionswirkung des § 15 Abs. 3 Nr. 1 EStG – Überblick über die neuere Rechtsprechung und Gestaltungshinweise, KÖSDI 2005, 14491; *Groh*, Abfärberegelung auch bei gewerblicher Beteiligung einer Personengesellschaft?, DB 2005, 2430; *Stapperfend*, Die Infektion im Einkommensteuerrecht – Ein Beitrag zum Krankheitsbild des Einkommensteuergesetzes, StuW 2006, 303; *Richter/Chuchra/Dorn*, Offene Fragen und Probleme bei Anwendung der sog „Aufwärtsinfektion" des § 15 Abs. 3 Nr. 1 Alt. 2 EStG, DStR 2016, 2944; *Weiss*, Keine GewSt-Pflicht bei Aufwärtsabfärbung nach § 15 Abs. 3 Nr. 1 EStG, DB 2019, 2316.

Gem. § 15 Abs. 3 Nr. 1 S. 1 gilt die mit Einkünfteerzielungsabsicht unternommene Tätigkeit einer OHG, einer KG oder einer anderen Personengesellschaft **in vollem Umfang als Gewerbebetrieb,** wenn die Gesellschaft auch eine Tätigkeit iSd Abs. 1 S. 1 Nr. 1 ausübt (§ 15 Abs. 3 Nr. 1 S. 1 Alt. 1: sog. **Seitwärtsinfektion**) oder gewerbliche Einkünfte iSd Abs. 1 S. 1 Nr. 2 bezieht (§ 15 Abs. 3 Nr. 1 S. 1 Alt. 2: sog. **Aufwärtsinfektion**). Die Vorschrift dient im Wesentlichen **Vereinfachungszwecken** sowie mittelbar dem **Schutz** **2266**

des Gewerbesteueraufkommens (BVerfG 15.1.2008 – 1 BvL 2/04, BVerfGE 120, 1 (46)). Indem bei mehreren Tätigkeiten einer Personengesellschaft ein einheitlicher Gewerbebetrieb fingiert wird, kann eine aufwendige und missbrauchsanfällige Abgrenzung zwischen den Einkunftsarten vermieden werden (*Groh* DB 2005, 2430 f.).

2266.1 In der Literatur wird dem immer wieder entgegengehalten, dass die gleichen Schwierigkeiten auch bei Einzelunternehmern bestehen (*Stadie* FR 1989, 93 (94)). Diese Kritik übersieht aber, dass die Einkünfteabgrenzung bei Personengesellschaftern wesentlich komplexer und streitanfälliger ist (*Groh* DB 2005, 2430 f.). Der Hinweis auf die Möglichkeit einer Schätzung (§ 162 AO) kann hier bestenfalls eine Notlösung darstellen (→ Rn. 2283).

2267 Ebenfalls ein Anwendungsfall des § 15 Abs. 3 Nr. 1 ist die mitunternehmerschaftliche **Beteiligung eines Berufsfremden an einer freiberuflichen Personengesellschaft.** Dies hat zur Folge, dass die gesamte Tätigkeit der Gesellschaft als Gewerbebetrieb qualifiziert wird (→ Rn. 2381).

2268 Mit **§ 15 Abs. 3 Nr. 1 S. 2** hat der Gesetzgeber auf eine missliebige Entscheidung des IV. Senats reagiert. Nach dieser sollte eine Seitwärtsinfektion dann nicht in Betracht kommen, wenn aus der gewerblichen Betätigung ein Verlust erzielt wurde (BFH 12.4.2018 – IV R 5/15, BFH/NV 2018, 881). § 15 Abs. 3 Nr. 1 S. 2 stellt klar, dass es für die Seitwärts- ebenso wie für die Aufwärtsinfektion allein auf eine gewerbliche Betätigung bzw. die Beteiligung an einer gewerblichen Mitunternehmerschaft ankommt. Ob hieraus Gewinne oder Verluste bzw. ob die nach Abs. 1 S. 1 Nr. 2 bezogenen Einkünfte positiv oder negativ sind, ist hingegen irrelevant (→ Rn. 2388).

2269 *Einstweilen frei*

1. Entstehungsgeschichte und Telos

2270 § 15 Abs. 3 Nr. 1 S. 1 ist durch das **Steuerbereinigungsgesetz 1986** (BStBl. I 1985, 735 (746) vom 19.12.1985) eingefügt worden. Die Ursprungsfassung beschränkte sich auf den heutigen § 15 Abs. 3 Nr. 1 S. 1 Alt. 1 (→ Rn. 2271). Die derzeit geltende Fassung geht auf das Jahressteuergesetz 2007 zurück (BGBl. 2006 I 2878 (2880) vom 13.12.2006) und hat Abs. 1 Nr. 1 (S. 1) um die Alt. 2 ergänzt (→ Rn. 2275). Durch das „JStG 2019" v. 12.12.2019 (BGBl. 2019 I 2451 (2453)) wurde § 15 Abs. 3 Nr. 1 S. 2 eingefügt (→ Rn. 2279). Außerdem wurde in § 15 Abs. 3 Nr. 1 S. 1 ein redaktioneller Fehler berichtigt (BT-Drs. 19/13436, 96).

2270.1 § 15 Abs. 3 Nr. 1 Alt. 1 verwies auf § 15 Abs. 1 S. 1 Nr. 1, was dort aber fälschlich als Abs. 1 Nr. 1, dh ohne Angabe des Satzes, zitiert wurde.

2271 **a) Infektion durch gewerbliche Einkünfte (§ 15 Abs. 3 Nr. 1 S. 1 Alt. 1).** Mit dem Steuerbereinigungsgesetz 1986 sollte hinsichtlich § 15 Abs. 3 Nr. 1 S. 1 keine materielle Rechtsänderung verbunden sein. Zuvor war die Abfärbung bereits in § 2 Abs. 2 Nr. 1 GewStG aF geregelt. Danach galt als Gewerbe stets die Tätigkeit der offenen Handelsgesellschaften, Kommanditgesellschaften und ähnlichen Gesellschaften des Handelsrechts, bei denen die Gesellschafter als Unternehmer (Mitunternehmer) anzusehen sind. Nach der Rechtsprechung des BFH war die Vorschrift entsprechend auch im Einkommensteuerrecht anzuwenden, indem sie den Umfang der von einer Personengesellschaft ausgeübten gewerblichen Tätigkeit bestimmte (RFH 24.11.1937 – VI 449/37, RFHE 42, 280). Die Ergänzung in § 15 Abs. 3 Nr. 1 S. 1 und die Streichung des § 2 Abs. 2 Nr. 1 GewStG aF sollten daher aus rechtssystematischen Gründen allein der Klarstellung dienen (BFH 10.8.1994 – I R 133/93, BStBl. II 1995, 171 (172); BT-Drs. 10/3663, 8).

2272 § 2 Abs. 2 Nr. 1 GewStG aF geht seinerseits auf eine 1930 erlassene Verordnung des Reichspräsidenten zurück (RGBl. 1930 I 517 (537) vom 1.12.1930). Bereits diese Ergänzung hatte überwiegend klarstellende Bedeutung (s. im Einzelnen die anschauliche Darstellung bei BFH 10.11.1983 – IV R 86/80, BStBl. II 1984, 152 (153)). Ausweislich der Gesetzesbegründung sollte damit der Einwand abgeschnitten sein, **ein Teil der Gesellschaft sei anderen als gewerblichen Zwecken gewidmet und daher von der Gewerbesteuer auszunehmen** (RT-Drs. 1928/568, 110). Durch die Bezugnahmen der Begründung des Steuerbereinigungsgesetzes 1986 auf die frühere Rechtslage ist der gesetzgeberische Wille auch heute noch für die Interpretation des § 15 Abs. 3 Nr. 1 S. 1 maßgeblich (s. auch BFH 10.11.1983 – IV R 86/80, BStBl. II 1984, 152 (153)).

Beispiel für die Seitwärtsinfektion: Die A&B-GbR ist schwerpunktmäßig vermögensverwaltend tätig, unterhält daneben aber durch Import-/Exportgeschäfte auch einen gewerblichen Geschäftszweig. Durch diesen werden auch die nichtgewerblichen Einkünfte gem. § 15 Abs. 3 Nr. 1 S. 1 Alt. 1 zu gewerblichen Einkünften umqualifiziert, sodass die GbR einheitlich gewerbliche Einkünfte erzielt und ihr gesamtes Vermögen betrieblich verstrickt ist. **2272.1**

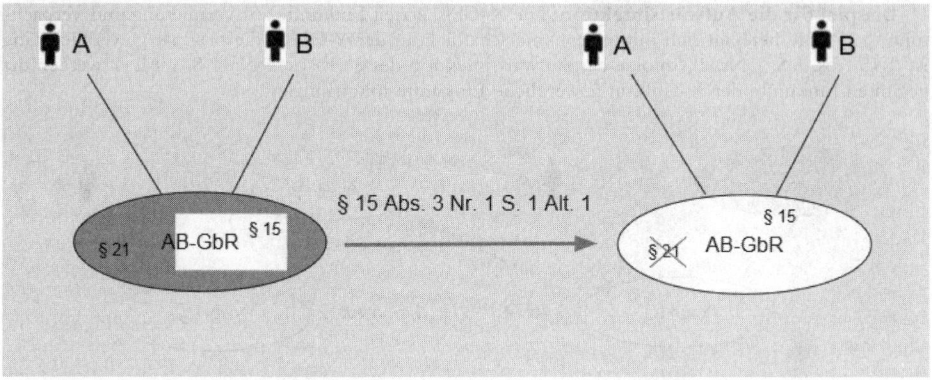

Einstweilen frei **2273–2274**

b) Aufwärtsinfektion (§ 15 Abs. 3 Nr. 1 S. 1 Alt. 2). Mit der Ergänzung des § 15 Abs. 3 Nr. 1 S. 1 um Alt. 2 hat der Gesetzgeber im Jahressteuergesetz 2007 **auf eine Entscheidung des BFH zur Reichweite der Abfärbung** gem. § 15 Abs. 3 Nr. 1 S. 1 (= § 15 Abs. 3 Nr. 1 aF) bei doppelstöckigen Personengesellschaften (BFH 6.10.2004 – IX R 53/01, BStBl. II 2005, 383) reagiert (zur Entstehungsgeschichte BFH 6.6.2019 – IV R 30/16, DStR 2019, 1630 Rn. 12). **2275**

Dem war bereits 2005 als erste Reaktion ein Nichtanwendungserlass vorausgegangen (BMF 18.5.2005, BStBl. I 2005, 698). **2275.1**

Vor dieser Entscheidung ging der BFH davon aus, dass eine Obergesellschaft, die an einer gewerblich tätigen anderen Personengesellschaft (der Untergesellschaft) beteiligt ist, in **Anwendung der Abfärberegelung des § 15 Abs. 3 Nr. 1 S. 1 ausschließlich gewerbliche Einkünfte beziehe** (BFH 8.12.1994 – IV R 7/92, BStBl. II 1996, 264; kritisch *Neu* DStR 1995, 1893 (1894)). Dies ist auf Grundlage der Bilanzbündeltheorie nur folgerichtig, weil die Obergesellschaft durch ihre mitunternehmerschaftliche Beteiligung an einer gewerblich tätigen Gesellschaft selbst gewerblich tätig ist (→ Rn. 414), sodass § 15 Abs. 3 Nr. 1 S. 1 Alt. 1 unmittelbar anwendbar ist (s. dies offen lassend BFH 6.6.2019 – IV R 30/16, DStR 2019, 1630 Rn. 29). Anders stellt sich dies auf Grundlage der Einheitstheorie dar. Hier muss sich der Gesellschafter lediglich gewerbliche Einkünfte zurechnen lassen, den Tatbestand der Gewerblichkeit verwirklicht aber allein die Personengesellschaft (→ Rn. 427). **2276**

Der früheren, gedanklich noch in der Bilanzbündeltheorie verhafteten Rechtsprechung ist der IX. Senat daher unter Hinweis auf Wortlaut und ratio des § 15 Abs. 3 Nr. 1 aF entgegengetreten. § 15 Abs. 3 Nr. 1 beziehe sich ausschließlich auf originär gewerbliche Einkünfte (§ 15 Abs. 1 S. 1 Nr. 1), nicht aber auf nach § 15 Abs. 1 S. 1 Nr. 2 und 3 bezogene Gewinnanteile. Weiterhin bereite die Ermittlung von Einkünften unterschiedlicher Einkunftsarten bei ein und derselben Gesellschaft im Falle von Beteiligungseinkünften keine besonderen Schwierigkeiten (BFH 6.10.2004 – IX R 53/01, BStBl. II 2005, 383 (385)). **2277**

Zur Rechtfertigung des Reaktionsgesetzes verweist die Gesetzesbegründung neben **allgemein steuersystematischen Erwägungen** auf die **schwierigen Übergangsfragen,** die die neue Rechtsprechung aufwerfe. Dazu gehörten die Folgeprobleme einer veränderten Einordnung des Gesellschaftsvermögens als Privatvermögen. Beispielsweise sei bei der Übertragung von Einzelwirtschaftsgütern aus einem Betriebsvermögen auf eine – nun nicht mehr selbst gewerblich tätige – Obergesellschaft von einer von den Steuerpflichtigen regelmäßig **2278** nicht beabsichtigten steuerpflichtigen Entnahme (§ 4 Abs. 1 S. 2) auszugehen (BT-Drs. 16/2712, 45). Um diese Schwierigkeit zu vermeiden, wurde durch § 15 Abs. 3 Nr. 1 S. 1 Alt. 2 **rückwirkend der bisherige Rechtszustand fort- bzw. festgeschrieben.** Der BFH sieht hierin keinen Verstoß gegen das verfassungsrechtliche Rückwirkungsverbot. Die gesetzliche Neuregelung entspreche einer langjährig geübten Rechtspraxis (zu dieser → Rn. 2276). Damit habe sich kein schützenswertes Vertrauen in den Fortbestand der geänderten BFH-Rechtsprechung bilden können (BFH 19.7.2018 – IV R 39/10, BStBl. II 2019, 77 Rn. 18).

2278.1 **Beispiel für die Aufwärtsinfektion:** Die X-GbR erzielt Einkünfte aus Vermietung und Verpachtung (§ 21). Sie beteiligt sich mitunternehmerschaftlich an der Y-OHG, die originär gewerblich tätig ist (§ 15 Abs. 1 S. 1 Nr. 2). Infolge der Aufwärtsinfektion des § 15 Abs. 3 Nr. 1 S. 1 Alt. 2 werden die gesamten Einkünfte der X-GbR in gewerbliche Einkünfte umqualifiziert.

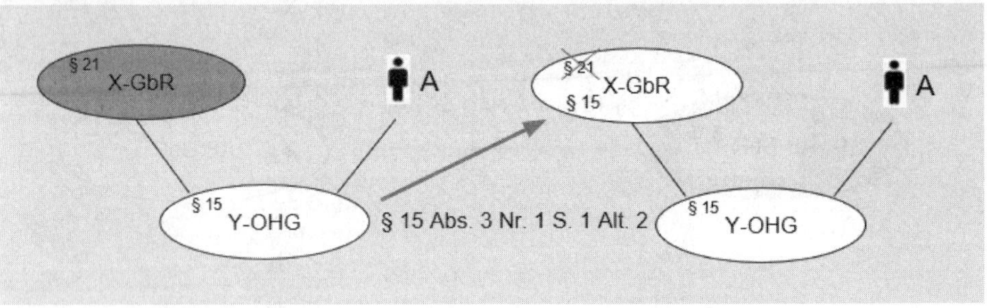

2279 **c) Abfärbung bei negativen gewerblichen Einkünften (§ 15 Abs. 3 Nr. 1 S. 2).** § 15 Abs. 3 Nr. 1 S. 2 ist erst Ende 2019 durch Art. 1 Nr. 13 des „JStG 2019" v. 12.12.2019 eingefügt worden (BGBl. 2019 I 2451 (2453)). Anlass der Gesetzesänderung war die Entscheidung BFH 12.4.2018 – IV R 5/15, BFH/NV 2018, 881. In dieser hatte der IV. Senat den Anwendungsbereich der Seitwärtsinfektion (§ 15 Abs. 3 Nr. 1 Alt. 1 aF) im Wege einer „verfassungskonformen Auslegung" eingeschränkt. Eine Abfärbung vermögensverwaltender Einkünfte sollte demnach ausgeschlossen sein, wenn aus der gewerblichen Betätigung negative Einkünfte erzielt wurden. In diesem Fall sei das Gewerbesteueraufkommen nicht gefährdet. Außerdem sei eine vermögensverwaltende Personengesellschaft nicht zur Führung von Büchern verpflichtet. Eine einheitliche Qualifikation trage damit auch nicht zur Vereinfachung der Gewinnermittlung bei (BFH 12.4.2018 – IV R 5/15, BFH/NV 2018, 881 Rn. 35; ausführlich → Rn. 2323).

2279a Der Entscheidung hält die Gesetzesbegründung entgegen, das **Gewerbesteueraufkommen könne auch bei negativen Einkünften gefährdet werden,** da es – zB aufgrund von Hinzurechnungen – auch im Verlustfall zu einer Gewerbesteuerfestsetzung kommen könne (BT-Drs. 19/13436, 96). Zudem müsse es auf Grundlage der Rechtsprechung des IV. Senats je nach Höhe des Gewinns zu einem **ständigen Wechsel** zwischen gewerblicher Abfärbung (Gewinnjahre) und keiner gewerblichen Abfärbung (Verlustjahre) kommen. In Einklang mit dem bisherigen Gesetzeswortlaut und der langjährigen Praxis solle eine Abfärbung daher auch dann Platz greifen, wenn aus der gewerblichen Tätigkeit kein Gewinn erzielt werde (BT-Drs. 19/13436, 96 → Rn. 111a).

2279b § 15 Abs. 3 Nr. 1 S. 2 stellt nunmehr klar, dass gewerbliche Einkünfte **unabhängig davon zur Abfärbung führen, ob aus der gewerblichen Betätigung positive oder negative Einkünfte** erzielt werden. Dies gilt sowohl in Fällen der **Seitwärts-** (§ 15 Abs. 3 Nr. 1 S. 2 Alt. 2) wie in Fällen der **Aufwärtsinfektion** (§ 15 Abs. 3 Nr. 1 S. 2 Alt. 2).

2280 *Einstweilen frei*

2. Verfassungsrechtliche Bewertung

2281 Der gewerbliche Einzelunternehmer kann neben seinem Gewerbebetrieb sonstigen steuerpflichtigen Tätigkeiten nachgehen, ohne dass seine Einkünfte insgesamt zu gewerblichen Einkünften werden, das eingesetzte Vermögen in Betriebsvermögen umqualifiziert wird und die erzielten Einkünfte insgesamt der Gewerbesteuer unterworfen sind. Die mit dem Nebeneinander unterschiedlicher Einkunftsarten verbundenen Abgrenzungsschwierigkeiten nimmt das EStG in Kauf. Damit sind **Personengesellschaften gegenüber Einzelunternehmern benachteiligt,** weil § 15 Abs. 3 Nr. 1 eine Abfärbung bzw. Infektion allein für Personengesellschaften vorsieht (BVerfG 15.1.2008 – 1 BvL 2/04, BVerfGE 120, 1 (45); BFH 6.6.2019 – IV R 30/16, DStR 2019, 1630 Rn. 22, 31).

Wie diese Benachteiligung der Personengesellschaft verfassungsrechtlich einzuordnen ist und inwieweit dies einen Verstoß gegen Art. 3 Abs. 1 GG zur Folge hat, ist umstritten. Während die Literatur überwiegend von der Verfassungswidrigkeit des § 15 Abs. 3 Nr. 1 S. 1 ausgeht (KSM/*Desens/Blischke* § 15 Rn. E 13), sollen die verfassungsrechtlichen Bedenken nach der Rechtsprechung des BFH sowie des BVerfG im Ergebnis nicht durchgreifen (BVerfG 15.1.2008 – 1 BvL 2/04, BVerfGE 120, 1 (55); BFH 29.11.2012 – IV R 37/10, BFH/NV 2013, 910; BFH 8.4.2008 – VIII R 73/05, BStBl. II 2008, 681; zuletzt BFH 6.6.2019 – IV R 30/16, DStR 2019, 1630 Rn. 23 ff.). Die Rechtsprechung verweist darauf, dass die Abgrenzungsprobleme zwischen unterschiedlichen Einkunftsarten bei Personengesellschaften **schwerer als bei Einzelunternehmern** zu lösen seien (BFH 10.11.1983 – IV R 86/80, BStBl. II 1984, 152 (153 f.)). 2282

Bei Personengesellschaften müssten bei mehreren Steuerpflichtigen mehrere Einkunftsarten abgegrenzt werden. Damit sei eine Vielfalt von Kombinationsmöglichkeiten an Tätigkeiten und Vermögensobjekten – zumal beim Vorhandensein von Sonderbereichen – verbunden, die die Möglichkeiten eines Einzelunternehmers bei weitem übertreffe (BVerfG 15.1.2008 – 1 BvL 2/04, BVerfGE 120, 1 (48)). Zudem könne der Fiktion eines einheitlichen Gewerbebetriebs durch die **Gründung einer personenidentischen Schwestergesellschaft** ausgewichen werden (BFH 6.6.2019 – IV R 30/16, DStR 2019, 1630 Rn. 23; BFH 10.11.1983 – IV R 86/80, BStBl. II 1984, 152 (154); RFH 25.8.1937, RStBl. 1937, 1129; RFH 24.11.1937 – VI A 449/37, RStBl. 1938, 107).

Dem wird in der Literatur entgegengehalten, Abgrenzungsprobleme zwischen verschiedenen Einkunftsarten bei Personengesellschaften könnten ebenso wie bei Einzelunternehmen ggf. im **Wege der Schätzung** gelöst werden (§ 162 AO). Die Verfassungskonformität der Regelung könne auch nicht über die Gestaltungsoption einer personenidentischen Schwestergesellschaft geheilt werden, weil die Verfassungskonformität nicht davon abhängig sein dürfe, ob sich die Norm vermeiden lässt (KSM/*Desens/Blischke* § 15 Rn. E 13; *Drüen* FR 2000, 177 (178)). 2283

Beide Argumente hat das BVerfG zurückgewiesen. **Schätzungen sind streitanfällig.** Angesichts der Komplexität der Abgrenzung dient die Vorschrift deshalb legitimen Vereinfachungszwecken. Der Hinweis auf die Untauglichkeit der Ausweichgestaltung der Gründung einer Schwesterpersonengesellschaft könnte nur dann überzeugen, wenn dies den Steuerpflichtigen nicht zuzumuten wäre. Hiervon kann angesichts der mittlerweile gefestigten Rechtsprechung des BFH nicht ausgegangen werden. Weiterhin kann sich der Gesetzgeber zur Rechtfertigung der Ungleichbehandlung auf das legitime Ziel der **Erhaltung des Gewerbesteueraufkommens** durch einen gleichmäßigen und vollständigen Gesetzesvollzug berufen (BVerfG 15.1.2008 – 1 BvL 2/04, BVerfGE 120, 1 (48 ff.)). 2284

Zudem hat sich die Problematik sowohl durch **gesetzliche Änderungen** als auch durch die **neuere Rechtsprechung des BFH entschärft** (BVerfG 15.1.2008 – 1 BvL 2/04, BVerfGE 120, 1 (51 f.)). Die Gewerbesteuer hat ihren früheren Charakter als Zusatzbelastung weitgehend durch ihre seit 2001 vorgesehene Anrechnung auf die Einkommensteuer (§ 35) verloren (BVerfG 15.1.2008 – 1 BvL 2/04, BVerfGE 120, 1 (54)). Nach der 1999 begründeten Rechtsprechung des BFH hat eine Umqualifizierung nach § 15 Abs. 3 Nr. 1 S. 1 Alt. 1 bei „äußerst geringfügigem Anteil" einer gewerblichen Betätigung zu unterbleiben (→ Rn. 2312). Unter dem Aspekt der Rechtssicherheit ist zu begrüßen, dass dieses äußerst vage Kriterium Ende 2014 in drei Parallelentscheidungen quantifiziert wurde (→ Rn. 2317). Bei § 15 Abs. 3 Nr. 1 S. 1 Alt. 2 hat der IV. Senat des BFH zwar eine Bagatellgrenze verworfen (→ Rn. 2361). Er vermeidet eine (etwaige) gewerbesteuerliche Zusatzbelastung des Steuerpflichtigen aber, indem er § 2 Abs. 1 Satz 2 GewStG teleologisch reduziert und damit den gewerbesteuerlichen Begriff des Gewerbebetriebs von dem der Einkommensteuer entkoppelt (→ Rn. 2371). 2285

Im Wege der Reaktionsgesetzgebung hat der Gesetzgeber hingegen die Entscheidung des IV. Senats korrigiert, wonach eine Abfärbung einer vermögensverwaltenden Personengesellschaft dann nicht in Betracht kommen sollte, wenn die Personengesellschaft daneben auch 2286 negative Einkünfte aus Gewerbebetrieb erzielt (BFH 12.4.2018 – IV R 5/15, BFH/NV 2018, 881). **§ 15 Abs. 3 Nr. 1 S. 2** stellt klar, dass auch negative Einkünfte zu einer Seitwärts- (§ 15 Abs. 3 Nr. 1 S. 2 Alt. 1) bzw. zu einer Aufwärtsinfektion (§ 15 Abs. 3 Nr. 1 S. 2 Alt. 2) führen (→ Rn. 2279; → Rn. 2388).

2286a Durch diese – aus Sicht des Gesetzgebers – klarstellende Ergänzung hat sich die verfassungsrechtliche Problematik des § 15 Abs. 3 Nr. 1 wieder verschärft. Wenn die Argumentation des IV. Senats zur Notwendigkeit einer (restriktiven) verfassungskonformen Auslegung des § 15 Abs. 3 Nr. 1 Alt. 1 aF (BFH 12.4.2018 – IV R 5/15, BFH/NV 2018, 881 Rn. 35; → Rn. 2325) konsequent zu Ende gedacht wird, müsste von der Verfassungswidrigkeit des § 15 Abs. 3 Nr. 1 S. 2 ausgegangen werden. Hierfür besteht – jedenfalls nach der hier vertretenen Auffassung – aber kein Anlass. In der Begründung der Gesetzesinitiative hat der Gesetzgeber nachvollziehbare Gründe angeführt, warum auch bei negativen Einkünften an einer Umqualifizierung festgehalten werden sollte (→ Rn. 2279). Für die Ungleichbehandlung von Personengesellschaften gegenüber Einzelpersonen kann er sich damit auf einen sachlichen Grund berufen. Ein Verstoß gegen Art. 3 Abs. 1 GG scheidet aus.

2287 Dass § 15 Abs. 3 Nr. 1 S. 2 auch für Veranlagungszeiträume vor 2019 anzuwenden ist (§ 52 Abs. 23 S. 1), führt **nicht zu einer unzulässigen verfassungswidrigen Rückwirkung.** Der Gesetzgeber hat mit der Ergänzung nur die Rechtslage wiederhergestellt, die vor der Entscheidung des IV. Senats allgemein anerkannt war (BT-Drs. 19/13436, 102). In der Zwischenzeit konnte sich noch kein schutzwürdiges Vertrauen bilden (s. auch BVerfG 23.1.1990 – 1 BvL 4/87, 1 BvL 5/87, 1 BvL 6/87, 1 BvL 7/87, BVerfGE 81, 228 (239); BVerfG 17.12.2013 – 1 BvL 5/08, BVerfGE 135, 1 Rn. 78).

2288–2289 *Einstweilen frei*

3. Erfasste Personengesellschaften

2290 Nach dem Gesetzeswortlaut gilt § 15 Abs. 3 Nr. 1 allein für die **OHG,** die **KG** oder **andere Personengesellschaften.** Damit ist die Vorschrift enger als § 15 Abs. 1 S. 1 Nr. 2 S. 1, welcher anstatt von Personengesellschaft von anderer Gesellschaft spricht, bei der der Gesellschafter als Unternehmer (Mitunternehmer) des Betriebs anzusehen ist (zur Bedeutung der Differenzierung → Rn. 2294).

2291 Neben der OHG und KG ist die Vorschrift damit jedenfalls auf die **GbR** (BFH 19.2.1998 – IV R 11/97, BStBl. II 1998, 603; BFH 28.6.2006 – XI R 31/05, BStBl. II 2007, 378 (383)), die **Partenreederei, Partnerschaften** sowie die **Europäische Wirtschaftliche Interessenvereinigung** als „andere Personengesellschaft" anwendbar (HHR/*Stapperfend* § 15 Rn. 1422).

2292 Ebenso Personengesellschaft sind **Innengesellschaften** (BFH 23.4.2009 – IV R 73/06, BStBl. II 2010, 40 (42 f.)). Deshalb ist auch eine atypisch stille Beteiligung einzubeziehen (HHR/*Stapperfend* § 15 Rn. 1422). Nicht ausreichend ist dagegen eine Beteiligung als typisch stiller Gesellschafter, der lediglich Einkünfte aus Kapitalvermögen bezieht (§ 20 Abs. 1 Nr. 4).

2293 **Nicht durchsetzen** konnte sich die Ansicht, der Anwendungsbereich sei auf Personenhandelsgesellschaften teleologisch zu reduzieren (*Stadie* FR 1989, 93; dagegen BFH 10.8.1994 – I R 133/93, BStBl. II 1995, 171 (173); BFH 11.5.1989 – IV R 43/88, BStBl. II 1989, 797; BFH 30.8.2001 – IV R 43/00, BStBl. II 2002, 152).

2294 Auf Mitunternehmerschaften, die wie die Erbengemeinschaft, die Bruchteilsgemeinschaft und die eheliche Gütergemeinschaft keine Personengesellschaften sind, ist § 15 Abs. 3 Nr. 1 nicht unmittelbar anwendbar (KSM/*Desens*/*Blischke* § 15 Rn. E 2; für die Erbengemeinschaft BFH 23.10.1986 – IV R 214/84, BStBl. II 1987, 120 (121)). Gleichwohl besteht zwischen § 15 Abs. 3 Nr. 1 und dem **weiter gefassten Anwendungsbereich des § 15 Abs. 1 S. 1 Nr. 2 nur scheinbar eine Diskrepanz. Sofern** eine Gemeinschaft mit Einkünfteerzielungsabsicht tätig wird, ist darin zumindest **konkludent die Gründung einer Personengesellschaft** iSd § 15 Abs. 3 Nr. 1 zu sehen (HHR/*Stapperfend* § 15 Rn. 1422; zustimmend KSM/*Desens*/*Blischke* § 15 Rn. E 2; im Ergebnis wohl auch BFH 23.10.1986 – IV R 214/84, BStBl. II 1987, 120 (121)).

2295–2296 *Einstweilen frei*

4. Personenidentität

Die Umqualifizierung setzt voraus, dass die gewerbliche und die nicht gewerbliche Tätigkeit durch die **gleiche Personengesellschaft** ausgeübt werden. Damit lässt sich § 15 Abs. 3 Nr. 1 vergleichsweise einfach umgehen, indem die gewerbliche und die nicht gewerbliche Betätigung auf **personenidentische Schwesterpersonengesellschaften** ausgegliedert werden (→ Rn. 2391). Nach der Rechtsprechung bedarf es nicht unbedingt der Errichtung einer Zweitgesellschaft. Vielmehr kann bereits die Begründung einer **separaten Bruchteilsgemeinschaft** ausreichend sein, die vom Gesamthandsvermögen der Personengesellschaft zu trennen ist, sofern das Bruchteilseigentum weder als notwendiges noch als gewillkürtes Betriebsvermögen eingeordnet werden kann (BFH 27.8.1998 – IV R 77/97, BStBl. II 1999, 279 (280) für den Fall fremdvermieteter Wohnungen neben einer Betriebsaufspaltung; zustimmend *Drüen* FR 2000, 177 (180)). 2297

Ob eine Umqualifizierung durch eine **gewerbliche Betätigung des Gesellschafters** für die Gesellschaft eintreten kann, hat der BFH zunächst offen gelassen (BFH 7.11.1991 – IV R 17/90, BStBl. II 1993, 324 (326)), dann unter Hinweis auf den Wortlaut verneint (BFH 28.6.2006 – XI R 31/05, BStBl. II 2007, 378 (383)). Nach § 15 Abs. 3 Nr. 1 S. 1 muss die Gesellschaft selbst die umqualifizierende Tätigkeit ausüben. Tätigkeiten eines Gesellschafters sind deshalb unschädlich (*Drüen* FR 2000, 177 (180)). 2298

Beispiel: Eine landwirtschaftlich tätige Produktionsgesellschaft vertreibt ihre Produkte über eine Vertriebsgesellschaft, an der auch Gesellschafter der Produktionsgesellschaft A beteiligt ist. Auch wenn der Anteil an der Vertriebsgesellschaft zum Sonderbetriebsvermögen des A bei der Produktionsgesellschaft gehört, hat dies nicht die Umqualifizierung der Tätigkeit der Produktionsgesellschaft zur Folge (Beispiel nach *Wendt* FR 1996, 265 (273), der dort selbst noch die Gegenauffassung vertreten hat, diese allerdings in *Wendt* FR 2007, 83 (84) ausdrücklich aufgegeben hat). 2298.1

Einstweilen frei 2299–2300

5. Fiktionstatbestand: Teilgewerblichkeit (§ 15 Abs. 3 Nr. 1 S. 1 Alt. 1)

a) Teilbarkeit bzw. Eigenständigkeit. § 15 Abs. 3 Nr. 1 setzt voraus, dass neben den Einkünften aus Gewerbebetrieb – iSv **voneinander abgrenzbaren Tätigkeiten – auch Einkünfte einer anderen Einkunftsart** erzielt werden (BFH 12.10.2016 – I R 92/12, DStR 2017, 589 Rn. 16; BFH 28.9.2017 – IV R 50/15, BStBl. II 2018, 89 Rn. 18). Keine Anwendung findet die Abfärberegelung des § 15 Abs. 3 Nr. 1 daher, wenn es sich bei der Tätigkeit der Personengesellschaft um eine einheitlich zu betrachtende Gesamtbetätigung handelt (BFH 24.4.1997 – IV R 60/95, BStBl. II 1997, 567 (568)). Hiervon ist auszugehen, sofern sich die Tätigkeiten gegenseitig bedingen und so eng miteinander verflochten sind, dass eine Trennung gegen die Verkehrsauffassung verstoßen würde (BFH 24.4.1997 – IV R 60/95, BStBl. II 1997, 567; s. auch BFH 27.8.2014 – VIII R 16/11, BStBl. II 2015, 996 Rn. 24 ohne den Hinweis auf die Verkehrsauffassung). 2301

Eine derartige gemischte Tätigkeit ist einheitlich danach zu qualifizieren, welche Tätigkeit der Gesamtbetätigung das Gepräge gibt (BFH 24.4.1997 – IV R 60/95, BStBl. II 1997, 567 (568); BFH 24.9.1998 – IV R 16/98, BFH/NV 1999, 602 (603); BFH 8.12.2006 – XI B 57/06, BFH/NV 2007, 687 (688)). Beispielsweise geht der BFH von einer einheitlichen tierärztlichen Tätigkeit aus, soweit – an sich gewerbliche – Abgaben von Arzneimitteln untrennbar mit tierärztlichen Verrichtungen, etwa im Rahmen einer Notfallbehandlung verbunden sind (BFH 1.2.1979 – IV R 113/76, BStBl. II 1979, 574 (575)). 2302

Einstweilen frei 2303–2304

b) Gewerblichkeit der Betätigung. Bei der umqualifizierenden Tätigkeit muss es sich um eine **gewerbliche Betätigung nach § 15 Abs. 2** handeln, insbesondere ist Gewinnerzielungsabsicht erforderlich (Schmidt/*Wacker* § 15 Rn. 186; BFH 18.5.1995 – IV R 31/94, BStBl. II 1995, 718 (719)). 2305

Keine gewerbliche Tätigkeit begründet die **Beteiligung an einer Kapitalgesellschaft** (*Drüen* FR 2000, 177 (180)). 2306

Abweichendes galt nach der früheren Rechtsprechung des BFH für die **Beteiligung einer Personengesellschaft an einer gewerblich tätigen Personengesellschaft** (BFH 2307

8.12.1994 – IV R 7/92, BStBl. II 1996, 264 (266); zu den Hintergründen der Entscheidung *Groh* DB 2005, 2430 (2432)). Eine derartige Beteiligung sollte einen eigenständigen Gewerbebetrieb der Obergesellschaft begründen, um so ein Leerlaufen des § 15 Abs. 1 S. 1 Nr. 2 S. 2 zu vermeiden. Dieser Rechtsprechung ist durch die Ergänzung des § 15 Abs. 3 Nr. 1 S. 1 Alt. 2 die Grundlage entzogen worden. Nunmehr ist der Bezug gewerblicher Einkünfte dort in einem eigenständigen Fiktionstatbestand verselbständigt worden, der als Reaktion auf eine missliebige Entscheidung des BFH den früheren Rechtszustand wiederherstellen und allein deklaratorische Bedeutung haben sollte (→ Rn. 2275).

2308 Keine Rolle spielt, ob die umqualifizierende gewerbliche Tätigkeit **gewerbesteuerpflichtig** ist. Die Infektionswirkung tritt also auch dann ein, wenn die gewerbliche Betätigung nicht mit Gewerbesteuer belastet ist. In diesen Fällen schlägt die Gewerbesteuerbefreiung der gewerblichen Einkünfte allerdings auf die umqualifizierte vermögensverwaltende oder sonstige nicht originär gewerbliche Betätigung durch (BFH 27.8.2014 – VIII R 16/11, BStBl. II 2015, 996 Rn. 37). Anderenfalls müssten die Einkunftsquellen allein für Zwecke der Gewerbesteuer voneinander abgegrenzt werden, was dem Vereinfachungszweck des § 15 Abs. 3 Nr. 1 zuwiderläuft (KSM/*Desens/Blischke* § 15 Rn. E19). Im Ergebnis wird damit eine Belastung mit Gewerbesteuer vermieden.

2309 Bei Einkünften aus **Land- und Fortwirtschaft (§ 13)** sowie Einkünften aus **selbständiger Arbeit (§ 18)** ist § 15 Abs. 3 Nr. 1 nicht anzuwenden. Dass die Abfärberegelung nur für gewerblich tätige Personengesellschaften und nicht für die anderen Gewinneinkunftsarten gilt, erklärt sich durch die Schutzfunktion der Vorschrift für das Gewerbesteueraufkommen. Da die anderen Gewinneinkunftsarten nicht der Gewerbesteuer unterliegen, bedarf es auch keiner Umqualifizierung. Eine freiberuflich tätige Personengesellschaft kann deshalb beispielsweise parallel auch Einkünfte aus Vermietung und Verpachtung erzielen (*Niehus/Wilke* Die Besteuerung der Personengesellschaften, 40).

2310–2311 *Einstweilen frei*

2312 **c) Ausgrenzung gewerblicher Bagatelleinkünfte.** § 15 Abs. 3 Nr. 1 lässt sich nicht entnehmen, dass der Umfang der gewerblichen Tätigkeit für die Umqualifizierung eine – wie auch immer zu bestimmende – Erheblichkeitsschwelle überschreiten muss. Hiervon ist aber nach der neueren Rechtsprechung auszugehen, die § 15 Abs. 3 Nr. 1 unter einen Bagatellvorbehalt stellt, die zuletzt durch den VIII. Senat näher quantifiziert worden ist (→ Rn. 2317).

2313 Nach der älteren Rechtsprechung sollte dagegen auch eine nur ganz **geringfügige gewerbliche Betätigung** zu einer Umqualifizierung führen (BFH 10.8.1994 – I R 133/93, BStBl. II 1995, 171 (172); offen aber bereits BFH 7.11.1991 – IV R 17/90, BStBl. II 1993, 324 (326)). Zur Begründung verwies der BFH auf Wortlaut („auch eine Tätigkeit") und die Entstehungsgeschichte, da der Normtext im Finanzausschuss noch nachträglich an die bereits zuvor unmissverständliche Gesetzesbegründung des Regierungsentwurfs angepasst worden war (BT-Drs. 10/3663; BT-Drs. 10/4498; BFH 10.8.1994 – I R 133/93, BStBl. II 1995, 171 (172)).

2314 In der jüngeren Rechtsprechung zeichnete sich dessen ungeachtet die Tendenz ab, die **Abfärberegel restriktiv** auszulegen (kritisch KSM/*Desens/Blischke* § 15 Rn. E 17). Den Anfang markiert die Entscheidung BFH 11.8.1999 – XI R 12/98, BStBl. II 2000, 229. In dieser hielt der XI. Senat zwar im Ausgangspunkt daran fest, dass die Abfärberegelung auch insoweit zur Anwendung kommt, als der eigentlich gewerblichen Tätigkeit nur eine geringfügige Bedeutung zukommt. Mit Rücksicht auf den Grundsatz der Verhältnismäßigkeit sollte bei einem Anteil von 1,25% der originär gewerblichen Tätigkeit die umqualifizierende Wirkung des § 15 Abs. 3 Nr. 1 aber nicht eingreifen (BFH 11.8.1999 – XI R 12/98, BStBl. II 2000, 229). In einem summarischen Verfahren wurde ein Umsatzanteil in Höhe von 2,81% des Gesamtumsatzes noch als äußerst geringfügig angesehen (BFH 8.3.2004 – IV B 212/03, BFH/NV 2004, 954 Rn. 12). Nicht mehr als nur geringfügig angesehen wurde dagegen ein Anteil von 6,27% am Gesamtgewinn (BFH 10.8.1994 – I R 133/93, BStBl. II 1995, 171).

2314.1 Beispiel in Anlehnung an BFH 11.8.1999 – XI R 12/98, BStBl. II 2000, 229: Die A&B-GbR betreibt eine Gemeinschaftspraxis für Krankengymnastik und erzielt neben Einnahmen aus freiberuflicher krankengymnastischer Tätigkeit iHv 510.470 EUR weitere Einnahmen aus dem Verkauf von

Nackenkissen und behandlungsunterstützender Cremes iHv 6.481 EUR. Beide Tätigkeitsbereiche waren rechtlich und organisatorisch nicht voneinander getrennt. Das Finanzamt qualifizierte sämtliche Einkünfte gemäß § 15 Abs. 3 Nr. 1 S. 1 Alt. 1 EStG als gewerblich.

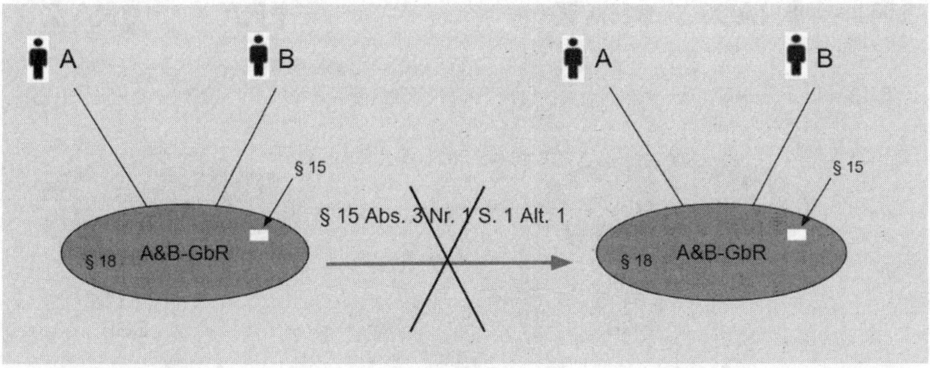

Auch in BFH 30.8.2001 – IV R 43/00, BStBl. II 2002, 152 (153) sprach sich der IV. Senat für eine Einschränkung der Abfärberegelung durch den Grundsatz der Verhältnismäßigkeit aus. Zusätzlich kam er den Steuerpflichtigen entgegen, indem eine etwaige **Gewerbesteuerbefreiung der umqualifizierenden Tätigkeit auch auf die umqualifizierte Tätigkeit zu erstrecken ist** (besonders anschaulich BFH 27.8.2014 – VIII R 16/11, BStBl. II 2015, 996 Rn. 37, wonach eine Gewerbesteuerbefreiung der gewerblichen Einkünfte auf die freiberuflichen Einkünfte „abfärbt"). **2314.2**

Eine Bestätigung erfuhr die Neuausrichtung des BFH in der Rechtsprechung des BVerfG. Dieses hat verfassungsrechtliche Kritik an der Abfärberegelung (→ Rn. 2281) ua unter Hinweis auf die neuere Rechtsprechung des BFH zurückgewiesen, die eine unverhältnismäßige und gleichheitswidrige Belastung vermeide (BVerfG 15.1.2008 – 1 BvL 2/04, BVerfGE 120, 1 (51 f.)). **2315**

In der **Literatur** war an der Umqualifizierung auch in Fällen einer lediglich geringfügigen gewerblichen Betätigung seit jeher Kritik geübt worden, weil diese zu sachwidrigen Ergebnissen führe und zudem ungewünschte Gestaltungsmöglichkeiten eröffne (*Neu* DStR 1995, 1893 (1894 ff.)). So wurde zT eine Bagatellgrenze von 10% vorgeschlagen. Nach der Entscheidung des XI. Senats ist im Rahmen des § 15 Abs. 3 Nr. 1 eine entsprechende Anwendung der Freibeträge des § 11 Abs. 1 S. 3 Nr. 1 GewStG (*Drüen* FR 2000, 177 (185); *Seer/Drüen* BB 2000, 2176 (2179)) vorgeschlagen worden. Mit beachtlichen Argumenten ist dem entgegengehalten worden, die ratio des § 15 Abs. 3 Nr. 1 ziele darauf, die Komplikationen und den Aufwand bei der Ermittlung parallel anwendbarer Einkommenserzielungsbestimmungen zu vermeiden (HHR/*Stapperfend* § 15 Rn. 1426). **2316**

Einen Meilenstein, aber noch nicht den Abschluss der Debatte markieren die **drei im August 2014 ergangenen Parallelentscheidungen des VIII. Senats** (BFH 27.8.2014 – VIII R 6/12, BStBl. II 2015, 1002 Rn. 53 ff.; BFH 27.8.2014 – VIII R 16/11, BStBl. II 2015, 996; BFH 27.8.2014 – VIII R 41/11, BStBl. II 2015, 999; zuletzt BFH 14.5.2019 – VIII R 35/16, BStBl. II 2019, 580 Rn. 26). In diesen hat der VIII. Senat die Geringfügigkeitsgrenze **quantifiziert.** Danach liegt (bei im Übrigen freiberuflichen Einkünften – s. BFH 12.4.2018 – IV R 5/15, BFH/NV 2018, 881 Rn. 36, wo die Übertragbarkeit auf rein vermögensverwaltende Einkünfte ausdrücklich offen gelassen wird) eine gewerbliche Tätigkeit von äußerst geringem Ausmaß, die nicht dazu führt, dass die gesamte Tätigkeit der Personengesellschaft einheitlich als gewerblich fingiert wird, vor, wenn kumulativ die beiden folgenden Grenzen eingehalten werden: **2317**

- Die originär gewerblichen Nettoumsatzerlöse dürfen **3% der Gesamtnettoumsatzerlöse** sowie
- den **Betrag von 24.500 EUR** im Veranlagungszeitraum nicht übersteigen.

Eine Rechtsanwalts-GbR beschäftigt einen angestellten Rechtsanwalt (Y), der regelmäßig zum Insolvenzverwalter bestellt wird. Die aus dessen Tätigkeiten resultierenden Einkünfte (15.358 EUR in 2003 und 21.065 EUR in 2004) der GbR sind gewerblicher Natur. Zwar unterfällt die Tätigkeit des Insolvenzverwalters grundsätzlich § 18 Abs. 1 Nr. 3 EStG, jedoch scheidet aufgrund der eigenverantwortli- **2317.1** chen Stellung des Insolvenzverwalters eine leitende und eigenverantwortliche Tätigkeit der Gesellschafter, hier in Person des ebenfalls als Insolvenzverwalter tätigen Gesellschafters X, aus.

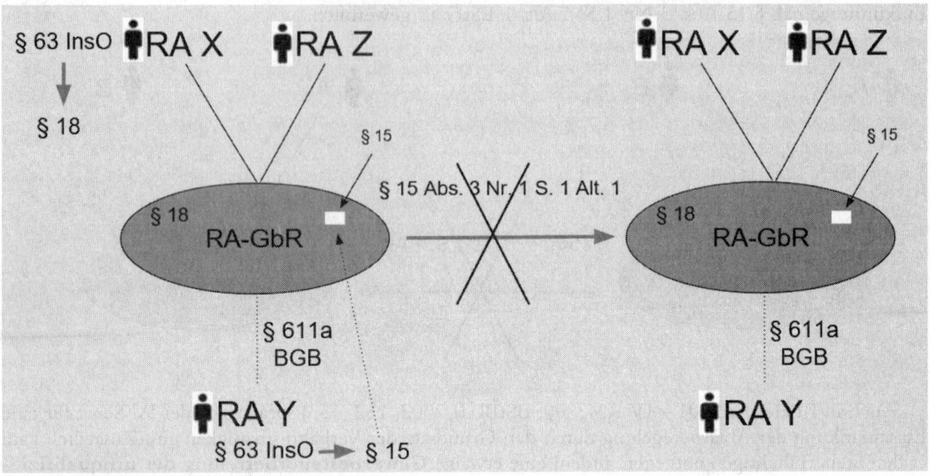

2318 Die Orientierung an den **Nettoumsätzen** vermeidet Verfälschungen, die anderenfalls durch unterschiedliche Umsatzsteuersätze eintreten könnten (BFH 27.8.2014 – VIII R 6/12, BStBl. II 2015, 1002 Rn. 57). Der absolute Höchstbetrag in Höhe von 24.500 EUR zielt auf den gewerbesteuerlichen Freibetrag für Personengesellschaften nach § 11 Abs. 1 S. 3 Nr. 1 GewStG (BFH 27.8.2014 – VIII R 6/12, BStBl. II 2015, 1002 Rn. 57) ab, ist aber nicht als Gewinn-, sondern als Umsatzgröße ausgestaltet. Dadurch kann es vermieden werden, bereits zur Konkretisierung der Geringfügigkeitsgrenze und entgegen dem Normzweck des § 15 Abs. 3 Nr. 1 den Gewinn uneinheitlich zu ermitteln (BFH 27.8.2014 – VIII R 6/12, BStBl. II 2015, 1002 Rn. 63).

2319 Eine Notwendigkeit, die Umqualifizierung darüber hinaus auch dann einzuschränken, sofern die **festzusetzende Gewerbesteuer höher oder beinahe so hoch wie die originär gewerblichen Einkünfte wäre** (so aber FG Köln 1.3.2011 – 8 K 4450/08, EFG 2011, 1167 Rn. 32, rkr.), besteht nicht. Dem hält der BFH entgegen, dass die definitive Gewerbesteuerbelastung durch die Möglichkeit der Anrechnung auf die Einkommensteuerschuld der Gesellschafter nach § 35 wesentlich gemindert wird (BFH 27.8.2014 – VIII R 16/11, BStBl. II 2015, 996 Rn. 39).

2320 Scheitert die Umqualifizierung an der Geringfügigkeitsgrenze, ist die originär gewerbliche Tätigkeit getrennt von den übrigen Einkünften zu betrachten (BFH 27.8.2014 – VIII R 16/11, BStBl. II 2015, 996 Rn. 25). Die hiermit verbundenen Schwierigkeiten erscheinen mit Rücksicht auf den begrenzten Umfang der gewerblichen Einkünfte vertretbar.

2321 Insgesamt verdient die neuere Rechtsprechung **uneingeschränkt Zustimmung.** Dem BFH ist es gelungen, die durch den Verhältnismäßigkeitsgrundsatz gebotene Einschränkung so zu quantifizieren, dass für Rechtssicherheit gesorgt ist und sich die relevanten Kennzahlen für die Feststellung der Geringfügigkeit vergleichsweise einfach ermitteln lassen. In der Gesetzesbegründung zur Ergänzung des § 15 Abs. 3 Nr. 1 um einen Satz 2 (→ Rn. 2279) wird zustimmend auf die neuere Rechtsprechung Bezug genommen (BT-Drs. 19/13436, 96). Damit hat diese auch **eine mittelbare Bestätigung durch den Gesetzgeber** gefunden.

2322–2324 *Einstweilen frei*

2325 **d) Keine Ausgrenzung negativer Einkünfte.** Nach einer neueren 2018 getroffenen Entscheidung des IV. Senats sollte bei vermögensverwaltenden Personengesellschaften die Rechtsfolge des § 15 Abs. 3 Nr. 1 **nur durch positive gewerbliche Einkünfte** ausgelöst werden. Begründet wurde dies mit dem Telos (→ Rn. 2266) der Norm. Wenn aus der gewerblichen Tätigkeit keine positiven Einkünfte erzielt werden, **sei das Gewerbesteueraufkommen nicht gefährdet.** Bei verfassungskonformer Auslegung sei § 15 Abs. 3 Nr. 1 aF daher bei negativen gewerblichen Einkünften nicht anwendbar (BFH 12.4.2018 – IV R 5/15, BFH/NV 2018, 881 Rn. 34 f.; → Rn. 2279).

Die AB-GbR erzielt durch die Vermietung von Büro- und Geschäftsräumen Einkünfte nach § 21. U.a. überlässt sie Räume an ihre personenidentische Schwestergesellschaft AB-GmbH. Hierfür erhält sie allerdings weder einen Mietzins noch erhalten sie oder ihre Gesellschafter Gewinnausschüttungen. Da der GbR für die überlassenen Räume Aufwendungen entstehen, erzielt sie durch die Überlassung an die AB-GmbH nur negative Einkünfte. 2325.1

Möglicherweise (in der Entscheidung offengelassen) liegt zwischen der AB-GbR (Besitzunternehmen) und der AB-GmbH (Betriebsunternehmen) eine Betriebsaufspaltung vor. In diesem Fall würde es sich bei den (negativen) Einkünfte aus der Überlassung um Einkünfte aus Gewerbebetrieb handeln, sodass eine Infektion der übrigen Einkünfte nach § 15 Abs. 3 Nr. 1 S. 1 Alt. 1 im Raum steht.

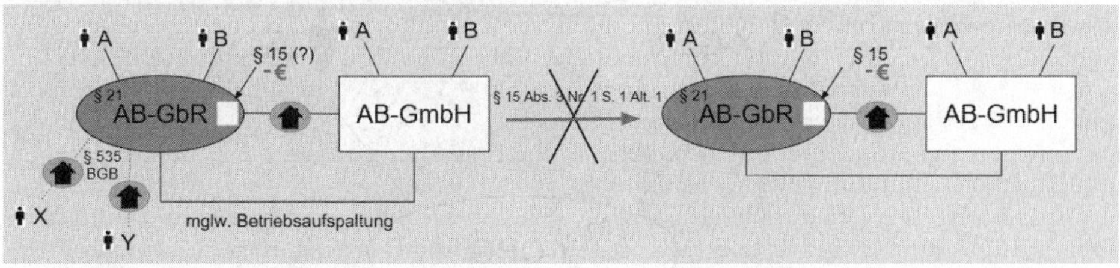

Hinter die Entscheidung des IV. Senats waren sowohl aus **rechtsmethodischer Sicht** wie auch sachlich-inhaltlich Fragezeichen zu setzen. Die Neuinterpretation des § 15 Abs. 3 Nr. 1 aF korrigierte den Anwendungsbereich der Norm nicht nur in einem Randbereich. Dass gerade zu Beginn der Aufnahme einer gewerblichen Betätigung Verluste anfallen, stellt keinen Ausnahme-, sondern eher den Regelfall dar. Eine derart weitreichende Durchbrechung des Gesetzeswortlautes sollte daher dem Gesetzgeber vorbehalten bleiben. In jedem Fall ist das Urteil rechtsmethodisch nicht mehr als verfassungskonforme Auslegung, sondern als teleologische Reduktion einzuordnen (zu den Grenzen richterlicher Rechtsfortbildung → Rn. 329) 2325.2

Nicht wirklich einsichtig oder doch zumindest erläuterungsbedürftig ist ferner die Annahme, die teleologische Reduktion könne das Gewerbesteueraufkommen nicht gefährden. Wenn im nichtgewerblichen Bereich positive Einkünfte erzielt werden, die die negativen Einkünfte übersteigen, muss die unterbliebene Abfärbung sehr wohl eine **Minderung des Gewerbesteueraufkommens** zur Folge haben. Damit geht die Entscheidung unausgesprochen von einer segmentierten Betrachtung aus, die im deutlichen Kontrast zur Teleologie der Abfärberegelung steht. Da es auch im ertragsteuerlichen Verlustfall durch gewerbesteuerliche Hinzurechnungen zu einer Festsetzung von Gewerbesteuer kommen kann, kritisiert auch die Gesetzesbegründung zu § 15 Abs. 3 Nr. 2 S. 2 das Argument, das Gewerbesteueraufkommen sei bei negativen gewerblichen Einkünften nicht gefährdet (BT-Drs. 19/13436, 96; → Rn. 111b; → Rn. 2279). 2325.3

Unerwünschte Nebenfolge der teleologischen Reduktion war auch, dass der von § 15 Abs. 3 Nr. 1 (unter anderem) intendierte **Vereinfachungseffekt verfehlt wird.** Unterblieb eine Abfärbung, musste nunmehr aufwändig und potentiell missbrauchsanfällig zwischen dem gewerblichen und den übrigen Bereichen abgegrenzt werden (zur Teleologie der Abfärberegel → Rn. 2266). Weiterhin erschien es kaum vertretbar, in einem Verlustjahr in jedem Fall von einer Betriebsaufgabe und dem damit verbundenen Zwang zur Aufdeckung stiller Reserven auszugehen. Um je nach Gewinnsituation einen stetigen Wechsel zwischen gewerblicher Abfärbung und keiner gewerblichen Abfärbung zu vermeiden (hierzu kritisch BT-Drs. 19/13436, 96 → Rn. 111a), hätte es sich angeboten, dem Steuerpflichtigen in Anlehnung an die Grundsätze zur Betriebsunterbrechung eine Übergangsfrist zuzubilligen. 2325.4

Der Gesetzgeber hat auf die Entscheidung im Regierungsentwurf zum „JStG 2019" reagiert und – aus seiner Sicht klarstellend – § 15 Abs. 3 Nr. 1 S. 2 eingefügt. Dieser sieht vor, dass die Abfärberegelung **unabhängig davon eingreifen** soll, ob aus der gewerblichen Betätigung bzw. der Beteiligung an einer gewerblich tätigen Mitunternehmerschaft **positive oder negative Einkünfte** erzielt werden (BT-Drs. 19/13436, 10; → Rn. 111a; → Rn. 2388). 2326

Einstweilen frei 2327–2334

6. Fiktionstatbestand: Bezug gewerblicher Einkünfte aus Mitunternehmerschaft (§ 15 Abs. 3 Nr. 1 S. 1 Alt. 2)

Zur Fiktion ausschließlich gewerblicher Einkünfte führt es nach § 15 Abs. 3 Nr. 2 Alt. 2 auch, wenn eine OHG, KG oder andere Personengesellschaft gewerbliche Einkünfte iSd § 15 Abs. 1 S. 1 Nr. 2 bezieht (sog. **Aufwärtsinfektion,** *Richter/Chuchra/Dorn* DStR 2016, 2335

2944). Die Vorschrift geht erst auf das Jahressteuergesetz 2007 zurück. Nach Auffassung des Gesetzgebers sollte die Ergänzung des Abs. 3 Nr. 1 allein klarstellende Bedeutung haben (→ Rn. 2275)

2335.1 **Beispiel:** Die X-GbR erzielt Einkünfte aus Vermietung und Verpachtung (§ 21). Sie beteiligt sich mitunternehmerschaftlich an der Y-OHG, die originär gewerblich tätig ist (§ 15 Abs. 1 S. 1 Nr. 2). Infolge der Aufwärtsinfektion des § 15 Abs. 3 Nr. 1 S. 1 Alt. 2 werden die gesamten Einkünfte der X-GbR in gewerbliche Einkünfte umqualifiziert.

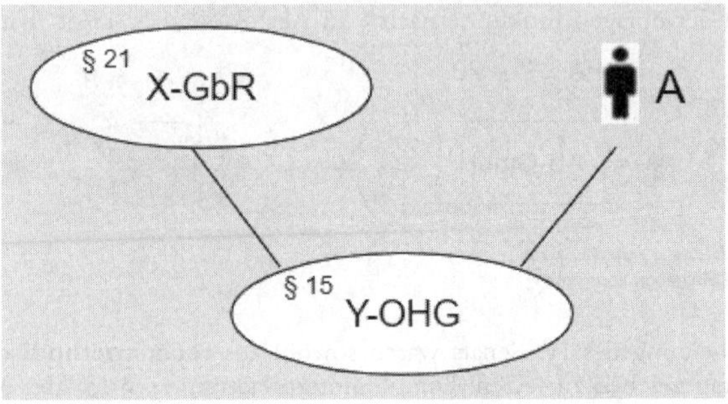

2336 In § 15 Abs. 3 Nr. 1 S. 1 Alt. 2 hat der Gesetzgeber damit einen **Teilaspekt der einkommensteuerlichen Einordnung doppelstöckiger Personengesellschaften** geregelt, dem insbesondere im Zusammenspiel mit § 15 Abs. 1 S. 1 Nr. 2 S. 2 praktische Bedeutung zukommt (→ Rn. 2087). In der üblichen Terminologie der doppelstöckigen Personengesellschaft (→ Rn. 2082) ist Regelungsgegenstand des § 15 Abs. 3 Nr. 1 S. 1 Alt. 2 die Einkünftequalifikation der Obergesellschaft.

2337 Zu klären ist, welche Anforderungen § 15 Abs. 3 Nr. 1 S. 1 Alt. 2 an die **Beteiligung** (→ Rn. 2341) und an die **Untergesellschaft** stellt (→ Rn. 2344), was **Bezug der Einkünfte** bedeutet (→ Rn. 2348) und welche Sonderfragen im Zusammenhang mit dem **Sonderbetriebsvermögen** zu beantworten sind(→ Rn. 2353).

2338–2340 *Einstweilen frei*

2341 **a) Mitunternehmerschaftliche Beteiligung.** Indem § 15 Abs. 3 Nr. 1 S. 1 Alt. 2 an den Bezug gewerblicher Einkünfte iSd Abs. 1 S. 1 Nr. 2 anknüpft, muss die Obergesellschaft an der Untergesellschaft **mitunternehmerschaftlich beteiligt sein** (*Richter/Chuchra/Dorn* DStR 2016, 2944 (2945)), dh über hinreichende Mitunternehmerinitiative verfügen und hinreichendes Mitunternehmerrisiko tragen (→ Rn. 1482).

2342–2343 *Einstweilen frei*

2344 **b) Anforderungen an die Untergesellschaft.** Bei der **Untergesellschaft** muss es sich zwingend um eine gewerblich tätige **Mitunternehmerschaft** handeln. Nicht anwendbar ist § 15 Abs. 3 Nr. 1 S. 1 Alt. 2 bei der Beteiligung an einer Kapitalgesellschaft, weil eine Kapitalgesellschaft keine Gesellschaft iSd § 15 Abs. 1 S. 1 Nr. 2 ist.

2345 Unerheblich ist, ob es sich bei der Personengesellschaft, aus deren Beteiligung gewerbliche Einkünfte bezogen werden, um eine **originär gewerblich tätige** (§ 15 Abs. 1 S. 1 Nr. 2), **gewerbliche geprägte** (§ 15 Abs. 3 Nr. 2) oder selbst um eine **gewerblich infizierte Personengesellschaft** (§ 15 Abs. 3 Nr. 1) handelt (*Richter/Chuchra/Dorn* DStR 2016, 2944 (2945)).

2346–2347 *Einstweilen frei*

2348 **c) Bezug.** Nach seinem Wortlaut setzt § 15 Abs. 3 Nr. 1 S. 1 Alt. 2 den **Bezug gewerblicher Einkünfte** voraus. Dabei kann es aber nicht auf den Zufluss iSd § 11 Abs. 1 S. 1, sondern nach der Logik der Gewinneinkünfte allein darauf ankommen, dass der Obergesellschaft Gewinnanteile zuzurechnen sind (BFH 26.6.2014 – IV R 5/11, BStBl. II 2014, 972 Rn. 21; s. auch *Richter/Chuchra/Dorn* DStR 2016, 2944 (2945)). Der maßgebliche Zeitpunkt bestimmt sich nach § 4a (BFH 26.6.2014 – IV R 5/11, BStBl. II 2014, 972 Rn. 15). § 15 Abs. 3 Nr. 1 S. 2 Alt. 2 stellt klar, dass es für die Abfärbung irrelevant ist, ob die bezogenen Einkünfte positiv oder negativ sind (→ Rn. 2376).

Umstritten ist, ob das **bloße Halten einer Beteiligung** unabhängig davon ausreichend ist, ob der Obergesellschaft Beteiligungseinkünfte zuzurechnen sind (ablehnend BFH 26.6.2014 – IV R 5/11, BStBl. II 2014, 972 Rn. 21; aA aber die Vorinstanz FG Niedersachsen 8.12.2010 – 2 K 295/08, EFG 2011, 870 Rn. 28 (aufgehoben); wohl auch *Richter/Chuchra/Dorn* DStR 2016, 2944 (2946)). Überzeugend verweist der BFH insoweit auf die ratio legis: Wenn die Obergesellschaft keine Einkünfte aus der gewerblichen Beteiligung bezieht, kommt es auch nicht zu einem Nebeneinander unterschiedlicher Einkünfteermittlungsmethoden, die § 15 Abs. 3 Nr. 1 gerade vermeiden will (BFH 26.6.2014 – IV R 5/11, BStBl. II 2014, 972 Rn. 23; KSM/*Desens/Blischke* § 15 Rn. E 25 f.). Das bloße Halten der Beteiligung kann damit noch nicht zu einer Aufwärtsinfektion führen. **2349**

Relevant wird die Fragestellung, sofern Ober- und Untergesellschaft **voneinander abweichende Wirtschaftsjahre** aufweisen. In diesem Fall bestimmt sich der Zeitpunkt der Zurechnung nach dem Wirtschaftsjahr der Untergesellschaft. Dies folgt aus dem Grundsatz der Einheit der Gesellschaft. Gründe, diesen zu durchbrechen und stattdessen auf das Wirtschaftsjahr der Obergesellschaft abzustellen, sind nicht ersichtlich (BFH 26.6.2014 – IV R 5/11, BStBl. II 2014, 972 Rn. 25; KSM/*Desens/Blischke* § 15 Rn. E 26). **2350**

Beispiel: Die X-GbR erwirbt im Kalenderjahr 05 mit Wirkung zum 1.7.2005 die Beteiligung an der Y-OHG. Deren abweichendes Wirtschaftsjahr endet am 30.6.2006. In 05 kommt es nicht zu einer Umqualifizierung, weil der X-GbR erst mit Ablauf des Wirtschaftsjahres der Y-OHG gewerbliche Beteiligungseinkünfte zugerechnet werden. **2350.1**

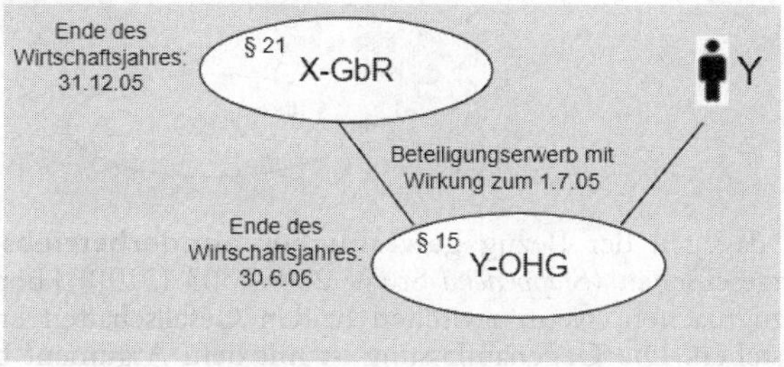

Einstweilen frei **2351–2352**

d) Sondervergütungen. Schädlich ist auch, wenn der Gesellschaft zwar keine Gewinnanteile, aber **Sondervergütungen zuzurechnen** sind. Dies ergibt sich aus dem Wortlaut des § 15 Abs. 3 Nr. 1 S. 1 Alt. 2, weil sich der Verweis auf Abs. 1 S. 1 Nr. 2 nicht nur auf die Gewinnanteile bezieht, sondern auch Sondervergütungen einschließt. **2353**

Beispiel: Die X-KG ist mitunternehmerschaftlich an der Y-OHG beteiligt, erzielt im Übrigen aber ausschließlich Einkünfte aus Vermietung und Verpachtung. Ihr Gewinnanteil beträgt 0%. Die X-KG vermietet der Y-OHG ein Betriebsgrundstück und erzielt hieraus Sonderbetriebseinnahmen (§ 15 Abs. 1 S. 1 Nr. 1 S. 2 Hs. 2). Damit bezieht die X-KG Einkünfte aus gewerblicher Mitunternehmerschaft, sodass ihre gesamten Einkünfte gem. § 15 Abs. 3 Nr. 1 S. 1 Alt. 2 in gewerbliche Einkünfte umqualifiziert werden. **2353.1**

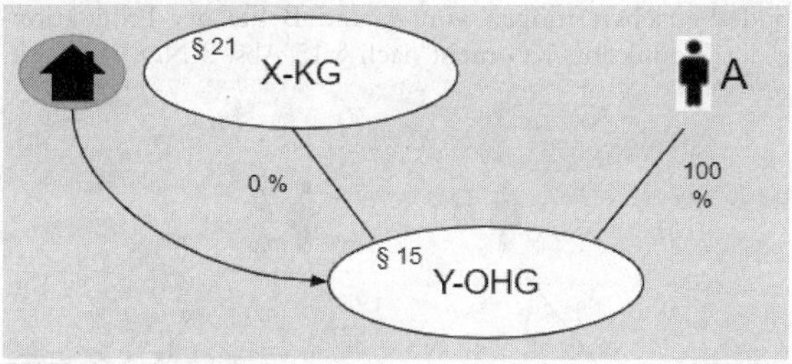

Dies gilt nicht nur für Sondervergütung nach § 15 Abs. 1 S. 1 Nr. 2 S. 1 Hs. 2, sondern ebenso für § 15 Abs. 1 S. 1 Nr. 2 S. 2, dh für Sondervergütungen des Sondermitunternehmers bei **doppelstöckigen Personengesellschaften,** die dieser von einer Untergesellschaft bezieht. Bei einer dreistufigen Beteiligungskette erzielt deshalb die Obergesellschaft auch **2354**

dann in vollem Umfang gewerbliche Einkünfte, wenn sie auf Ebene einer ihr nicht unmittelbar nachgeordneten Untergesellschaft Sondermitunternehmer ist und Sondervergütungen bezieht, obwohl sie weder am Gewinn der ihr direkt nachgeordneten Untergesellschaft beteiligt ist noch bei dieser einen Sonderbereich unterhält (HHR/*Stapperfend* § 15 Rn. 1428).

2354.1 **Beispiel:** Die X-GbR erzielt Einkünfte aus Land- und Fortwirtschaft (§ 13). Sie ist mitunternehmerschaftlich an der gewerblich tätigen Y-OHG beteiligt. Ihr Gewinnanteil beträgt 0%, ebenso wenig bestehen Sonderbeziehungen zur Y-OHG. Dagegen hat die X-GbR ein Betriebsgrundstück an die Z-KG vermietet, an der die Y-OHG zu 50% mitunternehmerschaftlich beteiligt ist. Als Sondermitunternehmerin der Z-KG bezieht die X-GbR nach § 15 Abs. 1 S. 1 Nr. 1 S. 2 gewerbliche Einkünfte, was nach § 15 Abs. 3 Nr. 1 S. 1 Alt. 2 auch zur Umqualifizierung ihrer übrigen Einkünfte aus Land- und Fortwirtschaft führt.

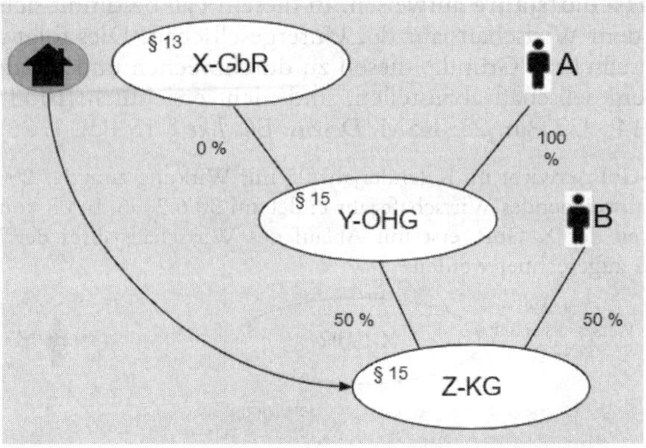

2355 Unschädlich ist dagegen der Bezug **gewerblicher Sonderbetriebseinnahmen** einer Schwesterpersonengesellschaft (*Stapperfend* StuW 2006, 303 (310)). Hiervon ist auch dann keine Ausnahme zu machen, wenn zwischen beiden Gesellschaften enge wirtschaftliche Verflechtungen bestehen. Die Gegenauffassung ist mit dem Argument begründet worden, die Anteile an der Vertriebsgesellschaft dienten in einem solchen Fall dem Betrieb der Produktionsgesellschaft und bildeten Sonderbetriebsvermögen I. Dies müsse nicht nur zur Umqualifizierung der Einkünfte des betreffenden Gesellschafters aus der Produktionsgesellschaft, sondern der gesamten Einkünfte dieser Gesellschaft führen (*Wendt* FR 1996, 265 (273); aA aber unter ausdrücklicher Aufgabe seiner früheren Auffassung *Wendt* FR 2007, 83 (84)). Dieser Auffassung steht der Wortlaut des § 15 Abs. 3 Nr. 1 S. 1 Alt. 2 entgegen, weil der Fiktionstatbestand auf die **Beteiligung der Gesellschaft** abstellt. Aus der gewerblichen Beteiligung erzielt aber allein der Gesellschafter im Sonderbereich, nicht hingegen die Personengesellschaft selbst gewerbliche Einkünfte (BFH 28.6.2006 – XI R 31/05, BStBl. II 2007, 378 (383); KSM/*Desens/Blischke* § 15 Rn. E 22).

2355.1 **Beispiel:** A und B sind jeweils mitunternehmerschaftlich an der land- und fortwirtschaftlich tätigen Produktion-KG sowie an der gewerblich tätigen Vertrieb-KG beteiligt. Selbst wenn die Anteile an der Vertrieb-KG zum Sonderbetriebsvermögen von A und B bei der Produktion-KG zählen würden, werden die Einkünfte der Produktion-KG nicht nach § 15 Abs. 3 Nr. 1 S. 1 Alt. 2 umqualifiziert.

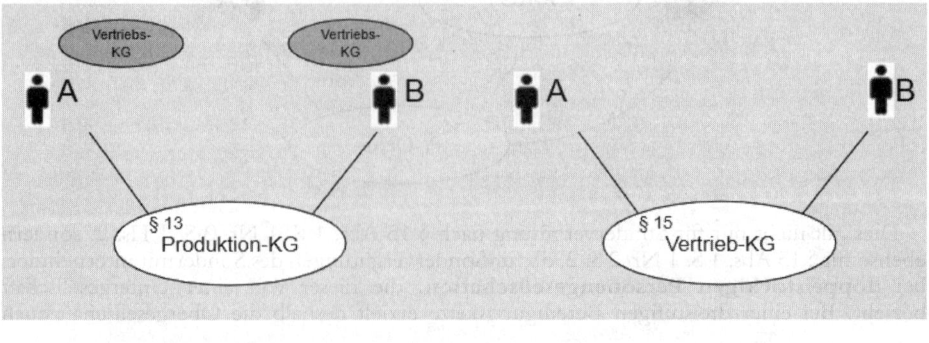

Eine Umqualifizierung einer lediglich **vermögensverwaltenden Personengesellschaft** durch gewerbliche Einkünfte eines Mitgesellschafters muss sich schon deshalb verbieten, weil eine vermögensverwaltende Personengesellschaft keinen Betrieb unterhält und damit auch kein Sonderbetriebsvermögen kennt (HHR/*Stapperfend* § 15 Rn. 1428). 2356

Beispiel: A und B sind an der vermögensverwaltenden Immo-GbR sowie an der gewerblich tätigen Immo-OHG beteiligt. Die gewerblichen Einkünfte, die A und B über ihre Beteiligung an der Immo-OHG beziehen, führen nicht nach § 15 Abs. 3 Nr. 1 S. 1 Alt. 2 zur Umqualifizierung der Einkünfte der Immo-GbR, die allein Einkünfte aus Vermietung und Verpachtung bezieht. 2356.1

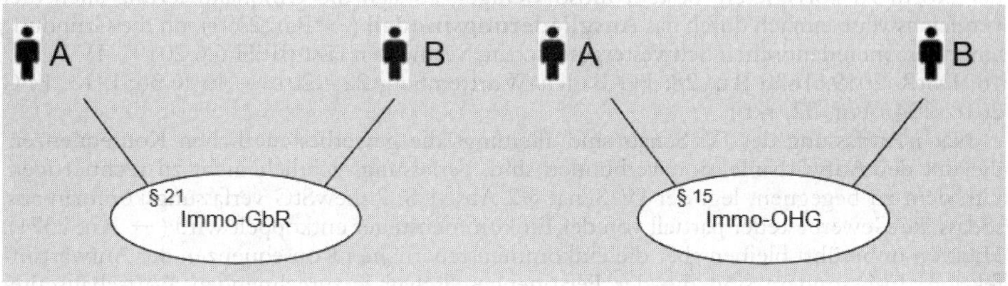

Einstweilen frei 2357–2360

e) Bagatellgrenze. Um der Schlechterstellung von Personengesellschaften gegenüber Einzelunternehmern die Schärfe zu nehmen (→ Rn. 2281), schränkt die Rechtsprechung § 15 Abs. 3 Nr. 1 S. 1 Alt. 1 durch einen Bagatellvorbehalt ein (→ Rn. 2284). Umstritten war, ob auch für den Tatbestand der Aufwärtsinfektion nach § 15 Abs. 3 Nr. 1 S. 1 Alt. 2 eine **Bagatellgrenze** gilt (zuletzt ausführlich *Richter/Chuchra/Dorn* DStR 2016, 2944 ff.). Der BFH hat dies zunächst offen gelassen (BFH 26.6.2014 – IV R 5/11, BStBl. II 2014, 972 Rn. 28), nunmehr aber verneint (BFH 6.6.2019 – IV R 30/16, DStR 2019, 1630). Stattdessen entkoppelt der IV. Senat den Tatbestand der Aufwärtsinfektion (§ 15 Abs. 3 Nr. 1 S. 1 Alt. 2) von der Gewerbesteuer (→ Rn. 2371). 2361

In der instanzgerichtlichen Rechtsprechung sowie der Literatur wird die Bagatellgrenze zT auch auf die Aufwärtsinfektion übertragen. Begründet wird dies unter Hinweis auf den Grundsatz der **Verhältnismäßigkeit** sowie den **Gleichheitssatz.** Wenn der Tatbestand des § 15 Abs. 3 Nr. 1 S. 1 Alt. 1 mit Rücksicht auf den Grundsatz der Verhältnismäßigkeit bei einer nur geringfügigen gewerblichen Betätigung eingeschränkt werde (→ Rn. 2312), gebiete der allgemeine Gleichheitssatz auch in Fällen der Aufwärtsinfektion, eine solche Bagatellgrenze einzuhalten (s. FG Münster 7.12.2000 – 3 K 4979/95 F, EFG 2002, 129 Rn. 19, rkr.; FG Niedersachsen 8.12.2010 – 2 K 295/08, EFG 2011, 870 Rn. 40 (aufgehoben aus anderen materiellen Gründen: BFH 26.6.2014 – IV R 5/11, BStBl. II 2014, 972); HHR/*Stapperfend* § 15 Rn. 1428; *Neu* DStR 1999, 2109 (2110)). 2362

Unterschiedliche Positionen werden vertreten, wie der Ausnahmetatbestand nur geringfügiger gewerblicher Beteiligungseinkünfte zu **quantifizieren** ist. Das FG Münster geht jedenfalls dann von Geringfügigkeit aus, wenn der Anteil der Einnahmen aus der Beteiligung an den Gesamteinnahmen ohne Mehrwertsteuer bei höchstens 1,16 vH liegt (FG Münster 7.12.2000 – 3 K 4979/95 F, EFG 2002, 129, rkr.). *Neu* hat vorgeschlagen, an den Umsatz anzuknüpfen und insoweit eine absolute Umsatzgrenze in Höhe des Gewerbesteuerfreibetrages und eine relative Grenze in Höhe von 10% der Gesamtumsätze zu kombinieren (*Neu* DStR 1999, 2109 (2110)). *Stapperfend* schließt die Infektion aus, wenn die Einkünfte aus der Beteiligung höchstens 3% des Gesamtumsatzes und maximal 24.500 Euro pro Jahr betragen (HHR/*Stapperfend* § 15 Rn. 1428). 2363

Wie Mitte 2019 der IV. Senat des BFH entschieden hat, lässt sich die Rechtsprechung zu einer **Bagatellgrenze** im Rahmen des § 15 Abs. 3 Nr. 1 S. 1 Alt. 1 **nicht auf § 15 Abs. 3 Nr. 1 S. 1 Alt. 2 übertragen** (BFH 6.6.2019 – IV R 30/16, DStR 2019, 1630 Rn. 19). Dem steht der erhebliche Ermittlungsaufwand entgegen, den die Prüfung der Geringfügigkeit erfordern würde, was diametral dem Vereinfachungszweck des § 15 Abs. 3 Nr. 1 widerspricht (FG Baden-Württemberg 22.4.2016 – 13 K 3651/13, EFG 2016, 1246, rkr.; *Richter/Chuchra/Dorn* DStR 2016, 2944 (2946 f.)). Weiterhin müsste das Finanzamt bei der Besteue- 2364 rung der Obergesellschaft im Rahmen des Folgebescheides in die Ermittlung steuerlicher Verhältnisse eintreten, die bereits im Rahmen des Grundlagenbescheids geprüft wurden. Dies gilt jedenfalls dann, wenn im Rahmen der Quantifizierung auch auf Verhältnisse der Untergesellschaft zurückgegriffen würde (FG Baden-Württemberg 22.4.2016 – 13 K 3651/13, EFG 2016, 1246 Rn. 30, rkr.).

2365 Damit unterscheidet sich die Interessenlage bei § 15 Abs. 3 Nr. 1 S. 1 Alt. 2 deutlich von der Abfärbung durch eine gewerbliche Betätigung, sodass der **Gleichheitssatz keine einheitliche Behandlung fordert.** Anlass, den Gesetzeswortlaut entgegen der Teleologie der Norm zu korrigieren, besteht umso weniger, als sich die Umqualifizierung auch hier vergleichsweise einfach durch das **Ausgliederungsmodell** (→ Rn. 2391), dh die Gründung einer personenidentischen Schwestergesellschaft, vermeiden lässt (BFH 6.6.2019 – IV R 30/16, DStR 2019, 1630 Rn. 28; FG Baden-Württemberg 22.4.2016 – 13 K 3651/13, EFG 2016, 1246 Rn. 32, rkr.).

2366 Nach Auffassung des IV. Senats sind allerdings die gewerbesteuerlichen Konsequenzen, die mit der Aufwärtsinfektion verbunden sind, verfassungsrechtlich nicht zu rechtfertigen. Um dem zu begegnen, legt der IV. Senat § 2 Abs. 1 S. 2 GewStG verfassungskonform aus, sodass die Gewerbesteuer partiell von der Einkommensteuer entkoppelt wird (→ Rn. 2371). Hiervon unberührt bleiben aber die einkommensteuerlichen Konsequenzen der Aufwärtsinfektion. Insbesondere sind die der Personengesellschaft zuzurechnenden Wirtschaftsgüter steuerlich verstrickt (BFH 6.6.2019 – IV R 30/16, DStR 2019, 1630 Rn. 37).

2366.1 Dies kann sich in der Verlustsituation aber sogar als vorteilhaft erweisen. Darüber hinaus kann die Gewerblichkeit auch zu weiteren Vorteilen führen. Hierzu zählen die Möglichkeit von Teilwertabschreibungen sowie die Bildung steuermindernder Rücklagen (BFH 6.6.2019 – IV R 30/16, DStR 2019, 1630 Rn. 37).

2367–2370 *Einstweilen frei*

2371 **f) Entkoppelung von der Gewerbesteuer.** Einen neuen Weg, die mit der Aufwärtsinfektion des § 15 Abs. 3 Nr. 1 S. 1 Alt. 2 verbundene Schlechterstellung von Mitunternehmern gegenüber Einzelunternehmern (→ Rn. 2381) zu begrenzen, hat der IV. Senat des BFH in seiner im Juli 2019 getroffenen Entscheidung beschritten. In dieser verwirft der BFH den zT in der instanzgerichtlichen Rechtsprechung und der Literatur vertretenen Ansatz, § 15 Abs. 3 Nr. 1 S. 1 Alt. 2 unter einen Bagatellvorbehalt (→ Rn. 2312) zu stellen (→ Rn. 2361). Um eine nach Auffassung des IV. Senats sachlich nicht gerechtfertigte Belastung mit Gewerbesteuer zu vermeiden, soll § 2 Abs. 1 S. 2 GewStG aber **verfassungskonform (restriktiv) ausgelegt** werden, sodass die Aufwärtsinfektion des § 15 Abs. 3 Nr. 1 S. 1 Alt. 2 **keine gewerbesteuerliche Relevanz** hat (BFH 6.6.2019 – IV R 30/16, DStR 2019, 1630 Rn. 39 ff.).

2371.1 Die EV-KG ist ganz überwiegend vermögensverwaltend tätig. In äußerst geringem Umfang bezieht sie zudem gewerbliche Beteiligungseinkünfte. Das Finanzamt bejahte eine Infektionswirkung nach § 15 Abs. 3 Nr. 1 S. 1 Alt. 2 und qualifizierte die Einnahmen aus Vermietung und Verpachtung sowie aus Kapitalvermögen in gewerbliche Einkünfte um (BFH 6.6.2019 – IV R 30/16, DStR 2019, 1630).

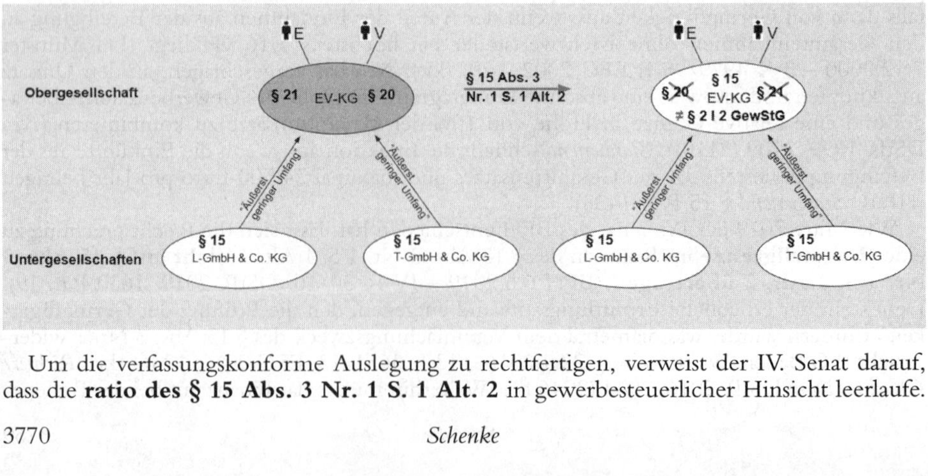

2372 Um die verfassungskonforme Auslegung zu rechtfertigen, verweist der IV. Senat darauf, dass die **ratio des § 15 Abs. 3 Nr. 1 S. 1 Alt. 2** in gewerbesteuerlicher Hinsicht leerlaufe.

So bestehe nicht die Gefahr, dass infolge unzureichender Abgrenzungsmöglichkeiten verschiedener Tätigkeiten einer Gesellschaft gewerbliche Einkünfte entzogen werden. Vielmehr werde der Gewinn der Obergesellschaft für Zwecke der Ermittlung des Gewerbeertrages um die Anteile am Gewinn der Untergesellschaft gekürzt (§ 9 Nr. 2 S. 1 GewStG). Weiterhin könne sich der Gesetzgeber auch **nicht auf Vereinfachungsgründe** bei der Einkünfteermittlung berufen. Im Unterschied zur Seitwärtsinfektion (§ 15 Abs. 3 Nr. 1 S. 1 Alt. 1) würden bei der Aufwärtsinfektion die gewerblichen Einkünfte der Obergesellschaft bereits auf Ebene der Untergesellschaft ermittelt und der Obergesellschaft lediglich in Anwendung des Transparenzprinzips (§ 15 Abs. 1 S. 1 Nr. 2) zugerechnet.

In der Sache überzeugt die Kritik des BFH an der Konzeption der Norm in weiten Teilen. Zugunsten des Gesetzgebers wird allerdings nicht in Rechnung gestellt, dass sich auch bei der Zuordnung von Wirtschaftsgütern Zuordnungsprobleme ergeben können, die auf Grundlage der traditionellen Auslegung der Vorschrift dahinstehen konnten. Rechtsmethodisch fragwürdig ist hingegen, ob die vom IV. Senat vorgenommene Interpretation tatsächlich noch die Grenzen wahrt, die einer verfassungkonformen Auslegung gesetzt sind. Wenn man den engen Konnex zwischen Einkommen- und Gewerbesteuer in Rechnung stellt, judiziert der IV. Senat gegen den Wortlaut und den durch die Reaktionsgesetzgebung erklärten Willen des Gesetzgebers. Die vermeintliche verfassungskonforme Auslegung des § 2 Abs. 1 S. 2 GewStG überschreitet damit die Grenze zur Rechtsfortbildung contra legem, sodass es eines konkreten Normenkontrollantrags (Art. 100 Abs. 1 GG) an das BVerfG bedurft hätte. **2372.1**

Das zum Jahresende 2019 in Kraft getretene „JStG 2019" v. 12.12.2019 hat der Gesetzgeber zum Anlass genommen, die aus seiner Sicht verfehlte Entscheidung des IV. Senats des BFH (BFH 12.4.2018 – IV R 5/15, BFH/NV 2018, 881) zur Einschränkung der Seitwärtsinfektion auf positive gewerbliche Einkünfte zu korrigieren (BGBl. 2019 I 2451 (2453); → Rn. 2279). Hierzu wurde § 15 Abs. 3 Nr. 1 S. 2 eingefügt, der in Alt. 2 – vorsorglich – auch eine Parallelregelung für die Aufwärtsinfektion anordnet. Der Umstand, dass der Gesetzgeber bei dieser Gelegenheit nicht auf die Entscheidung zu § 2 Abs. 1 S. 2 GewStG (BFH 6.6.2019 – IV R 30/16, DStR 2019, 1630) reagiert hat, lässt nur den Schluss zu, dass er diese in seinen Willen aufgenommen hat. **2373**

Einstweilen frei **2374–2375**

g) Keine Ausgrenzung negativer Einkünfte. § 15 Abs. 3 Nr. 1 S. 2 Alt. 2, der auf das „JStG 2019" v. 12.12.2019 zurückgeht (BGBl. 2019 I 2451 (2453)), stellt klar, dass es für die Aufwärtsinfektion allein darauf ankommt, ob die Mitunternehmerschaft an einer anderen gewerblich tätigen Personengesellschaft beteiligt ist. Keine Rolle spielt hingegen, ob aus der Beteiligung **positive oder negative Einkünfte** erzielt werden (→ Rn. 2388). **2376**

Einstweilen frei **2377–2380**

7. Beteiligung Berufsfremder an einer Freiberufler-Personengesellschaft

Nach hM ist auch die **Beteiligung eines Berufsfremden an einer Freiberufler-Personengesellschaft** ein Anwendungsfall des § 15 Abs. 3 Nr. 1 (BFH 14.5.2019 – VIII R 35/16, BStBl. II 2019, 580 Rn. 24). Voraussetzung für die Abfärbung ist aber, dass dem Berufsfremden die Stellung eines Mitunternehmers zukommt (BFH 8.4.2008 – VIII R 73/05, BStBl. II 2008, 681 (683)). Die Mitunternehmerstellung beurteilt sich nach allgemeinen Regeln. Entscheidend sind also eine hinreichende Mitunternehmerinitiative sowie hinreichendes Mitunternehmerrisiko des Berufsfremden (BFH 8.4.2008 – VIII R 73/05, BStBl. II 2008, 681 (683)). **2381**

Diese Fallgruppe unter § 15 Abs. 3 Nr. 1 zu subsumieren, ist vom **Wortlaut der Norm gedeckt.** Aus § 18 Abs. 1 Nr. 1 S. 3 ergibt sich, dass die freiberufliche Tätigkeit untrennbar mit der Qualifikation des freien Berufs verbunden ist. Wer nicht über die notwendige Qualifikation verfügt, kann damit keine freiberufliche Tätigkeit, sondern muss eine gewerbliche Betätigung ausüben. Erfolgt dies als Mitunternehmer, übt die Gesellschaft damit auch eine Tätigkeit als gewerbliches Unternehmen aus. **2382**

Zu einer gewerblichen Infektion kommt es bereits, wenn der berufsfremde Gesellschafter **minderqualifiziert** ist. Dies trifft etwa zu, wenn sich ein Steuerfachangestellter an einer Steuerberatergesellschaft beteiligt (Preißer/*Preißer* Unternehmenssteuerrecht und Steuerbilanzrecht, 311). **2383**

2384 Unschädlich ist hingegen der Zusammenschluss von Angehörigen **unterschiedlicher freier Berufe** zu einer GbR, wie beispielsweise ein Zusammenschluss von Rechtsanwälten und Steuerberatern. Dies gilt umso mehr, als derartige Verbindungen zT ausdrücklich berufsrechtlich legalisiert (s. etwa § 59a Abs. 1, 3 BRAO, § 56 Abs. 1, 2 StBerG, § 44b Abs. 1, 2 S. 2 WPO) worden sind (BFH 23.11.2000 – IV R 48/99, BStBl. II 2001, 241 (242)).

2385 Dagegen ist es schädlich, wenn sich eine **Kapitalgesellschaft an einer GbR** beteiligt. Daran ändert sich auch nichts, wenn die Gesellschafter der Kapitalgesellschaft ausschließlich Berufsträger sind. Daher muss eine Steuer- und Wirtschaftsprüfungs-KG selbst dann gewerbliche Einkünfte erzielen, wenn die Komplementär-GmbH keine Ergebnisbeteiligung erhält und sich allein auf eine Haftungsvergütung beschränkt (BFH 10.10.2012 – VIII R 42/10, BStBl. II 2013, 79).

2386 Entsprechendes gilt im Fall einer **mittelbaren Beteiligung,** dh der Beteiligung an einer freiberuflichen Untergesellschaft über eine Oberpersonengesellschaft, an der ein Berufsfremder als Gesellschafter beteiligt ist (BFH 28.10.2008 – VIII R 69/06, BFH/NV 2009, 652).

2387 *Einstweilen frei*

8. Einbeziehung negativer Einkünfte (§ 15 Abs. 3 Nr. 1 S. 2)

2388 § 15 Abs. 3 Nr. 1 S. 2 ist erst durch Art. 1 Nr. 13 des „JStG 2019“ v. 12.12.2019 eingefügt worden (BGBl. 2019 I 2451 (2453); → Rn. 2279). Mit der Regelung korrigiert der Gesetzgeber eine – aus seiner Sicht verfehlte – Entscheidung des IV. Senats. Dieser hatte bei vermögensverwaltenden Personengesellschaften eine Abfärbung im Wege der Seitwärtsinfektion nach § 15 Abs. 3 Nr. 1 Alt. 1 aF abgelehnt, sofern die Personengesellschaft aus der gewerblichen Betätigung negative Einkünfte bezieht. Nunmehr stellt § 15 Abs. 3 Nr. 1 S. 2 klar, dass eine Abfärbung auch dann eintritt, wenn aus der gewerblichen Betätigung ein Verlust erzielt wird (Seitwärtsinfektion nach § 15 Abs. 3 Nr. 1 S. 1 Alt. 1) oder die gewerblichen Einkünfte aus der Beteiligung an einer gewerblichen Mitunternehmerschaft negativ sind (Aufwärtsinfektion nach § 15 Abs. 3 Nr. 1 S. 1 Alt. 2).

2388a Der Anwendungsbereich der Norm geht damit noch über den Anlass hinaus, der die Neuregelung angestoßen hatte. Die Entscheidung des IV. Senats hatte allein einen Fall der Seitwärtsinfektion zum Gegenstand. Dagegen schließt § 15 Abs. 3 Nr. 1 S. 2 Alt. 2 nunmehr auch Aufwärtsinfektionen ein und tritt einer „restriktiven verfassungskonformen Auslegung“ (zur rechtsmethodischen Kritik → Rn. 2325.2) des § 15 Abs. 3 Nr. 1 S. 1 Alt. 2 vorsorglich auch dann entgegen, wenn negative Einkünfte aus einer gewerblichen Betätigung erzielt werden.

2389–2390 *Einstweilen frei*

9. Gestaltungsoptionen

2391 Die Rechtsfolge der Abfärbung nach § 15 Abs. 3 Nr. 1 kann durch Gründung einer **personengleichen Schwestergesellschaft** vermieden werden, auf die die gewerbliche Tätigkeit ausgegliedert wird (BVerfG 26.10.2004 – 2 BvR 246/98, DStRE 2005, 877 (879); BFH 8.12.1994 – IV R 7/92, BStBl. II 1996, 264 (266); BFH 10.11.1983 – IV R 86/80, BStBl. II 1984, 152 (154)). Diese Gestaltungsoption des sog. **Ausgliederungsmodells** (BFH 27.8.2014 – VIII R 6/12, BStBl. II 2015, 1002 Rn. 45) ist ein wesentlicher Baustein in der Argumentation der hM, um der These der vermeintlichen Verfassungswidrigkeit des § 15 Abs. 3 Nr. 1 (→ Rn. 2283) wegen einer vermeintlichen Schlechterstellung gegenüber dem Einzelunternehmer entgegenzutreten. Da eine Schwestergesellschaft bürgerlichen Rechts formfrei gegründet werden kann, verlangt die „Ausgliederung“ der gewerblichen Tätigkeit in der Sache nicht mehr als eine klare, buchhalterisch dokumentierte, wirtschaftliche Trennung zwischen gewerblicher und nicht gewerblicher Tätigkeit. Damit ist zwar im Vergleich zum Einzelunternehmer eine Mehrbelastung verbunden. Diese kann aber unter Aspekten der Einfachheit und Praktikabilität des Gewinnfeststellungsverfahrens gerechtfertigt werden und bewirkt keine unzumutbare Ungleichbehandlung der Personengesellschaft gegenüber dem Einzelunternehmer (BVerfG 26.10.2004 – 2 BvR 246/98, DStRE 2005, 877 (879)).

2392 Der Anteil an der nichtgewerblichen Personengesellschaft ist **kein Sonderbetriebsvermögen der gewerblichen Schwesterpersonengesellschaft.** Ebenso wenig gilt dies in umgekehrter Richtung (*Demuth* KÖSDI 2005, 14491 Rn. 3).

Das Ausgliederungsmodell wird nur **anerkannt,** wenn sich die Tätigkeit der gewerblichen Gesellschaft eindeutig von der nicht gewerblich tätigen Gesellschaft trennen lässt. Die Finanzverwaltung prüft dies bei ärztlichen Gemeinschaftspraxen, deren Angehörige parallel Medizinprodukte vertreiben, anhand von drei, kumulativ zu erfüllenden Voraussetzungen (BMF 14.5.1997, BStBl. I 1997, 566): **2393**

- Der Gesellschaftsvertrag muss so gestaltet sein, dass die Gesellschaft wirtschaftlich, organisatorisch und finanziell von der ärztlichen Gemeinschaftspraxis unabhängig ist.
- Es sind getrennte Aufzeichnungen oder Bücher zu führen, besondere Bank- und Kassenkonten einzurichten sowie eigene Rechnungsformulare zu verwenden.
- Das Umlaufvermögen der gewerblich tätigen Personengesellschaft ist getrennt vom (Betriebs-)Vermögen der nicht gewerblichen Personengesellschaft zu lagern.

Überwiegend im Zusammenhang mit der Abgabe der in Nr. 2 bezeichneten Gegenstände genutzte Wirtschaftsgüter gehören zum Betriebsvermögen der gewerblich tätigen Personengesellschaft (BMF 14.5.1997, BStBl. I 1997, 566). **2393.1**

Eine **weitere Gestaltungsoption,** um die Abfärbung zu vermeiden, ist die Ausgliederung der gewerblichen Tätigkeit auf einen oder mehrere Gesellschafter oder auf eine Kapitalgesellschaft (*Seer/Drüen* BB 2000, 2176 (2180); *Korn* DStR 1995, 1249 (1255)). **2394**

Einstweilen frei **2395–2400**

III. Gewerblich geprägte Personengesellschaft (§ 15 Abs. 3 Nr. 2)

Leitentscheidungen, Verwaltungsanweisungen und Schrifttum (Auswahl): **2401**

Entscheidungen des GrS: **2401.1**

BFH 25.6.1984 – GrS 4/82, BStBl. II 1984, 751.

Weitere Leitentscheidungen des BFH: **2401.2**

BFH 8.6.2000 – IV R 37/99, BStBl. II 2001, 162 (Prägung durch gewerblich tätige gewerblich geprägte Obergesellschaft).

Wichtige Verwaltungsanweisungen: **2401.3**

EStR 15.8 Abs. 6; GewStR R 2.1 Abs. 2; GewStR R 2.5 Abs. 1; BMF 18.7.2000, Haftungsbeschränkung bei einer Gesellschaft bürgerlichen Rechts; Auswirkungen des BGH-Urteils vom 27. September 1999 – 11 Z R 371/98 – (DStR 1999 S. 1704), BStBl. I 2000, 1198; BMF 28.8.2001, Haftungsbeschränkung bei einer Gesellschaft bürgerlichen Rechts; Ertragsteuerliche Auswirkungen des BGH-Urteils vom 27. September 1999 – II Z 371/98 –; Änderung bestandskräftiger Steuerbescheide nach § 174 Abs. 3 AO sowie Verlängerung der Übergangsfrist gemäß dem BMF-Schreiben vom 18. Juli 2000 (BStBl. I S. 1198), BStBl. I 2001, 614; BMF 17.3.2014, Gewerbliche Prägung einer „GmbH & Co GbR" im Fall eines individualvertraglich vereinbarten Haftungsausschlusses (§ 15 Absatz 3 Nummer 2 EStG), BStBl. I 2014, 555.

Schrifttum (Auswahl): **2401.4**

Herzig/Kessler, Tatbestandsmerkmale und Anwendungsbereich des Gepräge-Gesetzes, DStR 1986, 451; *Herzig/Kessler*, Einzelfragen zum Gepräge-Gesetz, DStR 1986, 643; *Lüdemann*, Zur Kontroverse um die Einkünfteerzielungsabsicht bei gewerblich geprägten Personengesellschaften gem. § 15 Abs. 3 Nr. 2 EStG, BB 1996, 2650; *Söffing*, Die extensive Auslegung der Geprägevorschrift des § 15 Abs. 3 Nr. 2 EStG durch den BFH, DB 2003, 905; *Stapperfend*, Die Infektion im Einkommensteuerrecht – Ein Beitrag zum Krankheitsbild des Einkommensteuergesetzes, StuW 2006, 303; *Spilker/Früchtl*, Kapitalgesellschaften als Gesellschafter einer Kommanditgesellschaft im Rahmen von § 15 Abs. 3 Nr. 2 EStG, DStR 2010, 1007.

Von erheblicher praktischer Bedeutung ist der Tatbestand der **gewerblichen Prägung einer Personengesellschaft** (§ 15 Abs. 3 Nr. 2). Demnach erzielt eine Personengesellschaft, die an sich **nicht gewerblich** tätig ist, (dann doch) gewerbliche Einkünfte, wenn kumulativ zwei Voraussetzungen erfüllt sind: **2402**

- PhG dürfen nur Kapitalgesellschaften bzw. diesen nach § 15 Abs. 3 Nr. 2 S. 2 gleichgestellte gewerblich geprägte Personengesellschaften sein.
- **Nur diese** oder Personen, die **nicht Gesellschafter** sind, dürfen zur **Geschäftsführung** befugt sein.

2402.1 **Beispiel:**
An der A-Immo-GmbH & Co. KG ist die A-GmbH als Komplementär und der A als Kommanditist beteiligt. Die A-Immo-GmbH & Co. KG ist nicht gewerblich, sondern vermögensverwaltend tätig. Da phG der Immo-KG eine Kapitalgesellschaft und nur diese zur Geschäftsführung befugt ist, handelt es sich um eine gewerblich geprägte Personengesellschaft (§ 15 Abs. 3 Nr. 2 S. 1). Die Immo-KG erzielt gewerbliche Einkünfte.

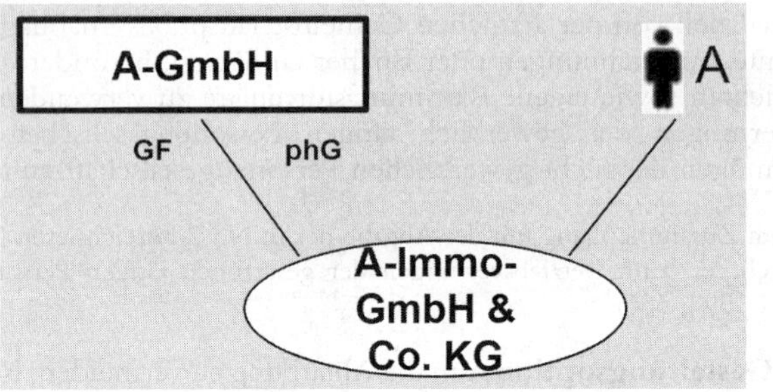

2403–2404 *Einstweilen frei*

1. Entstehungsgeschichte und Telos

2405 § 15 Abs. 3 Nr. 2 geht auf das StBereinG 1986 v. 19.12.1985 (BGBl. 1985 I 2436) zurück. Leitbild der Vorschrift ist die nicht gewerblich tätige GmbH & Co. KG, bei der die GmbH die einzige phG ist und auch nur diese die Geschäfte führt (Schmidt/*Wacker* § 15 Rn. 213). Mit der Vorschrift hat der Gesetzgeber auf die Aufgabe der sog. **Geprägerechtsprechung** durch eine Entscheidung des Großen Senats des BFH reagiert (BFH 25.6.1984 – GrS 4/82, BStBl. II 1984, 751 (761)) und den früheren Status quo bestätigt. Nach der Geprägerechtsprechung sollte die Tätigkeit einer GmbH & Co. KG jedenfalls dann stets einen Gewerbebetrieb darstellen, wenn die geschäftsführende GmbH der alleinige Komplementär ist (BFH 17.3.1966 – IV 233/65, BStBl. III 1966, 171 (173); BFH 18.2.1976 – I R 116/75, BStBl. II 1976, 480 (481)). Begründet wurde dies mit dem Argument, die GmbH & Co. KG sei in ihrer „Gestaltstruktur" einer Kapitalgesellschaft vergleichbar. Dahinter müsse der Aspekt der Einheit der Rechtsordnung (hierzu ausführlich → Rn. 389), der im Einklang mit den zivilrechtlichen Wertungen für eine Einordnung als Personengesellschaft spreche, zurücktreten (BFH 17.3.1966 – IV 233/65, BStBl. III 1966, 171 (173)).

2406 Demgegenüber verwies der Große Senat auf die neuere Judikatur des BFH zur einkommensteuerlichen Einordnung der Personengesellschaft und ihrer Gesellschafter. Diese gehe bei der Ermittlung der Einkünfte von der **Einheit der Gesellschafter** in ihrer gesamthänderischen Verbundenheit aus (BFH 25.6.1984 – GrS 4/82, BStBl. II 1984, 751 (764)). Im Rahmen der Einkünftequalifikation der Personengesellschaft sei daher allein auf deren Tätigkeit, wie sie sich in der gemeinschaftlichen Betätigung ihrer Gesellschafter darstelle, abzustellen (BFH 25.6.1984 – GrS 4/82, BStBl. II 1984, 751 (763)). Damit hatte der BFH einmal mehr die Konsequenz aus der **Aufgabe der Bilanzbündeltheorie** gezogen und der Vielheit der Gesellschafter die Einheit der Personengesellschaft entgegengestellt (→ Rn. 408).

2407 Dass sich der Gesetzgeber zu einem Eingreifen genötigt sah, hatte vorwiegend **fiskalische,** aber auch **verfahrensökonomische Gründe.**

2407.1 Einmal befürchtete er erhebliche **Steuerausfälle,** weil gewerblich geprägte Personengesellschaften auf Grundlage der früheren Rechtsprechung von großzügigen Abschreibungsmöglichkeiten für gewerbliche Unternehmen profitiert hatten und ohne gesetzgeberische Korrektur nunmehr aber eine steuerfreie Realisierung nicht länger gewerblich verstrickter stiller Reserven möglich gewesen wäre (BT-Drs. 10/3663, 6).

2407.2 Zudem wollte der Gesetzgeber den **Verfahrensaufwand vermeiden,** der mit einer zweifachen Ergebnisermittlung einer vermögensverwaltenden GmbH & Co. KG verbunden ist. Bei einer derartigen Zebragesellschaft müsste nach allgemeinen Regeln der auf die GmbH entfallende Anteil nach den für die Gewinnermittlung geltenden Grundsätzen, das auf die übrigen Gesellschafter entfallende Einkommen hingegen nach den Grundsätzen der Überschusseinkünfte ermittelt werden (BT-Drs. 10/3663, 6 f.; s. dazu auch BFH 25.6.1984 – GrS 4/82, BStBl. II 1984, 751 (763); ausführlich zur Zebragesellschaft →

Rn. 1460). Diese Notwendigkeit entfällt, wenn eine gewerblich geprägte Personengesellschaft ungeachtet ihrer rein vermögensverwaltenden Tätigkeit ausschließlich gewerbliche Einkünfte erzielt.

Einstweilen frei **2408–2409**

2. Verfassungsrechtliche Bewertung

Einwände gegen die Einbeziehung gewerblich geprägter Personengesellschaften in die **Gewerbesteuerpflicht** hat der BFH zurückgewiesen. Auch wenn gewerblich geprägte Personengesellschaften keine Kapitalgesellschaften sind, stehen sie wirtschaftlich diesen doch sehr nahe (BFH 20.11.2003 – IV R 5/02, BStBl. II 2004, 464 (467); KSM/*Desens/Blischke* § 15 Rn. E 31). Die Entscheidung des Gesetzgebers, nicht nur originär gewerblich tätige Unternehmen der Gewerbesteuer zu unterwerfen, ist daher nicht als willkürlich anzusehen (BFH 20.11.2003 – IV R 5/02, BStBl. II 2004, 464 (465 f.)). **2410**

Denkbaren Überlegungen, die verfassungsgeleitete restriktive Auslegung des § 2 Abs. 1 S. 2 GewStG auch auf die gewerblich geprägte Personengesellschaft gem. § 15 Abs. 3 Nr. 2 zu übertragen, ist der IV. Senat in einem obiter dictum deutlich entgegengetreten (BFH 6.6.2019 – IV R 30/16, DStR 2019, 1630 Rn. 40). **2410.1**

Ebenso wenig stellt die **rückwirkende Anwendbarkeit der Norm für bereits vor 1986 liegende Veranlagungszeiträume** (§ 52 Abs. 20b idF des StBereinG 1986) eine verfassungsrechtlich unzulässige echte Rückwirkung dar (BFH 8.6.2000 – IV R 37/99, BStBl. II 2001, 162 (165); KSM/*Desens/Blischke* § 15 Rn. E 31). **2411**

Einstweilen frei **2412–2413**

3. Der Fiktionstatbestand des § 15 Abs. 3 Nr. 2 S. 1 im Einzelnen

Nach der Klammerdefinition des § 15 Abs. 3 Nr. 2 S. 1 ist eine gewerblich geprägte Personengesellschaft eine Personengesellschaft, die keine Tätigkeit iSd Abs. 1 S. 1 Nr. 1 ausübt und bei der ausschließlich eine oder mehrere Kapitalgesellschaften phG sind und nur diese oder Personen, die nicht Gesellschafter sind, zur Geschäftsführung befugt sind. § 15 Abs. 3 Nr. 2 S. 1 enthält **keine Beschränkungen auf bestimmte Personengesellschaften,** sodass er auch auf reine Innengesellschaften und ausländische Personengesellschaften Anwendung findet (HHR/*Stapperfend* § 15 Rn. 1435). Ohne Relevanz ist auch die Art der persönlichen Steuerpflicht der Gesellschafter (BFH 29.11.2017 – I R 58/15, BFH/NV 2018, 684 Rn. 14). Dagegen reicht die Beteiligung einer juristischen Person an einer nur nach § 15 Abs. 3 Nr. 2 gewerblich geprägten Personengesellschaft nicht aus, um einen Betrieb gewerblicher Art zu begründen. Der ausschließlich tätigkeitsbezogenen Definition des Betriebs gewerblicher Art nach **§ 4 KStG kommt insofern Vorrang vor § 15 Abs. 3 Nr. 2** zu (BFH 29.11.2017 – I R 83/15, BStBl. II 2018, 495 Rn. 23 ff.; → Rn. 2079). **2414**

Der Tatbestand kann nach der **Art der Betätigung** der Personengesellschaft (→ Rn. 2418) sowie den Anforderungen, die an den Kreis der **phG** (→ Rn. 2421) sowie die **Geschäftsführung** (→ Rn. 2436) zu stellen sind, strukturiert werden. **2415**

Einstweilen frei **2416–2417**

a) Keine gewerbliche Betätigung. Erste Voraussetzung des § 15 Abs. 3 Nr. 2 ist, dass eine Gesellschaft keine Tätigkeit iSd Abs. 1 S. 1 Nr. 1 ausübt, also **keine originär gewerblichen Einkünfte** erzielt. Dies ergibt sich aus dem klaren Gesetzeswortlaut, sodass eine GmbH & Co. KG mit originär gewerblichen Einkünften keine gewerblich geprägte Personengesellschaft sein kann (BFH 12.5.2016 – IV R 1/13, BStBl. II 2017, 489 Rn. 31; BFH 9.11.2017 – IV R 37/14, BStBl. II 2018, 227 Rn. 37). Wenn der Gewerbebetrieb einer Personengesellschaft nicht aufgegeben wird, sondern lediglich ruht (zur Unterscheidung von Betriebsaufgabe und Betriebsunterbrechung → Rn. 671), erzielt diese weiterhin originär gewerbliche Einkünfte und kann daher schon deshalb keine gewerblich geprägte Gesellschaft iSd § 15 Abs. 3 Nr. 2 sein (BFH 9.11.2017 – IV R 37/14, BStBl. II 2018, 227 Rn. 36 ff.). **2418**

Einstweilen frei **2419–2420**

b) Ausschließlich Kapitalgesellschaften als persönlich haftende Gesellschafter. Persönlich haftende Gesellschafter (→ Rn. 2424) müssen **ausschließlich** (→ Rn. 2436) eine oder mehrere **Kapitalgesellschaften** (→ Rn. 2430) sein. **2421**

2422–2423 *Einstweilen frei*

2424 **aa) Persönliche Haftung.** Wer phG iSd § 15 Abs. 3 Nr. 2 ist, bestimmt sich allein nach **gesellschaftsrechtlichen Grundsätzen** (BFH 22.9.2016 – IV R 35/13, BStBl. II 2017, 116 Rn. 21). Dies ergibt sich daraus, dass das Gesetz an bestimmte gesellschaftsrechtliche Gestaltungen anknüpft (BFH 22.9.2016 – IV R 35/13, BStBl. II 2017, 116 Rn. 21). Entscheidend ist, dass die Gesellschafter für Verbindlichkeiten der Personengesellschaft kraft ihrer Gesellschafterstellung uneingeschränkt mit ihrem Vermögen haften (HHR/*Stapperfend* § 15 Rn. 1438). PhG sind damit sämtliche Gesellschafter einer OHG (§ 128 Abs. 1 HGB) sowie die Komplementäre einer KG (§ 161 Abs. 2 HGB iVm § 128 Abs. 1 HGB).

2425 Keine phG sind hingegen die **Kommanditisten** einer KG. Dies gilt auch dann, wenn diese ihre Einlage noch nicht erbracht haben oder ein sonstiger Haftungstatbestand vorliegt, da ein Kommanditist gem. § 171 Abs. 1 Hs. 1 HGB den Gläubigern nur bis zur Höhe seiner Einlage und damit eben nicht unbeschränkt unmittelbar haftet.

2426 Hinsichtlich der **GbR** hatte die frühere zivilrechtliche Rechtsprechung eine generelle Beschränkung der Haftung der Gesellschafter auf das Gesellschaftsvermögen für möglich gehalten (BGH 12.3.1990 – II ZR 312/88, NJW-RR 1990, 867). Hieraus war in der finanzgerichtlichen Rechtsprechung die Konsequenz gezogen worden, eine GbR, bei der die **Haftung der natürlichen Personen entsprechend beschränkt wurde,** unter den übrigen Voraussetzungen des § 15 Abs. 3 Nr. 2 als gewerblich geprägte Personengesellschaft einzuordnen (BFH 11.12.1986 – IV R 222/84, BStBl. II 1987, 553 (554 f.)). Diese Rechtsprechung hat sich überholt, nachdem der BGH seine frühere Position aufgegeben hat und nunmehr die Möglichkeit einer gesellschaftsrechtlichen Haftungsbeschränkung verneint (BGH 27.9.1999 – II ZR 371/98, BGHZ 142, 315). Seitdem geht der BFH folgerichtig davon aus, dass eine GbR bei Beteiligung einer natürlichen Person nicht gewerblich geprägt sein kann (BFH 22.9.2016 – IV R 35/13, BStBl. II 2017, 116 Rn. 24 f.).

2427 Anknüpfungspunkt der unbeschränkten Haftung ist allein die Gesellschafterstellung. Keine Bedeutung haben hingegen **individualvertragliche Haftungsabreden** (BFH 22.9.2016 – IV R 35/13, BStBl. II 2017, 116 Rn. 25; BMF 17.3.2014, BStBl. I 2014, 555; *Roßmann* DStRK 2017, 5). Ein Abstellen auf Individualvereinbarungen würde eine kaum erträgliche Rechtsunsicherheit provozieren. Damit ist ein Gesellschafter auch dann phG, wenn er seine Haftung mit allen Gläubigern der Gesellschaft vertraglich ausgeschlossen oder eingeschränkt hat (BFH 22.9.2016 – IV R 35/13, BStBl. II 2017, 116 Rn. 25). Umgekehrt rückt ein Kommanditist oder ein atypisch stiller Beteiligter nicht in die Stellung eines phG auf, wenn er individualvertraglich, beispielsweise im Rahmen einer Bürgschaft, für die Verbindlichkeiten der Personengesellschaft haftet. Irrelevant ist, ob ein Gesellschafter im Innenverhältnis unbeschränkt haftet.

2427.1 Die frühere Auffassung der Finanzverwaltung, die eine gewerblich geprägte GmbH & Co. GbR zugelassen hatte (H 138 Abs. 6 EStH: „Vermögensverwaltende GbR") ist durch BMF 17.3.2014, BStBl. I 2014, 555 überholt, das zugleich eine Übergangsregelung vorsah. Da Art. 3 Abs. 1 GG keinen Anspruch auf Gleichbehandlung im Unrecht verbürgt, bestand und besteht kein Anspruch auf Anwendung dieser rechtswidrigen Verwaltungspraxis (BFH 22.9.2016 – IV R 35/13, BStBl. II 2017, 116 Rn. 26).

2428–2429 *Einstweilen frei*

2430 **bb) Begriff der Kapitalgesellschaft.** Für den Begriff der **Kapitalgesellschaft** ist an **§ 1 Abs. 1 Nr. 1 KStG** anzuknüpfen. Kapitalgesellschaften iSd § 15 Abs. 3 Nr. 2 sind damit insbesondere die Europäische Gesellschaft, die AG, die KGaA sowie die GmbH. Die Aufzählung ist aber nicht abschließend und schließt neben Vorgesellschaften (→ Rn. 2431) auch ausländische Kapitalgesellschaften ein (→ Rn. 2433). **Keine Kapitalgesellschaften** sind hingegen die übrigen in § 1 Abs. 1 Nr. 2–6 KStG benannten Personenvereinigungen und Vermögensmassen. Damit scheidet insbesondere die Stiftung & Co. KG aus dem Anwendungsbereich des § 15 Abs. 3 Nr. 2 aus (Kirchhof/*Reiß* § 15 Rn. 138; Schmidt/*Wacker* § 15 Rn. 216).

2431 **Vorgesellschaften** entstehen mit Abschluss des notariellen Gesellschaftsvertrages und enden regelmäßig mit der Registereintragung. Wird die Gesellschaft wie vorgesehen eingetragen, kommt die Kapitalgesellschaft zur Entstehung und tritt in alle Rechte und Pflichten der Vorgesellschaft ein. Die nach außen tätig gewordene Vorgesellschaft bildet mit der später eingetragenen Kapitalgesellschaft einen einheitlichen Steuergegenstand (BFH 24.1.2017 – I R 81/15, BStBl. II 2017, 1071 Rn. 9), sodass § 15 Abs. 3 Nr. 2 anwendbar ist (BFH 4.11.2004 – III R 2/03, BStBl. II 2005, 405 (407)). Unterbleibt die Registereintragung, ist die Vorgesellschaft steuerlich als Personengesellschaft oder in Fällen einer Einmanngründung als Einzelunternehmen zu behandeln. § 15 Abs. 3 Nr. 2 findet dann mangels Kapitalgesellschaft keine Anwendung. Dies gilt auch für den Fall, dass die Beteiligten die Gründung der Kapitalgesellschaft ernsthaft beabsichtigt haben (HHR/*Stapperfend* § 15 Rn. 1436).

Keine Kapitalgesellschaften sind hingegen **Vorgründungsgesellschaften.** Sie entstehen **2432** bereits mit dem Entschluss, eine Kapitalgesellschaft zu gründen und enden mit Abschluss des notariellen Gesellschaftsvertrages. Gesellschafts- und steuerrechtlich handelt es sich um Personengesellschaften, sodass eine Vorgründungsgesellschaft keine iSd § 15 Abs. 3 Nr. 2 prägende Wirkung entfalten kann (HHR/*Stapperfend* § 15 Rn. 1436; KSM/*Desens/Blischke* § 15 Rn. E 34).

Eine Personengesellschaft kann auch durch eine **ausländische Gesellschaft** gewerblich **2433** geprägt werden. Dazu muss diese nach ihrem rechtlichen Aufbau und ihrer wirtschaftlichen Gestaltung einer inländischen Kapitalgesellschaft entsprechen (BFH 14.3.2007 – XI R 15/05, BStBl. II 2007, 924 (925)). Nicht erforderlich ist, dass die ausländische Gesellschaft kraft Rechtsform gewerbliche Einkünfte erzielt oder tatsächlich gewerblich tätig ist (BFH 14.3.2007 – XI R 15/05, BStBl. II 2007, 924 (926)).

Einstweilen frei **2434–2435**

cc) Ausschließlichkeitskriterium. Die **gewerbliche Prägung** tritt nur ein, wenn **2436** sämtliche phG Kapitalgesellschaften sind. Dagegen scheidet die gewerbliche Prägung aus, wenn zum Kreis der phG neben den Kapitalgesellschaften auch nur eine natürliche Person tritt (BFH 24.1.2017 – I R 81/15, BStBl. II 2017, 1071 Rn. 9). Dabei ist irrelevant, ob deren Haftung durch Individualvertrag mit den Gläubigern ausgeschlossen oder beschränkt ist oder die natürliche Person im Innenverhältnis freigestellt ist.

Einstweilen frei **2437**

c) Geschäftsführung. Die gewerbliche Prägung nach § 15 Abs. 3 Nr. 2 setzt weiterhin **2438** voraus, dass zur **Geschäftsführung** (→ Rn. 2440) der Personengesellschaft **ausschließlich** (→ Rn. 2449) **persönlich haftende Kapitalgesellschaften** oder **Nichtgesellschafter** (→ Rn. 2444) befugt sind.

Einstweilen frei **2439**

aa) Begriff der Geschäftsführung. Auch hinsichtlich des Begriffs der **Geschäftsführung** erhält der Tatbestand nur durch eine **Anknüpfung an das Gesellschaftsrecht** eine klare Struktur (s. auch BFH 23.5.1996 – IV R 87/93, BStBl. II 1996, 523 (526)). Im Kontext des § 15 Abs. 3 Nr. 2 ist der Begriff der Geschäftsführung ebenso wie iSd §§ 114–117 HGB, § 164 HGB sowie der §§ 709–713 BGB zu verstehen (BFH 23.5.1996 – IV R 87/93, BStBl. II 1996, 523 (526); BFH 23.2.2011 – I R 52/10, BFH/NV 2011, 1354 Rn. 28; BFH 13.7.2017 – IV R 42/14, BStBl. II 2017, 1126 Rn. 19). Keine Rolle spielt hingegen, wer zur Vertretung im Außenverhältnis befugt ist (Schmidt/*Wacker* § 15 Rn. 222; R 15.8 (6) EStR 2012; BFH 13.7.2017 – IV R 42/14, BStBl. II 2017, 1126 Rn. 19). **2440**

Die Geschäftsführungsbefugnis muss auf **Gesetz oder Gesellschaftsvertrag** beruhen (R **2441** 15.8 (6) EStR 2012; BFH 13.7.2017 – IV R 42/14, BStBl. II 2017, 1126 Rn. 19). Eine Geschäftsführungsbefugnis, die durch Arbeits- oder Dienstvertrag verliehen wird, ist im Rahmen des § 15 Abs. 3 Nr. 2 irrelevant (BFH 23.5.1996 – IV R 87/93, BStBl. II 1996, 523 (526)). Dies gilt auch für die Bestellung Dritter zur Geschäftsführung, denen die Befugnis im Gesellschaftsvertrag verliehen sein muss (s. HHR/*Stapperfend* § 15 Rn. 1446).

Einstweilen frei **2442–2443**

bb) Persönliche haftende Gesellschafter oder Dritte als Geschäftsführer. Eingeräumt werden muss die Befugnis zur Geschäftsführung den **persönlich haftenden Kapitalgesellschaften** oder **Dritten,** dh Nichtgesellschaftern. **2444**

Der **Geschäftsführung der Kapitalgesellschaft** steht nicht entgegen – und damit **2445** unschädlich für die gewerbliche Prägung ist –, dass die Geschäfte der Kapitalgesellschaft durch eine natürliche Person geführt werden, die zugleich Kommanditist der gewerblich geprägten Personengesellschaft ist (BFH 13.7.2017 – IV R 42/14, BStBl. II 2017, 1126 Rn. 21; HHR/*Stapperfend* § 15 Rn. 1445). Zwischen den persönlich haftenden Kapitalgesellschaften und den Kapitalgesellschaften, die zur Geschäftsführung befugt sind, muss **keine Identität** bestehen, sodass die Vorschrift auch dann anwendbar ist, wenn die Geschäfte nicht durch sämtliche phG geführt werden (Schmidt/*Wacker* § 15 Rn. 222).

2446 Wegen des Grundsatzes der **Selbstorganschaft** (s. auch BGH 9.12.1968 – II ZR 33/67, BGHZ 51, 198 Rn. 8 f.) kann ein Dritter nicht zur alleinigen Geschäftsführung befugt sein, sondern die Geschäfte immer nur neben einem geschäftsführenden Gesellschafter führen. Keine Rolle spielt dann, ob der Dritte zur selbständigen Geschäftsführung befugt ist oder er die Geschäfte nur gemeinschaftlich mit einem anderen tauglichen Geschäftsführer iSd § 15 Abs. 3 Nr. 2 führen darf (HHR/*Stapperfend* § 15 Rn. 1446).

2447–2448 *Einstweilen frei*

2449 **cc) Ausschließlichkeitskriterium.** Zuletzt muss **nur diesem Personenkreis,** dh nach dem Gesetzeswortlaut den persönlich haftenden Kapitalgesellschaften oder den Nichtgesellschaftern (zum insoweit missverständlichen Normtext → Rn. 2451), die Befugnis zur Geschäftsführung zustehen.

2450 Die gewerbliche Prägung entfällt hingegen, wenn über die persönlich haftenden Kapitalgesellschaften hinaus **weitere Gesellschafter zur Geschäftsführung befugt** sind. Dies ist einmal denkbar, sofern natürliche Personen als Gesellschafter zur Geschäftsführung berufen sind. Nicht zur Geschäftsführung iSd § 15 Abs. 3 Nr. 2 gehören bei einer **Einheits-GmbH & Co. KG** allerdings Maßnahmen, welche allein die Ausübung der Gesellschafterrechte aus oder an ihren Geschäftsanteilen an der Komplementär-GmbH betreffen (BFH 13.7.2017 – IV R 42/14, BStBl. II 2017, 1126 Rn. 22). Diese können daher auch natürlichen Personen als Kommanditisten übertragen werden, ohne dass die gewerbliche Prägung entfällt.

2450a **Auf diese Weise wird vermieden,** dass die Komplementär-GmbH – vertreten durch ihre Geschäftsführer – in ihrer eigenen Gesellschafterversammlung einzig stimmberechtigt ist (*Normann* GmbH-StB 2014, 237 (238)). Dagegen ist § 15 Abs. 3 Nr. 2 nicht anwendbar, sofern Kapitalgesellschaften Geschäftsführer sind, die als Kommanditisten nur beschränkt haften (EStR 15.8 (6); HHR/*Stapperfend* § 15 Rn. 1444). Der Gegenauffassung (Schmidt/*Wacker* § 15 Rn. 222) ist zuzugeben, dass es wertungsmäßig nicht einleuchtet, die gewerbliche Prägung allein durch das Hinzutreten einer weiteren, nur beschränkt haftenden Kapitalgesellschaft entfallen zu lassen. Auf der anderen Seite sind für eine Korrektur des Gesetzeswortlautes aber auch keine zwingenden Gründe ersichtlich. Dementsprechend ist auch dann nicht von einer gewerblichen Prägung auszugehen, wenn die Geschäfte ausschließlich von einer (bereits als Kommanditistin) beschränkt haftenden Kapitalgesellschaft geführt werden (BFH 11.10.2012 – IV R 32/10, BStBl. II 2013, 538 Rn. 21).

2451 Eine **ausschließliche Geschäftsführung durch Nichtgesellschafter** ist bei Personengesellschaften mit Rücksicht auf den Grundsatz der Selbstorganschaft ausgeschlossen (→ Rn. 2446). Sofern im Gesellschaftsvertrag gleichwohl eine reine Fremdorganschaft vereinbart ist, tritt der Dritte neben die nach dem Gesetz zur Geschäftsführung befugten Gesellschafter. In diesem Fall kommt es nur dann zur gewerblichen Prägung, wenn die geschäftsführenden Gesellschafter ausschließlich Kapitalgesellschaften sind.

2452 Das „oder" in § 15 Abs. 3 Nr. 2 S. 1 ist **nicht im Sinne eines ausschließenden „oder"** zu verstehen. Damit ist der Tatbestand auch dann erfüllt, wenn zur Geschäftsführung neben der (ausschließlich) persönlich haftenden Kapitalgesellschaft weitere fremde Dritte berufen sind (HHR/*Stapperfend* § 15 Rn. 1446).

2453–2454 *Einstweilen frei*

4. Gewerbliche Prägung durch ihrerseits gewerblich geprägte Personengesellschaft (§ 15 Abs. 3 Nr. 2 S. 2)

2455 § 15 Abs. 3 Nr. 2 S. 2 erweitert den Tatbestand der gewerblichen Prägung nach § 15 Abs. 3 Nr. 2 S. 1 auf sog. **doppelstöckig geprägte Personengesellschaften** (HHR/*Stapperfend* § 15 Rn. 1450). Die Vorschrift enthält eine weitere Teilregelung der ertragsteuerlichen Einordnung doppelstöckiger Personengesellschaften, die neben § 15 Abs. 1 S. 1 Nr. 2 S. 2 und § 15 Abs. 3 Nr. 1 S. 1 Alt. 2 tritt (→ Rn. 2086). Doppelstöckig geprägte Personengesellschaften sind Personengesellschaften, die durch eine ihrerseits gewerblich geprägte Personengesellschaft gewerblich geprägt werden. Abweichend vom Grundtatbestand des Abs. 3 Nr. 2 S. 1 tritt die gewerbliche Prägung damit nicht durch eine Kapitalgesellschaft, sondern durch eine ihrerseits gewerblich geprägte Personengesellschaft ein. § 15 Abs. 3 Nr. 2 S. 2 stellt dazu gewerblich geprägte Personengesellschaften insoweit Kapitalgesellschaften gleich.

Damit kommt es auch dann zur gewerblichen Prägung der Untergesellschaft, sofern per- **2456** sönlich (ausschließlich oder neben Kapitalgesellschaften) eine ihrerseits gewerblich geprägte Personengesellschaft haftet und die Geschäftsführung allein aus dem Kreis dieser (unschädlichen) Gesellschafter oder durch Nichtgesellschafter übernommen wird. Auf diese Weise verhindert § 15 Abs. 3 Nr. 2 S. 2, dass § 15 Abs. 3 Nr. 2 S. 1 durch Zwischenschaltung einer gewerblich geprägten Personengesellschaft umgangen wird (HHR/*Stapperfend* § 15 Rn. 1450).

Beispiel: An der Immo-KG, deren Tätigkeit sich auf Vermögensverwaltung beschränkt, sind die **2456.1** gewerblich geprägte A-GmbH & Co. KG als Komplementärin sowie der A als Kommanditist beteiligt. Zur Geschäftsführung der Immo-KG ist ausschließlich die A-GmbH & Co. KG befugt. Über § 15 Abs. 3 Nr. 2 S. 2 wird die Immo-KG gewerblich geprägt, obwohl phG und Geschäftsführer keine Kapitalgesellschaft, sondern eine Personengesellschaft ist.

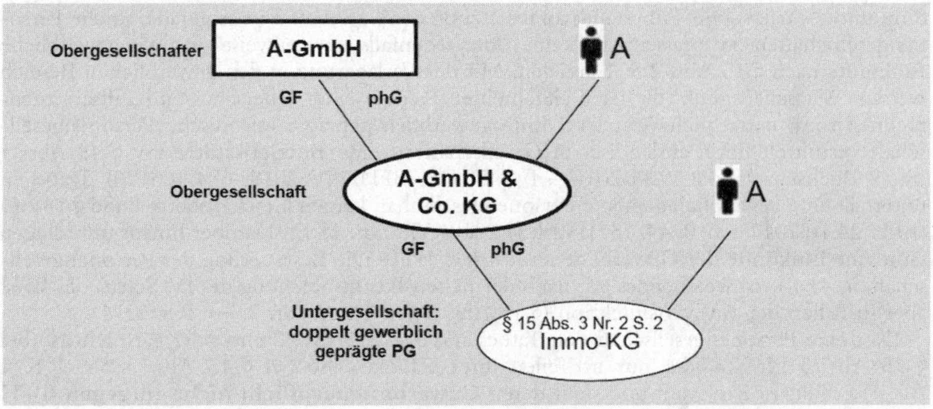

Umstritten ist, ob eine gewerbliche Prägung nach § 15 Abs. 3 Nr. 2 S. 2 auch dann **2457** eingreift, wenn die **Obergesellschaft** zwar die Struktur einer gewerblich geprägten Personengesellschaft aufweist, aber **selbst originär gewerbliche Einkünfte erzielt.** Der BFH will auch in diesen Fällen § 15 Abs. 3 Nr. 2 S. 2 anwenden und die Vorschrift gegen ihren Wortlaut auslegen. Bei buchstabengetreuer Interpretation würde die gewerbliche Prägung der Untergesellschaft dagegen daran scheitern, dass diese als originär gewerblich tätige Personengesellschaft eine Tätigkeit iSd Abs. 1 S. 1 Nr. 1 ausübt und damit selbst nicht gewerblich geprägt wäre (BFH 8.6.2000 – IV R 37/99, BStBl. II 2001, 162 (164)). Damit würde ein „Mehr" an Gewerblichkeit bei der Obergesellschaft der gewerblichen Prägung der Untergesellschaft entgegenstehen (BFH 8.6.2000 – IV R 37/99, BStBl. II 2001, 162 (164)).

Dem hält ein Teil der Literatur entgegen, es könne nicht mit hinreichender Klarheit **2458** festgestellt werden, dass eine vom Gesetzgeber nicht gewollte sinnwidrige Regelung vorliege (HHR/*Stapperfend* § 15 Rn. 1450). Der Kritik ist zuzugeben, dass es für die Annahme eines Redaktionsversehens (so aber BFH 8.6.2000 – IV R 37/99, BStBl. II 2001, 162 (164)) an einem überzeugenden Hinweis in der Entstehungsgeschichte fehlt. Stattdessen ist auf einen **Analogieschluss** zurückzugreifen, der sich keineswegs nur zu Lasten der Steuerpflichtigen, sondern durchaus zu ihren Gunsten auswirken kann.

Einstweilen frei **2459–2460**

5. Gestaltungsmöglichkeiten

Eine einfache Möglichkeit, die Anwendung des § 15 Abs. 3 Nr. 2 zu vermeiden, ist es, **2461** eine **natürliche Person, die (beschränkt haftender) Gesellschafter ist, als (weiteren) Geschäftsführer** einzusetzen (HHR/*Stapperfend* § 15 Rn. 1455). Gleiches gilt, wenn eine Kommanditisten-Kapitalgesellschaft zum alleinigen oder weiteren Geschäftsführer berufen wird. Die gewerblich geprägte Personengesellschaft wird daher auch als **„Gewerbebetrieb auf Antrag"** bezeichnet (Preißer/*Preißer* Unternehmenssteuerrecht und Steuerbilanzrecht, 313; Kirchhof/*Reiß* § 15 Rn. 135).

2462 Da eine Stiftung keine Kapitalgesellschaft ist, kann die Rechtsfolge des § 15 Abs. 3 Nr. 2 auch durch Gründung einer **Stiftung & Co. KG** vermieden werden (HHR/*Stapperfend* § 15 Rn. 1455; s. *Wehrheim/Gehrke* StuW 2005, 234 ff.).

2463 Als Gestaltungsinstrument kann sich die gewerblich geprägte Personengesellschaft insbesondere anbieten, um eine **drohende Betriebsaufgabe zu vermeiden** (Preißer/*Preißer* Unternehmenssteuerrecht und Steuerbilanzrecht, 312 f.). Zu weiteren möglichen Vorteilen und Gestaltungszielen → Rn. 2475.

2464–2472 *Einstweilen frei*

IV. Rechtsfolge

2473 Beiden Tatbeständen des § 15 Abs. 3 Nr. 1 und 2 gemeinsame Rechtsfolge ist die **Fiktion eines einheitlichen Gewerbebetriebs** („Als Gewerbebetrieb gilt in vollem Umfang"). Sinn und Zweck sowie Tatbestandsvoraussetzung des § 15 Abs. 3 ist es gerade, solche Personengesellschaften zu erfassen, die keine oder jedenfalls nur teilweise originär gewerbliche Einkünfte nach § 15 Abs. 2 S. 1 erzielen. Mit der Verlagerung in den gewerblichen Bereich werden Wirtschaftsgüter, die nach allgemeinen Regeln einer Überschusseinkunftsart zuzurechnen sind, betrieblich verstrickt. Eine gewerblich geprägte inländische Personengesellschaft vermittelt ihren ausländischen Gesellschaftern eine **Betriebsstätte** iSv § 49 Abs. 1 Nr. 2 Buchst. a (BFH 29.11.2017 – I R 58/15, BFH/NV 2018, 684 Rn. 20). Dagegen unterhält eine gewerblich geprägte Personengesellschaft keinen Geschäftsbetrieb iSd § 14 AO (BFH 24.10.2017 – II R 44/15, BStBl. II 2018, 358 Rn. 18 f.). Darüber hinaus unterliegen sämtliche Einkünfte der Gewerbesteuer (*Niehus/Wilke* Die Besteuerung der Personengesellschaften, 41 f.). Abweichendes gilt nach der neuen Rechtsprechung des IV. Senats des BFH aber in Fällen der Aufwärtsinfektion (§ 15 Abs. 3 Nr. 1 S. 1 Alt. 2; → Rn. 2371).

2474 Dass eine Personengesellschaft den Tatbestand des § 15 Abs. 2 entweder gar nicht (so bei § 15 Abs. 3 Nr. 2) oder nur in Teilen ihrer Tätigkeit (so bei § 15 Abs. 3 Nr. 1 S. 1 Alt. 1) erfüllt, ist irrelevant und steht deren **Gewerbesteuerpflicht nicht entgegen** (BFH 20.11.2003 – IV R 5/02, BStBl. II 2004, 464; BFH 23.11.2011 – I R 52/10, BFH/NV 2011, 1354 Rn. 26).

2475 Die Fiktion des Gewerbebetriebs **setzt ein,** sobald die tatbestandlichen Voraussetzungen des § 15 Abs. 3 Nr. 1 bzw. 2 erfüllt sind. Bei einer typischen GmbH & Co. KG, bei der natürliche Personen als Kommanditisten beteiligt sind, muss die KG dazu in das Handelsregister eingetragen sein, weil sich die Haftung des Kommanditisten erst ab diesem Zeitpunkt auf dessen Einlage beschränkt (BFH 23.2.2011 – I R 52/10, NV 2011, 1354 Rn. 30). Entfällt der Tatbestand wieder, **endet auch die Fiktion,** sodass vorbehaltlich eines anderweitig verwirklichten Tatbestandes gewerblicher Einkünfte eine Betriebsaufgabe iSd § 16 Abs. 3 vorliegt (HHR/*Stapperfend* § 15 Rn. 1455; HHR/*Kulosa* § 16 Rn. 510, 526; → § 16 Rn. 939).

2475a Nach allgemeinen Grundsätzen beginnt die **Gewerbesteuerpflicht** erst mit Aufnahme der werbenden Tätigkeit (→ Rn. 187) und endet, sobald diese eingestellt wird (HHR/*Stapperfend* § 15 Rn. 1455). Das gilt auch für eine nach § 15 Abs. 3 Nr. 2 gewerblich geprägte Personengesellschaft. Da eine solche gerade keine originär gewerbliche Tätigkeit ausübt, hängt der Beginn der werbenden Tätigkeit und damit der Gewerbesteuerpflicht nicht von der Verwirklichung der in § 15 Abs. 2 genannten Tatbestandsmerkmale ab. Als werbende Tätigkeit ist daher bereits die Aufnahme der vermögensverwaltenden Tätigkeit anzusehen. Anders ist dies bei einer Personengesellschaft, die zu dem Zweck gegründet worden ist, eine originär gewerbliche Tätigkeit iSd § 15 Abs. 1 S. 1 Nr. 1 auszuüben. In diesem Fall findet die Fiktion des § 15 Abs. 3 Nr. 2 keine Anwendung, auch wenn iÜ die Voraussetzungen einer gewerblich geprägten Personengesellschaft vorliegen. Entscheidend für den Beginn der werbenden Tätigkeit und damit der Gewerbesteuerpflicht ist, dass sich die Personengesellschaft mit eigenen gewerblichen Leistungen am allgemeinen wirtschaftlichen Verkehr beteiligt. In der Vorbereitungsphase üblicherweise anfallende vermögensverwaltende Tätigkeiten genügen nicht (BFH 12.5.2016 – IV R 1/13, BStBl. II 2017, 489 Rn. 31; BFH 13.4.2017 – IV R 49/15, BFH/NV 2017, 1129 Rn. 25).

Mit der Fiktion des Gewerbebetriebs werden die Wirtschaftsgüter der Personengesellschaft zu **gewerblichem Betriebsvermögen.** Dies gilt bei § 15 Abs. 3 Nr. 1 gerade auch für diejenigen Wirtschaftsgüter, die bei isolierter Betrachtung nicht gewerblichen Zwecken dienen (HHR/*Stapperfend* § 15 Rn. 1455). Gleiches gilt für § 15 Abs. 3 Nr. 2 (BFH 22.1.1992 – I R 61/90, BStBl. II 1992, 628). Auch in diesem Fall richtet sich die Zuordnung der Wirtschaftsgüter zum Anlage- oder Umlaufvermögen nach § 247 Abs. 2 HGB. Abzulehnen ist die Ansicht, dass eine gewerblich geprägte Personengesellschaft nur Anlage- und kein Umlaufvermögen haben könne (BFH 19.1.2017 – IV R 10/14, BStBl. II 2017, 466 Rn. 24; BFH 19.1.2017 – IV R 5/16, BFH/NV 2017, 755 Rn. 26). Die Bildung von Sonderbetriebsvermögen bestimmt sich nach allgemeinen Grundsätzen. Bei der GmbH & Co. KG zählen die Anteile an der Komplementär-GmbH, die durch einem Kommanditisten gehalten werden, zum notwendigen Sonderbetriebsvermögen II (BFH 15.10.1998 – IV R 18/98, BStBl. II 1999, 286 (288)). 2476

Die Fiktion der Gewerblichkeit muss für die Steuerpflichtigen keinesfalls nur mit Nachteilen verbunden sein, sondern kann auch bewusst als Gestaltungsinstrument eingesetzt werden. Als mögliche **Gestaltungsziele** sind insbesondere zu nennen (*Korn* KÖSDI 1986, 6221 Rn. 13; *Neu* DStR 1995, 1893 (1895)): 2477

- Vermeidung einer drohenden Betriebsaufgabe durch Umwandlung in eine bzw. Gründung einer gewerblich geprägten Personengesellschaft (→ Rn. 2463),
- Nutzung von Sonderabschreibungen,
- Nutzung sich abzeichnender Veräußerungsverluste,
- Vermeidung der Liebhaberei durch Einbeziehung von Veräußerungsgewinnen,
- bei einer vermögensverwaltend tätigen Personengesellschaft: Vermeidung der Anwendung des § 23 Abs. 1 Nr. 2, Abs. 3 und Nutzung des § 4 Abs. 3 (BFH 19.1.2017 – IV R 10/14, BStBl. II 2017, 466 Rn. 21).

F. Besondere Ausgleichs- und Abzugsverbote (§ 15 Abs. 4)

Leitentscheidungen, wichtige Verwaltungsanweisungen und Schrifttum (Auswahl): 2478

Leitentscheidungen des BFH: 2478.1
BFH 21.2.2018 – I R 60/16, BStBl. II 2018, 637 (Scheinkassageschäft als Termingeschäft); BFH 28.4.2016 – IV R 20/13, BStBl. II 2016, 739; BFH 12.1.2016 – IX R 50/14, BStBl. II 2016, 462.

Wichtige Verwaltungsanweisungen: 2478.2
BMF 25.7.2002, BStBl. I 2002, 712 (Behandlung des Aktieneigenhandels); BMF 29.11.2004, BStBl. I 2004, 1097 (Anwendung des § 10d EStG bei besonderen Verrechnungsbeschränkungen); BMF 23.9.2005, DStR 2005, 1900 (zu § 15 Abs. 4 S. 3); BMF 19.11.2008, BStBl. I 2008, 970 (zu § 15 Abs. 4 S. 6–8); BMF 18.1.2016, BStBl. I 2016, 85 (Einzelfragen zur Abgeltungsteuer), im Hinblick auf BFH 12.1.2016 – IX R 50/14, BStBl. II 2016, 462 ergänzt durch BMF 16.6.2016, BStBl. I 2016, 527.

Schrifttum (Auswahl): 2478.3
Götz/Bindl, Die Verlustabzugsbeschränkung nach § 15 Abs. 4 S. 6–8 EStG, GmbHR 2009, 584; *Röder*, Das System der Verlustverrechnung im deutschen Steuerrecht. Verfassungsrechtliche Vorgaben und Ausgestaltung de lege ferenda, 2010; *Spindler*, Aufklärungspflichten im Bankrecht nach dem „Zins-Swap-Urteil" des BGH, NJW 2011, 1920; *Peters*, Abzugsbeschränkungen für Verluste aus (typisch) stillen Beteiligungen an Kapitalgesellschaften, FR 2012, 718; *Wacker*, Stille Beteiligungen und Verlustverwertungsbeschränkung gem. § 15 Abs. 4 Sätze 6 ff. EStG, DB 2012, 1403; *Ebel*, Verluste aus Termingeschäften im Betriebsvermögen, FR 2013, 882; *Dahm/Hamacher*, Termingeschäfte im EStG – Eine Besteuerungsruine, DStR 2014, 455; *Ebel*, Steuerfreie Anteilsveräußerung und ergebniskompensatorische Sicherung, FR 2014, 410; *Riegler/Riegler*, Die steuerliche Berücksichtigung von Verlusten aus atypisch stillen Beteiligungen zwischen Kapitalgesellschaften, DStR 2014, 1031; *Johannemann/Reiter*, Verluste aus Termingeschäften im Betriebsvermögen, DStR 2015, 1489; *Just/Voß/Ritz/Becker*, Wertpapierhandelsgesetz. Kommentar, 2015; *Schwennicke/Auerbach* (Hrsg.), Kreditwesengesetz. Kommentar, 3. Aufl. 2016; *Jahn/Reiner*, Außerbörsliche Finanztermingeschäfte (OTC-Derivate), in: Schimansky/Bunte/Lwowski (Hrsg.), Bankrechts-Handbuch, 5. Aufl. 2017; *Philipowski*, Stillhalterprämie – Barausgleich – Besteuerung nach Leistungsfähigkeit, DStR 2017, 1362; *Hess*, Verlustverrechnungsbeschränkungen bei gewerblichen Termingeschäften, NWB 2018, 2546.

2479 § 15 Abs. 4 bereichert das Pluriversum der Verlustverrechnungsbeschränkungen mit zwei Erscheinungsformen, die sich gegenständlich auf **Einkunftsunterarten** beziehen (S. 1–2 und S. 3–5), und einer weiteren (S. 6–8), die eine **Einkunftsquelle** erfasst (*Röder* System der Verlustverrechnung, 20 ff., 32 ff.). In der Verwaltungssprache geht die Rede von „besonderen Verrechnungskreisen" (BMF 29.11.2004, BStBl. I 2004, 1097). Jede Verlustverrechnungsbeschränkung durchbricht das Syntheseprinzip, korrigiert die Verheißung des § 2 Abs. 3, dass in der Summe der Einkünfte die Ergebnisse aller Einkunftsquellen zusammengezogen werden. Jede Verlustverrechnungsbeschränkung wirft System- und Verfassungsfragen auf (→ Rn. 159 ff.). In der Auslegung entscheiden sich der Zuschnitt und die Reichweite der nicht nur herkömmlich belastenden, sondern irregulär-nachteiligen Norm.

2480 Sachlich-gegenständlich erfasst § 15 Abs. 4 betriebliche Einkünfte, insbesondere Termingeschäfte im betrieblichen Bereich (→ Rn. 101). **Persönlich** sind über § 8 Abs. 1 KStG **auch** alle unbeschränkt und beschränkt steuerpflichtigen **Körperschaften adressiert,** bei Verlusten aus gewerblicher Tierzucht ebenso wie bei Verlusten aus gewerblichen Termingeschäften (BFH 6.7.2016 – I R 25/14, BStBl. II 2018, 124 Rn. 14: körperschaftsteuerliche Organschaft, Verluste der Organgesellschaft) und aus der Beteiligung als stiller Gesellschafter, als Unterbeteiligter oder sonstiger Innengesellschafter an einer Kapitalgesellschaft (→ Rn. 2526).

I. Verluste aus gewerblicher Tierzucht

1. Verfassungskonforme Beschränkung

2481 Das Lenkungsanliegen des § 15 Abs. 4 S. 1 (→ Rn. 99 f. und → Rn. 2484) rechtfertigt das Verlustverrechnungsverbot zulasten gewerblicher Tierzucht und Tierhaltung (BFH 24.4.2012 – IV B 84/11, BFH/NV 2012, 1313 Rn. 4 f.; KSM/*Desens/Blischke* § 15 Rn. I 12; HHR/*Intemann* § 15 Rn. 1500). Der Steuergesetzgeber verbleibt in seinem Gestaltungsfreiraum, wenn er die **spezifische sektorale Konkurrenz** zwischen landwirtschaftlicher und gewerblicher Tierhaltung im Zeichen der Chancengleichheit beobachtet und einen Ausgleich sucht für den Nachteil der Landwirte, die „mangels hoher außerlandwirtschaftlicher Einkünfte" auf Verlustverrechnung verzichten müssen und deshalb Schutz verdienen vor dem Wettbewerb mit „einer industriell betriebenen Tierproduktion" (BFH 24.4.2012 – IV B 84/11, BFH/NV 2012, 1313 Rn. 4; *Röder* System der Verlustverrechnung, 334 f.).

2481.1 Auch das Bundesverfassungsgericht hat 1970 in der Auseinandersetzung mit dem „Gesetz über einen Ausgleich für Folgen der Aufwertung der Deutschen Mark auf dem Gebiet der Landwirtschaft" gleichheitsrechtlich ins Gewicht fallen lassen, dass die „tierischen Veredelungsbetriebe wegen ihrer Bodenunabhängigkeit und ihrer Betriebsstruktur wirtschaftliche und rechtliche Vorteile gegenüber den bodenabhängigen landwirtschaftlichen Betrieben haben" (BVerfG 8.12.1970 – 1 BvR 104/70, BVerfGE 29, 337 (340)).

2482 *Einstweilen frei*

2. Tatbestand

2483 Die Verbotsnorm des § 15 Abs. 4 S. 1 setzt Verluste aus *gewerblicher* Tierzucht oder Tierhaltung voraus, näherhin eine Zuordnungsentscheidung in der Konkurrenz zwischen Landwirtschaft und Gewerbe. § 13 Abs. 1 Nr. 1 S. 2 zieht exakte Grenzen mit bezifferten „Vieheinheiten pro Hektar" und verlangt, dass die landwirtschaftliche Nutzfläche als Futtergrundlage dient (→ Rn. 846). Jenseits der Grenzen beginnt die Gewerblichkeit. Damit lotst § 13 Abs. 1 Nr. 1 S. 2 „landwirtschaftsfremde Unternehmer" (BT-Drs. VI/1934, 2) mit einem **überhöhten Tierbestand** in die Zone der Gewerblichkeit, soweit Tiere in Rede stehen, die in landwirtschaftlichen Betrieben gehalten werden: Pferde, Rindvieh, Ziegen, Schafe, Schweine, Geflügel, auch Wildtier. Die in § 15 Abs. 4 S. 1 tatbestandlich erfasste Einkunftsunterart erfasst Tierzucht oder Tierhaltung, die **aus Quantitätsgründen** als gewerbliche qualifiziert wird (FG Münster 12.4.2019 – 10 K 1145/18 F, EFG 2019, 1280 Rn. 19 (Rev. VI R 26/19): „an sich landwirtschaftliche Betätigung"; HHR/*Intemann* § 15 Rn. 1517: „Tiere ohne Flächendeckung"), ihrer Art nach jedoch landwirtschaftliche Tätigkeit sein könnte.

Das legislative Lenkungsinteresse an **Förderung und Schutz der traditionellen landwirtschaftlichen Tierzucht** (BT-Drs. VI/1934, 2; BFH 1.7.2004 – IV R 67/00, BStBl. II 2010, 157 (158); FG Münster 12.4.2019 – 10 K 1145/18 F, EFG 2019, 1280 Rn. 19, Rev. VI R 26/19) durch Benachteiligung der gewerblichen Tierzucht (BFH 21.9.1995 – IV R 96/94, BStBl. II 1996, 85 (86): „Schutz der traditionellen Tierzucht und Tierhaltung auf ausreichenden landwirtschaftlichen Nutzflächen"; BFH 24.4.2012 – IV B 84/11, BFH/NV 2012, 1313 Rn. 4; → Rn. 99 f. und → Rn. 2481) kann rechtfertigungshalber nur tragen, soweit Landwirte und Gewerbetreibende konkurrieren. Indessen fehlt es von vornherein an einer Wettbewerbssituation, „wenn die fragliche Betätigung ihrem Wesen nach nicht in den Bereich der Land- und Forstwirtschaft gehört und auch in der Hand eines Landwirts mit hinreichender Futtergrundlage einen Gewerbebetrieb darstellen würde" (BFH 19.12.2002 – IV R 47/01, BStBl. II 2003, 507 (508)). Deshalb ist die **teleologische Reduktion** (BFH 14.9.1989 – IV R 88/88, BStBl. II 1990, 152; Kirchhof/*Krumm* § 15 Rn. 413) **verfassungsrechtlich geboten.** **2484**

BFH 1.7.2004 – IV R 67/00, BStBl. II 2010, 157 (159), hat in einer mehrstöckigen Beteiligungsstruktur durchschlagen lassen, dass der Steuerpflichtige sein mittelbares Engagement im Bereich der durch die Untergesellschaft betriebenen gewerblichen Tierzucht beendet hat, deshalb nicht mehr in Konkurrenz zur traditionellen landwirtschaftlichen Veredelungsproduktion treten könne: „Der laufende Verlust aus gewerblicher Tierzucht (§ 15 Abs. 4 EStG) einer Untergesellschaft ist mit dem Gewinn aus der Veräußerung einer Beteiligung an der Obergesellschaft zu verrechnen, soweit dieser Veräußerungsgewinn anteilig mittelbar auf Wirtschaftsgüter der Untergesellschaft entfällt" (BFH 1.7.2004 – IV R 67/00, BStBl. II 2010, 157, Ls.). **2484.1**

Teleologische Reduktion kommt aber auch jenen landwirtschaftlichen Betrieben der Tierzucht und Tierhaltung zugute, die kraft der **Fiktionen des § 15 Abs. 3 Nr. 1 und Nr. 2** in den Normbereich der Einkünfte aus Gewerbebetrieb und damit auch – folgt man nur dem Wortlaut – des § 15 Abs. 4 S. 1 gelotst werden. Diese Betriebe sollen aber nicht benachteiligt, sondern geschützt werden (KSM/*Desens/Blischke* § 15 Rn. I 18 f.). Hier bleiben **Verluste** aus fiktiv gewerblicher, originär jedoch landwirtschaftlicher Betätigung **uneingeschränkt verrechenbar.** **2484.2**

Stets gewerblich ist deshalb die Zucht und Haltung **nicht-pflanzlich ernährter Tiere,** jener Tierarten (Fleischfresser), die wegen der bodenunabhängigen Futtergrundlage nicht in der traditionellen Landwirtschaft gehalten werden: Hunde und Katzen, Zierfische, Nerze. § 15 Abs. 4 S. 1 findet hier – ungeachtet seines offenen Wortlauts – **keine Anwendung.** Art. 3 Abs. 1 GG nimmt die Durchbrechung des Syntheseprinzips nur im Umfang der ausnahmerechtlichen Rechtfertigung hin. **2485**

Hiernach erfasst **das Verrechnungsverbot nicht** „die Haltung landwirtschaftlicher Tierarten für von vornherein gewerbliche oder freiberufliche Zwecke – z. B. Pferde einer Brauerei oder einer Reitschule – und ebenso nicht die stets als gewerblich zu beurteilende Zucht und Haltung landwirtschaftsfremder Tierarten z. B. in einem Zoo oder Zirkus" (BFH 29.10.1987 – VIII R 272/83, BStBl. II 1988, 264; insoweit das Urteil die Nerzzucht in den Anwendungsbereich des § 15 Abs. 4 S. 1 einbezog, ist es überholt: BFH 19.12.2002 – IV R 47/01, BStBl. II 2003, 507); auch nicht im Falle einer Brüterei, „die sich darauf beschränkt, Küken aus Bruteiern zu gewinnen und sie als Eintagsküken sogleich zu veräußern": „Mangels jeglichen Futterbedarfs würde ein solches Unternehmen auch beim Vorhandensein einer landwirtschaftlichen Nutzfläche keinen landwirtschaftlichen Betrieb i.S. von § 13 Abs. 1 Nr. 1 Satz 2 EStG darstellen; dann kann das Fehlen derartiger Nutzflächen nicht dazu führen, daß eine gewerbliche Tierzucht mit ihren einkommensteuerlichen Beschränkungen anzunehmen ist" (BFH 14.9.1989 – IV R 88/88, BStBl. II 1990, 152). **2485.1**

„Tierzucht" und **„Tierhaltung"** sind Alternativtatbestände. Deshalb genügt der Befund, dass die Betätigung „wenigstens eine Tierhaltung" darstellt (FG Münster 12.4.2019 – 10 K 1145/18 F, EFG 2019, 1280 Rn. 26 ff. zu einem Pferdeausbildungsbetrieb, der die Tiere in Pension gibt, Rev. VI R 26/19). Die Begriffe finden sich auch in § 13 Abs. 1 Nr. 1 S. 2. Für diese Norm und für § 15 Abs. 4 S. 1 gilt einheitlich, dass Tiere gezüchtet oder gehalten werden müssen, die „LuF-typisch" sind (Schmidt/*Kulosa* § 13 Rn. 31 und → Rn. 2483). Im Hinblick auf den Umfang der Ernährungsgrundlage trennen sich landwirtschaftliche Tierzucht nach Maßgabe des § 13 Abs. 1 Nr. 1 S. 2 einerseits und – in Ermangelung einer hinreichenden Futtergrundlage – gewerbliche Tierzucht andererseits. **2486**

2487 Der BFH hat konsequent entschieden, „dass ein Verlust aus gewerblicher Tierzucht oder Tierhaltung selbst dann nicht mit einem Gewinn aus einer anderen gewerblichen Tätigkeit verrechnet werden darf, wenn ein **einheitlicher Gewerbebetrieb** anzunehmen ist und daher insgesamt nur gewerbliche Einkünfte vorliegen" (BFH 30.4.2008 – IV B 64/07, BFH/NV 2008, 1474). Der auf die gewerbliche Tierzucht oder Tierhaltung entfallende Verlust ist ggf. durch Schätzung zu ermitteln (Schmidt/*Wacker* § 15 Rn. 896). Von der gewerblichen Tierhaltung ohne Flächendeckung als Teil eines Gesamtbetriebs (BFH 21.9.1995 – IV R 96/94, BStBl. II 1996, 85 (86 f.)) ist die in einen Gewerbebetrieb integrierte Tierzucht und Tierhaltung mit Flächendeckung zu unterscheiden. Das Verrechnungsverbot erfasst auch die **gewerblich-nebenbetriebliche** Tierhaltung und -zucht, nicht jedoch die **landwirtschaftlich-nebenbetriebliche** auf hinreichender Fläche (KSM/*Desens/Blischke* § 15 Rn. I 25); hier kommt eine Infektion und Einbeziehung in den Tatbestand des § 15 Abs. 4 S. 1 zweckentsprechend (→ Rn. 2484) nicht in Frage.

3. Rechtsfolgen

2488 § 15 Abs. 4 S. 1 Hs. 1 **sperrt sowohl die horizontale** Verlustverrechnung „mit anderen Einkünften aus Gewerbebetrieb", dh mit weiteren Einkunftsquellen aus gleicher Einkunftsart, **als auch die vertikale** Verlustverrechnung „mit Einkünften aus anderen Einkunftsarten"; Hs. 2 blockiert **zudem die interperiodische Verlustverrechnung,** den Verlustausgleich des **§ 10d** (in unmittelbarer Anwendung; aber → Rn. 2489). Die Verlustverrechnungsbeschränkung erstreckt sich auf laufende Verluste und ebenso auf Aufgabe- und Veräußerungsverluste (KSM/*Desens/Blischke* § 15 Rn. I 17, 29).

2489 Den nach dieser Rechtsfolgenanordnung noch offenen Korridor für eine Einkunftsquellen – interne Verrechnung beschreibt das Gesetz positiv in der „jedoch" – Regelung des § 15 Abs. 4 S. 2 Hs. 1. Nach Maßgabe des § 10d findet Verrechnung statt mit dem **Gewinn aus gewerblicher Tierzucht und Tierhaltung,** den der Steuerpflichtige im unmittelbar vorangegangenen Wirtschaftsjahr erzielt hat (Verlustrücktrag) und ebenso mit Gewinnen in den folgenden Wirtschaftsjahren (Verlustvortrag). Die „Maßgabe" des § 10d bewirkt auch die Anwendung des Mindestbesteuerungsrechts (§ 10d Abs. 2) im jeweiligen „Verrechnungskreis" (BMF 29.11.2004, BStBl. I 2004, 1097; HHR/*Intemann* § 15 Rn. 1520).

2490 Seit Inkrafttreten des AmtshilfeRLUmsG vom Juni 2013 (→ Rn. 100), das § 15 Abs. 4 S. 2 den zweiten Halbsatz und mit ihm den Verweis auf § 10d Abs. 4 beigegeben hat, steht außer Streit, dass ein **verbleibender Verlustvortrag gesondert festzustellen** ist (§ 179 AO). Wenn Einkünfte einer Personengesellschaft in Rede stehen, ist die Teilmenge der (positiven oder negativen) Einkünfte aus Tierzucht oder Tierhaltung im Verfahren der gesonderten und einheitlichen Feststellung (§ 180 Abs. 1 S. 1 Nr. 2 Buchst. a AO) abzuschichten. Über die daran im Verlustfall anzuknüpfenden Rechtsfolgen aus § 15 Abs. 4 S. 1 f. entscheidet allerdings nicht das Betriebsfinanzamt im Feststellungsverfahren, sondern das Wohnsitzfinanzamt des Gesellschafters im Zuge der Einkommensteuerveranlagung (BFH 28.4.2016 – IV R 20/13, BStBl. II 2016, 739 Rn. 8).

II. Verluste aus Termingeschäften

2491 § 15 Abs. 4 S. 3 erstreckt das Sonderrecht für Verluste aus gewerblicher Tierzucht oder gewerblicher Tierhaltung, genauer: die Rechtsfolgen des § 15 Abs. 4 *Sätze 1 und 2*, „entsprechend" auf Verluste aus Termingeschäften. Infolge dieser Ausdehnung im Jahre 1999 (→ Rn. 101) wandelte sich der historische Sonderling der 1970er Jahre (→ Rn. 99), seinerzeit auf gewerbliche Tierzucht und Tierhaltung beschränkt, zu einem einkunftsartspezifischen Regime der **Ausgleichs- und Abzugsverbote für benannte Geschäftstypen** (s. auch Abs. 4 S. 6). Durchweg vorausgesetzt ist die Gewerblichkeit des Termingeschäfts (KSM/*Desens/Blischke* § 15 Rn. I 74 ff.). Die Rechtsfolge des § 15 Abs. 4 S. 3 bezieht sich auf den **Saldo sämtlicher Termingeschäfte im Wirtschaftsjahr** (BFH 21.2.2018 – I R 60/16, BStBl. II 2018, 637 Rn. 20).

2492 Auch „für Verluste aus Termingeschäften" greift – vorbehaltlich der Ausnahmen des § 15 Abs. 4 S. 4 – das **Prinzip der schedularen Abschottung:** das Verbot, die Verluste mit anderen Einkünften aus Gewerbebetrieb horizontal auszugleichen; das Verbot, die tatbestandlich erfassten Verluste vertikal mit Einkünften aus anderen Einkunftsarten im Veranlagungszeitraum zu verrechnen; und das Verbot des temporalen Verlustabzugs nach Maßgabe des § 10d. Zugleich aber lenkt § 15 Abs. 4 S. 3 qua Verweis auf S. 2 die Verluste in den Korridor „Termingeschäfte" – sie mindern Gewinne, die der Steuerpflichtige im unmittelbar vorangegangenen und in den folgenden Wirtschaftsjahren aus Termingeschäften erzielt hat oder erzielt (§ 15 Abs. 4 S. 3 iVm S. 2).

Dass die Vorschrift riskante Spekulationsgeschäfte hintanhalten will, ist entstehungsgeschichtlich nicht verbürgt (KSM/*Desens/Blischke* § 15 Rn. I 41). Gleichwohl findet der BFH ihre Rechtfertigung „zunächst darin, dass es sich bei Termingeschäften iSd § 15 Abs. 4 Satz 3 EStG um **hochspekulative und damit besonders risikogeneigte Geschäfte** handelt und der Eintritt von Verlusten bei solchen Geschäften daher deutlich wahrscheinlicher ist als der Eintritt von Verlusten bei sonstigen betrieblichen Tätigkeiten" (BFH 28.4.2016 – IV R 20/13, BStBl. II 2016, 739 Rn. 20). Der historische Gesetzgeber verfolgte jedenfalls den Zweck, die Besteuerung der Termingeschäfte im Recht der Kapitaleinkünfte zu flankieren, die strategische **Verlagerung** in die gewerblichen Einkünfte **auszuschließen** (→ Rn. 101). 2493

Zutreffend bestreitet BFH 6.7.2016 – I R 25/14, BStBl. II 2018, 124 Rn. 17 (gegen das vorinstanzliche Urteil FG Nürnberg 10.12.2013 – 1 K 1333/10, EFG 2014, 1203) ein subjektives Tatbestandsmerkmal der Spekulationsabsicht, blockiert damit eine Auslegung, die den Anwendungsbereich des § 15 Abs. 4 S. 3 von vornherein auf Geschäfte in spekulativer Absicht reduziert. Zugleich aber sieht das Urteil im Gesetz ein objektives Element der **„Exklusion von Termingeschäften ohne spekulativen Charakter"** in § 15 Abs. 4 S. 4, in der Ausnahme für Geschäfte, „die der Absicherung von Geschäften des gewöhnlichen Geschäftsbetriebs dienen" (→ Rn. 2519). 2493.1

Richtig ist, dass das **Zeitmoment des Termingeschäfts** zur Spekulation einlädt. Indem die Erfüllung vertagt wird, schöpft der nicht gegenwärtig, sondern zeitverzögert Verpflichtete alle Hoffnung, die Marktsituation für das in die Zukunft terminierte Gegengeschäft werde sich günstig entwickeln und einen Gewinn eintragen ohne Vermögenseinsatz und Kredit. Auch der Stillhalter (Optionsgeber), der eine fixe Prämie vereinnahmt, hofft den Zeitablauf auf seiner Seite, darauf, dass er keinen Barausgleich schulde oder doch jedenfalls eine Summe kleiner als die Prämie (→ Rn. 2501 f.). Neben dem **derivativen Element** – Wertableitung vom Preis oder Maß eines Basiswertes (→ Rn. 2505) – prägt das Zeitmoment den Begriff „Termingeschäft" und steuert die Abgrenzung, insbesondere die Ausgrenzung der Kassageschäfte (→ Rn. 2507). 2494

1. Verfassungsrisiko

Allerdings erhebt sich die Frage, ob die Neukonzeption des § 20 und die Einführung der Abgeltungsteuer zum 1. Januar 2009 das vormalige **Missbrauchsbekämpfungsmotiv** überholt hat. Die frühere Verrechnungsbeschränkung des § 23 Abs. 3 S. 8–9 EStG aF, welcher der Steuerpflichtige nicht entfliehen sollte durch Verlagerung von Termingeschäften in die betriebliche Sphäre (→ Rn. 101), ist entfallen. An ihre Stelle trat das Konzept des § 20, das die Gewinne aus Termingeschäften erfasst (Abs. 3 Buchst. a), einem eigenständigen, sämtliche Verluste aus Kapitalvermögen einbeziehenden Regime der Verrechnungsbeschränkung unterwirft (Abs. 6), nicht zuletzt dem gesonderten Tarif des § 32d zuordnet. Jedoch sieht der BFH die Termingeschäfte nach wie vor – nunmehr mit **§ 20 Abs. 6** – „einer vergleichbaren Verlustausgleichsbeschränkung" unterworfen, „die ohne die Regelung des § 15 Abs. 4 Satz 3 EStG umgangen werden könnte" (BFH 28.4.2016 – IV R 20/13, BStBl. II 2016, 739 Rn. 23; BFH 6.7.2016 – I R 25/14, BStBl. II 2018, 124 Rn. 29). Das ist unter verfassungsrechtlichen Auspizien vertretbar (KSM/*Desens/Blischke* § 15 Rn. I 46), der mit § 15 Abs. 4 S. 3 bewirkte Umgehungsschutz flankiert § 20 Abs. 6. 2495

Ein Anreiz, Verluste aus dem Privatvermögen in das Betriebsvermögen zu verlagern, bestünde auch darin, dass die dortige Verrechnungswirkung ohne § 15 Abs. 4 S. 3 je nach Steuersatz stärker entlastete als im Bereich der proportionalen Abgeltungsteuer (*Röder* System der Verlustverrechnung, 342: „missbrauchsanfällige Belastungsdifferenz"). Gleichwohl wird die Vereinbarkeit der Norm mit Art. 3 Abs. 1 GG bestritten: Tipke/Lang StR/*Hey* § 8 Rn. 418; HHR/*Intemann* § 15 Rn. 1506 („wenn der Verlust endgültig untergeht"); *Röder* System der Verlustverrechnung, 343, erkennt einen unverhältnismäßigen Eingriff in Art. 14 GG. 2495.1

2496 Dennoch bleibt ein Verfassungsrisiko. Der BFH stellt nur in zweiter Linie auf Missbrauchsbekämpfung ab, in erster Linie aber auf die Berechtigung des Gesetzgebers, „risikogeneigte betriebliche Tätigkeiten, auch wenn sie betrieblich veranlasst sind und mit Gewinnerzielungsabsicht unternommen werden, steuerlich anders zu behandeln als sonstige betriebliche Tätigkeiten, denen kein vergleichbares spekulatives Element innewohnt" (BFH 28.4.2016 – IV R 20/13, BStBl. II 2016, 739 Rn. 20). Indes sind Zweifel anzumelden, dass ein **Spekulationsbekämpfungskonzept** interpretatorisch insinuiert werden kann, abgestützt allein im Begriff „Termingeschäft" und in der Unterscheidung zwischen privilegierten KWG-Instituten (§ 15 Abs. 4 S. 4 und → Rn. 2517) einerseits und andererseits den Steuerpflichtigen, „für die derartige Termingeschäfte nicht zum gewöhnlichen Geschäftsbetrieb" gehören (BFH 28.4.2016 – IV R 20/13, BStBl. II 2016, 739 Rn. 20).

2497 § 15 Abs. 4 **S. 3** balanciert auf der Nadelspitze der Missbrauchsabwehr (→ Rn. 2495). Das Privileg des § 15 Abs. 4 **S. 4** ist verfassungsrechtlich unhaltbar. Dass der BFH Termingeschäfte, die er als „hochspekulative und damit besonders risikogeneigte Geschäfte" in Acht und Bann schlägt, einer darauf spezialisierten Branche als „gewöhnlichen Geschäftsbetrieb" durchgehen lassen will (BFH 28.4.2016 – IV R 20/13, BStBl. II 2016, 739 Rn. 20 f.; vgl. auch BFH 6.7.2016 – I R 25/14, BStBl. II 2018, 124 Rn. 28), ist nur schwer nachvollziehbar. Die Rückausnahme des § 15 Abs. 4 **S. 5** verliert sich vollends im Gestrüpp der Privilegierung und Entprivilegierung, kann seinen spezifischen Anwendungsbereich (→ Rn. 2521) nicht mehr sachlich begründen (KSM/*Desens/Blischke* § 15 Rn. I 50 ff.).

2497.1 FG Baden-Württemberg 8.4.2013 – 10 K 3512/11, DStRE 2015, 270 (bestätigt durch BFH 28.4.2016 – IV R 20/13, BStBl. II 2016, 739) hat § 15 Abs. 4 S. 3 vom Verdikt der Verfassungswidrigkeit freigezeichnet, allerdings von vornherein in einer kühnen Volte den verfassungsrechtlichen Rechtfertigungsdruck reduziert. Das Urteil leitet aus BVerfG 30.9.1998 – 2 BvR 1818/91, BVerfGE 99, 88, den Rechtssatz ab, dass die Beschränkung des vertikalen Verlustausgleichs nicht ausgeschlossen sei, „solange nur tatsächlich entstandene Verluste überhaupt, ggf. in einem anderen Veranlagungszeitrum, steuerlich berücksichtigt werden" (DStRE 2015, 270 (271)). Damit allerdings sind die Einkapselungsnormen (§ 2a Abs. 1, § 15 Abs. 4), die eine interne Verrechnung auf der Zeitachse zulassen, von vornherein jeder verfassungsrechtlichen Kritik am Maßstab des Syntheseprinzips (§ 2 Abs. 3) entzogen. Dazu jedoch hat sich BVerfGE 99, 88, nicht verhalten. Keineswegs hat der Beschluss des BVerfG die Einkapselungsnormen pauschal gebilligt. Erwähnung fanden diese nur, weil der seinerzeit streitgegenständliche § 22 Nr. 3 (EStG aF) sogar „innerhalb dieser Ausnahmen eine Sonderstellung" einnahm (BVerfG 30.9.1998 – 2 BvR 1818/91, BVerfGE 99, 88 (90)). Die verschärfte Ausnahme des § 22 Nr. 3 EStG aF (Ausgleichsverbot und Totalausschluss des Verlustabzugs) kann indessen die Ausnahmen der § 2a Abs. 1, § 15 Abs. 4 – **Durchbrechungen des Syntheseprinzips** innerhalb der Steuerperiode – nicht gegen die verfassungsrechtliche Kontrolle am Maßstab des Art. 3 Abs. 1 GG („Summe der Einkünfte" als Bestätigung der Systemgrundentscheidung; Gebot der Folgerichtigkeit; Rechtfertigungsnot der Ausnahmen → Rn. 160) immunisieren.

2497.2 Das Revisionsurteil (BFH 28.4.2016 – IV R 20/13, BStBl. II 2016, 739) in gleicher Sache hält rhetorisch den Folgerichtigkeitsmaßstab hoch (Rn. 16), sucht aber in der Anwendung auf § 15 Abs. 4 S. 3–5 nur mehr schlicht nach sachlicher Rechtfertigung (Rn. 19 ff.). Art. 3 Abs. 1 GG schrumpft zum Willkürverbot. Dass Abweichungen vom Ausgangstatbestand der Einkommensteuer eines „besonderen" Rechtfertigungsgrundes bedürfen (BVerfG 11.11.1998 – 2 BvL 10/95, BVerfGE 99, 280 (290)), spielt keine Rolle mehr. Der Gesetzgeber wird berechtigt, „risikogeneigte betriebliche Tätigkeiten" (→ Rn. 2496) ohne weiteren Begründungsaufwand „anders zu behandeln" (BFH 28.4.2016 – IV R 20/13, BStBl. II 2016, 739 Rn. 20).

2. Begriff Termingeschäft

2498 Der Begriff „Termingeschäft", durch das „der Steuerpflichtige einen Differenzausgleich oder einen durch den Wert einer veränderlichen Bezugsgröße bestimmten Geldbetrag oder Vorteil erlangt", findet parallel Verwendung in **§ 15 Abs. 4 S. 3** und in **§ 20 Abs. 2 S. 1 Nr. 3 Buchst. a** (zuvor § 23 Abs. 1 S. 1 Nr. 4 EStG aF → Rn. 101). Der Gleichlauf entspricht der Entstehungsgeschichte des § 15 Abs. 4 S. 3, der auf eine „Folgeänderung zur Besteuerung der Termingeschäfte als steuerpflichtige Tatbestände i.S. des § 23" zurückgeht (BT-Drs. 14/443, 27; dazu auch ausführlich BFH 4.12.2014 – IV R 53/11, BStBl. II 2015, 483 Rn. 24 ff., 28 ff.). Die historische Konzeption streitet für **Auslegungsparallelität.**

Mit der Eingrenzung der Termingeschäfte in § 15 Abs. 4 S. 3 und § 20 Abs. 2 S. 1 Nr. 3 Buchst. a auf die dort näher **qualifizierten Settlements** – Differenzausgleich; Geldbetrag oder Vorteil, abhängig von einer Bezugsgröße – schließen beide Normen jene Termingeschäfte aus, die auf die Lieferung eines Basiswertes gerichtet sind (BFH 20.11.2018 – VIII R 37/15, BStBl. II 2019, 507 Rn. 11; BFH 24.10.2017 – VIII R 35/15, BStBl. II 2018, 189 Rn. 14 f.: „wenn die Vertragsbeteiligten ausdrücklich oder stillschweigend vereinbaren, dass keine effektive Lieferung, sondern ein Differenzausgleich erfolgen soll"; → Rn. 2499.1; BFH 6.7.2016 – I R 25/14, BStBl. II 2018, 124 Rn. 34 ff.; FG Hamburg 22.6.2017 – 2 K 134/14, EFG 2017, 1503 Rn. 44, rkr.; KSM/*Desens/Blischke* § 15 Rn. I 81; KSM/*Jochum* § 20 Rn. D/3 19; Kirchhof/*Oertel* § 20 Rn. 130; *Ebel* FR 2013, 882 (885 f.); aA BMF 23.9.2005, DStR 2005, 1900; KKB/*Bäuml/Meyer* § 15 Rn. 642; Schmidt/*Wacker* § 15 Rn. 902; differenzierend HHR/*Intemann* § 15 Rn. 1545). **„Vorteil" ist auch der verlustbringende Nachteil** bei ungünstiger Wertentwicklung (BFH 20.10.2016 – VIII R 55/13, BStBl. II 2017, 264 Rn. 17; FG Köln 26.10.2016 – 7 K 3387/13, EFG 2017, 216 Rn. 68, Rev. VIII R 1/17). **2499**

BFH 24.10.2017 – VIII R 35/15, BStBl. II 2018, 189 Rn. 15 verlangt, dass das Termingeschäft auf einen Differenzausgleich in Bezug auf ein Gegengeschäft gerichtet sein müsse, „d.h. beide Geschäfte müssen derart miteinander verknüpft sein, dass der auf die Realisierung einer positiven oder negativen Differenz aus Eröffnungs- und Gegengeschäft gerichtete Wille der Vertragsbeteiligten erkennbar ist" – **hinreichende Verknüpfung von Eröffnungs- und Gegengeschäft.** Diese hat der BFH im konkreten Fall verneint: „Für eine solche reicht es nicht aus, dass der Kläger die Devisen vor ihrem Erwerb veräußert hat, ohne zu diesem Zeitpunkt über entsprechende Devisen zur Erfüllung des Eröffnungsgeschäftes zu verfügen (Leerverkauf). Allein die tatsächliche Notwendigkeit, zur Erfüllung des Eröffnungsgeschäftes entsprechende Devisen erwerben zu müssen und dies auch später tatsächlich zu tun, lässt nicht erkennen, dass es den Vertragsbeteiligten um die Realisierung einer (positiven oder negativen) Differenz aus Eröffnungs- und Gegengeschäft geht" (BFH 24.10.2017 – VIII R 35/15, BStBl. II 2018, 189 Rn. 17). **2499.1**

§ 15 Abs. 4 S. 3 erfasst mit dem durch „Differenzausgleich" charakterisierten Termingeschäft das (übliche) **Cash-Settlement,** mit dem die Vertragsparteien nicht die physische Erfüllung durch Lieferung des Basiswerts anstreben, sondern den Geldausgleich der Differenz von früherem Basispreis und späterem Kurswert. Über diesen zeitbezogenen Differenzausgleich hinaus schließt der Begriff des § 15 Abs. 4 S. 3 weitere Termingeschäfte ein, durch die dem Steuerpflichtigen „Geldbeträge" und „Vorteile" zukommen, sofern diese abhängig sind vom „Wert einer veränderlichen Bezugsgröße" (Zinssätze, Indices, Über- und Unterschreiten bestimmter Bandbreiten; vgl. zum „Basiswert" als Bezugsgröße § 1 Abs. 11 S. 3 Nr. 1 KWG, § 2 Abs. 3 Nr. 1 WpHG; JVRB/*Ritz* WpHG § 2 Rn. 59a, 61 ff.). **2500**

Die Einbeziehung in die Termingeschäfte iSd § 15 Abs. 4 S. 3 setzt ferner begrifflich (→ Rn. 2507) voraus, dass der Steuerpflichtige den Differenzausgleich, Geldbetrag oder Vorteil **„erlangt".** Das trifft auch zu auf den vonseiten eines Optionsgebers (Stillhalters; → Rn. 2509) gezahlten Barausgleich, wiewohl er diesen nicht erhält, sondern schuldet. Der BFH hat klargestellt, dass **auch ein negativer Differenzausgleich aufseiten des Stillhalters** „erlangt" werden kann (BFH 20.10.2016 – VIII R 55/13, BStBl. II 2017, 264 Rn. 30, gegen FG Hamburg 10.6.2016 – 5 K 185/13, EFG 2016, 1432 Rn. 104 ff., rkr.). Die Auslegung betrifft § 20 Abs. 2 S. 1 Nr. 3 Buchst. a, gilt aber auch für § 15 Abs. 4 S. 3 (→ Rn. 2498). **2501**

Auf die geringfügige Differenz im Wortlaut („aus" Termingeschäften in § 15 Abs. 4 S. 3; „bei" Termingeschäften in § 20 Abs. 2 S. 1 Nr. 3 Buchst. a; „bei" als Zusatzargument: BFH 20.10.2016 – VIII R 55/13, BStBl. II 2017, 264 Rn. 31) kann es nicht ankommen. Den Ausschlag gibt, dass **auch der Optionsgeber** (Stillhalter) **ein Termingeschäft abschließt,** mag er die Stillhalterprämie auch sofort (in der „Kassafrist" → Rn. 2507) vereinnahmen. Auch der Stillhalter spekuliert; sein Erfolg hängt davon ab, dass die Prämie nicht abschmilzt durch eine ungünstige Wertentwicklung, die ihn auf den Barausgleich verpflichtet (*Philipowski* DStR 2017, 1362 (1364) hat überzeugend dargelegt, dass die Barausgleichszahlung des Stillhalters Teil des einheitlichen Optionsbegebungsvertrages ist, Prämie und Barausgleich nur ein und derselben Einkunftsart zugehören können, will indessen das Stillhaltergeschäft insgesamt nicht als Termingeschäft qualifizieren). **2502**

2503 Der BFH orientiert die Definition des Begriffs **Termingeschäft** an der etablierten **Auslegung des BGH** und der bankrechtlichen **Legaldefinition** aus dem Jahr 2007 (BFH 21.2.2018 – I R 60/16, BStBl. II 2018, 637 Rn. 21; BFH 6.7.2016 – I R 25/14, BStBl. II 2018, 124 Rn. 32 f.). Noch scheint nicht eindeutig geklärt, ob der gesetzlich-aufsichtsrechtliche Begriff des KWG und des WpHG den zivilrichterlichen ablöst, sich insbesondere emanzipiert von Gesichtspunkten des Anlegerschutzes. Der Gesetzgeber hat die in der BGH-Rechtsprechung gewichteten Risikokriterien in die Legaldefinition (→ Rn. 2505) nicht übernommen (*Ebel* FR 2015, 418: „Rekurs auf die Rechtsprechung der Zivilgerichte nicht erforderlich, wenn nicht gar irreführend").

2504 Der **Bundesgerichtshof** definiert Börsentermingeschäfte als „Verträge über Wertpapiere, vertretbare Waren oder Devisen nach gleichartigen Bedingungen, die von beiden Seiten erst zu einem bestimmten späteren Zeitpunkt zu erfüllen sind und die zudem eine Beziehung zu einem Terminmarkt haben, der es ermöglicht, jederzeit ein Gegengeschäft abzuschließen" (BGH 16.4.1991 – XI ZR 88/90, NJW 1991, 1956 (1957); dem folgt BFH 4.12.2014 – IV R 53/11, BStBl. II 2015, 483 Rn. 22) – in der jüngeren Rechtsprechung als „standardisierte Verträge, die von beiden Seiten erst **zu einem späteren Zeitpunkt,** dem Ende der Laufzeit, **zu erfüllen** sind und einen **Bezug zu einem Terminmarkt** haben" (BGH 13.7.2004 – XI ZR 178/03, DB 2004, 2038; OLG Düsseldorf 19.1.2008 – 17 U 35/06, BeckRS 2009, 88382, mit Gegenüberstellung von älterer und neuerer BGH-Rechtsprechung).

2505 Der Bundesfinanzhof (20.8.2014 – X R 13/12, BStBl. II 2015, 177 Rn. 18 f.) folgt „zunächst" der Begriffsbildung des Zivilrechts, verweist aber zusätzlich auf die gleichlautenden Definitionen in § 1 Abs. 11 S. 3 Nr. 1 KWG und § 2 Abs. 3 Nr. 1 WpHG. Diese Vorschriften erfassen unter dem Derivatebegriff **„Festgeschäfte oder Optionsgeschäfte,** die zeitlich **verzögert zu erfüllen** sind und deren Wert sich unmittelbar oder mittelbar vom **Preis oder Maß eines Basiswertes** ableitet (Termingeschäfte)". Dieser Begriff (Schwennicke/Auerbach/*Schwennicke* KWG § 1 Rn. 257 ff.) stellt wesentlich auf das Ableitungselement (derivatives Element) und – zeitlich – das Auseinanderfallen von schuldrechtlicher Begründung und sachenrechtlicher Erfüllung ab (BFH 21.2.2018 – I R 60/16, BStBl. II 2018, 637 Rn. 21; *Ebel* FR 2015, 418), nicht auf Risikokriterien wie Hebelwirkung, Totalverlustrisiko, Nachschussrisiko (*Johannemann/Reiter* DStR 2015, 1489 (1490)).

2506 Mit den Entscheidungen des BFH vom August und Dezember 2014 (20.8.2014 – X R 13/12, BStBl. II 2015, 177; BFH 4.12.2014 – IV R 53/11, BStBl. II 2015, 483) sehen Rechtsprechung und Schrifttum den einkommensteuerrechtlichen Begriff „Termingeschäft" festgelegt auf eine **„Orientierung am Zivilrecht"** (FG Düsseldorf 6.10.2015 – 9 K 4203/13 E, EFG 2015, 2173, bestätigt durch BFH 20.11.2018 – VIII R 37/15, BStBl. II 2019, 507) und „einer davon abweichenden, rein steuerrechtlichen Auslegung" des Begriffs „den Boden entzogen" (*Johannemann/Reiter* DStR 2015, 1489 (1490)). Das trifft zu, wenn damit auch und in erster Linie eine **Orientierung am öffentlichen Aufsichtsrecht** und den dort (§ 1 Abs. 11 S. 3 Nr. 1 KWG, § 2 Abs. 3 Nr. 1 WpHG) fixierten Legaldefinitionen gemeint ist (Blümich/*Ratschow* § 20 Rn. 368).

2507 Dem Steuergesetzgeber bleibt unbenommen, über einen Begriffstransfer steuerrechtliche Tatbestände im Rückgriff auf außersteuerliche Begriffe zu profilieren; dann geht es um Zivilrechtsakzessorietät nach Maßgabe des Gesetzes (Kritik an allzu folgsamer Auslegung des Termingeschäftsbegriffs bei KSM/*Jochum* § 20 Rn. D/3 13), nicht mehr jedoch um einen sensu stricto eigenständig-steuerrechtlichen Begriff (dafür HHR/*Intemann* § 15 Rn. 1541, der die Legaldefinition allerdings als „Auslegungshilfe" anerkennt).

- Die aufsichtsrechtliche Legaldefinition folgt den **Kontrastbegriffen Termingeschäft – Kassageschäft** (Blümich/*Ratschow* § 20 Rn. 368; *Ebel* FR 2014, 410 (413)), dem charakteristischen Moment der zeitlich späteren Erfüllung. Eine für das Kassageschäft charakteristische sofortige Zug-um-Zug-Erfüllung, regelmäßig binnen zwei Tagen nach Geschäftsabschluss, schließt die Annahme eines Termingeschäfts aus (BFH 21.2.2018 – I R 60/16, BStBl. II 2018, 637 Rn. 21; BFH 4.12.2014 – IV R 53/11, BStBl. II 2015, 483 Rn. 22; Schwennicke/Auerbach/*Schwennicke* KWG § 1 Rn. 263 f.; *Dahm/Hamacher* DStR 2014, 455; *Johannemann/Reiter* DStR 2015, 1489 (1492); zum **Scheinkassageschäft** → Rn. 2507.1).
- **Termingeschäft** (Oberbegriff) ist, in Anlehnung an die aufsichtsrechtliche Begriffsbildung (→ Rn. 2505), ein als Kauf, Tausch oder anderweitig ausgestaltetes Fest- oder Optionsge-

schäft (Unterbegriffe), das zeitlich verzögert zu erfüllen ist und dessen Wert sich unmittelbar oder mittelbar vom Preis oder Maß eines Basiswerts ableitet (KSM/*Desens/Blischke* § 15 Rn. I 66, zutreffend mit der weiteren Anforderung, dass das Geschäft „nicht bereits einem anderen Einkünftetatbestand ausdrücklich zugewiesen ist"). § 15 Abs. 4 S. 3 beschränkt sich auf **Finanzderivate;** Termingeschäfte, die auf die Lieferung eines Basiswertes gerichtet sind, schließt er aus (→ Rn. 2499).

- Risikokriterien (Hebelwirkung, Totalverlustrisiko, Nachschussrisiko) sollten begrifflich nicht den Ausschlag geben (*Ebel* FR 2015, 418; HHR/*Intemann* § 15 Rn. 1541; vgl. BFH 4.12.2014 – IV R 53/11, BStBl. II 2015, 483 Rn. 22 einerseits, andererseits Rn. 26 zur Unerheblichkeit „besonderer Risiken"), auch nicht die „Beziehung zu einem Terminmarkt", der „es ermöglicht, jederzeit ein Gegengeschäft abzuschließen" (BFH 6.7.2016 – I R 25/14, BStBl. II 2018, 124 Rn. 32). Zudem mag das Geschäft **an einer Börse oder außerbörslich** geschlossen werden (BFH 4.12.2014 – IV R 53/11, BStBl. II 2015, 483 Rn. 26; Blümich/*Ratschow* § 20 Rn. 368).

BFH 21.2.2018 – I R 60/16, BStBl. II 2018, 637 Rn. 27 hat das **Scheinkassageschäft** den Termingeschäften zugeschlagen: Das Scheinkassageschäft komme in Betracht, „wenn die Parteien durch (Neben-)Abreden oder die tatsächliche Art der Vertragsdurchführung den sofortigen Leistungsaustausch als das Charakteristische des Kassageschäfts ausschließen und stattdessen allein Spekulationsgewinne durch Gutschriften aus gleichartigen Geschäften erzielen wollen". Das Urteil folgt zutreffend einer wirtschaftlichen Betrachtungsweise (dazu auch *Hess* NWB 2018, 2546 (2549 f.)). **2507.1**

Der X. Senat hat sich im August 2014 (BFH 20.8.2014 – X R 13/12, BStBl. II 2015, 177; → Rn. 2508.1) in der Beurteilung der Tatbestandserfüllung mit guten Gründen zur **wirtschaftlichen Betrachtungsweise** bekannt. Aus einem Swap-Vertrag war im Außenverhältnis eine Holding GmbH berechtigt und verpflichtet. Im Innenverhältnis jedoch sollten Zinsüberschüsse und Zinsunterdeckungen auf Unternehmen der Firmengruppe verteilt werden. Mit Blick auf die **wirtschaftliche Substanz** und das **wirtschaftliche Ergebnis** hat sich der I. Senat im Februar 2018 (BFH 21.2.2018 – I R 60/16, BStBl. II 2018, 637 Rn. 28 f.) gegen die Qualifikation eines Daytrading-Geschäfts als Kassageschäft entschieden und – „je nach konkreter Ausgestaltung" – die Unterscheidung zwischen Kassageschäft und Scheinkassageschäft eingeführt (→ Rn. 2515). **2508**

BFH 20.8.2014 – X R 13/12, BStBl. II 2015, 177 Rn. 23: „Als Folge dieser internen Vereinbarung konnte die Holding GmbH wirtschaftlich nicht von einer positiven Entwicklung des Spreads profitieren, da die erhofften Zinsüberschüsse zu 100% an die beiden Gesellschaften und den Kläger weiterzuleiten waren. Bei einer negativen Entwicklung war das Risiko der Holding GmbH ebenfalls begrenzt. Grundsätzlich waren der Kläger und die beiden Untergesellschaften zu 100% mit einer negativen Marktentwicklung des CMS Spread Ladder Swap belastet". **2508.1**

3. Einzelne Termingeschäfte

Beim **Optionsgeschäft** erwirbt der Käufer (Optionsnehmer) vom Verkäufer (Optionsgeber, auch Stillhalter) gegen Bezahlung einer Optionsprämie (Stillhalterprämie) das Recht, eine bestimmte Anzahl von Basiswerten (z. B. Aktien) am Ende einer Frist (europäische Option) oder jederzeit innerhalb der Laufzeit (amerikanische Option) zum vereinbarten Basispreis entweder vom Verkäufer der Option zu kaufen (Kaufoption oder **„call"**) oder an ihn zu verkaufen (Verkaufsoption oder **„put"**). Der Optionsnehmer entscheidet über die Durchführung, in Rede steht deshalb ein **bedingtes Termingeschäft** (BFH 20.10.2016 – VIII R 55/13, BStBl. II 2017, 264 Rn. 30; BFH 10.11.2015 – IX R 20/14, BStBl. II 2016, 159 Rn. 19; KSM/*Desens/Blischke* § 15 Rn. I 70; HHR/*Intemann* § 15 Rn. 1550; *Jahn/Reiner* Bankrechts-Handbuch § 114 Rn. 24: „Gegenkonzept zu Festgeschäften"). **2509**

Diesem **Recht des Optionskäufers** steht die entsprechende **Verpflichtung des Verkäufers** der Option gegenüber, die Basiswerte zu liefern oder abzunehmen, wenn der Optionskäufer sein Optionsrecht ausübt (BMF 18.1.2016, BStBl. I 2016, 85 Rn. 11; JVRB/*Ritz* WpHG § 2 Rn. 58: „keine Verpflichtung zum Kauf oder Verkauf"). Die Ausrichtung an den Legaldefinitionen des KWG und WpHG (→ Rn. 2506) drängt dahin, das Optionsgeschäft als Termingeschäft auch im Sinne des § 15 Abs. 4 S. 3 zu qualifizieren (HHR/*Intemann* § 15 Rn. 1550, Rn. 1552 zur **Optionsanleihe**), unabhängig von Ausübung oder **2510**

Nichtausübung der Option (BFH 12.1.2016 – IX R 50/14, BStBl. II 2016, 462 Rn. 12; FG Köln 26.10.2016 – 7 K 3387/13, EFG 2017, 216 Rn. 68, Rev. VIII R 1/17; *Philipowski* DStR 2017, 1362 (1363)).

2510.1 Mit Urteil vom September 2012 hat der IX. Senat klargestellt, dass die **Steuerbarkeit des Optionsgeschäfts bei Nichtausüben einer wirtschaftlich wertlosen Option** nicht in Frage steht (BFH 26.9.2012 – IX R 50/09, BStBl. II 2013, 231 Rn. 24 f.). Das Urteil erging zu § 23 Abs. 1 S. 1 Nr. 4 EStG aF, ist aber auf § 15 Abs. 4 S. 3 übertragbar (aA *Johannemann/Reiter* DStR 2015, 1489 (1491)), soweit die Reichweite des Begriffs „Termingeschäft" in Rede steht. Die Zugehörigkeit des Optionsgeschäfts von der Ausübung der Option abhängig zu machen, ist weder sinnfällig noch praktikabel. Bei Nichtausüben der Option findet § 15 Abs. 4 S. 3 Anwendung auf die bezahlte Optionsprämie.

2510.2 Dass das **Verfallenlassen einer Option** den Tatbestand „Termingeschäft" erfüllt, hat nunmehr das Urteil des Senats vom Januar 2016 bestätigt, abgesichert im Wortlaut des Gesetzes, in der Entstehungsgeschichte des § 20 Abs. 2 S. 1 Nr. 3 Buchst. a, in teleologischer und verfassungskonformer Interpretation. Optionskäufer sei, wer „mit dem Erwerb der Option das (bedingte) Recht auf einen Barausgleich erwirbt, egal ob er den Barausgleich im Fall einer für ihn günstigen Wertentwicklung durchführt oder ob er im Fall einer für ihn ungünstigen Wertentwicklung das Recht verfallen lässt. Schließt der Steuerpflichtige mit der Absicht, Gewinn zu erzielen, ein Termingeschäft ab, so ist jedweder Ausgang des Geschäfts ohne zeitliche Beschränkung in vollem Umfang steuerbar. […] Die Leistungsfähigkeit des Optionskäufers ist um die aufgewandten Optionsprämien gemindert, unabhängig davon, ob er die Option ausübt oder verfallen lässt. Der Gefahr einer ausufernden Verlustnutzung wird dabei schon durch die nach § 20 Abs. 6 EStG beschränkte Verrechenbarkeit von Verlusten bei den Einkünften aus Kapitalvermögen Grenzen gesetzt" (BFH 12.1.2016 – IX R 50/14, BStBl. II 2016, 462 Rn. 12, 14, gegen BMF 9.10.2012, BStBl. I 2012, 953, und den zu BFH 26.9.2012 – IX R 50/09, BStBl. II 2013, 231, ergangenen Nichtanwendungserlass BMF 27.3.2013, BStBl. I 2013, 403 („keine Anwendung auf Fälle des § 20 Abs. 2 S. 1 Buchst. a"); vgl. nunmehr BMF 16.6.2016, BStBl. I 2016, 527).

2511 Von Optionsgeschäften zu unterscheiden sind die unbedingten Termingeschäfte, die **Festgeschäfte:** Futures und Forwards begründen für Käufer und Verkäufer die feste Verpflichtung (JVRB/*Ritz* WpHG § 2 Rn. 57), zum bestimmten, späteren (→ Rn. 2504 f.) Zeitpunkt einen bestimmten Kaufgegenstand (z. B. Anleihen) zum vereinbarten Preis abzunehmen oder zu liefern. Mit dem Begriff **Futures** werden die an einer amtlichen Terminbörse gehandelten, standardisierten, mit dem Begriff **Forwards** die außerbörslich gehandelten, individuell gestalteten Festgeschäfte bezeichnet (BMF 18.1.2016, BStBl. I 2016, 85 Rn. 36; KSM/*Desens/Blischke* § 15 Rn. I 71).

2512 Vereinbarungen über den Austausch von Zahlungsströmen in einem bestimmten Zeitraum werden als **Swaps** bezeichnet (Gruppierung und Einordnung der Swapgeschäfte: *Jahn/Reiner* Bankrechts-Handbuch § 114 Rn. 6 ff., 137 ff.). Zu unterscheiden sind Aktienswaps (Cash-Settled Equity Swaps) und Zinsswaps (Interest-Rate Swaps). **Aktienswaps** sollen die aus einer Aktienposition resultierenden Chancen und Risiken auf einen Sicherungsgeber übertragen. Auf der Grundlage von **Zinsswaps** tauschen die Vertragspartner Zinszahlungen auf festgesetzte Nennbeträge aus (beidseitig verpflichtende, unbedingte Termingeschäfte); die Zinssätze hängen von unterschiedlichen Bezugsgrößen ab (HHR/*Intemann* § 15 Rn. 1554; *Ebel* FR 2013, 882 (884); *Johannemann/Reiter* DStR 2015, 1489 (1492); exemplarisch BFH 20.8.2014 – X R 13/12, BStBl. II 2015, 177 Rn. 2; vgl. auch FG Baden-Württemberg 8.4.2013 – 10 K 3512/11, DStRE 2015, 270 (bestätigt durch BFH 28.4.2016 – IV R 20/13, BStBl. II 2016, 739): Zins-Währungs-Swap als Termingeschäft iSd § 15 Abs. 4 S. 3).

2512.1 Näher das BMF-Schreiben zu Einzelfragen zur Abgeltungsteuer v. 18.1.2016, BStBl. I 2016, 85 Rn. 45 zu **Aktienswaps:** „Der Sicherungsgeber übernimmt dabei für die Laufzeit des Geschäfts das Kurs- und Dividendenrisiko aus den Aktien. Er erhält Dividendenausgleichszahlungen und bei Fälligkeit einen Ausgleich von etwaigen Wertsteigerungen der Aktien. Im Gegenzug ersetzt der Sicherungsgeber dem Sicherungsnehmer dessen Finanzierungskosten (Berechnungsgrundlage der vertraglich vereinbarten „Zinszahlungen" ist der Marktwert der Aktienposition bei Vertragsabschluss) und leistet einen Ausgleich für etwaige Kursverluste."

2512.2 Ebenda Rn. 47 zu **Zinsswaps:** „Bei einem Zinsswap vereinbaren die Parteien für eine vertraglich bestimmte Laufzeit den Austausch von Geldbeträgen, welche sich in Bezug auf die Zinsberechnungsbasis unterscheiden. Kapitalbeträge werden nicht ausgetauscht, sondern dienen lediglich als Berechnungsbasis für die Ermittlung der auszutauschenden Geldbeträge. Im einfachsten Fall werden jährlich (halbjährlich, quartalsweise, monatlich) zu zahlende Festzinsbeträge gegen jährlich (halbjährlich, quartalsweise, monatlich) zu zahlende variable Zinsbeträge getauscht, die sich nach einem Referenzzins wie beispielsweise dem EURIBOR richten. Häufig werden laufende Zinszahlungen gegen einmalig am Anfang oder am Ende der Laufzeit zu zahlende Beträge getauscht („Up-Front-Zinsswap" oder „Balloon-Zinsswap")." – **Exemplarisch** zu einem strukturierten EUR-Zinsswap mit CMS-Spread-Koppelung (CMS Spread Ladder Swap) auf Euribor-Basis: BFH 20.8.2014 – X R 13/12, BStBl. II 2015, 177 Rn. 2. Vgl. zu Anforderungen an die Anlageberatung bei einem CMS Spread Ladder Swap BGH 22.3. 2011 – XI ZR 33/10, NJW 2011, 1949; zum CMS Spread Ladder Swap, mit dem Kreditgeschäfte (und Zinszahlungen) abgesichert, „aber auch Spekulationsgeschäfte durchgeführt werden können", und zum Zins-Swap-Urteil des BGH *Spindler* NJW 2011, 1920.

Exemplarisch auch FG Baden-Württemberg 16.4.2014 – 1 K 3451/12, EFG 2015, 401 (402), **2512.3**
bestätigt durch BFH 13.1.2015 – IX R 13/14, BStBl. II 2015, 827: „Die Klin. verpflichtete sich in den Zinsswaps gegenüber dem Kreditinstitut zur Zahlung eines festen Zinssatzes bezogen auf einen bestimmten Kapitalbetrag, während umgekehrt das Kreditinstitut der Klin. bezogen auf denselben Kapitalbetrag einen variablen Zinssatz schuldete. Die Kapitalbeträge selbst wurden nicht ausgetauscht. Stattdessen wurden in regelmäßigen Abständen (z. B. alle sechs Monate) die beiden Zinsverpflichtungen saldiert (sog. Differenzausgleich). War der von der Klin. geschuldete feste Zins zu den vereinbarten Zahlungszeitpunkten höher als der vom Kreditinstitut geschuldete variable Zins, hatte die Klin. den Differenzbetrag an das Kreditinstitut zu zahlen. Blieb dagegen der feste Zins hinter dem variablen Zins zurück, war das Kreditinstitut zum Ausgleich der Differenz verpflichtet."

Mit der **Zinsbegrenzungsvereinbarung** verpflichtet sich der Verkäufer, Ausgleichszah- **2513**
lungen zu leisten, wenn ein bestimmter Zinssatz eine festgelegte Höhe über- oder unterschreitet. Zu unterscheiden sind Zinsoberbegrenzen (Caps), Zinsunterbegrenzungen (Floors) und Kombinationen aus **Caps und Floors** (Collars). Die Ausgleichszahlungen stehen in Abhängigkeit von einem Referenzzinssatz (BMF 18.1.2016, BStBl. I 2016, 85 Rn. 40 zur Qualifikation als Termingeschäft iSd § 20 Abs. 2 S. 1 Nr. 3 Buchst. a).

In Betracht kommen zudem **Devisentermingeschäfte** (*Jahn/Reiner* Bankrechts-Hand- **2514**
buch § 114 Rn. 21 f.), wiederum – einschränkend (→ Rn. 2499) – unter der Voraussetzung, dass der Steuerpflichtige durch sie einen Differenzausgleich oder einen durch den Wert einer veränderlichen Bezugsgröße bestimmten Geldbetrag oder Vorteil erlangt (BFH 6.7.2016 – I R 25/14, BStBl. II 2018, 124 Rn. 34): etwa der Verkauf von zuvor erworbenen Devisen am 15. Juli zum 10. Oktober (vgl. das Beispiel BMF 18.1.2016, BStBl. I 2016, 85 Rn. 38: Gewinnerzielung steht bereits am 15. Juli fest, wenn bei früherem Terminkauf zu günstigerem Terminkurs) oder der Leerverkauf noch nicht erworbener Devisen am 22. Januar zum 26. Januar des Folgejahres (vgl. BFH 24.10.2017 – VIII R 35/15, BStBl. II 2018, 189, in concreto allerdings verneint das Urteil die „hinreichende Verknüpfung von Eröffnungs- und Gegengeschäft" → Rn. 2499.1). **Devisen** sind auf fremde Währung lautende ausländische Zahlungsmittel (Schwennicke/Auerbach/*Schwennicke* KWG § 1 Rn. 249).

Index-Partizipationszertifikate sind Kassageschäfte (→ Rn. 2507), **keine Terminge-** **2515**
schäfte (HHR/*Intemann* § 15 Rn. 1553; BFH 4.12.2014 – IV R 53/11, BStBl. II 2015, 483 Rn. 21 ff.; *Ebel* FR 2015, 418 f.; Schmidt/*Wacker* § 15 Rn. 902). Der Erwerber des Zertifikats bezahlt den Kaufpreis bei Vertragsschluss und nimmt ähnlich wie der Direkterwerber von Aktien an der Wertentwicklung des hinterlegten Basiswerts teil. Zu den Kassageschäften gehören auch **Knock-out-Zertifikate** (Schmidt/*Weber-Grellet* § 20 Rn. 132; **aA** FG Köln 26.10.2016 – 7 K 3387/13, EFG 2017, 216 Rn. 46 ff., Rev. VIII R 1/17; Blümich/*Ratschow* § 20 Rn. 368), wenn und weil der Investor das Wertpapier ohne – für das Termingeschäft begriffswesentliche – Zeitverzögerung in die Hand bekommt. In der Qualifikation der **Devisen-Daytrading-Geschäfte** mit Eröffnungs- und Gegengeschäft am selben Tag unterscheidet der BFH „je nach konkreter Ausgestaltung" zwischen Kassageschäft und Scheinkassageschäft (BFH 21.2.2018 – I R 60/16, BStBl. II 2018, 637 Rn. 27).

4. Gewöhnlicher Geschäftsbetrieb und Hedge-Geschäfte

§ 15 Abs. 4 S. 4 setzt die Verlustverrechnungsbeschränkung des S. 3 ausnahmsweise außer **2516**
Kraft für Geschäfte im gewöhnlichen Geschäftsbetrieb der benannten **Kreditinstitute, Finanzdienstleistungsinstitute** und **Finanzunternehmen** „im Sinne" des KWG (Alternative 1, funktional-sektoral) und zudem – alternativ (BFH 20.8.2014 – X R 13/12, BStBl. II 2015, 177 Rn. 28 ff.) – für Geschäfte, die „der Absicherung" des gewöhnlichen Geschäftsbetriebs dienen, sog. **Hedge-Geschäfte** (Alternative 2, funktional, für alle Gewerbetreiben-

den). Die Ausnahmen kehren zur üblichen Verlustverrechnung zurück, die Rückausnahme des § 15 Abs. 4 S. 5 reaktiviert das Verrechnungsverbot.

2517 Die **Ausnahmealternative 1** privilegiert und diskriminiert innerhalb der Einkunftsunterart „Termingeschäfte". Zum Zwecke der Vermeidung negativer Auswirkungen auf den institutionellen inländischen Aktien- und Devisenhandel (BFH 6.7.2016 – I R 25/14, BStBl. II 2018, 124 Rn. 28) profitieren die benannten KWG-Institute von einem zweifelhaften Privileg (→ Rn. 2496 f.). Die Eingrenzung der adressierten Gruppe wirft weitere Schwierigkeiten auf (→ Rn. 2518.2). Die KWG-Gruppe soll zurückfinden zum Recht der Verlustverrechnung, weil die Termingeschäfte dort nicht nur gelegentlich, sondern **regelmäßig** (KSM/ *Desens/Blischke* § 15 Rn. I 92) „im Rahmen des gewöhnlichen Geschäftsbetriebs abgewickelt" werden (BT-Drs. 14/443, 28). Interne **Unternehmensrichtlinien** können in die Beurteilung einfließen – bei Missachtung interner Vorgaben kann von einem gewöhnlichen Geschäftsbetrieb keine Rede sein (BFH 6.7.2016 – I R 25/14, BStBl. II 2018, 124 Rn. 27 f.)

2518 Neben der „Gewöhnlichkeit" des Geschäftsbetriebs entscheidet die Zugehörigkeit zu einer der aufgelisteten KWG-Kategorien (→ Rn. 2518.1). Die dynamische **Verweisung auf das KWG** erstreckt sich auch auf die Kompetenz der BaFin, „in Zweifelsfällen" zu entscheiden, ob ein Unternehmen den Vorschriften des KWG unterliegt (§ 4 S. 1 KWG). Allerdings sind die Finanzgerichte an die Entscheidungen der BaFin nicht gebunden (arg. § 4 S. 2 KWG, Art. 19 Abs. 4 S. 1 GG).

2518.1 **Kreditinstitute** iSd KWG sind „Unternehmen, die Bankgeschäfte gewerbsmäßig oder in einem Umfang betreiben, der einen in kaufmännischer Weise eingerichteten Geschäftsbetrieb erfordert", § 1 Abs. 1 S. 1 KWG; der in S. 2 folgende Katalog listet „Bankgeschäfte" auf. **Finanzdienstleistungsinstitute** iSd KWG sind „Unternehmen, die Finanzdienstleistungen für andere gewerbsmäßig oder in einem Umfang erbringen, der einen in kaufmännischer Weise eingerichteten Geschäftsbetrieb erfordert, und die keine Kreditinstitute sind", § 1 Abs. 1a S. 1 KWG; der in S. 2 folgende Katalog listet „Finanzdienstleistungen" auf. **Finanzunternehmen** iSd KWG sind „Unternehmen, die keine Institute und keine Kapitalverwaltungsgesellschaften oder extern verwaltete Investmentgesellschaften sind und **deren Haupttätigkeit darin besteht,** 1. Beteiligungen zu erwerben und zu halten, 2. Geldforderungen entgeltlich zu erwerben, 3. Leasing-Objektgesellschaft im Sinne des § 2 Abs. 6 S. 1 Nr. 17 zu sein, […] 5. mit Finanzinstrumenten für eigene Rechnung zu handeln, 6. andere bei der Anlage in Finanzinstrumenten zu beraten, 7. Unternehmen über die Kapitalstruktur, die industrielle Strategie und die damit verbundenen Fragen zu beraten sowie bei Zusammenschlüssen und Übernahmen von Unternehmen diese zu beraten und ihnen Dienstleistungen anzubieten oder 8. Darlehen zwischen Kreditinstituten zu vermitteln (Geldmaklergeschäfte)."

2518.2 BMF 25.7.2002, BStBl. I 2002, 712, drängt auf eine weite Auslegung des Begriffs „Finanzunternehmen", will auch „Holding-, Factoring-, Leasing-, Anlageberatungs- und bestimmte Unternehmensberatungsunternehmen, sowie grundsätzlich auch vermögensverwaltende Kapitalgesellschaften" einbezogen sehen. Diese Auslegungskapriolen und die Kritik daran (KSM/*Desens/Blischke* § 15 Rn. I 86 ff.; HHR/ *Intemann* § 15 Rn. 1560) bestätigen, dass sich der Gesetzgeber mit § 15 Abs. 4 S. 3–5 von folgerichtiger Steuerrechtsetzung verabschiedet und die Steuerungsfähigkeit des Gesetzes preisgegeben hat.

2519 Die **Ausnahmealternative 2** befreit vom Verrechnungsverbot jene Termingeschäfte, „die der Absicherung von Geschäften des gewöhnlichen Geschäftsbetriebs dienen", stellt nicht sektoral auf die KWG-Gruppenzugehörigkeit ab, sondern **allein funktional** auf den Sicherungszweck. Dieser setzt einen Zusammenhang zwischen Grundgeschäft und Termingeschäft (Sicherungsgeschäft – *hedge*) voraus (vgl. BT-Drs. 14/443, 28: „insbesondere Warentermingeschäfte, die zur Absicherung von Geschäften des physischen Wareneinkaufs oder Warenverkaufs getätigt werden"). Der BFH verlangt, dass sowohl ein **objektiver Nutzungs- und Funktionszusammenhang** als auch ein **subjektiver Sicherungszusammenhang**" bestehe (BFH 20.8.2014 – X R 13/12, BStBl. II 2015, 177 Rn. 33) – eine Eignung des Sicherungsgeschäfts, Risiken aus dem Grundgeschäft zu kompensieren.

2519.1 In der Vertragssituation, über die der X. Senat im August 2014 entschieden hat (BFH 20.8.2014 – X R 13/12, BStBl. II 2015, 177), war möglich, dass sich parallel sowohl Zinsrisiken aus dem Grundgeschäft (Kontokorrentkredite) realisieren als auch der Swap-Vertrag (CMS Spread Ladder Swap) eine ungünstige Entwicklung nimmt. Hier bestritt der Senat zutreffend die **gegenläufige Erfolgskorrelation,** wie erforderlich für die Hedge-Privilegierung des § 15 Abs. 4 S. 4 Alt. 2 – mit der Folge, dass die Verluste des Klägers aus Termingeschäften der Einkapselung des § 15 Abs. 4 S. 3 nicht entrinnen konnten.

§ 15 Abs. 4 S. 4 Alt. 2 lässt genügen, dass die Sicherungsgeschäfte den Geschäften des gewöhnlichen Geschäftsbetriebs **absicherungshalber „dienen"**, verlangt keinen Perfect-Hedge, der sämtliche Risiken aus dem Grundgeschäft abdeckt (KSM/*Desens/Blischke* § 15 Rn. I 96); das ist entstehungsgeschichtlich verbürgt (BT-Drs. 14/443, 28: „Preis- bzw. Währungsrisiken minimiert bzw. ausgeschlossen werden"). In Betracht kommt der **Micro-Hedge,** der ein einzelnes Grundgeschäft absichert, und der **Macro-Hedge** (auch Portfolio-Hedge, *Ebel* FR 2013, 882 (888)), der eine Gruppe gleichartiger Geschäfte sichert (HHR/*Intemann* § 15 Rn. 1561). **2520**

5. Absicherung von Aktiengeschäften

Die **Rückausnahme** des § 15 Abs. 4 S. 5 reaktiviert das Verrechnungsverbot des S. 3 (iVm S. 1–2) für die **Absicherung** („Hedging") **von Aktiengeschäften,** wenn der Veräußerungsgewinn dem Teileinkünfteverfahren unterliegt („nach § 3 Nummer 40 S. 1 Buchstabe a und b in Verbindung mit § 3c Absatz 2 teilweise steuerfrei") oder außer Ansatz bleibt nach § 8b Abs. 2 KStG. Die Vorschrift will das Befreiungsrecht des § 15 Abs. 4 S. 4 (Wiederherstellung der Verlustverrechnung) beschränkt sehen auf vollumfänglich steuerpflichtige Aktiengeschäfte der Finanzunternehmen. Außerhalb dieser Konstellation – bei Freistellung durch § 3 Nr. 40 EStG oder § 8b KStG – vereitelt § 15 Abs. 4 S. 5 die Gestaltungschance, Gewinne aus dem Grundgeschäft steuerfrei zu vereinnahmen und Verluste aus dem Sicherungsgeschäft zu verrechnen (HHR/*Intemann* § 15 Rn. 1565). Die Vorschrift steht im Regelungszusammenhang der S. 3–5 (*Ebel* FR 2013, 882 (889); *Ebel* FR 2014, 410 (414)), setzt Sicherungsgeschäfte iSd S. 3 voraus, die virtuelle Anwendbarkeit des S. 4 (arg. S. 5: „Satz 4 gilt nicht") und Aktien-Grundgeschäfte (kritisch zu dieser Einengung: HHR/*Intemann* § 15 Rn. 1565). **2521**

III. Verluste aus stillen Gesellschaften, Unterbeteiligungen und sonstigen Innengesellschaften an Kapitalgesellschaften

Mit § 15 Abs. 4 S. 6 werden juristische Personen auf Verlustverrechnung innerhalb der Einkunftsquelle verwiesen, soweit sie Verluste erzielen als stille Gesellschafter einer **Kapitalgesellschaft & Still,** aus einer Unterbeteiligung oder sonstigen Innengesellschaft an Kapitalgesellschaften. Die stille Beteiligung an einer Kapitalgesellschaft steht im Ruf, ein Verlusttransfervehikel zu sein – instrumentalisierbar gegen den Grundsatz, dass die Gesellschafter der Kapitalgesellschaft an den Verlusten der Gesellschaft nicht teilhaben. § 15 Abs. 4 S. 6 repräsentiert den Versuch des Gesetzgebers, im Wettlauf mit Modellgestaltern als vorsorglicher Igel sehr rechtzeitig im Ziel zu stehen. **2522**

Die Vorschrift erklärt sich aus der legislatorischen Absicht, nicht nur der **Mehrmütterorganschaft,** sondern sogleich auch **Gestaltungsalternativen** entgegenzutreten. Grundsätzlich **unerwünscht** sei, „dass sich von Kapitalgesellschaften erwirtschaftete Verluste über stille Beteiligungen bei anderen Kapitalgesellschaften steuermindernd auswirken" (BT-Drs. 15/1518, 4). So geriet die stille Beteiligung ins Visier einer ausgreifenden (→ Rn. 2524) Umgehungsbekämpfung, gestützt auf die Annahme, dass die Gestaltungsziele der Mehrmütterorganschaft „faktisch auch durch Innengesellschaften, insbesondere atypisch stille Gesellschaften, oder Unterbeteiligungen erreicht werden" (BT-Drs. 15/119, 38). **2523**

Der Tatbestand **greift zu weit aus,** trifft jede Innenbeteiligung, auch die *einer* Kapitalgesellschaft, löst sich von hinreichend zielgenauer Missbrauchsbekämpfung. Tatbestandlich abgekoppelt von der Prämisse, dass die Gestaltungsziele der Mehrmütterorganschaft „faktisch auch durch Innengesellschaften, insbesondere atypisch stille Gesellschaften, oder Unterbeteiligungen erreicht werden" (BT-Drs. 15/119, 38), kommt für § 15 Abs. 4 S. 6 Missbrauchsbekämpfung als Rechtfertigungsgrund nicht mehr in Betracht. § 15 Abs. 4 S. 6 verstößt **gegen Art. 3 Abs. 1 GG** (KSM/*Desens/Blischke* § 15 Rn. I 114; Kirchhof/*Krumm* § 15 Rn. 432; *Röder* System der Verlustverrechnung, 319 ff.; aA *Wacker* DB 2012, 1403 (1407 ff.)). **2524**

Im **Verhältnis zu § 15a** steht § 15 Abs. 4 S. 6 ff. in offener Konkurrenz. Wenn und weil keine der konkurrierenden Normen für sich Sperrwirkung kraft Spezialität reklamiert, setzt sich in Überschneidungsfällen die weiterreichende Norm durch (KSM/*Desens/Blischke* § 15 Rn. I 111; wohl auch BMF 19.11.2008, BStBl. I 2008, 970 Rn. 7; **aA** *Riegler/Riegler* DStR 2014, 1031 (1034), die ohne Begründung einen Vorrang des § 15a annehmen). **2525**

1. Tatbestand

2526 § 15 Abs. 4 S. 6 adressiert **still beteiligte (unterbeteiligte) Körperschaftsteuersubjekte,** nicht den Hauptbeteiligten (§ 230 HGB: „Inhaber des Handelsgeschäfts"). Die Einkapselung der Verluste betrifft weder natürliche Personen – § 15 Abs. 4 S. 8 schließt sie ausdrücklich aus – noch mitunternehmerische Außengesellschaften (arg. Verluste aus „sonstigen Innengesellschaften an Kapitalgesellschaften"). Die Norm setzt tatbestandlich die GmbH & Still oder eine andere Kapitalgesellschaft & Still voraus oder eine stille Unterbeteiligung am Mitunternehmeranteil, der von einer Kapitalgesellschaft gehalten wird, z. B. ein Kommanditanteil (Schmidt/*Wacker* § 15 Rn. 909), und hält die Verluste allein der stillen Gesellschafterin oder Unterbeteiligten in der Verrechnungskapsel fest. § 15 Abs. 4 S. 6 trifft direkt (nur) die mitunternehmerische **Beteiligung des atypisch Stillen** („Gesellschafter oder Beteiligte als Mitunternehmer anzusehen").

2527 Bei nicht-mitunternehmerischer **typisch stiller Beteiligung** findet die Ausgleichsbeschränkung des § 15 Abs. 4 S. 6–8 „sinngemäß" Anwendung kraft Anordnung des **§ 20 Abs. 1 Nr. 4 S. 2,** auch wenn die Beteiligung im Gewerbebetrieb des typisch still Beteiligten gehalten wird oder dieser kraft Rechtsform Einkünfte aus Gewerbebetrieb erzielt (§ 8 Abs. 2 KStG); in diesen Konstellationen greifen § 20 Abs. 8, § 20 Abs. 1 Nr. 4 S. 2, § 15 Abs. 1–3, § 15 Abs. 4 S. 6–8 (Kirchhof/*Krumm* § 15 Rn. 428a).

2528 § 15 Abs. 4 S. 6 zielt auf **laufende Verluste,** nicht auf Verluste aus der Veräußerung oder Aufgabe der stillen Beteiligung (BMF 19.11.2008, BStBl. I 2008, 970 Rn. 3; HHR/*Intemann* § 15 Rn. 1592; *Götz/Bindl* GmbHR 2009, 584 (586)). Dazu gehören Verluste des Hauptbeteiligten, an denen der still Beteiligte gesellschaftsvertraglich und anteilig partizipiert, **auch Verluste im Sonderbetriebsvermögen** (anders die h.M.: KKB/*Bäuml/Meyer* § 15 Rn. 686; KSM/*Desens/Blischke* § 15 Rn. I 126; *Götz/Bindl* GmbHR 2009, 584 (585); HHR/*Intemann* § 15 Rn. 1592; *Riegler/Riegler* DStR 2014, 1031 (1033); Schmidt/*Wacker* § 15 Rn. 910). Die teleologische Reduktion der h.M. strapaziert im Rekurs auf die Entstehungsgeschichte (→ Rn. 2523 f.) den Vergleich mit der Mehrmütterorganschaft, indessen der Gesetzgeber die Reichweite des § 15 Abs. 4 S. 6 nicht nach Modellübereinstimmung, sondern Ergebnisähnlichkeit ausgerichtet hat, ohne die Kategorie „Verluste" aufzuteilen.

2. Rechtsfolgen

2529 Auf der Rechtsfolgenseite übernimmt § 15 Abs. 4 S. 6–7 weithin textidentisch das Beschränkungsregime der Sätze 1 (Verrechnungsverbote) und 2 (verbleibender Verrechnungskorridor). Auch für Verluste „aus stillen Gesellschaften, Unterbeteiligungen und sonstigen Innengesellschaften an Kapitalgesellschaften" gelten – für den atypisch Stillen; singgemäß für den typisch Stillen (§ 20 Abs. 1 Nr. 4 S. 2) – die **Verbote,** die Verluste mit anderen Einkünften aus Gewerbebetrieb **horizontal** zu verrechnen; die tatbestandlich erfassten Verluste **vertikal** mit Einkünften aus anderen Einkunftsarten im Veranlagungszeitraum auszugleichen; die Verluste **temporal** auszugleichen nach Maßgabe des § 10d (BMF 19.11.2008, BStBl. I 2008, 970 Rn. 4 ff.; KKB/*Bäuml/Meyer* § 15 Rn. 680 ff.).

2530 Darüber hinaus lenkt § 15 Abs. 4 S. 7 die Verluste in den Korridor der Verrechnung mit Gewinnen „aus derselben stillen Gesellschaft, Unterbeteiligung oder sonstigen Innengesellschaft"; insoweit, in der Kapsel, mindern Verluste diejenigen Gewinne, die der Steuerpflichtige im unmittelbar vorangegangenen und in den folgenden Wirtschaftsjahren bezogen hat bzw. bezieht (§ 15 Abs. 4 S. 7). Damit wird die **§ 15 Abs. 4 S. 6 f.-Schedule** zusätzlich verengt (KSM/*Desens/Blischke* § 15 Rn. I 131, 135 ff.).

§ 15a Verluste bei beschränkter Haftung

(1) [1]Der einem Kommanditisten zuzurechnende Anteil am Verlust der Kommanditgesellschaft darf weder mit anderen Einkünften aus Gewerbebetrieb noch mit Einkünften aus anderen Einkunftsarten ausgeglichen werden, soweit ein negatives Kapitalkonto des Kommanditisten entsteht oder sich erhöht; er darf insoweit auch nicht nach § 10d abgezogen werden. [2]Haftet der Kommanditist am Bilanzstichtag den Gläubigern der Gesellschaft auf Grund des § 171 Absatz 1 des Handels-

gesetzbuchs, so können abweichend von Satz 1 Verluste des Kommanditisten bis zur Höhe des Betrags, um den die im Handelsregister eingetragene Einlage des Kommanditisten seine geleistete Einlage übersteigt, auch ausgeglichen oder abgezogen werden, soweit durch den Verlust ein negatives Kapitalkonto entsteht oder sich erhöht. [3]Satz 2 ist nur anzuwenden, wenn derjenige, dem der Anteil zuzurechnen ist, im Handelsregister eingetragen ist, das Bestehen der Haftung nachgewiesen wird und eine Vermögensminderung auf Grund der Haftung nicht durch Vertrag ausgeschlossen oder nach Art und Weise des Geschäftsbetriebs unwahrscheinlich ist.

(1a) [1]Nachträgliche Einlagen führen weder zu einer nachträglichen Ausgleichs- oder Abzugsfähigkeit eines vorhandenen verrechenbaren Verlustes noch zu einer Ausgleichs- oder Abzugsfähigkeit des dem Kommanditisten zuzurechnenden Anteils am Verlust eines zukünftigen Wirtschaftsjahres, soweit durch den Verlust ein negatives Kapitalkonto des Kommanditisten entsteht oder sich erhöht. [2]Nachträgliche Einlagen im Sinne des Satzes 1 sind Einlagen, die nach Ablauf eines Wirtschaftsjahres geleistet werden, in dem ein nicht ausgleichs- oder abzugsfähiger Verlust im Sinne des Absatzes 1 entstanden oder ein Gewinn im Sinne des Absatzes 3 Satz 1 zugerechnet worden ist.

(2) [1]Soweit der Verlust nach den Absätzen 1 und 1a nicht ausgeglichen oder abgezogen werden darf, mindert er die Gewinne, die dem Kommanditisten in späteren Wirtschaftsjahren aus seiner Beteiligung an der Kommanditgesellschaft zuzurechnen sind. [2]Der verrechenbare Verlust, der nach Abzug von einem Veräußerungs- oder Aufgabegewinn verbleibt, ist im Zeitpunkt der Veräußerung oder Aufgabe des gesamten Mitunternehmeranteils oder der Betriebsveräußerung oder -aufgabe bis zur Höhe der nachträglichen Einlagen im Sinne des Absatzes 1a ausgleichs- oder abzugsfähig.

(3) [1]Soweit ein negatives Kapitalkonto des Kommanditisten durch Entnahmen entsteht oder sich erhöht (Einlageminderung) und soweit nicht auf Grund der Entnahmen eine nach Absatz 1 Satz 2 zu berücksichtigende Haftung besteht oder entsteht, ist dem Kommanditisten der Betrag der Einlageminderung als Gewinn zuzurechnen. [2]Der nach Satz 1 zuzurechnende Betrag darf den Betrag der Anteile am Verlust der Kommanditgesellschaft nicht übersteigen, der im Wirtschaftsjahr der Einlageminderung und in den zehn vorangegangenen Wirtschaftsjahren ausgleichs- oder abzugsfähig gewesen ist. [3]Wird der Haftungsbetrag im Sinne des Absatzes 1 Satz 2 gemindert (Haftungsminderung) und sind im Wirtschaftsjahr der Haftungsminderung und den zehn vorangegangenen Wirtschaftsjahren Verluste nach Absatz 1 Satz 2 ausgleichs- oder abzugsfähig gewesen, so ist dem Kommanditisten der Betrag der Haftungsminderung, vermindert um auf Grund der Haftung tatsächlich geleistete Beträge, als Gewinn zuzurechnen; Satz 2 gilt sinngemäß. [4]Die nach den Sätzen 1 bis 3 zuzurechnenden Beträge mindern die Gewinne, die dem Kommanditisten im Wirtschaftsjahr der Zurechnung oder in späteren Wirtschaftsjahren aus seiner Beteiligung an der Kommanditgesellschaft zuzurechnen sind.

(4) [1]Der nach Absatz 1 nicht ausgleichs- oder abzugsfähige Verlust eines Kommanditisten, vermindert um die nach Absatz 2 abzuziehenden und vermehrt um die nach Absatz 3 hinzuzurechnenden Beträge (verrechenbarer Verlust), ist jährlich gesondert festzustellen. [2]Dabei ist von dem verrechenbaren Verlust des vorangegangenen Wirtschaftsjahres auszugehen. [3]Zuständig für den Erlass des Feststellungsbescheids ist das für die gesonderte Feststellung des Gewinns und Verlustes der Gesellschaft zuständige Finanzamt. [4]Der Feststellungsbescheid kann nur insoweit angegriffen werden, als der verrechenbare Verlust gegenüber dem verrechenbaren Verlust des vorangegangenen Wirtschaftsjahres sich verändert hat. [5]Die gesonderten Feststellungen nach Satz 1 können mit der gesonderten und einheitlichen Feststellung der einkommensteuerpflichtigen und körperschaftsteuerpflichtigen Einkünfte verbunden werden. [6]In diesen Fällen sind die gesonderten Feststellungen des verrechenbaren Verlustes einheitlich durchzuführen.

(5) Absatz 1 Satz 1, Absatz 1a, 2 und 3 Satz 1, 2 und 4 sowie Absatz 4 gelten sinngemäß für andere Unternehmer, soweit deren Haftung der eines Kommanditisten vergleichbar ist, insbesondere für

1. **stille Gesellschafter einer stillen Gesellschaft im Sinne des § 230 des Handelsgesetzbuchs, bei der der stille Gesellschafter als Unternehmer (Mitunternehmer) anzusehen ist,**
2. **Gesellschafter einer Gesellschaft im Sinne des Bürgerlichen Gesetzbuchs, bei der der Gesellschafter als Unternehmer (Mitunternehmer) anzusehen ist, soweit die Inanspruchnahme des Gesellschafters für Schulden in Zusammenhang mit dem Betrieb durch Vertrag ausgeschlossen oder nach Art und Weise des Geschäftsbetriebs unwahrscheinlich ist,**
3. **Gesellschafter einer ausländischen Personengesellschaft, bei der der Gesellschafter als Unternehmer (Mitunternehmer) anzusehen ist, soweit die Haftung des Gesellschafters für Schulden in Zusammenhang mit dem Betrieb der eines Kommanditisten oder eines stillen Gesellschafters entspricht oder soweit die Inanspruchnahme des Gesellschafters für Schulden in Zusammenhang mit dem Betrieb durch Vertrag ausgeschlossen oder nach Art und Weise des Geschäftsbetriebs unwahrscheinlich ist,**
4. **Unternehmer, soweit Verbindlichkeiten nur in Abhängigkeit von Erlösen oder Gewinnen aus der Nutzung, Veräußerung oder sonstigen Verwertung von Wirtschaftsgütern zu tilgen sind,**
5. **Mitreeder einer Reederei im Sinne des § 489 des Handelsgesetzbuchs, bei der der Mitreeder als Unternehmer (Mitunternehmer) anzusehen ist, wenn die persönliche Haftung des Mitreeders für die Verbindlichkeiten der Reederei ganz oder teilweise ausgeschlossen oder soweit die Inanspruchnahme des Mitreeders für Verbindlichkeiten der Reederei nach Art und Weise des Geschäftsbetriebs unwahrscheinlich ist.**

Überblick

§ 15a regelt den steuerwirksamen Verlust bei zivilrechtlich beschränkter Haftung. Die Norm passt die Steuerwirksamkeit von Verlusten handelsrechtlichen Haftungsbestimmungen an. Damit ist § 15a auch und gerade das Recht der Kommanditgesellschaft; die Rechtsform der KG vereint persönlich haftende Gesellschafter mit Gesellschaftern, die summenmäßig beschränkt haften. Ein substantieller Kapitalverlust führt zu einem steuerwirksamen Verlustausgleich. Die gesellschaftsrechtliche Ergebnisverteilung kann aber auch ein Delta zwischen zugewiesenem Verlust und Haftungszusage bewirken. Diese mögliche Diskrepanz veranlasst die „reaktive Korrespondenz" des § 15a. Die Norm bringt in ihrer Korrespondenzfunktion Haftung und Verlustinanspruchnahme zusammen.

Übersicht

A. Allgemeines

I. Regelungsanliegen im System des Steuerrechts

Leitentscheidungen, wichtige Verwaltungsanweisungen und Schrifttum (Auswahl): 1

Entscheidungen des GrS: 1.1
BFH 10.11.1980 – GrS 1/79, BStBl. II 1981, 164 (Verlustzurechnung bei negativem Kapitalkonto); BFH 17.12.2007 – GrS 2/04, BStBl. II 2008, 608 (Keine Vererblichkeit von Verlustvorträgen); BFH 25.6.1984 – GrS 4/82, BStBl. II 1984, 751 (Einkommensbesteuerung einer GmbH & Co.KG, Mitunternehmer); BFH 25.2.1991 – GrS 7/89, BStBl. II 1991, 691 (Grundsatzentscheidung zur doppelstöckigen Personengesellschaft).

Verwaltungsanweisungen (Auswahl): 1.2
Steuerreformkommission Schriftenreihe des BdF 1971, Heft 17; BMF 30.5.1997, BStBl. I 1997, 627 (Umfang des Kapitalkontos iSd § 15a Abs. 1 S. 1 EStG); BMF 19.11.2008, BStBl. I 2008, 970 (Verlustabzugsbeschränkung nach § 15 Abs. 4 S. 6–8 EStG); BMF 11.11.2011, BStBl. I 2011, 1314 (UmwStE; Anwendung des Umwandlungssteuergesetzes idF des SEStEG); Verfügung OFD Frankfurt a.M. 23.7.2013, DStR 2013, 2699 (Mehrstöckige Personengesellschaften); OFD Nordrhein-Westfalen 7.7.2014, BeckVerw 286993 (Bürgschaften von Kommanditisten für Verbindlichkeiten der KG); BMF 26.9.2014, BStBl. I 2014, 1258 (Anwendung der Doppelbesteuerungsabkommen auf Personengesellschaften); OFD Frankfurt a.M. 29.11.2017, BeckVerw 349263 (Umfang des Kapitalkontos iSd § 15a Abs. 1 S. 1 EStG); OFD Niedersachsen 12.1.2017, BeckVerw 337997 (Allgemeines zum Umfang des Kapitalkontos iSd § 15a Abs. 1 S. 1 EStG).

Schrifttum (Auswahl): 1.3
Autenrieth, Gewerbliche Prägung bei doppelstöckiger GmbH & Co. KG und Verlustverrechnung, DStZ 1987, 121; Baumbach (Bg.)/Hopt, Handelsgesetzbuch, 37. Aufl. 2016; Beck'scher Bilanz-Kommentar HGB, 10. Aufl. 2016; *Behrens*, Anmerkung zu BFH 20.9.2007 – IV R 10/07: Die Behandlung „vorgezogener" Einlagen im Rahmen des § 15a EStG ist nicht mehr streitig, BB 2008, 371; *Bolk*, Passivierung

einer Rücklage nach § 6b EStG nach dem Ausscheiden aus einer Mitunternehmerschaft, DStR 2015, 1355; *Bopp*, Zur Problematik der Abschreibungsgesellschaften, JbFfSt 1977/1978, 282; *Bührer*, Die einkunftsartenübergreifende Verlustverrechnung nach § 15a EStG. Anmerkungen zum BFH-Urteil vom 2.9.2014 – IX R 52/13, DStR 2015, 1546; *Carlé/Bauschatz*, Die durch Kapitalkonten abgebildete Beteiligung an einer Personengesellschaft im Gesellschafts- und Steuerrecht, FR 2002, 1153; *Dennisen/Frankus*, Kein Untergang von § 15a EStG-Verlusten durch Vorgänge i. S. d. § 8c KStG und § 8d KStG?, DB 2017, 443; *Döllerer*, Steuerbilanz der Gesellschaft und Gesamtbilanz der Mitunternehmerschaft bei Anwendung des § 15a EStG, DStR 1981, 19; *Döllerer*, Neues Steuerrecht der Personengesellschaft, DStZ 1983, 179; *Dorn*, Möglichkeiten und Probleme der sinngemäßen Anwendung des § 15a EStG auf vermögensverwaltende Personengesellschaften, DStR 2015, 1598; *Dötsch*, Zur (Nicht-)Vererblichkeit des Verlustabzugs nach § 10d EStG. Anmerkungen zum Beschluss des Großen Senats des BFH vom 17.12.2007, GrS 2/04, DStR 2008, 641; Dötsch/Patt/Pung/Möhlenbrock, Umwandlungssteuerrecht, 7. Aufl. 2005; Ebenroth/Boujong/Joost/Strohn, Handelsgesetzbuch, 3. Aufl. 2014; *Eckert*, Fiktive Gewinne bei einem geschlossenen Immobilienfonds. Die Begrenzung der Zurechnung von Einlageminderungen als Gewinn gemäß § 15a Abs. 3 S. 2 EStG, BB 2011, 1055; *Eckhoff*, in: Groll (Hrsg.), Verluste im Steuerrecht, DStJG 28 (2005), 11; *Eisenach/Weiske*, Zur Gewinnzurechnung aus Einlageminderung gem. § 15a Abs. 3 EStG bei Beteiligung an ausländischen Kommanditgesellschaften als Kommanditist. Replik auf die Erwiderung von Naumann, DB 1988 S. 80, DB 1988, 82; *Frey*, Verluste, in: WRS PersGes/*Frey*, 1003, 2. Aufl. 2015; *Gocke/Rogall*, Gesellschafterdarlehenskonten in der Personengesellschaftsbesteuerung, in: Spindler/Tipke/Rödder (Hrsg.), Steuerzentrierte Rechtsberatung, FS Schaumburg 2009, 345; *Götz/Bindl*, Die Verlustabzugsbeschränkung nach § 15 Abs. 4 S. 6–8 EStG. Anmerkungen zum BMF-Schreiben v. 19.11.2008, GmbHR 2009, 584; *Gschwendtner*, Darlehensverluste eines wesentlich an einer Kapitalgesellschaft beteiligten Gesellschafters in der Rechtsprechung des BFH, DStR-Beih. 1999, 1; Helmreich, Verluste bei beschränkter Haftung und § 15a EStG, 1998; *Hennig*, Das Verhältnis zwischen § 15a EStG und § 2a EStG, DB 1985, 1551; *Hennig*, Die Ermittlung von Einkünften aus der Beteiligung an ausländischen Personengesellschaften im Zusammenhang mit § 15a EStG, DB 1986, 1890; *Heymann/Kötter*, Handelsgesetzbuch, 4. Aufl. (21. Gesamtaufl.) 1971; *Huber*, Vermögensanteil, Kapitalanteil und Gesellschaftsanteil an Personengesellschaften des Handelsrechts, 1970; *IDW*, Sonderprobleme der Verlustverrechnung nach § 15a EStG, insbesondere bei Veränderungen im Gesellschafterkreis und in der Rechtsform, FN-IDW Nr. 10/1996; *Jacobs*, Internationale Unternehmensbesteuerung, Endres/Spengel (Hrsg.), 8. Aufl. 2016; *Jacobsen/Hildebrandt*, Wirtschaftliche Beteiligungs- und Beteiligtenidentität i.S. des § 15a EStG bei Unternehmensumwandlungen, DStR 2013, 433; *Kaeser*, in: Lehner (Hrg.), Verluste im nationalen und internationalen Steuerrecht, 115, 2004; *Kahle*, Das Kapitalkonto i. S. d. § 15a EStG, FR 2010, 773; *Kempermann*, Unterbeteiligte als „andere Unternehmer" i.S. des § 15a Abs. 5 EStG, FR 1998, 248; *Kempermann*, Anmerkung zu BFH 20.3.2003 – IV R 42/00, FR 2003, 1172; *Kempermann*, in: Groll (Hrsg.), Verluste im Steuerrecht, DStJG 28 (2005), 99; *Kempermann*, Nicht gezahlte Einlagen, zurückgezahlte Aufgelder und falsch bezeichnete Kapitalkonten. Die neuere Rechtsprechung zu § 15a EStG, DStR 2008, 1917; *Kempf/Hillringhaus*, § 15a EStG als Hemmschuh bei Unternehmensreorganisationen und Unternehmensverkäufen?, DB 1996, 12; *Kirchhof*, in: Groll (Hrsg.), Verluste im Steuerrecht, DStJG 28 (2005), 1; *Knobbe-Keuk*, Bilanz- und Unternehmenssteuerrecht, 9. Aufl. 1993; *Klein*, Klärung der Zuordnung des verrechenbaren Verlustes iSd § 15a EStG bei unentgeltlicher Übertragung eines Teils eines Kommanditanteils, NZG 2018, 896; *Kohlhaas*, Echte und unechte Verluste – Anmerkungen zur unterschiedlichen Qualität steuerlicher Verluste BB 2002, 2527; *Kolbeck*, Der Begriff des Kapitalkontos iS des § 15a EStG. Auswirkungen des BFH-Urteils vom 14.5.1991 VIII R 31/88, DB 1992, 2056; *Kopplin/Maßbaum/Sureth*, Handels- und steuerrechtliche Kapitalkontenfortschreibung und deren Einfluss auf die Verlustnutzung bei Personengesellschaften, WPg 2010, 1203; *Krabbe*, Außensteuerrechtliche Folgen des § 15a EStG, FR 1980, 532; *Krabbe*, OECD-Musterabkommen 2000, IStR 2000, 196; *Kröner*, Verrechnungsbeschränkte Verluste im Ertragsteuerrecht, 1986; *Kulmsee*, Anmerkung zu FG Münster – 5 K 3838/13 F, EFG 2016, 1255; *Lang*, in: Lang (Hrsg.), Unternehmensbesteuerung in EU-Staaten, DStJG 16 (1994), 295; *Lehner*, in: Lehner, Steuerrecht im Europäischen Binnenmarkt – Einfluß des EG-Rechts auf die nationalen Steuerrechtsordnungen, Verluste im nationalen und internationalen Steuerrecht, DStJG 19 (1996), 251; *Lehner*, in: Lehner (Hrsg.), Verluste im nationalen und internationalen Steuerrecht, 1, 2004; *Ley*, Rechtsnatur und Abgrenzung aktivischer Gesellschafterkonten, DStR 2003, 957; *Ley*, Die Anwendung von § 15a EStG auf doppelstöckige PersGes, DStR 2004, 1498; *Ley*, Gesellschafterkonten im Lichte der grundlegenden BFH-Entscheidung vom 16.10.2008, IV R 98/06, DStR 2009, 613; *Loritz*, Verlustzuweisungsgesellschaften und Gewinnerzielungsabsicht. Ein Lehrstück ohne Lehre, BB 1997, 1281; *Lüdemann*, Verluste bei beschränkter Haftung. Eine steuer- und verfassungsrechtliche Studie am Beispiel des § 15a EStG, 1998; *Middendorf/Rickermann*, Sinngemäße Anwendung des § 15a EStG bei vermögensverwaltenden

Personengesellschaften, BB 2015, 929; *Müller/Dorn*, Besteuerung von Verlusten aus mittelbaren Beteiligungen an Kapitalgesellschaften aufgrund der Verlustabzugsbeschränkung des § 15a EStG? BB 2014, 1572; Münchener Anwaltshandbuch Personengesellschaftsrecht, Gummert (Hrsg.), 2. Aufl. 2015; Münchener Handbuch des Gesellschaftsrechts, Gummert/Weipert (Hrsg.) Bd. 1, 4. Aufl. 2014, Bd. 2, 4. Aufl. 2014; Münchener Kommentar zum Handelsgesetzbuch, K. Schmidt (Hrsg.), Bd. 3, 3. Aufl. 2012; *Nacke*, Der Gesetzentwurf zum Jahressteuergesetz 2009, DB 2008, 1396; *Nacke*, Die einkommensteuerlichen Änderungen durch das Jahressteuergesetz 2009, DB 2008, 2792; *Naujok*, Anmerkungen zum Anwendungsschreiben zu § 15b EStG vom 17.7.2007, DStR 2007, 1601; *Naumann*, Zur Gewinnzurechnung aus Einlageminderung gem. § 15a Abs. 3 EStG bei Beteiligung an ausländischen Kommanditgesellschaften als Kommanditist. Erwiderung zu dem Beitrag von Eisenach/Weiske, DB 1987 S. 1655, DB 1988, 80; *Nickel/Bodden*, Verlustausgleich und Verlustverrechnung nach § 15a EStG bei doppelstöckigen Kommanditgesellschaften, FR 2003, 391; *Oetker* (Hrg.), Kommentar zum Handelsgesetzbuch (HGB), 4. Aufl. 2015; *Peters*, Abzugsbeschränkungen für Verluste aus (typisch) stillen Beteiligungen an Kapitalgesellschaften. Zugleich Besprechung des Urteils BFH v. 27.3.2012 – I R 62/08, FR 2012, 727, FR 2012, 718; *Prinz/Breuninger*, Steuergestaltung mit ausländischen Personengesellschaften, IWB 1997/17 Fach 10 Gruppe 2, 1293; *Prinz/Thiel*, § 15a EStG und Sonderbetriebsvermögen, DStR 1994, 341; *Raupach/Böckstiegel*, Die Verlustregelungen des Steuerentlastungsgesetzes 1999/2000/2002, FR 1999, 557; *Rautenstrauch/Adrian*, § 15a EStG bei Anwachsung auf eine Kapitalgesellschaft, DStR 2006, 359; *Rickert*, Plädoyer für eine gesetzliche Regelung des Verlustabzugs im Erbfall, DStR 2010, 410; Rödder/Herlinghaus/van Lishaut Umwandlungssteuergesetz Kommentar, 2. Aufl. 2013; *Rödder/Schumacher*, Verschmelzung von Kommanditgesellschaften und § 15a EStG, DB 1998, 99; *Röder*, Das System der Verlustverrechnung im deutschen Steuerrecht, 2010; *Ruban*, Zum Begriff der Einlageminderung in § 15a Abs. 3 EStG, in: Kirchhof/Offerhaus/Schöberle (Hrsg.), Steuerrecht – Verfassungsrecht – Finanzpolitik, FS Klein, 1994, 781; *Schaumburg*, Internationales Steuerrecht, 4. Aufl. 2016; Schaumburg/Englisch (Hrsg.), Europäisches Steuerrecht, 2015; *Schmelter/Suck*, Die Wirkungen des Investitionsabzugsbetrages nach § 7g EStG auf die Verluste bei beschränkter Haftung nach § 15a EStG, DStR 2011, 1637; *K. Schmidt*, Partenreederei als Handelsgesellschaft, 1995; *K. Schmidt* (Hrg.), Gesellschaftsrecht, 4. Aufl. 2002; *Schön*, Die Abzugsschranken des § 3c EStG zwischen Verfassungs- und Europarecht, FR 2001, 381; *Schulze-Osterloh*, Die zivilrechtlich formulierten Tatbestandsmerkmale des § 15a EStG und ihre steuerlichen Auswirkungen, JbFfSt 1981/1982, 238; *Seibold*, Zur Anwendung des § 15a EStG bei doppelstöckigen Personengesellschaften, DStR 1998, 438; *Söffing/Wrede*, Das Gesetz zur Änderung des EStG, des KStG und anderer Gesetze, FR 1980, 365; *Spindler*, Zur Begrenzung des Verlustabzugs nach § 15a EStG bei den Einkünften aus Vermietung und Verpachtung, FR 1997, 147; *Staub*, Handelsgesetzbuch Großkommentar, 5. Aufl. 2015; *Stegemann*, Sofortiger Ausgleich von „15a-Verlusten" bei Umwandlung auf den Allein-Kommanditisten?, GStB 2004, 367; *Steger*, Außerbilanzielle Zu-/Abrechnungen im Anwendungsbereich des § 15a EStG. Verluste bei beschränkter Haftung, NWB 2011, 3372; *Thiel*, Das negative Kapitalkonto des Kommanditisten im Steuerrecht – ein Vorschlag de lege ferenda, DB 1979, 664; Tipke/Lang, Steuerrecht, 22. Aufl. 2015; Vogel/Lehner (Begr./Hrsg.), Doppelbesteuerungsabkommen, 6. Aufl. 2015; *Wacker*, § 15a EStG: Vorgezogene Einlagen und JStG 2009 – Ganzschluss, Halbschluss oder Trugschluss?, DStR 2009, 403; *Wacker*, Stille Beteiligungen und Verlustverwertungsbeschränkung gem. § 15 IV S. 6 ff. EStG, DB 2012, 1403; *Wälzholz*, Verlustnutzung nach dem Beschluss des Großen Senats vom 17.12.2007, GrS 2/04 – Gestaltungshinweise für die Praxis anhand von Beispielen, DStR 2008, 1769; *Wassermeyer*, Doppelbesteuerungsabkommen, Bd. 1, 133. Aufl. 2016; *Wendt*, in: Groll (Hrsg.), Verluste im Steuerrecht, DStJG 28 (2005), 41; *Wendt*, Personengesellschaften – Verluste und Gewinne, Stbg 2009, 1; Wendt, Gesonderte und einheitliche Feststellung der Hinzurechnungsbeträge nach § 15a Abs. 3 EStG, BFH/PR 2015, 187; *Weßling*, Anwendbarkeit des § 15a EStG in Fällen der Gewinnermittlung nach § 4 Abs. 3 EStG bei ausländischen Personengesellschaften mit inländischen Gesellschaftern, BB 2011, 1823; *Zerbe/Hafner*, Bestimmung des Kapitalkontos und nur verrechenbarer Verluste iSv § 15a EStG bei doppelstöckigen Personengesellschaften. Hinweis zu OFD Frankfurt/M., Verfügung v. 23.7.2013 – S 2241a A-7-St 213, DStR 2015, 1292.

Die Vorschrift qualifiziert und differenziert KG-Verluste. Systematisch gehört sie zur 2 Gruppe der Verlustverrechnungsbeschränkungen. Die Norm knüpft an handelsrechtliche Strukturen an, vor allem aber reagiert sie auf das handelsrechtliche Regime der Kommanditistenhaftung und bezieht sich damit zuvorderst auf das Recht der Kommanditgesellschaft. § 15a ist **HGB-Reaktionsrecht.** Er entscheidet über die Verwertung von zugewiesenen KG-Verlusten in der Besteuerung des Kommanditisten.

1. Korrespondenzfunktion

3 Die Vorschrift reagiert auf das **Recht der Kommanditgesellschaft** (KG; § 161 HGB), genauer: auf das zivilrechtliche Institut der beschränkten Haftung. Die Rechtsform der KG lässt neben der unbeschränkten Haftung die beschränkte Haftung zu. Charakteristisch für die KG ist der beschränkt haftende Gesellschafter, der Kommanditist, der neben den persönlich haftenden Gesellschafter tritt. „Der Kommanditist haftet summenmäßig beschränkt mit seinem gesamten Vermögen (§ 171 I HGB, 1. Halbsatz). Soweit er eine Einlage bei der Gesellschaft hält, haftet er überhaupt nicht, denn die im Gesellschaftsvermögen vorhandene Einlage ersetzt seine Haftung (§ 171 I HGB, 2. Halbsatz)" (*K. Schmidt* Gesellschaftsrecht § 54, 1559, ausführlich zur Kommanditistenhaftung 1558 ff.). Der sogenannte Komplementär haftet persönlich und unbeschränkt mit seinem gesamten Vermögen. Die KG vereint unbeschränkt und beschränkt haftende Gesellschafter in einer Rechtsform.

4 Allerdings können dem Kommanditisten KG-Verluste über das Maß seiner Mithaftung hinaus zugeordnet sein. Im Sinne einer leistungsgerechten Besteuerung muss das Steuerrecht entscheiden, ob es einen negativen Kapitalanteil beim beschränkt haftenden Gesellschafter jenseits seiner Haftzusage steuerwirksam berücksichtigen will. Der Kommanditist der KG verkörpert den beschränkt haftenden Personengesellschafter und ist daher in § 15a zuvorderst adressiert (zum Typusbegriff *Lüdemann* Verluste bei beschränkter Haftung, 270 ff.).

5 Die Regelungen für **alternatives unternehmerisches Engagement in Abs. 5** der Norm erweitern den Anwendungsbereich. Abs. 5 zielt nicht mehr auf das Recht der KG, aber auf vergleichbare Haftungsverhältnisse und knüpft damit an ähnliches unternehmerisches Engagement an, ausgeübt nicht in Form der Kommanditbeteiligung, sondern in abweichender unternehmerischer Mitwirkung, aber stets im Rahmen eines vergleichbaren ökonomischen Risikos (Abs. 5 → Rn. 501 ff.).

6 Die KG ist ein Sammelbecken für Investitionskapital und ermöglicht denjenigen Gesellschaftern Kapitalschutz, die sich auf den Status des Kommanditisten beschränken. Die Rechtsform bietet Unternehmerengagement mit begrenztem ökonomischen Risiko. Das KG-Recht gibt Anlass, auf Konsequenzen handelsrechtlicher Verlustzuordnung und Gesellschafterhaftung zu reagieren, diese steuerrechtlich zu korrigieren und anzupassen. Verlust und Vermögensrisiko können beim beschränkt haftenden Gesellschafter auseinanderfallen, denn die handelsrechtliche Verlustzurechnung ist unabhängig von deckungsfähigem Haftungskapital. Für diese Diskrepanz muss das Steuerrecht eine Lösung bieten.

7 In Reaktion auf das KG-Recht qualifiziert § 15a „Verluste" auf der Tatbestandseite und differenziert Verlustverwertbarkeit auf der Rechtsfolgenseite. Er grenzt Verluste, die den Gesellschafter wirtschaftlich belasten und damit zu einer tatsächlichen Vermögensminderung führen, gegenüber wirtschaftlich neutralen Verlusten ab. Tatsächlichen Vermögensminderungen liegt ein gegenwärtig realer Mittelabfluss oder Werteverzehr zugrunde (Lehner/*Lehner* Verluste im nationalen und internationalen Steuerrecht, 9). Dagegen kann in der Bilanz auch eine rein rechnerische Vermögensminderung abgebildet sein. Mangelt es an einer effektiven Vermögenseinbuße beim betreffenden Gesellschafter, ist die finanzielle Leistungsfähigkeit nicht tatsächlich gemindert. Eine Vermögenseinbuße beim Gesellschafter entsteht durch Mithaftung. Daraus erwächst iSd Prinzips finanzieller Leistungsfähigkeit ein steuerrechtlich erheblicher Verlust. § 15a differenziert, schichtet davon die unerheblichen (zumindest „verfrühten", *Röder* System der Verlustverrechnung, 196 im Kontext der Sonder-AfA) Verluste ab. Nur die iSd Prinzips unerheblichen Verluste erfasst § 15a. Dies sind die qualifikatorisch ausgeschiedenen Verluste. Das Gesetz wählt in § 15a die Begriffe „ausgleichs- oder abzugsfähiger Verlust" (→ Rn. 174 ff.) und „verrechenbarer Verlust" (→ Rn. 342 ff.).

8 In ihrer Korrespondenzfunktion bringt die Norm **Haftung und Verlustverwertung** zusammen. Übersteigt ein Verlust die gesellschafterindividuelle Haftungsverantwortung betragsmäßig, führt dies zu einem bilanziellen Verlust, bewirkt indessen keinen Mittelabfluss oder Werteverzehr beim Gesellschafter. § 15a blockiert die steuerrechtliche Verlustverwertung, wenn diese andernfalls Belastungsgleichheit konterkarieren würde.

9 Bei Minderung einer Kapitaleinlage realisiert sich ein Vermögensrisiko. Der plakativ benannte „Papierverlust" (Groll/*Kirchhof* Verluste im Steuerrecht, 7) mindert nicht das Vermögen und damit auch nicht die wirtschaftliche Leistungsfähigkeit, allenfalls – soweit er anerkannt wird – die steuerliche Bemessungsgrundlage. Wird der steuerliche Verlust als

geldwertes Wirtschaftsgut, tax asset oder im Sinne einer ‚eigentumsähnlichen Rechtsposition' (Groll/*Eckhoff* Verluste im Steuerrecht, 27; Lehner/*Kaeser* Verluste im nationalen und internationalen Steuerrecht, 115 ff.) begriffen, wird klar, wie unverzichtbar die Differenzierung von Verlusten ist. Resultiert aus einem wirtschaftlichen Wertverlust eine Steuerminderung, verringert sich der wirtschaftliche Schaden zumindest teilweise. Liegt einem Verlustausgleich keine Vermögenseinbuße zugrunde und mindert dieser gleichwohl die steuerliche Bemessungsgrundlage, steht das **Prinzip leistungsgerechter Besteuerung** in Frage. Offenkundig ist damit auch, wie richtig und wichtig eine Verlustverrechnungsbeschränkung sein kann – nicht nur bei künstlich oder sogar missbräuchlich herbeigeführten Verlusten (s. Differenzierung zwischen „echten" und „unechten" Verlusten Groll/*Eckhoff* Verluste im Steuerrecht, 36 ff.).

Nicht die Verlustentstehung, sondern die steuerrechtliche Wirkung eines Verlustes stehen **10** im Lichte des § 15a. Die Zuordnung von Gewinn- und Verlustanteilen erfolgt nach dem Gesellschaftsrecht anteilsmäßig, grundsätzlich je nach der Höhe der Gesellschaftsbeteiligung und insofern unabhängig von der Höhe des Haftungskapitals eines jeweiligen Gesellschafters. Erst die gesellschaftsrechtliche Ergebnisverteilung kann ein Delta zwischen zugewiesenem Verlust und Haftungszusage bewirken. Diese mögliche Diskrepanz veranlasst die seismographische Korrespondenz (bildhaft gesprochen) des § 15a. Mithin erfasst die Norm ausschließlich den beschränkt haftenden Gesellschafter; denn dieser haftet höchstens mit dem Betrag seiner Haftsumme. Erst diese Form des Investitionsengagements, erst die Abkehr von der unbeschränkten Haftung, ruft § 15a auf den Plan. Die Norm urteilt differenziert über die Rechtserheblichkeit von Verlusten (s. auch Groll/*Kirchhof* Verluste im Steuerrecht, 7).

Das Kapitalkonto (→ Rn. 224 ff.) bildet als Rechnungsposten in der Bilanz den wirt- **11** schaftlichen Wert einer Gesellschaftsbeteiligung ab, den gegenwärtigen Einlagestand eines Gesellschafters und damit auch im Verhältnis zu den Mitgesellschaftern den quotalen Anteil am Eigenkapital der Gesellschaft. Ein **negatives Kapitalkonto** beziffert exakt, in welcher Höhe der zugewiesene Verlust die Vermögenseinlage des Kommanditisten übersteigt. Damit weist ein negatives Kapitalkonto jenen Verlust aus, der für den Kommanditisten nicht zum Risiko wird. § 15a nutzt das negative Kapitalkonto zwar als Referenz, spricht diesem aber nur die Wirkung eines Verrechnungspotentials zu (s. auch KSM/*v. Beckerath* § 15a Rn. A 250, welcher das negative Kapitalkonto nach „handelsrechtlicher Wertung" als „Verlustvortragskonto" begreift). Das negative Kapitalkonto wird handels- wie auch steuerbilanziell zugrunde gelegt. Die spätere Verlustverwertung setzt die zukünftige Zurechnung von Gewinnanteilen voraus (Abs. 2; → Rn. 342 ff.).

Das Kapitalkonto ist allerdings keine verlässliche Referenz, soweit der Kommanditist im **12** **Außenverhältnis nach § 171 Abs. 1 HGB** haftet (→ Rn. 294 ff.). Soweit § 15a die Verlustverwertung an die Außenhaftung des Kommanditisten anknüpft (Abs. 1 S. 2) korrespondiert die Norm wiederum mit einer gesellschaftsrechtlichen Entscheidung. Die praktisch bedeutsame Außenhaftung iSd § 171 Abs. 1 HGB kann beim Gesellschafter einen realen Vermögensverlust bewirken. Das Kapitalkonto zeigt einen wirtschaftlich nicht durchschlagenden Verlust iSd Abs. 1 S. 1 (→ Rn. 174 ff.). Im Fall einer Außenhaftung nach § 171 Abs. 1 HGB (Abs. 1 S. 2; → Rn. 294 ff.) kippt dieser Verlust jedoch in einen realen Verlust. Das Kapitalkonto ist insofern eine Referenz mal für chimäre Verluste, mal für reale Verluste. Indem § 15a auch die überschießende Außenhaftung iSd § 171 Abs. 1 HGB berücksichtigt, vervollständigt er seine Korrespondenzfunktion.

Die Korrespondenz von Verlust und Haftung entwickelt sich auf der Zeitachse. Zugewie- **13** sene KG-Verluste können vorhandenes Kapital übersteigen, das gesellschaftsrechtlich verstrickte Haftungssubstrat auf Seiten eines Kommanditisten. Inkongruenzen heben sich auf und entstehen neu im Zeitablauf, je nach Erfolgen und Misserfolgen, an denen der Kommanditist teilhat. Die Korrespondenz des § 15a regelt Verlustverwertung in Abhängigkeit von realer Mithaftung und führt damit zu belastungsgerechter Besteuerung. Durch gesellschaftsvertragliche Vereinbarung können Verluste, die ein negatives Kapitalkonto beim Kommanditisten bewirken, auch den persönlich haftenden Mitgesellschaftern zugewiesen und damit einer Anwendung des § 15a entzogen werden (s. auch im Rahmen der historischen Entwicklung → Rn. 37 ff.; *v.* MHdB GesR II/*Falkenhausen/Schneider* § 22 Rn. 27 ff. mwN). Ansonsten ist das negative Kapitalkonto jedoch fortzuschreiben. **Eine Nachschusspflicht für die Kommanditisten besteht idR nicht.** Eine Umverteilung der Verluste ist nur in einer

Extremsituation, etwa iRd Liquidation vorgesehen (→ Rn. 677). Im Fall der Beendigung der Gesellschaft ist ein Verlust denjenigen zuzuordnen, die den Verlust rechtlich und wirtschaftlich zu tragen haben, nämlich den unbeschränkt haftenden Gesellschaftern. Zu diesem Zeitpunkt steht fest, dass ein negatives Kapitalkonto definitiv wird und nicht mehr ausgeglichen wird durch künftige Gewinne; Abs. 2 läuft insofern leer. Für den Kommanditisten ergibt sich daraus ein „finaler Papierverlust" (→ Rn. 9).

14 Ein negatives Kapitalkonto widerspricht nicht dem Anliegen der Risikobegrenzung eines Kommanditisten, sondern entspricht dem Gedanken des „Going Concern"; obgleich der Kommanditist den Gläubigern der Gesellschaft höchstens bis zu dem Betrag der Haftsumme persönlich haftet (*K. Schmidt* Gesellschaftsrecht § 54, 1560) und am Gesamtverlust der Gesellschaft nur bis zu dem Betrag seines Kapitalanteils und ggf. seiner rückständigen Einlage teilnimmt (§ 167 Abs. 3 HGB). § 167 Abs. 3 HGB zieht die „Grenzen der **endgültigen Verlusttragung**", indem die Vorschrift auf die Verhältnisse bei Auseinandersetzung, letztlich der Beendigung von Gesellschaft oder Beteiligung abstellt (BFH 13.3.1964 – VI 343/61 S, BStBl. III 1964, 359 (360)). Dem Gedanken der Unternehmensfortführung entspricht auch die vorgesehene Verlustdeckung durch entsprechende Gewinnverwendung (§ 167 Abs. 2 und 3, § 169 Abs. 1 HGB). Die wirtschaftliche Belastung entsteht „aufschiebend bedingt" (BT-Drs. 8/3648, 16). Erst nach effektiver Vermögensauseinandersetzung erfolgt eine abweichende Verlustzuordnung.

15 Diese Zeitraumbetrachtung weicht aber gesetzlich gebotener, turnusmäßiger **Bilanzierung** in Handels- und Steuerrecht. IRd § 15a weicht die Zeitraumbetrachtung steuerlichem Pragmatismus: Ein Differenzierungserfordernis entsteht regelmäßig im „Zahlungs"zeitpunkt (etwa iRd Liquidation), steuerrechtlich insbesondere auch iRd Abschnittsbesteuerung zum Bilanzstichtag, was zur maßgebenden Zeitpunktbetrachtung und notwendigen Verlustdifferenzierung führt.

16 Für die Beurteilung der Verlust- und Haftungssituation eines jeweiligen Wirtschaftsjahres sind die **Verhältnisse am Bilanzstichtag** maßgeblich. Der Bilanzstichtag ist als Zeitpunkt der Zuordnung gleichzeitig der Zeitpunkt, in dem die gegenwärtige wirtschaftliche Leistungsfähigkeit festgestellt wird (auch ein zuvor im Zeitpunkt der Realisation entstandener Verlust fließt in das Ergebnis mit ein) und ein Anspruch geltend gemacht wird. Die wirtschaftliche Belastung tritt jedoch zeitversetzt ein, nach einem oder mehreren Veranlagungszeiträumen, spätestens jedoch bei Beendigung des Unternehmerengagements. Verlustdifferenzierung schafft iRd Periodenbetrachtung heutige Papierverluste (→ Rn. 9), die den Steuerpflichtigen in künftigen Perioden belasten können (zur überperiodischen Betrachtungsweise auch *Kohlhaas* BB 2002, 2527 (2531)).

17 Würden Verluste vor endgültiger, effektiver Belastung steuerwirksam, führten sie „im Normalfall nicht zu endgültigen Steuerausfällen, sondern nur zu einer Steuerstundung" (*Röder* System der Verlustverrechnung, 12). Die Norm vermeidet die vorzeitige Anerkennung der noch nicht erheblichen Verluste (→ Rn. 7), denen nicht das Risiko, zumindest aber noch keine endgültige Belastung einer Vermögenseinbuße auf Gesellschafterebene gegenübersteht. Der Norm liegt kein subventiver Gedanke zugrunde. Das negative Kapitalkonto erfüllt eine Messfunktion und zeigt Verrechnungspotential auf. § 15a zieht anhand des Kapitalkontenstandes die Grenze zwischen steuereffektiver Saldierung und dem Ausweis von Verlustpotential (zu verrechenbaren Verlusten iSd Abs. 2 S. 1 → Rn. 345; zu deren Feststellung nach Abs. 4 → Rn. 481 ff.).

18 Eine mögliche Beendigung der Gesellschaft oder der Beteiligung rechtfertigt den Aufschub der Steuerwirksamkeit bis zur tatsächlichen Vermögensminderung beim Steuerpflichtigen. Verbleibt ein negatives Kapitalkonto, ist der Kommanditist in dieser Höhe im Zeitpunkt der Beendigung realiter nicht belastet. Diese „Papierverluste" (→ Rn. 9) dürfen für den Kommanditisten zuvor nicht steuerwirksam geworden sein. Die **Unternehmensentwicklung** ist unvorhersehbar, auch für das Finanzamt nicht zu antizipieren; zukünftige Gewinnanteile, die eine Verlustverrechnung ermöglichten (Abs. 2 S. 1, → Rn. 342 ff.), sind ungewiss. Die Norm sichert in ihrer Korrespondenzfunktion gleichheitsgerechte Besteuerung, indem sie Gesellschafterhaftung und Verlustinanspruchnahme zusammenbringt und die vorzeitige Verlustverwertung untersagt. Nur soweit der Verlust in Kommanditistenhaftung umschlägt, gewährt § 15a korrespondierend den steuerwirksamen Verlustausgleich.

19–22 *Einstweilen frei*

2. Verlustverrechnungsbeschränkung

a) Systemgerechte Beschränkung. Systematisch gehört § 15a zu den **Saldierungsverboten des Einkommensteuergesetzes.** § 15a folgt allerdings in seiner differenzierten Verlustverwertung dem Leitgedanken leistungsgerechter Besteuerung und ist damit **Systemnorm.** Das Einkommensteuergesetz erkennt den Verlust als Minderung in der Leistungsfähigkeit des Steuerpflichtigen an. § 15a verpflichtet sich der Vermessung von Leistungsfähigkeit. Indem er im Zeichen konsequenter Unterscheidung erhebliche und unerhebliche Verluste differenziert (→ Rn. 7; s. auch KSM/*v. Beckerath* § 15a Rn. A 30, demzufolge die Verluste „in zwei Verlustqualitäten" „aufgeteilt" werden) und an diese Gruppierung differenzierte Rechtsfolgen anknüpft, setzt § 15a die Rechtserheblichkeit von Verlusten erst folgerichtig um. Indem er die Anerkennung von Verlusten im Sinne einer Steuerwirksamkeit regelt, erfüllt § 15a als Systemnorm die Funktion, einer Verzerrung leistungsgerechter Besteuerung entgegenzuwirken und damit Leistungsfähigkeit zu vermessen. 23

In Literatur und Rechtsprechung finden sich Begrifflichkeiten, die das Differenzierungsanliegen bewusst machen. Wirtschaftlich nicht durchschlagende Verluste werden etwa als „unechte", zuweilen auch als „fiktive" oder „künstliche" Verluste, „Papierverluste" (→ Rn. 9), „Buchverluste" oder auch „Luftposten" (Steuerreformkommission Schriftenreihe des BdF 1971, Heft 17, V Rn. 338) bezeichnet (*Röder* System der Verlustverrechnung, 8; zur begrifflichen Spezifizierung vgl. *Kohlhaas* BB 2002, 2527). Der sogenannte Papierverlust (→ Rn. 9) kann hier – im Kontext des § 15a – als „Eventualverlust" bezeichnet werden, weil er aktuell nicht in Betracht kommt, ihm in Zukunft aber möglicherweise Substanz zuwächst in der Verrechnung mit Gewinnen. 24

In der Diskussion um „fiktive" Verluste wird nicht bestritten, dass die Gesellschaft einen nach § 15a nicht ausgleichs- und abzugsfähigen Verlust tatsächlich erlitten hat und die Verluste richtigerweise in Handels- und Steuerbilanz ausgewiesen sind. Denn das Gesellschaftsergebnis wird durch Vermögensvergleich ermittelt. Infolge eines Jahresfehlbetrags (s. auch § 264c HGB) vermindert sich das Vermögen der Gesellschaft. Dem Gesellschafter zuzurechnende Ergebnisanteile resultieren aus dem wirtschaftlichen Erfolg der KG. Der Staat partizipiert an diesem Erfolg; das Gesetz qualifiziert KG-Einkünfte, genauer: Einkünfte aus Gewerbebetrieb iSd § 15 Abs. 1 Nr. 2 um. Der Auffassung, ein nach dem Einkommensteuergesetz entstandener Verlust könne nicht unecht sein, ist zwar beizupflichten (Groll/*Eckhoff* Verluste im Steuerrecht, 39). § 15a jedoch verwehrt dem steuerbilanziell „echten" Verlust (vgl. § 5) bis auf weiteres die Steuerwirksamkeit und hält ihn von der einkommensteuerlichen Bemessungsgrundlage des Gesellschafters fern. 25

Wenn § 2 Abs. 3 einen „Ausgleich zw. positiven und negativen Einkünften" (Kirchhof/*Kirchhof* § 2 Rn. 93) regelt, setzt er (iSd finanziellen Leistungsfähigkeit) Verluste voraus, die den Steuerpflichtigen wirtschaftlich belasten. § 2 arbeitet mit der Annahme wirtschaftlich veranlasster, mithin erheblicher Verluste (→ Rn. 7) und will selbstverständlich nicht Scheinverluste in die Synthese führen (in diesem Kontext von Scheinverlusten abzugrenzen sind etwa AfA-Verluste, die von § 2 Abs. 3 sehr wohl erfasst werden). Den mit § 15a qualifikatorisch ausgeschiedenen Verlusten kann nur im Zeitablauf Substanz zuwachsen. Ob diese Verluste beim Kommanditisten auf spätere Bemessungsgrundlagen durchschlagen, hängt von künftigen Erfolgen der Kommanditgesellschaft ab. 26

Seiner Grundentscheidung nach will § 15a das Saldierungskonzept des § 2 (zur „Summierung" Kirchhof/*Kirchhof* § 2 Rn. 93 ff.; zum inner- und überperiodischen Verlustausgleich Blümich/*Ratschow* § 2 Rn. 140 ff.) nicht ausnahmerechtlich durchbrechen, sondern bestätigen (s. auch KSM/*v. Beckerath* § 15a Rn. A 32, demzufolge § 15a sogar „korrigierend in das Schema des § 2" eingreift). Dass die Verluste des Kommanditisten nur im Umfang seiner Haftungsverantwortung an der Verlustverrechnung teilnehmen, widerstreitet gerade nicht der gerechten Vermessung von Leistungsfähigkeit. 27

b) Kritik an der Umsetzung. § 15a ist systemgerecht, soweit er seiner Ausgangsratio (→ Rn. 2 ff.) folgt. Als HGB-Reaktionsrecht unterscheidet sich die Norm strukturell von anderen Verlustverrechnungsbeschränkungen wie etwa § 2a (→ § 2a Rn. 2 ff.) und § 15 Abs. 4 (→ § 15 Rn. 2370 ff.). Dass der Steuerpflichtige den Verlust in den Fällen des § 2a oder § 15 Abs. 4 tatsächlich wirtschaftlich getragen hat, steht nicht in Frage (glA *Rickert* 28

DStR 2010, 410 (411)). § 15a ist in der Umsetzung seiner Grundidee jedoch auch kritisch zu betrachten. Die berechtigte **Kritik** ist ua auf die Handhabung weiterer Einlageleistungen als Verlustausgleichspotential zurückzuführen. Verluste können nur mit Einlagen desselben Wirtschaftsjahres ausgeglichen werden (→ Rn. 372 ff.; zur (verfassungsrechtlichen) Kritik insbesondere → Rn. 384 ff.; → Rn. 95 ff.). Auch im Falle einer Haftsummenerweiterung bleiben zumindest bereits festgesetzte Verluste von der Verlustkompensation ausgeschlossen (→ Rn. 478 ff.). Des Weiteren ist die unterschiedliche Berücksichtigung einzelner Haftungstatbestände fraglich (→ Rn. 92 f.).

29–30 *Einstweilen frei*

31 **c) Einordnung.** Nicht (sofort) ausgleichs- und abzugsfähige Verluste sind in künftige Wirtschaftsjahre vorzutragen und mit Gewinnanteilen dieser Folgejahre zu verrechnen. Die innerbetriebliche Verlustverrechnung **beschränkt den Verlustausgleich auf dieselbe Einkunftsquelle** und beschränkt darin bereits den horizontalen Verlustausgleich (glA Groll/*Eckhoff* Verluste im Steuerrecht, 24 f.; aA Groll/*Kempermann* Verluste im Steuerrecht, 113). Die Vorschrift eröffnet nur eine **interperiodische Verlustverrechnung;** eine intraperiodische Verrechnung ist durch die Beschränkung auf dieselbe Einkunftsquelle ausgeschlossen (*Röder* System der Verlustverrechnung, 20 (23)). „Die Verluste werden gleichsam unter ‚Quarantäne' gestellt" (*Röder* System der Verlustverrechnung, 20).

32 § 15a versagt die sofortige Verlustverrechnung lediglich für einen **Teil der Verluste,** nämlich für die verrechenbaren Verluste (→ Rn. 342 ff.; unerhebliche Verluste → Rn. 7). Verluste „bis zur Höhe des Kapitalanteils" sind dagegen sofort und uneingeschränkt ausgleichs- und abzugsfähig (*Röder* System der Verlustverrechnung, 23).

33 Der eingeschränkte Verlustausgleich und -abzug innerhalb der Einkunftsquelle (hier der Beteiligung des Kommanditisten) muss sich an den Maßstäben des objektiven Nettoprinzips messen lassen, welches sich auf die gesetzlich konturierte Einkunftsquelle bezieht bzw. auf deren „Reinvermögen" (*Schön* FR 2001, 381 (382) mwN). Idealiter erfolgt ein „Verlustabzug über die Dauer der gesamten Nutzung der Erwerbsquelle" hinweg (Groll/*Wendt* Verluste im Steuerrecht, 54). Dem steht § 15a gerade nicht im Wege: Die **intertemporale Verlustverrechnung** ist geboten und zeitlich unbegrenzt; bislang nicht ausgleichs- und abzugsfähige Verluste werden ausgleichs- und abzugsfähig spätestens bei Beendigung der Gesellschaft oder Mitunternehmerschaft, vorbehaltlich einer wirtschaftlichen Belastung. Ein sachgerechter Verlustausgleich ist demnach spätestens mit Beendigung der Einkunftsquelle möglich (zu nachträglichen Einlagen iSd Abs. 1a → Rn. 101 f.).

34–35 *Einstweilen frei*

3. Historische Entwicklung

36 Erst die gesellschaftsrechtliche Ergebnisverteilung kann ein Delta zwischen einem zugewiesenen Verlust und der Einstandspflicht des Gesellschafters bewirken. Je größer der Unterschied ist, desto dringlicher ist die steuergesetzliche Reaktion. Intention des Gesetzgebers war es jedoch nicht von vornherein, § 15a als HGB-Reaktionsrecht in das Einkommensteuergesetz einzuführen. In der zweiten Hälfte des vergangenen Jahrhunderts wurde der Gesetzgeber erstmals aufmerksam auf die Anfälligkeit des EStG, wenn sich sogenannte Verlustzuweisungsgesellschaften etablieren (→ Rn. 43 ff.).

37 **a) Rechtslage und Diskussion vor Einführung des § 15a.** Auftrieb gab dieser Entwicklung schon 1964 der BFH mit einem Urteil, wonach sich dem Kommanditisten zugerechnete Verluste steuermindernd auswirkten und zwar unter Umständen ungeachtet der Haftungsverhältnisse (→ Rn. 37.1; BFH 13.3.1964 – VI 343/61 S, BStBl. III 1964, 359).

37.1 Der VI. Senat knüpfte in seinem Urteil vom 13.3.1964 die steuerrechtliche Wirkung an die freie Disposition der Rechtsbeziehungen zwischen den Gesellschaftern von Personengesellschaftern. Dabei unterschied er drei Fallarten: Lastete „die KG, um der persönlichen Haftung des Komplementärs Rechnung zu tragen, den auf den Kommanditisten rechnerisch entfallenden Verlustanteil sofort endgültig dem Komplementär" an, wobei die Gesellschafter „das negative Kapitalkonto des Kommanditisten als reinen Rechnungsposten" behandeln, wurden die Verluste – ihrer Zuordnung entsprechend – bei den Komplementären steuerlich geltend gemacht (Fall 1; BFH 13.3.1964 – VI 343/61 S, BStBl. III 1964, 359 (360)). „Die Gesellschafter können aber auch so vorgehen, als ob der Kommanditist während des

Bestehens der KG unbegrenzt am Gewinn und Verlust beteiligt ist. In diesen Fällen wird der Kommanditist wie ein persönlich haftender Gesellschafter behandelt." In diesem Fall waren die Verluste dem Kommanditisten zuzurechnen (Fall 2; BFH 13.3.1964 – VI 343/61 S, BStBl. III 1964, 359 (360 f.)). „Haben die Gesellschafter keine ausdrückliche Vereinbarung darüber getroffen, welche Bedeutung dem negativen Kapitalkonto eines Kommanditisten zukommen soll, so hat die Besteuerung an die tatsächliche Gestaltung anzuknüpfen." Wurden Verluste weiterhin auf dem negativen Kapitalkonto des Kommanditisten verbucht, konnte der Kommanditist die Verluste demnach steuerlich für sich beanspruchen (Fall 3; BFH 13.3.1964 – VI 343/61 S, BStBl. III 1964, 359 (361)). Die KG hatte insofern Dispositionsraum und -recht (kritisch zum Dispositionsrecht Steuerreformkommission Schriftenreihe des BdF, Heft 17, Rn. V 338). Fall 3 zeigte sich dabei als problematisch, da die Verlustanerkennung an die Verlustverbuchung auf den Konten anknüpfte – nicht hingegen anhand der Haftungsverhältnisse entschieden wurde (so auch die Steuerreformkommission Schriftenreihe des BdF, Heft 17, Rn. V 334 ff., mit zum Urteil geänderter Fallreihenfolge).

Daraufhin wuchs die Zahl privater Investoren, die Beteiligungen über einen Fonds hielten. **38**
Aufgelegt wurde der Fonds womöglich nur in der Absicht, Abschreibungspotentiale des geltenden Rechts zu nutzen. Die Rechtsform der Kommanditgesellschaft ermöglichte den Fondsinhabern (Kommanditisten) eine Nach-Steuer-Rendite, die allein aus der vorteilhaften Steuerwirkung herrührte. Die aus der Beteiligung erzielten negativen Einkünfte aus Gewerbebetrieb konnte der Kommanditist mit Einkünften aus anderen Einkunftsquellen und Einkunftsarten verrechnen bzw. den Verlustabzug iRd § 10d nutzen.

Die Steuerreformkommission legte diesen unerwünschten Anreiz im Jahre 1971 bericht- **39**
lich dar und sprach sich damit gleichzeitig gegen die vorstehende Rechtsprechung des VI. Senats aus (Schriftenreihe des BdF 1971, Heft 17, V Rn. 333 ff.). Nach Auffassung der Steuerreformkommission stellte sich eine Verlustzurechnung als unzutreffend dar, soweit sie die Haftung des Kommanditisten übersteigt: Da „das als Aktivum ausgewiesene Kapitalkonto nicht durch Forderungen der Kommanditgesellschaft gegen den Kommanditisten abgesichert ist, hat das negative Kapitalkonto des Kommanditisten bilanziell gesehen den Charakter eines Luftpostens, der steuerrechtlich nicht geeignet ist, einen ausgleichsfähigen Verlust in der Person des Kommanditisten zu begründen" (Steuerreformkommission Schriftenreihe des BdF 1971, Heft 17, V Rn. 338). Die Steuerreformkommission sah die Lösung darin, dem persönlich haftenden Gesellschafter die Verluste zuzurechnen, soweit sie die Haftsumme des Kommanditisten überstiegen und schlug die Einführung einer entsprechenden Vorschrift vor.

„15a – Verlustzurechnung bei Kommanditgesellschaften **39.1**
Verluste einer Kommanditgesellschaft sind, soweit sie den Kapitalanteil und eine darüber hinausgehende Haftung des Kommanditisten übersteigen, dem persönlich haftenden Gesellschafter zuzurechnen. Entsprechendes gilt für spätere Gewinne, soweit diese zur Wiederauffüllung der nach Satz 1 dem persönlich haftenden Gesellschafter zugerechneten Verluste verwendet werden" (Steuerreformkommission Schriftenreihe des BdF 1971, Heft 17, V Rn. 340).

Nach Vorstellung der Steuerreformkommission sollte dem Kommanditisten erst dann **40**
wieder ein Gewinn zuzurechnen sein, sobald dem Komplementär, welcher den Verlust übernommen hatte, ein zukünftiger Gewinn in entsprechender Höhe zugewiesen worden war. Die Übernahme des Verlustes und dessen Verrechnung mit einem späteren Gewinn aus derselben Beteiligung obläge demnach stets dem Komplementär, erst ein Gewinn„überschuss" wäre wieder dem Kommanditisten zuzurechnen. Bei diesem Konzept bleiben die stillen Reserven unberücksichtigt, die dem Kommanditisten bei einer Auseinandersetzung zustünden (LBP/*Bitz* § 15a Rn. 4). Der Kommissionsvorschlag entspricht insofern nicht der Grundkonzeption des heutigen § 15a (→ Rn. 132 ff.). Gegen den Vorschlag der Steuerreformkommission wandte sich *Thiel*, indem er (zutreffend) argumentierte, im Zeitpunkt der abweichenden Verlustzurechnung stehe keineswegs fest, ob der persönlich haftende Gesellschafter den Verlust tatsächlich zu tragen habe. Dies könne erst bei Beendigung der Gesellschaft oder im Zeitpunkt des Ausscheidens des Gesellschafters beurteilt werden (*Thiel* DB 1979, 664 (665)). Nach dem Kommissionsvorschlag würden Verluste unabhängig davon zugerechnet, ob der Kommanditist die Verluste durch künftige Gewinnanteile oder Aufdeckung stiller Reserven selbst hätte ausgleichen und tragen können. Die Grundkonzeption des § 15a näherte sich dem Vorschlag Thiels.

41–42 *Einstweilen frei*

43 **aa) Verlustzuweisungsgesellschaften.** Das Geschäftsmodell der Verlustzuweisungsgesellschaften beruhte häufig auf hohen Sonderabschreibungen und Begünstigungen iRd Gesetzes über steuerliche Maßnahmen zur Förderung von privaten Kapitalanlagen in Entwicklungsländern (Entwicklungshilfe-Steuergesetzes 23.12.1963, BGBl. 1963 I 1013). Die den Gesellschaftsanteilen entsprechende Verlustzuteilung ermöglichte in Höhe des negativen Kapitalkontos die Verrechnung mit anderen positiven Einkünften (s. auch MHdB GesR II/*Inhester/Herrmann* § 26 Rn. 101). Insofern beruhten die Finanzierungsmodelle auf geltendem Recht. Was nicht zuletzt die Frage aufwirft, inwieweit der Gesetzgeber nicht selbst Urheber von Steuergestaltungsmodellen ist – „durch gezielt gesetzte Steueranreize" (*Röder* System der Verlustverrechnung, 27; *Loritz* BB 1997, 1281).

44 Definitionen von Verlustzuweisungsgesellschaften finden sich in der Rechtsprechung, in Verwaltungsschreiben und Parlamentsdokumenten (etwa BR-Drs. 303/83, 15 (Beschluss)).

44.1 Das BMF beschrieb Verlustzuweisungsgesellschaften im Schreiben vom 13.7.1992 wie folgt: „Es handelt sich hierbei um Personenzusammenschlüsse in gesellschafts- oder gemeinschaftsrechtlicher Form, deren Gegenstand insbesondere die Herstellung oder die Anschaffung eines Anlageobjekts und dessen Nutzungsüberlassung ist und an der eine Beteiligung in der Absicht erworben wird, Verluste aus den Einkunftsarten des § 2 Abs. 1 Nr. 1–3 EStG oder negative Einkünfte i. S. d. § 20 Abs. 1 Nr. 4 oder des § 21 EStG zu erzielen. Die Kapitalanleger werden dadurch zum Beitritt zur Verlustzuweisungsgesellschaft bewogen, daß sie auf der Basis eines im voraus gefertigten Konzeptes zwecks Erzielung steuerlicher Vorteile – zumindest für eine gewisse Zeit – an den von der Gesellschaft erzielten negativen Einkünften beteiligt werden sollen. Verlustzuweisungsgesellschaften in diesem Sinne sind daher insbesondere sog. Gewerbliche Abschreibungsgesellschaften sowie vermögensverwaltende Gesellschaften, wenn von den Initiatoren mit negativen Einkünften geworben wird" (BMF 13.7.1992, DStR 1992, 1133 Rn. 1.2.1).

44.2 Auch die jüngere Rechtsprechung des BFH greift den Begriff der Verlustzuweisungsgesellschaft auf: „Der BFH hat in Fortführung seiner Rechtsprechung zur Gewinnerzielungsabsicht speziell für sogenannte Verlustzuweisungsgesellschaften besondere Beweislastregeln aufgestellt, wobei er als Verlustzuweisungsgesellschaft eine Gesellschaft definiert, deren Initiatoren selbst oder durch Dritte – meist durch Prospekt – interessierte Kapitalanleger mit dem Versprechen von Einkommensteuerminderungen durch Verlustzuweisungen werben und nach deren Ergebnisvorschau die Kapitalanlagen regelmäßig ganz oder teilweise durch Steuerersparnisse finanziert werden, so dass das Streben nach einem Totalüberschuss von persönlichen Gründen, nämlich der Absicht von Einkommensteuerersparnissen verdrängt wird […]. Liegt eine Verlustzuweisungsgesellschaft vor, spricht eine widerlegliche Vermutung dafür, dass für ihre Gründe und Fortführung nicht die Absicht Gewinne zu erzielen, sondern einkommensteuerrechtlich nicht relevante persönliche Gründe bestimmend waren" (BFH 2.8.2007 – IX B 92/07, BFH/NV2007, 2270 (2271)).

45 **bb) Verlustklauseln.** 1971 reagierte der Gesetzgeber mit der Einführung von Verlustklauseln auf die Ausnutzung von Sonderabschreibungen, Bewertungsabschlägen und steuerfreien Rücklagen: angefangen bei dem Gesetz zur Förderung des Zonenrandgebiets (ZRFG; BGBl. 1971 I 1237) über das Steueränderungsgesetz 1971 (BGBl. 1971 I 1266), welches § 2a, den heutigen § 15 Abs. 4 (→ § 15 Rn. 2370 ff.) hervorbrachte, bis hin zu den iRd Entwicklungshilfe-Steuergesetzes (23.12.1963, BGBl. 1963 I 1013) geschaffenen Bewertungsabschlägen und steuerfreien Rücklagen. 1974 folgte das Einkommensteuerreformgesetz (BGBl. 1974 I 1769). Die Verlustklauseln zeigten ihre Wirkung allenfalls darin, dass sich nun die Schwerpunkte, wie Verluste zu erzeugen waren, verschoben.

46 Auch die darauffolgenden Verwaltungsanweisungen führten neben weiteren Ausweichreaktionen zu der Kritik, sie gingen über die Klärung rechtlicher Zweifelsfragen hinaus (ähnlich auch *Knobbe-Keuk* Bilanz- und Unternehmenssteuerrecht § 11a, 483; *Bopp* JbFfSt 1977/1978, 282 (286 ff.)).

47 **cc) Beschluss des Großen Senats.** Der Große Senat bestätigte die bisherige Praxis, das negative Kapitalkonto des Kommanditisten auch steuerlich anzuerkennen, mit Beschluss vom 10.11.1980 (GrS 1/79, BStBl. II 1981, 164) und betonte dabei auch die „Stetigkeit der BFH-Rechtsprechung" als „Element der Rechtssicherheit" (GrS 1/79, BStBl. II 1981, 164 (169)). Damit hielt der Große Senat aus Gründen der Rechtssicherheit und Rechtsbeständigkeit grundsätzlich an der Anerkennung des negativen Kapitalkontos fest (BFH 10.11.1980 –

GrS 1/79, BStBl. II 1981, 164 (169); BFH 13.3.1964 – VI 343/61 S, BStBl. III 1964, 359 (→ Rn. 37 ff.); zur Einschränkung BFH 19.11.1964 – IV 455/61 U, BStBl. III 1965, 111).

„Für die Zukunft" verwies der Große Senat im Hinblick auf die steuerrechtliche Anerkennung eines negativen Kapitalkontos auf den iRd Steueränderungsgesetzes kurz zuvor eingeführten § 15a (BFH 10.11.1980 – GrS 1/79, BStBl. II 1981, 164 (169)). Dem BFH zufolge erkennt § 15a „das negative Kapitalkonto des Kommanditisten an, verleiht ihm aber nur die Wirkung eines Verlustvortrags. Der Gesetzgeber ist damit einen Weg gegangen, der insoweit durch das Handelsrecht vorgezeichnet ist, als das negative Kapitalkonto des Kommanditisten auch handelsrechtlich als Verlustvortrag bezeichnet werden kann" (BFH 10.11.1980 – GrS 1/79, BStBl. II 1981, 164 (169)). **48**

Der Senat hob zudem hervor, der Zwang zur Verlustverrechnung mit künftigen Gewinnanteilen drückte das Unternehmerrisiko des Kommanditisten aus. Das „Risiko eines Unternehmers (Mitunternehmers) [erschöpft sich] nicht in der Haftung gegenüber den Gläubigern" (BFH 10.11.1980 – GrS 1/79, BStBl. II 1981, 164 (168)). Zudem dürften stille Reserven bei „der Prüfung des wirtschaftlichen Gehalts dieser Verlusthaftung des Kommanditisten mit seinen künftigen Gewinnanteilen […] nicht außer Betracht bleiben" (BFH 10.11.1980 – GrS 1/79, BStBl. II 1981, 164 (168)). **49**

„Einem Kommanditisten, dessen gesellschaftsrechtliche Stellung sich im Innen- und Außenverhältnis nach den Vorschriften des HGB, insbesondere des § 167 Abs. 3 HGB, bestimmt, ist ein Verlustanteil, der nach dem allgemeinen Gewinn- und Verlustverteilungsschlüssel der KG auf ihn entfällt, einkommensteuerrechtlich auch insoweit zuzurechnen, als er in einer den einkommensteuerrechtlichen Bilanzierungs- und Bewertungsvorschriften entsprechenden Bilanz der KG zu einem negativen Kapitalkonto des Kommanditisten führen würde. Dies gilt nicht, soweit bei Aufstellung der Bilanz nach den Verhältnissen am Bilanzstichtag feststeht, daß ein Ausgleich des negativen Kapitalkontos mit künftigen Gewinnanteilen des Kommanditisten nicht mehr in Betracht kommt" (BFH 10.11.1980 – GrS 1/79, BStBl. II 1981, 164). **49.1**

Weiterhin äußerten sich die Richter zu dem potentiellen Wegfall eines negativen Kapitalkontos des Kommanditisten. Führt etwa eine Liquidation der Gesellschaft zum Wegfall eines negativen Kapitalkontos, ergibt sich hieraus für den Kommanditisten ein steuerpflichtiger Gewinn (bereits etwa BFH 8.3.1973 – IV R 77/72, BStBl. II 1973, 398). Die Höhe des Gewinns ist dabei der steuerrechtlichen Schlussbilanz, nicht der handelsrechtlichen Liquidationsschlussbilanz zu entnehmen (BFH 10.11.1980 – GrS 1/79, BStBl. II 1981, 164 (170)). **50**

Der Senat konstatierte für den Wegfall des negativen Kapitalkontos des Kommanditisten: „Beim Wegfall eines negativen Kapitalkontos eines Kommanditisten ergibt sich in Höhe dieses Kapitalkontos ein steuerpflichtiger Gewinn des Kommanditisten. Mit der steuerrechtlichen Anerkennung der Verlustverteilung auf den Kommanditisten beim Vorhandensein eines negativen Kapitalkontos ist auch die Entscheidung für die Entstehung eines steuerpflichtigen Gewinns bei Wegfall des negativen Kapitalkontos gefallen. Dieser steuerpflichtige Gewinn ist eine rechtlich notwendige Folge aus der früheren Verlustzurechnung. Für die Gesellschafter, auf die das negative Kapitalkonto zu verteilen ist, bedeutet dies – auch steuerrechtlich – einen Verlust" (BFH 10.11.1980 – GrS 1/79, BStBl. II 1981, 164 (170)). **50.1**

„In den Fällen, in denen das negative Kapitalkonto des Kommanditisten schon früher wegfällt, weil ein Ausgleich mit künftigen Gewinnanteilen nicht mehr in Betracht kommt […], ist der Gewinn durch Wegfall des negativen Kapitalkontos ein laufender Gewinn" (BFH 10.11.1980 – GrS 1/79, BStBl. II 1981, 164 (170); Knobbe-Keuk Bilanz- und Unternehmenssteuerrecht § 11a, 486, „Änderung der bisherigen Praxis"). **51**

Für den Fall, dass ein Ausgleich des negativen Kapitalkontos nicht mehr möglich ist, ist auf einen abweichenden Zeitpunkt abzustellen: „Dieser Gewinn entsteht zu dem Zeitpunkt, in dem der Betrieb der KG veräußert oder aufgegeben wird (§ 16 EStG). Soweit jedoch schon früher feststeht, daß ein Ausgleich des negativen Kapitalkontos des Kommanditisten mit künftigen Gewinnanteilen des Kommanditisten nicht mehr in Betracht kommt […], ist dieser Zeitpunkt maßgebend" (BFH 10.11.1980 – GrS 1/79, BStBl. II 1981, 164). **51.1**

Der Große Senat klärte insoweit bereits im Jahre 1980 die Anerkennung des negativen Kapitalkontos und dessen Nachversteuerung (s. auch *Knobbe-Keuk* Bilanz- und Unternehmenssteuerrecht § 11a, 485 f.). Beide Gesichtspunkte haben heute noch Bestand. **52**

53 **b) Einführung des § 15a.** Das Gesetz zur Änderung des Einkommensteuergesetzes, des Körperschaftsteuergesetzes und anderer Gesetze vom 20.8.1980 (BGBl. 1980 I 1545; s. auch mit einer Übersicht zum Normeninhalt *Söffing/Wrede* FR 1980, 365) führte § 15a in das EStG ein. Damit bekannte sich der Gesetzgeber zu einer Verlustverrechnungsbeschränkung für Kommanditbeteiligungen mit der Intention, missliebigen Finanzierungskonzepten endgültig entgegenzutreten. Der Ursprung lag auch im Jahre 1980 noch in steuerbegünstigten Kapitalanlagen. Auch dieser gesetzgeberische Vorstoß schmälerte indes nicht in zufriedenstellendem Maße den erheblichen Umfang, in dem Anleger nach wie vor in steuersparende Kapitalanlagen investierten; woraufhin der Gesetzgeber ua 20 Jahre später mit der Einführung des § 2b reagierte (idF des EStG v. 19.10.2002, BGBl. 2002 I 4210, aufgehoben durch Gesetz v. 22.12.2005, BGBl. 2005 I 3683).

54 § 15a war von Beginn an Gegenstand heftiger Kritik, was nicht zuletzt die Skizzierungen zeigten, mit der man die Norm auch begrifflich zu fassen suchte. Zuvorderst die Bezeichnung der „Mißgeburt" stand – und steht vielleicht noch immer – sinnbildlich für die vom Gesetzgeber angeblich verfehlte Konzeption der Norm (*Knobbe-Keuk* Bilanz- und Unternehmenssteuerrecht § 11a, 487 f.).

55 Jedenfalls aus heutiger, stärker vom (Steuer-)Verfassungsrecht geprägter Sicht, kann § 15a als Systemnorm gelten (→ Rn. 23; → Rn. 90 ff.). Der Anspruch differenzierter Verlustverwertung ist mit § 15a für die zivilrechtlich beschränkte Haftung umgesetzt. Der Gesetzgeber weiß um die praktische Relevanz, erhebliche und unerhebliche Verluste (→ Rn. 7) abzuschichten, fernab von Missbrauchstatbeständen.

56 **c) Gesetzesgenese des § 15a.** § 15a ist mehrmals geändert worden, wenngleich zumeist eher geringfügig. IRd **Steuerbereinigungsgesetzes 1985** (14.12.1984, BGBl. 1984 I 1493) wurde der Abs. 5 um eine Nummer 5 erweitert und erfasste von nun an die Partenreederei mit beschränkter Haftung, genauer: den Mitreeder einer Reederei iSd § 489 HGB, soweit dieser als Mitunternehmer anzusehen war und für Verbindlichkeiten der Gesellschaft nur beschränkt oder nicht haftete oder bei dem die Inanspruchnahme nach Art und Weise des Geschäftsbetriebs unwahrscheinlich war. Der Wortlaut des Abs. 5 Nr. 5 ist bis heute unverändert (→ Rn. 542 ff.). Die **Rechtsform der Partenreederei** ist gleichwohl mit dem Gesetz zur Reform des Seehandelsrechts vom 25.4.2013 (BGBl. 2013 I 831) **als überholtes Rechtsinstrument des deutschen Seehandelsrechts abgeschafft** worden (BT-Drs. 17/10309, 1). Zugleich änderte der Gesetzgeber die Übergangsvorschriften für die Seeschifffahrt und den sozialen Wohnungsbau (Blümich/*Heuermann* § 15a Rn. 65).

57 Das **Steuerbereinigungsgesetz 1986** (19.12.1985, BGBl. 1985 I 2436) führte zur Ergänzung der verfahrensrechtlichen Normen des § 15 Abs. 4. IRd Gesetzes zur Neuregelung der steuerrechtlichen Förderung des selbstgenutzten Wohneigentums (**WohneigFG** v. 15.5.1986, BGBl. 1986 I 730) ersetzte in § 15a Abs. 5 Nr. 1 die **Bezugnahme auf § 230 HGB** die bisherige Bezugnahme auf § 335 HGB.

58 Das **Steuerreformgesetz 1990** (25.7.1988, BGBl. 1988 I 1093) hat die Übergangsregelung im Bereich des öffentlich geförderten Wohnungsbaus für weitere fünf Jahre verlängert. Der Gesetzgeber erweiterte iRd **JStG 1996** (BGBl. 1995 I 1249) § 52 Abs. 19 S. 3 Nr. 3 Buchst. b auf Fälle, in denen eine Gesellschaft ein Schiff nach dem 15.1.1984 akquiriert hatte (s. auch Gesetzesänderung zu Schifffahrtsbeteiligungen **JStG 1997** 20.12.1996, BGBl. 1996 I 2041).

59 IRd **Steuerentlastungsgesetzes 1999/2000/2002** wurden die Anwendungsregelungen des § 52 überarbeitet (24.3.1999, BGBl. 1999 I 402; s. zu den Verlustregelungen iRd StEntlG *Raupach/Böckstiegel* FR 1999, 557).

60 Das **Steuerbereinigungsgesetz 1999** (StBereinG 22.12.1999, BGBl. 1999 I 2601) führte neben § 5 Abs. 2a auch § 5a Abs. 5 S. 4 ein. § 5 Abs. 2a enthält ein **Passivierungsverbot für sogenannte „haftungslose" Verbindlichkeiten.** Die Einführung dieser Neuregelung führte mitunter dazu, dass § 15a Abs. 5 Nr. 4 seither leer läuft (→ Rn. 540). Die neu eingeführte Regelung in § 5a sieht die Anwendung des § 15a iRd Tonnage-Besteuerung vor. Kraft Verweises in § 5a Abs. 5 S. 4 ist für Zwecke des § 15a der nach § 4 Abs. 1 oder § 5 ermittelte Gewinn heranzuziehen (→ Rn. 124).

61 Das **JStG 2009** führte den umstrittenen Abs. 1a ein, wonach ein Verlustausgleich mit nachträglichen Einlagen ausgeschlossen ist, sowie die Ergänzung des Abs. 2 um einen Satz 2.

Nach Abs. 2 S. 2 ist ein im Zeitpunkt der Veräußerung oder Aufgabe des gesamten Mitunternehmeranteils oder der Betriebsveräußerung oder -aufgabe verbleibender verrechenbarer Verlust bis zur Höhe der nachträglichen Einlagen auszugleichen. Abs. 2 S. 1 und Abs. 5 wurden entsprechend um den Verweis auf Abs. 1a redaktionell angepasst (BT-Drs. 16/10189, 49). Anzuwenden ist Abs. 1a gemäß § 52 Abs. 33 S. 6 EStG aF erstmals auf nach dem 24.12.2008 geleistete Einlagen, eine rückwirkende Anwendung findet insofern nicht statt. Einlagen ab dem 25.12.2008 unterliegen Abs. 1a (EStH 15a).

Einstweilen frei **62–65**

4. Anwendungsbereich

a) Sachlicher Anwendungsbereich. § 15a setzt sachlich-gegenständlich einen mitunternehmerischen „Anteil am Verlust" voraus. Die Vorschrift regelt weder die Ermittlung des Verlustanteils noch seine Zurechnung in der Mitunternehmerschaft (→ Rn. 76 f.). Sie schließt an die Mitunternehmerbesteuerung des § 15 Abs. 1 S. 1 Nr. 2 an (→ Rn. 215 ff.; weiterhin → Rn. 182). Auf dieser Grundlage – im Kontext der Einkünfte aus Gewerbebetrieb – kann sich § 15a tatbestandlich auf den „Verlust der Kommanditgesellschaft" und gleichgestellte Verlustsituationen (Abs. 5; → Rn. 501 ff.) konzentrieren. Die Tatbestandselemente „Verlust der Gesellschaft" und „Anteil am Verlust" verwirklichen das Korrespondenzanliegen des § 15a (→ Rn. 3 ff.). Zugeschnitten auf das handelsrechtliche Regime der Kommanditistenhaftung, erschließt § 15a seinen Anwendungsbereich wesentlich über die persönliche Adressatenschaft. **66**

b) Persönlicher Anwendungsbereich. § 15a adressiert in erster Linie den **Kommanditisten** (iSd §§ 161 ff. HGB), der Einkünfte aus Gewerbebetrieb erzielt. Das Gesetz knüpft an die Gesellschafterstruktur der Kommanditgesellschaft an. Der persönliche Anwendungsbereich wird handelsrechtlich bestimmt. Protagonist der Norm ist der Kommanditist in der KG-rechtlich dimensionierten Haftungsverantwortung. Absatz 5 erweitert den persönlichen Anwendungsbereich um „andere Unternehmer" **mit vergleichbarer Haftung** und bezieht sich damit auch auf weitere Rechtsformen (ua GmbH & Co. KG, KG aA, BGB-Gesellschaft). **67**

Neben der inländischen KG sowie den in Abs. 5 aufgeführten inländischen Personengesellschaften erfasst § 15a auch die entsprechende ausländische Personengesellschaft gemäß Abs. 5 Nr. 3 (→ Rn. 532 ff.). Adressat der Norm sind der Kommanditist und der vergleichbare, da beschränkt haftende Unternehmer – die juristische Person genauso wie die natürliche. Der **unbeschränkt steuerpflichtige** Gesellschafter gelangt ebenso in den Anwendungsbereich der Norm wie sein im Inland **beschränkt steuerpflichtiges** Pendant – mit seinen nach § 49 Abs. 1 Nr. 2 inländischen Einkünften. § 15a bezieht sich auf die Einkünfte eines Mitunternehmers, mithin auf dessen Anteil am Gesellschaftsvermögen, speziell den ihm zuzurechnenden Verlustanteil aus seiner individuellen Kapitalbeteiligung. **68**

Auch durch Abs. 5 Nr. 3, wodurch die Vorschrift ihr Anliegen (gewissermaßen) ins Ausland trägt, wird deutlich, dass § 15a auf die Korrespondenz zwischen Haftungsrecht und Steuerrecht zielt, nicht dagegen bestimmte Rechtsformen ins Auge fasst, sondern allgemein diejenigen, die unterschiedliche Haftungsverhältnisse in einer Rechtsform vereinen. **69**

Aus der Vorentscheidung des § 15 Abs. 1 S. 1 Nr. 2 S. 1 („Gesellschafter […] einer Kommanditgesellschaft") und der systematischen Stellung des § 15a folgt, dass diese Vorschrift Einkünfte aus Gewerbebetrieb voraussetzt (KSM/*v. Beckerath* § 15a Rn. B 3; s. zur entsprechenden sowie sinngemäßen Anwendung → Rn. 73). § 15a will nicht Sondersteuerrecht für Kommanditisten etablieren, auch nicht für deren Verluste. § 15 Abs. 1 S. 1 Nr. 2 S. 1 bleibt die maßgebliche Norm auch für den beschränkt haftenden KG-Gesellschafter. Dass ihm das Gesetz **spezielles Recht für bestimmte Verluste** widmet, erklärt sich aus seinem handelsrechtlichen Status. **70**

§ 15a adressiert den „Teilhafter" unabhängig davon, ob in der Gesellschaft Verluste künstlich generiert werden. Eine ausschließliche Anwendung auf Verlustzuweisungsgesellschaften kann – auch im Wege teleologischer Reduktion – nicht angenommen werden (BFH 9.5.1996 – IV R 75/93, BStBl. II 1996, 474). **71**

c) Zeitlicher Anwendungsbereich. In den Anwendungsbereich der Norm fallen grundsätzlich alle Verluste, die in einem Wirtschaftsjahr mit Beginn nach dem 31.12.1979 **72**

entstanden sind (Grundsatzregelung, auch ausführlich zu den aus wirtschaftspolitischen Erwägungen vorgesehenen Sonderregelungen, § 52 Abs. 19 EStG aF). § 52 Abs. 24 enthält zahlreiche Sonderregelungen für den zeitlichen Anwendungsbereich des § 15a. Für nachträgliche Einlagen ist § 52 Abs. 33 S. 6 EStG aF maßgeblich (→ Rn. 61).

73 **d) Entsprechende Anwendung und Einordnung der Norm.** Entsprechend anzuwenden ist § 15a bei den Einkünften aus selbständiger Arbeit sowie aus Land- und Forstwirtschaft (**§ 18 Abs. 4 S. 2 und § 13 Abs. 7**). Für negative Einkünfte aus der Beteiligung eines stillen Gesellschafters und aus Vermietung und Verpachtung sieht das Gesetz die **singgemäße Anwendung** vor (**§ 20 Abs. 1 Nr. 4 S. 2** (→ § 20 Rn. 821 ff.) und **§ 21 Abs. 1 S. 2** (→ § 21 Rn. 1364 ff.); zur sinngemäßen Anwendung des § 15a auf Einkünfte aus Kapitalvermögen Blümich/*Ratschow* § 20 Rn. 234 ff.; zur sinngemäßen Anwendung bei vermögensverwaltenden Personengesellschaften *Middendorf/Rickermann* BB 2015, 929; *Dorn* DStR 2015, 1598; zur einkunftsartenübergreifenden Verrechnung von nicht ausgeglichenen oder abgezogenen Verlustanteilen BFH 2.9.2014 – IX R 52/13, BStBl. II 2015, 263; *Bührer* DStR 2015, 1546). § 15a iVm § 20 Abs. 1 Nr. 4 S. 2 findet dabei auf im Betriebsvermögen wie auch im Privatvermögen gehaltene stille Beteiligungen Anwendung (*Peters* FR 2012, 718 (719)). § 15a gilt über § 7, § 8 KStG auch iRd Körperschaftsteuer, neben der natürlichen Person und der Personengesellschaft kann auch eine Körperschaft als Kommanditist beteiligt sein oder als Unternehmer iSd Abs. 5 auftreten.

74 § 3a (→ § 3a Rn. 1) stellt **Sanierungserträge** steuerfrei (Inkrafttreten abhängig von dem Beschluss der Europäischen Kommission, vgl. Art. 6 Abs. 2 S. 1 des Gesetzes gegen schädliche Steuerpraktiken im Zusammenhang mit Rechteüberlassungen v. 27.6.2017, BGBl. 2017 I 2074). Im Rahmen der Steuerbefreiung mindert der Betrag iSd § 3a Abs. 3 S. 1 in ausgewiesener Reihenfolge Verlustverrechnungspotentiale aus Vorjahren, dem Sanierungsjahr und dem darauffolgenden Jahr (§ 3a Abs. 3 S. 2 Nr. 1–13; BT-Drs. 18/12128, 31 f.). § 3a Abs. 3 S. 2 führt § 15a an zwei Stellen auf. In Nr. 2 mindert der Betrag „den nach § 15a ausgleichsfähigen oder verrechenbaren Verlust des Unternehmers (Mitunternehmers) des zu sanierenden Unternehmens des Sanierungsjahrs", weiterhin in Nr. 11 Buchst. a den „zum Ende des Vorjahrs festgestellten und den im Sanierungsjahr entstehenden verrechenbaren Verlust" nach § 15a. Das Sanierungsprivileg blockiert nicht die Verlustverrechnung nach § 15a.

75 § 15a ist grundsätzlich im Rahmen der **Steuerermäßigung bei den Einkünften aus Gewerbebetrieb** nach § 35 zu berücksichtigen. Die Vorschrift ist im Rahmen der Ermittlung des Ermäßigungshöchstbetrags bei der „Summe der positiven gewerblichen Einkünfte" und der „Summe aller positiven Einkünfte" iSd § 35 Abs. 1 S. 2 miteinzubeziehen (BMF 3.11.2016, BStBl. I 2016, 1187 Rn. 16).

76 § 15a ist **keine Zurechnungsvorschrift.** Er „berührt" die Frage nach der persönlichen Zuordnung von (negativen) Einkünften gerade nicht. Nur soweit eine Verlustzurechnung in Frage kommt, ist überhaupt eine Anwendung von § 15a zu prüfen (so auch Rdvfg. OFD Frankfurt a.M. 1.8.1996, BeckVerw 248238 unter 1.1.). Auch die finale Zuweisung von Verlusten an die persönlich haftenden Gesellschafter bei Beendigung von Gesellschaft oder Mitunternehmeranteil ergibt sich nicht unmittelbar aus § 15a (ähnlich KSM/*v. Beckerath* § 15a Rn. A 33).

77 In ihrer Funktion als Verlustverrechnungsbeschränkung ist die Vorschrift nicht als Gewinnermittlungsnorm zu begreifen; vielmehr **knüpft sie an Gewinnermittlungsnormen (§§ 4–7g) an.** In ihrer Korrespondenzfunktion bringt die Norm Haftung und Verlustverwertung zusammen und adressiert damit zuvorderst Kommanditisten (und stellt weiterhin auf das Kapitalkonto ab). Deren Anteil an Verlust und Gewinn der Gesellschaft ist iRd **Gewinnermittlung gemäß § 4 Abs. 1, § 5** festzustellen. Genauso knüpft § 15a aber – insbesondere bei entsprechender Anwendung – an die **Gewinnermittlung nach § 4 Abs. 3** an (Blümich/*Heuermann* § 15a Rn. 9; Schmidt/*Wacker* § 15a Rn. 36).

78 Dem Wortlaut und der systematischen Stellung nach setzt § 15a Einkünfte aus Gewerbebetrieb iSv § 15 Abs. 2 und 3 voraus. Sofern aber Gesellschafter an einer KG mit Einkünften aus Vermietung und Verpachtung oder Kapitalvermögen beteiligt sind und diese Beteiligung in einem gewerblichen Betriebsvermögen des Gesellschafters liegt (sogenannte **Zebragesellschaften;** zur Zebragesellschaft im § 15a-Kontext BFH 19.9.2019 – IV R 32/16, BFH/NV 2020, 403; Vorinstanz FG Münster 12.4.2016 – 5 K 3838/13 F, EFG 2016, 1253 (1254),

mAnm *Kulmsee,* 1255), beziehen die Gesellschafter „anteilig Einkünfte aus GewBetr" (Schmidt/*Wacker* § 15a Rn. 36) und § 15a ist gleichermaßen anzuwenden.

Aus der unmittelbaren Anknüpfung an „Einkünfte aus Gewerbebetrieb" erschließt sich grundsätzlich auch der Betriebsvermögensvergleich. § 15a ist mit seinem Hauptprotagonisten in der KG-rechtlich dimensionierten Haftungsverantwortung (Ausnahmen für kleinere Gewerbetreibende nach § 241a HGB) mit dem durch Bilanzierung geschaffenen Betriebsvermögensvergleich verbunden (zur Anwendung iRd Gewinnermittlung nach § 4 Abs. 3 → Rn. 77). Verweisungen anderer Steuergesetze auf § 15a, etwa der Verweis in § 21 Abs. 1 S. 2, durchbrechen diese Erwartung; neben den Einkünften aus Gewerbebetrieb erfasst § 15a auch Einkunftsarten, deren Einkünfte durch Einnahme-Überschussrechnung (§ 4 Abs. 3) zu ermitteln sind. Gleiches gilt für die nicht bilanzierenden Einkunftsarten nach §§ 13, 18 und 20 (→ Rn. 73). In diesen Fällen ist ein fiktives Kapitalkonto zu entwickeln (Schmidt/*Wacker* § 15a Rn. 36; s. aber kritisch zum fiktiven Kapitalkonto bei ausländischen Personengesellschaften *Weßling* BB 2011, 1823 (1825); → Rn. 268). Anzuwenden ist § 15a stets **unabhängig von der Gewinnermittlungsart.** 79

Einstweilen frei 80–82

5. Vererblichkeit verrechenbarer Verluste iSd § 15a

Bislang nicht genutzte, verrechenbare Verluste iSd § 15a Abs. 2 gehen bei einer unentgeltlichen Übertragung **auf den (Gesamt- oder Einzel-)Rechtsnachfolger über** (*Dötsch* DStR 2008, 641 (646); glA Blümich/*Heuermann* § 15a Rn. 114; LBP/*Bitz* § 15a Rn. 5d; s. auch *Wälzholz* DStR 2008, 1769 (1772)). Der BFH hat zur unentgeltlichen Übertragung eines Kommanditanteils mehrfach geurteilt. In Bezug auf die Vererblichkeit verrechenbarer Verluste iSd § 15a konstatierte der IV. Senat des BFH im Jahr 1995: „Mit dem unentgeltlichen Übergang des Kommanditanteils **geht** auf den Erwerber auch **das Recht über, den Verlustanteil mit späteren Gewinnen** […] **zu verrechnen**" (BFH 11.5.1995 – IV R 44/93, BFHE 177, 466). 83

„Im Streitfall ist der Kommanditanteil des Sch mit dessen Tode aufgrund der angeordneten Nacherbfolge unentgeltlich auf B übergegangen. Dabei handelte es sich um die unentgeltliche Übertragung eines Mitunternehmeranteils i.S. des § 7 Abs. 1 der Einkommensteuer-Durchführungsverordnung (EStDV) [a. F.] mit der gleichzeitig sich ergebenden Folge, daß aus der bisherigen Personengesellschaft ein Einzelunternehmen wurde. Mit dem Mitunternehmeranteil geht auch der verrechenbare Verlust auf den Übernehmer des Anteils über […]. Dies ergibt sich daraus, daß ein verrechenbarer Verlust nach § 15a Abs. 2 EStG nur von späteren Anteilen am Gewinn aus dem Unternehmen abgezogen werden kann. Wird der Anteil am Unternehmen unentgeltlich übertragen, muß folglich der verrechenbare Verlust dem zugeordnet werden, der später als Unternehmer oder Mitunternehmer aus dem Betrieb Gewinne erzielen kann. Geht der Anteil an einer zweigliedrigen KG auf den letzten verbleibenden Gesellschafter über, der das Unternehmen der bisherigen KG allein fortführt, muß folgerichtig der verrechenbare Verlust dem nunmehrigen Einzelunternehmer zugerechnet werden (vgl. in diesem Sinne auch R 138d Abs. 6 Satz 1 EStR 1994)" (BFH 11.5.1995 – IV R 44/93, BFHE 177, 466 (471)). 83.1

Mit Beschluss vom 17.12.2007 befand der Große Senat, der Erbe könne einen vom Erblasser nicht genutzten Verlustabzug iSd § 10d im Rahmen seiner Veranlagung zur Einkommensteuer nicht geltend machen (BFH 17.12.2007 – GrS 2/04, BStBl. II 2008, 608). Die geänderte Rechtsprechung zu § 10d beeinflusst nicht die Rechtsprechung des BFH zu § 15a (insoweit bestätigend BFH 1.3.2018 – IV R 16/15, DStR 2018, 1362; *Klein* NZG 2018, 896 (897)). Der Rechtsnachfolger, der den Verlust unentgeltlich übernimmt, erbringt ein „echtes Vermögensopfer" (LBP/*Bitz* § 15a Rn. 5d) mit dem übernommenen, quellenbezogenen Verlust erst mit Zuweisung künftiger Gewinnanteile. Eine Vermögenseinbuße erfährt erst der Erwerber, der den Verlust wirtschaftlich trägt – und zwar im Zeitpunkt der Gewinnverrechnung. Der Rechtsvorgänger, dem lediglich verrechenbare Verluste zugeordnet worden sind, erfährt dagegen keine Minderung seiner Leistungsfähigkeit (BFH 1.3.2018 – IV R 16/15, DStR 2018, 1362 Rn. 31 f.). 84

Die Übertragung des Kommanditanteils von Todes wegen vollzieht sich erfolgsneutral. Der Rechtsnachfolger führt die Buchwerte des ausscheidenden Gesellschafters gemäß § 6 Abs. 3 fort und damit auch ein negatives Kapitalkonto des Rechtsvorgängers (Erblassers) (BFH 10.3.1998 – VIII R 76/96, BStBl. II 1999, 269 (272)). Dies gilt sowohl bei einer 85

Übertragung von Todes wegen wie auch bei einer unentgeltlichen Übertragung unter Lebenden (zur unentgeltlichen Übertragung → Rn. 658 ff.).

86–87 *Einstweilen frei*

6. Internationaler Kontext

88 § 15a betrifft den inländischen Kommanditisten und „andere Unternehmer" (Abs. 5), damit den ersten Adressaten des Einkommensteuergesetzes (§ 1 Abs. 1): die **unbeschränkt steuerpflichtige natürliche Person** und deren Welteinkommen, hierunter die gewerblichen Welteinkünfte (→ § 15 Rn. 121). § 15a knüpft an die Einkünfte aus Gewerbebetrieb an (→ Rn. 215 ff.). Die unbeschränkte Steuerpflicht verschafft Zugriff auf das Welteinkommen, auf sämtliche Einkünfte inländischer und ausländischer Herkunft, auch auf die **inländischen und ausländischen negativen Einkünfte.**

88.1 Entsprechende oder sinngemäße Anwendung findet § 15a auch auf Welteinkünfte aus Land- und Forstwirtschaft (§ 13 Abs. 7; → § 13 Rn. 414 ff.), selbständiger Arbeit (§ 18 Abs. 4 S. 2; → § 18 Rn. 1271 ff.), Kapitalvermögen (§ 20 Abs. 1 Nr. 4 S. 2; → § 20 Rn. 821 ff.) sowie Vermietung und Verpachtung (§ 21 Abs. 1 S. 2; → § 21 Rn. 1364 ff.; § 2 Abs. 1 S. 1 Nr. 1–3, 5, 6; → Rn. 7373" → *Rn.* 73).

89 Die Norm gilt unabhängig von (mit-)unternehmerischer Ansässigkeit, für den unbeschränkt Steuerpflichtigen ebenso wie für den beschränkt Steuerpflichtigen, stets vorbehaltlich eines inländischen Bezugs. Dies trifft den **im Inland ansässigen Gesellschafter mit Auslandseinkünften** (Outbound-Fälle → Rn. 548 ff.) sowie den **im Ausland ansässigen Gesellschafter mit Inlandseinkünften** (Inbound-Fälle → Rn. 565 ff.) nach § 1 Abs. 4, § 49 Abs. 1 Nr. 2 Buchst. a. Grenzüberschreitende Konstellationen sind stets vorbehaltlich abweichender Vereinbarungen in DBA zu beurteilen.

7. Verhältnis zu höherrangigem Recht

90 **a) Verfassungsrecht. aa) Gleichheitskonforme Differenzierung.** § 15a verwirklicht und konkretisiert das Prinzip finanzieller Leistungsfähigkeit durch differenzierte, leistungsgerechte Verlustverwertung (→ Rn. 7 ff.). In ihrer Korrespondenzfunktion (→ Rn. 3 ff.) setzt die Norm das Gebot der Gleichbelastung um. Dabei stemmt sich § 15a nicht mehr (nur) gegen Missbrauch. Auch abseits missbrauchsverdächtiger Konstellationen folgt die differenzierte Verlustverwertung den Leitgedanken leistungsgerechter Besteuerung. § 15a erfüllt diesen Anspruch, indem er im Zeichen konsequenter Unterscheidung erhebliche und unerhebliche Verluste differenziert (→ Rn. 7) und an diese Gruppierung iSd Prinzips finanzieller Leistungsfähigkeit differenzierte Rechtsfolgen anknüpft (zum Leistungsfähigkeitsprinzip Tipke/Lang/*Hey* Steuerrecht § 3 Rn. 40 ff.).

91 Bereits die BFH-Rechtsprechung hat verfassungsrechtliche Einwände weitgehend ausgeräumt (ua BFH 17.12.1992 – IX R 7/91, BStBl. II 1994, 492, wonach § 15a Abs. 5 Nr. 2 iVm § 21 Abs. 1 S. 2 verfassungsmäßig sind; BFH 19.5.1987 – VIII B 104/85, BStBl. II 1988, 5). Der BFH leugnet nicht die Anwendungsprobleme im Zusammenhang mit § 15a, kann freilich allein aus der Auslegungsbedürftigkeit der Norm nicht auf verfassungsrechtliche Zweifel schließen. Verfassungsrechtliche Bedenken konstatiert der BFH (zutreffend) auch nicht, wenn es darum geht, stille Reserven bei der Anwendung des § 15a außer Acht zulassen (BFH 9.5.1996 – IV R 75/93, BStBl. II 1996, 474 (475 f.); ausführlich → Rn. 290 ff.).

92 **bb) Rechtfertigungsbedürftige Binnendifferenzierungen.** Das Bundesverfassungsgericht mochte der Rüge „verschiedener gleichheitswidriger Differenzierungen" im Binnensystem des § 15a nicht folgen (BVerfG 14.7.2006 – 2 BvR 375/00, BFH/NV 2007, 235 Rn. 3). Unter anderem grenzte das BVerfG die haftungsrechtliche Situation eines im Handelsregister eingetragenen Kommanditisten (Außenhaftung) gegenüber einer im Innenverhältnis zur Gesellschaft bestehenden Pflichteinlageverbindlichkeit ab. Eine im Innenverhältnis bestehende Einlageverpflichtung muss der Gesetzgeber unter dem Gesichtspunkt „wirtschaftliche Belastung" nicht der Situation des § 15a Abs. 1 S. 2, 3 gleichstellen, der Belastung infolge Handelsregistereintragung und Außenhaftung (BVerfG 14.7.2006 – 2 BvR 375/00, BFH/NV 2007, 235 Rn. 11).

Auch der Haftungstatbestand iSd § 176 Abs. 2 HGB ist nicht in den erweiterten Verlustausgleichstatbestand des § 15a Abs. 1 S. 2 und 3 (→ Rn. 294 ff., → Rn. 323 ff.) mit einzubeziehen. Nach § 176 Abs. 2 HGB haftet ein Kommanditist bei Eintritt in eine bestehende Gesellschaft in der Zeit zwischen Eintritt und seiner Eintragung in das Handelsregister gleich einem persönlich haftenden Gesellschafter. Beide Normen – § 171 Abs. 1 HGB und § 176 Abs. 2 HGB – sind Haftungstatbestände im Außenverhältnis. Die Ungleichbehandlung der annähernd wirtschaftlich gleich bedeutsamen Haftungstatbestände ist rechtfertigungsbedürftig. Den so konstruierten § 176 Abs. 2 HGB mit den Attributen „leicht vermeidbar", etwa durch die „entsprechende Vereinbarung einer aufschiebenden Bedingung", und „schwer nachprüfbar" nicht dem Haftungstatbestand des § 171 Abs. 1 HGB gleichzustellen, sei sachlich hinreichend begründet (BVerfG 14.7.2006 – 2 BvR 375/00, BFH/NV 2007, 235 Rn. 12; nichts anderes gilt im Übrigen für § 176 Abs. 1 HGB; zu weiteren Haftungs- und Verpflichtungstatbeständen → Rn. 302 ff.). Die Anerkennung von Haftungstatbeständen als Verlustausgleichspotential hat der BFH auch für Fälle des § 172 Abs. 2 HGB verneint (BFH 28.5.1993 – VIII B 11/92, BStBl. II 1993, 665; s. auch bereits BFH 29.5.2006 – VIII B 191/05, BFH/NV 2006, 1658 (1659) mwN, zur verfassungsrechtlichen Unbedenklichkeit, nicht sämtliche Haftungstatbestände miteinzubeziehen; s. aber HHR/*Lüdemann* § 15a Rn. 31, welcher den Gleichheitssatz durch die Ungleichbehandlung von Innen- und Außenhaftung verletzt sieht). Die Grundentscheidung des § 15a „Papierverluste" (→ Rn. 9) fernzuhalten und reale Verluste einzubeziehen, spricht jedoch für die Gleichbehandlung etwa der Haftungstatbestände des § 176 HGB und § 171 Abs. 1 HGB. 93

Einstweilen frei 94

cc) Vorweggenommene Einlage iSd Abs. 1a. Insbesondere der mit JStG 2009 eingeführte Abs. 1a ist gleichheitsrechtlich rechtfertigungsbedürftig. Eine im Verlustentstehungsjahr geleistete Einlage dient als Verlustverrechnungsvolumen (→ Rn. 383 ff.), auch die eingetragene, noch ausstehende Einlage als Teil der Haftsumme (Abs. 1 S. 2; → Rn. 294 ff.). Verluste und Einlagen innerhalb desselben Wirtschaftsjahres sind untereinander verrechenbar. Dagegen können Einlagen nicht verrechnet werden mit (historischen) Verlusten aus Vorjahren. Eine Einlage bewirkt dann keine Umqualifizierung verrechenbarer in ausgleichsfähige Verluste. Auch die perspektivisch vorweggenommene Einlage vermittelt nicht weiteres Verlustausgleichsvolumen, soweit ein negatives Kapitalkonto entsteht oder sich erhöht (zu nachträglichen und vorgezogenen Einlagen iSd Abs. 1a → Rn. 372 ff.). 95

(Vorweggenommene) Einlagen reichen partiell in Folgejahre, sofern und soweit sie nicht durch Verluste des Einlagejahres aufgezehrt wurden. In der Höhe der verbleibenden Einlage konnte unter alter Rechtslage ein Korrekturposten ausgewiesen werden, von welchem in den Folgejahren entstehende Verlustanteile abzuziehen waren. Abs. 1a beendete mit seiner Einführung insofern auch die nach der Rechtsprechung (BFH 26.6.2007 – IV R 28/06, BStBl. II 2007, 934; BFH 14.10.2003 – VIII R 32/01, BStBl. II 2004, 359) mögliche Nutzung vorweggenommener Einlagen als Verlustausgleichspotential. Die Nutzung früherer Einlagen ist freilich nur dann brisant, wenn das Kapitalkonto negativ ist und auch durch die Einlageleistung nicht hinreichend positiv wird, dh nicht soweit positiv wird, dass ein nachfolgend entstehender Verlust ohnehin von dem Positivsaldo des Kapitalkontos gedeckt wäre (zur Veranschaulichung *Wendt* Stbg 2009, 1 (2)). 96

Gerade vor dem Hintergrund der früheren BFH-Rechtsprechung (BFH 26.6.2007 – IV R 28/06, BStBl. II 2007, 934; BFH 14.10.2003 – VIII R 32/01, BStBl. II 2004, 359) steht Abs. 1a verfassungsrechtlich in Frage. Der Bundesfinanzhof hatte sich zuvor für einen lückenfüllenden „Akt der Rechtsfortbildung" (*Wendt* Stbg 2009, 1 (2)) ausgesprochen mit dem Ziel, einer Verletzung des Gleichheitssatzes entgegenzuwirken. So konnte die nachträgliche „Übereinlage" vorgetragen und in Folgejahren verwertet werden (*Wendt* Stbg 2009, 1 (2 f.)). 97

Dem Sinn und Zweck der Grundregel widerspricht zum einen die Ungleichbehandlung vorweggenommener Einlagen gegenüber zeitkongruenten Einlagen (vgl. *Röder* System der Verlustverrechnung, 26). Die Norm macht die Verlustverrechnung abhängig von zeitlichen Zufälligkeiten (→ Rn. 372 ff.). Gar offenbarer scheint die Ungleichbehandlung gegenüber der Haftsumme: Eine in Wirtschaftsjahr 01 eingetragene Haftsummenerhöhung vermittelt ausgleichsfähige Verluste auch in Folgejahren, was sich aus dem Wortlaut des Abs. 1 S. 2 ergibt; eine vorweggenommene Einlage dagegen nicht (→ Rn. 379 ff.). 98

99 Mit Abs. 1a hat der Gesetzgeber die Lücke positivrechtlich geschlossen. Dass er sich gegen die richterrechtliche Lösung entschieden hat, ist nicht zu beanstanden. Der Gesetzgeber kann seine Lösungen jederzeit (für die Zukunft) durchsetzen, nicht jedoch, wegen seiner Bindung an die Grundrechte (Art. 1 Abs. 3 GG) gegen den Gleichheitssatz des Art. 3 Abs. 1 GG (s. frühere Rechtsprechung BFH 14.10.2003 – VIII R 32/01, BStBl. II 2004, 359; BFH 26.6.2007 – IV R 28/06, BStBl. II 2007, 934; dazu auch *Nacke* DB 2008, 1396 (1398 f.) zum gleichlautenden Regierungsentwurf; *Nacke* DB 2008, 2792 (2796)). Die Norm ist in ihrer Konzeption „angreifbar" (so Korn/*Korn* § 15a Rn. 65 im Kontext nachträglicher Einlagen, die nicht zu einer Umqualifizierung verrechenbarer Verluste führen). Sachliche Rechtfertigung ist nicht erkennbar (so auch *Röder* System der Verlustverrechnung, 25 f.). Insofern liegt es nicht fern, dass der BFH bei erneuter Befassung eine Verfassungswidrigkeit annehmen würde (so auch *Wendt* Stbg 2009, 1 (4)). Die Gesetzesbegründung, wonach die Regelung „der Einschränkung von Gestaltungsspielräumen in Form – willkürlicher – Einlagen zur Schaffung von Verlustausgleichsvolumina" dient, trägt keine sachliche Rechtfertigung (BT-Drs. 16/10189, 49; ausführlich zu § 15a Abs. 1a und Abs. 2 S. 2 → Rn. 373 ff.; s. auch zur Gestaltungsprävention von Einlageminderungen Abs. 3 → Rn. 395 ff.). In diesem Aspekt mangelt es der Norm (die gerade Reaktionsrecht für sich beansprucht) an einer zur Wahrung des Gleichheitssatzes folgerichtigen Umsetzung (s. auch *Wacker* DStR 2009, 403 (405 f.)).

100 *Einstweilen frei*

101 **dd) Nachträgliche Einlage iSd Abs. 1a.** Die in Abs. 1a konturierten nachträglichen sowie vorweggenommenen Einlagen führen zu abweichender Rechtserheblichkeit. Verrechenbare Verluste zurückliegender Veranlagungszeiträume werden mit einer nachträglichen Einlage des Kommanditisten nicht in ausgleichsfähige Verluste umgewandelt. Dem Bundesverfassungsgericht zufolge ist die Umqualifizierung „verfassungsrechtlich nicht allgemein geboten" (BVerfG 14.7.2006 – 2 BvR 375/00, BFH/NV 2007, 235 Rn. 13). Eine Einlageerhöhung schafft demnach kein zusätzliches Verlustausgleichspotential für bereits festgestellte verrechenbare Verluste. Gleiches gilt für die Haftungserweiterung und ist ständige BFH-Rechtsprechung (ua BFH 14.12.1995 – IV R 106/94, BStBl. II 1996, 226, wonach eine nachträgliche Änderung der Außenhaftung nicht zur Umqualifizierung in den Vorjahren festgestellter verrechenbarer Verluste in ausgleichsfähige Verluste führt). Jedenfalls sind verrechenbare Verluste bei einer Liquidation aber in ausgleichsfähige Verluste umzuwandeln, wenn der Steuerpflichtige mit den Verlusten wirtschaftlich endgültig belastet wird. Damit wird dem objektiven Nettoprinzip laut Rechtsprechung zumindest im Kern entsprochen (BVerfG 14.7.2006 – 2 BvR 375/00, BFH/NV 2007, 235 Rn. 13, vgl. auch die dort angeführte BFH-Rechtsprechung).

102 Der Gedanke des auf Dauer angelegten Unternehmens steht dem objektiven Nettoprinzip danach grundsätzlich nicht entgegen, ebenso wenig wie im Zeitablauf entstehende Liquiditätseffekte sowie unter Umständen verschobene Grenzsteuersätze. Zumindest würdigt das BVerfG den Aspekt verschobener Grenzsteuersätze wie auch den Umstand, dass bei fortbestehenden Gesellschaften ein zeitnaher Verlustausgleich dann ausgeschlossen ist. Eine abweichende Beurteilung könnte das Gericht möglicherweise bei besonderen Härtefälle erwägen (BVerfG 14.7.2006 – 2 BvR 375/00, BFH/NV 2007, 235 Rn. 13). Im Hinblick auf ggf. erhebliche Verschiebungen (etwa auch durch Zinseffekte bzw. -verluste) sollte stets eine Prüfung des diesbezüglichen Ausmaßes erfolgen. Auch im Sinne einer wirkungsvollen Durchsetzung des objektiven Nettoprinzips ist eine zeitnahe Verlustberücksichtigung geboten (*Groll/Wendt* Verluste im Steuerrecht, 68 f.).

103 In seiner Konzeption fraglich ist § 15a gleichwohl hinsichtlich der inkongruenten Behandlung nachträglicher Einlageerhöhungen und nachträglicher Einlageminderungen. Nach Abs. 1a führen nachträgliche Einlagen nicht zur Ausgleichs- und Abzugsfähigkeit verrechenbarer Verluste. Die Einlageerhöhung bewirkt auch kein zusätzliches Verlustausgleichsvolumen für Verlustanteile künftiger Wirtschaftsjahre. Der in Abs. 3 geregelten Bestimmung zur Nachversteuerung bei Einlageminderung (→ Rn. 398) folgt insofern keine analoge Regelung bei Einlageerhöhung (dazu kritisch iSd Gesetzessystematik ua Blümich/*Heuermann* § 15a Rn. 84; Korn/*Korn* § 15a Rn. 65; KSM/*v. Beckerath* § 15a Rn. D 3 ff.; vgl. aber bereits BFH 14.12.1999 – IX R 7/95, BStBl. II 2000, 265; BFH 11.11.1997 – VIII R 39/94, BFH/NV 1998, 1078). Nach Abs. 3 sind nämlich Verluste, deren Ausgleichs- und Abzugsfähigkeit auf

eine vorübergehende Einlageerhöhung oder Haftungserweiterung zurückzuführen ist, ex post in verrechenbare Verluste umzuwandeln (s. iSd Normensystematik der Absätze 1a, 3 → Rn. 478 ff.).

Einstweilen frei **104**

ee) Relevanz des Haftungsstatuts. Das unterschiedliche Haftungsstatut von Kommanditist und Komplementär fordert und rechtfertigt deren differenzierte Behandlung. Auch in diesem Sinne gleichheitsrechtlich zutreffend ist die Erweiterung des persönlichen Anwendungsbereichs auf Unternehmer, deren gesellschaftsrechtliche Stellung der eines Kommanditisten gleicht. Die Vorschrift erreicht damit eine verfassungsrechtlich legitime Typisierung (Abs. 5 → Rn. 501 ff.; glA HHR/*Lüdemann* § 15a Rn. 31; BFH 9.5.1996 – IV R 75/93, BStBl. II 1996, 474 (475); BFH 19.5.1987 – VIII B 104/85, BStBl. II 1988, 5; BVerfG 21.10.1980 – 1 BvR 179,464/78, BVerfGE 55, 114 (128); BT-Drs. 8/3648, 16). **105**

Die **entsprechende bzw. sinngemäße Anwendung** (→ Rn. 73) auf andere Einkünfte **folgt dem Leistungsfähigkeitsprinzip** (vgl. auch BT-Drs. 8/3648, 16). Dies gilt auch soweit Überschusseinkünfte betroffen sind. Abzustellen ist einzig auf die Haftungsverhältnisse; die Einkünfte der Gesellschaft sind dabei unbeachtlich, jede Einkunftsart wird gleichbehandelt. Die Differenzierungskriterien des § 15a verhalten sich neutral zum Einkünftedualismus. **106**

b) Unionsrecht. § 15a differenziert nicht nach der territorialen Herkunft des Verlustes. Der Grundgedanke der Differenzierung will sich nicht von einem Inlands-/Auslandsgedanken leiten lassen, sondern beschränkt sich auf die Anknüpfung an das Haftungsstatut. Die Differenzierungsentscheidung des § 15a ist daher grundsätzlich nicht anfällig für Diskriminierungen aufgrund der Herkunft von Verlusten. **107**

Unionsrechtlich ist es wohl nicht zu beanstanden, § 15a auch auf negative Einkünfte aus Beteiligungen inländischer Gesellschafter an ausländischen Personengesellschaften (iRd Anrechnung) anzuwenden; ein **Abzugs- und Ausgleichsverbot** iSd § 15a Abs. 1 gilt **für inländische wie ausländische Beteiligungen** gleichermaßen (ähnlich KSM/*v. Beckerath* § 15a Rn. A 344 im Vergleich zu § 2a EStG aF). **108**

Unionsrechtliche Zweifel können jedoch bei einzelnen Fällen staatenübergreifender Verlustberücksichtigung mit **§ 15a-Bezug** bestehen, etwa der Beteiligung eines inländischen Gesellschafters an einer im Ausland belegenen Gesellschaft, grundsätzlich iRd **Anrechnung** (sofern ein DBA die Anrechnungsmethode vorsieht (§ 34c Abs. 6) oder § 34c Abs. 1 in Ermangelung eines DBA greift; zum Sachverhalt → Rn. 557 ff.). Entfallen auf den inländischen Gesellschafter einer ausländischen Personengesellschaft anteilig Verluste, versagt § 15a ggf. den Verlustausgleich, hält eine spätere Verlustverrechnung aber offen. Sieht das ausländische Steuerrecht derartige Verrechnungsmöglichkeiten für die Zukunft iRd beschränkten Steuerpflicht hingegen nicht vor, bleiben die Verluste im Inland ggf. unberücksichtigt: Fallen in den Folgejahren Gewinne an, wären die Verluste vergangener Perioden im Ausland iRd beschränkten Steuerpflicht zu verrechnen. Sofern der **ausländische Staat** diesen **Verrechnungseffekt** aber **nicht vorsieht,** wird dieser die Gewinne ungekürzt berücksichtigen. **109**

Im **Inland** erfolgt eine Verrechnung der Gewinnanteile nach § 15a. Eine Anrechnung der ausländischen Steuer scheidet dann nach § 34c insoweit aber aus: Auf die ausländischen Einkünfte in Form der Gewinnanteile entfällt keine deutsche Steuer, **soweit sie verrechnet wurden.** Die iRd Anrechnung zu ermittelnden ausländischen Einkünfte sind geringer als die nach ausländischem Steuerrecht festgesetzten Einkünfte. Dadurch vermindert sich auch der Anrechnungshöchstbetrag. Bei grenzüberschreitendem Unternehmerengagement kann sich insofern eine Benachteiligung für den inländischen Gesellschafter im Rahmen des interperiodischen Verlustausgleichs ergeben. Denkbar wäre eine mit europäischem Recht unvereinbare Diskriminierung (KSM/*v. Beckerath* § 15a Rn. A 345; zur europäischen Gesellschaftsstruktur und Harmonisierung → Rn. 110.1). **110**

Während Personengesellschaften für den deutschen Wirtschaftsstandort eine enorme Bedeutung zukommt, beherrschen körperschaftsteuerpflichtige Unternehmen die ausländische (MHdB GesR II/*Levedag* § 58 Rn. 454; *Prinz/Breuninger* IWB 1997/17 Fach 10 Gruppe 2, 1293 (1295)), mithin auch die europäische Gesellschaftsstruktur. Dem entspricht es, dass die europäische Harmonisierung der Unternehmensbesteuerung eher im Bereich der Körperschaftsteuer vorankommt; Personengesellschaften hingegen werden überwiegend dem „nationalen Gestaltungsimpetus" überlassen (Lang/*Lang* Unternehmensbesteuerung in EU-Staaten, 301 ff.). Die nationale, subjektive Einordnung führt dann zu Quali- **110.1** fikationskonflikten (→ Rn. 561 f.), wenn sich zwei Staaten uneins sind über die Einordnung der Gesellschaft als Mitunternehmerschaft oder als steuerlich eigenständiges Rechtssubjekt, sog. „‚hybride' Gesellschaften" (*Kofler* Europäisches Steuerrecht, 595 (642)). Die Lösung dieses Konflikts bleibt nationalstaatlicher Initiative und bilateraler Verständigung überlassen. Deutlich wird, unionsrechtliche Fragen mit Bezug zu § 15a setzen auf einer übergeordneten Ebene an, die Verlustzuweisung ist systematisch nachrangig.

111 *Einstweilen frei*

8. Verhältnis zu anderen Bestimmungen

112 **a) Verlustausgleich und -abzug. § 2 Abs. 1 und 2** führt Einkunftsquellen derselben Einkunftsart zusammen, sieht den Ausgleich positiver und negativer Einkünfte innerhalb einer Einkunftsart vor (horizontaler Verlustausgleich). Nach **§ 2 Abs. 3** sind positive und negative Einkünfte verschiedener Einkunftsarten auszugleichen (vertikaler Verlustausgleich). Dem horizontalen wie auch dem vertikalen Verlustausgleich geht § 15a vor. Verpflichtet auf die Vermessung von Leistungsfähigkeit, grenzt § 15a Abs. 1 S. 1 nicht ausgleichs- oder abzugsfähige Verluste (unerhebliche Verluste → Rn. 7) aus dem Beteiligungsverhältnis bereits iRd horizontalen Verlustausgleichs bei der Ermittlung der Einkünfte aus Gewerbebetrieb aus (s. auch HHR/*Lüdemann* § 15a Rn. 55). § 2 arbeitet mit der Annahme wirtschaftlich veranlasster, mithin erheblicher Verluste. § 15a will dieser (Grund-)Annahme entsprechen und schichtet im Vorfeld (Noch-)Nicht-Verluste ab, qualifikatorisch ausgeschiedene „Eventualverluste". § 15a bestätigt seiner Grundentscheidung nach das Saldierungskonzept des § 2 (→ Rn. 26 f.).

113 § 15a Abs. 1 S. 1 Hs. 2 versagt auch den Ausgleich nach **§ 10d** (→ § 10d Rn. 60 ff.). Nach § 15a Abs. 1 S. 1 nicht ausgleichs- und abzugsfähige Verluste sind konsequenterweise auch nicht nach § 10d abzugsfähig; § 15a geht dem Verlustabzug iSd § 10d vor (Blümich/*Heuermann* § 15a Rn. 15). Gleichzeitig unterliegen die verrechenbaren Verluste auch nicht der Mindestbesteuerung iSd § 10d (→ Rn. 180).

114 **b) § 15 Abs. 4 – Tierzucht und Termingeschäfte. § 15 Abs. 4 S. 1–5** (→ § 15 Rn. 2369 ff.) enthält eine spezielle Verlustausgleichsbeschränkung für Verluste aus gewerblicher Tierzucht oder -haltung (S. 1-2) sowie aus gewerblichen Termingeschäften (S. 3-5). Eine Verrechnung sieht die Vorschrift ausschließlich mit positiven Einkünften derselben Art vor, aus dem „unmittelbar vorangegangenen und in den folgenden Wirtschaftsjahren". Die Beteiligung an einer KG, deren Einkünfte zum Teil oder gar vollständig aus Tierzucht bzw. -haltung oder aus Termingeschäften stammen, unterliegt sowohl § 15 Abs. 4 als auch § 15a. Da sich § 15a auf ein spezielles Beteiligungsverhältnis bezieht und § 15 Abs. 4 auf einen Tätigkeitsbereich, ergänzen sich beide Vorschriften. In ihrem Schnittpunkt gilt grundsätzlich die für den jeweiligen Sachverhalt weitreichendere Norm (iS einer weitreichenderen Beschränkung im Verlustausgleich; KSM/*v. Beckerath* § 15a Rn. A 61). Die Finanzverwaltung räumt § 15a allerdings einen Anwendungsvorrang ein (BMF 19.11.2008, BStBl. I 2008, 970 unter IV. 1.).

115 Die Unterschiede beider Vorschriften und ihr Konkurrenzverhältnis sind deutlich. Verrechenbare Verluste iSd § 15a sind nicht von der Mindestbesteuerung iSd § 10d Abs. 2 betroffen, wohl aber Verluste iSd § 15 Abs. 4. Dieser Abs. 4 sieht in Satz 2 einen Verlustrücktrag vor, § 15a ausschließlich einen Verrechnungseffekt für die Zukunft. Darüber hinaus erfasst § 15 Abs. 4 wohl auch das Sonderbilanzergebnis, § 15a hingegen nicht (*Götz/Bindl* GmbHR 2009, 584 (585 ff.); BMF 19.11.2008, BStBl. I 2008, 970 unter II.).

116 Zu einer Anwendungskonkurrenz kommt es auch bei Verlusten im Rahmen von **atypisch (mitunternehmerischen) stillen wie auch typisch stillen Beteiligungen** (§ 15a Abs. 5 Nr. 1, § 20 Abs. 1 Nr. 4 S. 2). Die im Zuge des Korb-II-Gesetzes (BGBl. 2003 I 2840) eingeführte Regelung des § 15 Abs. 4 S. 6 iVm § 20 Abs. 1 Nr. 4 S. 2 (ausführlich *Wacker* DB 2012, 1403) sichert die Abschaffung der Mehrmütterorganschaft (vgl. § 14 Abs. 1 S. 1 Nr. 2 S. 3 KStG, wonach die Voraussetzungen der finanziellen Eingliederung auch „im Verhältnis zur Personengesellschaft selbst" erfüllt sein müssen, BT-Drs. 15/119, 38).

117 Auf nach § 15a ausgleichs- und abzugsfähige Verluste ist § 15 Abs. 4 S. 6–8 anzuwenden. „Soweit der Verlust bereits nach § 15 a EStG lediglich verrechenbar ist, ist für die Anwendung von § 15 Abs. 4 Satz 6 bis 8 EStG kein Raum mehr“ (BMF 19.11.2008, BStBl. I 2008, 970 unter IV. 1.). Damit ist auch ausgeschlossen, dass die Verlustverrechnung iSd § 15a Abs. 2 durch § 15 Abs. 4 S. 7 iVm § 10d Abs. 2 eingeschränkt wird (aA Schmidt/*Wacker* § 15a Rn. 35). Die vorrangige Anwendung des § 15a führt aber auch dazu, dass der Verlustrücktrag iSd § 15 Abs. 4 S. 7 für den Steuerpflichtigen gegenstandslos ist (so auch *Götz/Bindl* GmbHR 2009, 584 (587)).

Werden sowohl iRd § 15a wie auch des § 15 Abs. 4 S. 6–8 **verrechenbare Verluste** 118 festgestellt (vgl. Bsp. BMF 19.11.2008, BStBl. I 2008, 970 unter IV. 3.) liegt auch hier der **Vorrang der Verlustverrechnung** mit späteren Gewinnen **bei § 15a.** Verrechenbare Verluste nach § 15 Abs. 4 S. 6–8 sind erst mit verbleibenden Gewinnen zu verrechnen, wenn nach § 15a keine Verluste mehr vorliegen. Der Verlustrücktrag nach § 15 Abs. 4 S. 6–8 iSd § 10d „ist nach Anwendung des § 15 a EStG im Rücktragsjahr durchzuführen“ (BMF 19.11.2008, BStBl. I 2008, 970 unter IV. 2., 3.).

c) § 15b – Steuerstundungsmodelle. In **§ 15b** regelt das Einkommensteuergesetz das 119 Ausgleichs- und Abzugsverbot von Verlusten im Zusammenhang mit sogenannten Steuerstundungsmodellen; ein Ausgleich ist nach § 15b Abs. 1 S. 1 „weder mit Einkünften aus Gewerbebetrieb noch mit Einkünften aus anderen Einkunftsarten“ möglich. Die Verluste aus diesen Modellen mindern jedoch die Einkünfte, die der Steuerpflichtige in den folgenden Wirtschaftsjahren aus derselben Einkunftsquelle erzielt (§ 15b Abs. 1 S. 2). **Insoweit ist § 15b vorrangig anzuwenden;** § 15b Abs. 1 S. 3 schließt die Anwendung des § 15a insoweit aus. Als Einkunftsquelle ist das einzelne Steuerstundungsmodell (einschließlich Sonderbetriebsvermögen) zu verstehen (BMF 17.7.2007, BStBl. I 2007, 542, dazu mit teilweise aA *Naujok* DStR 2007, 1601).

d) § 2a – Negative Einkünfte mit Bezug zu Drittstaaten. Für einen gemeinsamen 120 Anknüpfungspunkt von § 15a und § 2a darf es an einem Drittstaatenbezug nicht fehlen: **§ 2a** regelt den Ausgleich und Abzug ausländischer Verluste mit Bezug zu Drittstaaten. Der aus einer **Beteiligung an einer ausländischen Personengesellschaft iSd Abs. 5 Nr. 3** oder an einer ansässigen Personengesellschaft mit **ausländischer Betriebsstätte** hervorgehende Verlustanteil unterliegt ggf. den Beschränkungen beider Normen (Verlustverrechnungsbeschränkung iSd § 2a → § 2a Rn. 232 ff.), insbesondere auch die Kommanditbeteiligung an einer inländischen Gesellschaft, die durch **Direktinvestition im Ausland,** nicht verfestigt in Form einer ausländischen Betriebsstätte, Einkünfte iSd § 2a erzielt. Letzteres meint insbesondere die stille Beteiligung einer inländischen Gesellschaft an einer Gesellschaft im Ausland.

Die Prüfung des § 15a hat grundsätzlich Vorrang (glA Bordewin/Brandt/*Naujok* § 2a 121 Rn. 43). Die Vorschrift begrenzt den Ausgleich und Abzug der in § 2a Abs. 1 S. 1 Nr. 1 bis 7 katalogisierten negativen Einkünfte und ausgleichs- sowie abzugsfähige Verluste unterliegen im Gegenzug der Verlustausgleichsbeschränkung des § 2a. Fallen iR einer Beteiligung iSd § 15a etwa negative Einkünfte aus einer in einem Drittstaat belegenen gewerblichen Betriebsstätte mit passiver Tätigkeit (§ 2a Abs. 1 Nr. 2, Abs. 2 → § 2a Rn. 190 ff.) oder aus einer stillen Beteiligungen (§ 2a Abs. 1 Nr. 5 → § 2a Rn. 157 ff.) an, stehen die Vorschriften in gegenseitiger Konkurrenz. Die Vorschriften sind stets kumulativ anzuwenden, und zwar nach Maßgabe der Norm, welche die **weiterreichende Rechtsfolge** für sich beansprucht. § 2a sieht den Ausgleich mit Gewinnen derselben Art aus demselben Staat vor. Die Beschränkungen iSd **§ 15a** sind **vorrangig zu prüfen** (glA Bordewin/Brandt/*Naujok* § 2a Rn. 43: „Der Anwendungsvorrang des § 15a ergibt sich aus der engeren Verlustquellenbezogenheit des § 15a gegenüber der des § 2a“; Lademann EStG/*Hahn* § 2a Rn. 63; *Hennig* DB 1985, 1551 (1552 f.); *ders.* DB 1986, 1890 (1891)). In dem Rahmen noch verbleibender Verrechnungsmöglichkeiten greift § 2a. Ausgleichs- und abzugsfähige Verluste iSd § 15a unterliegen dann stets den Restriktionen des § 2a (BFH 16.5.2002 – IV R 58/00, BStBl. II 2002, 748 (751); EStR 15a Abs. 5; → § 2a Rn. 82).

Neben dem Verlustausgleichs- und -abzugsverbot im jeweils aktuellen Veranlagungszeit- 122 raum ist die Verlustverrechnung mit späteren Gewinnanteilen von Bedeutung, die beide Vorschriften vorsehen. Ein nicht ausgleichs- oder abzugsfähiger Verlust mindert nach § 15a Abs. 2 S. 1 die Gewinne, die dem Kommanditisten in späteren Wirtschaftsjahren aus seiner Beteiligung an der Kommanditgesellschaft zuzurechnen sind. § 2a sieht eine **vergleichbare Verlustverrechnung** vor: „Soweit die negativen Einkünfte nicht nach Satz 1 ausgeglichen werden können, mindern sie die positiven Einkünfte der jeweils selben Art, die der Steuerpflichtige in den folgenden Veranlagungszeiträumen aus demselben Staat, in den Fällen der Nummer 7 auf Grund von Tatbeständen der jeweils selben Art aus demselben Staat, erzielt" (§ 2a Abs. 1 S. 3). Die „Verlustverrechnung verrechenbarer Verluste [richtet sich] für den Stpfl. nach dem Grundsatz der Meistbegünstigung (dh grds. Vorrang v. § 15a Abs. 2 und 3 vor § 2a)" (Kirchhof/*Gosch* § 2a Rn. 9).

123 *Einstweilen frei*

124 **e) § 5a Tonnagenbesteuerung.** § 15a findet auch iRd Gewinnermittlung bei Handelsschiffen im internationalen Verkehr Anwendung, der sogenannten **Tonnagenbesteuerung.** Kraft Verweis in § 5a Abs. 5 S. 4 ist für Zwecke des § 15a der nach § 4 Abs. 1 oder § 5 EStG ermittelte Gewinn heranzuziehen (BMF 12.6.2002, BStBl. I 2002, 614 Rn. 31). Den Verweis erzwingt die Art der Gewinnermittlung iSd § 5a Abs. 1, die als lex specialis § 4 Abs. 1 und § 5 vorgeht: die Bemessungsgrundlagen des nach § 5a Abs. 1 ermittelten Gewinns sind stets positiv, das Ergebnis der Gewinnermittlung nach der Tonnage ist grdsl. kein Verlust. § 5a sieht gleichwohl die Bilanzierung für den Steuerpflichtigen vor (Blümich/*Hofmeister* § 5a Rn. 8, 107): Neben der Gewinnermittlung nach der Tonnagesteuer ist die Steuerbilanz einschließlich der Kapitalkonten fortzuführen (BMF 12.6.2002, BStBl. I 2002, 614 Rn. 32; § 60 Abs. 1–3 EStDV). Das Steuerbilanzergebnis sowie den Kapitalkontensaldo bringt die sogenannte „Schattenrechnung" hervor (BFH 20.11.2006 – VIII R 33/05, BStBl. II 2007, 261). Der verrechenbare Verlust ist jährlich festzustellen und mit den Ergebnissen der Steuerbilanz (Gesamthands-, Ergänzungsbilanz) zu verrechnen (BMF 12.6.2002, BStBl. I 2002, 614 Rn. 32; → Rn. 124.1). Ein nach § 15a Abs. 2 verrechenbarer Verlust ist indes nicht mit hinzuzurechnenden Unterschiedsbeträgen iSd § 5a Abs. 4 S. 3 zu saldieren (BFH 31.5.2012 – IV R 14/09, BStBl. II 2013, 673 Rn. 37; vgl. auch BFH 25.10.2018 – IV R 35/16, DStRE 2019, 265; BMF 10.9.2013, BStBl. I 2013, 1152).

124.1 Für verrechenbare Verluste iSd § 15a ergibt sich im Einzelnen Folgendes:

„a) Verrechenbare Verluste aus der Zeit vor der Tonnagebesteuerung sind mit den tatsächlichen laufenden Gewinnen aus der Zeit der Tonnagebesteuerung auszugleichen.

b) Verluste aus der Zeit der Tonnagebesteuerung erhöhen bereits vorhandene verrechenbare Verluste, auch soweit sie auf die Zeit vor der Tonnagebesteuerung entfallen.

c) Ein im Zeitpunkt des Ausscheidens oder der Veräußerung eines Wirtschaftsguts oder der Veräußerung des ganzen Betriebs oder des Ausscheidens eines Gesellschafters noch vorhandener verrechenbarer Verlust ist zunächst mit einem dabei entstehenden Veräußerungsgewinn auszugleichen, auch wenn dieser Veräußerungsgewinn wegen § 5a Abs. 5 Satz 1 EStG durch die Tonnagebesteuerung abgegolten ist; ein nach Gegenrechnung des Veräußerungsgewinns etwa noch verbleibender verrechenbarer Verlust ist beim Unterschiedsbetrag vor dessen Besteuerung nach § 5a Abs. 4 Satz 3 EStG abzuziehen.

d) Verrechenbare Verluste sind in den Fällen des § 5a Abs. 4 Satz 3 Nr. 1 EStG sowie in den Fällen, in denen das Schiff nicht mehr dem Betrieb von Handelsschiffen im internationalen Verkehr dient, mit dem im Zusammenhang mit dem Ansatz des Teilwerts gem. § 5a Abs. 6 EStG entstehenden Gewinn zu verrechnen; ein nach Gegenrechnung eines so entstandenen Gewinns etwa noch verbleibender verrechenbarer Verlust ist beim Unterschiedsbetrag vor dessen Besteuerung nach § 5a Abs. 4 Satz 3 EStG abzuziehen." (BMF 12.6.2002, BStBl. I 2002, 614 Rn. 32, 36 geändert durch BMF 10.9.2013, BStBl. I 2013, 1152; BFH 31.5.2012 – IV R 14/09, BStBl. II 2013, 673).

125 *Einstweilen frei*

126 **f) §§ 4g bis 7g – Gewinnermittlungsvorschriften.** Die Gewinnermittlungsvorschriften gemäß **§§ 4 bis 7g** gehen § 15a grundsätzlich vor. So knüpft § 15a erst an die Verlustgröße an, die sich bspw. nach Anwendung der Zinsschranke iSd § 4h ergibt (so auch Korn/*Korn* § 15a Rn. 12; Blümich/*Heuermann* § 15a Rn. 15). Bereits die Systematik des Einkommensteuerrechts verlangt den Vorrang der Gewinnermittlungsnormen (→ Rn. 23 ff.; → Rn. 77). Investitionsabzugsbeträge iSd § 7g sind idR außerbilanziell zu berücksichtigen. Für Zwecke des § 15a sind Investitionsbeträge wie Sonderbetriebsvermögen zu behandeln und unterliegen insofern nicht den Regelungen des § 15a (in dieser Sache anhängiges Verfahren vor dem BFH – IV R 26/19, Vorinstanz FG Münster 14.8.2019 – 13 K 2320/15 F, EFG 2019, 1676). „Nur wenn der Investitionsabzugsbetrag wegen Anschaffung in Anspruch genommen wird, ergeben sich durch die innerbilanzielle Herabsetzung der Anschaffungskosten nach § 7g Abs. 2 Satz 2 EStG, der Sonderabschreibung nach § 7g Abs. 5 EStG und der

Abschreibung nach § 7 EStG Auswirkungen, die im Rahmen der Anwendung des § 15a EStG zu berücksichtigen sind“ (*Schmelter/Suck* DStR 2011, 1637 (1641)). Dies rührt freilich daher, dass das Wirtschaftsgut mit seiner Anschaffung als Anlagevermögen zu bilanzieren ist (*Schmelter/Suck* DStR 2011, 1637 (1641); *Steger* NWB 2011, 3372 (3379 ff.)).

Einstweilen frei **127–131**

II. Normstruktur

1. Inhalt der Norm

a) Verlustausgleich und -abzug (Abs. 1). § 15a beschränkt den Verlustausgleich und -abzug, wenn und soweit die individuelle Gesellschafterhaftung den Verlust gegenwärtig rechtlich und wirtschaftlich nicht deckt. Steuerrechtlich versagt die Norm den Verlustausgleich, soweit die **Einlage des Kommanditisten** vollständig aufgezehrt ist und darüber hinaus keine erweiterte Außenhaftung iSd § 171 Abs. 1 HGB besteht (→ Rn. 294 ff.). Der Kommanditist haftet zu diesem Zeitpunkt nicht gegenüber Gläubigern, anderen Gesellschaftern oder der Gesellschaft. Verluste, welche den Gesellschafter realiter belasten, sind dagegen steuerrechtlich anzuerkennen. Diese Verluste sind dann verrechenbar mit anderen Einkünften aus Gewerbebetrieb oder Einkünften aus anderen Einkunftsarten. Die Ausgleichs- und Abzugsfähigkeit entspricht den allgemeinen Saldierungsvorschriften. **132**

aa) Ausgleichs- und Abzugsverbot (Abs. 1 S. 1). Nach § 15a Abs. 1 S. 1 sind Verlustanteile von dem Ausgleich mit anderen Einkünften aus Gewerbebetrieb und Einkünften aus anderen Einkunftsarten ausgeschlossen, soweit sie einen Negativsaldo bzw. eine Erhöhung des negativen Kapitalkontos verursachen (Abs. 1 S. 1 → Rn. 174 ff.), somit die Verlustanteile in ihrer Höhe die Einlage übersteigen. § 15a verlangt, dass Verlustanteile betragsmäßig dem Wert der bedungenen Einlage gegenübergestellt werden. Nach Abs. 1 S. 1 Hs. 2 kann ein über die (verbliebene) Kapitaleinlage hinausgehender Verlust auch nicht im Rahmen von Verlustrücktrag oder -vortrag iSd § 10d abgezogen werden. **133**

bb) Erweiterter Verlustausgleich (Abs. 1 S. 2). Abs. 1 S. 2 regelt die Außenhaftung (→ Rn. 294 ff.). Haftet der Kommanditist nach § 171 Abs. 1 HGB, können abweichend von Satz 1 Verluste ausgeglichen oder abgezogen werden, obwohl ein negatives Kapitalkonto entsteht oder sich erhöht, und zwar soweit die im Handelsregister eingetragene Haftungssumme die geleistete Einlage übersteigt. **134**

cc) Konkretisierung (Abs. 1 S. 3). Abs. 1 S. 3 (→ Rn. 323 ff.) konkretisiert Satz 2 und legt die Voraussetzungen für den erweiterten Verlustausgleich fest. Danach ist Satz 2 nur anzuwenden, sofern der Kommanditist, dem der Verlustanteil zuzurechnen ist, im Handelsregister eingetragen ist und das Bestehen der Haftung nachgewiesen wird. Die Hafteinlage ist dabei erst durch den entsprechenden Ausweis im Handelsregister pflichtgemäß bekannt gemacht. **135**

Zudem scheidet nach Abs. 1 S. 3 Hs. 2 Alt. 1 der erweiterte Verlustausgleich und -abzug aus, sofern eine Vermögensminderung auf Grund der Haftung vertraglich ausgeschlossen ist. Nach Abs. 1 S. 3 Hs. 2 Alt. 2 entfällt der erweiterte Verlustausgleich auch für den Fall, dass eine Vermögensminderung auf Grund der Haftung nach Art und Weise des Geschäftsbetriebs unwahrscheinlich ist. **136**

Mit § 15a Abs. 1 S. 2 (→ Rn. 294 ff.) erstreckt sich das Verlustverrechnungspotential über den Betrag der geleisteten Einlage hinaus auf eine möglicherweise bestehende (Außen-)Haftung. Damit berücksichtigt die Norm sowohl die bereits **geleistete wie auch die noch ausstehende Einlage** als Verlustausgleichsvolumen. Maßgebliche Rechengröße ist die gesellschaftsvertraglich bestimmte und nach § 162 Abs. 1 HGB in das Handelsregister einzutragende Haftsumme. Da nach § 171 Abs. 1 S. 1 Hs. 2 HGB eine Haftung ausgeschlossen ist, soweit die Einlage geleistet ist, bleibt Raum für § 15a Abs. 1 S. 2, sofern der Gesellschafter seine Einlage zu vereinbarten Anteilen, nicht jedoch in vollständiger Höhe der Haftsumme geleistet hat (zur Veranschaulichung → Rn. 173). **137**

Das Verlustausgleichspotential des § 15a Abs. 1 ist nicht auf die geleistete Kapitaleinlage bzw. das positive Kapitalkonto des Kommanditisten beschränkt. Abs. 1 S. 2 ist nicht Ausnahme, sondern sachliches Korrektiv (→ Rn. 295 ff.). **138**

139 **b) Nachträgliche und vorweggenommene Einlagen (Abs. 1a). aa) Legaldefinition.** Als nachträgliche Einlagen iSd § 15a Abs. 1a (→ Rn. 372 ff.) definiert das Gesetz Einlagen, die nach Ablauf eines Wirtschaftsjahres geleistet werden, in dem ein iSd Abs. 1 nicht ausgleichs- oder abzugsfähiger Verlust entstanden ist (Abs. 1a S. 2 Alt. 1) oder ein Gewinn iSd Abs. 3 S. 1 zugerechnet worden ist (Abs. 1a S. 2 Alt. 2).

140 Abs. 1a S. 2 nennt als **erste Alternative** Einlagen, in dem Wirtschaftsjahr eingebracht, in dem **nicht ausgleichs- und abzugsfähige Verluste des Vorjahres** in nunmehr verrechenbare Verluste umqualifiziert wurden. Die **zweite Alternative** bezieht sich auf **nach Abs. 3 zugerechnete fiktive Gewinne** (→ Rn. 155), die wie verrechenbare Verluste Gewinnanteile mindern.

141 **bb) Kein Ausgleich und Abzug.** Einlageerhöhungen und Haftungserweiterungen bewirken **keine Umqualifizierung verrechenbarer in ausgleichs- und abzugsfähige Verluste.** Verluste können mit Einlagen nur ausgeglichen werden, sofern Verlustentstehung und Einlageleistung in dasselbe Wirtschaftsjahr fallen.

142 Bereits in Vorjahren festgestellte verrechenbare Verluste können mit einer in Folgejahren geleisteten Einlage dagegen nicht verrechnet werden. So führen nachträgliche Einlagen nicht zur Umqualifizierung verrechenbarer Verluste in abzugs- und ausgleichsfähige Verluste. Es findet auch keine Umkehr der in Abs. 3 bezeichneten Umqualifizierung statt. Ebenso wenig können Verluste mit früheren, in Vorjahren geleisteten Einlagen ausgeglichen werden, sofern das Kapitalkonto trotz der Einlageleistung weiterhin negativ ist (→ Rn. 372 ff.).

143 **c) Verrechnungsgebot (Abs. 2). aa) Gewinne späterer Wirtschaftsjahre.** Nach § 15a Abs. 2 S. 1 mindert der nach den Abs. 1 und 1a nicht ausgleichs- und abzugsfähige Verlust insoweit die Gewinnanteile, die dem Kommanditisten aus seiner Kommanditbeteiligung in späteren Wirtschaftsjahren zuzurechnen sind. Damit knüpft Abs. 2 an das **Ausgleichsverbot** in Abs. 1 ein **Verrechnungsgebot** an – die Verrechnung nicht ausgleichs- und abzugsfähiger Verluste mit künftigen Gewinnanteilen nachfolgender Wirtschaftsjahre (Abs. 2 → Rn. 342 ff.; KSM/*v. Beckerath* § 15a Rn. B 1). Mit dem Verrechnungsgebot des Abs. 2 S. 1 erfolgt die **Umqualifizierung:** nach Abs. 1 qualifikatorisch ausgeschiedene Verluste werden in nunmehr verrechenbare Verluste umgepolt (vgl. Beispiel 1 → Rn. 172).

144 § 15a folgt der gesellschafterindividuellen Haftungsverantwortung (Korrespondenzfunktion → Rn. 3 ff.). An das Verrechnungsverbot in Abs. 1 schließt sich die verpflichtende Deckung eines bilanziellen Verlustüberhangs an (zur Veranschaulichung → Rn. 172; Abs. 2 S. 1 → Rn. 342 ff.), der Ausgleich des negativen Kapitalkontos mit späteren Gewinnen bis zur Höhe der verrechenbaren Verluste.

145 **bb) Beendigung und Veräußerung.** Nach Abs. 2 S. 2 ist ein verrechenbarer Verlust im Zeitpunkt der Beendigung oder Veräußerung der Gesellschaft oder Mitunternehmerschaft bis zur Höhe einer nachträglichen Einlage iSd Abs. 1a (→ Rn. 139 ff.) ausgleichs- und abzugsfähig, soweit der Verlust nach Abzug von einem Veräußerungs- oder Aufgabegewinn (→ Rn. 146) verbleibt. Dabei nennt das Gesetz die Veräußerung und Aufgabe des gesamten Mitunternehmeranteils sowie die Betriebsveräußerung und -aufgabe.

146 Im Übertragungs- bzw. Beendigungszeitpunkt (Übertragung von Mitunternehmeranteilen → Rn. 629 ff.; Beendigung der Gesellschaft → Rn. 671 ff.) sind Verluste mit aus der Übertragung bzw. Beendigung resultierenden Gewinnen auszugleichen (Abs. 2 S. 2; → Rn. 350 f.; → Rn. 377), soweit die Gewinne reichen. Darüber hinausgehende Verluste sind den unbeschränkt haftenden Gesellschaftern zuzuordnen.

147 **cc) Nachschusspflicht.** Kraft Gesetzes besteht keine Nachschusspflicht für den Kommanditisten, seine Kapitalbeteiligung ist gerade auf Haftungsbeschränkung angelegt. Eine Nachschusspflicht kraft besonderer Abrede ist aber auch hier möglich.

148 Leistet der Kommanditist aufgrund einer **Nachschusspflicht** eine weitere Einlage, erhöht sich sein Verlustausgleichspotential entsprechend. Insbesondere ändert sich mit dieser Verpflichtung aber auch das Risiko einer Vermögenseinbuße respektive seine wirtschaftliche Belastung. Denn gerade aus der für Kommanditisten idR nicht bestehenden Nachschusspflicht ergibt sich, warum zugewiesene Verluste den Kommanditisten über seine Einlage hinaus nicht wirtschaftlich belasten.

d) Einlage- und Haftungsminderung (Abs. 3). aa) Einlageminderung. § 15a Abs. 3 S. 1 legaldefiniert die Einlageminderung; diese liegt vor, soweit ein negatives Kapitalkonto durch Entnahmen entsteht oder sich erhöht. Soweit nicht infolge dieser Entnahmen eine Haftung iSd Abs. 1 S. 2 besteht oder entsteht, ist der Betrag der Einlageminderung dem Kommanditisten als Gewinn zuzurechnen. 149

Abs. 3 S. 2 beschränkt den nach Satz 1 hinzuzurechnenden Betrag. Die Beschränkung liegt in Höhe des Betrags der Verlustanteile, der im Wirtschaftsjahr der Einlageminderung und in den zehn vorangegangenen Jahren ausgleichs- und abzugsfähig gewesen ist. 150

Die Regelung zur Einlageminderung (→ Rn. 399 ff.) tritt dem gezielten Zu- und Abführen von Kapital entgegen. Grundsätzlich bilden Einlagen zusätzliches Verlustausgleichsvolumen (zu Ausnahmen iRd Abs. 1a → Rn. 372 ff.), wodurch Verluste sogleich im Verlustentstehungsjahr ausgleichs- und abzugsfähig und nicht erst mit Gewinnanteilen künftiger Jahre zu verrechnen sind. Zieht der Gesellschafter das Kapital (nach dem Bilanzstichtag) durch Entnahme wieder ab, liegt eine Einlageminderung nach Abs. 3 S. 1 vor. 151

bb) Haftungsminderung. Abs. 3 S. 3 legaldefiniert die Haftungsminderung. Diese liegt vor, wenn der Gesellschafter eine Minderung des Haftungsbetrags iSd Abs. 1 S. 2 bewirkt. Sind im Wirtschaftsjahr der Haftungsminderung und in den zehn vorangegangenen Jahren Verluste iSd Abs. 1 S. 2 ausgleichs- und abzugsfähig gewesen, ist dem Kommanditisten der Betrag der Haftungsminderung als Gewinn hinzuzurechnen. Der Betrag der Haftungsminderung verringert sich um Beträge, die aufgrund der Haftung iSd Abs. 1 S. 2 tatsächlich geleistet wurden. Nach Abs. 3 S. 3 Hs. 2 gilt Satz 2 sinngemäß, womit auch hier die Betragsbeschränkung greift. 152

Die Haftungsminderung (→ Rn. 457 ff.) bewegt sich iRd Haftungssumme nach Abs. 1 S. 2 (erweiterter Verlustausgleich → Rn. 294 ff.), der Außenhaftung iSd § 171 Abs. 1 HGB. Die überschießende Außenhaftung beschreibt dabei den Unterschiedsbetrag zwischen der im Handelsregister eingetragenen Haftsumme und der tatsächlich geleisteten Einlage. 153

cc) Regelungsanliegen und Rechtsfolge. Der Grundgedanke von Einlageminderung und Haftungsminderung ist identisch: Ein Kommanditist, der nur vorübergehend ein wirtschaftliches Risiko trägt und sich von diesem wieder löst, soll so gestellt werden, als ob er von vornherein eine Aufstockung seines Verlustausgleichsvolumens unterlassen hätte. Diese Gleichbehandlung wird herbeigeführt, indem ein bereits steuerwirksam anerkannter Verlustausgleich rückgängig gemacht wird und eine Nachversteuerung stattfindet (→ Rn. 394 ff.). „§ 15a Abs. 3 EStG dient der Durchsetzung des in § 15a Abs. 1 EStG zum Ausdruck kommenden Grundsatzes, dass ein Verlustausgleich nur möglich sein soll, soweit der Verlustanteil durch Eigenkapital gedeckt ist" (BFH 20.11.2014 – IV R 47/11, BStBl. II 2015, 532 Rn. 28). 154

Einlageminderung und Haftungsminderung bewirken dieselbe **Rechtsfolge.** Abs. 3 S. 1 bzw. S. 3 sehen die Zurechnung eines fiktiven Gewinns vor, der wie ein verrechenbarer Verlust die Gewinnanteile mindert (Abs. 3 S. 4), die dem Gesellschafter im Jahr der Minderung und in künftigen Wirtschaftsjahren aus seiner Kommanditbeteiligung zuzurechnen sind. Dadurch gelingt die Nachversteuerung eines zuvor ungerechtfertigt in Anspruch genommenen (erweiterten) Verlustausgleichs. 155

e) Verrechenbarer Verlust iRd jährlich gesonderten Feststellung (Abs. 4). aa) Gegenstand und Ermittlung. Nach § 15a Abs. 4 S. 1 ist der verrechenbare Verlust iSd Abs. 2 (bzw. „nach Absatz 1 nicht ausgleichs- oder abzugsfähige Verlust") jährlich gesondert festzustellen (→ Rn. 481 ff.). Die nach Abs. 2 abzuziehenden Verluste vermindern den Betrag, die nach Abs. 3 hinzuzurechnenden Beträge vermehren diesen. Auszugehen ist dabei nach Abs. 4 S. 2 von dem verrechenbaren Verlust des vorangegangenen Wirtschaftsjahres. 156

Der Feststellungsbescheid des Abs. 4 weist ausschließlich die Höhe des verrechenbaren Verlustes aus. Abzugrenzen ist der Feststellungsbescheid des Abs. 4 von der gesonderten und einheitlichen Feststellung nach § 180 Abs. 1 Nr. 2 Buchst. a AO. Gegenstand der Feststellung des § 180 AO sind die dem Gesellschafter zuzurechnenden Einkünfte aus der Beteiligung, nicht aber die verrechenbaren Verluste iSd § 15a Abs. 2. Grundsätzlich erfolgt die Feststellung für jeden Gesellschafter (Kommanditisten respektive einen in Abs. 5 aufgeführten Unternehmer) gesondert. Wird die gesonderte Feststellung des verrechenbaren Verlusts mit der geson- 157 derten und einheitlichen Feststellung der Einkünfte verbunden, ist sie einheitlich durchzuführen (Abs. 4 Sätze 5, 6; → Rn. 160 f.).

158 **bb) Feststellungsverfahren.** Die Zuständigkeit für den Erlass des Feststellungsbescheids liegt nach Abs. 4 S. 3 bei dem Finanzamt, das für die gesonderte Feststellung des Gewinns und Verlustes der Gesellschaft zuständig ist. Bei gewerblichen Betrieben mit Geschäftsleitung im Inland ist nach § 18 Abs. 1 Nr. 2 AO das Finanzamt örtlich zuständig, „in dessen Bezirk sich die **Geschäftsleitung** befindet".

159 Abs. 4 S. 4 legt fest, dass der Feststellungsbescheid nur **insoweit angegriffen** werden kann, **als sich der „verrechenbare Verlust"** gegenüber dem verrechenbaren Verlust des vorangegangenen Wirtschaftsjahres **verändert hat,** somit gegenüber der vorangegangenen Feststellung (Schmidt/*Wacker* § 15a Rn. 191). Dadurch wird vermieden, dass verrechenbare Verluste aus vorangegangenen Wirtschaftsjahren in ihrer Höhe erneut zur Disposition stehen.

160 **cc) Verbindung und Durchführung.** Nach § 15a Abs. 4 S. 5 können die gesonderten Feststellungen nach Satz 1 „mit der gesonderten und einheitlichen Feststellung der einkommensteuerpflichtigen und körperschaftsteuerpflichtigen Einkünfte verbunden werden". Damit regelt Satz 5 die **formelle Verbindung** von Feststellungen eines jeweiligen verrechenbaren Verlustes eines Kommanditisten mit der Feststellung des KG-Gewinns (Schmidt/*Wacker* § 15a Rn. 190).

161 Abs. 4 S. 6 regelt für die formelle Verbindung in Satz 5, die gesonderten Feststellungen des verrechenbaren Verlustes einheitlich durchzuführen. Damit regelt Satz 6 die **Einheitlichkeit** gegenüber dem Regelfall der Trennung; der jeweils verrechenbare Verlust für jeden einzelnen Kommanditisten ist grundsätzlich gesondert festzustellen.

162 **f) Erweiterung auf vergleichbare Unternehmer (Abs. 5).** Abs. 5 S. 1 sieht die sinngemäße Anwendung von Abs. 1 S. 1, Abs. 1a, 2 und 3 S. 1, 2 und 4 sowie Abs. 4 für „andere Unternehmer" vor, deren Haftung (statuarisch oder tatsächlich) mit der Haftung eines Kommanditisten vergleichbar ist. Einzig die Regelungen zur überschießenden Außenhaftung iSd § 171 Abs. 1 HGB greift Abs. 5 dabei nicht auf (→ Rn. 507 f.). § 15a knüpft nicht an einen bestimmten Gesellschaftstypus an. Die Norm zielt auf die individuellen Haftungsverhältnisse von Gesellschaftern. Mit der **Erweiterung des Anwendungsbereichs** erfasst sie deshalb folgerichtig Kommanditisten und „andere Unternehmer" (Abs. 5) in vergleichbarer Haftungsverantwortung (→ Rn. 501 ff.).

163 **aa) Stiller Gesellschafter iSd § 230 HGB (Abs. 5 Nr. 1).** Als ersten Katalogtatbestand erfasst Abs. 5 Nr. 1 (→ Rn. 514 ff.) den stillen Gesellschafter, der als Unternehmer (Mitunternehmer) einer stillen Gesellschaft iSd § 230 HGB anzusehen ist. Damit ist auf den als Mitunternehmer anzusehenden atypisch stillen Gesellschafter abzustellen, während der typisch stille Gesellschafter durch Verweisung in § 20 Abs. 1 Nr. 4 S. 2 (→ § 20 Rn. 825) § 15a unterliegt.

164 **bb) Gesellschafter einer Gesellschaft iSd BGB (Abs. 5 Nr. 2).** Abs. 5 Nr. 2 (→ Rn. 520 ff.) adressiert den Gesellschafter einer Gesellschaft iSd BGB, bei der der Gesellschafter als Unternehmer (Mitunternehmer) anzusehen ist und findet damit unmittelbar Anwendung auf Mitunternehmer einer GbR, die einen Gewerbebetrieb iSd § 15 Abs. 1 S. 1 Nr. 1 betreiben (mögliche Anwendung auch bei sog. Zebragesellschaften → Rn. 520). Diese Gesellschafter erfasst die Vorschrift hingegen nur, „soweit die Inanspruchnahme des Gesellschafters für Schulden in Zusammenhang mit dem Betrieb durch Vertrag ausgeschlossen" (Alt. 1) oder „nach Art und Weise des Geschäftsbetriebs unwahrscheinlich ist" (Alt. 2).

165 **cc) Gesellschafter einer ausländischen Personengesellschaft (Abs. 5 Nr. 3).** Soweit sie einer entsprechenden (beschränkten) Haftungssituation unterliegen, sind nach Abs. 5 Nr. 3 Gesellschafter einer ausländischen Personengesellschaft zu erfassen, bei der der Gesellschafter als Unternehmer (Mitunternehmer) anzusehen ist. Wiederholt setzt die Vorschrift hier die Mitunternehmerschaft sowie die Mitunternehmerstellung des Gesellschafters voraus, weiterhin, dass das **Haftungsstatut** („die Haftung des Gesellschafters für Schulden in Zusammenhang mit dem Betrieb") des an der ausländischen Gesellschaft Beteiligten dem eines Kommanditisten (Alt. 1), alternativ dem eines (atypisch) stillen Gesellschafters (Alt. 2) **„entspricht"**.

Alternativ greift die Vorschrift, „soweit die Inanspruchnahme des Gesellschafters für Schulden in Zusammenhang mit dem Betrieb durch Vertrag ausgeschlossen“ (Alt. 3) oder „nach Art und Weise des Geschäftsbetriebs unwahrscheinlich ist“ (Alt. 4). Entspricht die Gesellschafterstellung nicht den Haftungsstatuten des Kommanditisten oder stillen Gesellschafters, gelangt der Gesellschafter damit unter Umständen dennoch in den Anwendungsbereich der Norm, sofern das **Haftungsrisiko aus vertraglichem oder tatsächlichem Grunde entfällt.** 166

dd) Unternehmer mit „haftungslosen“ Verbindlichkeiten (Abs. 5 Nr. 4). Abs. 5 Nr. 4 (→ Rn. 538 ff.) stellt auf Unternehmer (Mit- oder Einzelunternehmer) ab, soweit Verbindlichkeiten nur mit Erlösen oder Gewinnen aus der Nutzung, Veräußerung oder sonstigen Verwertung von Wirtschaftsgütern zu tilgen sind. Bei den Verbindlichkeiten iSd Abs. 5 Nr. 4 handelt es sich um sogenannte haftungslose Verbindlichkeiten bzw. Darlehen. Die Regelung soll verhindern, dass Verluste aus haftungslosen Verbindlichkeiten ausgleichs- und abzugsfähig sind. Seit Einführung des § 5 Abs. 2a dürfte Abs. 5 Nr. 4 aber leerlaufen (→ Rn. 540). 167

ee) Partenreederei iSd § 489 HGB aF (Abs. 5 Nr. 5). Abs. 5 Nr. 5 (→ Rn. 542 ff.) zielt auf den Mitreeder einer Reederei iSd § 489 HGB aF, sofern der Mitreeder als Unternehmer bzw. Mitunternehmer anzusehen ist. Um eine sogenannte Partenreederei handelt es sich nach § 489 Abs. 1 HGB aF, wenn „von mehreren Personen ein ihnen gemeinschaftlich zustehendes Schiff zum Erwerb durch die Seefahrt für gemeinschaftliche Rechnung verwendet“ wird. 168

Die Partenreederei ist eine gesellschaftsrechtliche Sonderform in der Schifffahrt; die gesellschaftsrechtlichen Regelungen sind ergänzend auf das Recht der Partenreederei anzuwenden (BGH 25.3.1991 – II ZR 13/90, BGHZ 114, 138). 169

Das Gesetz erfasst den Mitreeder, „wenn die persönliche Haftung des Mitreeders für die Verbindlichkeiten der Reederei ganz oder teilweise ausgeschlossen“ (1. Alt) oder „soweit die Inanspruchnahme des Mitreeders für Verbindlichkeiten der Reederei nach Art und Weise des Geschäftsbetriebs unwahrscheinlich ist“ (2. Alt; Abs. 5 Nr. 5). Die **maßgeblichen Grundsätze für die BGB-Gesellschaft** und ihre Gesellschafter sind für diese Beteiligungsform **sinngemäß anzuwenden** (glA ua HHR/*Lüdemann* § 15a Rn. 189; LBP/*Bitz* § 15a Rn. 47a). 170

Die **Rechtsform der Partenreederei** wurde mit dem Gesetz zur Reform des Seehandelsrechts vom 25.4.2013 (BGBl. 2013 I 831) **als überholtes Rechtsinstrument des deutschen Seehandelsrechts abgeschafft** (BT-Drs. 17/10309, 1, 43). Bestehende Partenreedereien können aber weiterhin Abs. 5 Nr. 5 unterliegen (→ Rn. 546). 171

2. Veranschaulichung

a) Ausgleichsverbot und Verrechnungsgebot. Beispiel 1: 172
Kommanditist K beteiligt sich mit 100.000 an einer KG; er leistet die gesamte Einlage. In Wirtschaftsjahr 01 entfällt auf K ein Verlustanteil von 150.000, in Wirtschaftsjahr 02 ein Gewinn iHv 50.000.

Jahr 01:	ausgleichsfähiger Verlust	100.000
	verrechenbarer Verlust	50.000
Jahr 02:	Gewinnanteil	50.000
./.	verrechenbarer Verlust	50.000
Steuerpflichtige Einkünfte aus der Beteiligung		0

Hier reicht der Gewinnanteil aus 02 vollständig zur Deckung des nur verrechenbaren Verlustes. Der Gewinnanteil ist dabei zwingend zur Verlustverrechnung zu verwenden.

b) Erweiterter Verlustausgleich. Beispiel 2 – Wie Beispiel 1 (→ Rn. 172), mit erweitertem Verlustausgleich nach Abs. 1 S. 2: 173
Kommanditist A ist mit 100.000 an der B-KG beteiligt und mit dieser Haftsumme im Handelsregister eingetragen. Die Einlage hat A iHv 50.000 bereits geleistet. In Wirtschaftsjahr 01 entfällt auf A ein Verlustanteil von 150.000, in Wirtschaftsjahr 02 ein Gewinn iHv 50.000.

Jahr 01:	ausgleichsfähiger Verlust	100.000 (50.000 aus der Einlage, 50.000 aus dem erweiterten Verlustausgleich)
	verrechenbarer Verlust	50.000
Jahr 02:	Gewinnanteil	50.000
./.	verrechenbarer Verlust	50.000
Steuerpflichtige Einkünfte aus der Beteiligung		0

Die Aufteilung von Verlustausgleich und -verrechnung ist betragsmäßig identisch zu Beispiel 1: Die Regelung zum erweiterten Verlustausgleich (Abs. 1 S. 2) führt dazu, dass das maßgebende Verlustausgleichspotential die im Handelsregister eingetragene Haftsumme ist. Insofern ist hier sowohl auf die geleistete wie auch auf die noch ausstehende Einlage abzustellen.

B. Steuerwirksame Verluste bei beschränkter Haftung

I. Ausgleichs- und Abzugsbeschränkung (Abs. 1 S. 1)

1. Grundtatbestand und Rechtsfolge

174 In Reaktion auf HGB-Recht qualifiziert § 15a „Verluste" auf der Tatbestandseite und differenziert Verlustverwertbarkeit auf der Rechtsfolgenseite. Die Rechtsfolgen gehen aus Abs. 1 S. 1 und Abs. 2 hervor (Schmidt/*Wacker* § 15a Rn. 100).

175 Ausgleichs- und abzugsfähige Verluste iSd § 15a bewirken beim Gesellschafter einen realen Kapitalverlust, sind daher steuerrechtlich anzuerkennen. Deshalb sind sie in vollem Umfang ausgleichs- und abzugsfähig, damit verrechenbar mit anderen Einkünften aus Gewerbebetrieb oder Einkünften aus anderen Einkunftsarten. Insoweit erlaubt § 15a ohne Abstriche die Saldierung iSd § 2. **Ausgleichs- und abzugsfähige Verluste** resultieren aus einer „realen" Vermögensminderung. Der Verlust ist durch Eigenkapital gedeckt. (Hierbei ist zu beachten, dass sich auch der Verlust der Einlage, mithin der gedeckte Verlust, schlussendlich erst mit der Beendigung des unternehmerischen Engagements festigt.) Sie schmelzen ein **positives Kapitalkonto** ab, sie zehren Haftungssubstrat auf.

176 Bewirken Verluste hingegen ein **negatives Kapitalkonto,** da die Vermögenseinlage bereits durch Verlustanteile aufgebraucht ist, sind diese Verluste als **verrechenbare Verluste** zu qualifizieren. Diese nicht ausgleichs- und abzugsfähigen Verluste bleiben als Teil der Rechtsfolge auch steuerrechtlich weiterhin dem Kommanditisten zugeordnet (Schmidt/*Wacker* § 15a Rn. 101), handels- wie steuerbilanziell kann ein negatives Kapitalkonto entstehen. Demgegenüber blockiert Abs. 1 S. 1 – soweit zuzurechnende Verlustanteile ein negatives Kapitalkonto bewirken bzw. dieses erhöhen und es darüber hinaus an einer überschießende Außenhaftung iSd § 171 Abs. 1 HGB fehlt (Abs. 1 S. 2 → Rn. 297 ff.).

177 Mit Abs. 1 S. 1 ist allerdings das letzte Wort noch nicht gesprochen. Denn Abs. 2 S. 1 sieht für aktuell nicht ausgleichs- und abzugsfähige Verluste die Umqualifizierung in eventuell verwertbare, verrechenbare Verluste vor. Diese Verluste sind zwingend mit den in derselben Gesellschaft erwirtschafteten Gewinnanteilen der Folgejahre zu verrechnen. Die festgestellten (→ Rn. 481 ff.) verrechenbaren Verluste werden anhand außerbilanzieller Merkposten weiterentwickelt und nachvollzogen (→ Rn. 361 ff.).

178 Weiterhin ist auf das Verlustausgleichspotential **im Zuordnungszeitpunkt** abzustellen. Die Betrachtung erfolgt dabei zeitpunktgemäß zum jeweiligen Bilanzstichtag. Individuelle Haftungssituation und wirtschaftliche Belastung des Gesellschafters variieren auf der Zeitachse: Dem Kommanditisten zuzurechnende Gewinnanteile in den Wirtschaftsjahren nach Verlustentstehung schaffen neues Verlustausgleichsvolumen. Zum Zeitpunkt der Gewinnverwendung trägt der Gesellschafter die Verluste zivilrechtlich wie wirtschaftlich.

179 **Rechtsfolge.** An die in Abs. 1 S. 1 tatbestandlich charakterisierten Verluste (verrechenbare Verluste) knüpft S. 1 unmittelbar die Rechtsfolge des **Ausgleichs- und Abzugsverbots.** Abs. 2 S. 1 schließt an mit einem **Verrechnungsgebot** (→ Rn. 342 ff.; KSM/*v. Beckerath* § 15a Rn. B 1), einer **aufschiebend bedingten Ausgleichs- und Abzugsfähigkeit,** ggf. bis zum Zeitpunkt der Veräußerung oder Aufgabe von Mitunternehmeranteil oder Betrieb (Abs. 2 S. 2; → Rn. 350 f., → Rn. 377).

2. Beschränkung auch des Verlustabzugs (Abs. 1 S. 1 Hs. 2)

§ 15a Abs. 1 S. 1 Hs. 2 schließt konsequent einen Abzug des insoweit nicht zu berücksichtigenden Verlustes nach § 10d aus (→ § 10d Rn. 60 ff.; s. auch Groll/*Kirchhof* Verluste im Steuerrecht, 9). 180

II. Beschränkte Haftung als steuerlicher Tatbestand

1. Normadressat

Die Norm zielt auf bestimmte Haftungsverhältnisse. Demgemäß gilt sie für Kommanditisten und „andere Unternehmer" (Abs. 5) in vergleichbarer Haftungsverantwortung. 181

Mit der unmittelbaren **Anknüpfung an § 15 Abs. 1 S. 1 Nr. 2** setzt § 15a auch die ertragsteuerliche Mitunternehmerschaft sowie die gesellschafterindividuelle Mitunternehmerstellung voraus. Liegt eine Mitunternehmerschaft wegen fehlenden Mitunternehmerrisikos oder fehlender Mitunternehmerinitiative nicht vor, kann auch eine Zurechnung von Verlustanteilen iSd § 15 Abs. 1 S. 1 Nr. 2 nicht stattfinden. Voraussetzung für § 15a ist, dass es sich bei dem Kommanditisten oder anderen Unternehmer um einen Mitunternehmer handelt; wer an § 15 scheitert, gelangt nicht zu § 15a. Das ergibt sich aus dem Systemzusammenhang von § 15 und § 15a. 182

Mitunternehmer können **juristische und natürliche Personen** sein und mit Einschränkungen auch **Personengesellschaften** (etwa BFH 13.11.1984 – VIII R 312/82, BStBl. II 1985, 334). 183

Auch auf der Ebene der Mitunternehmerschaften definieren die Merkmale des § 15 Abs. 2 die Zugehörigkeit zu § 15a. Mit der Anknüpfung des § 15a an die „Einkünfte aus Gewerbebetrieb" bestimmen auch die **positiven wie negativen Tatbestandsmerkmale** den Anwendungsbereich des § 15a (zu einer entsprechenden und sinngemäßen Anwendung des § 15a auf andere Einkunftsarten → Rn. 73). 184

Auch und gerade bei Verlustzuweisungsgesellschaften wird deutlich, dass § 15a die Anwendung des § 15 voraussetzt. Die Anknüpfung an die Mitunternehmerschaft setzt mittelbar auch **Gewinnerzielungsabsicht** als eines der Tatbestandsmerkmale für gewerbliche Tätigkeit voraus. In den auch und gerade vor Einführung des § 15a anzutreffenden Finanzierungskonzepten fehlte typischerweise bei Verlustzuweisungsgesellschaften die Gewinnerzielungsabsicht (BFH 21.8.1990 – VIII R 25/86, BStBl. II 1991, 564). Der BFH hat in diesem Zusammenhang Indikatoren für das Bestehen einer Verlustzuweisungsgesellschaft entwickelt (ua BFH 12.12.1995 – VIII R 59/92, BStBl. II 1996, 219; BFH 21.11.2000 – IX R 2/96, BStBl. II 2001, 789), danach einer Personengesellschaft die Gewinnerzielungsabsicht abgesprochen, sofern deren Konzeption „allein darauf angelegt ist, ihren Gesellschaftern Steuervorteile" zu vermitteln (BFH 25.6.1984 – GrS 4/82, BStBl. II 1984, 751 (767) auch zur grundsätzlichen Qualifizierung kapitalistisch verfasster (Publikums-)Gesellschaften als Mitunternehmerschaften sowie BFH 17.11.2004 – X R 62/01, BStBl. II 2005, 336 zu fehlendem Gegensteuern verlustbringender Geschäftsstrategien). 184.1

a) Kommanditist. Der Begriff des Kommanditisten ist handelsrechtlich zu verstehen. Maßgeblich ist allein die **handelsrechtliche Legaldefinition des Kommanditisten** in § 161 Abs. 1 HGB. Damit knüpft § 15a zugleich an das Konzept eines Personengesellschafters mit beschränkter Haftung an. Kommanditist kann eine natürliche oder juristische Person oder eine Personengesellschaft sein (Oetker/*Oetker* HGB § 161 Rn. 17; KSM/*v. Beckerath* § 15a Rn. B 251 ff.). 185

In **§ 161 HGB** ist die **KG** definiert. Der Zweck einer Kommanditgesellschaft ist auf den Betrieb eines Handelsgewerbes gerichtet. Insbesondere setzt § 161 Abs. 1 HGB aber eine spezielle **Gesellschafterstruktur** voraus. Die Gesellschafterstruktur einer Kommanditgesellschaft verlangt, dass bei mindestens einem der Gesellschafter die Haftung gegenüber den Gesellschaftsgläubigern auf den Betrag einer bestimmten Vermögenseinlage beschränkt ist, während die übrigen Gesellschafter unbeschränkt, mithin persönlich in Haftung genommen werden können. Aus der Definition der KG ergibt sich damit auch diejenige des Kommanditisten. 186

§ 15a erfasst ausschließlich den beschränkt haftenden Gesellschafter; denn dieser haftet höchstens mit dem Betrag seiner Haftsumme. Die Haftungsbeschränkung des Kommanditis- 187 ten gibt zugleich den Anlass, auf handelsrechtliche Verlustzuordnung und Gesellschafterhaftung zu reagieren, steuerrechtlich zu korrigieren und anzupassen. Verlustzuweisung und Vermögensrisiko können beim beschränkt haftenden Gesellschafter auseinanderfallen, denn die handelsrechtliche Verlustzurechnung ist unabhängig von deckungsfähigem Haftungskapital. Das handelsrechtliche Sonderprofil des Kommanditisten veranlasst steuerliches Sonderrecht, das ihn aus der Gruppe der in § 15 Abs. 1 S. 1 Nr. 2 adressierten Personengesellschafter heraustreten lässt. Aus der Haftungsbeschränkung ergibt sich die Rechtfertigung für die **eingeschränkte steuerliche Verlustpartizipation,** welche die Qualifikation ausgleichs- und abzugsfähiger Verluste sowie verrechenbarer Verluste und deren differenzierte steuerliche Behandlung erfordert (über die „eingeschränkte Verlustteilnahme" auch KSM/*v. Beckerath* § 15a Rn. B 214).

188 **aa) Personengesellschaft.** Tritt eine **Personengesellschaft als** beschränkt haftender Mitunternehmer (**Kommanditist**) auf, führt dies zu einer mehrstöckigen Personengesellschaft. Die Gesellschaft, die sich an einer anderen Gesellschaft beteiligt, wird üblicherweise als Obergesellschaft und die Zielgesellschaft als Untergesellschaft bezeichnet. § 15a findet dann auf die Obergesellschaft unmittelbar Anwendung, nicht hingegen auf deren Gesellschafter (dazu auch Blümich/*Heuermann* § 15a Rn. 24). Zivilrechtlich ist die Obergesellschaft Kommanditistin. Sofern bei der Obergesellschaft mit Beteiligung an der Untergesellschaft Mitunternehmerrisiko und Mitunternehmerinitiative vorliegen, ist die Obergesellschaft nicht nur zivilrechtlich Gesellschafterin, sondern auch steuerrechtlich Mitunternehmerin der Untergesellschaft (BFH 26.1.1995 – IV R 23/93, BStBl. II 1995, 467 (469) mwN; Verfügung OFD Frankfurt a.M. 23.7.2013, DStR 2013, 2699).

189 Das Ergebnis der Untergesellschaft wird nach hM zunächst der Obergesellschaft zugerechnet (BFH 25.2.1991 – GrS 7/89, BStBl. II 1991, 691; BFH 25.6.1984 – GrS 4/82, BStBl. II 1984, 751; zur Ergebnisermittlung BFH 26.1.1995 – IV R 23/93, BStBl. II 1995, 467 (469); Verfügung OFD Frankfurt a.M. 23.7.2013, DStR 2013, 2699; zum Ausweis der Beteiligung an der Untergesellschaft → Rn. 189.1). Es ergeben sich Besonderheiten bei der Ermittlung des „maßgeblichen Kapitalkontos" iSd Abs. 1 S. 1 sowie bei der gesonderten Feststellung des Verlustes iSd Abs. 4 S. 1.

189.1 In der Steuerbilanz der Obergesellschaft ist die Beteiligung aus der Untergesellschaft nicht als gesondertes Wirtschaftsgut (wie etwa ein Kapitalgesellschaftsanteil) zu erfassen. Steuerrechtlich stellt die Beteiligung im Betriebsvermögen der Obergesellschaft die Anteile an den einzelnen Wirtschaftsgütern des Gesamthandsvermögens der Untergesellschaft dar (Verfügung OFD Frankfurt a.M. 23.7.2013, DStR 2013, 2699 mwN; BFH 25.4.1985 – IV R 83/83, BStBl. II 1986, 350 (352)). Auf die Beteiligung der Obergesellschaft an der Untergesellschaft ist für Zwecke des Kapitalkontenausweises auf Ebene der Obergesellschaft die **Spiegelbildmethode** anzuwenden (→ Rn. 189.2). Der Anteil der Obergesellschaft an der Untergesellschafft ergibt sich aus dem „anteiligen Steuerbilanzkapital" der Untergesellschaft sowie den Ergebnissen von Ergänzungs- und Sonderbilanz der Untergesellschaft, die im Gesamthandsvermögen der Obergesellschaft liegen (zu Verlusten iRd SBV → Rn. 195; zu Ergänzungsbilanzen → Rn. 195.1 f.; *Ley* DStR 2004, 1498 (1500); Verfügung OFD Frankfurt a.M. 23.7.2013, DStR 2013, 2699; KSM/*v. Beckerath* § 15a Rn. B 256).

189.2 Danach dürfte an sich die Kommanditbeteiligung der Obergesellschaft an der Untergesellschaft in der Steuerbilanz der Obergesellschaft nicht als Wirtschaftsgut „Finanzanlage" oder „Beteiligung" ausgewiesen werden. Die Praxis löst dieses Problem regelmäßig durch Anwendung der sog. „Spiegelbildmethode" auf den Personengesellschaftsanteil der Obergesellschaft an der Untergesellschaft in der Steuerbilanz der Obergesellschaft. Dadurch entspricht das Kapitalkonto der Obergesellschaft in der Steuerbilanz der Untergesellschaft dem Beteiligungsansatz derselben an der Untergesellschaft in ihrer eigenen Steuerbilanz. Die Gewinn- und Verlustanteile der Obergesellschaft an der Untergesellschaft werden in voller Höhe in der Steuerbilanz der Obergesellschaft gewinnwirksam erfasst und wirken sich dadurch auf das Kapitalkonto des Gesellschafters der Obergesellschaft aus (Verfügung OFD Frankfurt a.M. 23.7.2013, DStR 2013, 2699).

190 Zunächst ist auf Ebene der Untergesellschaft ein Steuerbilanzergebnis gesondert und einheitlich festzustellen (§§ 179, 180 Abs. 1 Nr. 2 Buchst. a AO). Aus einem Bilanzverlust ist sodann ein der Obergesellschaft zuzurechnender **verrechenbarer Verlustanteil** gemäß Abs. 4 gesondert festzustellen (→ Rn. 481 ff.). Der nur verrechenbare Verlust ist nicht in das Ergebnis der Obergesellschaft miteinzubeziehen, lediglich die ausgleichs- und abzugsfähigen

Verluste mindern den Gewinn der Obergesellschaft. Der verrechenbare Verlust der Untergesellschaft ist in einem außerbilanziellen Merkposten fortzuschreiben, um die verrechenbaren Verluste nicht zweifach einzubeziehen (Beispielsfall Verfügung OFD Frankfurt a.M. 23.7.2013, DStR 2013, 2699). Die Korrekturposten sind bei den Kapitalkonten der Anteilseigner der Obergesellschaft anzusetzen. Der **ausgleichs- und abzugsfähige Verlust** der Untergesellschaft wird der Obergesellschaft zugerechnet und in der Bilanz auf Ebene der Obergesellschaft abgebildet (KSM/*v. Beckerath* § 15a B 254 ff.). Die auf Ebene der Untergesellschaft als ausgleichsfähig respektive als verrechenbar qualifizierten Verluste (bzw. die entsprechenden Feststellungen) werden jeweils, aber auf unterschiedliche Weise für das Ergebnis der Obergesellschaft übernommen (Bindungswirkung von Feststellungsbescheiden, § 182 Abs. 1 AO).

Die **Beschränkungen des § 15a** sind auch **auf den Ebenen nachgeordneter Personengesellschaften** anwendbar (glA *Ley* DStR 2004, 1498; aA *Autenrieth* DStZ 1987, 121 (124); *Seibold* DStR 1998, 438 (440); *Nickel/Bodden* FR 2003, 391 (392 f.)). Die Anwendung der Verlustausgleichsbeschränkung auf die Untergesellschaft erfolgt mittelbar über die Obergesellschaft. Da das Ergebnis der Untergesellschaft zunächst der Obergesellschaft zugerechnet wird, partizipieren die Obergesellschafter mittelbar an dem Gewinn- bzw. Verlustanteil über ihren Anteil an der Obergesellschaft. Verluste auch auf der Ebene nachgeordneter Gesellschaften den Beschränkungen des § 15a zu unterwerfen, verhindert, dass Verlustanteile bei unbeschränkt haftenden Gesellschaftern der Obergesellschaft nicht uneingeschränkt ausgeglichen bzw. nach § 10d abgezogen werden können, obgleich die Obergesellschaft gar keine Verluste trägt und damit mittelbar auch ihre Gesellschafter nicht (*Ley* DStR 2004, 1498; BFH 18.12.2003 – IV B 201/03, BStBl. II 2004, 231 (233)). 191

Die Regelungen des § 15a für die einzelnen (Gesellschafts-)Ebenen gesondert durchzuführen, ist steuersystematisch konsequent (*Zerbe/Hafner* DStR 2015, 1292 (1293)). Unter ausschließlicher Beachtung steuerlicher Aspekte kann ein Ergebnis bei doppel- bzw. mehrstöckigen Konstellationen im Vergleich zur Einheitsunternehmens-Lösung jedoch nachteilig sein, sofern verrechenbare Verluste auf Ebene der Untergesellschaft festzustellen sind. Diese verrechenbaren Verluste können auf Ebene der Obergesellschaft nicht in ausgleichsfähige Verluste umqualifiziert und verrechnet werden, obgleich die Obergesellschaft je nach Kapitalsituation ein positives Kapitalkonto ausweist (*Zerbe/Hafner* DStR 2015, 1292 (1294)). Sofern möglich, sollte dies bei der Kapitalausstattung berücksichtigt werden. 192

Auf Ebene der Untergesellschaft festgestellte verrechenbare Verluste können auch nicht durch **Zwischenschaltung einer oder mehrerer Personengesellschaften** in einen ausgleichs- und abzugsfähigen Verlust umqualifiziert werden – unabhängig von deren Kapitalausstattung (Verfügung OFD Frankfurt a.M. 23.7.2013, DStR 2013, 2699). 193

Das (negative) Eigenkapital der Obergesellschaft entspricht regelmäßig nicht dem verrechenbaren Gesamtverlust von Ober- und Untergesellschaft. Mithin erfordert die zutreffende Abbildung der verrechenbaren Verluste einen **außerbilanziellen Merkposten** (Beispielsfälle bei *Zerbe/Hafner* DStR 2015, 1292 (1293 f.)) 194

Verluste iRd Sonderbetriebsvermögens sind ausgleichs- und abzugsfähig, sofern sie SBV der mittelbaren Gesellschafter sind. Das SBV der Untergesellschaft gehört zum Gesamthandsvermögen der Obergesellschaft und unterliegt dort den Restriktionen des § 15a (BFH 12.2.2014 – IV R 22/10, BStBl. II 2014, 621 Rn. 29; EStR 15a Abs. 2 S. 2; KSM/*v. Beckerath* § 15a Rn. B 256). Die Ausgleichs- und Abzugsbeschränkung im Hinblick auf das SBV ist stets erst bei der Feststellung auf Ebene der Obergesellschaft zu berücksichtigen, sofern dort selbst eine Feststellung iSd § 15a Abs. 4 in Frage kommt (EStR 15a Abs. 2 S. 2 f.). 195

Abweichungen vom „Steuerbilanzkapital" sind in den jeweiligen Ergänzungsbilanzen als „Mehr- oder Minderabschreibungen" zu erfassen. Beziehen sich etwa Anschaffungskosten in der Ergänzungsbilanz auf eine Beteiligung der Obergesellschaft an der Untergesellschaft, sind Wirtschaftsgüter der Untergesellschaft betroffen. Die Obergesellschaft hat dann (über die Ergänzungsbilanz des Obergesellschafters auf Ebene der Obergesellschaft hinaus) die abweichenden Werte in einer steuerlichen Ergänzungsbilanz auf Ebene der Untergesellschaft für den Obergesellschafter zu erfassen. Die Ergebnisse der Ergänzungsbilanz auf Ebene der Untergesellschaft erhöhen zum einen das Kapitalkonto der Obergesellschaft auf Ebene der Untergesellschaft. Da die Ergebnisse mittelbar dem Gesellschafter der Obergesellschaft zuzurechnen sind, ist auch das Kapitalkonto des Obergesellschafters (auf Ebene der Obergesellschaft) um das „Mehrkapital" heraufzusetzen, welches den Bilanzansatz der Beteiligung der Obergesellschaft an 195.1

der Untergesellschaft erhöht hat, also um das bei der Untergesellschaft angesetzte Ergänzungskapital. Das Ergänzungskapital der Untergesellschaft wird mittelbar dem Obergesellschafter zugerechnet, indem sich der Bilanzansatz der Beteiligung des Obergesellschafters an der Obergesellschaft genauso um das Mehrkapital erhöht, wie das „Bilanzkapital" der Beteiligung der Obergesellschaft an der Untergesellschaft (ausführlich *Ley* DStR 2004, 1498 (1501 ff.); s. auch Korn/*Korn* § 15a Rn. 21.1).

195.2 Der Gesellschafter der Obergesellschaft ist **mittelbar** auch **Gesellschafter der Untergesellschaft.** ISd § 15 Abs. 1 S. 1 Nr. 2 S. 2 ist es insofern konsequent, „steuerliches Mehrkapital" bei der Untergesellschaft zu berücksichtigen. Freilich ist stets die jeweilige Beteiligungsquote zu beachten und dementsprechend auch der anteilige verrechenbare Verlust zu bestimmen (*Nickel/Bodde* FR 2003, 391 (393)).

196 Veräußert ein Gesellschafter einen **Anteil an der Obergesellschaft,** kann ein verrechenbarer Verlust aus der Untergesellschaft mit dem Gewinn aus dieser **Veräußerung** verrechnet werden; und zwar insoweit, als diesem entsprechende stille Reserven im Betriebsvermögen der Untergesellschaft gegenüberstehen oder er auf der Auflösung eines negativen Kapitalkontos der Obergesellschaft bei der Untergesellschaft beruht (BFH 1.7.2004 – IV R 67/00, BStBl. II 2010, 157; Verfügung OFD Frankfurt a.M. 23.7.2013, DStR 2013, 2699).

197–199 *Einstweilen frei*

200 **bb) Kapitalgesellschaft.** Die Kapitalgesellschaft als juristische Person kann Kommanditist sein (KSM/*v. Beckerath* § 15a Rn. B 261; zur Verlustverrechnung iRd § 8c KStG → Rn. 663 ff.).

201–202 *Einstweilen frei*

203 **b) „Andere Unternehmer" (Abs. 5).** Neben dem Kommanditisten erfasst die Vorschrift tatbestandlich auch „andere Unternehmer", deren Haftungsstatut oder deren tatsächliche Haftungssituation mit der beschränkten Haftung eines Kommanditisten vergleichbar ist (§ 15a Abs. 5 → Rn. 502). § 15a knüpft über Abs. 5 an die Haftungsverhältnisse des „anderen" Gesellschafters an, die Haftung im Innenverhältnis gegenüber der Gesellschaft, den übrigen Gesellschaftern und im Außenverhältnis gegenüber den Gläubigern.

204 Auch der „andere Unternehmer" muss Mitunternehmer sein. Mitunternehmer iSd § 15 Abs. 1 Nr. 2 kann auch derjenige sein, der in einem Gemeinschaftsverhältnis steht, welches wirtschaftlich dem Gesellschaftsverhältnis entspricht und somit Unternehmerrisiko und -initiative umfasst (BFH 16.12.1997 – VIII R 32/90, BStBl. II 1998, 480 (482 mwN)). Grundsätzlich ist bei der Frage, wer Mitunternehmer iSd § 15 Abs. 1 Nr. 2 ist, auf das zivilrechtliche Gesellschaftsverhältnis iSd § 705 BGB abzustellen. Alternativ zu einer zivilrechtlichen Gesellschafterstellung kann insofern auch ein **aus den Gesamtumständen erwachsendes „Gemeinschaftsverhältnis"** eine Mitunternehmerschaft iSd § 15 Abs. 1 Nr. 2 begründen, wenn dieses Gemeinschaftsverhältnis – wirtschaftlich dem Gesellschaftsverhältnis vergleichbar – Unternehmerrisiko und Unternehmerinitiative in sich vereint (→ Rn. 204.1; ua BFH 25.6.1984 – GrS 4/82, BStBl. II 1984, 751 (768) und 5.6.1986 – IV R 272/84, BStBl. II 1986, 802; KSM/*v. Beckerath* § 15a Rn. B 17).

204.1 „Mitunternehmer i.S. des § 15 Abs. 1 Nr. 2 EStG kann nur sein, wer zivilrechtlich Gesellschafter einer Personengesellschaft ist oder – in Ausnahmefällen – aufgrund eines wirtschaftlich dem Gesellschaftsverhältnis vergleichbaren Gemeinschaftsverhältnisses Unternehmerrisiko trägt und Unternehmerinitiative entfalten kann […]. Für die Annahme der Mitunternehmerschaft genügt auch ein verdecktes Gesellschaftsverhältnis; ob ein solches Gesellschaftsverhältnis vorliegt, ist unabhängig von der formalen Bezeichnung der zwischen den Beteiligten bestehenden Rechtsbeziehungen nach dem Gesamtbild der Verhältnisse zu beurteilen" (BFH 16.12.1997 – VIII R 32/90, BStBl. II 1998, 480 (482) mwN).

205 § 15a findet im Rahmen eines Gemeinschaftsverhältnisses Anwendung, sofern die betreffende Person einem „Unternehmer (Mitunternehmer)" iSd Abs. 5 entspricht und wie ein Kommanditist beschränkt haftet. § 15a ist folglich auch im Rahmen von Erbengemeinschaften iSd § 2032 BGB, Gütergemeinschaften iSd § 1415 BGB sowie Bruchteilsgemeinschaften iSd § 741 BGB grundsätzlich anwendbar (Blümich/*Heuermann* § 15a Rn. 23: „§ 15a (über Abs. 5) anwendbar").

206 *Einstweilen frei*

207 **c) Treuhandverhältnis.** Wird ein Mitunternehmeranteil über ein steuerlich anzuerkennendes Treuhandverhältnis gehalten, sind die **Einkünfte steuerrechtlich dem Treugeber**

zuzurechnen (vgl. § 39 Abs. 2 Nr. 1 S. 2 AO). Ein Treuhandverhältnis ist nach höchstrichterlicher Rechtsprechung gegeben, sofern der Treuhänder eine rechtlich beherrschende Stellung einnimmt und diese nicht nur auf Vereinbarungen basiert, sondern auch tatsächlich ausgeübt wird. Die Einkünfte sind dem Treugeber nur zuzurechnen, wenn der Treuhänder im Innenverhältnis die Gesellschafterrechte ausschließlich und unstreitig auf Weisung und Rechnung des Treugebers ausführt (vgl. §§ 675, 665 BGB). Dem steht nicht entgegen, dass der Treuhänder die Gesellschafterrechte im Außenverhältnis in eigenem Namen ausübt (BFH 21.5.2014 – I R 42/12, BStBl. II 2015, 4 Rn. 50 mwN; BFH 30.6.2005 – IV R 40/03, BFH/NV 2005, 1994).

Den Treugeber einem Gesellschafter „gleichzustellen", ergibt sich auch aus § 39 Abs. 2 **208**
Nr. 1 S. 1 AO, welcher die Zurechnung der Wirtschaftsgüter zum Treugeber bestimmt. Ein Gesellschaftsanteil ist zwar nicht als Wirtschaftsgut zu qualifizieren, stellt aber die „Summe aller Anteile an den zum Gesellschaftsvermögen gehörenden Wirtschaftsgütern" dar; § 39 Abs. 2 Nr. 1 S. 1 AO ist daher auch auf den Gesellschaftsanteil entsprechend anzuwenden. Somit ist auch bei einem Treuhandverhältnis, „dessen Gegenstand die Mitgliedschaft an einer Personengesellschaft ist", die „zivilrechtliche Stellung des Treuhänders als Gesellschafter steuerrechtlich dem Treugeber" zuzurechnen (BFH 25.2.1991 – GrS 7/89, BStBl. II 1991, 691 (700) mwN).

Einstweilen frei **209–214**

2. Anteil am Verlust und Sonderrecht

a) Einkünfte aus Gewerbebetrieb. Aus der Vorentscheidung des § 15 Abs. 1 S. 1 Nr. 2 **215**
S. 1 („Gesellschafter […] einer Kommanditgesellschaft") und der systematischen Stellung des § 15a folgt, dass diese Vorschrift Einkünfte aus Gewerbebetrieb voraussetzt (KSM/*v. Beckerath* § 15a Rn. B 3; zur entsprechenden sowie sinngemäßen Anwendung → Rn. 73). § 15 Abs. 1 S. 1 Nr. 2 bleibt die maßgebliche Norm auch für den beschränkt haftenden KG-Gesellschafter. Er muss nicht nur gewerbliche Einkünfte erzielen, er muss auch im steuerlichen Sinne Mitunternehmer sein. Die **gewerblichen Einkünfte eines Mitunternehmers** sind der aus der Mitunternehmerschaft zuzurechnende Anteil am Gesamtgewinn iSd § 2 Abs. 1 Nr. 2 iVm § 15 Abs. 1 S. 1 Nr. 2. Dem Kommanditisten ist ein Gewinnanteil iRd mitunternehmerischen Ergebnisanteilsermittlung zuzuordnen (*Kopplin/Maßbaum/Sureth* WPg 2010, 1203 (1205); *Helmreich* Verluste bei beschränkter Haftung, 33 f.).

§ 15a knüpft unmittelbar an § 15 Abs. 1 S. 1 Nr. 2 an und konkretisiert die „Einkünfte **216**
aus Gewerbebetrieb", indem die Norm unerhebliche Verluste von erheblichen Verlusten (→ Rn. 7), ausgleichs- und abzugsfähige von verrechenbaren Verlusten abschichtet. Die „Gewinnanteile" des Kommanditisten (§ 15 Abs. 1 S. 1 Nr. 2) erreichen die Saldorechnung des § 2 und die Abzugsrechnung des § 10d nur über das Nadelöhr des § 15a. Soweit dieser iSd Prinzips finanzieller Leistungsfähigkeit vorläufig unerhebliche, eventuell künftig verrechenbare Verluste aussortiert, hält er sie von der einkommensteuerlichen Bemessungsgrundlage des Gesellschafters vorerst fern. Der „Gewinnanteil" iSd § 15 Abs. 1 Nr. 2 setzt sich zusammen aus dem Anteil am gemeinsam erzielten Gewinn (Gesamthandsbilanz), dem Sonderbereich des Gesellschafters (Sonderbetriebseinnahmen und Sonderbetriebsausgaben) und etwaigen Ergänzungsbilanzen.

Die **Gesamthandsbilanz** ist die nach Maßgabe der Handelsbilanz um einkommensteuerrechtliche **216.1**
Bewertungs- und Bilanzierungsvorschriften korrigierte, abgeleitete Steuerbilanz, wonach der auf den jeweiligen Mitunternehmer entfallende Anteil nach einem gesellschaftsvertraglich festgesetzten oder – mangels vertraglicher Vereinbarung – gemäß § 121 HGB vorgesehenen Verteilungsschlüssel zu bestimmen ist (zu gesellschaftsvertraglichen Vereinbarungen → Rn. 242 ff.; BeBiKo/*Grottel/Staudacher* HGB § 247 Rn. 736 ff.). **Ergänzungsbilanzen** erfassen „gesellschafterbezogene Wertkorrekturen" zur Gesamthandsbilanz der Gesellschaft und tragen damit Unterschiedsbeträgen aufgrund differierender Wertansätze Rechnung (MHdB GesR I/*Sangen-Emden* § 62 Rn. 11). Neben den Wertansätzen von Wirtschaftsgütern in der Gesamthandsbilanz werden in einer jeweiligen Ergänzungsbilanz die Wirtschaftsgüter mit „individuellen Anschaffungskosten" und damit uU abweichenden Werten erfasst (KSM/*v. Beckerath* § 15a Rn. B 55). Die Aufstellung von Ergänzungsbilanzen ist insbesondere von Bedeutung, wenn ein Mitunternehmeranteil entgeltlich erworben wird (§ 16 S. 1 Nr. 2), Wirtschaftsgüter eines Gesellschafters aus seinem Privatvermögen oder einer anderen Mitunternehmerschaft übertragen wer-

den (§ 6 Abs. 5), grundsätzlich im Zuge von Einbringung und Verschmelzung, Abspaltung oder Ausgliederung (§ 24 UmwStG), und im Rahmen von „personenbezogenen Steuervergünstigungen“, etwa sofern Steuerpflichtige ein Wahlrecht zur Bildung von Rücklagen nach § 6b EStG wahrnehmen (zu § 6b → Rn. 651; BeBiKo/*Grottel/Staudacher* HGB § 247 Rn. 744–756; *Kahle* FR 2013, 873 (874)).

217 Aus der unmittelbaren Anknüpfung an „Einkünfte aus Gewerbebetrieb“ erschließt sich auch der nach § 15a Abs. 1 S. 1 „einem Kommanditisten **zuzurechnende Anteil am Verlust** der Kommanditgesellschaft“. Hierbei ist das Ergebnis der ersten Gewinnermittlungsstufe zu berücksichtigen, der Verlustanteil, der sich aus dem von der Gesamthand erzielten Ergebnis ergibt (Blümich/*Heuermann* § 15a Rn. 29); das Sonderbetriebsvermögen bleibt außen vor (→ Rn. 220 ff.). Die Ermittlung des dem Kommanditisten zuzurechnenden Verlustanteils setzt die Ermittlung des Ergebnisses auf der Ebene der Gesamthand voraus (zu verschiedenen Interpretationsansätzen und Rechtsprechung in Bezug auf Gewinnermittlung und Bilanzierung siehe Kommentierung zu § 15; KSM/*Desens/Blischke* § 15 Rn. F 43 ff.; Blümich/*Bode* § 15 Rn. 447 ff.; *Döllerer* DStZ 1983, 179; zu Auswirkungen auf das Verlustausgleichsvolumen iRd § 15a KSM/*v. Beckerath* § 15a Rn. B 56 – ausführlich zu den Theorien Rn. B 51 ff.; *Kröner* Verrechnungsbeschränkte Verluste, 39).

218 Sofern Verluste abweichend von handelsrechtlichen Vorgaben auf **gesellschaftsvertraglicher Grundlage** von vornherein nicht den Kommanditisten, sondern ausschließlich den unbeschränkt haftenden Gesellschaftern zuzurechnen sind, findet § 15a keine Anwendung (Blümich/*Heuermann* § 15a Rn. 29). Ist ein Ausgleich des negativen Kapitalkontos aus künftigen, dem Kommanditisten zuzurechnenden Gewinnanteilen **nach den Gesamtumständen nicht möglich,** erfolgt von vorneherein keine Verlustzuweisung (→ Rn. 357).

219 *Einstweilen frei*

220 **b) Sonderbetriebsvermögen.** Sonderbetriebsvermögen eines Mitunternehmers bleibt **bei der Berechnung des Anteils am Verlust** der Gesellschaft außer Ansatz und unterliegt insofern nicht der Ausgleichs- und Abzugsbeschränkung des § 15a (BFH 14.5.1991 – VIII R 31/88, BStBl. II 1992, 167 (171); EStR 15a Abs. 2 S. 1).

220.1 Den **Gesetzgebungsmaterialien** ist zwar zu entnehmen, „daß sogenanntes Sonderbetriebsvermögen einzelner Gesellschafter Kapital im Sinne der sofortigen Verrechenbarkeit von Verlusten darstellt. Dies gilt auch für Darlehen, die ein Gesellschafter der Gesellschaft gewährt“ (BT-Drs. 8/4157, 2). Dagegen konstatierte der Bundesfinanzhof in ständiger **Rechtsprechung,** die Einbeziehung von (positivem wie negativem) Sonderbetriebsvermögen bei der Ermittlung des Kapitalkontos lasse sich „nicht ohne weiteres aus Wortlaut und Zweck der Vorschrift herleiten“ (BFH 1.6.1989 – IV R 19/88, BStBl. II 1989, 1018 (1019); BFH 30.3.1993 – VIII R 63/91, BStBl. II 1993, 706). So folgt der VIII. Senat der Auffassung, „wonach bei der Ermittlung des Werts des Kapitalkontos i.S. § 15a EStG das **aktive und passive Sonderbetriebsvermögen des Kommanditisten nicht zu berücksichtigen** ist. Maßgeblich für das Kapitalkonto des Kommanditisten i.S. von § 15a EStG kann nur die Steuerbilanz der Gesellschaft und ggf. eine Ergänzungsbilanz sein, nicht aber die sog. Gesamtbilanz der Mitunternehmerschaft. Diese Auslegung mag, wenn man nur auf den Wortlaut des § 15a EStG abstellt, nicht zwingend sein. Sie ergibt sich aber aus dem Systemzusammenhang und dem Zweck der Vorschrift“ (BFH 14.5.1991 – VIII R 31/88, BStBl. II 1992, 167 (170)).

221 **Das Sonderbetriebsvermögen** nicht zu berücksichtigen, ist mit Blick auf das Regelungsanliegen des § 15a konsequent: Der Kommanditist haftet weder gegenwärtig noch künftig mit seinem Sonderbetriebsvermögen für Verlustanteile. Da das Sonderbetriebsvermögen **nicht gesamthänderisch gebunden und insofern schon nicht Teil der Haftungsmasse eines beschränkt haftenden Gesellschafters** ist, widerspräche sein Einbezug dem Sinn und Zweck der Vorschrift, die Steuerwirksamkeit ausschließlich für substantielle Kapitalverluste zuzulassen (BFH 14.5.1991 – VIII R 31/88, BStBl. 1992, 167 (171 f.); HHR/*Lüdemann* § 15a Rn. 85). Insofern ist ausschließlich Vermögen mit einzubeziehen, das als Haftungsmasse herangezogen werden kann.

221.1 Sofern Sonderbetriebsvermögen bei der **Berechnung des Anteils am Verlust** der Gesellschaft erfasst würde, führte aktives Sonderbetriebsvermögen zu einem **höheren Verlustausgleichspotential;** ein passiver Saldo dagegen bewirkte ein **vermindertes Ausgleichs- bzw. Abzugspotential** (da es den Anteil am betriebswirtschaftlichen Ergebnis der Gesellschaft im Falle eines Gewinns verringern respektive im Falle eines Verlustes diesen erhöhen und insofern auf die Ausgangsgröße für die Berechnung des Verlustausgleichs einwirken würde; zu den Folgen → Rn. 221.2). Dem Steuerpflichtigen dürfte grundsätzlich an einer restriktiven Auffassung des Gewinnanteils iSd § 15 Abs. 1 S. 1 Nr. 2 gelegen sein (Schmidt/*Wacker* § 15a Rn. 70); Verluste, die der „Anteil am Verlust der Kommanditgesellschaft" (§ 15a Abs. 1 S. 1) nicht erfasst, unterliegen auch nicht § 15a, so auch nicht Verluste iRd Sonderbetriebsvermögens. Sonderbetriebsvermögen unberücksichtigt zu lassen dient dem Sinn und Zweck der Norm, denn für negative Einkünfte iRd Sonderbetriebsvermögens steht der Gesellschafter persönlich (unbeschränkt) ein (so auch KSM/*v. Beckerath* § 15a Rn. B 75).

Positives **Sonderbetriebsvermögen** hätte ggf. den **Effekt** einer unberechtigten Vorverlagerung des Verlustausgleichs- bzw. -abzugs; sofern keine zukünftigen Gewinne mehr erwirtschaftet würden, führte positives Sonderbetriebsvermögen gar zu einem Ausgleich wirtschaftlich neutraler Verluste. Eine Berücksichtigung negativen Sonderbetriebsvermögens führte dagegen zu einer ungerechtfertigten Benachteiligung, da ein negatives Kapitalkonto schneller erreicht und Verluste dann ggf. nicht mehr ausgleichs- bzw. abzugsfähig wären, sondern der Verrechnung mit zukünftigen Gewinnen unterlägen – sofern diese überhaupt erwirtschaftet würden. Eine steuerliche Anerkennung würde insofern zeitlich aufgeschoben. Beide Varianten wirken sich insofern auf das steuerliche Ergebnis des jeweiligen Veranlagungszeitraums aus (BFH 14.5.1991 – VIII R 31/88, BStBl. 1992, 167 (171 f.); HHR/*Lüdemann* § 15a Rn. 85). 221.2

§ 15a würde seiner Korrespondenzfunktion, Haftung und Verlustverwertung zusammenzubringen, nicht gerecht werden, wenn Sonderbetriebsvermögen mit einbezogen wäre (→ Rn. 221.2). Sonderbetriebsvermögen ist für Zwecke des § 15a bei der Ermittlung des Verlustausgleichsvolumens nicht zu berücksichtigen. Abzustellen ist auf die (aus der Handelsbilanz abgeleiteten) **Steuerbilanz sowie auf mögliche Ergänzungsbilanzen** anstelle der (additiven) Gesamtbilanz. Eine andere Annahme zugrunde zu legen, durchbräche die Binnensystematik der Norm (Blümich/*Heuermann* § 15a Rn. 36; HHR/*Lüdemann* § 15a Rn. 85). 222

Einstweilen frei 223

3. Kapitalkonto

a) Gelenkfunktion. Der **zivilrechtlichen Haftungsverantwortung** folgend differenziert § 15a im Zeichen konsequenter Unterscheidung ausgleichs- und abzugsfähige Verluste und verrechenbare Verluste – sachlich sowie zeitlich. Den Ausgangspunkt bildet das Handelsrecht bzw. der ökonomische Sachverhalt, der nach Handelsrecht in der Handelsbilanz abgebildet wird (materielle Maßgeblichkeit der handelsrechtlichen Grundsätze ordnungsgemäßer Buchführung (GoB), ausführlich zum Grundsatz der Maßgeblichkeit § 5 → § 5 Rn. 303 ff.; zu Einzelheiten der (materiellen) Maßgeblichkeit Blümich/*Krumm* § 5 Rn. 180 ff.; zu „Durchbrechungen und Konkretisierungen der GoB" HHR/*Anzinger* § 5 Rn. 36). Das Ergebnis dieser Abbildung kann auch ein Jahresfehlbetrag sein. 224

Zivilrechtlich können dem Kommanditisten KG-Verluste über das Maß seiner Mithaftung hinaus zugeordnet sein. Übersteigt der Verlust die Vermögenseinlage, entsteht ein **negatives Kapitalkonto.** Steuerrechtlich verwehrt § 15a Abs. 1 S. 1 Hs. 1 den Verlustausgleich und -abzug mit Einkünften aus Gewerbebetrieb oder anderen Einkunftsarten, „soweit ein negatives Kapitalkonto des Kommanditisten entsteht oder sich erhöht". Gleichzeitig trägt das Gesetz die (bilanzielle) Entstehung eines negativen Kapitalkontos mit und regelt nicht dessen Vermeidung. § 15a anerkennt insoweit das negative Kapitalkonto des Kommanditisten. Das **Einkommensteuergesetz schuldet** jedoch den systemgerechten Umgang mit dem negativen Kapitalanteil, insbesondere **nicht die sofortige Verlustverrechnung.** Zwar erfüllt das negative Kapitalkonto eine Gelenkfunktion (oder Schleusenfunktion), doch ist das Steuerrecht eigenen Zwecken verpflichtet, voran der Vermessung individueller Leistungsfähigkeit. § 15a nutzt das negative Kapitalkonto als Gelenk, um anhand dieser Maßgröße ausgleichs- und abzugsfähige Verluste zu unterscheiden von verrechenbaren Verlusten. 225

Die handelsrechtliche Verlustzuweisung in Form des negativen Kapitalkontos auch in der Steuerbilanz zu berücksichtigen, rechtfertigt sich aus der handelsrechtlichen **Verpflichtung, spätere Gewinne solange zu thesaurieren, bis der stehengelassene Verlust ausgeglichen** und der Kapitalanteil wieder auf den auf die bedungene Einlage geleisteten Betrag angewachsen **ist** (→ Rn. 241.1). So erschöpft sich das Mitunternehmerrisiko nicht bereits an der Stelle, an der ein Kommanditist mit dem negativen Kapitalkonto betragsmäßig weder Gläubigern gegenüber noch der Gesellschaft oder seinen Mitgesellschaftern gegenüber haftet. 226

Das **Unternehmerrisiko** bleibt auch mit der fehlenden Gläubigerhaftung des Kommanditisten weiterhin bestehen (BFH 10.11.1980 – GrS 1/79, BStBl. II 1981, 164 (168)). Das Unternehmerrisiko wird ausgedrückt durch die gesellschafterindividuelle Verpflichtung zur Gewinnverwendung und die damit herrschende Ungewissheit.

227 Das Unternehmerrisiko rechtfertigt zwar die bloße Anerkennung des negativen Kapitalkontos in der Steuerbilanz; der Verlust wird in seiner Abhängigkeit von künftigen Gewinnen aber erst in dem Zeitpunkt steuerlich wirksam, in dem der Gesellschafter tatsächlich wirtschaftlich belastet ist.

228 Auch die **stillen Reserven** im Gesellschaftsvermögen stützen den wirtschaftlichen Gehalt der Verlusthaftung: Die Auflösung von stillen Reserven führt auch beim Kommanditisten zu einem Gewinnanteil. Da der Veräußerungs- oder Auflösungsgewinn vorrangig mit den verrechenbaren Verlusten ausgeglichen wird, führt dies zu einer endgültigen wirtschaftlichen Belastung beim Kommanditisten. Die „Verlusthaftung des Kommanditisten mit künftigen Gewinnanteilen" drückt sich gerade in den mitunter hohen stillen Reserven aus, die in einer KG ruhen (BFH 10.11.1980 – GrS 1/79, BStBl. II 1981, 164 (168)). **§ 15a erkennt das negative Kapitalkonto** mithin **an – jedoch nicht iS einer sofortigen Steuerwirksamkeit.** Steuerwirksam wird ein „Eventualverlust" (→ Rn. 24) erst, wenn er sich in einer Vermögensminderung realisiert.

229 Das negative Kapitalkonto ist die zentrale tatbestandliche Referenz, es erfüllt eine Messfunktion und zeigt Verrechnungspotentiale auf. § 15a zieht anhand des Kapitalkontenstandes die Grenze zwischen steuereffektiver Verlustverrechnung (Ausgleich und Abzug) und dem Ausweis von Verlustpotential (verrechenbare Verluste). Im Umfang dieses Verlustpotentials sind Gewinnanteile künftiger Wirtschaftsjahre zu verrechnen. Dem Kommanditisten zukommende Gewinnanteile sind mit diesen bislang „unsicheren" Verlusten zu saldieren. Die Gewinnanteile werden dem Kapitalanteil des Kommanditisten zugeschrieben bis zu dem Betrag der bedungenen Einlage (§ 167 Abs. 2 HGB; → Rn. 229.1).

229.1 „Sinn und Zweck des § 15a EStG ist es, dem Kommanditisten einen steuerlichen Verlustausgleich nur insoweit zu gewähren, als er wirtschaftlich durch die Verluste belastet wird […]. Auszugehen ist dabei grundsätzlich von der Regelung des § 167 Abs. 3 des Handelsgesetzbuchs. Danach nimmt der Kommanditist nur bis zum Betrag seines Kapitalanteils und seiner noch rückständigen Einlage am Verlust teil" (BFH 20.11.2014 – IV R 47/11, BStBl. II 2015, 532 Rn. 33).

230 Die **Ausgleichsverpflichtung** kann aber auch mangels künftiger Gewinnanteile oder aufgrund der Auflösung der Gesellschaft oder des Ausscheidens des Gesellschafters entfallen (Korn/*Korn* § 15a Rn. 25). Dann haben sich die Eventualverluste endgültig als Nicht-Verluste erwiesen.

231 Die gesellschaftsrechtliche Stellung eines Kommanditisten im Innen- und Außenverhältnis ist nach handelsrechtlichen Grundsätzen, insbesondere den Vorschriften des § 167 Abs. 3 HGB ausgestaltet. Dem Kommanditisten zuzurechnende „**Noch-nicht-Verluste**" (nach Abs. 1 S. 1 nicht ausgleichs- oder abzugsfähig) werden in **außerbilanziellen Merkposten** als verrechenbare Verluste erfasst (→ Rn. 361 ff.; zur Feststellung verrechenbarer Verluste nach Abs. 4 → Rn. 481 ff.) und weiterentwickelt. Die Verluste sind dabei stets **auf dem Kapitalkonto zu verbuchen** – unabhängig davon, ob sie ausgleichs- und abzugsfähig sind oder lediglich verrechenbar. So hält § 15a „Eventualverluste" (→ Rn. 24), denen nur im Zeitablauf Substanz zuwachsen kann, vorerst von der Bemessungsgrundlage fern und entspricht damit den Saldierungsgrundsätzen des § 2 (→ Rn. 26 f.).

232 Der Kommanditist wird (unbeschadet § 167 Abs. 3 HGB → Rn. 241) mit künftigen Gewinnen (→ Rn. 232.2) zur Verlusthaftung herangezogen, mithin zeitversetzt an den Verlusten beteiligt. Am Verlust der Gesellschaft nimmt er erst wieder teil, wenn ein künftiger Gewinnanteil zur Verlustverrechnung führt und der bis dato zurückgehaltene, vormalige Eventualverlust zur realen Vermögenseinbuße, mithin zum erheblichen (→ Rn. 7) Verlust wird (→ Rn. 232.1).

232.1 § 15a nach werden „die zum negativen Kapitalkonto führenden Verlustanteile des Kommanditisten […] nicht dem persönlich haftenden Gesellschafter zugerechnet, sondern zur Verrechnung mit künftigem Gewinn beim Kommanditisten festgehalten. Die Regelung erscheint naheliegend, wenn nicht sogar geboten, weil der Kommanditist an einer Minderung des Gesellschaftsvermögens nach Aufzehrung seines positiven Kapitalanteiles nicht beteiligt ist, andererseits aber auch an einer Mehrung des Gesellschaftsvermögens zunächst nicht teilnimmt; das negative Kapitalkonto legt im Verhältnis der Gesellschafter lediglich fest, in welchem Umfang er von der Beteiligung an einer Vermögensmehrung ausgeschlossen ist“ (BFH 9.5.1996 – IV R 75/93, BStBl. II 1996, 474 (475); BFH 21.4.1994 – IV R 70/92, BStBl. II 1994, 745).

Die „künftigen Gewinnanteile, die der Kommanditist nach § 167 Abs. 3, § 169 Abs. 1 S. 2 HGB zur Auffüllung des negativen Kapitalkontos zu verwenden hat, [sind] die in § 15 Abs. 1 Nr. 2 EStG an erster Stelle genannten Gewinnanteile“ (BFH 10.11.1980 – GrS 1/79, BStBl. II 1981, 164 (169); → Rn. 215 ff.). 232.2

Der Kommanditist ist mit „Eventualverlusten“ insofern belastet, als er diese bei künftiger Gewinnbeteiligung einbringen muss. Steuerrechtlich wird ein **„Eventualverlust“** (durch abweichende Zuordnung) **aufgehoben,** „als nach den Verhältnissen am Bilanzstichtag feststeht, dass ein Ausgleich des durch die Verluste aus der Gesellschaftsbilanz entstehenden oder sich erhöhenden negativen Kapitalkontos mit künftigen Gewinnanteilen des Kommanditisten nicht mehr in Betracht kommt“ (OFD Nordrhein-Westfalen 7.7.2014, FR 2014, 823; → Rn. 357 f.; bereits BFH 10.11.1980 – GrS 1/79, BStBl. II 1981, 164 (169)). Der Verrechnungseffekt des § 15a kann letztlich auch im Falle eines Ausscheidens des Gesellschafters, einer Liquidation oder Vollbeendigung der Gesellschaft dazu führen, dass eine Teilhabe an (weiteren) Verlusten ausbleibt (→ Rn. 358). 233

Die konsequente Unterscheidung ausgleichs- und abzugsfähiger Verluste gegenüber verrechenbaren Verlusten iSd § 15a unterliegt grundsätzlich dem **Stichtagsprinzip.** Insofern ist auf den Kapitalkontenstand zum jeweiligen Bilanzstichtag abzustellen (Schmidt/*Wacker* § 15a Rn. 81). 234

Im Rahmen der steuerlichen **Rückwirkung bei Umwandlungen** ist es jedoch systematisch geboten, Haftungsverhältnisse rückwirkend zu berücksichtigen, was dann zur Einschränkung des Stichtagsprinzips führt. Rückwirkend zu berücksichtigen ist die Haftsumme am steuerlichen Übertragungsstichtag (BFH 3.2.2010 – IV R 61/07, BStBl. II 2010, 942 Rn. 15, 23 ff.). Dieser Berücksichtigung der Verhältnisse zum steuerlichen Übertragungsstichtag unterliegt der Grundtatbestand des Abs. 1 S. 1 ebenso wie der erweiterte Verlustausgleich gemäß Abs. 1 S. 2 und 3 der Vorschrift. Nichts anderes dürfte sich ergeben, sollte die Haftsumme zum Umwandlungszeitpunkt niedriger sein als nach den rückwirkend zu berücksichtigenden Verhältnissen zum steuerlichen Übertragungsstichtag (BFH 3.2.2010 – IV R 61/07, BStBl. II 2010, 942 Rn. 26 ff.). 235

Einstweilen frei 236

b) Handelsrechtlicher „Kapitalanteil“. „Der Kapitalanteil ist die Bilanzziffer, die den gegenwärtigen Stand der Einlage des Gesellschafters angibt, so wie er sich nach den Methoden der kaufmännischen Buchführung und Bilanzierung errechnet. Der Stand der Einlage, der auf diese Weise ausgewiesen ist, gibt zugleich die Höhe der Wertbeteiligung des Gesellschafters am Gesellschaftsvermögen (des ‚Anteils am Gesellschaftsvermögen‘ im Sinne des § 719 BGB) an“ (*Huber* Vermögensanteil, 228). Im Handelsgesetzbuch tritt begrifflich statt des Kapitalkontos der Terminus Kapitalanteil auf (zur Terminologie bereits *Döllerer* DStR 1981, 19). 237

aa) Handelsrechtliche Verteilung des Jahresergebnisses. Die handelsrechtliche Ergebnisverteilung erfolgt unabhängig von der Rechtsstellung des Gesellschafters als beschränkt oder unbeschränkt haftender Gesellschafter. Die Anteilsberechnung an Gewinn und Verlust nach § 120 HGB gilt für den Kommanditisten über § 167 Abs. 1 HGB. Das (Jahresabschluss-)Ergebnis der Gesellschaft ist den Gesellschaftern entweder nach dem gesetzlichen Gewinnverteilungsschlüssel zuzurechnen oder nach einer gesellschaftsvertraglich vereinbarten Gewinnverteilung (dazu *K. Schmidt* Gesellschaftsrecht, 1387). 238

Nach § 168 Abs. 1 HGB bestimmen sich die **Gewinnanteile** nach § 121 Abs. 1 und 2 HGB, „soweit der Gewinn den Betrag von vier vom Hundert der Kapitalanteile nicht übersteigt“. Jedem Gesellschafter steht demnach eine „Vorzugsdividende“ in Höhe von 4% seines Kapitalanteils zu (Gummert/*Karrer* MAH Personengesellschaftsrecht § 16 Rn. 123 ff.). Ein entsprechend niedrigerer Satz ist zu wählen, sofern der Jahresgewinn hierfür nicht ausreicht. Für einen die vier von Hundert übersteigenden Gewinn sowie für einen Verlust gilt nach § 168 Abs. 2 HGB „ein den Umständen nach angemessenes Verhältnis der Anteile als bedungen“ (s. zur Handhabung von Einlagen und Entnahmen während des laufenden Geschäftsjah- 239 res § 121 Abs. 2 HGB). „Derjenige Teil des Jahresgewinns, welcher die nach den Absätzen 1 und 2 zu berechnenden Gewinnanteile übersteigt, sowie der Verlust eines Geschäftsjahrs wird unter die Gesellschafter nach Köpfen verteilt" (§ 121 **Abs. 3** HGB). In der Praxis wird jedoch regelmäßig durch gesellschaftsvertragliche Vereinbarung von der gesetzlichen Vorschrift als abdingbares Recht abgewichen (→ Rn. 242 ff.; MHdB GesR II/*Inhester*/*Herrmann* § 26 Rn. 49 f.).

240 Der Bilanzposten „**Kapitalanteil**" ist nach dem Handelsgesetzbuch **variabel;** Gewinne und Verluste, Einlagen und Entnahmen werden direkt über das für Buchführungszwecke eingerichtete Kapitalkonto gebucht und bilden insofern den gegenwärtigen Einlagestand ab. **§ 167 Abs. 2 HGB begrenzt den Kapitalanteil auf den Betrag der gesellschaftsvertraglich festgesetzten Einlage.** Danach werden Gewinne „seinem Kapitalanteil nur so lange zugeschrieben, als dieser den Betrag der bedungenen Einlage nicht erreicht" (§ 167 Abs. 2 HGB). Entsteht durch Verluste ein negatives Kapitalkonto, ist das Kapitalkonto mit späteren Gewinnanteilen auszugleichen. Darüber hinaus sind die Gewinnanteile bis zum Betrag der bedungenen Einlage dem Kapitalanteil zuzuschreiben (§ 167 Abs. 1, 2 HGB, § 169 Abs. 1 S. 2 Hs. 2 HGB; EBJS/*Weipert* HGB § 167 Rn. 4 f.). Darüber hinausgehende Gewinne werden entweder auf ein Forderungskonto gebucht oder ausgezahlt (Gummert/*Karrer* MAH Personengesellschaftsrecht § 16 Rn. 137).

240.1 Kapitalkonten von Kommanditisten weisen gegenüber Kapitalkonten von Komplementären Besonderheiten auf. So schließt § 169 HGB etwa das Entnahmerecht des § 122 HGB für den Kommanditisten aus.

241 Das Handelsrecht sieht eine Zuordnung von Verlusten ungeachtet der Haftungsverantwortung vor. **§ 167 Abs. 3 HGB** schränkt die Verlustbeteiligung zwar ein („An dem Verlust nimmt der Kommanditist nur bis zum Betrag seines Kapitalanteils und seiner noch rückständigen Einlage teil."), allerdings bezieht sich § 167 Abs. 3 HGB auf den Fall einer **finalen Verlustzuweisung** (→ Rn. 14), etwa bei Liquidation der Gesellschaft. Das negative Kapitalkonto eines Kommanditisten oder „anderen Unternehmers" iSd Abs. 5 ist daher nicht in der Liquidationsschlussbilanz auszuweisen (Korn/*Korn* § 15a Rn. 3).

241.1 Grundsätzlich sind für den Kommanditisten nach handelsrechtlichem Regelstatut **zwei Gesellschafterkonten** vorgesehen. Mit **Erreichen der Pflichteinlage** durch geleistete Einlagen oder stehengelassene Gewinne, sieht das Gesetz vor, ein zweites Kapitalkonto einzurichten und überschüssige – den festgesetzten Kapitalanteil übersteigende – Gewinnanteile sowie dem Kommanditisten zu gewährende Entnahmen über ein sogenanntes **Privat-, Sonder- oder Darlehenskonto** zu buchen (zu Abgrenzungsfragen → Rn. 252 ff.; zu den verschiedenen Kontenmodellen → Rn. 246 ff.). Das Handelsrecht trägt der beschränkten Haftung und fehlenden Nachschusspflicht des Kommanditisten Rechnung, indem Verlustanteile ausschließlich über das **Kapitalkonto** zugewiesen und verrechnet werden. Auch eine negative Saldogröße kann aus der Verrechnung resultieren. Der Kommanditist kann „die Auszahlung des Gewinns nicht fordern, solange sein Kapitalanteil durch Verlust unter den auf die bedungene Einlage geleisteten Betrag herabgemindert ist" (§ 169 Abs. 1 S. 2 Hs. 2 Alt. 1 HGB). Der Kommanditist kann darüber hinaus keine Auszahlung beanspruchen, sofern diese zu einem unter die Haftsumme herabgeminderten Betrag führen würde (§ 169 Abs. 1 S. 2 Hs. 2 Alt. 2 HGB). Bereits verbuchte Gewinnanteile des zweiten Kontos bleiben dabei unberührt (§ 169 Abs. 2 HGB).

241.2 Die vertraglich vereinbarte und im Handelsregister eingetragene **Vermögenseinlage** ist auch dann zu verbuchen, sofern diese noch nicht vollständig geleistet wurde. Der noch nicht erbrachte Einlagenanteil ist auf dem Kapitalkonto als (bilanzielles) Korrektiv gegenzubuchen. Mit Leistung der Einlage ist das Debet auszubuchen.

242 **bb) Gesellschaftsvertragliche Regelungen.** Der Bilanzposten „Kapitalanteil" iSd Handelsgesetzbuchs ist eine sich ständig verändernde bilanzielle Rechengröße (vgl. § 120 Abs. 2 HGB; → Rn. 240). Gesellschaftsrechtliche Vertragsgestaltung in **Abweichung vom dispositiven Recht** ist jedoch gängige Vertragspraxis: Kapitalanteile stellen Anknüpfungspunkte für die Rechte der Gesellschafter dar, als variable Größe sind sie dafür jedoch ungeeignet. „Die Technik der **festen Kapitalanteile** ist sachgerecht" (*K. Schmidt* Gesellschaftsrecht, 1385 f.); sie entsprechen der Höhe des Kapitalanteils und ersetzen in der Praxis als interessengerechtere Vereinbarungen regelmäßig die variablen Kapitalanteile.

Der **Kapitalanteil ist Maßgabe** für den Gewinn- bzw. Verlustanteil, die anteiligen stillen Reserven, die Beteiligung am Geschäfts- oder Firmenwert und die Stimmenverteilung. Darüber hinaus sieht der Gesellschaftsvertrag – in Abweichung von handelsgesetzlichen Bestimmungen – häufig eine Entnahmebeschränkung vor zugunsten zu bildender Rücklagen, die der „Stärkung des Eigenkapitals der Gesellschaft" dienen (Gummert/*Karrer* MAH Personengesellschaftsrecht § 16 Rn. 137; HHR/*Lüdemann* § 15a Rn. 88). 243

Die Zuordnung der Gewinn- und Verlustanteile erfolgt üblicherweise für alle Gesellschafter nach einem festen, dem jeweiligen Kapitalanteil entsprechenden Verteilungsschlüssel (MHdB GesR I/*v. Falkenhausen/Schneider* § 63 Rn. 18 ff.). 244

c) Kapitalkonten und Abgrenzungsfragen. Die Abgrenzung der Konten mit Eigenkapital- oder aber Forderungscharakter ist für die Frage entscheidend, ob das Konto iRd Ermittlung des Kapitalkontos des Kommanditisten nach § 15a Abs. 1zu berücksichtigen ist (BFH 16.10.2008 – IV R 98/06, BStBl. II 2009, 272). Ausschließlich gesamthänderisch gebundenes Kontoguthaben ist bei der Ermittlung des Kapitalkontos iSd § 15a miteinzubeziehen; Konten mit Forderungscharakter bleiben hingegen außen vor. Die Qualifikation eines Gesellschafterkontos bestimmt den Zugriff des § 15a. 245

aa) Kontenmodelle. Die Charakterisierung eines Kontos und damit auch die steuerlichen Auswirkungen auf die Berechnung des negativen Kapitalkontos (→ Rn. 252 ff.) sind stets iRd jeweiligen Kontenmodells zu beurteilen. Das **Zwei-Konten-Modell** verbindet ein festes erstes Kapitalkonto mit einem variablen zweiten. Das **feste Kapitalkonto (I)** weist ausschließlich die **Einlage des Gesellschafters** aus. Auf dem variablen zweiten **Kapitalkonto (II)** werden **Gewinn- und Verlustanteile** sowie **Entnahmen** gebucht. Nach § 167 Abs. 2 HGB sind Gewinnanteile dem Kapitalanteil des Kommanditisten nur so lange zuzuschreiben, bis der Kapitalanteil die bedungene Einlage erreicht hat. IRd Zwei-Konten-Modells werden die Gewinne jedoch weiterhin auf dem Kapitalkonto (II) verbucht. Entgegen § 167 Abs. 2 HGB werden insofern stehen gelassene Gewinne aus vorangegangenen Jahren mit Verlusten verrechnet, die dem Kommanditisten in nachfolgenden Jahren zuzurechnen sind. Diese Verrechnung spricht gegen das „haftungsbeschränkende Konzept" (*Ley* DStR 2009, 613 (615); BFH 16.10.2008 – IV R 98/06, BStBl. II 2009, 272 (274) mwN). In der Praxis wird daher oftmals das Drei-Konten-Modell gewählt. 246

IRd **Drei-Konten-Modells** sind auf dem ersten Kapitalkonto (I) die Einlagen zu verbuchen, auf dem zweiten Kapitalkonto (II) die nichtentnahmefähigen Gewinne sowie die Verluste. Auf dem dritten Konto werden Gewinnanteile, die entnahmefähig sind, sowie weitere Einlagen und Entnahmen erfasst (*Carlé/Bauschatz* FR 2002, 1153 (1160)). Während es sich aufgrund ihres Eigenkapitalcharakters bei den ersten beiden Kapitalkonten um Gesellschafterkapitalkonten handelt (das Kapitalkonto II als Unterkonto des Kapitalkonto I), ist das dritte passivische Konto dagegen ein Gesellschafterdarlehenskonto, welches eine „unentziehbare Forderung" des Kommanditisten gegenüber der Gesellschaft ausweist (BFH 16.10.2008 – IV R 98/06, BStBl. II 2009, 272 (274 f.); *Gocke/Rogall* FS Schaumburg, 2009, 345 (349 f.); *Ley* DStR 2009, 613 (615)). 247

Nur das **Vier-Konten-Modell** bedient die im Gesetz vorgesehene Verlustverrechnung nach § 169 Abs. 1 S. 2 Hs. 2 HGB. Das Vier-Konten-Modell erweitert das Drei-Konten-Modell um ein Verlustverrechnungs- bzw. Verlustvortragskonto. Verluste werden dadurch „nicht primär mit stehen gelassenen Gewinnen, sondern, wie in § 169 Abs. 1 Satz 2 2. Halbsatz HGB vorgesehen, mit künftigen Gewinnen verrechnet"; damit erreicht das Modell das „im Gesetz vorgesehene Ergebnis" (BFH 16.10.2008 – IV R 98/06, BStBl. II 2009, 272 (275)). Künftige Gewinnanteile werden bis zum Ausgleich des Verlustvortragskontos zur Verlustverrechnung verwendet; eine Haftung nach § 172 Abs. 4 S. 2 HGB wird dadurch vermieden. Darüber hinaus gehende Gewinne werden auf dem Kapitalkonto (II) gebucht (*Kahle* FR 2010, 773 (777)). 248

Das Verlustverrechnungskonto (III) beim Vier-Konten-Modell ist wie das Kapitalkonto (I) als Kapitalkonto (Kapitalkontencharakter) zu werten. Das passivische Darlehenskonto ist dagegen ein Forderungskonto. Auch das Kapitalkonto (II) hat nach den Mustervorgaben des Modells typischerweise Forderungscharakter; es sei denn, der Gesellschaftsvertrag sieht vor „dass das Verlustvortragskonto als Unterkonto zum Kapitalkonto II geführt wird oder das Kapitalkonto II als Rücklagenkonto spätere Verluste abdecken soll". Die Rechtsnatur des 249 zweiten Kontos (II) ist insofern gesellschaftsvertraglich gestaltbar (BFH 16.10.2008 – IV R 98/06, BStBl. II 2009, 272 (275 f.); OFD Frankfurt a.M. 6.7.2016, BeckVerw 330807 Rn. 2; *Ley* DStR 2009, 613 (616); zu den Gesellschafterkonten auch MHdB GesR I/*Gummert* § 13 Rn. 32 ff.).

250–251 *Einstweilen frei*

252 **bb) Abgrenzung der Kapitalkonten von übrigen Gesellschafterkonten.** Das Kapitalkonto bei einer KG kann grundsätzlich aus mehreren Konten mit unterschiedlicher Bezeichnung bestehen. Maßgeblich ist, ob das Konto der gesamthänderischen Bindung unterliegt (BFH 7.4.2005 – IV R 24/03, BStBl. II 2005, 598 (600)). Die gesellschaftsrechtlichen Kontenstrukturen entscheiden auch über den Zugriff des § 15a. Grundsätzlich muss für jeden Einzelfall entschieden werden, ob ein Konto dem Eigenkapital zuzuordnen ist oder Fremdkapital ausweist. Dabei bestimmt sich die steuerliche Einordnung der verschiedenen Konten nach den gesellschaftsvertraglichen Regelungen sowie der tatsächlichen Durchführung, nicht hingegen nach der jeweiligen Kontenbezeichnung (HHR/*Lüdemann* § 15a Rn. 89). Die Differenzierung der Konten nach ihrem Charakter als Eigenkapitalkonto oder Forderungs- und Verbindlichkeitskonto ist für den Zugriff der Norm entscheidend (zu Mehrgewinnen aus Außenprüfungen OFD Frankfurt a.M. 6.7.2016, BeckVerw 330807 Rn. 8 ff.).

253 **§ 15a erfasst nicht das Sonderbetriebsvermögen** des Gesellschafters (→ Rn. 220 ff.). Der BFH-Rechtsprechung nach steht fest, dass „i.S. von § 15a Abs. 1 Satz 1 EStG nicht nur positive und negative Wirtschaftsgüter des Sonderbetriebsvermögens aus dem Begriff des Kapitalkontos auszuklammern […], sondern auch Sonderbetriebseinnahmen und Sonderbetriebsausgaben nicht zu den Anteilen am Verlust der KG zu rechnen sind. Demgemäß gehören Sonderbetriebseinnahmen auch nicht zu den Beteiligungsgewinnen, die nach § 15a Abs. 2 EStG durch verrechenbare Verluste gemindert werden" (BFH 23.1.2001 – VIII R 30/99, BStBl. II 2001, 621 (622 f.) mwN; zum Umfang des Kapitalkontos iSd § 15a und zu Abgrenzungsfragen auch BMF 30.5.1997, BStBl. I 1997, 627; s. auch *Prinz/Thiel* DStR 1994, 341). Forderungs- bzw. Verbindlichkeitskonten weisen aber gerade aktives und passives SBV aus.

254 Eine Einordnung der Konten nach ihrem Charakter ist anhand der tatsächlichen **Verlustverrechnung** vorzunehmen. Werden Verluste auf dem Gesellschafterkonto verbucht, weist dies auf ein Kapitalkonto hin. Eine laufende Verlustverrechnung ist dabei nicht notwendig, vielmehr genügt es auch, wenn im Fall der Liquidation oder bei Ausscheiden des Gesellschafters etwa ein „auf dem Darlehenskonto verbuchtes Guthaben" mit einem negativen Kapitalkontenbetrag zu verrechnen ist (ua BFH 28.1.2014 – VIII R 5/11, BFH/NV 2014, 1193 Rn. 12; 15.5.2008 – IV R 46/05, BStBl. II 2008, 812). „Wird ein Konto im Rahmen der Berechnung des Abfindungsguthabens in die Verrechnung der Verluste einbezogen, so spricht das […] für seinen Kapitalkontencharakter" und ist insofern als Kapitalkonto einzuordnen (BFH 15.5.2008 – IV R 46/05, BStBl. II 2008, 812 (814)). Mit „dem Begriff des Darlehens ist eine Verlustbeteiligung des Gläubigers grundsätzlich unvereinbar" (BFH 27.6.1996 – IV R 80/95, BStBl. II 1997, 36 (37) mwN). Die Verlustverrechnung auf einem separaten Gesellschafterkonto lässt grundsätzlich ein im Gesellschaftsvermögen gesamthänderisch gebundenes Guthaben annehmen (BMF 30.5.1997, BStBl. I 1997, 627). Die Rechtsprechung behilft sich bei der Charakterisierung der Konten mit Regeln, die lediglich Indizfunktion haben.

255 Wird ein **Darlehenskonto** im Rahmen eines Mehrkontenmodells **negativ,** mithin aktivisch auf Grund gesellschaftsvertraglich nicht veranlasster, sondern privater Entnahmen, ist dieser Betrag gesellschaftsvertraglich wie steuerlich als Forderung der Gesellschaft gegen den Gesellschafter zu behandeln (BFH 16.10.2008 – IV R 98/06, BStBl. II 2009, 272 (276 f.); *Wendt* BFH/PR 2009, 130). Im Einzelfall können Bestimmungen zu **Tilgungs- oder Rückzahlungsmodalitäten** sowie zur Gestellung von Sicherheiten auf ein Darlehenskonto hindeuten. Aus dem Fehlen derartiger Bestimmungen kann jedoch nicht auf ein Kapitalkonto geschlossen werden, sofern das Kontoguthaben stets entnahmefähig ist (BFH 16.10.2008 – IV R 98/06, BStBl. II 2009, 272 (275) mwN).

256 Das **Kapitalkonto (II) iRd Zwei-Konten-Modells** (→ Rn. 246) kann entnahmebedingt negativ werden. Das Kapitalkonto (II) iRd Drei- und Vier-Konten-Modelle (→ Rn. 247 ff.) hingegen kann ausschließlich auf Grund von Verlusten negativ werden. Bei der

Überziehung des Kapitalkontos (II) (iRd Zwei-Konten-Modells) infolge gesellschaftsvertraglich zulässiger Entnahmen soll es sich gesellschaftsrechtlich um einen „Vorschuss" handeln, „den die Gesellschaft auf zukünftige Gewinn" zahlt (BFH 16.10.2008 – IV R 98/06, BStBl. II 2009, 272 (275); *Ley* DStR 2003, 957 (959) mwN); BFH 27.6.1996 – IV R 80/95, BStBl. II 1997, 36). Auch steuerrechtlich ist bei gebuchten Entnahmen auf dem Kapitalkonto (II) von einem Eigenkapitalcharakter auszugehen; auch bei einem **aktivisch** gewordenen Kapitalkonto (II). Das Kapitalkonto (II) kann aufgrund seiner Verlustverrechnungsfunktion iRd Zwei-Konten-Modells kein Darlehenskonto sein. Der BFH folgt damit der gesellschaftsrechtlichen Betrachtungsweise. Etwas anderes kann sich nur ergeben, sofern sich ein negatives Konto (II) infolge unberechtigter Entnahmen ergibt. Bewirken unberechtigte Entnahmen ein aktivisches Kapitalkonto (II), soll die Gesellschaft einen jederzeitigen Rückzahlungsanspruch haben (BFH 16.10.2008 – IV R 98/06, BStBl. II 2009, 272 (275); kritisch zum Indiz der Entnahme Blümich/*Heuermann* § 15a Rn. 41).

Dem Fremdvergleich muss das Darlehen zwischen der Personengesellschaft und ihrem Gesellschafter nach ständiger Rechtsprechung nicht Stand halten, damit der Darlehenscharakter fortbesteht (BFH 16.10.2008 – IV R 98/06, BStBl. II 2009, 272 (276 f.) mwN). Der BFH hat sich gegen die **Verzinslichkeit** als geeignetes Abgrenzungskriterium zwischen Kapital- und Darlehenskonten ausgesprochen. Eine „Verzinsung von Fremdkapital (§ 110 Abs. 2 HGB, § 111 Abs. 1 HGB) und eine Verzinsung des Kapitalanteils im Rahmen der Gewinnverteilung [sind] gleichermaßen üblich und typisch" (BFH 16.10.2008 – IV R 98/06, BStBl. II 2009, 272 (276 f.) mwN). Das gleiche gilt für die „**Vereinbarung ausreichender Sicherheiten**"; auch hier spricht sich der BFH gegen Sicherheiten als geeignetes Abgrenzungskriterium aus (BFH 16.10.2008 – IV R 98/06, BStBl. II 2009, 272 (276 f.) mwN). 257

Der BFH hat auch zu dem Fall von **Finanzplandarlehen** (→ Rn. 258.1) **und Darlehen bei gesplitteter Einlage** (→ Rn. 258.2) bzw. deren Voraussetzungen als Teil des Kapitalkontos iSd § 15a geurteilt (BFH 7.4.2005 – IV R 24/03, BStBl. II 2005, 598 (600) mwN). Dem IV. Senat nach reicht es nicht aus, dem Darlehen eines Gesellschafters Eigenkapitalcharakter zuzusprechen, „weil das Darlehen in den Finanzierungsplan der Gesellschaft einbezogen ist und dem Gesellschaftsvertrag zufolge neben der Bareinlage gewährt werden muss" (BFH 7.4.2005 – IV R 24/03, BStBl. II 2005, 598 (600)). Ist eine Kündigung des Darlehens seitens des Gesellschafters für die Zeit des Fortbestehens der Gesellschaft vertraglich nicht zulässig und ist das Guthaben bei Liquidation oder Ausscheiden des Gesellschafters mit einem unter Umständen vorhandenen negativen Kapitalkonto zu saldieren, ist dem Darlehen Eigenkapitalcharakter zuzuschreiben; es erhöht dann das Kapitalkonto des Gesellschafters iSd § 15a Abs. 1 S. 1 (→ Rn. 258.3; OFD Frankfurt a.M. 29.11.2017, BeckVerw 349263; BFH 7.4.2005 – IV R 24/03, BStBl. II 2005, 598 (600) mwN; s. auch OFD Niedersachsen 12.1.2017, BeckVerw 337997). 258

„Hierbei handelt es sich um Darlehen, die in den Finanzierungsplan der Gesellschaft einbezogen sind und dem Gesellschaftsvertrag zufolge neben der Bareinlage gewährt werden müssen. Sie sind durch günstige Kreditkonditionen, Pflicht zur langfristigen Belassung des Kapitals und Unentbehrlichkeit des Darlehens für die Verwirklichung der gesellschaftsvertraglichen Ziele gekennzeichnet" (OFD Frankfurt a.M. 29.11.2017, BeckVerw 349263). 258.1

Die gesplittete Pflichteinlage ist eine „Finanzierungsform, die dadurch gekennzeichnet ist, daß der Gesellschafter der Gesellschaft neben seiner formellen Einlage noch ein Darlehen gewährt oder sich still beteiligt, damit der Kapitalbedarf der Gesellschaft" gedeckt werden kann (*Gschwendtner* DStR-Beih. 1999, 1 (14 f.)). 258.2

„Anders als das kapitalersetzende Darlehen, das nur zeitweise eine Eigenkapitalfunktion übernimmt und diese verliert, wenn sich die Gesellschaft nachhaltig erholt und so ihre Kreditwürdigkeit zurückgewinnt, behält das Finanzplandarlehen in diesem Sinne seinen Charakter als materielles Eigenkapital mangels Kündbarkeit seitens des Kommanditisten unabhängig davon, ob sich die Gesellschaft in einer Krise befindet. Zudem hat seine spätere Verrechnung mit einem eventuell bestehenden negativen Kapitalkonto zur Folge, dass der Darlehensgeber im Verhältnis zu seinen Mitgesellschaftern für Verluste der Gesellschaft einzustehen hat" (OFD Frankfurt a.M. 29.11.2017, BeckVerw 349263). 258.3

Einstweilen frei 259–260

cc) Eigenkapitalersetzende Darlehen. Zumindest sofern der gesamte Entstehungstatbestand des Schuldverhältnisses vor Inkrafttreten des Gesetzes zur Modernisierung des 261

GmbH-Rechts und zur Bekämpfung von Missbräuchen (MoMiG, BGBl. 2008 I 2026) verwirklicht war, gilt gemäß der Überleitungsnorm § 103d EGInsO und den allgemeinen Grundsätzen des intertemporalen Rechts altes Gesetzesrecht für eigenkapitalersetzende Darlehen (OLG Thüringen 18.3.2009 – 6 U 761/07, DStR 2009, 651; BGH 26.1.2009 – II ZR 260/07, BGHZ 179, 249): **Eigenkapitalersetzende** oder **im Rang geminderte Gesellschafterdarlehen** sind demnach ungeachtet dessen, ob sie auf einzelvertraglichen Vereinbarungen, auf § 172a HGB iVm §§ 32a, 32b GmbHG aF oder auf den Rechtsprechungsregeln §§ 30, 31 GmbHG aF analog gründen, in der Handels- und Steuerbilanz der Gesellschaft als Verbindlichkeiten auszuweisen. Eigenkapitalersetzende Darlehen sind stets wie Fremdkapital zu handhaben. Die Gewährung eines Darlehens führt bilanziell nicht zur Mehrung des Gesellschaftsvermögens und berührt § 15a insofern nicht (OFD Niedersachsen 12.1.2017, BeckVerw 337997); *Ruban* FS Klein, 1994, 781 (791); Urteil BFH- 28.3.2000 – VIII R 28/98, BStBl. II 2000, 347; 2000, 347; BFH 26.9.1996 – IV R 105/94, BStBl. II 1997, 277; zur entsprechenden Handhabung bei Darlehen mit Rangrücktritt BFH 30.3.1993 – IV R 57/91, BStBl. II 1993, 502; zur Passivierung eigenkapitalersetzender Darlehen als Fremdkapital BFH 5.2.1992 – I R 127/90, BStBl. II 1992, 532).

262 Ein nach neuer Rechtslage (→ Rn. 262.1) sog. **nachrangiges Darlehen,** welches der Gesellschafter der Gesellschaft im Krisenfall gewährt, ist sowohl in der Handelsbilanz als auch in der Steuerbilanz als Fremdkapital zu bilanzieren. Es **stellt kein Eigenkapital iSd § 15a dar** (OFD Niedersachsen 12.1.2017, BeckVerw 337997 unter VI.).

262.1 Durch das am 1.11.2008 in Kraft getretenen **MoMiG** ist das ehemals in den Novellenregeln §§ 32a, 32b GmbH aF geregelte Kapitalersatzrecht aufgehoben worden. An seine Stelle getreten ist die neu eingeführte einheitliche insolvenzrechtliche Behandlung von Gesellschafterdarlehen. Infolge der Neuregelungen sind alle Gesellschafterdarlehen in der Insolvenz nachrangig geführt (§ 39 Abs. 1 Nr. 5 InsO), mit in § 39 Abs. IV und V InsO aufgeführten Ausnahmen wie etwa beim Erwerb von Gesellschaftsanteilen zum Zwecke der Sanierung. Komplexe Beurteilungen anhand einer fehlenden oder getroffenen Vereinbarung eines Rangrücktritts oder des Merkmals der Gesellschafterkrise sind demnach entbehrlich. Mit der Novellierung des § 39 Abs. 1 Nr. 5 InsO durch das MoMiG ist nicht mehr auf die Merkmale des Eigenkapitalersatzes und der Gesellschaftskrise abzustellen (BAG 27.3.2015 – 6 AZR 204/12, BAGE 147, 373 Rn. 22, 33). Das Charakteristikum des Eigenkapitalersatzes ist damit entbehrlich geworden und lediglich auf Altfälle anwendbar, in denen das Insolvenzverfahren vor Inkrafttreten des MoMiG eröffnet wurde. **In Bezug auf § 15a ändert sich nichts durch den Wegfall der gesetzlichen Eigenkapitalersatzregeln** und die wirtschaftlichen Sachverhalte sind unverändert.

263–267 *Einstweilen frei*

268 **dd) Fiktives Kapitalkonto bei Überschusseinkünften.** § 15a setzt „Einkünfte aus Gewerbebetrieb" voraus (→ Rn. 70). Weiterhin findet die Norm aber entsprechende bzw. sinngemäße Anwendung auf andere, auch nicht bilanzierende Einkunftsarten (→ Rn. 73). Da es iRd Gewinnermittlung nach § 4 Abs. 3 gerade an einem Kapitalkonto fehlt, ist ein fiktives Kapitalkonto zu entwickeln (glA Blümich/*Heuermann* § 15a Rn. 9; Schmidt/*Wacker* § 15a Rn. 36; Schmidt/*Kulosa* § 21 Rn. 151 f.; aA KSM/*Drüen* § 21 Rn. B 258; *Weßling* BB 2011, 1823), vergleichbar mit Ergänzungsrechnungen iRd Einnahme-Überschussrechnung nach § 4 Abs. 3 (zu Ergänzungsbilanzen im Kontext des § 4 Abs. 3 BFH 24.6.2009 – VIII R 13/07, BStBl. II 2009, 993).

269 Der Verlust wird hier zum **Werbungskostenüberschuss.** Im Rahmen des § 21 unterliegen andere Einkünfte aus VuV und Einkünfte aus anderen Einkunftsarten dem Verlustausgleichs- und -abzugsverbot (§ 21 Abs. 1 S. 2 iVm § 15a Abs. 1 S. 1; Blümich/*Schallmoser* § 21 Rn. 479; HHR/*Pfirrmann* § 21 Rn. 176, zum Berechnungsschema iRd § 21 Rn. 177). Das fiktive Kapitalkonto ist nach den Zufluß- und Abflußgrundsätzen des § 11 zu ermitteln (OFD Berlin 11.2.1998, FR 1998, 703 unter 2.). Für die Ermittlung des Betrags, bis zu dessen Höhe Verluste ausgleichs- und abzugsfähig sind („Ausgleichsvolumen", OFD Berlin 11.2.1998, FR 1998, 703 unter 2.), ist die **tatsächlich geleistete Einlage Ausgangspunkt** (Blümich/*Schallmoser* § 21 Rn. 481). Dabei ist der Wertezugang in das Gesellschaftsvermögen maßgeblich. Bei Banküberweisung liegt ein Zufluss von Werten zu dem Zeitpunkt vor, zu dem die Gutschrift bei der Gesellschaft erfolgt (BFH 3.12.2002 – IX R 24/00, BFH/NV 2003, 894).

270–276 *Einstweilen frei*

ee) Fremdfinanzierte Einlagen. Verlustanteile, die ein positives Kapitalkonto mindern, sind auch dann uneingeschränkt ausgleichs- und abzugsfähig iSd § 15a, wenn die geleistete Einlage aus Kreditmitteln erbracht wurde. **Eine fremdfinanzierte Einlage steht einer Einlage aus Eigenmitteln gleich.** Hierbei „wird die Haftung des Kommanditisten gegenüber den Gläubigern der Gesellschaft lediglich durch die Haftung gegenüber dem Kreditgeber abgelöst" (BFH 1.6.1989 – IV R 19/88, BStBl. II 1989, 1018 (1020)). 277

Dabei ist es unerheblich, ob der Kommanditist die Einlage bereits im Jahr der Begründung des Gesellschaftsverhältnisses aus Kreditmitteln leistet oder erst in darauffolgenden Jahren. Eine etwa im Konkursfall aufgezehrte, fremdfinanzierte Einlage stellt für den Gesellschafter eine tatsächliche Vermögenseinbuße, mithin einen erheblichen Verlust (→ Rn. 7) dar, denn er bleibt zur Rückzahlung des Darlehens verpflichtet. Dieser erhebliche Verlust unterscheidet sich nicht von der Vermögenseinbuße eines Gesellschafters, der seine Einlage aus Eigenmitteln geleisteten hat (BFH 1.6.1989 – IV R 19/88, BStBl. II 1989, 1018 (1020)). 278

Einstweilen frei **279–282**

d) Steuerrechtliches Kapitalkonto. Im Sinne einer leistungsgerechten Besteuerung muss das Steuerrecht entscheiden, wie ein Verlust zu qualifizieren und dementsprechend (steuerwirksam) zu berücksichtigen ist. Das Kapitalkonto iSd § 15a ist der Steuerbilanz, nicht hingegen der Handelsbilanz zu entnehmen. Das aus der Steuerbilanz und dem Mehr- oder Minderkapital etwaiger Ergänzungsbilanzen ermittelte Kapital bestimmt sich nach dem **Eigenkapital iSd § 272 HGB.** Das Kapitalkonto ist unter Berücksichtigung des gezeichneten Kapitals (der geleisteten Einlagen, § 272 Abs. 1 HGB), der in der Steuerbilanz ausgewiesenen Kapitalrücklagen (§ 272 Abs. 2 HGB) und der Gewinnrücklagen (§ 272 Abs. 3 HGB) zu ermitteln. Anzusetzen ist dabei stets der **Buchwert** (BGH 11.12.1989 – II ZR 78/89, BGHZ 109, 334 (337 ff.); zur Behandlung latenter Wertzuwächse → Rn. 290; zum Umfang des Kapitalkontos iSd § 15a Abs. 1 S. 1 BMF 30.5.1997, BStBl. I 1997, 627; Frotscher/Geurts/*Baldi* § 15a Rn. 131 ff.). Für die Berechnung maßgeblich ist der **Vergleich des Kapitalkontenstandes** zum Ende des Wirtschaftsjahres der Verlustentstehung mit dem Kontenstand zum Ende des vorangegangenen Wirtschaftsjahres. 283

Der nach steuerrechtlichen Bewertungs- und Bilanzierungsvorschriften (insb. §§ 4–7i) aus der Handelsbilanz abgeleiteten Steuerbilanz sind das Gesamthandsvermögen sowie das Mehr- oder Minderkapital (Wertkorrekturen) etwaiger Ergänzungsbilanzen zu entnehmen (HHR/*Tiede* § 15 Rn. 450; Blümich/*Bode* § 15 Rn. 553 ff.; Schmidt/*Wacker* § 15a Rn. 104). Für die Berechnung des steuerlichen Gesamtergebnisses ist das Sonderbetriebsvermögen nach Ermittlung des Ergebnisses aus der Steuerbilanz der Gesellschaft, ergänzt und fortgeschrieben um die Werte aus der Ergänzungsbilanz, miteinzubeziehen. Für Zwecke des § 15a ist jedoch nur das **Ergebnis der ersten Gewinnermittlungsstufe** zu berücksichtigen (zum Erfordernis einer zweistufigen Gewinnermittlung (Sonderbilanzen) LBP/*Bitz* § 15 Rn. 61; HHR/*Tiede* § 15 Rn. 450), der Verlust, der sich aus dem Gesamthandsvermögen der Gesellschaft ergibt (Blümich/*Heuermann* § 15a Rn. 29). Bei der Ermittlung des Kapitalkontos eines Kommanditisten ist nach ständiger Rechtsprechung weder positives noch negatives Sonderbetriebsvermögen zu berücksichtigen (→ Rn. 220 ff.). 284

Für die Ermittlung der „Einkünfte aus Gewerbebetrieb" nach § 15 einerseits und des Vermögenanteils für Zwecke des § 15a andererseits sind unterschiedliche Vermögensgrößen heranzuziehen (vgl § 15 Abs. 1 S. 1 Nr. 2 S. 1 Hs. 1 und 2; → Rn. 284). Die „Einkünfte aus Gewerbebetrieb" umfassen neben den Gewinnanteilen (§ 15 Abs. 1 S. 1 Nr. 2 S. 1 Hs. 1) auch die Vergütungen iSd § 15 Abs. 1 S. 1 Nr. 2 S. 1 Hs. 2 (Blümich/*Bode* § 15 Rn. 497); hier können auch Sondereinnahmen und -ausgaben durchschlagen. § 15a hingegen erfasst ausschließlich das Gesamthandsvermögen. Insofern stimmt das für die „Gewinnanteile der Gesellschafter" iSd § 15 Abs. 1 S. 1 Nr. 2 S. 1 Hs. 1 zu ermittelnde Ergebnis mit dem Verlustanteil iSd § 15a überein. Die „Vergütungen, die der Gesellschafter von der Gesellschaft für seine Tätigkeit im Dienst der Gesellschaft oder für die Hingabe von Darlehen oder für die Überlassung von Wirtschaftsgütern bezogen hat" (§ 15 Abs. 1 S. 1 Nr. 2 S. 1 Hs. 2), sind hingegen nicht in den „Anteil am Verlust" der Gesellschaft iSd § 15a miteinzubeziehen, es sei denn, **eine Sondervergütung wird auf gesellschaftsrechtlicher Grundlage geleistet** (Korn/*Korn* § 15a Rn. 18.1, 23 f.). 285

In diesem Zusammenhang sind dem Kommanditisten zuzurechnende Sonder- und Vorwegvergütungen iSd § 15 Abs. 1 S. 1 Nr. 2 S. 1 Hs. 2 auf ihre Angemessenheit hin zu prüfen. 286

Anderenfalls können unberechtigte **Verlustverschiebungen** in die Sphäre des Sonderbetriebsvermögens die Folge sein (Blümich/*Heuermann* § 15a Rn. 30). Insbesondere gilt es zu differenzieren, ob etwa ein Gewinn-Vorab schuldrechtlich oder durch das Gesellschaftsverhältnis veranlasst wurde (dazu FG Düsseldorf 21.8.2008 – 16 K 1014/05 F, BeckRS 2008, 26026353).

287 Das Ausgleichsvolumen bestimmt sich demnach in seiner maximalen Höhe durch den Haftungsbetrag, nicht aufgestockt durch ein ggf. positives Ergebnis aus Vermögenswerten des Sonderbetriebsvermögens.

288 Da das Kapitalkonto iSd § 15a neben dem Kapitalkonto in der Gesamthandsbilanz der Gesellschaft auch eventuell bestehende Ergänzungsbilanzen des Kommanditisten umfasst (→ Rn. 222; → Rn. 283 f.), beeinflusst das Kapital einer Ergänzungsbilanz grundsätzlich das Verlustausgleichsvolumen (BFH 18.5.2017 – IV R 36/14, BStBl. II 2017, 905 Rn. 16; BFH 24.4.2014 – IV R 18/10, BFH/NV 2014, 1516 Rn. 21; BFH 2.2.2017 – IV R 47/13, BStBl. II 2017, 391 Rn. 23; zur Berücksichtigung von Negativkapital einer Ergänzungsbilanz iRd Kapitalkontos infolge der Wahlrechtsausübung nach § 6b BFH 18.5.2017 – IV R 36/14, BStBl. II 2017, 905; → Rn. 652).

289 *Einstweilen frei*

290 **e) Latente Wertzuwächse. aa) Berücksichtigung latenter Wertzuwächse. Stille Reserven werden bei der Anwendung des § 15a nicht berücksichtigt.** Das Kapitalkonto bildet das „buchmäßige Reinvermögen" ab (EBJS/*Ehricke* HGB § 120 Rn. 70). Dieser Kapitalkontenwert ist freilich nicht authentisch, da stille Reserven während des laufenden Geschäftsbetriebs unberücksichtigt bleiben. Soweit jedoch beim Ausscheiden eines Gesellschafters oder der Vollbeendigung der Gesellschaft stille Reserven aufgelöst werden, ergibt sich ein Gewinn. Die fortwährende Ermittlung stiller Reserven, einschließlich eines Geschäfts- oder Firmenwertes, ist in der Praxis nicht möglich. Zudem kann die Beteiligung des Kommanditisten an latenten Wertzuwächsen vertraglich vereinbart werden, sie kann somit auch ausgeschlossen werden. Aus Werten abseits der Bilanz ergeben sich im Regelfall keine rechtlichen „Folgerungen" (BFH 9.5.1996 – IV R 75/93, BStBl. II 1996, 474 (475 f.); auch BGH 11.12.1989 – II ZR 89, BGHZ 109, 334 zum Wiederaufleben einer Haftung nach § 172 Abs. 4 HGB; → Rn. 290.1).

290.1 „Stille Reserven treten im Rechenwerk der KG […] nicht in Erscheinung. Über ihr Vorhandensein und ihren Umfang, auch einen vorhandenen Geschäftswert, besteht notwendig Ungewißheit; hierzu sind allenfalls Schätzungen, oft nur Vermutungen möglich. Ebenso ist unsicher, ob der Kommanditist im Falle seines Ausscheidens an den stillen Reserven beteiligt wird; dies hängt von den vereinbarten Abfindungsklauseln ab. Rechtliche Folgerungen lassen sich deshalb nur an die in der Buchführung der Gesellschaft verzeichneten Werte anknüpfen" (BFH 9.5.1996 – IV R 75/93, BStBl. II 1996, 474 (475)).

291 Insbesondere Verlustzuweisungsgesellschaften (→ Rn. 43 ff.) wiesen durch hohe Sonderabschreibungen stille Reserven auf. Würden für Zwecke des § 15a stille Reserven berücksichtigt, wäre die Norm nicht zur Abwehr von Verlustzuweisungsgesellschaften geeignet gewesen (BFH 9.5.1996 – IV R 75/93, BStBl. II 1996, 474 (476)). Beschränkt haftende Gesellschafter sind bei entsprechender Abfindungsvereinbarung im Beendigungsfall wie unbeschränkt haftende Gesellschafter an den stillen Reserven beteiligt. Werden stille Reserven zu einem früheren Zeitpunkt im Einzelnen aufgedeckt, erfolgt über den anteiligen Gewinn eine entsprechende „Gutschrift" auf dem jeweiligen Kapitalkonto.

292 Stille Reserven sind für die Frage der **Haftsummendeckung** respektive **-unterdeckung** (inwieweit die Haftung des Kommanditisten bei Rückzahlung der Einlage wieder auflebt, vgl. § 172 Abs. 4 HGB) unerheblich. Für die Beurteilung, ob im Zeitpunkt einer Entnahme der Kapitalanteil des Kommanditisten durch Verluste unter den Betrag der geleisteten Haftsumme herabgesetzt war oder durch die Entnahme herabgesetzt wird, ist allein auf die Erfolgsbilanz zu fortgeführten Buchwerten abzustellen. Stille Reserven sind „nur zu berücksichtigen, soweit sie in den Erfolgsbilanzen auch im Hinblick auf künftige Jahresabschlüsse rechtlich zulässig aufgelöst worden sind" (BGH 11.12.1989 – II ZR 78/89, BGHZ 109, 334 (337 ff.)).

293 **bb) Latente Wertzuwächse iR vertraglicher Abfindungsregelungen.** Zwingend aufzulösen sind stille Reserven iRd Liquidation einer Gesellschaft. Beim Ausscheiden eines oder mehrerer Gesellschafter sind latente Wertzuwächse hingegen nicht zwingend aufzudecken. Bei unentgeltlicher Übertragung unter Lebenden oder von Todes wegen sind die Buchwerte iSd § 6 Abs. 3 fortzuführen (zur einzelfallgerechten Berücksichtigung stiller Reserven im Fall der Unternehmensaufgabe oder des Ausscheidens eines Gesellschafters → Rn. 671 ff., → Rn. 629 ff.). **Eine Beteiligung des Kommanditisten an den vorhandenen stillen Reserven kann im Rahmen von Abfindungsklauseln vereinbart, aber auch ausgeschlossen werden** (BFH 9.5.1996 – IV R 75/93, BStBl. II 1996, 474 (475 f.)).

III. Erweiterter Verlustausgleich (Abs. 1 S. 2)

1. Umfang der Haftungsverantwortung

„Der Kommanditist haftet summenmäßig beschränkt mit seinem gesamten Vermögen (§ 171 I HGB, 1. Halbsatz). Soweit er eine Einlage bei der Gesellschaft hält, haftet er überhaupt nicht, denn die im Gesellschaftsvermögen vorhandene Einlage ersetzt seine Haftung (§ 171 I HGB, 2. Halbsatz)" (*K. Schmidt* Gesellschaftsrecht § 54, 1559, ausführlich zur Kommanditistenhaftung 1558 ff.). 294

a) Noch nicht geleistete Einlage. Sofern der Kommanditist seine Einlage noch nicht geleistet hat, haftet er in Höhe der im Handelsregister eingetragenen Vermögenseinlage gegenüber den Gläubigern der Gesellschaft persönlich. Soweit der Kommanditist seine Einlage geleistet hat, ist eine Haftung des Kommanditisten nach § 171 Abs. 1 HGB ausgeschlossen. An den Umfang der Haftungsverantwortung (Haftsumme) knüpft § 15a seine differenzierte Verlustverwertung (→ Rn. 7 ff.). 295

Der Kommanditist haftet grundsätzlich im Außenverhältnis gegenüber den Gläubigern der Gesellschaft unmittelbar. Die unmittelbare und gesamtschuldnerische Haftung des Kommanditisten erwächst aus § 171 HGB. Den Haftungsumfang bestimmt der im Handelsregister durch Eintragung ausgewiesene Betrag (§ 172 Abs. 1 HGB). Neben die geleistete Vermögenseinlage tritt die Haftungsverantwortung des Gesellschafters in Form der überschießenden Außenhaftung iSd § 171 Abs. 1 HGB (in dem Umfang, in dem die Einlage noch nicht geleistet ist). 296

§ 15a Abs. 1 S. 2 legt iSd § 171 Abs. 1 S. 1 Hs. 2 HGB fest, die im Handelsregister eingetragene, aber noch nicht erbrachte Einlageverpflichtung des Kommanditisten vollumfänglich zu berücksichtigen. Indem § 15a auch die überschießende Außenhaftung iSd § 171 Abs. 1 HGB berücksichtigt, vervollständigt er seine Korrespondenzfunktion, Haftung und Verlustverwertung zusammenzubringen (→ Rn. 8). Abs. 1 S. 2 ist nicht Ausnahme, sondern sachliches Korrektiv im Zeichen **konzeptioneller Konsequenz.** Abs. 1 S. 2 ergänzt die Haftungsverantwortung folgerichtig durch vollständige Berücksichtigung des handelsrechtlichen Haftungsvolumens. Mit Berücksichtigung der überschießenden Außenhaftung iSd § 171 Abs. 1 HGB (§ 15a Abs. 1 S. 2) sieht das Gesetz die erweiterte, konzeptionell schlüssige Verlustverwertung vor. 297

Soweit die Einlage noch nicht geleistet ist, haftet der Kommanditist aus § 171 Abs. 1 HGB den Gläubigern unmittelbar am Bilanzstichtag. Nach § 171 Abs. 1 S. 1 Hs. 2 HGB ist eine Haftung ausgeschlossen, „soweit die Einlage geleistet ist". Leistet ein Gesellschafter seine Einlage (entsprechend der Vereinbarung) anteilig, nicht jedoch in vollständiger Höhe der Hafteinlage, scheint es geradezu zwingend, auf die im Handelsregister verzeichnete und insofern maßgebende Haftsumme abzustellen und den Ausgleich gerade nicht auf die bereits geleistete Einlage zu beschränken (→ Rn. 299). Insofern steht der erweiterte Verlustausgleich konzeptionell zutreffend in einer Linie mit dem auch durch die BFH-Rechtsprechung bestätigten Zweck des § 15a, „den steuerrechtlichen Verlustausgleich der begrenzten handelsrechtlichen Verlusthaftung des Kommanditisten anzugleichen" (BFH 14.5.1991 – VIII R 31/88, BStBl. II 1992, 167 (171 f.); BFH 13.10.1998 – VIII R 78/97, BStBl. II 1999, 163 (165); BFH 23.1.2001 – VIII R 30/99, BStBl. II 2001, 621 (622 f.)). 298

In Höhe der Differenz zwischen geleisteter und im Handelsregister eingetragener Einlage („Erweiterungsbetrag", LBP/*Bitz* § 15a Rn. 23) ermöglicht der Gesetzgeber die (erweiterte) Verlustkompensation (in Form des Verlustausgleichs und -abzugs iSd § 15a). Insoweit haftet der Gesellschafter über die geleistete Einlage hinaus. Die Qualifizierung eines ausgleichs- und abzugsfähigen Verlusts trotz negativen Kapitalkontos gründet in der Auffassung, der 299 beschränkt haftende Gesellschafter sei bezüglich der Haftungseinlage iSd § 171 Abs. 1 HGB dem unbeschränkt haftenden Gesellschafter gleichzusetzen (LBP/*Bitz* § 15a Rn. 23). Der Gesetzgeber berücksichtigt das über die Kapitaleinlage hinausgehende Potential einer Inanspruchnahme seitens der Gläubiger und stellt insofern auf die Außenhaftung ab (KSM/*v. Beckerath* § 15a Rn. C 1 ff., glA (C 2): „nach dem Grundgedanken des § 15a notwendige Ergänzung").

300 Satz 2 stellt auf den Haftungstatbestand aus § 171 Abs. 1 HGB ab. Die in diesem Zusammenhang herrschende Maßgeblichkeit des Handelsrechts (bzw. des handelsrechtlichen Kapitalkontos) bei Abweichungen zwischen Steuer- und Handelsbilanz kann insofern kaum überraschen (BFH 6.3.2008 – IV R 35/07, BStBl. II 2008, 676 (677) mwN). Abzustellen ist auf die „Erfolgsbilanz zu fortgeführten Buchwerten" (BGH 11.12.1989 – II ZR 78/89, BGHZ 109, 334 (337 ff.)).

301 Das Verlustausgleichspotential bestimmt sich neben dem Kapitalkontenstand auch durch die Außenhaftung; § 15a gründet damit das Ausgleichsvolumen auf zwei Teilmengen, die sich durch (Teil-)Leistung oder Abzug der Einlage gegenseitig substituieren.

302 **b) Haftung und Verpflichtung iRd Handelsrechts.** Ein iSd § 15a erweitertes Verlustausgleichsvolumen ist durch die Haftungserweiterung iSd § 172 Abs. 2 HGB nicht zu erreichen. § 15a Abs. 1 Satz 3 (→ Rn. 323) knüpft an den erweiterten Verlustausgleich in Abs. 1 Satz 2 an (überschießende Außenhaftung iSd § 171 Abs. 1 HGB → Rn. 294 ff.), setzt die Eintragung des Haftungsvolumens im Handelsregister voraus und schließt damit den **Haftungstatbestand des § 172 Abs. 2 HGB** iRd § 15a aus. Gemäß § 172 Abs. 1 HGB wird die Haftungseinlage eines Kommanditisten „durch den in der Eintragung angegebenen Betrag bestimmt". Nach § 172 Abs. 2 HGB können sich Gläubiger im Falle einer unterbliebenen Eintragung auch auf die erhöhte Haftungsmasse berufen, „wenn die Erhöhung in handelsüblicher Weise kundgemacht oder ihnen in anderer Weise von der Gesellschaft mitgeteilt worden ist". Der Haftungstatbestand iSd § 172 Abs. 2 HGB kann § 15a nicht zugrunde gelegt werden. Der erweiterte Verlustausgleich iSd Abs. 1 S. 2 ist explizit für jene Fälle vorgesehen, in denen sich die Haftung aus dem Tatbestand des § 171 Abs. 1 HGB ergibt. Abs. 1 S. 2 fordert zudem die Eintragung der Haftsumme (s. auch Entscheidungsgründe BFH 28.5.1993 – VIII B 11/92, BStBl. II 1993, 665 (666) mwN; BT-Drs. 8/3648, 17; BT-Drs. 8/4157, 4 f.; KSM/*v. Beckerath* § 15a Rn. B 227).

303 Für Fälle des § 172 Abs. 2 HGB hat auch die Rechtsprechung die Anerkennung von Haftungstatbeständen als Verlustausgleichspotential verneint (BFH 28.5.1993 – VIII B 11/92, BStBl. II 1993, 665 (666); s. auch BFH 29.5.2006 – VIII B 191/05, BFH/NV 2006, 1658 (1659) mwN, zur verfassungsrechtlichen Unbedenklichkeit, nicht sämtliche Haftungstatbestände miteinzubeziehen; → Rn. 92 f.). Eine sinngemäße Anwendung des § 15a Abs. 1 S. 2 und 3 entfällt auch für Haftungsfälle iSd § 176 Abs. 2 HGB (BFH 14.12.1999 – IX R 7/95, BStBl. II 2000, 265). Nichts anderes kann für § 176 Abs. 1 HGB gelten (FG Münster 23.6.1997 – 11 V 111/97 F, EW, EFG 1998, 291 rkr.; s. auch EStR 15a Abs. 3 S. 5; zur verfassungsrechtlichen Beurteilung → Rn. 92 ff.). Die Grundentscheidung des § 15a, Papierverluste (→ Rn. 9) fernzuhalten und reale Verluste einzubeziehen, spricht jedoch für die Gleichbehandlung etwa der Haftungstatbestände nach § 176 HGB, 172 Abs. 2 HGB und § 171 Abs. 1 HGB.

304 **aa) Haftungsumfang des § 171 Abs. 1 HGB. § 172 Abs. 4 HGB wirkt sich auf den Haftungsumfang des § 171 Abs. 1 HGB aus, welcher für § 15a maßgeblich ist.** Die Einlagerückgewähr iSd § 172 Abs. 4 HGB führt zum Wiederaufleben der Haftung aus § 171 Abs. 1 HGB. Nach § 172 Abs. 4 HGB lebt die Haftung bei vormals geleisteter Einlage wieder auf, soweit „die Einlage eines Kommanditisten zurückbezahlt wird" (§ 172 Abs. 4 S. 1 iVm Abs. 1 HGB). Die Einlagerückgewähr iSd § 172 Abs. 4 S. 1 HGB ist der „actus contrarius zur Einlage" iSd § 171 Abs. 1 HGB. Nach BFH-Rechtsprechung lebt die Haftung wieder auf, soweit eine Entnahme aus dem Gesellschaftsvermögen bewirkt, „dass das Guthaben auf dem Kapitalkonto den Betrag der Hafteinlage nicht mehr deckt" (FG Hamburg 31.1.2011 – 2 K 179/09, DStRE 2012, 345 (346) mwN).

305 § 172 Abs. 4 S. 1 HGB setzt „die anfängliche Nichtleistung und die nachträgliche Rückzahlung" gleich (BGH 8.10.2013 – II ZR 310/12, DStR 2013, 2583 Rn. 23). Die Norm stellt bei der Rückzahlung der Einlage auf die Fähigkeit der Gesellschaft zur Gläubigerbefrie-

digung ab. Diese Fähigkeit ist gemindert, soweit die Gesellschaft dem Gesellschafter Vermögenswerte gewährt, ohne eine entsprechende Gegenleistung zu fordern (BGH 9.3.1963 – II ZR 124/61, BGHZ 39, 319 (331)). Dem ist iSd § 172 HGB schützend vorzubeugen. Eine Einlagerückgewähr bzw. eine Nichtleistung wird folgerichtig auch angenommen, „soweit ein Kommanditist Gewinnanteile entnimmt, während sein Kapitalanteil durch Verlust unter den Betrag der geleisteten Einlage herabgemindert ist, oder soweit durch die Entnahme der Kapitalanteil unter den bezeichneten Betrag herabgemindert wird" (§ 172 Abs. 4 S. 2 iVm Abs. 1 HGB). Bei der Ermittlung des Kapitalanteils ist nach § 172 Abs. 4 S. 3 HGB außerdem die in § 268 Abs. 8 HGB festgeschriebene Ausschüttungssperre zu beachten.

Freilich ist die Umwandlung einer Einlage dagegen gerade nicht als einlageschädliche 306 Entnahme iSd § 171 Abs. 4 S. 1 HGB, § 171 Abs. 1 HGB zu werten (BGH 9.3.1963 – II ZR 124/61, BGHZ 39, 319 (331)). Ein Wiederaufleben der Haftung tritt konsequenterweise auch dann nicht ein, wenn der Kommanditist eine anteilige Erstattung seiner Pflichteinlage erfährt, die sich ausschließlich auf einen Betrag bezieht, der über die Haftsumme hinausgeht und sofern die Pflichteinlage nicht bereits durch Verluste aufgezehrt ist. Bei einem negativen Kapitalkonto ist zwingend davon auszugehen, dass eine Entnahme zu einem weiteren Absinken des Kapitalkontenstandes unter die Hafteinlage führt (FG Hamburg 31.1.2011 – 2 K 179/09, DStRE 2012, 345 (346) mwN).

Die Leistung an einen Dritten ist einem Kommanditisten als Einlagerückgewähr iSd § 172 Abs. 4 306.1 HGB für den Fall zuzurechnen, dass eine Gesellschaft Leistungsempfänger ist, an welcher der Kommanditist gleichzeitig eine Mehrheitsbeteiligung hält, oder aber bei „geringerer Beteiligung" wesentlichen Einfluss auf die Geschäftsführung hat (BGH 25.5.2009 – II ZR 99/08, DStR 2009, 1654 Rn. 6). Sofern eine Rückzahlung der Einlage zumindest anteilig stattgefunden hat, die Außenhaftung insoweit wiederauflebt, kann ein Mitgesellschafter für Verbindlichkeiten der Gesellschaft gemäß §§ 128, 171 Abs. 1, § 172 Abs. 4 HGB auch aus Drittgeschäften haften (BGH 8.10.2013 – II ZR 310/12, DStR 2013, 2583 Rn. 17 f.). Darüber hinaus erfolgt nach Auffassung des BGH auch keine lediglich subsidiäre Inhaftnahme des Gesellschafters gegenüber einem Gläubiger der Gesellschaft. In diesem Zusammenhang hat der Gesellschafter „jedoch in der Regel nicht nur einen Aufwendungsersatzanspruch gegen die Gesellschaft gemäß § 110 HGB, wenn er die Gesellschaftsschuld begleicht. Er kann auch bereits aufgrund der drohenden Inanspruchnahme Freistellung verlangen [...]. Ist die Gesellschaft zur Zahlung bereit und in der Lage, sollte es somit gar nicht dazu kommen, dass der Mitgesellschafter auf sein privates Vermögen zurückgreifen muss, selbst wenn sich der Gesellschafter-Gläubiger direkt an ihn wendet. Kann oder will die Gesellschaft ihre Schuld dagegen nicht tilgen, würde der Gesellschafter auch unter grundsätzlicher Annahme der Subsidiarität haften" (BGH 8.10.2013 – II ZR 310/12, DStR 2013, 2583 Rn. 31 ff. mwN).

Angemessene **Tätigkeits- und Nutzungsvergütungen** iSd § 15 Abs. 1 Nr. 3 S. 1 Hs. 2 307 sind nicht als Entnahmen zu behandeln. Sie werden vielmehr als Aufwand bilanziert und bewirken nicht, dass die Haftung iSd § 172 Abs. 4 HGB, § 171 Abs. 1 HGB wieder auflebt (BFH 23.1.2001 – VIII R 30/99, BStBl. II 2001, 621 (623); Korn/*Korn* § 15a Rn. 50; Schmidt/*Wacker* § 15a Rn. 126).

Der Kommanditist kann die haftungsbefreiende Wirkung einer Einlageleistung (iSd § 171 308 Abs. 1 Hs. 2 HGB) bei einer gleichzeitig noch (anteilig) ausstehenden Haftungseinlage mittels **negativer Tilgungsbestimmung** vermeiden und die Haftung insoweit offenhalten. Die geleistete, nach dem Willen des Kommanditisten jedoch nicht mit der ausstehenden Haftsumme zu verrechnende Einlage stellt zusätzliches Verlustausgleichspotential dar (BFH 11.10.2007 – IV R 38/05, BStBl. II 2009, 135 (136 ff.); BFH 16.10.2008 – IV R 98/06, BStBl. II 2009, 272 (273 f.); so auch Blümich/*Heuermann* § 15a Rn. 64). Leistet ein Gesellschafter eine Einlage und erklärt, sie solle nicht auf die Einlageschuld geleistet werden, ist diese nicht eo ipso mit der noch ausstehenden Haftsumme aufzurechnen (BFH 11.10.2007 – IV R 38/05, BStBl. II 2009, 135 (137 f.)). Soweit § 15a die Verlustverwertung an die Außenhaftung des Kommanditisten anknüpft (Abs. 1 S. 2), korrespondiert die Norm mit einer gesellschaftsrechtlichen Entscheidung. Die zivilrechtlichen Bestimmungen wirken sich konsequenterweise auch in dem Fall negativer Tilgungsbestimmung auf die steuerrechtliche Beurteilung aus. § 15a folgt bei der Frage nach der geleisteten Hafteinlage dem Handelsrecht (BFH 16.10.2008 – IV R 98/06, BStBl. II 2009, 272 (274)).

Die Bestimmung, eine Vermögenseinlage nicht auf die Haftsumme anrechnen zu lassen, 309 kann auch **rein steuerlich motiviert** sein. Dies berührt nicht die Haftungsverhältnisse nach

§ 171 HGB und auch nicht die Aufstockung des Gesellschaftsvermögens durch die zusätzlich geleistete Einlage. Ein rein steuerlich motivierter Verzicht auf die Haftungsbefreiung nach § 171 Abs. 1 HGB dürfte kein Fall des § 42 AO sein (*Kempermann* DStR 2008, 1917 (1918)). Dabei dürfte eine Vermögensminderung des Kommanditisten allerdings nicht „nach Art und Weise des Geschäftsbetriebs unwahrscheinlich" sein (Abs. 1 S. 3); was aber ohnehin Voraussetzung für die Nutzung des erweiterten Verlustausgleichs nach Abs. 1 S. 2 ist.

310–311 *Einstweilen frei*

312 **bb) Pflicht und Haftung im Innenverhältnis. Interne Verlustausgleichsverpflichtungen sind** für die Bestimmung des Verlustausgleichsvolumens iRd § 15a **grundsätzlich unbeachtlich.** Mit einer Schuldübernahme im Innenverhältnis erreicht der Kommanditist idR kein erhöhtes Verlustausgleichspotential, es sei denn, der Gesellschafter, welcher die Schuld übernimmt, bewirkt mit der Schuldübernahme eine Erhöhung seiner Kommanditeinlage.

313 Die mit der Schuldübernahme verbundene Einlageforderung der Gesellschaft kann den Kapitalanteil des Gesellschafters jedoch nur dann erhöhen, wenn sie an Erfüllungs statt abgetreten wird und damit nach den Grundsätzen der effektiven Kapitalaufbringung das Gesellschaftsvermögen mehrt. Damit nimmt der bilanzielle Unternehmenswert zu, was sich mittelbar auf das Kapitalkonto auswirkt. Eine **Erhöhung des Kapitalanteils** auf Grund einer Schuldübernahme setzt mithin voraus, dass der Gesellschafter tatsächlich wirtschaftlich belastet ist, wie dies grundsätzlich bei „Zuführung von werthaltigen Sacheinlagen oder von Geldmitteln" der Fall ist (BFH 16.10.2008 – IV R 98/06, BStBl. II 2009, 272 (274) mwN). Wirtschaftlich belastet ist der Kommanditist erst, wenn eine Forderung geltend gemacht wird oder zumindest ernsthaft mit ihrer Geltendmachung zu rechnen ist. Dies ist etwa anzunehmen, wenn die Forderung an einen Gesellschaftsgläubiger abgetreten wird (BFH 7.10.2004 – IV R 50/02, BFH/NV 2005, 533 (534)).

314 Wie bedeutsam die Behandlung schuldrechtlicher Verpflichtungen im Innenverhältnis (iRd § 15a) ist, offenbart **§ 167 Abs. 3 HGB:** Da die Norm disponibles Recht ist, kann mit einer entsprechenden gesellschaftsvertraglichen Vereinbarung erreicht werden, dass der Kommanditist im Innenverhältnis gar unbeschränkt haftet (*Röder* System der Verlustverrechnung, 23).

315 Nicht zuletzt argumentiert der BFH (gegen eine Anerkennung von Haftungstatbeständen im Innenverhältnis iRd § 15a), ein erweiterter Verlustausgleich bedinge eine unmittelbare (Außen-)Haftung gegenüber den Gesellschaftsgläubigern. Zudem muss die „zum Verlustausgleich bzw. -abzug berechtigende Vermögensminderung am Bilanzstichtag hinreichend objektivierbar sein" (BFH 10.7.2001 – VIII R 45/98, BStBl. II 2002, 339 (341 ff.)).

316 Die Entscheidung, interne Verlustausgleichsverpflichtungen iRd § 15a grundsätzlich unberücksichtigt zu lassen, trifft auch **stille und atypisch stille Gesellschafter** (→ Rn. 514). Bei stillen und atypisch stillen Gesellschaftern muss die Einlage geleistet sein. Der Verlustausgleich ist gleichzeitig auf den Umfang dieser Einlageleistung beschränkt. Die für den Kommanditisten nach Abs. 1 S. 2 und 3 einzubeziehende Außenhaftung (BFH 17.12.1992 – IX R 150/89, BStBl. II 1994, 490 (491 f.)) ist bei dem stillen Gesellschafter auf Grund seiner Gesellschafterstellung typischerweise gegenstandslos (zur schuldrechtlichen Verpflichtung bei Gesellschaftern einer BGB-Gesellschaft → Rn. 524 f.; BFH 5.2.2002 – VIII R 31/01, BStBl. II 2002, 464 (467 f.); BFH 7.8.2002 – VIII B 90/02, BFH/NV 2002, 1577 (1578)).

317 § 15a spricht in Haftungsfragen auch das Außenverhältnis an. Der Rückgriff auf die überschießende Außenhaftung iSd § 171 Abs. 1 HGB (§ 15a Abs. 1 S. 2) ist systematisch geboten. Abs. 1 S. 2 ergänzt die Haftungsverantwortung folgerichtig durch vollständige Berücksichtigung des handelsrechtlichen Haftungsvolumens. Mit Berücksichtigung der überschießenden Außenhaftung sieht das Gesetz die erweiterte, konzeptionell schlüssige Verlustverwertung vor. § 171 Abs. 1 Hs. 2 HGB schreibt die (substituierende) Verbindung zwischen Einlagepflicht im Innenverhältnis und Deckung der Haftung im Außenverhältnis fest und verdeutlicht darin die Untrennbarkeit von Innen- und Außenverhältnis in Sachen Werteinlage und Haftung (kritisch dagegen LBP/*Bitz* § 15a Rn. 23).

318 Soweit ein Gesellschaftsgläubiger einen Kommanditisten über seine Haftsumme hinaus in Haftung nimmt, hat der Gesellschafter grundsätzlich gegen die Gesellschaft einen **Anspruch aus § 110 Abs. 1 HGB** (→ Rn. 306.1). Die Leistung des Gesellschafters gegenüber dem

Gläubiger ist jedoch nicht als Einlage zu werten, da der Leistung des Kommanditisten der Erstattungsanspruch gegenübersteht (Blümich/*Heuermann* § 15a Rn. 71; zum Regressanspruch bei bestehender Außenhaftung MHdB GesR II/*Herchen* § 31 Rn. 8).

Einstweilen frei 319–320

c) Innenverhältnis und Außenverhältnis. Während sich das Verbot zum Verlustausgleich nach Abs. 1 S. 1 der Vorschrift nach dem **Innenverhältnis** bestimmt (zutreffend *Wendt* Stbg 2009, 1), legt Satz 2 desselben Absatzes einen Tatbestand des **Außenverhältnisses** zugrunde. Die Berücksichtigung der vollen Haftsumme (im Gegensatz zur bloßen Einlageleistung → Rn. 297) bezieht das Außenverhältnis mit ein und erzwingt einmal mehr den Rückgriff auf handelsrechtliche Bestimmungen (zur Maßgeblichkeit auch → Rn. 300). Gleichzeitig beschränkt sich der erweiterte Verlustausgleich auf die Außenhaftung des Kommanditisten aus § 171 Abs. 1 HGB. § 15a Abs. 1 S. 2 EStG greift iVm § 171 Abs. 1 HGB auf einen speziellen handelsrechtlichen (Außen-)Haftungstatbestand zurück und grenzt damit bewusst von anderen Haftungstatbeständen, auch denjenigen des Innenverhältnisses ab (s. auch KSM/*v. Beckerath* § 15a Rn. C 68, 80). 321

Einstweilen frei 322

2. Voraussetzungen für den erweiterten Verlustausgleich (Abs. 1 S. 3)

a) Handelsregistereintrag und Haftungsnachweis. § 15a Abs. 1 S. 3 konkretisiert Satz 2 und regelt weitere Voraussetzungen. Satz 3 knüpft den erweiterten Verlustausgleich nach Satz 2 an den Handelsregistereintrag des Gesellschafters, „dem der Anteil zuzurechnen ist". Die (durch gesellschaftsvertragliche Vereinbarung betraglich festgesetzte) Hafteinlage ist erst durch den entsprechenden Ausweis im Handelsregister pflichtgemäß bekannt gemacht. Der **namentliche Handelsregistereintrag** grenzt insbesondere auch im Rahmen von Unterbeteiligungen und Treuhandverhältnissen iSd § 39 AO die Beteiligten bzw. Berechtigten klar voneinander ab. So reicht die Eintragung des Hauptbeteiligten bzw. des Treuhänders (zu Unterbeteiligungs- und Treuhandverhältnissen → Rn. 326 ff.) in das Handelsregister für einen erweiterten Verlustausgleich und -abzug nicht aus. Der Handelsregistereintrag muss dabei bereits am **Bilanzstichtag** vorliegen; die reine Anmeldung genügt nicht. Zudem muss die kraft Gesetzes erwachsende Haftung nachgewiesen werden. Damit ist nachzuweisen, dass am Bilanzstichtag die **Voraussetzungen für eine Haftung iSd § 171 Abs. 1 HGB** vorliegen (EStR § 15a Abs. 3; Schmidt/*Wacker* § 15a Rn. 131 ff.). Des Weiteren setzt der erweiterte Verlustausgleich voraus, dass eine Vermögensminderung auf Grund der Haftung nicht durch Vertrag ausgeschlossen oder nach Art und Weise des Geschäftsbetriebs unwahrscheinlich ist (Abs. 1 S. 3). 323

„Im Verhältnis zu den Gläubigern der Gesellschaft wird nach der Eintragung in das Handelsregister die Einlage eines Kommanditisten durch den in der Eintragung angegebenen Betrag bestimmt" (§ 172 Abs. 1 HGB). Die Eintragung im Handelsregister bleibt auch dann maßgeblich, wenn sie unrichtig ist. Demnach gilt der Handelsregistereintrag auch bei einer **„fehlerhaften Eintragung"**, sowohl bei einer fehlerhaften Anmeldung wie auch für den Fall einer zutreffenden Anmeldung, bei der dem Registergericht jedoch ein Fehler bei der Eintragung unterlaufen ist. Der Gesellschafter wird stets mit dem im Handelsregister eingetragenen Betrag in Haftung genommen, ungeachtet dessen, ob der eingetragene Betrag die gesellschaftsvertraglich vereinbarte Haftsumme unterschreitet oder übertrifft. Eine Haftung aus § 172 Abs. 2 HGB ist dagegen ausgeschlossen (BFH 28.5.1993 – VIII B 11/92, BStBl. II 1993, 665 (666); FG Berlin Brandenburg 3.4.2012 – 6 K 6036/08, rkr, EFG 2012, 1453 (1454); → Rn. 324.1). 324

Das FG Berlin Brandenburg konstatierte entgegen der Rechtsprechung des BFH im Jahre 1993 (BFH 28.5.1993 – VIII B 11/92, BStBl. II 1993, 665 (666)), eine im Handelsregister zu niedrig ausgewiesene Haftsumme könne jedoch durch die gesellschaftsvertraglich vereinbarte Haftsumme ersetzt werden, sofern die Gesellschaft oder der Gesellschafter selbst einen höheren Betrag in handelsüblicher Weise bekanntgemacht oder auf andere Art einem bestimmten Gläubiger mitgeteilt hat (FG Berlin Brandenburg 3.4.2012 – 6 K 6036/08, EFG 2012, 1453 (1454), rkr.). Diesem Urteil kann mE nicht gefolgt werden (→ Rn. 302 f.; Entscheidungsgründe BFH 28.5.1993 – VIII B 11/92, BStBl. II 1993, 665 (666)). 324.1

325 Der erweiterte Verlustausgleich nimmt der Differenz zwischen Haftsumme und anteilig geleisteter Pflichteinlage den „Effekt". Eine zeitlich nachgelagerte, haftungsbeendende Einlage verliert Entscheidungserheblichkeit iSd § 15a: Durch die Leistung der vollständigen Einlage schafft der Kommanditist kein zusätzliches Verlustausgleichspotential (BFH 10.6.1999 – IV B 126/98, BFH/NV 1999, 1461 (1462)), da es sich um Substitutionswerte handelt.

326 **b) Besonderheiten bei Unterbeteiligungs- und Treuhandverhältnissen.** Der Eintrag in das Handelsregister ist grundsätzlich maßgeblich für die Höhe der Haftsumme und erforderliche Voraussetzung sowie Nachweis iSd Abs. 1 S. 3 für den erweiterten Verlustausgleich (Abs. 1 S. 2 und 3). **Der im Handelsregister eingetragene Gesellschafter und die steuerliche Zurechnung eines Gesellschaftsanteils (§ 39 Abs. 2 Nr. 1 S. 2 AO) können jedoch voneinander abweichen.** Bei Unterbeteiligungsverhältnissen (→ Rn. 326.1 f.) wie bei Treuhandverhältnissen ist anerkannt, dass die steuerliche Zurechnung eines Gesellschaftsanteils und der Handelsregistereintrag auseinanderfallen können (BFH 19.4.2007 – IV R 70/04, BStBl. II 2007, 868 (870)).

326.1 Bei einem **Unterbeteiligungsverhältnis** räumt der „Inhaber eines Gesellschaftsanteils, der Hauptbeteiligte, einem anderen, dem Unterbeteiligten, durch Gesellschaftsvertrag ohne Bildung von Gesellschaftsvermögen einen Anteil an seinem Gesellschaftsanteil in Form einer obligatorischen Mitberechtigung" ein (MHdB GesR I/*Gayk* § 30 Rn. 1). Dem Unterbeteiligungsverhältnis liegt eine Form einer BGB-Gesellschaft zugrunde, „zu dem gemeinsamen Zweck des Haltens und der Nutzung der Hauptbeteiligung" (MHdB GesR I/*Gayk* Bd. 1 § 30 Rn. 2). Der atypisch stille Unterbeteiligte ist iSd § 15 Abs. 1 Nr. 2 S. 2 mittelbar über eine Personengesellschaft beteiligt. Die atypisch stille Gesellschaft wird im materiellen Steuerrecht als ‚andere Personengesellschaft' (§ 15 Abs. 1 Nr. 2 und Abs. 3 Nr. 1) angesehen. Dabei steht der mittelbar an einer Gesellschaft beteiligte Gesellschafter dem unmittelbar Beteiligten (schuldrechtlich) gleich. Steuerlich ist die Unterbeteiligungsgesellschaft als Mitunternehmerin der ‚Hauptgesellschaft' anzusehen (BFH 2.10.1997 – IV R 75/96, BStBl. II 1998, 137 (137 f.)).

326.2 Die atypisch stille Gesellschaft ist von der stillen Gesellschaft abzugrenzen (zu stillen Gesellschaftern iRd § 15a → Rn. 514 ff.), wobei diese **Abgrenzung zwischen stiller und atypisch stiller Unterbeteiligung** hier rein steuerlicher Art ist. Diese Differenzierung ist im Zivilrecht dagegen nicht denkbar, hier ist vielmehr auf ein Fehlen oder Vorliegen von Substanz- respektive Verwaltungsbeteiligung abzustellen (MHdB GesR I/*Gayk* § 30 Rn. 8).

327 Dem **atypisch still Unterbeteiligten** bleibt ein erweiterter Verlustausgleich iSd Abs. 1 S. 2 und 3 mangels Handelsregistereintrag verwehrt, nicht aber ein eigenes Verlustausgleichsvolumen. Das Verlustausgleichsvolumen ist vielmehr Bestandteil der Gesamthaftsumme. Der atypisch stille Gesellschafter ist mit seiner Unterbeteiligung (mittelbarer) Mitunternehmer der Gesellschaft. Insofern ist dem Gesellschafter in seiner Mitunternehmerstellung der Kommanditanteil iSd § 15a Abs. 1 S. 1 zuzurechnen und ebenso der darauf entfallende Verlustanteil. Dies hat wiederum zur Folge, dass dem Hauptbeteiligten der Kommanditanteil vermindert um die Unterbeteiligung zuzurechnen und der auf ihn anteilig entfallende Verlust entsprechend zu mindern ist. Dem Hauptbeteiligten ist der Anteil des atypisch Unterbeteiligten gerade nicht zuzurechnen (BFH 19.4.2007 – IV R 70/04, BStBl. II 2007, 868 (870); HHR/*Lüdemann* § 15a Rn. 117).

328 Wie für atypisch stille Unterbeteiligungen ist auch für **Treuhandverhältnisse** anerkannt, dass die steuerliche Zurechnung eines Gesellschaftsanteils und der Handelsregistereintrag auseinanderfallen können. Treuhänderisch gehaltene Anteile sind nicht dem Treuhandkommanditisten zuzurechnen und bewirken damit ebenfalls keinen erweiterten Verlustausgleich (BFH 19.4.2007 – IV R 70/04, BStBl. II 2007, 868 (870)).

329 **Treuhandverhältnisse** sind insofern **von Unterbeteiligungen zu unterscheiden,** als dass der Treuhänder auf Rechnung eines Dritten handelt; bei einem atypisch stillen Unterbeteiligungsverhältnis handelt der als Hauptanteilseigner auftretende Gesellschafter dagegen auch in eigenem Namen. Während dementsprechend das Treuhandverhältnis zivilrechtlich regelmäßig als Geschäftsbesorgungsverhältnis anzusehen ist, wird das Unterbeteiligungsverhältnis als Gesellschaftsverhältnis gewertet (BFH 29.10.1991 – VIII R 51/84, BStBl. II 1992, 512 (516 f.)).

330 Der BFH löst das Unterbeteiligungsverhältnis unter Annahme zweier Mitunternehmerschaften: der Unterbeteiligte ist idR mittelbarer Mitunternehmer der Kommanditgesellschaft.

Infolgedessen sind die verrechenbaren Verluste nach Abs. 4 zweistufig festzustellen, für die Kommanditgesellschaft wie auch für die Unterbeteiligungsgesellschaft. Die dem Hauptgesellschafter unter Einbezug des gesamten Anteils zuzurechnenden Verluste auf erster Ebene werden nach Ermittlung der anteilig verrechenbaren Verluste auf Ebene des Unterbeteiligten um den auf die Unterbeteiligung anteilig entfallenden Betrag beim Hauptbeteiligten gekürzt (BFH 19.4.2007 – IV R 70/04, BStBl. II 2007, 868 (870)). Inwieweit der Hauptbeteiligte seine Einlage bereits geleistet hat, ist dabei unerheblich.

Die Behandlung der Unterbeteiligung als Gesellschaftsverhältnis ist mitunter darauf 331 zurückzuführen, dass der Unterbeteiligte nicht etwa einem Fremdkapitalgeber gleichzustellen ist. Vielmehr geht der Hauptbeteiligte ein Vertragsverhältnis mit einem Mitunternehmer ein. Als solcher unterliegt auch der Unterbeteiligte der Wirkung des § 15a (aA Frotscher/Geurts/*Baldi* § 15a Rn. 234 f.). Mangels Handelsregistereintrag kann der Unterbeteiligte sein Verlustausgleichspotential aber erst in dem Zeitpunkt beanspruchen, in dem er die Einlage geleistet hat. Würde ein verrechenbarer Verlust beim Hauptbeteiligten nicht gekürzt, unter gleichzeitiger Zurechnung des anteiligen verrechenbaren Verlusts beim Unterbeteiligten, „so würde sich – sobald der Unterbeteiligte seine Einlage leistet – das Verlustausgleichspotential in diesem [nicht gekürzten] Umfang über die Gesamthaftsumme hinaus vermehren" und stünde insofern dem Grundgedanken des § 15a entgegen (BFH 19.4.2007 – IV R 70/04, BStBl. II 2007, 868 (870)). Ein erweiterter Verlustausgleich für den Unterbeteiligten ist demnach ausgeschlossen.

Einstweilen frei 332

c) Vermögensminderung nicht ausgeschlossen oder unwahrscheinlich. aa) Ausschluss der Vermögensminderung durch Vertrag. Der erweiterte Verlustausgleich und -abzug scheidet aus, sofern eine Vermögensminderung auf Grund der Haftung vertraglich ausgeschlossen ist (Abs. 1 S. 3 Hs. 2 Alt. 1). Der Ausschluss einer Vermögensminderung kann etwa auf einer Versicherungsleistung beruhen oder auf einen Regressanspruch zurückzuführen sein. Deckt ein Versicherungsvertrag das Risiko des Kommanditisten im Haftungsfall ab, ist der Kommanditist wirtschaftlich nicht belastet. Ein Regressanspruch des Kommanditisten gegen die Gesellschaft, einen Gesellschafter oder einen Dritten kann ebenfalls eine Inanspruchnahme ausschließen. Dieser Anspruch muss jedoch etwa durch eine Bankbürgschaft gesichert sein (Schmidt/*Wacker* § 15a Rn. 134; Kirchhof/*v. Beckerath* § 15a Rn. 33). Abs. 1 S. 3 Hs. 2 Alt. 1 stellt dabei nicht zwingend auf einen Haftungsausschluss ab; ausreichend ist auch der Ausschluss einer Vermögensminderung auf Grund dieser Haftung (BT-Drs. 8/3648, 16). 333

Einstweilen frei 334–335

bb) Unwahrscheinlichkeit der Vermögensminderung nach Art und Weise des Geschäftsbetriebs. Ein erweiterter Verlustausgleich iSd Abs. 1 Satz 2 entfällt, sofern eine Vermögensminderung auf Grund der Haftung nach Art und Weise des Geschäftsbetriebs unwahrscheinlich ist (Abs. 1 Satz 3 Hs. 2 Alt. 2). Bei der Beurteilung einer Unwahrscheinlichkeit nach Art und Weise des Geschäftsbetriebs ist nicht einzig auf die Verhältnisse am Bilanzstichtag abzustellen, sondern auch auf die voraussichtliche zukünftige Entwicklung. In der Regel ist mit der Handelsregistereintragung der Haftsumme „ein echtes wirtschaftliches und nicht nur ein formal-juristisches Risiko verbunden" (BFH 14.5.1991 – VIII R 111/86, BStBl. II 1992, 164 (166)). Ein solches Risiko ist ausnahmsweise nur dann zu verneinen „wenn die **finanzielle Ausstattung der Gesellschaft und deren gegenwärtige sowie zu erwartende Liquidität** (nicht nur stichtagsbezogen) im Verhältnis zum nach dem Gesellschaftsvertrag festgelegten Gesellschaftszweck und dessen Umfang so **außergewöhnlich günstig** sind, daß die finanzielle Inanspruchnahme des einzelnen zu beurteilenden Kommanditisten nicht zu erwarten ist" (BFH 14.5.1991 – VIII R 111/86, BStBl. II 1992, 164 (166 f., dort der Klammerzusatz)). 336

Eine vom Gesellschafter zu erwartende baldige Leistung auf die (partiell) noch ausstehende 337 Hafteinlage, die dazu führt, dass die Außenhaftung iSd § 171 Abs. 1 HGB erlischt, steht einem erweiterten Verlustausgleich nicht entgegen. Das ökonomische Risiko des Kommanditisten, die Einlage zu verlieren, wird nicht berührt; es handelt sich vielmehr lediglich um ein „Surrogat des Haftungstatbestandes" (BFH 14.5.1991 – VIII R 111/86, BStBl. II 1992, 164 (167)). Die Vorschrift geht von dem bestehenden **Risiko** einer Inanspruchnahme nach

Art und Weise des Geschäftsbetriebs (Abs. 1 S. 3) als „**Regeltatbestand**" aus (BMF 30.6.1994, BStBl. I 1994, 355).

338 Die latenten **Gewährleistungsverpflichtungen und Garantieverpflichtungen bei Bauunternehmen** führen regelmäßig nicht zu der Einschätzung, eine Vermögensminderung sei nach Art und Weise des Geschäftsbetriebs unwahrscheinlich iSd Abs. 1 S. 3. Nichts anderes kann für ihrer Art nach ähnliche Geschäftsbetriebe gelten, die vergleichbaren Verpflichtungen unterliegen (BFH 26.8.1993 – IV R 112/91, BStBl. II 1994, 627 (628 f.)).

339 Anders verhält es sich bei Gesellschaften, die von „gewerblich tätigen Initiatoren nach einheitlichem Muster" und mit einem gesamtheitlichen Finanzierungsplan gegründet werden, wonach die Haftung auf den Kapitaleinsatz beschränkt bleiben soll. Bei derartigen Gesellschaften, oftmals Fonds iRd Vermietung und Verpachtung (etwa sogenannte Modernisierungsfonds oder andere Bauherrengemeinschaften), ist daher widerleglich zu vermuten, dass eine Inanspruchnahme unwahrscheinlich ist (BFH 17.12.1992 – IX R 7/91, BStBl. II 1994, 492 (495 f.)); FG Berlin 27.6.2002 – 9 K 9030/00, EFG 2003, 82).

340–341 *Einstweilen frei*

IV. Interperiodische Verlustverrechnung (Abs. 2)

1. Gewinne aus der Beteiligung (S. 1) und nachträgliche Einlagen (S. 2)

342 **a) Regelungsbereich.** Dem Verrechnungsverbot in Abs. 1 folgt die verpflichtende Deckung eines bilanziellen Verlustüberhangs mit künftigen Gewinnen (zur Veranschaulichung → Rn. 172). Das Gesetz sieht mit diesem **Verrechnungsgebot** (KSM/*v. Beckerath* § 15a Rn. B 1) eine **personenbezogene, interperiodische Verlustverrechnung** vor.

343 Der Kommanditist ist zum Ausgleich des negativen Kapitalkontos mit späteren Gewinnen bis zur Höhe der verrechenbaren Verluste **handelsrechtlich verpflichtet** (§ 167 HGB; → Rn. 240). In Höhe der „stehengelassenen" Verluste (auch → Rn. 24) kann der Kommanditist seine Gewinnanteile nicht einfordern (§ 169 Abs. 1 S. 2 Hs. 2 HGB), sondern muss sie der Verlustverrechnung zuführen. Diese „Verlusthaftung mit künftigen Gewinnanteilen" (*Heymann/Kötter* HGB § 167 Rn. 3, § 169 Rn. 3) „trifft den Kommanditisten bis zur Liquidation unbegrenzt" (BFH 10.11.1980 – GrS 1/79, BStBl. II 1981, 164 (168)).

344 Indem § 15a **Eventualverluste** (→ Rn. 24) vorerst zurückhält, gleichzeitig aber eine Verrechnung mit künftigen Gewinnen vorsieht, nimmt auch der beschränkt haftende Gesellschafter nach Maßgabe seiner Haftungsverantwortung an Erfolg und Misserfolg der Gesellschaft teil. Der spätere Gewinnanteil bewirkt die **Verlustverrechnung** und ein vormaliger Eventualverlust wird zur realen Vermögenseinbuße, mithin zum **erheblichen Verlust.** Insofern haftet der Kommanditist nicht für Verluste jenseits seiner Haftungszusage (§ 167 Abs. 3 HGB). Über die Haftsumme hinausgehende Verluste führen bei dem beschränkt haftenden Gesellschafter als unerhebliche Verluste (→ Rn. 7) zu keiner gegenwärtig realen Vermögensminderung. Da sie keine wirtschaftliche Belastung hervorrufen, sind sie gemäß Abs. 2 S. 1 erst mit Gewinnen späterer Wirtschaftsjahre aus derselben Einkunftsquelle (Beteiligung) zu verrechnen.

345 Das Verrechnungsgebot in Abs. 2 knüpft an die qualifikatorisch ausgeschiedenen (nicht ausgleichs- und abzugsfähigen) Verluste iSd Abs. 1 S. 1 an. Damit ist Abs. 2 folgerichtige Systemvorschrift. Abs. 2 S. 2 führt den Rechtsbegriff „**verrechenbarer Verlust**" ein; seine Legaldefinition findet sich in Abs. 4 S. 1. Nach Abs. 4 S. 1 ist der verrechenbare Verlust der „nach Absatz 1 nicht ausgleichs- oder abzugsfähige Verlust eines Kommanditisten, vermindert um die nach Absatz 2 abzuziehenden und vermehrt um die nach Absatz 3 hinzuzurechnenden Beträge". § 15a erfasst damit einen Verlust, dem in Zukunft möglicherweise noch Substanz zuwächst und dessen tatsächliche Verrechnung im Zeitpunkt der Verlustzurechnung noch ungewiss ist.

346 Auch die hinzuzurechnenden Beträge iRd **Einlage- und Haftungsminderung** nach Abs. 3 wirken demnach (→ Rn. 345) auf die Höhe der verrechenbaren Verluste ein. Abs. 3 S. 1 bzw. S. 3 sehen als Rechtsfolge der Einlage- bzw. Haftungsminderung (→ Rn. 435 ff., → Rn. 468 ff.) die Zurechnung eines fiktiven Gewinns vor, der wie ein verrechenbarer Verlust die Gewinnanteile mindert, „die dem Kommanditisten im Wirtschaftsjahr der Zurechnung oder in späteren Wirtschaftsjahren aus seiner Beteiligung an der Kommanditge-

sellschaft zuzurechnen sind" (Abs. 3 S. 4). Dadurch werden (für Zwecke der Nachversteuerung) früher ausgleichsfähige Verluste in verrechenbare Verluste umgepolt.

Das Gesetz sieht für verrechenbare Verluste nach Abs. 2 S. 1 die Saldierung mit künftigen Gewinnanteilen vor, umqualifizierte Verluste iSd Abs. 3 können hingegen auch im Jahr der Einlageminderung verrechnet werden (Abs. 2; s. auch *Kröner* Verrechnungsbeschränkte Verluste, 302 f.). Dies ergibt sich freilich daraus, dass sich laufende Gewinne und Verluste im selben Jahr ausschließen und verrechenbare Verluste iSd Abs. 2 daher naturgemäß nur mit Gewinnanteilen künftiger Geschäftsjahre verrechnet werden können. 346.1

Die Gewinnhinzurechnungsbeträge iSd Abs. 3 sind in die Ermittlung nach Abs. 4 einzubeziehen und erhöhen so den jährlich festzustellenden verrechenbaren Verlust (→ Rn. 485). Gleichwohl sind sie gemäß § 179 Abs. 2 S. 2, § 180 Abs. 1 Nr. 2 Buchst. a AO gesondert und einheitlich festzustellen (→ Rn. 455). 347

§ 15a Abs. 2 **Satz 2** wurde im Zuge der Einführung des Abs. 1a (→ Rn. 372 ff.) durch das JStG 2009 angefügt, Abs. 2 Satz 1 entsprechend um den Verweis auf Abs. 1a redaktionell angepasst (→ Rn. 61; BT-Drs. 16/10189, 49; zu Abs. 2 S. 2 EStR 15a Abs. 4). 348

Insbesondere regelt Satz 2 die **Verrechnung mit nachträglich geleisteten Einlagen.** Nachträgliche Einlagen iSd Abs. 1a der Vorschrift stellen während der laufenden Geschäftsjahre kein Verlustausgleichsvolumen dar. Bereits in Vorjahren festgestellte verrechenbare Verluste können mit einer in Folgejahren geleisteten Einlage nicht verrechnet werden; so führen nachträgliche Einlagen grundsätzlich nicht zur Umqualifizierung verrechenbarer Verluste in abzugs- und ausgleichsfähige Verluste (→ Rn. 372 ff.). Im Beendigungszeitpunkt sind nachträgliche Einlagen jedoch mit einem nach Abzug eines Veräußerungs- oder Aufgabegewinns verbleibenden verrechenbaren Verlust zu saldieren (→ Rn. 353; s. auch HHR/*Lüdemann* § 15a Rn. 144). 349

b) Rechtsfolgen. § 15a Abs. 2 sieht zwei Rechtsfolgen vor: Abs. 2 S. 1 bestimmt in Anknüpfung an das Ausgleichs- und Abzugsverbot in Abs. 1 S. 1 die Saldierung verrechenbarer Verluste mit künftigen Gewinnanteilen. Abs. 2 S. 2 regelt darüber hinaus die Verrechnung „im Zeitpunkt der Veräußerung oder Aufgabe des gesamten Mitunternehmeranteils oder der Betriebsveräußerung oder -aufgabe". 350

Die **Feststellung der verrechenbaren Verluste** als verfahrensrechtliche Rechtsfolge regelt Abs. 4 der Vorschrift (→ Rn. 481 ff.). Im Wege der Fortschreibung werden jährlich verrechenbare Verluste festgestellt (Abs. 4 S. 2). 351

Das Gesetz bestimmt die Verlustverrechnung ex officio, ohne Antrag; sie ist **weder zeitlich noch in ihrer Höhe begrenzt** (WRS PersGes/*Frey*, 1025). Die Verlustverrechnung nach § 15a Abs. 2 S. 1 unterscheidet sich insofern von der Mindestbesteuerung des § 10d (Blümich/*Heuermann* § 15a Rn. 73). 352

Die „**Gewinne,** die dem Kommanditisten in späteren Wirtschaftsjahren aus seiner Beteiligung an der Kommanditgesellschaft zuzurechnen sind" (Abs. 2 S. 1), **umfassen nicht ausschließlich laufende Gewinne** aus der Beteiligung. **Satz 2** macht deutlich, dass auch ein „Veräußerungs- oder Aufgabegewinn" an der Verlustverrechnung teilnimmt. Im Übertragungs- bzw. Beendigungszeitpunkt (Übertragung von Mitunternehmeranteilen → Rn. 629 ff.; Beendigung der Gesellschaft → Rn. 671 ff.) sind Verluste mit den aus einer Veräußerung oder Aufgabe resultierenden Gewinnen auszugleichen, ebenso wie mit nachträglichen, bislang „ungenutzten" Einlagen iSd Abs. 1a (Abs. 2 S. 2; → Rn. 377), soweit die Gewinne reichen. Während der „Anteil am Verlust" nach Abs. 1 S. 1 als laufender Verlust zu verstehen ist, umfassen die „Gewinne, die dem Kommanditisten in späteren Wirtschaftsjahren aus seiner Beteiligung an der Kommanditgesellschaft zuzurechnen sind" (Abs. 2 S. 1) auch einen „Veräußerungs- oder Aufgabegewinn" iSd § 16 (Abs. 2 S. 2; BFH 26.1.1995 – IV R 23/93, BStBl. II 1995, 467 (470); Blümich/*Heuermann* § 15a Rn. 75; WRS PersGes/*Frey*, 1025). 353

Die „künftigen Gewinnanteile, die der Kommanditist nach § 167 Abs. 3, § 169 Abs. 1 S. 2 HGB zur Auffüllung des negativen Kapitalkontos zu verwenden hat, [sind] die in § 15 Abs. 1 Nr. 2 EStG an erster Stelle genannten Gewinnanteile" (BFH 10.11.1980 – GrS 1/79, BStBl. II 1981, 164 (169)). Sonderbetriebsvermögen sind bei dem „Anteil am Verlust" nach Abs. 1 nicht zu berücksichtigen (→ Rn. 220 ff.). Nichts anderes kann freilich für die „Gewinne" nach Abs. 2 gelten. Für die Anteile am Ergebnis der Gesellschaft ist lediglich das Ergebnis 354 aus dem Gesamthandsvermögen heranzuziehen. **Verrechenbare Verluste sind** demnach **nicht mit Sonderbetriebseinnahmen und Sondervergütungen zu saldieren** (Schmidt/*Wacker* § 15a Rn. 104; auch allgemein zu außerbilanziellen Korrekturen → Rn. 361 ff.).

355 **Latente Wertzuwächse** werden insofern erfasst, als diese im Beendigungsfall aufgedeckt und besteuert werden. Hieraus kann ein (anteiliger) Veräußerungs- oder Aufgabegewinn für den Kommanditisten entstehen (BFH 26.1.1995 – IV R 23/93, BStBl. II 1995, 467 (470)).

356 **c) Weitere Voraussetzungen. aa) Anteils- und Subjektidentität.** Die Verlustverrechnung setzt **Anteils- und Subjektidentität** voraus. Die (nach Abs. 4 festgestellten) verrechenbaren Verluste können ausschließlich mit **Gewinnanteilen aus derselben Beteiligung** (Einkunftsquelle) saldiert werden. Maßgeblich ist hierbei die wirtschaftliche Anteilsidentität: abzustellen ist nicht auf die zivilrechtliche, sondern auf die einkommensteuerrechtliche Identität der Beteiligung (*Rödder/Schumacher* DB 1998, 99 (99 f.)). Zudem knüpft die Verlustverrechnung an den **Mitunternehmer** an, an die gesellschafterindividuelle Verlustverwertung in Abhängigkeit von seiner realen Mithaftung. Grundsätzlich kann nur der Mitunternehmer, dem ein Eventualverlust zugewiesen wurde, diesen dann bei tatsächlicher Belastung auch verrechnen (Subjektidentität; s. auch KSM/*v. Beckerath* § 15a Rn. B 341 ff.; Korn/*Korn* § 15a Rn. 62).

357 **bb) Ausgleichsmöglichkeit.** Eine **Verlustzuweisung** zum Kommanditisten setzt stets voraus, dass ein Ausgleich des negativen Kapitalkontos „**nach den Verhältnissen am Bilanzstichtag**" überhaupt in Betracht kommt (BFH 10.11.1980 – GrS 1/79, BStBl. II 1981, 164; OFD Nordrhein-Westfalen 7.7.2014, FR 2014, 823). Sie scheidet demnach aus, sofern ein Ausgleich nicht mehr möglich ist. „Im Falle eines Verlustes der KG ist daher in jedem Fall zunächst zu entscheiden, ob einem Kommanditisten nach den vorstehenden Grundsätzen Verlustanteile aus der Gesellschaftsbilanz noch zugerechnet werden können. Nur soweit eine Verlustzurechnung in Betracht kommt, ist zu prüfen, ob § 15a EStG anzuwenden ist" (OFD Nordrhein-Westfalen 7.7.2014, FR 2014, 823; EStH 15a; → Rn. 357.1).

357.1 Verlustanteile können dem Kommanditisten „insoweit nicht mehr zugerechnet werden, als nach den Verhältnissen am Bilanzstichtag feststeht, dass ein Ausgleich des durch die Verluste aus der Gesellschaftsbilanz entstehenden oder sich erhöhenden negativen Kapitalkontos mit künftigen Gewinnanteilen des Kommanditisten nicht mehr in Betracht kommt. Sind diese Voraussetzungen erfüllt, können dem Kommanditisten laufende Verlustanteile aus der Gesellschaftsbilanz (einschließlich der Ergebnisse sog. Ergänzungsbilanzen) selbst dann nicht mehr zugerechnet werden, wenn sich der Kommanditist für Verbindlichkeiten der KG verbürgt hat" (OFD Nordrhein-Westfalen 7.7.2014, FR 2014, 823).

358 Die **Ausgleichsverpflichtung kann** mangels künftiger Gewinnanteile und aufgrund der letztlichen Auflösung der Gesellschaft oder aufgrund des Ausscheidens des Gesellschafters **entfallen** (Korn/*Korn* § 15a Rn. 25). Dann haben sich die Eventualverluste – für den Kommanditisten – endgültig als Nicht-Verluste erwiesen. Erheblich werden diese Verluste nun für den unbeschränkt haftenden Gesellschafter, dem die Verluste dann zuzuordnen sind. Denn für den Kommanditisten besteht keine Nachschusspflicht kraft Gesetzes; die Kapitalbeteiligung ist gerade auf Haftungsbeschränkung angelegt. Eine Nachschusspflicht kraft besonderer Abrede ist aber auch hier möglich. Eine **abweichende Zuordnung** (vor Verlustzuweisung → Rn. 357) kann sich auch während des laufenden Geschäftsbetriebs ergeben, sofern feststeht, dass der Kommanditist „nach den Verhältnissen am Bilanzstichtag" für Verluste nicht mehr (mit künftigen Gewinnanteilen) einstehen kann (BFH 10.11.1980 – GrS 1/79, BStBl. II 1981, 164; OFD Nordrhein-Westfalen 7.7.2014, FR 2014, 823).

359–360 *Einstweilen frei*

2. Außerbilanzielle Korrekturen

361 **a) Berücksichtigung im Rahmen der Verlustermittlung.** Die Abbildung verrechenbarer Verluste und mithin die Anpassung des Kapitalkontos iRd Steuerbilanz hat hohe Praxisrelevanz und erfordert außerbilanzielle Korrekturen. IRd Ermittlung verrechenbarer Verluste sind außerbilanzielle Korrekturen etwa bei steuerfreien Einnahmen und nicht abziehbare Betriebsausgaben sowie Größen, die nach § 3c Abs. 3 iVm § 3 Nr. 40 (§ 3 Nr. 66 EStG aF) dem Teileinkünfteverfahren (also einem anteiligen Abzug) unterliegen, vorzunehmen und

stetig fortzuschreiben. Die Saldogröße eines negativen Kapitalkontos und ein entsprechender Verlust iSd § 15a können dabei betraglich auseinanderfallen (*Kopplin/Maßbaum/Sureth* WPg 2010, 1203 (1205 ff.); LBP/*Bitz* § 15a Rn. 12).

Nach außerbilanzieller Korrektur erhöhen steuerfreie Einnahmen das steuerliche Kapitalkonto. In Höhe der steuerfreien Einnahmen sind Verluste nach § 15a Abs. 1 S. 1 ausgleichs- und abzugsfähig, das Verlustausgleichspotential erhöht sich insoweit (→ Rn. 362.1). Nicht abziehbare Betriebsausgaben mindern dagegen (nach außerbilanzieller Korrektur) das steuerliche Kapitalkonto. Sie werden iRd Verlustanteils iSd § 15a nicht berücksichtigt und erfordern insoweit eine Korrektur (*Steger* NWB 2011, 3372 (3372 ff.); KSM/*v. Beckerath* § 15a Rn. B 520). **362**

„Alle steuerfreien Betriebsvermögensmehrungen, z. B. steuerfreie Zuschüsse und Zulagen, wie Investitionszulagen, steuerfreie Einnahmen nach § 3 Nr. 40 EStG im Rahmen des Teileinkünfteverfahrens, erhöhen das steuerliche Kapitalkonto und damit das Verlustausgleichsvolumen aufgrund Kapital. Als handelsrechtlicher Teil des Betriebsergebnisses stellen sie jedoch keine haftungsbeendende Einlage im Sinne des § 171 HGB dar und mindern daher auch nicht die erweiterte Außenhaftung nach § 15a Abs. 1 S. 2 EStG“ (OFD Frankfurt a.M. 19.10.2017, BeckVerw 348236 Rn. 2). **362.1**

Einstweilen frei **363–366**

b) Anwendungsfälle. Außerbilanzielle Korrekturen sind insbesondere im Rahmen eines Investitionsabzugsbetrages nach § 7g (*Schmelter/Suck* DStR 2011, 1637; *Steger* NWB 2011, 3372; zur Berücksichtigung im Rahmen der Verlustermittlung anhängiges Verfahren vor dem BFH – IV R 26/19, Vorinstanz FG Münster 14.8.2019 – 13 K 2320/15 F, EFG 2019, 1676), mittelbarer Beteiligungen (*Müller/Dorn* BB 2014, 1572) und geschlossener Immobilienfonds (*Eckert* BB 2011, 1055; BFH 20.9.2007 – IV R 10/07, BStBl. II 2008, 118, BB 2008, 370 mAnm *Behrens* (zu § 15a EStG aF), 371) vorzunehmen. **367**

Einstweilen frei **368–371**

V. Nachträgliche und vorgezogene Einlagen (Abs. 1a)

Nachträgliche Einlagen führen nicht zur Umqualifizierung verrechenbarer Verluste in abzugs- und ausgleichsfähige Verluste. Die Einlageerhöhung dient für festgestellte verrechenbare Verluste der Vorjahre nicht als Verlustausgleichsvolumen. Ebenso ermöglichen frühere Einlagen keinen Verlustausgleich für in Folgejahren entstehende Verluste (sofern das Kapitalkonto trotz Einlageleistung weiterhin negativ ist). **372**

1. Legaldefinition nachträglicher Einlagen (Abs. 1a S. 2)

Als nachträgliche Einlagen iSd Abs. 1a definiert das Gesetz Einlagen, die nach Ablauf eines Wirtschaftsjahres geleistet werden, „in dem ein nicht ausgleichs- oder abzugsfähiger Verlust im Sinne des Absatzes 1“ entstanden (Abs. 1a S. 2. Alt. 1) oder „ein Gewinn im Sinne des Absatzes 3 Satz 1 zugerechnet worden ist“ (Abs. 1a S. 2 Alt. 2). Abs. 1a S. 2 greift mit der **ersten Alternative** diejenigen Einlagen auf, die in dem Wirtschaftsjahr eingebracht werden, in dem **nicht ausgleichs- und abzugsfähige Verluste des Vorjahres** umqualifiziert wurden und nunmehr verrechenbare Verluste vorliegen. Nachträgliche Einlagen definieren sich im Rückbezug auf nicht ausgleichs- und abzugsfähige Verluste sowie auf nach Abs. 3 zugerechnete fiktive Gewinne (Alt. 2). **373**

Die Hinzurechnung eines fiktiven Gewinns iSd Abs. 3 S. 1 dient dazu, früher ausgleichsfähige Verluste in verrechenbare Verluste umzupolen (anlässlich eines Entnahmevorgangs oder einer Herabsetzung der Haftung). Der fiktive Gewinn mindert wie ein verrechenbarer Verlust Gewinne im Jahr der Zurechnung sowie in folgenden Wirtschaftsjahren (→ Rn. 395 ff.). Indem Abs. 1a S. 2 **fiktive Gewinne** als **zweite Alternative** aufgreift, wird sichergestellt, dass auch der (seiner Funktion nach) verrechenbare Verlust iSd Abs. 3 nicht in einen ausgleichsfähigen Verlust umgepolt und mit einer nachträglichen Einlage verrechnet wird. **374**

§ 15a differenziert im Zeichen konsequenter Unterscheidung erhebliche und unerhebliche (zumindest verfrühte → Rn. 7) Verluste. Diese Entscheidung und die an die Gruppierung anknüpfenden differenzierten Rechtsfolgen nimmt § 15a nicht zurück mit einer Umqualifizierung. Ein verrechenbarer, qualifikatorisch ausgeschiedener Verlust bleibt der Verrechnung mit Gewinnanteilen vorbehalten. **375**

2. Nachträgliche Einlagen (Abs. 1a S. 1 Alt. 1)

376 Sind Verluste des Vorjahres als nicht ausgleichs- und abzugsfähig iSd Abs. 1 S. 1 und daraufhin als nunmehr verrechenbare Verluste qualifiziert und festgestellt worden, erfolgt kein Abzug von der im Folgejahr geleisteten Einlage. Nachträglich geleistete Einlagen bewirken keine rückwirkende Umqualifizierung; die Ausgleichs- und Abzugsfähigkeit der Verluste vergangener Jahre lebt nicht wieder auf, sodass die verrechenbaren Verluste als Rechengröße für künftige Gewinnanteile zurückbehalten werden. Es findet auch keine Umkehr der in Abs. 3 bezeichneten Umqualifizierung statt (→ Rn. 401; zu verfassungsrechtlichen Fragestellungen → Rn. 101). **Einlageerhöhungen und Haftungserweiterungen bewirken keine Umqualifizierung verrechenbarer in ausgleichs- und abzugsfähige Verluste.**

377 Die rückwirkende Umqualifizierung ist auch hier einzig in einer Ausnahmesituation vorgesehen, beim Ausscheiden des Gesellschafters oder der Liquidation der Gesellschaft. Nachträgliche Einlagen ermöglichen im Zeitpunkt etwa der Veräußerung eines Mitunternehmeranteils einen Ausgleich und Abzug der dann wieder auflebenden Verluste. Bei nachträglich geleisteter Vermögenseinlage sind noch bestehende verrechenbare Verluste in ausgleichs- und abzugsfähige Verluste umzuqualifizieren, soweit die nachträgliche Einlage reicht (Abs. 2 S. 2 iVm Abs. 1a; → Rn. 350 ff.; vgl. auch FG Düsseldorf 5.6.2013 – 15 K 1333/11 F Rn. 33, rkr).

378 *Einstweilen frei*

3. Frühere Einlagen (Abs. 1a S. 1 Alt. 2)

379 Abs. 1a definiert nachträgliche Einlagen. Nachträgliche Einlagen sind perspektivisch vorweggenommene (frühere) Einlagen, wenn von den Verlustanteilen in Einlage-Folgejahren ausgegangen wird. Frühere Einlagen können je nach Sachverhalt partiell in Folgejahre reichen, soweit sie nicht durch Verluste des Einlagejahres aufgebraucht werden. In der Höhe der verbleibenden Einlage konnte unter alter Rechtslage ein Korrekturposten ausgewiesen werden, von welchem in den Folgejahren entstehende Verlustanteile abzuziehen waren. Abs. 1a beendete mit seiner Einführung insofern auch die nach der Rechtsprechung mögliche Nutzung vorweggenommener Einlagen in das Gesamthandsvermögen als Verlustausgleichspotential (→ Rn. 384 ff.; BFH 26.6.2007 – IV R 28/06, BStBl. II 2007, 934; BFH 14.10.2003 – VIII R 32/01, BStBl. II 2004, 359; BFH 2.2.2017 – IV R 47/13, BStBl. II 2017, 391 – zur verfassungsrechtlichen Fragestellung → Rn. 95 ff.).

380 Die aus Sicht der Einlageleistung im nachfolgenden Jahr zuzurechnenden Verlustanteile können nicht mit der im Vorjahr geleisteten Einlage verrechnet werden, sofern das Kapitalkonto trotz Einlageleistung weiterhin negativ ist. Perspektivisch vorgezogene Einlagen bilden insofern kein Verlusthaftungspotential für in Folgejahren entstehende Verluste. **Einlageleistungen** aus Vorjahren ermöglichen einen sofortigen Verlustausgleich und -abzug nur, soweit sie **in einen positiven Kapitalkontenstand reichen** (glA HHR/*Lüdemann* § 15a Rn. 130c).

381 Eine Einlageleistung, die einen im gleichen Jahr entstandenen Verlust deckt, diesen betragsmäßig aber übersteigt, kann bei negativem Kapitalkonto nicht mit dem Verlust eines nachfolgenden Jahres verrechnet werden. Daher kann es vorteilhaft sein, die **Einlageleistung über die Jahre gestaffelt zu erbringen,** sofern weitere Verluste zu erwarten sind und das Kapitalkonto durch die Einlage nicht nennenswert positiv wird (s. auch Korn/*Korn* § 15a Rn. 59.3).

382 *Einstweilen frei*

4. Zeitkongruente Einlagen

383 Sind Einlagen dem Wirtschaftsjahr der Verlustentstehung zuzuordnen (durch Leistung vor Ablauf des Wirtschaftsjahres), sind diese als Verlustausgleichsvolumen zu berücksichtigen. Resümierend ist eine **Verlustverrechnung** ausschließlich **durch** eine „zeitkongruente Einlage", eine **Einlage mit Leistung im Jahr der Verlustentstehung zu erreichen** (*Röder* System der Verlustverrechnung, 26).

Zeitstrahl zeitkongruenter sowie zeitinkongruenter Einlagen 383.1

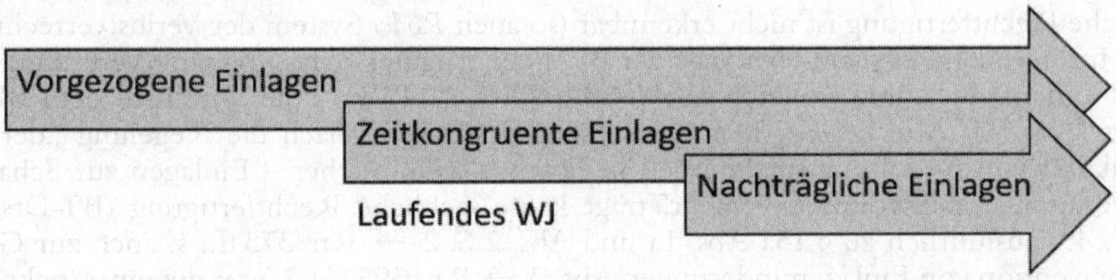

Beispiel – Zeitkongruente und zeitinkongruente Einlagen: 383.2
Bei einem Kapitalkontenstand von ./. 150 wird Kommanditist A in WJ 01 ein Verlust iHv 150 zuteil. Der Verlust ist nicht ausgleichs- und abzugsfähig und verbleibt als verrechenbarer Verlust in WJ 02. Im gleichen WJ (02) legt A eine Einlage iHv 100 ein. Das Kapitalkonto verringert sich auf EUR 50. Die verrechenbaren Verluste werden nicht als ausgleichs- und abzugsfähig umqualifiziert, bleiben also der Verrechnung mit künftigen Gewinnanteilen vorbehalten. Entsteht nun in WJ 02 ein Verlust (Alt. 1), kann dieser mit der im gleichen WJ geleisteten Einlage ausgeglichen werden soweit diese reicht. Entsteht im gleichen WJ (02) jedoch kein Verlust, sondern ein Gewinn (Alt. 2), sind durch die A zuzurechnenden Gewinnanteile in gleicher Höhe in WJ 01 entstandenen und nunmehr verrechenbare Verluste gegen gerechnet werden. Fraglich ist in diesem Fall die Handhabung der in WJ 02 eingebrachten Einlage in WJ 03, sofern in WJ 03 Verluste entstehen. Aus Sicht des WJ 03 ist die Einlage in WJ 02 eine vorweggenommene Einlage. Verluste (WJ 03) dürfen nicht mit vorweggenommenen Einlagen vorheriger WJ (hier WJ 02) ausgeglichen werden.

5. Rechtslage, Rechtsprechung und Verfassungsrecht

Unter alter Rechtslage (für geleistete Einlagen bis einschließlich zum 24.12.2008) konnte 384
in der Höhe der verbleibenden Einlage ein Korrekturposten außerhalb der Bilanz ausgewiesen werden. In Folgejahren entstandene Verlustanteile konnten mit diesem verrechnet werden. Diese Verluste waren als ausgleichsfähig zu qualifizieren, auch sofern sie (wiederholt) ein negatives Kapitalkonto bewirkten bzw. einen Negativsaldo erhöhten. Dem BFH zufolge war eine Verlustverrechnung mit einer früheren Einlage ungeachtet eines negativen Kapitalkontos möglich, soweit ein einlagebedingter Korrekturposten vorlag (BFH 14.10.2003 – VIII R 32/01, BStBl. II 2004, 359; s. auch BMF 19.11.2007, BStBl. I 2007, 823). Mit Einführung des Abs. 1a iRd JStG 2009 hat der Gesetzgeber eine Lücke im Gesetz positivrechtlich geschlossen (→ Rn. 61); eine Verlustverrechnung mit früheren Einlagen scheidet seither aus.

Gerade vor dem Hintergrund der früheren BFH-Rechtsprechung (BFH 26.6.2007 – IV 385
R 28/06, BStBl. II 2007, 934; BFH 14.10.2003 – VIII R 32/01, BStBl. II 2004, 359) steht Abs. 1a verfassungsrechtlich in Frage. Der Bundesfinanzhof hatte sich zuvor für einen lückenfüllenden „Akt der Rechtsfortbildung" (*Wendt* Stbg 2009, 1 (2)) ausgesprochen mit dem Ziel, einer Verletzung des Gleichheitssatzes entgegenzuwirken. So konnte die nachträgliche „Übereinlage" vorgetragen und in Folgejahren verwertet werden (*Wendt* Stbg 2009, 1 (2 f.)).

Sinn und Zweck der Grundregel widerspricht zum einen die Ungleichbehandlung vor- 386
weggenommener Einlagen gegenüber zeitkongruenten Einlagen. Die Norm macht Verlustverrechnung abhängig von der zeitlichen Zufälligkeit (→ Rn. 372 ff.). Offenkundiger noch scheint die Ungleichbehandlung gegenüber der Haftsumme: Eine in Wirtschaftsjahr 01 eingetragene Haftsummenerhöhung vermittelt ausgleichsfähige Verluste auch in Folgejahren, was sich aus dem Wortlaut des Abs. 1 S. 2 ergibt; eine vorweggenommene Einlage dagegen nicht (→ Rn. 379 ff.).

Mit Abs. 1a hat der Gesetzgeber die Lücke positivrechtlich geschlossen. Dass er sich gegen 387
die richterrechtliche Lösung entschieden hat, ist nicht zu beanstanden. Der Gesetzgeber kann seine Lösungen jederzeit (für die Zukunft) durchsetzen, nicht jedoch wegen seiner Bindung an die Grundrechte (Art. 1 Abs. 3 GG) gegen den Gleichheitssatz des Art. 3 Abs. 1 GG (s. frühere Rechtsprechung BFH 14.10.2003 – VIII R 32/01, BStBl. II 2004, 359; BFH 26.6.2007 – IV R 28/06, BStBl. II 2007, 934; dazu auch *Nacke* DB 2008, 1396 (1398 f.) zum gleichlautenden Regierungsentwurf; *Nacke* DB 2008, 2792 (2796)).

388 Die Norm ist in ihrer Konzeption „angreifbar" (Korn/*Korn* § 15a Rn. 65 im Kontext nachträglicher Einlagen, die nicht zu einer Umqualifizierung verrechenbarer Verluste führen). Sachliche Rechtfertigung ist nicht erkennbar (so auch *Röder* System der Verlustverrechnung, 25 f.). Insofern liegt es nicht fern, dass der BFH bei erneuter Befassung eine Verfassungswidrigkeit annehmen würde (so auch *Wendt* Stbg 2009, 1 (4)) und die Vorschrift dem BVerfG vorlegt (Art. 100 Abs. 1 GG). Die Gesetzesbegründung, wonach die Regelung „der Einschränkung von Gestaltungsspielräumen in Form – willkürlicher – Einlagen zur Schaffung von Verlustausgleichsvolumina" dient, trägt keine sachliche Rechtfertigung (BT-Drs. 16/10189, 49; ausführlich zu § 15a Abs. 1a und Abs. 2 S. 2 → Rn. 373 ff.; s. auch zur Gestaltungsprävention von Einlageminderungen Abs. 3 → Rn. 395 ff.). Unter diesem Aspekt mangelt es der Norm (die gerade Reaktionsrecht für sich beansprucht) an einer zur Wahrung des Gleichheitssatzes folgerichtigen Umsetzung (*Wacker* DStR 2009, 403 (405 f.)).

389–392 *Einstweilen frei*

6. Korrekturposten (Einlagen bis zum 24.12.2008)

393 Für Einlagen, die bis einschließlich zum 24.12.2008 geleistet wurden (also vor Inkrafttreten des Abs. 1a), sind Korrekturposten anzusetzen (BFH 20.9.2007 – IV R 10/07, BStBl. II 2008, 118; BFH 14.10.2003 – VIII R 32/01, BFH/NV 2004, 279).

VI. Einlage- und Haftungsminderung (Abs. 3)

394 „§ 15a Abs. 3 EStG dient der Durchsetzung des in § 15a Abs. 1 EStG zum Ausdruck kommenden Grundsatzes, dass ein Verlustausgleich nur möglich sein soll, soweit der Verlustanteil durch Eigenkapital gedeckt ist" (BFH 20.11.2014 – IV R 47/11, BStBl. II 2015, 532 Rn. 28).

1. Regelungsanliegen

395 Abs. 3 der Vorschrift regelt mit der Einlageminderung und der Haftungsminderung zwei unterschiedliche Tatbestände mit einem gemeinsamen Grundgedanken. Abs. 3 S. 1 und 2 iVm S. 4 regelt die Einlageminderung mit Tatbestand und Rechtsfolge. Nach Abs. 1 S. 1 ist ein Verlustausgleich oder -abzug ausgeschlossen, „soweit ein negatives Kapitalkonto des Kommanditisten entsteht oder sich erhöht". Abs. 3 stellt hinsichtlich der **Einlageminderung** auf das Kapitalkonto als Referenz (→ Rn. 11) ab, ebenso wie Abs. 1. Dem negativen Kapitalkonto liegt dabei aber jeweils eine andere Ursache zugrunde. Ein negatives Kapitalkonto entsteht nicht allein durch Verlust (Abs. 1), sondern auch durch Entnahme. Soweit eine **Entnahme** ein negatives Kapitalkonto erst bewirkt oder dieses weiter belastet (und gerade kein Verlust ursächlich ist), liegt eine Einlageminderung nach Abs. 3 vor.

396 Die Regelung zur **Einlageminderung** tritt dem gezielten Zu- und Abführen von Kapital entgegen. Grundsätzlich bilden Einlagen zusätzliches Verlustausgleichsvolumen (zu Ausnahmen iRd Abs. 1a → Rn. 372 ff.), wodurch entstandene Verluste sich sogleich im Verlustentstehungsjahr auswirken und eine Verrechnung nicht erst mit den Gewinnen künftiger Jahre zu erreichen ist. Die Einlage führt zu Verlustausgleichsvolumen im Verlustentstehungsjahr (zu zeitkongruenten Einlagen → Rn. 383), darüber hinaus uU zu dem erforderlichen positiven Kapitalkontenstand zur Verrechnung weiterer Verluste. Zieht der Gesellschafter das Kapital (nach dem Bilanzstichtag) durch Entnahme wieder ab, liegt eine Einlageminderung nach Abs. 3 S. 1 vor. Einen – erweiterten – Verlustausgleich nimmt auch derjenige Gesellschafter ungerechtfertigt in Anspruch, der seinen Haftungsbetrag herabsetzt und zuvor auf Grund dieses Haftungsbetrages Verluste ausgleichen und abziehen konnte.

397 Der **Haftungsminderung** tritt Abs. 3 in gleicher Weise entgegen wie der Einlageminderung: mittels Nachversteuerung. Die Haftungsminderung bewegt sich iRd Haftungssumme nach Abs. 1 S. 2 (erweiterter Verlustausgleich → Rn. 297 ff.), der überschießenden Außenhaftung iSd § 171 Abs. 1 HGB. Die Außenhaftung beschreibt dabei den Unterschiedsbetrag zwischen der im Handelsregister eingetragenen Haftsumme und der tatsächlich geleisteten Einlage. Setzt der Gesellschafter diesen Differenz- bzw. Haftungsbetrag herab, liegt eine Haftungsminderung iSd Abs. 3 S. 3 vor (HHR/*Lüdemann* § 15a Rn. 160).

Abs. 3 sieht die Nachversteuerung vor. Verluste, die auf Grund der Einlage oder erweiterten Außenhaftung ausgleichs- und abzugsfähig waren, sind ex post in verrechenbare Verluste umzuwandeln. Einlage und Haftungserweiterung werden im Ergebnis neutralisiert, eine Einlageleistung mit anschließendem Kapitalabzug und eine nur vorübergehende erweiterte Außenhaftung einem Unterlassen gleichgestellt. Die Norm nutzt einen fiktiven Gewinn, technisch: einen gewinnerhöhenden Korrekturposten in Höhe ungerechtfertigt abgezogener Verluste. Dieser Betrag ist nicht vergleichbar dem Anteil am Gewinn aus der Beteiligung (Korn/*Korn* § 15a Rn. 65). Verfahrenstechnisch ist der Hinzurechnungsbetrag wie ein verrechenbarer Verlust zu behandeln. Mit der für Einlage- und Haftungsminderung identischen **Rechtsfolge** gelingt die Nachversteuerung eines zuvor ungerechtfertigt in Anspruch genommenen (erweiterten) Verlustausgleichs. 398

2. Einlageminderung – Zurechnung fiktiver Gewinne (Abs. 3 S. 1 u. 2 iVm S. 4)

a) Funktion und Regelungsinhalt. Der Normensystematik des § 15a nach gilt es, Verschiebungen von Verlusthaftungskapital rückwirkend und der Kapital- und Haftungssituation entsprechend einzuordnen. Abs. 3 erfasst mit der Einlageminderung zuvorderst Gestaltungen vormaliger Zuführung mit anschließendem Abzug von Kapital. Die Zurechnung der Einlageminderung als fiktiver Gewinn beugt Gestaltungen vor. Andernfalls könnten „durch kurzfristige Einlagen oder kurzfristige Eintragung von Haftsummen in beliebiger Höhe Verlustverrechnungsmöglichkeiten geschaffen werden" (BT-Drs. 8/3648, 17). Diese Verrechnungsmöglichkeiten werden erreicht, indem etwa eine (vorübergehende) Einlage kurz vor dem Bilanzstichtag eingebracht und kurz nach dem Bilanzstichtag wieder abgezogen wird, entsprechendes gilt für die Haftungserweiterung. Abs. 3 verhindert eine Umgehung der Verlustausgleichbeschränkung in Abs. 1 S. 1 und dient damit dem Grundgedanken, „dass ein Verlustausgleich nur möglich sein soll, soweit der Verlustanteil durch Eigenkapital abgedeckt ist" (BFH 20.3.2003 – IV R 42/00, BStBl. II 2003, 798 (799); HHR/*Lüdemann* § 15a Rn. 146). 399

Die Verlustfeststellung des Verlustentstehungsjahres bleibt dabei unberührt. Abs. 3 neutralisiert weitestgehend den Vorgang der Entnahme durch eine Gewinnhinzurechnung in Höhe des Entnahmebetrags, soweit dieser in den Negativsaldo des Kapitalkontos reicht. Die Neutralisierung führt Abs. 3 S. 4 herbei: „Die nach den Sätzen 1 bis 3 zuzurechnenden Beträge mindern die Gewinne, die dem Kommanditisten im Wirtschaftsjahr der Zurechnung oder in späteren Wirtschaftsjahren aus seiner Beteiligung an der Kommanditgesellschaft zuzurechnen sind". Der Fiktivgewinn mindert demnach in gleicher Höhe die Gewinnanteile, die dem Gesellschafter im Jahr der Zurechnung und (soweit der Betrag bei Verrechnung reicht) in den folgenden Wirtschaftsjahren anteilsmäßig zugeschrieben werden. Eine Einlageminderung ist dabei nur anzunehmen, soweit kraft Entnahme keine zu berücksichtigende Haftung iSd Abs. 1 S. 2 besteht oder entsteht. Insofern ist hier die handelsrechtliche Außenhaftung iSd § 171 Abs. 1 HGB zu prüfen (→ Rn. 406 f.). Abs. 3 S. 2 setzt darüber hinaus die Verlustnutzung vorangegangener Jahre voraus (→ Rn. 435 ff.). 400

Die auf Grund der (befristeten) Einlage als ausgleichs- und abzugsfähig zu qualifizierenden Verluste werden nach Abzug des Kapitals in verrechenbare Verluste umqualifiziert (zum Zeitraum → Rn. 437). So stellt die Norm mit Abs. 3 die ursprüngliche Ausgangssituation vor der Einlageleistung wieder her und bringt in ihrer Korrespondenzfunktion (→ Rn. 3 ff.) Haftung und Verlustverwertung wieder zusammen. Die Einlage wird in ihrer Wirkung aufgehoben. Abs. 3 verzichtet auf die nachträgliche Korrektur der ausgeglichenen Verluste im Verlustentstehungsjahr. Stattdessen ist ein fiktiver Gewinn in Höhe der (ex post als ungerechtfertigt anzusehenden) Verluste zu bilden in dem Jahr, in dem die Vermögenseinlage entnommen oder vermindert wird und sich damit auch das Haftungsrisiko des Kommanditisten wieder verringert (so auch HHR/*Lüdemann* § 15a Rn. 155). Der fiktive Gewinn ist Rechtsfolge und Instrument, mittels dessen ein ehemals ausgleichs- und abzugsfähiger Verlust in einen verrechenbaren Verlust umqualifiziert wird. Andernfalls würde die Korrespondenzfunktion der Norm unterlaufen. 401

Zugeführtes Kapital iSd Einlage können auch zugerechnete und **stehengelassene Gewinnanteile** sein (so auch KSM/*v. Beckerath* § 15a Rn. E 3). Zu beachten ist dabei jedoch die individuelle Vertragsgestaltung, insbesondere, wenn feste Kapitalkonten geführt werden. 402

Stehengelassene (also grdsl. entnahmefähige) Gewinne sind idR nicht dem Eigenkapital der Gesellschaft zuzuordnen, sondern gehören dem Gesellschafter und stellen aus Sicht der Gesellschaft Fremdkapital dar – es sei denn, die Gesellschaft führt variable Konten gemäß § 120 Abs. 2 HGB, wonach der einem Gesellschafter zukommende Gewinn dem Kapitalanteil des Gesellschafters zugeschrieben wird. Insofern werden stehen gelassene Gewinne wie Einlagen behandelt und stellen Eigenkapital der Gesellschaft dar (abzüglich der zuzurechnenden Verluste und Entnahmen, § 120 Abs. 2 Hs. 2 HGB).

403 Indessen findet Abs. 3 auch uneingeschränkt **Anwendung** in Fällen der bloßen Entnahme, **ohne vorherige Kapitalzuführung** (glA KSM/*v. Beckerath* § 15a Rn. E 3, welcher den „Begriff der Kapitalminderung" für zutreffender ansieht). Dieser Fall dürfte in der Praxis jedoch selten eintreten.

404–405 *Einstweilen frei*

406 **b) Negativmerkmal überschießende Außenhaftung.** Die Einlageminderung deckt sich per definitionem mit der Kapitalentnahme nur, soweit der Entnahmebetrag in den Negativbereich des Kapitalkontos reicht (§ 15a Abs. 3 S. 1; glA *Kröner* Verrechnungsbeschränkte Verluste, 289; *Kempermann* FR 2003, 1173). Deckungsgleich sind beide Größen also lediglich bei einer Entnahme zu einem bereits negativen oder ausgeglichenen Kapitalkontenstand von 0.

407 Nach Abs. 3 S. 1 tritt die Rechtsfolge der Gewinnhinzurechnung ein, soweit eine Einlageminderung vorliegt und soweit keine Haftung iSd § 171 Abs. 1, § 172 Abs. 1 und 4 S. 2 HGB besteht oder entsteht (§ 15a Abs. 3 S. 1 iVm Abs. 1 S. 2). Die partielle oder vollständige Rückzahlung einer Einlage lässt (wie die Entnahme von Gewinnen bei gleichzeitig be- oder entstehendem negativen Kapitalkonto) die Haftung wieder aufleben (§ 172 Abs. 4 HGB). Eine Anwendung des Abs. 3 ist insoweit ausgeschlossen und die Einlageminderung um den Betrag zu kürzen, der einer Haftung gegenübersteht. Dabei ist „unter ‚Zurückzahlung' der Einlage i.S. des § 172 Abs. 4 S. 1 der actus contrarius zur Einlage i.S. des § 171 Abs. 1 HGB zu verstehen, nämlich eine Entnahme aus dem Gesellschaftsvermögen, die dazu führt, dass das Guthaben auf dem Kapitalkonto den Betrag der Hafteinlage nicht mehr deckt" (BFH 6.3.2008 – IV R 35/07, BStBl. II 2008, 676 (678); Blümich/*Heuermann* § 15a Rn. 87 ff.).

408 **c) Negatives Kapitalkonto kraft Entnahme. aa) Definition.** Der **Begriff des Kapitalkontos** ist innerhalb der Vorschrift durchweg identisch auszulegen; so deckt sich der Begriff in Abs. 3 systeminhärent mit dem in Abs. 1 (→ Rn. 225). Diese Übereinstimmung ergibt sich bereits aus der Bezugnahme des Abs. 3 auf Abs. 1 (so auch KSM/*v. Beckerath* § 15a Rn. E 39).

409 Die **Entnahme iSd Abs. 3** umfasst sämtliche Vorgänge, die das **Verlustausgleichsvolumen** berühren und gleichzeitig eine Änderung des Kapitalkontenstandes herbeiführen. Grundsätzlich erfasst die Regelung ausschließlich Bewegungen aus dem Gesamthandsvermögen der Gesellschaft heraus. Damit bedingt eine Entnahme iSd Abs. 3 eine Minderung des bilanzierten Gesamthandsvermögens, genauer: des in der Steuerbilanz (unter der Berücksichtigung möglicher Ergänzungsbilanzen) ausgewiesenen Gesellschaftsvermögens (s. auch *Kolbeck* DB 1992, 2056). Die Entnahme iSd Abs. 3 folgt nicht der ertragsteuerlichen Betriebssphäre, sondern wählt eine für die Zwecke des § 15a abweichende, engere Abgrenzung.

410 Da sich § 15a auf das Kapitalkonto der Steuerbilanz bezieht, ist der Begriff der **Entnahme steuerrechtlich zu definieren** und an § 4 Abs. 1 S. 2 anzulehnen. Die Begriffe der Entnahme in § 15a Abs. 3 S. 1 und § 4 Abs. 1 S. 2 sind jedoch insbesondere auf Grund der Beschränkung auf das Gesamthandsvermögen und der Abgrenzung desselben nicht deckungsgleich. Abs. 3 umfasst etwa auch Bewegungen von Wirtschaftsgütern aus dem Gesamthandsvermögen der Gesellschaft in das Sonderbetriebsvermögen oder ein anderes Betriebsvermögen, auch soweit die Buchwertverknüpfung nach § 6 Abs. 5 greift. Vermögensbewegungen aus dem Sonderbetriebsvermögen oder einem anderen Betriebsvermögen in das Privatvermögen sind dagegen nicht als Entnahmen iSd Abs. 3 zu erfassen, da diese Vermögenssphären außerhalb derer liegen, die das Kapitalkonto iSd § 15a berühren (so auch HHR/*Lüdemann* § 15a Rn. 148; KSM/*v. Beckerath* § 15a Rn. E 41).

411 Für die Abgrenzung des Entnahmevorgangs sind die Vermögenswerte auf ihre Zugehörigkeit zum Gesamthandsvermögen der Gesellschaft hin zu prüfen. Darüber hinaus sind die überführten Vermögenswerte aber auch entsprechend ihrer Qualifikation als Eigenkapital,

Fremdkapital und aktives Vermögen bzw. ihrer dortigen Untergliederung einzuordnen. Führt eine Gesellschaft **mehrere Gesellschafterkonten** (→ Rn. 252 ff.), ist zu beurteilen, ob es sich aus Sicht der Gesellschaft um Eigenkapital, genauer: Verlustdeckungspotential (IDW RS HFA 7 Rn. 13, *IDW* FN-IDW 3/2012, 189 ff.) oder um Forderungen und Verbindlichkeiten handelt.

bb) Anwendungsfälle für die Abgrenzung von Entnahmen iSd Abs. 3. Neben der Barentnahme ist die unentgeltliche oder partiell entgeltliche **Überführung von Wirtschaftsgütern** aus dem Gesamthandsvermögen unter den hier einschlägigen Entnahmevorgang zu fassen. Entgeltliche Veräußerungen zum Buchwert sind nicht als Entnahme einzuordnen, genauso wie die unentgeltliche Übertragung nicht aktivierbarer (etwa selbstgeschaffener immaterieller) Wirtschaftsgüter. Einen Entnahmevorgang löst auch aus „die **Herabsetzung der tatsächlich geleisteten Pflichteinlage** durch Änderung des Gesellschaftsvertrages i.V.m. der **Auszahlung des Minderungsbetrages**" (FG Köln 5.4.2001 – 3 K 2431/98, EFG 2001, 1142 (1143)). Nach § 169 Abs. 1 S. 2 HGB besteht ein Anspruch des Kommanditisten auf Auszahlung von Gewinnanteilen gerade nicht, solange sein Kapitalanteil durch Verlust unter den auf die bedungene Einlage geleisteten Betrag herabgemindert ist oder durch die Auszahlung unter diesen Betrag herabgemindert werden würde. **Zahlt die Gesellschaft** dennoch **Gewinne** an den Kommanditisten **aus entgegen § 169 Abs. 1 S. 2 HGB,** ist dies dem Entnahmevorgang iSd Abs. 3 zuzurechnen (*Ruban* FS Klein, 781 (795 ff.); Schmidt/*Wacker* § 15a Rn. 153). 412

Die **Veräußerung eines Anteils einer Kommanditbeteiligung ist keine Entnahme** iSd Abs. 3, sofern sie einem Geschäft unter fremden Dritten entspricht. Veräußerung und Entnahme bilden schon „rechtssystematisch unterschiedliche Rechtsvorgänge", die sich gegenseitig ausschließen (FG Köln 5.4.2001 – 3 K 2431/98, EFG 2001, 1142 (1143)). Zudem fehlt es an der Entnahme betrieblicher Wirtschaftsgüter zu betriebsfremden Zwecken. Sämtliche Wirtschaftsgüter, die bereits vor der Übertragung dem gesamthänderisch gebundenen Betriebsvermögen zuzuordnen waren, verbleiben auch nach der Übertragung im Gesamthandseigentum der Gesellschaft. Einzig die Eigentumsverteilung der Gesellschafter verändert sich mit der Übertragung. Es fehlt insofern an einer Minderung des Betriebsvermögens (→ Rn. 413.1; FG Köln 5.4.2001 – 3 K 2431/98, EFG 2001, 1142 (1143 f.); LBP/*Bitz* § 15a Rn. 37). 413

„Aus § 4 Abs. 1 Satz 1 EStG wird […] deutlich, dass eine Entnahme stets mit einer Minderung des Betriebsvermögens einhergehen muss, denn diese Vermögensminderung ist die Rechtfertigung dafür, den privaten Vorgang dem Gewinn hinzuzurechnen. Durch die Teilkommanditanteilsveräußerung ist im Streitfall das Betriebsvermögen der F-KG nicht gemindert worden. Denn das in der Gesellschaftsbilanz ausgewiesene Gesellschaftskapital hat sich nicht verändert, auch wenn es sich in einem anderen Verhältnis auf die – im Bestand gleich gebliebenen – Gesellschafter verteilt. Die Neuverteilung des Gesellschaftskapitals hat nicht zu einer Änderung der Rechtspersönlichkeit der Gesellschaft geführt. Das gilt selbst dann, wenn bei einer Personengesellschaft einzelne Gesellschafter ausgewechselt werden" (FG Köln 5.4.2001 – 3 K 2431/98, EFG 2001, 1142 (1143 f.) mwN). 413.1

Der hier maßgebliche Entnahmebegriff ist aus der Sphäre des Gesamthandsvermögens heraus abzustecken. Diese Abgrenzung erfordert, das **Rechtsverhältnis zwischen der Gesellschaft und ihren Gesellschaftern** iSd § 15 Abs. 1 S. 1 Nr. 2 zu berücksichtigen (KSM/*v. Beckerath* § 15a Rn. E 41). Die im zweiten Halbsatz festgeschriebenen **Sondervergütungen,** „die der Gesellschafter von der Gesellschaft für seine Tätigkeit im Dienst der Gesellschaft oder für die Hingabe von Darlehen oder für die Überlassung von Wirtschaftsgütern bezogen hat", sind als Entnahmen zu qualifizieren, soweit diese unangemessen sind. Tätigkeitsvergütungen sowie Kapitalnutzungsvergütungen sind von **Gewinnvorabs** abzugrenzen. Die Entnahme von Gewinnvorabs bewirkt kein negatives oder weiter belastetes Kapitalkonto. In Abgrenzung zur Tätigkeitsvergütung kann die Entnahme eines Gewinnvorabs vielmehr ein Wiederaufleben der Haftung iSd § 171 Abs. 1, § 172 Abs. 1 und 4 S. 2 HGB bewirken. Es entsteht dann eine nach Abs. 1 S. 2 zu berücksichtigende überschießende Außenhaftung (→ Rn. 414.1; BFH 23.1.2001 – VIII R 30/99, BStBl. II 2001, 621 (623) mwN). 414

414.1 „Ebenso wie bei Kapitalnutzungsvergütungen ist bei Tätigkeitsvergütungen die Abgrenzung gegenüber einem Gewinnvorab deshalb geboten, weil auch die Auszahlung eines – angemessenen – Dienstleistungsentgelts nicht mit einer Gewinnentnahme und damit auch nicht mit dem Wiederaufleben der Haftung des Kommanditisten nach den §§ 172 Abs. 4 Satz 2, 171 Abs. 1 des Handelsgesetzbuches (HGB) verbunden ist. Eine einlageschädliche Entnahme ist – jedenfalls im Regelfall – selbst in Verlustjahren zu verneinen […]. Deshalb ist auch der auf den Kommanditisten durch den gewinnmindernden Ansatz der Tätigkeitsvergütung entfallende Anteil am Verlust der KG der Verwertungsbeschränkung des § 15a EStG zu unterwerfen. Hat der Kommanditist hingegen Anspruch auf die Berücksichtigung der Tätigkeitsvergütung als Gewinnvorab, so beeinflusst dies zwar den ihm zuzurechnenden Ergebnisanteil in Form eines höheren Gewinnanteils oder eines geringeren – und ggf. nur nach § 15a EStG zu berücksichtigenden – Verlustanteils […]. Die Entnahme der Vorabvergütung kann jedoch nicht nur zur Folge haben, dass ein negatives Kapitalkonto i.S. von § 15a Abs. 1 Satz 1 und Abs. 3 EStG entsteht oder sich erhöht; vielmehr kann die Gewinnentnahme auch dazu führen, dass die Haftung des Kommanditisten wieder auflebt (§§ 171 Abs. 1, 172 Abs. 1 und 4 Satz 2 HGB) und ihm – in Angleichung an diese sog. überschießende handelsrechtliche Außenhaftung – nach § 15a Abs. 1 Sätze 2 und 3 EStG ein erhöhtes steuerrechtliches Verlustausgleichsvolumen zusteht" (BFH 23.1.2001 – VIII R 30/99, BStBl. II 2001, 621 (623) mwN).

415 Entnahmen iSd Abs. 3 erfassen **keine rückzahlungspflichtigen Entnahmen,** sofern der Gesellschafter die Rückzahlung voraussichtlich zu leisten in der Lage ist und die Gesellschaft eine entsprechende Forderung in ihrer Bilanz aktiviert. Rückzahlungspflichtige Entnahmen mit entsprechender Bilanzierung mindern nicht das Gesamthandsvermögens der Gesellschaft (FG Köln 5.4.2001 – 3 K 2431/98, EFG 2001, 1142 (1143) mwN).

416 „Eine die **Haftsumme übersteigende Pflichteinlage** – also auch ein Agio, das vereinbarungsgemäß den Kapitalanteil des Kommanditisten mehren und der Stärkung des Eigenkapitals der Gesellschaft dienen soll – steht als ‚Polster' für haftungsunschädliche Entnahmen nicht zur Verfügung, wenn sie durch Verluste verbraucht ist" (BFH 6.3.2008 – IV R 35/07, BStBl. II 2008, 676 (677 f.)). Eine entsprechende „Übereinlage" kann jedoch haftungsunschädlich entnommen werden, wenn sie nicht bereits aufgezehrt ist (HHR/*Lüdemann* § 15a Rn. 130c zur „Übereinlage" im Kontext des Abs. 1a). Bei einer haftungsunschädlichen Entnahme lebt eine Haftung iSd § 171 Abs. 1 HGB nicht wieder auf und eine Hinzurechnung nach Abs. 3 erfolgt. Ein neben der vereinbarten Kapitaleinlage **zusätzlich gezahltes Aufgeld** ist sachverhaltsabhängig zu beurteilen (→ Rn. 417 f.).

417 Soll bei einer entgeltlichen Anteilsübertragung ein Agio „nach dem Willen der Vertragschließenden nicht den Kapitalanteil […] mehren und der Stärkung des Eigenkapitals der Gesellschaft dienen, sondern dem Altgesellschafter als **Ausgleich für die** […] **übergehenden stillen Reserven** zur Verfügung stehen", lebt eine Haftung iSd § 174 Abs. 4 S. 2 HGB nicht wieder auf. Hier handelt es sich bei der Rückzahlung lediglich um die Erstattung eines Betrages, der über die Hafteinlage hinaus geleistet wurde (BFH 6.3.2008 – IV R 35/07, BStBl. II 2008, 676 (677 f.)).

418 Sofern ein **Kapitalkonto negativ** ist, ist davon auszugehen, dass auch eine über die Haftsumme geleistete Pflichteinlage verbraucht ist. Eine Haftung lebt in dem Fall auch dann auf, soweit der Rückzahlungsbetrag innerhalb des Unterschiedsbetrags zwischen Haftsumme und zusätzlich geleisteter Pflichteinlage liegt. Eine Rückzahlung lässt die Haftung iSd § 174 Abs. 4 S. 2 HGB also auch dann wieder aufleben, wenn der Auszahlungsbetrag nicht über den überschießenden Anteil hinausgeht, die Haftsumme also nicht berührt. Eine Hinzurechnung nach Abs. 3 ist mit dem Aufleben der Haftung ausgeschlossen. Soweit die Entnahme den Betrag der Haftsumme jedoch übersteigt, ist Abs. 3 auch hier anzuwenden (BFH 6.3.2008 – IV R 35/07, BStBl. II 2008, 676 (677 f.)).

419 Relevant iSd Abs. 3 ist auch der auf Kapitalerträge der Gesellschaft entfallende Teil der vorweg abgezogenen und einbehaltenen **Kapitalertragsteuer.** Die nach § 43 Abs. 1 S. 1 „durch Abzug auf Kapitalerträge der Gesellschaft erhobene Einkommensteuer (Kapitalertragsteuer) [ist] vermögensmäßig als Abzug von Gesellschaftskapital anzusehen und durch deren steuerliche Anrechnung auf die Einkommensteuer des Gesellschafters wie eine Entnahme ihres Gesellschafters zu behandeln" (BGH 16.4.2013 – II ZR 118/11, DStR 2013, 1391 Rn. 14). Die durch die Gesellschaft „abgezogenen und einbehaltenen Kapitalertragsteuerbeträge" der einzelnen Anteilseigner sind Entnahmen (BFH 6.3.2008 – IV R 35/07, BStBl. II 2008, 676 (677)). Der Kapitalertragsteuerabzug von den Kapitalerträgen bewirkt im Hinblick auf die Anrechnung nach § 36 Abs. 2 Nr. 2 eine Vorauszahlung auf die Einkommen- oder Körperschaftsteuerschuld der Gesellschafter als Mitunternehmer nach § 2 Abs. 1 S. 1, § 15 Abs. 1 S. 1 Nr. 2. Diese Vorauszahlung führt entweder zur Minderung ihrer Einkommensteuerschuld oder zu einer Steuererstattung nach § 36 Abs. 4 S. 2 (BGH 5.4.2016 – II ZR 62/15, DStR 2016, 1273 f.).

Zivilrechtlich wird zunächst von einem Vermögenszugang bei der Gesellschaft im Umfang des vollen Kapitalertrags ausgegangen und weiterhin von einer Leistung seitens der Gesellschaft in Höhe des Kapitalertragsteuerbetrages als Vorauszahlung auf die Einkommensteuerschuld der einzelnen Gesellschafter. Der **Kapitalertragsteuerbetrag** stellt für den einzelnen Gesellschafter einen **Vermögensvorteil** dar. Ein Erstattungsanspruch seitens der Gesellschaft ihren Gesellschaftern gegenüber ist dabei abhängig von den gesellschaftsvertraglichen Vereinbarungen (BGH 16.4.2013 – II ZR 118/11, DStR 2013, 1391 Rn. 8, 14; BGH 30.1.1995 – II ZR 42/94, DStR 1995, 574 (575)). Mit Abführung der Kapitalertragsteuer (mithin mit der Entnahme) entsteht eine Haftung iSd § 171 Abs. 1 HGB. Insofern mangelt es an dem Negativmerkmal der fehlenden Haftung (BFH 6.3.2008 – IV R 35/07, BStBl. II 2008, 676 (677)). Durch die wieder auflebende Außenhaftung ist für Abs. 3 kein Raum. Nichts Anderes kann für weitere, gleichartige (abgezogene und einbehaltene) Quellensteuern gelten. **420**

Einzuordnen sind auch Kapitalflüsse auf Grund der in der Gesamthandsbilanz der Gesellschaft als Fremdkapital passivierten und beim Gesellschafter im Sonderbetriebsvermögen aktivierten **Darlehen:** Geleistete Tilgungen sowie hierauf anzusetzende Darlehenszinsen iSd § 15 Abs. 1 S. 1 Nr. 2 Hs. 2 beeinflussen nicht das Kapitalkonto iSd § 15a (BFH 23.1.2001 – VIII R 30/99, BStBl. II 2001, 621 (623) mwN). **421**

Auch die Rückzahlung **eigenkapitalersetzender Darlehen** stellt keine Entnahme dar. Kapitalersetzende Darlehen gehören nicht zu den nach Handels- und Steuerbilanzrecht auf dem Kapitalkonto zu erfassenden gesellschaftsrechtlichen Einlagen (BFH 28.3.2000 – VIII R 28/98, BStBl. II 2000, 347 (348 f.)) und führen im Rahmen einer Rückzahlung im Ergebnis auch nicht zu einer Minderung des (Handels- und) Steuerbilanzgewinns (*Ruban* FS Klein, 1994, 781 (791 f., 797)). Nach neuer Rechtslage mit Inkrafttreten des Gesetzes zur Modernisierung des GmbH-Rechts und zur Bekämpfung von Missbräuchen (MoMiG vom 23.10.2008, BGBl. 2008 I 2026) ist das Charakteristikum des Eigenkapitalersatzes mithin entbehrlich geworden und lediglich auf Altfälle anwendbar, in denen das Insolvenzverfahren vor Inkrafttreten des MoMiG eröffnet wurde. Infolge der Neuregelungen sind alle Gesellschafterdarlehen in der Insolvenz nachrangig geführt (§ 39 Abs. 1 Nr. 5 InsO; vgl. zu eigenkapitalersetzenden Darlehen und neuem Recht → Rn. 261 ff.; BAG 27.3.2015 – 6 AZR 204/12, BAGE 147, 373 Rn. 22, 33). **422**

Für die Anwendung des § 15a Abs. 3 bleibt auch bei **Darlehen einer Kommanditgesellschaft an den Gesellschafter** kein Raum. Diese fallen ebenso wenig unter die zu erfassenden Entnahmen, sofern sie zu fremdüblichen Bedingungen gewährt werden (Schmidt/*Wacker* § 15a Rn. 153; zu zinslosen und niedrig verzinslichen Darlehen *Ruban* FS Klein, 1994, 781 (798 f.)). **423**

Einstweilen frei **424–429**

d) Zufluss und Abfluss von Kapital auf der Zeitachse. aa) Zeitkongruenz. Während Einlagen und Entnahmen des gleichen Wirtschaftsjahres zu verrechnen sind, sind darüber hinaus auch Kapitalzu- und -abflüsse in Form von Gewinn- und Verlustanteilen zu beachten. Das Gesetz gibt keine **Reihenfolge für die Saldierung** vor, was umso mehr zu kontroversen Diskussionen in der Literatur führt (aufgezeigt bei KSM/*v. Beckerath* § 15a Rn. E 45 ff.; Korn/*Korn* § 15a Rn. 66.1). Entnahmen und Verluste können je nach Sachverhalt verrechenbare Verluste bewirken, auf Grund unterschiedlicher Rechtsgrundlagen (Abs. 2 S. 1, Abs. 3; s. Beispielrechnungen → Rn. 430.1). **430**

Fallen **Entnahme und Verlustanteil** auf dasselbe Wirtschaftsjahr, beeinflusst die Reihenfolge der Saldierung den jeweiligen Anteil der verrechenbaren Verluste, die nach Abs. 2 S. 1 oder Abs. 3 entstehen. Relevant ist die Reihenfolge freilich nur, wenn das Kapitalkonto zum Bilanzstichtag des Vorjahres einen positiven Saldo ausweist, mit Berücksichtigung von Entnahme und Verlust im laufenden Wirtschaftsjahr aber negativ wird. **430.1**

Beispiel 1: Vorrangige Verrechnung der Entnahme.

01	Kapitalkontenstand zum 31.12.01	+	20.000
02	Entnahme	./.	15.000
	Zwischenstand Kapitalkonto	+	5.000
	Verlustanteil	./.	20.000
	Kapitalkontenstand zum 31.12.02	./.	15.000

Die Entnahme iHv 15.000 bewirkt keine Einlageminderung, da das Kapitalkonto weiterhin positiv ist. Der Verlustanteil iHv 20.000 verursacht dagegen ein negatives Kapitalkonto iHv 15.000; insofern ergibt sich für das WJ 02 ein verrechenbarer Verlust iHv 15.000.

Beispiel 2: Vorrangige Verrechnung des Verlustanteils.

01	Kapitalkontenstand zum 31.12.01	+	20.000
02	Verlustanteil	./.	20.000
	Zwischenstand Kapitalkonto		0
	Entnahme	./.	15.000
	Kapitalkontenstand zum 31.12.02	./.	15.000

Der dem Gesellschafter zuzuordnende Verlustanteil iHv 20.000 bewirkt noch kein negatives Kapitalkonto; ausgleichs- und abzugsfähige Verluste sind in voller Höhe des Verlustanteils (20.000) anzunehmen. Die hier nachrangig verrechnete Entnahme iHv 15.000 bewirkt in gleicher Höhe eine Einlageminderung (mangels be- oder entstehender Außenhaftung iSd Abs. 1 S. 2 und eines negativen Kapitalkontos in voller Höhe des Entnahmebetrags) und führt zu einem verrechenbaren Verlust in Form des Gewinnhinzurechnungsbetrags iHv 15.000. Der Gewinnhinzurechnungsbetrag kann noch im Jahr der Einlageminderung mit Gewinnanteilen des gleichen Jahres verrechnet werden (naturgemäß schließt sich das für einen verrechenbaren Verlust nach Abs. 2 S. 1 aus). Da es hier aber mit dem erlittenen Verlust offensichtlich an einem Gewinn fehlt, deckt sich die Wirkung des verrechenbaren Verlusts nach Abs. 3 S. 1 mit dem nach Abs. 2 S. 1; eine Verrechnung erfolgt mit künftigen Gewinnanteilen. Die Höhe des Gewinnhinzurechnungsbetrags ist allerdings noch abhängig von den in den vergangenen 10 Jahren (und im Jahr der Einlageminderung) abzugs- und ausgleichsfähigen Verlusten (→ Rn. 435 ff.).

431 Die Unterschiede der in den angeführten Beispielfällen (→ Rn. 430.1) jeweils entstandenen und zu verrechnenden Verluste liegen offenbar einzig in den Rechtsgrundlagen: Unmittelbare Entstehung eines verrechenbaren Verlusts durch Umqualifizierung nach Abs. 2 S. 1 oder mittelbar über die Einlageminderung nach Abs. 3 S. 1. **Beide Rechtsgrundlagen führen stets zum gleichen steuerlichen Ergebnis; die Reihenfolge der Verrechnung ist daher nicht relevant.** Eine Kausalität des vorrangig Abgezogenen für die schlussendliche Entstehung eines negativen Kapitalkontos und eine entsprechend anteilige Aufspaltung kann demnach unterbleiben (Erläuterung → Rn. 431.1). Obgleich ohne Relevanz für das steuerliche Ergebnis, sollte wohl zuerst eine Entnahme im laufenden Wirtschaftsjahr berücksichtigt und der zum Bilanzstichtag festgestellte Verlust nachrangig saldiert werden (KSM/*v. Beckerath* § 15a Rn. E 55 ff.; Korn/*Korn* Rn. 66.1).

431.1 Sofern letztlich die Entnahme ein negatives Kapitalkonto erhöht, stellt Abs. 3 S. 1 die Rechtsgrundlage und sieht eine Gewinnhinzurechnung vor – gleiches Ergebnis wie bei der Umqualifizierung ausgleichs- und abzugsfähiger Verluste in nunmehr verrechenbare. Bewirkt hingegen der Anteil am Verlust aus der Beteiligung ein negatives Kapitalkonto, qualifiziert Abs. 2 S. 1 potentiell ausgleichs- und abzugsfähige in verrechenbare Verluste um. Liegt bereits ein Negativsaldo vor und führen sowohl Entnahme als auch Verlustanteil (anteilig) zu einer weiteren Belastung des negativen Kapitalkontos, lösen beide Rechtsgrundlagen die entsprechende Rechtsfolge aus.

432 Ähnlich (wie bei Entnahmen und Beteiligungsverlusten → Rn. 430 ff.) verhält es sich bei der Saldierung von **Entnahmen und Beteiligungsgewinnen.** Hier ist streitig, ob das jeweilige Ergebnis in der Jahresabschlussbilanz mit demjenigen der Vorjahresbilanz verglichen wird oder der aus der Verbuchung eines Gewinnanteils hervorgehende Kapitalkontenstand Ausgangsgröße für die Entnahme ist (gesonderte Würdigung → Rn. 432.1; Vergleich der Kapitalkontenstände → Rn. 432.2). Die Betrachtung beider Methoden zeigt, dass ein **Vergleich der Kapitalkontenstände zum jeweiligen Bilanzstichtag eine wohl sinnvolle und in der Praxis handhabbare Lösung** darstellt, die in ihrer Ermittlung geradlinig erscheint und zu einem zutreffenden steuerlichen Ergebnis führt. Für die Berechnung des Kapitalkontensaldos ist hier stets das zu- und abfließende Kapital eines Wirtschaftsjahres bilanzstichtagsgetreu mit einzubeziehen. Weiterhin setzt das Herbeiführen einer Einlagemin-

derung (neben einem be- oder entstehenden negativen Kapitalkonto) rechnerisch einen Negativsaldo aus Kapitalzu- und -abflüssen voraus. Deckt ein zuzurechnender Gewinnanteil (und ggf. zusätzliche Einlagen) die Entnahme in ihrer Höhe ab, scheidet eine Einlageminderung nach dieser Vorgehensweise aus (KSM/*v. Beckerath* § 15a Rn. E 48 ff.).

Wird das **Ergebnis der Zu- und Abflüsse auf dem Kapitalkonto nach jeder Verrechnung gesondert gewürdigt,** sind verschiedene Rechtsgrundlagen heranzuziehen. Fallen Entnahme und Gewinnanteil auf dasselbe Wirtschaftsjahr und wird zunächst die Entnahme iRd Kapitalkontos abgezogen, entsteht nach Abs. 3 S. 1 eine Einlageminderung, soweit „ein negatives Kapitalkonto des Kommanditisten durch Entnahmen entsteht oder sich erhöht". Je nach Sachverhalt könnte eine Entnahme in voller Höhe zu einer Einlageminderung iSd Abs. 3 S. 1 führen, obwohl dieser womöglich ein gar höherer Gewinnanteil gegenüberstünde. In diesem Fall wäre der fiktive Gewinnhinzurechnungsbetrag der Einlageminderung aber noch im gleichen Jahr mit dem Gewinnanteil zu verrechnen. Soweit der Gewinnhinzurechnungsbetrag den Gewinnanteil übersteigt, würde der überschießende Teil in einem Korrekturposten in das nächste, je nach Gewinnentwicklung in kommende Jahre getragen. Hier können verschiedene Rechtsfolgen nach Abs. 1 S. 1 oder Abs. 3 erreicht werden, wenn mit der Verbuchung von Entnahme **und** Gewinnanteil ein negatives Kapitalkonto entsteht oder sich erhöht, die Entnahme demnach den Gewinn übersteigt (KSM/*v. Beckerath* § 15a Rn. E 48 ff.; HHR/*Lüdemann* § 15a Rn. 149). 432.1

Ein **Vergleich der Kapitalkontenstände zum jeweiligen Bilanzstichtag** des Vorjahres und zum Ende des darauffolgenden Wirtschaftsjahres führt unmittelbar zu dem (zutreffenden) Betrag der Einlageminderung. Andernfalls ist ggf. eine höhere Einlageminderung (als nach Vergleichsalternative) anzunehmen, ein entsprechender Gewinnhinzurechnungsbetrag zu ermitteln und dieser anschließend wieder von dem Gewinnanteil desselben Jahres abzuziehen. Ermittelt wird also eine anfänglich höhere Einlageminderung, bevor diese (uU teilweise) mit dem Gewinnanteil wieder verrechnet wird. Bei einem Vergleich der Kapitalkontenstände zum Bilanzstichtag wird der Gewinnanteil von vornherein berücksichtigt und eine niedrigere Einlageminderung festgestellt (KSM/*v. Beckerath* § 15a Rn. E 48 ff.; HHR/*Lüdemann* § 15a Rn. 149). 432.2

Einstweilen frei 433

bb) Zeitinkongruenz. Einlagen, die in den Jahren nach der Feststellung iSd Abs. 3 geleistet werden, sind für den Gewinnhinzurechnungsbetrag nach Abs. 3 des Vorjahres unbeachtlich. Abs. 1a S. 1 (→ Rn. 372 ff.) steht einer „nachträglichen Ausgleichs- oder Abzugsfähigkeit eines vorhandenen verrechenbaren Verlustes" ausdrücklich entgegen. Nachträgliche Einlagen erhöhen ausschließlich das Verlustausgleichspotential iSd Abs. 1 S. 1 zum Bilanzstichtag des laufenden Wirtschaftsjahres (als zeitkongruente Einlagen). Einzige Ausnahme bildet die Ausgleichs- und Abzugsfähigkeit im Beendigungsfall iSd Abs. 2 S. 2 (→ Rn. 350 f., → Rn. 377), soweit die Einlage reicht (KSM/*v. Beckerath* § 15a Rn. E 44; Schmidt/*Wacker* § 15a Rn. 155). 434

e) Rechtsfolge Gewinnhinzurechnung. aa) Ermittlung und Begrenzung. Die **Zurechnungsgrenze des Abs. 3 S. 2** dient dem Zweck der Vorschrift, iSd Prinzips finanzieller Leistungsfähigkeit steuerrechtlich erhebliche Verluste von unerheblichen Verlusten abzugrenzen (→ Rn. 7). Entsprechend sind während des Korrekturzeitraums ungerechtfertigt abgezogene und ausgeglichene Verluste im Wege der Nachversteuerung nachträglich abzuerkennen, tatsächlich erlittene Verluste aber genauso zu berücksichtigen. Die Fähigkeit zum Verlustausgleich entfällt ex post, wenn der Kommanditist eine Einlage (teilweise) wieder abzieht oder die Außenhaftung herabsetzt (FG Berlin-Brandenburg 23.9.2009 – 12 K 109/06, EFG 2010, 54 (55)). Der Kommanditist wird so gestellt, als sei die Einlage nie geleistet und iRd Kapitalkontos berücksichtigt worden. 435

Die Gewinnhinzurechnung setzt voraus, dass mit der Entnahme ein negatives Kapitalkonto entsteht respektive weiter belastet wird (Einlageminderung). Dies bedingt eine Vermögensminderung bei der Gesellschaft, genauer: die Zuwendung von Mitteln aus dem Gesellschaftsvermögen (FG Köln 5.4.2001 – 3 K 2431/98, EFG 2001, 1142 (1144)). 436

Der Fiktivgewinn nach Abs. 3 S. 2 „darf den Betrag der Anteile am Verlust der Kommanditgesellschaft nicht übersteigen, der im Wirtschaftsjahr der Einlageminderung und in den zehn vorangegangenen Wirtschaftsjahren ausgleichs- oder abzugsfähig gewesen ist". Gesetzeszweck ist eine **Gleichstellung** derjenigen Kommanditisten, die eine Einlage leisten und zu einem späteren Zeitpunkt wieder entnehmen und derjenigen Kommanditisten, die von vornherein die Einlageleistung unterlassen. Abs. 3 S. 2 sieht eine Begrenzung des Zurech- 437 nungsbetrags in den ausgleichs- und abzugsfähigen Verlusten während des Elfjahreszeitraums vor (→ Rn. 448.1). Der Wortlaut der Norm greift hier jedoch zu kurz: Verluste sind zwar nachträglich umzuqualifizieren, soweit sie allein aufgrund der vorübergehenden Einlage ausgleichs- und abzugsfähig waren; (nur) verrechenbare Verluste hätten aber möglicherweise mit Gewinnanteilen saldiert werden können (BFH 20.3.2003 – IV R 42/00, BStBl. II 2003, 798 (799 f.); ausführlich → Rn. 437.1).

437.1 Würde für den Zurechnungshöchstbetrag allein auf die ausgleichs- und abzugsfähigen Verluste abgestellt, führte dies zu einer Schlechterstellung des Kommanditisten, der eine vormals geleistete Einlage wieder entnimmt. Der Kommanditist, der eine Einlage leistet, kann einen Verlust im gleichen Jahr ausgleichen. Zieht er die Einlage wieder ab, wird dieser ausgleichsfähige Verlust in voller Höhe in einen lediglich verrechenbaren Verlust umgepolt. Nichts Anderes würde sich bei Nichtleistung der Einlage ergeben. Der Kommanditist, der von vornherein nicht leistet, kann den Verlust uU aber in folgenden Jahren mit Gewinnanteilen verrechnen. Der Gewinnhinzurechnungsbetrag dagegen wirkte sich erst im Jahr der Einlageminderung steuermindernd aus, zwischenzeitliche Verrechnungsmöglichkeiten mit Gewinnanteilen blieben unberücksichtigt (BFH 20.3.2003 – IV R 42/00, BStBl. II 2003, 798 (799 f.) mwN). Die Zurechnungsgrenze ist demnach anhand derjenigen Verluste zu bestimmen, die während des Zeitraums weder ausgleichs- und abzugsfähig noch verrechenbar gewesen sind. Der zutreffende Zurechnungshöchstbetrag ist demnach geringer, Verlustverrechnungsmöglichkeiten vorausgesetzt.

438 Der **Zurechnungs(höchst)betrag** umfasst diejenigen Verluste, die bei Nichtleistung der Einlage **nicht ausgleichs- und abzugsfähig und** während des Korrekturzeitraums von elf Jahren **auch nicht** mit Gewinnanteilen **verrechenbar** gewesen wären. Daher ist der Zurechnungsbetrag auf die Höhe nicht ausgleichs- und abzugsfähiger sowie nicht verrechenbarer Verluste zu begrenzen. **Für ein zutreffendes Ergebnis ist § 15a nach den allgemeinen Regelungen der Abs. 1 und 2 auf den gesamten Korrekturzeitraum anzuwenden und zwar unter der Annahme, dass die Einlageerhöhung nie erfolgt sei.**

439 Ein zutreffendes Ergebnis ist insofern nur zu erreichen, indem Berechnung und Begrenzung des hinzuzurechnenden Gewinns die Verrechnungsmöglichkeiten berücksichtigen, die vorgelegen hätten, wären die Verlustanteile von Beginn an (nur) verrechenbar gewesen. Dementsprechend sind die Möglichkeiten zur Verrechnung iSd § 15a Abs. 2 S. 1 innerhalb des Korrekturzeitraums zwingend zu berücksichtigen. Dieser zutreffenden Gewinnsaldierung ist nachzukommen, obgleich es an einer ausdrücklichen Regelung im Gesetz fehlt. Dem IV. Senat zufolge sind die Voraussetzungen für eine teleologische Reduktion des § 15a Abs. 3 erfüllt (zur weiterführenden Begründung → Rn. 439.1; BFH 20.3.2003 – IV R 42/00, BStBl. II 2003, 798 (799 f.)).

439.1 „Für eine Kürzung der nach § 15a Abs. 3 Satz 2 EStG als Höchstbeträge für die Gewinnzurechnung wirkenden ausgleichsfähigen Verlustanteile des Korrekturzeitraums um die in diesem Zeitraum angefallenen Gewinnanteile […] spricht auch die Länge des Korrekturzeitraums von elf Jahren sowie die Entscheidung des Gesetzgebers, die Korrekturen nicht im Wege von Änderungen der Feststellungen der jeweiligen Verlustjahre, sondern im Wege einer Gewinnzurechnung im Jahr der Einlageminderung vorzunehmen. Nach der Vorstellung des Gesetzgebers entscheiden die Kapitalzuflüsse und Kapitalabflüsse des Elfjahreszeitraums über die Qualifizierung von Verlusten als abzugsfähig oder lediglich verrechenbar. Der Elfjahreszeitraum wird mithin für die Ermittlung des fiktiven Gewinns i.S. des § 15a Abs. 3 EStG als die maßgebliche Periode angesehen.“ Die „in einer Gewinnermittlungsperiode – normalerweise in einem Wirtschaftsjahr – anfallenden Geschäftsvorfälle [führen] zum Teil zu ‚Verlusten‘, zum Teil zu ‚Gewinnen‘ […]. Alle diese ‚Verluste‘ und ‚Gewinne‘ eines Wirtschaftsjahres werden zusammengerechnet und ergeben am Jahresende einen Gewinn oder Verlust. Es liegt daher nahe, mit den Gewinnen oder Verlusten des Elfjahreszeitraums als Ermittlungsperiode für den fiktiven Gewinn i.S. des § 15a Abs. 3 EStG ähnlich zu verfahren“ (BFH 20.3.2003 – IV R 42/00, BStBl. II 2003, 798 (800)).

440 Ein zutreffendes Ergebnis ist mittels **Gewinnsaldierung** herbeizuführen. Eine sachverhaltsgetreue Neutralisierung der Einlage ist gleichwohl auch dadurch zu gewährleisten, dass eine Saldierung von Verlusten ausschließlich mit Gewinnanteilen vorzunehmen ist, mit denen sie tatsächlich hätten verrechnet werden können. Dies gilt auch im Hinblick auf die **zeitliche Reihenfolge** der Entstehung. Verlustanteile können nicht mit bereits in Vorjahren generierten Gewinnen saldiert werden. Ein Verlust, der (unter der Annahme einer unterlassenen Einlageerhöhung) vom Kapitalkonto nicht gedeckt ist, kann nur mit einem darauffolgenden

Gewinnanteil verrechnet werden (BFH 20.3.2003 – IV R 42/00, BStBl. II 2003, 798 (800 f.); EStH 15a; KSM/*v. Beckerath* § 15a Rn. E 95).

Der aus dem Elfjahreszeitraum hervorgehende Verlust ist **anhand des Verlustanteils am Gesamthandsvermögen** zu ermitteln, Sonderbetriebsvermögen ist nicht zu berücksichtigen. Damit steht die Regelung konzeptionell in einer Linie mit der Gesamtvorschrift (→ Rn. 220 ff.). **441**

Ein rückblickend im zwölften Jahr entstandener Verlustanteil ist nicht zu berücksichtigen. **442** Ausgleichs- und abzugsfähige Verluste der Vorjahre beeinflussen zwar den Kapitalkontenbestand zu Beginn des Elfjahreszeitraum und reichen insofern in den Korrekturzeitraum hinein. Genauso verhält es sich bei sämtlichen Größen, die den Kapitalkontenstand berühren. Für die Berechnung unter dem nachfolgenden Beispiel 1 (Ermittlung der ausgleichs- und abzugsfähigen Verluste) fließt der Kapitalkontenstand auch zu Beginn des Korrekturzeitraums als Ausgangsgröße in die Berechnung mit ein. Der Betrag der Einlageminderung ist vom Kapitalkonto abzuziehen, da für ein zutreffendes Ergebnis § 15a auf den gesamten Korrekturzeitraum anzuwenden ist und zwar unter der Annahme der Nichtleistung (s. auch bei HHR/Lüdemann § 15a Rn. 157).

Beispiel: Berücksichtigung von Gewinn- und Verlustanteilen unter Annahme der Nichtleistung **443**

Im nachfolgenden Beispiel ist von dem Kapitalkontenstand am Bilanzstichtag des Korrekturzeitraums abzüglich des Betrags der Kapitalentnahme auszugehen. Auch für den Fall, dass Kapitalentnahme und Einlageminderung in ihrer Höhe voneinander abweichen, ist stets der Betrag der Entnahme anzusetzen bzw. abzuziehen.

Zum Bilanzstichtag (31.12.) des Wirtschaftsjahres (WJ) 12 weist das Kapitalkonto einen **444** Bestand von 50.000 auf. Von dem Kapitalkontenstand zum Ende des Jahres 12, ist die Entnahme iHv 100.000 abzuziehen. Der Anfangsbestand des Kapitalkontos liegt dann bei **./. 50.000.** Ein Verlust in WJ 11 iHv 50.000 ist lediglich verrechenbar, da das negative Kapitalkonto weiter belastet wird, der Kapitalkontenstand beträgt ./. 100.000. Die Gewinnanteile iHv 20.000 in WJ 07 führen zu einem negativen Kapitalkonto iHv ./. 80.000. Der verrechenbare Verlust aus WJ 11 iHv 50.000 wäre mit dem Gewinnanteil in WJ 07 iHv 20.000 verrechnet worden. Ein Verlust in 04 iHv 100.000 bewirkt einen negativen Kapitalkontenstand von ./. 180.000. Insgesamt beträgt der verrechenbare Verlust 130.000 (verbleibender verrechenbarer Verlust aus 07 und Verlust aus 04). Ein Gewinn in WJ 02 iHv 100.000 bewirkt einen Kapitalkontenstand von ./. 80.000. Die Gewinnanteile in WJ 02 sind in voller Höhe mit dem verrechenbaren Verlust aus WJ 04 und WJ 07 zu verrechnen. Insofern können Verlustanteile von 100.000 verrechnet werden; 30.000 verbleiben als verrechenbarer Verlust. Der Endbestand im WJ der Einlageminderung beträgt ./. 80.000. Ein fiktiver Gewinnhinzurechnungsbetrag iHv 30.000 ist anzusetzen.

Wirtschaftsjahr	Kapitalzu- und -abfluss	Rechengrößen	
	Bilanzstichtag WJ 12	+	50.000
	Entnahme	./.	100.000
11	Anfangsbestand WJ 11	./.	50.000
	Verlust	./.	50.000
	Jahresendbestand	./.	100.000
07	Gewinn	+	20.000 (Verlust von 50.000 in 11 wäre hier iHv 20.000 mit Gewinnanteil aus 07 verrechnet worden.)
	Jahresendbestand	./.	80.000
04	Verlust	./.	100.000 (verrechenbarer Verlust insgesamt von 130.000: verbleibender verrechenbarer Verlust aus 07 + Verlust aus 04)
	Jahresendbestand	./.	180.000

02	Gewinn	+	100.000 (verrechenbare Verluste iHv 100.000 wären hier mit Gewinnanteil aus 02 verrechnet worden)
	Endbestand	./.	80.000
01 (Einlageminderung)	Zurechnungsbetrag		30.000

445 Der Abzug der Entnahme (zu Beginn der Rechnung) bewirkt, dass die Verluste aus WJ 11 iHv 50.000 und aus WJ 04 iHv 100.000 nur noch verrechenbar sind. Diesen stehen allerdings Gewinnanteile iHv 20.000 aus WJ 07 und 100.000 aus WJ 02 gegenüber. Diese Gewinnanteile sind bei der Ermittlung des fiktiven Gewinnhinzurechnungsbetrags mit einzubeziehen. Stets vorausgesetzt, die Gewinne treten zeitlich nach den Verlusten ein, da ein Gewinn eines früheren Wirtschaftsjahres nicht mit dem Verlust eines zeitlich nachfolgenden Wirtschaftsjahres verrechnet werden kann. Danach verbleibt ein Betrag von 30.000 (statt der Einlageminderung iHv 80.000), der nach Abs. 3 S. 2 als Gewinnhinzurechnungsbetrag (verrechenbarer Verlust) anzusetzen ist. Unter der Annahme, die Einlage wäre von vornherein nicht geleistet worden, wären die Verluste nicht ausgleichs- und abzugsfähig, jedoch im Zeitverlauf mit den Gewinnanteilen teilweise zu verrechnen gewesen. In dieser Höhe sind die Verluste abgegolten. Verluste iHv 30.000 wären dagegen weder ausgleichs- und abzugsfähig noch innerhalb des Korrekturzeitraums verrechenbar gewesen.

446 Die Berechnung einer **Höchstzurechnungsgrenze** ist ausschließlich iRd Verlustausgleichs- und -abzugs iSd Abs. 1 S. 1 zu ermitteln. Verlustanteile, die von der überschießenden Außenhaftung iSd § 171 Abs. 1 HGB gedeckt sind, sind nicht iRd Einlageminderung, sondern iRd Haftungsminderung zu erfassen (→ Rn. 457 ff., glA HHR/*Lüdemann* § 15a Rn. 157; Korn/*Korn* § 15a Rn. 70).

447 Decken die zugerechneten Gewinnanteile die über die Jahre entstandenen Verluste auch unter Berücksichtigung der Einlageminderung, erfolgt keine Gewinnhinzurechnung. Die Verlustverwertung erfolgt in diesem Fall lediglich verfrüht, nicht hingegen unberechtigt. Eine verfrühte Berücksichtigung von Verlusten zieht keine Korrektur nach sich. Eine Ungleichheit resultiert hier aus unterschiedlichen Beträgen an Steuerverbindlichkeiten zu unterschiedlichen Zeitpunkten, dh aus Kapitalzuflüssen und Kapitalabflüssen, die sich letztlich auf die Liquidität eines jeden Steuerpflichtigen auswirken. Damit hat eine zurückgenommene Einlage stets den Effekt eines Liquiditätsvorteils – mit je nach Sachverhalt unterschiedlich starker Ausprägung. Unter Einbezug von Liquiditätsaspekten und Zinseffekten bzw. -verlusten ist eine vollkommene Gleichstellung mit den Regelungen des § 15a nicht herbeizuführen. **Liquiditätsaspekte** miteinzubeziehen ist unter Praktikabilitätsgesichtspunkten allerdings wohl auch nicht durchzusetzen.

448 Aus Praktikabilitätsgründen wird auch darauf verzichtet, auf die individuelle Einkommensbesteuerung der Gesellschafter abzustellen. So ist etwa nicht zu prüfen, ob zuzuordnende Gewinnanteile tatsächlich mit Verlusten verrechnet wurden (BFH 20.3.2003 – IV R 42/00, BStBl. II 2003, 798 (800) mwN). Darüber hinaus knüpft das Gesetz nicht an den tatsächlichen Ausgleich, sondern lediglich an die Fähigkeit der Verluste zum Ausgleich und Abzug an (glA Blümich/*Heuermann* § 15a Rn. 95).

448.1 Die **Begrenzung des zu berücksichtigenden Zeitraums auf insgesamt elf Jahre** (die zehn vorangegangenen Wirtschaftsjahre sowie das Jahr der Einlageminderung) ist auf die Praktikabilität zurückzuführen (BT-Drs. 8/3648, 17). Nach der gesetzlich geregelten „Aufbewahrung von Unterlagen" (§ 147 AO) mit einem Zeitraum von sechs bis zehn Jahren gemäß § 257 Abs. 4 HGB, § 147 Abs. 3 AO (vorbehaltlich einer Ablaufhemmung der Festsetzungsfrist) ist dies schlüssig. Der Zehnjahresfrist unterliegen etwa Jahresabschlüsse und entsprechende Unterlagen zur Erfüllung der Buchführungspflicht (vgl. § 140 EStG iVm § 238 HGB, § 141 AO). Auch auf Grund einer „verfahrensrechtlichen Gleichbehandlung" ist auf die Verluste in den zehn vorangegangenen Wirtschaftsjahren (Abs. 3 S. 2) abzustellen, angesichts einer maximalen Festsetzungsfrist von zehn Jahren (gemäß § 169 Abs. 2 AO bei Steuerhinterziehung; HHR/*Lüdemann* § 15a Rn. 157). Obgleich der Gesetzgeber von einer nachträglichen Änderung ergangener Steuerbescheide absieht, bewirkt die Nachversteuerung „faktisch" eine Rückwirkung der Verlustverrechnung und ferner der Steuerfestsetzung vergangener Jahre (HHR/*Lüdemann* § 15a Rn. 157).

Einstweilen frei 449–452

bb) Berücksichtigung des fiktiven Gewinnhinzurechnungsbetrags. Der als fiktiver Gewinn zuzurechnende Betrag iSd Abs. 3 S. 1 ist nicht als Gewinn aus der Beteiligung des Kommanditisten iSd § 15 Abs. 1 S. 1 Nr. 2 zu verstehen (→ Rn. 453.1). Bei dem in Abs. 3 S. 1 als ‚Gewinn' benannten Betrag handelt es sich um einen Rechnungsposten, der als Instrument der Umqualifizierung dient (BFH 30.8.2001 – IV R 4/00, BStBl. II 2002, 458 (459) mwN). 453

Dass der Gewinnhinzurechnungsbetrag iSd Abs. 3 S. 1 kein Gewinn aus der Beteiligung iSd Abs. 3 S. 4 ist, folgert der IV. Senat daraus, „dass anderenfalls der infolge einer Einlageminderung zuzurechnende Betrag nach § 15a Abs. 3 Satz 4 EStG sogleich wieder mit dem ‚umgepolten' verrechenbaren Verlust zu verrechnen wäre. Die Regelung des § 15a Abs. 3 EStG liefe bei einer solchen Auslegung ins Leere" (BFH 30.8.2001 – IV R 4/00, BStBl. II 2002, 458 (459)). 453.1

Der fiktive Gewinn mindert als verrechenbarer Verlust nach Abs. 3 S. 4 die Gewinnanteile aus dem Beteiligungsverhältnis des Kommanditisten und entspricht in dieser Vorgehensweise der Behandlung verrechenbarer Verlusten nach Abs. 2 S. 1. Der Hinzurechnungsbetrag entspricht der Summe von über den Korrekturzeitraum hinweg ungerechtfertigt abgezogenen und auch nicht verrechenbaren Verlusten. Dieser ist von künftigen Gewinnanteilen aus der Beteiligung des Kommanditisten abzuziehen (im Jahr der Zurechnung und in Folgejahren, Abs. 3 S. 4). Der fiktive Gewinn bewirkt einen verrechenbaren Verlust, der in betragsgleicher Höhe der Nachversteuerung dient (so auch Schmidt/*Wacker* § 15a Rn. 160; zum Rechtsfolgenvergleich verrechenbarer Verluste iSd Abs. 2 S. 1 und Abs. 4 S. 3 → Rn. 431). Es handelt sich um deckungsgleiche Beträge: 454

Betrag der Einlageminderung = fiktiver Gewinn = verrechenbarer Verlust (Gleichung bei Schmidt/*Wacker* § 15a Rn. 170 im Kontext der Haftungsminderung).

Die Gewinnhinzurechnungsbeträge iSd Abs. 3 sind in die Ermittlung nach Abs. 4 einzubeziehen und erhöhen insoweit den jährlich festzustellenden verrechenbaren Verlust (→ Rn. 485). Sie sind aber gemäß § 179 Abs. 2 S. 2, § 180 Abs. 1 Nr. 2 Buchst. a AO gesondert und einheitlich festzustellen. Obgleich die Gewinnhinzurechnung iSd Abs. 3 nicht den Einkünften aus der Mitunternehmerschaft zuzuordnen ist, stellt die Hinzurechnung eine mit diesen Einkünften in Zusammenhang stehende Besteuerungsgrundlage dar. Ihre gesonderte Feststellung erfolgt daher iRd einheitlichen und gesonderten Feststellung iSd § 180 Abs. 1 Nr. 2 Buchst. a AO, nicht hingegen iRd Feststellung iSd Abs. 4. Der Bescheid über die gesonderte und einheitliche Feststellung der Besteuerungsgrundlagen ist insoweit Grundlagenbescheid iSd § 171 Abs. 10 S. 1 AO für die Feststellung des verrechenbaren Verlusts gemäß § 15a Abs. 4 S. 1 (BFH 20.11.2014 – IV R 47/11, BStBl. II 2015, 532 Rn. 22). 455

Einstweilen frei 456

3. Haftungsminderung – Zurechnung fiktiver Gewinne (Abs. 3 S. 3 iVm 4)

a) Regelungsinhalt. Der Grundgedanke von Einlageminderung und Haftungsminderung ist identisch: Ein Kommanditist, der nur vorübergehend ein wirtschaftliches Risiko trägt und sich von diesem wieder löst, soll so gestellt werden, als ob er von vornherein eine Aufstockung seines Verlustausgleichsvolumens unterlassen hätte. Diese Gleichbehandlung wird herbeigeführt, indem ein bereits steuerwirksam anerkannter Verlustausgleich revidiert und eine Nachversteuerung erreicht wird. 457

Neben der Einlageminderung tritt die Rechtsfolge der Gewinnhinzurechnung auch bei Haftungsminderung ein. Abs. 3 S. 3 sieht die Zurechnung eines fiktiven Gewinns vor, der wie ein verrechenbarer Verlust die Gewinnanteile mindert, die dem Gesellschafter „im Wirtschaftsjahr der Zurechnung oder in späteren Wirtschaftsjahren" zuzurechnen sind (Abs. 3 S. 4). Abzustellen ist nach Abs. 3 S. 3 auf den „Haftungsbetrag im Sinne des Absatzes 1 Satz 2" (erweiterter Verlustausgleich) und damit auf die Außenhaftung gemäß § 171 Abs. 1, § 172 Abs. 1 und 4 S. 2 HGB. Die überschießende Außenhaftung beschreibt den Unterschiedsbetrag (Haftungsbetrag) zwischen der im Handelsregister eingetragenen Haftsumme und der tatsächlich geleisteten Einlage. Die Haftungsminderung setzt eine persönliche Haftung des Kommanditisten und damit einen Haftungsbetrag voraus; entsprechen sich Pflicht- 458 einlage und Haftsumme, ist die Haftung ausgeschlossen und es fehlt am Haftungsbetrag (§ 171 Abs. 1 Hs. 2 HGB). **Vermindert sich der Haftungsbetrag, liegt eine Haftungsminderung iSd Abs. 3 S. 3 vor** (Schmidt/*Wacker* § 15a Rn. 167; KSM/*v. Beckerath* § 15a Rn. E 127).

459 Einer Haftungsminderung muss immer eine Außenhaftung iSd § 171 Abs. 1 HGB, ein erweiterter Verlustausgleich iSd § 15a Abs. 1 S. 2 vorausgegangen sein. Ferner müssen für die Außenhaftung selbstverständlich die **Voraussetzungen des Abs. 1 S. 3** vorgelegen haben. Andernfalls wäre ein erweiterter Verlustausgleich iSd Abs. 1 S. 2, dh ein Verlustausgleich und -abzug auf Grund der Außenhaftung iSd § 171 Abs. 1 HGB, nicht möglich, der nachträglich zu korrigieren gewesen wäre (so auch HHR/*Lüdemann* § 15a Rn. 160).

460 Weiterhin setzt der Rechtsfolgeneintritt **ausgleichs- und abzugsfähige Verluste** „im Wirtschaftsjahr der Haftungsminderung und den zehn vorangegangenen Wirtschaftsjahren" voraus und zwar **auf Grund der überschießenden Außenhaftung nach Abs. 1 S. 2** (Abs. 3 S. 3; vgl. auch § 52 Abs. 24 S. 5, der Verluste iSd § 15a Abs. 1 voraussetzt; bei Einlageminderung sind die Verluste iSd Abs. 1 Satz 1 maßgebend, im Fall der Haftungsminderung Verluste iSd Abs. 1 Satz 2). Insoweit unterliegt die Haftungsminderung den gleichen Voraussetzungen wie die Einlageminderung. Jedoch muss nach Sinn und Zweck der Regelung der Verlustausgleich oder -abzug hier auf den erweiterten Verlustausgleich zurückzuführen sein, genauer: Ein Verlust, der ein negatives Kapitalkonto bewirkt, ist gleichwohl ausgleichs- und abzugsfähig auf Grund des erweiterten Verlustausgleichs nach § 15 Abs. 1 S. 2, § 171 Abs. 1 HGB.

461 Auch die Einlageleistung eines Kommanditisten beeinflusst den Haftungsbetrag iSd Abs. 1 S. 2 (→ Rn. 458). Jede (weitere) Einlageleistung mindert bei konstanter Haftsumme den Haftungsbetrag, die persönliche Haftung des Kommanditisten. Ein **durch Einlageleistung reduzierter Haftungsbetrag** erfüllt jedoch nicht den Tatbestand der Haftungsminderung, denn Einlageleistung und Außenhaftung bilden Surrogate. Die Haftsumme als Verlustausgleichspotential setzt sich aus Pflichteinlage (iSd Abs. 1 S. 1) und Haftbetrag (iSd Abs. 1 S. 2) zusammen. Bei Einlageleistung bleibt die Haftsumme in ihrer Höhe unverändert, lediglich die Zusammensetzung variiert. Eine Haftungsminderung ist einzig im Sinne einer „Veränderung der im Handelsregister eingetragenen Haftsumme" zu verstehen. Eine Minderung der Außenhaftung zugunsten einer geleisteten (Teil-)Einlage kann dagegen nicht ursächlich für eine Haftungsminderung sein (BFH 1.6.1989 – IV R 19/88, BStBl. II 1989, 1018 (1020)).

462 **Beispiel 1:** Minderung der Außenhaftung zugunsten einer geleisteten Einlage

Jahr 01	im HR eingetragene Haftsumme	200
	Geleistete Einlage	100
	Außenhaftung iSd § 171 Abs. 1 HGB (Haftbetrag)	100
Jahr 02	Leistung der noch ausstehenden (Teil-)Einlage	100
	Vollständig geleistete Einlage	200
	Außenhaftung iSd § 171 Abs. 1 HGB (Haftbetrag)	0
	Haftungsminderung	0

Der Kommanditist leistet auf seine im Handelsregister eingetragene Haftsumme von 200 eine (Pflicht-)Einlage von 100. In der Differenz zwischen der geleisteten Einlage und der eingetragenen Haftsumme haftet er den Gläubigern der Gesellschaft auf Grund der überschießenden Außenhaftung iSd § 171 Abs. 1 HGB, hier in Höhe von 100. Mit der weiteren Leistung der bislang noch ausstehenden Einlage in Höhe von 100 in Jahr 02 ist die Haftung nach § 171 Abs. 1 Hs. 2 HGB ausgeschlossen. Hier hat sich die Haftung zwar auf Null verringert, eine Haftungsminderung durch Herabsetzung der Haftung iSd Abs. 3 S. 3 scheidet jedoch aus. Der Haftungsbetrag wird durch die Einlageleistung reduziert; die Einlageleistung ersetzt mithin lediglich die Außenhaftung.

463 Die Wirksamkeit einer Haftungsminderung ist iSd § 174 HGB zu bestimmen. Nach § 174 HGB ist die Herabsetzung der Einlage eines Kommanditisten den Gläubigern gegenüber unwirksam, solange sie nicht im Handelsregister eingetragen ist. Einem Dritten kann die Herabsetzung dementsprechend erst entgegengehalten werden, sobald sie nach § 15 HGB eingetragen und bekannt gemacht worden ist. Eine Haftungsminderung setzt insofern voraus, dass die Herabsetzung der Haftsumme in das Handelsregister eingetragen worden ist. Denn erst im Zeitpunkt der **Eintragung in das Handelsregister** ist die Herabsetzung der Haftungsminderung gegenüber den Gläubigern wirksam. Das Wirtschaftsjahr der Haftungsminderung (respektive Gewinnhinzurechnung) ist mithin das Wirtschaftsjahr, in dem die Herabsetzung bekannt gemacht wurde (so auch Schmidt/*Wacker* § 15a Rn. 167; Blümich/*Heuermann* § 15a Rn. 100; Korn/*Korn* § 15a Rn. 72 f.).

„Gläubiger, deren Forderungen zur Zeit der Eintragung begründet waren, brauchen die Herabsetzung nicht gegen sich gelten zu lassen" (§ 174 Hs. 2 HGB). Für Altgläubiger gilt der Haftumfang, der im Zeitpunkt der Begründung der Forderung im Handelsregister eingetragen war. Die Herabsetzung wirkt damit grundsätzlich nur für **Neugläubiger.** Da Abs. 1 S. 2 jedoch ausschließlich auf die persönliche (Außen-)Haftung iSd § 171 Abs. 1 HGB abstellt, schließt eine Haftung nach § 174 Hs. 2 HGB eine Haftungsminderung iSd § 15a Abs. 3 S. 3 nicht aus. Gleiches gilt für eine Haftung nach § 172 Abs. 2 HGB sowie § 176 HGB. Denn Abs. 3 knüpft eine Gewinnhinzurechnung einzig an die Minderung des Haftungsbetrages iSd Abs. 1 S. 2. **Eine Haftung nach § 174 Hs. 2 HGB berührt § 15a Abs. 3 insofern nicht** (entsprechend zutreffend FG Münster 10.10.2011 – 11 K 490/07 F, EFG 2012, 512 (514), anhängiges Verfahren erledigt durch BFH 20.11.2014 – IV R 47/11, BStBl. II 2015, 532; glA ua Schmidt/*Wacker* § 15a Rn. 167; Blümich/*Heuermann* § 15a Rn. 100; HHR/*Lüdemann* § 15a Rn. 160). **464**

Einstweilen frei **465–467**

b) Rechtsfolge. aa) Gewinnhinzurechnung: Ermittlung und Begrenzung. Der fiktive Gewinn als Rechtsfolge iSd Abs. 3 S. 3 ist ggf. zu kürzen und in jedem Fall begrenzt. Soweit der Gesellschafter tatsächliche Leistungen an die Gläubiger der Gesellschaft entrichtet hat, ist der Betrag der Haftungsminderung um diese Leistung zu kürzen. Vorausgesetzt diese Leistungen sind nicht als Einlageleistung in das Gesellschaftsvermögen zu begreifen (→ Rn. 461 f.). Begrenzt wird die fiktive Gewinnhinzurechnung schließlich durch die Summe der nach Abs. 1 S. 2 **erweitert** ausgleichs- und abzugsfähigen Verluste im Jahr der Haftungsminderung und in den zehn vorangegangenen Wirtschaftsjahren (→ Rn. 460; Abs. 3 S. 2 1. Hs). Satz 2 gilt hier sinngemäß (Abs. 3 S. 3 Hs. 2; Schmidt/*Wacker* § 15a Rn. 171; Blümich/*Heuermann* § 15a Rn. 102 f.). **468**

Der Zurechnungsbetrag ist weiter um Gewinnanteile zu kürzen, die dem Gesellschafter aus seiner Beteiligung an der KG zugerechnet wurden. Dabei sind jene Gewinnanteile einzubeziehen, die nach Abs. 1 S. 2 bzw. der Inanspruchnahme nach § 171 Abs. 1 HGB gutgeschrieben wurden. Die Berücksichtigung der Gewinne dient wie bei der Einlageminderung dem Ziel, den Gesellschafter, der eine Haftung nur vorübergehend für Zwecke der Verlustverwertung nutzt, dem Gesellschafter gleichzustellen, der von vornherein darauf verzichtet (BFH-Rechtsprechung zur Einlageminderung vom 20.3.2003 – IV R 42/00, BStBl. II 2003, 798; → Rn. 437 ff.; auch → Rn. 469.1). **469**

„Treffen Einlage- und Haftungsminderung in einem Wirtschaftsjahr zusammen, ist die Einlageminderung vor der Haftungsminderung im Rahmen des § 15a Abs. 3 EStG zu berücksichtigen" (EStR 15a Abs. 1). **469.1**

§ 15a Abs. 3 findet keine – analoge – Anwendung auf den Fall, dass ein persönlich unbeschränkt haftender Gesellschafter in die Rechtsstellung eines beschränkt haftenden Gesellschafters tritt (vgl. zum Wechsel der Vollhafter in die Kommanditistenstellung iRd Umwandlung einer GbR in eine GmbH & Co. KG: FG Düsseldorf 8.10.2012 – 11 K 1315/10 F, EFG 2013, 201, rkr.). **470**

Ebenso wie nachträglich geleistete Einlagen für den Hinzurechnungsbetrag nach Abs. 3 des Vorjahres unbeachtlich sind (→ Rn. 434), bewirkt auch eine Haftungserweiterung im Folgejahr der Haftungsminderung kein anderes Ergebnis. Jedoch schafft die Haftungserweiterung zusätzliches Verlustausgleichsvolumen iSd Abs. 1 S. 2 (zu nachträglichen Einlagen → Rn. 372 ff.; Blümich/*Heuermann* § 15a Rn. 103; Schmidt/*Wacker* § 15a Rn. 173, 185). **471**

Beispiel 2: Eintritt der Haftungsminderung **472**

Der Kommanditist ist mit einer Haftsumme von 200 im Handelsregister eingetragen und leistet eine Einlage von 100 in WJ 01. In WJ 02 ist ihm ein Verlustanteil iHv 200 zuzurechnen. Der Verlust ist vollständig ausgleichs- und abzugsfähig, mit 100 aus der Pflichteinlage und 100 auf Grund der überschießenden Außenhaftung iSd § 171 Abs. 1 HGB nach Abs. 1

S. 2. Lässt der Kommanditist seine Haftsumme in WJ 03 wirksam herabsetzen um 20, bewirkt dies eine Haftungsminderung von 20, weiterhin einen fiktiven Gewinn sowie einen verrechenbaren Verlust von 20.

Jahr 01	im HR eingetragene Haftsumme	200
	geleistete Einlage	100
Jahr 02	Verlustanteil	200
	ausgleichsfähiger Verlust	200 (100 aus geleisteter Einlage, 100 auf Grund von § 171 Abs. 1 HGB)
Jahr 03	Herabsetzung der Haftsumme	20
	Haftungsminderung (fiktiver Gewinn/verrechenbarer Verlust)	20

473 **Beispiel 3:** Kein Eintritt der Haftungsminderung

Der Kommanditist ist hier ebenfalls mit einer Haftsumme von 200 im Handelsregister eingetragen und leistet eine Einlage von 100 in WJ 01. In WJ 02 ist ihm ein Verlustanteil iHv von 100 zuzurechnen. Der Verlust ist vollständig ausgleichs- und abzugsfähig aus der geleisteten Einlage heraus. Das Kapitalkonto weist keinen Negativsaldo aus. Erfolgt in WJ 03 die wirksame Herabsetzung der Haftsumme um 20, bewirkt die Herabsetzung aber keine Haftungsminderung iSd Abs. 3 S. 3. Denn der Verlustausgleich in WJ 02 ist nicht auf die erweiterte Außenhaftung iSd § 171 Abs. 1 HGB zurückzuführen.

Jahr 01	im HR eingetragene Haftsumme	200
	geleistete Einlage	100
Jahr 02	Verlustanteil	100
	Ausgleichsfähiger Verlust	100 (aus geleisteter Einlage)
Jahr 03	Herabsetzung der Haftsumme	20
	Haftungsminderung (fiktiver Gewinn/verrechenbarer Verlust)	0

Eine Haftungsminderung ist auszuschließen, sofern im Jahr der Haftungsminderung und den zehn vorangegangenen Jahren keine Verluste nach Abs. 1 S. 2 ausgleichs- und abzugsfähig gewesen sind.

474–475 *Einstweilen frei*

476 **bb) Berücksichtigung des fiktiven Gewinnhinzurechnungsbetrags.** Einlageminderung und Haftungsminderung bewirken die gleiche **Rechtsfolge** (zur Einlageminderung → Rn. 453 ff.). Für die Haftungsminderung sieht Abs. 3 S. 3 die Zurechnung eines fiktiven Gewinns vor. Dieser fiktive Gewinn mindert wie ein verrechenbarer Verlust die Gewinnanteile (Abs. 3 S. 4), die dem Gesellschafter im Jahr der Minderung und in künftigen Wirtschaftsjahren zuzurechnen sind. Es handelt sich um deckungsgleiche Beträge:

Betrag der Haftungsminderung = fiktiver Gewinn = verrechenbarer Verlust (Gleichung bei Schmidt/*Wacker* § 15a Rn. 170). Indem ein fiktiver Gewinn betragsgleich wie ein verrechenbarer Verlust zu behandeln ist, findet die Nachversteuerung statt, die Nachversteuerung eines zuvor ungerechtfertigt in Anspruch genommenen erweiterten Verlustausgleichs.

477 Die Gewinnhinzurechnungsbeträge iSd Abs. 3 sind in die Ermittlung nach Abs. 4 einzubeziehen und erhöhen insoweit den jährlich festzustellenden verrechenbaren Verlust (→ Rn. 485). Sie sind aber nicht Gegenstand des Feststellungsbescheid iSd Abs. 4, sondern gemäß § 179 Abs. 2 S. 2, § 180 Abs. 1 Nr. 2 Buchst. a AO gesondert und einheitlich festzustellen (ausführlich → Rn. 455).

4. Gesetzessystematik in der Kritik

478 In seiner Konzeption fraglich ist § 15a gleichwohl hinsichtlich der inkongruenten Behandlung nachträglicher Einlageerhöhungen und nachträglicher Einlageminderungen. Nach Abs. 1a führen nachträgliche Einlagen nicht zur Ausgleichs- und Abzugsfähigkeit verrechenbarer Verluste. Die Einlageerhöhung bewirkt auch kein zusätzliches Verlustausgleichsvolumen für Verlustanteile künftiger Wirtschaftsjahre. Der in Abs. 3 geregelten Bestimmung zur Nachversteuerung bei Einlageminderung (→ Rn. 398) folgt insofern **keine entsprechende Regelung bei Einlageerhöhung** (dazu kritisch iSd Gesetzessystematik ua Blümich/*Heuermann* § 15a Rn. 84; Korn/*Korn* § 15a Rn. 65; KSM/*v. Beckerath* § 15a Rn. D 3 ff.; vgl. aber

bereits BFH 14.12.1999 – IX R 7/95, BStBl. II 2000, 265; BFH 11.11.1997 – VIII R 39/94, BFH/NV 1998, 1078).

Für **Haftsummenerweiterungen** kann im Hinblick auf die Umqualifizierung von Verlusten nichts anderes gelten als für Einlageerhöhungen (glA Korn/*Korn* § 15a Rn. 65; Schmidt/*Wacker* § 15a Rn. 173, 185). Jedoch schafft die Haftsummenerweiterung zusätzliches Verlustausgleichspotential iSd Abs. 1 S. 2, 3 für das Wirtschaftsjahr der Haftungserweiterung und für künftige Wirtschaftsjahre (→ Rn. 471; Blümich/*Heuermann* § 15a Rn. 103). **479**

Gesetzesbegründung zu Abs. 1a sowie Abs. 3: Die steuerrechtliche Handhabung nach Abs. 3 „ist erforderlich, weil andernfalls durch kurzfristige Einlagen oder kurzfristige Eintragung von Haftsummen in beliebiger Höhe Verlustverrechnungsmöglichkeiten geschaffen werden könnten" (BT-Drs. 8/3648, 17). Die Regelung wurde wohl in Anlehnung an section 465 des Internal Revenue Code im US-amerikanischen Recht in das Gesetz aufgenommen. Abs. 1a wirkt der Gesetzesbegründung nach „Gestaltungsspielräumen in Form – willkürlicher – Einlagen zur Schaffung von Verlustausgleichsvolumina" entgegen (BT-Drs. 16/10189, 49; BT-Drs. 8/3648, 17). **480**

VII. Verrechenbarer Verlust im Verfahrensrecht (Abs. 4)

1. Gesonderte Feststellung (Abs. 4 S. 1 und 2)

a) Gegenstand. Der verrechenbare Verlust iSd Abs. 2 (→ Rn. 345 f.) ist nach Abs. 4 S. 1 jährlich gesondert festzustellen. Dieser Feststellungsbescheid weist ausschließlich die Höhe des verrechenbaren Verlustes aus (und damit einen Ausschnitt der Entwicklung über die Jahre). Abzugrenzen ist der Feststellungsbescheid des § 15a Abs. 4 S. 1 von der gesonderten und einheitlichen Feststellung nach § 179 Abs. 1 und Abs. 2 AO, § 180 Abs. 1 S. 1 Nr. 2 Buchst. a AO (vgl. Klein/*Ratschow* AO § 180 Rn. 5 ff.). Gegenstand der Feststellung des § 180 Abs. 1 S. 1 Nr. 2 Buchst. a AO sind die Gewinne der KG und die den Gesellschaftern zuzurechnenden Einkünfte aus der Beteiligung, nicht aber die verrechenbaren Verluste iSd § 15a Abs. 2. Grundsätzlich erfolgt die Feststellung für jeden Gesellschafter (Kommanditisten respektive einen in Abs. 5 aufgeführten Unternehmer) einzeln. Gewinnfeststellungsbescheid und Feststellungsbescheid nach § 15a Abs. 4 – sind zwei Verwaltungsakte mit unterschiedlichen Regelungsgegenständen, „die auch gesondert und unabhängig voneinander angefochten werden können und selbständig der Bestandskraft fähig sind" (BFH 20.11.2014 – IV R 47/11, BStBl. II 2015, 532 Rn. 20). **481**

Einstweilen frei **482–484**

b) Ermittlung. § 15a Abs. 4 greift die Legaldefinition „verrechenbarer Verlust" des Abs. 2 auf. Nach Abs. 4 S. 1 ist der verrechenbare Verlust der „nach Absatz 1 nicht ausgleichs- oder abzugsfähige Verlust eines Kommanditisten, vermindert um die nach Absatz 2 abzuziehenden und vermehrt um die nach Absatz 3 hinzuzurechnenden Beträge" (→ Rn. 477). Bei der Ermittlung ist nach Abs. 4 S. 2 auszugehen von dem „verrechenbaren Verlust des vorangegangenen Wirtschaftsjahres". Der verrechenbare Verlust errechnet sich gemäß Abs. 4 S. 2 iVm Abs. 4 S. 1 wie folgt (BFH 26.1.1995 – IV R 23/93, BStBl. II 1995, 467 (469); s. zum Verfahren bei mehrstufiger Beteiligung („zweistufiges Feststellungsverfahren") BFH 24.7.2013 – I R 57/11, DStR 2014, 199 Rn. 18; Blümich/*Heuermann* § 15a Rn. 107): **485**

	Gesondert festgestellter verrechenbarer Verlust des vorangegangenen Wirtschaftsjahres
zzgl.	nicht ausgleichs- oder abzugsfähiger Verluste des laufenden Wirtschaftsjahres (§ 15a Abs. 1 S. 1)
zzgl.	Hinzurechnung wegen Einlage- oder Haftungsminderung (§ 15a Abs. 3)
abzgl.	verrechenbarer Verlustanteile aus früheren Wirtschaftsjahren oder verrechenbarer Gewinnhinzurechnungsbetrag aus dem laufenden oder aus früheren Wirtschaftsjahren (§ 15a Abs. 2, 3 S. 4)
=	gesondert festgestellter verrechenbarer Verlust zum Bilanzstichtag

Einstweilen frei **486**

c) Klagebefugnis und Beiladung. Klagebefugt gegen den nach Abs. 4 S. 1 ergangenen Feststellungsbescheid ist grundsätzlich (nur) der **Kommanditist,** wenn dieser der einzige **487**

Adressat des Bescheides ist. Sofern die gesonderte und einheitliche Gewinnfeststellung nach § 180 Abs. 1 Nr. 2 Buchst. a AO aber mit der Feststellung nach § 15a Abs. 4 S. 1 und 5 verbunden und damit einheitlich durchgeführt wurde, ist neben dem Kommanditisten auch die **KG bzw. ihr Geschäftsführer** klagebefugt (vgl. § 48 Abs. 1 Nr. 1, Nr. 5 FGO; BFH 22.6.2006 – IV R 31, 32/05, BStBl. II 2007, 687 Rn. 16; Blümich/*Heuermann* § 15a Rn. 108). Gleiches gilt für die Einspruchsbefugnis iSd § 352 Abs. 1 Nr. 1 AO.

488 Erhebt die KG bzw. ihr Geschäftsführer Klage, ist der **betroffene Kommanditist,** dessen verrechenbare Verluste streitgegenständlich sind, gemäß § 60 Abs. 3 FGO iVm § 48 Abs. 1 Nr. 5 FGO zwingend beizuladen (BFH 7.4.2005 – IV R 24/03, BStBl. II 2005, 598). Die Beiladung der übrigen, nicht betroffenen beschränkt haftenden wie auch persönlich haftenden Gesellschafter ist freilich nicht erforderlich (zu Klagebefugnis und Beiladung einer atypisch stillen Gesellschaft im Kontext des Abs. 4: BFH 14.12.1995 – IV R 106/94, BStBl. II 1996, 226). Sofern der einzelne Gesellschafter Klage erhebt, ist stets **die Gesellschaft beizuladen** (§ 60 Abs. 3 FGO iVm § 48 Abs. 1 Nr. 1 FGO; vgl. auch BFH 4.5.1972 – IV 251/64, BStBl. II 1972, 672 (675 f.); BFH 30.3.2017 – IV R 4/15, BFH/NV 2017, 1023, inhaltsgleich mit BFH 30.3.2017 – IV R 3/15, BFH/NV 2017, 1019).

489 *Einstweilen frei*

2. Feststellungsverfahren (Abs. 4 S. 3 bis 6)

490 **a) Zuständigkeit (S. 3).** Das im Gewinnfeststellungsverfahren der KG (§ 180 Abs. 1 S. 1 Nr. 1 AO) nach § 18 Abs. 1 AO zuständige Finanzamt ist auch für die gesonderte Feststellung des verrechenbaren Verlustes iSd Abs. 2 zuständig (§ 15a Abs. 4 S. 3). Nach § 18 Abs. 1 Nr. 2 AO ist bei gewerblichen Betrieben mit Geschäftsleitung im Inland das Finanzamt örtlich zuständig, „in dessen Bezirk sich die **Geschäftsleitung** befindet". Fehlt es an einer inländischen Geschäftsleitung, fällt die örtliche Zuständigkeit dem Finanzamt zu, „in dessen Bezirk eine Betriebstätte – bei mehreren Betriebstätten die wirtschaftlich bedeutendste – unterhalten wird (Betriebsfinanzamt)", § 18 Abs. 1 Nr. 2 AO.

491 **b) Anfechtbarkeit (S. 4).** Grundsätzlich kann jeder Kommanditist respektive iSd Abs. 5 gleichgestellte Unternehmer den gegen ihn ergangenen Feststellungsbescheid anfechten (§ 352 Abs. 1 Nr. 5 AO; § 48 Abs. 1 Nr. 5 FGO). Um jedoch zu vermeiden, dass verrechenbare Verluste aus vorangegangenen Wirtschaftsjahren in ihrer Höhe erneut zur Disposition stehen, kann der Feststellungsbescheid nur **insoweit angegriffen** werden, **als sich der „verrechenbare Verlust"** des laufenden Wirtschaftsjahres gegenüber dem verrechenbaren Verlust des vorangegangenen Jahres (der vorangegangenen Feststellung) **verändert hat** (Abs. 4 S. 4; Schmidt/*Wacker* § 15a Rn. 191).

492 Abs. 4 S. 4 verhindert, dass verrechenbare Verluste aus zurückliegenden Wirtschaftsjahren im Rahmen eines Rechtsbehelfs neu zu ermitteln sind (Schmidt/*Wacker* § 15a Rn. 191). Der jährliche Feststellungsbescheid ist vom Steuerpflichtigen daher eingehend und jährlich zu prüfen und unter Umständen zu beanstanden. § 15a Abs. 4 S. 4 beschränkt die Anfechtung auf der Linie des § 351 AO, wonach Verwaltungsakte, die unanfechtbare Verwaltungsakte ändern, grundsätzlich „nur **insoweit** angegriffen werden [können], **als die Änderung reicht**" (§ 351 Abs. 2 AO).

493 Gegen den Feststellungsbescheid iSd § 15a Abs. 4 S. 1 kann der betroffene Gesellschafter Einspruch einlegen und gegen den Einspruchsbescheid Anfechtungsklage erheben. „**Vorläufiger Rechtsschutz** ist in diesen Verfahren ebenso zu gewähren wie auch in anderen Fällen der Anfechtung eines Feststellungsbescheids" (vgl. BFH 2.3.1988 – IV B 95/87, BStBl. II 1988, 617 (618)). Da die gesonderte und einheitliche Feststellung der Einkünfte der KG und die Feststellung der verrechenbaren Verluste nach Abs. 4 zwei gesonderte Verwaltungsakte darstellen, liegen „im finanzgerichtlichen Verfahren zwei **selbständige Klagebegehren**" vor (BFH 23.2.1999 – VIII R 29/98, BStBl. II 1999, 592). Die im Bescheid über die einheitliche und gesonderte Feststellung von Besteuerungsgrundlagen aufgeführte Kapitalkontenentwicklung stellt keine selbständig anfechtbare Besteuerungsgrundlage dar (BFH 27.11.2019 – IV B 16/19, BFH/NV 2020, 181).

494 *Einstweilen frei*

c) Formelle Verbindung und einheitliche Durchführung (S. 5 und 6). Der Gewinnfeststellungsbescheid, § 180 Abs. 1 S. 1 Nr. 2 Buchst. a AO, und die Feststellung des verrechenbaren Verlustes nach § 15a Abs. 4 stehen iSd § 182 Abs. 1 AO **„wechselseitig im Verhältnis von Grundlagen- und Folgebescheid"** (BFH 3.2.2010 – IV R 61/07, BStBl. II 2010, 942 Rn. 9; BFH 22.6.2006 – IV R 31, 32/05, BStBl. II 2007, 687 (689)). Nach § 15a Abs. 4 S. 5 können die gesonderten Feststellungen nach Satz 1 „mit der gesonderten und einheitlichen Feststellung der einkommensteuerpflichtigen und körperschaftsteuerpflichtigen Einkünfte verbunden werden". **Satz 5 ermöglicht die formelle Verbindung** von Feststellungen eines jeweiligen verrechenbaren Verlustes eines Kommanditisten mit der Feststellung des KG-Gewinns (→ Rn. 481; Schmidt/*Wacker* § 15a Rn. 190). Auch wenn „die Bescheide gemäß § 15a Abs. 4 Satz 5 EStG formell miteinander verbunden werden" (BFH 2.2.2017 – IV R 47/13, BStBl. II 2017, 391 Rn. 12; BFH 20.11.2014 – IV R 47/11, BStBl. II 2015, 532 Rn. 20), sind sie einzeln anfechtbar (→ Rn. 481). **495**

Nach § 15a Abs. 4 S. 6 sind bei formeller Verbindung iSd Abs. 4 S. 5 „die gesonderten Feststellungen des verrechenbaren Verlustes einheitlich durchzuführen". **Satz 6 sieht** demnach **die Einheitlichkeit für Adressaten vor:** Werden die Bescheide nach Abs. 4 S. 5 formell miteinander verbunden, sind die gesonderten Feststellungen der einzelnen Kommanditisten einheitlich durchzuführen. Die einheitliche Durchführung erfolgt ausschließlich in den Fällen des Satzes 5 (Schmidt/*Wacker* § 15a Rn. 190; HHR/*Lüdemann* § 15a Rn. 175). **496**

Die gesonderte Feststellung des verrechenbaren Verlusts nach § 15a Abs. 4 S. 1 folgt einer anderen „Logik" als die Sonderung des § 180 Abs. 1 S. 1 Nr. 2 Buchst. a AO. § 180 Abs. 1 S. 1 Nr. 2 Buchst. a AO „ordnet die gesonderte Feststellung von Einkünften an, an denen **mehrere Personen beteiligt** sind" und erreicht damit, dass derartige Einkünfte einheitlich als Besteuerungsgrundlage für mehrere Beteiligte erfasst werden („einheitliche Behandlung", Klein/*Ratschow* AO § 180 Rn. 5 mwN). Nach § 15a Abs. 4 ist der jeweils verrechenbare Verlust für **jeden einzelnen Kommanditisten** einer Gesellschaft gesondert festzustellen. Die in Abs. 4 S. 5 und 6 eröffnete Möglichkeit der Verbindung ist Beleg für die im Regelfall erfolgende Trennung der Feststellungen. **497**

Einstweilen frei **498–500**

VIII. Vergleichbare Unternehmer (Abs. 5)

Abs. 5 erweitert den Anwendungsbereich der Norm **auf andere Unternehmer,** deren Haftungsstatut oder deren tatsächliche Haftungssituation mit dem eines Kommanditisten vergleichbar ist. § 15a beschränkt seinen Anwendungsbereich nicht auf einen bestimmten Gesellschaftstypus, nicht ausschließlich auf die KG. Die Norm zielt auf Haftungsverhältnisse und gründet darauf die Adressatenschaft: Kommanditisten und „andere Unternehmer" (Abs. 5) in vergleichbarer Haftungsverantwortung. Die Regelung setzt in dieser Reichweite die Gleichmäßigkeit der Besteuerung durch. Abs. 5 katalogisiert beispielhaft („insbesondere") und erweitert damit unbestimmt und offen den Adressatenkreis der Norm. **501**

1. Allgemeines

Unternehmer müssen § 15a gegen sich gelten lassen, „soweit deren Haftung der eines Kommanditisten vergleichbar ist" (Abs. 5). Mit dieser Erweiterung dient die Regelung der Gleichmäßigkeit der Besteuerung (BT-Drs. 8/3648, 17; LBP/*Bitz* § 15a Rn. 43; Schmidt/*Wacker* § 15a Rn. 195). Die Abs. 1–4 der Vorschrift sind sinngemäß anzuwenden. Einzig die Regelungen zur überschießenden Außenhaftung sind dabei ausgenommen (→ Rn. 507). Abs. 5 steht in einer Linie mit dem Regelungsanliegen der Norm: „andere Unternehmer" (Abs. 5) können Verluste im Rahmen eines Verlustausgleichs bzw. -abzugs nur geltend machen, soweit sie zu einer effektiven Vermögenseinbuße führen, die finanzielle Leistungsfähigkeit mithin realiter gemindert ist. Es müssen ausgleichs- und abzugsfähige (erhebliche → Rn. 7) Verluste vorliegen. Verluste jenseits der Haftungszusage sind lediglich verrechenbar mit künftigen Gewinnanteilen. **502**

§ 15a setzt „Einkünfte aus Gewerbebetrieb" voraus (§ 15 Abs. 1 S. 1 Nr. 2; → Rn. 215). Der Kommanditist als Hauptprotagonist des § 15a erfüllt den Tatbestand der Einkünfteerzielung durch die ihm zuzurechnenden „Gewinnanteile der Gesellschafter" iSd § 15 Abs. 1 S. 1 Nr. 2. Auch für „andere Unternehmer" iSd Abs. 5 der Vorschrift wird die Zurechnung von – **503** zuvorderst gewerblichen – Einkünften vorausgesetzt (zum Begriff des Unternehmers im Kontext des § 15a Abs. 5 auch KSM/*v. Beckerath* § 15a Rn. G 10 f.). Neben den Einkünften aus Gewerbebetrieb können dies aber auch Einkünfte einer anderen Einkunftsart sein, auf die § 15a Anwendung findet. Da § 15a im bestimmten Umfang **entsprechend** (§ 18 Abs. 4 S. 2; § 13 Abs. 7) respektive **sinngemäß** (§ 20 Abs. 1 Nr. 4 S. 2; § 21 Abs. 1 S. 2) anzuwenden ist (→ Rn. 73), kann auch die „andere" Adressatenschaft des Abs. 5 im Kontext anderer Einkunftsarten einbezogen sein (zur im Einzelfall konkretisierten Vergleichbarkeit iSd Abs. 5 Nr. 1–5 → Rn. 514 ff.; glA HHR/*Lüdemann* § 15a Rn. 181; Korn/*Korn* § 15a Rn. 81).

503.1 Beispielsweise unterliegen Modernisierungsfonds oder andere Bauherrengemeinschaften in der Rechtsform einer BGB-Gesellschaft mit Einkünften aus Vermietung und Verpachtung oftmals den Regelungen des § 15a über § 15a Abs. 5 Nr. 2 iVm § 21 Abs. 1 S. 2 (zu den Voraussetzungen des Abs. 5 Nr. 2 → Rn. 520 ff.; BFH 17.12.1992 – IX R 7/91, BStBl. II 1994, 492 und ergänzend BFH 30.11.1993 – IX R 60/91, BStBl. II 1994, 496).

504 Abs. 5 erweitert den Anwendungsbereich der Norm über den handelsrechtlich legaldefinierten Kommanditisten hinaus auf andere Unternehmer; sinngemäß sind Abs. 1 S. 1, Abs. 1a, 2 und 3 S. 1, 2 und 4 sowie Abs. 4 anzuwenden für andere Unternehmer, „soweit" deren Haftung vergleichbar ist. **„Soweit"** dürfte hier **im Sinne eines** bedingenden **„wenn"** zu verstehen sein. Eine dem Kommanditisten teilweise vergleichbare Haftung ist schwer vorstellbar und eine entsprechende Handhabung kaum praktikabel (glA ua Blümich/*Heuermann* § 15a Rn. 129; Schmidt/*Wacker* § 15a Rn. 195; aA KSM/*v. Beckerath* § 15a Rn. G 30 ff.).

505 Abs. 5 katalogisiert beispielhaft („insbesondere") und verzichtet damit auf eine abschließende Aufzählung. Die Kontroverse in der Literatur (aufgezeigt bei KSM/*v. Beckerath* § 15a Rn. G 20 f.), welche (Mit-)Unternehmer einzubeziehen sind, wird mit der Konkretisierungsleistung des Abs. 5 entschärft (s. auch KSM/*v. Beckerath* § 15a G 20: „Die allgemeine Voraussetzung der Vergleichbarkeit [...] wird durch § 15a Abs. 5 Nr. 1 bis 5 konkretisiert und modifiziert."). Der Ansatz, den Katalog der Nr. 1–5 als beispielhafte Konkretisierung, nicht hingegen als enumerative Auflistung zu sehen, ist nicht zuletzt in den Gesetzesmaterialien dokumentiert; Abs. 5 wurde nachträglich im Finanzausschuss eingebracht (BT-Drs. 8/4141, 6; BT-Drs. 8/4157, 5 → Rn. 505.1; BT-Drs. 8/3648, 17 f.; *Schulze-Osterloh* JbFfSt 1981/82, 238 (263)).

505.1 „Nach § 15a Abs. 5 EStG gelten die für die Kommanditisten maßgebenden Grundsätze (Absätze 1 bis 4) sinngemäß für andere Unternehmer, soweit ihre Haftung der eines Kommanditisten vergleichbar ist. Diese Aussage wird **durch Aufzählung der wichtigsten hier gemeinten Fallgruppen konkretisiert**" (BT-Drs. 8/4157, 5).

506 Diese Konkretisierung lässt zu, den **Anwendungsbereich des Abs. 5** in einem ersten Schritt offenzuhalten und in einem zweiten Schritt die Auswahl über den Tatbestand der vergleichbaren Haftungssituation sachgerecht zu reduzieren (KSM/*v. Beckerath* § 15a Rn. G 22). Diese Handhabung ist gleichmäßiger Besteuerung verpflichtet. Danach könnten etwa Partner einer Partnerschaft, Komplementäre, OHG-Gesellschafter, Unterbeteiligte und verdeckte Mitunternehmer einer Innen-GbR, Gesellschafter einer EWIV, ebenso wie der Einzelkaufmann grundsätzlich einer Prüfung auf vergleichbare Haftung unterliegen (s. auch HHR/*Lüdemann* § 15a Rn. 181; Schmidt/*Wacker* § 15a Rn. 195). Dabei ist Abs. 5 stets vorbehaltlich einer vergleichbaren Haftung bzw. einer ausgeschlossenen oder unwahrscheinlichen Inanspruchnahme heranzuziehen. Dies gilt sowohl für die in Abs. 5 Nr. 1–5 aufgeführten sowie für mögliche weitere Anwendungsfälle (glA KSM/*v. Beckerath* § 15a Rn. G 20, 22).

507 Den Tatbestand der überschießenden Außenhaftung iSd § 171 Abs. 1 HGB greift Abs. 5 nicht auf, entsprechende Verweise fehlen. Der Adressatenkreis in Abs. 5 der Vorschrift umfasst **Unternehmer, welche die Voraussetzungen für den erweiterten Verlustausgleich gemäß Abs. 1 S. 2 und 3 „naturgemäß" nicht erfüllen.** So gilt Abs. 5 für „andere Unternehmer", deren Gesellschafterhaftung ausschließlich auf das Innenverhältnis beschränkt ist, wie etwa im Fall von Unterbeteiligungen, exemplarisch für den (atypisch) stillen Gesellschafter. Daneben stellt Abs. 5 auf die grundsätzlich unbeschränkte Haftung ab (BGB-Gesellschaft, Mitreeder einer Reederei), die im speziellen Fall aber gerade (etwa vertraglich) im

Außenverhältnis beschränkt ist und ebendeshalb unter Abs. 5 fällt (KSM/*v. Beckerath* § 15a G 36 ff.).

Ein stiller Gesellschafter ist ebenso wenig mit einer Hafteinlage im Handelsregister eingetragen (BFH 14.12.1995 – IV R 106/94, BStBl. II 1996, 226 (228)) wie ein der Rechtsstellung eines Kommanditisten vergleichbarer (Mit-)Unternehmer einer ausländischen Gesellschaft. Die **„eintragungsfähige" summenmäßige Haftungsbeschränkung findet im Recht der Kommanditgesellschaft statt,** nicht jedoch im Regelstatut anderer (so auch Korn/*Korn* § 15a Rn. 81), gar ausländischer Personengesellschaften (HHR/*Lüdemann* § 15a Rn. 180). Eine ausländische Gesellschaft kann zwar einem der Kommanditgesellschaft vergleichbaren Gesellschaftsstatut im Ausland unterliegen, aber nicht dem Handelsgesetzbuch (kritisch im Fall von ausländischen Gesellschaften *Naumann* DB 1988, 80, *Eisenach/Weiske* DB 1988, 82). **508**

Einlageminderungen nach Abs. 3 S. 1, 2 und 4 führen bei Unternehmern iSd Abs. 5 gleichermaßen zur Gewinnhinzurechnung. Von der sinngemäßen Anwendung ausgenommen ist einzig der Verweis auf die Regelung zur überschießenden Außenhaftung (Abs. 1 S. 2) in Abs. 3 S. 1 (HHR/*Lüdemann* § 15a Rn. 180). Die Regelungen zur überschießenden Außenhaftung schließt Abs. 5 explizit und folgerichtig aus (→ Rn. 507). **509**

Auch iRd Abs. 5 begründen Abreden im Innenverhältnis keine Haftungsverantwortung iSd § 15a. Auf dieser Linie urteilt auch der IV. Senat des BFH: „Eine im Innenverhältnis zwischen der Gesellschaft und einem Kommanditisten bestehende Verpflichtung des Kommanditisten, weitere Einlagen zu erbringen, berührt die Beschränkung des Verlustausgleichs nach § 15a EStG grundsätzlich nicht" (BFH 14.12.1995 – IV R 106/94, BStBl. II 1996, 226 (228)). Reine Verpflichtungen im Innenverhältnis sind demnach unbeachtlich. Gleiches gilt bereits für den Grundtatbestand der Norm (→ Rn. 312). **510**

Abs. 5 erweitert das Regelungsanliegen der Vorschrift folgerichtig iSd Gleichmäßigkeit der Besteuerung. Die Vorschriften der Grundtatbestände (Abs. 1–4) gelten sinngemäß. Mithin werden auch die in der Regelungssystematik des § 15a kritischen Entscheidungen in Abs. 5 fortgeführt (s. auch KSM/*v. Beckerath* § 15a G 3: „Fortschreibung von Systemwidrigkeiten"). Freilich sind iRd Abs. 5 auch die gleichen Haftungstatbestände als Verlustausgleichspotential anzuerkennen oder abzulehnen (→ Rn. 302). So sind etwa die Haftungstatbestände nach § 176 Abs. 1 und Abs. 2 HGB nicht in den erweiterten Verlustausgleichstatbestand des § 15a Abs. 1 S. 2 und 3 (→ Rn. 294 ff., → Rn. 323 ff.) mit einzubeziehen (→ Rn. 92 f.; auch zur Verlustverrechnung mit Einlagen → Rn. 95 ff.). Die Grundentscheidung des § 15a, unerhebliche (zumindest verfrühte → Rn. 7) Verluste fernzuhalten und erhebliche Verluste einzubeziehen, spricht hingegen für die Gleichbehandlung bestimmter Haftungstatbestände (etwa der Haftungstatbestände des § 176 HGB und § 171 Abs. 1 HGB; s. auch zur schuldrechtlichen Verpflichtung im Rahmen einer BGB-Außengesellschaft, § 15a Abs. 5 Nr. 2 → Rn. 525). **511**

Einstweilen frei **512–513**

2. Erweiterung mittels Katalogisierung

a) Stiller Gesellschafter iSd § 230 HGB (Abs. 5 Nr. 1). Der Katalogtatbestand des Abs. 5 Nr. 1 erfasst den als Mitunternehmer anzusehenden atypisch stillen Gesellschafter. Den typisch stillen Gesellschafter erfasst § 15a durch Verweisung in § 20 Abs. 1 Nr. 4 S. 2 (→ § 20 Rn. 821 ff.). Die stille Gesellschaft ist eine Innengesellschaft; für Schulden, die in einem wirtschaftlichen Zusammenhang mit der Gesellschaft stehen, haftet zivilrechtlich nur der Geschäftsinhaber (s. auch MüKoHGB/*K. Schmidt* HGB § 230 Rn. 8, 12). Die Haftung eines atypisch stillen Gesellschafters ist der eines Kommanditisten vergleichbar iSv Abs. 5, sofern Verlustanteile nach vertraglicher Vereinbarung auch ein negatives Kapitalkonto bewirken können und der Gesellschafter iSv § 232 Abs. 2 HGB künftige Gewinnanteile zur Deckung dieser Verluste verwenden muss (Schmidt/*Wacker* 15a Rn. 198; s. auch BFH 23.7.2002 – VIII R 36/01, BStBl. II 2002, 858 (860 f.)). **514**

Eine unbegrenzte Verlusthaftung im Innenverhältnis ist unbeachtlich; Abs. 5 Nr. 1 findet Anwendung (s. auch BFH 11.3.2003 – VIII R 33/01, BStBl. II 2003, 705). Grundbedingung der Gleichstellung anderer Unternehmer (Abs. 5) mit dem Kommanditisten ist die beschränkte Haftung im Außenverhältnis gegenüber den Gläubigern der Gesellschaft. Damit **515** ist auszuschließen, „eine Haftung im Innenverhältnis gegenüber Mitgesellschaftern oder eine Nachschusspflicht gegenüber der Gesellschaft“ könne vor einer tatsächlichen Erfüllung ausgleichs- und abzugsfähige Verluste bewirken (BFH 10.7.2001 – VIII R 45/98, BStBl. 2002, 339 (341 ff.)). Hat der Gesellschafter die Verluste im Zeitpunkt der Liquidation der Gesellschaft endgültig wirtschaftlich zu tragen, sind die Verluste jedoch grundsätzlich anzuerkennen; bis dato nicht berücksichtigte Einlagen (etwa aus einer Nachschusspflicht) werden im Rahmen eines Verlustausgleichs angesetzt (→ Rn. 350 ff.).

516 Da die überschießende Außenhaftung für die Unternehmer iRd Abs. 5 nicht zur Anwendung kommt (→ Rn. 507), ist auch hier die geleistete Einlage, hier iSd § 230 HGB, maßgebend. Eine als ausstehend eingebuchte Einlageforderung ist nicht hinreichend. Verlustanteile dürfen demnach nicht ausgeglichen werden, soweit die Einlage noch nicht geleistet wurde (§ 15a Abs. 5 Nr. 1 iVm Abs. 1 S. 1). Daran ändert auch eine im Innenverhältnis vereinbarte unbeschränkte Verlustübernahme nichts (s. ua BFH 16.10.2007 – VIII R 21/06, BStBl. II 2008, 126 (127); BFH 16.12.1997 – VIII R 76/93, BFH/NV 1998, 576; Schmidt/*Wacker* § 15a Rn. 199). Ansonsten gelten für das Kapitalkonto des stillen Gesellschafters die gleichen Grundsätze wie für Kommanditisten. Somit sind auch Wirtschaftsgüter, die der atypisch stille Gesellschafter dem Inhaber des Handelsgeschäfts zuwendet, unbeachtlich, da sie zum Sonderbetriebsvermögen des stillen Gesellschafters gehören, so auch etwa Darlehen (Blümich/*Heuermann* § 15a Rn. 131). Führt die Leistung des stillen Gesellschafters gegenüber einem Gläubiger zu einem Ausgleichs- bzw. Regressanspruch gegenüber dem Inhaber der Gesellschaft, gilt die Einlage ebenfalls als nicht geleistet (→ Rn. 318; Blümich/*Heuermann* § 15a Rn. 71).

517 Für nachträgliche Einlagen, die bis einschließlich zum 24.12.2008 geleistet wurden, sind Korrekturposten anzusetzen (BFH 20.9.2007 – IV R 10/07, BStBl. II 2008, 118; dazu → Rn. 393).

518–519 *Einstweilen frei*

520 **b) Gesellschafter einer Gesellschaft iSd BGB (Abs. 5 Nr. 2).** § 15a Abs. 5 Nr. 2 findet unmittelbar Anwendung auf Mitunternehmer einer GbR, die einen Gewerbebetrieb iSd § 15 Abs. 1 S. 1 Nr. 1 betreibt. Darüber hinaus kann aber auch ein Gesellschafter mit Beteiligung an einer nichtgewerblichen GbR erfasst werden, wenn diese Beteiligung in einem gewerblichen Betriebsvermögen des Gesellschafters liegt (sogenannte Zebragesellschaften; Schmidt/*Wacker* § 15a Rn. 36). Diese Gesellschafter gelangen indes nur in den Anwendungsbereich der Vorschrift, „soweit die Inanspruchnahme des Gesellschafters für Schulden in Zusammenhang mit dem Betrieb durch Vertrag ausgeschlossen“ (Alt. 1) oder „nach Art und Weise des Geschäftsbetriebs unwahrscheinlich ist“ (Alt. 2). Entsprechend anzuwenden ist die Norm über § 18 Abs. 4 S. 2 sowie § 21 Abs. 1 S. 2 auch auf Einkünfte aus selbständiger Arbeit bzw. Vermietung und Verpachtung (insbesondere zur sinngemäßen Anwendung bei Einkünften aus VuV von BGB-Gesellschaften *Spindler* FR 1997, 147 (148 ff.)).

521 Die Gesellschafter einer GbR iSd §§ 705 ff. BGB haften für die gemeinschaftlichen Schulden der Gesellschaft unbeschränkt mit ihrem Vermögen. Aufgrund des dispositiven Charakters der §§ 705 ff. BGB können die Haftungsverhältnisse jedoch abweichend ausgestaltet werden, etwa vergleichbar derjenigen einer Kommanditgesellschaft. Eine Haftung für gemeinschaftliche Schulden kann vertraglich ausgeschlossen werden; einzelne Gesellschafter haften dann lediglich mit ihrer Vermögenseinlage. Die zivilrechtliche Haftung kann dabei nur durch „individualvertragliche Vereinbarung“ beschränkt werden (BGH 24.11.2004 – XII ZR 113/05, NJW-RR 2005, 400; s. auch LBP/*Bitz* § 15a Rn. 45). Die beschränkte Haftung iRv Beteiligungen an BGB-Gesellschaften dürfte in der Praxis jedoch äußerst selten vorkommen.

522 Abseits individueller Abreden dürfte Abs. 5 Nr. 2 für die BGB-Außengesellschaft mit BGH-Rechtsprechung vom 27.9.1999 sowie 29.1.2001 regelmäßig gegenstandslos sein (BGH 27.9.1999 – II ZR 371/98, DStR 1999, 1704; BGH 29.1.2001 – II ZR 331/00, DStR 2001, 310; allerdings gelten Besonderheiten der Haftungsbeschränkung bei geschlossenen Immobilienfonds und Bauherrengemeinschaften, BGH 21.1.2002 – II ZR 2/00, DStR 2002, 816; Schmidt/*Wacker* § 15a Rn. 202; LBP/*Bitz* § 15a Rn. 45; aber zur BGB-Innengesellschaft → Rn. 524 ff.).

523 Abs. 5 Nr. 2 nennt das Tatbestandsmerkmal der „Inanspruchnahme“, wohingegen Abs. 1 S. 3 auf die „Vermögensminderung aufgrund der Haftung“ verweist. Dass Abs. 5 Nr. 2

begrifflich auf die Inanspruchnahme abstellt, dürfte auf den **Rückgriffsanspruch des BGB-Gesellschafters** zurückzuführen sein. Der BGB-Gesellschafter haftet für die Schulden der Gesellschaft persönlich mit seinem gesamten Vermögen. Gemäß §§ 705, 718, 426 BGB steht dem BGB-Gesellschafter aber auch ein Ausgleichsanspruch gegen die übrigen Gesellschafter zu: „Die Gesamtschuldner sind im Verhältnis zueinander zu gleichen Anteilen verpflichtet" (§ 426 Abs. 1 BGB). Der Rückgriffsanspruch des § 426 BGB führt wirtschaftlich zwar zu einer „quotalen Einstandspflicht" (Korn/*Korn* § 15a Rn. 85), jedoch nicht zur Unwahrscheinlichkeit einer Inanspruchnahme für gemeinschaftliche Schulden. Eine Vermögensminderung liegt bei Rückgriffsansprüchen hingegen regelmäßig nicht vor. Ein Rückgriffsanspruch führt iSd Abs. 5 Nr. 2 insofern nicht bereits zu der Annahme, eine Inanspruchnahme des Gesellschafters wäre unwahrscheinlich und wirkt sich insofern nicht auf eine entsprechende Beurteilung aus (Korn/*Korn* § 15a Rn. 85; HHR/*Lüdemann* § 15a Rn. 186 mwN).

Der Gesetzeswortlaut in Abs. 5 Nr. 2, die „Inanspruchnahme des Gesellschafters für Schul- 524
den in Zusammenhang mit dem Betrieb", lässt darauf schließen, dass das Gesetz auf die unmittelbare Haftung des Gesellschafters gegenüber den Gesellschaftsgläubigern, mithin auf die Außengesellschaft abstellt. Neben der Außen-GbR erfasst Abs. 5 Nr. 2 aber auch die Innengesellschaft (Schmidt/*Wacker* § 15a Rn. 201).

Hinsichtlich der Möglichkeiten eines Verlustausgleichs und -abzugs bei interner Aus- 525
gleichsverpflichtung ergibt sich für die BGB-Gesellschaft nichts anderes als für die atypisch stille Gesellschaft, die eine BGB-Innengesellschaft ist. Ein erweiterter Verlustausgleich ist auch dann nicht möglich, wenn sich der Innengesellschafter im Innenverhältnis schuldrechtlich verpflichtet, Verluste, die zu einem negativen Kapitalkonto führen, etwa durch weitere Einlagen zu decken (BFH 10.7.2001 – VIII R 45/98, BStBl. II 2002, 339 (341 ff.); zur Schuldübernahme im Innenverhältnis → Rn. 312 ff.).

Die Rechtsprechung nimmt bei Innengesellschaften grundsätzlich eine Haftungsbeschrän- 526
kung iSd § 15a Abs. 5 Nr. 2 an. Vormals als verrechenbar festgestellte Verluste werden letztlich dann ausgleichs- und abzugsfähig, wenn der Gesellschafter die Verpflichtung erfüllt hat und die Gesellschaft liquidiert ist – der Gesellschafter nach der Liquidation für den Verlust also tatsächlich einstehen musste (BFH 5.2.2002 – VIII R 31/01, BStBl. II 2002, 464 (465 ff.); BFH 8.5.1995 – III B 113/94, BFH/NV 1995, 971 (973)).

Ob die persönliche **Inanspruchnahme eines Gesellschafters tatsächlich unwahr-** 527
scheinlich ist, ist anhand „einer umfassenden Würdigung der rechtlichen und tatsächlichen Verhältnisse" zu entscheiden (BFH 17.12.1992 – IX R 7/91, BStBl. II 1994, 492 (495), auch zur Differenzierung zwischen Bauherrengemeinschaften und Einzelbauherren (494); hier kann auf die Ausführungen iRd Abs. 1 S. 3 verwiesen werden → Rn. 336 ff.).

Eine BGB-Innengesellschaft liegt auch dann vor, wenn ein Gesellschafter eine atypische 528
Unterbeteiligung an einer Personengesellschaft hält, sofern der Unterbeteiligte als Mitunternehmer iSd § 15 Abs. 1 S. 1 Nr. 2 anzusehen ist (auch → Rn. 326.1 ff.). Der Unterbeteiligte ist dabei mittelbarer Mitunternehmer der Hauptgesellschaft, was eine formale und ergebnisneutrale zweistufige Feststellung nach § 15a Abs. 4 zur Folge hat (BFH 19.4.2007 – IV R 70/04, BStBl. II 2007, 868 (870); BFH 2.10.1997 – IV R 75/96, BStBl. II 1998, 137; Blümich/*Heuermann* § 15a Rn. 135). Sofern der Unterbeteiligte nur in Höhe seiner Einlage am Verlust der Gesellschaft teilnimmt (vertraglich oder analog § 232 Abs. 2 HGB), unterliegen die negativen Einkünfte grundsätzlich Abs. 5 Nr. 2. Verpflichtungen im Innenverhältnis sind ebenso wenig beachtlich wie ein erweiterter Verlustausgleich (→ Rn. 525; Abs. 1 S. 2 und 3 finden hier keine Anwendung → Rn. 507; *Kempermann* FR 1998, 248 (249); LBP/*Bitz* § 15a Rn. 45).

Einstweilen frei 529–531

c) Gesellschafter einer ausländischen Personengesellschaft (Abs. 5 Nr. 3). § 15a 532
adressiert auch den Gesellschafter einer ausländischen Personengesellschaft, soweit er einer entsprechenden (beschränkten) Haftungssituation unterliegt, wobei nicht das Haftungsstatut selbst zur Beschränkung führen muss. Abs. 5 Nr. 3 setzt zudem die Mitunternehmerschaft sowie die Mitunternehmerstellung des Gesellschafters voraus und ruft damit (wie Abs. 5 Nr. 1 und Abs. 5 Nr. 2) den grundlegenden Anknüpfungstatbestand des § 15a in Erinnerung: § 15 Abs. 1 S. 1 Nr. 2. Neben dem unbeschränkt Steuerpflichtigen mit Beteiligung an einer ausländischen Personengesellschaft erfasst Abs. 5 Nr. 3 auch negative Einkünfte aus

beschränkter Steuerpflicht: Etwa den im Ausland ansässigen (Mit-)Unternehmer einer ausländischen Gesellschaft mit Betriebsstätte im Inland. Nicht unter Abs. 5, sondern Abs. 1 der Vorschrift zu fassen sind ausländische Betriebsstätteneinkünfte einer inländischen Gesellschaft.

533 Die Subjektqualifikation der (Personen-)Gesellschaft ausländischen Rechts, mithin auch Mitunternehmerschaft, erfolgt anhand des Rechtstypenvergleichs aus deutscher Sicht. Dieser obliegt stets dem Anwenderstaat (BFH 4.4.2007 – I R 110/05, BStBl. II 2007, 521 (523)). IRd § 15a sind darüber hinaus die Haftungsverhältnisse zu bewerten. Die Anwendung des § 15a hängt von dem Befund einer beschränkten Gesellschafterhaftung ab. Abs. 5 Nr. 3 führt hierzu eine **Zweiteilung,** mit insgesamt vier alternativen Arten der Beschränkung an: Das **Haftungsstatut** des an der ausländischen Gesellschaft Beteiligten „**entspricht**" dem eines Kommanditisten (Alt. 1), alternativ dem eines (atypisch) stillen Gesellschafters (Alt. 2).

534 Entspricht die Gesellschafterstellung nicht den Haftungsstatuten des Kommanditisten oder stillen Gesellschafters, gelangt der Gesellschafter unter Umständen dennoch in den Anwendungsbereich, sofern das **Haftungsrisiko aus vertraglichem oder tatsächlichem Grunde entfällt.** Die Vorschrift greift, „soweit die Inanspruchnahme des Gesellschafters für Schulden in Zusammenhang mit dem Betrieb durch Vertrag ausgeschlossen" (Alt. 3) oder „nach Art und Weise des Geschäftsbetriebs unwahrscheinlich ist" (Alt. 4). Die alternativen Voraussetzungen, über die auch ein unbeschränkt haftender Gesellschafter für den Tatbestand des § 15a adressiert wird (hier Alt. 3 und 4), entsprechen denen des Abs. 5 Nr. 2 (→ Rn. 520 ff., → Rn. 527).

535–537 *Einstweilen frei*

538 **d) Unternehmer mit „haftungslosen" Verbindlichkeiten (Abs. 5 Nr. 4).** Abs. 5 Nr. 4 erfasst „Unternehmer, soweit Verbindlichkeiten nur in Abhängigkeit von Erlösen oder Gewinnen aus der Nutzung, Veräußerung oder sonstigen Verwertung von Wirtschaftsgütern zu tilgen sind". Bei den Verbindlichkeiten iSd Abs. 5 Nr. 4 handelt es sich um sogenannte **haftungslose Verbindlichkeiten bzw. Darlehen.** Da der Unternehmer (Mit- oder Einzelunternehmer) lediglich den aus der Veräußerung, Nutzung oder anderweitigen Verwertung erzielten Erlös oder Gewinn an denjenigen, der das Wirtschaftsgut zur Verfügung gestellt hat, abführen muss, ist das Haftungsverhältnis wirtschaftlich mit demjenigen des Kommanditisten vergleichbar. Der Unternehmer, der das Wirtschaftsgut bezogen hat, trägt über den abzuführenden Betrag hinaus kein ökonomisches Risiko (Blümich/*Heuermann* § 15a Rn. 139).

539 Die Vorschrift soll verhindern, dass Verluste aus haftungslosen Verbindlichkeiten ausgleichs- und abzugsfähig sind. Das wiederum setzt voraus, dass derartige Verbindlichkeiten überhaupt bilanziell ausgewiesen werden. Die frühere BFH-Rechtsprechung entschied differenziert zu haftungslosen Verbindlichkeiten; grundsätzlich sah der BFH eine Passivierungsfähigkeit etwa noch für aus Erlösen zu tilgende Verbindlichkeiten vor (BFH 20.9.1995 – X R 225/93, BStBl. II 1997, 320 (323); s. auch BFH 17.12.1998 – IV R 21/97, BStBl. II 2000, 116). Verbindlichkeiten, die aus künftigen Reingewinnen zu tilgen, jedoch nicht als Anschaffungskosten zu werten sind, waren dagegen nicht zu passivieren (BFH 20.10.2004 – I R 11/03, BStBl. II 2005, 581 Rn. 18; BFH 14.6. 1994 – VIII R 37/93, BStBl. II 1995, 246 (248); BFH 10.11.1980 – GrS 1/79, BStBl. II 1981, 164 (169); Schmidt/*Wacker* § 15a Rn. 208).

540 Seit **Einführung des § 5 Abs. 2a** iRd StBereinG 1999 (22.12.1999, BGBl. 1999 I 2601; → Rn. 60) regelt das Gesetz Verpflichtungen, welche nur zu erfüllen sind, soweit Einnahmen und Gewinne anfallen. Für diese Verpflichtungen sind Verbindlichkeiten und Rückstellungen erst anzusetzen, wenn die Einnahmen und Gewinne angefallen sind. Damit entfiel die Passivierungsfähigkeit für haftungslose Verbindlichkeiten bzw. Darlehen für Wirtschaftsjahre mit Beginn nach dem 31.12.1998. Bisher ausgewiesene Passivposten sind erfolgswirksam aufzulösen (§ 52 Abs. 12a EStG aF). Abs. 5 Nr. 4 dürfte seither **leerlaufen** (glA ua Korn/*Korn* § 15a Rn. 89; Blümich/*Heuermann* § 15a Rn. 140, auch zum US-amerikanischen Ursprung iR sog. individual tax shelters, Blümich/*Heuermann* § 15a Rn. 139).

541 *Einstweilen frei*

542 **e) Partenreederei iSd § 489 HGB aF (Abs. 5 Nr. 5).** Die Regelung des Abs. 5 Nr. 5 ist nachträglich iRd Steuerbereinigungsgesetzes 1985 (→ Rn. 56; BGBl. 1984 I 1493 (1495)) eingeführt worden, um die Publikumsfinanzierung nicht für Partenreedereien zu öffnen; unterschiedliche Haftungsvereinbarungen mit dem Ziel der Haftungsbeschränkung ermöglichten dies (BT-Drs. 10/2370, 11). Die vertragliche Ausgestaltung der Partenreederei hatte zur sogenannten **Partenreederei mit beschränkter Haftung** geführt und zur Umgehung des § 15a (vor Einführung des Abs. 5 Nr. 5).

„Die Regelung soll Bestrebungen entgegenwirken, die Partenreederei (eine gesellschaftsrechtliche Sonderform in der Seeschiffahrt) der Publikumsfinanzierung zugänglich zu machen, indem bestimmte Formen der Einschränkung der persönlichen Haftung (§ 507 Abs. 1 HGB) der angeworbenen Mitreeder vereinbart werden. Eine solche abgewandelte Rechtsform der Partenreederei (sogenannte Partenreederei mit beschränkter Haftung) führt zu einer Umgehung des § 15a EStG, weil trotz der eingeschränkten Haftung die uneingeschränkte Verlustverrechnung angestrebt wird" (BT-Drs. 10/2370, 11). **542.1**

Die Vorschrift zielt auf den Mitreeder einer Reederei iSd § 489 HGB aF, sofern der Mitreeder als Unternehmer bzw. Mitunternehmer anzusehen ist (Abs. 5 Nr. 5). Um eine sogenannte Partenreederei handelt es sich nach § 489 Abs. 1 HGB aF, wenn „von mehreren Personen ein ihnen gemeinschaftlich zustehendes Schiff zum Erwerb durch die Seefahrt für gemeinschaftliche Rechnung verwendet" wird. **543**

Die Partenreederei ist eine gesellschaftsrechtliche Sonderform in der Schifffahrt; die gesellschaftsrechtlichen Regelungen sind ergänzend auf das Recht der Partenreederei anzuwenden (BGH 25.3.1991 – II ZR 13/90, BGHZ 114, 138). Nach § 507 Abs. 1 HGB aF haften die Mitreeder „für die Verbindlichkeiten der Reederei persönlich, jedoch nur nach dem Verhältnis der Größe ihrer Schiffsparten." Dabei entspricht die sogenannte Schiffspart dem GbR-Geschäftsanteil. Bei neu eintretenden Mitreedern kann die persönliche Haftung aber beschränkt werden (Blümich/*Heuermann* § 15a Rn. 142). **544**

Das Gesetz erfasst den Mitreeder, „wenn die persönliche Haftung des Mitreeders für die Verbindlichkeiten der Reederei ganz oder teilweise ausgeschlossen" (1. Alt) oder „soweit die Inanspruchnahme des Mitreeders für Verbindlichkeiten der Reederei nach Art und Weise des Geschäftsbetriebs unwahrscheinlich ist" (2. Alt; Abs. 5 Nr. 5). Die **maßgeblichen Grundsätze für die BGB-Gesellschaft** und ihre Gesellschafter sind für diese Beteiligungsform **sinngemäß anzuwenden** (glA ua HHR/*Lüdemann* § 15a Rn. 189; LBP/*Bitz* § 15a Rn. 47a; ausführlich *K. Schmidt* Partenreederei als Handelsgesellschaft, zur steuerrechtlichen Behandlung, 109 ff.); insofern wird auf die Ausführungen der → Rn. 520 ff. verwiesen. **545**

Die **Rechtsform der Partenreederei** wurde mit dem Gesetz zur Reform des Seehandelsrechts vom 25.4.2013 (BGBl. 2013 I 831) **als überholtes Rechtsinstrument des deutschen Seehandelsrechts abgeschafft** (BT-Drs. 17/10309, 1, 43). Auf Partenreedereien mit Gründung vor dem 25.4.2013 sind gemäß Art. 71 Abs. 1 EGHGB die Vorschriften in ihrer damals gültigen Fassung anzuwenden. Bestehende Partenreedereien können dementsprechend weiterhin Abs. 5 Nr. 5 unterliegen. Neugründungen sind ab dem 25.4.2013 ausgeschlossen. **546**

Einstweilen frei **547**

IX. Unternehmerengagement im internationalen Kontext

1. Ausländisches Unternehmerengagement (Outbound-Fälle)

§ 15a findet Anwendung auf ausländische Einkünfte, soweit diese nicht qua Freistellung aus der Bemessungsgrundlage eliminiert werden. Sieht ein **DBA** die **Anrechnungsmethode** vor **oder fehlt** es an einem **DBA,** bleibt das Welteinkommen ohne Abstriche die Besteuerungsgrundlage. Ausländische Verluste finden dann uneingeschränkt Eingang in die inländische Bemessungsgrundlage; sie unterliegen allenfalls dem regulierenden Eingriff innerstaatlicher Vorschriften, mithin auch § 15a. Soweit ausländische Verluste im Inland berücksichtigt werden, kann auch § 15a einschlägig sein. Wenn ein DBA zunächst die **Freistellungsmethode** anordnet, ist dies etwa der Fall, wenn eine **Subject-to-tax-Klausel** greift (*Wassermeyer* OECD-MA Art. 1 Rn. 72). Dass Deutschland als Ansässigkeitsstaat im Zuge der Freistellung auch ausländische Verluste fernhält, geht auf die Symmetriethese zurück (→ § 2a Rn. 13 ff.; s. auch Vogel/Lehner/*Ismer* DBA OECD-MA Art. 23B Rn. 52 ff.). Das Auslandsengagement kann durch eine im Inland ansässige Gesellschaft mit einer ausländischen Betriebsstätte verwirklicht werden sowie durch den im Inland **unbeschränkt Steuerpflichtigen mit einer Beteiligung an einer ausländischen Personengesellschaft.** **548**

549 *Einstweilen frei*

550 **a) Inländische Gesellschaft mit ausländischem Engagement.** Fließt dem Kommanditisten aus einer ausländischen Betriebsstätte ein Verlust zu, handelt es sich um einen Anteil iSd § 15a Abs. 1 S. 1. Für negative Einkünfte der ausländischen Betriebsstätte einer inländischen Kommanditgesellschaft gilt nicht § 15a Abs. 5 Nr. 3, sie gelangen als Welteinkünfte direkt über Abs. 1 in den Anwendungsbereich der Vorschrift (WRS PersGes/*Frey*, 1018; Bordewin/Brandt/*Schäfers* § 15a Rn. 1183). Das Welteinkommensprinzip wird allerdings zurückgenommen, soweit ausländische Einkünfte im Rahmen eines DBA freizustellen sind, darunter insbesondere Einkünfte einer im Ausland belegenen Betriebsstätte. Die meisten DBA knüpfen die Freistellung iR sogenannter „Aktivitätsvorbehalte" daran, ob Einnahmen „fast ausschließlich oder zu einem festen Anteil aus sog. ‚aktiven' oder ‚produktiven Tätigkeiten' stammen; andernfalls tritt an die Stelle der Freistellung die Anrechnung" (Vogel/Lehner/*Ismer* DBA Art. 23B Rn. 67 ff.). Die Anwendung des § 15a ist für den Fall der Freistellung mangels im Inland zu versteuernder Einkünfte ausgeschlossen.

551 Auch über einen ständigen Vertreter gelangt ein Unternehmen zu einer „Betriebsstätte" iSd Abkommensrechts im Vertragsstaat (Art. 5 Abs. 5; Vogel/Lehner/*Görl* DBA OECD-MA Art. 5 Rn. 110 ff.). Der Gewinnanteil des ansässigen Mitunternehmers einer inländischen Personengesellschaft ist freizustellen, soweit dieser auf die ausländische Betriebsstätte zurückzuführen ist (HHR/*Lüdemann* § 15a Rn. 44). Sieht das DBA die Anrechnungsmethode vor (vgl. § 34c Abs. 6) oder greift in Ermangelung eines DBA § 34c Abs. 1, findet inländische Besteuerung statt, ggf. unter Berücksichtigung des § 15a (→ Rn. 553 ff.).

552 Gleichwohl wirkt sich § 15a auch iRd abkommensrechtlichen Freistellung aus: Ausländische Einkünfte, die von der inländischen Besteuerung freigestellt werden, fließen iRd Progressionsvorbehalts nach § 32b Abs. 1 S. 1 Nr. 3 in die Berechnung des sogenannten Steuersatzeinkommens ein und beeinflussen dadurch die Höhe des inländischen Steuersatzes (§ 32b; → § 32b Rn. 8). Negative Einkünfte mindern insofern die inländische Steuerlast. Jedoch wirkt sich ein nicht ausgleichs- und abzugsfähiger Verlust iSd § 15a Abs. 1 im Entstehungsjahr nicht (mindernd) aus. Soweit es nach Maßgabe des § 15a Abs. 2 S. 1 aber zu einer Verrechnung mit späteren Gewinnanteilen kommt (Abs. 2; → Rn. 342 ff.), schlägt der zeitversetzte Verrechnungseffekt auf das Steuersatzeinkommen durch; die Verlustverrechnung mindert das maßgebliche Steuersatzeinkommen (HHR/*Lüdemann* § 15a Rn. 44; *Jacobs* Internationale Unternehmensbesteuerung, 534 f.; *Kröner* Verrechnungsbeschränkte Verluste, 329 f.). Vom Progressionsvorbehalt ausgenommen sind ausländische Einkünfte aus Nicht-Drittstaaten nach § 32b Abs. 1 S. 2.

553 Besteht mit dem betreffenden Staat kein DBA, unterliegen die ausländischen Einkünfte vollumfänglich der deutschen Besteuerung. Hier kommt unilaterale Entlastung in Frage, §§ 34c und 34d (Kirchhof/*Gosch* § 34c Rn. 1). Die im Ausland entrichtete Steuer kann iRd § 34c angerechnet, alternativ auch abgezogen werden. Die Ermittlung der auf die ausländischen Einkünfte entfallenden Einkommensteuer erfolgt nach § 34c Abs. 1 S. 2. Eine Anrechnung ist grundsätzlich beschränkt auf die Höhe der entsprechenden inländischen Einkommensteuer (Anrechnungshöchstbetrag gemäß Formel nach § 34c Abs. 1 S. 1). Alternativ können die Steuerbeträge nach § 34c Abs. 2 auf Antrag iRd Einkünfteermittlung abgezogen werden. § 34c Abs. 1 S. 2 bis 5 gibt die Ermittlung der zugrunde zu legenden Einkünfte vor (Blümich/*Wagner* § 34c Rn. 56). IRd Ermittlung der ausländischen Einkünfte wirkt sich § 15a aus: Die ausländischen Einkünfte (und damit auch der Gesamtbetrag der Einkünfte) erhöhen sich durch einen nach § 15a Abs. 1 nicht ausgleichs- und abzugsfähigen Verlust, weiterhin durch Gewinnhinzurechnungen iSd Abs. 3 (HHR/*Lüdemann* § 15a Rn. 44). Der Anrechnungshöchstbetrag verringert sich hingegen in Wirtschaftsjahren, in denen verrechenbare Verluste die Gewinne aus der Kommanditbeteiligung gemindert haben (*Jacobs* Internationale Unternehmensbesteuerung, 522 f.; glA HHR/*Lüdemann* § 15a Rn. 44).

554 Die Frage der Verlustzuweisung anhand des negativen Kapitalkontos stellt sich bei der inländischen Personengesellschaft mit Auslandsbetriebsstätte wie auch der ausländischen Personengesellschaft mit Inlandsbetriebsstätte. Abzustellen ist dabei stets auf das einheitliche Kapitalkonto des Gesellschafters in der Bilanz der Kommanditgesellschaft, welches stets Maßstab (so auch HHR/*Lüdemann* § 15a Rn. 44: demzufolge „§ 15a als Verlustausgleichsmaßstab vom Kapitalkonto des Kommanditisten in der StBil. der KG ausgeht") für einen zu gewähren-

den oder zu verwehrenden Verlustausgleich ist. Nichts anderes gilt bei einem grenzüberschreitenden Sachverhalt. Auch hier setzt § 15a ein negatives Gesamtergebnis voraus, genauer: das gesamte (unter Einbezug der inländischen und ausländischen Unternehmensteile) steuerliche Kapitalkonto des beschränkt haftenden Steuerinländers oder Steuerausländers muss einen negativen Kapitalsaldo ausweisen (so auch HHR/*Lüdemann* § 15a Rn. 44).

§ 15a wirkt sich iRd Ermittlung des § 34c Abs. 1 S. 2 aus, soweit Verluste einem ausländi- **555**
schen Unternehmensteil zuzuordnen sind und damit iRd ausländischen Einkünfte iSd § 34c Abs. 1 (s. auch Blümich/*Wagner* § 34c Rn. 56 ff.) zu berücksichtigen sind. Sofern der Verlust in inländischen und ausländischen Unternehmensteilen entstanden ist, ist eine verhältnisgerechte Aufteilung erforderlich, eine Aufteilung des gemäß § 15a Abs. 1 ausgleichs- und abzugsfähigen sowie des gemäß § 15a Abs. 2 verrechenbaren (Gesamt-)verlustes (*Jacobs* Internationale Unternehmensbesteuerung, 524 f.; *Kröner* Verrechnungsbeschränkte Verluste, 326 ff.; HHR/*Lüdemann* § 15a Rn. 44; *Krabbe* FR 1980, 532 (533 f.)). Eine an den Regeln des § 34c orientierte Verlustaufteilung setzt freilich stets eine grenzüberschreitende Gesellschaftsstruktur voraus; sind Stammhaus und Betriebsstätte im gleichen Staat ansässig, ist eine Verlustaufteilung entbehrlich.

Einstweilen frei **556**

b) Ausländische Personengesellschaft. § 15a adressiert mit Abs. 5 Nr. 3 auch den **557**
inländischen Mitunternehmer einer ausländischen Personengesellschaft (→ Rn. 532), soweit er einer entsprechenden (beschränkten) Haftungssituation unterliegt (s. auch HHR/*Lüdemann* § 15a Rn. 45). Gewerbliche Einkünfte aus der Beteiligung an einer ausländischen Personengesellschaft stellen die DBA auf der Linie des Art. 7 OECD-MA 2010 (*Wassermeyer* OECD-MA Art. 7 Rn. 4) von der inländischen Besteuerung frei (ggf. unter Aktivitätsvorbehalt; Vogel/Lehner/*Ismer* DBA OECD-MA Art. 23B Rn. 67 ff.). Negative Beteiligungseinkünfte sind im Inland nicht steuermindernd zu berücksichtigen. Für die Anwendung des § 15a bleibt daher kein Raum. „Die Beteiligung eines im Inland Ansässigen an einer ausländischen Personengesellschaft vermittelt dem Gesellschafter eine Betriebsstätte im Ausland (anteilige Betriebsstätte des inländischen Gesellschafters), für die der ausländische Betriebsstättenstaat ein Quellenstaatsbesteuerungsrecht hat" (BMF 26.9.2014, BStBl. I 2014, 1258 Rn. 2.2.3; BFH 21.10.2009 – I R 114/08, BStBl. II 2010, 774 Rn. 16; BFH 25.5.2011 – I R 95/10, BStBl. II 2014, 760). Damit gleicht die vorliegende Konstellation derjenigen der inländischen Personengesellschaft mit ausländischer Betriebsstätte (→ Rn. 550 ff.).

§ 34c sieht die Steueranrechnung vor: nach Abs. 6 unter geltendem DBA, nach Abs. 1 für **558**
Fälle ohne DBA (Kirchhof/*Gosch* § 34c Rn. 7, 14 ff.). IRd Steueranrechnung iSd § 34c ist „sowohl auf die Bestimmung der jeweiligen Einkunftsart als auch auf die Ermittlung der ausländ. Einkünfte" (Kirchhof/*Gosch* § 34c Rn. 14) deutsches Steuerrecht anzuwenden (§§ 4 ff.; zu Einzelheiten der Steueranrechnung bzw. zu der Ermittlung der auf die ausländischen Einkünfte entfallende Einkommensteuer iRd § 34c → Rn. 553 f.). Negative Einkünfte aus der Beteiligung eines inländischen Gesellschafters an einer ausländischen Personengesellschaft iSd Abs. 5 Nr. 3 sind bei der Ermittlung im Zeichen des § 15a zu berücksichtigen.

Veranschaulichung: Ein inländischer Gesellschafter ist an einer ausländischen Personengesellschaft in **558.1**
Brasilien beteiligt (mit Brasilien besteht zum jetzigen Zeitpunkt kein DBA, BMF 19.1.2016, BStBl. I 2016, 76). Für die in Brasilien erwirtschafteten Gewinne, liegt das Besteuerungsrecht bei Deutschland. Grundsätzlich können Verluste mit Gewinnen aus einer anderen Einkunftsquelle des Gesellschafters aus Brasilien verrechnet werden. Sofern die positiven Einkünfte die negativen Einkünfte übersteigen, erfolgt eine Steueranrechnung iSd § 34c Abs. 1. Fehlt es hingegen an positiven Einkünften oder besteht insgesamt ein Negativsaldo, bleibt eine Steueranrechnung aus (OFD Frankfurt a.M. 24.8.1998, BeckVerw 155582 Rn. 2.4). Dies gilt unabhängig davon, ob Brasilien Steuern erhebt oder nicht (HHR/*Kuhn* § 34c Rn. 89).

„Die Anrechnung ausländ. Steuern setzt hierdurch besteuerte ausländ. Einkünfte voraus" **559**
(Kirchhof/*Gosch* § 34c Rn. 14). Eine Anrechnung findet zunächst allerdings gar nicht statt, sofern etwa die in Brasilien belegene ausländische Personengesellschaft als einzige Einkunftsquelle aus dem betreffenden Staat Verluste erlitten hat (zur per-country-limitation Kirchhof/*Gosch* § 34c Rn. 25). Liegt jedoch zusätzlich eine Betriebsstätte in Brasilien vor, welche Gewinne erwirtschaftet, werden die Verluste aus dem Stammhaus grundsätzlich im Ansässigkeitsstaat des Gesellschafters berücksichtigt. Allerdings mindern jene Verluste nicht das Steu-

ersatzeinkommen, welche § 15a als unerhebliche Verluste (→ Rn. 7) von der Bemessungsgrundlage fernhält. Diese Verluste wirken sich erst in künftigen Veranlagungszeiträumen aus, soweit sie mit Gewinnanteilen aus derselben Beteiligung verrechnet werden.

560 Sofern kein DBA besteht, unterliegen die ausländischen Einkünfte und damit auch die Beteiligungseinkünfte des im Inland ansässigen und unbeschränkt steuerpflichtigen Gesellschafters vollumfänglich der inländischen Besteuerung, § 15a findet Anwendung. Nach § 34c ist die ausländische Steuer im Inland anzurechnen, wobei der Anteil der ausländischen Einkünfte nach Abs. 1 S. 2 zu bestimmen ist. Bei Anwendung des § 15a auf die ausländischen Einkünfte ist zu beachten, dass diejenigen Bestimmungen der Vorschrift ausgeschlossen sind, die eine Handelsregistereintragung erfordern (HHR/*Lüdemann* § 15a Rn. 45). Eine Haftungserweiterung nach ausländischem Recht schafft demnach kein zusätzliches Verlustausgleichspotential. Insofern ist einzig auf das Kapitalkonto als Referenz (→ Rn. 11 f.) abzustellen. Der erweiterte Verlustausgleich iSd § 15a Abs. 1 S. 2 ist inländischen Personengesellschaften mit Eintragung im Handelsregister vorbehalten (→ Rn. 507 f.; HHR/*Lüdemann* § 15a Rn. 45).

561 Die Subjektqualifikation der ausländischen (Personen-)Gesellschaft erfolgt anhand des Rechtstypenvergleichs aus deutscher Sicht (BFH 4.4.2007 – I R 110/05, BStBl. II 2007, 521 (523); MHdB GesR II/*Levedag* § 58 Rn. 454 ff.; s. auch WRS PersGes/*Frey*, 1019 ff. mwN). Voraussetzung für die Anwendung der Vorschrift ist der überwundene Qualifikationskonflikt, eine Einordnung der Gesellschaft als Mitunternehmerschaft in beiden Staaten.

562 Unterliegt die Gesellschaft im Ausland der Körperschaftsteuer, bleibt ungeachtet der inländischen Subjektqualifikation kein Raum für die Anwendung des § 15a. Der OECD zufolge (OECD The Application of the OECD Model Tax Convention to Partnerships, Issues in International Taxation No. 6, 1999; zur Umsetzung im Rahmen eines Updates des OECD-MA sowie des OECD-MK *Krabbe* IStR 2000, 196) ist der Ansässigkeitsstaat „bei Gefahr einer Doppelbesteuerung (positiver Qualifikationskonflikt) im Sinne einer Qualifikationsverkettung an die steuerliche Qualifikation der Einkünfte im Quellenstaat gebunden" (MHdB GesR II/*Levedag* § 58 Rn. 470 mwN). Angesichts der Dominanz körperschaftsteuerlicher Unternehmen unter den EU-Staaten kommt § 15a im staatenübergreifenden Kontext eine eher geringe Bedeutung zu (KSM/*v. Beckerath* § 15a Rn. A 341).

563 Für Zwecke des § 15a sind darüber hinaus die **Haftungsverhältnisse** (Haftungsstatut und tatsächlicher Haftungsumstand) der Gesellschafter zu bewerten. Die Anwendung des § 15a hängt insofern von dem Befund der Gesellschafterhaftung ab: Die Verlustausgleichs- und -abzugsbeschränkung des § 15a ist sinngemäß anzuwenden, „soweit die Haftung des Gesellschafters für Schulden in Zusammenhang mit dem Betrieb der eines Kommanditisten oder eines stillen Gesellschafters entspricht oder soweit die Inanspruchnahme des Gesellschafters für Schulden in Zusammenhang mit dem Betrieb durch Vertrag ausgeschlossen oder nach Art und Weise des Geschäftsbetriebs unwahrscheinlich ist" (Abs. 5 Nr. 3; → Rn. 532).

564 *Einstweilen frei*

2. Inlandseinkünfte beschränkt Steuerpflichtiger (Inbound-Fälle)

565 **a) Inländische Gesellschaft.** Die Rechtsfolgen des § 15a treffen den ausländischen Gesellschafter, der mit seinen gewerblichen Einkünften aus einer inländischen Gesellschaft beschränkt steuerpflichtig ist nach § 1 Abs. 4, § 49 Abs. 1 Nr. 2 Buchst. a (Kirchhof/*Gosch* § 49 Rn. 12 ff.). Der Anteil an den gewerblichen Einkünften einer inländischen KG eröffnet demnach den Anwendungsbereich des § 15a auch für den beschränkt steuerpflichtigen Gesellschafter. Sind Verluste nach § 15a Abs. 1 vom Ausgleich und Abzug ausgeschlossen, sind dem Gesellschafter in späteren Wirtschaftsjahren Gewinnanteile aus derselben Beteiligung zuzurechnen; er kann iR seiner beschränkten Steuerpflicht die Verluste mit den Gewinnen verrechnen. Ob im Ansässigkeitsstaat des Gesellschafters die ungekürzten oder um die Verluste gekürzten Gewinne angesetzt werden, obliegt dem Steuerrecht des Ansässigkeitsstaates (unabhängig davon, ob mit dem betreffenden Staat ein DBA besteht). Bleibt ein Gewinn aus der Beteiligung dagegen aus, ist für einen Ausgleich dieser Verluste vorrangig das ausländische Steuerrecht entscheidend (KSM/*v. Beckerath* § 15a Rn. A 343).

566 *Einstweilen frei*

b) Ausländische Gesellschaft mit inländischer Betriebsstätte. Ein **im Ausland ansässiger (Mit-)Unternehmer einer ausländischen Gesellschaft mit Betriebsstätte im Inland** bezieht Einkünfte aus Gewerbebetrieb gemäß § 49 Abs. 1 Nr. 2 iVm § 15 Abs. 1 S. 1 Nr. 2 und unterliegt mit diesen (negativen) Einkünften § 15a. Der Gesellschafter ist dann mit den ihm anteilig zuzurechnenden gewerblichen Einkünften aus der Betriebsstätte im Inland beschränkt steuerpflichtig (iSd § 49 Abs. 1 Nr. 2 Buchst. a; Kirchhof/*Gosch* § 49 Rn. 12 ff.). Auch der im Ausland Ansässige mit Beteiligung an einer ausländischen Gesellschaft iSd Abs. 5 Nr. 3 gelangt so über den Inlandsbezug „inländische Einkünfte aus Gewerbebetrieb" in den Anwendungsbereich des § 15a. Ob mit dem betreffenden Staat ein DBA besteht oder nicht, ist unerheblich (HHR/*Lüdemann* § 15a Rn. 46). Im DBA-Fall richtet sich der Betriebsstättenbegriff allerdings nach Abkommensrecht, nicht nach § 12 AO (vgl. *Schaumburg* Internationales Steuerrecht, 728 f.). Auch in diesen grenzüberschreitenden Strukturen ist das steuerbilanzielle Kapitalkonto der (ausländischen) Gesellschaft insgesamt maßgeblich (HHR/*Lüdemann* § 15a Rn. 46; zur Betrachtung der Beteiligung in ihrer Gesamtheit bei inländischen Gesellschaften *Jacobs* Internationale Unternehmensbesteuerung, 363). Nur aus „der einheitlichen Betrachtung einer Gesamttätigkeit" kann eine sachgerechte und maßstabsgetreue Verlustbehandlung resultieren (BFH 7.11.2001 – I R 14/01, BStBl. II 2002, 861 (862 f.)). Diese Vorgehensweise erfordert aber gleichzeitig die Gewinnermittlung auch der ausländischen Unternehmensteile nach inländischem Steuerrecht sowie eine daran anschließende Aufteilung der Verluste (→ Rn. 555). 567

Einstweilen frei 568

X. Gesellschaftsrechtliche Umstrukturierungen

1. Einbringungstatbestände

a) Einbringung eines Mitunternehmeranteils in eine Kapitalgesellschaft. Die Einbringung eines Kommanditanteils in eine Kapitalgesellschaft gegen die Gewährung von Gesellschaftsrechten stellt einen entgeltlichen Veräußerungsvorgang dar. Dies gilt auch, sofern die Einbringung zu Buchwerten erfolgt. Das eingebrachte Betriebsvermögen ist in der übernehmenden Gesellschaft grundsätzlich mit dem gemeinen Wert anzusetzen gemäß § 20 Abs. 1 S. 1, Abs. 2 S. 1 UmwStG. Beim Einbringenden gilt der Wert, mit dem die übernehmende Gesellschaft das Vermögen angesetzt hat, als Veräußerungspreis. Auf Antrag können unter bestimmten Voraussetzungen nach § 20 Abs. 2 S. 2 UmwStG auch Buch- oder Zwischenwerte in der übernehmenden Gesellschaft angesetzt werden (RHL/*Herlinghaus* UmwStG § 20 Rn. 138 ff.). Von einer entgeltlichen Übertragung wird aber auch bei Einbringung zu Buchwerten stets ausgegangen (BFH 28.4.1988 – IV R 52/87, BStBl. II 1988, 829). 569

Einem Veräußerungsvorgang entsprechend sind auch die Regelungen des § 15a zu handhaben. Zunächst sind die im Zeitpunkt der Einbringung vorhandenen stillen Reserven mit verrechenbaren Verlusten zu saldieren, **soweit die stillen Reserven aufgelöst werden.** Sofern die KG als Anteilseignerin der Kapitalgesellschaft zivilrechtlich fortbesteht, bleiben dem Kommanditisten **verbleibende verrechenbare Verluste** erhalten. Grundsätzlich gehen verrechenbare Verluste iSd Abs. 2 oder Abs. 3 S. 4 jedoch nicht auf die Kapitalgesellschaft über. Nichts anderes gilt für verdeckte Einlagen (glA Korn/*Korn* § 15a Rn. 104; Schmidt/*Wacker* § 15a Rn. 237; *Kempf/Hillringhaus* DB 1996, 12 (14); aA *IDW* Beil. FN-IDW Nr. 10/1996, 468i). Sofern die KG aufgelöst wird, bewirken vorweggenommene respektive nachträgliche Einlagen die Umqualifizierung verrechenbarer in abzugs- und ausgleichfähige Verluste. 570

Einstweilen frei 571–574

b) Einbringungsvorgänge in eine Personengesellschaft. Die Einbringung eines Betriebs, Teilbetriebs oder Mitunternehmeranteils in eine Personengesellschaft gegen Gewährung von Gesellschaftsanteilen erfolgt gemäß § 24 Abs. 1, Abs. 2 S. 1 UmwStG grundsätzlich zum gemeinen Wert. § 24 Abs. 2 S. 2 UmwStG gewährt den Ansatz des eingebrachten Betriebsvermögens unter bestimmten Voraussetzungen auf Antrag zu Buch- oder Zwischenwerten (RHL/*Rasche* UmwStG § 24 Rn. 66 ff.). Der Wert, mit dem das eingebrachte 575

Betriebsvermögen in der Bilanz der Personengesellschaft einschließlich der Ergänzungsbilanzen angesetzt wird, gilt für den Einbringenden als Veräußerungspreis gemäß § 24 Abs. 3 S. 1 UmwStG (RHL/*Rasche* UmwStG § 24 Rn. 87; Blümich/*Nitzschke* UmwStG 2006 § 24 Rn. 81; zum Bilanzansatz des eingebrachten Betriebsvermögens bei der aufnehmenden Personengesellschaft HMB/*Schlößer/Schley* UmwStG § 24 Rn. 101 ff., insb. 135 ff.).

576 Sofern im Rahmen der **Einbringung eines Mitunternehmeranteils** dieser zu Werten angesetzt wird, welche die Buchwerte übersteigen, also stille Reserven aufgelöst werden, ist ein verrechenbarer Verlust bei dem einbringenden Kommanditisten insoweit zu saldieren und bleibt darüber hinaus bestehen (Korn/*Korn* § 15a Rn. 105; zur Berücksichtigung von § 15a-Verlusten nach Buchwerteinbringung eines Einzelunternehmens in eine KG: FG Berlin-Brandenburg 12.11.2014 – 7 K 7294/11, EFG 2015, 291; rkr.).

577 Mit Einbringung eines Kommanditanteils in eine Personengesellschaft entsteht eine **doppelstöckige Personengesellschaft.** Der einbringende Kommanditist ist nunmehr mittelbar beteiligt (RHL/*Herlinghaus* UmwStG § 24 Rn. 60; HMB/*Schlößer/Schley* UmwStG § 24 Rn. 33). Diese mittelbare Anteilsidentität bewahrt auch das Recht auf Verlustverrechnung iSd § 15a Abs. 2 und Abs. 3 S. 4: Verrechenbare Verluste können mit den Gewinnanteilen aus der Obergesellschaft saldiert werden, soweit die Gewinnanteile auf Gewinne der Untergesellschaft zurückgehen (vgl. auch *Rödder/Schumacher* DB 1998, 99 (102); DPPM/*Patt* UmwStG § 24 Rn. 199).

578–582 *Einstweilen frei*

2. Veräußerungsvorgänge bei doppelstöckigen Personengesellschaften

583 **Veräußert die Obergesellschaft ihre Beteiligung an der Untergesellschaft,** ist ein Veräußerungsgewinn oder -verlust in das Ergebnis der Obergesellschaft einzubeziehen. Ein Veräußerungsgewinn ist mit laufenden Verlusten aus der Beteiligung zu saldieren, wenn der Gewinn aus der Anteilsveräußerung und ein laufender Verlust in demselben Veranlagungszeitraum entstehen. Verrechenbare Verluste iSd § 15a Abs. 2 auf Ebene der Obergesellschaft aus Vorjahren sind ebenfalls mit dem Veräußerungsgewinn zu verrechnen (BFH 26.1.1995 – IV R 23/93, BStBl. II 1995, 467 (469 f.); zu mehrstöckigen Personengesellschaften → Rn. 188 ff.).

584 Bei **Veräußerung einer Beteiligung an der Obergesellschaft** ergibt sich Folgendes: Soweit nicht ausgleichs- und abzugsfähige Verluste der Untergesellschaft in das Ergebnis der Obergesellschaft einbezogen und an deren Gesellschafter weitergeleitet worden sind, sind diese Verluste mit einem etwaigen Anteilsveräußerungsgewinn zu verrechnen (BFH 1.7.2004 – IV R 67/00, BStBl. II 2010, 157 (159)). Dies gilt aber nur, soweit dieser Veräußerungsgewinn anteilig mittelbar auf Wirtschaftsgüter der Untergesellschaft entfällt (BFH 1.7.2004 – IV R 67/00, BStBl. II 2010, 157; zu mehrstöckigen Personengesellschaften → Rn. 188 ff.).

585–586 *Einstweilen frei*

3. Identitätswahrender Formwechsel

587 Der identitätswahrende Formwechsel einer KG in eine OHG oder GbR tritt außerhalb des Umwandlungsgesetzes ein und wird allein durch **gesellschaftsvertragliche Änderung oder Ausscheiden von Gesellschaftern** bewirkt. Scheiden sämtliche Kommanditisten aus der Kommanditgesellschaft aus oder tritt der einzige Komplementär respektive treten sämtliche Komplementäre unter Fortführung der Gesellschaft aus, vollzieht sich der Formwechsel einer KG in eine OHG kraft Gesetzes. Ebenso tritt ein Formwechsel durch eine Änderung im Gesellschaftsvertrag ein, mit der die beschränkte Haftung der Kommanditisten zu einer unbeschränkten Haftung ausgeweitet wird. Eine KG wird kraft Gesetzes GbR, wenn sie ihr Handelsgewerbe aufgibt bzw. aufgeben muss oder „das Unternehmen nach Art oder Umfang einen in kaufmännischer Weise eingerichteten Geschäftsbetrieb nicht [mehr] erfordert" (§ 1 Abs. 2 HGB; MüKoHGB/*K. Schmidt* HGB § 1 Rn. 73; Baumbach/Hopt/*Roth* HGB vor § 105 Rn. 21 mN zur Rechtsprechung; Staub/*Schäfer* HGB § 105 Rn. 56).

588 Zum Bilanzstichtag des ersten Wirtschaftsjahres in neuer Rechtsform ist der handels- bzw. steuerrechtliche Jahresabschluss entsprechend der für die neue Rechtsform geltenden Grundsätze aufzustellen. Umwandlungsbilanzen sind nicht erforderlich. Die identitätswahrende Umwandlung kraft Gesetzes erfolgt stets unter Buchwertfortführung. Eine Umpolung verrechenbarer in ausgleichs- und abzugsfähige Verluste anlässlich des Statuswechsels des Gesellschafters erfolgt nicht. Die verrechenbaren Verluste sind aber mit späteren Gewinnen aus der in neuer Rechtsform fortgeführten Gesellschaft zu saldieren (BFH 14.10.2003 – VIII R 38/02, BStBl. II 2004, 115 (116 ff.); EStH 15a; Bordewin/Brandt/*Schäfers* § 15a Rn. 1369).

Mitunternehmer- und Anteilsidentität sind hier unproblematisch. Ein beschränkt haftender Gesellschafter führt mit dem Statuswechsel zum persönlich haftenden Gesellschafter die bereits festgestellten verrechenbaren Verluste grundsätzlich fort. Dies gilt auch für die Entstehung eines Einzelunternehmens durch Anwachsung. Führt ein ehemaliger Kommanditist die frühere KG als Einzelunternehmen und haben die Mitgesellschafter ihm ihre Mitunternehmeranteile unentgeltlich übertragen, führt er nicht nur den verrechenbaren Verlust aus seinem Kommanditanteil, sondern auch die verrechenbaren Verluste der übrigen Kommanditisten fort (Korn/*Korn* § 15a Rn. 107). Erfolgt der Formwechsel während des laufenden Wirtschaftsjahres, unterliegen die Verluste des gesamten Wirtschaftsjahres nicht mehr § 15a (BFH 14.10.2003 – VIII R 81/02, BStBl. II 2004, 118 (119 f.); EStH 15a; s. auch Rechtsstellungswechsel zum persönlich haftenden Gesellschafter → Rn. 620). **589**

Einstweilen frei **590–591**

4. Umwandlung einer Kommanditgesellschaft in eine Kapitalgesellschaft

Der Formwechsel einer Personengesellschaft in eine Kapitalgesellschaft iSd § 190 UmwG wird als Einbringungsvorgang gemäß § 25 UmwStG iVm §§ 20–23 UmwStG angesehen. Bringt die Personengesellschaft ihren gesamten Geschäftsbetrieb in die Kapitalgesellschaft ein, finden auch hier (→ Rn. 569 ff.) §§ 20 ff. UmwStG Anwendung. Ertragsteuerlich entspricht die Umwandlung mithin der Einbringung von Mitunternehmeranteilen gegen die Gewährung von Gesellschaftsrechten, etwa hinsichtlich der Bewertungsansätze und der Besteuerung iRd Veräußerungsvorgangs (Korn/*Korn* § 15a Rn. 108). Formwechsel bzw. Einbringung sind stets als entgeltlicher Vorgang zu behandeln – auch sofern das Betriebsvermögen mit dem Buchwert angesetzt wird (BFH 28.4.1988 – IV R 52/87, BStBl. II 1988, 829). **592**

Im Gegensatz zum Formwechsel in eine andere Personengesellschaft (identitätswahrender Formwechsel → Rn. 587 ff.) wechselt hier die Einkunftsquelle bzw. die Beteiligung an dieser (HHR/*Lüdemann* § 15a Rn. 143). Die vormaligen Mitunternehmer beziehen nun – statt der bisherigen Einkünfte aus Gewerbebetrieb – Einkünfte aus Kapitalvermögen iSd § 20 Abs. 1 Nr. 1. Die Kapitalgesellschaft betreibt nun den Gewerbebetrieb. Die Möglichkeit zur Verlustverrechnung geht **mangels Beteiligungs- bzw. Anteilsidentität** (→ Rn. 356) unter. **Bestehende verrechenbare Verluste iSd § 15a gehen nicht auf die übernehmende Gesellschaft über** (Schmidt/*Wacker* § 15a Rn. 236; Bordewin/Brandt/*Schäfers* § 15a Rn. 1382; LBP/*Bitz* § 15a Rn. 60). Auch ein verbleibender Verlustabzug iSd § 10d Abs. 4 S. 2 (→ § 10d Rn. 395 ff.) geht nicht auf die übernehmende Gesellschaft über; „der Verlustabzug bezieht sich auf den Einbringenden persönlich und kann deshalb nicht Bestandteil des Einbringungsgegenstands sein" (UmwStE BMF 11.11.2011, BStBl. I 2011, 1314 Rn. 23.02). **593**

Soweit das Betriebsvermögen mit einem Wert über dem Buchwert angesetzt wird, sind bestehende verrechenbare Verluste mit den aufgelösten stillen Reserven zu verrechnen; sie mindern insoweit den **Einbringungsgewinn** (Schmidt/*Wacker* § 15a Rn. 236; Bordewin/Brandt/*Schäfers* § 15a Rn. 1381; LBP/*Bitz* § 15a Rn. 60). Eine Versteuerung der in diesem Rahmen nicht aufgedeckten stillen Reserven erfolgt iSd § 22 Abs. 1 UmwStG, wenn die Kapitalanteile innerhalb von sieben Jahren nach Einbringungszeitpunkt veräußert werden. Der Gewinn aus der Einbringung ist dann rückwirkend im Wirtschaftsjahr der Einbringung als Gewinn des Einbringenden iSd § 16 zu versteuern (Einbringungsgewinn I; RHL/*Stangl* UmwStG § 22 Rn. 20 ff.). Im Rahmen einer nach § 22 Abs. 1 S. 1 und 2 UmwStG rückwirkenden Besteuerung des Einbringungsgewinns I sollte eine Saldierung des Einbringungsgewinns I mit zum Einbringungszeitpunkt nicht verbrauchten verrechenbaren Verlusten möglich sein. Da es sich um ein rückwirkendes Ereignis iSd § 175 Abs. 1 S. 1 Nr. 2 AO handelt, ist der Einbringungsgewinn auf dieselbe Beteiligung bzw. denselben ertragsteuerlichen Mitunternehmeranteil zurückzuführen, der die verrechenbaren Verluste zuzurechnen waren (glA LBP/*Bitz* § 15a Rn. 60). Werden vor der Umwandlung Einlagen zum Ausgleich eines negati- **594** ven Kapitalkontos erbracht, sind verrechenbare Verluste im Einbringungszeitpunkt in ausgleichs- und abzugsfähige Verluste umzuqualifizieren (vgl. Abs. 2 S. 2).

595–597 *Einstweilen frei*

5. Spaltungen

598 § 123 UmwG bestimmt mit der Aufspaltung, Abspaltung und Ausgliederung die zulässigen Formen der Spaltung (Abs. 1–3). Dabei kann die Übertragung des Teilvermögens auf einen oder mehrere bereits bestehende Rechtsträger (zur Aufnahme) erfolgen; oder das Teilvermögen wird auf einen oder mehrere neu gegründete Rechtsträger übertragen (zur Neugründung). IRd Aufspaltung überträgt ein Rechtsträger sein Vermögen unter Auflösung ohne Abwicklung auf zwei oder mehr Rechtsträger gegen Gewährung von Anteilen der übernehmenden Rechtsträger an die Anteilsinhaber des übertragenden Rechtsträgers. Die Spaltung kann nach § 123 Abs. 4 UmwG auch durch gleichzeitige Übertragung auf bestehende und neue Rechtsträger erfolgen.

599 Bei gegebenen Voraussetzungen sind die §§ 20, 24 UmwStG anwendbar (vgl. UmwStE BMF 11.11.2011, BStBl. I 2011, 1314 Rn. 01.44, 01.47), wonach grundsätzlich der Ansatz des übertragenen Betriebsvermögens zum gemeinen Wert, auf Antrag zu Buchwerten oder zu einem Zwischenwert erfolgt.

600 Die verrechenbaren Verluste verringern sich bei dem übertragenden Rechtsträger. Die Kürzung erfolgt nach § 15 Abs. 3 UmwStG „in dem Verhältnis, in dem bei Zugrundelegung des gemeinen Werts das Vermögen auf eine andere Körperschaft übergeht. In der Regel entspricht das Verhältnis der gemeinen Werte dem Spaltungsschlüssel" (UmwStE BMF 11.11.2011, BStBl. I 2011, 1314 Rn. 15.41). Bei einer Übertragung auf eine andere Personengesellschaft gilt § 15 Abs. 3 UmwStG entsprechend. Im Falle einer Aufspaltung gehen die verrechenbaren Verluste unter (UmwStE BMF 11.11.2011, BStBl. I 2011, 1314 Rn. 16.01, 16.03).

601 Die Aufspaltung ist wie ein entgeltlicher Vorgang zu behandeln. Sofern ein Übertragungsgewinn entsteht, sind verrechenbare Verluste zu saldieren. Übersteigen die verrechenbaren Verluste diesen Gewinn oder entsteht erst gar kein Übertragungsgewinn, können (verbleibende) verrechenbare Verluste uU als ausgleichsfähige Verluste behandelt werden, soweit nachträgliche Einlagen geleistet wurden (→ Rn. 350 ff., → Rn. 372 ff.; glA KSM/*v. Beckerath* § 15a Rn. B 490; aA Korn/*Korn* § 15a Rn. 110, welcher nach dem übernehmenden Rechtsträger unterscheidet).

602–604 *Einstweilen frei*

6. Verschmelzung

605 Die Verschmelzung nach §§ 2 ff., 39 ff. UmwG erfasst auch die Verschmelzung einer Kommanditgesellschaft auf eine andere Kommanditgesellschaft oder OHG. Ertragsteuerlich wird der Vorgang nach § 24 UmwStG behandelt. Der verrechenbare Verlust der Altgesellschafter der übernehmenden Gesellschaft bleibt erhalten. Dies ist auch der Fall, sofern Gesellschafter der übernehmenden Gesellschaft ihren Anteil aufstocken (DPPM/*Patt* UmwStG § 24 Rn. 201).

606 **Verrechenbare Verluste** bei den Gesellschaftern der übertragenden KG bleiben ebenfalls erhalten, wenn sie Neugesellschafter bei der übernehmenden Gesellschaft werden (DPPM/*Patt* UmwStG § 24 Rn. 200). Bedeutsam ist dies insbesondere, sofern der Ansatz des Betriebsvermögens zu Buchwerten nach § 24 Abs. 2 S. 2 UmwStG erfolgt: hier entsteht kein Veräußerungsgewinn iSd § 16 und insofern keine Verrechnungsmöglichkeit. Die Verschmelzung steht der Subjektidentität (→ Rn. 356) nicht entgegen; der übertragende Gesellschafter wird Neugesellschafter der übernehmenden Gesellschaft und bewahrt damit Mitunternehmeridentität. Die (in Abs. 2 geforderte) Anteilsidentität ist im zivilrechtlichen Sinne nicht gegeben. Doch setzt sich in der neuen Beteiligung an der übernehmenden Gesellschaft das mitunternehmerische Engagement fort. Wirtschaftlich ist der Gesellschaftsanteil identisch (glA *Rödder/Schumacher* DB 1998, 99 (99 ff.); *Jacobsen/Hildebrandt* DStR 2013, 433 (434 f.); aA aufgrund fehlender Anteilsidentität Kirchhof/*v. Beckerath* § 15a Rn. 24; *Kempf/Hillringhaus* DB 1996, 12 (13 f.)). Erfolgt der Ansatz des eingebrachten Betriebsvermögens zum gemeinen Wert oder zu Zwischenwerten (§ 24 Abs. 2 S. 1 UmwStG), sind die stillen Reserven mit verrechenbaren Verlusten (unter Umständen vollständig) zu saldieren (s. auch Korn/*Korn* § 15a Rn. 109).

Die verrechenbaren Verluste können mit künftigen Gewinnen aus der Beteiligung an der durch Verschmelzung entstandenen Gesellschaft saldiert werden. Die Herkunft der Gewinne muss dabei nicht bestimmt werden. Somit ist nicht dahingehend zu differenzieren, ob die Gewinne aus dem ursprünglichen Betrieb der übertragenden oder der übernehmenden Gesellschaft herrühren (*Rödder/Schumacher* DB 1998, 99 (102 f.); *IDW* FN-IDW Nr. 10/1996, 468j). **607**

Einstweilen frei **608–610**

7. Realteilung

Eine ertragsteuerliche Realteilung ist typischerweise gegeben, wenn eine Mitunternehmerschaft aufgelöst und das Gesellschaftsvermögen unter den Mitunternehmern aufgeteilt wird. Dabei muss zumindest einer der bisherigen Mitunternehmer Wirtschaftsgüter, die ihm bei der Aufteilung zugewiesen wurden, in ein anderes Betriebsvermögen überführen (BFH 29.4.2004 – IV B 124/02, BFH/NV 2004, 1395; zur Voraussetzung der wesentlichen Betriebsgrundlage BMF 28.2.2006, BStBl. I 2006, 228; s. auch RHL/*Rasche* UmwStG, Anhang 5 Rn. 101 ff.). Die Realteilung schließt auch eine Teilbetriebsübertragung ein, bei der ein ausscheidender Mitunternehmer einen Teilbetrieb übernimmt, der weiterhin seinem Betriebsvermögen zuzuordnen ist, während die übrigen Gesellschafter die Gesellschaft fortführen (BFH 17.9.2015 – III R 49/13, DStR 2016, 377 (379)). **611**

§ 16 Abs. 3 S. 2 bis 4 regelt die Realteilung für alle Mitunternehmerschaften mit Gewinneinkünften iSd § 2 Abs. 2 Nr. 1. Die Realteilung führt die liquidationslose Beendigung der Mitunternehmerschaft herbei, was auch dazu führt, dass es keine künftigen Gewinne aus derselben Beteiligung geben wird, mit denen **verrechenbare Verluste** saldiert werden könnten. Dennoch gehen die verrechenbaren Verluste der Vorjahre nicht unter und können mit Gewinnanteilen aus einem der in neuer Rechtsform fortgeführten Unternehmen verrechnet werden. Verrechenbare Verluste sind demnach auf die neuen Rechtsträger übertragbar. Nicht zuletzt ist auf die Handhabung verrechenbarer Verluste bei in dieser Hinsicht ähnlichen Umstrukturierungen zu verweisen, zum einen iRd Umwandlung einer zweigliedrigen KG in ein Einzelunternehmen durch Anwachsung, zum anderen iRd Verschmelzung von Kommanditgesellschaften im Wege der Aufnahme nach §§ 2 Nr. 1, 39 ff. UmwG und § 24 UmwStG (Schmidt/*Wacker* § 15a Rn. 239; KSM/*v. Beckerath* § 15a Rn. B 496; Korn/*Korn* § 15a Rn. 110 mwN; Schmidt/*Wacker* § 15a Rn. 239; Bordewin/Brandt/*Schäfers* § 15a Rn. 1406; auch noch FG Berlin-Brandenburg 23.8.2011 – 6 K 6261/08, EFG 2012, 56 (58), erledigt durch BFH 20.11.2014 – IV R 47/11, BStBl. II 2015, 532; *Jacobsen/Hildebrandt* DStR 2013, 433 (435 f.), welche nicht auf die rein formalrechtliche, vielmehr auf die wirtschaftliche Beteiligungs- und Beteiligtenidentität abstellen; zur Fortführung einer KG als Einzelunternehmen → Rn. 589, → Rn. 621, auch 15a EStH; zur Verschmelzung → Rn. 605 ff.). § 16 Abs. 3 S. 2 sieht grundsätzlich Buchwertfortführung vor; eine Ausnahme bleibt ein etwaiger Spitzen- oder Wertausgleich, der zu einer teilweisen Gewinnrealisierung führt (s. etwa BFH 11.4.2013 – III R 32/12, BStBl. II 2014, 242; BMF 28.2.2006, BStBl. I 2006, 228 unter VI.). **612**

Nach jüngster BFH-Rechtsprechung vom 20.11.2014 (IV R 47/11, BStBl. II 2015, 532 Rn. 32 ff.) ist die **Übertragung der Gewinnhinzurechnung** (hier aufgrund einer Haftungsminderung) iSd § 15a Abs. 3 S. 3 auf eine andere Kommanditbeteiligung des Gesellschafters ausdrücklich nicht möglich. Die Nachversteuerungspflicht eines negativen Kapitalkontos geht demnach nicht auf die neuen Rechtsträger über, ungeachtet der wirtschaftlichen Fortsetzung der Tätigkeit. Dem IV. Senat des BFH nach ist die Frage nach der „wirtschaftlichen Belastung […] gesellschaftsbezogen zu beantworten" (BFH 20.11.2014 – IV R 47/11, BStBl. II 2015, 532 Rn. 34; → Rn. 614.2). Auch die Buchwertfortführung führt zu keiner abweichenden Beurteilung (BFH 20.11.2014 – IV R 47/11, BStBl. II 2015, 532 Rn. 35). **613**

„Ist eine Hinzurechnung im Wirtschaftsjahr des Ausscheidens vorzunehmen, geht diese in die Schlussabrechnung mit ein" (*Wendt* BFH/PR 2015, 187 (188)). § 15a Abs. 3 kommt „nicht zur Anwendung, wenn Änderungen des Kapitalkontos bzw. des Haftungsbetrags i.S. des § 15a Abs. 1 Satz 2 EStG auf dem Ausscheiden des Kommanditisten aus der Gesellschaft **614** beruhen. Die Rechtsfolgen ergeben sich für diesen Fall vielmehr grundsätzlich aus § 52 Abs. 33 Satz 3 EStG", BFH 20.11.2014 – IV R 47/11, BStBl. II 2015, 532 Rn. 29 ff.; → Rn. 614.1). Die Gewinnhinzurechnung iSd Abs. 3 wird demnach gemäß § 52 Abs. 24 S. 3 iRd Veräußerungsgewinns berücksichtigt (Schmidt/*Wacker* § 15a Rn. 239). § 52 Abs. 24 S. 4 ist ebenfalls entsprechend anzuwenden (BFH 20.11.2014 – IV R 47/11, BStBl. II 2015, 532 Rn. 34).

614.1 „Scheidet ein Kommanditist, dessen Kapitalkonto auf Grund von ausgleichs- oder abzugsfähigen Verlusten negativ geworden ist, aus der Gesellschaft aus, so gilt nach § 52 Abs. 33 Satz 3 EStG der Betrag, den der Mitunternehmer nicht ausgleichen muss, als Veräußerungsgewinn i.S. des § 16 EStG" (BFH 20.11.2014 – IV R 47/11, BStBl. II 2015, 532 Rn. 30).

„Die Korrektur der Berücksichtigung vormals ausgleichs- bzw. abzugsfähiger Verluste, die den Kommanditisten nach Ausscheiden aus der Gesellschaft nicht mehr belasten, hat danach durch Aufstockung des Veräußerungsgewinns im Rahmen der Gewinnfeststellung bei der Altgesellschaft zu erfolgen" (BFH 20.11.2014 – IV R 47/11, BStBl. II 2015, 532 Rn. 31).

„Eine Übertragung der Korrekturmöglichkeit nach § 15a Abs. 3 EStG auf eine andere Kommanditbeteiligung des Mitunternehmers – und damit die Vermeidung der Rechtsfolgen des § 52 Abs. 33 Satz 3 EStG bei der Altgesellschaft – ist nicht möglich" (BFH 20.11.2014 – IV R 47/11, BStBl. II 2015, 532 Rn. 32).

614.2 „Die Frage nach der wirtschaftlichen Belastung ist gesellschaftsbezogen zu beantworten. So sieht § 15a Abs. 2 Satz 1 EStG eine Verrechnung der nach § 15a Abs. 1 EStG nicht ausgleichsfähigen und abziehbaren Verluste nur mit Gewinnen aus der Gesellschaft vor, bei der auch die Verluste angefallen sind. Gewinne und Verluste müssen demnach aus derselben Einkunftsquelle stammen [...]. Endet die Beteiligung an der Einkunftsquelle, stellt § 52 Abs. 33 Satz 3 EStG sicher, dass beim ausscheidenden Kommanditisten nur solche ausgleichsfähige oder abziehbare [sic!] Verluste verbleiben, die er wirtschaftlich zu tragen hat. Fehlt es an einer Ausgleichsverpflichtung gegenüber der Gesellschaft, werden ausgleichsfähige oder abziehbare Verluste durch Ansatz eines Veräußerungsgewinns beim ausscheidenden Gesellschafter korrigiert. Gemäß § 52 Abs. 33 Satz 4 EStG werden in Höhe der nach dessen Satz 3 zuzurechnenden Beträge bei verbleibenden Kommanditisten Verlustanteile angesetzt. Im Ergebnis verbleiben die Verluste damit in der Altgesellschaft, d.h. bei der entsprechenden Einkunftsquelle" (BFH 20.11.2014 – IV R 47/11, BStBl. II 2015, 532 Rn. 34).

615–619 *Einstweilen frei*

XI. Rechtsstellungswechsel

1. Rechtsstellungswechsel zum unbeschränkt haftenden Gesellschafter

620 Wechselt ein Kommanditist in die Rechtsstellung eines persönlich haftenden Gesellschafters, ist für den Zeitpunkt des Wechsels auf den betreffenden Gesellschafterbeschluss abzustellen. Der Zeitpunkt der Beschlussfassung ist dabei Tatfrage. Der Zeitpunkt des Antrages auf Eintragung im Handelsregister ist unerheblich (BFH 12.2.2004 – IV R 70/02, BStBl. II 2004, 423 (425)). Ein Wechsel der Rechtsstellung eines Gesellschafters tritt auch etwa iR einer Umwandlung ein. Scheidet der persönlich haftende Gesellschafter aus einer zweigliedrigen KG aus, wechselt der beschränkt haftende in die Rechtsstellung des unbeschränkt haftenden Gesellschafters und führt die KG als Einzelunternehmen fort. Die KG wird dann zum Einzelunternehmen. Ebenso ist ein Ausscheiden des Kommanditisten bei gleichzeitiger unentgeltlicher Übertragung des Anteils auf den Komplementär denkbar, welcher dann die Gesellschaft als Einzelunternehmen fortführt (s. auch iR eines identitätswahrenden Formwechsels → Rn. 587 ff.).

621 Bisher festgestellte **verrechenbare Verluste** werden zum Zeitpunkt des Rechtsstellungswechsels nicht in ausgleichs- und abzugsfähige Verluste umqualifiziert; sie sind aber **mit künftigen Gewinnen des Gesellschafters in neuer Rechtsstellung zu verrechnen** (BFH 18.1.2007 – IV B 133/06, BFH/NV 2007, 888 f. mwN; H 15a EStR; Bordewin/Brandt/*Schäfers* § 15a Rn. 1352). Dies gilt für den Kommanditisten, der iR einer Umwandlung der Gesellschaft in ein Einzelunternehmen in die Rechtsstellung eines unbeschränkt haftenden Gesellschafters tritt. Auch für den Fall der unentgeltlichen Übertragung des Kommanditanteils auf den persönlich haftenden Gesellschafter einer zweigliedrigen KG ist dem persönlich Haftenden auch der für den Kommanditisten festgestellte verrechenbare Verlust zuzurechnen. Dies hat zur Folge, dass die erzielten Gewinne des übernehmenden Gesellschafters als Einzelunternehmer mit den übergegangenen verrechenbaren Verlusten nach § 15a Abs. 2 zu saldieren sind (BFH 14.10.2003 – VIII R 38/02, BStBl. II 2004, 115 (116)). Erfolgt der Statuswechsel während des laufenden Wirtschaftsjahres, ist § 15a im Hinblick auf einen dem Gesellschafter für das Wirtschaftsjahr der Beteiligungsumwandlung zuzurechnenden Verlust nicht anzuwenden (BFH 14.10.2003 – VIII R 81/02, BStBl. II 2004, 118; Bordewin/Brandt/*Schäfers* § 15a Rn. 1351).

In der Praxis tritt der **Kommanditist** auch **in der Rechtsform einer Kapitalgesellschaft** in Erscheinung (→ Rn. 200), etwa bei der GmbH & Co.KG. Bei der sogenannten Ein-Mann-GmbH & Co.KG tritt die GmbH als einziger Kommanditist einer GmbH & Co.KG auf und vereint als Alleingesellschafter alle Anteile an der Komplementär-GmbH auf ihre Person. Die Komplementär-GmbH ist vermögensmäßig nicht an der Kommanditisten-GmbH beteiligt. Mit dem entschädigungslosen Ausscheiden der Komplementär-GmbH wächst ihr Vermögen der Kommanditisten-GmbH nach § 738 Abs. 1 BGB an, die GmbH & Co.KG wird in eine GmbH umgewandelt (außerhalb des UmwG). Die verrechenbaren Verluste dürften auch hier auf die ehemalige Kommanditistin übergehen und mit künftigen Gewinnen aus der GmbH zu verrechnen sein (Beispielrechnung bei *Stegemann* GStB 2004, 367 (371 ff.); s. auch LBP/*Bitz* § 15a Rn. 62; *Rautenstrauch/Adrian* DStR 2006, 359). 622

Einstweilen frei 623–625

2. Rechtsstellungswechsel zum beschränkt haftenden Gesellschafter

Bei dem Wechsel eines Komplementärs in die Rechtsstellung eines Kommanditisten während des Wirtschaftsjahres ist die Verlustverwertungsbeschränkung des § 15a für das gesamte Wirtschaftsjahr zu beachten. Insofern unterliegt der dem Gesellschafter insgesamt für das laufende Wirtschaftsjahr zuzurechnende Anteil am Gewinn der KG den Beschränkungen der Norm (BFH 14.10.2003 – VIII R 81/02, BStBl. II 2004, 118; EStH 15a; Bordewin/Brandt/*Schäfers* § 15a Rn. 1358 f.). Dieser umfassenden Regelungsanwendung wäre mit einem abweichenden bzw. einem vor der Rechtsstellungsänderung neu beginnenden Wirtschaftsjahr beizukommen (Korn/*Korn* § 15a Rn. 106.1). 626

Einstweilen frei 627–628

XII. Übertragungen

1. Entgeltliche Übertragung eines Mitunternehmeranteils

Die Veräußerung iSd § 16 Abs. 1 S. 1 Nr. 2 erfasst den Übertragungsvorgang eines gesamten Mitunternehmeranteils gegen Entgelt. Einkommensteuerrechtlich liegt eine Veräußerung aber auch dann vor, wenn ein Gesellschafter gegen Abfindung aus der Gesellschaft ausscheidet und der Anteil den übrigen Gesellschaftern iSd § 738 BGB Abs. 1 S. 1 anwächst. 629

Ein Gesellschafter kann seinen Mitunternehmeranteil entgeltlich übertragen, ungeachtet eines positiven oder negativen Kapitalkontenstandes. Ist das Kapitalkonto bei Übertragung negativ, stellt sich die Frage nach der Ursache. Ein negatives Kapitalkonto kann auf verrechenbare Verluste oder aber auf ausgleichs- und abzugsfähige Verluste zurückzuführen sein (zur BFH-Entscheidung bei negativem Kapitalkonto auf Grund einer Entnahme → Rn. 648.1 ff.). Liegt eine überschießende Außenhaftung iSd § 171 Abs. 1 HGB (§ 15a Abs. 1 S. 2 und 3) vor, können für ein negatives Kapitalkonto auch ausgleichs- und abzugsfähige Verluste ursächlich sein. Bei Wegfall eines negativen Kapitalkontos entsteht einkommensteuerrechtlich aber stets ein Veräußerungsgewinn iSd § 16 in der Höhe des negativen Kapitalkontos und zwar unabhängig davon, welche Ursache das negative Kapitalkonto hat. Dies gilt, soweit für den Altgesellschafter keine Ausgleichsverpflichtung besteht (BFH 28.7.1994 – IV R 53/91, BStBl. II 1995, 112 (113)). 630

a) Negatives Kapitalkonto auf Grund ausgleichsfähiger Verluste. aa) Veräußerungsgewinn. Der **Veräußerer** erzielt einen Veräußerungsgewinn nach § 16 Abs. 1 S. 1 Nr. 2 und Abs. 2. Der Veräußerungsgewinn bestimmt sich durch die Höhe des vom Erwerber übernommenen negativen Kapitalkontos zuzüglich eines etwaigen zusätzlichen Barentgelts und abzüglich etwaiger Veräußerungskosten. Soweit die anteiligen stillen Reserven den 631

Negativsaldo übersteigen, wird idR ein zusätzliches Entgelt entrichtet. Die Differenz aus dem negativen Kapitalkonto und dem Entgelt bestimmt dann den Veräußerungsgewinn. Für den Stand des negativen Kapitalkontos ist der Zeitpunkt der Veräußerung maßgeblich (BFH 26.5.1981 – IV R 47/78, BStBl. II 1981, 795). Der Veräußerungsgewinn ist gemäß §§ 16, 34 begünstigt (BFH 28.7.1994 – IV R 53/91, BStBl. II 1995, 112).

632 **bb) Anschaffungskosten.** In der Übernahme des negativen Kapitalkontos ist beim **Erwerber** eine Gegenleistung für den Anteil des ausgeschiedenen Kommanditisten an den stillen Reserven und/oder einem Geschäfts- oder Firmenwert im Gesellschaftsvermögen zu sehen (BFH 26.5.1981 – IV R 47/78, BStBl. II 1981, 795). Mit der Übernahme des negativen Kapitalkontos verzichtet der Erwerber und Neugesellschafter auf die Auszahlung künftiger Gewinnanteile. Der Negativsaldo bewirkt bei dem Erwerber keinen abziehbaren Verlust. Der Erwerber hat vielmehr den Betrag in Höhe des übernommenen negativen Kapitalkontos und eines möglichen zusätzlichen Barentgelts als **Anschaffungskosten** für die Anteile an den entsprechenden Wirtschaftsgütern des Gesellschaftsvermögens zu **aktivieren** (BFH 26.5.1981 – IV R 47/78, BStBl. II 1981, 795). Die Anschaffungskosten für anteilige stille Reserven und einen Anteil am Geschäftswert sind grundsätzlich in der Ergänzungsbilanz des Neugesellschafters zu aktivieren (BFH 21.4.1994 – IV R 70/92, BStBl. II 1994, 745 (748); zur Übernahme eines negativen Kapitalkontos bei einer vermögensverwaltenden KG: BFH 8.3.2017 – IX R 16/16, BFH/NV 2017, 1306 → Rn. 632.1; → Rn. 632.2). Die entsprechende Bilanzierung verhindert auch eine wiederholte Besteuerung stiller Reserven. Sofern der Anteil allen verbliebenen Gesellschaftern anwächst, sind die Anschaffungskosten in der Steuerbilanz der Gesellschaft zu aktivieren (Schmidt/*Wacker* § 15a Rn. 218, 220).

632.1 Bei der Übernahme eines Anteils an einer Kommanditgesellschaft liegen nach den Grundsätzen des Bilanzrechts „Anschaffungskosten vor, soweit die Zahlungen des Erwerbers den Stand des Kapitalkontos des ausscheidenden Gesellschafters übersteigen. Übernimmt der Erwerber des Gesellschaftsanteils zusätzlich die Verpflichtung, ein negatives Kapitalkonto des ausscheidenden Gesellschafters mit künftigen Überschussanteilen aufzufüllen, so kann er weitere Anschaffungskosten erst dann geltend machen, wenn solche zur Verrechnung führenden Überschussanteile entstehen" (BFH 8.3.2017 – IX R 16/16, BFH/NV 2017, 1306 Rn. 17, zur Übernahme eines negativen Kapitalkontos bei einer vermögensverwaltenden KG).

632.2 „Der Aktivierung der zusätzlichen Anschaffungskosten in einer Ergänzungsbilanz liegt die widerlegbare tatsächliche Vermutung zugrunde, – daß die bilanzierten materiellen und immateriellen Wirtschaftsgüter des Gesellschaftsvermögens stille Reserven enthalten oder daß nicht bilanzierte immaterielle Einzelwirtschaftsgüter oder ein originärer Geschäftswert vorhanden sind, an denen der eintretende Gesellschafter teilhat, und – der den Buchwert übersteigende Teil der Abfindung Entgelt für den Anteil des neuen Gesellschafters an den stillen Reserven und/oder an einem Geschäftswert ist" (BFH 29.10.1991 – VIII R 148/85, BStBl. II 1992, 647 (649 f.))

633 *Einstweilen frei*

634 **cc) Negatives Kapitalkonto übersteigt anteilige stille Reserven.** Sind die anteiligen stillen Reserven niedriger als der Betrag des negativen Kapitalkontos, zahlt der Erwerber idR kein zusätzliches Entgelt. Die Übernahme eines negativen Kapitalkontos, welches nicht etwa durch stille Reserven gedeckt ist, entspricht idR nicht dem Verhalten zwischen fremden Dritten (Blümich/*Heuermann* § 15a Rn. 111). Beim Veräußerer entsteht gleichwohl ein Veräußerungsgewinn in Höhe des nach Auflösung der stillen Reserven noch verbleibenden Negativsaldos. Die Übernahme dieses verbleibenden negativen Kapitalkontos ist Bestandteil des Veräußerungspreises. In Höhe der stillen Reserven sind auch hier (wie im Fall der das negative Kapitalkonto übersteigenden stillen Reserven) Anschaffungskosten beim Erwerber anzusetzen. Eine verbleibende Differenz zwischen Kapitalkonto und Anschaffungspreis ist kein Erwerbsverlust. Diese Differenz ist als Ausgleichsposten in der Ergänzungsbilanz des Erwerbers zu aktivieren und gegen künftige Gewinnanteile des Gesellschafters erfolgsmindernd abzuschreiben. Allerdings kann eine Betriebsausgabe des Neugesellschafters angenommen werden (BFH 21.4.1994 – IV R 70/92, BStBl. II 1994, 745 (748); zum Erwerb der Beteiligung als Fehlmaßnahme BFH 21.4.1994 – IV R 70/92, BStBl. II 1994, 745 (748)).

635 *Einstweilen frei*

dd) Ausscheiden unter Anwachsung (§ 738 BGB). Soweit die stillen Reserven das negative Kapitalkonto betragsmäßig nicht decken, ist die steuerrechtliche Behandlung davon abhängig, ob es sich um einen Gesellschafterwechsel mit Übernahme des negativen Kapitalkontos oder um eine Anwachsung handelt und dementsprechend § 52 Abs. 24 S. 4 anzuwenden ist (→ Rn. 636.1). Auf Seiten des Erwerbers ist insofern zu differenzieren. Tritt ein Gesellschafter mit negativem Kapitalkonto ohne Abfindung **unter Anwachsung** iSd § 738 BGB aus der Gesellschaft aus, **findet § 52 Abs. 24 S. 4 Anwendung** (Korn/*Korn* § 15a Rn. 96). Die Gesellschaftsbeteiligung geht mit der Folge unter, dass Rechte und Verpflichtungen entsprechend § 738 Abs. 1 BGB auf die verbliebenen Gesellschafter übergehen. Damit sind die in der Vergangenheit entstandenen Verluste nunmehr den verbliebenen Gesellschaftern zuzurechnen (BFH 21.4.1994 – IV R 70/92, BStBl. II 1994, 745 (748 f.) mwN). An einem Gesellschafterwechsel mit Übernahme des negativen Kapitalkontos fehlt es auch bei einer Liquidation; auch iRd Liquidation kommt es zu einem Wegfall des Kapitalkontos (→ Rn. 671 ff.). 636

§ 52 Abs. 24 S. 4: „In Höhe der nach Satz 3 als Gewinn zuzurechnenden Beträge sind bei den anderen Mitunternehmern unter Berücksichtigung der für die Zurechnung von Verlusten geltenden Grundsätze Verlustanteile anzusetzen". 636.1

Besteht die Gesellschaft bei **Ausscheiden eines Kommanditisten** fort, kann sich eine andere Verlustverteilung ergeben als bei Auflösung der Gesellschaft. Geht der Anteil des ausscheidenden Gesellschafters auf alle übrigen Gesellschafter iR einer Anwachsung über, ist der Verlustanteil in Höhe des negativen Kapitalkontos abzüglich der (aufgelösten) stillen Reserven von den verbliebenen Gesellschaftern zu tragen und bei diesen anteilig anzusetzen. Der anzusetzende Verlustanteil entspricht dem Veräußerungsgewinn des ausscheidenden Gesellschafters (vgl. § 52 Abs. 24 S. 3 f. → Rn. 637.1, → Rn. 636.1). § 52 Abs. 24 S. 4 nach ist die Zurechnung der Verlustanteile bei den Mitunternehmern unter Berücksichtigung der geltenden Grundsätze anzusetzen. 637

§ 52 Abs. 24 S. 3: „Scheidet ein Kommanditist oder ein anderer Mitunternehmer, dessen Haftung der eines Kommanditisten vergleichbar ist und dessen Kapitalkonto in der Steuerbilanz der Gesellschaft auf Grund von ausgleichs- oder abzugsfähigen Verlusten negativ geworden ist, aus der Gesellschaft aus oder wird in einem solchen Fall die Gesellschaft aufgelöst, so gilt der Betrag, den der Mitunternehmer nicht ausgleichen muss, als Veräußerungsgewinn im Sinne des § 16". 637.1

Für die anteilige Zurechnung der Verluste in Höhe des Veräußerungsgewinns ist – sofern sie bestehen – auf die gesellschaftsvertraglichen Regelungen zurückzugreifen; andernfalls sind die gesetzlichen Regelungen zur **Verlustverteilung** heranzuziehen. Der Verlustanteil kann anteilig grundsätzlich auch bei den Kommanditisten angesetzt werden; auch bei denjenigen, deren Kapitalkonten negativ sind bzw. den Verlustanteil nicht vollständig decken würden (zur Verlustverteilung bei Beendigung der Gesellschaft → Rn. 677). Die Zurechnung erfolgt stets im Zeichen der § 15a-Beschränkungen. Die zugerechneten Verluste würden demnach das negative Kapitalkonto und die verrechenbaren Verluste des Kommanditisten erhöhen bzw. erstmals bewirken. Bei einem positiven Kapitalkonto würden die Verluste entsprechend als ausgleichs- und abzugsfähig behandelt (EStR 15a Abs. 6 S. 4 f.; Blümich/*Heuermann* § 15a Rn. 118; HHR/*Lüdemann* § 15a Rn. 141). 638

Die Möglichkeit zur sofortigen Geltendmachung eines Verlustes besteht aber nur dann uneingeschränkt, wenn der übertragene Gesellschaftsanteil keine stillen Reserven umfasst. Sind dagegen stille Reserven enthalten und den übrigen Gesellschaftern ohne deren Auflösung zuzurechnen, erfolgt die Aktivierung entsprechender Anschaffungskosten in einer jeweiligen Ergänzungsbilanz (→ Rn. 641; BFH 14.6.2007 – IV B 4/06, BFH/NV 2007, 2090; LBP/*Bitz* § 15a Rn. 55 f.; Schmidt/*Wacker* § 15a Rn. 219). 639

Zu dem Zeitpunkt, zu dem der Kommanditist ausscheidet und die verrechenbaren Verluste den übrigen Gesellschaftern zugerechnet werden, wird ein „**Noch-nicht-Verlust**" für den Kommanditisten endgültig zu einem unerheblichen Verlust (→ Rn. 7). Dann haben sich die Eventualverluste (→ Rn. 24) endgültig als Nicht-Verluste erwiesen. 640

Über den Ansatz der Verlustanteile bei den einzelnen Gesellschaftern hinaus, sind bei diesen Gesellschaftern außerdem Anschaffungskosten in einer jeweiligen Ergänzungsbilanz zu aktivieren, und zwar in Höhe der in dem Anteil enthaltenen und (still) auf sie **übergehen-** 641

den stillen Reserven (LBP/*Bitz* § 15a Rn. 56; EStR 15a Abs. 6 S. 3). Dies ist nur der Fall, soweit die stillen Reserven nicht bei Ausscheiden des Gesellschafters bereits aufgelöst wurden. In Höhe der **aufgedeckten** stillen Reserven hat dagegen eine Aufstockung der Buchwerte bei den einzelnen Wirtschaftsgütern in der Gesamthandsbilanz der Gesellschaft zu erfolgen, sofern der Gesellschafteranteil auf sämtliche Mitgesellschafter übergegangen ist (glA Korn/*Korn* § 15a Rn. 94).

642 *Einstweilen frei*

643 **ee) Veräußerung an Dritten oder Mitunternehmer.** Erfolgt dagegen eine entgeltliche Veräußerung an einen Dritten oder an nur einen oder mehrere Mitunternehmer der Gesellschaft, ist § 52 Abs. 24 S. 4 nicht anzuwenden. **§ 52 Abs. 24 S. 4** ist einzig **bei Ausscheiden unter Anwachsung** einschlägig, nicht dagegen bei einem Gesellschafterwechsel mit Übernahme des negativen Kapitalkontos (BFH 14.6. 1994 – VIII R 37/93, BStBl. II 1995, 246 (248); Korn/*Korn* § 15a Rn. 96).

644 Überträgt der ausscheidende Gesellschafter den Mitunternehmeranteil auf einen Neugesellschafter (außerhalb von § 52 Abs. 4 S. 4), hat der Erwerber einen Ausgleichsposten in der Ergänzungsbilanz zu aktivieren, alternativ einen außerbilanziellen Merkposten anzusetzen (BFH 14.6.1994 – VIII R 37/93, BStBl. II 1995, 246 (248)), soweit das negative Kapitalkonto die stillen Reserven einschließlich Geschäfts- oder Firmenwert übersteigt. Der Korrekturposten wird mit den auf die Beteiligung entfallenden steuerpflichtigen Gewinnanteilen verrechnet und die Gewinnanteile damit für den Neugesellschafter „neutralisiert" (Schmidt/*Wacker* § 15a Rn. 222; BFH 1.3.2018 – IV R 16/15, DStR 2018, 1362 Rn. 29; BFH 19.2.1998 – IV R 59/96, BStBl. II 1999, 266; HHR/*Lüdemann* § 15a Rn. 138). Der Erwerber hat die Gewinnanteile nach § 169 Abs. 1 S. 2 Hs. 2 HGB zwingend zur Deckung des negativen Kapitalkontos zu verwenden.

645 Insoweit kann der Erwerber keinen Erwerbsverlust (Aufwand) geltend machen: Die Übernahme des negativen Kapitalkontos führt bei dem Erwerber nicht dazu, dass er sein Vermögen verwenden muss (BFH 19.2.1998 – IV R 59/96, BStBl. II 1999, 266 f.). Der Neugesellschafter erklärt sich lediglich dazu bereit, das negative Kapitalkonto mit den künftigen Gewinnen aus seiner Beteiligung zu decken. Gleichwohl dürfen die Gewinnanteile, die zur Deckung des negativen Kapitalkontos zu verwenden sind, beim Erwerber nicht der Besteuerung unterliegen; diese Gewinne wurden bereits iRd Veräußerungsgewinns bei dem Altgesellschafter versteuert. Die Gewinnanteile werden ebendeshalb beim Erwerber neutralisiert, indem der Korrekturposten erfolgswirksam aufzulösen ist (BFH 19.2.1998 – IV R 59/96, BStBl. II 1999, 266 f. mwN).

646 **b) Negatives Kapitalkonto auf Grund verrechenbarer Verluste. aa) Veräußerungsgewinn.** Der Wegfall eines negativen Kapitalkontos, welches auf **verrechenbare Verluste** iSd § 15a Abs. 2 zurückzuführen ist, bewirkt ebenfalls einen nach §§ 16, 34 begünstigten Veräußerungsgewinn beim ausscheidenden Gesellschafter. Der Veräußerungsgewinn ergibt sich auch hier in Höhe des negativen Kapitalkontos und eines ggf. zusätzlich gezahlten Entgeltes aufgrund höherer stiller Reserven, wenngleich sich die verrechenbaren Verluste – im Gegensatz zu den ausgleichs- und abzugsfähigen Verlustanteilen – für den Altgesellschafter noch nicht ertragsteuerlich ausgewirkt haben (s. auch Schmidt/*Wacker* § 15a Rn. 225). Die Belastung des Kommanditisten beruht auf der Verlusthaftung mit künftigen Gewinnanteilen, sofern das Kapitalkonto durch die Zurechnung von Verlusten negativ geworden ist. Der BFH geht mithin davon aus, dass diese Belastung des Kommanditisten als Eigenschaft der Beteiligung auf den Erwerber übergeht (BFH 26.1.1995 – IV R 32/93, BFH/NV 1995, 872 Rn. 11 f.). Insofern ist die Übernahme des nach Auflösung der stillen Reserven noch verbleibenden negativen Kapitalkontos Teil des Veräußerungspreises iSv § 16 Abs. 2, auch soweit es auf verrechenbaren Verlusten gründet (BFH 10.3.1998 – VIII R 76/96, BStBl. II 1999, 269 (272)).

647 Das negative Kapitalkonto kann niedriger sein als die verrechenbaren Verluste, etwa auf Grund nachträglicher Einlagen. Diese Einlagen schaffen nach § 15a Abs. 1a während des laufenden Geschäftsbetriebs grundsätzlich kein zusätzliches Verlustausgleichsvolumen und wurden daher noch nicht verrechnet. Soweit die verrechenbaren Verluste betragsmäßig über das negative Kapitalkonto hinausgehen, „wandeln sich die übersteigenden verrechenbaren Verluste in ausgleichs- und abzugsfähige (Veräußerungs-)Verluste um" (Korn/*Korn* § 15a

Rn. 97 mwN). Dies folgt mit Einführung der Regelungen in § 15a Abs. 1a und des Abs. 2 S. 2 direkt aus dem Wortlaut des Gesetzes (→ Rn. 376 f.).

Mit dem Wegfall des negativen Kapitalkontos entsteht für den Kommanditisten kein Veräußerungsgewinn, soweit er auf Grund einer **Bürgschaftsverpflichtung** – oder aus §§ 171, 172 HGB – haftet. Dies gilt, sofern der Kommanditist aus der Bürgschaft bereits in Anspruch genommen worden ist (ohne bisher geleistete Zahlung) oder der Kommanditist von einer Inanspruchnahme durch die Gesellschaftsgläubiger ernsthaft ausgehen muss und er gleichzeitig keine realisierbaren Ausgleichs- und Rückgriffsansprüche hat (OFD München 7.5.2004, BeckVerw 056581; OFD Nordrhein-Westfalen 7.7.2014, BeckVerw 286993 unter 3.; BFH 12.7.1990 – IV R 37/89, BStBl. II 1991, 64 f.). Zahlungen, die in Erfüllung einer Bürgschaftsverpflichtung geleisteten wurden, sind einkommensteuerrechtlich als Kapitaleinlage zu werten. Soweit der Kommanditist nicht in Anspruch genommen wird, ist der Veräußerungsgewinn rückwirkend anzupassen und der Gewinnfeststellungsbescheid für das Jahr des Ausscheidens des Gesellschafters zu ändern gemäß § 175 Abs. 1 Nr. 2 AO (OFD Münster 21.7.1995, DStR 1995, 1577 (1578 f.) mwN). 648

Urteilsbesprechung – BFH 9.7.2015 – IV R 19/12, BStBl. II 2015, 954: „Scheidet ein Kommanditist gegen Entgelt aus einer KG aus, ist ein von ihm nicht auszugleichendes negatives Kapitalkonto bei der Berechnung seines Veräußerungsgewinns in vollem Umfang zu berücksichtigen. Es kommt nicht darauf an, aus welchen Gründen das Kapitalkonto negativ geworden ist". 648.1

Die sich kraft Gesetzes vollziehende entgeltliche Anwachsung des Gesellschaftsanteils iSd § 738 BGB ist steuerlich wie eine Veräußerung zu behandeln. „Veräußerungsgewinn ist in diesen Fällen gemäß § 16 Abs. 2 Satz 1 EStG der Betrag, um den der Veräußerungspreis nach Abzug der Veräußerungskosten den Wert des Anteils am Betriebsvermögen übersteigt. Maßgeblich ist daher die Differenz zwischen den dem Ausscheidenden aus diesem Anlass zugewandten Leistungen und seinem Kapitalkonto" (BFH 12.7.2012 – IV R 12/11, BFH/NV 2013, 200 Rn. 19). Soweit das Kapitalkonto zum maßgeblichen Stichtag negativ ist und nicht ausgeglichen wird, führt dies rechnerisch zur Erhöhung eines Veräußerungsgewinns (BFH 9.7.2015 – IV R 19/12, BStBl. II 2015, 954 Rn. 19). 648.2

Entscheidungsgründe: Nach ständiger Rechtsprechung sind in die Berechnung des Veräußerungsgewinns diejenigen Anteile des negativen Kapitalkontos einzubeziehen, die sich auf ausgleichsfähige oder aber verrechenbare Verluste beziehen (→ Rn. 629 ff.). Der BFH konstatiert mit Urteil vom 9.7.2015, dass darüber hinaus ein negatives Kapitalkonto auch insoweit zu berücksichtigen ist, als es auf Grund von Entnahmen iSd § 4 Abs. 1 S. 2 entstanden ist (BFH 9.7.2015 – IV R 19/12, BStBl. II 2015, 954 Rn. 21). Entnahmen, die zu einem negativen Kapitalkonto führen respektive dieses weiter belasten, „werden dem Mitunternehmer aufgrund der Hinzurechnungsvorschrift des § 4 Abs. 1 Satz 1 EStG nicht als Verluste zugerechnet. Sie erhöhen vielmehr – gleich einer nachträglichen Änderung der Gewinnverteilung – den aus der mitunternehmerischen Beteiligung erzielten Vermögenszuwachs des Gesellschafters" (BFH 9.7.2015 – IV R 19/12, BStBl. II 2015, 954 Rn. 22). 648.3

Unabhängig davon, ob ein negatives Kapitalkonto auf Entnahmen oder auf Verluste zurückzuführen ist, stellt ein negatives Kapitalkonto „im Verhältnis der Gesellschafter untereinander zum Ausdruck, dass der belastete Gesellschafter am künftigen Vermögenszuwachs der Gesellschaft bis zur Auffüllung des negativen Kapitalkontos nicht beteiligt ist, vielmehr seine Gewinnanteile den Mitgesellschaftern überlassen muss (vgl. § 169 Abs. 1 Satz 2 HGB)" (BFH 9.7.2015 – IV R 19/12, BStBl. II 2015, 954 Rn. 23). Zum Zeitpunkt des Ausscheidens des Gesellschafters endet jedoch diese latente Verpflichtung (zum Ausgleich mit zukünftigen Gewinnen), wird auf die übrigen Gesellschafter übertragen und für den ausscheidenden Gesellschafter dadurch zur Gegenleistung für die Veräußerung (BFH 9.7.2015 – IV R 19/12, BStBl. II 2015, 954 Rn. 23 f.). Damit liegt eine Steigerung der Leistungsfähigkeit vor; „die **individuelle Leistungsfähigkeit** des ausscheidenden Mitunternehmers [ist] durch die nicht zurückgezahlte, nicht betrieblich veranlasste Auszahlung […] gesteigert und stellt sich letztlich als Ertrag der mitunternehmerischen Beteiligung dar". Unerheblich ist dabei, „ob die Liquiditätsausschüttungen als rückzahlungspflichtig oder als nicht rückzahlungspflichtig behandelt werden" (BFH 9.7.2015 – IV R 19/12, BStBl. II 2015, 954 Rn. 25). „Dass eine später nicht ‚ausgeglichene' Entnahme, die zum Entstehen oder zu einer Erhöhung eines negativen Kapitalkontos führt, vom Kommanditisten grundsätzlich zu versteuern ist, ergibt sich schließlich auch aus § 15a Abs. 3 Satz 1" (BFH 9.7.2015 – IV R 19/12, BStBl. II 2015, 954 Rn. 26). 648.4

Resümee: Nach BFH-Rechtsprechung ist zutreffend von einer gewinnerhöhenden Wirkung und insoweit einer Steigerung der individuellen Leistungsfähigkeit aus der mitunternehmerischen Beteiligung auszugehen, ungeachtet der Ursache eines negativen Kapitalkontos. Insofern erhöht ein nicht vom betreffenden Kommanditisten auszugleichendes negatives Kapitalkonto stets den Veräußerungsge- 648.5

winn iSd § 16 Abs. 2, unabhängig davon, was den Negativsaldo bewirkt hat (BFH 9.7.2015 – IV R 19/12, FR 2015, 992 mAnm *Wendt* (994)).

649 *Einstweilen frei*

650 **bb) Anschaffungskosten.** Beim **Erwerber** führt die Übernahme des negativen Kapitalkontos zu **Anschaffungskosten** in gleicher Höhe und eines ggf. zusätzlich entrichteten Entgeltes, die **in einer Ergänzungsbilanz auszuweisen** sind. Decken die stillen Reserven nicht das negative Kapitalkonto und verbleibt insofern ein verrechenbarer Verlust, ist (zusätzlich) ein Ausgleichsposten in der Ergänzungsbilanz des Erwerbers zu aktivieren, alternativ ein außerbilanzieller Merkposten zu führen. Der Korrekturposten ist gegen künftige Gewinnanteile des Gesellschafters erfolgsmindernd abzuschreiben; die Gewinnanteile werden damit für den Neugesellschafter neutralisiert (BFH 21.4.1994 – IV R 70/92, BStBl. II 1994, 745 (747 f.); zur Übernahme eines negativen Kapitalkontos bei einer vermögensverwaltenden KG: BFH 8.3.2017 – IX R 16/16, BFH/NV 2017, 1306 → Rn. 632.1; BFH 28.3.2007 – IX R 53/04, BFH/NV 2007, 1845; Korn/*Korn* § 15a Rn. 98). Zum Zeitpunkt der Veräußerung bestehende verrechenbare Verluste mindern den Veräußerungsgewinn (§ 15a Abs. 2 S. 1). Soweit der verrechenbare Verlust den Veräußerungsgewinn übersteigt, ist der Verlust bis zur Höhe nachträglicher Einlagen ausgleichs- und abzugsfähig (§ 15a Abs. 2 S. 2).

651 **c) Rücklage nach § 6b.** Zum Zeitpunkt des entgeltlichen Ausscheidens eines Gesellschafters aus einer Personengesellschaft weist die Steuerbilanz der Gesellschaft uU eine § 6b-Rücklage aus – sofern die Frist von vier respektive sechs Jahren nicht abgelaufen ist. Eine Verlängerung auf sechs Jahre wird gewährt bei neu hergestellten Gebäuden, „wenn mit ihrer Herstellung vor dem Schluss des vierten" (Frist-)Jahres „begonnen worden ist" (§ 6b). Eine in der Steuerbilanz passivierte Rücklage nach § 6b ist grundsätzlich in dem Moment des Ausscheidens im Umfang der Beteiligung gewinnerhöhend aufzulösen und iRd – ggf. begünstigten – Veräußerungsgewinns zu berücksichtigen (s. aber auch zur vereinzelt „zulässige[n] Fortführung der Rücklage" *Bolk* DStR 2015, 1355).

652 Negativkapital einer Ergänzungsbilanz infolge der Wahlrechtsausübung nach § 6b ist iRd Kapitalkontos zu berücksichtigen. Das Kapitalkonto iSd § 15a bestimmt sich neben der Gesamthandsbilanz auch anhand der Ergänzungsbilanz (→ Rn. 216.1). Mit Blick auf § 6b ist die Aufstellung einer Ergänzungsbilanz regelmäßig etwa dann erforderlich, wenn Betriebsvermögen in eine Personengesellschaft eingebracht wird und der Einbringende gleichzeitig Mitunternehmer der Gesellschaft wird. Eine positive Ergänzungsbilanz erhöht grundsätzlich das Verlustausgleichsvolumen iSd § 15a, während eine negative Ergänzungsbilanz dieses mindert. Dabei kann ein positives Kapitalkonto insoweit nicht als Verlustausgleichsvolumen (iSd § 15a Abs. 1 S. 1) genutzt werden, wie das **Negativkapital in der Ergänzungsbilanz** reicht. Auch die negative Ergänzungsbilanz infolge der Wahlrechtsausübung nach § 6b kann zu einem negativen Kapitalkonto führen. Dadurch wird vermieden, dass sich der Steuervorteil in § 6b (Übertragung der stillen Reserven) zweifach auswirkt. Gleiches gilt für den Verlustausgleich iSd § 15a Abs. 1 S. 2 (BFH 18.5.2017 – IV R 36/14, BStBl. II 2017, 905 Rn. 16, 24, 27).

653–657 *Einstweilen frei*

2. Unentgeltliche Übertragung

658 Die unentgeltliche Übertragung geht iRd Gesamt- oder Einzelrechtsnachfolge von Todes wegen (ausführlich zur Vererblichkeit → Rn. 83 ff.) oder unter Lebenden auf den Erwerber über. Der Erwerber tritt im Wege der Einzel- oder Gesamtrechtsnachfolge vollständig in die Rechtsstellung des Altgesellschafters (Erblassers respektive Schenkers) ein und führt dessen Buchwerte gemäß § 6 Abs. 3 fort. Verrechenbare Verluste gehen gleichermaßen auf den Rechtsnachfolger über wie ein negatives Kapitalkonto, welches auf ausgleichs- und abzugsfähige Verluste zurückzuführen ist (*Dötsch* DStR 2008, 641 (646)). Ein verrechenbarer Verlust geht allerdings nur insoweit über, als das **Gewinnbezugsrecht** übertragen wird. Aufgrund der selbständigen Übertragbarkeit von Gewinnbezugsrechten (§ 717 S. 2 BGB) ist hier eine Einzelfallprüfung erforderlich (BFH 1.3.2018 – IV R 16/15, DStR 2018, 1362 Rn. 33 ff.). Wird lediglich ein Teil des Kommanditanteils übertragen, geht der verrechenbare Verlust entsprechend anteilig über (BFH 1.3.2018 – IV R 16/15, DStR 2018, 1362 Rn. 37). Der

Rechtsnachfolger führt das Kapitalkonto fort und gleicht es durch künftige Gewinnanteile aus. Eine Versteuerung der Gewinnanteile bleibt aus, soweit den Gewinnen verrechenbare Verluste gegenüberstehen (glA Schmidt/*Wacker* § 15a Rn. 234; BFH 10.3.1998 – VIII R 76/96, BStBl. II 1999, 269).

Sofern die vorhandenen **stillen Reserven und ein Geschäfts- oder Firmenwert das negative Kapitalkonto decken,** entsteht weder ein Gewinn bei dem Altgesellschafter noch sind Anschaffungskosten bei dem Neugesellschafter anzusetzen. Übersteigen die stillen Reserven also den Negativsaldo des Kapitalkontos, führt dies zu einem positiven Beteiligungswert, mithin zu einer Schenkung aus dem Vermögen des Altgesellschafters iSd § 516 BGB (glA HHR/*Lüdemann* § 15a Rn. 139; Schmidt/*Wacker* § 15a Rn. 234). 659

Wird eine Beteiligung iR einer Schenkung übertragen, entsteht bei dem Altgesellschafter ein **Gewinn, soweit die stillen Reserven das Kapitalkonto nicht decken.** Unentgeltlich iSd § 6 Abs. 3 ist die Übertragung insofern lediglich für den Betrag der übertragenen stillen Reserven. Ein Gewinn entsteht dagegen in Höhe des Differenzbetrags zwischen stillen Reserven und Negativsaldo bei dem Altgesellschafter. Es liegt eine **teilentgeltliche Übertragung** vor. Der Veräußerungsgewinn in Höhe des negativen Kapitalkontos abzüglich der anteiligen stillen Reserven entsteht unabhängig davon, ob dem negativen Kapitalkonto iSd § 15a ausgleichs- und abzugsfähige oder verrechenbare Verluste zugrunde liegen. Bei dem Neugesellschafter ist ein aktiver Ausgleichs- oder außerbilanzieller Merkposten anzusetzen. Dieser Korrekturposten ist ergebniswirksam aufzulösen, soweit Gewinnanteile auf die Beteiligung des Erwerbers entfallen und zum Ausgleich des negativen Kapitalkontos zu verwenden sind (→ Rn. 644 f.; glA HHR/*Lüdemann* § 15a Rn. 139; Schmidt/*Wacker* § 15a Rn. 230; LBP/*Bitz* § 15a Rn. 57; Blümich/*Heuermann* § 15a Rn. 115). 660

Einstweilen frei 661–662

3. § 15a-Verluste im Rahmen von § 8c KStG

Nach § 8c Abs. 1 KStG sind für den Fall eines schädlichen Beteiligungserwerbs bis dahin nicht ausgeglichene oder abgezogene negative Einkünfte (insoweit) nicht mehr abziehbar (in Erwartung einer rückwirkenden Regelung mit der Verfassungswidrigkeit des § 8c Abs. 1 Satz 1 KStG: BVerfG 29.3.2017 – 2 BvL 6/11, BStBl. II 2017, 1082). Fraglich ist, ob Verluste iSd § 15a von der Regelung des § 8c KStG betroffen sein können, sofern eine Kapitalgesellschaft Kommanditistin einer Personengesellschaft ist. Ferner müssten der Kommanditistin verrechenbare Verluste zuzurechnen und der Tatbestand des schädlichen Beteiligungserwerbs iSd § 8c KStG erfüllt sein. Der Systematik des § 8c KStG nach unterliegen **§ 15a-Verluste nicht der Abzugsbeschränkung des § 8c KStG.** 663

Der Finanzverwaltung nach erfasst die Abzugsbeschränkung des § 8c KStG mit den in § 8c Abs. 1 S. 1 KStG legaldefinierten Verlusten („nicht genutzte Verluste") auch die Verluste iSd § 15a (BMF 4.7.2008, DB 2008, 1598 unter I. 2). Der Kapitalgesellschaft (als Mitunternehmerin einer Personengesellschaft) zuzurechnende verrechenbare Verluste iSd § 15a Abs. 2 (→ Rn. 345) unterlägen danach der Abzugsbeschränkung des § 8c Abs. 1 S. 1 bzw. S. 2 KStG. Jedoch spricht § 15a verschiedene Ebenen der Verlustentstehung an. Nach § 15a nicht ausgleichs- und abzugsfähige Verluste sind auf der Ebene der Gesellschaft entstanden. Diese verrechenbaren Verluste sind mitunternehmerbezogen bereits dem Kommanditisten zuzuordnen, auf Ebene des Kommanditisten aber noch nicht zum Ausgleich und Abzug zugelassen. Beim Kommanditisten hat sich dieser Verlust wirtschaftlich gerade noch nicht ausgewirkt. Der verrechenbare Verlust beschreibt lediglich die Belastung des Kommanditisten durch die Verlusthaftung mit künftigen Gewinnanteilen. § 8c KStG zielt aber gerade darauf ab, bereits entstandene, aber bislang ungenutzte Verluste vom Abzug auszuschließen. Strukturell unterscheidet sich § 15a hierin von anderen Verlustverwertungsbeschränkungen. Der Systematik des § 8c KStG folgend, sind § 15a-Verluste nicht der Abzugsbeschränkung des § 8c KStG zu unterwerfen (glA *Dennisen/Frankus* DB 2017, 443 ff.). 664

Werden Anteile an der Kapitalgesellschaft mit der Folge eines schädlichen Beteiligungserwerbs iSd § 8c Abs. 1 KStG übertragen, sind die verrechenbaren Verluste iSd § 15a nicht unter § 8c Abs. 1 S. 1 KStG zu fassen. Nichts anderes gilt für diesen Befund mit Blick auf § 8d KStG. 665

Einstweilen frei 666–670

XIII. Auflösung, Liquidation und Vollbeendigung der Gesellschaft

671 Die Auflösung einer Kommanditgesellschaft tritt, wenn nicht durch Eröffnung des Insolvenzverfahrens, in den meisten Fällen durch Gesellschafterbeschluss ein. Nach Auflösung findet die Auseinandersetzung unter den Gesellschaftern statt, in ihrer Funktion, die Gesellschaft zu liquidieren (vgl. §§ 730 ff. BGB, §§ 131, 145 ff. HGB). Mit Abschluss der Liquidation (§§ 145 ff. HGB) ist die Gesellschaft vollbeendet.

672 Bei der Auflösung, Liquidation und Beendigung der Gesellschaft kann es sich um eine tarifbegünstigte Betriebsaufgabe iSd § 16 Abs. 3, § 34 oder um eine Betriebseinstellung im Sinne einer allmählichen Abwicklung handeln (Blümich/*Schallmoser* § 16 Rn. 467 f.). Der Wegfall eines negativen Kapitalkontos führt zu einem steuerpflichtigen Gewinn des Kommanditisten (→ Rn. 673 ff.; aber → Rn. 680).

1. Nachversteuerung

673 **a) Stille Reserven.** Im Rahmen der Liquidation einer Gesellschaft sind sämtliche stillen Reserven aufzulösen. Die Aufdeckung führt bei dem Kommanditisten zu einem (anteiligen) Abwicklungsgewinn, der im Zeitpunkt der Beendigung der Gesellschaft mit verrechenbaren Verlusten iSd Abs. 2 S. 1, Abs. 3 S. 4 zu saldieren und als begünstigter Veräußerungsgewinn nach §§ 16, 34 zu versteuern ist (neben einem verbliebenen negativen Kapitalkonto → Rn. 674; LBP/*Bitz* § 15a Rn. 58). Bei einem negativen Kapitalkonto ist der Abwicklungsgewinn dem Kapitalkonto gutzuschreiben; die Auszahlung dieses Abwicklungsgewinns kann der Kommanditist insoweit nicht fordern (§ 169 Abs. 1 S. 2 HGB; Bordewin/Brandt/*Schäfers* § 15a Rn. 1418). Je nach Höhe der stillen Reserven und verrechenbaren Verluste kann das Kapitalkonto vollständig ausgeglichen werden; auch eine noch ausstehende Einlage kann grundsätzlich durch die Deckung des negativen Kapitalkontos bedient werden (§ 167 Abs. 3 HGB).

674 **b) Abzugs- und ausgleichsfähige Verluste.** § 52 Abs. 24 S. 3 regelt die Rechtsfolge für den Wegfall eines aufgrund ausgleichs- und abzugsfähiger Verluste negativ gewordenen Kapitalkontos und damit für zwei Sachverhalte: Für das Ausscheiden des Kommanditisten oder vergleichbar haftenden Gesellschafters (unter Fortbestehen der Gesellschaft) sowie für die Auflösung der Gesellschaft. Der Betrag eines durch zumindest **rechtlich ausgleichs- und abzugsfähige Verluste** negativen Kapitalkontos, den der Gesellschafter nicht ausgleichen muss, ist als Veräußerungsgewinn iSd § 16 zu versteuern (Schmidt/*Wacker* § 15a Rn. 241). Bei dem ausscheidenden Kommanditisten fällt das (verbleibende) negative Kapitalkonto weg und unterliegt, soweit es auf ausgleichs- und abzugsfähige Verluste zurückzuführen ist, als (zusätzlicher → Rn. 673) Aufgabegewinn iSd § 16 Abs. 1 Nr. 2, Abs. 3 der Besteuerung (BFH 10.11.1980 – GrS 1/79, BStBl. II 1981, 164; Bordewin/Brandt/*Schäfers* § 15a Rn. 1423). Gleiches gilt, sofern die Gesellschaft aufgelöst wird und das Kapitalkonto in der Steuerbilanz der Gesellschaft auf Grund ausgleichs- und abzugsfähiger Verluste negativ geworden ist (BFH 11.8.1994 – IV R 124/92, BStBl. II 1995, 253 (254); zum Zeitpunkt der Nachversteuerung eines negativen Kapitalkontos BFH 30.3.2017 – IV R 9/15, BStBl. II 2017, 896; BFH 30.3.2017 – IV R 4/15, BFH/NV 2017, 1023, inhaltsgleich mit BFH 30.3.2017 – IV R 3/15, BFH/NV 2017, 1019).

675 Nicht auszugleichende Kapitalkontenbeträge können auf nicht abziehbare Betriebsausgaben zurückzuführen sein oder daher rühren, dass § 15a noch nicht anzuwenden war (BFH 11.8.1994 – IV R 124/92, BStBl. II 1995, 253 (254 f.); BFH 3.9.2009 – IV R 17/07, BStBl. II 2010, 631 Rn. 48; Schmidt/*Wacker* § 15a Rn. 241; s. auch *Steger* NWB 2011, 3372, II 2 a). Ausgleichsfähige Verluste, die ein negatives Kapitalkonto bewirken, sind aber vorwiegend auf eine überschießende Außenhaftung nach Abs. 1 S. 2 und 3 (→ Rn. 294 ff., → Rn. 323 ff.) zurückzuführen (wenn der Kommanditist keinem Haftungsanspruch aus § 171 Abs. 1 HGB ausgesetzt ist). Leistet der Gesellschafter auf Grund der überschießenden Außenhaftung iSd § 171 Abs. 1 HGB, verringert sich in gleicher Höhe der Gewinn, der aus dem teilweisen Wegfall des Kapitalkontos resultiert (Schmidt/*Wacker* § 15a Rn. 242).

676 Der Veräußerungs- bzw. Aufgabegewinn ist im Gegensatz zu einem laufenden Gewinn stets begünstigt nach §§ 16, 34 (BFH 11.8.1994 – IV R 124/92, BStBl. II 1995, 253 (255)). Ein laufender, nicht tarifbegünstigter Gewinn liegt vor, wenn ein Ausgleich mit künftigen

der Abgabenordnung, ist das für die gesonderte und einheitliche Feststellung der einkommensteuerpflichtigen und körperschaftsteuerpflichtigen Einkünfte aus dem Steuerstundungsmodell zuständige Finanzamt für den Erlass des Feststellungsbescheids nach Satz 1 zuständig; anderenfalls ist das Betriebsfinanzamt (§ 18 Absatz 1 Nummer 2 der Abgabenordnung) zuständig. [5]Handelt es sich bei dem Steuerstundungsmodell um eine Gesellschaft oder Gemeinschaft im Sinne des § 180 Absatz 1 Satz 1 Nummer 2 Buchstabe a der Abgabenordnung, können die gesonderten Feststellungen nach Satz 1 mit der gesonderten und einheitlichen Feststellung der einkommensteuerpflichtigen und körperschaftsteuerpflichtigen Einkünfte aus dem Steuerstundungsmodell verbunden werden; in diesen Fällen sind die gesonderten Feststellungen nach Satz 1 einheitlich durchzuführen.

Überblick

§ 15b enthält eine einkunftsartenübergreifende horizontale und vertikale Verlustverrechnungsbeschränkung für negative Einkünfte aus Steuerstundungsmodellen. **Abs. 1** regelt die Rechtsfolgen des Steuerstundungsmodells und das Verhältnis zu § 15a. **Abs. 2** definiert den Begriff des Steuerstundungsmodells. **Abs. 3** enthält eine Nichtaufgriffsgrenze für Anfangsverluste. **Abs. 3a** zielt auf spezielle Gestaltungen (sog. „Progressionsfonds" und abzugsfähige Aufwendungen aus dem Erwerb bestimmter Wirtschaftsgüter des Umlaufvermögens im Rahmen der Gewinnermittlung gem. § 4 Abs. 3) ab. **Abs. 4** enthält die verfahrensrechtlichen Regelungen zur Feststellung und Fortschreibung des nicht ausgleichsfähigen Verlusts aus einem Steuerstundungsmodell.

Übersicht

A. Allgemeines

1 **Leitentscheidungen, wichtige Verwaltungsanweisungen und Schrifttum (Auswahl):**

1.1 **Leitentscheidungen des BFH:**
BFH 6.2.2014 – IV R 59/10, BStBl. II 2014, 465 (Bestimmtheit und Begriff des Steuerstundungsmodells bei geschlossenen Fonds); BFH 11.11.2015 – VIII R 74/13, BStBl. II 2016, 388 (Steuerstundungsmodell als Einzelinvestition und Vorgreiflichkeit der gesonderten Feststellung des § 15b Abs. 4); BFH 17.1.2017 – VIII R 7/13, BStBl. II 2017, 700 (kein vorgefertigtes Modell bei individueller Umsetzung einer am Markt bekannten Gestaltung); BFH 19.1.2017 – VIII R 50/14, BStBl. II 2017,456 (Verbindung der Feststellung gem. § 15b Abs. 4 mit der einheitlichen und gesonderten Feststellung der Einkünfte; Vorgaben zur Auslegung des § 15b Abs. 3a); BFH 6.6. 2019 – IV R 7/16, BStBl. II 2019, 513 (zu § 15b Abs. 2 Satz 3).

1.2 **Wichtige Verwaltungsanweisungen:**
BMF 17.7.2017, BStBl. I 2017, 542.

1.3 **Schrifttum (Auswahl):**
Beck, Verlustausgleichsverbot bei Steuerstundungsmodellen: Der neue § 15b EStG, DStR 2006, 61; *Birker*, Investmentvermögen als Steuerstundungsmodelle (§ 8 Abs. 7 InvStG, § 15b EStG), BB 2011, 1495; *Bock/Raatz*, Aktuelle Rechtsprechung zu § 2b EStG und deren Anwendung auf § 15b EStG, DStR 2008, 1407; *Bünning/Lorberg*, Neue FG-Rechtsprechung zur steuerlichen Qualifikation von Ausschüttungen durch luxemburgische SICAV, RdF 2018, 223; *Bolik/Hartmann*, Goldfinger als Steuerstundungsmodell nach § 15b Abs. 3a EStG, StuB 2014, 179; *Brandtner/Geiser*, Zur Anwendung des § 15b EStG bei den Einkünften aus Kapitalvermögen, DStR 2009, 1732; *Brandtner/Lechner/Schmidt*, Verluste bei Steuerstundungsmodellen: Anmerkungen zum Anwendungsschreiben des BMF zu § 15b EStG, BB 2007, 1922; *Brandtner/Raffel*, Der neue § 15b EStG – Verlustverrechnung bei Steuerstundungsmodellen, sj 2006, 20; *Dißars*, Verfahrensrechtliche Fragen im Zusammenhang mit den Goldhandelsfällen, NWB 2015, 3170; *Dornheim*, Steuerstundungsmodelle im Lichte der aktuellen Rechtsprechung, Ubg 2013, 453; *Fleischmann*, Anwendungsschreiben zu § 15b EStG, DB 2007, 1721; *Fleischmann/Gragert*, Verlustverrechnungsbeschränkung für Steuerstundungsmodelle, NWB Fach 3, 15165–15168 (30/2008); *Fleischmann/Meyer-Scharenberg*, Der neue § 15b EStG: Der endgültige Tod der Steuersparmodelle, DB 2006, 353; *Gragert*, Abgeltungsteuer und die Verlustverrechnung gem. § 15b EStG, NWB 2010, 2450; *Gragert*, Verlustverrechnungsbeschränkung für Steuerstundungsmodelle, NWB Fach 3, 14775–14794 (39/2007); *Grützner*, Zum eingeschränkten Ausgleich und Abzug von Verlusten aus Steuerstundungsmodellen nach § 15b EStG, StuB 2007, 650; *Hartrott/Raster*, Zur „Modellhaftigkeit" im Sinne des § 15b EStG, BB 2011, 343; *Herbst*, Können „gleichgerichtete Leistungsbeziehungen" eine modellhafte Gestaltung i. S. d. § 15b EStG indizieren?, FR 2008, 1003; *Heuermann*, Goldfinger und der dritte Abwehrversuch – Das Steuerstundungsmodell des § 15b Abs. 3a EStG und viele Fragen zu Beginn, DStR 2014, 169; *Jansen/Lübbehusen*, Investmentsteuerrecht: Der (sehr begrenzte) Anwendungsbereich der neuen Verweisung auf Modelle i. S. d. § 15b EStG in § 8 Abs. 7 InvStG, FR 2011, 512; *Kaligin*, Zweifelsfragen bei der Anwendung des § 15 b EStG, Wpg 2006, 375; *Keller*, Berücksichtigung von Fondsetablierungskosten seit Inkrafttreten von § 15b EStG, StuB 2018, 761; *Koblenzer*, Immobilieninvestitionen im Lichte des § 15b EStG, ErbStB 2007, 314; *Kohlhaas*, Aberkennung steuerlicher Verluste bei Filmfonds?, FR 2010, 693; *Krää*, „Goldfinger" – Das Progressionsmodell nach den gesetzlichen Änderungen im Jahr 2013, FR 2015, 928; *Kracht*, Geldanlage in geschlossenen Fonds: § 15b EStG zwingt zu renditeorientierten Produktideen, StuB 2006, 136; *Lechner/Lemaitre*, Zweifel an der Anwendung des § 15b EStG bei doppelstöckigen Strukturen?, DStR 2006, 689; *Lüdicke/Fischer*, Steuerstundungsmodelle bei Fonds und insbesondere bei Einzelinvestitionen, Ubg 2013, 694; *Matuszewski/Kleinert*, Die steuerliche Behandlung von Ausschüttungen aus couponstrippenden lux. SICAVs, FR 2019, 461; *Naujok*, Verfassungswidrigkeit des § 15b EStG, BB 2007, 1365; *Naujok*, Anmerkungen zum Anwendungsschreiben zu § 15b EStG vom 17.7.2007, DStR 2007, 1601; *Pohl*, Zur Anwendung des § 15b EStG auf doppelstöckige Strukturen, DStR 2007, 382; *Preißer*, Der Goldhandel im Steuerrecht, DStR 2015, 1558; *Rieger*, Anwendbarkeit

der Verlustverrechnungsbeschränkung des § 15b EStG auf Investmentvermögen, StB 2011, 280; *Ronig*, Neues zu Steuerstundungsmodellen nach § 15b EStG, NWB 2014, 1490; *Ronig*, Steuerstundungsmodelle und Einkünfte aus Kapitalvermögen, NWB Fach 3, 14333–14334 (4/2007); *Ronig*, Steuerstundungsmodelle nach § 15b EStG, NWB Fach 3, 13971–13982 (17/2006); *Salzmann*, Auswirkungen der bisherigen BFH-Urteile zu den sog Goldfingerfällen, DStR 2015, 1725; *Schulte-Frohlinde*, Übersicht zur bisherigen Rechtsprechung zum Edelmetallhandel (neg. Progressionsvorbehalt), BB 2015, 287; *Schuska*, Verfassungsrechtliche Probleme bei der Anwendung des § 15b EStG, DStR 2014, 825; *Theisen/Lins*, Defeasance-Strukturen bei Filmfonds – Modell, Funktion und steuerliche Konsequenzen, DStR 2010, 1649.

I. Regelungsanliegen im System des Steuerrechts

Mit § 15b wollte der Gesetzgeber im Wesentlichen die Attraktivität geschlossener Fonds 2
in Form von (Publikums-)Personengesellschaften einschränken, die ihren Anlegern in der Anfangsphase hohe Verluste zuweisen und so zu einer Steuerstundung führen und Steuerausfälle verhindern (BFH 26.4.2018 – IV R 33/15, DStR 2018, 1492). Vielfach handelt es sich aus Sicht des Gesetzgebers in solchen Fällen um vorrangig steuerlich indizierte, aber betriebswirtschaftlich wenig sinnvolle Investitionen, die ohne die damit verbundenen steuerlichen Vorteile nicht getätigt würden (BT-Drs. 16/107, 1, 6). Die unbeschränkte steuerliche Abzugsfähigkeit von Verlusten aus derartigen Steuerstundungsmodellen würde nach der Gesetzesbegründung mittelbar zu einer volkswirtschaftlich fragwürdigen Förderung von Steuersparmodellen führen, die insbesondere von Steuerpflichtigen mit höheren Einkünften genutzt werden würde, um die Steuerbelastung gezielt zu senken (BT-Drs. 16/254, 1). Eine wirkungsvolle Einschränkung der Steuerstundungsmodelle sah der Gesetzgeber nach der Erfahrung mit der Vorgängervorschrift des § 2b EStG 1999 (→ Rn. 20 ff.) in der Einführung einer Verlustverrechnungsbeschränkung, der zufolge die Verluste aus einem Steuerstundungsmodell iSd § 15b nur noch mit späteren positiven Einkünften aus **derselben Einkunftsquelle** verrechnet werden können (BT-Drs. 16/107, 1, 4, 6; BT-Drs. 16/254, 1, 3). Die Regelung hat eine weitere Durchbrechung des synthetischen Einkünfte- und Einkommensbegriffs zur Folge (Schmidt/*Seeger* § 15b Rn. 2; KKB/*Beck* § 15b Rn. 5).

§ 15b soll zudem Schwächen im Hinblick auf die Bestimmtheit der Tatbestandsmerkmale 3
des früheren § 2b beseitigen (Blümich/*Heuermann* § 15b Rn. 1). So ist die für § 2b EStG 1999 erforderliche Prüfung, ob ein Steuervorteil *im Vordergrund steht*, entfallen und durch das objektive Kriterium ersetzt worden, dass Anfangsverluste erzielt werden müssen, die die Bagatellgrenze des § 15b Abs. 3 übersteigen (Blümich/*Heuermann* § 15b Rn. 3).

§ 15b ist damit als spezielle Missbrauchsvermeidungs- und Lenkungsnorm ausgestaltet, 4
die wirtschaftlich nicht sinnvolle steuerindizierte Gestaltungen präventiv bekämpfen und vermeiden soll (HHR/*Hallerbach* § 15b Rn. 4; Schmidt/*Seeger* § 15 Rn. 2; KKB/*Beck* § 15b Rn. 1). Zugleich stellt sie aber in widersprüchlicher Weise den Fördercharakter solcher steuerlichen Vorschriften infrage, die gezielt zu Verlustzuweisungen führen, da die Verluste sich nicht auswirken können, wenn die Verlustquote des Abs. 3 im Verhältnis zum Kapital überschritten wird (Blümich/*Heuermann* § 15b Rn. 4). § 15b Abs. 2 S. 3 bestimmt jedoch ausdrücklich, dass es unbeachtlich ist, auf welchen Vorschriften modellhafte und konzeptionelle Verluste in einem Steuerstundungsmodell beruhen, sodass der Gesetzgeber es grundsätzlich auch in Kauf nimmt, selbst geschaffene steuerliche Förderregelungen zu unterlaufen.

Einstweilen frei 5

II. Historische Entwicklung

1. Rechtsprechung zur Bekämpfung von Verlustzuweisungen

a) Einkünfteerzielungsabsicht als Voraussetzung des Verlustausgleichs. aa) Prüfung bei einzelnen Steuerpflichtigen. Das Merkmal der Einkünfteerzielungsabsicht wird 6
bei allen Einkunftsarten vorausgesetzt, obwohl es allein in § 15 Abs. 2 als Gewinnerzielungsabsicht und in § 15 Abs. 3 als Einkünfteerzielungsabsicht gefordert wird. Die Gewinnerzielungsabsicht ist ein **subjektives Tatbestandsmerkmal,** auf deren Vorliegen bzw. Fehlen nicht aus den Erklärungen des Steuerpflichtigen, sondern nur aus objektiv vorhandenen, äußerlich erkennbaren Sachverhaltsumständen geschlossen werden kann (BFH 25.6.1984 –

GrS 4/82, BStBl. II 1984, 751; 18.4.2018 – I R 2/16, DStR 2018, 1538; *Weber-Grellet* DStR 1992, 602 (603 f.); *Weber-Grellet* DStR 1998, 873 (875); *Günther* EStB 2017, 164 ff., 202 ff.).

7 Die Prüfung dieses Merkmals erfolgt **zweistufig,** wobei auf der ersten Stufe eine langfristige Ergebnisprognose hinsichtlich der Erzielung eines steuerlichen (nicht betriebswirtschaftlichen) Totalgewinns/-überschusses in der Totalperiode (zwischen Begründung und Veräußerung) durch den Steuerpflichtigen (ohne Verlängerung der Totalperiode auf Einzel- und Gesamtrechtsnachfolger) anzustellen ist und auf der zweiten Stufe ggf. die den Totalgewinn/-überschuss hindernden Gründe zu untersuchen sind. Nach allgemeinen Grundsätzen trägt bei Nichtaufklärbarkeit des Sachverhalts der Steuerpflichtige die Beweislast für seine vorhandene Einkünfteerzielungsabsicht, wenn er Verluste abziehen möchte, das Finanzamt für die Besteuerung von Einnahmen.

8 Im Bereich der **Gewinneinkünfte** ist bei der zweistufigen Prüfung im Rahmen der Ergebnisprognose zu untersuchen, ob ein steuerlicher Totalgewinn erzielt werden kann. Hierbei ist auf die Besonderheiten der jeweiligen Einkunftsart abzustellen (BFH 31.3.1992 – XI R 11/87, BFH/NV 1993, 8). Es muss ein positives, den Eigenkapitaleinsatz übersteigendes Gesamtergebnis von der Gründung bis zur Veräußerung oder Aufgabe nach der Prognose erzielt werden können (vgl. BFH 25.6.1984 – GrS 4/83, BStBl. II 1984, 751 (766); 23.5.1985 – IV R 84/82, BStBl. II 1985, 515; *Fleischmann* DStR 1998, 364 ff.; *Pferdmenges* FR 1990, 700 ff.; *Littwin* BB 1996, 243 ff.; *Weber-Grellet* DStR 1992, 561 ff.; *Weber-Grellet* DStR 1998, 873 ff.). Eine Mindestgröße an Gewinn wird von der Rechtsprechung nicht verlangt, bloße Selbstkostendeckung reicht aber nicht aus (BFH 16.12.1998 – I R 36/98, BStBl. II 1999, 366; BFH 18.5.1995 – IV R 31/94, BStBl. II 1995, 718). In den Totalgewinn sind stille Reserven (BFH 5.5.1988 – III R 41/85, BStBl. II 1988, 778), zB steuerbare, jedoch steuerfreie Betriebsveräußerungs- und -aufgabegewinne nach § 16 Abs. 4 (BFH 20.6.1996 – X R 95/93, BFH/NV 1997, 40), negative Kursentwicklungen (BFH 18.2.1997 – IV B 31/96, BFH/NV 1997, 478) einzubeziehen. Fällt die Prognose negativ aus, so ist zu prüfen, ob die Tätigkeit objektiv zur Gewinnerzielung geeignet, nicht durch schlechte Betriebsführung beeinträchtigt und durch persönliche Motive (Liebhaberei) veranlasst ist. Die Rechtsprechung erkennt einen Beweis des ersten Anscheins für eine Gewinnerzielungsabsicht an und verlangt nach Anlaufverlusten eine Umstrukturierung des Betriebs; dies gilt allerdings nicht, wenn es sich um Betätigungen im Hobby- oder Freizeitbereich handelt, die aus persönlichen Neigungen betrieben werden (s. *Günther* EStB 2017, 164 (166)).

9 Im Bereich der **Überschusserzielungseinkünfte** ist ebenfalls die Erzielung eines Totalüberschusses auf der ersten Stufe zu untersuchen. Hier ist problematisch, dass nicht steuerbare Veräußerungsgewinne (im Gegensatz zu steuerpflichtigen Veräußerungsgewinnen nach § 23) nicht als Einnahmen berücksichtigungsfähig sind, Sonderabschreibungen werden ebenfalls nicht einbezogen (BFH 8.12.1998 – IX R 49-95, BStBl. II 1999, 468). Eine negative Totalüberschussprognose führt auch hier zur Prüfung auf der zweiten Stufe, welche Gründe einen Totalüberschuss verhindern und zu der Wertung führen können, dass die Tätigkeit einkommensteuerlich unbeachtlich ist.

10 **bb) Prüfung bei gemeinschaftlicher Einnahmeerzielung Mehrerer.** Bei den **Gewinneinkünften,** so zB im Fall von gewerblich tätigen, gewerblich geprägten und unter die Abfärberegelung (§ 15 Abs. 3 Nr. 1) fallenden Mitunternehmerschaften, ist eine doppelte Prüfung der Gewinnerzielungsabsicht (BFH 23.4.1999 – IV B 149/98, BFH/NV 1999, 1336; BFH 10.12.1992 – XI R 45/88, BStBl. II 1993, 538) auf Ebene der Gesellschaft und beim Gesellschafter erforderlich. Die Gesellschaft ist Subjekt der Einkünfteerzielung. Auf der Ebene der Gesellschaft muss eine auf einen Totalerfolg gerichtete Mehrung des Betriebsvermögens beabsichtigt sein. Der beteiligte Mitunternehmer muss ebenso unter Einbeziehung der Vorgänge im Sonderbetriebsvermögen (BFH 2.7.1998 – IV R 90/96, BFH/NV 1999, 754) eine Gewinnerzielungsabsicht haben: Zu prüfen ist insbesondere, ob für ihn vor dem vertraglich vorgesehenen Ausscheiden aus der Gesellschaft oder vor deren Auflösung objektiv die Möglichkeit besteht, dass die Gesellschaft Gewinne erzielt oder seine Abfindung die Einlage oder ein negativ gewordenes Kapitalkonto übersteigen wird (s. hierzu ausf. *Lüdicke/Pannen* DStR 2000, 2109 ff.). Bei gewerblich geprägten GmbH & Co. KGs nimmt der BFH keine Einkünfteerzielungsabsicht an, wenn während der Prägung vor einem Strukturwandel zur gewerblichen KG (durch Beitritt der Komplementär-GmbH) nur Vorlaufverluste erzielt werden (BFH 25.9.2008 – IV R 80/05, BStBl. II 2009, 266). Übt die Personengesellschaft mehrere Tätigkeiten aus, so kann nach den Grundsätzen der Segmentierung (*Weber-Grellet* DStR 1998, 873 (875); *Rödder* DB 1986, 2241 ff.) die Gewinnerzielungsabsicht partiell verneint werden.

Bei den **vermögensverwaltenden Gesellschaften mit Überschusseinkünften** (§§ 20, 11
21, 23) ist ebenfalls eine doppelte Prüfung der Überschusserzielungsabsicht auf Ebene der Gesellschaft und der einzelnen Gesellschafter vorzunehmen (BFH 8.12.1998 – IX R 49-95, BStBl. II 1999, 468 und 5.9.2000 – IX R 33-97, BStBl. II 2000, 676). Es bedarf im Rahmen der doppelten Prüfung keiner getrennten Betrachtung, wenn schon die Gesellschaft keine Einkünfteerzielungsabsicht hat (BFH 21.11.2000 – IX R 2/96, BStBl. II 2001, 789). Auf der Ebene des Gesellschafters werden auch Aufwendungen im Zusammenhang mit seiner Beteiligung (Sonderwerbungskosten) in die Betrachtung einbezogen, auch wenn es bei den Überschusseinkunftsarten keine Sonderbetriebseinnahmen gibt. Die Überschusserzielungsabsicht fehlt, wenn sich der Gesellschafter nur kurzfristig zur „Verlustmitnahme" an einer Gesellschaft beteiligt (BFH 21.11.2000 – IX R 2/96, BStBl. II 2001, 789).

b) Verlustzuweisungsgesellschaften iSd BFH-Rechtsprechung. aa) Gesetzliche 12
Regelungen vor §§ 15a, 15b. In den 1970er Jahren gab es in Anlehnung an den Baupatenbeschluss (BFH 17.1.1972 – Gr. S. 10/70, BStBl. II 1972, 700) die gefestigte Rechtsprechung, dass das Streben nach einer Steuerersparnis für die Gewinnerzielungsabsicht als ausreichend angesehen wurde. Diese Auffassung änderte sich mit dem Beschluss des BFH vom 25.6.1984 (GrS 4/82, BStBl. II 1984, 751). Danach liegt eine Gewinnerzielungsabsicht nicht vor, wenn die Gesellschaft „lediglich in der Absicht tätig ist, ihren Gesellschaftern eine Minderung von Steuern vom Einkommen dergestalt zu vermitteln, dass durch Zuweisung von Verlustanteilen andere an sich tariflich zu versteuernde Einkünfte nicht und die Verlustanteile letztlich nur in Form buchmäßiger Veräußerungsgewinne tarifbegünstigt versteuert werden müssen". Mit dem Steuerentlastungsgesetz 1984 (BGBl. 1983 I 1583) wurde ua § 15 Abs. 2 S. 2 zur Klarstellung eingeführt, wonach eine durch wirtschaftliche Betätigung verursachte Minderung der Steuern vom Einkommen kein Gewinn für Zwecke der Ermittlung der steuerlichen Totalprognose iSd S. 1 ist, sodass allein das Erstreben steuerlicher Vorteile keine Einkünfteerzielungsabsicht zu begründen vermag (*Groh* DB 1984, 2424). Auch **§ 15a** beseitigte den entscheidenden Hebel der Verlustzuweisungsgesellschaften durch die Beschränkung der Verrechenbarkeit von Verlustzuweisungen mit anderen positiven Einkünften bei Entstehen oder der Erhöhung eines negativen Kapitalkontos.

bb) Anscheinsbeweis bei Verlustzuweisungsgesellschaften. Begriff: Die klassische 13
Verlustzuweisungsgesellschaft der 1970er Jahre (vor Einführung von § 15a), an der die Rechtsprechung diesen Typusbegriff entwickelt hat, wurde durch die folgenden Rahmenbedingungen charakterisiert (vgl. ausf. *Kohlhaas* Stbg 2000, 249 (250 f.); *Kohlhaas* FR 1999, 1038 ff.; *Kohlhaas* DStR 1996, 945 ff.):

- Der Anleger erzielte Buchverluste (sog. negatives Kapital), da ihn keine Nachschussverpflichtung bezüglich seiner Einlage traf;
- Unbegrenzte Verrechenbarkeit der zugewiesenen Verluste aufgrund steuerlicher Vorschriften;
- Renditehaftigkeit des Vorhabens, weil die Steuerersparnis den Verlust der Einlage überwog;
- Anerkennung einer Einkünfteerzielung durch die Rechtsprechung, obwohl die wirtschaftlichen Vorteile der Anlage allein auf Steuerminderungen durch die Verrechnung anderer positiver Einkünfte mit Verlusten beruhten.

Anscheinsbeweis: Die Rechtsprechung begegnete dem mit dem Instrument des Anscheins- 14
beweises bei **Verlustzuweisungsgesellschaften.** Sie stellte eine doppelte **Negativvermutung für die Gewinnerzielungsabsicht** des Fonds und des Anlegers bei Gewinneinkünften und Überschusseinkünften unter bestimmten Voraussetzungen auf: Nach den grundlegenden Urteilen des BFH (21.8.1990 – VIII R 25/86, BStBl. II 1991, 564; BFH 10.9.1991 – VIII R 39/86, BStBl. II 1992, 328 und BFH 12.12.1995 – VIII R 59/92, BStBl. II 1996, 219) gilt bei Gründung einer Verlustzuweisungsgesellschaft die Vermutung, dass diese bei

Gründung keine Gewinnerzielungsabsicht hat, sondern lediglich die Möglichkeit einer späteren Gewinnerzielung in Kauf nimmt.

15 Der BFH konkretisiert die tatbestandlichen Voraussetzungen (Kriterien) einer Verlustzuweisungsgesellschaft durch verschiedene Indizien.

15.1 **Typische Eigenschaften (innere Ausgestaltung):** Eigenkapitaleinlagen existierten in lediglich geringem Umfang, sodass bei der Gesellschaft eine erhebliche Fremdfinanzierung notwendig ist; die gesellschaftsrechtliche Organisationsform gewährleistet die Haftungsbeschränkung der Anleger; Verlustzuweisungen von mehr als 100% der Einlage, die zu einer (fast) vollständigen Finanzierung der Einlage durch Steuerersparnisse führen kann, werden versprochen.

15.2 **Ausprägung der Betätigung der Gesellschaft (äußeres Bild):** Der äußere Anschein einer Verlustzuweisungsgesellschaft ist gegeben, wenn diese neben den typischen Eigenschaften bevorzugte Tätigkeitsfelder hat, die außergewöhnlich risikoreiche Investitionen erfordern und das Werben mit Steuerersparnissen derart im Vordergrund steht, dass betriebswirtschaftliche Grunddaten in den Hintergrund treten. Sonderabschreibungen allein seien aber noch kein Indiz für eine typische Verlustzuweisungsgesellschaft.

15.3 **Motivation der Gesellschafter:** Der äußere Anschein einer Verlustzuweisungsgesellschaft bedingt die fehlende Gewinnerzielungsabsicht der Gesellschafter. Diese fehlt, wenn der Anleger das hohe Risiko des Investments nur eingeht, um über die Verlustzuweisungen Steuerersparnisse zu erzielen und seine Einlage zu refinanzieren. Ebenso fehlt nach der Rechtsprechung dem Anleger die Gewinnerzielungsabsicht, wenn seine Anlage sich nach der Strukturierung des Fonds faktisch nur auf Verlustzuweisungen erstrecken kann, weil er durch Verkaufsgarantien zu festgesetzten Zeitpunkten aus dem Fonds aussteigen kann und daher die Möglichkeit einer späteren Gewinnerzielung des Fonds für ihn subjektiv von untergeordneter Bedeutung ist (BFH 14.9.1999 – IX R 59-96, BStBl. II 2000, 67).

16 **Gefestigte Rechtsprechung:** In der BFH-Rechtsprechung (Beschlüsse BFH 5.7.2002 – IV B 42/02, BFH/NV 2002, 1447; 2.8.2007 – IX B 92/07, BFH/NV 2007, 2270) hat sich hierzu folgende Formel ausgebildet: „[Eine] Verlustzuweisungsgesellschaft ist eine Gesellschaft, deren Initiatoren selbst oder durch Dritte – meist durch Prospekt – interessierte Kapitalanleger mit dem Versprechen von Einkommensteuerminderungen durch Verlustzuweisungen werben und nach deren Ergebnisvorschau die Kapitalanlagen sich regelmäßig ganz oder teilweise durch Steuerersparnisse finanzieren, sodass das Streben nach einem Totalüberschuss von persönlichen Gründen, nämlich der Absicht der Erzielung von Einkommensteuerersparnissen, verdrängt wird. Liegt eine Verlustzuweisungsgesellschaft vor, spricht eine widerlegbare Vermutung dafür, dass für ihre Gründung und Fortführung nicht die Absicht Gewinne zu erzielen, sondern einkommensteuerrechtlich nicht relevante persönliche Gründe bestimmend sind".

16.1 **Kritik an der Rechtsprechung:** Das Schrifttum (vgl. *Kohlhaas* Stbg 2000, 249 (252)); *Kohlhaas* DStR 1996, 945 ff.; *Kupfer* KÖSDI 2000, 12 514, 12 521; *Loritz* BB 1997, 1281 ff.) kritisiert, die Rechtsprechung habe die Kriterien für Verlustzuweisungsgesellschaften ohne Grund verschärft: Der GrS habe in seiner Entscheidung vom 25.6.1984 (GrS 4/82, BStBl. II 1984, 751) vorgegeben, eine Verlustzuweisungsgesellschaft sei nur anzunehmen, wenn über die Laufzeit lediglich Buchverluste entstünden und die uneingeschränkte Verrechenbarkeit dieser Buchverluste mit anderen positiven Einkünften gewährleistet sei, sodass die Steuerersparnis die verlorene Einlage übersteige. Hingegen habe der BFH im Urteil vom 12.12.1995 (VIII R 59/92, BStBl. II 1996, 219) schon dann eine Verlustzuweisungsgesellschaft angenommen, wenn im Verlustentstehungsjahr der Anleger Verlustzuweisungen mit anderen positiven Einkünften verrechnen könne und so seine Einlage nur teilweise mit Verlustzuweisungen finanziere.

16.2 Dies sei unangemessen, weil in der Gegenwart mit Verlustzuweisungen werbende Gesellschaften andere Geschäftsmodelle hätten (vgl. *Kohlhaas* BB 1998, 399 ff.): Die Initiatoren stellten in den Prospekten langfristige Ergebnisrechnungen auf, die mit einem Totalgewinn abschlössen. Die Verlustzuweisungen könnten wegen § 15a nicht mehr zu einer zunächst (fast) vollständigen Refinanzierung der Einlage aus Steuerersparnissen führen, sodass der Fonds grundsätzlich betriebswirtschaftliche positive Ergebnisse erzielen müsse. Der Anleger müsse heute darauf achten, dass er das vom Fonds aufgenommene Fremdkapital aus Erträgen der Beteiligung zurückführen könne. Die Notwendigkeit der Rentabilität des Fonds führe dazu, dass eine Rendite oft erst über Veräußerungsgewinne aus dem Investitionsobjekt erzielt werden könne, was Investitionen in werthaltige Vermögensgegenstände und betriebswirtschaftlich sinnvolles Wirtschaften des Fonds voraussetze.

Widerlegung der Vermutung: Der Gesellschafter und die Gesellschaft haben die Möglichkeit, den Anscheinsbeweis zu erschüttern, indem sie nachweisen, dass die Gewinnerzielungsabsicht aufgrund einer ernsthaft möglichen Gewinnerwartung vorhanden ist (*Kohlhaas* DStR 1996, 945 (949); zu Einzelfragen des Gegenbeweises kritisch *Lüdicke/Pannen* DStR 2000, 2109 (2111)). 17

Verfahrensrecht: Bei Vorliegen einer Einkünfteerzielungsabsicht des Fonds sind die negativen Einkünfte gemäß § 180 Abs. 1 Nr. 2 Buchst. a AO gesondert und einheitlich festzustellen. Liegt eine Verlustzuweisungsgesellschaft vor, ist mangels einer Einkünfteerzielungsabsicht und der Steuerbarkeit der Einkünfte ein negativer Feststellungsbescheid zu erlassen. Das Betriebsfinanzamt der Gesellschaft soll im Rahmen einer Vorprüfung innerhalb von sechs Monaten darüber entscheiden, ob steuerbare negative Einkünfte vorhanden sind (vgl. BMF 13.7.1992, BStBl. I 1992, 404 und die Ergänzung durch BMF 27.4.1994, BStBl. I 1994, 420; *Lüdicke/Arndt* Geschlossene Fonds, 110). 18

Einstweilen frei 19

2. Die Vorläuferregelung in § 2b EStG 1999

a) Überblick. aa) Gesetzestext. § 2b EStG 1999 hatte folgenden Inhalt: 20

„Negative Einkünfte auf Grund von Beteiligungen an Gesellschaften oder Gemeinschaften oder ähnlichen Modellen dürfen nicht mit anderen Einkünften ausgeglichen werden, wenn bei dem Erwerb oder der Begründung der Einkunftsquelle die Erzielung eines steuerlichen Vorteils im Vordergrund steht. Sie dürfen auch nicht nach § 10d abgezogen werden. Die Erzielung eines steuerlichen Vorteils steht insbesondere dann im Vordergrund, wenn nach dem Betriebskonzept der Gesellschaft oder Gemeinschaft oder des ähnlichen Modells die Rendite auf das einzusetzende Kapital nach Steuern mehr als das Doppelte dieser Rendite vor Steuern beträgt und ihre Betriebsführung überwiegend auf diesem Umstand beruht, oder wenn Kapitalanlegern Steuerminderungen durch Verlustzuweisungen in Aussicht gestellt werden. Die negativen Einkünfte mindern nach Maßgabe des § 2 Abs. 3 die positiven Einkünfte, die der Steuerpflichtige in demselben Veranlagungszeitraum aus solchen Einkunftsquellen erzielt hat, und nach Maßgabe des § 10d die positiven Einkünfte, die der Steuerpflichtige in dem unmittelbar vorangegangenen Veranlagungszeitraum oder in den folgenden Veranlagungszeiträumen aus solchen Einkunftsquellen erzielt hat oder erzielt."

bb) Zeitlicher Anwendungszeitraum des § 2b EStG 1999. § 2b EStG 1999 ist durch das Gesetz zur Beschränkung der Verlustverrechnung im Zusammenhang mit Steuerstundungsmodellen v. 22.12.2005 (BGBl. 2005 I 3683) **mit Wirkung ab dem 11.11.2005 aufgehoben** und **durch § 15b** ersetzt worden. Die Regelung hatte somit Bedeutung für Einkünfte aus § 2b-Einkunftsquellen, die ein Steuerpflichtiger **nach dem 4.3.1999** und **vor dem 11.11.2005** rechtswirksam erworben hat (§ 52 Abs. 4 EStG 1999). 21

§ 2b EStG 1999 wurde durch das Steuerentlastungsgesetz 1999/2000/2002 vom 24.3.1999 (BGBl. 1999 I 402) in das EStG aufgenommen. Die Vorschrift sollte zur Verminderung unerwünschter Steuersparmodelle beitragen, indem der Ausgleich der Verluste aus der Beteiligung an Verlustzuweisungsgesellschaften und ähnlichen Modellen begrenzt wurde. Die Einschränkung der Verlustverrechnung sei geboten, denn es sei nicht vertretbar, dass Steuerpflichtige mit hohen Einkünften ihre steuerpflichtigen Einkünfte mit Hilfe von Beteiligungen an Verlustzuweisungsgesellschaften stark reduzieren, auf null bringen, oder sogar Verlustrückträge/Verlustvorträge erzielen könnten. Die Maßnahme sei auch ordnungspolitisch erforderlich, da private Investitionsentscheidungen sich zur Vermeidung von Fehlallokationen an wirtschaftlichen Gewinnerwartungen und nicht an steuerlichen Kriterien ausrichten müssten (vgl. Begründung des vom Finanzausschuss des Deutschen Bundestags vorgeschlagenen Gesetzestexts, BT-Drs. 14/443, 16). Wesentliche **„Erkenntnisquelle"** neben dem Gesetzeswortlaut war das **BMF-Schreiben vom 5.7.2000,** BStBl. I 2000, 1148, da ohne dieses die Vorschrift weitgehend nicht auslegungsfähig war (*Raupach/Böckstiegel* FR 1999, 557 ff.; *Tiedtke/Striegel* FR 2002, 701 ff.). Nach dem BFH war § 2b EStG 1999 zwar auslegungsbedürftig, aber unter Heranziehung des Wortlauts und der Gesetzesbegründung jedenfalls einer Auslegung zugänglich (BFH 22.9.2016 – IV R 2/13, BStBl. II 2017, 165). 22

Bei Einführung der Regelung des § 2b EStG 1999 erhielt diese wegen ihrer verschärfenden Wirkung eine Übergangsregelung. § 52 Abs. 4 EStG 1999 unterschied zwischen verschiede- 23 nen **Vertrauensschutztatbeständen,** welche entweder auf den Anleger oder einen geschlossenen Fonds selbst zugeschnitten waren (vgl. insgesamt zur Übergangsregelung *Butzer* BB 1999, 2061 ff.).

23.1 § 52 Abs. 4 S. 1 EStG 1999 enthielt einen **persönlichen Vertrauensschutztatbestand.** § 2b EStG 1999 war anzuwenden, wenn der Steuerpflichtige die Einkunftsquelle, seine Beteiligung am Fonds, **nach dem 4.3.1999** rechtswirksam erwarb, sodass beim Erwerb der Beteiligung vor dem 5.3.1999 im Rahmen des § 2 Abs. 3 negative Einkünfte aus einem geschlossenen Fonds im Rahmen der allgemeinen Verlustverrechnungsvorschriften weiterhin verrechnet werden können. Diese Einordnung einer Beteiligung als **§ 2b-Fonds** sollte sich aus der Sicht des jeweiligen Anlegers bis zu dessen Ausscheiden oder der Abwicklung des Fonds nicht mehr ändern können (BMF 22.8.2001, DStR 2001, 1611).

23.2 § 52 Abs. 4 S. 2 EStG 1999 unterschied zwischen einem **gesellschaftsbezogenen Vertrauensschutz in Herstellungsfällen** und in **Anschaffungsfällen:** Hatte die Gesellschaft, an der sich Anleger nach dem 4.3.1999 beteiligten, bereits vor dem 5.3.1999 mit der **Herstellung** eines Wirtschaftsguts begonnen, waren auf die zugewiesenen Verluste aus dieser Gesellschaft die Beschränkungen des § 2b EStG 1999 noch nicht anzuwenden. Im **Anschaffungsfall** war nach § 52 Abs. 4 S. 2 EStG 1999 die Regelung des § 2b EStG 1999 nicht anzuwenden, wenn die Gesellschaft, das Wirtschaftsgut aufgrund eines vor dem 5.3.1999 rechtswirksam abgeschlossenen Vertrages angeschafft hatte und der Steuerpflichtige vor dem 1.1.2001 dem Fonds beitrat.

23.3 Für die **Herstellungsalternative** ist nicht vollständig geklärt, ob der einzelne Anleger zeitlich unlimitiert der Gesellschaft beitreten kann, wenn diese rechtzeitig mit der Herstellung des Wirtschaftsguts der Einkünfteerzielung begonnen hat oder ob die Vorschrift hier so auszulegen ist, dass der Vertrauensschutz nicht für den Beitritt von Gesellschaftern über den 31.12.2000 hinaus gewährt wird. Das BMF-Schreiben vom 5.7.2000 enthält in Rn. 44–51 Stellungnahmen zu weiteren Problemfällen im Zusammenhang mit der Übergangsregelung, welche hier nicht weiter vertieft werden sollen.

23.4 Eine Gesellschaft oder Gemeinschaft kann aber nicht iSd § 52 Abs. 4 S. 2 EStG 1999 zum maßgeblichen Stichtag das Wirtschaftsgut der Einkunfteerzielung angeschafft bzw. mit dessen Herstellung begonnen haben, wenn sie zu diesem Zeitpunkt überhaupt noch nicht existent war. § 52 Abs. 4 S. 4 EStG 1999 kann – so der BFH – nicht normspezifisch dahingehend ausgelegt werden, dass stets auf den Zeitpunkt der Stellung des Bauantrags abzustellen ist, wenn das Modellkonzept die Herstellung eines baugenehmigungspflichtigen Wirtschaftsguts vorsieht, unabhängig davon, ob die Herstellung durch die Gesellschaft oder einen Dritten erfolgen soll (BFH 22.9.2016 – IV R 2/13, BStBl. II 2017, 165).

24 **b) Verfassungsmäßigkeit der Regelung.** § 2b EStG 1999 unterlag unter verschiedenen Gesichtspunkten von Beginn an verfassungsrechtlichen Bedenken. Auch der BFH hatte in einem Aussetzungsbeschluss vom 2.8.2007 (IX B 92/07, BFH/NV 2007, 2270) verfassungsrechtliche Zweifel an der Regelung gesehen, brauchte im summarischen Verfahren gem. § 69 FGO jedoch keine Richtervorlage gem. Art. 100 Abs. 1 GG an das BVerfG durchzuführen.

25 Im Urteil vom 22.9.2016 (IV R 2/13, BStBl. II 2017, 165) hat der IV. Senat des BFH § 2b EStG 1999 hingegen in den Fällen mit dem Grundgesetz als vereinbar beurteilt, in denen den Anlegern auf Grund einer im Werbe- bzw. Verkaufsprospekt ausgewiesenen fiktiven gesellschafterbezogenen Steuerberechnung in Aussicht gestellt worden sei, dass sie bereits im ersten Jahr der Beteiligung auf Grund einer Verlustzuweisung einen Steuervorteil mindestens in Höhe des eingesetzten Kapitals erhalten sollten. In diesem Fall knüpfe § 2b EStG 1999 ohne Gleichheitsverstoß typisierend und realitätsgerecht an einen fiktiven Steuerpflichtigen mit einem hohen Einkommen und entsprechend hohen Steuersatz an.

25.1 Gegenüber Investoren, die sich ohne eine modellhafte Gestaltung im Rahmen einer Gesellschaft oder Gemeinschaft zwecks gemeinsamer Investition zusammenschließen, bejaht der BFH zwar eine Ungleichbehandlung iSd Art. 3 Abs. 1 GG. Diese sei aber sachlich gerechtfertigt. Denn ausweislich der Gesetzesbegründung verfolgte der Gesetzgeber mit der Einführung des § 2b EStG 1999 nicht nur rein fiskalische Zwecke, sondern auch tragende ordnungspolitische Erwägungen. Es müsse dem Gesetzgeber unbenommen bleiben, die grundsätzliche Wirkung der Steuergesetze partiell einzuschränken, wenn die Investitionsentscheidungen nicht mehr nach wirtschaftlich vernünftigen Kriterien, sondern ausschließlich getrieben von dem Streben nach einem Steuervorteil getroffen würden. § 2b EStG 1999 knüpfe nur an einen bestimmten Investitionstypus an, dessen Investitionsentscheidung nicht primär anhand wirtschaftlicher Erwägungen getroffen werde, sondern im Kern ausschließlich steuerlich motiviert sei. Es stehe dem Gesetzgeber auch frei, den Anwendungsbereich bzw. die Rechtsfolgen bestimmter Subventionsnormen, die auf Fondsebene oder im Rahmen eines ähnlichen Modells, im Rahmen einer übergeordneten Norm für bestimmte Fallgestaltungen einzuschränken. Dass dieses Ziel aus Gründen der Gesetzessystematik besser durch entsprechende Einschränkung des Tatbestands der jeweiligen Lenkungsnorm geregelt werden könnte, führe auch nicht zu einem Verstoß des § 2b EStG 1999 gegen das Rechtsstaatsprinzip.

Die rein zeitliche Streckung eines Verlusts sei nach der gefestigten Rechtsprechung des BFH (vgl. BFH 22.8.2012 – I R 9/11, BStBl. II 2013, 512; BFH 20.9.2012 – IV R 36/10, BStBl. II 2013, 498; 28.4.2016 – IV R 20/13, BStBl. II 2016, 739) mit Art. 3 Abs. 1 GG vereinbar, da eine Verlustausgleichsbeschränkung, die den Verlustausgleich nicht endgültig versage, sondern lediglich zeitlich strecke, grundsätzlich nicht zu beanstanden sei. 26

c) § 2b EStG 1999 im Gefüge des Einkommensteuerrechts. § 2b EStG 1999 war auf der Ebene des einzelnen Einkommensteuerpflichtigen **(Anlegers)** anzuwenden, **bei geschlossenen Fonds** knüpft die Regelung aber maßgeblich an die Verhältnisse **auf der Ebene der Gesellschaft/Gemeinschaft** selbst an. Die Regelung umfasste negative Einkünfte aus allen Einkunftsarten des § 2. 27

Rechtsfolge war die „Überführung" von negativen Einkünften im Sinne der Regelung **in einen besonderen Verlustverrechnungskreislauf** (*Herzig/Briesemeister* DB 1999, 1470; *Seer/Schneider* BB 1999, 873 (877)). Weder ein horizontaler noch ein vertikaler Verlustausgleich **negativer Einkünfte aus Verlustzuweisungsgesellschaft** mit anderen Einkünften derselben Einkunftsart noch mit Einkünften aus anderen Einkunftsarten war nach Einordnung des Verlusts als aus einer „§ 2b-Einkunftsquelle stammend" möglich (vgl. § 2b S. 4 EStG 1999, s. *Raupach/Böckstiegel* FR 1999, 557 (567)). War ein **Anleger** an mehreren separaten Einzelinvestitionen in Verlustzuweisungsgesellschaften iSd § 2b EStG 1999 beteiligt und erzielte aus diesen positive und negative Einkünfte, waren diese untereinander verrechenbar (*Beck* DStR 2006, 61). **Positive Einkünfte aus Verlustzuweisungsgesellschaften** iSd § 2b EStG 1999 durften uneingeschränkt mit negativen Einkünften aus anderen Einkunftsquellen verrechnet werden. 28

§ 2b EStG 1999 setzte steuerbare „negative Einkünfte" voraus, dh, es musste eine Einkünfteerzielungsabsicht auf Ebene des Fonds und des Anlegers vorliegen (BFH 22.9.2016 – IV R 2/13, BStBl. II 2017, 165). Damit wollte § 2b EStG 1999 vorwiegend Fondsbeteiligungen erfassen, in denen der Fonds nach der Prognose einen Totalgewinn erwirtschaftete, der Anleger bei seiner Beteiligung aber auch einen Steuervorteil anstrebte. 29

Zu **Abgrenzungsproblemen** konnte es im Zusammenspiel des § 2b EStG 1999 mit anderen verlustausgleichsbeschränkenden Vorschriften, vor allem mit § 15a, kommen. § 15a setzt auf der Ebene der Einkünfteermittlung und damit **vor** dem Verlustausgleich innerhalb der jeweiligen Einkunftsart an. § 15a ist bei einem negativen Kapitalkonto vorrangig anzuwenden, wenn die Gesellschaft eine sog. § 2b-Einkunftsquelle ist (*Seer/Schneider* DB 1999, 872). Soweit ein Kommanditist aufgrund eines positiven Kapitalkontos oder der persönlichen Haftung **nicht** nach § 15a an der Verlustverrechnung beschränkt war, konnte jedoch das Verrechnungsverbot aus § 2b EStG 1999 zur Anwendung kommen. Ein Kollisionspunkt zwischen § 2b-Einkunftsquellen und Gesellschaften, auf die § 15a ebenso Anwendung fand, lag unter anderem auch bei Sachverhalten, **in denen § 15a nicht** eingriff, weil der Kommanditist seine Einlage fremdfinanziert hatte und damit Sonderbetriebsausgaben zu tragen hatte (vgl. *Raupach/Böckstiegel* FR 1999, 557 (560)). 30

d) Tatbestand und Streitfragen des § 2b EStG 1999. aa) Grundtatbestand und Regelbeispiele. § 2b S. 1 EStG 1999 enthält den **Grundtatbestand** der Vorschrift, nach dem negative Einkünfte aufgrund von Beteiligungen an Gesellschaften oder Gemeinschaften oder ähnlichen Modellen nicht mit anderen Einkünften ausgeglichen werden dürfen, wenn bei dem Erwerb oder bei der Begründung der Einkunftsquelle die Erzielung eines steuerlichen Vorteils im Vordergrund stand. 31

Konkretisiert wurde das **Tatbestandsmerkmal der „Erzielung eines steuerlichen Vorteils"** durch die beiden Regelbeispiele in § 2b S. 3 EStG 1999. Das **erste Regelbeispiel** verlangte bezogen auf einen bestimmten Renditezeitraum eine Quantifizierung und einen Vergleich der Rendite auf das einzusetzende Kapital nach Steuern mit einer vergleichbaren Rendite vor Steuern. Das **zweite Regelbeispiel** ließ es für die Anwendung genügen, wenn dem Kapitalanleger Steuerminderungen durch Verlustzuweisungen in Aussicht gestellt wurden. Fast alle Tatbestandsmerkmale des Grundtatbestandes und auch der Regelbeispiele waren 32 mit **Auslegungsschwierigkeiten** und einer entsprechenden Meinungsvielfalt hinsichtlich ihres Inhalts behaftet (*Raupach/Böckstiegel* FR 1999, 557 (564)).

33 Nach dem BFH war das Tatbestandsmerkmal des „**ähnlichen Modells**“ als **Auffangtatbestand** zu verstehen und ließ deshalb nur den Rückschluss zu, dass auch die andere Tatbestandsalternative, die „Beteiligung an Gesellschaften oder Gemeinschaften“, an die Modellhaftigkeit der Gestaltung anknüpfte. § 2b EStG 1999 sollte danach Beteiligungen erfassen, die auf einem den Anlegern unterbreiteten, vorgefertigten und modellhaften Betriebskonzept beruhten (BFH 22.9.2016 – IV R 2/13, BStBl. II 2017, 165).

34 Als Konsequenz aus dieser Begriffsbeschreibung folgte, dass die **sog. § 2b-Verlustzuweisungsgesellschaft einen eigenen Typus gegenüber der allgemeinen** Verlustzuweisungsgesellschaften iSd bisherigen BFH-Rechtsprechung darstellte (*Kohlhaas* DStR 2001, 1137 (1139); *Schuhmann* StBp 2002, 142 (144)). Der BFH leitete dies schon **im Beschluss vom 2.8.2007** (IX B 92/07, BFH/NV 2007, 2270), aus dem Tatbestandsmerkmal der „negativen Einkünfte“ iSv § 2b S. 1 EStG 1999 und den weiteren Voraussetzungen der Regelung ab, denn der Gesetzgeber setze für seine von § 2b EStG 1999 erfassten Verlustzuweisungsgesellschaften eine Einkünfteerzielungsabsicht voraus, die bei der allgemeinen Verlustzuweisungsgesellschaften nicht gegeben sei (→ Rn. 16). Die BFH-Rechtsprechung zur widerlegbaren Vermutung einer fehlenden Einkünfteerzielungsabsicht bei Verlustzuweisungsgesellschaften war auch nach Einführung des **§ 2b EStG 1999** anzuwenden (BFH 2.8.2007 – IX B 92/07, BFH/NV 2007, 2270; BFH 22.9.2016 – IV R 2/13, BStBl. II 2017, 165).

35 **bb) Der Grundtatbestand des § 2b S. 1 EStG 1999. Beteiligung an einer Gesellschaft/Gemeinschaft:** Das **BMF** (BMF 5.7.2000, BStBl. I 2000, 1148) legte diese Tatbestandsalternative des § 2b S. 1 EStG 1999 in der Weise aus, dass **nur modellhafte Gestaltungen,** bei denen mehrere Personen als Gesellschaft oder in einer anderen rechtlicher Verbundenheit tätig würden und bei denen **auf Ebene der Gesellschaft/Gemeinschaft als Einkünfteerzielungssubjekt** eine Einkünfteerzielungsabsicht vorliege, unter den Tatbestand fielen (BMF 5.7.2000, BStBl. I 2000, 1148 Rn. 9, 10). Charakteristisch für die Modellhaftigkeit war die Passivität des Investors bei der Entwicklung der Geschäftsidee und der Vertragsgestaltung. Der Anleger sollte lediglich das Beitrittsformular und ggf. Treuhandaufträge unterschreiben, ohne Einfluss auf die Ausgestaltung der Gesellschaft zu nehmen (*Tiedke/Striegel* FR 2002, 701 (705)). Diesem Verständnis hat sich der BFH angeschlossen (BFH 22.9.2016 – IV R 2/13, BStBl. II 2017, 165).

35.1 In Rn. 17–26 enthielt das BMF-Schreiben einen nicht abschließenden Katalog von Kriterien, welche eine **modellhafte Gesellschaft** iSd Vorschrift aufweisen sollte. Charakteristisch waren danach ein vorgefertigtes Konzept, „gleichgerichtete Leistungsbeziehungen“ der Anleger sowie die Bereitstellung eines **Bündels an Haupt-, Zusatz- und Nebenleistungen durch die Initiatoren,** die *zugleich* das Risiko des Anlegers minimieren und den Steuerspareffekt sichern sollten. Von einer „Gleichrichtung der Leistungsbeziehungen“ war auszugehen, soweit gleichartige Verträge mit mehreren identischen Vertragsparteien abgeschlossen wurden (zB mit demselben Treuhändler, demselben Vermittler oder derselben Finanzierungsbank). Gemeint war auch ein **Vertragsgeflecht** (wie eine **modellhafte Fremdfinanzierung der Einlage**), das dazu bestimmt und geeignet war, den sofort abziehbaren Aufwand auf der Fondsebene zu erhöhen, um den Anlegern ein höheres Verlustverrechnungsvolumen zu verschaffen.

35.2 Nach anderer Sichtweise in der Literatur zu den Kriterien in Rn. 17–26 des BMF-Schreibens vom 5.7.2000 sollte eine solche **Modellhaftigkeit** nicht vorliegen können, da das BMF-Schreiben die Annahme treffe, ein Anleger müsse Zusatz- und Nebenleistungen nur deshalb akzeptieren, um den sofort abzugsfähigen Aufwand zu erhöhen, ohne dass die „eingekaufte Leistung“ ihm einen angemessen wirtschaftlichen Vorteil bringen solle, was in der Wirklichkeit nicht gegeben sei (*Meyer-Scharenberg/Fleischmann* DStR 2000, 1373 (1377)). Darüber hinaus wurden die Rn. 17–19 des BMF-Schreibens vom 5.7.2000 dahingehend kritisiert, dass die Bereitstellung eines Bündels an Haupt-, Zusatz- oder Nebenleistungen zu einer **Minimierung des Risikos des Anlegers** und zur Sicherung des Steuerspareffekts führen müsse. Da der Anleger das Risiko seiner Entscheidung trage und der Modellanbieter ihm die Rückführung etwa aufgenommenen Fremdkapitals zur Finanzierung der Einlage nicht garantieren könne, sei der geforderte Zusammenhang zwischen dem Leistungsbündel auf der Fondsebene **und der Risikominimierung des Anlegers** niemals vorhanden (*Kohlhaas* DStR 2001, 1137 (1142)).

36 **Ähnliches Modell:** Der BFH bezog auch **Einzelinvestoren** in den Anwendungsbereich des § 2b EStG 1999 ein (BFH 22.9.2016 – IV R 2/13, BStBl. II 2017, 165; ebenso BMF

22.8.2001, BStBl. I 2001, 588 Rn. 11). Der Wortlaut des Satz 1 stehe dieser Auslegung nicht entgegen und gebiete – so der BFH – keine einschränkende Auslegung dahingehend, dass das Tatbestandsmerkmal „ähnliches Modell" eine Mehrzahl von Investoren voraussetze (aA *Elicker* FR 2002, 1041 (1042); *Söffing* DB 2000, 2340 (2342); *Wotschofsky/Meßmer* StuB 2002, 1052 (1058)). Als Auffangtatbestandsmerkmal verlange dieses Merkmal wie bei den Beteiligungen, dass das dem Investment zugrunde liegende Betriebskonzept von einem Dritten ausgearbeitet worden sei und der Steuerpflichtige, ohne darauf in irgendeiner Form Einfluss nehmen zu können, nur zur Erzielung eines steuerlichen Vorteils investiere (BFH 22.9.2016 – IV R 2/13, BStBl. II 2017, 165).

Im-Vordergrund-Stehen eines steuerlichen Vorteils: Unter einem Steuervorteil war jede Minderung der Einkommensteuerbelastung einschließlich etwaiger Steuerstundungseffekte auf der Ebene der an der Verlustzuweisungsgesellschaft beteiligten Gesellschafter (oder eines Einzelinvestors mit einem ähnlichen Modell) zu verstehen (BFH 22.9.2016 – IV R 2/13, BStBl. II 2017, 165; BMF 22.8.2001, BStBl. I 2001, 588 Rn. 14). **37**

Die Finanzverwaltung hatte ein Berechnungsmodul zur Prüfung des Vorliegens eines steuerlichen Vorteils veröffentlicht (s. BMF 5.7.2000, BStBl. I 2000, 1148 Rn. 14; 6.4.2004, BStBl. I 2004, 442). Sie verglich bei Ermittlung eines angestrebten steuerlichen Vorteils im Kern **Steuererstattungen in den Verlustentstehungsjahren** mit dem selbstfinanzierten Teil der Einlage. **37.1**

Dieser Vergleich zwischen der absoluten Höhe der Steuererstattungen aus den Verlustzuweisungen mit dem Aufwand aus der selbstfinanzierten Einlage in einem beliebigen Jahr wurde in der **Literatur mE zutreffend kritisiert:** Zum einen führte die Betrachtung der Verlustentstehungsjahre in der Anlaufphase eines geschlossenen Fonds zur Bekämpfung nur temporärer Steuervorteile, obwohl in späteren Jahren positive Erträge erzielt werden mussten, um die wirtschaftlichen Belastungen des Anlegers aus der Fremdfinanzierung seiner Einlage zu kompensieren und um auf der Ebene des geschlossenen Fonds die Einkünfte- oder Gewinnerzielungsabsicht zu sichern (*Kohlhaas* FR 2000, 922 (926)). Wie unstimmig die Vorschrift sei, zeige der Fall einer 100%igen Fremdfinanzierung der Einlage, bei der nur Steuervorteile aus Steuererstattungen zuflössen und die nach den Vorgaben in Rn. 14 des BMF-Schreibens zur Qualifikation eines Fonds als § 2b-Verlustzuweisungsgesellschaft führe, obwohl der Anleger die Kosten der Fremdfinanzierung neben den Steuererstattungen gerade aus zukünftigen Erträgen der Publikums-KG vollständig erwirtschaften müsse und mit den Fremdfinanzierungskosten wirtschaftlich belastet sei (s. *Meyer-Scharenberg/Fleischmann* DStR 2000, 1373 (1376), die zusätzlich auf die ungerechtfertigte Beschränkung der Finanzierungsfreiheit des Anlegers hinwiesen). Zudem wurden bei der Betrachtung des BMF hypothetische Werbungskosten/Betriebsausgaben und reguläre AfA nicht als „neutrale" und aus der Vorteilsminderung herauszurechnende Steuerminderungsfaktoren angesehen, die auch dann angefallen wären, wenn der Steuerpflichtige direkt in das Investitionsgut des Fonds investiert hätte (*Kaminski* BB 2000, 1605 (1607)). Da § 2b S. 1 EStG 1999 maßgeblich auf die Modellhaftigkeit und damit auf die objektiven Verhältnisse auf der Ebene der Publikums-KG abstellte, wurde in der Literatur befürwortet, die Prüfung, ob ein steuerlicher Vorteil erzielt werde, aus dem Blickwinkel **eines Mustersteuerpflichtigen** heraus zu beantworten (s. zu dieser sog. objektivierten Auslegung *Tiedkte/Striegel* FR 2002, 701 (708); aA *Söffing* DB 2000, 2340 (2342)). **37.2**

cc) Regelbeispiele in § 2b S. 3 EStG 1999. Verhältnis zum Grundtatbestand: Der BFH sah in den **Regelbeispielen** des § 2b Satz 3 alternative Tatbestandsverwirklichungsformen, was aus der Verwendung des Wortes „insbesondere" folge. Unter den Tatbestand könnten weitere Fallgestaltungen subsumiert werden, wenn sie nach Art und Umfang mit den Regelbeispielen vergleichbar seien. Beiden Regelbeispielen sei gemein, dass aus objektiven Umständen – zum einen aus der objektiven Renditeerwartung und zum anderen aufgrund der besonderen Werbung mit Verlustzuweisungen – darauf geschlossen werde, dass die Investition auf steuerlichen Motiven beruhe (BFH 22.9.2016 – IV R 2/13, BStBl. II 2017, 165). **38**

Einstweilen frei **39**

Der BFH sah den **Grundtatbestand** als erfüllt an, wenn bei einem fiktiven Steuerpflichtigen, bei dem der Höchststeuersatz zur Anwendung gelangte, aufgrund des Betriebskonzepts das Investmentrisiko vollständig durch die Steuervorteile aufgefangen wurde. Der Tatbestand des § 2b S. 1 EStG 1999 sei in diesem Fall auch erfüllt, wenn die diese steuerliche Auswirkung der Gestaltung den Verkaufsunterlagen ohne besondere werbewirksame Hervorhebung entnommen werden könne (BFH 22.9.2016 – IV R 2/13, BStBl. II 2017, 165). Als einen Anwendungsfall der Regelung außerhalb der Regelbeispiele in § 2b S. 3 EStG 1999 nannte **40** die Finanzverwaltung in Rn. 14 des BMF-Schreibens vom 5.7.2000 (BStBl. I 2000, 1148) eine Gestaltung, nach der die Verluste zum Ende eines (beliebigen) Jahres in der Verlustphase eines geschlossenen Fonds zu Steuerminderungen führten, die insgesamt höher als das bis dahin eingesetzte Kapital seien.

41 **Renditevergleich nach § 2b S. 3 Alt. 1 EStG 1999:** Die Hauptkritik an § 2b EStG 1999 zielte auf das erste Regelbeispiel in § 2b S. 3 EStG 1999, den sog. **Renditevergleich,** der auf der Basis des Betriebskonzepts und der Betriebsführung des geschlossenen Fonds vorzunehmen war. Das BMF-Schreiben vom 5.7.2000 (BStBl. I 2000, 1148) sah in Rn. 38 das erste Regelbeispiel anknüpfend an den Gesetzeswortlaut als erfüllt an, wenn „der Wert für die Rendite nach Steuern mehr als das doppelte der Rendite vor Steuern [betrug] oder […] der Wert für die Rendite vor Steuern Null oder negativ und die Rendite nach Steuern positiv [war]."

41.1 **Nach Rn. 4** des BMF-Schreibens vom 5.7.2000 war auf Grundlage einer **Nichtaufgriffsgrenze** das Vorliegen eines Verlustzuweisungsmodells daher nicht zu prüfen, wenn nach der Ergebnisvorschau die Relation kumulierter Verluste während der Verlustphase zur Höhe des gezeichneten und nach dem Betriebskonzept in der Verlustphase auch aufzubringenden selbstfinanzierten Kapitals **50% nicht überstieg.** Nachgeschossenes Kapital zur Erhöhung der Einlagen und Einlagenbestandteile, die modellhaft fremdfinanziert wurden, war für Zwecke dieser Berechnung nicht einzubeziehen. Sonderwerbungskosten bzw. Sonderbetriebsausgaben waren den kumulierten Verlusten der Verlustphase hinzuzurechnen. Die als Ausschüttungen gestalteten planmäßigen Eigenkapitalrückzahlungen verminderten ebenfalls das für die Berechnung der Nichtaufgriffsgrenze anzusetzende Eigenkapital, soweit sie die aus dem normalen Geschäftsbetrieb planmäßig erwirtschafteten Liquiditätsüberschüsse überstiegen.

42 Diese Auslegung des BMF zum Renditevergleich wurde als nicht durch den Gesetzeswortlaut des § 2b EStG 1999 abgesichert angesehen (vgl. insbes. *Söffing* DB 2000, 2340 (2342 ff.)). Diese Auffassung hatte auch der BFH im Beschluss vom 2.8.2007 (IX B 92/07, BFH/NV 2007, 2270) geteilt. Der BFH hat es auch in seiner späteren Entscheidung dahinstehen lassen, wie eine Renditeberechnung im Rahmen des Regelbeispiels durchzuführen wäre. Dem Regelbeispiel sei aber die Vorstellung des Gesetzgebers zu entnehmen, dass das Investment nur deshalb getätigt worden sein müsse, weil es dem Anleger in erster Linie unter Berücksichtigung der durch die Verlustzuweisungen „verdoppelten Rendite" lukrativ erscheine. Dabei stelle das Gesetz ausschließlich auf das dem Anleger unterbreitete modellhafte Betriebskonzept ab, das die entsprechende Renditeberechnung beinhalten müsse, ohne diese aber in besonderer Weise zu bewerben (BFH 22.9.2016 – IV R 2/13, BStBl. II 2017, 165).

42.1 Nach dem BMF-Schreiben war die Rendite iSd § 2b S. 3 EStG 1999 nach der im Prospekt des Fonds niedergelegten Laufzeit (Rn. 34–36) und mit dem jeweiligen Höchstsatz der Einkommensteuer und des Solidaritätszuschlags zu berechnen (Rn. 37). Das nach dem Wortlaut des Regelbeispiels erforderliche „Betriebskonzept" und die darauf beruhende Betriebsführung richteten sich ebenfalls nach den Prospektunterlagen (Rn. 41). Die in Rn. 27–32 und Rn. 37 vorgegebene Berechnungsweise und das Berechnungsmodul des BMF-Schreibens vom 6.4.2004 (BStBl. I 2004, 442) für den Vergleich zwischen Vorsteuer- und Nachsteuerrendite im Sinne der Vorschrift war unzureichend. Nach Rn. 31 erfolgte die Berechnung grundsätzlich ohne Rücksicht auf die besonderen persönlichen Verhältnisse des Steuerpflichtigen und richtete sich nach einer in Rn. 32 des Schreibens vorgegebenen Formel, in der ein **Vergleich** der nach der Methode des internen Zinsfußes **anfallenden Einzahlungen und Auszahlungen** vorzunehmen war. Die Bandbreite der Meinungen zur Renditeberechnung im Rahmen des § 2b EStG 1999 reichte daher von vereinzelter Befürwortung (*Tiedtke/Striegel* FR 2002, 701 (709 ff.)) bis hin zum Streit über die betriebswirtschaftlich zutreffende Methode zur Ermittlung des internen Zinsfußes (*Marx/Löffler* DStR 1999, 1937 ff.; *Marx/Löffler* StuB 2002, 548 ff. und *Meinhöfel/Roeder* StuB 2001, 1066 ff.).

42.2 Bei der Ermittlung der **„Rendite vor Steuern"** wurden andere ertragsteuerliche Auswirkungen nicht berücksichtigt (Rn. 37 S. 2, die Methode des internen Zinsfußes soll nach Rn. 32 auf die anfallenden Einzahlungen und Auszahlungen jedoch angewendet werden). Im Ergebnis bestand Einigkeit in der Literatur, die Berechnung der Finanzverwaltung sei unter korrekter Anwendung der betriebswirtschaftlichen Methoden zum internen Zinsfuß nicht durchführbar.

42.3 In der Literatur wurde hierzu der Begriff des **„Renditeparadoxons"** geprägt (*Marx/Löffler* DStR 1999, 1957 (1959)). Nur wenn man mit der Finanzverwaltung bei der Berechnung der Vorsteuerrendite alle übrigen Steuerwirkungen ausblende, allein die aus dem Fonds zufließenden positiven und negativen Erträge saldiere und abzinse und bei der Berechnung der Nachsteuerrendite die Steuereffekte berücksichtige, sei es möglich, eine mehr als doppelt so hohe Nachsteuerrendite zu erreichen. Der Vergleich zweier Werte, die auf unterschiedlichen Prämissen berechnet würden, habe keinen Aussagewert (*Marx/Löffler* DStR 1999, 1957 (1960); *Meinhöfel/Roeder* StuB 20 001, 1066 (1072)). Allein eine vereinzelt gebliebene Stellungnahme in der Literatur akzeptierte auf der Basis einer spezifischen steuerlichen Auslegung des Renditebegriffs und unter Berücksichtigung des Nominalwertprinzips den Vergleich einer Zahlungsreihe ohne Berücksichtigung von Steuerwirkungen mit einer Zahlungsreihe unter Einbeziehung von Steuerauswirkungen (*Tiedtke/Striegel* FR 2002, 701 (706)).

Verlustwerbung nach § 2b S. 3 Alt. 2 EStG 1999: Die „besondere Werbung" mit einem Steuervorteil war Gegenstand des zweiten Regelbeispiels, wonach die Erzielung eines steuerlichen Vorteils im Vordergrund steht, wenn Kapitalanlegern Steuerminderungen durch Verlustzuweisungen in Aussicht gestellt werden. Es bedurfte hierfür aus Sicht des BFH einer besonders hervorgehobenen Bewerbung der Verlustzuweisungen in den Vertriebsunterlagen (BFH 22.9.2016 – IV R 2/13, BStBl. II 2017, 165). 43

Für das Regelbeispiel der **Verlustwerbung** wurde im Schrifttum ein Spannungsverhältnis zur zivilrechtlich gebotenen Aufklärung zur Vermeidung der Prospekthaftung erörtert (*Raupach/Böckstiegel* FR 1999, 557 (566)). Die Konturen dieses Regelbeispiels waren nach der lt. Rn. 43 des BMF-Schreibens vom 5.7.2000 (BStBl. I 2000, 1148) erlaubten Aufklärung vage, da es nach diesem auf die Abgrenzung zwischen „schädlicher" werbemäßiger Hervorhebung eines steuerlichen Vorteils und der „gebotenen" erlaubten Aufklärung über die Möglichkeit der steuerlichen Vorteilserzielung ankam (*Meyer-Scharenberg/Fleischmann* DStR 2000, 1373 (1381); *Söffing* DB 2000, 2340 (2344); *Kaminski* BB 2000, 1605 (1608)). 43.1

Das Merkmal war jedenfalls erfüllt, wenn dem Anleger bereits im ersten Jahr der Beteiligung eine Verlustzuweisung in Aussicht gestellt wurde, die unter Berücksichtigung der im Werbe- bzw. Verkaufsprospekt ausgewiesenen fiktiven gesellschafterbezogenen Steuerberechnung dazu führte, dass das eingesetzte Kapital vollständig im Wege des Steuervorteils wieder an den Anleger ausgekehrt wurde (BFH 22.9.2016 – IV R 2/13, BStBl. II 2017, 165). 43.2

Einstweilen frei 44

e) Auswirkungen des § 2b EStG 1999 auf die Anlagepraxis. Nach dem BMF-Schreiben vom 5.7.2000 (BStBl. I 2000, 1148) erfasste die Regelung nicht ein von Initiatoren aufgelegtes Modell, das als *„private placement"* eine Kapitalsammelstelle für unternehmerisch tätige Anleger darstellte. Ebenso sollte im Bereich der risikoreichen Anlagen (Venture-Capital-Fonds) aufgrund des eingegangenen unternehmerischen Risikos eine Anwendung des § 2b EStG 1999 nur ausnahmsweise in Betracht kommen. Potentiell bedroht waren Fonds, die mit dem Instrument der Zuweisung hoher Anlaufverluste an die Anleger arbeiteten (insbes. Leasing-Fonds und Medien- und Film-Fonds; Windkraft-Fonds). § 2b EStG 1999 entfalte nach dem Schrifttum seine hauptsächliche Wirkung als „Fallenstellerparagraph", der in der Rechtspraxis zur Abschreckung und Verunsicherung der Branche führen sollte (*Schumann* StBp 2002, 142 (147)). 46

Einstweilen frei 47

3. Einführung des § 15b, zeitlicher Anwendungsbereich und Folgeänderungen

a) Einführung und zeitlicher Anwendungsbereich. § 15b wurde durch das Gesetz zur Beschränkung der Verlustverrechnung im Zusammenhang mit Steuerstundungsmodellen v. 22.12.2005 (BGBl. 2005 I 3683) in das EStG eingefügt. 48

Gemäß § 52 Abs. 25 S. 1 ist § 15b auf Verluste aus Steuerstundungsmodellen anzuwenden, denen der Steuerpflichtige nach dem 10.11.2005 beigetreten ist oder für die nach dem 10.11.2005 mit dem Außenvertrieb begonnen wurde. Die Regelung erfasst damit heutzutage sowohl den Beitritt zu einem Altfonds, der vor dem 10.11.2005 begründet wurde (s. auch die Reinvestitionsalternative in § 52 Abs. 25 S. 3) als auch neu aufgelegte Fondsgestaltungen, die beworben werden (KKB/*Beck* § 15b Rn. 16). Für Einzelinvestitionen gilt § 52 Abs. 25 S. 4 (rechtsverbindliche Investition nach dem Stichtag). 49

Bei **geschlossenen Publikums-Fonds** (GmbH & Co KGs) können sowohl der **Beitritt** der Anleger die maßgebliche Tatbestandsalternative (§ 52 Abs. 25 S. 1 Alt. 1), als auch der **Außenvertrieb** der Fondsanteile (§ 52 Abs. 25 S. 1 Alt. 2 und S. 2) die Anwendung des § 15b auslösen. Der **Außenvertrieb** beginnt in dem Zeitpunkt, in dem die Voraussetzungen 50 für die Veräußerung der Fondsanteile erfüllt sind und die Gesellschaft selbst oder über ein Vertriebsunternehmen mit Außenwirkung an den Markt herangetreten ist (§ 52 Abs. 25 S. 2). In der Regel wird heutzutage der Beginn des Außenvertriebs der Anteile für einen **Neufonds** die Wirkungen des § 15b für sämtliche danach beitretende Anleger auslösen, da er dem Beitritt des Anlegers in der Regel vorausgeht; ansonsten hat die Unterscheidung von Beginn des Außenvertriebs und des Beitritts materiell-rechtlich in diesem Bereich keine entscheidende Bedeutung (KKB/*Beck* § 15b Rn. 16).

51 Hatte der Fonds vor dem 10.11.2005 mit dem Außenvertrieb der Fondsanteile begonnen, waren zur Vermeidung von Umgehungsgestaltungen bei Altfonds, die deshalb nicht unter § 15b fielen, **gefasste Kapitalerhöhungsbeschlüsse** und die **Reinvestition von Erlösen in neue Projekte** in demselben Fonds dem Beginn des Außenvertriebs gleichgestellt **(§ 52 Abs. 25 S. 3).** Bei einer Kapitalerhöhung (maßgeblich ist der Tag der Beschlussfassung) auf Ebene eines nicht unter § 15b fallenden Fonds nach dem 10.11.2005 mussten dann sowohl Neugesellschafter als auch Altgesellschafter mit ihrem aufgestockten Kapitalanteil § 15b beachten, soweit Verluste auf diesen Neuanteil entfielen (vgl. zu Rückwirkungsfragen Blümich/*Heuermann* § 15b Rn. 8 mit Hinweis auf BMF 17.7.2007, BStBl. I 2007, 542 Rn. 27; *Beck* DStR 2006, 61 (66); krit. HHR/*Hallerbach* § 15b Rn. 3; KKB/*Beck* § 15b Rn. 17). Die **Reinvestitionsalternative** kann mE auch heutzutage bei Altfonds noch von Bedeutung sein, die vor dem 10.11.2005 begonnen haben und nicht unter § 15b fallen (s. auch FM Schleswig-Holstein, DStR 2011, 1570; KKB/*Beck* § 15b Rn. 19).

52 Der **Beitritt** zu einem geschlossenen Fonds (§ 52 Abs. 25 S. 1 Alt. 1) **ist** *personenbezogen* für den **jeweiligen Anleger** (den Steuerpflichtigen gem. § 15b Abs. 1) zu bestimmen. Wird der Anteil an einem geschlossenen Fonds (zB einer GmbH & Co KG) zunächst von einem Treuhand-Kommanditisten gezeichnet, ist der anlegerbezogene Beitrittszeitpunkt derjenige, zu dem der Anleger als Treugeber den Beitritt vollzieht. In Anlehnung an die Entscheidung des BFH vom 1.9.2016 (IV R 17/13, BStBl. II 2016, 1006) ist Beitrittszeitpunkt derjenige, zu dem der Anleger seine verbindliche und formwirksame Beitrittserklärung abgibt, nicht aber der Zeitpunkt der Annahme dieser Erklärung durch den Fonds (KKB/*Beck* § 15b Rn. 15; HHR/*Hallerbach* § 15b Rn. 3 mwN). Die Beitrittsalternative ist mE nur dann originär entscheidend für die Anwendung des § 15b auf einen bestimmten Anleger, wenn dieser nach dem 10.11.2005 einem nicht unter § 15b fallenden Altfonds beitritt.

52.1 Zur Diskussion von Fragen der Rückwirkung bei Inkrafttreten der Regelung im VZ 2005 s. Blümich/*Heuermann* § 15b Rn. 8; HHR/*Hallerbach* § 15b Rn. 3; Schmidt/*Seeger* § 15b Rn. 1. Für die **mittelbare Beteiligung der Anleger über einen Treuhand-Kommanditisten** ist insbesondere nachteilig, dass Rn. 30 des BMF-Schreibens vom 17.7.2007 (BStBl. I 2007, 542) bei vor dem Stichtag (10.11.2005) vom Treuhänder erworbenen Anteilen an einem nicht unter § 15b fallenden Fonds, die nach dem Stichtag an einzelne Anleger weiterübertragen werden, zur Ermittlung des Beitrittszeitpunkts auf die Veräußerung der Anteile durch den Treuhänder an die Anleger abstellt. S. auch Rn. 27, 28 des BMF-Schreibens vom 17.7.2007 (BStBl. I 2007, 542).

53 § 15b ist über die Beitrittsalternative gem. § 52 Abs. 25 S. 1 Alt. 1 auch bei einem Fonds mit festem Anlegerkreis **ohne Außenvertrieb** anwendbar, wenn der Gesellschaftsvertrag nach dem Stichtag 10.11.2005 geschlossen wird, da der Beginn des Außenvertriebs keine kumulative Voraussetzung neben dem Beitritt iRd § 52 Abs. 25 S. 1 Alt. 1 darstellt (BFH 1.9.2016 – IV R 17/13, BStBl. II 2016, 1006; HHR/*Hallerbach* § 15b Rn. 3; KKB/*Beck* § 15b Rn. 15).

54 Handelt es sich um eine **Einzelinvestition,** gilt die Regelung gem. § 52 Abs. 25 S. 4, wenn der Steuerpflichtige die Investition nach dem 10.11.2005 rechtsverbindlich getätigt hat. Der Zeitpunkt, zu dem mit einem Außenvertrieb der Gestaltung begonnen wird, ist nicht maßgeblich, da § 52 Abs. 25 S. 2 ausdrücklich nur auf „Fondsanteile" abzielt (s. auch HHR/*Hallerbach* § 15b Rn. 3, nach der das Merkmal des Außenvertriebs für Einzelinvestitionen ohnehin ins Leere gehen soll).

55 *Einstweilen frei*

56 **b) Folgeänderungen.** Durch das **Jahressteuergesetz 2007** (13.12.2006, BGBl. 2007 I 2878) wurde die bis dahin auf § 20 Abs. 1 Nr. 4 (Einkünfte aus typisch stiller Beteiligung) beschränkte Anwendung des § 15b bei den Einkünften aus Kapitalvermögen durch die Einführung von § 20 Abs. 2b mit Wirkung vom 1.1.2006 auf alle Einkünfte aus Kapitalvermögen

ausgedehnt (BMF 17.7.2007, BStBl. I 2007, 542 Rn. 28). Die Regelung ist mittlerweile in § 20 Abs. 7 enthalten (→ § 20 Rn. 1400).

Im **JStG 2010** vom 8.12.2010 (BGBl. 2010 I 1768) wurde in **§ 8 Abs. 7 InvStG 2004** ein Verweis auf § 15b aufgenommen. Danach war § 15b sinngemäß auf die Verluste aus der Rückgabe, Veräußerung oder Entnahme von Investmentanteilen anzuwenden. Diese Regelung gilt bis einschließlich des VZ 2017. In **§ 49 Abs. 4 InvStG** ist nunmehr für die VZ ab 2018 angeordnet, dass § 15b noch auf die Verluste aus der Veräußerung von Spezialinvestmentanteilen sowie auf Verluste durch Ansatz des niedrigeren Teilwerts bei Spezial-Investmentanteilen entsprechend anzuwenden ist. → Rn. 117. **57**

Der Gesetzgeber hat im **AIFM-Steuer-Anpassungsgesetz v. 18.12.2013** (BGBl. 2013 I 4318; vgl. BT-Drs. 740/13, Art. 11 Nr. 5) § 15b Abs. 3a eingefügt, der konkret die sog. Goldfonds-Gestaltungen in den Anwendungsbereich des § 15b hineinziehen soll. Abs. 3a ist erstmals auf Verluste der dort bezeichneten Steuerstundungsmodelle anzuwenden, bei denen die Wirtschaftsgüter des Umlaufvermögens nach dem 28.11.2013 angeschafft, hergestellt oder in das Betriebsvermögen eingelegt werden (§ 52 Abs. 25 S. 5). **58**

Das **ModBestVerfG v. 18.7.2016** (BGBl. 2016 I 1679) hat Abs. 4 redaktionell an die Änderung des § 180 Abs. 1 AO durch das ZollkodexAnpG v. 22.12.2014 (BGBl. 2014 I 2415) angepasst (BR-Drs. 631/15, 118). **59**

Einstweilen frei **60**

III. Normstruktur und zentrale Debatten

1. Norminhalt

Nach § 15b Abs. 1 S. 1 dürfen negative Einkünfte im Zusammenhang mit einem Steuerstundungsmodell weder mit Einkünften aus Gewerbebetrieb noch mit Einkünften aus anderen Einkunftsarten im Wege des horizontalen oder vertikalen Verlustausgleichs ausgeglichen werden; sie dürfen auch nicht nach § 10d abgezogen werden. Die Verluste mindern jedoch die Einkünfte, die der Steuerpflichtige in den folgenden Wirtschaftsjahren aus derselben Einkunftsquelle erzielt (Abs. 1 Satz 2). **61**

Ein Steuerstundungsmodell iSd Abs. 1 liegt nach der Legaldefintion des § 15b Abs. 2 vor, wenn aufgrund einer modellhaften Gestaltung steuerliche Vorteile in Form negativer Einkünfte erzielt werden sollen. Dies ist der Fall, wenn dem Steuerpflichtigen aufgrund eines vorgefertigten Konzepts die Möglichkeit geboten werden soll, zumindest in der Anfangsphase der Investition Verluste mit übrigen Einkünften zu verrechnen. Dabei ist es ohne Belang, auf welchen Vorschriften die negativen Einkünfte beruhen (§ 15b Abs. 2 S. 3). Nach § 15b Abs. 3 ist Abs. 1 der Vorschrift nur anzuwenden, wenn innerhalb der Anfangsphase das Verhältnis der Summe der prognostizierten Verluste zur Höhe des gezeichneten und nach dem Konzept auch aufzubringenden Kapitals oder bei Einzelinvestoren des eingesetzten Eigenkapitals 10% übersteigt. **62**

§ 15b Abs. 3a regelt einen eigenen Typus von § 15b-Gestaltungen, die im Zusammenhang mit dem Erwerb bestimmter Wirtschaftsgüter des Umlaufvermögens durch Steuerpflichtige stehen, die den Gewinn gem. § 4 Abs. 3 ermitteln. Zudem soll die Regelung aufgrund einer Verweisung in § 32b Abs. 1 S. 3 auch auf negative Progressionseinkünfte Anwendung finden. **63**

Der nach § 15b Abs. 1 oder § 15b Abs. 3a nicht ausgleichsfähige Verlust ist nach näherer Maßgabe des § 15b Abs. 4 jährlich gesondert festzustellen. **64**

2. Zentrale Debatten

Zu den zentralen Debatten im Normumfeld des § 15b zählt im Anschluss an das BFH-Urteil vom 26.4.2018 (IV R 33/15, DStR 2018, 1491) die Frage, welche praktische Bedeutung § 15b künftig noch haben wird. Der BFH hat in dieser Entscheidung seine Rechtsprechung aufgegeben, dass bei geschlossenen Fonds (dem Hauptanwendungsfall eines Steuerstundungsmodells) Entgelte für Leistungen, die der Fonds aufgrund eines vorformulierten Vertragswerks zahlt, gem. § 42 AO den Anschaffungs- und Herstellungskosten zuzurechnen sind. Steigen künftig die Verlustzuweisungen auf Ebene des Fonds, kann die Nichtaufgriffsgrenze des § 15 Abs. 3 überschritten werden und die praktische Bedeutung des § 15b steigen (→ Rn. 82). Der Gesetzgeber hat nunmehr **§ 6e** als spezielle Regelung zur Behandlung von **65**

Fondsetablierungskosten in der Gewinnermittlung mit Rückwirkung für alle offenen Fälle eingeführt; § 15b bleibt aber gemäß § 6e Abs. 5 unberührt, dh die Norm kann angewendet werden, sofern auch nach der Versagung des sofortigen BA-/WK-Abzugs aufgrund des § 6e dennoch ein abzugsfähiger Verlust entsteht und zugleich die Voraussetzungen eines Steuerstundungsmodells erfüllt sind (Schmidt/*Kulosa* § 6e Rn. 5; → § 6e Rn. 23, → § 6e Rn. 150). Meines Erachtens dürfte die praktische Bedeutung des § 15b jedenfalls für den Bereich der Anlaufverluste, deren Entstehung durch § 6e verhindert wird, eher sinken.

66 Zu § 15b Abs. 1 und 2 wird auch nach dem BFH-Urteil vom 17.1.2017 (VIII R 7/13, BStBl. II 2017, 700) weiterhin diskutiert, ob die individuelle Umsetzung einer am Markt bekannten Gestaltungsidee stets zur Nichtanwendung des § 15b mangels der Verlustzuweisung aufgrund eines vorgefertigten Konzepts und damit zu einer unverhältnismäßigen Bevorzugung sog. Einzel-Investoren führt (Schmidt/*Seeger* § 15b Rn. 4). Der BFH hat die Anwendung der Regelung verneint und auch die Anwendung des § 42 AO als allgemeine Missbrauchsvorschrift auf eine solche Gestaltung abgelehnt, da § 15b als spezielle Missbrauchsregelung in dessen Auslegung hineinwirke (→ Rn. 85).

67 Zudem stellt sich die Frage einer teleologischen Reduktion der unter § 15b fallenden Verluste, wenn es sich um Totalverluste (**Veräußerungsverluste**) handelt, die auf einer Beendigung der Tätigkeit eines Steuerstundungsmodells beruhen (→ Rn. 132). In diesem Fall ist die von der Norm intendierte Verrechnung des Verlusts mit späteren positiven Einkünften nicht mehr möglich (§ 15b Abs. 1 S. 2).

68 Schließlich stellen sich mehrere Auslegungsfragen zu § 15b Abs. 3a. Diese betreffen sowohl den praktischen Anwendungsbereich der Norm im Umfeld anderer Missbrauchsregelungen zur Bekämpfung von Progressionsgestaltungen als auch deren Auslegung und Rechtsfolgen.

69 *Einstweilen frei*

IV. Verhältnis zu höherrangigem Recht

70 Die **Verfassungsmäßigkeit** der Regelung wurde im Hinblick auf den Eingriff in das objektive Nettoprinzip wie auch bei der Vorgängervorschrift des § 2b (BFH 22.9.2016 – IV R 2/13, BStBl. II 2017, 165) vom BFH bejaht, da die Regelung keinen definitiven Untergang des Verlusts, sondern dessen Streckung bei der Verrechnung vorsieht (BFH 6.2.2014 – IV R 59/10, BStBl. II 2014, 465; BFH 17.1.2017 – VIII R 7/13, BStBl. II 2017, 700). Dies entspricht auch der Meinung der Finanzgerichte (FG Münster 18.6.2015 – 12 K 689/12 F, EFG 2015, 1696, aber inzwischen aufgehoben durch BFH 7.5.2019 – VIII R 29/15, BStBl. II 2019, 751; FG Berlin-Brandenburg 8.12.2015 – 6 K 6215/12, EFG 2016, 385; aber inzwischen aufgehoben durch BFH 20.12.2018 – IV R 2/16, BStBl. II 2019, 526).

71 Das Ziel der Bekämpfung von legalen, jedoch unerwünschten, dem Gesetzeszweck von § 10d zuwiderlaufenden Steuergestaltungen ist auch nach dem BVerfG ein legitimer Zweck, der grundsätzlich Ungleichbehandlungen iSv Art. 3 Abs. 1 GG rechtfertigen kann (BVerfG 29.3.2017 – 2 BvL 6/11, BStBl. II 2017, 1082 zu § 8c S. 1 KStG). Es ist nicht ersichtlich, dass der Gesetzgeber wie in § 8c KStG im Rahmen des § 15b eine nicht realitätsgerechte Sachverhaltsgestaltung als Leitbild für die Regelung gewählt hat. Eine teleologische Reduktion ist wegen des Eingriffs in das Nettoprinzip aber bei den wirtschaftlich belastenden Totalverlusten geboten (→ Rn. 132).

72 Im Hinblick auf das **Bestimmtheitsgebot** haben der BFH (s. BFH 6.2.2014 – IV R 59/10, BStBl. II 2014, 465; BFH 17.1.2017 – VIII R 7/13, BStBl. II 2017, 700) und das BMF (BMF 17.7.2007, BStBl. I 2007, 542) Kriterien zur Auslegung der Merkmale der „modellhaften Gestaltung" in § 15b Abs. 1 S. 2 und des „vorgefertigten Konzepts" entwickelt, auch wenn hinsichtlich anderer Merkmale noch Auslegungsfragen verbleiben. Der BFH hat auch den komplexeren § 2b EStG 1999 für bestimmt genug erachtet (BFH 22.9.2016 – IV R 2/13, BStBl. II 2017, 165). Eine vertiefende Auseinandersetzung mit den früheren Bedenken im Schrifttum ist meines Erachtens nicht mehr erforderlich.

73 Unionsrechtliche Bedenken sind im Hinblick auf § 15b nicht ersichtlich.

74 *Einstweilen frei*

V. Verhältnis zu anderen Vorschriften

1. Verhältnis zur Einkünfteerzielungsabsicht

§ 15b setzt nach allgemeiner Ansicht das Erzielen negativer Einkünfte und damit die Steuerbarkeit der Einkünfte voraus (→ Rn. 6 ff.; BMF 17.7.2007, BStBl. I 2007, 542 Rn. 2; ebenso Blümich/*Heuermann* § 15b Rn. 14; HHR/*Hallerbach* § 15b Rn. 5; Schmidt/*Seeger* § 15b Rn. 3; Frotscher/*Lindberg* § 15b Rn. 13, 17; KKB/*Beck* § 15b Rn. 55). 75

2. Verhältnis zu § 42 AO

a) Fondsetablierungskosten. aa) Entwicklung. Gegenstand der sog. ertragsteuerlichen **Vertragsgeflecht-Rechtsprechung** ist, ob dem Fonds und/oder Anleger die Hersteller- oder Erwerbereigenschaft in Bezug auf den Investitionsgegenstand zuerkannt wird und inwieweit Dienstleistungen, die aufgrund eines vorformulierten Vertragsbündels von Anbietern erworben werden, die mit den Initiatoren verflochten sind, als Werbungskosten oder Betriebsausgaben sofort abzugsfähig sind. Die Anwendung des § 42 AO soll in diesem Bereich bereits **die § 15b vorgelagerte Verlustentstehung** auf der Fondsebene bekämpfen. 76

Für **geschlossene Immobilienfonds** wurde dieser Prüfungsmaßstab im BFH-Urteil vom 14.11.1989 (IX R 197/84, BStBl. II 1990, 299) konkretisiert: Es werden – wie beim Erwerber eines fertigen Objekts – alle Aufwendungen, die von Anlegern eines Bauherrenmodells auf Grundlage des vorformulierten Vertragswerks geleistet worden sind, nicht als sofort abziehbare Werbungskosten, sondern als Herstellungskosten behandelt, wenn diese **aufgrund eines vom Projektanbieter vorformulierten Vertragswerks** anfallen und sich die Anleger an dieser Gesamtkonstruktion beteiligen. Die Rechtsprechung stützt sich auf die Erwägung, dass die steuerliche Beurteilung der Aufwendungen für den Erwerb eines Grundstücks nicht davon abhängen kann, ob die Gegenleistung für den Erwerb aufgrund eines Vertrages in einer Summe gezahlt wird **oder aufgrund mehrerer Verträge,** in die der einheitliche Vorgang aus steuerlichen Gründen „künstlich" aufgespalten wird, in Teilbeträgen zu zahlen ist. Dementsprechend hat der IX. Senat des BFH die Verträge, die der Errichtung eines **Immobilienfonds** in der Rechtsform einer KG zugrunde lagen, als einheitliches Vertragswerk behandelt und sämtliche Aufwendungen des Fonds als Anschaffungs- oder Herstellungskosten des erworbenen Grundstücks/Gebäudes angesehen (BFH 11.1.1994 – IX R 82/91, BStBl. II 1995, 166). Dieser Rechtsprechung schloss sich der IV. Senat des BFH im Urteil vom 28.6.2001 (IV R 40/97, BStBl. II 2001, 717) auch für Immobilienfonds in der Rechtsform einer gewerblich geprägten KG an. 76.1

Die **Finanzverwaltung** bestimmte im sog. **4. Bauherrenerlass vom 31.8.1990** (BMF 31.8.1990, BStBl. I 1990, 366 Rn. 5), welche der von einem Immobilienfonds nach dem vorformulierten Vertragswerk anfallenden Entgelte den Anschaffungs- und welche Entgelte den sofort abzugsfähigen Werbungskosten/Betriebsausgaben zuzuordnen seien. 76.2

Nach dem nach wie vor geltenden sog. **5. Bauherrenerlass** vom 20.10.2003 (BMF BStBl. I 2003, 546) werden alle Aufwendungen für Dienstleistungen, die von Anlegern eines Bauherrenmodells auf Grundlage des vorformulierten Vertragswerks geleistet worden sind, nicht als sofort abziehbare Werbungskosten, sondern als Anschaffungs- und Herstellungskosten behandelt, wenn sich die Anleger **aufgrund eines vom Projektanbieter vorformulierten Vertragswerks** beteiligen. Der Anwendungsbereich des Erlasses umfasst ausdrücklich alle Arten geschlossener Fonds außer Medienfonds (Rn. 31 des BMF-Schreibens vom 20.10.2003, BStBl. I 2003, 546). 77

Das FG Hamburg (FG Hamburg 15.10.2008 – 2 K 210/06, EFG 2009, 582) war dieser Ansicht noch entgegengetreten und hatte die Anwendung der Vertragsgeflecht-Rechtsprechung und die Grundsätze des 5. Bauherrenerlasses auf Schiffsfonds abgelehnt. In der Rechtsprechung **des BFH** und der **Finanzgerichte** sind die zu Immobilienfonds entwickelten Grundsätze aber nunmehr umfassend auf geschlossene Fonds, auch mit anderen Investitionsgütern als Immobilien, übertragen worden (FG Niedersachsen 23.3.2012 – 1 K 275/09, BB 2013, 789, nachgehend BFH 12.5.2016 – IV R 1/13, BStBl. II 2017, 489; BFH 14.4.2011 – IV R 8/10, BStBl. II 2011, 709; BFH 14.4.2011 – IV R 36/08, BFH/NV 2011, 361; BFH 14.4.2011 – IV R 50/08, BFH/NV 2011, 1334; zu Windenergiefonds BFH 14.4.2011 – IV R 15/09, BStBl. II 2011, 706; zu Eigenkapitalvermittlungsprovisionen bei einem Prozessfinanzierungsfonds FG Berlin-Brandenburg 6.3.2012 – 6 K 6014/09, EFG 2012, 1912; s. 78

auch BFH 26.4.2018 – IV R 33/15, DStR 2018, 1492: Geltung für Immobilienfonds, Schiffsfonds und Windkraftfonds).

79 Aufwendungen im Rahmen eines vorformulierten Vertragswerks werden nunmehr in **§ 6e Abs. 2** als Fondsetablierungskosten den AK der WG zugerechnet, die Gegenstand der Fondsinvestition sind (→ § 6e Rn. 40 ff.).

80 **bb) Dogmatische Begründung der Vertragsgeflecht-Rechtsprechung.** Die Rechtsprechung der verschiedenen BFH-Senate stützte sich für diese Gesamtbetrachtung des Vertragswerks und die Umqualifizierung laufender Aufwendungen in Anschaffungs- und Herstellungskosten auf **§ 42 AO.** Als angemessene Gestaltung sah der BFH nicht die Vereinbarung einer Vielzahl modellhaft vorformulierter Verträge des Fonds mit verbundenen Gesellschaften, sondern die Vereinbarung eines **Gesamtkaufpreises** für den Investitionsgegenstand des Fonds an, der einheitlich zu Anschaffungskosten führen würde. Die **einzelnen Teilverträge hätten keine selbständige Bedeutung** und ließen sich nur aus der Gestaltung heraus erklären, in größerem Umfang sofort abzugsfähige Aufwendungen zu schaffen, um den Anlegern laufende Verluste zuweisen zu können (grundlegend BFH 8.5.2001 – IX R 10/96, BStBl. II 2001, 720; BFH 28.6.2001 – IV R 40/97, BStBl. II 2001, 717; BFH 26.4.2018 – IV R 33/15, DStR 2018, 1491 mwN).

81 Dieser Ansatz der Rechtsprechung zur Bekämpfung der Verlustentstehung und der Verlustzuweisungen an die Anleger über § 42 AO auf der Fondsebene stand unabgestimmt neben § 15b, der modellhafte laufende Verluste eines Steuerstundungsmodells bei der Verlustentstehung anerkennt, aber in nicht ausgleichsfähige Verluste umqualifizierte. Beiden Ansätzen war gemein, im vorformulierten Vertragswerk oder in einer „modellhaften Gestaltung" den Anknüpfungspunkt (Missbrauch) für die jeweiligen beschränkenden Rechtsfolgen zu sehen. Die Wirkungen beider Ansätze waren trotz desselben Anknüpfungspunkts gegenläufig, da der Ansatz über § 42 AO vorgelagert die steuerliche Verlustentstehung auf der Fondsebene begrenzen sollte (Umqualifizierung von laufenden Aufwendungen in Anschaffungskosten), § 15b aber gerade an zu hohe Anlaufverluste anknüpfte, die die durch das Vertragsgeflechts gestaltet wurden.

82 Der IV. Senat hielt die Vertragsgeflecht-Rechtsprechung iVm § 42 AO zur Auflösung dieses Widerspruchs für Jahre seit dem Inkrafttreten des § 15b (→ Rn. 49) daher für nicht mehr anwendbar (BFH 26.4.2018 – IV R 33/15, DStR 2018, 1492). Für die Jahre seit Inkrafttreten des § 15b könne die auf § 42 AO gestützte Rechtsprechung zur Berücksichtigung von Fondsetablierungskosten/anderen Aufwendungen bei modellhafter Gestaltung eines geschlossenen Fonds nicht mehr angewendet werden (BFH 26.4.2018 – IV R 33/15, DStR 2018, 1491).

83 **cc) Gesetzliche Regelung der Behandlung von Fondsetablierungskosten in § 6e.** Der Gesetzgeber hat als Reaktion auf die Rechtsprechungsänderung **§ 6e** in das Gesetz mit Rückwirkung für alle noch offenen Fälle eingefügt; § 9 Abs. 5 S 2 ordnet die entsprechende Anwendung der Vorschrift im Rahmen der Überschusseinkunftsarten an. Es werden Aufwendungen im Rahmen einer Gesellschaft/Gemeinschaft und als Einzelinvestitionen erfasst. § 15b kann gemäß § 6e Abs. 5 noch Anwendung finden, wenn trotz der weitgehenden Zuweisung bestimmter Kosten zu den AK des WG im Fondsvermögen noch Verlustzuweisungen erfolgen und ein Steuerstundungsmodell vorliegt. § 15b dürfte durch § 6e stark an praktischer Bedeutung verlieren, da jedenfalls Anlaufverluste in deutlich geringerem Umfang entstehen können dürften. Siehe im Einzelnen Schmidt/*Kulosa*, § 6e Rn. 6–10; → § 6e Rn. 135 ff.).

84 *Einstweilen frei*

85 **b) Verhältnis des § 15b EStG zu § 42 AO für andere Fallgruppen.** Auch außerhalb der Vertragsgeflecht-Rechtsprechung sperrt die Regelung des § 15b als spezielle Missbrauchsregelung innerhalb des tatbestandlichen Anwendungsbereichs die Anwendung der allgemeinen Missbrauchsregelung des § 42 AO (KKB/*Beck* § 15b Rn. 53; HHR/*Hallerbach* § 15b Rn. 19). Wenn bei individueller Umsetzung einer am Markt bekannten Steuergestaltungsidee das Merkmal des vorgefertigten Konzepts in § 15b Abs. 2 nicht erfüllt ist, kann die Verlustzuweisung daher nicht durch Rückgriff auf § 42 AO versagt werden (BFH 17.1.2017 – VIII R 7/13, BStBl. II 2017, 700 mwN). Zudem hat der BFH zur Rechtslage nach Einführung

des § 20 Abs. 2b und vor Geltung des § 8 … entschieden, die Ausnutzung eines Steuersatzgefälles im Zusammenhang … der Abgeltungsteuer könne als missbräuchliche Gestaltung gem. § 42 AO …, wenn sie nicht unter § 20 Abs. 2b falle (BFH 28.6.2017 – VIII R 57/14, … 144).

Einstweilen frei 86

3. Verhältnis zu den Regelungen der Einkünfte…

a) Unbeachtlichkeit der Regelungen zur Verluste… … net an, dass es unbeachtlich ist, auf welchen Vorschriften die … len Verlustzuweisungen aus dem Steuerstundungsmodell beru… 15b Abs. 2 S. 3 ord- dass es auf unterschiedliche Gewinnermittlungsarten für die … und konzeptionel- Steuerstundungsmodell nicht ankommen kann und sämtliche Fo… auch ersichtlich, lung erfasst werden (zur degressiven AfA, Sonderabschreibungen … stehung in ein… R 7/16, BStBl. II 2019, 513). … Einkünfteermi… 6.6.2019 – I … 87

b) Gewinnermittlung. § 15b ist nach dem Gesetzestext und seiner … ordnung in das EStG vorrangig für die Einkünfte aus Gewerbebetrieb … nen Ein- Es sind sowohl modellhafte/konzeptionelle negative Einkünfte (Verlust…) … worden. allgemeinen Regeln durch **Betriebsvermögensvergleich** (§§ 4 Abs. 1 5 Abs. …) die nach durch **Einnahme-Überschussrechnung** (§ 4 Abs. 3) ermittelt werden (BMF 17.7.2007, als auch BStBl. I 2007, 542 Rn. 4). § 15a Abs. 3 bekämpft spezielle Gestaltungen bei der Einnahme-Überschussrechnung. 88

Vorteile, die aufgrund der Zuweisung ausschließlich **positiver Einkünfte** und der Anwendung der **Tonnagebesteuerung** (§ 5a) entstehen, fallen hingegen nicht unter § 15b (ebenso Frotscher/*Lindberg* § 15b Rn. 19: anders, wenn eine Anfangsphase mit Verlustzuweisungen vorgeschaltet wird; wohl auch HHR/*Hallerbach* § 15b Rn. 19). 89

Bei Steuerstundungsmodellen in der Rechtsform einer Personengesellschaft mit Gewinneinkünften, sind die modellhaften negativen Einkünfte unter Einbeziehung des Gesamthandsvermögens, der Ergänzungs- und Sonderbilanzen zu ermitteln, da die Beteiligung die relevante Einkunftsquelle bildet (→ Rn. 147). Die Einkünfte des Gesamthandsvermögens sind unter Einbeziehung sämtlicher Aktivitäten der Gesellschaft zu ermitteln, da nur die Beteiligung als solche das Steuerstundungsmodell sein kann (zum „Blending" → Rn. 190). 90

c) Überschusseinkünfte. § 15b findet auch im Bereich der Überschusseinkünfte Anwendung (→ Rn. 103). Die negativen Einkünfte sind nach allgemeinen Regeln (§§ 8, 9) unter Abzug der Werbungskosten von den Einnahmen zu ermitteln (BMF 17.7.2007, BStBl. I 2007, 542 Rn. 4). 91

Erzielt der Anleger aus einer vermögensverwaltenden Gesellschaft oder Gemeinschaft nebeneinander Einkünfte aus verschiedenen Einkunftsarten, handelt es sich für Zwecke des § 15b dennoch nur um eine Einkunftsquelle. Eine Aufteilung in mehrere Einkunftsquellen anhand der Einkunftsarten ist grundsätzlich nicht vorzunehmen (BMF 17.7.2007, BStBl. I 2007, 542 Rn. 13). Für die Frage, ob ein Steuerstundungsmodell vorliegt, sind danach die negativen Einkünfte aus den verschiedenen Einkunftsarten grundsätzlich zu saldieren; ergeben sich hieraus modellhaft negative „Gesamt-Einkünfte" oberhalb der Grenze des § 15b Abs. 3, unterliegt der Gesamtverlust der Regelung des § 15b, dh es werden die positiven Einkünfte beider Einkunftsarten besteuert und die festgestellten § 15b-Verluste mit positiven Einkünften des Fonds in den Folgejahren (egal aus welcher Einkunftsart) verrechnet (Blümich/*Heuermann* § 15b Rn. 26 mit Beispiel; wohl ebenso Schmidt/*Seeger* § 15b Rn. 15; KKB/*Beck* § 15b Rn. 68). 92

Allerdings ist das im BMF-Schreiben vom 17.7.2007 (BStBl. I 2007, 542 Rn. 13) verwendete Beispiel nicht mehr zutreffend. Eine Verrechnung **negativer modellhafter Einkünfte aus Kapitalvermögen** auf Ebene einer vermögensverwaltenden Personengesellschaft als Einkunftsquelle iSd § 15b mit anderen positiven Überschusseinkünften ist angesichts der Geltung des § 20 Abs. 6 nicht mehr zulässig. Modellhafte negative Kapitaleinkünfte auf Ebene einer vermögensverwaltenden Gesellschaft mit mehreren Einkunftsarten dürfen nicht mit anderen Überschusseinkunftsarten verrechnet werden, da § 20 Abs. 6 insoweit § 15b als strengere Regelung verdrängt. Sie müssen mE isoliert anhand des § 20 Abs. 7 auf die Anwendbar- 93

…midt/*Seeger* § 15b Rn. 15; KKB/*Beck* § 15b Rn. 45
keit des § 15b hin ge… …dliche Entscheidung über die Einkünfte (Einkunftsart
und 68 mwN zum S… …n an einer vermögensverwaltenden Gesellschaft beteilig-

94 **Zebragesellscha…** …Art als auch ihrer Höhe nach durch das für die persönliche
und Einkünftehöhe …s zuständige (Wohnsitz-)Finanzamt zu treffen. Ist an einer
ten Gesellschafters …chaft ein Gesellschafter betrieblich beteiligt, wandeln sich bei
Besteuerung diese …zurechnenden Beteiligungseinkünfte in betriebliche Einkünfte
vermögensverwal… vollzieht sich außerhalb der „Zebragesellschaft", denn die per-
dem Gesellschaft… Gesellschafter, die zur anteiligen Umqualifizierung der Einkünfte
um. Diese Um… …n Zusammenhang mit der Beteiligung an der Gesellschaft (BFH
sönlichen Verh… BStBl. II 2005, 679).
führen, stehen …
…4.2005 – … 15b sind nach der Verwaltungsauffassung (BMF 17.7.2007, BStBl. I

95 Im Rahm… …knüpfend daran auf Ebene der vermögensverwaltenden Personengesell-
…007, 542 R… …erschusseinkünfte festzustellen, die auf Ebene der Gesellschafter ggf. in
schaft …ledig… …ünfte umqualifiziert werden müssen. Ob ein Steuerstundungsmodell vor-
gewerb…lichen … BMF ebenfalls bereits auf Ebene der vermögensverwaltenden Personenge-
liegt, ist … …iner gesonderten Feststellung gem. § 15b Abs. 4 S. 4, 5 zu entscheiden.
sellschaft …

…5.1 Die U…qualifizierung der Einkunftsart auf Ebene des Anteilseigners berühre danach – so das BMF – die Ei…ordnung als Steuerstundungsmodell grundsätzlich nicht. Dies gelte auch dann, wenn sich die Höhe …er erzielten Einkünfte aufgrund der Umqualifizierung ändere (BMF 17.7.2007, BStBl. I 2007, 542 Rn. 20; zust. Frotscher/*Lindberg* § 15b Rn. 21b; Blümich/*Heuermann* § 15b Rn. 27; Schmidt/*Seeger* § 15 Rn. 14; HHR/*Hallerbach* § 15b Rn. 20).

95.2 Dem ist beizupflichten. Über das Vorliegen des Steuerstundungsmodells (den modellhaften Charakter und den vorgefertigten Plan) ist nach den Verhältnissen der Gesellschaft im gesonderten Feststellungsverfahren des § 15b Abs. 4 auf Ebene der Zebragesellschaft zu entscheiden. Sie hat für die Gesellschafter einheitlich zu erfolgen. Zweifel an der Auffassung des BMF sind allerdings angebracht, wenn die Höhe der Anlaufverluste auf Ebene des betrieblich beteiligten Gesellschafters wegen der Art der Gewinnermittlung unter der 10%-Grenze des § 15 Abs. 3 läge, denn § 15b stellt auch bei geschlossenen Fonds, die Steuerstundungsmodell sind, auf den „Steuerpflichtigen" und nicht auf die Gesellschaft als Einkünfteerzielungssubjekt ab (iErg ebenso Blümich/*Heuermann* § 15b Rn. 27, 31).

96 **d) Mehrstöckige Gesellschaften/Dachfonds.** Bei mehrstöckigen Personengesellschaften ist nach BMF 17.7.2007, BStBl. I 2007, 542 Rn. 21 sowohl auf Ebene der Untergesellschaften als auch bei den Obergesellschaften zu prüfen, ob § 15b anzuwenden ist. Wird die Anwendung des § 15b bereits auf Ebene der Untergesellschaften bejaht, ist ein Verlustausgleich mit anderen Einkünften auf Ebene der Obergesellschaft nicht möglich.

97 Das BMF geht einerseits davon aus, dass jede Beteiligung an einer Gesellschaft eine eigenständige Einkunftsquelle ist und dass § 15b die allgemeinen Grundsätze der Einkünfteermittlung unberührt lässt. Der Gewinnanteil der Obergesellschaft als Mitunternehmerin der Untergesellschaft oder Gesellschafterin der Untergesellschaft wird für die Einkünfteermittlung und -zurechnung gem. § 180 Abs. 1 Nr. 2 Buchst. a AO bei der Untergesellschaft festgestellt. Bei der Obergesellschaft gehen diese Einkünfte in das Gesamtergebnis der Obergesellschaft ein und werden in deren Einkünftefeststellung gem. § 180 Abs. 1 Nr. 2 Buchst. a AO den Gesellschaftern der Obergesellschaft (Schlussgesellschaftern) als saldiertes Ergebnis zugerechnet; erst bei der ESt-/KSt-Festsetzung der Schlussgesellschafter wirkt sich § 15b aus. Auf dieser Ebene sind die zugerechneten saldierten Einkünfte aus der Obergesellschaft in Einzelkomponenten zu zerlegen und nicht ausgleichsfähige negative § 15b-Einkünfte zu berücksichtigen. Es sind laut BMF drei Unterfallgruppen zu unterscheiden:

97.1 Untergesellschaft und Obergesellschaft sind Steuerstundungsmodelle. In diesem Fall werden die Verluste der Untergesellschaft für den Gesellschafter „Obergesellschaft" festgestellt und von dieser als § 15b-Verluste an ihre Gesellschafter weitergegeben. Da die Obergesellschaft selbst ebenfalls ein Steuerstundungsmodell darstellt, sind die Voraussetzungen für die Anwendung des § 15b (zB 10%-Grenze) ohne Berücksichtigung der § 15b-Verluste der Untergesellschaft zu prüfen.

97.2 Die Untergesellschaft ist ein Steuerstundungsmodell, die Obergesellschaft jedoch nicht. In diesem Fall werden die Verluste der Untergesellschaft für den Gesellschafter „Obergesellschaft" festgestellt und von dieser als § 15b-Verluste an ihre Gesellschafter weitergegeben. Verluste, die nicht aus der

Untergesellschaft stammen, sind beim Gesellschafter im Rahmen der übrigen Verlustverrechnungsregelungen (zB § 10d) ausgleichsfähig.

Die Untergesellschaft ist kein Steuerstundungsmodell; die Obergesellschaft ist ein Steuerstundungsmodell. In diesem Fall wird geprüft, ob auf die saldierten Einkünfte der Obergesellschaft (dh einschließlich der Einkünfte aus der Untergesellschaft) § 15b anzuwenden ist. **97.3**

Meines Erachtens ist es zutreffend, dass das BMF die Beteiligung der Obergesellschaft an der Untergesellschaft für Zwecke des § 15b den Schlussgesellschaftern selbst als separate mittelbare Einkunftsquelle zurechnet, da § 15b auf den „Steuerpflichtigen" und nicht auf die Gesellschaften als Einkünfteerzielungssubjekte abstellt. Hieraus folgt für Zwecke des § 15b, dass eine Durchgriffs- und Trennungsbetrachtung notwendig ist: Die Schlussgesellschafter haben in Form der unmittelbaren Beteiligung an der Obergesellschaft und der mittelbaren Beteiligung an der Untergesellschaft getrennt zu betrachtende Einkunftsquellen, die jeweils § 15b unterliegen können, dh auch ein Dachfonds kann keine Abschirmwirkung für Verluste aus einer Untergesellschaft entfalten (ebenso HHR/*Hallerbach* § 15b Rn. 32; KKB/*Beck* § 15b Rn. 107). Dies folgt nicht aus einer Zurechnung der § 15b-Eigenschaft einer Untergesellschaft an eine Obergesellschaft über § 15 Abs. 1 S. 1 Nr. 2 S. 2, sondern aus dem Zweck des § 15b und dem Umstand, dass § 15b erst im Rahmen der Steuerfestsetzung des Steuerpflichtigen wirkt. Weder die Untergesellschaft noch die Obergesellschaft sind aber der Steuerpflichtige (aA Blümich/*Heuermann* § 15b Rn. 27). **98**

Zutreffend ist bei getrennter Einordnung aller Gesellschaften in einer Beteiligungskette als § 15b-Gesellschaften aus Sicht der Schlussgesellschafter auch, wie das BMF nur die Verluste einer § 15b-Untergesellschaft bei der Steuerfestsetzung der Schlussgesellschafter als nicht ausgleichsfähig zu behandeln, wenn die Obergesellschaft kein Steuerstundungsmodell ist (→ Rn. 97.2). **99**

Ist nur die Obergesellschaft Steuerstundungsmodell, ist nach dem BMF nur diese Beteiligung die Einkunftsquelle und ein saldiertes Ergebnis dieser Einkunftsquelle aus deren Gesamtbetätigung zu ermitteln (→ Rn. 97.3). Dieses Ergebnis scheint auf den ersten Blick angesichts der gebotenen Trennung von Unter- und Obergesellschaft nicht zu überzeugen (so auch KKB/*Beck* § 15b Rn. 109). Es ist aber mE richtig, hier vorrangig darauf abzustellen, dass es angesichts des Missbrauchscharakters des § 15b unbeachtlich sein muss, ob ein Steuerstundungsmodell Aktivitäten in Tochtergesellschaften auslagert oder ob es mehrere Aktivitäten auf Ebene einer Gesellschaft betreibt. Zur Gleichbehandlung beider Fallkonstellationen muss auf Ebene der § 15b-Obergesellschaft ein saldiertes Ergebnis ermittelt werden (→ Rn. 190). **100**

Auf der Ebene der § 15b-Untergesellschaft ist **verfahrensrechtlich** im Rahmen der gesonderten oder mit der einheitlichen und gesonderten Einkünftefeststellung verbundenen Feststellung des § 15b Abs. 4 zu bestimmen, ob ein Steuerstundungsmodell vorliegt. Für diese Feststellung ist die Obergesellschaft Inhaltsadressatin der Feststellung auf Ebene der Untergesellschaft, wenn die Feststellung gem. § 15b Abs. 4 S. 4 und S. 5 mit der allgemeinen einheitlichen und gesonderten Feststellung verbunden wird. Auf Ebene der Obergesellschaft sind bei Verbindung der Feststellungen die Obergesellschafter Inhaltsadressaten der Feststellung gem. § 15b. **101**

Einstweilen frei **102**

4. Unmittelbare und sinngemäße Anwendung des § 15b für andere als gewerbliche Einkünfte

a) Unterschiedliche Bezugnahmen auf § 15b. Der Gesetzgeber ging bei Einführung der Regelung davon aus, dass primär gewerbliche Einkünfte gem. § 15 von § 15b erfasst sind und ordnete die Vorschrift systematisch den Einkünften aus Gewerbebetrieb zu. § 15b gilt aber durch Verweisungen unmittelbar oder sinngemäß auch bei den Einkünften aus Land- und Forstwirtschaft (§ 13 Abs. 7), selbständiger Arbeit (§ 18 Abs. 4 S. 2), Kapitalvermögen (§ 20 Abs. 7), Vermietung und Verpachtung (§ 21 Abs. 1 S. 2) und sonstigen Einkünften iSv § 22 Nr. 1 S. 1. **103**

Die unmittelbare und sinngemäße Anwendung des § 15b hat Auswirkungen auf den Prüfungsumfang. Bei einer **entsprechenden Geltung** der Norm kraft Verweisung muss im Rahmen der jeweiligen Einkunftsart die betrachtete Einzelinvestition/Beteiligung als mut- **104** maßliches Steuerstundungsmodell die Voraussetzungen des § 15b Abs. 1 und 2 erfüllen. Gegenstand der angestrebten steuerlichen Vorteile müssen Verluste oberhalb der Nichtaufgriffsgrenze des Abs. 3 sein. Bei einer **sinngemäßen Anwendung** kann § 15b auch auf andere steuerliche Vorteile als Verluste anzuwenden sein oder werden unter Umständen wie zB im Fall des § 32b Abs. 1 S. 3 iVm § 15b Abs. 3a auch die Anforderungen an die Modellhaftigkeit der Gestaltung modifiziert.

105 *Einstweilen frei*

106 **b) Fälle der entsprechenden Anwendung.** Hierzu gehören § 13 Abs. 7 und § 18 Abs. 4 S. 2 (→ § 18 Rn. 1276 f.). Es müssen die Voraussetzungen eines Steuerstundungsmodells iSd § 15b Abs. 1 und 2 erfüllt sein, die erfassten steuerlichen Vorteile bestehen in modellhaften negativen Einkünften oberhalb der Nichtaufgriffsgrenze des § 15b Abs. 3.

107 *Einstweilen frei*

108 **c) Fälle der sinngemäßen Anwendung. aa) Einkünfte aus Kapitalvermögen (§ 20 Abs. 7, zuvor § 20 Abs. 2b).** Zur zeitlichen Anwendung → Rn. 56. § 20 Abs. 2b dehnte die sinngemäße Anwendung des § 15b auch auf andere Einkünfte als die Einkünfte aus einer typisch stillen Beteiligung aus.

109 **§ 20 Abs. 7 S. 1:** Die Gestaltung muss sich mE in dieser Alternative im Sinne einer **Rechtsgrundverweisung** als Steuerstundungsmodell darstellen, das sämtliche Anforderungen des § 15b erfüllt und dem Zweck dient, steuerliche Vorteile in Form **modellhafter negativer Einkünfte** zu erzielen (BFH 28.6.2017 – VIII R 57/14, BStBl. II 2017, 1144; ebenso → § 20 Rn. 1401). Denkbar waren hier insbesondere Gestaltungen des Vorziehens von Aufwand in VZ vor Geltung der Abgeltungsteuer (zB negative Zwischengewinne beim Erwerb von Investmentanteilen, → Rn. 112 oder durch das „Auseinanderfallen" von Werbungskosten vor Geltung des § 32d Abs. 1 und späteren niedrig besteuerten Einnahmen, zB bei vorgezogenem Werbungskosten-Abzug; s. auch BFH 17.1.2017 – VIII R 7/13, BStBl. II 2017, 700; Schmidt/*Seeger* § 15b Rn. 13). Heutzutage unterbindet § 20 Abs. 9 den Abzug von Aufwendungen und damit die Verlustentstehung. Modellhafte negative Einkünfte können somit nur über negative Einnahmen, über Veräußerungsverluste gem. § 20 Abs. 2, die nicht dem Verrechnungsverbot des § 20 Abs. 6 S. 5 unterliegen oder bei gem. § 32d Abs. 2 aus der Abgeltungsteuer ausgeschlossenen Kapitaleinkünften entstehen. § 20 Abs. 6 unterbindet zudem die Verlustverrechnung mit positiven Einkünften aus anderen Einkunftsarten. § 20 Abs. 7 S. 1 würde mE zwar auch modellhafte Steuerstundungsmodelle erfassen, bei denen ausschließlich im System der Abgeltungsteuer Verluste zugewiesen werden. Dieser Tatbestandsalternative dürfte mE aber nur eine geringe praktische Bedeutung zukommen.

110 **§ 20 Abs. 7 S. 2:** Ein vorgefertigtes Konzept liegt gem. Satz 2 abweichend von § 15b Abs. 2 auch vor, wenn positive Einkünfte aus Kapitalvermögen „nicht der tariflichen Einkommensteuer" unterliegen. Diese sinngemäße Anwendung des § 15b soll Gestaltungen „rund um den Systemwechsel in die Abgeltungsteuer" erfassen, die das Steuersatzgefälle zwischen tariflicher ESt (§ 32a) und dem gesonderten Steuertarif des § 32d dadurch ausnutzen, dass die negativen Einkünfte der tariflichen ESt und die positiven Einkünfte aus der Kapitalanlage der Abgeltungsteuer unterliegen und diese Gestaltung keinen modellhaften Charakter hat (KKB/*Beck* § 15b Rn. 86). Streitig ist aber, ob Satz 2 ein vorgefertigtes Konzept iSd § 15b Abs. 2 S. 2 gesetzlich fingiert (KSM/*Jochum* § 20 Rn. I 28; Frotscher/*Moritz/Strohm* § 20 Rn. 382; Kirchhof/*von Beckerath* § 20 Rn. 179; Blümich/*Ratschow* § 20 Rn. 473; aA HHR/*Intemann* § 20 Rn. 645). Meines Erachtens muss man von dieser Fiktion ausgehen, da sonst kein Unterschied zwischen den praktischen Wirkungen der Regelungen des § 20 Abs. 7 S. 1 und 2 auszumachen ist. Der BFH hat dies in seiner Entscheidung vom 28.6.2017 (VIII R 57/14, BStBl. II 2017, 1144) offen gelassen und § 20 Abs. 7 S. 2 nicht als erfüllt angesehen, wenn ein Steuerpflichtiger im selben VZ aus einer Kapitalanlage (Einkunftsquelle) im Bereich der progressiven Besteuerung höhere negative als positive Einkünfte erzielt.

111 *Einstweilen frei*

112 **Für negative Zwischengewinne aus dem Erwerb von Investmentanteilen** war streitig, ob § 15b über § 20 Abs. 2b Anwendung finden konnte, weil diese den Einkünften des Anlegers aus Kapitalvermögen zuzuordnen waren, wenn die Anteile nicht zu einem Betriebsvermögen gehören (§ 2 Abs. 1 InvStG 2004). Der BFH (28.6.2017 – VIII R 57/14, BStBl. II 2017, 1144) hat die grundsätzliche Anwendbarkeit des § 20 Abs. 2b S. 1 für den VZ 2008 angenommen, dessen Voraussetzungen aber trotz der anlegerbezogenen Betrachtungsweise nicht als erfüllt angesehen, weil der Abzug des negativen Zwischengewinns eine überschießende Besteuerung bei der Veräußerung des Investmentanteils ausschließen soll und sich kongruente positive Zwischengewinne gleicher Höhe bei anderen Anlegern ergeben können. Nach der nunmehr gefestigten Rechtsprechung kann § 20 Abs. 2b Satz 2 nicht dahingehend verstanden werden, dass ein vorgefertigtes Konzept iSd § 15b Abs. 2 Satz 2 stets dann vorliegt, wenn sich ein Verlust im Rahmen der Anwendung des progressiven Steuersatzes auswirkt, während ein Gewinn lediglich dem Abgeltungsteuersatz unterliegt; zudem sieht der BFH negative Zwischengewinne grundsätzlich nicht als Verluste iSd § 15b Abs. 1 an (BFH 7.5. 2019 – VIII R 29/15, BFH/NV 2019, 966). Zur Diskussion um die Anwendung des § 20 Abs. 7 auf negative Zwischengewinne s. BeckOK InvStG/*Hartmann* InvStG § 8 Rn. 86.3).

Einstweilen frei **113**

§ 8b Abs. 7 InvStG 2004 wurde mit dem JStG 2010 (vom 8.12.2010, BGBl. 2010 I 1768) in das InvStG eingeführt und gilt bis Ende des VZ 2017. § 15b gilt danach **auf Ebene des Anlegers** sinngemäß für die Verluste aus der *Rückgabe, der Veräußerung oder Entnahme von Investmentanteilen* und für *Verluste aus einer Teilwertabschreibung* auf Investmentanteile; nicht aber für den negativen Zwischengewinn aus dem *Erwerb* eines Anteils. Der Gesetzgeber wollte vorrangig Kopplungsgeschäfte (modellhafte Zuweisung eines nicht unter § 8b KStG fallenden Verlusts mit der späteren Erzielung von unter § 8b KStG fallenden steuerfreien Einnahmen und bestimmte Gestaltungen bei Rückgabe/Veräußerung des Investmentanteils (s. zu der Regelung *Birker* BB 2011, 1495; *Kretzschmann* FR 2011, 62; *Jansen/Lübbehüsen* FR 2011, 512; *Kleinert/Lübbehüsen* RdF 2015, 140; *Ronig* NWB 2014, 1490 (1492); BeckOK InvStG/*Hartmann* InvStG § 8 Rn. 86) unterbinden. **114**

Die Verweisung wird nach wohl hM **als Rechtsgrundverweisung** auf § 15b Abs. 1 und 2 verstanden. Danach können sowohl Anteile an Publikums- als auch an Spezial-Sondervermögen eine Einkunftsquelle bilden. Modellhafte Verluste aus der Rückgabe und Veräußerung des Investmentanteils können Privatanleger und betriebliche Anleger; Verluste aus der Entnahme von Anteilen und einer Teilwertabschreibung können nur betriebliche Anleger erzielen. Eine Anwendung des § 15b auf Spezial-Investmentvermögen wird im Hinblick auf das Fehlen eines vorgefertigten Konzepts im Schrifttum aufgrund der Eigenart dieser Investmentvermögen abgelehnt (s. zum Ganzen BeckOK InvStG/*Hartmann* InvStG § 8 Rn. 78–86.3 mwN). **115**

Einstweilen frei **116**

§ 49 Abs. 4 InvStG mit Wirkung ab dem VZ 2018 erklärt die Regelung des § 15b für Verluste aus der Veräußerung des Anteils an einem Spezial-Investmentvermögen und für Verluste aus Teilwertabschreibungen für Spezial-Investmentanteile für anwendbar. Auch insoweit handelt es sich um eine Rechtsgrundverweisung, die für das Merkmal des vorgefertigten Konzepts bei Spezial-Sondervermögen denselben Anwendungszweifeln wie § 8 Abs. 7 InvStG 2004 unterliegt; zweifelhaft ist auch, ob angesichts investmentsteuerlicher Spezialregelungen überhaupt modellhafte Verlustzuweisungen möglich sind (Blümich/*Wenzel* InvStG 2018 § 49 Rn. 28). **117**

Einstweilen frei **118**

bb) Einkünfte aus Vermietung und Verpachtung (§ 21 Abs. 1 S. 2). Soweit in → § 21 Rn. 1364 darauf abgehoben wird, die sinngemäße Anwendung der Vorschrift werfe Probleme auf, da der Betriebsvermögensvergleich als Gewinnermittlungsart nicht anzuwenden sei und kein Kapitalkonto geführt werde, betrifft dies eher die sinngemäße Anwendung des § 15a. Für Zwecke des § 15b können Immobilienfonds/Bauherrengemeinschaften zu den klassischen Steuerstundungsmodellen gehören, wenn sie die Voraussetzungen des § 15b erfüllen. Insoweit ist im Rahmen der sinngemäßen Anwendung meines Erachtens ebenfalls im Sinne einer Rechtsgrundverweisung das Vorliegen des Steuerstundungsmodells anhand der Merkmale des § 15b Abs. 1 und 2 zu prüfen. Andere Vorteile als negative Einkünfte werden dem Steuerpflichtigen nicht zugewiesen. Vertiefend → Rn. 205. **119**

Einstweilen frei **120**

cc) Sonstige Einkünfte. § 22 Abs. 1 Nr. 1: Zu den bekämpften Gestaltungen fremdfinanzierter Versicherungen (auch gegen Einmalbetrag) → § 22 Rn. 230 ff. Der BFH hatte **121**

im Urteil vom 11.12.2018 – VIII R 7/15, BStBl. II 2019, 231 zur Frage der Anwendung des § 15b auf eine Sicherheits-Kompakt-Rente nicht zu entscheiden, da der vorgreifliche gesonderte Feststellungsbescheid gemäß § 15b Abs. 4, in dem das Produkt als Steuerstundungsmodell in Gestalt einer Einzelinvestition beurteilt worden war, bestandskräftig geworden war.

122 *Einstweilen frei*

123 **d) Singgemäße Anwendung im Rahmen des Progressionsvorbehalts gem. § 32b Abs. 1 S. 3.** Die modellhaft geplante Zuweisung negativer Progressionseinkünfte fällt nach dem Wortlaut der Regelung nicht unter § 15b Abs. 1 und 2, da es sich insoweit nicht um negative Einkünfte/Verluste im Sinne der Regelung, sondern um steuerfreie ausländische Einkünfte handelt und nach dem Konzept dieser Gestaltungen „endgültige" Steuervorteile und nicht nur Stundungseffekte erzielt werden sollen (Blümich/*Heuermann* § 15b Rn. 40; KKB/*Beck* § 15b Rn. 50). Der Gesetzgeber hat daher eine sinngemäße Anwendung des § 15b auf Progressionsgestaltungen in § 32b Abs. 1 S. 3 gesetzlich geregelt, auch wenn dies aus Sicht des Gesetzgebers nur eine Klarstellung beinhalten sollte. Diese sinngemäße Anwendung umfasst auch § 15b Abs. 3a. Zu den Einzelheiten → Rn. 222.

124 *Einstweilen frei*

B. Voraussetzungen und Rechtsfolgen

I. Abs. 1: Verlustverrechnungsverbot bei Steuerstundungsmodellen

1. Anknüpfung an den Steuerpflichtigen als Einkünfteerzieler

125 § 15b knüpft in Abs. 1 und Abs. 2 an den **Steuerpflichtigen** als Träger der Einkunftsquelle und des Steuerstundungsmodells an, der die maßgeblichen Verluste erzielt und zu veranlagen ist. § 15b ist damit nicht auf Ebene eines Einkünfteerzielungssubjekts anwendbar, da es hier nicht zu einer Veranlagung kommt (→ Rn. 94 und → Rn. 98).

126 „Steuerpflichtige" sind bei den natürlichen Personen sowohl unbeschränkt als auch beschränkt Steuerpflichtige; Letztere aber nur im Rahmen der Einkünfte gem. § 49 (HHR/*Hallerbach* § 15b Rn. 16; KKB/*Beck* § 15b Rn. 10).

127 § 15b gilt über § 8 Abs. 1 KStG **auch für KSt-Subjekte als Steuerpflichtige.** Denn § 15b Abs. 4 S. 4 regelt ausdrücklich, dass auch „körperschaftsteuerpflichtige" Einkünfte aus dem Steuerstundungsmodell festzustellen sein können und diese Feststellung mit der einheitlichen und gesonderten Feststellung der Einkünfte gem. § 180 Abs. 1 Nr. 2 Buchst. a AO für KSt-Subjekte als Feststellungsbeteiligte verbunden werden darf. Aus dem Gesetz folgt damit unmittelbar, dass § 15b für den Bezug von Einkünften aus einer Personengesellschaft/Gemeinschaft als Steuerstundungsmodell auf Ebene einer Gesellschafter-Kapitalgesellschaft Anwendung findet (glA HHR/*Hallerbach* § 15b Rn. 16; KKB/*Beck* § 15b Rn. 10).

128 Allerdings sind Beteiligungen eines KSt-Subjekts an einem anderen KSt-Subjekt selbst bei modellhafter Gestaltung negativer Einkünfte nicht stets Steuerstundungsmodelle, da abgesehen vom Fall der Organschaft aus der Beteiligung an der Tochtergesellschaft keine negativen Einkünfte zugewiesen werden. Es reicht nach hM nicht aus, wenn nur im Zusammenhang mit der Haupteinkunftsquelle Verluste entstehen können, die Einkunftsquelle selbst aber keine Verluste zuweisen kann (→ Rn. 153). Für Verlustzuweisungen einer Organgesellschaft dürfte § 15b hingegen beim Organträger (natürliche Person und KSt-Subjekt) grundsätzlich anwendbar sein (ebenso KKB/*Beck* § 15b Rn. 95). § 15b gilt zudem sinngemäß für bestimmte negative Einkünfte eines Steuerpflichtigen aus der Teilwertabschreibung von Anteilen an einem Spezial-Investmentfonds und im Zusammenhang mit einer Veräußerung entstehender Verluste. Anleger solcher Spezial-Sondervermögen sind in der Regel ebenfalls KSt-Subjekte; die Regelungen setzen voraus, dass die Anteile am Spezial-Investmentvermögen in einem Betriebsvermögen des Anlegers gehalten werden (→ Rn. 114 ff.).

129 *Einstweilen frei*

2. Verluste im Zusammenhang mit dem Steuerstundungsmodell

a) Verlustbegriff. Das Gesetz verwendet in § 15b Abs. 1 und 4 den Begriff des Verlusts und in Abs. 2 S. 1 und Abs. 2 S. 3 den Begriff der **negativen Einkünfte;** zudem muss dem Steuerpflichtigen gem. Abs. 2 S. 2 die Möglichkeit geboten werden, Verluste mit den übrigen Einkünften zu verrechnen. Die prognostizierten Verluste müssen schließlich gem. Abs. 3 die 10%-Grenze übersteigen. Die unterschiedlichen Begriffe meinen jeweils dasselbe. Nach dem bereits aufgezeigten Verhältnis des § 15b zur Einkünfteermittlung (→ Rn. 88 ff.) und der gesetzlich angeordneten isolierten Betrachtung jedes Steuerstundungsmodells als eigenständige Einkunftsquelle (→ Rn. 164) ist auf die im jeweiligen Verlustentstehungsjahr nach allgemeinen Regeln zu ermittelnden saldierten Einkünfte abzustellen (→ Rn. 190). Ergibt sich hierbei ein Verlust, der auf modellhaften negativen Einkünften beruht, kann dieser der Verlustverrechnungsbeschränkung des § 15b als nicht ausgleichsfähiger Verlust unterliegen. § 15b erfasst hingegen keine negativen Einkünfte und sperrt diese von der Verrechnung mit zugleich anfallenden positiven Einkünften aus derselben Einkunftsquelle im Rahmen der Einkünfteermittlung aus (aA wohl HHR/*Hallerbach* § 15b Rn. 21). Aus dem Begriff der negativen Einkünfte folgt auch, dass **Sonderausgaben** im Zusammenhang mit einem Modell (etwa gem. § 10f) nicht unter § 15b fallen. 130

Eine Besonderheit besteht bei vermögensverwaltenden Personengesellschaften, die verschiedene Einkunftsquellen erzielen. Hier kann die einkunftsquellenbezogene Anknüpfung an das Steuerstundungsmodell zur Saldierung der Einkünfte beider Einkunftsarten führen und das negative Gesamtergebnis der Verlustverrechnung unterliegen (→ Rn. 92). 131

Zu den streitigen Fragen gehört, ob § 15b teleologisch zu reduzieren ist, wenn ein Modell eine **endgültige steuerbare Verlusterzielung** zur Folge hat und die vom Gesetzgeber durch § 15b intendierte Stundungswirkung der Verlustverrechnung (Ausschluss der sofortigen Verrechnung von Anlaufverlusten; Verrechnung von Verlusten nur mit späteren positiven Einkünften) endgültig nicht zum Tragen kommt. Fraglich ist, ob nur verrechenbare laufende Verluste, die auch nach Verrechnung mit sämtlichen positiven Einkünften und einem Veräußerungsgewinn aus der Übertragung der Einkunftsquelle verbleiben oder Veräußerungsverluste gemäß § 16 (**sog. finale Verluste**) im Beendigungszeitpunkt zu ausgleichsfähigen Verlusten werden können. 132

Das FG Berlin-Brandenburg (8.12.2015 – 6 K 6215/12, EFG 2016, 385) hat mE die teleologische Reduktion der Regelung für einen **Veräußerungsverlust** gemäß § 16 im Grundsatz zutreffend bejaht (aufgehoben durch BFH 20.12.2018 – IV R 2/16, BStBl. II 2019, 526 aus verfahrensrechtlichen Gründen). Veräußerungsverluste, die der Steuerpflichtige als Anleger des Steuerstundungsmodells **tatsächlich wirtschaftlich erleidet und bei denen der Totalverlust nicht modellhaft gestaltet wurde, sind mE abzugsfähig.** Ohne diese Einschränkung führt die Anwendung des § 15b zu einem überschießenden Definitiveffekt, der nach der Gesetzesbegründung nicht gewollt war (zust. KKB/*Beck* § 15b Rn. 73; s. auch FG Münster 18.6.2015 – 12 K 689/12 F, EFG 2015, 1696; FG Baden-Württemberg 7.7.2011 – 3 K 4368/09, EFG 2011, 1897; zur Anwendung des § 15b bei einem Definitiveffekt wohl auch HHR/*Hallerbach* § 15b Rn. 24). Die erforderliche „tatsächliche wirtschaftliche Belastung" des Anlegers, die Anlass für eine teleologische Reduktion des § 15b geben kann, umfasst mE die vom Gesellschafter erbrachten AK auf die Beteiligung/Einlagen, die durch die zugewiesenen (nur verrechenbaren) Verluste aufgezehrt wurden. Nicht folgen kann ich dem FG Berlin-Brandenburg darin, dass negative Zuschreibungsbeträge aus Ergänzungsbilanzen, welche die tatsächlich aufgebrachten ursprünglichen Anschaffungskosten für den Mitunternehmeranteil widerspiegeln, der Art nach unechte und nicht belastende Buchverluste sein sollen. Zwar zählen nach der BFH-Entscheidung vom 9.3.2011 (IX R 56/05, BStBl. II 2011, 649) negative Einkünfte jedenfalls insoweit zu den nicht belastenden „unechten" Verlusten, als sie auf die Inanspruchnahme von Sonderabschreibungen zurückzuführen sind und den tatsächlichen Wertverzehr übersteigen, nicht hingegen die Inanspruchnahme der in § 7 gesetzlich vorgesehenen (regulären oder erhöhten) Absetzungen für Abnutzung oder Substanzverringerung. Bei Gesellschaften als Steuerstundungsmodellen ist aber meines Erachtens nicht danach zu fragen, welche einzelne Regelung einen Verlust bewirkt hat (§ 15b Abs. 2 S. 3), sondern, ob die tatsächlich vom Anleger aufgebrachte Einlage aufgezehrt wurde oder Aufwendungen des Sonderbereichs selbst zu tragen waren (→ Rn. 174 ff.). 133

134 Das **FG Hamburg** (20.2.2020 – 2 K 293/15, BeckRS 2020, 5670) sieht abw. von der hier vertretenen Auffassung jedenfalls definitiv wirkende **laufende Verluste und Verluste gemäß § 16,** die aufgrund der Auflösung der Fondsgesellschaft endgültig nicht mehr mit Einkünften aus demselben Steuerstundungsmodell verrechenbar sind, als endgültig nicht ausgleichsfähig an. Es verneint die Möglichkeit einer teleologischen Reduktion oder verfassungskonformen Auslegung des § 15b für Verluste mit Definitivwirkung. Der Gesetzgeber habe eindeutig definiert, dass Verluste im Zusammenhang mit einem Steuerstundungsmodell nur mit den in den folgenden Wirtschaftsjahren erzielten Einkünften aus derselben Einkunftsquelle verrechnet werden dürften. Dafür, dass Definitiveffekte von der Regelung ausgenommen sein sollten, spreche nichts. Auch wenn es in der Gesetzesbegründung heiße, dass die anfänglichen Verluste nicht endgültig „verloren" sind, sondern ihre Berücksichtigung nur zeitlich „gestreckt" werde (BT-Drs. 16/107, 6), drücke dies nur den „Normalfall" der angenommenen wirtschaftlichen Entwicklung von Steuerstundungsmodellen aus, und zwar, dass zunächst erhebliche Anfangsverluste erwirtschaftet und erst in einer späteren Phase Gewinne erzielt würden. In diesem Sinne heiße es in der Gesetzesbegründung auch einschränkend weiter „[…] soweit für die Investition ein Totalüberschuss erzielt wird". Dies verdeutliche, dass der Gesetzgeber ersichtlich auch Konstellationen im Blick gehabt habe, in denen es nicht zu einem Totalüberschuss komme und ein Totalverlust eintrete. Meines Erachtens ist dem für endgültige Verluste (auch aufgrund laufender Verlustzuweisungen), die der Anleger **tatsächlich wirtschaftlich trägt,** angesichts des Normzwecks in § 15b nicht zu folgen.

135 **b) im Zusammenhang.** Das Merkmal stellt sicher, dass kausal durch das Steuerstundungsmodell verursachte modellhafte Verluste insgesamt vom Verrechnungsverbot erfasst werden können. Es ist nicht notwendig, dass der jeweilige Verlust Bestandteil des Konzepts ist; liegt ein Steuerstundungsmodell aus anderen Gründen vor, sind auch nicht konzeptionelle negative Einkünfte von § 15b erfasst (HHR/*Hallerbach* § 15b Rn. 22; KKB/*Beck* § 15b Rn. 57; Schmidt/*Seeger* § 15b Rn. 9, 13, 15).

136 Dies ermöglicht für Einzelinvestitionen erst recht die Einbeziehung konzeptioneller Fremdfinanzierungskosten in die Verlustverrechnungsbeschränkung (ebenso BMF 17.7.2007, BStBl. I 2007, 542 Rn. 6, 8).

137 Bei Personengesellschaften hat das Merkmal den Einbezug des Sonderbereichs zur Folge (→ Rn. 149).

138 Für die Beteiligung an einer Kapitalgesellschaft können konzeptionelle Fremdfinanzierungsaufwendungen zu Verlusten im Zusammenhang mit der Einkunftsquelle „Beteiligung" entstehen. § 15b ist jedoch im Ergebnis nach wohl zutreffender hM nicht anzuwenden, da die Haupteinkunftsquelle selbst keine Verluste, sondern nur positive Einkünfte zuweisen kann (→ Rn. 153).

139 *Einstweilen frei*

3. Steuerstundungsmodell

140 **a) Begriff der Steuerstundung.** § 15b Abs. 1 S. 1 erfasst Verluste im Zusammenhang mit Steuerstundungsmodellen. Das Merkmal der **Steuerstundung** ist abzugrenzen von der Steuerersparnis. § 15b erfasst das Vorziehen steuerlich günstiger Effekte, die ohne die Regelung in Form des horizontalen und vertikalen Verlustausgleichs der negativen Einkünfte aus dem Modell mit anderen Einkünften entstehen könnten. Der Verlust wird aufgrund einer modellhaften Gestaltung in der Anfangsphase (Investitionsphase) „kreiert" (§ 15b Abs. 2 S. 2) und ist für die Anfangsphase prognostiziert (Abs. 3).

141 Das BMF sieht das Verrechnungsverbot des § 15b als ergänzende Regelung neben den anderen Regelungen, die den Verlustausgleich und -abzug beschränken. Die Anwendung des § 15b setzt – so das zutreffende BMF-Schreiben vom 17.7.2007 (BStBl. I 2007, 542 Rn. 2) – eine einkommensteuerrechtlich relevante (steuerbare) Tätigkeit voraus. Dies kommt aus § 15b Abs. 2 S. 2 unmittelbar zum Ausdruck, der die Verrechenbarkeit von Verlusten zumindest in der Anfangsphase ausschließen soll. Die gesetzliche Formulierung zielt darauf ab, dass es sich nach allgemeinen Grundsätzen um eine steuerbare Tätigkeit handeln muss, die trotz des Vorliegens von Anfangsverlusten die Einkünfteerzielungsabsicht nicht in Frage stellt (→ Rn. 75).

Zur Legaldefinition des Steuerstundungsmodells in § 15b Abs. 2 → Rn. 179 ff. 142

b) Beteiligung an einer Personengesellschaft als Steuerstundungsmodell. Der Steuerpflichtige erzielt aufgrund des Transparenzprinzips (§ 15 Abs. 1 Nr. 2) aus Beteiligungen an betrieblichen Personengesellschaften/Gemeinschaften und aufgrund der Bruchteilsbetrachtung (§ 39 Abs. 2 S. 2 AO) iVm §§ 20, 21, 23 aus vermögensverwaltenden Gesellschaften/Gemeinschaften Einkünfte. Diese Gesellschaften (idR ein sog. geschlossener Fonds als Publikums-KG) können daher unter den weiteren Voraussetzungen Steuerstundungsmodelle gem. § 15b sein. Die Personengesellschaft/Gemeinschaft dient jeweils als Einkünfteerzielungssubjekt und stellt die relevante Einkunftsquelle iSd § 15b Abs. 1 S. 2 für die Ermittlung der Einkünfte dar (→ Rn. 88). 143

Auch Gestaltungen eines **Alleininhabers von Anteilen** (Einzelinvestor, zB als Alleinkommanditist einer vermögensverwaltenden KG als Investitionsvehikel) können grundsätzlich unter § 15b fallen, wenn die weiteren Voraussetzungen insbesondere des vorgefertigten Konzepts erfüllt sind (vgl. BFH 17.1.2017 – VIII R 7/13, BStBl. II 2017, 700). S. auch § 49 Abs. 4 InvStG zur sinngemäßen Anwendung des § 15b auf Spezial-Investmentvermögen, die unter Umständen nur einen Anleger haben können (→ Rn. 117). 144

Die BFH-Rechtsprechung zu den **Verlustzuweisungsgesellschaften** bleibt weiter bedeutsam (→ Rn. 16). Die Annahme einer Verlustzuweisungsgesellschaft kann zur Versagung der Einkünfteerzielungsabsicht auf Ebene der Gesellschaft führen, die vorrangig zu prüfen ist. Fehlt diese, ist der Verlust nicht steuerbar und § 15b schon aus diesem Grund nicht relevant. 145

Die Voraussetzungen des § 15b Abs. 2 sind auf der Ebene des Einkünfteerzielungssubjekts zu prüfen, da diese die relevante Einkunftsquelle darstellt. Ist ein Steuerpflichtiger an mehreren Personengesellschaften beteiligt, ist die Eigenschaft als Steuerstundungsmodell für jede gesondert zu prüfen. Sind mehrere Beteiligungen als Steuerstundungsmodell zu qualifizieren, dürfen negative Einkünfte gem. § 15 Abs. 1 S. 2 nur mit positiven Einkünften aus derselben Einkunftsquelle verrechnet werden. 146

Die Verrechnungsbeschränkung für negative Einkünfte erstreckt sich **bei einer betrieblichen Personengesellschaft,** die Steuerstundungsmodell gem. Abs. 2 S. 1 ist, auf sämtliche negativen Einkünfte des Steuerpflichtigen im Gesamthands- und Sonderbetriebsvermögen (BMF 17.7.2007, BStBl. I 2007, 542 Rn. 18). Auch negative Zuschreibungsbeträge aus einer **Ergänzungsbilanz,** die Korrekturfunktion zur Gesamthandsbilanz hat (BFH 20.11.2014 – IV R 1/11, BStBl. II 2017, 34), gehören zu den nicht ausgleichsfähigen Verlusten. Zur Ergänzungsbilanz s. FG Berlin-Brandenburg 8.12.2015 – 6 K 6215/12, EFG 2016, 385 mAnm *Schober* (inzwischen BFH 20.12.2018 – IV R 2/16, BStBl. II 2019, 526). 147

Negative Einkünfte aus dem **Gesamthandsbereich** werden dem Steuerpflichtigen über den **Gewinnanteil** anhand der Beteiligungsquote zugewiesen. § 15b erfasst bei Vorliegen eines Steuerstundungsmodells sowohl negative Einkünfte, die die Einlage aufzehren und den Anleger wirtschaftlich belasten als auch solche, die zur Bildung und Erhöhung eines negativen Kapitalkontos führen. 148

Zudem sind auch negative Einkünfte im **Sonderbetriebsvermögen** erfasst. § 15a wird für Steuerstundungsmodelle gem. § 15b Abs. 1 S. 3 damit insgesamt verdrängt (→ Rn. 174). Die Einbeziehung negativer Einkünfte auch des **Sonderbetriebsvermögens** oder von **Sonderwerbungskosten** folgt aus der Formulierung des Gesetzes, dass nicht nur konzeptionelle Verluste „aus" einem Steuerstundungsmodell, sondern damit **„im Zusammenhang"** stehende Verluste nicht ausgleichsfähig sind. Auch insoweit ist nicht erheblich, dass der Mitunternehmer/Gesellschafter einer vermögensverwaltenden Gesellschaft diese zu tragen hat und eine echte Vermögenseinbuße erleidet. § 15b schließt diese Aufwendungen vom Abzug aus, da auch die im Sonderbereich anfallenden Aufwendungen/Sonderwerbungskosten regelmäßig Bestandteil der modellhaften Gestaltung sind. Meistens wird es sich um Finanzierungsaufwendungen handeln, die als Bestandteil des Konzepts zur Finanzierung der Einlage auf Grundlage des vorformulierten Vertragswerks anfallen. 149

Auch **nicht modellhafte Sonderbetriebsausgaben oder Sonderwerbungskosten** (zB bei individueller Finanzierung der Einlage durch den Anleger außerhalb eines vorformulierten Vertragswerks) und nicht im Konzept prognostizierte Aufwendungen (zB bei unerwartetem Erhaltungsaufwand) im Gesamthandsbereich unterliegen nach der weiten Gesetzesfor- 150 mulierung („im Zusammenhang") und der zutreffenden Verwaltungsauffassung (Rn. 19 des BMF-Schreibens vom 17.7.2007, BStBl. I 2007, 542) der Verlustverrechnungsbeschränkung. Dies lässt sich durch den typisierenden Charakter des § 15b und die Praktikabilität rechtfertigen, da es unverhältnismäßigen Aufwand erfordern würde, diese Aufwendungen aus dem Anwendungsbereich des § 15b auszusondern und in den horizontalen und vertikalen Verlustausgleich einzubeziehen. Zutreffend ist jedoch auch, diese nicht modellhaften Aufwendungen bei der Berechnung der Nichtaufgriffsgrenze auszusparen (→ Rn. 213).

151 *Einstweilen frei*

152 **c) Einzelinvestition als Steuerstundungsmodell.** Vom Einzelinvestor, der im Rahmen eines geschlossenen Fonds als Alleinkommanditist investiert, ist die **Einzelinvestition** (→ Rn. 54 zu § 52 Abs. 25 S. 4) als Steuerstundungsmodell zu unterscheiden. In diesem Fall handelt es sich oft um eine Ein-Objekt-Investition, zB eines gewerblichen Einzelunternehmers. Siehe aber auch BFH vom 7.2.2018 (X R 10/16, BStBl. II 2018, 630) zu einem gewerblichen Einzelunternehmer, der mehrere Blockheizkraftwerke im Betriebsvermögen des Einzelunternehmens hielt und insgesamt auf der Basis eines vorformulierten Vertragsbündels betrieb. Der X. Senat sah den Betrieb mehrerer Blockheizkraftwerke auf Grundlage des verklammernden Konzepts als eine Einzelinvestition an, die von § 15b erfasst sein konnte. Dies ist zutreffend, da nicht auf die kleinste Einheit eines Modells (das einzelne Wirtschaftsgut als Einzelkomponente neben anderen Wirtschaftsgütern) abzustellen, sondern das Steuerstundungsmodell als Einkunftsquelle in den Blick zu nehmen ist, das begrifflich gerade nicht auf Einzelwirtschaftsgüter beschränkt ist (KKB/*Beck* § 15b Rn. 67).

153 Einkünfte eines Steuerpflichtigen im Zusammenhang mit der **Beteiligung an einer Kapitalgesellschaft** iSd § 20 Abs. 1 Nr. 1 und Nr. 2 EStG iVm § 1 Abs. 1 Nr. 1 KStG können negativ sein, wenn ein modellhafter Veräußerungs- oder Liquidationsverlust (§§ 20 Abs. 2, 17 Abs. 4) oder modellhaft ein Überhang von Aufwendungen über die Beteiligungserträge geschaffen wird. Letzteres kann bei einer Anwendung des Teileinkünfteverfahrens (§ 3 Nr. 40, § 3c Abs. 2) oder bei Zuordnung der Beteiligung zum Privatvermögen nach einer Antragstellung gem. § 32d Abs. 2 Nr. 3 der Fall sein (Nichtgeltung des § 20 Abs. 9 iVm § 32d Abs. 2 S. 2). Auch Verluste im Zusammenhang mit Beteiligungen an Kapitalgesellschaften können dem Gesetz nach somit unter § 15b fallen. Die hM verneint jedoch zutreffend die Anwendung der Vorschrift in diesem Fall, weil die Beteiligung selbst als Einkunftsquelle iSd § 15b keine Verluste, sondern nur positive Einkünfte in Form von Ausschüttungen/vGA zuweisen kann (HHR/*Hallerbach* § 15b Rn. 16; Frotscher/*Lindberg* § 15b Rn. 30; aA Schmidt/*Seeger* § 15b Rn. 12; KKB/*Beck* § 15b Rn. 95).

154 Weitere mögliche Anwendungsfälle der Einzelinvestition sind Mietkaufmodelle (Blümich/*Heuermann* § 15b Rn. 30, 35), der Erwerb von Gebäuden mit Modernisierungszusage im Rahmen eines Vertragsbündels (BMF 17.7.2007, BStBl. I 2007, 542 Rn. 9; KKB/*Beck* § 15b Rn. 95; Schmidt/*Seeger* § 15b Rn. 12; HHR/*Hallerbach* § 15b Rn. 30). Der Erwerb fremdfinanzierter Rentenversicherungs- und Lebensversicherungsansprüche (→ Rn. 121) und der Erwerb fremdfinanzierter Schuldverschreibungen im Disagio-Modell werden ebenfalls als mögliche Anwendungsfälle gesehen, soweit dem Werbungskostenabzug nicht § 20 Abs. 9 entgegensteht (s. zu letzterem KKB/*Beck* § 15b Rn. 103; BFH 17.1.2007 – VIII R 7/13, BStBl. II 2017, 700: kein Steuerstundungsmodell bei eigener Umsetzung durch den Steuerpflichtigen mangels Nutzung eines vorgefertigten Konzepts).

155 *Einstweilen frei*

4. Rechtsfolgen (Abs. 1 S. 1, Hs. 1 und 2)

156 **a) Ausschluss des horizontalen und vertikalen Verlustausgleichs.** Übersteigt der Verlust aus dem Modell die Nichtaufgriffsgrenze des Abs. 3, wird der horizontale und vertikale Verlustausgleich im Verlustentstehungsjahr unterbunden (Blümich/*Heuermann* § 15b Rn. 25; KKB/*Beck* § 15b Rn. 59 f.; HHR/*Hallerbach* § 15b Rn. 23; Frotscher/*Lindberg* § 15b Rn. 16). Hierdurch wird insbesondere ein Refinanzierungseffekt für die zu leistende Einlage oder das aufzubringende Eigenkapital aus einer Minderung der Gesamtsteuerbelastung verhindert.

157 Greift § 15b, ist die Regelung im Regelfall als speziellere und weitergehende Verlustverrechnungsbeschränkung sowohl vorrangig gegenüber **§ 2a** (→ § 2a Rn. 83; HHR/*Hallerbach*

§ 15b Rn. 19: Verrechnung ausländischer § 2a-Verluste nur mit positiven Einkünften aus demselben Steuerstundungsmodell; ebenso KKB/*Beck* § 15b Rn. 46) als auch gegenüber **§ 15 Abs. 4** (zum Anwendungsbereich → § 15 Rn. 2371; zum Vorrang des § 15b, soweit dieser nur die Verrechnungsmöglichkeit negativer Einkünfte innerhalb desselben Steuerstundungsmodells einräumt, s. BMF 17.7.2007, BStBl. I 2007, 542 Rn. 22; HHR/*Hallerbach* § 15b Rn. 19).

Einstweilen frei 158

b) Ausschluss auch des Verlustvor- und -rücktrags gem. § 10d. Weitere Rechtsfolge ist der Ausschluss des Verlustvor- und -rücktrags aus einem Steuerstundungsmodell im Rahmen des allgemeinen Verlustabzugs gem. § 10d. Es können die fortzuschreibenden und gem. § 15b Abs. 4 gesondert festzustellenden nicht ausgleichsfähigen Verluste nur mit zukünftigen positiven Erträgen aus demselben Steuerstundungsmodell verrechnet werden (§ 15b Abs. 1 S. 2). 159

Einstweilen frei 160

c) Übergang des festgestellten § 15b-Verlusts auf den Rechtsnachfolger des Steuerpflichtigen. Da die Verluste beteiligungs- und nicht personenbezogen sind, gehen sie bei unentgeltlicher Übertragung auf den Rechtsnachfolger über (BMF 17.7.2007, BStBl. I 2007, 542 Rn. 25 und die ganz hM im Schrifttum: HHR/*Hallerbach* § 15b Rn. 24; Blümich/*Heuermann* § 15b Rn. 24; Schmidt/*Seeger* § 15b Rn. 18; KKB/*Beck* § 15b Rn. 72). Dies ergibt sich bei Gesellschaftsanteilen an betrieblichen Fonds wie für Zwecke des § 15a aus der Regelung des § 6 Abs. 3, da der festgestellte vortragsfähige Verlust mit der Beteiligung verbunden ist (sog. beteiligungsbezogene Sichtweise, vgl. zu § 15a BFH 1.3.2018 – IV R 16/15, DStR 2018, 1362) und § 6 Abs. 3 eine Durchbrechung des Subjektsteuerprinzips beinhaltet (→ § 6 Rn. 2667). Diese beteiligungsbezogene Sichtweise greift auch bei Anteilen an vermögensverwaltenden Personengesellschaften ein, die unter § 15b fallen. 161

Für den Übergang von Verlusten im Wege der Gesamtrechtsnachfolge ist streitig, ob ein solcher nach der BFH-Entscheidung vom 17.12.2007 (GrS 2/04, BStBl. II 2008, 608) noch in Betracht kommt. Maßstab für die Möglichkeit des Übergangs ist, ob der Erbe durch die Verlustentstehungsursachen wirtschaftlich belastet ist und kein Drittaufwand vorliegt (HHR/*Hallerbach* § 15b Rn. 24; Schmidt/*Seeger* § 15b Rn. 18; KKB/*Beck* § 15b Rn. 72). Dem ist zuzustimmen. Der BFH (1.3.2018 – IV R 16/15, DStR 2018, 1362) hat zu § 15a hervorgehoben, es liege beim Übergang eines negativen Kapitalkontos auf den Erben kein Drittaufwand vor, wenn Verlustzuweisungen, die sich zuvor nicht ausgewirkt hätten, beim Rechtsnachfolger mit späteren positiven Einkünften zu verrechnen seien, da nur der Rechtsnachfolger eine echte Vermögenseinbuße erleide. Dieser Gedanke lässt sich meines Erachtens ebenfalls auf § 15b übertragen und sich hieraus ein Übergang des Verlusts mit dem Übergang der Einkunftsquelle ableiten. Die streng beteiligungsbezogene Zuordnung eines § 15b-Verlusts gilt jedenfalls auch bei Übergang eines Anteils im Wege der Gesamtrechtsnachfolge. 162

Einstweilen frei 163

5. Verrechnung nur mit positiven Einkünften aus derselben Einkunftsquelle (§ 15b Abs. 1 S. 2)

a) Begriff der Einkunftsquelle. Einkunftsquelle ist das jeweilige Steuerstundungsmodell, dh bei gewerblichen oder gewerblich geprägten Personengesellschaften als Steuerstundungsmodell bildet der Mitunternehmeranteil (Gewinnanteil aus Gesamthandsvermögen, der Ergänzungsbilanz und Einkünfte des Sonderbetriebsvermögens) die maßgebliche Einkunftsquelle. Bei vermögensverwaltenden Personengesellschaften ist ebenfalls der Gesellschaftsanteil die Einkunftsquelle, es sind neben dem Gewinnanteil die Sondereinnahmen und Sonderwerbungskosten der einzelnen Gesellschafter einzubeziehen (BMF 17.7.2007, BStBl. I 2007, 542 Rn. 13; zu den Auswirkungen auf § 15b Abs. 3 → Rn. 213). Bei einer Einzelinvestition, die eine Ein-Objekt-Investition sein oder aus mehreren Wirtschaftsgütern bestehen kann, die durch das Konzept verklammert sind, stellt diese als solche die Einkunftsquelle dar (KKB/*Beck* § 15b Rn. 68). 164

Einstweilen frei 165

166 **b) Verrechnung nur innerhalb desselben Steuerstundungsmodells.** Die genaue Abgrenzung des jeweiligen Steuerstundungsmodells ist entscheidend, da nach dem Gesetz nur positive Erträge aus demselben Steuerstundungsmodell mit den festgestellten Verlusten verrechnet werden dürfen. Dasselbe Steuerstundungsmodell liegt auch weiterhin vor, wenn es zu einem Wechsel der Einkunftsart oder der Gewinnermittlungsart kommt, da dies die Identität des Konzepts nicht verändert. Zur verfahrensrechtlichen Behandlung iRd gesonderten Feststellung gem. § 15b Abs. 4 S. 1 → Rn. 249.

167 Abzugrenzen ist die Verrechnung der Ergebnisse mehrerer Einkunftsquellen von der immer zulässigen saldierenden Einkünfteermittlung auf Ebene einer Gesellschaft oder in einem Betriebsvermögen, innerhalb der Einkunftsquelle, wenn neben der modellhaften verlustbringenden Tätigkeit eine gewinnbringende Tätigkeit in demselben Wirtschaftsjahr ausgeführt wird (→ Rn. 190).

168 *Einstweilen frei*

169 **c) Positive Einkünfte.** Laufende Einkünfte aus einer Einzelinvestition als Steuerstundungsmodell oder Gewinnanteile aus einer Gesellschaft/Gemeinschaft, die Steuerstundungsmodell ist, können mit den festgestellten vorgetragenen Verlusten verrechnet werden. Auch Einkünfte, die aus der Verwertung (Veräußerung) von Wirtschaftsgütern stammen, können mit dem vorgetragenen Verlust verrechnet werden. Verrechenbar sind sämtliche Einkünfte, die im Zusammenhang mit der Einkunftsquelle erzielt werden, also auch Sonderbetriebseinnahmen (HHR/*Hallerbach* § 15b Rn. 26; KKB/*Beck* § 15b Rn. 64).

170 **Veräußerungsgewinne** aufgrund der Übertragung der Einkunftsquelle, die gem. §§ 16, 23 Abs. 1 S. 4, 20 Abs. 2 oder ggf. gem. § 17 steuerbar sind, mindern ebenfalls den vorgetragenen vortragsfähigen Verlust (ebenso Kirchhof/*Reiß* § 15b Rn. 19; FG Berlin-Brandenburg 8.12.2015 – 6 K 6215/12, EFG 2016, 385 mAnm *Schober* (inzwischen BFH 20.12.2018 – IV R 2/16, BStBl. II 2019, 526). Dies folgt aus dem Gesetzeswortlaut, der Einkünfte aus derselben Einkunftsquelle zur Minderung zulässt, zudem muss dem Abzugsverbot für sämtliche „im Zusammenhang mit dem Steuerstundungsmodell stehenden Verluste" auch ein entsprechend weites Korrektiv gegenüberstehen. Im Jahr der Veräußerung sind die negativen Einkünfte dieses Verlustentstehungszeitraums einerseits isoliert zu betrachten und andererseits in das Kapitalkonto mindernd einzubeziehen. Ergibt sich ein Veräußerungsgewinn, ist dieser mit den laufenden Verlusten dieses Veranlagungszeitraums und anschließend mit den vorgetragenen Verlusten zu verrechnen (s. auch FG Berlin-Brandenburg 8.12.2015 – 6 K 6215/12, EFG 2016, 385 mAnm *Schober* (inzwischen BFH 20.12.2018 – IV R 2/16, BStBl. II 2019, 526). Die dargestellte Behandlung ist jedoch insgesamt noch streitig und nicht abschließend geklärt.

171 **Zeitlicher Bezugspunkt** der verrechenbaren positiven Einkünfte ist bei Einzelinvestitionen durch den Steuerpflichtigen als Einzelunternehmer oder Träger der Einkunftsquelle der Veranlagungszeitraum. Bei Gesellschaften/Gemeinschaften ist nach dem Gesetzeswortlaut das Wirtschaftsjahr maßgeblich, das dem Wirtschaftsjahr folgt, in dem der § 15b-Verlust entstanden ist oder sich erhöht hat.

172 Streitig ist, inwieweit die **Besonderheiten der Abgeltungsteuer** zu beachten sind. Positive Einkünfte aus Kapitalvermögen können auf Ebene der Veranlagung nur eingeschränkt mit negativen Einkünften aus einer anderen Einkunftsart verrechnet werden (BFH 30.11.2016 – VIII R 11/14, BStBl. II 2017, 443). Nach hier vertretener Sichtweise ist daher auch bei vermögensverwaltenden Gesellschaften, die Steuerstundungsmodelle sind und Einkünfte aus mehreren Einkunftsarten erzielen, kein Gesamtverlust der Einkunftsquelle zu bilden, da § 20 Abs. 6 Vorrang vor § 15b zukommt. Für die Verrechnung bedeutet dies, dass auch Einkünfte aus Kapitalvermögen, wenn insoweit ein Steuerstundungsmodell vorliegt, nur mit späteren positiven Einkünften aus Kapitalvermögen verrechnet werden können (wohl ebenso KKB/*Beck* § 15b Rn. 65; Schmidt/*Seeger* § 15b Rn. 15; aA HHR/*Hallerbach* § 15b Rn. 26: Bildung von Gesamteinkünften aus der Einkunftsquelle über alle Einkunftsarten hinweg und volle Verrechenbarkeit späterer positiver Kapitaleinkünfte).

173 *Einstweilen frei*

6. Vorrang vor der Anwendung des § 15a (§ 15b Abs. 1 S. 3)

174 § 15a ist gem. Abs. 1 S. 3 „insoweit" nicht anzuwenden. § 15b hat damit Vorrang vor § 15a, wenn die Voraussetzungen beider Normen erfüllt sind, dh, auch Verlustzuweisungen

an den Anleger einer Gesellschaft, die bei einem positiven Kapitalkonto ausgleichsfähig wären, werden über § 15b als nicht ausgleichsfähige Verluste behandelt und sind nur mit positiven Einkünften aus demselben Steuerstundungsmodell verrechenbar.

Im Überschneidungsbereich mit § 15a ist § 15b strenger, soweit die Verluste aus dem Steuerstundungsmodell auch vom horizontalen und vertikalen Verlustausgleich ausgeschlossen sind, wenn die Verlustzuweisungen die geleistete Einlage aufzehren oder er wegen einer übersteigenden Hafteinlage haftet und eine echte wirtschaftliche Belastung des Anlegers besteht. Die Vorschrift ist in diesem Bereich eine § 15a vollständig verdrängende Spezialregelung, da sie eine Verrechenbarkeit der ansonsten ausgleichsfähigen Verluste nur mit künftigen Einkünften aus dem Steuerstundungsmodell zulässt und auch negative Einkünfte des Sonderbetriebsvermögens als nicht ausgleichsfähige Verluste behandelt (Blümich/*Heuermann* § 15b Rn. 28; HHR/*Hallerbach* § 15b Rn. 27; KKB/*Beck* § 15b Rn. 44; Kirchhof/*Reiß* § 15b Rn. 29, 33; zur Verrechenbarkeit negativer Einkünfte des Sonderbetriebsvermögens trotz § 15a → § 15a Rn. 220). **175**

Es besteht für das Verrechnungsverbot des § 15b ein rechtfertigungsbedürftiger Eingriff in das objektive Nettoprinzip und eine Ungleichbehandlung zu anderen Formen von Anlaufverlusten, die in den horizontalen und vertikalen Verlustausgleich einbezogen werden dürfen, soweit die Verlustzuweisungen die geleistete Einlage aufzehren. § 15b dürfte aber trotz der echten wirtschaftlichen Belastung des Anlegers durch die Nichtaufgriffsgrenze des Abs. 3 und den Missbrauchscharakter der Regelung, der in der Anknüpfung an die Merkmale des beabsichtigten steuerlichen Vorteils, des vorgefertigten Konzepts und der modellhaften Gestaltung auch deutlich zum Ausdruck kommt, noch verfassungsrechtlich gerechtfertigt sein. **176**

Ist die Einlage des Anlegers durch Verlustzuweisungen aufgezehrt und ein negatives Kapitalkonto des Anlegers oder keine Außenhaftung mehr vorhanden, ist die Anwendung des § 15b auf weitere Verlustzuweisungen hingegen weniger kritisch. Denn bei Vorhandensein eines negativen Kapitalkontos würde allein schon § 15a in der Regel bewirken, dass weitere Verlustzuweisungen aus der Gesamthands- und Ergänzungsbilanz zu nicht ausgleichsfähigen Verlusten führen und nur mit Einkünften aus derselben Gesellschaft verrechnet werden dürfen. § 15a liegt die Ratio zugrunde, Verlustzuweisungen, denen keine wirtschaftliche Belastung des Anlegers gegenübersteht, vom horizontalen und vertikalen Verlustausgleich auszuschließen. Dies löst grundsätzlich weder einen verfassungswidrigen Eingriff in das objektive Nettoprinzip noch eine Ungleichbehandlung zu anderen verrechenbaren Anlaufverlusten aus (→ § 15a Rn. 90 ff.). § 15b führt für Verlustzuweisungen ohne wirtschaftliche Belastung des Anlegers zu derselben Rechtsfolge. **177**

Einstweilen frei **178**

II. Abs. 2: Legaldefinition des Steuerstundungsmodells

1. Begriff des Steuerstundungsmodells (§ 15b Abs. 2 S. 1)

§ 15b Abs. 2 S. 1 umschreibt ein Steuerstundungsmodell in Anlehnung an § 2b EStG 1999 als modellhafte Gestaltung, die einen beabsichtigten steuerlichen Vorteil durch negative Einkünfte (zumindest in der Anfangsphase) bewirken soll. **179**

2. Modellhafte Gestaltung

a) Fondsgestaltungen. Eine **modellhafte Gestaltung** wird gem. § 15b Abs. 2 S. 2 durch ein vorgefertigtes Konzept konkretisiert. Das Merkmal ist inhaltlich hinreichend bestimmt (BFH 6.2.2014 – IV R 59/10, BStBl. II 2014, 465). **180**

Zudem scheint mit dem Merkmal auf den ersten Blick ein Bezug zu den vom Gesetzgeber vorgefundenen Grundsätzen des 5. Bauherrenerlasses (vgl. BMF 20.10.2003, BStBl. I 2003, 546) hergestellt worden zu sein, in dem für sämtliche Formen geschlossener Fonds zur Abgrenzung von Anschaffungskosten und sofort abzugsfähigen negativen Einkünften **anlegerbezogen** zwischen Hersteller- und Erwerberfonds unterschieden wird. Diese Unterscheidung geht auf die Rechtsprechung zurück. Anleger in einem Bauherrenmodell sind einkommensteuerrechtlich regelmäßig nicht als Bauherren, sondern als Erwerber des bebau- **181** ten Grundstücks zu beurteilen, wenn sie sich aufgrund eines von den Projektanbietern vorformulierten Vertragswerks beteiligen und sich bei den damit zusammenhängenden Rechtsgeschäften durch die Projektanbieter vertreten lassen. Alle in diesem Zusammenhang an die Anbieterseite geleisteten Aufwendungen, die auf den Erwerb des Grundstücks mit dem bezugsfertigen Gebäude gerichtet sind, stellen deshalb grundsätzlich Anschaffungskosten dar (BFH 14.11.1989 – IX R 197/84, BStBl. II 1990, 299; 29.2.2012 – IX R 13/11, BFH/NV 2012, 1422 sowie oben zur Anwendung des § 42 AO auf von dieser Rechtsprechung nicht betroffene Aufwendungen → Rn. 80). Rn. 31 des Erlasses (BMF 20.10.2003, BStBl. I 2003, 546) gibt vor, dass zwischen der Hersteller- und Erwerberstellung der Anleger bei allen Arten geschlossener Fonds mit Ausnahme der besonderen Grundsätze für Medienfonds, die im BMF-Schreiben vom 5.8.2003 (sog. Medienfondserlass, BStBl. I 2003, 406; → Rn. 207) für die Abgrenzung der echten und unechten Auftragsproduktion speziell geregelt wurden, zu unterscheiden ist.

181.1 Ein Anleger, der sich auf Grund eines von den Projektanbietern vorformulierten Vertragswerks an einem Projekt beteiligt und sich bei den damit zusammenhängenden Rechtsgeschäften durch die Projektanbieter oder von ihnen eingeschalteten sonstigen Personen (zB, Treuhänder, Geschäftsbesorger, Betreuer) umfassend vertreten lasse, ist nach Rn. 2 des Erlasses (BMF 20.10.2003, BStBl. I 2003, 546) regelmäßig nicht Bauherr, sondern **Erwerber.** Der Anleger sei nur Bauherr, wenn er auf eigene Rechnung und Gefahr ein Gebäude baue oder bauen lasse und das Baugeschehen beherrsche. Nach Rn. 32 ist nach diesem Maßstab auf der Ebene der Gesellschaft zu entscheiden, ob Aufwendungen, die die Gesellschaft trägt, Herstellungskosten/Anschaffungskosten oder laufende Betriebsausgaben/Werbungskosten sind.

181.2 Definition sog. Erwerberfonds: Der Initiator gibt bei diesen ein einheitliches Vertragswerk vor und die Gesellschafter in ihrer gesellschaftsrechtlichen Verbundenheit besitzen keine Möglichkeit, hierauf Einfluss zu nehmen (Rn. 33 des Erlasses).

181.3 Definition sog. Herstellerfonds: Bei diesen müssen die Mitwirkungsrechte der Gesellschafter über die zur Anerkennung der Mitunternehmereigenschaft nach § 15 Abs. 1 S. 1 Nr. 2 geforderten Initiativrechte hinausgehen; auch bei vermögensverwaltenden Fonds müssen die Mitwirkungsrechte weiter gehen, als die einem Kommanditisten nach dem HGB zustehenden Gesellschaftsrechte. Wesentliche Einflussnahmemöglichkeiten entstehen nicht bereits dadurch, dass der Initiator als Gesellschafter oder Geschäftsführer für den Fonds agiert. Eine ausreichende Einflussnahmemöglichkeit der Anleger ist erst gegeben, wenn die Fondsanleger rechtlich und tatsächlich in der Lage sind, wesentliche Teile des Konzepts zu verändern. Das kann nach dem Erlass erst bejaht werden, wenn Entscheidungsalternativen für die wesentlichen Konzeptbestandteile angeboten werden. Die Zustimmung zu den vom Initiator vorgelegten Konzepten oder Vertragsentwürfen bedeutet keine ausreichende Einflussnahme (Rn. 33–37 des Erlasses).

181.4 Trägt der einzelne Anleger nicht das Bauherrenwagnis (die Herstellereigenschaft), ist er Erwerber, was zur Folge hat, dass die in Rn. 8–20 des BMF-Schreibens angeführten Kostenarten nicht Werbungskosten oder Betriebsausgaben, sondern Anschaffungskosten sind.

181.5 Trägt der einzelne Anleger trotz vorformulierten Vertrags das Bauherrenwagnis, sind die Aufwendungen des Fonds nach Maßgabe der Rn. 21–29 des Erlasses für den Anleger sofort abzugsfähige Werbungskosten und können eine Verlustzuweisung auslösen.

182 Die für die einzelnen Kostenarten bei geschlossenen Fonds zu treffende Unterscheidung zwischen sofort abzugsfähigen Aufwendungen und Anschaffungskosten ist – wie auch die bisherige Anwendung des § 42 AO zur Einordnung bestimmter Kostenarten als Anschaffungskosten (→ Rn. 80) – § 15b vorgelagert, da sie die Verlustentstehung betrifft. Sie ist für § 15b nach dem Gesetzeswortlaut nicht maßgeblich. Sämtliche Fonds (Erwerber- oder Herstellerfonds iSd 5. Bauherrenerlasses BMF 20.10.2003, BStBl. I 2003, 546), die ihrer Struktur nach dem Anleger eine modellhafte Gestaltung im Sinne eines vorgefertigten Konzepts und Verlustzuweisungen oberhalb der Nichtaufgriffsgrenze bieten, werden von der Norm erfasst (BFH 26.4.2018 – IV R 33/15, DStR 2018, 1491; HHR/*Hallerbach* § 15b Rn. 30; KKB/*Beck* § 15b Rn. 99; *Zimmermann u.a.* PersGes in StR E Rn. 69 ff., 83 ff.; *Naujok* DStR 2007, 1601; *Brandter/Lechner/Schmid* BB 2007, 1922; wohl etwas zweifelnd für den Erwerberfonds Schmidt/*Seeger* § 15b Rn. 10).

183 Eine modellhafte Gestaltung iSd § 15b liegt nach der Rechtsprechung vor, wenn eine von einem Anbieter/Initiator abstrakt entwickelte Investitionskonzeption für Interessierte am Markt zur Verfügung steht, auf die der Investor/Anleger „nur“ noch zugreifen muss, nicht hingegen, wenn der Investor/Anleger eine von ihm selbst oder dem in seinem Auftrag – nicht aber im Auftrag eines Anbieters/Initiators – tätigen Berater entwickelte oder modifizierte und individuell angepasste Investition selbst umsetzt (BFH 17.1.2017 – VIII R 7/13, BStBl. II 2017, 700; verneinend für einen individuellen Gold-Progressionsfonds FG Hessen 11.12.2018 – 9 K 1879/17, BeckRS 2018, 40647). Existiert eine solche Investitionskonzeption, **indizieren** die Bündelung von Verträgen und/oder Leistungen (Haupt-, Zusatz- und Nebenleistungen) durch den Anbieter und gleichgerichtete Leistungsbeziehungen (zB mit demselben Treuhänder, demselben Vermittler, derselben Finanzierungsbank) nach der Rechtsprechung den modellhaften Charakter einer Gestaltung (BFH 6.2.2014 – IV R 59/10, BStBl. II 2014, 465; BMF 17.7.2007, BStBl. I 2007, 542 Rn. 8, 11). Anders als § 2b EStG aF verlangt § 15b Abs. 2 S. 2 nach der Rechtsprechung aber nicht, dass das Konzept auf gleichgerichtete Leistungsbeziehungen ausgerichtet sein muss (BFH 6.2.2014 – IV R 59/10, BStBl. II 2014, 465).

Das **BMF** sieht ein Indiz für eine modellhafte Gestaltung darin, dass der Steuerpflichtige **184**
sich lediglich kapitalmäßig ohne Interesse an der Geschäftsführung beteiligt (BMF 17.7.2007, BStBl. I 2007, 542 Rn. 7). Die Beteiligung an einem geschlossenen Publikums-Fonds in der Rechtsform einer Personengesellschaft (GmbH & Co KG), die ihren Anlegern in der Anfangsphase prospektierte Verluste zuweist und eine Haftungsbeschränkung bietet, sind daher nach dem BMF-Schreiben vom 17.7.2007 (BStBl. I 2007, 542; s. auch *Fleischmann/Meyer-Scharenberg* DB 2006, 353; *Beck* DStR 2006, 61 ff.) und der BFH-Rechtsprechung (BFH 6.2.2014 – IV R 59/10, BStBl. II 2014, 465) regelmäßig als modellhafte Gestaltung zu klassifizieren, auch wenn die Gesellschafter in ihrer gesellschaftsrechtlichen Verbundenheit die beschränkte Möglichkeit haben, auf die Vertragsgestaltung Einfluss zu nehmen. Die Rechtsprechung sieht in dieser Beteiligung ein **Indiz** für eine modellhafte Gestaltung. Eine vom Anleger herausgehobene (nicht nur beschränkte) Einflussnahme auf die wesentlichen Elemente der Investitionskonzeption, die über die Wahrnehmung der Rechte als Gesellschafter hinausgehend wohl auch zur Annahme einer Erwerbereigenschaft der Anleger nach den Kriterien des 5. Bauherrenerlasses führen würde, kann diese Indiz-Wirkung widerlegen (s. auch HHR/*Hallerbach* § 15b Rn. 30, 32; KKB/*Beck* § 15b Rn. 76: aktive Geschäftsführung; Rn. 90: Angebot des Modells durch Initiatoren; Schmidt/*Seeger* § 15b Rn. 10).

Einstweilen frei **185**

b) Einzelinvestition. Bei Einzelinvestitionen kann ein modellhafter Charakter vorliegen, **186**
wenn die Initiative für die Gestaltung nicht vom Steuerpflichtigen selbst, sondern von einem Dritten ausgeht, der dem Steuerpflichtigen und einer weiteren Vielzahl von Anlegern eine standardisierte Investitionskonzeption (Geschäftsidee und fertiges abstraktes Vertragswerk) anbietet. Kann der Steuerpflichtige auf ein Netzwerk des Anbieters zur Umsetzung der Idee zurückgreifen, liegt ein modellhaftes Konzept vor (zutr. HHR/*Hallerbach* § 15b Rn. 30). Charakteristisch ist insoweit die Passivität des Investors/Anlegers bei der **Entwicklung der Geschäftsidee** und der **Vertragsgestaltung.** Keine Übernahme eines modellhaften Konzepts liegt mehr vor, wenn der Investor/Anleger die einzelnen Leistungen und Zusatzleistungen sowie deren Ausgestaltung – sei es von Anfang an oder in Abwandlung des zunächst vorgefertigten Konzepts – selbst vornimmt und er damit das Konzept nicht nur unwesentlich mitbestimmt oder eine am Markt bekannte abstrakte Steuergestaltungsidee aufgreift und für sich im eigenen Auftrag umsetzen lässt (BFH 17.1.2017 – VIII R 7/13, BStBl. II 2017, 700).

Zum Erwerb einer Wohnung vom Bauträger s. Rn. 9/10 in BMF 17.7.2007, BStBl. I **187**
2007, 542.

Einstweilen frei **188**

3. Beabsichtigter steuerlicher Vorteil in Form negativer Einkünfte

Zu den angestrebten steuerlichen Vorteilen zählen die konzeptionell vorgesehenen **negati- 189**
ven Einkünfte des Einkommensteuerrechts ebenso wie sonstige negative Ergebnisse, die in die Gewinnermittlung einfließen. Maßgeblich sind nicht die tatsächlich erzielten, sondern die sich aus dem Konzept ergebenden negativen Einkünfte (BFH 6.2.2014 – IV R 59/10, BStBl. II 2014, 465). Es liegt kein Steuerstundungsmodell im Sinne des § 15b Abs. 2 vor, wenn das vorgefertigte Konzept sich ausschließlich an ausländische Investoren richtet und

weder auf im Inland erzielbare Steuervorteile oder einen im Inland entstehenden Steuerstundungseffekt aufbaut noch mit solchen Steuervorteilen oder Steuerstundungseffekten geworben wird (FG Niedersachsen 15.5. 2019 – 9 K 139/13, EFG 2019, 1587 mAnm *Tiedchen*). Zur Einkünfteermittlung → Rn. 88 ff. Liegen solche konzeptionell beabsichtigten Verluste vor, werden aber auch Verluste, die anfallen und nicht auf dem Konzept beruhen, in die Verlustverrechnungsbeschränkung einbezogen (→ Rn. 135).

190 „**Blending**": Maßgeblich ist bei Beteiligungen an Gesellschaften oder Gemeinschaften nicht das einzelne Investitionsobjekt. Soweit in einer Gesellschaft oder Gemeinschaft Überschüsse erzielende und verlustbringende Investitionen kombiniert werden oder die Gesellschaft oder Gemeinschaft in mehrere Projekte investiert, sind diese für die Ermittlung der Einkünfte und der 10%-Verlustgrenze zu saldieren, da die Beteiligung an der Gesellschaft die maßgebliche Einkunftsquelle darstellt (BMF 17.7.2007, BStBl. I 2007, 542 Rn. 13; Schmidt/*Seeger* § 15b Rn. 15; HHR/*Hallerbach* § 15b Rn. 26). Bereits → Rn. 91 f.

191 Die **Finanzverwaltung** sieht zutreffend iRd § 15b Abs. 1 und 2 positive steuerfreie Veräußerungsgewinne und DBA-Freistellungsgewinne nicht als steuerliche Vorteile im Sinne der Regelung an (Rn. 12 und 24 des BMF-Schreibens vom 17.7.2007, BStBl. I 2017, 542). Negative Progressionsvorbehalte werden über eine sinngemäße Anwendung des § 15b begrenzt (dazu → Rn. 220 ff.).

192 Eine explizite Werbung mit der Möglichkeit zur Inanspruchnahme von Steuerstundungseffekten/Verrechenbarkeit von Verlusten ist zwar nicht erforderlich (BFH 6.2.2014 – IV R 59/10, BStBl. II 2014, 465; BFH 7.2.2018 – X R 10/16, BStBl. II 2018, 630). Das FG Münster (21.2. 2020 – 4 K 494/19 F, BeckRS 2020, 4699) hat das Vorliegen eines Steuerstundungsmodells jedoch anknüpfend an die Entscheidung des BFH im zweiten Rechtsgang, des Streitfalls, verneint: Enthalte das vorgefertigte Konzept **keinen (ausgesprochenen oder unausgesprochenen) Hinweis** auf die steuerlichen „Vorteile" eines Betriebsausgabenabzugs von Zinsen (wie im Fall des FG Münster) oder zur Nutzung anderer steuerlicher Regelungen, sondern nur Ausführungen zur erzielbaren positiven Rendite des Modells, seien (ggf. vorliegende) Fremdfinanzierungskosten nicht beabsichtigt.

193 *Einstweilen frei*

4. Konkretisierung des Merkmals „Steuerstundungsmodell" in § 15b Abs. 2 S. 2

194 **a) Vorgefertigtes Konzept.** Ein „**Konzept**" bezeichnet nach der Rechtsprechung einen Plan für ein bestimmtes Vorhaben als Ergebnis eines Prozesses des Erkennens und Entwickelns von Zielen und daraus abgeleiteten Strategien und Maßnahmen zur Umsetzung eines größeren strategisch zu planenden Vorhabens. Entsprechend kann als Konzept nicht jegliche Investitionsplanung, sondern nur die Erstellung einer umfassenden und regelmäßig an mehrere Interessenten gerichteten Investitionskonzeption angesehen werden. Dies folgt auch daraus, dass nur in solchen Fällen eine modellhafte Gestaltung im Sinne eines „Investitionsmusters" angenommen werden kann, das Grundlage der Investitionsentscheidung des Investors ist. Da das Konzept „vorgefertigt" sein muss, muss es bezogen auf den Geschäftsgegenstand der Gesellschaft als auch auf ihre Konstruktion bereits vor der eigentlichen Investitionsentscheidung durch den oder die Initiatoren festgelegt worden sein. Es ist danach vorgefertigt, wenn der Anwender es vorfindet und zumindest die wesentlichen Grundlagen für ein geplantes Vorhaben einsetzen kann und nicht erst selbst die Strategien und Maßnahmen zur Umsetzung seines Vorhabens entwickeln muss (BFH 6.2.2014 – IV R 59/10, BStBl. II 2014, 465; BFH 17.1.2017 – VIII R 7/13, BStBl. II 2017, 700).

195 Ein **vorgefertigtes** Konzept wird dabei typischerweise, wenn auch nicht zwingend, mittels eines Anlegerprospekts oder aber in ähnlicher Form (etwa durch Katalog, sonstige Verkaufsunterlagen oder Beratungsbögen etc) vertrieben (BFH 6.2.2014 – IV R 59/10, BStBl. II 2014, 465 mit Verweis auf Gesetzesbegründung in BT-Drs. 16/107, 6 f.).

196 Das Konzept muss von einer vom Steuerpflichtigen verschiedenen Person erstellt worden sein, denn nur dann kann ihm als Anleger dem Wortlaut des § 15b Abs. 2 S. 2 entsprechend die Möglichkeit „geboten" werden, zumindest in der Anfangsphase der Investition Verluste mit übrigen Einkünften zu verrechnen. Charakteristisch ist insoweit die Passivität des Investors bei der Entwicklung der Geschäftsidee und der Vertragsgestaltung. Gibt hingegen der Anleger die einzelnen Leistungen und Zusatzleistungen sowie deren Ausgestaltung – sei es

von Anfang an oder in Abwandlung des zunächst vorgefertigten Konzepts – selbst vor und bestimmt er damit das Konzept nicht nur unwesentlich mit, so handelt es sich nicht (mehr) um ein vorgefertigtes Konzept (BFH 6.2.2014 – IV R 59/10, BStBl. II 2014, 465). Es ist somit in der Rechtsprechung zu Recht abgelehnt worden, § 15b auf Gestaltungen anzuwenden, die konkret auf die Verhältnisse einer bestimmten Person zugeschnitten sind (BFH 8.4.2009 – I B 223/08, BFH/NV 2009, 1437) oder von dieser initiiert wurden (BFH 17.1.2017 – VIII R 7/13, BStBl. II 2017, 700 zur Einzelinvestition, s. auch *Haarmann* NZG 2017, 751). Zudem → Rn. 183.

Kritisch ist die in Rn. 10/11 des BMF-Schreibens vom 17.7.2007 (BStBl. I 2017, 542) enthaltene Aussage, auch sog. **Blindpools** seien stets Steuerstundungsmodelle, auch, wenn im Zeitpunkt des Anlegerbeitritts noch nicht einmal das Investitionsobjekt feststeht. Anknüpfend an die Ausführungen zur Modellhaftigkeit kann die wesentliche Einflussnahme der Anleger auf das Investitionsobjekt diese ausschließen, was somit auch bei einem Blindpool der Fall sein kann (→ Rn. 183). **197**

Das Aufgreifen einer „am Markt bekannten" steueroptimierten Investitionsmöglichkeit und deren Umsetzung mit eigenen Beratern ist für das Eingreifen des § 15b somit nicht ausreichend, da dem Steuerpflichtigen ein geschlossenes Vertragskonzept angeboten werden muss (BFH 17.1.2017 – VIII R 7/13, BStBl. II 2017, 700; s. auch FG Sachsen 5.5.2010 – 8 K 1853/09, DStR 2012, 2053). **198**

Die Beteiligung an einer Gesellschaft oder Gemeinschaft indiziert das Vorliegen eines Steuerstundungsmodells, da der Anleger in diesem Fall vorrangig eine kapitalmäßige Beteiligung ohne Interesse an einem Einfluss auf die Geschäftsführung anstrebt (BFH 6.2.2014 – IV R 59/10, BStBl. II 2014, 465 mit Verweis auf die Gesetzesbegründung in BT-Drs. 16/107, 7). Fällt der tatsächliche Einfluss des Gesellschafters auf die Vertragsgestaltung und Geschäftsführung nicht ins Gewicht oder ist er nur rein formal, so kann dieses Indiz nicht entkräftet werden und liegt regelmäßig ein Steuerstundungsmodell vor (BFH 6.2.2014 – IV R 59/10, BStBl. II 2014, 465; → Rn. 184). **199**

Einstweilen frei **200**

b) Möglichkeit der Verlustverrechnung zumindest in der Anfangsphase. Die Anfangsphase iSd § 15b ist der Zeitraum, in dem **nach dem zugrunde liegenden Konzept** nicht nachhaltig positive Einkünfte erzielt werden sollen und ist damit im Regelfall identisch mit der konzeptionellen/prognostizierten Verlustphase. Sie endet, wenn nach der Prognoserechnung des Konzepts ab einem bestimmten Veranlagungszeitraum dauerhaft und nachhaltig positive Einkünfte erzielt werden sollen (BFH 6.2.2014 – IV R 59/10, BStBl. II 2014, 465). **201**

Einstweilen frei **202**

5. § 15b Abs. 2 S. 3

Unbeachtlich ist, aufgrund welcher steuerlichen Vorschriften negative Ergebnisse und Einkünfte entstehen. Dies umfasst sowohl die Gewinnermittlungsvorschriften (→ Rn. 87), als auch Normen, die Verluste bewusst als Folge steuerlicher Förder- und Lenkungsvorschriften entstehen lassen (→ Rn. 4). Ein Steuerstundungsmodell iSv § 15b Abs. 1 Satz 1 und Abs. 2 kann danach auch vorliegen, wenn die prognostizierten Verluste auf gesetzlichen Abschreibungsmethoden (degressive AfA, Sonderabschreibungen) beruhen (BFH 6.6. 2019 – IV R 7/16, BStBl. II 2019, 513). **203**

Einstweilen frei **204**

6. Praktische Bedeutung des § 15b für verschiedene Formen geschlossener Fonds

Immobilienfonds und vergleichbare Fonds: Im BMF-Schreiben vom 17.7.2007 (BStBl. I 2007, 542) zu § 15b wird auf geschlossene Immobilienfonds Bezug genommen und in Rn. 7 die Auffassung vertreten, ein Steuerstundungsmodell auf Grundlage eines vorgefertigten Konzepts liege auch vor, wenn den Anlegern wesentliche Einflussmöglichkeiten eingeräumt würden. Nach dem 5. Bauherrenerlass kann in diesen Fällen ggf. ein Bauherren-/Herstellerfonds (BMF 20.10.2003, BStBl. I 2003, 546) vorliegen (→ Rn. 181). Wegen der strengen Beschränkungen für den Abzug sofort abzugsfähiger Aufwendungen auf der **205**

Fondsebene im 5. Bauherrenerlass (BMF 20.10.2003, BStBl. I 2003, 546) und der bislang faktisch allein verbleibenden Abzugsfähigkeit von AfA und Finanzierungsaufwendungen werden in der Praxis Immobilien-Fonds bislang so gestaltet, dass die Anlaufverluste unterhalb der Nichtaufgriffsgrenze des § 15b Abs. 3 liegen (*Lüdicke/Arndt* Geschlossene Fonds, 262). Siehe zur Behandlung von Fondsetablierungskosten § 6e und → Rn. 83.

206 Auch **Windkraftfonds** unterliegen nach der bisherigen Praxis den Abgrenzungskriterien des 5. Bauherrenerlasses (BMF 20.10.2003, BStBl. I 2003, 546) hinsichtlich der Umqualifizierung laufender Aufwendungen in Anschaffungs- und Herstellungskosten bei Erwerber- und Herstellerfonds (BFH 14.4.2011 – IV R 15/09, BStBl. II 2011, 706; hierzu *Peetz* DStZ 2011, 881). Aufwendungen eines in der Rechtsform einer GmbH & Co. KG geführten Windkraftfonds für die Platzierungsgarantie, für die Prospekterstellung und -prüfung, für die Koordinierung/Baubetreuung und für die Eigenkapitalvermittlung sind danach in der Steuerbilanz der KG in voller Höhe als Anschaffungskosten zu behandeln, wenn sich die Kommanditisten aufgrund eines vom Projektanbieter vorformulierten Vertragswerks an dem Fonds beteiligten. Siehe zur Auswirkung des § 6e auf § 15b → Rn. 83. Das FG Niedersachsen verneint das Vorliegen eines Steuerstundungsmodells, wenn dieses ausschließlich ausländischen Investoren steuerliche Vorteile in deren Heimatstaat vermittelt und weder auf im Inland erzielbare Steuervorteile oder einen im Inland entstehenden Steuerstundungseffekt aufbaut noch mit solchen Steuervorteilen oder Steuerstundungseffekten geworben wird (FG Niedersachsen 15.5. 2019 – 9 K 139/13, EFG 2019, 1587 mAnm *Tiedchen*).

207 **Film- und Medienfonds:** Die Medienfonds werden in Rn. 31 des 5. Bauherrenerlasses (BMF 20.10.2003, BStBl. I 2003, 546) aus dessen Anwendungsbereich ausgenommen. Sie unterfallen dem sog. Medienerlass (BMF 5.8.2003, BStBl. I 2003, 406). Für **Filmproduktionsfonds,** die mit den Herstellungskosten des Films unter Anwendung des § 5 Abs. 2 weitgehend sofort abzugsfähige Betriebsausgaben generieren wollen (→ § 5 Rn. 1576; siehe BMF 5.8.2003, BStBl. I 2003, 406; zum Begriff und Abgrenzung von echten Produktionsfonds BFH 6.11.2008 – IV B 126/07, BStBl. II 2009, 156;), stellt § 15b ein Gestaltungshindernis dar. Im BMF-Schreiben **vom 17.7.2007** (BStBl. I 2007, 542) zu § 15b wird in **Rn. 7** ausgeführt, ein Steuerstundungsmodell auf Grundlage eines vorgefertigten Konzepts liege auch vor, wenn den Anlegern wesentliche Einflussmöglichkeiten auf das Investitionsobjekt (die Filmproduktion) eingeräumt werden. Die Finanzverwaltung will gerade die Anlaufverluste sog. unechter Produktionsfonds regelmäßig der Verlustverrechnungsbeschränkung des § 15b unterwerfen (s. zum Ganzen *Zimmermann u.a.* PersGes in StR E Rn. 84; *Theisen* DStR 2010, 1649; Schmidt/*Seeger* § 15b Rn. 10).

208 **Schiffsfonds:** Die beschränkte Verrechenbarkeit von laufenden Anlaufverlusten gem. § 15b kann auch bei Schiffsfonds nicht immer durch die Konzeption des Fonds ausgeschlossen werden. Die tatbestandliche Nichtaufgriffsgrenze des § 15b Abs. 3 ist zu niedrig, um den Fonds durch Verlustzuweisungen für Anleger attraktiv ausgestalten zu können. Eine Strategie in der Praxis war bislang der Übergang zum sog. **Renditemodell,** um Verlustzuweisungen zu vermeiden und durchgehend eine niedrige Besteuerung in der Gewinnphase aufgrund der Regeln über die Tonnagebesteuerung gem. § 5a zu generieren (vgl. hierzu Lüdicke/Arndt Geschlossene Fonds, 305; *Zimmermann u.a.* PersGes in StR E Rn. 80).

209 **Private Equity/Venture Capital Fonds:** Die **Finanzverwaltung** hält auch bei PE-/VC-Fonds die Grundsätze des 5. Bauherrenerlasses (BMF 20.10.2003, BStBl. I 2003, 546) für grundsätzlich anwendbar: Danach gehören aus Sicht der Verwaltung (Vfg. OFD Frankfurt a. M., 27.7.2007, BeckVerw 110969) zu den Anschaffungskosten der Portfolio-Beteiligungen grundsätzlich alle Aufwendungen, die in wirtschaftlichem Zusammenhang mit der Abwicklung der einzelnen Portfolio-Beteiligung in der Investitionsphase anfallen (insbes. die Managementgebühren für die geschäftsführenden Gesellschafter, Haftungs- und Geschäftsführervergütungen für Komplementäre, Geschäftsführervergütungen bei schuldrechtlichem Leistungsaustausch statt eines Gewinnvorabs und Vergütungen für Treuhandkommanditisten). Das Geschäftsmodell der PE- und VC-Fonds ist grundsätzlich aber nicht auf Verlustzuweisungen in Form von Anlaufverlusten, sondern auf Zuweisung steuerfreier Veräußerungsgewinne ausgerichtet. § 15b ist demnach für diese Fonds bislang nicht von entscheidender Bedeutung (ausdrücklich BMF 17.7.2007, BStBl. I 2007, 542 Rn. 12; vgl. auch *Zimmermann u.a.* PersGes in StR E Rn. 77). Siehe zur Einführung des § 6e für Fondsetablierungskosten, der auch für vermögensverwaltende Fonds gemäß § 9 Abs. Satz 2 gilt → Rn. 83. Bei den vermögens-

verwaltenden Fonds mit Einkünften aus Kapitalvermögen gelten neben § 20 Abs. 7 iVm § 15b ohnehin § 20 Abs. 6, Abs. 9, die die Verlustverrechnung weitreichender als § 15b beschränken.

Einstweilen frei 210

III. Nichtaufgriffsgrenze für Anlaufverluste (§ 15b Abs. 3)

1. Regelungsinhalt

Die Rechtsfolge des § 15b Abs. 1 greift nur ein, wenn innerhalb der Anfangsphase (→ Rn. 201) die prognostizierten Verluste 10% des gezeichneten und nach dem Konzept auch aufzubringenden Kapitals oder bei Einzelinvestoren des eingesetzten Eigenkapitals 10% übersteigt. 211

2. Prognostizierte Verluste

Maßgeblich für die Berechnung der 10%-Grenze des § 15b sind die prognostizierten Verluste, nicht jedoch die letztlich tatsächlich erzielten Verluste (BMF 17.7.2007, BStBl. I 2007, 542 Rn. 16). Sind modellhaft Sonderbetriebsausgaben oder Sonderwerbungskosten (zB bei modellhafter Finanzierung der Einlage) vorgesehen, ist das Sonderbetriebsvermögen oder Sondervermögen ebenfalls konzeptioneller Bestandteil des Steuerstundungsmodells. Die Verluste des Sonderbetriebsvermögens oder die Sonderwerbungskosten sind in diesem Fall auch Bestandteil der prognostizierten Verluste und bei der Berechnung der Verlustgrenze einzubeziehen (BMF 17.7.2007, BStBl. I 2007, 542 Rn. 16). 212

Zutreffend macht das BMF die Unterscheidung zwischen konzeptionellen Verlusten für die Berechnung der Nichtaufgriffsgrenze und der Rechtsfolgenseite des Abs. 1. Liegt aufgrund der konzeptionellen/prognostizierten Verluste ein Steuerstundungsmodell vor, erfasst die Verlustverrechnungsbeschränkung nach dem weiten Wortlaut („im Zusammenhang") auch außerplanmäßige und nicht modellhafte negative Einkünfte (→ Rn. 150). 213

Einstweilen frei 214

3. Gezeichnetes und aufzubringendes Kapital bei Gesellschaften

Für die Beteiligung an Gesellschaften ist auf das nach dem Konzept gezeichnete und tatsächlich aufzubringende Kapital abzustellen, dh, ausstehende Einlagen, die nicht eingefordert werden sollen, sind nicht zu berücksichtigen (BMF 17.7.2007, BStBl. I 2007, 542 Rn. 17). Ist das gezeichnete Kapital auch tatsächlich aufzubringen, entspricht es regelmäßig der gesellschaftsvertraglichen Pflichteinlage des Gesellschafters. 215

Als Ausschüttungen gestaltete planmäßige Eigenkapitalrückzahlungen sind für Zwecke der Berechnung der 10%-Grenze vom gezeichneten Eigenkapital abzuziehen, soweit sie die aus dem normalen Geschäftsbetrieb planmäßig erwirtschafteten Liquiditätsüberschüsse übersteigen (BMF 17.7.2007, BStBl. I 2007, 542 Rn. 17). Dies ist in der Sache zutreffend, da es sich insoweit um eine Einlagenrückzahlung handelt. 216

Wird ein Teil des aufzubringenden Kapitals auf der Fondsebene oder der Gesellschafterebene **modellhaft fremdfinanziert,** ist nach den Rn. 17 ff. des BMF-Schreibens vom 17.7.2007 (BStBl. I 2007, 542) das maßgebende Kapital um die Fremdfinanzierung zu kürzen. Bei Berechnung der Verlustgrenze sind auch die Verluste des Sonderbetriebsvermögens, die Bestandteil der prognostizierten Verluste sind, einzubeziehen. Dies bedeutet, dass ohne eine modellhafte und konzeptionelle Fremdfinanzierung auf Ebene des Gesellschafters zur Ermittlung der Verlustquote nur auf das für die Anfangsphase prognostizierte operative Ergebnis des Fonds abzustellen ist. Modellhafte „reine Eigenkapitalfonds" mit individueller Anteilsfinanzierung der Anleger fallen demnach nicht unter § 15b, wenn sie die 10%-Grenze einhalten (HHR/*Hallerbach* § 15b Rn. 35; *Zimmermann u.a.* PersGes in StR E Rn. 73 halten). 217

4. Einzelinvestition

Bei Einzelinvestoren führt ein konzeptbedingter Verlust von mehr als 10% des eingesetzten Eigenkapitals zur Anwendung des § 15b (BMF 17.7.2007, BStBl. I 2007, 542 Rn. 15). Damit 218 ist das tatsächlich einzusetzende Eigenkapital gemeint. Hier spielt es keine Rolle, ob das übrige Kapital aufgrund des vorgefertigten Konzepts fremdfinanziert wird oder erst nachträglich vom Erwerber des Steuerstundungsmodells eine Fremdfinanzierung geplant wurde (KKB/*Beck* § 15b Rn. 124; HHR/*Hallerbach* § 15b Rn. 46).

219 *Einstweilen frei*

IV. Bekämpfung von Progressionsmodellen und des Erwerbs von Umlaufvermögen durch § 4 Abs. 3-Rechner (Abs. 3a)

1. Regelungsumfeld

220 **a) Ausländische Progressionsfonds. aa) Gestaltungsansatz.** Die sog. „Goldfinger"-Gestaltungen als „Progressionsfonds" beruhen nach ihrer Grundidee darauf, dass die von einer ausländischen Betriebsstätte erzielten unternehmerischen Einkünfte (Art. 7 OECD-MA) eines inländischen unbeschränkt Steuerpflichtigen mit hohem Steuersatz nach dem einschlägigen DBA im Inland freigestellt sind und nach dem Methodenartikel des einschlägigen DBA gem. § 32b Abs. 1 S. 1 Nr. 3 dem positiven und negativen Progressionsvorbehalt unterliegen. Wird durch eine zumeist ausländische Gesellschaft (Personengesellschaft) in der ausländischen Betriebsstätte Gold – (andere Edelmetalle, Container, Holz, Kunstgegenstände sind indes ebenso häufig Gegenstand dieser Transaktionen gewesen, vgl. *Dornheim* DStR 2012, 1581 (1581)) – erworben und der ausländische gewerbliche Gewinn nach § 4 Abs. 3 ermittelt, entstehen daraus (jedenfalls vor Einführung des § 4 Abs. 3 S. 4) abzugsfähige Betriebsausgaben, da Umlaufvermögen erworben wird. Diese negativen Betriebsstätteneinkünfte reduzieren als negative Progressionseinkünfte nach § 32b Abs. 1 S. 1 Nr. 3 den Steuersatz auf die übrigen inländischen Einkünfte teilweise bis auf null. Werden die übrigen inländischen Einkünfte im Inland mit dem Spitzensteuersatz versteuert, kann der (positive) Progressionsvorbehalt bei einer späteren Veräußerung der Wirtschaftsgüter der ausländischen Betriebsstätte faktisch nicht mehr nachteilig wirken, da eine weitere Erhöhung des Steuersatzes nicht möglich ist. Aufgrund der asymmetrischen Wirkung des negativen und positiven Progressionsvorbehalts kommt es zu einer endgültigen Steuerersparnis für den inländischen Steuerpflichtigen (s. zur Grundidee *Schulz-Trieglaff* IStR 2013, 519 (519); *Dornheim* DStR 2012, 1581 (1582); *Hechtner* NWB 2013, 196 (196); *Kräa* FR 2015, 928 (928); Blümich/*Heuermann* § 15b Rn. 38; KKB/*Beck* § 15b Rn. 128).

220.1 In der Regel wurde die Gestaltung als Beteiligung eines Steuerinländers an einer gewerblichen ausländischen Personengesellschaft – zB einer englischen General/Limited Partnership (GP/LLP) – umgesetzt, die dem inländischen Anleger über seinen Gewinnanteil nach den Regeln der Einnahme-Überschussrechnung negative Betriebsstätteneinkünfte und aufgrund eines Freistellungs-DBA einen negativen Progressionsvorbehalt für deutsche Steuerzwecke vermittelte.

220.2 Ob die Beteiligungseinkünfte eines Steuerinländers an einem Goldfonds in der Rechtsform der englischen General/Limited Partnership abkommensrechtlich als ausländische (negative) Betriebsstätteneinkünfte iSd Art. 7 OECD-MA zu qualifizieren sind, hängt nach der Rechtsprechung davon ab, ob der Handel mit Gold auf Ebene des ausländischen Fonds aus deutscher Sicht als originär gewerbliche Betätigung gem. § 15 Abs. 2 einzuordnen ist. Dies muss nach dem BFH anhand der Besonderheiten von Goldgeschäften beurteilt werden. Ein kurzfristiger und häufiger Umschlag des Goldbestands sowie der Einsatz von Fremdkapital können Indizien für eine gewerbliche Tätigkeit sein. Die Grundsätze des Wertpapierhandels sind auf den Handel mit physischem Gold sind hingegen für die Einkünftequalifikation nicht heranzuziehen (BFH 19.1.2017 – IV R 50/14, BStBl. II 2017, 456; BFH 19.1.2017 – I R 34/14, BFH/NV 2018, 220).

221 Der **Gesetzgeber** hat in vielfältiger Weise auf die Gestaltung reagiert (s. zusammenfassend *Kräa* FR 2015, 928 (929)).

222 **bb) Ermittlung der ausländischen Progressionseinkünfte.** Der Gesetzgeber hat im Amtshilferichtlinien-Umsetzungsgesetz vom 26. Juni 2013 (BGBl. 2013 I 1809) in § 32b Abs. 2 S. 1 Nr. 2 S. 2 Buchst. c eine Gewinnermittlungsvorschrift eingefügt, nach der für die Ermittlung der unter dem DBA freizustellenden ausländischen Einkünfte Anschaffungs- und Herstellungskosten für Wirtschaftsgüter des Umlaufvermögens im Rahmen einer Gewinnermittlung nach § 4 Abs. 3 S. 4 erst im Zeitpunkt des Zuflusses des Veräußerungserlöses berücksichtigt werden. Die Regelung findet erstmals auf die in der Norm genannten Wirtschaftsgüter des Umlaufvermögens Anwendung, die nach dem 28.2.2013 angeschafft, hergestellt oder in das Betriebsvermögen eingelegt worden sind (§ 52 Abs. 43a; zudem → Rn. 222).

cc) Einführung des § 32b Abs. 1 S. 3. Der in allen offenen Fällen anzuwendende **§ 32b Abs. 1 S. 3** (§ 52 Abs. 33a) ordnet zudem an, dass § 15b (insgesamt) „sinngemäß" anzuwenden ist. Die sinngemäße Anwendung beruht darauf, dass § 15b in dieser Fallgestaltung nicht den konzeptionellen Verlustausgleich mit anderen Einkünften beschränken soll, sondern die Anwendung eines konzeptionellen besonderen Steuersatzes (→ Rn. 191; Blümich/*Heuermann* § 15b Rn. 5). Damit gilt auch § 15b Abs. 4. Bei Vorliegen eines Steuerstundungsmodells iSd § 15b sind die geltend gemachten Verluste als nicht ausgleichsfähige Verluste für Zwecke des Progressionsvorbehalts nach § 15b Abs. 4 gesondert festzustellen. 223

b) Inländische Gestaltungen auf Ebene der Bemessungsgrundlage. Ermittelt der Steuerpflichtige seine Einkünfte nach § 4 Abs. 3, so werden die Ausgaben, die mit dem Erwerb von Umlaufvermögen verbunden sind, grundsätzlich im Jahr der Verausgabung gewinnwirksam. 224

§ 4 Abs. 3 S. 4 normiert Ausnahmen hierzu. Die Anschaffungs- und Herstellungskosten für nicht abnutzbare Wirtschaftsgüter des Anlagevermögens, für Anteile an Kapitalgesellschaften, für Wertpapiere und vergleichbare nicht verbriefte Forderungen und Rechte, für Grund und Boden sowie Gebäude des Umlaufvermögens sind erst im Zeitpunkt des Zuflusses des Veräußerungserlöses oder bei Entnahme im Zeitpunkt der Entnahme als Betriebsausgaben zu berücksichtigen. Mit der Erweiterung des Tatbestandes des § 4 Abs. 3 S. 4 durch das **Gesetz zur Eindämmung missbräuchlicher Steuergestaltungen** vom 28. April 2006 (BGBl. 2006 I 1095) wollte der Gesetzgeber insgesamt Modellen entgegentreten, bei denen sich Kapitalanleger unter Ausnutzung der geltenden Regelungen für die Gewinnermittlung durch Einnahme-Überschussrechnung nach § 4 Abs. 3 an einer gewerblich geprägten Gesellschaft, die im Wertpapierhandel tätig ist, beteiligen und sich so das eingezahlte Kapital zur Betriebsausgabe wandelt und als Verlust mit anderen positiven Einkünften verrechnet werden kann (BT-Drs. 16/634, 1). Dies betraf Modelle, die auf kurzfristige Vermögensumschichtungen innerhalb von zwölf Monaten angelegt waren (vgl. BT-Drs. 16/634, 10, 13 f.). Demnach erfasst § 4 Abs. 3 S. 4 nach seinem Sinn und Zweck Rechtsgeschäfte, die auf kurzfristige Umschichtungen angelegt sind und mit denen der Steuerpflichtige sich die leichte Handelbarkeit der in § 4 Abs. 3 S. 4 genannten Wirtschaftsgüter zur Erreichung eines Steuerstundungseffektes zu Nutze macht (BFH 12.12.2017 – VIII R 9/14, BStBl. II 2018, 387). → § 4 Rn. 1796 ff. 225

Einstweilen frei 226

2. Einführung des § 15b Abs. 3a als Gegenmaßnahme

a) Zeitlicher Anwendungsbereich. Zudem wurde im AIFM-Steuer-Anpassungsgesetz (BR-Drs. 740/13) ein neuer § 15b Abs. 3a eingefügt (→ Rn. 228 ff.). Zudem → § 32b Rn. 18. Zeitlich gilt die Regelung gem. § 52 Abs. 25 S. 5 für Verluste, bei denen die Wirtschaftsgüter des Umlaufvermögens nach dem 28.11.2013 angeschafft, hergestellt oder in das Betriebsvermögen eingelegt werden. 227

b) Regelungsinhalt und beabsichtigte Wirkungen. aa) Regelungsinhalt. Unabhängig von den Voraussetzungen nach den Absätzen 2 und 3 liegt **gem. § 15b Abs. 3a** ein Steuerstundungsmodell iSd Absatz 1 insbesondere vor, wenn ein Verlust aus Gewerbebetrieb entsteht oder sich erhöht, indem ein Steuerpflichtiger, der nicht auf Grund gesetzlicher Vorschriften verpflichtet ist, Bücher zu führen und regelmäßig Abschlüsse zu machen, auf Grund des Erwerbs von Wirtschaftsgütern des Umlaufvermögens sofort abziehbare Betriebsausgaben tätigt, wenn deren Übereignung ohne körperliche Übergabe durch Besitzkonstitut nach § 930 BGB oder durch Abtretung des Herausgabeanspruchs nach § 931 BGB erfolgt. Der Gesetzgeber bekämpft mit dieser Regelung im Wesentlichen die Übertragung von Edelmetallen („Goldfonds", → Rn. 220), die zum Umlaufvermögen gehören, wenn zur Verschaffung des Eigentums dem Erwerber (Steuerpflichtigen) das Edelmetall nicht physisch 228 übergeben, sondern dem Erwerber der Besitz gem. §§ 930, 931 BGB verschafft wird und dieser den Erwerbsaufwand als sofort abzugsfähige Betriebsausgabe behandelt.

229 **bb) Wirkung für Progressionsgestaltungen.** Handelt es sich um Gestaltungen mit einer ausländischen Personengesellschaften (zB englischen LLPs) aus dem Erwerb von Edelmetallen und erzielt der Steuerpflichtige als Gesellschafter negative Einkünfte aus einer ausländischen Betriebsstätte der Gesellschaft oder als Einzelunternehmer in einer ausländischen Betriebsstätte, sind diese regelmäßig nach dem einschlägigen DBA freigestellt und unterliegen dem Progressionsvorbehalt des § 32b (→ Rn. 220). Gemäß § 32b Abs. 1 Nr. 3 S. 3 ist § 15b in diesen Fällen nunmehr entsprechend anwendbar. Über das Zusammenspiel mit § 15b Abs. 3a sollen die gängigen Gestaltungen als Steuerstundungsmodelle eingeordnet werden, wenn der Gesellschafter die Einkünfte für Zwecke des Progressionsvorbehalts im Wege der Einnahme-Überschussrechnung ermitteln darf und die Aufwendungen des Erwerbs der Wirtschaftsgüter als sofort abzugsfähige Betriebsausgaben behandelt. Dies gilt „ungeachtet der Voraussetzungen in Abs. 2 und 3", dh auch in Fällen, in denen die Verlustzuweisungen bei einer Einzelinvestition oder Beteiligung an einer Gesellschaft nicht auf einer modellhaften Gestaltung beruhen und durch die Verlustzuweisungen die Nichtaufgriffsgrenze des § 15b Abs. 3 unterschritten wird.

230 § 15b Abs. 3a geht nicht ins Leere, weil schon § 32b Abs. 2 S. 1 Nr. 2 S. 2 Buchst. c die Anwendung der Einnahme-Überschussrechnung zur Ermittlung der negativen ausländischen Einkünfte ausschließt (→ Rn. 222). Greift diese Regelung aber nicht ein, soll § 15b Abs. 3a über die sinngemäße Anwendung die Zuweisung von Progressionsvorteilen verhindern (Blümich/*Heuermann* § 15b Rn. 39; KKB/*Beck* § 15b Rn. 51 f.). Greift § 15b Abs. 3a, kann **verfahrensrechtlich** die einheitliche und gesonderte Feststellung der ausländischen Einkünfte gem. § 180 Abs. 5 Nr. 1 AO mit der eigenständigen einheitlichen und gesonderten Feststellung der steuerfreien Einkünfte gem. § 15b Abs. 4 in einem Sammelbescheid verbunden werden (→ Rn. 268). Ob der Progressionsfonds oder das Progressionsmodell ein Steuerstundungsmodell ist und wie hoch der Verlust ist, ist allein Gegenstand der vorgreiflichen Feststellung gem. § 15b Abs. 4 (→ Rn. 256).

231 **cc) Wirkung für Inlandsgestaltungen.** Handelt es sich um einen Inlandsfall, erfasst § 15 Abs. 3a die Minderung der inländischen Bemessungsgrundlage aus dem Erwerb von Edelmetallen des Umlaufvermögens, soweit diese gem. §§ 930, 931 BGB übereignet werden und der Erwerber die Aufwendungen gem. § 4 Abs. 3 als sofort abzugsfähige Betriebsausgaben behandelt. Auch insoweit läuft § 15b Abs. 3a nicht leer, da die Regelung nur Bedeutung hat, wenn nicht bereits § 4 Abs. 3 S. 4 den vollen Betriebsausgabenabzug aus dem Erwerb des Edelmetalls ausschließt (Blümich/*Heuermann* § 15b Rn. 40; → Rn. 224). Greift § 15b Abs. 3a, ist die Einordnung der Einkunftsquelle als Steuerstundungsmodell und der dem Progressionsvorteil unterliegende Verlust gem. § 15b Abs. 4 gesondert festzustellen.

232 *Einstweilen frei*

3. Ungeachtet der Voraussetzungen des Abs. 1 und Abs. 2

233 Die gesetzliche Formulierung trägt dem Umstand Rechnung, dass die Vereinnahmung endgültiger Steuervorteile in Form negativer Einkünfte, die dem Progressionsvorbehalt unterliegen, keine „Steuerstundung", sondern auf einen endgültigen Vorteil hin angelegt ist und auch bei modellhafter Gestaltung wohl nicht unter Abs. 2 fallen würde. Hier bedurfte es der Verweisung in § 32b Abs. 1 S. 3. Der Gesetzgeber wollte ferner für Inlandsgestaltungen den Einwand umgehen, dass die eigene Umsetzung einer am Markt bekannten Gestaltungsidee kein vorgefertigtes Konzept iSd § 15b Abs. 2 darstellt und auch vom Erfordernis entbinden, dass die Verlustquote des Abs. 3 überschritten werden muss (Blümich/*Heuermann* § 15b Rn. 39; Frotscher/*Lindberg* § 15b Rn. 30e; KKB/*Beck* § 15b Rn. 129, 130).

234 Zudem werden die in Abs. 3a umschriebenen Gestaltungen „insbesondere" erfasst, dh die Regelung soll nicht abschließend sein. Sie kann aber nicht auf andere Formen der Besitzverschaffung (zB § 929 S. 2 BGB oder den sog. Geheißerwerb) analog angewendet werden (Frotscher/*Lindberg* § 15b Rn. 30f; Blümich/*Heuermann* § 15b Rn. 39).

235 *Einstweilen frei*

4. Zulässige Ermittlung der in- oder ausländischen Einkünfte gem. § 4 Abs. 3

Die Einnahme-Überschussrechnung gem. § 4 Abs. 3 ist zur Ermittlung ausländischer Betriebsstätteneinkünfte nicht anzuwenden, wenn der im Inland ansässige Gesellschafter der ausländischen Personengesellschaft aufgrund ausländischer gesetzlicher Vorschriften verpflichtet ist, Bücher zu führen und regelmäßig Abschlüsse zu machen, oder die ausländische Gesellschaft dies freiwillig tut (BFH 10.12.2014 – I R 3/13, BFH/NV 2015, 667). In diesem Fall bedarf es weder der Regelung des § 32b Abs. 2 S. 1 Nr. 2 noch der sinngemäßen Anwendung des § 15b Abs. 3a, Abs. 1 und 2 iVm § 32b Abs. 1 S. 3. **236**

Goldbarren sind aus Sicht des BFH jedoch **keine** Wertpapieren vergleichbaren nicht verbrieften Forderungen oder Rechte iSd § 4 Abs. 3 S. 4 Var. 3, da die gehandelten physischen Wirtschaftsgüter, die durch Besitzkonstitut übereignet werden, nicht unter diese Regelungen fallen (→ Rn. 239). Wird das Wahlrecht des § 4 Abs. 3 in zulässiger Weise ausgeübt, stehen §§ 4 Abs. 3 S. 4, 32b Abs. 2 S. 1 Nr. 2 für die in § 15b Abs. 3a geregelten Fälle dessen Anwendung in der Regel nicht entgegen. **237**

Einstweilen frei **238**

5. Übereignung von Wirtschaftsgütern des Umlaufvermögens durch Besitzkonstitut

Werden physische Wirtschaftsgüter, die dem Umlaufvermögen zuzurechnen sind, durch Besitzkonstitut übereignet (§§ 930, 931 BGB), findet nach der Rechtsprechung des BFH die Regelung des § 4 Abs. 3 S. 4 (und die auf diesen verweisende Regelung des § 32b Abs. 2 S. 1 Nr. 2) keine Anwendung. Denn weder die Abtretung des Herausgabeanspruchs zur Übergabe eines physischen Gegenstands noch eines Erwerbs von Edelmetallen in Sammelverwahrung (Miteigentumsanteil an einer dynamischen und unbestimmten Sachgesamtheit) stellt einen Erwerb iSd § 4 Abs. 3 S. 4 dar (BFH 19.1.2017 – IV R 50/14, BStBl. II 2017, 456). § 32b Abs. 1 S. 3 iVm § 15b (und damit § 15b Abs. 3a) erfassen damit abschließend **statt § 4 Abs. 3 S. 4** (→ Rn. 230 f.) die Fälle der Übereignung physischer Wirtschaftsgüter durch Besitzkonstitut. S. zur Diskussion vor der Entscheidung Blümich/*Heuermann* § 15b Rn. 39, 40; *Heuermann* DStR 2014, 169; *Müller* BB 2015, 1568; aA *Dornheim* DStR 2012, 1581; *Stahl/Mann* DStR 2015, 1425. **239**

Fraglich ist, ob die Regelung leer läuft, wenn sich der Eigentumsübergang nach ausländischem Recht vollzieht. Dies ist meines Erachtens trotz der unmittelbaren Anknüpfung an BGB-Regelungen zu verneinen. Es müssen die ausländischen Übertragungswege aber denen der §§ 930, 931 BGB im Wesentlichen wie im Rahmen eines Rechtstypenvergleichs vergleichbar sein. **240**

Einstweilen frei **241**

6. Rechtsfolgen

Es handelt sich bei § 15b Abs. 3a-Gesellschaften wegen der unter → Rn. 233 f. genannten Unterschiede um einen **eigenen Typus von § 15b-Gesellschaften,** die neben dem in § 15b Abs. 1 und 2 geregelten Typus der Steuerstundungsgesellschaft stehen. Folge der Anwendung der Vorschrift ist eine Infektion der Gesamttätigkeit des Betriebs des Einzelunternehmens oder der Beteiligung an der Gesellschaft, weil nur diese Einheiten eine maßgebliche Einkunftsquelle bilden können (KKB/*Beck* § 15b Rn. 136; für eine teleologische Reduktion des § 15b Abs. 3a HHR/*Hallerbach* § 15b Rn. 52; *Bolik/Hartmann* StuB 2014, 79). **242**

Ergeben sich bei einer inländischen Gestaltung aufgrund der Gewinnermittlung nach § 4 Abs. 3 Verluste aus dem Erwerb der Wirtschaftsgüter des Umlaufvermögens, die unter Abs. 3a fallen, wirkt die Regelung aber nur, wenn im Betrieb/auf Ebene der Gesellschaft insgesamt negative gewerbliche Einkünfte (auch aus anderen Tätigkeiten) erzielt werden (KKB/*Beck* § 15b Rn. 136; für eine teleologische Reduktion und Beschränkung auf den Geschäftsvorfall HHR/*Hallerbach* § 15b Rn. 52). Ist dies der Fall, sind diese Verluste insgesamt gem. § 15b Abs. 4 gesondert festzustellen (→ Rn. 231). **243**

Greift § 15b Abs. 3a iVm § 32b Abs. 1 S. 3, ist aufgrund der sinngemäßen Anwendung des § 15b Abs. 1 der Betrag des negativen Progressionsvorbehalts gesondert als § 15b-Verlust festzustellen. **Verfahrensrechtlich** kann die einheitliche und gesonderte Feststellung der **244** ausländischen Einkünfte gem. § 180 Abs. 5 Nr. 1 AO mit der eigenständigen einheitlichen und gesonderten Feststellung der steuerfreien Einkünfte gem. § 15b Abs. 4 in einem Sammelbescheid verbunden werden (→ Rn. 268).

245 *Einstweilen frei*

V. Gesonderte Feststellung des verrechenbaren Verlusts

1. Regelungsinhalt

246 Die Entscheidung über den gem. § 15b Abs. 1 nicht ausgleichsfähigen Verlust hat im Rahmen eines Feststellungsbescheides gem. § 15b Abs. 4 S. 1 zu erfolgen. Hierbei handelt es sich bei Einzelinvestitionen um eine gesonderte Feststellung iSd §§ 179 ff. AO; bei einer Personengesellschaft als Steuerstundungsmodell um eine einheitliche und gesonderte Feststellung, die mit dem allgemeinen Feststellungsbescheid verbunden werden kann (§ 15b Abs. 4 S. 4, 5).

2. Feststellungspflicht und Feststellungsgrößen (Abs. 4 S. 1, 2)

247 **a) Elemente des Feststellungsverfahrens gem. § 15b Abs. 4.** Der nach Abs. 1 nicht ausgleichsfähige Verlust eines Wirtschaftsjahres des Steuerstundungsmodells, der nicht durch positive Einkünfte ausgeglichen werden konnte (HHR/*Hallerbach* § 15b Rn. 53, 54), ist in einem Feststellungsverfahren gem. § 15b Abs. 4 jährlich gesondert festzustellen; dabei ist der gesondert festgestellte Verlust des Vorjahres im Wege der Minderung oder Erhöhung um den Gewinn/Verlust des Jahres, für das die Feststellung zu ergehen hat (Feststellungszeitraum), fortzuschreiben. Die Feststellung ist sowohl bei Einzelinvestitionen als auch bei Gesellschaften in dem Feststellungsverfahren gem. Abs. 4 S. 1 zu treffen (zu Einzelinvestitionen BFH 11.11.2015 – VIII R 74/13, BStBl. II 2016, 388; BFH 28.6.2017 – VIII R 46/14, BFH/NV 2018, 199; BFH 7.2.2018 – X R 10/16, BStBl. II 2018, 630; zu Gesellschaften als Steuerstundungsmodellen BFH 17.1.2017 – VIII R 7/13, BStBl. II 2017, 700).

248 **Inhaltsadressaten** sind bei Verbindung mit der einheitlichen und gesonderten Feststellung gem. § 15b Abs. 4 S. 5 die Gesellschafter, da der Verlust gem. § 15b in diesem Fall einheitlich und gesondert festzustellen ist (Blümich/*Heuermann* § 15b Rn. 46; Frotscher/*Lindberg* § 15b Rn. 31).

249 Die gesonderte Feststellung des nicht ausgleichsfähigen Verlustes zum Ende des Feststellungszeitraums („das Feststellungsverfahren nach Abs. 4") umfasst **verschiedene Elemente.** Erforderlich ist, dass im Regelungsteil des Feststellungsbescheids Aussagen zum Vorliegen eines Steuerstundungsmodells, zur Höhe des nicht ausgleichsfähigen Verlusts zum Ende des Vorjahres, zum im Feststellungszeitraum hinzutretenden nicht ausgleichsfähigen Verlust des Verlustentstehungsjahrs oder zur Minderung des nicht ausgleichsfähigen Verlusts zum Ende des Vorjahres um positive Einkünfte aus dem Steuerstundungsmodell und zum verbleibenden nicht ausgleichsfähigen Verlustvortrag zum Ende des Feststellungszeitraums getroffen werden. Im Ergebnis wird dadurch nicht lediglich der verrechenbare Verlust des betreffenden VZ gesondert festgestellt, sondern auch das für die Zukunft insgesamt nach § 15b Abs. 1 S. 2 verbleibende Verrechnungsvolumen (Kirchhof/*Reiß* § 15b Rn. 57; Korn/*Kaminski* § 15b Rn. 137; HHR/*Hallerbach* § 15b Rn. 54).

250 Die verschiedenen Teilelemente des Feststellungsverfahrens müssen sich sämtlich aus dem Verfügungssatz des Bescheids ergeben. Sie bilden insgesamt eine Feststellung und sind nicht verfahrensrechtlich eigenständig und der Teilbestandskraft fähig (BFH 11.11.2015 – VIII R 74/13, BStBl. II 2016, 388).

251 Für den Fall, dass die gesonderte Feststellung gem. § 15b Abs. 4 S. 4, 5 mit der einheitlichen und gesonderten Feststellung der Einkünfte verbunden wird, sind der Gewinnfeststellungsbescheid oder eine einheitliche und gesonderte Feststellung von Überschusseinkünften nach § 180 Abs. 1 S. 1 Nr. 2 Buchst. a AO und der Verlustfeststellungsbescheid nach § 15b Abs. 4 zwei eigenständige Verwaltungsakte mit jeweils selbständigem Regelungsgehalt (BFH 19.1.2017 – IV R 5/16, BFH/NV 2017, 755; BFH 6. 6.2019 – IV R 7/16, BStBl. II 2019, 513). Innerhalb der allgemeinen einheitlichen und gesonderten Feststellung sind einzelne Feststellungen der Teilbestandskraft fähig (s. zB BFH 16.3.2017 – IV R 31/14, DStR 2017, 1381; 30.11.2017 – IV R 33/

14, DStR 2018, 341). Dies gilt jedoch nicht für die Feststellung des nicht ausgleichsfähigen Verlusts zum Ende des Feststellungszeitraums, selbst wenn dieser gem. § 15b Abs. 4 S. 5 als einheitlich und gesondert festgestellt gilt. Auch in diesem Fall bilden die Einzelelemente des Feststellungsverfahrens gem. § 15b Abs. 4 S. 1 insgesamt eine Feststellung. Anders als im Schrifttum zum Teil vertreten wird, ist bei Verbindung der gesonderten Feststellung aus § 15b Abs. 4 mit der einheitlichen und gesonderten Feststellung gem. § 180 Abs. 1 Nr. 2 Buchst. a AO die Qualifizierung der Gesellschaft/Gemeinschaft als Steuerstundungsmodell nur Bestandteil des Feststellungsverfahrens gem. § 15b Abs. 4 (aA HHR/*Hallerbach* § 15b Rn. 54).

Einstweilen frei **252**

b) Grundlagenfunktion der gesonderten Feststellung gem. § 15b Abs. 4. Die gesonderte Feststellung gem. § 15b Abs. 4 ist Grundlagenbescheid (§ 182 Abs. 1 AO) für den Einkommensteuerbescheid/KSt-Bescheid desselben Zeitraums (vgl. BFH 11.11.2015 – VIII R 74/13, BStBl. II 2016, 388); der Bescheid über die gesonderte Feststellung des Verlusts gem. § 15b zum Ende des Vorjahres ist Grundlagenbescheid für die gesonderte Feststellung des Verlusts für das Folgejahr (Kirchhof/*Reiß* § 15b Rn. 57). **253**

Im Rahmen der Steuerfestsetzung ist zu unterscheiden, ob es sich um eine ein- oder mehrstöckige Struktur handelt. Wird dem Steuerpflichtigen aus einer Einzelinvestition oder der Beteiligung an einer Gesellschaft ein Verlust zugerechnet, der zugleich gem. § 15b Abs. 4 als Verlust festgestellt ist, darf dieser in der Steuerfestsetzung nicht in die einheitliche und gesonderte Feststellung einbezogen werden. Handelt es sich um eine mehrstöckige Struktur, werden dem Steuerpflichtigen als Schlussgesellschafter Einkünfte aus der letzten Obergesellschaft zugerechnet. Ein Verlustausgleich mit anderen Einkünften auf Ebene der Obergesellschaft ist in diesem Fall im Grundsatz nicht möglich (BMF 17.7.2007, BStBl. I 2017, 542). Werden gleichwohl auf Ebene der Obergesellschaft für die Schlussgesellschafter saldierte Einkünfte festgestellt, die auf zunächst bei der Obergesellschaft verrechnete Verluste aus einer § 15b-Untergesellschaft entfallen, sind die zugerechneten Einkünfte für die Steuerfestsetzung des Schlussgesellschafters zu zerlegen und ist der Gewinnanteil aus der Obergesellschaft ohne den nicht ausgleichsfähigen Verlust der Untergesellschaft anzusetzen (→ Rn. 98 f.). **254**

Einstweilen frei **255**

c) Vorgreiflichkeit. Nach der nunmehr gefestigten Rechtsprechung des BFH darf über das Vorliegen nicht ausgleichsfähiger Verluste aus einem Steuerstundungsmodell nicht unmittelbar auf Ebene des ESt-/KSt-Bescheids oder einer einheitlichen und gesonderten Feststellung gem. § 180 Abs. 1 Nr. 2 Buchst. a AO des Verlustentstehungsjahres entschieden werden. Die gesonderte Feststellung gem. § 15b Abs. 4 S. 1 ist auch zum Vorliegen eines Steuerstundungsmodells sowohl bei Einzelinvestitionen als auch bei Gesellschaften vorgreiflich (BFH 11.11.2015 – VIII R 74/13, BStBl. II 2016, 388; BFH 28.6.2017 – VIII R 46/14, BFH/NV 2018, 199; BFH 7.2.2018 – X R 10/16, BStBl. II 2018, 630). Statt ein anhängiges Verfahren gegen einen gesonderten und einheitlichen Feststellungsbescheid gemäß § 74 FGO auszusetzen, weil ein Verlustfeststellungsbescheid gemäß § 15b Abs. 4 noch zu erlassen ist, kann es auch in Betracht kommen, dass das FG zunächst durch ein Zwischenurteil über einzelne materiell-rechtliche Vorfragen entscheidet, die Auswirkungen auf die Höhe der festzustellenden negativen Einkünfte gemäß § 180 Abs. 1 Nr. 2 Buchst. a AO haben, welche dann unter Umständen wegen Vorliegens eines Steuerstundungsmodells nur verrechenbar sind (FG Düsseldorf 17.12. 2018 – 2 K 3874/15 F, EFG 2019, 505 mitAnm *Hoffsümmer* (Zwischenurteil), Rev. I R 8/19). **256**

Einstweilen frei **257**

3. Anfechtungsbeschränkung (Abs. 4 S. 3)

Der Feststellungsbescheid nach Abs. 4 kann nur insoweit angegriffen werden, als sich der verrechenbare Verlust gegenüber dem verrechenbaren Verlust des Vorjahres verändert hat. Wie unter → Rn. 250 ausgeführt wurde, umfasst das Feststellungsverfahren gem. Abs. 4 verschiedene Elemente, die als einheitliche Feststellung nicht der Teilbestandskraft fähig sind. **258**

Gestritten werden kann damit entsprechend der Regelung des § 351 Abs. 2 AO nach Eintritt der Bestandskraft für die Verlustfeststellung gem. Abs. 4 zum Ende des Vorjahres nur über die Erhöhung des nicht ausgleichsfähigen Verlusts im betrachteten Feststellungszeitraum (dem Verlustentstehungsjahr). **259**

260 Nur im Erstjahr der Feststellung eines nicht ausgleichsfähigen Verlusts kann damit geltend gemacht werden, dass kein Steuerstundungsmodell vorliegt und ein nicht ausgleichsfähiger Verlust gem. § 15b Abs. 4 nicht festzustellen ist.

261 *Einstweilen frei*

4. Verbindung der gesonderten Feststellung mit einer einheitlichen und gesonderten Feststellung (Abs. 4 S. 4 und 5)

262 **a) Zuständiges Finanzamt (§ 15b Abs. 4 S. 4).** Handelt es sich bei dem Steuerstundungsmodell um eine Gesellschaft oder Gemeinschaft iSd § 180 Abs. 1 S. 1 Nr. 2 Buchst. a AO, ist das für die gesonderte und einheitliche Feststellung der einkommensteuerpflichtigen und körperschaftsteuerpflichtigen Einkünfte aus dem Steuerstundungsmodell zuständige Finanzamt für den Erlass des Feststellungsbescheids zuständig; anderenfalls ist das Betriebsfinanzamt (§ 18 Abs. 1 Nr. 2 AO) zuständig.

263 **b) Fiktion der einheitlichen und gesonderten Feststellung des verrechenbaren Verlusts.** Wenn die Feststellung des nach § 15b Abs. 4 S. 1 nur gesondert festzustellenden verrechenbaren Verlusts mit der gesonderten und einheitlichen Feststellung der Einkünfte nach § 15b Abs. 4 S. 5 verbunden wird, sind gem. § 15b Abs. 4 S. 5 Hs. 2 die verrechenbaren Verluste „einheitlich und gesondert" festzustellen (s. BFH 10.7.2017 – VIII R 7/13, BStBl. II 2017, 700).

264 Trotz der Verbindung handelt es sich um verfahrensrechtlich eigenständige Feststellungen, die in Form eines Sammelbescheids verbunden sind (→ Rn. 251; BFH 19.1.2017 – IV R 50/14, BStBl. II 2017, 456). Die Anfechtungsbeschränkung des Abs. 4 S. 3 (→ Rn. 258) umfasst nur die Feststellung des § 15b Abs. 4 S. 1.

265 *Einstweilen frei*

266 **c) Klagebefugnis und Beiladung bei Verbindung der Feststellung nach Abs. 4 mit einer einheitlichen und gesonderten Feststellung.** Werden verrechenbare Verluste nach § 15b Abs. 4 Satz 5 gesondert und einheitlich festgestellt, gelten für die Klagebefugnis dieselben Grundsätze wie für die Anfechtung einer gesonderten und einheitlichen Feststellung der Einkünfte (BFH 20.12. 2018 – IV R 2/16, BStBl. II 2019, 526). Eine Gesellschaft oder Gemeinschaft als Trägerin des (vermeintlichen) Steuerstundungsmodells ist gegen die als einheitliche und gesonderte Feststellung des verrechenbaren Verlusts geltende Feststellung nach § 48 Abs. 1 Nr. 1 FGO klagebefugt, wenn diese mit der allgemeinen einheitlichen und gesonderten Feststellung der Einkünfte verbunden wird (s. BFH 10.7.2017 – VIII R 7/13, BStBl. II 2017, 700; BFH 6.6.2019 – IV R 7/16, BStBl. II 2019, 513; siehe auch BFH 6.2.2014 – IV R 59/10, BStBl. II 2014, 465 und BFH 1.9.2016 – IV R 17/13, BStBl. II 2016, 1003). Ergänzend steht jedem der betroffenen Gesellschafter eine Klagebefugnis gem. § 48 Abs. 1 Nr. 5 zu, soweit für ihn ein verrechenbarer Verlust gesondert festgestellt wird.

267 Entsprechend ist die Gesellschaft nach § 60 Abs. 3 FGO **zu einer Klage des Gesellschafters beizuladen,** der nach § 48 Abs. 1 Nr. 3 oder Nr. 5 FGO klagebefugt ist; umgekehrt muss der betroffene Gesellschafter zu einer Klage der Gesellschaft als Prozessstandschafterin notwendig gemäß § 60 Abs. 3 FGO beigeladen werden (BFH 6.6.2019 – IV R 7/16, BStBl. II 2019, 513). Bei Vollbeendigung der Gesellschaft sind nur die Gesellschafter gem. § 48 Abs. 1 Nr. 2, 3 FGO klagebefugt (s. Gräber/*Levedag* FGO § 48 Rn. 45 ff.).

268 Diese Grundsätze zur Klagebefugnis und Beiladung gelten auch, wenn ausländische Einkünfte **einer ausländischen Gesellschaft** gem. § 180 Abs. 5 Nr. 1 AO für inländische Feststellungsbeteiligte einheitlich und gesondert festgestellt werden und mit dieser Feststellung die Verlustfeststellung gem. § 32b Abs. 1 S. 3 iVm § 15b Abs. 4 verbunden wird (BFH 19.1.2017 – IV R 50/14, BStBl. II 2017, 456).

269 Im Falle der Eröffnung des Insolvenzverfahrens über das Vermögen einer Personengesellschaft (Steuerstundungsmodell) erstreckt sich der Übergang der Befugnisse zur Vermögensverwaltung nach § 80 Abs. 1 InsO, ebenso wie bei der Gewinnfeststellung selbst, nicht auf die Feststellungen nach § 15b Abs. 4. Das Besteuerungsverfahren, das finanzgerichtliche Verfahren wie auch ein Revisionsverfahren, welches die gesonderte und einheitliche Feststellung gemäß § 15b Abs. 4 Satz 5 zum Gegenstand haben, bleiben deshalb von einem solchen Insolvenzverfahren unberührt (BFH 20.12. 2018 – IV R 2/16, BStBl. II 2019, 526).

§ 16 Veräußerung des Betriebs

(1) [1]Zu den Einkünften aus Gewerbebetrieb gehören auch Gewinne, die erzielt werden bei der Veräußerung
1. des ganzen Gewerbebetriebs oder eines Teilbetriebs. [2]Als Teilbetrieb gilt auch die das gesamte Nennkapital umfassende Beteiligung an einer Kapitalgesellschaft; im Fall der Auflösung der Kapitalgesellschaft ist § 17 Absatz 4 Satz 3 sinngemäß anzuwenden;
2. des gesamten Anteils eines Gesellschafters, der als Unternehmer (Mitunternehmer) des Betriebs anzusehen ist (§ 15 Absatz 1 Satz 1 Nummer 2);
3. des gesamten Anteils eines persönlich haftenden Gesellschafters einer Kommanditgesellschaft auf Aktien (§ 15 Absatz 1 Satz 1 Nummer 3).
[2]Gewinne, die bei der Veräußerung eines Teils eines Anteils im Sinne von Satz 1 Nummer 2 oder 3 erzielt werden, sind laufende Gewinne.

(2) [1]Veräußerungsgewinn im Sinne des Absatzes 1 ist der Betrag, um den der Veräußerungspreis nach Abzug der Veräußerungskosten den Wert des Betriebsvermögens (Absatz 1 Satz 1 Nummer 1) oder den Wert des Anteils am Betriebsvermögen (Absatz 1 Satz 1 Nummer 2 und 3) übersteigt. [2]Der Wert des Betriebsvermögens oder des Anteils ist für den Zeitpunkt der Veräußerung nach § 4 Absatz 1 oder nach § 5 zu ermitteln. [3]Soweit auf der Seite des Veräußerers und auf der Seite des Erwerbers dieselben Personen Unternehmer oder Mitunternehmer sind, gilt der Gewinn insoweit jedoch als laufender Gewinn.

(3) [1]Als Veräußerung gilt auch die Aufgabe des Gewerbebetriebs sowie eines Anteils im Sinne des Absatzes 1 Satz 1 Nummer 2 oder Nummer 3. [2]Werden im Zuge der Realteilung einer Mitunternehmerschaft Teilbetriebe, Mitunternehmeranteile oder einzelne Wirtschaftsgüter in das jeweilige Betriebsvermögen der einzelnen Mitunternehmer übertragen, so sind bei der Ermittlung des Gewinns der Mitunternehmerschaft die Wirtschaftsgüter mit den Werten anzusetzen, die sich nach den Vorschriften über die Gewinnermittlung ergeben, sofern die Besteuerung der stillen Reserven sichergestellt ist; der übernehmende Mitunternehmer ist an diese Werte gebunden; § 4 Absatz 1 Satz 4 ist entsprechend anzuwenden. [3]Dagegen ist für den jeweiligen Übertragungsvorgang rückwirkend der gemeine Wert anzusetzen, soweit bei einer Realteilung, bei der einzelne Wirtschaftsgüter übertragen worden sind, zum Buchwert übertragener Grund und Boden, übertragene Gebäude oder andere übertragene wesentliche Betriebsgrundlagen innerhalb einer Sperrfrist nach der Übertragung veräußert oder entnommen werden; diese Sperrfrist endet drei Jahre nach Abgabe der Steuererklärung der Mitunternehmerschaft für den Veranlagungszeitraum der Realteilung. [4]Satz 2 ist bei einer Realteilung, bei der einzelne Wirtschaftsgüter übertragen werden, nicht anzuwenden, soweit die Wirtschaftsgüter unmittelbar oder mittelbar auf eine Körperschaft, Personenvereinigung oder Vermögensmasse übertragen werden; in diesem Fall ist bei der Übertragung der gemeine Wert anzusetzen. [5]Soweit einzelne dem Betrieb gewidmete Wirtschaftsgüter im Rahmen der Aufgabe des Betriebs veräußert werden und soweit auf der Seite des Veräußerers und auf der Seite des Erwerbers dieselben Personen Unternehmer oder Mitunternehmer sind, gilt der Gewinn aus der Aufgabe des Gewerbebetriebs als laufender Gewinn. [6]Werden die einzelnen dem Betrieb gewidmeten Wirtschaftsgüter im Rahmen der Aufgabe des Betriebs veräußert, so sind die Veräußerungspreise anzusetzen. [7]Werden die Wirtschaftsgüter nicht veräußert, so ist der gemeine Wert im Zeitpunkt der Aufgabe anzusetzen. [8]Bei Aufgabe eines Gewerbebetriebs, an dem mehrere Personen beteiligt waren, ist für jeden einzelnen Beteiligten der gemeine Wert der Wirtschaftsgüter anzusetzen, die er bei der Auseinandersetzung erhalten hat.

(3a) Einer Aufgabe des Gewerbebetriebs steht der Ausschluss oder die Beschränkung des Besteuerungsrechts der Bundesrepublik Deutschland hinsichtlich des Gewinns aus der Veräußerung sämtlicher Wirtschaftsgüter des Betriebs oder eines Teilbetriebs gleich; § 4 Absatz 1 Satz 4 gilt entsprechend.

(3b) [1]In den Fällen der Betriebsunterbrechung und der Betriebsverpachtung im Ganzen gilt ein Gewerbebetrieb sowie ein Anteil im Sinne des Absatzes 1 Satz 1 Nummer 2 oder Nummer 3 nicht als aufgegeben, bis

1. der Steuerpflichtige die Aufgabe im Sinne des Absatzes 3 Satz 1 ausdrücklich gegenüber dem Finanzamt erklärt oder

2. dem Finanzamt Tatsachen bekannt werden, aus denen sich ergibt, dass die Voraussetzungen für eine Aufgabe im Sinne des Absatzes 3 Satz 1 erfüllt sind.

[2]Die Aufgabe des Gewerbebetriebs oder Anteils im Sinne des Absatzes 1 Satz 1 Nummer 2 oder Nummer 3 ist in den Fällen des Satzes 1 Nummer 1 rückwirkend für den vom Steuerpflichtigen gewählten Zeitpunkt anzuerkennen, wenn die Aufgabeerklärung spätestens drei Monate nach diesem Zeitpunkt abgegeben wird. [3]Wird die Aufgabeerklärung nicht spätestens drei Monate nach dem vom Steuerpflichtigen gewählten Zeitpunkt abgegeben, gilt der Gewerbebetrieb oder Anteil im Sinne des Absatzes 1 Satz 1 Nummer 2 oder Nummer 3 erst in dem Zeitpunkt als aufgegeben, in dem die Aufgabeerklärung beim Finanzamt eingeht.

(4) [1]Hat der Steuerpflichtige das 55. Lebensjahr vollendet oder ist er im sozialversicherungsrechtlichen Sinne dauernd berufsunfähig, so wird der Veräußerungsgewinn auf Antrag zur Einkommensteuer nur herangezogen, soweit er 45 000 Euro übersteigt. [2]Der Freibetrag ist dem Steuerpflichtigen nur einmal zu gewähren. [3]Er ermäßigt sich um den Betrag, um den der Veräußerungsgewinn 136 000 Euro übersteigt.

(5) Werden bei einer Realteilung, bei der Teilbetriebe auf einzelne Mitunternehmer übertragen werden, Anteile an einer Körperschaft, Personenvereinigung oder Vermögensmasse unmittelbar oder mittelbar von einem nicht von § 8b Absatz 2 des Körperschaftsteuergesetzes begünstigten Steuerpflichtigen auf einen von § 8b Absatz 2 des Körperschaftsteuergesetzes begünstigten Mitunternehmer übertragen, ist abweichend von Absatz 3 Satz 2 rückwirkend auf den Zeitpunkt der Realteilung der gemeine Wert anzusetzen, wenn der übernehmende Mitunternehmer die Anteile innerhalb eines Zeitraums von sieben Jahren nach der Realteilung unmittelbar oder mittelbar veräußert oder durch einen Vorgang nach § 22 Absatz 1 Satz 6 Nummer 1 bis 5 des Umwandlungssteuergesetzes weiter überträgt; § 22 Absatz 2 Satz 3 des Umwandlungssteuergesetzes gilt entsprechend.

Überblick

§ 16 regelt die Besteuerung gewerblicher Gewinne im Zusammenhang mit der Veräußerung oder Aufgabe eines ganzen Gewerbebetriebs, eines Teilbetriebs, eines Mitunternehmeranteils oder eines Anteils des persönlich haftenden Gesellschafters einer KGaA **(Abs. 1).** Der Veräußerung wird die Aufgabe des Betriebs **(Abs. 3 S. 1)** sowie der Ausschluss oder die Beschränkung des deutschen Besteuerungsrechts **(Abs. 3a)** gleichgestellt. Die Realteilung einer Mitunternehmerschaft wird in Abs. 3 S. 2 bis 4 geregelt. **Abs. 3b** enthält Regelungen zur Abgrenzung der Betriebsaufgabe von den Fällen der Betriebsunterbrechung und der Betriebsverpachtung. Die Ermittlung des Veräußerungsgewinns ist in **Abs. 2** geregelt; **Abs. 4** enthält die Regelung eines Freibetrags. **Abs. 5** regelt bestimmte Fälle der Anteilsübertragung im Fall einer Realteilung.

Übersicht

A. Allgemeines

Leitentscheidungen, wichtige Verwaltungsanweisungen und Schrifttum (Auswahl): 1

Entscheidungen des GrS: 1.1

BFH 13.11.1963 – GrS 1/63 S, BStBl. III 1964, 124 (Wahlrecht des Verpächters bei Betriebsverpachtung im Ganzen); BFH 5.7.1990 – GrS 2/89, BStBl. II 1990, 837 (Erbauseinandersetzung); BFH 5.7.1990 – GrS 4-6/89, BStBl. II 1990, 847 (Vorweggenommene Erbfolge; Übernahme von Betriebsschulden als Veräußerungsentgelt); BFH 19.7.1993 – GrS 1/92, BStBl. II 1993, 894 (Rückwirkende Änderung einer Bemessungsgrundlage für die Ermittlung des Veräußerungsgewinns); BFH 19.7.1993 – GrS 2/92, BStBl. II 1993, 897 (Änderung des Veräußerungsgewinns bei Uneinbringlichkeit der Kaufpreisforderung).

Weitere Leitentscheidungen des BFH: 1.2

BFH 25.1.2000 – VIII R 55/97, BStBl. II 2000, 458 (Veräußerungskosten setzen keine unmittelbare Beziehung zum Veräußerungsgewinn voraus); BFH 26.6.2007 – IV R 49/04, BStBl. II 2009, 289 (Veräußerung als Bestandteil eines einheitlichen Geschäftskonzepts laufender Gewinn); BFH 17.9.2015 – III R 49/13, BStBl. II 2017, 37 (Realteilung bei Ausscheiden aus fortgesetzter Mitunternehmerschaft gegen Übertragung eines Teilbetriebs).

1.3 **Wichtige Verwaltungsanweisungen:**
BMF 17.10.1994, BStBl. I 1994, 771 (Zweifelsfragen im Zusammenhang mit der Ausübung des Verpächterwahlrechts gemäß R 139 Abs. 5 EStR); BMF 20.12.2005, BStBl. I 2006, 7 (Gewährung des Freibetrages nach § 16 Abs. 4 und der Tarifermäßigung nach § 34 Abs. 3); BMF 14.3.2006, BStBl. I 2006, 253 (Ertragsteuerliche Behandlung der Erbengemeinschaft und ihrer Auseinandersetzung); BMF 26.2.2007, BStBl. I 2007, 269 (Ertragsteuerliche Behandlung der vorweggenommenen Erbfolge; Aufteilung eines Veräußerungs- und Anschaffungsvorgangs in einen entgeltlichen und einen unentgeltlichen Teil); BMF 11.3.2010, BStBl. I 2010, 227 (Einkommensteuerrechtliche Behandlung von wiederkehrenden Leistungen im Zusammenhang mit einer Vermögensübertragung); BMF 19.12.2018, BStBl. I 2019, 6 (Realteilung).

1.4 **Schrifttum (Auswahl):**
Bordewin, Rückwirkender Wegfall eines Veräußerungsgewinns, FR 1994, 555; *Groh*, Nachträgliche Änderungen des Veräußerungsgewinns, DB 1995, 2235; *Kanzler*, Problematik der steuerlichen Behandlung von Veräußerungsgewinnen, FR 2000, 1245; *Lüdicke/Rode*, Keine gewerbliche Tätigkeit der Ein-Objekt-Leasingfonds-Gesellschaft, BB 2008, 2552; *Mitschke*, Aufgabe der „finalen Entnahmetheorie", FR 2008, 1144; *Schneider/Oepen*, Finale Entnahme, Sicherstellung stiller Reserven und Entstrickung, FR 2009, 22; *Schönemann/Dietrich*, Betriebsaufgabe versus Betriebsverpachtung – eine ökonomische Betrachtung, DStR 2011, 231; *Wendt*, Fortführungsfiktion bei Betriebsverpachtung und Betriebsunterbrechung nach § 16 Abs. 3b EStG, FR 2011, 1023.

I. Überblick über die Vorschrift

2 § 16 regelt Grund und Höhe der Besteuerung gewerblicher Gewinne bei Veräußerung oder Aufgabe eines ganzen Gewerbebetriebs oder eines Teilbetriebs **(Abs. 1 S. 1 Nr. 1),** eines gesamten Mitunternehmeranteils **(Abs. 1 S. 1 Nr. 2)** oder eines gesamten Anteils eines persönlich haftenden Gesellschafters (Komplementärs) einer KGaA **(Abs. 1 S. 1 Nr. 3).** Als Teilbetrieb gilt dabei auch die 100%-ige Beteiligung an einer Kapitalgesellschaft (Abs. 1 S. 1 Nr. 1 S. 2). **Abs. 3 S. 1** ergänzt Abs. 1, indem die Aufgabe eines Gewerbebetriebs oder eines Mitunternehmeranteils oder eines Anteils des persönlich haftenden Gesellschafters einer KGaA der Veräußerung gleichgestellt wird. Abs. 3 S. 2 bis 4 regeln den Fall der Realteilung einer Mitunternehmerschaft. **Abs. 3 S. 2** legt den Grundsatz der Buchwertfortführung fest, sofern die Besteuerung der stillen Reserven sichergestellt ist. Abweichend hiervon verlangt Abs. 3 S. 2, letzter Hs. durch den Verweis auf § 4 Abs. 1 S. 4 die Aufdeckung der stillen Reserven, wenn im Zuge einer Realteilung bisher einer inländischen Betriebsstätte der Mitunternehmerschaft zugeordnete Wirtschaftsgüter einer ausländischen Betriebsstätte des Realteilers zugeordnet werden. **Abs. 5** ergänzt die Vorschrift des Abs. 3 S. 4 über die Realteilung um eine Regelung für den Sonderfall, dass im Rahmen einer Realteilung Teilbetriebe auf einzelne Mitunternehmer übertragen werden und dadurch Anteile an einer Körperschaft, Personenvereinigung oder Vermögensmasse von einer natürlichen Person oder einer Personengesellschaft auf eine Körperschaft übergehen. Danach ist – abweichend von der Grundregel der Buchwertfortführung nach Abs. 3 S. 2 – rückwirkend auf den Zeitpunkt der Realteilung der gemeine Wert anzusetzen, wenn die im Zuge der Realteilung erworbenen Anteile innerhalb von sieben Jahren nach der Realteilung veräußert werden; der Veräußerung werden Vorgänge nach § 22 Abs. 1 S. 6 Nr. 1 bis 5 UmwStG gleichgestellt.

3 **Abs. 2 und Abs. 3 S. 5 bis 8** enthalten Bestimmungen zur Berechnung des Veräußerungs- oder Aufgabegewinns. Der Veräußerungsgewinn ergibt sich danach aus der Differenz zwischen dem Veräußerungspreis abzgl. Veräußerungskosten und dem (Buch-)Wert des veräußerten Betriebsvermögens. Im Falle einer Betriebsaufgabe treten an die Stelle des Veräußerungspreises für den Gewerbebetrieb die Veräußerungspreise für die einzelnen Wirtschaftsgüter (Abs. 3 S. 6) bzw. deren gemeiner Wert (Abs. 3 S. 7).

4 Der durch das **JStG 2010** v. 8.12.2010 in Reaktion auf die Aufgabe der Rechtsprechung des BFH zur Theorie der finalen Betriebsaufgabe bzw. der finalen Entnahme neu eingefügte Abs. 3a stellt den Ausschluss oder die Beschränkung des Besteuerungsrechts der Bundesrepublik Deutschland einer Aufgabe des Gewerbebetriebs gleich. Der durch das **StVereinfG 2011** v. 1.11.2011 eingefügte **Abs. 3b** regelt, dass in Fällen einer Betriebsunterbrechung oder einer Betriebsverpachtung im Ganzen eine Betriebsaufgabe nur vorliegt, wenn der Steuerpflichtige die Aufgabe gegenüber dem Finanzamt erklärt oder dem Finanzamt Tatsachen bekannt werden, aus denen sich ergibt, dass die Voraussetzungen für eine Betriebsaufgabe nach Abs. 3 S. 1 erfüllt

sind. Die Aufgabe ist bei einer ausdrücklichen Aufgabeerklärung iSd Abs. 3b S. 1 Nr. 1 rückwirkend für den vom Steuerpflichtigen gewählten Zeitpunkt anzuerkennen, wenn die Aufgabeerklärung spätestens drei Monate nach diesem Zeitpunkt abgegeben wird (Abs. 3b S. 2). Abs. 3b gilt nach § 52 Abs. 34 idF des StVereinfG 2011 erst für Betriebsaufgaben nach dem 4.11.2011. Die Vorschrift ist lediglich deklaratorischer Natur. Die Betriebsverpachtung im Ganzen stellte nach Auffassung der Rechtsprechung auch schon vor Einfügung des Abs. 3b durch das StVereinfG 2011 nicht zwingend eine Betriebsaufgabe dar; ebenso war die Betriebsunterbrechung als Ausnahme von der Betriebsaufgabe anerkannt (vgl. HHR/*Geissler* § 16 Rn. 3).

Abs. 4 sieht die Gewährung eines einmaligen Freibetrags in Höhe von 45.000 EUR im **5** Falle einer alters- oder gesundheitsbedingten Betriebsveräußerung bzw. -aufgabe vor. Der Freibetrag ist auf Antrag zu gewähren, wenn der Steuerpflichtige das 55. Lebensjahr vollendet hat oder dauernd berufsunfähig ist. Er ermäßigt sich um den Betrag, um den der Veräußerungsgewinn 136.000 EUR übersteigt (Abs. 4 S. 3).

Abs. 5 befasst sich als Missbrauchsvorschrift mit Fällen der Anteilsübertragung im Zuge **6** einer Realteilung und stellt insofern eine Ergänzung zu Abs. 3 S. 2–4 dar.

Einstweilen frei **7–9**

II. Leitentscheidungen und maßgebliche Debatten

Mit Urteil vom 13.11.1963 (GrS 1/63, BStBl. III 1964, 124) entschied der Große Senat **10** des BFH unter **Aufgabe der bisherigen Rechtsprechung** des BFH und des RFH, dass dem Unternehmer bei Verpachtung seines ganzen Gewerbebetriebs ein Wahlrecht zustehe, ob er den Vorgang als Betriebsaufgabe behandeln oder ob und wie lange er das Betriebsvermögen während der Verpachtung fortführen will. Da der Begriff des ruhenden Gewerbebetriebes dem Gesetz fremd sei, stelle die Verpachtung eines Gewerbebetriebes ohne Überführung der Wirtschaftsgüter in das Privatvermögen für den Verpächter grundsätzlich die Fortführung des Gewerbebetriebs in anderer Form dar. Die sich aus dieser Rechtsprechung ergebenden Probleme, den Zeitpunkt der Betriebsaufgabe zu bestimmen, haben zur Einführung des Abs. 3b durch das StVereinfG 2011 v. 1.11.2011 (BGBl. 2011 I 2131) geführt.

Mit Beschlüssen vom 5.7.1990 (GrS 2/89, BStBl. II 1990, 837 und GrS 4-6/89, BStBl. II **11** 1990, 847) nahm der BFH zur einkommensteuerlichen Behandlung der **Erbauseinandersetzung und der vorweggenommenen Erbfolge** Stellung. Der BFH entschied, dass die Erbauseinandersetzung dem Erbfall als selbständiger Rechtsvorgang nachfolge und mit diesem keine rechtliche Einheit bilde. Abfindungszahlungen eines Erben im Rahmen der Erbauseinandersetzung und Aufwendungen für den Erwerb des Erbteils eines Miterben stellten für den weichenden Miterben einen Veräußerungserlös dar. Bei Gegenleistungen im Zusammenhang mit einer vorweggenommenen Erbfolge ist zu differenzieren: Überträgt ein Vermögensinhaber der Einkünfteerzielung dienendes Privatvermögen im Wege der vorweggenommenen Erbfolge, so stellen vom Vermögensübernehmer zugesagte Versorgungsleistungen weder Veräußerungsentgelt noch Anschaffungskosten dar. Sagt der Vermögensübernehmer im Hinblick auf die Vermögensübergabe hingegen sog. Gleichstellungsgelder an Angehörige zu, führt dies zu einem Veräußerungsentgelt des Übergebers und zu Anschaffungskosten des Übernehmers.

Eine Vielzahl von Entscheidungen beschäftigt sich mit der Bestimmung des **Umfangs des** **12** **Veräußerungspreises und der Veräußerungskosten.** Die Übernahme von betrieblichen Verbindlichkeiten gehört nach Auffassung des Großen Senats des BFH zum Veräußerungsentgelt (BFH 5.7.1990 – GrS 4-6/89, BStBl. II 1990, 847). Mit Urteil vom 25.1.2000 (VIII R 55/97, BStBl. II 2000, 458) hat der BFH seine frühere Rechtsprechung aufgegeben, wonach Veräußerungskosten als Aufwendungen definiert worden waren, die in unmittelbarer sachlicher Beziehung zum Veräußerungsgeschäft stehen. Der Maßstab für die Zuordnung von Aufwendungen zur „Veräußerungssphäre" und damit zu den Veräußerungskosten iSd Abs. 2 S. 1 sei vielmehr der gesetzgeberischen Wertung zu entnehmen, die dieser Vorschrift zugrunde liegt. Hierzu hat sich eine umfangreiche Kasuistik herausgebildet (→ Rn. 868 ff.).

Mit Beschlüssen vom 19.7.1993 (GrS 1/92, BStBl. II 1993, 894; GrS 2/92, BStBl. II 1993, **13** 897) hat der Große Senat des BFH **neue Grundsätze für die Ermittlung eines Veräußerungsgewinns** formuliert, indem nachträgliche Änderungen des Veräußerungspreises nunmehr auf den Zeitpunkt der Veräußerung zurückwirken. Entgegen der früheren Rechtsprechung ist seitdem der tatsächlich erzielte Veräußerungsgewinn maßgeblich. Spätere Ereignisse, die sich auf den Veräußerungsgewinn auswirken (wie insbesondere der spätere Ausfall der Kaufpreisforderung) werden als Ereignisse mit steuerlicher Rückwirkung iSd § 175 Abs. 1 S. 1 Nr. 2 AO behandelt. Die frühere Rechtsprechung hatte zu einer nur schwer vertretbaren Belastung des Steuerpflichtigen geführt, zumal der spätere Kaufpreisausfall – aufgrund der angenommenen Überführung der Kaufpreisforderung in das Privatvermögen – noch nicht einmal zu nachträglichen Verlusten aus Gewerbebetrieb nach § 15 Abs. 1 iVm § 24 Nr. 2 führte.

14 Von erheblicher wirtschaftlicher Bedeutung ist die Abgrenzung von begünstigten Veräußerungsgewinnen zum (gewerbesteuerpflichtigen) laufenden Gewinn. Der BFH sieht den Gewinn aus der Veräußerung von Wirtschaftsgütern des Anlagevermögens als laufenden Gewinn an, wenn die Veräußerung Bestandteil eines einheitlichen Geschäftskonzepts der unternehmerischen Tätigkeit ist (BFH 26.6.2007 – IV R 49/04, BStBl. II 2009, 289).

15 Mit Urteil vom 17.9.2015 (III R 49/13, BStBl. II 2017, 37) hat der BFH unter Aufgabe seiner bisherigen Rechtsprechung entschieden, dass eine gewinnneutrale Realteilung einer Personengesellschaft auch beim Ausscheiden eines Gesellschafters vorliegen kann, wenn sie von den verbleibenden Gesellschaftern fortgesetzt wird. Dies gilt selbst dann, wenn dem übernommenen Teilbetrieb vor dem Ausscheiden des Gesellschafters erhebliche liquide Mittel zugeordnet werden.

16–20 *Einstweilen frei*

III. Zweck und Bedeutung der Vorschrift

21 § 16 ergänzt die Regelung des § 2 Abs. 1 S. 1 Nr. 2 iVm § 15 hinsichtlich des Umfangs der der Besteuerung unterliegenden Einkünfte aus Gewerbebetrieb. Die Grundaussage der Vorschrift besteht darin, dass Gewinne aus der Veräußerung des ganzen Gewerbebetriebs (Abs. 1 S. 1 Nr. 1) und aus der Aufgabe des Gewerbebetriebs (Abs. 3 S. 1) zu den Einkünften aus Gewerbebetrieb „gehören". Die Anwendung des § 16 setzt daher das Vorliegen gewerblicher Einkünfte voraus. Erzielt der Steuerpflichtige bereits vor der Veräußerung/Aufgabe des Gewerbebetriebs gewerbliche Einkünfte nach § 15, gilt diese Einkünftequalifikation auch im Rahmen des § 16. Die Vorschrift des § 16 ist demnach keine Einkünftequalifikationsnorm, sondern sie legt den steuerpflichtigen Umfang der bereits als gewerblich qualifizierten Einkünfte fest (vgl. HHR/*Geissler* § 16 Rn. 50).

22 **Umstritten ist,** ob und inwieweit der Vorschrift für Veräußerungsgewinne eine konstitutive Bedeutung zukommt oder ob sich eine Besteuerung bereits aus den allgemeinen Gewinnvorschriften (§§ 2, 4 Abs. 1, 5, 15) ergibt und daher von einer bloßen Klarstellung auszugehen ist. Die hM geht zutreffend davon aus, dass § 16 hinsichtlich der Einbeziehung von Gewinnen aus der Veräußerung oder Aufgabe des ganzen Gewerbebetriebs weitgehend deklaratorischer Natur ist (vgl. BFH 26.5.1993 – X R 101/90, BStBl. II 1993, 710; BFH 2.3.1989 – IV R 128/86, BStBl. II 1989, 543; Schmidt/*Wacker* § 16 Rn. 7; Blümich/*Schallmoser* § 16 Rn. 3; Kirchhof/*Seer* § 16 Rn. 8; aA HHR/*Geissler* § 16 Rn. 3). Zwar sprechen auch gute Argumente dafür, angesichts der Eingriffswirkung des Steuerrechts einen hinreichend konkreten gesetzlichen Tatbestand zu verlangen und mit Blick darauf den Regelungen sowohl in Abs. 1 S. 1 als auch in Abs. 3 S. 1 eine nicht nur rein deklaratorische Wirkung beizulegen (vgl. HHR/*Geissler* § 16 Rn. 3). Allerdings hätte bei rechtssystematischer Betrachtung der Gesetzgeber die sachliche Steuerpflicht für Veräußerungs- oder Aufgabegewinne in § 16 Abs. 1 und Abs. 3 nicht gesondert bestimmen müssen, da sich diese bereits aus den allgemeinen Gewinnermittlungsvorschriften der § 2, § 4 Abs. 1, § 5 und § 15 ergibt. Die Veräußerung eines Gewerbebetriebs im Ganzen sowie die Veräußerung der wesentlichen Betriebsgrundlagen im Rahmen einer Betriebsaufgabe oder deren Überführung in das Privatvermögen sind als letzte gewerbliche Handlungen steuerrechtlich noch der Ausübung der betrieblichen Tätigkeit zuzurechnen (Blümich/*Schallmoser* § 16 Rn. 3). Bei der Veräußerung oder Aufgabe eines Teilbetriebs ergibt sich eine Besteuerung bereits unproblematisch aus den allgemeinen Gewinnvorschriften, da der Betrieb als solcher bestehen bleibt.

23 Die Regelung des § 16 bezweckt darüber hinaus, die **Veräußerungs- bzw. Aufgabegewinne vom laufenden Gewinn abzugrenzen.** Lediglich die Veräußerungs- bzw. Aufgabegewinne iSd § 16 kommen in den Genuss von steuerlichen Begünstigungen. Dies betrifft den Freibetrag nach Abs. 4 (der allerdings nur noch einmalig bei Betriebsveräußerung oder -aufgabe wegen Alters oder Berufsunfähigkeit gewährt wird und bei Überschreiten einer Gewinngrenze ggf. bis auf Null abschmilzt) sowie die Tarifermäßigung nach § 34, die beide einen Härteausgleich für die punktuelle Besteuerung der nicht selten über einen längeren Zeitraum entstandenen stillen Reserven schaffen sollen (BFH 19.7.1993 – GrS 2/92, BStBl. II 1993, 897). Veräußerungs- bzw. Aufgabegewinne iSd § 16 unterliegen darüber hinaus im Regelfall nicht der Gewerbesteuer. Dies ergibt sich aus dem Objektcharakter der Gewerbesteuer, wonach nur Gewinne und Verluste des werbenden Betriebs zu erfassen sind (BFH 3.4.2014 – IV R 12/10, BFH/NV 2014, 1653; BFH 12.6.1996 – XI R 56/95, BStBl. II 1996, 527; vgl. auch Kirchhof/*Seer* § 16 Rn. 12). Für laufende Gewinne iSd § 15 gelten diese Begünstigungen nicht. Daher ist eine gesonderte Ermittlung des Veräußerungs- bzw. des Aufgabegewinns unerlässlich.

Im Hinblick auf die den Gewinneinkunftsarten zugrundeliegende Reinvermögenszu- 24
gangstheorie ist die durch § 16 normierte **sachliche Steuerpflicht von Gewinnen aus der Veräußerung oder Aufgabe des ganzen Gewerbebetriebs** folgerichtig (vgl. KSM/*Trossen* § 16 Rn. A 32). Denn wenn die Veräußerung einzelner Wirtschaftsgüter bei weiterbestehendem Gewerbebetrieb zu steuerbaren gewerblichen Einkünften führt, ist es konsequent, auch den bei Veräußerung oder Aufgabe des ganzen Gewerbebetriebs entstehenden Gewinn steuerlich zu erfassen, weil auch hierbei typischerweise eine Vermögensmehrung eintritt. § 16 gewährleistet darüber hinaus, dass die bis zur Betriebsveräußerung oder -aufgabe noch nicht realisierten stillen Reserven – zum letztmöglichen Zeitpunkt – steuerlich erfasst werden. Dabei folgt die Steuerpflicht auch des Betriebsaufgabegewinns und der hierbei aufgedeckten stillen Reserven schon aus den allgemeinen Gewinnermittlungsvorschriften, da die Betriebsaufgabe ihrem wesentlichen Charakter nach als „Entnahmevorgang eigener Art“ (Totalentnahme) anzusehen ist (BFH 7.10.1974 – GrS 1/73, BStBl. II 1975, 168; vgl. auch BFH 18.5.1983 – I R 5/82, BStBl. II 1983, 771; **aA** HHR/*Geissler* § 16 Rn. 3, demzufolge ein Betriebsaufgabegewinn nicht als Entnahme iSd § 4 Abs. 1 S. 2 erfasst werden könne, weil diese einen fortbestehenden Gewerbebetrieb voraussetze).

Dem Sinn und Zweck des § 16, die steuerliche Erfassung stiller Reserven sicherzustellen, entspricht 24.1
es, wenn das Gesetz in Fällen, in denen eine spätere Besteuerung der stillen Reserven gewährleistet ist, trotz Vorliegen der Voraussetzungen des § 16 auf eine sofortige Besteuerung verzichtet (sog. aufgeschobene Gewinnrealisierung). So liegt es beispielsweise im Fall der Realteilung einer Personengesellschaft, die nach allgemeinen Grundsätzen als Unterfall der Betriebsaufgabe anzusehen ist. Gleichwohl ordnet Abs. 3 S. 2 die Buchwertfortführung an, sofern die Besteuerung der stillen Reserven gewährleistet ist. Gleiches gilt im Fall der Einbringung einer betrieblichen Sachgesamtheit in eine Personengesellschaft nach § 24 UmwStG, der § 16 als lex specialis vorgeht (vgl. HHR/*Geissler* § 16 Rn. 5).

Konstitutiven Charakter besitzt § 16 insoweit, als die Vorschrift Veräußerungs- und Aufga- 25
begewinne gegenüber laufenden (gewerblichen) Gewinnen abgrenzt und diese steuerlich begünstigt (→ Rn. 23). Darüber hinaus ist eine konstitutive Wirkung der Vorschrift im Hinblick auf die Höhe des Aufgabegewinns (gemeiner Wert nach Abs. 3 S. 7 und nicht Teilwert nach § 6 Abs. 1 Nr. 4) anzunehmen (HHR/*Geissler* § 16 Rn. 3; Schmidt/*Wacker* § 16 Rn. 5).

Einstweilen frei 26–28

IV. Rechtsentwicklung

Die Besteuerung von Gewinnen aus der Veräußerung oder Aufgabe eines Gewerbebetriebs, 29
eines Teilbetriebs, von Anteilen an einer Personengesellschaft oder von Anteilen des persönlich haftenden Gesellschafters einer KGaA wurde erstmals in **§§ 30 bis 32 des EStG 1925** v. 10.8.1925 (RGBl. I 1925, 189) geregelt. Die Regelung wurde inhaltlich im Wesentlichen unverändert als § 16 in das 1934 v. 16.10.1934 (RGBl. I 1934, 1005) übernommen; lediglich der Freibetrag von 10.000 RM wurde in eine Freigrenze umgewandelt. § 16 Abs. 4 und Abs. 5 wurden durch das KRG Nr. 12 v. 11.2.1946 (StuZBl. 1946, 2) aufgehoben, jedoch später durch das MRG Nr. 64 vom vom 22.6.1948 wieder in Kraft gesetzt. Mit dem **StÄndG** v. 14.5.1965 (BGBl. 1965 I 377) wurde Abs. 1 Nr. 1 Hs. 2 eingefügt, wonach eine 100%-ige Beteiligung an einer Kapitalgesellschaft einem Teilbetrieb gleichgestellt wird. Zugleich wurde die bisherige Freigrenze in einen auf 20.000 DM erhöhten Freibetrag umgewandelt, der bei Gewinnen von mehr als 80.000 DM abschmolz. Durch das 2. **StÄndG 1971** v. 10.8.1971 (BGBl. 1971 I 1266) wurde der Freibetrag auf 40.000 DM erhöht und der Grenzbetrag auf 100.000 DM heraufgesetzt. Außerdem wurde ein neuer Abs. 4 S. 3 eingefügt, der eine Verdoppelung dieser Beträge im

Fall der Betriebsveräußerung oder Betriebsaufgabe wegen Alters oder Berufsunfähigkeit vorsah. Durch das **EStRefG 1974** v. 5.8.1974 (BGBl. 1974 I 1769) wurde Abs. 5 zugunsten des neu eingeführten § 35 (Milderung der Doppelbesteuerung mit ESt und ErbSt) gestrichen. Mit dem **StEntlG 1984** v. 22.12.1983 (BGBl. 1983 I 1583) wurden der Freibetrag auf 120.000 DM und der Grenzbetrag auf 300.000 DM erhöht.

30 Im Rahmen des **StMBG** v. 21.12.1993 (BGBl. 1994 I 50) wurden aufgrund einer Ergänzung von Abs. 2 und 3 Veräußerungsgewinne als laufende Gewinne fingiert, soweit auf Seiten des Veräußerers und des Erwerbers dieselbe Person beteiligt ist. Durch das JStG 1996 v. 11.10.1995 (BGBl. 1995 I 1250) wurde Abs. 4 neu gefasst, wonach der Freibetrag nur noch einmal im Leben und auch nur bei Betriebsveräußerung bzw. -aufgabe wegen Alters oder Berufsunfähigkeit in Anspruch genommen werden kann. Gleichzeitig wurde der Freibetrag auf 60.000 DM abgesenkt. Mit dem **StEntlG 1999/2000/2002** v. 24.3.1999 (BGBl. 1999 I 402) wurde in Abs. 3 ein neuer Satz 1 eingefügt, wonach als Veräußerung auch die Aufgabe eines Mitunternehmeranteils und des Anteils des persönlich haftenden Gesellschafters einer KGaA gilt. Außerdem wurde in Abs. 3 S. 2 die Realteilung einer Mitunternehmerschaft als Aufgabe eines Mitunternehmeranteils qualifiziert, wenn die bisherigen Mitunternehmer bei der Realteilung weder einen Teilbetrieb noch einen Mitunternehmeranteil erhielten. Mit dem **StSenkG** v. 23.10.2000 (BGBl. 2000 I 1433) wurde der Freibetrag von 60.000 DM auf 100.000 DM erhöht. Mit dem **UntStFG** v. 20.12.2001 (BGBl. 2001 I 3858) wurde Abs. 1 um einen neuen Satz 2 hinsichtlich Teilanteilsveräußerungen erweitert und Abs. 1 S. 1 Nr. 2 und Nr. 3 um den Hinweis auf den „gesamten" Anteil ergänzt. Zugleich wurde in Abs. 3 S. 2 die Realteilung zu Buchwerten (auch bezüglich einzelner Wirtschaftsgüter) als Regelfall normiert, zugleich jedoch erstmals eine Sperrfrist für die Veräußerung oder Entnahme der Wirtschaftsgüter eingeführt (Abs. 3 S. 3).

31 Im **HBeglG 2004** v. 29.12.2003 vom 29.12.2003 (BGBl. 2003 I 3076) wurden der Freibetrag für Veräußerungs- und Aufgabegewinne auf 45.000 EUR und der Grenzbetrag auf 136.000 EUR gekürzt. Nach dem durch das **SEStEG** v. 7.12.2006 (BGBl. 2006 I 2782) als Folge der Neugestaltung der §§ 20 ff. UmwStG neu eingefügten Abs. 5 sind bei einer Realteilung, bei der Teilbetriebe auf einzelne Mitunternehmer übertragen werden, die von einer natürlichen Person auf eine Körperschaft zu Buchwerten übertragenen Anteile an einer Körperschaft, Personenvereinigung oder Vermögensmasse rückwirkend auf den Zeitpunkt der Realteilung mit dem gemeinen Wert anzusetzen, wenn diese Anteile innerhalb einer Sperrfrist von sieben Jahren nach der Realteilung veräußert oder durch einen Vorgang nach § 22 Abs. 1 S. 6 Nr. 1 bis 5 UmwStG idF SEStEG übertragen werden. Durch das **JStG 2010** v. 8.12.2001 (BGBl. 2010 I 1768) wurde in Reaktion auf die Aufgabe der Theorie der finalen Entnahme und der finalen Betriebsaufgabe durch den BFH ein neuer Abs. 3a eingeführt, wonach der Ausschluss oder die Beschränkung des Besteuerungsrechts der Bundesrepublik Deutschland hinsichtlich des Gewinns aus der Veräußerung sämtlicher Wirtschaftsgüter des Betriebs oder eines Teilbetriebs einer Betriebsaufgabe gleichsteht. Flankierend wurde in Abs. 3 S. 2 Hs. 2 ein Verweis auf § 4 Abs. 1 S. 4 idF des JStG 2010 aufgenommen. Im **StVereinfG 2011** v. 1.11.2011 (BGBl. 2011 I 2131) wurde ein neuer Abs. 3b eingefügt, wonach in den Fällen der Betriebsunterbrechung und Betriebsverpachtung im Ganzen eine Betriebsaufgabe erst dann vorliegt, wenn der Steuerpflichtige eine solche gegenüber dem Finanzamt erklärt oder dem Finanzamt Tatsachen bekannt werden, aus denen sich ergibt, dass die Voraussetzungen für eine Betriebsaufgabe erfüllt sind. Abs. 3b ist nach Art. 18 Abs. 2 des StVereinfG 2011 für Betriebsaufgaben ab dem 5.11.2011 anwendbar (zur Frage der Rückwirkung: Blümich/*Schallmoser* § 16 Rn. 2).

32–36 *Einstweilen frei*

V. Verhältnis zu höherrangigem Recht

37 § 16 ist **verfassungskonform.** Verfassungsrechtlichen Bedenken begegnet die Regelung lediglich im Hinblick auf die angeordnete Rückwirkung des Abs. 3 S. 2 Hs. 2 und des Abs. 3a. Jedoch handelt es sich insofern um die rückwirkende Festschreibung einer Rechtslage, die vor der Aufgabe der finalen Entnahmetheorie durch den BFH einer gefestigten Rechtsprechung und einheitlichen langjährigen Verwaltungspraxis entsprach (so auch zu den Entstrickungsregelungen nach § 4 Abs. 1 S. 3 und 4: FG Düsseldorf 19.11.2015 – 8 K 3664/11 F, EFG 2016, 209, Rev. BFH-Beschluss 14.6.2017 – I R 99/15: Verfahren ausgesetzt/

ruht; FG Köln 16.2.2016 – 10 K 2335/11, EFG 2016, 793, rkr.), sodass die Rückwirkung im Ergebnis verfassungsrechtlich gerechtfertigt ist. Auch der Umstand, dass § 16 Gewinne aus der Veräußerung von Mitunternehmeranteilen erfasst, selbst wenn der veräußernde Gesellschafter nicht wesentlich am Kapital der Personengesellschaft beteiligt ist, ist verfassungsrechtlich unproblematisch (BFH 5.11.1998 – VIII B 30/98, BFH/NV 1999, 769).

Die Vorschrift ist auch **unionsrechtskonform.** Entsprechende Zweifel an der Entstrickungsregelung in Abs. 3a dürften spätestens seit dem Urteil des EuGH in der Rechtssache „Verder Lab Tec" (EuGH 21.5.2015 – C-657/13, IStR 2015, 440) nicht mehr bestehen. 38

Einstweilen frei 39–43

VI. Persönlicher Anwendungsbereich

§ 16 ist **unmittelbar auf unbeschränkt steuerpflichtige natürliche Personen anzuwenden.** Die Vorschrift findet jedoch auch auf beschränkt steuerpflichtige natürliche Personen Anwendung, wenn diese über eine inländische Betriebsstätte verfügen oder ein ständiger Vertreter bestellt ist (§ 1 Abs. 4 iVm § 49 Abs. 1 Nr. 2 Buchst. a). Bei der veräußerten oder aufgegebenen inländischen Betriebsstätte muss es sich um den ganzen Gewerbebetrieb, Teilbetrieb oder den gesamten Mitunternehmeranteil handeln. 44

Bei der Anwendung von § 16 auf beschränkt steuerpflichtige natürliche Personen kommen insbesondere folgende Konstellationen in Betracht (vgl. HHR/*Geissler* § 16 Rn. 12): 44.1

- Veräußerung/Aufgabe des ganzen Gewerbebetriebs oder Teilbetriebs (§ 16 Abs. 1 S. 1 Nr. 1, Abs. 3): Wird die inländische Betriebsstätte im Rahmen der Veräußerung/Aufgabe des ausländischen Gewerbetriebs/Teilbetriebs veräußert/aufgegeben, ist § 16 anwendbar, soweit der Veräußerungs-/Aufgabegewinn wirtschaftlich auf die inländische Betriebsstätte entfällt. Wird nur die inländische Betriebsstätte veräußert/aufgegeben, ist § 16 anwendbar, wenn es sich bei der inländischen Betriebsstätte um den ganzen Gewerbebetrieb/Teilbetrieb handelt.
- Veräußerung/Aufgabe des ganzen Mitunternehmeranteils (§ 16 Abs. 1 S. 1 Nr. 2, Abs. 3): Zu den Betriebsstätteneinkünften iSd § 49 Abs. 1 Nr. 2 Buchst. a eines im Ausland ansässigen Mitunternehmers einer gewerblichen Personengesellschaft, für die im Inland eine Betriebsstätte unterhalten wird, gehört auch der Gewinn aus der Veräußerung/Aufgabe des Mitunternehmeranteils. Es ist nicht erforderlich, dass die inländische Betriebsstätte dem ausländischen Mitunternehmer gehört oder dass er darüber Verfügungsmacht besitzt (BFH 26.2.1992 – I R 85/91, BStBl. II 1992, 937).

§ 16 ist auf **Körperschaftsteuersubjekte iSd § 1 Abs. 1 KStG** nur anwendbar, soweit nicht die spezielleren Vorschriften der §§ 11 bis 13 KStG vorrangig eingreifen. Der von einer Körperschaft erzielte Veräußerungs-/Aufgabegewinn iSd § 8 Abs. 1 KStG iVm § 16 EStG ist nicht nach § 16 Abs. 4 begünstigt. Auch die Tarifermäßigung des § 34 kommt bei Körperschaften nicht zur Anwendung (BFH 21.2.1991 – IV R 93/89, BStBl. II 1991, 455). 45

Die Tarifvergünstigung des § 34 ist auch dann nicht anwendbar, wenn eine Körperschaft (als Organgesellschaft) und eine natürliche Person oder eine Personengesellschaft mit ausschließlich natürlichen Personen (als Organträger) eine körperschaftsteuerliche Organschaft iSd §§ 14 ff. KStG bilden und hierbei die Körperschaft einen Veräußerungs-/Aufgabegewinn nach § 16 erzielt. Rechtsfolge der körperschaftsteuerlichen Organschaft ist zwar, dass das Einkommen der Organgesellschaft dem Organträger zugerechnet wird. Organgesellschaft und Organträger bleiben aber zivil- und steuerrechtlich verschiedene Rechtsträger. Daraus folgt, dass der Organträger die Tarifvergünstigung nach § 34 nur in Anspruch nehmen kann, wenn er den Tatbestand dieser Vergünstigungsvorschrift selbst verwirklicht (BFH 22.1.2004 – III R 19/02, BStBl. II 2004, 515; BFH 14.4.1992 – VIII R 149/86, BStBl. II 1992, 817). 45.1

Einstweilen frei 46–48

VII. Zeitlicher Anwendungsbereich

Im Zuge der letzten Erweiterung bzw. Ergänzung von **Abs. 1** durch das **UntStFG** v. 20.12.2001 (BGBl. 2001 I 3858) wurde geregelt, dass die Veräußerung eines Teils eines Mitunternehmeranteils oder eines Teils eines Anteils eines persönlich haftenden Gesellschafters an einer KGaA laufender Gewinn ist. Diese Fassung von Abs. 1 ist erstmals auf Veräußerungen anzuwenden, die nach dem 31.12.2001 erfolgen, vgl. § 52 Abs. 34 S. 1. 49

Abs. 2 hat seit dem EStG 1934 keine wesentlichen Änderungen erfahren. Die Regelung im Hinblick auf die Veräußerung an sich selbst (S. 3) wurde durch das **StMBG** v. 21.12.1993 50

(BGBl. 1993 I 2310) eingefügt und gilt erstmalig für Veräußerungen, die nach dem 31.12.1993 erfolgen, vgl. § 52 Abs. 34 S. 2.

51 **Abs. 3 S. 1** gilt in der derzeitigen Fassung ab dem Veranlagungszeitraum 2002, vgl. § 52 Abs. 1 S. 1 idF des StEuglG. Abs. 3 S. 2 bis 4 ist erstmals auf Realteilungen nach dem 31.12.2000 anzuwenden, vgl. § 52 Abs. 34 S. 4. Die Regelung in Abs. 3 S. 5 wurde (ursprünglich als Abs. 3 S. 2) durch das **StMBG** v. 21.12.1993 (BGBl. 1993 I 2310) eingefügt mit Wirkung für Veräußerungen, die nach dem 31.12.1993 erfolgen, vgl. § 52 Abs. 34 S. 2. Die Regelungen in Abs. 3 S. 6 bis 8 waren bereits im EStG 1934 enthalten. Durch das **UntStFG** v. 20.12.2001 (BGBl. 2001 I 3858) wurden die damaligen S. 4 bis 6 zu den S. 6 bis 8. Der durch das **JStG 2010** v. 8.12.2010 (BGBl. 2010 I 1768) neu eingefügte Abs. 3a ist nach § 52 Abs. 34 S. 5 idF des JStG 2010 in allen noch offenen Fällen anwendbar.

52 **Abs. 3b** ist anwendbar, wenn der Zeitpunkt der Betriebsaufgabe (welcher nach der Vorschrift fingiert wird) nach dem 4.11.2011 liegt, vgl. § 52 Abs. 34 S. 9.

53 **Abs. 4** ist seit dem Veranlagungszeitraum 1996 als persönliche Steuerbefreiung ausgestaltet, die an das Alter bzw. die Berufsunfähigkeit anknüpft (vgl. Schmidt/*Wacker* § 16 Rn. 577). Die derzeitige Regelung (Freibetrag 45.000 EUR, Freibetragsgrenze 136.000 EUR) gilt seit dem Veranlagungszeitraum 2004, vgl. § 52 Abs. 1 idF StÄndG 2003.

54 **Abs. 5** ist erstmals anwendbar, wenn die ursprüngliche Übertragung der veräußerten Anteile an der Körperschaft, Personenvereinigung oder Vermögensmasse nach dem 12.12.2006 erfolgt ist, vgl. § 52 Abs. 34 S. 8.

55–57 *Einstweilen frei*

VIII. Normzusammenhang

1. Verhältnis zu den Gewinnermittlungsvorschriften des EStG

58 **a) Verhältnis zu § 4 Abs. 1, § 5.** Die Vorschriften der § 4 Abs. 1, § 5 regeln die **Ermittlung des laufenden Gewinns.** Gleichwohl wird in § 16 Abs. 2 S. 2 ihre Anwendung für die Bestimmung des Werts des Betriebsvermögens auf den Veräußerungszeitpunkt angeordnet. Ein Steuerpflichtiger, der seinen Gewinn nach § 4 Abs. 3 ermittelt, muss daher im Fall einer Betriebsveräußerung/-aufgabe zwingend zum Betriebsvermögensvergleich nach § 4 Abs. 1, § 5 übergehen, damit der von § 16 Abs. 2 geforderte Vergleich zum Buchwert des Betriebsvermögens überhaupt möglich wird (HHR/*Geissler* § 16 Rn. 20; Blümich/*Schallmoser* § 16 Rn. 10). Ein daraus resultierender Übergangsgewinn oder -verlust ist Teil des laufenden Gewinns des letzten Wirtschaftsjahres. Eine Verteilung eines solchen Übergangsgewinns auf mehrere Wirtschaftsjahre ist nicht möglich.

59–61 *Einstweilen frei*

62 **b) Verhältnis zu § 6 Abs. 3.** Die Vorschrift des § 6 Abs. 3 regelt – in Fortführung von § 7 Abs. 1 EStDV aF – die Fälle der **unentgeltlichen Übertragung eines Betriebs, Teilbetriebs oder eines Mitunternehmeranteils.** Danach sind bei der Ermittlung des Gewinns des bisherigen Betriebsinhabers die Wirtschaftsgüter zwingend mit den Werten anzusetzen, die sich nach den Vorschriften über die Gewinnermittlung ergeben, dh mit den Buchwerten. Der Rechtsnachfolger ist an diese Werte gebunden. Auf Seiten des bisherigen Betriebsinhabers führt die unentgeltliche Übertragung des Betriebs nicht zu einer Gewinnrealisierung; es liegt weder eine Betriebsveräußerung oder -aufgabe noch eine Entnahme vor (vgl. BFH 9.5.1996 – IV R 77/95, BStBl. II 1996, 476; BFH 22.9.2011 – IV R 33/08, BStBl. II 2012, 10). § 6 Abs. 3 und § 16 schließen sich daher in ihrer Anwendung grundsätzlich gegenseitig aus.

63 Ein **Konkurrenzverhältnis zwischen § 6 Abs. 3 und § 16** kann jedoch entstehen, wenn bei der unentgeltlichen Übertragung einer betrieblichen Sachgesamtheit zwar alle funktional wesentlichen Betriebsgrundlagen übertragen, aber quantitativ wesentliche Betriebsgrundlagen (dh solche mit erheblichen stillen Reserven) zurückbehalten und ins Privatvermögen überführt werden. In diesen Fällen ist § 6 Abs. 3 vorrangig vor § 16 anzuwenden. Der durch die Aufdeckung stiller Reserven realisierte Gewinn ist daher nicht nach § 16, § 34 begünstigt. Anders als im Rahmen von § 16 ist für § 6 Abs. 3 die Übertragung sämtlicher quantitativ wesentlicher Betriebsgrundlagen nicht erforderlich; die Zurückbehaltung funktional nicht wesentlicher Betriebsgrundlagen ist unschädlich.

Einstweilen frei **64–66**

c) Verhältnis zu § 6 Abs. 5. § 6 Abs. 5 S. 1 ermöglicht die **erfolgsneutrale Überführung einzelner Wirtschaftsgüter** von einem Betriebsvermögen in ein anderes Betriebsvermögen desselben Steuerpflichtigen, dh ohne dass ein Rechtsträgerwechsel stattfindet. Hinsichtlich der Überführung von Wirtschaftsgütern aus einem eigenen Betriebsvermögen des Steuerpflichtigen in dessen Sonderbetriebsvermögen bei einer Mitunternehmerschaft und umgekehrt hinsichtlich der Überführung zwischen verschiedenen Sonderbetriebsvermögen desselben Steuerpflichtigen bei verschiedenen Mitunternehmerschaften verweist § 6 Abs. 5 S. 2 auf S. 1. Es können auch mehrere Wirtschaftsgüter überführt werden. Keine Rolle spielt, ob die überführten Wirtschaftsgüter einen Betrieb, Teilbetrieb bilden oder es sich insgesamt um einen Mitunternehmeranteil handelt (Kirchhof/*Schindler* § 6 Rn. 214; HHR/*Geissler* § 16 Rn. 22; glA BMF 8.12.2011, BStBl. I 2011, 1279 Rn. 6). Es kann sich daher eine Anwendungskonkurrenz zu § 16 ergeben. **67**

Eine **Anwendungskonkurrenz zu § 6 Abs. 5** liegt vor, wenn ein Teilbetrieb bzw. eine 100%-ige Beteiligung an einer Kapitalgesellschaft (§ 16 Abs. 1 S. 1 Nr. 1 S. 2) in ein anderes (Sonder-)Betriebsvermögen desselben Steuerpflichtigen überführt werden. In diesem Fall greift § 6 Abs. 5 S. 1 und 2 als vorrangige Regelung ein. Die Annahme einer Betriebsaufgabe iSv § 16 Abs. 3 S. 1 scheidet aus. Es besteht auch kein Wahlrecht zur Aufdeckung der stillen Reserven (HHR/*Geissler* § 16 Rn. 22). **68**

Eine **Anwendungskonkurrenz zu § 6 Abs. 5 S. 3 Nr. 1 oder Nr. 2** liegt ferner vor, wenn ein Mitunternehmer gegen Sachwertabfindung aus einer Mitunternehmerschaft ausscheidet und er das zum Zwecke der Abfindung erhaltene Wirtschaftsgut in einem anderen Betriebsvermögen verwendet, denn auch der Verlust des Mitunternehmeranteils ist unter das Tatbestandsmerkmal „Minderung von Gesellschaftsrechten“ iSd § 6 Abs. 5 S. 3 Nr. 1, Nr. 2 zu subsumieren. Nach hM ist § 6 Abs. 5 S. 3 Nr. 1, Nr. 2 als speziellere Regelung gegenüber § 16 Abs. 1 S. 1 Nr. 2 vorrangig (HHR/*Geissler* § 16 Rn. 22; Schmidt/*Wacker* § 16 Rn. 524; LBP/*Hörger*/*Rapp* § 16 Rn. 185b). **69**

§ 16 Abs. 1 S. 1 Nr. 2 und **nicht § 6 Abs. 5 S. 3** ist anzuwenden, wenn **70**

- die Sachwertabfindung nicht aus dem Gesamthandsvermögen der Mitunternehmerschaft, sondern aus dem Sonderbetriebsvermögen der verbleibenden Mitunternehmer stammt, denen der Anteil des Ausscheidenden (anteilig) zuwächst, da diese Konstellation nicht von den in § 6 Abs. 5 S. 3 geregelten Tatbeständen erfasst ist. Die Übertragung eines Wirtschaftsguts zwischen verschiedenen Mitunternehmern derselben Mitunternehmerschaft ist in Abs. 5 S. 3 Nr. 3 geregelt; dessen Voraussetzungen sind nicht erfüllt, wenn der das Wirtschaftsgut empfangende Mitunternehmer mit der Übertragung aus der Mitunternehmerschaft ausscheidet (Blümich/*Ehmcke* § 6 Rn. 1340);
- der ausscheidende Mitunternehmer das im Rahmen der Sachwertabfindung erhaltene Wirtschaftsgut nicht einem Betriebsvermögen verwendet, sondern in seinem Privatvermögen führt (HHR/*Geissler* § 16 Rn. 22);
- die Sachwertabfindung nicht als Gegenleistung für das Ausscheiden des Mitunternehmers (sondern zB an Erfüllungs Statt für eine gesellschaftsvertraglich vereinbarte Barabfindung) geleistet wird (HHR/*Geissler* § 16 Rn. 22).

Einstweilen frei **71–73**

d) Verhältnis zu § 6b. § 6b ist nur auf Veräußerungsgewinne nach § 16 Abs. 1, nicht auf Betriebsaufgabegewinne iSd § 16 Abs. 3 S. 1 anwendbar. **74**

Wird bei der Betriebsveräußerung eine **Rücklage nach § 6b neu gebildet,** so kann der Teil des Veräußerungsgewinns, der nicht nach § 16 Abs. 4 steuerbefreit ist, nach § 6b übertragen werden. Die Auflösung der Rücklage in einem späteren Wirtschaftsjahr führt zu laufendem Gewinn, der nicht tarifbegünstigt ist (BFH 4.2.1982 – IV R 150/78, BStBl. II 1982, 348). **75**

Wird eine zuvor gebildete **§ 6b-Rücklage bei der Betriebsveräußerung aufgelöst,** erhöht sich der tarifbegünstigte Veräußerungsgewinn entsprechend. Bei Aufdeckung stiller Reserven begünstigter Wirtschaftsgüter anlässlich einer (Teil-)Betriebsveräußerung kann der Steuerpflichtige wählen, ob er hinsichtlich des gesamten Veräußerungsgewinns die Tarifbegünstigung nach § 34 Abs. 1 oder hinsichtlich der auf die begünstigten Wirtschaftsgüter entfallenden Gewinne § 6b in Anspruch nehmen will. § 34 entfällt insgesamt, wenn für einen Teil des Veräußerungsgewinns § 6b in Anspruch genommen wird. **76**

77 Eine bereits zuvor gebildete **§ 6b-Rücklage** muss bei einer Betriebsveräußerung nicht aufgelöst, sondern kann auch **fortgeführt werden.** Die Fortführung der Rücklage ist noch für die Zeit möglich, für die sie ohne Betriebsveräußerung zulässig gewesen wäre (EStR 6b.2 Abs. 10 S. 1). Allerdings liegt in diesem Fall eine steuerbegünstigte Betriebsaufgabe nur vor, wenn die vor der Betriebsveräußerung gebildete und im Zusammenhang mit der Veräußerung des Betriebs nicht aufgelöste § 6b-Rücklage keine stillen Reserven enthält, die bei einer früheren Veräußerung einer wesentlichen Betriebsgrundlage aufgedeckt worden sind (EStR 6b.2 Abs. 10 S. 3).

78–80 *Einstweilen frei*

2. Verhältnis zu anderen Vorschriften des EStG

81 **a) Verhältnis zum Halb-/Teileinkünfteverfahren.** Veräußerungs-/Aufgabegewinne nach § 16 unterliegen nach § 3 Nr. 40 S. 1 Buchst. b, § 3c Abs. 2 dem Halb- bzw. ab VZ 2009 dem **Teileinkünfteverfahren,** soweit sie auf die Veräußerung von Anteilen an Körperschaften, Personenvereinigungen und Vermögensmassen entfallen, deren Leistungen beim Empfänger zu Einnahmen nach § 20 Abs. 1 Nr. 1 und Nr. 9 gehören. Das Halb- bzw. Teileinkünfteverfahren findet auch Anwendung, wenn eine 100%-ige Kapitalbeteiligung veräußert/aufgegeben wird (HHR/*Geissler* § 16 Rn. 26).

82 Ist in dem Veräußerungsgewinn nach § 16 ein nach dem Halb- bzw. Teileinkünfteverfahren zu ermittelnder Veräußerungsgewinn enthalten, ist nach hM der **Freibetrag aus § 16 Abs. 4 vorrangig** von dem steuerpflichtigen Teil des dem Halb- bzw. Teileinkünfteverfahren unterliegenden Veräußerungsgewinns **abzuziehen** (BFH 14.7.2010 – X R 61/08, BStBl. II 2010, 1011; HHR/*Kobor* § 16 Rn. 515; Schmidt/*Wacker* § 16 Rn. 587; *Prinz/Hick* FR 2006, 168). § 34 Abs. 2 Nr. 1 steht dem nicht entgegen. Mit dieser Vorschrift soll lediglich sichergestellt werden, dass nur solche Gewinne der ermäßigten Besteuerung unterliegen, die in vollem Umfang zu besteuern sind. Die vorrangige Verrechnung des Freibetrags mit nicht tarifbegünstigten Veräußerungsgewinnen bewirkt auch keine zusätzliche Steuerbegünstigung. Vielmehr wird dem Steuerpflichtigen lediglich die ihm gesetzlich zustehende Tarifermäßigung für seine in vollem Umfang der Besteuerung unterliegenden Veräußerungsgewinne gewährt. Demgegenüber würde eine anteilige Verrechnung des Freibetrags mit tarifbegünstigten und mit nicht tarifbegünstigten Einkünften dazu führen, dass der Steuerpflichtige allein deshalb die Tarifermäßigung des § 34 nicht in vollem Umfang in Anspruch nehmen könnte, weil er auch einen nicht tarifbegünstigten Veräußerungsgewinn erzielt (BFH 14.7.2010 – X R 61/08, BStBl. II 2010, 1011).

83 Die **Anwendung der Tarifermäßigung nach § 34 Abs. 1 und Abs. 3** auf den steuerpflichtigen Teil des dem Halb- bzw. Teileinkünfteverfahren unterliegenden Veräußerungs-/Aufgabegewinns ist **ausgeschlossen** (§ 34 Abs. 2 Nr. 1).

84–86 *Einstweilen frei*

87 **b) Verhältnis zu § 7g Abs. 3.** Wird anlässlich der Betriebsveräußerung eine **Ansparrücklage nach § 7g Abs. 3 aufgelöst,** zählt der Gewinn aus der Auflösung zum begünstigten Veräußerungsgewinn. Nach § 7g idF des UntStReformG 2008 sind die Veranlagungen derjenigen Wirtschaftsjahre, in denen Abzugsbeträge oder Sonderabschreibungen in Anspruch genommen worden sind, rückwirkend zu korrigieren, wenn im Zeitpunkt der Betriebsveräußerung bzw. -aufgabe noch ein Abzugsbetrag für eine noch nicht realisierte Investition vorhanden ist. Im Abzugsjahr entsteht ein laufender Gewinn.

88–90 *Einstweilen frei*

91 **c) Verhältnis zu § 10d. § 10d ist auf Verluste nach § 16 anwendbar.** Somit sind nicht ausgeglichene Verluste nach § 10d Abs. 1 bis zu den dort geregelten Höchstbeträgen rücktragsfähig und nach § 10d Abs. 2 in dem dort geregelten Umfang (Mindestbesteuerung) vortragsfähig.

92–94 *Einstweilen frei*

3. Verhältnis zum GewStG

95 Die **Gewerbesteuer als Objektsteuer** knüpft nach ständiger Rechtsprechung an das Ergebnis der Ertragskraft des werbenden Betriebs an (BFH 17.2.1994 – VIII R 13/94, BStBl. II 1994,

809, BFH 15.6.2004 – VIII R 7/01, BStBl. II 2004, 754). Wegen ihres Objektsteuercharakters erfasst die Gewerbesteuer deshalb grundsätzlich nur den „laufenden Gewinn" (BFH 28.2.1990 – I R 92/86, BStBl. II 1990, 699 (770); BFH 14.4.2011 – IV R 52/09, BStBl. II 2011, 929), nicht aber das Ergebnis aus der Aufdeckung stiller Reserven anlässlich der endgültigen Einstellung der gewerblichen Tätigkeit. Nicht der Gewerbesteuer unterliegen daher

- Gewinne aus der Veräußerung/Aufgabe eines ganzen Gewerbebetriebs oder Teilbetriebs (§ 16 Abs. 1 S. 1 Nr. 1 S. 1),
- Gewinne aus der Veräußerung/Aufgabe eines gesamten Mitunternehmeranteils (§ 16 Abs. 1 S. 1 Nr. 2) oder Anteils des persönlich haftendes Gesellschafters einer KGaA (§ 16 Abs. 1 S. 1 Nr. 3)
- Gewinne aus sonstigen betriebsbeenden Vorgängen: Auch wenn eine Veräußerung/Aufgabe vorliegt, die nicht nach § 16, § 34 begünstigt ist, sind die hieraus resultierenden Gewinne gewerbesteuerfrei, wenn die Veräußerung zur endgültigen Einstellung der gewerblichen Tätigkeit führt (BFH 26.6.2007 – IV R 49/04, BStBl. II 2009, 289). Gleiches gilt für Gewinne aus der Einbringung eines Betriebs in eine Personengesellschaft nach § 24 UmwStG einschließlich eines Gewinns, der aus der Überführung nicht zu den wesentlichen Betriebsgrundlagen gehörender Wirtschaftsgüter in das Privatvermögen entsteht (BFH 29.10.1987 – IV R 93/85, BStBl. II 1988, 374), und für den Spitzenausgleich bei der Realteilung des Betriebsvermögens einer Personengesellschaft (vgl. BFH 17.2.1994 – VIII R 13/94, BStBl. II 1994, 809 (810)).

Die vorgenannten Gewinne müssen daher bei der Ermittlung des Gewerbeertrags aus dem Gewinn aus Gewerbebetrieb, wie er für Zwecke der Einkommen- oder Körperschaftsteuer ermittelt ist (vgl. § 7 S. 1 GewStG), ausgeschieden werden; entsprechendes gilt für Verluste.

Abweichend von den vorgenannten Grundsätzen hat der Gesetzgeber mit Wirkung ab 96 dem 1.1.2002 für Mitunternehmerschaften in § 7 S. 2 GewStG geregelt, dass Veräußerungs-/ Aufgabegewinne, die nicht auf natürliche Personen als Mitunternehmer entfallen, **in den Gewerbeertrag einzubeziehen sind** (vgl. zur Verfassungskonformität: BVerfG 10.4.2018 – 1 BvR 1236/11, BStBl. II 2018, 303). Der Gewerbesteuer unterliegen daher

- Gewinne/Verluste aus der Veräußerung/Aufgabe des ganzen Gewerbebetriebs/Teilbetriebs einer Mitunternehmerschaft, soweit diese Gewinne auf eine Kapitalgesellschaft oder Personengesellschaft als Mitunternehmer entfallen (§ 7 S. 2 Nr. 1 GewStG),
- Gewinne/Verluste aus der Veräußerung/Aufgabe des gesamten Mitunternehmeranteils oder Anteils des persönlich haftendes Gesellschafters einer KGaA, soweit die Veräußerung/ Aufgabe durch eine Kapitalgesellschaft oder Personengesellschaft erfolgt (§ 7 S. 2 Nr. 2 und Nr. 3 GewStG),
- Gewinne/Verluste aus der Veräußerung/Aufgabe eines Teils eines Mitunternehmeranteils oder eines Teils eines Anteils des persönlich haftenden Gesellschafters einer KGaA, da es sich um laufende Gewinne handelt. Ab dem EZ 2002 folgt dies auch aus § 16 Abs. 1 S. 2 (vgl. Blümich/*Drüen* GewStG § 7 Rn. 111).

Von der Einbeziehung in den Gewerbeertrag **nicht ausgenommen** sind auch Gewinne/ 97 Verluste aus der Veräußerung sämtlicher Anteile an einer Kapitalgesesellschaft (§ 16 Abs. 1 S. 1 Nr. 1 2. Hs.), sofern die Veräußerung nicht im Zusammenhang mit einer Betriebsaufgabe oder -veräußerung erfolgt (vgl. BFH 14.1.2002 – VIII B 95/01, BFH/NV 2002, 811; aA Lenski/Steinberg/*Rose* GewStG § 7 Rn. 330 f.).

Bei einer **Kapitalgesellschaft und anderen Körperschaften iSd § 1 Abs. 1 KStG** unter- 98 liegen die Veräußerungs- und Auflösungsgewinne uneingeschränkt der Gewerbesteuer. Die Gewerbesteuerpflicht knüpft hier allein an die Rechtsform an; die Tätigkeit solcher Gesellschaften gilt stets und in vollem Umfang als Gewerbebetrieb (§ 2 Abs. 2 S. 1 GewStG). Deshalb gehören alle Gewinne von Kapitalgesellschaften, auch Gewinne aus der Veräußerung und der Aufgabe eines Betriebs, eines Teilbetriebs oder einer betrieblichen Beteiligung, zum Gewerbeertrag. Das Anknüpfen an die Rechtsform begründet nach der Rechtsprechung keine ungerechtfertigte Ungleichbehandlung (vgl. BFH 5.9.2001 – I R 27/01, BStBl. II 2002, 155).

Der Gewerbesteuer unterliegen ferner Gewinne/Verluste aus der Veräußerung/Aufgabe eines ganzen 98.1 Gewerbebetriebs, Teilbetriebs oder Mitunternehmeranteils einer Personengesellschaft oder einer natürlichen Person, sofern dies innerhalb eines Zeitraums von fünf Jahren nach dem Vermögensübergang von einer Kapitalgesellschaft auf eine Personengesellschaft oder natürliche Person erfolgt (§ 18 Abs. 3 Sätze

1 und 2 UmwStG). Die Regelung des § 18 Abs. 3 UmwStG dient der Vermeidung von Missbrauchsgestaltungen. Danach wird – in Abweichung von den allgemeinen gewerbesteuerlichen Grundsätzen – ein Aufgabe-/Veräußerungsgewinn der übernehmenden Personengesellschaft bzw. natürlichen Person der Gewerbesteuer unterworfen. Damit soll verhindert werden, dass ein grundsätzlich auf Ebene der Kapitalgesellschaft gewerbesteuerpflichtiger Veräußerungs- oder Auflösungsgewinn durch vorherige Umwandlung in eine Personengesellschaft – wo ein Veräußerungs-/Aufgabegewinn grundsätzlich nicht erfasst wird – der Besteuerung entzogen wird (BeckOK UmwStG/*Weggenmann* UmwStG § 18 Rn. 39).

99–103 *Einstweilen frei*

4. Verhältnis zum KStG

104 Obwohl § 16 grundsätzlich auch auf der Körperschaftsteuer unterliegende Steuersubjekte anwendbar ist, enthält § 11 KStG eine Vorschrift für die Besteuerung der **Gewinne aus der Liquidation** der nach § 1 Abs. 1 Nr. 1–3 KStG unbeschränkt Steuerpflichtigen, welche gegenüber § 16 vorrangig ist. Ebenso wird § 16 durch die Entstrickungsvorschrift des § 12 KStG verdrängt.

105–109 *Einstweilen frei*

5. Verhältnis zum UmwStG

110 Die §§ 20 bis 24 UmwStG regeln insbesondere die **Einbringung betrieblicher Sachgesamtheiten in eine Kapitalgesellschaft und in eine Personengesellschaft** gegen Gewährung von Gesellschaftsrechten. Tatbestandlich sind diese Einbringungsvorgänge als Veräußerungen iSd § 16 Abs. 1 anzusehen (BFH 1.3.2018 – IV R 38/15, BStBl. II 2018, 587). Die §§ 20 bis 24 UmwStG sind als leges speciales jedoch vorrangig gegenüber § 16 anzuwenden (zu Einzelheiten: HHR/*Geissler* § 16 Rn. 100 ff.).

111–115 *Einstweilen frei*

B. Veräußerungstatbestände des § 16 Abs. 1

I. Allgemeines

116 § 16 Abs. 1 enthält **keine Legaldefinition des Begriffs der Veräußerung.** Auch sonst im EStG ist der Veräußerungsbegriff nicht näher gesetzlich definiert. Unter Rückgriff auf zivilrechtliche Grundsätze setzt eine Veräußerung jedoch voraus, dass der zu veräußernde Gegenstand – hier der Betrieb, Teilbetrieb etc – auf einen anderen Rechtsträger übergeht (→ Rn. 128). Diese Auslegung wird durch den Sinn und Zweck des § 16 bestätigt. Eine Besteuerung nach § 16 ist nämlich erst geboten, wenn die in den Wirtschaftsgütern verkörperten stillen Reserven nicht mehr vom Veräußerer fortgeführt werden können. Das ist im Falle eines Rechtsträgerwechsels der Fall. Weil dem Veräußernden der veräußerte Gegenstand nicht mehr zugerechnet werden kann, sind die durch die Veräußerung aufgedeckten stillen Reserven bei ihm der Besteuerung zu unterwerfen.

117–119 *Einstweilen frei*

II. Veräußerungsbegriff des § 16 Abs. 1

120 Eine **„Veräußerung"** im Sinne des § 16 Abs. 1 liegt bei einer entgeltlichen Übertragung des zivilrechtlichen oder zumindest des wirtschaftlichen Eigentums auf ein anderes (Steuer-)Rechtssubjekt vor (BFH 22.9.1992 – VIII R 7/90, BStBl. II 1993, 228; 16.10.1984 – VIII R 299/81, BeckRS 1984, 04970). Inhaltlich besteht eine weitgehende Übereinstimmung zu § 17 Abs. 1 S. 1. Abweichungen ergeben sich insbesondere im Bereich der sog. Einheits- und Trennungstheorie (→ Rn. 137) sowie bei verdeckten Sacheinlagen, die keine Veräußerung iSd § 16 Abs. 1 darstellen, aber ggf. eine Betriebsaufgabe iSv § 16 Abs. 3 begründen können.

121–123 *Einstweilen frei*

teilen ist (so die von der Finanzverwaltung favorisierte strenge Trennungstheorie, BMF 8.12.2011, BStBl. I 2012, 1279) oder ob der Buchwert vollständig dem entgeltlichen Teil des Geschäfts zuzuweisen ist (so insbesondere: BFH 19.9.2012 – IV R 11/12, BFHE 239,76; vgl. auch BFH 19.3.2014 – X R 28/12, BStBl. II 2014, 629 mwN aus Rechtsprechung und Literatur zu den hierzu vertretenen Auffassungen).

Einstweilen frei **141–145**

b) Veräußerungspreis/Gegenleistung. Während der Wert des Betriebsvermögens des zu veräußernden Betriebs sich einfach aus dem buchhalterischen Eigenkapital ermitteln lässt, kann die **Ermittlung und Bewertung der Gegenleistung problematisch sein.** Die gesetzlichen Tatbestandsmerkmale „Veräußerung" in § 16 Abs. 1 S. 1 und „Veräußerungspreis" in § 16 Abs. 2 S. 1 erfassen in Abgrenzung zur Betriebsaufgabe des § 16 Abs. 3 S. 1 nur entgeltliche Vorgänge. Entgelt kann in diesem Zusammenhang jede Zuwendung in Geld oder Geldeswert sein, die der Erwerber dem Veräußerer oder an dessen Stelle einem Dritten für den Erwerb der Sachgesamtheit zuwendet (Kirchhof/*Seer* § 16 Rn. 60). Gerade die Zuwendung von Geld oder Sachwerten an einen Dritten führt im Zusammenhang mit dem Erwerb betrieblicher Sachgesamtheiten zu einer Vielzahl an Einzelfragen. Dies betrifft zum einen Fälle des Erwerbs von Todes wegen und der daran ggf. anschließenden Erbauseinandersetzung (→ Rn. 154 ff.) sowie Gestaltungen zur Regelung einer vorweggenommenen Erbfolge (→ Rn. 306 ff.). **146**

Einstweilen frei **147–149**

c) Entgeltlichkeit bei Veräußerung gegen wiederkehrende Bezüge. Die **Abgrenzung von Veräußerung und unentgeltlicher Übertragung** bedarf im Zusammenhang mit wiederkehrenden Bezügen besonderer Aufmerksamkeit. Überträgt ein Steuerpflichtiger eine Sachgesamtheit im Sinne des § 16 Abs. 1 S. 1 gegen wiederkehrende Bezüge, kann ein unentgeltliches Geschäft vorliegen, wenn bei der Übertragung die Versorgung des Übertragenden im Vordergrund steht (sog. private Versorgungsleistungen). Ein solches Geschäft wird bei einer Übertragung unter Angehörigen widerleglich vermutet (BFH 5.7.1990 – GrS 4-6/89, BStBl. II 1990, 847). Demgegenüber begründet die Übertragung unter fremden Dritten gegen Gewährung wiederkehrender Bezüge regelmäßig eine Veräußerung (sog. betriebliche Versorgungsleistung, insgesamt → Rn. 336 ff.). **150**

Einstweilen frei **151–153**

d) Entgeltlichkeit im Zusammenhang mit Erwerben von Todes wegen. aa) Der Erbfall als Ausgangspunkt. Der Erbfall führt zivilrechtlich gem. § 1922 BGB zur **Gesamtrechtsnachfolge** des Erben in die Rechtsstellung des Erblassers. Dies gilt gem. § 1967 Abs. 1 BGB auch für Nachlassverbindlichkeiten. Zu diesen zählen gem. § 1967 Abs. 2 BGB insbesondere Schulden, die der Erblasser hinterlässt. Das Steuerrecht behandelt lediglich die Rechtsfolgen, die durch den Eintritt einer Gesamtrechtsnachfolge entstehen (vgl. § 45 Abs. 1 AO; BFH 17.12.2007 – GrS 2/04, BStBl. 2008, 608). Damit ist auch die Frage, wer Erbe geworden ist, ausschließlich zivilrechtlich zu bestimmen. Bei Streitigkeiten um die Erbenstellung hat die Rechtsprechung jedoch denjenigen, der vergleichsweise auf die weitere Geltendmachung der Erbenstellung verzichtet, steuerlich dem Erben gleichgestellt (BFH 16.5.2013 – IV R 15/10, BStBl. II 2013, 858; BFH 13.2.1997 – IV R 15/96, BStBl. II 1997, 535). **154**

Bei **Anordnung einer Vor- und Nacherbschaft** handelt es sich um zwei Rechtsnachfolgen im vorbezeichneten Sinne, die steuerlich jeweils separat zu beurteilen sind. Weitere Besonderheiten sind steuerlich nicht zu beachten. § 2139 BGB bestimmt, dass mit dem Eintritt des Falles der Nacherbfolge der Vorerbe aufhört, Erbe zu sein. Die Erbschaft fällt dann dem Nacherben an. Der Nacherbe erwirbt zwar zivilrechtlich bereits mit dem Vorerbfall ein zivilrechtliches Anwartschaftsrecht, die Erbschaft selbst erlangt er aber erst durch den Eintritt des Nacherbfalls (Staudinger/*Avenarius* BGB § 2100 Rn. 69). **155**

Der **Erbe tritt steuerrechtlich in die Rechtsstellung des Erblassers ein** (BFH 17.12.2007 – GrS 2/04, BStBl. 2008, 608; BFH 24.1.1996 – X R 14/94, BStBl. II 1996, 287; zu Besonderheiten bei Vererbung einer Personengesellschaftsbeteiligung → Rn. 268 ff.). Es handelt sich um einen unentgeltlichen Vorgang, nicht um eine Veräußerung gem. § 16 Abs. 1. Gem. § 6 Abs. 3 geht der Betrieb unentgeltlich auf den Erben über, sodass die Buchwerte des Erblassers vom Erben zwingend fortzuführen sind. Da dem Erben ab dem Erbfall das geerbte Betriebsvermögen steuerlich zuzurechnen ist, kann dieser nun durch **156** eigenes Verhalten einen Betriebsveräußerungs- oder Betriebsaufgabegewinn realisieren (BFH 15.4.2010 – IV R 58/07, BFH/NV 2010, 1785; BFH 17.10.1998 – IV R 97/89, BStBl. II 1992, 392). Durch den Erbfall kommt es nicht ohne Weiteres zu einer Betriebsaufgabe. Dies gilt auch, wenn dem Erben (insbesondere bei selbständigen Tätigkeiten iSd § 18) die erforderliche Qualifikation zur Fortführung des Betriebs fehlt (BFH 3.4.2014 – X R 16/10, BFH/NV 2014, 1038; BFH 26.7.2006 – X R 10/05, DStRE 2007, 269).

157 Die **zivilrechtliche Gesamtrechtsnachfolge** erstreckt sich jedoch nicht auf die Möglichkeit, einen Verlustvortrag des Erblassers beim Erben gem. § 10d abzuziehen. Dies hat der Große Senat des BFH in Abkehr von der früheren Rechtsprechung für alle Erbfälle entschieden, die nach der Veröffentlichung seines Beschlusses vom 17.12.2007 eintreten (BFH 17.12.2007 – GrS 2/04, BStBl. 2008, 608; erstmals am 12.3.2008 auf der Homepage des BFH veröffentlicht). Die Finanzverwaltung hat die erstmalige Anwendung dieser geänderten Rechtsprechung bis zum Ablauf des 18.8.2008 aufgeschoben (BMF 24.7.2008, BStBl. I 2008, 809). Der BFH hat die Änderung seiner früheren Rechtsprechung mit dem Prinzip der Individualbesteuerung begründet. Danach soll nur derjenige ein Recht zum Verlustabzug gem. § 10d haben, der diese Verluste auch in eigener Person erlitten hat. Allerdings gewährt die Finanzverwaltung dem Erben die Möglichkeit, sog. „quellenbezogene" Verluste des Erblassers zu nutzen (vgl. OFD Frankfurt 1.3.2017, BeckVerw 340337). Dabei handelt es sich insbesondere um Verluste gem. § 15a. Diese Verluste konnte der Erblasser seinerseits nicht mit seinen übrigen Einkünften ausgleichen, sondern nur mit zukünftigen Einkünften aus der defizitären Einkunftsquelle verrechnen.

158 Es ist auch **nicht möglich, gewerbesteuerliche Verlustvorträge gem. § 10a GewStG zu vererben.** Das Recht zum gewerbesteuerlichen Verlustausgleich setzt nach der Rechtsprechung Unternehmer- und Unternehmensidentität voraus (BFH 3.5.1993 – GrS 3/92, BStBl. II 1993, 616). An der Unternehmeridentität fehlt es im Erbfall (BFH 7.12.1993 – VIII R 160/86, BStBl. II 1994, 331).

159–163 *Einstweilen frei*

164 **bb) Ausschlagung und Abfindung.** Die **Ausschlagung einer Erbschaft** führt dazu, dass der Erbfall zugunsten eines Ausschlagenden als nicht erfolgt gilt, § 1953 Abs. 1 BGB. Gem. § 1953 Abs. 2 BGB gilt die Erbschaft rückwirkend als bei demjenigen angefallen, dem sie ohne Existenz des Ausschlagenden zugefallen wäre. Das Steuerrecht folgt in diesem Punkt grundsätzlich den zivilrechtlichen Wertungen und behandelt die Ausschlagung als rückwirkendes Ereignis iSd § 175 AO. Der endgültige Erbe gilt daher steuerrechtlich mit dem Tag des Erbfalls als (Mit-)Unternehmer, der Ausschlagende verliert seine Eigenschaft als vorläufiger (Mit-)Unternehmer rückwirkend (Blümich/*Schallmoser* § 16 Rn. 25).

165 Eine **Ausnahme von diesem Grundsatz** ist bei der **Ausschlagung gegen Abfindung** geboten (so auch Blümich/*Schallmoser* § 16 Rn. 25; *Groh* DB 1992, 1312). Wirtschaftlich betrachtet liegt dann eine Übertragung des Ausschlagenden an den endgültigen Erben vor. Übersteigt die vom Erben an den Ausschlagenden gezahlte Abfindung das buchhalterische Eigenkapital der übertragenen Sachgesamtheit, liegt aufgrund der geltenden Einheitstheorie ein entgeltliches Geschäft vor. Umfasst die ausgeschlagene Erbmasse neben einer Sachgesamtheit iSd § 16 Abs. 1 noch andere Vermögensgegenstände, muss die gezahlte Abfindung zur Ermittlung der Entgeltlichkeit auf die Sachgesamtheit iSd § 16 Abs. 1 und die übrigen Vermögensgegenstände aufgeteilt werden. Im Fall der Entgeltlichkeit erzielt der Ausschlagende einen Gewinn gem. § 16 Abs. 1, dem endgültigen Erben entstehen abschreibungsfähige, auf die Wirtschaftsgüter der Sachgesamtheit zu verteilende Anschaffungskosten (BMF 14.3.2006, BStBl. I 2006, 253 Rn. 37; Blümich/*Schallmoser* § 16 Rn. 25; für den Fall der Ausschlagung einer aus Privatvermögen bestehenden Erbschaft gegen Abfindung hat der BFH eine Veräußerung bereits ausdrücklich bejaht, vgl. BFH 4.6.1996 – IX R 59/94, BStBl. II 1998, 431). Schlägt der Erbe die Erbschaft hingegen aus, damit der nach ihm berufene Erbe ihm oder einem Dritten Versorgungsleistungen zuwendet, kann ein unentgeltliches Geschäft vorliegen (BFH 17.4.1996 – X R 160/94, BStBl. II 1997, 32; zur Unentgeltlichkeit von Versorgungsleistungen bei Übertragung von betrieblichen Sachgesamtheiten → Rn. 336 ff.).

166–168 *Einstweilen frei*

169 **cc) Pflichtteil, Vermächtnisse, Auflagen und andere Belastungen.** Weder die vom Erblasser übernommenen Schulden noch die den Erben „als solchen" treffenden Verbindlichkeiten, insbesondere Pflichtteile, Vermächtnisse und Auflagen stellen für sich genommen die **Unentgeltlichkeit des Erbfalls** in Frage. Die Übernahme oder das Entstehen dieser Verbindlichkeiten dienen nicht der Erlangung des Erbes, sondern sind dessen Folge (BFH 26.2.1976 – I R 150/74, BStBl. II 1976, 378; BFH 26.3.1981 – IV R 130/77, BStBl. II 1981, 614). Diese Verbindlichkeiten betreffen die private Vermögenssphäre des Erben. Dieser hat daher auch keine Möglichkeit, nach Tilgung dieser Verbindlichkeiten zusätzliche Anschaffungskosten zu aktivieren. Nimmt er zur Tilgung einer Nachlassverbindlichkeit ein Darlehen auf, sind die Schuldzinsen steuerlich nicht abzugsfähig. Dies gilt auch, soweit sie wirtschaftlich durch geerbtes Betriebsvermögen veranlasst sind (BFH 2.3.1993 – VIII R 47/90, BStBl. II 1994, 619; anders noch BFH 2.4.1987 – IV R 92/85, BStBl. II 1987, 621).

Die Rechtsprechung nimmt bei Entstehen oder Übergang von Nachlassverbindlichkeiten **170** selbst dann **keinen entgeltlichen Vorgang** an, wenn der Nachlass nur aus einer Sachgesamtheit iSd. § 16 Abs. 1 besteht (BFH 17.4.1985 – I R 101/81, BStBl. II 1985, 510; BFH 2.3.1993 – VIII R 47/90, BStBl. II 1994, 619). Die Gegenauffassung (*Kemmer/Wasmer* FR 1987, 433; *Paus* FR 1991, 586; *Paus* BB 1994, 1759; *Schirmer* FR 1991, 484) übersieht, dass auch hier Nachlassverbindlichkeiten keine Gegenleistung, sondern Verpflichtungen aus dem Erbfall selbst darstellen.

§ 2303 BGB gewährt dem Pflichtteilsberechtigten, der nicht Erbe geworden ist, einen in **171** Geld zu erfüllenden **Anspruch auf Wertersatz.** Die Erfüllung dieser privat veranlassten Verbindlichkeit kann nach umstrittener, aber zutreffender Auffassung ausnahmsweise einen einkommensteuerbaren Vorgang begründen. Dies ist der Fall, wenn der Erbe mit dem Pflichtteilsberechtigten vereinbart, dass statt der geschuldeten Geldleistung andere Gegenstände gem. § 364 Abs. 1 BGB an Erfüllungs statt übertragen werden sollen (BFH 16.12.2004 – III R 38/00, BStBl. II 2005, 554).

Teile der Literatur und Rechtsprechung nehmen an, dass bei der Leistung an Erfüllungs statt zunächst **171.1** eine Entnahme des Erben aus dem Betriebsvermögen vorliegt. Anschließend erfolgt die Übertragung an den Pflichtteilsberechtigten zur Erfüllung der privaten Pflichtteilsverbindlichkeit (BFH 23.7.1980 – I R 43/77, BStBl. II 1981, 19; FG Düsseldorf 8.11.2002 – 1 K 5974/99 E, DStRE 2003, 278 rkr.; *Tiedke/Langheim* FR 2007, 368; Kirchhof/*Seer* § 16 Rn. 81).

Allerdings kann ein solcher Vorgang steuerlich eine Veräußerung im Wege eines Tauschs begründen. **171.2** Der Erbe erlangt die Befreiung von einer privat veranlassten Verbindlichkeit und verpflichtet sich im Gegenzug zu einer Sachleistung. Ob sich dieser Vorgang einkommensteuerrechtlich auf der privaten oder der einkommensteuerbaren Vermögensebene abspielt, richtet sich nach allgemeinen einkommensteuerrechtlichen Grundsätzen. Verpflichtet sich der Erbe beispielsweise dazu, Teile seines Betriebs (ohne Teilbetriebseigenschaft) zur Abfindung eines Pflichtteilsanspruchs an Erfüllungs statt zu übertragen, liegt in der Durchführung dieses Geschäfts eine nicht gem. § 16 Abs. 1 Nr. 1 begünstigte Veräußerung. Diese kann zu einem laufenden Gewinn führen (BFH 16.12.2004 – III R 38/00, BStBl. II 2005, 554; *HHR*/Geissler § 16 Rn. 81; Blümich/*Schallmoser* § 16 Rn. 75; zur Berechnung dieses Gewinns → Rn. 140). Ein hierbei erzielter Gewinn kann unter den Voraussetzungen des § 6b steuerlich neutralisiert werden. Sofern der Erbe zur Erfüllung des Pflichtteilsanspruchs an Erfüllungs statt eine Sachgesamtheit iSd. § 16 Abs. 1 überträgt, kommt eine Entgeltlichkeit des Vorgangs in Betracht, wenn der Wert des Pflichtteilsanspruchs höher liegt als das steuerbilanzielle Eigenkapital der übertragenen Sachgesamtheit. Sollte der Erblasser hingegen andere, zum Privatvermögen gehörende Gegenstände übertragen, kann sich eine Einkommensteuerpflicht dieses Vorgangs etwa aus den §§ 20 Abs. 2, 22 Abs. 1 Nr. 2 iVm § 23 ergeben.

Es besteht die Möglichkeit, dass der **Erbe durch Vermächtnisse beschwert** ist, §§ 1939, **172** 2147 BGB. Durch das Vermächtnis erhält der Vermächtnisnehmer gem. § 2174 BGB einen schuldrechtlichen Anspruch gegen den Erben als Eigentümer der Erbmasse, ihm den vermachten Gegenstand zu übertragen. Gegenstand des Vermächtnisses kann ein beliebiger Vermögensvorteil sein (vgl. Palandt/*Edenhofer* BGB Einführung § 2100 BGB Rn. 2).

Das Steuerrecht folgt seit einer Entscheidung des Großen Senates dieser **zivilrechtlichen** **173** **Behandlung des Vermächtnisses,** dh, dass der Vermächtnisnehmer den vermachten Gegenstand steuerlich vom Erben und nicht vom Erblasser erhält. Ein direkter Erwerb des Vermächtnisnehmers vom Erblasser aufgrund einer wirtschaftlichen Betrachtung scheidet aus (BFH 5.7.1990 – GrS 2/89, BStBl. II 1990, 837; dies gilt auch im Sonderfall des Vorausvermächtnisses, dh einem Vermächtnis, das ein Miterbe vorab, ohne Anrechnung auf seinen Erbteil im Übrigen erhält, vgl. BMF 14.3.2006, BStBl. I 2006, 253 Rn. 64). Die Rechtsprechung legt auch die Vollziehung formungültiger Vermächtnisse der Besteuerung zugrunde, wenn die Vollziehung erfolgt, um den Willen des Erblassers zu vollziehen und abgesehen vom Formmangel eine Verfügung von Todes wegen durch den Erblasser vorliegt (BFH 15.3.2000 – II R 15/98, BStBl. II 2000, 588).

174 Des Weiteren bedarf es einer **Unterscheidung zwischen Sach- und Geldvermächtnissen.** Die steuerrechtliche Behandlung eines Geldvermächtnisses unterscheidet sich nicht von der des ebenfalls auf Geldzahlung gerichteten Pflichtteilsanspruchs. Grundsätzlich ist die Erfüllung des Geldvermächtnisses daher steuerlich ohne Auswirkung (→ Rn. 171 auch zur Ausnahme bei Leistung an Erfüllungs statt). Gleiches gilt bei einem Wahlvermächtnis gem. § 2154 BGB auf Geld- oder Sachleistung. Dieser Fall ist insbesondere nicht mit der Leistung an Erfüllungs statt vergleichbar, da durch den Erbfall ein einseitiges Leistungsbestimmungsrecht des Vermächtnisnehmers entsteht und kein Tauschvorgang vorliegt (*Stein* ZEV 2011, 520).

175 Die **Behandlung eines Sachvermächtnisses** folgt den steuerlichen Regeln zur Übertragung des vermachten Gegenstands. Werden einzelne Wirtschaftsgüter eines Betriebsvermögens zur Erfüllung eines Sachvermächtnisses übertragen, erzielt zunächst der Erbe einen Entnahmegewinn (BFH 5.7.1990 – GrS 2/89, BStBl. II 1990, 837; für diesen Gewinn kommt eine ermäßigte Besteuerung gem. § 35b in Betracht, vgl. Blümich/*Schallmoser* § 35b Rn. 14). Die anschließende Übertragung auf den Vermächtnisnehmer erfolgt unentgeltlich. Die Entnahme des Erben und eine sich gegebenenfalls anschließende Einlage in ein eigenes Betriebsvermögen des Vermächtnisnehmers erfolgen gleichermaßen zum Teilwert, § 6 Abs. 1 Nr. 4, 5. Letztlich muss der Vermächtnisnehmer also den Entnahmewert als AfA-Bemessungsgrundlage fortführen. Weitere, eigene Anschaffungskosten kann er nicht aktivieren.

176 Werden **betriebliche Sachgesamtheiten iSd § 16 Abs. 1 vermacht,** greift bei Übertragung durch den Erben auf den Vermächtnisnehmer die Vorschrift des § 6 Abs. 3. Dem Erbfall folgt ein weiterer unentgeltlicher Erwerb durch die Erfüllung des Vermächtnisanspruchs. Der Vermächtnisnehmer muss in Bezug auf die erworbenen Wirtschaftsgüter ebenso wie der Erbe zuvor gem. § 6 Abs. 3 S. 3 die Buchwerte seines Rechtsvorgängers übernehmen. Gehört der vermachte Gegenstand zum Privatvermögen, hat der Vermächtnisnehmer gem. § 11d EStDV für Zwecke der AfA die Werte des Rechtsvorgängers fortführen. Gewerbliche Einkünfte aus der Erbmasse sind grundsätzlich dem Erben zuzurechnen, bis er die vermachte betriebliche Sachgesamtheit auf den Vermächtnisnehmer überträgt. Abweichend von diesem Grundsatz lässt die Rechtsprechung eine Zurechnung der Einkünfte beim Vermächtnisnehmer zu, wenn dieser schon vor Erfüllung des Vermächtnisses durch sein Verhalten den Tatbestand der gewerblichen Einkünfteerzielung erfüllt (BFH 24.9.1991 – VIII R 349/83, BStBl. II 1992, 330). Die Finanzverwaltung gewährt aus Billigkeitsgründen bei einer Auseinandersetzung einer Erbengemeinschaft innerhalb von 6 Monaten nach dem Erbfall weitergehend die Möglichkeit, gewerbliche Einkünfte rückwirkend dem Erben zuzuordnen, der die betriebliche Sachgesamtheit fortführt (BMF 14.3.2006, BStBl. I 2006, 253 Rn. 8). Bei einer Übertragung auf den Vermächtnisnehmer innerhalb von 6 Monaten sollte nichts Anderes gelten. Eine solche Betrachtung zugunsten des Vermächtnisnehmers steht in einem Spannungsverhältnis zu den Ausführungen des Großen Senates, da sie die zivilrechtlichen Übertragungswege unbeachtet lässt. Dafür sprechen aber neben Gründen der Gleichbehandlung auch die Erwägung, dass die Billigkeitslösung der Finanzverwaltung zugunsten der auseinandergesetzten Miterben den zivilrechtlichen Übertragungsweg ebenfalls ausnahmsweise nicht nachvollzieht.

177 Im Fall eines sog. **Vermächtnisnießbrauchs** erhält der Vermächtnisnehmer vom Erben das Recht, Nutzungen aus einem bestimmten Nachlassgegenstand zu ziehen (§§ 1030 ff., § 100 BGB). Er trägt daher auch die mit der Nutzung des Nachlassgegenstands verbundenen Lasten (vgl. insbesondere §§ 1041, 1047 BGB). Ihm sind die mit dem Nachlassgegenstand erzielten Einkünfte steuerlich zuzurechnen. Für die AfA-Berechtigung verlangt die Rechtsprechung über die Einkünfteerzielung hinaus jedoch, dass der Steuerpflichtige die Anschaffungs- oder Herstellungskosten selbst getragen hat (BFH 28.9.1993 – IX R 156/88, BStBl. II 1994, 319). Daran fehlt es beim Vermächtnießbraucher regelmäßig, sodass es zu einem Auseinanderfallen von Einkünfteerzielung und AfA-Berechtigung kommt. Der Vermächtnisnießbraucher hat lediglich das Nutzungsrecht an dem vermachten Gegenstand erhalten. Die Anschaffungs- bzw. Herstellungskosten hat regelmäßig der Erblasser getragen. Dessen AfA-Berechtigung geht auf dessen Rechtsnachfolger – die Erben – über, § 11d EStV. Diese Betrachtung gilt gleichermaßen für Vermächtnießbräuche im Bereich der Überschuss- und Gewinneinkünfte (vgl. BFH 28.9.1995 – IV R 7/94, BStBl. II 1996, 440 für Land- und Forstwirtschaft; BFH 2.3.1995 – IX R 69/93, BFH/NV 1996, 22 für Vermietung und Verpachtung; so auch BMF 30.9.2013, BStBl. I 2013, 1184).

Erlischt das Nießbrauchsrecht, können die Erben nunmehr im Rahmen der Einkünfteerzielung mit dem Nachlassgegenstand die AfA des Erblassers fortführen.

Ein **Vermächtnis kann auch auf wiederkehrende Leistungen gerichtet sein.** Im Gegensatz zum Nießbrauch ist die Leistungspflicht des Erben zugunsten des Vermächtnisnehmers nicht von der Gewährung eines Nutzungsrechts abhängig. Der Erbe ist hier gegebenenfalls aus der Substanz des geerbten Vermögens leistungspflichtig. Genau wie das auf eine einmalige Geldleistung gerichtete Vermächtnis begründet das Rentenvermächtnis eine Verbindlichkeit des Erben in der privaten Vermögenssphäre. Er kann diese Zahlungen steuerlich nicht als Betriebsausgaben abziehen. Eine Berücksichtigung als Sonderausgaben wird aufgrund der fehlenden Voraussetzungen des § 10 Abs. 1a Nr. 2 scheitern. Der Empfänger muss die erhaltenen Leistungen nicht versteuern (BFH 20.7.2010 – IX R 30/09, BFH/NV 2010, 2259; Blümich/*Schallmoser* § 16 Rn. 76; Kirchhof/*Seer* § 16 Rn. 82). Etwas anderes kann sich für Zuwendungen auf schuldrechtlicher Grundlage für vor dem 1.1.2008 begründete Vermächtnisansprüche aus § 10 Abs. 1 Nr. 1a EStG aF ergeben. Bis zu diesem Zeitpunkt konnten Rentenvermächtnisse ggf. als auf besonderen Verpflichtungsgründen beruhende, lebenslange und wiederkehrende Versorgungsleistungen im Sinne dieser Vorschrift behandelt werden. Diese Versorgungsleistungen durften nicht mit Einkünften in wirtschaftlichem Zusammenhang stehen, die bei der unbeschränkten Steuerpflicht außer Betracht blieben (zur Anwendung vgl. BMF 16.9.2004, BStBl. I 2004, 922). 178

Eine **steuerlich abweichende Behandlung eines Vermächtnisses** gegenüber den zuvor behandelten Fallgruppen besteht bei sog. Kaufrechtsvermächtnissen. In diesen Fällen vermacht der Erblasser dem Vermächtnisnehmer zivilrechtlich nicht den Gegenstand selbst, sondern nur das Recht, diesen zu einem bestimmten Preis zu erwerben. Dabei handelt es sich häufig um einen günstigen Preis zugunsten des Vermächtnisnehmers. Erwirbt dieser aufgrund des Kaufrechtsvermächtnisses einen Gegenstand des Privatvermögens, kommt daher je nach Wert der Gegenleistung ein teilentgeltliches oder vollentgeltliches Geschäft in Betracht („Trennungstheorie", vgl. BFH 29.6.2011 – IX R 63/10, BStBl. II 2011, 873; *Wacker* JbFfSt 2012/2013, 816). Ist eine Sachgesamtheit im Sinne des § 16 Abs. 1 Gegenstand des Kaufrechtsvermächtnisses, liegt ein entgeltliches Geschäft vor, wenn der gezahlte Kaufpreis das steuerbilanzielle Eigenkapital der erworbenen Sachgesamtheit übersteigt („Einheitstheorie", *Wacker* JbFfSt 2012/2013, 816 (820); → Rn. 137). Bei Einzelwirtschaftsgütern des Betriebsvermögens ist die Frage, wie ein teilentgeltlicher Erwerb zu behandeln ist, umstritten; das insoweit beim Großen Senat des BFH anhängige Verfahren BFH GrS 1/16 (vgl. hierzu den Vorlagebeschluss BFH 27.10.2015 – X R 28/12, DStR 2015, 2834) wurde ohne Entscheidung über die vorgelegte Rechtsfrage beendet, nachdem das Finanzamt dem Klägerbegehren im Revisionsverfahren abgeholfen hat (BFH 30.10.2018 – X R 28/12, BFH/NV 2019, 39; → Rn. 140). 179

Mit einer **Auflage** kann der Erblasser sowohl einen Erben als auch einen Vermächtnisnehmer zu einer Leistung zugunsten eines Dritten verpflichten, ohne dass der Dritte selbst einen Anspruch auf die Leistung hätte, § 1940 BGB, §§ 2192 ff. BGB. Auch die Erfüllung einer Auflage als Nachlassverbindlichkeit stellt einen unentgeltlichen Vorgang in der privaten Vermögenssphäre dar. Die steuerlichen Folgen entsprechen denen bei Erfüllung eines Vermächtnisses (→ Rn. 172 ff.; ebenso LBP/*Hörger/Rapp* § 16 Rn. 19a und Rn. 340 ff.). 180

Auch die Erbschaftssteuer ist eine Nachlassverbindlichkeit iSd § 1967 Abs. 2 BGB. Ihre Tilgung führt ebenfalls nicht zu steuerlich abzugsfähigen Aufwendungen. Dies gilt auch, soweit sie auf Betriebsvermögen entfallen sollte (→ Rn. 169). Unter den Voraussetzungen des § 35b besteht jedoch die Möglichkeit einer Steuerermäßigung. 181

Einstweilen frei **182–186**

dd) Weitere Rechtsfolgen bei Übergang auf eine Erbengemeinschaft. Die **Erbengemeinschaft** tritt ebenso wie der Alleinerbe im Wege der **Gesamtrechtsnachfolge** in die Rechtsstellung des Erblassers ein, § 1922 BGB. Das Steuerrecht regelt dann die entsprechenden steuerlichen Rechtsfolgen für die Erbengemeinschaft (BFH 17.12.2007 – GrS 2/04, BStBl. 2008, 608). Sie erwirbt genauso wie der Alleinerbe unentgeltlich und muss die Buchwerte des Erblassers gem. § 6 Abs. 3 fortführen (zu den weiteren Folgen → Rn. 156). Schulden des Erblassers gehen auf die Erbengemeinschaft über, ihr können durch den Erbfall auch andere Nachlassverbindlichkeiten entstehen (BFH 17.12.2007 – GrS 2/04, BStBl. 2008, 608; zu deren Behandlung → Rn. 169 ff.). Das Rechtsverhältnis der Erbengemeinschaft 187 untereinander regeln die §§ 2032 ff. BGB. Die Erbengemeinschaft ist eine Gesamthandsgemeinschaft. Bei Streitigkeiten um die Erbenstellung hat die Rechtsprechung steuerlich auch denjenigen als Erben angesehen, der zivilrechtlich durch Vergleich auf die weitere Verfolgung seines Erbrechts verzichtet hat (BFH 16.5.2013 – IV R 15/10, BStBl. II 2013, 858; BFH 13.2.1997 – IV R 15/96, BStBl. II 1997, 535). Alle hier skizzierten Rechtfolgen gelten für einen solchen Erbprätendenten entsprechend.

188 Die **Erbengemeinschaft ist in der Regel auf Auflösung gerichtet.** Die Erben können jedoch auch auf Dauer die Geschäfte des Erblassers in ungeteilter Erbengemeinschaft fortsetzen. Eine Personengesellschaft entsteht insoweit nicht (BFH 9.7.1987 – IV R 95/85, BStBl. II 1988, 245). Die Erbengemeinschaft selbst ist nicht einkommensteuerpflichtig. Verfahrensrechtlich werden Einkünfte jedoch gem. §§ 179 Abs. 2 S. 2, 180 Abs. 1 Nr. 2 Buchst. a AO auf Ebene der Erbengemeinschaft einheitlich und gesondert festgestellt (BFH 17.10.1991 – IV R 97/89, BStBl. II 1992, 392; vgl. auch Gosch AO/FGO/*Kunz* AO § 180 Rn. 26).

189 Die Erben treten in ihrer gesamthänderischen Verbundenheit auch in die Eigenschaft des Erblassers als Unternehmer eines Gewerbebetriebes ein (zu Besonderheiten bei Vererbung einer Personengesellschaftsbeteiligung → Rn. 268). Der Übergang eines Gewerbebetriebs auf eine Erbengemeinschaft führt zunächst zum Entstehen einer Mitunternehmerschaft, da sie eine der Personengesellschaft vergleichbare wirtschaftliche Einheit begründet. Die Zurechnung der Einkünfte bestimmt sich nach der Erbquote gem. § 2038 BGB (BFH 5.7.1990 – GrS 2/89, BStBl. II 1990, 837). Es gelten die steuerlichen Regeln zur Gewinnermittlung gem. § 15 Abs. 1 S. 1 Nr. 2 iVm §§ 4, 5. Die Mitunternehmerstellung der Erben beschränkt sich auf den geerbten Gewerbebetrieb oder Mitunternehmeranteil (BFH 23.10.1986 – IV R 214/87, BStBl. II 1984, 120). Die Regelung des § 15 Abs. 3 Nr. 1 (Abfärbetheorie) stellt auf Personengesellschaften ab und gilt daher nicht für die Erbengemeinschaft. Das bedeutet, dass nichtgewerbliche Einkünfte der Erbengemeinschaft nicht wegen geerbtem Betriebsvermögen durch Abfärbung zu gewerblichen Einkünften werden.

190 Problematisch ist die **Vererbung einer freiberuflichen Praxis auf eine Erbengemeinschaft,** in der nicht alle Erben über die erforderliche Qualifikation als Freiberufler verfügt. In diesen Fällen entsteht eine gewerblich tätige Mitunternehmerschaft, sobald nur einem beteiligten Erben die erforderliche Qualifikation fehlt (BFH 5.12.2006 – XI B 137/05, BFH/NV 2007, 452; BFH 14.12.1993 – VIII R 13/93, BStBl. II 1994, 922). Zu einer Betriebsaufgabe kommt es nur dann, wenn die Miterben die Geschäfte der Freiberuflerpraxis auch tatsächlich einstellen.

191 Aus dem **Entstehen einer gewerblichen Mitunternehmerschaft anstelle der Freiberuflerpraxis** resultieren Folgeprobleme durch eine Gewerbesteuerpflicht und eine ggf. entfallende Möglichkeit, die Umsatzsteuer nach vereinnahmten Entgelten abzuführen (§ 20 Abs. 1 Nr. 3 UStG). Einen Ausweg eröffnet die Finanzverwaltung im Billigkeitsweg. Soweit die Erben die Freiberuflerpraxis innerhalb von 6 Monaten auf einen entsprechend qualifizierten Erben übertragen, kommt eine rückwirkende Einkünftezurechnung in Betracht. Bei Beachtung einer Teilungsanordnung kann dieser Zeitraum im Einzelfall noch länger ausfallen (BMF 14.3.2006, BStBl. I 2006, 253 Rn. 8; → Rn. 197 ff.). Bei Freiberuflerpersonengesellschaften stellt sich dieses Problem im Regelfall nur bei der einfachen Nachfolgeklausel. Die Problematik dürfte sich bei qualifizierten Nachfolge- oder Eintrittsklauseln vermeiden lassen, indem nur entsprechend qualifizierte Erben die Möglichkeit zur Rechtsnachfolge erhalten (→ Rn. 287).

192–196 *Einstweilen frei*

197 **ee) Auseinandersetzung der Erbengemeinschaft.** Die **Auseinandersetzung der Erbengemeinschaft** ist nach der Rechtsprechung ein dem Erbfall nachfolgender und steuerlich hiervon getrennt zu beurteilender Vorgang (BFH 5.7.1990 – GrS 2/89, BStBl.II 90, 837). Dieser ist beendet, sobald das wirtschaftliche Eigentum an den Nachlassgegenständen auf die Erben übergeht. Die Finanzverwaltung lässt es im Billigkeitsweg zu, die laufenden Einkünfte der Erbengemeinschaft rückwirkend dem übernehmenden Erben zuzuordnen, wenn die Erben die Auseinandersetzung innerhalb von 6 Monaten nach dem Erbfall vollziehen (BMF 14.3.2006, BStBl. I 2006, 253 Rn. 8). Hierin liegt auch ein möglicher Ausweg für die Erbengemeinschaft in Rechtsnachfolge eines Freiberuflers, falls (nur) der übernehmende Erbe die notwendige Qualifikation des freien Berufs besitzt. Anderenfalls erzielt die Erbengemeinschaft gewerbliche Einkünfte (→ Rn. 190).

Eine noch weitergehende Möglichkeit, die Rechtsfolgen der Erbauseinandersetzung zurück zu beziehen, gewährt die Finanzverwaltung bei einer **Teilungsanordnung gem. § 2048 BGB.** Voraussetzung ist, dass die Erben sich bereits ab dem Erbfall an die Teilungsanordnung halten. In diesen Fällen können Einkünfte auch über einen Zeitraum von 6 Monaten hinaus rückwirkend auf den Erbfall den einzelnen Erben zugeordnet werden (BMF 14.3.2006, BStBl. I 2006, 253 Rn. 8). In diesen Fällen ist umstritten, ob ein Erbe auch die einzelnen vererbten Gegenstände ohne Durchgangserwerb direkt vom Erblasser erwerben kann (vgl. Kirchhof/Seer § 16 Rn. 85 unter Hinweis auf *Flume* DB 1990, 2390 und *Groh* DB 1991, 724). Die Annahme eines Durchgangserwerbs dürfte in Widerspruch zur Rechtsprechung des Großen Senats stehen, wonach auf die zivilrechtlichen Grundsätze abzustellen ist (BFH 5.7.1990 – GrS 2/89, BStBl. II 1989, 837). Soweit die Finanzverwaltung hier im Billigkeitswege eine abweichende Einkünftezurechnung eröffnet, kann dies nicht ohne Weiteres auf die Frage des Durchgangserwerbs erstreckt werden. Ein Durchgangserwerb kommt danach nur in Betracht, wenn auch für diesen entsprechende Billigkeitsgründe vorliegen. Denkbar wäre dies mit Blick auf die an sich bestehende Notwendigkeit, eine Feststellungserklärung abzugeben (eine einheitliche und gesonderte Feststellung ist nach BFH 21.4.2005 – III R 7/03, BFH/NV 2005, 1974 auch bei Rückbezug erforderlich → Rn. 211). Regelmäßig ist davon auszugehen, dass die übrigen Miterben zumindest für eine juristische Sekunde Mitunternehmer geworden sind (BMF 14.3.2006, BStBl. I 2006, 253 Rn. 8; BFH 21.4.2005 – III R 7/03, BFH/NV 2005, 1974; BFH 16.5.2013 – IV R 15/10, BStBl. II 2013, 858). 198

Die **steuerrechtlichen Folgen der Erbauseinandersetzung** ergeben sich in Abhängigkeit von der Erfüllung steuerrechtlicher Tatbestände, die mit der Auseinandersetzung einhergehen. Setzen sich die Erben entsprechend ihrer Erbquote auseinander, liegen unentgeltliche Übertragungsvorgänge vor. Dies gilt auch dann, wenn die Erben untereinander Abfindungszahlungen leisten, um wertmäßig eine Auseinandersetzung entsprechend der Erbquote zu erreichen. Es spielt dabei keine Rolle, ob die Erben eine solche Abfindung zivilrechtlich in Form eines „Kaufs“ oder durch eine Teilungsversteigerung vornehmen (Blümich/*Schallmoser* § 16 Rn. 20; BFH 29.4.1992 – XI R 3/85, BStBl. II 1992, 727). Entscheidend bleibt, ob die Miterben sich wertmäßig in Höhe der Erbquote auseinandersetzen. Übersteigt eine Abfindung hingegen den Wert des Erbanteils, kommen entgeltliche Veräußerungsvorgänge in Betracht. Umstritten ist in diesem Zusammenhang, ob die Übernahme von Verbindlichkeiten entgeltliche Veräußerungsvorgänge auslösen kann (→ Rn. 233). 199

Für die steuerliche Würdigung hat der **Große Senat des BFH** danach unterschieden, ob der Nachlass **ausschließlich aus Betriebsvermögen bzw. Privatvermögen** besteht oder ob ein sog. **Mischnachlass** bestehend aus Betriebs- und Privatvermögen vorliegt (BFH 5.7.1990 – GrS 2/89, BStBl. II 1990, 837). Im Regelfall erfolgt die Auseinandersetzung entsprechend einer Vereinbarung oder Teilungsanordnung. Soweit die Erben jedoch nicht eine Auseinandersetzungsvereinbarung schließen, sieht das Gesetz für die Erbengemeinschaft ein eigenes Auflösungsverfahren vor (zu den steuerlichen Folgen in diesen Fällen → Rn. 249). 200

Einstweilen frei 201–203

(1) Auseinandersetzung über aus Betriebsvermögen bestehende Nachlässe. Soweit die Erbengemeinschaft eine aus Betriebsvermögen bestehende Erbmasse erlangt, entsteht steuerrechtlich regelmäßig eine **gewerbliche** (oder ggf. land- und forstwirtschaftliche) **Mitunternehmerschaft** (zu den Problemen bei Vererbung einer Freiberuflerpraxis iSd § 18 Abs. 1 Nr. 1 → Rn. 190). Die Rechtsprechung hat die gewerblich tätige Erbengemeinschaft einer gewerblich tätigen Personengesellschaft iSd § 15 Abs. 1 Nr. 1 gleichgestellt. Dementsprechend hat sie sich auch bei Ausscheiden eines Erben oder der Übertragung eines Erbanteils gem. § 2033 Abs. 1 BGB an der steuerrechtlichen Behandlung entsprechender Vorgänge bei der Personengesellschaft orientiert (BFH 5.7.1990 – GrS 2/89, BStBl. II 1990, 837). 204

Scheidet ein Mitunternehmer gegen eine Abfindung aus der Erbengemeinschaft aus, kommt die Veräußerung eines Mitunternehmeranteils gem. § 16 Abs. 1 S. 1 Nr. 2 in Betracht. Dies setzt voraus, dass die Abfindung das auf den ausscheidenden Mitunternehmer entfallende Kapital übersteigt („Einheitstheorie“, → Rn. 137). Da die Erbengemeinschaft in Bezug auf das geerbte Betriebsvermögen eine gewerbliche Mitunternehmerschaft darstellt, 205 gelten zur Bestimmung des Eigenkapitals des Erben als Mitunternehmer die Vorschriften zur steuerlichen Gewinnermittlung (→ Rn. 189). Das Eigenkapital des ausscheidenden Miterben muss grundsätzlich auf den Zeitpunkt seines Ausscheidens fortentwickelt werden. Bei einer Auseinandersetzung binnen 6 Monaten nach dem Erbfall besteht nach der Finanzverwaltung die Möglichkeit, Einkünfte rückwirkend abweichend zuzurechnen. Es ist dementsprechend konsequent, in diesem Fall auch die Veräußerung auf den Zeitpunkt des Erbfalls zurück zu beziehen. In diesem Fall gilt der Erbe eine juristische Sekunde nach dem Erbfall als aus der Erbengemeinschaft ausgeschieden (Durchgangserwerb). Die Entgeltlichkeit des Ausscheidens hängt davon ab, ob die erhaltene Abfindung im Zeitpunkt des Erbfalls das auf den ausscheidenden Erben entfallende Eigenkapital übersteigt. Ist dies der Fall und liegt dem Ausscheiden gegen Abfindung damit ein entgeltlicher Vorgang zugrunde, entstehen den übrigen Miterben zu aktivierende Anschaffungskosten. Entfallen diese Anschaffungskosten auf abnutzungsfähige Wirtschaftsgüter, erhöht sich das AfA-Potential der Miterben.

206 Für die steuerrechtliche Behandlung der **einvernehmlich aufgelösten Erbengemeinschaft** kommt es darauf an, wie die Erben das gemeinschaftliche Vermögen der Erbmasse verteilen.

207 **(a) Auseinandersetzung über Betriebsvermögen ohne Wertausgleich.** Erhält jeder Miterbe Wirtschaftsgüter, die wertmäßig seiner Erbquote entsprechen, liegt ein **unentgeltlicher Vorgang** vor (BFH 5.7.1990 – GrS 2/89, BStBl. II 1990, 837). Dieser vollzieht den durch die Auseinandersetzungsvereinbarung entstandenen gesetzlichen Auseinandersetzungsanspruch (BMF 14.3.2006, BStBl. I 2006, 253 Rn. 10). Etwaige Wertsteigerungen im Betriebsvermögen zwischen Erbfall und Erbauseinandersetzung ändern hieran nichts (BMF 14.3.2006, BStBl. I 2006, 253 Rn. 32).

208 Steuerlich begründet das **Entstehen von Alleineigentum** an einzelnen Wirtschaftsgütern **anstelle des Gesamthandseigentums** an allen Wirtschaftsgütern keinen Tauschvorgang. Dies gilt ebenso für das Entfallen der Mitunternehmerstellung, die keine Gegenleistung für den Erwerb des Alleineigentums an einzelnen Wirtschaftsgütern darstellt (BFH 5.7.1990 – GrS 2/89, BStBl. II 1990, 837; BFH 19.1.1982 – VIII R 21/77, BStBl. II 1982, 456). Die Besteuerungsfolgen hängen zum einen davon ab, ob einzelne Wirtschaftsgüter oder qualifizierte Sachgesamtheiten übertragen werden, zum anderen davon, ob die übertragenen Gegenstände bei den Miterben Privat- oder Betriebsvermögen werden. Es kommen sowohl gewinnrealisierende als auch steuerneutrale Vorgänge in Betracht.

209 Die **Aufteilung des Betriebsvermögens unter den Erben ohne Betriebsfortführung** führt nach der Finanzverwaltung regelmäßig zu einer Betriebsaufgabe (BMF 14.3.2006, BStBl. I 2006, 253 Rn. 11). Die Finanzverwaltung will bereits zwingend von einer der gesamten Erbengemeinschaft zuzurechnenden Betriebsaufgabe ausgehen, wenn wesentliche Betriebsgrundlagen aus dem Nachlass ins Privatvermögen eines Erben übergehen (BMF 14.3.2006, BStBl. I 2006, 253 Rn. 13). Dies ist mit einer Gewinnrealisierung verbunden und soll zu einem begünstigten Aufgabegewinn führen. Die Freibetragsregelung des § 16 Abs. 4 ist danach ebenso anwendbar, wie der besondere Steuersatz gem. § 34 Abs. 1, 3. Die Finanzverwaltung übersieht, dass es sich um die Aufgabe von Mitunternehmeranteilen gem. § 16 Abs. 3 S. 1 letzter Hs. handelt. Die Erbengemeinschaft wird durch den Erbfall zur Mitunternehmerschaft (BFH 5.7.1990 – GrS 2/89, BStBl. II 1990, 837). Die Prüfung eines Aufgabetatbestands und der damit verbundenen Vergünstigungen muss daher bezogen auf den einzelnen Erben als Mitunternehmer erfolgen. Dies entspricht auch der gesetzlichen Wertung in § 16 Abs. 3 S. 8 (HHR/*Geissler* § 16 Rn. 84; Schmidt/*Wacker* § 16 Rn. 15; *Roehrig/Doege* DStR 2006, 969). Der Große Senat hat diese Frage seinerzeit offengelassen (BFH 5.7.1990 – GrS 2/89, BStBl. II 1990, 837).

210 Ausnahmsweise besteht die Möglichkeit, die **Erbengemeinschaft ohne Wertausgleich und ohne Gewinnrealisierung aufzulösen.** Dies ist der Fall, wenn die Erben durch Aufteilung des geerbten Betriebsvermögens eine Realteilung gem. § 16 Abs. 3 S. 2 durchführen. Die Erben sind dann an die Buchwerte der Erbengemeinschaft als Mitunternehmerschaft gebunden. Das setzt voraus, dass die übertragenen Gegenstände auch bei den Erben in einem Betriebsvermögen verbleiben. Ausreichend ist dabei, dass dieses Betriebsvermögen durch den Erben neu begründet wird (BMF 28.2.2006, BStBl. I 2006, 228 unter IV.1.). Durch die Fortführung der Buchwerte bei den Miterben kann es zu einer Verlagerung stiller Reser-

ven auf die Miterben kommen. Diese dürfen aufgrund der Buchwertverknüpfung keine Ergänzungsbilanzen bilden. Sie treten hinsichtlich der AfA vollständig in die Rechtsstellung der Erbengemeinschaft (als Mitunternehmerschaft) ein.

Die **Realteilung** (→ Rn. 1004) erlaubt insbesondere auch die Verteilung *einzelner Wirtschaftsgüter* ohne Gewinnrealisierung. Etwas anderes gilt bei der Realteilung gem. § 16 Abs. 3 S. 4 ausnahmsweise dann, falls eine Körperschaft zur Erbengemeinschaft gehörte. Allerdings sieht § 16 Abs. 3 S. 3 auch in allen übrigen Fällen für Grund und Boden, Gebäude oder andere wesentliche Betriebsgrundlagen eine rückwirkende Gewinnrealisierung vor, wenn diese Gegenstände innerhalb einer Sperrfrist von 3 Jahren nach Abgabe der Steuererklärung der Mitunternehmerschaft für den Veranlagungszeitraum der Realteilung aus dem Betriebsvermögen entnommen oder veräußert werden. Diese Regelung ist insbesondere dann problematisch, wenn die Erben eine Realteilung innerhalb von 6 Monaten nach dem Erbfall vornehmen. In diesem Fall lassen sich die Einkünfte den Erben ausnahmsweise rückwirkend ab dem Erbfall zuordnen. In diesem Fall findet nur ein Durchgangserwerb der Erbengemeinschaft als Mitunternehmerschaft statt. Eine Feststellungserklärung werden die Steuerpflichtigen in diesen Fällen für die Erbengemeinschaft als Mitunternehmerschaft oftmals nicht abgeben. Gleichwohl erscheint es aus Gründen der Rechtssicherheit nicht hinnehmbar, dass die Sperrfrist des § 16 Abs. 3 S. 3 nicht abläuft (zu verfassungsrechtlichen Bedenken an dieser Regelung vgl. Crezelius FR 2002, 805). In diesen Fällen dürfte aus Billigkeitsgründen die Erklärung der gewerblichen Einkünfte durch den übernehmenden Miterben genügen (anders wohl BFH 21.4.2005 – III R 7/03, BFH/NV 2005, 1974). Überdies sollte die Regelung des § 170 Abs. 2 S. 1 Nr. 1 AO in diesen Fällen analoge Anwendung finden. Die Sperrfrist beginnt danach spätestens drei Jahre nach Ablauf des Veranlagungszeitraums der Realteilung und endet nach weiteren drei Jahren. Ein echtes Bedürfnis für diese Sperrfrist ist ohnehin nicht ersichtlich, da die vom Erben übernommenen Wirtschaftsgüter Betriebsvermögen bleiben. Die Besteuerung verlagerter stiller Reserven ist daher ohnehin gesichert. **211**

Übernehmen die Erben einzelne Wirtschaftsgüter nicht in ein eigenes Betriebsvermögen, **212** kommt eine **buchwertneutrale Realteilung** iSd § 16 Abs. 3 S. 2 nicht in Betracht. In diesen Fällen liegt bezüglich des ins Privatvermögen übergehenden Gegenstands an sich eine Entnahme aus dem Betriebsvermögen der Erbengemeinschaft als Mitunternehmerschaft vor. Diese ist grundsätzlich der Erbengemeinschaft zuzurechnen und wäre bei den Erben dann entsprechend ihrer Erbquote steuerbar. Die Finanzverwaltung erlaubt allerdings die Zuordnung zu einem einzelnen Erben, wenn die Erben dies im Rahmen der Auseinandersetzung schriftlich vereinbaren (BMF 14.3.2006, BStBl. I 2006, 253 Rn. 13). Wird das übernommene Einzelwirtschaftsgut in ein Betriebs- oder Sonderbetriebsvermögen übertragen, kommt im Übrigen ein zwingend buchwertneutraler Vorgang gem. § 6 Abs. 5 in Betracht.

Einstweilen frei **213–215**

(b) Auseinandersetzung über Betriebsvermögen mit Wertausgleich. Es steht den **216** Erben auch frei, **das geerbte Betriebsvermögen abweichend von den Erbquoten zu verteilen.** Grundlage hierfür kann eine rechtsgeschäftliche Vereinbarung zwischen den Erben sein. Denkbar ist auch die Befolgung einer entsprechenden Teilungsanordnung. In einer solchen Konstellation hat der Erbe, der über seine Quote hinaus Wirtschaftsgüter erhält, regelmäßig einen Wertausgleich an die übrigen Erben zu leisten. Da die übrigen Erben mit diesem Wertausgleich eine Leistung erhalten, die das auf sie entfallende Eigenkapital des Betriebsvermögens übersteigt, liegt an sich ein entgeltlicher Vorgang vor. Der übernehmende Erbe hat zusätzliche, anteilig auf die übernommenen Wirtschaftsgüter entfallende Anschaffungskosten zu aktivieren (BFH 5.7.1990 – GrS 2/89, BStBl. II 1990, 837). Die Finanzverwaltung geht davon aus, dass die veräußernden Miterben einen nicht begünstigten Veräußerungsgewinn erzielen (BMF 14.3.2006, BStBl. I 2006, 253 Rn. 19). Dies ist zutreffend, wenn die Miterben neben einem Spitzenausgleich auch Wirtschaftsgüter des Nachlasses zugewiesen erhalten. Steuerlich kommt für die Miterben dann bezüglich übernommener Wirtschaftsgüter eine Buchwertfortführung unter den Voraussetzungen von § 16 Abs. 3 S. 2–4 oder § 6 Abs. 5 in Betracht. Anderenfalls liegen entsprechend § 16 Abs. 3 S. 8 Entnahmen des jeweiligen Miterben vor (→ Rn. 209). Soweit die Miterben jedoch ihre vollständigen Mitunternehmeranteile gem. § 16 Abs. 1 S. 1 Nr. 2 gegen Erhalt eines Spitzenausgleichs veräußern, ist ihr Gewinn aufgrund des eindeutigen Gesetzeswortlauts gem. § 16 Abs. 4 und § 34 Abs. 3 begünstigt.

217 Umstritten ist, ob die **Übernahme von Schulden über die Erbquote hinaus** ein (ggf. zusätzliches) **Entgelt** darstellt, das auf Seiten des übernehmenden Erben zusätzliche Anschaffungskosten und bei den Veräußerern einen entsprechenden Gewinn auslöst. Der BFH hat in einer Reihe von Urteilen die Auffassung vertreten, dass durch die Schuldübernahme ein zusätzliches Entgelt vorliegt (BFH 14.12.2004 – IX R 23/02, BStBl. II 2006, 296; BFH 19.12.2006 – IX R 44/04, BStBl. II 2008, 216; BFH 14.7.2009 – IX R 48/08, BFH/NV 2009; 1808; siehe auch FG Münster 27.9.2013 – 14 K 4210/10 F, EFG 2014, 39). Diese Entscheidungen betrafen Erbauseinandersetzungen im Privatvermögen (hierzu → Rn. 233233" → Rn. 233). Dennoch halten Teile der Literatur sie auch bei der Auseinandersetzung über aus Betriebsvermögen bestehende Nachlässe für anwendbar (Blümich/*Schallmoser* § 16 Rn. 44). Die Finanzverwaltung ist der Rechtsprechung des BFH nicht gefolgt. Sie geht mit Teilen der Literatur davon aus, dass die Übernahme von Schulden durch den Erben generell keine zusätzlichen Anschaffungskosten auslöst (BMF 14.3.2006, BStBl. I 2006, 253 Rn. 18; 30.3.2006, BStBl. I 2006, 306; Schmidt/*Wacker* § 16 Rn. 630; *Röhrig/Doege* DStR 2006, 306; *Zimmermann* DB 2006, 1392). Die Auffassung der Rechtsprechung ist jedoch vorzugswürdig. Es macht wirtschaftlich keinen Unterschied, ob der übernehmende Miterbe einen Spitzenausgleich durch Geldzahlung oder eine Sachleistung durch überquotale Schulddübernahme erbringt. Bei einem ausschließlich aus Betriebsvermögen bestehenden Nachlass ist jedoch eine differenzierte Betrachtung geboten, falls ein Miterbe gegen einen Spitzenausgleich vollständig aus der Erbengemeinschaft ausscheidet. Der übernehmende Erbe erwirbt dann einen Mitunternehmeranteil. Für die Frage der Entgeltlichkeit des Erwerbs gilt die Einheitstheorie (→ Rn. 137 ff.). Bei der Auseinandersetzung über Betriebsvermögen stellt eine Schuldübernahme aufgrund der Einheitstheorie nicht zwingend ein zusätzliches Entgelt dar. Die Höhe des Veräußerungsgewinns bzw. der zusätzlichen Anschaffungskosten bestimmt sich danach ausschließlich anhand der saldierten Werte von gezahltem Wertausgleich und dem auf den ausscheidenden Erben entfallenden Kapital. In diesem Saldo sind übernommene betriebliche Verbindlichkeiten bereits enthalten. Erst wenn der Erbe durch die Übernahme von Verbindlichkeiten für den überquotalen Erhalt von Wirtschaftsgütern aus der Erbmasse weitere Nachlassverbindlichkeiten übernimmt, kommt ein entgeltlicher Vorgang in Betracht. Dabei sind auch erst durch den Erbfall entstandene und bei der Auseinandersetzung übernommene Verbindlichkeiten zu berücksichtigen (vgl. *Kühnen* EFG 2014, 42).

218 Umstritten ist, wie bei der **Realteilung mit Spitzenausgleich** über Betriebsvermögen der Gewinn zu berechnen ist. Die Finanzverwaltung und die herrschende Literaturauffassung gehen davon aus, dass ein entgeltlicher Anschaffungs- und Veräußerungsvorgang im Verhältnis der Ausgleichszahlung zum Verkehrswert des übernommenen Betriebsvermögens vorliegt (BMF 14.3.2006, BStBl. I 2006, 253 Rn. 14–17; HHR/*Kulosa* § 16 Rn. 555; Schmidt/*Wacker* § 16 Rn. 619). Zur Begründung verweisen die Vertreter dieser Auffassung darauf, dass diese Behandlung dem Prinzip der Subjektbesteuerung am besten gerecht werde (Schmidt/*Wacker* § 16 Rn. 619 „Trennungstheorie"). Hiervon abweichend hat der BFH für Fälle der Auflösung von Personengesellschaften (nicht zur Erbauseinandersetzung) entschieden, dass der Empfänger der Ausgleichszahlung in voller Höhe einen Gewinn erzielt, während dem Ausgleichsverpflichteten in dieser Höhe Anschaffungskosten entstehen (BFH 5.7.1963 – VI 333/61 U, BStBl. III 1963 492; BFH 1.12.1992 – VIII R 57/90, BStBl. II 1994, 607; BFH 17.2.1994 – VIII R 12/93, BFH/NV 1995, 98). Der BFH geht davon aus, dass in Höhe des Spitzenausgleichs stille Reserven in den an den anderen Miterben übergehenden Wirtschaftsgütern realisiert werden. Dieser Gewinn ist nicht gem. §§ 16, 34 begünstigt, da keine begünstigten Mitunternehmeranteile übertragen werden. Dem Ansatz der Rechtsprechung zufolge wird vielmehr der auf Geld gerichtete Auseinandersetzungsanspruch durch eine Vereinbarung abgeändert. Während der eine Gesellschafter anstelle seines Auseinandersetzungsguthabens Wirtschaftsgüter übernimmt, erhält der andere Gesellschafter eine seinen eigentlichen Geldleistungsanspruch noch übersteigende Geldleistung. Die Auffassung des BFH ist im Ergebnis zutreffend. Bei der Zahlung eines Spitzenausgleichs für die Übernahme von Wirtschaftsgütern handelt es sich bei Ausscheiden des anderen Miterben in der Sache um den Erwerb eines Mitunternehmeranteils. Hierfür gilt letztlich kraft Gesetzes die Einheitstheorie (→ Rn. 137). Diese wird bei Zahlung eines Spitzenausgleichs lediglich insoweit eingeschränkt, als eine Gewinnrealisierung nur eintritt, soweit mit dem Spitzenaus-

Es ist ebenfalls zulässig, bei der Verteilung des Mischnachlasses **einzelne Wirtschaftsgüter des Betriebs- oder Privatvermögens den Erben abweichend zuzuordnen,** um eine Verteilung entsprechend der Erbquote zu ermöglichen. Auch eine solche Verteilung löst keinen entgeltlichen Vorgang aus. Allerdings begründet die abweichende Zuordnung von Wirtschaftsgütern des Betriebsvermögens zu einem im Übrigen Privatvermögen übernehmenden Miterben eine Entnahme gem. § 4 Abs. 1 S. 2, die den Gewinn der Erbengemeinschaft als gewerbliche Mitunternehmerschaft erhöht. Nach allgemeinen Regeln ist diese Entnahme den Erben in Höhe ihrer Erbquote zuzurechnen. 241

Handelt es sich bei den abweichend zugeordneten und ins Privatvermögen übernommenen Wirtschaftsgütern um **wesentliche Betriebsgrundlagen,** kann der das übrige Betriebsvermögen übernehmende Erbe es nicht gem. § 6 Abs. 3 erfolgsneutral übernehmen. Es kann zu einer Aufgabe der Mitunternehmeranteile gem. § 16 Abs. 3 S. 1 durch die Miterben kommen. Diese liegt aber nur vor, wenn alle wesentlichen Betriebsgrundlagen veräußert oder ins Privatvermögen überführt werden. Führt der Erbe das verbliebene Betriebsvermögen ohne die entnommene wesentliche Betriebsgrundlage fort, sollte für ihn im Übrigen § 6 Abs. 5 gelten. Danach werden die nicht entnommenen Wirtschaftsgüter zum Buchwert in das Betriebsvermögen des Erben überführt. Verfügte der Erbe bereits vor dem Erbfall über ein eigenes Betriebsvermögen und übernimmt nunmehr die verbliebenen Wirtschaftsgüter greift § 6 Abs. 5 ein. Sollte der Erbe die verbliebenen Wirtschaftsgüter allerdings im Rahmen einer betrieblichen Betätigung fortführen und erst dadurch ein eigenes Betriebsvermögen begründen, sollte nichts anderes gelten. Eine Notwendigkeit, die stillen Reserven auch in den verbliebenen und weiterhin betrieblich verstrickten Wirtschaftsgütern aufzudecken, besteht nicht. Zur Aufgabe von Mitunternehmeranteilen kommt es jedenfalls dann, wenn der zum Nachlass gehörende Betrieb durch Verteilung der einzelnen Wirtschaftsgüter eingestellt wird. Bei Übernahme der Wirtschafsgüter in eigene Betriebsvermögen der Erben kommt jedoch eine steuerneutrale Realteilung in Betracht (→ Rn. 210). 242

Abfindungszahlungen eines Erben an die übrigen Erben für den überquotalen Erhalt von Nachlassgegenständen führen regelmäßig zu entgeltlichen Vorgängen. Die geleistete Abfindung ist nach dem Verkehrswert auf erhaltene Gegenstände des Betriebs- und Privatvermögens aufzuteilen (BMF 14.3.2006, BStBl. I 2006, 253 Rn. 36). Die übrigen Rechtsfolgen ergeben sich dann nach den gleichen Grundsätzen wie bei Nachlässen aus Betriebs- oder Privatvermögen (→ Rn. 216 zu Betriebsvermögen, → Rn. 232 zu Privatvermögen). Umstritten ist auch hier, ob die überquotale Übernahme von Verbindlichkeiten zur Erlangung weiterer Gegenstände des Nachlasses einen entgeltlichen Vorgang darstellen kann (→ Rn. 217 bezüglich Betriebsvermögen; → Rn. 233 bezüglich Privatvermögen). Bei der Übertragung von Nachlassgegenständen gegen Übernahme von Verbindlichkeiten kann in Bezug auf die übernommene Verbindlichkeit der Veranlassungszusammenhang wechseln. Das bedeutet, dass eine zunächst privat veranlasste Verbindlichkeit zukünftig betrieblich veranlasst ist. Dies führt zukünftig zur Abzugsfähigkeit der Schuldzinsen als Betriebsausgaben. Voraussetzung ist, dass die Verbindlichkeit zur Erlangung des Betriebsvermögens übernommen wurde (BMF 14.3.2006, BStBl. I 2006, 253 Rn. 34). Umgekehrt ist denkbar, dass eine vormals betrieblich veranlasste Verbindlichkeit beim übernehmenden Erben Privatvermögen wird. Steht diese Verbindlichkeit im Privatvermögen im Zusammenhang mit steuerbarer Einkünfteerzielung, kommt ein Werbungskostenabzug in Betracht. Ein solcher Fall wäre etwa denkbar, wenn ein Erbe eine betriebliche Verbindlichkeit zur Erlangung von vermietetem Grundbesitz übernimmt. 243

Einstweilen frei **244–248**

(4) Auflösung der Erbengemeinschaft nach den gesetzlichen Vorgaben des BGB. **249**
Soweit die **Erbengemeinschaft sich nicht** durch Veräußerung von Erbanteilen gem. § 2033 Abs. 1 BGB oder Ausscheiden von Miterben aus der Erbengemeinschaft **auflöst,** sieht das Zivilrecht in § 2042 Abs. 2 BGB iVm 752 ff. BGB sowie den §§ 2046 ff. BGB einen **Regelungsmechanismus** vor. Danach sind zunächst die Nachlassverbindlichkeiten, also insbesondere die Schulden des Erblassers, Pflichtteilsansprüche, Vermächtnisse und Auflagen (§ 1967 Abs. 2 BGB) zu erfüllen. Die Rechtsfolgen aus der Erfüllung der Nachlassverbindlichkeiten folgen denselben Regeln wie bei Erfüllung durch einen Alleinerben (→ Rn. 171 (Pflichtteilsansprüche), → Rn. 172 (Vermächtnisse), → Rn. 180 (Auflagen)). Hat die

Erbengemeinschaft zur Erfüllung der Nachlassverbindlichkeiten ein Sachvermächtnis durch Übereignung von Betriebsvermögen zu erfüllen, tätigen die Erben zunächst eine Entnahme, die ihnen entsprechend der Erbquote steuerlich zuzurechnen ist (BFH 5.7.1990 – GrS 2/89, BStBl. II 1990, 837; detailliert → Rn. 175).

250 Zur Erfüllung von Nachlassverbindlichkeiten kann es notwendig sein, das **Betriebsvermögen ganz oder zumindest teilweise zu veräußern.** Dies kann dazu führen, dass die Miterben bei vollständiger Veräußerung des Betriebsvermögens einen Gewinn gem. § 16 Abs. 1 S. 1 Nr. 2 erzielen. Bei teilweiser Veräußerung des Betriebsvermögens kommt ein begünstigter Aufgabegewinn eines Mitunternehmeranteils gem. § 16 Abs. 3 S. 1 in Betracht, wenn der Gewerbebetrieb eingestellt wird. Dies setzt aber voraus, dass der betroffene Miterbe keine wesentlichen Betriebsgrundlagen iSd § 16 in ein eigenes Betriebsvermögen überführt (zu dem Begriff der wesentlichen Betriebsgrundlage → Rn. 397).

251–255 *Einstweilen frei*

256 **ff) Teilauseinandersetzung.** In seinem Beschluss vom 5.7.1990 ging der Große Senat des BFH seinerzeit auch auf die steuerliche Behandlung der **Teilauseinandersetzung** ein (vgl. BFH 5.7.1990 – GrS 2/89, BStBl. II 1990, 837). Seine Ausführungen beschränken sich allerdings auf die *gegenständliche* Teilauseinandersetzung, bei der die Erben in fortbestehender Erbengemeinschaft bereits einzelne Nachlassgegenstände unter sich aufteilen. Die steuerliche Behandlung dieser Vorgehensweise folgt denselben Leitlinien, wie sie für die oben beschriebene vollständige Auseinandersetzung gelten. Denkbar ist insbesondere der Fall, dass ein Erbe aus einem Mischnachlass einen bestehenden Gewerbebetrieb zur Fortführung übernimmt. Erfolgt dieser Vorgang zulasten der Erbquote des Erben, liegt ein unentgeltlicher Vorgang vor. Der Erbe hat gem. § 6 Abs. 3 die Buchwerte fortzuführen (→ Rn. 238). Auch die Zuweisung einzelner Wirtschaftsgüter eines Betriebsvermögens bleibt unentgeltlich, kann jedoch zu einem Entnahmegewinn führen. Der BFH hat offengelassen, wem ein solcher Entnahmegewinn zuzurechnen ist. Nach allgemeinen Grundsätzen sind dies die Miterben in Höhe ihrer Erbquote als Mitunternehmer des geerbten Betriebsvermögens.

257 **Besonderheiten** können sich nach der neueren Rechtsprechung des BFH in Fällen der Teilauseinandersetzung über Betriebsvermögen ergeben. Der BFH hat nämlich in Fällen, in denen ein Personengesellschafter unter Übernahme eines Teilbetriebs ausscheidet, seine Rechtsprechung geändert. In Abkehr von seiner bisherigen Auffassung wendet der BFH nun gewinnneutral die Realteilungsgrundsätze an, auch wenn die Personengesellschaft im Übrigen fortbesteht (BFH 17.9.2015 – III R 49/13, BFHE 252, 17). Da die Erbengemeinschaft von der Rechtsprechung nach den gleichen Grundsätzen wie eine Personengesellschaft behandelt wird, kann bei einer Teilauseinandersetzung nichts anderes gelten, wenn der ausscheidende Erbe einen Teilbetrieb übernimmt. Konsequenterweise ist damit sogar die Übernahme einzelner Wirtschaftsgüter in eigenes Betriebsvermögen des ausscheidenden Erben steuerneutral möglich. Ein Entnahmegewinn der Erbengemeinschaft fällt dann nur noch bei Übernahme der Wirtschaftsgüter in das Privatvermögen des Erben an.

258 Anders verhält es sich, wenn der Erbe für die Übernahme einen **Spitzenausgleich** zu leisten hat. In diesen Fällen komm ein entgeltlicher Erwerbsvorgang in Betracht. Handelt es sich bei den übernommenen Wirtschaftsgütern um Mitunternehmeranteile der Erbengemeinschaft, ist für einen entgeltlichen Vorgang nach der Einheitstheorie Voraussetzung, dass der geleistete Spitzenausgleich den Buchwert des übernommenen Eigenkapitals übersteigt (→ Rn. 137).

259 Bei **einzelnen Gegenständen** dürfte regelmäßig von der Aufteilung in einen entgeltlichen und unentgeltlichen Teil des Vorgangs auszugehen sein (→ Rn. 140; bei Teilauseinandersetzung über Privatvermögen auch BFH 28.7.1999 – X R 66/95, BStBl. II 2000, 61).

260 Bei **späterer Aufteilung des Restnachlasses** kann der Fall eintreten, dass der Miterbe nunmehr einen Spitzenausgleich zurückerhält. In einem solchen Fall will die Rechtsprechung in Bezug auf den früheren Spitzenausgleich ein rückwirkendes Ereignis gem. § 175 Abs. 1 S. 1 Nr. 2 AO annehmen, wenn die Miterben bereits bei der ersten Teilauseinandersetzung eine weitere umgekehrte Abfindung angestrebt haben (BFH 5.7.1990 – GrS 2/89, BStBl. II 1990, 837). Hiervon geht die Finanzverwaltung nur aus, wenn die beiden Auseinandersetzungen innerhalb von fünf Jahren erfolgen, ein späterer Auseinandersetzungsvorgang soll unbeachtlich sein (BMF 14.3.2006, BStBl. I 2006, 253 Rn. 58). Die Fünfjahresfrist der

Finanzverwaltung ist vor dem Hintergrund einer einfach zu handhabenden Verwaltungspraxis zwar verständlich. Mit dem BFH dürfte es näher liegen, anhand objektiv nachprüfbarer Umstände des Einzelfalls zu prüfen, ob von vornherein ein weiterer, gegenläufiger Spitzenausgleich geplant war (ablehnend hinsichtlich der Fünfjahresfrist bei Vermögensübertragungen gegen Versorgungsleistungen BFH 17.6.1998 – X R 104/94, BStBl. II 2002, 646).

Das **Vorliegen eines rückwirkenden Ereignisses** führt dazu, dass die bei Leistung 261 des ersten Spitzenausgleichs realisierten Veräußerungstatbestände in Höhe der Rückzahlung rückwirkend entfallen. Ein damals erzielter Veräußerungserlös gem. § 16 Abs. 1 S. 1 Nr. 2 ist in Höhe der Rückzahlung zu verringern. Fraglich ist, ob dies auch für die Anschaffungskosten und die darauf beruhende Absetzung für Abnutzung auf Seiten des Erwerbers gelten kann. Zu beachten ist, dass rückwirkende Ereignisse nur punktuell wirken. Die rückwirkende Korrektur bezieht sich dementsprechend nur auf durch den ersten Spitzenausgleich bewirkte Veräußerungstatbestände. Zwischenzeitlich erzielte laufende Einkünfte sind hiervon nicht betroffen. Dies bezieht sich m.E. auch auf die Absetzung für Abnutzung beim Erwerber. Die AfA-Bemessungsgrundlage ändert sich nach den Grundsätzen ordnungsgemäßer Buchführung lediglich für die Zukunft (so auch FG Düsseldorf 17.4.2003 – 16 K 5643/02 F, EFG 2003, 1296; Schmidt/*Kulosa* § 7 Rn. 87; aA in Bezug auf eine Änderung der Anschaffungskosten Blümich/*Schallmoser* § 16 Rn. 68 unter Verweis auf BFH 6.2.1987 – III R 203/83, BStBl. II 1987, 423, die Entscheidung betrifft allerdings die nachträgliche Erhöhung von Anschaffungskosten).

Von der gegenständlichen ist die **personelle Teilauseinandersetzung** zu unterscheiden. 262 Hier scheiden einzelne Miterben aus der fortbestehenden Erbengemeinschaft aus. Dies vollzieht sich regelmäßig durch die Veräußerung des Erbteils an die Miterben. Die einzelnen Rechtsfolgen aus diesem Vorgang bestimmen sich danach, ob der Nachlass aus Betriebs- oder Privatvermögen besteht bzw. ob ein Mischnachlass vorliegt (→ Rn. 216 zu Betriebsvermögen, → Rn. 232 zu Privatvermögen, → Rn. 243 zu Mischnachlässen). Denkbar ist daneben auch eine personelle Teilauseinandersetzung durch eine Sachwertabfindung aus dem Nachlass. In diesen Fällen liegen unentgeltliche Vorgänge vor. Ein durch Sachwertabfindung zugewiesene betriebliche Sachgesamtheit unterfällt § 6 Abs. 3. Einzelwirtschaftsgüter aus einem Betriebsvermögen führen zum Anfall eines Entnahmegewinns, der den Miterben entsprechend ihrer Erbquote zuzurechnen ist. Der ausscheidende Erbe muss Anschaffungskosten für übernommenes Privatvermögen gem. § 11d EStDV fortführen.

Einstweilen frei **263–267**

gg) Besonderheiten bei Vererbung von Personengesellschaftsanteilen. Der **Tod** 268 **eines Personengesellschafters** führt grundsätzlich entweder zur Auflösung der Gesellschaft, § 727 BGB, oder bei Personenhandelsgesellschaften zu dessen Ausscheiden, 131 Abs. 3 Nr. 1 HGB. Lediglich bei Versterben eines Kommanditisten sieht § 177 HGB die Fortsetzung der Gesellschaft mit den Erben vor. Die Beteiligung des Gesellschafters fällt zivilrechtlich nicht in den Nachlass, wenn die Gesellschaft aufgelöst wird oder der Erblasser ausscheidet. Ein Erwerb auf Seiten der Erbengemeinschaft ist dann ausgeschlossen.

All diese gesetzlichen Regelvorgaben stehen unter dem **Vorbehalt abweichender Ver-** 269 **einbarungen.** Ob eine Personengesellschaftsbeteiligung in den Nachlass fällt, richtet sich also zunächst nach den gesellschaftsvertraglichen Abreden des Erblassers mit seinen Mitgesellschaftern. Diesen stehen gesellschaftsrechtlich verschiedene Wege zur Verfügung, die Beteiligung vererblich zu stellen. Denkbar ist zunächst die *einfache Nachfolgeklausel*, durch die die Personengesellschaft mit allen Erben fortgeführt wird. Die Miterben treten in ihrer gesamthänderischen Verbundenheit in die Personengesellschaft ein. Jeder von ihnen wird Mitgesellschafter. Anders verhält es sich bei der *qualifizierten Nachfolgeklausel.* Hier vereinbaren die Gesellschafter, dass nur eine bestimmte Person im Erbfall Mitgesellschafter werden kann. Dies erfolgt ausnahmsweise am Nachlass vorbei im Wege der Einzelrechtsnachfolge. Dabei ist es auch möglich, die Nachfolgeklausel an die Erlangung einer bestimmten beruflichen Qualifikation zu knüpfen. Dies empfiehlt sich insbesondere bei Freiberuflerpersonengesellschaften. Diese können hierdurch vermeiden, ihren Status als Mitunternehmerschaft iSd § 18 zu verlieren (zu den sonst drohenden Folgen → Rn. 191). Ferner kann vereinbart werden, dass ein bestimmter Erbe das Recht hat, der Personengesellschaft beizutreten (sog. *Eintrittsklausel*). In diesen Fällen wächst der Gesellschaftsanteil des Erblassers zunächst den verbliebenen Personengesellschaftern an. Bei Eintritt des Erben folgt die Übertragung auf diesen. Schließlich können die Gesellschafter auch vereinbaren, dass die Gesellschaft im Todesfall durch die übrigen Gesellschafter fortgesetzt wird (sog. *Fortsetzungsklausel*). Die steuerrechtliche Behandlung dieser Vorgänge knüpft an die zivilrechtliche Ausgangssituation an.

270–272 *Einstweilen frei*

273 **(1) Fehlende Vererblichkeit der Personengesellschaftsbeteiligung.** Fällt die Beteiligung des Erblassers mangels entsprechender Vereinbarung nicht in den Nachlass, wächst dessen Anteil am Vermögen der Gesellschaft gem. § 738 Abs. 1 S. 1 BGB den übrigen Gesellschaftern zu (sog. **Anwachsung).** Gleiches gilt in Fällen einer Fortsetzungsklausel unter den überlebenden Gesellschaftern. Handelt es sich um eine Gesellschaft mit nur zwei Gesellschaftern, führt die Anwachsung zum Entstehen eines Einzelbetriebs. Zivilrechtlich steht einem ausscheidenden Gesellschafter gem. § 738 Abs. 1 S. 2 BGB ein Anspruch auf Rückgabe der der Gesellschaft zur Nutzung überlassenen Gegenstände sowie auf Befreiung von gemeinschaftlichen Schulden und Zahlung einer Abfindung zu. Dieser Abfindungsanspruch besteht nach dem Gesetzeswortlaut in Höhe dessen, was der ausscheidende Gesellschafter bei der Auseinandersetzung beanspruchen könnte. Zur Bestimmung der Höhe dieses Anspruchs muss der wahre Wert der Beteiligung ermittelt werden, dazu bedarf es regelmäßig eines Sachverständigengutachtens. Die Höhe des Abfindungsanspruchs ist zivilrechtlich oftmals Gegenstand gesellschaftsrechtlicher Vereinbarungen, die zivilrechtlich sehr streitanfällig sein können.

274 Der **Abfindungsanspruch geht im Todesfall auf den Erben oder die Erbengemeinschaft über.** Steuerrechtlich entsteht noch in der Person des Erblassers ein Gewinn durch die Veräußerung eines Mitunternehmeranteils gem. § 16 Abs. 1 S. 1 Nr. 2 (vgl. BFH 15.4.1993 – IV R 66/92, BStBl. II 1994, 227; BFH 19.8.1999 – IV R 67/98, BStBl. II 2000, 179; BMF 14.3.2006, BStBl. I 2006, 253 Rn. 69). Die Höhe des Gewinns richtet sich nach dem Unterschiedsbetrag zwischen dem steuerlichen Buchwert der Beteiligung des Erblassers und der Höhe der erhaltenen Abfindung (BFH 15.4.1993 – IV R 66/92, BStBl. II 1994, 227). Der Gewinn des Erblassers ist gem. § 16 Abs. 4 und § 34 Abs. 1, 3 begünstigt. Eine begünstigte Besteuerung gem. § 35 scheidet dagegen aus. Voraussetzung hierfür wäre, dass die von der Erbschaftsteuer erfassten Gegenstände noch nicht zu steuerpflichtigen Einkünften geführt haben (BFH 15.4.1993 – IV R 66/92, BStBl. II 1994, 227). Maßgeblicher Zeitpunkt für diese Gewinnermittlung ist der Zeitpunkt des Erbfalls, nicht der Auszahlung der Abfindung. Auch Wertveränderungen des Gesellschaftsvermögens nach dem Erbfall bleiben bei der Ermittlung des Gewinns unberücksichtigt. Kommt es allerdings aufgrund zivilrechtlicher Streitigkeiten nach dem Erbfall zu einer abweichenden Bestimmung der Abfindung, wirkt sich dies unmittelbar auf die Besteuerung des Gewinns aus § 16 Abs. 1 S. 1 Nr. 2 aus. Es liegt ein rückwirkendes Ereignis gem. § 175 Abs. 1 S. 1 Nr. 2 AO vor, sodass eine bereits durchgeführte Besteuerung rückwirkend zu ändern ist (BFH 26.7.1984 – IV R 10/83, BStBl. II 1984, 786).

275 Auf Seiten der verbleibenden Gesellschaft entstehen in Höhe der gezahlten Abfindung **Anschaffungskosten auf die übernommenen Wirtschaftsgüter.** Die Abfindungsverpflichtung ist als gesellschaftsrechtliche Verbindlichkeit zu passivieren. Ein zur Tilgung aufgenommenes Darlehen ist ebenfalls betrieblich veranlasst. Schuldzinsen hierfür sind steuerlich abzugsfähig (Blümich/*Schallmoser* § 16 Rn. 82).

276 Erfüllt die Gesellschaft den Anspruch auf Rückgabe zur Nutzung überlassener Gegenstände, gewährt sie der Erbengemeinschaft Wirtschaftsgüter des Sonderbetriebsvermögens zurück. Die Erbengemeinschaft erzielt hierdurch einen **Entnahmegewinn** (BFH 29.10.1991 – VIII R 51/84, BStBl. II 1992, 512). Da die Erbengemeinschaft nicht in die Personengesellschaft eingetreten ist, liegt regelmäßig notwendiges Privatvermögen vor. Der Entnahmegewinn fällt unabhängig davon an, wie die Erbengemeinschaft die Wirtschaftsgüter verwendet oder wie sie sich hierüber auseinandersetzt. Legen die Erben einzelne Wirtschaftsgüter in eigenes Betriebsvermögen ein, ist § 6 Abs. 5 S. 2 nicht einschlägig. Es fehlt an der notwendigen Personenidentität. Dieses Ergebnis ist unbefriedigend, da bei weiterer betrieblicher Verwendung der Gegenstände des früheren Sonderbetriebsvermögens kein Bedürfnis für eine Realisierung stiller Reserven besteht. Teile der Literatur gehen deshalb von einer Fortführung zum Buchwert gem. § 6 Abs. 5 S. 2 aus (*Schoor* INF 1992, 265). Allerdings

deckt der Gesetzeswortlaut dieses Ergebnis nicht ab. Gestalterisch lässt sich die Entnahme des Sonderbetriebsvermögens im Erbfall durch eine Schenkung auf den Todesfall vermeiden (*Daragan/Zacher-Röder* DStR 1999, 89).

Ist die **Zahlung einer Abfindung an die Erbengemeinschaft ausgeschlossen,** ist 277
die Behandlung des wegfallenden Kapitalkontos bei der Mitunternehmerschaft umstritten. Richtigerweise ist danach zu prüfen, ob der Erblasser seine Beteiligung aus privaten Gründen ohne Entschädigung auf die Altgesellschafter überträgt. In diesem Fall erzielt er keinen Verlust, den die Erbengemeinschaft geltend machen könnte (BFH 20.8.1970 – IV R 236/67, BStBl. II 1971, 83). Allerdings lässt sich aufgrund der zahllosen Möglichkeiten zur Ausgestaltung gesellschaftsrechtlicher Beteiligungen und unterschiedlicher wirtschaftlicher Motivationen hierfür nicht davon ausgehen, dass ein entschädigungsloses Ausscheiden des Erblassers stets privat veranlasst ist (ebenso Blümich/*Schallmoser* § 16 Rn. 84; *Bolk* DStZ 1986, 547). Liegt eine betriebliche Veranlassung vor, kommt es zu einem Verlust des Erblassers und spiegelbildlich zu einem laufenden Gewinn bei der verbleibenden Personengesellschaft. Ähnliches muss bei betrieblicher Veranlassung auch gelten, wenn bei Ausscheiden des Erblassers dessen negatives Kapitalkonto ohne Ausgleichspflicht entfällt. Er erzielt dann einen Gewinn, der auf die Erbengemeinschaft übergeht. Dies gilt nach der Rechtsprechung auch dann, wenn es sich um das negative Kapitalkonto eines Kommanditisten handelt, für dessen Ausgleich der Erblasser gem. § 169 HGB nicht mehr herangezogen werden kann. Diese Folge tritt auch unabhängig davon ein, ob das negative Kapitalkonto verrechenbare oder nur gem. § 15a ausgleichsfähige Verluste des Erblassers begründet hat. Allerdings ist der Gewinn bei Ausscheiden auch durch solche verrechenbaren Verluste zu mindern (BFH 9.7.2015 – IV R 19/12, BStBl. II 2015, 954; BFH 3.9.2009 – IV R 17/07, BStBl. II BStBl. 2010, 631).

Einstweilen frei 278–280

(2) Fortführung mit allen Miterben. Treten alle Miterben aufgrund einer **einfachen** 281
Nachfolgeklausel in die Personengesellschaft ein, führt dies steuerlich zu einem unentgeltlichen Übergang des Mitunternehmeranteils auf die Erben im Rahmen der Erbfolge. Gleiches gilt, wenn den eintretenden Erben der Mitunternehmeranteil im Anschluss an den Erbfall aufgrund eines Vermächtnisses oder einer Teilungsanordnung übertragen wird. Sonderbetriebsvermögen des Erblassers wird Gesamthandsvermögen der Erbengemeinschaft (BFH 29.10.1991 – VIII R 51/84, BStBl. II 1992, 512; BFH 13.2.1997 – IV R 15/96, BStBl. II 1997, 535). Die Erbengemeinschaft und (anschließend) der Vermächtnisnehmer müssen gem. § 6 Abs. 3 die Buchwerte des Erblassers fortführen. Für die steuerliche Behandlung von mit dem Erbfall einhergehenden Belastungen, wie beispielsweise Vermächtnissen, bestehen keine Besonderheiten. Es handelt sich um privat veranlasste Verbindlichkeiten. Ein eventueller Refinanzierungsaufwand ist daher steuerlich nicht abzugsfähig (detailliert → Rn. 169 ff.).

War der **Erblasser persönlich haftender Gesellschafter einer OHG,** räumt § 139 282
HGB den Erben das Recht ein, ihren Verbleib in der Gesellschaft davon abhängig zu machen, dass sie ihre Beteiligung als Kommanditisten fortsetzen können. Steuerrechtlich ergeben sich hieraus keine Besonderheiten. Der gesellschaftsrechtliche Status der Erben mag sich verändern, aus einkommensteuerrechtlicher Sicht sind sie jedoch auch als Kommanditisten Mitunternehmer gem. § 15 Abs. 1 S. 1 Nr. 2.

Einigen sich die Erben dahingehend, dass nur einer von ihnen Gesellschafter 283
bleibt, kann eine im Gegenzug vereinbarte Abfindungszahlungen zu einem Veräußerungsgewinn gem. § 16 Abs. 1 S. 1 Nr. 2 führen. Die Erben sind mit dem Erbfall Mitunternehmer geworden (BFH 4.5.2000 – IV R 10/99, BStBl. II 2002, 850). Selbst wenn die als Miterben erzielten Einkünfte wegen einer Auseinandersetzung der Erben innerhalb von 6 Monaten oder der Befolgung einer Teilungsanordnung ausnahmsweise rückwirkend abweichend zugeordnet werden, waren die Miterben nach herrschender und zutreffender Auffassung zumindest für eine juristische Sekunde Mitunternehmer (→ Rn. 198). Der Gewinn der ausscheidenden Miterben ist nur dann gem. §§ 16 Abs. 4, 34 Abs. 1, 3 begünstigt, wenn die Miterben auch gegebenenfalls im gesamthänderisch gebundenen Sonderbetriebsvermögen befindliche wesentliche Betriebsgrundlagen auf den in der Gesellschaft verbleibenden Erben übertragen. Für den verbleibenden Erben entstehen durch die Abfindungsleistung Anschaffungskosten, die auf die anteilig übernommenen Wirtschaftsgüter entfallen (BMF 14.3.2006, BStBl. I

2006, 253 Rn. 71). Diese Rechtsfolgen treten auch ein, wenn die ausscheidenden Erben die Abfindung von den Altgesellschaftern erhalten (vgl. Blümich/*Schallmoser* § 16 Rn. 88).

284–286 *Einstweilen frei*

287 **(3) Fortführung mit einem Miterben.** Erhält ein einzelner Erbe den Mitunternehmeranteil aufgrund einer **qualifizierten Nachfolgeklausel** im Wege der Einzelrechtsnachfolge, liegt zunächst ein unentgeltlicher Vorgang gem. § 6 Abs. 3 vor. Die übrigen Miterben sind zu keiner Zeit Mitunternehmer in der Personengesellschaft des Erblassers geworden, da die Beteiligung zivilrechtlich nicht in den Nachlass gefallen ist (→ Rn. 269). Die übrigen Miterben können daher anders als beim Ausscheiden aller Erben aus der Personengesellschaft keinen gesellschaftsrechtlichen Abfindungsanspruch erlangen. Dennoch nehmen Teile der Literatur und Rechtsprechung an, dass die Zahlung einer Abfindung des in die Gesellschaft einrückenden Erben einen entgeltlichen Vorgang gem. § 16 Abs. 1 S. 1 Nr. 2 darstellen soll (FG Saarland 17.3.2004 – 1 K 24/00, EFG 2004, 1038 (rkr.); *Groh* DB 1991, 724 und DB 1992, 1312; *Groh* DStR 1994, 413, der einen Durchgangserwerb annimmt; ähnl. Gebel BB 1995, 173; *Siegmann* NJW 1995, 481; *Pohl* FR 1998, 793). Wirtschaftlich betrachtet mag diese Auffassung einleuchten, aufgrund der zivilrechtlichen Ausgangslage folgen der BFH und die überwiegende Literaturauffassung ihr jedoch zu Recht nicht (BFH 29.10.1991 – VIII R 51/84; BStBl. II 1992, 512; BFH 26.3.1981 – IV R 130/77, BStBl. II 1981, 614; BFH 10.11.1982 – II R 85-86/78, BStBl. II 1983, 329; BMF 14.3.2006, BStBl. I 2006, 253 Rn. 72, 73; Märkle/Franz BB 1991, Beilage 5, 14; Spiegelberger DStR 1992, 618; Hübner DStR 1995, 197). Die vom einrückenden Erben an die übrigen Erben gezahlte Abfindung stellt eine Verbindlichkeit dar, die ähnlich einem Vermächtnis oder anderen Nachlassverbindlichkeiten erbrechtlich und damit privat veranlasst ist. Die Zahlung der Abfindung führt daher beim einrückenden Erben nicht zu Anschaffungskosten und bei den übrigen Erben nicht zu einem Veräußerungsgewinn. Die Annahme eines Veräußerungsgewinns der Miterben ist insbesondere deswegen abzulehnen, weil sich ihnen die Beteiligung an der Personengesellschaft weder zivilrechtlich noch wirtschaftlich zurechnen lässt.

287.1 Denkbar ist auch, dass die Nachfolgeklausel so gestaltet ist, dass der Personengesellschaftsanteil auf mehr als einen Miterben einer Erbengemeinschaft übergeht, sodass diese entsprechend ihrer Erbquote in die Gesellschaft eintreten. Die übrigen Miterben treten nicht ein und haben dementsprechend einen Abfindungsanspruch. In diesem Fall kommt es zur „Spaltung" des Gesellschaftsanteils (Schmidt/*Wacker* § 16 Rn. 676). Für die eintretenden Miterben ergeben sich die oben beschriebenen Rechtsfolgen einer Nachfolgeklausel. Für die übrigen Miterben richten sich die steuerlichen Konsequenzen nach den Grundsätzen der Fortsetzungsklausel (→ Rn. 273 ff.)

288 Problematisch ist die Behandlung von **Sonderbetriebsvermögen des Erblassers.** Da das Zivilrecht kein Sonderbetriebsvermögen kennt, bezieht sich die Einzelrechtsnachfolge aufgrund der qualifizierten Nachfolgeklausel nur auf die zivilrechtliche Personengesellschaftsbeteiligung. Sonderbetriebsvermögen geht daher im Wege der Gesamtrechtsnachfolge in das Gesamthandsvermögen der Erbengemeinschaft über. Soweit das Sonderbetriebsvermögen auf die Nichtgesellschaftererben entfällt, liegt eine Entnahme des Sonderbetriebsvermögens in deren Privatvermögen vor (BMF 14.3.2006, BStBl. I 2006, 253 Rn. 73 ff.; Blümich/*Schallmoser* § 16 Rn. 90). Die der Personengesellschaft zur Nutzung überlassenen Gegenstände dienen insoweit nicht mehr dem Betrieb der Personengesellschaft. Diese „Zwangsentnahme" soll jedoch nicht der Gewerbesteuer unterliegen (BFH 15.3.2000 – VIII R 51/98, BStBl. II 2000, 316).

289 Zur Vermeidung dieser Rechtsfolge werden in der Literatur **unterschiedliche Gestaltungen** diskutiert (vgl. *Daragan/Zacher/Röder* DStR 1999, 89). Eine gewinnrealisierende Entnahme scheidet jedenfalls dann aus, wenn das Sonderbetriebsvermögen über ein Einzelunternehmen des Erblassers gehalten wurde (*Levedag* GmbHR 2010, 629; *Carle* KÖSDI 2009, 16416). In diesem Fall entsteht bezogen auf dieses Einzelunternehmen durch den Erbfall eine Mitunternehmerschaft (→ Rn. 189). Eine andere Auffassung geht davon aus, dass keine Entnahme vorliegt, wenn der Erblasser die Wirtschaftsgüter dem in die Gesellschaft einrückenden Erben durch ein Vorausvermächtnis zuwendet (*Daragan/Zacher/Röder* DStR 1999, 89). Dies ist jedoch nicht überzeugend, da auch das Vorausvermächtnis nicht zu einem Direkterwerb vom Erblasser führt. Das Sonderbetriebsvermögen ginge für eine juristische Sekunde auf die Erbengemeinschaft über, sodass es zu einem Entnahmegewinn kommt

(Blümich/*Schallmoser* § 16 Rn. 90; *Groh* DB 1992, 1312; *Fleischer* DStR 1999, 972). Etwas anderes könnte in den Fällen einer Teilungsanordnung gelten, wenn man entgegen der herrschenden Auffassung einen Durchgangserwerb vom Erblasser annimmt (→ Rn. 198). Auch dem Vorschlag, geerbtes Sonderbetriebsvermögen in eine Personengesellschaft einzubringen, ist nicht zu folgen. Neben dem hohen Aufwand und möglichen unerwünschten zivilrechtlichen Folgen (vgl. dazu *Menges/Stähle* BB 1994, 2122) begründet dieses Vorgehen auch nicht ohne Weiteres einen steuerneutralen Vorgang. Die nicht in die Gesellschaft eintretenden Miterben werden vor der Einbringung Eigentümer des Sonderbetriebsvermögens, was bereits zu einer Entnahme führt. Die anschließende „Einbringung" in eine Personengesellschaft dürfte regelmäßig nicht gem. § 6 Abs. 5 EStG oder § 24 UmwStG möglich sein. § 6 Abs. 5 S. 3 erfordert eine Überführung aus einem Betriebsvermögen, welches hier nicht mehr vorliegt. Für § 24 UmwStG dürfte es regelmäßig an einem Teilbetrieb fehlen (ablehnend gegenüber dieser Gestaltung auch Blümich/*Schallmoser* § 16 Rn. 91). Ein solches Einbringungsmodell kann steuerlich nur funktionieren, wenn der Erblasser das Sonderbetriebsvermögen noch selbst unter Lebenden überträgt.

Lösbar ist das Problem nach vorzugswürdiger Auffassung dadurch, eine **Alleinerbschaft anzuordnen und den Alleinerben mit Vermächtnissen zu beschweren** (*Märkle* FR 1997, 135; *Daragan/Zacher/Röder* DStR 1999, 89). Das Sonderbetriebsvermögen bleibt bei Übergang auf einen Alleinerben als solches erhalten. Eine weitere Möglichkeit besteht darin, ein Schenkungsversprechen auf den Todesfall gem. § 2301 BGB bezüglich des zivilrechtlichen Gesellschaftsanteils und des Sonderbetriebsvermögens abzugeben (so auch LBP/*Hörger/Rapp* § 16 Rn. 1076; *Märkle* FR 1997, 135; *Schulze zur Wiesche* StBp 1997, 281; aA wegen des Übergangs des Sonderbetriebsvermögens eine juristische Sekunde vor dem Erbfall: *Menges/Stähle* BB 1994, 2122; *Wacker/Franz* BB Beilage 1993 Nr. 8, 1). In diesem Fall gehen Gesellschaftsanteil und Sonderbetriebsvermögen am Nachlass vorbei auf den qualifizierten Erben über. Es handelt sich ertragsteuerlich um einen unentgeltlichen Vorgang gem. § 6 Abs. 3. Umsatzsteuerlich liegt eine nicht steuerbare Geschäftsveräußerung im Ganzen gem. § 1 Abs. 1a UStG vor. Gehört ein Grundstück zum Sonderbetriebsvermögen, ist die Schenkung auf den Todesfall gem. § 3 Nr. 2 GrEStG steuerfrei (vgl. Boruttau/*Meßbacher-Hönsch* GrEStG § 3 Rn. 183). 290

Einstweilen frei 291–295

(4) Eintrittsklausel. Die **Eintrittsklausel** verschafft dem begünstigten Erben das Recht, in die Personengesellschaft einzutreten. Die zivilrechtliche Beteiligung des Erblassers an der Personengesellschaft ist dementsprechend nicht in den Nachlass gefallen. Sein Anteil wächst den verbliebenen Mitgesellschaftern an. Erst wenn der berechtigte Erbe sein Eintrittsrecht ausübt, tritt er in die Rechtsstellung des Erblassers als Gesellschafter ein. Die steuerlichen Folgen hängen zunächst davon ab, ob der Erbe dieses Eintrittsrecht ausübt. Ist dies nicht der Fall, entsprechen die Rechtsfolgen denen der Fortsetzungsklausel. Wegen des Ausscheidens des Erblassers entsteht ein Abfindungsanspruch, der nach hM noch in der Person des Erblassers zu einem Gewinn gem. § 16 Abs. 1 S. 1 Nr. 2 führt (→ Rn. 274). Die Personengesellschaft hat eine Verbindlichkeit in Höhe des Abfindungsanspruchs zu passivieren. Es entstehen zusätzliche Anschaffungskosten für die angewachsenen Wirtschaftsgüter (→ Rn. 275). 296

Folgt der Erbe dem Erblasser „alsbald" in die Personengesellschaft, wendet die hM die gleichen Grundsätze an, wie sie bei der qualifizierten Nachfolgeklausel gelten (BFH 27.7.1993 – VIII R 72/90, BStBl. II 1994, 625; BMF 14.3.2006, BStBl. I 2006, 253 Rn. 70). Die Finanzverwaltung geht davon aus, dass der Eintritt hierzu innerhalb von 6 Monaten erfolgen muss (aA Schmidt/*Wacker* § 16 Rn. 677, der auch einen Eintritt nach über 6 Monaten für möglich hält). Entsprechend den Rechtsfolgen zur qualifizierten Nachfolgeklausel liegt ein unentgeltlicher Vorgang vor. Zahlungen des eintretenden an die übrigen Erben sind privat veranlasst (detailliert → Rn. 287 ff.). Der eingetretene Erbe wird so gestellt, als hätte er die Personengesellschaftsbeteiligung im Zeitpunkt des Erbfalls am Nachlass vorbei erworben. Im Ergebnis entspricht die steuerliche Handhabung der sog. „Treuhandlösung". Danach halten die verbliebenen Gesellschafter den Anteil des Erblassers treuhänderisch zugunsten des eintretenden Erben, bis dieser sein Eintrittsrecht ausübt. Abfindungsansprüche sind (auflösend bedingt) ausgeschlossen, es sei denn, der Erbe verzichtet auf den Eintritt. Abweichend hiervon ließe sich auch vertreten, dass die verbliebenen Gesellschafter zur Abfindung verpflichtet 297 sind und der Erbe im Eintrittsfall tauschweise auf die Abfindung verzichtet (sog. Abfindungslösung). Dann liegt ein entgeltlicher Vorgang vor, der nach den Grundsätzen der Fortsetzungsklausel zu behandeln ist, dh zu einem begünstigten Veräußerungsgewinn des Erblassers gem. §§ 16, 34 führt. Diese Folge tritt nach Auffassung der Finanzverwaltung ein, wenn der Erbe erst nach über 6 Monaten in die Gesellschaft eintritt.

298 Es überzeugt nicht, dass die **Finanzverwaltung** bei einem Eintritt innerhalb von 6 Monaten stets die **Treuhandlösung** anwenden will, während anschließend stets die Abfindungslösung greifen müsste. Es ist vielmehr eine Frage der zivilrechtlichen Gestaltung bzw. Vertragsauslegung, ob die verbliebenen Gesellschafter den Anteil des Erblassers treuhänderisch für den Eintrittsberechtigten halten. Ist dies der Fall, lässt sich der Gesellschaftsanteil ab dem Erbfall wirtschaftlich dem Erben zuordnen. Dessen Erwerb wirtschaftlichen Eigentums ist durch die Nichtausübung des Eintrittsrechts auflösend bedingt. Dies ist jedoch entsprechend § 5 BewG steuerlich unbeachtlich. Die Ausübung des Eintrittsrechts nach über 6 Monaten wird daher im Schrifttum zu Recht für unschädlich gehalten (vgl. Schmidt/*Wacker* § 16 Rn. 677).

299–301 *Einstweilen frei*

302 **(5) Auflösung der Personengesellschaft.** Durch den **Tod eines Gesellschafters** kann es aufgrund Gesetzes oder gesellschaftsvertraglicher Vereinbarung zur **Auflösung einer Personengesellschaft** kommen. Die zivilrechtliche Beendigung führt jedoch nicht dazu, dass die Gesellschaft auch steuerlich unmittelbar beendet wäre. Diese tritt vielmehr lediglich in die Liquidationsphase ein. Die Erben treten in ihrer gesamthänderischen Verbundenheit in die Abwicklungsgesellschaft ein. Sie sind Mitunternehmer (BFH 1.3.1994 – VIII R 35/92, BStBl. II 1995, 241; *Gschwendtner* DStZ 1995, 72; FG München 28.1.2004 – 9 K 5400/01, EFG 2004, 956 rkr.). Mit der Vollbeendigung der Gesellschaft nach Liquidation dürfte der Erbengemeinschaft regelmäßig ein begünstigter Betriebsaufgabe- oder Veräußerungsgewinn gem. §§ 16, 34 entstehen. Denkbar ist aber auch das Eingreifen von Realteilungsgrundsätzen, wenn die Erben im Rahmen der Liquidation Teilbetriebe oder einzelne Wirtschaftsgüter in eigenes Betriebsvermögen überführen. Auch die Überführung/Übertragung einzelner Wirtschaftsgüter zum Buchwert gem. § 6 Abs. 5 ist möglich (BMF 14.3.2006, BStBl. I 2006, 253 Rn. 69). Handelt es sich bei den gem. § 6 Abs. 5 überführten Wirtschaftsgütern jedoch um wesentliche Betriebsgrundlagen ist ein begünstigter Betriebsaufgabegewinn ausgeschlossen.

303–305 *Einstweilen frei*

306 **e) Entgeltlichkeit bei vorweggenommener Erbfolge.** Bei der **vorweggenommenen Erbfolge** handelt es sich im Grunde nicht um einen definierten, klar umrissenen **Rechtsbegriff.** In der Sache geht es um unterschiedliche Vermögensübertragungen unter Lebenden. Dabei kann es sich zivilrechtlich insbesondere um Schenkungen, gemischte Schenkungen (BGH 23.9.1981 – IV a ZR 185/80, BGHZ 82, 274), Schenkungen unter Auflagen (BGH 2.10.1981 – V ZR 134/80, NJW 1982, 818) oder ggf. Übergabeverträge nach den Höfeordnungen handeln (BGH 29.4.2016 – LwZB 2/15, ZEV 2016, 646). Kennzeichnend ist regelmäßig die Interessenlage der Beteiligten, das Vermögen des potentiellen Erblassers bereits zu Lebzeiten auf seine Angehörigen oder andere nahestehende Personen zu übertragen. Häufig wird gleichfalls die Versorgung des Übertragenden mit abgesichert. Hier spielen zivilrechtliche Nießbrauchsvorbehalte oder Dienstbarkeiten in der Praxis eine große Rolle. Auch die Übertragung gegen Erbringung wiederkehrender Leistungen ist eine häufig anzutreffende Gestaltung, um die Versorgung des Übertragenden sicherzustellen (zur steuerlichen Behandlung → Rn. 336).

307 Für die Frage, ob bei Übertragungen zur vorweggenommenen Erbfolge **entgeltliche oder unentgeltliche Vorgänge** vorliegen, ist es nicht entscheidend, wie die zugrundeliegenden zivilrechtlichen Beziehungen ausgestaltet sind. Es kommen grundsätzlich entgeltliche, teilentgeltliche oder unentgeltliche Übertragungen in Betracht. Entgeltlichkeit liegt vor, wenn sich Leistung und Gegenleistung in einem nach kaufmännischen Maßstäben ausgewogenen Verhältnis gegenüberstehen. Fehlt es an diesem Verhältnis, kann dennoch ein entgeltliches Geschäft vorliegen, wenn die Beteiligten hiervon subjektiv ausgegangen sind (BFH 29.1.1992 – X R 193/87, BStBl. II 1992, 465). Diese Voraussetzung muss der Steuerpflichtige jedoch substantiiert darlegen und in geeigneter Weise belegen. Der BFH hat die Entgeltlichkeit aber bereits dann bejaht, wenn eine nicht eindeutige Vertragslage und Unwägbarkeiten bei der Bestimmung eines Unternehmenswertes bereits objektiv die Findung „richtiger" Werte erschweren oder gar unmöglich machen (BFH 29.1.1992 – X R 193/87, BStBl. II 1992, 465). Wollen die Beteiligten unter Angehörigen eine entgeltliche Übertragung erreichen, dürfte dies regelmäßig möglich sein, wenn sie ein entsprechendes Wertgutachten einholen und den Wert der Gegenleistung hieran orientieren.

Einstweilen frei **308–310**

aa) Unentgeltliche Vorgänge. Bei **Übertragungen zur vorweggenommenen Erbfolge** fehlt es regelmäßig an den Interessengegensätzen, die bei Kaufverträgen unter fremden Dritten kennzeichnend sind. Es geht den Beteiligten gerade nicht darum, Vermögen zu einem angemessenen Entgelt zu übertragen, sondern um die Vermögensübertragung auf die zukünftigen Erben als solche unter gleichzeitiger Absicherung des potentiellen Erblassers. Aus diesem Grund besteht bei Vermögensübertragungen unter Familienangehörigen eine widerlegbare Vermutung dafür, dass (wenigstens teilweise) eine unentgeltliche Übertragung vorliegt (BFH 5.7.1990 – GrS 4-6/89, BStBl. II 1990, 847). Rechtfertigen lässt sich dieser Gedanke auch unter Rückgriff auf die zivilrechtlichen Regelungen zur Schenkung. § 528 BGB sieht einen Rückforderungsanspruch des Schenkers vor, wenn er wegen Verarmung nicht mehr in der Lage ist, seinen Lebensunterhalt zu bestreiten. Der Beschenkte kann die Rückforderung abwenden, indem er Unterhaltsleistungen erbringt. Tragen die Beteiligten dieser Rechtslage bereits bei der Übertragung durch eine Leistung an den Übertragenden Rechnung, kann man steuerlich eine unentgeltliche Übertragung vermuten (KSM/*Trossen* § 16 Rn. B 109). **311**

Diese Vermutung greift nicht ein, wenn der Übernehmer im Gegenzug **Ausgleichsleistungen an seine Geschwister** erbringt. Hier besteht eine Vermutung dafür, dass die Geschwister gleichgestellt werden sollen (BFH 5.7.1990 – GrS 4-6/89, BStBl. II 1990, 847). Dem liegt ein verallgemeinerungsfähiger Rechtsgedanke zugrunde, der dafür spricht, die letztgenannte Vermutung auch dann greifen zu lassen, wenn die Ausgleichsleistungen nicht an die Geschwister, sondern andere, dem Übertragenden nahestehende Personen fließen (so bei Zahlung an Dritte generell BMF 13.1.1993, BStBl. I 1993, 80 Rn. 7). **312**

Ein **unentgeltliches Geschäft** liegt in jedem Fall vor, wenn der Übertragende sich Nutzungsrechte an dem übertragenen Vermögen vorbehält. Ein solcher Vorbehalt mindert den Wert des übertragenen Vermögens und stellt keine Gegenleistung durch die zukünftigen Erben dar (BFH 24.4.1991 – XI R 5/83, BStBl. II S. 793; BFH 28.7.1981 – VIII R 124/76, BStBl. II 1982, 378). Gleiches gilt, wenn der Übernehmer Teile des übernommenen Vermögens an Angehörige zu deren Gleichstellung zu übergeben hat (BFH 5.7.1990 – GrS 4-6/89, BStBl. II 1990, 847; BMF 13.1.1993, BStBl. I 1993, 80 Rn. 8). **313**

Liegt anhand dieser Maßstäbe eine **unentgeltliche Übertragung** vor, schafft der Vermögensübernehmer die betriebliche Sachgesamtheit nicht an, sondern tritt insoweit in die steuerliche Rechtsstellung des Steuerpflichtigen ein. Er aktiviert die Sachgesamtheit gemäß § 6 Abs. 3 mit ihren Buchwerten. Dies gilt nicht nur für alle Aktiva, sondern auch für steuerfreie Rücklagen, steuerliche Ausgleichsposten, Rückstellungen und Verbindlichkeiten. Angesichts des Eintritts in die steuerliche Rechtsstellung des Überträgers hat der Übernehmer hinsichtlich der AfA gem. § 11d Abs. 1 EStDV die Werte des Übertragenden fortzuführen. Mangels Anschaffung erwirbt der Vermögensübernehmer auch kein Reinvestitionsobjekt iSd § 6b Abs. 3. Vorbesitzzeiten (zB gem. § 6 Abs. 1 Nr. 5) werden ihm angerechnet, Behaltefristen (zB gemäß § 6 Abs. 1 Nr. 1a) laufen weiter. **314**

Nach der **Einheitstheorie** liegt auch bei Zahlung eines Entgelts, das das übernommene Kapitalkonto unterschreitet, ein voll unentgeltlicher Erwerb vor (→ Rn. 137; zum Sonderfall der Realteilung mit Spitzenausgleich → Rn. 218). Der Übertragende erzielt keinen Veräußerungsverlust. Soweit das Teilentgelt finanziert wurde, lässt die Finanzverwaltung die Passivierung des zugrundeliegenden Darlehens als betriebliche Verbindlichkeit dennoch zu. Gezahlte Darlehenszinsen kann der Übernehmende daher als Betriebsausgaben abziehen (BMF 13.1.1993, BStBl. I 1993, 80 Rn. 38, 40). **315**

Einstweilen frei **316–320**

bb) Entgeltliche Vorgänge. Auch im Zusammenhang mit Vermögensübertragungen zur vorweggenommenen Erbfolge kann es steuerlich zu **entgeltlichen Vorgängen** kom- **321**

men. Dies kann der Fall sein, wenn in Übergabeverträgen Verpflichtungen gegenüber den übrigen Angehörigen zum Ausgleich sonst eintretender Vermögensnachteile vorgesehen sind (BFH 5.7.1990 – GrS 4-6/89, BStBl. II 1990, 847). Muss der Übernehmer hier aus eigenem Vermögen Aufwendungen tätigen, liegen aus seiner Sicht grundsätzlich Anschaffungskosten für das übernommene Vermögen vor. Es macht dabei keinen Unterschied, ob er Abstandszahlungen an den Übergeber oder Gleichstellungsgelder an Dritte zu leisten hat. Es gilt zur Abgrenzung von entgeltlichen und unentgeltlichen Leistungen auch hier eine wirtschaftliche Betrachtungsweise, auf die zivilrechtlichen Grundlagen kommt es nicht an (BFH 5.7.1990 – GrS 4-6/89, BStBl. II 1990, 847). Die Übernahme von Verbindlichkeiten ist danach ebenfalls geeignet, einen entgeltlichen Vorgang auszulösen. Es macht aus Sicht des Vermögensübertrágers keinen Unterschied, ob er ein Entgelt erhält oder eigene Aufwendungen zur Tilgung von Verbindlichkeiten erspart (BFH 5.7.1990 – GrS 4-6/89, BStBl. II 1990, 847). Führt die Übernahme einer Verbindlichkeit zu einem entgeltlichen Vorgang, sind entsprechende Zinsen als Betriebsausgaben/Werbungskosten abzugsfähig, wenn der erworbene Gegenstand der Einkünfteerzielung dient (BFH 8.11.1990 – IV R 73/87, BStBl. II 450; BMF 13.1.1993, BStBl. I 2006, 80 Rn. 22; *Meyer/Ball* INF 1998, 557/9; Schmidt/*Wacker* § 16 Rn. 69).

322 Es bestehen bei der Abgrenzung von entgeltlichen, teilentgeltlichen und unentgeltlichen Geschäften allerdings insgesamt **unterschiedliche Anforderungen und Rechtsfolgen,** je nachdem, ob es sich um betriebliche Sachgesamtheiten iSd § 16 Abs. 1 S. 1 (→ Rn. 323), (Einzel-)Wirtschaftsgüter des Privat- oder Betriebsvermögen handelt (→ Rn. 328).

323 Bei der **Übernahme von Betrieben, Teilbetrieben oder Mitunternehmeranteilen** gilt jedoch auch hier die sog. **Einheitstheorie** (ausführlich → Rn. 137, → Rn. 315). Denn das Gesetz behandelt diese betrieblichen Sachgesamtheiten als einheitlichen Vermögensgegenstand. Wird eine solche Sachgesamtheit übergeben, begründen die im Betriebsvermögen befindlichen Verbindlichkeiten daher kein Entgelt (BFH 5.7.1990 – GrS 4-6/89, BStBl. II 1990, 847). Dies gilt auch, falls sich die übernommene Verbindlichkeiten in einem Sonderbetriebsvermögen befunden haben sollten, da das Sonderbetriebsvermögen ebenfalls zu dem Mitunternehmeranteil als Übertragungsgegenstand im Ganzen gehört (Blümich/*Schallmoser* § 16 Rn. 112). Etwas anderes ist möglich, soweit der Übernehmer den Betrieb gegen Übernahme einer privaten Verbindlichkeit erwirbt. Eine solche Schuldübernahme ist als Sachleistung grundsätzlich geeignet, Anschaffungskosten zu begründen. Allerdings kommt beim Erwerb einer betrieblichen Sachgesamtheit ein entgeltliches Geschäft erst in Betracht, wenn der Wert der Gegenleistung den Buchwert des übernommenen Kapitalkontos übersteigt (→ Rn. 137). Dementsprechend begründen auch Abstandszahlungen und Gleichstellungsgelder nur ein entgeltliches Geschäft, wenn sie den Buchwert des übernommenen Kapitalkontos übersteigen. Eine Aufteilung des Erwerbs in ein teilweise entgeltliches und ein teilweise unentgeltliches Geschäft kommt bei Erwerb einer Sachgesamtheit iSd § 16 Abs. 1 S. 1 regelmäßig nicht in Betracht (Blümich/*Schallmoser* § 16 Rn. 114; zum Streitstand bei der Realteilung mit Spitzenausgleich → Rn. 218).

324 Bei **Übernahme eines Betriebs mit negativem Kapitalkonto** stellt sich die Frage, ob dessen Übernahme zu einem entgeltlichen Vorgang führt. Ein solcher Vorgang kann sich als Schenkung zugunsten des Übertragenden darstellen. Dies vermutet der BFH bei der Übertragung zwischen nahen Angehörigen. Voraussetzung für eine Schenkung ist jedoch, dass der Betrieb noch einen Vermögenswert verkörpert. Davon geht der BFH aus, wenn der Betrieb über entsprechende stille Reserven oder zumindest Gewinnchancen verfügt. In diesen Fällen soll deshalb allein die Übernahme des negativen Kapitalkontos noch nicht zu einem entgeltlichen Erwerb führen, soweit keine sonstigen Gegenleistungen erfolgen (BFH 10.3.1998 – VIII R 76/96, BStBl. II 1999, 269; zu den Besonderheiten bei Erwerb von Mitunternehmeranteilen mit negativem Kapitalkonto → Rn. 745 ff.).

325 Liegen jedoch **sonstige Gegenleistungen** – etwa in Form von **Abstandszahlungen oder Gleichstellungsgeldern** vor – handelt es sich um einen entgeltlichen Vorgang. In diesem Fall liegt in der Übernahme eines negativen Kapitalkontos eine weitere entgeltliche Leistung, die bei der Ermittlung des Veräußerungsgewinns des Übertragenden einzubeziehen ist (BFH XI R 34/92, BStBl. II 1993, 436; BMF BStBl. I 1993, 80 Rn. 30, 31; *Paus* DStZ 1992, 404).

326 Liegt danach ein **entgeltlicher Erwerb eines Betriebs** vor, erzielt der Veräußerer einen Veräußerungsgewinn (oder -verlust) iHd der Differenz zwischen Veräußerungspreis und

Buchwert der Sachgesamtheit sowie Veräußerungskosten. Der Veräußerungsgewinn ist gem. §§ 16 Abs. 4, 34 Abs. 1, 3 begünstigt und nach Maßgabe der Voraussetzungen des § 7 Satz 2 GewStG gewerbesteuerfrei, soweit nicht auf Seiten des Veräußerers und des Erwerbers dieselben Personen (Mit-)Unternehmer sind (vgl. § 16 Abs. 2 Satz 3) oder § 3 Nr. 40 Buchst. b anwendbar ist. Es kommt zur Aufdeckung stiller Reserven in Bezug auf die einzelnen Wirtschaftsgüter des Betriebs. Der Erwerber kann die Buchwerte der jeweiligen Wirtschaftsgüter verhältnismäßig bis zur Höhe ihres Teilwerts aufstocken. Diese Aufstockungsbeträge können mit der Finanzverwaltung aus Vereinfachungsgründen wie nachträgliche Anschaffungskosten behandelt werden (BMF 13.1.1993, BStBl. I 1993, 80 Rn. 37). Erst wenn die stillen Reserven in den aktivierten Wirtschaftsgütern vollständig aufgedeckt sind, kann ein verbleibender Mehrbetrag durch Aktivierung eines Firmenwerts aktiviert und regelmäßig über 15 Jahre abgeschrieben werden (§ 7 Abs. 1 S. 3; BMF 13.1.1993, BStBl. I 1993, 80 Rn. 35). Hat der Erwerber die Übernahme des Betriebs finanziert, ist ein Schuldzinsenabzug als Betriebsausgabe zulässig. Die entsprechende Verbindlichkeit ist zu passivieren.

Die **Finanzverwaltung** geht davon aus, dass sich der entgeltlich angeschaffte Teil der einzelnen übernommenen Wirtschaftsgüter nach dem **Verhältnis der gesamten Anschaffungskosten zum Verkehrswert des übernommenen Betriebs** richtet. Deshalb soll der Erwerber hinsichtlich des unentgeltlich erworbenen Teils der einzelnen Wirtschaftsgüter die AfA des Übertragenden fortführen. Soweit einzelne steuerliche Regelungen – wie etwa § 6b EStG oder § 2 Abs. 1 S. 1 InvZulG – Verbleibensfristen oder Vorbesitzzeiten vorsehen, soll der Erwerber dementsprechend nur hinsichtlich des unentgeltlichen Teils in die Position des Übertragenden einrücken (BMF 13.1.1993, BStBl. I 1993, 80 Rn. 37, 39, 41). Faktisch schränkt die Finanzverwaltung mit dieser Auffassung den Geltungsbereich der Einheitstheorie für den Erwerber ein. Bei einer solchen Aufteilung hat dieser nun nicht mehr einen Betrieb, Teilbetrieb oder Mitunternehmeranteil erworben, sondern die dahinterstehenden Wirtschaftsgüter. Die Auffassung der Finanzverwaltung ist mit dem Gesetzeswortlaut des § 16 Abs. 2 unvereinbar. Der BFH ist ihr für die Frage einer Vorbesitzzeit gem. § 6b daher zu Recht nicht gefolgt und hat betont, dass die Einheitstheorie gleichermaßen für den Veräußerer und den Erwerber gelte (BFH 7.11.2000 – VIII R 27/98, BStBl. II 2001, 186; ebenso Schmidt/*Wacker* § 16 Rn. 59). Gleiches dürfte auch für andere Verbleibensfristen oder Vorbesitzzeiten gelten. Diese werden durch einen entgeltlichen Erwerb vollständig unterbrochen. 327

Im Gegensatz hierzu gilt für die **Übertragung von Privatvermögen** die sog. **Trennungstheorie** (→ Rn. 140). Erfolgt die Übertragung eines einzelnen Wirtschaftsguts teilentgeltlich, ist der Übertragungsvorgang danach in einen entgeltlichen und einen unentgeltlichen Teil aufzuteilen. Die Aufteilung ergibt sich aus dem Verhältnis des Entgelts zum Verkehrswert des Wirtschaftsgutes. Beim Entgelt lässt die Finanzverwaltung die Anschaffungsnebenkosten unberücksichtigt (BMF 13.1.1993, BStBl. I 1993, 80 Rn. 14). Dies ist nachvollziehbar, da der Veräußerer die Anschaffungsnebenkosten nicht erhält, sie also aus dessen Sicht den Verkehrswert nicht erhöhen. 328

Hinsichtlich des entgeltlich erworbenen Teils entstehen dem Erwerber **eigene Anschaffungskosten.** Diese sind insoweit auch Grundlage für seine AfA. Hinsichtlich des unentgeltlich erworbenen Teils tritt er in die Rechtsstellung des Übertragenden ein. Nur hinsichtlich des unentgeltlich erworbenen Anteils können die Vorbesitzzeiten des Übertragenden angerechnet werden. Dies ist im Privatvermögen etwa für private Veräußerungsgeschäfte gem. § 23 Abs. 1 S. 3 bedeutsam. Dies kann insbesondere auch zum Entstehen getrennter AfA-Reihen führen, wenn für den Vorbesitzer aufgrund des länger zurückliegenden Erwerbs oder Herstellung noch ein anderer AfA-Satz anwendbar ist. 329

Beispiel: 329.1

A hat aufgrund eines Bauantrags aus dem Jahr 1993 ein Haus zu Vermietungszwecken errichtet. Die Fertigstellung erfolgt zum 1.1.1994; die Herstellungskosten betragen 500.000 EUR. A wählt die degressive AfA gem. § 7 Abs. 5 S. Nr. 1. Seine AfA beträgt für die ersten drei Jahre je 50.000 EUR (10% für 1994–1996), für die nächsten 3 Jahre noch 25.000 EUR (5% für 1997-1999) und anschließend jährlich 12.500 (2,5% für 2000–2015). Zum 1.1.2015 veräußert er das Haus zu einem Preis von 1.000.000 EUR an seinen Sohn B, der Verkehrswert liegt zu diesem Zeitpunkt bei 2.000.000 EUR. B erwirbt zu 50% unentgeltlich. Insoweit führt er die degressive AfA-Reihe seines Vaters A im Jahr 2015 iHv 6.250 EUR (50% von 12.500 EUR) zu Ende. Für den entgeltlich erworbenen Teil des Hauses muss B eine AfA von 2% im Jahr, mithin 20.000 EUR gem. § 7 Abs. 4 S. 1 Nr. 2 Buchst. a ansetzen.

330 Die **Anwendung der Trennungstheorie** im Falle der Übertragung einzelner Wirtschaftsgüter des Betriebsvermögens ist im Hinblick auf die Berechnungsweise eines Veräußerungsgewinns **umstritten** und zurzeit vor dem Großen Senat anhängig (ausführlich → Rn. 140 sowie BMF 8.12.2011, BStBl. I 2012, 1279; BFH 19.9.2012 – IV R 11/12, BFHE 239,76; vgl. iÜ den Beschluss des BFH 19.3.2014 – X R 28/12, BStBl. II 2014, 629 mwN aus der Rechtsprechung und Literatur zu den hierzu vertretenen Auffassungen. Das Verfahren BFH GrS 1/16 wurde inzwischen ohne Entscheidung über die vorgelegte Rechtsfrage beendet: BFH 30.10.2018 – X R 28/12, BFH/NV 2019, 39).

331–335 *Einstweilen frei*

336 **cc) Sonderfall: Übertragung gegen wiederkehrende Leistungen.** Die Rechtfertigung der oben beschriebenen **Vermutungsregel zur unentgeltlichen Übertragung betrieblicher Sachgesamtheiten auf Angehörige** bei gleichzeitiger Absicherung des Übertragenden (→ Rn. 311 ff.) gilt in besonderem Maße im Fall der Übertragung gegen wiederkehrende Leistungen. Da der Übertragende seine Erwerbsquelle verliert, stellt sich nämlich die Frage, wie er zukünftig seinen Lebensunterhalt bestreiten soll. Im Fall der Übertragung unter Angehörigen oder sonst nahestehenden Personen wird diese Frage bei der Bemessung der wiederkehrenden Bezüge regelmäßig Berücksichtigung finden, während sie für einen fremden Dritten als Erwerber keine Bedeutung hat. Hier bleibt der Versorgungsaspekt eine einseitige Erwartung des Veräußerers. Im Hinblick auf diese unterschiedlichen Interessenlagen ist zu unterscheiden zwischen der unentgeltlichen Übertragung betrieblicher Sachgesamtheiten gegen wiederkehrende Versorgungsleistungen (hierzu bereits die Rechtsprechung des RFH, vgl. RFH 8.10.1931 – VI A 2304/30, RStBl. 1931, 946, im Folgenden → Rn. 337 ff.) und der entgeltlichen Übertragung gegen sog. betriebliche Versorgungsleistungen (im Folgenden → Rn. 350 ff.).

337 **(1) Vermögensübertragungen gegen wiederkehrende Versorgungsleistungen.** Die **unentgeltliche Übertragung gegen wiederkehrende Versorgungsleistungen** ist nur möglich, wenn es sich bei dem übertragenen Gegenstand um einen Betrieb, Teilbetrieb, einen Mitunternehmeranteil oder um die Übertragung von mindestens 50% der Anteile an einer Gesellschaft mit beschränkter Haftung handelt, bei der der Übertragende Geschäftsführer war und der Übernehmer diese Funktion übernimmt (vgl. im Detail § 10 Abs. 1a S. 1 Nr. 2 S. 2). Wird ein anderes als das in § 10 Abs. 1a S. 1 Nr. 2 S. 2 genannte Vermögen übertragen (zB privater Grundbesitz, Wertpapiervermögen etc), sind die Grundsätze der unentgeltlichen Vermögensübertragung gegen wiederkehrende Versorgungsleistungen nicht anwendbar. Die gesetzliche Begrenzung auf diese Übertragungsgegenstände wurde eingeführt durch das JStG 2008 vom 20.12.2007 (BGBl. 2007 I 3150). Sie gilt für alle Vermögensübertragungen, die nach dem 31.12.2007 vereinbart werden (§ 52 Abs. 23e idF des JStG 2008).

337.1 Für vor dem 01.01.08 wirksam gewordene Übertragungsverpflichtungen gelten die bisherigen Rechtsgrundsätze nach § 10 Abs. 1 Nr. 1a EStG aF weiter. Steuerpflichtige, die bereits vor diesem Stichtag zur Zahlung einer Rente oder dauernden Last verpflichtet waren, weil ihnen ein Wirtschaftsgut übertragen worden war, das nach neuem Recht nicht mehr begünstigt ist (→ Rn. 337), sind daher grds. berechtigt, den bisherigen Sonderausgabenabzug fortzuführen. Etwas anderes gilt nach § 52 Abs. 18 S. 2, wenn das übertragene Vermögen nur deshalb einen ausreichenden Ertrag bringt, weil ersparte Aufwendungen (zB Zinsen) mit Ausnahme des Nutzungsvorteils eines vom Vermögensübernehmer zu eigenen Zwecken genutzten Grundstücks (ersparte Nettomiete) zu den Erträgen des Vermögens gerechnet werden; in diesem Fall ist das neue Recht anwendbar (Blümich/*Hutter* § 10 Rn. 93; zur Frage der Rückwirkung: *Wälzholz* DStR 2008, 273).

338 Die **gesetzliche Neuregelung im JStG 2008** erfolgte in Reaktion auf Entwicklungen in der Rechtsprechung, die den Anwendungsbereich unentgeltlicher Vermögensübertragungen gegen Versorgungsleistungen beständig ausgedehnt hatte, sodass zB auch unentgeltliche Übertragungen von Kapitalvermögen oder Mietobjekten möglich waren (vgl. BFH 12.5.2003 – GrS 1/00, BStBl. II 2004, 92). Mit der Gesetzesänderung beabsichtigte der Gesetzgeber, das Rechtsinstitut unentgeltlicher Übertragungen gegen Versorgungsleistungen wieder auf seinen Kernbereich – insbesondere die Übertragung von land- und forstwirtschaftlichen Betrieben und Gewerbebetrieben, bestimmten Kapitalgesellschaften sowie von

Betriebsvermögen selbständig Tätiger – zu begrenzen, für den es ursprünglich entwickelt worden war.

Versorgungsleistungen sind **wiederkehrende Leistungen im Zusammenhang mit einer Vermögensübergabe zur vorweggenommenen Erbfolge.** Die Zahlungen des Übernehmers an den Übergeber sind gem. § 10 Abs. 1a S. 1 Nr. 2 EStG nF als Sonderausgaben steuerlich abzugsfähig. Hierzu korrespondierend führen die Versorgungsleistungen beim Übergeber zu steuerpflichtigen Einkünften nach § 22 Satz 2 Nr. 1 Buchst. b, soweit sie beim zahlungsverpflichteten Übernehmer nach § 10 Abs. 1a als Sonderausgaben abgezogen werden können. Durch dieses Korrespondenzprinzip, wonach der steuerlichen Abzugsfähigkeit der Versorgungsleistungen beim Übernehmer eine Steuerpflicht beim Übergeber gegenübersteht, wird letztlich erreicht, dass der Übernehmer nur diejenigen Erträge versteuern muss, die ihm tatsächlich verbleiben. Nach der Rechtsprechung des BFH ist die Korrespondenz jedoch lediglich materieller Natur, dh sie beinhaltet keine verfahrensrechtliche Verknüpfung zwischen dem steuerlichen Abzug von Versorgungsleistungen beim Übernehmer und der Versteuerung beim Übergeber (vgl. BFH 25.2.2014 – X R 34/11, BStBl. II 2014, 665: keine notwendige Beiladung des Übergebers im Prozess des Übernehmers). Das bedeutet auch, dass es in der Praxis faktisch dazu kommen kann, dass der Übernehmer den Steuerabzug für die Versorgungsleistungen erhält, ohne dass eine Besteuerung beim Übergeber stattfindet. 339

Ob tatsächlich eine **unentgeltliche Übertragung gegen Versorgungsleistungen** vorliegt, bedarf stets einer Einzelfallprüfung. In Anlehnung an die Konstellation des vorbehaltenen Nießbrauchs ist die Übertragung gegen Versorgungsleistungen jedenfalls dann als unentgeltlich zu behandeln, wenn sich der Vorgang so darstellt, dass sich der Übertragende die erzielbaren Nettoerträge des übertragenen Vermögens, die zukünftig vom Übernehmer zu erwirtschaften sind, vorbehalten hat. Liegen diese Voraussetzungen vor, kommt es zu einer zweifachen Steuerbegünstigung: Zum einen wird die Vermögensübertragung als voll unentgeltlich behandelt, zum anderen stellen die Versorgungsleistungen abziehbare Sonderausgaben dar. Die wiederkehrenden Leistungen sind insbesondere nicht als nicht abzugsfähige Unterhaltsleistungen oder als Leistungen wegen einer freiwillig begründeten Rechtspflicht iSd § 12 einzuordnen (BFH GrS 4-6/89, BStBl. II 1990, 847). 340

Das **Erfordernis „vorbehaltener" Vermögenserträge** begrenzt zugleich das Rechtsinstitut der unentgeltlichen Übertragung gegen Versorgungsleistungen. Reichen die Nettoerträge der übertragenen Sachgesamtheit nicht aus, um die Versorgungsleistungen zu erwirtschaften, liegen keine vorbehaltenen Vermögenserträge vor. In diesem Fall gibt es auch keine Rechtfertigung mehr, die Übertragung auf der Grundlage des Rechtsinstituts der Übertragung gegen private Versorgungsleistungen als unentgeltlich einzustufen (BFH 12.5.2003 – GrS 1/00, BStBl. II 2004, 95). 341

Um zu ermitteln, ob sich aus dem übertragenen Vermögen **ausreichende Erträge** erwirtschaften lassen, bedarf es an sich einer Prognoseentscheidung. Führt der Übernehmer den übernommenen Betrieb fort, spricht jedoch eine nur in Ausnahmefällen widerlegbare Vermutung für eine ausreichende Ertragskraft. Solche Ausnahmefälle kommen etwa im Falle langjähriger Verlusterzielung aus dem zu übertragenden Vermögen oder bei einem Missverhältnis zwischen der Höhe der Versorgungsleistungen und den zuvor erzielten Gewinnen in Betracht (BMF BStBl. I 2010, 227 Rn. 29). Nur in solchen Konstellationen bedarf es noch einer aufwendigen Prüfung, ob die erzielbaren Erträge zur Versorgung des Übergebers ausreichen (BMF BStBl. I 2010, 227 Rn. 32 ff. zur Berechnung der Erträge). 342

Wird die Versorgungsleistung später durch eine Einmalzahlung abgelöst, führt dies nicht zum Entstehen einer entgeltlichen Abstandszahlung (bei Leistung an den Übergeber) oder eines Gleichstellungsgeldes (bei Leistung an einen Dritten). 343

Einstweilen frei **344–348**

(2) Betriebliche Übertragungen von Sachgesamtheiten iSd § 16 gegen wiederkehrende Leistungen. Liegen die Voraussetzungen für eine unentgeltliche Vermögensübertragung gegen Versorgungsleistungen nicht vor, finden die Grundsätze für entgeltliche Veräußerungsgeschäfte Anwendung (BFH 21.10.1999 – X R 75/97, BStBl. II 2002, 650). Haben die Beteiligten den Wert der übertragenen Sachgesamtheit und den Barwert der wiederkehrenden Leistungen gegeneinander abgewogen und durften sie von der Gleichwertigkeit der beiderseitigen Leistungen ausgehen, liegt ein Veräußerungsgeschäft iSd 349

§ 16 vor, sodass der Übergeber einen Veräußerungsgewinn nach Abs. 1 S. 1 erzielt. Ist der Wert der übertragenen Sachgesamtheit höher als der Barwert der wiederkehrenden Leistungen, liegt ein teilentgeltliches Geschäft vor, mit der Folge, dass die Einheitstheorie zur Anwendung kommt. Die Übertragung von Sachgesamtheiten des Betriebsvermögens ist daher entweder insgesamt als entgeltlich (bei höherem Rentenbarwert als das Kapitalkonto der übertragenen Sachgesamtheit) oder aber insgesamt als unentgeltlich (bei niedrigerem Rentenbarwert als das Kapitalkonto der Sachgesamtheit) zu beurteilen.

350 Besteht die **Gegenleistung für die Übertragung einer betrieblichen Sachgesamtheit in der Erbringung von Rentenleistungen,** die von dem Leben des Berechtigten abhängen, liegt eine sog. *betriebliche Veräußerungsleibrente* vor. Hinsichtlich der Besteuerung hat der rentenberechtigte Veräußerer ein Wahlrecht: Er kann einerseits die sofortige Besteuerung des Veräußerungsgewinns gemäß § 16 in Höhe des Unterschiedsbetrags zwischen dem Barwert der Rentenzahlungen und dem steuerlichen Kapitalkonto im Zeitpunkt der Veräußerung wählen (EStR 16 Abs. 11 S. 2), wobei der Freibetrag nach § 16 Abs. 4 und die Tarifbegünstigung gemäß § 34 Abs. 1 oder auf Antrag die Tarifermäßigung nach § 34 Abs. 3 zur Anwendung kommen. Die laufenden Rentenzahlungen sind in diesem Fall von Beginn an mit dem Ertragsanteil nach § 22 Nr. 1 S. 3 Buchst. a Doppelbuchst. bb zu versteuern (EStR 16 Abs. 11 S. 5), weil der Anspruch auf die Rentenzahlungen nach der Veräußerung notwendiges Privatvermögen des Veräußerers wird (BFH 17.12.1991 – VIII R 80/87, BStBl. II 1993, 15; Blümich/*Schallmoser* § 16 Rn. 310; aA HHR/*Kobor* § 16 Rn. 309; Schmidt/*Wacker* § 16 Rn. 241). Im Ergebnis wird damit der in den Rentenzahlungen enthaltene Tilgungsanteil sofort (als Veräußerungsgewinn) und der Zinsanteil laufend (als Rente) versteuert.

350.1 Wird die Rentenzahlung nachträglich aufgrund einer Wertsicherungsklausel angepasst, ist der jeweilige Erhöhungsbetrag nach § 22 Nr. 1 S. 3 Buchst. a Doppelbuchst. bb – bzw. nach § 20 Abs. 1 Nr. 7 (wenn eine Veräußerung gegen Kaufpreisraten oder Zeitrenten vereinbart wurde) – im Zuflusszeitpunkt zu versteuern (aA HHR/*Kobor* § 16 Rn. 309). Der ursprüngliche Veräußerungsgewinn wird jedoch durch die spätere Anpassung nicht rückwirkend iSd § 175 Abs. 1 S. 1 Nr. 2 AO erhöht (Schmidt/*Wacker* § 16 Rn. 242 unter Hinweis auf BFH 14.5.2002 – VIII R 8/01, BStBl. II 2002, 532).

351 Da eine **sofortige Besteuerung** im Falle eines frühzeitigen Versterben des Veräußerers zur Besteuerung eines zu hohen (wenngleich nach § 16 Abs. 4, § 34 Abs. 1, Abs. 3 begünstigten) Veräußerungsgewinns führen würde, kann der Veräußerer sein **Wahlrecht** auch zugunsten einer nicht tarifbegünstigten nachträglichen Zuflussbesteuerung ausüben (vgl. hierzu: BFH 20.1.1971 – I R 147/69, BStBl. II 1971, 302). Wird diese Zuflussbesteuerung gewählt, ist nach Auffassung der Finanzverwaltung danach zu unterscheiden, ob die Veräußerung *vor dem 1.1.2004* oder *nach dem 31.12.2003* vollzogen wird (BMF BStBl. I 2004, 1187). Bei Veräußerungen vor dem 1.1.2004 sind die Rentenzahlungen im Zeitpunkt ihres jeweiligen Zuflusses gemäß § 2 Abs. 1 S. 1 Nr. 1, Nr. 2 oder Nr. 3 iVm § 24 Nr. 2 als nachträgliche Betriebseinnahmen zu erfassen, soweit die Zahlungen den Buchwert des steuerlichen Kapitalkontos zzgl. etwaiger Veräußerungskosten übersteigen; bis zur Höhe des Buchwerts zzgl. etwaiger Veräußerungskosten liegt lediglich ein erfolgsneutraler und damit steuerfreier Kapitalrückfluss vor. Bei Veräußerungen nach dem 31.12.2003 sind die wiederkehrenden Zahlungen sofort in einen Kapital- und einen Zinsanteil aufzuteilen. Der in den Rentenzahlungen enthaltene Zinsanteil führt bereits im ersten Jahr der wiederkehrenden Zahlungen zu nachträglichen Betriebseinnahmen. Lediglich der enthaltene Kapitalanteil der Rentenzahlungen ist mit dem Kapitalkonto zzgl. etwaiger Veräußerungskosten zu verrechnen. Nur der übersteigende Kapitalanteil ist im jeweiligen Zuflussjahr als nachträgliche Betriebseinnahme zu versteuern. Gehören zu der betrieblichen Sachgesamtheit Anteile an einer Kapitalgesellschaft, unterliegen die Tilgungsanteile nach Verrechnung mit dem Kapitalkonto, soweit sie auf diese Anteile entfallen, dem Halb- bzw. Teileinkünfteverfahren nach § 3 Nr. 40 Buchst. b, § 3c Abs. 2 (vgl. Blümich/*Schallmoser* § 16 Rn. 308).

351.1 Durch Gegenüberstellung der Rentenbarwerte zu Beginn und zu Ende des Jahres ergibt sich der Kapitalanteil der Rentenzahlungen (vgl. §§ 13, 14 BewG). Die Differenz zwischen der Rentenzahlung und dem Kapitalanteil ist der Zinsanteil.

351.2 **Beispiel:** A, 44 Jahre alt, hat seinen Gewerbebetrieb mit einem Kapitalkonto von 138.000 EUR am 02.01.2016 an B gegen eine jährliche Leibrente von 12.000 EUR veräußert. Der Barwert der Rente beträgt 190.000 EUR und entspricht dem Wert des Betriebsvermögens. Hinsichtlich der Besteuerung des Veräußerungsgewinns aus der Veräußerung des ganzen Gewerbebetriebs (§ 16 Abs. 1 Satz 1 Nr. 1) gegen eine betriebliche Veräußerungsleibrente hat A ein Wahlrecht nach EStR 16 Abs. 11:

Sofortversteuerung: Im Falle der Sofortversteuerung erzielt A einen Veräußerungsgewinn nach § 16 Abs. 1 Satz 1 Nr. 1 in Höhe von 52.000 EUR (Rentenbarwert iHv 190.000 EUR abzüglich des Werts des übertragenen Betriebsvermögens iHv 138.000 EUR). Da A die erforderlichen Voraussetzungen nicht erfüllt, kommen der Abzug eines Freibetrags nach § 16 Abs. 4 und die ermäßigte Besteuerung nach § 34 Abs. 3 nicht in Betracht. § 34 Abs. 1 ist anzuwenden. Der in den Rentenzahlungen enthaltene Zinsanteil ist nach § 22 Nr. 1 Satz 3 Buchst. a Doppelbuchst. bb zu versteuern. Dessen Höhe bestimmt sich nach dem in § 22 Nr. 1 Satz 3 Buchst. a Doppelbuchst. bb Satz 4 festgelegten Ertragsanteil, er beträgt daher vorliegend 35% (44 Jahre), dh 4.200 EUR. Nach Abzug des Werbungskosten-Pauschbetrags nach § 9a Satz 1 Nr. 3 belaufen sich die Einkünfte aus § 22 Nr. 1 damit auf 4.098 EUR.

Zuflussbesteuerung: Bei Ausübung des Wahlrechts zugunsten einer (nachträglichen) Zuflussbesteuerung, ist der Kapitalanteil der Leibrente mit dem steuerlichen Kapitalkonto des übertragenen Gewerbebetriebs zu verrechnen. Erst wenn die (ggf. über Jahre aufgelaufenen) Kapitalanteile der Rentenzahlungen das Kapitalkonto (zzgl. etwaiger Veräußerungskosten) übersteigen, entsteht daraus ein Gewinn. Der Kapitalanteil der Leibrente für das Jahr 2002 ergibt sich im Beispielsfall aus der Differenz zwischen dem Rentenbarwert zum 02.01.2016 (190.000 EUR) und dem Rentenbarwert zum 31.12.2016 (188.000 EUR), dh er beträgt 2.000 EUR und überschreitet im Veranlagungszeitraum 2016 noch nicht das Kapitalkonto des übertragenen Betriebs. Die in den Rentenzahlungen enthaltenen Kapitalanteile wirken sich damit im Veranlagungsjahr 2016 nicht gewinnerhöhend aus. Der in den Rentenzahlungen enthaltene Zinsanteil ist jedoch bereits im Jahr des Zuflusses als Betriebseinnahmen zu erfassen. A erzielt damit in 2016 Einkünfte gemäß § 15 iVm § 24 Nr. 2 iHv 10.000 EUR. Nach Beendigung der erfolgsneutralen Kapitalumschichtung liegen sowohl hinsichtlich des Kapitalanteils als auch hinsichtlich des Zinsanteils nachträgliche Betriebseinnahmen vor.

Das bei einer Betriebsveräußerung gegen wiederkehrende Bezüge geltende Wahlrecht zwischen 351.3
einer Sofortversteuerung und einer nachträglichen Zuflussbesteuerung ist nach der finanzgerichtlichen Rechtsprechung nicht auf die Fälle der **Betriebsausgabe** übertragbar (FG Schleswig-Holstein 24.1.2020 – 4 K 28/18, EFG 2020, 575, Rev. BFH X R 6/20). Zur Begründung wird darauf verwiesen, dass der Steuerpflichtige bei einer Betriebsaufgabe – im Gegensatz zur Betriebsveräußerung – regelmäßig über ausreichende Mittel verfüge, um die auf den Rentenbarwert entfallende Steuer begleichen zu können. Besondere Härtefälle seien im Rahmen einer abweichenden Steuerfestsetzung aus Billigkeitsgründen nach § 163 AO zu berücksichtigen.

Wird eine betriebliche Sachgesamtheit gegen einen festen Barpreis *und* eine Ver- 352
äußerungsleibrente veräußert, gilt grundsätzlich ebenfalls ein Besteuerungswahlrecht. Dieses bezieht sich allerdings nur auf die Besteuerung der Rentenzahlungen, sodass die Barzahlung unabhängig von der Ausübung des Wahlrechts für die Rente sofort zu versteuern ist (EStR 16 Abs. 11 S. 9).

Das **Wahlrecht zwischen Sofortversteuerung und nachträglicher Zuflussbesteue-** 353
rung kann als steuerliches Gestaltungsrecht bis zur Bestandskraft der Veranlagung ausgeübt (und widerrufen) werden (HHR/*Kobor* § 16 Rn. 308; Blümich/*Schallmoser* § 16 Rn. 312; aA Schmidt/*Wacker* § 16 Rn. 226: spätestens mit Abgabe der ESt-Erklärung). Ein nicht oder nicht ordnungsgemäß ausgeübtes Wahlrecht führt zur Gewinnrealisierung im Zeitpunkt der Veräußerung und damit zur Sofortbesteuerung des Veräußerungsgewinns (BFH 12.5.1999 – IV R 52/98, BFH/NV 1999, 1330).

Die **Vereinbarung einer Veräußerungsleibrente ist von Kaufpreisraten zu unter-** 354
scheiden. Kaufpreisraten werden zwar auch wiederholt gezahlt, stellen aber grundsätzlich keine wiederkehrenden Bezüge im engeren Sinne dar. Sie dienen lediglich dazu, dem Erwerber die Zahlung des Kaufpreises im Wege der Stundung zu erleichtern, während Rentenzahlungen die Versorgung des Veräußerers sicherstellen sollen (Blümich/*Schallmoser* § 16 Rn. 320).

Bei der **Vereinbarung von Kaufpreisraten** besteht kein Besteuerungswahlrecht; viel- 355
mehr ist der Veräußerungsgewinn sofort zu versteuern. Hat die Ratenzahlung eine Laufzeit von mehr als 1 Jahr, ist der Veräußerungspreis mit dem Barwert der Kaufpreisraten anzusetzen, wobei dieser bei dem Veräußerer im Zeitpunkt der Veräußerung als zugeflossen gilt. Darüber hinaus geht die Rechtsprechung in diesem Fall von einer angemessenen Verzinsung aus, und zwar selbst dann, wenn die Parteien eine Verzinsung ausgeschlossen haben (BFH 21.10.1980 – VIII R 190/78, BStBl. II 1981, 160). Die Ratenzahlungen sind daher in

einen Tilgungs- und einen Zinsanteil aufzuspalten. Die in den Ratenzahlungen enthaltenen Zinsanteile stellen beim Veräußerer Einnahmen iSd § 20 Abs. 1 Nr. 7 und beim Erwerber ggf. Werbungskosten bzw. Betriebsausgaben dar, sofern ein Zusammenhang mit der Einkünfteerzielung besteht und nicht § 20 Abs. 9 dem Abzug von Werbungskosten entgegensteht.

356 Die **Vereinbarung einer Wertsicherungsklausel** ist für die Ermittlung des Barwerts der Kaufpreisraten ohne Bedeutung. Gehört die Kaufpreisforderung zum Betriebsvermögen, stellen die aufgrund einer Wertsicherungsklausel erhöhten Ratenzahlungen laufende gewerbliche Einnahmen dar, die im Zuflusszeitpunkt zu versteuern sind. Gehört die Kaufpreisforderung zum Privatvermögen, sind die aufgrund der Wertsicherungsklausel zu zahlenden Mehrbeträge als Einnahmen aus Kapitalvermögen zu versteuern (BFH 19.5.1992 – VIII R 37/90, BFH/NV 1993, 87; BFH 29.11.1983 – VIII R 231/80, BStBl. II 1984, 109; BFH 25.6.1974 – VIII R 109/69, BStBl. II 1974, 735). Erhöht sich aufgrund der Wertsicherungsklausel in den dem Veräußerungsjahr nachfolgenden Veranlagungszeiträumen der Jahresbetrag der laufenden Zahlungen, so wirkt dies nicht auf die Höhe des Veräußerungsgewinns zurück. Die Erhöhungen der laufenden Bezüge sollen lediglich vor der Verschlechterung des Geldwertes schützen; sie erhöhen nicht den Wert der veräußerten Sachgesamtheit (vgl. BFH 29.11.1981 – VIII R 231/80, BStBl. II 1984, 109).

357–361 *Einstweilen frei*

362 **f) Schenkungen.** Bei der **zivilrechtlichen Schenkung gem. § 516 BGB** handelt es sich um eine Zuwendung, durch die jemand aus seinem Vermögen einen anderen bereichert, wobei beide Teile darüber einig sind, dass die Zuwendung „unentgeltlich" erfolgt. Der zivilrechtliche Begriff der Unentgeltlichkeit deckt sich nicht zwingend mit dem des EStG. Bei der schenkweisen Übertragung eines Betriebs, Teilbetriebs oder Mitunternehmeranteils liegt jedoch auch im Steuerrecht ein unentgeltlicher Vorgang vor. Diese führt nicht zu einer Gewinnrealisierung beim Schenker, wenn alle wesentlichen Betriebsgrundlagen in einem einheitlichen Vorgang übertragen werden und der Erwerber die betriebliche Sachgesamtheit fortführt (BFH 12.4.1989 – I R 105/89, BStBl. II 1989, 653 für einen Teilbetrieb). Dabei stellen übernommene Passiva des Betriebs kein Entgelt dar, weil die Einheit selbst einschließlich der zugehörigen Verbindlichkeiten steuerlich der Übertragungsgegenstand ist (Kirchhof/*Seer* § 16 Rn. 108). Auch eine Betriebsaufgabe liegt nicht vor, weil die betriebliche Sachgesamtheit durch die schenkweise Übertragung ihren Charakter als wirtschaftlichen Organismus nicht verliert (BFH 19.2.1981 – IV R 116/77, BStBl. II 1981, 566). Der Beschenkte ist nach § 6 Abs. 3 S. 1 an die Werte gebunden, mit denen sie beim Schenker für die Zwecke der Gewinnermittlung angesetzt worden sind (sog. Buchwertfortführung).

363 Nach der **Rechtsprechung des BFH** schließt § 6 Abs. 3 S. 1 die Gewinnrealisierung beim Schenker bei unentgeltlicher Übertragung einer betrieblichen Sachgesamtheit auch dann aus, wenn gleichzeitig eine wesentliche Betriebsgrundlage des Sonderbetriebsvermögens zum Buchwert nach § 6 Abs. 5 an einen Dritten übertragen oder in ein anderes Betriebsvermögen des Schenkers überführt wird (BFH 2.8.2012 – IV R 41/11, BStBl. II 2019, 715). Danach können § 6 Abs. 3 und Abs. 5 unabhängig voneinander und damit auch gleichzeitig – jeweils mit der Rechtsfolge der Buchwertfortführung – zur Anwendung gelangen. Eine Kumulation von Steuervergünstigungen ergibt sich nach Auffassung des BFH nicht. Denn die durch ein nach § 6 Abs. 5 begünstigtes Einzelwirtschaftsgut verkörperten stillen Reserven wären anlässlich der Übertragung einer nach § 6 Abs. 3 begünstigten Sachgesamtheit gleichfalls nicht aufzudecken gewesen, wenn das betreffende Wirtschaftsgut weiterhin dieser Sachgesamtheit zugehörig gewesen wäre. Zugleich bleiben die stillen Reserven dieses Wirtschaftsguts in beiden Fällen gleichermaßen steuerverhaftet (BFH 2.8.2012 – IV R 41/11, BStBl. II 2019, 715).

363.1 **Beispiel:**

Der alleinige Kommanditist einer GmbH & Co. KG überträgt einen Teil seines Kommanditanteils unentgeltlich auf seinen Sohn. Das zu seinem Sonderbetriebsvermögen gehörende Grundstück, das weiterhin im Betrieb der GmbH & Co. KG genutzt wird, behält der Vater zunächst zurück, überträgt es jedoch später auf eine andere gewerbliche GmbH & Co. KG. Nach § 6 Abs. 5 S. 1 können bei der Übertragung des Grundstücks die Buchwerte fortgeführt werden, sodass es nicht zur Aufdeckung der stillen Reserven kommt. § 6 Abs. 3 ermöglicht die Buchwertfortführung auch im Rahmen der Übertragung des Teils des Kommanditanteils. Die Vorschrift erfordert nicht, dass das als Sonderbetriebsvermögen zurückbehaltene Wirtschaftsgut dauerhaft als Betriebsvermögen der Mitunternehmerschaft genutzt werden muss (BFH 2.8.2012 – IV R 41/11, BStBl. II 2019, 715).

Im Fall einer **gemischten Schenkung** sind sich die Parteien darüber einig, dass die Leistung der einen Partei nur zum Teil durch die Leistung der anderen Partei aufgewogen wird und dass der Mehrwert der einen Leistung gegenüber der Gegenleistung unentgeltlich zugewendet werden soll (Münchener Kommentar/*Koch* BGB § 516 Rn. 34). Steuerrechtlich ist eine im Wege einer gemischten Schenkung übertragene Sachgesamtheit als einheitlicher Vorgang anzusehen und nicht in einen entgeltlichen und einen unentgeltlichen Teil aufzuspalten. Der Veräußerungsgewinn ist vielmehr durch Gegenüberstellung des Entgelts und Buchwerts des übertragenen Betriebsvermögens zu ermitteln (sog. Einheitstheorie, vgl. BFH 22.9.1994 – IV R 61/93, BStBl. II 1995, 367). Es liegt mithin ein tarifbegünstigter Veräußerungsgewinn vor, wenn die Gegenleistung den Buchwert des übertragenen Betriebsvermögens übersteigt. In diesem Fall kann der Erwerber die Buchwerte bis zur Höhe des Entgelts aufstocken. Ist der Buchwert höher als die Gegenleistung, erzielt der Übertragende keinen Veräußerungsverlust; der Erwerber schafft die Sachgesamtheit nicht an, sondern tritt in die steuerliche Rechtsstellung des Übertragenden ein, gem. § 6 Abs. 3 S. 3 muss er die Buchwerte fortführen (Blümich/*Schallmoser* § 16 Rn. 145). 364

Einstweilen frei 365–369

C. Gegenstände der Veräußerung und ihr Verhältnis zueinander

I. Allgemeines

§ 16 Abs. 1 S. 1 erfasst die Veräußerung von 370

- Betrieben,
- Teilbetrieben,
- Mitunternehmeranteilen
- sowie von Anteilen persönlich haftender Gesellschafter an Kommanditgesellschaften auf Aktien

als **betriebliche Sachgesamtheiten.** Die das gesamte Nennkapital umfassende Beteiligung an einer Kapitalgesellschaft ist dem Teilbetrieb durch gesetzliche Fiktion gleichgestellt, § 16 Abs. 1 S. 1 Nr. 1 S. 2.

Die **in § 16 Abs. 1 S. 1 genannten Sachgesamtheiten** sind nach einhelliger Auffassung auch von § 16 Abs. 3 S. 1 erfasst und somit einer Betriebsaufgabe zugänglich. § 16 Abs. 3 S. 1 stellt zwar nach seinem Wortlaut nur die Aufgabe eines Gewerbebetriebs oder eines Anteils im Sinne von § 16 Abs. 1 S. 1 Nr. 2 und Nr. 3 einer Veräußerung gleich. Dennoch kann auch der in § 16 Abs. 3 S. 1 nicht genannte Teilbetrieb bzw. die diesem gleichgestellte 100%-ige Beteiligung an einer Kapitalgesellschaft Gegenstand einer begünstigten Betriebsaufgabe sein. § 16 Abs. 3 S. 1 stellte bis zu seiner Neufassung durch das Steuerentlastungsgesetz vom 24.3.1999 (BGBl. 1999 I 403) die „Aufgabe eines Gewerbebetriebs" dessen Veräußerung gleich. Dies wurde als Globalverweis auf alle Veräußerungstatbestände des § 16 Abs. 1 S. 1 verstanden. Die mit der gesetzlichen Neufassung verbundene klarstellende Erwähnung von Mitunternehmeranteilen bzw. Anteilen iSd § 16 Abs. 1 S. 1 Nr. 3 ändert hieran nichts. Auch der Gesetzesbegründung lassen sich keine Anhaltspunkte dafür entnehmen, dass Teilbetriebe bzw. 100%-ige Beteiligungen an Kapitalgesellschaften vom Anwendungsbereich der Betriebsaufgabe ausgeschlossen werden sollten (BT-Drs. 14/23, 11, 178; Bordewin/Brandt/*Kauffmann* § 16 Rn. 99). Diese Betrachtung erscheint auch deswegen zwingend, weil es unter Gleichbehandlungsgesichtspunkten nicht folgerichtig erscheint, den Teilbetrieb und die 100%-ige Kapitalgesellschaftsbeteiligung für veräußerungsfähig iSd. § 16 Abs. 1 S. 1, aber nicht für aufgabefähig iSd § 16 Abs. 3 S. 1 zu halten. 371

Veräußerungen von Sachgesamtheiten im Sinne des § 16 Abs. 1 S. 1 führen zu einer Abschlussbesteuerung für alle im Betriebsvermögen gebildeten und noch nicht anderweitig realisierten stillen Reserven. Auf Rechtsfolgenseite führen der Freibetrag des § 16 Abs. 4 und der besondere Steuersatz des § 34 Abs. 1, 3 zu einer begünstigten Besteuerung des Veräußerungsgewinns. 372

Bei einer **Veräußerung durch eine natürliche Person** bleibt der Gewinn gewerbesteuerfrei, solange es sich nicht um die Veräußerung einer Kapitalgesellschaft handelt, § 7 S. 2 373

GewStG (→ Rn. 96). Die Fiktion eines Teilbetriebs für die das gesamte Nennkapital umfassende Beteiligung an einer Kapitalgesellschaft gilt nicht für die Gewerbesteuer, da diese Fiktion nur einkommensteuerliche Progressionsnachteile ausgleichen soll (vgl. Blümich/*Drüen* GewStG § 7 Rn. 136). Auch die Veräußerung einer Sachgesamtheit durch eine aus natürlichen Personen bestehende Mitunternehmerschaft erfolgt nicht unmittelbar durch deren Gesellschafter. Die Mitunternehmerschaft ist einkommensteuerlich Gewinnermittlungssubjekt und gewerbesteuerlich als Personengesellschaft selbst Steuerschuldnerin, § 5 Abs. 1 S. 3 GewStG. Der Veräußerungsgewinn unterfällt daher auf Ebene der Mitunternehmerschaft der Gewerbesteuer (BFH 14.1.2016 – IV R 5/14, BStBl. II 2016, 875; Blümich/*Drüen* GewStG § 7 Rn. 129)

374 Da der Steuerpflichtige **den Freibetrag gem. § 16 Abs. 4 nur einmal in Anspruch nehmen kann,** stellt sich die Frage, welche Rechtsfolge eintritt, wenn er einen (Teil-)Betrieb veräußert, dessen Betriebsvermögen eine das gesamte Nennkapital umfassende Kapitalgesellschaftsbeteiligung enthält. Vergleichbare Fragestellungen ergeben sich bei doppelstöckigen Personengesellschaften oder wenn Einzelunternehmer weitere Mitunternehmeranteile im Betriebsvermögen ihres Einzelunternehmens halten. Auch hier stellt sich die Frage, ob bei Veräußerung des Betriebsvermögens, in dem sich eine weitere Sachgesamtheit im Sinne des § 16 Abs. 1 S. 1 befindet, zwei eigenständige Veräußerungen vorliegen. Wäre dies der Fall, müsste sich der Steuerpflichtige entscheiden, für welchen Vorgang er den Freibetrag des § 16 Abs. 4 in Anspruch nehmen möchte. Das könnte sich im Einzelfall für den Steuerpflichtigen sogar als günstig erweisen. Da der Freibetrag von 45.000 EUR sich um den Betrag ermäßigt, den der Veräußerungsgewinn 136.000 EUR übersteigt (§ 16 Abs. 4 S. 1, 3), entfällt er ab einem Veräußerungsgewinn von 181.000 EUR. Erhält der Steuerpflichtige in dieser Situation das Recht, die (Teil-)Betriebsveräußerung wegen einer Kapitalgesellschaftsbeteiligung in zwei Vorgange zu unterteilen, könnte der Freibetrag für ihn wieder nutzbar werden. Für einen solchen Ansatz spricht, dass tatsächlich zwei Sachgesamtheiten übertragen werden, die durch § 16 Abs. 1 S. 1 privilegiert sind. In der Sache soll eine Veräußerung gem. § 16 Abs. 1 S. 1 jedoch begünstigt sein, wenn es sich um einen *einheitlichen* Vorgang handelt. Dieser liegt auch vor, wenn ein (Teil-)Betrieb veräußert wird, der eine weitere Sachgesamtheit im Sinne des § 16 Abs. 1 S. 1 enthält. Im Fall einer Betriebsveräußerung wird ebenfalls nicht vertreten, diese ggf. in die Übertragung mehrerer Teilbetriebe zu unterteilen. Es kann deshalb nichts anderes gelten, wenn das veräußerte Betriebsvermögen einen Mitunternehmeranteil enthält. Dies wird erst recht deutlich, wenn das veräußerte Betriebsvermögen eine Kapitalgesellschaftsbeteiligung enthält, die nur durch Fiktion als Teilbetrieb gilt (ablehnend daher zu Recht auch HHR/*Geissler* § 16 Rn. 112; für die Veräußerung der Oberpersonengesellschaft bei doppelstöckigen Mitunternehmerschaften auch Kirchof/*Reiß* § 16 Rn. 13; bei Veräußerung durch natürliche Personen nimmt die Finanzverwaltung in diesen Fällen konsequent auch keine Gewerbesteuerpflicht an, vgl. R 7.1 Abs. 3 S. 5 GewStR 2009). Etwas anderes kann lediglich dann gelten, wenn die Kapitalgesellschaftsbeteiligung und die Betriebsveräußerung tatsächlich zwei separate Vorgänge darstellen, die weder zeitlich noch sachlich in einem Zusammenhang stehen (vgl. zur Gewerbesteuer BFH 7.9.2005 – VIII R 99/03, BFH/NV 2006, 608).

374.1 Eine andere Problematik besteht dann, wenn in einem zeitlichen Zusammenhang mit einer (Teil-)Betriebsveräußerung eine andere betriebliche Sachgesamtheit zum Buchwert übertragen wird (etwa über § 6 Abs. 3 oder gem. §§ 20, 21, 24 UmwStG). Mit Blick auf die fehlende Vollaufdeckung stiller Reserven halten Teile der Literatur einen begünstigten Vorgang iSd § 16 nicht für möglich (HHR/*Geissler* § 16 Rn. 160; HHR/*Patt* § 16 Rn. 296). Der BFH hat im Rahmen seiner sog. Gesamtplanrechtsprechung zunächst offengelassen, ob eine vorherige Buchwertübertragung eines 100%-igen Kapitalgesellschaftsanteils einer begünstigten Betriebsveräußerung entgegensteht (BFH 25.2.2010 – IV R 49/08, BStBl. II 2010, 726; vgl. dazu *Wendt* FR 2010, 704), nachdem er diese Frage zunächst bejaht und es für möglich gehalten hatte, dass die Kapitalgesellschaftsbeteiligung eine wesentliche Betriebsgrundlage darstellt (BFH 2.10.1997 – IV R 84/96, BStBl. II 1998, 76). Der BFH hat jedoch seine frühere Rechtsprechung in dieser Frage nunmehr aufgegeben und geht davon aus, dass die Kapitalgesellschaftsbeteiligung keine wesentliche Betriebsgrundlage des veräußerten Betriebsvermögens sein kann, da sie im Wege der gesetzlichen Fiktion als Teilbetrieb eine eigene qualifizierte Sachgesamtheit iSd § 16 Abs. 1 S. 1 Nr. 1 darstellt (BFH 28.5.2015 – IV R 26/12, BStBl. II 2015, 797). Im Ergebnis ist diese Auffassung vorzugswürdig. Wird eine andere betriebliche Sachgesamtheit vor der (Teil-)Betriebsveräußerung/

Betriebsaufgabe zum Buchwert übertragen, bleiben die darin befindlichen stillen Reserven betrieblich verstrickt. Derartige Gestaltungen beinhalten darum kein Missbrauchspotential, wie es die sog. Gesamtplanrechtsprechung verlangt. Es besteht darum kein Bedürfnis, der verbleibenden betrieblichen Sachgesamtheit die Begünstigungen gem. §§ 16 Abs. 4, 34 Abs. 1, 3 zu versagen. Vorherige Veränderungen des Betriebsvermögens, etwa in Gestalt von Entnahmen oder Veräußerungen, sind daher unschädlich, sofern diese nicht den Untergang der Sachgesamtheit als funktionsfähige betriebliche Einheit bewirken (BFH 14.7.2016 – IV R 19/13, BFH/NV 2016, 1702).

Einstweilen frei **375–379**

II. Veräußerung des ganzen Gewerbebetriebes oder eines Teilbetriebs

1. Betriebsveräußerung

a) Der Begriff des Gewerbebetriebs. Der **Begriff des Gewerbebetriebs iSd § 16 Abs. 1 S. 1 Nr. 1** leitet sich aus der Definition in § 15 Abs. 2 S. 1 ab. Nach dieser Vorschrift ist eine selbständige nachhaltige Betätigung, die mit der Absicht, Gewinn zu erzielen, unternommen wird und sich als Beteiligung am wirtschaftlichen Verkehr darstellt, „Gewerbebetrieb". Das Gesetz betont damit zunächst, dass ein Gewerbebetrieb eine *Betätigung* erfordert, es sich mithin um ein Tätigwerden im wirtschaftlichen Verkehr handeln muss. Dies legt bereits der Begriff des Betriebs von seinem Wortsinn nahe, da dieser sich von dem Verb „betreiben" ableiten lässt. Dieses Tätigwerden als solches kann der Steuerpflichtige nicht auf einen anderen übertragen. Er kann lediglich die eigene Tätigkeit einstellen, die dann jemand anderes aufnimmt und fortführt. Hinzu kommt eine *vermögensbezogene Komponente.* Denn den Gewinn ermittelt das Gesetz regelmäßig gem. § 4 Abs. 1 S. 1 durch den Unterschiedsbetrag zwischen dem Betriebsvermögen zu Beginn und zum Ende des Wirtschaftsjahres (bereinigt um Einlagen und Entnahmen). Wenn zur Gewinnermittlung eines Gewerbebetriebs regelmäßig ein Betriebsvermögensvergleich erforderlich ist, wird deutlich, dass neben der tätigkeitsbezogenen Komponente auch ein vorhandenes Betriebsvermögen zur Annahme eines Gewerbebetriebs gehört. **380**

Die **Veräußerung eines Gewerbebetriebs im Ganzen** wird daher maßgeblich durch zwei Kriterien bestimmt: zum einen durch die Einstellung der bisherigen gewerblichen Tätigkeit durch den Veräußerer und zum anderen durch die Veräußerung des dieser Tätigkeit zugrundeliegenden wesentlichen Betriebsvermögens. Das erstgenannte Kriterium folgt aus der tätigkeitsbezogenen Definition des Begriffs des Gewerbebetriebs in § 15 Abs. 2 (BFH 12.6.1996 – XI R 56, 57/95, BStBl. II 1996, 527), während das zweitgenannte Kriterium darauf zurückzuführen ist, dass die gewerbliche Tätigkeit typischerweise unter Einsatz von Vermögen erfolgt, das dann nach § 4 Abs. 1 Satz 1 zum Betriebsvermögen des Gewerbebetriebs zählt (HHR/*Geissler* § 16 Rn. 110). **381**

Das **Ertragsteuerrecht** verwendet den Begriff des Betriebs in zahlreichen unterschiedlichen Regelungen (vgl. etwa §§ 6 Abs. 3, 13, 14, 16 EStG; §§ 20, 24 UmwStG; § 2 Abs. 1 GewStG). Die Auslegung des Betriebsbegriffs erfolgt stets unter Berücksichtigung der jeweiligen Einzelnorm. Dies kann dazu führen, dass der Betriebsbegriff trotz weitestgehender Deckungsgleichheit in anderen Normzusammenhängen Abweichungen aufweist (Beispiel: Da die Gewerbesteuer den Betrieb als „Objekt" erfasst, unterliegt ihr nur der durch den laufenden Gewerbebetrieb erwirtschaftete Gewinn oder Verlust, während die Einkommensteuer auch Aufwendungen erfasst, die etwa aus Vorbereitungshandlungen zur Eröffnung des Gewerbebetriebs resultieren; vgl. Blümich/*Drüen* GewStG § 2 Rn. 230). **382**

In Bezug auf **natürliche Personen** geht das EStG von einem engen Betriebsbegriff aus. Das bedeutet, dass der einzelne Steuerpflichtige Inhaber mehrerer Betriebe sein kann. Voraussetzung ist, dass er unterschiedlichen selbständigen gewerblichen Betätigungen nachgeht. Eine Betriebsveräußerung setzt demnach nicht voraus, dass der Steuerpflichtige alle seine Gewerbebetriebe überträgt. **383**

Nach der **Rechtsprechung** erfordert die **Annahme eines selbständigen Gewerbebetriebs bei Vorliegen mehrerer gewerblicher Tätigkeiten** deren vollkommene Eigenständigkeit. Eine Verbindung darf im Wesentlichen nur in der Person des Steuerpflichtigen bestehen; dieser muss die Betriebe nebeneinander am Wirtschaftsleben teilnehmen lassen (BFH 9.8.1989 – X R 130/87, BStBl. II 1989, 901). Ob die einzelnen gewerblichen Betäti- **384** gungen als selbständige Gewerbebetriebe oder als ein einheitlicher Gewerbebetrieb anzusehen sind, muss im Einzelfall aufgrund der Würdigung der Gesamtumstände entschieden werden. Relevante Merkmale, die für einen einheitlichen Gewerbebetrieb sprechen, sind vor allem die Gleichartigkeit der Betätigung, die Möglichkeit, dass sich die verschiedenen Tätigkeiten ergänzen, sowie die räumliche Nähe der Betriebe. Ebenfalls zu berücksichtigen ist, ob eine gesonderte Verwaltung, eine selbständige Organisation, ein eigenes Rechnungswesen, eigenes Personal, eigenes Anlagevermögen uä gegeben sind (BFH 15.9.2010 – X R 21/08, BFH/NV 2011, 235).

385 **Mitunternehmerschaften und Körperschaften** haben dagegen kraft gesetzlicher Anordnung nur einen einzigen Gewerbebetrieb. Dies folgt aus § 15 Abs. 3 Nr. 1, § 8 Abs. 2 KStG, wonach die von diesen Gesellschaften erzielten Einkünfte in vollem Umfang als solche aus Gewerbebetrieb gelten. Die Anwendung der Fiktion setzt jedoch voraus, dass die einzelnen gewerblichen Betätigungen ein und derselben Mitunternehmerschaft bzw. Körperschaft zugeordnet werden können. Bestehen für verschiedene Tätigkeiten verschiedene Gesellschaften, liegen separate (Teil-)Gewerbebetriebe vor.

386 Zwischen der **Veräußerung eines Gewerbebetriebs im Ganzen** und der **Veräußerung eines Teilbetriebs** besteht kein wesensmäßiger Unterschied (BFH 9.8.1989 – X R 62/87, BStBl. II 1989, 973). Der Begriff des Teilbetriebs ist ebenso wie der des Gewerbebetriebs durch eine tätigkeitsbezogene und eine vermögensbezogene Komponente gekennzeichnet (→ Rn. 381). Obgleich die Veräußerung des Gewerbebetriebs (§ 16 Abs. 1 S. 1 Nr. 1 Alt. 1) und die Veräußerung des Teilbetriebs (§ 16 Abs. 1 S. 1 Nr. 1 Alt. 2) vom Gesetz als unterschiedliche Tatbestandsvarianten ausgestaltet sind, kommt der Abgrenzung beider Fälle mit Blick auf die Rechtsfolgen keine entscheidende Bedeutung zu. Insbesondere der Freibetrag nach § 16 Abs. 4 und die Tarifermäßigung nach § 34 finden auch im Falle einer Teilbetriebsveräußerung Anwendung. Relevant ist hingegen die Abgrenzung des Gewerbebetriebs/Teilbetriebs von der Veräußerung einzelner Wirtschaftsgüter bzw. unselbständiger Betriebsteile, die gerade nicht vom Tatbestand des § 16 erfasst werden.

387 Der Gewerbebetrieb setzt in **Abgrenzung zu bloßen unselbständigen Betriebsteilen** das Vorliegen eines selbständigen, allein lebensfähigen Organismus des Wirtschaftslebens voraus. Selbständig ist ein solcher Organismus, wenn er, anders als ein Teilbetrieb, völlig eigenständig ist (BFH 24.4.1969 – IV R 202/68, BStBl. II 1969, 397.). Allein lebensfähig ist der Organismus, wenn er im Zeitpunkt seiner Übertragung besteht und vom Erwerber fortgeführt werden kann. Auch der noch nicht werbend tätige und im Aufbau befindliche Betrieb kann nach ständiger Rechtsprechung Gegenstand einer Betriebsveräußerung im Ganzen sein, sofern er bereits über wesentliche Betriebsgrundlagen verfügt und bei zielgerechter Weiterverfolgung des Aufbauplans einen selbständig lebensfähigen Organismus erwarten lässt (so bereits RFH 19.2.1936 – VI 806/34, RFHE 39, 160; BFH 1.2.1989 – VIII R 33/85, BStBl. II 1989, 458; vgl. auch BFH 25.4.2002 – IV R 30/00, BStBl. II 2004, 182). Ein auslaufender Betrieb ist solange noch Gewerbebetrieb iSd § 16, wie er noch über wesentliche Betriebsgrundlagen verfügt und die Abwicklungsphase noch nicht beendet ist (HHR/*Geissler* § 16 Rn. 120). Gleiches gilt für einen ruhenden Betrieb, solange er identitätswahrend wieder aufgenommen werden kann (BFH 16.12.1977 – VIII R 11/95, BStBl. II 1998, 379). Ein zerstörter oder verfallener Betrieb ist nicht mehr allein lebensfähig, sofern er sein organisatorisches Gefüge und damit seinen Charakter als Betrieb verloren hat

387.1 Da die Wirtschaftsgüter des Betriebsvermögens trotz der Zerstörung ihren betrieblichen Charakter behalten, können in einem solchen Fall die Voraussetzungen einer Betriebsaufgabe gegeben sein. Nach der Rechtsprechung ist dies der Fall, wenn der zerstörte Betrieb in einem engen zeitlichen Zusammenhang mit dem Schadensereignis aufgegeben wird (BFH 11.3.1982 – IV R 25/79, BStBl. II 1982, 707).

388 Ein **Liebhabereibetrieb** ist kein Gewerbebetrieb iSd § 16, weil es mangels Gewinnerzielungsabsicht an einer einkommensteuerlich relevanten betrieblichen Tätigkeit fehlt. Der Wechsel von einem Liebhabereibetrieb zu einem Gewerbebetrieb ist eine Betriebseröffnung iSd § 6 Abs. 1 EStDV. Umgekehrt handelt es sich beim Übergang von einem einkommensteuerrechtlich relevanten Erwerbsbetrieb zu einem Liebhabereibetrieb nicht um eine gewinnrealisierende Betriebsaufgabe, da der betriebliche Organismus bestehen bleibt und insbesondere die Verknüpfung der Wirtschaftsgüter mit dem Betrieb nicht gelöst wird (BFH 11.5.2016 – X R 61/14, BStBl. II 2016, 939; BFH 5.5.2011 – IV R 48/08, BStBl. II 2011, 792).

Für die Entscheidung, ob eine **Betriebsveräußerung im Ganzen, eine Teilbetriebsveräußerung oder nur die Veräußerung einzelner Wirtschaftsgüter** vorliegt, ist auf den Zeitpunkt abzustellen, in dem das wirtschaftliche Eigentum an den übertragenen Wirtschaftsgütern auf den Erwerber übergehen soll (Übergang von Besitz, Nutzen und Lasten). Nicht maßgebend ist der Zeitpunkt, zu dem das schuldrechtliche Verpflichtungsgeschäft abgeschlossen wird (BFH 10.3.1998 – VIII R 31/95, BFH/NV 1998, 1209; Schmidt/*Wacker* § 16 Rn. 92; aA *Tiedtke/Wälzholz* DStZ 2000, 127). **389**

Schuldrechtliche Rückbeziehungen einer während des Wirtschaftsjahres vollzogenen Veräußerung sind in der Regel steuerlich unbeachtlich (BFH 21.12.1972 – IV R 194/69, BStBl. II 1973, 389). Etwas anderes gilt nach der Rechtsprechung ausnahmsweise dann, wenn der Rückbezug keinen besonderen steuerlichen Vorteil generiert und nur einen kurzen Zeitraum umfasst (BFH 21.3.2002 – IV R 1/01, BFH/NV 2002, 1083; Schmidt/*Wacker* § 16 Rn. 443: drei Monate). **389.1**

Einstweilen frei **390–394**

b) Veräußerung des Betriebs im Ganzen. aa) Übertragung der wesentlichen Betriebsgrundlagen. Das Gesetz erfasst in **§ 16 Abs. 1 S. 1 Nr. 1 Alt. 1** „Gewinne, die erzielt werden bei der Veräußerung des ganzen Gewerbebetriebs". Nach dem Wortlaut der Vorschrift liegt es nahe, dass eine Betriebsveräußerung nur dann vorliegt, wenn der Veräußerer sämtliche Wirtschaftsgüter des Betriebsvermögens auf den Erwerber überträgt. Da das EStG den Betriebsbegriff jedoch zunächst tätigkeitsbezogen definiert (§ 15 Abs. 2, → Rn. 380), ist entscheidend, dass der Steuerpflichtige diejenigen Wirtschaftsgüter überträgt, die den Betrieb als lebenden Organismus ausmachen. Der Erwerber muss in die Lage versetzt werden, den übernommenen Betrieb fortzuführen. Hierzu bedarf es einer Übertragung aller *funktional* wesentlichen Betriebsgrundlagen des Betriebsvermögens (dazu → Rn. 400). Von einer Übertragung des Betriebs als lebender Organismus lässt sich zudem nur dann sprechen, wenn der Veräußerer seine bisherige betriebliche Tätigkeit als solche einstellt (zur Abgrenzung → Rn. 433 ff.). Nicht erforderlich ist, dass der Erwerber den übernommenen Betrieb tatsächlich fortführt. Es ist vielmehr ausreichend, dass er hierzu in der Lage wäre. Da eine Betriebsveräußerung im Ganzen über die Anwendung der § 16 Abs. 4, § 34 Abs. 1, 3 zu einer begünstigten Besteuerung führt, verlangt die hM aufgrund einer normspezifischen Auslegung zudem die Übertragung solcher Wirtschaftsgüter, die erhebliche stille Reserven beinhalten, also nach einer *quantitativen* Sichtweise wesentliche Betriebsgrundlagen darstellen (im Einzelnen → Rn. 397). **395**

Die **Veräußerung des Gewerbebetriebs im Ganzen** setzt voraus, dass sämtliche *wesentlichen* Betriebsgrundlagen auf den Erwerber übertragen werden. Dies erfordert nicht, dass sämtliche Wirtschaftsgüter des Betriebsvermögens auf den Erwerber übergehen. Wird jedoch nur eine *wesentliche* Betriebsgrundlage nicht mitübertragen, liegt keine begünstigte Betriebsveräußerung iSd §§ 16, 34 vor. Unschädlich ist, wenn einzelne nicht wesentliche Betriebsgrundlagen zurückbehalten werden (BFH 26.5.1993 – X R 101/90, BStBl. II 1993, 710). **396**

Der **Begriff der wesentlichen Betriebsgrundlage** ist nach hM normspezifisch auszulegen. Im Anwendungsbereich des § 16 Abs. 1 S. 1 gilt eine *funktional-quantitative* Betrachtungsweise. Dabei stehen die funktionalen und die quantitativen Kriterien eigenständig nebeneinander; sie sind daher auch unabhängig voneinander zu prüfen (vgl. HHR/Geissler § 16 Rn. 121). **397**

Die **quantitative Betrachtung** gründet sich dabei vor allem auf den Zweck der §§ 16, 34. Dieser liegt vornehmlich in der Abmilderung der steuerlichen Folgen aus einer zusammengeballten Aufdeckung der über die Zeit entstandenen stillen Reserven, indem die Tarifermäßigung des § 34 Veräußerungsgewinne iSd § 16 als außerordentliche Einkünfte erfasst und diese einer ermäßigten Besteuerung unterwirft. Eine übermäßige steuerliche Belastung aufgrund einer Anwendung des regulären progressiven Einkommensteuertarifs wird dadurch vermieden. Entsprechend diesem Gesetzeszweck sind zu den wesentlichen Betriebsgrundlagen nicht nur solche Wirtschaftsgüter zu zählen, die aufgrund ihrer Funktion ein besonderes Gewicht für die Betriebsführung besitzen und zur Erreichung des Betriebszwecks erforderlich sind (funktionale Betrachtung), sondern auch solche, die erhebliche stille Reserven aufweisen (quantitative Betrachtung). **398**

Die Frage, wann **erhebliche stille Reserven** vorliegen, ist von der Rechtsprechung noch nicht abschließend geklärt. Teilweise wird auf das Verhältnis der in dem einzelnen **399**

Wirtschaftsgut vorhandenen stillen Reserven zur Summe der gesamten stillen Reserven abgestellt (FG Münster 18.6.1998 – 8 K 1483/94 G, EFG 1998, 1465; vgl. auch Korn/*Stahl* § 16 Rn. 35.1, der als Grenze 10% der gesamten stillen Reserven heranziehen will). Teilweise wird (zusätzlich) darauf abgestellt, ob die absolute Höhe der stillen Reserven eine gewisse Grenze überschreitet (vgl. zB BFH 1.2.2006 – XI R 41/04, BFH/NV 2006, 1455, der die absolute Grenze bei stillen Reserven in Höhe von 186.000 DM „bei weitem" überschritten sieht).

400 Anders als der quantitative Aspekt beruht die **funktionale Betrachtungsweise** auf der tätigkeitsbezogenen Auslegung des Gewerbebetriebbegriffs. Denn der Gewerbebetrieb wird gerade durch diejenigen Wirtschaftsgüter bestimmt, die ihrer Funktion nach der vom Steuerpflichtigen konkret ausgeübten Tätigkeit zu dienen bestimmt und zur Erreichung des Betriebszwecks erforderlich sind. Als funktional wesentliche Betriebsgrundlagen sind alle Wirtschaftsgüter anzusehen, die aus der Sicht des Veräußerers nach ihrer Funktion und organisatorischen Zusammengehörigkeit zur Erreichung des Betriebszwecks erforderlich sind und für die Führung des Betriebs ein wirtschaftliches Gewicht besitzen (vgl. BFH 7.4.2010 – I R 96/08, BStBl. II 2011, 467; BFH 25.2.2010 – IV R 49/08, BStBl. II 2010, 726; BFH 4.7.2007 – X R 49/06, BStBl. II 2007, 772; BFH 5.6.2003 – IV R 18/02, BStBl. II 2003, 838). Welche Wirtschaftsgüter nach dieser funktionalen Betrachtung wesentlich sind, hängt von der jeweiligen Branche, der Eigenart des Betriebs und den besonderen Umständen des Einzelfalls ab (BFH 20.2.2008 – X R 13/05, BFH/NV 2008, 1306; BFH 30.11.2005 – X R 37/05, BFH/NV 2006, 1451). Wirtschaftsgüter des gewillkürten Betriebsvermögens gehören nicht zu den funktional wesentlichen Betriebsgrundlagen, da sie nicht in einem funktionalen Zusammenhang mit dem Betrieb stehen; sie können allerdings bei Vorhandensein von stillen Reserven unter quantitativen Gesichtspunkten als wesentliche Betriebsgrundlagen anzusehen sein (HHR/*Geissler* § 16 Rn. 122; Lademann EStG/*Sieker* § 16 Rn. 330 mwN).

400.1 In Bezug auf die funktionale Betrachtungsweise unterscheidet sich der Begriff der wesentlichen Betriebsgrundlage bei der Betriebsveräußerung bzw. -aufgabe nicht von demjenigen, der bei der Betriebsaufspaltung oder der Betriebsverpachtung im Ganzen verwendet wird (BFH 20.3.2017 – X R 11/16, BStBl. II 2017, 992). Auch in Einbringungsfällen gilt diese (reine) funktionale Betrachtungsweise in Bezug auf die Wesentlichkeit von Betriebsgrundlagen (BFH 16.12.2009 – I R 97/08, BStBl. II 2010, 808).

401 **Funktional wesentlich** sind regelmäßig die Wirtschaftsgüter des *Anlagevermögens*, insbesondere Betriebsgrundstücke (BFH 13.2.1996 – VIII R 39/92, BStBl. II 1996, 409; BFH 21.5.1992 – X R 77/90, BFH/NV 1992, 659). Ein Betriebsgrundstück stellt nur dann keine wesentliche Betriebsgrundlage dar, wenn es für den Betrieb keine oder nur eine geringe Bedeutung hat. Eine wirtschaftliche Bedeutung ist bereits dann anzunehmen, wenn der Betrieb auf das Grundstück angewiesen ist, weil er ohne ein Grundstück dieser Art nicht fortgeführt werden könnte. Dabei ist unerheblich, ob das Grundstück auch von anderen Unternehmen genutzt werden könnte, ob ein vergleichbares Grundstück gemietet oder gekauft werden könnte oder ob die betriebliche Tätigkeit auch auf einem anderen Grundstück weitergeführt werden könnte (BFH 10.11.2005 – IV R 7/05, BStBl. II 2006, 176; BFH 14.7.1993 – X R 74-75/90, BStBl. II 1994, 15).

401.1 In folgenden Fällen hat die Rechtsprechung ein Betriebsgrundstück als wesentliche Betriebsgrundlage angesehen:

- Gebäudegrundstück eines Möbeleinzelhändlers, in dem sich die betriebsnotwendigen Ausstellungs- und Lagerräume befinden (BFH 4.11.1965 – IV 411/61 U, BStBl. III 1966, 49);
- Betriebsgrundstück, das für einen Hotel- und Restaurationsbetrieb genutzt wird (BFH 30.10.1974 – I R 40/72, BStBl. II 1975, 232);
- Betriebsgrundstück eines Fuhrunternehmens, wenn auf diesem der Verwaltungsbereich einschließlich Annahme und Disposition sowie die technischen Vorrichtungen für den Güterfernverkehr vorgehalten werden (BFH 20.6.1989 – VIII R 396/83, BFH/NV 1989, 634);
- Betriebsgrundstück eines Rohproduktenhandels (BFH 21.5.1992 – X R 77/90, BFH/NV 659);
- Dachgeschoss eines mehrstöckigen Hauses, wenn es zusammen mit den übrigen Geschossen die räumliche und funktionale Grundlage für einen Betrieb bildet (BFH 14.2.2007 – XI R 30/05, BStBl. II 2007, 524).

Maschinen und Betriebsvorrichtungen zählen zu den funktional wesentlichen Betriebsgrundlagen, wenn sie nach ihrer tatsächlichen Verwendung ein besonderes Gewicht für die Betriebsführung haben (BFH 17.4.1997 – VIII R 2/95, BStBl. II 1998, 388: Maschinenpark eines Holzverarbeitungsbetriebs; BFH 27.3.1987 – III R 214/83, BFH/NV 1987, 578: Produktionsmaschinen und notwendiges Zubehör eines Fabrikationsbetriebs). 402

Ein **besonderes Gewicht** kommt einzelnen Maschinen oder Betriebsvorrichtungen sowie sonstigen einzelnen Wirtschaftsgütern des Anlagevermögens – im Unterschied zu Betriebsgrundstücken – nicht zu, wenn sie jederzeit ersetzbar oder kurzfristig wiederbeschaffbar sind (BFH 15.11.1984 – IV R 139/81, BStBl. II 1985, 205: Pferdebestand einer Reitschule; BFH 28.8.2003 – IV R 20/02, BStBl. II 2004, 10: Betriebseinrichtung eines Großhandelsunternehmen; BFH 5.6.2003 – IV R 18/02, BStBl. II 2003, 838: Schulungs-Kfz einer Fahrschule; BFH 20.2.2008 – X R 13/05, BFH/NV 2008, 1306: Inventar einer Bäckerei; FG Rheinland-Pfalz 12.6.1985 – 1 K 195/84: Kinoeinrichtung; BFH 29.10.1992 – III R 5/92, BFH/NV 1993, 233: Warenbestand eines Lebensmitteleinzelhändlers; vgl. aber BFH 29.11.1988 – VIII R 316/82, BStBl. II 1989, 602: Warenbestand eines Teppichhändlers; BFH 29.11.2017 – X R 34/15, BFN/NV 2018, 623: Büroräume). 403

Wesentliche Betriebsgrundlagen können auch immaterielle Wirtschaftsgüter sein, wie zB der Firmenwert oder gewerbliche Schutzrechte, insb. Lizenzen und Patente, Namens- und Zeichenrechte (BFH 20.3.2017 – X R 11/16, BStBl. II 2017, 992; vgl. auch BFH 16.12.2009 – I R 97/08, BStBl. II 2010, 808), Vertriebsrechte (BFH 19.11.2009 – IV R 89/06, BFH/NV 2010, 818) und ein Kundenstamm (BFH 18.12.1996 – XI R 63/96, BStBl. II 1997, 573). Darauf, ob diese immateriellen Werte selbständig bilanzierungsfähig sind, kommt es nicht an (BFH 16.12.2004 – IV R 3/03, BFH/NV 2005, 879). 404

Ebensowenig setzt die Beurteilung als wesentliche Betriebsgrundlage voraus, dass ein Namens- bzw. Zeichenrecht warenzeichenrechtlich bzw. markenrechtlich geschützt ist (vgl. zu ungeschützten Erfindungen: BFH 6.11.1991 – XI R 12/87, BStBl. II 1992, 415). Denn auch ohne ein solches Schutzrecht können Dritte das Namens- bzw. Zeichenrecht nicht ohne Weiteres ohne Abschluss eines Lizenzvertrags nutzen (BFH 16.12.2009 – I R 97/08, BStBl. II 2010, 808). 404.1

Wird eine eingeführte Bezeichnung für einen veräußerten Geschäftsbetrieb nicht mitverkauft, sondern lediglich im Rahmen eines Franchisevertrags zur Nutzung überlassen, sind nicht alle wesentlichen Betriebsgrundlagen übertragen worden (BFH 20.3.2017 – X R 11/16, BStBl. II 2017, 992). 404.2

Liquide Mittel, Bankguthaben und Forderungen zählen idR nicht zu den wesentlichen Betriebsgrundlagen (BFH 4.12.2012 – VIII R 41/09, BStBl. II 2014, 288; BFH 24.1.1973 – I R 156/71, BStBl. II 1973, 219). 405

Verbindlichkeiten und Rückstellungen sind keine funktional wesentlichen Betriebsgrundlagen (BFH 24.11.1984 – VIII R 2/81, BStBl. II 1985, 323 zu Verbindlichkeiten; BFH 28.1.1993 – IV R 131/91, BStBl. II 1993, 509 zu Rückstellungen). 406

Die **Beteiligung an einer Mitunternehmerschaft** zählt nicht zu den (funktional oder quantitativ) wesentlichen Betriebsgrundlagen eines Betriebs. Im Hinblick darauf, dass der Anteil an einer Personengesellschaft steuerrechtlich kein eigenständiges Wirtschaftsgut darstellt, sondern die Summe aller Anteile an den zum Gesellschaftsvermögen gehörenden Wirtschaftsgütern verkörpert (vgl. hierzu: BFH 25.2.1991 – GrS 7/89, BStBl. II 1991, 691), kann der Mitunternehmeranteil kein Wirtschaftsgut des veräußerten Betriebs sein. Er ist vielmehr als eigenständige Sachgesamtheit zu qualifizieren (glA HHR/*Geissler* § 16 Rn. 122). 407

Wird der zum Betriebsvermögen eines Einzelunternehmers gehörende Mitunternehmeranteil im Zusammenhang mit der Veräußerung des Einzelunternehmens veräußert, ist die Anwendbarkeit des § 16 Abs. 4 für beide Vorgänge getrennt zu prüfen, da zwei getrennte Veräußerungen iSd § 16 Abs. 1 S. 1 vorliegen. Sind hinsichtlich beider Vorgänge die Voraussetzungen des § 16 Abs. 4 erfüllt, hat der Veräußerer ein Wahlrecht: Er kann den Abzug des Freibetrags entweder bei der Veräußerung des Einzelunternehmens oder bei der Veräußerung des Mitunternehmeranteiles beantragen (vgl. EStR 16 Abs. 13 Sätze 6 und 7). Behält der Betriebsinhaber bei der Veräußerung des Betriebs den Mitunternehmeranteil zurück, steht dies der Annahme einer begünstigten Betriebsveräußerung entgegen (HHR/*Geissler* § 16 Rn. 122). 407.1

Führt der Steuerpflichtige im Zusammenhang mit einer Betriebsveräußerung **eine in früheren Jahren nach § 6b gebildete Rücklage fort,** kann nach Auffassung der Finanzverwaltung für den Veräußerungsgewinn der Freibetrag nach § 16 Abs. 4 ebenso wie die Tarifer- 408 mäßigung nach § 34 nur in Anspruch genommen werden, wenn die Rücklage keine stillen Reserven enthält, die bei der Veräußerung einer wesentlichen Grundlage des Betriebs aufgedeckt worden sind (EStR 6b.2 Abs. 10 S. 3). Dieser Auffassung ist zuzustimmen, soweit die Rücklage anlässlich der Veräußerung einer quantitativ wesentlichen Betriebsgrundlage gebildet wurde (glA HHR/*Geissler* § 16 Rn. 122; KSM/*Trossen* § 16 Rn. B 510; Schmidt/*Wacker* § 16 Rn. 108; aA LBP/*Hörger/Rapp* § 16 Rn. 26: Fortführung stets unschädlich; Lademann EStG/*Sieker* § 16 Rn. 342: Fortführung stets schädlich). Darauf, ob das in der Vergangenheit veräußerte Wirtschaftsgut, für das die Rücklage gebildet wurde, funktional für die Betriebsführung wesentlich war, kann es für die im Zeitpunkt der Betriebsveräußerung maßgebende Betrachtung nicht ankommen. Die 6b-Rücklage selbst ist keine funktional wesentliche Betriebsgrundlage, sondern ein steuerrechtlicher Sonderposten, der es ermöglicht, die bei der Veräußerung eines Wirtschaftsguts aufgedeckten stillen Reserven auf ein anderes begünstigtes Wirtschaftsgut zu übertragen, um auf diese Weise die Versteuerung der stillen Reserven in künftige Besteuerungsjahre zu verschieben. Dieser mit der Fortführung der 6b-Rücklage verbundene Aufschub der Besteuerung stiller Reserven steht der Annahme einer begünstigten Betriebsveräußerung entgegen.

409 Für die Frage, ob Wirtschaftsgüter im Sonderbetriebsvermögen eines Mitunternehmers als **wesentliche Betriebsgrundlagen** zu qualifizieren sind, gelten die allgemeinen Grundsätze. Zum Sonderbetriebsvermögen zählen nach der Rechtsprechung (vgl. BFH 14.4.1988 – IV R 271/84, BStBl. II 1988, 667 mwN) solche Wirtschaftsgüter, die einem Gesellschafter gehören und entweder in einem Zusammenhang mit dem Betrieb der Gesellschaft stehen (Sonder-BV I) oder der Beteiligung des Gesellschafters an der Gesellschaft förderlich sind (Sonder-BV II). Im Regelungszusammenhang des § 16 ist das Sonderbetriebsvermögen auch zur Beurteilung der Frage heranzuziehen, ob alle wesentlichen Betriebsgrundlagen mit veräußert worden sind. Zu den wesentlichen Betriebsgrundlagen des Gewerbebetriebs einer Personengesellschaft zählen idR die Wirtschaftsgüter im Sonder-BV I (wie zB ein der Personengesellschaft zur Nutzung überlassenes Grundstück) oder – in quantitativer Hinsicht – Wirtschaftsgüter im Sonder-BV II mit erheblichen stillen Reserven (BFH 31.8.1995 – VIII B 21/93, BStBl. II 1995, 890; BFH 2.10.1997 – IV R 84/96, BStBl. II 1998, 104). Noch nicht abschließend in der Rechtsprechung geklärt dürfte die Frage sein, ob Wirtschaftsgüter im Sonder-BV II aufgrund ihrer funktionalen Bedeutung für den Betrieb zu den wesentlichen Betriebsgrundlagen gerechnet werden können (bejahend: BFH 2.19.1997 – IV R 84/96, BStBl. II 1998, 104; verneinend: BFH 16.2.1996 – I R 183/94, BStBl. II 1996, 342).

409.1 Der Anteil eines Kommanditisten an der Komplementär-GmbH zählt nach der Rechtsprechung des BFH zum notwendigen Sonder-BV II, weil die Beteiligung der Stärkung der Gesellschafterstellung des Kommanditisten in der GmbH & Co. KG dient. Die Stellung des Kommanditisten in der KG wird deshalb gestärkt, weil dieser durch die Wahrnehmung seiner Rechte aus der Beteiligung an der Komplementär-GmbH die Möglichkeiten seiner Einflussnahme auf die GmbH & Co. KG erweitert (BFH 14.4.1988 – IV R 271/84, BStBl. II 1988, 667). Im Hinblick darauf stellt sich die Frage, ob die Beteiligung des Kommanditisten an der Komplementär-GmbH nach der funktionalen Betrachtungsweise als wesentliche Betriebsgrundlage anzusehen ist. Das ist in aller Regel zu bejahen. Auch wenn sich aus der Zuordnung der Beteiligung zum Sonder-BV II nicht zwangsläufig eine Qualifikation der Beteiligung an der Komplementär-GmbH als funktional wesentliche Betriebsgrundlage für die Mitunternehmerstellung des Kommanditisten ergibt, ist nicht zu verkennen, dass die Stärkung der Gesellschafterstellung des Kommanditisten in der KG zugleich eine funktionale Bedeutung der Beteiligung für die Mitunternehmerstellung beinhaltet. Hinzu kommt die Funktion der Haftungsübernahme durch die Komplementär-GmbH. Dementsprechend stellt die Beteiligung des Kommanditisten an der Komplementär-GmbH nur dann keine wesentliche Betriebsgrundlage dar, wenn die durch diese Beteiligung bewirkte Stärkung der Gesellschafterstellung des Kommanditisten in der GmbH & Co. KG von wirtschaftlich untergeordneter Bedeutung ist (vgl. BFH 16.12.2009 – I R 97/08, BStBl. II 2010, 808; BFH 25.11.2009 – I R 72/08, BStBl. II 2010, 471 sowie OFD Frankfurt 3.12.2015, DStR 2016, 676 und OFD Nordrhein-Westfalen 17.6.2014, DB 2014, 1646 mit ausführlicher Darstellung einzelner Fallgruppen).

410–414 *Einstweilen frei*

415 **bb) Zurückbehaltene Wirtschaftsgüter.** Eine **nach §§ 16, 34 begünstigte Betriebsveräußerung** liegt auch dann vor, wenn einzelne Wirtschaftsgüter, die keine wesentlichen

Betriebsgrundlagen darstellen, zurückbehalten werden. Dabei macht es keinen Unterschied, ob diese Wirtschaftsgüter im (Rest-)Betriebsvermögen weitergeführt, in ein anderes Betriebsvermögen oder in das Privatvermögen des Steuerpflichtigen überführt werden. Denn eine Betriebsveräußerung setzt lediglich voraus, dass alle wesentlichen Betriebsgrundlagen veräußert werden.

Wirtschaftsgüter, die nicht zu den wesentlichen Betriebsgrundlagen zählen, können zum Buchwert in ein anderes Betriebsvermögen des Steuerpflichtigen übertragen werden (§ 6 Abs. 5), ohne dass dies der Annahme einer begünstigten Betriebsveräußerung entgegensteht. Werden die Wirtschaftsgüter ins Privatvermögen des Steuerpflichtigen überführt und erfolgt diese Überführung im zeitlichen Zusammenhang mit der Betriebsveräußerung, ist analog § 16 Abs. 3 S. 7 dem Veräußerungspreis der gemeine Wert dieser Wirtschaftsgüter hinzuzurechnen (BFH 24.3.1987 – I R 202/83, BStBl. II 1987, 705; vgl. auch BFH 24.7.1962 – I 280/61 U, BStBl. III 1962, 418). Das gilt auch dann, wenn die entnommenen Wirtschaftsgüter dem Sonder-BV der Gesellschafter einer Personengesellschaft zuzurechnen sind (BFH 17.1.1989 – VIII R 370/83, BFH/NV 1989, 698). Der sich aus der Überführung ins Privatvermögen ergebende Gewinn in Höhe des Unterschieds zwischen gemeinem Wert und Buchwert des Wirtschaftsguts gehört zum begünstigten Veräußerungsgewinn. Verbleiben einzelne Wirtschaftsgüter, die keine wesentlichen Betriebsgrundlagen darstellen, im (Rest-)Betriebsvermögen des Steuerpflichtigen und werden sie zu einem späteren Zeitpunkt veräußert, zu dem kein hinreichender zeitlicher Zusammenhang mehr mit der Betriebsveräußerung besteht, führt dies zu nachträglichen, nicht tarifbegünstigten Einkünften nach § 24 Nr. 2. 416

Ihrer Art nach **nur betrieblich nutzbare Wirtschaftsgüter,** die nicht zu den wesentlichen Grundlagen des Betriebs gehören (zB Wirtschaftsgüter des Umlaufvermögens), können nicht ins Privatvermögen überführt werden; ihre spätere Veräußerung führt zu nicht begünstigten gewerblichen Einkünften nach § 24 Nr. 2. Das Gleiche gilt für Wirtschaftsgüter des Anlagevermögens, wenn diese mit der Absicht alsbaldiger Veräußerung ins Privatvermögen überführt werden (Schmidt/*Wacker* § 16 Rn. 123; LBP/*Hörger/Rapp* § 16 Rn. 37). 417

Für **Wirtschaftsgüter, die auch privat genutzt werden können,** besteht ein *Wahlrecht.* Der Steuerpflichtige kann diese Wirtschaftsgüter entweder zum gemeinen Wert in sein Privatvermögen überführen (§ 16 Abs. 3 S. 7); der hieraus resultierende Gewinn ist dann steuerbegünstigt. Spätere Wertänderungen führen nicht zu einer rückwirkenden Änderung des begünstigten Veräußerungsgewinns (BFH 10.2.1994 – IV R 37/92, BStBl. II 1994, 564). Der Steuerpflichtige kann die Wirtschaftsgüter auch zum Buchwert in ein anderes Betriebsvermögen überführen. Die Annahme einer tarifbegünstigten Veräußerung wird hierdurch nicht ausgeschlossen (BFH 14.4.1988 – IV R 271/84, BStBl. II 1988, 667). Der Steuerpflichtige hat nach zutreffender Auffassung aber kein Recht, die Wirtschaftsgüter als (Rest-)Betriebsvermögen ohne Betrieb fortzuführen, denn ansonsten könnte er die Gewinnrealisierung dadurch „auf ewig" hinausschieben, dass er die Wirtschaftsgüter weder veräußert noch in ein anderes Betriebsvermögen überführt noch für sein Privatvermögen entnimmt (vgl. Schmidt/*Wacker* § 16 Rn. 124 und 186; aA LBP/*Hörger/Rapp* § 16 Rn. 38; vgl. auch BFH 27.10.1983 – IV R 217/81, BStBl. II 1984, 364; BFH 27.3.1987 – III R 214/83, BFH/NV 1987, 578: Vermietung ist Zuführung zum Privatvermögen). 418

Der **Zurückbehalt von Wirtschaftsgütern, die als wesentliche Betriebsgrundlagen zu qualifizieren sind,** schließt die Annahme einer begünstigten Veräußerung des Gewerbebetriebs im Ganzen aus. Veräußert der Steuerpflichtige die nicht mit übertragenen wesentlichen Betriebsgrundlagen im zeitlichen Zusammenhang mit der Veräußerung des restlichen Betriebs an Dritte oder überführt er sie in sein Privatvermögen, liegt wegen der Aufdeckung aller stillen Reserven eine begünstigte Betriebsaufgabe nach § 16 Abs. 3 S. 1 vor (BFH 24.8.1989 – IV R 67/86, BStBl. II 1990, 132). Überführt der Steuerpflichtige eine wesentliche Betriebsgrundlage im zeitlichen Zusammenhang mit der Veräußerung des restlichen Betriebs zum Buchwert in ein anderes Betriebsvermögen (vgl. § 6 Abs. 5 Sätze 1 und 2), liegt weder eine Betriebsveräußerung noch – wegen der nur partiellen Aufdeckung stiller Reserven – eine Betriebsaufgabe vor. Vielmehr handelt es sich um einen nicht begünstigten Transfer einzelner Wirtschaftsgüter (BFH 5.2.2014 – X R 22/12, BStBl. II 2014, 388; BFH 9.12.1986 – VIII R 26/80, BStBl. II 1987, 342). Das Gleiche gilt, wenn eine wesentliche Betriebsgrundlage im Restbetrieb des Steuerpflichtigen zurückbehalten wird (BFH 9.10.1996 – XI R 71/95, BStBl. II 1997, 236). 419

420–424 *Einstweilen frei*

425 **cc) Einheitlicher Übertragungsvorgang.** Eine **Veräußerung des Gewerbebetriebs im Ganzen** setzt voraus, dass alle wesentlichen Betriebsgrundlagen in einem einheitlichen Vorgang an den Erwerber übertragen werden. Ein einheitlicher Vorgang liegt grundsätzlich dann vor, wenn die Übertragung des Gewerbebetriebs in Erfüllung eines schuldrechtlichen Kausalgeschäfts (bB Unternehmenskaufvertrag) erfolgt. Das schuldrechtliche Kausalgeschäft wird in aller Regel durch mehrere Erfüllungsgeschäfte dinglich vollzogen. Das Vorliegen eines einheitlichen Erfüllungsgeschäfts ist deshalb zur Annahme einer Betriebsveräußerung nicht erforderlich (HHR/*Geissler* § 16 Rn. 129; Lademann EStG/*Sieker* § 16 Rn. 371).

426 Werden die **wesentlichen Betriebsgrundlagen auf der Grundlage mehrerer schuldrechtlicher Verpflichtungsgeschäfte sukzessive übertragen,** kann dennoch ein einheitlicher Vorgang angenommen werden, sofern die Einzelakte auf einem einheitlichen Willensentschluss des Veräußerers beruhen und zwischen ihnen ein enger zeitlicher und wirtschaftlicher Zusammenhang besteht (BFH 17.12.2014 – IV R 57/11, BStBl. II 2015, 536; BFH 9.12.2014 – IV R 36/13, BStBl. II 2015, 529; BFH 14.7.1993 – X R 74-75/90, BStBl. II 1993, 15, sog. Gesamtplan-Rechtsprechung; vgl. auch *Kempelmann* StW 210, 385; *Oenings/Lienicke* DStR 2014, 1997; *Röhrig/Demant* EStB 2011, 33). Noch nicht durch die Rechtsprechung geklärt ist bislang, wie der zeitliche Zusammenhang zwischen den einzelnen Rechtsakten konkret zu definieren ist und welcher Zeitraum damit noch als ausreichend kurz angesehen werden kann, um von einem einheitlichen Übertragungsvorgang sprechen zu können. Nach zutreffender Auffassung ist für die Bestimmung dieses Zeitraums auf den von der Rechtsprechung für eine begünstigte Betriebsaufgabe höchstens akzeptierten zeitlichen Abstand zwischen dem ersten und letzten Aufgabeakt zurückzugreifen (vgl. BFH 30.8.2012 – IV R 44/10, BFH/NV 2013, 376). Danach kann bei einem Zeitraum von 18 Monaten zwischen Beginn und Ende der Betriebsaufgabehandlungen noch eine einheitliche Betriebsaufgabe vorliegen (BFH 21.10.1993 – IV R 42/93, BStBl. II 1994, 385). Dieser Zeitraum steht der Annahme eines einheitlichen Vorgangs daher auch bei einer zeitlich gestreckten Betriebsveräußerung nicht entgegenstehen (glA HHR/*Geissler* § 16 Rn. 129; Schmidt/*Wacker* § 16 Rn. 121; aA BFH 12.4.1989 – I R 105/85, BStBl. II 1989, 653 zu § 7 Abs. 1 EStDV aF, wonach ein Zeitraum von 25 Monaten zwischen dem ersten und dem letzten Übertragungsakt bei einer unentgeltlichen Teilbetriebsveräußerung einen einheitlichen Vorgang nicht ausschließt).

427 **Zweck der Gesamtplan-Rechtsprechung** ist nicht in erster Linie die Vermeidung missbräuchlicher Steuergestaltungen. Sie fußt vielmehr auf einer teleologischen Auslegung der §§ 16, 34 und ist zugleich Ausdruck einer wirtschaftlichen Betrachtungsweise (vgl. *Röhrig/Demant* EStB 2011, 33). Die Gesamtplan-Rechtsprechung und die ihr zugrundeliegende Verklammerung einzelner Rechtsgeschäfte zu einem einheitlichen Ganzen führt wegen der Steuerbegünstigung nach §§ 16, 34 regelmäßig zu positiven Rechtsfolgen für den Steuerpflichtigen; sie kann sich aber auch zu Lasten des Steuerpflichtigen auswirken. Werden zB vor einer Betriebsveräußerung einzelne wesentliche Betriebsgrundlagen zu Buchwerten in ein anderes Betriebsvermögen überführt, scheidet die Annahme einer steuerbegünstigten Betriebsveräußerung aus, sofern beide Vorgänge auf einem einheitlichen Willensentschluss beruhen und in einem engen zeitlichen und wirtschaftlichen Zusammenhang zueinander stehen (BFH 6.9.2000 – IV R 18/99, BStBl. II 2001, 229; BFH 19.3.1991 – VIII R 76/87, BStBl. II 1991, 635).

427.1 Die isolierte Veräußerung eines Teilbetriebs unterfällt dagegen unabhängig davon den §§ 16, 34, ob ein ebenfalls zum Betriebsvermögen des Gesamtbetriebs gehörender weiterer Teilbetrieb vor der Veräußerung in ein anderes Betriebsvermögen überführt wird (BFH 25.2.2010 – IV R 49/08, BStBl. II 2010, 726). Bei den Teilbetrieben handelt es sich um verschiedene Sachgesamtheiten. Die Veräußerung der einen Sachgesamtheit ist auch dann steuerbegünstigt, wenn die andere Sachgesamtheit zeitversetzt veräußert wird (HHR/*Geissler* § 16 Rn. 129).

428–432 *Einstweilen frei*

433 **dd) Einstellung der bisherigen gewerblichen Tätigkeit durch den Veräußerer.** Da der Begriff des Gewerbebetriebs eine **tätigkeitsbezogene Komponente** aufweist (vgl. BFH 16.3.2017 – IV R 31/14, BStBl. II 2019, 24 Rn. 35 mwN), ist weitere Voraussetzung einer

Betriebsveräußerung, dass der Gewerbetreibende nicht nur die wesentlichen Betriebsgrundlagen überträgt, sondern auch seine mit dem veräußerten Betriebsvermögen bisher entfaltete Tätigkeit aufgibt. Zwar ist nicht erforderlich, dass der Veräußerer seine gewerbliche Tätigkeit in vollem Umfang beendet. Er muss aber die Tätigkeit aufgeben, die mit dem veräußerten Betriebsvermögen verbunden war. Wie bei der Betriebsaufgabe muss auch bei der Betriebsveräußerung das veräußerte Betriebsvermögen vom Zeitpunkt der Veräußerung an aufhören, der gewerblichen Tätigkeit des Steuerschuldners zu dienen (BFH 9.8.1989 – X R 62/87, BStBl. II 1989, 973). Die Beendigung der Tätigkeit ist objektiv auf ein bestimmtes Betriebsvermögen und in subjektiver Hinsicht auf ein bestimmtes Steuerrechtssubjekt bezogen (BFH 12.6.1996 – XI R 56, 57/95, BStBl. II 1996, 527).

Wird der Gewerbebetrieb **in einem einheitlichen Vorgang, aber schrittweise in mehreren zeitlich aufeinander folgenden Einzelakten übertragen,** muss die Tätigkeit spätestens mit Abschluss des letzten Einzelakts eingestellt sein (BFH 12.4.1989 – I R 105/85, BStBl. II 1989). 434

Weder für die Betriebsveräußerung noch für die Betriebsaufgabe ist es erforderlich, dass der Steuerpflichtige **ganz aus dem Wirtschaftsleben ausscheidet.** Unschädlich ist daher, wenn der Steuerpflichtige, der seinen Gewerbebetrieb veräußert oder aufgegeben hat, seine Tätigkeit in einem anderen schon bisher unterhaltenen Gewerbebetrieb fortsetzt oder wenn er bei Veräußerung oder Aufgabe eines Teilbetriebs den nicht veräußerten oder aufgegebenen Teil des Gewerbebetriebs fortführt (BFH 22.10.2014 – X R 28/11, BFH/NV 2015, 479). Nichts anderes gilt, wenn der Steuerpflichtige nach der Veräußerung oder Aufgabe einen neuen Gewerbebetrieb eröffnet, sofern nicht der bisherige und der neue Gewerbebetrieb wirtschaftlich identisch sind (BFH 18.12.1996 – XI R 63/96, BStBl. II 1997, 573). Maßgebend für den danach erforderlichen Vergleich der vor und nach der Veräußerung der wesentlichen Betriebsgrundlagen ausgeübten Tätigkeiten ist nach der Rechtsprechung das Gesamtbild der Verhältnisse (BFH 11.3.1982 – IV R 25/79, BStBl. II 1982, 707). Für eine wirtschaftliche Identität sprechen dabei insb. die Artgleichheit der ausgeübten Tätigkeiten, das Fehlen von Umsatzeinbußen nach der Betriebsveräußerung, die Kürze der zeitlichen Unterbrechung und die räumliche Nähe der neuen Tätigkeit zum bisherigen Betrieb sowie das Bestehen eines identischen Kundenstamms (BFH 3.10.1984 – I R 116/81, BStBl. II 1985, 131; BFH 24.8.1989 – IV R 120/88, BStBl. II 1990; vgl. auch BFH 21.8.2108 – VIII R 2/15, BStBl. II 2019, 64, wonach es revisionsrechtlich nicht zu beanstanden ist, die Wiederaufnahme einer zuvor veräußerten freiberuflichen Praxis in derselben Stadt innerhalb eines Zeitraums von 22 Monaten nach der Veräußerung unter weitgehender Mitnahme der zuvor eingebrachten Mandate und teilweiser Wiedereinstellung des früheren Personals als schädlich anzusehen, → § 18 Rn. 762 ff.). 435

Diese Grundsätze gelten gemäß § 18 Abs. 3 S. 2 iVm § 16 Abs. 1 auch in den Fällen der Veräußerung einer Freiberuflerpraxis. Nach ständiger Rechtsprechung des BFH setzt die Veräußerung einer solchen Praxis voraus, dass der Steuerpflichtige die für die Ausübung der selbständigen Tätigkeit wesentlichen vermögensmäßigen Grundlagen entgeltlich und definitiv auf einen anderen überträgt. Hierzu gehören insbesondere die immateriellen Wirtschaftsgüter der Praxis wie Mandantenstamm bzw. Praxiswert (vgl. zB BFH 21.8.2018 – VIII R 2/15, BStBl. II 2019, 64 mwN). Darüber hinaus muss der Veräußerer seine freiberufliche Tätigkeit in dem bisherigen örtlichen Wirkungskreis wenigstens für eine gewisse Zeit einstellen. Wann eine „definitive" Übertragung der wesentlichen Betriebsgrundlagen vorliegt, hängt jeweils von den **Umständen des Einzelfalls** ab, die vom Finanzgericht als Tatsacheninstanz zu würdigen sind. „Neben der Dauer der Einstellung der freiberuflichen Tätigkeit sind insb. die räumliche Entfernung einer wieder aufgenommenen Berufstätigkeit zur veräußerten Praxis, die Vergleichbarkeit der Betätigungen, die Art und Struktur der Mandate sowie die Nutzungsdauer des erworbenen Praxiswerts zu berücksichtigen (vgl. BFH-Urteil in BFHE 262, 380, BStBl. II 2019, 64, m. w. N.). Eine starre zeitliche Grenze, nach der die Tätigkeit steuerunschädlich wieder aufgenommen werden kann, besteht nicht. Je nach den Umständen des Einzelfalls kann ein Zeitraum von etwa zwei bis drei Jahren ausreichend sein" (BFH 11.2.2020 – VIII B 131/19, DStR 2020, 807). 435.1

Nimmt der Veräußerer seine freiberufliche Tätigkeit nach einer gewissen Zeit wieder auf, kann dies auch dann schädlich sein, wenn die Wiederaufnahme zum Zeitpunkt der Übertragung der Praxis nicht geplant war. Maßgebend ist allein, ob es **objektiv** zu einer definitiven Übertragung der wesentlichen Praxisgrundlagen gekommen ist. Maßnahmen des Veräußerers, die wegen einer von Anfang an geplanten Wiederaufnahme dazu dienen sollen, die spätere Zurückgewinnung der Mandanten zu erleichtern, 435.2

können eine definitive Übertragung des Mandantenstammes von vornherein ausschließen bzw. die erforderliche Zeitspanne für die Einstellung der Tätigkeit verlängern (BFH 21.8.2018 – VIII R 2/15, BStBl. II 2019, 64 mwN).

436 **Wirtschaftlich nicht identisch** ist nach der Rechtsprechung die Tätigkeit des bisherigen Betriebsinhabers für den Erwerber in nichtselbständiger (zB als Angestellter) oder in selbständiger (zB als Berater) Stellung (BFH 17.7.2008 – X R 40/07, BStBl. II 2009, 43; BFH 18.5.1994 – I R 109/93, BStBl. II 1994, 925). Dieser Rechtsprechung ist zuzustimmen. Wird der Veräußerer vom Erwerber als Angestellter beschäftigt, erzielt der Übertragende keine Gewinneinkünfte mehr, sondern Einkünfte aus nichtselbständiger Arbeit gemäß § 19. Bereits hieraus folgt, dass der Veräußerer seine bisherige Tätigkeit endgültig aufgegeben hat. Eine Betriebsveräußerung iSd § 16 Abs. 1 S. 1 liegt aber auch dann vor, wenn der Übertragende nach der Veräußerung als selbständiger Berater für den Erwerber tätig wird. Als bisheriger Betriebsinhaber hat sich der Übertragende unter Einsatz seines Betriebsvermögens an den allgemeinen Markt gewandt, während er als Berater seine unternehmerischen Leistungen nur noch gegenüber dem Erwerber verwertet. Nur dieser geht rechtliche Beziehungen zu den bisherigen Kunden des Übertragenden ein. Der Veräußerer steht nach der Übertragung nur noch zum Erwerber in einer Rechtsbeziehung; seine unternehmerischen Leistungen erbringt er nur diesem gegenüber. Nach der Übertragung wird das Betriebsvermögen zudem nicht mehr im Rahmen des Gewerbebetriebs des Veräußerers eingesetzt. Der Veräußerer verwertet nur seine eigene Arbeitskraft ohne Kapitaleinsatz (vgl. *Tiedtke/Wälzholz* DStR 1999, 217 (220)). Die beiden unterschiedlichen Arten der Wertschöpfung sind wirtschaftlich nicht identisch. Der Übertragende hat seine auf das veräußerte Betriebsvermögen bezogene unternehmerische Tätigkeit eingestellt und sich eine neue Einkunftsquelle erschlossen (vgl. BFH 17.7.2008 – X R 40/07, BStBl. II 2009, 43; Lademann EStG/Sieker § 16 Rn. 313).

437 **Unschädlich ist,** wenn der Betriebsinhaber sein Unternehmen an eine Kapitalgesellschaft, an der er selbst beteiligt ist, veräußert. Schon aufgrund des Rechtssubjektwechsels (auch in steuerrechtlicher Hinsicht) ist von einer Einstellung der Tätigkeit durch den bisherigen Betriebsinhaber auszugehen (BFH 9.8.1989 – X R 62/87, BStBl. II 1989, 973; HHR/*Geissler* § 16 Rn. 136). Gleiches gilt bei Fortführung eines bisher als Einzelunternehmen geführten Gewerbebetriebes durch eine Personengesellschaft, an der der bisherige Betriebsinhaber Personengesellschaft (maßgeblich) beteiligt ist. Insoweit fehlt es an der für die Annahme einer unveränderten Fortführung der gewerblichen Betätigung erforderlichen Identität, weil der bisherige Betriebsinhaber von der Personengesellschaft als Zurechnungssubjekt abgelöst wird (BFH 16.12.1992 – X R 52/90, BStBl. II 1994, 838). Für den Fall der Veräußerung an eine Personengesellschaft ergibt sich dies aus der Regelung des § 16 Abs. 2 S. 3.

438 Eine **begünstigte Betriebsveräußerung iSd § 16 Abs. 1 S. 1 liegt nicht vor,** wenn der bisherige Betriebsinhaber im unmittelbaren Anschluss an die Veräußerung den Betrieb vom Erwerber zurückpachtet (vgl. BFH 2.9.1992 – XI R 26/91, BFH/NV 1993, 161 zu § 7 Abs. 1 EStDV; HHR/*Geissler* § 16 Rn. 136; Schmidt/*Wacker* § 16 Rn. 99; *Schiessl* DStZ 2007, 113; aA *Tiedtke/Wälzholz* DStZ 1999, 217). In diesem Fall wird die bisherige betriebliche Tätigkeit fortgesetzt, wenn auch auf der Grundlage des gepachteten Betriebsvermögens. Die Tatsache, dass die Tätigkeit nicht mehr mit eigenem, sondern mit fremdem Betriebsvermögen fortgesetzt wird, führt nicht zu einer anderen Beurteilung (zutreffend Lademann EStG/*Sieker* § 16 Rn. 314).

439 Im Fall eines **land- und forstwirtschaftlichen Betriebs,** den der Veräußerer im Anschluss an die Veräußerung vom Erwerber zurückgepachtet hatte, hat der IV Senat des BFH dagegen die Voraussetzungen einer Betriebsveräußerung als erfüllt angesehen, weil die Fortsetzung derselben betrieblichen Betätigung unabhängig davon erfolge, ob der Veräußernde seine Betätigung als Pächter oder als Betriebsinhaber ausübe (BFH 28.3.1985 – IV R 88/81, BStBl. II 1985, 508). Dieser Rechtsauffassung ist nicht zu folgen. In Bezug auf das Erfordernis zur Beendigung der bisherigen betrieblichen Tätigkeit gelten für einen land- und forstwirtschaftlichen Betrieb keine Besonderheiten. Auch im Fall der Rückpacht eines land- und forstwirtschaftlichen Betriebs ist deshalb eine Betriebsveräußerung iSd § 16 Abs. 1 S. 1 Nr. 1 zu verneinen (vgl. BFH 25.1.2017 – X R 59/14, DStR 2017, 1308; BFH 2.9.1992 – XI R 26/91, BFH/NV 1993, 161 zu § 6 Abs. 3).

440 Die **bisherige betriebliche Tätigkeit wird nicht eingestellt,** wenn die Betriebsveräußerung unter Nießbrauchsvorbehalt realisiert wird, weil der Veräußernde auch hier seine

Tätigkeit fortsetzt (HHR/*Geissler* § 16 Rn. 136; Lademann EStG/*Sieker* § 16 Rn. 316; *Schiessl* DStZ 2007, 113; aA *Tiedtke/Wälzholz* DStR 1999, 217; vgl. auch BFH 25.1.2017 – X R 59/14, BFHE 257, 227 zu § 6 Abs. 3).

Einstweilen frei **441–445**

2. Teilbetriebsveräußerung

a) Begriff des Teilbetriebs. aa) Begriffsdefinition und Normzusammenhang. **446** Der **Begriff des Teilbetriebs** kommt in zahlreichen steuerrechtlichen Normen (zB §§ 6 Abs. 3. 14, 16, 18 Abs. 3 EStG, §§ 15, 20, 24 UmwStG, §§ 13a, 19a ErbStG) als Tatbestandsmerkmal vor. Er ist – ebenso wie der Begriff des Gewerbebetriebs – nach dem jeweiligen Zweck der Vorschrift normspezifisch auszulegen (HHR/*Geissler* § 16 Rn. 140; Schmidt/*Wacker* § 16 Rn. 141; Lademann EStG/*Sieker* § 16 Rn. 376). Dabei kommt dem europarechtlichen Teilbetriebsbegriff (vgl. Art. 2 Buchst. j RL 2009/133/EG, vormals Art. 2 Buchst. i RL 90/434/EWG) für die Auslegung des Teilbetriebsbegriffs im Rahmen von § 16 nach der Rechtsprechung des BFH keine Bedeutung zu (BFH 16.11.2005 – X R 17/03, BFH/NV 2006, 532).

Im Unterschied dazu geht die Rechtsprechung des BFH davon aus, dass der europarechtliche Teilbetriebsbegriff des Art. 2 Buchst. j RL 2009/133/EG und der nationale Teilbetriebsbegriff des UmwStG grundsätzlich deckungsgleich sind (BFH 7.4.2010 – I R 96/08, BStBl. II 2011, 467). **446.1**

Zwischen der Veräußerung eines Gewerbebetriebs im Ganzen und der Veräußerung eines Teilbetriebs besteht kein wesensmäßiger Unterschied (BFH 9.8.1989 – X R 62/87, BStBl. II 1989, 973). Der Begriff des Teilbetriebs ist ebenso wie der des Gewerbebetriebs durch eine tätigkeitsbezogene und eine vermögensbezogene Komponente gekennzeichnet. Obgleich die Veräußerung des Gewerbebetriebs (§ 16 Abs. 1 S. 1 Nr. 1 Alt. 1) und die Veräußerung des Teilbetriebs (§ 16 Abs. 1 S. 1 Nr. 1 Alt. 2) vom Gesetz als unterschiedliche Tatbestandsvarianten ausgestaltet sind, kommt der Abgrenzung beider Fälle mit Blick auf die Rechtsfolgen keine entscheidende Bedeutung zu. Auch im Falle einer Teilbetriebsveräußerung finden insbesondere die Regelungen zum Freibetrag nach § 16 Abs. 4 und zur Tarifermäßigung nach § 34 Anwendung. Der Begriff des Teilbetriebs hat damit lediglich die Funktion, eine nach § 16 Abs. 4, § 34 begünstigte Veräußerung eines Teilbetriebs von der nicht begünstigten Veräußerung einzelner Wirtschaftsgüter des Betriebsvermögens oder unselbständiger Betriebsteile abzugrenzen, die gerade nicht vom Tatbestand des § 16 erfasst werden. **447**

Ein **Teilbetrieb** ist ein mit einer gewissen Selbständigkeit ausgestatteter, organisatorisch geschlossener Teil eines Gesamtbetriebs, der für sich betrachtet alle Merkmale eines Betriebs aufweist und als solcher allein lebensfähig ist (BFH 22.10.2015 – IV R 17/12, BFH/NV 2016, 209; BFH 9.12.2009 – X R 4/07, BFH/NV 2010, 888; BFH 16.11.2005 – X R 17/03, BFH/NV 2006, 532). Maßgebend ist seine Funktion im Rahmen des Gesamtbetriebs. Der Betriebsteil muss die allgemeinen Merkmale eines Betriebs aufweisen. Denn auch ein Teilbetrieb ist begrifflich „Betrieb". Lediglich eine völlig selbständige Organisation mit eigener Buchführung kann nicht gefordert werden. Denn diese Merkmale kennzeichnen bereits den eigenständigen Gesamtbetrieb im Gegensatz zum bloßen Teilbetrieb. Daraus folgt, dass eine organisatorische Verselbständigung und ein gesonderter Vermögens- und Ergebnisausweis bestimmte abgegrenzte Tätigkeitsgebiete für sich allein nicht zu einem Teilbetrieb machen können (vgl. bereits BFH 24.4.1969 – IV R 202/68, BStBl. II 1969, 397). Der Teilbetrieb wird in der Rechtsprechung daher auch als Untereinheit des Gesamtbetriebs oder als selbständiger Zweigbetrieb im Rahmen eines Gesamtunternehmens bezeichnet (BFH 9.12.2009 – X R 4/07, BFH/NV 2010, 888; BFH 23.11.1988 – X R 1/86, BStBl. II 1989, 376). **448**

Die **Abgrenzung des Teilbetriebs von einzelnen Betriebsteilen** erfolgt durch das Kriterium der „gewissen Selbständigkeit" (KSM/*Trossen* § 16 Rn. B 612 f.; HHR/*Geissler* § 16 Rn. 140). Ein bloßer unselbständiger Betriebsteil liegt vor, wenn ein Unternehmen nur organisatorisch nach örtlichen oder fachlichen Gesichtspunkten aufgeteilt ist (BFH 27.10.1994 – I R 107/93, BStBl. II 1995, 403; BFH 23.11.1988 – X R 1/86, BStBl. II 1989, 376). Bestimmte inhaltlich abgegrenzte Tätigkeitsgebiete eines Unternehmens erhalten daher nicht schon durch eine organisatorische Verselbständigung den Charakter eines Teilbe- **449** triebs (BFH 5.4.1968 – IV R 75/67, BStBl. II 1968, 523: Großtankstelle eines Treibstoffhandelsunternehmens). Am Merkmal der „gewissen Selbständigkeit" fehlt es insbesondere bei bloßen Unternehmensabteilungen wie zB Buchhaltung, Personalabteilung, Ein- und Verkauf, Forschung und Entwicklung, selbst wenn diese organisatorisch getrennt sind und über einen gesonderten Ergebnisausweis verfügen (HHR/*Geissler* § 16 Rn. 140).

450–454 *Einstweilen frei*

455 **bb) Merkmale des Teilbetriebs. (1) Organisch geschlossener Teil des Gesamtbetriebs.** Als **organisch geschlossener Teil des Gesamtbetriebs** kommt regelmäßig nur eine Mehrzahl von Wirtschaftsgütern innerhalb eines Gesamtbetriebs in Betracht. Ein einzelnes Wirtschaftsgut kann daher grundsätzlich kein Teilbetrieb sein (BFH 29.11.2017 – I R 7/16, BStBl. II 2019, 738: einzelnes Grundstück begründet keinen Teilbetrieb „Grundstücksverwaltung"; vgl. aber BFH 7.11.1991 – IV R 50/90, BStBl. II 1992, 380: Schiff als einzige wesentliche Betriebsgrundlage einer Partenreederei). Abgesehen davon kommt dem Merkmal der organischen Geschlossenheit keine weitergehende Aussagekraft zu. Es ist regelmäßig dann als erfüllt anzusehen, wenn die Merkmale der „gewissen Selbständigkeit" und „eigenständigen Lebensfähigkeit" vorliegen (vgl. KSM/*Trossen* § 16 Rn. B 610 f.; HHR/*Geissler* § 16 Rn. 142; *Haarmann* FS Widmann, 2000, 375).

456–458 *Einstweilen frei*

459 **(2) Gewisse Selbständigkeit.** Das **Merkmal der „gewissen Selbständigkeit"** liegt vor, wenn die Wirtschaftsgüter des Teilbetriebs in ihrer Zusammenfassung einer Betätigung dienen, die sich im Rahmen des Gesamtunternehmens von der übrigen gewerblichen Tätigkeit deutlich abhebt (BFH 14.6.2000 – XI B 105/99, BFH/NV 2000, 1342; BFH 15.3.1984 – IV R 189/81, BStBl. II 1984, 486). Ob dies der Fall ist, beurteilt sich nach dem Gesamtbild der Verhältnisse beim Veräußerer (BFH 15.3.2007 – III R 53/06, BFH/NV 2007, 1661). Maßgebend sind insoweit die räumliche Trennung der Betriebsteile (BFH 15.3.2007 – III R 53/06, BFH/NV 2007, 1661), der Einsatz jeweils eigener Betriebsmittel (BFH 18.6.1998 – IV R 56/97, BStBl. II 1998, 735), eine selbständige Organisation der Betriebsteile (BFH 10.3.1998 – VIII R 31/95, BFH/NV 1998, 1209), die personelle Eigenständigkeit aufgrund des Einsatzes verschiedenen Personals (BFH 18.6.1998 – IV R 56/97, BStBl. II 1998, 735), eigene Kundenstämme (BFH 15.3.2007 – III R 53/06, BFH/NV 2007, 1661), eigene Buchführungen und Kostenrechnungen (BFH 18.6.1998 – IV R 56/97, BStBl. II 1998, 735), ungleichartige betriebliche Tätigkeiten (BFH 10.3.1998 – VIII R 31/95, BFH/NV 1998, 1209) sowie getrennte Einkaufs- und Verkaufsabteilungen (BFH 13.2.1996 – VIII R 39/92, BStBl. II 1996, 409). Es müssen nicht sämtliche der vorgenannten Abgrenzungskriterien erfüllt sein. Denn das Vorliegen eines Teilbetriebs setzt nicht eine vollständige, sondern lediglich eine „gewisse" Selbständigkeit voraus.

459.1 Den Abgrenzungskriterien kommt dabei ein unterschiedliches Gewicht zu, je nachdem, ob es sich um einen Fertigungs-, Handels- oder Dienstleistungsbetrieb handelt (BFH 4.7.2007 – X R 49/06, BStBl. II 2007, 772).

459.2 Nicht erforderlich für das Vorliegen eines Teilbetriebs ist, dass der jeweilige Unternehmensbereich vom Betriebsinhaber selbst oder von seiner Weisung unterliegenden Angestellten geführt wird (BFH 2.8.1978 – I R 78/76, BStBl. II 1979, 15). Das Gleiche gilt, wenn der Teilbetrieb statt von einem Angestellten von einem selbständigen Handelsvertreter geleitet wird, weil dieser nach § 84 Abs. 1 S. 1 HGB Geschäfte für einen anderen Unternehmer vermittelt oder Geschäfte in dessen Namen abschließt, sodass sein Handeln dem Unternehmer zuzurechnen ist (BFH 2.8.1978 – I R 78/76, BStBl. II 1979, 15).

459.3 Ein Teilbetrieb kann auch dann vorliegen, wenn der Teilbetrieb von einem Pächter geführt wird. Allerdings genügt es nicht, dass der Pächter den gepachteten Teilbetrieb selbständig und ohne Einmischung des Verpächters leitet, denn dies ist bei einer Verpachtung typischerweise der Fall. Entscheidend ist, ob der Betriebsteil bereits im Zeitpunkt vor der Verpachtung die an das Vorliegen eines Teilbetriebs zu stellenden Voraussetzungen erfüllt hat (BFH 5.10.1976 – VIII R 62/72, BStBl. II 1977, 42).

460–462 *Einstweilen frei*

463 **(3) Eigenständige Lebensfähigkeit. Eigenständig lebensfähig** ist ein Betriebsteil, wenn in ihm seiner Struktur nach eine eigene betriebliche Tätigkeit ausgeübt werden kann (BFH 7.11.1991 – IV R 50/90, BStBl. II 1992, 380). Dies setzt in aller Regel einen eigenen

Kundenkreis (BFH 26.6.1975 – VIII R 39/74, BStBl. II 1975, 832) sowie eigene Einkaufsbeziehungen mit der Möglichkeit zur Einflussnahme auf die Preisgestaltung voraus (BFH 12.2.1992 – XI R 21/90, BFH/NV 1992, 516). Anderenfalls liegen keine Teilbetriebe, sondern bloße Verkaufsstellen vor (BFH 10.3.1998 – VIII R 31/95, BFH/NV 1998, 1209).

Zu einem Gesamtbetrieb muss zumindest ein weiterer Teilbetrieb gehören, weil ansonsten nur eine Betriebsveräußerung im Ganzen in Betracht kommt (vgl. BFH 12.4.1989 – I R 105/85, BStBl. II 1989, 653). **463.1**

Als **allein lebensfähig** ist auch **ein entstehender und im Aufbau befindlicher Betriebsteil** anzusehen, sofern er bereits über wesentliche Betriebsgrundlagen verfügt und bei zielgerichteter Weiterverfolgung des Aufbauplans ein selbständig lebensfähiger Organismus zu erwarten ist (BFH 22.6.2010 – I R 77/09, BFH/NV 2011, 10; aA BMF 11.11.2011, BStBl. I 2011, 1314 zur Spaltung nach § 15 UmwStG). Ein auslaufender Teilbetrieb behält solange den Teilbetriebscharakter, wie er sich noch in der Abwicklungsphase befindet. Auch ein ruhender Teilbetrieb bleibt allein lebensfähig, solange er identitätswahrend wieder aufgenommen werden kann (BFH 16.12.1997 – VIII R 11/95, BStBl. II 1998, 379). Ein zerstörter oder verfallender Teilbetrieb ist nicht mehr allein lebensfähig, wenn er sein organisatorisches Gefüge verloren hat (BFH 16.7.1970 – IV R 227/68, BStBl. II 1970, 738). **464**

Besondere Bedeutung für die Frage der eigenständigen Lebensfähigkeit kommt der gemeinsamen Nutzung wesentlicher Betriebsgrundlagen durch mehrere Betriebsteile zu. Es ist wie folgt zu differenzieren: **465**

- Werden dieselben wesentlichen Betriebsgrundlagen durch mehrere Betriebsteile gemeinsam genutzt, ohne dass die gemeinsame Nutzung sinnvoll aufgeteilt werden kann, liegen keine Teilbetriebe vor, weil es angesichts der gegebenen Verflechtung an der erforderlichen eigenständigen Lebensfähigkeit der Betriebsteile fehlt (BFH 8.9.1971 – I R 66/68, BStBl. II 1972, 118).
- Nutzen mehrere Betriebsteile dieselben wesentlichen Betriebsgrundlagen und ist diese Nutzung sinnvoll aufteilbar (zB einzelne Grundstücksteile eines Betriebsgrundstücks), qualifizieren die einzelnen Betriebsteile als Teilbetriebe. In diesem Fall bedarf es zur Bejahung der Teilbetriebseigenschaft keiner echten Aufteilung der Betriebsgrundlagen. Um eine privilegierte Übertragung zu erreichen, müssen allerdings sämtliche wesentlichen Betriebsgrundlagen (anteilig) mitübertragen werden (BFH 12.4.1989 – I R 105/85, BStBl. II 1989, 653).

Einstweilen frei **466–468**

(4) Originär gewerbliche Tätigkeit im Teilbetrieb. Im jeweiligen Teilbetrieb **muss grundsätzlich eine originär gewerbliche Tätigkeit ausgeübt werden,** dh dass die in dem jeweiligen Betriebsteil erzielten Einkünfte als solche aus Gewerbebetrieb zu qualifizieren sein müssen. Bei konsequenter Betrachtung müsste dies dazu führen, dass in den Fällen, in denen gewerbliche Einkünfte lediglich fingiert werden (zB im Falle einer Abfärbewirkung nach § 15 Abs. 3 Nr. 1, einer gewerblichen Prägung nach § 15 Abs. 3 Nr. 2 oder einer Betriebsaufspaltung), die Teilbetriebseigenschaft zu verneinen ist. Das ist nach der Rechtsprechung jedoch nicht der Fall. In diesem Zusammenhang sind folgende Konstellationen zu erwähnen: **469**

- Die im Rahmen eines Gewerbebetriebs durchgeführte **Vermietung/Verpachtung eines Grundstücks** erfüllt nur dann die Merkmale eines Teilbetriebs, wenn die Vermietung/Verpachtung auch außerhalb des Gewerbebetriebs gewerblicher Natur wäre. Das ist nach der Rechtsprechung insbesondere dann der Fall, wenn zu der Vermietung/Verpachtung ins Gewicht fallende Sonderleistungen des Vermieters/Verpächters hinzutreten (BFH 1.10.1986 – I R 96/83, BStBl. II 1987, 113; BFH 24.4.1969 – IV R 202/68, BStBl. II 1969, 397). Ansonsten könnte ein betriebliches Grundstück allein dadurch, dass es aus der betrieblichen Nutzung herausgenommen und schlicht vermietet/verpachtet wird, die Merkmale eines Teilbetriebs erfüllen und steuerbegünstigt übertragen werden (zutreffend HHR/*Geissler* § 16 Rn. 145).
- Im Falle einer **Betriebsaufspaltung** kann die Vermietungs-/Verpachtungstätigkeit des Besitzunternehmens, die infolge der für die Betriebsaufspaltung geltenden Grundsätze als gewerbliche Tätigkeit qualifiziert wird (vgl. BFH 12.11.1997 – XI R 24/97, BFH/NV 1998, 690), unter bestimmten Voraussetzungen die Merkmale eines Teilbetriebs erfüllen.

Das ist zB der Fall, wenn sich die Vermietungs-/Verpachtungstätigkeit deutlich von der sonstigen gewerblichen Tätigkeit des Besitzunternehmens abhebt (BFH 21.6.2001 – III R 27/98, BStBl. II 2002, 537). Auch im Falle einer Betriebsaufspaltung zwischen einem Besitzunternehmen und mehreren Betriebsgesellschaften liegt ein Teilbetrieb vor, wenn an die verschiedenen Betriebsgesellschaften räumlich abgrenzbare Grundstücksteile, die ausschließlich diesen Gesellschaften zuzuordnen sind, als selbständige Verwaltungskomplexe vermietet werden (BFH 12.11.1997 – XI R 24/97, BFH/NV 1998, 690). Werden demgegenüber Grundstücke oder Grundstücksteile neben einer Betriebsaufspaltung zusätzlich „schlicht" als gewillkürtes Betriebsvermögen vermietet/verpachtet, liegt kein Teilbetrieb vor (BFH 24.4.1969 – IV R 202/68, BStBl. II 1969, 397).

470–472 *Einstweilen frei*

473 **b) Veräußerung des Teilbetriebs.** Der Teilbetrieb muss – ebenso wie der Gesamtbetrieb – **im Ganzen veräußert werden.** Eine Teilbetriebsveräußerung iSd § 16 Abs. 1 S. 1 Nr. 1 Alt. 2 setzt daher voraus, dass die wesentlichen Betriebsgrundlagen des Teilbetriebs in einem einheitlichen Vorgang entgeltlich auf den Erwerber übertragen werden und die bisher in dem Teilbetrieb ausgeübte betriebliche Tätigkeit des Veräußerers endet; die Ausführungen zur Übertragung des Gesamtbetriebs gelten entsprechend (→ Rn. 381 ff.). Außerdem muss der Gesamtbetrieb vor der Veräußerung zumindest noch über einen weiteren Teilbetrieb verfügen. Anderenfalls liegt keine Teilbetriebsveräußerung, sondern die Veräußerung des (Gesamt-)Betriebs vor (BFH 12.4.1989 – I R 105/85, BStBl. II 1989, 653).

474 Werden **nicht wesentliche Betriebsgrundlagen zurückbehalten,** steht dies der Annahme einer Teilbetriebsveräußerung nicht entgegen (→ Rn. 415). Werden nicht sämtliche wesentlichen Betriebsgrundlagen an den Erwerber veräußert, sondern teilweise in das Privatvermögen überführt, liegt keine Teilbetriebsveräußerung, sondern eine begünstigte Teilbetriebsaufgabe vor. Wird zumindest eine wesentliche Betriebsgrundlage zum Buchwert in ein anderes Betriebsvermögen (vgl. § 6 Abs. 5 Sätze 1 und 2) überführt, liegt weder eine Teilbetriebsveräußerung noch eine Teilbetriebsaufgabe vor (vgl. BFH 24.9.2008 – X B 192/07, BFH/NV 2009, 43; BFH 26.10.1989 – IV R 25/88, BStBl. II 1990, 373). Das Gleiche gilt, wenn eine wesentliche Betriebsgrundlage des zu veräußernden Teilbetriebs im Restbetrieb des Steuerpflichtigen zurückbehalten wird (BFH 6.5.1999 – VIII B 78/98, BFH/NV 1999, 1329). Die zur Übertragung eines Gesamtbetriebs geltenden Grundsätze finden insoweit ebenfalls entsprechende Anwendung (→ Rn. 419).

475 **Nutzen mehrere Teilbetriebe dieselbe wesentliche Betriebsgrundlage,** kommt eine Teilbetriebsveräußerung nur in Betracht, wenn neben dem Teilbetrieb auch die wesentliche Betriebsgrundlage (anteilig) mitübertragen wird (BFH 6.5.1999 – VIII B 78/98, BFH/NV 1999, 1329). Das gilt auch, wenn der zurückbleibende Teilbetrieb die wesentliche Betriebsgrundlage weitaus überwiegend nutzt (BFH 7.4.2010 – I R 96/08, BStBl. II 2011, 467). Wird die gemeinsam genutzte wesentliche Betriebsgrundlage vollständig mitübertragen, steht dies der Annahme einer Teilbetriebsveräußerung nicht entgegen. Die Teilbetriebsveräußerung setzt zwar voraus, dass vor der Veräußerung zumindest ein weiterer Teilbetrieb vorhanden war, nicht aber, dass die nach der Veräußerung verbleibenden Betriebsteile die Voraussetzungen eines Teilbetriebs erfüllen. Dass der zurückbleibende Teilbetrieb dann nicht mehr im Ganzen besteht, ist daher – im Unterschied zur Rechtslage bei Ab- und Aufspaltungen (§ 15 Abs. 1 S. 2 UmwStG) – unschädlich.

476–478 *Einstweilen frei*

c) ABC der Teilbetriebsveräußerung.

Apartmenthaus

479 Ein **Apartmenthaus und ein Hotelbetrieb** können jeweils einen Teilbetrieb darstellen, allerdings genügt hierfür nicht eine bloße räumliche Trennung der Gebäude. Erforderlich ist, dass beide Bereiche organisatorisch selbständig sind und funktional verschiedenartig genutzt werden (BFH 12.12.2013 – X R 33/11, BFH/NV 2014, 693; BFH 23.11.1988 – X R 1/86, BStBl. II 1973, 838).

Automatenvertrieb

Werden **gleichartige Waren** (zB Tabakwaren) **durch Automaten vertrieben,** kann der Automatenbereich ein Teilbetrieb sein, wenn er organisatorisch und personell von den anderen Vertriebswegen getrennt ist (BFH 10.3.1998 – VIII R 31/95, BFH/NV 1998, 1209; BFH 14.3.1989 – I R 75/85, BFH/NV 1991, 291). 480

Einstweilen frei 481–485

Beteiligungsverwaltung

Die Verwaltung einer **Beteiligung an einer Kapitalgesellschaft von weniger als 100%** kann einen Teilbetrieb darstellen. Erforderlich ist, dass die Beteiligung nicht zum Sonderbetriebsvermögen gehört, es sich um die einzige Beteiligung des Unternehmens handelt und diese gesondert verwaltet wird. Aus § 16 Abs. 1 Nr. 1 S. 2, wonach als Teilbetrieb auch die das gesamte Nennkapital umfassende Beteiligung an einer Kapitalgesellschaft gilt, folgt nichts anderes. Hieraus ergibt sich nicht, dass die Annahme eines Teilbetriebs ausgeschlossen ist, wenn die Beteiligung nicht das gesamte Nennkapital umfasst (FG Köln 18.10.2007 – 10 K 1261/04, EFG 2008, 447). 486

Betonherstellung

Die **Betonproduktion und ein Betonpumpenbetrieb** sind nicht als verschiedene Teilbetriebe anzusehen, da regelmäßig nicht von einer deutlichen Abgrenzung beider Bereiche im Gesamtbetrieb ausgegangen werden kann. Für zahlreiche Kunden ist die Lieferung von Beton mittels einer Betonpumpe unerlässlich und wird von einem Betonherstellungsbetrieb als zusätzliche Serviceleistung erwartet (FG Münster 18.6.1998 – 8 K 1483/94 G, EFG 1998, 1465). 487

Betriebsgrundstück

Einzelne Betriebsgrundstücke können idR kein Teilbetrieb sein (BFH 15.11.2002 – VIII B 45/02, BFH/NV 2003, 317). Dient ein Betriebsgrundstück mehreren Teilbetrieben als wesentliche Betriebsgrundlage, liegt eine Teilbetriebsveräußerung nur vor, wenn das Grundstück (anteilig) mitveräußert wird (BFH 6.5.1999 – VIII B 78/98, BFH/NV 1329). 488

Brauereigaststätte

Eine **von einer Brauerei betriebene Gaststätte** ist ein selbständiger Teilbetrieb (RFH 14.2.1940 – VI 9/40, RStBl. 1940, 474; BFH 12.12.1968 – IV 27/64, BStBl. II 1969, 238; BFH 3.8.1966 – IV 380/62, BStBl. III 1967, 47). 489

Einstweilen frei 490–494

Café

Eine **Teilbetriebsveräußerung bzw. -aufgabe** liegt nur vor, wenn das Betriebsgrundstück zumindest anteilig mitveräußert oder ins Privatvermögen überführt wird (BFH 14.6.1967 – VI 180/65, BStBl. III 1967, 724). 495

Einstweilen frei 496–500

Dentallabor

Ein **Dentallabor,** das Teil einer zahnärztlichen Praxis ist und keine selbständigen Leistungen am Markt anbietet, ist kein Teilbetrieb (BFH 22.12.1993 – I R 62/93, BStBl. II 1994, 352). 501

Druckerei

Eine **Druckerei und ein Zeitungsverlag** können Teilbetriebe sein, wenn sie selbständig und organisch geschlossen nebeneinander bestehen (BFH 5.10.1976 – VIII R 87/72, BStBl. II 1977, 45). Umfasst eine Druckerei einen Offset- und Tiefdruck, liegt mangels Tätigkeits- 502 einstellung keine Teilbetriebsveräußerung/-aufgabe vor, wenn die Offset-Druckerei veräußert wird, die Tiefdruck-Druckerei aber fortgeführt wird (BFH 3.10.1984 – I R 119/81, BStBl. II 1985, 245).

503–507 *Einstweilen frei*

Eigentumswohnungen

508 Die Veräußerung von Eigentumswohnungen im Rahmen eines gewerblichen Grundstückshandels ist **keine Teilbetriebsveräußerung** (BFH 20.8.1986 – I R 148/83, BFH/NV 1987, 646).

Einzelhandelsfilialen

509 **Filialen eines Einzelhandelsunternehmens** können nur dann als Teilbetriebe angesehen werden, wenn ihnen nicht nur der Absatz obliegt, sondern sie auch für den Wareneinkauf zuständig sind (BFH 24.4.1980 – IV R 61/77, BStBl. II 1980, 690). Bedient sich das Einzelhandelsunternehmen einer zentralen Wareneinkaufsorganisation, muss die Filiale Einfluss auf die eigene Preisgestaltung beim Verkauf haben. Ansonsten stellt die Filiale nur eine unselbständige Verkaufsstelle des Gesamtbetriebs dar (BFH 12.9.1979 – I R 146/76, BStBl. II 1980, 51).

510–514 *Einstweilen frei*

Fahrschule

515 Die **Filialen eines Fahrschulbetriebs** können bei organisatorischer Selbständigkeit als Teilbetriebe anzusehen sein. Die organisatorische Selbständigkeit liegt vor, wenn Schulungsräume mit entsprechenden Anmeldemöglichkeiten und Unterrichtsmöglichkeiten an verschiedenen Orten vorhanden sind. Darüber hinaus müssen an jedem Platz auch die erforderlichen Fahrzeuge für den praktischen Unterricht zur Verfügung stehen. Eine getrennte Gewinnermittlung aufgrund eigener Buchführung für die einzelnen Filialen ist nicht zwingend erforderlich (BFH 24.8.1989 – IV R 120/88, BStBl. II 1990, 55).

Fertigungsbetrieb

516 Die **Aufteilung eines Fertigungsbetriebes mit mehreren Produktionszweigen** in Teilbetriebe ist in aller Regel nicht möglich, wenn für die Produktion wesentliche Maschinen nur allen Produktionsabteilungen gemeinsam zur Verfügung stehen, denn dann sind die einzelnen Produktionsabteilungen nicht eigenständig lebensfähig (BFH 8.9.1971 – I R 66/68, BStBl. II 1972, 118).

Freie Berufe

517 Ist ein **freiberuflich tätiger Arzt** sowohl als Allgemeinmediziner als auch auf arbeitsmedizinischem Gebiet tätig, übt er zwei ihrer Art nach verschiedene Tätigkeiten aus. Die Veräußerung eines dieser Praxisteile stellt eine Teilbetriebsveräußerung dar, sofern den Praxisteilen die notwendige organisatorische Selbständigkeit zukommt (BFH 4.11.2004 – IV R 17/03, BStBl. II 2005, 208; vgl. auch FG München 29.11.2017 – 1 K 311/16, EFG 2019, 615, Rev. BFH VIII R 36/18). In den Fällen, in denen eine sachlich einheitliche Praxis mit gleichartiger Tätigkeit vorliegt, kommt die Annahme einer Teilbetriebsveräußerung im Hinblick auf die Personenbezogenheit selbständiger Arbeit nur in Betracht, wenn die Tätigkeit im Rahmen selbständiger Büros mit besonderem Personal in voneinander entfernten örtlichen Wirkungsbereichen mit getrennten Kundenkreisen ausgeübt wird (→ § 18 Rn. 806). Eine steuerbegünstigte Teilpraxisveräußerung setzt dann die Veräußerung des einen Büros samt den Kundenbeziehungen und die völlige Einstellung der freiberuflichen Tätigkeit in dem dazugehörigen örtlich abgegrenzten Wirkungsbereich voraus (BFH 5.6.2003 – IV R 18/02, BStBl. II 2003, 838). Nach der neueren Rechtsprechung kann eine begünstigte Teilbetriebsveräußerung auch dann gegeben sein, wenn ein Steuerberater eine Beratungspraxis veräußert, die er – neben anderen Praxen – als völlig selbständigen Betrieb erworben und bis zu ihrer Veräußerung im Wesentlichen unverändert fortgeführt hat. Danach kommt es nicht entscheidend darauf an, ob die Tätigkeit in voneinander getrennten örtlich abgegrenzten Bereichen ausgeübt worden ist, vorausgesetzt die beim Erwerb zu bejahende Selbständigkeit der Büros ist beibehalten und nicht durch organisatorische (eingliedernde) Maßnahmen aufgegeben worden (BFH 26.6.2012 – VIII R 22/09, BStBl. II 2012, 777).

Einstweilen frei **518–522**

Güternah- und Güterfernverkehr

Betreibt ein Steuerpflichtiger im Rahmen seines Unternehmens den Güternah- und den Güterfernverkehr, so kann von der **Unterhaltung zweier Teilbetriebe** ausgegangen werden, wenn beide Verkehrsarten nicht nur als Geschäftszweige des einheitlichen Unternehmens betrieben werden, sondern auch innerhalb dieses einheitlichen Unternehmens mit einer gewissen Selbständigkeit ausgestattet sind (BFH 20.2.1974 – I R 127/71, BStBl. II 1974, 357). Niederlassungen eines Güterverkehrsbetriebs sind Teilbetriebe, wenn für sie gesonderte Verkehrskonzessionen bestehen, die erforderliche Ausstattung mit Personal und Fahrzeugen vorhanden ist und sie über einen abgegrenzten Kundenkreis verfügen (BFH 29.4.1993 – IV R 88/92, BFH/NV 1994, 694). **523**

Einstweilen frei **524–528**

Handelsvertreter

Die Aufgabe der Tätigkeit eines Handelsvertreters, der nur für einen Geschäftsherrn tätig ist, in einzelnen Bezirken der Handelsvertretung ist idR **keine Teilbetriebsaufgabe.** In einem solchen Fall kann ein Teilbetrieb nur angenommen werden, wenn es sich um eine organisatorisch getrennte, für örtlich abgegrenzte Bereiche zuständige Filialagentur handelt. Insoweit gelten dieselben Voraussetzungen, wie sie an die steuerliche Anerkennung einer Teilpraxis bei freier Berufstätigkeit gestellt werden (BFH 23.11.1967 – IV 83/63, BStBl. II 1968, 123). **529**

Einstweilen frei **530–539**

Maschinenfabrik

Die **Zweigniederlassung einer Maschinenfabrik,** die dem Vertrieb und der Reparatur der im Hauptwerk gergestellten Maschinen dient, kann ein Teilbetrieb sein. Das Vorliegen eines Teilbetriebs ist jedenfalls dann zu bejahen, wenn sich die Tätigkeiten in räumlich voneinander getrennten Bereichen vollziehen, jeweils andere Betriebsmittel verwendet werden und in beiden Betriebsteilen jeweils anderes Personal zum Einsatz gelangt (BFH 4.7.1973 – I R 154/71, BStBl. II 1973, 838). **540**

Einstweilen frei **541–555**

Reisebüro

Gehören zu einem Unternehmen sowohl ein **Reisebüro als auch ein Omnibusbetrieb,** kann die Veräußerung der Omnibusse nur dann als Teilbetriebsveräußerung anzusehen sein, wenn die der Personenbeförderung gewidmeten Wirtschaftsgüter vor ihrem Ausscheiden aus dem Betrieb zu einem mit einer gewissen Selbständigkeit ausgestatteten Betriebszweig zusammengefasst waren. Daran fehlt es, wenn im Gesamtunternehmen ein erheblicher Teil der angebotenen und erbrachten Leistungen, nämlich die vom Reisebüro mit eigenen Bussen veranstalteten Reisen, verwaltungsmäßig und rechtlich als einheitliche Leistungen behandelt werden und auch sonst keine buchmäßige Trennung zwischen den Geschäftstätigkeiten des Reisebüros und des Busverkehrs besteht (BFH 27.6.1978 – VIII R 26/76, BStBl. II 1978, 672). **556**

Einstweilen frei **557–561**

Schiffe

Die zu einem **Schifffahrtsbetrieb** gehörenden Schiffe sind grundsätzlich keine Teilbetriebe, sondern lediglich Betriebsteile eines einheitlichen Unternehmens. Das gilt selbst dann, wenn die Einnahmen und Ausgaben für jedes Schiff gesondert ermittelt werden (BFH **562**

21.2.1973 – IV R 168/69, BStBl. II 1973, 361). Die Veräußerung eines einzelnen Schiffs stellt jedoch dann eine begünstigte Teilbetriebsveräußerung bzw. -aufgabe dar, wenn das Schiff die wesentliche Betriebsgrundlage eines organisatorisch selbständigen Zweigunternehmens bildet und das Zweigunternehmen im Ganzen veräußert oder aufgegeben wird (BFH 13.1.1966 – IV 76/63, BStBl. III 1966, 168).

Spielhalle

563 Eine Spielhalle, die neben der Aufstellung und Betreuung von Spielautomaten in Gaststätten betrieben wird, kann ein **selbständiger Teilbetrieb** sein.

564–568 *Einstweilen frei*

Tankstelle

569 Eine Tankstelle kann selbständiger Gewerbebetrieb, Teilbetrieb oder unselbständiger Betriebsteil eines Unternehmens sein (BFH 9.8.1989 – X R 62/87, BStBl. II 1989, 973; BFH 13.2.1980 – I R 14/77, BStBl. II 1980, 498). Mehrere vom Steuerpflichtigen betriebene Tankstellen sind selbständige Betriebe, wenn sie organisatorisch und wirtschaftlich getrennt voneinander geführt werden (BFH 25.4.1989 – VIII R 294/84, BFH/NV 1990, 261).

Taxiunternehmen

570 Das **einzelne Taxifahrzeug** samt Konzession ist kein Teilbetrieb eines Taxiunternehmens (BFH 21.2.1973 – IV R 168/69, BStBl. II 1973, 361; vgl. auch FG Nürnberg 26.3.1992 – VI 236/85, EFG 1992, 600 zu der Konstellation, dass ein Steuerpflichtiger ein Taxi-, Mietwagen- und Bestattungsunternehmen betreibt).

Teilpraxisveräußerung

571 siehe Freie Berufe (→ Rn. 517).

572–581 *Einstweilen frei*

Verlag

582 Veräußert ein Verlagsunternehmen, dessen verlegerische Tätigkeit mehrere Fachgebiete umfasst, eines der Fachgebiete an einen anderen Verlag, liegt darin eine **Teilbetriebsveräußerung,** wenn die verlegerischen Arbeiten in diesem Fachgebiet innerhalb des Verlagsunternehmens als mit einer gewissen Selbständigkeit ausgestatteter und von der übrigen Verlagstätigkeit getrennter Teil des Gesamtbetriebs geführt wurde (BFH 15.3.1984 – IV R 189/81, BStBl. II 1984, 486). Die Redaktionsabteilung eines Verlags oder eines Fachgebiets stellt grundsätzlich keinen Teilbetrieb dar (BFH 24.11.1982 – I R 123/78, BStBl. II 1983, 113).

583–587 *Einstweilen frei*

Windkraftanlagen

588 Betreibt ein **Stromerzeugungsbetrieb** mehrere Windkraftanlagen, stellt die Veräußerung einer dieser Anlagen keine Teilbetriebsveräußerung dar, wenn mit den verbleibenden Windkraftanlagen weiterhin Strom erzeugt wird und mit der veräußerten Windkraftanlage keine unterscheidbaren, von den Leistungen der anderen Windkraftanlagen abgrenzbaren Leistungen erbracht wurden. Denn in diesem Fall fehlt es daran, dass der Steuerpflichtige seine gewerbliche Tätigkeit im Bereich des veräußerten Teilbetriebs aufgibt (BFH 25.11.2009 – X R 23/09, BFH/NV 2010, 633).

Wohnungsbauunternehmen

589 Veräußert ein Wohnungsbauunternehmen, zu dessen Portfolio mehrere Wohnungen in verschiedenen Städten gehören, seinen **in einer Stadt belegenen Grundbesitz,** liegt keine Teilbetriebsveräußerung vor, wenn der gesamte Grundbesitz zentral verwaltet wird (BFH 27.3.1969 – IV R 113/68, BStBl. II 1969, 464).

Einstweilen frei 590–594

Zweigniederlassung

Eine Zweigniederlassung kann je nach der Art der Betriebsführung **Teilbetrieb** sein (vgl. BFH 27.10.1994 – I R 107/93, BStBl. II 1995, 403; BFH 29.4.1993 – I R 88/92, BFH/NV 1994, 694; auch → Rn. 509). 595

Einstweilen frei 596–605

III. Veräußerung einer 100%-igen Beteiligung an einer Kapitalgesellschaft (§ 16 Abs. 1 S. 1 Nr. 2 S. 2 Hs. 1)

1. Allgemeines

a) Fiktion als Teilbetrieb. Als Teilbetrieb gilt nach § 16 Abs. 1 S. 1 Nr. 1 S. 2 Hs. 1 eine **zum Betriebsvermögen gehörende 100%-ige Beteiligung an einer Kapitalgesellschaft.** Die Anordnung der Teilbetriebsfiktion durch den Gesetzgeber ist erforderlich, weil eine Kapitalbeteiligung keinen Teilbetrieb, sondern ein eigenständiges Wirtschaftsgut darstellt (BFH 12.2.1965 – VI 117/63 U, BStBl. III 1965, 316). Sie beruht auf der Erwägung, dass die Veräußerung einer solchen Beteiligung wirtschaftlich betrachtet der Veräußerung eines Teilbetriebs gleichsteht und deshalb der aus der Veräußerung resultierende Gewinn privilegiert werden muss (vgl. Blümich/*Schallmoser* § 16 Rn. 211). 606

Die **Teilbetriebsfiktion** gilt auch im Anwendungsbereich von § 16 Abs. 3 S. 2 bis 4. Dies ist insofern von Bedeutung, als die in § 16 Abs. 3 S. 3 und 4 geregelten Ausschlusstatbestände bei der Übertragung einer 100%-igen Kapitalbeteiligung keine Anwendung finden (HHR/*Geissler* § 16 Rn. 160). Hiervon unberührt bleibt die Anwendung des § 16 Abs. 5; die dort geregelten Ausschlusstatbestände sind im Falle einer Teilbetriebsfiktion daher zu beachten. 607

Die Teilbetriebsfiktion des § 16 Abs. 1 S. 1 Nr. 1 S. 2 Hs. 1 gilt nur in den Fällen der **Veräußerung bzw. Aufgabe einer 100%-igen Kapitalbeteiligung.** Sie führt nicht dazu, dass eine solche Beteiligung generell als eigene Sachgesamtheit in Gestalt eines Teilbetriebs anzusehen wäre. Bei einer Veräußerung bzw. Aufgabe des ganzen Gewerbebetriebs/Teilbetriebs einschließlich der Beteiligung liegt daher nur eine einheitliche Veräußerung bzw. Aufgabe iSd § 16 Abs. 1 S. 1 Nr. 1 S. 1 vor. 608

Einstweilen frei 609–613

b) Besteuerungsfolgen. Gewinne aus der Veräußerung/Aufgabe einer 100%-igen Kapitalbeteiligung unterliegen ab dem VZ 2002 dem Halb- und ab dem VZ 2009 dem Teileinkünfteverfahren. Die Tarifermäßigung des § 34 Abs. 1 und Abs. 3 ist nach § 34 Abs. 2 Nr. 1 für den steuerpflichtigen Teil der Gewinne aus der Veräußerung einer 100%-igen Kapitalbeteiligung, die nach § 3 Nr. 40 Buchst. b teilweise steuerbefreit sind, nicht anwendbar. Die Teilbetriebsfiktion führt daher nur noch zur Anwendung der Freibetragsregelung des § 16 Abs. 4. 614

Aus der **Teilbetriebsfiktion** des § 16 Abs. 1 S. 1 Nr. 1 S. 2 Hs. 1 folgert die Rechtsprechung, dass die Veräußerung einer 100%-igen Beteiligung an einer Kapitalgesellschaft anders als die Teilbetriebsveräußerung der Gewerbesteuer unterliegt, weil die Beteiligung aufgrund der Fiktion lediglich als Teilbetrieb gelte, nicht aber ein solcher sei (BFH 14.1.2002 – VIII B 95/01, BFH/NV 2002, 811; BFH 1.7.1992 – I R 5/92, BStBl. II 1993, 131; BFH 7.12.1971 – VIII R 3/70, BStBl. II 1972, 468; kritisch hierzu Lademann EStG/*Sieker* § 16 Rn. 405; LBP/*Hörger*/*Rapp* § 16 Rn. 56). Gewerbesteuerfrei ist auch nach der Rechtsprechung die Veräußerung einer 100%-igen Kapitalbeteiligung, wenn diese mit der Veräußerung/Aufgabe des Gewerbebetriebs bzw. echten Teilbetriebs erfolgt, es sei denn, es liegen die Voraussetzungen von § 7 Satz 2 GewStG vor (vgl. BFH 21.6.2001 – III R 27/98, BStBl. II 2002, 537; BFH 2.2.1972 – I R 217/69, BStBl. II 1972, 470). 615

§ 6 Abs. 3 S. 1 Hs. 1 ist nach teilweise vertretener Auffassung im Schrifttum wegen der bloßen Fiktion eines Teilbetriebs auf die **unentgeltliche Übertragung einer 100%-igen Beteiligung an einer Kapitalgesellschaft** nicht anwendbar (HHR/*Geissler* § 16 Rn. 160; Schmidt/*Wacker* § 16 Rn. 161; vgl. auch BFH 20.7.2005 – X R 22/02, BStBl. II 2006, 616

457, allerdings nur für den Fall der verdeckten Einlage). Auch wenn der Gesetzgeber die Teilbetriebsfiktion in § 16 Abs. 1 S. 1 Nr. 1 S. 2 Hs. 1 im Zusammenhang mit der Veräußerung, dh der entgeltlichen Übertragung einer 100%-igen Kapitalbeteiligung angeordnet hat, erscheint es überzeugender, die Gleichstellung mit dem Teilbetrieb auch in den Fällen der unentgeltlichen Übertragung einer solchen Beteiligung anzunehmen, sofern die Beteiligung beim Erwerber Betriebsvermögen bleibt. Wird die Beteiligung beim Erwerber in das Privatvermögen überführt, liegt beim Übertragenden schon eine Betriebsaufgabe vor (Lademann EStG/*Sieker* § 16 Rn. 407; LBP/*Hörger/Rapp* § 16 Rn. 56).

617 Umstritten ist, ob eine 100%-ige Beteiligung an einer Kapitalgesellschaft im Rahmen von § 24 UmwStG als begünstigter Einbringungsgegenstand erfasst wird. Von der Finanzverwaltung (BMF 20.5.2009, BStBl. I 2009, 671) und der hM im Schrifttum (SHS/*Schmitt* UmwStG § 24 Rn. 75 mwN) wird dies bejaht, von der Rechtsprechung dagegen verneint (BFH 17.7.2008 – I R 77/06, BStBl. II 2009, 464). Für die Auffassung des BFH spricht zum einen der Vergleich mit der in Bezug auf die Einbringungsgegenstände inhaltlich identischen Vorschrift des § 20 UmwStG, die – im Hinblick auf die speziellere Regelung in § 21 UmwStG – auf die 100%-ige Beteiligung an einer Kapitalgesellschaft keine Anwendung findet. Zum anderen werden in § 15 Abs. 1 S. 3 UmwStG ein Mitunternehmeranteil und die 100%-ige Beteiligung an einer Kapitalgesellschaft ausdrücklich als fiktive Teilbetriebe anerkannt. Aus dem Fehlen einer entsprechenden Regelung in § 24 UmwStG kann daher im Wege eines Umkehrschlusses gefolgert werden, dass der Begriff des Teilbetriebs in § 24 UmwStG nur den originären Teilbetrieb meint.

618–622 *Einstweilen frei*

2. Tatbestandsmerkmale

623 **a) Gesamtes Nennkapital umfassende Beteiligung an einer Kapitalgesellschaft.** Die veräußerte Beteiligung **muss das gesamte Nennkapital der Kapitalgesellschaft umfassen.** Kapitalgesellschaften iSd § 16 Abs. 1 S. 1 Nr. 1 S. 2 Hs. 1 sind alle in § 1 Abs. 1 Nr. 1 KStG aufgeführten Gesellschaftsformen einschließlich ihrer Vorgesellschaften (ab notarieller Beurkundung der Satzung bzw. des Gesellschaftsvertrags vor Eintragung in das Handelsregister), soweit diese körperschaftsteuerrechtlich als Kapitalgesellschaften angesehen werden können (vgl. hierzu: BFH 18.3.2010 – IV R 88/06, BStBl. II 2010, 991). Ausländische Kapitalgesellschaften sind in den Anwendungsbereich des § 16 Abs. 1 S. 1 Nr. 1 S. 2 Hs. 1 einzubeziehen, wenn sie mit einer deutschen Kapitalgesellschaft vergleichbar sind (HHR/*Geissler* § 16 Rn. 165 mwN).

624 Das **Nennkapital** ist das in der Satzung bzw. im Gesellschaftsvertrag ausgewiesene und im Handelsregister eingetragene Grundkapital einer AG oder KGaA bzw. das Stammkapital einer GmbH oder Unternehmergesellschaft. Die Beteiligung umfasst alle Anteile, die ein Anteilseigner an einer Kapitalgesellschaft hält.

625 **Eigene Anteile der Kapitalgesellschaft** sind bei der Bestimmung des Umfangs der Beteiligung des Anteilseigners nicht zu berücksichtigen. Sie stehen der Annahme einer 100%-igen Beteiligung daher nicht entgegen; vielmehr ist ihr Nennwert vom Grund- bzw. Stammkapital in Abzug zu bringen (BFH 18.4.1989 – VIII R 329/84, BFH/NV 1990, 27).

626 Der Veräußerer muss wirtschaftlicher Eigentümer der veräußerten Beteiligung sein.

626.1 Befindet sich die Beteiligung im Gesamthandsvermögen einer gewerblich tätigen Personengesellschaft, ist die Beteiligung dieser als dem maßgeblichen Zurechnungs- und Gewinnermittlungssubjekt wirtschaftlich zuzurechnen (BFH 24.6.1982 – IV R 151/79, BStBl. II 1982, 751).

626.2 Eine 100%-ige Beteiligung an einer Kapitalgesellschaft liegt nach der Rechtsprechung auch dann vor, wenn die 100%-ige Beteiligung teils aus im Gesamthandsvermögen befindlichen Anteilen und teils aus solchen, die im Sonder-BV eines oder mehrerer Gesellschafter sind, besteht (BFH 19.4.1994 – VIII R 2/93, BStBl. II 1995, 705; vgl. auch Schmidt/*Wacker* § 16 Rn. 162). Für die Anwendung des § 16 Abs. 1 S. 1 Nr. 1 S. 2 ist es unschädlich, wenn die 100%-ige Beteiligung an einer Kapitalgesellschaft in mehreren Betriebsvermögen des Veräußerers liegt (→ Rn. 630). Daher ist es ausreichend, wenn Teile der Beteiligung sich im Gesamthandsvermögen der Mitunternehmerschaft und Teile sich im Sonder-BV des Gesellschafters befinden, da Gesamthandsvermögen und Sonder-BV den einheitlichen Gewerbebetrieb der Mitunternehmerschaft ausmachen (KSM/*Trossen* § 16 Rn. B 636; kritisch hierzu Lademann EStG/*Sieker* § 16 Rn. 412, demzufolge diese Auffassung nicht hinreichend die Trennung zwischen dem

Gesamthandsvermögen und dem Sonder-BV der Gesellschafter beachtet; richtigerweise sei nicht von der Veräußerung einer 100%-igen Beteiligung, sondern von mehreren Anteilen, die in der Summe 100% ausmachen, auszugehen).

Einstweilen frei 627–629

b) Zugehörigkeit zu einem Betriebsvermögen. Die **100%-ige Beteiligung an der Kapitalgesellschaft** muss in vollem Umfang Betriebsvermögen sein. Dabei spielt es keine Rolle, ob es sich um notwendiges oder gewillkürtes (Sonder-)Betriebsvermögen handelt. Die Anteile können auch in verschiedenen Betriebsvermögen des Steuerpflichtigen gehalten werden (KSM/*Trossen* § 16 Rn. B 636). 630

Hält der Steuerpflichtige seine Anteile **teilweise im Privatvermögen,** ist § 16 Abs. 1 S. 1 Nr. 1 S. 2 nicht anwendbar. Damit die Vorschrift anwendbar sein soll, muss der Steuerpflichtige die Anteile vor der Veräußerung in sein Betriebsvermögen einlegen (Schmidt/*Wacker* § 16 Rn. 163). 631

Einstweilen frei 632–634

c) Veräußerung der 100%-igen Kapitalbeteiligung. Eine **Veräußerung der 100%-igen Beteiligung an einer Kapitalgesellschaft** liegt vor, wenn sie insgesamt gegen Entgelt an einen Erwerber übertragen wird. Wird ein noch so geringfügiger Anteil an der Beteiligung zurückbehalten, ist die Teilbetriebsfiktion des § 16 Abs. 1 S. 1 Nr. 1 S. 2 nicht anwendbar. Wird die Beteiligung an mehrere Erwerber veräußert oder wird sie teils veräußert, teils ins Privatvermögen oder insgesamt ins Privatvermögen überführt, liegt eine Aufgabe der Beteiligung vor (Schmidt/*Wacker* § 16 Rn. 164; HHR/*Geissler* § 16 Rn. 170). Die Aufgabe der 100%-igen Kapitalbeteiligung gilt als Teilbetriebsaufgabe und damit als Teilbetriebsveräußerung (§ 16 Abs. 3 S. 1). 635

Die 100%-ige Beteiligung an der Kapitalgesellschaft muss in einem **einheitlichen Vorgang** übertragen werden. Es genügt jedoch, wenn die Beteiligung sukzessive übertragen wird, sofern die Einzelakte auf einem einheitlichen Willensentschluss beruhen und die Übertragung insgesamt in einem engen zeitlichen Zusammenhang vollzogen wird (vgl. HHR/*Geissler* § 16 Rn. 170; Schmidt/*Wacker* § 16 Rn. 164; LBP/*Hörger*/*Rapp* § 16 Rn. 60: Veräußerung in zwei aufeinanderfolgenden VZ; enger die Finanzverwaltung, vgl. EStR 16 Abs. 3 S. 6: Veräußerung innerhalb eines Wirtschaftsjahres). 636

Der **Tausch einer 100%-igen Beteiligung an einer Kapitalgesellschaft gegen ein anderes Wirtschaftsgut,** das Betriebsvermögen wird, ist als Veräußerungsvorgang iSd § 16 Abs. 1 S. 1 Nr. 1 S. 2 anzusehen. Dies gilt auch, wenn die Beteiligung gegen eine andere Beteiligung an einer anderen Kapitalgesellschaft getauscht wird, sofern die hingegebenen und die durch den Tausch erhaltenen Anteile wert-, art- und funktionsgleich sind (vgl. HHR/*Geissler* § 16 Rn. 170 für weitere Einzelheiten). 637

Die **verdeckte Sacheinlage** einer 100%-igen Beteiligung an einer Kapitalgesellschaft in eine Kapitalgesellschaft ist im Hinblick auf § 6 Abs. 6 S. 2 als entgeltlicher Vorgang und damit als Teilbetriebsveräußerung, nicht als Teilbetriebsaufgabe zu qualifizieren (glA HHR/*Geissler* § 16 Rn. 170; Lademann EStG/*Sieker* § 16 Rn. 420). 638

Einstweilen frei 639–643

IV. Auflösung der Kapitalgesellschaft (§ 16 Abs. 1 S. 1 Nr. 1 S. 2 Hs. 2)

1. Auflösung als aufgabeähnlicher Vorgang

Wird eine **Kapitalgesellschaft,** an der eine zum Betriebsvermögen gehörende 100%-ige Beteiligung besteht, **aufgelöst und ihr Vermögen auf den Anteilseigner übertragen,** ist der hieraus beim bisherigen Anteilseigner resultierende Gewinn nach § 16 Abs. 1 S. 1 Nr. 1 S. 2 Hs. 2 begünstigt, weil auch im Falle der Liquidation und Auskehrung des Liquidationserlöses sämtliche stillen Reserven der Beteiligung aufgedeckt werden. Dieser Sachverhalt wird vom Begünstigungszweck des § 16 erfasst (vgl. Lademann EStG/*Sieker* § 16 Rn. 422). Die gesetzliche Regelung setzt im Ergebnis die Rechtsprechung des BFH um, der die Liquidation einer Kapitalgesellschaft dem Fall einer Veräußerung bzw. Aufgabe einer 100%-igen Kapitalbeteiligung gleichgestellt hatte (vgl. BFH 15.9.1988 – IV R 75/87, BStBl. II 644

1991, 624). Dieser Rechtsprechung hatte sich die Finanzverwaltung bereits im Jahr 1991 angeschlossen (BMF 17.7.1991, BStBl. I 1991, 767).

645 Die **Kapitalherabsetzung ist kein Fall von § 16 Abs. 1 S. 1 Nr. 1 S. 2 Hs. 2.** Das ergibt sich bereits aus dem Wortlaut der Vorschrift. Auch der Sinn und Zweck der Vorschrift gebietet keine Anwendung auf den Fall der Kapitalherabsetzung, da diese nur einen Teil der Beteiligung erfasst.

646 § 16 Abs. 1 S. 1 Nr. 1 S. 2 Hs. 2 findet **ebenfalls keine Anwendung,** wenn eine 100%-ige Beteiligung an einer Kapitalgesellschaft infolge einer Umwandlung oder Verschmelzung der Kapitalgesellschaft untergeht, ohne dass eine Liquidation erfolgt. Die Rechtsfolgen für den Anteilseigner bestimmen sich in diesem Fall nach den vorrangigen Bestimmungen des UmwStG (HHR/*Geissler* § 16 Rn. 175; Lademann EStG/*Sieker* § 16 Rn. 424; vgl. auch BMF 11.11.2011, BStBl. I 2011, 1314).

647–651 *Einstweilen frei*

2. Sinngemäße Anwendung von § 17 Abs. 4 S. 3

652 **Ab dem VZ 1997** ist nach § 16 Abs. 1 S. 1 Nr. 1 S. 2 Hs. 2 im Fall der Auflösung der Kapitalgesellschaft § 17 Abs. 4 S. 3 sinngemäß anzuwenden. Dies führt im Ergebnis zu einer Zweiteilung bei der Besteuerung des Liquidationserlöses: Der Liquidationserlös ist nicht begünstigt, soweit die Bezüge nach § 20 Abs. 1 Nr. 1 und Nr. 2 zu den Einnahmen aus Kapitalvermögen gehören. Begünstigt ist derjenige Teil des Erlöses, der auf die Rückzahlung des Nennkapitals und die Auflösung des Einlagekontos nach § 27 Abs. 1 KStG entfällt.

653 **Nach der Einführung des Halb- bzw. Teileinkünfteverfahrens** hat diese Zweiteilung des Liquidationserlöses nur noch Bedeutung für die Anwendung des Freibetrags nach § 16 Abs. 4, da sowohl die Kapitaleinkünfte (§ 3 Nr. 40 S. 1 Buchst. a) als auch der Veräußerungsgewinn (§ 3 Nr. 40 S. 1 Buchst. b) dem Halb- bzw. Teileinkünfteverfahren unterliegen; § 34 findet nach § 34 Abs. 2 Nr. 1 keine Anwendung (vgl. HHR/*Geissler* § 16 Rn. 177 mit weiteren Einzelheiten, auch zur Rechtslage bis zum VZ 1997).

654–658 *Einstweilen frei*

V. Veräußerung des ganzen Mitunternehmeranteils (§ 16 Abs. 1 S. 1 Nr. 2)

1. Anwendungsbereich

659 Nach § 16 Abs. 1 S. 1 Nr. 2 gehören zu den Einkünften aus Gewerbebetrieb auch **Gewinne, die bei der Veräußerung eines gesamten Mitunternehmeranteils erzielt werden.** Der Mitunternehmer, der seinen gesamten Anteil veräußert, ist insoweit einem Einzelunternehmer, der seinen ganzen Gewerbebetrieb oder Teilbetrieb veräußert (§ 16 Abs. 1 S. 1 Nr. 1), gleichgestellt (BFH 25.7.1979 – I R 175/76, BStBl. II 1980, 43). Entsprechendes gilt nach § 16 Abs. 3 S. 1 in den Fällen der Aufgabe des gesamten Mitunternehmeranteils. Anders als die laufenden Einkünfte eines Mitunternehmers unterliegen Gewinne aus der Veräußerung/Aufgabe des Mitunternehmeranteils damit der begünstigten Besteuerung nach § 16 Abs. 4, § 34.

660 § 16 Abs. 1 Nr. 2 regelt die **Fälle des Ein- und Austritts von Gesellschaftern** in eine bzw. aus einer Personengesellschaft. Von der Vorschrift erfasst sind insbesondere

- das Ausscheiden eines Gesellschafters aus einer Personengesellschaft unter Übertragung des Gesellschaftsanteils auf einen der verbleibenden Gesellschafter bzw. unter Anwachsung des anteiligen Gesellschaftsvermögens an alle verbleibenden Gesellschafter,
- die Übertragung eines Gesellschaftsanteils des ausscheidenden Gesellschafters auf einen in die Personengesellschaft eintretenden neuen Gesellschafter,
- der Eintritt eines neuen Gesellschafters in die Personengesellschaft ohne Ausscheiden eines der bisherigen Gesellschafter.

661 Das **Ausscheiden eines Mitunternehmers aufgrund einer unentgeltlichen Übertragung seines Mitunternehmeranteils** wird nicht von § 16 Abs. 1 S. 1 Nr. 2 erfasst. Der ausscheidende Mitunternehmer erzielt in diesem Fall keinen Veräußerungsgewinn iSd § 16 Abs. 2. Die verbleibenden Mitunternehmer bzw. der an die Stelle des ausgeschiedenen Mitunternehmers tretende Rechtsnachfolger treten in dessen Rechtsposition ein, die (anteiligen)

Buchwerte werden nach § 6 Abs. 3 S. 1 fortgeführt. Die stillen Reserven gehen dabei auf den übernehmenden Mitunternehmer über.

Bei Vereinbarungen zwischen Fremden besteht eine Vermutung, dass Leistung und Gegenleistung nach kaufmännischen Gesichtspunkten gegeneinander abgewogen sind und die Übertragung daher entgeltlich erfolgt. Umgekehrt ist bei Vereinbarungen zwischen nahen Angehörigen (widerleglich) zu vermuten, dass es an einer solchen kaufmännischen Abgewogenheit fehlt. Die Darlegung der objektiven Gleichwertigkeit der beiderseitigen Leistungen obliegt dann dem Steuerpflichtigen; allerdings genügt es, wenn die Beteiligten subjektiv von der Gleichwertigkeit ausgehen durften (BFH 29.1.1992 – X R 193/87, BStBl. II 1992, 465). 661.1

Die Übernahme eines negativen Kapitalkontos steht der Annahme einer unentgeltlichen Übertragung eines Kommanditanteils zwischen nahen Angehörigen nicht entgegen, wenn stille Reserven vorhanden sind und der Anteil noch eine Gewinnchance repräsentiert und wenn keine sonstigen Gegenleistungen erbracht werden (BFH 10.3.1998 – VIII R 76/96, BStBl. II 1999, 269; BFH 14.11.1979 – I R 143/76, BStBl. II 1980, 96). Eine (teil)entgeltliche Übertragung liegt dagegen vor, wenn die Übertragung zwischen Fremden erfolgt und es dem Ausscheidenden darum geht, sein verlustbringendes unternehmerisches Engagement zu beenden (BFH 21.4.1994 – IV R 70/92, BStBl. II 1994, 745). 661.2

Von einer **teilentgeltlichen Übertragung eines Mitunternehmeranteils** ist auszugehen, wenn die erbrachte Gegenleistung objektiv geringer als der Wert des übertragenen Mitunternehmeranteils ist. Teilentgeltliche Übertragungen sind nicht in einen entgeltlichen und einen unentgeltlichen Teil aufzuspalten. Vielmehr sind sie beim Veräußerer (und Erwerber) grundsätzlich wie eine voll entgeltliche oder unentgeltliche Übertragung zu beurteilen. Ob es sich um ein entgeltliches oder unentgeltliches Geschäft handelt, ist nach Maßgabe der Einheitstheorie (→ Rn. 137) zu entscheiden. Danach stellt sich der Gesellschafterwechsel als voll entgeltliche Übertragung des Mitunternehmeranteils an die verbleibenden Gesellschafter oder einen neu eintretenden Gesellschafter dar, wenn das Entgelt den Buchwert des Kapitalkontos des ausscheidenden Gesellschafters übersteigt, während eine vollständig unentgeltliche Übertragung vorliegt, wenn das Entgelt den Buchwert des Kapitalkontos unterschreitet. 662

Nicht unter die Regelung des § 16 Abs. 1 Nr. 2 fällt die entgeltliche Aufnahme eines neuen Gesellschafters in ein bestehendes Einzelunternehmen. In diesem Fall fehlt es an der zusammengeballten Aufdeckung stiller Reserven, die entsprechend dem Begünstigungszweck der § 16 Abs. 4, § 34 eine ermäßigte Besteuerung rechtfertigen würde. Die realisierten stillen Reserven im Hinblick auf die von dem eintretenden Gesellschafter geleistete Ausgleichszahlung entfallen nur auf den ideellen Anteil an den Wirtschaftsgütern des Betriebs, der der erworbenen Gesellschaftsbeteiligung entspricht. Insoweit war vor der Gründung der Personengesellschaft ein nach § 16 Abs. 1 begünstigter Veräußerungsgegenstand in der Hand des Veräußerers nicht vorhanden, denn ein Mitunternehmeranteil iSd § 16 Abs. 1 Nr. 2 ist erst mit der Gesellschaftsgründung und der Einbringung des Betriebs entstanden (BFH 18.10.1999 – GrS 2/98, BStBl. II 2000, 123). 663

Einstweilen frei 664–668

2. Begriff des Mitunternehmeranteils

Gegenstand der Veräußerung iSd § 16 Abs. 1 S. 1 Nr. 2 ist der „Anteil eines Gesellschafters, der als Unternehmer (Mitunternehmer) des Betriebs anzusehen ist (§ 15 Abs. 1 S. 1 Nr. 2)". Daraus folgt, dass bereits bei der Bestimmung des Veräußerungsgegenstands iSd Abs. 1 S. 1 Nr. 2 die Grundsätze der Mitunternehmerstellung nach § 15 Abs. 1 S. 1 Nr. 2 S. 1 Hs. 1 zu berücksichtigen sind. Die Veräußerung eines Mitunternehmeranteils iSd § 16 Abs. 1 S. 1 Nr. 2 liegt daher nicht nur bei der Veräußerung eines Anteils an einer OHG, KG oder GbR, die einen Gewerbebetrieb unterhält, sondern auch dann vor, wenn ein Anteil an einer Personengesellschaft veräußert wird, die nur teilweise gewerblich tätig ist, deren Tätigkeit aber insgesamt nach § 15 Abs. 3 Nr. 1 (Abfärbung)) oder nach § 15 Abs. 3 Nr. 2 (gewerbliche Prägung) als gewerblich gilt. Gleiches gilt bei der Veräußerung eines Anteils an einer mitunternehmerischen Innengesellschaft (zB atypisch stille Gesellschaft). Auf die Veräußerung eines Anteils an einer Gemeinschaft, die einen land- und forstwirtschaftlichen Betrieb bewirtschaftet, ist § 16 Abs. 1 S. 1 Nr. 2 entsprechend anwendbar (BFH 27.8.1964 – IV 214/63 U, BStBl. III 1964, 627). 669

670 An der Veräußerung eines Mitunternehmeranteils iSd § 16 Abs. 1 S. 1 Nr. 2 fehlt es bei

- der entgeltlichen Übertragung des Anteils an einer rein vermögensverwaltenden (und nicht nach § 15 Abs. 3 Nr. 2 gewerblich geprägten) Personengesellschaft, auch wenn die Beteiligung im Betriebsvermögen des Gesellschafters gehalten wird (Schmidt/*Wacker* § 16 Rn. 405),
- der entgeltlichen Übertragung eines Kommanditanteils, wenn der Kommanditist nicht als Mitunternehmer anzusehen ist (BFH 28.10.1999 – VIII R 66-70/97, BStBl. II 2000, 183) oder
- der entgeltlichen Übertragung eines Kommanditanteils, wenn der Kommanditist seine Beteiligung lediglich als Treuhänder für den Komplementär hält (BFH 1.10.1992 – IV R 130/90, BStBl. II 1993, 574).

671 Der **Mitunternehmeranteil iSd Abs. 1 S. 1 Nr. 2** umfasst die gesellschaftsrechtliche Mitgliedschaft in der Personengesellschaft sowie in vermögensrechtlicher Hinsicht die (dingliche) Mitberechtigung an den Wirtschaftsgütern des Gesamthandsvermögens und ein etwaiges Sonderbetriebsvermögen des einzelnen Mitunternehmers (BFH 3.3.1998 – VIII R 66/96, BStBl. II 1998, 383; BFH 12.12.1996 – IV R 77/93, BStBl. II 1998, 180). Gegenstand der Veräußerung ist hierbei – abweichend vom Zivilrecht – nicht der Gesellschaftsanteil als immaterielles Wirtschaftsgut, sondern der ideelle Anteil des ausscheidenden Gesellschafters an den einzelnen Wirtschaftsgütern des Gesamthandsvermögens zusammen mit dem Alleineigentum an den Wirtschaftsgütern des Sonderbetriebsvermögens (BFH 25.2.1991 – GrS 7/89, BStBl. II 1991, 691). Allerdings bedarf es – ebenso wie bei einer begünstigten Veräußerung des ganzen Gewerbebetriebs oder Teilbetriebs – zur Annahme einer begünstigten Veräußerung des ganzen Mitunternehmeranteils nicht der Veräußerung *aller* Wirtschaftsgüter des Sonderbetriebsvermögens, sondern nur derjenigen, die zu den wesentlichen Betriebsgrundlagen der Personengesellschaft zählen. Der Begriff der Wesentlichkeit ist normspezifisch auszulegen. Im Anwendungsbereich von § 16 sind Wirtschaftsgüter des Sonderbetriebsvermögens den wesentlichen Betriebsgrundlagen der Personengesellschaft zuzurechnen, wenn sie für diese funktional wesentlich sind (BFH 14.2.2007 – XI R 30/05, BStBl. II 2007, 524) oder wenn sie erhebliche stille Reserven beinhalten (BFH 2.10.1997 – IV R 84/96, BStBl. II 1998, 104).

672 Eine **begünstigte Anteilsveräußerung iSd § 16 Abs. 1 S. 1 Nr. 2** liegt deshalb nicht vor, wenn wesentliche Wirtschaftsgüter des Sonderbetriebsvermögens im zeitlichen und wirtschaftlichen Zusammenhang mit der Veräußerung des Mitunternehmeranteils zu Buchwerten in ein anderes Betriebsvermögen überführt bzw. übertragen werden, weil es in diesem Fall an der Realisierung der gesamten stillen Reserven fehlt (BFH 18.10.1999 – GrS 2/98, BStBl. II 2010, 123; vgl. auch BFH 10.3.2016 – IV R 22/13, BFH/NV 2016, 1438 zur Überführung von Sonderbetriebsvermögen in eine Schwesterpersonengesellschaft). Außerdem wird der Wert des Mitunternehmeranteils, abgesehen von ggf. vorhandenem Sonderbetriebsvermögen, vom vorhandenen Gesellschaftsvermögen geprägt. Wird das Gesellschaftsvermögen ohne entsprechende Gegenleistung auf einen anderen Rechtsträger übertragen, so wird zugleich dem Mitunternehmeranteil sein Wert genommen. Dies gilt auch für die im Mitunternehmeranteil ruhenden stillen Reserven, die bei einer unentgeltlichen Übertragung aus dem Gesellschaftsvermögen dem Mitunternehmeranteil vollständig entzogen werden können (BFH 6.9.2000 – IV R 18/99, BFHE 193, 116, BStBl. II 2001, 229).

672.1 Entsprechend diesen Grundsätzen liegt eine tarifbegünstigte Anteilsveräußerung deshalb nicht vor, wenn wesentliche Betriebsgrundlagen einer Kommanditgesellschaft teilweise und unter Fortführung der stillen Reserven auf eine neu gegründete Kommanditgesellschaft übertragen und anschließend Anteile an der neu gegründeten Kommanditgesellschaft veräußert werden. Denn auch in diesen Fällen werden in der Person des Veräußerers nicht alle stillen Reserven in einem einheitlichen Vorgang aufgedeckt (BFH 17.12.2014 – IV R 57/11, BStBl. II 2015, 536; die hiergegen eingelegte Verfassungsbeschwerde wurde nicht zur Entscheidung angenommen, vgl. BVerfG 23.8.2017 – 2 BvR 504/15, LSK 2017, 144884 (nv)).

673 Veräußert der Steuerpflichtige nur (isoliert) **die zu den wesentlichen Betriebsgrundlagen zählenden Wirtschaftsgüter des Sonderbetriebsvermögens** (nicht aber den Anteil selbst), stellt dieser Vorgang keine Veräußerung eines Mitunternehmeranteils iSd § 16 Abs. 1 S. 1 Nr. 2 dar. Das Sonderbetriebsvermögen für sich betrachtet ist weder Mitunternehmeran-

teil noch ein Teil eines solchen Anteils (BFH 11.12.1990 – VIII R 14/87, BStBl. II 1991, 510).

Beispiel: Veräußert der Kommanditist einer GmbH & Co. KG, der zugleich Anteile an der Komplementär-GmbH hält, nur seinen GmbH-Anteil, handelt es sich um die Veräußerung eines Wirtschaftsguts des Sonderbetriebsvermögens, auf die § 16 Abs. 1 S. 1 Nr. 2 keine Anwendung findet. Umgekehrt scheidet eine begünstigte Anteilsveräußerung nach § 16 § 16 Abs. 1 S. 1 Nr. 2 ebenfalls aus, wenn nur die Kommanditbeteiligung, nicht aber die Beteiligung an der Komplementär-GmbH veräußert wird. Denn bei einer GmbH & Co. KG gehören die Geschäftsanteile eines Kommanditisten an der Komplementär-GmbH zum Sonderbetriebsvermögen II, da diese Anteile es dem Kommanditisten ermöglichen, über seine Stellung in der Komplementär-GmbH Einfluß auf die Geschäftsführung der GmbH & Co. KG auszuüben (vgl. BFH 11.12.1990 - VIII R 14/87, BStBl. II 1991, 510). Es fehlt daher an der Voraussetzung, dass alle wesentlichen Wirtschaftsgüter des Sonderbetriebsvermögens mitveräußert werden. 673.1

Einstweilen frei 674–678

3. Zeitpunkt der Anteilsveräußerung

Der **Zeitpunkt der Anteilsveräußerung** hat nicht nur Bedeutung für die Frage, wann der Veräußerungsgewinn nach § 16 Abs. 2 realisiert wird und in welchem VZ er der Besteuerung unterliegt. Er entscheidet auch darüber, welcher Teil des Gewinns zum laufenden Gewinn und welcher zum begünstigten Veräußerungsgewinn zählt. Denn dem ausscheidenden Gesellschafter ist der laufende Gewinn (oder Verlust) des Wirtschaftsjahres bis zum Zeitpunkt seines Ausscheidens zuzurechnen (BFH 28.11.1989 – VIII R 40/84, BStBl. II 1990, 561). 679

Maßgebend für den Zeitpunkt der Anteilsveräußerung iSd Abs. 1 S. 1 Nr. 2 ist grundsätzlich die **Übertragung des zivilrechtlichen Eigentums an dem Mitunternehmeranteil auf den Erwerber** gemäß §§ 398, 413 BGB. Kann der Erwerber bereits zu einem früheren Zeitpunkt wirtschaftlich über den Mitunternehmeranteil verfügen (§ 39 Abs. 2 Nr. 1 AO), ist dieser Zeitpunkt für die Realisierung des Veräußerungsgewinns maßgeblich. Voraussetzung dafür ist, dass der Erwerber rechtsgeschäftlich eine auf den Erwerb des Gesellschaftsanteils gerichtete, rechtlich geschützte Position erworben hat, die ihm gegen seinen Willen nicht mehr entzogen werden kann, und Mitunternehmerrisiko sowie Mitunternehmerinitiative vollständig auf ihn übergegangen sind (BFH 1.3.2018 – IV R 15/15, BStBl. II 2018, 539). Dies gilt unabhängig davon, ob der vereinbarte Kaufpreis sofort fällig, in Raten zahlbar oder langfristig gestundet ist und wann der Verkaufserlös dem Veräußerer tatsächlich zufließt (vgl. BFH 19.7.1993 – GrS 2/92, BStBl. II 1993, 897). 680

Der **Zeitpunkt,** zu dem die Übertragung des Mitunternehmeranteils vollzogen werden soll, ist typischerweise **Gegenstand vertraglicher Regelungen im Abtretungsvertrag.** Zivilrechtlich können die Vertragspartner auch einen anderen Zeitpunkt als den des Vertragsschlusses für das Wirksamwerden der Anteilsübertragung bestimmen. Soweit die Vertragspartner für den Rechtsübergang einen in der Zukunft liegenden Zeitpunkt bestimmen, unterliegt dies auch steuerrechtlich keinen Bedenken (BFH 22.9.1992 – VIII R 7/90, BStBl. II 1993, 228). Anders ist die Rechtslage bei rückwirkenden Vereinbarungen. Zivilrechtliche Rückbeziehungen einer während eines Wirtschaftsjahres getroffenen Austritts- bzw. Eintrittsvereinbarung auf den Beginn des Wirtschaftsjahres sind steuerlich grundsätzlich unbeachtlich (BFH 21.12.1972 – IV R 194/69, BStBl. II 1973, 389; BFH 17.3.1987 – VIII R 293/82, BStBl. II 1987, 558). Solche rückwirkende Vereinbarungen ändern daher grundsätzlich nichts daran, dass ein Veräußerungsgewinn erst mit Abschluss des Übertragungsvertrags realisiert ist, einem ausscheidenden Gesellschafter noch sein vertraglicher Anteil an dem bis dahin erwirtschafteten laufenden Gewinn oder Verlust und dem eintretenden Gesellschafter nur sein vertraglicher Anteil an dem ab Vertragsabschluss erwirtschafteten Gewinn oder Verlust zuzurechnen ist (Schmidt/*Wacker* § 16 Rn. 442). 681

Eine **Ausnahme von dem Rückwirkungsverbot** wird von der Rechtsprechung in den Fällen angenommen, in denen die Rückbeziehung des Ausscheidens nur eine kurze Zeitspanne umfasst und nicht auf steuerlichen Erwägungen beruht, etwa wenn die Rückbeziehung auf Schwierigkeiten bei der Feststellung der stillen Reserven zurückzuführen ist und keine Umqualifikation eines Teil des dem Ausscheidenden zuzurechnen laufenden Gewinns 682 in einen begünstigten Veräußerungsgewinns beabsichtigt ist (BFH 21.3.2002 – IV R 1/01, BStBl. II 2002, 519; BFH 18.9.1984 – VIII R 119/81, BStBl. II 1985, 55). Die überwiegende Auffassung im Schrifttum hält einen Rückwirkungszeitraum von bis zu drei Monaten für unschädlich (vgl. Schmidt/*Wacker* § 16 Rn. 443: 3 Monate; Blümich/*Schallmoser* § 16 Rn. 242; LBP/*Hörger/Rapp* § 16 Rn. 150; aA HHR/*Patt* § 16 Rn. 302; OFD Frankfurt a.M. 5.9.1996, FR 1996, 801). Dieser Rechtsauffassung ist zuzustimmen. Der Rückbezug des Aus- bzw. Eintrittszeitpunkts ist nur für eine kurze Zeitspanne (bis zu drei Monaten) ausschließlich aus Gründen der Vereinfachung der Besteuerung zulässig. Anderenfalls würde der personengesellschaftsrechtliche Transparenzgedanke ausgehöhlt, denn dieser gebietet es, dass dem in die Personengesellschaft eintretenden Anteilserwerber erst ab dem Zeitpunkt der Übertragung des Mitunternehmeranteils die Einkunftsquelle anteilig zugerechnet wird.

683 Die **Rückbeziehung des Ausscheidens** ist ferner dann ausnahmsweise steuerlich zulässig, wenn sie in einem gerichtlichen oder außergerichtlichen Vergleich zur Klärung eines streitigen Sachverhaltes durch gegenseitiges oder einseitiges Nachgeben geregelt wird (BFH 26.7.1984 – IV R 10/83, BStBl. II 1984, 786). Ist ein Vertrag wegen fehlender Genehmigung schwebend unwirksam, wirkt die spätere Genehmigung nicht nur zivilrechtlich (vgl. § 185 Abs. 2 S. 1 BGB), sondern auch steuerrechtlich auf den Zeitpunkt des Vertragsschlusses zurück, wenn sie unverzüglich beantragt wird (vgl. BFH 1.2.1973 – IV R 49/68, BStBl. II 1973, 307 zur vormundschaftsgerichtlichen Genehmigung der Abtretung eines Personengesellschaftsanteils eines Minderjährigen). Dies dürfte nach der Rechtsprechung auch für andere Fälle schwebender Unwirksamkeit gelten, es sei denn, das Rechtsgeschäft wird rückabgewickelt (vgl. Schmidt/*Wacker* § 16 Rn. 446 unter Bezug auf BFH 16.5.2013 – IV R 6/10, BFH/NV 2013, 1584; BFH 23.10.1996 – I R 71/95, BStBl. II 1999, 35; BFH 23.4.1992 – IV R 46/91, BStBl. II 1992, 1024).

684–688 *Einstweilen frei*

4. Steuerliche Behandlung des Ausscheidens eines Gesellschafters gegen Abfindung

689 **a) Allgemeines.** Wenn ein **Mitunternehmer aus einer mehrgliedrigen Personengesellschaft ausscheidet,** ohne dass ein neuer Gesellschafter eintritt, wächst sein Anteil am Gesellschaftsvermögen den verbleibenden Gesellschaftern zu (§ 738 BGB), wenn die Gesellschaft fortgesetzt wird. Hat der ausscheidende Mitunternehmer gegen die verbleibenden Gesellschafter einen Abfindungsanspruch (vgl. § 738 S. 2 BGB), liegt steuerlich die Veräußerung eines Mitunternehmeranteils vor (→ Rn. 660). Der ausscheidende Mitunternehmer veräußert seine ihm zuzurechnenden ideellen Anteile an den einzelnen bilanzierten und nichtbilanzierten Wirtschaftsgütern des Gesamthandsvermögens ggf. iVm dem Alleineigentum an Wirtschaftsgütern des Sonderbetriebsvermögen an die verbleibenden Gesellschafter. Die steuerliche Behandlung des Vorgangs hängt insbesondere von der Höhe der Abfindung an den ausscheidenden Gesellschafter im Verhältnis zum Buchwert seines Kapitalkontos ab (→ Rn. 693 ff.; vgl. hierzu auch: *Zimmermann* Die Personengesellschaft im Steuerrecht, 2009, Kap. J Rn. 60 ff.; *Niehus/Wilke* Die Besteuerung der Personengesellschaft, 2010 Kap. G, 233 ff. mit weiteren Details zu den einzelnen nachfolgend beschriebenen Fallkonstellationen).

690–692 *Einstweilen frei*

693 **b) Abfindung zum Buchwert.** Erhält der ausscheidende Mitunternehmer eine Abfindung in Höhe des Buchwerts des sich aus den Gesamthands-, Ergänzungs- und Sonderbilanzen ergebenden steuerlichen Kapitalkontos, kann dies zum einen darauf beruhen, dass keine stillen Reserven vorhanden sind, zB mangels unterbewerteter Wirtschaftsgüter auf der Aktivseite oder aufgrund fehlender selbstgeschaffener immaterieller Wirtschaftsgüter (zB originärer Firmenwert). Zum anderen kann der Gesellschaftsvertrag trotz Vorhandenseins stiller Reserven eine Abfindung zum Buchwert vorsehen (sog. Buchwertklausel). Eine Buchwertklausel ist grundsätzlich zulässig bei Ausschließung eines Gesellschafters oder wenn der Buchwert nicht erheblich hinter dem Verkehrswert der Beteiligung zurückbleibt (BGH 13.3.2006 – II ZR 295/04, DStR 2006, 1005; BGH 24.9.1984 – II ZR 256/83, GmbHR 1985, 113). Schließlich kann der ausscheidende Mitunternehmer trotz vorhandener stiller Reserven auch aus privaten Gründen (zB bei einer Familienpersonengesellschaft) auf einen Mehrbetrag verzichten.

Einstweilen frei **694–696**

aa) Behandlung bei den verbleibenden Mitunternehmern. Wird der ausscheidende Mitunternehmer zum Buchwert seines steuerlichen Kapitalkontos abgefunden, ist dieser **Vorgang für die verbleibenden Gesellschafter erfolgsneutral.** Etwaige vorhandene stille Reserven des ausscheidenden Gesellschafters wachsen ihnen gemäß § 738 BGB (anteilig) ohne Gewinnrealisierung zu. Es liegt bis zur tatsächlichen Realisierung der stillen Reserven eine nicht steuerbare Vermögensmehrung vor. Da die Anschaffungskosten der anteilig erworbenen Wirtschaftsgüter deren bisherigen anteiligen Buchwerten in der Gesamthandsbilanz entsprechen, werden die Buchwerte fortgeführt und es erfolgt lediglich eine Umschichtung in der Gesamthandsbilanz, indem von einem Passivkonto (Kapitalkonto des ausscheidenden Gesellschafters) auf ein anderes Kapitalkonto (Verbindlichkeiten gegenüber dem ausscheidenden Mitunternehmer) umgebucht wird. Der Erstellung einer Ergänzungsbilanz bedarf es nicht. **697**

Erfolgt die **Buchwertabfindung aus privaten Gründen,** zB weil im Rahmen einer Familienpersonengesellschaft den verbleibenden Gesellschaftern die vorhandenen stillen Reserven schenkweise zugewendet werden sollen, liegt eine unentgeltliche Übertragung vor, sodass die verbleibenden Gesellschafter nach § 6 Abs. 3 in die Rechtsstellung des ausscheidenden Gesellschafters eintreten. **698**

Dies hat zur Folge, dass die AfA des ausscheidenden Gesellschafters von den verbleibenden Gesellschaftern unverändert fortzuführen ist. **698.1**

Erfolgt die **Buchwertabfindung hingegen aus betrieblichen Gründen,** zB weil sie gesellschaftsvertraglich in Gestalt einer Buchwertklausel vorgesehen ist, ist von einer entgeltlichen Übertragung auszugehen, da es beim ausscheidenden Gesellschafter typischerweise an der Absicht fehlt, die verbleibenden Gesellschafter zu bereichern. § 6 Abs. 3 ist nicht anwendbar, sodass die verbleibenden Gesellschafter nicht in die Rechtsstellung des ausscheidenden Gesellschafters eintreten. **699**

Die verbleibenden Gesellschafter müssen daher bezüglich der anteilig erworbenen Wirtschaftsgüter die AfA neu ermitteln (vgl. Zimmermann/*Hottmann* Kap. J. 1 Rn. 67). **699.1**

Einstweilen frei **700–702**

bb) Behandlung beim ausscheidenden Mitunternehmer. Erhält der ausscheidende Mitunternehmer eine **Abfindung in Höhe des Buchwerts seines steuerlichen Kapitalkontos,** ist die Übertragung für ihn erfolgsneutral und zieht keinerlei steuerliche Belastungsfolgen nach sich. Dies gilt unabhängig davon, ob die Beschränkung der Abfindung auf den Buchwert aus privaten oder betrieblichen Gründen erfolgt. Im Fall der betrieblichen Veranlassung liegt zwar eine in vollem Umfang entgeltliche Veräußerung des Mitunternehmeranteils iSd § 16 Abs. 1 S. 1 Nr. 2 vor. Es entsteht beim ausscheidenden Mitunternehmer jedoch kein Veräußerungsgewinn nach § 16 Abs. 2. Umgekehrt führt der Verzicht auf einen Mehrbetrag auch nicht zu einem Veräußerungsverlust. Ist die Abfindung aus privaten Gründen nicht höher als der Buchwert, ist diese Übertragung wie eine unentgeltliche Übertragung iSd § 6 Abs. 3 zu behandeln, sodass die nach § 6 Abs. 3 S. 1 vorgeschriebene Buchwertverknüpfung das Entstehen eines Übertragungsgewinns verhindert. Der bis zum Ausscheiden erzielte Gewinnanteil des ausscheidenden Mitunternehmers ist laufender Gewinn nach § 15 Abs. 1 S. 1 Nr. 2. **703**

Einstweilen frei **704–706**

c) Abfindung über dem Buchwert. Überschreitet der Abfindungsbetrag, den ein ausscheidender Gesellschafter von den verbleibenden Gesellschaftern erhält, **den Buchwert seines positiven Kapitalkontos,** kann dies auf verschiedenen Gründen beruhen: **707**

- der Mehrbetrag entfällt auf die anteiligen stillen Reserven in den bilanzierten bzw. nichtbilanzierten Wirtschaftsgütern (zB Firmenwert);
- der Mehrbetrag dient dazu, einen „lästigen" Gesellschafter zum Ausscheiden aus der Gesellschaft zu bewegen;

• die Zahlung des Mehrbetrags beruht auf privaten Gründen.

Die steuerliche Behandlung des Ausscheidens bei den einzelnen Gesellschaftern hängt dabei davon ab, welche Gründe für die Zahlung des Mehrbetrags ausschlaggebend sind.

708–710 *Einstweilen frei*

711 **aa) Behandlung bei den verbleibenden Mitunternehmern. (1) Mehrbetrag dient der Abgeltung der anteiligen stillen Reserven.** Sind in den bilanzierten Wirtschaftsgütern **stille Reserven vorhanden oder existieren nichtbilanzierte immaterielle Wirtschaftsgüter oder ein originärer Firmenwert** und soll der Mehrbetrag der Abfindung den Anteil des ausscheidenden Gesellschafters hieran abgelten, stellen die Zahlungen für die verbleibenden Gesellschafter Anschaffungskosten für diesen Anteil dar (BFH 25.1.1979 – IV R 56/75, BStBl. II 1979, 302). Die Anschaffungskosten für den erworbenen Mitunternehmeranteil setzen sich zusammen aus dem bisherigen anteiligen Buchwert des ausscheidenden Gesellschafters zzgl. der aufgedeckten stillen Reserven der materiellen und der immateriellen Wirtschaftsgüter einschließlich des Firmenwerts. Dabei sind die anteilig erworbenen Wirtschaftsgüter gemäß § 6 Abs. 1 Nr. 7 (vgl. BFH 6.7.1995 – IV R 30/93, BStBl. II 1995, 831; BFH 19.2.1981 – IV R 41/78, BStBl. II 1981, 730) mit dem Teilwert, höchstens jedoch mit den Anschaffungs- bzw. Herstellungskosten anzusetzen. Daraus folgt, dass der über den Buchwert hinausgehende Mehrbetrag bei den Wirtschaftsgütern zu aktivieren ist, deren Buchwerte hinter den Teilwerten zurückbleiben (BFH 25.4.1984 – I R 166/78, BStBl. II 1984, 747; BFH 19.2.1981 – IV R 41/78, BStBl. II 1981, 730).

712 Für die **Aktivierung des Mehrbetrags** auf die einzelnen Wirtschaftsgüter gilt die sog. **Stufentheorie** (vgl. hierzu: *Kahle* FR 2013, 873). Auf einer ersten Stufe sind die in den bereits bilanzierten materiellen und immateriellen Wirtschaftsgütern enthaltenen stillen Reserven aufzudecken. Auch wenn nicht bilanzierte (zB selbst geschaffene) immaterielle Wirtschaftsgüter vorhanden sind und daher von den verbleibenden Gesellschaftern durch die Abfindungszahlung anteilig angeschafft wurden, ist der Mehrbetrag zunächst nur auf die bilanzierten Wirtschaftsgüter im Verhältnis ihrer stillen Reserven aufzuteilen (vgl. BFH 24.5.1984 – I R 166/78, BStBl. II 1984, 747). Steht fest, dass der Abfindungsbetrag höher ist als der Buchwert zzgl. des Anteils des ausscheidenden Mitunternehmers an den stillen Reserven der bilanzierten Wirtschaftsgüter, spricht eine widerlegbare Vermutung dafür, dass zum Gesellschaftsvermögen auch nichtbilanzierte immaterielle Wirtschaftsgüter gehören. Auf einer zweiten Stufe sind daher diese Wirtschaftsgüter, die von den verbleibenden Mitunternehmern durch die Abfindungszahlung ebenfalls anteilig angeschafft wurden, mit den ihnen beizumessenden Anschaffungskosten zu aktivieren. Verbleibt nach den Stufen 1 und 2 weiterhin ein Mehrbetrag, spricht eine weitere widerlegbare Vermutung für die Existenz eines originären Firmenwerts (BFH 14.6.1994 – VIII R 37/93, BStBl. II 1995, 246), welcher sich durch den anteiligen Erwerb seitens der verbleibenden Mitunternehmer zu einem entgeltlich erworbenen (derivativen) Firmenwert konkretisiert hat, und folglich mit dem ihm beizumessenden Betrag zu aktivieren ist. Erst wenn auch nach Stufe 3 noch ein zu verteilender Mehrbetrag verbleibt, kommt, sofern die Mehrzahlung nicht außerbetrieblich veranlasst war, eine Nichtaktivierung und damit ein sofortiger Abzug als Betriebsausgaben in Betracht (BFH 25.1.1979 – IV R 56/75, BStBl. II 1979, 302; BFH 12.6.1975 – IV R 129/71, BStBl. II 1975, 807; BFH 31.7.1974 – I R 226/70, BStBl. II 1975, 236).

713 Nach der sog. **modifizierten Stufentheorie** (vgl. hierzu: *Hörger/Stobbe* DStR 1991, 1230) sind auf der ersten Stufe sowohl die bilanzierten als auch die bislang nicht bilanzierten Wirtschaftsgüter gleichmäßig aufzustocken. Nach anderer Auffassung (vgl. *Siegel* DStR 1991, 1477) spricht die Vermutung in gleicher Weise sowohl für das Vorhandensein stiller Reserven in bilanzierten Wirtschaftsgütern als auch für das Vorhandensein nichtbilanzierter immaterieller Wirtschaftsgüter einschließlich eines Firmenwerts, sodass der Mehrbetrag auf alle diese Wirtschaftsgüter proportional bzw. im Verhältnis ihrer Teilwerte zu verteilen ist (vgl. auch BFH 30.3.1993 – VIII R 63/91, BStBl. II 1993, 706; BFH 18.2.1993 – IV R 40/92, BStBl. II 1994, 224; vgl. auch Schmidt/*Wacker* § 16 Rn. 490). Für diese Auffassung lässt sich anführen, dass die Gesellschafter bei der Bemessung des Abfindungsbetrags in aller Regel sämtliche Ertragsaussichten berücksichtigen, unabhängig davon, ob diese sich auf einzelne bilanzierte bzw. nichtbilanzierte Wirtschaftsgüter zurückführen lassen. Dabei ist der Aufteilung des über den Buchwert des Kapitalkontos hinausgehenden Mehrbetrags nach den Teilwerten zuzustimmen, weil es aus Sicht eines Erwerbers nicht auf die vormaligen Buchwerte und das Verhältnis der daraus abgeleiteten stillen Reserven ankommen kann.

Einstweilen frei 714–716

(2) Mehrbetrag dient der Abfindung eines „lästigen Gesellschafters“. Übersteigt 717 die Abfindung an einen ausscheidenden Gesellschafter den Buchwert seines Kapitalkontos zuzüglich der anteiligen stillen Reserven und des anteiligen Firmenwerts, kann es sich auch um eine **Mehrzahlung an einen sog. „lästigen Gesellschafter“** handeln. Lästig ist ein Gesellschafter, bei dem davon auszugehen ist, dass er durch sein Verhalten (zB durch Verfolgung gesellschaftsfremder Interessen, Überschreitung seiner Entnahmerechte, Handeln zum Nachteil der Gesellschaft etc) die Gesellschaft wesentlich schädigt, sodass sein Ausschluss im unmittelbaren betrieblichen Interesse liegt (BFH 25.1.1979 – IV R 56/75, BStBl. II 1979, 302). Die Zahlung des Mehrbetrags ist in einem solchen Fall betrieblich veranlasst, wenn die Gesellschaft in ihrer wirtschaftlichen Ertragsfähigkeit ohne Ausschluss des Gesellschafters schwerwiegend gefährdet wäre oder die persönliche Vertrauensgrundlage unter den Gesellschaftern zerstört ist (BGH 30.11.1951 – II ZR 109/51, BGHZ 4, 108). Das Vorliegen dieser Voraussetzungen muss objektiv festgestellt werden; es genügt nicht, dass zwischen den Gesellschaftern lediglich persönliche Differenzen bestehen (Blümich/*Schallmoser* § 16 Rn. 271).

Auch im Fall eines **nachweislich „lästigen“ Gesellschafters** ist die Differenz zwischen 718 der Abfindung und dem Buchwert seines Kapitalkontos zunächst auf die anteiligen stillen Reserven und den Firmenwert zu verteilen. Die Abfindungszahlung ist von den verbleibenden Gesellschaftern als Anschaffungskosten für diesen Anteil zu aktivieren. Nur soweit die Abfindung betragsmäßig über den Anteil des Ausscheidenden an den stillen Reserven und dem Firmenwert hinausgeht, ist er als Betriebsausgabe sofort abzugsfähig. Denn die Behandlung des verbleibenden Mehrbetrags als Betriebsausgabe kommt nach der Rechtsprechung nur insoweit in Betracht, als stille Reserven und/oder einen Firmenwert nicht festzustellen sind und außerbetriebliche Gründe für die Mehrleistung ausscheiden (BFH 30.3.1993 – VIII R 63/91, BStBl. II 1993, 706). Sind für den Mehrbetrag keine betrieblichen Gründe zu erkennen, zB weil der Nachweis nicht geführt werden kann, dass sich der ausscheidende Gesellschafter betriebsschädigend verhalten hat, führt der Mehrbetrag weder zu Anschaffungskosten für die anteilig von dem Ausscheidenden erworbenen Wirtschaftsgüter noch zu sofort abzugsfähigen Betriebsausgaben. Es handelt sich vielmehr um eine Privatentnahme der verbleibenden Gesellschafter.

Gesellschaftsvertragliche Regelungen, wonach eine über den Buchwert des Kapital- 719 kontos hinausgehende Abfindung ausgeschlossen ist, wenn ein Gesellschafter während des Bestehens der Gesellschaft ausscheidet, sind **steuerlich unbeachtlich.** Insbesondere die Aktivierungspflicht der auf die anteiligen stillen Reserven und den Firmenwert entfallenden Anschaffungskosten bleibt durch solche Vereinbarungen berührt.

Einstweilen frei 720–722

bb) Behandlung beim ausscheidenden Mitunternehmer. Erhält ein ausscheidender 723 Gesellschafter eine **Abfindung, die über den Buchwert seines Kapitalkontos hinausgeht,** und ist diese Abfindung betrieblich veranlasst, erzielt er in Höhe des den Buchwert übersteigenden Betrags einen Veräußerungsgewinn nach § 16 Abs. 1 S. 1 Nr. 2, weil er seinen Anteil an den einzelnen Wirtschaftsgütern des Gesellschaftsvermögens an die übrigen Gesellschafter veräußert (BFH 24.5.1973 – IV R 64/70, BStBl. II 1973, 655). Dies gilt auch in den Fällen der Anwachsung, da die durch Anwachsungen eintretenden Vermögensmehrungen steuerrechtlich wie eine Anteilsübertragung zu behandeln sind (BFH 14.9.1994 – I R 12/94, BStBl. II 1995, 407).

Als **Veräußerungsgewinn** ist der Betrag anzusetzen, um den der Veräußerungspreis (dh 724 die Abfindung, zu der der auch der Kaufpreis für Wirtschaftsgüter des Sonderbetriebsvermögens des Ausscheidenden zählt) nach Abzug der Veräußerungskosten den Wert des Anteils am Betriebsvermögen (= Kapitalkonto des Ausscheidenden) im Zeitpunkt des Ausscheidens übersteigt. Die Ermittlung des Buchwerts des Kapitalkontos erfolgt dabei auf der Grundlage einer auf den Veräußerungszeitpunkt zu erstellenden Abschichtungsbilanz. Der Anteil des ausscheidenden Gesellschafters am erwirtschafteten Gewinn bis zu seinem Ausscheiden ist von ihm noch als laufender Gewinn zu versteuern; der Veräußerungsgewinn ist erst ab dem

Zeitpunkt seines Ausscheidens zu berechnen. Zum Veräußerungsgewinn gehört dabei auch der Teil des Abfindungsmehrbetrages, der bei den verbleibenden Gesellschafter als sofort abzugsfähige Betriebsausgabe zu behandeln ist.

725 **Scheidet ein Gesellschafter während eines Wirtschaftsjahres aus der Gesellschaft aus,** ist der Berechnung des Veräußerungsgewinns/-verlusts das Kapitalkonto zugrundezulegen, das sich nach der Zurechnung seines vertragsmäßigen Anteils am laufenden Gewinn des Wirtschaftsjahres auf den Zeitpunkt des Ausscheidens ergibt (Blümich/*Schallmoser* § 16 Rn. 250). Vereinbarungen, wonach ein im Laufe des Wirtschaftsjahres ausscheidender Gesellschafter nicht mehr am laufenden Gewinn des Wirtschaftsjahres beteiligt sein soll, sind steuerlich unbeachtlich, mit der Folge, dass ein Teil des Veräußerungsgewinns in einen laufenden Gewinn umqualifiziert werden muss, weil ansonsten eine unzulässige Rückbeziehung des Ausscheidens vorläge (→ Rn. 679 ff.).

726 Beruht die Abfindung über dem Buchwert des Kapitalkontos zuzüglich der anteiligen stillen Reserven und eines anteiligen Firmenwerts hingegen **nicht auf betrieblichen, sondern auf privaten Gründen,** erzielt der ausscheidende Mitunternehmer keinen Veräußerungsgewinn iSd § 16 Abs. 1 S. 1 Nr. 2, Abs. 2. Auch im Übrigen ist die Leistung des Mehrbetrags einkommensteuerrechtlich ohne Folgen für den ausscheiden Gesellschafter. Gegebenenfalls fällt jedoch Schenkungsteuer an.

727–729 *Einstweilen frei*

730 **d) Abfindung unter dem Buchwert bei positivem Kapitalkonto. aa) Behandlung bei den verbleibenden Mitunternehmern. Unterschreitet die Abfindung an den ausscheidenden Gesellschafter den Buchwert seines Kapitalkontos,** liegt gleichwohl ein entgeltlicher Vorgang vor, wenn Leistung und Gegenleistung im Rahmen der Übertragung kaufmännisch gegeneinander abgewogen wurden und keine private Veranlassung für die Höhe der Abfindung besteht (BFH 12.7.2007 – IV B 80/06, BFH/NV 2007, 2262; BFH 12.12.1996 – IV R 77/93, BStBl. II 1998, 180). Ein betrieblicher Grund für eine Abfindung unter dem Buchwert liegt zB vor, wenn einzelne Wirtschaftsgüter des Betriebsvermögens überbewertet sind oder wenn der ausscheidende Gesellschafter das Ziel verfolgt, die Abfindung früher zu erhalten, als ihm dies nach dem Gesellschaftsvertrag zusteht.

731 Ist ein **entgeltlicher Vorgang zu bejahen,** liegt für die verbleibenden Mitunternehmer unabhängig von der Höhe der Abfindungszahlung eine Anschaffung der anteilig erworbenen Wirtschaftsgüter vor. Im Hinblick darauf, dass bei der Bilanzierung von Wirtschaftsgütern die Anschaffungskosten nicht überschritten werden dürfen (vgl. § 6 Abs. 1 Nr. 1 und Nr. 2), ist in Höhe des Differenzbetrags zwischen Buchwert und Abfindung eine Abstockung der Buchwerte der bilanzierten Wirtschaftsgüter vorzunehmen. Bei Erwerb des Anteils durch einen der bisherigen Mitunternehmer, muss dieser den Minderbetrag in einer Ergänzungsbilanz für Abstockungen auf die Wirtschaftsgüter der Gesellschaft verwenden, damit sich für ihn in Zukunft die Aufwendungen bei Verbrauch oder Veräußerung der Wirtschaftsgüter durch die Gesellschaft entsprechend mindern (BFH 11.7.1973 – I R 126/71, BStBl. II 1974, 50; BFH 24.10.1996 – IV R 90/94, BStBl. II 1997, 241). Bei Erwerb durch mehrere bisherige Gesellschafter ist die Abstockung in der Steuerbilanz der Gesellschaft vorzunehmen (BFH 12.12.1996 – IV R 77/93, BStBl. II 1998, 180). Nicht zulässig ist es nach der Rechtsprechung, die Buchwerte der bilanzierten Wirtschaftsgüter fortzuführen und die Differenz zum niedrigeren Abfindungsbetrag durch Passivierung eines „negativen Geschäftswerts" auszugleichen, da es sich hierbei einkommensteuerrechtlich nicht um ein bilanzierungsfähiges Wirtschaftsgut handelt. Nach § 5 Abs. 2 können nur positive immaterielle Wirtschaftsgüter in die Bilanz aufgenommen werden; nur sie können entgeltlich erworben und als Wirtschaftsgüter des Anlagevermögens aktiviert werden (BFH 25.1.1984 – I R 7/80, BStBl. II 1984, 344; BFH 19.2.1981 – IV R 41/78, BStBl. II 1981, 730).

732 Die verbleibenden Gesellschafter dürfen den **Minderbetrag nicht nach Belieben auf die einzelnen bilanzierten Wirtschaftsgüter verteilen.** Der Minderbetrag ist zunächst auf die bilanzierten Wirtschaftsgüter zu verteilen, die tatsächlich überbewertet sind. Ist der Minderwert nicht auf eine tatsächliche Überbewertung bestimmter bilanzierter Wirtschaftsgüter zurückzuführen, ist der Buchwert eines etwaigen aktivierten Geschäftswert entsprechend herabzusetzen (Blümich/*Schallmoser* § 16 Rn. 296). Ist keine Überbewertung bestimmter bilanzierter Wirtschaftsgüter festzustellen und liegt auch kein abschreibungsfähi-

ger Geschäftswert vor, sodass nicht genügend Abstockungsvolumen zur bilanziellen Darstellung der Anschaffung der anteiligen Wirtschaftsgüter durch die verbleibenden Mitunternehmer zur Verfügung steht, scheidet aufgrund des Anschaffungskostenprinzips der Ansatz eines laufenden Gewinns aus. In diesem Fall lässt die Rechtsprechung die Passivierung eines Ausgleichspostens zu, welcher mit zukünftigen Verlustanteilen zu verrechnen bzw. bei Beendigung der Gesellschaft gewinnerhöhend aufzulösen ist (BFH 12.12.1996 – IV R 77/93, BStBl. II 1998, 180; BFH 21.4.1994 – IV R 70/92, BStBl. II 1994, 745).

Unterschreitet die Abfindung den Buchwert des Kapitalkontos des ausscheidenden Mitunternehmers **aus betrieblichen Gründen,** realisieren die verbleibenden Mitunternehmer in Höhe des Unterschiedsbetrags zwischen dem Buchwert und der Abfindung einen laufenden Gewinn, der allerdings nicht der Gewerbesteuer unterliegt (FG Düsseldorf 3.11.2000 – 18 K 3616/95 G, EFG 2001, 585). 733

Eine betriebliche Veranlassung wäre zB gegeben, wenn der ausscheidende Gesellschafter im Hinblick auf sein vormaliges betriebliches Fehlverhalten auf einen Teil der Abfindungssumme verzichtet oder eine Auseinandersetzung über die Höhe der Abfindungssumme vermeiden möchte. 733.1

Unterschreitet die Abfindung den Buchwert des Kapitalkontos aus privaten Gründen, erwerben die verbleibenden Mitunternehmer den Anteil des Ausscheidenden insoweit unentgeltlich. Die Buchwerte der anteilig erworbenen Wirtschaftsgüter sind von den verbleibenden Mitunternehmern gemäß § 6 Abs. 3 fortzuführen. Der Unterschiedsbetrag zwischen der Abfindung und dem Buchwert ist als Einlage der verbleibenden Mitunternehmer zu behandeln (BFH 7.2.1995 – VIII R 36/93, BStBl. II 1995, 770). Ihre Kapitalkonten sind insoweit erfolgsneutral aufzustocken (BFH 11.7.1973 – I R 126/71, BStBl. II 1974, 50). 734

Einstweilen frei 735–739

bb) Behandlung beim ausscheidenden Mitunternehmer. Liegt ein **entgeltlicher Vorgang** vor, weil Leistung und Gegenleistung im Rahmen der Übertragung kaufmännisch gegeneinander abgewogen wurden und keine private Veranlassung für die Höhe der Abfindung besteht, führt eine Abfindung unter dem Buchwert des Kapitalkontos des ausscheidenden Mitunternehmers dazu, dass dieser einen Veräußerungsverlust iSd § 16 erzielt. 740

Liegt ein **unentgeltlicher Vorgang** vor, weil private Gründe für die Vereinbarung einer Abfindung unter dem Buchwert des Kapitalkontos ausschlaggebend sind, entsteht für den ausscheidenden Mitunternehmer kein Veräußerungsverlust (BFH 11.7.1973 – I R 126/71, BStBl. II 1974, 50). Entsprechendes gilt mit Blick auf die Einheitstheorie in den Fällen der teilentgeltlichen Übertragung. 741

Einstweilen frei 742–744

e) Ausscheiden bei negativem Kapitalkonto. aa) Allgemeines. Wird das **Kapitalkonto** eines unbeschränkt haftenden Gesellschafters einer Personengesellschaft **aufgrund von Entnahmen oder Verlustzuweisungen negativ,** kommt darin gesellschaftsrechtlich für den Fall der Liquidation der Gesellschaft eine entsprechende Nachschuss- bzw. Wertausgleichsverpflichtung gegenüber den Mitgesellschaftern zum Ausdruck. Das ist jedenfalls dann der Fall, wenn es sich bei dem betreffenden Mitunternehmer um einen Gesellschafter einer GbR oder OHG oder um den Komplementär einer KG handelt. Im Falle eines Kommanditisten besteht eine solche Ausgleichsverpflichtung nur dann, wenn das Kapitalkonto durch rückzahlungspflichtige Entnahmen negativ geworden ist, soweit dieses nicht durch den Anteil des Kommanditisten am Abwicklungsgewinn ausgeglichen wird. 745

Scheidet der Gesellschafter bei negativem Buchwert seines Kapitalkontos aus der Personengesellschaft aus und trifft ihn eine entsprechende Ausgleichsverpflichtung gegenüber seinen Mitgesellschaftern, ist diese Verpflichtung mit einem etwaigen Abfindungsanspruch gegenüber den verbleibenden Gesellschaftern **als Gegenleistung für die Übertragung der ihm anteilig zuzurechnenden Wirtschaftsgüter zu saldieren.** Hierbei ergeben sich die folgenden Möglichkeiten: 746

- Sind die auf den ausscheidenden Gesellschafter entfallenden anteiligen stillen Reserven betragsmäßig höher als der Buchwert seines negativen Kapitalkontos, wird die Ausgleichsverpflichtung überkompensiert, sodass sich per Saldo ein Abfindungsanspruch des Ausscheidenden ergibt. Der Teilwert des Kapitalkontos ist in diesem Fall positiv.

- Decken sich die Ausgleichsverpflichtung und der Abfindungsanspruch des ausscheidenden Gesellschafters, ist der Teilwert des Kapitalkontos gleich Null.
- Sind keine stillen Reserven vorhanden oder sind sie betragsmäßig niedriger als der Buchwert des negativen Kapitalkontos, besteht per Saldo eine Ausgleichsverpflichtung des Ausscheidenden gegenüber den verbleibenden Gesellschaftern. Der Teilwert des Kapitalkontos ist in diesem Fall negativ. Welche steuerrechtlichen Folgen sich aus dem negativen Kapitalkonto ergeben, hängt insbesondere davon ab, ob der Ausscheidende dieser Ausgleichsverpflichtung tatsächlich nachkommen muss oder ob er von der Verpflichtung (aus betrieblichen oder außerbetrieblichen Gründen) freigestellt ist. Praktisches Anwendungsbeispiel ist insbesondere der Fall des ausscheidenden Kommanditisten, der handelsrechtlich nach § 167 Abs. 3 HGB nicht zum Ausgleich des negativen Kapitalkontos verpflichtet ist.

747–749 *Einstweilen frei*

750 **bb) Positiver Teilwert des Kapitalkontos. (1) Behandlung beim ausscheidenden Mitunternehmer.** Scheidet der Gesellschafter aus und **übersteigt sein Anteil an den stillen Reserven den Buchwert des negativen Kapitalkontos,** begleicht der ausscheidende Mitunternehmer durch die Übertragung der anteiligen Wirtschaftsgüter an die verbleibenden Mitunternehmer seine Verpflichtung zum Ausgleich des negativen Kapitalkontos. In Höhe des Differenzbetrags steht ihm ein entsprechender Baranspruch zu. Zur Ermittlung des Veräußerungsgewinns iSd § 16 Abs. 1 S. 1 Nr. 2 ist von dem Veräußerungspreis (dh die Abfindung) nach Abzug etwaiger Veräußerungskosten der Wert des Anteils am Betriebsvermögen (dh das negative Kapitalkonto) abzuziehen. Der ausscheidende Mitunternehmer erzielt folglich einen Veräußerungsgewinn in Höhe seines negativen Kapitalkontos zuzüglich seines Baranspruchs (BFH 16.12.1992 – XI 34/92, BStBl. II 1993, 436).

751–753 *Einstweilen frei*

754 **(2) Behandlung bei den verbleibenden Mitunternehmern.** Bei den verbleibenden Mitunternehmern liegen **Anschaffungskosten für die anteilig erworbenen Wirtschaftsgüter** vor, die in Höhe der realisierten stillen Reserven (dh in Höhe des negativen Kapitalkontos zuzüglich der Barverpflichtung) zu aktivieren sind. Eine Gewinnauswirkung tritt bei den verbleibenden Mitunternehmern nicht ein.

755–757 *Einstweilen frei*

758 **cc) Negativer Teilwert des Kapitalkontos. (1) Ausgleichsverpflichtung.** Unterschreitet der Anteil des ausscheidenden Mitunternehmers an den stillen Reserven den Buchwert seines negativen Kapitalkontos, ergibt sich für ihn per Saldo eine entsprechende Zahlungsverpflichtung. Der ausscheidende Mitunternehmer erzielt dann einen Veräußerungsgewinn in Höhe des Unterschiedsbetrags zwischen dem Buchwert seines negativen Kapitalkontos und dem Betrag der von ihm zu erbringenden Ausgleichszahlung. Die Ausgleichszahlung als solche ist die erfolgsneutrale Tilgung einer betrieblichen Schuld (BFH 30.11.1977 – I R 27/75, BStBl. II 1978, 149). Muss der ausscheidende Mitunternehmer vollen Ausgleich in Höhe seines negativen Kapitalkontos leisten, weil keine stillen Reserven vorhanden sind, entsteht für ihn weder ein Gewinn noch ein Verlust.

759 Grundsätzlich ist der **Ausgleichsanspruch** der verbleibenden Mitunternehmer gegenüber dem Ausscheidenden **als sonstige Forderung zu aktivieren.** Soweit stille Reserven vorhanden sind, ist jedoch diese Forderung mit dem Anspruch des Ausscheidenden auf Vergütung der übergegangenen anteiligen stillen Reserven zu verrechnen. Diese erworbenen stillen Reserven sind von den verbleibenden Mitunternehmern in der Gesamthandsbilanz der Gesellschaft zu aktivieren.

760–762 *Einstweilen frei*

763 **(2) Keine Ausgleichsverpflichtung.** Wird einem unbeschränkt haftenden Gesellschafter eine grundsätzlich bestehende Ausgleichsverpflichtung **aus betrieblichen Gründen erlassen,** entsteht bei den verbleibenden Gesellschaftern ein Verlust in entsprechender Höhe. Der ausscheidende Mitunternehmer erzielt einen Veräußerungsgewinn in Höhe des negativen Buchwerts seines Kapitalkontos (bzw. bei Vorliegen teilweiser stiller Reserven in Höhe des erlassenen Betrags), und zwar auch dann, wenn der Ausgleichsanspruch, auf dessen Geltendmachung die übrigen Gesellschafter verzichtet haben, uneinbringlich ist (BFH

24.3.1993 – IV B 79/92, BFH/NV 1993, 658; BFH 15.12.1966 – IV 232/64, BStBl. III 1967, 309).

Wird dem ausscheidenden Mitunternehmer die grundsätzlich bestehende Ausgleichsver- 764
pflichtung **aus privaten Gründen erlassen,** liegt eine unentgeltliche Übertragung des Mitunternehmeranteils vor, sodass die verbleibenden Mitunternehmer nach § 6 Abs. 3 die Buchwerte des Ausscheidenden fortzuführen haben. Die Übertragung des Mitunternehmeranteils ist sowohl für den ausgeschiedenen als auch für die verbleibenden Mitunternehmer erfolgsneutral. Die Kapitalkonten der verbleibenden Mitunternehmer sind um das negative Kapitalkonto des Ausgeschiedenen entsprechend zu vermindern.

Einstweilen frei 765–767

(3) Ausscheiden eines Kommanditisten. Ist das **Kapitalkonto eines nur beschränkt** 768
haftenden Mitunternehmers (Kommanditist) negativ, besteht für diesen handelsrechtlich grundsätzlich keine Ausgleichspflicht, wenn nicht das negative Kapitalkonto durch rückzahlungspflichtige Entnahmen negativ geworden ist. Obwohl es daher für den Kommanditisten bei Ausscheiden aus der Personengesellschaft nicht zur Befreiung von einer Verbindlichkeit kommen kann, weil eine solche regelmäßig nicht besteht, führt der Wegfall des negativen Kapitalkontos gemäß § 52 Abs. 24 S. 3 zu einem Veräußerungsgewinn iSd § 16, soweit es nicht ausgeglichen wird. Dies gilt unabhängig davon ab, ob die Gesellschaft aufgelöst oder fortgesetzt wird. Es kommt auch nicht darauf an, ob die Verluste, die zur Entstehung bzw. Erhöhung des negativen Kapitalkontos geführt haben, in vollem Umfang abzugsfähig waren oder nach § 15a als verrechenbare Verluste festgestellt worden sind. Der Teil des Veräußerungsgewinns, der auf verrechenbaren Verlusten beruht, bleibt jedoch im Ergebnis ohne ertragsteuerliche Auswirkung, da der Gewinn aus der Auflösung des negativen Kapitalkontos insoweit um die verrechenbaren Verlust zu mindern ist (vgl. BFH 3.9.2009 – IV R 17/07, BStBl. II 2010, 631).

Ist das **Kapitalkonto durch Zurechnung von Verlusten negativ geworden, die aus-** 769
gleichs- und abzugsfähig sind, sind künftige Gewinnanteile des Kommanditisten vorrangig zur Beseitigung des Negativsaldos zu verwenden, sodass die Auszahlung von Gewinnen erst verlangt werden kann, wenn das Kapitalkonto wieder ein höheres Guthaben als die Einlage ausweist (§ 169 Abs. 1 S. 2 HGB). Das durch Zurechnung solcher Verlustanteile negativ gewordene Kapitalkonto bringt daher gesellschaftsrechtlich zum Ausdruck, dass der Kommanditist am künftigen Vermögenszuwachs der Gesellschaft bis zur Auffüllung des negativen Kapitalkontos nicht beteiligt ist, vielmehr seine Gewinnanteile den Mitgesellschaftern überlassen muss. Diese Belastung, das Kapitalkonto mit zukünftigen Gewinnen auszugleichen, entfällt jedoch mit dem Ausscheiden des Kommanditisten aus der Gesellschaft und geht auf die verbleibenden Gesellschafter über (BFH 3.9.2009 – IV R 17/07, BStBl. II 2010, 631). Insoweit erlangt der Ausscheidende mit der Befreiung von der Verpflichtung, das negative Kapitalkonto mit zukünftigen Gewinnen auszugleichen, eine Gegenleistung für die Veräußerung seines Kommanditanteils. Dieser Veräußerungsgewinn ist jedoch nur ein Ausgleich dafür, dass ihm bis zu seinem Ausscheiden Verlustanteile auch nach Aufzehrung seiner Einlage zugerechnet worden sind (BFH 9.7.2015 – IV R 19/12, BStBl. II 2015, 954).

Von den verbleibenden Mitunternehmern sind für die vom ausscheidenden Kommanditis- 770
ten erworbenen anteiligen stillen Reserven einschließlich Geschäftswert die hierauf entfallenden Beträge **als Anschaffungskosten zu aktivieren.** Übersteigt der Teilbetrag des negativen Kapitalkontos die stillen Reserven einschließlich Geschäftswert, hängt die steuerliche Behandlung davon ab, ob beim Ausscheidenden die Verluste, die zur Entstehung bzw. Erhöhung des negativen Kapitalkontos geführt haben, abzugs- und ausgleichsfähig oder lediglich verrechenbar waren. Waren die Verluste abzugs- und ausgleichsfähig, sind bei den verbleibenden Mitunternehmern nach § 52 Abs. 24 S. 4 in Höhe des übernommenen negativen Kapitalkontos abzüglich der anteiligen stillen Reserven Verlustanteile anzusetzen, dh bei ihnen entsteht insoweit ein sofort abzugsfähiger Verlust (vgl. EStR 15a Abs. 6 S. 4). Waren die Verluste, die dazu geführt haben, dass das Kapitalkonto beim Ausscheidenden negativ geworden ist, dagegen lediglich verrechenbar, findet § 52 Abs. 24 S. 4 nach seinem Wortlaut keine Anwendung. Ein nach der Aktivierung der erworbenen anteiligen stillen Reserven einschließlich eines Geschäftswerts verbleibender Differenzbetrag zur Höhe des negativen Kapitalkontos führt daher nicht zur Zurechnung von Verlustanteilen für die verbleibenden Mitun-

ternehmer. Vielmehr ist dieser Differenzbetrag in einem negativen Ausgleichsposten zu bilanzieren und erst mit künftigen Gewinnen zu verrechnen. Der Vorgang ist daher für die verbleibenden Mitunternehmer im Zeitpunkt des Anteilsübergangs insoweit erfolgsneutral.

771 Im Ergebnis ist die **steuerliche Auswirkung der Verluste** bei den verbleibenden Mitunternehmern daher nicht anders als beim ausscheidenden Kommanditisten, da die Verluste, auch wenn sie nunmehr anderen Mitunternehmern zugerechnet werden, nicht ihren Charakter verlieren. Waren die Verluste beim Kommanditisten bereits steuerwirksam, weil sie ausgleichs- und abzugsfähig waren, wirken sie sich auch bei den verbleibenden Mitunternehmern sofort steuermindernd aus; hatten sich die Verluste beim Kommanditisten dagegen noch nicht steuerlich ausgewirkt, weil sie lediglich verrechenbar waren, sind sie auch bei den verbleibenden Mitunternehmern erst mit künftigen Gewinnanteilen zu verrechnen.

772–776 *Einstweilen frei*

5. Steuerliche Behandlung des Gesellschafterwechsels

777 **a) Allgemeines. Im Falle eines Gesellschafterwechsels** veräußert der ausscheidende Gesellschafter seinen Mitunternehmeranteil ganz oder anteilig an einen Dritten. Im Unterschied zum bloßen Eintritt eines weiteren Gesellschafters in eine bestehende Personengesellschaft fällt der bloße Gesellschafterwechsel nicht unter die Vorschrift des § 24 UmwStG, weil der seinen Anteil veräußernde Mitunternehmer seine Mitunternehmerstellung (ggf. anteilig) verliert und es im Zuge dieses Vorgangs ggf. zur Aufdeckung von stillen Reserven kommt. Für eine Fortführung der stillen Reserven im Rahmen eines Buchwertansatzes besteht damit kein Raum.

778 Da es **aus steuerlicher Sicht keinen Unterschied macht, an wen der ausscheidende Mitunternehmer seinen Anteil überträgt,** gelten für die Ermittlung eines Veräußerungsgewinns auf Seiten des Ausscheidenden im Fall eines Gesellschafterwechsels dieselben Grundsätze wie bei einer Anteilsveräußerung an die verbleibenden Mitunternehmer (→ Rn. 689 ff.). Der ausscheidende Mitunternehmer erzielt einen nach § 16 Abs. 4, § 34 begünstigten Veräußerungsgewinn, wenn der Veräußerungspreis abzüglich Veräußerungskosten den Buchwert seines Kapitalkontos übersteigt. Für den neu eintretenden Gesellschafter stellt sich der Erwerb des Mitunternehmeranteils steuerlich betrachtet als (entgeltlicher oder unentgeltlicher) Erwerb eines ideellen Anteils an den einzelnen Wirtschaftsgütern der Mitunternehmerschaft dar. Im Falle eines entgeltlichen Erwerbs hat er die erworbenen anteiligen Wirtschaftsgüter mit den von ihm aufgewendeten Anschaffungskosten zu aktivieren. In Abhängigkeit von der Höhe des Kaufpreises im Verhältnis zum Buchwert des Kapitalkontos des ausscheidenden Mitunternehmers ist für ihn die Aufstellung einer positiven oder negativen Ergänzungsbilanz erforderlich. Im Fall des unentgeltlichen Erwerbs führt er gemäß § 6 Abs. 3 die anteiligen Buchwerte fort.

779–781 *Einstweilen frei*

782 **b) Anteilserwerb bei positivem Kapitalkonto. aa) Kaufpreis entspricht Buchwert des Kapitalkontos.** Entspricht der Kaufpreis für den erworbenen Mitunternehmeranteil dem Buchwert des Kapitalkontos des ausscheidenden Mitunternehmers, ergeben sich **weder für den ausscheidenden noch für den eintretenden Gesellschafter ertragsteuerliche Konsequenzen.** In der Gesamthandsbilanz tritt an die Stelle des Kapitalkontos des ausscheidenden Gesellschafters grundsätzlich in identischer Höhe das Kapitalkonto des eintretenden Gesellschafters. Die Gesellschafter können aber auch vereinbaren, dass im Kapitalkonto des neuen Gesellschafters höhere Werte ausgewiesen werden als im Kapitalkonto des ausgeschiedenen Gesellschafters.

783–785 *Einstweilen frei*

786 **bb) Kaufpreis größer als Buchwert des Kapitalkontos.** Übersteigt der Kaufpreis den Buchwert des Kapitalkontos des ausscheidenden Gesellschafters, besteht eine **Vermutung,** dass der Differenzbetrag den Anteil des neuen Gesellschafters an den in den bilanzierten Wirtschaftsgütern verkörperten stillen Reserven oder an nicht bilanzierten immateriellen Wirtschaftsgütern oder einem originären Firmenwert vergütet. In Höhe des Differenzbetrags liegen für den neuen Gesellschafter zusätzliche Anschaffungskosten für den anteiligen Erwerb der Wirtschaftsgüter der Personengesellschafter vor. Da jedoch das Kapitalkonto des neuen

Gesellschafters in der Gesamthandsbilanz grundsätzlich in identischer Höhe an die Stelle des Kapitalkontos des bisherigen Gesellschafters tritt, spiegeln sich diese zusätzlichen Anschaffungskosten nicht in seinem Kapitalkonto wider. Folglich ist für den neuen Gesellschafter eine positive Ergänzungsbilanz aufzustellen, in der die Mehrwerte etwaiger unterbewerteter Wirtschaftsgüter bzw. nicht aktivierter Wirtschaftsgüter der Aktivseite oder die Minderwerte etwaiger überbewerteter Wirtschaftsgüter der Passivseite zu aktivieren sind. Aufwendungen des neuen Gesellschafters für Wirtschaftsgüter, die zum Sonderbetriebsvermögen des ausgeschiedenen Gesellschafters gehören und die auch Sonderbetriebsvermögen des neuen Gesellschafters sind, sind in einer Sonderbilanz zu aktivieren.

Die **Ergänzungs- und Sonderbilanzen** sind bei der künftigen Bilanzierung fortzuentwickeln, dh bei jeder künftigen Bilanzaufstellung ist zu prüfen, inwieweit die in diesen Bilanzen ausgewiesenen Werte noch vorhanden sind (vgl. Blümich/*Schallmoser* § 16 Rn. 357). **787**

Einstweilen frei **788–790**

cc) Kaufpreis niedriger als Buchwert des Kapitalkontos. Unterschreitet der Kaufpreis den Buchwert des Kapitalkontos des ausscheidenden Mitunternehmers, besteht eine **Vermutung,** dass der Differenzbetrag auf die Überbewertung einzelner aktivierter Wirtschaftsgüter oder die Unterbewertung einzelner passivierter Wirtschaftsgüter entfällt. In der Gesamthandsbilanz wirkt sich dies jedoch nicht aus, da die von dem neuen Gesellschafter anteilig erworbenen Wirtschaftsgüter nach dem Anschaffungskostenprinzip mit den tatsächlich aufgewendeten Anschaffungskosten anzusetzen sind. Für den neuen Gesellschafter ist deshalb eine negative Ergänzungsbilanz aufzustellen, in der die Minderwerte etwaiger überbewerteter Aktivposten oder die Mehrwerte etwaiger unterbewerteter Passivposten zu passivieren sind. Der ausscheidende Gesellschafter erzielt in Höhe der Differenz zwischen dem Kaufpreis und dem Buchwert seines Kapitalkontos einen Veräußerungsverlust. **791**

Erhält der ausscheidende Gesellschafter **aus außerbetrieblichen Gründen** weniger als den Buchwert seines Kapitalkontos, liegt ein unentgeltlicher Vorgang vor. Demzufolge hat der neue Gesellschafter nach § 6 Abs. 3 die bisherigen Buchwerte fortzuführen. Eine Aufstellung von Ergänzungsbilanzen ist nicht erforderlich. **792**

Einstweilen frei **793–795**

c) Anteilserwerb bei negativem Kapitalkonto. Ist das Kapitalkonto des ausscheidenden Gesellschafters negativ, hat der neue Gesellschafter **Anschaffungskosten** in Höhe des Betrags des vom ausscheidenden Gesellschafter übernommenen negativen Kapitalkontos zuzüglich eines etwaigen von ihm zu zahlenden Barentgelts. Durch die Übernahme des negativen Kapitalkontos und die Zahlung eines Barentgelts vergütet der neue Gesellschafter die anteilig erworbenen stillen Reserven einschließlich eines Geschäftswerts. In entsprechender Höhe ist für ihn eine positive Ergänzungsbilanz aufzustellen. Der ausscheidende Mitunternehmer erzielt einen Veräußerungsgewinn in Höhe seines negativen Kapitalkontos zuzüglich seines Baranspruchs (vgl. BFH 16.12.1992 – XI 34/92, BStBl. II 1993, 436). **796**

Einstweilen frei **797–799**

6. Steuerliche Behandlung einer Abfindung in Sachwerten

Eine **Abfindung in Sachwerten** liegt vor, wenn der ausscheidende Gesellschafter für den übertragenen Mitunternehmeranteil statt einer Abfindung in Geld andere Wirtschaftsgüter aus dem Betriebsvermögen der Personengesellschaft erhält (BFH 23.11.1995 – IV R 75/94, BStBl. II 1996, 194; BFH 24.5.1973 – IV R 64/70, BStBl. II 1973, 655). Dabei spielt es keine Rolle, ob die Sachabfindung vor, bei oder erst nach dem Ausscheiden des Mitunternehmers vereinbart wird (BFH 24.8.1989 – IV R 67/86, BStBl. II 1990, 132). **800**

Keine Sachwertabfindung liegt vor, wenn **801**

- der Erwerber für die Übertragung des Mitunternehmeranteils Wirtschaftsgüter aus seinem Privatvermögen oder aus einem anderen Betriebsvermögen hingibt (Schmidt/*Wacker* § 16 Rn. 525),
- der Mitunternehmeranteil des ausscheidenden Gesellschafters den verbleibenden Gesellschaftern anwächst und diese die Abfindung nicht aus dem Gesellschaftsvermögen, sondern durch Leistung aus ihrem Privatvermögen erfüllen,
- ein Mitunternehmer unentgeltlich aus der Personengesellschaft ausscheidet und ihm im zeitlichen Zusammenhang hiermit Wirtschaftsgüter aus dem Gesellschaftsvermögen zuge-

wendet werden, ohne dass der Wert des Abfindungsanspruchs und der Wert der hingegebenen Wirtschaftsgüter kaufmännisch gegeneinander abgewogen wurden. Die Wirtschaftsgüter werden von den verbleibenden Gesellschafter aus dem Betriebsvermögen entnommen; diese erzielen einen nicht begünstigten Entnahmegewinn (vgl. Schmidt/*Wacker* § 16 Rn. 525; HHR/*Geissler* § 16 Rn. 64; Blümich/*Schallmoser* § 16 Rn. 366).

802 Wird der ausscheidende Mitunternehmer **in Sachwerten abgefunden,** hängt die steuerliche Behandlung davon ab, ob die Sachwertabfindung ins Privatvermögen (→ Rn. 803) oder ins Betriebsvermögen (→ Rn. 804) des Ausscheidenden erfolgt.

803 Übernimmt der ausgeschiedene Mitunternehmer die ihm übertragenen Wirtschaftsgüter in sein **Privatvermögen,** so ist die Sachwertabfindung steuerlich in zwei Schritte aufzuspalten (vgl. BFH 24.5.1973 – IV R 64/70, BStBl. II 1973, 655):

- Zum einen (*Stufe 1*) liegt eine (begünstigte) Veräußerung des Mitunternehmeranteils iSd § 16 Abs. 1 S. 1 Nr. 2 des Ausscheidenden an die verbleibenden Gesellschafter vor, sodass die Grundsätze des Ausscheidens gegen Barabfindung anzuwenden sind, dh beim ausscheidenden Gesellschafter entsteht ein Abfindungsanspruch in Höhe des Buchwerts seines Kapitalkontos zuzüglich der auf ihn entfallenden stillen Reserven. Die verbleibenden Gesellschafter erwerben die Anteile des Ausgeschiedenen an den Wirtschaftsgütern des Gesellschaftsvermögens. In Höhe der dem Ausgeschiedenen vergüteten stillen Reserven sind die Aktiva des Gesellschaftsvermögens entsprechend aufzustocken.
- Zum anderen (*Stufe 2*) liegt eine (nicht begünstigte) Veräußerung der übertragenen Sachwerte durch die verbleibenden Gesellschafter sowie der Erwerb dieser Sachwerte durch den ausscheidenden Gesellschafter vor. Die verbleibenden Gesellschafter erzielen dabei einen laufenden Gewinn in Höhe ihres Anteils an den stillen Reserven der übertragenen Sachwerte, da diese infolge der Übertragung realisiert werden. Sie können im Gesamthandsvermögen unter den Voraussetzungen des § 6b eine entsprechende Rücklage bilden.

804 Erfolgt die Sachwertabfindung in ein **Betriebsvermögen** des ausscheidenden Mitunternehmers, liegt nach Auffassung des BFH ein Fall der **erfolgsneutralen Realteilung** nach § 16 Abs. 3 S. 2 vor (BFH 30.3.2017 – IV R 11/15, BFH/NV 2017, 1647; vgl. auch BFH 17.9.2015 – III R 49/13, BStBl. II 2017, 37 bei Ausscheiden gegen eine aus einem Teilbetrieb bestehende Abfindung; aA BMF 17.1.2017, BStBl. 2017, 36), sodass (für Übertragungen nach dem 31.12.2000, vgl. Blümich/*Schallmoser* § 16 Rn. 397) zwingend die Buchwerte fortzuführen sind. Denn entsprechend dem Wortlaut des § 16 Abs. 3 S. 2 ist das Ausscheiden eines Mitunternehmers nicht nur bei Sachwertabfindungen mit Teilbetrieben oder Mitunternehmeranteilen (so: BMF 19.12.2018, BStBl. I 2019, 6 Rn. 2), sondern in allen Fällen der Sachwertabfindung (dh auch bei Abfindung mit Einzelwirtschaftsgütern) als Aufgabe des Mitunternehmeranteils zu behandeln. § 6 Abs. 5 S. 3 findet in diesem Fall keine Anwendung. Zwar sind die tatbestandlichen Voraussetzungen dieser Vorschrift erfüllt, da Wirtschaftsgüter aus dem Gesamthandsvermögen der Mitunternehmerschaft in das Einzel- oder Sonderbetriebsvermögen eines Mitunternehmers gegen Minderung von Gesellschaftsrechten übertragen werden (vgl. § 6 Abs. 5 S. 3 Nr. 1 oder Nr. 2). Die Regelung des § 16 Abs. 3 S. 2 ist jedoch als speziellere Normen vorrangig anzuwenden (BFH 30.3.2017 – IV R 11/15, BFH/NV 2017, 36, detailliert → Rn. 1025).

805 Erhält der ausscheidende Mitunternehmer neben der Sachwertabfindung in Form eines Teilbetriebs noch eine weitere Gegenleistung (zB eine Geldrente), erfüllt er nach bisheriger Rechtsprechung des BFH gleichwohl insgesamt einen **Veräußerungstatbestand** nach § 16 Abs. 1 S. 1 Nr. 2 (BFH 17.9.2015 – III R 49/13, BStBl. II 2017, 37; hierzu → § 18 Rn. 1061 und *Wendt* FR 2016, 536 (542)). Als Veräußerungsgewinn ist in diesem Fall der Kapitalwert der Rente zuzüglich der Buchwerte des übernommenen Teilbetriebs (Veräußerungspreis) abzüglich etwaiger Veräußerungskosten und des Wertes des Kapitalkontos anzusetzen. Ob sich ein zum Buchwert übernommener Teilbetrieb allerdings auch dann gewinnerhöhend auswirkt, wenn das Kapitalkonto des ausscheidenden Mitunternehmers negativ ist, dürfte noch nicht abschließend durch die Rechtsprechung des BFH geklärt sein (vgl. hierzu FG Nürnberg 21.2.2018 – 4 K 1425/15, EFG 2018, 1969 sowie die hierauf ergangene Entscheidung des BFH 3.7.2019 – VIII B 86/18, BFH/NV 2019, 1130).

806–809 *Einstweilen frei*

VI. Veräußerung des gesamten Anteils des persönlich haftenden Gesellschafters einer KGaA (§ 16 Abs. 1 S. 1 Nr. 3)

Nach § 16 Abs. 1 S. 1 Nr. 3 gehören zu den **Veräußerungsgewinnen** auch Gewinne aus der Veräußerung des Anteils eines persönlich haftenden Gesellschafters einer KGaA sowie gemäß § 16 Abs. 3 S. 1 aus der Aufgabe eines solchen Anteils. Die Regelung steht im Zusammenhang mit der Vorschrift des § 15 Abs. 1 S. 1 Nr. 3, wonach der Gewinnanteil des persönlich haftenden Gesellschafters einer KGaA und die Vergütungen, die er für seine Tätigkeit oder für die Hingabe von Darlehen oder für die Überlassung von Wirtschaftsgütern erhält, als gewerbliche Einkünfte qualifiziert werden. 810

„Anteil" iSd § 16 Abs. 1 S. 1 Nr. 3 ist die Beteiligung des Komplementärs als persönlich, unbeschränkt und unmittelbar haftender Gesellschafter der KGaA. Aus der Bezugnahme des § 16 Abs. 1 S. 1 Nr. 3 auf § 15 Abs. 1 S. 1 Nr. 3 geht hervor, dass die Beteiligung des persönlich haftenden Gesellschafters auch sein Sonderbetriebsvermögen umfasst; sie erstreckt sich hingegen nicht auf Anteile des persönlich haftenden Gesellschafters am Grundkapital der KGaA, denn § 15 Abs. 1 Nr. 3 erfasst lediglich Gewinnanteile, „soweit sie nicht auf Anteile am Grundkapitel entfallen" (vgl. BFH 21.6.1989 – X R 14/88, BStBl. II 1989, 881). Der Gewinn aus der Veräußerung der Aktien gehört deshalb nicht zum Gewinn nach § 16 Abs. 1 S. 1 Nr. 3. 811

Ein **begünstigter Gewinn iSd § 16 Abs. 1 S. 1 Nr. 3** wird nur erzielt, wenn der „gesamte" Anteil des persönlich haftenden Gesellschafters veräußert wird. Da der persönlich haftende Gesellschafter einer KGaA nach dem Wortlaut des § 15 Abs. 1 S. 1 Nr. 3 „wie ein Mitunternehmer" behandelt wird, bedeutet dies, dass neben der Beteiligung an der KGaA auch das gesamte wesentliche Sonderbetriebsvermögen veräußert werden muss, es sei denn, dass das Sonderbetriebsvermögen im jeweiligen Einzelfall keine wesentlichen Betriebsgrundlagen enthält (HHR/*Patt* § 16 Rn. 371). Wird nur die Beteiligung an der KGaA veräußert, entsteht daher grundsätzlich ein nicht begünstigter laufender Gewinn. 812

Eine Veräußerung des „gesamten" Anteils liegt nur vor, wenn der persönlich haftende Gesellschafter vollständig aus der KGaA ausscheidet (vgl. § 16 Abs. 1 S. 2); unschädlich ist jedoch, wenn er als Kommanditaktionär weiterhin an der KGaA beteiligt bleibt. 812.1

Wird zurückbehaltenes Sonderbetriebsvermögen in das Privatvermögen des persönlich haftenden Gesellschafters der KGaA überführt oder an einen anderen Erwerber veräußert, liegt eine **Aufgabe des gesamtes Anteils** vor (Abs. 3 S. 1 iVm Abs. 1 S. 1 Nr. 3), mit der Folge, dass der Aufgabegewinn – ebenso wie der Veräußerungsgewinn – der ermäßigten Besteuerung nach § 16 Abs. 4, § 34 unterliegt. 813

Keine Aufgabe liegt vor, wenn die Einkünfteerzielung aus dem Anteil lediglich „unterbrochen" wird, indem zB einem Dritten ein Nießbrauchsrecht an dem Anteil eingeräumt wird, das sich auch auf die entnahmefähigen Gewinne aus dem Anteil erstreckt (vgl. hierzu: *Wälzholz* DStR 2011, 1786). Denn nach § 16 Abs. 3b gilt ein Anteil iSd Abs. 1 S. 1 Nr. 2 oder Nr. 3 in den Fällen der Betriebsunterbrechung und -verpachtung grundsätzlich nicht als aufgegeben (vgl. *Wendt* FR 2011, 1023). 814

§ 16 Abs. 3b gilt gem. § 52 Abs. 34 S. 2 idF StVereinfG 2011 erst für Betriebsaufgaben iSd § 16 Abs. 3 ab dem 5.11.2011. 814.1

Der Gewinn aus der Veräußerung bzw. Aufgabe eines Anteils iSd § 16 Abs. 1 S. 1 Nr. 3 wird im Rahmen der Veranlagung des persönlich haftenden Gesellschafters zur ESt oder KSt ermittelt. Erfolgt die Veräußerung bzw. Aufgabe durch eine Personengesellschaft, ist der Gewinn im Rahmen der **einheitlichen und gesonderten Gewinnfeststellung** zu ermitteln. Ist eine Kapitalgesellschaft als persönlich haftende Gesellschafterin an der KGaA beteiligt, ist der aus der Veräußerung der Beteiligung resultierende Gewinn nicht nach § 8b Abs. 2 KStG von der Besteuerung ausgenommen. Für die Anwendung des § 8b Abs. 2 KStG wäre erforderlich, dass aus dem Anteil an der KGaA die in § 8b Abs. 2 KStG vorausgesetzten Einkünfte aus Kapitalvermögen resultierten. Das ist jedoch nicht der Fall. Die aus der Beteiligung an der KGaA resultierenden Einkünfte sind nach § 15 Abs. 1 S. 1 Nr. 3 solche aus Gewerbebetrieb. 815

Einstweilen frei 816–820

VII. Veräußerung eines Mitunternehmerteilanteils (§ 16 Abs. 1 S. 2)

1. Allgemeines

821 Die Vorschrift des **§ 16 Abs. 1 S. 2** wurde durch das **UntStFG** v. 20.12.2001 (BGBl. 2001 I 3858) eingefügt. Steuersystematisch steht sie im Zusammenhang mit den ebenfalls durch das UntStFG eingefügten Änderungen des § 16 Abs. 1 S. 1 Nr. 2 und Nr. 3, wonach die Annahme einer begünstigten Veräußerung ab dem 1.1.2002 auf die entgeltliche Übertragung des „gesamten" Mitunternehmeranteils bzw. des „gesamten" Anteils eines persönlich haftenden Gesellschafters einer KGaA beschränkt ist. Im Unterschied dazu beanspruchte § 16 Abs. 1 S. 1 Nr. 2 und Nr. 3 EStG idF vor dem UntStFG für vor dem 1.1.2002 erfolgte Veräußerungen Geltung nicht nur für Veräußerungen des ganzen Anteils, sondern auch für Veräußerungen von Teilanteilen, weil der Wortlaut der Regelung nicht darauf abstellte, dass der gesamte Anteil veräußert wurde.

821.1 Die vor 2002 mögliche Tarifbegünstigung eines Gewinns aus der Veräußerung eines (Teil-)Mitunternehmeranteils nach § 34 Abs. 2 Nr. 1 iVm Abs. 1 setzte allerdings voraus, dass auch das Sonderbetriebsvermögen des veräußernden Mitunternehmers quotenentsprechend mitveräußert wurde, soweit es wesentliche Betriebsgrundlagen enthielt (vgl. zuletzt BFH 10.2.2016 – VIII R 38/12, BFH/NV 2016, 1256, auch zur Anwendung der Tarifbegünstigung auf Fälle der überquotalen Veräußerung von Sonderbetriebsvermögen).

822 § 16 Abs. 1 S. 2 EStG idF des UntStFG ergänzt die Neuregelungen, indem Gewinne aus der Veräußerung von Teilanteilen als **laufende (gewerbesteuerpflichtige) Gewinne** qualifiziert werden. Mit dieser Änderung werden die Übertragung eines Mitunternehmerteilanteils und der Eintritt einer natürlichen Person in ein bestehendes Einzelunternehmen gegen eine Zahlung in das Privatvermögen des bisherigen Einzelunternehmers steuerlich gleich behandelt. Die Behandlung von Gewinnen aus der Veräußerung von Mitunternehmerteilanteilen als laufende Gewinne findet zudem darin ihre Rechtfertigung, dass der Begünstigungszweck der §§ 16, 34 die Aufdeckung sämtlicher stiller Reserven voraussetzt, die ohne steuerliche Ermäßigung zu einer unangemessenen steuerlichen Belastung führen würde (Blümich/*Schallmoser* § 16 Rn. 235). Eine solche unangemessene Steuerbelastung droht im Falle einer Teilanteilsveräußerung typischerweise nicht.

823–825 *Einstweilen frei*

2. Tatbestand und Rechtsfolgen

826 Die **Anteilsveräußerung iSd § 16 Abs. 1 S. 2** setzt die entgeltliche Übertragung eines Teils eines Mitunternehmeranteils oder einer Beteiligung des persönlich haftenden Gesellschafters einer KGaA voraus. Als Teilanteil ist dabei jede Untereinheit des Anteils des Gesellschafters anzusehen; es gibt keine Geringfügigkeitsgrenze für den Teilanteil als Veräußerungsgegenstand oder für den verbleibenden Restanteil (HHR/*Patt* § 16 Rn. 384).

827 Eine **Veräußerung von Mitunternehmerteilanteilen** liegt zB vor bei

- der entgeltlichen Übertragung eines Bruchteils eines Gesellschaftsanteils an einen neu hinzutretenden oder einen bereits der Gesellschaft angehörenden Gesellschafter,
- dem Hinzutritt eines weiteren Gesellschafters gegen ein Entgelt an die bisherigen Gesellschafter,
- der entgeltlichen Übertragung des Anteils eines ausscheidenden Gesellschafters an die verbleibenden Gesellschafter,
- der entgeltlichen Einräumung einer Unterbeteiligung an einem Gesellschaftsanteil,
- der entgeltlichen Übertragung eines Teils der Beteiligungsrechte (zB der Gewinnbeteiligung) an einen Mitgesellschafter ohne Verlust der Mitunternehmerstellung (vgl. hierzu: BFH 1.2.2017 – VIII B 15/16, BFH/NV 2017, 574).

828 Eine **Veräußerung eines Teils eines Anteils iSd des § 16 Abs. 1 S. 1 Nr. 3** liegt zB vor, wenn der KGaA ein weiterer persönlich haftender Gesellschafter beitritt und hierfür ein Entgelt gegenüber dem bisherigen persönlich haftenden Gesellschafter erbringt. Keine Teilanteilsveräußerung liegt bei Eintritt eines persönlich haftenden Gesellschafters gegen eine Einlage auf das Grundkapital der KGaA ohne Leistung an den bisherigen persönlich haftenden Gesellschafter vor (HHR/*Patt* § 16 Rn. 393; Kirchhof/*Seer* § 16 Rn. 174).

Veräußert der persönlich haftende Gesellschafter seine Beteiligung durch mehrere (zeitlich zusammenhängende) Teilübertragungen entgeltlich an mehrere neue persönlich haftende Gesellschafter, liegen keine Teilsanteilsveräußerungen iSd § 16 Abs. 1 S. 2, sondern eine Aufgabe der Beteiligung des persönlich haftenden Gesellschafters gem. § 16 Abs. 3 S. 1 vor, da in einem solchen Fall in einem einheitlich zu beurteilenden Vorgang sämtliche stillen Reserven des gesamten Anteils des persönlich haftenden Gesellschafters realisiert werden. 828.1

Die **Veräußerung eines Teils eines Anteils iSd § 16 Abs. 1 S. 1 Nr. 2 oder Nr. 3** setzt voraus, dass ein entsprechender Anteil an allen wesentlichen Betriebsgrundlagen des Gesamthandsvermögens und des Sonderbetriebsvermögens auf den Erwerber übertragen werden. Die Grundsätze für die Übertragung des gesamten Anteils gelten insoweit entsprechend. Denn die vollständige Anteilsveräußerung ist begünstigt, wenn der gesamte Anteil und das gesamte (wesentliche) Sonderbetriebsvermögen veräußert werden. Die Teilanteilsveräußerung bedeutet eine „vertikale Spaltung" des vollständigen Anteils; ihre Begünstigung setzt daher die Veräußerung eines Teils des Anteils, zugleich aber auch die quotale Mitveräußerung des (wesentlichen) Sonderbetriebsvermögens voraus (sog. Kongruenzgebot, vgl. BFH 10.6.2008 – VIII R 79/05, BStBl. II 2008, 863; BFH 10.11.2005 – IV R 7/05, BStBl. II 2006, 176; BFH 24.8.2000 – IV R 51/98, BStBl. II 2005, 173; BFH 12.4.2000 – XI R 35/99, BStBl. II 2001, 26). Wird ein Anteil veräußert, ohne dass ein entsprechender Bruchteil des Sonderbetriebsvermögens mitveräußert wird, so ist nicht ein vollständiger Teilanteil Gegenstand der Veräußerung. Von einem begünstigten Veräußerungsvorgang kann deshalb nicht gesprochen werden, wenn bei der Veräußerung eines Mitunternehmeranteils gleichzeitig Wirtschaftsgüter des Sonderbetriebsvermögens zum Buchwert in einen anderen Betrieb des Mitunternehmers überführt werden (BFH 12.4.2000 – XI R 35/99, BStBl. II 2001, 26; BFH 19.3.1991 – VIII R 76/87, BStBl. II 1991, 635). 829

Die isolierte Übertragung des Sonderbetriebsvermögens ohne gleichzeitige Anteilsveräußerung oder Veränderung der Beteiligungsverhältnisse fiel auch nach der alten Rechtslage nicht unter § 16 Abs. 1 S. 2 bzw. § 16 Abs. 1 Nr. 2 (vgl. BFH 11.12.1990 – VIII R 14/87, BStBl. II 1991, 510). 829.1

Eine **Veräußerung eines Teilanteils iSd § 16 Abs. 1 S. 2 liegt nicht vor,** wenn lediglich das wesentliche Sonderbetriebsvermögen übertragen wird, ohne dass sich die Beteiligungsverhältnisse am Gesellschaftsanteil ändern. Bereits der Wortlaut des § 16 Abs. 1 S. 2 legt nahe, dass das Sonderbetriebsvermögen als solches nicht als Teilanteil iSd der Vorschrift anzusehen ist. Diese Auslegung gebietet auch der Sinn und Zweck der Vorschrift. Die zum Sonderbetriebsvermögen gehörenden Wirtschaftsgüter sind zwar Teil des mitunternehmerischen Betriebsvermögens und können für das Unternehmen von ebenso großer Bedeutung sein wie das Gesamthandsvermögen der Mitunternehmerschaft. Das Sonderbetriebsvermögen allein vermittelt jedoch keine Mitunternehmerinitiative, weil es als solches keine Beteiligung an dem Unternehmen begründet und daher keine Teilhabe an unternehmerischen Entscheidungen aufgrund gesellschafts- oder gemeinschaftsrechtlicher Beteiligung am Unternehmen gewährt (BFH 20.3.2002 – II R 53/99, BStBl. II 2002, 441). 830

Der Veräußerung eines Teilanteils iSd § 16 Abs. 1 S. 2 steht es gleich, wenn die Gesellschafter eine andere Beteiligung am Gewinn oder Verlust vereinbaren, auch wenn die bisherigen Kapitalkonten nicht verändert werden, weil sich auch hierdurch die Anteilsrechte entsprechend verändern (BFH 6.11.1991 – XI R 41/88, BStBl. II 1992, 335; BFH 27.5.1981 – I R 123/77, BStBl. II 1982, 211; vgl. auch BFH 1.2.2017 – VIII B 15/16, BFH/NV 2017, 574). Die Änderung der Beteiligungsrechte tritt in diesem Fall im Wege der An- bzw. Abwachsung ein, die steuerlich wie eine Anteilsübertragung zu behandeln sind. Allein der Verzicht auf die Ausübung einzelner gesellschaftsrechtliche Befugnisse stellt aber keine Teilanteilsveräußerung iSd § 16 Abs. 1 S. 2 dar. 831

Ein solcher Fall liegt zB bei Verzicht auf die Ausübung eines Kündigungsrechts durch die Altgesellschafter vor, weil sich hierdurch ihre Beteiligung am Gewinn und ihr Anteil an den stillen Reserven nicht zugunsten eines neu eintretenden Gesellschafters verändert (BFH 6.11.1991 – XI R 41/88, BStBl. II 1992, 335). 831.1

Die **Änderung der Beteiligungsverhältnisse bei unverändertem Gesellschafterbestand muss entgeltlich erfolgen.** Das ist der Fall, wenn ein Gesellschafter zu Lasten eines anderen Gesellschafters gegen Zuzahlung in dessen Privatvermögen eine zusätzliche Gewinn- 832 beteiligung erwirbt. Einer Zuzahlung in das Privatvermögen eines Gesellschafters steht eine Einlage in das Gesellschaftsvermögen gleich, wenn diese in einem sachlichen und zeitlichen Zusammenhang mit der Einlageerbringung von den anderen Gesellschaftern entnommen oder wenn die Einlage in das Gesellschaftsvermögen einem Darlehenskonto gutgeschrieben wird (BFH 25.4.2006 – VIII R 52/04, BStBl. II 2006, 847). Allerdings gelten im Falle einer Einlageleistung in das Gesellschaftsvermögen dieselben Grundsätze wie beim Hinzutritt eines Mitunternehmers in eine Personengesellschaft gegen Einlage, sodass vorrangig § 24 UmwStG zur Anwendung kommt (BFH 25.4.2006 – VIII R 52/04, BStBl. II 2006, 847; vgl. auch HHR/*Patt* § 16 Rn. 333 mit weiteren Einzelheiten).

833 Gewinne aus der Veräußerung eines Teils eines Mitunternehmeranteils oder eines Teils der Beteiligung als persönlich haftender Gesellschafter einer KGaA sind **nicht begünstigte laufende Gewinne.** Weder die Tarifermäßigung des § 34 Abs. 1 oder Abs. 3 noch der Freibetrag nach § 16 Abs. 4 kommen daher zur Anwendung.

834 Erfolgt die **Übertragung** des Teils eines Anteils iSd § 16 Abs. 1 S. 1 Nr. 2 oder Nr. 3 **teilentgeltlich,** stellt sich die Frage, ob entsprechend der Trennungstheorie der Vorgang in einen entgeltlichen und einen unentgeltlichen Teil aufzuspalten ist oder ob die Einheitstheorie zur Anwendung kommt. Nach vorzugswürdiger Auffassung kommt die Einheitstheorie zum Tragen. Denn eine Aufteilung hätte zur Konsequenz, dass hinsichtlich des unentgeltlichen Teils der Übertragung der Erwerber (wenn es sich um eine natürliche Person handelt) nach Maßgabe der Begünstigungsvorschrift des § 6 Abs. 3 S. 1 Hs. 2 den anteiligen Buchwert fortführen könnte und beim Übertragenden kein (Aufgabe-)Gewinn entstünde, was im Zusammenhang der Veräußerungstatbestände des § 16 Abs. 1 S. 1 und S. 2 sowie im Verhältnis zu § 6 Abs. 3 steuersystematisch nicht sachgerecht wäre (vgl. hierzu: HHR/*Patt* § 16 Rn. 394 und *Förster/Brinkmann* BB 2003, 657 mit weiteren Einzelheiten).

835–839 *Einstweilen frei*

D. Absätze 2–5 (Veräußerungsgewinn und Veräußerungspreis)

I. § 16 Abs. 2 (Veräußerungsgewinn)

1. Regelungszweck und Funktionsweise

840 **Abs. 2 definiert als spezialgesetzliche Regelung, welche den Grundsätzen ordnungsmäßiger Buchführung und Bilanzierung vorgeht** (BFH 19.7.1993 – GrS 2/92, BStBl. II 1993, 897), den nach Abs. 4 und § 34 begünstigten und grundsätzlich nicht gewerbesteuerpflichtigen Veräußerungsgewinn und nimmt insofern eine Abgrenzung zu dem nicht begünstigten laufenden Gewinn sowie zu den nachträglichen Einkünften aus Gewerbebetrieb vor. Der Veräußerungsgewinn ist in Abs. 2 S. 1 definiert als der Betrag, um den der Veräußerungspreis nach Abzug der Veräußerungskosten den Wert des Betriebsvermögens (im Fall einer Betriebs- oder Teilbetriebsveräußerung nach Abs. 1 S. 1 Nr. 1) bzw. den Wert des Anteils am Betriebsvermögen (im Fall einer Anteilsveräußerung nach Abs. 1 S. 1 Nr. 2 oder 3) übersteigt.

841 Die Vorschrift ist insofern **notwendig,** als die **§§ 4 und 5 unmittelbar nicht anwendbar** sind, da diese auf einen Betriebsvermögensvergleich am Anfang und am Ende des Wirtschaftsjahres abstellen; nach einer Veräußerung ist jedoch kein Betriebsvermögen mehr vorhanden, welches zum Jahresende einer Gegenüberstellung dienen könnte. Abs. 2 S. 2 bestimmt, dass der Wert des Betriebsvermögens oder des Anteils für den Zeitpunkt der Veräußerung nach § 4 Abs. 1 oder nach § 5 zu ermitteln ist. Dies soll zum Ausdruck bringen, dass die allgemeinen steuerrechtlichen Gewinnermittlungsvorschriften auch bei der Ermittlung des Werts des Betriebsvermögens zu berücksichtigen sind. Dazu wird der Veräußerer im Regelfall auf den Zeitpunkt der Veräußerung eine Schlussbilanz erstellen, deren Ansätze auch für die Ermittlung des Veräußerungsvermögens maßgebend sind und bei welcher nach allgemeinen bilanziellen Grundsätzen auch wertaufhellende Umstände zu berücksichtigen sind (BFH 26.3.1991 – VIII R 315/84, BStBl. II 1992, 472). Ermittelt der Steuerpflichtige seinen Gewinn nach § 4 Abs. 3, so muss zunächst zur Gewinnermittlung durch Betriebsvermögensvergleich übergegangen werden, damit der geforderte Vergleich zum Buchwert des Betriebsvermögens überhaupt möglich wird. Ein daraus resultierender Übergangsgewinn oder -verlust ist Teil des laufenden Gewinns des letzten Wirtschaftsjahres, nicht des begünstigten Veräußerungsgewinnes (BFH 11.5.2016 – X R 61/14, BStBl. II 2016, 939; BFH 14.11.2007 – XI R 32/06, BFH/NV 2008, 385; BFH 19.8.1999 – IV R 67/98, BStBl. II 2000, 179). Eine Verteilung des Übergangsgewinnes auf folgende Jahre kommt nicht in Betracht (BFH 3.8.1967 – IV 30/65, BStBl. III 1967, 755; Blümich/*Schallmoser* § 16 Rn. 569; Kirchhof/*Seer* § 16 Rn. 246).

Die **Begünstigung des Veräußerungsgewinns gegenüber dem laufenden Gewinn erscheint nicht gerechtfertigt,** soweit auf der Seite des Veräußerers und auf der Seite des Erwerbers dieselben Personen Unternehmer oder Mitunternehmer sind. Daher regelt Abs. 2 S. 3 im Wege der Fiktion, dass ein Veräußerungsgewinn insoweit als laufender Gewinn gilt. Dementsprechend finden die Begünstigungen nach Abs. 4 und § 34 keine Anwendung. Eine entsprechende Regelung für Fälle der Betriebsaufgabe findet sich in Abs. 3 S. 5. 842

2. Anwendungsbereich und Gewinnermittlungszeitpunkt

Abs. 2 bezieht sich unmittelbar auf Veräußerungen nach Abs. 1 (→ Rn. 116 ff.). Jedoch gelten Abs. 2 S. 1 und 2 entsprechend für den Fall der Betriebsaufgabe (→ Rn. 928 ff.) zur Ermittlung eines Aufgabegewinns (vgl. Abs. 3 S. 6 und 7). Bei der Aufgabe treten dabei an die Stelle des Veräußerungspreises für den Gewerbebetrieb die Veräußerungspreise für die einzelnen Wirtschaftsgüter oder deren gemeine Werte im Zeitpunkt der Aufgabe. 843

Der **Veräußerungsgewinn entsteht im Zeitpunkt der Übertragung des wirtschaftlichen Eigentums** auf den Erwerber (→ Rn. 124), und zwar unabhängig davon, ob der vereinbarte Kaufpreis sofort fällig, in Raten zahlbar oder langfristig gestundet ist und wann der Verkaufserlös dem Veräußerer tatsächlich zufließt (BFH 19.7.1993 – GrS 2/92, BStBl. II 1993, 897). Ebenso wenig kommt es auf den Abschluss des schuldrechtlichen Vertrags oder den Übergang des zivilrechtlichen Eigentums an (HHR/*Kobor* § 16 Rn. 402). Die Besteuerung findet grundsätzlich in dem Veranlagungszeitraum statt, in dem der Veräußerungsgewinn entsteht. Ein gewisser Gestaltungsspielraum besteht für den Steuerpflichtigen hinsichtlich zum Jahreswechsel geplanter Betriebsübertragungen. Je nachdem, ob vertraglich eine Übertragung mit Wirkung zum 31.12. 24.00 Uhr oder mit Wirkung zum 1.1. 0.00 Uhr gewählt wird, findet eine Besteuerung grundsätzlich im ablaufenden oder im gerade beginnenden Veranlagungszeitraum statt. Jedoch ist nach ständiger Rechtsprechung des BFH nicht allein auf den Wortlaut des Vertrages abzustellen, sondern unter Würdigung aller Umstände zu entscheiden, welchem Feststellungszeitraum der Veräußerungsgewinn zuzurechnen ist (BFH 10.3.1998 – VIII R 76/96, BStBl. II 1999, 269; BFH 22.9.1992 – VIII R 7/90, BStBl. II 1993, 228; BFH 2.5.1974 – IV R 47/73, BStBl. II 1974, 707). 844

In selteneren Fällen kann sich die **Betriebsveräußerung über mehrere Veranlagungszeiträume erstrecken.** Die Tarifbegünstigung des Veräußerungsgewinns ist in diesen Fällen jedoch nur dann zu gewähren, wenn die Übertragungsvorgänge zu einem einheitlichen Vorgang verklammert werden können, wenn somit die Vorgänge in einem engen wirtschaftlichen und zeitlichen Zusammenhang zueinander stehen (BFH 22.11.2013 – III B 35/12, BFH/NV 2014, 531 zur mehraktigen Veräußerung eines Mitunternehmeranteils). Der Veräußerungsgewinn entsteht in diesen Fällen sukzessive (Blümich/*Schallmoser* § 16 Rn. 642), wobei zur Ermittlung des Veräußerungsgewinns der Veräußerungspreis und die Veräußerungskosten im Verhältnis des Wertes des im jeweiligen Veranlagungszeitraum übertragenen Betriebsvermögens auf die Veranlagungszeiträume aufzuteilen sind (HHR/*Kobor* § 16 Rn. 402). Für Zwecke der Anwendung des Freibetrages nach Abs. 4 ist aber auch der über mehrere Veranlagungszeiträume erzielte Veräußerungsgewinn als einheitlicher Gewinn zu behandeln. Der Freibetrag ist im Verhältnis der Gewinne auf beide Veranlagungszeiträume zu verteilen. Die Tarifermäßigung nach § 34 Abs. 3 kann auf Antrag in beiden Veranlagungszeiträumen gewährt werden, der Höchstbetrag ist dabei aber insgesamt nur einmal zu gewähren (BMF 20.12.2005, BStBl. I 2006, 7). 845

Grundsätzlich kann der Sachverhalt nach allgemeinen Grundsätzen **nicht mit steuerlicher Wirkung rückwirkend gestaltet werden.** Jedoch lässt die Rechtsprechung eine Ausnahme vom Rückwirkungsverbot zu, wenn die Rückwirkung sich nur über eine kurze Zeit erstreckt und mit ihr kein steuerlicher Vorteil, sondern lediglich eine technische Verein- 846 fachung der Besteuerung erstrebt wird und sich im Rückwirkungszeitraum auch nichts ereignet hat, was möglicherweise für die Besteuerung noch erheblich ist (BFH 18.9.1984 – VIII R 191/81, BStBl. II 1985, 55; BFH 14.6.2006 – VIII B 196/05, BFH/NV 2006, 1829). Was in diesem Zusammenhang noch als „kurze Zeit" angesehen werden kann, ist unklar. Es sollte jedenfalls kein Rückwirkungszeitraum gewählt werden, der die Grenze von drei Monaten überschreitet (vgl. Schmidt/*Wacker* § 16 Rn. 443; zur Möglichkeit der Rückbeziehung bei gerichtlichen oder außergerichtlichen Vergleichen vgl. FG Münster 12.6.2014 – 13 K 3330/11 F, EFG 2014, 1574). Werden schwebend unwirksame Veräußerungsgeschäfte unverzüglich genehmigt, wirkt die Genehmigung mit steuerlicher Wirkung auf den Zeitpunkt des Vertragsabschlusses zurück (BFH 1.2.1973 – IV R 49/68, BStBl. II 1973, 307). Ferner kommt eine Rückbeziehung um bis zu acht Monaten bei Einbringungstatbeständen nach dem UmwStG (vgl. § 20 Abs. 5, 6; 24 Abs. 4 UmwStG) in Betracht.

3. Veräußerungspreis

847 **a) Umfang des Veräußerungspreises. aa) Grundsatz: Alle Vorteile im unmittelbaren wirtschaftlichen Zusammenhang mit der Veräußerung.** Zur **Berechnung des Veräußerungsgewinns** ist zunächst der Veräußerungspreis zu bestimmen. Der Veräußerungspreis, welcher im Gesetz nicht näher definiert ist, umfasst neben dem Veräußerungsentgelt uneingeschränkt auch alle übrigen Vorteile, die dem Veräußerer gewährt werden, sofern diese in einem unmittelbaren wirtschaftlichen Zusammenhang mit der (teil-)entgeltlichen Veräußerung eines Betriebs, Teilbetriebs oder Anteils stehen (BFH 17.12.1975 – I R 29/74, BStBl. II 1976, 224; BFH 4.11.1980 – VIII R 55/77, BStBl. II 1981, 396; BFH 17.10.2007 – I R 61/06, BStBl. II 2008, 555), wohingegen ein rein zeitlicher Zusammenhang eines Vorgangs mit der Betriebsveräußerung nicht ausreicht (BFH 6.5.1982 – IV R 56/79, BStBl. II 1982, 691). Zum Veräußerungspreis ist somit mehr zu rechnen als die synallagmatische Gegenleistung. Hierzu hat sich eine umfangreiche Rechtsprechung entwickelt.

847.1 Zum Veräußerungspreis können demnach so unterschiedliche Leistungen gehören wie zB Entgelte für ein eingeräumtes Wettbewerbsverbot, sofern diesem keine eigenständige Bedeutung zukommt (BFH 21.9.1982 – VIII R 140/79, BStBl. II 1983, 289; BFH 24.3.1983 – IV R 138/80; BFH 13.2.1996 – VIII R 39/92, BStBl. II 1996, 409), Entschädigungen für wegfallende Gewinnaussichten (BFH 17.12.1975 – I R 29/74, BStBl. II 1976, 224), Ausscheidungsprämien für den Verzicht auf die Kassenärztliche Zulassung (BFH 7.11.1991 – IV R 14/90, BStBl. II 1992, 457) oder Entschädigungen für den Verzicht auf das noch bestehende Mietrecht an den Geschäftsräumen (BFH 29.10.1970 – IV R 141/67, BStBl. II 1971, 92). Hat der Verkäufer eines Gewerbebetriebs seine Zustimmung zum Rücktritt des Käufers vom Kaufvertrag von einer anderweitigen Veräußerung des Betriebs und die Höhe der wegen des Rücktritts zu zahlenden Entschädigung von dem beim zweiten Verkauf erzielten Veräußerungspreis abhängig gemacht, so gehört der wegen des Rücktritts gezahlte Entschädigungsbetrag ebenfalls zum Veräußerungspreis (BFH 26.10.1961 – IV 360/60 U, BStBl. III 1962, 220). Dies gilt naturgemäß nicht für ein aufgrund der Abstandnahme vom Kaufvertrag zu zahlendes „Reuegeld", bei der es letztlich gar nicht zu einer Betriebsveräußerung kommt (Blümich/*Schallmoser* § 16 Rn. 577 mwN). Der erforderliche unmittelbare wirtschaftliche Zusammenhang besteht aber zB nicht zwischen dem Ausscheiden als Mitunternehmer einer Gemeinschaftspraxis und der anlässlich des Ausscheidens vorgenommenen Auflösung des für die Praxismitarbeiter gebildeten Versorgungswerkes, sodass ein bei der Auflösung anfallender Gewinn nicht Bestandteil des begünstigten Veräußerungsgewinns ist (FG Münster 10.9.2002 – 1 K 3648/01 F, EFG 2003, 39).

848 **bb) Leistungen/Vorteile von dritter Seite.** Die **Vorteile müssen nicht von dem Erwerber, sondern können auch von dritter Seite erbracht werden.** Entscheidend ist auch insofern, ob ein unmittelbarer wirtschaftlicher Zusammenhang der erlangten Vorteile mit der Veräußerung besteht. So gehören Geldbeträge, die eine Brauerei dem Veräußerer dafür bezahlt, dass er seine Gastwirtschaft an einen von der Brauerei bezeichneten Kunden verkauft, zum Veräußerungspreis (BFH 16.7.1964 – IV 310/63, HFR 1965, 39). In Betracht kommen ferner Prämienzahlungen sowie Entschädigungen, Beihilfen und Zuschüsse, die für die Einstellung von Betrieben (zB Molkereibetrieben, RFH 14.9.1938 – VI 572/38, RStBl. 1939, 87; vgl. auch BFH 7.11.1991 – IV R 14/90, BStBl. II 1992, 457) gezahlt werden.

cc) Übernahme von Verbindlichkeiten. Ein **als Veräußerungspreis zu berücksichtigender Vorteil** kann auch bestehen, wenn der Erwerber den früheren Betriebsinhaber lediglich von Verbindlichkeiten freizustellen hat (BFH 31.5.1972 – I R 49/69, BStBl. II 1972, 1040; BFH 12.1.1983 – IV R 180/80, BStBl. II 1983, 595; BFH 10.11.1988 – IV R 70/86, BFH/NV 1990, 31). Dies gilt unstreitig für private Verbindlichkeiten, und zwar unabhängig davon, ob ein Fall der Schuldübernahme, des Schuldbeitritts oder der Erfüllungsübernahme vorliegt. Umstritten ist hingegen, ob es auch Auswirkungen auf den Veräußerungspreis hat, wenn betrieblich bilanzierte Verbindlichkeiten übernommen werden. Der Große Senat des BFH ist der Auffassung, dass die Übernahme von Betriebsschulden auch zum Veräußerungsentgelt zu zählen ist (BFH 5.7.1990 – GrS 4-6/89, BStBl. II 1990, 847). Konsequenterweise ist dann als „Wert des Betriebsvermögens" auch nur der Buchwert der Aktiva anzusetzen. Überzeugender erscheint die Gegenauffassung, welche die Verbindlichkeit als Teil des Betriebsvermögens sehen will, sofern eine Sachgesamtheit, dh ein Betrieb, ein Teilbetrieb oder ein Mitunternehmeranteil übertragen wird. Die Verbindlichkeiten mindern nach dieser sogenannten „Nettomethode" den Buchwert des übertragenen Vermögens (HHR/*Kobor* § 16 Rn. 412; KSM/*Trossen* § 16 Rn. E 100; Blümich/*Schallmoser* § 16 Rn. 578; ebenso BFH 26.3.1991 – VIII R 315/84, BStBl. II 1992, 472; BFH 21.3.2002 – IV R 1/01, BStBl. II 2002, 519). Dieser Streit dürfte allerdings rein akademischer Natur sein, da sich zwar je nach Auffassung die Rechengrößen „Veräußerungspreis" und „Wert des Betriebsvermögens" unterschiedlich darstellen, sich daraus jedoch keine Auswirkungen auf den zu errechnenden Veräußerungsgewinn ergeben (offengelassen daher von Schmidt/*Wacker* § 16 Rn. 267). 849

Beispiel: 849.1

Der Buchwert der Aktiva beträgt 500, der Teilwert 800. Passiviert sind Verbindlichkeiten iHv 200. Ein Erwerber zahlt 600. Der Veräußerungsgewinn errechnet sich somit entweder 800 (gezahltes Veräußerungsentgelt zzgl. übernommene Verbindlichkeiten) – 500 (Buchwert Aktiva) = 300 oder aber 600 (Veräußerungsentgelt) – 300 (Nettobuchwert) = 300.

Nichts anderes ergibt sich im **Fall eines buchmäßig überschuldeten Betriebs, Teilbetriebs oder Mitunternehmeranteils,** wenn der Erwerber neben der Zahlung des Kaufpreises auch ein vom Veräußerer nicht ausgeglichenes negatives Kapitalkonto übernimmt. Unabhängig von der Frage, ob das negative Kapitalkonto zum Veräußerungspreis zu zählen ist, besteht im Ergebnis Einigkeit darüber, dass sich der Veräußerungsgewinn rechnerisch aus dem Veräußerungspreis (ohne übernommenen Schulden) zzgl. der Höhe des negativen Kapitalkontos abzgl. der Veräußerungskosten ergibt (BFH 17.1.1989 – VIII R 370/83, BStBl. II 1989, 563; vgl. auch BFH 30.11.1977 – I R 27/75, BStBl. II 1978, 149). Grundsätzlich gilt dies auch, wenn nur das negative Kapitalkonto übernommen wird, ohne dass noch ein weiteres Entgelt vereinbart ist. Es wird aber regelmäßig zu untersuchen sein, ob und in welcher Höhe stille Reserven vorliegen und ob in der Folge überhaupt eine Betriebsveräußerung iSv Abs. 1 oder aber ein unentgeltlicher Betriebsübergang vorliegt. 850

Anders verhält es sich im Falle von betrieblichen Verbindlichkeiten, die zu Recht (insbesondere aufgrund von Rückstellungsverboten) nicht bilanziert worden sind. Derartige übernommene Verbindlichkeiten sind dem Veräußerungspreis nicht gewinnerhöhend hinzuzurechnen (BFH 17.10.2007 – I R 61/06, BStBl. II 2008, 555; Schmidt/*Wacker* § 16 Rn. 266). In diesen Konstellationen ist die Vorschrift des § 4f zu beachten. 851

Von der vertraglich vereinbarten Übernahme von privaten oder betrieblichen Verbindlichkeiten ist die Konstellation abzugrenzen, dass der Erwerber **aufgrund haftungsrechtlicher Bestimmungen** (zB § 75 AO) **für Verbindlichkeiten des Veräußerers einzustehen hat.** Die Verbindlichkeit, für die einzustehen ist, erhöht den Veräußerungspreis nicht. Dies ist auch sachgerecht, da dem Erwerber ein Rückgriffsrecht gegenüber dem früheren Betriebsinhaber zusteht (Blümich/*Schallmoser* § 16 Rn. 579). 852

dd) Zurückbehaltung einzelner Wirtschaftsgüter. Insbesondere bei nicht wesentlichen Betriebsgrundlagen (andernfalls liegt bereits keine begünstigte Betriebsveräußerung nach Abs. 1 vor → Rn. 395 ff.) kann es vorkommen, dass diese vom Betriebsinhaber nicht mit veräußert werden. Je nach Verwendung kann dies zu unterschiedlichen Auswirkungen auf den Veräußerungspreis führen. In Betracht kommt dabei grundsätzlich eine Veräußerung 853 an Dritte, die Übertragung in das Privatvermögen oder auch die Übertragung in ein anderes Betriebsvermögen.

854 Veräußert der ehemalige Betriebsinhaber die zurückbehaltenen Wirtschaftsgüter an Dritte, kann grundsätzlich auch der durch diesen Verkauf **erzielte Erlös den Veräußerungspreis erhöhen.** Voraussetzung ist, dass die Übertragung an den Dritten in einem engen zeitlichen und wirtschaftlichen Zusammenhang mit der begünstigten Veräußerung steht (HHR/*Kobor* § 16 Rn. 405; LBP/*Hörger/Rapp* § 16 Rn. 93).

855 Übernimmt der Steuerpflichtige im Rahmen einer Betriebsveräußerung einzelne Wirtschaftsgüter in sein **Privatvermögen,** so sind die gemeinen Werte (§ 9 BewG) dieser Wirtschaftsgüter dem Veräußerungspreis analog Abs. 3 S. 7 hinzuzurechnen (BFH 3.10.1989 – VIII R 142/84, BStBl. II 1990, 420; BFH 29.4.2008 – VIII R 98/04, BStBl. II 2008, 749). Im Ergebnis erhöht sich der begünstigte Veräußerungsgewinn (vgl. BFH 24.8.1989 – IV R 67/86, BStBl. II 1990, 132 zu einer Entnahme vor Veräußerung des Mitunternehmeranteils). In Abgrenzung hierzu entsteht ein als laufender Gewinn zu versteuernder Entnahmegewinn, wenn im Rahmen einer unentgeltlichen Betriebsübertragung einzelne Wirtschaftsgüter in das Privatvermögen überführt werden (BFH 19.2.1981 – IV R 116/77, BStBl. II 1981, 566). Gleiches gilt für den Fall, dass im zeitlichen Zusammenhang mit einer Teilbetriebsveräußerung ein wirtschaftlich nicht dem Teilbetrieb dienendes Wirtschaftsgut in das Privatvermögen überführt wird (BFH 18.4.1973 – I R 57/71, BStBl. II 1973, 700).

856 Behält der frühere Betriebsinhaber **negative Wirtschaftsgüter** (Schulden) zurück, sodass diese in sein Privatvermögen übergehen, mindert der Buchwert dieser Verbindlichkeiten den Veräußerungsgewinn. Dabei macht es im Ergebnis im Hinblick auf den Veräußerungsgewinn keinen Unterschied, ob die Verbindlichkeit bereits bei der Ermittlung des Buchwerts iSd Abs. 2 ausgeschieden werden (so HHR/*Kobor* § 16 Rn. 405; BFH 7.3.1996 – IV R 52/93, BStBl. II 1996, 415 hält dies „zu Vereinfachungszwecken" für möglich) oder ob sie beim Buchwert zwar anzusetzen, aber vom Veräußerungspreis abzuziehen sind (so KSM/*Trossen* § 16 Rn. E 33; Schmidt/*Wacker* § 16 Rn. 314).

857 Auch wenn einzelne Wirtschaftsgüter zum Buchwert in ein anderes Betriebsvermögen des Steuerpflichtigen überführt werden, besteht die Möglichkeit, diese Wirtschaftsgüter ebenso wie bei der Zurückbehaltung von Schulden **bei der Ermittlung des Buchwerts iSd Abs. 2 auszuscheiden** (Schmidt/*Wacker* § 16 Rn. 273) oder aber den Buchwert dieser Wirtschaftsgüter dem Veräußerungspreis hinzuzurechnen.

858 **ee) Besonderheiten bei der Übertragung von Mitunternehmeranteilen.** Die oben dargestellten **Grundsätze gelten sinngemäß auch im Falle der Übertragung eines Mitunternehmeranteils** (→ Rn. 659 ff.). Sofern der Mitunternehmeranteil auf einen der bisherigen oder auf einen neuen Mitunternehmer übertragen wird, ist der Veräußerungspreis das vereinbarte Entgelt zzgl. aller sonstigen dem Ausscheidenden ggf. gewährten Vorteile. Scheidet ein Mitunternehmer hingegen lediglich aus der Personengesellschaft aus, steht ihm grundsätzlich ein bar zu entrichtender Abfindungsanspruch aus Gesetz (§ 738 Abs. 1 S. 2 BGB) nach dem tatsächlichen Wert seines Anteils oder aufgrund gesellschaftsvertraglicher Regelung zu. Erfolgt die Abfindung über dem Buchwert des Anteils, liegt eine Veräußerung iSd Abs. 1 S. 1 Nr. 2 vor. Die Abfindung ist Entgelt und stellt somit in diesen Konstellationen den Veräußerungspreis iSd Abs. 2 S. 1 dar (BFH 15.4.1993 – IV R 66/92, BStBl. II 1994, 227). Dies gilt auch im Hinblick auf eine Abfindungszahlung, die bei den verbleibenden Gesellschaftern – da es sich insofern um keine Abgeltung von stillen Reserven oder eines Geschäftswerts handelt – als Abfindung eines lästigen Gesellschafters abzugsfähig ist (Blümich/*Schallmoser* § 16 Rn. 621; Schmidt/*Wacker* § 16 Rn. 459).

859 Bei der **Realteilung** ist nach der neueren Rechtsprechung des BFH (BFH 17.9.2015 – III R 49/13, BStBl. II 2017, 37; BFH 30.3.2017 – IV R 11/15, BFH/NV 2017, 1125; BFH 16.3.2017 – IV R 31/14, BFH/NV 2017, 1093) zwischen der „echten" Realteilung, der Auflösung der Gesellschaft mit anschließender Verteilung der Wirtschaftsgüter unter den Gesellschaftern, und der „unechten" Realteilung, dem Ausscheiden eines Personengesellschafters aus einer fortbestehenden Gesellschaft, zu unterscheiden (→ Rn. 1004 ff.). Werden bei einer unechten Realteilung einzelne Wirtschaftsgüter in das Privatvermögen des ausscheidenden Mitunternehmers übertragen, realisiert nur er einen Veräußerungsgewinn. Als Veräußerungspreis ist der gemeine Wert der in das Privatvermögen gelangten Wirtschaftsgüter und

der Buchwert der im Rahmen der Realteilung erhaltenen und in das Betriebsvermögen des ausscheidenden Mitunternehmers gelangten Wirtschaftsgüter anzusetzen (BMF 19.12.2018, BStBl. I 2019, 6).

Da der **Mitunternehmeranteil iSd Abs. 1 S. 1 Nr. 2** sowohl (anteiliges) Gesamthandsvermögen als auch Sonderbetriebsvermögen umfasst, gehört auch das für Wirtschaftsgüter des Sonderbetriebsvermögen gezahlte Entgelt zum Veräußerungspreis iSd Abs. 2 S. 1 (BFH 14.12.1994 – X R 128/92, BStBl. II 1995, 465). Gleiches gilt für Entschädigungszahlungen, die dafür gezahlt werden, dass der Veräußerer auf ein dem Sonderbetriebsvermögen zuzuordnenden Recht verzichtet (Blümich/*Schallmoser* § 16 Rn. 621; BFH 29.7.1981 – I R 62/77, BStBl. II 1982, 107). Werden Wirtschaftsgüter des Sonderbetriebsvermögens vom ausscheidenden Gesellschafter zurückbehalten und auch nicht in ein anderes Betriebsvermögen übertragen, ist der gemeine Wert dieser Wirtschaftsgüter (entsprechend Abs. 3 S. 7) dem Veräußerungspreis hinzuzurechnen (BFH 18.5.1983 – I R 5/82, BStBl. II 1983, 771; BFH 24.8.1989 – IV R 67/86, BStBl. II 1990, 132; BFH 28.7.1994 – IV R 53/91, BStBl. II 1995, 112). Zum Veräußerungspreis gehört auch das Entgelt, das der ausscheidende Gesellschafter erhält, wenn er Sonderbetriebsvermögen in einem engen zeitlichen und wirtschaftlichen Zusammenhang an einen Dritten veräußert. Dabei ist zu beachten, dass der Zurückbehalt oder die Veräußerung von Sonderbetriebsvermögen an Dritte einer begünstigten Veräußerung entgegensteht, sofern es sich um wesentliche Betriebsgrundlagen handelt. In einem solchen Fall kann allerdings ggf. eine begünstigte Aufgabe eines Mitunternehmeranteils vorliegen (HHR/*Kobor* § 16 Rn. 413; Schmidt/*Wacker* § 16 Rn. 460). 860

b) Bewertung. Ein in bar oder per Überweisung zu entrichtender **Kaufpreis ist grundsätzlich mit dem Nominalwert anzusetzen.** Gleiches gilt, wenn die Kaufpreisforderung kurzfristig gestundet wird. Eine Abzinsung ist erst bei (unverzinslichen oder nicht marktüblich verzinsten) Forderungen, die für mehr als ein Jahr gestundet werden, vorzunehmen (BFH 21.10.1980 – VIII R 190/78, BStBl. II 1981, 60; BFH 27.4.1993 – VIII R 27/92, BFH/NV 1994, 159). Die Abzinsung erfolgt gem. § 12 Abs. 3 BewG unter Zugrundlegung eines Zinssatzes von 5,5%. Bei späterer Zahlung des Kaufpreises liegen in der Differenz zwischen Barwert und Nennwert Einnahmen aus Kapitalvermögen oder – im Falle von Restbetriebsvermögen – nachträgliche gewerbliche Einkünfte vor (Schmidt/*Wacker* § 16 Rn. 281; Blümich/*Schallmoser* § 16 Rn. 592). Erfolgt eine marktübliche Verzinsung der Kaufpreisforderung, ist die Kaufpreisforderung mit ihrem Nennwert anzusetzen. Die Zinsen unterliegen wiederum entweder als Einkünfte aus Kapitalvermögen oder als nachträgliche gewerbliche Einkünfte der Besteuerung. Ist bereits im Zeitpunkt der Veräußerung ernsthaft zweifelhaft, ob der Erwerber die gestundete Forderung bei Fälligkeit voll erfüllen wird, so kann dies einen zu schätzenden Abschlag vom Nennwert rechtfertigen (BFH 27.4.1993 – VIII R 27/92, BFH/NV 1994, 159). Keinen Einfluss auf die Bewertung hat es hingegen, wenn die Gegenleistung dem Veräußerer nicht sofort, sondern zu einem späteren Zeitpunkt, ggf. auch erst in einem späteren VZ, zufließt und kein Fall der (langfristigen) Stundung der entsprechenden Forderung vorliegt. Abzustellen ist auf die Forderung des Veräußerers im Zeitpunkt der Veräußerung (HHR/*Kobor* § 16 Rn. 415). 861

Wird ein Kaufpreis **in einer ausländischen Währung** vereinbart, ist der amtliche Umrechnungskurs im Zeitpunkt der Veräußerung maßgebend (BFH 24.1.2012 – IX R 62/10, BStBl. II 2012, 564). Wird dieser Kaufpreis gestundet, so ist ein Abschlag von dem sich aus dem Kurswert im Zeitpunkt der Veräußerung errechnenden Nennwert gerechtfertigt, wenn aufgrund der Gegebenheiten im Veräußerungszeitpunkt mit einer Wechselkursänderung während des Stundungszeitraums zuungunsten des Veräußerers ernsthaft zu rechnen war (BFH 19.1.1978 – IV R 61/73, BStBl. II 1978, 295). In der Praxis dürfte die Entwicklung von Wechselkursen jedoch regelmäßig nicht vorhersehbar sein. Der BFH hat in der zitierten Entscheidung zu der Frage im konkreten Streitfall auch nicht Stellung genommen, sondern an das FG zur weiteren Ermittlung zurückverwiesen. 862

Die **Gegenleistung für die Veräußerung kann auch in Sachwerten bestehen.** In einem solchen Fall ist der Veräußerungspreis nach den Vorschriften der §§ 2–16 BewG mit dem Wert der erlangten Sachgüter im Zeitpunkt der Veräußerung zu bewerten (BFH 25.6.2009 – IV R 3/07, BStBl. II 2010, 182). Im Regelfall wird diese Bewertung zum gemeinen Wert gem. § 9 BewG vorzunehmen sein. Ein Ansatz mit dem Teilwert nach § 6 863

Abs. 1 Nr. 1 S. 3 findet nicht statt, da diese Vorschrift nach ihrem Wortlaut nur für die Ermittlung des laufenden Gewinns gilt (BFH 19.10.1978 – IV R 61/73, BStBl. II 1978, 295). Auch im Falle einer Teilbetriebsveräußerung oder der Veräußerung eines Mitunternehmeranteils ist der gemeine Wert und nicht der Teilwert anzusetzen, da nur so eine Gleichbehandlung sämtlicher Veräußerungsvorgänge sichergestellt ist (HHR/*Kobor* § 16 Rn. 415; LBP/*Rapp* § 16 Rn. 109; aA Blümich/*Schallmoser* § 16 Rn. 590).

864 Wird der **Betrieb gegen Zahlung von Kaufpreisraten, Renten oder sonstigen wiederkehrenden Bezüge veräußert,** steht dem Veräußerer unter bestimmten Voraussetzungen (die Bezüge müssen wagnisbehaftet oder primär Versorgungszwecken dienend sein; vgl. im Einzelnen Schmidt/*Wacker* § 16 Rn. 222) ein Wahlrecht zwischen einer Versteuerung der Bezüge im Zuflusszeitpunkt als nachträgliche Einkünfte aus Gewerbebetrieb und einer Sofortbesteuerung zu. Ein Veräußerungsgewinn iSv Abs. 2 S. 1, der nach Abs. 4 und § 34 begünstigt ist, entsteht nur, wenn sich der Steuerpflichtige für die Sofortbesteuerung entscheidet. Als Veräußerungspreis ist in diesem Fall der Barwert der wiederkehrenden Bezüge anzusetzen. Wie dieser zu ermitteln ist, wird unterschiedlich beurteilt. Die Finanzverwaltung will von einem Zinssatz von 5,5 Prozent ausgehen, sofern nicht vertraglich ein anderer Satz vereinbart ist (EStR 16 Abs. 11 S. 10; so auch KSM/*Trossen* § 16 Rn. E 41; vgl. auch BFH 2.5.2001 – VIII R 64/93, BFH/NV 2002, 10 zur Berechnung des Barwerts einer betrieblichen Leibrentenverpflichtung). Vorzugswürdig erscheint jedoch, in Anwendung des § 9 BewG den Barwert versicherungsmathematisch zu ermitteln (Schmidt/*Wacker* § 16 Rn. 284). Maßgebend ist nämlich, welcher Preis für die wiederkehrenden Bezüge im gewöhnlichen Geschäftsverkehr unter Zugrundelegung der Verhältnisse im Zeitpunkt der Veräußerung am Kapitalmarkt zu erzielen wäre. Dies dürfte im Zweifel der versicherungsmathematisch ermittelte Wert sein.

865 **c) „Aufgabepreis".** Obwohl bei der Betriebsaufgabe Abs. 2 S. 1 und 2 zur Ermittlung des Aufgabegewinns entsprechend gelten, gibt es im Falle der Betriebsaufgabe als Ausgangsrechengröße naturgemäß **keinen Veräußerungspreis.** Ein entsprechender „Aufgabepreis" besteht aus der Summe aus (i) dem Veräußerungspreis für die im Rahmen der Aufgabe veräußerten dem Betrieb gewidmeten Wirtschaftsgüter (Abs. 3 S. 6), (ii) dem gemeinen Wert der in das Privatvermögen übergegangenen Wirtschaftsgüter und (iii) sonstigen im (wirtschaftlichen) Zusammenhang mit der Aufgabe erzielten Erträge (BFH 16.12.2015 – IV R 8/12, BFH/NV 2016, 646; Schmidt/*Wacker* § 16 Rn. 290).

866 **d) Kaufpreisforderung als Restbetriebsvermögen. Umstritten ist,** ob die Kaufpreisforderung des früheren Betriebsinhabers gegen den Erwerber zwangsläufig in das Privatvermögen übergeht oder ob diese Restbetriebsvermögen bleibt. Für einen Übergang in das Privatvermögen wird vorgebracht, dass mit der Betriebsveräußerung für den Veräußerer begrifflich das Betriebsvermögen unterginge (Blümich/*Schallmoser* § 16 Rn. 570; *Theisen* WPg 1996, 142; für Privatvermögen im Falle der Betriebsaufgabe auch BFH 16.12.1997 – VIII R 11/95, BStBl. II 1998, 379). Die meines Erachtens überzeugendere Gegenauffassung verweist darauf, dass die Forderung in der betrieblichen Sphäre als Surrogat für das veräußerte Betriebsvermögen entstanden sei (HHR/*Kobor* § 16 Rn. 405 unter Verweis auf *Dötsch*, Einkünfte aus Gewerbebetrieb nach Betriebsveräußerung und Betriebsaufgabe 1987, 105 ff.). Der II. Senat des BFH ist differenzierend von Restbetriebsvermögen ausgegangen, solange noch weiteres Betriebsvermögen vorhanden ist und die Forderung nicht freiwillig in das Privatvermögen überführt wird (BFH 9.11.1999 – II R 45/97, BFH/NV 2000, 686). In einer weiteren Entscheidung des BFH ist die Frage nach dem Schicksal der Kaufpreisforderung wiederum offengelassen worden (BFH 19.8.1999 – IV R 67/98, BStBl. II 2000, 179). Der Meinungsstreit hat jedoch an Bedeutung verloren, seit der spätere Ausfall der Kaufpreisforderung vom BFH als ein Ereignis mit steuerlicher Rückwirkung gem. § 175 Abs. 1 S. 1 Nr. 2 AO angesehen wird → Rn. 907.

4. Veräußerungskosten

867 Von dem Veräußerungspreis sind zur Ermittlung des Veräußerungsgewinns in einem ersten Schritt die **Veräußerungskosten abzuziehen.** Zu den Veräußerungskosten sind nach mittlerweile ständiger Rechtsprechung des BFH diejenigen Aufwendungen zu zählen, bei denen ein Veranlassungszusammenhang zu der Veräußerung besteht. Abzustellen ist auf das „auslösende Moment“ für die Entstehung der Aufwendungen und ihre größere Nähe zur Veräußerung anstatt zum laufenden Gewinn (BFH 12.3.2014 – I R 45/13, BStBl. II 2014, 719; BFH 27.3.2013 – I R 14/12, BFH/NV 2013, 1768; BFH 16.12.2009 – IV R 22/08, BStBl. II 2010, 736; BFH 25.1.2000 – VIII R 55/97, BStBl. II 2000, 458). Ein nur zeitlicher Zusammenhang recht hingegen nicht aus (BFH 26.3.1992 – IV R 121/90. BStBl. II 1992, 1038).

Nach der **älteren Rechtsprechung** hatte der BFH Aufwendungen nur dann zu den Veräußerungskosten und nicht zum laufenden Gewinn gezählt, wenn eine unmittelbare sachliche Beziehung zum Veräußerungsgewinn bestand (zB BFH 27.10.1977 – IV R 60/74, BStBl. II 1978, 100; BFH 26.3.1987 – IV R 20/84, BStBl. II 1987, 561). Mit Urteil vom 25.1.2000 (BFH VIII R 55/97, BStBl. II 2000, 458; vgl. *Kempermann* FR 2000, 713) stellte der VIII. Senat des BFH jedoch zu Recht fest, dass die Unmittelbarkeit kein aussagekräftiges Merkmal für die Zuordnung von Aufwendungen sei. So seien Aufwendungen für eine Vorfälligkeitsentschädigung den Veräußerungskosten zuzuweisen, da bei dem negativen Wirtschaftsgut „Kredit“ die bisherige Zweckbestimmung, den laufenden Gewinn zu erwirtschaften, durch die Betriebsveräußerung überlagert werde. Auslösendes Moment für die Zahlung der Entschädigung sei die Veräußerung des Betriebes. Zur Frage, ob Veräußerungskosten oder laufende Kosten vorliegen, hat sich im Laufe der Zeit eine umfangreiche Judikatur entwickelt. 868

Zu den Veräußerungskosten gehören ua **Notar- und Grundbuchgebühren, Maklerprovisionen, Reisekosten** (BFH 27.2.1991 – XI R 14/87, BStBl. II 1991, 628), Abfindungen zur Beendigung von Schuldverhältnissen (BFH 20.1.2005 – IV R 22/03, BStBl. II 2005, 559) und Aufwendungen für die Inanspruchnahme anwaltlicher Hilfe (BFH 19.5.2005 – IV R 17/02, BStBl. II 2005, 637), insbesondere Anwaltskosten sowie Gerichtskosten bei Streitigkeiten über den Veräußerungsvorgang, den Veräußerungspreis und den Wert des veräußerten Betriebsvermögens (BFH 8.10.1997 – XI R 20/97, BFH/NV 1998, 71). Nach der Änderung der Rechtsprechung des BFH dürften auch Gebäudeabbruchkosten zu den Veräußerungskosten zählen (so auch Schmidt/*Wacker* § 16 Rn. 301; aA noch BFH 27.2.1991 – XI R 14/87, BStBl. II 1991, 628). 869

Vorfälligkeitsentschädigungen sind nach der neueren Rechtsprechung nunmehr grundsätzlich ebenfalls zu den Veräußerungskosten zu zählen. Als ungeklärt muss allerdings noch die Frage gelten, ob die Zahlung der Vorfälligkeitsentschädigung nur dann als durch die Veräußerung veranlasst angesehen werden kann, wenn der Veräußerungserlös zur Tilgung der Schulden ausreicht. Nur mit dieser Maßgabe hatte der IV. Senat des BFH der Entscheidung des VIII. Senats vom 25.1.2000 (BFH VIII R 55/97, BStBl. II 2000, 458) mit Beschluss vom 24.6.1999 zugestimmt. Dem liegt der Gedanke zugrunde, dass der Veranlassungszusammenhang mit den ursprünglichen Betriebsschulden bestehen bleibt, wenn der Veräußerungserlös zur Tilgung der Schulden nicht ausreicht und das Darlehen nur deshalb vorzeitig getilgt wird, um nicht noch nach der Betriebsveräußerung weitere Schulden zahlen zu müssen (vgl. *Kempermann* FR 2000, 713). Der X. Senat hat diese Frage in seinem Urteil vom 18.10.2000 (BFH X R 70/97, BFH/NV 2001, 440) offengelassen. Ein verbleibender Teil des Disagios ist grundsätzlich von der Bank zurückzuzahlen und erhöht dann den Veräußerungsgewinn (BFH 20.10.1999 – X R 69/96, BStBl. II 2000, 259). Wird es nicht zurückgezahlt, kann es jedoch Rechnungsposten der Vorfälligkeitsentschädigung sein und damit die Veräußerungskosten mindern (BFH IX R 36/98, BStBl. II 2003, 126). 870

Steuern können ebenfalls zu den Veräußerungskosten gehören, dies gilt zB für Verkehrssteuern wie die GrESt und die USt (BFH 17.1.1989 – VIII R 370/83, BStBl. II 1980, 563), soweit sie durch den Veräußerungsakt selbst entstehen. Die Entscheidung des BFH, dass die durch die Veräußerung einer das gesamte Nennkapital umfassenden Beteiligung an einer Kapitalgesellschaft mittelbar entstehende gewerbesteuerliche Mehrbelastung nicht zu den Veräußerungskosten zählt (BFH 27.10.1977 – IV R 60/74, BStBl. II 1978, 100), ist durch die Änderung der Rechtsprechung zwischenzeitlich überholt worden (BFH 16.12.2009 – IV R 22/08, BStBl. II 2010, 736; vgl. auch Schmidt/*Wacker* § 16 Rn. 302). Demnach können grundsätzlich auch gewerbesteuerliche Belastungen, die ihren sachlichen Bezugspunkt im Veräußerungsvorgang haben, zu den Veräußerungskosten zählen. **Ab VZ 2008** ist allerdings § 4 Abs. 5b zu beachten. Die Norm steht dem Abzug der Gewerbesteuer beim Schuldner 871 der Gewerbesteuer entgegen, nicht jedoch bei demjenigen, der sich vertraglich (und nicht etwa auf einer gesellschaftsrechtlichen Grundlage) zur Übernahme der Gewerbesteuerbelastung verpflichtet (BFH 7.3.2019 – IV R 18/17, DStR 2019, 975).

872 Im Hinblick auf **Aufgabekosten** gelten die oben gemachten Ausführungen entsprechend. Somit gehören alle vom Beginn bis zum Ende der Betriebsaufgabe getätigten Aufwendungen, die in einem Veranlassungszusammenhang mit der Betriebsaufgabe stehen, zu den Aufgabekosten. Dazu gehören nach der geänderten Rechtsprechung des BFH zB Abfindungszahlungen, die Arbeitnehmern im Hinblick auf die Beendigung des Arbeitsverhältnisses infolge der geplanten Betriebsaufgabe gezahlt werden (BFH 20.1.2005 – IV R 22/03, BStBl. II 2005, 559 entgegen BFH 18.12.1984 – VIII R 95/84, BStBl. II 1985, 327).

5. Wert des Betriebsvermögens bzw. des Anteils am Betriebsvermögens

873 Vom Veräußerungspreis abzüglich der Veräußerungskosten ist in einem weiteren Schritt zur abschließenden Ermittlung des begünstigten Veräußerungsgewinns noch der Wert des Betriebsvermögens (im Fall einer Betriebs- oder Teilbetriebsveräußerung nach Abs. 1 S. 1 Nr. 1) oder der Wert des Anteils am Betriebsvermögen (im Fall einer Anteilsveräußerung nach Abs. 1 S. 1 Nr. 2 oder 3**) abzuziehen.** Hierbei ist zunächst zu prüfen, was konkret in die Bewertung miteinzubeziehen ist, bevor sich im Anschluss die Frage stellt, nach welchen Grundsätzen die Bewertung zu erfolgen hat.

874 **a) Umfang des zu bewertenden Vermögens.** Zu dem zu bewertenden Betriebsvermögen bzw. Anteil am Betriebsvermögen zählen grundsätzlich zunächst einmal **alle Wirtschaftsgüter der veräußerten Sachgesamtheit im Zeitpunkt der Veräußerung,** wobei bei der Veräußerung eines Mitunternehmeranteils auch das Sonderbetriebsvermögen einzubeziehen ist. Im Regelfall ergeben sich daher bei der Bestimmung des Umfangs des zu bewertenden Vermögens keine besonderen Schwierigkeiten. Problematischer kann es dann werden, wenn nicht wesentliche Betriebsgrundlagen zurückbehalten werden, was die Begünstigung des Veräußerungsgewinns nicht ausschließt. Je nach Verwendung der Wirtschaftsgüter sind diese bei der Bewertung mit einzubeziehen. Im Wesentlichen kann hier auf die Ausführungen zum Veräußerungspreis verwiesen werden (→ Rn. 853 ff.). Soweit zurückbehaltene Wirtschaftsgüter den Veräußerungspreis erhöhen, ist denknotwendig auch ihr Buchwert gewinnmindernd zu berücksichtigen. Dies betrifft insbesondere den Fall, dass der Veräußerer nicht wesentliche Betriebsgrundlagen zurückbehält und in sein Privatvermögen überführt. Der gemeine Wert der Wirtschaftsgüter erhöht analog Abs. 3 S. 7 den Veräußerungsgewinn, andererseits zählen die Wirtschaftsgüter mit ihren Buchwerten zum Betriebsvermögen bzw. zum Anteil am Betriebsvermögen (LBP/*Hörger/Rapp* § 16 Rn. 93; HHR/*Kobor* § 16 Rn. 426 ff.). Entsprechendes gilt im Hinblick auf Wirtschaftsgüter, die in einem engen zeitlichen und wirtschaftlichen Zusammenhang mit der eigentlichen Betriebsveräußerung an einen Dritten veräußert werden. Nach hier vertretener Auffassung erhöht die Übernahme von Verbindlichkeiten durch den Erwerber nicht den Veräußerungspreis, als Konsequenz sind die Verbindlichkeiten bei der Bestimmung eine „Nettobuchwerts" miteinzubeziehen (→ Rn. 849).

875 Bei der Veräußerung eines Mitunternehmeranteils umfasst der Buchwert des Anteils sowohl den Kapitalanteil des Gesellschafters in der Gesellschaftsbilanz, sein Ergänzungskapital als auch sein Sonderkapital für übertragenes Sonderbetriebsvermögen (Kirchhof/*Seer* § 16 Rn. 254). Auch ein **negatives Kapitalkonto** ist dem Veräußerungspreis gegenüberzustellen und führt damit zu einer rechnerischen Erhöhung eines Veräußerungsgewinns, soweit es nicht ausgeglichen wird. Dabei kommt es nicht darauf an, aus welchen Gründen das Kapitalkonto negativ geworden ist (BFH 9.7.2015 – IV R 19/12, BStBl. II 2015, 954).

876 **b) Wertermittlung. Abs. 2 S. 2** ordnet an, dass der Wert des Betriebsvermögens nach § 4 Abs. 1 oder § 5 zu ermitteln ist. Damit wird zum Ausdruck gebracht, dass die allgemeinen handels- und steuerrechtlichen Bilanzierungsgrundsätze bei der Ermittlung des dem Veräußerungspreis abzüglich der Veräußerungskosten entgegenzustellenden Wertes anzuwenden sind (BFH 11.12.1980 – I R 119/78, BStBl. II 1981, 460; BFH 12.7.1973 – IV R 183/70, BStBl. II 1974, 3; BFH 19.5.1971 – I R 46/70, BStBl. II 1971, 688).

aa) Schlussbilanz/Aufgabe- bzw. Veräußerungsbilanz. Im Regelfall wird der Steuerpflichtige zunächst eine **steuerliche Schlussbilanz** aufzustellen haben. § 6 Abs. 2 EStDV regelt, dass im Falle der Betriebsveräußerung oder der Betriebsaufgabe bei der Ermittlung des Gewinns an die Stelle des Betriebsvermögens am Schluss des Wirtschaftsjahres das Betriebsvermögen im Zeitpunkt der Aufgabe oder der Veräußerung des Betriebs tritt. Dies dient der Ermittlung des laufenden Gewinns bis zur Betriebsveräußerung oder -aufgabe. 877

Grundsätzlich ist **die Schlussbilanz von der Veräußerungs- bzw. Aufgabebilanz zu unterscheiden** (BFH 5.5.2015 – X R 48/13, BFH/NV 2015, 1358). Ist die Aufstellung der Schlussbilanz zur Ermittlung des laufenden Gewinns regelmäßig zwingend geboten, besteht jedoch weder handelsrechtlich noch steuerrechtlich eine Verpflichtung, zusätzlich eine Veräußerungsbilanz aufzustellen, da sich die in HGB, EStG und AO bestehenden Vorschriften ausschließlich auf die Bilanzen der laufenden Gewinnermittlung beziehen (BFH 26.3.1991 – VIII R 315/84, BStBl. II 1992, 472). Auch Abs. 2 S. 2 konstituiert eine solche Pflicht nicht (HHR/*Kobor* § 16 Rn. 437; Schmidt/*Wacker* § 16 Rn. 311). Somit steht es dem Steuerpflichtigen frei, den Veräußerungsgewinn anhand einer Veräußerungsbilanz oder auf andere Weise zu ermitteln. Aus Abs. 2 ergibt sich aber, dass bei der Berechnung des Veräußerungsgewinns das Betriebsvermögen zwingend mit den Werten anzusetzen ist, wie sie sich aus der auf den Zeitpunkt der Veräußerung aufzustellenden Schlussbilanz ergeben (BFH 26.3.1991 – VIII R 315/84, BStBl. II 1992, 472; BFH 17.10.2007 – I R 61/06, BStBl. II 2008, 555; BFH 22.10.2008 – X B 162/08, BFH/NV 2009, 156). Unterschiede zwischen Schlussbilanz und Veräußerungsbilanz ergeben sich allerdings naturgemäß insoweit, als Wirtschaftsgüter im Betriebsvermögen des Veräußerers zurückbleiben (Schmidt/*Wacker* § 16 Rn. 313). Erstellt der Steuerpflichtige weder eine Schlussbilanz noch eine Veräußerungsbilanz, hat eine Schätzung zu erfolgen (BFH 3.7.1991 – X R 163-164/87, BStBl. II 1991, 802). 878

bb) Einnahme-Überschussrechner. Ermittelt der Steuerpflichtige seinen **Gewinn nach § 4 Abs. 3,** muss er sowohl zum Zwecke der Abgrenzung des laufenden Gewinns vom Aufgabe- bzw. Veräußerungsgewinn als auch zur Bestimmung des Aufgabe- bzw. Veräußerungsgewinns fiktiv zur Gewinnermittlung durch Bestandsvergleich übergehen (BFH 17.9.2015 – III R 49/13, BStBl. II 2017, 37; BFH 11.4.2013 – III R 32/12, BStBl. II 2014, 242; BFH 13.12.1979 – IV R 69/74, BStBl. II 1980, 239; BFH 23.11.1961 – IV 98/60 S, BStBl. III 1962, 199). Der damit verbundene Wechsel vom Zu- und Abflussprinzip zum Realisationsprinzip erfordert die Vornahme von Zu- und Abrechnungen, damit sich Geschäftsvorfälle nicht doppelt oder andererseits überhaupt nicht auswirken. Ein etwaiger aus diesen Zu- und Abrechnungen resultierender Übergangsgewinn ist laufender Gewinn und nicht Veräußerungsgewinn (BFH 11.4.2013 – III R 32/12, BStBl. II 2014, 242; BFH 13.9.2001 – IV R 13/01, BStBl. II 2002, 287; BFH 23.11.1961 – IV 98/60 S, BStBl. III 1962, 199). Dies ergibt sich aus der Fiktion, dass der Steuerpflichtige auf die Gewinnermittlung nach § 4 Abs. 1 übergeht und mittels Zu- und Abrechnungen die Geschäftsvorfälle der Vergangenheit korrigiert (*Kanzler* FR 1999, 255). In Fällen der Betriebsveräußerung oder Betriebsaufgabe kommt eine Verteilung des Übergangsgewinns auf mehrere Jahre (anders als in anderen Konstellationen) nicht in Betracht (BFH 13.9.2001 – IV R 13/01, BStBl. II 2002, 287; BFH 23.8.1991 – IV B 69/90, BFH/NV 1992, 512; BFH 3.8.1967 – IV 30/65, BStBl. III 1967, 755; EStH 4.6 „Keine Verteilung des Übergangsgewinns"). Die gleichen Grundsätze gelten bei der Veräußerung eines Mitunternehmeranteils, wenn die Personengesellschaft ihren Gewinn bislang nach § 4 Abs. 3 ermittelt hat (BFH 29.4.2011 – VIII B 42/10, BFH/NV 2011, 1345). 879

cc) Wertermittlung im Einzelnen. Die **Anordnung der allgemeinen handels- und steuerrechtlichen Bilanzierungsgrundsätze** durch Abs. 2 S. 2 bezieht sich sowohl auf den Ansatz dem Grunde als auch der Höhe nach (HHR/*Kobor* § 16 Rn. 438 mwN). 880

Abschreibungen. AfA ist noch **bis zum Veräußerungszeitpunkt anteilig zu berücksichtigen** (BFH 19.5.1971 – I R 46/70, BStBl. II 1971, 688). Grundsätzlich ist auch noch ein Übergang von der degressiven AfA zur linearen AfA möglich (HHR/*Kobor* § 16 Rn. 438). Sammelposten nach § 6 Abs. 2a sind auch bei Betriebsveräußerungen oder Betriebsaufgaben mit einem Fünftel zum Ende des (Rumpf-)Wirtschaftsjahres gewinnmindernd aufzulösen; nur der verbleibende Restbuchwert ist bei der Ermittlung des Gewinns nach Abs. 2 zu 881 berücksichtigen (BMF 30.9.2010, BStBl. I 2010, 755). Im Hinblick auf Investitionsabzugsbeträge und Sonderabschreibungen zur Förderung kleiner und mittlerer Betriebe nach § 7g hat im Falle der Betriebsveräußerung eine rückwirkende Korrektur der Veranlagungen zu erfolgen (zur früheren Rechtslage BFH 20.12.2006 – X R 31/03, BStBl. II 2007, 862: Auflösung erhöht grundsätzlich den begünstigten Veräußerungs- bzw. Aufgabegewinn).

882 **Aktivierungsverbote.** Aus der uneingeschränkten Verweisung auf § 5 ergibt sich, dass die steuerrechtlichen Aktivierungsverbote ausnahmslos zu beachten sind. Dies wirkt sich insbesondere aus, wenn immaterielle Wirtschaftsgüter vorhanden sind (vgl. § 5 Abs. 2).

883 Der **Ausgleichsanspruch eines Handelsvertreters** nach § 89b HGB ist nach ständiger Rechtsprechung des BFH dem laufenden Gewinn und nicht dem Veräußerungs- oder Aufgabegewinn zuzuordnen. Dies gilt auch dann, wenn die Beendigung des Vertragsverhältnisses mit der Veräußerung oder Aufgabe des Betriebs des Handelsvertreters zusammenfällt (BFH 11.4.2012 – X B 56/11, BFH/NV 2012, 1331; BFH 9.2.2011 – IV R 37/08, BFH/NV 2011, 1120; BFH 17.3.2009 – X B 225/08, BFH/NV 2009, 967; BFH 25.7.1990 – X R 111/88, BStBl. II 1991, 218). Dieser Rechtsprechung liegt die Vorstellung zugrunde, dass es sich bei dem Anspruch nach § 89b HGB um einen Anspruch handelt, der seiner rechtlichen und wirtschaftlichen Natur nach einen zusätzlichen gesetzlichen Vergütungsanspruch des Handelsvertreters für die vor Vertragsende geleisteten und nach Vertragsende fortwirkenden Dienste darstellt und der keinen besonderen Willensentschluss voraussetzt, wie ihn die Aufgabe einer Tätigkeit oder eines Gewerbebetriebs erfordert.

884 **Passivierungsverbote** bzw. Passivierungsbeschränkungen sind ebenso wie Aktivierungsverbote zu beachten. Bei vorhandenen stillen Lasten ist jedoch die Vorschrift des § 4f zu beachten → Rn. 891.

885 **Pensionsverpflichtungen** sind **nach Maßgabe des § 6a anzusetzen.** Verstirbt der aus der Pensionsverpflichtung Berechtigte jedoch und wird der Betrieb erst anschließend (wenn auch in einem engen zeitlichen Zusammenhang) von einem Erben veräußert, so ist die Verpflichtung in der Schlussbilanz nach Abs. 2 S. 2 nicht mehr anzusetzen. Der Ertrag aus dem Wegfall der Pensionsverpflichtung gehört zum laufenden Gewinn und nicht zum begünstigten Veräußerungsgewinn (BFH 15.11.1979 – IV R 49/76, BStBl. II 1980, 150). Gleiches gilt, wenn die Verpflichtungen mit der Veräußerung ausnahmsweise ersatzlos wegfallen, somit weder auf den Erwerber übergehen noch beim Veräußerer verbleiben, zB weil sie an die auflösende Bedingung einer Betriebsveräußerung verknüpft waren (BFH 12.7.1973 – IV R 183/70, BStBl. II 1974, 3). Im Regelfall wird der Erwerber die Pensionsverpflichtungen jedoch vertraglich oder nach § 419 BGB oder § 25 HGB kraft Gesetzes übernehmen. Die Abfindung von Pensionsansprüchen von Gesellschaftern der aufgegebenen Personengesellschaft mindern den Aufgabegewinn; beim abgefundenen Gesellschafter stellt die Abfindung eine Sondervergütung dar, die seinen Anteil am Aufgabegewinn erhöht (BFH 20.1.2005 – IV R 22/03, BStBl. II 2005, 559; vgl. *Paus* DStZ 2005, 598).

886 **Rücklagen.** Bei steuerfreien Rücklagen ist **zu differenzieren:** Bei bestehenden § 6b-Rücklagen kommt dem Veräußerer ein Wahlrecht zu, ob er die Rücklage anlässlich der Veräußerung auflöst oder (sofern insbesondere die zeitlichen Voraussetzungen erfüllt sind) weiterführt (BFH 22.9.1994 – IV R 61/93, BStBl. II 1995, 367; HHR/*Kobor* § 16 Rn. 438; Blümich/*Schallmoser* § 16 Rn. 626; LBP/*Hörger/Rapp* § 16 Rn. 125a). Wird die Rücklage anlässlich der Veräußerung aufgelöst, zählt der Gewinn zum begünstigten Veräußerungsgewinn (BFH 25.6.1975 – I R 201/73, BStBl. II 1975, 848; BFH 17.10.1991 – IV R 97/89, BStBl. II 1992, 392). Sofern die Tatbestandsvoraussetzungen vorliegen, kann eine § 6b-Rücklage auch anlässlich der Betriebsveräußerung neu gebildet werden; diese mindert den Veräußerungsgewinn (BFH 14.2.2007 – XI R 16/05, BFH/NV 2007, 1293). Wird diese Rücklage nach § 6b später aufgelöst, führt dies zu nachträglichen nicht begünstigten Einkünften aus Gewerbebetrieb, § 15 Abs. 1 iVm § 24 Nr. 2 (BFH 4.2.1982 – IV R 150/78, BStBl. II 1982, 348).

887 Die **steuerlichen Auswirkungen der Auflösung einer Ansparrücklage** nach § 7g Abs. 3 war lange umstritten. Mittlerweile hat sich die Finanzverwaltung der Auffassung des BFH angeschlossen, dass der Gewinn aus der Auflösung zum begünstigten Veräußerungsgewinn zu zählen ist (BFH 7.6.2016 – VIII R 23/14, BFH/NV 2016, 1684; BFH 10.11.2014 – XI R 69/03, BStBl. II 2005, 596; BFH 20.12.2006 – X R 31/03, BFH/NV 2007, 824; BFH 23.5.2007 – X R 35/06, BFH/NV 2007, 1862; BMF 30.10.2007, BStBl. I 2007, 790

entgegen noch BMF 25.2.2004, BStBl. I 2004, 337). Die Frage der Abgrenzung stellt sich im Hinblick auf den Gewinn aus der Rückgängigmachung von Investitionsabzugsbeträgen und Sonderabschreibungen zur Förderung kleiner und mittlerer Betriebe nach § 7g nicht mehr, da nach der gesetzlichen Bestimmung die Veranlagungen derjenigen Wirtschaftsjahre, in denen Abzugsbeträge oder Sonderabschreibungen in Anspruch genommen worden sind, rückwirkend zu korrigieren sind. Dies gilt auch im Falle der Betriebsveräußerung (HHR/*Kobor* § 16 Rn. 439; Schmidt/*Wacker* § 16 Rn. 318). Im Abzugsjahr entsteht ein laufender Gewinn.

Rückstellungen. Gewinne aus der Auflösung von Rückstellungen können grundsätzlich sowohl zum laufenden Gewinn als auch zum begünstigten Aufgabe- bzw. Veräußerungsgewinn zu zählen sein. Sofern die Auflösung von Rückstellungen lediglich in einem zeitlichen, aber keinem rechtlichen oder ursächlichen Zusammenhang mit der Betriebsveräußerung oder -aufgabe steht, erhöht sich der laufende Gewinn (BFH 15.11.1979 – IV R 49/76, BStBl. II 1980, 150; vgl. EStH 16 Abs. 9 „Rückstellung"). Sofern hingegen die Rückstellung ausschließlich wegen der Betriebsveräußerung bzw. -aufgabe aufgelöst wird, erhöht sich der begünstigte Veräußerungs- bzw. Aufgabegewinn (Blümich/*Schallmoser* § 16 Rn. 628). 888

Unzutreffende Bilanzierung. Wurden Wirtschaftsgüter des notwendigen Privatvermögens (zu Unrecht) in der Schlussbilanz angesetzt, sind diese erfolgsneutral auszubuchen (BFH 19.6.1973 – I R 201/71, BStBl. II 1973, 706). Wirtschaftsgüter, die hingegen zum notwendigen Betriebsvermögen gehören und nicht bilanziert wurden, sind mit dem Buchwert zu erfassen, der auszuweisen wäre, wenn richtig bilanziert worden wäre (BFH 9.5.2012 – X R 38/10, BStBl. II 2012, 725; BFH 15.10.1998 – IV R 18/98, BStBl. II 1999, 286). 889

6. Veräußerungs-/Aufgabeverluste

Der Veräußerungsgewinn iSd Abs. 2 S. 1 kann auch eine negative Größe sein. Bleibt der Veräußerungspreis abzüglich der Veräußerungskosten hinter dem Buchwert des Betriebsvermögens bzw. des Anteils am Betriebsvermögen zurück, entsteht ein Veräußerungsverlust (BFH 14.1.2010 – IV R 13/06, BFH/NV 2010, 1483; BFH 26.6.2002 – IV R 3/01, BStBl. II 2003, 112; BFH 12.12.1996 – IV R 77/93, BStBl. II 1998, 180). Ebenso ist ein Aufgabeverlust möglich. Ein solcher Veräußerungs- oder Aufgabeverlust kann sowohl horizontal mit einem laufenden Gewinn oder vertikal mit anderen positiven Einkünften im gleichen VZ verrechnet werden (Blümich/*Schallmoser* § 16 Rn. 636). Insbesondere bei Teilbetriebsveräußerungen ist ein Augenmerk darauf zu richten, ob der Veräußerungsverlust auf die Realisierung stiller Lasten zurückzuführen ist und die Vorschrift des § 4f Abs. 1 S. 1 Anwendung findet → Rn. 892. 890

7. Exkurs: Realisierung stiller Lasten

Werden stille Lasten gehoben, ist regelmäßig die Vorschrift des § 4f zu beachten. Steuerbilanziell zu Recht nicht passivierte betriebliche Verbindlichkeiten werden zum einen nicht dem Veräußerungspreis hinzugerechnet, zum anderen sind sie aufgrund des bestehenden bilanzrechtlichen Ansatzverbotes auch nicht bei dem nach § 16 Abs. 2 vom Veräußerungspreis abzuziehenden Buchwert mindernd zu berücksichtigen. Im Ergebnis fällt der steuerliche Veräußerungsgewinn somit niedriger bzw. ein Veräußerungsverlust höher aus als dies handelsrechtlich der Fall ist. Damit Passivierungsverbote von Verbindlichkeiten nicht durch deren Übernahme von Dritten umgangen werden, hat der Gesetzgeber mit dem **AIFM-StAnpG** v. 23.12.2013 (BGBl. 2013 I 4318) die Regelung des § 4f geschaffen, wonach unter bestimmten Voraussetzungen eine Verteilung des Aufwandes auf einen Zeitraum von 15 Jahren vorzunehmen ist (Einzelheiten s. § 4f). Für die Fälle des § 16 hat diese Vorschrift allerdings nur eine eingeschränkte Bedeutung. Die Aufwandsverteilung unterbleibt nämlich nach § 4f Abs. 1 S. 3 Alt. 1, wenn die Schuldübernahme im Rahmen einer Veräußerung oder Aufgabe des ganzen Betriebs oder des gesamten Mitunternehmeranteils im Sinne der §§ 14, 16 Abs. 1, 3 und 3a sowie des § 18 Abs. 3 erfolgt. Diese Ausnahme ist sachgerecht, da die unternehmerische Tätigkeit vom Betriebsinhaber nicht mehr fortgesetzt wird (vgl. BT-Drs. 18/68, 73); das vom Gesetzgeber gesehene Gestaltungspotenzial ist in diesen Fällen gering (*Förster/Staaden* Ubg 2014, 1 (7); Blümich/*Krumm* § 4f Rn. 33). Rein technisch ist für den veräußerten Betrieb bzw. den veräußerten Mitunternehmeranteil auch nichts mehr zu bilanzieren. 891

Unter die Ausnahme dürften auch die Konstellationen fallen, in denen eine passivierungsbeschränkte Verpflichtung unter Vornahme einer Aufwandsverteilung nach § 4f übertragen wird und der ursprünglich Verpflichtete im Abzugszeitraum seinen Betrieb veräußert oder aufgibt (Blümich/*Krumm* § 4f Rn. 33; *Förster/Staaden* Ubg 2014, 1 (7); *Riedel* Ubg 2014, 421 (424)).

891.1 **Beispiel:**

A übernimmt von B eine passivierungsbegrenzte Pensionsverpflichtung und erhält dafür von B einen Ausgleich. Der sich hieraus für B ergebende Aufwand ist nach § 4f Abs. 1 S. 1 auf 15 Jahre zu verteilen. Veräußert B seinen Betrieb innerhalb des 15-jährigen Abzugszeitraums, wirkt sich die Veräußerung im Zeitpunkt der Betriebsveräußerung in voller Höhe aus.

892 Auch **Umwandlungsvorgänge nach §§ 20, 24 UmwStG** sind grundsätzlich zwar als Betriebsveräußerungen anzusehen. Nach der Gesetzesbegründung (BT-Drs. 18/68, 73) soll die Ausnahme des § 4f Abs. 1 S. 3 Alt. 1 für diese Fälle jedoch nicht gelten (str., vgl. Blümich/*Krumm* § 4f Rn. 34; *Förster/Staaden* Ubg 2014, 1 (7)). Relevant wird dies jedoch nur in Fällen, in denen die Umwandlung nicht unter Buchwertfortführung erfolgt.

Insbesondere in Fällen der Teilbetriebsveräußerung oder -aufgabe kann die Vorschrift des § 4f Abs. 1 S. 1 anzuwenden sein. Nach § 4f Abs. 1 S. 4 bis 6 ist dies allerdings nur dann der Fall, wenn die realisierten stillen Lasten die vorhandenen stillen Reserven übersteigen.

892.1 **Beispiel:**

A verkauft einen Teilbetrieb an B. Aktive Wirtschaftsgüter sind mit 300 bilanziert, der Teilwert beträgt jedoch 1000 bzw. 500 (Abwandlung). Dem Teilbetrieb zuzuordnen ist ferner eine nicht passivierungsfähige Verpflichtung iHv 300. Der B zahlt an A 700 bzw. 200 (Abwandlung).

In beiden Fällen werden die vorhandenen stillen Lasten iHv 300 gehoben. Im Ausgangsfall entsteht jedoch ein Veräußerungsgewinn. Die stillen Reserven iHv 700 übersteigen die stillen Lasten. § 4f Abs. 1 S. 1 findet keine Anwendung. In der Abwandlung übersteigen die stillen Lasten die stillen Reserven, es entsteht ein Veräußerungsverlust iHv 100. Dieser Veräußerungsverlust ist nach § 4f Abs. 1 S. 1 auf 15 Jahre zu verteilen.

893 Ob die Ausnahmen nach § 4f Abs. 1 S. 3 ff. auch für Fälle des Schuldbeitritts oder der Erfüllungsübernahme mit ganzer oder teilweiser Schuldfreistellung gelten, ist unklar, da § 4f Abs. 2 jedenfalls nicht auf die S. 3 ff. des Abs. 1 verweist. Eine Rechtfertigung für eine abweichende Behandlung ist jedenfalls nicht ersichtlich. Zum Teil wird vertreten, dass der selektiven Verweisung in Abs. 2 keine Bedeutung zukomme, da Abs. 2 nur deklaratorischer Natur sei (Blümich/*Krumm* § 4f Rn. 36; *Lüdenbach/Hoffmann* GmbHR 2014, 561 (565 f.)).

8. Unterscheidung vom laufenden Gewinn und von nachträglichen Einkünften

894 **a) Abgrenzung vom laufenden Gewinn.** Die Abgrenzung des Veräußerungsgewinns vom laufenden Gewinn aus Gewerbebetrieb ist im Hinblick auf die Begünstigung nach Abs. 4 und die Tarifermäßigung § 34 **zwingend vorzunehmen.** Darüber hinaus ist die Unterscheidung auch für gewerbesteuerliche Zwecke von Bedeutung, da Veräußerungs- und Aufgabegewinne grundsätzlich nicht der Gewerbesteuer unterliegen (Blümich/*Drüen* GewStG § 7 Rn. 125). Allerdings gilt dies gem. § 7 S. 2 GewStG für Mitunternehmerschaften nur, soweit der Aufgabegewinn auf eine natürliche Person als unmittelbar beteiligten Mitunternehmer entfällt.

895 Entscheidend für die Zuordnung zum begünstigten Gewinn ist es, dass ein **zeitlicher und wirtschaftlicher Zusammenhang** (Veranlassungszusammenhang) des zu untersuchenden Geschäftsvorfalls mit der Veräußerung des Betriebs, Teilbetriebs oder des Mitunternehmeranteils bzw. der Betriebsaufgabe besteht. Problematisch wird dabei regelmäßig die Frage nach dem wirtschaftlichen Zusammenhang sein, da sich bei Fehlen eines zeitlichen Zusammenhangs die Frage nach einer Zuordnung zum Veräußerungs- oder Aufgabegewinn erst gar nicht stellen wird.

896 **aa) Abgrenzungsprobleme bei der Betriebsveräußerung.** Die nach § 16 Abs. 1 begünstigte Betriebsveräußerung setzt grundsätzlich voraus, dass der Veräußerer alle wesentlichen Grundlagen des Betriebs oder eines Teilbetriebs **in einem einheitlichen Vorgang entgeltlich auf einen Erwerber überträgt und damit seine bisherige gewerbliche**

Betätigung beendet. Somit scheiden Fälle, in denen der Veräußerer das Betriebsvermögen in mehreren Teilakten an verschiedene Erwerber veräußert, aus dem Anwendungsbereich des § 16 Abs. 1 aus. Daher ergeben sich Abgrenzungsprobleme in der Praxis hier eher selten. Dies schließt jedoch nicht aus, dass der Betriebsinhaber im Ausnahmefall nicht wesentliche Betriebsgrundlagen an Dritte veräußert. Sofern dies in zeitlichem und wirtschaftlichem Zusammenhang mit der Betriebsveräußerung erfolgt, kann auch dieser Veräußerungserlös nach Auffassung im Schrifttum tarifbegünstigt sein (HHR/*Kobor* § 16 Rn. 405; LBP/*Hörger*/*Rapp* § 16 Rn. 93).

bb) Abgrenzungsprobleme bei der Betriebsaufgabe. Bei einer Betriebsaufgabe ist es im Gegensatz zur Betriebsveräußerung **nicht erforderlich, dass die Wirtschaftsgüter an einen Erwerber veräußert werden.** Zulässig ist es, dass die Wirtschaftsgüter insgesamt in das Privatvermögen überführt werden oder auch an verschiedene Erwerber veräußert oder teilweise veräußert und teilweise in das Privatvermögen überführt werden, sofern es sich nur um einen einheitlichen Vorgang handelt, der dazu führt, dass der Betrieb als selbständiger Organismus des Wirtschaftslebens zu existieren aufhört. Daraus resultieren bei zeitnah zur Betriebsaufgabe erfolgenden Veräußerungen verstärkt Abgrenzungsprobleme zwischen Aufgabegewinn und laufendem Gewinn. 897

So rechnet der **BFH** die gleichzeitig zur Betriebsaufgabe erfolgende Veräußerung von Anlagevermögen durch einen Leasingfonds dem laufenden Betrieb zu, wenn die fraglichen Veräußerungsgeschäfte Bestandteil eines einheitlichen Geschäftskonzepts der unternehmerischen Tätigkeit sind (BFH 26.6.2007 – IV R 49/04, BStBl. II 2009, 289; vgl. dazu *Lüdicke*/*Rode* BB 2008, 2552). Diese Rechtsprechung hat der BFH entgegen in der Literatur geäußerter Kritik (*Lüdicke*/*Rode* BB 2008, 2552; *Klass*/*Süß* FR 2009, 653) nachfolgend auch auf Ein-Objekt-Gesellschaften übertragen (BFH 11.8.2010 – IV B 17/10, BFH/NV 2010, 2268; BFH 24.9.2010 – IV B 34/10, BFH/NV 2011, 241; vgl. auch BFH 22.1.2015 – IV R 10/12, BFH/NV 2015, 678). Auf diverse Fondskonstruktionen hat diese Rechtsprechung – die nicht der bis dahin ausgeübten Verwaltungspraxis entsprach – gravierende Auswirkungen (vgl. *Hensell*/*Reibis* DStR 2008, 87). 898

Grundsätzlich ist immer dann von einem laufenden Gewinn auszugehen, wenn die Veräußerung der Wirtschaftsgüter zwar in zeitlicher Nähe zur Betriebsaufgabe, jedoch wie im bisherigen laufenden Betrieb an den bisherigen Kundenkreis erfolgt und insoweit die bisherige normale Geschäftstätigkeit fortgesetzt wird (BFH 25.6.1970 – IV 350/64, BStBl. II 1970, 719; BFH 29.11.1988 – VIII R 316/82, BStBl. II 1989, 602; BFH 23.1.2003 – IV R 75/00, BStBl. II 2003, 467; BFH 14.12.2004 – XI R 36/02, BFH/NV 2005, 1985). Dies leuchtet insbesondere in Fällen des Räumungsverkaufes ein. Würde der Verkauf aus dem Räumungsverkauf zum begünstigten Aufgabegewinn rechnen, wäre damit eine erhebliche Besserstellung gegenüber der Betriebsveräußerung verbunden, da das Warenlager bei Einzelhandelsgeschäften regelmäßig zu den wesentlichen Betriebsgrundlagen zählt (BFH 29.11.1988 – VIII R 316/82, BStBl. II 1989, 602; BFH 14.11.1990 – X R 145/87, BFH/NV 1991, 373). 899

Der BFH hatte sich darüber hinaus wiederholt mit der **Abgrenzung von Aufgabegewinn und laufendem Gewinn bei gewerblichem Grundstückshandel** zu beschäftigen und dabei regelmäßig den Gewinn aus der Veräußerung von dem Umlaufvermögen zuzurechnenden Grundstücken auch im engen zeitlichen Zusammenhang mit der Betriebsaufgabe dem laufenden Gewinn zugeordnet (BFH 23.1.2003 – IV R 75/00, BStBl. II 2003, 467; BFH 21.6.2001 – III R 27/98, BStBl. II 2002, 537; BFH 22.4.1998 – IV B 66/97, BFH/NV 1998, 1520; BFH 25.1.1995 – X R 76-77/92, BStBl. II 1995, 388; BFH 9.9.1993 – IV R 30/92, BStBl. II 1994, 105). Einen laufenden Gewinn und keinen Aufgabegewinn hat der BFH ferner im Falle der Veräußerung von zum Umlaufvermögen gehörenden GmbH-Anteilen eines gewerblichen Wertpapierhandels angenommen (BFH 25.7.2001 – X R 55/97, BStBl. II 2001, 809). 900

Von einem **begünstigten Aufnahmegewinn** ging der BFH hingegen im Fall der Veräußerung von Waren an Handelsvertreter, die bislang den Verkauf von Erzeugnissen an Einzelhändler nur vermittelt hatten, aus (BFH 1.12.1988 – IV R 140/86, BStBl. II 1989, 368). Gleiches gilt im Falle der Rücklieferung von Umlaufvermögen an frühere Lieferanten (BFH 2.7.1981 – IV R 136/79, BStBl. II 1981, 798). Beiden Fällen ist gemein, dass eine Abweichung vom normalen Geschäftsvorgang feststellbar ist. 901

902 **b) Abgrenzung von nachträglichen Einkünften.** Ebenfalls **nicht tarifbegünstigt und vom Veräußerungsgewinn iSd Abs. 2 abzugrenzen** sind nachträgliche Einkünfte aus Gewerbebetrieb, auf welche die Zuflussbesteuerung nach § 15 Abs. 1 iVm § 24 Nr. 2 Anwendung findet. Nachträgliche Einkünfte aus Gewerbebetrieb kann der Steuerpflichtige aus unterschiedlichsten Gründen beziehen. Hauptanwendungsfall ist die Veräußerung des Betriebs gegen Zahlung von Kaufpreisraten, Renten oder sonstigen wiederkehrenden Bezügen. Bei einer derartigen Veräußerung wird dem Veräußerer ein Wahlrecht zwischen einer begünstigten Sofortbesteuerung und der Versteuerung im Zuflusszeitpunkt eingeräumt (EStR 16 Abs. 11). Entscheidet sich der Steuerpflichtige für eine Zuflussbesteuerung, sind die erhaltenen Zahlungen als nachträgliche Einkünfte aus Gewerbebetrieb nach § 15 Abs. 1 iVm § 24 Nr. 2 steuerpflichtig, sobald und soweit sie in Summe den Buchwert iSd Abs. 2 S. 2 zzgl. der Veräußerungskosten übersteigen. Auch wenn ein Gesellschafter aus einer Sozietät ausscheidet und ihm im Auseinandersetzungsvertrag eine Beteiligung an Ansprüchen aus laufenden Insolvenzverfahren zugewiesen wird, gehören die entsprechenden nachlaufenden Zahlungen zu den nachträglichen selbständigen Einkünften. Da es sich bei den Ansprüchen um solche aus schwebenden Geschäften handelt, führt erst die Beendigung des Schwebezustandes zur nicht begünstigten Besteuerung der Einnahmen (FG Berlin-Brandenburg 1.3.2018 – 12 K 15284/15, EFG 2018, 1544, Rev. VIII R 12/18).

903 **Nicht um nachträgliche Einkünfte aus Gewerbebetrieb handelt es sich** hingegen bei Kaufpreisraten, selbst wenn diese erst in späteren Veranlagungszeiträumen gezahlt werden, denn auch bei vereinbarter Ratenzahlung findet eine Sofortversteuerung des begünstigten Veräußerungsgewinns statt. Es ist insofern jedoch eine Abzinsung vorzunehmen. Die Differenz zwischen dem sofortversteuertem Barwert und dem Nennwert führt bei vorhandenem Restbetriebsvermögen zu nachträglichen Einkünften aus Gewerbebetrieb, andernfalls zu Einkünften aus Kapitalvermögen. Gleiches gilt im Hinblick auf gezahlte Zinsen aufgrund einer vereinbarten marktüblichen Verzinsung der gestundeten Kaufpreisforderung (Schmidt/*Wacker* § 16 Rn. 281; → Rn. 861).

9. Auswirkungen späterer Ereignisse auf den Veräußerungs-/Aufgabegewinn

904 **a) Problematik.** Der Veräußerungsgewinn entsteht bereits **im Zeitpunkt der Übertragung des wirtschaftlichen Eigentums auf den Erwerber.** Weder auf die Frage der Kaufpreisfälligkeit noch des Zuflusses kommt es dabei an (→ Rn. 861). Umso dringlicher stellt sich die Frage, wie sich spätere Ereignisse auf den Veräußerungsgewinn auswirken. Insbesondere in Fällen der späteren Uneinbringlichkeit der zunächst gestundeten Kaufpreisforderung liegt ein Bedürfnis des Steuerpflichtigen nach einer rückwirkenden Korrektur der bereits erfolgten Besteuerung auf der Hand. Dagegen hat die frühere Rechtsprechung des BFH eine Auswirkung des nachträglichen Ausfalls der aufgrund der Betriebsveräußerung entstandenen Kaufpreisforderung auf den bereits realisierten Veräußerungsgewinn abgelehnt. Da der BFH zudem regelmäßig davon ausging, dass die Kaufpreisforderung mit der Veräußerung des Betriebs grundsätzlich unmittelbar in das Privatvermögen überführt wird, kamen noch nicht einmal nachträgliche Verluste aus Gewerbebetrieb nach § 15 Abs. 1 iVm § 24 Nr. 2 in Betracht. Der Ausfall der Forderung wurde vielmehr als steuerlich unbeachtlicher Vorgang in der privaten Vermögenssphäre angesehen (so noch BFH 11.12.1990 – VIII R 37/88, BFH/NV 1991, 516; BFH 26.6.1985 – IV R 22/83, BFH/NV 1987, 24; BFH 28.1.1981 – I R 234/78, BStBl. II 1981, 464; BFH 19.1.1978 – IV R 61/73, BStBl. II 1978, 295). Dem lag der Gedanke zugrunde, dass nach der Veräußerung eintretende Ereignisse nur dann steuerlich auf den Zeitpunkt der Veräußerung zurückwirken sollten, wenn sie ihren „Urgrund" bereits im Veräußerungszeitpunkt in sich getragen hätten, der Grund für das nachträglich Eintreten des Ereignisses also in dem Rechtsgeschäft selbst angelegt war.

905 **b) Grundsatz: Differenzierung zwischen vollzogenen und nicht vollzogenen Rechtsgeschäften. Von dieser Rechtsprechung ist der BFH in zwei Beschlüssen des Großen Senats im Jahr 1993 abgewichen** (BFH 19.7.1993 – GrS 1/92, BStBl. II 1993, 894; BFH 19.7.1993 – GrS 2/92, BStBl. II 1993, 897). Sowohl im Falle der späteren Uneinbringlichkeit der Kaufpreisforderung als auch im Falle der späteren Inanspruchnahme des Betriebsveräußerers für Betriebsschulden entgegen einer mit dem Betriebserwerber verein-

barter Haftungsfreistellung ging der BFH von einem Ereignis mit steuerlicher Rückwirkung gem. § 175 Abs. 1 S. 1 Nr. 2 AO aus – und zwar unabhängig davon, ob die Kaufpreisforderung als Restbetriebsvermögen oder als Privatvermögen anzusehen war (→ Rn. 866). Ausschlaggebend für die Entscheidung des Großen Senats des BFH war dabei der Umstand, dass es sich bei der Veräußerung des ganzen Gewerbebetriebs oder eines Teilbetriebs um ein einmaliges, punktuelles Ereignis handelt. Anders als bei den laufend veranlagten Steuern, bei denen die aufgrund des Eintritts neuer Ereignisse materiell-rechtlich erforderlichen steuerlichen Anpassungen regelmäßig nicht rückwirkend vorzunehmen seien, ergebe die Auslegung von § 16 Abs. 1 und 2, dass nachträgliche Änderungen des Veräußerungspreises materiellrechtlich auf den Zeitpunkt der Veräußerung zurückwirkten. Doch auch durch die Beschlüsse des Großen Senats haben sich nicht sämtliche Einzelfragen erledigt; erforderlich bleibt eine Beurteilung nach den Umständen des Einzelfalls (HHR/*Kobor* § 16 Rn. 445; vgl. ausführlich zu den Auswirkungen der vom Großen Senat aufgestellten Grundsätze *Groh* DB 1995, 2235). Die neuere Rechtsprechung des BFH hat die vom Großen Senat aufgestellten Grundsätze noch insoweit weiter verfeinert, als nunmehr zwischen bereits vollzogenen und noch nicht vollzogenen Rechtsgeschäften (bei denen zB der Kaufpreis noch nicht beglichen ist), unterschieden wird: Sofern das Rechtsgeschäft noch nicht vollzogen ist, soll es auf die Ursache der nachträglichen Veränderung des Sachverhalts nicht ankommen. Ist das Rechtsgeschäft hingegen bereits vollzogen, liegt ein rückwirkendes Ereignis iSd § 175 Abs. 1 Satz 1 Nr. 2 AO nur dann vor, wenn die nachträgliche Veränderung aus Gründen erfolgt, die bereits im Kaufvertrag selbst angelegt sind (vgl. BFH 19.8.2003 – VIII R 67/02, BStBl. II 2004, 107; BFH 28.10.2009 – IX R 17/09, BStBl. II 2010, 539).

Denkbare spätere Ereignisse, die sich auf den Veräußerungsgewinn auswirken 906
können, sind im Einzelnen insbesondere (i) die Änderung des Veräußerungspreises, (ii) die Änderung der Veräußerungskosten, (iii) Änderungen beim Wert des Betriebsvermögens sowie (iv) die vollständige Rückabwicklung des ursprünglichen Kaufvertrages. Keine Auswirkungen auf den Veräußerungsgewinn haben hingegen spätere Wertveränderungen der in das Privatvermögen übernommenen Wirtschaftsgüter (BFH 1.4.1998 – X R 150/95, BStBl. II 1998, 569).

c) Änderung des Veräußerungspreises/Forderungsausfall. Auswirkungen auf den 907
Veräußerungsgewinn hat insbesondere ein späterer Ausfall der (gestundeten) Kaufpreisforderung. In einem solchen Fall geht der BFH nunmehr von einer Rückwirkung auf den Veräußerungszeitpunkt iSd § 173 Abs. 1 S. 1 Nr. 2 AO aus (BFH 19.7.1993 – GrS 2/92, BStBl. II 1993, 897; BFH 28.7.1994 – IV R 53/91, BStBl. II 1995, 112 im Falle des Forderungsausfalls eines ausgeschiedenen Kommanditisten mit negativem Kapitalkonto gegen die KG). Gleiches gilt bei der Veräußerung gegen wiederkehrende Bezüge, wenn die Rentenforderung uneinbringlich wird; hingegen stellt das vorzeitige Ableben des Rentenberechtigten kein Ereignis mit steuerlicher Rückwirkung dar (BFH 19.8.1999 – IV R 67/98, BStBl. II 2000, 179; aA Kirchhof/*Seer* § 16 Rn. 267). Letzteres ist zutreffend, da keine Störung des Veräußerungsgeschäfts vorliegt. Eine rückwirkende Korrektur würde die Vorteile der Sofortversteuerung (Begünstigung) und der Versteuerung als nachträgliche Einkünfte (Zuflussversteuerung) kombinieren und wäre insofern auch nicht systemgerecht.

Ein **steuerlich rückwirkendes Ereignis** kann gleichermaßen im Falle einer späteren 908
Kaufpreiserhöhung oder -minderung vorliegen, zB aufgrund einer Nachforderungsklausel (BFH 31.8.2006 – IV R 53/04, BStBl. II 2006, 906 für den Fall, dass veräußerte landwirtschaftlich genutzte Flächen später als Bauland ausgewiesen werden) oder aufgrund eines gerichtlichen oder außergerichtlichen Vergleichsergebnisses (BFH 7.9.1972 – IV 311/65, BStBl. II 1973, 11; BFH 23.6.1988 – IV R 84/86, BStBl. II 1989, 41; BFH 19.8.2009 – I R 3/09, BStBl. II 2010, 249). Die nachträgliche Erhöhung oder Herabsetzung des Kaufpreises muss aber, da das Rechtsgeschäft grds. bereits vollzogen ist, auf Umständen beruhen, die bereits im Veräußerungsgeschäft angelegt waren (Blümich/*Schallmoser* § 16 Rn. 592).

Ebenso liegt ein **steuerlich rückwirkendes Ereignis iSd § 175 Abs. 1 S. 1 Nr. 2 AO** 909
vor, wenn bei der Ermittlung des Veräußerungsgewinns ursprünglich eine unter dem Nennwert liegende Kaufpreisforderung angesetzt wurde und die Kaufpreisforderung nachträglich wider Erwarten vollständig erfüllt wird. Die Annahme nachträglicher Einkünfte nach § 24 Nr. 2 verbietet sich aufgrund des Grundsatzes der Einheitlichkeit des Veräußerungsvorgangs

und würde im Übrigen bewirken, dass der Veräußerer schlechter gestellt würde als wenn von Vornherein der geschuldete Kaufpreis bei der Ermittlung des Veräußerungsgewinns herangezogen worden wäre (Blümich/*Schallmoser* § 16 Rn. 600).

910 Auch der **Erlass der Kaufpreisforderung kann zu einer rückwirkenden Korrektur des Veräußerungsgewinns führen.** Dies soll selbst dann gelten, wenn der Erlass nicht aus betrieblichen, sondern aus privaten Gründen erfolgt (BFH 21.12.1993 – VIII R 69/88, BStBl. II 1994, 648 zu § 17; ebenso *Bordewin* FR 1994, 555 (560)). Zwingend erscheint dies nicht, da der Erlass auf einer späteren autonomen, von der ursprünglichen Veräußerung grundsätzlich unabhängigen, Entscheidung des Veräußerers beruht. Aus ähnlichen Erwägungen wird im Schrifttum angenommen, dass die Umwandlung der Kaufpreisforderung in ein Darlehen im Wege der Novation die Korrekturmöglichkeit nach § 175 Abs. 1 Nr. 2 AO ausschließt, wenn das Darlehen in der Folge ausfällt (Schmidt/*Wacker* § 16 Rn. 381; vgl. auch *Bordewin* FR 1994, 555 (560)). Die Novation stellt insofern eine Zäsur dar, als die alte Schuld erlischt und eine neue Schuld an deren Stelle tritt, welche nicht mehr unmittelbar auf das Veräußerungsgeschäft zurückgeführt werden kann.

911 **d) Änderung der Veräußerungskosten/Aufgabekosten.** Auch die **Veräußerungskosten können sich nachträglich ändern.** Abweichend vom Prinzip der Abschnittsbesteuerung und des bilanziellen Stichtagsprinzips müssen auch nachträgliche Erhöhungen oder Minderungen dieser Kosten im Zeitpunkt der Realisierung des Veräußerungsgewinns berücksichtigt werden, da sie die Höhe des tatsächlich erzielten Veräußerungsgewinns beeinflussen (BFH 8.10.1997 – XI R 20/97, BFH/NV 1998, 701; vgl. auch *Groh* DB 1995, 2235). Zu den erst nachträglich entstehenden Veräußerungskosten können zB von Veräußerer getragene Anwalts- und Gerichtskosten bei Streitigkeiten über den Veräußerungsvorgang gehören. Entsprechendes gilt für die nachträgliche Veränderung von Aufgabekosten. Eine solche kann sich zB durch die Inanspruchnahme aus einer Bürgschaft ergeben, deren Übernahme durch die Betriebsaufgabe veranlasst worden ist (BFH 6.3.2008 – IV R 72/05, BFH/NV 2008, 1311). Unerheblich ist, ob die Veräußerungs-/Aufgabekosten sich nachträglich der Höhe nach ändern oder vom Grunde her erst in einer Zeit nach der Betriebsveräußerung/-aufgabe entstehen.

912 **e) Änderung des Werts des Betriebsvermögens.** Der zur Berechnung des Veräußerungsgewinns herangezogene Wert des Betriebsvermögens bzw. des Anteils am Betriebsvermögen kann sich **nachträglich als unzutreffend herausstellen,** was ebenfalls eine rückwirkende Änderung des Veräußerungsgewinns nach sich zieht. Verbindlichkeiten, die der Erwerber übernommen hat und die in den vom Veräußerungspreis abzuziehenden Nettobuchwert eingeflossen sind, sind dem Nettobuchwert im Wege der rückwirkenden Änderung wieder hinzuzurechnen, wenn der Veräußerer für diese Verbindlichkeiten später in Anspruch genommen wird (BFH 19.7.1993 – GrS 1/92, BStBl. II 1993, 894). Dies hat die entsprechende Minderung des Veräußerungsgewinns zur Folge.

913 **f) Rückabwicklung.** Ein **rückwirkendes Ereignis iSd § 175 Abs. 1 S. 1 Nr. 2 AO** liegt auch dann vor, wenn ein bereits vollzogenes Rechtsgeschäft rückabgewickelt wird, sofern die Rückabwicklung aus einem Grund erfolgt, der im Kaufvertrag selbst angelegt ist. Dies kann zB wegen Anfechtung (§§ 119, 123 BGB) oder der Ausübung von Rücktrittsrechten der Fall sein, ebenso wegen Nichtigkeit des Kaufvertrages oder der Störung (früher Wegfall) der Geschäftsgrundlage, § 313 BGB (BFH 28.10.2009 – IX R 17/09, BStBl. II 2010, 539). Dem Erwerber sind in einem solchen Fall gleichwohl die Ergebnisse aus dem Gewerbebetrieb bis zum Vollzug der Rückgängigmachung zuzurechnen (BFH 17.8.1967 – IV R 80/67, BStBl. III 1968, 93).

914 **Zusätzliche Voraussetzung für die Anwendbarkeit des § 175 Abs. 1 S. 1 Nr. 2 AO** ist, dass das bereits vollzogene Rechtsgeschäft auch tatsächlich und vollständig rückabgewickelt wird (FG Münster 15.4.2015 – 13 K 2939/12 E, EFG 2015, 1242 mAnm *Kühnen*). Letzteres setzt voraus, dass sich die Parteien des Vertrages so stellen, wie sie stünden, wenn der Kaufvertrag nicht abgeschlossen worden wäre. Tun sie dies nicht, scheidet eine Korrektur nach § 175 Abs. 1 S. 1 Nr. 2 AO unabhängig von den Motiven für die nicht vollständige Rückabwicklung aus.

gesichert ist. Damit möchte der Gesetzgeber gewährleisten, dass betriebswirtschaftlich sinnvolle Umstrukturierungen bzw. Auseinandersetzungen nicht aus steuerlichen Gründen unterbleiben. Die Rechtsprechung hat den Anwendungsbereich entgegen einem ursprünglich engen Verständnis in jüngerer Vergangenheit erheblich ausgeweitet. Aufgrund der breiten Verwendung von Personengesellschaften, auch in Bezug auf **freiberufliche Sozietäten** und **Praxen** (GbR od. PartG), ist die praktische und wirtschaftliche Bedeutung dieser Regelung hoch (→ § 18 Rn. 1027).

Die § 16 Abs. 3 S. 5–8 enthalten Vorschriften zur Ermittlung des **Aufgabegewinns** und modifizieren bzw. ergänzen so § 16 Abs. 2. Zudem sind diesem Regelungsbestandteil Anhaltspunkte für die nähere Bestimmung des nicht legaldefinierten Begriffs der Betriebsaufgabe zu entnehmen. Satz 5 betrifft – parallel zu Abs. 2 Satz 3 (→ Rn. 916) und § 24 Abs. 3 Satz 3 UmwStG – eine Veräußerung von einzelnen betrieblich gewidmeten Wirtschaftsgütern in Fällen, bei denen sowohl auf Seite des Veräußerers wie auch auf Seite des Erwerbers dieselbe Person Unternehmer oder Mitunternehmer ist (sog. **Veräußerung an sich selbst**) und weist den Aufgabegewinn insoweit dem laufenden Gewinn zu, um Steuergestaltungen zu vermeiden. S. 6 erfasst die Veräußerung einzelner Wirtschaftsgüter an Dritte im Rahmen der Betriebsaufgabe. S. 7 regelt die Behandlung von Wirtschaftsgütern, die im Rahmen der Betriebsaufgabe nicht verkauft, sondern in das Privatvermögen überführt werden. S. 8 regelt die Behandlung der Betriebsaufgabe eines Gewerbebetriebs unter Beteiligung mehrerer Personen. **924**

Einstweilen frei **925–927**

2. Betriebsaufgabe (§ 16 Abs. 3 S. 1)

§ 16 Abs. 3 S. 1 stellt dem Wortlaut nach die Betriebsaufgabe der Betriebsveräußerung in den Rechtsfolgen gleich. Die steuerlichen Wirkungen sind sehr ähnlich. Die Vorschrift **bezweckt die Besteuerung der stillen Reserven** (BFH 7.10.1974 – GrS 1/73, BStBl. 1975, 168 mwN: „Totalentnahme"; BFH 7.4.1989 – III R 9/87, BStBl. II 1989, 874; BFH 18.12.1990 – VIII R 17/85, BStBl. II 1991, 512). Dies gilt unabhängig davon, ob es zu einem Liquiditätszufluss kommt (BFH 7.3.1996 – IV R 52/93, BStBl. II 1996, 41). Es handelt sich um einen **Gewinnrealisationsvorgang eigener Art** (Blümich/*Schallmoser* § 16 Rn. 450), der bei Überführung von Wirtschaftsgütern ins Privatvermögen nicht zum Teilwert (§ 6 Abs. 1 Nr. 4) sondern zum gemeinen Wert erfolgt (§ 16 Abs. 3 S. 7). Der Ansatz zum Teilwert wäre nicht gerechtfertigt, weil dieser gerade unter der Annahme der Betriebsfortführung zu ermitteln ist. **928**

Diese Behandlung ist konsequent und verfassungsrechtlich unbedenklich. Die Notwendigkeit der steuerlichen Erfassung des Totalgewinns eines Betriebs erfordert es, die Betriebsaufgabe der Betriebsveräußerung gleichzustellen. Dem steht nicht entgegen, dass dem Steuerpflichtigen anlässlich der Betriebsaufgabe keine Mittel zur Steuerzahlung zufließen. Dies ist nämlich auch bei einer Entnahme nicht der Fall, ohne dass deswegen auf die Besteuerung der stillen Reserven verzichtet wird, zumal der Betriebsaufgabegewinn steuerbegünstigt ist (BFH 7.3.1996 – IV R 53/93, BStBl. II 1996, 415; so auch HHR/*Kulosa* § 16 Rn. 500). **928.1**

Die Vorschrift stellt die Betriebsaufgabe im Wege einer **Fiktion mit Rechtsfolgenverweis** der Betriebsaufgabe gleich (kritische Auseinandersetzung mit den Begrifflichkeiten bei Frotscher/Geurts/*Kauffmann* § 16 Rn. 22 ff., 66 mwN). Betriebsveräußerung und -aufgabe lösen demnach im Grundsatz die gleichen steuerlichen Folgen aus: Es kommt zu einer Gewinnrealisierung anlässlich des insoweitigen (kritisch zu objektbezogene Betrachtung Frotscher/Geurts/*Kauffmann* § 16 Rn. 22) **Endes der betrieblichen Tätigkeit** des Unternehmers (Schlussstein der Besteuerung am Ende eines „unternehmerischen Lebens", HHR/*Geissler* § 16 Rn. 1). Die Aufdeckung der stillen Reserven ist notwendig, um dem Gebot der Gleichmäßigkeit der Besteuerung Rechnung zu tragen (Frotscher/Geurts/*Kauffmann* § 16 Rn. 2). **929**

Aufgrund der Nähe von Betriebsaufgabe und -veräußerung zueinander und den im Wesentlichen gleichen Rechtsfolgen (Versteuerung der stillen Reserven) ist in Grenzfällen eine exakte Abgrenzung idR entbehrlich. Ein Grenzfall liegt bspw. vor, wenn nur der weit überwiegende Teil der Wirtschaftsgüter einheitlich veräußert, ein kleiner Teil jedoch in das Privatvermögen übernommen wird (BFH **929.1**

27.3.1987 – III R 214/83, BFH/NV 1987, 578: Veräußerung aller Maschinen, aber Verpachtung des Betriebsgrundstücks an Erwerber der Maschinen).

930 Die Gleichbehandlung der Betriebsaufgabe mit der Betriebsveräußerung setzt den Gedanken des **Dualismus der Einkunftsarten** konsequent um. Ohne eine entsprechende Regelung würden in den Wirtschaftsgütern des Betriebs ruhende stille Reserven bei Überführung in das Privatvermögen nicht erfasst, was auch im **Vergleich zu Einzelentnahmen** nach § 4 Abs. 1 S. 2, 3 inkonsequent wäre. Der Unterschied in Bezug auf die Bewertung (§ 6 Abs. 1 Nr. 4: Teilwert; § 16 Abs. 3 S. 7: gemeiner Wert) steht dem nicht entgegen, weil für den Ansatz eines Teilwerts stets das Bestehen eines ganzen Betriebs voraussetzt (§ 6 Abs. 1 Nr. 1 S. 3).

930.1 Die Regelung, wonach die Betriebsaufgabe durch Gleichstellung mit der Betriebsveräußerung eine Besteuerung der stillen Reserven zur Folge hat, ist nach zutreffender Ansicht der Rechtsprechung und weiten Teilen der Lit. nicht konstitutiv, sondern lediglich deklaratorisch. Es handelt sich um eine Klarstellung der Rechtslage, denn die Besteuerungsfolge lässt sich schon aus den allgemeinen Gewinnermittlungsvorschriften ableiten. Der Wertung nach handelt es sich um eine Entnahme (BFH 7.10.1974 – GrS 1/72, BStBl. 1975, 168; BFH 18.5.1983 – I R 5/82, BStBl. II 1983, 771; BFH 13.12.1983 – VIII R 90/81, BStBl. II 1984, 474: Betriebsaufgabe ist Entnahmevorgang eigener Art, „Totalentnahme"; Blümich/*Schallmoser* § 16 Rn. 4; Schmidt/*Wacker* § 16 Rn. 6; → § 4 Rn. 580; differenziert Frotscher/Geurts/*Kauffmann* § 16 Rn. 10). Die Gegenansicht verlangt angesichts der Eingriffswirkung des Steuerrechts einen hinreichend konkreten gesetzlichen Tatbestand (**aA** bspw. HHR/*Geissler* § 16 Rn. 3; KSM/*Reiß* § 16 Rn. A24). Trotz guter Argumente überzeugt die Gegenansicht nicht, denn bei rechtssystematischer Betrachtung hätte der Gesetzgeber die sachliche Steuerpflicht für Aufgabegewinne nicht gesondert bestimmen müssen. Die Veräußerung der wesentlichen Betriebsgrundlagen bzw. die Überführung in das Privatvermögen sind als letzte gewerbliche Handlung nämlich noch der Ausübung der betrieblichen Tätigkeit zuzurechnen (→ Rn. 22). Unstreitig ist, dass die privilegierenden Elemente in Abs. 4 bzw. § 34 Abs. 2 Nr. 1 konstitutiven Charakter haben. Zudem hat Abs. 3 Bedeutung für die Abgrenzung zwischen laufenden Gewinnen und dem Aufgabegewinn (Kirchhof/*Seer* § 16 Rn. 8).

931 Der Besteuerungszugriff aufgrund § 16 Abs. 3 S. 1 erfolgt bei der Person, welche die stillen Reserven erwirtschaftet hat. Darin kommt das **Subjektsteuerprinzip** zum Ausdruck. Eine Möglichkeit zur **Durchbrechung des Subjektsteuerprinzips** eröffnen abweichend davon die **Vorschriften der Realteilung** (S. 2–4). Sie ermöglichen ein Überspringen der stillen Reserven. Zur Aufdeckung der stillen Reserven kommt es auch für unentgeltliche Weitergaben einzelner Wirtschaftsgüter im Rahmen der Betriebsaufgabe, denn § 6 Abs. 3 setzt die Übertragung einer qualifizierten Sachgesamtheit voraus. § 16 Abs. 3 verlangt konträr dazu jedoch grds. die **Zerschlagung des Betriebs bzw. des Teilbetriebs.** § 16 Abs. 3 verwirklicht so das Subjektsteuerprinzip, welches in diesem Zusammenhang bei zT auftretenden Konflikten mit dem Realisationsprinzip (zB bei der Überführung von Wirtschaftsgütern in das Privatvermögen) Vorrang genießt (instruktiv Kirchhof/*Seer* § 16 Rn. 9; zur Rechtfertigung HHR/*Kulosa* § 16 Rn. 500, *Danz* Subjektsteuerprinzip, 171 f.).

932 Die Vorschrift erfasst zulasten des Steuerpflichtigen durch Ermittlung eines Aufgabegewinns die stillen Reserven, ordnet aber gleichzeitig unter weiteren Voraussetzungen eine **Privilegierung** durch einen besonderen Freibetrag und einen ermäßigten Steuersatz (§ 34 Abs. 2 Nr. 1, → § 34 Rn. 103) an. Dies dient wie bei der Betriebsveräußerung nach Abs. 1 sozialen Zwecken (Altersvorsorge, § 16 Abs. 4) und der Abmilderung von Härten, die der progressive Steuersatz bei der zusammengeballten Aufdeckung aller stiller Reserven verursacht (BFH 18.10.1999 – GrS 2/98, BStBl. II 2000, 123). Insbesondere der letzte Regelungszweck hat für die Auslegung der Vorschrift große Bedeutung.

933 Der Aufgabegewinn unterliegt wie der **Veräußerungsgewinn** grds. nicht der **Gewerbesteuer,** wenn er auf eine natürliche Person entfällt. Die Gewerbesteuer erfasst nämlich nur die durch den laufenden Betrieb anfallenden Gewinne. Im Falle der Betriebsveräußerung fehlt jedoch der aufgrund des Objektsteuercharakters der Gewerbesteuer erforderliche Anknüpfungspunkt des „lebenden" Betriebs (HHR/*Kulosa* § 16 Rn. 501, detailliert HHR/*Geissler* § 16 Rn. 40). Dies gilt – neben anderen Ausnahmen – nicht für Betriebsveräußerungen von Kapitalgesellschaften (§ 8 Abs. 2 KStG) sowie für Aufgabegewinne von Mitunternehmerschaften, die nicht auf natürliche Personen als unmittelbar beteiligte Mitunternehmer entfallen (§ 7 Abs. 1 S. 2 GewStG, dazu *Neu* DStR 2008, 1078 (1081), → Rn. 95). Aufgabegewinne und -verluste, die nicht der Gewerbesteuer unterliegen, müssen also bei der Ermittlung des Gewerbeertrags aus dem Gewinn aus Gewerbebetrieb, wie er für Zwecke der Einkommen- und Körperschaftsteuer ermittelt wird (§ 7 S. 1 GewStG), ausgeschieden werden.

Gem. § 4h Abs. 5 S. 1 geht ein **Zinsvortrag** mit der Betriebsaufgabe unter. Kommt es zu einer Übernahme von Wirtschaftsgütern ins Privatvermögen, gelten diese im Übernahmezeitpunkt für Zwecke des § 23 als angeschafft (§ 23 Abs. 1 S. 2). 934

a) Begriff und Erscheinungsformen der Betriebsaufgabe. Das EStG definiert den Begriff der Betriebsaufgabe nicht. Die **Begriffsbestimmung** ist also im Wege der Auslegung vorzunehmen (BFH 10.2.1972 – I R 205/66, 455; BStBl. II 1972, BFH 7.10.1974 – GrS 1/73, BStBl. II 1975, 168). Die Regeln zur Ermittlung des Aufgabegewinns in § 16 Abs. 3 S. 6–8 geben dazu **Anhaltspunkte.** Sie betreffen den Ansatz von Werten einzelner Wirtschaftsgüter, die veräußert (S. 5, 6) oder in das Privatvermögen (S. 7) überführt werden. Dies zeigt, dass der Gesetzgeber eine Zerlegung bzw. Zerschlagung des Betriebs durch Veräußerung oder Überführung ins Privatvermögen „einzelne[r] dem Betrieb gewidmete[r] Wirtschaftsgüter" (S. 5, 6) vor Augen hatte. **Im Unterschied zur Betriebsveräußerung** oder der unentgeltlichen Übertragung besteht der Betrieb nach einer Betriebsaufgabe als Organismus des Wirtschaftslebens nicht weiter fort (Einkunftsquellenzerschlagungstheorie). 935

Nach dem Verständnis der Rechtsprechung handelt es sich bei der Betriebsaufgabe um eine **Sonderform der Entnahme** (BFH 7.10.1974 – GrS 1/73, BStBl. II 1975, 168; BFH 13.12.1983 – VIII R 90/81, BStBl. II 1984, 474; BFH 19.5.2005 – IV R 17/02, BStBl. II 2005, 637). Dies ist missverständlich, weil hinsichtlich der Rechtsfolgen eine Gleichstellung nicht in jeder Hinsicht erfolgt (HHR/*Kulosa* § 16 Rn. 500; LBP/*Rapp* § 16 Rn. 64; BFH 21.5.1992 – X R 77-78/90 ua, BFH/NV, 1992, 659: „Die Überführung von Wirtschaftsgütern in das Privatvermögen im Zuge einer Betriebsaufgabe kann nicht in jeder Beziehung einer Entnahme gleichgesetzt werden."). Dies gilt bspw. hinsichtlich der Anwendung von § 6b (BFH 6.12.1972 – I R 182/70, BStBl. II 1973, 291) und dem Teilwertansatz bei Entnahmen (§ 6 Abs. 1 Nr. 4) gegenüber dem Ansatz zum gemeinen Wert bei Überführung ins Privatvermögen (§ 16 Abs. 3 S. 7). Weniger missverständlich ist es daher, die **Betriebsaufgabe als Gewinnrealisierungsvorgang eigener Art** aufzufassen (Blümich/*Schallmoser* § 16 Rn. 450). 936

Auf dieser Grundlage hat die Rechtsprechung eine **Formel** entwickelt, um die Wendung „Aufgabe des Gewerbebetriebs" für die Praxis handhabbar zu machen. Nach der Formel der Rechtsprechung – die auch die Verwaltung anwendet (EStR 16 Abs. 2) – liegt eine Betriebsaufgabe vor, wenn aufgrund eines Entschlusses, den Betrieb aufzugeben, die bisher in diesem Betrieb entfaltete Tätigkeit endgültig eingestellt wird und alle wesentlichen Betriebsgrundlagen in einem einheitlichen Vorgang entweder insgesamt in das Privatvermögen überführt, anderen betriebsfremden Zwecken zugeführt, an verschiedene Erwerber veräußert oder teilweise veräußert, teilweise in das Privatvermögen überführt werden sodass **der Betrieb als selbständiger Organismus des Wirtschaftslebens zu bestehen** aufhört (BFH 16.12.1992 – X R 52/90, BStBl. II 838; ähnlich BFH 23.6.1977 – IV R 81/73, BStBl. II 1977, 721; BFH 25.6.1970 – IV 250/64, BStBl. II 1970, 719; BFH 30.3.2006 – IV R 31/03, BStBl. II 2006, 652; BFH 17.7.2007 – X R 40/07, BStBl. II 2009, 43). 937

Diese Formel handhabt die Rechtsprechung nicht als Definition im engeren Sinne. Vielmehr scheint sie die Umschreibung als **Typusbegriff** zu verstehen. Dies hat zur Folge, dass die Merkmale von Fall zu Fall unterschiedlich gewichtet und zum Teil mit Ausnahme der Anforderung eines einheitlichen Vorgangs im Einzelfall sogar für verzichtbar gehalten werden (HHR/*Kulosa* § 16 Rn. 505, zurückhaltender LBP/*Rapp* § 16 Rn. 64; iE ähnlich auch Frotscher/Geurts/*Kauffmann* § 16 Rn. 66). 937.1

Ein Typusbegriff kann nicht durch eine abschließende Zahl von stets erforderlichen Merkmalen definiert werden. Im Gegensatz zu abstrakt-deskriptiven Begriffen umschreiben Typusbegriffe das Begriffsobjekt nicht durch eine Reihe unabdingbarer Merkmale, unter die zu subsumieren ist. Diejenigen Merkmale, welche für die rechtliche Erfassung des Typus als charakteristisch erachtet werden, werden anhand empirischer Kriterien oder der Verkehrsauffassung bestimmt. Die Merkmale können im Einzelfall stärker oder schwächer ausgeprägt sein. Maßgeblich ist, ob im Rahmen einer Gesamtschau 937.2

die typischen Merkmale in solcher Zahl und Stärke vorhanden sind, dass der Sachverhalt dem Typus entspricht (BFH 28.10.2008 – VII R 32/07, BFH/NV 2009, 355; Tipke/Lang StR/*Englisch* § 5 Rn. 53 mwN).

938 **Typischer Anwendungsfall** der Betriebsaufgabe ist die **Auflösung bzw. Zerschlagung des Betriebs,** wenn also der Gewerbebetrieb als selbständiger Organismus des Wirtschaftslebens nicht weiter fortbesteht (BFH 23.6.1988 – IV R 81/73, BStBl. II 1977, 721; BFH 29.11.1988 – VIII R 316/82, BStBl. II 1989, 602; BFH 10.2.1994 – IV R 37/92, BStBl. II 1994, 564). Demnach liegt eine Betriebsaufgabe insbesondere in den folgenden Fällen vor (vgl. auch Blümich/*Schallmoser* § 16 Rn. 451; Kirchhoff/*Seer* § 16 Rn. 178; Bsp. auch bei HHR/*Kulosa* § 16 Rn. 515):

- Einstellung der betrieblichen Tätigkeit ohne Veräußerung der wesentlichen Betriebsgrundlagen unter Übernahme der Wirtschaftsgüter in das Privatvermögen;
- Übernahme der wesentlichen Betriebsgrundlagen in das Privatvermögen oder Veräußerung an verschiedene Erwerber in einem einheitlichen Vorgang (BFH 8.9.1976 – I R 99/75, BStBl. II 1977, 66; BFH 26.4.2001 – IV R 14/00, BStBl. II 2001, 798); Veräußerung an einen Erwerber, aber nicht als fortführende organisatorische Einheit mit bisherigem Tätigkeitsbereich;
- Teilweise Veräußerung und teilweise Überführung in das Privatvermögen bzw. Verwendung für andere betriebsfremde Zwecke (BFH 24.3.1987 – I R 202/83, BStBl. II 1987, 705; BFH 19.5.2005 – IV R 17/02, BStBl. II 2005, 637);
- Verdeckte Einlage eines Betriebs in eine Kapitalgesellschaft (BFH 18.12.1990 – VIII R 17/95, BStBl. II 1991, 512);
- Übertragung des Betriebs im Wege der verschleierten Sacheinlage, dh Verrechnung von Kaufpreis und Einlageanspruch (BFH 1.7.1992 – I R 5/92, BStBl. II 1993, BMF 11.11.2011, BStBl. I 2011 Rn. 20.10);
- Ausscheiden eines Mitunternehmers gegen Sachwertabfindung (Teilbetrieb oder Einzelwirtschaftsgüter) aus einer Mitunternehmerschaft, was von der Rechtsprechung als Aufgabe des Mitunternehmeranteils angesehen wird, auf welche die Regelungen der Realteilung anzuwenden sind (BFH 17.9.2015 – III R 49/13, BStBl. II 2017, 37; BFH 30.3.2017 – IV R 11/15, BStBl. II 2019, 29).

939 Eine Betriebsaufgabe liegt auch vor, wenn der betriebliche Organismus als solcher zwar bestehen bleibt, aber die **Qualifikation der Wirtschaftsgüter als Betriebsvermögen anderweitig endet** und damit die Erfassung der stillen Reserven nicht mehr gewährleistet ist (Blümich/*Schallmoser* § 16 Rn. 452). Dies liegt bspw. in folgenden Fällen vor:

- **Wegfall der Voraussetzungen der Betriebsaufspaltung** unabhängig davon, ob die Voraussetzung der sachlichen oder die der personellen Verflechtung entfällt (BFH 15.12.1988 – IV R 36/84, BStBl. II 1989, 363; BFH 25.8.1995 – XI R 6/93, BStBl. II 1994, 23; BFH 23.4.1996 – VIII R 13/95, BStBl. 1998, 325; BFH 24.8.2006 – IX R 52/04, BStBl. II 2007, 165);
- Ende der **gewerblichen Prägung** einer vermögensverwaltenden (ausländischen) Personengesellschaft nach § 15 Abs. 3 Nr. 2 (BFH 14.3.2007 – XI R 15/05, BStBl. II 2007, 924);
- Ausgliederung eines landwirtschaftlichen Betriebs aus einer gewerblichen Mitunternehmerschaft (BFH 14.4.1967 – VI 9/65, BStBl. III 1967, 391; BFH 9.2.1972 – I R 205/66, BStBl. II 1972, 455).

940 Die **unentgeltliche Übertragung** eines Betriebs (insb. im Wege der vorweggenommenen Erbfolge) ist keine Betriebsaufgabe mit den Rechtsfolgen nach § 16 Abs. 3. § 6 Abs. 3 ordnet die Fortführung der Buchwerte an.

941 Auch der Tod des Betriebsinhabers führt nicht zur Betriebsaufgabe. Dies ist vielmehr nur dann der Fall, wenn die Erben in eigener Person die Voraussetzungen der Betriebsaufgabe erfüllen, also den Betrieb zerschlagen (etwa durch Verteilung der Wirtschaftsgüter unter den Erben). Die Privilegierungsvorschriften können sie dabei nutzen.

942 Die Betriebsaufgabe ist abzugrenzen von der allmählichen Betriebsabwicklung (→ Rn. 998), der Betriebsunterbrechung iSv Abs. 3b (→ Rn. 1114), der Betriebsverlagerung (→ Rn. 960.1), der Änderung des Unternehmensgegenstands (→ Rn. 958) und der unentgeltlichen Übertragung eines Betriebs, welche nach Maßgabe des § 6 Abs. 3 zu Buchwerten stattfinden muss (→ § 6 Rn. 2666).

Auch im Zuge der **Umstrukturierung von Unternehmen** kann es zu Betriebsaufgaben kommen. Einbringungen von Betrieben, Teilbetrieben sowie Mitunternehmeranteilen gegen Gewährung von Gesellschaftsrechten im Wege einer **offenen Einlage** sind als tauschähnliche Vorgänge Betriebveräußerungen (BFH 28.4.2016 – I R 33/14, BStBl. II 2016, 913), deren Rechtsfolgen sich nach §§ 20 ff. UmwStG bestimmen. § 20 UmwStG verlangt jedoch die Einbringung aller wesentlichen Betriebsgrundlagen des (Sonder-) Betriebsvermögens. Wird diese Voraussetzung nicht erfüllt, ist § 20 nicht anwendbar; der Vorgang wird als Übertragung der einzelnen Wirtschaftsgüter behandelt (sofern nicht die eingebrachten Wirtschaftsgüter einen Teilbetrieb darstellen) und kann die Voraussetzungen einer Betriebsaufgabe erfüllen (SHS/*Schmitt* UmwStG § 20 Rn. 75; Schmidt/*Wacker* § 16 Rn. 200). Wird ein Betrieb, Teilbetrieb oder Mitunternehmeranteil im Wege einer **verdeckten Einlage** – dh ohne Gewährung von Gesellschaftsrechten – eingebracht, liegt eine Betriebsaufgabe vor (→ Rn. 938; Schmidt/*Wacker* § 16 Rn. 201). Bei Einbringen in Personengesellschaften erfordert § 24 UmwStG, dass sämtliche wesentliche Betriebsgrundlagen gegen die Gewährung von Gesellschaftsrechten übertragen werden. Umstritten ist, wie der Begriff der wesentlichen Betriebsgrundlage im Rahmen von §§ 20 ff. UmwStG zu verstehen ist (zum Begriff im Rahmen von § 16 → Rn. 397). Meines Erachtens kommt es in §§ 20 ff. nur auf eine funktionale, nicht aber auf eine quantitative Betrachtung an. Dies folgt aus dem anderen Normzweck, betriebswirtschaftlich sinnvolle Umstrukturierungen zu ermöglichen. 943

b) Voraussetzungen der Betriebsaufgabe. Ausgehend von der Formel der Rechtsprechung – verstanden als Typusbegriff – sind grundsätzlich folgende Elemente Voraussetzungen einer Betriebsaufgabe im Rahmen des § 16 Abs. 3 S. 1 sein: 944

- **Tauglicher Aufgabegegenstand** können Betriebe, Teilbetriebe, das gesamte Nennkapital umfassende Beteiligungen an Kapitalgesellschaften (im Betriebsvermögen), gesamte Anteile an Mitunternehmerschaften und gesamte Anteile von persönlich haftenden Gesellschaftern einer Kommanditgesellschaft auf Aktien sein.
- **Beendigung des Betriebs** bedeutet, dass der Betrieb als wirtschaftlicher Organismus nicht weiter fortbesteht, er also grundsätzlich zerschlagen wird. An diesem Merkmal erfolgt die Abgrenzung zur begünstigten Aufgabe des Betriebs mit anschließender Neueröffnung gegen die Fortsetzung bzw. Verlegung des Betriebs.
- Eine **Aufgabehandlung** (bzw. **Aufgabeerklärung,** § 16 Abs. 3b) des Steuerpflichtigen muss zur Betriebsbeendigung führen. Sie besteht in der Veräußerung und/oder Überführung in das Privatvermögen der wesentlichen Betriebsgrundlagen. In Ausnahmefällen sind auch aufgrund des Einwirkens außersteuerlicher Normen die Aufgabehandlung **subsituierende Rechtsvorgänge** anerkannt, insb. der Wegfall einer gewerblichen Prägung gem. § 15 Abs. 3 Nr. 2 (→ § 15 Rn. 2333), der Wegfall der Voraussetzungen einer Betriebsaufspaltung (→ § 15 Rn. 1106) oder im Zusammenhang mit Abs. 3a die sog. „passive Entstrickung" (→ Rn. 1106, BMF 26.10.2018, DStR 2018, 2339; zurecht kritisch dazu etwa *Kessler/Spychalski* IStR 2019, 193). Es handelt sich hier um **Sonderformen** der Betriebsaufgabe.
- Subjektiv ist Voraussetzung der Betriebsaufgabe ein **Aufgabewille** des Steuerpflichtigen. Liegen die objektiven Merkmale vor, wird aufgrund dieser auf den Betriebsaufgabewillen geschlossen. In nicht eindeutigen Fällen verlangt die Rechtsprechung hingegen eine eindeutige **Aufgabeerklärung.**
- Das Resultat muss die **zusammengeballte Realisierung der stillen Reserven** sein. Die Rechtsprechung verlangt einen einheitlichen Vorgang und prüft dieses Merkmal – unter Berücksichtigung der Umstände des Einzelfalls – in erster Linie zeitlich.

aa) Tauglicher Aufgabegegenstand. § 16 Abs. 3 S. 1 Alt. 1 benennt als tauglichen Aufgabegegenstand explizit, also als gesetzlichen Normalfall, den **Gewerbebetrieb.** Der Begriff hat die gleiche Bedeutung wie in Abs. 1, ist also das gewerbliche Unternehmen iSd § 15 Abs. 1 Nr. 1 (→ Rn. 380). Entsprechend einer Betriebsveräußerung müssen alle **wesentlichen Betriebsgrundlagen** im Sinne einer funktional-quantitativen Betrachtungsweise in den Aufgabevorgang einbezogen sein (→ Rn. 396). Abs. 3 gilt neben gewerblichen Betrieben auch für land- und fortwirtschaftliche Betriebe (§ 14 S. 2, → § 14 Rn. 57) und für Vermögen, welche selbständiger Arbeit dienen (§ 18 Abs. 3 S. 2 → § 18 Rn. 941). Die Vorschrift gilt auch für die Aufgabe des Betriebs- oder Teilbetriebs einer Mitunternehmer- 945 schaft insb. durch Liquidation vorbehaltlich der Sonderregeln über die Realteilung (S. 2–4). Die Sonderregeln greifen ein, wenn den Mitunternehmern Teilbetriebe, Mitunternehmeranteile oder einzelne Wirtschaftsgüter zugewiesen werden. Davon zu unterscheiden ist die Aufgabe des Mitunternehmeranteils selbst (→ Rn. 953).

945.1 Der Aufgabegegenstand wird objektbezogen bestimmt. Jeder Betrieb ist gesondert zu betrachten (BFH 30.3.2006 – IV R 31/03, BStBl. II 2006, 652). Ob mehrere selbständige Gewerbebetriebe nebeneinander bestehen oder ob ein einheitlicher Gewerbebetrieb besteht, muss anhand der Umstände des Einzelfalls nach dem äußeren Erscheinungsbild aufgrund der Verkehrsanschauung beurteilt werden. Personen- und Kapitalgesellschaften können dagegen nicht gleichzeitig mehrere Gewerbebetriebe unterhalten (HHR/*Geissler § 16* Rn. 156; Frotscher/Geurts/*Kauffmann* § 16 Rn. 101a).

945.2 Geht der Steuerpflichtige irrtümlich vom Vorliegen eines Gewerbebetriebs aus, kommt keine Betriebsaufgabe in Betracht. Stattdessen hat dies schlicht den Nichtansatz von Einkünften aus Gewerbebetrieb zur Folge; der Wandel der Beurteilung hat keine (Zwangs-)Betriebsaufgabe zur Folge (BMF 18.7.2000, BStBl. 2000, 1198).

946 Nicht explizit aus dem Gesetz ergibt sich, ob Abs. 3 wie Abs. 1 Nr. 1 Fall 2 ebenfalls **Teilbetriebe** und diesen durch Abs. 1 Nr. 1 S. 2 gleichgestellte das gesamte Nennkapital umfassende Kapitalgesellschaftsbeteiligungen (**qualifizierte Kapitalgesellschaftsbeteiligung**) erfasst. Die allgemeine Auffassung verstand allerdings ausgehend von der Rechtsprechung des RFH (14.9.1938 – VI 572/38 und 574/38, RStBl. 1939, 87) die bis 1998 geltende Fassung des Abs. 3 S. 1 als **Globalverweis** auf Abs. 1 und/oder wandte die Vorschrift jedenfalls analog auch auf Teilbetriebe und qualifizierte Kapitalgesellschaftsbeteiligungen an (BFH 20.8.1964 – IV 40/62 U, BStBl. III 1964, 504; BFH 28.10.1964 – IV 102/64 U, BStBl. III 1965, 88; BFH 21.6.2001 – III R 27/98, BStBl. II 2002, 537).

946.1 Die durch das **Steuerentlastungsgesetz 1999/2000/2002** (BGBl. 1999 I 402) geänderte Fassung hatte den Wortlaut: „Als Veräußerung gilt auch die Aufgabe des Gewerbebetriebs". Mit Wirkung für den VZ 1999 hat der Gesetzgeber dem „sowie eines Anteils im Sinne des Absatzes 1 Satz 1 Nummer 2 und 3" angefügt. Damit bezweckte der Gesetzgeber aber keine Änderung des sachlichen Anwendungsbereichs des Abs. 3 S. 1 in Bezug auf Teilbetriebe oder qualifizierte Kapitalgesellschaftsbeteiligungen. Insbesondere die Gesetzgebungsmaterialien verhalten sich nicht zu dieser Frage (BT-Drs. 14/23, 178), was aber anderenfalls angesichts der gefestigten und langjährigen Rechtsprechung zu erwarten gewesen wäre. Vielmehr beabsichtigte der Gesetzgeber, einen Anknüpfungspunkt für die in S. 2 angefügte Regelung zur Realteilung zu schaffen. Er wollte nicht Teilbetriebe und qualifizierte Kapitalgesellschaftsbeteiligungen vom Anwendungsbereich des Abs. 3 S. 1 ausnehmen (HHR/*Kulosa* § 16 Rn. 58; Frotscher/Geurts/*Kauffmann* § 16 Rn. 99; Blümich/*Schallmoser* § 16 Rn. 456; Schmidt/*Wacker* § 16 Rn. 205; EStR 16 Abs. 3).

947 Die Anwendung des Abs. 3 auch auf den Teilbetrieb ist **zutreffend** und **gerechtfertigt,** weil es auch in diesem Rahmen wie auch bei der Teilbetriebsveräußerung iSv Abs. 1 Nr. 1 Fall 2 zu einer zusammengeballten Realisierung von stillen Reserven kommt. Es ist kein Grund ersichtlich, bei der Betriebsaufgabe im Unterschied zur Betriebsveräußerung zwischen Gewerbebetrieben und Teilbetrieben zu differenzieren. Vor dem Hintergrund der privilegierenden Wirkung der Regelung (Anwendung des Abs. 4 und des § 34 Abs. 2 Nr. 1) ist eine analoge Anwendung verfassungsrechtlich geboten..

947.1 **Teilbetrieb** iSd Abs. 3 ist wie im Rahmen des Abs. 1 ein organisch geschlossener, mit einer gewissen Selbständigkeit ausgestatteter Teil des Gesamtbetriebs, der für sich betrachtet alle Merkmale eines Betriebs aufweist und als solcher für sich lebensfähig ist (BFH 13.2.1996 – VIII R 39/92, BStBl. II 1996, → Rn. 386). Ob eine Teilbetriebsaufgabe vorliegt, ist anhand derselben Kriterien wie bei der Betriebsaufgabe zu beurteilen. Sie liegt vor, wenn der Steuerpflichtige die bisher in diesem Teilbetrieb entfaltete Tätigkeit endgültig einstellt und sämtliche wesentlichen Betriebsgrundlagen in einem einheitlichen Vorgang insgesamt innerhalb kurzer Zeit an verschiedene Erwerber veräußert oder in das Privatvermögen überführt (BFH 21.6.2001 – III R 27/98, BStBl. II 2002, 537; BFH 20.1.2005 – IV R 14/03, BStBl. II 2005, 395; BFH 8.2.2007 – IV R 65/01, BStBl. II 2009, 699). Es steht allerdings einer tarifbegünstigten Teilbetriebsaufgabe nicht im Wege, wenn die Wirtschaftsgüter mit Ausnahme der wesentlichen Betriebsgrundlagen ohne Aufdeckung der stillen Reserven in den Hauptbetrieb überführt werden (Blümich/*Schallmoser* § 16 Rn. 457). Anderenfalls fehlt es an der zusammengeballten Aufdeckung der stillen Reserven.

Als Aufgabegegenstand kommen auch im **Aufbau befindliche Teilbetriebe** in Betracht, ohne dass eine werbende Tätigkeit bereits aufgenommen sein musste. Erforderlich ist aber, dass die wesentlichen Betriebsgrundlagen bereits vorhanden sind und bei zielgerichteter Weiterverfolgung des Aufbauplanes ein selbständiger lebensfähiger Organismus zu erwarten gewesen wäre (BFH 1.2.1989 – VIII R 33/85, BStBl. II 1989, 458 für die Betriebsveräußerung). **947.2**

Eine Teilbetriebsaufgabe liegt entsprechend dieser Grundsätze nicht vor, wenn wesentliche Grundlagen des Teilbetriebs (teilweise) nicht mitveräußert werden (BFH 19.7.1984 – IV R 142/83; BFH/NV 1986, 147; BFH 26.10.1989 – IV R 25/88, BStBl. II 1990, 373; BFH 21.6.2001 – III R 27/98, BStBl. II 2002, 537). Dies gilt auch, wenn zwar wesentliche Grundlagen des Teilbetriebs veräußert bzw. in das Privatvermögen überführt werden, jedoch andere Wirtschaftsgüter mit erheblichen stillen Reserven zum Buchwert in den Hauptbetrieb übernommen werden (BFH 28.10.1964 – IV 102/64 U, BStBl. III 1965, 88). **947.3**

Führt die Teilbetriebsaufgabe bei einer Personengesellschaft dazu, dass sie nicht weiter gewerblich tätig bzw. infiziert ist (§ 15 Abs. 3 Nr. 1), sodass sie vermögensverwaltend tätig ist, und liegen auch die Voraussetzungen der gewerblichen Prägung nach § 15 Abs. 3 Nr. 2 nicht vor, führt die Teilbetriebseinstellung zu einer Betriebsaufgabe (Blümich/*Schallmoser* § 16 Rn. 459; HHR/*Kulosa* § 16 Rn. 510). Im Übrigen ist jedoch die Aufgabe eines Teilbetriebs einer Mitunternehmerschaft ebenso zu behandeln wie bei einem Einzelunternehmer. Zu unterscheiden ist die Konstellation von der Aufgabe des Mitunternehmeranteils. **948**

Die Entnahme einer **das gesamte Nennkapital umfassenden Beteiligung an einer Kapitalgesellschaft** ist in analoger Anwendung von Abs. 1 Nr. 1 Satz 2, Abs. 3 wie die Aufgabe eines Teilbetriebs zu behandeln (BFH 24.6.1982 – IV R 151/79, BStBl. II 1982, 751; BFH 15.9.1988 – IV R 75/87, BStBl. II 1991, 624; BFH 19.4.1994 – VIII R 2/93, BStBl. II 1995, 705). Dies gilt nach der **Gesetzesänderung** durch das StEntlG 1999 v. 24.3.1999 (BGBl. 1999 I 402) unverändert fort (HHR/*Kulosa* § 16 Rn. 509; Frotscher/Geurts/*Kauffmann* § 16 Rn. 99; Blümich/*Schallmoser* § 16 Rn. 458; EStR Abs. 3 S. 6). Dies ist zutreffend, weil eine solche Beteiligung – nach wie vor – wirtschaftlich einem Teilbetrieb entspricht oder noch selbständiger ist (Frotscher/Geurts/*Kauffmann* § 16 Rn. 120). Die Voraussetzungen eines Teilbetriebs gelten aufgrund der Fiktion erfüllt. Eine gesonderte Prüfung ist nicht vorzunehmen. Voraussetzung ist, dass die **qualifizierte Beteiligung vollständig Teil eines (Sonder-)Betriebsvermögens** ist. Dabei hat es keine Bedeutung, ob die betreffende Beteiligung Teil des Betriebsvermögens eines Einzelunternehmens, einer Personengesellschaft oder eines Körperschaftsteuersubjekts ist. Ebenfalls unerheblich ist, ob die im Gesamthandvermögen einer Personengesellschaft gehaltene Beteiligung auf einen oder mehrere Gesellschafter übertragen wird. In diesem Fällen ist die Überführung der qualifizierten Beteiligung in das Privatvermögen (BFH 24.6.1982 – IV R 151/79, BStBl. II 1982, 751; BFH 18.12.1990 – VIII R 17/85, BStBl. II 1991, 512) und auch die verdeckte Einlage der Beteiligung in das Betriebsvermögen einer ebenfalls im Betriebsvermögen befindlichen Kapitalgesellschaft (BFH 20.1.2005 – X R 22/02, BStBl. 2006, 457) ebenfalls eine Teilbetriebsaufgabe. **949**

Das 100%-Erfordernis kann sich auch durch Zusammenrechnen von Gesamthandvermögen der Personengesellschaft und Sonderbetriebsvermögen eines Mitunternehmers ergeben (BFH 19.4.1994 – VII R 2/93, BStBl. II 1995, 705). § 17 erfasst demgegenüber im Privatvermögen gehaltene Beteiligungen. Ist die Beteiligung **teilweise Privatvermögen,** kann die Anwendbarkeit des § 16 Abs. 3 nur durch insoweitige Einlage in das Betriebsvermögen erreicht werden; diese ist grds. zu Anschaffungskosten möglich (§ 6 Abs. 1 S. 1 Nr. 5 Buchst. b), wenn im Privatvermögen 1% oder mehr vorhanden sind (→ § 6 Rn. 2282). Demzufolge ist eine parallele Anwendung von § 16 Abs. 3 S. 1 und § 17 Abs. 1 S. 1 nicht möglich. Wegen § 6 Abs. 1 Nr. 5 Buchst. b werden die stillen Reserven dann im betrieblichen Bereich realisiert. **950**

Typischer Fall der Teilbetriebsaufgabe einer qualifizierten Kapitalgesellschaftsbeteiligung ist die Entnahme der qualifizierten Beteiligung in das Privatvermögen (BFH 24.6.1982 – IV R 152/79, BStBl. II 1982, 751; EStH 16 Abs. 3 „Entnahme einer Beteiligung"). Dies kann sich insb. in Folge des Entfallens der Voraussetzungen einer Betriebsaufspaltung ergeben. Im Unterschied zu sonstigen Entnahmen können dann diese also nach Maßgabe des Abs. 4, nicht aber nach § 34 begünstigt sein. **951**

951.1 Nach § 3 Nr. 40 S. 1 Buchst. b S. 2 wird seit 2009 das Teileinkünfteverfahren statt der Tarifbegünstigung des § 34 angewendet (zuvor seit 2002 Halbeinkünfteverfahren). Erfolgt die Entnahme der Beteiligung nicht im Rahmen der Aufgabe des Gewerbebetriebs (beachte aber § 7 S. 2 GewStG), ist der Aufgabegewinn gewerbesteuerpflichtig.

952 § 16 Abs. 3 S. 1 erfasst auch die **Aufgabe des Betriebs- und Teilbetriebs einer Mitunternehmerschaft,** insbesondere in Fällen der Liquidation (§§ 730 ff. BGB, 145 ff. HGB). Diese wird entsprechend der Aufgabe durch den Einzelunternehmer behandelt (HHR/*Kulosa* § 16 Rn. 510). Erfolgt diese Aufgabe im Wege der Naturalteilung, sind die Sonderregeln bezüglich der Realteilung in § 16 Abs. 3 S. 2–4 zu prüfen.

952.1 Die Aufgabe des Betriebs einer Mitunternehmerschaft kann auch auf dem Entfallen der Voraussetzungen der sog. Abfärberegelung des § 15 Abs. 3 Nr. 2 beruhen. Entfällt die gewerbliche Tätigkeit der Mitunternehmerschaft und verbleibt der vermögensverwaltende Teil, hat dies auch insoweit eine zwingende Betriebsaufgabe zur Folge. Die Umqualifizierung der Einkünfte in gewerbliche kann nicht mehr auf § 15 Abs. 3 Nr. 2 gestützt werden (BFH 16.11.1967 – IV R 8/67, BStBl. II 1968, 78). Dieses Ergebnis kann jedoch unter vorheriger Beteiligung einer Kapitalgesellschaft nach Maßgabe von § 15 Abs. 3 Nr. 1 vermieden werden.

953 Davon zu trennen ist die **Aufgabe eines Mitunternehmer- oder KGaA-Anteils** (Abs. 3 S. 1 iVm Abs. 1 S. 1 Nr. 2). Auch hier gibt es eine weitreichende Parallelität zu § 16 Abs. 1 S. 1 Nr. 2 und Nr. 3. Erforderlich ist insbesondere, dass der **gesamte Anteil** aufgegeben wird und das in den Aufgabevorgang alle wesentlichen Betriebsgrundlagen – auch solche des Sonderbetriebsvermögens – einbezogen werden. Die Aufgabe eines Mitunternehmeranteils liegt insb. in folgenden Fällen vor (zahlreiche Beispiele bei HHR/*Kulosa* § 16 Rn. 507):

- Veräußerung oder unentgeltliche Übertragung des Anteils am Gesamthandsvermögen an einen Dritten unter gleichzeitiger Überführung einer wesentlichen Betriebsgrundlage des Sonderbetriebsvermögens in das Privatvermögen (BFH 31.8.2995 – VIII B 21/93, BStBl. II 1995, 890; BFH 24.8.2000 – VI R 51/98, BStBl. II 2005, 173).
- Veräußerung des Anteils am Gesamthandsvermögen und unentgeltliche Übertragung wesentlicher Betriebsgrundlagen des Sonderbetriebsvermögens an einen anderen Erwerber.
- Aufteilung des Mitunternehmeranteils und Veräußerung an verschiedene Erwerber, wenn der Mitunternehmer keinen Restanteil zurückbehalt (BFH 10.5.2007 – IV R 69/04, BStBl. II 2010, 973).
- Aufteilung des Mitunternehmeranteils und unentgeltliche Übertragung auf verschiedene Personen, die ihrerseits nicht Mitunternehmer werden (BFH 15.7.1986 – VIII R 154/85, BStBl. II 1986, 896).

954 Soll bei unentgeltlichen Übertragungen von Mitunternehmeranteilen die Buchwertprivilegierung nach Maßgabe von § 6 Abs. 3 (→ § 6 Rn. 2666) in Anspruch genommen werden, versäumt der Steuerpflichtige jedoch die Übertragung von (bisher unerkanntem) Sonderbetriebsvermögen, kommt es also grds. zu einer Betriebsaufgabe (→ § 6 Rn. 2700). Diese Gefahr besteht insbesondere, wenn der Mitunternehmer Gesellschafter einer Kapitalgesellschaft ist und diese zu der Mitunternehmerschaft intensive Geschäftsbeziehungen unterhält. Indes ist zu beachten, dass für die Qualifikation einer Kapitalgesellschaft, die nicht gesellschaftsrechtlich an der Mitunternehmerschaft beteiligt ist, hohe Hürden bestehen. Intensive Geschäftsbeziehungen reichen nicht aus. Der Mitunternehmer muss die Kapitalgesellschaft vielmehr in den Dienst der Mitunternehmerschaft stellen (→ § 15 Rn. 1732). Dieses Merkmal ist indes in höchstem Maße unbestimmt, sodass in Zweifelsfällen eine verbindliche Auskunft eingeholt werden sollte.

955 **bb) Betriebsbeendigung.** Eine **Betriebsaufgabe** setzt – sofern nicht eine der oben genannten Sonderkonstellationen vorliegt (→ Rn. 938) – grds. eine **Betriebsbeendigung** voraus. In dem konkreten Betrieb wird dann – auch nicht durch einen anderen Inhaber – keine unternehmerische Betätigung iSv § 15 Abs. 2 mehr ausgeübt. An dieser Stelle erfolgt die **Abgrenzung zur entgeltlichen Betriebsveräußerung** iSv Abs. 1 und zur unentgeltlichen Betriebsübertragung iSv § 6 Abs. 3 (→ § 6 Rn. 2666). Beide kennzeichnet die Übertragung des Betriebsvermögens an einen Erwerber, der den Betrieb fortführt.

Die Betriebsbeendigung ist von der **Betriebsunterbrechung** und der **Betriebsverpachtung** zu unterscheiden. Die dazu ergangene Rechtsprechung hat 2011 durch das Steuervereinfachungsgesetz (v. 1.11.2011, BGBl. 2011 I 2131) eine gesetzliche Regelung erfahren. Betriebsunterbrechung und Betriebsverpachtung gelten nach der Negativfiktion des Abs. 3b vorbehaltlich der Bestimmungen im zweiten Teil des S. 1 nicht als Betriebsaufgabe (→ Rn. 1114). 955.1

Demgegenüber geht die Betriebsaufgabe im Grundsatz mit dem Ende der gewerblichen Betätigung in dem konkreten Betrieb einher (vgl. bspw. KSM/*Reiß* § 16 Rn. F 6; LBP/*Rapp* § 16 Rn. 65, Schmidt/*Wacker* § 16 Rn. 174; HHR/*Kulosa* § 16 Rn. 515). Die Existenz des wirtschaftlichen Organismus endet in Folge einer Aufgabehandlung, der Betrieb wird als wirtschaftliche Einheit zerschlagen (BFH 7.10.1974 – GrS 1/73, BStBl. II 1975, 168; BFH 9.9.1993 – IV R 30/92, BStBl. II 1994, 105; BFH 21.8.1996 – X R 78/93, BFH/NV 1997, 226; BFH 19.5.2005 – IV R 17/02, BStBl. II 2005, 637; BFH 17.7.2008 – X R 40/07, BStBl. II 2009, 43). 956

Das Merkmal ist **objektbezogen** zu prüfen (RFH 14.9.1938 – VI 572/38, RStBl. 1939, 87; BFH 9.8.1989 – X R 62/87, BStBl. II 1989, 973; BFH 27.3.1998 – X B 175/97, BFH/NV 1998, 1346; HHR/*Kulosa* § 16 Rn. 516; Frotscher/Geurts/*Kauffmann* § 16 Rn. 32;). Nicht Voraussetzung ist also, dass der Betriebsinhaber keiner unternehmerischen Tätigkeit mehr nachgeht. Erforderlich – aber auch ausreichend – ist die Aufgabe der gewerblichen Tätigkeit in dem konkreten Betrieb als organisatorische Einheit (aA KSM/*Reiß* § 16 Rn. B 282). Die Tätigkeitsbeendigung muss sich in objektiver Hinsicht auf ein bestimmtes Betriebsvermögen und in subjektiver Hinsicht auf ein bestimmtes Steuerrechtssubjekt beziehen; nur die mit einem bestimmten, dem veräußerten oder aufgelösten (Teil-)Betrieb verbundene gewerbliche Tätigkeit muss eingestellt werden und dies (nur) von demjenigen, der zuvor mit Hilfe dieses Betriebsvermögens den Tatbestand der Erzielung der gewerblichen Einkünfte verwirklichte (BFH 22.10.2014 – X R 28/11, BFH/NV 2015, 479). Es kommt stets auf das Gesamtbild der Verhältnisse an (vgl. für zahlreiche Bsp. aus der Rspr. HHR/*Kulosa* § 16 Rn. 516). 956.1

Im Falle einer weiteren betrieblichen Tätigkeit ist abzugrenzen, ob der bisherige Betrieb – ggf. trotz einer **Änderung** (Wechsel der Betriebsart oder Änderung des Unternehmensgegenstands) oder räumliche **Verlegung** – fortgesetzt oder aber mit anschließender Neueröffnung aufgegeben wird. Nur im zweiten Fall ordnet das Gesetz eine tarifbegünstigte Realisierung der stillen Reserven an (Blümich/*Schallmoser* § 16 Rn. 484; BFH 17.7.2008 – X R 40/07, DStR 2008, 2254). 957

Bei **Änderungen** ist nach der Rechtsprechung maßgeblich, ob sich der bisherige und der neue Betrieb nach dem Gesamtbild der Verhältnisse bei wirtschaftlicher Betrachtung und Verkehrsauffassung als **wirtschaftlich identisch** darstellen und demgemäß als Fortführung des bisherigen Unternehmens erscheinen (BFH 24.6.1976 – IV R 199/72, BStBl. II 1976, 670; BFH 24.6.1976 – IV R 200/72, BStBl. II 1976, 672, BFH 26.2.1997 – X R 31/95, BStBl. II 1997, 561). Änderungen der innerbetrieblichen Struktur oder der Rechtsform sind insofern unerheblich. Maßgeblich ist vielmehr, ob die wesentlichen Betriebsgrundlagen, insbesondere auch immaterieller Art (Kundenstamm, Know-how) in den „neuen" Betrieb überführt werden. Entfällt im Zuge einer betrieblichen Umstrukturierungsmaßnahme eine von mehreren wesentlichen Betriebsgrundlagen oder wird eine solche entnommen, so liegt dennoch keine Betriebsaufgabe vor, wenn die Verknüpfung der verbliebenen Betriebsmittel zu einem einheitlichen Betrieb und die Absicht zur Erzielung von Gewinnen fortbesteht. Gleiches gilt, wenn eine wesentliche Betriebsgrundlage zerstört, der Betrieb aber nach deren Wiederherstellung oder Herstellung einer funktionsgleichen Betriebsgrundlage wiederaufgenommen wird (BFH 19.2.2004 – III R 1/03, BFH/NV 2004, 1231, BFH 17.10.1991 – IV R 97/89, BStBl. II 1992, 392). 958

Neben dem Abstellen auf die wesentlichen Betriebsgrundlagen ist in das Gesamtbild auch eine **Veränderung** des **Unternehmenszwecks bzw. Gegenstands** einzubeziehen. Eine Betriebsaufgabe ist nicht gegeben, wenn der nunmehr verfolgte Zweck nach der Verkehrsanschauung mit dem bisherigen Zweck als identisch anzusehen ist, was auch bei einer bloßen Reduzierung des Umfangs gegeben ist. Denn auch im Falle einer qualitativen Änderung der Tätigkeit und/oder der einstweiligen Einstellung bestimmter betrieblicher Leistungsarten wird der Betrieb nur dann eingestellt, wenn die Abweichung vom bisherigen Tätigkeitsbild von einem solchen Gewicht ist, dass nach der Verkehrsanschauung nicht mehr von einem 959 im Wesentlichen identischen Betrieb auszugehen ist (BFH 19.2.2004 – III R 1/03, BFH/NV 2004, 1241; BFH 18.12.1996 – XI R 63/96, BStBl. II 1997, 573).

960 Maßgeblich sind die tatsächlichen Verhältnisse des einzelnen Falles unter Berücksichtigung der besonderen Verhältnisse des jeweiligen Betriebs (BFH 4.11.1965 – IV 411/61, BStBl. III 1966, 49; BFH 17.4.1997 – VIII R 2/95, BStBl. II 1998, 388). Jedenfalls sollte im Zweifel angesichts des privilegierenden Charakters der Vorschrift mE davon ausgegangen werden, dass bei mehreren möglichen Deutungen Erklärungen des Steuerpflichtigen die maßgebliche Bedeutung zugemessen wird; dies trägt den subjektiven Elementen angemessen Rechnung (→ Rn. 989).

960.1 Nicht entscheidend ist unter Berücksichtigung der vorgenannten Grundsätze – insbesondere des Erfordernisses der wirtschaftlichen Identität – heute im Gegensatz zur älteren Rechtsprechung, ob es zu einem **Branchen-** oder **Ortswechsel** kommt.

960.2 Insbesondere der **Ortswechsel** (Betriebsverlegung) und die damit verbundene Veräußerung wesentlicher Betriebsgrundlagen (insb. der Geschäftsgebäude) sind keine Betriebsaufgabe, wenn die ausgeübte Tätigkeit artgleich ist und der Geschäftswert („guter Ruf" und Geschäftsbeziehungen) weiter genutzt werden kann, obwohl sich der Kundenstamm wesentlich verändert (BFH 9.10.1996 – XI R 71/95, BStBl. II 1997, 236; BFH 3.10.1984 – I R 116/81, BStBl. II 1985, 131; BFH 23.2.1961 – IV 89/60, HFR 1961, 246). Anders ist dies zu beurteilen, wenn es im Zuge des **Ortswechsels** zu einer **Veräußerung aller wesentlichen Betriebsgrundlagen** kommt und insbesondere die Nutzung des Kundenstamms am neuen Ort nicht weiter möglich ist (HHK/Kulosa § 16 Rn. 518 mit Einzelfällen). In diesem Fall liegt ein vollständiger Neustart vor. Für eine Betriebsaufgabe spricht nach der Rechtsprechung hingegen, wenn sich der Umsatz wie bei einem neu eröffneten Betrieb entwickelt (BFH 3.10.1984 – II R 116/81).

961 **cc) Aufgabehandlung bzw. -erklärung.** Nach Ansicht der Finanzverwaltung erfordert die Betriebsaufgabe eine **Willensentscheidung** oder **Handlung** des Steuerpflichtigen, die darauf gerichtet ist, den Betrieb als selbständigen Organismus nicht mehr in einer bisherigen Form bestehen zu lassen (EStR 16 Abs. 2 S. 1). Dies ist zu weitgehend: Die Betriebsaufgabe ist eine tatsächliche Handlung, sodass ein Entschluss – dh eine Willensentscheidung – auch bei Kundgabe allein nicht ausreichend ist (so auch Blümich/*Schallmoser* § 16 Rn. 515, zur Unterscheidung zwischen Vorbereitung einer künftigen Betriebsaufgabe und dem Beginn der Betriebsaufgabe BFH 5.7.1984 – IV R 36/81, BStBl. II 1984, 711). Die Betriebsaufgabe beginnt erst mit vom Aufgabeentschluss getragenen Handlungen, die objektiv auf die Auflösung des Betriebs gerichtet sind.

962 Eine Betriebsaufgabe liegt bei einer endgültigen **Stilllegung des Betriebs** (BFH 26.5.1993 – X R 101/90, BStBl. II 1993, 710; BFH 19.5.2005 – IV R 17/02, BStBl. II 2005, 637) auch ohne Veräußerung oder erkennbare Überführung der Betriebsgrundlagen in das Privatvermögen vor. Der Steuerpflichtige hat nach der Rechtsprechung ein **Wahlrecht** zwischen der **begünstigten Betriebsaufgabe** und der **nicht begünstigten allmählichen Betriebsabwicklung** (BFH 26.9.1961 – I 5/61 U, BStBl. III 1961, 517; BFH 27.10.1983 IV R 217/81, BStBl. II 1984, 364; Schmidt/*Wacker* § 16 Rn. 184; HHR/*Kulosa* § 16 Rn. 521; Blümich/*Schallmoser* § 16 Rn. 518). Die Ausübung des Wahlrechts muss klar und eindeutig erfolgen. Unterbleibt die Ausübung einer Wahl und begründen auch objektive Umstände die Betriebsaufgabe nicht, bleibt das bisherige Betriebsvermögen bis zu der tatsächlichen Verwertung oder der Übernahme in das Privatvermögen Betriebsvermögen (BFH 24.10.1979 – VIII R 49/77, BStBl. II 1980, 486; BFH 19.1.1983 – I R 84/79, BStBl. II 1983, 412; BFH 30.3.1989 – IV R 45/87, BStBl. II 1989, 509).

962.1 Unterbleibt die Wahl, kann das Vermögen solange Betriebsvermögen bleiben, wie der Steuerpflichtige die **Absicht** verfolgt, es zu veräußern und mit einer Verwertung zu rechnen ist; ist mit der Verwertung nicht zu rechnen, ist ein Wille des Steuerpflichtigen, die Wirtschaftsgüter als Betriebsvermögen fortzuführen, unbeachtlich (BFH 27.10.1983 – IV R 217/81, BStBl. II 1984, 364; BFH 25.7.1972 – VIII R 3/66, BStBl. II 1972, 936). Nach dieser Ansicht kann der Steuerpflichtige jedoch nicht die Wirtschaftsgüter ohne die Absicht einer Verwertung und/oder die Möglichkeit dazu als Betriebsvermögen fortführen. Dies überzeugt mE angesichts des Sinns von Abs. 3, die Besteuerung der stillen Reserven zu sichern, nicht. Die Besteuerung der stillen Reserven bleibt nämlich gesichert (*Knobbe-Keuk* Unternehmmenssteuerrecht, 261; KSM/*Reiß* § 16 Rn. F 33). Sind die Rechtsfolgen der Betriebsaufgabe nicht erwünscht, lassen sie sich durch Gründung einer gewerblich geprägten oder gewerblich infizierten Personengesellschaft vermeiden.

Eine **Aufgabehandlung** liegt weiterhin vor, wenn alle wesentlichen Betriebsgrundlagen insgesamt einzeln an verschiedene Erwerber veräußert, eindeutig und nach außen klar erkennbar in das Privatvermögen überführt oder anderen betriebsfremden Zwecken zugeführt werden (BFH 26.4.2001 – IV R 14/00, BStBl. II 2001, 798; BFH 21.8.1996 – X R 78/93, BFH/NW 1997, 226; BFH 22.10.2014 – X R 28/11, BFH/NV 2015, 479, Schmidt/*Wacker* § 16 Rn. 173; Blümich/*Schallmoser* § 16 Rn. 451; HHR/*Kulosa* § 16 Rn. 520). Auch **Kombinationen** können die Anforderungen an eine Betriebsaufgabe erfüllen. 963

Erfolgt eine **Veräußerung** der wesentlichen Betriebsgrundlagen an mehrere Erwerber hat dies eine Zerschlagung des Betriebs und damit eine Betriebsaufgabe zur Folge. Im Ausnahmefall kann eine Betriebsaufgabe auch bei Veräußerung aller wesentlicher Betriebsgrundlagen an nur einen Erwerber vorliegen, wenn die Übertragung nicht in Form einer fortzuführenden Einheit mit ihrem bisherigen Tätigkeitsbereich erfolgt (Kirchhof/*Seer* § 16 Rn. 197). 964

Für die **Überführung in das Privatvermögen** ist grds. eine nach außen erkennbare Handlung erforderlich. Die Rechtsprechung fordert eine unmissverständliche Entnahmehandlung (BFH 21.8.1996 – X R 78/93, BFH/NV 1997, 226). Diese kann auch in schlüssigem Verhalten bestehen. Dabei ist aber zu beachten, dass ein Wirtschaftsgut nicht schon durch eine vorübergehende außerbetriebliche Nutzung zu Privatvermögen wird (zumal es sich auch um gewillkürtes Betriebsvermögen handeln kann). Dabei verneint die Rechtsprechung eine Entnahme solange wie das betreffende Wirtschaftsgut in der Bilanz als Betriebsvermögen ausgewiesen ist und objektive Merkmale fehlen, die darauf schließen lassen, dass eine spätere Verwendung zu betrieblichen Zwecken ausgeschlossen erscheint (BFH 21.8.1996 – X R 78/93, BFH/NV 1997, 226; BFH 1.10.1986 – I R 96/83, BStBl. II 1987, 113). Der Steuerpflichtige dokumentiert seinen Entnahmewillen hingegen bspw., indem er die naheliegenden steuerrechtlichen Folgerungen aus der Entnahme zieht, insb. eine Gewinnrealisierung nach § 6 Abs. 1 Nr. 4 erfasst (BFH 9.8.1989 – X R 20/86, BStBl. II 1990, 128). Diese Anforderungen sind sehr praxisrelevant, weil eine Betriebsaufgabe iSv Abs. 3 mit den Privilegierungen nur vorliegt, wenn alle wesentlichen Betriebsgrundlagen aus dem betrieblichen Zusammenhang gelöst werden. Eine begünstigte Betriebsaufgabe liegt insgesamt nicht vor, wenn stille Reserven in Wirtschaftsgütern, die nicht nur von untergeordneter Bedeutung sind, bestehen bleiben (BFH 28.10.1964 – IV 102/64 U, BStBl. III 1965, 88; BFH 9.12.1986 – VIII R 26/80, BStBl. II 1987, 342; BFH 18.9.2002 – X R 28/00, BStBl. II 2003, 133). Die rückwirkende Erklärung einer Entnahme bzw. Betriebsaufgabe ist nicht möglich (BFH 15.4.1993 – IV R 12/91, BFH/NV 1994, 87; BFH 28.9.1995 – IV R 39/94, BStBl. II 1996, 276). Ansonsten liegt eine Betriebsunterbrechung vor. 965

Einstweilen frei 966

In Ausnahmefällen kommt es auch ohne **ausdrückliche Erklärung** oder Änderung der Rechtszuständigkeit zu einer Überführung ins Privatvermögen im Sinne einer Zwangsentnahme. Dies ist der Fall, wenn nach der Einstellung der werbenden gewerblichen Tätigkeit und der Verwertung des sonstigen Betriebsvermögens zurückgehaltene Wirtschaftsgüter (idR Grundstücke) vermietet oder verpachtet werden und die wesentlichen Betriebsgrundlagen so umgestaltet wurden, dass sie nicht mehr in ihrer bisherigen Form genutzt werden können (BFH 28.9.1995 – IV R 39/94, BStBl. II 1996, 276). 967

Weiterhin bedarf es keiner ausdrücklichen Erklärung, wenn nach der Veräußerung der sonstigen wesentlichen Betriebsgrundlagen die zurückbehaltene Betriebsgrundlage **nicht veräußert werden kann** oder **soll.** Die betreffende Betriebsgrundlage wird dann zu notwendigem Privatvermögen. Dies ist vor dem Hintergrund zu verstehen, dass Entnahme und Betriebsaufgabe gerade nicht in jeder Beziehung gleichgesetzt werden können. Die Entnahme bezieht sich auf einen bestehenden Gewerbebetrieb, aus dem ein einzelnes Wirtschaftsgut für private Zwecke herausgelöst wird. Ist es kein notwendiges Betriebsvermögen, ist hierzu eine unmissverständliche Erklärung bzw. Entscheidung des Steuerpflichtigen notwendig. Hiervon unterscheidet sich die Überführung von Wirtschaftsgütern eines aufzugebenden Betriebs in das Privatvermögen, wenn der Steuerpflichtige bereits für den Gesamtbetrieb den Willen bekundet hat, die Tätigkeit einzustellen und den Plan ins Werk gesetzt hat. Zerschlagen sich Veräußerungsbemühungen, kann auch ohne ausdrückliche Erklärung eine 968

Überführung in das Privatvermögen angenommen werden (BFH 21.5.1992 – X R 77-78/90, BFH/NV 1992, 659 mwN).

969 Eine ausdrückliche Erklärung ist auch nicht erforderlich, wenn die Voraussetzung der personellen Verflechtung bei einer Betriebsaufgabe wegfällt.

970 Von Bedeutung können auch **Umwandlungsvorgänge** sein. Die **verdeckte Einlage** eines Betriebs in eine Kapitalgesellschaft ist ebenfalls eine Betriebsaufgabe. Eine juristische Sekunde vor der Einlage in die Kapitalgesellschaft steht gedanklich eine Totalentnahme des bisherigen Betriebsvermögens (BFH 18.12.1009 – VII R 17/85, BStBl. II 1991, 512; BFH 20.7.2005 – X R 22/02, BStBl. II 2006, 457; BFH 11.2.2009 – X R 56/06, BFH/NV 2009, 1411). Ein Ansatz zum Buchwert oder einem Zwischenwert nach § 20 Abs. 2 S. 1 UmwStG scheidet aus, weil der Einbringende für die Einlage keine neuen Anteile erhält. Auch die teilweise verdeckte Einlage von wesentlichen Betriebsgrundlagen kombiniert mit einer teilweisen entgeltlichen Übertragung führt zur Realisation stiller Reserven (BFH 18.12.1990 – VII R 17/95, BStBl. II 1991, 512: Betriebsveräußerung, die auch den Wert der eingelegten Wirtschaftsgüter umfasst; aA Blümich/*Schallmoser* § 16 Rn. 451). Auch eine **verschleierte Sacheinlage,** bei der Kaufpreis und Einlageanspruch verrechnet werden, ist eine Betriebsaufgabe (BFH 1.7.1992 – I R 5/92, BStBl. II 1993, 131).

971 Demgegenüber ist der mit dem Wechsel der Einkunftsart verbundene **Strukturwandel** mangels Aufgabehandlung keine Betriebsaufgabe, weil es an einer auf die Lösung von Wirtschaftsgütern aus dem Betrieb gerichteten Aufgabehandlung fehlt. Dies gilt bspw. von einem Wechsel vom gewerblichen zu landwirtschaftlichen Einkünften (BFH 9.2.1972 – I R 205/66, BStBl. II 1972, 445; BFH 7.10.1974 – GrS 1/73, BStBl. II 1975, 168; BFH 9.12.1986 – VIII R 26/80, BStBl. II 1987, 342). Dies gilt ebenfalls, wenn sich eine freiberufliche Praxis zu einem Gewerbebetrieb (BFH 21.8.1996 – X R 78/93, BStBl. II 1993, 36) oder sich ein Produktions- zum Handelsbetrieb wandelt (BFH 21.8.1996 – X R 78/93, BFH/NV 1997, 226). Dies gilt auch umgekehrt. Zur Gewinnrealisierung kommt es erst bei einem späteren gewinnrealisierenden Vorgang nach den allgemeinen Regeln. Auf die gewerbesteuerliche Beurteilung kommt es dabei nicht an. Dieses Vorgehen ist sachgerecht, weil die stillen Reserven steuerverhaftet bleiben. Eine endgültige Aufgabe liegt erst dann vor, wenn der Steuerpflichtige eindeutig erklärt, den Betrieb nicht fortführen zu wollen (Blümich/*Schallmoser* § 16 Rn. 477).

972 Auch bei einem **Beurteilungswandel** zur Liebhaberei fehlt es an einer Aufgabehandlung (BFH 29.10.1981 – IV R 138/78, BStBl. II 1982, 381). Auf den Zeitpunkt des Übergangs zur Liebhaberei ist für jedes Wirtschaftsgut des Anlagevermögens der Unterschiedsbetrag zwischen dem gemeinen Wert und dem Wert, der nach § 4 Abs. 1 oder § 5 anzusetzen wäre, gesondert und bei mehreren Beteiligten einheitlich festzustellen (§ 8 der Verordnung zu § 180 Abs. 2 AO, EStH 2012, 16 Abs. 2 „Liebhaberei"). Der Steuerpflichtige hat jedoch die Möglichkeit, die Betriebsaufgabe zu erklären (BFH 29.10.1981 – IV R 138/78, BStBl. II 1982, 381).

973 Eine **unentgeltliche Übertragung eines ganzen Betriebs** ist ebenfalls keine Betriebsaufgabe, weil es an einer Betriebszerschlagung fehlt und die Besteuerung der stillen Reserven – wenn auch unter Durchbrechung des Subjektsteuerprinzips – bei dem Erwerber gesichert sind (BFH 19.2.1981 – IV R 116/77, BStBl. II 1981, 566).

973.1 § 6 Abs. 3 ordnet eine Fortführung der Steuerbilanzwerte an, sodass es nicht zu einer Gewinnrealisierung kommt. Voraussetzung ist allerdings, dass alle wesentlichen Teile des Betriebsvermögens in einem einheitlichen Vorgang unter Aufrechterhaltung des betrieblichen Organismus übertragen werden (BFH 26.4.1979 – IV R 108/75, BStBl. II 1979, 723; BFH 12.4.1989 – I R 105/85, BStBl. II 1989, 653; BFH 14.7.1993 – X R 74-75/90, BStBl. 1989, 653) und der bisherige Inhaber des Betriebs seine unternehmerische Tätigkeit vollständig einstellt. Der Charakter der Unentgeltlichkeit bleibt auch erhalten, wenn der Erwerber betriebliche Verbindlichkeiten übernimmt (BFH 7.2.1995 – VIII R 36/93, BStBl. II 1995, 770). Eine Betriebsaufgabe liegt demgegenüber vor, wenn der bisherige Betriebsinhaber wesentliche Betriebsgrundlagen zurückhält oder anderweitig unentgeltlich überträgt, weil dann der betriebliche Organismus zerschlagen wird (BFH 14.7.1993 – X R 74-75/90, BStBl. II 1994, 15). Veräußert der Betriebsinhaber jedoch außerhalb der unentgeltlichen Übertragung des gesamten Betriebs einzelne, nicht wesentliche Wirtschaftsgüter oder überführt diese in das Privatvermögen, entsteht insoweit ein nicht begünstigter, laufender Aufgabegewinn (BFH 19.2.1981 – IV R 116/77, BStBl. 1981, 566).

Der **Tod des Betriebsinhabers** ist ebenfalls keine Betriebsaufgabe, weil die Erben den Betrieb unentgeltlich gem. § 6 Abs. 3 erwerben (BFH 10.7.1973 – VII R 34/71, BStBl. II 1973, 786). Der Erbe kann dann den Betrieb fortführen, ihn veräußern oder aufgeben. Aufgabe- und Veräußerungsgewinne entstehen in seiner Person (BFH 17.10.1991 – IV R 97/89, BStBl. II 1992, 392). Dies gilt auch, wenn der Erblasser im Rahmen einer letztwilligen Verfügung die Betriebsaufgabe angeordnet hat. Es handelt sich um eine erb- bzw. schuldrechtliche Verpflichtung, die den Realakt der Betriebsaufgabe nicht substituieren kann (*Ehlers/Kreutzinger* DStZ 1987, 79; Blümich/*Schallmoser* § 16 Rn. 508). **974**

Ein dem Erblasser zuzurechnender Gewinn entsteht jedoch, wenn dieser Veräußerungen wesentlicher Betriebsgrundlagen unter der aufschiebenden Bedingung seines Todes vorgenommen hat (Blümich/*Schallmoser* § 16 Rn. 508). Erwirbt ein nicht qualifizierter Erbe eine freiberufliche Praxis, endet diese durch den Tod und wird zum Gewerbebetrieb. Eine Betriebsaufgabe geht damit nicht einher (BFH 12.3.1992 – IV R 29/91, BStBl. II 1993, 36; BFH 14.12.1993 – VIII R 13/93, BStBl. II 1994, 992). **974.1**

Ebenfalls ist die Eröffnung eines **Insolvenzverfahrens** keine Betriebsaufgabe, weil dies nicht per se zum Ende der gewerblichen Tätigkeit führt (BFH 19.1.1993 – VIII R 128/84, BStBl. II 1993, 594). Eine Betriebsaufgabe liegt hingegen vor, wenn der Insolvenzverwalter alle wesentlichen Betriebsgrundlagen veräußert oder der Betrieb mit endgültiger Einstellung des Verfahrens eingestellt wird (FG Hessen 9.9.1998 – 9 K 585/96, EFG 1999, 16). Veräußerungsgewinne im Laufe eines längeren Insolvenzverfahrens sind demnach idR nicht tarifbegünstigt. **975**

Einstweilen frei **976–978**

dd) Sonderformen der Betriebsaufgabe. Die **Rechtsprechung** hat den **Begriff der Betriebsaufgabe** darüber hinaus auch auf Fälle ausgedehnt, in denen es ohne Erfüllung der vorgenannten Voraussetzungen – insbesondere der Zerschlagung des Betriebs oder eine Aufgabehandlung – zu einer Entstrickung der stillen Reserven kommt und die Besteuerung insoweit ohne die Annahme einer Betriebsaufgabe nicht gesichert wäre (HHR/*Kulosa* § 16 Rn. 524: „Teilweise Fortgeltung des finalen Begriffs der Betriebsaufgabe"); der gesetzliche Tatbestand der Betriebsaufgabe wird Instrument, um in gesetzlich nicht ausdrücklich geregelten Fällen der Steuerentstrickung einen Verlust des Besteuerungssubstrats zu vermeiden. Dabei bleibt der Betrieb als wirtschaftlicher Organismus bestehen. Jedoch verändert sich der Betrieb durch einen Rechtsvorgang in seiner ertragsteuerlichen Einordnung so, dass die Erfassung der stillen Reserven nicht weiter gesichert ist. Dieser Rechtsvorgang substituiert nach der Rechtsprechung die Aufgabehandlung. Bei diesen die Aufgabemaßnahme substituierenden Rechtsvorgängen kann es sich nicht um das Wirksamwerden von Wertungen steuerrechtlicher Art – etwa infolge des Eingreifens einer anderen als der bisher anzuwendenden Besteuerungsvorschrift oder einer geänderten steuerrechtlichen Beurteilung – handeln, sondern nur um das Einwirken außersteuerrechtlicher Normen auf den steuerrechtlich relevanten Sachverhalt, wie zB erbrechtliche Folgen oder gesellschaftsrechtlich bedingte Veränderungen (BFH 13.12.1983 – VIII R 90/81, BStBl. II 1984, 474; BFH 29.10.1981 – IV R 138/78, BStBl. II 1982, 381). **979**

Einstweilen frei **980–981**

Diese Anforderungen sind insbesondere erfüllt bei **Wegfall der tatbestandlichen Voraussetzungen einer Betriebsaufspaltung** (kritisch dazu *Neufang/Bohnenberger* DStR 2016, 578) oder dem **Wegfall der gewerblichen Prägung einer Personengesellschaft** (geben. (§ 15 Abs. 3 Nr. 2). **982**

Eine **Betriebsaufspaltung** (→ § 15 Rn. 1106) liegt vor, wenn eine Person oder Personengruppe Anlagevermögen (Besitzunternehmen) an eine gewerblich tätige Personen- oder Kapitalgesellschaft (Betriebsunternehmen) verpachtet oder es in anderer Weise überlässt. Rechtsfolge ist ua, dass auch das Besitzunternehmen gewerbliche Einkünfte erzielt. Erforderlich sind sachliche und persönliche Verflechtung. Die sachliche Verflechtung ist gegeben, wenn das überlassene Wirtschaftsgut für das Betriebsunternehmen eine wesentliche Betriebsgrundlage ist. Die persönliche Verflechtung ist gegeben, wenn die am Besitz- und am Betriebsunternehmen einen einheitlichen geschäftlichen Betätigungswillen haben und in der Lage sind, ihren Willen durchzusetzen. Entfallen sachliche oder persönliche Verflechtung kommt es zur Realisierung der stillen Reserven (BFH 13.12.1983 – VIII R 90/81, BStBl. **983**

II 1984, 474; BFH 23.4.1996 – VIII R 13/95, BStBl. II 1998, 325; BFH 22.10.2013 – X R 14/11, BStBl. II 2014, 158), ggf. aufgrund des Tatbestands des § 16 Abs. 3 S. 1 (ausführlich dazu mit zahlreichen Nachweisen aus der Rspr. HHR/*Kulosa* § 16 Rn. 525).

983.1 Die Rechtsprechung wendet die Grundsätze einer Betriebsverpachtung mit der Folge eines Wahlrechts zwischen Sofortbesteuerung oder Weiterführung des Betriebsunternehmens als ruhender Gewerbebetrieb bei Wegfall der sachlichen Verflechtung an wenn bereits zuvor bei dem Besitzunternehmen alle wesentlichen Betriebsgrundlagen dem Betriebsunternehmen zur Nutzung überlassen wurden (BFH 15.12.1988 – IV R 36/84, BStBl. II 1989, 363; BFH 6.3.1997 – XI R 2/96, BStBl. II 1997, 460; BFH 5.2.2003 – VIII B 134/01, NFH/NV 2003, 909). Dies gilt auch bei dem Wegfall einer sog. unechten Betriebsaufspaltung (BFH 17.4.2002 – X R 8/00, BStBl. II 2002, 527; BFH 14.3.2006 – VIII R 80/03, BStBl. II 2006, 591).

984 Im Ergebnis nutzt die Rechtsprechung den **Tatbestand der Betriebsaufgabe,** um in gesetzlich nicht geregelten Fällen der Steuerentstrickung die Besteuerung der stillen Reserven zu sichern. Dies lässt sich auf den Gedanken zurückführen, dass § 16 Abs. 3 nicht nur der Abgrenzung der laufenden Gewinne zu begünstigtem Aufgabegewinn diene. Vielmehr solle auch die Versteuerung der stillen Reserven sichergestellt werden (zustimmend HHR/*Kulosa* § 16 Rn. 524).

984.1 Auf dieser Grundlage nahm die Rechtsprechung eine Betriebsaufgabe insbesondere auch in Fälle der Betriebsverlagerung ins Ausland an, wenn dem deutschen Steuerzugriff auf die stillen Reserven des nun ausländischen Gewerbebetriebs ein DBA entgegenstand (BFH 28.4.1971 – I R 55/66, BStBl. II 1971, 630). Dem lag die Theorie der finalen Entnahme zugrunde. Nach Aufgabe der Theorie der finalen Entnahme auch für die Betriebsaufgabe (BFH 28.10.2009 – I R 99/08, BStBl. II 2011, 1019 und I R 28/08, IStR 2010, 103) durch die Rechtsprechung hat der Gesetzgeber ist eine entsprechende Rechtsfolge in § 16 Abs. 3a im Rahmen des SEStEG (BGBl. 2006 I 2782) angeordnet.

985 Dies gilt nach HHR/*Kulosa* § 16 Rn. 524 auch nach **Aufgabe der Rechtsprechung zur Fallgruppe der Steuerentstrickung von Wirtschaftsgütern ins Ausland** (BFH 17.7.2008 – I R 77/06, BStBl. 2009, 464). Der I. Senat habe seine Entscheidung ausdrücklich mit einer geänderten Auslegung des DBA-Rechts begründet, wonach eine Betriebsverlegung in das Ausland gerade nicht zu einem endgültigen Verlust des deutschen Besteuerungsrechts führe. Dieses Verständnis überzeugt: Nach der Rechtsprechung des I. Senats liegt gerade kein Verlust des Besteuerungsrechts des Besteuerungsrechts der stillen Reserven vor, soweit sie in Deutschland entstanden sind. Eine Entnahme- bzw. Aufgabefiktion bedarf es nicht, weil Besteuerungssubstrat nicht verloren geht. Demgemäß haben diese Entscheidungen keine Auswirkungen auf die im hiesigen Zusammenhang angesprochenen Rechtsinstitute. Davon ging offenbar auch der I. Senat selbst aus, denn Divergenzanfragen gem. § 11 Abs. 3 FGO an andere Senate unterblieben (*Benecke* IStR 2010, 101).

986–988 *Einstweilen frei*

989 **ee) Aufgabewille und Aufgabeerklärung.** In **subjektiver Hinsicht** setzt die Betriebsaufgabe – vergleichbar dem Entnahmewillen bei Entnahmen (→ § 4 Rn. 586; → § 4 Rn. 717) – den Aufgabewillen des Steuerpflichtigen voraus. Eine ungewollte, „versehentliche" Betriebsaufgabe ist im Grundsatz mit Ausnahme der o.g. Sonderfälle nicht denkbar (Frotscher/Geurts/*Kauffmann* § 16 Rn. 89). So hebt auch die Rechtsprechung stellenweise dieses subjektive Erfordernis hervor (bspw. BFH 7.10.1974 – GrS 1/73, BStBl. II 1975, 168: „Beschluss des Steuerpflichtigen, den Betrieb aufzugeben"). Im Regelfall kann das subjektive Merkmal anhand der von ihm getragenen Aufgabehandlungen festgestellt werden. Unternimmt der Steuerpflichtige **eindeutige Aufgabehandlungen** die zur eindeutigen Erfüllung der objektiven Voraussetzungen führen, bedarf es keiner zusätzlichen, den Aufgabewillen dokumentierende, Aufgabeerklärung (BFH 19.5.2005 – IV R 17/02, BStBl. II 2005, 637; BFH 15.11.2006 – XI R 6/06, BFH/NV 2007, 436, Schmidt/*Wacker* § 16 Rn. 188). In umgekehrter Richtung liegt trotz einer Erklärung keine Betriebsaufgabe vor, wenn der Steuerpflichtige keine Aufgabehandlungen unternommen hat (BFH – 19.5.2005 – IV R 17/02, BStBl. II 2005, 637; BFH 30.8.2007 – IV R 5/06, BStBl. II 2008, 113).

990 Bedeutung erlangt eine einen **Aufgabenwillen dokumentierende Aufgabeerklärung** jedoch in **Grenzfällen,** insbesondere um allmähliche Abwicklung von der Betriebsunterbrechung zu unterscheiden. Es stellt sich in diesem Zusammenhang insb. die Frage, ob das

Betriebsvermögen in das Privatvermögen übernommen wurde. Die Rechtsprechung verlangt hier eine **eindeutige Aufgabeerklärung** gegenüber dem Finanzamt (BFH 12.3.1964 – IV 107/63 U, BStBl. III 1964, 406; BFH 28.10.1964 – IV 102/64 U, BStBl. III 1965, 88; BFH 25.7.1972 – VIII R 3/66, BStBl. II 1972, 936). An Eindeutigkeit und Klarheit der Erklärung stellt die Rechtsprechung hohe Anforderungen (BFH 26.9.1961 – I 5/61 U, BStBl. III 1961, 517). Fehlt eine Aufgabeerklärung, wird das Finanzamt den Betrieb solange als bestehend ansehen, wie der Steuerpflichtige die Wirtschaftsgüter noch nicht veräußert hat oder durch eine eindeutige Handlung in das Privatvermögen übernimmt (BFH 24.10.1979 – VIII R 49/77, BStBl. II 1980, 186).

Auch eine **zwangsweise** Beendigung des Betriebs kann die Voraussetzungen eine Betriebsaufgabe erfüllen, bspw. durch behördliches Verbot (BFH 3.7.1991 – X R 163-164 ua, BStBl. II 1991, 802) oder wirtschaftlichen Zwang (FG Hamburg 1.2.2000 – II R 183/99, EFG 2000, 552), obgleich dann gerade kein Aufgabewille vorliegt. **990.1**

Allerdings bewirken weder die Stellung eines Insolvenzantrags noch die Eröffnung des Insolvenzverfahrens eine Betriebsaufgabe. Schließlich kann das Insolvenzverfahren auch auf die Erhaltung des Betriebs gerichtet sein. Die Voraussetzungen einer Betriebsaufgabe sind erst dann erfüllt, wenn der Insolvenzverwalter alle wesentlichen Betriebsgrundlagen veräußert (BFH 19.1.1993 – VIII R 128/84, BStBl. II 1993, 594), der Geschäftsbetrieb auf einen Dritten übertragen wird oder wenn die Wiederaufnahme der eingestellten gewerblichen Tätigkeit nicht mehr möglich ist (FG Münster 8.11.2011 – 12 K 4487/07 F, EFG 2011, 1519). Eine Restschuldbefreiung, die auch betriebliche Verbindlichkeiten betrifft, hat rückwirkenden Einfluss auf den Aufgabegewinn (BFH 13.12.2016 – X R 4/15, BSTBl. II 2017, 786). **990.2**

ff) Zusammengeballte Realisierung der stillen Reserven. Die Regelungen zur Betriebsaufgabe verfolgen das Ziel, „die **zusammengeballte Realisierung** der während vieler Jahre entstandenen stillen Reserven nicht nach dem progressiven Einkommensteuertarif zu erfassen" (BFH 26.1.1994 – III R 39/91, BStBl. II 1994, 458; BFH 18.10.1999 – GrS 2/98, BStBl. II 2000, 123). Die Betriebsaufgabe setzt demnach voraus, dass alle in den wesentlichen Betriebsgrundlagen des Betriebs ruhenden stillen Reserven in einem einheitlichen Vorgang aufgelöst werden; denn eine Zusammenballung liegt nicht vor, wenn dem Veräußerer noch stille Reserven verbleiben, die erst in einem späteren Veranlagungszeiträumen aufgedeckt werden (BFH 11.8.1971 – VIII 13/65, BStBl. II 1972, 270). Dabei ist aber zu berücksichtigen, dass die vom Gesetz der Betriebsveräußerung gleichgestellte Betriebsaufgabe im **Allgemeinen nicht in einem Akt erfolgt, sondern sich naturgemäß allmählich bzw. mehrschrittig vollzieht (**BFH 23.11.1965 – VI 118 u. 119/65, HFR 1966, 207; BFH 25.7.1970 – IV 350/64, BStBl. II 1970). Um dem Regelungszweck gerecht zu werden, muss es sich dennoch um einen in gewisser Weise **„einheitlichen Vorgang**" handeln, dh in (relativ) kurzer Zeit geschehen (BFH 26.4.2001 – IV R 14/00, BStBl. II 2001, 768). Dieses Erfordernis begründet das Bedürfnis, **Beginn, Ende** und **Frist** der Betriebsaufgabe zu bestimmen. **991**

Die Betriebsaufgabe **beginnt** mit der **ersten Handlung des Steuerpflichtgen,** die auf die Auflösung des Betriebs als wirtschaftlicher Organismus gerichtet ist (BFH 9.9.1993 – IV R 30/92, BStBl. II 1994, 105; BFH 21.10.1993 – IV R 42/93, BStBl. II 1994, 385; BFH 14.12.2004 – XI R 36/02, BFH/NV 2005, 1985). Ein Auflösungsbeschluss ist unerheblich, solange der Steuerpflichtige auf dieser Grundlage noch keine Aufgabehandlungen unternimmt (BFH 15.6.2011 – IV B 143/09, BFH/NV 2011, 1694). **992**

Solche Aufgabehandlungen sind insbesondere die Einstellung der betrieblichen Tätigkeit in Form der Schließung des Ladenlokals oder der Einstellung der Produktion (BFH 26.3.1991 – VIII R 73/87, BFH/NV 1992, 227; BFH 26.5.1993 – X R 101/90, BStBl.II 1993, 710). Bei Fortführung der werbenden Tätigkeit für eine gewisse Zeit markiert die Veräußerung der ersten wesentlichen Betriebsgrundlage oder die Überführung dieser in das Privatvermögen den Beginn des Aufgabezeitraums (BFH 25.6.1970 – IV 350/64, BStBl. II 1970, 719; BFH 10.3.1998 – VIII R 62/96, BFH/NV 1998, 1211). Die Veräußerung **unwesentlicher Betriebsgrundlagen** ist hingegen unerheblich, weil diese keinen Einfluss auf den betrieblichen Organismus hat. Davon gilt eine Rückausnahme, wenn der Steuerpflichtige durch die Veräußerung sonstigen Anlagevermögens für den Gesamtbetrieb den Willen bekundet, die gewerbliche Tätigkeit endgültig einzustellen. Dann setzt er damit seine Absicht ins Werk (BFH 9.12.2014 – X R 12/12, BStBl. II 2016, 852). **992.1**

993 **Vorbereitungshandlungen** sind von dem Beginn der Betriebsaufgabe abzugrenzen. Sie lassen den Aufgabezeitraum nicht beginnen, der an die zusammengeballte Aufdeckung der stillen Reserven geknüpft ist (BFH 25.6.1970 – IV 350/64, BStBl. II 1970, 719). Vorbereitungshandlungen sind solche, die der Aufgabe vorausgehen, sie erleichtern oder die Bedingungen für sie schaffen (HHR/*Kulosa* § 16 Rn. 532). Als solche kommen insb. Aufgabe- und Auflösungsbeschlüsse, Handelsregistereintragungen, vertragliche Vereinbarungen über die Aufgabe mit Dritten (BFH 17.2.1971 – I R 170/69, BStBl. II 1971, 484) und Mitteilungen an das Finanzamt oder Dritte (BFH 5.7.1984 – IV R 36/81, BStBl. II 1984, 711) in Betracht.

994 Die Veräußerung der letzten wesentlichen Betriebsgrundlage oder die zwingende Überführung in das Privatvermögen markiert das **Ende der Betriebsaufgabe** (BFH 25.6.1970 – IV 350/64, BStBl. II 1970, 719; BFH 27.2.1985 – I R 235/80, BStBl. II 1985, 456; BFH 12.12.2000 – VIII R 10/99, BStBl. II 2001, 282). Dem steht nicht entgegen, dass der Unternehmer unwesentliche Teile des Betriebsvermögens zurückhält (BFH 24.6.1976 – IV R 200/72, BStBl. II 1976 672; BFH 11.3.1982 – IV R 25/79, BStBl. II 1982, 707, BFH 25.8.1993 – XI R 6/93, BStBl. II 1994, 23). Zu einer zwingenden Überführung in das Privatvermögen kommt es, wenn nicht mehr mit der Veräußerung gerechnet werden kann. Dadurch soll die Entstehung von ewigem Betriebsvermögen vermieden werden (BFH 2.9.2008 – X R 32/05, BStBl. II 2009, 634).

995 Der **Zeitraum zwischen Beginn und Ende der Betriebsaufgabe** muss wirtschaftlich noch als zusammenhängender, einheitlicher Vorgang gewertet werden können (BFH 26.4.2001 – IV R 14/00, BStBl. II 2001, 798). Die Rechtsprechung nimmt die diesbezügliche Bewertung anhand der Umstände des einzelnen Falles vor; insbesondere hat die **Zeitdauer** entscheidende Bedeutung. Um als einheitlicher Vorgang zu erscheinen, muss sich die Betriebsaufgabe innerhalb eines **kurzen Zeitraums** vollziehen (BFH 26.5.1993 – X R 101/90, BStBl. 1993, 710; BFH 30.8.2007 – IV R 5/06, BStBl. II 2008, 113). Die Rechtsprechung bestimmt die Angemessenheit der Frist nicht schematisch, sondern berücksichtigt die Umstände des einzelnen Falles (BFH 17.12.2008 – IV R 11/06, BFH/NV 2009, 937). Insbesondere bei schwer zu verkaufenden Wirtschaftsgütern soll der Steuerpflichtige nicht gezwungen werden, diese unter Wert zu verkaufen um in den Genuss der Steuerbegünstigungen zu kommen (BFH 16.9.1966 – VI 118-119/65, BStBl. III 1967, 70; BFH 12.4.1989 – I R 105/85, BStBl. II 1989, 653; BFH 10.3.1998 – VIII R 62/96, BFH/NV 1998, 1211; BFH 17.12.2008 – IV R 11/06, BFH/NV 2009, 937).

996 Als „**Faustformel**" (HHR/*Kulosa* § 16 Rn. 531, dort auch Nennung zahlreicher Einzelfälle) wird oft eine Frist von **sechs Monaten** genannt (bspw. BFH 16.9.1966 – VI 118/65 ua, BStBl. III 1967, 70; BFH 25.6.1970 – IV 350/64, BStBl. II 1970, 719). Diese Frist ist m.E. zu kurz bemessen. Dies gilt im Besonderen, wenn sich der Vorgang innerhalb eines Veranlagungszeitraums vollzieht. Auswirkungen im Hinblick auf die Progression ergeben sich dadurch nämlich gerade nicht. Die Rechtsprechung hat in anderen Fällen jedoch auch schon 14 Monaten (BFH 16.9.1966 – VI 118/65 ua, BStBl. III 1967, 70), 19 Monate (FG Baden-Württemberg 30.5.2001 – 2 K 167/98, EFG 2001, 1460; BFH 20.1.2005 – IV R 14/03, BStBl. II 2005, 395) und 25 Monaten (BFH 12.4.1989 – I R 105/85, BStBl. II 1989, 653 bezogen auf eine unentgeltliche Gesamtübertragung) für angemessen angesehen. Ein Zeitraum von 36 Monaten dürfte im Regelfall außerhalb des Toleranzbereichs der Rechtsprechung liegen (BFH 26.4.2001 – IV R 14/00, BStBl. II 2001, 798). In der Regel ist es unschädlich, wenn sich die Betriebsaufgabe über mehr als einen Veranlagungszeitraum erstreckt (BFH 26.5.1993 – X R 101/90, BStBl. 1993, 710). Die Tarifermäßigung kann damit ggf. in mehreren Veranlagungszeiträumen gewährt werden (BFH 26.5.1993 – X R 101/90, BStBl. II 1993, 710: Betriebsaufgabegewinn kann „in aller Regel allenfalls auf zwei aufeinanderfolgende Veranlagungszeiträume verteilt" werden).

997 Sachgerecht ist es, **weniger die zeitlichen Voraussetzungen, sondern die sachliche Einheit des Vorgangs in den Vordergrund zu stellen.** Dieser setzt ein ununterbrochenes zielgerichtetes Handeln voraus. Da anerkannt ist, dass sich die Betriebsaufgabe über mehrere Veranlagungszeitrume hinziehen kann (was auch bei einer Abwicklung in sechs Monaten möglich ist) sollte es im Sinne einer Faustformel idR als angemessen angesehen werden, wenn die Betriebsaufgabe innerhalb von zwei aufeinander folgenden Veranlagungszeiträumen erfolgt (so auch Frotscher/Geurts/*Kauffmann* § 16 Rn. 69).

Lassen sich Veräußerungen nicht innerhalb dieses Zeitraums durchführen, kann der Steuerpflichtige die Begünstigung durch Übernahme der schwer veräußerlichen Wirtschaftsgüter (wesentliche Betriebsgrundlagen) in das Privatvermögen erhalten. Hierzu bedarf es einer eindeutigen Erklärung, falls es nicht zu einer zwingenden Überführung in das Privatvermögen kommt (→ Rn. 994). **998**

Von der Betriebsaufgabe sind jedoch Fälle der nicht begünstigten **allmählichen Betriebsabwicklung** zu unterscheiden. Der Prozess der Betriebsaufgabe wird nämlich nicht durch eine formelle Übernahme von Wirtschaftsgütern (insb. Umlaufvermögen, aber auch Anlagevermögen/wesentliche Geschäftsgrundlagen) beendet, wenn der Steuerpflichtige die Waren im Anschluss alsbald von dort aus veräußern möchte (BFH 7.3.1957 – IV 368/55 U, BStBl. III 1957, 209; BFH 12.12.2000 – VIII R 10/99, BStBl. II 2001, 282; BFH 30.8.2007 – IV R 5/06, BStBl. II 2008, 113). Werden diese nämlich über Jahre nach und nach veräußert, entfällt der Grund der Steuerbegünstigungen des § 34 Abs. 2 Nr. 1 und § 16 Abs. 4. Solche Geschäftsvorfälle unterscheiden sich nämlich nicht von gewöhnlichen Veräußerungsgeschäften eines fortbestehenden Betriebs. Das Abgrenzungskriterium ist allein die Angemessenheit des Zeitraums zwischen der Veräußerung/Überführung der ersten und der letzten wesentlichen Betriebsgrundlage (HHR/Kulosa § 16 Rn. 534). **999**

Die Betriebsaufgabe setzt im Grundsatz voraus, dass alle stillen Reserven im jeweiligen Betrieb des Steuerpflichtigen aufgedeckt werden. Es gelten nach der Rechtsprechung andere Maßstäbe als bei § 6 Abs. 3; hier wird es grundsätzlich akzeptiert, wenn (kurz) vor oder mit der Übertragung funktional wesentliche Betriebsgrundlagen nach Maßgabe des § 6 Abs. 5 in andere (Sonder-)Betriebsvermögen des Steuerpflichtigen übertragen oder überführt werden (BFH 2.8.2012 – IV R 41/11, BStBl. II 2019, 715; → § 6 Rn. 2708). Gestützt auf Sinn und Zweck von §§ 16, 34 – wonach sich aus der Progression ergebende Härten abgemildert werden sollen – verbietet sich nach Auffassung der Rechtsprechung die Gewährung der Privilegierungen, wenn aufgrund einheitlicher Planung und in engem zeitlichen Zusammenhang mit der Veräußerung wesentliche Betriebsgrundlagen aus dem nämlichen Betriebsvermögen ausgeschieden werden (BFH 12.4.2000 – XI R 35/99, BStBl. II 2001, 26; BFH 24.8.2000 – IV R 51/98, BStBl. II 2005, 173; BFH – VIII R 21/00, BStBl. II 2003, 194). Den „Beobachtungszeitraum" bestimmt die Rechtsprechung anhand der gleichen Maßstäbe, an welchen sie auch die Betriebsaufgabefrist bemisst (BFH 30.8.2012 – IV R 44/10, BFH/NV 2013, 220). **1000**

Von diesem Grundsatz bestehen indes einige Ausnahmen (HHR/*Kulosa* § 16 Rn. 521), nämlich insb. wenn **1001**

- die ausgegliederte Betriebsgrundlage ihrerseits als tauglicher Betriebsaufgabegegenstand (→ 945) begünstigt wäre; dies betrifft die Buchwertausgliederung bei Mitunternehmeranteilen (BFH 25.2.2010 – IV R 49/08, BStBl. II 2010, 726) sowie 100%-Beteiligungen an Kapitalgesellschaften (BFH 28.5.2015 – IV R 26/12, BStBl. II 2015, 797).
- die Betriebsgrundlage in ein ausländisches Betriebsvermögen übertragen wird, weil dann nach Maßgabe von § 4 Abs. 1 S. 4 die stillen Reserven aufgedeckt werden (→ § 4 Rn. 611).
- das Buchwertprivileg des § 6 Abs. 1 Nr. 4 Satz 4 für Sachspenden (→ § 6 Rn. 2247) zur Anwendung kommt (FG Köln 24.3.2011 – 10 K 473/08, EFG 2011, 1520).

Die Grundsätze gelten entsprechend, wenn wesentliche Betriebsgrundlagen bei einer Einbringung nach Maßgabe von § 20 UmwStG nicht auf die Kapitalgesellschaft überführt werden (so auch HHR/*Kulosa* § 16 Rn. 521). § 20 UmwStG ist ein Spezialfall der Betriebsaufgabe, sodass die vorgenannten Grundsätze entsprechend gelten müssen.

Einstweilen frei **1002–1003**

3. Realteilung einer Mitunternehmerschaft

Abs. 3 S. 2 bis 4 und Abs. 5 (→ Rn. 1160) enthalten Regelungen zur **Realteilung** einer Mitunternehmerschaft. S. 2 ordnet unter weiteren – zuletzt durch Rechtsprechung und Verwaltung erweiterten – Voraussetzungen die zwingende **Buchwertfortführung** in Fällen der Realteilung einer Mitunternehmerschaft bei Übertragung von Teilbetrieben, Mitunternehmeranteilen oder einzelnen Wirtschaftsgütern in ein anderes Betriebsvermögen des jeweiligen Mitunternehmers an. Stille Reserven können hierbei zwischen den Mitunternehmern überspringen; die steuerneutrale Realteilung soll wirtschaftlich sinnvolle Umstrukturierun- **1004** gen ermöglichen, wenn das unternehmerische Engagement fortgesetzt wird. Die Vorschrift ist im Zusammenhang mit § 6 Abs. 5 S. 3 zu sehen. Nach S. 3 ist – weitgehend parallel zu § 6 Abs. 5 S. 4 – rückwirkend der gemeine Wert anzusetzen, wenn es innerhalb einer Sperrfrist von drei Jahren ab Abgabe der Steuererklärung für den Veranlagungszeitraum der Realteilung zur Veräußerung oder Entnahme einer zum Buchwert übertragenden (fiktiven) wesentlichen Betriebsgrundlage kommt. S. 4 schließt die Anwendung von S. 2 aus, soweit Wirtschaftsgüter unmittelbar oder mittelbar auf eine Körperschaft, Personenvereinigung oder Vermögensmasse übertragen werden (Körperschaftsklausel I). In Abs. 5 ist eine Sonderregelung für Fälle enthalten, in denen Anteile an einer Körperschaft, Personenvereinigung oder Vermögensmasse von einem nicht nach nach § 8b Abs. 2 KStG privilegierten Steuerpflichtigen auf einen nach dieser Vorschrift privilegierten Steuerpflichtigen übertragen werden. Veräußert dieser innerhalb einer Sperrfrist von sieben Jahren die Anteile oder erfüllt einen gleichgestellten Tatbestand, ist rückwirkend auf den Zeitpunkt der Realteilung der gemeine Wert anzusetzen (Körperschaftsklausel II, → 1160). Systematisch vorzugswürdig wäre es gewesen, Abs. 5 in Abs. 3 zu positionieren.

1005 **Realteilung** beschreibt (Frotscher/Geurts/*Kauffmann* § 16 Rn. 177a weist zutreffend auf die lediglich deskriptive Natur des Begriffs hin) eine **besondere Form der Auseinandersetzung** über das gesamthänderisch gebundene Betriebsvermögen und ggf. Sonderbetriebsvermögen einer Mitunternehmerschaft, die durch Verteilung von Wirtschaftsgütern, Teilbetrieben oder Mitunternehmeranteilen statt durch Liquidation des Gesellschaftsvermögens mit anschließender Verteilung des Erlöses erfolgt. Die Regeln gelten für Mitunternehmerschaften iSv § 15 Abs. 1 S. 1 Nr. 2 und wegen der Verweise in § 14 Satz 2 und § 18 Abs. 3 S. 2 auch für **landwirtschaftliche** (→ § 14 Rn. 57) und **freiberufliche** (→ § 18 Rn. 941) **Mitunternehmerschaften.** Zur Realteilung einer vermögensverwaltenden Personengesellschaft vgl. *Wübbelsmann* DStR 2019, S. 2289.

1005.1 Bis **1998** enthielt das EStG **keine Regelungen** zur Realteilung (vgl. auch Schmidt/*Wacker* § 16 Rn. 530; Blümich/*Schallmoser* § 16 Rn. 395). Das Rechtsinstitut der Realteilung und die Besteuerungsfolgen beruhten auf von der Rechtsprechung entwickelten Grundsätzen (insb. BFH 19.1.1982 – VIII R 21/77, BStBl. II 1982, 456; BFH 10.3.1998 – VIII R 76/96, BStBl. II 1999, 269; BFH 1.12.1992 – VII R 57/90, BStBl. II 1994, 607; BFH 23.3.1995 – IV R 93/93, BStBl. II 1995, 700; BFH 4.5.2004 – XI R 7/03, BStBl. II 893, kritisch KSM/*Reiß* § 16 Rn. C 139 ff., weil eine Rechtsgrundlage für die interpersonelle Verschiebung der stillen Reserven fehle). Die Finanzverwaltung billigte diese Rechtsprechung (bspw. BMF 11.1.1993, BStBl. I 1993, 62, BMF 14.7.1995, BStBl. I 1995, 374, BMF 25.3.1998, BStBl. I 1998, 268). Die Rechtsprechung sah Realteilungen als Betriebsaufgabe nach Abs. 3 S. 1 auf Ebene der Personengesellschaft an. Die Grundsätze kamen also – im Unterschied zur heutigen Auffassung der Rechtsprechung und Finanzverwaltung, die auch eine Aufgabe des Mitunternehmeranteils ausreichen lässt – nur bei Auflösung der Personengesellschaft zur Anwendung. Folge der Betriebsaufgabe ist zwar grds. die Entstehung eines Aufgabegewinns. Gleichwohl räumtedie Rechtsprechung dem Steuerpflichtigen ein **Wahlrecht** ein. Auf dieser Grundlage konnte der Steuerpflichtige sich zwischen Gewinnrealisierung durch Versteuerung eines Aufgabegewinns (in Höhe des Unterschieds zwischen Buchwert und dem gemeinen Wert abzgl. der Aufgabekosten) und ggf. anschließendem Ansatz des zugeteilten Teilwerts bei Fortführung der Wirtschaftsgüter in einem Betriebsvermögen oder einer **steuerneutralen Umstrukturierung** unter Fortführung der Buchwerte im aufnehmenden Betriebsvermögen entscheiden.

1005.2 Steuerpflichtige entschieden sich vor allem dann für die Aufdeckung der stillen Reserven, wenn hohe Spitzenausgleichzahlungen zum normalen Tarif zu versteuern gewesen wären, Verlustvorträge genutzt werden sollten oder um die Schaffung neuen AfA-Volumens zu erreichen (HHR/*Kulosa* § 16 Rn. 570, Stand Februar 2013).

1005.3 Die Voraussetzungen des in der **Schlussbilanz auszuübenden Wahlrechts** entsprachen weitgehend den Voraussetzungen des Abs. 3 S. 2 in seiner heutigen Fassung. Es mussten **Teilbetriebe, Mitunternehmeranteile oder einzelne Wirtschaftsgüter** aus einer Mitunternehmerschaft in das **jeweilige Betriebsvermögen der Mitunternehmer** übertragen oder überführen werden. Dabei musste die steuerliche Erfassung der stillen Reserven sichergestellt sein. Die Rechtsprechung leitete dieses Wahlrecht aus einer **analogen reziproken Anwendung des § 24 UmwStG** ab. Die Realteilung einer Personengesellschaft sei nach ihrem Wesen der umgekehrte Fall der Einbringung („Ausbringung"), also „der Weg aus der Personengesellschaft" (*Riedel*, Das Umwandlungsrecht der Mitunternehmerschaft, 263). Wie im Fall der Einbringung schränke auch § 24 UmwStG 1977 die Rechtsfolgen des § 16 Abs. 3 UmwStG ein. Das Wahlrecht musste bei Aufstellung der steuerrechtlichen Schlussbilanz (Realteilungsschlussbilanz) ausgeübt werden. Diese Werte waren in der Eröffnungsbilanz des neuen Betriebes fortzuführen (BFH 10.12.1991 – VIII R 69/86, BStBl. II 1992, 385). Verschiebungen von stillen Reserven waren mit der Kapitalkontenanpassungsmethode auszugleichen (BFH 1.12.1992 – VIII R 57/90, BStBl. II 1994, 607; Beispiel bei Schmidt/*Wacker* § 16 Rn. 530). Das Wahlrecht musste von den Gesellschaftern nicht einheitlich ausgeübt werden (BFH 1.12.1992 – VIII R 57/90, BStBl. II 1994, 607).

Das **StEntlG 1999/2000/2002** vom 24.3.1999 (BGBl. 1999 I 402) ergänzte Abs. 3 in S. 2 **erstmals** **1005.4** mit Wirkung ab dem 31.12.1998 um eine **explizite Regelung zur Realteilung,** die auf nach dem 31.12.1998 durchgeführte Realteilungen anwendbar war (§ 52 Abs. 34 S. 3 idF des UntStFG v. 20.12.2001). Dies machte einen Rückgriff auf § 24 UmwStG analog unmöglich, weil es an einer für die Analogie erforderlichen Regelungslücke fehlte. Nach der neuen Regelung galt eine Realteilung als Aufgabe des MU-Anteils mit der Folge der Aufdeckung stiller Reserven, wenn die bisherigen Mitunternehmer einzelne Wirtschaftsgüter erhielten. Nur soweit die Realteilung aber auf Teilbetriebe oder Mitunternehmeranteile gerichtet war, ordnete Abs. 3 S. 2 die entsprechende Anwendung von § 6 Abs. 3 an. Dabei kam es nicht darauf an, ob die Mitunternehmerschaft aufgelöst wurde oder fortbestand. **In Abkehr** zur bis dahin **geltenden Praxis** waren die Buchwerte bei Erfüllung der Voraussetzungen also (nur Übertragung von – auch erst im Zuge der der Übertragung entstandenen (BFH 10.3.1998 – VIII R 31/95, BFH/NV 1998, 1209; *Schulze zur Wiesche*, DStZ 1999, 425) – Teilbetrieben oder Mitunternehmeranteilen) **zwingend** fortzuführen; das Wahlrecht entfiel. Die Buchwertfortführung war nicht möglich, soweit **Einzelwirtschaftsgüter** übertragen wurden. Es kam insofern zur Gewinnrealisierung (BFH 29.4.2004 – IV B 124/02, BFH/NV 2994, 1295). Die privilegierenden Realteilungsvorschriften galten also nur für die Realteilung in Mitunternehmeranteile und Teilbetriebe (zu Gestaltungsmöglichkeiten nach damaligen Recht mwN bspw. HHR/*Kulosa* § 16 Rn. 571, Stand Februar 2013; Blümich/*Schallmoser* § 16 Rn. 396).

Durch das **UntStFG** vom 20.12.2001 (BGBl. 2001 I 3858) erhielt Abs. 3 S. 2–4 mit Wirkung für **1005.5** nach dem 31.12.2000 **abgeschlossene** Realteilungen (§ 52 Abs. 4 S. 4 idF des UntStFG) seine heute Form (vgl. dazu Blümich/*Schallmoser* § 16 Rn. 397). Danach ist nun im Hinblick auf Einzelwirtschaftsgüter ebenfalls eine Buchwertfortführung bei Vorliegen der Voraussetzungen vorgeschrieben. Ein Wahlrecht besteht weiterhin nicht. Die Rechtsfolge der **Buchwertfortführung** ist nun unmittelbar in Abs. 3 S. 2 enthalten, statt auf § 6 Abs. 3 zu verweisen. Die Änderung begründete der Gesetznehmer unter ausdrücklicher Inkaufnahme des Überspringens stiller Reserven mit einer Angleichung der Realteilungsregeln an § 6 Abs. 5, bei dem ebenfalls das Konzept der Besteuerung anlässlich des Rechtsträgerwechsels aufgegeben worden sei (BT-Drs. 14/6882, 23: Übertragung des neuen systematischen Ansatzes auf andere Rechtsinstitute). Die Anpassung war unverzichtbar (so auch Schmidt/*Wacker* § 16 Rn. 532). Steuerneutrale Umstrukturierungen setzten nach der Vorstellung des Gesetzgebers aber die **Fortsetzung des unternehmerischen Engagements in anderer Form** und nicht bloß die Vorbereitung einer nachfolgenden Veräußerung oder Entnahme voraus (BT-Drs. 14/6882, 34). Die ursprünglich vorgesehene siebenjährige Behaltensfrist wurde jedoch im Vermittlungsverfahren durch eine dreijährige Sperrfrist ersetzt (vgl. BT-Drs. 14/7780). Eine Ausnahme von der Buchwertfortführung besteht, wenn im Rahmen eines Teilbetriebs zu Buchwert übertragene Kapitalgesellschaftsanteile innerhalb von sieben Jahren veräußert werden (Abs. 5).

Ab 2015 hat der BFH und ihm folgend die Rechtsprechung den Tatbestand der Realteilung zunehmend weiter interpretiert. **1005.6** Die Finanzverwaltung hat ihre zunächst restriktivere „Umsetzung" der Rechtsprechung im Realteilungserlass vom 20.12.2016, BStBl. I 2017, 36 schnell mit dem derzeit aktuellen Realteilungserlass vom 19.12.2018 (BStBl. 2019, 9) korrigiert (dazu *Stenert* DStR 2017, 1785; *Stenert* DStR 2019, 245).

Die Abs. 3 S. 2 ordnet nun unter bestimmten Voraussetzungen eine Buchwertfortführung **1006** an, ermöglicht also **steuerneutrale Umstrukturierungen,** um wirtschaftlich sinnvolle Umstrukturierungen nicht steuerlich zu belasten (bspw. BFH 10.2.1972 – IV 317/65, BStBl. II 1972, 419, in diese Richtung auch BT-Drs. 14/6882, 23). Sie stellt neben § 6 Abs. 3 und Abs. 5 sowie den Einbringungsfällen nach §§ 20 ff. UmwStG eine **besonders praxisrelevante Form der Umstrukturierung** dar und will nach den Gesetzgebungsmaterialien die Fortsetzung des unternehmerischen Engagements in anderer Form begünstigen (BT-Drs. 14/6882, 34). Dies betrifft in der Rechtspraxis **oft freiberufliche Mitunternehmerschaften** (→ § 18 Rn. 941) in der Rechtsform einer GbR oder PartG (*Schulze* SteuStud 2014, 588, *Wiese/Lukas* DStR 2016, 1078), ist jedoch bspw. bei der Entflechtung von Konzernen bedeutsam (dazu *Neu/Hamacher* FR 2017, 605). Im Übrigen ermöglichen die Regelungen zur Realteilung in der Rechtsanwendung die Umstrukturierung von Unternehmen (ggf. Vorbereitung von Veräußerung oder Verschmelzung), die steuerneutrale Trennung von

Gesellschafterstämmen, die Vorbereitung einer vorweggenommenen Erbfolge und die steuerneutrale Auseinandersetzung einer Erbengemeinschaft über Betriebsvermögen (HHR/*Kulosa* § 16 Rn. 540). Damit ist die praktische Bedeutung hoch.

1007 Neben der in Abs. 3 S. 2 getroffenen Regelungen zur Realteilung einer Mitunternehmerschaft hat die Realteilung noch in anderen Zusammenhängen Bedeutung, nämlich insbesondere bei der Auseinandersetzung einer Erbengemeinschaft durch Aufteilung des Nachlasses (BMF 14.3.2006 – BStBl. I 2006, 253).

1008–1010 *Einstweilen frei*

1011 **a) Begriff der Realteilung.** Der Begriff der Realteilung wird im Gesetz zwar verwendet, jedoch nicht definiert. Ursprünglich ging die Rechtsprechung – freilich noch vor Einfügung der diesbezüglichen Regelung (→ Rn. 1005.4) – bei der Auslegung des Begriffs der Realteilung allein von einem **zivilrechtlichen Verständnis** aus (BFH 19.1.1982 – VIII R 21/77, BStBl. II 1982, 456). Nach dem gesetzestechnischen zivilrechtlichen **Normalfall** setzen sich Gesellschafter bei Auflösung einer Personengesellschaft (§§ 730 ff. BGB) oder einer Personenhandelsgesellschaft (§§ 145, 161 HGB) durch Veräußerung des aktiven Vermögens, Tilgung der Gesellschaftsschulden, Rückzahlungen der Einlagen und letztlich Verteilung des verbleibenden Überschusses auseinander (Frotscher/Geurts/*Kauffmann* § 16 Rn. 177a). Dies ist eine Betriebsaufgabe iSv § 16 Abs. 3 S. 1. Folglich setzte nach dem für steuerliche Zwecke übernommenen zivilrechtlichen Verständnis eine Realteilung steuerlich auch immer die Auflösung der Personengesellschaft voraus (BFH 19.1.1982 – VIII R 21/77, BStBl. II 1982, 456). Die Finanzverwaltung folgte dieser Auffassung und verlangte ebenfalls eine Betriebsaufgabe auf Ebene der Personengesellschaft; die Aufgabe eines Mitunternehmeranteils bei Fortbestehen der Mitunternehmerschaft entsprach diesen zivilrechtlichen Verständnis nicht (BMF 28.2.2006 – BStBl. I 2006, 228).

1012 Scheidet ein Gesellschafter aus der Gesellschaft aus und besteht die Gesellschaft fort, steht ihm – insofern letztlich mit dem Ergebnis der Liquidation vergleichbar – ein **Abfindungsanspruch** gem. § 738 Abs. 1 S. 2 BGB in Geld zu (BGH 17.5.2011 – II ZR 285/09, DStR 2011, 1382, BGH 21.1.2014 – II ZR 87/13, DStR 2014, 404). Dies gilt auch, wenn ein Gesellschafter aus einer zweigliedrigen Gesellschaft ausscheidet und das verbleibende Gesellschaftsvermögen auf den verbliebenen „Gesellschafter" im Wege der Anwachsung übergeht (vgl. BFH 10.3.1998 – VIII R 76/96, BStBl. II 1999, 269).

1012.1 Im Fall des Fortbestehens der Gesellschaft kann der Anspruch durch **Eigenmittel der Gesellschaft** oder durch Zahlungen der **Gesellschafter** mit **außergesellschaftlichen Mitteln** bedient werden. Im ersten Fall nimmt das Vermögen der Gesellschaft schlicht ab. Im zweiten Fall hingegen erhöht sich der Anteil der bisherigen Gesellschafter um den zuvor den von dem ausgeschiedenen Gesellschafter gehaltenen Anteil (Kirchhoff/*Seer* § 16 Rn. 189). **Beide Fälle** wurden von der Rechtsprechung jedenfalls **bisher** als **Anteilsveräußerungen iSv Abs. 1 Nr. 2** angesehen (vgl. BFH 9.7.2015 – IV R 19/12, BStBl. II 2015, 954; BFH 12.7.2012 – IV R 12/11, BFH/NV 2013, 200; BFH 10.3.1998 – VIII R 76/96, BStBl. II 1999, 269, BFH 10.3.1998 – VIII R 76/96, BStBl. II 1999, 269), was angesichts der gleichen Rechtsfolgen bei Veräußerung und Betriebsaufgabe im Ergebnis keine Auswirkungen hatte (Kirchhoff/*Seer* § 16 Rn. 190).

1012.2 Der erste Fall, die Befriedigung des Abfindungsanspruchs aus Mitteln der Gesellschaft, ist allerdings als Betriebsaufgabe einzuordnen, weil es sich bei einer Erfüllung des Abfindungsanspruchs aus Gesellschaftsmitteln schlicht um die (teilweise) Verteilung des bis dato gemeinsam gehaltenen Vermögens handelt (so auch Kirchhoff/*Seer* § 16 Rn. 190). Aufgeben wird der Mitunternehmeranteil (§ 16 Abs. 3 S. 1 iVm § 16 Abs. 1 S. 1 Nr. 2). Diese Auffassung bestätigt auch das Urteil des BFH 17.9.2015 – III R 49/13, BStBl. II 2017, 37 (sowie BFH 30.3.2017 – IV R 11/15, BStBl. 2019, 29): In diesem Rahmen begründet der BFH einen Veräußerungsvorgang nach Abs. 1 S. 1 Nr. 2 damit, dass eine aus Mitteln der Gesellschafter oder künftigen Erträgen der Gesellschafter zu erbringende Gegenleistung für das Ausscheiden aus der Gesellschaft vorliege. Demgegenüber sei die Abfindung mit einem Teilbetrieb (= Bestandsvermögen der Gesellschaft) als Aufgabe eines Mitunternehmeranteils aufzufassen. Dies muss auch gelten, wenn eine Geldleistung aus Bestandsvermögen erfolgt, denn in welcher Weise der ausscheidende Gesellschafter abgefunden wird ist für die Unterscheidung von Betriebsaufgabe und Betriebsveräußerung nicht erheblich. Ein Aufgabegewinn ist nach den allgemeinen Grundsätzen zu ermitteln. Der zweite Fall ist eine Anteilsveräußerung iSv Abs. 1 Nr. 2.

1013 Statt in Geld kann ein Gesellschafter auch in **Sachwerten** abgefunden werden (**Sachwertabfindung**). Dann erhält er zur Befriedigung seines Abfindungsanspruchs Gegenstände aus dem Vermögen der Gesellschaft. Dies ist sowohl bei Auflösung wie auch bei (zivilrechtlichem) Fortbestehen der Gesellschaft möglich. Fälle, in denen diese Sachwertabfindung im Zusammenhang mit der Auflösung bzw. Liquidation einer Gesellschaft gewährt wird, werden zivilrechtlich oft mit dem Begriff der **Naturalteilung** umschrieben (MüKoHGB/*Schmidt* HGB § 145 Rn. 40; Baumbach/Hopt/*Roth* HGB § 145 Rn. 10; Henssler/Strohn/*Klöhn* HGB § 145 Rn. 14).

Wurde der Betrieb einer Mitunternehmerschaft in diesem Zuge beendet, konnte nach **bisheriger** überwiegender Ansicht der Vorgang als Realteilung iSv Abs. 3 S. 2 eingeordnet werden, weil der Betrieb zerschlagen wurde (Betriebsaufgabe). Sachwertabfindungen bei Fortbestehen von Gesellschaft und Betrieb qualifizierten mangels Zerschlagung nach **bisherigem** Verständnis nicht als Realteilung. Das Erfordernis der Betriebsaufgabe wurde also allein auf Ebene der Mitunternehmerschaft statt auf Ebene des Mitunternehmeranteils beurteilt. **1013.1**

Die Naturalteilung ist eine **besondere Form der Auseinandersetzung,** wonach (teilweise) die vorhandenen aktiven und passiven **Wirtschaftsgüter** zwischen den Gesellschaftern **verteilt** werden. Diese Form der Auseinandersetzung trägt dem Bedürfnis, das Gesellschaftsvermögen nicht zu realisieren/liquidieren, Rechnung. Neben Einzelwirtschaftsgütern können auch **strukturierte Sachgesamtheiten** (Mitunternehmeranteile, Teilbetriebe und diesen gleichstehende 100prozentige Kapitalgesellschaftsbeteiligungen) im Rahmen einer Realteilung zwischen den Gesellschaftern verteilt werden. **1014**

Zivilrechtlich hat die Naturalteilung ihre Grundlage in einer **Teilungs- bzw. Auseinandersetzungsvereinbarung** der Gesellschafter (siehe bspw. BFH 17.9.2015 – III R 49/23, BStBl. II 2017, 37). Diese ist rechtlich in § 732 S. 2 BGB iVm § 752 BGB für Personengesellschaften und für die Personenhandelsgesellschaften in § 145 Abs. 1 HGB („andere Art der Auseinandersetzung") angelegt (MüKoHGB/*Schmidt* HGB § 145 Rn. 40 „Naturalteilung des Unternehmens"; BGH 11.5.2009 – II ZR 210/08, NJW 2009, 2205; BFH 10.12.1991 – VIII R 69/86, BStBl. II 1992, 385; *Reiss* StuW 1995, 199). Die Naturalteilung muss sich nicht auf das gesamte Gesellschaftsvermögen beziehen, dh sie kann neben einer Liquidation anderer Teile des Gesellschaftsvermögens erfolgen. Sie kann sich auf funktionsfähige Einheiten wie Teilbetriebe oder diesen gleichgestellte 100prozentige Beteiligungen an Kapitalgesellschaften oder einzelne Wirtschaftsgüter mit der Folge der Zerschlagung des Betriebs beziehen (Frotscher/Geurts/*Kauffmann* § 16 Rn. 177e). **1015**

Im Regelfall kommt es zur Einzelübertragung des Eigentums an den Wirtschaftsgütern aus dem Gesamthandvermögen der Personengesellschaft auf den übernehmenden Mitunternehmer. Denkbar ist auch ein Eigentumserwerb im Wege einer partiellen Gesamtrechtsnachfolge (Sonderrechtsnachfolge) im Wege einer Spaltung nach §§ 123 ff. UmwG. Dieser Weg ist jedoch nur eröffnet, wenn die betreffenden Mitunternehmerschaft als übertragender Rechtsträger eine Personenhandelsgesellschaft (§ 124 UmwG iVm § 3 Abs. 1 Nr. 1 UmwG), dh OHG od. KG, ist und an dieser als übernehmende Rechtsträger bzw. Gesellschafter Kapitalgesellschaften oder Personenhandelsgesellschaften beteiligt sind oder eine Personenhandelsgesellschaft auf zwei oder mehr Folgegesellschaften gleicher Rechtsform aufgespalten wird. Diese Vorgänge kommen bei Beteiligung einer natürlichen Person nicht in Frage (HHR/*Kulosa* § 16 Rn. 541 mwN; Schmidt/*Wacker* § 16 Rn. 542; zur steuerlichen Behandlung von Spaltungs- und Ausgliederungsverträgen *Schulze zur Wiesche* DStZ 2004, 366). **1015.1**

aa) Enger Realteilungsbegriff (echte Realteilung). Obgleich § 16 Abs. 3 S. 2 den ursprünglich von der Rechtsprechung entwickelten (BFH 17.9.2015 – III R 49/13, BStBl. II 2017, 37 mwN) Begriff der Realteilung – im Gegensatz zum Zivilrecht – explizit als Tatbestandsvoraussetzung der Buchwertfortführung verwendet, fehlt im Gesetz eine Definition. Es setzt den Begriff seit seiner Aufnahme in den Normtext im Rahmen des StEntlG 1999/2000/2002 v. 24.3.1999 (BGBl. 1999 I 304) vielmehr voraus (BFH 17.9.2015 – III R 49/13, BStBl. II 2017, 37). Der Begriff der Realteilung ist also durch Auslegung zu ermitteln. Für steuerliche Zwecke wird die Realteilung als Sonderform der Betriebsaufgabe angesehen (BFH 10.12.1991 – VIII R 69/86, BStBl. 1992, 385; BFH 5.7.1990 – GrS 2/89, BStBl. II 1990, 837; BFH 29.3.2011 – VIII R 28/08, BStBl. II 2014, 299; BFH 17.9.2015 – III R 49/13, BStBl. II 2017, 37). Dafür spricht seit der expliziten gesetzlichen Regelung insbesondere die systematische Stellung in Abs. 3. Umstritten war der Bezugs- **1016**

punkt, nämlich ob die Aufgabe sich allein auf den Betrieb der Personengesellschaft (echte Realteilung) oder auch auf den Mitunternehmeranteil (unechte Realteilung) beziehen kann.

1017 Ursprünglich verstand die Rechtsprechung den Begriff der Realteilung explizit in **Anlehnung an das Zivilrecht** als eine Form der Auseinandersetzung einer aufgelösten Mitunternehmerschaft (**enger Realteilungsbegriff** oder **echte Realteilung**) (→ Rn. 1011).

1018 So verstanden hatte der Begriff der Realteilung (**enger Begriff**) folgende **Voraussetzungen** (insb. BFH 19.1.1983 – VIII R 21/77, BStBl. II 1982, 456; BFH 29.4.2004 – IV B 124/02, BFH/NV 2004, 1395; BFH 11.4.2013 – 32/12, BStBl. II 2014, 242; BMF 19.12.2018, BStBl. 2019, 6 unter I.):

- Aufgabe des Betriebs einer Mitunternehmerschaft (iSv § 16 Abs. 3 S. 1)
- (teilweise) Aufteilung des Gesellschaftsvermögens unter den bisherigen Mitunternehmern
- Überführung jedenfalls einer wesentlichen Betriebsgrundlage in ein anderes Betriebsvermögen wenigstens eines ehemaligen Mitunternehmers.
- Nicht erforderlich ist, dass jeder Realteiler die Wirtschaftsgüter in ein anderes Betriebsvermögen überführt oder wesentliche Betriebsgrundlagen erhält. Es gilt vielmehr eine personenbezogene Betrachtung (HHR/*Kulosa* § 16 Rn. 542).

1019 Insbesondere verlangte die zitierte Rechtsprechung im Einvernehmen mit der Finanzverwaltung (BMF 28.2.2006, BStBl. I 2006, 228) und beachtlicher Teile der Literatur (Bordewin/Brandt/*Gänger* § 16 Rn. 232; *Heß* DStR 2006, 777 (778); LBP/*Hörger/Rapp* § 16 Rn. 188b; Blümich/*Schallmoser* § 16 Rn. 391, *Rogall* DStR 2005, 992; *Musil* DB 2005, 1291) als Voraussetzung des so verstandenen Realteilungsbegriffs die **Aufgabe des Betriebs der Mitunternehmerschaft,** also eine Betriebsaufgabe auf Ebene der Mitunternehmerschaft selbst. Begründet wurde diese Anforderung insbesondere mit der **systematischen Stellung** der Vorschrift in Abs. 3: Aus dem offenkundigen Regelungszusammenhang mit der Betriebsaufgabe und der für diese allgemein vertretenen Einkunftsquellen-Zerschlagungstheorie (Frotscher/Geurts/*Kauffmann* § 16 Rn. 177i) folge, dass eine Realteilung die Auflösung der Mitunternehmerschaft als Gesellschaft und das Zerschlagen des Betriebs als Organismus voraussetze (anschaulich Frotscher/Geurts/*Kauffmann* § 16 Rn. 177o mit rechtssystematischer Kritik). Diese Voraussetzungen seien jedoch nicht erfüllt, wenn lediglich ein Mitunternehmer aus dem Betrieb ausscheidet und die Personengesellschaft mit den anderen Mitunternehmens fortgeführt wird.

1020 Das **zivil- bzw. gesellschaftsrechtliche Ende** der den Betrieb tragenden Personengesellschaft war hingegen – wie parallel bei der Betriebsaufgabe – nicht Voraussetzung einer Realteilung. Die rechtliche Existenz einer Personengesellschaft ohne steuerlich relevante Tätigkeit ist unerheblich. Maßgeblich ist allein, ob der Betrieb zerschlagen wird (Frotscher/Geurts/*Kauffmann* § 16 Rn. 177l; Schmidt/*Wacker* § 16 Rn. 535).

1021 Die Definition ist nicht als strenges Prüfprogramm iSv zwingend notwendigen Tatbestandsvoraussetzungen aufzufassen. Es handelt sich bei dem Begriff der Realteilung vielmehr um einen steuerlichen Typusbegriff (*Mielke/Brühl* FR 2015, 1097 (1100), → 937.1). Dies ergibt sich bereits aus dem Umstand, dass auch „Betriebsaufgabe“ ein Typusbegriff ist.

1021.1 *Riedel* weist darauf hin, dass die Einordnung der Realteilung als Betriebsaufgabe verfehlt sei. Kennzeichen der Betriebsaufgabe sei die Beendigung der betrieblichen Tätigkeit als solche. Bei dieser würden regelmäßig Wirtschaftsgüter in das Privatvermögen überführt, statt – wie bei der Realteilung – in Eigenbetriebe übernommen zu werden. Zudem handele es sich im wirtschaftlichen Ergebnis um einen Leistungsaustausch, nämlich die Erfüllung von Abfindungsansprüchen. Sie plädiert dafür, die Realteilung als Veräußerung bzw. Tausch zu kategorisieren. Auch bei Veräußerungen komme es – wie das UmwStG zeige – nicht zwingend zur Realisation der stillen Reserven (*Riedel* Das Umwandlungssteuerrecht der Mitunternehmerschaft, 277).

1022 *Einstweilen frei*

1023 **bb) Weiter Realteilungsbegriff (unechte Realteilung).** Die Rechtsprechung hat sich von dem zivilrechtlichen Verständnis der Realteilung gelöst und versteht den Terminus nun als **rein steuerlichen Funktionsbegriff** (so auch Schmidt/*Wacker* § 16 Rn. 535; Kirchhoff/*Seer* § 16 Rn. 199). Damit hat er sich der Kritik an dem zuvor vertretenen engen Realteilungsbegriff angeschlossen (*Ley* FS Korn, 2005, 335 (338); Widmann/Mayer/*Pupeter* Anh. 10 Rn. 1467; Korn/*Stahl* § 16 Rn. 296; *Stuhrmann* DStR 2005, 1355 (1356 f.))

Den **engen Realteilungsbegriff** hat der BFH mit Urteil vom 17.9.2015 – III R 49/13, BStBl. II 2017, 37 unter Aufgabe seiner bisherigen Rechtsprechung mit Zustimmung des IV. und des VIII. Senats aufgegeben und damit zunächst auch das Ausscheiden eines Mitunternehmers bei **fortbestehender Mitunternehmerschaft** gegen Abfindung mit einem Teilbetrieb der Regelung des § 16 Abs. 3 S. 2 unterworfen: Der Begriff der Realteilung schließe demnach jedenfalls das Ausscheiden eines Mitunternehmers aus einer unter den übrigen Gesellschaftern **fortbestehenden Gesellschaft** unter Mitnahme eines – weiterhin zum Betriebsvermögen des Ausgeschiedenen gehörenden – Teilbetriebs ein (zum Ausscheiden gegen Einzelwirtschaftsgüter → Rn. 1025). Die so verstandene Realteilung sei eine Aufgabe des Mitunternehmeranteils iSd § 16 Abs. 3 S. 1 iVm Ab. 1 S. 1 Nr. 2. **1024**

Der Begriff der Realteilung – so der BFH – sei ein steuerrechtlicher Begriff, dessen Auslegung nicht an das Zivilrecht gebunden sei. Weil Abs. 3 S. 2 auf die Ermittlung des Gewinns der Mitunternehmerschaft Bezug nehme, setze die Realteilung aber einen Sachverhalt voraus, der sich grds. auf den Gewinn auswirkt. Dies bedingt aber nicht eine vollständige Auflösung der Mitunternehmerschaft, denn auch der Veräußerung- oder Aufgabegewinn des aus einer fortbestehenden Mitunternehmerschaft ausscheidenden Mitunternehmers sei Teil des Gewinns der Mitunternehmerschaft. Der Gesetzgeber habe das Vorliegen einer Realteilung auch nicht von der Auflösung der Mitunternehmerschaft abhängig machen wollen. Dies ergebe sich aus der Entwurfsbegründung des StEntlG 1999/2000/2002 (BT-Drs. 14/265, 179: „die Mitunternehmerschaft zwar bestehen bleibt, jedoch Teile des Betriebsvermögens dem ausscheidenden Gesellschafter als Abfindung überlassen werden"). Nach dem Aufbau des Abs. 3 sei die Realteilung zwar ein Sonderfall der Betriebsaufgabe. Abs. 3 S. 1 erfasse aber gleichrangig als Aufgabetatbestände die Aufgabe des Gewerbebetriebs, die vollständige Aufgabe eines Mitunternehmeranteils sowie des Anteils eines persönlich haftenden KGaA-Gesellschafters. Beurteilt man das Ausscheiden eines Gesellschafters unter Mitnahme von Gesellschaftsvermögen entgegen der früheren Rechtsprechung nicht länger als Veräußerung, sondern als Aufgabe des Mitunternehmeranteils, erlange der **Verweis des Abs. 3. S. 1 auf Abs. 1 Nr. 2 eine eigenständige Bedeutung.** Der BFH begründete die Änderung der Rechtsprechung weiterhin mit Sinn und Zweck der Norm: Das Rechtsinstitut der Realteilung bezwecke, wirtschaftlich sinnvolle Umstrukturierungen bei fortdauernder Verstrickung nicht zu belasten. **1024.1**

Der bisherige Streit um die Reichweite des Realteilungsbegriffs ist vor dem Hintergrund des § 16 Abs. 1 Nr. 2 zu verstehen. Steuerbar ist danach die Veräußerung eines gesamten Mitunternehmeranteils. Es handelt sich um einen Vorgang, der zwingend das Ausscheiden eines Gesellschafters bei im Übrigen fortbestehender Mitunternehmerschaft voraussetzt. Die Vorschrift hätte keinen Anwendungsbereich, wenn bereits das Ausscheiden als Betriebsaufgabe angesehen werden könnte. Dementsprechend ordnete man das Ausscheiden aus einer Mitunternehmerschaft sogar gegen Abfindung aus Gesamthandsvermögen selbst mangels Betriebsaufgabe (auf Ebene der Mitunternehmerschaft) nicht als Realteilung ein. Dieser Vorgang wurde schon früh als sog „unechte Realteilung" bezeichnet (*Sarrazin/Crezelius* JbFStR 2000/01, 315 (320 ff.); ausführlich zur Entwicklung der Dogmatik *Wendt* FR 2016, 536 (537)). Keine Betriebsaufgabe (und keine Realteilung) liegt indes vor, wenn die Abfindung aus Mitteln der Mitgesellschafter oder künftigen Erträgen der Gesellschaft (etwa einer Geldrente) erfolgt. **1024.2**

Das Urteil hat **breite Zustimmung** erfahren (bspw. *Levedag* GmbHR 2016, 377; *Wendt* FR 2016, 536; *Wiese/Lukas* DStR 2016, 1078; *Pupeter* DB 2017, 2122; *Steiner* Ubg 2017, 448; *Stenert* DStR 2017, 1785; **kritisch:** Schmidt/*Wacker* § 16 Rn. 535, der den Vorgang für eine Veräußerung des Mitunternehmeranteils hält, diese aber mit den Wertungen des § 6 Abs. 3 zur Buchwertfortführung den insoweit zweckidentischen Realteilungsregeln des Abs. 3 S. 2 unterstellen will; kritische Auseinandersetzung auch bei HHR/*Kulosa* § 16 Rn. 543). Auch die **Finanzverwaltung** hat sich der Ansicht des BFH angeschlossen (BMF 20.12.2016, BStBl. I 2016, 228; erweitert durch BMF 19.12.2016, BStBl. I 2019, 6). Es besteht ein praktisches Bedürfnis für die Anwendung der Realteilungsregeln, weil bei Übertragung von Wirtschaftsgütern und strukturierten Sachgesamtheiten mit Weiterverwendung dieser im betrieblichen Zusammenhang betriebswirtschaftlich sinnvolle Umstrukturierungen – wozu auch die Trennung von Mitunternehmerschaften, gleich aus welchem Grund gehören kann – behindert würden. Der Gesetzgeber hat an vielen Stellen erkennen lassen, dass in solchen Konstellationen der **Kontinuitätsgrundsatz** Vorrang vor dem Subjektsteuerprinzip haben soll (Kirchhof/*Seer* § 16 Rn. 199). Dies gilt insb., wenn das Ausscheiden aus einer freiberuflichen Mitunternehmerschaft gegen Teile des Mandanten- oder Patientenstamms erfolgt. Eine Besteuerung an dieser Stelle wäre letztlich eine Besteuerung künftiger Erträge, denn wertbegründend ist hier gerade die künftige Ertragserwartung (so auch *Wendt* FR 2016, 536 (538)). Zudem entspricht dies Wortlaut und Systematik von Abs. 3 S. 2 Alt. 2. Die Änderung der Rechtsprechung hat eine zuvor stellenweise geforderte Gesetzesänderung unnötig **1024.3** gemacht (Vorschlag d. BRAK und des DAV aus dem Jahr 2008, detailliert dazu *Wendt* FS Lang, 2010, 699 (716 f.)).

1024.4 Eine Lösung solcher Konstellationen unter Umwegen unter Rückgriff auf § 6 Abs. 5 S. 3 ist damit nicht weiter notwendig (*Dietl* DStR 2011, 1943; BMF 8.12.2011, BStBl. I 2011, 1279 Rn. 6). Scheidet ein Mitunternehmer vollständig aus der Mitunternehmerschaft gegen Sachwertabfindung aus, ist § 16 Abs. 3 S. 2 ggü. § 6 Abs. 5 S. 3 die speziellere Regelung. Bei einer Verringerung der Gesellschaftsrechte greift § 6 Abs. 5 S. 3.

1025 Mit Urteilen vom 16.3.2017 – IV R 31/14 (DStR 2017, 1381 ff.) und 30.3.2017 – IV R 11/15 (DStR 2017, 1376 ff.) führte der BFH seine Rechtsprechung konsequent weiter und beurteilte auch das **Ausscheiden aus einer fortbestehenden Mitunternehmerschaft** gegen **Sachwertabfindung mit Einzelwirtschaftsgütern** als Realteilung. Bereits kurz nach dem Urteil BFH 17.9.2015 – III R 49/13 war angesichts der Begründung des BFH angenommen worden, der BFH würde die Realteilungsgrundsätze – entgegen der Ansicht der Finanzverwaltung (BMF 20.12.2016, BStBl. I 2016, 228) – nach Abs. 3 S. 2 nun auch das Ausscheiden bei fortbestehender Mitunternehmerschaft gegen Einzelwirtschaftsgüter ausdehnen (Schmidt/*Wacker* § 16 Rn. 536; *Wendt*, FR 2016, 536 (539)). Die Finanzverwaltung hat sich dem angeschlossen (BMF 19.12.2018, BStBl. I 2019, 6).

1026 Danach sind **die folgenden Vorgänge** in den Grundkonstellationen nach neuester Rechtsprechung vom Begriff der Realteilung erfasst:

- Auflösung einer Mitunternehmerschaft bei Verteilung der Wirtschaftsgüter unter den Mitunternehmern (**echte Realteilung**);
- Ausscheiden eines Gesellschafters aus einer fortbestehenden, mehrgliedrigen Mitunternehmerschaft gegen Sachwertabfindung in Form von Teilbetrieben, Mitunternehmeranteilen und Einzelwirtschaftsgütern (**unechte Realteilung**).

1027 Der BFH gab seine vorherige Rechtsprechung (BFH 12.12.1996 – IV R 77/93, BStBl. II 1998, 180; BFH 9.7.2015 – IV R 19/12, BStBl. 2015, 954) auf, wonach er das Ausscheiden gegen Sachwertabfindung als Veräußerung eines Mitunternehmeranteils (Abs. 1 S. 1 Nr. 2) angesehen hatte. Mit den gleichen Argumenten wie in Bezug auf die Sachwertabfindung gegen Teilbetriebe sieht er den Vorgang nun als Aufgabe eines Mitunternehmeranteils an. Obgleich bisher keine jüngere gerichtliche Entscheidung darüber, ob auch das Ausscheiden gegen Mitnahme mit einer **100%-Beteiligung einer Kapitalgesellschaft** eine Realteilung ist, vorliegt, ist dies doch konsequent. Dies entspricht auch der Auffassung der Finanzverwaltung BMF 1.12.2018, BStBl. I 2019, 6). Dabei kommt es für die Begriffsbestimmung zunächst nicht darauf an, ob die Kapitalgesellschaftsbeteiligung als Teilbetrieb oder Einzelwirtschaftsgut gilt. Dies wird erst im Rahmen der Sperrfristregelung des § 16 Abs. 3 S. 3 bedeutend.

1027.1 Mit Urteil vom 16.3.2017 – IV R 31/14, DStR 2017, 1381 ff., hat der BFH zudem die Begrifflichkeiten „echte Realteilung" für Realteilungen, in deren Zuge des zu der Auflösung der Mitunternehmerschaft kommt, und „unechte Realteilung" für Realteilungen, bei denen die Mitunternehmerschaft zwischen den übrigen Gesellschaftern fortgeführt wird, in seine Rechtsprechung übernommen. Die Begrifflichkeiten werden zT kritisiert, weil die Rechtsfolgen die gleichen seien und kein Bedürfnis für eine schematische Benennung bestehe (*Schmidt/Siegmund* NWB 2017, 3926 (3930); *Steiner/Uhlmann* Ubg 2017, 448). Sie ermöglichen aber doch, die Entwicklung der Rechtsprechung von einem zivilrechtlichen Verständnis ausgehend hin zu einer steuerlichen Sichtweise nachzuvollziehen und die beiden bedeutenden Fallgruppen der Realteilung sprachlich klar voneinander zu unterscheiden. Zudem wurden sie bereits vorher in der Literatur verwandt (*Sarrazin/Crezelius* JbFStR 2000/01, 315 (320 ff.)).

1028 Ebenfalls liegen Realteilungen in den folgenden Fällen vor (Blümich/*Schallmoser* § 16 Rn. 391):

- Übertragung von Teilen des Gesellschaftsvermögens einer aufgelösten Mitunternehmerschaft, insb. in Form von Teilbetrieben, auf mehrere Folgemitunternehmerschaften (BFH 8.7.1992 – R 51/89, BStBl. II 1992, 946);
- Übertragung von Teilen des Gesamthandsvermögens bei fortbestehender Gesellschaft auf eine neu gegründete beteiligungs- und gesellschafteridentische Personengesellschaft, insb. zur Vermeidung einer Abfärbung nach § 15 Abs. 3 Nr. 1 (Blümich/*Schallmoser* § 16 RN. 391; HHR/*Kulosa* § 16 Rn. 543; Schmidt/*Wacker* § 16 Rn. 535; aA: BMF 28.2.2006, BStBl. I 2006, 228).

Eine Realteilung liegt demgegenüber nach der Rechtsprechung nicht vor, wenn sich die Gesellschafter zweier personenidentischer Schwestergesellschaften in der Weise auseinandersetzen, dass jeder der Gesellschafter einen Betrieb als Einzelunternehmen weiterführt (BFH 20.2.2003 – III R 34/01, BStBl. II 2003, 700). Ebenfalls liegt keine Realteilung vor, wenn Gesellschafter aus einer Gesellschaft ausscheiden und diese sodann vom letzten verbliebenen Gesellschafter als Einzelunternehmen fortgeführt wird (BFH 10.3.1998 – R 76/96, BStBl. II 1999, 269). **1029**

Einstweilen frei **1030–1031**

In wenigen Fällen werden die mitgenommenen Wirtschaftsgüter der wertmäßigen Beteiligung des ausscheidenden Gesellschafters am Gesellschaftsvermögen entsprechen (**„reine" Realteilung**). Dann werden Wirtschaftsgüter, Teilbetriebe oder Mitunternehmeranteile ohne weiteren Wertausgleich durch Barzahlungen zugeteilt. Ein Ausgleich ist auch durch die Zuweisung von Verbindlichkeiten möglich. **1032**

Von einer **Realteilung mit Spitzenausgleich** spricht man, wenn der Beteiligte, der über seinen Anteil am Vermögen der Gesellschaft hinausgehende Werte erhalten hat, einen Ausgleich in Geld aus seinem Privatvermögen leistet (BFH 11.4.2013 – III R 32/12, BStBl. II 2014, 242). Insoweit ist eine Buchwertfortführung nicht möglich. Es liegt im Verhältnis des Spitzenausgleichs zum Wert des übernommenen Betriebsvermögens ein entgeltliches Geschäft vor; dies führt auf Seiten des veräußernden Realteilers zu einem Veräußerungsgewinn. Dieser ist als laufender Gewinn nicht nach §§ 16, 34 privilegiert (BMF 1.12.2018, BStBl. I 2019, 6). **1033**

b) Voraussetzungen der Realteilung. Für die Prüfung der Tatbestandsvoraussetzungen kommt es entsprechend der Rechtslage bei § 16 Abs. 3 S. 1 auf die **tatsächliche Durchführung der Maßnahme** an, weil es sich um einen Spezialfall der Betriebsaufgabe handelt. Nicht maßgeblich sind Beschlüsse oder Willensbekundungen, wenn diese noch nicht in die Tat umgesetzt wurden. **1034**

Zusätzlich ist erforderlich, dass der Vorgang sich wie bei einer Betriebsaufgabe nach Abs. 3 S. 1 als **„zusammengeballte Realisierung der stillen Reserven"** darstellt. Ist dies nicht der Fall, handelt es sich indes lediglich um eine schrittweise Verringerung der Beteiligung an der Gesellschaft, sodass insoweit eine Buchwertfortführung nach § 6 Abs. 5 S. 3 in Betracht kommt. **1035**

Einstweilen frei **1036–1037**

aa) Mitunternehmerschaft. Abs. 3 S. 2 setzt eine Mitunternehmerschaft voraus. Der Begriff ist wie in § 15 Abs. 1 S. 1 Nr. 2 zu verstehen, denn Abs. 3 S. 2 ist in dieser Hinsicht keine Einschränkung zu entnehmen (Schmidt/*Wacker* § 16 Rn. 538; Blümich/*Schallmoser* § 16 Rn. 400). Hierzu zählen insb. auch typisch stille Gesellschaften, Innengesellschaften, Unterbeteiligungen und Erbengemeinschaften mit Betriebsvermögen (vgl. dazu auch BMF 24.3.2006, BStBl. I 2006, 253 Rn. 12). **1038**

Die Vorschriften zur Realteilung ermöglichen so das Gestaltungsinstrument der „gleitenden Vermögensnachfolge". Ein ins Auge gefasste Vermögens- bzw. Unternehmensnachfolger kann zunächst unentgeltlich unter Buchwertfortführung gem. § 6 Abs. 3 eine atypische Unterbeteiligung an einem Mitunternehmeranteil (idR KG-Anteil) eingeräumt werden, sodass er wirtschaftlich bereits an dem Unternehmen partizipiert. In einem zweiten Schritt kann diese Unterbeteiligung ertragsteuerneutral in eine eigene gesellschaftsrechtliche (KG-)Beteiligung „umgewandelt" werden. Ertragsteuerlich handelt es sich um eine Realteilung (nicht um einen „steuerneutralen Formwechsel"), weil der in der Unterbeteiligungsgesellschaft befindliche KG-Anteil auf den bisher unterbeteiligten Gesellschafter übertragen wird (*Böwig-Schmalenbrock* FR 2012, 121 (123); HHR/*Kulosa* § 16 Rn. 545). **1038.1**

Die Regelungen zur Realteilung gelten auch für land- und forstwirtschaftliche (BFH 23.3.1995 – IV R 93/93, BStBl. II 1995, 700) und freiberufliche (BFH 28.1.1993 – IV R 131/91, BStBl. II 1993, 509) Mitunternehmerschaften. Sie gelten auch für **ausländische Personengesellschaften (Mitunternehmerschaften)** (OFD Frankfurt 25.8.1988, WPg. 685; OFD Berlin 5.12.1996, DB 1997, 450). **1039**

bb) Gegenstand der Realteilung. Nach der aktuellen Gesetzesfassung sind Teilbetriebe, Mitunternehmeranteile und einzelne Wirtschaftsgüter (inkl. liquidier Mittel) **taugliche Gegenstände** der Realteilung. Dazu zählen auch Teile von Mitunternehmeranteilen denn **1040**

die Vorschrift ist – im Unterschied zu Abs. 1 S. 1 Nr. 2 und Abs. 3 S. 1 – ist nicht auf den „gesamten Anteil" beschränkt (Blümich/*Schallmoser* § 16 Rn. 401; HHR/*Kulosa* § 16 Rn. 546). Die Übertragung einer 100%igen Beteiligung an einer Kapitalgesellschaft ist als Übertragung eines Teilbetriebs zu behandeln (BMF 1.12.2018, BStBl. I 2019, 6); dies hat nach der Änderung der Rechtsprechung Bedeutung, weil die Sperrfrist von Abs. 3 S. 3 nur für Einzelwirtschaftsgüter, nicht aber Teilbetriebe inkl. diesen gleich gestellten 100%igen Beteiligungen an Kapitalgesellschaften, gilt.

1041 Zugewiesen können neben liquiden Mitteln auch **negative Wirtschaftsgüter,** dh auch Schulden bzw. Verbindlichkeiten (BMF 8.12.2011, BStBl. I 2011, 1279 unter IV. 2.; Schmidt/*Wacker* § 16 Rn. 545). Dies gilt auch, wenn im Rahmen der Realteilung Vermögen aus dem Sonderbetriebsvermögen eines anderen Gesellschafters übernommen wird. Dies gilt jedoch nicht für eine erst im Zuge der Realteilung entstehende Wertausgleichsschuld (Schmidt/*Wacker* § 16 Rn. 545 (550)). Es ist unerheblich, ob die Schulden im wirtschaftlichen Zusammenhang mit den vom betreffenden Realteiler übernommenen Wirtschaftsgütern stehen (BFH 1.12.1992 – VIII R 57/90, BStBl. II 1994, 607) oder ob sie dem rechnerischen Anteil des Gesellschafters am Gesellschaftsvermögen entsprechen oder nicht. Soweit Schulden inkongruent verteilt werden, liegt darin kein Entgelt im Sinne eines Wertausgleichs (BFH 17.9.2015 – III R 49/13, BStBl. II 2017, 37). Durch Zuweisung von Schulden oder liquiden Mitteln können **steuerschädliche Ausgleichszahlungen vermieden** werden. Es kann erwogen werden, vor der Realteilung die für den Wertausgleich erforderlichen Mittel des Gesellschaftsvermögens durch eine Kreditaufnahme oder die Einlage aus Eigenvermögen der Gesellschafter aufzustocken um so den Wertausgleich erreichen zu können (*Knobbe-Keuk* Bilanz- und Unternehmenssteuerrecht § 22 IX 3.; zur sog. Einlagelösung BFH 1.12.1992 – VIII R 57/90, BStBl. II 1994, 607; kritisch: Schmidt/*Wacker* § 16 Rn. 550: „verdeckter Wertausgleich").

1042 Nicht maßgeblich ist, ob die im Rahmen der Realteilung übergehenden Wirtschaftsgüter **wesentliche Betriebsgrundlagen** sind. Die Finanzverwaltung ist wohl nicht mehr der Auffassung, dass nach der Realteilung wenigstens eine wesentliche Betriebsgrundlage weiterhin Betriebsvermögen eines Realteilers darstellen muss. Klar geht dies jedoch nicht aus dem aktuellen Realteilungserlass hervor (BMF 19.12.2018, BStBl. I 2019, 6: „Es ist nicht erforderlich, dass jeder Realteiler wesentliche Betriebsgrundlagen des Gesamthandsvermögens erhält"; anders jedoch doch noch BMF 20.12.2016, BStBl. I 2017, 36: „Eine Realteilung setzt voraus, dass mindestens eine wesentliche Betriebsgrundlage nach der Realteilung weiterhin Betriebsvermögen eines Realteilers darstellt."). Die Finanzverwaltung versteht den Begriff der wesentlichen Betriebsgrundlage – wie allgemein im Zusammenhang von § 16 – als ein Wirtschaftsgut, in dem erhebliche stille Reserven ruhen (quantitative Betrachtungsweise) oder das zur Erreichung des Betriebszwecks erforderlich ist und dem ein besonderes wirtschaftliches Gewicht für die Betriebsführung zukommt (funktionale Betrachungsweise, → Rn. 396). Eine zusätzlich qualifizierende Voraussetzung dahingehend, dass eine wesentliche Betriebsgrundlage Betriebsvermögen eines Realteilers werden müsse, enthält § 16 Abs. 3 S. 2 nicht. ME kann sie auch durch Sinn und Zweck der Regelung nicht gerechtfertigt werden (iE so auch *Stennert* DStR 2019, 245 (252); *Stennert* DStR 2017, 1785 (1789); *Rogall/Belz* Ubg 2017, 79 (81); Schmidt/*Wacker* § 16 Rn. 544). Wollte man dies anders sehen stellte sich die Frage, ob die ausscheidenden Gesellschafter bei einer unechten Realteilung zwingend eine wesentliche Betriebsgrundlage erhalten müssen. Dafür ist kein Grund ersichtlich.

1043 Es ist weiterhin unerheblich, ob die Gegenstände der Realteilung zum Gesamthandsvermögen oder einem Sonderbetriebsvermögen der Mitunternehmer zählen. Dies gilt jedoch nur, als das Sonderbetriebsvermögen im Rahmen der Realteilung auf einen anderen Mitunternehmer übertragen wird (HHR/*Kulosa* § 16 Rn. 547; BMF 19.12.2018, BStBl. I 2018, 36). Kommt es hingegen zu einer Überfühung in ein anderes (Sonder-)Betriebsvermögen des selben Mitunternehmers, ist § 6 Abs. 5 S. 2 maßgeblich. Eine Realteilung ist auch dann anzunehmen, wenn sich im Gesamthandsvermögen nur nicht wesentliche Wirtschaftsgüter befinden und alle wesentlichen Betriebsgrundlagen einem Sonderbetriebsvermögen zugeordnet sind (BFH 23.3.1995 – IV R 93/93, BStBl. II 1995, 700; BMF 20.12.2016, BStBl. I 2017, 36 unter III.) und diese Eigentümer wechseln. Wegen der objektbezogenen Betrachtung steht es einer buchwertneutralen Realteilung im Übrigen nicht entgegen, wenn einzelne wesentliche Betriebsgrundlagen aus dem Sonderbetriebsvermögen in das Privatvermögen überführt werden (HHR/*Kulosa* § 16 Rn. 558).

cc) Übertragung in taugliches Zielvermögen. Rechtfertigungsgrund der Realteilung mit zwingender Buchwertfortführung ist, dass die im Rahmen der Realteilung übergehenden Wirtschaftsgüter weiter betrieblich genutzt werden. Der Gesetzgeber räumt dem Kontinuitätsprinzip gegenüber dem Subjektsteuerprinzip Vorrang ein (*Wendt* FS Lang, 2010, 699, *Wendt* FR 2016, 510 (513), Kirchhof/*Seer* § 16 Rn. 213). Nach dem **Kontinuitätsprinzip** unterbleibt die Versteuerung der stillen Reserven zur Vermeidung einer Übermaßbesteuerung solange, wie ein Wirtschaftsgut ungeachtet des betrieblichen Rahmens weiter zur Erzielung betrieblicher Einkünfte genutzt wird. Die dagegen erhobenen verfassungsrechtlichen Bedenken (ausführlich *Danz* Das Subjektsteuerprinzip, 125 ff., 147) tragen iE nicht. Der Gesetzgeber kann dem Kontinutätsprinzip aus sachlichen Gründen – wie hier – gegenüber dem Subjektsteuerprizip den Vorzug einräumen (so auch Kirchhof/*Seer* § 16 Rn. 213). Dies setzt eine weitere betriebliche Nutzung voraus. **1044**

Eine Buchwertfortführung steht demnach unter der Voraussetzung, dass die betreffenden Wirtschaftsgüter des Gesamthandsvermögens oder des Sonderbetriebsvermögens (außerhalb des Anwendungsbereichs von § 6 Abs. 5) bzw. die qualifizierten Sachgesamtheiten „**in das jeweilige Betriebsvermögen der einzelnen Mitunternehmer**" übertragen werden. Der Begriff muss angesichts des Sinns und Zwecks der Regelung weit ausgelegt werden (vgl. auch HHR/*Kulosa* § 16 Rn. 547). Ausreichend ist demnach, dass die Übertragung in ein Sonderbetriebsvermögen des Mitunternehmers in einer anderen Mitunternehmerschaft erfolgt (so auch BMF 19.12.2018, BStBl. I 2019, 6unter IV.1.). Entgegen des Wortlauts muss die Überführung nicht in ein bestehendes Betriebsvermögen geschehen. Ausreichend ist, wenn sich erst im Zuge der Realteilung ein Betriebsvermögen konstituiert (BMF 19.12.2018, BStBl. I 2019, 6 unter IV. 1.). **1045**

Verfügt ein Realteiler im Zeitpunkt der Realteilung noch nicht über ein Einzelunternehmen, welchem die im Zuge der Realteilung empfangenen Wirtschaftsgüter zugeordnet werden können, lässt sich die Aufdeckung der stillen Reserven durch die Gründung einer gewerblich geprägten GmbH & Co. KG vermeiden. Die empfangenen Wirtschaftsgüter müssen dem Sonderbetriebsvermögen zugeordnet werden, weil nach Auffassung der Verwaltung eine Überführung in das Gesamthandvermögen einer anderen Personengesellschaft nicht zu Buchwerten möglich ist (BMF 19.12.2018, BStBl. I 2019, 6 unter IV.1.; zustimmend *Hess* DStR 2006, 777 (779)). Dies gilt auch für Übertragungen auf personenidentische Schwestergesellschaften. Begründet werden kann diese Ansicht mit dem Wortlaut, wonach die Übertragung in das „jeweilige Betriebsvermögen der einzelnen Mitunternehmer" stattfinden muss und durch die wertungsgleiche Bestimmung in § 6 Abs. 5 S. 3 (vgl. BFH 25.11.2009 – I R 72/08, BStBl. II 2010 in Bezug auf § 6 Abs. 5 S. 3). **1045.1**

Der Verwaltung ist dennoch diesbezüglich nicht zu folgen (so auch: Blümich/*Schallmoser* § 16 Rn. 390 aE; Schmidt/*Wacker* § 16 Rn. 546; HHR/*Kulosa* § 16 Rn. 548). Es fehlt an einem Besteuerungszweck. § 16 Abs. 3 S. 2 und § 6 Abs. 5 S. 2 sind im Wege einer verfassungskonformen Auslegung auch auf die genannten Fälle zu erstrecken (vgl. BFH 15.4.2019 – IV B 105/09, BStBl. II 2010, 971 in Bezug auf § 6 Abs. 5 S. 2). **1045.2**

Eine Buchwertfortführung lässt sich durch Gestaltung dennoch erreichen, was die hier vertretene Ansicht noch stützt: Möglich ist es, die Anteile an der realzuteilenden Mitunternehmerschaft in zwei oder mehr Nachfolgegesellschaften nach § 24 UmwStG einzubringen und die Mitunternehmerschaft dann realzuteilen (BFH 16.12.2015 – IV R 8/12, BStBl. 2017, 766: Kein Gestaltungsmissbrauch, § 42 AO). Weiterhin ist die Übertragung in ein eigenes Sonderbetriebsvermögen mit späterer (ggf. nach Ablauf der Behaltensfrist) Überführung in das Gesamthandsvermögen der anderen Personengesellschaft möglich (vgl. Schmidt/*Wacker* § 16 Rn. 546; HHR/*Kulosa* § 16 Rn. 548). **1045.3**

Wird im Rahmen der Realteilung ein **Mitunternehmeranteil** übertragen, muss dieser seinerseits nicht in ein Betriebsvermögen überführt werden. Er verkörpert seinerseits bereits einen Anteil an einem Betriebsvermögen (Blümich/*Schallmoser* § 16 Rn. 402; Schmidt/*Wacker* § 16 Rn. 543; HHR/*Kulosa* § 16 Rn. 547, BMF 19.12.2018, BStBl. I 2019, 6 unter IV.1.). Dementsprechend ist der Wortlaut von Abs. 3 Satz 2 teleologisch zu reduzieren. Sonderbetriebsvermögen eines Realteilers muss bei seinem Ausscheiden in ein anders Betriebsvermögen überführt werden, weil es nach dem Ausscheiden seine Qualität als Sonderbetriebsvermögen der betreffenden Mitunternehmerschaft verliert (BFH 26.5.1982 – I R 180/80, BStBl. II 1982, 695). Die Buchwertfortführung ergibt sich aus § 6 Abs. 5 S. 2. **1046**

Bei **Teilbetrieben** liegt eine Übertragung in ein Betriebsvermögen vor, wenn der oder die Gesellschafter diesen in ein eigenes gewerbliches, land- und forstwirtschaftliches oder **1047** freiberufliches Unternehmen überführen (vgl. BFH 14.6.1988 – VIII R 387/83, BStBl. II 1989, 187). Eine 100%-Beteiligung an einer Kapitalgesellschaft qualifiziert stets als Teilbetrieb. Dahinter zurückbleibende Kapitalgesellschaftsbeteiligungen können als Einzel-Wirtschaftsgüter begünstigt sein. Die Voraussetzung ist auch erfüllt, wenn ein Teilbetrieb nach der Realteilung im Rahmen einer Betriebsverpachtung im Ganzen verpachtet wird (BFH 14.12.1978 – IV R 106/75, BStBl. II 1979, 300).

1048 Erfolgt die Übertragung in das **Privatvermögen,** ist der gemeine Wert anzusetzen (§ 16 Abs. 3 S. 7). Der realisierte Gewinn ist bei Aufdeckung sämtlicher stiller Reserven nach § 34 tarifbegünstigt. In diesem Zusammenhang ist es nicht maßgeblich, ob die anderen Mitunternehmer die Buchwerte fortführen (BFH 1.12.1992 – VIII R 57/79, BStBl. II 1994, 607). Es erfolgt eine **personenbezogene Betrachtung.** Denkbar ist, dass Wirtschaftsgüter teilweise in Betriebs- und teilweise in Privatvermögen übertragen werden (**objektbezogene Betrachtung**). Eine Tarifbegünstigung soll ausscheiden, wenn eine Buchwertfortführung nur teilweise erfolgt (BFH 1.12.1992 – VIII R 57/90, BStBl. II 1994, 607). Die Tarifbegünstigung ist demgegenüber einschränkend dennoch zu gewähren, wenn in den in das Betriebsvermögen übernommenen Wirtschaftsgütern keine nennenswerten stillen Reserven ruhen (so auch Schmidt/*Wacker* § 16 Rn. 551).

1049 **dd) Sicherstellung der Besteuerung der stillen Reserven.** Die Buchwertfortführung ist nur möglich, sofern die Besteuerung der stillen Reserven gesichert ist. Dabei gilt § 4 Abs. 1 S. 4 (→ § 4 Rn. 611) entsprechend. Die Regelung ist eine Reaktion auf die Änderung der Rechtsprechung des BFH bzgl. der finalen Betriebsaufgabe (BFH 28.10.2009 – I R 99/08, BStBl. II 2011, 1019) (→ Rn. 1107).

1050 Ein Ausschluss oder eine Beschränkung des Besteuerungsrechts der Bundesrepublik hinsichtlich des Gewinns aus der Veräußerung eines Wirtschaftsguts liegt danach insbesondere dann vor, wenn ein bisher einer inländischen Betriebsstätte des Steuerpflichtigen zugeordnetes Wirtschaftsgut, Mitunternehmeranteile oder Teilbetriebe einer ausländischen Betriebsstätte zuzuordnen ist (siehe auch BMF 19.12.2018, BStBl. I 2017, 36 unter V.). Die Regelung entsprich der in Bezug auf Einzelwirtschaftsgüter bei § 6 Abs. 5 S. 1 Hs. 2 (→ § 6 Rn. 2867).

1051–1053 *Einstweilen frei*

1054 **c) Rechtsfolgen.** Liegen die Voraussetzungen der Realteilung vor, hat der übernehmende Mitunternehmer die **Buchwerte** aus der Gewinnermittlung der Mitunternehmerschaft zwingend fortzuführen. Im Unterschied zur früheren Rechtsprechung (→ Rn. 1005.1) gibt es kein Wahlrecht (kritisch dazu *Engl* DStR 2001, 1725 (1728)) und dieses ist auch verfassungsrechtlich nicht geboten (Kirchhof/*Seer* § 16 Rn. 214). Insoweit entspricht die Regelung hinsichtlich der Rechtsfolgen § 6 Abs. 5 S. 3 (→ § 6 Rn. 2883). Beide Regelungen beruhen auf dem Gedanken, dass das unternehmerische Engagement fortgesetzt wird (BT-Drs. 14/6882, 34; BFH 11.4.2013 – III R 32/12, BStBl. II 2014, 242; HHR/*Kulosa* § 16 Rn. 552; Kirchhof/*Seer* § 16 Rn. 214).

1055 Es sind also die sich bei der Mitunternehmerschaft nach den **allgemeinen Regeln ergebenen Schlussbilanzwerte** anzusetzen und auf die Ebene des Mitunternehmers zu übernehmen (BFH 1.12.1992 – VIII R 57/90, BStBl. II 1994, 607); dieser rückt umfassend in die steuerliche Rechtsstellung der Mitunternehmerschaft ein, bspw. für Zwecke der AfA (HHR/*Kulosa* § 16 Rn. 553; Schmidt/*Wacker* § 16 Rn. 547). Der zu übernehmende Buchwert ergibt sich aus dem Saldo der Ansätze in der Gesamthandsbilanz und eventueller Ergänzungsbilanzen. In der handelsrechtlichen Liquidationsbilanz sind demgegenüber stets die Verkehrswerte anzusetzen (BFH 10.12.1991 – VIII R 69/86, BStBl. II 1992, 385).

1056 *Einstweilen frei*

1057 Ein **Übergangsgewinn/-verlust** muss nur ermittelt werden, wenn es bei einem Mitunternehmer zu dem Ansatz eines Aufgabegewinns (vgl. BFH 11.4.2013 – III R 32/12, BStBl. II 2014, 242; Schmidt/*Wacker* § 16 Rn. 547, HHR/*Kulosa* § 16 Rn. 552). Eines Übergangs zum Betriebsvermögensvergleich bedarf es nicht, wenn die Realteiler die Gewinnermittlung nach § 4 Abs. 3 beibehalten (BFH 11.4.2013 – III R 32/12, BStBl. II 2014, 242) und es nicht zur Zahlung eines Spitzenausgleichs kommt.

Die **Buchwerte dürfen nicht fortgeführt** werden, soweit 1058

- die Besteuerung der stillen Reserven nicht sichergestellt ist (Abs. 3 S. 2 aE),
- soweit es nach der Übertragung von Einzelwirtschaftsgütern im Rahmen der Realteilung innerhalb einer Sperrfrist zu einer Veräußerung oder Entnahme kommt (Abs. 3 S. 3),
- soweit einzelne Wirtschaftsgüter im Zuge der Realteilung unmittelbar oder mittelbar auf eine Körperschaft, Personenvereinigung oder Vermögensmasse übertragen werden (Abs. 3 S. 4),
- soweit Teilbetriebe von einem Einkommensteuersubjekt auf ein Körperschaftsteuersubjekt übertragen werden und der Übernehmer die Anteile innerhalb einer Sperrfrist von sieben Jahren veräußert (Abs. 5)
- soweit ein Spitzenausgleich geleistet wird.

Soweit es zu einer gewinnrealisierenden Realteilung kommt, entsteht ein Aufgabegewinn der Personengesellschaft. Dieser ist grds. von der Gewerbesteuer befreit, soweit dieser unmittelbar auf natürliche Personen entfällt (§ 7 S. 2 GewStG).

aa) Anpassung der Buchwerte. Entspricht der Buchwert des erhaltenen Vermögens dem Buchwert des bisherigen Kapitalkontos des jeweiligen Realteilers und geht auf den betreffenden Realteiler betragsmäßig genau der Anteil an den stillen Reserven über, der ihm zuvor auf Ebene der Mitunternehmerschaft zuzurechnen war, erübrigen sich in den Eröffnungsbilanzen der Realteiler bilanzielle Anpassungen. Dies dürfte aber der Ausnahmefall sein. Im Regelfall werden dagegen die Buchwerte der übernommenen Wirtschaftsgüter dem Kapitalkonto des Übernehmers nicht entsprechen. Es sind dann bilanzielle Anpassungen notwendig. Finanzverwaltung und Rechtsprechung wenden die **Kapitalkontenanpassungsmethode** an (BFH 10.2.1972 – IV 317/65, BStBl. II 1972, 419; BFH 10.12.1991 – VIII R 69/86, BStBl. II 1992, 385; BMF 19.12.2019, BStBl. I 2018, 6 unter VII.). Bei der Kapitalkontenanpassungsmethode werden die Buchwerte der übernommenen Wirtschaftsgüter von den Realteilern in ihren eigenen Betrieben in gleicher Höhe fortgeführt. Die Kapitalkonten der Gesellschafter, die sie in der Schlussbilanz der Personengesellschaft hatten, werden durch Auf- oder Abstocken dahingehend angepasst, dass ihre Höhe der Summe der übernommenen Wirtschaftsgüter entspricht. Dies führt zu einer Verlagerung der stillen Reserven. Durch die Verlagerung der stillen Reserven muss ein Realteiler diese versteuern, obwohl er sie nicht erwirtschaftet hat. Diese Rechtsfolge kann nur dadurch vermieden werden, dass der Mitunternehmer der Realteilung nicht zustimmt, sondern die Liquidation der Gesellschaft verlangt oder zum Ausgleich der Verschiebung der Steuerlasten eine Ausgleichsvereinbarung mit den übrigen Gesellschaftern trifft (Kirchhof/*Seer* § 16 Rn. 213). Die Kapitalkontenmethode verletzt den Grundsatz, dass jeder Steuerpflichtige nur die von ihm selbst erwirtschafteten stillen Reserven versteuern soll (HHR/*Kulosa* § 16 Rn. 555). Dies ist jedoch vor dem Hintergrund des Ziels, Unternehmensumstrukturierungen nicht durch steuerliche Hindernisse zu erschweren, gerechtfertigt (vgl. dazu *Danz* Das Subjektsteuerprinzip in der Einkommensteuer, 106 ff., 171 ff.). Für die Kapitalkontenmethode sprechen gleichwohl die einfache Handhabbarkeit sowie der Gesetzeswortlaut. 1059

Beispiel (BMF 19.12.2018, BStBl. I 2018, 6 unter VII.): A ist zu 40%, B ist zu 60% an der AB-OHG beteiligt. A und B beschließen, die OHG aufzulösen. Im Wege der Realteilung soll A den Teilbetrieb I und B den Teilbetrieb II erhalten. Die Schlussbilanz der OHG hat folgendes Bild: 1059.1

Schlussbilanz

Aktiva	Passiva
Buchwerte/gemeine Werte	Buchwerte/Auseinandersetzungsanspruch
Teilbetrieb I 50.000 / 80.000 Teilbetrieb II 50.000 / 120.000	Kapital A 40.000 / 80.000 Kapital B 60.000 / 120.000
100.00 / 200.000	100.000 / 200.00

Der Buchwert des Teilbetriebs I (50.000) übersteigt den Buchwert des Kapitalkontos des A um 10.000, während der Buchwert des Teilbetriebs II den Buchwert des Kapitalkontos des B um 10.000 unterschreitet.

Lösung:
Die Eröffnungsbilanzen stellen sich wie folgt dar:
Eröffnungsbilanz A

Aktiva	Passiva
Teilbetrieb I 50.000	Kapital A 40.000 Kapitalanpassung + 10.000
50.000	50.000

Eröffnungsbilanz B

Aktiva	Passiva
Teilbetrieb II 50.000	Kapital B 60.000 Kapitalanpassung – 10.000 + 50.000
50.000	50.000

1059.2 Soweit **Ergänzungsbilanzen** vorhanden sind, sind auch diese erfolgsneutral in die Anpassung einzubeziehen (HHR/*Kulosa* § 16 Rn. 552, BFH 18.5.1995 – IV R 20/94, BStBl. II 1996, 70).

1059.3 *Einstweilen frei*

1059.4 Es kommt durch diese Methode zu der interpersonellen Verlagerung stiller Reserven, die aber wegen der Sicherstellung der Besteuerung der stillen Reserven hingenommen wird (BFH 18.5.1995 – IV R 20/94, BStBl. II 1996, 70). Dies kann nicht – wie bspw. im Rahmen von § 6 Abs. 5 S. 4 – durch Ergänzungsbilanzen verhindert werden (HHR/*Kulosa* § 16 Rn. 553; Schmidt/*Wacker* § 16 Rn. 547). Um zwischen den Gesellschaftern insofern einen Ausgleich zu erreichen, ist eine entsprechende Vereinbarung erforderlich. Diese kann ua auch vorsehen, dass ein Gesellschafter über seinen Anteil hinausgehende Wirtschaftsgüter erhält und er zum Ausgleich mehr Schulden übernimmt (vgl. BMF 14.3.2006, BStBl. I 2006, 253 Rn. 18, 23 in Bezug auf Erbauseinandersetzungen; vgl. *Reiss* StuW 1995, 199; *Rogall* DStR 2006, 731). Die Kapitalkontenanpassungsmethode wird als eine zutreffende Auslegung des § 16 Abs. 3 S. 2 angesehen (Blümich/*Schallmoser* § 16 Rn. 407).

1059.5 Demgegenüber haben sich Buchwertanpassungsmethode und Kapitalausgleichsmethode nicht durchgesetzt (dazu ausführlich HHR/*Kulosa* § 16 Rn. 553 mit Beispielen; BFH 18.5.1995 – IV R 20/94, BStBl. II 1996, 70; Kirchhof/*Seer* § 16 Rn. 214). Bei der Buchwertanpassungsmethode führen die Gesellschafter in ihren eigenen Betrieben die Kapitalkonten in gleicher Höhe fort, in der sie in der Bilanz der aufgelösten Personengesellschaft bestanden haben. Die Buchwerte der einzelnen im Rahmen der Realteilung übernommenen Wirtschaftsgüter werden hingegen durch Auf- oder Abstocken in der Weise an das fortgeführte Kapitalkonto angepasst, dass ihre Summe gleich dem Kapitalkonto ist. Die Auf- und Abstockung erfolgt unmittelbar bei den einzelnen übernommenen Wirtschaftsgütern; diese Methode führt zu einer Verlagerung der stillen Reserven von einem Wirtschaftsgut auf ein anderes Wirtschaftsgut. Diese Methode steht nicht mit dem Gesetzeswortlaut im Einklang; sie verstößt gegen den Grundsatz, dass stille Reserven nicht auf andere Wirtschaftsgüter verlagert werden dürfen und gegen das Anschaffungskostenprinzip. Bei der Kapitalausgleichspostenmethode (auch: Kapitalausgleichskontenmethode) werden Kapitalkonten und Buchwerte der übernommenen Wirtschaftsgüter fortgeführt. Die Differenz zwischen beiden Beträgen wird ausgeglichen, indem jeder Gesellschafter in seinem Betrieb einen aktiven oder passiven Kapitalausgleichsposten erfolgsneutral einstellt. Realisiert ein Realteiler mit einem aktiven Ausgleichsposten, löst er den Posten gewinnmindernd auf. Dementsprechend kommt es zu gewinnerhöhenden Auflösungen der passiven Ausgleichsposten. Die Nachverfolgung der zahlreichen Wirtschaftsgüter ist praktisch schwierig. Problematisch ist weiter, dass passive Ausgleichsposten uU aufzulösen wären, weil ein anderer Realteiler entsprechende WG veräußert bzw. entnimmt. Damit fehlt es beim jeweiligen Steuerschuldner an einem steuerauslösenden Tatbestand.

1060 **bb) Realteilung mit Spitzenausgleich.** Wenn ein Mitunternehmer im Zuge der Realteilung Wirtschaftsgüter übernimmt, deren Verkehrswert seinen Anteil am Gesamthandvermögen übersteigen, muss er in der Regel aus **eigenen Mitteln (Privatvermögen oder anderes Betriebsvermögen)** einen Ausgleich leisten (BFH 11.4.2013 – III R 32/12, BStBl. II 2014, 242). Dieser Ausgleich wird als Wertausgleich oder **Spitzenausgleich** bezeichnet. Insoweit kommt es grds. zu einer Gewinnrealisierung. Im Schrifttum war zuvor vertreten worden, dies sei nicht der Fall (*Döllerer* DStZ 1982, 265; *Wieler* DB 1982, 2428; *Fellmeth* BB 1991, 265). Der Gewinn ist – soweit er auf natürliche Personen entfällt (§ 7 S. 2

GewStG) – jedenfalls bei der echten Realteilung nicht gewerbesteuerpflichtig (BFH 17.2.1994 – VIII R 13/94, BStBl. II 1994, 809). Bei der unechten Realteilung soll der Gewinn aus der Aufdeckung der stillen Reserven durch die Übertragung von Wirtschaftsgütern an den ausscheidenden Mitunternehmer zum laufenden Gewerbeertrag gehören (BMF 19.12.2018, BStBl. I 2017, 36 unter VI.; Schmidt/*Wacker* § 16 Rn. 548).

Nicht Spitzenausgleich in diesem Sinne ist die Übernahme von Verbindlichkeiten. In die Realteilung sind nicht nur die positiven, sondern auch die negativen Wirtschaftsgüter einzubeziehen (BFH 10.12.1991 – VIII R 69/86, BStBl. II 1992, 385; BFH 11.4.2013 – III R 32/12, BStBl. II 2014, 242). Dies gilt indes nicht für **(Ausgleichs-)Verbindlichkeiten,** die erst durch den Realteilungsvorgang selbst entstehen. Diese können nicht in die Umstrukturierung des Realteilungsvermögens einbezogen werden. Ebenfalls sind nicht als Spitzenausgleich einzuordnen **Abfindungen,** die der ausgeschiedene Gesellschafter aus zukünftigen Erträgen der Mitunternehmerschaft erhält, bspw. Renten (BFH 17.9.2015 – III R 49/13, BStBl. II 2017, 37). Dies verwirklicht den Veräußerungstatbestand des § 16 Abs. 1 S. 1 Nr. 2. Dies hat bei § 4 Abs. 3-Rechnern einen zwingenden Übergang zur Bilanzierung zur Folge, weil nach der sog. Einheitstheorie insgesamt eine Veräußerung mit Gewinn iHd Rentenbarwerts vorliegt (*Levedag* GmbhR 2016, 377). **1061**

Der Spitzenausgleich hat eine **anteilige Gewinnrealisierung** zur Folge; dies steht indes einer teilweisen Buchwertfortführung nicht entgegen. Zu einer Gewinnrealisierung kommt es nach hM auch dann, wenn die Zahlung allein zum **Ausgleich künftiger Steuerbelastungsdifferenzen** erfolgt. Danach soll die Ausgleichszahlung nicht zum außerbetrieblichen Bereich gehören, sondern Bestandteil der Realteilungsabrede sein (*Bordewin* DStZ 1992, 353; *Blumers/Beinert/Witt* BB 1999, 1786, vgl. aber BFH 10.2.1972 – IV 317/65, BStBl. II 1972, 419). **1062**

Einstweilen frei **1063–1064**

Umstritten ist, in welcher Höhe ein Gewinn entsteht und ob dieser unter den besonderen Voraussetzungen von §§ 16 Abs. 4, 34 begünstigt sein kann. Nach zutreffender Auffassung der Finanzverwaltung (BMF 19.12.2018, BStBl. I 2018, 6 unter VI.) und weiter Teile des Schrifttums (insb. Schmidt/*Wacker* § 16 Rn. 548, HHR/*Kulosa* § 16 Rn. 555) liegt im **Verhältnis des Spitzenausgleichs zum Wert des übernommenen Betriebsvermögens** ein entgeltliches Geschäft vor. Der Vorgang wird nach dem Vorbild der Erbauseinandersetzung mit Ausgleichszahlungen in einen unentgeltlichen und einen entgeltlichen Teil getrennt. In Höhe des um den anteiligen Buchwert verminderten Spitzenausgleich entsteht ein Veräußerungsgewinn für den veräußernden Realteiler. Dieser ist nicht nach §§ 16 Abs. 4, 34 begünstigt, sondern als laufender Gewinn zu versteuern (dazu detailliert (HHR/*Kulosa* § 16 Rn. 556). **1065**

Beispiel 1 zur **echten Realteilung** (vgl. BMF 19.12.2018, BStBl. I 2019, 6 unter VI.): **1065.1**

A und B sind zu gleichen Teilen Mitunternehmer eines aus zwei Teilbetrieben bestehenden Gewerbebetriebs (Gesamtverkehrswert EUR 3,6 Mio.; Gesamtbuchwert EUR 360.000). Teilbetrieb 1 hat einen Verkehrswert von EUR 2 Mio. und einen Buchwert von EUR 200.000. Teilbetrieb 2 hat einen Verkehrswert von EUR 1,6 Mio. und einen Buchwert von EUR 160.000. Im Wege der Realteilung erhält A den Teilbetrieb 1 und B den Teilbetrieb 2. Außerdem zahlt A an B eine Abfindung von EUR 200.000.

Lösung: **1065.2**

A stehen bei der Realteilung wertmäßig EUR 1,8 Mio. (50% von EUR 3,6 Mio.) zu. Da er aber EUR 2 Mio. erhält, also EUR 200.000 mehr, zahlt er diesen Betrag für 1/10 (10% von EUR 2 Mio. = EUR 200.000) des Teilbetriebs 1, das er über seine Beteiligung hinaus erhält. Darauf entfällt ein Buchwert von EUR 20.000, sodass A die Aktivwerte um EUR 180.000 (EUR 200.000 Abfindung abzgl. anteiligem Buchwert von EUR 20.000) aufstocken muss und B einen als laufenden Gewinn zu versteuernden Veräußerungsgewinn von EUR 180.000 (EUR 200.00 Abfindung abzgl. EUR 20.000 anteiliger Buchwert) zu versteuern hat.

Beispiel 2 zur **unechten Realteilung** (vgl. BMF 19.12.2018, BStBl. I 2019, 6 unter VI.): **1065.3**

A, B und C sind zu gleichen Teilen Mitunternehmer eines aus zwei Teilbetrieben bestehenden Gewerbebetriebs (Gesamtwert EUR 3,6 Mio.; Gesamtbuchwert EUR 360.000). Auf Teilbetrieb 1 entfällt ein Verkehrswert von EUR 2 Mio. und ein Buchwert von EUR 200.000. Teilbetrieb 2 hat einen Verkehrswert von EUR 1,6 Mio. und einen Buchwert von EUR 160.000. C scheidet im Rahmen einer sog. unechten Realteilung aus der Mitunternehmerschaft aus, die im Übrigen von A und B fortgeführt wird. C erhält den Teilbetrieb 1, in der fortbestehenden Mitunternehmerschaft verbleibt Teilbetrieb 2. Da C lediglich EUR 1,2 Mio. zustehen, zahlt er zum Ausgleich eine Abfindung von EUR 800.000.

1065.4 **Lösung:**

C stehen wertmäßig anlässlich seines Ausscheidens EUR 1,2 Mio., nämlich 1/3 von EUR 3,6 Mio., zu. Da er jedoch EUR 2 Mio. erhält, also EUR 800.000 mehr, zahlt er diesen Betrag für 4/10 des Teilbetriebs 1 (40% von EUR 2 Mio. = EUR 800.000). Er erwirbt vom Teilbetrieb 1 also 6/10 unentgeltlich und 4/10 entgeltlich. Auf den entgeltlich erworbenen Teil entfällt ein Buchwert von EUR 80.000 (4/10 von EUR 2 Mio.); C kann also die Aktivwerte um EUR 720.000 (Abfindung EUR 800.000 abzgl. Anteiliger Buchwert von EUR 80.000) aufstocken. A und B erzielen dementsprechend einen Veräußerungsgewinn von 720.000.

1065.5 Dieser Vorgehensweise liegt eine Zerlegung des Vorgangs in einen entgeltlichen Teil und einen unentgeltlichen Teil zugrunde. Von der Ausgleichszahlung wird dementsprechend ein Buchwertanteil in Höhe der Entgeltlichkeitsquote abgezogen. Die Entgeltlichkeitsquote ergibt sich aus dem Verhältnis der Ausgleichszahlung zum Verkehrswert der übernommenen Wirtschaftsgüter (vgl. detailliert mit zahlreichen Nachweisen HHR/*Kulosa* § 16 Rn. 556).

1066 Die Rechtsprechung nimmt demgegenüber beim Empfänger der Ausgleichszahlung einen Gewinn in voller Höhe an; spiegelbildlich hat der Übernehmer des Wirtschaftsguts nach dieser Auffassung Anschaffungskosten (BFH 5.7.1963 – VI 333/61, BStBl. III 1963, 492; BFH 5.7.1990 – GrS 2/89, BStBl. II 1990, 837; BFH 1.12.1992 – VIII R 57/90, BStBl. II 1994, 607, zuletzt offen gelassen BFH 17.9.2015 – III R 49/13, BStBl. II 2017, 37).

1066.1 **Lösung Beispiel 1** auf Grundlage der Rechtsprechung (→ Rn. 1065.1):

1066.2 Die Ausgleichszahlung iHv EUR 200.000 ist in voller Höhe als Gewinn bei B zu erfassen. A stockt seine Buchwerte von EUR 2 Mio. um EUR 200.000 auf.

1066.3 Die Rechtsprechung qualifiziert die Ausgleichszahlung als Entgelt für einen Forderungskauf. Dem liegt folgende Vorstellung zugrunde: Der gesetzliche Ausgleichsanspruch der Gesellschafter ist auf Geld gerichtet (→ Rn. 1012). Durch die Realteilungsvereinbarung werde dieser Anspruch modifiziert und stattdessen in Wirtschaftsgütern erfüllt. Kommt es dabei zu einer einem Gesellschafter unzureichenden Erfüllung des Ausgleichsanspruchs in Wirtschaftsgütern, sei die Realteilungsvereinbarung als eine Abtretung des Auseinandersetzungsanspruchs an einen anderen Gesellschafter und der Spitzenausgleich als Entgelt für diese Abtretung zu verstehen (so insbesondere BFH 20.10.2015 – VIII R 33/13, BStBl. II 2016, 596; siehe dazu HHR/*Kulosa* § 16 Rn. 556 mwN).

106.4 Die Lösung der Rechtsprechung überzeugt nicht, weil die Realteilung zwar nicht unentgeltlich ist, aber im Ergebnis so behandelt wird. Dementsprechend müssen auch Buchwerte anteilig Berücksichtigung finden (detailliert siehe dazu HHR/*Kulosa* § 16 Rn. 556 mwN).

1067–1068 *Einstweilen frei*

1069 Die **Gewinnrealisierung** kann in der Praxis oft durch geeignete Gestaltung **vermieden werden.** Ein Ausgleich kann oft bereits durch **Zuweisung neutraler Wirtschaftsgüter** (insb. Geld oder Verbindlichkeiten) erfolgen (BFH 10.12.1991 – VIII R 69/86, BStBl. II 1992, 385; BFH 11.4.2013 – III R 32/12, BStBl. II 2014, 242; BFH 17.9.2015 – III R 49/13, BStBl. II 2017, 37). Daneben soll ein Ausgleich unter Rückgriff auf die **sog. Einlagelösung** möglich sein: Vor der Realteilung werden dem Gesellschaftsvermögen hierzu liquide Mittel durch Kreditaufnahme oder Einlagen der Gesellschafter aus Eigenvermögen zugeführt, um diese dann im erforderlichen Umfange dem betreffenden Realteiler zuzuweisen (*Knobbe-Keuk* Bilanz- und Unternehmenssteuerrecht § 22 IX 3; *Hörger* DStR 1993, 37). Diese Gestaltung sieht sich allerdings dem Vorwurf des **Gestaltungsmissbrauchs** ausgesetzt, weil es sich um Scheineinlagen handle (Schmidt/*Wacker* § 16 Rn. 550; Blümich/*Schallmoser* § 16 Rn. 420; HHR/*Kulosa* § 16 Rn. 556; Kirchhof/*Seer* § 16 Rn. 218; wohl aA BFH 1.12.1992 – VIII R 57/90, BStBl. II 1994, 607; BMF 14.3.2006, BStBl. I 2006, 253 in Bezug auf die Realteilung einer Erbengemeinschaft). Die Kritik an der Einlagelösung ist nicht berechtigt. Abs. 3 S. 2 ist zeitpunktbezogen zu interpretieren. Es kommt allein auf den Bestand des Gesamthandsvermögens im Zeitpunkt der Realteilung an. Maßgeblicher Zeitpunkt ist der Übergang des wirtschaftlichen Eigentums. Damit ist die Einlagelösung zulässig (vgl. *Werthebach* FR 2020, 202 (212)).

1070 **cc) Weitere Rechtsfolgen.** Im GrEStG gibt es keine besonderen Regelungen bezüglich der Realteilung. Es ist daher auf die allgemeinen Grundsätze zurückzugreifen. Gehen im

Wege der Einzelübertragung Grundstücke über, kann sich eine Steuerpflicht nach § 1 Abs. 1 Nr. 1 GrEStG ergeben. Die Grunderwerbsteuer wird jedoch gem. § 6 Abs. 2 GrEStG in dem Umfang nicht erhoben, zu dem der Erwerber zuvor an der Personengesellschaft beteiligt war (vgl. detailliert dazu *Werner* StuB 2008, 66). Auch im UStG gibt es keine spezielle Regelung. Werden Betriebe oder Teilbetriebe übertragen, liegt eine nicht umsatzsteuerbare Geschäftsveräußerung im Ganzen vor (§ 1 Abs. 1a UStG). Werden Einzelwirtschaftsgüter übertragen, liegt ein umsatzsteuerlich relevanter Umsatz gem. § 1 Abs. 1 Nr. 1 UStG vor (*Werner* StuB 2008, 66; ausführlich jüngst *Stenert* DStR 2018, 765).

Zu weiteren Rechtsfolgen vgl. HHR/*Kulosa* § 16 Rn. 559. **1071**

d) Sperrfrist bei Übertragung von Einzelwirtschaftsgütern. § 16 Abs. 3 S. 3 sieht **1072** den **rückwirkenden Ansatz des gemeinen Wertes** vor, soweit im Rahmen einer echten oder unechten Realteilung zum Buchwert bestimmte Wirtschaftsgüter innerhalb einer Sperrfrist entnommen oder veräußert werden. Die Sperrfrist findet keine Anwendung auf Wirtschaftsgüter, die im Falle einer unechten Realteilung bei der Mitunternehmerschaft verbleiben (BMF 19.12.2018, BStBl. I 2018, 6 unter VIII.1.; Schmidt/*Wacker* § 16 Rn. 552). Die Vorschrift findet auch keine Anwendung auf Überführungen ohne Rechtsträgerwechsel wie die Überführung von einem Sonderbetriebsvermögen in ein anderes Sonderbetriebsvermögen bzw. den Einzelbetrieb (BFH 16.3.2017 – IV R 31/14, BStBl. II 2019, 24; HHR/*Kulosa* § 16 Rn. 561). Abs. 3 S. 3 hat folgende Voraussetzungen:

- Sperrfristbehaftetes Einzelwirtschaftsgut
- Entnahme, Veräußerung oder gleichgestellter Vorgang
- Innerhalb der Sperrfrist

Es kommt dann zu einer **gewinnrealisierenden Realteilung** auf Ebene der Mitunternehmerschaft, obwohl der Handelnde bereits aus dieser ausgeschieden ist. Dies ist verfassungsrechtlich problematisch. Personensteuern müssen grds. an das eigene Verhalten des Steuerpflichtigen anknüpfen (*Crezelius* FR 2002, 805). Diese Regelung hat weitreichende Parallelen zu § 6 Abs. 5 S. 4 (→ § 6 Rn. 2947). Sie soll sicherstellen, dass die Privilegierung der Buchwertfortführung nur Umstrukturierungen zur Fortsetzung des Betriebs, nicht aber solchen, die der Vorbereitung einer Veräußerung oder Entnahme dienen, zugutekommt. Zu Ausnahmen von diesem Grundsatz → Rn. 1080.

Einstweilen frei **1073–1074**

Sperrfristbehaftet können nur Einzelwirtschaftsgüter, nicht aber Teilbetriebe, 100%- **1075** Beteiligungen an Kapitalgesellschaften sowie Mitunternehmeranteile sein. Die Vorschrift erfasst „Grund und Boden, […] Gebäude und **andere** […] wesentliche Betriebsgrundlagen“. Zum Teil wird vertreten, dass Grund und Boden sowie Gebäude für Zwecke des § 16 Abs. 3 S. 3 immer als wesentliche Betriebsgrundlage gelten (BMF 19.12.2018, BStBl. I 2018, 6 unter VIII.1., jedoch Ausnahme für Gebäude, die Umlaufvermögen sind). Die Wesentlichkeit ist jedoch in allen Fällen, auch den ausdrücklich genannten zu fordern (so auch Schmidt/*Wacker* § 16 Rn. 553, Kirchhof/*Seer* § 16 Rn. 206; *Stenert* DStR 2019, 245 (255)). In der Praxis wird es sich bei Grund und Boden sowie Gebäuden jedoch regelmäßig um wesentliche Betriebsgrundlagen handeln. Dabei kommt es entgegen der wohl überwiegenden hM auf eine funktional-qualitative Betrachtungsweise an.

Die Wesentlichkeit wird verbreitet mit Verweis auf die allgemeinen Prinzipien der Regelung wie **1075.1** bei der Betriebsaufgabe nach § 16 Abs. 3 S. 1 bestimmt (vgl. BFH 2.10.1997 – IV R 84/96, BStBl. II 1998, 104, → Rn. 395). Dies hat den Hintergrund, dass nur bei Aufdeckung sämtlicher stiller Reserven die Privilegierungen des §§ 16 Abs. 4, 34 gewährt werden sollen. Der Hintergrund von § 16 Abs. 3 S. 2 ist jedoch ein anderer: Die Vorschrift soll wie das UmwStG betriebswirtschaftlich sinnvolle Umstrukturierungen begünstigen. Dementsprechend ist die Wesentlichkeit eines Wirtschaftsguts wie im Rahmen des UmwStG allein qualitativ zu bestimmen (so auch *Rödder/Schumacher* DStR 2002, 105, Kirchhof/*Seer*, § 16 Rn. 206). Die Veräußerung oder Entnahme von nicht wesentlichen Betriebsgrundlagen – im Unterschied zu § 6 Abs. 5 S. 4 – jederzeit möglich, ohne dass auf Ebene der Mitunternehmerschaft rückwirkend Steuern ausgelöst werden.

Die Finanzverwaltung stellt einer **Veräußerung gleich** auch die **Einbringung** der im **1076** Rahmen der Realteilung erhaltenen einzelnen Wirtschaftsgüter, wenn sie zusammen mit einem Betrieb, Teilbetrieb oder Mitunternehmeranteil nach **§§ 20, 24 UmwStG** erfolgt. Dies soll unabhängig davon gelten, ob die Buchwerte, die gemeinen Werte oder Zwischenwerte angesetzt werden. Als Veräußerung soll auch ein Formwechsel nach § 25 UmwStG gelten. Weiterhin soll eine Veräußerung vorliegen, wenn die Wirtschaftsgüter gegen Gewährung von Gesellschaftsrechten auf einen Dritten nach § 6 Abs. 5 übertragen werden (BMF 19.12.2018, BStBl. I 2018, 6 unter VIII.1.).

1077 Als tauschähnlicher Vorgang dürfte die Ansicht im Grundsatz zwar zutreffend sein. Jedoch gebietet es der Zweck des UmwStG sowie des § 6 Abs. 5, jedenfalls bei einer Buchwertfortführung von der Anwendung des § 16 Abs. 3 S. 3 abzusehen (so auch HHR/*Kulosa* § 16 Rn. 561; *Stenert* DStR 2019, 245 (256); iE auch Schmidt/*Wacker* § 16 Rn. 5523).

1078 Die Sperrfrist ist zu unterscheiden von der Drei-Jahres-Frist (HHR/*Kulosa* § 16 Rn. 561). Die Sperrfrist beginnt mit der Realteilung selbst, dh mit dem Übergang des wirtschaftlichen Eigentums. Mit Abgabe der „Steuererklärung" der Mitunternehmerschaft beginnt die Drei-Jahresfrist. Maßgeblich ist der Eingang der Gewinnfeststellungserklärung bei dem Finanzamt. Die Frist ist taggenau nach §§ 187 ff. BGB zu berechnen, die Anlaufhemmung des § 170 Abs. 2 AO sowie § 108 Abs. 3 ist nicht anzuwenden (Schmidt/*Wacker* § 16 Rn. 553; HHR/*Kulosa* § 16 Rn. 561). Zur zeitlichen Bestimmung des steuerschädlichen Ereignisses ist auf den Übergang des wirtschaftlichen Eigentums, nicht aber die schuldrechtliche Vereinbarung abzustellen (BMF 19.12.2018, BStBl. I 2018, 6 unter VIII.1.).

1079 Rechtsfolge einer schädlichen Verfügung ist der rückwirkende (§ 175 Abs. 1 Nr. 1 AO) Ansatz des gemeinen Wertes im Veranlagungszeitraum der Realteilung, also die Aufdeckung der stillen Reserven. Der Gewinn ist grundsätzlich nicht tarifbegünstigt (anders, wenn sämtliche stillen Reserven rückwirkend aufgedeckt werden), aber rechnet nicht Gewerbeertrag, soweit er auf natürliche Personen als unmittelbar beteiligte Mitunternehmer entfällt (§ 7 S. 2 GewStG) (BMF 19.12.2018, BStBl. I 2018, 6 unter IX.1.). Eine Aufdeckung der übrigen stillen Reserven erfolgt nicht. Im Gegensatz zur Parallelregelung in § 6 Abs. 5 S. 4 ist für den Übernehmenden eine Vermeidung der Gewinnrealisierung durch Ergänzungsbilanz nicht zugelassen. Bei der unechten Realteilung ist bei dem ausgeschiedenen Mitunternehmer bei der Ermittlung des Gewinns iSv Abs. 2 rückwirkend der gemeine Wert des Wirtschaftsguts anzusetzen. Auf Ebene der Mitunternehmerschaft entsteht ein laufender Gewinn mit der Folge.

1080 Im Grundsatz ist der Gewinn bei Wirtschaftsgütern, die zum Gesamthandsvermögen der Mitunternehmerschaft gehörten, **allen Realteilern nach dem allgemeinen Gewinnverteilungsschlüssel zuzurechnen.** Die Finanzverwaltung erkennt davon jedoch eine Ausnahme an, wenn im Gesellschaftsvertrag oder der Realteilungsvereinbarung eine schriftlich eine abweichende Zuweisung vereinbart wurde (BMF 19.12.2018, BStBl. I 2018, 6 unter IX.; kritisch dazu *Paus* DStZ 2006, 286). Zählen Wirtschaftsgüter zum Sonderbetriebsvermögen, ist der Gewinn dem entsprechenden Realteiler zuzurechnen. Auch hier akzeptiert die Finanzverwaltung eine abweichende schriftliche Vereinbarung.

1081 Die Regelung begründet die Notwendigkeit, jahrelang das Schicksal der wesentlichen Betriebsgrundlagen bei dem Übernehmer zu überwachen. Dies ist mit erheblichen praktischen Schwierigkeiten verbunden. Zurecht wird daher die Frage aufgeworfen, ob die Vorschrift überhaupt in gleichheitskonformer Weise vollzogen werden kann (HHR/*Kulosa* § 16 Rn. 562).

1082 *Einstweilen frei*

1083 **e) Körperschaftsklausel.** Nach § 16 Abs. 3 S. 4 (sog. **Körperschaftsklausel I,** Körperschaftsklausel II in § 16 Abs. 5, → Rn. 1160) sind die Regeln zur Realteilung (§ 16 Abs. 3 S. 2) nicht anzuwenden, soweit die Wirtschaftsgüter unmittelbar oder mittelbar auf eine Körperschaft, Personenvereinigung oder Vermögensmasse übertragen werden; in diesem Fall ist bei der Übertragung der gemeine Wert anzusetzen. Die Regelung soll verhindern, dass stille Reserven auf Körperschaften überspringen und die Nutzung des Teileinkünfteverfahren (§ 3 Nr. 40) beim Verfügen über Wirtschaftsgüter ohne Teilwertansatz verhindern (BT-Drs. 14/6882). Die Regelung stellt eine Parallelvorschrift zu § 6 Abs. 5 S. 5, 6 dar (→ § 6 Rb. 2987). Sie ist dem Grundsatz nach berechtigt, weil eine drittübliche Realteilung nicht den Tatbestand einer – mit dem Teilwert zu erfassenden (→ § 6 Rn. 3030) – verdeckten Einlage darstellt (Schmidt/*Wacker* § 16 Rn. 555). Die Körperschaftsklausel I hat folgende **Voraussetzungen:**

- Übertragung einzelner Wirtschaftsgüter im Rahmen einer Realteilung
- Unmittelbare oder mittelbare Übertragung auf eine Körperschaft, Personenvereinigung oder Vermögensmasse

Die Vorschrift erfasst nur im Rahmen der Realteilung übertragene Einzelwirtschaftsgüter. Die Voraussetzung ist demnach nicht erfüllt, soweit Teilbetriebe, 100%-Beteiligungen an Kapitalgesellschaften oder Mitunternehmeranteile übertragen werden. Dies ermöglicht bei Übertragung qualifizierter Sachgesamtheiten zwar die Nutzung des Teileinkünfteverfahrens (HHR/*Kulosa* § 16 Rn. 566), steht aber mit den Grundwertungen des § 20 UmwStG im Einklang (Schmidt/*Wacker* § 16 Rn. 566). Verfassungsrechtlich ist die Vorschrift angesichts der Unterschiede bei der Besteuerung von Körperschaftsteuersubjekten und Einkommensteuersubjekten grds. akzeptabel (so auch HHR/*Kulosa* § 16 Rn. 565), soweit es zu einem Wechsel der Besteuerungsregime kommt. Springen stille Reserven von einem Körperschaftsteuersubjekt auf ein anderes über, kann es nicht zu Missbräuchen kommen. Für die Regelung besteht insoweit kein Bedürfnis (so auch *Schell* BB 2006, 1026 (1030); allgemein zum überschießenden Charakter kritisch auch auch Kirchhof/*Seer* § 16 Rn. 207). 1084

Weiterhin muss es zu einer **mittelbaren oder unmittelbaren Übertragung** in das Betriebsvermögen einer Körperschaft, Vermögensmasse oder Personenvereinigung kommen. Eine mittelbare Übertragung kann sich bei mehrstöckigen Personengesellschaftsstrukturen ergeben, wenn die Realteilungsmasse in das Gesamthandsvermögen einer Mitunternehmerschaft fällt, soweit an dieser Kapitalgesellschaften beteiligt sind (Schmidt/*Wacker* § 16 Rn. 555; HHR/*Kulosa* § 16 Rn. 566). Die Vorschrift soll nach Auffassung der Finanzverwaltung auch dann anzuwenden sein, wenn an der real zu teilenden Mitunternehmerschaft ausschließlich Körperschaften, Personenvereinigungen oder Vermögensmassen beteiligt sind. Eine Ausnahme wird aber zugelassen, soweit der Übertragungsempfänger schon zuvor an dem übertragenen Wirtschaftsgut beteiligt war (BMF 19.12.2018, BStBl. I 2018, 6 unter III.; nach Schmidt/*Wacker* § 16 Rn. 555 handelt es sich um eine „teleologische Reduktion"). Dann kommt es (allenfalls) zu einer teilweisen Aufdeckung der stillen Reserven. Ist am Vermögen der Mitunternehmerschaft nur eine Körperschaft beteiligt, steht Abs. 3 Satz 4 der Buchwertfortführung also nicht entgegen. Nicht erfasst sind Übertragungen auf Mitunternehmerschaften, an denen Körperschaften beteiligt sind, welche für ihre Tätigkeit lediglich eine Haftungsvergütung und Ersatz ihrer Aufwendungen erhalten (Blümich/*Schallmoser* § 16 Rn. 416). 1085

Rechtsfolge der Körperschaftsteuerklausel I ist der zwingende Ansatz des gemeinen Wertes; dies gilt auch bei Übertragung eines originären Geschäftswerts (BFH 1.12.1992 – VIII R 57/79, BStBl. II 1994, 607). Soweit für im Rahmen der Realteilung die Voraussetzungen nicht erfüllt sind (insb. bei Übertragung von qualifizierten Sachgesamtheiten) bleibt es bei der zwingenden Buchwertfortführung. Der entstehende Gewinn ist allen Mitunternehmern nach Maßgabe des allgemeinen Gewinnverteilungsschlüssels zuzuweisen (Schmidt/*Wacker* § 16 Rn. 555). Soweit der Gewinn nicht auf natürliche Personen entfällt, unterliegt er der Gewerbesteuer (§ 7 Satz 2 Nr. 1 GewStG). 1086

4. Keine Begünstigung der Veräußerung an sich selbst (§ 16 Abs. 3 S. 5)

§ 16 Abs. 3 S. 5 ordnet im Wege einer gesetzlichen Fiktion Gewinne, die aus einer Veräußerung an sich selbst im Rahmen der Betriebsaufgabe entstehen, dem laufenden Gewinn zu. Dieser qualifiziert damit nicht für die Begünstigungen der §§ 16 Abs. 4, 34. Entsprechende Regelungen für solche Gewinne im Rahmen einer Betriebsveräußerung enthalten § 16 Abs. 2 S. 3 (→ Rn. 916) und § 24 Abs. 3 S. 2 UmwStG. Die Regelungen wurden zeitgleich erlassen. 1087

Die Vorschrift ändert nichts daran, dass der Gesamtvorgang weiter als Betriebsaufgabe bzw. Realteilung anzusehen ist (HHR/*Kulosa* § 16 Rn. 578). Lediglich ein Teil des Aufgabegewinns wird von den Begünstigungsvorschriften ausgenommen. Insoweit unterliegt der Gewinn auch der Gewerbesteuer (BFH 3.12.2015 – IV R 4/13, BStBl. II 2016, 544; BFH 15.6.2004 – VIII R 7/01, BStBl. II 2004, 754). Die Bestimmung soll Steuergestaltungen in Situationen verhindern, in denen auf der einen Seite Freibetrag und Tarifbegünstigung genutzt und auf der anderen Seite neues Abschreibungspotential geschaffen wird (BT-Drs. 12/5630, 58, 80). Sie richtet sich gegen sog. „Owner-Buy-Out"-Gestaltungen, insbesondere das sog. **Aufstockungsmodell** (step up): Der Steuerpflichtige verkauft hierzu im Rahmen der Aufgabe seines Einzelunternehmens Wirtschaftsgüter an eine Personengesellschaft, an welcher er ebenfalls beteiligt ist. Nach der Rechtslage vor Einführung des § 16 Abs. 3 S. 5 war der so entstehende Aufgabegewinn begünstigt; parallel dazu entstand auf der Ebene der 1088

Personengesellschaft neues AfA-Volumen, welches künftige voll steuerpflichtige Einkünfte mindern konnte (BFH 29.9.1971 – I R 161/68, BStBl. II 1972, 118; BFH 16.12.1992 – X R 52/90, BStBl. II 1994, 838; vgl. dazu HHR/*Kulosa* § 16 Rn. 578 mwN). Es handelt sich bei der Vorschrift um eine typisierende Missbrauchsvorschrift; diese soll unabhängig davon zur Anwendung kommen, ob die Gestaltung im Einzelfall missbräuchlich ist (BFH 3.12.2015 – IV R 4/13, BStBl. II 2016, 544).

1089 Eine Veräußerung an sich selbst, die **nicht den Restriktionen** des § 16 Abs. 3 S. 5 unterfällt, ist möglich, soweit die Wirtschaftsgüter **Privatvermögen** werden und nach der Betriebsaufgabe zur Einkünfteerzielung (insb. im Rahmen von § 21) genutzt werden. Ebenfalls greift die Regelung nicht bei Realteilungen, die nicht zum Buchwert erfolgen, weil es sich bei Realteilungen nicht um eine Veräußerung handelt (HHR/*Kulosa* § 16 Rn. 578). Veräußerungen an eine Kapitalgesellschaft, an der der Gesellschafter beteiligt ist, unterfallen ebenfalls nicht der Regelung.

1089.1 **Beispiel:**
Einzelunternehmer A gibt seinen Gewerbebetrieb auf. Er verkauft ein Wirtschaftsgut (Buchwert 100) für 200 an A-GmbH & Co. KG, zu an welcher er zu 75% als Kommanditist beteiligt ist. Zu 25% ist die A-GmbH beteiligt, deren einziger Gesellschafter A ist. Der Veräußerungsgewinn ist zu 75% dem laufenden Gewinn zuzuordnen; 25% entfallen auf den begünstigten Aufgabegewinn.

5. Ermittlung des Aufgabegewinns

1090 Die Ermittlung des Aufgabegewinns verläuft im Wesentlichen entsprechend des Veräußerungsgewinns nach Abs. 2 S. 1 (→ Rn. 840). § 16 Abs. 3 S. 6 bis 8 enthalten Regeln zur angemessenen **Berücksichtigung der Besonderheiten der Betriebsaufgabe** bei der Ermittlung des Aufgabegewinns. Die Betriebsaufgabe hat wie die Betriebsveräußerung grds. die Aufdeckung der stillen Reserven zur Folge. Dementsprechend steht im Mittelpunkt die Ermittlung des **Aufgabepreises** im Sinne eines Aufgabeendvermögens (Schmidt/*Wacker* § 16 Rn. 290; Blümich/*Schallmoser* § 16 Rn. 550). § 16 Abs. 3 S. 6 bis 8 modifizieren insoweit § 16 Abs. 2. Die Vorschriften gelten sinngemäß bzw. entsprechend, wenn ein Mitunternehmeranteil aufgeben wird (HHR/*Kulosa* § 16 Rn. 580).

1091 Der Aufgabegewinn ist **als Summe** der folgenden Positionen zu ermitteln (Schmidt/*Wacker* § 16 Rn. 290; Blümich/*Schallmoser* § 16 Rn. 550; BFH 3.7.1991 – X R 163-164/87, BStBl. II 1991, 802; BFH 1.12.1992 – VIII R 57/90, BStBl. II 1994, 607):

	Veräußerungspreis für im Rahmen der Betriebsaufgabe veräußerte Wirtschaftsgüter (§ 16 Abs. 3 S. 6)
+	Gemeiner Wert der ins Privatvermögen übergegangenen aktiven und passiven Wirtschaftsgüter (§ 16 Abs. 3 S. 7)
+	Sonstige Erträge, die mit der Betriebsaufgabe in wirtschaftlichem Zusammenhang stehen
=	Aufgabepreis oder Aufgabeendvermögen
./.	Veräußerungs- und Aufgabekosten
./.	Buchwert des Betriebsvermögens im Veräußerungs-/Aufgabezeitpunkt
=	Aufgabegewinn

Der Aufgabepreis kann mit Hilfe einer auf den Aufgabezeitpunkt erstellten Aufgabebilanz ermittelt werden (BFH 3.7.1991 – X R 163-164/97, BStBl. II 1991, 802; aA BFH 5.5.2015 – X R 48/13, BFH/NV, 1358). Sie ist von der letzten auf den Zeitpunkt der Betriebsaufgabe aufzustellenden Schlussbilanz zu unterscheiden. In der Schlussbilanz sind die Wirtschaftsgüter nach Maßgabe des § 6 Abs. 2 EStDV mit den fortgeführten Buchwerten anzusetzen. Es handelt sich insoweit um einen Parameter zur Ermittlung des Aufgabegewinns. Die Schlussbilanz ist auf den Zeitpunkt der Beendigung der betrieblichen Tätigkeit und nicht auf den Zeitpunkt der jeweiligen Aufgabehandlung aufzustellen (BFH 19.5.2005 – IV R 17/02, BStBl. II 2005, 637).

1092 Werden die dem Betrieb gewidmeten Wirtschaftsgüter im Rahmen der Aufgabe veräußert, so sind die **Veräußerungspreise anzusetzen** (§ 16 Abs. 3 S. 6). Veräußerungspreis ist die Gegenleistung, welche für das veräußerte Wirtschaftsgut erlangt wurde. Das Erfordernis der Veräußerung „im Rahmen der Aufgabe des Betriebs" hat eine zeitliche und eine wirtschaftliche Komponente. Für das zeitliche Erfordernis ist maßgeblich, wann der Gewinn aus der

Veräußerung verwirklicht wird („enger zeitlicher Zusammenhang", BFH 26.1.1989 – IV R 86/87, BStBl. II 1989, 456; BFH 6.4.2016 – X R 52/13, BStBl. II 2016, 710). Für den wirtschaftlichen Zusammenhang wird verlangt, dass die Veräußerung wegen der Betriebsaufgabe und nicht nur gelegentlich der Betriebsaufgabe erfolgt (BFH 26.1.1989 – IV R 86/87, BStBl. II 1989, 456). Nicht zum Aufgabegewinn gehören demgemäß Geschäfte, die noch auf einer im Wesentlichen unveränderten Fortführung der bisherigen Tätigkeit beruhen (BFH 25.6.1970 – IV 350/64, BStBl. II 1970, 719; BFH 26.6.2007 – IV R 49/04, BStBl. II 2009, 289).

Demgemäß wird es sich regelmäßig um die **Veräußerung von Anlagevermögen** handeln. Die Veräußerung von Umlaufvermögen gehört hingegen in der Regel nicht zum privilegierten Veräußerungsgewinn (vgl. HHR/*Kulosa* § 16 Rn. 581). Es ist jedoch stets der Einzelfall zu würdigen. Maßgeblich ist nach Auffassung des BFH, dass es sich um einen außerordentlichen Vorgang handelt (BFH 29.11.1988 – R 316/82, BStBl. 1989, 602; BFH 25.1.1995 – X R 76–77/92, BStBl. II 1995, 388). 1093

Einstweilen frei 1094–1096

Nach § 16 Abs. 3 S. 7 ist der **gemeine Wert** anzusetzen, wenn die Wirtschaftsgüter nicht veräußert werden. Gemeint sind Überführungen in das Privatvermögen. Der Begriff des gemeinen Wertes entspricht § 9 Abs. 2 BewG (BFH 27.2.1985 – I R 235/80, BStBl. II 1985, 456). Der Ansatz des Teilwertes nach § 6 Abs. 1 Nr. 4 kommt demgegenüber nicht in Betracht, weil die Vorschrift dem Wortlaut nach nur den laufenden Gewinn erfasst und zudem vom spezielleren § 16 Abs. 3 S. 7 verdrängt wird. Bei Grundstücken entspricht der gemeine Wert im Regelfall dem Verkehrswert (BFH 13.10.1983 – I R 76/79, BStBl. II 1984, 294; BFH 2.2.1990 – III R 173/86, BStBl. II 1990, 497). Der gemeine Wert bei beweglichen Wirtschaftsgütern ist er erzielbare Einzelveräußerungspreis (§ 8 BewG). Die Bewertung von Anteilen an Kapitalgesellschaften und Wertpapieren erfolgt nach Maßgabe von § 11 BewG, Forderungen nach § 12 BewG. Bewertungszeitpunkt ist der Übergang in das jeweilige Privatvermögen; spätere Wertänderungen beeinflussen den angesetzten gemeinen Wert nicht mehr (BFH 1.4.1998 – X R 150/95, BStBl. II 1998, 569); davon zu unterscheiden sind Wertaufhellungen; diese wirken auf den Aufgabezeitpunkt zurück (BFH 3.7.1991 – X R 163-164/87, BStBl. II 1991, 802; detailliert dazu HHR/*Kulosa* § 16 Rn. 584). 1097

Einstweilen frei 1098

Fallen **im zeitlichen und wirtschaftlichen Zusammenhang** mit der Betriebsaufgabe weitere Erträge an, zählen diese zum Aufgabepreis. Beispiele sind von dritter Seite (insb. der öffentlichen Hand) gezahlte Entschädigungen oder Stilllegungsgelder, Versicherungsleistungen oder der betrieblich veranlasste Schuldenerlass (vgl. detailliert dazu HHR/*Kulosa* § 16 Rn. 586). 1099

Besteht ein **Geschäftswert,** geht dieser im Zuge der Aufgabe unter. Er ist an den betrieblichen Organismus gebunden, sodass er nicht entnommen werden kann (Blümich/*Schallmoser* § 16 Rn. 555; BFH 14.2.1978 – VIII R 158/73, BStBl. II 1979, 99; BFH 1.12.1992 – VIII R 57/90, BStBl. II 1994, 607; vgl. aber Schmidt/*Wacker* § 16 Rn. 294 und HHR/*Kulosa* § 16 Rn. 583 für Fälle der Realteilung, der Betriebsverpachtung und der verdeckten Einlage in eine Kapitalgesellschaft). 1100

Veräußerungs- und Aufgabekosten mindern den Aufgabegewinn. Maßgeblich ist der Veranlassungszusammenhang zur Veräußerung bzw. Aufgabe; dabei ist das gesetzliche Wertungsmuster, nämlich Abzug des Schlussbilanzbuchwerts und Überlagerung der laufenden Gewinnerzielung, zu berücksichtigen (BFH 25.1.2000 – VIII R 55/97, BStBl. II 2000, 458). 1101

§ 16 Abs. 3 S. 8 trifft eine **Sonderregel** für Fälle, in denen mehrere Personen an der Betriebsaufgabe beteiligt sind. Danach ist für jeden der einzelnen Beteiligten der gemeine Wert der Wirtschaftsgüter anzusetzen, die er bei der Auseinandersetzung erhalten hat. Diese Vorschrift gilt auch für Wirtschaftsgüter des Sonderbetriebsvermögens. 1102

Einstweilen frei 1103–1105

III. § 16 Abs. 3a (Betriebsaufgabe durch Entstrickung)

1. Zweck und Entstehungsgeschichte

1106 § 16 Abs. 3a soll die Besteuerung im Inland gebildeter stiller Reserven bei einer Verlegung des Betriebs oder eines Teilbetriebes ins Ausland sicherstellen. Die Vorschrift stellt eine Reaktion des Gesetzgebers auf eine Änderung in der Rechtsprechung des BFH dar (→ Rn. 1107). Die Norm stellt den Ausschluss oder die Beschränkung des Besteuerungsrechts der Bundesrepublik Deutschland hinsichtlich des Gewinns aus der Veräußerung sämtlicher Wirtschaftsgüter des Betriebs oder eines Teilbetriebs der Aufgabe des Gewerbebetriebs gleich. Ein derartiger Ausschluss oder eine derartige Beschränkung des Besteuerungsrechts liegt insbesondere dann vor, wenn sämtliche bislang einer inländischen Betriebsstätte zuzuordnenden Wirtschaftsgüter eines Betriebs oder eines Teilbetriebes einer ausländischen Betriebsstätte zuzuordnen sind, vgl. § 16 Abs. 3a iVm § 4 Abs. 1 S. 4. Es handelt sich insofern um eine gesetzliche Fiktion (→ Rn. 1110).

1107 Die **gesetzliche Entstrickungsregelung** stellt eine Festschreibung der vom BFH seit den 70er Jahren vertretenen (BFH 28.4.1971 – I R 55/66, BStBl. II 1971, 630) Theorie der finalen Betriebsaufgabe dar. Danach stellte eine Betriebsverlegung vom Inland in das Ausland eine Betriebsaufgabe dar, wenn der Betrieb als wirtschaftlicher Organismus zwar bestehen blieb, der Gewinn aus dem in das Ausland verlegten Gewerbebetrieb aber nicht mehr der inländischen Besteuerung unterlag. Dies entsprach der Theorie der finalen Entnahme, nach der die Überführung eines Einzelwirtschaftsguts in eine ausländische Betriebsstätte zur sofortigen Gewinnrealisation führen sollte, wenn die ausländischen Betriebsstättengewinne nicht der Besteuerung im Inland unterlagen. Dabei sah der BFH (auch für unbeschränkt Steuerpflichtige) eine Betriebsaufgabe bzw. eine Entnahme als gegeben an, wenn der Betrieb bzw. die Wirtschaftsgüter in einen DBA-Staat gelangten, mit dem die Anwendung der Freistellungsmethode vereinbart worden war; anderes galt aber im Hinblick auf Staaten, mit denen entweder gar kein DBA oder ein DBA unter Zugrundelegung der Anrechnungsmethode abgeschlossen worden war (vgl. BFH 30.5.1972 – VIII R 111/69, BStBl. II 1972, 760; BFH 13.10.1976 – I R 261/70, BStBl. II 1977, 76). Ebenso wenig kam es zu einer Gewinnrealisierung, wenn ein unbeschränkt Steuerpflichtiger eine Betriebsstätte in einem Land unterhielt, mit dem zunächst kein DBA, später jedoch ein DBA unter Anwendung der Freistellungsmethode abgeschlossen wurde (BFH 16.12.1975 – VIII R 3/74, BStBl. II 1976, 246; BFH 14.6.1988 – VIII R 387/83, BStBl. II 1989, 187).

1108 Im Jahr 2008 gab der BFH zunächst die **„Theorie der finalen Entnahme"** (BFH 17.7.2008 – I R 77/06, BStBl. II 2009, 464) sowie anschließend in einem weiteren Urteil folgerichtig die sogenannte **„Theorie der finalen Betriebsaufgabe"** (BFH 28.10.2009 – I R 99/08, BStBl. II 2011, 1019) auf, da es für die Annahme der Gewinnrealisation an einer gesetzlichen Grundlage und darüber hinaus an einem Bedürfnis mangele. Die der früheren Rechtsprechung zugrunde liegende Erwägung, dass die in den Wirtschaftsgütern des Betriebsvermögens ruhenden stillen Reserven nicht endgültig der Besteuerung entgehen dürften, gebiete nämlich keine sofortige Besteuerung eines fiktiven Aufgabegewinns zum Zeitpunkt der Betriebsverlegung. Das Abkommensrecht hindere nämlich nicht die deutsche Besteuerung, wenn der künftige Gewinn aus der Realisierung der vor der Betriebsverlegung entstandenen stillen Reserven einer vormaligen, in Deutschland belegenen, Betriebsstätte zugerechnet werden könne. Gewinne, die aus stillen Reserven resultierten, die bereits vor der Zugehörigkeit der Wirtschaftsgüter zur ausländischen Betriebsstätte erwirtschaftet worden waren, könnten demnach nicht vom ausländischen Staat zB gemäß Art. 7 Abs. 1 oder Art. 13 Abs. 2 OECD-MA besteuert werden.

1109 Der **Gesetzgeber** sah sich veranlasst, auf die **geänderte Rechtsprechung des BFH** umgehend zu reagieren. Primär dürfte hierfür die Überlegung ausschlaggebend gewesen sein, dass eine Überwachung der in das Ausland überführten Wirtschaftsgüter des Betriebs oder des Teilbetriebs – ggf. über Jahre und Jahrzehnte hinweg – in der Praxis kaum handhabbar ist. Im Ergebnis wären wohl enorme Vollzugsdefizite zu erwarten gewesen (vgl. *Mitschke* IStR 2010, 95; *Mitschke* FR 2009, 326; *Mitschke* FR 2008, 1144; BT-Drs. 17/3549, 22). Daher wurde durch das JStG 2010 v. 8.12.2001 (BGBl. 2011 I 1768) die Vorschrift des § 16 Abs. 3a zur Regelung der Rechtsfolgen einer Überführung sämtlicher Wirtschaftsgüter aus einer inländischen Betriebsstätte in eine im Ausland belegene Betriebsstätte eingefügt. Zugleich wurde in Abs. 3 S. 2 die entsprechende Anwendung des § 4 Abs. 1 S. 4 für diese Sachverhalte im Falle der Realteilung entsprechend angeordnet. § 52 Abs. 34 S. 5 idF des JStG 2010 bestimmt die Anwendbarkeit des § 16 Abs. 3a in allen noch offenen Fällen. Die Neuregelungen sind sowohl europarechtlich als auch – aufgrund der angeordneten Rückwirkung – verfassungsrechtlich nicht unproblematisch (→ Rn. 1112 f.).

2. Regelungsgehalt

Die **Neuregelung sieht in § 16 Abs. 3a Hs. 1 vor,** dass der Ausschluss oder die Beschränkung des Besteuerungsrechts der Bundesrepublik Deutschland hinsichtlich des Gewinns aus der Veräußerung sämtlicher Wirtschaftsgüter des Betriebs oder eines Teilbetriebs einer Aufgabe des Gewerbebetriebs gleichsteht. Folgt man der neueren Rechtsprechung des BFH, stellt sich allerdings die Frage, welcher Regelungsgehalt der Vorschrift überhaupt zukommen kann, da der BFH dargelegt hat, dass auch die Verlagerung des Betriebs in das Ausland nicht dazu führt, dass das deutsche Besteuerungsrecht an den bis zu diesem Zeitpunkt im Inland aufgebauten stillen Reserven verlorenginge. Nach § 4 Abs. 1 S. 4 liegt ein Ausschluss oder eine Beschränkung des Besteuerungsrechts hinsichtlich des Gewinns aus der Veräußerung eines Wirtschaftsguts insbesondere dann vor, wenn ein bisher einer inländischen Betriebsstätte des Steuerpflichtigen zuzuordnendes Wirtschaftsgut einer ausländischen Betriebsstätte zuzuordnen ist. Sobald somit der Wechsel in der Zuordnung der Wirtschaftsgüter von der inländischen in eine ausländischen Betriebsstätte vorliegt, erübrigt sich aufgrund der in der Vorschrift enthaltenen Fiktion eine weitere Prüfung hinsichtlich des Ausschlusses oder der Beschränkung des Besteuerungsrechts. Es kommt auch nicht mehr darauf an, ob mit dem ausländischen Staat ein DBA unter Anwendung der Freistellungsmethode oder der Anrechnungsmethode abgeschlossen worden ist oder ob kein DBA besteht. Der Gesetzgeber wollte erklärtermaßen sämtliche dieser Konstellationen erfassen (BT-Drs. 16/2710, 28). Dem liegt der (nicht zwingende) Gedanke zugrunde, dass die Anrechnung ausländischer Steuern eine Beschränkung des deutschen Besteuerungsrechts darstellt. Die gesetzliche Neuregelung hat somit nicht nur die alte Rechtsprechung wieder aufgegriffen, sondern noch eine erhebliche Verschärfung bewirkt. Zudem vertritt die Finanzverwaltung die Auffassung, dass eine Entstrickungsbesteuerung allein aufgrund des Inkrafttretens eines erstmals abgeschlossenen oder revidierten DBA ohne weiteres Zutun des Steuerpflichtigen ausgelöst werden kann, sog. **„passive Entstrickung"** (BMF 26.10.2018, BStBl. I 2018, 1104; vgl. auch *Niehaves/Beil* DStR 2012, 209, (212) zum DBA Liechtenstein). 1110

Ist vom Vorliegen der tatbestandlichen Voraussetzungen des § 16 Abs. 3a auszugehen, wird **als Rechtsfolge eine Betriebsaufgabe fingiert.** Die Wirtschaftsgüter sind gem. § 16 Abs. 3 S. 7 mangels Veräußerung mit ihrem gemeinen Wert anzusetzen. Bei Vorliegen der Voraussetzungen ist der Freibetrag nach § 16 Abs. 4 und die Tarifbegünstigung nach § 34 zu gewähren. § 36 Abs. 5 eröffnet dem Steuerpflichtigen die Möglichkeit, auf Antrag die festgesetzte Steuer in fünf gleichen Jahresraten zu entrichten. Voraussetzung ist aber, dass die Wirtschaftsgüter einem Betriebsvermögen des Steuerpflichtigen in einem anderen Mitgliedstaat der EU oder des EWR zuzuordnen sind und der ausländische Staat Amtshilfe und Unterstützung bei der Beitreibung leistet. Realisieren sich bei der Verlegung des (Teil)Betriebs ins Ausland stille Lasten, ist § 4f zu beachten. Die dort vorgesehene Verteilung von Aufwand unterbleibt, wenn der gesamte Betrieb ins Ausland verlegt wird. Bei der Verlegung eines Teilbetriebes, zB durch die Verlegung einer inländischen Betriebsstätte, welche die Kriterien des Teilbetriebs erfüllt, ist jedoch weiter zu prüfen, ob die stillen Lasten die stillen Reserven übersteigen. Ist dies der Fall, ist der den Aufgabeverlust begründende Aufwand nicht sofort, sondern über 15 Jahre verteilt als Betriebsausgabe abziehbar, § 4f Abs. 1 S. 4 iVm S. 1 (ausführlich zu den Auswirkungen von § 4f in Entstrickungsfällen *Riedel* Ubg 2014, 421 (425 f.)). 1111

3. Verfassungs- und Unionsrechtskonformität

Verfassungsrechtlich ist die in § 52 Abs. 34 S. 5 idF des JStG 2010 vorgesehen Rückwirkung **für alle noch offenen Fälle nicht unproblematisch.** Im Schrifttum wird die Frage diskutiert, ob auch für nach dem 31.12.2005 und vor dem 1.1.2010 endende Wirtschaftsjahre 1112 von einer „echten Rückwirkung" auszugehen sei oder ob dies nur für vor dem 1.1.2006 endende Wirtschaftsjahre der Fall sei. Die Situation ist hinsichtlich der beiden Zeiträume insofern eine andere, als durch die ab dem 1.1.2006 geltende Regelung des § 4 Abs. 1 S. 3 die finale Entnahme bzw. die finale Betriebsaufgabe erstmalig eine gesetzliche Grundlage gefunden haben könnte. Folgt man der neueren Rechtsprechung des BFH, wäre eine solche Sichtweise jedoch unzutreffend, da es danach folgerichtig erst der Vorschrift des § 4 Abs. 1 S. 4 bedurfte, um den § 4 Abs. 1 S. 3 nicht ins Leere laufen zu lassen. Letztlich kann dies jedoch dahingestellt bleiben, da auch eine „echte Rückwirkung" nach der Rechtsprechung des BVerfG ausnahmsweise verfassungsrechtlich unbedenklich ist, wenn durch das rückwirkende Gesetz eine Rechtslage wiederhergestellt wird, welche bis zu einer Änderung in der Rechtsprechung der allgemeinen Rechtsauffassung entsprach. Reagiert der Gesetzgeber umgehend, so vermag das BVerfG in solchen Konstellationen kein schutzwürdiges Vertrauen auf die spätere Gesetzesauslegung zu erkennen (vgl. BVerfG 23.1.1990 – 1 BvL 4-7/87, BGBl. 1990 I 913; BVerfG 15.10.2008 – 1 BvR 1138/06, HFR 2009, 187; BVerfG 12.5.2009 – 2 BvL 1/00, BGBl. 2009 I 1569). Dementsprechend ist auch die Anwendung der Entstrickungsklausel in § 4 Abs. 1 S. 3 und 4 – obwohl es sich um einen Fall der echten Rückwirkung handelt – ausnahmsweise zulässig, da mit dem Entstrickungstatbestand nur die frühere höchstrichterliche Rechtsprechung, nach Änderung der Rechtsanwendungspraxis festgeschrieben wurde (FG Düsseldorf 19.11.2015 – 8 K 3664/11 F, EFG 2016, 209; Rev. BFH-Beschluss 14.6.2017 – I R 99/15, nv (Verfahren ausgesetzt/ruht); FG Köln 16.2.2016 – 10 K 2335/11, EFG 2016, 793). Im Ergebnis dürfte die verfassungsrechtliche Bewertung auch für den Zeitraum nach den Veröffentlichungen der Entscheidungen des BFH, mit denen er sich von der Theorie der finalen Entnahme und der Theorie der finalen Betriebsaufgabe abwandte, bis zur gesetzlichen Neuregelung nicht anders ausfallen. Der BFH ließ in beiden Entscheidungen nämlich explizit offen, ob nicht bereits zwischenzeitlich durch die Neuregelungen des SEStEG ab 2006 eine gesetzliche Grundlage für die Entstrickungsbesteuerung geschaffen worden war. Das BMF hatte das Urteil, mit dem die Theorie der finalen Entnahme aufgegeben wurde, darüber hinaus mit einem Nichtanwendungserlass belegt (BMF 20.5.2009, BStBl. I 2009, 671). Ein schutzwürdiges Vertrauen iSd Rechtsprechung des BVerfG dürfte sich daher auch in Zwischenzeiträumen nicht gebildet haben (ebenso Blümich/*Schallmoser* § 16 Rn. 495; HHR/*Kulosa* § 16 Rn. 620).

1113 **Europarechtliche Bedenken** dürften durch drei jüngere Entscheidungen des EuGH mittlerweile **ausgeräumt** sein (Kirchhof/*Seer* § 16 Rn. 231). In der Entscheidung in der Rechtssache „National Grid Indus" (EuGH 29.11.2011 – C-371/10, IStR 2012, 27) bezüglich der Verlegung des Verwaltungssitzes einer niederländischen BV nach Großbritannien nahm der EuGH eine Unterscheidung zwischen der Festsetzung der Steuer und der Einziehung der Steuer (Steuererhebung) vor. Hinsichtlich der Steuerfestsetzung stellte das Gericht klar, dass die Niederlassungsfreiheit nicht einer Regelung entgegenstünde, wonach der Steuerbetrag auf die nicht realisierten Wertzuwächse beim Vermögen einer Gesellschaft endgültig zu dem Zeitpunkt festgesetzt wird, zu dem die Gesellschaft aufgrund der Verlegung ihres tatsächlichen Verwaltungssitzes in einen anderen Mitgliedstaat aufhört, in dem ersten Mitgliedstaat steuerpflichtige Gewinne zu erzielen. Als unverhältnismäßig stufte der EuGH hingegen die sofortige Steuererhebung ein. Bereits in dieser Entscheidung deutete sich jedoch an, dass der EuGH die Verhältnismäßigkeit wohl als gewahrt ansähe, wenn dem Steuerpflichtigen ein Wahlrecht zwischen Sofortbesteuerung und einem Steueraufschub bis zur tatsächlichen Realisierung der stillen Reserven eingeräumt würde. Mit seinem Urteil in der Rechtssache „DMC" (EuGH 23.1.2014 – C-164/12, IStR 2014, 106) zur Entstrickungsbesteuerung nach §§ 20, 21 UmwStG 1995 ging der EuGH noch einen ganzen Schritt weiter und urteilte hinsichtlich der Erhebung der Steuer auf die nicht realisierten Wertzuwächse, dass die gestreckte Besteuerung der stillen Reserven über fünf Jahre ggf. zuzüglich Zinsen und Sicherheitsleistung als Alternative zur Sofortbesteuerung in Anbetracht des mit der Zeit steigenden Risikos der Nichteinbringung eine angemessene und verhältnismäßige Maßnahme sei. Dies bestätigte der EuGH nachfolgend in seinem Urteil in der Rechtssache „Verder Lab Tec" (EuGH 21.5.2015 – C-657/13, IStR 2015, 440) im Hinblick auf die Entstrickung einzelner Wirtschaftsgüter aufgrund einer Vorlage des FG Düsseldorf (5.12.2013 – 8 K 3664/11 F, EFG 2014, 119). Der EuGH stellte fest, dass die in § 4 Abs. 1 S. 3 bei der Überführung von Wirtschaftsgütern festgelegte Besteuerung der stillen Reserven und die in § 4g Abs. 1

bestimmte gestaffelte Erhebung der darauf entfallenden Steuer unionrechtskonform sei (vgl. Anmerkung *Gosch* BFH/PR 2015, 296). Die Frage, ob und wann die gebildeten stillen Reserven im Zuzugsstaat aufgedeckt werden, muss vom Wegzugsstaat demnach nicht beachtet werden. Da der deutsche Gesetzgeber dem Steuerpflichtigen auch in den Fällen des Abs. 3a in §36 Abs. 5 ein Wahlrecht für eine (zinslose, vgl. §36 Abs. 5 S. 3) Stundung der Steuer über fünf Jahre eingeräumt hat, dürften nunmehr an der Vereinbarkeit des §16 Abs. 3a mit dem Unionsrecht keine Zweifel bestehen.

IV. §16 Abs. 3b (Betriebsunterbrechung und -verpachtung)

1. Normzweck

Die Vorschrift wurde durch das **StVereinfG 2011** v. 1.11.2011 (BGBl. 2011 I 2131) eingefügt und ist **auf Betriebsaufgaben nach dem 4.11.2011 anzuwenden** (§52 Abs. 34 S. 9). Sie enthält Regelungen zum Zeitpunkt der Betriebsaufgabe in Fällen der Betriebsunterbrechung im weiteren Sinne, zu welcher sowohl die Betriebsunterbrechung im engeren Sinne als auch die Betriebsverpachtung im Ganzen zählt. Die Problematik besteht in diesen Konstellationen darin, dass bei einer Einstellung der werbenden Tätigkeit grundsätzlich eine Besteuerung des Aufgabegewinns vorzunehmen ist, obwohl es zu keinem Liquiditätszufluss kommt. In Fällen der bloßen Betriebsunterbrechung erscheint eine Besteuerung unter Aufdeckung der stillen Reserven jedoch nicht gerechtfertigt. Deshalb hat sich die Rechtsprechung in vielen Entscheidungen damit auseinandergesetzt, wann eine Besteuerung des Aufgabegewinns zwingend vorzunehmen und wann dem Steuerpflichtigen ein Wahlrecht hinsichtlich des Zeitpunkts der Besteuerung einzuräumen ist (grundlegend zur Betriebsverpachtung im Ganzen BFH 13.11.1963 – GrS 1/63 S, BStBl. III 1964, 124). Kern dieser Rechtsprechung ist es, dass der Steuerpflichtige erklären kann, ob er den Vorgang als Betriebsaufgabe iSd Abs. 3 behandeln und damit die Gegenstände seines Betriebs in sein Privatvermögen überführen will oder – im Falle der Betriebsverpachtung – ob und wie lange er das Betriebsvermögen während der Verpachtung fortführen will bzw. – bei der Betriebsunterbrechung im engeren Sinn – ob er die Wiederaufnahme des Betriebs beabsichtigt. Hiervon abzugrenzen ist die Zwangsbetriebsaufgabe, die eintritt, wenn die objektive Möglichkeit zur Wiederaufnahme des Betriebs beabsichtigt. Hiervon abzugrenzen ist die Zwangsbetriebsaufgabe, die eintritt, wenn die objektive Möglichkeit zur Wiederaufnahme des Betriebs (oder die Absicht der Wiederaufnahme, str., → Rn. 1118) nicht (mehr) gegeben ist. 1114

Der im Zusammenhang mit dieser Rechtsprechung **regelmäßig auftretende Konflikt** ist, wie sich an der Fülle der hierzu ergangenen Gerichtsentscheidungen ersehen lässt, der folgende: Die Fortführung des Betriebsvermögens trotz Einstellung der werbenden Tätigkeit wirkt sich auf den Steuerpflichtigen zunächst positiv aus. Er bleibt davon verschont, stille Reserven (sofern vorhanden) aufzudecken. In den folgenden Veranlagungszeiträumen kehrt sich die Interessenlage zwischen Steuerpflichtigen und Fiskus jedoch um. Veräußert der Steuerpflichtige dann die Wirtschaftsgüter des angeblich ruhenden Betriebs, wird er sich häufig darauf berufen, die Betriebsaufgabe habe richtigerweise bereits in verjährter Zeit stattgefunden (*Wendt* FR 2006, 828; Kirchhof/*Seer* §16 Rn. 241). Um dies zu verhindern, setzt Abs. 3b zum einen eine ausdrückliche Aufgabeerklärung des Steuerpflichtigen voraus und knüpft zum anderen für das Eintreten der Rechtsfolgen einer Zwangsbetriebsaufgabe an die Kenntniserlangung durch das Finanzamt an. Beides verfolgt den Zweck, ein höheres Maß an Rechtssicherheit zu schaffen. 1115

2. Anwendungsbereich

Die Vorschrift setzt voraus, dass (jedenfalls zunächst) **entweder eine Betriebsunterbrechung oder eine Betriebsverpachtung im Ganzen vorliegt.** Beide Fallgruppen werden wahlweise unter dem Oberbegriff der „Betriebsunterbrechung im weiteren Sinne", des „ruhenden Gewerbebetriebs" oder der „Betriebsänderung" zusammengefasst (vgl. zu den Begrifflichkeiten HHR/*Kulosa* §16 Rn. 653). 1116

a) Betriebsunterbrechung. Eine **Betriebsunterbrechung** liegt vor, wenn die werbende Tätigkeit vom Steuerpflichtigen nur vorübergehend eingestellt wird, er also eine 1117

Fortführung beabsichtigt. Darüber hinaus wird die Annahme einer Betriebsunterbrechung in einigen Urteilen des BFH davon abhängig gemacht, dass die beabsichtigte Wiederaufnahme innerhalb eines überschaubaren Zeitraums erfolgen soll und ihre Verwirklichung nach den äußeren Umständen wahrscheinlich ist, sodass der stillgelegte und der eröffnete Betrieb als identisch anzusehen sind (BFH 28.9.1995 – IV R 39/94, BStBl. II 1996, 276; BFH 17.10.1991 – IV R 97/89, BStBl. II 1992, 392; BFH 3.10.1984 – I R 116/81, BStBl. II 1985, 131; BFH 24.6.1976 – IV R 200/72, BStBl. II 1976, 672; HHR/*Kulosa* § 16 Rn. 655 ff.). Dass stille Reserven in Fällen der Betriebsunterbrechung nicht automatisch aufgedeckt werden, erscheint, insbesondere im Hinblick auf Saisonbetriebe (zB Eisdielen), zunächst einmal einleuchtend. In der praktischen Handhabung ergeben sich aber diverse Schwierigkeiten. So hat die Rechtsprechung die Betriebsunterbrechung regelmäßig nicht an dem von ihr selbst aufgestellten Kriterium der Fortführung „innerhalb eines überschaubaren Zeitraums" scheitern lassen und unter Verweis auf die notwendige Prüfung der Besonderheiten des Einzelfalls Zeiträume von 25 Jahren (BFH 7.10.1998 – VIII B 43/97, BFH/NV 1999, 350) oder 30 bis 40 Jahren (BFH 24.3.2006 – VIII B 98/01, BFH/NV 2006, 1287) zugelassen. Für den gewerblichen Grundstückshandel ist der BFH sogar bei der Bestellung eines 99-jährigen Erbbaurechts an allen zum Umlaufvermögen gehörenden Grundstücken noch von einer Betriebsunterbrechung ausgegangen (BFH 22.4.1998 – XI R 28/97, BStBl. II 1998, 665).

1118 **aa) Fortführungsabsicht. Besonders problematisch** stellt sich die **Fortführungsabsicht des Steuerpflichtigen** als Voraussetzung der Betriebsunterbrechung dar. Wie alle inneren Tatsachen ist diese gerichtlich nur schwer überprüfbar. In der Praxis läuft dies daher regelmäßig darauf hinaus, dass eine Betriebsunterbrechung angenommen wird, solange der Steuerpflichtige nicht eindeutig die Betriebsaufgabe erklärt und die Fortführung des Betriebs objektiv (noch) möglich ist. In diese Richtung tendiert auch die neuere Rechtsprechung (vgl. BFH 8.2.2007 – IV R 65/01, BStBl. II 2009, 699; BFH 12.5.2011 – IV R 36/09, BFH/NV 2011, 2092; BFH 18.7.2018 – X R 36/17, BFH/NV 2019, 195). Sinnvollerweise sollte auf das Merkmal der Fortführungsabsicht – ähnlich wie bei der Wiederaufnahmeabsicht in Verpachtungsfällen (→ Rn. 1130) – in Zukunft offen verzichtet und die vorzunehmende Prüfung allein auf die objektivierbare Frage der Fortführungsmöglichkeit reduziert werden (so auch *Wendt* FR 2011, 1023; HHR/*Kulosa* § 16 Rn. 655).

1119 **bb) Fortführungsmöglichkeit.** Die **Möglichkeit der Fortsetzung des Betriebes** besteht insbesondere dann, wenn (i) wesentliche Betriebsgrundlagen zurückbehalten werden, (ii) diese weiterhin gebrauchstauglich sind und (iii) keine wesentliche Umgestaltung erfahren haben. Sind diese Voraussetzungen nicht erfüllt, kommt es unabhängig von Willensbekundungen des Steuerpflichtigen regelmäßig zu einer Betriebsaufgabe, nach Einführung des Abs. 3b allerdings erst ab dem Zeitpunkt, in dem das Finanzamt Kenntnis hiervon erlangt.

1120 Zu einer **Betriebsaufgabe** kommt es allerdings auch dann nicht, wenn wesentliche Betriebsgrundlagen zerstört sind und der Betrieb erst nach deren Wiederherstellung oder Anschaffung oder Herstellung einer funktionsgleichen Betriebsgrundlage wieder aufgenommen werden kann. Die entsprechende Absicht kann zB durch die Bildung einer Rücklage für Ersatzbeschaffung dokumentiert werden (BFH 17.10.1991 – IV R 97/89, BStBl. II 1992, 392 hinsichtlich eines abgebrannten Kinobetriebs).

1121 Die **Rechtsprechung** hatte sich aufgrund der erheblichen steuerlichen Auswirkungen häufig mit Fällen zu beschäftigen, in denen Grundbesitz vorhanden war, welcher nach Einstellung der werbenden Tätigkeit vermietet wurde. Die Finanzgerichte sind mit der Annahme einer Zwangsaufgabe in diesen Konstellationen, in denen es regelmäßig auch am entsprechenden Zufluss von Liquidität mangelt, äußerst zurückhaltend umgegangen (HHR/*Kulosa* § 16 Rn. 656 mit zahlreichen Beispielen aus der Rechtsprechung). So führt die Bestellung von Erbbaurechten an allen zugehörigen Grundstücken nicht zur Aufgabe eines gewerblichen Grundstückshandels (BFH 22.4.1998 – XI R 28/97, BStBl. II 1998, 210). Eine bloße Betriebsunterbrechung liegt ferner regelmäßig vor, wenn ein Unternehmen, das zuvor auf dem Gebiet des Bauwesens, des Grundstückshandels und der Grundstücksverwaltung tätig war, nur noch Grundstücksverwaltung betreibt (BFH 28.9.1995 – IV R 39/94, BStBl. II 1996, 276). Zu weit geht jedoch die Ansicht, nach der eine Betriebsunterbrechung auch dann angenommen werden könne, wenn wesentliche Betriebsgrundlage teils zurückbehalten, teils einer anderen Person zu deren Eigentum übertragen werden und die theoretische Möglichkeit der Wiedervereinigung in einem gleichartigen Betrieb besteht (so jedoch FG Rheinland-Pfalz 25.1.2002 – 4 K 1194/01, EFG 2002, 677). Sofern die werbende Tätigkeit eingestellt und die wesentlichen Betriebsgrundlagen auf verschiedene Eigentümer verteilt sind, dürfte die Grenze zur Betriebsaufgabe endgültig überschritten sein (so auch HHR/*Kulosa* § 16 Rn. 658).

b) Betriebsverpachtung im Ganzen. Eine **Betriebsverpachtung im Ganzen** setzt voraus, dass (i) der Betrieb als Ganzes verpachtet wird, was die Verpachtung jedenfalls aller wesentlichen Betriebsgrundlagen bedingt und (ii) die Möglichkeit der Wiederaufnahme nach Beendigung des Pachtverhältnisses besteht, dh dass keine wesentliche Umgestaltung zu Beginn oder während des laufenden Pachtverhältnisses erfolgt. Von der ursprünglich weiteren Voraussetzung der Wiederaufnahmeabsicht hat die Rechtsprechung in jüngerer Zeit hingegen zunehmend Abstand genommen (→ Rn. 1130). Ausschlaggebend ist somit allein die Erhaltung des Betriebs als geschlossener, eigenständig lebensfähiger Organismus bis zur Beendigung des Überlassungsvertrages. Dabei muss es sich zivilrechtlich nicht um eine Verpachtung iSd §§ 581 ff. BGB handeln. Die Vermietung ist der Verpachtung gleichzustellen (vgl. BFH 28.8.2003 – IV R 20/02, BStBl. II 2004, 10). Auch bei der Bestellung eines Nießbrauchs gelten die Grundsätze der Betriebsverpachtung im Hinblick auf den Eigentümer und Nießbrauchverpflichteten entsprechend (BFH 25.1.1996 – IV R 19/94, BFH/NV 1996, 600). 1122

aa) Verpachtung der wesentlichen Betriebsgrundlagen. Eine Betriebsverpachtung im Ganzen **liegt nur dann vor, wenn zumindest alle wesentlichen Betriebsgrundlagen verpachtet werden.** Welche Betriebsgegenstände wesentliche Betriebsgrundlagen sind, bestimmt sich nach den tatsächlichen Umständen des Einzelfalls unter Berücksichtigung der spezifischen Verhältnisse des betreffenden Betriebs. Maßgebend ist dabei auf die sachlichen Erfordernisse des Betriebs abzustellen (sog. funktionale Betrachtungsweise) und zwar auf die Verhältnisse des verpachtenden, nicht hingegen des pachtenden Unternehmens (ständige Rechtsprechung, vgl. BFH 7.11.2013 – X R 21/11, BFH/NV 2014 676; BFH 11.10.2007 – X R 39/04, BStBl. II 2008, 220; BFH 28.8.2003 – IV R 20/02, BStBl. II 2004, 10; BFH 24.8.1989 – IV R 135/86, BStBl. II 1989, 1014 jeweils mwN). Die qualitative Betrachtungsweise, welche sich danach ausrichtet, ob in den Betriebsgegenständen erhebliche stille Reserven gebunden sind, kommt hingegen nicht zum Tragen. Ist lediglich eine funktional wesentliche Betriebsgrundlage vorhanden, reicht es folgerichtig aus, wenn nur diese verpachtet wird. Die ältere Rechtsprechung hat diese Konstellationen als Ausnahmefälle angesehen. Demgegenüber geht die neuere Rechtsprechung des BFH davon aus, dass jedenfalls bei Groß- und Einzelhandelsunternehmen sowie bei Hotel- und Gaststättenbetrieben die gewerblich genutzten Räume, die dem Handelsgewerbe das Gepräge geben, regelmäßig den wesentlichen Betriebsgegenstand bilden (BFH 18.8.2009 – X R 20/06, BStBl. II 2010, 222 mwN). 1123

So hat der BFH bei einem **Autohaus** das speziell für dessen Betrieb hergerichtete Betriebsgrundstück samt Gebäuden und Aufbauten als einzige wesentliche Betriebsgrundlage angesehen (BFH 11.10.2007 – X R 39/04, BStBl. II 2008, 220). Bei einem Getränkegroßhandel stellte aus Sicht des Gerichts ebenfalls das zu Verlaufs- und Lagerzwecken genutzte Grundstück die einzige wesentliche Betriebsgrundlage dar (BFH 7.11.2013 – X R 21/11, BFH/NV 2014, 676). Weitere Entscheidungen des BFH, in denen die alleinige Verpachtung des Grundstücks, ggf. in Verbindung mit Betriebsvorrichtungen, für die Betriebsverpachtung im Ganzen als ausreichend angesehen wurde: BFH 3.4.2014 – X R 16/10, BFH/NV 2014, 1038 (Apotheke); BFH 15.11.1984 – IV R 139/81, BStBl. II 1985, 205 (Reitschule); BFH 11.2.1999 – III R 112/96, BFH/NV 1999, 1198 (Großhandelsbetrieb); anders hingegen BFH 25.8.1993 – XI R 6/93, BStBl. II 1994, 23 (Autohandel). 1124

Nicht ausreichend ist es hingegen, wenn mehrere wesentliche Betriebsgrundlagen vorhanden sind, von denen lediglich eine verpachtet wird. Insofern ist insbesondere eine Abgrenzung zwischen den Groß- und Einzelhandelsunternehmen von dem produzierenden Gewerbe vorzunehmen, da bei den Produktionsbetrieben neben dem Betriebsgrundstück regelmäßig auch der Maschinenpark zu den wesentlichen Betriebsgrundlagen zählt (BFH 17.4.1997 – VIII R 2/95, BStBl. II 1998, 388 hinsichtlich eines Holzverarbeitungsbetriebs; HHR/*Kulosa* § 16 Rn. 663 mwN). 1125

1126 **bb) Objektive Möglichkeit der Wiederaufnahme des Betriebs.** Eine **Zwangsbetriebsaufgabe** liegt nur dann nicht vor, wenn der betriebliche Organismus in der Zeit der Verpachtung erhalten bleibt und der Steuerpflichtige somit die Möglichkeit hat, den Betrieb nach der Verpachtung fortzuführen. Dabei kommt es allein auf den Zustand an, in dem sich das Unternehmen befand, als die letzte werbende Tätigkeit eingestellt wurde (BFH 8.2.2007 – IV R 65/01, BStBl. II 2009, 699).

1127 Es muss die **Möglichkeit bestehen, den Betrieb in gleichartiger oder ähnlicher Weise wieder aufzunehmen,** sodass der stillgelegte und der wiedereröffnete Betrieb als identisch anzusehen sind (BFH 26.2.1997 – X R 31/95, BStBl. II 1997, 561; BFH 15.10.1987 – IV R 66/86, BStBl. II 1988, 260; BFH 17.10.1991 – IV R 97/89, BStBl. II 1992, 392). Daraus ergibt sich, dass eine Zwangsbetriebsaufgabe eintritt, wenn die verpachteten wesentlichen Betriebsgrundlagen derart umgestaltet werden, dass sie nicht mehr in der bisherigen Form genutzt werden können (BFH 19.3.2009 – IV R 45/06, BStBl. II 2009, 902; BFH 26.2.1997 – X R 31/95, BStBl. II 1997, 561). Die Zwangsbetriebsaufgabe tritt hingegen nicht bereits dann ein, wenn das mietende Unternehmen einer anderen Branche angehört. Die gegenteilige Auffassung hat der BFH mit Urteil vom 28.8.2003 (IV R 20/02, BStBl. II 2004, 10) ausdrücklich aufgegeben. Entscheidend ist nicht, ob der Pächter den bisherigen Betrieb fortführt, sondern ob der Verpächter (oder sein Rechtsnachfolger) den Betrieb nach Ablauf des Nutzungsverhältnisses ohne wesentliche Änderung fortführen kann.

1128 Liegt **die objektive Möglichkeit der Wiederaufnahme des Betriebs** vor, ist von der Fortführung des Betriebs bis zur Erklärung der Betriebsaufgabe durch den Steuerpflichtigen grundsätzlich – anders als bei der Betriebsunterbrechung im engeren Sinn – ohne zeitliche Begrenzung auszugehen (BFH 19.3.2009 – IV R 45/06, BStBl. II 2009, 902).

1129 Unerheblich ist es, wenn die Wiederaufnahme des Betriebs **durch den Steuerpflichtigen selbst** nach Ablauf der Pachtzeit, insbesondere aus Alters- oder Krankheitsgründen, **nicht mehr möglich erscheint.** Vielmehr reicht es nach ständiger Rechtsprechung aus, wenn seinem Rechtsnachfolger – einem Gesamtrechtsnachfolger oder einem unentgeltlichen Einzelrechtsnachfolger – objektiv die Möglichkeit verbleibt, den Betrieb wiederaufzunehmen (BFH 3.4.2014 – X R 16/10, BFH/NV 2014, 1038; BFH 3.6.1997 – IX R 2/95, BStBl. II 1998, 373; BFH 15.10.1987 – IV R 66/86, BStBl. II 1988, 260).

1130 **cc) Wiederaufnahmeabsicht.** Auch in Fällen der **Betriebsverpachtung** ist die Rechtsprechung in der Vergangenheit davon ausgegangen, dass das Betriebsvermögen nur dann fortgeführt und eine Aufdeckung stiller Reserven vermieden werden kann, wenn beim Steuerpflichtigen die Absicht besteht, den Betrieb nach Ablauf der Pachtzeit wieder aufzunehmen. Der Wiederaufnahmeabsicht kommt jedoch mittlerweile keine Bedeutung mehr zu. So hat der IV. Senat des BFH in seinem Urteil vom 19.3.2009 (IV R 45/06, BStBl. II 2009, 902) angekündigt, an dem Erfordernis der Wiederaufnahmeabsicht des Betriebs in Fällen der Betriebsverpachtung im Ganzen nicht mehr festhalten zu wollen. Der X. Senat hingegen hat in einem später ergangenen Urteil deutlich gemacht, dass aus seiner Sicht aus Nachweisgründen so lange von einer Fortführungsabsicht auszugehen sei, bis der Steuerpflichtige klar und eindeutig die Betriebsaufgabe erklärt (BFH 3.4.2014 – X R 16/10, BFH/NV 2014, 1038 unter Verweis auf BFH 19.8.1998 – X R 176/96, BFH/NV 1999, 454). Welche Richtung der BFH – ggf. nach Anrufung des Großen Senats – hierzu auf Dauer einschlagen wird, ist noch nicht endgültig absehbar. Ob die Fortführungsabsicht als Voraussetzung völlig aufgegeben oder bei Vorliegen der objektiven Voraussetzungen als (unwiderleglich) indiziert angesehen wird, dürfte in der Praxis jedenfalls keinen Unterschied machen. Unter dem Gesichtspunkt der Rechtssicherheit wäre ein Verzicht auf die Prüfung der Wiederaufnahmeabsicht in jedem Fall zu begrüßen.

1131 **dd) Einzelfälle.** Der Steuerpflichtige muss den verpachteten Betrieb **selbständig betrieben haben.** Erwirbt der Steuerpflichtige hingegen den Betrieb entgeltlich, um ihn unmittelbar anschließend zu verpachten, so erzielt er keine gewerblichen Einkünfte, sondern Einkünfte aus Vermietung und Verpachtung (BFH 20.4.1989 – IV R 95/87, BStBl. II 1989, 863 betr. Land- und Forstwirtschaft). Dies gilt grundsätzlich auch dann, wenn der bereits verpachtete Betrieb entgeltlich erworben wird (BFH 29.3.2001 – IV R 88/99, BStBl. II 2002, 791 ebenfalls betr. Land- und Forstwirtschaft, wonach aber unter bestimmten Voraussetzungen eine Ausnahme möglich sein kann, wenn die spätere Eigenbewirtschaftung beabsichtigt ist). Wird ein verpachteter Betrieb hingegen unentgeltlich erworben, tritt der Erwerber in die Rechtsstellung des Verpächters ein. Sofern der vorherige Verpächter noch nicht die Betriebsaufgabe erklärt hat, geht das Wahlrecht, die Betriebsaufgabe zu erklären oder weiterhin gewerbliche Einkünfte zu erzielen, somit auf den Erwerber über (BFH 15.4.2010 – IV R 58/07, BFH/NV 2010, 1785). Das Wahlrecht besteht auch, wenn der Steuerpflichtige unentgeltlich erwirbt und den Betrieb alsbald verpachtet, ohne ihn zwischenzeitlich geführt zu haben (BFH 12.3.1992 – IV R 29/91, BStBl. II 1993, 36). Ebenso setzt beim teilentgeltlichen Erwerb der Erwerber das Verpächterwahlrecht fort (vgl. BFH 6.4.2016 – X R 52/13, BStBl. II 2016, 710; Schmidt/*Wacker* § 16 Rn. 705).

Die **Betriebsverpachtung verhält sich subsidiär zum Institut der Betriebsaufspaltung.** Sofern eine Betriebsaufspaltung vorliegt, kann das verpachtete Vermögen nicht durch eine Erklärung des Steuerpflichtigen Privatvermögen werden (BFH 14.12.1993 – VIII R 13/93, BStBl. II 1994, 922). Während des Bestehens der Betriebsaufspaltung ist daher kein Verpächterwahlrecht gegeben. Das Verpächterwahlrecht lebt jedoch nach der Rechtsprechung des BFH wieder auf, wenn die Voraussetzungen der Betriebsaufspaltung infolge sachlicher oder personeller Entflechtung wegfallen (BFH 15.3.2005 – X R 2/02, BFH/NV 2005, 1292; BFH 6.3.1997 – IX R 2/96, BStBl. II 1997, 460). Das Verpächterwahlrecht ist ebenfalls ausgeschlossen, wenn ein Gesellschafter einer Mitunternehmerschaft an diese seinen bis dahin von ihm selbst geführten Betrieb verpachtet. In diesem Fall rechnet der verpachtete Betrieb zu seinem Sonderbetriebsvermögen und die von der Mitunternehmerschaft gezahlten Pachtzinsen stellen gemäß § 15 Abs. 1 S. 1 Nr. 2 Sonderbetriebseinnahmen dar (vgl. auch zu weiteren Einzelfällen des Ausschlusses und des Wiederauflebens des Verpächterwahlrechts BMF BStBl. I 1994, 771.) 1132

3. Rechtsfolgen

Liegen die **Voraussetzungen einer Betriebsunterbrechung oder einer Betriebsverpachtung im Ganzen** vor, so gilt der Gewerbebetrieb nicht als aufgegeben, bis entweder (i) der Steuerpflichtige eine ausdrückliche Aufgabeerklärung gegenüber dem Finanzamt abgibt oder (ii) dem Finanzamt Tatsachen bekannt werden, die eine Zwangsbetriebsaufgabe begründen. Die Vorschrift gibt dem Steuerpflichtigen zum einen ein weitgehendes Wahlrecht, zu welchem Zeitpunkt er die Betriebsaufgabe eintreten lassen will. Der Steuerpflichtige erlangt somit den Vorteil einer Steuerstundung und kann den Zeitpunkt der Gewinnrealisierung steuerlich optimal wählen (zum optimalen Zeitpunkt der tatsächlichen Betriebsaufgabe *Schönemann/Dietrich* DStR 2011, 231). Zum anderen wird im Sinne der Rechtssicherheit in Fällen der Zwangsbetriebsaufgabe – in denen es auf eine Aufgabeerklärung des Steuerpflichtigen nicht ankommt – die Betriebsaufgabe im Wege der Fiktion so lange aufgeschoben, bis die Finanzverwaltung von ihr Kenntnis erlangt. 1133

a) Besonderheiten im Zeitraum bis zur Betriebsaufgabe. Sowohl im Falle der eingetretenen Betriebsunterbrechung als auch der Betriebsverpachtung im Ganzen besteht der Gewerbebetrieb zunächst einmal fort, obwohl jedenfalls in den Fällen der Betriebsverpachtung im Ganzen **nach allgemeinen Grundsätzen von einer Betriebsaufgabe auszugehen wäre.** Der BFH spricht insofern von einer Fortführung des Gewerbebetriebs in anderer Form (BFH 13.11.1963 – GrS 1/63 S, BStBl. III 1964, 124). Gleichwohl liegt ein aktiver bzw. werbender Betrieb nicht mehr vor. Für Zwecke der Gewerbesteuer gibt es jedoch kein Verpächterwahlrecht, sodass der gewerbesteuerliche Betrieb mit Beendigung der werbenden Tätigkeit endet (FG Köln 12.3.2009 – 10 K 399/06, EFG 2009, 1244). Auch im Falle der Betriebsunterbrechung ist jedenfalls bei längerfristigen Betriebsunterbrechungen davon auszugehen, dass in diesem Zeitraum noch erzielte Einkünfte nicht der Gewerbesteuer unterliegen (HHR/*Kulosa* § 16 Rn. 671 mwN). Für kurzfristige Unterbrechungen (insbesondere bei Saisonbetrieben) ist jedoch § 2 Abs. 4 GewStG zu beachten, wonach vorübergehende Unterbrechungen im Betrieb eines Gewerbes, die durch die Art des Betriebs veranlasst sind, die Steuerpflicht für die Zeit bis zur Wiederaufnahme des Betriebs nicht aufheben. Weitere Konsequenz der Beendigung der aktiven Teilnahme am wirtschaftlichen Verkehr sowie der Ausübung einer werbenden Tätigkeit ist es, dass Investitionsabzugsbeträge und Sonderabschreibungen nach § 7g nicht mehr vorgenommen werden können (BFH 19.11.2007 – VIII B 70/07, BFH/NV 2008, 380). 1134

1135 **b) Aufgabe durch Aufgabeerklärung.** Der Steuerpflichtige kann die Betriebsaufgabe jederzeit durch ausdrückliche – jedoch formfreie – **Erklärung gegenüber dem für die Besteuerung des Betriebs zuständigen Finanzamt** herbeiführen. Eine konkludente Aufgabeerklärung ist im Sinne der angestrebten Rechtssicherheit im Gegensatz zur früheren Rechtsprechung seit der Einführung der gesetzlichen Regelung und damit seit dem 5.11.2011 nicht mehr möglich. Dies bedeutet jedoch nicht, dass eine vom Steuerpflichtigen abgegebene Erklärung nicht ausgelegt werden könnte bzw. müsste. Dabei sind aber strenge Maßstäbe anzulegen, die Abgabeerklärung muss unmissverständlich sein. Die ohne weitere Erläuterungen abgegebene Erklärung von Einkünften aus Vermietung und Verpachtung kann jedenfalls nicht als Aufgabeerklärung ausgelegt werden (so zur Rechtslage vor der Schaffung des Abs. 3b BFH 15.10.1987 – IV R 66/86, BStBl. II 1988, 260). Die Aufgabeerklärung kann auch vom Verfahrensbevollmächtigten iSd § 80 Abs. 1 S. 1 AO abgegeben werden, und zwar ungeachtet dessen, ob die Betriebsaufgabe mit Wissen und Wollen des Steuerpflichtigen erklärt wird (BFH 8.3.2007 – IV R 57/04, BFH/NV 2007, 1640). Im Falle einer Personengesellschaft streiten die gesetzliche Wertung des § 351 Abs. 1 Nr. 1 AO sowie Praktikabilitätserwägungen dafür, dass die Aufgabeerklärung allein vom Geschäftsführer abgegeben werden kann (HHR/*Kulosa* § 16 Rn. 673; aA *Fichtelmann* EStB 2006, 373). Insbesondere bei Publikumsgesellschaften dürfte eine von allen Gesellschaftern unterzeichnete Aufgabeerklärung regelmäßig nicht einzuholen sein. Wirksam wird die Aufgabeerklärung im Zeitpunkt des Zugangs beim zuständigen Finanzamt. In diesem Zeitpunkt tritt – sofern kein anderer Zeitpunkt für die Betriebsaufgabe gewählt wird – die Gewinnrealisierung ein. Die ausdrücklich erklärte Aufgabeerklärung kann zwar widerrufen werden, sofern sie (im Ausnahmefall) für einen noch in der Zukunft liegenden Zeitpunkt abgegeben wurde; eine Anfechtung der abgegebenen Aufgabeerklärung, zB nach § 119 BGB ist hingegen nicht möglich (Schmidt/*Wacker* § 16 Rn. 711).

1136 Abs. 3b S. 2 erlaubt es den Steuerpflichtigen, einen **Zeitpunkt für die Betriebsaufgabe zu wählen, der bis zu drei Monate vor der Erklärung der Betriebsaufgabe liegt.** Dies gibt dem Steuerpflichtigen eine weitere Möglichkeit zur Steuergestaltung an die Hand. Interessant wird dieses zusätzliche Wahlrecht in den Fällen, in denen eine (unerwartete) Wertsteigerung im Rückwirkungszeitraum eintritt. Eine derartige Rückwirkung von maximal drei Monaten wurde von der Finanzverwaltung zwar grundsätzlich auch vor der Einführung des Abs. 3b zugelassen, jedoch galt dies nach übereinstimmender Auffassung von Finanzverwaltung und Rechtsprechung gerade nur dann, wenn sich die gemeinen Werte in diesem Zeitraum nicht wesentlich geändert hatten (H 16 Abs. 5 EStH 2005 „Drei-Monatsfrist"; BFH 18.8.2005 – IV R 9/04, BStBl. II 2006, 581). Eine derartige Begrenzung ist nach dem insofern eindeutigen Gesetzeswortlaut nun nicht mehr vorzunehmen (*Wendt* FR 2011, 1023 (1025); Blümich/*Schallmoser* § 16 Rn. 526; HHR/*Kulosa* § 16 Rn. 675). Darüber hinaus steckt insbes. in Erbschaftsfällen ein Gestaltungspotential. So kann der Erbe mithilfe einer rückbezogenen Aufgabeerklärung die steuerlichen Folgen der Betriebsaufgabe noch beim Erblasser eintreten lassen und so evtl. bei diesem noch vorhandene Verlustvorträge nutzen. Der Gesetzeswortlaut steht einer derartigen Gestaltung jedenfalls nicht entgegen (so auch HHR/*Kulosa* § 16 Rn. 675).

1137 Die Vorschrift verlangt insofern die **Anwendung besonderer Sorgfalt** von Steuerpflichtigem und Berater, als eine Rückwirkung vollständig entfällt, wenn der maximale Rückwirkungszeitraum von drei Monaten auch nur um einen Tag überschritten wird. Die Aufgabeerklärung wird in diesem Fall nicht als unwirksam behandelt, stattdessen fingiert Abs. 3b S. 3 den Zeitpunkt des Eingangs der Erklärung beim Finanzamt als Aufgabezeitpunkt. Bei unverschuldeten Fristüberschreitungen wird allerdings eine Wiedereinsetzung in den vorigen Stand grundsätzlich für möglich erachtet (HHR/*Kulosa* § 16 Rn. 676). Das Gesetz spricht zwar von einer „Abgabe" der Aufgabeerklärung innerhalb des Drei-Monats-Zeitraums, dies wird jedoch als „Zugang" der Abgabeerklärung beim Finanzamt verstanden (HHR/*Kulosa* § 16 Rn. 676; Kirchhof/*Seer* § 16 Rn. 242), sodass etwaige Verzögerungen beim Zugang der Aufgabeerklärung beim Finanzamt einkalkuliert werden sollten. Zwingend ist dies mE nicht, da „Abgabe" zunächst einmal nur die willentliche Entäußerung in den Rechtsverkehr bedeutet (vgl. Staudinger/*Singer* BGB § 130 Rn. 27 ff.). Unter Gesichtspunkten der Vorsicht sollte jedoch darauf geachtet werden, dass die Abgabeerklärung innerhalb der Frist beim Finanzamt eingeht.

c) Aufgabezeitpunkt bei Zwangsbetriebsaufgaben. Sind die Voraussetzungen einer Betriebsunterbrechung oder eine Betriebsverpachtung im Ganzen nicht (mehr) erfüllt, liegt ein Fall der **Zwangsbetriebsaufgabe** vor. Diese trat vor der gesetzlichen Neuregelung durch Abs. 3b automatisch ein, wenn die materiell-rechtlichen Voraussetzungen für eine Betriebsunterbrechung oder Betriebsverpachtung nicht mehr gegeben waren. Da der Wegfall der materiell-rechtlichen Voraussetzungen jedoch nicht ohne Weiteres zu erkennen ist, sah sich die Finanzverwaltung in der Vergangenheit häufig im Zeitpunkt der Kenntniserlangung mit einer bereits eingetretenen Festsetzungsverjährung konfrontiert (→ Rn. 1115). Rückwirkende Korrekturmöglichkeiten, zB nach § 173 Abs. 1 Nr. 1, § 174 Abs. 3 oder § 174 Abs. 4 AO kamen regelmäßig nicht in Betracht. Um dem entgegenzuwirken, sieht Abs. 3b S. 1 Nr. 2 nunmehr im Wege der Fiktion vor, dass der Betrieb so lange als noch nicht aufgegeben gilt, bis dem Finanzamt die Tatsachen bekannt werden, aus denen sich ergibt, dass die Voraussetzungen einer Betriebsaufgabe erfüllt sind. Es kommt somit einerseits nicht mehr darauf an, wann die Voraussetzungen der Betriebsaufgabe objektiv vorliegen, andererseits ist es auch unerheblich, ob das Finanzamt die bekannt gewordenen Tatsachen zutreffend rechtlich würdigt. Abgestellt wird allein auf das Bekanntwerden von Tatsachen. Zu den in diesem Zusammenhang auftretenden Zweifelsfragen kann auf die umfangreiche Rechtsprechung zu dem insofern vergleichbaren § 173 AO zurückgegriffen werden. So kann dem Finanzamt im Einzelfall die Berufung auf eine fehlende Kenntnis im Einzelfall verwehrt sein, wenn es seine Ermittlungspflichten erheblich verletzt hat (ausführlich zu den Anforderungen an das Merkmal des „Bekanntwerdens von Tatsachen" *Günther* EStB 2012, 146). Eine Ausnahme wird im Schrifttum aufgrund des insofern an entscheidender Stelle von § 173 AO abweichenden Gesetzestextes zutreffend für die Frage des Kenntnisempfängers gemacht. Da Abs. 3b S. 1 Nr. 2 ausdrücklich auf die Kenntniserlangung des Finanzamts abstellt, kann hier – abweichend zu § 173 AO – nicht verlangt werden, dass auch der organisatorisch zuständigen Stelle im Finanzamt die relevanten Tatsachen bekannt geworden sind. Allerdings müssen die Tatsachen dem für die Besteuerung zuständigen Finanzamt bekannt sein (HHR/*Kulosa* § 16 Rn. 674). 1138

V. § 16 Abs. 4 (Freibetrag)

1. Allgemeines

Abs. 4 enthält – ebenso wie § 34 – eine **Begünstigung bei der Besteuerung des Veräußerungsgewinns iSd Abs. 1 bzw. des Aufgabegewinns iSd Abs. 3.** Der Zweck der Vorschrift besteht darin, Gewinne aus der Veräußerung kleinerer Betriebe steuerlich ganz oder zumindest teilweise freizustellen, um der Tatsache Rechnung zu tragen, dass die entsprechenden Gewinne in der Praxis häufig einen Teil der Altersversorge der ehemaligen Betriebsinhaber darstellen. Entsprechend kann die gewährte Begünstigung auch nur einmal im Leben in Anspruch genommen werden. Der Gesetzgeber gewährt hierfür einen Freibetrag, der bei steigendem Gewinn abschmilzt. Eine Begünstigung ergibt sich im Ergebnis für Veräußerungs- bzw. Aufgabegewinne, die einen Betrag von 181.000 EUR nicht erreichen. 1139

Die Vorschrift enthält **keine tarifliche Regelung,** sondern eine sachliche Steuerbefreiung (BFH 8.5.1991 – I R 33/90, BStBl. II 1992, 437; BFH 16.12.1975 – VIII R 147/71, BStBl. II 1976, 360). Dies hat zur Folge, dass der betroffene Teil des Veräußerungsgewinns am Verlustausgleich nach § 2 Abs. 2 bzw. am Verlustabzug nach § 10d nicht teilnimmt. Verluste aus anderen Einkunftsquellen bleiben somit voll ausgleichs- und abzugsfähig. Ausnahmen ergeben sich allenfalls durch das Eingreifen von Sonderregelungen wie §§ 15a, 15 Abs. 4 oder 15b (Kirchhof/*Seer* § 16 Rn. 274). 1140

Beispiel (nach Blümich/*Schallmoser* § 16 Rn. 637): 1140.1
Der Veräußerungsgewinn nach § 16 Abs. 4 S. 1 beträgt 100.000 EUR, davon sind 45.000 EUR steuerbefreit. Der laufende Verlust beträgt 120.000 EUR. Der vortragsfähige Verlust iSv § 10d beträgt 65.000 EUR (und nicht etwa 20.000 EUR).

2. Voraussetzungen

Die Gewährung des Freibetrags nach Abs. 4 wird an **drei Voraussetzungen** geknüpft. 1141
Vorausgesetzt wird (i) ein entsprechender Antrag des Steuerpflichtigen, (ii) die Vollendung

des 55. Lebensjahres des Veräußerers, alternativ seine dauernde Berufsunfähigkeit, sowie (iii) die Tatsache, dass ein entsprechender Freibetrag bislang noch nicht gewährt worden ist.

1142 **a) Antrag.** Die Gewährung des Freibetrages setzt zunächst einen **Antrag des Steuerpflichtigen** voraus, welcher beim Finanzamt zu stellen ist. Der Antrag ist an keine Form gebunden. Zeitlich kann der Antrag bis zum Eintritt der formellen Bestandskraft des entsprechenden Steuerbescheides gestellt werden (so zum Antrag nach § 34 Abs. 3 FG Baden-Württemberg 22.2.2012 – 2 K 677/11, BeckRS 2012, 95057, rkr.). Der Steuerpflichtige muss sich somit noch nicht bei Abgabe der den Veräußerungs- bzw. Aufgabegewinn ausweisenden Steuererklärung entscheiden, ob er den Freibetrag für diesen oder evtl. doch bevorzugt für einen späteren Veräußerungs- oder Aufgabegewinn in Anspruch nehmen will. Dabei ist zu berücksichtigen, dass auf einen nicht verbrauchten Teil des Freibetrags nicht mehr bei einem späteren Gewinn zurückgegriffen werden kann (→ Rn. 1150). Bis zum Eintritt der formellen Bestandskraft kann ein bereits gestellter Antrag allerdings auch wieder zurückgenommen werden (HHR/*Kobor* § 16 Rn. 720; Schmidt/*Wacker* § 16 Rn. 580).

1143 **b) Vollendung des 55. Lebensjahres oder Berufsunfähigkeit.** Der Steuerpflichtige muss das **55. Lebensjahr vollendet haben oder dauernd berufsunfähig sein.** Es reicht dabei aus, wenn das 55. Lebensjahr im Zeitpunkt des Erfüllungsgeschäfts bzw. des Endes der Betriebsaufgabe vollendet ist (für die Betriebsveräußerung BFH 12.5.2011 - IV R 37/09, BFH/NV 2012, 41). Vollendet der Steuerpflichtige das 55. Lebensjahr bei einer Betriebsaufgabe über mehrere Veranlagungszeiträume zwar vor Beendigung der Betriebsaufgabe, aber erst im zweiten Veranlagungsjahr, ist der (anteilige) Freibetrag auch für den ersten Veranlagungszeitraum zu gewähren (BMF 20.12.2005, BStBl. I 2006, 7).

1144 Für die **Berechnung** der Vollendung des Lebensjahres sind nach § 108 Abs. 1 AO die §§ 187 Abs. 2, 188 Abs. 2 BGB heranzuziehen.

1145 Auch im Falle der **Berufsunfähigkeit** reicht es aus, wenn die Berufsunfähigkeit im Zeitpunkt des Erfüllungsgeschäfts vorliegt, da der Gesetzeswortlaut keine Kausalität voraussetzt (so auch die Auffassung der Finanzverwaltung in EStR 16 Abs. 14 S. 3; ebenso Schmidt/*Wacker* § 16 Rn. 579). Der Gesetzeszweck, der die Altersversorgung der ehemaligen Betriebsinhaber im Blick hat, steht dem nicht entgegen (aA HHR/*Kobor* § 16 Rn. 709 mwN), da es für die Gewährung der Begünstigung nicht darauf ankommen kann, ob der Steuerpflichtige bereits bei Abschluss des Kausalgeschäfts davon ausging, im Zeitpunkt der Betriebsveräußerung „begünstigungswürdig" zu sein.

1146 Ob eine **dauernde Berufsunfähigkeit** des Steuerpflichtigen vorliegt, richtet sich nach dem Sozialversicherungsrecht. Gemäß § 240 Abs. 2 S. 1 SGB IV ist ein Versicherter berufsunfähig, wenn seine Erwerbsfähigkeit auf weniger als sechs Stunden gesunken ist. Eine Bindung für steuerliche Zwecke an die Feststellungen des Sozialversicherungsträgers besteht nicht, insbesondere handelt es sich nicht um Grundlagenbescheide iSd § 170 Abs. 10 AO (FG Rheinland-Pfalz 16.9.2008 – 2 K 2140/07, EFG 2008, 1954; Kirchhof/*Seer* § 16 Rn. 280; aA HHR/*Kobor* § 16 Rn. 709). In der Praxis dürften entsprechende Dokumente allerdings regelmäßig anerkannt werden. Die Finanzverwaltung lässt als Nachweis für die dauernde Berufsunfähigkeit die Vorlage eines Bescheides des Rentenversicherungsträgers, nach der Berufsunfähigkeit im Sinne der gesetzlichen Rentenversicherung vorliegt ebenso genügen, wie eine amtsärztliche Bescheinigung oder die Leistungspflicht einer privaten Versicherungsgesellschaft, sofern deren Versicherungsbedingungen gleiche Anforderungen stellen (EStR 16 Abs. 14). Der Nachweis kann grundsätzlich auch mit einer zeitlich der Veräußerung nachfolgenden amtsärztlichen Bescheinigung (mit inhaltlicher Rückbeziehung) geführt werden (FG Sachsen-Anhalt 10.7.2014 – 1 K 536/08, EFG 2015, 45). Nach § 240 Abs. 2 S. 2 SGB VI umfasst der Kreis der Tätigkeiten, nach denen die Erwerbsfähigkeit von Versicherten zu beurteilen ist, alle Tätigkeiten, die ihren Kräften und Fähigkeiten entsprechen und ihnen zugemutet werden können (sog. Verweisungsberufe). Nach der Rechtsprechung ist indes berufsbezogen zu prüfen, sodass es unschädlich ist, wenn der Steuerpflichtige noch in anderen, berufsfremden Branchen tätig werden kann; etwas anderes gilt nur dann, wenn der Verweisungsberuf ohne größere Schwierigkeiten im bisherigen Betrieb ausgeübt werden kann (FG Düsseldorf 20.2.2002 – 16 K 5432/99 E, EFG 2002, 823).

1147 Unklar ist, ob die persönlichen Voraussetzungen zur Erlangung der Begünstigung nach Abs. 4 im Erbfall – wenn die Betriebsveräußerung erst nach dem Tode des Erblassers erfolgt –

den Erben zugerechnet werden können. So hat der BFH in einer älteren Entscheidung (BFH 21.9.1995 – IV R 1/95, BStBl. II 1995, 893) darauf abgestellt, dass der ehemalige Betriebsinhaber den Betrieb „wegen" (und somit bei Abschluss des Kausalgeschäfts vorliegender) dauernder Berufsunfähigkeit veräußert hat, sodass die Erben den Freibetrag beanspruchen konnten. Ob die in dieser Entscheidung zu Abs. 4 idF des StEntlG 1984 aufgestellten Grundsätze auf die heutige Rechtslage übertragbar sind, hat der BFH in einem jüngeren Urteil (BFH 9.6.2015 – X R 6/13, BFH/NV 2015, 1373) allerdings explizit offengelassen. Es erscheint folgerichtig, in den Konstellationen, in denen die Betriebsveräußerung erst nach dem Tode des Betriebsinhabers erfolgt und in denen der Erbe den Veräußerungsgewinn realisiert, allein auf das Alter bzw. die Berufsunfähigkeit des Erben abzustellen (so auch Kirchhof/*Seer* § 16 Rn. 281).

c) Einmalige Gewährung. Der **Freibetrag** wird dem Steuerpflichtigen nach Abs. 4 **1148**
S. 2 **nur einmal im Leben** gewährt. Eine Ausnahme besteht nach § 52 Abs. 34 S. 5, wenn der Steuerpflichtige bereits vor dem 1.1.1996 Veräußerungsfreibeträge in Anspruch genommen hat. Entscheidend ist dabei, dass das Erfüllungsgeschäft vor diesem Datum vollzogen wurde (BFH 19.1.2010 – VIII R 49/07, BFH/NV 2010, 870). Nach einer im Schrifttum vertretenen Auffassung (Kirchhof/*Seer* § 16 Rn. 284; HHR/*Kobor* § 16 Rn. 730) soll der Verbrauch des Freibetrages auch dann eintreten, wenn der Freibetrag (rechtswidrig) gewährt wird, obwohl der Steuerpflichtige keinen entsprechenden Antrag nach Abs. 4 S. 1 gestellt hat. Der BFH teilt diese Auffassung dem Grunde nach, will aber Ausnahmen nach den Grundsätzen von Treu und Glauben zulassen, wenn die rechtsirrige Gewährung der Vergünstigung in dem früheren Bescheid für den Steuerpflichtigen angesichts der geringen Höhe der Vergünstigung und wegen des Fehlens eines Hinweises des Finanzamtes nicht erkennbar war (BFH 1.12.2015 – X B 111/15, BFH/NV 2016, 199 zu § 34). Diese Entscheidung trägt nicht zur Rechtssicherheit bei. Nach hier vertretener Auffassung streiten bei einer Gewährung des Freibetrages ohne Antragstellung in der Vergangenheit gute Argumente für die erneute Gewährung des Freibetrages. Zwar regelt S. 2 eindeutig, dass der Freibetrag nur einmal zu gewähren ist, jedoch ist dies derart mit dem Erfordernis der Antragstellung nach S. 1 verknüpft, dass nur die Gewährung auf Antragstellung erfasst ist.

Unerheblich ist, ob der Steuerpflichtige **einen Gewerbebetrieb, einen Teilbetrieb** **1149**
oder einen Mitunternehmeranteil veräußert oder aufgibt. Der Freibetrag kann ferner sowohl für voll- als auch für teilentgeltliche Veräußerungen beansprucht werden, sofern nur das Entgelt für die Veräußerung höher ist als der Buchwert. Finden mehrere Veräußerungen (gleichzeitig) statt, sind die Veräußerungsgewinne gesondert zu ermitteln, der Freibetrag ist jedoch nur für einen Veräußerungsgewinn zu gewähren. Auch mehrere wirtschaftlich zusammenhängende Veräußerungen können für Zwecke des Abs. 4 nicht als eine einzige Veräußerung angesehen werden (BFH 3.5.2017 – X R 12/14, BFH/NV 2017, 1485). Dem Steuerpflichtigen steht aber ein Wahlrecht zu, für welche Veräußerung er den Freibetrag in Anspruch nehmen will (Blümich/*Schallmoser* § 16 Rn. 672). Der Freibetrag ist personenbezogen, sodass bei der Veräußerung oder der Aufgabe des Betriebs einer Personengesellschaft den einzelnen Mitunternehmern nach Maßgabe ihrer persönlichen Verhältnisse der Freibetrag für ihren Anteil am Veräußerungs- oder Aufgabegewinn in voller Höhe zusteht.

Wird der **Freibetrag nicht ausgeschöpft,** kann der nicht verbrauchte Teil nicht bei **1150**
späteren Veräußerungen oder Betriebsaufgaben in Anspruch genommen werden. Auch in Fällen der Veräußerung eines Teilbetriebs kann ein nicht ausgeschöpfter Freibetrag nicht bei einer späteren Veräußerung der verbliebenen Betriebsteile gewährt werden. Der Steuerpflichtige sollte somit eine Antragstellung nach Abs. 4 S. 1 überdenken, wenn er voraussichtlich noch einen weiteren Veräußerungs- oder Aufgabegewinn erzielen wird, bei dem er den Freibetrag vollständig nutzen kann. Der Freibetrag steht dem Steuerpflichtigen auch für alle Gewinneinkunftsarten nur einmal zu (BFH 21.7.2009 – X R 2/09, BStBl. II 2009, 963). Unklar ist, ob ein Verbrauch eintritt, wenn der Freibetrag zwar beantragt worden ist, dieser aufgrund der bestehenden Freibetragsgrenze (→ Rn. 1151) jedoch auf 0 EUR gekürzt wird (gegen einen Verbrauch HHR/*Kobor* § 16 Rn. 730). Um Diskussionen mit der Finanzverwaltung zu vermeiden, ist dem Steuerpflichtigen zu raten, den Antrag in diesen Fällen zurückzunehmen.

3. Höhe des Freibetrags

1151 Der **Freibetrag** ist im Rahmen des HBeglG 2004 ab dem VZ 04 auf 45.000 EUR **herabgesetzt** worden. Übersteigt der Veräußerungsgewinn 136.000 EUR, ermäßigt sich der Freibetrag nach Abs. 4 S. 3 um den Betrag, um den der Veräußerungsgewinn 136.000 EUR übersteigt. Im Ergebnis werden somit Veräußerungs- bzw. Aufgabegewinne ab 181.000 EUR nicht begünstigt.

1151.1 **Beispiele:**

Der 58-jährige A veräußert seinen 50%igen Mitunternehmeranteil an der Z-KG und erzielt einen Veräußerungsgewinn iHv 40.000 EUR. Die Freibetragsgrenze wird nicht überschritten, der Veräußerungsgewinn bleibt steuerfrei. Obwohl der Freibetrag iHv 45.000 EUR nicht ausgeschöpft wird, steht der nicht genutzte Betrag iHv 5.000 EUR nicht zur Nutzung für eine weitere Veräußerung zur Verfügung. Der A sollte somit abwägen, ob er den Antrag nach Abs. 4 S. 1 stellt.

Der 45-jährige B ist dauernd berufsunfähig und veräußert seinen Betrieb, wobei er einen Veräußerungsgewinn iHv 170.000 EUR erzielt. Die Freibetragsgrenze ist um 34.000 EUR überschritten. Dem A steht somit ein Freibetrag iHv 11.000 EUR zu. Der restliche Veräußerungsgewinn iHv 159.000 EUR ist zu versteuern, allerdings ist § 34 anwendbar.

Der 60-jährige C veräußert seinen Betrieb und erzielt einen Veräußerungsgewinn iHv 185.000 EUR. Die Freibetragsgrenze ist um 49.000 EUR überschritten. Dem C steht daher ein Freibetrag von 0 EUR zu. Der gesamte Veräußerungsgewinn ist somit (nach § 34) zu versteuern.

4. Einzelfragen

1152 **a) Veräußerung über mehrere Veranlagungszeiträume.** Der Veräußerung- oder Aufgabevorgang kann sich im Einzelfall **über mehrere Veranlagungszeiträume hinziehen.** Der Freibetrag ist in diesen Fällen im ersten Veranlagungszeitraum von dem in diesem Veranlagungszeitraum zu erfassenden Veräußerungs- bzw. Aufgabegewinn abzuziehen. Ein etwaiger nicht verbrauchter Teil des Freibetrages kann im folgenden Veranlagungszeitraum genutzt werden (so auch HHR/*Kobor* § 16 Rn. 725; Blümich/*Schallmoser* § 16 Rn. 673; für eine Aufteilung des Freibetrags nach dem Verhältnis der Gewinnanteile hingegen Kirchhof/*Seer* § 16 Rn. 288; für ein entsprechendes Wahlrecht Korn/*Stahl* § 16 Rn. 427). Gewinne und Verluste sind jedoch zu saldieren. Ist ein Freibetrag in einem solchen Fall für den ersten Veranlagungszeitraum bereits gewährt worden, hat eine Korrektur über § 175 Abs. 1 Nr. 2 AO zu erfolgen.

1153 **b) Veräußerung gegen wiederkehrende Bezüge.** Wird der **Betrieb gegen wiederkehrende Bezüge veräußert,** kann der Steuerpflichtige zwischen einer Sofortversteuerung und einer Besteuerung als nachträgliche Einkünfte nach dem Zuflussprinzip wählen. Entscheidet sich der Steuerpflichtige für die Zuflussversteuerung, steht ihm der Freibetrag nach Abs. 4 nicht zu (BFH 10.7.1991 – X R79/90, BB 1991, 2353). Wird neben den wiederkehrenden Bezügen noch ein Einmalbetrag gezahlt, ist der Freibetrag hingegen für eine Differenz von Einmalbetrag und Buchwert zu gewähren. Hinsichtlich der Frage, ob die Freibetragsgrenze überschritten ist, ist allerdings der gesamte Veräußerungsgewinn bestehend aus Einmalzahlung und kapitalisierten wiederkehrenden Bezügen heranzuziehen (FG Münster 25.4.2001 – 8 K 4427/98 E, EFG 2001, 524). Ein nicht verbrauchter Teil des Freibetrages kann nicht von den wiederkehrenden Bezügen abgezogen werden (BFH 21.12.1988 – III B 15/88, BStBl. II 1989, 409).

1154 Von der Veräußerung gegen wiederkehrende Bezüge ist der **Fall der Ratenzahlung** zu unterscheiden. In diesen Fällen besteht für den Steuerpflichtigen kein Wahlrecht zwischen tarifbegünstigter Sofortversteuerung und nicht tarifbegünstigter nachträglicher Besteuerung (vgl. hierzu ausführlich Blümich/*Schallmoser* § 16 Rn. 320 ff.; 680). Der Freibetrag ist daher grundsätzlich zu gewähren.

1155 **c) Veräußerung von Mitunternehmeranteilen.** Zum Gewinn aus der Veräußerung eines Mitunternehmeranteils gehört **auch der Gewinn aus der Veräußerung des Sonderbetriebsvermögens des einzelnen Gesellschafters** (BFH 19.3.1991 – VIII R 76/87, BStBl. II 1991, 635; BFH 3.3.1998 – VIII R 66/96, BStBl. II 1998, 383). Gewinne und Verluste aus der Veräußerung von Gesellschaftsvermögen und Sonderbetriebsvermögen sind folgerichtig zu saldieren (Schmidt/*Wacker* § 16 Rn. 583).

Nach Auffassung der Finanzverwaltung stellt die Veräußerung eines Anteils an einer Mitunternehmerschaft, zu deren Betriebsvermögen die Beteiligung an einer anderen Mitunternehmerschaft gehört (**doppelstöckige Personengesellschaft**) für die Anwendbarkeit des Abs. 4 einen einheitlich zu beurteilenden Veräußerungsvorgang dar (EStR 16 Abs. 13 S. 8; aA Schmidt/*Wacker* § 16 Rn. 582). Der Veräußerungsgewinn ist durch Gegenüberstellung des Veräußerungspreises und des Kapitalkontos der Obergesellschaft, in das auch das Kapitalkonto der Untergesellschaft einfließt, zu ermitteln. 1156

d) § 6b-Rücklage. Bildet der Steuerpflichtige für einen Teil des Veräußerungsgewinns eine **§ 6b-Rücklage,** so ist der verbleibende Gewinn zwar nicht tarifbegünstigt (vgl. § 34 Abs. 1 S. 4), der Freibetrag ist diesbezüglich aber zu gewähren (HHR/*Kobor* § 16 Rn. 715; *Schoor* DStZ 2004, 627 (633)). Wird eine früher gebildete § 6b-Rücklage im Zusammenhang mit der Veräußerung oder Aufgabe des Betriebes aufgelöst, ist der Auflösungsbetrag Teil des begünstigten Veräußerungs- bzw. Aufgabegewinns (BFH 17.10.1991 – IV R 97/89, BStBl. II 1992, 392). 1157

e) Veräußerung/Aufgabe nach Umwandlung. Der nach Umwandlung einer Kapitalgesellschaft in eine Personengesellschaft gemäß § 18 Abs. 3 UmwStG in den Gewerbeertrag einzubeziehende Gewinn aus der Veräußerung eines Anteils an der Personengesellschaft ist auch dann nicht **um den Freibetrag nach Abs. 4 zu kürzen,** wenn in der Person des veräußernden Mitunternehmens die persönlichen Voraussetzungen des Abs. 4 vorliegen (BFH 26.3.2015 – IV R 3/12, BFH/NV 2015, 1193 entgegen der Vorinstanz FG Münster 20.12.2011 – 1 K 3146/08 G, EFG 2012, 993). Dies folgt sowohl aus dem Gesetzeszweck des § 18 Abs. 3 UmwStG als auch aus dem Charakter der Gewerbesteuer als Objektsteuer. 1158

f) Feststellungsverfahren. Bei der Veräußerung eines Betriebs einer Mitunternehmerschaft oder eines Mitunternehmeranteils ist über das Vorliegen und die Höhe eines Veräußerungs- bzw. Aufgabegewinns **im einheitlichen und gesonderten Gewinnfeststellungsverfahren** zu entscheiden. Die hierzu getroffenen Feststellungen erwachsen eigenständig in Bestandskraft und entfalten Bindungswirkung (BFH 9.6.2015 – X R 6/13, BFH/NV 2015, 1373; BFH 10.4.2014 – III R 20/13; BFH 7.5.2008 – X R 21/05, BFH/NV 2008, 1436). Über die Gewährung des Freibetrags wird hingegen erst bei der Veranlagung des einzelnen Mitunternehmers durch sein Wohnsitz-Finanzamt entschieden, da es hier auf das Vorliegen der persönlichen Voraussetzungen ankommt (BFH 21.9.1995 – IV R 1/95, BStBl. II 1995, 893; vgl. auch BFH 24.9.2015 – IV R 39/12, BFH/NV 2016, 30 zu § 14a Abs. 4). 1159

VI. § 16 Abs. 5 (Veräußerung von Anteilen an Körperschaften nach Realteilung)

1. Normzweck und Anwendungsbereich

Abs. 5 ist eine **Missbrauchsverhinderungsvorschrift** und zielt auf Konstellationen ab, in denen im Falle der Realteilung Anteile an Körperschaften, Personenvereinigungen oder Vermögensmassen auf einen von § 8b Abs. 2 KStG begünstigten Mitunternehmer übertragen werden. Etwaige stille Reserven könnten im Falle der Weiterveräußerung von diesem Mitunternehmer im Ergebnis zu 95% steuerbefreit (vgl. § 8b Abs. 2 iVm Abs. 3 KStG) realisiert werden. Die Einführung der Vorschrift wurde nach der Abschaffung des damaligen § 8b Abs. 4 KStG im Zuge der Neukonzeption der Einbringungsvorschriften des UmwStG im Rahmen des SEStEG v. 7.12.2006 (BGBl. 2006 I 2782) notwendig. § 8b Abs. 4 S. 1 Nr. 2 KStG aF sah eine Ausnahme von der Steuerbefreiung nach § 8b Abs. 2 KStG vor, wenn die veräußerten Anteile von einem nicht begünstigten Einbringenden zu einem Wert unter dem Teilwert erworben worden waren. Die Übertragung im Wege der Realteilung wurde dem gleichgestellt (iE Blümich/*Schallmoser* § 16 Rn. 706). Abs. 5 sieht als Rechtsfolge nunmehr vor, dass bei der Veräußerung innerhalb von sieben Jahren bzw. beim Vorliegen eines Ersatzrealisationstatbestandes nach § 22 Abs. 1 S. 6 Nr. 1–5 UmwStG rückwirkend auf den Zeitpunkt der Realteilung der gemeine Wert der Anteile anzusetzen ist, wobei der Gewinn nicht nur der veräußernden Körperschaft, sondern sämtlichen Realteilern nach der allgemeinen Gewinnverteilung zuzurechnen ist. Anwendbar ist die Vorschrift, wenn die ursprüngliche (im Rahmen der Realteilung vorgenommene) Übertragung der veräußerten Anteile nach dem 12.12.2006 erfolgt ist, § 52 Abs. 34 S. 7 EStG aF. 1160

1161 **Abs. 5 ergänzt Abs. 3 S. 4,** welcher lediglich die Übertragung einzelner Wirtschaftsgüter im Zuge der Realteilung regelt. Insofern ist die Vorschrift Beispiel einer unsystematischen Gesetzgebung: Nahegelegen hätte eine Einführung als neuer Abs. 3 S. 5. Liegt somit der Fall einer Realteilung vor, muss der Rechtsanwender beide Vorschriften im Auge behalten. In Ergänzung zu Abs. 3 S. 4 wird die Vorschrift daher auch „Körperschaftsteuerklausel II" genannt. Während die Übertragung eines einzelnen Wirtschaftsguts auf eine Körperschaft gemäß Abs. 3 S. 4 immer den Ansatz zum gemeinen Wert nach sich zieht, tritt diese Rechtsfolge bei der Übertragung eines Teilbetriebs nach Abs. 5 nur dann ein, wenn die Anteile innerhalb der Sperrfrist von sieben Jahren veräußert werden.

2. Voraussetzungen

1162 Die Vorschrift setzt voraus, dass **im Rahmen einer Realteilung** Teilbetriebe auf eine Mitunternehmer-Körperschaft übertragen werden. Die Übertragung einer 100%-Beteiligung an einer Kapitalgesellschaft steht der Übertragung eines Teilbetriebs gleich. Gleiches gilt für die Übertragung eines (Teil-)Mitunternehmeranteils iVm Anteilen an einer Körperschaft (Kirchhof/*Seer* § 16 Rn. 221; Schmidt/*Wacker* § 16 Rn. 557). In Abgrenzung hierzu wird die Übertragung nur einzelner Wirtschaftsgüter von Abs. 3 S. 4 geregelt.

1163 Weitere Voraussetzung ist die unmittelbare oder mittelbare Übertragung von einem nicht von § 8b Abs. 2 KStG begünstigten Steuerpflichtigen auf einen von § 8b Abs. 2 KStG begünstigten Mitunternehmer. Die Vorschrift ist somit nicht anwendbar, wenn nur Körperschaften unmittelbar oder mittelbar an der Realteilungsgesellschaft beteiligt sind, es ist die Beteiligung zumindest einer natürlichen Person notwendig (Schmidt/*Wacker* § 16 Rn. 557). Dies ergibt sich bereits aus dem Gesetzeszweck, die Übertragung von Anteilen mit stillen Reserven von natürlichen Personen auf Körperschaften zu verhindern. Unter einer „unmittelbaren Übertragung" hatte der Gesetzgeber offensichtlich den Grundfall vor Augen, dass eine natürliche Person und eine Körperschaft unmittelbar an einer Realteilungspersonengesellschaft beteiligt sind und der Teilbetrieb mit den Anteilen auf die Mitunternehmerkörperschaft übertragen wird. Gleichwohl handelt es sich hierbei im Grunde bereits um eine mittelbare Übertragung, da die Anteile der natürlichen Person vor der Übertragung lediglich über die Beteiligung an der Realteilungsgesellschaft zugerechnet werden (HHR/*Kulosa* § 16 Rn. 751).

1164 Die **bloße Übertragung von Teilbetrieb und Anteilen** löst für sich genommen **noch keine Rechtsfolgen** aus. Hinzukommen muss die Veräußerung der Anteile oder ihre Weiterübertragung nach § 22 Abs. 1 S. 6 Nr. 1 bis 5 UmwStG innerhalb einer Sperrfrist von sieben Jahren. Damit zieht der Gesetzgeber eine Parallele zu § 22 UmwStG und insbesondere zu dem in § 22 Abs. 2 UmwStG geregelten Einbringungsgewinn II. Grundgedanke der Siebenjahresfrist ist es, dass bei einer Veräußerung nach einem derart langen Zeitraum nicht mehr von einer von Anfang an geplanten missbräuchlichen Gestaltung ausgegangen werden kann. Erfasst werden sowohl unmittelbare als auch mittelbare Veräußerungen, welche insbesondere dann vorstellbar sind, wenn die Anteile zuvor nicht unmittelbar auf die Mitunternehmerkörperschaft, sondern auf eine Personengesellschaft, deren Anteilseignerin die Körperschaft ist, übertragen wurden (HHR/*Kulosa* § 16 Rn. 752). In der Praxis ist insbesondere im Auge zu behalten, dass nicht nur die Veräußerung innerhalb der Sperrfrist die Rechtsfolgen des Abs. 5 auslöst, sondern ebenso die zum Teil leichter zu übersehenden in § 22 Abs. 1 S. 6 Nr. 1–5 UmwStG aufgeführten Ersatzrealisationstatbestände. Dazu gehören neben der unentgeltlichen Übertragung der Anteile auch Fälle der Ketteneinbringungen sowie die Auflösung und Abwicklung der Gesellschaft, an der die Anteile bestehen. Für den Beginn der Sperrfrist kommt es auf den Zeitpunkt der Realteilung, konkret auf den Zeitpunkt der Zuweisung des Teilbetriebs an die Mitunternehmerkörperschaft an (HHR/*Kulosa* § 16 Rn. 752; Blümich/*Schallmoser* § 16 Rn. 716 mwN).

3. Rechtsfolge

1165 Liegen die **Voraussetzungen des Abs. 5** vor, sind die Anteile an der Körperschaft, Personenvereinigung oder Vermögensmasse **rückwirkend auf den Zeitpunkt der Realteilung mit ihrem gemeinen Wert anzusetzen.** Auch insofern wird eine Parallele zu § 22 UmwStG gezogen. Verfahrensrechtlich sind Bescheidänderungen nach § 175 Abs. 1 S. 1

Nr. 2 AO vorzunehmen, da in der Anteilsübertragung bzw. der Verwirklichung des Ersatzrealisationstatbestands ein rückwirkendes Ereignis zu sehen ist. Durch den Ansatz des gemeinen Wertes entsteht ein Veräußerungsgewinn. Die Berechnung dieses Veräußerungsgewinns hat in entsprechender Anwendung von § 22 Abs. 2 S. 3 UmwStG zu erfolgen. Zu errechnen ist somit die Differenz zwischen dem gemeinen Wert der Anteile im Zeitpunkt der Realteilung abzüglich der Kosten der Anteilsübertragung und dem Buchwert. Der so ermittelte Gewinn vermindert sich um jeweils ein Siebtel für jedes seit der Realteilung abgelaufene Zeitjahr. Der Gewinn ist sämtlichen Realteilern nach dem allgemeinen Gewinnverteilungsschlüssel zuzurechnen (HHR/*Kulosa* § 16 Rn. 755; *Förster* DB 2007, 72). Für an der Realteilungsgesellschaft beteiligte Körperschaften greift die Steuerbefreiung des § 8b Abs. 2 KStG, für nicht nach § 8b Abs. 2 KStG begünstigte Realteiler greift das Teileinkünfteverfahren (bzw. für Realteilungen bis einschließlich VZ 2008 das Halbeinkünfteverfahren) nach § 3 Nr. 40 S. 1 Buchst. b. Die Begünstigung nach § 34 kommt hingegen nicht zum Tragen (Kirchhof/*Seer* § 16 Rn. 222).

Beispiel (fortgeführt nach BT-Drs. 16/3369, 6): **1165.1**

Die natürliche Person A und die B-GmbH sind jeweils zu 50% an der AB-OHG beteiligt, welche im Gesamthandsvermögen eine 100-Prozent-Beteiligung an der Y-GmbH hält. Bei der OHG wird zum 1.1.2015 eine Realteilung durchgeführt, bei der die Anteile an der Y-GmbH auf die B-GmbH übertragen werden. Der Buchwert der Anteile beträgt 500, der gemeine Wert 1.200. Am 1.2.2016 veräußert die B-GmbH die Beteiligung an der Y-GmbH für 1.500.

Rückwirkend ergibt sich zum Zeitpunkt der Realteilung rechnerisch zunächst ein Gewinn iHv 700 (1.200 – 500). Dieser Gewinn vermindert sich weiter um ein Siebtel, da bei der Veräußerung ein komplettes Zeitjahr seit der Realteilung vergangen ist. Von dem verbleibenden Gewinn iHv 600 werden nach dem allgemeinen Gewinnverteilungsschlüssel 300 dem A und 300 der B-GmbH zugerechnet. Der auf die B-GmbH entfallende Gewinn ist nach § 8b Abs. 2 KStG steuerbefreit (unter Beachtung von § 8b Abs. 3 KStG). Zu beachten ist ferner, dass der von der B-GmbH am 1.2.2016 erzielte Veräußerungsgewinn, welcher ebenfalls § 8b Abs. 2 iVm Abs. 3 KStG unterliegt, 400 beträgt (1.500 – 1.100), und nicht etwa 300 (1.500 – 1.200), da in entsprechender Anwendung von § 22 Abs. 2 S. 4 UmwStG als vom Veräußerungspreis abzuziehender Buchwert auf den Wert abzustellen ist, der nach Anwendung der Siebtelregelung tatsächlich der Besteuerung unterlegen hat (HHR/*Kulosa* § 16 Rn. 755; aA Kirchhof/*Reiß*, der scheinbar auf den gemeinen Wert zum Zeitpunkt der Realteilung ohne Berücksichtigung der Siebtelregelung abstellen will). Der auf die natürliche Person A entfallende Gewinn ist nach § 3 Nr. 40 S. 1 Buchst. b zu 40% steuerfrei. A hat somit 180 als nicht nach § 34 begünstigten Gewinn zu versteuern.

Somit können **bis zum Ablauf der Sperrfrist** auch diejenigen Realteiler, welche die **1166**
steuerauslösende Handlung nicht vorgenommen haben und hierauf regelmäßig keinen Einfluss ausüben können, mit entsprechend negativen steuerlichen Folgen konfrontiert werden. In der Beratungspraxis empfiehlt es sich dringend, diese möglichen steuerlichen Folgen bereits im Zeitpunkt der Realteilung zu bedenken und eine entsprechende vertragliche Absicherung zu treffen.

§ 17 Veräußerung von Anteilen an Kapitalgesellschaften

(1) [1]Zu den Einkünften aus Gewerbebetrieb gehört auch der Gewinn aus der Veräußerung von Anteilen an einer Kapitalgesellschaft, wenn der Veräußerer innerhalb der letzten fünf Jahre am Kapital der Gesellschaft unmittelbar oder mittelbar zu mindestens 1 Prozent beteiligt war. [2]Die verdeckte Einlage von Anteilen an einer Kapitalgesellschaft in eine Kapitalgesellschaft steht der Veräußerung der Anteile gleich. [3]Anteile an einer Kapitalgesellschaft sind Aktien, Anteile an einer Gesellschaft mit beschränkter Haftung, Genussscheine oder ähnliche Beteiligungen und Anwartschaften auf solche Beteiligungen. [4]Hat der Veräußerer den veräußerten Anteil innerhalb der letzten fünf Jahre vor der Veräußerung unentgeltlich erworben, so gilt Satz 1 entsprechend, wenn der Veräußerer zwar nicht selbst, aber der Rechtsvorgänger oder, sofern der Anteil nacheinander unentgeltlich übertragen worden ist, einer der Rechtsvorgänger innerhalb der letzten fünf Jahre im Sinne von Satz 1 beteiligt war.

(2) [1]Veräußerungsgewinn im Sinne des Absatzes 1 ist der Betrag, um den der Veräußerungspreis nach Abzug der Veräußerungskosten die Anschaffungskosten übersteigt. [2]In den Fällen des Absatzes 1 Satz 2 tritt an die Stelle des Veräußerungspreises der Anteile ihr gemeiner Wert. [3]Weist der Veräußerer nach, dass ihm die Anteile bereits im Zeitpunkt der Begründung der unbeschränkten Steuerpflicht nach § 1 Absatz 1 zuzurechnen waren und dass der bis zu diesem Zeitpunkt entstandene Vermögenszuwachs auf Grund gesetzlicher Bestimmungen des Wegzugsstaats im Wegzugsstaat einer der Steuer nach § 6 des Außensteuergesetzes vergleichbaren Steuer unterlegen hat, tritt an die Stelle der Anschaffungskosten der Wert, den der Wegzugsstaat bei der Berechnung der der Steuer nach § 6 des Außensteuergesetzes vergleichbaren Steuer angesetzt hat, höchstens jedoch der gemeine Wert. [4]Satz 3 ist in den Fällen des § 6 Absatz 3 des Außensteuergesetzes nicht anzuwenden. [5]Hat der Veräußerer den veräußerten Anteil unentgeltlich erworben, so sind als Anschaffungskosten des Anteils die Anschaffungskosten des Rechtsvorgängers maßgebend, der den Anteil zuletzt entgeltlich erworben hat. [6]Ein Veräußerungsverlust ist nicht zu berücksichtigen, soweit er auf Anteile entfällt,

a) die der Steuerpflichtige innerhalb der letzten fünf Jahre unentgeltlich erworben hatte. [2]Dies gilt nicht, soweit der Rechtsvorgänger anstelle des Steuerpflichtigen den Veräußerungsverlust hätte geltend machen können;

b) die entgeltlich erworben worden sind und nicht innerhalb der gesamten letzten fünf Jahre zu einer Beteiligung des Steuerpflichtigen im Sinne von Absatz 1 Satz 1 gehört haben. [2]Dies gilt nicht für innerhalb der letzten fünf Jahre erworbene Anteile, deren Erwerb zur Begründung einer Beteiligung des Steuerpflichtigen im Sinne von Absatz 1 Satz 1 geführt hat oder die nach Begründung der Beteiligung im Sinne von Absatz 1 Satz 1 erworben worden sind.

(2a) [1]Anschaffungskosten sind die Aufwendungen, die geleistet werden, um die Anteile im Sinne des Absatzes 1 zu erwerben. [2]Zu den Anschaffungskosten gehören auch die Nebenkosten sowie die nachträglichen Anschaffungskosten. [3]Zu den nachträglichen Anschaffungskosten im Sinne des Satzes 2 gehören insbesondere

1. offene oder verdeckte Einlagen,

2. Darlehensverluste, soweit die Gewährung des Darlehens oder das Stehenlassen des Darlehens in der Krise der Gesellschaft gesellschaftsrechtlich veranlasst war, und

3. Ausfälle von Bürgschaftsregressforderungen und vergleichbaren Forderungen, soweit die Hingabe oder das Stehenlassen der betreffenden Sicherheit gesellschaftsrechtlich veranlasst war.

[4]Eine gesellschaftsrechtliche Veranlassung liegt regelmäßig vor, wenn ein fremder Dritter das Darlehen oder Sicherungsmittel im Sinne der Nummern 2 oder 3 bei sonst gleichen Umständen zurückgefordert oder nicht gewährt hätte. [5]Leistet der Steuerpflichtige über den Nennbetrag seiner Anteile hinaus Einzahlungen in das Kapital der Gesellschaft, sind die Einzahlungen bei der Ermittlung der Anschaffungskosten gleichmäßig auf seine gesamten Anteile einschließlich seiner im Rahmen von Kapitalerhöhungen erhaltenen neuen Anteile aufzuteilen.

(3) [1]Der Veräußerungsgewinn wird zur Einkommensteuer nur herangezogen, soweit er den Teil von 9 060 Euro übersteigt, der dem veräußerten Anteil an der Kapitalgesellschaft entspricht. [2]Der Freibetrag ermäßigt sich um den Betrag, um den der Veräußerungsgewinn den Teil von 36 100 Euro übersteigt, der dem veräußerten Anteil an der Kapitalgesellschaft entspricht.

(4) [1]Als Veräußerung im Sinne des Absatzes 1 gilt auch die Auflösung einer Kapitalgesellschaft, die Kapitalherabsetzung, wenn das Kapital zurückgezahlt wird, und die Ausschüttung oder Zurückzahlung von Beträgen aus dem steuerlichen Einlagenkonto im Sinne des § 27 des Körperschaftsteuergesetzes. [2]In diesen Fällen ist als Veräußerungspreis der gemeine Wert des dem Steuerpflichtigen zugeteilten oder zurückgezahlten Vermögens der Kapitalgesellschaft anzusehen. [3]Satz 1 gilt nicht, soweit die Bezüge nach § 20 Absatz 1 Nummer 1 oder 2 zu den Einnahmen aus Kapitalvermögen gehören.

(5) [1]Die Beschränkung oder der Ausschluss des Besteuerungsrechts der Bundesrepublik Deutschland hinsichtlich des Gewinns aus der Veräußerung der Anteile an einer Kapitalgesellschaft im Fall der Verlegung des Sitzes oder des Orts der Geschäftsleitung der Kapitalgesellschaft in einen anderen Staat stehen der Veräußerung der Anteile zum gemeinen Wert gleich. [2]Dies gilt nicht in den Fällen der Sitzverlegung einer Europäischen Gesellschaft nach Artikel 8 der Verordnung (EG) Nr. 2157/2001 und der Sitzverlegung einer anderen Kapitalgesellschaft in einen anderen Mitgliedstaat der Europäischen Union. [3]In diesen Fällen ist der Gewinn aus einer späteren Veräußerung der Anteile ungeachtet der Bestimmungen eines Abkommens zur Vermeidung der Doppelbesteuerung in der gleichen Art und Weise zu besteuern, wie die Veräußerung dieser Anteile zu besteuern gewesen wäre, wenn keine Sitzverlegung stattgefunden hätte. [4]§ 15 Absatz 1a Satz 2 ist entsprechend anzuwenden.

(6) Als Anteile im Sinne des Absatzes 1 Satz 1 gelten auch Anteile an Kapitalgesellschaften, an denen der Veräußerer innerhalb der letzten fünf Jahre am Kapital der Gesellschaft nicht unmittelbar oder mittelbar zu mindestens 1 Prozent beteiligt war, wenn

1. **die Anteile auf Grund eines Einbringungsvorgangs im Sinne des Umwandlungssteuergesetzes, bei dem nicht der gemeine Wert zum Ansatz kam, erworben wurden und**
2. **zum Einbringungszeitpunkt für die eingebrachten Anteile die Voraussetzungen von Absatz 1 Satz 1 erfüllt waren oder die Anteile auf einer Sacheinlage im Sinne von § 20 Absatz 1 des Umwandlungssteuergesetzes vom 7. Dezember 2006 (BGBl. I S. 2782, 2791) in der jeweils geltenden Fassung beruhen.**

(7) Als Anteile im Sinne des Absatzes 1 Satz 1 gelten auch Anteile an einer Genossenschaft einschließlich der Europäischen Genossenschaft.

---

§ 53 EStDV Anschaffungskosten bestimmter Anteile an Kapitalgesellschaften

[1]Bei Anteilen an einer Kapitalgesellschaft, die vor dem 21. Juni 1948 erworben worden sind, sind als Anschaffungskosten im Sinne des § 17 Abs. 2 des Gesetzes die endgültigen Höchstwerte zugrunde zu legen, mit denen die Anteile in eine steuerliche Eröffnungsbilanz in Deutscher Mark auf den 21. Juni 1948 hätten eingestellt werden können; bei Anteilen, die am 21. Juni 1948 als Auslandsvermögen beschlagnahmt waren, ist bei Veräußerung vor der Rückgabe der Veräußerungserlös und bei Veräußerung nach der Rückgabe der Wert im Zeitpunkt der Rückgabe als Anschaffungskosten maßgebend. [2]Im Land Berlin tritt an die Stelle des 21. Juni 1948 jeweils der 1. April 1949; im Saarland tritt an die Stelle des 21. Juni 1948 für die in § 43 Abs. 1 Ziff. 1 des Gesetzes über die Einführung des deutschen Rechts auf dem Gebiete der Steuern, Zölle und Finanzmonopole im Saarland vom 30. Juni 1959 (BGBl. I S. 339) bezeichneten Personen jeweils der 6. Juli 1959.

---

§ 54 EStDV Übersendung von Urkunden durch die Notare

(1) [1]Die Notare übersenden dem in § 20 der Abgabenordnung bezeichneten Finanzamt eine beglaubigte Abschrift aller auf Grund gesetzlicher Vorschrift aufgenommenen oder beglaubigten Urkunden, die die Gründung, Kapitalerhöhung oder -herabsetzung, Umwandlung oder Auflösung von Kapitalgesellschaften oder die Verfügung über Anteile an Kapitalgesellschaften zum Gegenstand haben. [2]Gleiches gilt für Dokumente, die im Rahmen einer Anmeldung einer inländischen Zweigniederlassung einer Kapitalgesellschaft mit Sitz im Ausland zur Eintragung in das Handelsregister diesem zu übersenden sind.

(2) [1]Die Abschrift ist binnen zwei Wochen, von der Aufnahme oder Beglaubigung der Urkunde ab gerechnet, einzureichen. [2]Sie soll mit der Steuernummer gekennzeichnet sein, mit der die Kapitalgesellschaft bei dem Finanzamt geführt wird. [3]Die Absendung der Urkunde ist auf der zurückbehaltenen Urschrift der Urkunde beziehungsweise auf einer zurückbehaltenen Abschrift zu vermerken.

(3) Den Beteiligten dürfen die Urschrift, eine Ausfertigung oder beglaubigte Abschrift der Urkunde erst ausgehändigt werden, wenn die Abschrift der Urkunde an das Finanzamt abgesandt ist.

(4) Im Fall der Verfügung über Anteile an Kapitalgesellschaften durch einen Anteilseigner, der nicht nach § 1 Abs. 1 des Gesetzes unbeschränkt steuerpflichtig ist, ist zusätzlich bei dem Finanzamt Anzeige zu erstatten, das bei Beendigung einer zuvor bestehenden unbeschränkten Steuerpflicht des Anteilseigners oder bei unentgeltlichem Erwerb dessen Rechtsvorgängers nach § 19 der Abgabenordnung für die Besteuerung des Anteilseigners zuständig war.

Überblick

§ 17 bezweckt die **Erfassung der Gewinne und Verluste von im Privatvermögen befindlichen Anteilen an Kapitalgesellschaften.** Der Besteuerung sollen mithin realisierte Wertsteigerungen bei Kapitalgesellschaftsanteilen unterfallen. Die Realisierung erfolgt in erster Linie durch die Veräußerung eines Anteils. § 17 erfasst alle Anteile an Kapitalgesellschaften, sofern die Beteiligung mindestens 1% erreicht (Relevanzschwelle, Beteiligungsgrenze). Dabei wird auf einen Zeitraum innerhalb der letzten fünf Jahre abgestellt, dh durch Absenkungen der Beteiligungsgrenze kann sich der Gesellschafter zunächst nicht der Steuerbarkeit entziehen.

Abs. 2 regelt die Höhe des Veräußerungsgewinns oder -verlusts, der mit Ausnahme der Missbrauchsverhinderungsvorschrift des S. 6 in vollem Umfang ausgleichs- und verrechnungsfähig ist. Bagatellfälle sollen nach **Abs. 3** durch die Normierung eines abschmelzenden Freibetrags aus der Besteuerung aus Vereinfachungszwecken herausgehalten werden. Mit **Abs. 4** bezweckt die Norm auch Gewinne oder Verluste des Gesellschafters für den Fall der Auflösung und Liquidation sowie der Rückzahlung von Einlagen und Nennkapital einzubeziehen. Damit wird die Steuerverstrickung von Beteiligungen iHv mindestens 1% von der Gründung der Kapitalgesellschaft bis zum Abschluss der Liquidation bezweckt. In der Folge der zunehmenden Internationalisierung des Gesellschaftsrechts und der Möglichkeit grenzüberschreitender Sitzverlegungen enthält die Vorschrift nunmehr in **Abs. 5** Regelungen zur grenzüberschreitenden Sitzverlegung und bezieht in Abs. 7 auch Anteile an einer SE und SCE in die Besteuerung ein. **Abs. 6** stellt für den Verschmelzungsfall verschmelzungsgeborene Anteile den steuerverhafteten Anteilen gleich, damit steuerverhaftete Anteile in der Folge von Verschmelzungen nicht durch Unterschreiten der Relevanzgrenze ihre Steuerverhaftung verlieren.

Übersicht

A. Allgemeines

Leitentscheidungen, wichtige Verwaltungsanweisungen und Schrifttum (Auswahl): 1

Entscheidungen des BVerfG: 1.1
BVerfG 7.10.1969 – 2 BvL 3/66, 2 BvR 701/64, BStBl. II 1970, 160; BVerfG 7.7.2010 – 2 BvR 748/05, 2 BvR 753/05, 2 BvR 1738/05, BStBl. II 2011, 86.

Leitentscheidungen des BFH (ab 2010): 1.2
BFH 16.3.2010 – VIII R 20/08, BStBl. II 2010, 787; BFH 7.12.2010 – IX R 40/09, BStBl. II 2011, 427; BFH 24.10.2012 – IX R 36/11, BStBl. II 2013, 164; BFH 11.12.2012 – IX R 7/12, BStBl. II 2013, 372; BFH 18.11.2014 – IX R 49/13; BStBl. II 2015, 224; BFH 13.10.2015 – IX R 41/14, BFH/NV 2016, 385; BFH 11.4.2017 – IX R 46/15, BFH/NV 2017, 1030; BFH 9.5.2017 – IX R 1/16, BFH/NV 2017, 1168; BFH 11.7.2017 – IX R 36/15, BStBl. II 2019, 208; BFH 20.7.2018 – IX R 5/15, IX R 6/15, IX R 7/15, BStBl. II 2019, 194.

Wichtige Verwaltungsanweisungen: 1.3
R 17 EStR 2016; BMF 21.10.2010, BStBl. I 2010, 832 unter Berücksichtigung BMF 16.12.2015, BStBl. I 2016, 10; BMF 5.4.2019, BStBl. I 2019, 257.

Schrifttum (Auswahl): 1.4
Aigner, Der Ausfall eines Darlehens, insbesondere Gesellschafterdarlehens, im Privatvermögen, DStR 2016, 345; *Bahns*, Die rückwirkende Berücksichtigung von Ereignissen bei Anteilsveräußerungen nach § 17 EStG, FR 2004, 317; *Bareis*, Ein fataler Konstruktionsfehler des Teileinkünfteverfahrens – Zugleich ergänzende Anmerkungen zum BFH-Urteil v. 6.5.2014 – IX R 19/13, FR 2014, 987, FR 2015, 1; *Bäumker*, Ein Verlust nach § 17 EStG entsteht spätestens mit Löschung der GmbH im Handelsregister, GStB 2014, 382; *Binnewies*, Besteuerungsfolgen der Veräußerung des GmbH-Anteils durch natürliche Personen – Aktuelle Anmerkungen anhand von Praxisbeispielen, GmbH-StB 2018, 183; *Binnewies/Zapf*, Gestaltungsmissbrauch durch die Veräußerung unentgeltlich erworbener Anteile, GmbHR 2017, 1257; *Blumers/Elicker*, Realisierungszeitpunkt und Bewertung beim Anteilstausch im Rahmen der Einkünfte aus § 17 EStG, BB 2009, 1156; *Bode*, Wesentliche Beteiligung: Anwendung des Teilabzugsverbots bei Rückzahlung von Stammkapital, FR 2014, 987; *Bode*, Wesentliche Beteiligung: Übertragung eines GmbH-Anteils unter Vorbehaltsnießbrauch, FR 2015, 332; *Bode*, Wesentliche Beteiligung: Veräußerungskosten im Sinne von § 17 Abs. 2 EStG, FR 2014, 191; *Bode*, Wesentliche Beteiligung: Zinsen auf nachträgliche Anschaffungskosten einer aufgegebenen GmbH-Beteiligung, FR 2014, 571; *Brandt*,

Realisierung eines Veräußerungsverlusts – Änderung eines Steuerbescheids nach § 175 Abs. 1 Satz 1 Nr. 2 AO, StBp 2015, 364; *Bron*, Steuerliche Behandlung von Veräußerungskosten unter Berücksichtigung der BVerfG-Entscheidungen vom 7.7.2010, DStR 2014, 987; *Crezelius*, Die Rückbezüglichkeit in § 17 Abs. 1 Satz 1 EStG, DB 2003, 230; *Dautel,* Steuerneutraler Erwerb von Kapitalgesellschaftsanteilen durch Tausch, BB 2002, 1844; *Desens*, Die neue Rechtslage zum Verlust privater Gesellschafterdarlehen und Gesellschaftersicherheiten im Steuerrecht, DStR 2019, 1071; *Deutschländer*, Anteile an Kapitalgesellschaften: Veräußerung zu geringen Kaufpreisen, NWB 2015, 1788; *Deutschländer*, Die Prüfung der Einkünfteerzielungsabsicht im Rahmen des § 17 EStG, NWB 2015, 3368; *Deutschländer*, Realisierung eines insolvenzbedingten Auflösungsverlusts nach § 17 Abs. 4 EStG (Teil 1 und Teil 2), NWB 2016, 1747 u. 1829; *Deutschländer*, Veräußerung von Anteilen an Kapitalgesellschaften, NWB 2013, 2249; *Deutschländer*, Veräußerung von Anteilen an Kapitalgesellschaften, NWB 2015, 1490; *Deutschländer*, Realisierung eines Auflösungsverlusts nach § 17 Abs. 4 EStG, NWB 2018, 634; *Deutschländer*, Ausfall privater Finanzierungshilfen, NWB 2018, 3524; *Deutschländer*, Nachträgliche Anschaffungskosten bei § 17 EStG: Neues BMF-Schreiben zur Rechtsprechungsänderung, NWB 2019, 1270; *Deutschländer*, Gestaltungsrisiko bei Anteilsübertragungen zu nicht wertadäquaten Kaufpreisen, NWB 2020, 1075; *Dorn*, Wertverluste aus Gesellschafterdarlehen des Privatvermögens, NWB 2015, 2150; *Dorn*, Einlage wertgeminderter Gesellschafterdarlehen und Anteile i.S. des § 17 EStG, NWB 2018, 1882; *Dornheim*, Bedenken gegen den veranlagungszeitraumbezogenen Beteiligungsbegriff, FR 2013, 599; *Fichtelmann*, Der Auflösungsgewinn einer GmbH nach § 17 Abs. 4, EStB 2008, 328; *Förster*, Ausfall von Gesellschafterdarlehen und Regressforderungen aus Bürgschaften – Konsequenzen der BFH-Urteile vom 11.07.2017 und 24.10.2017, DB 2018, 336; *Förster/v. Cölln*, Ausfall von Gesellschafterdarlehen und Inanspruchnahme aus Gesellschafterbürgschaften bei Beteiligungen nach § 17 EStG, DB 2017, 2886; *Förster/v. Cölln/Lentz*, Ausfall von Gesellschafterdarlehen und Regressforderungen aus Gesellschafter-Bürgschaften – Aktuelle Rechtsprechung und Gesetzgebung sowie Gestaltungsüberlegungen; DB 2020, 353; *Frühtl/Prokscha*, Die einkommensteuerliche Behandlung von Erlösen aus der Liquidation von Kapitalgesellschaften nach dem SEStEG, BB 2007, 2147; *Fuhrmann*, Ausschüttungen eines das steuerliche Eigenkapital übersteigenden handelsrechtlichen Gewinns, NWB 2015, 1457; *Fuhrmann*, Gesellschafter-Fremdfinanzierung und § 17 EStG, NWB 2017, 4003; *Fuhrmann*, Nachträgliche Anschaffungskosten bei GmbH-Beteiligungen, KÖSDI 2018, 20796; *Fuhrmann*, Neues zu Gesellschafterforderungen und Verlusten aus Kapitalvermögen, KÖSDI 2019, 21434; *Fuhrmann*, Ausfall von Finanzierungshilfen im Privatvermögen im Fokus des Gesetzgebers, NWB 2020, 150; *Gebhardt*, Nachträgliche Zinsaufwendungen bei Vermietungseinkünften und wesentlichen Beteiligungen, EStB 2015, 295; *Geeb*, Maßgeblichkeit des Eigenkapitalersatzrechts in der jüngeren BFH-Rechtsprechung, DStR 2009, 25; *Geiger/Schaaf*, Die Bereinigung wertgeminderter Gesellschafterdarlehen – neue Möglichkeiten und Grenzen, Ubg 2020, 132; *Gosch*, Zum Abzug von Drittaufwand als nachträgliche AK iSv. § 17, StBp 2001, 148; *Gosch*, Zur Rückübertragung einer wesentlichen Beteiligung bei Leistungsstörung, StBp 2000, 219; *Gosch*, Zur Veräußerung wesentlicher Anteile an KapGes. im Gesamthandseigentum, StBp 2000, 28; *Gragert*, Rückwirkende Absenkung der Beteiligungsgrenze in § 17 EStG – Analoge Anwendung des BVerfG-Beschlusses vom 7.7.2010 auf Einlagefälle, NWB 2012, 474; *Gragert*, Das Ende der eigenkapitalersetzenden Darlehen bei § 17 EStG, NWB 2019, 2842; *Graw*, Gesellschafterdarlehen und andere Finanzierungshilfen nach der Neuregelung in § 17 Abs. 2a EStG, DB 2020, 690; *Grewe*, Übertragung eines GmbH-Anteils unter Vorbehaltsnießbrauch, ErbBstg 2015, 70; *Groh*, Unternehmensteuerreform 2008/MoMiG 2008: Neuerungen bei § 17 EStG, FR 2008, 264; *Grützner*, Zum Begriff der Beteiligung i. S. des § 17 EStG – Anmerkungen zum BFH-Urteil vom 11.12.2012 – IX R 7/12, StuB 2013, 417; *Haberland*, Das (im Regen) stehen gelassene Darlehen, FR 2017, 325; *Heuermann*, Anteilsveräußerungen (§ 17) und Gesellschafter-Finanzierung – Insolvenzrechtliche vs. gesellschaftsrechtliche Bindung?, NZG 2009, 841; *Heuermann*, Ausgefallene Finanzierungshilfen bei Anteilsveräußerungen im Privatvermögen – Nettoprinzip und künftige Entwicklungen, DStR 2008, 2089; *Heuermann*, Finanzierungshilfen eines nach § 17 EStG qualifiziert beteiligten Gesellschafters nach Abgeltungsteuer und MoMiG, DB 2009, 2173; *Heuermann*, Veräußerungsgewinne nach § 17 EStG – Eine hybride Besteuerung im Spiegel aktueller Rechtsprechung, DB 2011, 551; *Hils*, Nachträgliche Veränderungen des Veräußerungsgewinns nach § 17 EStG, DStR 2016, 1345; *Hoffmann*, Anschaffungskosten des Kleinanlegers nach § 17 EStG, StuB 2015, 41; *Hölzle*, Nachträgliche Anschaffungskosten auf Kapitalbeteiligungen in der Fassung des RegE-MoMiG, DStR 2007, 1185; *Hülsmann,* Zum Besteuerungszeitpunkt i. S. des § 17 EStG beim Gesellschafteraustritt aus der GmbH, DStR 2003, 49; *Intemann*, Anwendungsbereich des Halbeinkünfteverfahrens bei Anteilsveräußerungen, DStR 2006, 1447; *Jakobs/Wittmann*, Steuersenkungsgesetz: Besteuerung von Anteilsveräußerungen, GmbHR 2000, 910; *Kahlert*, Neuausrichtung nachträglicher Anschaffungskosten bei § 17 durch den BFH, DStR 2017, 2305; *Klein*, Ringweise Anteilsveräußerung als Gestaltungsmöglichkeit optimal nutzen, GStB 2015, 163; *Kratzsch*, Beeinflussung der Beteiligungshöhe i. S. d.

§ 17 EStG durch Genussrechte und stille Beteiligungen, BB 2004, 581; *Kratzsch*, Veräußerung von Beteiligungen an ausländischen Gesellschaften: Wann liegen Anteile an Kapitalgesellschaften i. S. des § 17 EStG vor?, BB 2007, 1817; *Krudewig*, Verkauf von GmbH-Anteilen gegen Raten- oder Rentenzahlungen – Steuerliche Besonderheiten und vorteilhafte Alternativen, GmbH Stpr 2014, 193; *Kußmaul/Schäfer/Delarber/Palm*, Steuerliche Folgen der Liquidation, BBK 2017, 676; *Lindauer/Kutschka*, Verstrickung von Beteiligungen an deutschen Immobiliengesellschaften durch Einfügung der Grundbesitzklausel gem. Art. 13 Abs. 4 OECD-MA in deutsche Doppelbesteuerungsabkommen, BB 2016, 669; *Lohr*, Aufhebung des Nießbrauchs an Geschäftsanteilen, GmbH-StB 2014, 329; *Mertens*, Bürgschaftsübernahme des GmbH-Gesellschafters für seine GmbH – Rechtliche, steuerliche und bilanzielle Folgen der Inanspruchnahme aus einer Bürgschaft, GmbH-Stpr 2015, 221; *Milatz/Herbst*, Rückwirkende Absenkung der Beteiligungsgrenze des § 17, GmbHR 2011, 574; *Mohr*, Zum Verhältnis von § 8b Abs. 7 KStG und § 17 Abs. 2 Satz 6 EStG im Kontext beschränkt steuerpflichtiger Kapitalgesellschaften, IStR 2013, 401; *Moritz*, Kapitalanlagen im Schnittpunkt zwischen §§ 17 und 20 EStG (Teil I) – Nachträgliche Anschaffungskosten und Kapitalersatzrecht – Neuausrichtung erforderlich?, DStR 2014, 1636; *Moritz*, Kapitalanlagen im Schnittpunkt zwischen §§ 17 und 20 EStG (Teil II) – Probleme nach Veräußerung/Wegfall der Beteiligung, DStR 2014, 1703; *Moritz/Strohm*, Änderung der BFH-Rechtsprechung zum Ausfall von Gesellschafterdarlehen und sonstiger Finanzierungshilfen, DB 2018, 86; *Musil/Lammers*, Verfassungsrechtliche Grenzen der Rückwirkung von Steuergesetzen am Beispiel der §§ 17, 23 EStG, BB 2011, 155; *Noack*, Steuerliche Geltendmachung von Auflösungsverlusten im Rahmen des § 17 EStG nach Auflösungsbeschluss oder Insolvenz der Kapitalgesellschaft – Prüfungsschema mit Fallbeispielen und Praxishinweisen, Stbg 2015, 348; *Ott*, Finanzierungshilfen und Ausfall von Gesellschafterdarlehen, DStZ 2010, 623; *Ott*, Gesellschafterdarlehen bei der GmbH – Steuerliche Folgen in Krisensituation oder bei Insolvenz, StuB 2015, 43; *Ott*, Kapitalrückzahlung und Kapitalverlust bei Anteilen im Sinne des § 17 EStG in: FS Korn, 2005, 105; *Ott*, Probleme beim steuerlichen Einlagekonto und bei der Einlagenrückgewähr, DStR 2014, 673; *Ott*, Steuer- und Haftungsfallen beim steuerlichen Einlagekonto, Stbg 2014, 301; *Ott*, Gesellschafterfremdfinanzierung bei der GmbH – Rangrücktritt, Forderungsverzicht und Ausfall von Gesellschafterdarlehen, DStZ 2018, 179; *Ott*, Gestaltungsmöglichkeiten nach der Änderung der Rechtsprechung zu eigenkapitalersetzenden Finanzierungshilfen, StuB 2018, 15; *Ott*, Ausfall von Gesellschafterdarlehen – nachträgliche Anschaffungskosten i.S.v. § 17 EStG oder Kapitalverlust nach § 20 EStG, DStZ 2019, 412; *Ott*, Berücksichtigung ausgefallener Finanzierungshilfen nach der geplanten Änderung des § 17 EStG, DStZ 2019, 648; *Ott*, Ausgefallene Finanzierungshilfen des Gesellschafters als nachträgliche Anschaffungskosten der Beteiligung, StuB 2019, 649; *Otto*, Nachträgliche Anschaffungskosten bei Gesellschaftereinlagen zur Vermeidung einer Inanspruchnahme als Bürge, StuB 2019, 148; *Ott*, Gesetzliche Neuregelungen zum Ausfall von Finanzierungshilfen des GmbH-Gesellschafters, DStZ 2020, 189; *Pflüger*, Auswirkungen des MoMiG auf G'ter-Darlehen in der Krise der GmbH, GStB 2009, 184; *Pflüger*, Übertragung eines GmbH-Anteils: Nießbrauch mindert Veräußerungsgewinn!, GStB 2015, 195; *Prinz/Ommerborn*, Aktuelle Rechtsfragen und Gestaltungsüberlegungen zu §§ 17, 23 EStG bei privater Vermögensverwaltung, FR 2001, 977; *Ratschow*, Reset der Rechtsprechung nach Aufhebung des Eigenkapitalersatzrechts, GmbHR 2017, 1204; *Roser*, Gesellschafterdarlehen: immer noch viele offene Punkte (Teil 1/2) – Was auf Gesellschafterebene zu beachten ist, GmbH-StB 2014, 84, 148; *Rund*, Änderung des Begriffs der nachträglichen Anschaffungskosten bei § 17 EStG ab dem 27.9.2017, GmbH-StB 2017, 382; *Rund/Gluth*, Unternehmenskauf/-verkauf unter Beteiligung einer GmbH, GmbH-StB 2016, 15; *Rund/Junkers*, Das Gesellschafterdarlehen zwischen Sparbuch und Unternehmensfinanzierung – eine Analyse zur Entwicklung der steuerlichen Behandlung von Gesellschafterdarlehen seit 2009, GmbHR 2020, 355; *Schaumburg*, Zuzug und Wegzug von Kapitalgesellschaften im Steuerrecht, in: Europäische Auslandsgesellschaften in Deutschland, hrsg. von Lutter, 2005, 403; *Schießl*, Realisierungszeitpunkt eines Auflösungsverlustes i. S. des § 17 EStG im Fall der Nachtragsliquidation, StuB 2015, 93; *Schießl*, Neues zu „eigenkapitalersetzenden" Finanzierungshilfen des Gesellschafters nach § 17 EStG, StuB 2017, 765; *Schießl*, Einlage wertgeminderter Beteiligungen i.S. des § 17 EStG und gleichzustellender Gesellschafterforderungen, StuB 2018, 381; *Schmid*, Die verdeckte Einlage von § 17-Anteilen und die Entscheidung des BFH v. 6.12.2016 – IX R 7/16, DStR 2017, 1306; *Schmidt/Hageböke*, Offene Sacheinlagen als entgeltliche Anschaffungsvorgänge?, DStR 2003, 1813; *Schmidt/Renger*, Die Folgewirkungen der BVerfG-Beschl. v. 7.7.2010 für die Besteuerung von Wertzuwächsen, DStR 2011, 693; *Schmidt/v. Busekist/Drescher*, Rechtsentwicklungen zur Veräußerung von Anteilen an Kapitalgesellschaften gemäß § 17 EStG, FR 2007, 1; *Schmitz-Herscheid*, Substanzverluste von Gesellschafterdarlehen, NWB 2013, 2537; *Schumacher*, Veräußerung von Anteilen an Kapitalgesellschaften in: Schaumburg/Piltz (Hrsg.), Veräußerungsgewinne im Internationalen Steuerrecht, Forum der Internationalen Besteuerung Bd. 27, 2004, 1; *Schwenke/Fischer*, Gesellschafterdarlehen, FR 2010, 643; *Slabon*, Die verdeckte Einlage als Gestaltungsmittel zur Aufstockung stiller Reserven im Rahmen der Verschärfung des § 17 EStG, DStR 2001, 2133; *Söffing/Bron*, Zweifelsfragen im Zusammenhang mit dem BVerfG-Beschl. v. 7.7.2010 zu § 17, DB 2012, 1585; *Staringer*, Abkommensrechtliche Behandlung von Veräußerungsgewinnen aus Anteilen an Kapitalgesellschaften, IStR 2003, 521;*Strohm*, Die Sonderregel für Beteiligungsveräußerungen ab 1 % – ist § 17 EStG ein Fall für das (steuer-)historische Museum, jM 2019, 116; *Strüber*, Ist die Einführung der Beteiligungsgrenze von 1 % in 17 Abs. 1 Satz 1 EStG durch das StSenkG wirklich uneingeschränkt verfassungsgemäß?, DStR 2013, 626; *Strunk/Haase*, Die tatbestandliche Erfassung von Genussrechten als Anteile an Kapitalgesellschaften bei der Hinzurechnungsbesteuerung, BB 2007, 17; *Trossen*, Kleinanlegerprivileg und nachträgliche Anschaffungskosten bei § 17 EStG, GmbH-StB 2014, 354; *Trossen*, Nachträgliche AK bei Verzicht auf Kleinanlegerprivileg, GmbH-StB 2014, 253; *Trossen*, Neue Grundsätze zur Behandlung von Gesellschafterdarlehen, NWB 2017, 3040; *Uhländer*, Eigenkapitalersetzende Darlehen im Steuer- und Gesellschaftsrecht – ein systematischer Überblick, BB 2005, 70; *Trossen*, Nachträgliche Anschaffungskosten bei § 17 EStG – Wie geht es weiter?, GmbH-StB 2019, 105; *Trossen*, Neue Definition des Begriffs der Anschaffungskosten in § 17 Abs. 2a EStG, GmbH-StB 2019, 307; *Völlmeke*, Der Auflösungsgewinn oder -verlust gemäß § 17 EStG, DStR 2005, 2024; *Waclawik*, Fernwirkung des MoMiG auf den Umfang nachträglicher Anschaffungskosten bei Darlehensverlusten, ZIP 2007, 1838; *Wassermeyer*, Liquidation, Kapitalherabsetzung und Umwandlung, in: Veräußerungsgewinne im Internationalen Steuerrecht, Forum der Internationalen Besteuerung, Bd. 27, 2004, 89; *Weber-Grellet*, § 17 bei Einbringung, Umwandlung und Zuzug, DB 2009, 304; *Weber-Grellet*, Wesentliche Beteiligung: Veräußerung einer wesentlichen Beteiligung gegen wiederkehrende Bezüge – Wahl der Zuflussbesteuerung – Halbeinkünfteverfahren, FR 2015, 807; *Wenhardt*, Anschaffungskosten von GmbH-Anteilen im Sinne des § 17 EStG – Eine Bestandsaufnahme in ABC-Form, GmbH-Stpr 2014, 39; *Wenhardt*, Veräußerungen von GmbH-Anteilen im Privatvermögen. Die einkommensteuerlichen Auswirkungen für den Veräußerer, GmbH-Stpr 2013, 197.

2 Das Einkommensteuerrecht unterscheidet die Erwerbssphäre von der Privatsphäre. Die Erwerbssphäre ist für die Steuerbarkeit grundsätzlich erheblich, die Privatsphäre in der Regel nicht (→ § 12 Rn. 2 ff. mwN). § 17 betrifft diese für die Steuererhebung maßgebliche Grenze. Realisierte Wertsteigerungen und realisierte stille Reserven von Anteilen an Kapitalgesellschaften, die im für die Bemessung der Steuer grundsätzlich nicht erheblichen Privatvermögen gehalten werden, werden durch § 17 der Besteuerung als gewerbliche Einkünfte zugeführt. Damit soll die mit der Realisierung der Wertsteigerung verbundene erhöhte finanzielle Leistungsfähigkeit der Besteuerung unterworfen werden.

3 Der Tatbestand des § 17 setzt daher die Veräußerung eines Anteils an einer Kapitalgesellschaft voraus, der innerhalb der letzten 5 Jahre „relevant" („wesentlich") war. Voraussetzung ist

- eine Veräußerung
- von zum Privatvermögen gehörenden
- Anteilen an einer Kapitalgesellschaft und
- eine Beteiligung von mindestens 1%, die
- irgendwann in den letzten fünf Jahren bestanden hat.

Einer Veräußerung gleichgestellt sind

- die verdeckte Einlage in eine Kapitalgesellschaft (§ 17 Abs. 1 S. 2, → Rn. 366),
- die Auflösung oder Kapitalherabsetzung der Gesellschaft (§ 17 Abs. 4, → Rn. 540 ff.).

Bemessungsgrundlage für die Besteuerung der Einkünfte ist der Veräußerungsgewinn oder -verlust. Dieser bestimmt sich nach dem Unterschiedsbetrag zwischen Veräußerungspreis und Anschaffungskosten sowie Veräußerungskosten. Nach § 17 Abs. 7 werden Anteile an einer SCE für Zwecke der Steuerbarkeit den übrigen in der Vorschrift genannten Anteilen gleichgestellt. Die verdeckte Einlage von Anteilen in eine Kapitalgesellschaft steht der Veräußerung gleich. Die Vorschrift regelt daher die Einkommensteuerbarkeit durch Halten und Veräußerung einer Beteiligung erzielter Einkünfte, die einer mitunternehmerischen Beteiligung an einer Personenhandelsgesellschaft ähnlich ist.

4 Die Vorschrift steht in einer Linie mit § 20 Abs. 2 S. 1 Nr. 1, der ebenfalls Gewinne und Verluste aus der Veräußerung von Anteilen an Kapitalgesellschaften erfasst (→ § 20 Rn. 1193 ff.). Die Vorschrift des § 17 ordnet jedoch die Einkünfte aus der Veräußerung oder Auflösung von Anteilen an Kapitalgesellschaften, soweit sie die Relevanzschwelle von 1% erreichen, den Einkünften aus Gewerbebetrieb zu. Die Regelung bezweckt damit zum einen die Sicherstellung der Besteuerung der in den Anteilen enthaltenen stillen Reserven und besteuert damit die mit der Veräußerung oder Auflösung der Beteiligung verbundene Erhö-

hung der steuerlichen Leistungsfähigkeit. Der Gesellschafter einer Kapitalgesellschaft soll hinsichtlich der Versteuerung seiner Veräußerungsgewinne dem Gesellschafter einer Personengesellschaft gleichgestellt werden, der Gewinne oder Verluste aus der Veräußerung oder Aufgabe seiner Beteiligung nach § 16 Abs. 1 Nr. 2, Abs. 3 unabhängig von der Beteiligungshöhe – also bereits ab 0,1% – zu versteuern hat. Anders als im Fall des § 20 Abs. 2 S. 1 Nr. 1 wird mit der Qualifikation als gewerbliche Einkünfte der Gewinn nicht mit Abgeltungsteuer (§ 32d Abs. 1), sondern nach Maßgabe des Teileinkünfteverfahrens (§ 3 Nr. 40 Buchst. c) besteuert.

I. Regelungsanliegen im System des Steuerrechts

1. Funktion und Zweck der Regelung

Die Veräußerung von Privatvermögen ist grundsätzlich ertragsteuerlich ohne Bedeutung. 5
Im Bereich des Privatvermögens ist die Wertsteigerung im Vermögensstamm in der Regel nicht steuerbar. Ausnahmen sind neben § 23 und § 20 Abs. 2 sowie § 22 Abs. 2 UmwStG und § 13 Abs. 2 UmwStG vor allem in § 17 Abs. 1 und Abs. 6 geregelt. § 17 ist insoweit eine atypische Regelung, als die Norm Gewinne im Privatvermögen als Einmaltatbestand den gewerblichen Einkünften zuordnet und auf diese Art und Weise die Besteuerung sicherstellt. Auch wenn § 17 einen Vorgang im Privatvermögen in gewerbliche Einkünfte umqualifiziert, bleiben die betroffenen Anteile Privatvermögen. § 17 bezieht sich damit auf einen Bereich des Privatvermögens, der grundsätzlich der nicht steuerbaren privaten Vermögensverwaltung zuzuordnen ist und bezieht diesen in die Steuerbarkeit ein (KSM/*Schneider* § 17 Rn. A1).

Die Vorschrift ist eine **Sondernorm** im System des EStG. Sie unterwirft in Form eines 6
Einmaltatbestands durch Veräußerung privaten Vermögens verwirklichte Wertzuwächse der Einkommensteuer. Einkünfte aus § 17 sind zudem keine laufenden, sondern **einmalige und punktuelle Einkünfte** (KSM/*Schneider* § 17 Rn. A2). Die Vorschrift stellt einen „Einmaltatbestand" dar. Daraus folgt, dass die Einkünfte immer auf einen Stichtag (Stichtagsprinzip) zu ermitteln sind.

§ 17 zielt auf die mit der Wertsteigerung einhergehende **erhöhte steuerliche Leistungs-** 7
fähigkeit des Steuerpflichtigen (BFH 16.5.1995 – VIII R 33/94, BStBl. II 1995, 870; Bordewin/Brandt/*Oellerich* § 17 Rn. 23). Es sollen die in den Beteiligungen enthaltenen stillen Reserven der Steuer unterworfen werden. Die Norm ist daher Ausprägung des Grundsatzes der Besteuerung nach der finanziellen Leistungsfähigkeit. Sie ist in die Struktur des EStG und des in ihm enthaltenen (einfachrechtlichen) objektiven Nettoprinzip eingebunden. Ist die Beteiligung über § 17 der privaten Vermögenssphäre entzogen und aufgrund der Zuordnung zur Erwerbssphäre der Gewinn oder Verlust aus der Veräußerung steuerbar, müssen bei einer folgerichtigen Ausgestaltung im Rahmen der Ermittlung des Veräußerungsgewinns die damit nach der Veranlassung zusammenhängenden Aufwendungen abgezogen werden.

Mit der Besteuerung von Gewinnen aus der Veräußerung von Anteilen und Kapitalgesell- 8
schaften ist der Gesetzgeber einen Kompromiss zwischen zwei denkbaren **Lösungsmöglichkeiten** eingegangen: Zum einen die Besteuerung sämtlicher Veräußerungsgewinne im Privatvermögen. Dies entspräche zwar dem Grundsatz der Besteuerung nach der wirtschaftlichen Leistungsfähigkeit, wäre aber in der Praxis mangels Aufzeichnungspflichten im Privatvermögen und der Vielzahl betroffener Vorgänge nicht durchführbar. Zum anderen könnte der Gesetzgeber demgegenüber sämtliche Veräußerungsgewinne auf der privaten Vermögensebene aus der Besteuerung herausnehmen. Diese Lösungsmöglichkeit ließe aber erhebliche Steuerausfälle befürchten. Zudem ließe sich bei einer Nichtbesteuerung von Veräußerungsgewinnen die Dividendenbesteuerung einfach umgehen. Anstelle der Ausschüttung von Gewinnen würde der Steuerpflichtige diese im Anschluss an eine Thesaurierungsphase über den Veräußerungspreis steuerfrei realisieren (DPM/*Pung* § 17 Rn. 19). Der Gesetzgeber hat sich zwischen diesen beiden Möglichkeiten für den Mittelweg entschieden: Besteuerung einzelner, im Gesetz aufgezählter Wirtschaftsgüter, wonach nach § 17 (und § 20 Abs. 2 S. 1 Nr. 1) auch Anteile an Kapitalgesellschaften gehören.

Ziel der Vorschrift ist zudem den Gewinn aus Anteilen an Kapitalgesellschaften mit 9
Gewinnen aus der Veräußerung von **Mitunternehmeranteilen** (§ 16 Abs. 2, → § 16

Rn. 840 ff.) gleichzustellen (Kirchhof/*Gosch/Oertel* § 17 Rn. 1; BFH 10.12.1969 – I R 43/67, BStBl. II 1970, 310; BFH 14.6.2005 – VIII R 73/03, BStBl. II 2005, 861) und den tatsächlich erzielten Gewinn zu besteuern (BFH 6.12.2016 – IX R 49/15, BStBl. II 2017, 673).

9.1 Zwar kennt das EStG (und das gesamte deutsche Ertragsteuerrecht) keinen Grundsatz der rechtsformneutralen Besteuerung (dazu näher *Drüen* GmbHR 2008, 393 ff.). Gleichwohl ist es ein langjähriges Bestreben in der Steuerpolitik, Gesellschafter von Personen- und Kapitalgesellschaften weitestgehend gleich zu behandeln, was sich nicht zuletzt an der 2008 erfolgten Einführung des § 34a zeigt. Dieses Ziel der Gleichbehandlung von Personen- und Kapitalgesellschaften war eine unproblematische Rechtfertigung als die relevante Beteiligungshöhe („wesentliche Beteiligung") noch 25% oder 10% betrug. Bei einer derartigen Beteiligungshöhe verfügt der Gesellschafter einer Kapitalgesellschaft über eine nicht zu vernachlässigende Stimmrechtsmacht in der Gesellschafterversammlung und profitiert in erheblichem Umfang von den von ihr erzielten Gewinnen, dass eine Gleichstellung mit einem Mitunternehmer iSd § 16, dessen Situation durch das Vorliegen von Mitunternehmerinitiative und -risiko geprägt ist, gerechtfertigt ist. Bei einer Beteiligungshöhe von 1% wird dies zunehmend in Frage gestellt (Blümich/*Vogt* § 17 Rn. 136; KKB/*Deutschländer* § 17 Rn. 10.; LBP/*Rapp* § 17 Rn. 8), da der Gesellschafter bei einer derartigen Zwergbeteiligung kraft seiner Stimmrechtsmacht die Geschäftsführung praktisch nicht mehr beeinflussen kann und auch nur zu einem geringen Teil an den Gewinnausschüttungen teilnimmt. Diese in der Praxis häufig vorgebrachte Argumentation geht aber bereits deshalb ins Leere, weil auch „Zwerganteile" an einer Personengesellschaft bei einer Beteiligungshöhe von nur 1% nach § 16 Abs. 1 Nr. 2 steuerverhaftet und Gewinne damit steuerbar sind. Auch bei der nunmehr einschlägigen Beteiligungshöhe von 1% verfolgt die Regelung des § 17 daher zutreffend das Ziel, die Veräußerung von Anteilen an Personen- und Kapitalgesellschaften steuerlich weitestgehend gleich zu behandeln. Dabei geht es nicht darum, beide Veräußerungsvorgänge vollständig gleich zu behandeln. Vielmehr geht es nur darum, im Hinblick auf die Ähnlichkeiten eine allzu starke Ungleichbehandlung zu verhindern (BFH 16.5.1995 – VIII R 33/94, BStBl. II 1994, 870; Bordewin/Brandt/*Oellerich* § 17 Rn. 24). Dieses Ziel wird im Zusammenspiel von § 17 und § 20 Abs. 2 Nr. 1 nunmehr herbeigeführt. Während jede Veräußerung eines Personengesellschaftsanteils unabhängig von der Beteiligungshöhe steuerbar ist, gilt dies nunmehr auch für den Anteil an einer Kapitalgesellschaft.

10 § 17 ist zudem eine wesentliche und zentrale Vorschrift im System des **Teileinkünfteverfahrens,** das im Jahr 2009 das bis dahin (seit 2002) geltende Halbeinkünfteverfahren abgelöst hat. Das Teileinkünfteverfahren will eine Doppelbelastung auf der Körperschaftsebene erwirtschafteter Gewinne durch Körperschaftsteuer und Einkommensteuer bei der Ausschüttung an den Gesellschafter in pauschaler Form durch eine Entlastung sowohl auf der Körperschaftsebene als auch auf der Ebene der Anteilseigner vermeiden. Dies geschieht dadurch, dass Gewinne auf der Ebene der Kapitalgesellschaft einem im Vergleich zum Einkommensteuertarif ermäßigten Steuersatz von 15% und einer Gewerbesteuer (nach Maßgabe des durchschnittlichen kommunalen Hebesatzes von 400%) von 14% unterfallen. Die ausgeschütteten Gewinne werden dann auf Ebene des Gesellschafters nach Maßgabe des § 32d mit dem Abgeltungsteuersatz (25%) ein weiteres Mal erfasst (2. Teilbelastung). In diesem System soll die Realisierung der bei der Körperschaft vorhandenen stillen Reserven gleich hoch besteuert werden, unabhängig davon, ob diese Reserven dem Anteilseigner über eine Gewinnausschüttung (§ 20 Abs. 1 S. 1 Nr. 1) oder über die Veräußerung oder Liquidation der Beteiligung an der Kapitalgesellschaft (§ 17 Abs. 1 und 4) zufließen (DPM/*Pung* § 17 Rn. 21). Daher wird der Veräußerungsgewinn nach § 17 Abs. 1 und Abs. 4 nach Maßgabe des § 3 Nr. 40 Buchst. c und d nur mit 60% versteuert, um der Vorbelastung des Gewinns auf der Ebene der Kapitalgesellschaft mit Körperschaftsteuer und Gewerbesteuer Rechnung zu tragen.

11 Das System des Teileinkünfteverfahrens strebt danach eine **Abstimmung der Besteuerung in der Sphäre der Kapitalgesellschaft und bei der natürlichen Person als Gesellschafter** in der Weise an, dass die kumulierte Belastung der ausgekehrten Gewinne mit einer Körperschaftsteuer von 15% zzgl. einer durchschnittlichen Gewerbesteuerbelastung (bei einem Hebesatz von 400%) von 14% (erste Teilbelastung) und dem Ansatz der Bemessungsgrundlage zu 60% bei der Einkommensteuerfestsetzung beim Gesellschafter, wenn dieser eine natürliche Person ist (zweite Teilbelastung), im Ergebnis zu einer vollen Belastung führt. Denn veräußert eine natürliche Person einen Anteil an einer Kapitalgesellschaft, sind die bei der Kapitalgesellschaft mit 15% versteuerten offenen Rücklagen und die von ihr künftig mit 60% der Bemessungsgrundlage im Rahmen des § 17 zu erfassenden stillen Reserven im Gewinn enthalten. Unter Berücksichtigung der Vorbelastung der Verhaftung der stillen Reserven auf der Ebene der Kapitalgesellschaft ist es sachgerecht, den Gewinn aus der Veräußerung einer Beteiligung nur zu 60% zu besteuern. Diese Ertragsteuerbelastung ausgeschütteter Gewinne soll typisierend und generalisierend im Ergebnis der Steuerbelastung anderer Einkünfte entsprechen (BT-Drs. 14/2683, 94 (96)).

Diese Systematik hat zur Folge, dass Veräußerungs- und Liquidationsgewinne iSd § 17 Abs. 1 und 4 nach § 3 Nr. 40 Buchst. c (→ § 3 Nr. 40 Rn. 92 ff.) nur zu **60%** steuerlich erfasst werden. Damit zusammenhängende Veräußerungs- und Liquidationskosten sind nach § 3c Abs. 2 nur zu 60% abziehbar. In der Gesellschaft (zB in der Kapital- oder Gewinnrücklage) enthaltene und noch nicht ausgeschüttete Gewinne werden daher im Fall der Veräußerung nach § 17 durch die Anwendung des Teileinkünfteverfahrens anteilig (nach-)versteuert. § 17 will daher auch verhindern, dass der Anteilseigner die zweite Teilbelastung im Rahmen des Teileinkünfteverfahrens durch einen Verkauf der Beteiligung umgehen kann. 12

Einstweilen frei 13

2. Historische Entwicklung

Die Einkommensteuergesetze der Länder des Deutschen Reichs, ua auch die Einkommensteuergesetze Preußens bis zum Jahr 1906, kannten grundsätzlich keine Besteuerung der (privaten) Vermögenssphäre und enthielten daher keine Regelungen, die in ihrer Bedeutung und Steuerverhaftung § 17 entsprechen (KSM/*Schneider* § 17 Rn. A155). Erst mit dem Preußischen Einkommensteuergesetz 1891 wurden Gewinne aus der Veräußerung von Kapitalgesellschaften ertragsteuerlich der Besteuerung unterworfen, sofern diese in Spekulationsabsicht erworben und veräußert wurden (dazu näher KSM/*Schneider* § 17 Rn. A160). Dazu wurde auf die Umstände des Einzelfalls abgestellt, ob eine Spekulationsabsicht vorhanden war, zB die Verhältnisse, unter denen Erwerb und Veräußerung stattfanden und die Dauer des Besitzes (vgl. dazu die Ausführung des Preuß. Finanzministers v. 5.8.1891, in *Luisting* Das preußische EStG, 2. Aufl. 1892, 295). 14

Das EStG 1920 (29.3.1920, RGBl. 1920 I 359) besteuerte jede realisierte Wertsteigerung des Vermögens und damit auch die Gewinne aus der Veräußerung von **Anteilen an Kapitalgesellschaften** (→ § 2 Rn. 18 mwN). Die Steuerbarkeit der Veräußerung von Anteilen an Kapitalgesellschaften war nicht in einem eigenen Tatbestand geregelt. Die Besteuerung erfolgte in Gestalt eines allgemeinen Tatbestands in § 11 Nr. 5 EStG 1920, der alle Veräußerungsgeschäfte erfasste. Denn als Veräußerungsgeschäft iSd § 11 Nr. 5 EStG 1920 galten alle entgeltlichen Geschäfte, bei denen der Steuerpflichtige für die Hingabe eines Gegenstands mehr oder weniger bekommt, als er zu seiner Anschaffung oder Herstellung aufgewandt hat. Der Gewinn wurde als Unterschied zwischen dem bei dem Veräußerungsgeschäft für den veräußerten Gegenstand erzielten Erlös und dem Anschaffungs- und Herstellungspreis unter Berücksichtigung der auf den Gegenstand gemachten Aufwendungen ermittelt. Die Gewinne wurden allerdings nicht unmittelbar der Summe der Einkünfte hinzugerechnet und damit dem progressiven Steuertarif unterworfen, sondern nach § 21 EStG 1920 progressionsentschärfend abhängig von der Besitzzeit besteuert (KSM/*Schneider* § 17 Rn. A163). Die Regelung des § 11 Nr. 5 EStG 1920 wurde allerdings bereits mit dem EStG 1921 (RGBl. 1921 I 513) wieder allein auf die Besteuerung von Spekulationsgeschäften beschränkt. 15

Mit dem EStG 1925 (EStG 1925 10.8.1925, RGBl. 1925 I 189) begann der seitdem das Einkommensteuerrecht bestimmende **Dualismus der Einkunftsarten** (→ § 2 Rn. 19 mwN). War der Veräußerer „wesentlich" an einer Kapitalgesellschaft beteiligt, wurden Veräußerungsgewinne anhand von § 30 Abs. 3 EStG 1925 in die Besteuerung einbezogen (Blümich/*Vogt* § 2 Rn. 1). Als Veräußerung eines Gewerbebetriebs war daneben auch der Verkauf einer Beteiligung an einer Erwerbsgesellschaft (GmbH oä) anzusehen, wenn der Veräußerer am Kapital der Gesellschaft wesentlich, also mit mehr als einem Viertel, beteiligt war. Ziel war es bereits damals, die in den GmbH-Anteilen entstandene Wertsteigerung und die damit verbundene Erhöhung der steuerlichen Leistungsfähigkeit zu erfassen (RT-Drs. Nr. 795, 56). Denn häufig seien im Hinblick auf eine Betriebsveräußerung Betriebe unter ihrem gemeinen Wert in eine Kapitalgesellschaft eingebracht und anschließend die Anteile veräußert worden (RT-Drs. Nr. 795, 56). Zudem sollte die Ungleichheit beseitigt werden, wonach die Empfän- 16 ger von Arbeitslohn über Gebühr zur Finanzierung der Staatsausgaben herangezogen worden waren (*Hacker* Gibt es „Gerechtigkeit" in der Steuerpolitik?, Diss. Berlin 2013, 201 (227)).

17 1934 wurde mit dem EStG 1934 (EStG 1934 16.10.1934, RGBl. 1934 I 1005) die Veräußerung von Anteilen an Kapitalgesellschaften als § 17 „im Interesse der Vereinfachung" in einer eigenen Norm verselbständigt (Begründung zum EStG 1935, RStBl. 1935, 33 (42). § 17 Abs. 1 EStG 1934 regelte den steuerbaren Tatbestand und legte eine **Beteiligungsgrenze von 25%** zugrunde. Die **Grenze der Steuerfreiheit** bei Zwerganteilen wurde auf 1% festgelegt. Neben unmittelbaren Beteiligungen waren auch mittelbare Beteiligungen erfasst. Abs. 2 regelte die Ermittlung des Veräußerungsgewinns, Abs. 3 enthielt eine Freigrenze. Auch Gewinne aus der Auflösung einer Kapitalgesellschaft waren steuerbar. Zudem enthielten Abs. 4 eine Steuerermäßigung und Abs. 5 ein Verlustausgleichsverbot (dazu auch KSM/*Schneider* § 17 Rn. A191; HHR/*Eilers/R. Schmidt* § 17 Rn. 1). Die aus der Auflösung der Kapitalgesellschaft erzielten Gewinne wurden von § 18 Abs. 2 EStDV 1935 erfasst.

18 Das Alliierte Kontrollratsgesetz Nr. 12 (Alliiertes Kontrollratsgesetz Nr. 12 11.2.1946, StuZBl. 1946, 2) sowie das Ministerratsgesetz Nr. 64 hob die steuerlichen Vergünstigungen in § 17 Abs. 3 und Abs. 4 für die Zeit vom 1.1.1946 bis zum 20.6.1948 auf. Ab 21.6.1948 trat wieder die vorherige Fassung in Kraft.

19 Das Steueränderungsgesetz 1965 (StÄndG 1965 14.5.1965, BGBl. 1965 I 377) enthielt zahlreiche Änderungen. Aus § 53 EStDV fand der Begriff der „Anteile an einer Kapitalgesellschaft" nunmehr in das Gesetz Eingang. Neu war eine Passage, die sich mit dem **unentgeltlichen Erwerb** beschäftigte. Als wesentlich beteiligt gilt eine steuerpflichtige Person auch dann, wenn sie zwar nicht selbst wesentlich beteiligt war, jedoch die veräußerten Anteile innerhalb der letzten fünf Jahre vor der Veräußerung gegen Entgelt erworben hat und der Rechtsvorgänger – oder, sofern der Anteil mehrmals nacheinander unentgeltlich übertragen worden war, einer der Rechtsvorgänger – innerhalb der letzten fünf Jahre wesentlich beteiligt war. Maßgeblich für die Anschaffungskosten der Anteile sind dann die Anschaffungskosten des Rechtsvorgängers, der den Anteil zuletzt entgeltlich erworben hat (dazu auch HHR/*Eilers/R. Schmidt* § 17 Rn. 1). Die Zusammenrechnung der Anteile des Steuerpflichtigen mit den Anteilen seiner Angehörigen, die in § 30 Abs. 3 Satz 2 EStG 1925 und § 17 Abs. 1 Satz 2 EStG 1934 geregelt war, wurde hinsichtlich der wegen Art. 6 Abs. 1 GG begründeten verfassungsrechtlichen Zweifel und der Wandlung der Verhältnisse aufgegeben (BT-Drs. IV/3189, 7 und IV/2400, 69). Denn Entscheidungen des BVerfG hatten begründete Zweifel an der Zusammenrechnung geäußert (BVerfG 12.3.1985 – 1 BvR 571/81, 1 BvR 494/82, 1 BvR 47/83, BVerfGE 69, 188). Die Abschaffung der Zusammenrechnung der Angehörigenanteile hätte allerdings die Möglichkeit der Steuerumgehung eröffnet, in dem Anteile unentgeltlich auf nahe Angehörige übertragen werden. Daher wurde § 17 um die og. Regelung ergänzt für den Fall, dass der Veräußerer den veräußerten Anteil unentgeltlich erworben hat (HHR/*Eilers/R. Schmidt* § 17 Rn. 1; KSM/*Schneider* § 17 Rn. A201). Ferner wurde die bisherige Freigrenze des § 17 Abs. 3 in einen Freibetrag umgewandelt. Die Einkommensteuerbarkeit der Auflösung einer Kapitalgesellschaft wurde nicht mehr in der EStDV, sondern nunmehr in § 17 Abs. 4 geregelt. Dabei wurde die Kapitalherabsetzung der Auflösung gleichgestellt. Das zuvor in § 17 Abs. 5 geregelte Verlustausgleichs- und -abzugsverbot wurde ersatzlos gestrichen.

20 Mit der Reform des Außensteuergesetzes (AStRefG 8.9.1972, BGBl. 1972 I 1713) wurde durch § 6 AStG für den Fall des Wegfalls der unbeschränkten Steuerpflicht der Anwendungsbereich des § 17 eröffnet. Das AStG v. 8.9.1972 (BGBl. 1972 I 1713) wurde iRd AStRefG erweitert.

21 Das Gesetz zur Reform der Einkommensteuer, des Familienlastenausgleichs und der Sparforderung (Einkommensteuerreformgesetz – EStRG 5.8.1974, BGBl. 1974 I 1769) strich § 17 Abs. 3 S. 3, der eine Entlastung wegen einer vorherigen Belastung mit ErbSt vorsah.

22 Das Steueränderungsgesetz 1992 (25.2.1992, BGBl. 1992 I 146) änderte die Rechtslage für die Übertragung von Anteilen im Wege der **verdeckten Einlage.** Es wurde die aktuell in § 17 Abs. 1 S. 2 (→ Rn. 366) enthaltene Fiktion eingefügt, wonach die verdeckte Einlage von Anteilen an einer Kapitalgesellschaft in eine Kapitalgesellschaft der Veräußerung der Anteile gleichsteht. In § 17 Abs. 2 S. 2 wurde geregelt, dass in den Fällen einer verdeckten Einlage als Veräußerungspreis der gemeine Wert der verdeckt eingelegten Anteile gilt.

23 In § 54 EStDV wurden dann mit dem JStG 1996 (JStG 1996 11.10.1995, BGBl. 1995 I 1250) Mitteilungspflichten der Notare gegenüber der Finanzverwaltung geregelt. Zudem

wurde die bislang normierte Bagatellgrenze aufgehoben, wonach die Steuerbarkeit nur vorlag, wenn die innerhalb eines Veranlagungszeitraums veräußerten Anteile 1% des Nennkapitals überstiegen. Das JStG 1992 fügte weiterhin an § 17 Abs. 2 einen Satz 4 (jetzt Satz 5, → Rn. 444 ff.) an, der Einschränkungen bei der Berücksichtigung von Verlusten regelte. Es sollten Gestaltungen erschwert werden, die es einem bisher nicht wesentlich beteiligten Gesellschafter ermöglichten, durch kurzfristigen Zukauf weniger Anteile eine im Privatvermögen entstandene Wertminderung in den steuerbaren Verlustausgleich einzubeziehen (KSM/*Schneider* § 17 Rn. A208).

Das Jahressteuergesetz 1997 (JStG 1997 20.12.1996, BGBl. 1996 I 2049) formulierte Abs. 4 des § 17 Abs. 4 teilweise neu. Auslöser war eine durch die Rechtsprechung des BFH (BFH 19.4.1994 – VIII R 2/93, BStBl. II 1995, 705) verursachte Neufassung des § 16 Abs. 1 Nr. 1, die zu einer Ungleichbehandlung gegenüber den nach § 17 Abs. 4 zu beurteilenden Fällen der Besteuerung der Auflösung und Abwicklung von Kapitalgesellschaften führte. § 17 Abs. 4 wurde daher an den neuen Wortlaut des § 16 Abs. 1 Nr. 1 angepasst. 24

Das Mit dem von der damaligen rot-grünen Bundesregierung auf den Weg gebrachten StEntlG 1999 (StEntlG 1999 24.3.1999, BGBl. 1999 I 402; BStBl. I 1999, 304) wurde die Grenze für eine wesentliche Beteiligung von mindestens 25% auf **mindestens 10%** herabgesetzt. Dies diente ausweislich der Gesetzesbegründung der „Verbreiterung der Besteuerungsgrundlage" (BT-Drs. 14/23, 2, 126 f., 178) und damit der Gegenfinanzierung. Außerdem wurde § 17 Abs. 2 Satz 4 angepasst und § 17 Abs. 2 S. 6 neu gefasst. Damit wurde eine Idee aufgegriffen, die bereits in den Petersberger Steuervorschlägen enthalten war (vgl. *Felix* BB 1997, 392 (393); *Schiffers* DStR 1997, 765). 25

Das StSenkG (StSenkG 23.10.2000, BGBl. 2000 I 1433) senkte die die Beteiligungsgrenze weiter ab, nämlich von mindestens 10% auf nunmehr mindestens 1%. Da bei dieser Beteiligungshöhe nicht mehr von einer „wesentlichen" Beteiligung gesprochen werden kann, wurde in Überschrift und Wortlaut der Begriff „wesentliche" gestrichen. Als Folge des gleichzeitig eingeführten **Halbeinkünfteverfahrens** bleiben in der Folgezeit die Hälfte des Veräußerungspreises oder des gemeinen Wertes iSd § 17 Abs. 2 gem. § 3 Nr. 40 Buchst. c steuerfrei. Die mit der Abschaffung des Anrechnungsverfahrens und der Einführung des Halbeinkünfteverfahrens einhergehende Änderung des KStG erforderte Anpassungen in § 17 Abs. 4. Das in der Folge des Systemwechsels entfallende EK04 ging im steuerlichen Einlagekonto iSd § 27 KStG auf. § 17 Abs. 4 nimmt daher seitdem auf das steuerliche Einlagekonto Bezug. 26

Das Gesetz zur Umrechnung und Glättung steuerlicher Euro-Beträge (Steuer-Euroglättungsgesetz – StEugl 19.12.2000, BGBl. 2000 I 1790) regelte die Überführung und Angleichung/Rundung der DM-Beträge in Abs. 3 des § 17 auf Euro. Der Betrag wurde in Abs. 3 S. 1 von 20.000 DM auf 10.300 EUR und in S. 2 von 80.000 DM auf 41.000 EUR geändert. 27

Durch das Gesetz zur Fortentwicklung der Unternehmenssteuerreform (UntStFG 24.12.2001, BGBl. 2001 I 3858) wurde ein Redaktionsversehen beseitigt. In § 17 Abs. 1 S. 4 war noch das Wort „wesentlich" enthalten. Dieses wurde jetzt durch die Wörter „im Sinne von S. 1" ausgetauscht. Darüber hinaus wurden weitere Redaktionsversehen berichtigt und Verweise angepasst. 28

Das Haushaltsbegleitgesetz 2004 (HBeglG 2004 29.12.2003, BGBl. 2003 I 3076) mit seiner Kürzung nach der „Rasenmähermethode" in Umsetzung des sog. „Koch-Steinbrück-Papiers" senkte in Abs. 3 den Freibetrag und den Grenzbetrag auf 9.060 EUR und 36.100 EUR. Die Regelungen galten ab 1.1.2004. 29

Mit dem Gesetz über steuerliche Begleitmaßnahmen zur Einführung der Europäischen Gesellschaft und zur Änderung weiterer steuerlicher Vorschriften (SEStEG v. 7.12.2006, BGBl. 2006 I 2782) wurden nach Abs. 2 S. 2 weitere Sätze eingefügt, mit denen in den Fällen des Zuzugs sichergestellt werden soll, dass bei der Ermittlung des Gewinns aus einer späteren Veräußerung von verstrickten Anteilen nicht die ursprünglichen Anschaffungskosten, sondern der Wert, den der Wegzugsstaat einer § 6 AStG vergleichbaren Wegzugsbesteuerung unterworfen hat, berücksichtigt wird (dazu auch HHR/*Eilers*/*R. Schmidt* § 17 Rn. 1). In der Neufassung des § 17 Abs. 4 werden die **veräußerungsgleichen Tatbestände** geregelt. Mit § 17 Abs. 5 bis Abs. 7 wurden neue Regelungen eingefügt. Durch das Einfügen des Abs. 5 wird in Fällen der identitätswahrenden Sitzverlegung das Besteuerungsrecht der Bundesrepublik Deutschland sichergestellt. Dies geschieht nach § 17 Abs. 5 Satz 1 mittels 30 einer Fiktion, nach der die Anteile als zum gemeinen Wert veräußert gelten, wenn das deutsche Besteuerungsrecht durch die Sitzverlegung beschränkt oder ausgeschlossen wird. Abs. 5 S. 2 nimmt davon entsprechend der Vorgabe durch Art. 10d Abs. 1 FusionsRL Sitzverlegungen einer Europäischen Gesellschaft und Sitzverlegungen in einen anderen Mitgliedstaat der EU aus. § 17 Abs. 6 will verhindern, dass über Einbringungsvorgänge und das Unterschreiten der Relevanzgrenze die Steuerverhaftung zuvor steuerverstrickter Anteile umgangen werden kann. Abs. 7 bietet die Rechtsgrundlage, um auch Gewinne aus der Veräußerung von Anteilen an Genossenschaften nach Maßgabe des § 17 zu erfassen. Schließlich erweitert das SEStEG in Zusammenhang mit dem Einfügen des § 6 Abs. 5 AStG die Mitteilungspflicht der Notare hinsichtl. der Anteilsveräußerung durch Anteilseigner, die ihren Wohnsitz in der Vergangenheit in das Ausland verlegt hatten (§ 54 Abs. 4 EStDV).

31 Der Wechsel vom Halbeinkünfteverfahren zum **Teileinkünfteverfahren** wurde mit dem Unternehmensteuerreformgesetz (UntStReformG 2008 14.8.2007, BGBl. 2007 I 1912) vollzogen. Damit wurde die damit verbundene Steuerfreistellung von 50% auf 40% verringert. Gleichzeitig wurde für die Besteuerung von Ausschüttungen das Abgeltungsteuersystem geschaffen.

32 Durch das Jahressteuergesetz 2008 (JStG 2008 20.12.2007, BGBl. 2007 I 3150) wurde § 54 Abs. 1 EStDV um einen S. 2 erweitert. Dieser betrifft die Anmeldung einer inländischen Zweigniederlassung einer Kapitalgesellschaft mit Sitz im Ausland im Handelsregister.

33 Die bereits im HBeglG geregelten Änderungen in § 17 Abs. 3 (Freibetrag, Grenzbetrag) wurden in der Folge von BVerfG 8.12.2009 – 2 BvR 758/07, BVerfGE 125, 104 durch das Gesetz zur bestätigenden Regelung verschiedener steuerlicher und verkehrsrechtlicher Vorschriften des HBeglG 2004 (5.4.2011, BGBl. 2011 I 554) bestätigt (→ Rn. 438).

34 Mit dem „JStG 2019" (BGBl. 2019 I 2451) wurde durch Einfügung eines neuen § 17 Abs. 2a die Berücksichtigung des Ausfalls von Gesellschafterdarlehen wie in der Rechtslage vor Inkrafttreten des MoMiG und entsprechend BMF 21.10.2010, BStBl. I 2010, 832 geregelt (BR-Drs. 356/19, 12 f., 121 f.; vgl. zum Entwurf *Hörster* NWB 2019, 2628 (2631 f.); *Gragert* NWB 2019, 2842; *Trossen* GmbH-StB 2019, 307; *Ott* StuB 2019, 649; *Ott* DStZ 2019, 648; *Zapf* FR 2019, 804 (811 f.); *Strahl* KÖSDI 2019, 21378 (21394 f.); *Fuhrmann* KÖSDI 2019, 21434). In Anlehnung an den § 255 HGB sollen die Anschaffungskosten an Anteilen iSd § 17 eigenständig für diese Vorschrift geregelt werden. Danach gehören zu den Anschaffungskosten alle Aufwendungen, die der Steuerpflichtige zum Erwerb seines Anteils aufbringen muss. Dies sind der Kaufpreis und die Anschaffungsnebenkosten. Zudem wird in einer nicht abschließenden Aufzählung ausdrücklich geregelt, dass

- offene oder verdeckte Einlagen in eine Kapitalgesellschaft,
- Darlehensverluste, soweit die Gewährung des Darlehens oder das Stehenlassen des Darlehens in der Krise der Gesellschaft gesellschaftsrechtlich veranlasst war, und
- der Ausfall von Bürgschaftsregressforderungen und vergleichbaren Forderungen, soweit die Hingabe oder das Stehenlassen der betreffenden Sicherheit gesellschaftsrechtlich veranlasst war,

zu nachträglichen Anschaffungskosten führen. Eine Berücksichtigung von nachträglichen Anschaffungskosten ist unabhängig von der Beteiligungshöhe des Gesellschafters möglich. Daher können auch zukünftig Kleinanleger mit weniger als 10%-Beteiligung Darlehensverluste und Verluste aus sonstigen Sicherheiten geltend machen.

35–38 *Einstweilen frei*

3. Verhältnis zu höherrangigem Recht

39 **a) Verfassungsrecht.** § 17 ist **verfassungskonform** (BVerfG 7.10.1969 – 2 BvL 3/66, 2 BvR 701/64, BStBl. II 1970, 160; BVerfG 20.11.1984 – 1 BvR 727/82, NJW 1986, 421; BVerfG 15.5.1985 – 1 BvR 274/85, HFR 1986, 424). Zweifel an der Verfassungsmäßigkeit werden in der Rechtsprechung nicht und im Schrifttum nur vereinzelt geäußert (auch Kirchhof/*Gosch/Oertel* § 17 Rn. 2; KSM/*Schneider* § 17 Rn. A282; Bordewin/Brandt/*Oellerich* § 17 Rn. 31; für Verfassungswidrigkeit hingegen *Strohm* jM 2019, 116). Verfahren, die die Verfassungsmäßigkeit in Frage stellen, sind aktuell beim BVerfG nicht anhängig.

40 Es ist mit Art. 3 Abs. 1 GG vereinbar, dass **Wertsteigerungen** bei GmbH-Anteilen über die Umqualifizierung in gewerbliche Einkünfte steuerlich erfasst werden. Dies ist die systematische und insofern folgerichtige Konsequenz aus der das Einkommensteuerrecht prägenden Konzeption, nach der die Einkommensteuer grundsätzlich nur im Rahmen der Gewinneinkunftsarten den Gedanken der Reinvermögenszugangstheorie aufgreift und deshalb auch den Wertzuwachs bei Vermögensgegenständen erfasst, während die Einkünfte im Rahmen der übrigen Einkunftsarten, dem Gedanken der Quellentheorie entsprechend, als Überschuss der Einnahmen über die Werbungskosten ermittelt werden, sodass hier Zuwächse im Stammvermögen grundsätzlich außer Betracht bleiben. Dieser sogenannte Dualismus der Einkunftsarten liegt als historisch gewachsene Grundentscheidung (Tipke/Lang StR/*Lang* § 9 Rn. 181 ff.) innerhalb des Gestaltungsspielraums, der dem Gesetzgeber bei der Erschließung von Steuerquellen zukommt (BVerfG 7.7.2010 – 2 BvR 748/05, BVerfGE 127, 61, BStBl. II 2011, 86). Zwar ist die Veräußerung von Anteilen an Kapitalgesellschaften auch der privaten Vermögensverwaltung zuzuordnen. Grundsätzlich ist daher der An- und Verkauf von Anteilen und der damit realisierte Wertzuwachs dem nicht steuerbaren Bereich der privaten Vermögensverwaltung zuzuordnen (zuletzt BFH 19.1.2017 – IV R 50/14, BStBl. II 2017, 456). § 17 ordnet hingegen bei Erreichen der Beteiligungsgrenze von 1% die Einkünfte den gewerblichen Einkünften und damit der gewerblichen und steuerlich erheblichen Sphäre zu, bei der die Reinvermögenszugangstheorie gilt.

Auch die **1%-Grenze** ist als solche verfassungsrechtlich nicht zu beanstanden. Sie ist im Hinblick auf das mit dem StSenkG v. 23.10.2000, BGBl. 2000 I 1433 eingeführte Halbeinkünfteverfahren als folgerichtige Ausgestaltung der steuerlichen Belastungsentscheidung und damit mit Art. 3 Abs. 1 GG vereinbar. Denn mit der Einführung des Halbeinkünfteverfahrens als neuer Systementscheidung hat sich der Gesetzgeber von der bisherigen gesellschaftsrechtlichen Betrachtungsweise im Rahmen des § 17 gelöst und die Vorschrift an das neue System der Dividendenbesteuerung im Rahmen des Teileinkünfteverfahrens angepasst (auch Blümich/*Vogt* § 17 Rn. 121). Entsprechend wird in der Gesetzesbegründung auch ausgeführt, dass es auf eine Wesentlichkeit nicht mehr ankommt (BT-Drs. 14/3366, 118). **41**

Läge die Beteiligungsgrenze auch im Halbeinkünfteverfahren bei (einer an den gesellschaftsrechtlichen Einflussmöglichkeiten orientierten Schwelle von) 10% oder 25%, könnten Gesellschafter mit Beteiligungen bis zu dieser Höhe die im Halbeinkünfteverfahren vorgesehene (Nach-)Versteuerung der in der Gesellschaft thesaurierten und nur mit 15% Körperschaftsteuer belasteten Gewinne durch eine **nicht steuerbare Veräußerung** verhindern. Damit wären Gesellschaftern mit Beteiligungen in dieser Höhe Ballooning-Gestaltungen möglich (dazu auch BVerfG 12.10.2010 – 1 BvL 12/07, BVerfGE 127, 224 unter A.III.1.). Diese würden es ermöglichen, nach der Systematik des Halbeinkünfteverfahrens nur mit der ersten Teilbelastung auf der Ebene der Kapitalgesellschaft versteuerte Einkünfte der zweiten Teilbelastung auf Gesellschafterebene zu entziehen (Bordewin/Brandt/*Oellerich* § 17 Rn. 26). Diese – in der Praxis geläufige – Gestaltungsmöglichkeit wird auch in der Gesetzesbegründung zum Steuersenkungsgesetz als Rechtfertigung für die Loslösung von der bisherigen Beteiligungsgrenze und der Einführung der 1%-Grenze ausdrücklich angesprochen (BT-Drs. 14/2683, (113 f.), BT-Drs. 14/3366, (118)). Gerade bei Kapitalgesellschaften in Familienbesitz, deren Anteilsinhaber häufig Beteiligungen zwischen einem und 10% halten, die über Poolverträge zu einer gemeinsamen Willensbildung verpflichtet sind und auf laufende Ausschüttungen der Gesellschaft nicht angewiesen sind, könnte auf diese Weise die zweite Teilbelastung auf Ebene des Gesellschafters umgangen werden. Der Vorschrift des § 17 kommt daher im System des Halbeinkünfteverfahrens auch die Funktion zu, zu verhindern, dass es durch die Veräußerung der Beteiligung möglich ist, die Halbeinkünftebesteuerung auf der Ebene des Anteilseigners zu vermeiden. **42**

In diesen Zusammenhang fügt es sich folgerichtig in die gesetzliche Systematik ein, dass mit dem StSenkG auch die Regelung des § 50c Abs. 11 gestrichen worden ist. Mit dieser Regelung hatte der Gesetzgeber das Ziel verfolgt, die Besteuerung ausgeschütteter Gewinne inländischer Kapitalgesellschaften sicherzustellen. Es sollte verhindert werden, dass durch die Veräußerung nicht nach § 17 Abs. 1 steuerverhafteter Beteiligungen steuerpflichtige Ausschüttungen in nicht steuerbare Veräußerungsgewinne umgewandelt werden (dazu BVerfG 7.7.2010 – 2 BvR 748/05, 2 BvR 753/05, 2 BvR 1738/05, BVerfGE 127, 61 unter B.I.2.b.cc.(2) sowie BT-Drs. 14/2683, 119). **43**

An dieser verfassungsrechtlichen Rechtsfertigung der 1%-Grenze hat sich auch durch die Einführung der **Abgeltungsteuer** und des Teileinkünfteverfahrens mit dem Unternehmen- **44** steuerreformgesetz (UntStReformG v. 20.12.2008, BGBl. 2008 I 2850) nichts geändert (aA *Strohm* jM 2019, 116). Denn die Besteuerung der Dividenden nach § 32d Abs. 1 mit 25% stellt nach Ansicht des Gesetzgebers ebenfalls nur eine Teilbelastung im System der Dividendenbesteuerung dar (BT-Drs. 16/4841, 33). Dies gilt auch für die Verringerung der Steuerbefreiung nach § 3 Nr. 40 Buchst. d von 50% auf 40% im Rahmen der Einführung des Teileinkünfteverfahrens auf Ebene der 2. Teilbelastung, da zugleich die Belastung mit Körperschaftsteuer von 25% auf 15% abgesenkt wurde und bei der Berechnung der Gewerbesteuer die Messzahl für den Gewerbeertrag nach § 11 Abs. 2 GewStG für Kapitalgesellschaften auf 3,5% abgesenkt wurde. Zudem ist zu berücksichtigen, dass im Rahmen des § 17 der Freibetrag sich auf bis zu 9.060 EUR beläuft, da meist höhere Gewinne zu versteuern sind. Im Rahmen des § 20 beläuft sich der Werbungskostenpauschbetrag auf 801 EUR (im Fall der Einzelveranlagung).

45 Die Grenze von 1% steht zudem in Zusammenhang mit der Vorschrift des § 20 Abs. 2 Nr. 1 und der dort geregelten Erfassung der Veräußerungsgeschäfte bei Beteiligungen von unter 1%. § 20 Abs. 2 S. 1 Nr. 1 erfasst Veräußerungsgewinne von Beteiligungen unter 1%. Verluste aus privaten Wertpapiergeschäften aus Beteiligungen unter 1% sollen aber nicht mit anderen positiven Einkünften verrechnet, sondern nur beschränkt verrechnet werden können (§ 20 Abs. 6).

46 Es ist verfassungsrechtlich auch nicht geboten neben der Anknüpfung an die gesellschaftsrechtliche Beteiligungsgrenze noch eine bestimmte **Wertgrenze** der Beteiligung vorzusehen. Denn dies führte im Hinblick auf die in der Praxis akzeptierte und angewandte Rechtsprechung des Bundesfinanzhofs zu § 17 zu zahlreichen Folgeproblemen. Abgesehen davon, dass eine allein an der Beteiligungshöhe orientierte Grenze sich einfach und ohne Streitpotential anhand des Nennkapitals und der notariellen Verträge überprüfen lässt (BT-Drs. 14/3366, 118), würde eine zusätzlich am Wert der Beteiligung orientierte Wertgrenze die Anwendung und Vollziehbarkeit der Vorschrift erheblich erschweren. So wäre unklar, was im praktisch häufigen Fall eines Veräußerungsverlusts geschehen würde (zuletzt BFH 2.12.2014 – IX R 9/14, BFH/NV 2015, 666). Ebenfalls ließen sich die in der Praxis ebenfalls häufigen Fälle der Auflösung der Gesellschaft infolge Insolvenz und die steuerliche Berücksichtigung des Auflösungsverlusts sowie des Entstehens von nachträglichen Anschaffungskosten in der Folge der Inanspruchnahme des Steuerpflichtigen aufgrund von Gesellschafterbürgschaften auf der Grundlage von § 17 Abs. 4 nicht mehr hinreichend lösen (dazu zuletzt ua BFH 20.8.2013 – IX R 43/12, BFH/NV 2013, 1783 und BFH 6.5. 2014 – IX R 44/13, BStBl. II 2014, 781). Das vom Bf. angeführte Anknüpfen an den Wert der Beteiligung zöge zudem in jedem Einzelfall eine zeit- und kostenaufwändige Unternehmensbewertung nach sich, die für zusätzliches Streitpotential sorgen würde.

47 Der Gesetzgeber ist danach nicht gehindert, Gewinne aus der Veräußerung von Gegenständen des Privatvermögens zu besteuern. Ob und inwieweit er davon Gebrach macht, ist eine Frage politischer Gestaltung (die Entscheidungen BVerfG 7.7.2010 – 2 BvR 748/05, 2 BvR 753/05, 2 BvR 1738/05, BVerfGE 127, 61 unter B.II. sowie Beschluss BFH 7.10.1969 – 2 BvL 3/66, 2 BvR 701/64, BVerfGE 27, 111 unter C.II.).

48 Auch das **Stichtagsprinzip** hinsichtlich der Gewinnermittlung in § 17 Abs. 2 ist verfassungsgemäß (BVerfG 13.11.1984 – 1 BvR 1337/84, INF 1985, 215). Die damit verbundene punktuelle Erfassung des Gewinns oder Verlusts führt zwar dazu, dass der Gewinn versteuert werden muss, bevor die Einnahmen ganz oder teilweise (zB bei Ratenzahlung) zufließen. Diesem Umstand tragen aber die nur partielle Erfassung der Gewinne mit dem Teileinkünfteverfahren und bei Veräußerung gegen wiederkehrende Bezüge das Wahlrecht zwischen Sofort- und Zuflussversteuerung Rechnung (→ Rn. 423).

49 *Einstweilen frei*

50 **b) Europarecht.** Die Regelung ist **europarechtskonform.** In der Besteuerung nach § 17 liegt weder eine Beschränkung der Kapitalverkehrsfreiheit noch der Niederlassungsfreiheit. Rechtsprechung des EuGH zu § 17 liegt nicht vor. Vertragsverletzungsverfahren gegen die Bundesrepublik Deutschland sind nicht anhängig.

51 *Einstweilen frei*

4. Zeitlicher Anwendungsbereich

§ 52 enthält in Abs. 25a eine Regelung zur Anwendung der Neuregelung des § 17 Abs. 2a (→ § 52 Rn. 162). Im Übrigen findet die Norm nach § 52 Abs. 1 in ihrer (gegenwärtig) 2020 geltenden Fassung auf alle im Veranlagungszeitraum 2020 durchgeführten Veräußerungen Anwendung. 52

Einstweilen frei 53

5. Verhältnis zu anderen Bestimmungen

a) Normen des EStG. aa) § 1. Nach § 1 Abs. 1 S. 1 **unbeschränkt steuerpflichtige Personen,** die im Inland ihren Wohnsitz oder ihren gewöhnlichen Aufenthalt haben, sind mit ihren im In- und Ausland gehaltenen steuerverhafteten Anteilen an Kapitalgesellschaften unbeschränkt steuerpflichtig. Bei Anteilen an ausländischen Gesellschaften sind die Sonderregelungen im jeweiligen DBA zu beachten. 54

Beschränkt steuerpflichtige Personen können nach § 1 Abs. 4, § 49 Abs. 1 Nr. 2 Buchst. e im Inland steuerpflichtig sein. Voraussetzung ist, dass die Kapitalgesellschaft ihren Sitz oder ihre Geschäftsleitung im Inland hat (§ 49 Abs. 1 Nr. 2 Buchst. e Doppelbuchst. aa) oder bei deren Erwerb auf Grund eines Antrags nach § 13 Abs. 2 UmwStG oder § 21 Abs. 2 S. 3 Nr. 2 UmwStG nicht der gemeine Wert der eingebrachten Anteile angesetzt worden war oder auf die § 17 Abs. 2 S. 5 anzuwenden war (§ 49 Abs. 1 Nr. 2 Buchst. e Doppelbuchst. bb). Dabei ist es unerheblich, ob die Anteile an der Kapitalgesellschaft bei dem beschränkt Steuerpflichtigen im Ausland einem Betriebsvermögen oder dem Privatvermögen zugerechnet werden. Hier gilt die isolierende Betrachtungsweise nach § 49 Abs. 2 (KKB/*Deutschländer* § 17 Rn. 383). 55

Im Fall von § 49 Abs. 1 Nr. 2 Buchst. e Doppelbuchst. aa kann die Veräußerung in Inland oder Ausland und an einen inländischen oder ausländischen Erwerber erfolgen. Erfasst werden alle Vorgänge, die § 17 unterfallen, also neben der Veräußerung auch die verdecke Einlage, Auflösung und Kapitalherabsetzung (Schmidt/*Loschelder* § 49 Rn. 49). 56

§ 49 Abs. 1 Nr. 2 Buchst. e Doppelbuchst. bb will eine Nachversteuerung stiller Reserven bei einer späteren Veräußerung durch **Anteilseigner ohne Wohnsitz oder Sitz im Inland** erfassen. Hier besteht nach § 54 Abs. 4 EStDV eine Anzeigepflicht. Erfasste Fälle sind 57

- Buchwertansatz nach Verschmelzung aufgrund eines Antrags nach § 13 Abs. 2 UmwStG,
- Buch- oder Zwischenwertansatz bei qualifiziertem Anteilstausch aufgrund eines Antrags nach § 21 Abs. 2 S. 3 Nr. 2 UmwStG,
- Ausnahme von der Veräußerungsfiktion des § 17 Abs. 5 S. 1 bei Sitzverlegung einer EG-Gesellschaft nach § 17 Abs. 5 S. 2.

Aufgrund der Art. 13 Abs. 5 OECD-MA entsprechenden Regelungen in den meisten **DBA** besteht aber aufgrund der vorrangigen DBA-Regelung das Besteuerungsrecht im Ansässigkeitsstaat des Anteilseigners. Nur in wenigen DBA wird das Besteuerungsrecht dem Staat des Sitzes und/oder der Geschäftsleitung der Kapitalgesellschaft zugeordnet, deren Anteile veräußert werden (Blümich/*Vogt* § 17 Rn. 42). Steuern im Sitzstaat oder Staat der Geschäftsleitung werden nach § 34c Abs. 1 angerechnet (Blümich/*Vogt* § 17 Rn. 42). Häufig sind Rückfallklauseln (subject-to-tax-Klauseln) zu beachten, wonach eine Besteuerung im Quellenstaat erfolgt, wenn der Wohnsitzstaat nicht besteuert. 58

Im Rahmen des „JStG 2018" v. 11.12.2018 (BGBl. 2018 I 2338; vgl. auch BR-Drs. 372/18) wurde in § 49 Abs. 1 Nr. 2 Buchst. e mit Wirkung für alle Veräußerungen nach dem 31.12.2018 ein neuer Doppelbuchst. cc eingefügt. Damit werden Anteile iSd § 17, deren Anteilswert zu irgendeinem Zeitpunkt während der 365 Tage vor der Veräußerung unmittelbar oder mittelbar zu mehr als 50% auf inländischem unbeweglichen Vermögen beruht, im Inland steuerpflichtig (vgl. *Hörster* NWB 2018, 3816 (3824); *Cloer/Hagemann/Lichel/Schmitt* BB 2018, 1686; *Bindl/Leidel* GmbHR 2019, 1 (3 f.)). Die Ermittlung der Quote des inländischen unbeweglichen Vermögens am Gesamtvermögen der betroffenen Kapitalgesellschaft erfolgt anhand der Buchwerte der aktiven Wirtschaftsgüter. Ggf. sind die Buchwerte vom letzten Bilanzstichtag bis zum Übertragungstag fortzuentwickeln. Passiva bleiben außer Ansatz. Die Gewinne werden nur insoweit der Besteuerung unterworfen, soweit ihnen Wertveränderungen zugrunde liegen, die nach dem 31.12.2018 entstehen (§ 52 Abs. 45 S. 1). 58a

59 **bb) § 2.** Da § 17 zu den Einkünften aus Gewerbebetrieb zählt, konkretisiert die Vorschrift den in § 2 Abs. 1 S. 1 Nr. 2 aufgeführten Grundtatbestand der Einkünfte aus Gewerbebetrieb. Die Vorschrift ist damit **Teil der Gewinneinkunftsarten.** Die Vorschrift ordnet allerdings nicht originär § 15 zurechenbare Einkünfte einer gesonderten Norm zu. Vielmehr qualifiziert sie Einkünfte in der privaten Vermögensphäre, die als solche nur nach § 20 Abs. 2 Nr. 1 als Überschusseinkünfte steuerbar wären, den gewerblichen Einkünften und damit den Gewinneinkünften zu. § 17 Abs. 2 S. 6 modifiziert als Missbrauchsverhinderungsnorm den in § 2 Abs. 3 vorgesehenen Verlustausgleich, der grundsätzlich eine Verrechnung positiver und negativer Einkünfte vorsieht. Nur unter den eingeschränkten Voraussetzungen des § 17 Abs. 2 S. 6 können Verluste unbeschränkt verrechnet werden.

60 Es stellt sich die Frage, ob Einkünfte iSd § 17 wegen **Liebhaberei** mangels Gewinnerzielungsabsicht steuerlich unbeachtlich sein können. Für die Steuerbarkeit der Einkünfte gelten die Anforderungen des § 2 Abs. 1 (BFH 4.11.1992 – X R 33/90, BStBl. II 1993, 292). Deshalb unterliegen Einkünfte iSd § 17 nur dann nach dieser Norm der Einkommensteuer, wenn die Anteile mit Gewinnerzielungsabsicht erworben und gehalten werden (BFH 29.6.1995 – VIII R 68/93, BStBl. II 1995, 722; HHR/*Schmidt* § 17 Rn. 60; Bordewin/Brandt/*Oellerich* § 17 Rn. 103; DPM/*Pung* § 17 Rn. 51). Bereits die Absicht, (ggf. verdeckte) Gewinnausschüttungen zu erhalten, reicht für die Annahme einer steuerbaren Tätigkeit aus. Die Länge der Haltefrist ist hingegen unerheblich (BFH 2.5.2001 – VIII R 32/00, BStBl. II 2001, 868). Ist hingegen mit einer Ausschüttung und einer Wertsteigerung nicht zu rechnen und sind rein persönliche Gründe für die Beteiligung (zB Verwirklichung eines Hobbies) für ursächlich, fehlt es hinsichtlich der Beteiligung an einer Gewinnerzielungsabsicht.

61 Unerheblich ist für die Frage der Einkünfteerzielungsabsicht auf der Gesellschafterebene, die § 17 betrifft, ob die GmbH auf der Gesellschaftsebene selbst eine **„private oder hobbymäßige" Tätigkeit** ausübt (zB eine Segelyacht unterhält). Denn § 17 erfasst allein die Einkünfte des Gesellschafters aus der Veräußerung oder Liquidation von Anteilen. Die Einordnung einer Tätigkeit auf der Ebene der Kapitalgesellschaft spielt dafür keine Rolle (zur Frage der Gewinnerzielungsabsicht auf Ebene der GmbH DPM/*Pung* § 17 Rn. 51; *Renner* DStZ 2014, 453 (457 f.); *Briese* FR 2014, 1001; *Weber-Grellet* BB 2014, 2263 (2264 ff.)).

62 *Einstweilen frei*

63 **cc) § 2a.** § 2a Abs. 1 S. 1 Nr. 4 regelt, dass **negative Einkünfte** in den Fällen des § 17 bei einem Anteil an einer Kapitalgesellschaft, die weder ihre Geschäftsleitung noch ihren Sitz im Inland hat, grundsätzlich nur mit positiven Einkünften derselben Art aus demselben Staat ausgeglichen und nicht nach § 10d abgezogen werden dürfen. Dies ist allerdings anders, wenn seitens des Steuerpflichtigen nachgewiesen wird, dass die negativen Einkünfte aus einer qualifizierten Betriebsstätte der Körperschaft im Ausland stammen (§ 2a Abs. 2 S. 1; Blümich/*Vogt* § 17 Rn. 789; auch BFH 29.5.2001 – VIII R 43/00, BFH/NV 2002, 14).

64 **dd) § 3 Nr. 40.** Die Einkünfte aus § 17 nehmen nach § 3 Nr. 40 Buchst. c am **Teileinkünfteverfahren** teil. Anschaffungskosten, Veräußerungskosten und Veräußerungspreis werden daher nur zu 60% steuerlich berücksichtigt. Gleiches gilt im Rahmen der Ermittlung des Auflösungsgewinns oder Verlusts nach § 17 Abs. 4.

65 *Einstweilen frei*

66 **ee) § 3 Nr. 71.** Für die Anschaffung von Anteilen können Gesellschafter einer GmbH einen Zuschuss auf der Grundlage der Richtlinie zur Bezuschussung von **Wagniskapital** privater Investoren für junge innovative Unternehmen (INVEST) beantragen. Die Förderhöhe beträgt 20% der investierten Summe, wobei die Investitionssumme mindestens 10.000 EUR pro Investor und Jahr betragen muss. Die Förderobergrenze der Investition beträgt 250.000 EUR. Der Zuschuss wird nach § 3 Nr. 71 steuerfrei gestellt, allerdings nicht vollständig. Die Steuerfreistellung erstreckt sich dabei auf max. 20% von 250.000 EUR, also 50.000 EUR. Die Begrenzung ist pro Förderung zu verstehen, da eine Förderung von mehreren Investitionen über eine GmbH auch zulässig ist.

67 Zu den Anforderungen → § 3 Nr. 71 Rn. 1.

68 **ff) § 3c.** Da im Rahmen des § 17 nach § 3 Nr. 40 Buchst. c das Teileinkünfteverfahren sowohl im Gewinn- als auch im Verlustfall Anwendung findet, ist hinsichtlich der mit der

Anteilsveräußerung oder Liquidation zusammenhängenden Kosten § 3c einschlägig. Auch Verluste sind nur zu 60% abziehbar. Dies gilt auch bei **einnahmelosen Beteiligungen,** also Beteiligungen, bei denen keine Ausschüttungen erfolgt waren und auch kein Veräußerungs- oder Liquidationserlös erzielt wird (→ § 3c Rn. 144).

gg) § 4 Abs. 1, § 5. Anteile im Betriebsvermögen unterfallen § 4 Abs. 1, § 5. Der Gewinn aus der Veräußerung oder Liquidation gehört zu den gewerblichen Einkünften. § 17 ist in diesem Fall nicht einschlägig. Dies gilt sowohl für den Fall der Zugehörigkeit zum Betriebsvermögen eines Einzelunternehmens als auch für das Betriebsvermögen einer gewerblichen Personengesellschaft. 69

§ 17 Abs. 1 S. 2 (→ Rn. 366) stellt klar, dass auch der als verdeckte Einlage in eine andere Kapitalgesellschaft erfolgte Einlagevorgang als Veräußerung iSv § 17 Abs. 1 Satz 1 gilt. Nach § 17 Abs. 2 Satz 2 ist die Einlage mit dem gemeinen Wert der verdeckt eingelegten Anteile anzusetzen. Damit sind dort Sonderregelungen enthalten, die dem allgemeinen Einlagebegriff in § 4 Abs. 1 Satz 5 und § 6 Abs. 1 Nr. 5 Buchst. b vorgehen. 70

Einstweilen frei 71

hh) § 6 Abs. 1 Nr. 5 Buchst. b. Die **offene Einlage** von Anteilen in das Betriebsvermögen nach § 6 Abs. 1 Nr. 5 S. 1 Buchst. b ist vom Fall der verdeckten Einlage in eine andere Kapitalgesellschaft nach § 17 Abs. 1 S. 2 zu unterscheiden. Die offene Einlage, also die Kapitalerhöhung mittels einer Sacheinlage, stellt keine Veräußerung dar (KSM/*Schneider* § 17 Rn. A57; *Deutschländer,* NWB 2020 1075 (1083)). Anders ist dies im Fall der verdeckten Einlage nach § 17 Abs. 1 S. 2. 72

Nach der Regelung des § 6 Abs. 1 Nr. 5 S. 1 Hs. 2 Buchst. b werden im Fall der offenen Einlage die Anteile an einer Kapitalgesellschaft höchstens mit den **Anschaffungskosten** angesetzt, wenn die Voraussetzungen einer Beteiligung nach § 17 Abs. 1 oder § 17 Abs. 6 gegeben sind. Das gilt auch dann, wenn nicht die gesamte Beteiligung eingelegt wird, sondern nur ein Teil einer Beteiligung, solange die Höhe der Gesamtbeteiligung über 1% liegt (Korn/*Strahl* § 6 Rn. 421). Die Einlage einer wertgeminderten Beteiligung iSd § 17 ist ebenfalls danach mit den Anschaffungskosten und nicht mit dem Teilwert zu bewerten (BFH 29.11.2017 – X R 8/16, BStBl. II 2018, 426; H 17 (8) „Einlage einer wertgeminderten Beteiligung" EStR; *Dorn* NWB 2018, 1882; *Schießl* StuB 2018, 381). Ein Ansatz der Einlage mit den Anschaffungskosten erfolgt auch dann, wenn der Steuerpflichtige zwar nicht mehr im Zeitpunkt der Einlage, aber innerhalb der letzten fünf Jahre iSd § 17 beteiligt war. Es gilt die veranlagungszeitraumbezogene Betrachtungsweise, dh für die Frage, ob die Beteiligung die Relevanzschwelle des § 17 überschreitet, ist auf die im Zeitpunkt der Einlage maßgebliche Rechtslage abzustellen (BFH 5.6.2008 – IV R 73/05, BStBl. II 2005, 965). Im Fall des unentgeltlichen Erwerbs innerhalb der letzten fünf Jahre sind die Anschaffungskosten des Rechtsvorgängers entscheidend, der den Anteil zuletzt entgeltlich erworben hat. Dies wird durch den Verweis auf § 17 Abs. 2 Satz 3 geregelt. 73

Die Regelung des § 6 Abs. 1 Nr. 5 S. 1 Buchst. b hat damit zum Ziel, zu verhindern, dass die Besteuerung einer Anteilsveräußerung vermieden wird, indem die Anteile zunächst in ein Betriebsvermögen eingelegt und später aus dem Betriebsvermögen heraus veräußert werden (Korn/*Strahl* § 6 Rn. 421). Durch die Bewertung der Einlage mit den Anschaffungskosten werden die im Privatvermögen entstandenen Wertsteigerungen im Betriebsvermögen steuerverhaftet, während eine Einlage zum Teilwert diese Wertsteigerungen nicht steuerbar machen würde (*Dorn* NWB 2018, 1882 (1885)). Vor diesem Hintergrund ist es folgerichtig, auch im Fall der Einlage einer wertgeminderten Beteiligung eine Bewertung mit den Anschaffungskosten vorzunehmen, um die im steuerverstrickten Privatvermögen eingetretenen, aber noch nicht realisierten Wertveränderungen ertragsteuerlich zu berücksichtigen (*Schießl* StuB 2018, 318 (383)). Die Einlage mit den Anschaffungskosten gilt für wertgeminderte Forderungen aus Gesellschafterdarlehen entsprechend, wenn sich diese Forderungen auch im Rahmen des § 17 (zB bei Verkauf der Beteiligung) ausgewirkt hätten (BFH 29.11.2017 – X R 8/16, BStBl. II 2018, 426). In diesem Fall ist der Einlagewert nicht der Teilwert der Forderung, sondern derjenige Wert, mit dem die Forderung in den Fällen des § 17 als nachträgliche Anschaffungskosten zu berücksichtigen wäre. In der Folge der Abschaffung des Eigenkapitalersatzrechts durch das MoMiG finden diese Rechtsprechungsgrundsätze allerdings nur noch Anwendung auf Sachverhalte, die bis zum 27.9.2017 verwirklicht werden (BFH 11.7.2017 – IX R 36/15, DStR 2017, 2098; *Dorn* NWB 2018, 1882). 73.1

74 **ii) § 6 Abs. 6.** Erfolgt nach § 6 Abs. 6 S. 1 (→ § 6 Rn. 3012) ein **Tausch** von Anteilen an einer Kapitalgesellschaft im Privatvermögen gegen andere Anteile an einer Kapitalgesellschaft im Privatvermögen, liegt mit dem Tausch ein entgeltlicher Vorgang und damit eine Veräußerung nach § 17 Abs. 1 S. 1 vor. § 6 Abs. 6 S. 1 braucht nicht analog angewandt zu werden (LBP/*Rapp* § 17 Rn. 23; KKB/*Deutschländer* § 17 Rn. 69). Die verdeckte Einlage von Anteilen in die Kapitalgesellschaft hat nach § 6 Abs. 6 S. 2 den Ansatz mit dem gemeinen Wert zur Folge (vgl. zu den ertragsteuerlichen Folgen näher *Dorn* Ubg 2018, 636). In dieser Höhe ist die Zuführung zur Kapitalrücklage (§ 272 Abs. 2 Nr. 4 HGB) zu buchen.

75 *Einstweilen frei*

76 **jj) § 8.** § 8 findet nur auf Einkünfte iSd § 2 Abs. 1 S. 1 Nr. 4–7 Anwendung, die dem Steuerpflichtigen „zufließen" (→ § 8 Rn. 80). Dazu gehören die Einkünfte nach § 17 nicht. Einnahme bei § 17 ist der Veräußerungspreis, der sowohl in Geld als auch in Sachwerten erfolgen kann.

77 **kk) § 10 Abs. 1a Nr. 2.** Nach § 10 Abs. 1a Nr. 2 können auf besonderen Verpflichtungsgründen beruhende **Versorgungsleistungen** als Sonderausgaben abzugsfähig sein, sofern sie nicht mit Einkünften in wirtschaftlichem Zusammenhang stehen, die bei der Veranlagung außer Betracht bleiben (→ § 10 Rn. 347). Dies gilt nach § 10 Abs. 1a Nr. 2 Buchst. c bei der Übertragung von GmbH-Anteilen im Wege der vorweggenommenen Erbfolge nur dann, wenn mindestens 50% der Anteile an der GmbH übertragen werden, der Übergeber als Geschäftsführer tätig war und der Übernehmer diese Tätigkeit nach der Übertragung übernimmt (→ Rn. 372; BMF 11.3.2010, BStBl. I 2010, 227 Rn. 15 ff. „IV. Rentenerlass"; siehe auch BFH 20.3.2017 – X R 35/16, BStBl. II 2017, 985; *Hänsch/Wessels* NWB 2017, 3334).

78 § 10 Abs. 1a Nr. 2 Buchst. c findet nur im Fall der unentgeltlichen Übertragung gegen Versorgungsleistungen Anwendung (→ § 10 Rn. 352). Bei entgeltlichen oder teilentgeltlichen Übertragungen gegen wiederkehrende Leistungen, die von § 17 erfasst werden, ist die Norm nicht einschlägig. Bei der Gestaltung von vorweggenommenen Erbfolgen muss die og Rechtsprechung und Weisungslage der Finanzverwaltung unbedingt beachtet werden. Die Nichtanwendbarkeit des § 10 Abs. 1a Nr. 2 führt idR zur Beurteilung der Anteilsübertragung als teilentgeltliches Veräußerungsgeschäft (*Korn/Strahl* NWB 2017, 3841 (3847); BMF 11.3.2010, BStBl. I 2010, 227 Rn. 21).

79 **ll) § 11.** Das Zufluss- und Abflussprinzip des § 11 wird durch das Stichtagsprinzip des § 17 durchbrochen. Entscheidend für den Zeitpunkt der steuerlichen Erfassung ist allein der Übergang des wirtschaftlichen Eigentums an den Anteilen an der Kapitalgesellschaft. Auf den Zufluss des Veräußerungserlöses kommt es nicht an.

80 **mm) § 15.** § 17 enthält eine (nicht lediglich deklaratorische, sondern konstitutive) Fiktion. Der im Privatvermögen erzielte Veräußerungsgewinn „gehört" zu den Einkünften aus Kapitalvermögen. Ohne die Regelung eigentlich dem Privatbereich zugehörende Einkünfte werden durch § 17 den **gewerblichen Einkünften** zugeordnet. Die Regelung belässt die Anteile und damit die steuerbare Vermögenssubstanz im Privatvermögen. Befinden sich die Anteile in einem originären oder durch Abfärbung/gewerbliche Prägung herbeigeführten Betriebsvermögen, ist § 15 einschlägig. Allein durch die bloße Hingabe von Gesellschafterdarlehen wird kein Betriebsvermögen begründet (BFH 9.7.2019 – X R 9/17, DStR 2019, 2626).

81 Die Fiktion des § 17 gilt aber nur für die Einkommensteuer. Die Zuordnung zu den gewerblichen Einkünften führt nicht dazu, dass ein steuerbarer Gewerbeertrag iSd GewStG vorliegt. Denn die Voraussetzungen eines Gewerbebetriebs iS von § 2 GewStG liegen nicht vor. Gewerbesteuer fällt auf den Gewinn nach § 17 mangels Steuerbarkeit iS von § 1 GewStG daher nicht an.

82 **nn) § 16.** § 17 ergänzt die Regelung des § 16, der die einkommensteuerbare Veräußerung von Betrieben, Teilbetrieben, Mitunternehmeranteilen und **100%igen Beteiligungen** in einem Betriebsvermögen regelt. § 17 gilt auch für 100%ige Beteiligungen, soweit sie sich im Privatvermögen befinden. § 16 Abs. 1 Nr. 1 S. 2 findet hingegen auf 100%ige Beteiligungen in einem Betriebsvermögen Anwendung (→ § 16 Rn. 606). Letzteres gilt auch für Beteiligungen in einem gewillkürten Betriebsvermögen.

oo) § 19. Bei der Abgrenzung der Vorschrift des § 17 zu den Einkünften aus nichtselbständiger Arbeit in § 19 stellen sich zwei Fragen: Behandlung von Anteilsübertragungen an Arbeitnehmer der Gesellschaft und Einordnung von Leistungen eines Gesellschafter-Geschäftsführers. 83

Die **verbilligte Übertragung von Anteilen** vom Gesellschafter an Arbeitnehmer der Kapitalgesellschaft führt beim Gesellschafter zu einer (vollentgeltlichen) Übertragung nach § 17. Die Gegenleistung besteht in Geld und Arbeitsleistung. Voraussetzung ist, dass sich die Zuwendung des geldwerten Vorteils in Gestalt des verbilligten Erwerbs des Anteils für den Arbeitnehmer als „Frucht seiner Arbeit" darstellt und in Zusammenhang mit dem Arbeitsverhältnis steht (BFH 28.2.2013 – VI R 58/11, BStBl. II 2013, 642; *Deutschländer* NWB 2020, 1075 (1081)). Beim Arbeitnehmer als Anteilserwerber ist neben dem Kaufpreis auch der Wert seiner Arbeitskraft (geldwerter Vorteil) als Anschaffungskosten (§ 17 Abs. 2a) zu berücksichtigen (BFH 26.6.2014 – VI R 94/13, BStBl. II 2014, 864). 84

Leistungen eines Gesellschafters, der gleichzeitig als **Arbeitnehmer bei der Gesellschaft** angestellt ist, können durch seine Gesellschafterstellung oder durch seine Arbeitnehmerstellung veranlasst sein. Praxisrelevant ist die Frage regelmäßig bei Gesellschafter-Geschäftsführern. Normale Arbeitnehmer mit Belegschaftsaktien werden nur selten die Beteiligungsgrenze des § 17 Abs. 1 überschreiten. Die Frage, ob die Aufwendungen § 17 oder § 19 zuzuordnen sind, wird auch dann relevant, weil bei einem Gesellschafter-Geschäftsführer der Ausfall von Finanzierungshilfen sowohl im Rahmen von § 17 als nachträgliche Anschaffungskosten als auch im Rahmen von § 19 als nachträgliche Werbungskosten zu berücksichtigen sein kann. Stehen Aufwendungen mit mehreren Einkunftsarten in einem objektiven Zusammenhang, so sind sie bei der Einkunftsart zu berücksichtigen, zu der sie aufgrund eines unmittelbaren oder mittelbaren Veranlassungszusammenhangs die nähere Beziehung haben. Ist der Arbeitnehmer zugleich als Gesellschafter an seiner Arbeitgeberin (Kapitalgesellschaft) beteiligt, spricht umso mehr für einen Zusammenhang mit der Beteiligung und nicht mit dem Arbeitsverhältnis, je höher die **Beteiligung** des Gesellschafter-Geschäftsführers ist (BFH 17.7.1992 – VI R 125/88, BStBl. II 1993, 111; BFH 3.9. 2015 – VI R 58/13, BStBl. II 2016, 305). Denn ein fremder, nicht mit dem Arbeitgeber durch eine Kapitalbeteiligung verbundener Arbeitnehmer wird nur in Ausnahmefällen bereit sein, zu Gunsten seines offenbar gefährdeten Arbeitsplatzes das Risiko einer Bürgschaft zu übernehmen. 85

Feste Beteiligungsgrenzen gelten für die Abgrenzung nicht. Jedenfalls bei einem **beherrschenden Gesellschafter** ist eine Kredithingabe/Bürgschaft regelmäßig durch das Gesellschaftsverhältnis veranlasst. Umgekehrt bedeutet dies, dass bei einem an der Gesellschaft in nur sehr geringem Umfang beteiligten Arbeitnehmer, der eine Bürgschaft für seinen Arbeitgeber übernimmt, dies ein (erhebliches) Indiz dafür darstellt, dass die Bürgschaftsübernahme durch das Arbeitsverhältnis veranlasst ist. Ist der Arbeitnehmer an der Gesellschaft überhaupt nicht beteiligt und werden durch die Bürgschaftsübernahme – anders als etwa bei einem dem Arbeitgeber gewährten verzinslichen Darlehen – keine weiteren Einkünfte erzielt, will der Arbeitnehmer in erster Linie seine Einkünfte aus nichtselbständiger Arbeit sichern. Die Aufwendungen sind dann bei § 19 berücksichtigungsfähig (BFH 16.2.2017 – VI B 65/16, BFH/NV 2017, 734; LBP/*Rapp* § 17 Rn. 181; vgl. zur Abgrenzung → § 19 Rn. 488; → § 19 Rn. 498). 85.1

pp) § 20. § 17 betrifft die Veräußerung von im Privatvermögen gehaltenen Anteilen, § 20 betrifft die Behandlung von offenen und verdeckten Gewinnausschüttungen von Anteilen im Privatvermögen sowie von Veräußerungsgewinnen aus Beteiligungen unterhalb der Relevanzgrenze des § 17. Die gesetzlichen Regelungen ergänzen sich daher gegenseitig, indem sie in ihrem Zusammenwirken Veräußerungsgewinne aus Anteilen an Kapitalgesellschaften vollumfänglich der Besteuerung unterwerfen. 86

Liegt die **Beteiligung unter der Relevanzgrenze von 1%,** ist § 20 Abs. 2 S. 1 Nr. 1 einschlägig, Das Konkurrenzverhältnis bestimmt sich nach § 20 Abs. 8, dh § 17 geht als Gewinneinkunftsart bei Vorliegen der Voraussetzungen beider Regelungen vor (→ § 20 Rn. 10). Die Abgrenzung erfolgt anhand der Beteiligungshöhe am Nennkapital. Liegt die **Beteiligung bei 1% und mehr,** ist § 17 einschlägig. § 17 regelt aber nur die Realisierung des Werts der Beteiligung als solcher. Ist Gegenstand der Besteuerung nur die Wertentwicklung des Darlehens, ist § 20 Abs. 2 Nr. 7 einschlägig (*Jachmann-Michel* jM 2020, 27(28)). 87

87.1 Das Gleiche gilt beim Ausfall von Gesellschafterdarlehen. Liegt die Beteiligung unter 1%, ist § 20 Abs. 2 Nr. 7, Abs. 6 einschlägig. Der Verlust kann nur bis zu einer Grenze von 10.000 EUR pro Jahr mit Einkünften aus Kapitalvermögen verrechnet werden. Bei einer Beteiligung von 1% oder mehr greift die Regelung des § 17 Abs. 2a, soweit das Darlehen nach dieser Regelung gesellschaftsrechtlich veranlasst ist (*Geiger-Schaaf* Ubg 2020, 132 (139)). Liegen daher nachträgliche Anschaffungskosten iSd § 17 Abs. 2a vor, kommt eine Berücksichtigung der betreffenden Aufwendungen nach § 20 Abs. 2 aufgrund der Subsidiaritätsklausel in § 20 Abs. 8 nicht in Betracht (*Graw* DB 2020, 690 (696); aA *Rand/Junkers* GmbHR 2020, 355 (359)). Ein Wahlrecht existiert nicht. Eine Aufteilung eines einheitlichen Darlehens (Berücksichtigung teilweise bei § 17, teilweise bei § 20) kommt nicht in Betracht. Insoweit entfaltet wegen § 20 Abs. 8 die Regelung des § 17 Abs. 2a „Sogwirkung". Eine Berücksichtigung bei § 20 Abs. 2 Nr. 7 ist bei einem mit 1% oder mehr beteiligten Gesellschafter daher nur möglich, wenn das Darlehen/die Bürgschaft nicht gesellschaftsrechtlich veranlasst ist (*Graw* DB 2020, 690 (697); *Ott* DStZ 2020, 189 (199)).

88 Im Rahmen einer **Liquidation** und **Kapitalherabsetzung** werden sowohl Einkünfte aus § 20 als auch Einkünfte aus § 17 Abs. 4 erzielt (HHR/*Eilers/R. Schmidt* § 17 Rn. 35). In diesem Fall ist aufgrund von § 17 Abs. 4 S. 3 eine Unterscheidung nötig zwischen

- steuerbaren Gewinnausschüttungen (§ 20 Abs. 1 Nr. 1 Sätze 1 und 2) und zwar sowohl in Gestalt der offenen als auch der verdeckten Gewinnausschüttung,
- nicht steuerbarer Einlagenrückgewähr aus dem stl. Einlagekonto iSv § 27 Abs. 1 S. 1 KStG (§ 20 Abs. 1 Nr. 2),
- Veräußerungspreis oder Liquidationsraten (§ 17 Abs. 4).

Eine nicht steuerbare Einlagenrückgewähr aus dem steuerlichen Einlagekonto führt zwar nicht zu steuerbaren Einkünften aus Kapitalvermögen, vermindert aber die steuerlich maßgeblichen Anschaffungskosten iS des § 17 und löst den Besteuerungstatbestand des § 17 Abs. 4 Satz 2 aus.

89 Wird an den Gesellschafter seitens der Kapitalgesellschaft ein überhöhter Preis für die Veräußerung eines Anteils gezahlt, stellt dies in Höhe des unangemessenen Preises eine verdeckte Gewinnausschüttung dar und ist damit nach § 20 Abs. 1 Nr. 1 S. 2 als Kapitalertrag zu versteuern (dazu näher → § 20 Rn. 593 ff.; HHR/*Eilers/R. Schmidt* § 17 Rn. 35).

90 Von besonderer Bedeutung ist das Verhältnis zu § 20 Abs. 4a. Bei nicht relevant beteiligten Gesellschaftern (Anteil < 1%), die ihre Anteile im Privatvermögen halten, verdrängt § 20 Abs. 4a als speziellere Norm im Fall der Verschmelzung § 13 UmwStG, im Fall der Auf- und Abspaltung § 15 UmwStG iVm § 13 UmwStG sowie die Regelungen zum Anteilstausch (§ 21 UmwStG; dazu näher RHL/*Trossen* UmwStG Anhang 11 Rn. 84). Erhält der Steuerpflichtige neben den neuen Anteilen für die eingetauschten Anteile noch eine Barzahlung, stellt die Barzahlung in voller Höhe einen steuerbaren Kapitalertrag iSd § 20 Abs. 2 S. 1 Nr. 1 dar (§ 20 Abs. 4a S. 2). Nach § 20 Abs. 4a S. 6 ist der Zeitpunkt der Wirksamkeit der in § 20 Abs. 4a S. 1 bis 3 bezeichneten Maßnahmen der Zeitpunkt der Einbuchung in das Depot des Steuerpflichtigen (dazu näher RHL/*Trossen* UmwStG Anhang 11 Rn. 102, 104).

91 Aufwendungen des Gesellschafters einer Kapitalgesellschaft (zB aufgrund eines fremdfinanzierten Anteilserwerbs) sind – vorbehaltlich der Option zur Anwendung des Teileinkünfteverfahrens – nach § 20 Abs. 9 nicht abzugsfähig. Dies gilt bei einer Auflösung nach 2009 (aA KKB/*Deutschländer* § 17 Rn. 234).

92 *Einstweilen frei*

93 **qq) § 22 Nr. 2, § 23.** § 17 geht § 23 vor (§ 23 Abs. 2). § 23 greift daher nur bei Anteilen an Kapitalgesellschaften unter 1%. Dies folgt auch aus der **Subsidiaritätsklausel** in § 23 Abs. 2, wonach Einkünfte aus § 22 Nr. 2, § 23 hinter andere Einkünfte zurücktreten. Da die Veräußerung von Anteilen an Kapitalgesellschaften unter 1% von § 20 Abs. 2 S. 1 Nr. 1 erfasst wird, gehen auch diese Einkünfte den Einkünften aus § 22 Nr. 2, § 23 vor. § 17 greift hingegen bei Anteilen von 1% und mehr im Privatvermögen (→ § 23 Rn. 70). Zudem kommt im Fall des § 17 das Teileinkünfteverfahren (§ 3 Nr. 40 Satz 1 Buchst. c) zur Anwendung.

94 Der Vorrang des § 17 vor § 23 führt auch dazu, dass Veräußerungs- und Liquidationsverluste voll **ausgleichsfähig** und **verrechenbar** sind, während dies nach § 23 Abs. 3 Sätze 7 und 8 (→ § 23 Rn. 345 ff.) bei Spekulationseinkünften nicht der Fall ist.

95 **rr) § 32d.** Gewinne und Verluste nach § 17 werden nicht von der Abgeltungsteuer erfasst. Denn gewerbliche Einkünfte sind von der Abgeltungsteuer ausgenommen (§ 20 Abs. 8; → § 20 Rn. 1405).

Allerdings gehören Gewinne aus der Veräußerung von Anteilen unter 1% nach § 20 Abs. 2 S. 1 Nr. 1 zu den Einkünften aus Kapitalvermögen und unterfallen daher der Abgeltungsteuer. 96

Einstweilen frei 97

ss) § 50i. Als (verbreitetes) **Gestaltungsmodell** wurden zur Vermeidung der Wegzugsbesteuerung Beteiligungen iSd § 17 nach § 6 Abs. 1 Nr. 5 S. 1 Buchst. b steuerneutral nach § 15 Abs. 3 Nr. 1 in gewerblich geprägte Personengesellschaften eingelegt, die über eine feste Geschäftseinrichtung/Betriebsstätte iS des jeweils einschlägigen DBA im Inland verfügten. Nach Durchführung der Einlage erfolgte der Wegzug in das Ausland. Da die Beteiligung Betriebsvermögen der gewerblich geprägten Personengesellschaft geworden war, war diese auch nach dem Wegzug des Gesellschafters weiter der inländischen Betriebsstätte zuzurechnen, mit der der Gesellschafter auch nach seinem Wegzug im Fall der Veräußerung inländische Einkünfte iSd § 49 Abs. 1 Nr. 2 Buchst. a erzielt hätte. Danach ist der Veräußerungsgewinn nach § 1 Abs. 4 beschränkt steuerpflichtig. Abkommensrechtlich bestand weiterhin ein Besteuerungsrecht an den Anteilen (Art. 5, Art. 7, Abs. 13 Abs. 2 OECD-MA). Diese sind weiterhin steuerverstrickt (KKB/*Deutschländer* § 17 Rn. 397). Allerdings vertrat der BFH die Auffassung, dass die Personengesellschaft einen originären Gewerbebetrieb unterhalten müsse (BFH 28.4.2010 – I R 81/09, BFH/NV 2010, 1550; auch BMF 26.9.2014, BStBl. I 2014, 1258). § 50i verhindert, dass ein Steuerpflichtiger seine Beteiligung steuerneutral in eine gewerblich geprägte oder infizierte Personengesellschaft einbringt und dann in das Ausland verzieht. Nach § 50i Abs. 1 S. 1 ist im Wege eines treaty override geregelt, dass der Gewinn, den ein Steuerpflichtiger, der im Sinne eines DBA im anderen Vertragsstaat ansässig ist, aus der späteren Veräußerung oder Entnahme von Anteilen erzielt, im Rahmen der beschränkten Steuerpflicht zu versteuern ist (§ 1 Abs. 4, § 15 Abs. 3, § 49 Abs. 1 Nr. 2 Buchst. a). Dies gilt dann, wenn Anteile iSd § 17 vor dem 29.6.2013 in das Betriebsvermögen einer Personengesellschaft iSd § 15 Abs. 3 übertragen worden sind und eine Besteuerung der stillen Reserven im Zeitpunkt der Übertragung oder Überführung unterblieben ist (KKB/*Deutschländer* § 17 Rn. 399). 98

tt) § 34. Veräußerungsgewinne nach § 17 unterfallen (anders als Veräußerungsgewinne nach § 16) nicht mehr der **Tarifbegünstigung** nach § 34. Weder die Fünftelungsregelung noch der „halbe" Steuersatz finden daher Anwendung. Dagegen bestehen weder verfassungsrechtliche noch europarechtliche Bedenken (BFH 20.10.2010 – IX R 56/09, BStBl. II 2011, 409). 99

Einstweilen frei 100

b) Regelungen der AO. aa) § 39 AO. Anteile an Kapitalgesellschaften sind nach § 39 Abs. 1 AO dem zivilrechtlichen Eigentümer zuzurechnen. Nach § 39 Abs. 2 Nr. 1 S. 1 AO können die Anteile aber auch dem wirtschaftlichen Eigentümer zuzurechnen sein. 101

Bei einem **Treuhandverhältnis** sind nach § 39 Abs. 2 Nr. 1 S. 2 AO die Anteile dem Treugeber zuzurechnen. In der Praxis sind Treuhandverhältnisse über GmbH-Anteile häufig, nicht zuletzt, um die wahren gesellschaftsrechtlichen Einflussmöglichkeiten gegenüber Dritten nicht offen legen zu müssen. Der Treuhandvertrag über einen GmbH-Anteil bedarf der notariellen Beurkundung (zu den Einzelheiten → Rn. 261). 102

Die Regelung des § 39 Abs. 2 Nr. 2 AO ist nur dann einschlägig, wenn die Anteile an der Kapitalgesellschaft von einer vermögensverwaltenden Personengesellschaft gehalten werden. Dann gilt die Bruchteilsbetrachtung, dh der Gesellschafter der Personengesellschaft wird so behandelt, als wenn er den seiner Beteiligungsquote an der vermögensverwaltenden Personengesellschaft entsprechenden Teil an dem von der Personengesellschaft gehaltenen Kapitalgesellschaftsanteil selbst halten würde. 103

Einstweilen frei 104

bb) § 42 AO. § 42 AO findet neben § 17 uneingeschränkt Anwendung. Der Steuerpflichtige ist allerdings frei, die Anteilsveräußerung möglichst steuergünstig zu gestalten. Denn die Ersparnis von Steuern macht eine Gestaltung nicht unangemessen oder missbräuchlich. Dies gilt sowohl hinsichtlich 105

- des **Zeitpunkts der Veräußerung** (etwa vor einer Erhöhung des Steuersatzes oder einer Veränderung der die Steuerbarkeit begründenden Umstände; BFH 29.5.2008 – IX R 77/06, BStBl. II 2008, 789 und BFH 9.10.2008 – IX R 73/06, BStBl. II 2009, 140),
- des **Umfangs der veräußerten Anteile** (etwa vor Stellen eines Antrags auf Eröffnung des Insolvenzverfahrens, um einen Auflösungsverlust geltend machen zu können),
- des **Kaufpreises** (nach Maßgabe der Abgrenzung zwischen unentgeltlicher, teilentgeltlicher und vollentgeltlicher Übertragung) als auch
- der **Person des Veräußerers** (fremder Dritter, naher Angehöriger).

Denn der **Höhe der Beteiligungsquote** und der **Dauer der Steuerverstrickung** der Anteile liegen Entscheidungen des Gesetzgebers zugrunde, die über § 42 AO nicht korrigiert werden dürfen. Reduziert ein Steuerpflichtiger daher seine Beteiligung, um unter 1% zu kommen und damit über die Fünf-Jahres-Frist der Steuerbarkeit zu entkommen (zB durch Veräußerung oder Nichtteilnahme an einer Kapitalerhöhung), liegt darin kein Missbrauch an Gestaltungsmöglichkeiten.

106 In einer Vielzahl von Entscheidungen haben allerdings der BFH und die FGe Anteilsübertragungen als Missbrauch eingeordnet, wenn sie allein dem Ziel dienen, diese der steuerlichen Verstrickung beim Anteilsinhaber zu entziehen (BFH 28.1.1972 – VIII R 4/66, BStBl. II 1972, 322; BFH 14.6.2005 – VIII R 37/03, DStRE 2006, 117). Dies ist etwa der Fall, wenn der Gesellschafter sich durch Begründung einer bindenden Veräußerungs- und Rückerwerbsverpflichtung bereits im Zeitpunkt der Reduzierung der Anteilsquote den Rückerwerb der Anteile sichert (BFH 27.1.1977 – IV R 46/76, BStBl. II 1977, 754).

107 Allerdings liegt kein Missbrauch von Gestaltungsmöglichkeiten vor, wenn Anteile an nahe Angehörige verschenkt werden und diese die Anteile – unter Ausnutzung ihrer niedrigeren Steuersätze – veräußern (BFH 17.4.2018 – IX R 19/17, BFH/NV 2018, 1081; *Binnewies/Zapf* GmbHR 2017, 1257). Zwar kann der zeitliche Zusammenhang zwischen Schenkung und Veräußerung ein Indiz unter mehreren für einen Missbrauch von Gestaltungsmöglichkeiten darstellen (BFH 28.1.1972 – VIII R 4/66, BStBl. II 1972, 322). Gleiches gilt, wenn die Verkaufsverhandlungen im Zeitpunkt der Schenkung bereits abgeschlossen sind. Allein ein enger zeitlicher Zusammenhang zwischen Schenkung und Veräußerung reicht jedoch für die Annahme eines Gestaltungsmissbrauchs nicht aus.

108 Ein **unangemessen hoher Kaufpreis** ist kein Gestaltungsmissbrauch und daher nicht über eine Angemessenheitsfiktion zu korrigieren, sondern ist eher als (teilweise) Schenkung und damit Aufteilung in einen entgeltlichen und einen unentgeltlichen Teil einzuordnen (HHR/*Eilers/Schmidt* § 17 Rn. 172). Die Zwischenschaltung von funktionslosen Briefkastengesellschaften oder vergleichbaren Konstruktionen fällt unter § 42 AO.

109 Die sog. **Anteilsrotation** stellt keinen Missbrauch rechtlicher Gestaltungsmöglichkeiten dar (BFH 18.7.2001 – I R 48/97, DStR 2001, 1883; *Binnewies* GmbH-StB 2012, 20 (22)). Eine Anteilsrotation liegt vor, wenn der Gesellschafter in zeitlichem Zusammenhang mit der Veräußerung seiner Anteile an der GmbH wiederum Anteile an der GmbH von einem Mitgesellschafter erwirbt (BFH 7.12.2010 – IX R 40/09, BStBl. II 2011, 427).

110 *Einstweilen frei*

111 **cc) § 138 AO.** Beim Erwerb von Anteilen an beschränkt steuerpflichtigen Kapitalgesellschaften iSd § 2 Nr. 1 KStG von 10% bei unmittelbarer und von 25% bei mittelbarer Beteiligung oder bei Anschaffungskosten von mehr als 150.000 EUR besteht nach § 138 Abs. 2 Nr. 3, Abs. 3 AO eine **Meldepflicht** (Blümich/*Vogt* § 17 Rn. 939).

112 **c) Regelungen des KStG. aa) § 8b KStG.** Werden Anteile an Kapitalgesellschaften von Körperschaften veräußert, ist nicht § 17, sondern § 8b KStG einschlägig. Zudem können Körperschaften nach § 8 Abs. 2 KStG ausschließlich gewerbliche Gewinne erzielen; die Beteiligung gehört daher stets zum Betriebsvermögen. Nur soweit die Körperschaft beschränkt steuerpflichtig oder steuerbefreit ist, kann § 17 zur Anwendung kommen. § 8b Abs. 2 S. 1 KStG stellt als innerstaatliche Umsetzungsnorm der Mutter-Tochter-Richtlinie Veräußerungsgewinne von Körperschaften an anderen Körperschaften steuerfrei (vorbehaltlich des 5%igen Ansatzes von nichtabziehbaren Betriebsausgaben nach § 8b Abs. 3 S. 1 KStG).

113 Die Streubesitzdividendenregelung in § 8b Abs. 4 KStG gilt (noch) nur für Dividenden und andere Bezüge, nicht für Veräußerungsgewinne.

bb) § 8c KStG. § 8c KStG regelt die **Verlustabzugsbeschränkung bei Körperschaften.** Bei einem Beteiligungserwerb von mehr als 50% kommt es zu einem vollständigen Untergang der nicht genutzten Verluste (§ 8c S. 1 KStG). § 8c KStG findet entsprechend Anwendung auf den Verlustabzug im Rahmen der Gewerbebesteuerung (§ 10a S. 8 GewStG) sowie auf Zinsvorträge im Rahmen der Zinsschranke (§ 8a Abs. 1 S. 3 KStG). 114

Einstweilen frei 115

Beteiligungserwerb iSd § 8c KStG ist die Übertragung des gezeichneten Kapitals, der Mitgliedschaftsrechte, der Beteiligungsrechte oder der Stimmrechte an einer Körperschaft. Als Übertragung gezeichneten Kapitals gelten nach § 8c S. 3 KStG auch Kapitalerhöhungen, soweit diese zu einer Änderung der Beteiligungsquoten am Kapital der Körperschaft führen. § 8c KStG greift also immer dann neben § 17 ein, wenn eine Beteiligung von mehr als 50% entgeltlich übertragen wird. 116

Schädlich ist der Beteiligungserwerb dann, wenn innerhalb von fünf Jahren mittelbar oder unmittelbar mehr als 50% des gezeichneten Kapitals, der Mitgliedschaftsrechte, der Beteiligungsrechte oder der Stimmrechte an einen Erwerber oder diesem nahestehende Personen übertragen werden. Einem Erwerber gleichgestellt ist nach § 8c S. 2 KStG eine Gruppe von Erwerbern mit gleichgerichteten Interessen. 117

Die Betrachtung von nahestehenden Personen und Personen mit gleichgerichteten Interessen als Einheit erfolgt ausschließlich auf Seiten der Erwerber. Ob Veräußerer und Erwerber nahestehende Personen sind oder gleichgerichtete Interessen verfolgen, ist für die Anwendung der Verlustabzugsbeschränkung ohne Belang. 118

§ 8c KStG erfasst sowohl unmittelbare als auch mittelbare Beteiligungserwerbe. Damit kann es auch bei Wechseln im Anteilseignerkreis einer Personengesellschaft, die unmittelbar oder mittelbar Anteile an einer Körperschaft hat, zu einer Verlustabzugsbeschränkung bei dieser Körperschaft kommen. 119

§ 8c hat zahlreiche Ausnahmen: 120

- **Konzernklausel:** Nach § 8c Abs. 1 S. 4 KStG liegt ein schädlicher Beteiligungserwerb nicht vor, wenn an dem übertragenden und an dem übernehmenden Rechtsträger dieselbe Person zu jeweils 100% mittelbar oder unmittelbar beteiligt ist. Dies gilt auch bei Umstrukturierungen, wenn diese innerhalb eines Konzerns vorgenommen werden, an deren Spitze zu 100% eine einzelne Person, Kapitalgesellschaft oder gewerbliche Personengesellschaft steht.
- **Mobilisierung stiller Reserven** (Kürzungsmodell): Bei einer schädlichen Anteilsübertragung iSd § 8c Abs. 1 S. 1 KStG bleiben die Verlustvorträge erhalten, soweit sie durch stille Reserven im Betriebsvermögen der Gesellschaft gedeckt sind (§ 8c Abs. 1 Sätze 5 und 6 KStG). Stille Reserven im Sinne des Satzes 5 sind der Unterschiedsbetrag zwischen dem auf den Beteiligungserwerb entfallenden, in der Steuerbilanz ausgewiesenen Eigenkapital und dem auf dieses Eigenkapital entfallenden gemeinen Wert des anteiligen Beteiligungserwerbs, soweit diese im Inland steuerpflichtig sind. Beteiligungen an Kapitalgesellschaften sind nicht zu berücksichtigen, da Gewinne aus der Veräußerung von Kapitalgesellschaftsanteilen nach § 8b Abs. 2 KStG steuerfrei sind.
- **Sanierungsklausel:** Nach § 8c Abs. 1a Satz 1 KStG ist ein Beteiligungserwerb zum Zweck der Sanierung des Geschäftsbetriebs der Körperschaft unbeachtlich (zur Entwicklung der Sanierungsklausel OFD Nordrhein-Westfalen 20.12.2018, DB 2019, 26).
  Der Gesetzgeber definiert die Sanierung als eine Maßnahme, die darauf gerichtet ist, die Zahlungsunfähigkeit oder Überschuldung zu verhindern oder zu beseitigen und zugleich die wesentlichen Betriebsstrukturen zu erhalten (§ 8c Abs. 1a Satz 2 KStG). Die Erhaltung der wesentlichen Betriebsstrukturen setzt voraus, dass die Körperschaft eine geschlossene Betriebsvereinbarung mit einer Arbeitsplatzregelung befolgt oder die Summe der maßgebenden jährlichen Lohnsummen der Körperschaft innerhalb von fünf Jahren nach dem Beteiligungserwerb 400% der Ausgangslohnsumme (vgl. § 13a Abs. 1 S. 3, Abs. 4 ErbStG) nicht unterschreitet. Alternativ kann der Körperschaft durch Einlagen wesentliches Betriebsvermögen zugeführt werden. Eine wesentliche Betriebsvermögenszuführung liegt vor, wenn der Körperschaft innerhalb von zwölf Monaten nach dem Beteiligungserwerb neues Betriebsvermögen zugeführt wird, das mindestens 25% des in der Steuerbilanz zum Schluss des vorangehenden Wirtschaftsjahrs enthaltenen Aktivvermögens entspricht. Wird nur ein Anteil an der Körperschaft erworben, ist nur der entsprechende Anteil des Aktivver-

mögens zuzuführen. Der Erlass von Verbindlichkeiten durch den Erwerber oder eine diesem nahestehende Person steht der Zuführung neuen Betriebsvermögens gleich, soweit die Verbindlichkeiten werthaltig sind. Leistungen der Kapitalgesellschaft, die innerhalb von drei Jahren nach der Zuführung des neuen Betriebsvermögens erfolgen, mindern den Wert des zugeführten Betriebsvermögens. Keine Sanierung iSd Sanierungsklausel liegt hingegen vor, wenn die Körperschaft ihren Geschäftsbetrieb im Zeitpunkt des Beteiligungserwerbs im Wesentlichen eingestellt hat oder nach dem Beteiligungserwerb ein Branchenwechsel innerhalb eines Zeitraums von fünf Jahren erfolgt.

- **Fortführungsgebundener Verlustvortrag:** § 8d KStG soll Unternehmen, die die Ausnahmeregelungen der Konzernklausel und der stille-Reserven-Klausel nicht nutzen können, auf Antrag den Erhalt bedrohter Verluste ermöglichen, wenn der bestehende Geschäftsbetrieb nach dem schädlichen Anteilseignerwechsel unverändert fortgeführt wird (sog. fortführungsgebundener Verlustvortrag). Altverluste, die aus der Zeit vor einer bereits erfolgten Einstellung oder Ruhendstellung des Geschäftsbetriebs stammen, dürfen in den fortführungsgebundenen Verlustvortrag nicht einbezogen werden. Die Anwendung des § 8d KStG ist an die (kumulative) Erfüllung zahlreicher Voraussetzungen gebunden (dazu Blümich/*Brandis* KStG § 8d Rn. 40 ff.; *Suchanek/Rüsch* Ubg 2016, 576; *Bergmann/Süß* DStR 2016, 2185; *Neumann/Heuser* GmbHR 2017, 281; *Förster/v. Cölln* DStR 2017, 8). Die fünf Jahre sind als Zeitjahre zu verstehen.

121 Bei **mehreren Anteilsübertragungen** ist der Zeitpunkt des schädlichen Beteiligungserwerbs derjenige Zeitpunkt, in dem ein schädlicher Umfang der übertragenen Beteiligung erreicht wird. Mehrere Anteilsübertragungen müssen innerhalb von fünf Jahren erfolgen, um zusammen als schädlicher Beteiligungserwerb iSd § 8c KStG zu gelten. Die fünf Jahre sind als Zeitjahre zu verstehen.

122 § 8c S. 1 KStG aF war vom BVerfG für verfassungswidrig erklärt worden (BVerfG 29.3.2017 – 2 BvL 6/11, BStBl. II 2017, 1082; dazu ua *Kessler/Egelhof/Probst* DStR 2017, 1289; *Dörr/Eggert/Plum* NWB 2017, 2661). In der Folge des „JStG 2018" v. 11.12.2018 (BGBl. 2018 I 2338) ist die Vorschrift für den Zeitraum 1.1.2008 bis 31.12.2015 ersatzlos gestrichen und S. 2 der Vorschrift damit zu S. 1 geworden. Mittlerweile ist ebenfalls ein Verfahren zu § 8c S. 1 KStG nF (früher § 8c S. 2 KStG aF) beim BVerfG anhängig (2 BvL 19/17; FG Hamburg 29.8.2017 – 2 K 245/17, BB 2017, 2581).

123 *Einstweilen frei*

124 **cc) § 12 Abs. 3 KStG.** § 12 Abs. 3 S. 1 KStG regelt, dass im Fall der **Verlegung des Sitzes oder der Geschäftsleitung** einer Körperschaft, die zum Entfallen der unbeschränkten Steuerpflichten in einem EU-/EWR-Staat führt, die Gesellschaft als aufgelöst gilt. Das Gleiche gilt nach S. 2, wenn die Körperschaft aufgrund eines DBA nicht mehr im EU-/EWR-Gebiet als ansässig anzusehen ist. In diesen Fällen kommt es auf Ebene des Gesellschafters zur Besteuerung nach § 17 Abs. 4.

125 **dd) § 13 Abs. 6 KStG.** Nach dem **Entstrickungstatbestand** des § 13 Abs. 6 KStG ist bei Beginn der persönlichen Steuerbefreiung einer bisher steuerpflichtigen Kapitalgesellschaft § 17 auch ohne Veräußerung anzuwenden. Die Vorschrift erweitert damit den Geltungsbereich des § 17 auf Fälle, in denen eine zunächst steuerpflichtige Körperschaft von der Körperschaftsteuer befreit wird, indem eine Veräußerung fingiert wird. Ziel ist es, damit die vor der Steuerbefreiung gebildeten stillen Reserven zu erfassen (Gosch KStG/*Märtens* KStG § 13 Rn. 75; KKB/*Deutschländer* § 17 Rn. 84).

126 *Einstweilen frei*

127 **d) Regelungen des UmwStG. aa) § 5 Abs. 2 UmwStG.** Die Regelungen des UmwStG gehen § 17 als **speziellere Regelungen** vor (§ 1 UmwStG). Sind Anteile iSd § 17 von Umstrukturierungsmaßnahmen betroffen, ist stets zu prüfen, ob und inwieweit der Tatbestand des § 17 durch die spezielleren Regelungen des UmwStG verdrängt wird. Da Umwandlungen iS des UmwStG regelmäßig die Gewährung von Anteilen innewohnt, soweit ein Tausch verwirklicht wird, fallen grundsätzlich alle Umwandlungen unter Beteiligung von Anteilen im Privatvermögen von 1% oder mehr in den Anwendungsbereich des § 17. Dies gilt für die Fälle der (aufnehmenden oder übertragenden) Verschmelzung, des Formwechsels, der Spaltung sowie der Einbringung und des Anteilstauschs.

Nach § 5 Abs. 2 UmwStG gelten Anteile an der übertragenden Körperschaft iSd § 17, die an dem steuerlichen Übertragungsstichtag nicht zu einem Betriebsvermögen eines Gesellschafters der übernehmenden Personengesellschaft oder einer natürlichen Person für die Ermittlung des Gewinns gehören, als an diesem Stichtag in das Betriebsvermögen des übernehmenden Rechtsträgers mit den Anschaffungskosten eingelegt. Die Vorschrift kommt im Fall der Verschmelzung einer Kapitalgesellschaft auf eine Personengesellschaft (§§ 3 ff. UmwStG) oder den Einzelunternehmer (§ 9 UmwStG) zur Anwendung. Das Ergebnis ist die steuerneutrale Umwandlung unter Sicherung der Besteuerung der stillen Reserven bei zukünftigen Verkäufen. 128

bb) § 7 UmwStG. Dem Anteilseigner iSd § 17 ist im Fall der Umwandlung auf eine Personengesellschaft der Teil des in der Steuerbilanz ausgewiesenen Eigenkapitals abzüglich des Bestands des steuerlichen Einlagekontos iSd § 27 KStG, der sich nach Anwendung des § 29 Abs. 1 des Körperschaftsteuergesetzes ergibt, in dem Verhältnis der Anteile zum Nennkapital der übertragenden Körperschaft als Einnahmen aus Kapitalvermögen iSd § 20 Abs. 1 Nr. 1 des Einkommensteuergesetzes zuzurechnen. Dies gilt unabhängig davon, ob für den Anteilseigner ein Übernahmegewinn oder Übernahmeverlust nach § 4 oder § 5 ermittelt wird. 129

cc) § 8 UmwStG. Gehen Anteile iSd § 17 auf eine **vermögensverwaltende Personengesellschaft** (GbR, OHG, KG) über, die kein Betriebsvermögen hat, findet § 17 nach § 8 Abs. 2 UmwStG Anwendung. Allerdings wird die Anwendung von § 17 Abs. 3 ausgeschlossen (RHL/*Trossen* UmwStG § 8 Rn. 33). 130

dd) § 9 UmwStG. Der **Formwechsel** der Kapital- in die Personengesellschaft (§ 190 Abs. 1 UmwG) führt nicht zur Veräußerung nach § 17. Den Gesellschaftern der umgewandelten Kapitalgesellschaft werden in der Folge der Umwandlung gemäß § 7 UmwStG in Höhe des auf sie entfallenden ausschüttbaren Gewinns der Kapitalgesellschaft (Eigenkapital abzüglich Einlagekonto nach Anwendung des § 29 Abs. 1 KStG) Einkünfte aus Kapitalvermögen zugewiesen. Darüber hinaus gelten steuerverstrickte Anteile an der Überträgerin als zu Buchwerten bzw. Anschaffungskosten in die übernehmende Personengesellschaft eingelegt, um das Übernahmeergebnis durch Vergleich des Anteilsbuchwerts mit dem (anteiligen) Buchwert des übernommenen Betriebsvermögens ermitteln zu können (näher RHL/*Birkemeier* UmwStG § 9 Rn. 23) 131

Einstweilen frei 132

ee) § 11, § 13, § 15 UmwStG. Anteile von Gesellschaftern iSd § 17 können Gegenstand einer **Verschmelzung** sein. In diesem Fall gelten nach § 13 Abs. 1 die Anteile an der übertragenden Körperschaft als zum gemeinen Wert veräußert und die Anteile an der übernehmenden Gesellschaft als mit diesem Wert angeschafft. Sinkt die Beteiligungsquote unter 1%, greift § 17 Abs. 6. Verschmelzungsgeborene Anteile gelten nach § 13 Abs. 2 S. 2 unabhängig von der Beteiligungsquote als Anteile iSd § 17. 133

ff) § 21 UmwStG. Anteile iSd § 17 können Gegenstand eines **Anteilstauschs** iSd § 21 sein. Danach sind die eingebrachten Anteile grundsätzlich mit dem gemeinen Wert anzusetzen, es sei denn, es wird vom Wahlrecht zum Buch- oder Zwischenwert Gebrauch gemacht (§ 21 Abs. 1 UmwStG). Der Wert, mit dem die übernehmende Gesellschaft die eingebrachten Anteile ansetzt, gilt für den Einbringenden als Veräußerungspreis der eingebrachten Anteile und als Anschaffungskosten der erhaltenen Anteile (§ 21 Abs. 2 UmwStG). 134

Einstweilen frei 135

e) Sonstige Regelungen. aa) § 2 AStG (Wohnsitzwechsel ins Ausland). Die **erweiterte beschränkte Steuerpflicht** nach § 2 AStG greift auch im Fall des § 17. Eine natürliche Person, die in den letzten zehn Jahren vor dem Ende ihrer unbeschränkten Steuerpflicht nach § 1 Abs. 1 S. 1 als Deutscher insgesamt mindestens fünf Jahre unbeschränkt einkommensteuerpflichtig war und in einem ausländischen Gebiet ansässig ist, in dem sie mit ihrem Einkommen nur einer niedrigen Besteuerung (§ 2 Abs. 2 AStG) unterliegt, oder in keinem ausländischen Gebiet ansässig ist und wesentliche wirtschaftliche Interessen im Geltungsbereich dieses Gesetzes hat, ist bis zum Ablauf von zehn Jahren nach Ende des Jahres, in dem ihre unbeschränkte Steuerpflicht geendet hat, über die beschränkte Steuerpflicht hinaus 136 beschränkt einkommensteuerpflichtig hinsichtlich ihrer relevanten Beteiligung an einer Kapitalgesellschaft. Dies gilt jedenfalls dann, wenn ihre insgesamt beschränkt steuerpflichtigen Einkünfte mehr als 16.500 EUR betragen. Nach § 2 Abs. 3 Nr. 1 AStG hat eine beschränkt steuerpflichtige, ins Ausland verzogene Person noch „wesentliche wirtschaftliche Interessen" iSd § 2 Abs. 1 Nr. 2 AStG im Inland, die eine erweitert beschränkte Steuerpflicht begründen können, wenn ihr eine relevante Beteiligung an einer inländischen Kapitalgesellschaft gehört. Eine Beteiligung iSd § 17 führt daher zur erweiterten beschränkten Steuerpflicht, durch die der Steuerpflichtige mit allen Einkünften iSd § 2 Abs. 1 S. 1 AStG der Einkommensteuer unterfällt, solange es sich nicht um Einkünfte handelt, die bei unbeschränkter Steuerpflicht Einkünfte iSd § 34d sind (Bordewin/Brandt/*Oellerich* § 17 Rn. 76).

137 **bb) § 6 AStG (Besteuerung des Vermögenszuwachses).** Der in § 6 AStG geregelte **Entstrickungstatbestand** erfasst auch Anteile iSd § 17 und erweitert damit den Geltungsbereich. Endet bei einer natürlichen Person, die mindestens zehn Jahre unbeschränkt steuerpflichtig war, die unbeschränkte Einkommensteuerpflicht entweder durch Aufgabe des Wohnsitzes oder durch Aufgabe des gewöhnlichen Aufenthaltes, ist auf die Anteile § 17 auch ohne Veräußerung anzuwenden. Voraussetzung ist, dass für die Anteile zu diesem Zeitpunkt die übrigen Voraussetzungen des § 17 erfüllt sind. Die Vorschrift fingiert dabei keine Anteilsveräußerung. Vielmehr wird die Aufgabe des Wohnsitzes oder des gewöhnlichen Aufenthalts der Veräußerung gleichgestellt (Blümich/*Vogt* § 17 Rn. 106). Dies gilt auch, wenn die Anteile kurz vor dem Wegzug im Wege einer Wertpapierleihe auf einen Dritten übertragen worden sind (FG Schleswig-Holstein 12.9.2019 – 4 K 113/17, EFG 2020, 37, Rev. I R 52/19).

138 Die Vorschrift findet aber nur für Anteile iSd § 17 Anwendung, wenn der gemeine Wert der Anteile zu dem für die Besteuerung maßgebenden Zeitpunkt die Anschaffungskosten übersteigt (BFH 26.4.2017 – I R 27/15, DStR 2017, 1913; ebenso BMF 14.5.2004, BStBl. I 2004, 3 Rn. 6.1.3.3 (Sondernummer 1/2004)). Damit werden allein Wertsteigerungen erfasst. (Fiktive) Verluste bleiben außer Ansatz (BFH 26.4.2017 – I R 27/15, DStR 2017, 1913; DPM/*Pung* § 17 Rn. 42; kritisch *Paus* DStZ 2017, 893).

139 Denn bei einer natürlichen Person, die insgesamt mindestens zehn Jahre nach § 1 Abs. 1 unbeschränkt steuerpflichtig war und deren unbeschränkte Steuerpflicht durch Aufgabe des Wohnsitzes oder gewöhnlichen Aufenthalts endet, ist auf (in- und ausländische) Anteile an einer Kapitalgesellschaft im Zeitpunkt der Beendigung der unbeschränkten Steuerpflicht § 17 auch ohne Veräußerung anzuwenden, wenn im Übrigen für die Anteile zu diesem Zeitpunkt die Voraussetzungen dieser Vorschrift erfüllt sind. An die Stelle des Veräußerungspreises (§ 17 Abs. 2) tritt bei Anwendbarkeit des § 6 AStG der gemeine Wert der Anteile in dem nach § 6 Abs. 1 S. 1 oder S. 2 AStG maßgebenden Zeitpunkt (§ 6 Abs. 1 S. 4 AStG).

140 Der Beendigung der unbeschränkten Steuerpflicht stehen für die Anwendung des § 6 AStG nach Abs. 1 Satz 2 der Vorschrift folgende Ersatztatbestände gleich:

- Übertragung der Anteile durch Schenkung oder Erbfall auf nicht unbeschränkt steuerpflichtige Personen (§ 6 Abs. 1 S. 2 Nr. 1 AStG; FG Köln 28.3.2019 – 15 K 2159/15, EFG 2019, 1361 mAnm *Hennigfeld*, Rev. I R 30/19, Anwendung auch bei Immobilien-Kapitalgesellschaft) oder
- Begründung eines Wohnsitzes (§ 8 AO) oder gewöhnlichen Aufenthalts (§ 9 AO) oder die Erfüllung eines anderen ähnlichen Merkmals in einem ausländischen Staat, wenn der Steuerpflichtige nach den jeweiligen DBA-Regeln als in diesem Staat ansässig anzusehen ist (§ 6 Abs. 1 S. 2 Nr. 2 AStG) oder
- Einlage der Anteile in einen Betrieb oder eine Betriebsstätte des Steuerpflichtigen in einem ausländischen Staat (§ 6 Abs. 1 S. 2 Nr. 3 AStG) oder
- (als Auffangtatbestand) der Ausschluss oder die Beschränkung des Besteuerungsrechts der Bundesrepublik Deutschland hinsichtlich des Gewinns aus der Veräußerung der Anteile aus einem anderen Grund (§ 6 Abs. 1 S. 2 Nr. 4 AStG).

141 An die Stelle des Veräußerungspreises tritt, da kein Verkaufspreis anfällt, nach § 6 Abs. 1 Satz 4 AStG der gemeine Wert der Anteile zum Zeitpunkt der Beendigung der unbeschränkten Steuerpflicht. Das Teileinkünfteverfahren (§ 3 Nr. 40 Buchst. c) findet Anwendung.

142 Hat der unbeschränkt Steuerpflichtige die Anteile durch ganz oder teilweise unentgeltliches Rechtsgeschäft erworben, so sind für die Errechnung der maßgebenden Dauer der unbeschränkten Steuerpflicht auch Zeiträume einzubeziehen, in denen der Rechtsvorgänger bis zur Übertragung der Anteile unbeschränkt steuerpflichtig war. Dies gilt vor allem im Erbfall (*Schmidt/v. Busekist/Drescher* FR 2007, 1 (17)).

Beruht die Beendigung der unbeschränkten Steuerpflicht auf vorübergehender Abwesenheit und wird der Steuerpflichtige innerhalb von fünf Jahren seit Beendigung der unbeschränkten Steuerpflicht wieder unbeschränkt steuerpflichtig, so entfällt der Steueranspruch nach § 6 Abs. 1, soweit die Anteile in der Zwischenzeit nicht veräußert und die Tatbestände des § 6 Abs. 1 S. 2 Nr. 1 oder 3 AStG nicht erfüllt worden sind und der Steuerpflichtige im Zeitpunkt der Begründung der unbeschränkten Steuerpflicht nicht nach einem Abkommen zur Vermeidung der Doppelbesteuerung als in einem ausländischen Staat ansässig gilt. Das Finanzamt kann diese Frist um höchstens fünf Jahre verlängern, wenn der Steuerpflichtige glaubhaft macht, dass berufliche Gründe für seine Abwesenheit maßgebend sind und seine Absicht zur Rückkehr unverändert fortbesteht. 143

Die nach § 6 Abs. 1 AStG geschuldete Einkommensteuer ist auf Antrag in regelmäßigen Teilbeträgen für einen Zeitraum von höchstens fünf Jahren seit Eintritt der ersten Fälligkeit gegen Sicherheitsleistung zu stunden, wenn ihre alsbaldige Einziehung mit erheblichen Härten für den Steuerpflichtigen verbunden wäre. Im Fall der Veräußerung, der verdeckten Einlage oder eines der Tatbestände des § 17 Abs. 4 ist die Stundung zu widerrufen. 144

Ist der Steuerpflichtige im Fall des § 6 Abs. 1 S. 1 AStG Staatsangehöriger eines EU-/EWR-Mitgliedstaates und unterliegt er nach der Beendigung der unbeschränkten Steuerpflicht in einem dieser Staaten (Zuzugsstaat) einer der deutschen unbeschränkten Einkommensteuerpflicht vergleichbaren Steuerpflicht, so ist die geschuldete Steuer zinslos und ohne Sicherheitsleistung zu stunden, bis der Steuerpflichtige tatsächlich einen Veräußerungserlös erzielt hat (§ 6 Abs. 5 S. 1 AStG). Voraussetzung ist, dass die Amtshilfe und die gegenseitige Unterstützung bei der Beitreibung der geschuldeten Steuer zwischen der Bundesrepublik Deutschland und diesem Staat gewährleistet sind. Dies gilt auch im Verhältnis zur Schweiz (dazu näher EuGH 26.2.2019 – C-581/17, DStR 2019, 425; *Häck/Kahlenberg* IStR 2019, 253; *Schlücke*, IStR 2019, 260). 145

Nach § 6 Abs. 1 S. 3 AStG bleibt § 17 Abs. 5 unberührt. Im Fall der Verlegung des Sitzes oder des Ortes der Geschäftsleitung der Kapitalgesellschaft in einen anderen Staat bleibt daher § 17 Abs. 5 anwendbar. 146

Einstweilen frei 147

cc) § 54 EStDV. Nach § 54 Abs. 1 EStDV sind **Notare** verpflichtet, dem in § 20 AO bezeichneten Finanzamt eine beglaubigte Abschrift aller auf Grund gesetzlicher Vorschrift aufgenommenen oder beglaubigten Urkunden, die die Gründung, Kapitalerhöhung oder -herabsetzung, Umwandlung oder Auflösung von Kapitalgesellschaften oder die Verfügung über Anteile an Kapitalgesellschaften zum Gegenstand haben, zu übersenden. Das Gleiche gilt für Dokumente, die im Rahmen einer Anmeldung einer inländischen Zweigniederlassung einer Kapitalgesellschaft mit Sitz im Ausland zur Eintragung in das Handelsregister diesem zu übersenden sind (zB Musterprotokoll nach § 2 Abs. 1a GmbHG). Die Regelung richtet sich gegen das Vorliegen struktureller Erhebungsmängel und will die Kenntniserlangung der Finanzbehörden von für § 17 einschlägigen Sachverhalten sicherstellen. Die Regelung geht auf eine Forderung des Bundesrechnungshofs zurück (BT-Drs. 12/8490, 145 ff.). 148

Nach § 54 EStDV gilt die Übermittlungsverpflichtung ebenfalls für Verpflichtungsgeschäfte, die in Zusammenhang mit der Verfügung über Anteile an Kapitalgesellschaften stehen. Sie erfasst auch aufschiebend bedingte Verfügungen, Treuhandverträge und Verpfändungsvereinbarungen (KKB/*Deutschländer* § 17 Rn. 426). Nicht mitzuteilen nach § 54 EStDV sind die Verpfändung von Anteilen an einer Kapitalgesellschaft, die Beglaubigung einer Abschrift oder Unterschrift und die Beurkundung eines Angebots auf Übertragung eines Anteils. 149

Die Verpflichtung betrifft nur Notare in Inland. Zwar ist eine Auslandsbeurkundung einer Anteilsübertragung zulässig (Kirchhof/*Gosch/Oertel* § 17 Rn. 41; BGH 17.12.2013 – II ZB 6/13, DStR 2014, 379; *Meichelbeck/Krauß* DStR 2014, 752). Den ausländischen Notar trifft aber keine Mitteilungspflicht. 150

Bei der Verfügung über Anteile an Kapitalgesellschaften durch einen Anteilseigner, der nicht nach § 1 Abs. 1 unbeschränkt steuerpflichtig ist, ist zusätzlich bei dem Finanzamt Anzeige zu erstatten, das bei Beendigung einer zuvor bestehenden unbeschränkten Steuer- 151 pflicht des Anteilseigners oder bei unentgeltlichem Erwerb dessen Rechtsvorgängers nach § 19 AO für die Besteuerung des Anteilseigners zuständig war. Damit soll die Anwendung und Überwachung der Wegzugsbesteuerung (§ 6 AStG) sichergestellt werden.

152 Die Urkunde und die Anzeige nach § 54 Abs. 4 EStDV sind innerhalb einer Frist von zwei Wochen ab deren Aufnahme oder Beglaubigung beim Finanzamt einzureichen. Die Urkunde soll mit der Steuernummer der Kapitalgesellschaft versehen sein. An die Beteiligten darf der Notar die Urkunden erst aushändigen, nachdem die Abschriften an das Finanzamt übersandt worden sind (§ 54 Abs. 2 EStDV).

153 *Einstweilen frei*

154 **dd) § 8 Abs. 5 InvStG 2004.** § 8 Abs. 5 S. 1 letzter Hs. InvStG 2004 schließt die Anwendung von § 17 aus, wenn Gewinne aus der Rückgabe oder Veräußerung von **Investmentanteilen** resultieren, die weder zu einem Betriebsvermögen gehören, noch zu den Einkünften nach § 22 Nr. 1 oder 5 zählen (Kirchhof/*Gosch/Oertel* § 17 Rn. 10b). Diese Einkünfte zählen nach § 8 Abs. 5 S. 1 erster Hs. InvStG 2004 zu den Einkünften nach § 20 Abs. 2 S. 1 Nr. 1.

155 **ee) UStG.** Die Veräußerung von Anteilen iSd § 17 ist regelmäßig keine unternehmerische Betätigung iSd UStG und daher nicht umsatzsteuerbar. Denn das bloße Halten und Erwerben von Beteiligungen an Kapitalgesellschaften sowie ihre gelegentliche Umschichtung begründen keine Unternehmereigenschaft nach § 2 UStG.

156 **ff) Verhältnis zur KiSt.** Die Gewinne aus § 17 gehören bei Kirchensteuerpflicht nach § 51a Abs. 2 Satz 1, auf den die KiStG der Bundesländer (zB Art. 8 Abs. 2 BayKirchStG) verweisen (BT-Drs. 17/2865, 1, zur Bemessungsgrundlage für die KiSt). Nach § 51a Abs. 2 Satz 2 bzw. den entsprechenden Regelungen der KiStG ist für Zwecke der Ermittlung der KiSt die Einkommensteuer zugrunde zu legen, die sich ohne Berücksichtigung der Steuerbefreiung des Teileinkünfteverfahrens (§ 3 Nr. 40 Buchst. c) ergibt.

157 *Einstweilen frei*

II. Normstruktur und zentrale Debatten

1. Inhalt der Norm

158 Anders als die Veräußerung von Wirtschaftsgütern im Betriebsvermögen unterfällt die Veräußerung von Wirtschaftsgütern im Privatvermögen grundsätzlich nicht der Besteuerung. Neben § 23 macht § 17 davon eine Ausnahme für Anteile an Kapitalgesellschaften, die sich im Privatvermögen befinden und eine bestimmte Beteiligungshöhe (Relevanzschwelle) überschreiten. Veräußerungsgewinne im Privatvermögen werden in gewerbliche Einkünfte umqualifiziert. Die Regelung enthält in diesem Zusammenhang die grundlegenden Voraussetzungen für die Erfassung der Gewinne oder Verluste aus der „Veräußerung von Anteilen an Kapitalgesellschaften". Der Besteuerung sollen dadurch realisierte **Wertsteigerungen bzw. Wertverluste in Kapitalgesellschaftsanteilen über der Relevanzschwelle** unterfallen. Ziel ist es, die Besteuerung der stillen Reserven, die in den Anteilen ruhen, und die damit verbundenen Wertsteigerung des Anteils und die erhöhte Leistungsfähigkeit des Gesellschafters zu erfassen. Die Wertsteigerung kann dabei zum einen durch die Veräußerung eines Anteils, zum anderen aber auch durch Kapitalherabsetzung und Liquidation mitsamt Auskehrung des verbleibenden Vermögens der Kapitalgesellschaft realisiert werden. Der Tatbestand des § 17 Abs. 1 setzt daher die Veräußerung eines Kapitalgesellschaftsanteils voraus, der innerhalb der letzten fünf Jahre „relevant" („wesentlich") war (→ Rn. 230 ff.). Voraussetzung ist:

- eine Veräußerung
- von zum Privatvermögen gehörenden
- Anteilen an einer Kapitalgesellschaft und
- eine Beteiligung von mindestens 1%, die
- irgendwann in den letzten fünf Jahren bestanden hat.

159 Einer Veräußerung gleichgestellt sind:

- verdeckte Einlagen in eine Kapitalgesellschaft (§ 17 Abs. 1 S. 2, → Rn. 366 ff.),
- die Auflösung oder Kapitalherabsetzung der Gesellschaft (§ 17 Abs. 4, → Rn. 540 ff.).

Nach § 17 Abs. 2 (→ Rn. 387 ff.) bildet der Veräußerungsgewinn oder -verlust die Bemessungsgrundlage für die Besteuerung der Einkünfte. Abs. 2 spricht die steuerliche Erfassung für den Fall der Veräußerung (Abs. 1) und den Fall der Auflösung sowie weiterer Ersatztatbestände (Abs. 4) an. Der Gewinn oder Verlust ermittelt sich aus dem Unterschiedsbetrag zwischen Veräußerungspreis und Anschaffungskosten sowie Veräußerungskosten, die nach Maßgabe des Teileinkünfteverfahrens jeweils nur zu 60% angesetzt werden. Liegen durch einen unentgeltlichen Erwerb der Anteile keine Anschaffungskosten vor, tritt der Übernehmer in die Anschaffungskosten des Rechtsvorgängers ein. § 17 Abs. 2 ist eine Gewinnermittlungsnorm eigener Art. § 17 Abs. 2 S. 6 schränkt die Berücksichtigung von Veräußerungsverlusten ein. 160

§ 17 Abs. 2a enthält ein Nichtanwendungsgesetz, das in der Folge von BFH 11.7.2017 – IX R 36/15, BStBl. II 2019, 208 den Begriff der nachträglichen Anschaffungskosten für Zwecke des § 17 definiert (→ Rn. 34 ff.). Die Norm geht als Spezialregelung § 255 HGB vor. Nach § 17 Abs. 2a Satz 1 sind Anschaffungskosten diejenigen Aufwendungen, die geleistet werden, um Anteile iSd § 17 Abs. 1 zu erwerben. Zu den Nebenkosten gehören nach § 17 Abs. 2a Satz 2 auch die Nebenkosten und die nachträglichen Anschaffungskosten. § 17 Abs. 2a Satz 3 enthält eine nicht abschließende Aufzählung der nachträglichen Anschaffungskosten. Dazu zählen nach § 17 Abs. 2a Satz 3 Nr. 1 offene und verdeckte Einlagen, nach § 17 Abs. 2a Satz 3 Nr. 2 Darlehensverluste und nach § 17 Abs. 2a Satz 3 Nr. 3 Ausfälle von Bürgschaftsregressforderungen. § 17 Abs. 2a Satz 4 enthält eine Legaldefinition zur gesellschaftsrechtlichen Veranlassung. § 17 Abs. 2a Satz 5 regelt den Ansatz von Aufgeldern, die über den Nennbetrag der Anteile hinaus vom Gesellschafter geleistet werden. 160a

§ 17 Abs. 3 (→ Rn. 438 ff.) befreit als sachliche Steuerbefreiung Veräußerungsgewinne bis 9.060 EUR von der Einkommensteuer, führt diese Steuerbefreiung aber wieder für Veräußerungsgewinne über 36.100 EUR insoweit zurück, als sie dem veräußerten Anteil an der Kapitalgesellschaft entsprechen. Im Ergebnis entfällt die Steuerbefreiung daher ganz, wenn der Gewinn über 45.160 EUR liegt. Die Steuerbefreiung hat damit teilweise die Wirkung einer Freigrenze. Diese für die Veräußerung einer 100%igen Beteiligung geltenden Grenzen ermäßigen sich jeweils anteilig nach Verhältnis des Nennwerts der veräußerten Anteile zum gesamten Nennkapital der Kapitalgesellschaft. Sinn und Zweck der Freigrenze ist es, Bagatellfälle aus der Besteuerung herauszuhalten. Daher erklärt sich auch, dass die Grenze von 45.160 EUR eine Freigrenze und keinen Freibetrag darstellt. 161

§ 17 Abs. 4 (→ Rn. 540 ff.) regelt schließlich die Besteuerung der realisierten Wertsteigerung im Fall der Auflösung, Kapitalherabsetzung, Ausschüttung oder Rückzahlung von Beiträgen aus dem steuerlichen Einlagekonto iSd § 27 KStG. Auch diese Wertsteigerungen sind nach dem § 17 zugrunde liegenden Belastungsgrund steuerbar (KSM/*Schneider* § 17 Rn. A15). Die Vorschrift sichert damit die Besteuerung in Bezug auf die in der Kapitalgesellschaft aus ihren Erträgen thesaurierte Vermögenssubstanz für den Fall, dass diese nicht durch Veräußerung an Dritte, sondern durch Auflösung der Gesellschaft und Auskehrung an Dritte realisiert wird. Als Veräußerungspreis iSd Gewinnermittlung nach § 17 Abs. 2 gilt in den Fällen der Vermögensauskehrung nach § 17 Abs. 4 Satz 2 der gemeine Wert des dem Steuerpflichtigen zugewiesenen Vermögens, soweit es nicht als Einkünfte nach § 20 Abs. 1 Nr. 1 und Nr. 2 steuerbar ist. Die Regelung ordnet damit den Zufluss nach den Grundsätzen des Eigenkapitals der Kapitalgesellschaft (§ 272 HGB) teils dem Substanz-, teils dem Ertragsbereich zu. 162

§ 17 Abs. 5 behandelt mit dem Ziel der Sicherung des inländischen Besteuerungsrechts die Verlegung des Sitzes oder des Ortes der Geschäftsleitung einer Kapitalgesellschaft wie eine Veräußerung (→ Rn. 587 ff.). 163

§ 17 Abs. 6 stellt sicher, dass nach einer Einbringung von Kapitalgesellschaftsanteilen mit dem Buch- oder Zwischenwert auch bei einer Beteiligung von unter 1% die Anteile weiter steuerverhaftet bleiben (→ Rn. 598 ff.). 164

§ 17 Abs. 7 sorgt dafür, dass Anteile an einer Genossenschaft (einschließlich einer europäischen Genossenschaft) wie Anteile an einer Kapitalgesellschaft behandelt werden (→ Rn. 609). 165

2. Leitentscheidungen/maßgebliche Debatten

166 Die Diskussion bei § 17 kreist im Wesentlichen um **drei Problemfelder.** Diese hängen maßgeblich damit zusammen, dass die Regelung Gewinne aus der Veräußerung von Anteilen erst ab einer bestimmten Relevanzschwelle nicht mehr in der nicht steuerbaren Privatsphäre belässt, sondern der steuerbaren Sphäre der gewerblichen Einkünfte zuordnet.

167 Ein Problemfeld ist der Umfang der Steuerverstrickung (→ Rn. 230 ff.). Während die Norm bis 1998 zunächst Beteiligungen von 25% und mehr erfasste, erfolgte bis 2002 mit dem StSenkG eine Absenkung auf 10% und dann schließlich auf 1%. Ziel war neben einer Verbreiterung der steuerlichen Bemessungsgrundlage eine Sicherstellung der Besteuerung nicht ausgeschütteter Gewinne. Die Besteuerung könnte ansonsten beim Anteilseigner umgangen werden, wenn der Anteilseigner seine Beteiligung vor der Gewinnausschüttung veräußert, sich die angesammelten offenen Rücklagen vergüten lässt und die Beteiligung unter der für die Vorschrift maßgeblichen Relevanzschwelle liegt (BT-Drs. 14/1683, 83). Neben der periodischen Abgrenzung und dem Hereinwachsen zunächst nicht steuerverhafteter Beteiligungen in die Steuerverhaftung stellt sich die Frage der Legitimation der 1%-Grenze.

168 Weiterer (praxisrelevanter) Streitpunkt bei § 17 ist im Rahmen der Ermittlung des Veräußerungsgewinns oder -verlusts die Ermittlung der maßgeblichen Anschaffungskosten (→ Rn. 463 ff.). Insbesondere die Behandlung von Finanzierungshilfen des Gesellschafters sorgt regelmäßig für Auseinandersetzungen zwischen dem Steuerpflichtigen und dem Finanzamt.

169 Dritter Streitpunkt im Rahmen des § 17 ist die Frage des Zeitpunkts der Realisierung eines Auflösungsgewinns oder -verlusts im Fall der Liquidation oder Insolvenz (→ Rn. 562 ff.). Insbesondere im Fall des Auflösungsverlusts nach Insolvenz der Kapitalgesellschaft herrscht häufig auf Seite des Steuerpflichtigen und seines Beraters Unklarheit darüber, wann der steuerlich zu berücksichtigende Verlust im Wesentlichen feststeht und im welchem Veranlagungszeitraum er in der Anlage G unter der für Auflösungsverluste maßgeblichen Kennziffer zu erfassen ist. Als maßgebliche Zeitpunkte kommen im Fall der Liquidation der Beginn der Liquidation oder deren Abschluss in Betracht. Erfolgt die Auflösung der Kapitalgesellschaft in der Folge einer Insolvenz, kann der (in diesen Fällen regelmäßig entstehende) Auflösungsverlust im Zeitpunkt der Eröffnung oder der Beendigung des Insolvenzverfahrens realisiert sein. In den allermeisten Fällen wird der zutreffende Zeitpunkt der Abschluss des Liquidations-/Insolvenzverfahrens sein.

170 **a) Umfang der Steuerverstrickung.** Die Grenze der Steuerverstrickung (1% des Nennkapitals) ist problembehaftet. Insbesondere die **Absenkung der Grenze** von 25% auf 10% durch das StEntlG 1999/2000/2002 und von 10% auf 1% durch das StSenkG sorgten für eine Vielzahl von offenen Fragen und Streitigkeiten (auch *Schmidt/v. Busekist/Drescher* FR 2007, 1). Mit den Entscheidungen des BVerfG (BVerfG 7.7.2010 – 2 BvR 748/05, 2 BvR 753/05, 2 BvR 1738/05, BStBl. II 2011, 86) und des BFH (BFH 24.10.2012 – IX R 36/11, BStBl. II 2013, 164) sind diese aber nunmehr geklärt.

171 Die Absenkung der Beteiligungsquote bei der Besteuerung privater Veräußerungen von Kapitalanteilen durch § 17 Abs. 1 iVm § 52 Abs. 1 S. 1 in der Fassung des Steuerentlastungsgesetzes 1999/2000/2002 war vom BVerfG (7.7.2010 – 2 BVR 748/05, 2 BvR 753/05, 2 BvR 1738/05, BVerfGE 127, 61) teilweise wegen Verstoßes gegen die Grundsätze des verfassungsrechtlichen Vertrauensschutzes für nichtig erklärt worden. Soweit belastende Rechtsfolgen einer Norm erst nach ihrer Verkündung eintreten, tatbestandlich aber von einem bereits ins Werk gesetzten Sachverhalt ausgelöst werden („tatbestandliche Rückanknüpfung"), liege eine „unechte" Rückwirkung vor. Eine solche unechte Rückwirkung ist nicht grundsätzlich unzulässig. Der verfassungsrechtliche Vertrauensschutz geht nicht so weit, den Staatsbürger vor jeder Enttäuschung zu bewahren. Soweit nicht besondere Momente der Schutzwürdigkeit hinzutreten, genießt die bloße allgemeine Erwartung, das geltende Recht werde zukünftig unverändert fortbestehen, keinen besonderen verfassungsrechtlichen Schutz. Der Gesetzgeber muss aber, soweit er für künftige Rechtsfolgen an zurückliegende Sachverhalte anknüpfe, dem verfassungsrechtlich gebotenen Vertrauensschutz in hinreichendem Maß Rechnung tragen. Die Interessen der Allgemeinheit, die mit der Regelung verfolgt werden, und das Vertrauen des Einzelnen auf die Fortgeltung der Rechtslage sind abzuwägen.

Eine unechte Rückwirkung ist mit den Grundsätzen grundrechtlichen und rechtsstaatlichen Vertrauensschutzes daher nur vereinbar, wenn sie zur Förderung des Gesetzeszwecks geeignet und erforderlich ist und wenn bei einer Gesamtabwägung zwischen dem Gewicht des enttäuschten Vertrauens und dem Gewicht und der Dringlichkeit der die Rechtsänderung rechtfertigenden Gründe die Grenze der Zumutbarkeit gewahrt bleibt. Soweit aufgrund der geänderten Beteiligungsgrenze Wertsteigerungen steuerverstrickt werden, die erst nach der Verkündung eintreten, begegnet die darin liegende gesetzgeberische Neubewertung der „Wesentlichkeit" einer Beteiligung unter Gesichtspunkten des Vertrauensschutzes keinen verfassungsrechtlichen Bedenken. Hinreichend gewichtige Gründe, die geeignet sind, die nachträgliche einkommensteuerrechtliche Belastung bereits entstandener, steuerfrei erworbener Wertzuwächse zu rechtfertigen, bestehen nicht. Die Absenkung der Beteiligungsgrenze verstößt aber gegen die verfassungsrechtlichen Grundsätze des Vertrauensschutzes und ist nichtig, soweit in einem Veräußerungsgewinn Wertsteigerungen steuerlich erfasst würden, die bis zur Verkündung des StEntlG am 31.3.1999 entstanden sind und die entweder – bei einer Veräußerung bis zu diesem Zeitpunkt – nach der zuvor geltenden Rechtslage steuerfrei realisiert worden waren oder – bei einer Veräußerung nach Verkündung des Gesetzes – sowohl zum Zeitpunkt der Verkündung als auch zum Zeitpunkt der Veräußerung nach der zuvor geltenden Rechtslage steuerfrei hätten realisiert werden können. Es besteht ein erhöhter Rechtfertigungsbedarf, soweit die rückwirkende Absenkung der Wesentlichkeitsgrenze eine konkret verfestigte Vermögensposition nachträglich entwertet. Allerdings kann sich ein Steuerpflichtiger im Hinblick auf die zwischenzeitlichen Wertsteigerungen nicht auf Bestandsschutz berufen, wenn im einzelnen Fall ein solches „Hineinwachsen in die Wesentlichkeit" (nach Maßgabe des alten Rechts) im Zeitpunkt der Veräußerung tatsächlich erfolgt war. Denn dann war die Wertsteigerung auch nach altem Recht zu versteuern gewesen. Dann ist die Absenkung der Wesentlichkeitsgrenze für die Steuerbarkeit nicht ursächlich. In derartigen Fällen kann also der Steuerzugriff ungehindert erfolgen (→ § 2 Rn. 108 ff.).

Auch die Absenkung der Beteiligungsgrenze auf 1% ist verfassungsgemäß und verstößt nicht gegen Art. 3 Abs. 1 GG. Die Entscheidung, ob Gewinne aus der Veräußerung von Gegenständen des Privatvermögens besteuert werden, ist eine politische Gestaltungfrage und liegt – wie der Dualismus der Einkunftsarten – innerhalb des Spielraums, der dem Gesetzgeber bei der Erschließung von Steuerquellen zukommt (BVerfG 9.7.1969 – 2 BvL 20/65, BVerfGE 26, 302 sowie BVerfG 7.7.2010 – 2 BvR 748/05, 2 BvR 753/05, 2 BvR 1738/05, BVerfGE 127, 61, BGBl. 2010 I 1296). Der Gesetzgeber hat mit der Einführung der 1%-Grenze eine neue Systementscheidung getroffen und sich vom bisherigen Konzept der Wesentlichkeit einer Beteiligung gelöst (BT-Drs. 14/3366, 118). Mit der Einführung der 1%-Relevanzschwelle kommt § 17 eine neue Funktion zu, nämlich sicherzustellen, dass es nicht durch Thesaurierung der Gewinne und anschließender Veräußerung der Beteiligung möglich ist, die Halbeinkünftebesteuerung auf der Ebene des Anteilseigners, der seine Anteile nicht in einem Betriebsvermögen hält, zu vermeiden (BT-Drs. 14/3366, 118; BT-Drs. 14/2683, 114; DPM/*Pung* § 17 Rn. 21). Die Wahl der Beteiligungsgrenze von 1% ist daher von der Gestaltungsfreiheit und Typisierungsbefugnis des Gesetzgebers umfasst. Ein prozentualer Anteil an einer Kapitalgesellschaft bildet die Leistungsfähigkeit des Gesellschafters in Abhängigkeit von der Größe der Gesellschaft typisierend ab. Zudem fügt sich die Minimalgrenze für den Steuerzugriff in die bisherige Struktur des § 17 ein und ist auf die Beteiligungsgrenze des § 20 Abs. 2 Nr. 1 abgestimmt, die Einkünfte aus der Veräußerung von Anteilen im Privatvermögen von unter 1% erfasst. **172**

Einstweilen frei **173**

b) Umfang nachträglicher Anschaffungskosten. Die zweite Debatte ist die Frage des Umfangs nachträglicher Anschaffungskosten bei **174**

- Ausfall eines Gesellschafterdarlehens oder
- bei einer nachträglichen **Inanspruchnahme aufgrund einer Bürgschaft** und Wertlosigkeit der Rückgriffsforderung.

Mit dem Gesetz zur Modernisierung des GmbH-Rechts und zur Bekämpfung von Missbräuchen (MoMiG) vom 23.10.2008 (BGBl. 2008 I 2026) wurde die Berücksichtigung aller Gesellschafterdarlehen in § 39 Abs. 1 Nr. 5 InsO als nachrangig angeordnet. Für die insolvenzrechtliche Berücksichtigung von Gesellschafterdarlehen kommt es daher auf die **175**

Einordnung als eigenkapitalersetzend oder auf die Frage des Eintritts einer Krise bei der Gesellschaft nicht mehr an. Auch das Vorliegen einer Rangrücktrittserklärung spielt keine Rolle mehr.

176 Hinsichtlich der Berücksichtigung von Aufwendungen aus dem Ausfall von Gesellschafterdarlehen sowie der Inanspruchnahme aus Bürgschaften hatte der BFH mit Urteil vom 11.7.2017 – IX R 36/15, DStR 2017, 2098 für Klarheit gesorgt. Nach Ansicht des BFH ist mit der Aufhebung des Eigenkapitalersatzrechts (§§ 32a, 32b GmbHG aF) die gesetzliche Grundlage für die bisherige Rechtsprechung zur Berücksichtigung von Aufwendungen des Gesellschafters aus eigenkapitalersetzenden Darlehen und Finanzierungshilfen als nachträgliche Anschaffungskosten entfallen. Damit kann der Gesellschafter, der Aufwendungen aufgrund des Ausfalls von Gesellschafterdarlehen und der Inanspruchnahme aus einer Bürgschaft hat, diese nicht mehr als nachträgliche Anschaffungskosten im Rahmen des § 17 berücksichtigen (dazu auch *Fuhrmann* NWB 2017, 4003; *Kahlert* DStR 2017, 2305; *Schießl* StuB 2017, 1765; *Trossen* NWB 2017, 3040). Dieser Rechtsprechung ist der Gesetzgeber mit der Neuregelung in § 17 Abs. 2a entgegengetreten.

177 **c) Zeitpunkt der Verlustrealisierung.** Die dritte Debatte dreht sich um den **Zeitpunkt der Realisierung eines Auflösungsverlusts.** Den richtigen Zeitpunkt für die Berücksichtigung eines Verlusts nach § 17 Abs. 4 zu finden, ist unsicher und risikobehaftet. Maßgebend ist der Zeitpunkt (Stichtagsbewertung) zu dem bei einer (gedachten) Gewinnermittlung durch Betriebsvermögensvergleich nach den handelsrechtlichen Grundsätzen ordnungsgemäßer Buchführung der Gewinn oder Verlust realisiert wäre. Ein Auflösungsverlust steht daher fest, wenn der gemeine Wert des dem Steuerpflichtigen zugeteilten oder zurückgezahlten Vermögens und die Liquidations- und Anschaffungskosten des Gesellschafters feststehen. Das Gleiche gilt, wenn sicher ist, dass eine Zuteilung oder Zurückzahlung von Gesellschaftsvermögen an die Gesellschafter ausscheidet und wenn die durch die Beteiligung veranlassten Aufwendungen feststehen.

178 Im Fall der Auflösung der Gesellschaft und anschließender Liquidation ist der relevante Zeitpunkt regelmäßig der **Abschluss der Liquidation.** Das Gleiche gilt bei Auflösung der Gesellschaft in der Folge der Eröffnung des Insolvenzverfahrens. Maßgebend ist auch hier grundsätzlich der Zeitpunkt des Abschlusses des Insolvenzverfahrens (stRspr, zuletzt BFH 13.10.2015 – IX R 41/14, BFH/NV 2016, 385).

179 Nur im **Ausnahmefall** kann auf einen früheren Zeitpunkt abgestellt werden:
- Ablehnung der Eröffnung des Insolvenzverfahrens mangels Masse,
- Gesellschaft bereits im Auflösungszeitpunkt offenkundig vermögenslos.

180 Wenn der Insolvenzverwalter im Lauf des Insolvenzverfahrens eine Zwischenrechnungslegung erstellt hat, aus der sich die og Voraussetzungen ergeben, kann auch dieser Zeitpunkt in Betracht kommen.

181 *Einstweilen frei*

B. Voraussetzungen und Rechtsfolgen

I. Allgemeines

1. Persönlicher Anwendungsbereich

182 **a) Natürliche Person.** Die Anwendung der Norm erstreckt sich auf **natürliche Personen** sowie vermögensverwaltende Personengesellschaften. Veräußerer bei § 17 muss entweder eine natürliche Person oder eine vermögensverwaltende Personengesellschaft sein, über die der natürlichen Person die Anteile nach § 39 AO zugerechnet werden. Denn die Vorschrift erfasst nur Anteile im Privatvermögen.

182.1 Wenn die Anteile von einer vermögensverwaltenden Personengesellschaft veräußert werden, ist aufgrund der bei vermögensverwaltenden Personengesellschaften geltenden Bruchteilsbetrachtung die Veräußerung der natürlichen Person anteilig zuzuordnen. Gleiches gilt bei einer Erbengemeinschaft, die über Privatvermögen verfügt.

182.2 Bei juristischen Personen in der Rechtsform der Kapitalgesellschaft, die nach § 8 Abs. 2 KStG ausschließlich gewerbliche Einkünfte erzielen und deswegen ausschließlich über Betriebsvermögen verfügen, ist § 17 nicht anwendbar. Hier greift bei der Veräußerung von Anteilen an Kapitalgesellschaften ggf. § 8b KStG ein.

Ist der Veräußerer **unbeschränkt steuerpflichtig,** spielt es keine Rolle, ob die Kapitalgesellschaft, deren Anteile veräußert werden, eine inländische oder ausländische Kapitalgesellschaft ist. Denn im Fall der Veräußerung durch eine natürliche Person kommt es allein darauf an, ob die natürliche Person Wohnsitz oder gewöhnlichen Aufenthalt im Inland hat. Wo die Kapitalgesellschaft ihren Sitz oder ihre Geschäftsleitung hat, spielt keine Rolle. Die DBA weisen den Veräußerungsgewinn im Regelfall dem Wohnsitzstaat zu (Art. 13 OECD-MA). Die im Privatvermögen gehaltene Beteiligung an einer ausländischen Kapitalgesellschaft begründet keine Betriebsstätte im Ausland. **183**

Ist der Veräußerer hingegen nur **beschränkt steuerpflichtig,** erfasst § 17 nur Anteile an einer Kapitalgesellschaft, die Sitz oder Geschäftsleitung im Inland hat (§ 49 Abs. 1 Nr. 2 Buchst. e) oder bei deren Erwerb aufgrund eines Antrags nach § 13 Abs. 2 UmwStG oder § 21 Abs. 2 S. 3 Nr. 2 UmwStG nicht der gemeine Wert der eingebrachten Anteile anzuwenden war oder auf die § 17 Abs. 5 S. 2 Anwendung findet. Dabei sind die Anteile Privatvermögen, solange sie nicht zum Betriebsvermögen einer inländischen Betriebsstätte des Veräußerers gehören. Unerheblich ist, ob sie Betriebsvermögen einer ausländischen Betriebsstätte sind (Schmidt/*Weber-Grellet* § 17 Rn. 8). Denn nach isolierender Betrachtungsweise greift § 17 iVm § 49 Abs. 1 Nr. 2 Buchst. e auch in diesem Fall ein (BFH 6.10.1966 – I 35/64, BStBl. III 1967, 45). **184**

Das Besteuerungsrecht an den Anteilen richtet sich nach **DBA** (Art. 13 Abs. 5 OECD-MA). Danach kann der Gewinn im Inland steuerfrei sein (für DBA-Kanada BFH 13.12.1989 – I R 40/87, BStBl. II 1990, 381). Nur im Ausnahmefall steht dem Sitzstaat oder dem Staat, in dem die Kapitalgesellschaft ihre Geschäftsleitung hat, das Besteuerungsrecht zu (zB im Fall des DBA Tschechien). **185**

Eine Besonderheit gilt nach Art. 13 Abs. 4 OECD-MA für Anteile an Kapitalgesellschaften, deren Wert zu 50% unmittelbar oder mittelbar auf unbeweglichem Vermögen beruht. Diese Regelung verstellt dem Immobilieninvestor die Möglichkeit, durch Zwischenschaltung einer Kapitalgesellschaft die Besteuerung im Belegenheitsstaat zu vermeiden (*Lindauer/Kutschka* BB 2016, 669). Zu den geplanten Änderungen im Rahmen des Entwurfs eines Gesetzes zur Vermeidung von Umsatzsteuerausfällen beim Handel mit Waren im Internet und zur Änderung weiterer steuerlicher Vorschriften („Jahressteuergesetz 2018", vgl. BR-Drs. 372/18) → Rn. 58.1 sowie *Cloer/Hagemann/Lichel/Schmitt* BB 2018, 1686. **185.1**

b) Körperschaft. Ist der Veräußerer nach § 1 KStG körperschaftsteuerpflichtig und hat kein Betriebsvermögen (zB Stiftung, Verein ohne wirtschaftlichen Geschäftsbetrieb, beschränkt steuerpflichtige Körperschaft, bei der die Beteiligung nicht zu einem Betriebsvermögen einer inländischen Betriebsstätte gehört), findet § 17 Anwendung (Schmidt/*Weber-Grellet* § 17 Rn. 9; DPM/*Pung* § 17 Rn. 37). Ist die Körperschaft aber nach § 5 Nr. 9 KStG steuerbefreit, unterfällt die Veräußerung nicht der Körperschaftsteuer. **186**

Unbeschränkt steuerpflichtige Kapitalgesellschaften haben wegen § 8 Abs. 1 KStG, § 15 Abs. 1 stets ausschließlich Betriebsvermögen. Auf sie findet die Norm keine Anwendung (DPM/*Pung* § 17 Rn. 37). § 17 findet bei juristischen Personen des öffentlichen Rechts auf Beteiligungen im Betriebsvermögen eines Betriebes gewerblicher Art keine Anwendung. Bei Beteiligungen im Hoheitsbereich handelt es sich um nicht steuerbare Vermögensverwaltung. **187**

c) Personengesellschaft. § 17 kann nur bei **vermögensverwaltenden Personengesellschaften** Anwendung finden, die über kein Betriebsvermögen verfügen. Veräußert die Personengesellschaft Anteile iSd § 17, sind die Anteile und ihre Veräußerung über die gesonderte und einheitliche Feststellung anteilig ihren Gesellschaftern zuzurechnen (§ 39 Abs. 2 Nr. 1 AO, Bruchteilsbetrachtung). Die Bruchteilsbetrachtung blendet die Personengesellschaft (steuerlich) aus und rechnet die jeweilige Veräußerung (Anschaffungskosten, Veräußerungskosten, Veräußerungspreis) dem jeweiligen Gesellschafter zu (KKB/*Deutschländer* § 17 Rn. 32). Die Frage, ob die Relevanzschwelle iSd § 17 Abs. 1 S. 1 erreicht ist, ist daher auf der Ebene des Gesellschafters zu klären (Blümich/*Vogt* § 17 Rn. 49). **188**

Eine Erbengemeinschaft, die über Privatvermögen verfügt, kann daher einen Gewinn nach § 17 erzielen. **189**

2. Sachlicher Anwendungsbereich

190 Die Vorschrift erfasst **nur Anteile im Privatvermögen** (BFH 18.12.2001 – VIII R 27/00, BStBl. II 2002, 733), nicht Anteile im Betriebsvermögen. Denn die Veräußerung von Anteilen im Betriebsvermögen wird – je nach verwirklichter Einkunftsart – von § 13, § 15 Abs. 1, § 16 Abs. 1 S. 1 Nr. 1 S. 2 oder § 18 erfasst. Auch die Veräußerung einer 100%igen Beteiligung fällt unter § 17.

190.1 Die Beteiligung an einer Kapitalgesellschaft gehört nur dann zum (notwendigen) Betriebsvermögen, wenn sie entweder dazu bestimmt ist, die gewerbliche (branchengleiche) Betätigung des Steuerpflichtigen entscheidend zu fördern oder wenn sie dazu dient, den Absatz von Produkten des Steuerpflichtigen zu gewährleisten (BFH 12.6.2019 – X R 38/17, BStBl. II 2019, 518). Anteile im (Sonder-)Betriebsvermögen werden nur erfasst, wenn es um die Ermittlung der relevanten Beteiligungsgrenze geht (BFH 10.11.1992 – VIII R 40/89, BStBl. II 1994, 222). Ansonsten würden Steuerpflichtige, die über ein Betriebsvermögen verfügen und deshalb durch die Bildung gewillkürten Betriebsvermögens eine Beteiligung von 1,5% auf Privatvermögen (0,9%) und Betriebsvermögen (0,6%) aufteilen könnten, begünstigt gegenüber Steuerpflichtigen, die kein Betriebsvermögen haben (Schmidt/*Weber-Grellet* § 17 Rn. 12).

191 Ob die Anteile an einer inländischen oder ausländischen Kapitalgesellschaft bestehen, spielt keine Rolle. Bei ausländischen Kapitalgesellschaften ist erforderlich, dass sie laut Rechtstypenvergleich einer deutschen Kapitalgesellschaft entsprechen.

192 Bei der Regelung handelt es sich um einen Einmaltatbestand. Der in § 17 normierte Steuertatbestand betrifft keinen Wiederholungs- oder Dauersachverhalt. Es geht ausschließlich um ein einmal stattfindendes Veräußerungsgeschäft, dessen tatsächliche und steuerliche Grundlagen (etwa hinsichtlich der zugrunde zu legenden Anschaffungskosten) allerdings zeitlich weit zurückreichen können. Dies stellt besondere organisatorische Anforderungen an Steuerpflichtige und Berater im Hinblick auf die Aufbewahrung und Aufzeichnung der für der Ermittlung des Gewinns/Verlust iSd § 17 erheblichen Besteuerungsgrundlagen.

193 *Einstweilen frei*

3. Ermittlung der Einkünfte

194 **a) Gewerbliche Einkünfte.** Gewinne und Verluste aus der Veräußerung von Anteilen an einer Kapitalgesellschaft bei relevanter Beteiligung im Privatvermögen gehören zu den **Einkünften aus Gewerbebetrieb** (§ 2 Abs. 2 Nr. 2). Die Vorschrift besteuert zwar mit einem Wirtschaftsgut im Privatvermögen einen Vorgang auf der Vermögensebene. Sie ordnet aber den punktuellen Vorgang der Veräußerung (bzw. der Kapitalherabsetzung oder Liquidation) dem einkünfterelevanten Bereich und damit der Erwerbsphäre zu. Dabei handelt es sich nicht um eine gesetzliche Fiktion. Vielmehr liegt eine echte **Qualifikationsregel** vor, dh die Einkünfte sind Einkünfte aus Gewerbebetrieb. § 15a findet allerdings keine Anwendung.

195 Die Einkünfte aus § 17 unterfallen nicht der GewSt (GewStR 7.1 (3)). Denn da die Anteile im Privatvermögen gehalten werden, liegt keine Veräußerung aus einem (gewerblichen) Betriebsvermögen und damit aus einem Gewerbebetrieb iSv § 2 GewStG vor, die nach § 15 Abs. 1 und 2, § 7 GewStG zu einem Gewerbeertrag führen würde.

196 Da die Anteile aber nach wie vor zum Privatvermögen gehören, scheidet eine Teilwertabschreibung (§ 6 Abs. 1 Nr. 2 S. 2) aus (BFH 17.4.1997 – VIII R 47/95, BStBl. II 1998, 102).

197 Die Erträge aus den Anteilen gehören zu den Einkünften aus Kapitalvermögen (§ 20 Abs. 1 Nr. 1). Insoweit hat die Zuordnung der Anteile zu den gewerblichen Einkünften keine Auswirkung auf die **Einordnung der Ausschüttungen.** Schuldzinsen für den Erwerb einer relevanten Beteiligung sind daher Werbungskosten bei den Einkünften aus Kapitalvermögen (BFH 5.10.2004 – VIII R 64/02, BFH/NV 2005, 54). Dies gilt auch dann, wenn tatsächlich keine Ausschüttungen erfolgen, aber Wertsteigerungen der Kapitalanteile zu erwarten sind (BFH 2.5.2001 – VIII R 32/00, BStBl. II 2001, 668; Bordewin/Brandt/*Oellerich* § 17 Rn. 42). Die Werbungskosten fallen allerdings unter das Abzugsverbot des § 20 Abs. 9. Dies gilt auch dann, wenn die Beteiligung vor dem 31.12.2008 aufgegeben oder veräußert worden war (BFH 21.10.2014 – VIII R 48/12, BStBl. II 2015, 270).

198 Der Schuldzinsenabzug wird möglich, wenn der Gesellschafter nach § 32d Abs. 2 S. 1 Nr. 3 zum Teileinkünfteverfahren optiert. Dann können die Schuldzinsen nach Maßgabe des Teilabzugsverbots berücksichtigt werden. Dies gilt aber nur bis zu dem Veranlagungszeit-

raum, in dem die Beteiligung veräußert oder aufgegeben wird. Danach entfällt der Schuldzinsenabzug (BFH 21.10.2014 – VIII R 48/12, BStBl. II 2015, 270; auch OFD Nordrhein-Westfalen 22.4.2015, DB 2015, 1014).

b) Gewinnerzielungsabsicht. Die dem Veräußerer zuzurechnenden Anteile muss dieser in der Absicht, **positive Einkünfte** aus Kapitalvermögen oder aus § 17 zu erzielen, erworben und gehalten haben. Auf die Länge der Haltefrist kommt es nicht an (BFH 2.5.2001 – VIII R 32/00, BStBl. II 2001, 668). Handelt(e) der Veräußerer in der Absicht, positive Einkünfte aus § 17 oder § 20 zu erzielen, fällt die Veräußerung der Anteile unter § 17 und ist keine steuerlich unbeachtliche Liebhaberei. Da eine GmbH nach § 8 Abs. 2 KStG nur gewerbliche Einkünfte erzielt und als (formkaufmännische) Gesellschaftsform grundsätzlich auf das Erzielen von Gewinnen (und das Ausschütten dieser Gewinne) gerichtet ist, erfolgt das Halten von GmbH- oder UG-Anteilen regelmäßig ebenfalls in der Absicht, Gewinnausschüttungen sowie eine Wertsteigerung des Anteils zu erzielen. Gleiches gilt für die Beteiligung an einer AG. 199

Einstweilen frei 200

c) Verfahren. Der Gewinn nach § 17 ist grundsätzlich **unselbständiger Teil der Steuerfestsetzung** und daher nach § 157 Abs. 2 AO nicht selbständig mit dem Rechtsbehelf anfechtbar. Veräußerungsgewinne sind wegen der notwendigen individuellen Bruchteilsbetrachtung nicht gesondert und einheitlich festzustellen (BFH 9.5.2000 – VIII R 41/99, BStBl. II 2000, 686). Nur wenn die Anteile im Gesamthandsvermögen einer vermögensverwaltenden Personengesellschaft gehalten und aus diesem heraus veräußert werden, kann nach § 180 Abs. 2 AO eine einheitliche und gesonderte Feststellung des Veräußerungsgewinns in Betracht kommen. In diesen Fällen sind Rechtsbehelfe gegen den Feststellungsbescheid zu richten. 201

Einstweilen frei 202

d) Anzeigepflicht. Nach § 54 EStDV haben inländische Notare dem nach § 20 AO zuständigen Finanzamt Abschriften der Urkunden zu übersenden, die für die Anwendung des § 17 von Bedeutung sein können (dazu näher → Rn. 148 ff.). Dies gilt auch für nicht unbeschränkt steuerpflichtige Anteilseigner im Fall zuvor bestehender unbeschränkter Steuerpflicht an das nach § 19 AO zuständige Finanzamt. Die Mitteilung ist für die steuerliche Wirksamkeit der Übertragung ohne Bedeutung. 203

Einstweilen frei 204

II. Anteile an einer Kapitalgesellschaft (§ 17 Abs. 1 S. 3)

1. Begriff

§ 17 will zielgerichtet und punktuell den Gewinn aus der Veräußerung von Anteilen an einer Kapitalgesellschaft im Privatvermögen und damit auf der Vermögensebene besteuern. Besondere Bedeutung kommt daher hinsichtlich der Frage der Steuerbarkeit dem Begriff der „Anteile" zu. Der Begriff der Anteile an einer Kapitalgesellschaft wird in § 17 Abs. 1 S. 3 gesetzlich abschließend bestimmt. Er wird aus dem Zivilrecht abgeleitet. Darunter fallen **Anteile** oder **Beteiligungen,** die den Wert der Kapitalgesellschaft repräsentieren. Das heißt, mit der Veräußerung der Anteile wird der mit ihnen verbundene Wert, also die mit den Anteilen verbundene Wertsteigerung und die in ihnen enthaltenen stillen Reserven, auf Ebene des Gesellschafters realisiert. Kapitalgesellschaften iSd § 17 sind daher: 205

- Aktiengesellschaften,
- Kommanditgesellschaften auf Aktien,
- Gesellschaften mit beschränkter Haftung,
- Unternehmergesellschaft (haftungsbeschränkt).

Unter den Begriff der „Anteile" fallen daher die gesellschaftsrechtlich auf diese Gesellschaften bezogenen Anteilsrechte:

- Aktien (§§ 1, 6, 8 AktG),
- Anteile an einer GmbH (§§ 5, 14 GmbHG),
- Genussscheine (§ 221 Abs. 3 AktG),
- ähnliche Beteiligungen,

- Anwartschaften auf solche Beteiligungen,
- Anteile an europäischen Genossenschaften.

206 Ob das Nennkapital der Kapitalgesellschaft nur **teilweise oder voll eingezahlt** ist, spielt keine Rolle.

207 Die Anteile müssen dem **Privatvermögen** zugeordnet sein. Beteiligungen im Betriebsvermögen oder im Sonderbetriebsvermögen (einer Personengesellschaft) sind nicht erfasst.

208 *Einstweilen frei*

2. Aktien, GmbH-Anteile, Genossenschaftsanteile

209 Aktien sind Anteile am Nennkapital einer dem deutschen AktG unterliegenden Aktiengesellschaft oder Kommanditgesellschaft auf Aktien. Erfasst sind sowohl Stammaktien, Inhaberaktien als auch Vorzugsaktien ohne Stimmrecht und Zwischenscheine. Unerheblich ist daher, ob den Anteilen ein Stimmrecht zukommt. Ob es sich um Nennbetragsaktien oder Stückaktien handelt, ist ebenfalls ohne Bedeutung (BFH 7.7.2011 – IX R 2/10, BStBl. II 2012, 20).

210 GmbH-Anteile sind Geschäftsanteile einer deutschen GmbH (BFH 19.5.1992 – VIII R 16/88, BStBl. II 1992, 902; BFH 14.3.2006 – VIII R 49/04, BStBl. II 2006, 746). Auch hier spielt keine Rolle, wie sich die Stimmrechte verteilen oder ob zB Mehrfachstimmrechte vorhanden sind. Maßgebend ist allein die Beteiligung am Stammkapital. Auch Anteile ohne Stimmrecht werden von der Vorschrift erfasst.

211 Genossenschaftsanteile sind Anteile an einer Genossenschaft iSd § 1 GenG oder an einer SCE.

212 *Einstweilen frei*

3. Genussscheine

213 Auch Genussscheine (§ 221 Abs. 3 AktG) fallen unter § 17, sofern sie ein Recht auf Beteiligung am Liquidationserlös (ggf. betragsmäßig beschränkt) gewähren (BFH 14.6.2005 – VIII R 73/03, BStBl. II 2005, 861). Ein Genussrecht (eine gesetzliche Definition fehlt) setzt voraus, dass

- dem Rechtsinhaber schuldrechtliche Ansprüche, nicht aber gesellschaftsrechtlich geprägte Mitgliedschaftsrechte vermittelt werden,
- ihm Vermögensrechte zugestanden werden, die typischerweise nur Gesellschaftern zustehen,
- die Rechte in großer Zahl und nicht nur vereinzelt begeben und
- dem Rechtsinhaber keine aktiven Mitverwaltungsrechte eingeräumt werden (BFH 8.4.2008 – VIII R 3/05, BStBl. II 2008, 852).

Die Beteiligung nur am Gewinn reicht nicht (diese fällt dann unter § 20 Abs. 1 Nr. 7, vgl. auch Kirchhof/*Gosch/Oertel* § 17 Rn. 15). Denn § 17 fordert eine Beteiligung am Kapital der Gesellschaft einschließlich des Liquidationserlöses.

213.1 Wie die Beteiligung am Gewinn ausgestaltet ist, unterliegt der Vertragsfreiheit der Beteiligten, die dabei weitgehend frei sind (Bordewin/Brandt/*Oellerich* § 17 Rn. 94). In Betracht kommt eine feste Verzinsung, eine reine Gewinnbeteiligung oder Kombination verschiedener Vergütungsformen (KKB/*Deutschländer* § 17 Rn. 115).

213.2 Genussscheine, die lediglich einen Anspruch auf einen bestimmten Anteil am jährlichen Gewinn verbriefen oder nur eine Zinsgarantie beinhalten, fallen als reine Gläubigerrechte unter § 20 Abs. 1 Nr. 7 (BFH 14.6.2005 – VIII R 73/03, BStBl. II 2005, 861; Blümich/*Vogt* § 17 Rn. 169). Dies dürfte in der Praxis den Regelfall darstellen, denn Genussscheine haben regelmäßig keinen Nennwert und vermitteln keine Beteiligung am Nennkapital.

214 Auch eine Nachrangvereinbarung ist schädlich für eine Erfassung bei § 17. Denn die Vereinbarung, dass das Genussrechtskapital erst nach der Befriedigung der übrigen Gesellschaftsgläubiger zurückzuzahlen ist, verleiht dem Genussrecht noch keinen Beteiligungscharakter (EStH 17 (2) Stichwort „Genussrechte").

215 *Einstweilen frei*

4. „Ähnliche Beteiligungen"

Das Merkmal der ähnlichen Beteiligung hat eine zweifache Funktion: Es erweitert einerseits die Beteiligungsobjekte um ähnliche Gesellschaften und ergänzt andererseits ähnliche Beteiligungsarten neben den in § 17 Abs. 1 S. 3 aufgezählten Geschäftsanteilen (BFH 19.5.1992 – VIII R 16/88, BStBl. II 1992, 902; Schmidt/*Weber-Grellet* § 17 Rn. 24; KSM/*Schneider* § 17 Rn. B 102; Blümich/*Vogt* § 17 Rn. 176; anders aber LBP/*Rapp* § 17 Rn. 47, der aufgrund des Wortlauts ähnliche Beteiligungsformen erfassen möchte). 216

Die Ähnlichkeit einer Gesellschaft setzt voraus, dass diese als **juristische Person** aufzufassen und mit dem **Typus einer deutschen Kapitalgesellschaft** vergleichbar ist (BFH 22.2.1989 – I R 11/85, BStBl. II 1989, 789; BFH 21.10.1999 – I R 44/98, BStBl. II 2000, 424; KSM/*Schneider* § 17 Rn. B 103). Die Ähnlichkeit einer Beteiligungsform verlangt vergleichbare Charakteristika, wozu vor allem Gesellschafterrechte und Pflichten zählen (BFH 19.5.1992 – VIII R 16/88, BStBl. II 1992, 902). Erforderlich ist eine Entsprechung zu den Befugnissen, Mitwirkungs- und Beteiligungsrechten eines Aktionärs, der 1% der Aktien hält (vgl. KSM/*Schneider* § 17 Rn. B 103) 217

Ähnliche Beteiligungen sind: 218

- Anteile an einer Vorgesellschaft, insbesondere an einer Vor-GmbH oder Vor-AG nach Abschluss des notariellen Gesellschaftsvertrags und vor Eintragung im Handelsregister, sofern sie ihre Geschäftstätigkeit nach außen aufnahm (BFH 12.12.2007 – X R 17/05, BStBl. II 2008, 579).
- Anteile an Gesellschaften ausländischen Rechts, die im Typenvergleich einer inländischen Kapitalgesellschaft entsprechen, etwa die britische Limited (Ltd.), die französische Société à responsabilité limitée (S. à r. l.), die niederländische Besloten Vennootschap met beperkte ansprakelijkheid (B.V.) und die spanische Sociedad de responsabilidad limitada (S.L. bzw. S. de R.L.). Eine Übersicht zur Vergleichbarkeit von ausländischen und deutschen Gesellschaften enthalten die Tabellen 1 und 2 zu BMF 24.12.1999, BStBl. I 1999, 1076 und 19.3.2004, BStBl. I 2004, 411.

Keine ähnlichen Beteiligungen sind: 219

- Anteile an Versicherungsvereinen auf Gegenseitigkeit (Schmidt/*Weber-Grellet* § 17 Rn. 25; Blümich/*Vogt* § 17 Rn. 183) und Genossenschaften – sie werden körperschaftsteuerrechtlich nicht als Kapitalgesellschaften anerkannt (vgl. HHR/*Eilers/Schmidt* § 17 Rn. 147; LBP/*Rapp* § 17 Rn. 47),
- der Anteil des persönlich haftenden Gesellschafters einer KGaA – seine Einlage wird nicht Teil des Grundkapitals (§ 16 Abs. 1 S. 1 Nr. 3; Blümich/*Vogt* § 17 Rn. 184),
- Personengesellschaften wie GbR, OHG, KG, atypisch stille Gesellschaften, Vorgründungsgesellschaften (BFH 20.4.2004 – VIII R 4/02, BStBl. II 2004, 597), wirtschaftliche Vereine,
- Typisch stille Beteiligungen – es fehlt an den Gesellschafterrechten (BFH 28.5.1997 – VIII R 25/96, BStBl. II 1997, 724),
- bloße Gewinnbeteiligungen schuldrechtlicher Natur, etwa Aktienunterbeteiligungen, die keine Gesellschafterbefugnisse verleihen
- schuldrechtliche Ansprüche auf Anteilsübertragung (LBP/*Rapp* § 17 Rn. 47) und
- Nutzungsüberlassungen wie Nießbrauch an einem Kapitalgesellschaftsanteil.

Nicht zu Beteiligungen führt die Gewährung von nachrangigen (eigenkapitalersetzenden) Gesellschafterdarlehen oder Finanzierungshilfen wie Bürgschaften (vgl. BFH 19.5.1992 – VIII R 16/88, BStBl. II 1992, 902; HHR/*Eilers/Schmidt* § 17 Rn. 147; LBP/*Rapp* § 17 Rn. 47, 186; Blümich/*Vogt* § 17 Rn. 180). Sie begründen keine Gesellschafterbefugnisse und sind damit nicht mit den aufgezählten Beteiligungsformen vergleichbar. Zwar gewähren die unter § 17 gefassten Vorzugsaktien und Genussscheine auch keine Vermögens- und Verwaltungsrechte (so das Gegenargument, vgl. LBP/*Rapp* § 17 Rn. 47), allerdings unterscheiden sich Gesellschafterdarlehen davon maßgeblich durch ihren nur zeitweiligen Einsatz (HHR/*Eilers/Schmidt* § 17 Rn. 147). Eine Anerkennung von kapitalersetzenden Maßnahmen als ähnliche Beteiligung würde zu (Rechts-)Unsicherheiten führen, weil sich Beteiligungsverhältnisse entsprechend der Finanzlage schnell ändern könnten und diese Änderungen den Beteiligten nicht bekannt werden müssen (BFH 19.5.1992 – VIII R 16/88, BStBl. II 1992, 902). Relevant können eigenkapitalersetzende Gesellschafterdarlehen aber als nachträgliche Anschaffungskosten werden (vgl. LBP/*Rapp* § 17 Rn. 186). (Auch bei vereinbartem Rangrücktritt). 220

221 *Einstweilen frei*

5. „Anwartschaften auf solche Beteiligungen"

222 Anteile an einer Kapitalgesellschaft sind nach § 17 Abs. 1 S. 3 auch – als Vorstufe zum Vollrecht – Anwartschaften auf **Erwerb eines Anteils an einer Kapitalgesellschaft.**

222.1 Anwartschaften sind alle begründeten schuldrechtlichen oder dinglichen Rechte auf Erwerb eines Anteils an einer Kapitalgesellschaft, die Anspruch auf eine Beteiligung am Nennkapital gewähren (zB § 186 AktG; BFH 27.10.2005 – IX R 15/05, BStBl. II 2006, 171). Es hat eine begründete Aussicht auf den Erwerb einer tatsächlichen oder rechtlichen Position zu bestehen (KKB/*Deutschländer* § 17 Rn. 119). Von dem Entstehungstatbestand eines Rechts müssen so viele Erfordernisse erfüllt sein, dass von einer weitgehend gesicherten Position des Erwerbers gesprochen werden kann, die der andere an der Entstehung des Rechts Beteiligte nicht mehr einseitig zerstören kann (BFH 1912.2007 – VIII R 14/06, BStBl. II 2008, 475). Entscheidend ist, ob der Berechtigte sich den Vermögenszuwachs der Anteile verschaffen kann und ob er bereits wie ein wirtschaftlicher Eigentümer auf die Anteile einwirken kann (Schmidt/*Weber-Grellet* § 17 Rn. 28). Das Recht muss übertragbar, vererbbar und pfändbar sein (Bordewin/Brandt/*Oellerich* § 23 Rn. 98). Hauptanwendungsfall sind Bezugsrechte bei Kapitalerhöhungen, zB von Aktiengesellschaften. Die entgeltliche Veräußerung führt zur Steuerbarkeit. Macht der Steuerpflichtige von seinem Anwartschaftsrecht keinen Gebrauch und erhält er dafür eine Abfindung, liegt ein Fall des § 17 vor. Rein schuldrechtliche Rechtspositionen sind keine Anwartschaftsrechte.

223 Zu den Anwartschaften zählen **Bezugsrechte** auf weitere Beteiligungsrechte aus einer Kapitalerhöhung (§ 186 AktG), Call-Optionen und Zwischenscheine (§ 8 Abs. 4 AktG), sofern letztere die Beteiligung am Zuwachs der Vermögenssubstanz der Kapitalgesellschaft ermöglichen (BFH 19.12.2007 – VIII R 14/06, BStBl. II 2008, 1475). Auch Wandlungs- und Optionsrechte aus Schuldverschreibungen (§ 221 Abs. 1 S. 1 AktG, § 272 Abs. 2 Nr. 2 HGB) fallen darunter (Kirchhof/*Gosch/Oertel* § 17 Rn. 17; Schmidt/*Weber-Grellet* § 17 Rn. 29).

223.1 Einem Bezugsrecht gleichgestellt wird die dem Steuerpflichtigen zustehende tatsächliche und rechtliche Möglichkeit, sich dieses zu verschaffen (Schmidt/*Weber-Grellet* § 17 Rn. 27).

223.2 Keine Anwartschaft ist ein **Vorkaufsrecht** oder ein bloßes Kaufangebot. Gleiches gilt für eine Verpflichtung, über die Anteile nur gemeinsam zu verfügen. Denn aus dem Begriff der Anwartschaft folgt, dass diese sich gegen die Gesellschaft selbst richten muss (LBP/*Rapp* § 17 Rn. 49).

224 Fraglich ist, ob **Anwartschaften** in die maßgebliche Beteiligungsgrenze einzubeziehen sind. Dies verneint die Rechtsprechung. Anwartschaften sind keine Beteiligungen und mithin bei der Bestimmung der Beteiligungshöhe nicht zu berücksichtigen, und zwar ungeachtet ihrer Eigenschaft als möglicher Gegenstand einer Veräußerung iSv § 17 Abs. 1 S. 1. Denn die Übertragung einer Anwartschaft bewirkt noch keinen Übergang der Beteiligung (BFH 19.2.2013 – IX R 35/12, BStBl. II 2013, 578; BFH 19.12.2007 – VIII R 14/06, BStBl. II 2008, 475; BFH 14.3.2006 – VIII R 49/04, BStBl. II 2006, 746; BFH 14.3.2006 – VIII R 49/04, BStBl. II 2006, 746; ebenso KSM/*Schneider* § 17 Rn. B131). Im Schrifttum werden sie hingegen hinzugerechnet (LBP/*Rapp* § 17 Rn. 59).

225 Sind **Genussscheine** vorhanden, die eine Beteiligung an der Substanz der Kapitalgesellschaft sicherstellen, sind diese in die Ermittlung der Beteiligungsgrenze einzubeziehen. Dies folgt auch aus dem Wortlaut der Norm, der auf „Anteile" abstellt. Dazu gehören nach Abs. 1 S. 3 auch Anwartschaften und ähnliche Rechte. Dies kann zur Folge haben, dass sich Beteiligungsquoten der Gesellschafter bei der Ausgabe von Genussscheinen verschieben und ggf. unter 1% sinken.

226 Bezugsrechte werden nicht mit ihrer Ausgabe neu angeschafft, sondern verkörpern nach der „Abspaltungstheorie" einen Teil der Substanz der alten Aktie vor Kapitalerhöhung. Die Ausgabe von Bezugsrechten und das Entstehen von neuen Anteilen in der Folge einer Kapitalerhöhung stellen aber keine Anschaffung von neuen Vermögensgegenständen dar. Vielmehr führen die Ausgabe von Bezugsrechten und die Ausgabe von neuen Gesellschaftsrechten aufgrund einer Kapitalerhöhung wirtschaftlich zu einer Abspaltung der in den Altaktien verkörperten Substanz und damit zu einer Abspaltung eines Teils der ursprünglichen Anschaffungskosten (BFH 21.1.1999 – IV R 27/97, BStBl. II 1999, 638; BFH 19.12.2000 –

IX R 100/97, BStBl. II 2001, 345; BFH 22.5.2003 – IX R 9/00, BStBl. II 2003, 712; BFH 8.3.2017 – IX R 17/16, BFH/NV 2017, 1074).

Einstweilen frei 227–229

III. Relevante Beteiligung (§ 17 Abs. 1 S. 1 und S. 4)

1. Begriff (§ 17 Abs. 1 S. 1)

a) Voraussetzungen. Nach § 17 Abs. 1 S. 1 muss der Veräußerer innerhalb – nicht während – der letzten fünf Jahre am Kapital der Gesellschaft zu **mindestens 1%** unmittelbar oder mittelbar beteiligt gewesen sein (Relevanzschwelle). Denn § 17 will nur Beteiligungen ab einer bestimmten Höhe den gewerblichen Einkünften nach § 17 zuweisen. Veräußerungsvorgänge bei Beteiligungen an Kapitalgesellschaften unter der Relevanzschwelle werden von § 20 Abs. 2 Nr. 1 erfasst. Nur im Fall des § 17 Abs. 6 (verschmelzungsgeborene Anteile) reicht eine Beteiligung von weniger als 1% (EStR 17 (2)). 230

Maßgeblich für den Schwellenwert an der kapitalmäßigen Beteiligung ist der Zeitpunkt der Veräußerung (BFH 5.10.2011 – IX R 57/10, BStBl. II 2012, 318). Der Wert der Beteiligung, die Höhe des Veräußerungsgewinns oder auch die Anschaffungskosten spielen keine Rolle (KKB/*Deutschländer* § 17 Rn. 126). Auch der Umstand, wie es zur Beteiligung gekommen ist, spielt keine Rolle. 231

Die 1%-Grenze orientiert sich nicht an gesellschaftsrechtlichen Einflussmöglichkeiten (zB § 50 Abs. 1 GmbHG, § 61 Abs. 2 GmbHG, § 66 Abs. 2 GmbHG, § 122 Abs. 1 und 2 AktG, § 179 AktG, § 258 Abs. 3 AktG, § 260 Abs. 1 AktG, § 263 Abs. 3 AktG), sondern allein an der **nominellen Beteiligung am Nennkapital** und will lediglich Zwerganteile aus der Besteuerung heraushalten. Ihre Höhe ist in erster Linie durch die Systematik des Teileinkünfteverfahrens und in Abgrenzung zur Abgeltungsteuer nach § 20 Abs. 2 Nr. 1 und § 32d motiviert (→ Rn. 4, → Rn. 87, → Rn. 95). 232

Einstweilen frei 233

b) Relevanzschwelle. Die maßgebliche Beteiligungsgrenze (Relevanzschwelle) beträgt 1%. Zur gesetzgeberischen Intention, die Grenze auf 1% festzulegen (→ Rn. 9). Die Betrachtung bezieht sich auf den Veranlagungszeitraum, dh es kommt auf die im jeweiligen Veranlagungszeitraum der Veräußerung geltende Beteiligungsschwelle an (BFH 11.12.2012 – IX R 7/12, BStBl. II 2013, 372). Dabei ist auf den Zeitpunkt der Veräußerung abzustellen, dh auch die Fünfjahresgrenze berechnet sich ab diesem Zeitpunkt. 234

Einstweilen frei 235

c) Unentgeltlicher Anteilserwerb (§ 17 Abs. 1 S. 4). Auch solche Beteiligungen gelten als relevant, die zwar weniger als 1% betragen, aber unentgeltlich von einem Rechtsvorgänger erworben worden sind, der innerhalb der letzten fünf Jahre zu mindestens 1% beteiligt war. Nach Unterschreiten der Beteiligungsgrenze setzt sich daher die Steuerverstrickung der Beteiligung zeitlich begrenzt auf fünf Jahre fort. Mit der Vorschrift soll verhindert werden, dass relevant beteiligte Gesellschafter Teile der Beteiligung iHv unter 1% unentgeltlich auf eine andere Person übertragen und diese dann die Beteiligung nicht steuerbar veräußert. Es handelt sich mithin um eine Missbrauchsverhinderungsvorschrift. 236

Einstweilen frei 237

2. Berechnung

a) Mindestbeteiligung. Der Veräußerer muss zu **mindestens 1%** am Kapital der Gesellschaft, deren Anteile veräußert werden, beteiligt sein. Auf die Dauer der Beteiligung kommt es nicht an. 238

Entscheidend ist allein die nominelle Beteiligung am Grund- oder Nennkapital (§ 6, § 7 AktG, § 5 GmbHG; BFH 25.11.1997 – VIII R 29/94, BStBl. II 1998, 257; BFH 14.6.2005 – VIII R 73/03, BStBl. II 2005, 861). Es spielt keine Rolle, welcher Teil davon eingezahlt ist. Die Höhe der Stimmrechte (Einfach- oder Mehrfachstimmrechte), vorhandene Vetorechte, Stimmbindungsvereinbarungen oder die gesellschaftsrechtlichen Einflussmöglichkeiten spielen keine Rolle. Daher sind auch Anteile ohne Stimmrecht einzubeziehen (Schmidt/*Weber-* 239

Grellet § 17 Rn. 38; LBP/*Rapp* § 17 Rn. 55; Kirchhof/*Gosch/Oertel* § 17 Rn. 19). Auch stimmrechtlose Beteiligungen sind daher einzubeziehen. Denn die Einflussnahmemöglichkeiten des Gesellschafters haben keinen Einfluss auf den infolge der Wertsteigerung erfolgten Zuwachs an Leistungsfähigkeit bei der Veräußerung (KKB/*Deutschländer* § 17 Rn. 127). Zudem sprechen auch Rechtssicherheit und Rechtsklarheit für eine klare und eindeutig definierbare Grenze, die sich aus dem Handelsregister und aus notariellen Verträgen rechtssicher ablesen lässt (KSM/*Schneider* § 17 Rn. B 123).

240 Ebenfalls spielt die **Höhe der Gewinnbeteiligung** (kongruent/inkongruent) keine Rolle (BFH 25.11.1997 – VIII R 29/94, BStBl. II 1998, 257). Auch Belastungen des Anteils (zB mit einem Pfandrecht) sind unerheblich. Anteile des Steuerpflichtigen, die sich im Betriebsvermögen befinden, werden miteinbezogen. Dabei ist unerheblich, ob diese dem Anlage- oder Umlaufvermögen zuzuordnen sind.

241 Genussrechte und Anwartschaften sind nicht bei der Berechnung der Beteiligungshöhe zu berücksichtigen (BFH 14.6.2005 – VIII R 73/03, BStBl. II 2005, 861). Denn diese verkörpern noch keine Beteiligung am Nennkapital und vermitteln zudem keine Stimmrechte und keine Beteiligung am Gewinn (aA Kirchhof/*Gosch/Oertel* § 17 Rn. 22). Der Umstand, dass sie später zu einer Beteiligung am Nennkapital werden, spielt insoweit keine Rolle.

242 Für die Bestimmung der Beteiligungshöhe sind **Anteile im Privat- und im Betriebsvermögen** zusammenzurechnen. Anteile des Steuerpflichtigen, die sich im Betriebsvermögen befinden, werden miteinbezogen. Dabei ist unerheblich, ob diese dem Anlage- oder Umlaufvermögen zuzuordnen sind (Bordewin/Brandt/*Oellerich* § 17 Rn. 127; KKB/*Deutschländer* § 17 Rn. 129; *Wenhardt* GmbH-Stpr 2013, 197).

243 *Einstweilen frei*

244 **b) Eigene Anteile.** Besitzt die Kapitalgesellschaft eigene Anteile (§ 71, 16 Abs. 2 S. 2 AktG, § 33 GmbHG, § 272 Abs. 1a HGB), ist deren Nennwert vom Stammkapital abzuziehen. Denn eigene Anteile sind handelsrechtlich wie eine **Kapitalherabsetzung** zu behandeln. Es ist daher für die Frage einer relevanten Beteiligung iSd § 17 von einem um die eigenen Anteile geminderten Nennkapital auszugehen (KSM/*Schneider* § 17 Rn. B128; Bordewin/Brandt/*Oellerich* § 17 Rn. 124).

245 Zieht eine GmbH Geschäftsanteile ein (§ 34 GmbHG), zB aufgrund einer im Gesellschaftsvertrag vereinbarten Einziehungsklausel, ändert sich das Stammkapital zunächst nicht. Die Einziehung führt aber dazu, dass die Summe der Geschäftsanteile nicht mehr dem Stammkapital entspricht. Durch die Einziehung ändert sich das Beteiligungsverhältnis. Der Nennwert des eingezogenen Anteils muss vom Stammkapital abgezogen werden (BFH 18.4.1989 – VIII R 329/84, BFH/NV 1990, 27; Schmidt/*Weber-Grellet* § 17 Rn. 42).

246 *Einstweilen frei*

3. Subjektive Zurechnung

247 **a) Rechtliches und wirtschaftliches Eigentum.** Dem Veräußerer sind die Anteile zuzurechnen, wenn er **wirtschaftlicher und/oder zivilrechtlicher Eigentümer** ist (§ 39 Abs. 2 Nr. 1 S. 1 AO; BFH 20.7.2010 – IX R 38/09, BFH/NV 2011, 43; BFH 26.1.2011 – IX R 7/09, BStBl. II 2011, 540; BFH 1.8.2012 – IX R 6/11, BFH/NV 2013, 9; *Binnewies* GmbH-StB 2012, 20). Fallen zivilrechtliches und wirtschaftliches Eigentum auseinander, ist das wirtschaftliche Eigentum maßgeblich (Blümich/*Vogt* § 17 Rn. 261).

247.1 Die Rechtsstellung des wirtschaftlichen Eigentümers ist dadurch gekennzeichnet, dass er den zivilrechtlichen Eigentümer im Regelfall für die gewöhnliche Nutzungsdauer von der Einwirkung auf das Wirtschaftsgut wirtschaftlich ausschließen kann. Ihm muss also auch der wirtschaftliche Erfolg aus der (Weiter-)Veräußerung gebühren (BFH 18.5.2005 – VIII R 34/01, BStBl. II 2005, 857; 5.10.2011 – IX R 57/10, BStBl. II 2012, 318; vgl. *Binnewies* GmbH-StB 2018, 183 (184)). Dem zivilrechtlichen Eigentümer sind die Anteile daher nicht zuzurechnen, wenn ein Anderer wirtschaftlicher Eigentümer ist. Anteile, die von einem Dritten wirtschaftlich gehalten werden, bleiben ebenfalls außer Betracht. Dies gilt auch für Anteile, die von nahen Angehörigen oder bei vermögensverwaltenden Personengesellschaften von Mitgesellschaftern gehalten werden. Eine Zusammenrechnung findet insoweit nicht statt.

Dass nur die im wirtschaftlichen oder zivilrechtlichen Eigentum stehenden Anteile des Steuerpflichtigen erfasst werden, ist Folge des Prinzips der Besteuerung nach der Leistungsfähigkeit. Nur soweit die Anteile im wirtschaftlichen Eigentum des Gesellschafters stehen und er von dem realisierten Veräußerungs- oder Liquidationsgewinn profitiert, ist seine persönliche finanzielle Leistungsfähigkeit gesteigert. Nur insoweit greift daher der Steuerzugriff des § 17. 248

Wirtschaftliches Eigentum liegt vor, wenn dem Steuerpflichtigen die Anteile rechtlich geschützt in einer gesellschafterähnlichen Position aufgrund eines bürgerlich-rechtlich wirksamen Rechtsgeschäfts eingeräumt worden sind und sie ihm gegen seinen Willen nicht mehr entzogen werden können (BFH 9.10.2008 – IX R 73/08, BStBl. II 2009, 140 und BFH 24.1.2012 – IX R 69/10, BFH/NV 2012, 1099; *Binnewies* GmbH-StB 2012, 20 (21); *Binnewies* GmbH-StB 2018, 183 (184)). Es ist das Gesamtbild der wirtschaftlichen Verhältnisse im jeweiligen Einzelfall maßgeblich. Regelmäßig liegt wirtschaftliches Eigentum vor, wenn alle mit der Beteiligung verbundenen wesentlichen Rechte ausgeübt werden können. 249

Das wirtschaftliche Eigentum an einem Kapitalgesellschaftsanteil geht auf einen Erwerber über (§ 39 Abs. 2 Nr. 1 AO), wenn der Käufer des Anteils 250

- aufgrund eines (bürgerlich-rechtlichen) Rechtsgeschäfts bereits eine rechtlich geschützte, auf den Erwerb des Rechts gerichtete Position erworben hat, die ihm gegen seinen Willen nicht mehr entzogen werden kann,
- die mit dem Anteil verbundenen wesentlichen (Verwaltungs- und Vermögens-)Rechte, insbesondere Gewinnbezugsrechte und Stimmrechte, und
- das Risiko einer Wertminderung und die Chance einer Wertsteigerung auf ihn übergegangen sind (BFH 10.3.1988 – IV R 226/85, BStBl. II 1988, 832; BFH 11.7.2006 – VIII R 32/04, BStBl. II 2007, 296).

Für das wirtschaftliche Eigentum müssen daher dem Steuerpflichtigen zustehen: 251

- das **Verwaltungs- und Verfügungsrecht** (BFH 4.7.2007 – VIII R 68/05, BStBl. II 2007, 937),
- das **Gewinnbezugsrecht** (BFH 18.12.2001 – VIII R 5/00, BFH/NV 2002, 640; BFH 9.10.2008 – IX R 73/06, BStBl. II 2009, 140; BFH 20.7.2010 – IX R 38/09, BFH/NV 2011, 41),
- das **Stimmrecht** (BFH 11.5.2010 – IX R 26/09, BFH/NV 2010, 2067; BFH 20.7.2010 – IX R 38/09, BFH/NV 2011, 41) und
- das Risiko der Wertminderung oder die Chance einer Wertsteigerung (BFH 20.7.2010 – IX R 38/09, BFH/NV 2011, 41 mwN).

Nach ständiger Rechtsprechung ist der Übergang des wirtschaftlichen Eigentums nach dem **Gesamtbild der tatsächlichen Verhältnisse** im jeweiligen Einzelfall zu bestimmen. Eine von der zivilrechtlichen Inhaberstellung abweichende Zuordnung eines Wirtschaftsguts kann deshalb auch anzunehmen sein, wenn die vorstehend genannten Voraussetzungen nicht in vollem Umfang erfüllt sind. Demgemäß ist auch bei der Bestimmung des wirtschaftlichen Eigentums nicht das formal Erklärte oder formal-rechtlich Vereinbarte, sondern das wirtschaftlich Gewollte und das tatsächlich Bewirkte ausschlaggebend (BFH 15.2.2001 – III R 130/95, BFH/NV 2001, 1041; BFH 11.7.2006 – VIII R 32/04, BStBl. II 2007, 296; BFH 9.10.2008 – IX R 73/06, BStBl. II 2009, 140; BFH 5.10.2011 – IX R 57/10, BStBl. II 2012, 318). 252

Daher kommt es nach § 41 AO nicht darauf an, ob das zugrunde liegende Rechtsgeschäft **formwirksam** ist oder nicht. Ausreichend ist allein, dass es tatsächlich durchgeführt wird und die Beteiligten das Ergebnis unter sich gelten lassen (BFH 17.2.2004 – VIII R 26/01, BStBl. II 2004, 651). Nicht ausreichend sind der Abschluss des Kaufvertrags oder die Zahlung des Kaufpreises vor dem Stichtag des Übergangs von Besitz, Nutzen und Lasten. 253

Auch eine **Option** ist nicht ausreichend. Nach der Rechtsprechung sind Erwerbsoptionen nur dann geeignet, die Annahme wirtschaftlichen Eigentums zu begründen, wenn nach dem typischen und für die wirtschaftliche Beurteilung maßgeblichen Geschehensablauf tatsächlich mit einer Ausübung des Optionsrechts gerechnet werden kann (BFH 10.6.1988 – III R 18/85, BFH/NV 1989, 348; BFH 29.7.1981 – I R 62/77, BStBl. II 1982, 107; BFH 26.1.1970 – IV R 144/66, BStBl. II 1970, 264; BFH 25.8.1993 – XI R 6/93, BStBl. II 1994, 23; BFH 4.7.2007 – VIII R 68/05, BStBl. II 2007, 937; *Schmidt/v. Busekist/Drescher* FR 2007, 10). Anders kann dies bei einer wechselseitigen Put-Call-Option sein. Hier kann von einem 254

Übergang des wirtschaftlichen Eigentums auszugehen sein, wenn die mit dem Anteil verbundenen wesentlichen Rechte übergehen (BFH 11.7.2006 – VIII R 32/04, BStBl. II 2007, 296; DPM/*Pung* § 17 Rn. 65).

255 Eine **Pflicht zur Weiterveräußerung,** eine bedingte Rückübertragungsverpflichtung gegen Abfindung oder ein Rücktrittsrecht hindern nicht den Erwerb wirtschaftlichen Eigentums (BFH 17.6.1998 – XI R 55/97, BFH/NV 1999, 9; BFH 18.5.2005 – VIII R 34/01, BStBl. II 2005, 857; LBP/*Rapp* § 17 Rn. 70; Bordewin/Brandt/*Oellerich* § 17 Rn. 137). Auch bei nur kurzfristiger Beteiligung (Durchgangserwerb) kann rechtliches und wirtschaftliches Eigentum übertragen werden (BFH 16.5.1995 – VIII R 33/94, BStBl. II 1995, 870). Eine logische (juristische) Sekunde reicht nicht (BFH 26.1.2011 – IX R 7/09, BStBl. II 2011, 540). Denn in einem derart kurzen Zeitraum erlangt der Steuerpflichtige keine gesellschafterähnliche Position und kann bei wirtschaftlicher Betrachtungsweise nicht alle mit der Beteiligung verbundenen wesentlichen Rechte ausüben.

256 Der **Vorbehaltsnießbraucher,** der alle wesentlichen Gesellschaftsrechte weiter ausüben kann, bleibt wirtschaftlicher Eigentümer (BFH 24.1.2012 – IX R 51/10, BStBl. II 2012, 308; BFH 18.11.2014 – IX R 49/13, BStBl. II 2015, 224; *Binnewies* GmbH-StB 2018, 183 (187)). Maßgeblich abzustellen ist auf das Stimmrecht. Steht dieses über eine Stimmrechtsvollmacht neben den Gewinnausschüttungen dem Vorbehaltsnießbraucher zu, ist er in der Regel auch wirtschaftlicher Eigentümer (*Binnewies* GmbH-StB 2018, 183 (187)). Erst mit Ablösung des Nießbrauchs geht das wirtschaftliche Eigentum auf den Inhaber des Gesellschaftsanteils und vormaligen Nießbrauchsverpflichteten über.

257 *Einstweilen frei*

258 **b) Treuhand.** Treuhandverhältnisse führen zur Zurechnung des Anteils beim **Treugeber** (§ 39 Abs. 2 Nr. 1 S. 2 AO; stRspr, ua BFH 14.10.2003 – VIII R 22/02, BFH/NV 2004, 620; BFH 9.10.2008 – IX R 60/05, BFH/NV 2009, 896). Ein Geschäftsanteil – Aktie oder GmbH-Anteil – ist steuerrechtlich ein Wirtschaftsgut iSd § 39 Abs. 2 Nr. 1 S. 2 AO und stellt einen treugutfähigen Gegenstand dar. Der Treugeber ist daher im Fall der steuerlichen Anerkennung des Treuhandverhältnisses iSv § 17 Abs. 1 unmittelbar beteiligt.

259 Nach der Rechtsprechung des BFH liegt ein Treuhandverhältnis über einen Kapitalgesellschaftsanteil nur vor, wenn die mit der rechtlichen Eigentümer- bzw. Inhaberstellung verbundene Verfügungsmacht (schuldrechtlich) so zu Gunsten des Treugebers eingeschränkt ist, dass das rechtliche Eigentum bzw. die rechtliche Inhaberschaft als **„leere Hülle"** erscheint (BFH 20.1.1999 – I R 69/97, BStBl. II 1999, 514; BFH 24.11.2009 – I R 12/09, BStBl. II 2010, 590). Der Treugeber muss das Treuhandverhältnis beherrschen, und zwar nicht nur nach den mit dem Treuhänder getroffenen Absprachen, sondern auch bei deren tatsächlichen Vollzug (BFH 10.5.2016 – IX R 13/15, BFH/NV 2016, 1556).

260 Das Treuhandverhältnis muss dabei auf ernst gemeinten, **zivilrechtlich wirksam abgeschlossenen und klar nachweisbaren Vereinbarungen** zwischen Treuhänder und Treugeber beruhen und insbesondere auch tatsächlich durchgeführt werden (BFH 4.12.2007 – VIII R 14/05, BFH/NV 2008, 745; LBP/*Rapp* § 17 Rn. 70). Das Handeln des Treuhänders im fremden Interesse muss wegen der vom zivilrechtlichen Eigentum abweichenden Zurechnungsfolge eindeutig erkennbar sein (BFH 15.7.1997 – VIII R 56/93, BStBl. II 1998, 152; BFH 14.10.2003 – VIII R 22/02, BFH/NV 2004, 620).

261 Grundsätzlich bedarf der Treuhandvertrag der **notariellen Form.** Notarielle Form des Treuhandvertrags ist nur dann nicht notwendig, wenn die Treuhand nachgewiesen (§ 159 AO) und tatsächlich durchgeführt worden ist (Schmidt/*Weber-Grellet* § 17 Rn. 51). Denn der Formunwirksamkeit von Verträgen steht nach § 41 AO nicht entgegen, wenn der Vertrag tatsächlich durchgeführt worden ist und die Beteiligten das Ergebnis gegen sich gelten lassen. Eine fehlende vereinbarungsgemäße Durchführung stellt aber ein gewichtiges Indiz gegen die Ernstlichkeit einer Treuhandvereinbarung dar (BFH 28.2.2001 – I R 12/00, BStBl. II 2001, 468; BFH 4.12.2007 – VIII R 14/05, BFH/NV 2008, 745).

262 *Einstweilen frei*

263 **c) Unterbeteiligung.** Ein an einem Kapitalgesellschaftsanteil Unterbeteiligter ist nur dann wirtschaftlicher Eigentümer, wenn er nach dem Inhalt der getroffenen Abrede alle mit der Beteiligung verbundenen Rechte (Vermögens- und Verwaltungsrechte) ausüben und im Konfliktfall auch wirksam durchsetzen kann (BFH 22.7.2008 – IX R 61/05, BFH/NV 2008,

2004; BFH 8.11.2005 – VIII R 11/02, BStBl. II 2006, 253; Schmidt/*Weber-Grellet* § 17 Rn. 50). Der Unterbeteiligte ist daher wirtschaftlicher Eigentümer an den Anteilen, an denen die Unterbeteiligung eingeräumt ist, wenn er an Gewinn und Substanz der Anteile teilnimmt und die Verwaltungs- und Stimmrechte wahrnehmen kann. Befristung oder Kündigungsmöglichkeit der Unterbeteiligung sind ohne Bedeutung (BFH 18.5.2005 – VIII R 34/01, BStBl. II 2005, 857). Die entgeltliche Einräumung einer Unterbeteiligung kann daher zu einer Veräußerung iSd § 17 führen (BFH 18.5.2005 – VIII R 34/01, BStBl. II 2005, 857). Auch die entgeltliche Weitergabe der Unterbeteiligung erfüllt den Tatbestand der Norm. Die unentgeltliche Begründung ist nach § 17 Abs. 1 S. 4, Abs. 2 S. 5 zu würdigen (Schmidt/*Weber-Grellet* § 17 Rn. 52).

Einstweilen frei 264

d) Pfandrechte. Pfandrechte sind nicht in der Lage, wirtschaftliches Eigentum zu begründen. Denn der Pfandrechtsinhaber kann nicht die mit der gesellschaftsrechtlichen Stellung des Eigentümers verbundenen Rechte ausüben. Das Begründen und Innehaben eines Pfandrechts an einem Anteil und dessen Veräußerung führt nicht zur Verwirklichung von § 17 Abs. 1. 265

Beim Nießbrauch kommt es auf die konkrete Ausgestaltung an, wem Gewinnausschüttungen, Stimmrecht und Beteiligung an stillen Reserven zustehen (zudem → Rn. 256). Ist der Vorbehaltsnießbrauch dergestalt ausgestaltet, dass das Stimmrecht und der Bezug der Gewinnausschüttungen beim Vorbehaltsnießbraucher verbleiben, geht das wirtschaftliche Eigentum noch nicht über. In diesem Fall ist der Nießbraucher einem Gesellschafter nach § 39 Abs. 2 Nr. 1 AO gleichzustellen. Beim Zuwendungsnießbrauch geht das wirtschaftliche Eigentum nur über, wenn dem Nießbraucher Stimmrecht und Gewinnausschüttungen zustehen. 266

Bei Sicherungseigentum ist der Anteil dem Sicherungsgeber zuzurechnen (§ 39 Abs. 2 Nr. 1 AO). 267

Einstweilen frei 268

e) Zurechnung Anteile naher Angehöriger. Anteile naher Angehöriger, die diesen als rechtliche oder wirtschaftliche Eigentümer zuzurechnen sind, bleiben bei der Ermittlung der Höhe der Beteiligung **außer Betracht.** Dies ist unabhängig davon, ob diese die Anteile selbst erworben haben oder ob diese vererbt oder geschenkt worden sind. Denn das bloße persönliche Naheverhältnis begründet keine Eigentümerstellung am Anteil und hat auch keinerlei gesellschaftsrechtliche Einflussmöglichkeiten zur Folge. Vielmehr knüpft § 17 allein an die (gesellschaftsrechtliche) Inhaberschaft am jeweiligen Gesellschaftsanteil an. 269

Damit ist es möglich, durch die schenkweise Übertragung von Teilen einer relevanten Beteiligung auf nahe Angehörige eine relevante Beteiligung in mehrere nicht relevante Beteiligungen zu zerlegen. Denn bei einer Schenkung sind die übertragenen Anteile grundsätzlich dem Beschenkten zuzurechnen. Nach Ablauf der Fünf-Jahres-Frist kann dann nicht steuerbar veräußert werden. 270

Die Widerrufsmöglichkeit nach § 530 BGB steht dem wirtschaftlichen Eigentum des Beschenkten nicht entgegen (BFH 27.1.1994 – IV R 114/91, BStBl. II 1994, 635). Eine Rückfallklausel, nach der die Beteiligung ersatzlos an den Schenker zurückfällt, wenn der Beschenkte vor dem Schenker verstirbt und keine leiblichen Abkömmlinge hinterlässt, steht der Zurechnung der Beteiligung beim Beschenkten nicht entgegen (LBP/*Rapp* § 17 Rn. 70). Anders, wenn die Schenkung jederzeit frei widerruflich ist (BFH 16.5.1989 – VIII R 196/84, BStBl. II 1989, 877; KSM/*Schneider* § 17 Rn. B197). 271

Zur Behandlung einer Scheidungsklausel: 272

Eine Scheidungsklausel, wonach im Scheidungsfall ein Gesellschaftsanteil auf den anderen Ehegatten zu übertragen ist, begründet kein wirtschaftliches Eigentum des Begünstigten (BFH 4.2.1998 – XI R 37/97, BStBl. II 1998, 542). Denn eine Scheidungsklausel führt noch nicht dazu, dass der rechtliche Eigentümer sein wirtschaftliches Eigentum verliert (Bordewin/Brandt/*Oellerich* § 17 Rn. 137). Vielmehr führt sie nur zu einer zukünftigen Übertragungsverpflichtung. 272.1

Einstweilen frei 273

f) Betriebliche Personengesellschaft. Gehören die Anteile an einer Kapitalgesellschaft einer Gesamthandsgemeinschaft mit Betriebsvermögen, sind die Anteile der Gesellschaft 274 selbst zuzuordnen. Dies gilt bei originär gewerblichen Personengesellschaften und bei gewerblich geprägten Personengesellschaften. Aufgrund der Betriebsvermögenseigenschaft der Anteile kommt § 17 nicht zur Anwendung.

275 *Einstweilen frei*

276 **g) Vermögensverwaltende Personengesellschaft.** Anteile an einer Kapitalgesellschaft, die sich im Gesamthandsvermögen einer vermögensverwaltenden Personengesellschaft (GbR, OHG, KG) befinden, sind nach § 39 Abs. 2 Nr. 2 AO den Gesellschaftern **anteilig** zuzurechnen (Bruchteilsbetrachtung, EStH 17 (2); BFH 11.7.2006 – VIII R 32/04, BStBl. II 2007, 296; BFH 19.3.1996 – VIII R 15/94, BStBl. II 1996, 312; Schmidt/*Weber-Grellet* § 17 Rn. 56). Die Höhe der Zurechnung bestimmt sich nach der kapitalmäßigen Beteiligung am Gesamthandsvermögen der Personengesellschaft. Hält der Berechtigte jeweils noch Anteile im Alleineigentum, sind diese für Zwecke der Beteiligungsgrenze zusammenzurechnen (Schmidt/*Weber-Grellet* § 17 Rn. 55).

277 Sind an der vermögensverwaltenden Personengesellschaft einzelne Gesellschafter beteiligt, die ihre Anteile in einem Betriebsvermögen halten (Zebra-Personengesellschaft), wird der ihnen zugerechnete Anteil im Fall der Veräußerung nicht von § 17, sondern von den §§ 15, 18 erfasst.

278 *Einstweilen frei*

4. Unmittelbare/mittelbare Beteiligung

279 Der Veräußerer muss an der Kapitalgesellschaft insgesamt zu mindestens 1% „unmittelbar oder mittelbar" beteiligt sein. Dies folgt unmittelbar aus dem Wortlaut der Vorschrift. Ohne die Erwähnung mittelbarer Beteiligungen würden diese von der Vorschrift nicht erfasst und der auf die mittelbare Beteiligung wirtschaftlich entfallende Veräußerungsgewinn bei der Veräußerung einer unmittelbaren Beteiligung wäre nicht erfasst. Da § 17 die mit den Anteilen verbundene Wertsteigerung im Fall der Realisierung der Besteuerung unterwerfen will, erfasst die Vorschrift sowohl unmittelbare als auch mittelbare Beteiligungen. Unmittelbare und mittelbare Beteiligungen werden mithin für die Ermittlung des Überschreitens der Relevanzgrenze **zusammengerechnet.** Dies ist vor dem Hintergrund der Besteuerung nach der Leistungsfähigkeit auch folgerichtig. Die Veräußerung der mittelbaren Beteiligung bewirkt über das Entstehen eines Veräußerungsgewinns automatisch eine Wertsteigerung der unmittelbaren Beteiligung und damit eine Steigerung der steuerlichen Leistungsfähigkeit, die sich zB über erhöhte Ausschüttungen oder einen höheren Veräußerungsgewinn bei der unmittelbaren Beteiligung widerspiegelt. Zudem könnte bei ausschließlicher Erfassung unmittelbarer Beteiligungen die Vorschrift verhältnismäßig einfach umgangen werden, indem eine GmbH oder UG zwischengeschaltet wird. Veräußerer, der den Tatbestand des § 17 Abs. 1 verwirklicht, ist aber immer der unmittelbar Beteiligte. Auf diesen ist daher hinsichtlich der Überschreitung der 1%-Grenze abzustellen. Wenn allein mittelbare Beteiligungen vorliegen, ist es nicht ausreichend, wenn sich allein aus diesen eine Beteiligung von 1% oder mehr ergibt (Bordewin/Brandt/*Oellerich* § 17 Rn. 151).

280 **a) Unmittelbare Beteiligung.** Unmittelbar ist der Veräußerer beteiligt, soweit ihm die Anteile an der Kapitalgesellschaft nach § 39 Abs. 1 AO **selbst zuzurechnen** sind. Maßgebend ist das wirtschaftliche Eigentum. Eine Beteiligung als Treugeber über einen Treuhänder ist eine unmittelbare Beteiligung des Treugebers.

281 Bei Beteiligung über eine ausländische **Basis- oder Briefkastengesellschaft** ohne eigene wirtschaftliche Tätigkeit, für deren Errichtung wirtschaftliche oder sonst beachtliche Gründe fehlen, wird der Steuerpflichtige selbst als Anteilsinhaber behandelt (Bordewin/Brandt/*Oellerich* § 17 Rn. 154). Denn die Zwischenschaltung einer ausländischen Basisgesellschaft in der Rechtsform einer Kapitalgesellschaft im niedrig besteuerten Ausland gilt als Rechtsmissbrauch, wenn für ihre Errichtung und Einschaltung wirtschaftlich beachtliche Gründe fehlen (BFH 23.10.2002 – I R 39/01, BFH/NV 2003, 289).

282 *Einstweilen frei*

283 **b) Mittelbare Beteiligung.** Eine mittelbare Beteiligung ist einer unmittelbaren Beteiligung gleichgestellt. Sie liegt vor, wenn an der Kapitalgesellschaft, deren Anteile veräußert werden, eine weitere Kapitalgesellschaft beteiligt ist, an der der Steuerpflichtige Anteile

hält. Die durch eine mittelbare Beteiligung erreichte Beteiligungshöhe errechnet sich rein verhältnismäßig nach den durch eine oder mehrere Beteiligte vermittelten Beteiligungshöhen. Bei der Ermittlung der Beteiligungshöhe sind alle zum Steuerpflichtigen führenden Beteiligungsverhältnisse zusammenzurechnen. Ob die mittelbare Beteiligung einstufig oder mehrstufig ist, spielt keine Rolle (KSM/*Schneider* § 17 Rn. B137; Schmidt/*Weber-Grellet* § 17 Rn. 67). Auch Zwerganteile sind zu berücksichtigen (BFH 14.10.2003 – VIII R 22/02, BFH/NV 2004, 620).

Von Bedeutung ist die mittelbare Beteiligung nur, wenn auch eine unmittelbare Beteiligung besteht, diese veräußert wird und zu prüfen ist, ob der Veräußerer zu mindestens 1% beteiligt war. Die unmittelbare und die mittelbare Veräußerung sind zusammenzurechnen (Schmidt/*Weber-Grellet* § 17 Rn. 67). Eine alleinige mittelbare Beteiligung stellt keine Beteiligung iSd § 17 dar (BFH 25.2.2009 – IX R 28/08, BFH/NV 2009, 1416; BFH 9.7.2019 – X R 9/17, DStR 2019, 2626). 284

Eine mittelbare Beteiligung liegt bei Zwischenschaltung einer Kapitalgesellschaft vor (H 17 (2) „Mittelbare Beteiligung"). Das gilt auch bei mehrfacher Verschachtelung. Eine Beherrschung ist nicht erforderlich. Auch auf die gesellschaftsrechtlichen Einflussmöglichkeiten kommt es nicht an. Eine mittelbare Beteiligung liegt auch vor, wenn die Anteile durch eine oder mehrere Personengesellschaften mit Betriebsvermögen vermittelt werden. Dies folgt aus der Eigenschaft der Personengesellschaft als zivilrechtlich verselbständigtem Rechtsträger (LBP/*Rapp* § 17 Rn. 84) und gilt auch für die atypisch stille Gesellschaft. 284.1

Keine mittelbare, sondern aufgrund der Regelung in § 23 Abs. 1 Satz 4 eine unmittelbare Beteiligung liegt vor, wenn es sich um eine vermögensverwaltende Personengesellschaft ohne gewerbliches Betriebsvermögen handelt (Bordewin/Brandt/*Oellerich* § 17 Rn. 157). 284.2

Einstweilen frei 285

5. Relevante Beteiligung innerhalb der letzten fünf Jahre

a) Zeitliche Voraussetzung. Eine relevante Beteiligung des Veräußerers muss „innerhalb der letzten fünf Jahre" vor der Anteilsveräußerung bestanden haben (§ 17 Abs. 1 S. 1). Mit der Fünf-Jahres-Frist soll die Umgehung des § 17 durch Teilveräußerungen verhindert werden. Es reicht aus, wenn die Beteiligung zu irgendeinem Zeitpunkt innerhalb dieses Zeitraums bei 1% gelegen hat. Dies gilt auch dann, wenn der Gesellschafter die Beteiligung erst neu erworben hat, nachdem er die Beteiligung zunächst ganz veräußert hat und zwischenzeitlich überhaupt nicht mehr beteiligt war (BFH 20.4.1999 – VIII R 58/97, BStBl. II 1999, 650). Dies muss nicht notwendig bei der Veräußerung sein. Auf die Länge der Beteiligung kommt es nicht an. Eine noch so kurze relevante Beteiligung innerhalb der letzten fünf Jahre verstrickt alle Anteilsveräußerungen (Schmidt/*Weber-Grellet* § 17 Rn. 71; Bordewin/Brandt/*Oellerich* § 17 Rn. 161). Die Voraussetzungen des § 17 Abs. 1 S. 1 liegen daher erst dann nicht mehr vor, wenn seit dem Zeitpunkt, seit dem erstmals infolge des Unterschreitens der Relevanzschwelle keine maßgebliche Beteiligung mehr vorhanden ist, fünf Jahre vergangen sind (LBP/*Rapp* § 17 Rn. 90). 286

Abzustellen ist auf das wirtschaftliche Eigentum. Die veräußerten Anteile müssen nicht mit den Anteilen übersteinstimmen, die innerhalb des Zeitraums zum Vorliegen einer relevanten Beteiligung geführt haben. Auch muss die Beteiligung nicht einheitlich in einem Schritt erworben worden sein, vielmehr reicht ein Erwerb in mehreren (gestaffelten) Einzelakten (BFH 24.4.1997 – VIII R 23/93, BStBl. II 1999, 342; KKB/*Deutschländer* § 17 Rn. 153). Es ist gleichgültig, auf welche Weise der Erwerb erfolgt ist, ob durch entgeltlichen oder unentgeltlichen Erwerb, durch Einzel- oder Gesamtrechtsnachfolge. Im Fall der Kapitalerhöhung ist das zivilrechtliche Entstehen der Anteile, also die Eintragung im Handelsregister, maßgeblich. 287

Es gilt die veranlagungszeitraumbezogene Betrachtungsweise. Das Merkmal „innerhalb der letzten fünf Jahre" ist für jeden abgeschlossenen Veranlagungszeitraum nach der für diesen jeweils geltenden Beteiligungsgrenze zu bestimmen (BFH 11.12.2012 – IX R 7/12, BStBl. II 2013, 372; BFH 11.12.2012 – IX R 34/11, BFH/NV 2013, 539; *Bode* FR 2013, 621; KSM/*Schneider* § 17 Rn. A256; kritisch *Dornheim* FR 2013, 599). 288

Einstweilen frei 289

290 **b) Berechnung der Fünf-Jahres-Frist.** Die Frist berechnet sich nach § 108 AO iVm §§ 187–193 BGB. Maßgeblich sind Jahre, nicht Kalenderjahre oder Veranlagungszeiträume. Es kommt für die Fristberechnung nicht auf den Abschluss des schuldrechtlichen Verpflichtungsgeschäfts, sondern auf den Übergang des wirtschaftlichen Eigentums an. Eine nicht steuerbare Veräußerung kann erfolgen am Tag des Erwerbs +1 (Eins-Plus-Regel). Wird am 25.3.00 erworben, endet die Steuerverstrickung am 25.3.05 um 24.00 Uhr. Am 26.3.05 kann nicht steuerbar veräußert werden.

291 *Einstweilen frei*

292 **c) Zeitpunkt der Beendigung der relevanten Beteiligung.** Hat ein Steuerpflichtiger seine Beteiligung ganz oder teilweise veräußert, ist für die Frage, ab wann er nicht mehr beteiligt ist, auf das wirtschaftliche Eigentum am Anteil abzustellen (BFH 17.2.2004 – VIII R 28/02, BStBl. II 2005, 46; Schmidt/*Weber-Grellet* § 17 Rn. 73). Dies gilt auch bei schuldrechtlicher Rückbeziehung (BFH 18.9.1984 – VIII R 199/81, BStBl. II 1985, 55). Ein schwebend unwirksamer Vertrag wird erst im Zeitpunkt der Genehmigung wirksam.

293 Die Anteilsveränderung durch Kapitalerhöhung wird erst im Zeitpunkt der Eintragung in das Handelsregister (und nicht bereits mit dem Kapitalerhöhungsbeschluss oder der notariellen Beurkundung) wirksam (BFH 14.3.2006 – VIII R 49/04, BStBl. II 2006, 746).

294 *Einstweilen frei*

295 **d) Veräußerungszeitpunkt.** Der Zeitpunkt, von dem an die Fünf-Jahres-Frist zurückzurechnen ist, ist der Zeitpunkt der Übertragung des wirtschaftlichen Eigentums (→ Rn. 249 f.). Es kommt nicht auf den schuldrechtlichen Kaufvertrag an (BFH 10.3.1988 – IV R 226/85, BStBl. II 1988, 832; Schmidt/*Weber-Grellet* § 17 Rn. 74). In der Praxis erfolgt mit dem Abschluss des notariellen Anteilsübertragungsvertrags auch regelmäßig zeitgleich oder zeitnah die Übertragung des wirtschaftlichen Eigentums.

296 *Einstweilen frei*

297 **e) Beteiligungsdauer.** Es kommt nicht darauf an, wie lange der Veräußerer innerhalb des Fünf-Jahres-Zeitraums beteiligt war (BFH 7.7.1992 – VIII R 54/88, BStBl. II 1993, 331). Die relevante Beteiligung zu irgendeinem Zeitpunkt innerhalb der fünf Jahre genügt. Eine unmittelbare Weiterveräußerung ist daher unschädlich.

298 *Einstweilen frei*

299 **f) Erwerbsreihenfolge und Erwerbsgrund.** Ebenfalls ist unbeachtlich, ob der Veräußerer die relevante Beteiligung als Einheit in einem Erwerbsvorgang oder nacheinander in mehreren Schritten in mehreren Anteilsübertragungen erworben hat (gestaffelter Erwerb, BFH 7.7.1992 – VIII R 56/88, BFH/NV 1993, 25). Auch der Rechtsgrund des Erwerbs (Kauf, Tausch, Schenkung, Erbschaft, Vermächtnis) ist ohne Bedeutung.

300 *Einstweilen frei*

301 **g) Zwischenzeitliche Nichtbeteiligung.** Der Gewinn aus der Veräußerung einer nicht wesentlichen Beteiligung an einer Kapitalgesellschaft ist auch dann zu erfassen, wenn der Gesellschafter die Beteiligung erst neu erworben hat, nachdem er zuvor innerhalb des Fünf-Jahres-Zeitraums eine wesentliche Beteiligung insgesamt veräußert hat und mithin vorübergehend überhaupt nicht an der Kapitalgesellschaft beteiligt war (BFH 20.4.1999 – VIII R 58/97, BStBl. II 1999, 650; aA Schmidt/*Weber-Grellet* § 17 Rn. 77; LBP/*Rapp* § 17 Rn. 90; *Weber-Grellet* FR 1999, 760). Dies wird im Schrifttum teilweise mit der Begründung verneint, dass damit der Zweck der Frist – Verhinderung der Umgehung des § 17 durch Teilveräußerungen – nicht erreicht wird. Daher sei auch die Fünf-Jahres-Frist objektbezogen zu verstehen. Gegen diese Auffassung spricht allerdings der eindeutige Wortlaut der Vorschrift.

302 Dies gilt auch für junge Anteile, die ein Gesellschafter nach dem Absinken unter die 1%-Schwelle noch innerhalb der Fünf-Jahres-Frist im Zuge einer Kapitalerhöhung erworben und dann veräußert hat (BFH 10.11.1992 – VIII R 40/89, BStBl. II 1994, 222; Schmidt/*Weber-Grellet* § 17 Rn. 77).

303 *Einstweilen frei*

304 **h) Nichtbeteiligung an Kapitalerhöhung.** Nimmt ein Gesellschafter an einer Kapitalerhöhung nicht teil (disquotale Kapitalerhöhung), kann in der Folge des Absinkens der Beteiligungsquote aus einer relevanten Beteiligung eine nicht relevante werden. Die Fünf-

Jahres-Frist beginnt mit der Eintragung der Kapitalerhöhung im Handelsregister, da die Kapitalerhöhung zu diesem Zeitpunkt wirksam wird (BFH 14.3.2006 – VIII R 49/04, BStBl. II 2006, 746; KKB/*Deutschländer* § 17 Rn. 155; LBP/*Rapp* § 17 Rn. 93; *Schmidt/v. Busekist/Drescher* FR 2007, 10). Allerdings entfällt die Steuerbarkeit erst fünf Jahre nach der Kapitalerhöhung. Nach dem Ablauf der Fünf-Jahres-Frist kann der Steuerpflichtige daher seine Beteiligung nicht steuerbar veräußern, § 17 greift nicht ein (KKB/*Deutschländer* § 17 Rn. 155).

Wird bei einer GmbH im Wege der Kapitalerhöhung ein neuer Gesellschafter aufgenommen und dient diese Kapitalerhöhung nach dem Gesamtbild der Verhältnisse nur dem Zweck, die Beteiligung der bisherigen Gesellschafter unter die Schwelle von 1% herabzusetzen, so liegt ein Missbrauch von Gestaltungsmöglichkeiten des Rechts vor, wenn nach Ablauf von fünf Jahren die Geschäftsanteile der bisherigen Gesellschafter an den neuen Gesellschafter veräußert werden und diese Veräußerung bereits bei der Kapitalerhöhung durch Begründung eines Optionsrechts und einer Erwerbspflicht eingeleitet worden war (BFH 27.1.1977 – IV R 46/76, BStBl. II 1977, 754). **304.1**

Einstweilen frei **305**

i) Verschmelzung/Spaltung. Bei Verschmelzung und Spaltung gilt nach § 13 Abs. 2 S. 3 UmwStG, dass die Anteile des Gesellschafters an der übertragenden Körperschaft durch die Verschmelzung untergehen und durch die Anteile an der übernehmenden Gesellschaft ersetzt werden. Waren die untergehenden Anteile nach § 17 steuerverhaftet, werden die neuen Anteile mit den Anschaffungskosten der alten Anteile bewertet, treten also an die Stelle der alten Anteile („Flohtheorie" bei verschmelzungsgeborenen Anteilen, KKB/*Deutschländer* § 17 Rn. 156). Hier beginnt die Fünf-Jahres-Frist für das Unterschreiten der Relevanzschwelle dann zu laufen, wenn die Beteiligungsquote an der übernehmenden Gesellschaft auf eine Grenze absinkt, die zurückgerechnet auf die Anteile an der übertragenden Gesellschaft einer Beteiligungsquote von weniger als 1% entsprochen hätte (KKB/*Deutschländer* § 17 Rn. 156). **306**

Bei einem Vermögensübergang auf eine Personengesellschaft ohne Betriebsvermögen ist § 17 Abs. 3 nach § 8 Abs. 2 UmwStG nicht anzuwenden. **307**

Bei der Umwandlung einer Kapitalgesellschaft in eine Personengesellschaft gelten die Anteile an der Kapitalgesellschaft iSd § 17 zum Zeitpunkt des steuerlichen Übertragungsstichtags mit den Anschaffungskosten in das Betriebsvermögen der Personengesellschaft als eingelegt (§ 5 Abs. 2 UmwStG). Eine relevante Beteiligung iSd § 17 löst daher immer die Einlagefiktion des § 5 Abs. 1 UmwStG aus. Dies gilt unabhängig davon, wann die Beteiligung erworben wurde. Der Gewinn der Personengesellschaft ist daher so zu ermitteln, als hätte sie die Einlage am steuerlichen Übertragungsstichtag angeschafft. Ein Übernahmeverlust bleibt nach § 4 Abs. 6 UmwStG außer Ansatz (KKB/*Deutschländer* § 17 Rn. 195). **308**

Einstweilen frei **309**

6. Erweiterte Steuerpflicht bei unentgeltlichem Anteilserwerb (§ 17 Abs. 1 S. 4)

War der Veräußerer innerhalb der Fünf-Jahres-Frist des § 17 Abs. 1 S. 1 nicht zu mindestens 1% beteiligt, besteht nach § 17 Abs. 1 S. 4 eine (erweiterte) Steuerpflicht, wenn **310**
- der Veräußerer den veräußerten Anteil innerhalb der letzten fünf Jahre vor der Veräußerung unentgeltlich erworben hat,
- sein unmittelbarer Rechtsvorgänger (oder bei mehrfacher unentgeltlicher Übertragung – „Kettenschenkung" – einer der Rechtsvorgänger) relevant beteiligt war und
- der Rechtsvorgänger bereits im Zeitpunkt der unentgeltlichen Übertragung relevant beteiligt war.

Die Regelung erweitert die Steuerbarkeit des § 17 Abs. 1 S. 1. Sinn und Zweck der Regelung ist die Verhinderung der Steuerverstrickung durch unentgeltliche Übertragungen und die Erfassung der während des Vorbesitzes eingetretenen Wertsteigerung. Anderenfalls könnte der Steuerpflichtige seine Anteile derart auf mehrere Personen unentgeltlich übertragen, dass jeder Erwerber nur noch unterhalb der gesetzlichen Beteiligungsgrenze beteiligt ist und daher bei der nachfolgenden Veräußerung nicht unter § 17 Abs. 1 S. 1 fiele. Die Regelung ist eine spezielle Missbrauchsnorm zu § 42 AO (Kirchhof/*Gosch/Oertel* § 17 Rn. 36). Da Anteile unter 1% nunmehr von § 20 Abs. 2 Nr. 1 erfasst werden und § 20 Abs. 4 **311**

S. 6 den Einzelrechtsnachfolger zum Steuerpflichtigen macht, ist die von der Vorschrift verhinderte Gestaltung ohnehin nicht mehr steuerwirksam möglich.

312 Die Regelung nimmt eine besondere Rolle im EStG ein. Denn sie ordnet eine Übertragung der Wertzuwächse und Wertminderungen auf den Rechtsnachfolger an. Ziel der Regelung ist dabei, Anteile iSd § 17 Abs. 1 S. 1 nicht aus der Steuerverhaftung durch eine unentgeltliche Übertragung entfallen zu lassen. Der unentgeltliche Rechtsnachfolger tritt daher bezogen auf die Steuerverhaftung nach § 17 in alle steuerlichen Merkmale seines Rechtsvorgängers ein. Diese Besonderheit der Regelung ist durch den Charakter als Missbrauchsvermeidungsvorschrift gerechtfertigt.

313 In den Fällen des § 17 Abs. 1 S. 4 wird die Beteiligung nicht im Wege einer gesetzlichen Fiktion in eine wesentliche umqualifiziert. Stattdessen ordnet die Vorschrift an, dass die Beteiligung hinsichtlich der Rechtsfolgen wie eine Beteiligung über der Relevanzschwelle behandelt wird (Blümich/*Vogt* § 17 Rn. 322). Die Vorschrift stellt daher nur eine **Rechtsfolgenverweisung** und keine Rechtsgrundverweisung dar (BFH 25.2.2009 – IX R 26/08, BStBl. II 2009, 658; BFH 24.1.2012 – IX R 8/10, BStBl. II 2013, 363; Blümich/*Vogt* § 17 Rn. 321; Bordewin/Brandt/*Oellerich* § 17 Rn. 172). Ziel ist es auch hier, die im Veräußerungs- oder Liquidationsfall realisierte Steigerung der Leistungsfähigkeit des Steuerpflichtigen der Besteuerung zu unterwerfen.

314 Die Vorschrift ist **objektbezogen** (BFH 24.1.2012 – IX R 8/10, BStBl. II 2013, 363; KSM/*Schneider* § 17 Rn. B159). Mehrere nacheinander erworbene Beteiligungen bleiben jeweils selbständig (Schmidt/*Weber-Grellet* § 17 Rn. 88). Daher sind nach § 17 Abs. 1 S. 4 nur die Anteile steuerverhaftet, die von einem wesentlich beteiligten Rechtsvorgänger unentgeltlich erworben worden sind. Nicht erfasst werden weitere eigene Anteile eines nicht wesentlich Beteiligten. Erwirbt der Steuerpflichtige zu einem späteren Zeitpunkt nach der unentgeltlichen Zuwendung zusätzliche Anteile (entgeltlich oder unentgeltlich) hinzu, werden diese von der erweiterten Steuerverhaftung nicht erfasst (Bordewin/Brandt/*Oellerich* § 17 Rn. 174). Ebenso wenig wird ein im Rahmen einer Kapitalerhöhung übernommener Geschäftsanteil steuerlich durch den zuvor unentgeltlich erlangten Gesellschaftsanteil infiziert (BFH 29.7.1997 – VIII R 80/94, BStBl. II 1997, 727; KKB/*Deutschländer* § 17 Rn. 217).

315 Keine Rolle spielt, wie lange der **Rechtsvorgänger** beteiligt war (BFH 29.7.1997 – VIII R 80/94, BStBl. II 1997, 727; Blümich/*Vogt* § 17 Rn. 323). Entscheidend ist allein, dass die maßgebliche Beteiligung innerhalb der letzten fünf Jahre vor dem Zeitpunkt der Veräußerung der Anteile, wenn auch nur für kurze Zeit, bestanden hat.

316 *Einstweilen frei*

317 **a) Unentgeltlicher Erwerb.** Die Regelung erfasst nur den unentgeltlichen Erwerb unter Lebenden (**Schenkung**) sowie durch **Erbfall** oder **Vermächtnis** seitens des Veräußerers. Die Übertragung von GmbH-Anteilen gegen Versorgungsleistungen an nahe Angehörige gilt als unentgeltlicher Erwerb (BMF 11.3.2010, BStBl. I 2010, 227 Rn. 5, 15). Denn dieser Vorgang ist vergleichbar mit einer Schenkung unter Vorbehaltsnießbrauch, da sich der Übertragende in Gestalt der Versorgungsleistungen zukünftige Erträge „zurückbehält".

318 Eine Übertragung ist unentgeltlich, wenn sie **ohne Gegenleistung** erfolgt. Eine Anteilsübertragung zum Preis von 0 Euro ist unentgeltlich, wenn die Anteile einen Verkehrswert von mehr als Null Euro haben (BFH 1.8.1996 – VIII R 4/92, BFH/NV 1997, 215). Die Abgrenzung erfordert im Regelfall eine Bewertung des Anteils.

319 Zur Behandlung von Vermächtnissen, Auflagen, Pflichtteils- und Erbersatzansprüchen:

319.1 Die Unentgeltlichkeit des Erwerbs bleibt unberührt, wenn der Erbe mit Vermächtnissen, Auflagen, Pflichtteils- oder Erbersatzansprüchen belastet ist (Schmidt/*Weber-Grellet* § 17 Rn. 84; Bordewin/Brandt/*Oellerich* § 17 Rn. 179). Die Aufteilung der Erbmasse im Rahmen der Erbauseinandersetzung ist grundsätzlich unentgeltlich. Dies gilt, solange die Erben Nachlassgegenstände im Rahmen ihrer Erbquote erwerben. Übernimmt ein Erbe hingegen Anteile über seine Erbquote hinaus und leistet Abstandszahlungen an die anderen Erben, so liegt insoweit ein entgeltlicher Erwerb vor (BFH 5.7.1990 – GrS 2/89, BStBl. II 1990, 837).

320 Behandlung der Sacheinlage:

320.1. Die Sacheinlage von Anteilen in eine Kapitalgesellschaft gegen die Gewährung von Anteilen ist tauschähnlich und damit entgeltlich.

Nießbrauchsvorbehalt: 321

Auch eine Übertragung unter Nießbrauchsvorbehalt stellt eine unentgeltliche Übertragung dar (BFH 14.6.2005 – VIII R 14/04, BStBl. II 2006, 15 und BFH 18.11.2014 – IX R 49/13, BStBl. II 2015, 224). Die entgeltliche Ablösung eines unentgeltlich bestellten Nießbrauchs ist keine Veräußerung, sofern die Ablösung auf neuen Verhältnissen beruht (BFH 24.1.2012 – IX R 51/10, BStBl. II 2012, 308). 321.1

Erbauseinandersetzung: 322

Unentgeltlich ist auch die Erbauseinandersetzung, wenn sich im auseinanderzusetzenden Vermögen Anteile iSd § 17 befinden und keine Abstandszahlungen geleistet werden. Dies ist immer dann der Fall, solange der Miterbe Anteile erhält, die von seiner Erbquote erfasst sind. Soweit eine Abfindung gezahlt wird, führt diese zu Entgelt und damit zu einer voll- oder teilentgeltlichen Veräußerung. 322.1

Gemischte Schenkung: 323

Im Fall der **gemischten Schenkung** findet die Vorschrift (nach der erforderlichen Aufteilung des Vorgangs auf der Grundlage der Trennungstheorie) nur auf den unentgeltlichen Teil Anwendung. Die Aufteilung hat anhand des Verhältnisses der Verkehrswerte zu erfolgen (BFH 17.7.1980 – IV R 15/76, BStBl. II 1981, 11). 323.1

Kapitalerhöhung aus Gesellschaftsmitteln: 324

Als unentgeltlich gelten auch die nach einer Kapitalerhöhung aus Gesellschaftsmitteln dem unentgeltlichen Erwerber der Anteile zugeteilten neuen Aktien. Das Gleiche gilt für den Erwerb aufgrund einer verdeckten Gewinnausschüttung, durch Kapitalherabsetzung oder in der Folge einer Liquidation (KKB/*Deutschländer* § 17 Rn. 213). 324.1

Kettenschenkungen: 325

Mehrere aneinander anschließende unentgeltliche Übertragungen werden wie eine Übertragung behandelt. Damit wird eine Umgehung durch Kettenschenkungen verhindert (KKB/*Deutschländer* § 17 Rn. 214). 325.1

Einstweilen frei 326

b) Teilentgeltlicher Erwerb. § 17 Abs. 1 S. 4 erfasst lediglich den voll unentgeltlich übertragenen Anteil. Bei einem teilentgeltlichen Erwerb ist der Vorgang daher nach dem Verhältnis des Verkehrswerts der Anteile in einen entgeltlichen und einen unentgeltlichen Vorgang **aufzuteilen.** Die „Trennungstheorie" findet Anwendung (EStH 17.4 Teilentgeltliche Übertragung). § 17 Abs. 1 S. 4 gilt dann nur für den unentgeltlich übertragenen Anteil (BFH 14.6.2006 – VIII R 37/03, DStRE 2006, 117). 327

Eine **gemischte Schenkung** sowie Übertragungen im Rahmen der vorweggenommenen Erbfolge oder Erbauseinandersetzung, wenn Gleichstellungsgelder oder Abstandszahlungen geleistet werden oder Schuldübernahmen erfolgen, sind teilentgeltlich (DPM/*Pung* § 17 Rn. 75). 328

Teilentgeltlich ist auch ein Anteilserwerb bei Kapitalerhöhung, soweit einzelne Gesellschafter ihr Bezugsrecht zugunsten von Angehörigen nicht ausüben und diese weniger einlegen als die jungen Anteile wert sind. Die jungen Anteile werden von § 17 Abs. 1 S. 4 erfasst (Schmidt/*Weber-Grellet* § 17 Rn. 85). 329

Einstweilen frei 330

c) Fristberechnung. Die Fünf-Jahres-Frist ist vom **Zeitpunkt der Veräußerung** (nicht der unentgeltlichen Übertragung) an zurück zu berechnen. Ausreichend ist, dass der Rechtsvorgänger innerhalb dieses Zeitraums zu irgendeinem Zeitpunkt – dies muss nicht zwingen der Zeitpunkt der unentgeltlichen Übertragung sein – qualifiziert beteiligt war. Dass er zwischenzeitlich für einen bestimmten Zeitraum nicht beteiligt war, spielt keine Rolle (Kirchhof/*Gosch*/*Oertel* § 17 Rn. 38). 331

Ebenfalls spielt keine Rolle, ob der Rechtsvorgänger die Anteile im Privat- oder im Betriebsvermögen (Anlage- oder Umlaufvermögen) gehalten hat. 332

Einstweilen frei 333

IV. Veräußerung

1. Veräußerungsbegriff (§ 17 Abs. 1 S. 1 und 2)

334 **a) Definition.** Der Begriff der Veräußerung ist ein **zentrales Tatbestandsmerkmal** und Grundvoraussetzung für die Anwendung des § 17. Eine Veräußerung iSd § 17 Abs. 1 S. 1 ist die Übertragung des (zumindest) wirtschaftlichen Eigentums gegen Entgelt (BFH 8.4.2014 – IX R 4/13, BFH/NV 2014, 1201; BFH 9.5.2017 – IX R 1/17, BFH/NV 2017, 996). Die Anteile müssen von einer Person auf eine andere gegen Entgelt übertragen werden (BFH 1.10.2014 – IX R 13/13, BFH/NV 2015, 198; Überblick bei *Deutschländer* NWB 2020, 1075). Regelfall ist der Kaufvertrag (§ 433 BGB). Es muss das wirtschaftliche Eigentum übergehen. Die Veräußerung verwirklicht sich daher nicht schon mit dem Kausalgeschäft, sondern erst mit der Übertragung der Anteile (KSM/*Schneider* § 17 Rn. B1).

335 Die Veräußerung iSd § 17 ist ein **eigenständiger einkommensteuerlicher Begriff** und wie in § 16 beim Begriff der Betriebs- oder Teilbetriebsveräußerung auszulegen. Bei der Auslegung des Veräußerungsbegriffs ist zu berücksichtigen, dass die Norm des § 17 Abs. 1 S. 1 nicht das Überspringen von Wertsteigerungen in der Beteiligung vom bisherigen Gesellschafter auf den neuen Gesellschafter besteuern will, sondern die Realisierung der in den Anteilen entstandenen Wertsteigerung. Die Vorschrift besteuert mit der Verwendung des Begriffs Veräußerung nicht die Übertragung von Anteilen, sondern nur den Fall der Veräußerung als eine Art der Übertragung von Beteiligungen. Konsequent ist daher, dass der Begriff der Veräußerung auch Verkäufe zum Preis von 0 EUR oder zum „symbolischen" Preis von 1 EUR erfasst.

336 Auch der **Tausch** (§ 515 BGB) von Anteilen stellt eine Veräußerung dar. Anstelle von Geld besteht die Gegenleistung in der Entgegennahme der eingetauschten Beteiligung. Die Bemessungsgrundlage richtet sich nach § 6 Abs. 6 (→ § 6 Rn. 3012 ff.). Erfasst ist als tauschähnlicher Vorgang auch die Übertragung von Anteilen gegen Gewährung neuer Anteile außerhalb des UmwStG, zB durch offene Sacheinlage in eine Kapitalgesellschaft (BFH 27.3.2007 – VIII R 28/04, BStBl. II 2007, 699). Der Tausch von Anteilen gegen die Gewährung von Gesellschaftsrechten wird ggf. vom UmwStG begünstigt.

337 Unschädlich ist, wenn das Veräußerungsgeschäft mit einer Rückübertragungsverpflichtung verbunden ist oder der Veräußerer ein Optionsrecht auf den Rückerwerb hat (BFH 7.3.1995 – VIII R 29/93, BStBl. II 1995, 693; BFH 25.8.2009 – I R 88/07, I R 89/07, BStBl. II 2016, 438).

338 Als veräußerungsgleiche Vorgänge sind einer Veräußerung gleichzustellen: verdeckte Einlage (§ 17 Abs. 1 S. 2, → Rn. 366 ff.), Kapitalherabsetzung oder Auflösung und Abwicklung (§ 17 Abs. 4, → Rn. 540 ff.).

339 Als Veräußerung gelten auch die Veräußerung von **Bezugsrechten** und der Bezugsrechteverzicht von Altaktionären im Rahmen einer Kapitalerhöhung (→ Rn. 222 ff.). Insoweit liegt die Veräußerung einer „Anwartschaft" vor, wenn der Gesellschafter im Rahmen einer Kapitalerhöhung an dieser nicht teilnimmt und dafür ein Entgelt erhält (BFH 19.4.2005 – VIII R 68/04, BStBl. II 2005, 762; DPM/*Pung* § 17 Rn. 81).

339.1 Dies gilt sowohl für den Fall, dass der neu eintretende Gesellschafter das Entgelt unmittelbar an den bisherigen Altgesellschafter zahlt als auch für den Fall, dass der neue Gesellschafter den Betrag als Aufgeld an die Kapitalgesellschaft zahlt und diese dann das Aufgeld in engem zeitlichen und sachlichen Zusammenhang an den alten Gesellschafter zahlt (BFH 13.10.1992 – VIII R 3/89, BStBl. II 1993, 477).

339.2 Eine teilentgeltliche Veräußerung liegt vor, wenn bei einer Kapitalerhöhung ein teilnehmender Gesellschafter eine Einlage leistet, die unter dem Wert der jungen Anteile liegt (OFD Frankfurt 23.11.2007, DStR 2008, 202). In diesem Fall kann auf der Grundlage von § 7 Abs. 8 ErbStG auch eine Schenkung seitens der Mitgesellschafter vorliegen.

340 Ob die Veräußerung zivilrechtlich wirksam ist oder nicht, spielt keine Rolle. Sie muss nur tatsächlich durchgeführt werden.

341 Gegenstand der Veräußerung ist der einzelne Anteil iSd § 271 Abs. 1 HGB. Der Erwerb eigener Anteile durch die Gesellschaft vom Gesellschafter stellt für diesen eine Veräußerung nach § 17 Abs. 1 S. 1 dar (BFH 6.12.2017 – IX R 7/17, DStR 2018, 516; BMF 27.11.2013,

BStBl. I 2013, 1615 Rn. 20; *Wiese/Lukas* GmbHR 2014, 238 (239); *Mayer* Ubg 2008, 779 (782); *Herzig* DB 2012, 1343 (1350); *Früchtl/Fischer* DStZ 2009, 112 (115)). Bei einem unangemessen hohen Entgelt liegt eine verdeckte Gewinnausschüttung vor. Der überhöhte Teil ist aus dem Veräußerungspreis auszusondern und als verdeckte Gewinnausschüttung nach § 20 Abs. 1 Nr. 1 den Einkünften aus Kapitalvermögen zuzuordnen (HHR/*Eilers/Schmidt* § 17 Rn. 174). Bei einem zu niedrigen Entgelt ist der Vorgang als teilentgeltlicher Vorgang nach der Trennungstheorie in einen entgeltlichen Erwerb und eine Einlage aufzuteilen.

Keine Veräußerung ist die Ausschüttung, auch nicht die Totalausschüttung aller vorhandenen Rücklagen. Auch die bloße Einräumung einer Option stellt noch keine Veräußerung dar. **342**

Ebenfalls spielt keine Rolle, ob die Veräußerung **freiwillig** oder unter **Zwang** (zB durch Zwangsversteigerung, so DPM/*Pung* § 17 Rn. 63) erfolgt. Denn § 17 verlangt keine freiwillige Übertragung der Anteile. Auch die Verwertung von Sicherheiten durch einen Pfandgläubiger oder Sicherheitsnehmer stellt eine Veräußerung iSd § 17 dar. Die bloße Bestellung des Sicherheitsrechts führt aber noch nicht zur Veräußerung. **343**

aa) Gegenleistung. Nur die Übertragung gegen eine **gleichwertige Gegenleistung** (Veräußerungspreis) ist entgeltlich (BFH 8.4.2013 – IX R 4/13, BFH/NV 2014, 1201 mwN; BFH 9.5.2017 – IX R 1/16, BFH/NV 2017, 1168). Veräußerungspreis ist der Wert der Gegenleistung, die der Veräußerer (oder ggf. auf dessen Veranlassung ein Dritter) durch Abschluss des dinglichen Veräußerungsgeschäfts am maßgebenden Stichtag erlangt (BFH 7.3.1995 – VIII R 29/93, BFHE 178, 116, BStBl. II 1995, 693). **344**

Die **Art des Entgelts** spielt keine Rolle. Die Gegenleistung kann in Geld, Wertpapieren, sonstigen Sachwerten oder Leistungen (zB Befreiung von einem Haftungsrisiko) bestehen. Im Fall der Zwangsversteigerung ist der Erlös aus der Versteigerung das Entgelt. **345**

Aus § 17 Abs. 1 S. 4 und § 17 Abs. 2 S. 5 folgt, dass eine unentgeltliche Übertragung nicht von § 17 erfasst wird. **346**

Keine Rolle spielt, woraus sich der Veräußerungspreis zusammensetzt. Auch der Gewinnanteil des Veräußerers aus dem laufenden (§ 101 Nr. 1 BGB) oder vorangegangenen Wirtschaftsjahr gehört als preisbildender Bestandteil zur Gegenleistung (BFH 8.2.2011 – IX R 15/10, BStBl. II 2011, 684). **347**

Bei **Verträgen zwischen fremden Dritten** spricht eine (widerlegbare) Vermutung für ein entgeltliches Geschäft (BFH 21.10.1999 – I R 43/98, I R 44/98, BStBl. II 2000, 424; BFH 9.5.2017 – IX R 1/16, BFH/NV 2017, 1168; *Binnewies* GmbH-StB 2018, 183 (185)). Die bei Verträgen unter fremden Dritten bestehende Vermutung für das Vorliegen eines entgeltlichen Geschäfts ist im Fall der Übertragung eines Kapitalgesellschaftsanteils, für den der Zuwendende hohe Anschaffungskosten getragen hat, nicht alleine wegen eines Freundschaftsverhältnisses zwischen dem Zuwendenden und dem Empfänger als widerlegt anzusehen (BFH 9.5.2017 – IX R 1/16, BFH/NV 2017, 1168). **348**

Die Übertragung **objektiv wertloser Anteile** ohne Gegenleistung zwischen fremden Dritten stellt eine entgeltliche Übertragung (zum Preis von 0 EUR) dar (BFH 1.8.1996 – VIII R 4/92, BFH/NV 1997, 215; BFH 8.4.2014 – IX R 4/13, BFH/NV 2014, 1201; BFH 3.8.2016 – IX R 23/15, BFH/NV 2017, 289; DPM/*Pung* § 17 Rn. 73; Schmidt/*Weber-Grellet* § 17 Rn. 100). Eine Veräußerung ohne faktische Gegenleistung kann dann angenommen werden, wenn der übertragene Anteil in den Augen der Vertragsparteien sowohl subjektiv als auch objektiv wertlos ist (*Deutschländer* NWB 2020, 1075 (1080)). **349**

Denn haben die Parteien eines Anteilsübertragungsvertrags eine Veräußerung vereinbart und die Gegenleistung im Vertrag mit 0 EUR festgelegt, so ergibt sich daraus, dass sie aus ihrer Sicht, dh subjektiv, übereinstimmend dem übertragenen Geschäftsanteil keinen Wert beigemessen haben. Liegen keine Anhaltspunkte dafür vor, dass die Beteiligten diese Vereinbarung nur zum Schein geschlossen haben, besteht für die davon abweichende Annahme einer subjektiven Bewertung mit einem höheren Wert als 0 EUR ungeachtet der persönlichen Motive für die Übertragung und die Übernahme des Übertragungsgegenstands durch den Erwerber kein Raum. **349.1**

Dies gilt auch, wenn ein nur „symbolischer Kaufpreis" von 1 EUR gezahlt wird. Denn die fehlende Gegenleistung ist zwar ein Indiz, aber noch keine hinreichende Voraussetzung für eine schenkweise Übertragung von Anteilen. Eine unentgeltliche Übertragung liegt auch bei der Übertragung eines (objektiv werthaltigen) Anteils gegen einen Kaufpreis von 0 EUR oder einen nur symbolischen Kauf- **349.2** preis von 1 EUR vor (BFH 6.11.2011 – IX R 61/10, BStBl. II 2012, 8; BFH 8.4.2014 – IX R 4/13, BFH/NV 2014, 1201).

350 Anders ist dies bei der Übertragung von Anteilen unter **nahestehenden Personen** (BFH 10.11.1998 – VIII R 28/97, BFH/NV 1999, 616; BFH 3.8.2016 – IX R 23/15, BFH/NV 2017, 289; *Deutschländer* NWB 2020, 1075 (1077)). Hier gehen Zweifel an der Entgeltlichkeit zu Lasten des Steuerpflichtigen. Haben einander nahestehende Personen für die Übertragung eines Anteils keinen oder lediglich einen symbolischen Kaufpreis vereinbart, kann eine Veräußerung (ohne Gegenleistung) nur angenommen werden, wenn feststeht, dass der übertragene Anteil sowohl in den Augen der Vertragsparteien als auch objektiv wertlos ist. Erfolgt hier eine Veräußerung eines werthaltigen Anteils zum Preis von 0 EUR, ist im Wege einer widerlegbaren Vermutung davon auszugehen, dass der Kaufpreis aus Gründen des Näheverhältnisses so angesetzt worden ist und es wird eine unentgeltliche Übertragung zugrunde gelegt.

350.1 Bei einander nahestehenden Personen gehen Zweifel an der Entgeltlichkeit zu ihren Lasten; denn bei ihnen kann nicht unterstellt werden, dass sie Leistung und Gegenleistung im Regelfall nach kaufmännischen Gesichtspunkten ausgehandelt haben. Was unter „einander nahestehenden Personen" zu verstehen ist, ist gesetzlich nicht definiert. Maßgebend ist, ob unter Berücksichtigung der Gesamtheit der objektiven Gegebenheiten ein den Gleichklang wirtschaftlicher Interessen indizierendes, den Einzelfall bestimmendes Näheverhältnis angenommen werden kann (BFH 3.8.2016 – IX R 23/15, BFH/NV 2017, 289; *Binnewies* GmbH-StB 2018, 183 (186 f.); *Deutschländer* NWB 2020, 1075 (1076 f.)).

351 Keine Veräußerung stellt die **Einziehung** dar. Die Einziehung führt nach § 34 GmbHG zum Untergang der Anteile. Diese stellt wirtschaftlich somit vielmehr eine Teilliquidation iSd § 17 Abs. 4 dar (Schmidt/*Weber-Grellet* § 17 Rn. 101; aA Blümich/*Vogt* § 7 Rn. 400; KSM/*Schneider* § 17 Rn. B45; Bordewin/Brandt/*Oellerich* § 17 Rn. 428; *Wollweber/Ruske* GmbHR 2015, 785 (787); offen gelassen in BFH 22.7.2008 – IX R 15/08, BStBl. II 2008, 927).

352 Auch die **Veräußerung von Anteilen an die eigene Kapitalgesellschaft** ist eine entgeltliche Veräußerung (FG Rheinland-Pfalz 7.9.2016 – 1 K 1725/14, EFG 2017, 724 Rev. als unbegründet zurückgewiesen durch BFH 6.12.2017 – IX R 7/17, BFHE 260, 163; Blümich/*Vogt* § 17 Rn. 405; *Ott* Stbg 2017, 340 (342); *Wiese/Lukas* GmbHR 2014, 238 (239)). Erwirbt eine Kapitalgesellschaft eigene Anteile, führt dies wirtschaftlich betrachtet auf der Ebene der Kapitalgesellschaft zu einer Minderung ihres Vermögens. Dies deckt sich auch mit der bilanziellen Behandlung in § 272 Abs. 2a HGB (BMF 27.11.2013, BStBl. I 2013, 1615; Kirchhof/*Gosch/Oertel* § 17 Rn. 55; Schmidt/*Weber-Grellet* § 17 Rn. 102). Die auf der Ebene der Gesellschaft anknüpfenden handelsrechtlichen Grundsätze führen nicht dazu, dass auf Ebene des Gesellschafters eine Veräußerung abzulehnen ist. Denn die Trennung der Gesellschafts- von der Gesellschafterebene und das Fehlen eines steuergesetzlichen Korrespondenzprinzips zwischen beiden Ebenen für den Erwerb eigener Anteile durch die Gesellschaft gibt keine mit der steuerrechtlichen Behandlung bei der Gesellschaft korrespondierende oder spiegelbildliche Behandlung auf der Gesellschafterebene vor.

353 Der Erwerb mittels **Erbfall** oder **Schenkung** ist unentgeltlich.

353.1 Eine Übertragung durch Schenkung setzt voraus, dass die Anteilsübertragung ohne Gegenleistung erfolgt und die Vertragspartner sich darüber geeinigt haben, dass Gegenstand der Übertragung werthaltige Anteile sind. Zivilrechtlich setzt die Schenkung objektiv eine Bereicherung des Empfängers durch die Zuwendung aus dem Vermögen eines anderen und subjektiv die Einigung über die Unentgeltlichkeit voraus (KSM/*Schneider* § 17 Rn. B45; KSM/*Schneider* § 17 Rn. B70). Auch der Erwerb in Erfüllung eines Vermächtnisses ist unentgeltlich. Gleiches gilt für die Erbauseinandersetzung ohne Abfindungszahlung. Werden im Rahmen einer Erbauseinandersetzung jedoch Ausgleichszahlungen/Gleichstellungsgelder an Miterben oder weichende Erben geleistet, führen diese zu Entgelt (BMF 14.3.2006, BStBl. I 2006, 253).

354 Das Gleiche gilt für die Einlage von Anteilen in eine Kapitalgesellschaft, die über die Kapitalrücklage iSd § 272 Abs. 2 Nr. 4 HGB zu buchen ist. Die Einlage ohne Gewährung von Gesellschaftsrechten stellt eine verdeckte Einlage dar und ist mangels Gewährung von Gesellschaftsrechten ein unentgeltlicher Vorgang. Die Beteiligung ist in der Gesamthandsbilanz der Personengesellschaft nach § 6 Abs. 1 Nr. 5 S. 1 Buchst. b mit den Anschaffungskosten zu aktivieren.

Wird eine im Privatvermögen gehaltene wesentliche Beteiligung in das Betriebsvermögen einer Mitunternehmerschaft eingebracht, an der der Einbringende beteiligt ist, und erhält er Anteile an der Personengesellschaft als Gegenleistung, liegt eine Veräußerung gegen Entgelt vor (BFH 21.10.1976 – IV R 210/72, BStBl. II 1977, 145; Bordewin/Brandt/*Oellerich* § 17 Rn. 227). Die Beteiligung ist bei der Personengesellschaft mit ihrem gemeinen Wert zu aktivieren, da insoweit ein tauschähnlicher Vorgang vorliegt. Allerdings liegt eine Veräußerung nur quotal insoweit vor, als der übertragende Gesellschafter der Kapitalgesellschaft an der übernehmenden Personengesellschaft nicht beteiligt ist (Bordewin/Brandt/*Oellerich* § 17 Rn. 228). Erfolgt die Einbringung in das Betriebsvermögen der Personengesellschaft ohne Gewährung von Anteilen an der Personengesellschaft als Gegenleistung, liegt keine Veräußerung, sondern eine Einlage vor (Blümich/*Vogt* § 17 Rn. 685). Der Ansatz der Anteile bei der Personengesellschaft erfolgt nach § 6 Abs. 1 Nr. 5 Buchst. b. 355

Nicht zum Entgelt gehören Leistungen, die nur **gelegentlich der Anteilsveräußerung,** aber nicht als Gegenleistung für diese, erbracht werden. Dies gilt auch dann, wenn ein Gesamtentgelt vereinbart worden ist (BFH 11.3.2003 – IX R 76/99, BFH/NV 2003, 1161; Blümich/*Vogt* § 17 Rn. 475). Dies kann zB der Fall sein, wenn neben dem Kaufpreis ein Wettbewerbsverbot vereinbart wird (BFH 11.3.2003 – IX R 76/99, BFH/NV 2003, 1161) oder gesonderte Leistungen vergütet werden, etwa für die Verpflichtungen aus einer Poolvereinbarung (BFH 11.4.2017 – IX R 46/15, BFH/NV 2017, 1030). 356

Einstweilen frei 357

bb) Anschaffungskosten bei Entstehen einer relevanten Beteiligung. Kommt es erst durch den Erbfall oder in der Folge einer Erbauseinandersetzung zum Entstehen einer relevanten Beteiligung, sind die Anschaffungskosten folgendermaßen zu ermitteln: Hinsichtlich der bereits gehaltenen Anteile sind die historischen Anschaffungskosten zugrunde zu legen, hinsichtlich der vom Rechtsvorgänger im Rahmen der Erbquote übernommenen Anteile kommt es auf dessen Anschaffungskosten an. 358

Einstweilen frei 359

2. Einlage

a) Einfache Einlage. Eine Einlage stellt grundsätzlich noch **keine Veräußerung** dar. Dies gilt jedenfalls, wenn Anteile aus dem eigenen Privatvermögen einer natürlichen Person in deren Betriebsvermögen oder Sonderbetriebsvermögen eingelegt werden (§ 6 Abs. 1 Nr. 5) und keine Gesellschaftsanteile als Gegenleistung gewährt werden. Werden Gesellschaftsanteile als Gegenleistung gewährt, handelt es sich um einen Tausch und keine Einlage (→ Rn. 336). 360

Der Ansatz erfolgt nach § 6 Abs. 1 Nr. 5 S. 1 Buchst. b mit dem Buchwert, wenn im Zeitpunkt der Einlage eine qualifizierte Beteiligung besteht. Es kommt nicht darauf an, dass der eingelegte Anteil selbst eine qualifizierte Beteiligung darstellt. Erforderlich und ausreichend ist vielmehr, dass der Steuerpflichtige an der Kapitalgesellschaft selbst qualifiziert iSd § 17 Abs. 1 S. 1 beteiligt ist (BFH 5.6.2008 – IV R 73/05, BStBl. II 2008, 965). 361

Einstweilen frei 362

b) Offene Sacheinlage. Die Übertragung von Anteilen auf eine Kapitalgesellschaft gegen die **Gewährung neuer Anteile** stellt eine Veräußerung in Gestalt eines Tauschs dar. Insoweit findet § 6 Abs. 6 S. 1 Anwendung (BFH 6.4.2009 – IX B 204/08, BFH/NV 2009, 1262; Bordewin/Brandt/*Oellerich* § 17 Rn. 205). Der Gewinn oder Verlust ermittelt sich aus dem Unterschiedsbetrag zwischen dem gemeinen Wert der erlangten Anteile und den Anschaffungskosten der hingegebenen Anteile. Dies gilt unabhängig vom Bilanzansatz bei der aufnehmenden Gesellschaft. 363

Erfolgt die Einlage in das **Sonderbetriebsvermögen** bei einer Personengesellschaft, liegt ebenfalls eine Einlage und keine Veräußerung vor (DPM/*Pung* § 17 Rn. 102). Die Einlage in das Gesamthandsvermögen gegen Gutschrift auf dem Kapitalkonto des Gesellschafters stellt hingegen keine Einlage, sondern eine Veräußerung gegen Gewährung von Gesellschaftsrechten dar. Nach BFH 19.10.1998 – VIII R 69/95, BStBl. II 2000, 230 handelt es 364 sich um einen tauschähnlichen Vorgang, auch dann wenn teilweise das gesamthänderisch gebundene Kapitalkonto bebucht wird. Die übernehmende Personengesellschaft hat den Anteil an der Kapitalgesellschaft mit dem gemeinen Wert zu aktivieren (aA *Schmidt/Hageböke* DStR 2003, 1813). Eine Einlage liegt nur vor, wenn die Einlage ausschließlich auf ein gesamthänderisch gebundenes Kapitalkonto erfolgt (BMF 11.7.2001, BStBl. I 2011, 713; *Levedag* GmbHR 2013, 243 (248 f.); DPM/*Pung* § 17 Rn. 103).

365 *Einstweilen frei*

366 **c) Verdeckte Einlage (§ 17 Abs. 1 S. 2).** § 17 Abs. 1 S. 2 bestimmt, dass die verdeckte Einlage von im Privatvermögen gehaltenen Gesellschaftsanteilen an einer Kapitalgesellschaft für den Gesellschafter der **Veräußerung der Anteile** gleichsteht. An die Stelle des Veräußerungspreises tritt der gemeine Wert der Anteile. § 17 Abs. 1 Satz 2 enthält dabei eine eigenständige steuerliche Fiktion. Zwar führt eine verdeckte Einlage handelsrechtlich zur Erfassung eines entsprechenden Zugangs in der Kapitalrücklage (§ 272 Abs. 2 Nr. 4 HGB) und auch im steuerlichen Einlagekonto (§ 27 KStG). Dies ist aber nicht Voraussetzung für die Anwendung des § 17 Abs. 1 S. 2. Auch wenn ein entsprechender Zugang in der Kapitalrücklage und/oder im Einlagekonto (versehentlich) nicht erfasst war, können die Rechtsfolgen des § 17 Abs. 1 S. 2 eintreten.

367 Hintergrund der Regelung des § 17 Abs. 1 S. 2 ist eine Änderung der BFH-Rechtsprechung. Der BFH hatte in Abkehr von seiner bisherigen Rechtsprechung entschieden, dass es sich bei der verdeckten Einlage nicht mehr um einen entgeltlichen, sondern einen unentgeltlichen Vorgang handelt (BFH 27.7.1988 – I R 147/83, BStBl. II 1989, 271, anders noch BFH 12.2.1980 – VIII R 114/77, BStBl. II 1980, 494; *Dorn* Ubg 2018, 636).

367.1 Als Gegenleistung kann auch nicht die Werterhöhung angesehen werden, die die Beteiligung in der Folge der verdeckten Einlage erhält. Denn diese Wertsteigerung stellt nur eine Reflexwirkung der verdeckten Einlage dar. Sie ist nicht die Gegenleistung im Sinne eines Veräußerungspreises.

368 Verdeckte Einlagen sind – im Gegensatz zu offenen Einlagen gegen Gewährung von Gesellschaftsrechten – Zuwendungen eines einlagefähigen Vermögensvorteils seitens eines Anteilseigners oder einer ihm nahestehenden Person an seine Kapitalgesellschaft **ohne wertadäquate Gegenleistung,** die ihre Ursache im Gesellschaftsverhältnis haben (BFH 7.7.1992 – VIII R 24/90, BStBl. II 1993, 333). Werden Anteile auf die Kapitalgesellschaft, an der der Gesellschafter beteiligt ist, oder an eine andere Kapitalgesellschaft übertragen, bei der derselbe Gesellschafter ebenfalls beteiligt ist, und werden keine neuen Anteile und auch keine nach dem Wert der Anteile bemessene Bar- oder Sachvergütung als Gegenleistung gewährt, liegt daher eine verdeckte Einlage vor (BFH 14.7.2009 – IX R 6/09, BFH/NV 2010, 397).

369 Wird eine Gegenleistung gewährt und bleibt diese hinter dem Wert der eingelegten Anteile zurück, liegt eine **gemischte verdeckte Einlage** vor. Dies gilt auch bei einer nicht verhältniswahrenden disquotalen Verschmelzung (BFH 9.11.2010 – IX R 24/09, BStBl. II 2011, 799; BFH 6.12.2016 – IX R 7/16, BFH/NV 2017, 724; Schmidt/*Weber-Grellet* § 17 Rn. 110).

370 § 17 Abs. 1 S. 2 erfasst auch den Fall der **mittelbaren verdeckten Einlage.** Wendet zB ein Gesellschafter Anteile an einer Kapitalgesellschaft der Kapitalgesellschaft zu, an der er und ein weiterer Gesellschafter beteiligt sind und erfolgt dies im Hinblick auf die gesellschaftsrechtliche Beteiligung des weiteren Gesellschafters, kann darin eine mittelbare verdeckte Einlage des weiteren Gesellschafters liegen. Die mittelbare verdeckte Einlage muss dabei aber stets ihre Veranlassung im Gesellschaftsverhältnis haben. Ein bloßes Angehörigenverhältnis iSv § 15 AO reicht nicht aus.

371 Die verdeckte Einlage führt dazu, dass sich nach Maßgabe des § 255 HGB die Anschaffungskosten des (verbleibenden) Gesellschafters auf seine Gesellschaftsanteile erhöhen (nachträgliche Anschaffungskosten). Die Bewertung richtet sich nach § 6 Abs. 1 Nr. 5.

372 Eine verdeckte Einlage liegt auch vor, wenn der Gesellschafter seine Anteile ganz oder teilweise an die Gesellschaft veräußert und diese dort zu **eigenen Anteilen** werden (BFH 6.12.2016 – IX R 7/16, BFH/NV 2017, 724).

372.1 Eine verdeckte Einlage kann somit vorliegen, wenn die Anteile an eine Gesellschaft übertragen werden, an der eine nahestehende Person beteiligt ist und der einlegende Gesellschafter zugleich aus der Gesellschaft ausscheidet (BFH 20.1.2016 – II R 40/14, BFH/NV 2016, 848; HHR/*Watermeyer* KStG § 8 Rn. 333). Denn auch wer mit der Leistung der Einlage als Gesellschafter ausscheidet, kann die Leistung noch als Gesellschafter erbringen, auch wenn diese Leistung dem übertragenen Gesellschaftsanteil nicht mehr nützlich ist. Die Folgerungen für das Einlagekonto sind bei der nahestehenden Person zu ziehen. Diese hat erhöhte Anschaffungskosten, die sich im Fall einer Veräußerung oder Liquidation auswirken. Ausführungen im Schrifttum (*Schmid* DStR 2017, 1306) erkennen hier ein Gestaltungsmodell, weil sich anlässlich der Veräußerung an die Gesellschaft wegen der Einlage die Anschaffungskosten erhöhten. Diese Ansicht ist unzutreffend. Tätigt der Gesellschafter mit der (verbilligten) Veräußerung oder der unentgeltlichen Übertragung von Anteilen eine verdeckte Einlage, erhöhen sich die Anschaffungskosten für die weiterhin von ihm gehaltenen Anteile, nicht die der veräußerten Anteile. Scheidet der Gesellschafter in der Folge der verdeckten Einlage ganz aus der Gesellschaft aus, sind die Folgen aus der verdeckten Einlage bei der weiterhin in der Gesellschaft verbleibenden nahestehenden Person zu ziehen. Die erhöhten Anschaffungskosten wirken sich erst bei der Veräußerung durch diese aus.

An die Stelle des Veräußerungspreises tritt im Fall der verdeckten Einlage nach § 17 Abs. 2 S. 2 der **gemeine Wert.** 373

Die verdeckt eingelegten Anteile wären bei der aufnehmenden Kapitalgesellschaft bei Anwendung des § 6 Abs. 1 Nr. 5 S. 1 Buchst. b im Rahmen der Bilanzierung mit ihren ursprünglichen Anschaffungskosten anzusetzen. Dann würden allerdings die beim Anteilseigner schon besteuerten stillen Reserven im Falle einer Ausgabe der Anteile nochmals besteuert. Deshalb werden die Anteile in teleologischer Reduktion des § 6 Abs. 1 Nr. 5 S. 1 Buchst. b zum Teilwert nach § 6 Abs. 1 Nr. 1 Hs. 1 angesetzt. Die Anschaffungskosten der Beteiligung an der aufnehmenden Gesellschaft werden ebenfalls mit diesem Wert angesetzt (BFH 4.3.2009 – I R 32/08, BStBl. II 2012, 341; BMF 2.12.1998, BStBl. I 1998, 1227; KSM/*Schneider* § 17 Rn. B 61; Blümich/*Vogt* § 17 Rn. 427; Schmidt/*Weber-Grellet* § 17 Rn. 110; Bordewin/Brandt/*Oellerich* § 17 Rn. 210; DPM/*Pung* § 17 Rn. 98). 373.1

Einstweilen frei 374

3. Übertragung durch/auf Personengesellschaften

a) Vermögensverwaltende Personengesellschaft. Hält eine vermögensverwaltende Personengesellschaft einen Anteil iSd § 17, gilt nach § 39 Abs. 2 Nr. 2 AO die **Bruchteilsbetrachtung.** Wird der Anteil an der vermögensverwaltenden Personengesellschaft übertragen, wird dies wie eine (anteilige) Übertragung des Anteils an der Kapitalgesellschaft eingeordnet. Die Übertragung erfolgt dabei nicht auf der Ebene der Personengesellschaft, sodass der Vorgang nicht ggf. in der gesonderten und einheitlichen Gewinnfeststellung der Personengesellschaft zu erfassen ist. Vielmehr liegt ein Vorgang auf der Ebene des Gesellschafters vor. 375

Die Anteilsübertragung auf eine vermögensverwaltende Personengesellschaft führt dazu, dass aus der unmittelbaren Beteiligung eine mittelbare Beteiligung wird. Eine Veräußerung liegt nicht vor, soweit die Beteiligung dem Übertragenden auch nach der Übertragung nach § 39 Abs. 2 Nr. 2 AO zuzurechnen ist. Insoweit liegt nur eine einkommensteuerlich unerhebliche Verschiebung im Privatvermögen des Gesellschafters vor. Soweit der Übertragende aufgrund der gesamthänderischen Bindung nicht mehr an dem Anteil beteiligt ist, liegt eine Übertragung auf den oder die Mitgesellschafter der vermögensverwaltenden Personengesellschaft vor. 376

Einstweilen frei 377

b) Gesamthandsgemeinschaft mit Betriebsvermögen. Gehören die Anteile an einer Kapitalgesellschaft einer Personengesellschaft mit Betriebsvermögen (gewerblich tätig oder gewerblich geprägt), liegen keine Anteile iSd § 17 mehr vor. Die Veräußerung wird daher nicht von der Vorschrift erfasst. 378

Die Übertragung eines im Privatvermögen gehaltenen Anteils auf eine Personengesellschaft mit Betriebsvermögen ohne Gewährung von Gesellschaftsrechten stellt eine Einlage des Anteils dar. Eine Veräußerung liegt nicht vor. Die Personengesellschaft führt aber nach § 6 Abs. 1 Nr. 5 S. 1 Buchst. b die Anschaffungskosten des Rechtsvorgängers fort. 379

Die Veräußerung einer Beteiligung iSd § 17 an eine Mitunternehmerschaft, an der der Veräußerer beteiligt ist, ist nach § 17 steuerbar (BFH 21.10.1976 – IV R 210/72, BStBl. II 1977, 145). § 16 Abs. 3 Satz 2 findet im Fall des § 17 keine (auch nicht analoge) Anwendung. 380

381 *Einstweilen frei*

4. Umwandlungsvorgänge

382 Die Verschmelzung einer Kapitalgesellschaft auf eine Personengesellschaft mit Betriebsvermögen gilt als Auflösung der Kapitalgesellschaft nach § 17 Abs. 4. § 17 ist nicht anzuwenden, wenn das Vermögen der übertragenden Gesellschaft bei der übernehmenden Gesellschaft Betriebsvermögen wird (§ 5 Abs. 2 UmwStG).

383 Gleiches gilt beim Formwechsel oder der Verschmelzung auf den Alleingesellschafter.

384 Wird das Vermögen der übertragenden Kapitalgesellschaft Privatvermögen beim übernehmenden Gesellschafter oder bei einer vermögensverwaltenden Personengesellschaft, findet § 17 Anwendung (§ 8 Abs. 2 UmwStG). Der Freibetrag nach § 17 Abs. 3 findet wegen des Ausschlusses in § 8 Abs. 2 UmwStG keine Anwendung. Denn dieser wäre der Übernehmerin bei einer Umwandlung auf ein Betriebsvermögen ebenfalls nicht zu gewähren (RHL/*Trossen* UmwStG § 8 Rn. 35).

385 Wird eine Kapitalgesellschaft auf eine andere Kapitalgesellschaft verschmolzen, hat dies nach § 13 UmwStG auf den nach § 17 beteiligten Gesellschafter keine Auswirkung.

386 *Einstweilen frei*

V. Bemessungsgrundlage und Rechtsfolgen der Anteilsveräußerung (§ 17 Abs. 2, Abs. 3)

1. Steuerbemessungsgrundlage

387 § 17 Abs. 2 regelt die Bemessungsgrundlage des § 17 in Form eines **eigenständigen Tatbestandsmerkmals.** Bemessungsgrundlage ist der Betrag, um den der Veräußerungspreis (oder der gemeine Wert verdeckt eingelegter Anteile) die Veräußerungskosten und die Anschaffungskosten übersteigt. Erfasst wird damit die Wertsteigerung bzw. die Wertminderung zwischen Anschaffung und Veräußerung. Im Fall eines positiven Unterschiedsbetrags liegt ein Veräußerungsgewinn, im Fall eines negativen Unterschiedsbetrags ein Veräußerungsverlust vor.

388 Der Gewinn oder Verlust gehört zu den Einkünften aus Gewerbebetrieb. Gewerbesteuer fällt mangels Vorliegens eines Gewerbebetriebs iSd § 2 GewStG nicht an (GewStR 7 Abs. 3 S. 1).

389 Das **Teileinkünfteverfahren** nach § 3 Nr. 40 Buchst. c findet auf alle Bestandteile (Veräußerungspreis, Anschaffungskosten, Veräußerungskosten) Anwendung (→ § 3 Nr. 40 Rn. 92). Es sind nur 60% des Veräußerungspreises oder des gemeinen Werts anzusetzen. Auch die Veräußerungskosten und die Anschaffungskosten werden nach § 3c Abs. 2 nur mit 60% angesetzt (→ § 3c Rn. 116).

390 **a) Ermittlung des Veräußerungsgewinns. aa) Bestandteile.** § 17 Abs. 2 S. 1 stellt eine **Gewinnermittlungsvorschrift eigener Art** dar. Die Vorschrift enthält Besonderheiten, die sich mit der Sonderform des Einkünftetatbestands selbst erklären, insbesondere mit der Fiktion von Einkünften aus Gewerbebetrieb und dem Umstand, dass § 17 Einkünfte im Privatvermögen erfasst, diese allerdings den gewerblichen Einkünften zuordnet (KSM/*Schneider* § 17 Rn. C2). Der Veräußerungsgewinn oder -verlust ist stichtagsbezogen zu ermitteln. Die Gewinnermittlung ist nach § 17 Abs. 2 nicht nach dem Zuflussprinzip des § 11, sondern nach einer **Stichtagsbewertung auf den Zeitpunkt der Entstehung des Gewinns oder Verlusts** vorzunehmen (stRspr, zuletzt BFH 1.7.2014 – IX R 47/13, BStBl. II 2014, 786). Es handelt sich daher um einen „Einmaltatbestand". Die Regelung in § 17 Abs. 1 S. 2 deckt sich insoweit mit der Regelung in § 16 Abs. 2. Sie stimmt nicht in jeder Beziehung mit der Gewinnermittlung nach §§ 4 ff. überein, vielmehr sind die Modifikationen der Absätze 2 bis 4 zu beachten (LBP/*Rapp* § 17 Rn. 170). Für § 17 sind sämtliche Faktoren für die Gewinnermittlung in Abs. 2 festgelegt. Daneben kommt hinsichtlich der Veräußerungskosten oder der vergeblichen Aufwendungen kein Abzug als Werbungskosten oder Betriebsausgaben in Betracht (BFH 16.4.1991 – VIII R 100/87, BStBl. II 1992, 234).

391 Maßgebender **Zeitpunkt** der Gewinn- oder Verlustrealisierung ist derjenige, zu dem bei einer Gewinnermittlung durch Betriebsvermögensvergleich gemäß § 4 Abs. 1, § 5 nach

handelsrechtlichen Grundsätzen ordnungsmäßiger Buchführung der Gewinn oder Verlust realisiert wäre (BFH 30.6.1983 – IV R 113/81, BStBl. II 1983, 640 und BFH 2.10.1984 – VIII R 20/84, BStBl. II 1985, 428; BFH 1.7.2014 – IX R 47/14, BStBl. II 2014, 786).

Diese Grundsätze gelten entsprechend für die Ermittlung eines **Auflösungsgewinns oder -verlusts** nach § 17 Abs. 4. Bei der Auflösung (Liquidation) tritt an die Stelle des Veräußerungspreises das ausgekehrte Vermögen. Bei der Auflösung einer Kapitalgesellschaft erfolgt eine Stichtagsbewertung auf den Zeitpunkt der Gewinn- oder Verlustrealisierung. Bei dieser sind alle am jeweiligen Bilanzstichtag vorhersehbaren Risiken und Verluste zu berücksichtigen, die bis zum Zeitpunkt des Abschlusses der Liquidation – oder bis zu dem an seine Stelle tretenden Zeitpunkt – noch entstehen werden (§ 4 Abs. 1 EStG, § 5 EStG, § 252 Abs. 1 Nr. 4 HGB). Es sind deshalb auch Sachverhalte zu berücksichtigen, die die GmbH am Bilanzstichtag zur Bildung einer Rückstellung verpflichten würden. Denn in diesem Umfang sind Zuteilungen und Rückzahlungen von Vermögen der Gesellschaft iSv § 17 Abs. 4 S. 2 nicht mehr wahrscheinlich. 392

Folge der stichtagsbezogenen Betrachtung ist, dass die **Wertsteigerungen zwischen Anschaffung und Veräußerung** steuerbar sind, auch wenn zB Teile der Beteiligung nach der Anschaffung zunächst nicht steuerverhaftet sind. Dies kann der Fall sein, wenn der Steuerpflichtige zunächst eine 0,9%ige Beteiligung erwirbt, diese später auf über 1% aufstockt und dann veräußert. Es ist in diesem Fall der gesamte Wertzuwachs zu versteuern, auch wenn er teilweise dann entstanden ist, als die Beteiligung noch nicht steuerverhaftet war (BFH 19.1.1999 – VIII B 80/98, BStBl. II 1999, 486). Denn es reicht aus, dass der Steuerpflichtige innerhalb des Fünf-Jahres-Zeitraums zu irgendeinem Zeitpunkt die Relevanzschwelle des § 17 überschritten hatte. 393

bb) Entstehung/Zeitpunkt. Der **Veräußerungszeitpunkt** iSd § 17 ist der Zeitpunkt, zu dem das rechtliche oder zumindest das wirtschaftliche Eigentum an den veräußerten Anteilen auf den Erwerber übergegangen ist. Allein auf diesen kommt es an. Dies ist der Zeitpunkt des dinglichen Rechtsgeschäfts. Entscheidend ist der Übergang des wirtschaftlichen Eigentums (BFH 17.2.2004 – VIII R 28/02, BStBl. II 2005, 46; BFH 18.11.2014 – IX R 30/13, BFH/NV 2015, 489; BFH 13.3.2018 – IX R 35/16, DStR 2018, 1756; *Hils* DStR 2016, 1345 (1346)). Dies gilt auch bei Ausschluss oder Austritt eines Gesellschafters. Es spielt keine Rolle, ob der Kaufpreis bereits beglichen worden ist, in Raten geleistet wird oder gestundet ist (Blümich/*Vogt* § 17 Rn. 450). 394

Die besteuerungsrelevanten Tatsachen (Veräußerungspreis, Veräußerungskosten, Anschaffungskosten) sind auf diesen Tag **stichtagsbezogen** anzusetzen (Kirchhof/*Gosch/Oertel* § 17 Rn. 67). Erfolgt die Umwandlung der Kapitalgesellschaft gegen Leistung einer Barabfindung, ist der Veräußerungsgewinn auf den Zeitpunkt zu ermitteln, in dem die Umwandlung in das Handelsregister eingetragen wird (KKB/*Deutschländer* § 17 Rn. 231; Kirchhof/*Gosch/Oertel* § 17 Rn. 68). Scheidet ein Gesellschafter aus der Kapitalgesellschaft aus, ist entscheidend, wann er konkret austritt bzw. ausgeschlossen wird (KKB/*Deutschländer* § 17 Rn. 232). 395

cc) Feststellungslast. Die objektive Beweis- und Feststellungslast für das Vorliegen eines Veräußerungsgewinns trägt das Finanzamt. Die Beweis- und Feststellungslast für das Vorliegen eines Veräußerungsverlusts trägt der Steuerpflichtige. Unter Berücksichtigung der Stichtagsbewertung und angesichts der Rückbeziehung aller nachträglich eintretenden Umstände auf den Veräußerungszeitpunkt muss vom Steuerpflichtigen der Verlust im (einzig) zutreffenden Veranlagungszeitraum geltend gemacht werden. 396

dd) Nachträgliche Änderungen. Nachträgliche Änderungen des für die Besteuerung als Gewinn oder Verlust maßgeblichen Sachverhalts sind bei Bestandskraft des Steuerbescheides **rückwirkend** zu berücksichtigen (stRspr ua BFH 1.7.2014 – IX R 47/13, BStBl. II 2014, 786; BFH 13.3.2018 – IX R 35/16, DStR 2018, 1756; BFH 13.3.2018 – IX R 35/16, DStR 2018, 1756; weitere Nachweise bei Blümich/*Vogt* § 17 Rn. 466). 397

Wurde die Veräußerung rechtswirksam vollzogen und hat der Erwerber das wirtschaftliche Eigentum erlangt, so stellt die spätere Rückabwicklung auf jeden Fall dann ein rückwirkendes Ereignis dar, wenn die Rückabwicklung unmittelbar den ursprünglichen Veräußerungstatbestand betrifft, also die Rückabwicklung ihren Rechtsgrund bereits im ursprünglichen Vertrag hat (zB Rückabwicklung wegen arglistiger Täuschung, Wegfalls der Geschäftsgrundlage; ua 398

BFH 28.10.2009 – IX R 17/09, BStBl. II 2010, 539). Dies ist zB bei Preisanpassungsklauseln der Fall (KKB/*Deutschländer* § 17 Rn. 230).

399 Anders ist dies hingegen, wenn die Rückabwicklung aufgrund eines eigenständigen Rückabwicklungsvertrags erfolgt. Dann liegt kein rückwirkendes Ereignis vor, da die Vereinbarungen nicht mehr die Erfüllung des ursprünglichen Rechtsgeschäfts betreffen, sondern einen neuen Rechtsgrund für die Übertragung darstellen (BFH 19.8.2003 – VIII R 67/02, BStBl. II 2004, 107; Blümich/*Vogt* § 17 Rn. 344).

400 **b) Systematik der Gewinnermittlung.** Vom Veräußerungspreis können nur die Veräußerungskosten und die (ggf. nachträglichen) Anschaffungskosten des (nämlichen) Anteils abgezogen werden. Übrige Kosten bleiben außen vor. Wegen § 20 Abs. 9 scheidet auch ein Abzug als Werbungskosten bei den Einkünften aus Kapitalvermögen aus.

401 **c) Fremdwährung.** Bei einer in ausländischer Währung angeschafften und veräußerten Beteiligung sind die für die Ermittlung des Veräußerungsgewinns maßgeblichen Bemessungsgrundlagen (Anschaffungskosten, Veräußerungspreis, Veräußerungskosten) im **Zeitpunkt ihrer jeweiligen Entstehung** in Euro umzurechnen. Maßgeblich ist grundsätzlich der amtliche Umrechnungskurs im Bewertungszeitpunkt (BFH 18.11.2014 – IX R 30/13, BFH/NV 2015, 489; KKB/*Deutschländer* § 17 Rn. 235). Entsprechend dem Normzweck des § 17, den aufgrund der Veräußerung eines Geschäftsanteils eintretenden Zuwachs der finanziellen Leistungsfähigkeit zu erfassen, sind Währungskursänderungen im Zeitpunkt der Veräußerung bei der Ermittlung des steuerbaren Veräußerungsgewinns iSd § 17 Abs. 2 zu berücksichtigen, da sie sich auf die Höhe eines nach § 17 steuerbaren Gewinns – gleichermaßen zugunsten wie zulasten der Steuerpflichtigen – auswirken (BFH 18.11.2014 – IX R 30/13, BFH/NV 2015, 489). Wechselkursentwicklungen nach der Veräußerung sind der privaten Vermögenssphäre zuzuordnen und steuerlich unbeachtlich.

402 *Einstweilen frei*

2. Veräußerungspreis

403 **a) Bestandteile.** Der Veräußerungspreis umfasst alles, was der Veräußerer (oder auf dessen Veranlassung ein Dritter) für die Anteile vom Erwerber (oder auf dessen Veranlassung von einem Dritten) am maßgebenden Stichtag aus dem Veräußerungsgeschäft als **Gegenleistung** zur Erfüllung (§ 362 Abs. 2 BGB) erlangt (BFH 7.3.1995 – VIII R 29/93, BStBl. II 1995, 693; BFH 29.5.2008 – IX R 97/07, BFH/NV 2009, 9). Die Art der Gegenleistung ist unerheblich (Kirchhof/*Gosch/Oertel* § 17 Rn. 72; Schmidt/*Weber-Grellet* § 17 Rn. 135; KKB/*Deutschländer* § 17 Rn. 237; BFH 7.3.1995 – VIII R 29/93, BStBl. II 1995, 693). Dazu gehören

- das Entgelt für den Anteil,
- Dividenden, die der Erwerber bezieht, aber noch an den Veräußerer abführt,
- Freistellung von Verpflichtungen.

404 Zum Veräußerungspreis gehören neben dem Verkaufserlös alle sonstigen geldwerten Güter iSd § 8, die der Steuerpflichtige als Gegenleistung für das veräußerte Wirtschaftsgut erhält. Veräußerungspreis ist aber nicht automatisch, was im Kaufvertrag als Kaufpreis bezeichnet worden ist. Im Rahmen der Veräußerungsgewinnermittlung nach § 17 muss gefragt werden, welcher Teil einer einheitlichen Geldleistung die Gegenleistung für die Hingabe des Wirtschaftsguts oder für eine andere Verpflichtung (zB ein Wettbewerbsverbot, ein Verzicht auf Schadensersatz oder eine Ablösezahlung für einen Besserungsschein) geleistet worden ist (BFH 21.9.1982 – VIII R 140/79, BStBl. II 1983, 289; BFH 11.3.2003 – IX R 76/99, GmbHR 2003, 969; BFH 20.7.2018 – IX R 31/17, HFR 2019, 17). Die Freistellung von einer Verpflichtung kann Gegenleistung sein.

404a Werden Anteile an einer Kapitalgesellschaft vor dem Beschluss über eine Gewinnausschüttung veräußert, gehört der auf das Gewinnbezugsrecht entfallende Teil des Veräußerungsentgelts zum Veräußerungspreis. Gewinnausschüttungen nach dem Zeitpunkt des Übergangs des wirtschaftlichen Eigentums stehen dem Erwerber zu. Sie gehören nicht zum Veräußerungspreis (BFH 14.9.1999 – III R 47/98, BStBl. II 2000, 255; KKB/*Deutschländer* § 17 Rn. 238; LBP/*Rapp* § 16 Rn. 242). Erwirbt der eine Gesellschafter von dem anderen Gesellschafter dessen Geschäftsanteil mit Wirkung zum (zukünftigen) Bilanzstichtag und vereinbaren sie zugleich, dass der laufende Gewinn der Gesellschaft noch dem ausscheidenden Gesellschafter zustehen soll, liegt darin ein wirksamer Gewinnverteilungsbeschluss und der im Folgejahr an den ausgeschiedenen Gesellschafter ausgezahlte Gewinn ist diesem als Dividende zuzurechnen. Die Zahlung gehört nicht zum Veräußerungserlös (BFH 13.3.2018 – IX R 35/16, DStR 2018, 1756; vgl. auch *Schießl* jurisPR-SteuerR 34/2018 Anm. 3). Eine zurückbehaltene und später an den Veräußerer gezahlte Gewinnausschüttung gehört daher nicht zum Veräußerungserlös.

Zum Veräußerungspreis zählen auch **Leistungen eines Dritten,** die der Veräußerer in unmittelbarem wirtschaftlichen Zusammenhang mit der Veräußerung der Anteile erhält, wenn diese bei wirtschaftlicher Betrachtung als Teil des Veräußerungspreises anzusehen sind (BFH 29.5.2008 – IX R 97/07, BFH/NV 2009, 9; BFH 4.10.2016 – IX R 8/15, BStBl. II 2017, 316). Wenn allerdings die Leistung des Dritten auf einem rechtlich und wirtschaftlich eigenständigen Rechtsgrund beruht und ihr eine eigene wirtschaftliche Bedeutung zukommt, zählt sie nicht zum Veräußerungsentgelt (BFH 19.3.2013 – IX R 65/10, BFH/NV 2013, 1085; BFH 4.10.2016 – IX R 8/15, BStBl. II 2017, 316). **405**

b) Geldzahlung. Veräußerungspreis ist bei Geldzahlung der **vereinbarte Betrag** in der jeweiligen Währungseinheit, im Fall der Zwangsversteigerung der Veräußerungserlös (BFH 10.12.1969 – I R 43/67, BStBl. II 1970, 310). Bei Forderungen ist der Nennbetrag maßgeblich. Bei einem Verkauf in ausländischer Währung ist zur Umrechnung der im Zeitpunkt der Veräußerung geltende amtliche Umrechnungskurs maßgeblich. Aufwendungen für die Kurssicherung beeinflussen den Veräußerungsgewinn nicht (BFH 2.4.2008 – IX R 73/04, BFH/NV 2008, 1658). **406**

Zinsen auf Forderungen sind Einkünfte aus Kapitalvermögen. Dies gilt auch bei Verzugszinsen. Bei einer unverzinslichen Forderung ist Veräußerungspreis der abgezinste Wert. Die spätere Zahlung enthält in Höhe des Unterschiedsbetrags zum vollen Nennwert Einkünfte aus Kapitalvermögen (Schmidt/*Weber-Grellet* § 17 Rn. 136). Ist die Forderung im Zeitpunkt der Veräußerung nur teilweise realisierbar, hat der Ansatz mit dem gemeinen Wert zu erfolgen. **407**

Wird der Kaufpreis unverzinslich in **Raten** gezahlt, müssen die Kapitalforderung bzw. die Verbindlichkeit mit einem Zinssatz von 5,5% abgezinst werden. Es kommt der Abzinsungssatz nach § 12 Abs. 3 BewG zur Anwendung. Bei Kapitalforderungen/Verbindlichkeiten, die in gleichen Raten getilgt werden, kann die Tabelle nach § 12 Abs. 3 BewG zugrunde gelegt werden. Der Kapitalwert ist auf der Grundlage eines Rechnungszinssatzes von 5,5% zu ermitteln (*Krudewig* GmbH-Stpr 2014, 193 (194)). **408**

Wird die Forderung **gestundet,** steht dies der Veräußerung und dem Ansatz des Veräußerungspreises nicht entgegen. Die Stundung kann allerdings zu einer anderen Bewertung führen. Beträgt die Stundungsdauer länger als ein Jahr, hat eine Aufteilung in einen Zins- und einen Tilgungsanteil zu erfolgen. Veräußerungspreis ist nur der Tilgungsanteil, während die Zahlung des Zinsanteils zu Einkünften aus Kapitalvermögen führt (Blümich/*Vogt* § 17 Rn. 504; KSM/*Schneider* § 17 Rn. C85). Die Zinsen sind daher nicht Teil des Veräußerungspreises. **409**

Besonderheiten bei **Ablösung eines Besserungsscheins:** **409a**

Wird neben dem Kaufpreis ein Entgelt für die **Ablösung eines Besserungsscheins** gezahlt, hängt die Frage, ob es sich um einen unselbständigen Teil des Veräußerungsgewinns handelt oder das Entgelt einer anderen Einkunftsart oder dem nicht steuerbaren Bereich zuzuordnen ist, davon ab, ob der Ablösung des Besserungsscheins eine eigenständige wirtschaftliche Bedeutung zukommt. Grundsätzlich keine eigenständige wirtschaftliche Bedeutung hat die Ablösung eines Besserungsscheins, wenn ohne die Veräußerungsabrede bei der Kapitalgesellschaft bis zum Zeitpunkt der Veräußerung der Geschäftsanteile kein Besserungsfall im Sinne der Besserungsabrede eingetreten ist und die Ablösung nur dazu dient, dem Erwerber die Gewinnmöglichkeit aus den Geschäftsanteilen auf Dauer belastungsfrei zu übertragen. Kommt hingegen einer im Zusammenhang mit einer Anteilsveräußerung entgoltenen Ablösung keine eigenständige wirtschaftliche Bedeutung zu, handelt es sich um einen unselbständigen Teil des Veräußerungserlöses (BFH 11.3.2003 – IX R 76/99, BFH/NV 2003, 1161; BFH 11.4.2017 – IX R 46/15, BFH/NV 2017, 1030; BFH 16.2.2007 – VIII B 26/06, BFH/NV 2007, 1113; BFH 20.7.2018 – IX R 31/17, HFR 2019, 17). Der Ablösung eines Besserungsscheins kann dagegen eine eigene besondere wirtschaftliche Bedeutung zukommen, wenn diese in keinem zeitlichen und wirtschaftlichen Zusam- **409.1** menhang mit einer Anteilsveräußerung steht oder der Besserungsfall unabhängig von der Veräußerung der Geschäftsanteile eingetreten ist und die Ablösung wirtschaftlich nicht vom Erwerber der Kapitalgesellschaftsanteile oder durch seine Veranlassung bewirkt wird.

410 Fällt die Forderung später ganz oder teilweise aus, ist der Veräußerungsgewinn nach § 175 Abs. 1 Nr. 2 AO zu berichtigen.

411 *Einstweilen frei*

412 **c) Sachleistung.** Besteht die Gegenleistung in Sachen oder Rechten (Tausch), ist Veräußerungspreis der **gemeine Wert** (§ 9 BewG) der empfangenen Wirtschaftsgüter im Veräußerungszeitpunkt (BFH 7.7.1992 – VIII R 54/88, BStBl. II 1993, 331; BFH 13.10.2015 – IX R 43/14, BStBl. II 2016, 212).

412.1 Bei börsennotierten Wertpapieren ist der niedrigste am Stichtag notierte Kurs anzusetzen (§ 11 Abs. 1 BewG). Bei nicht notierten Anteilen erfolgt die Bewertung nach § 11 Abs. 2 BewG (KKB/*Deutschländer* § 17 Rn. 243; DPM/*Pung* § 17 Rn. 110). Werden Anteile an anderen Kapitalgesellschaften als Gegenleistung gewährt und liegt kein Fall des § 21 UmwStG vor, sind Wertveränderungen der Anteile nach Erfüllung des Veräußerungsgeschäfts kein rückwirkendes Ereignis iSv § 175 Abs. 1 Nr. 2 AO (BFH 13.10.2015 – IX R 43/14, BStBl. II 2016, 212). Werden Forderungen als Gegenleistung abgetreten, ist der Nennwert (§ 12 BewG) anzusetzen, wenn nicht Anhaltspunkte für einen niedrigeren gemeinen Wert vorliegen.

413 **d) Verdeckte Einlage.** Diese steht einer entgeltlichen Veräußerung gleich (§ 17 Abs. 1 S. 2, → Rn. 366). Anzusetzen ist der gemeine Wert (§ 11 BewG).

414 **e) Nachträgliche Änderungen.** Die streng stichtagsbezogene und allein auf Anschaffungskosten, Veräußerungskosten und Veräußerungspreis bezogene Gewinnermittlung des § 17 Abs. 2 erfordert Grundsätze für **nachträglich eintretende Änderungen** des Gewinns oder Verlusts. Es war in Rechtsprechung und Literatur lange umstritten, ob und in welchem Umfang bei § 17 spätere Ereignisse rückwirkend die steuerliche Beurteilung des Veräußerungsvorgangs beeinflussen können. Ändert sich nach Bestandskraft eine der drei Gewinnermittlungsgrößen Anschaffungskosten, Veräußerungspreis oder Veräußerungskosten, ist der Bescheid nach § 175 Abs. 1 Nr. 2 anzupassen (BFH 13.10.2015 – IX R 43/14, BStBl. II 2016, 212; BFH 4.10.2016 – IX R 8/15, BStBl. II 2017, 316; Bordewin/Brandt/*Oellerich* § 17 Rn. 441; KSM/*Schneider* § 17 Rn. C20; *Bahns* FR 2004, 317). Es kommt nicht mehr darauf an, ob der Rechtsgrund der nachträglichen Änderung bereits im ursprünglichen Rechtsgeschäft angelegt ist (BFH 23.5.2012 – IX R 32/11, BStBl. II 2012, 675). Denn die besondere Gewinnermittlung nach § 17 Abs. 2 macht aus dem tatsächlich nachträglich eintretenden Ereignis ein rückwirkendes Ereignis iSd § 175 Abs. 1 S. 1 Nr. 2 AO. Angesichts des singulären Veräußerungssachverhalts und der strikt zeitpunktbezogenen Gewinnermittlung ist der Begriff des „rückwirkenden Ereignisses" weit auszulegen. Zudem kann auch nur ein Veräußerungsgewinn besteuert werden, der auch tatsächlich erzielt worden ist. Ansonsten droht ein verfassungsrechtlich bedenkliches Übermaß der Besteuerung.

415 Wird die Gegenleistung nachträglich herabgesetzt (zB aufgrund von Preisanpassungsklauseln/„Earn-Out-Klauseln") und ermäßigt sich dadurch der Kaufpreis, ist der Veräußerungspreis daher ungeachtet des Stichtagsprinzips nach § 175 Abs. 1 S. 1 Nr. 2 AO anzupassen (zu „Earn-Out-Klauseln" vgl. *Geiger/Kurrle* Ubg 2019, 495; *Grewe/Lauscher* NWB 2019, 3010). Gleiches gilt für eine spätere Erhöhung der Gegenleistung (dazu *Hils* DStR 2016, 1345). Das Gleiche gilt, wenn die Gegenleistung in Sachwerten zu erfüllen ist und sich deren Wert ändert (zB bei Aktien, BFH 13.10.2015 – IX R 43/14, BStBl. II 2016, 212).

416 Eine Anpassung erfolgt daher in der Praxis bei
- Anfechtung des Kaufvertrags,
- Wandlung, Minderung,
- Rücktritt vom Kaufvertrag,
- Eintritt auflösender Bedingung, aufgrund derer der Erwerber den Kaufpreis nicht mehr zahlt.

417 Fällt die (gestundete oder in Raten zu zahlende) Kaufpreisforderung daher später wegen **Uneinbringlichkeit** aus, ist dies daher nicht unbeachtlich, auch wenn die Kaufpreisforderung zum Privatvermögen gehört. Das Gleiche gilt im umgekehrten Fall, wenn eine unter dem Nennwert angesetzte Forderung gleichwohl in vollem Umfang erfüllt wird (LBP/*Rapp* § 16 Rn. 260).

Verändert sich der **Wert der Gegenleistung** nach vollständiger Erfüllung der Gegenleistungspflicht, beeinflusst dies die Höhe des Veräußerungspreises nicht mehr. Vereinbarungen, durch welche eine bereits erfüllte Gegenleistung noch einmal geändert wird, wirken nach der Rechtsprechung nur dann auf den Zeitpunkt der Entstehung des Veräußerungsgewinns zurück, wenn der Rechtsgrund für die spätere Änderung im ursprünglichen Rechtsgeschäft bereits angelegt war (BFH 19.8.2003 – VIII R 67/02, BStBl. II 2004, 107; BFH 14.6.2005 – VIII R 14/04, BStBl. II 2006, 15; BFH 23.5.2012 – IX R 32/11, BStBl. II 2012, 675; BFH 4.10.2016 – IX R 8/15, BStBl. II 2017, 316). Eine derartige Einschränkung sieht die Rechtsprechung für tatsächliche oder rechtliche Veränderungen, die vor Erfüllung des Anspruchs auf die Gegenleistung eintreten, jedoch nicht vor (BFH 13.10.2015 – IX R 43/14, BStBl. II 2016, 212). 418

Der Änderung eines bestandskräftigen Einkommensteuerbescheids gemäß § 175 Abs. 1 Satz 1 Nr. 2 AO wegen eines rückwirkenden Ereignisses steht nicht entgegen, dass der Veräußerungsvorgang und damit der Gewinn oder Verlust iSd § 17 Abs. 2 im Ausgangsbescheid zunächst nicht berücksichtigt war. Vielmehr findet § 175 Abs. 1 S. 1 Nr. 2 AO sogar dann Anwendung, wenn der Steuer- oder Feststellungsbescheid, in dem der Vorgang zu berücksichtigen ist, überhaupt noch nicht ergangen und das rückwirkende Ereignis beim erstmaligen Erlass des Steuer- oder Feststellungsbescheids zu berücksichtigen ist (BFH 16.6.2015 – IX R 30/14, BStBl. II 2017, 94). 419

Einstweilen frei 420

f) Umfang der Gegenleistung. Zur Gegenleistung gehört auch ein **„Überpreis"**, den der Veräußerer über den eigentlich angemessenen Kaufpreis hinaus erlangt, zB die Lästigkeitsprämie im Fall eines lästigen Gesellschafters. Denn der bürgerlich-rechtliche Kaufpreis ist auch dann maßgebend, wenn er nicht angemessen ist (LBP/*Rapp* § 16 Rn. 250). Nicht zum Veräußerungspreis zählen Gegenleistungen, die für eine eigenständige Leistung neben der Übertragung der Anteile gewährt werden. Wird daher im Zusammenhang mit der Veräußerung ein Wettbewerbsverbot mit eigenständiger wirtschaftlicher Bedeutung vereinbart, gehört die Entschädigung für das Wettbewerbsverbot nicht zum Veräußerungspreis, sondern stellt eine Leistung iSd § 22 Nr. 3 dar (H 17 (7) EStH Stichwort „Wettbewerbsverbot"; BFH 21.9.1982 – VIII R 140/79, BStBl. II 1983, 289; LBP/*Rapp* § 16 Rn. 241). Dem Wettbewerbsverbot kommt dann eine eigenständige wirtschaftliche Bedeutung zu, wenn es zeitlich begrenzt ist, sich in seiner wirtschaftlichen Bedeutung heraushebt und dies in den getroffenen Vereinbarungen, vor allem in einem neben dem Kaufpreis für die Beteiligung gewährten Entgelt, klar zum Ausdruck kommt (BFH 11.3.2003 – IX R 76/99, BFH/NV 2003, 1161). 421

Erwirbt die Kapitalgesellschaft eigene Anteile, ist ein überhöhter Kaufpreis regelmäßig eine verdeckte Gewinnausschüttung (BMF 27.11.2013, BStBl. I 2013, 1615 Rn. 12). Wird zu einem zu niedrigen Kaufpreis erworben, liegt ein teilentgeltlicher Vorgang vor. 421a

g) Wiederkehrende Bezüge. Wird der Kaufpreis in wiederkehrenden Bezügen geleistet, besteht ein **Wahlrecht** zwischen Sofortversteuerung und Zuflussversteuerung (H 17 (7) EStH 2014; *Krudewig* GmbH-Stpr 2014, 193): 422

- **Sofortversteuerung:** Der Veräußerer kann den Gewinn sofort im Zeitpunkt des Übergangs des wirtschaftlichen Eigentums versteuern. Als Veräußerungspreis iSd § 17 gilt der Barwert der Rente. Der Gewinn ist freibetragsbegünstigt. Daneben sind die laufenden Bezüge mit dem Ertragsanteil nach § 22 Nr. 1 S. 3 Buchst. a (bei Leibrente) oder dem Zinsanteil nach § 20 Abs. 1 Nr. 7 (bei Zeitrente) zu versteuern (bei Kaufpreis in Raten, R 17 (7) EStR 2014).
- **Zuflussversteuerung:** Alternativ hat der Veräußerer die Möglichkeit, die Rentenzahlungen als nachträgliche Betriebseinnahmen iSd § 15 iVm § 24 Nr. 2 zu versteuern. In diesem Fall sind die Rentenzahlungen in einen Zins- und in einen Tilgungs-(Kapital)anteil aufzuteilen. Während der Zinsanteil als Einkünfte sofort nach § 22 Nr. 1 S. 3 Buchst. a (Leibrente) bzw. § 20 Abs. 1 Nr. 7 (Zeitrente) der Besteuerung zu unterwerfen ist, führt die Zahlung des Tilgungs- oder Kapitalanteils erst dann zu nachträglichen Betriebseinnahmen iSd § 15 iVm § 24 Nr. 2, wenn sie die Anschaffungs- und Veräußerungskosten des Anteils

übersteigen (EStR 16 Abs. 11 S. 7). In diesem Fall kommt nach § 3 Nr. 40 S. 1 Buchst. c S. 1 ab VZ 2009 das Teileinkünfteverfahren zur Anwendung. Für die Versteuerung kommt das Recht zur Anwendung, das im Zeitpunkt des Zuflusses gilt. Es gilt nicht das Recht, das im Zeitpunkt der Realisierung des Veräußerungsgewinns – also bei Veräußerung der Anteile – gegolten hat (BMF 3.8.2004, BStBl. I 2004, 1187 unter A.2. sowie für Veräußerungen vor dem 1.1.2004 unter B). Vielmehr kommt es auf die Rechtslage im Zeitpunkt des Zuflusses an (BFH 18.11.2014 – IX R 4/14, BStBl. II 2015, 526; Kirchhof/*Gosch*/*Oertel* § 17 Rn. 77). Denn erst in diesem Zeitpunkt wird (anteilig) ein Gewinn realisiert. Daher sind auf die Zahlungen, soweit sie auf den Tilgungs- oder Kapitalanteil entfallen, ab Veranlagungszeitraum 2002 das Halbeinkünfteverfahren und ab 2009 das Teileinkünfteverfahren anzuwenden. Dass die Veräußerung bereits vor 2002 stattgefunden hat, ist unbeachtlich.

423 Das Wahlrecht kommt nur dann in Betracht, wenn die wiederkehrenden Leistungen kaufmännisch ausgewogen sind. Ein Versorgungscharakter ist nicht nötig. Dies ist der Fall, wenn langfristige Bezüge vereinbart werden und diese entweder mit einem Wagnis behaftet sind (zB Leibrenten) oder hauptsächlich im Interesse des Veräußerers, um dessen Versorgung zu sichern, und nicht im Interesse des Erwerbers festgelegt werden (BFH 20.7.2010 – IX R 45/09, BStBl. II 2010, 969). Bei Zeitrenten muss diese daher eine Dauer von mehr als zehn Jahren haben (*Krudewig* GmbH-Stpr 2014, 193 (196)).

Wenn die wesentliche Beteiligung gegen einen festen Barpreis und eine Leibrente veräußert wird, bezieht sich das Wahlrecht nicht auf den Veräußerungsgewinn, der durch den festen Barpreis realisiert wird. Dieser Teil des Gewinns muss immer sofort versteuert werden, auch wenn er erst später gezahlt wird. Einzubeziehen ist auch der Tilgungsanteil, der auf das erste Jahr entfällt (*Krudewig* GmbH-Stpr 2014, 193 (196)).

424 **Wertsicherungsklauseln** bleiben außer Betracht. Sie erhöhen aber den laufend zu versteuernden Zins- oder Ertragsanteil (LBP/*Rapp* § 17 Rn. 249).

425 Keine Veräußerung gegen wiederkehrende Leistungen liegt vor, wenn die GmbH-Anteile gegen Übertragung von Versorgungsleistungen übertragen werden. Denn in diesem Fall handelt es sich um eine unentgeltliche Übertragung (BMF 11.3.2010, BStBl. I 2010, 227 Rn. 15 ff.)

426 *Einstweilen frei*

3. Veräußerungskosten

427 Veräußerungskosten sind vom Veräußerungspreis abzuziehen. Aufgrund der Anwendung des Teileinkünfteverfahrens (§ 3 Nr. 40 Buchst. c) wirken sie sich nach § 3c Abs. 2 nur zu 60% aus.

427a Veräußerungskosten iSv § 17 Abs. 2 S. 1 sind Aufwendungen in unmittelbarem sachlichen Zusammenhang mit der Veräußerung (BFH 1.12.1992 – VIII R 43/90, BFH/NV 1993, 520; Schmidt/*Weber-Grellet* § 17 Rn. 150; LBP/*Rapp* § 17 Rn. 173; *Haase* FR 2016, 159 (162); s. auch § 20 Abs. 4 S. 1). Es handelt sich um durch die Veräußerung wirtschaftlich veranlasste Aufwendungen (BFH 8.2.2011 – IX R 15/10, BStBl. II 2011, 684 und BFH 11.5.2010 – IX R 26/09, BFH/NV 2010, 2067). Sie stellen Betriebsausgaben dar. Insoweit deckt sich der Begriff der Veräußerungskosten iSd § 17 Abs. 2 S. 1 mit dem Begriff der Veräußerungskosten in § 16 Abs. 2 (Blümich/*Vogt* § 17 Rn. 526; LBP/*Rapp* § 16 Rn. 270).

Ein bloßes zeitliches Zusammentreffen von Veräußerungen und Aufwendungen reicht nicht aus, um einen unmittelbaren sachlichen Zusammenhang zu begründen. Aufwendungen, die lediglich anlässlich einer Veräußerung anfallen, aber nicht durch diese verursacht sind, sind keine Veräußerungskosten (KKB/*Deutschländer* § 17 Rn. 267).

428 Einen darüber hinausgehenden Abzug von Aufwendungen als **Betriebsausgaben/Werbungskosten** kennt § 17 nicht. Aufwendungen, die weder als nachträgliche Anschaffungskosten noch als Veräußerungskosten zu berücksichtigen sind, wirken sich daher bei § 17 steuerlich nicht aus. Dies gilt auch für Rechtsverfolgungskosten. Maßgeblich ist stets der objektive Zusammenhang mit der steuerbaren Tätigkeit, im Kontext des § 17 also der Anteilsveräußerung. Dies schließt aber nicht aus, dass die Aufwendungen anderen Einkunftsarten zuzurechnen sein können, etwa den Einkünften aus § 19 oder aus § 20.

Abzugsfähig sind nur Kosten des Veräußerers. Aufwendungen, die die Kapitalgesellschaft trägt, stellen keine Veräußerungskosten dar (Blümich/*Vogt* § 17 Rn. 529). **429**

Klassische Veräußerungskosten sind: **430**

- Anwalts- und Notariatskosten,
- Provisionen,
- Vorfälligkeitsentschädigungen und
- Steuerberatungskosten.

Auch Verlustausgleichsverpflichtungen stellen berücksichtigungsfähige Veräußerungskosten dar, wenn zB bei einer Veräußerung eine Verpflichtung übernommen werden musste, um den Anteil veräußern zu können (KSM/*Schneider* § 17 Rn. C122). **430.1**

Keine Veräußerungskosten sind der Verlust von Gesellschafterdarlehen, Verzicht auf eine Pensionszusage, Leistungen aufgrund von Gesellschafterbürgschaften oder Verluste aus Kurssicherungsgeschäften (Schmidt/*Weber-Grellet* § 17 Rn. 151, mwN). Auch Zinsen für Darlehen, mit denen der Gesellschaftsanteil finanziert wurde, gehören nicht zu den Veräußerungskosten. Zinsen sind daher im Rahmen der Gewinnermittlung nach § 17 Abs. 2 nicht abziehbar. Abfindungen, die an Mitgesellschafter gezahlt werden, stellen nur dann Veräußerungskosten dar, wenn sie in einem unmittelbarem Zusammenhang mit dem Veräußerungsvorgang stehen (KKB/*Deutschländer* § 17 Rn. 270). **430.2**

Aufwendungen eines in Deutschland beschränkt Steuerpflichtigen im Zusammenhang mit einem Verständigungsverfahren zwischen Deutschland und den USA wegen des Besteuerungsrechts hinsichtlich eines Gewinns aus der Veräußerung einer GmbH-Beteiligung stellen keine Veräußerungskosten iSv § 17 Abs. 2 dar (BFH 9.10.2013 – IX R 25/12, BStBl. II 2014, 102). **430.3**

Zinsen für Kredite für die Anschaffung der Anteile oder für eine Einlageverpflichtung sind keine Veräußerungskosten. Auch nachträgliche Zinsen nach der Veräußerung können nicht im Rahmen des § 17 berücksichtigt werden. Insoweit schließt § 20 Abs. 9 den Werbungskostenabzug aus. Dies gilt auch für den Fall, dass hinsichtlich der Dividenden zum Teileinkünfteverfahren optiert war (BFH 21.10.2014 – VIII R 48/12, BStBl. II 2015, 270). **430.4**

Einstweilen frei **431–433**

Fehlgeschlagene Aufwendungen für die Veräußerung sind weder Werbungskosten im Rahmen des § 20 noch können sie bei einer anderen Einkunftsart abgezogen werden (BFH 17.4.1997 – VIII R 47/95, BStBl. II 1998, 102; KKB/*Deutschländer* § 17 Rn. 268; *Haase* FR 2016, 159 (162)). Die Kosten können auch nicht bei einer später tatsächlich stattfindenden Veräußerung angesetzt werden. Denn insoweit fehlt es an einem Zusammenhang mit der die Besteuerung auslösenden Veräußerung (KSM/*Schneider* § 17 Rn. C123). Fehlgeschlagene Aufwendungen können aber dann berücksichtigungsfähig sein, wenn der Erwerb im zweiten (oder einem späteren) Anlauf gelingt (BFH 20.4.2004 – VIII R 4/02, BStBl. II 2004, 597). **434**

Einstweilen frei **435**

4. Rechtsfolgen der Anteilsveräußerung

Das Teileinkünfteverfahren findet Anwendung. Nach § 3 Nr. 40 Buchst. c S. 1 sind 40% des Veräußerungspreises oder des gemeinen Werts steuerbefreit (→ § 3 Nr. 40 Rn. 92). Im Gegenzug sind nach § 3c Abs. 2 nur 60% der Veräußerungskosten abzugsfähig. Dies gilt sowohl für den Fall des Gewinns, als auch den Fall des Verlusts. Daher wirkt sich ein Aufgabe- oder Veräußerungsgewinn oder -verlust nur zu 60% steuerlich aus (→ § 3c Rn. 116). Die Möglichkeit zum Vollabzug eines Verlusts, falls aus der Beteiligung keine Einnahmen angefallen sind, ist mit der Ergänzung in § 3c Abs. 2 S. 2 ab dem Veranlagungszeitraum 2011 entfallen (→ § 3c Rn. 144; zur alten Rechtslage Schmidt/*Weber-Grellet* § 17 Rn. 191 mwN). **436**

Einstweilen frei **437**

5. Freibetrag (§ 17 Abs. 3)

a) Höhe. Der Freibetrag beträgt 9.060 EUR bei Veräußerung von 100% der Anteile. Der Freibetrag ist eine **sachliche Steuerbefreiung** und keine Tarifermäßigung. Sein Zweck ist es, Bagatellfälle aus der Besteuerung herauszunehmen. Aufgrund seiner verhältnismäßig geringen Höhe hat der Freibetrag in der Praxis kaum Bedeutung. **438**

438.1 Der Freibetrag gilt für alle Steuerpflichtigen. Er ist unabhängig vom Lebensalter oder der Berufsunfähigkeit des Veräußernden. Er bezieht sich auf den steuerbaren und steuerpflichtigen Gewinn und gilt auch im Fall des Abs. 4 (Schmidt/*Weber-Grellet* § 17 Rn. 192).

439 Daher wird für die Berechnung des Freibetrags der nach § 3 Nr. 40 Buchst. c S. 1 **steuerfrei bleibende Teil** des Veräußerungsgewinns nicht berücksichtigt. Veräußerungsgewinn iSd § 17 Abs. 3 ist daher der Veräußerungsgewinn nach Anwendung des Teileinkünfteverfahrens (KKB/*Deutschländer* § 17 Rn. 307; Bordewin/Brandt/*Oellerich* § 17 Rn. 402). Dies folgt aus § 3 Nr. 40 Buchst. c als vorrangiger Norm. Insoweit wird nicht auf die Nettogröße der Einkünfte Bezug genommen, sondern auf den steuerbaren und steuerpflichtigen Teil der Erwerbseinnahmen. Damit hat das Teileinkünfteverfahren eine Erhöhung des Freibetrags in § 17 Abs. 3 zur Folge (KSM/*Schneider* § 17 Rn. D40).

439a Ob und in welcher Höhe der Freibetrag abgezogen werden kann, bestimmt sich nach dem Verhältnis des Nennwerts des oder der veräußerten Anteile zum Nennkapital der Kapitalgesellschaft (**„beteiligungsproportionaler Freibetrag“**, Schmidt/*Weber-Grellet* § 17 Rn. 192; KKB/*Deutschländer* § 17 Rn. 306). Nur wenn 100% der Anteile veräußert werden, kommt der volle Freibetrag von 9.060 EUR zur Anwendung. Ansonsten verringert er sich entsprechend des Umfangs der veräußerten Beteiligung (Abschmelzung). Bei einer 50%igen Beteiligung beläuft er sich auf 4.530 EUR. Eigene Anteile der Kapitalgesellschaft sind (entsprechend der bilanziellen Behandlung) vom Nennkapital abzuziehen.

440 Der Freibetrag kann, weil er **objektbezogen** ist, pro Veräußerungsvorgang und pro Kapitalgesellschaft zur Anwendung kommen.

440.1 Veräußert der Steuerpflichtige daher in demselben Veranlagungszeitraum zweimal unabhängig voneinander Anteile an verschiedenen Kapitalgesellschaften, kommt er mehrfach zur Anwendung (Bordewin/Brandt/*Oellerich* § 17 Rn. 404; LBP/*Rapp* § 16 Rn. 286; aA Schmidt/*Weber-Grellet* § 17 Rn. 193 aE: nur ein Freibetrag pro Veranlagungszeitraum; ebenso Blümich/*Vogt* § 17 Rn. 764). Werden zwei Anteile an der gleichen GmbH in zwei verschiedenen Vorgängen veräußert, kommt er ebenfalls zweimal zur Anwendung (KSM/*Schneider* § 17 Rn. D49). Dies folgt aus dem Wortlaut des § 17 Abs. 3, der von „dem veräußerten Anteil an der Kapitalgesellschaft“ spricht. Deshalb ist § 17 Abs. 3 jeweils eigenständig nicht nur auf alle Veräußerungen anzuwenden, wenn ein Steuerpflichtiger innerhalb eines Veranlagungszeitraums Anteile an verschiedenen Gesellschaften veräußert, sondern auch, wenn mehrfach im selben Veranlagungszeitraum Anteile an derselben Gesellschaft veräußert werden. Gestaltungen durch gesplittete Veräußerungen scheiden durch die nur anteilige Gewährung des Freibetrags aus (KSM/*Schneider* § 17 Rn. D49).

441 Beim **Wahlrecht bei der Veräußerung gegen wiederkehrende Bezüge** ist der Freibetrag nur bei der Sofortbesteuerung, nicht bei der Wahl der Zuflussversteuerung, zu gewähren. Wählt der Steuerpflichtige die Zuflussversteuerung, scheidet der Freibetrag (wie bei § 16 Abs. 4) aus. Die laufenden Bezüge sind nicht nach § 17, sondern in Höhe des Kapitalanteils nach § 24 Nr. 2, § 15 zu erfassen, sobald die Anschaffungskosten überschritten sind. Der Zinsanteil ist nach § 20 Abs. 1 Nr. 7 bzw. § 22 Nr. 1 S. 3 Buchst. a Doppelbuchst. bb S. 3 zu versteuern (aA KSM/*Schneider* § 17 Rn. D55).

442 **b) Abschmelzung.** Der Freibetrag verringert sich um den Betrag, um den der Veräußerungsgewinn den Teil von 36.100 EUR übersteigt, der dem veräußerten Anteil an der Kapitalgesellschaft entspricht („beteiligungsproportionaler Grenzbetrag“, KKB/*Deutschländer* § 17 Rn. 306). Bei einem Veräußerungsgewinn von 45.170 EUR erfolgt daher bei Veräußerung einer 100%-Beteiligung eine Reduzierung auf Null.

443 *Einstweilen frei*

6. Veräußerungsverluste (§ 17 Abs. 2 S. 6)

444 **a) Verlustabzug.** Verluste aus Veräußerungs- oder Aufgabevorgängen nach § 17 sind grundsätzlich abziehbar und im Wege des **horizontalen und vertikalen Verlustausgleichs** unbegrenzt verrechenbar. § 17 Abs. 2 S. 6 schränkt den Verlustausgleich für Missbrauchsfälle ein. Den Regelungsgrund bieten Praxisgestaltungen, um Verluste in den steuerrelevanten Bereich einzubeziehen. Die Vorschrift will verhindern, dass Verluste aus der Veräußerung von unentgeltlich erworbenen Anteilen sich steuerlich auswirken. Denn wird die 1%-Grenze

beim Erwerber überschritten, ist die Beteiligung insgesamt einschließlich der erworbenen Anteile steuerverstrickt und die bisher nicht steuerbaren Veräußerungsverluste bei Beteiligungen unter 1% sind steuerlich abziehbar, während Gewinne aus der Veräußerung dieser Beteiligungen nicht steuerbar sind. Es soll also verhindert werden, dass ein nicht erheblich Beteiligter seine verlustträchtige Beteiligung einem erheblich Beteiligten schenkt, damit dieser den Verlust nutzen kann. Die Einschränkung des Verlustausgleichs ist endgültig, dh die steuerliche Nutzbarkeit der Verluste wird auf Dauer ausgeschlossen.

Die Beschränkung gilt für den horizontalen und vertikalen Verlustausgleich (§ 2 Abs. 3), die Einschränkung nach § 2a Abs. 1 Nr. 4 und den Verlustabzug nach § 10d. **444a**

Die **Beschränkung des Verlustabzugs** ist verfassungsgemäß (BFH 14.6.2005 – VIII R 20/04, BFH/NV 2005, 1624; aA *Ott* FS Korn, 2005, 105 (122 f.)). **445**

Denn Art. 3 Abs. 1 GG verlangt nicht, dass die tatbestandlichen Voraussetzungen für die Abziehbarkeit von Verlusten ausnahmslos denen für die Pflicht zur Versteuerung von Gewinnen oder Überschüssen entsprechen müssen. Eine durch sachliche Gründe gerechtfertigte Begrenzung der Verlustverrechnung ist vielmehr zulässig. § 17 Abs. 2 S. 6 schränkt jedoch den Verlustabzug aus sachlichen Gründen ein, um unerwünschte Steuergestaltungen zu erschweren (BT-Drs. 13/901, 133; BT-Drs. 14/265, 180; BT-Drs. 14/6877, 28). Dabei ist auch zu berücksichtigen, dass die Ungleichbehandlung von Gewinnen und Verlusten nicht auf Dauer, sondern nur für einen vorübergehenden Zeitraum besteht. Es ist dem Gesetzgeber ferner erlaubt, im Interesse einer praktikablen Gesetzesanwendung – und damit auch der Rechtsanwendungsgleichheit – Tatbestände, die der Verhinderung oder Erschwerung solcher Gestaltungen dienen, die er als missbräuchlich ansieht, durch objektive Merkmale zu bestimmen. Er ist berechtigt, in den gesetzlichen Tatbestand nicht das subjektive Merkmal einer – im Einzelfall häufig gar nicht oder nur mit hohem Ermittlungsaufwand nachweisbaren – Missbrauchsabsicht aufzunehmen, sondern stattdessen objektiv nachprüfbare Tatbestandsmerkmale festzulegen, bei denen eine Missbrauchsabsicht bei typisierender Betrachtung in der überwiegenden Zahl der Fälle anzunehmen ist. Dabei ist auch zu berücksichtigen, dass die unterschiedliche steuerliche Behandlung von Gewinnen und Verlusten aus der Veräußerung von Beteiligungen nicht von Dauer, sondern nur vorübergehend ist. Denn es tritt wieder eine Deckungsgleichheit der steuerlichen Behandlung ein, wenn die wesentliche Beteiligung entweder innerhalb der fünf Jahre vor der Veräußerung bestanden hat oder mehr als fünf Jahre vorher weggefallen ist. **445.1**

Greift § 17 Abs. 2 S. 6 ein, ist für eine Anwendung des § 42 AO kein Raum mehr („Missbrauchsvorschriften kann man nicht nach § 42 AO missbrauchen."). Ist der Tatbestand einer der Fälle des § 17 Abs. 2 S. 6 und damit einer Regelung, die der Verhinderung von Steuerumgehungen dient, erfüllt, so bestimmen sich nach § 42 Abs. 1 S. 2 AO die Rechtsfolgen allein nach dieser Vorschrift. Denn hat der Gesetzgeber ein missbrauchsverdächtiges Feld gesichtet und durch eine Spezialvorschrift abgesteckt, legt er für diesen Bereich die Maßstäbe fest und sichert eine einheitliche Rechtsanwendung, die Gestaltungssicherheit gewährleistet (BFH 18.12.2013 – I R 25/12, BFH/NV 2014, 904). Die Regelung des § 17 Abs. 2 S. 6 stellt eine solche Spezialnorm dar, die den Missbrauch abschließend konkretisiert. Daher kann im Fall der Veräußerung eines Geschäftsanteils mit Verlust nicht auf § 42 AO zur Herleitung eines Gestaltungsmissbrauchs zurückgegriffen werden. **446**

Die Regelung ist strikt **anteilsbezogen,** da sie den Bezug zu bestimmten Anteilen herstellt. Dies folgt aus dem Wortlaut („soweit er auf Anteile entfällt"). Eine Infektion der übrigen Anteile erfolgt nicht (LBP/*Rapp* § 17 Rn. 313; *Wendt* FR 1999, 333 (347)). **447**

§ 17 Abs. 2 S. 6 unterscheidet die Fälle des unentgeltlichen (Buchst. a) und des entgeltlichen Erwerbs (Buchst. b). Erfolgt der Erwerb teilentgeltlich, sind die Anteile in einen unentgeltlichen und einen entgeltlichen Teil aufzuteilen. **448**

Einstweilen frei **449**

b) Nichtabzug bei unentgeltlich erworbenen Anteilen (§ 17 Abs. 2 S. 6 Buchst. a). Ein Verlust ist nicht abziehbar, soweit er auf Anteile entfällt, die innerhalb der letzten fünf Jahre vor der Veräußerung unentgeltlich erworben worden waren, es sei denn, der Rechtsvorgänger hätte den Veräußerungsverlust geltend machen können. Voraussetzung dafür, dass der Rechtsvorgänger die Verluste hätte geltend machen können, ist, dass ihm die Anteile im Zeitpunkt der Veräußerung zuzurechnen gewesen wären und er die Veräußerung hätte vornehmen können. Insoweit handelt es sich um eine fiktive Prüfung. Bei einer längeren Besitzdauer ist der unentgeltliche Erwerb unschädlich. Im Zeitpunkt der Veräußerung **450**

muss die Schwelle von 1% erreicht sein, also die Steuerverhaftung bestehen. Anteile, die vor mehr als fünf Jahren unentgeltlich erworben wurden, fallen nicht unter die Regelung. Rechtsvorgänger ist jedenfalls im Fall der Schenkung nur der unmittelbare Rechtsvorgänger (KSM/*Schneider* § 17 Rn. C400).

451 Sinn und Zweck der Regelung ist, zu verhindern, dass ein nicht relevant Beteiligter seine Verlustbeteiligung einem relevant Beteiligten (kurzfristig) schenkt, um diesem die steuerwirksame Nutzung des Verlusts im Wege der Verlustverrechnung zu ermöglichen (BT-Drs. 14/23, 179; BT-Drs. 13/901, 133). Denn § 17 Abs. 2 S. 6 Buchst. a will lediglich verhindern, dass ein Schenker, der wegen fehlender Beteiligung iSd § 17 Abs. 1 S. 1 an der Kapitalgesellschaft nicht zum Verlustausgleich berechtigt ist, diese Möglichkeit dem unentgeltlichen Erwerber einräumt. Die fehlende Beteiligung iSd § 17 Abs. 1 S. 1 stellt daher den Grund dar, warum dem unentgeltlich Erwerbenden der Verlustausgleich versagt werden soll. Der Verlustabzug ist daher nicht ausgeschlossen, wenn ein bislang nicht iSd § 17 beteiligter Anteilseigner die Verlustabzugsmöglichkeit durch den unentgeltlichen Erwerb von Anteilen, die zum Entstehen einer Beteiligung iSd § 17 Abs. 1 S. 1 und 4 führen, von einem iSd § 17 Abs. 1 S. 1 beteiligten Anteilseigner beschafft.

452 Nach § 17 Abs. 2 S. 6 Buchst. a S. 2 ist ein Verlust von der Nichtabziehbarkeit ausgenommen, wenn der Rechtsvorgänger ihn hätte geltend machen können. Maßgebend ist der Zeitpunkt der unentgeltlichen Übertragung. Aus der Formulierung im Gesetz „anstelle des Steuerpflichtigen" kann entnommen werden, dass es darauf ankommt, ob der Schenker den Verlust hätte geltend machen können, wenn ihm zum Zeitpunkt der Veräußerung durch den Rechtsnachfolger die Anteile zuzurechnen gewesen wären. Es ist also eine fiktive Veräußerung des Rechtsvorgängers zum Zeitpunkt der Veräußerung durch den Rechtsnachfolger zu unterstellen (LBP/*Rapp* § 17 Rn. 315; KSM/*Schneider* § 17 Rn. C402).

453 Verluste von Anteilen, die durch die Veräußerung von Anteilen entstehen, die außerhalb der Fünf-Jahres-Frist erworben worden sind, sind daher uneingeschränkt zu berücksichtigen, wenn die übrigen Voraussetzungen des § 17 erfüllt sind (Blümich/*Vogt* § 17 Rn. 777).

454 **c) Nichtabzug bei entgeltlich erworbenen Anteilen (§ 17 Abs. 2 S. 6 Buchst. b).** Gemäß § 17 Abs. 2 S. 4 Buchst. b S. 1 ist ein Verlust aus der Veräußerung eines Anteils an einer Kapitalgesellschaft nicht zu berücksichtigen, soweit er auf Anteile entfällt, die entgeltlich erworben worden sind und nicht innerhalb der gesamten letzten fünf Jahre zu einer relevanten Beteiligung des Steuerpflichtigen gehört haben. Gemäß S. 2 der Vorschrift gilt dies nicht für innerhalb der letzten fünf Jahre erworbene Anteile, deren Erwerb zur Begründung einer relevanten Beteiligung des Steuerpflichtigen geführt hat (Begründung) oder die nach Begründung der relevanten Beteiligung (Aufstockung) erworben worden sind. Die Sätze 1 und 2 in § 17 Abs. 2 S. 6 Buchst. b enthalten retrospektive Tatbestandsmerkmale, indem sie jeweils auf die Beteiligungsqualifikation innerhalb der letzten fünf Jahre abstellen (KSM/*Schneider* § 17 Rn. C365).

455 Dabei ist das Tatbestandsmerkmal der relevanten Beteiligung iSv § 17 Abs. 1 S. 1 **veranlagungszeitraumbezogen** auszulegen, dh die Wesentlichkeit der Beteiligung ist für jedes Kalenderjahr ihres Bestehens nach der jeweils maßgebenden Fassung von § 17 Abs. 1 festzustellen (BFH 29.5.2008 – IX R 62/05, BStBl. II 2008, 856 und BFH 21.8.2012 – IX R 39/10, BFH/NV 2013, 11).

456 Die relevante Beteiligung muss fünf Jahre ununterbrochen bestanden haben und nicht etwa wie bei § 17 Abs. 1 S. 1 nur vorübergehend innerhalb des Fünf-Jahres-Zeitraums (Schmidt/*Weber-Grellet* § 17 Rn. 199; LBP/*Rapp* § 17 Rn. 321; KSM/*Schneider* § 17 Rn. C417). Kurzfristige und vorübergehende Beteiligungen werden nach dem Wortlaut oder dem Gesetzeszweck nicht berücksichtigt (Kirchhof/*Gosch/Oertel* § 17 Rn. 116).

457 Die Regelung will durch die Einschränkung des Verlustabzugs Gestaltungen verhindern oder erschweren, die es einem bisher nicht wesentlich beteiligten Gesellschafter ermöglichen, durch kurzfristigen Zukauf von Anteilen eine im Privatvermögen entstandene Wertminderung in den steuerlichen Verlustausgleich einzubeziehen.

458 Indem das Gesetz ausdrücklich auf die „Anteile" abstellt, verdeutlicht es das Erfordernis der **Identität** der gehaltenen und der veräußerten Anteile. Die Sperrzeit ist daher anteils- und nicht beteiligungsbezogen. Die Sperrzeit muss der Veräußerung unmittelbar vorangehen. Hinzuerworbene Anteile werden von den Altanteilen nicht infiziert (Kirchhof/*Gosch/Oertel* § 17 Rn. 117).

Eingeschränkt wird das Verlustabzugsverbot nach § 17 Abs. 2 S. 6 Buchst. b S. 2 für die Fälle der entgeltlichen Aufstockung zur Begründung einer relevanten Beteiligung (Alt. 1) und für Anteile, die nach Begründung einer relevanten Beteiligung erworben wurden (Alt. 2). Maßgeblich sind die Verhältnisse beim Steuerpflichtigen. Bei Begründung ist der Verlust anteilig, bei Aufstockung umfassend zu berücksichtigen (KSM/*Schneider* § 17 Rn. 425 ff.). Entscheidend sind die Verhältnisse beim Veräußerer. Die Verhältnisse beim Rechtsvorgänger sind ohne Bedeutung (Kirchhof/*Gosch/Oertel* § 17 Rn. 119). Die Vorschrift setzt daher nicht voraus, dass die Anteile, deren Erwerb zur Begründung einer steuerverstrickten Beteiligung führt, aus der Hand einer Person erworben werden. Auch ob die Anteile beim Rechtsvorgänger steuerverhaftet sind, spielt keine Rolle (KKB/*Deutschländer* § 17 Rn. 302). **459**

Einstweilen frei **460–462**

VI. Anschaffungskosten (Abs. 2a)

1. Allgemeines zur Neuregelung

Mit der eigenständigen Regelung eines Anschaffungskostenbegriffs allein für die Regelung des § 17 schafft der Gesetzgeber einen neuen steuerlichen Anschaffungskostenbegriff, der sich nicht mit dem in § 255 Abs. 1 HGB deckt. Dies ist eindeutig gegen die Tendenz der BFH-Rechtsprechung, die ua im Bereich des § 17 für den Anschaffungskostenbegriff auf zivilrechtliche Grundlagen in § 255 HGB zurückgegriffen und damit versucht hat, für den Begriff der Anschaffungskosten die Rechtseinheit zwischen Zivil- und Steuerrecht zu wahren (BFH 11.7.2017 – IX R 36/15, BStBl. II 2019, 208). Die Regelung stellt ein Nichtanwendungsgesetz in Bezug auf die BFH-Rechtsprechung dar. Anstelle einer Vereinfachung des Anschaffungskostenbegriffs wird damit eine erhebliche Verkomplizierung in das Steuerrecht gebracht. **463**

In Abweichung von der bisherigen Rechtsprechung und der früheren Rechtslage (BFH 20.8.2013 – IX R 43/12, BFH/NV 2013, 1783; BFH 6.5.2014 – IX R 44/13, BStBl. II 2014, 781) können seit Inkrafttreten des Abs. 2a auch Gesellschafter mit einem Anteil von weniger als 10% (also zwischen 1% und 9,99%) ihre nachträglichen Anschaffungskosten geltend machen. Ein Ausschluss von Gesellschafter, die unter das frühere „Kleinanlegerprivileg" fielen, ist nicht mehr vorhanden (BR-Drs. 356/12, 122; *Trossen* GmbH-StB 2019, 307 (308)). **464**

Eine Berücksichtigung nach § 17 Abs. 2a verdrängt eine mögliche Berücksichtigung nach § 20 Abs. 2 (*Levedag* GmbHR 2020, 114 (115); *Trossen* GmbH-StB 2019, 307 (310)). Damit verbleibt keine Möglichkeit mehr, nach dem Inkrafttreten der Neuregelung den Verlust bei § 20 geltend zu machen (*Strahl* KÖSDI 2019, 21378, 21396). Zugleich hat der Gesetzgeber eindeutig zum Ausdruck gebracht, Gewinne und Verluste bei Beteiligungen von 1% oder mehr der Vorschrift des § 17 zuzuordnen. **465**

Zur Behandlung nachträglicher Anschaffungskosten im Fall des Ausfalls von Gesellschafterdarlehen und zur Inanspruchnahme aus Bürgschaften hatte sich ausgehend von den Regelungen im gesellschaftsrechtlichen **Eigenkapitalersatzrecht** (§ 32a, § 32b GmbHG aF) eine langjährige Handhabung herausgebildet (dazu unter a) → Rn. 468 ff.). Mit dem Wegfall der §§ 32a, 32b GmbHG durch das Gesetz zur Modernisierung des GmbH-Rechts und zur Bekämpfung von Missbräuchen v. 23.10.2008 (MoMiG, BGBl. 2008 I 2016) war Unklarheit entstanden, wie nunmehr mit dem Ausfall von Gesellschafterdarlehen und Bürgschaften umzugehen war (dazu unter b) → Rn. 472). Diese Frage hatte der BFH im Jahr 2017 entschieden (dazu unter c) → Rn. 474 ff.). Die Finanzverwaltung hatte sich der Ansicht des BFH angeschlossen (dazu unter d) → Rn. 476). **466**

Einstweilen frei **467**

a) Rechtslage vor MoMiG. Zu den nachträglichen Anschaffungskosten gehörten nach ständiger Rechtsprechung (stRspr, ua zuletzt BFH 28.8.2013 – IX R 43/12, BFH/NV 2013, 1783; BFH 16.6.2015 – IX R 30/14, DStR 2015, 2384; Überblick bei *Trossen* GmbH-StB 2019, 105) Leistungen eines GmbH-Gesellschafters aufgrund eines Darlehens oder einer Bürgschaftsinanspruchnahme, wenn das Darlehen/die Bürgschaft **468**

- durch das Gesellschaftsverhältnis veranlasst ist,
- keine Werbungskosten bei § 20 darstellt,

- es sich nicht um Veräußerungs- oder Auflösungskosten handelt und
- die Rückgriffsforderung gegen die Gesellschaft wertlos ist.

Das Gleiche gilt für sonstige Sicherheitsleistungen wie Verpfändung, Grundschuld oder Inanspruchnahme für Schulden der Kapitalgesellschaft aufgrund von steuerlichen Haftungsvorschriften (Schmidt/*Weber-Grellet* § 17 Rn. 176; *Schießl* StuB 2017, 765 (766); *Desens* DStR 2019, 1071 (1072)).

469 Hintergrund dieser Rechtsprechung war, dass aufgrund des im EStG verankerten **objektiven Nettoprinzips** der durch eine Beteiligung veranlasste Ertrag und die mit der Beteiligung zusammenhängenden Aufwendungen gleich zu behandeln waren (vgl. auch *Rund* GmbH-StB 2017, 382). Daher waren nach Auffassung des BFH durch das Gesellschaftsverhältnis veranlasste Aufwendungen im Rahmen des § 17 als nachträgliche Anschaffungskosten zu berücksichtigen, sofern diese nicht Werbungskosten bei den Einkünften aus § 20 oder Veräußerungs- oder Auflösungskosten iSd § 17 Abs. 2 waren. Eine Ausnahme war nur zu machen, wenn es an der zivilrechtlichen Voraussetzung des Eigenkapitalersatzrechts fehlte, zB im Fall des Kleinanlegerprivilegs nach § 32a Abs. 3 S. 2 GmbHG aF (BFH 20.8.2013 – IX R 43/12, BFH/NV 2013, 1783; BFH 6.5.2014 – IX R 44/13, BStBl. II 2014, 783; *Trossen* GmbH-StB 2014, 354).

470 Maßgeblich für die Frage, ob ein Darlehen/Bürgschaft als nachträgliche Anschaffungskosten in Betracht kommt, war, ob seine Hingabe **gesellschaftsrechtlich veranlasst** war. Maßgeblicher Umstand für eine Hingabe aus gesellschaftsrechtlichen Gründen war der Umstand, ob die Gesellschaft im Zeitpunkt der Darlehens-/Bürgschaftshingabe in der Krise war. Denn in der Krise der Gesellschaft ist grundsätzlich nur noch der Gesellschafter bereit, der Gesellschaft ein Darlehen zu geben. Ein fremder Dritter würde in dieser Situation das Risiko einer Darlehensgewährung nicht mehr eingehen (LBP/*Rapp* § 17 Rn. 210).

471 Voraussetzung für die Berücksichtigung von nachträglichen Anschaffungskosten war zudem, dass der Gesellschafter (unmittelbar) zu **mehr als 10%** bei einer GmbH bzw. 25% bei einer AG („unternehmerisch") beteiligt ist. Insolvenzbedingt ausgefallene Finanzierungshilfen eines nicht geschäftsführenden, mit nicht mehr als 10% am Stammkapital der GmbH beteiligten Gesellschafters zugunsten der Gesellschaft führten nicht zu nachträglichen Anschaffungskosten der qualifizierten Beteiligung („Kleinanlegerprivileg" nach § 39 Abs. 5 InsO; BFH 20.8.2013 – IX R 43/12, BFH/NV 2013, 1783; *Trossen* GmbH-StB 2019, 105 (106)). Hatte der darlehensgebende Gesellschafter mit der Gesellschaft vereinbart, das Darlehen solle „wie Eigenkapital" behandelt werden und halten sich die Beteiligten in der Insolvenz der Gesellschaft an diese Abrede, führte der endgültige Ausfall des Darlehensrückforderungsanspruchs zu nachträglichen Anschaffungskosten der Beteiligung, auch wenn der Gesellschafter mit nicht mehr als 10% am Stammkapital der Gesellschaft beteiligt war (BFH 6.5.2014 – IX R 44/13, BStBl. II 2014, 781; *Ott* DStZ 2018, 179 (187)). Zu beachten war zudem, dass das Kleinanlegerprivileg nicht für Darlehen griff, die vor Inkrafttreten der Altregelung des § 32a Abs. 3 S. 2 GmbHG aF am 24.4.1998 gewährt worden sind und deren eigenkapitalersetzende Wirkung vor diesem Tag eingetreten ist (FG Köln 18.3.2014 – 1 K 3127/11, EFG 2014, 1093; *Förster/v. Cölln* DB 2017, 2886 (2892)).

472 **b) Auffassungen zur Rechtslage nach MoMiG.** Mit dem Gesetz zur Modernisierung des GmbH-Rechts und zur Bekämpfung von Missbräuchen (MoMiG) v. 23.10.2008 wurden die Regelungen der §§ 32a, 32b GmbHG aF abgeschafft und die Berücksichtigung aller Gesellschafterdarlehen oder Forderungen aus Rechtshandlungen, die einem solchen Darlehen wirtschaftlich entsprechen, in § 39 Abs. 1 Nr. 5 InsO als nachrangig angeordnet. Damit erfolgte eine **grundlegende Neuordnung** der Behandlung der Rückgewähr von Gesellschafterdarlehen (näher *Ratschow* GmbHR 2017, 1204 (1205)). Für eine insolvenzrechtliche Berücksichtigung kam es daher auf die Einordnung als eigenkapitalersetzend oder die Frage des Eintritts einer Krise nicht mehr an. Auch das Vorliegen einer Rangrücktrittserklärung spielte keine Rolle mehr.

473 Seit Inkrafttreten des MoMiG wurde im Schrifttum diskutiert, ob dies nunmehr zur Folge hat, dass alle Darlehensausfälle zu nachträglichen Anschaffungskosten iSd § 17 führen oder ob ggf. neue Maßstäbe zu entwickeln waren (vgl. Kirchhof/*Gosch/Oertel* § 17 Rn. 95; LBP/*Rapp* § 16 Rn. 212a; *Graw* Ubg 2014, 251; *Levedag* GmbHR 2010, 1230; *Heuermann* NZG 2009, 841; *Bode* DStR 2009, 1781; *Wenig* StuB 2012, 233; *Schwedhelm/Olbing/Binnewies*

GmbHR 2009, 1233 (1237); Schmidt/*Weber-Grellet* § 17 Rn. 174). Nach Ansicht der Finanzverwaltung (BMF 21.10.2010, BStBl. I 2010, 832 sowie EStH 17.5 „Darlehensverluste") war für die Frage, ob nachträgliche Anschaffungskosten vorliegen, wie bisher auf die gesellschaftsrechtliche Veranlassung abzustellen. Von einer gesellschaftsrechtlichen Veranlassung war daher auszugehen, wenn ein ordentlicher und gewissenhafter Geschäftsführer im Zeitpunkt der Gewährung oder Weitergewährung des Darlehens die Rückzahlung des Darlehens angesichts der finanziellen Situation der Gesellschaft zu den Bedingungen wie der Gesellschafter nicht eingegangen wäre. Außerdem kam es nach Abschaffung des Eigenkapitalrechts für eine gesellschaftsrechtliche Veranlassung darauf an, ob die Gesellschaft von einem Dritten unter marktüblichen Bedingungen einen Kredit bekommen hätte. Zur Bewertung der ausgefallenen Finanzierungshilfe hatte der BFH zwischen Darlehen und Bürgschaften, die in der Krise hingegeben oder von vornherein in die Finanzplanung der Gesellschaft einbezogen waren und solchen Finanzierungshilfen unterschieden, die erst aufgrund des Eintritts der Krise der Gesellschaft ihren eigenkapitalersetzenden Charakter erlangt hatten. Fiel ein von vornherein eigenkapitalersetzendes Darlehen bzw. eine von vornherein eigenkapitalersetzende Bürgschaft aus, führte dies zu nachträglichen Anschaffungskosten in Höhe des Nennwerts des ausgefallenen Anspruchs. Ansonsten war nur der Teilwert des Anspruchs im Zeitpunkt des Eintritts der Krise maßgeblich (*Trossen* NWB 2017, 3040 (3041)).

c) Auffassung des BFH. Nach der **Grundsatzentscheidung** des BFH vom 11.7.2017 **474**
(IX R 36/15, DStR 2017, 2098, bestätigt durch BFH 2.7.2019 – IX R 13/18, DStR 2019, 2408) führt der Ausfall von Darlehen, die ein Gesellschafter an eine Kapitalgesellschaft gegeben hat, steuerlich nicht mehr zu nachträglichen Anschaffungskosten. Das Gleiche gilt für Aufwendungen des Gesellschafters aus der Inanspruchnahme als Bürge für Verbindlichkeiten der Gesellschaft. Denn mit der Aufhebung des Eigenkapitalersatzrechts in der Folge des MoMiG war die gesetzliche Grundlage für die bisherige Rechtsprechung und die Auffassung der Finanzverwaltung entfallen. Gesellschafterdarlehen sind nach Ansicht des BFH handelsrechtlich, gesellschaftsrechtlich und steuerlich gleich zu behandeln. Aufwendungen aus Fremdkapitalhilfen wie der Ausfall eines „stehen gelassenen Darlehens", eines „krisenbestimmten Darlehens", eines „Krisendarlehen" oder eines „Finanzplandarlehens" wirken sich daher nicht mehr aus. Denn die bisherigen Rechtsprechungsgrundsätze waren eine Reaktion auf die gesellschaftsrechtliche Rechtslage in § 32a, § 32b GmbHG aF. Sie stellten eine Ausnahme von dem Grundsatz dar, wonach eine im Privatvermögen befindliche Geldforderung des Gesellschafters dem Anwendungsbereich des § 20 und nicht dem des § 17 unterfällt und stellten eine Durchbrechung der Trennung von steuerlich unbeachtlicher Vermögens- und steuerbarer Erwerbssphäre dar. Dafür fehlt nach Aufhebung des Eigenkapitalersatzrechts durch das MoMiG die Rechtsgrundlage (*Schießl* StuB 2017, 765 (769)). Zudem war auch die Fortführung der bisherigen Grundsätze mit dem Wortlaut von § 17 Abs. 2 und 4 nicht vereinbar.

Die Entscheidungen des BFH sind mit einer **Vertrauensschutzregelung** versehen (dazu **475**
Fuhrmann NWB 2017, 4003 (4007); *Trossen* HFR 2017, 1037; kritisch auch *Wulf* Stbg 2017, 455). Hintergrund der Vertrauensschutzregelung ist, dass der Ausfall von Darlehen und Bürgschaften bei § 17 regelmäßig eine erhebliche steuerliche Auswirkung hat, die Hingabe eines Darlehens oder eine Bürgschaft über einen längeren Zeitraum Bindungswirkung entfaltet und das Ergebnis der BFH-Rechtsprechung in Schrifttum und Finanzverwaltung in dieser Schärfe nicht erwartet worden war. Für den Vertrauensschutz ist auf den Zeitpunkt abzustellen, in dem der Steuerpflichtige die für ihn endgültige wirtschaftliche Disposition getroffen hat. Darlehen und Bürgschaften, die bis zum Tag der Veröffentlichung der Entscheidung (27.9.2017) hingegeben bzw. eigenkapitalersetzend geworden sind, unterfallen noch der alten Rechtslage, sofern diese günstiger sein sollte. Die Rechtslage mit Urteil vom 11.7.2017 gilt erst für ab dem 28.9.2017 hingegebene Darlehen bzw. eigenkapitalersetzend gewordene Bürgschaften. Das Gleiche gilt für danach verlängerte Darlehen oder Bürgschaften. Letzter Stichtag für das alte Recht war danach der 27.7.2017 und erster Tag für das neue Recht der 28.9.2018 (im Schrifttum wurde teilweise eine andere Ansicht vertreten, vgl. *Förster* DB 2018, 336 (340); *Fuhrmann* NWB 2017, 4003 (4006); *Rund* GmbH-StB 2017, 382 (384); *Ott* DStZ 2018, 179 (186); *Trossen* GmbH-StB 2019, 105 (107)).

d) Auffassung der Finanzverwaltung. Die Finanzverwaltung hatte sich der Auffassung **476**
des BFH einschließlich der Vertrauensschutzregelung angeschlossen (BMF 5.4.2019, BStBl.

I 2019, 257; vgl. *Deutschländer* NWB 2019, 1270). Danach waren die bisherigen Grundsätze, nach denen auf die Behandlung des Darlehens/der Bürgschaft die unter Geltung des MoMiG entwickelten Grundsätze anzuwenden sind, für alle bis einschließlich 27.9.2017 hingegebenen bzw. eigenkapitalersetzend gewordenen Finanzierungshilfen anzuwenden. Für alle ab dem 28.9.2017 hingegebenen Darlehen/Finanzierungshilfen gelten hingegen die neuen Grundsätze. Ebenfalls ist ein Darlehen nach den Regelungen des MoMiG zu behandeln, wenn das Insolvenzverfahren bei einer GmbH nach dem 31.10.2008 eröffnet wurde oder Rechtshandlungen, die nach § 6 AnfG der Anfechtung unterworfen sind, nach dem 31.10.2018 vorgenommen worden sind.

2. Definition der Anschaffungskosten (§ 17 Abs. 2a Satz 1)

477 Absatz 2a Satz 1 enthält eine rechtlich eigenständige Definition der Anschaffungskosten für § 17. Diese gilt nur für den Bereich des § 17. Mit der Regelung in Abs. 2 Satz 1 löst sich der Anschaffungskostenbegriff in § 17 vom handelsrechtlichen Begriff der Anschaffungskosten und verdrängt insoweit die Regelung in § 255 Abs. 1 Satz 1 HGB.

478 Zu den Anschaffungskosten gehören alle Aufwendungen, die der Steuerpflichtige zum Erwerb und Erhalt des Anteils aufbringen muss. Der Begriff ist weit und in gleicher Weise wie in § 6 und § 16 auszulegen (BFH 10.11.1998 – VIII R 6/96, BStBl. II 1999, 348 und BFH 23.5.2000 – VIII R 3/99, BFH/NV 2001, 23; Blümich/*Vogt* § 17 Rn. 555; LBP/*Rapp* § 17 Rn. 174; KSM/*Schneider* § 17 Rn. C150). Zu den Anschaffungskosten gehören daher alle Aufwendungen, die **durch das Gesellschaftsverhältnis veranlasst** sind und weder zu den Veräußerungskosten noch zu den Einkünften aus Kapitalvermögen zählen. Dies ist Folge des objektiven Nettoprinzips. Wenn der Veräußerungsgewinn oder -verlust steuerbar ist, müssen alle mit den Anteilen zusammenhängenden Aufwendungen berücksichtigungsfähig sein.

478a Zu den Anschaffungskosten iSv Abs. 2a Satz 1 gehören:

- Anschaffungspreis in EUR (Fremdwährung ist nach amtlichem Umrechnungskurs auf den Übertragungsstichtag umzurechnen),
- vergebliche Anschaffungskosten bei gelungenem zweiten oder späteren Erwerb (BFH 20.4.2004 – VIII R 4/02, BStBl. II 2004, 597).

Der anteilige **Gewinnvortrag, Jahresüberschuss oder thesaurierte Gewinne** erhöhen die Anschaffungskosten der Anteile nicht. Vielmehr decken die ursprünglichen Anschaffungskosten des Gesellschafters (eingezahltes Stammkapital + Notarkosten) sein Mitgliedschaftsrecht mit allen seinen Bestandteilen ab (BFH 6.12.2017 – IX R 7/17, DStR 2018, 516). Zu den Anschaffungskosten des Erwerbers gehört auch das für den Anspruch auf den zeitanteiligen Gewinn des laufenden Geschäftsjahres gezahlte Entgelt (BFH 22.5.1984 – VIII R 316/83, BStBl. II 1984, 746; LBP/*Rapp* § 17 Rn. 222). Der Gewinnanteil des Veräußerers ist ein unselbständiger preisbildender Bestandteil des veräußerten Anteils (BFH 6.12.2017 – IX R 7/17, DStR 2018, 516). Der Veräußerer erhält den Veräußerungspreis gerade auch dafür, dass mit dem veräußerten Anteil der anteilige Gewinnvortrag, Jahresüberschuss oder thesaurierte Gewinn verbunden ist. Ein bloßes Stehenlassen von Gewinnen stellt keine anschaffungskostenerhöhende Einlage des veräußernden Gesellschafters in das Gesellschaftsvermögen dar.

479 Hält der Steuerpflichtige **mehrere selbständige Anteile an einer Kapitalgesellschaft,** so sind dem jeweiligen Anteil die ihn betreffenden Anschaffungskosten nach Abs. 2a Satz 1 einzeln zuzuordnen (BFH 20.4.2004 – VIII R 52/02, BStBl. II 2004, 556). Dies folgt aus der gesellschaftsrechtlichen Eigenständigkeit des jeweiligen Anteils.

480 Für die Berücksichtigung von Anschaffungskosten ist eine unmittelbare Beteiligung erforderlich. Finanzierungsmaßnahmen zugunsten einer Gesellschaft, an der der Anteilseigner mittelbar beteiligt ist, führen nicht zu Anschaffungskosten der (unmittelbaren) Beteiligung. Sie sind nicht durch das Gesellschaftsverhältnis mit der unmittelbaren Beteiligung veranlasst (Blümich/*Vogt* § 17 Rn. 633).

481 Einzelfragen:

481.1 Eine zum Erwerb eigener Anteile gebildete zweckgebundene Rücklage der GmbH mindert beim Erwerb eigener Anteile nicht nachträglich die Anschaffungskosten des veräußernden Gesellschafters. Denn die rein gesellschaftsintern wirkende Umbuchung einer Gewinnrücklage führt nicht zu nachträglichen Anschaffungskosten auf den Gesellschaftsanteil des veräußernden Gesellschafters, da dieser Vorgang die Stellung des Gesellschafters gegenüber der Gesellschaft nicht berührt (BFH 27.4.2000 – I R 58/99, BStBl. II 2001, 168; 6.12.2017 – IX R 7/17, DStR 2018, 516).

Die bloße Durchleitung von Darlehensgeldern, wenn der Gesellschafter nur als Auszahlungsstelle agiert und kein wirtschaftliches Ausfallrisiko trägt, führt ebenfalls nicht zu Anschaffungskosten (BFH 11.4.2017 – IX R 4716, BFH/NV 2017, 1309; Kirchhof/*Gosch* § 17 Rn. 100a). 481.2

a) Anschaffungskosten bei Gründung. Wenn die Anteile bei Gründung der Kapitalgesellschaft erworben werden, ist Anschaffungspreis iSd § 17 Abs. 2a Satz 1 die Einlageverpflichtung (vgl. *Wenhardt* GmbH-Stpr 2013, 197 (198)). Bei der Bargründung ist dies der Nennwert der Anteile, bei der Sachgründung der Wert der eingebrachten Wirtschaftsgüter. Es kommt nicht darauf an, ob die Einlageverpflichtung erfüllt ist. Es reicht aus, wenn der Gesellschaft gegenüber dem Gesellschafter der Anspruch auf Leistung der hälftigen Stammeinlage zusteht. Werden als Gegenleistung für die Anteilsübertragung eine Veräußerungsrente oder andere wiederkehrende Leistungen vereinbart, gehören der Rentenbarwert bzw. der Kapitalwert der wiederkehrenden Leistungen zu den Anschaffungskosten (KKB/*Deutschländer* § 17 Rn. 278). 482

Aufwendungen bei fehlgeschlagener Gründung sind nicht bei § 17 abziehbar (BFH 20.4.2004 – VIII R 4/02, BStBl. II 2004, 597), auch nicht, wenn es später zu einer erfolgreichen Gründung kommt. Denn zu den Anschaffungskosten der dann gegründeten Beteiligung gehören nur die Aufwendungen, die konkret für diese Beteiligung aufgewandt worden sind (vgl. auch *Trossen* GmbH-StB 2019, 307 (308); HHR/*Schmidt* § 17 Rn. 193). 483

b) Anschaffungskosten bei Kapitalerhöhung. Die gleichen Grundsätze gelten bei der Kapitalerhöhung. Anschaffungskosten im Rahmen einer Kapitalerhöhung gegen Einlagen ermitteln sich aus dem vom Anteilseigner aufgewandten **Anschaffungspreis (Zeichnungsbetrag).** Wenn die jungen Anteile aber in Ausübung eines Bezugsrechts unter ihrem Wert erworben werden, ermitteln sich die Anschaffungskosten anhand des Einzahlungsbetrags zuzüglich der nach der Gesamtwertmethode ermittelten Anschaffungskosten des Bezugsrechts. Die Anschaffungskosten der Alt-Anteile mindern sich entsprechend (Schmidt/*Weber-Grellet* § 17 Rn. 157; KSM/*Schneider* § 17 Rn. C163). Der Wert des Bezugsrechts bestimmt sich nach der Gesamtwertmethode. Diese berechnet sich wie folgt: Der Anteilseigner erwirbt die neuen Anteile im Rahmen einer Kapitalerhöhung zu einem unter dem aktuellen Wert liegenden Bezugspreis. Somit erlangt er unentgeltlich einen Anteil an den stillen Reserven. Diese scheiden aus der Substanz der Alt-Anteile aus (Substanzabspaltung). Die Anschaffungskosten der Alt-Anteile mindern sich um den auf die Bezugsrechte entfallenden und auf die neuen Anteile übergehenden Betrag. 484

Ein gezahltes Agio, das nach § 272 Abs. 2 Nr. 1 HGB der Kapitalrücklage zuzubuchen ist, gehört zu den Anschaffungskosten. Gleiches gilt für Zuzahlungen, die Aktionäre für die Gewährung eines Vorzugs bei Aktien (§ 150 Abs. 2 Nr. 4 AktG) leisten. Hier ist jedoch hinsichtlich der Berücksichtigung die Sonderregelung des § 17 Abs. 2a Satz 5 zu berücksichtigen. Einzahlungen über den Nennbetrag hinaus sind auf seine gesamten Anteile (einschließlich der im Rahmen der Einzahlung neu geschaffenen Anteile) zu verteilen. Dies gilt auch dann, wenn diese zivilrechtlich nur auf einen Teil der Anteile geleistet werden (→ Rn. 475). 485

Eine **Kapitalerhöhung aus Gesellschaftsmitteln** erhöht die Anschaffungskosten der Beteiligung nicht. Es fließen der Gesellschaft keine neuen Mittel zu. Es findet nur eine bilanzielle Umschichtung statt, indem Rücklagen zu Nennkapital werden. Die Anschaffungskosten des Gesellschafters ändern sich nicht. Auch die rein gesellschaftsintern wirkende Umgliederung einer freien Gewinnrücklage in eine zweckgebundene Rücklage zum Erwerb eigener Anteile führt nicht zu nachträglichen Anschaffungskosten (BFH 6.12.2017 – IX R 7/17, DStR 2018, 516; vgl. dazu *Linnemann/Wiegand* Wpg 2018, 724). Bei einer Kapitalerhöhung aus Gesellschaftsmitteln sind die Anschaffungskosten der Alt-Anteile auf die Alt-Anteile und die Neu-Anteile aufzuteilen (EStR 17 (5)). Es kommt daher zu einer Abspaltung eines Teils der Anschaffungskosten der bisherigen Anteile auf die neu ausgegebenen Anteile. 486

Wird das Nennkapital wieder herabgesetzt und zurückgezahlt, hat dies auf die Anschaffungskosten ggf. Auswirkung. Es handelt sich um eine Ausschüttung, die steuerlich nach der Verwendungsfiktion in § 27 KStG zu behandeln ist. Auszahlungen aus dem Einlagekonto (§ 27 KStG) mindern die Anschaffungskosten (OFD Frankfurt a.M. 10.12.2018, DStR 2019, 487

106). Liegen nur Auszahlungen aus der Kapitalrücklage vor, die nach der Verwendungsfiktion das Einlagekonto nicht berühren, hat dies auf die Anschaffungskosten keine Auswirkung.

488 **c) Anschaffungskosten bei Erwerb.** Werden die Anteile durch Kauf erworben, ist der (tatsächlich gezahlte) Kaufpreis als Anschaffungskosten anzusetzen. Dies gilt auch bei dem Erwerb eigener Anteile durch die Gesellschaft. Werden die Anteile durch Tausch erworben, ist der gemeine Wert der in Tausch gegebenen Wirtschaftsgüter anzusetzen (BFH 7.7.1992 – VIII R 54/88, BStBl. II 1993, 331). Ein Aufgeld und ein Überpreis gehören zu den Anschaffungskosten (BFH 27.5.2009 – I R 53/08, DStR 2009, 2661). Nicht zu den Anschaffungskosten gehört allerdings der Teil des Kaufpreises, der auf einen miterworbenen Kaufpreisanspruch entfällt. Ebenfalls gehört nicht zum Kaufpreis der Betrag, den der Erwerber dafür bezahlt, dass er bei einem Erwerb im laufenden Wirtschaftsjahr am Gewinn des gesamten Wirtschaftsjahrs beteiligt wird (BFH 22.5.1984 – VIII R 316/83, BStBl. II 1984, 746). Ebenfalls gehört nicht zu den Anschaffungskosten der Teil des Kaufpreises, der auf einen mit abgetretenen, aufgrund eines Gewinnverteilungsbeschlusses bereits entstandenen, Gewinnanspruch entfällt (Bordewin/Brandt/*Oellerich* § 17 Rn. 253).

489 Erfolgt der Erwerb gegen wiederkehrende Bezüge, ist der Barwert der wiederkehrenden Bezüge anzusetzen (BFH 31.8.1994 – X R 58/92, BStBl. II 1996, 572; LBP/*Rapp* § 16 Rn. 227). Der Barwert ist auf den Zeitpunkt des Erwerbs zu ermitteln. Auch aus einer Liquidationsmasse heraus kann ein Gesellschaftsanteil erworben werden. Soweit der Gesellschaftsanteil in Anrechnung auf ansonsten zu zahlende Liquidationsraten gewährt wird, liegt ein entgeltlicher Vorgang vor (KSM/*Schneider* § 17 Rn. C322).

490 Ein Erwerb in Fremdwährung ist nach dem amtlichen Umrechnungskurs in Euro umzurechnen.

491 **Anschaffungspreisminderungen** sind von den Anschaffungskosten abzusetzen. Zu den Anschaffungspreisminderungen gehören dabei Kaufpreisnachlässe und sonstige Ermäßigungen der Anschaffungskosten und Rückflüsse von im Zusammenhang mit dem Erwerb geleisteten Aufwendungen (BFH 26.3.1992 – IV R 74/90, BStBl. II 1993, 96; BFH 20.8.2013 – IX R 5/13, BFH/NV 2014, 312). Eine Minderung der Anschaffungskosten kann vorliegen, wenn Anschaffungskosten oder Anschaffungsnebenkosten von Dritten erstattet oder vergütet werden (BFH 26.2.2002 – IX R 20/98, BStBl. II 2002, 796; BFH 20.8.2013 – IX R 5/13. BFH/NV 2014, 312). Voraussetzung ist ein **hinreichender wirtschaftlicher Zusammenhang** zwischen Anschaffung und Minderung (*Binnewies* GmbH-StB 2018, 183 (188)).

492 Später geleisteter **Schadensersatz** vermindert die Anschaffungskosten nicht.

492.1 Leistet eine Wirtschaftsprüfungsgesellschaft wegen eines fehlerhaften Bestätigungsvermerks im Rahmen eines Vergleichs Schadensersatz an den Erwerber von Gesellschaftsanteilen, mindert dies beim Erwerber nicht die Anschaffungskosten der Anteile. Denn die Annahme einer Ermäßigung der Anschaffungskosten iSv § 17 Abs. 2a Satz 1 setzt voraus, dass zwischen der Schadensersatzleistung des Dritten und dem Anschaffungsvorgang ein hinreichender wirtschaftlicher Zusammenhang vorliegt. Beruht die Schadensersatzleistung des Dritten auf einem rechtlich und wirtschaftlich eigenständigen Rechtsgrund, führt die Leistung des Dritten nicht zu einer Anschaffungspreisminderung (BFH 4.10.2016 – IX R 8/15, BStBl. II 2017, 136, zu § 255 Abs. 1 Satz 3 HGB).

493 Maßgeblich abzustellen ist hinsichtlich der Anschaffungskosten auf die **einzelnen Anteile.** Werden Anteile an einer Kapitalgesellschaft zu verschiedenen Zeiten und zu unterschiedlichen Anschaffungskosten erworben, behält jeder Anteil zivil- und steuerrechtlich seine Selbständigkeit. Denn der Veräußerungstatbestand des § 17 bezieht sich auf einzelne Anteile als rechtlich selbständige Wirtschaftsgüter (BFH 1.10.2014 – IX R 13/13, BFH/NV 2015, 198 und BFH 11.12.2013 – IX R 45/12, BStBl. II 2014, 578; LBP/*Rapp* § 16 Rn. 213). So ist für die Ermittlung des Veräußerungsgewinns von den tatsächlichen Anschaffungskosten für jedes einzelne Wirtschaftsgut, also auch für jeden Anteil oder jedes Wertpapier gleicher Gattung, auszugehen. Dies kann durch Bezugnahme auf den notariellen Erwerbsakt oder auf andere Weise geschehen, zB kann es sich aus der eindeutigen Bezeichnung der Anteile in der Gesellschafterliste (§ 8 Abs. 1 Nr. 3 GmbHG) ergeben (BFH 11.12.2013 – IX R 45/12, BStBl. II 2014, 578; Schmidt/*Weber-Grellet* § 17 Rn. 162; *Carlé* DStZ 2008, 708 (712)). Kann eine Identifizierung nicht vorgenommen werden, sind die durchschnittlichen Anschaffungskosten maßgeblich (EStR 17 (5); LBP/*Rapp* § 16 Rn. 213).

durch steuerliche Regelungen behindert wird (vgl. BR-Drs. 356/12, 122; *Ott* DStZ 2019, 648 (650)).

Die Regelung schließt nicht aus, dass nachträgliche Anschaffungskosten auch in anderen Fällen vorliegen. Die Regelung erfasst daher nicht nur den Ausfall von Darlehensforderungen, sondern kommt auch bei Darlehensverlusten, zB im Fall der Abtretung, zur Anwendung. Anders ist dies hingegen bei Rückgriffsforderungen aus Bürgschaften und vergleichbaren Forderungen. Hier beschränkt der Gesetzeswortlaut das Entstehen nachträglicher Anschaffungskosten auf den Ausfall *Förster/v. Cölln/Lentz* DB 2020, 353 (356)). 507a

a) Berücksichtigung von offenen und verdeckten Einlagen (§ 17 Abs. 2a Satz 3 Nr. 1). Absatz 2a Satz 3 Nr. 1 ersetzt § 272 Abs. 2 HGB und regelt für § 17 eine eigenständige Grundlage für die Berücksichtigung von offenen und verdeckten Einlagen (BR-Drs. 356/12, 122). Einlagen (offene und verdeckte) führen danach zu **nachträglichen Anschaffungskosten.** Die Regelung folgt den bisherigen Rechtsprechungsgrundsätzen (vgl. BFH 19.10.1998 – VIII R 69/95, BStBl. II 2000, 230; BFH 27.4.2000 – I R 58/99, BStBl. II 2001, 168; BFH 5.6.2002 – I R 6/01, BFH/NV 2003, 88; BFH 20.7.2018 – IX R 5/15, BFH/NV 2019, 71; BMF 5.4.2019, BStBl. I 2019, 257; *Fuhrmann* NWB 2020, 150 (152); aA *Schmidt/Hageböke* DStR 2003, 1813; *Ott* DStZ 2019, 648 (650)) und hat daher deklaratorischen Charakter (*Levedag* GmbHR 2020, 115 (117)). 508

Offene Einlagen sind alle den gesellschaftsrechtlichen Vorschriften entsprechenden Einlagen (Bar- und Sacheinlagen), bei denen der Einlegende (Einbringende) eine Gegenleistung in Form von Gesellschaftsrechten – ggf. iVm weiteren Dienstleistungen – erhält. Offene Einlagen bilden aus Sicht des einlegenden Gesellschafters einen Tauschvorgang. 508.1

Bei einer verdeckten Einlage handelt es sich um eine gesellschaftsrechtlich veranlasste Zuführung eines einlagefähigen Wirtschaftsguts außerhalb einer den gesellschaftsrechtlichen Vorschriften entsprechenden Einlage. Wesentliches Merkmal einer verdeckten Einlage ist das Fehlen einer Gegenleistung an den Einbringenden in Form von Gesellschaftsrechten durch Ausgabe von Anteilen oder einer anderen Gegenleistung. 508.2

Disquotale Einlagen führen entsprechend ihrem Verhältnis zu nachträglichen Anschaffungskosten. 508.3

Einlagefähig sind alle (bilanzierungsfähigen) materiellen und immateriellen Wirtschaftsgüter. 509

Häufige Fälle von Einlagen sind: Einzahlung in Kapitalrücklage (BFH 27.4.2000 – I R 58/99, BStBl. II 2001, 168), Nachschüsse (§§ 26–28 GmbHG; § 6 Nr. 3 GenG), Verlorene Zuschüsse (zB zur Abdeckung von Bilanzverlusten), Verzicht auf Gesellschafterforderung/-Darlehen in Höhe der Werthaltigkeit (vgl. *Desens* DStR 2019, 1072 (1073); *Rand/Junkers* GmbHR 2020, 355 (357)), Verzicht auf Geschäftsführergehalt, Verzicht auf (erdiente) Pensionsansprüche, Tilgung einer Verbindlichkeit der Kapitalgesellschaft durch den Gesellschafter, Überlassung von (verselbständigten) immateriellen Wirtschafsgütern, zB Patent- und Markenrechten, Rückzahlung von Vorabausschüttungen, offenen Gewinnausschüttungen und verdeckten Gewinnausschüttungen. 509.1

Der Verzicht des Gesellschafters auf eine Forderung gegen die Kapitalgesellschaft führt nur in Höhe des werthaltigen Teils zu einer Vermögenszuwendung und damit einer Einlage in die Kapitalgesellschaft. Wird auf Vergütungsansprüche (zB Arbeitslohn aus dem Geschäftsführeranstellungsvertrag, Mietansprüche) verzichtet, kommt es auf Ebene des Gesellschafters zu einem Zufluss dieser Ansprüche (KKB/*Deutschländer* § 17 Rn. 298). Wird daher auf werthaltige Gehaltsansprüche oder auf einen werthaltigen Pensionsanspruch verzichtet, fließen dem Gesellschafter erhebliche Einnahmen nach § 19 zu, deren Versteuerung allenfalls – zB beim Pensionsverzicht – nach § 34 abgemildert wird. 509.2

Einzahlungen in die Kapitalrücklage führen in jedem Fall und zu jedem denkbaren Zeitpunkt (also auch „in letzter Minute") zu nachträglichen Anschaffungskosten iSd § 255 Abs. 1 S. 1 und S. 2 HGB (BFH 20.7.2018 – IX R 5/15, IX R 6/15, IX R 7/15, BFH/NV 2019, 71; vgl. *Ott* DStZ 2018, 179 (188); *Ott* DStZ 2019, 412 (415 f.); *Ott* DStZ 2019, 648 (652); *Durst* BeSt 1/2019, 2 (4); *Trossen* GmbH-StB 2019, 105 (108); *Trossen* GmbH-StB 2019, 307 (309); *Otto* StuB 2019, 148 (151)). Steuerrechtlich ist es ohne Belang, wie die Kapitalgesellschaft den vom Gesellschafter eingezahlten Betrag verwendet. Daher steht es einer Berücksichtigung der Einzahlung in die Kapitalrücklage als nachträgliche Anschaffungskosten nicht entgegen, wenn die der Kapitalrücklage zugeführten Mittel von der GmbH dazu verwendet werden, betriebliche Verbindlichkeiten abzulösen, für die der einzahlende 510

Gesellschafter gegenüber einer finanzierenden Bank Sicherheiten hingegeben hat (vgl. *Fuhrmann* NWB 2018, 388; *Fuhrmann* NWB 2020, 150 (153); *Ratschow* BFH/PR 2019, 25; *Otto* StuB 2019, 148 (152)). Auch spielt keine Rolle, mit welchem Wert ein möglicher Regressanspruch des Gesellschafters anzusetzen wäre. Ungeklärt ist allerdings noch die Fallgestaltung, in der der Gesellschafter Geld einlegt, mit dem sogleich sein Gesellschafterdarlehen getilgt wird („Hin-und-Her-Zahlen", „Cash-Zirkel", vgl. *Durst* BeSt 1/2019, 2 (4); *Ott* DStZ 2019, 412 (417); *Durst* DStZ 2020, 189 (192)). Hier steht § 42 AO im Raum (FG Niedersachsen 26.9.2012 – 2 K 13510/10, GmbHR 2013, 613; siehe auch OFD Frankfurt a.M. 10.4.2019, DStR 2019, 1357; *Gragert* NWB 2019, 2842 (2843, 2845)). Hier ist fraglich, ob überhaupt eine Einlage vorliegt.

511 Für nur mit dem Teilwert bei Kriseneintritt zu berücksichtigende „in der Krise stehen gelassene Darlehen" kann es sich daher empfehlen, zunächst mittels einer Einlage in das Gesellschaftsvermögen das Kapital zu stärken und anschließend das Darlehen mit diesen Mitteln zurückzuführen. Die Einlage in das Gesellschaftsvermögen führt unter Geltung der Neuregelung unproblematisch zu Anschaffungskosten. Allerdings kann die Rückzahlung des Darlehens vom Insolvenzverwalter bei Erfüllen der Anfechtungsvoraussetzungen ggf. angefochten und zurückgefordert werden (*Trossen* GmbH-StB 2019, 307 (309)). Zudem ist die Anwendbarkeit von § 42 AO für diese Fallkonstellation noch nicht geklärt (→ Rn. 444a).

512 Nach der Auffassung des BFH 11.7.2017 – IX R 36/15, BStBl. II 2019, 208 können nachträgliche Anschaffungskosten der Beteiligung auch durch **wirtschaftlich mit einer Einlage vergleichbare Vorgänge** entstehen. Was ein „wirtschaftlich vergleichbarer Vorgang" ist, ist gegenwärtig unklar (vgl. dazu auch *Ott* DStZ 2019, 412 (515); *Ott* DStZ 2019, 648 (653)). Eine Fallkonstellation hat der BFH entschieden: Wird ein Gesellschafterdarlehen mit einer Rangrücktrittserklärung versehen, die unter die Voraussetzungen des § 5 Abs. 2a fällt, hat dies handels- und steuerbilanziell die Ausbuchung der Verbindlichkeit auf der Ebene der GmbH zur Folge. Damit ist der Fall gemeint, in dem die Formulierung des Rangrücktritts aufgrund des fehlenden Hinweises auf die Tilgung aus dem sonstigen freien Vermögen zur Auflösung der Verbindlichkeit führt (*Ott* StuB 2018, 15 (18); *Trossen* GmbH-StB 2017, 334 (335); *Förster* DB 2018, 336 (341 f.)). In diesem Fall handelt es sich nach Auffassung des BFH nicht um die Hingabe eines Darlehens, sondern um eine (verdeckte) Einlage in die Kapitalgesellschaft, die zur Begründung von nachträglichen Anschaffungskosten führt (so auch *Förster/v. Cölln* DB 2017, 2886 (2887); *Fuhrmann* KÖSDI 2018, 2076 (20799)). Denn in diesem Fall kommt dem Darlehen auch bilanzsteuerrechtlich die Funktion von zusätzlichem Eigenkapital zu (*Schießl* StuB 2017, 765 (770); BFH 15.4.2015 – I R 44/14, BStBl. II 2015, 769; BFH 10.8.2016 – I R 25/15, BFH/NV 2017, 155). Wird der Rangrücktritt hingegen so gestaltet, dass die Voraussetzungen des § 5 Abs. 2a nicht erfüllt sind, scheidet eine Berücksichtigung als nachträgliche Anschaffungskosten aus.

513 Laufende (unentgeltliche oder verbilligte) Nutzungen, zB die Zinslosigkeit eines Gesellschafterdarlehens, können nicht Gegenstand einer Einlage sein. Gleiches gilt für die Einlage von unentgeltlich erworbenen Nutzungsrechten, die Nutzung von Firmenwerten und selbstgeschaffenen immateriellen Wirtschaftsgütern (zB Kundenstamm). Auch die Überlassung der Arbeitskraft oder die Erbringung sonstiger Dienstleistungen ist nicht einlagefähig (Kirchhof/*Gosch/Oertel* § 17 Rn. 92; LBP/*Rapp* § 17 Rn. 183; Blümich/*Vogt* § 17 Rn. 593).

514 Die Einlage ist mit ihrem gemeinen Wert im Zeitpunkt ihrer Leistung anzusetzen.

515 Die rein gesellschaftsintern wirkende Umgliederung einer freien Rücklage in eine zweckgebundene Rücklage führt nicht zu (nachträglichen) Anschaffungskosten auf den Kapitalgesellschaftsanteil (BFH 6.12.2017 – IX R 7/17, BStBl. II 2019, 213; BMF 5.4.2019, BStBl. I 2019, 257).

516–518 *Einstweilen frei*

519 **b) Krisendarlehen und krisenbestimmte Darlehen (§ 17 Abs. 2a Satz 3 Nr. 2).** Nach § 17 Abs. 2a Satz 3 Nr. 2 gehören Darlehensverluste zu den nachträglichen Anschaffungskosten, wenn die „Gewährung des Darlehens" oder das „Stehenlassen des Darlehens" in der Krise gesellschaftsrechtlich veranlasst war (BR-Drs. 356/19, 122). Damit wird die BFH-Rechtsprechung in der Entscheidung vom 11.7.2017 – IX R 36/15, BStBl. II 2019, 208 überschrieben und die zur alten Rechtslage durch den BFH entwickelten Fallgruppen des „Krisendarlehens" und des „in der Krise stehen gelassenen Darlehens" werden gesetzlich verankert. Voraussetzung ist, dass die Gewährung des „Krisendarlehens" und des „in der Krise stehen gelassenen Darlehens" nach Satz 4 gesellschaftsrechtlich veranlasst ist (*Trossen* GmbH-StB 2019, 307 (309)).

Fällt das Darlehen unter § 17 Abs. 2a Satz 3 Nr. 3 ist als nächstes zu entscheiden, ob der Ausfall mit dem **Nennwert** oder mit dem **Teilwert** zu berücksichtigen ist. Hierbei handelt es sich um eine reine Tatsachenfrage (*Trossen* GmbH-StB 2019, 105 (106)). **520**

- **„Krisendarlehen":** Wird das Darlehen oder die Bürgschaft erst in der Krise (oder Insolvenzreife der Gesellschaft) gewährt, erfolgt der Ansatz mit dem Nennwert des Rückzahlungsanspruchs. Auf den Zeitpunkt des Kriseneintritts kommt es nicht an, wenn die Finanzierungshilfe innerhalb des letzten Jahres vor Insolvenzantragstellung (also innerhalb der Fristen der §§ 39, 135 InsO oder § 6 AnfG) gewährt wurde, weil dann ein krisenbestimmtes Darlehen vorliegt (BMF 21.10.2010, BStBl. I 2010, 832 Rn. 20; HHR/*Schmidt* § 17 Rn. 201a).
- **„Stehengelassenes Darlehen":** Ein stehengelassenes Darlehen liegt vor, wenn es vor Kriseneintritt hingegeben wurde und es mangels Krisenbestimmungsabrede bei Eintritt der Krise mit Rücksicht auf das Gesellschaftsverhältnis nicht abgezogen wurde. Das stehengelassene Darlehen wird mit Kriseneintritt eigenkapitalersetzend. Wertverluste, die bis zum Zeitpunkt des Stehenlassens entstanden sind, fallen nicht in den Anwendungsbereich von § 17 (*Förster* DB 2018, 336 (341)). Der Ansatz des Darlehens im Rahmen der nachträglichen Anschaffungskosten erfolgt mit dem Teilwert bei Kriseneintritt. Beim stehengelassenen Darlehen ist der Wert der betroffenen Forderung daher im Zeitpunkt des Eintritts der Krise nach dem Grad der Wahrscheinlichkeit zu schätzen. Es ist der Wert zugrunde zu legen, der bei einer (gedachten) Veräußerung an einen fremden Dritten zu erzielen wäre (BFH 31.10.2000 – VIII R 47/98, BFH/NV 2001, 589). Indiz ist die absehbare Insolvenzquote (vgl. BFH 7.7.1992 – VIII R 24/90, BStBl. II 1993, 333; BFH 31.10.2000 – VIII R 47/98, BFH/NV 2001, 589; *Fuhrmann* NWB 2017, 4003 (4007); Kirchhof/*Gosch/Oertel* § 17 Rn. 97; *Fuhrmann* KÖSDI 2018, 2076 (20800); *Kahlert* DStR 2017, 2305 (2306); *Förster/v. Cölln* DB 2017, 2886 (2891 f.); aA für Ansatz mit Nennwert *Haberland* FR 2018, 325 (327)). Ein stehengelassenes Darlehen kann nur dann vorliegen, wenn die Krise zeitlich vor Beginn des einjährigen Anfechtungszeitraums entstanden ist. Ist die Krise erst nach dem Beginn des Anfechtungszeitraums entstanden, liegt eine gesetzliche Krisenbestimmungsabrede vor, sodass nachträgliche Anschaffungskosten in Höhe des Nennwerts vorliegen (*Fuhrmann* KÖSDI 2018, 2076 (20800); *Fuhrmann* KÖSDI 2019, 21434 (21440)). Dies gilt in gleicher Weise, wenn der Bürge nicht auf einen (im Regelfall wirtschaftlich bedeutungslosen) Rückgriffs- und Befreiungsanspruch nach § 774 BGB, § 775 Abs. 1 Nr. 1 BGB verzichtet (*Fuhrmann* NWB 2017, 4003 (4007)). Für die Frage, wann ein Darlehen zu einem „stehengelassenen Darlehen" wird, räumt die Rechtsprechung eine Überdenkensfrist von zwei bis drei Wochen ein (BFH 2.12.1996 – II ZR 243/95, DStR 1997, 461). Anders als nach der früheren Rechtslage ist bei Hingabe des Darlehens eine Abrede, das Darlehen bei Kriseneintritt bestehen zu lassen, nicht erforderlich. Es kommt nach dem Wortlaut der Regelung allein darauf an, dass das Darlehen bei Kriseneintritt nicht abgezogen wird (*Korn/Strahl* NWB 2019, 3538 (3554)).

Eine **Krise** liegt vor, wenn die Gesellschaft insolvenzreif ist oder die Insolvenzreife zwar **521** noch nicht eingetreten ist, die Rückzahlung des Darlehens aber angesichts der finanziellen Situation der Gesellschaft in dem Maße gefährdet ist, dass ein ordentlicher Kaufmann das Risiko einer Kreditgewährung zu denselben Bedingungen nicht mehr eingegangen wäre. Maßgebend dafür ist, ob ein Gesellschafter der Gesellschaft in einem Zeitpunkt, in dem ihr die Gesellschafter als ordentliche Kaufleute aufgrund der durch die Krise verursachten Kreditunwürdigkeit Eigenkapital zugeführt hätten, stattdessen ein Darlehen gewährt oder eine dem Darlehen wirtschaftlich entsprechende Sicherheit wie eine Bürgschaft hingibt. Ob eine Gesellschaft in die Krise geraten ist, beurteilt sich aufgrund einer Gesamtwürdigung der tatsächlichen Umstände im Einzelfall (ua BFH 24.4.1997 – VIII R 23/93, BStBl. II 1999, 342; BFH 12.12.2000 – VIII R 22/92, BStBl. II 2001, 385; BFH 9.10.2008 – IX R 60/05, BFH/NV 2009, 896 und BFH 7.12.2010 – IX R 16/10, BFH/NV 2011, 778; *Zapf* FR 2019, 804 (811)). Wesentliches Indiz für das Vorliegen einer Krise ist der Verlust von mehr als der Hälfte des Nennkapitals der Kapitalgesellschaft (HHR/*Schmidt* § 17 Rn. 201a; *Rand/Junkers* GmbHR 2020, 355 (358)). Eine Krise kann ebenfalls vorliegen, wenn im

Hinblick auf das Verhältnis von bilanziellem Eigenkapital, vorhandenen stillen Reserven und der Höhe des Darlehensrückzahlungsanspruchs die Bezahlung bei einer sofortigen Fälligstellung gefährdet wäre.

522 Unklar ist, ob die Neuregelung auch den Fall des „krisenbestimmten Darlehens" und des „Finanzplandarlehens" erfasst (*Trossen* GmbH-StB 2019, 307 (309); *Zapf* FR 2019, 804 (811); *Gragert* NWB 2019, 2842 (2844); *Graw* DB 2020, 690 (694)):

- **„Krisenbestimmtes Darlehen":** Dies dürfte jedenfalls mit Sicherheit für das „krisenbestimmte Darlehen" gelten (so auch *Fuhrmann* NWB 2020, 150 (154); *Förster/v. Cölln/Lentz* DB 2020, 353 (355), *Trossen* GmbH-StB 2019, 307 (309); *Graw* DB 2020, 690 (694)), da auch dieses aufgrund der Krisenbestimmung iSv Satz 4 gesellschaftsrechtlich veranlasst ist. Ist das Darlehen vertraglich mit der Erklärung versehen, dass das Darlehen auch in der Krise stehen gelassen werde, zB durch Verzicht auf das außerordentliche Kündigungsrecht, und fällt es später aus, so liegt ein krisenbestimmtes Darlehen vor, dessen Ausfall mit dem Nennwert anzusetzen ist (BFH 10.11.1998 – VIII R 6/96, BStBl. II 1999, 348; Blümich/*Vogt* § 17 Rn. 645 f.). Entscheidend ist, dass die Krisenbestimmungsabrede vor Kriseneintritt getroffen wird. Die Abrede kann auch noch nach Vertragsschluss erfolgen. Voraussetzung ist nur, dass dies vor Kriseneintritt vereinbart wird. Die Kreditwürdigkeit ist objektiv zu bestimmen. Indiz für die Krisenbestimmtheit eines Darlehens ist ua das Vorliegen einer **Rangrücktrittserklärung** (BFH 10.11.1998 – VIII R 6/96, BStBl. II 1999, 348). Auf den Zeitpunkt des Kriseneintritts kommt es nicht an, wenn das Darlehen innerhalb des letzten Jahres vor Insolvenzantragstellung gewährt wurde (BMF 21.10.2010, BStBl. I 2010, 832 Rn. 20; *Fuhrmann* KÖSDI 2018, 2076 (207800)). Dies gilt entsprechend für Bürgschaften. Hier kommt es darauf an, ob der Bürge auf seine Ansprüche aus § 774 BGB, § 775 Abs. 1 Nr. 1 BGB verzichtet hat. Wird die Krisenbindung erst nachträglich in den Darlehensvertrag aufgenommen, entstehen nachträgliche Anschaffungskosten in Höhe des gemeinen Werts zum Zeitpunkt der Krisenbestimmung (*Förster/v. Cölln/Lentz* DB 2020, 353 (355)).
- **„Finanzplandarlehen":** Da es Absicht des Gesetzgebers war, die vor Ergehen des BFH-Urteils vom 11.7.2017 – IX R 36/15, BStBl. II 2019, 208 geltende Rechtslage wiederherzustellen, dürfte auch ein Finanzplandarlehen berücksichtigungsfähig sein (BR-Drs. 356/19, 122; *Ott*, DStZ 2019, 648 (650); *Ott* StuB 2019, 649 (654); *Fuhrmann* KÖSDI 2019, 21434 (21441); *Förster/v. Cölln/Lentz* DB 2020, 353 (355); offen noch *Trossen* GmbH-StB 2019, 307 (309)). Die Annahme eines Finanzplandarlehens setzt voraus, dass es von vorneherein derart in die Finanzplanung der Kapitalgesellschaft einbezogen worden ist, dass die zur Aufnahme der Geschäfte erforderliche Finanzausstattung der Gesellschaft durch eine Kombination von Eigen- und Fremdkapital erreicht werden soll. Solche von den Gesellschaftern gewährten „finanzplanmäßigen" Kredite zur Erreichung des Gesellschaftszwecks werden nach Gesellschaftsrecht den Einlagen gleichgestellt („gesplittete" Pflichteinlage; vgl. BFH 4.11.1997 – VIII R 18/94, BStBl. II 1999, 344; BFH 13.7.1999 – VIII R 31/98, BStBl. II 1999, 724; BFH 7.12.2010 – IX R 16/10, BFH/NV 2011, 778; BFH 11.10.2017 – IX R 29/16, BFH/NV 2018, 451; BFH 29.11.2017 – X R 8/16, BStBl. II 2018, 426; BFH 11.1.2019 – IX B 126/17, BFH/NV 2019, 583; *Trossen* GmbH-StB 2019, 105 (106)). Bei einem „Finanzplandarlehen" bzw. einer „Finanzplanbürgschaft" kann auf die Prüfung, wann die Krise der Gesellschaft eingetreten ist, verzichtet werden. Entscheidend ist, ob sich die planmäßige Gesellschafterfinanzierung aus einer Gesamtwürdigung des Gesellschafts- und/oder Darlehensvertrages und der im Zeitpunkt des Abschlusses dieser Verträge vorliegenden Umstände ergibt. Maßgebliche Gesichtspunkte für die Annahme eines Finanzplandarlehens sind ua das Vorliegen einer zwischen dem Gesellschafter und der Kapitalgesellschaft getroffenen Vereinbarung, der zufolge die Mittel einlageähnlichen Charakter haben und wie Einlagen behandelt werden sollen. Diese Vereinbarung kann entweder im Gesellschaftsvertrag, in einem Gesellschafterbeschluss oder in einer schuldrechtlichen Nebenabrede zum Gesellschaftsvertrag enthalten sein. Dabei ist zu berücksichtigen, ob zumindest nach der Einschätzung des Gesellschafters das Darlehen für die Verwirklichung der gesellschaftsvertraglichen Ziele unentbehrlich war (vgl. BFH 4.11.1997 – VIII R 18/94, BStBl. II 1999, 344; BFH 13.7.1999 – VIII R 31/98, BStBl. II 1999, 724). Weitere Gesichtspunkte, die in die Gesamtwürdigung einzubeziehen sind, sind ua die fehlende Kündigungsmöglichkeit des Darlehensgebers, nicht fremdübliche

Konditionen der Darlehensgewährung, ein enger zeitlicher Zusammenhang zwischen der Gründung der Gesellschaft und dem Abschluss des Darlehensvertrags, eine langfristige, nicht nur den vorübergehenden Geldbedarf abdeckende Überlassung der Darlehensmittel (vgl. BFH 29.11. 2017 – X R 8/16, BStBl. II 2018, 426), das Fehlen von Tilgungsmöglichkeiten während der Darlehenslaufzeit, das Fehlen von Sicherheiten oder das Vorliegen einer Rangrücktrittserklärung (vgl. BFH 4.11.1997 – VIII R 18/94, BStBl. II 1999, 344). Solche von den Gesellschaftern gewährten „finanzplanmäßigen" Kredite zur Finanzierung des Unternehmenszwecks sind nach Gesellschaftsrecht den Einlagen gleichgestellt (BMF 21.10.2010, BStBl. I 2010, 832 Rn. 20; *Fuhrmann* KÖSDI 2018, 2076 (2080); *Dorn* NWB 2018, 1882 (1887)). Der Ansatz des Ausfalls erfolgt mit dem Nennwert des Rückzahlungsanspruchs (BFH 4.11.1997 – VIII R 18/94, BStBl. II 1999, 344). Typische Fälle eines Finanzplandarlehens sind: Die Gesellschaft hätte ihren Geschäftsbetrieb ohne das Darlehen nicht aufnehmen können, der Darlehensvertrag wurde noch vor dem Gesellschaftsvertrag abgeschlossen, der Kreditrahmen übersteigt das Stammkapital um ein Vielfaches, als Zinssatz wurde lediglich die Erstattung der Refinanzierungszinsen vereinbart.

c) Ausfall von Bürgschaftsregressforungen und vergleichbaren Forderungen **523**
(§ 17 Abs. 2a Satz 3 Nr. 3). § 17 Abs. 2a Satz 3 Nr. 3 stellt in Bezug auf Finanzierungshilfen wie zB Bürgschaften die alte Rechtslage vor Inkrafttreten des MoMiG wieder her. Ist der Ausfall von Bürgschaftsregressforderungen oder vergleichbaren Forderungen (zB aus Patronatserklärungen) gesellschaftsrechtlich veranlasst, ist der Ausfall als nachträgliche Anschaffungskosten bei § 17 zu berücksichtigen. Die Regressforderung nach § 774 Abs. 1 BGB steht dem Gesellschafter zu, wenn er auf die hingegebene Gesellschafterbürgschaft Zahlungen geleistet hat. Eine Berücksichtigung als nachträgliche Anschaffungskosten scheidet hingegen aus, wenn feststeht, dass der Gesellschafter wirtschaftlich nicht belastet ist (BFH 11.4.2017 – IX R 4/16, BFH/NV 2017, 1309).

Bürgschaften oder Darlehen eines **Nichtgesellschafters (Dritten)** führen als unbeachtli- **524**
cher Drittaufwand jedoch nicht zu nachträglichen Anschaffungskosten, auch wenn sie im Interesse eines Gesellschafters zB durch eine nahestehende Person hingegeben werden (dazu BFH 23.5.2000 – VIII R 3/99, BFH/NV 2001, 23; Kirchhof/*Gosch*/*Oertel* § 17 Rn. 100a). Denn insoweit handelt es sich um Drittaufwand, der bei § 17 wegen des Grundsatzes der Individualbesteuerung nicht berücksichtigungsfähig ist. Eine Ausnahme kann dann zu machen sein, wenn die Zuwendung des Dritten zu einem Anspruch gegen den Gesellschafter führt, den dieser dann befriedigen muss, zB aus § 426 BGB (mittelbare Einlage; vgl. *Ott* StuB 2018, 15 (17)). Nicht anders ist der Sachverhalt zu beurteilen, wenn der wesentlich beteiligte Gesellschafter für die GmbH eine kapitalersetzende Bürgschaft übernommen hat und dann eine neue Bürgschaftsverpflichtung zugunsten eines Dritten eingegangen ist, um dadurch seine Inanspruchnahme aus der ursprünglichen kapitalersetzenden Bürgschaft zu vermeiden (BFH 23.5.2000 – VIII R 3/99, BFH/NV 2001, 23). Gegebenenfalls kommt aber eine Berücksichtigung bei § 20 Abs. 2 in Betracht (vgl. BFH 24.10.2017 – VIII R 13/15, DStR 2017, 2801; *Ott* DStZ 2019, 412 (421 f.)).

5. Gesellschaftsrechtliche Veranlassung (§ 17 Abs. 2a Satz 4)

Die Berücksichtigung von Darlehensverlusten sowie der Ausfall von Bürgschaftsregressfor- **525**
derungen als nachträgliche Anschaffungskosten nach Maßgabe von § 17 Abs. 2a Satz 3 Nr. 2 und Nr. 3 setzt voraus, dass die Hingabe des Darlehens oder der Bürgschaft bzw. das Stehenlassen der betreffenden Sicherheit in der Krise der Gesellschaft gesellschaftsrechtlich veranlasst war. Abs. 2a Satz 4 definiert daher die gesellschaftsrechtliche Veranlassung, die danach gegeben ist, wenn ein Fremder Dritter das Darlehen oder die Bürgschaft iSd § 17 Abs. 2a Satz 3 Nr. 2 oder Nr. 3 unter sonst gleichen Umständen entweder zurückgefordert oder nicht gewährt hätte. In diesem Zusammenhang ist insbesondere zu prüfen, ob die Gesellschaft unter den bestehenden Verhältnissen von einem Dritten (zB einem Kreditinstitut) noch ein Darlehen erhalten hätte.

Bei einem „Krisendarlehen" bedarf es der **Feststellung der Kreditunwürdigkeit** der **525a**
Kapitalgesellschaft. Dabei bedarf es nicht des Nachweises, dass der Kredit außer von der finanzierenden Bank allgemein auf dem Kapitalmarkt nicht zu erlangen war. Dies stellt

vielmehr nur ein Indiz von vielen dar. Es kommt im Ergebnis allein auf die objektiv zu bestimmende Kreditwürdigkeit an, die auch anderweitig nachgewiesen werden kann.

525b Beim „in der Krise stehen gelassenen Darlehen" liegt die gesellschaftsrechtliche Veranlassung vor, wenn der GmbH-Gesellschafter das Darlehen stehen lässt, obwohl er es nach den Kreditbedingungen hätten kündigen können und es angesichts der veränderten finanziellen Situation der Kapitalgesellschaft absehbar war, dass die Rückzahlung gefährdet sein wird (vgl. *Hörster* NWB 2019, 2628 (2631); *Ott* DStZ 2019, 648 (650)).

525c Damit gewinnt – wie im früheren Recht – der Zeitpunkt des Eintritts der Krise (→ Rn. 450) der Kapitalgesellschaft für die Annahme der gesellschaftsrechtlichen Veranlassung an Bedeutung. Dieser ist – wie zahlreiche Streitigkeiten aus der Vergangenheit zeigen (BFH 31.10.2000 – VIII R 47/98, BFH/NV 2001, 589; BFH 11.10.2017 – IX R 29/16, BFH/NV 2018, 451) nicht immer einfach zu bestimmen.

525d Die Finanzierungshilfe bzw. die Einlage müssen grundsätzlich nach Anschaffung der Beteiligung erfolgt sein. Das kann anders zu beurteilen sein, wenn der Gesellschafter vor Begründung der Beteiligungsstellung hingegebene Darlehen nach Begründung der Gesellschafterstellung mit Rücksicht auf das Gesellschafterverhältnis weiterbestehen lässt (Blümich/*Vogt* § 17 Rn. 655). Erfolgt der Verzicht nach Begründung einer Beteiligung iSd § 17, kann er daher trotzdem zu nachträglichen Anschaffungskosten führen. Ebenso muss eine unmittelbare Beteiligung bestehen. Finanzierungsmaßnahmen an einer mittelbaren Beteiligung führen nicht zum Entstehen von nachträglichen Anschaffungskosten (BFH 4.3.2008 – IX R 78/06, BStBl. II 2008, 575; BFH 26.11.2008 – IX R 102/07, BFH/NV 2009, 737).

6. Gleichmäßige Verteilung von Aufgeldern (§ 17 Abs. 2a Satz 5)

526 Nach § 17 Abs. 2a Satz 5 sind Einzahlungen eines Steuerpflichtigen über den Nennbetrag seiner Anteile hinaus (zB Agio bei Kapitalerhöhungen) in das Kapital der Gesellschaft bei der Ermittlung der Anschaffungskosten gleichmäßig auf seine gesamten Anteile einschließlich seiner im Rahmen von Kapitalerhöhungen erhaltenen neuen Anteile zu verteilen. Dies gilt auch dann, wenn diese zivilrechtlich ausdrücklich nur auf einen Teil der Anteile des Gesellschafters geleistet werden (*Hörster* NWB 2020, 298 (312)). Auch hier wird die Verwaltungsauffassung, die zu einer gleichmäßigen Verteilung von Aufgeldern zwingt, in das Gesetz aufgenommen (OFD Frankfurt a.M. 10.12.2018, DStR 2019, 106). Denn bisher waren Anschaffungskosten zivilrechtlich nach § 255 Abs. 1 Satz 1 HGB, § 15 Abs. 2 GmbHG einem konkreten Geschäftsanteil zuzuordnen.

526a Beim Erwerb von Anteilen an derselben Kapitalgesellschaft zu verschiedenen Zeitpunkten waren bislang auch für Zwecke des § 17 die Anschaffungskosten gesondert zu ermitteln und festzuhalten. Denn die Anteile haben ihre Selbständigkeit sowohl gesellschaftsrechtlich (§ 15 Abs. 2 GmbHG) als auch nach § 17 Abs. 1 behalten (BFH 29.7.1997 – VIII R 80/94, BStBl. II 1997, 727). Bei der Veräußerung waren daher für die Ermittlung des Veräußerungsgewinns oder -verlusts nach § 17 Abs. 2 die tatsächlichen Anschaffungskosten des einzelnen Anteils maßgebend. Seit Inkrafttreten des § 17 Abs. 2a Satz 5 sind für Zwecke des § 17 die Einzahlungen über den Nennbetrag hinaus prozentual den einzelnen Anteilen zuzuordnen. Dies hat nach dem Verhältnis der einzelnen Anteile in Bezug auf die Gesamtbeteiligung des Anteilseigners am Nennkapital der Gesellschaft zu erfolgen. In der Gesetzesbegründung (BR-Drs. 356/19, 134) wird angeführt, dass diese Regelung der Missbrauchsbekämpfung diene. Anlass seien Fälle gewesen, in denen die Zahlung eines Aufgeldes im Rahmen einer Kapitalerhöhung oder die Zahlung eines Nachschusses auf einen konkret bezeichneten GmbH-Anteil zur gezielten Schaffung eines Veräußerungsverlusts genutzt worden sei.

7. Übergangsregelung und Antragsrecht

527 Gemäß der Übergangsregelung in § 52 Abs. 25a Satz 1 kommt § 17 Abs. 2a grundsätzlich auf Veräußerungen oder der Veräußerung gleichgestellte Fälle nach dem Tag des Kabinettsbeschlusses (31.7.2019) zur Anwendung. Damit soll eine möglichst frühzeitige Anwendung der Neuregelung erreicht werden (BR-Drs. 356/19, 134).

In Veräußerungsfällen ist damit auf den Zeitpunkt der Übertragung des wirtschaftlichen Eigentums an den Anteilen abzustellen (→ Rn. 394). Bei den veräußerungsgleichen Tatbeständen (§ 17 Abs. 4) kommt es auf den Zeitpunkt der Realisierung des Gewinns oder Verlusts aus der Auflösung der Kapitalgesellschaft (→ Rn. 556), die Herabsetzung und Rückzahlung des Nennkapitals der Kapitalgesellschaft oder die Ausschüttung oder Zurückzahlung von Beträgen aus dem steuerlichen Einlagekonto iSd § 27 KStG an (→ Rn. 577). In den Fällen des § 17 Abs. 5 ist der Zeitpunkt der zu einer Einschränkung des deutschen Besteuerungsrechts führenden Verlegung des Sitzes oder des Orts der Geschäftsleitung der Kapitalgesellschaft in einen Drittstaat maßgebend (→ Rn. 587, vgl. auch *Graw* DB 2020, 690 (695)). **527.1**

Für Veräußerungen vor dem 1.8.2019 findet grundsätzlich die Rechtsprechung des BFH mit Urteilen vom 11.7.2017 (IX R 36/15, DStR 2017, 2098) und 2.7.2019 (IX R 13/18, DStR 2019, 2408) Anwendung (vgl. *Fuhrmann* NWB 2020, 150 (158)). Auf **Antrag** des Steuerpflichtigen (Wahlrecht) kann § 17 Abs. 2a Satz 1–4 (nicht jedoch Satz 5 der Regelung) auch auf Veräußerungen vor dem Stichtag Anwendung finden (§ 52 Abs. 25a Satz 2). Damit wird sichergestellt, dass entgegen dem Urteil des BFH vom 11.7.2017 (IX R 36/15, BStBl. II 2019, 208) die alte Rechtslage für die Berücksichtigung von Darlehensverlusten und Bürgschaftsinanspruchnahmen als nachträgliche Anschaffungskosten durchgängig Anwendung findet. Wird von dem Wahlrecht Gebrauch gemacht, ist die Übergangsregelung im BFH-Urteil vom 11.7.2017 (IX R 36/15, DStR 2017, 2098) aufgrund des gesetzlichen Antragsrechts überholt (*Rand/Junkers* GmbHR 2020, 355 (360)). **528**

Der Antrag ist weder form- noch fristgebunden und kann bis zur Bestandskraft des Steuerbescheids gestellt werden. Der Antrag kann auch noch während eines finanzgerichtlichen Verfahrens oder eines Verfahrens vor dem BFH gestellt oder zurückgenommen werden. Der Antrag kann für jede Anteilsveräußerung jeweils gesondert gestellt werden. Eine Antragstellung nur für ein einzelnes Gesellschafterdarlehen ist nicht möglich (*Fuhrmann* KÖSDI 2019, 21434 (21438); *Ott*, StuB 2019, 449 (650); *Förster/v. Cölln/Lentz* DB 2020, 353 (355, 356); *Graw* DB 2020, 690 (695)). **528.1**

Der Gesetzeswortlaut lässt bei wörtlicher Auslegung Veräußerungen, die genau am 31.7.2020 erfolgen, außer Betracht. Dabei handelt es sich aber ersichtlich um ein gesetzgeberisches Versehen (vgl. *Ott* DStZ 2020, 189 (190); *Graw* DB 2020, 690 (695)). **528.2**

Die Übergangsregelung kann bei Forderungsverzicht gegen Besserungsschein Bedeutung erlangen. Wird vor dem 1.8.2019 gegen Besserungsschein verzichtet, kommt eine Berücksichtigung nach § 20 Abs. 2 Nr. 7 in Betracht, sofern die Forderung unter die Abgeltungsteuer fällt (dh ab dem 1.1.2009 erworben wurde). Tritt nach dem 31.7.2019 der Besserungsfall ein, liegt kein rückwirkendes Ereignis vor, dass den Verlust aus dem Verzicht rückwirkend beseitigt. Vielmehr ist der Rückzahlungsbeitrag im Zeitpunkt der Bedienung als Gewinn nach § 20 Abs. 2 Satz 1 Nr. 7 Satz 2 zu erfassen (*Förster/v. Cölln/Lentz* DB 2020, 353 (357)). Wird von dem Antragsrecht nach § 52 Abs. 25a Satz 1 Gebrauch gemacht, richtet sich die Berücksichtigung allein nach § 17 Abs. 2a, dh der Forderungsverzicht erlangt Wirkung in der Höhe, in der er im Zeitpunkt der Veräußerung/Liquidation noch besteht. **528.3**

Mit dieser Regelung wird für den Antragsfall eine echte Rückwirkung der Neuregelung angeordnet, zB bei einer Veräußerung im Jahr 2018. Diese dürfte verfassungsrechtlich unproblematisch sein, da die Rückwirkung zum einen steuerlich vorteilhaft ist und zum anderen die bisherige Verwaltungsauffassung im BMF-Schreiben vom 21.10.2010, BStBl. I 2010, 832 gesetzlich wiederhergestellt wird. Denn es ist es dem Gesetzgeber unter dem Gesichtspunkt des Vertrauensschutzes (Art. 2 Abs. 1, Art. 20 Abs. 3 GG) nicht verwehrt, eine Rechtslage rückwirkend festzuschreiben, die vor einer Rechtsprechungsänderung einer gefestigten Rechtsprechung und einheitlichen Rechtspraxis entsprach (BVerfG 15.10.2008 – 1 BvR 1138/06, HFR 2009, 75; *Trossen* GmbH-StB 2019, 307 (310)). **529**

Fallen das vom Gesellschafter gewährte Darlehen oder die Finanzierungshilfe nicht unter die Übergangsregelung nach BFH 11.7.2017 – IX R 36/15, DStR 2017, 2098 und wird das Wahlrecht nach § 52a Abs. 25a Satz 1 nicht ausgeübt, kann der Verlust nicht im Rahmen des § 17 berücksichtigt werden (vgl. *Ott* DStZ 2019, 648 (653)). Dies betrifft Darlehen und Finanzierungshilfen **vom 28.9.2017 bis zum 31.7.2019.** Hier stellt sich für diesen Zeitraum die Frage, ob Darlehensverluste bei den Einkünften aus Kapitalvermögen nach § 20 Abs. 2 Satz 1 Nr. 7 berücksichtigt werden können (vgl. dazu *Ott* StuB 2019, 649 (654 f.);*Jachmann-Michel* jM 2020, 27(28); *Förster/v. Cölln/Lentz* DB 2020, 353 (357); *Wüllenkemper* EFG 2020, **530**

449). Die Frage wird allerdings nur für Darlehen relevant, die seit Inkrafttreten der AbgSt ab dem 1.1.2009 gewährt worden sind (§ 52a Abs. 28 Satz 16; BFH 9.7.2019 – X R 9/17, DStR 2019, 2626).

530a Fällt der Gesellschafter unter das Kleinanlegerprivileg (dh seine Beteiligung liegt unter 10%) und liegt der Zeitpunkt der Verlustberücksichtigung vor dem 1.8.2020, empfiehlt es sich, von dem Wahlrecht Gebrauch zu machen. Denn eine Verlustberücksichtigung nach § 17 aF schied mangels gesellschaftsrechtlicher Veranlassung regelmäßig aus, bei einer Verlustberücksichtigung nach § 20 Abs. 2 Nr. 7 (soweit die Forderung nach dem 31.12.2008 begründet worden war) bleibt es wegen § 32d Abs. 2 Nr. 1 Buchst. b bei einem Verrechnungsverbot des Verlusts mit den übrigen Einkünften.

8. Anschaffungskosten bei unentgeltlichem Erwerb (§ 17 Abs. 2 S. 5)

531 Für Anteile, die der Veräußerer unentgeltlich erworben hat (zB Erbfall, Schenkung, qualifizierte Nachfolgeklausel), sind die Anschaffungskosten des Rechtsvorgängers maßgeblich **(„Fußstapfentheorie“).** Denn im Fall der unentgeltlichen Übertragung tritt der Rechtsnachfolger (Veräußerer) in die Rechtsposition seines Rechtsvorgängers und damit in seine Anschaffungskosten ein. Dies gilt sowohl für den Fall des Erbfalls als auch der Schenkung. Der Rechtsnachfolger muss daher im Fall der Veräußerung auch die Wertsteigerungen versteuern, die in den Besitzzeiten des Rechtsvorgängers entstanden sind (BFH 30.3.1993 – VIII R 44/90, BFH/NV 1993, 597). Dies gilt auch dann, wenn der Erwerber erst nach dem Erwerb der Anteile unbeschränkt steuerpflichtig wird.

532 Der **Erwerb für 1 EUR** kann entgeltlich sein, wenn er von einem fremden Dritten erfolgt. Dies gilt auch im Fall eines „symbolischen“ Euros. Bei einem Erwerb von nahen Angehörigen spricht der Erwerb zu diesem Preis (als widerlegliche) Vermutung für einen unentgeltlichen Erwerb.

533 Auch im Fall des Erwerbs nach **Vorbehaltsnießbrauch** als klassische Gestaltung der vorweggenommenen Erbfolge liegt ein unentgeltlicher Erwerb vor, sodass der Rechtsnachfolger nach § 17 Abs. 2 S. 5 die Anschaffungskosten des Rechtsvorgängers übernimmt. Eine Kürzung der zu übernehmenden Anschaffungskosten erfolgt nicht (BFH 18.11.2014 – IX R 49/13, BStBl. II 2015, 224). Die Ablösung eines bestehenden Vorbehaltsnießbrauchs gegen Entgelt führt zu Anschaffungskosten, da dies der vollständigen Verschaffung der Eigentümerbefugnisse dient.

534 Im Fall der gemischten Schenkung ist der Vorgang nach Maßgabe der Trennungstheorie (BFH 27.7.2004 – IX R 54/02, BStBl. II 2006, 9) auf der Grundlage des gemeinen Werts in einen entgeltlichen und einen unentgeltlichen Teil aufzuteilen. Die Trennungstheorie kommt zur Anwendung, da es sich um den Erwerb eines einzelnen Wirtschaftsguts handelt.

535 Anteile können auch im Rahmen einer Liquidation der Kapitalgesellschaft als Sachleistung ausgekehrt werden und sind damit Bestandteil einer Liquidationsrate. Anschaffungskosten entstehen dem Gesellschafter in diesem Fall nicht. Abgestellt wird stattdessen auf die Anschaffungskosten der liquidierten Kapitalgesellschaft (LBP/*Rapp* § 16 Rn. 225). Es handelt sich nicht um einen (Anteils-)Tausch, da die ausgekehrten Anteile nicht an die Stelle der Anteile der liquidierten Kapitalgesellschaft treten.

9. Anschaffungskosten bei Zuzug (Verstrickung § 17 Abs. 2 S. 3 und 4)

536 § 17 Abs. 2 S. 3 regelt (nur) für den Fall des Zuzugs (Eintritt in die unbeschränkte Steuerpflicht) des Steuerpflichtigen, dass bei einer späteren Veräußerung von verstrickten Anteilen nicht die ursprünglichen Anschaffungskosten, sondern der Wert, den der Wegzugsstaat einer § 6 AStG vergleichbaren Wegzugsbesteuerung unterworfen hat, angesetzt werden. Die Vorschrift regelt damit eine **Wertverknüpfung.** Maximalwert ist der gemeine Wert. Damit wird vermieden, dass im Ausland bis zum Eintritt der unbeschränkten Steuerpflicht eingetretene und im Wegzugsstaat besteuerte Wertzuwächse steuerlich doppelt erfasst werden und eine Überbesteuerung eintritt (Blümich/*Vogt* § 17 Rn. 745; KKB/*Deutschländer* § 17 Rn. 256; LBP/*Rapp* § 16 Rn. 224a; *Schmidt/v. Busekist/Drescher* FR 2007, 1 (14)) Es spielt keine Rolle, ob der Veräußerer der Anteile aus einem EU-/EWR-Staat oder einem Drittstaat zugezogen ist.

Besteuerungsgegenstand der ausländischen Steuer müssen die Anteile iSd § 17 Abs. 1 S. 1 oder Anteile an Genossenschaften iSv § 17 Abs. 7 sein. Die Anteile müssen dem Steuerpflichtigen zuzurechnen sein. Der Steuerpflichtige muss durch den Wegzug aus dem ausländischen Staat in Deutschland steuerpflichtig werden. Wird der Anteilseigner nur beschränkt steuerpflichtig, wächst der Steuerpflichtige in die Beteiligungsgrenze hinein oder verlegt die Kapitalgesellschaft ihren Sitz nach Deutschland, ist § 17 Abs. 2 S. 3 nicht anwendbar. Außerdem muss der Veräußerer nachweisen, dass ihm die Anteile bereits im Zeitpunkt der Begründung der unbeschränkten Steuerpflicht zuzurechnen waren, zB durch Vorlage eines Registerauszugs. Auch die Besteuerung im Wegzugsstaat muss nachgewiesen werden, zB durch Vorlage des Steuerbescheids des Wegzugsstaats (LBP/*Rapp* § 16 Rn. 224b). Die Besteuerung im Wegzugsstaat muss sich mit einer solchen nach § 6 AStG vergleichen lassen. Sie muss sich auf den Wertzuwachs beziehen. Insoweit ist ein Rechtsvergleich vorzunehmen. Maßgeblich ist allein der Besteuerungsanlass und damit der Grund der Besteuerung. Auf die Höhe der im Ausland zu zahlenden Steuer kommt es nicht an. Ebenfalls nicht darauf, ob der Wertzuwachs konkret oder pauschal besteuert wurde. Die Steuer kann auch wie in § 6 Abs. 5 AStG gestundet worden sein (LBP/*Rapp* § 16 Rn. 224b). **536a**

Rechtsfolge von § 17 Abs. 2 Satz 3 ist, dass anstelle der historischen Anschaffungskosten bei der Ermittlung des Veräußerungsgewinns der Wert zugrunde zu legen ist, der in dem ausländischen Staat der Wegzugsbesteuerung als **Veräußerungspreis** zugrunde gelegt worden ist. Dies gilt auch, wenn dieser Wert niedriger ist als der Wert im Zuzugszeitpunkt. Ist der gemeine Wert hingegen niedriger als der der Besteuerung im Ausland zugrunde gelegte Wert, kann höchstens der gemeine Wert im Zuzugszeitpunkt angesetzt werden (LBP/*Rapp* § 16 Rn. 224c; *Schmidt/v. Busekist/Drescher* FR 2007, 1 (14)). Liegen die historischen Anschaffungskosten über dem gemeinen Wert und über dem Wert, der im ausländischen Staat der Besteuerung unterworfen wurde, sind die Anschaffungskosten anzusetzen (Schmidt/*Weber-Grellet* § 17 Rn. 181; LBP/*Rapp* § 16 Rn. 224c; aA *Benecke/Schnitger* IStR 2006, 765; Kirchhof/*Gosch/Oertel* § 17 Rn. 81). **536b**

Die Vorschrift des § 17 Abs. 2 S. 3 gilt nach § 17 Abs. 2 S. 4 nicht, wenn die unbeschränkte Steuerpflicht nach § 6 Abs. 3 AStG innerhalb von 5 Jahren wiederhergestellt wird, also die Abwesenheit nur vorübergehend ist. Unterlagen die Anteile beim Wegzug aus dem ausländischen Staat nicht der Besteuerung, ist bei der Ermittlung der Anschaffungskosten nicht der Wert der Anteile im Zeitpunkt des Zuzugs als Anschaffungskosten anzusetzen, sondern die historischen Anschaffungskosten (BFH 17.12.1997 – I B 108/97, BStBl. II 1998, 598 und BFH 1.3.2005 – VIII R 92/03, BStBl. II 2005, 398). **537**

Im Fall des § 17 Abs. 2 S. 4 müssen die Voraussetzungen des § 6 Abs. 3 AStG vorliegen, dh die Anteile dürfen in der Zwischenzeit nicht veräußert worden sein, nicht unentgeltlich auf einen nicht unbeschränkt Steuerpflichtigen übertragen worden sein, nicht in einen Betrieb oder eine Betriebsstätte des Steuerpflichtigen in einem ausländischen Staat überführt worden sein und der Steuerpflichtige darf im Zeitpunkt der Begründung der (erneuten) unbeschränkten Steuerpflicht nicht nach einem DBA im Ausland ansässig sein. Liegen diese Voraussetzungen vor, entfällt die bei Wegzug festgesetzte und ggf. nach § 6 Abs. 5 gestundete Einkommensteuer rückwirkend. Nach § 17 Abs. 2 sind die historischen Anschaffungskosten anzusetzen (LBP/*Rapp* § 16 Rn. 224e). **537a**

10. Aufwendungen nach Abwicklung/Veräußerung

Werden noch Aufwendungen getätigt, nachdem die Auflösung der Kapitalgesellschaft beschlossen worden ist, sind dies ebenfalls nachträgliche Anschaffungskosten, soweit der Rechtsgrund für die Aufwendungen während der zivilrechtlichen Existenz der Kapitalgesellschaft gelegt worden ist (BFH 9.2.1998 – VIII B 2/97, BFH/NV 1998, 955). Dies ist Folge der nach § 17 Abs. 2 auf den Stichtag bezogenen Gewinnermittlung. Dies gilt auch für Aufwendungen im Rahmen einer Nachtragsliquidation (BFH 1.7.2014 – IX R 47/13, BStBl. II 2014, 786). Verfahrensrechtlich erfolgt die Rückbeziehung nach § 175 Abs. 1 S. 1 Nr. 2 AO (→ Rn. 414). **538**

Einstweilen frei **539**

VII. Auflösung einer Kapitalgesellschaft, Kapitalherabsetzung, Ausschüttung oder Rückzahlung von Einlagen (§ 17 Abs. 4)

1. Veräußerungsgleiche Tatbestände (§ 17 Abs. 4 S. 1 und S. 2)

540 Einer Veräußerung gleichgestellt ist nach § 17 Abs. 4 S. 1 die
- Auflösung einer Kapitalgesellschaft (→ Rn. 542 ff.),
- Herabsetzung und Rückzahlung ihres Nennkapitals (→ Rn. 568 ff.) und die
- Ausschüttung oder Herabsetzung von Beträgen aus dem steuerlichen Einlagekonto (§ 27 KStG; → Rn. 577).

Abs. 4 S. 1 normiert damit einen **Ersatz- und Auffangtatbestand.** Die Vorschrift stellt den (vollständigen oder teilweisen) Untergang der Anteile steuerlich der Anteilsveräußerung gleich. Denn die Liquidation oder Kapitalherabsetzung als Anteilsveräußerung zu behandeln rechtfertigt sich mit den insoweit wirtschaftlich vergleichbaren Folgen. Die in den Anteilen enthaltenen stillen Reserven werden bei Ausschüttung des Vermögens der Gesellschaft an die Anteilseigner in gleicher Weise wie bei einer Veräußerung realisiert (DPM/*Pung* § 17 Rn. 475; KSM/*Schneider* § 17 Rn. E10) und sollen besteuert werden. Dabei sind die Regelungen des § 17 Abs. 1 bis 3 entsprechend anzuwenden, auch wenn auf diese nicht ausdrücklich verwiesen wird. Der Auflösungsgewinn oder -verlust ist daher wie ein Veräußerungsgewinn oder -verlust zu behandeln (KKB/*Deutschländer* § 17 Rn. 316; KSM/*Schneider* § 17 Rn. E70). § 17 Abs. 4 ist auch anzuwenden, wenn (zB in der Insolvenz oder einer masselosen Liquidation) eine Kapitalrückzahlung an den oder die Gesellschafter unterbleibt.

541 *Einstweilen frei*

2. Auflösung (§ 17 Abs. 4 S. 1 Alt. 1)

542 **a) Gesellschaftsrechtliche Auflösung.** § 17 Abs. 4 S. 1 Alt. 1 setzt die zivilrechtliche Auflösung (nicht die Beendigung der wirtschaftlichen Tätigkeit) der Kapitalgesellschaft voraus. Formales Tatbestandsmerkmal eines Auflösungsgewinns oder -verlusts nach § 17 Abs. 4 ist daher die **(zivilrechtliche) Auflösung** der (inländischen oder ausländischen) Kapitalgesellschaft durch Beschluss und Eintragung in das Handelsregister. Für inländische Kapitalgesellschaften ergeben sich die Auflösungsgründe aus § 262 AktG, §§ 60–62 GmbHG. Das Tatbestandsmerkmal ist erfüllt, wenn der (formlose) Auflösungsbeschluss gefasst wird. Die Auflösung ist in das Handelsregister einzutragen und muss in notariell beglaubigter Form (§ 12 Abs. 1 S. 1 HGB) eingereicht werden. Deswegen werden in der Praxis Auflösungsbeschlüsse regelmäßig notariell beurkundet. Die Eintragung in das Handelsregister ist allerdings nur deklaratorisch. Allerdings kann die fehlende Eintragung ein Indiz für die fehlende Ernsthaftigkeit und/oder die fehlende tatsächliche Durchführung der Auflösung darstellen.

543 Die Liquidation ist ein **zeitlich gestreckter Vorgang.** Sie erfolgt in der Weise, dass die Gesellschaft aufgrund des Auflösungsbeschlusses in die Liquidations(Abwicklungs-)phase eintritt. Diese ist zum Handelsregister anzumelden (§ 65 Abs. 1 S. 1 GmbHG, § 263 AktG). Es folgen die Bekanntmachung der Liquidation (§ 65 Abs. 1, § 73 Abs. 1 GmbHG, § 268 AktG) und der Beginn des Sperrjahrs (§ 73 Abs. 1 GmbHG, § 272 AktG). Das Ende des Sperrjahres gestattet, mit der Vermögensverteilung an die Gesellschafter nach §§ 72 ff. GmbHG zu beginnen. Nach der Abwicklungsphase erfolgen Vollbeendigung mit der Schlussrechnung und ihre Anmeldung zum Handelsregister und dann die Löschung (§ 74 Abs. 1 S. 1 GmbHG, § 273 AktG). Erst dann ist die Gesellschaft vollbeendet. Die Einstellung des Betriebs (Ende der werbenden Tätigkeit) ist keine Auflösung (BFH 3.10.1989 – VIII R 328/84, BFH/NV 1990, 361). Das Gleiche gilt für die Veräußerung des gesamten Vermögens. Ebenso führt die Umwandlung nicht zur Auflösung, es liegt nur eine Änderung der Rechtsform vor. Die Vollbeendigung der Gesellschaft tritt erst mit der Verteilung ihres Vermögens an die Gesellschafter (§ 72 GmbHG, § 271 AktG) ein.

544 Umwandlungen, die dem UmwStG unterfallen, führen ebenfalls nicht zur Auflösung der Gesellschaft. Vielmehr tritt der übernehmende Rechtsträger in die Rechtsposition des übertragenden Rechtsträgers kraft der im UmwG geregelten Gesamtrechtsnachfolge ein.

545 Der **Wegzug einer Kapitalgesellschaft** (Verlegung der Geschäftsleitung, § 10 AO, oder des Sitzes, § 11 AO) in das EU-/EWR-Ausland hat nicht ihre Auflösung zur Folge (EuGH

5.11.2002 – C-208/00, NJW 2002, 3614; LBP/*Rapp* § 17 Rn. 332). Der Wegzug kann allerdings die Folgen des § 6 AStG auf Ebene des Gesellschafters auslösen (→ Rn. 137 ff.). Anders ist dies nach § 12 Abs. 3 KStG im Fall der Sitzverlegung in einen Drittstaat, der zur Auflösung der Kapitalgesellschaft führen kann. Kein Fall der Sitzverlegung in das Ausland ist die Verlegung der Geschäftsleitung in das Ausland unter Beibehaltung des Verwaltungssitzes im Inland. Voraussetzung dafür ist allerdings, dass am gesellschaftsrechtlichen Verwaltungssitz zumindest ein wesentlicher Teil bzw. Schwerpunkt geschäftlicher Aktivitäten verbleibt (HHR/*Eilers/Schmidt* § 17 Rn. 289).

Wird eine aufgelöste Kapitalgesellschaft fortgesetzt, bevor mit der Verteilung des Vermögens begonnen wurde, ist § 17 Abs. 4 nicht anwendbar. Wurde bereits mit der Liquidation begonnen und Vermögen an die Gesellschafter ausgekehrt, sind die Zahlungen gleichwohl als Liquidationsraten zu behandeln. 546

b) Ermittlung des Auflösungsgewinns/-verlusts. Der Auflösungsgewinn oder -verlust nach § 17 Abs. 4 ermittelt sich wie bei der Anteilsveräußerung nach § 17 Abs. 2. Zu ermitteln ist der Unterschiedsbetrag zwischen dem an den Gesellschafter ausgekehrten Vermögen (Bar- und Sachzuwendungen, soweit dies nicht steuerpflichtiger Kapitalertrag nach § 20 Abs. 1 Nr. 1 und Nr. 2 ist) und den Anschaffungskosten nebst Veräußerungskosten (DPM/*Pung* § 17 Rn. 496; Schmidt/*Weber-Grellet* § 17 Rn. 220; *Kußmaul/Schäfer/Delarber/Palm* BBK 2017, 676 (680); *Ott* FS Korn, 2005, 105 (119)). § 17 Abs. 3 findet Anwendung. 547

Das **Teileinkünfteverfahren** (§ 3 Nr. 40 Buchst. c) und das Teilabzugsverbot (§ 3c Abs. 2) finden Anwendung (→ § 3 Nr. 40 Rn. 92; → § 3c Rn. 116). Dies gilt auch bei Rückzahlung von Nennkapital (BFH 6.5.2014 – IX R 19/13, BStBl. II 2014, 682; *Bron/Seidel* DStZ 2009, 859; *Nacke* FR 2011, 699 (702)). Folglich sind bei der Ermittlung des Gewinns bzw. des Verlusts die den Veräußerungspreis repräsentierenden Kapitalrückzahlungen, die Anschaffungskosten sowie etwaige, seitens des Anteilseigners zu tragende Auflösungskosten nur in Höhe von 60% einzubeziehen. 548

Zu den Erwerbseinnahmen, dem zugeteilten oder zurückgezahlten Vermögen iSd § 17 Abs. 4 S. 2 zählt alles, was der Gesellschafter an Werten aus der Kapitalgesellschaft erlangt, sofern es nicht nach § 20 Abs. 1 Nr. 1 oder Nr. 2 zu den Einnahmen aus Kapitalvermögen gehört (DPM/*Pung* § 17 Rn. 495). Denn wie bei der Ermittlung des Veräußerungsgewinns ist auch die Erfassung des Auflösungsgewinns auf die Erfassung des **gesamten Wertzuwachses** unter Einbeziehung aller stillen Reserven einschließlich der immateriellen Wirtschaftsgüter gerichtet (KSM/*Schneider* § 17 Rn. E71). Als Erwerbsaufwendungen zählen die auch bei der Ermittlung des Veräußerungsgewinns nach § 17 Abs. 2 zu berücksichtigenden Abzugsgrößen, also Anschaffungskosten, Auflösungskosten, nachträgliche Anschaffungskosten. Der Auflösungsgewinn ist der Betrag, um den der gemeine Wert des dem Steuerpflichtigen zugeteilten oder zurückgezahlten Vermögens der Kapitalgesellschaft die im Zusammenhang mit der Auflösung der Gesellschaft vom Steuerpflichtigen persönlich getragenen Kosten sowie seine Anschaffungskosten (einschließlich der nachträglichen Anschaffungskosten) übersteigt. Auflösungsverlust ist der Betrag um den die genannten Kosten den Wert des zugeteilten oder zurückgezahlten Vermögens der Kapitalgesellschaft übersteigen (LBP/*Rapp* § 17 Rn. 336). 549

Aufgrund der Aufspaltung der Liquidationsraten in Einnahmen aus Kapitalvermögen (soweit bei Liquidationsbeginn offene Gewinnrücklagen und ausgezahlte Liquidationsraten) und in Veräußerungserlös (soweit Nennkapital und steuerliches Einlagekonto) ergibt sich in aller Regel ein Ergebnis von 0 oder ein rechnerischer Veräußerungsverlust (DPM/*Pung* § 17 Rn. 497). Dieser ist nach § 10d vortrags- und rücktragsfähig. Ein Gewinn kann sich nur ergeben, wenn die Anteile zu einem Anschaffungspreis unter dem Nennwert der Anteile und dem Bestand des Einlagekontos erworben worden waren. 550

Forderungen gegen den Gesellschafter, die im Rahmen der Liquidation nicht geltend gemacht werden, erhöhen in Höhe ihrer Werthaltigkeit den Liquidationsgewinn des Gesellschafters (Schmidt/*Weber-Grellet* § 17 Rn. 220). 551

Denn sie führen in Höhe ihrer Werthaltigkeit zu einer (verdeckten) Liquidationsausschüttung (vLA) auf der Ebene des Gesellschafters. Dies sind in der Praxis häufig nicht geltend gemachte Ansprüche aus Verrechnungskonten der Gesellschaft gegenüber dem Gesellschafter. Werden über diese im Rahmen 551.1

der Liquidation keine gesonderten Vereinbarungen getroffen, gilt die unterlassene Geltendmachung als (konkludenter) Verzicht der Gesellschaft gegenüber dem Gesellschafter.

552 Wie nicht erfüllte **Verbindlichkeiten der Gesellschaft** gegenüber einem Gesellschafter (insbes. gegenüber Gesellschaftern, die mit ihren Forderungen im Rang zurückgetreten sind oder in Verrechnungskonten) in der Liquidation zu behandeln sind, ist höchstrichterlich noch nicht geklärt.

552.1 Die Frage ist von hoher Praxisrelevanz, da eine Ausbuchung in der Liquidationsschlussbilanz regelmäßig zu Erträgen führt (vgl. dazu *Schiffers* GmbH-StB 2018, 19). Eine aus der Liquidationsschlussbilanz ersichtliche Vermögenslosigkeit rechtfertigt nicht, von der Passivierung abzusehen. Auch liegt in der Zustimmung des Gesellschafters zur Liquidation keine konkludente Verzichtserklärung auf die Forderung (vgl. OFD Frankfurt a. M. 7.9.2016, ofix HE KStG/8/100; *Mayer/Wagner* DStR 2017, 2015). Hinzu kommt, dass mit der Liquidation der GmbH die gegen sie gerichtete Verbindlichkeit zivilrechtlich fortbesteht. Zwar hat die Forderung für den (vormaligen) Gesellschafter keinen Wert mehr, da es mit der Löschung der GmbH am Schuldner fehlt. Lebt die GmbH aber später (wider Erwarten) noch einmal auf, zB anlässlich einer Nachtragsliquidation, kann die (zivilrechtlich weiter bestehende) Forderung noch geltend gemacht werden. Folgt aus dem Verrechnungskonto eine Forderung des Gesellschafters gegenüber der GmbH, kann diese auch (spätestens) mit Abschluss der Liquidation (zB wegen Verzichts des Gesellschafters) ausgebucht werden. Die Ausbuchung ist in Höhe des werthaltigen Teils als verdeckte Einlage einzuordnen (und führt zu nachträglichen Anschaffungskosten) und in Höhe des nicht werthaltigen Teils gewinnwirksam. Ist die Forderung des Gesellschafters nicht werthaltig, kann auf die Ausbuchung der Verbindlichkeit auch verzichtet werden und diese in der Liquidationsschlussbilanz weiter ausgewiesen werden. Denn diese stellt regelmäßig keine wirtschaftliche Belastung dar (vgl. BFH 5.2.2014 – I R 34/12, BFH/NV 2014, 1014; s. auch *Rotter* NWB 2018, 551 (561)).

553 **aa) Veräußerungspreis.** Bei der Ermittlung des Gewinns oder Verlusts nach § 17 Abs. 4 ist das dem Steuerpflichtigen **zugeteilte Vermögen** zunächst in Kapitalerträge, die der Besteuerung nach § 20 unterfallen, und den eigentlichen „Veräußerungspreis", also den Auflösungsgewinn nach § 17 Abs. 4, aufzuteilen (Bordewin/Brandt/*Oellerich* § 17 Rn. 442). Als „Veräußerungspreis" ist bei der Auflösung einer Kapitalgesellschaft der gemeine Wert des dem Steuerpflichtigen zugeteilten Vermögens anzusetzen, der aus Nennkapital und Einlagekonto stammt (§ 17 Abs. 4 S. 2). Der gemeine Wert ist nach § 9 BewG zu ermitteln. Nicht dazu zählen die nach § 20 Abs. 1 S. 1 Nr. 1 und Nr. 2 zu versteuernden **Gewinnausschüttungen,** die aus den offenen Gewinnrücklagen vor Beginn der Liquidation oder aus dem im Rahmen der Abwicklung entstandenen Liquidationsgewinn stammen.

554 Werden im Rahmen der Liquidation Wirtschaftsgüter auf die Gesellschafter unmittelbar übertragen (Liquidationssachausschüttung), werden diese bei der Bemessung der Liquidationsrate für die Besteuerung nach § 20 Abs. 1 S. 1 Nr. 2 bzw. § 17 Abs. 4 mit dem gemeinen Wert angesetzt. Dies gilt auch, wenn ein selbstgeschaffener Firmenwert oder selbstgeschaffene immaterielle Wirtschaftsgüter übergehen (Bordewin/Brandt/*Oellerich* § 17 Rn. 443).

555 **bb) Anschaffungskosten und Auflösungskosten.** Die (ggf. nachträglichen) Anschaffungskosten und die Auflösungskosten sind zur Ermittlung des Auflösungsgewinns von dem dem Steuerpflichtigen zugeteilten Vermögen abzuziehen. Gewinnausschüttungen für Wirtschaftsjahre vor Beginn der Liquidation sind abzuziehen und sind nicht Teil des Liquidationsgewinns.

556 **cc) Zeitpunkt.** Die Frage des Zeitpunkts der Berücksichtigung eines Auflösungsverlusts aus einer Kapitalgesellschaft hat große praktische Bedeutung (vgl. dazu die Darstellung von *Deutschländer* NWB 2018, 634). Die sich in mehreren zeitlich aufeinanderfolgenden Schritten vollziehende Liquidation einer Kapitalgesellschaft enthält mehrere Zeitpunkte, auf die das steuerliche Ergebnis ermittelt werden kann. Der Zeitpunkt der zivilrechtlichen Auflösung ist der frühestmögliche Zeitpunkt. In Betracht kommen weiter der Anspruch auf Auszahlung des Abfindungsguthabens, der Abschluss der Liquidation oder die Löschung im Handelsregister.

557 Dabei ist zu beachten: Es gilt das **Stichtagsprinzip.** Die Gewinnermittlung erfolgt nicht nach dem Zuflussprinzip, sondern nach einer Stichtagsbewertung auf den Zeitpunkt der Entstehung des Gewinns oder Verlusts. Auflösungsgewinne oder Auflösungsverluste sind auf einen Zeitpunkt anzusetzen (*Völlmeke* DStR 2005, 2024). Eine teilweise Berücksichtigung

in Höhe der jeweils bereits entstandenen oder bekannten Bestandteile ist nicht möglich. Ein Wahlrecht hinsichtlich des Zeitpunkts besteht ebenfalls nicht (BFH 14.6.2000 – XI R 39/99, BFH/NV 2001, 302; Kirchhof/*Gosch* § 17 Rn. 127).

558 Der Veräußerungs- oder Auflösungsgewinn entsteht nicht schon durch die Auflösung der Gesellschaft, setzt aber die zivilrechtliche Auflösung voraus (LBP/*Rapp* § 17 Rn. 337). Liquidationsraten (= Abschlagszahlungen auf das Liquidationsguthaben) sind nicht im Jahr des Zuflusses zu erfassen, sondern zu dem Zeitpunkt, zu dem der Veräußerungsgewinn entsteht.

559 Der Zeitpunkt der Entstehung des Auflösungsgewinns oder -verlusts ist nach den **Grundsätzen ordnungsgemäßer Buchführung unter Beachtung des Realisationsprinzips und der Eigenart der Gewinnermittlung** nach § 17 zu bestimmen (BFH 27.11.2001 – VIII R 36/00, BStBl. II 2002, 731; KSM/*Schneider* § 17 Rn. E81; *Deutschländer* NWB 2018, 634 (635)). Die Gewinnermittlung erfolgt nicht nach dem Zuflussprinzip, sondern nach einer Stichtagsbewertung auf den Zeitpunkt der Entstehung des Gewinns oder Verlusts. Verbindlichkeiten sind einzubeziehen. Gleiches gilt für zukünftige, wirtschaftlich aber bereits verursachte Belastungen nach Rückstellungsgrundsätzen. Dh alle am Veräußerungsstichtag vorhersehbaren Risiken und Verluste, die bis zum Zeitpunkt des Abschlusses der Liquidation eintreten werden, sind zu berücksichtigen. Abwicklungsaufwendungen sind daher bereits zu berücksichtigen, wenn sie entstanden sind. Auf den Abfluss kommt es nicht an.

560 **Auflösungsgewinn:** Der Auflösungsgewinn ist daher zu versteuern, wenn die Liquidation abgeschlossen ist. Maßgebend ist regelmäßig der Zeitpunkt, in dem

- mit einer Auskehrung von Gesellschaftsvermögen an den Gesellschafter (Ebene der Gesellschaft) und
- mit einer wesentlichen Änderung des Auflösungsgewinns oder -verlusts (Ebene des Gesellschafters)

nicht mehr zu rechnen ist (BFH 25.1.2000 – VIII R 63/98, BStBl. II 2000, 343; BFH 14.3.2012 – IX R 37/11, BStBl. II 2012, 487; BFH 2.12.2014 – IX R 9/14, BFH/NV 2015, 666; BFH 13.10.2015 – IX R 41/14, ZInsO 2016, 405; BFH 13.3.2018 – IX R 38/16, BFH/NV 2018, 721; Bordewin/Brandt/*Oellerich* § 17 Rn. 431; DPM/*Pung* § 17 Rn. 517 f.; *Völlmeke* DStR 2005, 2024; *Deutschländer* NWB 2018, 634 (635 f.)). Beide Voraussetzungen müssen gleichzeitig vorliegen. Die Frage ist aus der Sicht ex ante zu beurteilen. Meist ist dies der Zeitpunkt, in dem gesellschaftsrechtlich der Anspruch auf Auszahlung des Abfindungs(Liquidations-)guthabens entsteht.

561 Abschlagszahlungen (Liquidationsraten) sind als Teil des Auflösungsgewinns zu dem Zeitpunkt zu erfassen, in dem der Auflösungsgewinn steuerlich zu erfassen ist, nicht bereits im Zuflussjahr (Blümich/*Vogt* § 17 Rn. 848 mwN; Schmidt/*Weber-Grellet* § 17 Rn. 225).

562 **Auflösungsverlust:** In der Praxis ist es häufig schwierig und streitanfällig, den richtigen Zeitpunkt für die steuerliche Geltendmachung eines Auflösungsverlusts iSv § 17 Abs. 1 und 4 zu bestimmen (BFH 13.10.2015 – IX R 41/14, ZInsO 2016, 405; FG Köln 21.3.2013 – 7 K 1238/10, EFG 2013, 1323 und FG Münster 27.3.2014 – 2 K 4479/12 E, EFG 2014, 1299 mAnm *Zimmermann*, nachfolgend BFH 2.12.2014 – IX R 9/14, BFH/NV 2015, 666; BFH 13.3.2018 – IX R 38/16, BFH/NV 2018, 721). Wählt der Steuerpflichtige den Zeitpunkt falsch, kann einer Berücksichtigung des Auflösungsverlusts in einem anderen Veranlagungszeitraum ggf. die Bestandskraft der Steuerfestsetzung entgegenstehen (*Eppers* EFG 2009, 1645). Vor der Auflösung kann der Verlust nicht berücksichtigt werden, auch wenn die Gesellschaft keine werbende Tätigkeit mehr ausübt. Für die Frage, wann die Höhe des Auflösungsverlusts im Wesentlichen feststeht, verbieten sich feste Wertgrenzen (zB 10% der Anschaffungskosten). Vielmehr kommt es auf die Umstände im Einzelfall an (*Eppers* EFG 2009, 1646).

563 Im Fall der **insolvenzfreien Auflösung** (Auflösung mit anschließender Liquidation) ist der Auflösungsverlust erst im Zeitpunkt des Abschlusses der Liquidation realisiert. Denn während des noch andauernden Liquidationsverfahrens stehen weder auf der Ebene der Gesellschaft die Höhe des Liquidationsverlusts noch auf Ebene des Gesellschafters die Höhe des Auflösungsverlusts fest (BFH 27.11.2001 – VIII R 36/00, BStBl. II 2002, 731; BFH 13.3.2018 – IX R 38/16, BFH/NV 2018, 721; DPM/*Pung* § 17 Rn. 518). Bei der Höhe der Ermittlung des Auflösungsverlusts sind auch Sachverhalte zu berücksichtigen, die die Kapitalgesellschaft oder den Gesellschafter (dessen Kaufmannseigenschaft unterstellt) zu einer

Rückstellungsbildung verpflichtet. Dies gilt auch, wenn es nach Abschluss der Liquidation noch zu einer Nachtragsliquidation kommt. Ggf. im Rahmen der Nachtragsliquidation anfallende Aufwendungen (die zuvor nicht rückstellungsfähig waren) sind nach § 175 Abs. 1 S. 1 Nr. 2 AO zurückzubeziehen (BFH 1.7.2014 – IX R 47/13, BStBl. II 2014, 786). Nur ausnahmsweise kann auf einen früheren Zeitpunkt abgestellt werden, wenn feststeht, dass die Gesellschaft bereits im Zeitpunkt des Auflösungsbeschlusses vermögenslos war. In diesem Fall kann die Zuteilung oder Zurückzahlung von Restvermögen an die Gesellschafter ausgeschlossen werden. Vermögenslosigkeit in diesem Sinn ist gegeben, wenn nach ordentlicher kaufmännischer Betrachtungsweise kein Vermögen mehr vorhanden ist, das als Aktivposten in die Bilanz aufgenommen werden kann und zur Befriedigung der Gläubiger oder zur Verteilung an die Gesellschafter zur Verfügung steht (BFH 13.3.2018 – IX R 38/16, BFH/NV 2018, 721).

564 Im Fall der **Auflösung mit anschließendem Insolvenzverfahren** ist richtiger Zeitpunkt regelmäßig der Abschluss des Insolvenzverfahrens (BFH 25.1.2000 – VIII R 63/98, BStBl. II 2000, 343; BFH 1.3.2005 – VIII R 46/03, BFH/NV 2005, 2171; Bordewin/Brandt/*Oellerich* § 17 Rn. 433 f.; *Ott* FS Korn, 2005, 105 (126)). Der Zeitpunkt der Antragstellung oder der Zeitpunkt der Eröffnung des Insolvenzverfahrens sind nicht der zutreffende Zeitpunkt. Denn sowohl bei Antragstellung als auch bei Eröffnung des Insolvenzverfahrens ist noch nicht abzusehen, ob es zu einer Auskehrung von Restvermögen an die Gesellschafter, zur Insolvenzanfechtung oder zur Inanspruchnahme des Gesellschafters kommt. Dies gilt insbesondere dann, wenn der Bericht des vorläufigen Insolvenzverwalters, der der Verfahrenseröffnung zugrunde liegt, offen lässt, ob mit einer Befriedigung nachrangiger Insolvenzforderungen zu rechnen ist. Dies kann auch dann der Fall sein, wenn er eine – wenn auch nur geringe – Quote nicht ausschließt.

565 Nur wenn ausnahmsweise von Beginn an feststeht, dass

- mit Rückzahlungen aus dem Vermögen der Gesellschaft nicht mehr zu rechnen ist (Ebene der Gesellschaft) und
- mit einer wesentlichen Änderung des bereits feststehenden Verlustes beim Gesellschafter nicht mehr zu rechnen ist (Ebene des Gesellschafters),

kann auch der Zeitpunkt des Beginns der Liquidation oder der Eröffnung des Insolvenzverfahrens zutreffend sein (BFH 27.11.2001 – VIII R 36/00, BStBl. II 2002, 731; BFH 25.3.2003 – VIII R 24/02, BFH/NV 2003, 1025; BFH 29.12.2008 – X B 141/08, BFH/NV 2009, 581; BFH 13.3.2018 – IX R 38/16, BFH/NV 2018, 721; *Ott* FS Korn, 2005, 105 (126 f.); *Völlmeke* DStR 2005, 2024 (2025 f.)). Wann der Verlust auf Ebene des Gesellschafters im Wesentlichen feststeht, ist nicht geklärt. Die Rechtsprechung hat bislang keine Aussage über den Begriff der Wesentlichkeit getroffen. Eine 10%-Grenze (FG Berlin-Brandenburg 8.7.2009 – 7 K 3183/05, EFG 2009, 1644; *Eppers* EFG 2009, 1645) folgt nicht aus dem Gesetz. In der Praxis ist das nur dann der Fall, wenn der vorläufige Insolvenzverwalter eine Quote für die nachrangigen Gläubiger ausdrücklich ausschließt, keine Anfechtungstatbestände wahrscheinlich sind und auch keine Inanspruchnahme des Gesellschafters aus Bürgschaften oder vergleichbaren Finanzierungshilfen zu erwarten ist.

566 Finden **mangels Masse** weder eine Liquidation noch ein Insolvenzverfahren statt, dies ist insbesondere der Fall, wenn die Eröffnung des Insolvenzverfahrens mangels Masse abgelehnt wurde (und innerhalb der zweiwöchigen Notfrist keine erfolgreiche Beschwerde nach § 577 ZPO gegen den abweisenden Beschluss eingelegt wird) oder die Gesellschaft bereits im Zeitpunkt des Auflösungsbeschlusses eindeutig vermögenslos war (BFH 28.10.2008 – IX R 100/07, BFH/NV 2009, 561; BFH 13.10.2015 – IX R 41/14, ZInsO 2016, 405), ist der Verlust im Zeitpunkt der Ablehnung des Antrags auf Insolvenzeröffnung zu berücksichtigen (BFH 27.11.2001 – VIII R 36/00, BStBl. II 2002, 731; BFH 29.12.2008 – X B 141/08, BFH/NV 2009, 581; *Deutschländer* NWB 2018, 634 (636)). Der Verlust entsteht daher mit der Rechtskraft des Beschlusses über die Abweisung des Eröffnungsantrags (also nach Ablauf der zweiwöchigen Notfrist), da zu diesem Zeitpunkt die Kapitalgesellschaft aufgelöst ist. Ausschließlich in diesen beiden Fallgestaltungen kann die Möglichkeit der Auskehrung an die Anteilseigner frühzeitig ausgeschlossen werden (BFH 25.1.2000 – VIII R 63/98, BStBl. II 2000, 343; *Deutschländer* NWB 2018, 634 (636)).

567 Keinesfalls kann der Auflösungsverlust im Zeitpunkt der Stellung des Antrags auf Eröffnung des Insolvenzverfahrens berücksichtigt werden. Denn zu diesem Zeitpunkt fehlt es an der zivilrechtlichen Auflösung der Gesellschaft, die von § 17 Abs. 4 S. 1 vorausgesetzt wird (BFH 13.3.2018 – IX R 38/16, BFH/NV 2018, 721).

3. Herabsetzung und Rückzahlung des Kapitals (§ 17 Abs. 4 S. 1 Alt. 2)

Nach § 17 Abs. 4 S. 1 gilt eine **gesellschaftsrechtliche Herabsetzung des Nennkapitals** (§§ 222, 228 AktG, § 58 GmbHG) als Veräußerung, wenn anschließend das herabgesetzte Kapital an die Gesellschafter ausgezahlt wird. Im Fall der Auflösung einer Kapitalgesellschaft ist nach § 28 Abs. 2 KStG das Nennkapital der Gesellschaft in vollem Umfang herabzusetzen. Die Herabsetzung des Nennkapitals einer GmbH und die Herabsetzung des Grundkapitals einer Aktiengesellschaft greifen in das System der gesellschaftsrechtlichen Vermögensbindung ein, denn sie mindern die den Gläubigern zur Verfügung stehenden Haftungsgrundlagen. Die Kapitalherabsetzung wird erst mit der Eintragung in das Handelsregister wirksam, der Herabsetzungsbeschluss genügt nicht. Die Auszahlung nach Eintragung in das Handelsregister darf die Kapitalgesellschaft erst zeitlich verzögert vornehmen (§ 225 Abs. 2 AktG, § 58 Abs. 1 Nr. 4 GmbHG). 568

Bei dem ausgekehrten Vermögen muss es sich um die **formale (ordentliche) Rückzahlung von Nennkapital** handeln. Um als Rückzahlung von Nennkapital behandelt zu werden, muss feststehen, dass die entsprechende Leistung der Kapitalgesellschaft darauf gerichtet ist, den Herabsetzungsbetrag auszuzahlen (BFH 21.10.2014 – I R 31/13, BStBl. II 2016, 411). Eine Kapitalrückzahlung ohne wirksamen Herabsetzungsbeschluss ist daher eine (verdeckte) Gewinnausschüttung (Bordewin/Brandt/*Oellerich* § 17 Rn. 461). Die Rückzahlung offener Rücklagen (zB aus der Gewinnrücklage) stellt eine steuerbare und steuerpflichtige Gewinnausschüttung nach § 20 Abs. 1 S. 1 Nr. 1 dar. Nicht unter den Begriff der Kapitalherabsetzung fällt daher die vereinfachte Kapitalherabsetzung iSd §§ 229 ff. AktG, § 58a GmbHG, da die Gesellschafter keine Zahlungen aus der Auflösung von Kapital- und Gewinnrücklagen bzw. aus der Kapitalherabsetzung erhalten (HHR/*Eilers/Schmidt* § 17 Rn. 320; LBP/*Rapp* § 17 Rn. 334). 569

In Nennkapital umgewandelte Gewinnrücklagen (**Sonderausweis nach § 28 KStG**) werden bei einer Kapitalherabsetzung und Rückzahlung als Einkünfte nach § 20 Abs. 1 S. 1 Nr. 2 und damit als steuerbare und steuerpflichtige Gewinnausschüttungen behandelt. § 17 Abs. 4 greift nicht ein. Im Fall einer Kapitalrückzahlung auf von der Kapitalgesellschaft gehaltene eigene Anteile beziehen die Gesellschafter Einkünfte iSd § 20 Abs. 1 Nr. 1 (sonstige Bezüge), soweit die Auszahlung auf die eigenen Anteile entfällt (BFH 29.7.1992 – I R 31/91, BStBl. II 1993, 369; LBP/*Rapp* § 17 Rn. 334). Die Rückzahlung kapitalersetzender Darlehen stellt keine Kapitalrückzahlung dar (HHR/*Eilers/Schmidt* § 17 Rn. 321). 570

Der Herabsetzungsgewinn ist wie der Auflösungsgewinn nach den Grundsätzen des § 17 Abs. 2 zu ermitteln. Die mit der Kapitalherabsetzung zugeflossenen Bezüge gelten als das zugeteilte oder zurückgezahlte Vermögen (KSM/*Schneider* § 17 Rn. E 140). Ein Herabsetzungsgewinn oder -verlust kann entstehen, wenn der Steuerpflichtige die Anteile zu einem vom Nennbetrag abweichenden Preis erworben hat (Schmidt/*Weber-Grellet* § 17 Rn. 230), zB ein Aufgeld (Agio) geleistet oder einen über das Nennkapital hinausgehenden Preis an einen Dritten gezahlt hat. Der Herabsetzungsgewinn ermittelt sich, indem von dem gemeinen Wert des dem Steuerpflichtigen zurückgezahlten Vermögens die Anschaffungskosten und die Kosten der Kapitalherabsetzung abgezogen werden. Es entsteht ein Gewinn nur im Ausnahmefall, wenn und soweit die Rückzahlung des Nennkapitals die Anschaffungskosten übersteigt (BFH 19.2.2013 – IX R 24/12, BStBl. II 2013, 484; DPM/*Pung* § 17 Rn. 498; *Ott* FS Korn, 2005, 105 (108)). Teilbeträge, die als Gewinnausschüttungen für frühere Jahre oder Auskehrung von Liquidationsgewinnen zu den Einnahmen aus Kapitalvermögen nach § 20 Abs. 1 und 2 zählen, sind auszuscheiden. 571

Einstweilen frei 572

Hält die Gesellschaft **eigene Anteile** und wird deren Nennkapital herabgesetzt, ist dieser Betrag an die Gesellschaft (und nicht an den Gesellschafter, ansonsten vGA) auszuzahlen. Da die Gesellschaft die Anteile angeschafft hatte, entsteht bei ihr in Höhe der Differenz zwischen Auszahlungsbetrag und Anschaffungskosten ein Gewinn nach § 4 Abs. 1, § 5. Ein Fall des § 17 Abs. 4 ist nicht gegeben. Nur wenn die Kapitalrückzahlung an die Gesellschafter erfolgt und eine verdeckte Gewinnausschüttung darstellt (weil sie auf von der Kapitalgesellschaft 573 selbst gehaltene Anteile entfällt) führt dies beim Gesellschafter zu einem Kapitalertrag iSd § 20 Abs. 1 Nr. 1 (Bordewin/Brandt/*Oellerich* § 17 Rn. 464; KSM/*Schneider* § 17 Rn. E 140).

574 Der Gewinn oder Verlust aus der Herabsetzung des Kapitals entsteht mit der Eintragung des Kapitalherabsetzungsbeschlusses im Handelsregister (DPM/*Pung* § 17 Rn. 522). Denn erst mit Eintragung im Handelsregister wird die Kapitalherabsetzung wirksam. Ein Wahlrecht besteht nicht. Wird der Geldbetrag aus dem herabgesetzten Kapital vorher ausgezahlt und war bereits alles durchgeführt, das zur Herbeiführung der handelsrechtlichen Wirksamkeit der Kapitalherabsetzung erforderlich war, ist dieser Zeitpunkt maßgeblich (Schmidt/*Weber-Grellet* § 17 Rn. 232; KSM/*Schneider* § 17 Rn. E150).

575 Auf den Gewinn oder Verlust aus der Rückzahlung ist das Teileinkünfteverfahren anzuwenden, auch im Verlustfall (BFH 6.5.2014 – IX R 19/13, BStBl. II 2014, 682).

576 *Einstweilen frei*

4. Rückgewähr von Einlagen (§ 17 Abs. 4 Satz 1 Alt. 3)

577 § 17 Abs. 1 bis 3 gelten nach § 17 Abs. 4 S. 1 Alt. 3 auch bei der (ggf. isolierten) Rückzahlung von Einlagen (außerhalb der Kapitalherabsetzung bzw. -rückzahlung), die dem Einlagekonto nach § 27 KStG gutgeschrieben worden sind. Werden die Einlagen im Rahmen einer Liquidation oder Kapitalherabsetzung zurückgezahlt, handelt es sich nicht um Gewinnausschüttungen iSd § 20 Abs. 1 S. 1 Nr. 1, sondern um eine Einlagerückgewähr iSv § 17 Abs. 4. Die Einlagenrückgewähr mindert die Anschaffungskosten der Anteile, auf die die Rückgewähr entfällt (vgl. OFD Frankfurt a.M. 10.12.2018, DStR 2019, 106). Ob eine Einlagenrückgewähr aus dem steuerlichen Einlagekonto vorliegt, kann der von der Kapitalgesellschaft ausgestellten Steuerbescheinigung entnommen werden. Eine Einlagekontoverwendung ist nur insoweit nach § 27 Abs. 3 KStG zu bescheinigen, als kein Nennkapital ausgezahlt wird. Die handelsbilanzielle Behandlung (Buchung über § 272 Abs. 2 Nr. 4 HGB) entfaltet keine Bindungswirkung.

578 Beim Gesellschafter ist die durch die Ausschüttung oder Rückzahlung eingetretene Vermögensmehrung zunächst erfolgsneutral mit den Anschaffungskosten zu verrechnen. Die Einlagenrückgewähr stellt insoweit eine Korrektur der Anschaffungskosten der Anteile dar. Ein steuerbarer Gewinn entsteht erst, soweit und sobald die Ausschüttung oder Rückzahlung die Anschaffungskosten **übersteigen.** Dies ist Folge des korrespondierenden Verhältnisses von Einlagen und Anschaffungskosten (Blümich/*Vogt* § 17 Rn. 889; KSM/*Schneider* § 17 Rn. E160). Im Fall der Ausschüttung aus dem steuerlichen Einlagekonto ist der Freibetrag nach § 17 Abs. 3 nicht zu gewähren, da keine Gesellschaftsanteile veräußert werden (*Ott* FS Korn, 2005, 105 (117)).

579 Mit der vorrangigen Verrechnung der Ausschüttungen aus dem steuerlichen Einlagekonto mit den Anschaffungskosten erlangt § 17 Abs. 4 S. 1 Alt. 3 eine gestufte zweifache Funktion. Soweit diese Ausschüttungen die Anschaffungskosten nicht überschreiten, regelt § 17 Abs. 4 S. 1 Alt. 3 mittelbar die Anschaffungskosten der Beteiligung iSd § 17 Abs. 2 S. 1 und hat insofern nur Bedeutung für eine mögliche spätere Verwirklichung des Grundtatbestands der Anteilsveräußerung nach § 17 Abs. 1 sowie im Fall der Auflösung und Kapitalherabsetzung nach § 17 Abs. 4 Satz 1 Alt. 1 und Alt. 2, wenn danach die Höhe der Anschaffungskosten der Beteiligung in die Gewinnermittlung eingeht. Eine eigenständige unmittelbare Funktion erlangt § 17 Abs. 4 S. 1 Alt. 3 erst dann, wenn die Anschaffungskosten der Beteiligung keine positive Größe mehr darstellen. Denn dann erzielt der Anteilseigner im Fall von Ausschüttungen aus dem Einlagekonto unmittelbar Einkünfte nach § 17 Abs. 4 Satz 1 Alt. 3 iVm Abs. 1 bis 3 (KSM/*Schneider* § 17 Rn. E166). Die Vorschrift greift aber auch ein, wenn Einlagen außerhalb einer Liquidation oder Kapitalherabsetzung (verdeckt) ausgezahlt werden. Es entsteht ein Gewinn, soweit die Ausschüttung oder Rückzahlung von Einlagen die Anschaffungskosten der Anteile übersteigt. Die Ausschüttung der Einlagen bewirkt eine Minderung der Anschaffungskosten der Anteile (BFH 19.2.2013 – IX R 24/12, BStBl. II 2013, 484).

580 Die Rückzahlung eigenkapitalersetzender Gesellschafterdarlehen fällt nicht unter den Begriff der Einlagenrückgewähr.

581 Ob bei der Rückzahlung aus dem Einlagekonto tatsächlich Einlagen zurückgezahlt werden, ist unerheblich. Maßgeblich sind allein der Feststellungsbescheid der Kapitalgesellschaft (§ 27 KStG) und die von dieser erstellte Bescheinigung. Will der Steuerpflichtige ausgezahlte

Beträge als Einlagenrückgewähr erfassen, ohne dass dies aus Feststellungsbescheid und Bescheinigung folgt, muss er auf deren Änderung auf Ebene der Kapitalgesellschaft drängen. Für die Einkommensteuer entfalten Feststellungsbescheid und Bescheinigung Bindungswirkung.

Nunmehr geklärt ist die Behandlung der **Einlagenrückgewähr bei mehreren Anteilen an derselben Kapitalgesellschaft,** die zu unterschiedlichen Zeiten und mit unterschiedlichen Anschaffungskosten erworben worden waren. Anders als bei einer Veräußerung erfolgt bei einer Einlagenrückgewähr keine individuelle Zuordnung zu den Anteilen, obwohl die Anteile ihre Selbständigkeit sowohl gesellschaftsrechtlich (§ 15 Abs. 2 GmbHG) als auch steuerlich (§ 17 Abs. 1) behalten. Demzufolge müssen die Anschaffungskosten bei Leistungen aus dem steuerlichen Einlagekonto pro Anteil fortentwickelt werden. Dies kann dazu führen, dass bei einzelnen Anteilen die Anschaffungskosten durch Leistungen aus dem steuerlichen Einlagekonto bereits verbraucht sind und ein fiktiver Veräußerungsgewinn nach § 17 Abs. 4 entsteht, während bei weiteren Anteilen an derselben Kapitalgesellschaft noch Anschaffungskosten vorhanden sind (vgl. OFD Frankfurt a.M. 10.12.2018, DStR 2019, 106). In Betracht kommt eine Aufteilung nach der zeitlichen Abfolge, nach dem Verhältnis der Nennwerte (so *Ott* DStR 2017, 1505 (1510)), nach dem Verhältnis der gemeinen Werte oder nach dem Verhältnis der Anschaffungskosten. Eine Aufteilung nach dem gemeinen Wert setzte regelmäßig eine Unternehmens- und Anteilsbewertung voraus. Bei der Berechnung im Rahmen des § 17 Abs. 4 sind richtigerweise die Leistungen aus dem steuerlichen Einlagekonto prozentual den einzelnen Anteilen zuzuordnen. Maßgeblich ist das Verhältnis der einzelnen Anteile in Bezug zur Gesamtbeteiligung des Anteilseigners am Stammkapital der Kapitalgesellschaft (vgl. OFD Frankfurt a.M. 10.12.2018, DStR 2019,106). 581.1

5. Unterscheidung von Kapitalrückzahlung und Gewinnausschüttung (§ 17 Abs. 4 S. 3)

Einer Anteilsveräußerung gleichgestellt (veräußerungsgleicher Tatbestand) sind die Auflösung und die Kapitalherabsetzung nur, soweit die Auskehrung bei den Gesellschaftern nicht zu Einkünften aus Kapitalvermögen iSd § 20 führt. Die Bezüge dürfen daher nicht zu den Einnahmen aus Kapitalvermögen gehören (DPM/*Pung* § 17 Rn. 485; *Ott* FS Korn, 2005, 105 (111); *Früchtl/Proksch* BB 2007, 2148 (2149)). Die an den Steuerpflichtigen gezahlten Liquidationsraten sind daher **aufzuteilen** in nach § 17 Abs. 4 S. 1 und S. 2 steuerbare Liquidationsraten und nach § 17 Abs. 4 S. 3 zugeflossene Gewinnausschüttungen iSd § 20 Abs. 1 Nr. 1 (→ § 20 Rn. 555 ff.) und Nr. 2 (→ § 20 Rn. 715 ff.). Der Gewinn nach § 17 Abs. 4 S. 1 und S. 2 unterfällt dem Teileinkünfteverfahren, die Bezüge iSd § 20 Abs. 1 Nr. 1 und Nr. 2 der Abgeltungsteuer (§ 32d Abs. 1), sofern nicht zum Teileinkünfteverfahren optiert wurde (§ 32d Abs. 2 Nr. 3 Buchst. a und b, → § 32d Rn. 195 ff.). 582

Von § 17 Abs. 4 S. 1 und S. 2 erfasst werden daher: 583

- Rückzahlung von Nennkapital (ohne Sonderausweis),
- Rückzahlung von (nicht auf das Nennkapital geleisteten) Einlagen aus dem Einlagekonto nach § 27 KStG.

Nicht erfasst wird die Auskehrung von Liquidationsgewinnen, zB aus der Veräußerung von Anlagevermögen, da es sich insoweit um eine Liquidationsrate nach § 20 Abs. 1 Nr. 2 (→ § 20 Rn. 715 ff.) handelt.

Nicht erfasst von § 17 Abs. 4 S. 1 und S. 2 und damit nach S. 3 der Vorschrift steuerbar sind 584

- Auszahlung von Liquidationsgewinnen, zB aus der Veräußerung von Anlagevermögen,
- offene Gewinnausschüttungen für das vorangegangene oder die vorangegangenen Wirtschaftsjahre,
- Zahlungen aus der Gewinnrücklage sowie die
- Auskehrung von Nennkapital, das aus umgewandelten Gewinnrücklagen (Sonderausweis nach § 28 KStG) stammt.

§ 17 Abs. 4 S. 3 erklärt die Einkünfte aus Kapitalvermögen gegenüber den in Abs. 4 S. 1 genannten Tatbeständen insoweit für vorrangig und geht § 20 Abs. 8 vor. Diese Einnahmen gelten nicht als zugeteiltes oder zurückgezahltes Vermögen. Insbesondere gelten nicht als zurückgezahltes Vermögen Gewinnausschüttungen einer in Liquidation befindlichen GmbH nach Eintritt in die Liquidation, wenn Gewinne für Wirtschaftsjahre vor Beginn der Liquidation ausgeschüttet werden (KSM/*Schneider* § 17 Rn. E72).

585 Diese Unterscheidung hat den Hintergrund, dass die in der Gewinnrücklage und im Sonderausweis enthaltenen Beträge nur mit 15% KSt belastet sind und die einkommensteuerliche Nachbelastung mit Abgeltungsteuer/Teileinkünfteverfahren nach § 20 Abs. 1 Nr. 1 Satz 1, § 32d noch erfolgen muss. Wären diese Bestand der Kapitalrückzahlung iSv § 17 Abs. 4 S. 1 und S. 2, würde in Höhe der (nachträglichen) Anschaffungskosten keine Nachbelastung der Gewinnausschüttungen erfolgen.

586 *Einstweilen frei*

VIII. Sitzverlegung als Veräußerungsvorgang (§ 17 Abs. 5)

1. Grundsatz (§ 17 Abs. 5 S. 1)

587 § 17 Abs. 5 S. 1 regelt die Rechtsfolgen für den Anteilseigner in den Fällen, in denen die in- oder ausländische Kapitalgesellschaft ihren Sitz (§ 11 AO, vgl. zum Begriff *Klein/Gersch*, 13. Aufl. 2016, AO § 11 Rn. 3) oder den Ort ihrer Geschäftsleitung (§ 10 AO, zum Begriff vgl. Klein/*Gersch* AO § 10 Rn. 2) unter **Wahrung ihrer Identität** in einen anderen Staat verlegt und dadurch das inländische Besteuerungsrecht an den Anteilen eingeschränkt oder ausgeschlossen wird. Die Vorschrift dient der Sicherung des Besteuerungsrechts der Bundesrepublik Deutschland. Die Vorschrift kommt bei der identitätswahrenden Sitzverlegung einer SE oder SCE zur Anwendung. Sie gilt auch bei einer nach ausländischem Recht gegründeten Kapitalgesellschaft, die ihre Geschäftsleitung ins Inland verlagert und dort aufrecht erhält. Abs. 5 ist jedoch nicht anwendbar, wenn mit der grenzüberschreitenden Verlegung des Sitzes oder der Geschäftsleitung die zivilrechtliche Auflösung der Gesellschaft verbunden ist. In diesem Fall findet § 17 Abs. 4 Anwendung. Das Gleiche gilt, wenn die Gesellschaft nach § 12 Abs. 3 KStG als aufgelöst gilt (DPM/*Pung* § 17 Rn. 547; KKB/*Deutschländer* § 17 Rn. 338; LBP/*Rapp* § 17 Rn. 366).

588 Voraussetzung für die Anwendbarkeit des § 17 Abs. 5 S. 1 ist, dass durch die identitätswahrende Verlegung des Sitzes (§ 11 AO) oder der Geschäftsleitung (§ 10 AO) ins Ausland das Recht der Bundesrepublik Deutschland, Gewinne aus der Veräußerung von Kapitalgesellschaftsanteilen iSd § 17 zu besteuern, beschränkt oder völlig ausgeschlossen wird. Liegt diese Voraussetzung vor, steht eine solche Beschränkung oder ein solcher Ausschluss des Besteuerungsrechts einer Veräußerung der Anteile gleich (Blümich/*Vogt* § 17 Rn. 894). Der Ausschluss des Besteuerungsrechts hat als Voraussetzung, dass dieses tatsächlich und nicht nur theoretisch bestanden hat (LBP/*Rapp* § 17 Rn. 377).

589 Als Veräußerungspreis ist (zwingend) der **gemeine Wert** (§ 9 BewG) anzusetzen (Veräußerungsfiktion). Die stillen Reserven sind mithin zwingend aufzudecken. Aufgrund der umfassenden Wirkung der Fiktion sind auch § 17 Abs. 1 bis 3 anzuwenden.

590 Die Vorschrift hat aufgrund der Vorrangigkeit von DBA-Regelungen nur **geringe Bedeutung.** Bei unbeschränkt steuerpflichtigen Anteilseignern ist das Besteuerungsrecht in Bezug auf Gewinne aus der Veräußerung von Anteilen an einer ins Ausland ziehenden Kapitalgesellschaft nach Art. 13 Abs. 5 OECD-MA dem bisherigen Ansässigkeitsstaat zugewiesen. Raum für die Anwendung des § 17 Abs. 5 S. 1 ist daher nur in den Fällen, in denen der neue Ansässigkeitsstaat der Gesellschaft aufgrund des jeweiligen DBA berechtigt ist, den Gewinn aus der Veräußerung der Anteile ganz oder teilweise zu besteuern (Blümich/*Vogt* § 17 Rn. 895). Eine Ausnahme kann sich zudem für Anteile an einer Kapitalgesellschaft ergeben, deren Wert zu 50% unmittelbar oder mittelbar auf unbeweglichem Vermögen beruht (Art. 13 Abs. 4 OECD-MA). Denn in diesem Fall steht das Besteuerungsrecht hinsichtlich des Gewinns aus der Veräußerung der Anteile dem Belegenheitsstaat zu (*Lindauer/Kutschka* BB 2016, 669). Infolgedessen kann es bei einer Verlegung des Sitzes oder der Geschäftsleitung zu einem Ausschluss des Besteuerungsrechts der Bundesrepublik Deutschland kommen (dazu näher LBP/*Rapp* § 17 Rn. 381).

Im Fall der Verlegung des Sitzes oder der Geschäftsleitung in einen Nicht-DBA-Staat erfolgt eine Beschränkung des Besteuerungsrechts, da eine etwaige ausländische Steuer auf den Veräußerungsgewinn in Deutschland angerechnet werden kann und damit der Umfang der Besteuerung beschränkt wird.

591 Erfolgt ein Ausschluss oder eine Beschränkung des inländischen Besteuerungsrechts durch einen anderen Vorgang als die Verlegung des Sitzes oder Geschäftsleitung, zB durch Änderung eines DBA, greift § 17 Abs. 5 nicht ein (DPM/*Pung* § 17 Rn. 548).

Einstweilen frei 592

2. Ausnahme (§ 17 Abs. 5 S. 2, 3 und 4)

Keine Veräußerung iSd § 17 Abs. 5 S. 1 liegt nach § 17 Abs. 5 S. 2 (ebenso wie bei § 4 Abs. 1 Satz 4 sowie § 12 Abs. 1 Satz 1 Hs. 2 KStG), bei einer **Sitzverlegung in einen anderen EU-Staat** von einer SE, SCE oder jeder anderen Kapitalgesellschaft vor. Die Ausnahme setzt also voraus, dass entweder eine SE oder SCE ihren Sitz auf der Grundlage von Art. 8 FRL oder eine andere Kapitalgesellschaft ihren Sitz in einen anderen EU-Staat verlegt (DPM/*Pung* § 17 Rn. 555). 593

Bei einer späteren Veräußerung sind nach § 17 Abs. 5 S. 3 die Gewinne so zu besteuern, als ob keine Sitzverlegung stattgefunden hat. DBA sind unbeachtlich, es handelt sich also um einen **treaty override** (*Schmidt/v. Busekist/Drescher* FR 2007, 1 (16)). Das hat zur Folge, dass der Besteuerung auch Wertzuwächse unterfallen, die im europäischen Ausland entstanden sind. Allerdings ist das Besteuerungsrecht der Höhe nach zu beschränken, wenn eine abkommensrechtlich unzulässige Doppelbesteuerung erfolgt, etwa wenn der andere Staat die nach der Verlegung des Sitzes der Kapitalgesellschaft gebildeten stillen Reserven abkommensrechtlich besteuern kann und von seinem Recht Gebrauch macht. Die stillen Reserven, die in dem Zeitraum zwischen Sitzverlegung und Veräußerung der Anteile gebildet werden, sind dann von der Besteuerung auszunehmen, es sei denn, in diesem Zeitraum steht der Bundesrepublik Deutschland das Besteuerungsrecht zu (*Rödder/Schumacher* DStR 2006, 1481 (1486 f.); LBP/*Rapp* § 17 Rn. 392). 594

Der Wortlaut des § 17 Abs. 5 Satz 2 betrifft **allein die Sitzverlegung,** nicht die Verlegung des Orts der Geschäftsleitung. Zudem umfasst die Regelung nicht den Fall, in dem der Sitz in einen EWR- oder Drittstaat verlegt wird (LBP/*Rapp* § 17 Rn. 385; zu den europarechtlichen Zweifeln HHR/*Eilers/Schmidt* § 17 Rn. 352 aE). 595

§ 15 Abs. 1a S. 2 (→ § 15 Rn. 2237 f.) ist nach § 17 Abs. 5 S. 4 entsprechend anzuwenden. Dies bedeutet, dass eine nachträgliche Besteuerung auch in den Fällen der verdeckten Einlage, der Auflösung der Gesellschaft, der Herabsetzung und Zurückzahlung des Nennkapitals sowie der Ausschüttung oder Zurückzahlung von Beträgen aus dem steuerlichen Einlagekonto iSd § 27 KStG eintreten kann. 596

Einstweilen frei 597

IX. Besteuerung nach Einbringung (§ 17 Abs. 6)

1. Übertragung der Steuerverstrickung auf die bei Einbringung erhaltenen Anteile

§ 17 Abs. 6 regelt die entsprechende Anwendung von § 17 Abs. 1 bis 5 für Einbringungsfälle nach § 20 Abs. 1 und § 21 UmwStG. Es geht um die Fälle, in denen 598

- der veräußernde Steuerpflichtige innerhalb der letzten fünf Jahre nicht (unmittelbar oder mittelbar) iSd § 17 Abs. 1 an der Kapitalgesellschaft beteiligt war (§ 17 Abs. 6 Hs. 1),
- die Anteile nach Maßgabe des UmwStG ohne Ansatz des gemeinen Werts erst erworben hatte (§ 17 Abs. 6 Hs. 2 Nr. 1), und
- zum Einbringungszeitpunkt für die eingebrachten Anteile wieder die Voraussetzungen des § 17 Abs. 1 erfüllt waren oder die Anteile anlässlich einer Sacheinlage nach § 20 Abs. 1 UmwStG aF gewährt wurden (§ 17 Abs. 6 Hs. 2 Nr. 2).

Die og Voraussetzungen müssen kumulativ vorliegen. Die Funktion des § 17 Abs. 6 liegt darin, die Besteuerung der Anteile nach einer Einbringung ohne zeitliche Begrenzung sicherzustellen, wenn die neuen Anteile danach **unter der Relevanzschwelle von 1%** liegen. Das deutsche Besteuerungsrecht soll nicht durch Einbringungen umgangen werden können. § 17 Abs. 6 gilt daher nur dann, wenn der Veräußerer innerhalb der letzten fünf Jahre nicht unmittelbar oder mittelbar zu mindestens 1% beteiligt war.

Die Vorschrift erfasst auch die Anteile, bei denen im Rahmen der Einbringung nicht der gemeine Wert zum Ansatz kam, wenn für die Anteile bis dahin die Voraussetzungen des § 17 Abs. 1 S. 1 erfüllt waren (Anteilstausch § 21 UmwStG) oder die Anteile auf einer Sacheinlage iSd § 20 UmwStG beruhen (einbringungsgeborene Anteile). Die Vorschrift erstreckt die Steuerverstrickung auch auf die im Zuge 598.1

der Einbringung erhaltenen nicht relevanten Anteile. Die Regelung ersetzt insoweit die Bestimmung der einbringungsgeborenen Anteile iSd § 21 UmwStG aF (LBP/*Rapp* § 17 Rn. 397; DPM/*Pung* § 17 Rn. 8, 561). Es spielt dabei keine Rolle, ob der Einbringungsvorgang innerhalb oder außerhalb der Fünf-Jahres-Frist liegt (Blümich/*Vogt* § 17 Rn. 916).

599 Sind die Voraussetzungen des § 17 Abs. 6 Nr. 1 und Nr. 2 erfüllt, gelten die Anteile als solche iSd § 17 Abs. 1 Satz 1. Die Vorschrift ordnet für diesen Fall an, dass die Anteile ohne zeitliche Begrenzung der Steuerbarkeit unterfallen. Aufgrund dieser Fiktion sind alle Vorschriften anwendbar, die auf § 17 Abs. 1 S. 1 verweisen. Die Anteile sind daher auch weiter steuerverstrickt, wenn die Beteiligungsquote unter 1% sinkt (KSM/*Schneider* § 17 Rn. G2; *Schmidt/v. Busekist/Drescher* FR 2007, 1 (16)) oder die Sieben-Jahres-Frist abgelaufen ist (DPM/*Pung* § 17 Rn. 564).

600 Beteiligungen von unter 1% sind nur dann nach § 17 Abs. 6 steuerverstrickt, wenn die Anteile in der Folge einer Einbringung nach § 20 oder § 21 UmwStG unter Ansatz des Buchwerts oder eines Zwischenwerts erworben worden sind. Wurde das eingebrachte Vermögen mit dem gemeinen Wert angesetzt, ist § 17 Abs. 6 nicht anwendbar (Bordewin/Brandt/*Oellerich* § 17 Rn. 558; DPM/*Pung* § 17 Rn. 563). Veräußert der Steuerpflichtige Anteile von unter 1%, die aufgrund einer Einbringung von Anteilen von 1% oder mehr gewährt worden sind, kommt bzgl. der Veräußerung anstelle von § 17 Abs. 6 § 20 Abs. 2 Nr. 1 zur Anwendung.

601 **a) Anteile iSd Abs. 1 S. 1 unter 1% (§ 17 Abs. 6 Hs. 1).** In § 17 Abs. 6 Hs. 1 werden mittels einer gesetzlichen Fiktion unter den weiteren im Hs. 2 in Nr. 1 und in Nr. 2 genannten Voraussetzungen Anteile unter 1% den Anteilen mit qualifizierter Beteiligung gleichgestellt. Folge dieser Fiktion ist, dass Anteile an Kapitalgesellschaften, an denen der Veräußerer innerhalb der letzten fünf Jahre am Kapital der Gesellschaft nicht unmittelbar oder mittelbar zu mindestens 1% beteiligt war, kraft Gesetzes als Anteile iSd § 17 Abs. 1 S. 1 gelten. Nicht außer Kraft gesetzt wird die Fünf-Jahres-Frist.

602 **b) Anteile aufgrund eines Einbringungsvorgangs (§ 17 Abs. 6 Hs. 2 Nr. 1).** § 17 Abs. 6 Hs. 2 Nr. 1 legt nicht irgendeinen Erwerb zugrunde, sondern setzt voraus, dass die als qualifiziert fingierten Anteile aufgrund eines Einbringungsvorgangs iSd UmwStG (dies kann nur ein Fall der § 20 und § 21 UmwStG sein) erworben worden waren und dass bei diesen Einbringungsvorgängen nicht der gemeine Wert angesetzt worden war. Die Voraussetzung des Wertansatzes unter dem gemeinen Wert beruht darauf, dass beim Ansatz des gemeinen Werts der in den Anteilen bis zum Zeitpunkt der Einbringung angesammelte Wert ohnehin aufgedeckt und besteuert worden wäre; der von der übernehmenden Gesellschaft angesetzte Wert gilt beim Einbringenden als Veräußerungspreis (§ 21 Abs. 2 Satz 1 UmwStG).

603 **c) Eingebrachte Anteile nach § 17 Abs. 1 S. 1 steuerverstrickt (§ 17 Abs. 6 Hs. 2 Nr. 2).** § 17 Abs. 6 Hs. 2 Nr. 2 Alt. 1 spricht an, dass hinsichtlich der im Wege des Anteilstauschs eingebrachten Anteile die Steuerverstrickung gewährleistet bleibt und auf die neuen Anteile überspringt. Nach § 17 Abs. 6 Hs. 2 Nr. 2 Alt. 1 müssen zum Einbringungszeitpunkt die eingebrachten Anteile die Voraussetzungen des Abs. 1 Satz 1 erfüllt haben. Das heißt, dass der Veräußerer am Kapital der Kapitalgesellschaft, deren Anteile er eingebracht hat, zu einem beliebigen Zeitpunkt innerhalb der letzten fünf Jahre unmittelbar oder mittelbar zu mindestens 1% beteiligt war (KSM/*Schneider* § 17 Rn. G30).

604 Beruhen Anteile auf einer Sacheinlage iSd § 20 Abs. 1 UmwStG, also wenn der Steuerpflichtige Betriebsvermögen in Form eines Betriebs, Teilbetriebs oder eines Mitunternehmeranteils eingebracht und dafür neue Anteile an der Kapitalgesellschaft erhalten hat, gelten die Anteile nach § 17 Abs. 6 Hs. 2 Nr. 2 Alt. 2 auch als steuerverstrickt (KSM/*Schneider* § 17 Rn. G60).

605 *Einstweilen frei*

2. Ermittlung des Einbringungs-/Veräußerungsgewinns

606 § 22 UmwStG führt bei einer Veräußerung der Anteile innerhalb von sieben Jahren zu einer rückwirkenden Besteuerung des Gewinns aus der Einbringung. Damit werden die im Zeitpunkt der Einbringung vorhandenen stillen Reserven der Besteuerung unterworfen.

Der Einbringungsgewinn I (bei Sacheinlage) und der Einbringungsgewinn II (bei Anteilstausch) führen nach § 22 Abs. 1 S. 2, Abs. 2 S. 4 UmwStG zu nachträglichen Anschaffungskosten. Der Einbringungsgewinn I entsteht bei der Veräußerung der erhaltenen (neu entstandenen) Anteile, der Einbringungsgewinn II entsteht bei Veräußerung der (eingebrachten) Anteile durch den übernehmenden Rechtsträger. 607

Einstweilen frei 608

X. Anteile an Genossenschaft (§ 17 Abs. 7)

Nach § 17 Abs. 7 gelten als Anteile iSd § 17 Abs. 1 S. 1 auch Anteile an einer (in- oder ausländischen) Genossenschaft einschließlich der europäischen Genossenschaft. Die Vorschrift erweitert damit den Anwendungsbereich des Grundtatbestands. Die übrigen Voraussetzungen des § 17 gelten ebenfalls für Anteile an einer Genossenschaft (LBP/*Rapp* § 17 Rn. 411). Denn die Anteile werden aufgrund ihrer **Vergleichbarkeit** den Anteilen an einer Kapitalgesellschaft gleichgestellt (und hätten daher auch in § 17 Abs. 1 S. 3 erwähnt werden können). Daher sind auch § 17 Abs. 1 S. 2, § 17 Abs. 1 S. 5, § 17 Abs. 4 und § 17 Abs. 5 auf Anteile an Genossenschaften anwendbar (DPM/*Pung* § 17 Rn. 571; aA KSM/*Schneider* § 17 Rn. H16). Denn der Gesetzgeber wollte Anteile an Genossenschaften mit Anteilen an Kapitalgesellschaften gleichstellen, nicht schlechterstellen. Gleiches gilt für die Ermittlung des Veräußerungsgewinns nach § 17 Abs. 2 und Abs. 5. 609

Für die Berechnung der Beteiligungsquote iSv § 17 Abs. 1 Satz 1 ist bei Anteilen an Genossenschaften auf die Höhe des tatsächlich gezeichneten Geschäftsanteils des Genossenschaftsmitglieds abzustellen. Von dem Geschäftsanteil des Genossen abzugrenzen ist das Geschäftsguthaben des Genossen, das durch hinzuzuschreibende Gewinne oder abzusetzende Verluste schwanken kann. 610

c) Selbständige Arbeit (§ 2 Absatz 1 Satz 1 Nummer 3)

§ 18 [Selbständige Arbeit]

(1) Einkünfte aus selbständiger Arbeit sind

1. **Einkünfte aus freiberuflicher Tätigkeit. [2]Zu der freiberuflichen Tätigkeit gehören die selbständig ausgeübte wissenschaftliche, künstlerische, schriftstellerische, unterrichtende oder erzieherische Tätigkeit, die selbständige Berufstätigkeit der Ärzte, Zahnärzte, Tierärzte, Rechtsanwälte, Notare, Patentanwälte, Vermessungsingenieure, Ingenieure, Architekten, Handelschemiker, Wirtschaftsprüfer, Steuerberater, beratenden Volks- und Betriebswirte, vereidigten Buchprüfer, Steuerbevollmächtigten, Heilpraktiker, Dentisten, Krankengymnasten, Journalisten, Bildberichterstatter, Dolmetscher, Übersetzer, Lotsen und ähnlicher Berufe. [3]Ein Angehöriger eines freien Berufs im Sinne der Sätze 1 und 2 ist auch dann freiberuflich tätig, wenn er sich der Mithilfe fachlich vorgebildeter Arbeitskräfte bedient; Voraussetzung ist, dass er auf Grund eigener Fachkenntnisse leitend und eigenverantwortlich tätig wird. [4]Eine Vertretung im Fall vorübergehender Verhinderung steht der Annahme einer leitenden und eigenverantwortlichen Tätigkeit nicht entgegen;**
2. **Einkünfte der Einnehmer einer staatlichen Lotterie, wenn sie nicht Einkünfte aus Gewerbebetrieb sind;**
3. **Einkünfte aus sonstiger selbständiger Arbeit, z. B. Vergütungen für die Vollstreckung von Testamenten, für Vermögensverwaltung und für die Tätigkeit als Aufsichtsratsmitglied;**
4. **Einkünfte, die ein Beteiligter an einer vermögensverwaltenden Gesellschaft oder Gemeinschaft, deren Zweck im Erwerb, Halten und in der Veräußerung von Anteilen an Kapitalgesellschaften besteht, als Vergütung für Leistungen zur Förderung des Gesellschafts- oder Gemeinschaftszwecks erzielt, wenn der Anspruch auf die Vergütung unter der Voraussetzung eingeräumt worden ist, dass die**

Gesellschafter oder Gemeinschafter ihr eingezahltes Kapital vollständig zurückerhalten haben; § 15 Absatz 3 ist nicht anzuwenden.

(2) Einkünfte nach Absatz 1 sind auch dann steuerpflichtig, wenn es sich nur um eine vorübergehende Tätigkeit handelt.

(3) [1]Zu den Einkünften aus selbständiger Arbeit gehört auch der Gewinn, der bei der Veräußerung des Vermögens oder eines selbständigen Teils des Vermögens oder eines Anteils am Vermögen erzielt wird, das der selbständigen Arbeit dient. [2]§ 16 Absatz 1 Satz 1 Nummer 1 und 2 und Absatz 1 Satz 2 sowie Absatz 2 bis 4 gilt entsprechend.

(4) [1]§ 13 Absatz 5 gilt entsprechend, sofern das Grundstück im Veranlagungszeitraum 1986 zu einem der selbständigen Arbeit dienenden Betriebsvermögen gehört hat. [2]§ 15 Absatz 1 Satz 1 Nummer 2, Absatz 1a, Absatz 2 Satz 2 und 3, §§ 15a und 15b sind entsprechend anzuwenden.

Überblick

§ 18 regelt abschließend, welche Tätigkeiten zu Einkünften aus selbständiger Arbeit führen **(Abs. 1).**

Auch eine nur vorübergehende Ausübung der freiberuflichen Tätigkeit ist steuerbar **(Abs. 2).**

Abs. 3 erweitert die steuerbaren Einkünfte um Aufgabe- und Veräußerungsgewinne im Sinne des § 16. Da die Einkünfte aus selbständiger Arbeit zu den Gewinneinkünften zählen und Mitunternehmerschaften als Gewinnerzielungssubjekte über ein Betriebsvermögen verfügen, bestimmt **Abs. 4** die entsprechende Geltung der Regelungen des § 13 Abs. 5 und der für die Einkünfteerzielung bei Mitunternehmerschaften relevanten Vorschriften zum Sonderbetriebsvermögen (§ 15 Abs. 1 Satz 1 Nr. 2), zur Entstrickung (§ 15 Abs. 1a), zur Einkünfteerzielungsabsicht aufgrund von Steuerminderungen (§ 15 Abs. 2 Satz 2 und 3) sowie zur Beschränkung der Verlustverrechnung nach §§ 15a, 15b.

Übersicht

A. Allgemeines

I. Regelungsanliegen des § 18 im System des Steuerrechts und Normstruktur

Im System des Einkommensteuerrechts hat § 18 im Wesentlichen die Funktion, bestimmte Tätigkeiten und Berufsbilder, die selbständig, nachhaltig und mit Gewinnerzielungsabsicht betrieben werden, von den Einkünften aus Gewerbebetrieb abzugrenzen (Tipke/Lang/*Hey* G.3 Rn. 423). Der Gesetzgeber hat in § 15 Abs. 2 den Typus des Gewerbebetriebs geregelt, jedoch **in § 18 Abs. 1 Nr. 1** den Weg gewählt, die Tätigkeiten aus selbständiger Arbeit **in verschiedenen Kategorien zu erfassen** (Tipke/Lang/*Hey* G.3 Rn. 425): Dies sind die wissenschaftliche, künstlerische, schriftstellerische und erziehende/unterrichtende Tätigkeit (Kategorie 1), die Katalogberufe (Kategorie 2) und die diesen ähnlichen Berufe (Kategorie 3). 1

Das BVerfG geht indes **von einem Typus des freien Berufs** aus, der sich nach wie vor vom Typus des Gewerbetreibenden unterscheidet (→ Rn. 31). Die hieran immer wieder geübte Kritik des Schrifttums (siehe zB Tipke/Lang/*Hey* G.3 Rn. 425), dass heutzutage eine realitätsgerechte Basis für die Unterscheidung der Einkünfte aus selbständiger Arbeit und aus Gewerbebetrieb fehlt, ist daher meines Erachtens unbegründet (siehe auch HHR/*Brandt* § 18 Rn. 4). 2

Mit der Einordnung einer Tätigkeit oder eines Berufs in § 18 Abs. 1 Nr. 1 erfasst der Gesetzgeber Tätigkeiten, die dadurch geprägt sind, dass sie auf einer qualifizierten eigenverantwortlichen und damit **höchstpersönlichen Durchführung** durch den Steuerpflichtigen (Kategorie 1) oder durch den Steuerpflichtigen als Berufsträger eines Katalogberufs oder eines ähnlichen Berufs beruhen (Kategorie 2 und 3). Siehe auch HHR/*Brandt* § 18 Rn. 3: Freie Berufe betreffen Tätigkeiten, die ausgesprochen intellektuellen Charakter haben, hohe Qualifikation verlangen und gewöhnlich einer genauen und strengen berufsständischen Regelung unterliegen. 3

Dieser Bezug der tatbestandlichen Tätigkeiten in § 18 Abs. 1 Nr. 1 **zur geschuldeten höchstpersönlichen Erledigung durch den Steuerpflichtigen** kommt in mehreren Bereichen des § 18 zum Ausdruck. So kann eine Tätigkeit, die unter § 18 Abs. 1 Nr. 1 fällt, nicht beliebig durch den Steuerpflichtigen delegiert werden. Der Einsatz fachlich vorgebildeter Arbeitskräfte führt nur dann zur Einordnung der Einnahmen als Einkünfte aus selbständiger Arbeit, wenn der Steuerpflichtige selbst noch leitend und eigenverantwortlich an der Erledigung der jeweiligen Aufträge mitwirkt (§ 18 Abs. 1 Nr. 1 Satz 3). Im Unterschied zu den Einkünften aus Gewerbebetrieb lässt sich durch den Einsatz von Mitarbeitern damit die Höhe der Einkünfte aus selbständiger Arbeit nicht beliebig erweitern, sondern bei fehlender leitender und eigenverantwortlicher Tätigkeit werden die Einkünfte den Einkünften aus Gewerbebetrieb zugeordnet (etwa zu den Laborärzten → Rn. 384). 4

Aus der Anbindung an die selbständige persönliche und eigenverantwortliche Leistungserbringung und die damit in der Regel enge persönliche Verbindung zu den Kunden des Steuerpflichtigen (Mandanten/Patienten) leitet die Rechtsprechung auch weitreichende **Folgerungen für die Auslegung des § 18 Abs. 3** her. Sowohl die Veräußerung als auch die Aufgabe eines freiberuflichen Betriebs setzen tatbestandlich voraus, dass die Tätigkeit und vor allem der Patienten-/Mandantenstamm als wesentliche Betriebsgrundlage auf den Erwerber übergeleitet werden oder im Fall der Aufgabe endgültig nicht mehr dem bisherigen Steuer- 5 pflichtigen zugeordnet werden können (→ Rn. 722). Vgl. zum Tätigkeitsbezug der Einkünfte aus Gewerbebetrieb BFH 25.1.2017 – X R 59/14, BStBl. II 2019, 730.

6 Bei den Einkünften aus selbständiger Arbeit ist die Bindung des Betriebs an die Tätigkeit des Betriebsinhabers meines Erachtens aber noch enger, weil er eine höchstpersönliche leitende und eigenverantwortliche Tätigkeit schuldet, deren Überleitung auf einen Erwerber voraussetzt, dass eine Beendigung der persönlichen Bindung an die Mandanten gelingt. Die besondere Bindung des Praxiswerts/Mandantenstamms an den selbständigen Praxisinhaber kommt in den **Anforderungen** zum Ausdruck, die die Rechtsprechung an das Vorliegen eines abgrenzbaren Teilbetriebs (**die sog. Teilpraxis**) iSd § 18 Abs. 3 entwickelt hat (→ Rn. 660).

7 **Neben § 18 Abs. 1 Nr. 1** treten als Ergänzungstatbestände die Regelungen in § 18 Abs. 1 Nr. 2 bis 4. Sie bilden aber nicht den prägenden Kern der Einkunftsart. Der Gesetzgeber hat in diesen Normen bestimmte Tätigkeiten gezielt und bindend den Einkünften aus selbständiger Arbeit zuweisen wollen. Siehe dazu näher bei den einzelnen Tatbeständen.

8 **Außerhalb der einkommensteuerrechtlichen Betrachtung** ist eine wesentliche Folge der Zuweisung von Tätigkeiten und Berufen in den Tatbestand des § 18 Abs. 1, dass die erzielten Gewinne nicht der Gewerbesteuer gemäß § 2 GewStG unterliegen. Die Rechtsprechung hat § 18 insofern immer auch **als einen Begünstigungstatbestand** verstanden und die Anforderungen an die einzelnen Tatbestandsmerkmale und die Voraussetzungen für die Einordnung einer Tätigkeit als „ähnlichen Beruf" restriktiv ausgelegt.

9 Dies kommt unter anderem in den **engen Voraussetzungen** zum Ausdruck, die für eine „leitende und eigenverantwortliche" Tätigkeit des Steuerpflichtigen bei Einsatz von fachlich vorgebildeten Mitarbeitern (§ 18 Abs. 1 Nr. 1 Satz 3) gestellt werden.

10 Eine weitere Ausprägung dieses Verständnisses kommt in den **Anforderungen an die freiberufliche Einkünfteerzielung einer Mitunternehmerschaft** zum Ausdruck (§ 18 Abs. 4 iVm § 15 Abs. 1 Nr. 2, zB Schädlichkeit der Aufnahme eines berufsfremden Mitunternehmers oder der Inaktivität eines Freiberufler-Mitunternehmers nach außen) sowie der erforderlichen Betätigung der Mitunternehmer einer Obergesellschaft auch auf Ebene der Untergesellschaft bei doppelstöckigen Personengesellschaften.

11 Unter **Geltung der Steuerermäßigung des § 35** sind die Belastungsfolgen zwar deutlich abgemildert, wenn eine Tätigkeit nicht den Einkünften aus selbständiger Arbeit, sondern den gewerbesteuerpflichtigen Einkünften aus Gewerbebetrieb zugeordnet wird. Bis zu Hebesätzen bis zu 401% kann gezahlte Gewerbesteuer idealtypisch als Steuerermäßigungsbetrag (§ 35 Abs. 1 Satz 5) die tarifliche ESt mindern. Liegen die Hebesätze höher oder kommt es aufgrund anderer Verzerrungswirkungen dazu, dass sog. Anrechnungsüberhänge entstehen, verbleibt es jedoch nach wie vor bei Definitivbelastungen, falls eine Tätigkeit oder ein Beruf den Einkünften aus Gewerbebetrieb zuzuordnen ist. Hingegen haben die Freiberufler hinzunehmen, dass im Rahmen der Ermittlung des Solidaritätszuschlags für Steuerpflichtige, die Einkünfte aus Gewerbebetrieb erzielen, eine niedrigere Bemessungsgrundlage zur Anwendung kommt (BFH 14.11. 2018 – II R 64/15, BStBl. II 2019, 289; BFH 14.11. 2018 – II R 63/15, DStRE 2020, 213, BVerfG anh. 2 BvR 1421/19).

12 *Einstweilen frei*

II. Historische Entwicklung

13 Schon das EStG 1925 enthielt eine Vorschrift, die die Einkünfte aus sonstiger selbständiger Berufstätigkeit als eigenständige Einkunftsart regelte. Seit dem EStG 1934 ist die Einkunftsart in § 18 geregelt.

14 Die jetzige Form erhielt die Vorschrift des § 18 weitgehend im **Steueränderungsgesetz** v. 30.7.1960 (BGBl. 1960 I 616). Bei dieser Änderung wurde die zuvor strenge Vervielfältigungstheorie der Rechtsprechung durch Einfügung der § 18 Abs. 1 Nr. 1 S. 3 und S. 4 beschränkt. Durch das Gesetz zur Förderung von Wagniskapital vom 30.7.2004 (BGBl. 2004 I 2013) ist § 18 Abs. 1 Nr. 4 als letzter Tatbestand eingefügt worden, aus dem Einkünfte aus selbständige Arbeit erzielt werden können.

15 Für die Einkünfteermittlung freiberuflicher Mitunternehmerschaften wurde die im heutigen § 18 Abs. 4 geregelte entsprechende Anwendung des § 15 Abs. 1 Nr. 2 und des § 15a durch das **Steueränderungsgesetz** v. 20.8.1980 (BGBl. 1980 I 1545) geregelt.

16 Mit dem **Steueränderungsgesetz** v. 14.5.1965 (BGBl. 1965 I 377) wurde der Veräußerungs- und Aufgabetatbestand des § 18 Abs. 3 an die in § 16 geregelten Formen angeglichen. Weitere Änderungen zu § 18 Abs. 3 enthielten das Steuersenkungsgesetz v. 23.10.2000 (BGBl. 2000 I 1433) und 5. Steuerbeamten-Ausbildungsgesetz vom 23.7.2002 (BGBl. 2002 I 2715). Auch die Mitunternehmer freiberuflicher Personengesellschaften können danach seit 2002 Teilmitunternehmeranteile nicht mehr tarifbegünstigt gemäß §§ 16, 34 veräußern.

17 In § 18 Abs. 4 erfolgten mehrere betreffende Folgeänderungen als Reaktion zu Änderungen in § 15. So hat der Gesetzgeber die entsprechende Anwendung des § 15 Abs. 2 S. 2 und des § 15 Abs. 2 S. 3 im **Steuerentlastungsgesetz 1984** v. 22.12.1983 (BGBl. 1983 I 1583) angeordnet. Weitere eingefügte Verweise auf andere Regelungen haben für die Einkünfte aus selbständiger Arbeit zumeist nur eine geringe praktische Relevanz und bisher auch im Rahmen des § 18 kaum zu Entscheidungen der Finanzgerichte geführt. So wurde durch das Steuerentlastungsgesetz 1999/2000/2002 vom 24.3.1999 (BGBl. 1999 I 402) auch dem freiberuflichen Mitunternehmer durch Aufnahme eines Verweises auf § 13 Abs. 5 ein Recht zur steuerfreien Entnahme eines Grundstücks bei Bebauung mit einer eigenen Wohnung gewährt. Gemäß § 18 Abs. 4 sind § 15b zur Beschränkung von Verlusten aus Steuerstundungsmodellen (Gesetz v. 22. 12.2005, BGBl. 2005 I 3683) und § 15 Abs. 1a entsprechend anzuwenden (SEStEG v. 7.12.2006 (BGBl. 2006 I 2782) Siehe zu den jeweiligen Zeitpunkten des Inkrafttretens und den Auswirkungen dieser Regelungen unten die Erläuterungen zu § 18 Abs. 4 → Rn. 1074.

18 Hervorzuheben ist schließlich noch die Abschaffung des früheren Freibetrags für die freien Berufe durch das **Steuerreformgesetz 1990** v. 25.7.1988 (BGBl. 1988 I 1093).

19 *Einstweilen frei*

III. Zentrale Normdebatten

20 Die wesentlichen Streitfragen zu § 18 können aus heutiger Sicht als ausjudiziert angesehen werden. Dies gilt **für die abstrakten Voraussetzungen,** unter die eine Tätigkeit unter § 18 Abs. 1 Nr. 1 Satz 1, einer der Katalogberufe oder ein ähnlicher Beruf (§ 18 Abs. 1 Nr. 1 Satz 2) fällt. Ebenso hat die Rechtsprechung abstrakt geklärt, welche Anforderungen an eine leitende und eigenverantwortliche Betätigung gemäß § 18 Abs. 1 Nr. 1 Satz 3 und die Erzielung von Einkünften aus selbständiger Arbeit durch freiberufliche Personengesellschaften (§ 18 Abs. 4 iV, § 15 Abs. 1 Nr. 2) zu stellen sind. **In der Praxis** zu § 18 Abs. 1 Nr. 1 spielen daher im Wesentlichen Fragen eine Rolle, ob neue Berufe unter den Begriff des ähnlichen Berufs gefasst werden können. Die Rechtsprechung hat aber auch insoweit im Bereich der EDV-Berufe und der Heilhilfsberufe die abstrakten Voraussetzungen abschließend definiert.

21 Die am wenigsten geklärten Fragen der Norm betreffen den Tatbestand des **§ 18 Abs. 1 Nr. 4.** Es liegt eine erste, allerdings nicht im BStBl. veröffentlichte BFH-Entscheidung vor (BFH 11.12. 2018 – VIII R 11/16, DStR 2019, 1136).

22 Die letzte große Streitfrage zur Auslegung des § 18 Abs. 1 Nr. 3 betraf den Aspekt, ob im Rahmen des § 18 Abs. 1 Nr. 3 bei den sonstigen selbständigen Tätigkeiten **die strenge Vervielfältigungstheorie** weiterhin gelten oder § 18 Abs. 1 Nr. 1 Satz 3 analog zur Anwendung kommen sollte. Hierzu hat der BFH mittlerweile abschließend und gefestigt entschieden, dass § 18 Abs. 1 Nr. 1 Satz 3 im Rahmen des § 18 Abs. 1 Nr. 3 analog zur Anwendung kommt (→ Rn. 443). Die Rechtsprechung wird aber für einzelne Tätigkeiten noch Maßstäbe entwickeln müssen, nach denen der Erzieler sonstiger selbständiger Einkünfte beim Einsatz qualifizierter Hilfspersonen leitend und eigenverantwortlich tätig ist.

23 Im Bereich des **§ 18 Abs. 4,** der für die Einkünfteerzielung freiberuflicher Mitunternehmerschaften auf § 15 Abs. 1 Nr. 2 verweist, bleibt streitig, inwieweit die Anwendung der „Abfärberegelung" bei gemischter freiberuflicher und gewerblicher Einkünfteerzielung einer Mitunternehmerschaft (§ 15 Abs. 3 Nr. 1 Alt. 1) einer Bagatellgrenze unterliegt. Der BFH hatte in drei Urteilen aus dem Jahr 2014 eine typisierende Bagatellgrenze entwickelt (→ Rn. 1217). Im Bereich der Anwendung der Abfärberegelung auf die Infizierung einer vermögensverwaltenden Tätigkeit hat der IV. Senat des BFH angedeutet, dieser Grenze nicht folgen zu wollen (BFH 12.4. 2018 – IV R 5/15, BStBl. II 2020, 118). Zu § 15 Abs. 3 Nr. 1 Alt. 2 hat der IV. Senat entschieden, dass in einkommensteuerrechtlicher Hinsicht keine

Geringfügigkeitsgrenze existiert, bis zu deren Erreichen die gewerblichen Beteiligungseinkünfte nicht auf die übrigen Einkünfte abfärben. Er hat stattdessen § 2 Abs. 1 Satz 2 GewStG verfassungskonform dahingehend ausgelegt, dass ein gewerbliches Unternehmen iSd § 15 Abs. 3 Nr. 1 Alt. 2 nicht als nach § 2 Abs. 1 Satz 1 GewStG der Gewerbesteuer unterliegender Gewerbebetrieb gilt (BFH 6.6. 2019 – IV R 30/16, DStR 2019, 1630). Der Gesetzgeber wiederum hat in Reaktion auf die Rechtsprechung § 15 Abs. 3 Nr. 1 im „JStG 2019" v. 12.12. 2019 (BGBl. I 2019 I 2451) um einen Satz 2 mit Rückwirkung in allen offenen Fällen ergänzt. Nach diesem gilt die Rechtsfolge der Erzielung einheitlicher Einkünfte aus Gewerbebetrieb unabhängig davon, ob aus der Tätigkeit im Sinne des § 15 Abs. 1 Satz 1 Nr. 1 ein Gewinn oder Verlust erzielt wird oder ob die gewerblichen Einkünfte im Sinne des Abs. 1 Satz 1 Nr. 2 positiv oder negativ sind (dazu → § 15 Rn. 2388; der Gesetzesänderung zustimmend Schmidt/*Wacker* § 15 Rn. 188).

24 Ebenso sind von großer praktischer Bedeutung die Entwicklungen zum Begriff der **echten und unechten Realteilung** iSd § 16 Abs. 3 Satz 2. Auch für Freiberufler hat es erhebliche Bedeutung, dass das Ausscheiden eines Mitunternehmers aus einer fortbestehenden Sozietät gegen eine Sachwertabfindung (Mitnahme des Mandantenstamms) nach übereinstimmender Auffassung in Rechtsprechung (BFH 30.3. 2017 – IV R 11/15, BStBl. II 2019, 29) und Verwaltung (BMF 19.12. 2018, BStBl. I 2019, 6 Rn. 2) als steuerneutrale unechte Realteilung im Sinne des § 16 Abs. 2 Satz 3 qualifiziert werden kann. Dies gilt insbesondere, wenn der ausscheidende Mitunternehmer neben materiellen oder immateriellen Wirtschaftsgütern auch Verbindlichkeiten der Gesellschaft übernehmen muss. Zu den Einzelheiten siehe die Kommentierung zu § 18 Abs. 3 (→ Rn. 1041).

25 *Einstweilen frei*

IV. Verhältnis zu anderen Vorschriften

1. Verhältnis zum Verfassungsrecht

26 Das Bundesverfassungsgericht hat mehrfach Fragen aus dem Anwendungsbereich des § 18 zu beurteilen gehabt. In der Regel hat es die jeweiligen Verfassungsbeschwerden gegen Urteile des BFH aber nicht zur Entscheidung angenommen (siehe § 93a Abs. 1, 2 BVerfGG zu den Voraussetzungen).

27 Zentrale Entscheidungen des Bundesverfassungsgerichts zu § 18 betreffen die Frage, ob die einkommensteuerliche Differenzierung zwischen den Einkünften aus freiberuflicher Tätigkeit und den Einkünften aus Gewerbebetrieb verfassungsgemäß ist. Dies hat das Gericht stets bejaht. Es hat insbesondere keinen Verstoß gegen Art. 3 Abs. 1 GG darin gesehen, dass der Gesetzgeber die Einkünfte aus freiberuflicher Tätigkeit von den Einkünften aus Gewerbebetrieb unterscheidet und an diese Unterscheidung auch ungleiche Rechtsfolgen knüpft. Der Gesetzgeber bewegt sich auch bei der Aufstellung des Katalogs der freien Berufe im Bereich seines Gestaltungsspielraums (BVerfG 15.2.1989 – 1 BvR 1696/88, BeckRS 1989, 06937; siehe auch HHR/*Brandt* § 18 Rn. 4).

28 Die **abstrakten Kriterien der Berufsbilder** gemäß § 18 Abs. 1 Nr. 1, die die Rechtsprechung des BFH entwickelt hat, hat das Bundesverfassungsgericht gebilligt (siehe zB BVerfG 5.4.1978 – 1 BvR 242/78, HFR 1978, 294). Es hat etwa die Prägung des Berufsbilds des Rechtsanwalts in § 18 Abs. 1 Nr. 1 durch die Beratung und Prozessführung in fremden Rechtsangelegenheiten als verfassungsrechtlich unbedenklich angesehen (BVerfG 13.11.1984 –1 BvR 485/82, HFR 1985, 283) und anknüpfend daran die Gewerblichkeit der Tätigkeit eines Rechtsbeistands, der sich darauf beschränkt, Auszüge aus Gerichtsakten für Versicherungsgesellschaften zu fertigen, nicht beanstandet (BVerfG 24.6.1980 – 1 BvR 538/80). Auch die abstrakten Kriterien für **eine wissenschaftliche Tätigkeit** im Sinne des § 18 Abs. 1 Nr. 1 Satz 1 hat das Gericht gebilligt (BVerfG 14.2.2001 – 2 BvR 460/93, DStRE 2001, 472).

29 Das Bundesverfassungsgericht hat ferner die Auslegung des BFH **zum Begriff der Eigenverantwortlichkeit in § 18 Abs. 1 Nr. 1 Satz 3** als Voraussetzung für die Erzielung von Einkünften aus selbständiger Arbeit bei der Mitarbeit vorgebildeter Arbeitskräfte verfassungsrechtlich nicht beanstandet (BVerfG 1.6.1983 – 1 BvR 118/83). Siehe zur Verfassungsmäßigkeit des Kriteriums der leitenden und eigenverantwortlichen Tätigkeit in § 18 Abs. 1 Nr. 1 Satz 3 auch BVerfG 17.8.1989 – 1 BvR 999/87.

Ebenso ist es aus verfassungsrechtlicher Sicht nicht zu beanstanden, dass ein Beruf einem Katalogberuf nur dann „ähnlich" im Sinne des § 18 Abs. 1 Nr. 1 ist, wenn er diesem **hinsichtlich der Ausbildung und ausgeübten Tätigkeit in Breite und Tiefe** vergleichbar ist. Die Vergleichbarkeit der **Ausbildungen** ist – neben der Vergleichbarkeit der Tätigkeiten – ein zulässiges und sachlich einleuchtendes eigenständiges Differenzierungskriterium (BVerfG 3.5.1997 –1 BvR 568/97, StE 1997, 363 und aus den in BFH 14.6.2007 – XI R 11/06, BFH/NV 2007, 2091 zitierten Nachweisen BVerfG 4.1.2000 – 1 BvR 1916/99; zur überholten Rechtsprechung des BFH zu den Heilhilfsberufen siehe BVerfG 29.8.1988 – 1 BvR 695/88, BStBl. II 1988, 975). Zur früheren Bezugnahme des § 4 Nr. 14 UStG auf § 18 Abs. 1 Nr. 1 Satz 2 UStG und mit der dortigen Ähnlichkeitsprüfung entschied das BVerfG hingegen, Art. 3 Abs. 1 GG verbiete eine allein nach der Existenz berufsrechtlicher Regelungen unterscheidende Auslegung der Befreiungsvorschrift (BVerfG 29.10.1999 – 2 BvR 1264/90, BStBl. II 2000, 155 und BVerfG 10.11.1999 – 2 BvR 1820/92, BStBl. II 2000, 158). 30

Anknüpfend an die Unterscheidbarkeit der Einkünfte aus § 18 und aus Gewerbebetrieb gemäß § 15 hat das BVerfG **auf Ebene der Gewerbesteuer** geklärt, es sei mit dem Gleichheitssatz gemäß Art. 3 Abs. 1 GG vereinbar, **dass die Einkünfte der freien Berufe nicht der Gewerbesteuer unterliegen** (BVerfG 15.1 2008 – 1 BvL 2/04, DStRE 2008, 1003). In dieser Entscheidung hat das Verfassungsgericht auf den weiten Gestaltungs- und Einschätzungsspielraum des Gesetzgebers für die Auswahl des Steuergegenstands der Gewerbesteuer abgestellt. Ungeachtet des Umstands, dass die freien Berufe und die sonstigen Selbständigen iSd § 18 auch alle Merkmale aufwiesen, welche die der Gewerbesteuer unterliegenden Gewerbetreibenden kennzeichneten, sieht das Gericht die freien Berufe und die ihnen gleichgestellten sonstigen Selbständigen durch eine Reihe von Besonderheiten in der Ausbildung, der staatlichen und berufsautonomen Regelung ihrer Berufsausübung, ihrer Stellung im Sozialgefüge, der Art und Weise der Erbringung ihrer Dienstleistungen und auch des Einsatzes der Produktionsmittel Arbeit und Kapital als unterscheidbar an. Diese prägenden Elemente rechtfertigen nach dem Gericht auf Grundlage der typisierenden Abgrenzung **nach wie vor** eine unterschiedliche Behandlung der Freiberufler gegenüber den Gewerbetreibenden. Eine unterschiedliche Behandlung im Rahmen der Gewerbesteuer ist nach dem BVerfG so lange zutreffend und zulässig, bis sich der in § 18 geregelte Typus des freien Berufs dem der übrigen Gewerbetreibenden in einem Maße annähere, dass sich eine unterschiedliche Steuerbehandlung als **willkürlich,** also schlechthin unvertretbar, erweise. 31

In seiner typisierenden Betrachtung unterscheidet das Verfassungsgericht bei den Einkünften aus Gewerbebetrieb den Einsatz der Produktionsfaktoren Boden, Arbeit und Kapital gegenüber der persönlichen Qualifikation, dem persönlichen Einsatz der Berufsträger und dem Charakter der Berufstätigkeit der freien Berufe als deren tragende Produktionsfaktoren. Die den Typus des freien Berufs in seiner Struktur prägenden Merkmale wie die akademische oder vergleichbare besondere berufliche Qualifikation oder schöpferische Begabung, die besondere Bedeutung der persönlichen, eigenverantwortlichen und fachlich unabhängigen Berufsausübung, häufig verbunden mit einem höchstpersönlichen Vertrauensverhältnis zum Auftraggeber, und die spezifischen berufsautonomen Reglementierungen zahlreicher freier Berufe durch Pflichtenkataloge und Honorarbedingungen führten nach wie vor zu signifikanten Unterschieden zwischen den freien Berufen und den Gewerbetreibenden. 31.1

Der Gesetzgeber sehe für Freiberufler auch bei den Rechtsfolgen nach wie vor signifikante Besonderheiten vor, etwa im Bereich der Gewinnermittlung nach Einnahme-Überschussrechnung als Regelgewinnermittlungsart und in der Befugnis zur Wahl der Ist-Besteuerung gemäß § 20 Absatz 1 Satz 1 Nr. 3 UStG sowie dem Vorhandensein eigener freiberuflicher Rechtsformen wie der Partnerschaftsgesellschaft. Auch im Hinblick auf die äquivalenztheoretische Begründung der Gewerbesteuer sei die Unterscheidung zwischen dem nicht gewerbesteuerpflichtigen Typus des freien Berufs und dem gewerbesteuerpflichtigen Typus des Gewerbetreibenden nach wie vor tragfähig. 31.2

Unter der Geltung des früheren § 34 Abs. 4 EStG aF, der eine Tarifbegünstigung für bestimmte Einkünfte aus freiberuflichen Nebentätigkeiten enthielt, hat das Bundesverfassungsgericht die restriktive Rechtsprechung des BFH zu dessen Anwendungsbereich weitgehend bestätigt. § 34 Abs. 4 EStG aF gewährte Steuerpflichtigen mit Einkünften aus nichtselbständiger Arbeit oder aus selbständiger Arbeit, die aus einer Berufstätigkeit iSd § 18 Abs. 1 Nr. 1 bezogen wurden, für Nebeneinkünfte aus wissenschaftlicher, künstlerischer oder schriftstellerischer Tätigkeit bis zu 50 vH der Einkünfte aus nichtselbständiger Arbeit und/oder aus der Berufstätigkeit die Tarifermäßigung des § 34 Abs. 1. Voraussetzung war, dass die Einkünfte aus nichtselbständiger Arbeit und/oder aus der Berufstätigkeit die übrigen Einkünfte 31.3

überwogen, die Einkünfte aus der wissenschaftlichen, künstlerischen oder schriftstellerischen (Neben-)Tätigkeit nicht zu den Einkünften aus nichtselbständiger Arbeit gehörten und von den Einkünften aus der (Haupt-)Berufstätigkeit abgrenzbar waren. Die begünstigungsfähigen Nebeneinkünfte durften für sich keine Einkünfte aus einer typischen praktischen Berufstätigkeit im Sinne des Katalogs des § 18 Abs. 1 Nr. 1 darstellen, weil der Gesetzgeber in § 34 Abs. 4 EStG aF die allein begünstigungsfähigen wissenschaftlichen, künstlerischen und schriftstellerischen Tätigkeiten bewusst von den laufenden praktischen Berufsarbeiten der im Katalog des § 18 Abs. 1 Nr. 1 aufgeführten Berufe habe trennen wollen (siehe zB BFH 14.12.1972 – IV R 12/68, BStBl. II 1973, 159; BFH 7.2.1985 – IV R 231/82, BFH/NV 1987, 363).

31.4 Diese enge Auslegung der Begünstigungsvorschrift durch den BFH beanstandete das Verfassungsgericht weitgehend nicht. Sie verhindere eine Beeinträchtigung der Wettbewerbsfähigkeit von Personen, die hauptberuflich einer der im Katalog des § 18 Abs. 1 Nr. 1 angeführten typischen freiberuflichen Tätigkeit nachgingen (BVerfG 3.1.1973-1 BvR 508/72, HFR 1973, 194, zitiert zB in BFH 7.2.1985 – IV R 231/82, BFH/NV 1987, 363). Auch dass Gutachternebentätigkeiten von der Rechtsprechung des BFH in der Regel als Bestandteil der nicht tarifbegünstigten Haupttätigkeit im Katalogberuf zuzuordnen waren, billigte das BVerfG (BVerfG, 10.3.1987 – 1 BvR 34/86, HFR 1987, 207; ebenso BVerfG 25.3.1987 – 1 BvR 19/86). Allerdings hat das BVerfG die Rechtsprechung des BFH zu § 34 Abs. 4 insoweit nicht mitgetragen, als die Tarifermäßigung nur solchen Selbständigen gewährt wurde, die hauptberuflich einen Katalogberuf im Sinne des § 18 Abs. 1 Nr. 1 ausübten (BVerfG 14.1.1986 – 1 BvR 209/79, BStBl. II 1986, 376).

32 *Einstweilen frei*

2. Verhältnis zu Vorschriften des EStG

33 **Einkünfteerzielungsabsicht/Liebhaberei:** Siehe → Rn. 1265 zu § 18 Abs. 4. Zu Nebentätigkeiten, die unter den Freibetrag des § 3 Nr. 26 fallen können, hat der BFH hervorgehoben, dass diese Tätigkeit mit Einkünfteerzielungsabsicht ausgeführt werden muss, was bei dauerhaft die Einnahmen übersteigenden Ausgaben nicht der Fall sein kann (BFH 20.12.2017 – III R 23/15, BStBl. II 2019, 469; BFH 20.11.2018 – VIII R 17/16, BStBl. II 2019, 469, jeweils auch zu § 3 Nr. 26 S. 2).

34 **Einkünfte aus Gewerbebetrieb:** Auf der Tatbestandsebene des § 18 stellen sich die meisten Abgrenzungsfragen zu den Einkünften aus Gewerbebetrieb. Die Zuordnung einer Tätigkeit zu den Einkünften aus selbständiger Arbeit ist gegenüber der Zuordnung zu den Einkünften aus Gewerbebetrieb vorrangig (ungeschriebenes negatives Tatbestandsmerkmal, → § 15 Rn. 2141). Kann eine Betätigung nicht unter die in § 18 Abs. 1 Nr. 1 bis Nr. 4 genannten Tätigkeiten subsumiert werden, greift diese Subsidiarität jedoch nicht und die Einnahmen aus der Tätigkeit sind den Einkünften aus Gewerbebetrieb zuzuordnen. Erzielt ein Einzelunternehmer in einem einheitlichen Betrieb sowohl Einkünfte aus einer freiberuflichen Tätigkeit als auch aus einer gewerblichen Tätigkeit, stellt sich die Frage, ob es sich um abgrenzbare Einkünfte aus beiden Einkunftsarten handelt oder ob untrennbare gemischte Tätigkeiten vorliegen (→ Rn. 42). Ein gemeinnütziger Verein, der kein Zweckbetrieb ist, unterliegt mit seinem wirtschaftlichen Geschäftsbetrieb auch dann der Gewerbesteuer, wenn die von ihm ausgeübte Tätigkeit nicht die Merkmale eines Gewerbebetriebs iSv § 2 Abs. 1 S. 2 GewStG iVm § 15 Abs. 2 EStG, sondern diejenigen einer freiberuflichen Tätigkeit gemäß § 18 erfüllt, weil § 2 Abs. 3 GewStG die Gewerbesteuerpflicht gegenüber § 2 Abs. 1 S. 2 GewStG erweitert (BFH 20.3.2019 – VIII B 81/18, BFH/NV 2019, 712).

35 Werden auf Ebene einer Mitunternehmerschaft freiberufliche Einkünfte und gewerbliche Einkünfte erzielt, greift die **Abfärberegelung** des § 15 Abs. 3 Nr. 1 ein und qualifiziert sämtliche Einkünfte der Mitunternehmerschaft in gewerbliche Einkünfte um (→ Rn. 23, → Rn. 1216).

36 **Verhältnis zu den Einkünften aus nichtselbständiger Arbeit:** Übt ein Berufsträger seine Tätigkeit im Rahmen eines Angestelltenverhältnisses aus, hat die Zuordnung der Einkünfte zu den Einkünften aus nichtselbständiger Arbeit Vorrang. Maßgebend ist, ob die Art der Ausübung nach dem Gesamtbild der Verhältnisse den Kriterien einer Arbeitnehmertätigkeit entspricht. Streitig war dies insbesondere für angestellte Chefärzte mit Liquidationsrecht. Hier kommt es für die Zuordnung maßgeblich darauf an, ob der Chefarzt die von ihm erbrachten und im eigenen Namen abgerechneten Wahlleistungen aufgrund einer Verpflichtung in seinem Anstellungsvertrag erbringt (→ Rn. 174).

37 **Verhältnis zu den Einkünften aus Kapitalvermögen und aus Vermietung und Verpachtung:** Da es sich bei den Einkünften aus selbständiger Arbeit um Einkünfte aus einer Gewinneinkunftsart handelt (§ 2 Abs. 1 Nr. 3), sind die Einkünfte aus Kapitalvermögen und aus Vermietung und Verpachtung gegenüber diesen subsidiär (§ 20 Abs. 8 und § 21 Abs. 3).

38 Im Bereich der Abgrenzung **zu den Einkünften aus Kapitalvermögen** ist die Zuordnung zu den Einkünften aus selbständiger Arbeit grundsätzlich vorrangig (§ 20 Abs. 8). Hier war in der Vergangenheit streitig, unter welchen Voraussetzungen negative Einkünfte aus einer Kapitalanlage, die der Freiberufler seinem Betriebsvermögen zuordnen wollte, zu negativen Einkünften gemäß § 18 werden können (zu solchen „Geldgeschäften" ab → Rn. 48).

39 Bei den **Einkünften aus Vermietung und Verpachtung** ist in der Praxis im Wesentlichen die entgeltliche Überlassung einer Praxisimmobilie durch einen Mitunternehmer an eine Sozietät zur Nutzung von Bedeutung. Die Nutzungsvergütungen sind der freiberuflichen Einkünfteerzielung zuzuordnen, da es sich um Einkünfte im Sonderbetriebsvermögen des Mitunternehmers handelt (§ 18 Abs. 4 iVm § 15 Abs. 1 Nr. 1 S. 2, → Rn. 1230). Dies gilt auch für die Überlassung anderer materieller oder immaterieller Wirtschaftsgüter durch einen Mitunternehmer an eine freiberufliche Mitunternehmerschaft zur Nutzung (siehe zu § 18 Abs. 4). Die **entgeltliche Nutzungsüberlassung** des Mandantenstamms einer freiberuflichen Einzelkanzlei an eine vom Freiberufler als Gesellschafter beherrschte Kapitalgesellschaft im Rahmen einer Betriebsaufspaltung führt zu Einkünften aus Gewerbebetrieb im Besitzunternehmen (BFH 21.11.2017 – VIII R 17/15, DStR 2018, 667; → Rn. 57).

40 Weitere Fragen zur Abgrenzung zwischen den Einkunftsarten werden im Rahmen der Tatbestände der § 18 Abs. 1 Nr. 3 und § 18 Abs. 1 Nr. 4 (→ Rn. 501) gesondert erläutert.

41 *Einstweilen frei*

V. Einkunftsartenabgrenzung bei Freiberuflern

1. Mehrere Tätigkeiten/Gemischte Tätigkeit

42 **a) Abstrakte Grundsätze.** Wird neben einer freiberuflichen eine gewerbliche Tätigkeit ausgeübt, sind die beiden Tätigkeiten **bei Einzelunternehmern** steuerlich entweder getrennt oder einheitlich zu behandeln. Fallgruppen, in denen diese Frage aufgeworfen ist, sind im Wesentlichen Betätigungen des Trägers eines Katalogberufes, die nicht der berufstypischen Tätigkeit zuzuordnen sind. Solche gewerblichen Einkünfte, die **neben** freiberuflichen Einkünften erzielt werden, können zB auf der Aufnahme einer zusätzlichen originär gewerblichen Betätigung oder auf einer standesrechtlich erlaubten aber nicht berufstypischen Tätigkeit des Trägers eines Katalogberufs beruhen. Nicht hiervon betroffen sind Konstellationen, in denen aufgrund einer nicht mehr leitenden und eigenverantwortlichen Tätigkeit iSd § 18 Abs. 1 Nr. 1 S. 3 bei Einsatz fachlich vorgebildeter Arbeitskräfte schon dem Grunde nach keine freiberuflichen Einkünfte mehr erzielt werden.

43 Bei einem **Einzelunternehmer,** der sowohl als freiberuflich als auch gewerblich zu beurteilende Tätigkeiten ausübt, sind diese Tätigkeiten **soweit wie möglich getrennt** zu betrachten und jeweils einer Einkunftsart zuzuordnen. Das gilt selbst dann, wenn zwischen den Tätigkeiten sachliche und wirtschaftliche Bezugspunkte bestehen, sofern die Verflechtung nicht so eng ist, dass sich die Tätigkeiten gegenseitig unlösbar bedingen. Sind die Einkünfte nicht bereits vom Steuerpflichtigen getrennt ermittelt worden, muss eine Trennung ggf. im Wege der Schätzung erfolgen (BFH 8.10.2008 – VIII R 53/07, BStBl. II 2009, 143; EStH 15.6).

44 Sind allerdings **beide Tätigkeitsarten derart miteinander verflochten,** dass sie sich gegenseitig unlösbar bedingen, so liegt eine einheitliche Tätigkeit (gemischte Tätigkeit ohne Trennungsmöglichkeit) vor (siehe zB BFH 11.7.1991 – IV R 102/90, BStBl. II 1992, 413), die für die Einkunftsartenabgrenzung danach zu qualifizieren ist, ob das freiberufliche oder das gewerbliche Element vorherrscht (BFH 22.1.2009 – VIII B 153/07, BFH/NV 2009, 758).

45 Schuldet ein Steuerpflichtiger seinem Auftraggeber **einen einheitlichen Erfolg,** ist die zur Durchführung des Auftrags erforderliche Tätigkeit regelmäßig als einheitliche zu beurteilen (BFH 18.10.2006 – XI R 10/06, BStBl. II 2008, 54; BFH 20.12.2000 – XI R 8/00,

BStBl. II 2002, 478). Werden in einem Betrieb nur gemischte Leistungen erbracht, ist der Betrieb danach zu qualifizieren, welche der einzelnen Tätigkeiten der Gesamttätigkeit das Gepräge gibt (BFH 2.10.2003 – IV R 48/01, BStBl. II 2004, 363).

46 Zur Anwendung dieser Grundsätze bei freiberuflichen Mitunternehmerschaften → Rn. 1188.

47 *Einstweilen frei*

48 **b) „Geldgeschäfte" der Freiberufler iSd § 18 Abs. 1 Nr. 1.** Den in § 18 Abs. 1 Nr. 1 genannten freien Berufen liegt jeweils ein eigenes Berufsbild zugrunde, das auch den zugehörigen Betrieb prägt und begrenzt. Beteiligt sich ein Freiberufler noch in anderer Weise mit Gewinnabsicht am allgemeinen wirtschaftlichen Verkehr, **entfaltet er damit eine zusätzliche Tätigkeit; beide Tätigkeiten sind getrennt zu beurteilen,** auch wenn zwischen ihnen ein sachlicher und wirtschaftlicher Zusammenhang besteht. Eine derartige Abgrenzung ist gerade auch gegenüber den Einkünften aus Kapitalvermögen erforderlich.

49 „**Geldgeschäfte**", die ihrer Art nach zu Einkünften nach § 20 führen (Gewährung von Darlehen, die Übernahme einer Bürgschaft oder die Beteiligung an einer Kapitalgesellschaft), sind bei einem eigenen wirtschaftlichen Gewicht der Kapitalanlage der persönlichkeitsbezogenen freiberuflichen Tätigkeit grundsätzlich wesensfremd und deshalb getrennt zu beurteilen, auch wenn sie der Steuerpflichtige im sachlichen und wirtschaftlichen Zusammenhang mit seiner freiberuflichen Tätigkeit eingegangen ist (BFH 31.5.2001 – IV R 49/00, BStBl. II 2001, 828; BFH 24.2.2000 – IV R 6/99, BStBl. II 2000, 297; EStH 18.2 „Geldgeschäfte"). Sie sind im Regelfall nicht beruflich veranlasst und folglich als Einkünfte nach § 20 dem Privatvermögen zuzuordnen (vgl. BFH 12.1.2010 – VIII R 34/07, BStBl. II 2010, 612; BFH 26.1.2011 – VIII R 19/08, BFH/NV 2011, 1311). Eines Rückgriffs auf das Standesrecht, um zu klären, ob ein solches Rechtsgeschäft zulässig ist, bedarf es für die Entscheidung über die Zuordnung des Geldgeschäfts zum Betriebsvermögen damit nicht (siehe zB BFH 24.8.1989 – IV R 80/88, BStBl. II 1990, 17 mwN zur älteren Rechtsprechung).

50 Es ist im Rahmen der Prüfung eine Unterscheidung zu treffen, zwischen einerseits einem „Geldgeschäft", bei dem das Geschäft lediglich im Rahmen der freiberuflichen Tätigkeit eingegangen wird oder aufgrund seiner Rendite für diese auch vorteilhaft ist **und** andererseits einem Geschäft, das ohne die Aussicht auf neue Aufträge im freiberuflichen Betrieb nicht zustande gekommen wäre (BFH 31.5.2001 – IV R 49/00, BStBl. II 2001, 828). Diese Unterscheidung wird anhand des Kriteriums geprüft, ob das „Geldgeschäft" **ein eigenes wirtschaftliches Gewicht** (vorrangige Zielsetzung der Erzielung von Kapitaleinkünften) hat und deswegen aus der freiberuflichen Tätigkeit auszuscheiden ist. Ein eigenes wirtschaftliches Gewicht ist etwa anzunehmen, wenn bei einem „Geldgeschäft" die Gewinnung eines Auftraggebers für die freiberufliche Tätigkeit lediglich ein erwünschter Nebeneffekt ist (BFH 24.2.2000 – IV R 6/99, BStBl. II 2000, 297 zum Erwerb einer Geldanleihe im BV).

51 **Im Einzelfall** kann sich allerdings ergeben, dass die Eingehung von „Geldgeschäft" als **Hilfstätigkeit** zur freiberuflichen Tätigkeit anzusehen ist. Die Kapitalanlage gilt dann nicht als „wesensfremd" (BFH 31.5.2001 – IV R 49/00, BStBl. II 2001, 828). Geschäfte zur Sicherung eigener Forderungen sind daher von der Rechtsprechung dem freiberuflichen Betriebsvermögen zuzuordnen (BFH 22.4.1980 – VIII R 236/77, BStBl. II 1980, 571; BFH 15.10.1981 – IV R 77/76, BStBl. II 1982, 340; siehe auch BFH 14.1.1982 – IV R 168/78, BStBl. II 1982, 345). Zu Wertpapierdepots → Rn. 55.

52 **Beteiligungen von Freiberuflern an Kapitalgesellschaften** gehören grundsätzlich nur unter der Voraussetzung **zum notwendigen Betriebsvermögen** des Freiberuflers, wenn der Betrieb der Kapitalgesellschaft der betreffenden freiberuflichen Tätigkeit nicht wesensfremd ist und dem freiberuflichen Betrieb unmittelbar dient. Voraussetzung für die Einstufung von Beteiligungen als notwendiges Betriebsvermögen ist, dass die Beteiligung die eigene berufliche Tätigkeit ergänzt **oder** dass das finanzielle Engagement im Zusammenhang mit einer auf die Vergabe von Aufträgen gerichteten Geschäftsbeziehung steht bzw. der Schaffung einer solchen Geschäftsbeziehung dient (vgl. BFH 12.1.2010 – VIII R 34/07, BStBl. II 2010, 612; BFH 26.1.2011 – VIII R 19/08, BFH/NV 2011, 1311).

53 Eine **Ergänzungsfunktion** der Tätigkeit der Kapitalgesellschaft zur freiberuflichen Tätigkeit (Beteiligung als Hilfstätigkeit) kann bestehen, wenn mit der Gesellschaft eine auf die Vergabe von Aufträgen gerichtete Geschäftsbeziehung bestand bzw. geschaffen werden sollte

(BFH 14.1.1982 – IV R 168/78, BStBl. II 1982, 345 betreffend Beteiligung eines Architekten an einer Bauträger-Gesellschaft; BFH 2311.1978 – IV R 146/75, BStBl. II 1979, 109 betreffend Beteiligung eines Baustatikers an einer Wohnungsbaugesellschaft). Die **Sicherung der Mandatsbeziehung** hat der BFH bejaht, wenn sich ein Rechtsanwalt an einer Kapitalgesellschaft beteiligt, um seinen Einfluss auf die Gesellschaft zu behalten und weiterhin mit Mandaten betraut zu werden (BFH 26.1.2011 – VIII R 19/08, BFH/NV 2011, 1311). Siehe aus der früheren restriktiveren und nunmehr durch die neuen Kriterien überholten Rechtsprechung auch BFH 22.1.1981 – IV R 107/77, BStBl. II 1981, 564 hinsichtlich der Beteiligung eines Wirtschaftsprüfers an einer Treuhand-GmbH; BFH 11.3.1976 – IV R 185/71, BStBl. II 1976, 380 betreffend Beteiligung eines beratenden Ingenieurs für Baustatik an einer Fachberatungs-GmbH. Zur Zuordnung einer **mittelbaren Beteiligung** zum Betriebsvermögen bei den Einkünften aus selbständiger Arbeit bei Beteiligung über eine vermögensverwaltende GbR s. FG Baden-Württemberg 26.6.2017 – 8 K 4018/14, DStRE 2019, 5 (Rev. VIII R 21/17).

Die GmbH-Beteiligung eines Bildjournalisten hat der BFH mangels Ergänzungs- und Sicherungsfunktion der Beteiligung für die freiberufliche Tätigkeit hingegen **nicht allein deshalb** als notwendiges Betriebsvermögen des freiberuflichen Betriebs beurteilt, weil der Bildjournalist 99% seiner Umsätze aus Autorenverträgen mit der GmbH erzielte, aber diese Umsätze nur einen geringfügigen Anteil der Geschäftstätigkeit der GmbH ausmachten und es wegen des Umfangs dieser Geschäftstätigkeit und der Höhe der Beteiligung des Steuerpflichtigen an der GmbH nahe lag, dass es dem Steuerpflichtigen nicht auf die Erschließung eines Vertriebswegs für seine freiberufliche Tätigkeit, sondern auf die Kapitalanlage ankam (BFH 12.1.2010 – VIII R 34/07, BStBl. II 2010, 612). 54

Wertpapierdepot als gewillkürtes BV: Wertpapiere können in das gewillkürte Betriebsvermögen eines Arztes eingelegt werden, wenn ihre Anschaffung, das Halten und ihr Verkauf **ein Hilfsgeschäft** der freiberuflichen Tätigkeit darstellen. Dies verlangt, dass für den Erwerb von Wertpapieren ausschließlich betriebliche Gründe maßgeblich sind. Für einen solchen unmittelbaren Zusammenhang der Wertpapiere mit dem freiberuflichen Betrieb reicht es aber weder aus, dass die Wertpapiere aus betrieblichen Mitteln erworben worden sind noch dass sie als Sicherheit für betriebliche Schulden dienen. Ein Hilfsgeschäft kann zB vorliegen, wenn ein als Sicherheit für betriebliche Schulden verpfändetes Wertpapierdepot in seiner Verwendung so festgelegt ist, dass es aus der Sicht der kreditgebenden Bank untrennbarer Bestandteil eines Finanzierungskonzepts für den freiberuflichen Betrieb ist, das über die Verwendung des Depots als Kreditsicherheit hinausgeht (BFH 17.5.2011 – VIII R 1/08, BStBl. II 2011, 862). 55

Einstweilen frei 56

c) Betriebsaufspaltung freiberuflicher Betriebe. Die obigen Grundsätze zur Abgrenzung gewerblicher und freiberuflicher Tätigkeiten eines Steuerpflichtigen gelten auch, wenn ein Freiberufler Einkünfte aus der Nutzungsüberlassung eines Mandantenstamms von einer durch ihn beherrschten Betriebs-GmbH neben einer daneben in einer Einzelpraxis fortgeführten freiberuflichen Tätigkeit erzielt (zur Praxisaufspaltung ausführlich → Rn. 1017). Selbst wenn ein sachlicher und wirtschaftlicher Zusammenhang der Nutzungsüberlassung der Mandate zu der freiberuflichen Tätigkeit besteht, wird es sich in der Regel um trennbare Einkünfte handeln. Die Einkünfte aus der Nutzungsüberlassung sind dann mangels einer leitenden und eigenverantwortlichen beratenden Tätigkeit gewerbliche Einkünfte, die in einem eigenständigen Besitzunternehmen erzielt werden (s. FG München 10.6.2010 – 8 K 460/10, EFG 2011, 47; nachgehend BFH 8.4.2011 – VIII B 116/10, BFH/NV 2011, 1135; 21.11.2017 – VIII R 17/15, DStR 2018, 667; siehe auch Korn/*Korn* § 18 Rn. 18). Ebenso kann durch die Nutzungsüberlassung eine dann nicht mehr wissenschaftliche oder künstlerische Tätigkeit vorrangig auf die Verwertung ausgerichtet sein (BFH 1.6.1978 – IV R 152/73, BStBl. II 1978, 545 zum Erfinder; Es ist in der Rechtsprechung auch geklärt, dass durch Aufteilung eines ehemals freiberuflichen Unternehmens und Begründung einer Betriebsaufspaltung ein gewerbliches Besitzunternehmen entstehen kann (BFH 16.6.1980 – I R 77/77, BStBl. II 1981, 39). 57

Bei **Personengesellschaften** führt § 15 Abs. 3 Nr. 1 bei Abgrenzbarkeit freiberuflicher Einkünfte und gewerblicher Einkünfte aus der Nutzungsüberlassung zur Umqualifizierung 58 sämtlicher Einkünfte der Mitunternehmerschaft in gewerbliche Einkünfte (ständige Rechtsprechung, siehe zB BFH 29.11.2012 – IV R 37/10, BFH/NV 2013, 910; anders aber bei der mitunternehmerischen Betriebsaufspaltung: BFH 10.11.2005 – IV R 29/04, BStBl. II 2006, 173).

58.1 Beispiele aus EStR 15.6 zur einheitlichen und zur gemischten Tätigkeit

58.2 Der Ankauf und Verkauf von Waren ist grundsätzlich der freiberuflichen Tätigkeit derart wesensfremd, dass er zur Gewerblichkeit führt (siehe auch H 15.8 (5) Einheitliche Gesamtbetätigung; BFH 24.4.1997 – IV R 60/95, BStBl. II 1997, 567).

58.3 Werden von Architekten iVm gewerblichen Grundstücksverkäufen Architektenaufträge jeweils in getrennten Verträgen vereinbart und durchgeführt, liegen zwei getrennte Tätigkeiten vor (BFH 23.10.1975 – VIII R 60/70, BStBl. II 1976, 152).

58.4 Ein Rechtsanwalt, der den Vertriebsunternehmen oder Initiatoren von Bauherren-Modellen Interessenten am Erwerb von Eigentumswohnungen nachweist oder der entsprechende Verträge vermittelt, ist insoweit nicht freiberuflich tätig (BFH 1.2.1990 – IV R 42/89, BStBl. II 1990, 534).

58.5 Ist ein Steuerberater für eine Bauherrengemeinschaft als Treuhänder tätig, können einzelne für die Treugeber erbrachte Leistungen, die zu den typischerweise von Steuerberatern ausgeübten Tätigkeiten gehören, als freiberuflich gewertet werden, wenn sie von den gewerblichen Treuhänderleistungen abgrenzbar sind (BFH 21.4.1994 – IV R 99/93, BStBl. II 1994, 650). Eine getrennte steuerliche Behandlung ist jedoch nicht möglich, wenn ein Steuerberater, der einem Vertriebsunternehmen Interessenten an den Eigentumswohnungen nachweist oder Verträge über den Erwerb vermittelt, Abnehmer bezüglich der Eigentumswohnungen steuerlich berät; die von dem Vertriebsunternehmen durch Pauschalhonorar mitvergütete Beratung ist Teil der einheitlichen gewerblichen Betätigung (BFH 9.8.1983 – VIII R 92/83, BStBl. II 1984, 129).

58.6 Ein Wirtschaftsprüfer übt eine gewerbliche Tätigkeit aus, soweit er als Treuhänder bei einem Immobilienfonds tätig wird (BFH 18.10.2006 – XI R 9/06, BStBl. II 2007, 266).

58.7 Ein der Schule angeschlossenes Internat rechnet zur freiberuflichen Tätigkeit, wenn das Internat ein notwendiges Hilfsmittel für die Schule ist und das Internat keine besondere Gewinnquelle neben der Schule bildet (BFH 30.6.1964 – VI 301/62 U, BStBl. III 1964, 630).

59 *Einstweilen frei*

2. AfA auf Praxiswert/Mandantenstamm/Vertragsarztzulassung

60 **Praxiswert:** Es besteht bei freiberuflichen Betrieben zwischen Praxisinhaber und Kunden (Mandanten, Patienten) ein besonderes Vertrauensverhältnis, das eine besondere Bedeutung für den Fortbestand der Kundenbeziehung hat. Gleichwohl hat nach der Lebenserfahrung auch die freiberufliche Praxis als solche wegen der mit ihr verbundenen Kundenbeziehungen wirtschaftliches Gewicht, sodass vom Praxiserwerber ein Entgelt für diesen Praxiswert gezahlt wird (BFH 12.3.1992 – IV R 29/91, BStBl. II 1993, 36). Wie beim Geschäftswert eines gewerblichen Unternehmens ist zwischen einem originären und einem derivativ erworbenen Praxiswert zu unterscheiden. Nur ein derivativ, entgeltlich erworbener Praxiswert kann nach geltender Rechtslage steuerlich abgeschrieben werden (vgl. § 5 Abs. 2, der für Freiberufler entsprechend Anwendung findet). Bis zu einer Rechtsänderung durch das BiRiLiG vom 19.12.1985 (BGBl. 1985 I 2355) waren Abschreibungen auch bei einem derivativ erworbenen Geschäftswert eines gewerblichen Unternehmens gesetzlich ausgeschlossen. Dagegen hatte die Rechtsprechung Abschreibungen auf einen derivativ erworbenen Praxiswert zugelassen (BFH 13.3.1991 – I R 83/89, BStBl. II 1991, 595). Wird aus einer freiberuflichen Personengesellschaft eine gewerbliche Mitunternehmerschaft, wandelt sich der Praxiswert in einen Geschäftswert um (→ Rn. 1226.2).

61 Die typisierende 15jährige Abschreibung für den Geschäftswert eines gewerblichen Unternehmens gemäß § 7 Abs. 1 S. 3 findet auf den derivativ erworbenen Praxiswert keine Anwendung. Der entgeltlich angeschaffte Praxiswert (zu bewerten als Differenzbetrag zwischen dem Kaufpreis, der den Substanzwert der materiellen und immateriellen Wirtschaftsgüter abzüglich der Verbindlichkeiten übersteigt) ist ein abnutzbares Wirtschaftsgut gemäß § 7 Abs. 1 Satz 1, weil nach dem Ausscheiden des bisherigen Praxisinhabers das Vertrauensverhältnis zu den Mandanten und Patienten zwangsläufig mit der Folge endet, dass sich der Praxiswert beim Erwerber verhältnismäßig rasch verflüchtigt (BFH 29.4.2011 – VIII B 42/10, BFH/NV 2011, 1345; BFH 13.3.1991 – I R 83/89, BStBl. II 1991, 595). Beim Erwerb

einer Einzelpraxis nimmt die Rechtspraxis eine Nutzungsdauer von regelmäßig 3 bis 5 Jahren an (BFH 28.9.1993 – VIII R 67/92, BStBl. II 1994, 449); für den „Sozietätspraxiswert“, dh den Praxiswert einer freiberuflichen Mitunternehmerschaft, eine Nutzungsdauer von 6 bis 10 Jahren (BFH 24.2.1994 – IV R 33/93, BStBl. II 1994, 590; BFH 20.10.2015 – VIII R 33/13, BStBl. II 2016, 596; BMF 15.1.1995, BStBl. I 1995, 14).

Mandantenstamm: Auch ein derivativ erworbener Mandantenstamm ist abnutzbar. Geht ein Mandantenstamm in eine neu gebildete Sozietät über, in welcher der bisherige Inhaber weiterhin mitarbeitet, bleibt das alte Vertrauensverhältnis der Mandanten zum Inhaber der eingebrachten Praxis erhalten. Der Mandantenstamm unterliegt derselben Nutzungsdauer wie ein Praxiswert (vgl. BFH 24.2.1994 – IV R 33/93, BStBl. II 1994, 590; BFH 22.9.1994 – IV R 38/94, BFH/NV 1995, 385). Die Nutzungsdauer eines derivativ erworbenen „Sozietätspraxiswertes“/Mandantenstamms von sechs bis zehn Jahren beruht im Fall der Aufnahme eines neuen Gesellschafters in eine Sozietät auf der typisierenden Annahme, dass dieser die Chance erhält, unter Mithilfe der Altgesellschafter ein Vertrauensverhältnis zwischen sich und den bei Gründung der Sozietät vorhandenen Mandanten oder Patienten aufzubauen. Diese Chance verflüchtigt sich im Laufe der Zeit und definiert die Nutzungsdauer des aus Sicht des Neugesellschafters derivativ erworbenen Mandantenstamms. Gelingt es dem hinzutretenden Sozius innerhalb der zur Verfügung stehenden Zeit, zwischen sich und den „alten“ Mandanten ein Vertrauensverhältnis herzustellen, so handelt es sich beim „auf Null abgeschriebenen“ Mandantenstamm um ein selbstgeschaffenes immaterielles Wirtschaftsgut, das nach § 5 Abs. 2 nicht mehr als Aktivposten ausgewiesen und abgeschrieben werden darf (BFH 24.2.1994 – IV R 33/93, BStBl. II 1994, 590). 62

Vertragsarztzulassung: Wird nur der Vorteil aus dem Innehaben einer Vertragsarztzulassung (nicht die Praxis) zum Gegenstand des Veräußerungsvorgangs gemacht und damit zu einem selbständigen Wirtschaftsgut konkretisiert, bilden die vom Erwerber an den früheren Zulassungsinhaber gezahlten Beträge Anschaffungskosten ausschließlich für den Erwerb des Vorteils aus der Vertragsarztzulassung, der nicht abnutz- und damit auch nicht abschreibbar ist (BFH 21.2.2017 – VIII R 56/14, BStBl. II 2017, 694). 63

Einstweilen frei 64

3. Gewinnermittlungsfragen

a) Zulässige Gewinnermittlungsarten. Freiberufler dürfen unabhängig von den Grenzwerten des § 141 AO ihre Einkünfte im Wege der Einnahme-Überschussrechnung gemäß § 4 Abs. 3 ermitteln. Zudem steht ihnen umsatzsteuerlich die Ist-Besteuerung gemäß § 20 Abs. 1 Nr. 3 UStG zu. Siehe zu den Einzelfragen die Kommentierung zu § 4 Abs. 3 (→ § 4 Rn. 1499). Zu durchlaufenden Posten iSd § 4 Abs. 3 S. 2 bei veruntreuten Fremdgeldern eines Rechtsanwalts siehe BFH 16.12.2014 – VIII R 19/12, BStBl. II 2015, 643. 65

Stattdessen dürfen Freiberufler ihre Einkünfte auch freiwillig im Wege des Bestandsvergleichs gemäß § 4 Abs. 1 ermitteln (→ § 4 Rn. 1534). 66

Zum notwendigen Wechsel der Gewinnermittlungsart gemäß § 16 Abs. 2 S. 2 bei unter § 18 Abs. 3 fallenden Vorgängen wird auf die Kommentierung zu § 18 Abs. 3 verwiesen. 67

Einstweilen frei 68–69

b) Einzelne übergreifende Gewinnermittlungsfragen bei Freiberuflern. aa) KFZ im Betriebsvermögen einer Einzelkanzlei. Der Inhaber einer freiberuflichen Einzelkanzlei kann ein ihm gehörendes Fahrzeug dem notwendigen oder gewillkürten Betriebsvermögen zuordnen (siehe allg Abschnitt EStR 4.2). Dies gilt ebenso für Fahrzeuge, die geleast worden sind; zu Einzelheiten → § 6 Rn. 2187 ff. 70

Ein Kfz, das überwiegend, also zu mehr als 50% zu betrieblichen Zwecken genutzt wird, ist zwingend notwendiges Betriebsvermögen. Alle Aufwendungen und die AfA für das Fahrzeug können als Betriebsausgaben abgezogen werden. Nutzt der Einzelunternehmer das betriebliche Fahrzeug auch für Privatfahrten, ist die Entnahme entweder nach der 1%-Methode oder nach Maßgabe der Fahrtenbuch-Methode zu ermitteln (siehe dazu die Kommentierung zu § 6 Abs. 1 Nr. 4 Satz 2). 71

Wird ein Fahrzeug zwischen 10% und 50% betrieblich genutzt, kann es als gewillkürtes Wirtschaftsgut dem Betriebsvermögen zugeordnet werden. Auch in diesem Fall sind die im 72

Zusammenhang mit dem Fahrzeug entstehenden Aufwendungen und die AfA als Betriebsausgaben abziehbar. Für die Ermittlung des Werts der Nutzungsentnahme bei einer Privatnutzung ist aber nicht die 1%-Methode anzuwenden, da diese eine betriebliche Nutzung des Fahrzeugs von mindestens 50% verlangt. Der Wert der Nutzungsentnahme ist entweder im Wege eines Fahrtenbuchs zu ermitteln oder zu schätzen. Wird ein gemischt genutztes Fahrzeug aus dem Betriebsvermögen entnommen oder veräußert, ist streitig, ob der Gewinn aus diesem Vorgang unter Abzug des fortentwickelten Restbuchwerts (nach Abzug der AfA) zu ermitteln ist oder der Gewinn um diejenigen AfA-Beträge zu mindern ist, die im Rahmen der Nutzungsentnahme in die Bemessungsgrundlage eingegangen sind (siehe FG Sachsen 4.5.2017 – 5 K 1362/15, EFG 2018, 1348, Rev. VIII R 9/18).

73 Fahrzeuge, die unter 10% betrieblich genutzt werden, sind zwingend dem Privatvermögen zuzuordnen. Nutzt der Kanzleiinhaber ein privates Fahrzeug für betriebliche Fahrten, tätig er eine Aufwandseinlage. Es ist zulässig, für alle betrieblich veranlassten Fahrten pauschal 0,30 EUR pro Kilometer anzusetzen, für Fahrten zwischen Wohnung und erster Betriebsstätte können 0,30 EUR je Entfernungskilometer als Betriebsausgaben berücksichtigt werden. Siehe dazu BMF 23.12.2014, BStBl. I 2015, 26.

74 Zu Fahrzeugen, die zum Sonderbetriebsvermögen des Mitunternehmers einer freiberuflichen Sozietät gehören, siehe zu § 18 Abs. 4 (→ Rn. 1255).

75 *Einstweilen frei*

76 **bb) Häusliches Arbeitszimmer eines Freiberuflers.** Siehe im Einzelnen die Kommentierung zu § 4 Abs. 5 S. 1 Nr. 6 Buchst. b (→ § 4 Rn. 2781 ff.). Anknüpfend an den Beschluss des BFH 27.7.2015 – GrS 1/14, BStBl. II 2016, 265 setzt der Begriff des häuslichen Arbeitszimmers und damit die Abziehbarkeit von Aufwendungen als Betriebsausgaben voraus, dass der jeweilige Raum **ausschließlich oder nahezu ausschließlich für betriebliche Zwecke** genutzt wird. Er ist dann (soweit nicht § 8 EStDV greift) als betrieblicher Gebäudeteil dem notwendigen Betriebsvermögen zuzuordnen.

77 Aus Sicht der Freiberufler enthält die Entscheidung des GrS 1/14 (v. 27.7.2015, BStBl. II 2016, 265) unter anderem die bedeutenden Aussagen, dass Räumlichkeiten, welche nicht dem Typus eines häuslichen Arbeitszimmers entsprechen (zB eine ärztliche Notarztpraxis, ein häusliches Tonstudio oder Aktenlager) **nicht der Abzugsbeschränkung unterfallen.**

78 Eine weitere zentrale Aussage des Beschlusses liegt für Freiberufler darin, dass eine Aufteilung von Aufwendungen in betrieblich veranlasste Aufwendungen einerseits und privat veranlasste Kosten andererseits nicht möglich ist, wenn ein Freiberufler nicht über einen abgeschlossenen Raum als häusliches Arbeitszimmer verfügt, sondern diesen nur teilweise (im Rahmen einer so genannten **Arbeitsecke** für berufliche Zwecke nutzt. Dies gilt etwa für einen büromäßig eingerichteten Arbeitsbereich, der durch einen Raumteiler vom Wohnbereich abgetrennt ist (BFH 22.3.2016 – VIII R 10/12, BStBl. II 2016, 881). Das vollständige Abzugsverbot des § 4 Abs. 5 Satz 1 Nr. 6 Buchst. b ist in dieser Auslegung vom BFH auch dann als verfassungsgemäß angesehen worden, wenn es im Einzelfall den Betriebsausgabenabzug der Aufwendungen für einen Arbeitsbereich in einem gemischt genutzten Raum ausschließt, der den Mittelpunkt der gesamten betrieblichen und beruflichen Tätigkeit des Freiberuflers darstellt (siehe auch BFH 22.3.2016 – VIII R 24/12, BStBl. II 2016, 884).

79 Nicht berührt vom Beschluss des Großen Senats wird die Rechtsprechung zur Aufteilbarkeit von Aufwendungen für ein Arbeitszimmer, das ausschließlich betrieblich oder beruflich **im Rahmen mehrerer Einkunftsarten genutzt wird.** Der Beschluss des Großen Senats hat insoweit keine Aussagekraft. Er gilt nur für Aufwendungen für ein Arbeitszimmer, das für private Wohnzwecke und zur beruflichen Einkunftserzielung genutzt wird. Denn die für den Großen Senat tragende Erwägung, dass die Nutzung eines privat und beruflich eingerichteten Raums hinsichtlich der privaten und beruflichen Nutzungsanteile nicht objektiv überprüfbar sei, greift nicht, wenn ein Arbeitszimmer ausschließlich beruflich genutzt wird. Die zeitlichen Nutzungsanteile sind vom Steuerpflichtigen darzulegen, um die Aufwendungen den verschiedenen Einkunftsarten zuzuteilen. Ist ein Steuerpflichtiger nur mit einer Einkunftsart im Anwendungsbereich der Höchstbetragsregelung des § 4 Abs. 5 Satz 1 Nr. 6b Satz 3, so kann er den Höchstbetrag iHv 1.250 EUR in voller Höhe verbrauchen. Der Höchstbetrag ist nicht nach den zeitlichen Nutzungsanteilen in Teilhöchstbeträge aufzuteilen (BFH 25.4.2017 – VIII R 52/13, BStBl. II 2017, 949).

Über die Frage, ob ein Selbständiger, der über einen schlecht ausgestatteten Arbeitsplatz für Büroarbeiten in seiner Praxis verfügt und deshalb einen nicht unerheblichen Teil seiner betrieblichen Tätigkeit in einem häuslichen Arbeitszimmer verrichten muss, keinen „anderen Arbeitsplatz" im Sinne des Gesetzes hat, ist nach Zumutbarkeitsgesichtspunkten zu entscheiden (BFH 22.2.2017 – III R 9/16, BStBl. II 2017, 698). Anhaltspunkte für eine Unzumutbarkeit der Verrichtung büromäßiger Arbeiten in einer freiberuflichen Praxis können sich sowohl aus der Beschaffenheit des Arbeitsplatzes selbst als auch den Rahmenbedingungen der Nutzung ergeben. 80

Die **Finanzverwaltung** folgt im BMF-Schreiben 6.10.2017, BStBl. I 2017, 1320 der Rechtsprechung des Großen Senats und der Folgerechtsprechung des BFH weitgehend. 81

Zu einem häuslichen Arbeitszimmer, das dem Sonderbetriebsvermögen eines Mitunternehmers zuzurechnen ist, siehe zu § 18 Abs. 4 (→ Rn. 1074 ff.). 82

Einstweilen frei 83

cc) Fahrten zwischen Wohnung und Arbeitsstätte/Reisekosten. Aufwendungen für Fahrten zwischen Wohnung und Betriebsstätte: Siehe im Einzelnen die Kommentierung zu § 4 Abs. 5 S. 1 Nr. 6 und zu Fahrten des Mitunternehmers einer Sozietät → Rn. 1259. Bei Selbständigen besteht die Besonderheit, dass eine der Entfernungspauschale unterfallende Fahrt zwischen Wohnung und einer Betriebsstätte auch dann vorliegt, wenn der Selbständige an dem Ort, an dem er tätig wird, nur über eine zeitlich begrenzte Verfügungsmacht über diese verfügt. Danach sind Unterrichtsräume in öffentlichen Schulen und Kindergärten, in denen ein selbständiger Lehrer seine Leistung gegenüber Kunden erbringt, Betriebsstätten im Sinne der Vorschrift; dies gilt ungeachtet der geänderten Rechtsprechung des VI. Senats des BFH zu dem in § 9 Abs. 1 Satz 3 Nr. 4 EStG aF bis Ende 2013 verwendeten Begriff der regelmäßigen Arbeitsstätte (BFH 23.10.2014 – III R 19/13, BStBl. II 2015, 323; BFH 13.5.2015 – III R 59/13, BFH/NV 2015, 1365). 84

Diese Rechtsprechung gilt auch **nach der heutigen Rechtslage,** da § 4 Abs. 5 Satz 1 Nr. 6 nach wie vor auf die Wege des Steuerpflichtigen zwischen Wohnung und dessen erster Betriebsstätte abstellt. Nach BMF 23.12.2014, BStBl. I 2015, 26 hält auch die Finanzverwaltung an der Auslegung des Betriebsstättenbegriffs fest. Für Selbständige ist nunmehr eine erste Betriebsstätte anhand quantitativer Merkmale zu bestimmen. Dies ist die Betriebsstätte, an der der Steuerpflichtige dauerhaft typischerweise arbeitstäglich oder je Woche an zwei vollen Arbeitstagen oder mindestens zu einem Drittel seiner regelmäßigen Arbeitszeit tätig werden will. Dies kann auch eine regelmäßige Ausbildungsstätte sein. Ist ein Steuerpflichtiger bei ständig wechselnden Kunden tätig, verfügt er hingegen nicht über eine erste Betriebsstätte. Die Aufwendungen für Fahrten zwischen seiner Wohnung und den verschiedenen Tätigkeitsstätten sind dann als Reisekosten ohne Begrenzung durch die Entfernungspauschale abzugsfähig. 85

Anders als bei Arbeitnehmern ist zur Ermittlung der nicht abziehbaren Betriebsausgaben gemäß § 4 Abs. 5 Satz 1 Nr. 6 Satz 3 bei weniger als 15 Fahrten im Monat keine taggenaue Berechnung iHv 0,002% des Listenpreises pro Entfernungskilometer durchzuführen. Der positive Unterschiedsbetrag gemäß § 4 Abs. 5 Nr. 6 S. 3 Hs. 1 ist bei Anwendung der 1%-Regelung auch dann unter Ansatz von 0,03% des inländischen Listenpreises des Fahrzeugs je Kalendermonat zu berechnen, wenn der Steuerpflichtige im Monat durchschnittlich weniger als 15 Fahrten zur Betriebsstätte unternommen hat (BFH 12.6.2018 – VIII R 14/15, BStBl. II 2018, 755). 86

Reisekosten: Siehe zum Abzug von Reisekosten ebenfalls BMF 23.12.2014, BStBl. I 2015, 26 sowie die Kommentierungen zu § 4 Abs. 5 Satz 1 Nr. 5 und § 4 Abs. 5 Satz 1 Nr. 7. 87

Einstweilen frei 88–89

B. Voraussetzungen und Rechtsfolgen

I. Einkünfte aus selbständiger Arbeit (Abs. 1)

1. Einkünfte aus freiberuflicher Tätigkeit (§ 18 Abs. 1 Nr. 1 Satz 1)

Zu den Einkünften aus selbständiger Arbeit zählen gemäß § 18 Abs. 1 Nr. 1 S. 1 die Einkünfte aus freiberuflicher Tätigkeit. § 18 Abs. 1 Nr. 1 S. 2 enthält anknüpfend an diesen 90

Oberbegriff die Unterscheidung zwischen bestimmten selbständig ausgeübten berufsunabhängigen Tätigkeiten (wissenschaftliche, künstlerische, schriftstellerische, unterrichtende oder erzieherische Tätigkeit) und der selbständigen Berufstätigkeit in einem der gesetzlichen Katalogberufe oder einem diesen ähnlichen Beruf. Wie schon dargelegt (→ Rn. 1), hat der Gesetzgeber in § 18 mit dieser Regelungstechnik nicht einen übergreifenden Typus des freien Berufs geregelt (abweichend vom Typus des Gewerbetreibenden), sondern Kategorien von Tätigkeiten definiert, die zu Einkünften aus § 18 führen. Das BVerfG bejaht unabhängig von dieser einfachgesetzlichen Regelungstechnik für die Prüfung des Vergleichspaars iSd Art. 3 Abs. 1 GG, dass es einen übergeordneten Typus des freien Berufs gibt, der sich vom Typus des Gewerbetreibenden unterscheidet (→ Rn. 31).

91 Übergreifende Voraussetzung einer freiberuflichen Tätigkeit ist gemäß § 18 Abs. 1 Nr. 1 S. 2, dass diese **selbständig** ausgeübt wird. Der Begriff der Selbständigkeit ist im Rahmen der Einkommensteuer, der Gewerbesteuer und der Umsatzsteuer im Prinzip nach denselben Grundsätzen zu beurteilen, dabei kommt der arbeits- und sozialrechtlichen Beurteilung nur eine indizielle Bedeutung zu (siehe Blümich/*Hutter* § 18 Rn. 20). Er bildet im Kontext des § 18 einen Gegensatz zum Begriff der nichtselbständigen Tätigkeit im Sinne des § 19. Die Frage, ob ein Steuerpflichtiger eine Tätigkeit selbständig oder nichtselbständig ausübt, ist anhand einer Vielzahl in Betracht kommender Merkmale nach dem Gesamtbild der Verhältnisse zu beurteilen (BFH 20.10.2010 – VIII R 34/08, BFH/NV 2011, 585). Wird ein Steuerpflichtiger, der die Qualifikation eines Katalogberufs innehat, als Angestellter tätig, erzielt er insoweit Einkünfte aus § 19 (→ Rn. 36).

92 Die **Steuerbarkeit freiberuflicher Einkünfte gemäß § 18 Abs. 1 Nr. 1 S. 1** setzt wie die Einkünfteerzielung im Rahmen des § 15 voraus, dass die Tätigkeit unter Beteiligung am allgemeinen wirtschaftlichen Verkehr nachhaltig und mit Gewinnerzielungsabsicht ausgeübt wird (siehe zu diesen Merkmalen des § 15 Abs. 2 die dortige Kommentierung).

93 Wie im Rahmen der einzelnen Kommentierungen zu den Katalogberufen herausgearbeitet wird, sind nicht sämtliche Einkünfte, die der Träger eines Katalogberufs erzielt, stets als Einkünfte aus selbständiger Arbeit einzuordnen. Erforderlich ist, dass die Einkünfte auf einer berufstypischen Tätigkeit oder einer Hilfstätigkeit zu dieser Tätigkeit beruhen. Abgrenzungsfragen ergeben sich hierbei insbesondere zu Tätigkeiten, die in § 18 Abs. 1 Nr. 3 den sonstigen selbständigen Einkünften zugeordnet sind und zu den Geldgeschäften von Freiberuflern (→ Rn. 48), die mit betrieblichen Mitteln getätigt werden.

94–95 *Einstweilen frei*

2. Wissenschaftliche Tätigkeit (§ 18 Abs. 1 Nr. 1 Satz 2)

96 Der Begriff der „Wissenschaftlichkeit“ in § 18 Abs. 1 Nr. 1 ist ein rein steuerrechtlicher, der Erfordernisse an die inhaltliche Qualität wie auch an die äußere Form der Arbeit stellt. Die Annahme einer wissenschaftlichen Tätigkeit setzt voraus, dass eine anspruchsvolle, besonders qualifizierte Arbeit ausgeübt wird, die geeignet ist, grundsätzliche Fragen oder konkrete Vorgänge methodisch nach streng objektiven und sachlichen Gesichtspunkten in ihren Ursachen zu erforschen, zu begründen und in einen Verständniszusammenhang zu bringen. Sie erfordert wissenschaftliche Kenntnisse und Methodik im Rahmen einer schöpferischen oder forschenden Tätigkeit (**sog. reine Wissenschaft**) oder eine Anwendung von Forschungserkenntnissen auf konkrete Vorgänge (**angewandte Wissenschaft**). Siehe zu dieser Begriffsbestimmung nach der ständigen Rechtsprechung BFH 14.5.2014 – VIII R 18/11, BStBl. II 2015, 128; BFH 25.4.2017 – VIII R 24/14, BStBl. II 2017, 908 jeweils mwN; BFH 8.10.2008 – VIII R 74/05, BStBl. II 2009, 238; BFH 23.11.2000 – IV R 48/99, BStBl. II 2001, 241; zur angewandten Wissenschaft vgl. BFH 27.2.1992 – IV R 27/90, BStBl. II 1992, 826 zum Marktforscher; BFH 26.11.1992 – IV R 109/90, BStBl. II 1993, 235; BFH 29.4.1993 – IV R 61/92, BFH/NV 1994, 89).

97 Die frühere Rechtsprechung hat sich öfter mit der heutzutage nicht mehr relevanten Frage befasst, ob der Träger eines Katalogberufs eine tarifbegünstigte wissenschaftliche Nebentätigkeit iSd § 34 Abs. 4 ausüben konnte. Die in der Rechtsprechung entwickelten Grundsätze zur Auslegung des speziellen Begriffs der „wissenschaftlichen Nebentätigkeit“ in § 34 Abs. 4 aF und zur Abgrenzbarkeit solcher Nebeneinkünfte von den Einkünften im Katalogberuf haben für die heutige Auslegung des § 18 Abs. 1 Nr. 1 nur eine eingeschränkte Aussagekraft

(s. auch zB BFH 30.11.1978 – IV R 34/74, BStBl. II 1979, 239; BFH 8.10.1981 – IV R 202/79, BStBl. II 1982, 118; BFH 20.3.1980 – IV R 144/77, BStBl. II 1980, 503; → Rn. 31.3).

98 Zu einer wissenschaftlichen Tätigkeit gehört ferner, dass sie **von der Methodik her nachprüfbar und nachvollziehbar** ist. Ob darüber hinaus in der schriftlichen Ausarbeitung die bearbeiteten Fragen problematisiert werden müssen, ist **nach dem Charakter des jeweiligen Fachgebietes** zu entscheiden. Während zB bei einer wissenschaftlichen Arbeit, die der Lösung von Rechtsfragen dient, eine Abwägung des Für und Wider zu fordern ist, genügt es bei einem Auftrag auf dem Gebiet der empirischen Sozialforschung, wenn der Schlussbericht die zur Beurteilung der Stichhaltigkeit der Untersuchung erforderlichen Angaben enthält (BFH 30.3.1976 – VIII R 137/75, BStBl. II 1976, 464; BFH 27.2.1992 – IV R 27/90, BStBl. II 1992, 826; BFH 26.11.1992 – IV R 109/90, BStBl. II 1993, 235).

99 Es kann **eine der forschenden Tätigkeit entsprechende, besonders qualifizierte Arbeit** angenommen werden, wenn grundsätzliche Fragen oder konkrete Fälle systematisch in ihren Ursachen erforscht, begründet und in einen Verständniszusammenhang gebracht werden, dh schwierige Grundsatzfragen zu beurteilen sind, wie dies zB in wissenschaftlichen Gutachten, bei denen Streit- und Grenzfragen nach streng objektiven und sachlichen Gesichtspunkten zu lösen sind, der Fall ist (BFH 8.10.2008 – VIII R 74/05, BStBl. II 2009, 238). Die **Erstattung von Gutachten** ist unter diesen Voraussetzungen eine wissenschaftliche Tätigkeit, wenn das Gutachten die Kenntnisse und die Beherrschung der Methoden einer wissenschaftlichen Disziplin voraussetzt und nur auf dieser Grundlage erstellt werden kann; **nicht hingegen,** wenn es lediglich auf Marktkenntnissen oder gewerblichen bzw. handwerklichen Erfahrungen beruht (vgl. BFH 23.11.2000 – IV R 48/99, BStBl. II 2001, 241; BFH 26.11.1992 – IV R 109/90, BStBl. II 1993, 235; BFH 22.6.1971 – VIII 23/65, BStBl. II 1971, 749). Die Tätigkeit eines an einer Hochschule ausgebildeten Restaurators kann danach wissenschaftlich iSv § 18 Abs. 1 Nr. 1 Satz 2 sein, soweit sie sich auf die Erstellung von Gutachten und Veröffentlichungen beschränkt (BFH 4.11.2004 – IV R 63/02, BStBl. II 2005, 362); das Betreiben eines Restauratorenbetriebs ist keine wissenschaftliche Tätigkeit (BFH 30.3.1994 – I R 54/93, BStBl. II 1994, 864).

100 Eine wissenschaftliche Tätigkeit wird verneint, wenn sie **in einer praxisorientierten Kenntnisvermittlung oder Beratung besteht,** da insoweit die bloße Anwendung wissenschaftlicher Grundsätze und Methoden auf konkrete Verhältnisse im Vordergrund steht (BFH 22.9.1976 – IV R 20/76, BStBl. II 1977, 31; zur beratenden nichtwissenschaftlichen Tätigkeit und zur nicht tatbestandsmäßigen wirtschaftlichen Verwertung wissenschaftlicher Arbeiten siehe BFH 14.5.2014 – VIII R 18/11, BStBl. II 2015, 128; BFH 25.4.2017 – VIII R 24/14, BStBl. II 2017, 908 mwN; siehe instruktiv zum Promotionsberater BFH 8.10.2008 – VIII R 74/05, BStBl. II 2009, 238, mwN). Zu den Anforderungen an den vorgetragenen Stoff, der bei **einer wissenschaftlich unterrichtenden Tätigkeit** über das Vermitteln von Grundwissen hinausgehen muss, vgl. BFH 20.4.1978 – IV R 9/74, BStBl. II 1978, 560; BFH 2.4.1980 – IV R 38/79, BStBl. II 1980, 636; die Vortragstätigkeit ist nicht ohne Rücksicht auf den Inhalt des dargebotenen Stoffes schon deshalb wissenschaftlich, weil sie besondere wissenschaftliche Kenntnisse in Pädagogik und Didaktik erfordert (BFH 8.8.1974 – IV R 105/71, BStBl. II 1974, 74). Nicht gegen eine wissenschaftliche Tätigkeit spricht hingegen allein der Umstand, dass diese **für einen Auftraggeber** ausgeführt wird (BFH 27.2.1992 – IV R 27/90, BStBl. II 1992, 826 zum Marktforscher; BFH 8.10.2008 – VIII R 74/05, BStBl. II 2009, 238, mwN).

101 **Die übliche praktische Ausübung** eines an sich als wissenschaftlich zu kennzeichnenden Berufs, zB als Rechtsanwalt, Wirtschaftsprüfer oder Arzt, erfüllt nicht ohne Weiteres den Begriff auch der wissenschaftlichen Tätigkeit iSd § 18 Abs. 1 Nr. 1 Satz 2, selbst wenn im Einzelfall eine hochqualifizierte Tätigkeit wahrgenommen wird. Die ausdrückliche Aufnahme der wissenschaftlich geprägten Berufe in den Katalog der freien Berufe wäre überflüssig, wenn deren Tätigkeit bereits stets aufgrund ihrer Ausbildung als wissenschaftliche Arbeit zu beurteilen wäre (BFH 8.10.2008 – VIII R 74/05, BStBl. II 2009, 238). Eine Betätigung kann daher nicht allein deshalb aus dem Bereich der wissenschaftlichen Tätigkeiten ausgeschieden werden, weil sie auch im Zusammenhang mit einem „Katalogberuf" ausgeübt werden kann, der Katalogberuf eine wissenschaftliche Vorbildung und Kenntnisse erfordert und auch tatsächlich in der praktischen Tätigkeit des Katalogberufs ausgeübt wird (BFH

12.10.2010 – I B 176/09, BFH/NV 2011, 255; BFH 22.9.1976 – IV R 20/76, BStBl. II 1977, 31 zu spezialisierten wissenschaftlichen Gutachten eines Arztes).

102 **Erfinder:** Die Tätigkeit des **Erfindens** als solche ist in der Regel eine „selbständig ausgeübte wissenschaftliche Tätigkeit" iSd § 18 Abs. 1 Nr. 1, es sei denn, der Erfinder ist von Beruf Ingenieur und übt seine Tätigkeit im Rahmen dieses Berufes aus (BFH 14.3.1985 – IV R 8/84, BStBl. II 1985, 424; BFH 31.5.2001 – IV R 53/00, BFH/NV 2001, 1547). Eine der selbständigen Arbeit zuzurechnende Tätigkeit liegt noch darin, dass der Erfinder seine Rechte aus der Erfindung auf Dritte überträgt, da er sein Patent nicht selbst auswertet; er nimmt vielmehr lediglich mittelbar an der Patentauswertung Dritter Teil (BFH 1.6.1978 – IV R 152/73, BStBl. II 1978, 545; BFH 18.10.1989 – I R 126/88, BStBl. II 1990, 377). Die Veräußerung von Patenten durch den Erben des Erfinders ist ebenfalls noch Bestandteil der freiberuflichen Tätigkeit (BFH 7.10.1965 – IV 346/61 U, BStBl. III 1965, 666).

103 Verwertet der Erfinder jedoch seine Erfindungen im Rahmen eines Gewerbebetriebs dadurch, dass er den Gegenstand der Erfindung selbst herstellt, in Verkehr bringt, feilhält oder gebraucht, so haben die hierbei erzielten Einkünfte gewerblichen Charakter. Überlässt ein freier Erfinder seine Patente und nicht patentierten Erfindungen im Rahmen einer Betriebsaufspaltung einer von ihm beherrschten Kapitalgesellschaft, so können die von ihm erzielten Lizenzeinnahmen Einkünfte aus Gewerbebetrieb sein (siehe zum Ganzen BFH 1.6.1978 – IV R 152/73, BStBl. II 1978, 545; BFH 14.9.1989 – IV R 142/88, BFH/NV 1990, 522; BFH 2.2.2006 – XI B 91/05, BFH/NV 2006, 1266; BFH 23.9.1998 – XI R 72/97, BStBl. II 1999, 281; → Rn. 57). Zum Zufallserfinder siehe *Marx/Kilincsoy* DB 2017, 2313 und → Rn. 493.

104 Liegt bei **Stipendiaten** eine steuerbare wissenschaftliche und keine unter § 19 fallende Tätigkeit (→ § 3 Nr. 44 Rn. 50) vor, kann das Stipendium unter den Voraussetzungen des § 3 Nr. 44 steuerfrei sein (BFH 24.2.2015 – VIII R 43/12, BStBl. II 2015, 691; → § 3 Nr. 44 Rn. 52).

105–106 *Einstweilen frei*

3. Künstlerische Tätigkeit (§ 18 Abs. 1 Nr. 1 Satz 2)

107 **a) Kunstbegriff des § 18.** Einen allgemeinen Kunstbegriff gibt es nicht. Das BVerfG sieht das Wesentliche der künstlerischen Betätigung in der freien schöpferischen Gestaltung, in der Eindrücke, Erfahrungen und Erlebnisse des Künstlers durch das Medium einer bestimmten Formensprache zu unmittelbarer Anschauung gebracht werden (vgl. BVerfG 24.2.1971 – 1 BvR 435/68, BVerfGE 30, 173).

108 Was **Kunst im Sinne des § 18 Abs. 1 Nr. 1** ist, lässt sich begrifflich demnach ebenfalls kaum erfassen. Denn hierfür gelten in den jeweiligen Gesellschaften und Epochen unterschiedliche Maßstäbe. Nur mit Hilfe dieser Maßstäbe kann bestimmt werden, was Kunst ist und welchen Wert und welche Bedeutung ein Kunstwerk hat. Es liegt eine künstlerische Tätigkeit nach der ständigen Rechtsprechung dann vor, wenn der Schaffende eigenschöpferisch tätig wird. Hierzu muss er Leistungen vollbringen, in denen sich eine individuelle Anschauungsweise und eine besondere Gestaltungskraft widerspiegeln; diese Leistungen müssen zudem eine über die hinreichende Beherrschung der Technik hinausgehende gewisse, objektiv festzustellende Gestaltungshöhe erreichen (BFH 26.2.1987 – IV R 105/85, BStBl. II 1987, 376; BFH 22.3.1990 – IV R 145/88, BStBl. II 1990, 643; BFH 15.10.1998 – IV R 1/97, BFH/NV 1999, 465; BFH 23.9.1999 – XI R 71/97, BFH/NV 1999, 460; BFH 27.8.2014 – VIII R 16/11, BStBl. II 2015, 996; BFH 16.9.2014 – VIII R 5/12, BStBl. II 2015, 217). Keine Verwendung findet in diesem Zusammenhang der Kunstbegriff des Urheberrechts; auch der Abschluss einer formalen künstlerischen (Hochschul-)Ausbildung des Künstlers ist nicht erheblich (*Gerstenberg* FR 2015, 984 (984)).

109 Die **Rechtsprechung** hat hierzu für die bestimmten künstlerischen Formen Kriterien entwickelt, nach denen das Vorliegen einer künstlerischen Tätigkeit zu prüfen ist. Die abstrakten Voraussetzungen für die Einstufung einer beruflichen Tätigkeit als künstlerische Tätigkeit iSv § 18 Abs. 1 Nr. 1 Satz 2 sieht der BFH mittlerweile als höchstrichterlich geklärt an (BFH 22.11.2007 – XI B 15/07, BFH/NV 2008, 370).

110 Die abstrakten Kriterien des BFH zur Auslegung des Tatbestandsmerkmals „künstlerische Tätigkeit" iSd § 18 Abs. 1 Nr. 1 Satz 2 verstoßen nicht gegen Art. 5 Abs. 3 GG. Es handelt sich nicht um unzulässige Differenzierungskriterien zwischen höherer und niederer oder guter und schlechter Kunst, sondern um einen verfassungsrechtlich unbedenklichen Prüfungsmaßstab zur Abgrenzung der Kunst von der Nichtkunst (BFH 23.9.1998 – XI R 71/97, BFH/NV 1999, 460; BFH 1.6.2006 – IV B 200/04, BStBl. II 2006, 709). Der Grundsatz der Tatbestandsmäßigkeit der Besteuerung erfordert vielmehr einen objektiven Kunstbegriff, der eine allgemein nachvollziehbare Abgrenzung der künstlerischen von der gewerblichen Betätigung aufgrund einer konkreten Definition ermöglicht (BFH 15.10.1998 – IV R 1/97, BFH/NV 1999, 465).

b) Kunstformen. Musik: siehe BFH 22.3.1990 – IV R 145/88, BStBl. II 1990, 643; BFH 19.8.1982 – IV R 64/79, BStBl. II 1983, 7: Darbietungen eines Tanz- und Unterhaltungsorchesters; zum Gesang einer kölschen Gesangsgruppe BFH 27.8.2014 – VIII R 16/11, BStBl. II 2015, 996. **111**

Zweckfreie Kunst (bildende Kunst) iSd § 18 Abs. 1 ist anzunehmen, wenn nach der allgemeinen Verkehrsauffassung das Prädikat des Künstlerischen dem zu betrachtenden Gegenstand nicht abgesprochen werden kann und die Arbeit ausschließlich auf eine Hervorbringung einer ästhetischen Wirkung gerichtet ist; hier ist die Prüfung der Gestaltungshöhe nicht durchzuführen (BFH 11.7.1991 – IV R 15/90, BStBl. II 1991, 889 zum Holzschnitzer). Einkünfte aus dem Verkauf selbst gemalter Bilder sind danach Einkünfte aus künstlerischer Tätigkeit, wenn die Bilder mit unterschiedlichen Motiven, ohne Schablonen und ohne Mithilfe fremder Arbeitskräfte gemalt werden und den in Kunsthandlungen angebotenen Bildern vergleichbar sind. Dies gilt selbst dann, wenn die Gutachterkommission einer staatlichen Kunstakademie die Bilder ohne weitere Begründung als „künstlerisch ohne Belang" gekennzeichnet hat (BFH 14.8.1980 – IV R 9/77, BStBl. II 1981, 21). Zum Restaurator → Rn. 99. **112**

Gebrauchskunst/Design: Im Grenzbereich zwischen Kunst und Gewerbe reicht der gewerbliche Verwendungszweck und die bestimmungsmäßige Verwendung als Gebrauchsgegenstand für die Annahme einer künstlerischen Tätigkeit nicht aus. Für künstlerische Tätigkeiten, deren Ergebnisse einen praktischen Nützlichkeitszweck haben („zweckgebundene Gebrauchskunst", zB Grafikdesign, Kunsthandwerk, Modezeichnungen), verlangt die Rechtsprechung eine eigenschöpferische Leistung, in welcher sich eine individuelle Anschauungsweise sowie eine besondere Geltungskraft widerspiegeln, sodass eine gewisse objektiv festzustellende künstlerische Gestaltungshöhe erreicht wird (BFH 14.12.1976 – VIII R 76/75, BStBl. II 1977, 474; zum Kunsthandwerk siehe BFH 26.9.1968 – IV 43/64, BStBl. II 1969, 70). Die Tätigkeit eines Restaurators ist nach diesem Maßstab künstlerisch, wenn sie ein Kunstwerk betrifft, dessen Beschädigung ein solches Ausmaß aufweist, dass seine Wiederherstellung eine eigenschöpferische Leistung des Restaurators erfordert (BFH 4.11.2004 – IV R 63/02, BStBl. II 2005, 362). Siehe zu einzelnen Tätigkeiten auch die Beispiele in EStH 15.6. **113**

Der Steuerpflichtige trägt die Feststellungslast dafür, dass er einen der im Katalog des § 18 Abs. 1 Nr. 1 aufgeführten Berufe ausübt. Die künstlerische Gestaltungshöhe ist bei Vorliegen von Gebrauchskunst somit eine von ihm darzulegende und vom FG festzustellende Tatsache iSd § 118 Abs. 2 FGO. **114**

Hierbei erfordert die Entscheidung über das Vorliegen einer künstlerischen Tätigkeit im Bereich der Grenz- und Übergangsfälle besondere Sachkunde (BFH 19.6.1968 – I R 25/67, BStBl. II 1968, 543). Zieht das Gericht einen Sachverständigen zu Rate, so muss dessen Gutachten so gehalten sein, dass es dem Gericht die Bildung einer sicheren Überzeugung ermöglicht (BFH 14.12.1976 – VIII R 76/75, BStBl. II 1977, 474). **114.1**

Holt das Gericht kein Sachverständigengutachten ein, muss dies für die Verfahrensbeteiligten erkennbar sein. Die besondere Sachkunde des Gerichts, welche das Gutachten entbehrlich machen soll, muss sodann in den Urteilsgründen auch nachprüfbar dargelegt werden (BFH 1.6.2006 – IV B 200/04, BStBl. II 2006, 709). **114.2**

Film: Der Hersteller eines Films ist nur dann Künstler iSd § 18 Abs. 1 Nr. 1 Sätze 2 und 3, wenn er an allen Tätigkeiten, die für den künstlerischen Wert des einzelnen Films bestimmend sind, selbst mitwirkt und dabei den entscheidenden Einfluss auf die Gestaltung des Films ausübt (BFH 2.12.1980 – VIII R 32/75, BStBl. II 1981, 170). **115**

116 **Beratende Tätigkeit/Mitwirkung an Produktionen:** Die beratende Tätigkeit eines im Übrigen als Künstler anerkannten Modeschöpfers (Tätigkeit als Modeberater der modeschaffenden Industrie) kann künstlerisch sein, wenn die gedankliche Leistung des Beratenden sich in der Gestaltung der Erzeugnisse des Beratenen niederschlägt (BFH 2.10.1968 – I R 1/66, BStBl. II 1969, 138; s. auch BFH 2.12.1980 – VIII R 32/75, BStBl. II 1981, 170). Eine Werbefilm-Producerin ist nicht künstlerisch, sondern gewerblich tätig, wenn ihre Tätigkeit dadurch geprägt ist, dass diese zwar für ihren Auftraggeber die wesentlichen Mitarbeiter (Regisseur, Kameramann etc) und den Drehort sucht, diese vorschlägt und beim Dreh überwacht, jedoch kein (Letzt-)Entscheidungsrecht besitzt und ihre Auswahl- und Überwachungstätigkeit nicht in Umsetzung eigener gestalterischer Ideen, sondern in Umsetzung von im Wesentlichen auf Dritte zurückgehende Ideen und Vorgaben erfolgt (FG Köln 25.4.2018 – 3 K 265/15, EFG 2018, 1213 mAnm *Perrar*). S. auch FG München 23.9.2011 – 1 K 3200/09, EFG 2012, 159 zur künstlerischen Tätigkeit eines Casting-Directors sowie zum Cutter FG Hamburg 26.2.2001 – II 198/00, EFG 2001, 907.

117 **Teilnahme an Fernsehshows/Werbung durch Künstler:**
Die Teilnahme als Interviewpartner in Talkshows ist keine selbständige Tätigkeit gemäß § 18 Abs. 1 (BFH 21.4.1999 – I B 99/98, BStBl. II 2000, 254).

Einnahmen aus schauspielerischer Tätigkeit im Bereich der Werbung (**Werbefilm**) können, wenn sie als eigenschöpferische Leistungen zu werten sind, zu den Einkünften aus selbständiger künstlerischer Tätigkeit gehören; dem steht der kommerzielle Zweck der Einnahmeerzielung nicht entgegen. Eine eigenschöpferische Leistung liegt aber nicht vor, wenn sich die Tätigkeit des Künstlers aufgrund der Vorgaben des Auftraggebers darauf beschränkt, die Rolle eines Produktbenutzers zu sprechen oder zu spielen sowie lediglich den Gegenstand seiner Werbung anzupreisen; insofern fehlt es an der erforderlichen eigenschöpferischen Leistung (BFH 11.7.1991 – IV R 102/90, BStBl. II 1992, 413; BFH 11.7.1991 – IV R 33/90, BStBl. II 1992, 353).

Eine **Fernsehmoderatorin,** die Produkte nach den Vorgaben des Auftraggebers in Verkaufssendungen präsentiert, übt keine freiberufliche, sondern eine gewerbliche Tätigkeit aus, weil auch insoweit angesichts der Vorgaben der Auftraggeber kein genügender Spielraum für eine eigenschöpferische Leistung bleibt (BFH 16.9.2014 – VIII R 5/12, BStBl. II 2015, 217).

Einnahmen eines populären Schauspielers aus der Mitwirkung bei der Herstellung von **Werbefotografien** sind aber selbst dann den Einkünften aus Gewerbebetrieb zuzurechnen, wenn dieser über die Erfüllung seiner vertraglichen Verpflichtung als Fotomodell hinaus die Gestaltung der Werbeaufnahmen selbst tatsächlich künstlerisch beeinflussen konnte. Denn bei der Herstellung von Werbefotografien steht die gewerbliche Betätigung derart im Vordergrund, dass eigenschöpferischen Beiträgen des Darstellers, wie der Einsatz schauspielerischer Begabung oder eine gestalterische Einflussnahme, keine entscheidende Bedeutung zukommt (BFH 15.10.1998 – IV R 1/97, BFH/NV 1999, 465).

118 *Einstweilen frei*

119 **c) Verwertung der Kunst.** Zu den Einkünften aus selbständiger Arbeit gehören nach bisheriger Rechtsprechung sowohl die Einkünfte des Künstlers aus der Veräußerung seiner Kunst als auch gemäß § 24 Nr. 2 die Einkünfte des Erben aus der ehemaligen künstlerischen Tätigkeit des Erblassers, wenn der Erbe nicht selbst Künstler ist. Zahlungen der GEMA für die Überlassung von Urheberrechten durch den Erblasser gehören zu den Betriebseinnahmen des Erben (BFH 2.3.1995 – IV R 62/93, BStBl. II 1995, 413). Die Veräußerung der vom Erblasser geschaffenen Werke stellt sich als Abschluss und Abwicklung der künstlerischen Betätigung dar und wird daher noch dieser zugerechnet (BFH 29.4.1993 – IV R 16/92, BStBl. II 1993, 716; siehe auch FG Düsseldorf, 26.9.2013 – 13 K 472/12 E, EFG 2014, 266 zu Zahlungen auf den Verzicht von Urheberpersönlichkeitsrechten). Zweifelnd an dieser Rechtsprechung FG Köln 24.6.2015 – 14 K 1130/13, EFG 2015, 1923; *Urban* ZEV 2016, 297; → Rn. 951.

120 Eine eigene Serienproduktion oder die Vervielfältigung des Kunstwerks im Auftrag des Herstellers durch andere kann – abhängig von den verschiedenen Kunstarten – zur Annahme einer gewerblichen Tätigkeit führen (BFH 11.7.1991 – IV R 15/90, BStBl. II 1991, 889 zum Holzschnitzer). Dies gilt auch für den Musikbereich, wenn eine gewerbliche Organisation

unterhalten wird, die der eines Musikproduzenten, -verlags, Tonträgerherstellers oder -vertreibers entspricht (Korn/*Korn* § 18 Rn. 47) oder wenn eine Musikergruppe ihre urheberrechtlichen Leistungsschutzrechte für Studioaufnahmen an eine von ihr beherrschte GmbH zur Nutzung überlässt, die die Tonträger herstellt und vertreibt.

Die Verwertung von Persönlichkeitsrechten des Künstlers iRd Selbstdarstellung ist mE stets eine von der künstlerischen Tätigkeit abzugrenzende originäre gewerbliche Tätigkeit (BFH 21.4.1999 – I B 99/98, BStBl. II 2000, 254 zur Teilnahme an Interviews; siehe auch BFH 22.2.2012 – X R 14/10, BStBl. II 2012, 511 zum Berufssportler); Gleiches gilt für den Vertrieb von Merchandisingartikeln (BFH 27.8.2014 – VIII R 16/11, BStBl. II 2015, 996). 121

Einstweilen frei 122

d) Sonstige Fragen. Zur Einkünfteerzielungsabsicht/Liebhaberei → Rn. 1262. 123

Zur Behandlung der künstlerischen Tätigkeit in grenzüberschreitenden Fällen siehe vertiefend *Gerstenberg* FR 2015, 984. Zum Künstlerbegriff nach Art. 17 OECD-MA siehe BFH 11.7.2018 – I R 44/16, DStR 2018, 681 mwN: Dieser ist eigenständig abkommensrechtlich auszulegen, wenn das betreffende DBA dafür eine Grundlage bietet. Nationalrechtliche Künstlerbegriffe des Anwenderstaats sind nicht maßgeblich. Für die Tatbestandsmäßigkeit kommt es nicht auf ein besonderes künstlerisches Niveau oder eine bestimmte eigenschöpferische Gestaltungshöhe an. Maßgeblich ist vielmehr, dass es sich um eine persönlich ausgeübte (zB) vortragende Tätigkeit handelt, die vornehmlich dem Kunstgenuss oder auch nur der Unterhaltung des Publikums dient, indem der Künstler unmittelbar oder über Medien mittelbar in der Öffentlichkeit auftritt. 124

Einstweilen frei 125

4. Schriftstellerische Tätigkeit (§ 18 Abs. 1 Nr. 1 Satz 2)

Schriftstellerisch tätig wird nach der Rechtsprechung des BFH derjenige Steuerpflichtige, der eigene Gedanken mit den Mitteln der Sprache schriftlich für die Öffentlichkeit niederlegt (vgl. BFH 30.10.1975 – IV R 142/72, BStBl. II 1976, 192). 126

Beispiele: Die Tätigkeit eines **Übersetzers,** der wichtige Werke der gegenwärtigen Weltliteratur – insbesondere Lyrik – ins Deutsche überträgt, ist eine schriftstellerische Tätigkeit. Soweit die eigenen Gedanken eines Übersetzers sich darauf beschränken, den Eigenarten der Sprachen gerecht zu werden, liegt keine schriftstellerische Tätigkeit vor, weil der Gesamtcharakter der Tätigkeit im Wesentlichen von der rein technischen Arbeit der Wiedergabe fremdsprachlicher Texte und der Bindung an diesen Text geprägt ist. Etwas anderes gilt aber dann, wenn die Elemente der Sprachschöpfung, der Nachschöpfung und des kongenialen Erfassens der inhaltlichen und formalen Gedanken des Autors bei der Übertragung aus der Fremdsprache in den Vordergrund treten und das Ergebnis der Arbeit des Übersetzers prägen (BFH 30.10.1975 – IV R 142/72, BStBl. II 1976, 192). An die Voraussetzung, dass eigene Gedanken ausgedrückt werden, **sind aber keine besonderen Anforderungen** zu stellen. Das Verfassen von Anleitungen zum Umgang mit technischen Geräten ist danach eine schriftstellerische Tätigkeit, wenn der auf der Grundlage mitgeteilter Daten erstellte Text als eine eigenständige gedankliche Leistung des Autors erscheint (BFH 25.4.2002 – IV R 4/01, BStBl. II 2002, 475 mwN und BFH 10.9.1998 – IV R 16/97, BStBl. II 1999, 215 zu einem Softwarelernprogramm für PC, das für die Öffentlichkeit bestimmt ist). 127

Veröffentlichung: Werden Ausarbeitungen nur für einen geschlossenen Kreis von Auftraggebern, nicht aber für die Öffentlichkeit hergestellt, fehlt es an der schriftstellerischen Tätigkeit (BFH 14.5.2014 – VIII R 18/11, BStBl. II 2015, 128 zu einem Politikberater, der rund um spezielle aktuelle Gesetzgebungsvorhaben Berichterstattung gegenüber seinen Auftraggebern betreibt, und BFH 4.11.2004 – IV R 63/02, BStBl. II 2005, 362 zu Dokumentationen von Restauratoren zu den restaurierten Objekten, die nicht erforderlich für die Öffentlichkeit bestimmt sind). Für die Öffentlichkeit bestimmt ist ein Schriftstück regelmäßig dann, wenn der verfasste Text einem aus der Sicht des Autors zahlenmäßig nicht bestimmbaren Personenkreis verfügbar gemacht werden soll. Unerheblich dabei ist, ob der Personenkreis tatsächlich etwa nur auf ein begrenztes, fachliches Publikum beschränkt ist (zB bei einem Kommentar, BFH 19.5.1993 – I R 80/92, BStBl. II 1993, 655, mwN). Auch ist nicht 128 erforderlich, dass das Schriftstück im Buch- oder Zeitschriftenhandel vertrieben wird (BFH 10.9.1998 – IV R 16/97, BStBl. II 1999, 215).

129 **Abgrenzung zum Journalisten:** Die für die schriftstellerische Tätigkeit entwickelte Begriffsbestimmung („der schriftliche Ausdruck eigener Gedanken mit Mitteln der Sprache", mwN) trifft zwar auch für einen großen Teil der journalistischen Arbeit zu. Die Tätigkeit des Journalisten ist jedoch – soweit sie sich mit der Begriffsbestimmung der schriftstellerischen Tätigkeit deckt – auf eine bestimmte Betätigungsart – nämlich vor allem auf die Sammlung und Verwertung von Informationen des täglichen Geschehens und die Stellungnahme zu den Ereignissen des Zeitgeschehens – beschränkt (BFH 22.11.1979 – IV R 88/76, BStBl. II 1980, 152; BFH 8.12.1983 – IV R 126/82; zum Katalogberuf des Journalisten → Rn. 285).

130 **Leitende und eigenverantwortliche Tätigkeit:** Ein Schriftsteller, der sich der Mithilfe fremder Personen bedient, ist gemäß § 18 Abs. 1 Nr. 1 Satz 3 leitend und eigenverantwortlich tätig, wenn sich die Mithilfe auf das Zuarbeiten und die Stoffsammlung beschränkt und er selbst sich die abschließende Abfassung des Werkes vorbehält. Die Ausgabe von Richtlinien für die Abfassung, das Korrekturlesen und gelegentliche Verbesserung der Artikel durch den Kläger und die spätere Veröffentlichung unter seinem Namen genügen diesen an eine eigenverantwortliche schriftstellerische Tätigkeit zu stellenden Anforderung nicht und machen das fremde Gedankengut nicht zu seinem eigenen (BFH 11.5.1976 – VIII R 111/71, BStBl. II 1976, 641).

131 **Betriebseinnahmen:** Einkünfte aus schriftstellerischer Tätigkeit sind nicht nur die aus einem konkreten Auftragsverhältnis herrührenden Vergütungen, sondern auch Einnahmen aus einer späteren Verwertung des hergestellten Werkes, die sich im Hinblick auf den nach § 2 Abs. 1 Nr. 1 UrhG bestehenden Schutz regelmäßig in der Verwertung des dem Autor zustehenden Urheberrechts durch Einräumung von Nutzungsrechten vollzieht und damit den Rahmen einer freiberuflichen Tätigkeit nicht überschreitet (BFH 12.11.1986 – I R 268/83, BStBl. II 1987, 372). Auch die Auszahlungen der VG Wort (reguläre Hauptausschüttungen und Nachzahlungen) gehören zu den Betriebseinnahmen aus der schriftstellerischen Tätigkeit (siehe dazu *Handor/Bergan* DStR 2017, 433).

132 **Einkünfteerzielungsabsicht/Liebhaberei:** Einem Schriftsteller, der über einen längeren Zeitraum aus seiner Tätigkeit Verluste erzielt hat, fehlt die Gewinnerzielungsabsicht, wenn nach den gegebenen tatsächlichen Verhältnissen keine Aussicht besteht, dass er jemals ein positives Gesamtergebnis erzielen wird (BFH 23.5.1985 – IV R 84/82, BStBl. II 1985, 515; BFH 22.11.1979 – IV R 88/76, BStBl. II 1980, 152). Bei einer schriftstellerischen Tätigkeit fehlt die Gewinnerzielungsabsicht dann von vornherein, wenn die Tätigkeit nicht um des Erwerbes willen, sondern allein zwecks Veröffentlichung von Erkenntnissen, Ideen oder Auffassungen betrieben wird. Ansonsten ist Schriftstellern auch dann eine – nicht zu kurz bemessene – Anlaufzeit zuzugestehen, wenn die Tätigkeit nur im Nebenberuf ausgeübt wird (BFH 24.8.2012 – III B 21/12, BFH/NV 2012, 1973).

133 Zur Nichtanwendbarkeit des § 3 Nr. 26 beim Verfassen von Lehrbriefen durch hauptamtliches angestelltes Lehrpersonal siehe BFH 13.12.2016 – VIII R 43/14, BFH/NV 2017, 569.

134 *Einstweilen frei*

5. Unterrichtende Tätigkeit (§ 18 Abs. 1 Nr. 1 Satz 2)

135 Unterricht ist die Vermittlung von Wissen, Fähigkeiten, Fertigkeiten, Handlungsweisen und Einstellungen durch Lehrer **an menschliche Schüler** in organisierter und institutionalisierter Form (BFH 2.2.2000 – XI R 38/98, BFH/NV 2000, 839; BFH 18.4.1996 – IV R 35/95, BStBl. II 1996, 573; BFH 13.1.1994 – IV R 79/92, BStBl. II 1994, 362).

136 Die psychologische Beratung von Managern oder die Lebensberatung sind kein Unterricht (BFH 11.6.1997 – XI R 2/95, BStBl. II 1997, 687; BFH 20.6.2006 – XI B 2/06, BFH NV 2006, 1831). Auch → Rn. 145 und → Rn. 330.

137 Der **Betrieb eines Fitness-Studios** stellt keine unterrichtende Tätigkeit dar, wenn sich die persönliche Betreuung der Kunden im Wesentlichen auf die Einweisung in die Handhabung der Geräte und die Überwachung des Trainings in Einzelfällen beschränkt (BFH 13.1.1994 – IV R 79/92, BStBl. II 1994, 362). Dies gilt auch bei einem **Bodybuilding-Studio,** wenn die unterrichtende Tätigkeit nur die Anfangsphase der Kurse prägt und im

Übrigen den Kunden Trainingsgeräte zur freien Verfügung stehen (BFH 18.4.1996 – IV R 35/95, BStBl. II 1996, 573).

Die **Ausbildung von Tieren** ist keine unterrichtende Tätigkeit (BFH 9.5.2017 – VIII R 11/15, BStBl. II 2017, 911). **138**

Für die Unterrichtstätigkeit ist entscheidend, dass diese im Sinne des § 18 Abs. 1 Nr. 1 Satz 3 eigenverantwortlich ausgeübt wird, wenn die für diese Tätigkeit charakteristische Beziehung des Unterrichtenden zum Schüler hergestellt wird. Diese Voraussetzung ist immer dann erfüllt, wenn der Unterrichtende einen Teil des Unterrichts selbst erteilt; aber auch das regelmäßige Eingreifen in den Unterricht der mitarbeitenden Lehrer kann eine solche Beziehung begründen (BFH 1.4.1982 – IV R 130/79, BStBl. II 1982, 589; BFH 13.12.1973 – I R 138/71, BStBl. II 1974, 213; BFH 5.12.1968 – IV R 125/66, BStBl. II 1969, 165; FG Hamburg 20.1.2015 – 3 K 157/14, EFG 2015, 912). Der Begriff der Eigenverantwortlichkeit unter Einsatz fachlich vorgebildeter Arbeitskräfte **erfordert** bei der unterrichtenden Tätigkeit somit regelmäßig einen unmittelbaren, persönlichen und deshalb individuellen Einsatz des Betriebsinhabers vor Ort, damit durch den eigenen Kontakt mit den zu Unterrichtenden der Unterricht ein besonderes Gepräge durch den Berufsinhaber erhält (BFH 9.3.2010 – VIII R 56/07, BFH/NV 2010, 1777; FG Hamburg 20.1.2015 – 3 K 157/14, EFG 2015, 912; s. auch BFH 1.4.1982 – IV R 130/79, BStBl. II 1982, 589; BFH 5.12.1968 – IV R 125/66, BStBl. II 1969, 165). Zu § 18 Abs. 1 Nr. 1 Satz 3 → Rn. 396. **139**

Vergütungen aus einer nebenberuflichen Lehrtätigkeit können gemäß § 3 Nr. 26 steuerfrei sein (siehe auch BFH 22.7.2008 – VIII R 101/02, BStBl. II 2010, 265). **140**

Einstweilen frei **141**

6. Erzieherische Tätigkeit (§ 18 Abs. 1 Nr. 1 Satz 2)

Begriff: Erziehung ist die planmäßige Tätigkeit zur körperlichen, geistigen und sittlichen Formung junger Menschen zu tüchtigen und mündigen Menschen; dabei wird unter Mündigkeit die Fähigkeit verstanden, selbständig und verantwortlich die Aufgaben des Lebens zu bewältigen (vgl. BFH 17.5.1990 – IV R 14/87, BStBl. II 1990, 1018; BFH 21.11.1974 – II R 107/68, BStBl. II 1975, 389; BFH 11.6.1997 – XI R 2/95, BStBl. II 1997, 687; BFH 9.5.2017 – VIII R 11/15, BStBl. II 2017, 911). Eine freiberufliche erzieherische Tätigkeit kann ohne Ablegung einer fachlichen Prüfung ausgeübt werden (BFH 25.4.1974 – VIII R 166/73, BStBl. II 1974, 642). **142**

Voraussetzung einer freiberuflichen erzieherischen Tätigkeit ist, dass **die ganze Persönlichkeit geformt wird** (BFH 11.6.1997 – XI R 2/95, BStBl. II 1997, 687). Eine Tätigkeit mit dem Ziel, nur bestimmte individuelle Verhaltenspositionen und Persönlichkeitsdefekte zu überwinden, wird wegen der fehlenden Ganzheitlichkeit nicht als Erziehung angesehen (BFH 2.2.2000 – XI R 38/98; BFH/NV 2000, 839; FG Düsseldorf 25.1.2005 – 17 K 572/02 G, DStRE 2005, 824). **143**

Erziehung wird in der Regel durch Steuerpflichtige ausgeübt, die als Selbständige in der **Kindertages- und Kindervollzeitpflege** tätig sind. Für diese hat die Steuerbefreiung des § 3 Nr. 11 zentrale Bedeutung. Zu den verschiedenen Erscheinungsformen ausführlich § 3 Nr. 11 → § 3 Nr. 11 Rn. 28, → § 3 Nr. 11 Rn. 38, → § 3 Nr. 11 Rn. 41, → § 3 Nr. 11 Rn. 47 und → § 3 Nr. 11 Rn. 52. **144**

Zur Gewinnermittlung der nicht gemäß § 3 Nr. 11 steuerbefreiten Tätigkeit iRd intensiven sozialpädagogischen Einzelbetreuung (§ 35 SGB VIII) s. *Gragert* NWB 2011, 2120 (2122). **144.1**

Zu Fragen der Gewinnermittlung und den durch die Finanzverwaltung anerkannten Betriebsausgabenpauschalen im Rahmen der Kindertagespflege siehe FG Baden-Württemberg 7.5.2019 – 8 K 751/17, DStRE 2019, 1250; *Thönnes/Langhoff* NWB 2019, 3081; *Lippert* DStR 2011, 300 (301 ff.); *Gragert/Wichert* NWB 2009, 128 (130 ff.); siehe auch BMF 21.4.2011, BStBl. I 2011, 487 mit Ergänzung durch BMF 27.11.2012, BStBl. I 2012, 1226. **144.2**

Die **psychologische Beratung von Managern oder die Lebensberatung** ist nicht erzieherisch, da sie auf die Lösung von Problemen in einem bestimmten Teilbereich zwischenmenschlicher Beziehungen gerichtet ist (BFH 11.6.1997 – XI R 2/95, BStBl. II 1997, 687; BFH 20.6.2006 – XI B 2/06, BFH NV 2006, 1831). Auch zur psychologischen Beratung → Rn. 330. **145**

146 Ob als erzieherische Tätigkeit iSd § 18 Abs. 1 Nr. 1 auch eine **Schulung von Erwachsenen** in Betracht kommt und ob tüchtige und mündige Menschen noch erziehbar im Sinne der Vorschrift sind, ist umstritten (ablehnend FG Düsseldorf 25.1.2005 – 17 K 572/02 G, DStRE 2005, 824; offenlassend FG Köln 1.6.2017 – 15 K 243/14, EFG 2017, 1662; Rev. VIII R 10/17).

147 Die **Ausbildung von Tieren** wird von dem Tatbestandsmerkmal, das auf die Schulung des Charakters und der Bildung der Persönlichkeit junger Menschen gerichtet ist, nicht erfasst (BFH 9.5.2017 – VIII R 11/15, BStBl. II 2017, 911).

148 Die zur **Eigenverantwortlichkeit** bei den Heilberufen und den Lehrern entwickelten Grundsätze für den Einsatz fachlich vorgebildeter Arbeitskräfte sind aus Sicht der finanzgerichtlichen Rechtsprechung auf die Beurteilung der erzieherischen Tätigkeit im Rahmen des § 18 Abs. 1 Nr. 1 Satz 3 übertragbar (FG Hamburg 20.1.2015 – 3 K 157/14, EFG 2015, 912). Der Betriebsinhaber übt danach die erzieherische Tätigkeit in einer Kindertagesstätte unter Einsatz angestellter Erzieherinnen eigenverantwortlich aus, wenn er entweder einen wesentlichen Teil der Erziehung selbst übernimmt oder durch regelmäßige und eingehende Kontrollen der Mitarbeiter maßgeblich auf die Erziehung jedes Kindes Einfluss nimmt. Darüber hinaus setzt die Eigenverantwortlichkeit im Rahmen einer erzieherischen Tätigkeit – vergleichbar mit der Beurteilung bei einer unterrichtenden Tätigkeit – eine persönliche Beziehung zu den einzelnen Kindern voraus, die eine zeitlich bedeutsame Anwesenheit des Betriebsinhabers vor Ort bedingt; lediglich sporadische Besuche oÄ genügen hingegen nicht. In der Rechtsprechung des BFH sind diese Voraussetzungen noch nicht abschließend geklärt.

149 *Einstweilen frei*

7. Heilberufe und Heilhilfsberufe (Ärzte, Zahnärzte, Heilpraktiker, Dentisten, Krankengymnasten/Physiotherapeuten)

150 **a) Heutige Problemfelder.** Aus dem Bereich der medizinischen Berufe (Heilberufe) erfasst § 18 Abs. 1 Satz 2 Nr. 1 die Tätigkeit der Ärzte, Zahnärzte, Tierärzte und des Heilpraktikers sowie der Krankengymnasten (heute Physiotherapeuten), Dentisten und den Auffangtatbestand der ähnlichen Berufe. Wesentliche Problemfelder der Regelung liegen heute bei der Einordnung neuer Berufsbilder sowie der Anforderungen, die für eine leitende und eigenverantwortliche Tätigkeit des Berufsträgers bei Einsatz qualifizierter Angestellter in den einzelnen Berufen zu erfüllen sind (zu § 18 Abs. 1 Nr. 1 Satz 3 → Rn. 377). Die Auffassung der Finanzverwaltung zur ertragsteuerlichen Behandlung der Heil- und Heilhilfsberufe enthält das Schreiben BMF 22.10.2014, BStBl. I 2004, 1030.

151 **b) Allgemeine Voraussetzungen der Erzielung von Einkünften aus selbständiger Arbeit bei Heil- und Heilhilfsberufen. Berufsrechtliche Anforderungen:** Der Tätigkeit als Freiberufler iSd § 18 Abs. 1 Nr. 1 Satz 1 werden nur berufstypische Tätigkeiten zugeordnet (BFH 1.2.1990 – IV R 42/89, BStBl. II 1990, 534). Gesichtspunkte für die Aufnahme der Heilberufe in den Katalog sind unter anderem der persönliche Einsatz bei der Berufsausübung, der Charakter des jeweiligen Berufs, wie er sich in der allgemeinrechtlichen und berufsrechtlichen Ausgestaltung und in der Verkehrsanschauung darstellt, die Stellung und Bedeutung des Berufs im Sozialgefüge und die Qualität und Länge der erforderlichen Berufsausbildung (BVerfG 25.10.1977 – 1 BvR 15/75, BStBl. II 1978, 125).

152 Die berufstypischen Tätigkeiten und damit das für die in § 18 Abs. 1 Nr. 1 Satz 1 genannten Tätigkeiten jeweils relevante Berufsbild werden im Bereich der medizinischen Berufe auf dieser Grundlage durch die Anforderungen der Berufsordnungen gekennzeichnet, die die Qualität und Länge der Ausbildung sowie die allgemein- und berufsrechtliche Ausgestaltung bestimmen. Diese sind

- die Bundesärzteverordnung,
- das Gesetz zur Ausübung der Zahnheilkunde,
- die Bundes-Tierärzteverordnung,
- das Heilpraktikergesetz und
- das Masseur- und Physiotherapeutengesetz.

153 Nach allgemeiner Meinung ist für die freiberufliche Einkünfteerzielung daher das Innehaben einer **Approbation oder Erlaubnis** notwendig, wo das Gesetz sie verlangt. Die Ähnlichkeit eines Heilhilfsberufs ohne staatliche Regelung mit dem Katalogberuf des Krankengymnasten scheitert aber nicht mehr von vornherein daran, dass der Steuerpflichtige keine staatliche Erlaubnis zur Führung seiner Berufsbezeichnung besitzt. Vielmehr reicht es aus, wenn er über die Erlaubnis seiner beruflichen Organisation/Krankenkasse verfügt und die Kenntnisse bescheinigt, die den Anforderungen einer staatlichen Prüfung für die Ausübung der Heilhilfsberufe vergleichbar sind (BFH 28.8.2003 – IV R 69/00, BStBl. II 2004, 954); → Rn. 323.

Berufstypische Tätigkeit nach der Verkehrsanschauung: Einen Heil- oder Heilhilfs- **154** beruf übt nach allgemeiner Ansicht derjenige aus, dessen heilkundliche Tätigkeit der Feststellung, Heilung oder Linderung von Krankheiten, Leiden oder Körperschäden beim Menschen dient. Dazu gehören auch Leistungen der vorbeugenden Gesundheitspflege (BMF 22.10.2004, BStBl. I 2004, 1030). Für die freiberufliche Einkünfteerzielung muss die konkret betrachtete Tätigkeit sich im Rahmen der berufstypischen Tätigkeiten bewegen. Denn es kommt für die Abgrenzung zwischen gewerblichen und freiberuflichen Einkünften nicht schlechthin auf Aus- und Vorbildung sowie Berufsbezeichnung des Steuerpflichtigen, sondern auf die Art der von ihm ausgeübten Tätigkeit an (BFH 21.3.1995 – XI R 85/93, BStBl. II 1995, 732).

Leitende und eigenverantwortliche Tätigkeit: Die erforderliche eigene leitende und **155** eigenverantwortliche heilkundliche Tätigkeit wird im Bereich der Heil- und Heilhilfsberufe vom BFH anhand **einer patientenbezogenen Betrachtungsweise** konkretisiert. Die Eigenverantwortlichkeit ist nicht schon gegeben, wenn der Berufsträger nach außen die Verantwortung für die ordnungsgemäße Durchführung des einzelnen Auftrags trägt, er muss vielmehr selbst in ausreichendem Umfang an der heilenden Tätigkeit teilnehmen (BFH 21.3.1995 – XI R 85/93, BStBl. II 1995, 732). Ein Arzt schuldet für eine eigenverantwortliche Tätigkeit eine höchstpersönliche, individuelle Arbeitsleistung am Patienten und muss einen wesentlichen Teil der ärztlichen Leistungen selbst erbringen (BFH 3.11.2015 – VIII R 62/13, BStBl. II 2016, 381). Ein selbständig tätiger Krankenpfleger kann nur Einkünfte aus einer ähnlichen freiberuflichen Tätigkeit erzielen, wenn er Leistungen der häuslichen Krankenpflege erbringt. Bedient er sich dabei qualifizierten Personals, setzt eine leitende und eigenverantwortliche Tätigkeit voraus, dass er auch selbst gegenüber jedem Patienten pflegerisch tätig wird (BFH 22.1.2004 – IV R 51/01, BStBl. II 2004, 509). Zu § 18 Abs. 1 Nr. 1 Satz 3 → Rn. 377.

Verhältnis zu § 4 Nr. 14 UStG: Mit dem StÄndG 2003 (BGBl. 2003 I 465) ist die **156** gesetzliche Bezugnahme auf § 18 in § 4 Nr. 14 gestrichen worden. Seitdem verweist § 4 Nr. 14 UStG nicht mehr unmittelbar auf § 18, sodass ertragsteuerlich noch die für frühere Zeiträume unmittelbar zur Auslegung des § 18 ergangene Rechtsprechung der Umsatzsteuersenate des BFH zu beachten ist. § 4 Nr. 14 wurde zudem durch das JStG 2009 (BGBl. 2008 I 2794) mit Wirkung zum 1.1.2009 vollständig neu gefasst. Dabei ist die Vorschrift endgültig an die Terminologie des Art. 132 Abs. 1 Buchst. c MwStSystRL angepasst worden (Sölch/Ringleb/*Oelmaier* UStG § 4 Nr. 14 Rn. 5). Insbesondere der in § 4 Nr. 14 Buchst. a verwendete Begriff der „Heilbehandlung" ist aus heutiger Sicht ein unionsrechtlicher Begriff und nicht geeignet, die berufstypischen Behandlungen eines Arztes/Zahnarztes/Heilpraktikers für Zwecke des § 18 abschließend zu definieren. Heilbehandlungen umfassen Tätigkeiten, die zum Zweck der Vorbeugung, der Diagnose, der Behandlung und, soweit möglich, der Heilung von Krankheiten oder Gesundheitsstörungen für bestimmte Patienten ausgeführt werden (Sölch/Ringleb/*Oelmaier* UStG § 4 Nr. 14 Rn. 24, 27). Siehe zu aktuellen Entwicklungen auch *Kußmaul/Neumann* DStR 2016, 1777.

Einstweilen frei **157**

c) Tätigkeit der Ärzte/Zahnärzte. aa) Berufsrecht. Arzt ist, wer unter der Berufsbe- **158** zeichnung Arzt oder Ärztin aufgrund einer **Approbation** nach der Bundesärzteordnung die Heilkunde ausübt (§ 2 Abs. 1, Abs. 5 der Bundesärzteordnung). Ärzte aus Nicht-EU-Ländern können die Approbation erhalten, wenn die Gleichwertigkeit der Ausbildung gegeben ist (§ 3 Abs. 2 mit weiteren Voraussetzungen).

Die Ausbildung ist bundeseinheitlich durch die Approbationsordnung für Ärzte (ÄAppO) geregelt **158.1** (siehe Steuerberater Branchenhandbuch 2017/*Boos/Berner/Damas* Stichwort „Arzt" Teil A Rn. 44, 45): Ziel der ärztlichen Ausbildung ist der wissenschaftlich und praktisch in der Medizin ausgebildete Arzt, der zur eigenverantwortlichen und selbständigen ärztlichen Berufsausübung, zur Weiterbildung und zu ständiger Fortbildung befähigt ist. Die Ausbildung soll grundlegende Kenntnisse, Fähigkeiten und Fertigkeiten in allen Fächern vermitteln, die für eine umfassende Gesundheitsversorgung der Bevölkerung erforderlich sind. Die Ausbildung zum Arzt wird auf wissenschaftlicher Grundlage sowie praxis- und patientenbezogen durchgeführt (§ 1 ÄAppO). Sie dauert sechs Studienjahre (Mindestzeit) an einer Universität oder gleichgestellten Hochschule; nach zwei Jahren ist der 1. Abschnitt der Ärztlichen Prüfung vorgesehen, nach dem Studium der Medizin von drei Jahren nach Bestehen des 1. Abschnitts der Ärztlichen Prüfung folgt der 2. Abschnitt der Ärztlichen Prüfung. Vor dem 3. Abschnitt der Ärztlichen Prüfung ist eine zusammenhängende praktische Ausbildung (Praktisches Jahr) von 48 Wochen zu absolvieren. Während der Studienzeit ist eine Ausbildung in Erster Hilfe abzuleisten, des Weiteren ein Krankenpflegedienst von drei Monaten und eine Famulatur. Die Famulatur von vier Monaten ist während der unterrichtsfreien Zeit zwischen dem Bestehen des 1. Abschnitts der Ärztlichen Prüfung und dem 2. Abschnitt der Ärztlichen Prüfung abzuleisten. Das Praktische Jahr findet nach dem schriftlichen Teil des 2. Abschnitts der Ärztlichen Prüfung statt. Gegliedert ist diese Ausbildung in je 16 Wochen in der Inneren Medizin, in der Chirurgie und wahlweise in einem klinisch-praktischen Fachgebiet. Der Studierende soll die während des Studiums erworbenen Kenntnisse und Fähigkeiten vertiefen, erweitern und lernen, sie auf den einzelnen Krankheitsfall anzuwenden.

159 **Zahnarzt** ist, wer die Zahnheilkunde unter der Berufsbezeichnung als Zahnarzt/Zahnärztin aufgrund einer Approbation nach dem Gesetz über die Ausübung der Zahnheilkunde (§ 1 Abs. 1 ZHG) ausübt.

159.1 Ausbildung (siehe Steuerberater Branchenhandbuch 2017/*Boos/Berner/Wendland* Stichwort „Zahnarzt" Teil A Rn. 10): Das ZHG enthält ua Vorschriften über die Approbation als Zahnarzt (§§ 1–7a ZHG), die Berufserlaubnis zur vorübergehenden Ausübung des zahnärztlichen Berufs, die Dienstleistungserbringung sowie Vorschriften für Angehörige eines Mitgliedstaates der Europäischen Wirtschaftsgemeinschaft oder eines anderen Staates, die den Beruf des Zahnarztes in Deutschland ausüben wollen. Auch der Zahnarzt aus einem Mitgliedstaat der EU kann grundsätzlich in Deutschland die Zahnheilkunde ausüben. Bei einer Tätigkeit unter drei Jahren kann ein Antrag zur vorübergehenden Ausübung der Zahnheilkunde gestellt werden; hierzu ist eine abgeschlossene zahnärztliche Ausbildung nachzuweisen. Für eine dauerhafte Berufsausübung in Deutschland ist die Approbation zu beantragen. Diese wird erteilt, wenn die Ausbildung derjenigen der deutschen Zahnärzte gleichwertig ist.

159.2 Delegation von Prophylaxearbeiten (siehe Steuerberater Branchenhandbuch 2017/*Boos/Berner/Wendland* Stichwort „Zahnarzt" Teil A Rn. 10): Im ZHG sind Bestimmungen zur Delegierbarkeit bestimmter zahnmedizinischer Aufgaben an Hilfsperson geregelt. Besonders im Bereich individualprophylaktischer Leistungen kann eine Reihe von Tätigkeiten an qualifizierte Mitarbeiter übertragen werden, zB die Entfernung von weichen und harten sowie klinisch erreichbaren subgingivalen Belägen, Motivation zur Mundhygiene oder die Kariesrisikobestimmung (§ 1 Abs. 5 f. ZHG).

160 **bb) Berufsbild. Berufstypische Tätigkeiten:** Berufstypisch sind nach allgemeiner Meinung Handlungen, die als *heilkundliche Tätigkeit* der Feststellung, Heilung oder Linderung von Krankheiten, Leiden oder Körperschäden beim Menschen dienen.

161 Zum Berufsbild des Arztes/Zahnarztes gehören auch Leistungen der vorbeugenden Gesundheitspflege (siehe BMF 22.10.2004, BStBl. I 2004, 1030; HHR/*Brandt* § 18 Rn. 141, 142; Korn/*Korn* § 18 Rn. 55.1, 58; Schmidt/*Wacker* § 18 Rn. 87; Blümich/*Hutter* § 18 Rn. 115). Ebenso hat der BFH auf der Grundlage der früheren Fassung des § 34 Abs. 4 (einer Tarifermäßigung für Einkünfte aus Nebentätigkeiten) entschieden, auch die *Gutachtertätigkeit* eines Arztes für die Medikamentenerprobung (BFH 8.10.1981 – IV R 202/79, BStBl. II 1982, 118) oder für Gerichte und ähnliche Institutionen *ohne Durchführung einer Heilbehandlung* gehöre zu den berufstypischen Tätigkeiten eines Arztes (vgl. zB BFH 12.11.1981 – IV R 187/79, BStBl. II 1982, 253 mwN); damit handelt es sich insbesondere auch nicht um eine abgrenzbare wissenschaftliche Nebentätigkeit (BFH 3.7.1986 – IV R 66/84, BFH/NV 1987, 89; siehe auch BFH 7.2.1985 – IV R 102/83, BStBl. II 1985, 293 zur Vaterschaftsfeststellung). An dieser Rechtsprechung ist ungeachtet der geänderten Rechtslage festzuhalten. Auf die umsatzsteuerliche Differenzierung im Rahmen des § 4 Nr. 14 Buchst. a UStG zwischen steuerbefreiten Gutachtertätigkeiten mit therapeutischem Zweck als Heilbehandlungen und anderen steuerpflichtigen Gutachtertätigkeiten kommt es im Rahmen des § 18 nicht an (Korn/*Korn* § 18 Rn. 58; HHR/*Brandt* § 18 Rn. 141; siehe zur Umsatzsteuer *Kußmaul/Naumann* DStR 2017, 1779 (1781)). *Ärztliche Forschungstätigkeit,* die mit der speziellen Heilbehandlung und Erforschung von Krankheiten und körperlichen Behinderungen nichts mehr zu tun hat, gehört auch noch zum Berufsbild des Katalogberufs (HHR/*Brandt* § 18 Rn. 141).

Facharzteinteilung: Ärzte sind bei der Teilnahme und Abrechnungsfähigkeit der Leistung in der vertragsärztlichen Versorgung an die Grenzen ihres Fachgebietes gebunden. 162 Berufsrechtlich normiert das jeweilige Landesrecht die Verpflichtung derjenigen Ärzte, die eine Gebietsbezeichnung (Facharztbezeichnung) führen, ihre Tätigkeit auf dieses Fachgebiet zu beschränken. Die Bindung an die Grenzen seines Fachgebietes gilt für den Arzt auch in seiner vertragsärztlichen Tätigkeit (BSG 8.9.2004 – B 6 KA 32/03 R, BSGE 93, 170; BSG 2.4.2003 – B 6 KA 30/02 R, BeckRS 2003, 41129; BSG 29.9.1999 – B 6 KA 38/98 R, MedR 2000, 278), denn ein gegliedertes Facharztwesen mit einer arztgruppenbezogenen Bedarfsplanung und Zulassungsbeschränkungen kann seine Funktion nur erfüllen, wenn jeder Facharzt auf jedem Gebiet Leistungen ohne Einschränkungen erbringen und abrechnen kann (BSG 4.5.2016 – 6 KA 13/15 R, MedR 2017, 179). Damit ist jede nicht nur ausnahmsweise, sondern systematische Leistungserbringung außerhalb des Fachgebiets ausgeschlossen. Welche ärztlichen Leistungen zu einem bestimmten Fachgebiet gehören oder aber außerhalb dieses Gebiets liegen und **deshalb als fachfremd** zu behandeln sind, beurteilt sich in erster Linie nach der jeweiligen Gebietsdefinition in der Weiterbildungsordnung des zuständigen Landesgesetzgebers (BSG 22.3.2006 – B 6 KA 75/04 R, BeckRS 2006, 43415; BSG 8.9.2004 – B 6 KA 27/03 R, BeckRS 2004, 42698; BSG 2.4.2003 – B 6 KA 30/02 R, BeckRS 2003, 41129). Individuelle Qualifikationen des jeweiligen Arztes sind für die Zugehörigkeit bestimmter Leistungen zu einem Fachgebiet irrelevant (BSG 4.5.2016 – 6 KA 13/15 R, BeckRS 2016, 72361).

Die vertragsärztlichen Facharzteinteilungen mit den verbundenen Restriktionen bei der Abrechnung der Leistungserbringung sind für die Frage des einkommensteuerlichen Arztbegriffs nicht in dem Sinne relevant, dass der Arztbegriff in abgegrenzte facharztbezogene Berufsbilder einzuteilen wäre. 163 Jeder Facharzt betreibt in dem zugelassenen Bereich Heilkunde und ist daher Arzt im Sinne des § 18 Abs. 1. Erbringt ein Facharzt heilkundliche Leistungen, die er als Arzt aufgrund der Approbation vornehmen darf, die aber nicht aus seinem besonderen Qualifikationsbereich stammen, erzielt er hieraus ebenfalls freiberufliche Einkünfte (Korn/*Korn* § 18 Rn. 58; *Neugebauer* DB 2015, 2041 (2046)). Denn das Gesetz knüpft nur an die berufstypische Tätigkeit des „Arztes" an. Die Facharzteinteilungen sind mE aber relevant bei der Frage, ob ein Praxisinhaber fachfremde Leistungen bei Einsatz eines dazu befugten angestellten Arztes leitend und eigenverantwortlich erbringen kann (→ Rn. 377 ff.).

Nicht entscheidend für die Einordnung einer Tätigkeit als berufstypische ärztliche (heilkundliche) Tätigkeit ist, ob Leistungen eines Arztes bei Kassenpatienten von den Krankenkassen **im gesetzlichen Leistungskatalog aus GÖÄ und EBM** enthalten sind. 164 Bei diesen handelt es sich um individuelle und selbst zu zahlende Gesundheitsleistungen für gesetzlich Versicherte, die außerhalb des gesetzlichen Leistungskatalogs stehen und gegenüber dem gesetzlich Versicherten abgerechnet werden. Sie sind in einem Katalog „Individueller Gesundheitsleistungen" zusammengefasst, weil es sich nach Auffassung der Krankenkassen weder um eine Krankenbehandlung noch um Früherkennung handelt oder diese Leistung hinsichtlich des Heilerfolgs nicht vom Gemeinsamen Bundesausschuss positiv bewertet worden ist (siehe *Klaßmann ua* Besteuerung der Ärzte, Zahnärzte und sonstiger Heilberufe, 9. Aufl. 2015, Rn. 943). Ertragsteuerlich ist daher auch die Erbringung **sog. Igel-Leistungen** eine berufstypische Tätigkeit (*Küntzel* DWS-Merkblatt Nr. 1867 mit Stand 2/2017 „Steuerrecht der Ärzte und Zahnärzte" unter A.I.; siehe auch *Neugebauer* DB 2015, 2041 (2044) zur Umsatzsteuer).

Die Vergütungen der Betriebsärzte, der Knappschaftsärzte, der nicht voll beschäftigten Hilfsärzte bei den Gesundheitsämtern, der Vertragsärzte und der Vertragstierärzte der Bundeswehr und anderer Vertragsärzte in ähnlichen Fällen gehören zu den Einkünften aus selbständiger Arbeit, unabhängig davon, ob neben der vertraglichen Tätigkeit eine eigene Praxis ausgeübt wird, es sei denn, dass besondere Umstände vorliegen, die für die Annahme einer nichtselbständigen Tätigkeit sprechen (EStR 18.1). 165 Ein niedergelassener Arzt mit Praxis kann die Tätigkeit des Betriebsarztes als abgrenzbare Nebentätigkeit oder Bestandteil seiner Haupttätigkeit ausüben (*Klaßmann ua* Besteuerung der Ärzte, Zahnärzte und sonstiger Heilberufe, 9. Aufl. 2015, Rn. 628).

166 *Einstweilen frei*

167 **cc) Abgrenzung zu Tätigkeiten außerhalb der berufstypischen Tätigkeit.** Im Einzelnen hat sich bezogen auf die einzelnen Fachrichtungen und Tätigkeitsformen eine umfassende Kasuistik entwickelt, welche Tätigkeiten noch Heilbehandlungen sind. Siehe nachfolgend zu den Streitfragen: → Rn. 168 ff.

168 **Anpassung von Hilfsmitteln:** Das **Anpassen von Kontaktlinsen** durch einen Augenarzt ist Heilbehandlung (*Klaßmann ua* Besteuerung der Ärzte, Zahnärzte und sonstiger Heilberufe, 9. Aufl. 2015, Rn. 623; EStH 15.6 „Heil- und Heilhilfsberufe"). Hier droht bei Personengesellschaften die Umqualifizierung sämtlicher Einkünfte in gewerbliche Einkünfte gemäß § 15 Abs. 3 Nr. 1, → Rn. 1191). Auch das **Anpassen von Hörgeräten** durch HNO-Ärzte ist ertragsteuerlich Bestandteil der Heilbehandlung (*Klaßmann ua* Besteuerung der Ärzte, Zahnärzte und sonstiger Heilberufe, 9. Aufl. 2015, Rn. 630). Nach BFH 13.8.1953 (IV 50/53 U, BStBl. III 1953, 292) rechnet auch die **Anfertigung von Prothesen** durch Zahnärzte und Dentisten im eigenen Laboratorium zur freiberuflichen Tätigkeit. Werden aber darüber hinaus gewerbsmäßig Prothesen für andere Zahnärzte und Dentisten hergestellt, ist die Tätigkeit gewerblich (HHR/*Brandt* § 18 Rn. 142).

169 Die **Veräußerung von Mundhygieneartikeln** durch einen Zahnarzt ist eine abgrenzbare gewerbliche Tätigkeit und kein Teil der Heilbehandlung mehr (siehe BMF 14.5.1997, BStBl. I 1997, 566; EStR 18.1). Dies gilt auch für den Verkauf von Kontaktlinsen oder Pflegemitteln durch den Augenarzt (EStH 15.6 „Heil- und Heilhilfsberufe").

170 Die **Abgabe von Medikamenten durch einen Arzt gegen Entgelt,** auch mittels einer von einem Arzt mit behördlicher Erlaubnis geführten **Hausapotheke,** kann nur dann noch als notwendiges Hilfsmittel für die ärztliche Tätigkeit angesehen werden, wenn der Arzt im Zusammenhang mit dem sog. Praxisbedarf, einer Notfallbehandlung oder der stationären Aufnahme Medikamente gegen Entgelt an Patienten abgibt (BFH 26.5.1977 – V R 95/76, BStBl. II 1977, 879), anderenfalls liegt eine gewerbliche Tätigkeit vor. Die Abgabe von Medikamenten ist grds. nicht Bestandteil des Berufsbildes des Arztes, sondern des Apothekers (HHR/*Brandt* § 18 Rn. 142; Bordewin/Brandt/*Moritz/Baumgartner* § 18 Rn. 299; Blümich/*Hutter* § 18 Rn. 117). Maßgeblich für die Erzielung gewerblicher Einkünfte ist aber auch eine Gewinnerzielungsabsicht (Korn/*Korn* § 18 Rn. 59).

171 Eine für die Praxis schwierige Situation besteht im Hinblick auf die **integrierte Versorgung** (§§ 140a ff. SGB V). Hier bleiben die Abgrenzungskriterien zwischen Heilbehandlungen und abgrenzbaren gewerblichen Betätigungen des Arztes im Dunkeln. Es werden bei der integrierten Versorgung zwischen Ärzten und Krankenkassen Verträge abgeschlossen, nach denen die Krankenkasse dem Arzt für die Behandlung der Patienten eine Fallpauschale zahlt, die sowohl die medizinische Behandlung als auch die Abgabe von Arzneien und Hilfsmitteln abdeckt. Die OFD Frankfurt hat in einer Verfügung vom 16.8.2016, DStR 2016, 2591 eine frühere Verfügung an die aktuelle Rechtslage angepasst. Die **Abgabe von Arzneien und Hilfsmitteln iSd SGB V** kann noch Bestandteil der freiberuflichen Behandlungstätigkeit sein. Werden im Rahmen der integrierten Versorgung etwa Hilfsmittel verwendet, *ohne deren Einsatz die ärztliche Heilbehandlung nicht möglich* wäre, wie zB der Einsatz künstlicher Hüftgelenke, künstliche Augenlinsen und sonstiger Implantate und Verbrauchsmaterialien, so ist deren Abgabe Bestandteil der ärztlichen Heilbehandlung. Auch die **Abgabe von Medikamenten und von Impfstoffen** im Rahmen der Durchführung von Impfungen kann Bestandteil der freiberuflichen Heilbehandlung sein. Die OFD Frankfurt sieht aber *in anderen Fällen* die Abgabe von Arzneien und Hilfsmitteln im Rahmen der vereinbarten Fallpauschalen als eine abgrenzbare gewerbliche Tätigkeit an, die neben der freiberuflichen Betätigung erbracht wird. Die **Abgabe von Faktorpräparaten an Bluter** zur Heimselbstbehandlung wird in der Verfügung als von der Heilbehandlung abgrenzbare gewerbliche Betätigung definiert (zustimmend FG Düsseldorf 1.2.2019 – 3 K 3295/15 F, EFG 2019, 607).

172 Die **plastische Chirurgie** ist nach zutreffender Ansicht ertragsteuerlich eine berufstypische ärztliche Heilhhandlung. Die umsatzsteuerlichen Abgrenzungsfragen zwischen ästhetisch-plastischer (kosmetischer) Chirurgie und plastischer Chirurgie mit überwiegend kurativem Charakter (rekonstruktive und konstruktive Chirurgie, Verbrennungschirurgie), um zu bestimmen, ob eine medizinisch indizierte Heilbehandlung iSd § 4 Nr. 14 Buchst. a UStG

gegeben ist (siehe *Kußmaul/Naumann* DStR 2016, 1777 (1779 f.; Sölch/Ringleb/*Oelmaier* UStG § 4 Nr. 14 Rn. 55), sind ertragsteuerrechtlich nicht relevant (Korn/*Korn* § 18 Rn. 58).

Betreibt **ein Arzt ein Krankenhaus,** liegt nur dann eine freiberufliche Tätigkeit vor, wenn es ein notwendiges Hilfsmittel für die ärztliche Tätigkeit darstellt und aus dem Krankenhaus ein besonderer Gewinn nicht angestrebt wird (RFH 15.3.1939, RStBl. 1939, 853; BFH 26.11.1970 – IV 60/65, BStBl. II 1971, 249; EStH 15.6; *Klaßmann ua* Besteuerung der Ärzte, Zahnärzte und sonstiger Heilberufe, 9. Aufl. 2015, Rn. 631: lediglich kostendeckende Einnahmen für Unterbringung/Verpflegung der Patienten). Ist eine von einem Arzt betriebene Klinik, ein Kurheim oder Sanatorium ein gewerblicher Betrieb, gehören grundsätzlich auch seine im Rahmen dieses Betriebes erzielten Einnahmen aus ärztlichen Leistungen zu den Einnahmen aus Gewerbebetrieb, wenn ein ganzheitliches Heilverfahren praktiziert wird, für das ein einheitliches Entgelt zu entrichten ist (BFH 12.11.1964 – IV R 153/64 U, BStBl. III 1965, 90). Ein Arzt, der eine Privatklinik betreibt, erzielt jedoch abw. von dieser älteren Entscheidung des BFH abgrenzbare gewerbliche Einkünfte aus dem Betrieb der Klinik und freiberufliche Einkünfte aus den von ihm erbrachten stationären ärztlichen Leistungen, wenn die Leistungen der Klinik einerseits und die ärztlichen Leistungen andererseits gesondert abgerechnet werden und sich nicht gegenseitig unlösbar bedingen (BFH 2.10.2003 – IV R 48/01, BStBl. II 2004, 363; HHR/*Brandt* § 18 Rn. 145). Zum Betrieb einer **Labor- und Apparategemeinschaft** siehe § 18 Abs. 4 → Rn. 1095. 173

Chefarzt mit Liquidationsrecht: Ein angestellter Chefarzt kann für die von ihm erbrachten wahlärztlichen Leistungen, die er selbst gegenüber den Patienten abrechnet, Einkünfte aus § 18 im Rahmen einer freiberuflichen Nebentätigkeit oder Einkünfte aus nichtselbständiger Arbeit als Angestellter der Klinik gemäß § 19 beziehen. Er erzielt mit den **Einnahmen aus dem ihm eingeräumten Liquidationsrech**t für die gesondert berechenbaren wahlärztlichen Leistungen in der Regel Arbeitslohn gemäß § 19, wenn die wahlärztlichen Leistungen innerhalb des Dienstverhältnisses erbracht werden (BFH 5.10.2005 – VI R 152/01, BStBl. II 2006, 94). Der BFH stellt im Rahmen der erforderlichen Gesamtwürdigung zentral darauf ab, ob die wahlärztlichen Leistungen innerhalb oder außerhalb des Dienstverhältnisses erbracht werden. Die hierzu erforderliche tatrichterliche Würdigung ist revisionsrechtlich gemäß § 118 Abs. 2 FGO nur sehr eingeschränkt überprüfbar. Siehe zu den in der Praxis diskutierten Indizien und deren Handhabung in der FG-Rechtsprechung zB FG Münster 7.6.2011 – 1 K 3800/09 L, EFG 2012, 319; FG München 25.6.2015 – 15 K 3749/13, BeckRS 2015, 95619). Gleiches gilt für die Gutachtertätigkeit eines Chefarztes. Die Finanzverwaltung folgt dem (siehe zB Oberfinanzdirektion Frankfurt a.M. 2.5.2013, ofix HE EStG/19/25; weiterführend siehe *Klaßmann ua* Besteuerung der Ärzte, Zahnärzte und sonstiger Heilberufe, 9. Aufl. 2015, Rn. 2023 f. mit einer Zusammenstellung der maßgeblichen Indizien für die Gesamtwürdigung). 174

Einstweilen frei 175

d) Tätigkeit des Tierarztes. aa) Berufsrecht. Begriff: Die Berufsbezeichnung „Tierarzt“ oder „Tierärztin“ darf nur führen, wer als Tierarzt approbiert oder nach § 2 Abs. 2, 3 oder § 4 der Bundestierärzteverordnung zur vorübergehenden Ausübung des tierärztlichen Berufs befugt ist (§ 3 Bundestierärzteverordnung). Die Approbation als Tierarzt setzt ein Studium der Veterinärmedizin (Tiermedizin) von mindestens neun Semestern an einer Universität zum Erwerb der wissenschaftlich-theoretischen Fachkenntnisse (§§ 32–53 TAppV), einen praktischen Studienteil und die erfolgreiche Absolvierung der Tierärztlichen Vorprüfung, die in zwei Abschnitten, dem Vorphysikum (naturwissenschaftlicher Abschnitt der Tierärztlichen Vorprüfung, §§ 19–21 TAppV), idR nach dem zweiten Semester, und dem Physikum (anatomisch-physiologischer Abschnitt der Tierärztlichen Vorprüfung, §§ 22–28 TAppV), idR nach dem vierten Semester, abgelegt wird, und der Tierärztlichen Prüfung (§§ 29–31 TAppV) voraus. Die vorübergehende Ausübung des tierärztlichen Berufs im Inland kann daneben auch auf Grund einer Erlaubnis zulässig oder für ausländische Tierärzte unter bestimmten Voraussetzungen ohne eine solche zulässig (§ 2 Abs. 1 und 2 der BTÄO (Bundestierärzteverordnung)) sein. Auf Grundlage einer ausländischen Qualifikation kann eine inländische Approbation unter den Voraussetzungen des § 4 BTÄO erteilt werden (Siehe zum Ganzen Steuerberater Branchenhandbuch 2017/*Stuhr/Flad/Naumann* Stichwort „Tierarzt“ Teil B Rn. 13–14.5). 176

177 **bb) Ertragsteuerliches Berufsbild. Berufsbild:** Der Tierarzt ist berufen, Leiden und Krankheiten der Tiere zu verhüten, zu lindern und zu heilen, zur Erhaltung und Entwicklung eines leistungsfähigen Tierbestandes beizutragen, den Menschen vor Gefahren und Schädigungen durch Tierkrankheiten sowie durch Lebensmittel und Erzeugnisse tierischer Herkunft zu schützen und auf eine Steigerung der Güte von Lebensmitteln tierischer Herkunft hinzuwirken (§ 1 Abs. 1 BTÄO). Zum hieran anknüpfenden steuerlichen Berufsbild des Tierarztes siehe (BFH 3.7.1959 – IV 320/57 U, BStBl. III 1959, 344; BFH 30.11.1966 – VI 164/65, BStBl. III 1967, 331; BFH 1.2.1979 – IV R 113/76, BStBl. II 1979, 574 und BFH 27.7.1978 – V R 66/76, BStBl. II 1978, 686). Auch zu Tierärzten hat der BFH entschieden, eine Tätigkeit sei nicht bereits dann für einen Tierarzt berufstypisch, wenn sie mit dem Beruf lediglich vereinbar sei (BFH 9.9.1993 – V R 94/89, BFH/NV 19994, 509). Neben der heilberuflichen Tätigkeit als Tierarzt zählen auch die Einnahmen aus den folgenden Tätigkeiten zur freiberuflichen Arbeit (Steuerberater Branchenhandbuch 2017/*Stuhr/Flad/Naumann* Stichwort „Tierarzt" Teil C II 1a Rn. 34).

- Besamung: die künstliche Besamung im Auftrag der Zucht- und Besamungsgenossenschaften mit zur Verfügung gestelltem Samen;
- Impfungen: Aufträge der Städte bzw. Kreise zur Durchführung der jährlichen Impfungen gegen Maul- und Klauenseuche;
- Rindergesundheitsdienst: tierärztliche Untersuchung der Bestände auf Tuberkulose, Leukose, Brucellose im Auftrag des Veterinäramtes;
- Nicht mehr berufstypisch sind spezialisierte Leistungen aus dem Bereich der Laboratoriumsdiagnostik für Tiere, die einer besonderen Zulassung bedürfen (BFH 9.9.1993 – V R 94/89, BFH/NV 1994, 509).

178 **Gewerbliche Tätigkeiten:** Tierärzte, die Medikamente oder Impfstoffe gegen Entgelt abgeben, sind gewerblich tätig (BFH 1.2.1979 – IV R 113/76, BStBl. II 1979, 574 und BFH 27.7.1978 – V R 66/76, BStBl. II 1978, 686 sowie BMF 14.5.1997, BStBl. I 1997, 566; EStH 15.6). Dies ist ausnahmsweise nicht der Fall, wenn die unter → Rn. 170 beschriebenen Voraussetzungen einer freiberuflichen Medikamentenabgabe erfüllt sind.

179 *Einstweilen frei*

180 **e) Tätigkeit des Heilpraktikers. aa) Berufsrecht. Erlaubnispflichtige Ausübung der Heilkunde** (siehe Steuerberater Branchenhandbuch 2017/*Stuhr/Berner/Kiel* Stichwort „Heilpraktiker" Teil B I Rn. 7 ff.): Nach § 1 Abs. 2 des Gesetzes über die berufsmäßige Ausübung der Heilkunde ohne Bestallung (Heilpraktikergesetz) ist **Ausübung der Heilkunde** jede berufs- oder gewerbsmäßig vorgenommene Tätigkeit zur Feststellung, Heilung oder Linderung von Krankheiten, Leiden oder Körperschäden bei Menschen, auch wenn sie im Dienste von anderen ausgeübt wird. Nach der Rechtsprechung des BVerwG 26.8.2009 – 3 C 19.08, BVerwGE 134, 345, ist die Heilpraktikererlaubnis „anders als die einem Arzt mit der Approbation erteilte Heilbefugnis teilbar." Der Heilpraktiker kann sich somit auf bestimmte erlaubnispflichtige Behandlungen beschränken (zB „Heilpraktiker in der Physiotherapie") und bedarf dann auch nur einer sektoralen Erlaubnis (siehe auch Steuerberater Branchenhandbuch 2017/*Boxberg/Damas* Stichwort „Physiotherapeut" Teil B Rn. 40; ausführlich → Rn. 191).

181 Die Tätigkeit des Heilpraktikers ist **erlaubnispflichtig.** Die Durchführungsverordnung zum Heilpraktikergesetz regelt die Voraussetzungen zur Erteilung der Erlaubnis. Voraussetzungen nach § 2 Abs. 1 HeilpraktikerG-DurchführungsVO sind: ein Antrag, das Mindestalter von 25 Jahren, mindestens ein Hauptschulabschluss, und die gesundheitliche, geistige und sittliche Eignung zur Berufsausübung. § 2 Abs. 1 HeilpraktikerG-DurchführungsVO enthält auch gesetzliche Versagungsgründe.

182 Heilpraktikern sind bestimmte Tätigkeiten der Heilkunde ausdrücklich verboten und gehören daher nicht zu den berufstypischen Tätigkeiten.

182.1 Dies sind die folgenden Behandlungen (Steuerberater Branchenhandbuch 2017/*Stuhr/Berner/Kiel* Stichwort „Heilpraktiker" Teil B I Rn. 11):

- Ausübung der Geburtshilfe
- Verordnung von Betäubungsmitteln und verschreibungspflichtigen Arzneimitteln
- Behandlung von Geschlechtsorganen
- Ausübung der Zahnheilkunde

- Behandlung meldepflichtiger übertragbarer Krankheiten
- Durchführung der Leichenschau
- Vornahme eines Schwangerschaftsabbruchs

Heilpraktiker sind zudem nicht zur Behandlung nach dem SGB XII (§§ 47 ff.) und zur Behandlung von Kassenpatienten zu Lasten der gesetzlichen Krankenversicherung nach dem SGB V berechtigt; die Leistungen sind nach der Bundesbeihilfeverordnung jedoch unter bestimmten Voraussetzungen erstattungsfähig. 182.2

Berufsbild: Als das Berufsbild prägende erlaubnispflichtige Heilbehandlung ist **jede therapeutische Tätigkeit** anzusehen, die durch die betreffende Krankheit notwendig geworden ist, sofern die konkrete Leistung in den Rahmen der medizinisch notwendigen Krankenpflege fällt und auf Heilung, Besserung oder auch Linderung der Krankheit abzielt. Wegen der mit dem Erlaubniszwang verbundenen Beschränkung der Berufsfreiheit des Art. 12 Abs. 1 GG fallen darunter nach der ständigen Rechtsprechung des BVerwG **nur solche Heilbehandlungen, die nach allgemeiner Auffassung ärztliche Fachkenntnisse erfordern und gesundheitliche Schäden verursachen können.** Ärztliche Fachkenntnisse können erforderlich sein im Hinblick auf das Ziel, die Art oder die Methode der Tätigkeit oder auch schon im Hinblick auf die Feststellung, ob im Einzelfall mit der Behandlung begonnen werden darf, ohne dass der Patient durch die Verrichtung selbst unmittelbar Schaden nimmt. Auch **Tätigkeiten, die für sich gesehen ärztliche Fachkenntnisse nicht voraussetzen, fallen unter die Erlaubnispflicht, wenn sie nennenswerte Gesundheitsgefährdungen zur Folge haben können.** Dazu zählen auch mittelbare Gefährdungen, wenn durch die Behandlung ein frühzeitiges Erkennen ernster Leiden verzögert wird und die Wahrscheinlichkeit einer solchen Gefährdung nicht nur geringfügig ist. Eine solche Gefahr besteht dann, wenn die in Rede stehende Heilbehandlung als eine die ärztliche Berufsausübung ersetzende Tätigkeit erscheint (siehe zum Ganzen BFH 28.8.2003 – IV R 69/00, BStBl. II 2004, 954; Steuerberater Branchenhandbuch 2017/*Stuhr/Berner/Kiel* Stichwort „Heilpraktiker" Teil B II Rn. 15 mit Beispielen zur Abgrenzung bestimmter Behandlungen und Nachweisen zur Rechtsprechung der Verwaltungsgerichte). 183

Je weiter sich das Erscheinungsbild des Heilers von der medizinischen Behandlung entfernt, desto geringer wird das Gefährdungspotential im Hinblick auf mittelbare Gefahren. Wenn Tätigkeiten zB nur auf eine spirituelle Wirkung (zB „Schamanismus") angelegt sind, unterfallen sie nicht mehr dem Erlaubniszwang des Heilpraktikergesetzes (Steuerberater Branchenhandbuch 2017/*Stuhr/Berner/Kiel* Stichwort „Heilpraktiker" Teil B II Rn. 15). 184

Erlaubnispflichtige Heilkunde iSd Heilpraktikergesetzes wurde bejaht bei: 184.1

- Chiropraktischen Behandlungen
- chirurgischen Nasen-, Ohren- und Brustkorrekturen unter Betäubung
- kosmetischen Faltenunterspritzungen
- Botox-Injektionen
- Entfernen von Leberflecken und Warzen im sog. Kaltkauterverfahren
- traditioneller Akupunktur mit Nadel oder Laser
- Piercing unter Betäubung
- Heilmagnetisierung durch Muten mit Wünschelruten

Heilkunde in diesem Sinne wurde verneint bei: 184.2

- Hörtest durch Hörgeräteakustiker
- Sehtest durch Optiker, Tono- und Perimetrie durch Optiker
- Tätigkeiten von Masseuren und med. Bademeistern
- Behandlungen durch kosmische Energie und Handauflegen bzw. „geistiges Heilen", sofern gleichzeitig auf die Notwendigkeit einer ärztlichen Behandlung hingewiesen wird

bb) Prägendes ertragsteuerliches Berufsbild. Der BFH sieht für den Beruf des Heilpraktikers nicht nur die Erbringung heilkundlicher Leistungen **als typisch und prägend.** Da es für den Heilpraktikerberuf an einem vorgeschriebenen Ausbildungsgang fehlt, definiert sich der Beruf des Heilpraktikers demnach ausschließlich (Anfragebeschluss in BFH 20.3.2003 – IV R 69/00, BStBl. II 2003, 480):

- durch die heilkundliche Art der Tätigkeit,

- die Erlaubnispflicht und die Überwachung durch die Gesundheitsämter (siehe auch BFH 28.8.2003 – IV R 69/00, BStBl. II 2004, 954; BFH 22.1.2004 – IV R 51/01, BStBl. II 2004, 509) **und**
- dadurch, dass der Heilpraktiker trotz einer fehlenden Ausbildungsordnung **die Verpflichtung hat, eine Prüfung ablegen zu müssen** (BFH 19.9.2002 – IV R 45/00, BStBl. II 2003, 21).

185 **Ertragsteuerlich** erzielt der Heilpraktiker somit jedenfalls dann freiberufliche Einkünfte, wenn er Behandlungen vornimmt, die dem Berufsbild der erlaubnispflichtigen Heilkunde zuzurechnen sind. Der BFH knüpft an das Berufsrecht an. Er sieht als berufstypische Tätigkeiten des Heilpraktikers solche an, die ärztliche Fachkenntnisse voraussetzen und die mit der nicht gänzlich unbedeutenden Gefahr gesundheitlicher Schäden verbunden sind, wobei auch nur mittelbare Gesundheitsgefährdungen genügen. Letztere können etwa darin bestehen, dass ernste Leiden nicht frühzeitig erkannt werden. Es sei danach typisch für den Beruf des Heilpraktikers, dass dieser alle Untersuchungs- und Behandlungsmethoden anwenden dürfe, die er tatsächlich beherrsche. Darunter fielen gerade auch Tätigkeiten, die bei mangelnden Kenntnissen zu einer Gesundheitsgefährdung beim Patienten führen könnten. Die Berechtigung zur Ausübung solcher Tätigkeiten werde lediglich begrenzt durch die Verpflichtung, sich der Grenzen seines Wissens und Könnens bewusst zu sein und den Patienten ggf. an einen Arzt zu überweisen (BFH 28.8.2003 – IV R 69/00, BStBl. II 2004, 954).

186 Führt der Heilpraktiker **auch außerhalb dieses Bereichs Leistungen** aus, die nicht der erlaubnispflichtigen Heilkunde zuzurechnen sind, kann es sich nicht mehr um freiberufliche Leistungen handeln, es sei denn, diese stehen im engen sachlichen Zusammenhang mit heilkundlichen Tätigkeiten. Die Veräußerung von Präparaten oder Tees stellt wie bei den anderen Heilberufen ebenfalls eine abgrenzbare gewerbliche Tätigkeit dar (BFH 19.6.1963 – I 375/61, HFR 1963, 393).

187 Zur Prüfung des dem Heilpraktiker ähnlichen Berufs → Rn. 335.

188 **f) Tätigkeit des Dentisten.** Dentisten sind Personen, die die Zahnheilkunde aufgrund einer fachlichen Vorbildung nach dem Zahnheilkundegesetz noch ausüben dürfen, aber nicht über das abgeschlossene Hochschulstudium eines Zahnarztes verfügen. Neuzulassungen werden nicht mehr erteilt (*Klaßmann ua* Besteuerung der Ärzte, Zahnärzte und sonstiger Heilberufe, 9. Aufl. 2015, Rn. 986).

189 *Einstweilen frei*

190 **g) Tätigkeit des Krankengymnasten/Physiotherapeuten. aa) Berufsrecht: Erlaubnispflicht und Zulassung gemäß § 124 SGB V.** Seit dem 1.6.1994 ist das „Gesetz über die Berufe in der Physiotherapie (Masseur- und Physiotherapeutengesetz – MPhG v. 26.5.1994)“ in Kraft. Gleichzeitig trat das „Gesetz über die Ausübung der Berufe des Masseurs, des Masseurs und medizinischen Bademeisters und des Krankengymnasten (MBKG)“ v. 21.12.1958 außer Kraft. Das MPhG regelte die Berufe in der Physiotherapie neu. Der Begriff „Physiotherapie“ bezeichnet eine Behandlung im Bereich der Krankengymnastik bzw. der Massage und erfasst die Berufe der Physiotherapeuten, der Masseure und med. Bademeister.

191 Es kommt in der heutigen Praxis vielfach zu Überschneidungen mit der Tätigkeit von **Heilpraktikern, die sektoral im Bereich der Physiotherapie** mit einer Erlaubnis nach dem Heilpraktikergesetz arbeiten. Dies hat in den letzten Jahren den sektoralen Heilpraktiker enorm in seiner beruflichen Bedeutung bestärkt und zahlreiche Physiotherapeuten veranlasst, die sektorale Heilpraktikererlaubnis zu erwerben (siehe zum Ganzen Steuerberater Branchenhandbuch 2017/*Boxberg/Damas* Stichwort „Physiotherapeut“ Teil B Rn. 40). Der Antragsteller für die sektorale Heilpraktikererlaubnis muss nachweisen, dass er ausreichende Kenntnisse über die Abgrenzung der heilkundlichen Tätigkeiten als Physiotherapeut gegenüber den Ärzten und den allgemein als Heilpraktiker tätigen Personen vorbehaltenen heilkundlichen Behandlungen besitzt und ausreichend diagnostische Fähigkeiten in Bezug auf die einschlägigen Krankheitsbilder hat. Außerdem sind Kenntnisse in der Berufs- und Gesetzeskunde einschließlich der rechtlichen Grenzen der nichtärztlichen Ausübung der Heilkunde nachzuweisen. Die Anforderungen an die Erlaubniserteilung in den einzelnen Bundesländern sind unterschiedlich. Der wesentliche Vorteil ist, dass der sektorale Heilpraktiker in der Physiotherapie in die Gruppe derer aufsteigt, die heilkundliche Leistungen selbständig, eigenverant-

wortlich und ohne ärztliche oder Heilpraktikerverordnung abgeben können. Im Gegensatz zu Physiotherapeuten (ohne sektorale Heilpraktikererlaubnis) besteht nicht die Möglichkeit, sich wegen unerlaubter Ausübung der Heilkunde strafbar zu machen, wenn keine ärztliche Verordnung vorliegt (siehe zum Ganzen Steuerberater Branchenhandbuch 2017/*Boxberg/Damas* Stichwort „Physiotherapeut" Teil B Rn. 61–64).

Die **Berufsbezeichnung** ist Masseurin und med. Bademeisterin oder Masseur und med. Bademeister oder Physiotherapeutin oder Physiotherapeut. Krankengymnasten, die nach altem Recht ausgebildet wurden, dürfen die Berufsbezeichnung Physiotherapeutin, Physiotherapeut führen. Diese Erlaubnis wird auf Antrag unter bestimmten Voraussetzungen erteilt. Geschützt ist jeweils nur die Berufsbezeichnung, nicht die Tätigkeit. (Steuerberater Branchenhandbuch 2017/*Boxberg/Damas* Stichwort „Physiotherapeut" Teil B Rn. 41, 42). **192**

Die **Ausbildung der Masseure und med. Bademeister** besteht aus einem zweijährigen Lehrgang, der mit einer staatlichen Prüfung abschließt. Lehrgänge werden meist an privaten, in einzelnen Fällen auch an staatlichen Schulen durchgeführt. Die sich anschließende praktische Tätigkeit dauert sechs Monate. Voraussetzung der Ausbildung ist die gesundheitliche Eignung und der Hauptschulabschluss oder eine gleichwertige Schulbildung (Steuerberater Branchenhandbuch 2017/*Boxberg/Damas* Stichwort „Physiotherapeut" Teil B Rn. 41, 47.1). **193**

Die **Ausbildung zum Physiotherapeuten** dauert drei Jahre und besteht aus einem theoretischen und praktischen Unterricht und einer praktischen Ausbildung. Sie wird durch meist privat organisierte Schulen vermittelt, einige Schulen sind staatlich. Voraussetzungen für den Zugang zur Ausbildung sind eine gesundheitliche Eignung und ein Realschulabschluss oder eine gleichwertige Ausbildung. Wird eine akademische Ausbildung zum Physiotherapeuten durchlaufen, führt diese gegenüber der fachschulischen Ausbildung zu keiner höheren Anerkennung durch die gesetzlichen Krankenkassen oder durch die privaten Krankenversicherungsgesellschaften (Steuerberater Branchenhandbuch 2017/*Boxberg/Damas* Stichwort „Physiotherapeut" Teil B Rn. 42, 43, 48). **194**

Erlaubnispflicht: Wer eine Tätigkeit unter der Bezeichnung „Masseur und med. Bademeister" oder „Physiotherapeut" ausüben will, bedarf der Erlaubnis. Die Berufsbezeichnung ist damit gesetzlich geschützt, nicht der Tätigkeitsbereich (Steuerberater Branchenhandbuch 2017/*Boxberg/Damas* Stichwort „Physiotherapeut" Teil B Rn. 46). **195**

Verordnungspflicht: Eine selbständige und eigenverantwortliche Tätigkeit der Berufsausübung/Behandlungstätigkeit für ***Physiotherapeuten*** ist nur nach ärztlicher (privatärztlicher oder vertragsärztlicher) Verordnung der Behandlung erlaubt oder, wenn die Tätigkeit im Rahmen einer sektoralen Heilpraktikererlaubnis ausgeführt wird. Dies beruht auf dem Umstand, dass der Gesetzgeber die ausgeführten Behandlungen als Ausübung der Heilkunde ansieht und den Anforderungen des Heilpraktikergesetzes mit Strafandrohung (§ 5 Heilpraktikergesetz) unterstellt. Somit bedürfen Physiotherapeuten ohne sektorale Heilpraktikererlaubnis einer ärztlichen Verordnung, um die jeweilige Behandlung straffrei ausführen zu dürfen. Für ***medizinische Bademeister/Masseure*** besteht hinsichtlich der ausgeübten Tätigkeiten keine zusätzliche Bindung durch das Heilpraktikergesetz, sodass sie Patienten ohne ärztliche Verordnung empfangen und behandeln dürfen (Steuerberater Branchenhandbuch 2017/*Boxberg/Damas* Stichwort „Physiotherapeut" Teil B Rn. 47, 47.1, 48). **196**

Zulassung als Leistungserbringer: Heilmittel, die als Dienstleistungen abgegeben werden, insbesondere Leistungen der physikalischen Therapie, der Sprachtherapie oder der Ergotherapie, dürfen gemäß § 124 Abs. 1 SGB V an Versicherte nur von zugelassenen Leistungserbringern abgegeben werden. Zuzulassen ist gemäß Abs. 2, wer die für die Leistungserbringung erforderliche Ausbildung sowie eine entsprechende zur Führung der Berufsbezeichnung berechtigende Erlaubnis besitzt (Nr. 1), über eine Praxisausstattung verfügt, die eine zweckmäßige und wirtschaftliche Leistungserbringung gewährleistet (Nr. 2), und die für die Versorgung der Versicherten geltenden Vereinbarungen anerkennt (Nr. 3). Diese Voraussetzungen führen zu detaillierten Anforderungen an die Ausstattung der Praxen und Fortbildungspflichten der Berufsträger. **197**

Einstweilen frei **198**

bb) Einordnung unter § 18 Abs. 1 Nr. 1 Satz 2. Die Tätigkeit eines **Krankengymnasten alten Rechts oder Physiotherapeuten** kann auch – unter der neuen Berufsbezeichnung – von Personen ausgeübt werden, die die nach dem aufgehobenen MBKG bzw. **199**

nunmehr geltenden MPhG geforderten Voraussetzungen erfüllen. Der Physiotherapeut, der über die staatliche Erlaubnis zum Führen der Bezeichnung und die Zulassung gemäß § 124 Abs. 2 SGB V verfügt, ist unter das Merkmal des „Krankengymnasten" zu subsumieren (*Klaßmann ua* Besteuerung der Ärzte, Zahnärzte und sonstiger Heilberufe, 9. Aufl. 2015, Rn. 208, 1028). Ein sektoral auf dem Gebiet der Physiotherapie tätiger Heilpraktiker fällt unter den Begriff des Heilpraktikers.

200 Die Tätigkeit der **Masseure** und **medizinischen Bademeister** ist als ähnlicher Beruf freiberuflich, da jedenfalls eine Erlaubnispflicht nach dem Berufsrecht zum Führen der Berufsbezeichnung erforderlich ist und für die Abrechenbarkeit der Leistungen auch eine Zulassung gemäß § 124 Abs. 2 SGB V vorliegen muss (→ Rn. 342).

201 *Einstweilen frei*

8. Rechts-, steuerberatende und wirtschaftsprüfende Berufe (§ 18 Abs. 1 Nr. 1 Satz 2)

202 **a) Rechtsanwälte. aa) Berufsrecht.** Das Berufsbild des Rechtsanwalts wird bestimmt durch die Bundesrechtsanwaltsordnung (BRAO). Der Rechtsanwalt ist ein unabhängiges Organ der Rechtspflege in der Weise, dass er die Interessen seiner Mandanten als Berater und Rechtsbeistand vertritt (§ 1 BRAO). § 2 Abs. 1 BRAO bestimmt, dass der Beruf des Rechtsanwalts als freier Beruf anzusehen ist.

203 Die BRAO regelt, welche Berufsausbildung ein Bewerber durchlaufen muss und dass es für die Ausübung der Tätigkeit einer Zulassung bedarf. Er muss ein Studium der Rechtswissenschaften an einer Universität erfolgreich abschließen (erstes Staatsexamen) und anschließend die Referendarausbildung als juristischen Vorbereitungsdienst erfolgreich durchlaufen, indem er das zweite Staatsexamen besteht. Die Zulassung zur Rechtsanwaltschaft setzt voraus, dass nach Abschluss des zweiten Staatsexamens die Befähigung zum Richteramt nach dem Deutschen Richtergesetz vorliegt (§§ 5–7 DRiG).

204 Rechtsanwälte im Sinne der BRAO können auch Juristen aus dem EU-Ausland, aus einem EWR-Staat oder aus der Schweiz werden, wenn sie die Eingliederungsvoraussetzungen nach dem Gesetz über die Tätigkeit europäischer Rechtsanwälte in Deutschland (EuRAG) erfüllen oder die Eignungsprüfung nach diesem Gesetz bestehen. Ihnen wird in diesem Fall die Zulassung auf Antrag erteilt.

205 *Einstweilen frei*

206 **bb) Einordnung der Einkünfte.** Für die Erzielung selbständiger Einkünfte gemäß § 18 Abs. 1 Nr. 1 muss der Rechtsanwalt die Einkünfte **aus einer berufstypischen Tätigkeit** erzielen. Aufgrund der Anknüpfung des Berufsrechts an die BRAO ist auch die steuerrechtliche berufstypische Tätigkeit des Rechtsanwalts durch seine Funktion als Organ der Rechtspflege definiert. Berufstypische Tätigkeit des Rechtsanwalts ist, als eigenverantwortlicher Berater und Vertreter seiner Mandanten in Rechtsangelegenheiten zu agieren (BFH 9.4.1981 – V R 104/79, BStBl. II 1981, 581; BFH 1.2.1990 – IV R 42/89, BStBl. II 1990, 534; BFH 12.12.2001 – XI R 56/00, BStBl. II 2002, 202, jeweils mit weiteren Nachweisen zur Rechtsprechung). Rechtsbesorgung in diesem Sinne ist zB auch die kaufmännische Tätigkeit der Einziehung von Forderungen für einen Dritten oder die Kreditvermittlung, wenn der Rechtsanwalt gerade in dieser Eigenschaft damit beauftragt wurde und sich um die Klärung der rechtlichen Voraussetzungen einer Kreditgewährung kümmern muss (BFH 2.10.1986 – V R 99/78, BStBl. II 1987, 147). Die Tätigkeit eines Anwalts als externer Datenschutzbeauftragter ist nach der Rechtsprechung nicht dem Berufsbild des Anwalts, sondern einem eigenständigen Berufsbild zuzuordnen, das den Einkünften aus Gewerbebetrieb zuzuordnen ist (BFH 5.6.2003 – IV R 34/01, BStBl. II 2003, 761; FG München 25.7.2017 – 5 K 1403/16, EFG 2018, 345; bestätigt durch BFH 14.1.2020 – VIII R 27/17, DStR 2020, 633).

207 Sofern sich der Rechtsanwalt in ein standesrechtlich nicht erlaubtes Abhängigkeitsverhältnis begibt oder er dem Erfordernis der eigenverantwortlichen anwaltlichen Tätigkeit nicht genügt, fehlen seinem Tätigwerden die wesentlichen Merkmale, die für das Berufsbild eines Rechtsanwalts bestimmend sind. Übernimmt ein Rechtsanwalt eine Funktion **als Geschäftsführer eines Verbands,** handelt es sich nur in Teilbereichen um eine berufstypische Tätigkeit, soweit mit der Führung der Verbandsgeschäfte eine rechtsberatende und rechtsbesorgende Tätigkeit verbunden ist (BFH 9.4.1981 – V R 104/79, BStBl. II 1981, 581).

Ob sog. **Wirtschaftsmandate** (zB Darlehensvermittlung, Finanzierungsaufträge, Grundstücksvermittlungen uä). zur Berufstätigkeit des Rechtsanwalts gehören, entscheidet sich nach dem zugrunde liegenden Sachverhalt. Entscheidend ist dabei, ob die mit der Tätigkeit verbundene Rechtsberatung im Vordergrund steht. Die Anlageberatung ist idR daher nicht berufstypisch für den Rechtsanwalt (BFH 1.2.1990 – IV R 42/89, BStBl. II 1990, 534). 208

Die **außerjuristische kaufmännische oder verwaltende Betreuung von Vermögensangelegenheiten** konnte nach der früheren Rechtsprechung von der Erteilung von Rechtsrat umfasst sein (BFH 3.10.1985 – V R 106/78, BStBl. II 1986, 213 zur Konkursverwaltung; ablehnend zur eigentlichen Konkursverwaltertätigkeit BFH 2.10.1986 – V R 99/78, BStBl. II 1987, 147; BFH 28.2.1991 – V R 63/86, BFH/NV 1991, 632 zur Berufsbetreuung). Nach der jüngeren Rechtsprechung sind diese Tätigkeiten dem Bereich der sonstigen selbständigen Arbeit zuzuordnen (§ 18 Abs. 1 Nr. 3), da es sich bei den Berufen des Insolvenzverwalters, Zwangsverwalters und Berufsbetreuers mittlerweile um eigenständige Berufsbilder handelt, die vom Berufsbild des Rechtsanwalts abzugrenzen sind (→ Rn. 436). Auch die Tätigkeit eines Rechtsanwalts als Mitglied eines Aufsichtsrats ist idR der Einkünfteerzielung gemäß § 18 Abs. 1 Nr. 3 zuzuordnen (→ Rn. 481). 209

Die Tätigkeit als **Testamentsvollstrecker** durch einen Rechtsanwalt unterfällt ebenfalls der eigenständigen Tätigkeit aus § 18 Abs. 1 Nr. 3. Betreut ein Rechtsanwalt als Testamentsvollstrecker auch Rechtsangelegenheiten des Erben oder des Nachlasses, so können aber die nach der BRAGO oder dem RVG abrechenbaren Tätigkeiten den Einkünften gemäß § 18 Abs. 1 Nr. 1 zugeordnet werden (BFH 13.3.1987 – V R 33/79, BStBl. II 1987, 524 und zu § 18 Abs. 1 Nr. 3 → Rn. 452). 210

Treuhandtätigkeiten, die ein Rechtsanwalt ausübt, sind wie bei Steuerberatern idR gewerbliche Tätigkeiten, weil sie weder für den Rechtsanwalt berufstypisch sind noch unter § 18 Abs. 1 Nr. 3 fallen (→ Rn. 469 sowie BFH 11.5.1989 – IV R 43/88, BStBl. II 1989, 797 zur Treuhandtätigkeit eines Steuerberaters im Bauherrenmodell; BFH 1.2.1990 – IV R 42/89, BStBl. II 1990, 534 zur Treuhandtätigkeit eines Rechtsanwalts für eine Bauherrengemeinschaft). Auch → Rn. 237. 211

Zur Zuordnung einer Tätigkeit zu den verschiedenen berufstypischen Tätigkeiten bei **Mehrfachqualifikation** (zB als RA/StB) → Rn. 252. 212

Zu den Einkünften eines Rechtsanwalts aus „**Geldgeschäften**" → Rn. 49. 213

Angestellte Rechtsanwälte erzielen Einkünfte aus nichtselbständiger Arbeit. Syndikusanwälte erzielen aus ihrer Angestelltentätigkeit ebenfalls Einkünfte aus nichtselbständiger Arbeit und aus ihrer freiberuflichen Nebentätigkeit, die sie in eigener Verantwortung ausüben, Einkünfte aus selbständiger Arbeit. 214

Einstweilen frei 215

b) Notare. aa) Berufsrecht. Das Berufsrecht der Notare ist in der Bundesnotarordnung (BNotO) vom 24.2.1961 (BGBl. 1961 I 700 mit Folgeänderungen) geregelt. Zu unterscheiden sind in der Praxis die hauptberuflichen Notare, die Anwaltsnotare und die im öffentlichen Dienst stehenden angestellten Notare. Letztere erzielen Einkünfte gemäß § 19. 216

Der **Notar** ist gemäß § 1 BNotO und kraft seiner Bestellung Träger eines ihm verliehenen öffentlichen Amtes. Er übt sein öffentliches Amt in der Regel als Selbständiger in wirtschaftlicher und persönlicher Eigenverantwortung aus. Kern der Tätigkeit ist die Beurkundung von Rechtsvorgängen und anderen Aufgaben auf dem Gebiet der vorsorgenden Rechtspflege. Kernaufgabengebiet ist die Beurkundung von Willenserklärungen. Das Notariat ist wegen der Anbindung an die Person wieder veräußerlich, vererblich und einer Verfügung des Amtsträgers entzogen. Zudem ist der Notar in persönlicher Hinsicht unabhängig. Dies äußert sich in seiner Bestellung auf Lebenszeit, seine Unversetzbarkeit und seiner Unabsetzbarkeit. Kernelement seiner Tätigkeit ist auch die Unparteilichkeit (§§ 13, 14 BNotO). Der Notar ist nicht Vertreter einer Partei, sondern unabhängiger und unparteiischer Betreuer der Beteiligten. Siehe zum Ganzen Steuerberater Branchenhandbuch/*Mang/Haders/Gebler* Stichwort „Notar" Teil B Rn. 16–20. 217

bb) Einordnung der Einkünfte. Ein Notar erzielt Einkünfte gemäß § 18 Abs. 1 Nr. 1 im Rahmen seines Katalogberufs, wenn seine Tätigkeit sich im Rahmen der berufstypischen 218

Tätigkeit bewegt. Auch die Tätigkeit als Notariatsverweser fällt unter die Tätigkeit im Katalogberuf. Aus Sicht des BFH unterscheidet sich die Tätigkeit des Notariatsverwesers nicht von der des Notars im eigenen Notariat. Zentraler Unterschied sei nur, dass der Notariatsverweser das Amt für Rechnung der Notarkammer oder der Notarkasse ausübe, was aber nicht zur Begründung eines öffentlich-rechtlichen Dienstverhältnisses zur Notarkammer führe (BFH 12.9.1968 – V 174/65, BStBl. II 1968, 811).

219 Ein Notar bewegt sich jedoch **außerhalb seiner berufstypischen Tätigkeit,** wenn er Vermögensanlagen vermittelt oder Treuhandtätigkeiten übernimmt, die auch für Rechtsanwälte und Steuerberater keine berufstypische Tätigkeit darstellen (→ Rn. 211 und → Rn. 466 sowie zu den Einkünften aus Geldgeschäften eines Notars → Rn. 49).

220 Notare, insb. sog. hauptamtliche Nur-Notare, haben ein öffentliches Amt inne, dass idR durch Entlassung auf eigenen Antrag erlischt oder Tod (§ 47 BNotO). Die Amtsnachfolger werden von der Landesjustizverwaltung unter Zuweisung eines bestimmten Amtssitzes bestellt. Anders als eine der üblichen freiberuflichen Praxen kann das Notariat, insbesondere der Praxiswert, nicht insgesamt an einen Dritten gemäß § 18 Abs. 3 veräußert werden (→ Rn. 968; Steuerberater Branchenhandbuch/*Mang/Haders/Gebler* Stichwort „Notar" Teil C Rn. 80 – Stand 10/16).

221 *Einstweilen frei*

222 **c) Patentanwälte. aa) Berufsrecht.** Nach der **Patentanwaltsordnung** v. 12.5.2017 ist auch der Patentanwalt im Rahmen des ihm durch das Gesetz zugewiesenen Aufgabenbereichs ein unabhängiges Organ der Rechtspflege (§ 1). Er übt einen freien Beruf aus, der kein Gewerbe ist (§ 2). § 3 der Patentanwaltsordnung definiert die Stellung des Patentanwalts als unabhängigen Vertreter und Berater seiner Mandanten.

223 Die berufliche Aufgabenstellung umfasst gemäß § 3 Abs. 2 der Patentanwaltsordnung im Wesentlichen die Aufgabe, Mandanten zu beraten und gegenüber Dritten zu vertreten, soweit es um Angelegenheiten der Erlangung, Aufrechterhaltung, Verteidigung und Anfechtung eines Patents oder anderer gewerblicher Schutzrechte geht, soweit Mandanten in Angelegenheiten, die zum Geschäftskreis des Patentamts und des Patentgerichts gehören, vor diesen zu vertreten und Mandanten in bestimmten Verfahren vor dem BGH und vor dem Bundessortenamt zu vertreten. Weitere dem Patentanwalt zugewiesenen Aufgaben werden in § 3 Abs. 3 des Gesetzes genannt. Die näheren Einzelheiten des Auftretens eines Patentanwalts vor Gericht regelt § 4 der Patentanwaltsordnung.

224 Den Zugang zum Beruf regelt § 5 der Patentanwaltsordnung. Zur Patentanwaltschaft kann nur zugelassen werden, wer die Befähigung für den Beruf des Patentanwalts erlangt hat, was eine technische Befähigung und das erfolgreiche Ablegen einer Prüfung über die erforderlichen Rechtskenntnisse, eine mindestens halbjährige Tätigkeit bei einem Patentanwalt und die Zulassung durch die Patentanwaltskammer voraussetzt.

224.1 Die ausreichende technische Befähigung hat erworben, wer im Inland als Studierender an einer wissenschaftlichen Hochschule ein naturwissenschaftliches oder technisches Studium mit einer staatlichen oder akademischen Prüfung erfolgreich abgeschlossen hat. Außerdem muss ein Jahr praktischer technischer Tätigkeit geleistet worden sein (§ 7 Abs. 1 der Patentanwaltsordnung). § 7 Abs. 2 regelt den Nachweis der erworbenen technischen Befähigungen, wenn das naturwissenschaftliche oder technische Studium im Ausland durchgeführt worden ist und der Studiengang einem vergleichbaren inländischen Studiengang gleichwertig ist.

224.2 Weitere Voraussetzung ist gemäß § 7 eine Ausbildung auf dem Gebiet des gewerblichen Rechtsschutzes. Nach erfolgreichem Ablegen der Prüfung darf ohne spätere Zulassung der Titel des Patentassessors (§ 11) geführt werden.

224.3 Die Zulassung zur Patentanwaltschaft wird auf Antrag gemäß § 13 Abs. 1 der Patentanwaltsordnung erteilt. Sie wird gemäß § 18 wirksam mit der Aushändigung einer von der Patentanwaltskammer ausgestellten Urkunde. Nach der Zulassung darf die Tätigkeit unter der Berufsbezeichnung des Patentanwalts oder der Patentanwältin ausgeübt werden.

225 Zudem regelt das **Gesetz über die Tätigkeit europäischer Patentanwälte in Deutschland** v. 12.5.2017, dass ausländische Patentanwälte in Deutschland nach Ablegen einer Eignungsprüfung und Antragstellung beim Deutschen Patent- und Markenamt ebenfalls im Inland tätig werden dürfen. In diesem Fall sind jedenfalls die Voraussetzungen eines ähnlichen Berufs erfüllt. Ein europäischer Patentanwalt, der die Eignungsprüfung erfolgreich

abgelegt hat, darf sich als niedergelassener europäischer Patentanwalt unter der Berufsbezeichnung seines Herkunftsstaats zur Rechtsbesorgung auf dem Gebiet des ausländischen und des internationalen gewerblichen Rechtsschutzes in Deutschland niederlassen.

Einstweilen frei 226

bb) Einordnung der Einkünfte. Für die einkommensteuerrechtliche Einordnung der Tätigkeit des Patentanwalts gelten keine Besonderheiten. Er erzielt Einnahmen im Katalogberuf, wenn die entsprechende Tätigkeit berufstypisch iSd § 3 der Patentanwaltsordnung ist. Auch für einen Patentanwalt sind Einkünfte aus Geldgeschäften von der berufstypischen Tätigkeit abzugrenzen (→ Rn. 49). 227

Einstweilen frei 228

d) Steuerberater und Steuerbevollmächtigter. aa) Berufsrecht. Steuerberater/in ist, wer zum Steuerberater bestellt worden ist (§§ 35, 40, 42 des Steuerberatungsgesetzes). Erst nach der Bestellung darf die Berufsbezeichnung als Steuerberater oder Steuerberaterin geführt werden. Steuerberater müssen gemäß § 57 Abs. 1 des Steuerberatungsgesetzes den Beruf unabhängig, eigenverantwortlich, gewissenhaft, verschwiegen und unter Verzicht auf berufswidrige Werbung ausüben. § 32 Abs. 2 des Steuerberatungsgesetzes regelt ausdrücklich, dass der Steuerberater einen freien Beruf ausübt und seine Tätigkeit kein Gewerbe ist. 229

Steuerberater/in kann werden, wer die **Steuerberaterprüfung** erfolgreich abgelegt hat oder kraft Gesetzes (§ 38 des Steuerberatungsgesetzes) von der Steuerberaterprüfung befreit ist. Die eigentliche Bestellung erfolgt auf Antrag des Bewerbers durch die zuständige Steuerberaterkammer. Das Gesetz enthält in § 40 Abs. 2 und Abs. 3 bestimmte persönliche Hinderungsgründe, die einer Bestellung entgegenstehen. 230

Die Bestellung zum Steuerberater gibt die Befugnis, geschäftsmäßige Hilfe in Steuersachen iSd § 1 des Steuerberatungsgesetzes leisten zu dürfen (siehe zum Begriff § 2). 231

Steuerbevollmächtigter ist gemäß § 42 des Steuerberatungsgesetzes, wer nach den Vorschriften des Gesetzes als solcher bestellt ist; Neuzulassungen werden nicht mehr erteilt. 232

Personen, die in einem anderen EU-Staat, einem EWR-Staat oder in der Schweiz beruflich niedergelassen sind und dort befugt sind, nach dem Recht ihres Niederlassungsstaats geschäftsmäßig Hilfe in Steuersachen zu leisten, sind grundsätzlich zur vorübergehenden und gelegentlichen Hilfeleistung in Steuersachen im Inland befugt. Näheres regelt § 3a des Steuerberatungsgesetzes. Zudem können gemäß § 37 Abs. 2 des Steuerberatungsgesetzes Bewerber, die einen Befähigungs- oder Ausbildungsnachweis eines anderen EU-Staates, eines Mitgliedstaats des EWR oder der Schweiz innehaben, der dort zur Hilfeleistung in Steuersachen berechtigt, auf Antrag eine Eignungsprüfung ablegen. Wird diese erfolgreich bestanden, können sie dieselbe Rechtsstellung erwerben wie beim Bestehen der Steuerberaterprüfung. 233

Die **berufstypische Tätigkeit** des Steuerberaters und des Steuerbevollmächtigten ist in § 33 des Steuerberatungsgesetzes geregelt. Steuerberater und Steuerbevollmächtigte haben die Aufgabe, im Rahmen ihres Auftrags ihre Auftraggeber in Steuersachen zu beraten, sie zu vertreten und ihnen bei der Bearbeitung ihrer Steuerangelegenheiten sowie bei der Erfüllung der steuerlichen Pflichten Hilfe zu leisten. Dazu gehören auch die Hilfeleistung in Steuerstrafsachen und in Bußgeldsachen wegen einer Steuerordnungswidrigkeit sowie die Hilfeleistung bei der Erfüllung von Buchführungspflichten, die aufgrund von Steuergesetzen bestehen, insbesondere die Aufstellung von Steuerbilanzen und deren steuerrechtliche Beurteilung. 234

Einstweilen frei 235

bb) Einordnung der Einkünfte. Einnahmen, die der Steuerberater oder Steuerbevollmächtigte aus der in § 33 StBerG umschriebenen berufstypischen und nach der Gebührenordnung abrechenbaren Tätigkeit erzielt, gehören zu den Einkünften aus selbständiger Arbeit im Rahmen des Katalogberufs. 236

Eine nach dem Steuerberatungsgesetz zulässige Verbindung der freiberuflichen Tätigkeit mit einer anderen Tätigkeit macht die andere Tätigkeit nicht kraft Gesetzes zu einer freiberuflichen Tätigkeit (BFH 9.7.1964 – IV 427/62 U, BStBl. III 1964, 530 zur Tätigkeit als Treuhänder). Treuhänderische Tätigkeiten eines Steuerberaters hat die Rechtsprechung daher weitgehend nicht als berufstypische Aufgabe qualifiziert (BFH 11.5.1989 – IV R 43/88, 237

BStBl. II 1989, 797 und BFH 1.2.1990 – IV R 42/89, BStBl. II 1990, 534 mit umfangreichen Nachweisen).

238 Eine gewerbliche Betätigung liegt daher auch in der **Vermittlung von Vermögensanlagen** (Nachweis und Vermittlung von Interessenten für den Erwerb von Eigentumswohnungen im Bauherrenmodell) durch einen Steuerberater (BFH 9.8.1983 – VIII R 92/83, BStBl. II 1984, 129).

239 Auch bei der **Testamentsvollstreckung** durch Steuerberater fasst die Rechtsprechung nur die spezifisch nach der Gebührenordnung abrechenbaren Tätigkeiten unter den Katalogberuf (BFH 12.1.1989 – V R 122/84, BFH/NV 1989, 674; → Rn. 210). Daneben gilt § 18 Abs. 1 Nr. 3.

240 **Geldgeschäfte,** die ein Steuerberater mit betrieblichen Mitteln ausübt, sind nach den oben dargestellten Grundsätzen als Bestandteil der freiberuflichen Tätigkeit oder einer davon abgrenzbaren Tätigkeit als Kapitalanleger gemäß § 20 zuzuordnen.

241 Steuerbevollmächtigte, die als Liquidatoren von juristischen Personen tätig werden, handeln nicht in Ausübung ihres Berufs (BFH 27.6.1973 – I R 172/71, BStBl. II 1973, 832).

242 Zur Zuordnung einer Tätigkeit zu den verschiedenen berufstypischen Tätigkeiten bei **Mehrfachqualifikation** (zB als Rechtsanwalt/Steuerberater) → Rn. 252.

243 *Einstweilen frei*

244 **e) Wirtschaftsprüfer und vereidigte Buchprüfer. aa) Berufsrecht. Vereidigte Buchprüfer:** Vereidigter Buchprüfer ist, wer nach den Vorschriften der WPO als solcher anerkannt oder bestellt ist. Sie sind Mitglieder der Wirtschaftsprüferkammer. Zu ihren Aufgaben gehört es, Prüfungen auf dem Gebiet des betrieblichen Rechnungswesens, insbesondere Buch- und Bilanzprüfungen, durchzuführen, die mittelgroße Kapitalgesellschaften und bestimmte Personenhandelsgesellschaften betreffen; daneben sind sie befugt, unter Berufung auf ihren Berufseid auf den Gebieten des betrieblichen Rechnungswesens als Sachverständige aufzutreten, in wirtschaftlichen Angelegenheiten zu beraten und fremde Interessen zu wahren sowie fremdes Vermögen treuhänderisch zu verwalten (§§ 128, 129 WPO). Der Berufszugang wurde zum 1. Januar 2005 geschlossen, sodass keine neuen vereidigten Buchprüfer mehr bestellt werden (siehe Steuerberater Branchenhandbuch/*Kassner/Dreßler/Flad* Stichwort „Wirtschaftsprüfer" Teil A Rn. 1 – Stand 06/17).

245 **Wirtschaftsprüfer:** Für den Zugang zum Beruf des Wirtschaftsprüfers ist die persönliche Eignung und das Bestehen des Wirtschaftsprüferexamens notwendig (§ 1 Abs. 1 Satz 2 WPO). Die Zulassung zur Prüfung verlangt gemäß § 8 Abs. 1 WPO den Nachweis eines abgeschlossenen Hochschulstudiums, alternativ eine langjährige Berufstätigkeit (§ 8 Abs. 2 WPO). Zu den persönlichen Voraussetzungen gehört die ausreichende praktische Ausbildung und Tätigkeit von mindestens drei Jahren bei einer zulässigen Stelle, wenn der Bewerber einen Hochschulabschluss hat (§ 9 Abs. 1 WPO). Wer das Wirtschaftsprüferexamen besteht, kann auf Antrag von der Wirtschaftsprüferkammer durch Aushändigung einer Urkunde zum Wirtschaftsprüfer bestellt werden (§ 15 WPO). Der Bestellung stehen bestimmte persönliche Hinderungsgründe, die in § 16 WPO geregelt sind, entgegen.

246 § 1 Abs. 2 WPO regelt, dass der Wirtschaftsprüfer einen freien Beruf ausübt, der kein Gewerbe ist. Ähnlich der Berufsregelungen zum Steuerberater gibt § 43 Abs. 1 WPO vor, dass Wirtschaftsprüfer den Beruf unabhängig, gewissenhaft, verschwiegen, eigenverantwortlich und unparteiisch bei Erstattung von Prüfungsberichten und Gutachten auszuüben haben. Zudem haben sie sich jeder Tätigkeit zu enthalten, die mit dem Beruf oder dem Ansehen des Berufs unvereinbar ist (§ 43 Abs. 2 WPO).

247 Den **berufstypischen Inhalt der Tätigkeit** definiert § 2 WPO. Wirtschaftsprüfer haben die berufliche Aufgabe, betriebswirtschaftliche Prüfungen, insbesondere solche von Jahresabschlüssen wirtschaftlicher Unternehmen durchzuführen, und Bestätigungsvermerke über die Vornahme und das Ergebnis solcher Prüfungen zu erteilen. Sie sind auch befugt, ihre Auftraggeber in steuerlichen Angelegenheiten zu beraten und zu vertreten. Ebenso ist ihnen die Tätigkeit als Sachverständiger auf den Gebieten der wirtschaftlichen Betriebsführung, die Beratung in wirtschaftlichen Angelegenheiten unter Wahrnehmung fremder Interessen und die treuhänderische Verwaltung von Vermögen gestattet.

248 *Einstweilen frei*

249 **bb) Einordnung der Einkünfte.** Für die einkommensteuerliche Einordnung der Tätigkeit ist auch bei Wirtschaftsprüfern und vereidigten Buchprüfern zu entscheiden, ob die

Einnahmen auf einer berufstypischen Betätigung beruhen. Dies ist im Umfang der in § 2 Abs. 1 WPO genannten Tätigkeiten zu bejahen. Auch die Beratung und Vertretung in wirtschaftlichen Angelegenheiten ist für die Tätigkeit eines Wirtschaftsprüfers oder vereidigten Buchprüfers berufstypisch (BFH 4.12.1980 – V R 120/73, BStBl. II 1981, 189).

Die **Treuhändertätigkeit** eines Wirtschaftsprüfers ist wie bei Steuerberatern und Rechts- 250
anwälten trotz der berufsrechtlich zulässigen Betätigung nicht als berufstypisch für den Katalogberuf anzusehen (→ Rn. 237 und zu § 18 Abs. 1 Nr. 3 → Rn. 469).

Eine von der Wirtschaftsberatung unabhängige **Vermögensverwaltung** hält sich nicht 251
mehr im Rahmen einer berufstypischen, dh das Bild des Wirtschaftsprüferberufs prägenden Betätigung (BFH 4.12.1980 – V R 120/73, BStBl. II 1981, 189). Zur **Anlagenvermittlung** als nicht berufstypischer Tätigkeit → Rn. 238.

Die Tätigkeiten als **Testamentsvollstrecker** oder Mitglied eines **Aufsichtsrats** fallen 252
grundsätzlich nicht unter die berufstypische Tätigkeit, sondern nur unter § 18 Abs. 1 Nr. 3. Teiltätigkeiten, die im Rahmen der Bestellung zum Testamentsvollstrecker anfallen und nach der Gebührenordnung abrechenbar sind, sind noch Bestandteil der berufstypischen Tätigkeit (→ Rn. 210).

Mehrfachqualifikation: Siehe zu einem Wirtschaftsprüfer mit der Zusatzqualifikation 253
als Steuerberater und Rechtsbeistand, der als Testamentsvollstrecker eingesetzt war BFH 12.1.1989 – V R 122/84, BFH/NV 1989, 674: „Da der Kläger als Wirtschaftsprüfer, Steuerberater und Rechtsbeistand mehreren Berufen mit zum Teil voneinander abweichenden, zum Teil sich überschneidenden Berufsbildern angehört, ist zu prüfen, ob die Tätigkeit als Testamentsvollstrecker wenigstens zum Teil einem der Berufsbilder zugeordnet werden kann oder ob die Testamentsvollstreckung zu unterschiedlichen, auf die verschiedenen Berufe zugeschnittenen Tätigkeiten führte, die ggf. nach deren Gebührenordnungen abrechenbar sind, oder schließlich, ob sie vom Kläger als ausschließliche Vermögensverwaltung, die von keinem der Berufsbilder erfasst ist, betrieben wurde" (auch → Rn. 210).

Einkünfte aus **Geldgeschäften** fallen beim Wirtschaftsprüfer wie bei den übrigen Freibe- 254
ruflern nach den dargestellten Grundsätzen entweder noch in den Bereich der freiberuflichen Einkünfte oder sind den Einkünften aus Kapitalvermögen gemäß § 20 zuzuordnen (→ Rn. 49).

Einstweilen frei 255

9. Beratende Volks- und Betriebswirte („Unternehmensberatung")

Den Beruf des **beratenden Volks- oder Betriebswirts** iSd § 18 Abs. 1 Nr. 1 übt mangels 256
eines gesetzlich geregelten Berufsbildes derjenige aus, der nach einem entsprechenden Studium (siehe zu den erforderlichen Ausbildungsgängen BFH 4.5.2000 – IV R 51/99, BStBl. II 2000, 616), verbunden mit praktischer Erfahrung, mit den hauptsächlichen Bereichen der Betriebswirtschaft – nicht dagegen nur mit einzelnen Spezialgebieten – vertraut ist und diese fachliche Breite seines Wissens auch bei seinen praktischen Tätigkeiten einsetzen kann und tatsächlich einsetzt.

Zu den Hauptbereichen der Betriebswirtschaftslehre gehören Unternehmensführung, 257
Leistungserstellung (Fertigung von Gütern/Bereitstellung von Dienstleistungen), Materialwirtschaft, Finanzierung, Vertrieb, Verwaltungs- und Rechnungswesen sowie Personalwesen. Die an die fachliche Breite der Beratungstätigkeit gestellten Anforderungen sind auch dann noch erfüllt, wenn die Beratung wenigstens einen Hauptbereich der Betriebswirtschaftslehre umfasst (BFH 4.5.2000 – IV R 51/99, BStBl. II 2000, 616; BFH 28.8.2003 – IV R 21/02, BStBl. II 2003, 919). Ein Steuerpflichtiger, der sich der Diplomprüfung an der wirtschaftswissenschaftlichen Fakultät einer wissenschaftlichen Hochschule nicht unterzogen hat, wohl aber seinerzeit die Voraussetzungen für die Zulassung zur Prüfung erfüllt hat, verfügt nicht bereits deswegen über die Kenntnisse eines „Staatlich geprüften Betriebswirts" (BFH 4.5.2000 – IV R 51/99, BStBl. II 2000, 616).

Im Vordergrund muss die betriebswirtschaftliche „Beratung" als berufstypische 258
Tätigkeit stehen. Wird ein als Personalberater tätiger Diplom-Kaufmann dafür honoriert, dass er seinen Auftraggebern von ihm ausgesuchte Kandidaten für eine zu besetzende Stelle vermittelt, übt er insoweit nicht eine berufstypische freiberufliche, sondern eine gewerbliche Tätigkeit aus, wenn die Entlohnung in erster Linie für die Vermittlungstätigkeit gewährt wird

(BFH 19.9.2002 – IV R 70/00, BStBl. II 2003, 25). Nicht zum Berufsbild des beratenden Betriebswirts gehört die Umsetzung unternehmerischer Entscheidungen selbst (vgl. BFH 14.3.1991 – IV R 135/90, BStBl. II 1991, 769; FG Düsseldorf 24.4.2018 – 14 K 2347/15 G, EFG 2018, 1287 mAnm *Lutter*). Keine Tätigkeit eines beratenden Betriebswirts oder eine diesem Beruf ähnliche Tätigkeit übt ein Spielerberater aus, da er typischerweise an den Einnahmen des Spielers bzw. an den Transfersummen provisionsähnlich beteiligt ist und er in erster Linie auch für seine Verhandlungs- und Vermittlungstätigkeit entlohnt wird, womit seine gesamte Tätigkeit vor allem durch diese, für einen beratenden Betriebswirt untypische Tätigkeit geprägt wird (BFH 26.11.1998 – IV R 59/97, BStBl. II 1999, 167). Auch der Marktforscher ist kein beratender Betriebswirt, selbst wenn sich seine Tätigkeit auf Hauptbereiche der Betriebswirtschaft wie Produktion und Absatz bezieht; nicht jede Informationsvermittlung, die sich auf diese (oder andere) Bereiche der Betriebswirtschaft auswirkt, qualifiziert den Informanten aber bereits als beratenden Betriebswirt (BFH 27.2.1992 – IV R 27/90, BStBl. II 1992, 826).

259 Die selbständige Beratungstätigkeit eines Diplom-Wirtschaftsingenieurs auf zumindest einem Hauptgebiet der Betriebswirtschaftslehre ist trotz der Ähnlichkeit auch zum Ingenieurberuf der des beratenden Betriebswirts iSd § 18 Abs. 1 Nr. 1 zumindest ähnlich (BFH 28.8.2003 – IV R 21/02, BStBl. II 2003, 919).

260 Einkünfte werden im Katalogberuf erzielt, wenn eine berufstypische Tätigkeit ausgeübt wird. Zu Einkünften aus Geldgeschäften → Rn. 49.

261 *Einstweilen frei*

10. Technische Berufe

262 **a) Ingenieure und Vermessungsingenieure. aa) Berufsrecht.** Das Berufsrecht der Ingenieure ist nur in **Ländergesetzen** geregelt. Dies sind die Ingenieurkammer- und Ingenieurgesetze. Hinzu treten Verordnungen und kammereigene Vorgaben (siehe Steuerberater Branchenhandbuch/*Wittmann/Hennecke/Krudewig* Stichwort „Ingenieur“ Teil A Rn. 44). Kernelemente des Ingenieurberufs sind die akademische Berufsausbildung an Fachschulen, Fachhochschulen oder Hochschulen und die technische Fachausrichtung. Er ist auf allen Gebieten der Technik und der Naturwissenschaften tätig. Die Berufsaufgaben sind angepasst an die jeweiligen Fachrichtungen des Ingenieurwesens und umfassen insbesondere die technische, technisch-wissenschaftliche und technisch-wirtschaftliche Beratung, Entwicklung, Planung, Betreuung, Kontrolle und Prüfung (Projektentwicklung, Projektsteuerung und Objektunterhaltung) sowie die Sachverständigentätigkeit und Forschungsaufgaben. Zu den Berufsaufgaben gehören auch die mit der Vorbereitung, Leitung, Ausführung, Überwachung und Abrechnung zusammenhängenden Tätigkeiten (siehe Steuerberater Branchenhandbuch/*Wittmann/Hennecke/Krudewig* Stichwort „Ingenieur“ Teil A Rn. 44.1).

263 Die einzelnen **Ingenieurgesetze und Ingenieurkammergesetze der Länder** schützen die Berufsbezeichnung des Ingenieurs. Ebenfalls geschützt ist nach den Landesgesetzen die Berufsbezeichnung des beratenden Ingenieurs (Steuerberater Branchenhandbuch Ingenieur/*Wittmann/Hennecke/Krudewig* Stichwort „Ingenieur“ Teil A Rn. 40, 48).

264 Öffentlich bestellte Vermessungsingenieure unterliegen bei ihrer Berufsausübung zusätzlich den jeweiligen Gesetzen und Vorschriften der einzelnen Bundesländer über das amtliche Vermessungswesen. In den Landesgesetzen und Landesverordnungen sind die Bestellung und Amtsenthebung, Aufgaben und Amtspflichten der Vermessungsingenieure näher geregelt.

265 *Einstweilen frei*

266 **bb) Einordnung der Einkünfte. Ingenieur iSd § 18 Abs. 1 Nr. 1** ist nach der Definition des BFH derjenige, der durch die Ingenieurgesetze der Bundesländer aufgrund eines Studiums an einer wissenschaftlichen Hochschule, einer Fachhochschule, eine Ingenieurschule oder eines Betriebsführerlehrgangs an einer Bergschule befugt ist, die Berufsbezeichnung zu führen. Die Ingenieurgesetze der Länder bestimmen somit den Inhalt des einkommensteuerrechtlichen Begriffs mittelbar, indem sie die Voraussetzungen festlegen, unter denen die Berufsbezeichnung geführt und damit auch die Berufstätigkeit, die durch die Berufsbezeichnung gekennzeichnet wird, ausgeübt werden darf (BFH 18.6.1980 – I R109/77, BStBl. II 1981, 118).

Kernelement auch der einkommensteuerrechtlichen Definition des Ingenieurberufs ist hinsichtlich der **Ausbildung,** dass dieser ein Studium an einer wissenschaftlichen Hochschule, einer Fachhochschule, einer Ingenieurschule oder den Betriebsführerlehrgang an einer Bergschule erfolgreich abgeschlossen hat. 267

Zur **typischen Berufstätigkeit** hat der BFH in seiner älteren Rechtsprechung entschieden, Aufgabe des Ingenieurs sei es, auf der Grundlage natur- und technikwissenschaftlicher Erkenntnisse und unter Berücksichtigung wirtschaftlicher Belange technische Werke zu planen, zu konstruieren und ihre Fertigung zu überwachen (BFH 19.7.1985 – III R 175/80, BStBl. II 1986, 15). In jüngeren Entscheidungen stellt der BFH für die Umschreibung des Berufsbildes des Ingenieurs erweiternd darauf ab, dass nach der Verkehrsanschauung neben der Planung, Konstruktion und Fertigung technischer Werke sowie deren Überwachung auch die kontrollierende und rein beratende Tätigkeit typisch für den Beruf des Ingenieurs ist, soweit sie nicht auf bloße Absatzförderung gerichtet ist. Kernbereiche des Ingenieurberufs sind daher im Einzelnen: Forschung und Lehre, Entwicklung, Konstruktion, Planung, Fertigung, Montage, Inbetriebnahme und Instandhaltung, Vertrieb, Beratung, Versuchs- und Prüfungswesen, technische Verwaltung und Betriebsführung, Reduktion- und Prozesssteuerung, Sicherheit, Patent- und Normenwesen (BFH 22.9.2009 – VIII R 31/07, BStBl. II 2010, 467). Die Berufstätigkeit als Ingenieur setzt nicht mehr im Kern voraus, dass die konkret ausgeübte Tätigkeit ein konstruierendes Element enthält. Die auf Grundlage einer ausreichenden Ausbildung tatsächlich ausgeübte Tätigkeit muss auch nicht mehr das volle Tätigkeitsspektrum des Ingenieurberufs abdecken, sondern es ist ausreichend, wenn sich eine Tätigkeit auf das Hauptgebiet einer vergleichbaren Ingenieurtätigkeit erstreckt (siehe auch BFH 22.9.2009 – VIII R 63/06, BStBl. II 2010, 466). 268

Wie einen Ingenieur im Sinne des Katalogberufs behandelte die Rechtsprechung auch den **Diplom-Informatiker,** wenn er Systemanalyse betrieb. Sie hielt die Vergleichbarkeit der Ausbildungen aufgrund des erforderlichen Studienabschlusses des Informatikers und dessen Zielrichtung, Computer, Programme und Programmiersprachen zu erforschen, zu entwerfen und zu entwickeln, mit dem Ingenieurberuf hinsichtlich der Ausbildung und der Tätigkeit für vergleichbar. Denn soweit es um die Technik des Computers und dessen Nutzungsgrad geht, habe auch der Diplom-Informatiker mit mathematisch-technischen Fragen zu tun (BFH 4.8.1983 – IV R 6/80, BStBl. II 1983, 677). Diese annähernde Gleichstellung des Berufs des Ingenieurs und des Berufs des Diplom-Informatikers führt in der Rechtsprechung des BFH dazu, dass für die neuen EDV- und IT-Berufe im Rahmen der Prüfung, ob ein ähnlicher Beruf vorliegt, zumeist direkt auf die Vergleichbarkeit einer bestimmten Tätigkeit mit der des Diplom-Informatikers und auch auf die Vergleichbarkeit mit dessen Ausbildung abgestellt wird (→ Rn. 349). 269

Zudem werden den Ingenieuren je nach Schwerpunktsetzung auch Absolventen eines Studiums des **Wirtschaftsingenieurwesens** gleichgestellt, wenn sie auf einem Hauptgebiet des Ingenieurwesens tätig sind. Dieses interdisziplinäre Studium steht der Betriebswirtschaftslehre und dem Ingenieurwesen nahe (BFH 28.8.2003 – IV R 21/02, BStBl. II 2003, 919 und BFH 6.9.2006 – XI R 3/06, BStBl. II 2007, 118). Daher ist auch der Diplom-Wirtschaftsingenieur als Ingenieur freiberuflich tätig, wenn er in einem Teilbereich des Ingenieurwesens tätig ist (→ Rn. 259). 270

Für **Vermessungsingenieure** ist einkommensteuerrechtlich an deren Qualifikation und Tätigkeit auf Grundlage der einschlägigen amtlichen Vermessungsverordnung anzuknüpfen. Sie erfassen mit Hilfe von Mess- und Auswertungstechniken die exakte Position von Grundstücks- und Gebäudegrenzen sowie die Lage bestimmter Punkte auf der Erdoberfläche für die kartographische Darstellung oder ihre Aufnahme in Geoinformationssysteme (Korn/*Korn* § 18 Rn. 75). **Prüfingenieure,** die Hauptuntersuchungen und Sicherheitsprüfungen durchführen, üben ebenfalls eine freiberufliche Tätigkeit iSd § 18 aus (BFH 14.5. 2019 – VIII R 35/16, BStBl. II 2019, 580). 271

Zur leitenden und eigenverantwortlichen Tätigkeit des Ingenieurs bei Einsatz fachlich vorgebildeter Arbeitskräfte → Rn. 399. 272

Die Einkünfte des Ingenieurs fallen unter § 18 Abs. 1 Nr. 1, wenn sie aus einer berufstypischen Tätigkeit stammen. Zu Geldgeschäften → Rn. 49. 273

Einstweilen frei 274

275 **b) Architekten. aa) Berufsrecht. Notwendige Ausbildung** zur Ausübung des Berufs des Architekten ist der Abschluss eines Studiums. Das Studium kann sowohl an Universitäten als auch an Fachhochschulen durchgeführt werden. Weitere Ausbildungsstätten sind Technische Hochschulen, Technische Universitäten, Hochschulen für bildende Künste und Gesamthochschulen. Für die rechtliche Ausgestaltung der Berufsausübung der Architekten sind die Bundesländer zuständig, die diese Gesetzeskompetenz in Landesgesetzen wahrgenommen haben. Geschützt ist die Berufsbezeichnung als Architekt, Innenarchitekt und Landschaftsarchitekt, wenn man in die Architektenliste eingetragen ist (siehe zum Ganzen Steuerberater Branchenhandbuch/*Welter/Flad/Klein* Stichwort „Architekt" Teil B Rn. 10–12).

276 *Einstweilen frei*

277 **bb) Einordnung der Einkünfte.** Der BFH geht seit Inkrafttreten der Architektengesetze in allen Bundesländern davon aus, dass Architekt gemäß § 18 Abs. 1 Nr. 1 nur derjenige ist, der die gesetzlich erforderliche Architektenausbildung an einer höheren Fachschule oder vergleichbaren Einrichtung abgeschlossen hat oder in sonstiger Weise die Berufsbefähigung als Architekt nachweist. Wie beim Ingenieursbegriff können die Landesgesetze den Inhalt des EStG zwar nicht unmittelbar festlegen, sie bestimmen aber die Voraussetzungen, unter denen die Berufstätigkeit des Architekten ausgeübt werden darf und damit auch den einkommensteuerrechtlichen Begriff des Architekten. Auch der BFH knüpft an die Eintragung in die Architektenliste an (BFH 17.11.1981 – VIII R 121/80, BStBl. II 1982, 492).

278 Die **berufstypische Tätigkeit eines Architekten** sieht der BFH darin, dass er in Anlehnung an die Honorarordnung für Architekten (HOAI) die Planung, Überwachung und Leitung von Baumaßnahmen erledigt. Nicht mehr berufstypisch ist die Herstellung eines fertigen Gebäudes gegen ein Pauschalhonorar, da eine solche Tätigkeit der Tätigkeit des Bauunternehmers ähnelt, die den gewerblichen Einkünften zuzurechnen ist (BFH 18.10.2006 – XI R 10/06, BStBl. II 2008, 54).

279 Zu den Anforderungen an eine architektenähnliche Ausbildung und Tätigkeit → Rn. 353.

280 Außerhalb der berufstypischen Tätigkeit des Architekten liegt auch – wie bei allen Freiberuflern – die Erzielung von Einkünften aus Geldgeschäften (→ Rn. 49).

281 *Einstweilen frei*

282 **c) Handelschemiker.** Handels- und Lebensmittelchemiker sind **wissenschaftlich ausgebildet;** sie arbeiten vorwiegend mit chemisch-analytischen Methoden, aber auch mit biochemischen, mikrobiologischen und molekularbiologischen Verfahren. Die Tätigkeit des Handelschemikers zielt ihrem Wesen nach auf die Darstellung qualitativer und quantitativer Analysen, dh die Erforschung von Stoffen aller Art und ihre chemische Zusammensetzung und ihr Verhalten, wobei nicht selten schon die Methode ernsthafter und schwieriger wissenschaftlicher Überlegungen bedarf, um eine vollständige Aufschlüsselung möglicherweise sogar unbekannter Stoffe zu erreichen. Der Handelschemiker ist daher auf wissenschaftlicher Grundlage tätig (BFH 22.6.1965 – I 347/60 U, BStBl. III 1965, 593).

283 Handelschemiker oder Sachverständige für Lebensmittelchemie sind zumeist von der **Industrie- und Handelskammer** bestellt und von der Landesbehörde für die Untersuchung von Gegenproben zugelassen. Darüber hinaus ergeben sich zahlreiche weitere Tätigkeitsfelder in Laboratorien und Untersuchungsstellen im Bereich des Trinkwassers, der Umwelt (Abwasser, Luft, Boden), der Landwirtschaft, der chemischen und pharmazeutischen Industrie, der chemischen Toxikologie, der gerichtlichen Analytik und klinischen Chemie, also überall dort, wo spezielle Kenntnisse in der Analytik komplexer Substrate und der Beurteilung der Ergebnisse gefragt sind.

284 *Einstweilen frei*

11. Medienberufe

285 **a) Journalist.** Ein gesetzlich normiertes Berufsbild des Journalisten gibt es nicht; ebenso wenig ist geregelt, wer die Berufsbezeichnung Journalist tragen darf. Die Berufstätigkeit des Journalisten erfordert keine bestimmte Vorbildung (Hochschulstudium, Journalistenschule). Nach der Rechtsprechung des BFH ist die Berufstätigkeit des Journalisten iSd § 18 Abs. 1 Nr. 1 auf Informationen über gegenwartsbezogene Geschehnisse ausgerichtet; die Sammlung

und Verarbeitung von Informationen des Tagesgeschehens, die kritische Auseinandersetzung mit diesen Informationen und die Stellungnahme zu den Ereignissen auf politischem, gesellschaftlichem, wirtschaftlichem oder kulturellem Gebiet machen das Berufsbild aus. Zudem gehört es zum Wesen der selbständig ausgeübten journalistischen Tätigkeit, dass der Journalist sich mit den Ergebnissen seiner Arbeit unmittelbar oder mittelbar über ein Medium (Zeitung, Zeitschrift, Film, Rundfunk, Fernsehen oder Internet) schriftlich oder mündlich an die Öffentlichkeit wendet (BFH 24.9.1998 – IV R 16/98, BFH/NV 1999, 602; BFH 25.4.1978 – VIII R 149/74, BStBl. II 1978, 565; BFH 14.5.2014 – VIII R 18/11, BStBl. II 2015, 128).

Kennzeichnend für die Tätigkeit des Journalisten ist die journalistentypische „kritische Auseinandersetzung" mit Informationen und Stellungnahmen zu den Ereignissen auf politischem, gesellschaftlichem, wirtschaftlichem oder kulturellem Gebiet; diese liegt nicht vor, wenn eine Tätigkeit auf die unmittelbare Verkaufsförderung nach konkreten Vorgaben eines Auftraggebers ausgerichtet ist, indem sie Produkte präsentiert (BFH 16.9.2014 – VIII R 5/12, BStBl. II 2015, 217). **286**

Der BFH hat noch nicht abschließend entschieden, ob er an der Einengung der Definition der journalistischen Tätigkeit in der Rechtsprechung auf zeitbezogene Themen in Zukunft festhalten wird (BFH 16.9.2014 – VIII R 5/12, BStBl. II 2015, 217; BFH 14.5.2014 – VIII R 18/11, BStBl. II 2015, 128). **287**

Einstweilen frei **288**

b) Bildberichterstatter. Ein freiberuflicher Bildberichterstatter iSd § 18 Abs. 1 Nr. 1 Satz 2 ist nach Aufgabe und Tätigkeit ein Journalist, der an der Gestaltung des geistigen Inhalts publizistischer Medien (Zeitungen, Zeitschriften, Film, Fernsehen) mitwirkt. Ihren journalistischen Charakter erhält diese Tätigkeit durch die auf individueller Beobachtung beruhende Erfassung des Bildmotivs und seines Nachrichtenwertes. Die Bilder müssen als aktuelle Nachrichten über Zustände oder Ereignisse politischer, wirtschaftlicher, gesellschaftlicher oder kultureller Art für sich selbst sprechen, **müssen jedoch nicht mit erklärenden Texten versehen sein.** Sinn und Zweck der Bilder muss darin bestehen, der Allgemeinheit über ein allgemein oder doch weite Kreise interessierendes Thema zu berichten (BFH 19.2.1998 – IV R 50/96, BStBl. II 1998, 44). Wenngleich sich die Tätigkeiten eines Journalisten und eines Bildberichterstatters im Kern überschneiden, muss der Bildberichterstatter aber nicht zugleich Journalist sein (BFH 20.12.2000 – XI R 8/00, BStBl. II 2002, 478). **289**

Der in der aktuellen Berichterstattung für das Fernsehen selbständig tätige Kameramann übt als Bildberichterstatter jedenfalls dann eine freiberufliche Tätigkeit iSd § 18 Abs. 1 Nr. 1 S. 2 aus, wenn das von ihm erstellte Bildmaterial auf der Erfassung des Bildmotivs und seines Nachrichtenwerts aufgrund eigener individueller Beobachtung beruht. Eine textliche Bearbeitung der Bildwerke ist nicht erforderlich (BFH 25.11.1970 – I R 78/69, BStBl. II 1971, 267; BFH 17.12.1964 – IV 223/63 U, BStBl. III 1965, 143; BFH 7.3.1974 – IV R 196/72, BStBl. II 1974, 383). **290**

Ein Fotograf ist Gewerbebetreibender, wenn seine Bilder in erster Linie Werbezwecken seines Auftraggebers dienen, selbst wenn sie in Zeitungen und Zeitschriften veröffentlicht werden (BFH 19.2.1998 – IV R 50/96, BStBl. II 1998, 441). Als gewerbliche Tätigkeiten eines Fotografen, die weder künstlerisch sind noch unter die Bildberichterstattung fallen, wurden bisher eingestuft (Steuerberater Branchenhandbuch/*Schoberth/Metz/Krudewig* Stichwort „Fotograf" Teil C Rn. 79–84): Filmstar-Fotograf: (BFH 10.12.1964 – IV 238/61 U, BStBl. III 1965, 114); Gemälde- und Kunstwerk-Fotograf (BFH 7.10.1971 – IV R 139/66, BStBl. II 1972, 335); Landschaftsfotograf (FG Hessen 26.10.1966 – IV 200/66, EFG 1967, 149); Luftbildfotograf (BFH 25.11.1970 – I R 78/69, BStBl. II 1971, 267); Mode- und Werbefotograf (BFH 24.1.1963 – 321/61 U, BStBl. III 1963, 216; BFH 13.4.1967 – IV R 255/66, BStBl. III 1967, 371; BFH 14.2.1976 – VIII R 76/75, BStBl. II 1977, 474; BFH 19.2.1998 – IV R 50/96, BStBl. II 1998, 441) und der Porträtfotograf (BFH 7.10.1971 – IV R 139/66, BStBl. II 1972, 335). **291**

Wie bei den übrigen Katalogberufen setzt die Einkünfteerzielung aus freiberuflicher Tätigkeit für beide Berufe jeweils eine berufstypische Tätigkeit voraus. Zu Geldgeschäften → Rn. 47. **292**

Einstweilen frei **293**

12. Dolmetscher und Übersetzer

294 **a) Berufsrecht und prägende Elemente.** Als Dolmetscher und Übersetzer werden Sprachkundige bezeichnet, die die Verständigung zwischen Menschen verschiedener Sprachen vermitteln (Blümich/*Hutter* § 18 Rn. 152). Hinsichtlich des zivilrechtlich geschuldeten Erfolgs bestehen zwischen dem Übersetzer und dem Dolmetscher jedoch Unterschiede. Der Übersetzer fertigt ein Werk (die Übersetzung) gegen Zahlung einer vereinbarten Vergütung und ist auf der Grundlage eines zivilrechtlichen Werkvertrags tätig. Der Dolmetscher hingegen schuldet die Erbringung eines Dienstes im Rahmen eines zivilrechtlichen Dienstvertrags (siehe Steuerberater Branchenhandbuch/*Eith/Morgenstern/Freynhofer* Stichwort „Dolmetscher, Übersetzer" Teil B Rn. 13 ff.).

295 Für Übersetzer und Dolmetscher gibt es in einzelnen Bundesländern staatliche Prüfungen, die in der Regel kein Studium voraussetzen. Es kann aber auch eine Berufsausbildung an einem spezialisierten Institut oder an einer spezialisierten Hochschule, teilweise mit akademischem Abschluss, erreicht werden. Der Bundesverband der Dolmetscher und Übersetzer e.V. hat für seine Mitglieder zur Regelung eines freiwilligen Standesrechts eine Berufs- und Ehrenordnung herausgegeben. (Steuerberater Branchenhandbuch/*Eith/Morgenstern/Freynhofer* Dolmetscher, Übersetzer Teil B Rn. 20).

296 **b) Einordnung der Einkünfte.** Der BFH grenzt zwischen der schriftstellerischen Tätigkeit und der übersetzenden Tätigkeit danach ab, ob der Übersetzer im Rahmen seiner Arbeit eigenschöpferisch tätig wird. Soweit sich die Gedanken des Übersetzers darauf beschränken, den Eigenarten der Sprachen gerecht zu werden und der Gesamtcharakter der Tätigkeit im Wesentlichen von der rein technischen Arbeit der Wiedergabe fremdsprachlicher Texte und der Bindung an diesen Text geprägt ist, liegt keine schriftstellerische, sondern eine übersetzende Tätigkeit vor. Die Tätigkeit eines Übersetzers, der zB wichtige Werke der gegenwärtigen Weltliteratur und Lyrik ins Deutsche überträgt, ist aber eine schriftstellerische Tätigkeit, wenn die Elemente der Sprachschöpfung – dh die ‚Nachschöpfung' und das kongeniale Erfassen der inhaltlichen und formalen Gedanken des Autors bei der Übertragung der Fremdsprache in den Vordergrund treten und das Ergebnis der Arbeit prägen (siehe BFH 30.10.1975 – IV R 142/72, BStBl. II 19 76, 192 sowie BFH 26.5.1971 – IV 280/65, BStBl. II 1971, 703).

297 Einkünfte aus der freiberuflichen Tätigkeit erzielt der Dolmetscher/Übersetzer, sofern er Vergütungen für seine berufstypische Tätigkeit erzielt. Zu Geldgeschäften → Rn. 47. Zur Steuerbefreiung eines nur tageweise für den Europarat tätigen Dolmetschers nach dem Allgemeinen Abkommen über die Vorrechte und Befreiungen des Europarates vom 2.9.1949 siehe FG Berlin-Brandenburg 22.8. 2019 – 12 K 12304/16, Rev VIII R 33/19.

298 Eine leitende und eigenverantwortliche freiberufliche Übersetzungstätigkeit gemäß § 18 Abs. 1 Nr. 1 Satz 3 ist bei Mitarbeit fachlich vorgebildeter Übersetzer nach der ständigen Rechtsprechung des BFH nur dann anzunehmen, wenn der Übersetzer aufgrund eigener Sprachkenntnisse in der Lage ist, auch zugekaufte und beauftragte Übersetzungsleistungen entweder selbst zu erbringen oder aber die zugekauften Fremdübersetzungen zu prägen. Sind diese Voraussetzungen nicht erfüllt, liegt eine gewerbliche Betätigung vor. Dieses Problem lässt sich auch nicht durch den Einsatz moderner Datenbanksysteme (Translation-Memory-Systeme, sog. TMS) umgehen, indem häufig wiederkehrende Textblöcke in fremden Sprachen zugekauft und eingespeist und später als eigene Übersetzung geliefert werden (BFH 21.2.2017 – VIII R 45/13, BStBl. II 2018, 4 mit weiteren Nachweisen).

299 *Einstweilen frei*

13. Lotsen

300 **a) Berufsrecht. Seelotsen:** Die Tätigkeit eines Lotsen richtet sich nach dem Bundesgesetz über das Lotsenwesen (Seelotsengesetz = SLG) in der Neufassung vom 13. September 1984 (BGBl. 1984 I 1213 und den danach ergangenen Änderungsgesetzen). Seelotse im Sinne dieses Gesetzes ist, wer nach behördlicher Zulassung auf Seeschifffahrtsstraßen außerhalb der Häfen berufsmäßig Schiffe als orts- und schiffahrtskundiger Berater geleitet (§ 1 Satz 1 SLG). Seelotsreviere sind gemäß § 2 SLG Fahrtstrecken und Seegebiete, für die zur Sicherheit der

Schifffahrt die Bereitstellung einheitlicher, ständiger Lotsendienste angeordnet ist. Wer den Beruf eines Seelotsen in einem Seelotsrevier ausüben will, bedarf einer Bestallung (§ 7 SLG). Hierfür hat sich ein Seelotsenanwärter, der die persönlichen Anforderungen gemäß § 9 SLG erfüllen muss, der für das Seelotsrevier vorgeschriebenen Ausbildung und nach deren Abschluss einer Prüfung durch die Aufsichtsbehörde zu unterziehen (§ 10 SLG) und ist nach bestandener Prüfung von der Aufsichtsbehörde durch Aushändigung einer Urkunde zum Seelotsen zu bestallen (§ 11 SLG).

Die für ein Seelotsrevier bestallten Seelotsen bilden eine Lotsenbrüderschaft, die eine Körperschaft des öffentlichen Rechts ist (§ 27 Abs. 1 SLG). Sie wird durch den sog. Ältermann gerichtlich und außergerichtlich vertreten (§ 31 SLG). 301

Nach § 21 Abs. 1 SLG übt der für ein Revier bestellte Seelotse seine Tätigkeit als freien, nicht gewerblichen Beruf in eigener Verantwortung aus, unterliegt aber im Übrigen der Aufsicht nach Maßgabe des Gesetzes (§ 21 Abs. 2 SLG). Das Entgelt für die Leistungen des Seelotsen ist das Lotsgeld (§ 45 Abs. 1 Satz 2 SeeLG). Daneben sind für die Bereitstellung der Lotseinrichtungen für ein Schiff, das ein Seelotsrevier befährt, Abgaben (Lotsabgaben) zu entrichten (§ 45 Abs. 1 Satz 1 SLG). 302

Andere Lotsen als Seelotsen: Wer außerhalb eines Seelotsreviers die Tätigkeit eines Seelotsen ausüben will, bedarf einer Erlaubnis. Die Erlaubnis wird von der Aufsichtsbehörde erteilt, wenn der Antragsteller die Voraussetzungen des § 9 erfüllt, das Lebensalter von 60 Jahren noch nicht vollendet hat, ausreichende praktische Erfahrungen sowie theoretische Kenntnisse für das Fahrtgebiet besitzt, in dem er seine Tätigkeit ausüben will, und eine Prüfung abgelegt hat (§ 42 SLG). 303

Einstweilen frei 304

b) Einordnung unter die Katalogberufe und Einzelfragen. Steuerrechtlich wurden die Einkünfte der Seelotsen früher als Einkünfte aus Gewerbebetrieb behandelt (vgl. BFH 8.7.1954 – IV 60/53 U, BStBl. III 1954, 261; BFH 17.3.1960 – IV 178/58 U, BStBl. III 1960, 209). Erstmals ab 1. Januar 1960 wurden die Lotsen durch eine ausdrückliche steuergesetzliche Regelung den freien Berufen zugeordnet (§ 18 Abs. 1 Nr. 1 EStG 1960). Nach BFH 16.5.2002 – IV R 94/99, BStBl. II 2002, 565 sind die Bindung der Tätigkeit an eine Bestallung/Erlaubnis und die Überwachung der Tätigkeit durch die Lotsenbrüderschaft das Berufsbild prägende Elemente, die auch im Rahmen einer Ähnlichkeitsprüfung zu beachten sind. 305

Die Regelung des § 3b, die nur für Arbeitnehmer gilt, gilt somit nicht für Lotsen (BFH 21.5.1987 – IV R 339/84, BStBl. II 1987, 625). 306

Die Gewinnermittlung eines Lotsen ist gemäß § 4 Abs. 1 bzw. § 4 Abs. 3 vorzunehmen (BFH 21.5.1987 – IV R 339/84, BStBl. II 1987, 625). „Überbrückungsgelder", die ein Seelotse nach dem Ende der Bestallung erhält, sind als nachträgliche Betriebseinnahmen im Zeitpunkt des Zuflusses zu erfassen, da sie zwar mit dem Betrieb zusammenhängen, jedoch kein Ausfluss einer Leistung des Betriebsinhabers sind (FG Niedersachsen 5.7.2006 – 2 K 592/04, EFG 2006, 1894). Zur örtlichen Zuständigkeit des Finanzamts für die Feststellung der Einkünfte aus freiberuflicher Lotsentätigkeit gemäß § 180 Abs. 1 Nr. 2 Buchst. b AO vgl. BFH 17.12.2003 – XI R 13/01, BFH/NV 2004, 909 und BFH 9.8.1995 – XI R 109/92, BFH/NV 1996, 404. 307

Fahrtkosten eines selbständig tätigen Lotsen zwischen seiner Wohnung und dem mit einer Lotsenstation versehenen Hafen des Lotsreviers seiner Lotsenbrüderschaft sind regelmäßig nach § 4 Abs. 5 Satz 1 Nr. 6 Satz 1 nur in Höhe der Entfernungspauschale als Betriebsausgabe abziehbar. Das Lotsrevier einer Lotsenbrüderschaft ist aus Sicht des BFH eine großräumige Betriebsstätte, weil es alle Fahrstrecken in einem durch normative Regelungen begrenzten Einzugsbereich umfasst, in dem jeder Lotse gemeinschaftlich mit den anderen Mitgliedern der Seelotsenbrüderschaft den Mittelpunkt seiner betrieblichen Tätigkeit hat. Die Lotsenstation ist als ortsfeste Einrichtung für die Durchführung der von der Lotsenbrüderschaft in ihrer gesamthänderischen Verbundenheit zu leistenden Lotsendienste wesentlicher Teil der Organisation und Steuerung der Einsätze der Lotsen. Der prägende – regionsbezogene – Schwerpunkt der Arbeitstätigkeit des Lotsen schließt es auch aus, den Mittelpunkt der Lotsentätigkeit auf den jeweils gelotsten Schiffen oder in den nur der Arbeitsvorbereitung oder Arbeitsnachbereitung dienenden Büros der Lotsen zu sehen. Allerdings kann es unter 308 dem Gesichtspunkt der Gleichbehandlung von Werbungskosten- und Betriebsausgabenabzug geboten sein, die von der Rechtsprechung für den Fahrtkostenabzug von Arbeitnehmern mit ständig wechselnden Einsatzstellen entwickelten Grundsätze auch auf den Regelungsbereich des § 4 Abs. 5 Satz 1 Nr. 6 zu übertragen und Fahrtkosten ausnahmsweise zum uneingeschränkten Betriebsausgabenabzug zuzulassen, soweit sie zwischen Wohnung und ständig wechselnden Beschäftigungsstätten angefallen sind (BFH 29.4.2014 – VIII R 33/10, BStBl. II 2014, 777; siehe auch BFH 11.11.2014 – VIII R 46/12, BeckRS 2015, 94764; *Brandt* jurisPR-SteuerR 35/2015 Anm. 3).

309 Beiträge an die Gemeinsame Ausgleichskasse der Seelotsen als Versorgungswerk sind weder Betriebsausgaben noch gemäß § 9 abziehbare Werbungskosten bei den sonstigen Einkünften iSv § 22 Nr. 1 Satz 3 Buchst. a; durch das Alterseinkünftegesetz ist insoweit keine Änderung eingetreten (BFH 9.5.2007 – XI R 43/06, BFH/NV 2007, 1859). Es handelt sich um Sonderausgaben.

310 *Einstweilen frei*

14. Ähnliche Berufe

311 **a) Maßstab der Ähnlichkeitsprüfung. aa) Vergleichbarkeit mit konkretem Katalogberuf.** Geht es darum, ob eine Berufstätigkeit der eines Katalogberufs ähnlich ist, genügt nach der ständigen Rechtsprechung eine sog. Gruppenähnlichkeit, also die Ähnlichkeit zum „Freiberufler an sich" (wie etwa eine akademische oder eine andere besonders anspruchsvolle und zeitaufwändige Ausbildung oder ein mit der Berufsausübung nach allgemeiner Anschauung verbundener sozialer Status) oder zu einer bestimmten Gruppe freiberuflicher Tätigkeiten nicht. Da der Gesetzgeber die Katalogberufe detailliert aufzählt, müssen die ähnlichen Berufe speziell einem dieser Berufe ähnlich sein (zB BFH 25.4.2017 – VIII R 24/14, BStBl. II 2017, 908; BFH 14.5.2015 – VIII R 18/11, BStBl. II 2015, 128, mwN; BFH 16.9.2014 – VIII R 5/12, BStBl. II 2015, 21; BFH 14.2.2013 – III B 67/12, BFH/NV 2013, 920; BFH 19.9.2002 – IV R 74/00, BStBl. II 2003, 27; BFH 9.3.2005 – IV B 74/03, BFH/NV 2005, 1289; BFH 5.7.1973 – IV R 127/69, BStBl. II 1973, 730; BFH 5.11.1970 – IV R 127/70, BStBl. II 1971, 319). Zu einzelnen ähnlichen und nichtähnlichen Berufen die Arbeitshilfe in → Rn. 407.

312 *Einstweilen frei*

313 **bb) Vergleichskriterien.** Ein Beruf ist einem der Katalogberufe iSd § 18 Abs. 1 Nr. 1 ähnlich, wenn er in wesentlichen Punkten mit ihm verglichen werden kann. Dazu gehört die Vergleichbarkeit der Ausbildung und der beruflichen Tätigkeit, insbesondere auch, ob für diese Tätigkeit eine Zulassung oder Erlaubnis erforderlich ist (ständige Rechtsprechung, siehe BFH 12.10.1989 – IV R 118-119/87, BStBl. II 1990, 64).

314 Besonderheiten gelten für die Ähnlichkeitsprüfung bei den Heilhilfsberufen (→ Rn. 324). Siehe zu den besonderen Grundsätzen (Vergleichbarkeitsprüfung anhand des Nicht-Katalogberufs des Diplom-Informatikers bei EDV-Berufen → Rn. 348).

315 Allgemeine Grundsätze zur Vergleichbarkeitsprüfung bei Autodidakten nach Abschnitt EStH 15.6:

Vergleichbarkeit der Breite und Tiefe der Tätigkeit: Der Nachweis **ingenieurähnlicher Tätigkeiten** kann nicht durch eine Tätigkeit erbracht werden, die auch anhand von Formelsammlungen und praktischen Erfahrungen ausgeübt werden kann (BFH 11.7.1991 – IV R 73/90, BStBl. II 1991, 878). Demgegenüber werden an die Breite der Tätigkeit geringere Anforderungen gestellt (BFH 14.3.1991 – IV R 135/90, BStBl. II 1991, 769).

Vergleichbarkeit der Vorbildung mit dem Katalogberuf: Verfügt der Steuerpflichtige nicht über einen entsprechenden Studienabschluss (Autodidakt), muss er eine diesem vergleichbare Tiefe und Breite seiner Vorbildung nachweisen. Da der Nachweis durch Teilnahme an Kursen oder Selbststudium auch den Erfolg der autodidaktischen Ausbildung mit umfasst, ist dieser Beweis regelmäßig schwer zu erbringen (BFH 14.3.1991 – IV R 135/90, BStBl. II 1991, 769).

Eine Vergleichbarkeit der Ausbildung erfordert, dass **der Tiefe und der Breite nach** das Wissen des Kernbereichs des jeweiligen Fachstudiums nachgewiesen wird. Vertiefte Kenntnisse auf einem Teilgebiet des Fachstudiums reichen für eine freiberufliche Tätigkeit nicht aus (BFH 18.4.2007 – XI R 29/06, BStBl. II 2007, 781). Es ist aber unschädlich, wenn die Kenntnisse in einem Hauptbereich des Fachstudiums unzureichend sind, der Steuerpflichtige jedoch insgesamt eine entsprechende Abschlussprüfung an einer Hochschule, Fachhochschule oder Berufsakademie bestehen würde (BFH 19.9.2002 – IV R 74/00, BStBl. II 2003, 27 und BFH 28.8.2003 – IV R 21/02, BStBl. II 2003, 919).

Einstweilen frei **316–317**

cc) Prozessuale Fragen bei Autodidakten. Die Vergleichbarkeit **der ausgeübten Tätigkeit** in den Streitjahren mit der Tätigkeit im jeweiligen Katalogberuf ist idR anhand von Arbeitsproben nachzuweisen. Das FG darf einem Sachverständigen in zulässiger Weise auch zur Begutachtung übertragen, ob die Urheberschaft des Klägers an den vorgelegten Arbeitsproben/Projektunterlagen feststeht. Hierin liegt die zulässige Ermittlung sog. Anknüpfungstatsachen (§ 404a Abs. 4 ZPO), wenn das FG diese Tatsache nicht in eigener Sachkunde aufklären kann (BFH 11.11.2014 – VIII R 17/12, BeckRS 2015, 94885). **318**

Den Nachweis, dass der Steuerpflichtige sich als Autodidakt **das notwendige Wissen** (eine Vorbildung in vergleichbarer Breite und Tiefe) angeeignet und hierüber in den Streitjahren verfügt hat, kann er auf verschiedene Weise führen. In Betracht kommt der Nachweis durch erfolgreich abgeschlossene Fortbildungsmaßnahmen und/oder das Selbststudium und eigene praktische Arbeiten (BFH 3.5.2016 – VIII R 4/13, BFH/NV 2016, 1275). **319**

Es darf anhand der praktischen Arbeiten eines Autodidakten zum Nachweis der Vergleichbarkeit der Tätigkeit **auch auf dessen vergleichbare Vorbildung** zurückgeschlossen werden, wenn die ausgeübte Tätigkeit Fachkenntnisse voraussetzt, die üblicherweise beim Erwerb eines Abschlusses durch eine qualifizierte Berufsausbildung vermittelt werden (BFH 25.4.2002 – IV R 4/01, BStBl. II 2002, 475 mwN; BFH 4.5.2004 – XI R 9/03, BStBl. II 2004, 989; BFH 11.8.1999 – XI R 47/98, BStBl. II 2000, 31; BFH 9.7.1992 – IV R 116/90, BStBl. II 1993, 100). Die praktischen Arbeiten müssen so beschaffen sein, dass aus ihnen auf eine Ausbildung, einen Kenntnisstand und eine Qualifikation geschlossen werden kann, die durch den Kernbereich eines Fachstudiums vermittelt wird. **320**

Schließlich ist es auch möglich, den Nachweis hinreichender Kenntnisse durch eine sog. **Wissensprüfung** zu führen, die zu beantragen ist (BFH 26.6.2002 – IV R 56/00, BStBl. II 2002, 768). Ein Anspruch auf eine Wissensprüfung setzt nach ständiger Rechtsprechung voraus, dass sich aus den vorgetragenen Tatsachen zum Erwerb und Einsatz der Kenntnisse (zB Umfang des Selbststudiums/Verlauf eines abgebrochenen Studiums) erkennen lässt, dass der Kläger in den Streitjahren über hinreichende Kenntnisse verfügen könnte (BFH 26.6.2002 – IV R 56/00, BStBl. II 2002, 768; BFH 16.12.2008 – VIII R 27/07, HFR 2009, 898 mwN; BFH 16.9.2014 – VIII R 8/12, BeckRS 2015, 94121). Selbst eine erfolgreich bestandene Wissensprüfung während des (meist viele Jahre späteren) FG-Verfahrens führt aber nur dann zur Anerkennung einer freiberufsähnlichen Tätigkeit in den früheren Streitjahren, wenn sie den Rückschluss auf den Kenntnisstand des Steuerpflichtigen in den früheren Jahren zulässt; ob insoweit Zweifel bestehen, hat das FG als Tatsacheninstanz unter Würdigung aller Umstände des Einzelfalls zu beurteilen (BFH 20.10.2016 – VIII R 2/14, BStBl. II 2017, 882). **321**

Einstweilen frei **322**

b) Ähnlichkeitsprüfung bei den Heil- und Heilhilfsberufen. aa) Ähnlichkeitsmaßstab. Heil- und Heilhilfsberufe: Der BFH vertritt in ständiger Rechtsprechung in Anlehnung an den erlaubnispflichtigen Beruf des Arztes/Zahnarztes/Heilpraktikers, dass eine Ähnlichkeit zu einem dieser Berufe die Erlaubnispflicht des Ähnlichkeitsberufs erfordert. Ist für die Ausübung des Katalogberufs eine Erlaubnis erforderlich oder ist die Ausübung des Katalogberufs ohne Erlaubnis mit Strafe bedroht (so für den Heilpraktiker), so kann eine Ähnlichkeit nur gegeben sein, wenn für die Ausübung des vergleichbaren Berufs ebenfalls eine Erlaubnis erforderlich ist (vgl. zB BFH 21.9.1989 – IV R 117/87, BStBl. II 1990, 153; BFH 15.5.1997 – IV R 33/95, BFH/NV 1997, 751; BFH 22.1.2004 – IV R 51/01, BStBl. II 2004, 509; BFH 20.3.2003 – IV R 69/00, BStBl. II 2003, 480; BFH 20.11.2018 – VIII R 26/15, BFH/NV 2019, 629). **323**

Von großer Bedeutung für die **Ähnlichkeitsprüfung im Bereich der Heil- und Heilhilfsberufe** sind jedoch die Urteile des BFH 20.3.2003 – IV R 69/00, BStBl. II 2003, 480 und BFH 22.1.2004 – IV R 51/01, BStBl. II 2004, 509. Der BFH hat in diesen Entscheidun- **324** gen die Voraussetzungen für die Ähnlichkeitsprüfung mit dem Katalogberuf des Krankengymnasten geklärt. Da es für dessen Berufsausübung keiner staatlichen Erlaubnis bedarf, sondern die Berufsbezeichnung dem Wettbewerbsschutz und dem Schutz der Gebietsbezeichnung (Namensrecht) dient, ist unter den Voraussetzungen der Ähnlichkeitsprüfung für nicht erlaubnispflichtige Heilberufe der Weg in die Freiberuflichkeit eröffnet.

325 Nach BFH 20.3.2003 – IV R 69/00, BStBl. II 2003, 480 und BFH 22.1.2004 – IV R 51/01, BStBl. II 2004, 509 ist anerkannt, dass unter den „ähnlichen Beruf" eine Berufstätigkeit fallen kann, die sich **auf einzelne heilkundliche Verrichtungen beschränkt, ohne einer staatlichen Erlaubnis zu bedürfen.** Es genügt in diesen Fällen, wenn die Berufsbezeichnung beispielsweise durch Wettbewerbs- oder Namensrecht geschützt ist.Für die Vergleichbarkeit der Tätigkeit gibt die Zulassungsvorschrift des § 124 Abs. 2 SGB V Anhaltspunkte, die „Heilmittel, die als Dienstleistung abgegeben werden" und bestimmte weitere Tätigkeiten erfasst. Heilmittel im Sinne des § 124 SGB V sind ausschließlich persönliche medizinische Dienstleistungen, die außerhalb der ärztlichen Verantwortung, aber aufgrund ärztlicher Verordnung von selbständigen Leistungserbringern abgegeben werden (BSG 28.6.2001 – B 3 KR 3/00 R, BSGE 88, 204 Rn. 36; Hauck/Noftz/*Luthe* SGB V § 124 Rn. 5).

326 Aus Sicht des BFH bewirkt die Zulassung des jeweiligen Steuerpflichtigen bzw. die regelmäßige Zulassung seiner Berufsgruppe nach § 124 Abs. 2 SGB V durch die zuständigen Stellen der gesetzlichen Krankenkassen eine Regelvermutung dafür, dass eine dem Katalogberuf des Krankengymnasten ähnliche Tätigkeit vorliegt. Die Regelvermutung erfasst sowohl die Vergleichbarkeit ***der Art der Tätigkeit*** als auch die Vergleichbarkeit ***der Ausbildung in Breite und Tiefe.*** Zudem gilt eine solche Regelvermutung nunmehr auch dann, wenn die Leistungserbringung Gegenstand integrierter Verträge (§§ 140a ff. SGB V – IV-Verträge) des Leistungserbringers oder seines Berufsverbandes mit einer Krankenkasse ist, danach für die Abrechenbarkeit auf einer ärztlichen Anordnung beruhen muss und die Versorgungsverträge bestimmte Anforderungen an die Qualifikation des Erbringers der Heilleistung stellen (BFH 20.11.2018 – VIII R 26/15, BFH/NV 2019, 629 zum Heileurythmisten). Nicht erforderlich ist hingegen, dass die Krankenkassen die Kosten „regelmäßig" übernehmen, dh es genügt bereits die Kostenübernahme durch einige wenige Krankenkassen aufgrund von IV-Verträgen, um eine vergleichbare Tätigkeit und Ausbildung vermuten zu können. Fehlt es an einer Zulassung gemäß § 124 Abs. 2 SGB V oder an einem solchen Versorgungsvertrag, haben die Finanzämter und ggf. die Finanzgerichte (ggf. durch Einholung eines Sachverständigengutachtens) festzustellen, ob die Vergleichbarkeit der Ausbildung, der Erlaubnis und der Tätigkeit mit dem Beruf des Krankengymnasten gegeben ist und die Anforderungen des § 124 Abs. 2 SGB V erfüllt sind (siehe Anfragebeschluss des BFH 20.3.2003 – IV R 69/00, BStBl. II 2003, 480).

327 Auch nach hM wird für die Ähnlichkeitsprüfung bei den Heilhilfsberufen die Vergleichbarkeit **eines nicht regulierten Heilhilfsberufs** mit dem des Krankengymnasten bejaht, wenn neben der vergleichbaren Tätigkeit eine vergleichbare anderweitige qualifizierte Berufsausbildung nachgewiesen werden kann, die Erlaubnis einer Berufsorganisation für diese Tätigkeit vorliegt oder auf Grundlage des § 124 SGB V/eines IV-Vertrags gemäß § 140a SGB V die Tätigkeit einer bestimmten Berufsgruppe durch die gesetzlichen Krankenkassen anerkannt wird (Korn/*Korn* § 18 Rn. 86.2; Kirchhof/*Pfirrmann* § 18 Rn. 84; Schmidt/*Wacker* § 18 Rn. 130; HHR/*Brandt* § 18 Rn. 216, 219). Die **Finanzverwaltung** (BMF 22.10.2004,BStBl. I 2004, 1030; OFD Frankfurt a.M. 2.4.2015, DStR 2015, 1177) folgt dem jedenfalls für medizinische Berufe, die gemäß § 124 SGB V zugelassen werden.

328 **Keine Verknüpfung mehr mit der Umsatzsteuer:** Ob ein einem Katalogberuf iSd § 18 ähnlicher Beruf vorliegt, bestimmt sich nur nach ertragsteuerlichen Grundsätzen (BFH 25.4.2017 – VIII R 24/14, BStBl. II 2017, 908; BFH 11.5.2012 – V B 106/11, BFH/NV 2012, 1339), nicht nach den im Zusammenhang mit der richtlinienkonformen Auslegung des § 4 Nr. 14 des UStG entwickelten Maßstäben (vgl. zur richtlinienkonformen Auslegung zB Urteile BFH 26.8.2014 – XI R 19/12, BStBl. II 2015, 310; BFH 9.9.2015 – XI R 31/13, BFH/NV 2016, 249). Die Entscheidung des BFH zum Heileurythmisten nimmt zum Nachweis der erforderlichen Berufsqualifikation eines Heileurythmisten auch die Rechtsprechung zur Auslegung des § 4 Nr. 14 UStG in den Blick, nach der sich der Befähigungsnachweis für die Erbringung der Heilbehandlung auch aus dem Abschluss eines Integrierten

Versorgungsvertrags nach §§ 140a ff. SGB V zwischen dem Berufsverband des Leistungserbringers und den gesetzlichen Krankenkassen ergeben kann (BFH 20.11.2018 – VIII R 26/15, BFH/NV 2019, 629).

bb) Ähnlichkeit zum Arzt/Laborarzt/Zahnarzt/Dentisten. Psychologischer Psychotherapeut und die Tätigkeit als Kinder- und Jugendlichenpsychotherapeut: Die Tätigkeit als nichtärztlicher Psychologischer Psychotherapeut und die Tätigkeit als nichtärztlicher Kinder- und Jugendlichenpsychotherapeut ist nach hM in ihren wesentlichen Merkmalen der Tätigkeit und Ausbildung des Arztes als Katalogberuf iSd § 18 Abs. 1 Nr. 1 Satz 2 ähnlich. Die Ausübung der **nichtärztlichen psychotherapeutischen Tätigkeit** ist gemäß § 1 PsychThG ebenso wie die ärztliche Tätigkeit von einer staatlichen Erlaubnis (Approbation) abhängig und damit in dieser Form die Ausübung heilkundlicher Psychotherapie (zur Abgrenzung → Rn. 330). Es liegt auch eine **Vergleichbarkeit der Ausbildungen** vor: Erforderlich für den Zugang zum Beruf ist ein abgeschlossenes Psychologiestudium an einer Universität oder gleichwertigen Hochschule, für Kinder- und Jugendlichenpsychotherapeuten ist ein abgeschlossenes Pädagogik- oder sozialpädagogisches Studium an einer Universität oder gleichwertigen Hochschule Voraussetzung. Die Ausbildung dauert in Vollzeit mindestens drei Jahre und in Teilzeit mindestens fünf Jahre. Sie besteht aus einem theoretischen Teil, einer praktischen Ausbildung mit Krankenbehandlung unter Supervision sowie einer Selbsterfahrung und schließt mit einer staatlichen Prüfung ab. Die Ausbildung kann nach § 6 PsychThG nur an anerkannten Ausbildungsstätten absolviert werden. Die Ausbildungsinhalte sind in den Ausbildungs- und Prüfungsverordnungen auf Basis der Ermächtigungsgrundlage des § 8 PsychThG geregelt (Steuerberater Branchenhandbuch 2017/*Berner/Gebler* Stichwort „Psychotherapeut" Teil B Rn. 31–33, Teil C Rn. 68; *Klaßmann ua* Besteuerung der Ärzte, Zahnärzte und sonstiger Heilberufe, 9. Aufl. 2015, Rn. 641; BMF 22.10.2004, BStBl. I 2004, 1022). 329

Diplom-Psychologe mit Tätigkeit außerhalb der Psychotherapie: Die psychologische Beratung außerhalb der Psychotherapie durch Diplom-Psychologen ist dem Arztberuf nach hM nicht vergleichbar, weil es an einer Vergleichbarkeit der Tätigkeit fehlt. Denn die psychologische Beratung stellt keine heilkundliche Tätigkeit dar; allenfalls kann im Einzelfall eine wissenschaftliche Tätigkeit vorliegen (Steuerberater Branchenhandbuch 2017/*Berner/Gebler* Stichwort „Psychotherapeut" Teil C Rn. 69; *Klaßmann ua* Besteuerung der Ärzte, Zahnärzte und sonstiger Heilberufe, 9. Aufl. 2015, Rn. 641). 330

Ähnlichkeit zum Laborarzt: Die von einem Klinischen Chemiker erbrachten labordiagnostischen Leistungen werden zwar im Bereich der Heilkunde erbracht; es fehlt für die Ähnlichkeit zum Laborarzt aber an der Vergleichbarkeit der Ausbildungen (BFH 25.3.1977 – V R 144/74, BStBl. II 1977, 579). 331

Zahntechniker: Dem Beruf des Zahnarztes oder des Dentisten kann der Beruf des Zahntechnikers nicht gleichgestellt werden, da sowohl die Ausbildung als auch die Tätigkeit nicht mit einem dieser Katalogberufe vergleichbar ist (vgl. auch BFH 25.11.1981 – I R 54/77, BStBl. II 1982, 189). 332

Einstweilen frei 333

cc) Ähnlichkeit zum Tierarzt. Der Besamungstechniker übt keine dem Tierarzt ähnliche Tätigkeit aus (BFH 23.8.1966 – I R 96/66, BStBl. III 1966, 677). Gleiches gilt für den Hufbeschlagschmied (FG Hamburg 9.5. 2019 – 2 K 342/17, EFG 2019, 1383 mAnm *Kögel*). 334

dd) Ähnlichkeit zum Heilpraktiker. Ein Beruf, der sich auf heilkundliche Verrichtungen beschränkt, die entweder keine ärztlichen Fähigkeiten voraussetzen oder nicht einmal mittelbar zu gesundheitlichen Schäden führen können, ist der Tätigkeit des Heilpraktikers nicht vergleichbar (BFH 28.8.2003 – IV R 69/00, BStBl. II 2004, 954 unter Aufgabe der Rechtsprechung im BFH-Urteil 21.6.1990 – V R 97/84, BStBl. II 1990, 804 und als Reaktion auf den Beschluss des BVerfG 29.10. 999 – 2 BvR 1264/90, BStBl. II 2000, 155). Da es für den Heilpraktikerberuf an einem vorgeschriebenen Ausbildungsgang fehlt, kann die Ähnlichkeit des Vergleichsberufs ***nicht anhand der Ausbildung festgestellt werden.*** Der Beruf des Heilpraktikers definiert sich prägend demnach ausschließlich durch die Art der Tätigkeit und die damit verbundene Erlaubnispflicht (Anfragebeschluss in BFH 20.3.2003 – IV R 69/00, BStBl. II 2003, 480). 335

336 Personen, die keine Erlaubnis als Heilpraktiker besitzen und eine Berufstätigkeit ausführen, die sich auf einzelne heilkundliche Verrichtungen beschränkt, welche keiner staatlichen Erlaubnis bedarf, können freiberufliche Einkünfte erzielen, wenn ihre Tätigkeit **dem Katalogberuf eines Krankengymnasten** ähnlich ist. Hierdurch ist die nachstehend angeführte Rechtsprechung zum Teil überholt. Sie ist zwar weiterhin zutreffend, soweit eine Ähnlichkeit zum Beruf des Heilpraktikers verneint wurde; über die heute ergänzend zu prüfende Ähnlichkeit eines Berufs zum Beruf des Krankengymnasten kann es für manche Berufe im Ergebnis aber dann doch zur Einordnung als ähnlicher Beruf kommen (→ Rn. 342 zum Katalog des BMF-Schreibens 22.10.2004, BStBl. I 2004, 1030).

337 **Anerkannt** wurde ein dem Heilpraktiker ähnlicher Beruf für die

- Durchführung der Tomatis-Therapie (aber keine Umsatzsteuerbefreiung gemäß § 4 Nr. 14 UStG FG Hamburg 17.3.2016 – 2 K 263/14, EFG 2016, 1119 mAnm *Kreth*).
- Tätigkeit des Heilmasseurs, auch bei Verabreichung von Fangopackungen ohne Massage (BFH 24.1.1985 – IV R 249/82, BStBl. II 1985, 676).
- die Logopädie ab Einführung der staatlichen Erlaubnispflicht (BFH 1.9.1988 – V R 195/83, BFH/NV 1989, 201; BFH 13.2.2003 – IV R 49/01, BStBl. II 2003, 721).

338 **Abgelehnt** wurde die Annahme eines dem Heilpraktiker ähnlichen Berufs für die

- Behandlung der Strahlenfühligkeit (Radiästhesie bzw. Geopathologie), siehe FG FG München 22.6.2006 – 15 K 4994/03, EFG 2006, 1920).
- Tätigkeit des Vitalogisten (FG Baden-Württemberg 10.6.2009 – 12 K 198/06, DStRE 2009, 1453 auch zu § 18 Abs. 1; nachgehend BFH 1.12.2011 – V R 58/09, BFH/NV 2012, 1186 mit ausschließlich umsatzsteuerlicher Begründung).
- Tätigkeit des Hypnosetherapeuten (BFH 2.2.2000 – XI R 38/98, BFH/NV 2000, 839).
- Tätigkeit des Augenkünstlers (FG Düsseldorf 29.6.1966 – VII 4/65 G, EFG 1966 582): Die Tätigkeit des Augenkünstlers besteht im Wesentlichen in der Anfertigung und dem Verkauf eines Heilmittels.
- Tätigkeit als psychologische Lebensberaterin/Hellseherin (BFH 30.3.1976 – VIII R 137/75, BStBl. II 1976, 464).
- Altenpflegerin (mangels Erlaubnispflicht, siehe BFH 21.7.1994 – V R 134/92, BFH/NV 1995, 549).
- Tätigkeit des Fußreflexzonenmasseurs (mangels Erlaubnispflicht und Kenntnisnachweis; siehe BFH 19.9.2002 – IV R 45/00, BStBl. II 2003, 21).
- Podologen/Fußpfleger: Die Tätigkeit eines medizinischen Fußpflegers wurde vor Einführung der Erlaubnispflicht nicht als dem Beruf des Heilpraktikers vergleichbar angesehen (BFH 7.7.1976 – I R 218/74, BStBl. II 1976, 621 und BFH 29.11.2001 – IV R 65/00, BStBl. II 2002, 149).

339–340 *Einstweilen frei*

341 **ee) Ähnlichkeit zum Krankengymnasten/Physiotherapeuten:.** Ein selbständig tätiger Krankenpfleger kann Einkünfte aus einer freiberuflichen Tätigkeit erzielen, wenn er Leistungen **der häuslichen Krankenpflege** erbringt (BFH 22.1.2004 – IV R 51/01, BStBl. II 2004, 509).

- **Vergleichbarkeit der Tätigkeit:** Wesentlicher Bestandteil einer solchen Pflegeleistung ist die sog. ***Behandlungspflege,*** die als medizinische Hilfeleistung unter Verantwortung eines Arztes auf einer Stufe mit Leistungen anderer Heilhilfsberufe steht. Wird die Behandlungspflege im Rahmen der häuslichen Krankenpflege erbracht, prägt sie die gesamte Pflegeleistung, sodass auch ggf. zusätzlich zu erbringende Leistungen der Grundpflege und hauswirtschaftlichen Versorgung nichts an der Vergleichbarkeit der Tätigkeit mit anderen Heilhilfsberufen ändern. Die Erbringung von ***Leistungen der häuslichen Pflegehilfe*** (Grundpflege und die hauswirtschaftliche Versorgung) ist hingegen eine gewerbliche Tätigkeit, selbst wenn diese Hilfeleistungen im Rahmen der Grundpflege die Gesundheitsvorsorge und Aufrechterhaltung von Vitalfunktionen einschließen.
- **Vergleichbarkeit der Ausbildungen in Breite und Tiefe:** Wer eine Ausbildung zum Krankenpfleger abgeschlossen hat, verfügt über eine dem Krankengymnasten vergleichbare Ausbildung. Wenn es an der staatlichen Anerkennung fehlt, reicht es aus, wenn der Steuerpflichtige über die Zulassung iSv § 124 Abs. 2 SGB V verfügt.
- Auch der ***Heileurythmist*** kann nach der Rechtsprechung (BFH 20.11.2018 – VIII R 26/15, BFH/NV 2019, 629; siehe auch BFH 21.6.1990 – V R 97/84, BStBl. II 1990, 804)

einen ähnlichen Beruf ausüben, wenn er seine Leistungen auf der Grundlage eines Vertrags über die Integrierte Versorgung erbringt (§ 140a SGB V). Zur Vertiefung → Rn. 326.

Nach dem Schreiben BMF 20.11.2019 (BStBl. I 2019, 1298) sind ferner folgende Berufe **dem des Krankengymnasten/Physiotherapeuten ähnlich:** 342

- Altenpfleger, soweit keine hauswirtschaftliche Versorgung der Patienten erfolgt
- Diätassistenten
- Ergotherapeuten
- Fußpfleger, medizinische
- Hebammen/Entbindungspfleger
- Krankenpfleger/Krankenschwestern, soweit keine hauswirtschaftliche Versorgung der Patienten erfolgt
- Logopäden
- staatlich geprüfte Masseure, Heilmasseure, soweit diese nicht lediglich oder überwiegend kosmetische oder Schönheitsmassagen durchführen
- medizinische Bademeister, soweit diese auch zur Feststellung des Krankheitsbefunds tätig werden oder persönliche Heilbehandlungen am Körper des Patienten vornehmen
- medizinisch-technische Assistenten
- Orthoptisten
- Psychologische Psychotherapeuten, Kinder- und Jugendlichenpsychotherapeuten
- Podologen
- Rettungsassistenten
- Zahnpraktiker

Tätigkeiten im Vorfeld von Heilbehandlungen: Der BFH hat auch den **Fachkrankenpfleger für Krankenhaushygiene** als ähnlichen Heilhilfsberuf eingeordnet (BFH 6.9.2006 – XI R 64/05, BStBl. II 2007, 177) obwohl dieser in der Regel **nur vorbeugend** und nicht im Rahmen konkreter Heilbehandlungen tätig wird. Man kann daher Zweifel haben, ob eine Vergleichbarkeit mit der Tätigkeit des Krankengymnasten anzunehmen ist, für den die Ausübung der Tätigkeit am Patienten typisch ist. In dem vom BFH entschiedenen Fall bestand indes die Besonderheit, dass nach den bindenden Feststellungen des dortigen Streitfalls der Fachkrankenpfleger auch konkret bei der Behandlung von infizierten Patienten und damit im Rahmen der Behandlungen tätig geworden war. Für den **Clinical Research Assistant** (qualifizierte Fachkrankenschwester mit Weiterbildung in einem speziellen Studiengang), dessen Aufgabe im Wesentlichen auf die Planung, Durchführung und Evaluation klinischer Studien ausgerichtet war, hat der BFH eine ***Vergleichbarkeit der Tätigkeit*** mit der eines Krankengymnasten/Physiotherapeuten verneint. Denn diese Tätigkeit findet nur im Vorfeld späterer Heilbehandlungen statt, wenn die klinischen Studien erfolgreich durchlaufen werden. Sie ist weder therapeutischer Natur noch weist sie einen hinreichend konkreten, unmittelbaren Zusammenhang zu Heilbehandlungstätigkeiten Dritter auf (BFH 25.4.2017 – VIII R 24/14, BStBl. II 2017, 908). Demnach ist nicht jede Tätigkeit, die irgendwie einen späteren Heilerfolg fördert, der des Krankengymnasten/Physiotherapeuten ähnlich. 343

Einstweilen frei 344

c) Ähnlichkeitsprüfung bei den rechts- und steuerberatenden Berufen/Wirtschaftsprüfern. Der Beruf der Zolldeklaranten ist weder dem des Rechtsanwalts noch dem des Steuerberaters ähnlich (BFH 21.9.1989 – IV R 117/87, BStBl. II 1990, 153). 345

Der Dispacheur (Schadensermittler) übt keinen dem Wirtschaftsprüfer ähnlichen Beruf aus (BFH 26.11.1992 – IV R 109/90, BStBl. II 1993, 235). 346

Einstweilen frei 347

d) Ähnlichkeit zu den technischen und beratenden Berufen. aa) EDV – Berufe (ingenieurähnliche Tätigkeit). Nach der ständigen Rechtsprechung des BFH setzt jede ingenieurähnliche Tätigkeit im Sinne des § 18 Abs. 1 Nr. 1 Satz 2 kumulativ voraus, dass die Tätigkeit in ihren wesentlichen Elementen dem Beruf des Ingenieurs in Theorie (Ausbildung, Kenntnisse, Qualifikation) und Praxis (berufliche Tätigkeit) gleichwertig ist (BFH 18.10.2006 – IX R 5/06, BStBl. II 2007, 179; zur Programmierung von Anwendungssoftware BFH 30.9.2003 – IX R 9/03, BStBl. II 2004, 225). Auch ein Autodidakt, der zB geltend macht, **System- und Anwendungssoftware** zu entwickeln, kann unter diesen Voraussetzungen einen dem Ingenieur ähnlichen Beruf iSd § 18 Abs. 1 Nr. 1 ausüben, wenn 348 er nicht über den Abschluss einer nach den Ingenieurgesetzen der Länder vorgeschriebenen Ausbildung als Absolvent einer Hochschule oder Fachhochschule verfügt (BFH 30.9.2003 – IX R 9/03, BStBl. II 2004, 225).

349 Allerdings stellt die Rechtsprechung für die Vergleichbarkeitsprüfung nicht unmittelbar auf den Katalogberuf des Ingenieurs, sondern auf die mittlerweile entstandenen Berufe des Diplom-Informatikers/Wirtschaftsinformatikers (FH) ab, die als ingenieurähnlich anerkannt sind. Der Umfang, den **eine berufliche Tätigkeit** nach der Verkehrsanschauung haben muss, damit sie der beruflichen Tätigkeit eines Diplom-Informatikers/Wirtschaftsinformatikers (FH) vergleichbar ist, umfasst nach der Rechtsprechung des BFH mittlerweile nicht nur die Entwicklung und Konstruktion von Hard- und Software, sondern auch die Entwicklung von Betriebssystemen und deren Anpassung an die Bedürfnisse des Kunden, die rechnergestützte Steuerung, Überwachung und Optimierung industrieller Abläufe, der Aufbau, die Betreuung und Verwaltung von Firmennetzwerken und -servern, die Anpassung vorhandener Systeme an spezielle Produktionsbedingungen und Organisationsstrukturen sowie qualifizierte Dienstleistungen aus den Bereichen des Benutzerservices und der Schulung. Informatik-Ingenieure als Vergleichsberuf arbeiten zudem auch in der Netz- und Systemadministration, sie beurteilen die Leistungsfähigkeit von Rechnernetzen oder bewerten die Energieeffizienz bestehender Systeme (siehe zum Ganzen die BFH 22.9.2009 – VIII R 63/06, BStBl. II 2010, 466; BFH 22.9.2009 – VIII R 79/06, BStBl. II 2010, 404; BFH 22.9.2009 – VIII R 31/07, BStBl. II 2010, 467).

350 Zu **den erforderlichen Kenntnissen** eines Autodidakten hat der BFH mehrfach entschieden, diese müssten in Tiefe und Breite ebenfalls denen eines an der Fachhochschule diplomierten Informatikers oder Wirtschaftsinformatikers entsprechen (BFH 16.12.2008 – VIII R 27/07, HFR 2009, 898; BFH 22.9.2009 – VIII R 63/06, BStBl. II 2010, 466; BFH 9.3.2012 – III B 244/11, BFH/NV 2012, 1119). Die vergleichbaren Kenntnisse müssen die Kernbereiche des jeweiligen Fachstudiums abdecken (BFH 26.6.2002 – IV R 56/00, BStBl. II 2002, 768; BFH 18.4.2007 – XI R 34/06, BFH/NV 2007, 1495).

351 Bei der erforderlichen berufstypischen Tätigkeit und der erforderlichen Vorbildung handelt es sich **um kumulative Voraussetzungen** des Vorliegens eines ähnlichen Berufs. Ein Autodidakt, der zwar zum Teil wie ein Diplom-Wirtschaftsinformatiker beruflich tätig ist, dem es aber an Kenntnissen fehlt, die in ihrer Gesamtheit mit den Kenntnissen eines Diplom-Informatikers vergleichbar sind, ist nicht freiberuflich, sondern gewerblich tätig (BFH 3.5.2016 – VIII R 4/13, BFH/NV 2016, 1275).

352 *Einstweilen frei*

353 **bb) Ähnlichkeit zum Beruf des Architekten.** Ein der Berufstätigkeit eines Architekten ähnlicher Beruf setzt eine Ausbildung voraus, die mit der Berufsausbildung eines Architekten vergleichbar ist. Die vergleichbaren Fachkenntnisse können auch durch Kurse oder Selbststudium erworben worden sein oder anhand einer praktischen Tätigkeit nachgewiesen werden, deren Schwerpunkt im Bereich der Planung von Bauwerken liegen muss (BFH 17.11.1981 – VIII R 121/80, BStBl. II 1982, 492). In seiner jüngeren Rechtsprechung stellt der BFH auf die Formel ab, dass eine architektenähnliche Tätigkeit vorliegt, wenn sie in ihren wesentlichen Elementen dem Beruf des Architekten in Theorie (Ausbildung, Kenntnisse, Qualifikation) und Praxis (berufliche Tätigkeit) gleichwertig ist (BFH 11.8.1999 – XI 11 R 47/98, BStBl. II 2000, 31).

354 **Beispiele:** Siehe BFH 22.1.1988 – III R 43-44/85, BStBl. II 1988, 497 für einen zum Techniker ausgebildeten Bauleiter (nicht ähnlich); zur Annahme einer architektenähnlichen Tätigkeit siehe für den als Bauleiter tätigen Hochbautechniker mit gleichwertiger Vorbildung BFH 12.10.1989 – IV R 118, 119/87, BStBl. II 1990, 64).

355 *Einstweilen frei*

356 **cc) Sonstige Ähnlichkeit zu technischen und beratenden Berufen.** Der Beruf des Piloten ist dem des Lotsen nicht ähnlich (BFH 16.5.2002 – IV R 94/99, BStBl. II 2002, 565). Die Tätigkeit eines Piloten unterliegt keiner laufenden Aufsicht durch die Behörden; der Pilot ist nicht Mitglied einer Berufskammer. Ein dem Lotsen ähnlicher Beruf muss aber ebenso an eine Zulassung gebunden sein und der Überwachung unterliegen.

357 Ein dem Handelschemiker ähnlicher Beruf muss ebenfalls auf wissenschaftlicher Grundlage ausgeübt werden. Der Beruf des vereidigten Probenehmers für Metalle, Erze und Hüttenerzeugnisse erfüllt diese Voraussetzungen nicht (BFH 14.11.1972 – VIII R 18/67, BStBl. II 1973, 183). Eine promovierte Chemikerin, die die Zertifikate „DGQ-Fachauditor für die chemische Industrie" und „DGQ-Umweltsystem-Auditor" besitzt und die Unternehmen auf die von diesen gewünschte Zertifizierung vorbereitet, Umweltgefährdungspotenziale analysiert, Managementsysteme für den betrieblichen Umweltschutz entwickelt, Arbeitsplätze des Unternehmens im Hinblick auf die für die Arbeitnehmer ausgehenden Gefährdungen beurteilt, entsprechende Lösungen zur Gefahrenabwehr erarbeitet, geeignete Lagerungssysteme zur sicheren Aufbewahrung von das Grundwasser gefährdenden Flüssigkeiten auswählt und entsprechende Betriebsanweisungen erstellt, übt eine einem Handelschemiker ähnliche Tätigkeit aus (BFH 17.1.2007 – XI R 5/06, BStBl. II 2007, 519).

Dem Berufsbild eines beratenden Betriebswirts entsprechend (→ Rn. 256) liegt ein „ähnlicher Beruf" nur dann vor, wenn er auf einer durch Selbststudium erworbenen vergleichbar breiten fachlichen Vorbildung beruht und sich die Beratungstätigkeit auf einen vergleichbar breiten betrieblichen Bereich erstreckt (BFH 13.4.1988 – I R 300/83, BStBl. II 1988, 666; BFH 2.9.1988 – III R 58/85, BStBl. II 1989, 24; BFH 14.3.1991 – IV R 135/90, BStBl. II 1991, 769; FG Düsseldorf 24.4.2018 – 14 K 2347/15 G, EFG 2018, 1287 mAnm *Lutter*). Eine Beratungstätigkeit, die sich auf alle Fragen des Marketing und damit auf einen Hauptbereich der Betriebswirtschaft erstreckt, kann mit der Tätigkeit eines beratenden Betriebswirts iSd § 18 Abs. 1 Nr. 1 Satz 2 vergleichbar sein (BFH 19.9.2002 – IV R 74/00, BStBl. II 2003, 27). 358

Einstweilen frei 359

e) Ähnlichkeit zu den Medienberufen. Die Ausrichtung der journalistischen Tätigkeit auf die Information der Öffentlichkeit ist ein so wesentliches Merkmal und zeichnet das Berufsbild gerade aus, sodass ein Beruf, dem es an dieser Ausrichtung fehlt, nicht journalistenähnlich sein kann (BFH 14.5.2014 – VIII R 18/11, BStBl. II 2015, 128 zum Politikberater). 360

Einstweilen frei 361

15. Mithilfe fachlich vorgebildeter Arbeitskräfte (§ 18 Abs. 1 Nr. 1 Satz 3)

a) Mithilfe fachlich vorgebildeter Arbeitskräfte. Historie: § 18 Abs. 1 Satz 1 Nr. 3 ist durch das Steueränderungsgesetz (StÄndG) 1960 eingefügt worden, um gegenüber der vom Reichsfinanzhof (RFH) und vom BFH angewendeten Vervielfältigungstheorie ein den Bedürfnissen der Angehörigen der freien Berufe besser entsprechendes Verfahren zur Abgrenzung gegenüber der gewerblichen Tätigkeit einzuführen (Begründung des Regierungsentwurfs, BT-Drs. III/1811, 11, 12, sowie Bericht des Finanzausschusses des Deutschen Bundestags zu BT-Drs. III/1941, 4). Der 2. Halbsatz des § 18 Abs. 1 Nr. 1 Satz 3, insbesondere das Wort eigenverantwortlich, bringt zum Ausdruck, dass – entsprechend dem historisch gewachsenen Begriff des freien Berufs – der unmittelbare persönliche Einsatz des Berufsträgers bei der Bewältigung der ihm übertragenen Aufgaben erforderlich ist. Verdeutlicht werden sollten nach dem Regierungsentwurf zum StÄndG 1960 die Abgrenzungskriterien gegenüber der gewerblichen Tätigkeit noch durch folgenden letzten Satz in § 18 Abs. 1 Nr. 1: „Eine freiberufliche Tätigkeit liegt nicht vor, wenn nach dem Gesamtbild der Berufstätigkeit eine eigenverantwortliche fachliche Leitung nicht mehr gewährleistet ist." (BT-Drs. III/1811, 4). Dieser Satz wurde allerdings nicht Gesetz, weil nach Auffassung des Finanzausschusses das vorgesehene Kriterium des „Gesamtbildes der Berufstätigkeit" durch die Tatbestandsmerkmale „aufgrund eigener Fachkenntnis leitend und eigenverantwortlich tätig" bereits ausreichend berücksichtigt sei (zu BT-Drs. III/1941, 4). 362

Begriffsinhalt: Unter Mithilfe fachlich vorgebildeter Arbeitskräfte ist eine Tätigkeit zu verstehen, die die Arbeit des Berufsträgers jedenfalls in Teilbereichen ersetzt und nicht nur von untergeordneter Bedeutung ist (vgl. BFH 21.3.1995 – XI R 85/93, BStBl. II 1995, 732; BFH 5.6.1997 – IV R 43/96, BStBl. II 1997, 681). Dies setzt in der Regel die entsprechende Qualifikation der Hilfspersonen voraus. Die Beschäftigung von fachlich vorgebildeten Mitarbeitern steht der Annahme einer freiberuflichen Tätigkeit nicht entgegen, wenn der Berufsträger auf Grund eigener Fachkenntnisse leitend tätig wird und auch hinsichtlich der für den Beruf typischen Tätigkeit eigenverantwortlich mitwirkt. Fachlich vorgebildete Arbeitskräfte sind nicht nur Angestellte, sondern auch Subunternehmer (BFH 20.12.2000 – XI R 8/00, 363

BStBl. II 2002, 478) und freie Mitarbeiter (BFH 14.3.2007 – XI R 59/05, BFH/NV 2007, 1319). Hinsichtlich der Qualifikation kann es sich auch um Berufsträger mit einer gleichen Qualifikation wie der Praxisinhaber handeln (BFH 27.8.2014 – VIII R 6/12, BStBl. II 2015, 1002 zum angestellten Rechtsanwalt).

364 Aus der Vorschrift des § 18 Abs. 1 Nr. 1 Satz 3 folgt im Umkehrschluss, dass ein Steuerpflichtiger, der zur Bewältigung seiner ärztlichen Berufstätigkeit **Arbeitskräfte ohne fachliche Vorbildung mit Aufgaben beschäftigt, die ihren Kenntnissen entsprechen,** dadurch seine Freiberuflichkeit nicht einbüßt, sofern im Übrigen die Voraussetzungen einer ärztlichen Berufstätigkeit gegeben sind (BFH 10.6.1988 – III R 118/85, BStBl. II 1988, 782). Es ist in der früheren Rechtsprechung unter anderem als ernstlich zweifelhaft angesehen worden, ob medizinisch-technische Assistentinnen, die in einem zytologischen Labor eines Frauenarztes tätig sind, zu den fachlich vorgebildeten Arbeitskräften iSv § 18 Abs. 1 Nr. 1 Satz 3 zu rechnen sind (FG Hessen 1.4.1998 – 8 V 6415/97, EFG 1998, 1009).

365 **Nullbeteiligungsgesellschafter:** Der BFH ordnet auch einen zivilrechtlichen Mitgesellschafter einer Personengesellschaft, der nicht den steuerlichen Mitunternehmerstatus hat (sog. Nullbeteiligungsgesellschafter, als Hilfsperson ein (BFH 3.11.2015 – VIII R 63/13, BStBl. II 2016, 383; BFH 3.11.2015 – VIII R 62/13, BStBl. II 2016, 381). Die Einkünfte einer Ärzte-GbR können gemäß § 15 Abs. 3 Nr. 1 daher insgesamt solche aus Gewerbebetrieb sein, wenn die GbR auch Vergütungen aus ärztlichen Leistungen erzielt, die in nicht unerheblichem Umfang ohne leitende und eigenverantwortliche Beteiligung der Mitunternehmer-Gesellschafter erbracht werden (BFH 3.11.2015 – VIII R 63/13, BStBl. II 2016, 381).

366 Zur analogen Anwendung des § 18 Abs. 1 Nr. 1 Satz 3 bei den sonstigen selbständigen Einkünften → Rn. 440.

367 Die Rechtsprechung des BFH zur näheren Konkretisierung von § 18 Abs. 1 Nr. 1 S. 3, dass die Freiberuflichkeit eines Arztes nur anzunehmen sei, wenn die Tätigkeit der Hilfskraft den „Stempel seiner Persönlichkeit“ trägt, verletzt Art. 3 Abs. 1 GG nicht und ist auch sonst verfassungsrechtlich nicht zu beanstanden (BVerfG 17.8.1989 – 1 BvR 999/87, HFR 1990, 385; BVerfG 1.8.1983 – 1 BvR 118/83; → Rn. 29).

368 **Trennbarkeit gewerblicher und selbständiger Tätigkeit:** In der jüngeren Rechtsprechung wird **bei Einzelunternehmern** eine Abgrenzbarkeit der Tätigkeiten/Behandlungen mit ausreichender leitender und eigenverantwortlicher Tätigkeit und derjenigen Tätigkeiten, bei denen aufgrund der Mithilfe von Arbeitskräften keine leitende und eigenverantwortliche Tätigkeit mehr anzunehmen ist. Der BFH stellte für die Frage der Abgrenzbarkeit lediglich auf ***die einzelnen Tätigkeiten*** ab, hingegen nicht auf den Umstand als ein der Trennung entgegenstehendes Moment, dass die Tätigkeiten in demselben Betrieb entfaltet worden sind, mithin die für den Betrieb anfallenden Gemeinkosten nicht von vornherein den einzelnen Tätigkeitsbereichen zugeordnet werden können, sondern ggf. nur im Schätzungswege aufzuteilen sind (BFH 8.10.2008 – VIII R 53/07, BStBl. II 2009, 143; siehe auch FG Hamburg 10.9.2013 – 3 K 80/13, BB 2014, 1174). Bei **Personengesellschaften** ist diese Trennbarkeit zwar auch möglich, hilft aber im Hinblick auf § 15 Abs. 3 Nr. 1 nichts. Die nicht mehr leitende und eigenverantwortliche Tätigkeit durch Einsatz fachlich vorgebildeter Angestellter stellt eine abgrenzbare gewerbliche Tätigkeit auf Ebene der Personengesellschaft dar, die zur Abfärbung führt, wenn nicht die Bagatellgrenze eingreift (BFH 27.8.2014 – VIII R 6/12, BStBl. II 2015, 1002 zum angestellten Rechtsanwalt); → Rn. 1178.

369 Eine Abgrenzbarkeit gewerblicher und freiberuflicher Tätigkeiten bei Einsatz fachlich vorgebildeter Arbeitskräfte scheidet jedoch aus, wenn die freiberuflichen und gewerblichen Tätigkeiten im Rahmen einheitlicher Aufträge erbracht werden (BFH 8.10.2008 – VIII R 53/07, BStBl. II 2009, 143; BFH 21.2.2017 – VIII R 45/13, BStBl. II 2018, 4).

370 *Einstweilen frei*

371 **b) Leitende und eigenverantwortliche Tätigkeit bei Einsatz von Hilfspersonen. Kumulative Anforderungen:** Die Tatbestandsmerkmale „leitend“ und „eigenverantwortlich“ stehen selbständig nebeneinander (vgl. Wortlaut des § 18 Abs. 1 Nr. 1 Satz 3; zB auch BFH 25.11.1975 – VIII R 116/74, BStBl. II 1976, 155; BFH 20.12.2000 – XI R 8/00, BStBl. II 2002, 47). Die Kompensation der eigenverantwortlichen Tätigkeit durch eine besonders hervorgehobene leitende Tätigkeit oder eine reine Akquisetätigkeit ist nicht möglich. Auch eine besonders intensive leitende Tätigkeit, zu der ua die Organisation des Sach-

und Personalbereichs, Arbeitsplanung, Arbeitsverteilung, Aufsicht über Mitarbeiter und deren Anleitung und die stichprobenweise Überprüfung der Ergebnisse gehören, vermag daher die eigenverantwortliche Tätigkeit nicht zu ersetzen (vgl. zB BFH 30.9.1999 – V R 56/97, BFH/NV 2000, 284; BFH 5.6.1997 – IV R 43/96, BStBl. II 1997, 681; BFH 21.2.2017 – VIII R 45/13, BStBl. II 2018, 4). Ein Architekt, der sich vorwiegend mit der Beschaffung von Aufträgen befasst und die fachliche Arbeit durch Mitarbeiter ausführen lässt, erzielt keine freiberuflichen Einkünfte (zutreffend EStH 15.6). Die Beurteilung, ob eine mit Hilfspersonen zusammen erbrachte Tätigkeit durch den Praxisinhaber geprägt ist („Stempel der Persönlichkeit") ist nach den Besonderheiten des jeweiligen Berufs (des relevanten Berufsbildes) und den tatsächlichen Verhältnissen des Einzelfalls vorzunehmen (BFH 26.1.2011 – VIII R 3/10, BStBl. II 2011, 498; siehe auch FG Sachsen-Anhalt, 24.8.2006 – 1 K 30035/02, EFG 2007, 587 zum angestellten Zahnarzt).

Erforderliche Befähigung für die gesamte betriebliche Tätigkeit und Betätigung im 372
gesamten Bereich der betrieblichen Tätigkeit: Die leitende und eigenverantwortliche Tätigkeit des Berufsträgers muss sich auf die Gesamttätigkeit seiner Berufspraxis erstrecken; es genügt somit nicht, wenn sich die auf persönlichen Fachkenntnissen beruhende Leitung und eigene Verantwortung auf einen Teil der Berufstätigkeit beschränkt und der Rest von Subunternehmern und Angestellten ausgeführt wird (zB BFH 21.2.2017 – VIII R 45/13, BStBl. II 2018, 4). Ein Ingenieur, der fachlich vorgebildete Arbeitskräfte beschäftigt und mit deren Hilfe eine Beratungstätigkeit auf mehreren Fachgebieten ausübt, die er nicht beherrscht oder nicht leitend bearbeitet, ist gewerblich tätig (BFH 11.9.1968 – I R 173/66, BStBl. II 1968, 820); Gleiches gilt für einen Prüfingenieur, wenn das einschlägige öffentliche Recht für die Hauptuntersuchungen, die seine angestellten Prüfingenieure durchführen, umfassende gesetzliche Vorgaben macht, die eingehende Kontrollmaßnahmen des Betriebsinhabers ebenso ausschließen wie die Festlegung der Untersuchungsmethode bzw. des -inhalts oder einen Vorbehalt der persönlichen Übernahme problematischer Untersuchungen (BFH 14.5.2019 – VIII R 35/16, BStBl. II 2019, 580). Ein Steuerpflichtiger, der eine Fahrschule betreibt, jedoch nicht die Fahrlehrererlaubnis besitzt, erzielt gewerbliche Einkünfte (BFH 4.10.1966 – I 249/63, BStBl. III 1966, 685). Ein Steuerpflichtiger erzielt aus dem Betrieb eines Kinderheims Einkünfte aus Gewerbebetrieb, wenn seine Tätigkeit durch die Leistungen der Heimunterbringung und der Personensorge der Kinder, nicht aber durch die Wahrnehmung erzieherischer Aufgaben geprägt ist. Wer nicht in eigener Person erzieherisch tätig ist, kann auf diesem Gebiet auch nicht leitend und eigenverantwortlich tätig sein (BFH 23.4.1985 – VIII R 171/84, BFH/NV 1985, 70).

Leitende Tätigkeit: Dem Erfordernis der **leitenden Tätigkeit** entspricht eine Berufs- 373
ausübung nur, wenn sie über die Festlegung der Grundzüge der Organisation und der dienstlichen Aufsicht hinaus durch Planung, Überwachung und Kompetenz zur Entscheidung in Zweifelsfällen (Urteile BFH 29.7.1965 – IV 61/65 U, BStBl. III 1965, 557; BFH 5.6.1997 – IV R 43/96, BStBl. II 1997, 681; BFH 26.1.2011 – VIII R 3/10, BStBl. II 2011, 498) gekennzeichnet ist. Das aus jedem Arbeitsvertrag folgende Weisungsrecht des Arbeitgebers und die damit verbundene Eingliederung in dessen betriebliche Strukturen führen für sich allein aber noch nicht dazu, dass von einer leitenden Tätigkeit in Bezug auf die von dem Arbeitnehmer verrichteten Tätigkeiten ausgegangen werden kann (BFH 27.8.2014 – VIII R 6/12, BStBl. II 2015, 1002 zum angestellten Rechtsanwalt).

Eigenverantwortliche Tätigkeit: Für die **notwendige eigenverantwortliche Tätig-** 374
keit muss die Teilnahme des Berufsträgers **an der praktischen Arbeit** in ausreichendem Maße gewährleistet sein (BFH 11.9.1968 – I R 173/66, BStBl. II 1968, 820; BFH 7.10.1987 – X B 54/87, BStBl. II 1988, 17; BFH 26.1.2011 – VIII R 3/10, BStBl. II 2011, 498; BFH 27.8.2014 – VIII R 6/12, BStBl. II 2015, 1002; BFH 3.11.2015 – VIII R 62/13, BStBl. II 2016, 381; BFH 21.2.2017 – VIII R 45/13, BStBl. II 2018, 4). Gegenstand der eigenverantwortlichen Einflussnahme des Steuerpflichtigen ist das einzelne, von ihm in Auftrag genommene Werk oder die einzelne Dienstleistung, zu deren ordnungsgemäßer Ausführung er vor allem die fachliche Verantwortung trägt (BFH 7.10.1987 – X B 54/87, BStBl. II 1988, 17). Wie weit die Mitarbeit des Steuerpflichtigen **am einzelnen Auftrag** gehen muss, um noch als freiberuflich eingestuft zu werden, hängt von der Art der Tätigkeit ab (BFH 30.5.1984 – I R 71/80, BeckRS 1984, 04753; BFH 1.2.1990 – IV R 140/88, BStBl. II 1990, 507; BFH 7.10.1987 – X B 54/87, BStBl. II 1988, 17; die abstrakten Grundsätze sind geklärt, siehe BFH 7.7.2005 – XI B 227/03, BFH/NV 2006, 55):

- Bei **besonders qualifizierten Leistungen** muss er persönlich die Arbeit leisten oder wenigstens mitleisten, die den Kern dieser Tätigkeit ausmacht.
- Bei **einfacheren Tätigkeiten** genügt eine fachliche Überprüfung der Arbeitsleistungen der Mitarbeiter, mit der sich der Steuerpflichtige das Ergebnis dieser Tätigkeit zu eigen macht. Es ist nicht notwendig, dass er bei einfachen Aufträgen teilweise oder im Wesentlichen selbst mit Hand anlegt. Es ist aber auch hier erforderlich, dass er in jedem Einzelfall sich die notwendigen tatsächlichen Erkenntnisse verschafft, um Entscheidungen zu treffen oder Anweisungen zu geben.
- Streitig ist hier insbesondere, ob das Merkmal der eigenverantwortlichen Tätigkeit modifizierend auszulegen ist, wenn das einschlägige Berufsrecht reglementierend aufgibt, dass die Hilfsperson die Tätigkeit höchstpersönlich auszuführen hat und dafür ungeachtet einer Stellung als Arbeitnehmer persönlich verantwortlich ist (vgl. zum technischen Prüfingenieur FG Sachsen 24.2.2016 – 2 K 1479/15, EFG 2016, 1341, bestätigt durch BFH 14.5.2019 – VIII R 35/16, BStBl. II 2019, 580; siehe zu dieser Entscheidung *Geyer/Kratzenberger/Ullmann* DStR 2019, 1285). Der BFH hat bislang die allgemeinen Kriterien zur Prüfung einer eigenverantwortlichen Tätigkeit auch dann angewandt, wenn die Hilfsperson kraft Gesetzes höchstpersönlich tätig werden muss (vgl. etwa zum angestellten Rechtsanwalt, der persönlich zum Insolvenzverwalter bestellt wird, das BFH-Urteil vom 27.8.2014 – VIII R 6/12, BStBl. II 2015, 1024). In einem Fall, in dem nur die Hilfsperson tätig werden kann, nicht aber der Betriebsinhaber, dürfte es daher bei Ausübung der Tätigkeit für Rechnung des Praxisinhabers an einer eigenverantwortlichen Tätigkeit fehlen, weil der Praxisinhaber diese Tätigkeit nicht durch seine Mitwirkung „stempeln" kann. Ansonsten würden die Regelungen des einzelnen Berufsrechts oder prozedurale Vorschriften den Ausschlag dafür geben, ob eine Tätigkeit iSd § 18 Abs. 1 Nr. 1 S. 3 „eigenverantwortlich" ausgeübt wird.

375 **Vertretung:** Der Berufsträger darf auch weder die Leitung noch die Verantwortlichkeit einem Geschäftsführer oder Vertreter übertragen. Eine leitende und eigenverantwortliche Tätigkeit ist jedoch dann noch gegeben, wenn ein Berufsträger nur vorübergehend, zB während einer Erkrankung, eines Urlaubs oder der Zugehörigkeit zu einer gesetzgebenden Körperschaft oder der Mitarbeit in einer Standesorganisation, seine Berufstätigkeit nicht selbst ausüben kann (§ 18 Abs. 1 Satz 4; EStH 15.6).

376 *Einstweilen frei*

377 **c) Konkretisierung der Anforderungen für einzelne Berufsgruppen. aa) Heilberufe/Heilhilfsberufe und ähnliche Berufe. Art der Tätigkeit:** Die Anforderungen an eine eigenverantwortliche Tätigkeit des Praxisinhabers ist bei Heilberufen unterschiedlich je nach der Art der Betätigung zu bestimmen (BFH 5.6.1997 – IV R 43/96, BStBl. II 1997, 681; BFH 26.1.2011 – VIII R 3/10, BStBl. II 2011, 498; siehe auch FG Sachsen-Anhalt, 24.8.2006 – 1 K 30035/02, EFG 2007, 587 zum angestellten Zahnarzt).

378 **Selbständige Ärzte** können grundsätzlich ärztliche Leistungen auch von angestellten Ärzten erbringen lassen. Fachliche Verantwortung aufgrund eigener Entscheidung kann der Steuerpflichtige jedoch auch in diesen Fallgestaltungen nur tragen, wenn ihm **in jedem Einzelfall** die für die Einteilung leichter und schwieriger Fälle erforderlichen Tatsachen bekannt sind. Erst eine eigene Unterrichtung über die Verhältnisse setzt ihn in die Lage, entweder selbst abschließend zu entscheiden, Direktiven zur weiteren Bearbeitung zu geben oder selbst tätig zu werden (BFH 25.11.1975 – VIII R 116/74, BStBl. II 1976, 155). Für den Einsatz **ärztlicher Berufsträger** iSd § 18 Abs. 1 Nr. 1 Satz 3 ist der die Einkünfte erzielende Arzt daher selbst leitend und eigenverantwortlich tätig, wenn er aufgrund seiner Fachkenntnisse durch regelmäßige und eingehende Kontrolle maßgeblich auf die Tätigkeit seines angestellten Fachpersonals – patientenbezogen – bei den Untersuchungen Einfluss nimmt. Führt ein selbständiger Arzt die jeweils anstehenden Voruntersuchungen bei den Patienten durch, legt er für den Einzelfall die Behandlungsmethode fest und behält er sich die Behandlung „problematischer Fälle" vor, ist die Erbringung der ärztlichen Leistung selbst durch angestellte Ärzte regelmäßig noch als Ausübung leitender eigenverantwortlicher freiberuflicher Tätigkeit anzusehen (BFH 16.7.2014 – VIII R 41/12, BStBl. II 2015, 216; BFH 3.11.2015 – VIII R 62/13, BStBl. II 2016, 381; ebenso EStH 15.6). Eine permanente persönliche Anwesenheit des Arztes und Praxisinhabers bei allen Untersuchungen und damit

bei der Behandlung jedes Patienten durch den angestellten Arzt ist nicht erforderlich und würde die Anforderungen überdehnen (zustimmend *Steinhauff* jurisPR-SteuerR 7/2015 Anm. 1; *Ketteler-Eising* jurisPR-MedizinR 8/2015 Anm. 4).

Vermutung einer leitenden und eigenverantwortlichen Tätigkeit des Praxisinhabers bis zur vertragsärztlich zulässigen Anzahl angestellter Ärzte? Soweit über diese abstrakten Kriterien Einigkeit besteht, stellt sich gleichwohl die Frage, ob aus berufsrechtlichen Regelungen eine widerlegbare rechtliche Vermutung abgeleitet werden kann, dass ein Arzt bei der zulässigen öffentlich-rechtlichen Beschäftigung von angestellten Ärzten bis zur zulässigen Anzahl stets die erforderliche leitende und eigenverantwortliche Tätigkeit entfaltet, wenn auch nach öffentlichen-rechtlichen Vorschriften die erforderliche persönliche Leitung des Praxisinhabers als gewahrt gilt. 379

§ 19 Abs. 1 MBO verlangt, dass Ärztinnen und Ärzte die Praxis persönlich ausüben müssen. Die Beschäftigung ärztlicher Mitarbeiterinnen und Mitarbeiter in der Praxis setzt danach die Leitung der Praxis durch die niedergelassene Ärztin oder den niedergelassenen Arzt voraus. Gemäß § 19 Abs. 2 MBO darf in Fällen, in denen der Behandlungsauftrag der Patientin oder des Patienten regelmäßig nur von Ärztinnen und Ärzten verschiedener Fachgebiete gemeinschaftlich durchgeführt werden kann, eine Fachärztin oder ein Facharzt als Praxisinhaberin oder Praxisinhaber die für sie oder ihn fachgebietsfremde ärztliche Leistung auch durch eine angestellte Fachärztin oder einen angestellten Facharzt des anderen Fachgebiets erbringen. Beide Vorschriften sind Ausdruck des Prinzips der persönlichen Verpflichtung zur Leistungserbringung. Auch kassenarztrechtlich statuieren §§ 32a, b der Ärzte-ZV ein Gebot der persönlichen Leistungserbringung und die Erlaubnis zur Beschäftigung angestellter Ärzte. Im Einzelnen ist bei den angestellten Ärzten zwischen unbefristet angestellten iSd § 95 Abs. 9 SGB V (Genehmigung durch Zulassungsausschuss) und befristet angestellten Weiterbildungs-, Sicherstellungs- und Entlastungsassistenten (§ 32 Abs. 2 Ärzte-ZV) zu unterscheiden. Ferner gelten unterschiedliche Anforderungen an die Anstellung in offenen und geschlossenen Planungsbereichen. 379.1

§ 14a BMV-Ärzte regelt ergänzend, dass in Fällen, in denen nach § 95 Abs. 9 SGB V iVm § 32 b Abs. 1 Ärzte-ZV der Vertragsarzt einen angestellten Arzt oder angestellte Ärzte beschäftigen darf, sicherzustellen ist, dass der Vertragsarzt die Arztpraxis persönlich leitet. Die persönliche Leitung ist nach dieser Regelung anzunehmen, wenn je Vertragsarzt *nicht mehr als drei vollzeitbeschäftigte oder teilzeitbeschäftigte Ärzte in einer Anzahl, welche im zeitlichen Umfang ihrer Arbeitszeit drei vollzeitbeschäftigten Ärzten entspricht*, angestellt werden. Bei Vertragsärzten, welche eine Zulassung nach § 19 a Ärzte-ZV für einen hälftigen Versorgungsauftrag haben, vermindert sich die Beschäftigungsmöglichkeit auf einen vollzeitbeschäftigten oder zwei teilzeitbeschäftigte Ärzte je Vertragsarzt. Wird die zahlenmäßige Obergrenze des § 14a Abs. 1 BMV-Ä eingehalten, dann wird die „persönliche Leitung" unwiderlegbar vermutet bzw. gleichsam fingiert. 379.2

Stellungnahme: Die patientenbezogene Rechtsprechung des BFH zu den Anforderungen an die leitende und eigenverantwortliche Tätigkeit lässt keinen Raum für eine Vermutung, bis zu einer bestimmten öffentlich-rechtlich zulässigen Mitarbeiterzahl stets eine leitende und eigenverantwortliche Tätigkeit des Praxisinhabers annehmen zu können. Denn die Rechtsprechung verlangt die nachgewiesene tatsächliche Behandlungstätigkeit des Praxisinhabers im Einzelfall. Auch die kassenärztliche Zulässigkeit der Zurechenbarkeit von ärztlichen Leistungen zum Praxisinhaber, die in räumlich getrennten Teilpraxen erbracht werden, ist ertragsteuerlich nicht relevant. Die Regelungsansätze des Kassenarzt- und des Einkommensteuerrechts stimmen auch nicht überein. Während es beim öffentlichen Recht mehr um die Gewährleistung einer Qualitätskontrolle durch den Praxisinhaber und die Zurechnung von Leistungen Dritter für Abrechnungszwecke geht, ist § 18 Abs. 1 Nr. 1 tätigkeitsbezogen und vor dem Hintergrund zu verstehen, dass die Rechtsprechung die Vorschrift auch als Begünstigungsregelung mit engen Voraussetzungen auslegt. 380

Eigenverantwortliche Tätigkeit bei Erbringung fachfremder Leistungen durch angestellten Facharzt? Zudem stellt sich die Frage, ob bei Behandlung von Patienten durch den Praxisinhaber und einen angestellten Facharzt dessen eigenverantwortliche Betätigung gegeben ist, wenn aus Sicht des Praxisinhabers fachgebietsfremde Leistungen erbracht werden (zu den Gebietsbeschränkungen aufgrund einer Facharzteinteilung → Rn. 162). 381

Die Beschäftigung eines angestellten Arztes eines anderen Fachgebiets oder einer anderen Facharztkompetenz als desjenigen Fachgebiets oder derjenigen Facharztkompetenz, für die der Vertragsarzt zugelassen ist, ist vertragsarztrechtlich zulässig (siehe § 14a Abs. 2 BMV-Ärzte). § 14a Abs. 2 S. 4 BMV- 381.1

Ärzte verlangt aber, dass der Vertragsarzt bei fachgebietsfremden angestellten Ärzten die Notwendigkeit der Leistung mit zu verantworten hat.

381.2 Gemäß § 15a BMV-Ärzte ist jeder an der vertragsärztlichen Versorgung teilnehmende Arzt verpflichtet, die vertragsärztliche Tätigkeit persönlich auszuüben. Persönliche Leistungen sind auch ärztliche Leistungen durch genehmigte Assistenten und angestellte Ärzte gemäß § 32b Ärzte-ZV, soweit sie dem Praxisinhaber als Eigenleistung zugerechnet werden können. Dem Praxisinhaber werden die ärztlichen selbständigen Leistungen des angestellten Arztes zugerechnet, auch wenn sie in der Betriebsstätte oder Nebenbetriebsstätte der Praxis in Abwesenheit des Vertragsarztes erbracht werden. Dasselbe gilt für fachärztliche Leistungen eines angestellten Arztes eines anderen Fachgebiets gemäß § 14a Abs. 2 BMV-Ärzte, auch wenn der Praxisinhaber sie nicht selbst miterbracht oder beaufsichtigt hat. Persönliche Leistungen sind ferner Hilfeleistungen nichtärztlicher Mitarbeiter, die der an der vertragsärztlichen Versorgung teilnehmende Arzt, der genehmigte Assistent oder ein angestellter Arzt anordnet und fachlich überwacht, wenn der nichtärztliche Mitarbeiter zur Erbringung der jeweiligen Hilfeleistung qualifiziert ist. § 15 Abs. 1 S. 3 und 4 BMV-Ärzte setzen fachgleiche und fachfremde Leistungen des angestellten Arztes den persönlichen Leistungen des Vertragsarztes gleich, wenn diese in Abwesenheit des Vertragsarztes erbracht werden.

381.3 Für die Abrechenbarkeit der Leistungen angestellter Ärzte ist auch § 4 Abs. 2 GÖÄ maßgeblich. Der Arzt kann nach dieser Regelung Gebühren nur für selbständige ärztliche Leistungen berechnen, die er selbst erbracht hat oder die unter seiner Aufsicht – von angestellten Ärzten – nach fachlicher Weisung erbracht wurden (eigene Leistungen). Letzteres dürfte auch die fachliche Qualifikation erfordern, solche Weisungen erteilen zu können. Dies dürfte erfordern, dass es sich um fachgleiche oder fachverwandte Leistungen handelt.

382 **Stellungnahme:** ME wirken die aufgrund einer Gebietsbeschränkung bestehenden Restriktionen, fachfremde Leistungen nicht erbringen zu dürfen, in die Auslegung des Tatbestandsmerkmals „eigenverantwortlich" hinein. Darf der Praxisinhaber eine bestimmte Leistung, die aus seiner Sicht fachfremd ist, nicht selbst am Patienten erbringen, weil **rechtlich** hierzu nur der angestellte Facharzt **befugt** ist, kann er die Leistung des angestellten Facharztes nicht prägen. Auf dieser Linie liegt auch die Rechtsprechung des BFH zu den angestellten Prüfingenieuren, bei denen nach den rechtlichen Rahmenbedingungen die angestellten Prüfingenieure die Hauptuntersuchungen höchstpersönlich und weisungsfrei zu verantworten haben (BFH 14.5.2019 – VIII R 35/16, BStBl. II 2019, 580, → Rn. 399). Meines Erachtens knüpfen die ärztlichen Gebietsbezeichnungen zwar an die jeweiligen Weiterbildungsordnungen des Fachgebiets an und sollen durch die Konzentration sowie Ausschluss bestimmter Leistungserbringungen die Qualität der Leistungen des Arztes steigern, sie bewirken aber grundsätzlich nicht, dass der Praxisinhaber eine bestimmte fachärztliche Leistung rechtlich nicht mehr persönlich erbringen darf. Unterhalb der Schwelle des rechtlichen „Nicht-Dürfens" ist also eine Prägung der Leistung des angestellten Facharzts nach den allgemeinen Grundsätzen der patientenbezogenen Betrachtungsweise (→ Rn. 378) möglich, weil § 18 Abs. 1 Nr. 1 darauf abstellt, dass der Steuerpflichtige als „Arzt" tätig ist und berufstypische Handlungen (dh Heilbehandlungen) vornimmt. Andererseits können auf Grundlage der patientenbezogenen Sichtweise des BFH die Regelungen des Kassenarztrechts zur Beschäftigung angestellter Ärzte (→ Rn. 381.1) und die Regelungen der Zurechnung von Leistungen angestellter Fachärzte für Abrechnungszwecke diese zugerechneten Leistungen **steuerrechtlich nicht** als vom Praxisinhaber selbst erbrachte eigene Leistungen definieren, da das Steuerrecht ein persönliches Tätigwerden verlangt. In Zweifelsfällen sollte der angestellte fachfremde Facharzt zum Mitunternehmer in einer Gemeinschaftspraxis gemacht werden (siehe in diese Richtung gehend auch Korn/*Korn* § 18 Rn. 90).

383 **Prophylaxeleistungen in Zahnarztpraxen:** Die berufsrechtlich zulässige Delegation (→ Rn. 159.2) von Prophylaxeleistungen an qualifizierte (nichtärztliche) Mitarbeiter eines Zahnarztes stellt eine leitende und eigenverantwortliche Tätigkeit des Arztes dar und ist als Erledigung von ärztlichen Aufgaben durch fachlich vorgebildete Arbeitskräfte zu bewerten. Diese Tätigkeiten stellen die Freiberuflichkeit jedenfalls dann nicht in Frage, wenn der Patient nach Durchführung der Zahnreinigung/Karieskontrolle den Arzt zu einer Nachkontrolle sieht oder die Zahnreinigung einer ärztlichen Behandlung (auch in einem gesonderten Termin) nachfolgt.

384 **Laboratoriumsmedizin/Pathologe:** Der Facharzt für Laboratoriumsmedizin ist nach der BFH-Rechtsprechung und Auffassung der Finanzverwaltung (EStH 15.6) der Facharzt,

der am meisten zur Gewerblichkeit tendiert. Ob der Betrieb eines Untersuchungsinstituts für medizinische Mikrobiologie und klinische Chemie eine freiberufliche oder gewerbliche Tätigkeit begründet, wird auch hier durch die Mitarbeit des Steuerpflichtigen am einzelnen Auftrag bestimmt (BFH 25.11.1975 – VIII R 116/74, BStBl. II 1976, 155). Diesen Grundsatz hat der BFH im Beschluss vom 12.6.2018 (VIII B 154/17, BFH/NV 2018, 945) bestätigt. Die Grenze zum Gewerbebetrieb ist dort überschritten, wo der Steuerpflichtige sich nur noch um besonders wichtige oder besonders schwierige Aufträge selbst kümmert, die einfachen und weniger bedeutsamen aber ganz seinen Mitarbeitern überlässt. Bei einem Arzt für Laboratoriumsmedizin tritt zwar nach der Rechtsprechung der das Berufsbild des Arztes prägende „persönliche, individuelle Dienst am Patienten" in den Hintergrund; er ist in besonderem Maße auf die technischen Einrichtungen und die Mithilfe qualifizierter Mitarbeiter angewiesen. Um seine Tätigkeit als eigenverantwortlich zu werten, muss er **jedoch jeden eingegangenen Untersuchungsauftrag** nach Inhalt und Fragestellung zur Kenntnis nehmen, die Bearbeitung durch die zuständigen Abteilungen sowie die Auswahl und Anwendung der Untersuchungsmethode kontrollieren und die Plausibilität des Ergebnisses (Befunderhebung und Befundauswertung) nachprüfen (BFH 1.2.1990 – IV R 140/88, BStBl. II 1990, 507; BFH 21.3.1995 – XI R 85/93, BStBl. II 1995, 732). Ein Laborarzt ist danach nicht eigenverantwortlich tätig, wenn er nach dem betrieblichen Arbeitsablauf solche Untersuchungsaufträge und deren Ergebnisse weder zur Kenntnis nimmt noch auf Plausibilität hin überprüft, die nach einem Vorscreening der fachlich vorgebildeten Mitarbeiter zu einem unauffälligen Befund führen (BFH 12.6.2018 – VIII B 154/17, BFH/NV 2018, 945). Hiervon ausgehend hängt die Beantwortung der Frage, ob eine eigenverantwortliche Tätigkeit vorliegt bei einem Laboratoriumsarzt wesentlich **von der Anzahl der Untersuchungsaufträge und des fachlich vorgebildeten Personals ab;** denn der menschlichen Leistungsfähigkeit sind Grenzen gesetzt.

Anknüpfend daran hat die Rechtsprechung typisierende Zeitgrenzen entwickelt, die der Praxisinhaber zur Untersuchung des einzelnen Auftrags und zu dessen Befundung haben muss (siehe zur angenommen **Gewerblichkeit** zB BFH 1.2.1990 – IV R 140/88, BStBl. II 1990, 507: bei unterstellten jährlichen 325 Arbeitstagen täglich im Durchschnitt zwischen 277 und 345 Aufträge (692 bis 862 Untersuchungen); BFH 21.3.1995 – XI R 85/93, BStBl. II 1995, 732: Verneinung der eigenverantwortlichen Tätigkeit eines Laborarztes bei durchschnittlich täglich anfallenden 1577 Untersuchungen und Beschäftigung von 50 bis 55 Arbeitskräften = durchschnittliche Zeit pro Untersuchung 36,5 Sekunden; Verneinung auch bei Zeiten pro Auftrag zwischen 1,5 Minuten und 2 Minuten siehe FG Bremen 26.8.1999 – 397115 K 1, EFG 2000, 263. **Freiberufliche Tätigkeit** wurde bejaht bei einer rechnerisch für die Bearbeitung eines jeden Auftrags zur Verfügung stehenden Zeit von 4 bis 4,5 Minuten, siehe FG Düsseldorf 4.3.1999 – 8 K 1717/95 G, BeckRS 1999, 31028387; siehe FG Baden-Württemberg 12.10.2001 – 9 K 285/96, EFG 2002, 554: Ein Laborarzt kann auch dann eigenverantwortlich iSd § 18 Abs. 1 Nr. 1 Satz 3 tätig sein, wenn er für einfache Befunde ***jeweils nur zehn Sekunden*** benötigt. Entscheidend ist nicht die absolute Zeit, sondern, ob die für den jeweiligen Auftrag angemessene und erforderliche Zeit aufgewendet wurde. **385**

Die Kürze der Zeit, die ein Laborarzt auf die einzelnen Untersuchungen verwendet sowie eine hohe Zahl fachlich vorgebildeter Angestellten können nach der Rechtsprechung **prozessual** eine widerlegliche Vermutung dafür begründen, dass der Arzt nicht eigenverantwortlich tätig wird. Diese Vermutung **kann nicht durch ein Sachverständigengutachten entkräftet werden,** das die Eigenverantwortlichkeit lediglich daraus herleitet, dass die Mitwirkung des Praxisinhabers trotz der Kürze der hierzu zur Verfügung stehenden Zeit fachlich korrekt ist (BFH 26.1.2000 – IV B 12/99, BFH/NV 2000, 837). In der Rechtsprechung ist zugleich geklärt, dass es eine exakte Bestimmung der zulässigen Größenordnung einer Laborarztpraxis und der zulässigen Anzahl der bearbeiteten Aufträge **im Sinne einer Unschädlichkeitsgrenze nicht gibt,** sondern nach den Verhältnissen des Einzelfalls zu entscheiden ist (BFH 29.4.2002 – IV B 29/01, BStBl. II 2002, 581; BFH 15.9.2004 – XI B 26/04, BFH/NV 2005, 200). **386**

Krankenpfleger: Für den selbständig tätigen Krankenpfleger als ähnlichen Beruf hat der BFH entschieden, er sei bei der Beschäftigung qualifizierter Arbeitskräfte nur dann leitend und eigenverantwortlich tätig, wenn er aufgrund seiner Fachkenntnisse durch regelmäßige und eingehende Kontrolle maßgeblich auf die Pflegetätigkeit der Mitarbeiter bei jedem **387**

einzelnen Patienten Einfluss nehme (BFH 1.2.1990 – IV R 140/88, BStBl. II 1990, 507; BFH 5.6.1997 – IV R 43/96, BStBl. II 1997, 681; BFH 13.6.2003 – IV B 171/01, BFH/NV 2003, 1414; BFH 22.1.2004 – IV R 51/01, BStBl. II 2004, 509; BFH 27.1.2004 – IV B 135/01, BFH/NV 2004, 783; ebenso EStH 15.6).

388 **Krankengymnasten/Physiotherapeuten:** Nach BFH 31.8.2005 – IV B 205/03, BFH/NV 2006, 48; BFH 14.3.2007 – XI R 59/05, BFH/NV 2007, 1317 sind die Grundsätze, die für die Annahme einer leitenden und eigenverantwortlichen Tätigkeit eines Krankenpflegers aufgestellt worden sind, auf den Katalogberuf des **Krankengymnasten** übertragbar. Überlässt ein Krankengymnast seinen fachlich vorgebildeten Mitarbeitern selbständig sowohl die Anamnese als auch den Großteil der anfallenden Patientenbehandlungen, so ist er nicht eigenverantwortlich tätig (BFH 31.8.2005 – IV B 205/03, BFH/NV 2006, 48). In der älteren Rechtsprechung wurde ein Krankengymnast und Masseur, der eine größere Zahl von Arbeitskräften beschäftigt, gleichzeitig eine medizinische Badeanstalt betreibt und mit diesen Tätigkeiten einen Jahresumsatz von 800.000 DM erzielt, als gewerblich angesehen, weil er nicht mehr den notwendigen höchstpersönlichen Arbeitseinsatz erbringen konnte (FG München 11.11.1993 – 13 K 1398/93, EFG 1994, 531). Allerdings hält es die Rechtsprechung zur Abmilderung der Folgen für möglich, **zwischen den noch freiberuflich erbrachten und den gewerblichen Behandlungen zu trennen** (→ Rn. 368: FG Hamburg 10.9.2013 – 3 K 80/13, BB 2014, 1174: Ein Krankengymnast kann nebeneinander eine gewerbliche (als Praxisinhaber) und eine freiberufliche Tätigkeit (als selbst Behandelnder) ausüben. Die Tätigkeiten sind steuerlich getrennt zu behandeln, wenn eine Trennung zB nach den einzelnen behandelten Patienten ohne besondere Schwierigkeiten möglich ist oder der Umfang der Tätigkeit anhand bekannter Daten geschätzt werden kann).

389 *Einstweilen frei*

390 **bb) Rechts- und wirtschaftsberatende Berufe.** Bei Berufsträgern, die eine höchstpersönliche Stellung in einem gesonderten Verfahren innehaben (wie der persönlich bestellte Insolvenzverwalter/ein Notar/ein Strafverteidiger), hindert allein der Umstand, dass die Tätigkeit nur personengebunden und nicht durch die Sozietät ausgeübt werden darf, mE die Einbindung der Hilfsperson in die leitende und eigenverantwortliche Tätigkeit eines oder mehrerer Mitunternehmer-Sozien nicht. Gleiches gilt für die Tätigkeit von Anwaltsnotaren, die nicht Mitunternehmer einer Sozietät sind, aber einen in Abstimmung mit einem Sozius erstellten Vertragsentwurf beurkunden oder die Tätigkeit eines Strafverteidigers, der als Nichtsozius ein Verfahren betreut (zweifelnd *Olbing* AnwBl 2016, 33 (35)).

391 Ein Steuerbevollmächtigter, in dessen Praxis unter Mitwirkung von bis zu 20 fachlich vorgebildeten Hilfskräften jährlich rund 13.000 Anträge auf Lohnsteuerjahresausgleich bzw. Einkommensteuererklärungen von Arbeitnehmern bearbeitet werden, ist – auch wenn er die Hilfskräfte regelmäßig schult, ihnen in Einzelfällen Weisungen erteilt und telefonisch oder über Funk „jederzeit erreichbar" ist – nicht mehr eigenverantwortlich iSv § 18 Abs. 1 Nr. 1 Satz 3 tätig, weil die den Mandanten gegenüber erbrachten Dienstleistungen nicht mehr von ihm, sondern von den Hilfskräften geprägt werden (FG Düsseldorf, 17.3.1993 – 14 K 112/88 G, EFG 1993, 512).

392 **cc) Dolmetscher/Übersetzer:.** Ein Steuerpflichtiger, der ein **Übersetzungsbüro** unterhält, ohne dass er selbst über Kenntnisse in den Sprachen verfügt, auf die sich die Übersetzungstätigkeit erstreckt, ist gewerblich tätig und zwar auch dann, wenn er die für sein Büro wichtigste Sprache selbst beherrscht. Eine freiberufliche Übersetzertätigkeit iSd § 18 Abs. 1 Nr. 1 ist nur dann anzunehmen, wenn der Übersetzer aufgrund eigener Sprachkenntnisse in der Lage ist, die beauftragte Übersetzungsleistung entweder selbst zu erbringen oder aber im Rahmen der gemäß § 18 Abs. 1 Nr. 1 Satz 3 zulässigen Mitarbeit fachlich vorgebildeter Personen leitend und eigenverantwortlich tätig werden kann. Hierzu muss er Übersetzungen freier Mitarbeiter oder Angestellter aufgrund eigener Kenntnisse selbst übersetzen können (BFH 5.12.1968 – IV R 125/66, BStBl. II 1969, 165 zum Leiter einer privaten Sprachschule; BFH 12.6.1996 – IV B 121/95, BFH/NV 1997, 25; BFH 21.2.2017 – VIII R 45/13, BStBl. II 2018, 4, eine Verfassungsbeschwerde wurde mit Beschluss des BVerfG vom 12.9.2018 – 1 BvR 2668/17, LSK 2018, 7340 nicht zur Entscheidung angenommen).

393 *Einstweilen frei*

dd) Weitere Beispielsfälle. Unterricht: Der Begriff der Eigenverantwortlichkeit erfordert bei der unterrichtenden Tätigkeit somit regelmäßig einen unmittelbaren, persönlichen und deshalb individuellen Einsatz des Betriebsinhabers vor Ort, damit durch den eigenen Kontakt mit den zu Unterrichtenden der Unterricht ein besonderes Gepräge durch den Berufsinhaber erhält (BFH 9.3.2010 – VIII R 56/07, BFH/NV 2010, 1777; FG Hamburg, 20.1.2015 – 3 K 157/14, EFG 2015, 912; s. auch BFH 1.4.1982 – IV R 130/79, BStBl. II 1982, 589; BFH 5.12.1968 – IV R 125/66, BStBl. II 1969, 165). Es genügt aber, wenn der Inhaber eigenständig in den Unterricht anderer Lehrkräfte eingreift, indem er die Unterrichtsveranstaltungen mitgestaltet und ihnen damit den Stempel seiner Persönlichkeit gibt (BFH 23.1.1986 – IV R 24/84, BStBl. II 1986, 398). 394

Ein Steuerpflichtiger, der Inhaber einer Privatschule ist und eine Anzahl von Lehrkräften beschäftigt, ohne durch eigenen Unterricht sowie durch das Mitgestalten des von anderen Lehrkräften erteilten Unterrichts eine überwiegend eigenverantwortliche Unterrichtstätigkeit auszuüben, erzielt demggü. gewerbliche Einkünfte (BFH 6.11.1969 – IV R 127/68, BStBl. II 1970, 214; BFH 13.12.1973 – I R 138/71, BStBl. II 1974, 213); das Gleiche gilt für Reitunterricht auf einem Reiterhof BFH 16.11.1978 – IV R 191/74, BStBl. II 1979, 246). 395

Erziehung. Die zur Eigenverantwortlichkeit bei den Heilberufen und den Lehrern entwickelten Grundsätze sind nach der finanzgerichtlichen Rechtsprechung auf die Beurteilung der erzieherischen Tätigkeit übertragbar. Auch insoweit übt der Betriebsinhaber die Tätigkeit eigenverantwortlich aus, wenn er entweder einen wesentlichen Teil der Erziehung selbst übernimmt oder durch regelmäßige und eingehende Kontrollen der Mitarbeiter maßgeblich auf die Erziehung jedes Kindes Einfluss nimmt. Darüber hinaus setzt die Eigenverantwortlichkeit im Rahmen einer erzieherischen Tätigkeit eine persönliche Beziehung zu den einzelnen Kindern voraus, die eine zeitlich bedeutsame Anwesenheit des Betriebsinhabers vor Ort bedingt; lediglich sporadische Besuche genügen nicht (FG Hamburg 20.1.2015 – 3 K 157/14, EFG 2015, 912). 396

Für den **Betrieb einer Kindertagesstätte** als erzieherische Tätigkeit kann der Inhaber nach diesem Maßstab trotz der Beschäftigung fachlich vorgebildeter Arbeitskräfte eigenverantwortlich iSd § 18 Abs. 1 Nr. 1 Satz 3 tätig werden, wenn er durch regelmäßige und eingehende Kontrollen der Mitarbeiter maßgeblich auf die Erziehung jedes Kindes Einfluss nimmt und darüber hinaus eine persönliche Beziehung des Inhabers zu den einzelnen Kindern besteht (siehe FG Hamburg 20.1.2015 – 3 K 157/14, EFG 2015, 912: 45 betreute Kinder in zwei Gruppen mit insgesamt sechs angestellten Erzieherinnen). Hingegen hat die Rechtsprechung die Tätigkeit einer **Diplomsozialarbeiterin,** die Menschen mit einer psychischen Erkrankung, körperlichen oder geistigen Behinderung oder chronischen Suchterkrankung Unterstützung bei einer selbstbestimmten Lebensführung anbietet und sich bei der Betreuung ihrer Klienten der Mithilfe fachlich vorgebildeter Arbeitskräfte (insbesondere Diplom-Heilpädagogen und Diplom-Sozialarbeiter) bedient, nicht als leitend und eigenverantwortlich angesehen (FG Köln 1.6.2017 – 15 K 243/14, EFG 2017, 1662; Rev. VIII R 10/17). Nach dem dortigen Sachverhalt fand stets ein „Erstgespräch" mit (potentiellen) Klienten in Anwesenheit der Betriebsinhaberin statt. Die weiteren Gespräche und Kontakte fanden in größerem Umfang ohne deren Anwesenheit statt; in vielen Fällen stellte sie nur einen halbjährlichen persönlichen Kontakt zu den Klienten her. 397

Filmhersteller: Wenn ein Bildberichterstatter Aufträge an andere Kameraleute und Tontechniker weiter gibt, ohne insoweit auf die Gestaltung des Filmmaterials Einfluss zu nehmen, fehlt es an einer leitenden und eigenverantwortlichen Tätigkeit im Hinblick auf das Endprodukt (BFH 20.12.2000 – XI R 8/00, BStBl. II 2002, 478). 398

Ingenieure: Ein selbständig tätiger Ingenieur wird nur dann eigenverantwortlich tätig iSv § 18 Abs. 1 Nr. 1 Satz 3, wenn die Ausführung jedes einzelnen ihm erteilten Auftrags auch ihm selbst – und nicht dem qualifizierten Mitarbeiter, den Hilfskräften oder dem Unternehmen als Ganzen – zuzurechnen ist. Die Übernahme der Verantwortung für die ordnungsgemäße Ausführung der Aufträge genügt nicht (BFH 10.11.1982 – I R 169/71, nv; BFH 4.7.2007 – VIII R 77/05, BFH/NV 2008, 53). Vgl. zum technischen Prüfingenieur FG Sachsen 24.2.2016 – 2 K 1479/15, EFG 2016, 1341 mAnm *Schober*; *Geyer/Kratzenberger/Ullmann* DStR 2019, 1285. Der Freiberuflichkeit der Tätigkeit eines **Prüfingenieurs** steht die Mithilfe fachlich vorgebildeter Arbeitskräfte nicht entgegen, wenn er weiterhin leitend 399 und eigenverantwortlich iSd § 18 Abs. 1 Nr. 1 Satz 3 tätig ist. An einer eigenverantwortlichen Tätigkeit fehlt es jedoch, wenn nach den rechtlichen Vorgaben die angestellten Prüfingenieure die ihnen übertragenen Hauptuntersuchungen eigenständig durchführen müssen und dabei vom Betriebsinhaber lediglich stichprobenartig überwacht werden dürfen (BFH 14.5. 2019 – VIII R 35/16, BStBl. II 2019, 580).

400 Betreuen ein selbständig tätiger und ein angestellter Ingenieur jeweils einzelne Projekte eigenverantwortlich und leitend, **ist trotz der gleichartigen Tätigkeit** eine – ggf. im Schätzungswege vorzunehmende – Aufteilung der Einkünfte nicht ausgeschlossen mit der Folge, dass die vom Unternehmensinhaber selbst betreuten Projekte der freiberuflichen Tätigkeit zuzuordnen sind und nur die von dem Angestellten betreuten Projekte zu gewerblichen Einkünften führen (BFH 8.10.2008 – VIII R 53/07, BStBl. II 2009, 143).

401 *Einstweilen frei*

16. Vorübergehende Verhinderung (§ 18 Abs. 1 Satz 4)

402 **Regelungsinhalt:** Eine Vertretung im Fall vorübergehender Verhinderung steht der Annahme einer leitenden und eigenverantwortlichen Tätigkeit nicht entgegen. Die Regelung ergänzt § 18 Abs. 1 Nr. 1 Satz 3, nach dem eine leitende und eigenverantwortliche Tätigkeit des Einkünfteerzielers bei Einsatz fachlich vorgebildeter Arbeitskräfte für die Erzielung freiberuflicher Einkünfte erforderlich ist. Der BFH wendet § 18 Abs. 1 Nr. 1 S. 4 nach Aufgabe der Rechtsprechung der Vervielfältigungstheorie (→ Rn. 444) auch im Bereich der sonstigen selbständigen Einkünfte gemäß § 18 Abs. 1 Satz 1 Nr. 3 an (BFH 15.12.2010 – VIII R 50/09, BStBl. II 2011, 506).

403 **Begriff der vorübergehenden Verhinderung:** Die vorübergehende Verhinderung ist abzugrenzen von einer dauernden Verhinderung, die eine dauernde Vertretung des Steuerpflichtigen zur Folge hat. Unschädlich ist eine Vertretung des Steuerpflichtigen durch einen Dritten, wenn sie für eine kurze Zeit geplant ist (Urlaubsvertretung) oder durch Umstände bedingt ist, die der Steuerpflichtige selbst nicht beeinflussen kann (Krankheiten/Rechtsgründe). Krankheiten dürfen jedoch keine dauernde Berufsunfähigkeit zur Folge haben (siehe Blümich/*Hutter* § 18 Rn. 63; HHR/*Brandt* § 18 Rn. 240 mit dem Beispielsfall, dass ein Fahrschullehrer, der krankheitsbedingt Fahrunterricht durch angestellte Fahrlehrer erteilen lässt, nicht in absehbarer Zeit wieder eigenverantwortlich tätig sein kann, wenn er aufgrund seiner Erkrankung nur tageweise tätig sein kann). Schwangerschaftsvertretungen und Erziehungsurlaub sind vorübergehende Verhinderungen (siehe EStH 15.6 „Mithilfe anderer Personen"; Korn/*Korn* § 18 Rn. 92).

404 Eine leitende und eigenverantwortliche Tätigkeit des Praxisinhabers ist nicht mehr gegeben, wenn dieser um die Behandlungsbefugnis für eine weitere Betriebsstätte zu erhalten, für diese Betriebsstätte einen eigenverantwortlichen Leiter einsetzt, mit dessen Person die Behandlungsberechtigung für die Betriebsstätte steht und fällt (BFH 19.10.1995 – IV R 11/95, BFH/NV 1996, 464). Auch außerhalb des Betriebs einer weiteren Betriebsstätte ist die dauerhafte Übertragung der Leitung eines einzigen Betriebs und der Verantwortung auf einen Geschäftsführer oder Vertreter schädlich. Überträgt der Steuerpflichtige die Leitung einer Betriebsstätte einem anderen Berufsträger als seinem Vertreter und betreibt er eine weitere Betriebsstätte selbst in Form einer eigenen leitenden und eigenverantwortlichen Tätigkeit, werden abgrenzbare gewerbliche Einkünfte in der Betriebsstätte, die vom Vertreter geführt wird, erzielt. Bestehen zwischen verschiedenen Tätigkeiten gewisse sachliche und wirtschaftliche Berührungspunkte und liegt mithin eine gemischte Tätigkeit vor, kommt eine Abgrenzbarkeit der Einkünfte in der Betriebsstätte in Betracht, wenn dort eigene Aufträge bearbeitet worden sind (siehe BFH 25.10.1963 – IV 373/60 U, BStBl. III 1963, 595; BFH 8.10.2008 – VIII R 53/07, BStBl. II 2009, 143 mit Abgrenzung zu BFH 19.10.1995 – IV R 11/95, BFH/NV 1996, 464).

405 Ist die freiberufliche Tätigkeit höchstpersönlich auszuführen, kommt eine Vertretung schon dem Grunde nach nicht in Betracht (siehe Korn/*Korn* § 18 Rn. 91 zu künstlerischer Tätigkeit).

406 § 18 Abs. 1 Nr. 1 S. 4 ist nicht entsprechend anwendbar auf die Fälle, in denen der Berufsträger verstirbt, eine Erbengemeinschaft mit Nicht-Berufsträgern Inhaberin des vormals freiberuflichen Betriebs wird und die Praxis bis zur Veräußerung von einem Kanzleiverweser/

Kanzleiabwickler führen lässt (BFH 19.5.1981 – VIII R 143/78, BStBl. II 1981, 665). Dazu auch → Rn. 1009.

17. Arbeitshilfe: Abgrenzung der Einkünfte aus selbständiger Arbeit/ Gewerbebetrieb für bestimmte Berufe nach den EStH 15.6

Tätigkeiten aus dem Bereich der selbständigen Arbeit und Einkünfte aus Gewerbebetrieb: 407

Tätigkeiten aus dem Bereich der selbständigen Arbeit (EStH 15.6): 407.1

Altenpfleger, soweit keine hauswirtschaftliche Versorgung der Patienten erfolgt (BMF 20.11.2019, BStBl. I 2019, 1298),

Berufsbetreuer iSv §§ 1896 ff. BGB; die Tätigkeit fällt in der Regel unter § 18 Abs. 1 Nr. 3 EStG (BFH 15.6.2010 – VIII R 14/09, BStBl. II 2010, 909 und BFH 15.6.2010 – VIII R 10/09, BStBl. II 2010, 906)

Diätassistent (BMF 20.11.2019, BStBl. I 2019, 1298),

EDV-Berater übt im Bereich der Systemsoftware regelmäßig eine ingenieurähnliche Tätigkeit aus. Im Bereich der Entwicklung von Anwendersoftware ist die Tätigkeit des EDV-Beraters nur dann als selbständige Tätigkeit zu qualifizieren, wenn er die Entwicklung der Anwendersoftware durch eine klassische ingenieursmäßige Vorgehensweise (Planung, Konstruktion, Überwachung) betreibt und er über eine Ausbildung, die der eines Ingenieurs vergleichbar ist, verfügt (BFH 4.5.2004 – – XI R 9/03, BStBl. II 2004, 989),

Ergotherapeut (BMF 20.11.2019, BStBl. I 2019, 1298),

Fachkrankenpfleger für Krankenhaushygiene (BFH 6.9.2006 – XI R 64/05,BStBl. II 2007, 177),

Hebamme/Entbindungspfleger (BMF 20.11.2019, BStBl. I 2019, 1298),

Heileurythmist bei Teilnahme an Verträgen zur Integrierten Versorgung mit Anthroposophischer Medizin nach § SGB_V § 140a ff. SGB V (BFH 20.11.2018 – BStBl. II S. 2019, 776 und BMF 20.11.2019, BStBl. I 2019, 1298),

Industrie-Designer; auch im Bereich zwischen Kunst und Gewerbe kann gewerblicher Verwendungszweck eine künstlerische Tätigkeit nicht ausschließen (BFH 14.12.1976 – VIII R 76/75, BStBl. II 1977, 474),

Insolvenzverwalter (BFH 11.8.1994 – IV R 126/91, BStBl. II 1994, 936), → sonstige selbständige Arbeit,

IT-Projektleiter, wenn dieser über Kenntnisse und Fähigkeiten verfügt, die in Breite und Tiefe denen eines Diplom-Informatikers entsprechen (BFH 22.9.2009 – VIII R 79/06, BStBl. II 2010, 404),

Kfz-Sachverständiger, dessen Gutachtertätigkeit mathematisch-technische Kenntnisse voraussetzt, wie sie üblicherweise nur durch eine Berufsausbildung als Ingenieur erlangt werden (BFH 10.11.1988 – IV R 63/86, BStBl. II S. 1989, 198),

Kindererholungsheim; der Betrieb eines Kindererholungsheims kann ausnahmsweise eine freiberufliche Tätigkeit darstellen, wenn die Kinder in erster Linie zum Zweck einer planmäßigen körperlichen, geistigen und sittlichen Erziehung auswärts untergebracht sind und die freiberufliche Tätigkeit der Gesamtleistung des Heimes das Gepräge gibt (BFH 9.4.1975 – I R 107/73, BStBl. II 1975 II, 610),

Kinder- und Jugendlichenpsychotherapeut (BMF 20.11.2019, BStBl. I 2019, 1298),

Kompasskompensierer auf Seeschiffen (BFH 14.11.1957 – IV 84/57 U, BStBl. III 1958, 3),

Krankenpfleger/Krankenschwester, soweit keine hauswirtschaftliche Versorgung der Patienten erfolgt (BFH 22.1.2004 – IV R 51/01, BStBl. II 2004, 509 und BMF 20.11.2019, BStBl. I 2019, 1298),

Kunsthandwerker, der von ihm selbst entworfene Gegenstände herstellt (BFH 26.9.1968 – IV 43/64, BStBl. II 1969, 70); handwerkliche und künstlerische Tätigkeit können nebeneinander vorliegen (BFH 11.7.1991 – IV R 15/90, BStBl. II 1991, 889),

Logopäde (BMF 20.11.2019, BStBl. I 2019, 1298),

Masseur (staatlich geprüft), Heilmasseur, soweit diese nicht lediglich oder überwiegend kosmetische oder Schönheitsmassagen durchführen (BMF 20.11.2019, BStBl. I 2019, 1298),

Medizinischer Bademeister, soweit dieser auch zur Feststellung des Krankheitsbefunds tätig wird oder persönliche Heilbehandlungen am Körper des Patienten vornimmt (BMF 20.11.2019, BStBl. I 2019, 1298),

Medizinisch-technischer Assistent (BMF 20.11.2019, BStBl. I 2019, 1298),

Modeschöpfer; beratende Tätigkeit eines im Übrigen als Künstler anerkannten Modeschöpfers kann künstlerisch sein (BFH 2.10.1968 – I R 1/66, BStBl. II 1969, 138),

Orthoptist (BMF 20.11.2019, BStBl. I 2019, 1298),

Patentberichterstatter mit wertender Tätigkeit (BFH 2.12.1970 – I R 23/67, BStBl. II S. 1971, 233),

Podologe/Medizinischer Fußpfleger (BMF 20.11.2019, BStBl. I 2019, 1298),

Prüfingenieur, der Hauptuntersuchungen und Sicherheitsprüfungen durchführt (BFH 14.5.2019 – VIII R 35/16, BStBl. II 2019, 580),

Psychologischer Psychotherapeut (BMF 20.11.2019, BStBl. I 2019, 1298),

Rettungsassistent (BMF 20.11.2019, BStBl. I 2019, 1298),

Schiffseichaufnehmer (BFH 5.11.1970 – IV R 127/70, BStBl. II 1971, 319),

Synchronsprecher, der bei der Synchronisierung ausländischer Spielfilme mitwirkt (BFH 3.8.1978 – VI R 73/78, BStBl. II 1979, 131 und BFH 12.10.1978 – IV R 1/77, BStBl. II 1981, 706),

Tanz- und Unterhaltungsorchester, wenn es einen bestimmten Qualitätsstandard erreicht (BFH 19.8.1982 – IV R 64/79, BStBl. II 1983, 7),

Umweltauditor mit einem abgeschlossenen Chemiestudium (BFH 17.1.2007 – XI R 5/06, BStBl. II 2007, 519),

Verfahrenspfleger iSd FamFG; die Tätigkeit fällt in der Regel unter § 18 Abs. 1 Nr. 3 (BFH 15.6.2010 – VIII R 14/09, BStBl. II 2010, 909 und BFH 15.6.2010 – VIII R 10/09BStBl. II 2010, 906),

Werbung; Tätigkeit eines Künstlers im Bereich der Werbung kann künstlerisch sein, wenn sie als eigenschöpferische Leistung zu werten ist (BFH 11.7.1991 – IV R 33/90, BStBl. II 1992, 353),

Zahnpraktiker (BMF 20.11.2019, BStBl. I 2019, 1298),

Zwangsverwalter; die Tätigkeit fällt in der Regel unter § 18 Abs. 1 Nr. 3 (BFH 12.12.2001 – XI R 56/00, BStBl. II 2002, 202); aber → sonstige selbständige Arbeit.

407.2 **Tätigkeiten, die den Einkünften aus Gewerbebetrieb zuzurechnen sind (EStH 15.6):**

Altenpfleger, soweit auch eine hauswirtschaftliche Versorgung der Patienten erfolgt (BMF 20.11.2019, BStBl. I 2019, 1298),

Anlageberater/Finanzanalyst (BFH 2.9.1988 – III R 58/85, BStBl. II 1989, 24),

Ärztepropagandist (BFH 27.4.1961 – IV 329/58 U, BStBl. III 1961, 315),

Apotheken-Inventurbüro (BFH 15.6.1965 – IV 283/63 U, BStBl. III 1965, 556),

Apothekenrezeptabrechner (BFH 28.3.1974 – IV R 153/73, BStBl. II 1974, 515),

Architekt, der bei Ausübung einer beratenden Tätigkeit an der Vermittlung von Geschäftsabschlüssen mittelbar beteiligt ist (BFH 14.6.1984 – I R 204/81, BStBl. II 1985, 15) oder der schlüsselfertige Gebäude errichten lässt; die Gewerblichkeit erstreckt sich in diesem Fall auch auf ggf. erbrachte Ingenieur- oder Architektenleistungen (BFH 18.10.2006 – XI R 10/06, BStBl. II 2008, 54),

Artist (BFH 16.3.1951 – IV 197/50 U, BStBl. III 1951, 97),

Baubetreuer (Bauberater), die sich lediglich mit der wirtschaftlichen (finanziellen) Betreuung von Bauvorhaben befassen (BFH 29.5.1973 – VIII R 55-56/70, BStBl. II 1974, 447 und BFH 30.5.1973 – I R 35/71, BStBl. II 1973, 668),

Bauleiter (BFH 22.1.1988 – III R 43-44/85, BStBl. II 1988, 497 und BFH 11.8.1999 – XI R 47/98, BStBl. II 2000, 31), es sei denn, seine Ausbildung entspricht derjenigen eines Architekten (BFH 12.10.1989 – IV R 118-119/87, BStBl. II 1990, 64) oder eines (Wirtschafts-)Ingenieurs (BFH 6.9.2006 – XI R 3/06, BStBl. II 2007, 118),

Beratungsstellenleiter eines Lohnsteuerhilfevereins (BFH 10.12.1987 – IV R 176/85, BStBl. II 1988, 273),

Berufssportler (BFH 22.1.1964 – I 398/60 U, BStBl. III 1964, 207),

Bezirksschornsteinfegermeister (BFH 13.11.1996 – XI R 53/95, BStBl. II 1997, 295),

Bodybuilding-Studio, wenn unterrichtende Tätigkeit nur die Anfangsphase der Kurse prägt und im Übrigen den Kunden Trainingsgeräte zur freien Verfügung stehen (BFH 18.4.1996 – IV R 35/95, BStBl. II 1996, 573),

Buchhalter (BFH 28.6.2001 – IV R 10/00, BStBl. II 2002, 338),

Buchmacher (RFH 22.2.1939, RStBl. 1939, 576),

Bühnenvermittler (BFH 15.4.1970 – I R 107/68, BStBl. II 1970, 517),

Datenschutzbeauftragter (BFH 5.6.2003 – IV R 34/01, BStBl. II 2003, 761; s. zur Einkünftequalifikation eines als Datenschutzbeauftragter tätigen Rechtsanwalts auch FG München 25.7.2017 – 5 K 1403/16, EFG 2018, 345, bestätigt durch BFH 14.1.2020 – VIII R 27/17, DStR 2020, 633),

Detektiv (RFH 15.7.1942, RStBl. 1942, 989),

Dispacheur (BFH 26.11.1992 – IV R 109/90, BStBl. II 1993, 235),

EDV-Berater übt keine ingenieurähnliche Tätigkeit aus, wenn er im Bereich der Anwendersoftware die Entwicklung qualifizierter Software nicht durch eine klassische ingenieurmäßige Vorgehensweise (Planung, Konstruktion, Überwachung) betreibt und wenn er keine Ausbildung, die der eines Ingenieurs vergleichbar ist, besitzt (BFH 4.5.2004 – XI R 9/03, BStBl. II 2004, 989),

Erbensucher (BFH 24.2.1965 – I 349/61 U, BStBl. III 1965, 263),

Fahrschule, wenn der Inhaber nicht die Fahrlehrererlaubnis besitzt (BFH 4.10.1966 – I 249/63, BStBl. III 1966, 685),

Finanz- und Kreditberater (BFH 13.4.1988 – I R 300/83, BStBl. II 1988, 666),

Fitness-Studio; keine unterrichtende Tätigkeit, wenn Kunden im Wesentlichen in Gerätebedienung eingewiesen und Training in Einzelfällen überwacht wird (BFH 13.1.1994 – IV R 79/92, BStBl. II 1994, 362),

Fotograf, der Werbeaufnahmen macht; Werbeaufnahmen macht auch, wer für Zeitschriften Objekte auswählt und zum Zweck der Ablichtung arrangiert, um die von ihm oder einem anderen Fotografen dann hergestellten Aufnahmen zu veröffentlichen (BFH 19.2.1998 – IV R 50/96, BStBl. II 1998, 441),

Fotomodell (BFH 8.6.1967 – IV 62/65, BStBl. III 1967, 618),

Gutachter auf dem Gebiet der Schätzung von Einrichtungsgegenständen und Kunstwerken (BFH 22.6.1971 – VIII 23/65, BStBl. II 1971, 749),

Havariesachverständiger (BFH 22.6.1965 – I 347/60 U, BStBl. III 1965, 593),

Hellseher (BFH 30.3.1976 – VIII R 137/75, BStBl. II 1976, 464),

Hersteller künstlicher Menschenaugen (BFH 25.7.1968 – IV R 251/66, BStBl. II 1968, 662),

Industriepropagandisten (RFH 25.3.1938, RStBl. 1938, 733), Ingenieur als Werber für Lieferfirmen (RFH 30.8.1939, RStBl. 1940, 14),

Inventurbüro (BFH 28.11.1968 – IV R 240/67, BStBl. II 1969, 164),

Kfz-Sachverständiger ohne Ingenieurexamen, dessen Tätigkeit keine mathematisch-technischen Kenntnisse wie die eines Ingenieurs voraussetzt (BFH 9.7.1992 – IV R 116/90, BStBl. II 1993, 100),

Klavierstimmer (BFH 22.3.1990 – IV R 145/88, BStBl. II 1990, 643),

Konstrukteur, der überwiegend Bewehrungspläne fertigt (BFH 5.10.1989 – IV R 154/86, BStBl. II 1990, 73),

Krankenpfleger/Krankenschwester, soweit auch eine hauswirtschaftliche Versorgung der Patienten erfolgt (BFH 22.1.2004 – IV R 51/01, BStBl. II 2004, 509),

Kükensortierer (BFH 16.8.1955 – I 237/54 U, BStBl. III 1955, 295),

Künstleragenten (BFH 18.4.1972 – VIII R 50-51/66, VIII R 162/70, BStBl. II 1972, 624),

Makler (RFH 1.6.1938, RStBl. 1938, 842),

Marktforschungsberater (BFH 27.2.1992 – IV R 27/90, BStBl. II 1992, 826),

Masseur (staatlich geprüft), Heilmasseur, wenn diese lediglich oder überwiegend kosmetische oder Schönheitsmassagen durchführen (BFH 26.11.1970 – IV 60/65, BStBl. II 1971, 249),

Moderator von Verkaufssendungen (BFH 16.9.2014 – VIII R 5/12, BStBl. II 2015, 217),

Personalberater, der seinen Auftraggebern von ihm ausgesuchte Kandidaten für eine zu besetzende Stelle vermittelt (BFH 19.9.2002 – IV R 70/00, BStBl. II 2003, 25),

Pilot (BFH 16.5.2002 – IV R 94/99, BStBl. II 2002, 565),

Politikberater, dessen Schwerpunkt der Berufstätigkeit in der umfangreichen Informationsbeschaffung rund um spezielle aktuelle Gesetzgebungsvorhaben und der diesbezüglichen Berichterstattung gegenüber seinen Auftraggebern liegt (BFH 14.5.2014 – VIII R 18/11, BStBl. II 2015, 128),

Probenehmer für Erze, Metalle und Hüttenerzeugnisse (BFH 14.11.1972 – VIII R 18/67, BStBl. II 1973, 183),

Promotionsberater (BFH 8.10.2008 – VIII R 74/05, BStBl. II 2009, 238),

Rechtsbeistand, der mit Genehmigung des Landgerichtspräsidenten Auszüge aus Gerichtsakten für Versicherungsgesellschaften fertigt (BFH 18.3.1970 – I R 147/67, BStBl. II 1970, 455),

Rentenberater (BFH7.5.2019 VIII R 2/16 – BStBl. II 2019, 528 und BFH 7.5.2019 – VIII R 26/16II 2019, 532),

Restaurator, es sei denn, er beschränkt sich auf die Erstellung von Gutachten und Veröffentlichungen und wird daher wissenschaftlich tätig oder die Tätigkeit betrifft ein Kunstwerk, dessen Beschädigung ein solches Ausmaß aufweist, dass seine Wiederherstellung eine eigenschöpferische Leistung des Restaurators erfordert (BFH 4.11.2004 – IV R 63/02, BStBl. II 2005, 362),

Rezeptabrechner für Apotheken (BFH 28.3.1974 – IV R 153/73, BStBl. II 1974, 515),

Rundfunkermittler, der im Auftrag einer Rundfunkanstalt Schwarzhörer aufspürt (BFH 2.12.1998 – X R 83/96, BStBl. II 1999, 534),

Rundfunksprecher entfaltet in der Regel keine künstlerische Tätigkeit (BFH 20.6.1962 – IV 359/61 U, BStBl. III 1962, 385 und BFH 24.10.1963 – V 52/61 U, BStBl. III 1963, 589),

Schadensregulierer im Auftrag einer Versicherungsgesellschaft (BFH 29.8.1961 – I 21/61 U, BStBl. III 1961, 505),

Schiffssachverständiger, wenn er überwiegend reine Schadensgutachten (im Unterschied zu Gutachten über Schadens- und Unfallursachen) erstellt (BFH 21.3.1996 – XI R 82/94, BStBl. II 1996, 518),

Spielerberater von Berufsfußballspielern (BFH 26.11.1998 – IV R 59/97, BStBl. II 1999, 167),

Treuhänderische Tätigkeit eines Rechtsanwaltes für Bauherrengemeinschaften (BFH 1.2.1990 – IV R 42/89, BStBl. II 1990, 534) sowie eines Wirtschaftsprüfers bei einem Immobilienfonds (BFH 18.10.2006 – XI R 9/06, BStBl. II 2007, 266),

Übersetzer, der die beauftragten Sprachen nicht selbst beherrscht, sondern Übersetzungen in nicht unerheblichem Umfang hinzukauft (BFH 21.2.2017 – VIII R 45/13, BStBl. II 2018, 4),

Vereidigter Kursmakler (BFH 13.9.1955 – I 250/54 U, BStBl. III 1955, 325),

Versicherungsberater (BFH 16.10.1997 – IV R 19/97, BStBl. II 1998, 139),

Versicherungsvertreter, selbständiger; übt auch dann eine gewerbliche Tätigkeit aus, wenn er nur für ein einziges Versicherungsunternehmen tätig sein darf (BFH 26.10.1977 – I R 110/76, BStBl. II 1978, 137),

Versteigerer (BFH 24.1.1957 – IV 696/54 U, IV 697/54 U, BStBl. III 1957, 106),

Vortragswerber (BFH 5.7.1956 – IV 617/54 U, BStBl. III 1956, 255),

Werbeberater (BFH 16.1.1974 – I R 106/72, BStBl. II 1974, 293),

Wirtschaftswissenschaftler, der sich auf ein eng begrenztes Tätigkeitsgebiet, zB die Aufnahme und Bewertung von Warenbeständen in einem bestimmten Wirtschaftszweig, spezialisiert und diese Tätigkeit im Wesentlichen von zahlreichen Hilfskräften in einem unternehmensartig organisierten Großbüro ausführen lässt (BFH 28.11.1968 – IV R 240/67, BStBl. II 1969, 164),

Zolldeklarant (BFH 21.9.1989 – IV R 117/87, BStBl. II 1990, 153).

407.3 **Heil- und Heilhilfsberufe:**

Soweit Heil- oder Heilhilfsberufe nicht zu den Katalogberufen zählen, ist ein solcher Beruf einem der in § 18 Abs. 1 Nr. 1 Satz 2 genannten Katalogberufe ähnlich, wenn das typische Bild des Katalogberufs mit seinen wesentlichen Merkmalen dem Gesamtbild des zu beurteilenden Berufs vergleichbar ist. Dazu gehören die Vergleichbarkeit der jeweils ausgeübten Tätigkeit nach den sie charakterisierenden Merkmalen, die Vergleichbarkeit der Ausbildung und die Vergleichbarkeit der Bedingungen, an die das Gesetz die Ausübung des zu vergleichenden Berufs knüpft.

Abweichend von den vorgenannten Grundsätzen stellt die Zulassung des jeweiligen Steuerpflichtigen oder die regelmäßige Zulassung seiner Berufsgruppe nach § 124 Abs. 2 SGB V durch die zuständigen Stellen der gesetzlichen Krankenkassen ein ausreichendes Indiz für das Vorliegen einer dem Katalogberuf des Krankengymnasten ähnlichen Tätigkeit dar. Fehlt es an dieser Zulassung, kann durch ein Gutachten nachgewiesen werden, ob die Ausbildung, die Erlaubnis und die Tätigkeit des Steuerpflichtigen mit den Erfordernissen des § 124 Abs. 2 Satz 1 Nr. 1 bis 3 SGB V vergleichbar sind (→ BMF 22.10.2004, BStBl. I 2004, 1030).

407.4 **Künstlerische Tätigkeit:**

- Eine künstlerische Tätigkeit liegt vor, wenn die Arbeiten nach ihrem Gesamtbild **eigenschöpferisch** sind und über eine hinreichende Beherrschung der Technik hinaus eine bestimmte **künstlerische Gestaltungshöhe** erreichen (BFH 11.7.1991 – IV R 33/90, BStBl. II 1992, 353). Dabei ist nicht jedes einzelne von dem Künstler geschaffene Werk für sich, sondern die gesamte von ihm im VZ ausgeübte Tätigkeit zu würdigen (BFH 11.7.1960 – V 96/59 S, BStBl. III 1960, 453).
- Im Übrigen ist aber bei der Entscheidung der Frage, ob ein bisher freiberuflich Tätiger Gewerbetreibender wird, nicht auf die möglicherweise besonders gelagerten Umstände eines einzelnen VZ abzustellen, sondern zu prüfen, ob **die allgemeine Tendenz** zur Entwicklung eines Gewerbebetriebes hingeht (BFH 24.7.1969 – IV R 92/67, BStBl. II 1970, 86).
- Da die künstlerische Tätigkeit in besonderem Maße **persönlichkeitsbezogen** ist, kann sie als solche nur anerkannt werden, wenn der Künstler auf sämtliche zur Herstellung eines Kunstwerks erforderlichen Tätigkeiten den entscheidenden gestaltenden Einfluss ausübt (BFH 2.12.1980 – VIII R 32/75, BStBl. II 1981, 170).
- Zum Verfahren bei Vorliegen einander widersprechender **Gutachten** (BFH 11.7.1991 – IV R 15/90, BStBl. II 1991, 889).

407.5 **Schriftstellerische Tätigkeit:**

- Ein Schriftsteller muss für die Öffentlichkeit schreiben und es muss sich um den Ausdruck eigener Gedanken handeln, mögen sich diese auch auf rein tatsächliche Vorgänge beziehen. Es ist nicht erforderlich, dass das Geschriebene einen wissenschaftlichen oder künstlerischen Inhalt hat. Der Schriftsteller braucht weder Dichter noch Künstler noch Gelehrter zu sein (BFH 14.5.1958 – IV 278/56 U, BStBl. III 1958, 316).
- Die selbständige Entwicklung von Softwarelernprogrammen ist dann eine schriftstellerische Tätigkeit, wenn eigene Gedanken verfasst werden und die Programme für die Öffentlichkeit bestimmt sind (BFH 10.9.1998 – IV R 16/97, BStBl. II 1999, 215).
- Das Verfassen von Anleitungen zum Umgang mit technischen Geräten ist eine schriftstellerische Tätigkeit, wenn der auf der Grundlage mitgeteilter Daten erstellte Text als eine eigenständige gedankliche Leistung des Autors erscheint (BFH 25.4.2002 – IV R 4/01, BStBl. II 2002, 475).

407.6 **Unterrichtende Tätigkeit.** Der Betrieb einer **Unterrichtsanstalt** ist dann als Ausübung eines freien Berufs anzusehen, wenn der Inhaber über entsprechende Fachkenntnisse verfügt und den Betrieb der Schule eigenverantwortlich leitet (→ Mithilfe anderer Personen). Für eine spezifisch individuelle Leistung, wie es die Lehrtätigkeit ist, gelten dabei **besonders enge Maßstäbe** (BFH 1.4.1982 – IV R 130/79, BStBl. II 1982, 589).

Der Betrieb einer **Tanzschule** durch eine GbR ist gewerblich, wenn diese auch einen Getränkeverkauf mit Gewinnerzielungsabsicht betreibt (BFH 18.5.1995 – IV R 31/94, BStBl. II 1995, 718).

Wissenschaftliche Tätigkeit. Wissenschaftlich tätig wird nicht nur, wer schöpferische oder forschende Arbeit leistet – reine Wissenschaft –, sondern auch, wer das aus der Forschung hervorgegangene Wissen und Erkennen auf konkrete Vorgänge anwendet – angewandte Wissenschaft. Keine wissenschaftliche Tätigkeit liegt vor, wenn sie im Wesentlichen in einer praxisorientierten Beratung besteht (BFH 27.2.1992 – IV R 27/90, BStBl. II 1992, 826). **407.7**

Einstweilen frei **408–413**

18. Staatliche Lotterieeinnehmer (§ 18 Abs. 1 Nr. 2)

a) Regelungszweck. § 18 Abs. 1 Nr. 2 erfasst die Einkünfte der **Einnehmer einer staatlichen Lotterie,** wenn sie nicht Einkünfte aus Gewerbebetrieb erzielen. Zweck der Regelung ist, die Einkünfte der in die Struktur des Veranstalters der Lotterie eingegliederten Einnehmer den Einkünften aus selbständiger Arbeit zuzuweisen, wenn diese nicht im Rahmen eines Gewerbebetriebs erzielt werden und deshalb vorrangig als Einkünfte aus Gewerbebetrieb zu qualifizieren sind. Diese Sichtweise dreht die ansonsten geltenden Grundsätze zur Abgrenzung zwischen den Einkünften aus Gewerbebetrieb gemäß § 15 Abs. 2 und § 18 um. Denn außerhalb des § 18 Abs. 1 Nr. 2 steht die Einordnung einer Tätigkeit unter die Einkünfte aus Gewerbebetrieb unter dem Vorbehalt, dass die Einkünfte nicht vorrangig den Einkünften aus selbständiger Arbeit zuzuordnen sind. Die staatlichen Lotterieunternehmen, für die die Einnehmer tätig sind, erzielen selbst stets Einkünfte aus Gewerbebetrieb, da die Lotterie entweder als Regiebetrieb der Trägerkörperschaft oder einer selbständigen öffentlich-rechtlichen Anstalt ein BgA ist (§ 1 Abs. 1 Nr. 6 iVm § 4 KStG). **414**

Die Regelung des § 18 Abs. 1 Nr. 2 soll entgegen der früheren herrschenden Rechtsauffassung vermeiden, dass die Einkünfte der Lotterieeinnehmer wegen deren Eingliederung in die Vertriebsstruktur eines staatlichen Veranstalters von Lotterien den Einkünften aus nichtselbständiger Arbeit gemäß § 19 zugeordnet werden, wenn sie nicht als Einkünfte aus Gewerbebetrieb eingeordnet werden können (*Eppler* DStR 1987, 84 ff.; Blümich/*Hutter* § 18 Rn. 165; Korn/*Korn* § 18 Rn. 93; KSM/*Stuhrmann* § 18 B 200). **415**

b) Verhältnis zu anderen Vorschriften. aa) Glücksspielstaatsvertrag vom 15.12.2011 (GlüStV). Die Länder haben gemäß § 10 Abs. 1 GlüStV die ordnungsrechtliche Aufgabe, ein ausreichendes Glücksspielangebot sicherzustellen. Auf gesetzlicher Grundlage können die Länder diese öffentliche Aufgabe selbst, durch eine von allen Vertragsländern gemeinsam geführte öffentliche Anstalt, durch juristische Personen des öffentlichen Rechts oder durch privatrechtliche Gesellschaften, an denen juristische Personen des öffentlichen Rechts unmittelbar oder mittelbar maßgeblich beteiligt sind, erfüllen (§ 10 Abs. 2 GlüStV). Klassenlotterien dürfen nur von einer von allen Vertragsländern gemeinsam getragenen Anstalt des öffentlichen Rechts veranstaltet werden (§ 10 Abs. 3 GlüStV). **416**

Nach den Begriffsbestimmungen des § 3 Abs. 4 GlüStV sind anknüpfend daran Annahmestellen und Lotterieeinnehmer in die Vertriebsorganisation von Veranstaltern nach § 10 Abs. 2 und 3 GlüStV eingegliederte Vermittler (§ 3 Abs. 5 GlüStV). Zudem haben die Länder die Zahl der Annahmestellen zu begrenzen (§ 10 Abs. 4 GlüStV). Auf dieser Grundlage bedarf ein Lotterieeinnehmer als Vermittler einer staatlichen Lotterie nach den Ausführungsgesetzen der Länder zum GlüStV in der Regel einer Erlaubnis, die durch Verwaltungsakt zu erteilen und an die Zulässigkeit der Erlaubnis zur Durchführung des Glücksspiels des Veranstalters gekoppelt ist (siehe auch § 9 Abs. 4 GlüStV). **417**

bb) Gewerbesteuer. Anknüpfend daran, dass die staatlichen Lotterieunternehmen stets und die Lotterieeinnehmer im Regelfall (Subsidiarität des § 18 Abs. 1 Nr. 2) Einkünfte aus Gewerbebetrieb erzielen, gibt es besondere gewerbesteuerliche Vorschriften für das staatliche Lotterieunternehmen (§ 3 Nr. 1 GewStG) und den Lotterieeinnehmer einer staatlichen Lotterie (§ 13 GewStDV). **418**

419 § 3 Nr. 1 GewStG befreit die staatlichen Lotterieunternehmen (den Veranstalter) von der Gewerbesteuer. Diese Regelung dient der Vermeidung einer Doppelbelastung mit Gewerbe- und Lotteriesteuer (BFH 1.12.2010 – IV R 18/09, BStBl. II 2011, 368). Ergänzend regelt § 13 GewStDV, dass die Tätigkeit der Einnehmer einer staatlichen Lotterie von der Gewerbesteuer auch dann befreit ist, wenn diese Tätigkeit im Rahmen eines Gewerbebetriebs ausgeübt wird. Die Gewinne aus der Annahmestelle sind in diesen Fällen bei der Ermittlung des Gewerbeertrags von den sonstigen Gewinnen abzugrenzen und auszusondern.

420 Die Anwendbarkeit der Befreiungsvorschriften nach § 3 Nr. 1 GewStG und § 13 GewStDV wird in der Rechtsprechung des BFH seit jeher – ausgehend vom Wortsinn „staatlich" – strikt auf solche Lotterieunternehmen und deren Einnehmer beschränkt, die der Staat unmittelbar selbst betreibt oder die in der Form der rechtsfähigen, der Staatsaufsicht unterliegenden Anstalt des öffentlichen Rechts organisiert sind (vgl. BFH 14.3.1961 – I 240/60 S, BStBl. III 1961, 212, und vom 19.11.1985 – VIII R 310/83, BStBl. II 1986, 719; Urteil des Großen Senats des BFH 13.11.1963 – GrS 1/62 S, BStBl. III 1964, 190; BFH 24.10.1984 – I R 158/81, BStBl. II 1985, 223 zur Anstalt des öffentlichen Rechts). Keine staatliche Lotterie liegt nach dieser Rechtsprechung vor, wenn eine Lotterie von einer Kapitalgesellschaft – oder in einer anderen bürgerlich-rechtlichen Form (Personengesellschaft) – betrieben wird, auch wenn sich die Anteile an dem privatrechtlichen Rechtssubjekt in der Hand des Staates befinden (siehe BFH 4.3.2013 – III B 64/12, BFH/NV 2013, 985: Auslegung des Begriffs staatliche Lotterie ist geklärt).

421 **c) Einkünfte als Einnehmer einer staatlichen Lotterie.** Einnehmer einer staatlichen Lotterie gemäß § 18 Abs. 1 Nr. 2 sind anknüpfend an dieses Begriffsverständnis Personen und Rechtsträger, denen eine Erlaubnis zur Vermittlung des Glücksspiels eines Veranstalters gemäß § 10 Abs. 2 und 3 GlüStV erteilt worden ist und die Inhaber der Vertriebsstellen (Annahmestellen) der Lotterien sind und die das Lottogeschäft im Verkehr mit den Teilnehmern im Namen und für Rechnung des staatlichen Lotterieunternehmens abwickeln. Kein Lotterieeinehmer im Sinne des § 18 Abs. 1 Nr. 2 (und des § 13 GewStDV) ist mangels einer Vermittlungstätigkeit daher der Bezirksstellenleiter einer staatlichen Lotterie, der selbst keine Lotteriegeschäfte mit Kunden abschließt, sondern geeignete Bewerber für die Annahmestellen vorzuschlagen, diese zu beaufsichtigen und das Lottogeschäft im Innenverhältnis vorzubereiten sowie die von den Annahmestellen angenommenen Lottoscheine weiterzuleiten hat (BFH 10.8.1972 – IV R 81/66, BStBl. II 1972, 801).

422 Einkünfte der staatlichen Lotterieeinehmer sind die Provisionen aus der Vermittlung der Lotteriegeschäfte. Zu den Einkünften gehören aber auch Gewinne, die der Lotterieeinnehmer aus sogenannten Lagerlosen erzielt, mit denen er selbst an den einzelnen Losziehungen der Lotterie teilnimmt (BFH 25.3.1976 – IV R 205/75, BStBl. II 1976, 576).

423 Das Merkmal der staatlichen Lotterie in § 18 Abs. 1 Nr. 2 ist anknüpfend an die obigen Ausführungen (→ Rn. 420) auszulegen. Es umfasst demnach ebenfalls nicht den Betrieb des Glücksspiels durch eine private Kapitalgesellschaft/Personengesellschaft als Veranstalter, obwohl diesen gemäß § 10 Abs. 2 GlüStV wie den staatlichen Stellen eine Erlaubnis erteilt werden kann und die Durchführung des Glücksspiels genehmigt ist (BFH 19.11.1985 – VIII R 310/83, BStBl. II 1986, 719 zur Lotto-Toto-GmbH; siehe aus dem einheitlichen Schrifttum Korn/*Korn* § 18 Rn. 94; Bordewin/Brandt/*Moritz/Baumgartner* § 18 Rn. 464; Blümich/*Hutter* § 18 Rn. 166; Frotscher/*Siewert* § 18 Rn. 93; KSM/*Stuhrmann* § 18 B 200; HHR/*Brandt* § 18 Rn. 246).

424 Der Einnehmer einer nichtstaatlichen genehmigten Lotterie fällt daher auch nicht unter § 18 Abs. 1 Nr. 2 (gleiche Ansicht Moritz/Baumgartner in Bordewin/Brandt, § 18 Rn. 473), sondern wird in der Regel Einkünfte aus Gewerbebetrieb erzielen, die nicht gewerbesteuerbefreit sind (siehe auch BFH 1.12.2010 – IV R 18/09, BStBl. II 2011, 368). Soweit eine Zuordnung zu den gewerblichen Einkünften im Einzelfall nicht möglich ist, fallen die Einnahmen unter § 22 Nr. 3 (KSM/*Stuhrmann* § 18 B 203; Bordewin/Brandt/*Moritz/Baumgartner* § 18 Rn. 473).

425 Der private Veranstalter einer nicht genehmigten Lotterie kann weder die Gewerbesteuerfreiheit nach § 3 Nr. 1 GewStG in Anspruch nehmen noch ist er Einnehmer einer staatlichen Lotterie iSd § 13 GewStDV, wenn die nicht genehmigte Lotterie an eine solche angehängt ist (BFH 1.12.2010 – IV R 18/09, BStBl. II 2011, 368). Auch der Tatbestand des § 18

Abs. 1 Nr. 2 ist nicht erfüllt, wenn ein Einnehmer Provisionen aus der Vermittlung einer nichtstaatlichen Lotterie erhält.

Einstweilen frei 426

d) Keine Erzielung der Einkünfte als Einkünfte aus Gewerbebetrieb. Die Zuordnung der Einkünfte zu § 18 steht unter der Voraussetzung, dass es sich nicht um Einkünfte aus Gewerbebetrieb handelt, dh die Zuordnung zu den Einkünften aus § 18 ist entgegen der sonstigen Systematik (→ Rn. 34) subsidiär. 427

Ist der Lottoeinnehmer eine Kapitalgesellschaft (zB eine UG/GmbH, die die Annahmestelle einer staatlichen Lotterie betreibt), können keine Einkünfte gemäß § 18 Abs. 1 Nr. 2 erzielt werden, wenn § 8 Abs. 2 KStG anwendbar ist. Zwar wird in Richtlinienabschnitt 8.1 der KStR 2015 die Regelung des § 18 Abs. 1 Nr. 2 im Rahmen des KStG für anwendbar erklärt. Da eine unbeschränkt steuerpflichtige Kapitalgesellschaft gemäß § 8 Abs. 2 KStG aber ausschließlich Einkünfte aus Gewerbebetrieb erzielt, wird § 18 Abs. 1 Nr. 2 verdrängt. 428

Natürliche Personen/Personengesellschaften, die die Tätigkeit des Lotterieeinnehmers neben einer anderen Tätigkeit betreiben, die gemäß § 15 Abs. 2 gewerblich ist, erzielen in der Regel originär Einkünfte aus Gewerbebetrieb. Oft handelt es sich bei der Betätigung als Lotterieeinehmer um ein Neben- und Hilfsgeschäft zur eigentlichen kaufmännischen Haupttätigkeit (zB Zeitungshandel/Handel mit Tabakwaren und Lottoannahmestelle), sodass § 18 Abs. 1 Nr. 2 wegen des Vorrangs der Zuordnung zu den Einkünften aus § 15 nicht zur Anwendung kommt (siehe zu den Abgrenzungskriterien zum Gewerbebetrieb BFH 19.11.1985 – VIII R 310/83, BStBl. II 1986, 719; FG Niedersachsen 9.4.1984 – II 216/82, EFG 1985, 78; zur Trennbarkeit der Tätigkeiten in zwei Betrieben bei einem Einzelunternehmer siehe FG Münster 17.4.1980 – I 1368/77 G, EFG 1981, 191; aus dem Schrifttum Blümich/*Hutter* § 18 Rn. 167; HHR/*Brandt* § 18 Rn. 246; Korn/*Korn* § 18 Rn. 93; Bordewin/Brandt/*Moritz/Baumgartner* § 18 Rn. 466 f.). 429

Selbst bei Annahme eines einheitlichen Gewerbebetriebs kann gemäß § 13 GewStDV aber eine Gewerbesteuerbefreiung für einen Teil der Einkünfte bzw. des Gewerbeertrags erfolgen, soweit dieser auf die Einkünfte als Lotterieeinnehmer entfällt. Damit spielt die Frage, ob der Einnehmer einer staatlichen Lotterie Einkünfte aus § 18 erzielt oder gewerbesteuerbare Einkünfte aus Gewerbebetrieb gemäß § 15, in der Praxis nur eine Rolle für die Anwendung von Buchführungspflichten oder der umsatzsteuerlichen Ist-Versteuerung (Korn/*Korn* § 18 Rn. 93). 430

Einstweilen frei 431

19. Sonstige Einkünfte aus selbständiger Arbeit (§ 18 Abs. 1 Nr. 3)

a) Regelungsstruktur. Einkünfte aus selbständiger Arbeit sind gemäß § 18 Abs. 1 Nr. 3 auch die Einkünfte aus sonstiger selbständiger Arbeit. Nach den gesetzlichen Regelbeispielen gehören hierzu die Vergütungen für die Vollstreckung von Testamenten, für die Vermögensverwaltung und für die Tätigkeit als Aufsichtsratsmitglied. 432

Die Rechtsprechung und ganz hM sehen in der tatbestandlichen Erfassung „sonstiger" selbständiger Tätigkeiten eine Ergänzung zu § 18 Abs. 1 Nr. 1. Sie soll vor allem gelegentliche Tätigkeiten und nur ausnahmsweise auch nachhaltig ausgeübte Betätigungen erfassen, die vermögensverwaltende Tätigkeiten in fremdem Vermögensinteresse darstellen (vgl. BFH 2.9.1988 – III R 58/85, BStBl. II 1989, 24; BFH 15.6.2010 – VIII R 10/09, BStBl. II 2010, 906; BFH 17.10.2012 – VIII R 57/09, BStBl. II 2013, 799; BFH 31.1.2017 – IX R 10/16, DStR 2017, 711; zur Überschreitung der Grenze zu einer nicht mehr gelegentlichen Tätigkeit siehe BFH 18.10.2006 – XI R 9/06, BStBl. II 2007, 266; HHR/*Brandt* § 18 Rn. 252; Schmidt/*Wacker* § 18 Rn. 140; Blümich/*Hutter* § 18 Rn. 172; Kirchhof/*Pfirrmann* § 18 Rn. 97). 433

§ 18 Abs. 1 Nr. 3 enthält keinen abschließenden Katalog in Betracht kommender „Einkünfte aus sonstiger selbständiger Arbeit", sondern lediglich die Auflistung der Regelbeispiele Testamentsvollstreckervergütung, Vermögensverwaltung und Aufsichtsratstätigkeit. Diese Beispiele sollen den Begriff der sonstigen selbständigen Tätigkeit für die nicht ausdrücklich genannten Tätigkeiten charakterisieren (BFH 28.6.2001 – IV R 10/00, BStBl. II 2002, 338; BFH 28.8.2003 – IV R 1/03, BStBl. II 2004, 112). Weitere Tätigkeiten fallen nach ganz 434 hM in den Anwendungsbereich der Regelung, wenn sie **ihrer Art nach** den Regelbeispielen des § 18 Abs. 1 Nr. 3 ähnlich sind (**Grundsatz der sog. Gruppenähnlichkeit**). Das ist nach der Rechtsprechung bejaht worden, wenn die Tätigkeit die Betreuung fremder Vermögensinteressen umfasst, aber darüber hinaus auch dann, wenn es sich um eine selbständig ausgeübte (gelegentliche) fremdnützige Tätigkeit in einem fremden Geschäftskreis handelt (vgl. BFH 15.6.2010 – VIII R 10/09, BStBl. II 2010, 906; BFH 17.10.2012 – VIII R 57/09, BStBl. II 2013, 799; BFH 31.1.2017 – IX R 10/16, DStR 2017, 711; HHR/*Brandt* § 18 Rn. 251 f.; Schmidt/*Wacker* § 18 Rn. 140; Blümich/*Hutter* § 18 Rn. 171; Kirchhof/*Pfirrmann* § 18 Rn. 97).

435 Die Bezugnahme auf die „selbständige" Tätigkeit in § 18 Abs. 1 Nr. 3 verlangt auch eine leitende und eigenverantwortliche Tätigkeit des Steuerpflichtigen (BFH 28.4.2005 – IV R 41/03, BStBl. II 2005, 611 zu Subunternehmern). Nach der jüngeren Rechtsprechung des BFH ist der in der Vergangenheit gewichtigste Unterschied zu den unter § 18 Abs. 1 Nr. 1 fallenden Tätigkeiten entfallen. Der BFH sah in seiner aufgegebenen Rechtsprechung die Vorschrift des § 18 Abs. 1 Nr. 1 Satz 3 nicht als sinngemäß anwendbar und die Mitarbeit von Hilfspersonen generell als schädlich für die Einkünfteerzielung aus einer sonstigen selbständigen Tätigkeit an. Diese Rechtsprechung wurde aufgegeben (→ Rn. 444).

436 *Einstweilen frei*

437 **b) Verhältnis zu anderen Vorschriften. Einkünfteermittlung:** Auch im Rahmen der sonstigen selbständigen Tätigkeit verfügt der Steuerpflichtige grundsätzlich über ein Betriebsvermögen und kann die Betriebseinnahmen gemäß § 4 Abs. 3 ermitteln (zu den Aufsichtsräten → Rn. 486; zu den Testamentsvollstreckern → Rn. 459; zu den Vermögensverwaltern → Rn. 476 und zu den ähnlichen Tätigkeiten zB BFH 3.12.1987 – IV R 41/85, BStBl. II 1988, 266 zum ehrenamtlichen Oberbürgermeister). Einkünfte iSd § 18 Abs. 1 Nr. 3 können nicht gemäß § 15 Abs. 3 Nr. 1 auf originär freiberufliche Einkünfte iSd § 18 Abs. 1 Nr. 1 abfärben. Die Einkünfte aus selbständiger Arbeit gemäß § 18 Abs. 1 Nr. 1 und gemäß § 18 Abs. 1 Nr. 3 werden auf Ebene einer Mitunternehmerschaft nebeneinander erzielt (BFH 15.6.2010 – VIII R 14/09, BStBl. II 2010, 909 zu Rechtsanwälten, die auch als Berufsbetreuer tätig sind).

438 **§ 18 Abs. 1 Nr. 1:** Das Gebot, die berufsbildtypische Ausübung eines Katalogberufs iSd § 18 Abs. 1 Nr. 1 von der Ausübung anderer Berufe abzugrenzen, ist nach der Rechtsprechung regelmäßig gegeben, soweit ein Berufsträger im Sinne der Vorschrift Tätigkeiten entfaltet, die sich zu einem selbständigen anderen Berufsbild verfestigt haben. Für diese Rechtsprechung spricht das Gebot verfassungsrechtlicher Gleichbehandlung in Art. 3 Abs. 1 GG, weil sich für unterschiedliche steuerrechtliche (hier insbesondere gewerbesteuerrechtliche) Folgen der Ausübung eines solchen verselbständigten Berufs je nach Vorliegen oder Nichtvorliegen einer freiberuflichen Qualifikation iSd § 18 Abs. 1 Nr. 1 keine Rechtfertigung findet, wenn der verselbständigte Beruf seinem Berufsbild nach keine Ausbildung oder Zulassung für einen der Katalogberufe iSd § 18 Abs. 1 Nr. 1 voraussetzt (BFH 15.6.2010 – VIII R 14/09, BStBl. II 2010, 909; BFH 15.6.2010 – VIII R 10/09, BStBl. II 2010, 906).

439 Einkünfte aus einer Tätigkeit **als Insolvenzverwalter oder aus der Zwangsverwaltung** von Liegenschaften sind nach der Rechtsprechung zu einem eigenständigen Berufsbild verfestigt. Die Zuordnung der Tätigkeiten des Insolvenz- und des Zwangsverwalters zur sonstigen selbständigen Arbeit iSd § 18 Abs. 1 Nr. 3 und nicht zur rechtsanwaltstypischen Tätigkeit ist geboten, weil es andernfalls zu einer nicht begründbaren Ungleichbehandlung zwischen hauptberuflichen Insolvenz- und Zwangsverwaltern aus dem Kreis der freien Berufe iSv § 18 Abs. 1 Nr. 1 einerseits und solchen käme, die nicht diesen Berufen angehören. (BFH 12.12.2001 – XI R 56/00, BStBl. II 2002, 202; BFH 15.12.2010 – VIII R 50/09, BStBl. II 2011, 506).

440 Der BFH hatte in seiner früheren Rechtsprechung eine Zurechnung der berufsmäßigen Betreuungstätigkeit zur berufstypischen freiberuflichen Tätigkeit eines Rechtsanwalts abgelehnt und die Tätigkeit deshalb den Einkünften aus Gewerbebetrieb zugeordnet (Urteile BFH 4.12.1980 – V R 27/76, BStBl. II 1981, 193; BFH 28.2.1991 – V R 63/86, BFH/NV 1991, 632). Eine Betreuertätigkeit ist nicht als typische anwaltliche Tätigkeit iSd § 18 Abs. 1 oder zu dieser ähnliche Tätigkeit anzusehen, weil sie keine spezifischen juristischen Kenntnisse und keine juristische Ausbildung voraussetzt, die Tätigkeit aufgrund gerichtlicher

Bestellung und nicht aufgrund eines anwaltlichen Mandats ausgeübt wird und sich die Vergütung dementsprechend nach Regelungen des Betreuungsrechts und nicht nach dem anwaltlichen Gebührenrecht bestimmt. In BFH 15.6.2010 – VIII R 14/09, BStBl. II 2010, 909; BFH 15.6.2010 – VIII R 10/09, BStBl. II 2010, 906; BFH 17.10.2012 – VIII R 57/09, BStBl. II 2013, 799 hat der BFH anerkannt, dass diese Tätigkeit sich zu einem eigenen Berufsbild verfestigt hat. Er hat unter Aufgabe der früheren Rechtsprechung die Einkünfte aus der Tätigkeit aber nicht mehr den Einkünften aus Gewerbebetrieb, sondern den Einkünften gemäß § 18 Abs. 1 Nr. 3 zugeordnet.

Ein Rechtsanwalt, der mittels Büroorganisation ein massenhaft **vollautomatisiertes** 441 **Inkasso für Mandanten** betreibt, ohne die einzuziehenden Forderungen rechtlich zu prüfen, erzielt insoweit keine Einkünfte aus selbständiger Arbeit nach § 18 Abs. 1 Nr. 3, sondern solche aus Gewerbebetrieb gemäß § 15 Abs. 1 Satz 1 Nr. 1, wenn er das massenhafte und vollautomatisierte Versenden der außergerichtlichen Mahnschreiben wie ein gewerbliches Inkassobüro ausführt, ohne die Forderungen inhaltlich zu prüfen. Auch ein Rechtsanwalt kann Inkassotätigkeiten nur als berufstypische anwaltliche Tätigkeit nach dem RVG abrechnen, wenn er die Forderungen einer rechtlichen Prüfung unterzieht. Bei Einsatz einer vollautomatisierten Struktur und von zahlreichen Mitarbeitern fehlt es auch für eine Tätigkeit gemäß § 18 Abs. 1 Nr. 3 auch nach Aufgabe der Vervielfältigungstheorie an einer leitenden und eigenverantwortlichen Tätigkeit des Berufsträgers analog § 18 Abs. 1 Nr. 1 Satz 3 (BFH 20.8.2012 – III B 246/11, BFH/NV 2012, 1959).

Einstweilen frei 442

§ 18 Abs. 1 Nr. 1 Satz 3: Der BFH hatte in seiner früheren ständigen Rechtsprechung im 443 Anwendungsbereich des § 18 Abs. 1 Nr. 3 an der sog. Vervielfältigungstheorie festgehalten, da es an einer Regelung entsprechend § 18 Abs. 1 Nr. 1 Satz 3 fehlte. Dem lag die vom RFH für alle Berufe iSd § 18 entwickelten Rechtsauffassung zugrunde, nach der auch die sonstige selbständige Arbeit iSd § 18 Abs. 1 Nr. 3 grundsätzlich persönlich – dh ohne die Mithilfe fachlich vorgebildeter Hilfskräfte – ausgeübt werden musste (BFH 13.5.1966 – VI 63/64, BStBl. III 1966, 489; BFH 25.11.1970 – I R 123/69, BStBl. II 1971, 239; BFH 11.8.1994 – IV R 126/91, BStBl. II 1994, 936; BFH 12.12.2001 – XI R 56/00, BStBl. II 2002, 202).

In mehreren Urteilen hat der BFH diese Rechtsprechung aufgegeben. Danach ist eine 444 entsprechende Anwendung des § 18 Abs. 1 Nr. 1 Sätze 3 und 4 für alle Tätigkeiten iSv § 18 Abs. 1 Nr. 3 geboten (siehe die Leitentscheidung in BFH 15.12.2010 – VIII R 50/09, BStBl. II 2011, 506; siehe auch BFH 15.12.2010 – VIII R 37/09, BFH/NV 2011, 1329; BFH 26.1.2011 – VIII R 29/08, BFH/NV 2011, 1314). In diesen Leitentscheidungen und der Folgerechtsprechung hat der BFH diese entsprechende Anwendung des § 18 Abs. 1 Nr. 1 Satz 3 im Rahmen des § 18 Abs. 1 Nr. 3 maßgeblich zur Tätigkeit von Insolvenzverwaltern unter Einsatz vorgebildeter Mitarbeiter konkretisiert (siehe etwa BFH 26.1.2011 – VIII R 3/10, BStBl. II 2011, 498 zur Anwendung im Rahmen einer Mitunternehmerschaft; BFH 27.8.2014 – VIII R 6/12, BStBl. II 2015, 1002 zur Beurteilung der Tätigkeit eines vorläufigen Insolvenzverwalters oder eines Treuhänders im Verbraucherinsolvenzverfahren).

Nach dem vom BFH nunmehr verwendeten Maßstab setzt die zulässige Mitarbeit fachlich 445 Vorgebildeter voraus, dass der Berufsträger trotz solcher Mitarbeiter auch in diesem Bereich seinen Beruf leitend und eigenverantwortlich iSd § 18 Abs. 1 Nr. 1 Satz 3 ausübt. Diesem Erfordernis entspricht die Berufsausübung nur, wenn sie über die Festlegung der Grundzüge der Organisation und der dienstlichen Aufsicht hinaus durch Planung, Überwachung und Kompetenz zur Entscheidung in Zweifelsfällen gekennzeichnet ist und die Teilnahme des Berufsträgers an der praktischen Arbeit in ausreichendem Maße gewährleistet. Nur unter diesen Voraussetzungen trägt die Arbeitsleistung – selbst wenn der Berufsträger ausnahmsweise in einzelnen Routinefällen nicht mitarbeitet – den erforderlichen „Stempel der Persönlichkeit" des Steuerpflichtigen. Ob diese Voraussetzungen vorliegen, ist aus Sicht des BFH unter Berücksichtigung der jeweiligen Arbeitsorganisation und der betreuten Mandate oder Verfahren eine Frage der Tatsachenfeststellung und -würdigung gemäß § 118 Abs. 2 FGO, die den Finanzgerichten als Tatsacheninstanz obliegt. Diese Würdigung ist jeweils nach den tatsächlichen Verhältnissen des Einzelfalls und den Besonderheiten des jeweiligen Berufs vorzunehmen.

Für **Insolvenzverwalter** hat der BFH auf Grundlage des Maßstabs und anhand der Insol- 446 venzordnung Indizien für die Prüfung entwickelt (BFH 15.12.2010 – VIII R 50/09, BStBl.

II 2011, 506; BFH 26.1.2011 – VIII R 3/10, BStBl. II 2011, 498; BFH 27.8.2014 – VIII R 6/12, BStBl. II 2015, 1002). Der Steuerpflichtige als Insolvenzverwalter gemäß § 56 InsO muss die Entscheidungen über das „Ob" bestimmter Einzelakte im Rahmen des Insolvenzverfahrens wie zB die Führung eines Anfechtungsprozesses oder die Aufnahme eines nach § 240 der Zivilprozessordnung unterbrochenen Prozesses, die Entscheidung über die Kündigung und Entlassung von Arbeitnehmern sowie die Entscheidung über die Art der Verwertung der Masse durch den Insolvenzverwalter persönlich treffen. Auch die zentralen Aufgaben des Insolvenzverwalters wie die Berichtspflicht gegenüber dem Insolvenzgericht, der Gläubigerversammlung und dem Gläubigerausschuss (§§ 58 Abs. 1 Satz 2, 69, 79, 152, 156 InsO), seine Pflicht zur Erstellung eines Insolvenzplans nach § 218 InsO auf entsprechenden Beschluss der Gläubigerversammlung (§ 157 InsO) wie auch die Schlussrechnungslegung (§ 66 InsO) muss er unbeschadet etwaiger Zulieferungs- und Hilfsarbeiten seiner Mitarbeiter im Wesentlichen selbst vornehmen. Hat der Steuerpflichtige Entscheidungen dieser Art (höchstpersönlich) getroffen, bleibt seine Tätigkeit auch dann eine solche iSd § 18 Abs. 1 Nr. 3, wenn er das „Wie", nämlich die kaufmännisch-technische Umsetzung dieser Entscheidung wie zB die anwaltliche Durchführung eines Prozesses, die Kündigung bzw. Abwicklung der Entlassung von Arbeitnehmern oder die Verwertung der Masse durch Versteigerung auf Dritte überträgt. Denn der Gesetzgeber hat in der InsO für diese kaufmännisch-technischen Abwicklungsmaßnahmen, anders als für die Berichtspflichten nach den §§ 58 Abs. 1 Satz 2, 156 InsO, keine höchstpersönliche Wahrnehmung durch den Insolvenzverwalter vorgeschrieben.

447 *Einstweilen frei*

448 **§ 18 Abs. 1 Nr. 4:** → Rn. 639. Nach der hier vertretenen Auffassung ist auf die Tätigkeit des Carry-Holders nicht § 18 Abs. 1 Nr. 3 anzuwenden, wenn die Voraussetzungen des § 18 Abs. 1 Nr. 4 nicht erfüllt sind.

449 *Einstweilen frei*

450 **c) Vergütungen als Testamentsvollstrecker. aa) Begriff des Testamentsvollstreckers und Ausübung der Tätigkeit. Zivilrechtliche Rahmenbedingungen:** Die Person des Testamentsvollstreckers kann durch den Erblasser selbst (§ 2197 BGB), durch einen von ihm dazu ermächtigten Dritten (§ 2198 BGB) bestimmt werden; auch das Nachlassgericht kann auf Ersuchen des Erblassers gemäß § 2200 BGB einen Testamentsvollstrecker ernennen. § 2201 BGB verlangt nur die Geschäftsfähigkeit des Testamentsvollstreckers. Testamentsvollstrecker kann jedermann werden, es sei denn, eine spezialgesetzliche Verbotsnorm greift ein. Auch juristische Personen können Testamentsvollstrecker sein, ebenso Personenhandelsgesellschaften und die freiberufliche Partnerschaftsgesellschaft oder ein nichtrechtsfähiger Verein oder eine GbR (siehe Mayer/Bonefeld Testamentsvollstreckung/*Mayer*, 3. Aufl. 2010, § 5 Rn. 30–32). Gemäß § 5 Abs. 2 des Rechtsdienstleistungsgesetzes ist die Testamentsvollstreckung auch keine Rechtsdienstleistung. Diese Änderung geht auf zwei Entscheidungen des Bundesgerichtshofs (BGH 11.11.2004 – I ZR 182/01, NJW 2005, 968 für Steuerberater und BGH 11.11.2004 – I ZR 213/01, NJW 2005, 969 für Banken) zurück.

451 **bb) Abgrenzung des Berufsbildes des Testamentsvollstreckers von der Tätigkeit im Katalogberuf.** Auf dieser Grundlage ist meines Erachtens heutzutage von der Testamentsvollstreckung als einem verfestigten eigenständigen Berufsbild auszugehen, dass von dem eines Katalogberufs in § 18 Abs. 1 Nr. 1, insbesondere vom Berufsbild der Wirtschaftsprüfer, Steuerberater, Rechtsanwälte und Notare, abzugrenzen ist. Anknüpfend an die oben beschriebenen Entscheidungen des BFH zur Insolvenzverwaltung durch Träger eines Katalogberufs und zur Rechtsprechung zu den Berufsbetreuern, nach der ein zu einem eigenen Berufsbild verselbständigter Beruf nicht mehr als berufstypische Tätigkeit im Rahmen des Katalogberufs angesehen werden kann, ist auch die Durchführung einer Testamentsvollstreckung durch Berufsträger im Sinne des § 18 Abs. 1 Nr. 1 wohl in der Regel eigenständig zu beurteilen. Demnach kann auch ein Berufsträger im Sinne des § 18 Abs. 1 Nr. 1 neben seinen Einkünften aus der Tätigkeit im Katalogberuf Einkünfte aus sonstiger selbständiger Arbeit erzielen.

452 Eine Ausnahme von diesem Grundsatz kann anknüpfend an die frühere Rechtsprechung (BFH 6.9.1990 – IV R 125/89, BStBl. II 1990) die Testamentsvollstreckertätigkeit eines Rechtsanwalts eine Nebentätigkeit im Rahmen der Anwaltstätigkeit bilden, wenn sie auch berufstypische Tätigkeiten umfasst und keine originär gewerblichen Tätigkeiten erfordert (zB eine Unternehmensleitung) umfasst (wohl ebenso HHR/*Brandt* § 18 Rn. 261; Schmidt/*Wacker* § 18 Rn. 97; aA Kirchhof/*Pfirrmann* § 18 Rn. 99; Korn/*Korn* § 18 Rn. 72; siehe aber auch BFH 13.3.1987 – V R 33/79, BStBl. II 1987, 524: die testamentarische Ernennung eines Rechtsanwalts zum Testamentsvollstrecker entspricht nicht der berufstypischen vertraglichen Beauftragung eines Rechtsanwalts). Für den Steuerberater ist auch die Behandlung wirtschaftlicher Fragen und Probleme im Rahmen der Testamentsvollstreckung unschädlich, da diese Tätigkeiten Bestandteil des Berufsbildes sind (FG Nürnberg 18.8.2007 – V 108/2005, DStRE 2008, 387).

Ähnliche Tätigkeiten zur Testamentsvollstreckung: Der BFH hat die Tätigkeit einer **453** Person, die auf Grundlage einer Generalvollmacht des bestellten Testamentsvollstreckers Nachlassgrundstücke veräußerte, nicht als ähnliche Tätigkeit eingeordnet; lediglich der nicht wirksam bestellte Testamentsvollstrecker übt eine ähnlich Tätigkeit aus (BFH 5.10.1989 – IV R 155/86, BFH/NV 1990, 372).

cc) Einsatz von Hilfspersonen. Durch die bereits erwähnte Aufgabe der Vervielfälti- **454** gungstheorie im Rahmen des § 18 Abs. 1 Nr. 3 (→ Rn. 443) ist die frühere Zuordnungsfrage entfallen, ob der Träger eines Katalogberufs eine Testamentsvollstreckung unter Einsatz qualifizierter Mitarbeiter ausführt. Auch im Rahmen der Testamentsvollstreckung ist der Einsatz von Mitarbeitern nach heutiger Sichtweise unschädlich, soweit die prägenden Tätigkeiten durch den bestellten Testamentsvollstrecker in leitender und eigenverantwortlicher Weise ausgeführt werden (siehe Mayer/Bonefeld Testamentsvollstreckung/*Wälzholz/Vassel-Knauf*, 3. Aufl. 2010, § 45 Rn. 4–7; *Kirnsberger* FS Spiegelberger, 2009, 273 (274)).

Werden die Voraussetzungen einer leitenden und eigenverantwortlichen Ausübung der **455** Testamentsvollstreckertätigkeit bei Zuhilfenahme von Mitarbeitern nicht eingehalten, liegen abgrenzbare gewerbliche Einkünfte (auch des Trägers eines Katalogberufs gemäß § 18 Abs. 1 Nr. 1) vor, da die Voraussetzungen der Einkünfteerzielung aus sonstiger selbständiger Arbeit nicht erfüllt werden (siehe BFH 11.8.1994 – IV R 126/91, BStBl. II 1994, 936). In diesem Fall kann auf Ebene einer Sozietät die gewerbliche Einkünfteerzielung im Bereich der Testamentsvollstreckung gemäß § 15 Abs. 3 Nr. 1 zu einer Umqualifizierung sämtlicher Einkünfte einer Sozietät in Einkünfte aus Gewerbebetrieb führen. Allerdings gilt auch in diesem Bereich die vom BFH anerkannte Bagatellgrenze.

dd) Vergütung. Verhältnis zum Zivilrecht: Maßgeblich ist die zum Vergütungsan- **456** spruch des Testamentsvollstreckers im Testament getroffene Regelung. Ist die Vergütung nicht geregelt, gilt der gesetzliche Anspruch aus § 2221 BGB auf eine angemessene Vergütung. In der Praxis werden in der Regel Wertgebühren ermittelt oder im Testament festgesetzt. Hierzu existieren in der Praxis verschiedene Berechnungstabellen und Vergütungsrichtlinien (Mayer/Bonefeld Testamentsvollstreckung/*Mayer*, 3. Aufl. 2010, § 21). Ist der Testamentsvollstrecker Anwalt, kann er seine Anwaltstätigkeit (zusätzlich zur Vergütung des § 2221 BGB) nach dem RVG abrechnen und nach dem Rechtsgedanken des § 1835 III BGB auch Aufwendungsersatz (nicht als Vergütung) geltend machen (*Zimmermann* Die Testamentsvollstreckung, 4. Aufl. 2014, Abschnitt V Rn. 736).

Abgrenzung von Betriebseinnahme und Zuwendung durch Vermächtnis: Es ist **457** in der Rechtsprechung des BFH geklärt, dass auch bei einer unangemessenen Höhe der Testamentsvollstreckervergütung die erzielte Vergütung nicht in einen freigebig zugewendeten Anteil iS der §§ 1 Abs. 1 Nr. 1, 7 Abs. 1 Nr. 1 ErbStG (Schenkung) und eine Betriebseinnahme gemäß § 18 Abs. 1 Nr. 3 aufzuteilen ist (BFH 6.9.1990 – IV R 125/89, BStBl. II 1990, 1028; BFH 2.2.2005 – II R 18/03, BStBl. II 2005, 489; BFH 30.11.2016 – VIII R 41/14, BFH/NV 2017, 1180), sondern die Vergütung nur zu Betriebseinnahmen führt. Da die Ertragsteuersenate vor der Entscheidung des II. Senats die gesamte Vergütung der Einkommensteuer unterwarfen, beseitigte die Entscheidung des II. Senats die bis dahin bestehende Doppelbelastung der Vergütung (siehe auch Mayer/Bonefeld Testamentsvollstreckung/*Wälzholz/Vassel-Knauf*, 3. Aufl. 2010, § 45 Rn. 19, 21).

Einstweilen frei **458**

Fragen der Gewinnermittlung: Ein Testamentsvollstrecker kann seine Einkünfte im **459** Wege der Bilanzierung oder im Wege der Einnahme-Überschussrechnung gemäß § 4 Abs. 3 erzielen, da er Betriebseinnahmen aus sonstiger selbständiger Arbeit erzielt (siehe auch

Mayer/Bonefeld Testamentsvollstreckung/*Wälzholz/Vassel-Knauf*, 3. Aufl. 2010, § 45 Rn. 16). Siehe zum bilanzierenden Testamentsvollstrecker FG Nürnberg 13.8.2007 – V 108/2005, DStRE 2008, 387). Ermittelt der Testamentsvollstrecker den Gewinn im Wege der Einnahme-Überschussrechnung, hat er die Testamentsvollstreckervergütung erst im Zeitpunkt des Zuflusses zu versteuern. Es ist angesichts der jüngeren Rechtsprechung zweifelhaft, ob ein Testamentsvollstrecker bei Abrechnung der Vergütung nach mehrjähriger Tätigkeit am Ende der Testamentsvollstreckung die Tarifbegünstigung des § 34 Abs. 2 Nr. 4 nutzen kann, wenn es sich nicht um eine ausschließlich ausgeübte Tätigkeit handelt. Denn diese verlangt für die Tarifbegünstigung bei Ausübung der Tätigkeit neben anderen Tätigkeiten (zB bei einem Rechtsanwalt als Testamentsvollstrecker, dass es sich um eine abgrenzbare Sondertätigkeit handelt (siehe BFH 30.1.2013 – III R 84/11, BFH/NV 2013, 829; → § 34 Rn. 246 ff.; Schmidt/*Wacker* § 34 Rn. 46; siehe auch *Kirnsberger* FS Spiegelberger, 2009, 275).

460 Werden auf Ebene einer Sozietät neben Einkünften aus einer Tätigkeit im Katalogberuf auch Einkünfte aus der Testamentsvollstreckung als sonstige selbständige Arbeit gemäß § 18 Abs. 1 Nr. 3 erzielt, werden auf Ebene der Sozietät beide Einkunftsarten nebeneinander verwirklicht (BFH 15.6.2010 – VIII R 14/09, BStBl. II 2010, 909).

461 Werden Honorare aus einer Testamentsvollstreckung in einer Sozietät nach dem Gesellschaftsvertrag ausschließlich demjenigen Partner zugestanden, der die Testamentsvollstreckung übernommen hat, handelt es sich entweder um Sonderbetriebseinnahmen (siehe dazu BFH 30.11.2016 – VIII R 41/14, BFH/NV 2017, 1180) oder um Einnahmen der Mitunternehmerschaft, die aufgrund einer besonderen Gewinnverteilungsabrede ausschließlich dem Ausführenden zuzuweisen sind. Ist hingegen im Rahmen des Partnerschaftsgesellschaftsvertrags geregelt, dass auch Testamentsvollstreckungen nur für Rechnung der Sozietät ausgeübt werden, so handelt es sich um Einnahmen, die der Sozietät als solcher zuzurechnen und mit dem allgemeinen Gewinnverteilungsschlüssel zu verteilen sind (siehe Mayer/Bonefeld Testamentsvollstreckung/*Wälzholz/Vassel-Knauf*, 3. Aufl. 2010, § 45 Rn. 11).

462 Inländische juristische Personen, die als Testamentsvollstrecker tätig sind, erzielen keine Einkünfte aus sonstiger selbständiger Arbeit, sondern gemäß § 8 Abs. 2 KStG stets Einkünfte aus Gewerbebetrieb. Siehe zu Fragen der Übernahme einer Testamentsvollstreckung durch eine gemäß § 5 KStG steuerbefreite Kapitalgesellschaft *Kirnsberger* FS Spiegelberger, 2009, 279 ff.).

463 *Einstweilen frei*

464 **d) Vergütungen als Vermögensverwalter. aa) Begriff der Vermögensverwaltung.** Der in § 18 Abs. 1 Nr. 3 verwendete Begriff der Vermögensverwaltung hat den bereits oben erläuterten Begriffsinhalt, dass gelegentliche Tätigkeiten aller Art (ausnahmsweise auch nachhaltig ausgeübte Betätigungen), die vermögensverwaltende Tätigkeiten in fremdem Vermögensinteresse unter Innehaben einer Verwaltungs- und Verfügungsbefugnis über eine fremde Vermögensmasse zum Inhalt haben, erfasst sind (→ Rn. 433; KSM/*Stuhrmann* § 18 B 227; HHR/*Brandt* § 18 Rn. 264; Blümich/*Hutter* § 18 Rn. 178; Schmidt/*Wacker* § 18 Rn. 140; Korn/*Korn* § 18 Rn. 99 f.).

465 Der steuerliche Begriff der Vermögensverwaltung und der ähnlichen Betätigung zu dieser ist damit deutlich weitgehender als der Kreis derjenigen Personen, die nach dem Aufsichtsrecht eine Erlaubnis als Finanzdienstleistungsunternehmen (siehe § 1 Abs. 1a KWG iVm § 32 KWG innehaben. Finanzdienstleistungsinstitute in diesem Sinne sind Unternehmen, die Finanzdienstleistungen für andere gewerbsmäßig oder in einem Umfang erbringen, der einen in kaufmännischer Weise eingerichteten Geschäftsbetrieb erfordert, und die keine Kreditinstitute sind. Zu den Finanzdienstleistungen gehören gemäß des Katalogs in § 1 Abs. 1a Satz 2 KWG auch zahlreiche Tätigkeiten, die für sich betrachtet die Wahrnehmung fremder Vermögensinteressen zum Gegenstand haben. Finanzdienstleistungsinstitute erzielen Einkünfte aus Gewerbebetrieb (§ 15 Abs. 2). Der BFH hat auch den Verwalter eines großen Wertpapiervermögens als gewerblich tätig und nicht als vermögensverwaltend gemäß § 18 Abs. 1 Nr. 3 angesehen, weil dieser nach den tatsächlichen Feststellungen nachhaltig und nicht nur gelegentlich und in der Verwertung der Vermögenssubstanz tätig war (BFH 11.4.2008 – VIII B 169/07, BeckRS 2008, 25013536),

466 Die Rechtsprechung fasst den **Insolvenzverwalter und den Zwangsverwalter** aufgrund des mittlerweile verfestigten Berufsbilds unter das Merkmal der Vermögensverwaltung iSd § 18 Abs. 1 Nr. 3 (→ Rn. 439, → Rn. 472). Dies gilt auch bei Berufsträgern gemäß § 18 Abs. 1 Nr. 1 (BFH 12.12.2001 – VI R 56/00, BStBl. II 2002, 202 und → Rn. 440).

Nach zutreffender hM fallen unter den Begriff der Vermögensverwaltung auch **Nachlass-** **467**
verwalter und Nachlasspfleger sowie Schiedsrichter (KSM/*Stuhrmann* § 18 Rn. B 228, 270; Korn/*Korn* § 18 Rn. 100; Blümich/*Hutter* § 18 Rn. 177; Schmidt/*Wacker* § 18 Rn. 141), nicht hingegen Stundenbuchhalter (BFH 28.6.2001 – IV R 10/00, BStBl. II 2002, 338) und selbständige Versicherungsvertreter (BFH 26.10.1977 – I R 110/76, BStBl. II 1978, 137). Der BFH hat allerdings mit Urteil vom 20.12.2017 (I R 98/15, BFH/NV 2018, 497) die Tätigkeit eines international eingesetzten **Fußballschiedsrichters im Profifußball** als eine gewerbliche Tätigkeit beurteilt, allerdings die Einordnung in die selbständigen Einkünfte nur anhand einer erzieherischen und unterrichtenden Tätigkeit gemäß Abs. 1 Nr. 1 geprüft und verneint. Der Entscheidung ist unter diesem Aspekt zuzustimmen, offen bleibt aber die Abgrenzung zur sonstigen selbständigen Tätigkeit. Siehe zu den Schiedspersonen auch FM Sachsen-Anhalt 11.5.2015 – 46-S 2337-72.

Tätigkeit als Hausverwalter: Der selbständige Hausverwalter erzielt Einkünfte aus sons- **468**
tiger selbständiger Arbeit, wenn seine Tätigkeit nicht über die reine Vermögensverwaltung hinausgeht, keine qualifizierten Aufgaben auf Angestellte oder Subunternehmer übertragen worden sind und die Beschäftigung von Hilfskräften für untergeordnete Arbeiten die Tätigkeit nicht nach dem Gesamtbild der Verhältnisse als gewerblich erscheinen lässt (BFH 18.3.1999 – IV R 5/98, BFH/NV 1999, 1456).

Die Rechtsprechung hat die **Treuhandtätigkeit,** insbesondere wenn sie vom Träger eines **469**
Katalogberufs (Rechtsanwälte/Steuerberater/Wirtschaftsprüfer), ausgeübt wird, differenziert beurteilt. Eine Tätigkeit ist nicht allein dann berufstypisch und damit freiberuflich gemäß § 18 Abs. 1 Nr. 1 und § 18 Abs. 1 Nr. 3, wenn sie mit dem Berufsbild eines Katalogberufes nach den berufsrechtlichen Vorschriften vereinbar ist, wie dies bei der Treuhandtätigkeit der Wirtschaftsprüfer nach der WPO oder der Steuerberater nach StBerG der Fall ist (vgl. BFH 12.12.2001 – VI R 56/00, BStBl. II 2002, 202, mwN; BFH 18.10.2006 – XI R 9/06, BStBl. II 2007, 266). Eine treuhänderische Tätigkeit kann ihrer Natur nach Vermögensverwaltung, aber auch gewerblich sein (BFH 18.10.2006 – XI R 9/06, BStBl. II 2007, 266). Die Einordnung der Tätigkeit unter § 18 Abs. 1 Nr. 3 sieht der BFH für den Abwickler von treuhänderisch geführten Unternehmen als möglich an (BFH 22.9.2003 – IV S 7/03, BFH/NV 2004, 183).

Die Übernahme der Funktion als **Treuhandkommanditist** in einem geschlossenen **470**
Fonds ist nach der Rechtsprechung auch bei Ausübung durch Träger von Katalogberufen iSd § 18 Abs. 1 Nr. 1 eine gewerbliche Tätigkeit, wenn sie in der Anfangsphase der Tätigkeit des Fonds von untergeordneter Bedeutung ist und die Stellung als Treuhandkommanditist zeitgleich in mehreren Fonds übernommen wird (BFH 18.10.2006 – XI R 9/06, BStBl. II 2007, 266).

Eine **Treuhandtätigkeit im Rahmen von Bauherrengemeinschaften,** die ihrer Natur **471**
nach eine Geschäftsbesorgung für Dritte ist, wird vom BFH bei Rechtsanwälten, Steuerberatern oder Wirtschaftsprüfern nicht als berufstypisch beurteilt (vgl. zB BFH 10.8.1994 – I R 133/93, BStBl. II 1995, 171; BFH 11.5.1989 – IV R 43/88, BStBl. II 1989, 797; BFH 31.5.1990 – V R 21/86, BFH/NV 1991, 131; BFH 21.4.1994 – IV R 99/93, BStBl. II 1994, 650; BFH 9.7.1964 – IV 427/62 U, BStBl. III 1964, 530). Die Rechtsprechung sieht sie in der Regel als gewerbliche Tätigkeit und nicht als Einkünfteerzielung gemäß § 18 Abs. 1 Nr. 3 an. Schädlich für die Annahme einer vermögensverwaltenden Tätigkeit ist, wenn neben diesen Tätigkeiten auch andere wesentliche Dienstleistungen im Zusammenhang mit der Verwirklichung des Bauvorhabens erbracht werden, weil dann daran mitgewirkt wird, vorhandenes Vermögen nicht nur iS einer Fruchtziehung aus zu erhaltender Substanz zu nutzen, sondern vorhandenes Vermögen umzuschichten und so den Bauherren eine neue Einkunftsquelle zu erschließen (BFH 11.5.1989 – IV R 43/88, BStBl. II 1989, 797). Der BFH hat daher selbst einen Baubetreuer, der sich lediglich mit der wirtschaftlichen (finanziellen) Betreuung von Bauvorhaben befasste, nicht als Steuerpflichtigen mit sonstigen selbständigen Einkünften gemäß § 18 Abs. 1 Nr. 3, sondern als Gewerbetreibenden beurteilt (BFH 30.5.1973 – I R 35/71, BStBl. II 1973, 668).

bb) Berufsbetreuer und berufsmäßige Verfahrenspfleger. Kennzeichen des **472**
eigenständigen verfestigten Berufsbilds: Berufsbetreuer übernehmen nach der Charakte-

risierung des Berufsbildes durch die Rechtsprechung (BFH 15.6.2010 – VIII R 14/09, BStBl. II 2010, 909; BFH 15.6.2010 – VIII R 10/09, BStBl. II 2010, 906) rechtliche Betreuungen (§§ 1896 ff. BGB), ohne dass dafür eine bestimmte Ausbildung oder ein Studium erforderlich ist. Deshalb nehmen nicht nur Juristen oder Steuerberater, sondern auch andere Berufsgruppen (wie Sozialarbeiter/-pädagogen, Alten- und Krankenpfleger sowie Erzieher, aber auch Verwaltungsfachkräfte und Kaufleute) diese Aufgabe wahr. Berufsbetreuer werden durch die Betreuungsgerichte als Betreuer (§ 1836 Abs. 1 BGB, § 1897 Abs. 6 BGB) bestellt; im Bestellungsbeschluss wird die Betreuung als beruflich geführt bezeichnet. Gegenstand des Berufsbilds der Berufsbetreuer ist die Unterstützung und Beratung volljähriger Menschen, die in ihrer Entscheidungs- oder Handlungsfähigkeit eingeschränkt sind und deshalb nicht selbst für ihre Angelegenheiten sorgen können. Die Betreuer unterstützen die Betroffenen rechtlich oder handeln „stellvertretend für sie, zum Beispiel durch Regelung der Finanzen, Vertretung gegenüber Behörden, Organisation von pflegerischen Diensten oder Einwilligung in ärztliche Behandlungen". Dabei gehört zur Betreuung insbesondere auch die Vertretung in Vermögensangelegenheiten.

473 **Das Berufsbild des Verfahrenspflegers** ist dadurch gekennzeichnet (BFH 15.6.2010 – VIII R 14/09, BStBl. II 2010, 909; BFH 15.6.2010 – VIII R 10/09, BStBl. II 2010, 906), dass dieser grundsätzlich jede volljährige natürliche Person, aber auch die Betreuungsbehörde oder ein Betreuungsverein oder deren Mitarbeiter sein kann. Verfahrenspfleger werden von den Gerichten bestellt in Betreuungssachen (§ 276 FamFG), Unterbringungssachen (§ 317 FamFG) und Freiheitsentziehungssachen (§ 419 FamFG). In Betracht kommt eine Bestellung ferner in Kindschaftssachen (Verfahrensbeistand iSd § 158 FamFG) und in Adoptionssachen (Verfahrensbeistand gemäß § 191 FamFG). In Betreuungssachen ist der Verfahrenspfleger als gesetzlicher Vertreter des Betroffenen mit allen Rechten und Pflichten eines Beteiligten ausgestattet.

474 **Einordnung unter § 18 Abs. 1 Nr. 3:** Die Tätigkeit als Berufsbetreuer und berufsmäßiger Verfahrenspfleger ist eine (insbesondere zur Vermögensverwaltung) ähnliche Tätigkeit im Sinne des § 18 Abs. 1 Nr. 3 (BFH 15.6.2010 – VIII R 14/09, BStBl. II 2010, 909; BFH 15.6.2010 – VIII R 10/09, BStBl. II 2010, 906; BFH 17.10.2012 – VIII R 57/09, BStBl. II 2013, 799). Es steht der Annahme einer Gruppenähnlichkeit nicht entgegen, dass die Betreuung durch den Umfang der Personensorge über die Vermögensverwaltung hinausreicht (so noch BFH 4.11.2004 – IV R 26/03, BStBl. II 2005, 288), da eine Trennbarkeit zwischen vermögensbetreuenden und sonstigen persönlichen Tätigkeiten in einer Vielzahl von Fällen kaum möglich ist. Eine Volljuristin ohne anwaltliche Zulassung, die als Berufsbetreuerin und Verfahrenspflegerin tätig ist, erzielt demnach Einkünfte aus sonstiger selbständiger Arbeit iSd § 18 Abs. 1 Nr. 3. Eine Sozietät von Rechtsanwälten, die neben ihrer anwaltlichen Tätigkeit als Berufsbetreuer tätig sind, erzielt aus der Berufsbetreuung Einkünfte aus sonstiger selbständiger Arbeit iSd § 18 Abs. 1 Nr. 3.

475 *Einstweilen frei*

476 **cc) Einkünfteermittlung.** Aufwandsentschädigungen, die an Betreuer iSd § 1835a BGB gezahlt werden, sind Betriebseinnahmen, die nach § 3 Nr. 26b (ggf. auch gemäß § 3 Nr. 26a) steuerfrei sein können. Siehe zur früheren Rechtslage BFH 17.10.2012 – VIII R 57/09, BStBl. II 2013, 799).

477 **e) Vergütungen als Aufsichtsrat. aa) Begriff des Aufsichtsrats und der Aufsichtsratstätigkeit. Verbindung zum Zivilrecht:** In §§ 95 ff. AktG ist die Bildung eines Aufsichtsrats für Aktiengesellschaften zwingend vorgeschrieben; in §§ 278, 287 AktG bzw. §§ 9, 36 ff. GenG finden sich die entsprechenden Regelungen für Kommanditgesellschaften auf Aktien bzw. Genossenschaften. Die Bildung eines Aufsichtsrats ist auch bei einer GmbH, OHG oder KG möglich. Das GmbHG kennt im Gegensatz zum Aktiengesetz keinen obligatorischen Aufsichtsrat. Nur in einigen Fällen ist die GmbH aufgrund gesetzlicher Vorschriften gezwungen, einen Aufsichtsrat zu bilden, und zwar bei GmbHs mit mehr als 500 Arbeitnehmern gemäß § 1 Abs. 1 Nr. 3 Drittelbeteiligungsgesetz, bei GmbHs mit mehr als 2.000 Arbeitnehmern (§ 1 MitbestG) und bei GmbHs mit mehr als 1.000 Arbeitnehmern und Tätigkeit im Montanbereich (§§ 3, 4 MontanMitbestG). Allerdings lässt das GmbHG die freiwillige Bildung eines Aufsichtsrats zu, der als Organ in der Satzung verankert sein muss. Nur wenn in der Satzung keine näheren Angaben enthalten sind, gelten bestimmte aktien-

rechtliche Regelungen (§ 111 AktG) über den Aufsichtsrat (§ 52 GmbHG). Siehe zum Ganzen *Kaya/Maier* NWB 2014, 3621 (3621 f.); TSWR Die GmbH im Gesellschafts- und Steuerrecht/*Wälzholz*, 5. Aufl. 2009, 118 (120); zu den von Art. 16 OECD-MA erfassten Verbänden und Körperschaften siehe Wassermeyer/*Drüen* OECD-MA Art. 16 Rn. 19 ff.

Gemäß § 111 Abs. 1 AktG hat der **Aufsichtsrat** die Geschäftsführung zu überwachen. Maßnahmen der Geschäftsführung können ihm jedoch nicht übertragen werden. Für den Aufsichtsrat der Aktiengesellschaft gilt dies ohne Einschränkungen. Das gilt auch für den Aufsichtsrat einer GmbH, die nach Drittelbeteiligungsgesetz oder Mitbestimmungsgesetz einen Aufsichtsrat zu bilden hat. Denn diese Gesetze verweisen auf die Norm des Aktiengesetzes (*Kaya/Maier* NWB 2014, 3621 (3622). Zwischen dem einzelnen Aufsichtsratsmitglied und der Gesellschaft besteht nach hM neben der körperschaftsrechtlichen Amtsstellung kein vertragliches Anstellungsverhältnis, sondern ein gesetzliches Schuldverhältnis, welches durch die Bestellung und Annahme des Amts zustande kommt und dessen Inhalt durch die gesetzlichen Vorschriften des Aktiengesetzes, die Satzung und einen etwaigen Vergütungsbeschluss der Hauptversammlung bestimmt wird. Eine Vergütung kann ein Aufsichtsratsmitglied gemäß § 113 Abs. 1 Satz 2 AktG nur dann beanspruchen, soweit diese in der Satzung festgesetzt oder von der Hauptversammlung bewilligt worden ist (*Kaya/Maier* NWB 2014, 3621 (3622 f. mwN). 478

Das Merkmal der Aufsichtsratstätigkeit in § 18 Abs. 1 Nr. 3 wird nach der Rechtsprechung (BFH 31.1.1978 – VIII R 159/73, BStBl. II 1978, 352; BFH 28.8.2003 – IV R 1/03, BStBl. II 2004, 112) mit der Tätigkeit derjenigen Personen ausgefüllt, deren Vergütungen bei der Einkommensermittlung einer Körperschaft nach den Regelungen in § 10 Nr. 4 KStG abziehbar sind. Eine Tätigkeit als Aufsichtsratsmitglied iSv § 18 Abs. 1 Nr. 3 übt danach derjenige aus, **der (hauptsächlich) mit der Überwachung der Geschäftsführung einer Gesellschaft beauftragt ist.** Hierbei handelt es sich um Mitglieder von Organen einer Körperschaft wie Aufsichtsrat, Verwaltungsrat, Grubenvorstand oder um andere Personen, die mit der Überwachung der Geschäftsführung beauftragt sind. Auf die tatsächliche Bezeichnung dieser Personen kommt es nicht an. Der Begriff der überwachenden Tätigkeit in § 10 Nr. 4 KStG ist weit auszulegen und umfasst daher auch Vergütungen an spezielle Beiräte, soweit diese gesondert mit der Vornahme von Überwachungs- und Kontrollmaßnahmen beauftragt worden sind (*Kaya/Maier* NWB 2014, 3621 (3623). 479

Eine hauptsächlich die Geschäftsführung überwachende Tätigkeit ist nicht mehr gegeben, wenn im Wesentlichen und zugleich auch Aufgaben der Geschäftsführung wahrgenommen werden. Zwar verliert ein Organ, das mit der Überwachung der Geschäftsführung beauftragt ist, nicht deshalb seine Überwachungsfunktion, weil ihm gewisse Geschäftsführungshandlungen zugewiesen worden sind (siehe auch BFH 12.9.1973 – I R 249/71, BStBl. II 1973, 872). Jedoch muss die Überwachungstätigkeit gegenüber den Geschäftsführungshandlungen im Wesentlichen oder überwiegend ausgeübt werden (BFH 11.3.1981 – I R 8/77, BStBl. II 1981, 623). Ebenso wenig hat eine Tätigkeit hauptsächlich überwachende Funktion, wenn jemand gegenüber der Geschäftsführung einer Kapitalgesellschaft lediglich beratend tätig wird. Zwar kann in beiden Funktionen die Geschäftsführung einer Kapitalgesellschaft beeinflusst werden; als wesentliches Merkmal der Überwachung fehlen der Beratungstätigkeit jedoch das Recht und die Pflicht zur Kontrolle der Geschäftsführung (BFH 28.8.2003 – IV R 1/03, BStBl. II 2004, 112). Die Wahrnehmung von Repräsentationsaufgaben stellt keine überwachende Tätigkeit dar (BFH 31.1.1978 – VIII R 159/73, BStBl. II 1978, 352). Diese Grundsätze sind unstreitig (H 15.6 EStH 2016; Blümich/*Hutter* § 18 Rn. 179; Korn/*Korn* § 18 Rn. 101; Bordewin/Brandt/*Moritz/Baumgartner* § 18 Rn. 489; HHR/*Brandt* § 18 Rn. 266). Siehe auch zu § 49 Abs. 1 Nr. 3 → Rn. 491. 480

Nach einhelliger Meinung fallen auch Mitglieder von **Aufsichtsgremien öffentlich-rechtlicher Körperschaften** (Rundfunkanstalten/Fernsehanstalten) unter § 18 Abs. 1 Nr. 3, da es nicht darauf ankommt, ob das der Überwachungstätigkeit zugrunde liegende Rechtsverhältnis zivil- oder öffentlich-rechtlich ist (siehe Schmidt/*Wacker* § 18 Rn. 150; HHR/*Brandt* § 18 Rn. 266; Korn/*Korn* § 18 Rn. 101; Bordewin/Brandt/*Moritz/Baumgartner* § 18 Rn. 489; Frotscher/Geurts/*Siewert* § 18 Rn. 100). 481

Vergütungen, die den Mitgliedern des Aufsichtsrats für ihre Tätigkeit nach § 113 AktG gezahlt werden, sind auch **für Arbeitnehmer im Aufsichtsrat** (zum Arbeitsrecht siehe *Schönhöft/Oelze* NZA 2016, 145) Einkünfte gemäß § 18 Abs. 1 Nr. 3, da diese die Funktion 482 nicht auf Veranlassung des Arbeitgebers, sondern aufgrund der einschlägigen gesetzlichen Regelungen zur Mitbestimmung übernehmen (BFH 29.3.1957 – IV 25/56 U, BStBl. III 1957, 16; HHR/*Brandt* § 18 Rn. 268, 273). Sie erzielen diese Einkünfte leitend und eigenverantwortlich mit Einkünfteerzielungsabsicht, auch wenn sie sich zur vollständigen Abführung der Vergütungen verpflichten (siehe zB HHR/*Brandt* § 18 Rn. 273; KSM/*Stuhrmann* § 18 B 247; Korn/*Korn* § 18 Rn. 102; zweifelnd an der Einkünfteerzielungsabsicht bei permanenter Totalabführung unter Rn. 103; Blümich/*Hutter* § 18 Rn. 181). Das Aufsichtsratsmandat ist für einen Arbeitnehmer neben dem Arbeitsverhältnis eine eigenständige Einnahmequelle (sog. „Sonderrechtsverhältnis", siehe BFH 8.3.1974 – VI R 198/71, BStBl. II 1974, 407; BFH 9.10.1980 – IV R 81/76, BStBl. II 1981, 29; BFH 27.7.1972 – IV R 136/71, BStBl. II 1972, 810).

483 Die Übernahme einer **nebenamtlichen Aufsichtsratstätigkeit durch einen Beamten** führt nach der Auffassung der Rechtsprechung und der Finanzverwaltung zu Einkünften aus nichtselbständiger Arbeit, da der Beamte die Tätigkeit „quasi-treuhänderisch" für die öffentliche Körperschaft ausübt und die Vergütung in der Regel an den Dienstherrn abführen muss (BFH 15.3.1957 – VI 84/85 U, BStBl. III 1957, 226). Diese Sichtweise wird im Schrifttum nahezu einhellig und zu Recht kritisiert, da die gezahlten Vergütungen auf einer gesellschaftsrechtlichen Grundlage (einem Sonderrechtsverhältnis) gewährt werden, die allein zwischen dem Beamten und dem kontrollierten Unternehmen besteht und der Dienstherr insoweit nicht weisungsberechtigt ist (HHR/*Brandt* § 18 Rn. 268; Blümich/*Hutter* § 18 Rn. 181; Schmidt/*Wacker* § 18 Rn. 152; Korn/*Korn* § 18 Rn. 102; Frotscher/Geurts/*Siewert* § 18 Rn. 101; Bordewin/Brandt/*Moritz/Baumgartner* § 18 Rn. 497).

484 Eine Aufsichtsratstätigkeit stellt nach überwiegender Auffassung keine berufstypische Tätigkeit eines Rechtsanwalts dar (Bordewin/Brandt/*Moritz/Baumgartner* § 18 Rn. 496 mit Hinweis auf FG Köln 13.8.2008 – 4 K 3303/06, EFG 2009, 669; ebenso KSM/*Stuhrmann* § 18 Rn. B 116; HHR/*Brandt* § 18 Rn. 266; zweifelnd Schmidt/*Wacker* § 18 Rn. 97). Dieser Auffassung ist zuzustimmen. Bei der Aufsichtsratstätigkeit ist aufgrund der heutigen Anforderungen und der im Gesetz definierten Pflichten und persönlichen Voraussetzungen für die Übernahme der Funktion von einer verselbständigten Tätigkeit (wenngleich keinem Berufsbild) ausgehen, die sich von der berufstypischen Tätigkeit eines Rechtsanwalts gemäß § 18 Abs. 1 Nr. 1 deutlich abgrenzt und daher eigenständig zu beurteilen ist.

485 **bb) Aufsichts- und Verwaltungsrat iSd Art. 16 OECD-MA.** Der Begriff des Aufsichtsrats in Art. 16 OECD-MA erfasst im Kern nur ein Organ, das bestelltes Mitglied in einem Aufsichts- und Verwaltungsrat mit durch Gesetz oder Satzung konkretisierten Aufgaben ist und Überwachungstätigkeiten, nicht aber Repräsentations- oder Geschäftsführungsaufgaben ausführt (siehe Wassermeyer/*Drüen* OECD-MA Art. 16 Rn. 15–21; BFH 14.3.2011 – I R 23/10, BStBl. II 2013, 73). Unter Art. 16 fallen auch Vergütungen, die für die Überwachungstätigkeit an Arbeitnehmer-Aufsichtsräte und Beamte in Aufsichtsräten gezahlt werden (Wassermeyer/*Drüen* OECD-MA Art. 16 Rn. 18). Zudem erfasst Art. 16 auch Vergütungen an Verwaltungsräte, unter die Überwachungsorgane von Sparkassen, Fernseh- und Rundfunkanstalten fallen (Wassermeyer/*Drüen* OECD-MA Art. 16 Rn. 22). Art. 16 weist das Besteuerungsrecht für die Vergütungen dem Ansässigkeitsstaat der Gesellschaft zu, deren Aufsichts- oder Verwaltungsrat der Steuerpflichtige ist. Dessen Ansässigkeitsstaat des Vergütungsempfängers rechnet nach dem einschlägigen DBA die Steuer des Quellenstaats an oder stellt die Einkünfte frei (Art. 23A, 23B OECD-MA).

486 **cc) Vergütungen „für" die Aufsichtsratstätigkeit und Einkünfteermittlung. Vergütungen iSd § 18 Abs. 1 Nr. 3:** Die Vergütung muss auf Grundlage des Rechtsverhältnisses für die Tätigkeit als Aufsichtsrat gezahlt werden, nicht aufgrund eines anderen Rechtsverhältnisses (zB eines Beratervertrags). Siehe zu den auf Ebene der Körperschaft gemäß § 10 Nr. 4 KStG ganz oder nur teilweise abzugsfähigen Geld- und Sachzuwendungen an Aufsichtsräte und zu umsatzsteuerlichen Fragen den Überblick bei *Kaya/Maier* NWB 2014, 3621 (3624 f.). Sämtliche der unter § 10 Nr. 4 fallenden Vergütungen, die über die in § 113 AktG hinausgehen (zB Sitzungsgelder, Tagegelder, Aufwandsentschädigungen und Reisekostenerstattungen) sind wegen der begrifflichen Anknüpfung an diese Regelung auch Vergütungen iSd § 18 Abs. 1 Nr. 3 (BFH 31.1.1978 – VIII R 159/73, BStBl. II 1978, 352) und Betriebseinnahmen des Aufsichtsrats (Blümich/*Hutter* § 18 Rn. 180; HHR/*Brandt* § 18 Rn. 267). Zu

Sachzuwendungen und Nutzungsvorteilen durch die Überlassung von Büroräumen und KFZ siehe Ministerium der Finanzen des Landes Sachsen-Anhalt 27.7.2016 – 46-S 2248-18).

Aktien als Vergütung: BFH 9.4.2013 – VIII R 19/11, BStBl. II 2013, 689 hat für den 487
Rückverkauf wertgeminderter Aktien eines Aufsichtsrats an das ausgebende Unternehmen auf Grundlage einer Rückerwerbsoption Einkünfte im Sinne des § 18 Abs. 1 Nr. 3 in Höhe des „vermiedenen Verlusts" (Rückkauf durch Gesellschaft zum Ankaufpreis trotz gesunkenen Werts der Aktien) bejaht, da hinsichtlich des Umfangs der sachlichen Steuerpflicht von Zuwendungen (Sachbezügen) zwischen den Einkünften aus selbständiger Arbeit und denen aus nichtselbständiger Arbeit kein Unterschied bestehe. Die Anwendung des Halbeinkünfteverfahrens aufgrund eines Rückverkaufs der Aktien gemäß § 3 Nr. 40 wurde verneint (zustimmend *Knapp/Lepperdinger* DStR 2014, 1290 (1296). Die Entscheidung betraf mE einen Sonderfall. Der Begründung der Entscheidung in BFH 9.4.2013 – VIII R 19/11, BStBl. II 2013, 689 ist aus meiner Sicht nicht uneingeschränkt zu folgen. Fragwürdig ist mE, wie der BFH unter dem Postulat einer Gleichbehandlung des Umfangs der Überschuss- und Gewinneinkünfte den Rückverkauf der verlustbehafteten Aktien durch den Aufsichtsrat mit den steuerlichen Folgen vergleicht, die bei einem Arbeitnehmer im selben Fall eintreten würden. Der BFH geht bei diesem Vergleich aus meiner Sicht unzutreffend davon aus, dass sich der verbilligte Sachbezug der Aktien *erst bei der Rücknahme der Aktien durch das Unternehmen* verwirklicht. Er ignoriert durch diese verklammernde Betrachtung des An- und Verkaufs das eigentliche Anschaffungsgeschäft, das im Zeitpunkt der Ausgabe der Aktien an den Aufsichtsrat stattfindet. Zutreffende Vergleichssituation wäre mE der Vergleich mit den steuerlichen Folgen des Rückverkaufs verlustbehafteter Aktien durch einen Arbeitnehmer an den Arbeitgeber zum Ausgabepreis gewesen. Bei diesem Vergleich wäre zu entscheiden gewesen, ob sich die vergleichbaren Rechtsfolgen aus dem Sonderrechtsverhältnis als Aktionär hätten ergeben müssen und in welchem Szenario der Arbeitnehmer steuerpflichtige Einkünfte in Höhe der Verlustkompensation erzielen würde. Diese Prüfung führt der BFH jedoch nicht durch.

Im Regelfall dürften vom Aufsichtsrat verbilligt erworbene Aktien an einem kontrollierten 488
Unternehmen als Sachbezug zu Betriebseinnahmen führen und zu Betriebsvermögen des Aufsichtsrats werden. Die Rechtsfolgen des Verkaufs der Aktien aus dem Betriebsvermögen sind nach den Regelungen des § 4 Abs. 3 iVm § 3 Nr. 40 bestimmen.

ME werden Aktien eines kontrollierten Unternehmens aber nicht zu Betriebsvermögen, 489
wenn der Aufsichtsrat **sie nicht verbilligt erwirbt.** Nach der jüngsten Entscheidung des BFH zur Begründung eines Sonderrechtsverhältnisses bei Arbeitnehmern, die Aktien als Managementbeteiligung erworben hatten (BFH 4.10.2016 – IX R 43/15, BStBl. II 2017, 790), ist keine Zuordnung der aus einer Beteiligung stammenden laufenden Bezüge und Veräußerungsgewinne zum Arbeitsverhältnis geboten, weil die Beteiligungen nur Arbeitnehmern einer Unternehmensgruppe/leitenden Mitarbeitern angeboten worden waren und Ausschluss- oder Kündigungsrechte hinsichtlich der Kapitalbeteiligung im Falle einer Beendigung des Arbeitsverhältnisses vereinbart waren. Der BFH hat für die Abgrenzung des Beteiligungsverhältnisses vom Arbeitsverhältnis tragend darauf abgestellt, dass der Arbeitnehmer in diesem Fall sein Kapital als eine vom Arbeitsverhältnis unabhängige und eigenständige Erwerbsgrundlage zur Einkünfteerzielung nutze (siehe zu diesen Fragen auch *Levedag* RdF 2015, 144). Auf dieser Grundlage dürfte auch die Einräumung des Rechts an den Aufsichtsrat, aufgrund seiner Funktion Aktien an dem kontrollierten Unternehmen zum Verkehrswert kaufen zu dürfen und die Beteiligung mit Beendigung der Tätigkeit veräußern zu müssen, keine Zuordnung nicht verbilligt erworbener Aktien zum Betriebsvermögen mehr bedingen.

Betriebsausgaben: Es gilt das Veranlassungsprinzip des § 4 Abs. 4. **Abführungen** der 490
Vergütungen eines Arbeitnehmer-Aufsichtsrats sind nach heute hM entgegen früherer BFH-Rechtsprechung stets Betriebsausgaben, unabhängig davon, ob die Abführung auf einer vor der Wahl eingegangenen Verpflichtung (BFH 9.10.1980 – IV R 81/76, BStBl. II 1981, 29; BFH 27.7.1972 – IV R 136/71, BStBl. II 1972, 810) oder freiwillig erfolgt (HHR/*Brandt* § 18 Rn. 273; Blümich/*Hutter* § 18 Rn. 182; Bordewin/Brandt/*Moritz/Baumgartner* § 18 Rn. 499; zweifelnd an der BA-Qualität freiwilliger Abführungen Korn/*Korn* § 18 Rn. 103; Schmidt/*Wacker* § 18 Rn. 151). Zur Vereinnahmung von Aufsichtsratsvergütungen und deren Abführung an den Dienstherrn sowie zum Lohnsteuer-Einbehalt siehe zB LfSt Sachsen 22.12.2014 – S2248-19/8-212. Verpflichtet sich ein gewerkschaftliches Aufsichtsratsmitglied

vor seiner Wahl in den Aufsichtsrat nicht, wie in der Satzung der Gewerkschaft vorgesehen, zur Abführung von Teilen der Aufsichtsratsvergütung an die gewerkschaftliche gemeinnützige Stiftung, sind die Zahlungen an die Stiftung, die sich nicht an den Betrags-Vorgaben der Satzung orientieren, nicht als Betriebsausgaben, sondern lediglich als Spenden abzugsfähig (FG Berlin-Brandenburg 2.4.2009 – 10 K 1190/06 B, EFG 2009, 1287 mAnm *Rosenke*).

491 **Beschränkte Steuerpflicht:** Siehe zur Quellensteuer (Aufsichtsratssteuer) bei beschränkter inländischer Steuerpflicht § 50a Abs. 1 Nr. 4; zur abgeltenden Besteuerung der Bruttoeinnahmen § 50 Abs. 2 Satz 2 Nr. 5, § 50a Abs. 2 Satz 1 sowie zur Nettobesteuerung § 50a Abs. 3 im Rahmen des Quellensteuerabzugs und zum Besteuerungsverfahren §§ 73d, 73e, 73g EStDV. Zu einem Fallbeispiel siehe *Kaya/Maier* NWB 2014, 3621 (3628 ff.). Zu Einzelfragen → § 49 Rn. 343 ff.

492 *Einstweilen frei*

493 **f) Ähnliche sonstige selbständige Tätigkeiten. Erfinder:** Wird die Erfindertätigkeit innerhalb einer bestimmten Einkunftsart ausgeübt, ist sie dieser zuzuordnen (BFH 14.3.1985 – IV R 8/84, BStBl. II 1985, 424). Etwas anderes gilt für Zufallserfindungen, mit denen eine steuerbare Tätigkeit begonnen wird. Unter „Zufallserfindungen" werden Ideen verstanden, die ohne weitere Ausarbeitung verwertungsreif sind. Sie gehören zu den nur gelegentlichen Tätigkeiten, die mangels Nachhaltigkeit nicht den Einkünften aus selbständiger Tätigkeit zuzuordnen sind. Wird eine Zufallserfindung veräußert, ist das Entgelt entgegen der früheren Rechtsprechung (BFH 18.6.1998 – IV R 29/97, BStBl. II 1998, 567) nicht gemäß § 22 Nr. 3 steuerbar (BFH 10.9.2003 – XI R 26/02, BStBl. II 2004, 218). Bei einer nachhaltigen (wiederholten) Beschäftigung als Erfinder kann nach der Rechtsprechung aufgrund der Verwertung der Erfindung eine selbständige Tätigkeit iSd § 18 Abs. 1 Nr. 1 („Wissenschaft") oder eine gewerbliche Tätigkeit gemäß § 15 Abs. 2 vorliegen, zum Teil wird auch die Möglichkeit der Einordnung unter § 18 Abs. 1 Nr. 3 angenommen, wenn die Voraussetzungen des § 18 Abs. 1 Nr. 1 nicht erfüllt ist (BFH 18.6.1998 – IV R 29/97, BStBl. II 1998, 567; BFH 11.4.2003 – IV B 170/01, BFH/NV 2003, 1406; BFH 2.3.2011 – II R 5/09, BFH/NV 2011, 1147, auch zum Umfang des Betriebsvermögens; Bordewin/Brandt/*Moritz/Baumgartner* § 18 Rn. 234 „Erfinder").

494 ME ist entgegen der zitierten Rechtsprechung die Annahme einer subsidiären sonstigen selbständigen Tätigkeit bei nachhaltiger Erfindertätigkeit durch die Entwicklung einer Zufallserfindung zur Marktreife fernliegend, da diese Tätigkeit nicht mit dem heutzutage betonten Leitbild der fremdnützigen Vermögensverwaltung vergleichbar ist und dieser Tätigkeit auch nicht ähnlich ist (aA HHR/*Brandt* § 18 Rn. 275; Kirchhof/*Pfirrmann* § 18 Rn. 73; für die Einordenbarkeit nur unter § 18 Abs. 1 Nr. 1 oder unter § 15 wie hier Korn/*Korn* § 18 Rn. 40.1; KSM/*Stuhrmann* § 18 Rn. B 58). Vermehrt wird in der Rechtsprechung der Finanzgerichte eine genaue Festlegung vermieden, ob die nachhaltige Erfindertätigkeit unter § 18 oder § 15 fällt (FG Rheinland-Pfalz 31.10.2007 – 1 K 1941/05, DStRE 2008, 562; FG Düsseldorf 6.4.2016 – 2 K 896/14 E, EFG 2017, 288 mAnm *Bleschick*, Rev. inzwischen erledigt, BFH III R 11/16; siehe auch FG Nürnberg 27.1.2017 – 4 K 1687/16).

495 **Tätigkeit als ehrenamtlicher (Ober)Bürgermeister:** Nach BFH 3.12.1987 – IV R 41/85, BStBl. II 1988, 266 ist dieser selbständig tätig, wenn dieser nach den einschlägigen kommunalrechtlichen Bestimmungen ausschließlich Mitglied und Vorsitzender eines Organs der Selbstverwaltung ist und diese repräsentative und politische Tätigkeit nach der freien, nur durch Rücksicht auf das öffentliche Wohl bestimmten Überzeugung auszuüben hat (BFH 13.6.2013 – III B 156/12, BFH/NV 2013, 1420). Hierin ist unter dieser Voraussetzung eine fremdnützige Tätigkeit in einem fremden Geschäftskreis zu sehen. Abzugrenzen hiervon ist nach BFH 3.12.1987 – IV R 41/85, BStBl. II 1988, 266 die Tätigkeit **als Behördenleiter der kommunalen Verwaltung,** bei der die Eingliederung in die Verwaltungstätigkeit überwiegt und welche keine sonstige selbständige Tätigkeit darstellt. Die an einen ehrenamtlichen Bürgermeister einer amtsangehörigen Gemeinde in Schleswig-Holstein gezahlten Aufwandsentschädigungen sind nach Auffassung des FG Schleswig-Holstein 17.12.2015 – 5 K 127/13, EFG 2016, 815 in Anlehnung an das Urteil des BSG 25.1.2006 – B 12 KR 12/05 R, SozR 4-2400 § 7 Nr. 6 keine Einkünfte aus sonstiger selbständiger Arbeit (sondern gemäß § 19), wenn die Verwaltungsaufgaben, welche nach dem Kommunalrecht neben der Tätigkeit als Organ der Selbstverwaltung wahrzunehmen sind, die Tätigkeit prägen. Für Bundesländer, in denen ehrenamtliche Bürgermeister und Bürgermeisterinnen grundsätzlich eine Doppelfunktion (repräsentative Funktion und Verwaltungsaufgaben) innehaben, steht eine Entscheidung durch den BFH zur Einordnung unter § 18 Abs. 1 Nr. 3 noch aus (siehe *Sorge* EFG 2016, 818). Siehe auch BFH 19.10.2016 – VI R 23/15, BStBl. II 2017, 345 zum hauptamtlichen Bürgermeister in Baden-Württemberg und der Abzugsmöglichkeit von Aufwendungen gemäß § 3c Abs. 1 bei Vereinnahmung steuerfreier Reisekosten und Dienstaufwandsentschädigungen.

Der BFH hat in BFH 3.12.1987 – IV R 41/85, BStBl. II 1988, 266 auch die Gewinnerzielungsabsicht für die Ausübung der Tätigkeit eines kommunalen ehrenamtlichen Oberbürgermeisters bejaht, da diese zumindest den Nebenzweck hat, Vergütungen für den Verdienstausfall und Aufwandsentschädigungen zu erzielen (zu § 18 Abs. 4 → Rn. 1262). Zudem hat der BFH entschieden, dass der Gewinn aus der Tätigkeit gemäß § 4 Abs. 3 zu ermitteln ist. **496**

Tätigkeit als kommunaler Mandatsträger: BFH 28.6.2001 – IV R 10/00, BStBl. II 2002, 338; BFH 8.10.2008 – VIII R 58/06, BStBl. II 2009, 405 bejahen eine Gruppenähnlichkeit solcher Tätigkeiten. Hierunter fällt auch die Ausschuss- und Beiratstätigkeit dieses Personenkreises als Vertretungsorgan des Kreises bei einer Kreissparkasse (BFH 14.4.2011 – VIII B 110/10, BFH/NV 2011, 1138 oder die doppelte Funktion als Mitglied der Stadtvertretung einer Stadt/des Gemeinderats und zugleich Mitglied des Hauptausschusses der Stadtvertretung, siehe FG Schleswig-Holstein 22.9.2009 – 3 K 130/09, BeckRS 2009, 26027936; FG Hessen 24.6.2013 – 3 K 2837/11, EFG 2013, 1820). Zu den aufgrund öffentlich-rechtlicher Satzungen geleisteten pauschalen steuerfreien Reisekostenvergütungen an politische Mandatsträger siehe § 3 Nr. 13 und BFH 8.10.2008 – VIII R 58/06, BStBl. II 2009, 405. Siehe zur Besteuerung von Abgeordneten in den Parlamenten der Länder des Bundes und des Europaparlaments § 22 Nr. 4. **497**

Tätigkeit als ehrenamtlicher Richter (Schöffe): BFH 31.1.2017 – IX R 10/16, DStR 2017, 711 lehnt eine Gruppenähnlichkeit ab, da die Tätigkeit nicht fremdnützig im Geschäftskreis der Verfahrensbeteiligten ausgeübt wird. Auch der Umstand der hoheitlichen Tätigkeit ändert hieran nichts, allein dadurch ist die Tätigkeit nicht mit der eines kommunalen Mandatsträgers vergleichbar, der fremdnützig für die Gebietskörperschaft agiert. **498**

Tätigkeit als Rentenberater/externer Datenschutzbeauftragter: Die Tätigkeit als Rentenberater ist weder eine „ähnliche" selbständige noch eine sonstige selbständige Tätigkeit. Sie führt zu gewerblichen Einkünften (BFH 7.5.2019 – VIII R 2/16, BStBl. II 2019, 528; BFH 7.5.2019 – VIII R 26/16, BStBl. II 2019, 532). Die Tätigkeit des externen Datenschutzbeauftragten ist ebenfalls nicht den sonstigen selbständigen Tätigkeiten iSd § 18 Abs. 1 Nr. 3 zuzuordnen (BFH 14.1. 2020 – VIII R 27/17, BStBl II 2020, 222). **499**

Einstweilen frei **500**

20. Einkünfte aufgrund eines carried interest (§ 18 Abs. 1 Nr. 4)

a) Allgemeines. aa) Regelungsanliegen. Zweck: § 18 Abs. 1 Nr. 4 beinhaltet **eine konstitutive Zuweisung** (keine gesetzliche Fiktion, → Rn. 510) der Vergütungen aufgrund eines sog. carried interest zu den Einkünften aus selbständiger Arbeit. Empfänger dieser Vergütungen sind die Initiatoren „vermögensverwaltender" Wagniskapitalfonds (Private Equity und Venture Capital-Fonds), die in der Regel Personengesellschaft sind und deren Zweck im Anwendungsbereich des § 18 Abs. 1 Nr. 4 darauf gerichtet sein muss, Beteiligungen an Kapitalgesellschaften zu erwerben, zu halten und zu veräußern. Die Einführung der Vorschrift sollte die in der Praxis zuvor streitige Einordnung dieser Vergütungen beseitigen und zugleich der Stärkung Deutschlands als Investitionsstandort dienen. Verbunden mit der gesetzlichen Zuweisung der Einkünfte aus einem carried interest zu den Einkünften gemäß § 18 Abs. 1 Nr. 4 sind die 40%ige Steuerfreistellung der Vergütungen gemäß § 3 Nr. 40a und das Teilabzugsverbot des § 3c Abs. 2 für Betriebsausgaben, die im Zusammenhang mit den Vergütungen stehen. **501**

Die dem Gesetzgeber als Anwendungsfall vorschwebende Gestaltung besteht aus einer vermögensverwaltenden Personengesellschaft (Fondsgesellschaft), zu deren Gesamthandsvermögen Portfolio-Beteiligungen an Kapitalgesellschaften gehören, welche bei Erreichen bestimmter wirtschaftlicher Kennzahlen oder Haltedauern veräußert werden (sog. Exit). **502**

503 Diese „vermögensverwaltende Gesellschaft, deren Zweck auf den Erwerb, das Halten und Veräußern an Kapitalgesellschaften" ausgerichtet ist, ist steuerlich in der Regel eine Fonds-Personengesellschaft, bei der die gewerbliche Prägung gemäß § 15 Abs. 3 Nr. 1, die Abfärbung gemäß § 15 Abs. 3 Nr. 2 sowie die originäre gewerbliche Betätigung (§ 15 Abs. 2) vermieden werden und die als Einkünfteerzielungssubjekt nicht über ein Betriebsvermögen verfügt. Folge ist die Geltung der Bruchteilsbetrachtung des § 39 Abs. 2 AO.

504 Fondsvehikel ist in der Praxis bei inländischen Fonds in der Regel eine Fonds-GmbH & Co. KG. Die Kommanditisten dieser Überschusseinkünfte (§§ 20 Abs. 1 Nr. 1, Nr. 7 und Abs. 2) erzielenden Fonds-KG sind die Initiatoren, die entweder unmittelbar, über eine Initiatoren-Personengesellschaft oder eine Initiatoren-Kapitalgesellschaft an der Fonds-KG beteiligt sind. Weitere Gesellschafter der Fonds-KG sind die Anleger als Kommanditisten oder Treuhand-Kommanditisten. Auch ausländische Personengesellschaften als Fondsvehikel werden jedoch vom Anwendungsbereich des § 18 Abs. 1 Nr. 4 erfasst (→ Rn. 631).

505 Werden die Portfolio-Beteiligungen durch die Fonds-KG veräußert, Dividenden an diese ausgeschüttet oder Zinsen aus Gesellschafterdarlehen der KG an Portfolio-Beteiligungen vereinnahmt, führt dies zu laufenden Einnahmen auf Ebene der Fonds-KG. Im Rahmen der Gewinnverteilung ist auf Ebene der Fonds-KG regelmäßig im Gesellschaftsvertrag vereinbart, dass den Initiatoren-Kommanditisten ein erhöhter (disquotaler – „kapital-disproportionaler", vgl. *Anzinger/Jekerle* IStR 2008, 821 (823)) Gewinnanteil zuzuweisen ist, der oberhalb des Gewinns liegt, der ihnen nach dem allgemeinen Gewinnverteilungsschlüssel und der von ihnen erbrachten Kapitaleinlage zustünde. Dieser *carried interest* ist erfolgsabhängig und wird den Initiatoren nicht im Verlustfall gewährt. Er vergütet aus Sicht des Fonds einen besonderen ideellen Gesellschafterbeitrag der Initiatoren-Kommanditisten, der darin besteht, den Fonds in seinen Anlageentscheidungen mit Einsatz eines besonderen Know-hows zu unterstützen. Zugleich sollte die Besteuerung des carried interest vom abschnittsbezogenen Ausweis eines Gewinns auf Ebene der Fondsgesellschaft abgekoppelt werden, da branchenüblich ist, dass der Anspruch auf den carried interest zwar von einem Gesamtgewinn des Fonds abhängig ist, die Höhe und der Zeitpunkt für die Auszahlung des carried interest sich jedoch vorrangig an einer liquiditätsorientierten Betrachtung (sog. Wasserfall) orientieren sollen. Nach diesem Prinzip bestimmt sich die Höhe und der Zeitpunkt der Auszahlung an die Kapitalinvestoren und Initiatoren nach der auf Fondsebene verfügbaren Liquidität (instruktiv *Töben/Schrepp* DStR 2019, 526 (528 f.)).

506 Es handelt sich bei den Leistungen der Carry-Berechtigten um eine im Innenverhältnis des Fonds wirkende besondere Geschäftsführungsleistung, die zivilrechtlich als Dienstleistung die Qualität eines Gesellschafterbeitrags (§ 706 Abs. 3 BGB) hat und nicht um eine Beratungsleistung auf Grundlage einer schuldrechtlichen Leistungsabrede (siehe *Schnittker/Steinbiß* IStR 2015, 760 (763 f.); *Elser/Dürrschmidt* FR 2010, 1075 (1075); *Altfelder* FR 2005, 6 (7), *Bauer/Gemmeke* DStR 2004, 579 (583 f.); *Geerling/Kost* IStR 2005, 757 (759); *Friedrichs/Köhler* DB 2006, 1396 (1399 f.); *Töben/Schrepp* DStR 2019, 526 (528); *Weber-Grellet* DStR 2018, 992 (993)). Die Finanzverwaltung qualifizierte indes diesen gesellschaftsrechtlichen kapital-disproportionalen Gewinnanteil unabhängig von den Verhältnissen des Einzelfalls stets als Entgelt für eine schuldrechtliche Beratungsleistung (BMF 16.12.2003, BStBl. I 2004, 40 unter Rn. 24), die den Initiatoren im Wege eines abgekürzten Zahlungswegs „über die Gewinnverteilung" aufgrund eines Verzichts der übrigen Gesellschafter auf den ihnen eigentlich zustehenden Gewinn gewährt wurde.

507 Der Teil der Gewinnzuweisung, der an die Initiatoren oberhalb des ihnen aufgrund der Gesellschafterstellung nach dem allgemeinen Gewinnverteilungsschlüssel zuzuweisenden Gewinns verteilt wird, wird bei Vorliegen der gesetzlichen Voraussetzungen gemäß § 18 Abs. 1 Nr. 4 als „Vergütung für Leistungen zur Förderung des Gesellschaftszwecks" qualifiziert, wenn der Anspruch der Initiatoren auf diese besondere Vergütung unter der Voraussetzung eingeräumt wird, dass die Anleger ihr eingezahltes Kapital (die Einlage) vollständig zurückerhalten haben. Die gesetzliche Einordnung des überhöhten Gewinnanteils (des „Carry") gemäß § 18 Abs. 1 Nr. 4 als Vergütung für besondere Gesellschafterbeiträge der Initiatoren und die gesetzliche Zuordnung dieser Einnahme zu den Einkünften aus selbständiger Arbeit bewirkt, dass der überhöhte Gewinnanteil sich ertragsteuerlich nicht nach Maßgabe der Bruchteilsbetrachtung aus den unterliegenden Einkünften der Fonds-KG (Dividenden, Veräußerungsgewinnen, ggf. Darlehenszinsen) zusammensetzt und die Steuerpflicht für jede Komponente des Gewinnanteils separat zu bestimmen ist, sondern der Carry ertragsteuerrechtlich als eigenständige Einnahme zu behandeln ist. Die Zuordnung der Vergütungen aus einem Carry zu den Einkünften aus § 18 lässt sich mit der Nähe zu den Einkünften aus § 18 Abs. 1 Nr. 3 erklären, da die Gesellschafterbeiträge der Initiatoren zur Auswahl, Wertsteigerung und Veräußerung der Portfolio-Beteiligungen Ähnlichkeiten zur Tätigkeit eines Vermögensverwalters aufweisen; allerdings fehlt dem Carry-Holder das dort erforderliche fremdnützige Element. Über § 3 Nr. 40a wird die Vergütung zu 40% steuerbefreit; Betriebsausgaben unterliegen der Abzugsbeschränkung des § 3c Abs. 2.

bb) Regelungsziel. Das Regelungsgefüge der § 18 Abs. 1 Nr. 4 und §§ 3 Nr. 40a, 3c Abs. 2 stellt eine Kompromisslösung des Gesetzgebers (HHR/*Kanzler* § 3 Nr. 40a Rn. 3; Korn/*Korn* § 18 Rn. 103.2; *Töben/Schrepp* DStR 2019, 526 (528); *Weber-Grellet* DStR 2018, 992 (993)) zugunsten der Praxis dar. Nach der vor Einführung der Abgeltungsteuer geltenden Rechtslage (insbesondere unter Geltung des § 23 EStG aF) war der überhöhte Gewinnanteil („Carry") nach herrschender Meinung der Praxis nicht steuerbar, da er bei Anwendung der Bruchteilsbetrachtung in der Regel ausschließlich auf nicht steuerbaren Gewinnen der Fonds-KG aus der Veräußerung der Portfolio-Beteiligungen beruhte. Die Beteiligungsquote der jeweiligen Initiatoren überschritt „durchgerechnet" in der Regel nicht die Beteiligungsschwelle des § 17. Nach entgegengesetzter Auffassung der Finanzverwaltung (→ Rn. 505, → Rn. 514) wurde hingegen im Rahmen der Gewinnverteilung stets eine Beratungsleistung der Initiatoren durch die Fonds-KG vergütet, die gemäß §§ 15 oder 18 (ggf. auch § 19) voll steuerpflichtig sein sollte. 508

Die Kompromisslösung des Gesetzgebers zwischen diesen beiden Sichtweisen setzt sich aus der rechtlichen Einordnung des carried interest als einer besonderen Tätigkeitsvergütung der Initiatoren durch die Fondsgesellschaft gemäß § 18 Abs. 1 Nr. 4 einerseits und aus der partiellen Steuerbefreiung dieser Vergütung in § 3 Nr. 40a andererseits zusammen, wie sie bei Einführung der Regelung auch für Dividenden (§ 20 Abs. 1 Nr. 1) und Veräußerungsgewinne (§§ 17, 23 EStG aF) galt, aber für Tätigkeitsvergütungen nicht in Betracht kam. Zudem bewirkt die Zuordnung des Carry zu den Einkünften aus selbständiger Arbeit, dass der Carry nicht gewerbesteuerpflichtig ist. 509

Seit Einführung der Abgeltungsteuer besteht gemäß § 20 Abs. 2 Satz 1 Nr. 1 eine generelle Steuerpflicht für die Veräußerung von Anteilen an Kapitalgesellschaften, die nach dem 31.12.2008 erworben wurden. Dies gilt auch, wenn die Anteile über eine vermögensverwaltende Personengesellschaft gemeinschaftlich erworben, gehalten und veräußert werden (BFH 3.12.2019 – VIII R 34/16, DStR 2020, 971). Die Belastungssituation bei Besteuerung des Carry als eigenständige Einnahme gemäß § 18 Abs. 1 Nr. 4 iVm § 3 Nr. 40a und bei alternativer Besteuerung von Dividenden/Veräußerungsgewinnen auf Grundlage der Bruchteilsbetrachtung gemäß § 20 Abs. 2 Satz 1 Nr. 1 hat sich jedenfalls angeglichen, da §§ 18 Abs. 1 Nr. 4, 3 Nr. 40a im Ergebnis eine Durchschnittsversteuerung der unterliegenden Einnahmen des Fonds bewirken (→ Rn. 521). Der Tarifvorteil für die Besteuerung der Veräußerungsgewinne gemäß § 20 Abs. 2 Satz 1 Nr. 1 im Rahmen der Abgeltungsteuer ist mit dem generellen Abzugsverbot von Werbungskosten verbunden (§ 20 Abs. 9; Veräußerungs- und AK sind abzugsfähig, § 20 Abs. 4). Die Besteuerung des Carry über § 18 Abs. 1 Nr. 4 iVm § 3 Nr. 40a ist nach wie vor gegenüber der Besteuerung als steuerpflichtige Tätigkeitsvergütung im Rahmen einer anderen Einkunftsart (z. B. gemäß § 15) vorteilhafter. 510

cc) Umqualifizierung inkongruenter zivilrechtlicher Gewinnanteile in verdeckte Leistungsvergütungen. (1) § 18 Abs. 1 Nr. 4 bewirkt eine konstitutive Zuweisung der Einkünfte aus einem carried interest zu den Einkünften aus selbständiger Arbeit.. § 18 Abs. 1 Nr. 4 regelt für die betroffenen Sachverhalte die Besteuerungsfolgen abweichend von allgemeinen Grundsätzen konstitutiv, da die Regelung an sich steuerlich beachtliche kapital-disproportionale Ergebniszuweisungen nicht zur Geltung kommen lässt (zustimmend *Schnittker/Steinbiß* IStR 2015, 762 (763 f, 764); Korn/*Korn* § 18 Rn. 103.2; HHR/*Kanzler* § 3 Nr. 40a Rn. 3: „Zuordnung zu den Einkünften aus selbständiger Arbeit/Schedularisierung", ebenso *Anzinger/Jekerle* IStR 2008, 821 (825): „gesetzliche Zuordnung und Systemdurchbrechung", *Behrens* FR 2004, 1211 (1211 f.); wohl auch HHR/*Brandt* § 18 Rn. 279: „unsystematisch im Verhältnis zur Besteuerung disproportionaler Einkünfte"). Auch der Gesetzgeber gibt in der BT-Drs. 15/3336, 6 zu erkennen, dass die Einführung der 511

§§ 3 Nr. 40a, 18 Abs. 1 Nr. 4 eine Abweichung vom „steuersystematischen Weg" und damit den allgemeinen Grundsätzen zur Behandlung disquotaler Gewinnanteile beinhaltet. Auch der BFH sieht die Rechtsfolge des § 18 Abs. 1 Nr. 4 darin, dass ein „Gewinnanteil" aus der vermögensverwaltenden Personengesellschaft in eine Tätigkeitsvergütung aus selbständiger Arbeit umqualifiziert wird (BFH 11.12.2018 – VIII R 11/16, DStR 2019, 1136).

512 Im Rahmen einer vermögensverwaltenden Personengesellschaft ist sowohl ein Leistungsaustausch zwischen Gesellschaft und Gesellschafter auf schuldrechtlicher Grundlage als auch die Zuweisung eines Ergebnisvorabs über die Gewinnverteilung für Gesellschafterbeiträge vereinbar. Ein gesellschaftsrechtlicher Ergebnisvorab liegt vor, wenn der Gesellschafter auf Grund eines Gesellschafterbeitrags (zB im Sinne von § 705 BGB) leisten muss und die Leistung damit ihren Rechtsgrund in den gesellschaftsrechtlichen Beziehungen hat.

513 Bei der Bruchteilsbetrachtung gemäß § 39 Abs. 2 AO werden den Gesellschaftern – anders als bei der Mitunternehmerschaft mit Betriebsvermögen – die anteilig von der Fonds-KG erzielten Einkünfte aus Kapitalvermögen (Dividenden, Veräußerungsgewinne, Zinsen) nach Maßgabe des allgemeinen Gewinnverteilungsschlüssels bezogen auf die gemeinsam verwirklichten Einkünftetatbestände zugewiesen. Diese Verknüpfung mit den unterliegenden Einkunftsquellen ist auch dann zu beachten, wenn die Gewinnverteilung im Wege eines erhöhten (disproportionalen) Gewinnanteils oder Ergebnisvorabs erfolgt (HHR/*Buge* § 20 Rn. 23; HHR/*Brandt* § 18 Rn. 279; *Schnittker/Steinbiß* IStR 2015, 762 (763 f.); *Töben/Schrepp* DStR 2019, 526 (530); *Weber-Grellet* DStR 2018, 992 (993 f); zur Zurechnung überquotal getragener Aufwendungen siehe das BFH-Urteil 20.1.2009 – IX R 18/07, BFH/NV 2009, 1247). Die aufgrund des Ergebnisvorabs dem Gesellschafter zuzurechnenden Einkünfte gehören also zu derselben Einkunftsart wie die unterliegenden Einkünfte, die die vermögensverwaltende Personengesellschaft erzielt (siehe dazu und zur Notwendigkeit eines tatsächlich vorhandenen Überschusses das Urteil des FG Berlin-Brandenburg 15.1.2013 – 6 K 6188/08, EFG 2013, 928, rkr. mAnm *Levedag* sowie *Wichman* Stbg 2014, 1 (2); aus dem Schrifttum HHR/*Buge* § 20 Rn. 23).

514 Die Finanzverwaltung unterschied in Rn. 21, 24 des BMF-Schreibens v. 16.12.2003 (BStBl. I 2004, 40) auf Grundlage der Bruchteilsbetrachtung zwischen der Zuordnung der nach dem allgemeinen Gewinnverteilungsschlüssel im Gewinnanteil enthaltenen Veräußerungsgewinne/Dividenden/Zinsen und dem überquotalen Gewinnanteil. Sie vertrat den Standpunkt, nur soweit der Gewinnanteil der mittelbar oder unmittelbar an der Fonds-Gesellschaft beteiligten Initiatoren dem aufgrund einer Kapitaleinlage geleisteten Anteil an der Gesamthand entspreche, könnten diese Einnahmen solche gemäß §§ 17, 20 oder 23 sein. Für den erhöhten (überquotalen Gewinnanteil) war sie der Meinung, dieser sei stets ein (verdecktes) Entgelt für eine Tätigkeit der Initiatoren und führe zu steuerpflichtigen Einkünften (§ 18 Abs. 1 Nr. 3, uU auch § 15, sofern der Beteiligte seine Beteiligung an dem Fonds in einem Betriebsvermögen halte). Der erhöhte Gewinnanteil beruhe nicht auf der den mittelbar oder unmittelbar an der Fonds-Gesellschaft beteiligten Initiatoren – wie allen anderen Gesellschaftern – zuzurechnenden Kapitalbeteiligung, sondern sei ein voll steuerpflichtiges Entgelt für die Dienstleistungen, die die mittelbar oder unmittelbar an der Fonds-Gesellschaft beteiligten Initiatoren zugunsten der Mitgesellschafter erbringen würden. Die übrigen Gesellschafter überließen den mittelbar oder unmittelbar an der Fonds-Gesellschaft beteiligten Initiatoren über die Gewinnbeteiligung innerhalb der Gesellschaft einen Teil ihrer Dividenden und Veräußerungserlöse, die ihnen nach Maßgabe des aufgebrachten Kapitals (Gewinnverteilungsschlüssels) zustehen würden. Das Entgelt werde nicht durch Zahlung eines Betrages, sondern durch Verzicht auf einen Anteil der den übrigen Gesellschaftern nach dem allgemeinen Gewinnverteilungsschlüssel zustehenden Gewinnanteile erbracht. Diese Vereinbarung stelle lediglich einen abgekürzten Zahlungsweg dar; an der Qualität der Vergütung als Entgelt für eine erbrachte Dienstleistung ändere dies aber nichts.

515 Mit dieser Unterscheidung deutete die Finanzverwaltung die besonderen Gesellschafterbeiträge der Initiatoren (→ Rn. 505, *Altfelder* FR 2005, 6 (13)) in Leistungen der Gesellschafter an den Fonds auf schuldrechtlicher Basis um. Aus der Sicht der Initiatoren führte diese Leistungsvergütung nach der Finanzverwaltung zu einer voll steuerpflichtigen Betriebseinnahme im Rahmen einer zusätzlichen Einkunftsquelle iSd § 18 Abs. 1 Nr. 3 („wie eine Aufsichtsratstätigkeit") außerhalb der gemeinschaftlich erzielten Einkünfte. Diese generelle Umqualifizierung disquotaler Gewinnverteilungsabreden im Rahmen der Fondsgesellschaften in verdeckte schuldrechtliche Vereinbarungen für Leistungsentgelte durch die Finanzverwaltung war schon nach damaliger Rechtslage im Hinblick auf die Behandlung anderer kapital-disproportionaler Einkünfte nicht systematisch und nicht überzeugend (siehe *Friedrichs/Köhler,* 1638, 1640; *Schnittker/Steinbiß* IStR 2015, 762 (763)).

Der Unterscheidung der Finanzverwaltung zwischen den Rechtsfolgen in der Beurteilung des allgemeinen und des erhöhten Gewinnanteils der Initiatoren bei vermögensverwaltenden Fonds-KGs in Rn. 24 des BMF-Schreibens v. 16.12.2003 (BStBl. I 2004, 40) wurde daher zu Recht schon in der Vergangenheit entgegen gehalten, dass es sich bei dem erhöhten Gewinnanteil um einen Ergebnisvorab handle, der gesellschafts- und steuerrechtlich anzuerkennen sei, da er auf den besonderen Gesellschafterbeiträgen der Initiatoren beruhe und nach den Regeln der Bruchteilsbetrachtung den unterliegenden Einkunftsquellen auf Ebene der Fonds-KG zuzuordnen sei (*Bauer/Gemmeke* DStR 2004, 579 (584); *Behrens* FR 2004, 1211 (1212); *Watrin/Struffert* BB 2004, 1888 (1889); *Watrin* BB 2002, 811 (811 und 813); *Weber-Grellet,* DStR 2018, 992 (993); → Rn. 505, → Rn. 512). Die inkongruente Ergebnisverteilung ist in der Regel steuerlich beachtlich, denn es handelt sich um eine unter fremden Dritten getroffene Abrede zur Gewinnverteilung, mittels derer die besonderen ideellen Gesellschafterbeiträge des Initiators als Gesellschafter zugunsten der Fondsgesellschaft, aber nicht ergebnisunabhängig Leistungen der Initiatoren an den Fonds vergütet werden sollen (siehe auch *Altfelder* FR 2005, 6 (14); *Watrin* BB 2002, 811 (811). 516

Nach Einführung der generellen Steuerpflicht von Veräußerungsgewinnen aus „nicht wesentlichen Beteiligungen" gemäß § 20 Abs. 2 Satz 1 Nr. 1 ist die Frage nach dem Bedürfnis für die Regelung des § 18 Abs. 1 Nr. 4 weiterhin aufgeworfen. Wie das Anwendungsschreiben des BMF vom 18.1.2016, BStBl. I 2016, 85 Rn. 72 zeigt, wendet das BMF außerhalb der von § 18 Abs. 1 Nr. 4 erfassten vermögensverwaltenden Beteiligungsgesellschaften auf die Zurechnung der Einkünfte einer vermögensverwaltenden Personengesellschaft (deren Zweck nicht im Erwerb, Halten und Veräußern von Kapitalgesellschaftsbeteiligungen besteht) die Bruchteilsbetrachtung in § 39 Abs. 2 AO und den zivilrechtlich vereinbarten fremdüblichen Gewinnverteilungsschlüssel an. Zudem erkennen Rechtsprechung und Finanzverwaltung in anderen Bereichen unter fremden Dritten wie schon dargelegt ebenfalls disquotale Gewinnverteilungsabreden (→ Rn. 517, → Rn. 517.2) an. § 18 Abs. 1 Nr. 4 bewirkt mit der Abkopplung des Carry von den unterliegenden Einnahmen des Fonds und der Gewährung der anteiligen Steuerbefreiung für den Carry im wirtschaftlichen Ergebnis eine Durchschnittsbesteuerung dieser unterliegenden Beträge (→ Rn. 521). 517

Einstweilen frei 518–519

(2) Folgerungen aus der konstitutiven Zuordnung des Carry zu den Einkünften aus § 18 für die systematische Einordnung der Regelung. Nach hier vertretener Auffassung handelt es sich bei § 18 Abs. 1 Nr. 4 um eine Fiskalzwecknorm. Die vor Einführung der Regelung bestehende und vom Gesetzgeber kodifizierte Auffassung der Finanzverwaltung, der Carry sei trotz seiner Regelung im Rahmen der Gewinnverteilung stets eine Tätigkeitsvergütung und kein Ergebnisvorab der Initiatoren im Rahmen der Gewinnverteilung, sollte im Sinne der Verwaltungsauffassung gesetzlich abgesichert werden (BT-Drs. 15/3336, 7). Im Zusammenwirken mit § 3 Nr. 40a hat die Regelung als Begünstigungsvorschrift auch Lenkungscharakter (HHR/*Kanzler* § 3 Nr. 40a Rn. 3). Im Zusammenwirken mit der anteiligen Steuerbefreiung des § 3 Nr. 40a bewirkt diese Abkopplung des Carry von den Einnahmen des Fonds auch eine pauschalierte Durchschnittsbesteuerung gegenüber dem Zustand, der bestünde, wenn der Carry auf Grundlage der Bruchteilsbetrachtung zu besteuern wäre (HHR/*Kanzler,* § 3 Nr. 40a Rn. 3). Sie hat insofern auch den Charakter einer Vereinfachungsnorm. 520

§ 18 Abs. 1 Nr. 4 soll zudem Mitnahmeeffekte vermeiden und nicht den Gesellschaftern jeder vermögensverwaltenden Beteiligungsgesellschaft erlauben, disproportionale Ergebnisanteile ermäßigt zu besteuern. Die Eingrenzung erfolgt durch die tatbestandliche Voraussetzung, dass Zweck der Gesellschaft der Erwerb, das Halten und Veräußern von Beteiligungen an Kapitalgesellschaften sein muss (→ Rn. 549). Den Charakter einer besonderen erfolgsabhängigen Geschäftsführungs- und Tätigkeitsvergütung sieht der Gesetzgeber durch das Merkmal als gewahrt an, dass der Carry nur dann zu zahlen ist, wenn die Anleger zuvor ihr eingezahltes Kapital zurückerhalten haben, mithin also nur gesellschaftsvertraglich (nachran- 521 gig) auszukehrende Beträge an die Initiatoren geleistet werden dürfen (BT-Drs. 15/3336, 5 und 7). Auch dieses Element ist als zentrale Voraussetzung für die Bestimmung des sachlichen Anwendungsbereichs der Norm heranzuziehen.

521.1 Im Zuge der geplanten, aber nicht erfolgten Änderung des § 18 Abs. 1 Nr. 4 wurde allerdings die Tragfähigkeit des Arguments, der Carry sei eine ermäßigt zu besteuernde besondere Tätigkeits- und Geschäftsführungsvergütung, weil die Begünstigung voraussetze, dass die Vergütung nur dann zu zahlen sei, wenn alle Anleger ihr Kapital samt Mindestverzinsung zuvor erhalten hätten, als nicht schlüssig angesehen (BT-Drs. 18/1290, 13): Der Umstand, dass der Carry nachrangig zur Kapitalrückzahlung an die Anleger zu leisten sei, indiziere nur die Erfolgsabhängigkeit der Vergütung. Die Erfolgsabhängigkeit der Vergütung sei ansonsten im EStG kein Rechtfertigungskriterium für eine ermäßigte Besteuerung. Die im Zuge des Entwurfs vorgesehene Abschaffung des § 3 Nr. 40a und die Anknüpfung des § 18 Abs. 1 Nr. 4 als nur an „Vergütungen für Leistungen gegenüber anderen Beteiligten zur Förderung des Gesellschafts- oder Gemeinschaftszwecks" wurde jedoch nicht umgesetzt.

521.2 Der im Schrifttum geäußerten Kritik, dass § 18 Abs. 1 Nr. 4 sich nicht systematisch in das Gefüge des EStG einpassen lässt, ist zuzustimmen (→ Rn. 518). Wie der Gesetzgeber selbst in der vorzitierten Begründung zum Steuervereinfachungsgesetz 2013 ausgeführt hat, ist die Erfolgsabhängigkeit eines Gewinnanteils kein Merkmal, das eine besondere steuerliche Behandlung rechtfertigen kann. Anders als im Entwurf des StVereinfG 2013 angedeutet, liegt der Konstruktionsfehler aber nicht in der Gewährung der Steuerbefreiung des § 3 Nr. 40a, sondern in der generellen Umqualifizierung eines Ergebnisvorabs in eine Tätigkeitsvergütung nur für die Fallgruppe des Carry.

522 **(3) Folgerungen aus der konstitutiven Wirkung der Regelung für deren Auslegung.** Funktion und Zwecksetzung strahlen auf den Anwendungsbereich und die Auslegung der Regelung aus. Der BFH hat sich einem engen Verständnis des Merkmals der „vermögensverwaltenden Gesellschaft/Gemeinschaft" angeschlossen und sieht in § 18 Abs. 1 Nr. 4 eine Regelung nur für die Umqualifizierung disquotaler Gewinnanteile der Carry-Holder *aus vermögensverwaltenden Fondsgesellschaften ohne Betriebsvermögen*, deren Zweck im Erwerb, Halten und in der Veräußerung von Beteiligungen an Kapitalgesellschaften besteht (BFH 11.12.2018 – VIII R 11/16, DStR 2019, 1136).

523 Der Anwendungsbereich des § 18 Abs. 1 Nr. 4 müsste für eine sinnvolle Anwendung der Regelung ausgedehnt werden. Die Regelung soll eine eigenständige, vereinheitlichende und rechtsformunabhängige Behandlung des carried interest bewirken, der vom Gesetzgeber als spezifische erfolgsabhängige Tätigkeits- und Geschäftsführungsvergütung angesehen wird und nur von besonderen „vermögensverwaltenden Gesellschaften" im Sinne der Vorschrift gewährt werden kann (BT-Drs. 15/3336, 6 und 7: „Wagniskapitalgesellschaften"). Einer sinnvollen Erfassung der einschlägigen Sachverhalte steht aber entgegen, dass das Merkmal „vermögensverwaltend" jedenfalls disquotale Gewinnanteile aus originär gewerblichen Fondsgesellschaften aus dem Anwendungsbereich des § 18 Abs. 1 Nr. 4 ausschließt. *De lege ferenda* wäre es daher zu begrüßen, § 18 Abs. 1 Nr. 4 auch auf Gewinnanteile aus originär gewerblichen, gewerblich geprägten oder gewerblich abgefärbten Fondsgesellschaften auszudehnen (siehe instruktiv *Töben/Schrepp* DStR 2019, 573 (574 f.)). Alternativ kommt in Betracht, die Regelung angesichts der vollumfänglichen Steuerpflicht der Veräußerung von Kapitalanlagen gemäß § 20 Abs. 2 Satz 1 Nr. 1 zu streichen und die Abgeltungsteuer auf inkongruente Gewinnanteile aus vermögensverwaltenden Fonds anzuwenden. Daneben unterlägen disquotale Gewinnanteile aus gewerblichen Fonds dem Teileinkünfteverfahren gemäß § 3 Nr. 40.

524 Zu beachten ist auch, dass der Gesetzgeber bei der Ausgestaltung der Vorschrift nicht die Technik der Fiktion gewählt hat. Erfolgsabhängige Ergebnisanteile der Initiatoren „gelten" nicht generell als Tätigkeitsvergütungen. Ist die Tätigkeit eines Private Equity Fonds nicht als vermögensverwaltend iSd § 18 Abs. 1 Nr. 4 zu qualifizieren, ist der Anwendungsbereich der Regelung nicht eröffnet (*Anzinger/Jekerle* IStR 2008, 821 (825)). Zu den Folgen → Rn. 634.

525 *Einstweilen frei*

526 **b) Historische Entwicklung und zeitlicher Anwendungsbereich.** § 18 Abs. 1 Nr. 4 wurde durch Art. 1 Nr. 2 des Gesetzes zur Förderung von Wagniskapital vom 30.7.2004 (BGBl. 2004 I 2013) in das Gesetz eingefügt. Eine besondere Anwendungsbestimmung sah das Änderungsgesetz nicht vor. Somit gilt § 18 Abs. 1 Nr. 4 aufgrund des Inkrafttretens des

Änderungsgesetzes am 6.8.2004 (Art. 2 des Gesetzes vom 30.7.2004, BGBl. 2004 I 2013) in Verbindung mit § 52 Abs. 1 bereits für den gesamten Veranlagungszeitraum 2004 (ebenso *Veith/Schade* FS Pöllath, 2008, 435 (451)). Die Regelung wurde seit ihrem Inkrafttreten nicht geändert.

§ 3 Nr. 40a wurde zwar korrespondierend durch dasselbe Gesetz vom 30.7.2004 (BGBl. 527
2004 I 2013) eingefügt, jedoch mit einer eigenständigen zeitlichen Anwendungsbestimmung versehen. Zunächst bestimmte bei Inkrafttreten der Regelung am 6.8.2004 ein neuer § 52 Abs. 4c EStG aF, dass die hälftige Steuerbefreiung auf Vergütungen im Sinne des § 18 Abs. 1 Nr. 4 anzuwenden ist, wenn die vermögensverwaltende Gesellschaft/Gemeinschaft nach dem 31. März 2002 gegründet worden ist oder soweit die Vergütungen im Zusammenhang mit der Veräußerung von Anteilen an Kapitalgesellschaften stehen, die nach dem 7. November 2003 erworben worden sind. Nach der aktuellen Fassung des § 52 Abs. 4 Satz 8 findet die hälftige Steuerbefreiung des carried interest in der am 6.8.2004 geltenden (gemäß Art. 2 des Gesetzes vom 30.7.2004, BGBl. 2004 I 2013 in Kraft getretenen) Fassung Anwendung, wenn die vermögensverwaltende Gesellschaft oder Gemeinschaft nach dem 31.3.2002 und vor dem 1.1.2009 gegründet worden ist oder soweit die Vergütungen im Zusammenhang mit der Veräußerung von Anteilen an Kapitalgesellschaften stehen, die nach dem 7. November 2003 und vor dem 1.1.2009 erworben worden sind.

Die 40%-Steuerbefreiung der Vergütungen gemäß § 18 Abs. 1 Nr. 4 und § 3 Nr. 40a in 528
der am 19.8.2008 geltenden Fassung (Änderung durch das Gesetz zur Modernisierung der Rahmenbeteiligungen für Kapitalbeteiligungen – MoRaKG, BGBl. 2008 I 1672) findet gemäß § 52 Abs. 4 Satz 9 erstmals Anwendung auf Vergütungen, wenn die vermögensverwaltende Gesellschaft/Gemeinschaft nach dem 31.12.2008 gegründet worden ist. Für die Anwendung der zeitlichen Anwendungsbestimmungen ist bei mehreren Finanzierungsrunden und Aufstockung der Beteiligung an der Portfoliogesellschaft oder Erwerb verschiedener Beteiligungen aus Sicht der Finanzverwaltung jeweils auf den ersten Beteiligungserwerb abzustellen (FM Schleswig-Holstein 15.9.2004, FR 2005, 223; *Veith/Schade* FS Pöllath, 2008, 435, (452); aA wohl HHR/*Kanzler* § 3 Nr. 40a Rn. 2, der das Aufstocken einer Portfolio-Beteiligung in den Anwendungsbereich der Neuregelungen einbezieht).

Das MoRaKG enthielt in § 19 auch Regelungen zur Legaldefinition einer vermögensver- 529
waltenden Gesellschaft, deren Zweck im Erwerb, Halten und der Veräußerung von Kapitalgesellschaftsbeteiligungen besteht. Diese hätten für den Tatbestand des § 18 Abs. 1 Nr. 4 Bedeutung gehabt. Allerdings entfalteten die Regelungen zu keinem Zeitpunkt Wirksamkeit. In Art. 7 des AIFM-Steuer-Anpassungsgesetzes (BGBl. 2013 I 4318) wurde das MoRakG ersatzlos aufgehoben, nachdem die zum Inkrafttreten notwendige Zustimmung der Kommission nicht erteilt wurde (K (2009) 3787, Abl. EU 2010, Nr. 6).

Übergangsfrist des BMF-Schreibens v. 16.12.2003, BStBl. I 2004, 40: Rn. 26 des 530
Schreibens enthält eine Vertrauensschutzregelung. Nach den vorstehend beschriebenen zeitlichen Anwendungsregelungen zu § 18 Abs. 1 Nr. 4 und § 3 Nr. 40a sind Alt-Fonds, die vor dem 1.4.2002 gegründet worden sind, nur als vermögensverwaltende Gesellschaften anzusehen, die einen anteilig steuerbegünstigten carried interest vermitteln können, wenn die Beteiligungen an den Portfolio-Gesellschaften nach dem 7.11.2003 erworben worden sind. Soweit die Anwendung der Regelungen des BMF-Schreibens vom 16.12.2003, BStBl. I 2004, 40 zu einer Verschärfung der Besteuerung gegenüber der bisher geltenden Verwaltungspraxis führt, ist es nach Rn. 26 nicht anzuwenden, wenn der Fonds vor dem 1.4.2002 gegründet worden ist und soweit die Portfolio-Beteiligung vor dem 8.11.2003 erworben wurde. Durch das Ineinandergreifen mit der gesetzlichen Neuregelung ist für die Frage, ob eine Verschärfung bei der Besteuerung eingetreten ist, nur noch zwischen Fonds zu unterscheiden, die in den Anwendungsbereich der §§ 18 Abs. 1 Nr. 4, 3 Nr. 40a fallen und solchen, die dies nicht tun. Die Neuregelungen sind nahtlos an die Stelle der Regelungen des BMF-Schreibens vom 16.12.2003, BStBl. I 2004, 40 getreten (*Veith/Schade* FS Pöllath, 2009, 435 (452)). Die Vertrauensschutzregelung der Rn. 26 des BMF-Schreibens vom 16.12.2003, BStBl. I 2004, 40 wird in der Praxis von den Bundesländern unterschiedlich gehandhabt (siehe zB OFD München 23.1.2004, DStR 2004, 355; OFD Frankfurt 16.2.2007, GmbHR 2007, 671).

Während sich einzelne Bundesländer darauf berufen, den carried interest vor der zeitlichen 531
Geltung des BMF-Schreibens als **Tätigkeitsvergütung** behandelt zu haben, gewähren

andere Bundesländer die Behandlung des carried interest als disquotalen Ergebnisanteil, dessen Steuerbarkeit sich gemäß §§ 17, 20, 23 nach den tatbestandlichen Voraussetzungen der unterliegenden Einnahmen des Fonds bestimmt (siehe zu den hieraus resultierenden Praxisfragen *Veith/Schade* FS Pöllath, 2009, 435, (453); *Bauer/Gemmeke* DStR 2004, 579 (584); *Watrin/Struffert* BB 2004, 1888 (1889); *Amann* FR 2004, 850 (851)). Das vom BFH entschiedene Revisionsverfahren VIII R 11/16 (BFH 11.12.2018 – VIII R 11/16, DStR 2019, 1136; Vorinstanz: FG Hessen 7.12.2015 – 7 K 2482/10, EFG 2018, 569) betraf einen solchen „Altfall", da die entsprechenden Fondsgesellschaften vor dem 1. April 2004 gegründet wurden und die in den Streitjahren 2006 und 2007 gewährten Carry-Zahlungen auf der Veräußerung von Beteiligungen beruhten, die vor dem 7.11.2003 erworben worden waren. Auf die Frage des Vertrauensschutzes kam es für den BFH aber nicht an.

532 **c) Verhältnis zu höherrangigem Recht.** Die Regelung des § 18 Abs. 1 Nr. 4 ist **verfassungsgemäß.**

533 Die Abkopplung der steuerlichen Behandlung des disquotalen Gewinnanteils von der Einkünftezuordnung der unterliegenden Einnahmen auf Ebene des Fonds und deren Einordnung als Vergütung, die § 18 Abs. 1 Nr. 4 unterfällt, stellt eine zulässige Typisierung und Pauschalierung sowie Vereinfachung des Gesetzgebers dar. Denn ohne die Vorschrift wäre für den Grundfall der vermögensverwaltenden Gesellschaft ohne Betriebsvermögen jeweils im Einzelfall zu prüfen, ob im überhöhten Gewinnanteil ein Ergebnisvorab oder eine unter § 18 Abs. 1 Nr. 3 fallende Vergütung zu sehen ist und aus welchen Einnahmen des Fonds der Gewinnanteil sich zusammensetzt (→ Rn. 516 ff.; siehe auch Korn/*Korn* § 18 Rn. 103.2; HHR/*Brandt* § 18 Rn. 279). Die darin liegende Härte für Initiatoren, die bei Annahme eines Ergebnisvorabs auf Basis der Bruchteilsbetrachtung nur Veräußerungsgewinne (§ 20 Abs. 2 oder § 17) oder Dividenden (§ 20 Abs. 1 Nr. 1) erzielt hätten, die dem Abgeltungsteuersatz des § 32d Abs. 1 unterliegen würden, wird durch die Gewährung der anteiligen Steuerbefreiung des § 3 Nr. 40a gemildert (→ Rn. 510 zur Bedeutung der generellen Steuerpflicht von Veräußerungsgewinnen). Der Initiator (Mitunternehmer) einer gewerblich tätigen (§ 15 Abs. 2) Fondsgesellschaft als Vergleichsmaßstab kann für Beteiligungserträge der Gesellschaft aus der Beteiligung an Kapitalgesellschaften ebenfalls nur die anteilige Steuerbefreiung des § 3 Nr. 40 beanspruchen.

534 Zudem trägt die Regelung „zu mehr Gleichheit" bei, da sie rechtsformübergreifend eine steuerliche Gleichbehandlung für wirtschaftlich gleiche Sachverhalte unabhängig von der Investitionsform und Ausgestaltung der „vermögensverwaltenden Gesellschaft/Gemeinschaft" bewirkt (→ Rn. 520).

535 *Einstweilen frei*

536 **d) Verhältnis zu anderen Vorschriften.** Verhältnis zu anderen Regelungen des EStG:
Verhältnis zu § 3 Nr. 40a: Die anteilige Steuerbefreiung der unter § 18 Abs. 1 Nr. 4 fallenden Vergütungen ist integraler Bestandteil des gesetzlichen Konzepts zur ermäßigten Besteuerung des carried interest. § 3 Nr. 40a enthält eine Rechtsgrundverweisung (siehe Erläut. zu § 3 Nr. 40a).

Verhältnis zu § 3c Abs. 2: Aufwendungen der Carry-Holder, die mit den anteilig steuerbefreiten Vergütungen aus § 3 Nr. 40a im Zusammenhang stehen, unterliegen seit 2009 dem anteiligen Abzugsverbot der Regelung (zur Rechtslage davor *Desens/Kathstede* FR 2005, 863 (864 f.)).

Verhältnis zu §§ 3 Nr. 40, 3c Abs. 2: Es kann zu einer parallelen Anwendung der Regelungen mit den §§ 18 Abs. 1 Nr. 4, 3 Nr. 40a kommen. Dies ist der Fall, wenn ein gewerblich geprägter oder infizierter Fonds vorliegt, der nach hier vertretener Auffassung eine vermögensverwaltende Gesellschaft sein kann (→ Rn. 542). Der im Rahmen des allgemeinen Gewinnverteilungsschlüssels dem Carry-Holder als Mitunternehmer gewährte Gewinnanteil (§ 15 Abs. 1 Nr. 2) ist anteilig steuerbefreit, soweit er Dividenden der Portfoliogesellschaften enthält und auf Gewinne aus der Veräußerung einer Beteiligung an einer Portfoliogesellschaft des Fonds entfällt. Greifen die Voraussetzungen des § 18 Abs. 1 Nr. 4 nicht ein, kommt das Teileinkünfteverfahren gemäß § 3 Nr. 40 Buchst. a zur Anwendung, wenn im disquotalen Gewinnanteil des Carry-Berechtigten Veräußerungsgewinne enthalten sind (→ Rn. 638).

Verhältnis zu § 18 Abs. 1 Nr. 3: § 18 Abs. 1 Nr. 3 ist nach hier vertretener Meinung kein Auffangtatbestand für Vergütungen aus einem carried interest, wenn die tatbestandlichen Voraussetzungen des § 18 Abs. 1 Nr. 4 nicht erfüllt sind (→ Rn. 639).

Verhältnis zur beschränkten Steuerpflicht und den DBA → Rn. 629 ff.

Verhältnis zu den Vorschriften anderer Gesetze: 537

Verhältnis zum AStG: → Rn. 607.

Verhältnis zur GewSt: Die Einordnung der Vergütungen des Carry-Holders als Einkünfte aus selbständiger Arbeit führen dazu, dass dieser gemäß § 2 Abs. 1 GewStG nicht der GewSt unterliegt. Dies ist allerdings nicht der Fall, wenn Carry-Holder eine inländische Kapitalgesellschaft ist. In diesem Fall bewirkt die Zuordnung des carried interest zu den Einkünften aus selbständiger Arbeit, dass die vereinnahmte Vergütung auf Ebene der Kapitalgesellschaft zu 40% steuerfrei zu stellen ist. Im zweiten Schritt greift die Regelung des § 8 Abs. 2 KStG ein, die die Einkünfte in Einkünfte aus Gewerbebetrieb umqualifiziert (→ Rn. 606).

Einstweilen frei 538–539

21. Voraussetzungen und Rechtsfolgen des § 18 Abs. 1 Nr. 4

a) Vermögensverwaltender Zweck des Fonds (Erwerb, Halten und Veräußerung von Anteilen an Kapitalgesellschaften). aa) Anknüpfung an das Regelungsziel. Mit den Vorgaben, dass der Fonds („die Gesellschaft/Gemeinschaft") vermögensverwaltend sein und ihr Zweck auf den Erwerb, das Halten, Verwalten und die Veräußerung von Anteilen an Kapitalgesellschaften gerichtet sein muss, knüpft der Gesetzgeber an Gesellschaften an, die mit den Einlagen der Gesellschafter (Anleger) in diese Assets investieren. Es wird allerdings trotz des Regelungsziels der Private Equity und Venture Capital Fonds (vgl. BT-Drs. 15/3336, 7) im Tatbestand nicht ausdrücklich darauf abgestellt, ob diese Einlagen aus Wagniskapital stammen oder welche Qualität die Kapitalgesellschaften (zB Start-Ups, „junge" Gesellschaften innerhalb eines bestimmten Zeitraums nach Gründung), in deren Beteiligungen investiert wird, haben müssen. Unerheblich ist auch, ob Mehrheits- oder Minderheitsbeteiligungen erworben werden. Der Zweck des Erwerbs, Haltens und Veräußerns von Beteiligungen muss „vermögensverwaltend" verfolgt werden. 540

bb) Tätigkeitsbezogene Auslegung des Merkmals der vermögensverwaltenden Zweckverfolgung. Streitig war, ob die Auslegung des Merkmals auf Grundlage einer *einkunftsartenbezogenen* Betrachtung (Erzielen von Einkünften aus Gewerbebetrieb auf Ebene des Fonds ist nicht vermögensverwaltend) oder einer *tätigkeitsbezogenen Auslegung* (normspezifisches Verständnis der vermögensverwaltenden Tätigkeit im Rahmen des § 18 Abs. 1 Nr. 4) führen muss. Nach hier vertretener Auffassung war das Merkmal der „vermögensverwaltenden Zweckverfolgung" für Zwecke des § 18 Abs. 1 Nr. 4 normspezifisch und tätigkeitsbezogen auszulegen, denn nach der ausdrücklichen Vorgabe des Gesetzes ist für Zwecke des § 18 Abs. 1 Nr. 4 eine Tätigkeit auf Ebene des Fonds vermögensverwaltend, die aus dem Erwerb, Halten und Veräußern von Kapitalgesellschaftsbeteiligungen besteht. Die Einkünftequalifikation des Fonds steht grundsätzlich unabhängig neben der Auslegung des Merkmals der „vermögensverwaltenden Zweckverfolgung" in § 18 Abs. 1 Nr. 4. Allerdings ist von einer „vermögensverwaltenden Zweckverfolgung" im Sinne des § 18 Abs. 1 Nr. 4 nicht mehr auszugehen, wenn die Betätigung des Fonds als originär gewerblich im Sinne des § 15 Abs. 2 zu qualifizieren ist (→ Rn. 554 ff.). 541

Die „vermögensverwaltende Zweckverfolgung" in § 18 Abs. 1 Nr. 4 war anknüpfend daran nach einer vielfach im Schrifttum vertretenen Auffassung **tätigkeitsbezogen** zu verstehen. Auch gewerblich geprägte Fonds (§ 15 Abs. 3 Nr. 2) oder Fonds mit gewerblich infizierten Einkünften (§ 15 Abs. 3 Nr. 1) sowie Kapitalgesellschaften können nach dieser Sichtweise (ungeachtet § 8 Abs. 2 KStG) vermögensverwaltend im Sinne des § 18 Abs. 1 Nr. 4 tätig sein (zustimmend HHR/*Brandt* § 18 Rn. 281; Blümich/*Hutter* § 18 Rn. 203 f.; Korn/*Korn* § 18 Rn. 103.4.1, 103.12; KSM/*Stuhrmann* § 18 Rn. 257–257b; *Elser/Dürrschmidt* FR 2010, 1075 (1077); *Veith/Schade* FS Pöllath, 2009, 435 (436, 437 ff.)). Für eine tätigkeitsbezogene Auslegung des Merkmals spricht auch – worauf *Korn* (Korn/*Korn* § 18 Rn. 103.4.2) zutreffend hinweist –, dass das Merkmal der „vermögensverwaltenden Zweck- 542 verfolgung“ in § 18 Abs. 1 Nr. 4 allein dazu dient, die steuerliche Zuordnung des carried interest der Initiatoren zu den Einkünften aus selbständiger Arbeit zu gewährleisten. Diese Funktion kann die Regelung nicht erfüllen, wenn schon das Erzielen von Einkünften aus Gewerbebetrieb gemäß § 15 Abs. 2 auf Ebene der Fondsgesellschaft zum tatbestandlichen Ausschluss führt (zustimmend *Töben/Schrepp* DStR 2019, 573 (574 f.)).

543 Der BFH (BFH 11.12.2018 – VIII R 11/16, DStR 2019, 1136) hat sich dieser Sichtweise aus systematischen Gründen nicht angeschlossen. Ausgehend von der zutreffenden Prämisse, dass eine originär gewerbliche Fondsgesellschaft nach dem Wortlaut des § 18 Abs. 1 Nr. 4 nicht zu den „vermögensverwaltenden“ Gesellschaften gehören kann, hat er es abgelehnt, gleichwohl gewerblich geprägte und gewerblich infizierte Gesellschaften in den Anwendungsbereich der Vorschrift einzubeziehen. Es müsste bei einer solchen Zweiteilung für die Anwendung des § 18 Abs. 1 Nr. 4 auf Ebene des Beziehers der Einkünfte unterschieden und geprüft werden, ob der vereinnahmte Gewinnanteil aus einer kraft Abfärbung gewerblichen oder gewerblich geprägten Fondsgesellschaft einerseits oder aus einer originär gewerblich tätigen Fondsgesellschaft andererseits stammt. Diese Differenzierung hätte für den Regelfall lediglich zur Folge, dass für den kapital-proportionalen Gewinnanteil aus einer kraft Abfärbung gewerblichen oder gewerblich geprägten Fondsgesellschaft iSd § 15 Abs. 3 das Halbeinkünfteverfahren gemäß § 3 Nr. 40 S. 1 Buchst. a und auf den kapital-disproportionalen Gewinnanteil iSd § 18 Abs. 1 Nr. 4 die besondere anteilige Steuerbefreiung gemäß § 3 Nr. 40a anzuwenden wären. Für einheitlich zu behandelnde Gewinnanteile aus originär gewerblich tätigen Fondsgesellschaften wäre hingegen nur die Steuerbefreiung gemäß § 3 Nr. 40 S. 1 anzuwenden. Angesichts dieser minimalen Auswirkungen ist für den BFH nicht ersichtlich, dass der Gesetzgeber die Anwendung des § 18 Abs. 1 Nr. 4 durch eine Unterscheidung zwischen verschiedenen Formen gewerblicher Fondsgesellschaften erschweren wollte. Dem ist zuzustimmen.

543a Disquotale Gewinnanteile aus *gewerblichen Fondsgesellschaften jeder Art* sind daher grundsätzlich Gewinnanteile (keine Tätigkeitsvergütungen) und unterliegen dem Teileinkünfteverfahren (§ 3 Nr. 40 S. 1 Buchst. a und d), es sei denn, die Gewinnverteilungsabrede enthält die Vereinbarung einer verdeckten Tätigkeitsvergütung. Eine schuldrechtliche Tätigkeitsvergütung kann zwar auch im Gesellschaftsvertrag vereinbart werden. Hiervon ist allerdings nur auszugehen, wenn die Vergütung nach den Bestimmungen des Gesellschaftsvertrags als (handelsrechtliche) Ausgabe zu behandeln und insbesondere – im Gegensatz zu einem Gewinn vorab – auch zu zahlen ist, wenn kein Gewinn erwirtschaftet wird. Fehlt es an einer derartigen unmissverständlichen Vereinbarung, liegt – im Zweifel – eine Gewinnverteilungsabrede vor (s. zum Ganzen BFH 14.5.2002 – VIII R 30/98, BStBl. II 2002, 741).

544 **Dachfonds-Strukturen:** Bei sog. Dachfonds-Strukturen (zB einer in- oder ausländischen Dachfonds-KG, die als Gesellschafterin an einer Fonds-KG beteiligt ist, deren Zweck das Erwerben, Halten und Veräußern von Portfoliogesellschaften ist) ist § 18 Abs. 1 Nr. 4 nach dem BFH (BFH 11.12.2018 – VIII R 11/16, DStR 2019, 1136) nicht anzuwenden, wenn die Dachfonds-Gesellschaft als Obergesellschaft an einer gewerblichen Fondsgesellschaft (Untergesellschaft) einen Mitunternehmeranteil hält. Der Gesetzgeber wollte bereits ursprünglich im nicht wirksam gewordenen § 19 Satz 6 WKG den vermögensverwaltenden Status einer nicht gewerblichen Wagniskapitalbeteiligungsgesellschaft (kein Betriebsvermögen) verneinen, wenn diese durch Beteiligung an einer gewerblichen Personengesellschaft gemäß § 15 Abs. 3 Einkünfte erzielt.

545 Eine vermögensverwaltende Zweckverfolgung einer Dachfonds-KG iSd § 18 Abs. 1 Nr. 4 liegt aber vor, wenn es sich sowohl auf Ebene der Fonds-KG als auch der Dachfonds-KG jeweils um Personengesellschaften ohne Betriebsvermögen handelt. Die vermögensverwaltende Zweckverfolgung der Untergesellschaft ist der Obergesellschaft zuzurechnen. In diesem Fall kann es bei der Obergesellschaft zur Umqualifizierung der Einkünfte in Einkünfte aus selbständiger Arbeit kommen. § 18 Abs. 1 Nr. 4 verlangt hierfür, dass der der Obergesellschaft gewährte Carry eine Vergütung für Gesellschafterbeiträge darstellt, die seitens der Dachfonds-KG erbracht werden und der Carry der Dachfonds-Gesellschaft nachrangig gewährt wird. Werden die Beiträge der Carry-Holder unmittelbar auf Ebene der Fonds-KG (Untergesellschaft) erbracht, die Vergütungen (der Carry) aber an die Dachfonds-KG gewährt, ist dies meines Erachtens unschädlich, da das Tätigwerden auf Ebene der Fonds-KG unmittelbar dem Gesellschaftszweck der Dachfonds-KG zugutekommt (vgl. auch BFH 11.12.2018 – VIII R 11/16, DStR 2019, 1136 für eine gewerbliche doppelstöckige Struktur).

Beteiligung der Fondsgesellschaft an Holding-Kapitalgesellschaft: Hält eine Fonds-Personengesellschaft eine Beteiligung an einer Holding-Kapitalgesellschaft (Blocker-GmbH), die die Beteiligungen an den Portfoliokapitalgesellschaften erwirbt, hält und weiterveräußert, steht das Trennungsprinzip der Annahme einer der vermögensverwaltenden Zweckverfolgung der Fonds-Personengesellschaft iSd § 18 Abs. 1 Nr. 4 nicht entgegen. Der Fondsgesellschaft kann die Aktivität einer Holding-Kapitalgesellschaft zugerechnet werden, die die Beteiligungen an den Portfoliogesellschaften erwirbt, hält und veräußert. Siehe zum Einsatz einer solchen Blocker-GmbH auch FG Hamburg 8.12.2015 – 6 K 184/12, EFG 2016, 367, rkr. 546

Einstweilen frei 547

cc) Zweckverfolgung in Form des Erwerbs, Haltens und Veräußerns von Beteiligungen. Das Gesetz verlangt für eine vermögensverwaltende Zweckverfolgung im Sinne des § 18 Abs. 1 Nr. 4, dass der Hauptzweck der Gesellschaft/Gemeinschaft darin bestehen muss, Beteiligungen an Kapitalgesellschaften zu erwerben, zu halten und zu veräußern. Dieser Zweck wird auch in Dachfonds-Strukturen von der jeweiligen Obergesellschaft verfolgt (→ Rn. 544). Es wird trotz des Regelungsziels, die Besteuerung der Carry-Holder von Private Equity und Venture Capital Fonds (vgl. BT-Drs. 15/3336, 7) zu gestalten, im Tatbestand nicht ausdrücklich darauf abgestellt, ob diese Einlagen aus Wagniskapital stammen oder welche Qualität die Kapitalgesellschaften (zB Start-Ups, „junge" Gesellschaften innerhalb eines bestimmten Zeitraums nach Gründung), in deren Beteiligungen investiert wird, haben müssen. Unerheblich ist auch, ob Mehrheits- oder Minderheitsbeteiligungen erworben werden. Es ist somit davon auszugehen, dass der Gesetzgeber nicht nur PE- und VC-Fonds begünstigen wollte, sondern alle Formen von Beteiligungsgesellschaften mit dieser Zwecksetzung (*Elser/Dürrschmidt* FR 2010, 1075 (1078); *Veith/Schade* FS Pöllath, 2009, 435 (441)). Zur Vermeidung von Mitnahmeeffekten → Rn. 522. 548

Das Gesetz verlangt für die Betätigung des Fonds aber keine ausschließliche Beschränkung auf den Erwerb, das Halten und Veräußern von Beteiligungen. Daher sind nach hM andere Aktivitäten als der Erwerb, das Halten und die Veräußerung von Anteilen an Kapitalgesellschaften durch eine (Fonds-)Gesellschaft noch als Verfolgung des Hauptzwecks anzusehen, solange der tatsächliche Schwerpunkt einer (Fonds-)Gesellschaft weiterhin eindeutig im Erwerb, im Halten und in der Veräußerung von Anteilen an Kapitalgesellschaften besteht (hM *Elser/Dürrschmidt* FR 2010, 1075 (1078); Korn/*Korn* § 18 Rn. 103.7; HHR/*Brandt* § 18 Rn. 284; Blümich/*Hutter* § 18 Rn. 205; *Veith/Schade* FS Pöllath, 2009, 435 (441)). 549

Lässt man solche Nebenaktivitäten zu, bedarf es allerdings qualitativer Abgrenzungskriterien, die die Prüfung ermöglichen, ob der Hauptzweck noch verfolgt wird. Im Schrifttum wird hierzu eine 10 vH-Obergrenze des investierten Eigenkapitals bezogen auf das Fondsvolumen vorgeschlagen (*Elser/Dürrschmidt* FR 2010, 1075 (1079)). Eine solche Anknüpfung an das in andere Wirtschaftsgüter als Beteiligungen investierte Fondskapital ist dem Grunde nach ein taugliches Abgrenzungskriterium. Unabhängig von der Höhe der zu findenden Bagatellgrenze muss sich ein qualitatives Abgrenzungskriterium auf den Gesetzeszweck beziehen, Carry-Holder solcher Beteiligungsgesellschaften zu erfassen, die konzeptionell mit Einlagen der Gesellschafter (neben einer Fremdfinanzierung) in Beteiligungen an Portfoliogesellschaften investieren oder Beteiligungsgesellschaften zu finanzieren (sei es durch Eigen- oder Fremdkapital). Schwierig ist indes eine Festlegung, ab welchem Verhältnis einer Eigen- zur Fremdkapitalfinanzierung das dem Gesetzgeber vorschwebende Bild der unter den Tatbestand fallenden Gesellschaften nicht mehr erfüllt wird. Wegen dieser Abgrenzungsschwierigkeiten wird hier der nachfolgend dargestellten engeren Auffassung gefolgt. 550

Nach dieser engeren Auffassung sind auf Ebene des Fonds neben dem Erwerb, Halten und Veräußern der Beteiligung nur Hilfsgeschäfte zulässig, die der Erreichung dieses Hauptzwecks dienen (LBP/*Güroff* § 18 Rn. 383; *Schmidt/Wacker* § 18 Rn. 286; *Veith/Schade* FS Pöllath, 2009, 435, (441)). Den Hauptzweck umschreibt der Gesetzgeber mit den drei Phasen des Erwerbs, Haltens und Veräußerns der Portfoliobeteiligungen. Zum Kreis der zulässigen Hilfsgeschäfte gehört damit jedenfalls der Erwerb von Darlehensforderungen, die mit Wandlungs- oder Sicherheitsrechten ausgestaltet sind von Dritten (Vorbereitung des Erwerbs der Beteiligung), der Erwerb von Darlehensforderungen von Dritten, die an Portfoliogesellschaften ausgereicht sind und die Ausreichung von Darlehen an solche Gesellschaften (*Elser/Dürrschmidt* FR 2010, 1075 (1078 f.); HHR/*Brandt*, § 18 Rn. 284). Es ist integraler Bestandteil 551 der Gesellschafterstellung des Fonds (des im Gesetz angesprochenen „Haltens" der Beteiligung), die Finanzierung der Portfoliogesellschaften sicherzustellen; das Gesetz gibt nicht zu erkennen, dass hier nur Eigenkapitalfinanzierungen als vermögensverwaltende Zweckverfolgung möglich sein sollen. Der Erwerb eines Mitunternehmeranteils an einer Personengesellschaft, die ihrerseits den Hauptzweck verfolgt, Beteiligungen an Kapitalgesellschaften zu erwerben, zu halten und zu veräußern, ist ein Hilfsgeschäft auf Ebene des Fonds, das dem (mittelbarem) Erwerb von Beteiligungen dient (aA LBP/*Güroff* § 18 Rn. 381).

552 *Einstweilen frei*

553 **dd) Erwerben, Halten und Veräußern von Beteiligungen als originär gewerbliche Betätigung (§ 15 Abs. 2).** § 18 Abs. 1 Nr. 4 enthält eine normspezifische Definition der vermögensverwaltenden Zweckverfolgung durch den Erwerb, das Halten und Veräußern von Beteiligungen an Kapitalgesellschaften auf Ebene des Fonds (→ Rn. 541 f.). Nach der Gesetzesformulierung muss der Zweck des Fonds auf den Erwerb von Beteiligungen ausgerichtet sein, um diese nach einer nicht definierten Haltedauer zu veräußern. Eine solche von Beginn an mit Veräußerungsabsicht unternommene Tätigkeit des Fonds ist nach dem Gesetzeswortlaut „vermögensverwaltend" im Sinne des § 18 Abs. 1 Nr. 4.

554 Nicht von einer vermögensverwaltenden Zweckverfolgung im Sinne des § 18 Abs. 1 Nr. 4 kann bei Gesellschaften/Gemeinschaften, deren Hauptzweck aus dem Erwerb, Halten und Veräußern von Beteiligungen an Kapitalgesellschaften besteht, gesprochen werden, wenn sich die Tätigkeit als originär gewerbliche Tätigkeit gemäß § 15 Abs. 2 darstellt (BFH 11.12.2018 – VIII R 11/16, DStR 2019, 1136; KSM/*Stuhrmann* § 18 Rn. 256a; LBP/*Güroff* § 18 Rn. 373, 399; Korn/*Korn* § 18 Rn. 103.4.2; Blümich/*Hutter* § 18 Rn. 206; *Anzinger/Jekerle* IStR 2008, 821 (825); kritisch zu diesem Ausschluss *Behrens* FR 204, 1211 (1215); *Veith/Schade* FS Pöllath, 2009, 435, (438 f.)). Die in diesem Fall fehlende vermögensverwaltende Zweckverfolgung auf Ebene des Fonds schließt nach dessen Wortlaut die Anwendbarkeit des § 18 Abs. 1 Nr. 4 aus. Die Kriterien, nach denen das Handeln einer PE-/VC-Gesellschaft sich gemäß § 20 Abs. 8 iVm § 15 Abs. 2 als originär gewerbliche Tätigkeit darstellt, sind allerdings noch nicht abschließend geklärt und streitig.

555 Der BFH hat in der ersten zu dieser Frage ergangenen Entscheidung vom 24.8.2011 – I R 46/10, BStBl. II 2014, 764 seinen rechtlichen Maßstab zur Prüfung der Gewerblichkeit auf verschiedene Gesichtspunkte gestützt:

- die Kriterien der Abgrenzung des gewerblichen Wertpapierhandels von einem Handeln in privater Vermögensverwaltung (→ Rn. 556 ff.);
- die speziellen Kriterien eines gewerblichen Handels mit Unternehmensbeteiligungen (→ Rn. 557); und
- den bei Flugzeugleasingmodellen für die Begründung einer gewerblichen Tätigkeit herangezogene Wertung, dass konzeptionell ein Gesamtgewinn nur aufgrund einer von Beginn an beabsichtigten Veräußerung des Wirtschaftsguts erzielt werden kann.

556 Anknüpfend an die Rechtsprechung des BFH zur Abgrenzung des gewerblichen Wertpapierhandels von der Vermögensverwaltung hat der I. Senat zum einen darauf abgestellt, dass der Erwerb, das Halten und Veräußern von Kapitalbeteiligungen nur in besonderen Fällen den Umfang der privaten Vermögensverwaltung überschreitet. Dies entspricht der langjährigen Rechtsprechung des BFH zur Abgrenzung des gewerblichen Wertpapierhandels. Diese Rechtsprechung ist ihrerseits in verschiedenen Phasen verlaufen und hat auf unterschiedliche Indizien für die gewerbliche Betätigung abgestellt (auch → § 15 Rn. 1328 ff.; *Schnittker/Steinbiß* FR 2016,1069 (1071 f.)).

556.1 Entscheidend für die Zuordnung dieser Geschäfte zur privaten Vermögensverwaltung war nach der Rechtsprechung zunächst, ob der Ankauf und die Veräußerung lediglich den Beginn und das Ende einer in erster Linie auf Fruchtziehung gerichteten Tätigkeit darstellten oder ob die Umschichtung von Vermögenswerten und die Verwertung der Vermögenssubstanz (mithin ein händlertypisches Verhalten) entscheidend in den Vordergrund traten. Hierfür waren *die artspezifischen Besonderheiten* der gehandelten Wirtschaftsgüter (hier Wertpapiere) zu beachten. Selbst bei häufigem Umschlag von Wertpapieren sah der BFH den Bereich der privaten Vermögensverwaltung in der Regel noch nicht als verlassen an. In Zweifelsfällen war darauf abzustellen, ob die Tätigkeit, wenn sie in den gewerblichen Bereich fallen sollte, dem Bild entsprach, das nach der Verkehrsanschauung einen Gewerbebetrieb (Wertpapierhändler) ausmachte und einer privaten Vermögensverwaltung fremd war (BFH 4.3.1980 – VIII R 150/76, BStBl.

II 1980, 389; BFH 29.10.1998 – XI R 80/97, BStBl. II 1999, 448; HHR/*Buge* § 15 Rn. 1171; KSM/ *Jochum* § 20 Rn. J 34 ff.).

In BFH 4.3.1980 – VIII R 150/76, BStBl. II 1980, 389 hat der BFH den Erwerb von Beteiligungen zur Daueranlage auch bei späterer Veräußerung nicht als gewerblich angesehen und für Beteiligungen unterhalb der damaligen Wesentlichkeitsschwelle von 25% ausgeführt, es sei nicht gerechtfertigt, Anteilsveräußerungen bei einer Beteiligung bis zu einem Viertel allein deshalb als gewerblich zu behandeln, weil die Beteiligung Einflussmöglichkeiten auf die Kapitalgesellschaft vermittele. 556.2

Den Rahmen einer privaten Vermögensverwaltung sah der BFH in dieser Entscheidung unabhängig vom Umfang der Beteiligung als überschritten an, wenn die Wertpapiere nicht nur auf eigene Rechnung, sondern untrennbar damit verbunden in erheblichem Umfang auch für fremde Rechnung – zum Teil für noch erst zu suchende Käufer sowie unter Leistung oder Vermitteln von Sicherheiten – erworben und wieder veräußert würden, zur Durchführung der Geschäfte mehrere Banken eingeschaltet würden, die Wertpapiergeschäfte mit Krediten finanziert würden, aus den Geschäften für fremde Rechnung durch Vereinbarung von Kaufrechten und Rückkaufsverpflichtungen sowie durch die Realisierung von Unterschieden zwischen Wiederkaufspreis und Marktwert der Wertpapiere Gewinne erzielt werden sollten und alle Geschäfte eine umfangreiche Tätigkeit erforderten. Das für eine Vermögensverwaltung Unübliche liege dann nicht in der einzelnen Maßnahme, sondern in dem planmäßig herbeigeführten Zusammentreffen all dieser Umstände, die für ein mit Unternehmerinitiative und Unternehmerrisiko verbundenes, auf Leistungsaustausch gerichtetes Handeln kennzeichnend seien. 556.3

In der derzeitigen Rechtsprechung zur Abgrenzung vermögensverwaltenden Handelns vom gewerblichen Wertpapierhandel formuliert der BFH, der An- und Verkauf von Wertpapieren überschreite grundsätzlich noch nicht den Rahmen einer privaten Vermögensverwaltung, wenn die entfaltete Tätigkeit dem Bild eines „Wertpapierhandelsunternehmens" iSd § 1 Abs. 3d Satz 2 KWG bzw. eines „Finanzunternehmens" iSd § 1 Abs. 3 KWG nicht vergleichbar sei (BFH 20.12.2000 – X R 1/97, BStBl. II 2001, 706 zu Optionen; BFH 30.7.2003 – X R 7/99, BStBl. II 2004, 408 zu Wertpapieren). Eine gewerbliche Tätigkeit sieht die Rechtsprechung auf Grundlage der Gesamtumstände des Einzelfalls und unter Anknüpfung an die gesetzlichen Berufsbilder als gegeben an, wenn der Umschlag der Wertpapiere mit einem Mindestmaß an kaufmännischer Organisation erfolgt und entweder mit einer unternehmerischen Dienstleistung (einem „eng mit den eigenen Wertpapiergeschäften verbundenen Tätigwerden für fremde Rechnung") verbunden ist oder bei Handeln auf eigene Rechnung im unmittelbaren Handeln mit institutionellen Partnern (nicht über die Depotbank) durchgeführt wird (auch → § 15 Rn. 1332). Eine Fremdfinanzierung der Wertpapiergeschäfte selbst in nennenswertem Umfang prägt ein händlertypisches Verhalten hingegen nicht mehr (BFH 20.12.2000 – X R 1/97, BStBl. II 2001, 706; → Rn. 556.3). Auch das Kriterium des Umschlags von Wertpapieren hat an Gewicht verloren, da der Gesetzgeber für nach dem 31.12.2008 erworbene Wertpapiere in § 20 Abs. 2 die Substanzverwertung ausdrücklich dem Bereich der privaten Kapitalanlage als letzten Teil der Fruchtziehung zuordnet (KSM/ *Jochum* § 20 Rn. J 35). 556.4

In **BFH** 24.8.2011 – I R 46/10, BStBl. II 2014, 764 hat der I. Senat die vorstehenden Grundsätze mE nur insoweit herangezogen, als er betont hat, dass zum Umschlag von Beteiligungen *noch besondere Umstände* hinzutreten müssen, um zu einem gewerblichen Beteiligungshandel zu gelangen. Er hat aufgrund des händlertypischen Verhaltens des dortigen PE-Fonds eine Vergleichbarkeit mit einem Finanzunternehmen gemäß § 1 Abs. 3 KWG angenommen. Dies entspricht auch den Wertungen des § 18 Abs. 1 Nr. 4, indem der Gesetzgeber zum Ausdruck bringt, dass ein auf Erwerb, Halten und Veräußern von Beteiligungen gerichteter Zweck der Gesellschaft noch vermögensverwaltend ist. Die Entscheidung ist aber entgegen der Kritik im Schrifttum (*Süß/Mayer* DStR 2011, 2276 (2278)) nicht widersprüchlich, da der I. Senat die Kernindizien für die Begründung der Gewerblichkeit des Fonds vorrangig nicht den Kriterien zum gewerblichen Wertpapierhandel entnommen, sondern – wie nachfolgend näher ausgeführt wird – einen eigenen Maßstab entwickelt hat. 557

Im Urteil vom 24.8.2011 – I R 46/10, BStBl. II 2014, 764 hat der BFH tragend auf die Grundsätze des BFH-Urteils 25.7.2001 – X R 55/97, BStBl. II 2001, 809 abgestellt. In dieser Entscheidung hat der BFH anerkannt, dass auch durch das Handeln mit wesentlichen Beteiligungen an Vorratsgesellschaften eine gewerbliche Betätigung stattfinden kann, wenn diese marktgängig gemacht werden. Er hat die zur Abgrenzung des gewerblichen Wertpapierhandels geltenden Grundsätze auf den Handel mit Unternehmensbeteiligungen als nicht anwendbar gesehen. Dies beruht auf dem in der Rechtsprechung regelmäßig wiederholten Grundsatz, dass die Abgrenzung sich an der Art des gehandelten Wirtschaftsguts orientieren muss. Beteiligungen an Unternehmen sieht der BFH im Urteil 25.7.2001 – X R 55/ 97, BStBl. II 2001, 809 gegenüber Wertpapieren als nach gesonderten Grundsätzen zu behandelnde 557.1

Wirtschaftsgüter an, da sie sich in rechtlicher und wirtschaftlicher Hinsicht von durch Wertpapiere verbrieften, an der Börse handelbaren Anteilen an Kapitalgesellschaften unterschieden.

557.2 Als Konsequenz hieraus sieht der BFH die Übertragung einer Beteiligung wirtschaftlich eher als Kauf/Verkauf eines Unternehmens an. Ankauf und Verkauf von Unternehmen seien – als unternehmerisch geprägte Rechtsvorgänge – in steuerrechtlicher Hinsicht unter den – zusätzlichen – Voraussetzungen des § 15 Abs. 2 eher dem „Bild des Gewerbebetriebs" in der Form des Handels zuzuordnen als der privaten Vermögensverwaltung. Da im entschiedenen Fall BFH 25.7.2001 – X R 55/97, BStBl. II 2001, 809 die Beteiligungen an den gehandelten Vorratsgesellschaften nicht im Sinne des § 14 Satz 3 AO dazu bestimmt gewesen seien, als privates Vermögen durch Erwirtschaften von Kapitalerträgen „genutzt" zu werden, sondern sie möglichst kurzfristig – „händlertypisch" – umgeschlagen werden sollten, reichte dem BFH bereits der von Beginn an beabsichtigte kurzfristige Umschlag aus, um von einem gewerblichen „Beteiligungshandel" auszugehen. Nur ergänzend führte der BFH noch den spezifischen Umstand an, dass die dort gehandelten Beteiligungen mit Güterverkehrsgenehmigungen ausgestattet waren und der Kläger „produzentenähnlich" auf einem bestimmten Markt tätig werden wollte, was ebenfalls gegen eine Fruchtziehung spreche. Diesem Maßstab hat sich der IX. Senat des BFH angeschlossen. Die wiederholte Gründung und Veräußerung von sog. Vorratsgesellschaften (im entschiedenen Fall: Gründung und Veräußerung von insgesamt 40 GmbHs) überschreitet die Grenzen der privaten Vermögensverwaltung (BFH 27.6.2017 – IX R 3/17, BFH/NV 2018, 20; *Schießl* jurisPR-SteuerR 51/2017 Anm. 4).

557.3 Schließlich hat der I. Senat in BFH 24.8.2011 – I R 46/10, BStBl. II 2014, 764 das Geschäftsmodell der Private Equity Fonds aufgrund des sog. Management und Leveraged Buy-out mit demjenigen von Flugzeugleasingmodellen als vergleichbar angesehen, für die BFH 26.6.2007 – IV R 49/04, BStBl. II 2009, 289 ebenfalls einen Gewerbebetrieb angenommen hat. Das Geschäftsmodell der Private Equity Fonds ziele in erster Linie darauf ab, durch Umschichtung von Vermögenswerten und durch die Verwertung von Vermögenssubstanz („buy to sell") zugunsten der Anleger möglichst hohe Renditen zu erwirtschaften. Primäres Ziel sei deshalb nicht die (vermögensverwaltende) Nutzung von Kapitalanlagen zum Zwecke der Fruchtziehung aus den eingegangenen Engagements und Investments, sondern deren Veräußerung; der Fonds wirke als „Händler" und trete nach der Verkehrsauffassung typischerweise „wie" ein solcher und zugleich wie ein Finanzunternehmen nach dem KWG auf. In der Entscheidung des BFH 26.6.2007 – IV R 49/04, BStBl. II 2009, 289 hat der IV. Senat des BFH entscheidend zur Begründung, dass eine gewerbliche Betätigung vorliege, darauf abgestellt, dass nach dem betrieblichen Konzept erst durch die Erzielung eines Veräußerungserlöses beim Verkauf der Flugzeuge der angestrebte Totalgewinn zu erzielen war, hingegen nicht durch die Nutzungsüberlassung an die Leasingnehmer, zumal auch nicht geplant gewesen sei, die Flugzeuge während ihrer gesamten Nutzungsdauer zu vermieten.

558–559 *Einstweilen frei*

560 Die **Finanzverwaltung** stellt in BMF 16.12.2003 (BStBl. I 2004, 40) ebenfalls dem Grunde nach auf die Kriterien für das Vorliegen des gewerblichen Wertpapierhandels einerseits und des gewerblichen Beteiligungshandels andererseits ab. Auf dieser Grundlage hat sie einen Kreis von Indizien entwickelt, nach denen die Tätigkeit eines PE-Fonds noch im Bereich der Vermögensverwaltung angesiedelt ist. Dabei ist auf das Gesamtbild der Tätigkeiten abzustellen; die einzelnen Kriterien sind im Zusammenhang zu würdigen. Diese Kriterien sind nach Rn. 9 ff. des BMF-Schreibens:

- Kein Einsatz von Bankkrediten/keine Übernahme von Sicherheiten (Fonds muss den Erwerb von Anteilen an der Portfolio-Gesellschaft im Wesentlichen aus Eigenmitteln finanzieren);
- keine eigene Organisation;
- keine Ausnutzung eines Marktes unter Einsatz beruflicher Erfahrung;
- kein Anbieten gegenüber breiter Öffentlichkeit/Handeln auf eigene Rechnung;
- keine kurzfristige Beteiligung (mindestens mittelfristig, d. h. 3 bis 5 Jahre);
- keine Reinvestition von Veräußerungserlösen;
- kein unternehmerisches Tätigwerden in Portfolio-Gesellschaften (Aufsichtsratstätigkeit unschädlich).

561 Eine Auseinandersetzung mit den einzelnen Kriterien/Indizien kann hier nicht erfolgen. Zur Vertiefung wird weiterführend auf das Schrifttum (*Bauer/Gemmeke* DStR 2004, 580; *Wiese/Klaas* FR 2004, 324; *Bärenz/Veith* BB 2004, 251; Lüdicke/Arndt Geschlossene Fonds/*Fischer*, 436 ff.; → § 15 Rn. 1339) verwiesen.

Die Finanzverwaltung hat BFH-Urteil 24.8.2011 – I R 46/10, BStBl. II 2014, 764 im BStBl. veröffentlicht, obwohl der I. Senat einen eigenständigen, sehr viel engeren und grundsätzlich anderen Maßstab („buy to sell") als die Finanzverwaltung zur Abgrenzung der gewerblichen Betätigung von der Fruchtziehung bei Private Equity Fonds zugrunde gelegt hat (ebenso WRS PersGes/*Elser* Rn. 9.51; *Schnittker/Steinbiß* FR 2016, 1069 (1077); *Süß/Mayer* DStR 2011, 2276 (2278)). Ob den im Schreiben des BMF 16.12.2003 (BStBl. I 2004, 40) genannten Merkmalen, bei deren Vorliegen Private Equity Fonds typischerweise nicht gewerblich, sondern vermögensverwaltend tätig sein sollen, uneingeschränkt zu folgen ist, hat der I. Senat in BFH 24.8.2011 – I R 46/10, BStBl. II 2014, 764 zudem ausdrücklich dahinstehen lassen. Die Wiedergabe der rechtlichen Würdigung der Vorinstanz in Rn. 21 der Entscheidung, die sich auf das Schreiben des BMF 16.12.2003, BStBl. I 2003, 40 gestützt hat, ist mE nicht so zu verstehen, dass der I. Senat sich diese Indizien (Handeln auf fremde Rechnung/institutionelle Anleger/Anlageentscheidung durch Angehörige einer Managementgesellschaft, die auch auf die Portfoliogesellschaften Einfluss genommen haben) als Abgrenzungskriterien zu eigen gemacht hat. Er hat lediglich das Ergebnis der tatrichterlichen Sachverhaltswürdigung der Vorinstanz als „zumindest möglich" bestätigt (*Süß/Mayer* DStR 2011, 2276 (2277); zu Diskussion der einzelnen von der Vorinstanz festgestellten Indizien siehe *Schnittker/Steinbiß* FR 2016, 1069 (1073 ff.)). **562**

Vergleicht man beide Maßstäbe, hat der I. Senat die Voraussetzungen zur Annahme einer gewerblichen Betätigung gegenüber dem Schreiben des BMF 16.12.2003, BStBl. I 2004, 40 durch den nachfolgend beschriebenen Prüfungsmaßstab deutlich abgesenkt (*Elser/Bindl* FR 2012, 44 (44); *Mihm* BB 2011, 2983 (2983)). Auch ein Fonds, der sämtliche Vorgaben des BMF-Schreibens vom 16.12.2003, BStBl. I 2004, 40 beachtet, ist nach dem I. Senat daher nicht unbedingt vermögensverwaltend (also nicht gewerblich) tätig. Der I. Senat knüpft an das auf häufigen Umschlag von Beteiligungen gerichtete händlertypische Verhalten des Steuerpflichtigen an und geht typologisch von einem eigenständigen „*Bild des (produzentenähnlichen) Beteiligungshändlers*" aus, das nach der Rechtsprechung des X. Senats dem des „Wertpapierhändlers" nicht vergleichbar ist (→ Rn. 558). Hierbei knüpft er an die Überlegungen von *Anzinger/Voelkow* FR 2009, 1089 ff. an: Das Geschäftsmodell sog. Buyout Fonds, Unternehmensbeteiligungen zu erwerben, den Wert der Unternehmen zu steigern oder deren Substanz zu verwerten und die Unternehmensbeteiligungen im Anschluss an diese Maßnahmen alsbald wieder zu veräußern (*Buy-to-Sell-Ansatz*), ist danach als gewerbliche Betätigung zu qualifizieren, weil hierbei die Vermögensumschichtung im Vordergrund steht, bereits bei Erwerb die unbedingte Absicht der Veräußerung nach Abschluss der werterhöhenden Maßnahmen besteht und die Betätigung dem Bild eines produzierenden Gewerbes entspricht (*Anzinger/Voelkow* FR 2009, 1089 (1097); zustimmend → § 15 Rn. 1341). **563**

Dieser Maßstab wird vom FG Münster 28.4.2017 – 10 K 3435/13 F, BeckRS 2017, 113311 und FG Münster 28.4.2017 – 10 K 106/13 F, BeckRS 2017, 112995 geteilt (zustimmend auch → § 15 Rn. 1343). **564**

Meines Erachtens wird der Maßstab des I. Senats zu Recht kritisiert (HHR/*Buge* § 15 Rn. 1172; *Elser/Bindl* FR 2012, 44 (45); *Schnittker/Steinbiß* FR 2016, 1069 (1077); LBP/*Güroff* § 18 Rn. 376). Allein der konzeptionell vorgesehene rasche Umschlag von Beteiligungen und die vorliegende unbedingte Veräußerungsabsicht können schon aufgrund der Wertungen des § 18 Abs. 1 Nr. 4 nicht maßgeblich für die Annahme einer gewerblichen Betätigung sein, da gerade diese Zweckverfolgung vom Gesetzgeber in § 18 Abs. 1 Nr. 4 als vermögensverwaltende Betätigung angesehen wird (*Süß/Meyer* DStR 2011, 2276 (2279)). Es ist nicht ersichtlich, dass der Gesetzgeber angesichts der bekannten Gewerblichkeitsindizien des BMF-Schreibens vom 16.12.2003, BStBl. I 2004, 40 die Regelung in dem Bewusstsein geschaffen hat, dass sie gerade die ihm bekannte typische Betätigung des PE-/VC-Fonds nicht erfasst. Eine Auseinandersetzung mit § 18 Abs. 1 Nr. 4 findet im Urteil des I. Senats (BFH 24.8.2011 – I R 46/10, BStBl. II 2014, 764) nicht statt. Auch ist zu berücksichtigen, dass § 20 Abs. 2 Satz 1 Nr. 1 für nach dem 31.12.2008 erworbene Beteiligungen auch bei einer unbedingten Veräußerungsabsicht im Erwerbszeitpunkt die Veräußerungsgewinne den Einkünften aus Kapitalvermögen zuordnet. **565**

Zwar kann bei Hinzutreten weiterer Umstände zu einer unbedingten Veräußerungsabsicht und Zweckverfolgung eine originäre gewerbliche Betätigung gegeben sein. Als ein solcher Umstand ist jedoch das Vorliegen des vom BFH genannten Leverage-Buy-Out Konzepts **566**

(Einsatz einer signifikanten Fremdfinanzierung neben dem vorhandenen Eigenkapital zur Erhöhung der Investitionssumme) nur bedingt geeignet. So hat der BFH in der Rechtsprechung zum „Wertpapierhändler" den Einsatz von Fremdmitteln zuletzt nicht mehr als überragendes Gewerblichkeitsindiz beurteilt (→ Rn. 556.4), sodass nicht ersichtlich ist, warum diesem Indiz für den „Beteiligungshändler" eine so entscheidende Bedeutung zukommen soll. Selbst wenn man dies wegen des abzugrenzenden Typus des Beteiligungshändlers akzeptiert, kann eine Fremdfinanzierung aber nur dann Bedeutung haben, wenn die Fremdmittel nachweislich dem Erwerb der Beteiligungen unmittelbar dienen (siehe auch Rn. 9 des BMF-Schreibens vom 16.12.2003, BStBl. I 2004, 40, das den unmittelbaren Einsatz von Krediten und die Übernahme von Sicherheiten für Darlehen der Tochtergesellschaften als Indiz für eine Gewerblichkeit ansieht). Es wird zu Recht darauf hingewiesen, dass der I. Senat in BFH 24.8.2011 – I R 46/10, BStBl. II 2014, 764 weder im Tatbestand noch in den Gründen offenlegt, auf welcher Ebene (Fonds- oder nachgelagerte Tochterkapitalgesellschaften) Fremdmittel aufgenommen oder ursprünglich durch den Fonds aufgenommene Mittel ggf. nach einem Debt-Push-Down von den Tochtergesellschaften zu bedienen waren (*Schnittker/Steinbiß* FR 2016, 1068 (1075)). Eine Fremdfinanzierung, die nach dem Beteiligungserwerb auf Ebene der Portfoliogesellschaften aufgenommen wird, könnte die auf Ebene des Fonds vorzunehmende Einordnung der Tätigkeit (BFH 25.6.1984 – GrS 4/82, BStBl. II 1984, 751) nicht beeinflussen, denn diese Tätigkeit der Tochtergesellschaft kann nach den Grundsätzen der sog. Durchgriffsbetrachtung der Tatbestandsverwirklichung auf Ebene des Fonds weder auf Grundlage einer unmittelbaren bzw. mittelbaren Tatbestandsverwirklichung (§ 2 Abs. 1 iVm § 15 Abs. 2) noch nach der sog. Gesamtbildbetrachtung aufgrund des Trennungsprinzips zugerechnet werden (siehe BFH 18.3.2004 – III R 25/02, BStBl. II 2004, 787; siehe auch *Schnittker/Steinbiß* FR 2016, 1068 (1075)).

567 Zu Recht wird auch ein Verhalten aller Private Equity und Venture-Capital-Fonds nach dem vom I. Senat des BFH entwickelten **Typus des Beteiligungshändlers** bezweifelt und eine Differenzierung für erforderlich gehalten (*Anzinger/Voelkow* FR 2009, 1089 (1095)): Diese erwerben zwar Unternehmensbeteiligungen zum Zweck, diese mit Gewinn wieder zu veräußern. Dabei geht es aber nicht stets um einen marktmäßigen Umschlag von Sachwerten. Während Venture Capital Fonds von vornherein auf ein längerfristiges Investment angelegt sind, steht auch bei Buyout (PE-)Fonds nicht der marktmäßige Umschlag, sondern langfristig die Durchführung von werterhöhenden Restrukturierungsmaßnahmen und kurzfristig der Substanzverzehr durch Sonderausschüttungen im Vordergrund. Auch die regelmäßig begrenzte Anzahl der Beteiligungen und die Tatsache, dass die Beteiligungen nicht dauerhaft, sondern erst nach Abschluss der Restrukturierungsmaßnahmen zum Verkauf stehen, entsprechen keinem händlertypischen Verhalten. Das Geschäftsmodell von Venture Capital Fonds ist regelmäßig weder händler-, noch produzententypisch. Auch besteht keine unbedingte Absicht der alsbaldigen Veräußerung. Deshalb sind Venture Capital Fonds, die keine Mehrheitsbeteiligung anstreben und Beteiligungen nur im Rahmen von Kapitalzuführungen an das Zielunternehmen erwerben, nach den allgemeinen Abgrenzungskriterien in der Regel vermögensverwaltend tätig (zutreffend *Anzinger/Voelkow* FR 2009, 1089 (1097)).

568 Es ist daher meines Erachtens zur **Abgrenzung** der vermögensverwaltenden Betätigung von einer originär gewerblichen Betätigung im Grundsatz vom eigenständigen Typus eines (produzentenähnlichen) Beteiligungshändlers auszugehen. Unter Heranziehung einzelner Kriterien des BMF-Schreibens vom 16.12.2003, BStBl. I 2004, 40 liegt eine gewerbliche Betätigung erst vor, wenn zur unbedingten Veräußerungsabsicht weitere Umstände hinzutreten. Kritisch wären hierbei vor allem der Einsatz einer Fremdfinanzierung auf Ebene des Fonds, eine Haltedauer der Beteiligungen im Durchschnitt von weniger als drei bis fünf Jahren und ein unternehmerisches Tätigwerden des Fonds in den Portfoliogesellschaften, da durch ein solches Verhalten eine produzentenähnliche Betätigung des Fonds zum Ausdruck kommt.

569 Die in § 19 WBKK zur Abgrenzung vermögensverwaltender Fonds verwendeten Kriterien können hingegen nicht als Auslegungsvorgabe herangezogen werden, da die Kommission in der Regelung eine unerlaubte Beihilfe im Sinne einer Beschränkung der allgemein geltenden Maßstäbe der § 15 Abs. 2 und § 2 Abs. 1 GewStG und damit im Ergebnis eine selektive „Gewerbesteuerbefreiung" sah (*Anzinger/Voelkow* FR 2009, 1089 (1097)).

570 *Einstweilen frei*

b) Beteiligter der vermögensverwaltenden Gesellschaft oder Gemeinschaft. aa) Beteiligtenbegriff. Unter den persönlichen Anwendungsbereich der Regelung fallen als Bezieher der Vergütungen im Sinne des § 18 Abs. 1 Nr. 4 natürliche Personen, Personengesellschaften und Kapitalgesellschaften. Unbeachtlich ist, ob diese beschränkt oder unbeschränkt steuerpflichtig sind. Das Gesetz verlangt in § 18 Abs. 1 Nr. 4, dass der Bezieher eines carried interest „Beteiligter" an einer vermögensverwaltenden Gesellschaft oder Gemeinschaft im Sinne der Regelung sein muss. 571

bb) Beschränkung auf disquotale Gewinnanteile unmittelbarer Gesellschafter und Gemeinschafter. Die Beteiligtenstellung in § 18 Abs. 1 Nr. 4 Hs. 1 meint jedoch nur denjenigen, der unmittelbar an derjenigen vermögensverwaltenden Gesellschaft oder Gemeinschaft mit einer Kapitaleinlage beteiligt ist, die in die Beteiligungen an den Portfolio-Kapitalgesellschaften investiert. Mit dem Merkmal des Beteiligten „an" der vermögensverwaltenden Gesellschaft/Gemeinschaft verlangt das Gesetz hinreichend klar eine Stellung als Gesellschafter dieser Gesellschaft oder Gemeinschafter in einer Gemeinschaft (ebenso LBP/*Güroff* § 18 Rn. 371; HHR/*Brandt* § 18 Rn. 281). Dies lässt sich auch aus dem Wortlaut der Regelung ableiten, als das Gesetz in § 18 Abs. 1 Nr. 4 Hs. 1 die übrigen Anleger der vermögensverwaltenden Gesellschaft/Gemeinschaft ausdrücklich als „Gesellschafter oder Gemeinschafter" bezeichnet. Hierin liegt keine begriffliche Unterscheidung zwischen „Beteiligten" und „Gesellschaftern". Denn über das weitere Merkmals des § 18 Abs. 1 Nr. 4, dass Gegenstand der Regelung „Vergütungen für Leistungen zur Förderung des Gesellschaftszwecks" sein müssen, die nachrangig zu zahlen sind, und aus dem Gesetzeszweck lässt sich erkennen, dass der Gesetzgeber nur kapital-disproportionale Ergebnisanteile für ideelle Gesellschafterbeiträge begünstigen will, die die Mitgesellschafter den Carry-Holdern im Rahmen eines Gewinnverzichts einräumen (→ Rn. 587). Es ist damit für die „Beteiligtenstellung" erforderlich, dass der Bezieher des carried interest selbst eine Beteiligung an dieser Gesellschaft oder Gemeinschaft innehat, die auf einer Kapitaleinlage an den Portfolio-Beteiligungen beruht oder ihm über einen Treuhand-Gesellschafter vermittelt wird (ebenso HHR/*Brandt* § 18 Rn. 281; Blümich/*Hutter* § 18 Rn. 199; KKB/*Geeb* § 18 Rn. 268; Schmidt/*Wacker* § 18 Rn. 286, KSM/*Stuhrmann* § 18 Rn. B 256a; weitergehend *Veith/Schade* FS Pöllath, 2009, 435 (442), die auch mittelbare Gesellschafter unter den Beteiligtenbegriff fassen). Dem ist zuzustimmen (auch → Rn. 577). 572

Gesellschafterleistungen auf schuldrechtlicher Grundlage: Die Gegenauffassung, nach der Beteiligter im Sinne des § 18 Abs. 1 Nr. 4 Hs. 1 auch eine Person sein kann, die statt Gesellschafterin oder Gemeinschafterin des Fonds zu sein, einen Dienstvertrag oder sonstigen Austauschvertrag mit dem Fonds oder den Investoren abgeschlossen hat, überzeugt nicht (siehe zu dieser Auffassung *Behrens* FR 2004, 1211 (1213); *Veith/Schade* FS Pöllath, 2009, 435 (444); wie hier LBP/*Güroff* § 18 Rn. 390). Ziel der Regelung des § 18 Abs. 1 Nr. 4 ist nach der Gesetzeshistorie, kapital-disproportionale Gewinnanteile, die den Initiatoren im Wege der Gewinnverteilungsabrede *von den Mitgesellschaftern* für ideelle Gesellschafterbeiträge zur Förderung des Gesellschaftszwecks zugewendet werden, den selbständigen Einkünften zuzuordnen. Die gesetzliche Zuordnung einer solchen Tätigkeitsvergütung zu den Einkünften aus selbständiger Arbeit bestätigt im Ergebnis die Auffassung des BMF-Schreibens vom 16.12.2003, BStBl. I 2003, 40, das den erhöhten Ergebnisanteil als Tätigkeitsvergütung *der Mitgesellschafter* ansah (ebenso HHR/*Brandt* § 18 Rn. 285). Es werden daher Beiträge von Gesellschaftern, die an die vermögensverwaltende Fondsgesellschaft auf schuldrechtlicher Grundlage erbracht und *von dieser* vergütet werden, nicht vom Anwendungsbereich des § 18 Abs. 1 Nr. 4 und damit auch nicht von der anteiligen Steuerbefreiung des § 3 Nr. 40a erfasst (siehe ebenso Korn/*Korn* § 18 Rn. 103.11). Dies gilt auch, wenn die schuldrechtliche Vergütung durch die Fondsgesellschaft unter dem vertraglichen Vorbehalt steht, dass die Vergütung erst auszuzahlen ist, wenn die Gesellschafter oder Gemeinschafter ihr eingezahltes Kapital vollständig zurückerhalten haben. 573

Arbeitslohn von Fremdgeschäftsführern einer Carry-Gesellschaft: Arbeitslohn kann ebenfalls nicht in eine Vergütung umqualifiziert werden, die der anteiligen Steuerbefreiung des § 3 Nr. 40a unterliegt. Diese Frage ist aufgeworfen, wenn auf Ebene einer Gesellschaft, die den carried interest bezieht, (Fremd-)Geschäftsführer (keine Gesellschafter der Carry-Holder-Gesellschaft) tätig sind, deren Gehälter aus den Einnahmen der Carry-Holder- 574

Gesellschaft gezahlt werden. Selbst wenn der gezahlte Arbeitslohn erfolgsabhängig ist, von der Höhe des vereinnahmten carried interest abhängt und die Geschäftsführer auf Ebene der Carry-Holder-Gesellschaft in deren Namen und für deren Rechnung die ideellen Gesellschafterbeiträge auf Ebene der Fonds-Gesellschaft erbringen, fehlt es für § 18 Abs. 1 Nr. 4 an der erforderlichen Beteiligtenstellung der Fremdgeschäftsführer an der Fondsgesellschaft.

575 **Arbeitslohn von Initiatoren, die zugleich Carry-Holder sind:** Abgrenzungsfragen sind aufgeworfen, wenn Carry-Berechtigte in einer Struktur eine Doppelstellung einnehmen. Dies ist zum Beispiel der Fall, wenn seitens einer Carry-Holder-Gesellschaft an die Fondsgesellschaft Gesellschafterbeiträge erbracht werden und dies zugleich durch eine Management-Gesellschaft auf Grundlage eines Beratungsvertrags erfolgt. Erzielen Steuerpflichtige dann sowohl Arbeitslohn als Angestellte der Management-Gesellschaft als auch als Gesellschafter einer Carry-Holder-Gesellschaft, ist die Frage aufgeworfen, ob die jeweils empfangenen Vergütungen durch das jeweilige Rechtsverhältnis veranlasst sind. Aus Sicht der Carry-Berechtigten besteht die Gefahr, dass auch die als Gesellschafter einer Carry-Holder KG vereinnahmten Einkünfte als voll steuerpflichtige Vergütung für die Tätigkeit als Angestellter im Rahmen der Management-Gesellschaft qualifiziert werden könnten. Allein das Bestehen der Beteiligung an der Carry KG als Sonderrechtsverhältnis neben dem Arbeitsverhältnis gewährleistet noch keine sichere Abgrenzbarkeit der Vergütungen (vertiefend zu den rechtlichen Abgrenzungsmaßstäben → § 19 Rn. 488).

576 Das Risiko der Annahme von Lohn ist dann gegeben, wenn die Möglichkeit, sich an der Carry-Gesellschaft zu beteiligen, im Arbeitsvertrag mit der Management-Gesellschaft oder faktisch nur aufgrund der Angestelltenstellung eingeräumt wird, die Gesellschafterstellung in der Carry-Gesellschaft vom rechtlichen Bestand des Arbeitsverhältnisses abhängt und ein Ausschluss aus der Carry-Holder-Gesellschaft nicht durch eine fremdübliche Abfindungszahlung vergütet wird. Eine Sonderrechtsbeziehung neben dem Arbeitsverhältnis zeigt ihre Unabhängigkeit und Eigenständigkeit insbesondere dadurch, dass sie selbständig und losgelöst vom Arbeitsverhältnis bestehen kann (BFH 21.5.2014 – I R 42/12, BStBl. II 2015, 4 unter Bezugnahme auf BFH 17.6.2009 – VI R 69/06, BStBl. II 2010, 69 und BFH 5.4.2006 – IX R 111/00, BStBl. II 2006, 654). Es spricht nach jüngerer Rechtsprechung des VIII. Senats für die Zuordnung der Vergütung zum Arbeitsverhältnis, wenn die Gesellschafterstellung durch *Good Leaver und Bad Leaver-Klauseln* mit unterschiedlichen Rückkaufswerten so eng an den Bestand des Arbeitsverhältnisses gekoppelt ist, dass im Fall eines Ausscheidens als *Bad Leaver* die Beteiligung zum Nennwert/Buchwert unabhängig von ihrem tatsächlichen Wert an den Arbeitgeber zu veräußern ist. In diesem Fall stellt sich die Gesellschafterstellung des Arbeitnehmers im Zeitpunkt ihrer Beendigung nur noch als eine Nebenfolge des überlagernden Arbeitsverhältnisses, aber nicht als eine daneben bestehende eigenständige und unabhängige Rechtsbeziehung dar (siehe BFH 5.11.2013 – VIII R 20/11, BStBl. II 2014, 275 und BFH 24.2.2015 – VIII R 44/12, BStBl. II 2015, 649). Nach BFH 4.10.2016 – IX R 43/15, BStBl. II 2017, 790 dürfte jedoch in der Regel davon auszugehen sein, dass eine Sonderrechtsbeziehung neben dem Arbeitsverhältnis begründet wird.

577 **cc) Ausschluss von Vergütungen mittelbarer Beteiligter (Gesellschafter).** Nicht unter § 18 Abs. 1 Nr. 4 fallen Vergütungen, die einem mittelbar beteiligten Gesellschafter für Beiträge zur Förderung des Gesellschaftszwecks der Fondsgesellschaft gezahlt werden. Diese Frage betrifft Konstellationen doppelstöckiger Personengesellschaften. Ist an der Fonds-Personengesellschaft, die in die Portfolio-Beteiligungen investiert, eine Personenobergesellschaft beteiligt, die den carried interest als Carry-Holder bezieht, fallen die Bezüge dieser Personenobergesellschaft (Carry-Holder) unter die Regelung des § 18 Abs. 1 Nr. 4. Die Personenobergesellschaft (Carry-Holder) ist unmittelbarer Beteiligter der Fondsgesellschaft als Untergesellschaft. Ist die Personenobergesellschaft gewerblich geprägt oder infiziert, schließt jedoch § 18 Abs. 1 Nr. 4 Hs. 2 die Anwendung des § 15 Abs. 3 auf deren Ebene aus. Der von der Personenobergesellschaft bezogene carried interest gehört in einem solchen Fall nicht zu den gewerblichen Einkünften. Die Initiatoren als Gesellschafter der Personenobergesellschaft (Carry-Holder) beziehen vielmehr im Rahmen ihres Gewinnanteils von dieser Einkünfte gemäß § 18 Abs. 1 Nr. 4. Hiervon geht auch der BFH aus (BFH 11.12.2018 – VIII R 11/16, DStR 2019, 1136).

578 Hieraus wird im Schrifttum abgeleitet, dass auch Vergütungen, die eine Fonds-Personengesellschaft (Untergesellschaft) zur Förderung des Gesellschaftszwecks an einen Gesellschafter

der Oberpersonengesellschaft unmittelbar zahlt, unter § 18 Abs. 1 Nr. 4 fallen (vgl. *Behrens* FR 2004, 1211 (1213); Korn/*Korn* § 18 Rn. 103.6; wohl auch *Veith/Schade* FS Pöllath, 2009, 435 (443)). Zwar ist dieser Auffassung zuzugeben, dass der Ausschluss von Vergütungen, die der Fonds unmittelbar an „mittelbare Gesellschafter" zahlt, zu Wertungswidersprüchen führen kann. Denn eine Einordnung der Vergütungen unter § 18 Abs. 1 Nr. 4 und damit die anteilige Steuerbefreiung der Vergütungen gemäß § 3 Nr. 40a ist ohne Zweifel gegeben, wenn die Vergütungen zur Förderung des Gesellschaftszwecks unmittelbar an die zwischengeschaltete Oberpersonengesellschaft als Carry-Holder geleistet werden und auf deren Ebene in den Gewinnanteil der Gesellschafter der Obergesellschaft eingehen. Auch ist das Gesetz selbst nichts widerspruchsfrei, weil es in § 18 Abs. 1 Nr. 4 als Empfänger der Vergütungen einerseits von dem „Beteiligten" spricht und daneben „Gesellschafter und Gemeinschafter" der vermögensverwaltenden Gesellschaft oder Gemeinschaft erwähnt.

Dass mit dem Merkmal des **„Beteiligten"** in § 18 Abs. 1 Nr. 4 Hs. 1 aber nur ein unmit- 579
telbarer Gesellschafter oder Gemeinschafter der vermögensverwaltenden Gesellschaft gemeint ist, ergibt sich aus dem Merkmal „an". Das Gesetz lässt nur die Auslegung zu, dass unter § 18 Abs. 1 Nr. 4 solche Vergütungen fallen können, die „an" einen Beteiligten (unmittelbaren Gesellschafter → Rn. 572) gezahlt werden. § 18 Abs. 1 Nr. 4 nimmt zudem nur die Zuordnung von Vergütungen zu den Einkünften aus selbständiger Arbeit in den Blick, die im Rahmen einer gesellschaftsvertraglichen disquotalen Gewinnverteilung unter Gewinnverzicht der Mitgesellschafter gewährt werden. Deshalb ist auch nicht maßgeblich, dass § 15 Abs. 1 Nr. 2 Satz 2 Sondervergütungen einer Untergesellschaft an den Gesellschafter einer Obergesellschaft in Einkünfte auf Ebene der Untergesellschaft unqualifiziert. Denn die Regelung gilt nur für schuldrechtliche Vergütungen und nicht für erhöhte Gewinnanteile, die im Rahmen der zivilrechtlichen Ergebnisverteilung gewährt werden.

Einstweilen frei 580

c) Gesellschaft und Gemeinschaft. aa) Begriff und Regelfall. Bei den Merkmalen 581
der **Gesellschaft und Gemeinschaft** handelt es sich nicht um eigenständige Begriffe (LBP/*Güroff* § 18 Rn. 370; HHR/*Brandt* § 18 Rn, 281). Gemeint ist mit Gesellschaft und Gemeinschaft der Rechtsträger oder die Bruchteilsgemeinschaft, die unmittelbar oder über eine zwischengeschaltete Holdinggesellschaft in die Beteiligungen an den Portfolio-Kapitalgesellschaften investiert.

Es handelt sich in der Praxis in der Regel um in- oder ausländische Personengesellschaften 582
(siehe auch *Schnittker/Steinbiß* IStR 2015, 760 (761); *Elser/Dürrschmidt* FR 2010, 817 (818)). Diese dürfen nach dem BFH (BFH 11.12.2018 – VIII R 11/16, DStR 2019, 1136) aber nicht gewerbliche Einkünfte erzielen (→ Rn. 541; → Rn. 554), dh es sind nur Personengesellschaften ohne Betriebsvermögen umfasst.

bb) Fondskapitalgesellschaften. Als Fondsgesellschaften kommen auch inländische 583
oder ausländische Kapitalgesellschaften in Betracht. Das Merkmal „vermögensverwaltend" ist in diesem Fall weiterhin tätigkeitsbezogen auszulegen und kann auch Kapitalgesellschaften erfassen (→ Rn. 541; LBP/*Güroff* § 18 Rn. 370; Blümich/*Hutter* § 18 Rn. 202; Korn/*Korn* § 18 Rn. 103.4.1; *Behrens* FR 2004, 1211 (1216); *Anzinger/Jekerle* IStR 2008, 821 (825); *Veith/Schade* FS Pöllath, 2009, 435 (440)). Auch diese können nach hier vertretener Auffassung durch den Erwerb, das Halten und Verwalten von Portfoliokapitalgesellschaften eine vermögensverwaltende Tätigkeit im Sinne des § 18 Abs. 1 Nr. 4 ausüben.

Eine Anwendung des § 18 Abs. 1 Nr. 4 auf Kapitalgesellschaften als Fonds-Vehikel bedeu- 584
tet, dass disquotale Gewinnausschüttungen der Fonds-Kapitalgesellschaft an die Initiatoren, die nach allgemeinen Regeln unter § 20 Abs. 1 Nr. 1 fallen würden (→ Rn. 517.1), in eine Dividende und den carried interest aufzuspalten sind. Soweit die Gewinnausschüttung kapital-disproportional ist, erzielt der Initiator Einnahmen aus § 18 Abs. 1 Nr. 4. Diese Qualifikation beim Initiator hat gemäß § 20 Abs. 8 Vorrang vor der Zuordnung der Einkünfte zu den Einkünften aus Kapitalvermögen. Zugleich bewirkt diese Sichtweise, dass bei der Kapitalgesellschaft kein Abzug von Betriebsausgaben für den kapital-disproportionalen Gewinnanteil in Anspruch genommen werden kann, da es sich um eine nicht auf schuldrechtlicher Grundlage gezahlte Vergütung, sondern um eine Zuwendung der Mitgesellschafter an die Initiatoren handelt, die den Einkünften aus selbständiger Arbeit zugeordnet wird (siehe auch *Behrens* FR 2004, 1211 (1217)).

585 Eine Umqualifizierung von Beratungsleistungen oder anderen Leistungen, die ein Initiator auf schuldrechtlicher Grundlage gegenüber einer Fonds-Kapitalgesellschaft erbringt, kann nicht auf § 18 Abs. 1 Nr. 4 gestützt werden. Diese Vergütungen sind damit auch nicht anteilig steuerbefreit gemäß § 3 Nr. 40a. Vom Anwendungsbereich des § 18 Abs. 1 Nr. 4 sind nur Vergütungen erfasst, die von den Mitgesellschaftern als Gegenleistung für ideelle Gesellschafterbeiträge der Initiatoren gewährt werden (→ Rn. 573; → Rn. 588; KSM/*Stuhrmann*, § 18 Rn. B258; *Geerling/Kost* IStR 2005, 757 (760)).

586 *Einstweilen frei*

587 **d) Vergütungen für Leistungen zur Förderung des Gesellschafts- und Gemeinschaftszwecks. aa) Vergütungsbegriff.** Mit dem zuvor besprochenen Merkmal des „Beteiligten" umschreibt das Gesetz den persönlichen Anwendungsbereich der möglichen Einkünftebezieher eines carried interest gemäß § 18 Abs. 1 Nr. 4. Gleiches gilt für die Voraussetzung, dass die maßgebliche Beteiligung an einer vermögensverwaltenden Gesellschaft oder Gemeinschaft im Sinne des § 18 Abs. 1 Nr. 4 bestehen muss.

588 Die Merkmale, dass die unter § 18 Abs. 1 Nr. 4 fallenden Einkünfte aus Vergütungen für Leistungen zur Förderung des Gesellschaftszwecks stammen müssen *und* diese Vergütungen nachrangig zur Rückgewähr der Einlagen der Mitgesellschafter zu zahlen sind, konkretisieren den sachlichen Anwendungsbereich der Regelung. Der Gesetzgeber bringt zum Ausdruck, dass nur Vergütungen, die für die ideellen Gesellschafterbeiträge der Initiatoren geleistet werden und erfolgsabhängig sind, unter die Regelung fallen sollen. Im Gesetz wird zwar nicht eindeutig zum Ausdruck gebracht, *von wem* die Vergütungen an die Initiatoren stammen oder tatsächlich gezahlt werden müssen, damit sie unter § 18 Abs. 1 Nr. 4 fallen können. Auf der Grundlage, dass es sich um Vergütungen „für" Leistungen zur Förderung des Gesellschafts- und Gemeinschaftszwecks handeln muss und diese erst ausgezahlt werden dürfen, wenn zuvor die anderen Gesellschafter oder Gemeinschafter ihr Kapital zurückerhalten haben, sowie aufgrund der Gesetzeshistorie besteht eine Anknüpfung an die Sichtweise der Finanzverwaltung im Schreiben des BMF 16.12.2003, BStBl. I 2004, 40. Unter § 18 Abs. 1 Nr. 4 fallen nur Vergütungen für Leistungen zur Förderung des Gesellschafts- und Gemeinschaftszwecks, die den Initiatoren von den Mitgesellschaftern für die Erbringung ideeller Gesellschafterbeiträge im Wege zugewendet werden (vgl. zutreffend HHR/*Brandt* § 18 Rn. 285; HHR/*Kanzler* § 3 Nr. 40a Rn. 10).

589 Der Gesetzgeber hat § 18 Abs. 1 Nr. 4 nicht als tatbestandliche Fiktion ausgestaltet. Die Tatbestandsmerkmale der Vorschrift sind Voraussetzungen, die für die Zuordnung eines carried interest zu den Einkünften aus selbständiger Arbeit gemäß § 18 Abs. 1 Nr. 4 erfüllt sein müssen. Ist dies nicht der Fall, ist die Regelung nicht anwendbar und die jeweiligen Einkünfte der Initiatoren müssen nach allgemeinen Grundsätzen steuerrechtlich eingeordnet werden (→ Rn. 524 und → Rn. 637; siehe auch FG Münster 12.12.2014 – 4 K 1918/13 E, EFG 2015, 385, rkr. mAnm *V. Wendt*).

590 Aufgrund der dargelegten Anknüpfung des Gesetzgebers an die Gesetzesentwicklung und die vor Inkrafttreten der Regelung in der Praxis bestehende Auseinandersetzung um die Qualifikation disquotaler Gewinnanteile – nur (vgl. BFH 11.12.2018 – VIII R 11/16, DStR 2019, 1136) – bei vermögensverwaltenden Beteiligungsgesellschaften können Vergütungen für Leistungen, die zwar den Gesellschaftszweck fördern, aber von den Carry-Berechtigten auf schuldrechtlicher Grundlage (zB eines Beratervertrags) erbracht werden, nicht unter den Vergütungsbegriff subsumiert werden (→ Rn. 573; aA *Behrens* FR 2004, 1211 (1217); *Veith/Schade* FS Pöllath, 2009, 435 (444)). Der an der vermögensverwaltenden Fondsgesellschaft Beteiligte muss die unter § 18 Abs. 1 Nr. 4 fallenden Vergütungen für ideelle Gesellschafterbeiträge und nicht als schuldrechtliche Leistungsvergütung (die gegebenenfalls als Sondervergütungen gemäß § 15 Abs. 1 Nr. 1 S. 2 zu qualifizieren sind) erhalten.

591 Infolgedessen kommt auch die Umqualifizierung von als Arbeitslohn an Geschäftsführer einer Carry-Holder-Gesellschaft gezahlten Vergütungen in einen anteilig steuerbefreiten carried interest nicht in Betracht (→ Rn. 574). In Strukturen, in denen der carried interest über eine solche Carry-Holder-Gesellschaft vereinnahmt wird und die ideellen Gesellschafterbeiträge der Initiatoren über eine solche Gesellschaft an die vermögensverwaltende Fondsgesellschaft erbracht werden, können somit (auch erfolgsabhängige) Entgelte von Fremdgeschäftsführern der Carry-Holder-Gesellschaft, die für Rechnung und im Namen dieser

Gesellschaft gegenüber dem der vermögensverwaltenden Fondsgesellschaft auftreten, nicht als Vergütungen gemäß § 18 Abs. 1 Nr. 4 eingeordnet werden (ebenso *Behrens* FR 2004, 1211 (1217)).

592 Dies gilt auch für wirtschaftlich vergleichbare andere Vergütungen von angestellten Geschäftsführern. Das FG Münster hat mit Urteil 12.12.2014 – 4 K 1918/13 E, EFG 2015, 385, rkr. mAnm *V. Wendt* daher zu Recht die Anwendung des § 18 Abs. 1 Nr. 4 auf einen so genannten Exit-Bonus abgelehnt. Dieser war dem Geschäftsführer einer Holding-Kapitalgesellschaft gewährt worden, der auch als Gesellschafter neben den Investoren an dieser Kapitalgesellschaft beteiligt war und im Zuge der Veräußerung von Anteilen an dieser Kapitalgesellschaft aus den Veräußerungserlösen der Investoren anteilige Veräußerungserlöse zugewiesen erhielt. Zwar wurden in diesem Fall dem Empfänger des Exit-Bonus Vergütungen von den Mitgesellschaftern aus deren Veräußerungserlösen gewährt, es fehlte aber an den sonstigen Voraussetzungen des § 18 Abs. 1 Nr. 4, insbesondere gab es keine Abrede zur nachrangigen Zahlung der Vergütungen. Ebenso zutreffend hat das FG Münster in der vorgenannten Entscheidung die rechtliche Möglichkeit verneint, Veräußerungsgewinne gemäß § 17 durch schuldrechtliche Abreden zu einer disquotalen Beteiligung am Veräußerungserlös steuerrechtlich wirksam für die Einkünftezurechnung innerhalb eines Gesellschafterkreises vermeiden zu können.

593 **bb) Einkünftezurechnung.** Wie bereits an anderer Stelle hervorgehoben wurde (→ Rn. 573; → Rn. 588), ist § 18 Abs. 1 Nr. 4 nach der Gesetzesintention so zu verstehen, dass die Einkünfte der Initiatoren aus den Vergütungen für Leistungen zur Förderung des Gesellschafts- und Gemeinschaftszwecks den Initiatoren nicht von der Gesellschaft zugewendet werden, sondern im Wege des Gewinnverzichts *durch die übrigen Gesellschafter oder Gemeinschafter.* Dem Gesetz liegt grundsätzlich die Vorstellung zugrunde, dass das Entgelt im Wege eines abgekürzten Zahlungswegs durch einen Verzicht auf die Gewinnanteile der Mitgesellschafter gezahlt wird, auch wenn die tatsächlichen Auszahlungen durch die Fondsgesellschaft an die Initiatoren im Rahmen der zivilrechtlichen Gewinnverteilung erfolgt (ebenso HHR/*Brandt* § 18 Rn. 285; LBP/*Güroff* § 18 Rn. 395). Dies folgt daraus, dass der Gesetzgeber an die Sichtweise des BMF vom 16.12.2003, BStBl. I 2004, 40 Rn. 24 anknüpfen wollte und den zivilrechtlichen Gewinnanteil in eine Tätigkeitsvergütung umqualifiziert.

593.1 Die Folge dieser Einordnung ist, dass steuerlich die zivilrechtlichen disquotalen Gewinnanteile als Einkünfte zunächst den Mitgesellschaftern zuzurechen sind. So hat der BFH in einer Entscheidung vom 27.10.2015 – VIII R 47/12, BStBl. II 2016, 600 Kaufpreiszahlungen, die im Wege eines gesellschaftsvertraglichen Gewinnverzichts innerhalb einer Personengesellschaft von Neugesellschaftern an den veräußernden Altgesellschafter transferiert wurden, aus Sicht der Neugesellschafter als Einkommensverwendung angesehen. Den Neugesellschaftern waren daher steuerlich höhere Anteile an den laufenden Einkünften nach dem allgemeinen Gewinnverteilungsschlüssel zuzurechnen. Die gesellschaftsvertraglich vereinbarte Zuwendung der Gewinnanteile der Neugesellschafter an den Altgesellschafter im Rahmen der Gewinnverteilung wurde vom BFH lediglich als abgekürzter Zahlungsweg beurteilt (vgl. zur Vertiefung *Levedag* FR 2016, 733 ff.).

593.2 Überträgt man diese Betrachtungsweise auf das Vorstellungsbild, dass der gesetzlichen Zuordnung des carried interest zu den Einkünften aus selbständiger Arbeit zugrunde liegt, werden auf der Ebene einer Fonds-Personengesellschaft die erzielten Erträge aus Dividenden, gegebenenfalls Zinseinkünften und Veräußerungsgewinnen aus Beteiligungen an den Portfolio-Gesellschaften steuerlich dem Grunde nach von allen Gesellschaftern vereinnahmt und sind den Gesellschaftern nach dem allgemeinen Gewinnverteilungsschlüssel zuzurechnen. Der den Initiatoren gesellschaftsvertraglich gewährte erhöhte Gewinnanteil beruht steuerlich auf einer Einkommensverwendung durch die übrigen Gesellschafter. § 18 Abs. 1 Nr. 4 qualifiziert diesen zivilrechtlichen disquotalen Gewinnanteil in originäre Einkünfte der Initiatoren aus selbständiger Arbeit um.

594 *Einstweilen frei*

595 Nach anderer Auffassung erzielen die Initiatoren die auf Ebene des Fonds vereinnahmten Einkünfte steuerlich aufgrund des kapital-disproportionalen Gewinnanteils selbst. Diese sind dann ggf. gemäß § 18 Abs. 1 Nr. 4 in Einkünfte aus selbständiger Arbeit umzuqualifizieren (*Töben/Schrepp* DStR 2019, 526 (530); *Schittker/Steinbiß* IStR 2015, 760 (763); *Weber-Grellet* DStR 2018, 992 (993 f.); wohl auch LBP/*Güroff* § 18 Rn. 395; Korn/*Korn* § 18 Rn. 103.18). Nach noch anderer Sichtweise fließen die Einkünfte auf der Fondsebene, soweit sie disquotal

gewährt werden, den Mitgesellschaftern der Carry-Holder nur als Treuhändern und den Initiatoren als Treugebern zu (HHR/*Brandt* § 18 Rn. 285).

596 Es ist der letzteren Meinung der Vorzug zu geben. Die Zuweisung erhöhter Ergebnisanteile an die Initiatoren als Teil der zivilrechtlichen „Gewinnverteilung" ist auch für die steuerliche Einkünftezurechnung maßgeblich und Anknüpfungspunkt für die Umqualifizierung gemäß § 18 Abs. 1 Nr. 4. Dem Gesetzgeber mag zwar anknüpfend an das BMF-Schreiben vom 16.12.2003, BStBl. I 2004, 40 Rn. 24 das Bild eines Gewinnverzichts der Mitgesellschafter vorgeschwebt haben, weil diese dem Initiator eine Tätigkeitsvergütung gewährt haben. Dem Gesetz selbst lässt sich aber nicht entnehmen, dass der Gesetzgeber disquotale Gewinnverteilungsabreden bei vermögensverwaltenden Personengesellschaften für die Einkünftezurechnung nicht anerkennen wollte. Es ist daher kein Grund ersichtlich, bei den von § 18 Abs. 1 Nr. 4 ausschließlich erfassten vermögensverwaltenden Fondsgesellschaften eine disquotale Gewinnverteilungsabrede für die Einkünftezurechnung nicht heranzuziehen (vertiefend *Töben/Schrepp* DStR 2019, 526 (530) und *Ebd.* DStR 2019, 573 (578)). Der BFH hat jüngst bekräftigt, dass für die Verteilung des Einnahmen- und des Werbungskostenüberschusses einer vermögensverwaltenden Gesellschaft grundsätzlich der zivilrechtliche Verteilungsschlüssel maßgeblich ist, so wie sich dieser für den Einzelfall aus den Bestimmungen des Gesellschaftsvertrages ergibt, und danach auch besondere Ergebnisverteilungen für die Einkünftezurechnung grundsätzlich maßgeblich sind (BFH 25.9.2018 – IX R 35/17, BStBl. II 2019, 167). Auch ist nicht einzusehen, warum ein disquotaler Gewinnverteilungsschlüssel für die Einkünftezurechnung aus gewerblichen Fondsgesellschaften maßgeblich ist (→ Rn. 599), dies aber nicht für die Gewinnverteilung bei vermögensverwaltenden Fondsgesellschaften nicht der Fall sein soll.

597 Die den Initiatoren gewährten disproportionalen Ergebnisanteile aus den Gewinnanteilen der Mitgesellschafter sind nach einhelliger Meinung unabhängig vom konstruktiven Verständnis **keine Werbungskosten** auf der Ebene der vermögensverwaltenden Gesellschaft (des Fonds).

598 Streitig ist aber die Behandlung der zugewendeten erhöhten Gewinnanteile **aus Sicht der Mitgesellschafter.** Folgt man der Auffassung, dass § 18 Abs. 1 Nr. 4 ein Gewinnverzicht der Mitgesellschafter zugrunde liegt und diesen die Einkünfte zunächst zuzurechnen sind, ist jedoch nach heutiger Rechtslage bei einer Einkünfte aus Kapitalvermögen erzielenden vermögensverwaltenden Gesellschaft iSd § 18 Abs. 1 Nr. 4 ein Abzug der den Initiatoren von den Mitgesellschaftern gewährten Gewinnanteile als Werbungskosten gemäß § 20 Abs. 9 ausgeschlossen; lediglich der Abzug bei den Veräußerungskosten im Zusammenhang mit der Veräußerung der unterliegenden Beteiligungen an den Portfolio-Gesellschaften kommt in Betracht (§ 20 Abs. 4; siehe zur Einordnung von disquotal verteilten Veräußerungsgewinnen gemäß § 17 als Veräußerungskosten der Mitgesellschafter auch das Urteil des FG Münster 12.12.2014 – 4 K 1918/13 EE, EFG 2015, 385, rkr. mAnm *V. Wendt*). Leitet man mit der hier vertretenen Meinung aus dem disquotalen Gewinnanteil eine originäre Einkünftezurechnung für die Initiatoren ab, stellen sich diese Abgrenzungsfragen nicht (*Töben/Schrepp* DStR 2019, 573 (578)).

599 Handelt es sich um gewerblich geprägte oder gewerblich infizierte Fonds-Gesellschaften (§ 15 Abs. 3), die außerhalb des Anwendungsbereichs des § 18 Abs. 1 Nr. 4 liegen, erzielen die Mitunternehmer der Fondsgesellschaft in Höhe der disquotalen Gewinnanteile originär gewerbliche Einkünfte (BFH 11.12.2018 – VIII R 11/16, DStR 2019, 1136). Die Gewinne aus der Veräußerung der Portfolio-Gesellschaften (auch Dividenden) sind auf Ebene des Fonds laufende Einkünfte gemäß § 15 Abs. 2. Für diese Einkünfte gilt das Teileinkünfteverfahren gemäß § 3 Nr. 40 Satz 1 Buchst. a, d. An die Mitunternehmer der Fondsgesellschaft werden im Rahmen der disquotalen Gewinnanteile gewerbliche Einkünfte durchgereicht, die anteilig steuerbefreit sind.

600 **cc) Vergütungsempfänger. Natürliche Personen und Personengesellschaften:** Es ist unstreitig, dass Empfänger eines carried interest, der unter § 18 Abs. 1 Nr. 4 fallen kann, beschränkt und unbeschränkt Steuerpflichtige sein können. Auch in- oder ausländische Personengesellschaften kommen als Carry-Holder in Betracht (BFH 11.12.2018 – VIII R 11/16, DStR 2019, 1136). Zur erforderlichen Beteiligtenstellung → Rn. 571.

601 **Kapitalgesellschaften als Carry-Holder:** Empfänger eines carried interest können auch Kapitalgesellschaften als Beteiligte der vermögensverwaltenden Gesellschaft sein (siehe

Abschnitt R 8.1 KStR 2015; FM Schleswig-Holstein 30.3.2009, BeckVerw 159128; *Weber-Grellet* DStR 2018, 992 (995); HHR/*Kanzler* § 3 Nr. 40a Rn. 10; HHR/*Brandt* § 18 Rn. 287; *Veith/Schade* FS Pöllath, 2009, 435 (444); *Friedrichs/Köhler* DB 2004, 1638; siehe zur Gegenauffassung LBP/*Güroff* § 18 Rn. 365; KSM/*Stuhrmann* Rn. B258; KKB/*Geeb* § 18 Rn. 269). Die anteilige Steuerbefreiung des carried interest wurde vom Gesetzgeber bewusst in § 3 Nr. 40a in einem eigenständigen Tatbestand geregelt, da eine Einfügung in § 3 Nr. 40 die Anwendbarkeit auf Kapitalgesellschaften ausgeschlossen hätte (vergleiche BT-Drs. 15/3336, 6; *Behrens* FR 2004, 1211 (1218); *Veith/Schade* FS Pöllath, 2009, 435 (445)).

Eine Kapitalgesellschaft, die als Carry-Holder **Beteiligter einer vermögensverwaltenden Fondsgesellschaft** ist, erzielt gemäß § 8 Abs. 1 und 2 KStG gewerbliche Einkünfte und verfügt über ein Betriebsvermögen. Ist die Fondsgesellschaft eine vermögensverwaltende Personengesellschaft, liegt eine Zebragesellschaft vor. Auf Ebene der Fondsgesellschaft werden von allen Gesellschaftern Einkünfte aus Kapitalvermögen erzielt. Die Umqualifizierung der Einkünfte der Carry-Holder-Kapitalgesellschaft als Gesellschafterin der Zebragesellschaft von Einkünften aus Kapitalvermögen in betriebliche Einkünfte hat auf Ebene der Carry-Holder-Kapitalgesellschaft (BFH 11.4.2005 – GrS 2/02, BStBl. II 2005, 679; siehe auch den BFH-Vorlagebeschluss zu § 9 Nr. 1 Satz 2 GewStG vom 21.7.2016 – IV R 26/14, BStBl. II 2017, 202) zu erfolgen. **602**

Der kapital-proportionale Gewinnanteil der Initiatoren aus der Fondsgesellschaft (die Einkünfte aus Kapitalvermögen) werden in Einkünfte aus Gewerbebetrieb auf Ebene der Kapitalgesellschaft gemäß § 8 Abs. 2 KStG umqualifiziert. **602.1**

Der kapital-disproportionale Gewinnanteil, den die Carry-Holder-Kapitalgesellschaft von den Mitgesellschaftern erhält, ist im Rahmen der Einkünfteermittlung der Kapitalgesellschaft gemäß § 3 Nr. 40a zunächst um 40% zu kürzen. Anschließend sind die Einkünfte aus dem carried interest gemäß § 8 Abs. 2 KStG in Einkünfte aus Gewerbebetrieb auf Ebene der Kapitalgesellschaft umzuqualifizieren (zutreffend *Veith/Schade* FS Pöllath, 2009, 435 (446)). **602.2**

Werden auf der Ebene der Fonds-Personengesellschaft gemäß § 15 Abs. 3 (gewerblich geprägte oder aufgrund einer Abfärbung) Einkünfte aus Gewerbebetrieb erzielt, gelten die allgemeinen Regelungen der Mitunternehmerbesteuerung. Der kapital-proportionale und der kapital-disproportionale Gewinnanteil einer **unbeschränkt steuerpflichtigen Carry-Holder-Kapitalgesellschaft** als Mitunternehmerin der Fondsgesellschaft führen zu Einkünften aus Gewerbebetrieb. Der carried interest ist zwar dem Grunde nach den Einkünften aus § 18 Abs. 1 Nr. 4 zuzuordnen, doch führt § 8 Abs. 2 KStG zur Umqualifizierung in Einkünfte aus Gewerbebetrieb. Allerdings ist die anteilige Steuerbefreiung des § 3 Nr. 40a auf den kapital-disproportionalen Gewinnanteil anzuwenden. **603**

Handelt es sich um eine **beschränkt steuerpflichtige Carry-Holder- Kapitalgesellschaft,** werden die **kapital-proportionalen Einkünfte** im Gewinnanteil der Mitunternehmer-Kapitalgesellschaft als Einkünfte aus Gewerbebetrieb und der **kapital-disproportionale Gewinnanteil** (nach Anwendung der anteiligen Steuerbefreiung des § 3 Nr. 40a) als Einkünfte aus selbständiger Arbeit eingeordnet. Dies ergibt sich aus § 49 Abs. 2 EStG iVm § 8 Abs. 2 KStG, da mangels einer inländischen Buchführungspflicht der beschränkt steuerpflichtigen Carry-Holder-Kapitalgesellschaft die Regelung des § 8 Abs. 2 KStG nicht zur Anwendung kommt. Die Einkünfte aus selbständiger Arbeit sind auf Ebene der Kapitalgesellschaft gemäß § 3 Nr. 40a nur zu 60% steuerpflichtig. **604**

Die Gegenauffassung, die Carry-Holder-Kapitalgesellschaften in allen Konstellationen nicht als mögliche Empfänger von Vergütungen im Sinne des § 18 Abs. 1 Nr. 4 ansieht (vergleiche LBP/*Güroff* § 18 Rn. 372; Korn/*Korn* § 18 Rn. 103.6, 103.12; *Geerling/Kost* IStR 2008, 759 (760)), überzeugt nicht. Wesentliches Argument dieser Auffassung ist, dass der Gesetzgeber zwar den Willen bekundet habe, § 3 Nr. 40a auf Ebene einer Carry-Holder-Kapitalgesellschaft zur Anwendung zu bringen, dies aber technisch unzureichend geregelt habe. § 8 Abs. 2 KStG sei eine vorrangige Regelung, die den Gewinnanteil der Carry-Holder-Kapitalgesellschaft in vollem Umfang in Einkünfte aus Gewerbebetrieb umqualifiziere. Dies führe dazu, dass die Zuordnung des carried interest zu den Einkünften aus selbständiger Arbeit gemäß § 18 Abs. 1 Nr. 4 vollständig durch § 8 Abs. 2 KStG überlagert werde und kein Raum bleibe, die anteilige Steuerbefreiung gemäß § 3 Nr. 40a einkünftemindernd zur Anwendung zu bringen. Dem ist nicht zu folgen. Der in der Gesetzesbegründung **605** bekundete Wille, dass § 3 Nr. 40a auch auf Carry-Holder-Kapitalgesellschaften anwendbar sein soll, ist eindeutig. Die Steuerbefreiung des § 3 Nr. 40a kann auf Ebene der Kapitalgesellschaft als „Kürzungsvorschrift" zur Anwendung kommen, auch wenn auf Ebene der Carry-Holder-Kapitalgesellschaft die anteilig steuerbefreiten Einkünfte aus dem carried interest in Einkünfte aus Gewerbebetrieb umqualifiziert werden.

606 Die Umqualifizierung der Einkünfte aus dem carried interest (nach Anwendung der Steuerbefreiung des § 3 Nr. 40a) in Einkünfte aus Gewerbebetrieb führt allerdings dazu, dass im Ergebnis auf Ebene der Carry-Holder-Kapitalgesellschaft eine Gewerbesteuerpflicht auch für die Einkünfte aus dem carried interest besteht, wenn § 8 Abs. 2 KStG anzuwenden ist.

607 Ist ein Steuerpflichtiger mit inländischem Wohnsitz an einer ausländischen Carry-Holder-Kapitalgesellschaft beteiligt, kommt die Regelung des § 7 Abs. 6a AStG iVm § 8 Abs. 1 Nr. 5 Buchst. a AStG nicht zur Anwendung. Die Carry-Holder-Kapitalgesellschaft ist keine Zwischengesellschaft im Sinne des § 8 Abs. 2 AStG (*Behrens* FR 2004, 1211 (1218)). Sieht man dies anders, kommt § 3 Nr. 40a bei der Ermittlung des Hinzurechnungsbetrags gemäß § 10 Abs. 2 AStG zur Anwendung (siehe vertiefend *Friedrichs/Köhler* DB 2004, 1638 (1638 f.)).

608 *Einstweilen frei*

609 **e) Einräumung des Vergütungsanspruchs unter der Voraussetzung vollständiger Kapitalrückzahlung an die Gesellschafter und Gemeinschafter. aa) Bedeutung des Merkmals.** Das Gesetz verlangt – neben der schon besprochenen Voraussetzung, dass die Vergütungen für Leistungen zur Förderung des Gesellschafts- oder Gemeinschaftswerks und damit für ideelle Gesellschafterbeiträge gewährt werden müssen, – zusätzlich, dass der Anspruch auf eine solche Vergütung dem Initiator unter der Voraussetzung eingeräumt worden ist, dass die Gesellschafter oder Gemeinschafter ihr eingezahltes Kapital vollständig zurückerhalten haben. Die liquiditätsorientierte Berechnungsmethode für den carried interest, die den Gesamtgewinn der PE/VC-Fonds in der Totalperiode im Fokus hat, das hieran anknüpfende gesetzliche Merkmal und das Prinzip der Abschnittsbesteuerung harmonieren nicht miteinander (*Töben/Schrepp* DStR 2019, 526 (527) und *Dies.* DStR 2019, 573 (575)).

610 Die Formulierung des Gesetzes ist **auslegungsbedürftig.**

- So müssen nach dem Wortlaut des § 18 Abs. 1 Nr. 4 zum einen die Einkünfte als Vergütungen für ideelle Gesellschafterbeiträge „erzielt" werden. Diese Voraussetzung zielt auf den Zufluss- und Realisationszeitpunkt der Einnahme beim Initiator ab. § 18 Abs. 1 Nr. 4 normiert keine besonderen Grundsätze für den Zufluss. Die Vergütungen werden als Einkünfte nach allgemeinen Grundsätzen vereinnahmt, dh mit Zufluss, wenn auf der Ebene des Carry-Berechtigten die Einnahme-Überschussrechnung gemäß § 4 Abs. 3 angewendet wird, oder im Zeitpunkt der Realisation der Forderung des Carry-Holders, wenn dieser den Gewinn gemäß § 4 Abs. 1 ermittelt (siehe *Töben/Schrepp* DStR 2019, 573 (575)).
- Weiter verlangt das Gesetz, dass der Anspruch des Initiators auf diese Vergütungen im Gesellschaftsvertrag unter der Voraussetzung „eingeräumt worden sein muss", dass die übrigen Gesellschafter oder Gemeinschafter ihr eingezahltes Kapital zurückgewährt erhalten. Nach zutreffender Auffassung ist es ausreichend, wenn die Anspruchsentstehung nach der Gewinnverteilungsabrede des Gesellschaftsvertrags den Rückgewährvorbehalt in dem Zeitpunkt enthält, zu dem die Vergütung, welche unter § 18 Abs. 1 Nr. 4 und § 3 Nr. 40a fallen soll, ausgezahlt bzw. vom Initiator realisiert wird. Gesellschaftsverträge können somit nachträglich repariert werden, wenn eine Gewinnverteilungsabrede die notwendigen Beschränkungen für die Entstehung des Carry-Anspruchs des Initiators nicht enthält (HHR/*Brandt* § 18 Rn. 286; Blümich/*Hutter* § 18 Rn. 200; LBP/*Güroff* § 18 Rn. 393; *Veith/Schade* FS Pöllath, 2009, 434 (449)).

Schließlich verlangt § 18 Abs. 1 Nr. 4, dass die Mitgesellschafter ihr eingezahltes Kapital „zurückerhalten haben" und nicht nur „zurückerhalten". Es reicht demnach nicht aus, den Anspruch des Initiators unter die Voraussetzung zu stellen, dass die Mitgesellschafter ihr eingezahltes Kapital zurückerhalten „sollen". Das Gesetz will eine Subsumtion des carried interest unter § 18 Abs. 1 Nr. 4 mit der Folge der anteiligen Steuerbefreiung gemäß § 3 Nr. 40 nur zulassen, wenn im Ergebnis feststeht, dass die Mitgesellschafter der Initiatoren ihr Kapital tatsächlich zurückerhalten haben. Eine Mindestverzinsung neben der Verpflichtung zur Rückgewähr des eingezahlten Kapitals verlangt das Gesetz indes nicht.

Von einem carried interest, der gemäß § 18 Abs. 1 Nr. 4 iVm § 3 Nr. 40a erfasst und anteilig steuerbefreit ist, kann im Ergebnis also nur ausgegangen werden, wenn kumulativ sowohl die Anspruchsentstehung für den Initiator in der Gewinnverteilungsabrede an den Vorbehalt der Kapitalrückgewähr an die Mitgesellschafter geknüpft wird als auch am Ende der Laufzeit des Fonds die Mitgesellschafter ihr eingezahltes Kapital tatsächlich zurückerhalten haben. 611

Diese Auslegung steht mit dem Gesetzeszweck in Einklang. Der Gesetzgeber hat den carried interest als besondere erfolgsabhängige Tätigkeitsvergütung der Mitgesellschafter an die Initiatoren angesehen (→ Rn. 588). Es soll nur der nach Tilgung der Verbindlichkeiten und Rückgewähr des eingezahlten Kapitals an die Investoren verbleibende Fonds-Gewinn Berechnungsgrundlage für das carried interest der Initiatoren sein können (vgl. HHR/Brandt, § 18 Rn. 286). Nach der Gesetzesbegründung bildet gerade diese Nachrangigkeit der Entstehung des Anspruchs der Initiatoren einen tragenden Rechtfertigungsgrund dafür, dass der Carry als besondere Tätigkeitsvergütung gemäß § 3 Nr. 40a anteilig steuerbefreit sein kann (→ Rn. 522). Dem gesetzlichen Leitbild liegt damit die Vorstellung zugrunde, dass der Anspruch des Initiators auf den Carry erst *entsteht*, wenn das über die Laufzeit des Voraus zugesagte und eingezahlte Kapital der Mitgesellschafter an diese ausgezahlt worden ist („full repayment of capital commited"). Bei konsequenter Anwendung dieser Vorgabe dürfte der carried interest demnach frühestens im Zeitpunkt der Liquidation eines Fonds rechtlich entstehen und ausgezahlt werden, da frühestens in diesem Zeitpunkt abschließend festgestellt werden kann, ob die Anleger ihr eingezahltes Kapital vollständig zurückerhalten haben (sog. „whole of fund calculation"; zutreffend *Veith/Schade* FS Pöllath, 2009, 435 (448)). 612

bb) Zweifelsfragen. Zutreffend wird im Schrifttum die Voraussetzung, dass das Entstehen des Vergütungsanspruchs des Initiators unter dem Vorbehalt der vollständigen Kapitalrückzahlung an die Mitgesellschafter stehen muss, als erfüllt angesehen, wenn ein Rückgewährvorbehalt im Gesellschaftsvertrag im Rahmen der Gewinnverteilungsabrede vor Zuweisung der Vergütungen nachgeholt wird (→ Rn. 610), zum Teil wird nach Zuweisung die Aufnahme in den Gesellschaftsvertrag bis zur Auszahlung als zulässig angesehen (LBP/*Güroff* § 18 Rn. 393). 613

Die Voraussetzung, dass die Investoren ihr Kapital zurückerhalten müssen, ist nicht erfüllt, wenn ein Carry nach der erfolgreichen Veräußerung einer Portfolio-Beteiligung an Initiatoren zugewiesen und ausgezahlt wird, aber zuvor durch andere Investitionen das ursprünglich eingezahlte oder durch nachträgliche Zuführung von den Investoren erlangte Kapital teilweise verbraucht ist und den Investoren am Ende der Laufzeit nicht vollständig zurückgewährt werden kann. Dies betrifft die in der Praxis anzutreffenden *„deal-by-deal"*-Abreden, wenn die Gewinnzuweisung nach der Gewinnverteilungsabrede des Fonds so auszulegen ist, dass die Initiatoren den Carry unabhängig von der tatsächlichen Rückgewähr des eingezahlten Kapitals endgültig behalten dürfen (siehe KSM/*Stuhrmann* § 18 Rn. B 258a; *Veith/Schade* FS Pöllath, 2009, 435 (448); *Behrens* FR 2004, 1211 (1218)). 614

Einstweilen frei 615

cc) Abschlagszahlungen. Zentrale Streitfrage in der Praxis ist, ob den Initiatoren vor der endgültigen Anspruchsentstehung schon anteilig steuerfreie Abschlagszahlungen gemäß §§ 18 Abs. 1 Nr. 4, 3 Nr. 40a ausgezahlt werden können, obwohl bei Zufluss dieser Zahlungen nicht feststeht, ob die Mitgesellschafter ihr Kapital vollständig zurückerhalten werden. 616

Nach einer Mindermeinung sollen steuerfreie Abschlagszahlungen während der Laufzeit des Fonds nach dem Wortlaut des § 18 Abs. 1 Nr. 4 ausgeschlossen sein. Die Vertreter dieser Auffassung stellen entscheidend darauf ab, dass nicht nur die Vereinbarung des Vorbehalts einer vollständigen Kapitalrückgewähr für eine steuerfreie Auszahlung vorliegen, sondern zugleich im Zeitpunkt der Anspruchsentstehung und Auszahlung feststehen müsse, dass die Mitgesellschafter der Initiatoren ihr Kapital vollständig zurückerhalten haben (KKB/*Geeb* § 18 Rn. 271; Schmidt/*Wacker* § 18 Rn. 286). 617

Die wohl überwiegende Auffassung im Schrifttum hält steuerfreie Abschlagszahlungen auf einen potenziellen carried interest an die Initiatoren hingegen für zulässig. 618

- Das Gesetz wird von den Vertretern dieser Auffassung in dem Sinne ausgelegt, dass entscheidend sei, ob der *Anspruch* auf den Carry unter dem Vorbehalt der vollständigen

Kapitalrückzahlung eingeräumt werde. Sei dieser Vorbehalt vereinbart, könne eine steuerfreie Abschlagszahlung geleistet werden, da das Gesetz nicht verlange, dass die Investoren bei der ersten Auszahlung eines Carry ihr Kapital schon zurückerhalten haben müssten (vgl. HHR/*Brandt* § 18 Rn. 286; wohl auch LBP/*Güroff* § 18 Rn. 394). Wie zu verfahren ist, wenn sich bei Liquidation des Fonds herausstellt, dass eine Kapitalrückgewähr an die Gesellschafter des Fonds nicht gelingt und die ursprünglich steuerfrei geleistete Auszahlung zu korrigieren ist, wird von den Vertretern dieser Auffassung allerdings nicht näher ausgeführt. Diese sehr weitgehende Auffassung lässt sich meines Erachtens nicht mit dem Gesetzeswortlaut in Einklang bringen, der für die Anspruchsentstehung verlangt, dass die Gesellschafter ihr eingesetztes Kapital zurückerhalten haben.

- Überzeugend ist im Rahmen der herrschenden Meinung aber derjenige Begründungsansatz, der *kumulativ* verlangt, dass der Anspruch auf die Vergütung (den Carry) unter der Voraussetzung des Vorbehalts der Rückgewähr des Kapitals der Investoren im Gesellschaftsvertrag eingeräumt worden sein muss *und* im Auszahlungszeitpunkt einer Abschlagszahlung sichergestellt sein muss, dass eine Kapitalrückgewähr erfolgen wird. Eine solche Absicherung der Kapitalrückgewähr an die Investoren wird als gegeben angesehen, wenn im Gesellschaftsvertrag des Fonds Rückgewährklauseln oder auflösende Bedingungen gegenüber den Initiatoren mit dem Inhalt vereinbart werden, dass diese vereinnahmte Abschlagszahlungen zurückzuzahlen haben, wenn sich am Ende der Laufzeit des Fonds herausstellt, dass das eingezahlte Kapital der Investoren nicht vollständig zurückgewährt werden kann (sog. *Claw-Back-Regelungen*; siehe zu dieser Auffassung Korn/*Korn* § 18 Rn. 103.10; *Behrens* FR 2004, 1211 (1218); *Veith/Schade* FS Pöllath, 2009, 435 (449); *Töben/Schrepp* DStR 2019, 573 (578)). Dem ist zuzustimmen, da aus der Gesetzesbegründung heraus nicht zu erkennen ist, dass der Gesetzgeber abweichend von der vorgefundenen Praxis durch die gesetzliche Neuregelung den Zeitpunkt, zu dem ein unter § 18 Abs. 1 Nr. 4 fallender Carry gezahlt werden kann, in die Liquidation des Fonds verlegen wollte (*Veith/Schade* FS Pöllath, 2009, 435 (448)).

619 Der Umstand, dass die Anspruchsentstehung unter dem Vorbehalt der Kapitalrückgewähr und des tatsächlichen Vollzugs der Kapitalrückgewähr an die Investoren stehen muss, stellt daher kein Hindernis dar, während der Laufzeit des Fonds schon Abschlagszahlungen auf den potenziellen Anspruch an die Initiatoren zu leisten, die im Zufluss- oder Realisationszeitpunkt gemäß § 18 Abs. 1 Nr. 4 und § 3 Nr. 40 als anteilig steuerbefreite Vergütungen vereinnahmt werden können. Dies setzt voraus, dass vor Auszahlung der Abschlagszahlung der Vorbehalt der Kapitalrückgewähr in der Gewinnverteilungsabrede des Gesellschaftsvertrags vereinbart worden ist und die Abschlagszahlung sich nicht als endgültige Zuweisung des Carry darstellt. Zu verlangen ist eine Zuweisung und Auszahlung entweder unter der aufschiebenden Bedingung, dass ein Carry erst bezogen auf den Liquidationszeitpunkt endgültig gewährt wird oder die Zuweisung unter der auflösenden Bedingung steht, dass ein vor Laufzeitende gewährter Carry zurückzuzahlen ist, wenn das Kapital den Investoren nicht anteilig zurückgezahlt werden kann (*Claw-Back-Verpflichtung*). Diese in der Praxis üblichen *Claw-Back-Regelungen* sind meines Erachtens ausreichend, um zu dokumentieren, dass im Zeitpunkt einer Abschlagszahlung der Anspruch der Vergütung des Initiators im Sinne des Gesetzes noch nicht endgültig und unabhängig von der tatsächlichen Rückgewähr des eingezahlten Kapitals gewährt wird (*Töben/Schrepp* DStR 2019, 573 (578 f.)).

620 Dass Zufluss-/Realisationszeitpunkt für die Einnahme der Abschlagszahlung und der Zeitpunkt, zu dem endgültig beurteilt werden kann, ob die Voraussetzungen einer bestimmten steuerlichen Behandlung des Sachverhalts verwirklicht worden sind, auseinanderfallen, schließt auch in anderen Bereichen des Steuerrechts die Möglichkeit, einen Sachverhalt vorläufig zu behandeln und diese Behandlung ggf. später rückabzuwickeln, ein. So erkennt die Rechtsprechung im Bereich der außergewöhnlichen Belastungen gemäß § 33 an, dass die Beurteilung, ob eine für den Abzug erforderliche „endgültige Belastung" im Sinne der Regelung eingetreten ist und der nach § 11 Abs. 2 maßgebliche Abflusszeitpunkt auseinanderfallen können. Der sich hieraus ergebenden Konflikt wird dahingehend aufgelöst, dass der Abfluss in einem früheren Veranlagungszeitraum entweder nachträglich gemäß § 175 Abs. 1 Nr. 2 AO zum Abzug einer außergewöhnlichen Belastung berechtigt oder diese Berechtigung nachträglich entfällt, zB in einem späteren Veranlagungszeitraum eine Erstattungsleistung vom Steuerpflichtigen vereinnahmt wird (Schmidt/*Loschelder* § 33 Rn. 13: Verdrängung des Zufluss- durch das Belastungsprinzip mwN). Im Rahmen der Steuerbefreiung des § 3b wird ebenfalls die Möglichkeit anerkannt, dem Steuerpflichtigen Abschlagszahlungen auf steuerbefreite Sonntags-, Feiertags-, und Nachtarbeitszuschläge zu leisten, wenn sich erst nachträglich durch eine erforderliche Einzelabrechnung klären lässt, ob die Voraussetzungen für die Steuerbefreiung des Zuschlags gegeben sind (Schmidt/*Levedag* § 3b Rn. 12 mwN).

Stellt sich bei Abwicklung des Fonds heraus, dass die Abschlagszahlung geleistet worden ist, ohne dass die vollständige Kapitalrückgewähr an die Mitgesellschafter der Initiatoren gelingt, ist bei Vorliegen einer Claw-Back-Regelung diese zu vollziehen. Die Rückzahlung erhaltener Mittel in den Fonds zur Rückgewähr an die Investoren führt zu negativen Einnahmen der Initiatoren gemäß § 18 Abs. 1 Nr. 4 im Zeitpunkt der Rückzahlung (glA *Töben/Schrepp* DStR 2019, 573 (578)). 621

Wird eine *Claw-Back-Regelung* nicht vollzogen, ist der Steuerbescheid des Initiators für den Veranlagungszeitraum, in dem die Abschlagszahlung anteilig steuerbefreit behandelt wurde, gemäß § 175 Abs. 1 Nr. 2 AO zu ändern und eine voll steuerpflichtige Tätigkeitsvergütung (ggf. gemäß § 18 Abs. 1 Nr. 3) anzusetzen (glA *Töben/Schrepp* DStR 2019, 573 (578)). Das für § 175 Abs. 1 Nr. 2 AO im vorliegenden Kontext erforderliche nachträglich eintretende Ereignis ist der Umstand, ob bei Abwicklung des Fonds eine vollständige Rückgewähr des Kapitals an die Mitgesellschafter der Initiatoren gelingt. 622

Einstweilen frei 623

f) Nichtanwendung des § 15 Abs. 3 (§ 18 Abs. 1 Nr. 4 Hs. 2). Einigkeit besteht im Schrifttum dahingehend, dass der Anwendungsausschluss des § 15 Abs. 3 auf Ebene einer Carry-Holder-Gesellschaft, die gewerblich geprägt (§ 15 Abs. 3 Nr. 2) oder infiziert (§ 15 Abs. 3 Nr. 1) ist, die vorrangige Zuordnung des carried interest zu den Einkünften aus Gewerbebetrieb statt zu den Einkünften aus selbständiger Arbeit verhindern soll (HHR/*Brandt* § 18 Rn. 287; LBP/*Güroff* § 18 Rn. 397; Korn/*Korn* § 18 Rn. 103.12). 624

§ 18 Abs. 1 Nr. 4, Hs. 2 wurde ferner auch eine Bedeutung für die Auslegung des Merkmals der vermögensverwaltenden Zweckverfolgung beigemessen (Blümich/*Hutter* § 18 Rn. 206; HHR/*Brandt* § 18 Rn. 287). Danach sollte eine Fonds-Gesellschaft oder Gemeinschaft im Anwendungsbereich der Nr. 4 ihren Charakter als vermögensverwaltende Gesellschaft nicht dadurch verlieren können, dass eine Fonds-Initiatorin (Carry-Holder) zB in der Rechtsform einer Personenhandelsgesellschaft oder Personengesellschaft außerhalb der Tätigkeit des Fonds gewerblich tätig ist („Verhinderung einer Abfärbung von oben nach unten"). Nach hier vertretener und vom BFH (BFH 11.12.2018 – VIII R 11/16, DStR 2019, 1136) geteilter Auffassung ist das Merkmal der „vermögensverwaltenden Zweckverfolgung" ohne Rückgriff auf § 18 Abs. 1 Nr. 4 Hs. 2 auszulegen. Der Ausschluss des § 15 Abs. 3 in § 18 Abs. 1 Nr. 4 Hs. 2 auf Ebene der Obergesellschaft soll aus Sicht des BFH nicht bewirken, dass gewerbliche Fondsgesellschaften kraft Abfärbung oder gewerblicher Prägung teilweise „entfärbt" oder „entprägt" werden (ebenso Korn/*Korn* § 18 Rn. 103.12). 625

Einstweilen frei 626

g) Rechtsfolgen. aa) Voraussetzungen des § 18 Abs. 1 Nr. 4 sind erfüllt. Einkünftezurechnung und -ermittlung: Sind die Voraussetzungen des § 18 Abs. 1 Nr. 4 erfüllt, kommt es zur gesetzlichen Zuordnung der Vergütung (des Carry) zu den Einkünften aus selbständiger Arbeit. Zudem ist die anteilige Steuerbefreiung des § 3 Nr. 40a zu gewähren. Zur Einkünftezurechnung und der Behandlung des carried interest bei den Mitgesellschaftern der Initiatoren → Rn. 598. Zur Frage des Realisations- und Zuflusszeitpunktes der Vergütungen nach Maßgabe der geltenden Gewinnermittlungsvorschriften und zu den Voraussetzungen für eine steuerfreie Abschlagszahlung auf einen unter § 18 Abs. 1 Nr. 4 fallenden carried interest ebenfalls → Rn. 620. Zu Kapitalgesellschaften als Carry Berechtigten → Rn. 601. 627

Verfahrensrecht: Die hier vertretene Auffassung zur konstruktiven Behandlung des carried interest als Zuwendung von Einnahmen durch die Mitgesellschafter der Initiatoren an die Carry-Holder hat auch Einfluss auf die verfahrensrechtliche Behandlung der Vergütungen. Über die Umqualifizierung der Einkünfte aus dem carried interest von den unterliegenden Einnahmen des vermögensverwaltenden Fonds und deren Zurechnung bei den Initiatoren ist nicht in der gesonderten einheitlichen Feststellung der Einkünfte gemäß § 180 Abs. 1 Nr. 2 Buchst. a AO zu entscheiden (siehe Korn/*Korn* § 18 Rn. 103.19). Dies ist zwar nicht 628 ganz zweifelsfrei, da § 180 Abs. 1 Nr. 2 Buchst. a AO auch eine Rechtsgrundlage für die gesonderte und einheitliche Feststellung von „anderen Besteuerungsgrundlagen" enthält, die mit den festzustellenden Einkünften in Zusammenhang stehen. „Andere Besteuerungsgrundlagen" sind solche, die nicht Grund und Höhe der gemeinschaftlichen Einkünfte betreffen und deshalb bei der Ermittlung der gemeinschaftlich erzielten Einkünfte nicht berücksichtigt worden sind, soweit sie in einem rechtlichen, wirtschaftlichen oder tatsächlichen Zusammenhang mit den gemeinschaftlich erzielten Einkünften stehen (vgl. Klein/*Ratschow* AO § 180 Rn. 12, 17 und 19; Anwendungserlass zur Abgabenordnung zu § 180 Nr. 1).

Auf Ebene einer Carry-Holder-Personengesellschaft sind die Einkünfte gesondert und einheitlich festzustellen, da jene das maßgebliche Einkünfteerzielungssubjekt ist. Auf dieser Ebene ist über die Umqualifizierung der Einkünfte aus den disquotalen Gewinnanteilen im Rahmen der Feststellung der Einkunftsart zu entscheiden (BFH 11.12.2018 – VIII R 11/16, DStR 2019, 1136; siehe auch *Töben/Schrepp* DStR 2019, 573; Korn/*Korn* § 18 Rn. 103.19). BFH 11.12.2018 – VIII R 11/16, DStR 2019, 1136 hat auch eine wichtige verfahrensrechtliche Frage zu § 3 Nr. 40a geklärt. In der gesonderten und einheitlichen Feststellung der Carry-Holder-Gesellschaft stellen die Feststellung zur „Art der Einkünfte" und zum Vorhandenssein steuerbefreiter Einkünfte gemäß § 3 Nr. 40a verfahrensrechtlich eigenständige Feststellungen dar, die getrennt angefochten werden können. Der BFH stellt in der Entscheidung jedoch klar, dass diese Feststellungen „untrennbar miteinander verbunden" sind. Dies bedeutet, dass anteilig steuerbefreite Einkünfte gemäß § 3 Nr. 40a im Gewinnfeststellungsbescheid der Carry-Holder-Gesellschaft (Oberpersonengesellschaft) nur dann gesondert und einheitlich festgestellt werden können, wenn zugleich wegen der Umqualifizierung des disquotalen Gewinnanteils aus der Fondsgesellschaft in eine Tätigkeitsvergütung gemäß § 18 Abs. 1 Nr. 4 als Einkunftsart „Einkünfte aus selbständiger Arbeit" festgestellt werden.

629 **Grenzüberschreitende Vergütungen:** Besondere Fragen sind aufgeworfen, wenn der carried interest im Rahmen des § 18 Abs. 1 Nr. 4 grenzüberschreitend gezahlt wird (siehe *Töben/Schrepp* DStR 2019, 573 (579)). Hier können sich Qualifikationskonflikte ergeben. Im Ausland, insbesondere in Großbritannien und in den USA, wird der carried interest, wenn er aus Veräußerungsgewinnen an Kapitalgesellschaften gespeist wird, den Veräußerungsgewinnen (Capital Gains) zugeordnet (siehe ausführlich *Anzinger/Jekerle* IStR 2008, 825 ff.).

630 **Outbound-Vergütungen:** Handelt es sich um einen Ausländer, der an einer inländischen Carry-Holder-Personengesellschaft beteiligt ist oder einen carried interest als Einzelperson vereinnahmt, der unter § 18 Abs. 1 Nr. 4 fällt, richtet sich das deutsche Besteuerungsrecht nach § 49 Abs. 1 Nr. 3. Ein solches besteht, soweit der Carry Berechtigte seine Tätigkeit im Inland ausgeübt hat oder diese hier verwertet wird oder hierfür eine feste Geschäftseinrichtung oder Betriebsstätte besteht. Besteht keine Betriebsstätte/feste Geschäftseinrichtung und ist der ausländische Carry-Berechtigte ausschließlich vom Ausland aus gegenüber einem inländischen Fonds tätig, ist zweifelhaft ob eine Verwertung der Tätigkeit im Inland angenommen werden kann (siehe näher dazu *Veith/Schade* FS Pöllath, 2009, 435 (455)). Bei einer Carry-Holder-Personengesellschaft mit inländischen und ausländischen Gesellschaftern, die über inländische Geschäftsführer verfügt, stellt sich regelmäßig die Frage, ob der inländischen Carry-Holder-Gesellschaft eine Geschäftsleitungsbetriebsstätte aufgrund der privaten Arbeitszimmer inländischer (Gesellschafter-)Geschäftsführer oder einer im Inland für die Gesellschaft tätigen Managementgesellschaft zugerechnet werden kann (siehe ausführlich *Schnittger/Steinbiß* IStR 2015, 760 (765)). Zudem stellt sich die Frage, welchem Staat nach dem Doppelbesteuerungsabkommen das Besteuerungsrecht zusteht (→ Rn. 632; zur gesonderten und einheitlichen Feststellung der Einkünfte bei mehrstöckigen Strukturen siehe BFH 11.12.2018 – VIII R 11/16, DStR 2019, 1136; BFH 28.11. 2019 – IV R 43/16, BFH/NV 2020, 511).

631 **Inbound-Vergütungen:** Handelt es sich um eine ausländische Carry-Holder-Gesellschaft, die einen unbeschränkt steuerpflichtigen inländischen Gesellschafter hat, hat dieser den carried interest gemäß § 18 Abs. 1 Nr. 4 iVm § 1 Abs. 1 Nr. 1 nach dem Welteinkommensprinzip im Inland zu versteuern. Dies gilt auch für einen unbeschränkt steuerpflichtigen Carry-Holder, dem die Vergütung unmittelbar zusteht. Hier kommt es darauf an, ob das deutsche Besteuerungsrecht aufgrund eines Doppelbesteuerungsabkommens beschränkt ist.

Letzteres kann der Fall sein, wenn der carried interest in einer ausländischen Carry Gesellschaft erzielt wird, die im Ausland über eine Betriebsstätte verfügt, wenn zwischen dem Sitzstaat dieser Gesellschaft und Deutschland ein Doppelbesteuerungsabkommen besteht, nach dem Deutschland die ausländischen Betriebsstätteneinkünfte unter Anwendung des Progressionsvorbehalts im Inland entsprechend Art. 7 OECD-MA freizustellen hat. Ob der Betriebsstättenartikel des einschlägigen DBA zur Anwendung kommt, ist jedoch streitig (→ Rn. 634).

Abkommensrecht: Auf der Ebene des Doppelbesteuerungsabkommens droht ein Qualifikationskonflikt bei der Bestimmung der zutreffenden Einkunftsart. Aus Sicht des deutschen Rechtsanwenders ist gemäß § 18 Abs. 1 Nr. 4 der Carry Bestandteil der selbständigen Einkünfte. Aus Sicht des Steuerrechts des anderen Vertragsstaats kann der carried interest als disquotaler Ergebnisanteil anzusehen sein, der aus den unterliegenden Fondseinnahmen gespeist wird (siehe zu unterschiedlichen Betrachtungsweisen des jeweiligen Anwenderstaates WRS PersGes/*Wassermeyer* Kap. 4 Qualifikationskonflikte, Rn. 4.16 f.; *Töben/Schrepp* DStR 2019, 573 (580)). 632

Fraglich ist, ob auch nach der abkommensrechtlichen Begriffsbestimmung die Besteuerungsrechte nach dem Betriebsstättenartikel des Art. 7 OECD-MA zu verteilen sind. Betrachtet man den carried interest abkommensrechtlich als Gewinn aus der Veräußerung einer Kapitalgesellschaftsbeteiligung, greift Art. 13 Abs. 5 OECD-Musterabkommen ein; speisen Dividenden der Fondsgesellschaft den Carry, können Art. 10 oder 21 OECD-Musterabkommen einschlägig sein. 633

§ 18 Abs. 1 Nr. 4 ist als eine unilaterale gesetzliche Regelung zu qualifizieren, die für Vergütungen im Sinne der Vorschrift aus nationaler Sicht eine spezielle Zuordnung zu den Einkünften aus selbständiger Arbeit vornimmt. Somit kommt § 18 Abs. 1 Nr. 4 keine konstitutive Wirkung für die abkommensrechtliche Einkommenszuordnung zu (ebenso *Schnittger/Steinbiß* IStR 2015, 760 (767); *Töben/Schrepp* DStR 2019, 573 (580); siehe zur vergleichbaren Einordnung des § 15 Abs. 3 das Urteil BFH 28.4.2010 – I R 81/09, BStBl. II 2014, 754; WRS PersGes/*Wassermeyer* Kap. 4 Qualifikationskonflikte Rn. 4.38). Es greift für die Auslegung des DBA allerdings im ersten Schritt jeder Vertragsstaat auf die Auslegungsregel des einschlägigen DBA entsprechend Art. 3 Abs. 2 OECD-MA und damit auf seinen eigenen innerstaatlichen Verständnisvorbehalt zurück (WRS PersGes/*Wassermeyer* Kap. 4 Qualifikationskonflikte Rn. 4.21). In BFH 21.8.1985 – I R 63/80, BStBl. II 1986, 4, BFH 27.1.1988 – I R 241/83, BStBl. II 1988, 574, BFH 11.4.1990 – I R 75/88, BFHE 160, 513 und BFH 30.5.1990 – I R 175/86, BStBl. II 1990, 907 hat der BFH entschieden, dass für die Auslegung eines Abkommens in erster Linie die authentische Interpretation eines in ihm verwendeten Begriffes (= Wortlaut und Definition des Abkommens), in zweiter Linie der Sinn- und Vorschriftenzusammenhang innerhalb des Abkommens und erst in dritter Linie die Begriffsbestimmungen des innerstaatlichen Rechts maßgebend seien. Enthält das Abkommen eine klare Definition, so ist sie allein maßgebend. Lässt der Wortlaut des Abkommens irgendwelche Unklarheiten aufkommen, so sind diese vorrangig aus dem Zusammenhang, in den der einzelne Ausdruck gestellt ist, und nach dem Zweck der Vorschrift zu klären, die den Ausdruck verwendet (Wassermeyer/*Wassermeyer* OECD-MA Art. 3 Rn. 80). 634

Eine abkommensrechtliche Regelung des carried interest wird sich aus den Regelungen des einschlägigen DBA zur Verteilung der Besteuerungsrechte entsprechend Art. 10, Art. 13 Abs. 5 und Art. 21 des OECD-Musterabkommens in der Regel nicht ergeben. Dies hat zur Folge, dass aus Sicht des deutschen Rechtsanwenders aufgrund der Regelung des § 18 Abs. 1 Nr. 4 EStG iVm Art. 3 Abs. 2 OECD-Musterabkommens bei der Auslegung des DBA in der Regel der Betriebsstättenartikel des einschlägigen DBA entsprechend Art. 7 OECD-Musterabkommen für den carried interest anzuwenden sein dürfte (siehe ausführlich mit aA *Schnittger/Steinbiß* IStR 2015, 760 (767)). 635

Einstweilen frei 636

bb) Voraussetzungen des § 18 Abs. 1 Nr. 4 sind nicht erfüllt. Sind die Voraussetzungen des § 18 Abs. 1 Nr. 4 nicht erfüllt, leben die allgemeinen Grundsätze zur Behandlung der Vergütung aus der vermögensverwaltenden Personengesellschaft als disquotaler Ergebnisanteil wieder auf (LBP/*Güroff* § 18 Rn. 399; HHR/*Brandt* § 18 Rn. 285). Die Finanzverwaltung war im BMF-Schreiben 16.12.2003, BStBl. I 2004, 40 der Auffassung, ein carried interest 637 sei stets eine Tätigkeitsvergütung der Mitgesellschafter an die Initiatoren. Der Gesetzgeber hat die Auffassung des BMF-Schreibens in § 18 Abs. 1 Nr. 4 zwar im Ergebnis gesetzlich abgesichert und für eine Steuerbarkeit der Einkünfte der Initiatoren gesorgt, gleichzeitig aber zum Ausdruck gebracht, dass hierdurch eine „systemwidrige Behandlung" abweichend von der Behandlung des carried interest als disquotaler Gewinnanteil zugunsten der Rechtssicherheit geregelt werden sollte (→ Rn. 521).

638 Die Behandlung des carried interest als disquotaler Gewinnanteil greift daher stets ein, wenn ein Carry aus einem gewerblichen Fonds bezogen wird, da insoweit § 18 Abs. 1 Nr. 4 von vornherein nicht greift. Soweit im disquotalen Gewinnanteil Veräußerungsgewinne aus Anteilen an Kapitalgesellschaften enthalten sind, greift beim Carry-Berechtigten das Teileinkünfteverfahren gemäß § 3 Nr. 40 Buchst. a. Die Einnahmen des Fonds aus den Veräußerungsgewinnen der Portfoliobeteiligungen unterliegen auf der Ebene des Fonds der Gewerbesteuer (BFH 11.12.2018 – VIII R 11/16, DStR 2019, 1136).

Handelt es sich um eine vermögensverwaltende Fondsgesellschaft, sind aber die Voraussetzungen des anwendbaren § 18 Abs. 1 Nr. 4 nicht erfüllt (zB der Carry wird nicht unter dem Vorbehalt der vollständigen Rückgewähr des eingezahlten Kapitals gewährt oder der Fonds verfolgt nicht den Hauptzweck, Beteiligungen aus Portfoliogesellschaften zu erwerben, zu halten oder zu veräußern), bezieht der Initiator aus der Fondsgesellschaft Einkünfte aus § 20 Abs. 2, wenn der Fonds Veräußerungsgewinne aus Kapitalbeteiligungen erzielt hat.

639 Im Schrifttum wird vertreten, bei Nichteingreifen des § 18 Abs. 1 Nr. 4 falle eine Vergütung unter die Regelung des § 18 Abs. 1 Nr. 3, weil auch Beteiligungsentscheidungen von der Regelung erfasst seien (*Anzinger/Jekerle* IStR 2008, 821 (825 f); siehe auch das FG Münster 12.12.2014 – 4 K 1918/13 E, EFG 2015, 385). Dem ist nicht zu folgen. Anlageberater wie die Initiatoren erzielen nach ständiger Rechtsprechung des BFH unabhängig von ihrer Ausbildung und der näheren Ausgestaltung der Tätigkeit keine freiberuflichen, sondern gewerbliche Einkünfte (BFH 11.12.2018 – VIII R 11/16, DStR 2019, 1136). Ferner hat der Gesetzgeber § 18 Abs. 1 Nr. 4 eingeführt, um eine gesetzliche Zuordnung des disquotalen Ergebnisanteils zu den Einkünften aus selbständiger Arbeit zu gewährleisten und hat diesen mit der anteiligen Steuerbefreiung des § 3 Nr. 40a kombiniert. Wäre der Gesetzgeber der Auffassung gewesen, dass der Carry der Initiatoren unter § 18 Abs. 1 Nr. 3 zu subsumieren gewesen wäre, hätte es nur der Einführung des § 3 Nr. 40a bedurft, um die Rechtsauffassung des BMF-Schreibens vom 16.12.2003, BStBl. I 2004, 40 gesetzlich abzusichern. Der Gesetzgeber hat aber gerade die Einfügung des § 18 Abs. 1 Nr. 4 für erforderlich gehalten, um die Einordnung des Carry als disquotaler Gewinnanteil zu regeln.

640 *Einstweilen frei*

II. Vorübergehende Betätigung (Abs. 2)

1. Inhalt und Funktion der Vorschrift

641 Gemäß § 18 Abs. 2 sind Einkünfte aus dem Katalog des Abs. 1 Nr. 1–4 auch dann steuerpflichtig, wenn es sich nur um eine vorübergehende Tätigkeit handelt. In der Regelung ist eine Klarstellung zu sehen, dass eine leitende und eigenverantwortliche Tätigkeit, die ihrer Art nach unter § 18 Abs. 1 fällt, aber nur für einen von vornherein bestimmten Zeitraum oder in unregelmäßigen Abständen mit Wiederholungsabsicht ausgeübt wird, nachhaltig ist und zu steuerbaren Einkünften aus § 18 führt (KSM/*Stuhrmann* § 18 Rn. C2; HHR/*Brandt* § 18 Rn. 288; Blümich/*Hutter* § 18 Rn. 37; Korn/*Korn* § 18 Rn. 104). Nachhaltig ist demnach eine Tätigkeit, wenn sie von der Absicht getragen ist, sie zu wiederholen und daraus eine Einkunftsquelle zu machen und wenn sie sich objektiv als nachhaltig darstellt (BFH 10.9.2003 – XI R 26/02, BStBl. II 2004, 218).

642 Die Vorschrift hat zudem Bedeutung für die Einordnung und Abgrenzung, ob eine bestimmte Tätigkeit unter die Einkünfte aus selbständiger Arbeit gemäß § 18 fällt oder als sonstige selbständige Tätigkeit den Einkünften gemäß § 22 Nr. 3 unterfällt.

643 Zudem hat der BFH entschieden, dass eine vorübergehende Tätigkeit ebenfalls eine Gewinnerzielungsabsicht verlangt, hierbei jedoch der Umstand, dass eine Tätigkeit nur vorübergehend ausgeübt wird, das Vorliegen einer Gewinnerzielungsabsicht als solcher nicht ausschließen kann (BFH 13.5.1993 – IV R 131/92, BFH/NV 1994, 93).

Einstweilen frei 644

2. Voraussetzungen und Rechtsfolgen

a) Einkünfte nach Absatz 1. aa) Abgrenzbare Tätigkeit iSd Absatz 1. § 18 Abs. 2 setzt Einkünfte aus einer Tätigkeit im Sinne des Abs. 1 voraus, die nicht aufgrund einer untrennbaren Verflechtung bereits Bestandteil einer anderen (Haupt-)Tätigkeit ist. Diese Tätigkeit muss als solche – isoliert – auf ihre Steuerbarkeit bei den Einkünften aus selbständiger Arbeit hin zu prüfen sein. Im Schrifttum werden als hauptsächliche Anwendungsfälle der Vorschrift Tätigkeiten genannt, die in sachlichem Zusammenhang mit einer anderen steuerbaren Haupttätigkeit stehen, aber von dieser abgrenzbar sind (HHR/*Brandt* § 18 Rn. 288; KSM/*Stuhrmann* § 18 Rn. C2 mit dem Beispiel der fachschriftstellerischen Betätigung eines Richters, Beamten oder Rechtsanwalts). 645

Der BFH hat dem entsprechend zB die wissenschaftliche Gutachtentätigkeit und privatärztliche Behandlung von wenigen Patienten eines angestellten Werksarztes (BFH 27.3.1980 – IV R 48/75, DStR 1980, 723) und die Prozessvertretung eines Hochschullehrers vor dem BVerfG (BFH 28.1.1971 – IV R 194/70, BStBl. II 1971, 684) als unter § 18 Abs. 2 fallende Betätigungen eingeordnet. 646

Einstweilen frei 647

bb) Tätigkeit ohne sachlichen Bezug zu einer anderen Tätigkeit. Unter § 18 Abs. 2 fallen jedoch auch isoliert zu betrachtende vorübergehende Tätigkeiten, die nicht im sachlichen Zusammenhang mit einer Haupttätigkeit fallen (BFH 13.5.1993 – IV R 131/92, BFH/NV 1994, 93 zur nebenberuflichen Tätigkeit eines Steuerberater-Anwärters als Fußballtrainer). Im Bereich solcher Tätigkeiten stellt sich ein Abgrenzungsproblem zu gelegentlichen Tätigkeiten, die ihrer Art nach selbständig sind und unter § 22 Nr. 3 fallen (HHR/Brandt, § 18 Rn. 288). 648

Die Rechtsprechung (BFH 28.1.1971 – IV R 194/70, BStBl. II 1971, 684) und das Schrifttum fassen eine solche eigenständige Tätigkeit, die fachlich keinen Bezug zu einer Haupttätigkeit aufweist, dann unter § 18 Abs. 1 und Abs. 2, wenn eine Wiederholungsabsicht feststellbar ist. Ist aus den objektiven Umständen nicht auf eine Wiederholungsabsicht zu schließen, fällt die Tätigkeit unter § 22 Nr. 3 (siehe Blümich/*Hutter* § 18 Rn. 38 mit dem Beispiel des Verfassens eines steuerlichen Fachartikels durch einen Branchenfremden; HHR/*Brandt* § 18 Rn. 288 mit dem Beispiel der Testamentsvollstreckung eines Arztes; ebenso KSM/*Stuhrmann* § 18 Rn. C 3.) 649

Einstweilen frei 650

b) Begriff der vorübergehenden Tätigkeit. In der Rechtsprechung ist der Begriff der vorübergehenden Tätigkeit als Tätigkeit definiert worden, die planmäßig nur einmalig (für einen begrenzten Zeitraum) oder wenige Male, jedoch mit der Absicht ausgeübt wird, sie bei sich bietender Gelegenheit wieder auszuüben. Für die zweite Variante der Tatbestandserfüllung ist mithin die bereits angesprochene Wiederholungsabsicht kennzeichnend (BFH 28.1.1971 – IV R 194/70, BStBl. II 1971, 684; BFH 10.9.2003 – XI R 26/02, BStBl. II 2004, 218). 651

Wie in → Rn. 649 angesprochen, ist das Kriterium der Wiederholungsabsicht vom BFH maßgebliches Abgrenzungskriterium der unter § 18 Abs. 1 und 2 fallenden Einkünfte von Einkünften aus unter § 22 Nr. 3 fallenden gelegentlichen selbständigen Tätigkeiten. Der BFH stellt insbesondere für Erfinder, die diese Tätigkeit neben einer anderen Hauptbetätigung (etwa als Ingenieur) ausüben, auf das Kriterium der vorübergehenden Tätigkeit ab, um die freiberufliche Erfindertätigkeit von der unter § 22 Nr. 3 zu fassenden gelegentlichen Erfindertätigkeit (sog. Zufallserfindung oft branchenfremder Erfinder) zu unterscheiden. Der sog. Zufallserfindung liegt mangels Wiederholungsabsicht keine nachhaltige Tätigkeit zugrunde (vgl. BFH 18.6.1998 – IV R 29/97, BStBl. II 1998, 567; BFH 10.9.2003 – XI R 26/02, BStBl. II 2004, 218). 652

Die Wiederholungsabsicht muss sich auf die erfinderische Tätigkeit beziehen, die ihrerseits planmäßig sein muss. Wird ein Steuerpflichtiger wiederholt erfinderisch tätig, sei es, um auf den erfinderischen Gedanken zu kommen, sei es um die Verwertungsreife einer Erfindung zu fördern, so ist die vorüberge- 652.1

hende Tätigkeit auch dann nachhaltig, wenn der Steuerpflichtige letztlich nur eine Erfindung macht. Da der Steuerpflichtige selbst das Merkmal der nachhaltigen Tätigkeit erfüllen muss, können für die Feststellung der planmäßigen Betätigung nur solche Tätigkeiten berücksichtigt werden, die er selbst ausführt oder die von Dritten in seinem Auftrag ausgeführt werden, um die technische Verwertungsreife zu fördern. Die Patenterteilung und die darauf gerichteten Tätigkeiten eines beauftragten Patentanwalts stellen demnach regelmäßig keine auf Wiederholung angelegte erfinderische Tätigkeit dar und dienen nicht der Förderung der (technischen) Verwertungsreife der Erfindung (BFH 10.9.2003 – XI R 26/02, BStBl. II 2004, 218).

652.2 Das FG Düsseldorf hat jüngst die Nachhaltigkeit der Erfindertätigkeit eines nicht branchenfremden Steuerpflichtigen gerade aus den Tätigkeiten abgeleitet, die der Steuerpflichtige zeitlich nach der Erfindung entfaltete, um die Verwertungsreife im Laufe des Patenterteilungsverfahrens herzustellen (FG Düsseldorf 6.4.2016 – 2 K 896/14 E, EFG 2017, 288 mAnm *Bleschick*, Rev. erledigt, BFH III R 11/16).

653 *Einstweilen frei*

654 **c) Steuerpflicht der Einkünfte aus § 18 Absatz 1.** Liegt gemäß § 18 Abs. 2 eine steuerpflichtige Tätigkeit aus selbständiger Arbeit vor, gelten die allgemeinen Grundsätze. Der Steuerpflichtige verfügt insbesondere über ein Betriebsvermögen (siehe zur Abgrenzung der steuerpflichtigen Veräußerung eines betrieblich erfundenen Patents von der Veräußerung einer Zufallserfindung im Privatvermögen (BFH 10.9.2003 – XI R 26/02, BStBl. II 2004, 218). Der Steuerpflichtige hat den Gewinn nach allgemeinen Grundsätzen im Wege der Einnahme-Überschussrechnung oder des Betriebsvermögensvergleichs zu ermitteln.

655 *Einstweilen frei*

III. Veräußerungs- und Aufgabegewinne (Abs. 3)

1. Funktion und Inhalt der Vorschrift

656 **a) Allgemeines.** Gemäß § 18 Abs. 3 Satz 1 gehört zu den Einkünften aus selbständiger Arbeit auch der Gewinn, der bei der Veräußerung des Vermögens oder eines selbständigen Teils des Vermögens oder eines Anteils am Vermögen erzielt wird, das der selbständigen Arbeit dient. Gemäß § 18 Abs. 3 Satz 2 gelten § 16 Abs. 1 Satz 1 Nr. 1 und 2, § 16 Abs. 1 Satz 2, § 16 Abs. 2–4 entsprechend.

657 § 18 Abs. 3 Sätze 1 und 2 enthalten klarstellende Regelungen, soweit die steuerbaren Veräußerungs- und Aufgabetatbestände, deren Ermittlung, die Geltung der Realteilungsregelungen und die Anwendbarkeit des Freibetrags auch für die Einkünfte aus selbständiger Arbeit angesprochen werden. Hierdurch wird die Angleichung an die Besteuerung der Einkünfte aus Gewerbebetrieb erreicht.

658 **b) Tätigkeitsbezogene Auslegung der in § 18 Abs. 3 enthaltenen Merkmale. aa) Bezugnahme auf das der selbständigen Arbeit dienende Vermögen.** Aus dem Bezug auf das Vermögen, *das der selbständigen Arbeit dient,* wird für die Auslegung für die Veräußerungs- und Aufgabetatbestände zu Recht gefolgert, dass diese unter dem Gesichtspunkt der personenbezogenen Tätigkeit des Freiberuflers und des gesamten Bereichs der Einkünfteerzielung der selbständigen Arbeit heraus inhaltlich spezifisch auszulegen sind. Der Begriff der „selbständigen Arbeit" in § 18 Abs. 3 meint einen in sich geschlossenen Bereich selbständiger Arbeit, der den Gegenstand eines Berufs im Sinne des § 18 Abs. 1 bildet (BFH 10.10.1963 – IV 198/62 S, BStBl. III 1964, 120). Die selbständige Arbeit als *Tätigkeit* wird in § 18 Abs. 3 betont, um die Veräußerungs- und Aufgabetatbestände des § 18 Abs. 3 vom gewerblichen oder land- und forstwirtschaftlichen Betrieb abzugrenzen, bei dem der Einsatz von Kapital gegenüber der geistigen Arbeit und der eigenen Arbeitskraft des Steuerpflichtigen in den Hintergrund tritt. Das gilt auch dort, wo die Tätigkeit ein nicht unerhebliches Betriebsvermögen zu ihrer Ausführung erfordert (BFH 10.10.1963 – IV 198/62 S, BStBl. III 1964, 120; KSM/*Stuhrmann,* § 18, C1; Kirchhof/*Pfirrmann* § 18 Rn. 104). Die tätigkeitsbezogene Sichtweise der Einkünfteerzielung zieht die Rechtsprechung maßgeblich sowohl für die Konturierung des Begriffs der freiberuflichen Teilpraxis als auch des Veräußerungs- und Aufgabebegriffs heran.

Einstweilen frei 659

bb) Folgerungen für die Abgrenzbarkeit von Teilpraxen. Für die Abgrenzbarkeit von Teilpraxen als selbständigen Teilen des der Tätigkeit dienenden Vermögens im Sinne des § 18 Abs. 3 Satz 1 liegt aufgrund der Einkünfteerzielung durch die Tätigkeit des Freiberuflers der Wert der Praxis nicht in materiellen Vermögensgegenständen. Der Kunden-(Mandanten-, Patienten-)stamm als selbstgeschaffenes oder derivatives immaterielles Wirtschaftsgut kann als solcher aber anders als ein durch den Einsatz materieller Wirtschaftsgüter geprägter betrieblicher Teilbereich nicht allein durch organisatorische Trennung zu einer eigenen lebensfähigen Wirtschaftseinheit verselbständigt werden und einen – entsprechend der allgemeinen Teilbetriebsdefinition – mit einer gewissen Selbständigkeit ausgestatteten, geschlossenen Teil des Gesamtbetriebs bilden, der für sich allein lebensfähig ist. Als Konsequenz hieraus leitet die Rechtsprechung ab, bei einer einheitlichen gleichartigen freiberuflichen Tätigkeit schließe die Eigenart der selbständigen Arbeit und die Betonung der Betätigung (im Gegensatz zum Kapitaleinsatz) im allgemeinen die Annahme aus, Teile der Praxis könnten eine so weitgehende organisatorische Selbständigkeit erlangen, dass sie Teilbetrieben im gewerblichen Bereich gleichgestellt werden könnten (BFH 29.10.1992 – IV R 16/91, BStBl. II 1993, 182; BFH 1.7.2004 – IV R 32/02, BFH/NV 2005, 31; BFH 11.12.2007 – VIII B 202/06, BFH/NV 2008, 559 mwN; siehe auch FG München 29.11.2017 – 1 K 311/16, EFG 2019, 615 mAnm *Hennigfeld*; Rev. VIII R 36/18). Es wird somit im Grundsatz vermutet, dass die Bildung freiberuflicher Teilpraxen bei einer gleichartigen Tätigkeit nicht möglich ist. 660

Dies hat zu der Bildung von Fallgruppen geführt, in denen die Rechtsprechung die Abgrenzbarkeit freiberuflicher Teilpraxen bejaht (ausführlich → Rn. 740). 661

cc) Folgerungen für die Voraussetzungen einer Veräußerung und Aufgabe des Vermögens. Da zu den vermögensmäßigen Grundlagen einer freiberuflichen Praxis sowohl die Beziehungen des Praxisinhabers zu seinen bisherigen Mandanten als auch das durch den Praxisnamen bestimmte Wirkungsfeld (der Praxiswert) gehören, liegt nach der Rechtsprechung eine Veräußerung/Aufgabe des gesamten, der selbständigen Arbeit dienenden Vermögens in der Regel nicht vor, wenn der bisherige Praxisinhaber nach der Veräußerung der Praxis einen größeren Teil seiner bisherigen Mandate zurückbehält und in seinem angestammten räumlichen Wirkungsbereich verbleibt, in dem er seine Tätigkeit ohne zeitliche Unterbrechung mit alten und neu erworbenen Mandanten fortsetzt. Denn in diesem Falle nutzt der Praxisinhaber einen Teil der vermögensmäßigen Grundlagen seiner bisherigen Praxis und das durch den Praxisnamen bedingte bisherige Wirkungsfeld als maßgebliche Grundlage zukünftiger selbständiger Arbeit weiterhin ohne erkennbare Unterbrechung für sich zur Erzielung freiberuflicher Einkünfte (BFH 14.3.1975 – IV R 78/71, BStBl. II 1975, 661). Das spezifisch tätigkeitsbezogene Verständnis der wesentlichen Betriebsgrundlagen eines freiberuflichen Betriebs erfordert besondere Grundsätze, unter welchen Voraussetzungen von deren Übertragung oder Aufgabe ausgegangen werden kann. 662

Einstweilen frei 663

c) Inhalt der Regelung. aa) Aufgabe- und Veräußerungstatbestände. Aus der Aufzählung bestimmter steuerbarer Tatbestände in § 18 Abs. 3 Satz 1 und der entsprechenden Anwendung der § 16 Abs. 2–4 folgt, dass die folgenden steuerbaren Tatbestände existieren und die hieraus resultierenden Veräußerungs- und Aufgabegewinne wie folgt zu ermitteln sind: 664

- Veräußerung eines Betriebs der selbständigen Arbeit (§ 16 Abs. 1 Satz 1 Nr. 1 iVm § 18 Abs. 3 Satz 1);
- Veräußerung eines solchen Teilbetriebs (sog. Teilpraxis) und eines fiktiven Teilbetriebs in Form der 100%-Beteiligung an einer Kapitalgesellschaft (§ 16 Abs. 1 Nr. 1 Satz 2 iVm § 18 Abs. 3 Sätze 1 und 2);
- Veräußerung eines Mitunternehmeranteils an einer Freiberufler-Personengesellschaft und eines Mitunternehmerteilanteils an einer solchen Gesellschaft samt der gesetzlichen Qualifizierung der Gewinne aus einer Teilanteilsveräußerung als laufende Gewinne (§ 16 Abs. 1 Satz 1 Nr. 2 und § 16 Abs. 1 Satz 2 iVm § 18 Abs. 3 Satz 2);

- Aufgabe eines freiberuflichen Betriebs, einer freiberuflichen Teilpraxis und eines freiberuflichen Mitunternehmeranteils (Verweis auf § 16 Abs. 3 Satz 1 in § 18 Abs. 3 Satz 2);
- Anwendbarkeit der besonderen Regelungen zur Realteilung in § 16 Abs. 3 Satz 2 ff. (Verweisung in § 18 Abs. 3 Satz 2);
- Anwendbarkeit der Regelungen zur Betriebsunterbrechung und Betriebsverpachtung gemäß § 18 Abs. 3 Satz 2 iVm § 16 Abs. 3b;
- Fiktion der Aufgabe eines Betriebs bei Ausschluss oder Beschränkung des Besteuerungsrechts der Bundesrepublik Deutschland (Verweis in § 18 Abs. 3 Satz 2 auf § 16 Abs. 3a);
- Umqualifizierung von Veräußerungsgewinnen in laufende Gewinne, wenn Veräußerer und Erwerber dieselben Personen oder Mitunternehmer sind (Verweis auf § 16 Abs. 2 Satz 3 in § 18 Abs. 3 Satz 2).

665 **bb) Entsprechende Anwendung der Ermittlungs- und Freibetragsregelung.** Entsprechend anzuwenden ist § 16 Abs. 2 Satz 2. Die Abgrenzung eines laufenden Gewinns von einem Veräußerungs- oder Aufgabegewinn hat durch Wechsel der Gewinnermittlungsart von der Einnahme-Überschussrechnung zur Gewinnermittlung durch Betriebsvermögensvergleich zu erfolgen.

666 Entsprechend anzuwenden sind auch die sonstigen Regelungen für die Ermittlung eines Veräußerungsgewinns und eines Aufgabegewinns (Verweis auf § 16 Abs. 2 und § 16 Abs. 3 in § 18 Abs. 3 Satz 2).

667 Schließlich gilt auch die Freibetragsregelung des § 16 Abs. 4 entsprechend. Die Anwendbarkeit der Tarifbegünstigungen in § 34 folgt aus der unmittelbaren Erwähnung des § 18 Abs. 3 in § 34 Abs. 2 Nr. 1.

668 *Einstweilen frei*

2. Verhältnis zu anderen Vorschriften

669 **a) Verhältnis zum EStG. Entsprechende Geltung des § 16 Abs. 2 bis 4:** Da § 18 Abs. 3 Satz 1 und 2 sämtliche Regelungen für die Steuerbarkeit der Veräußerungs- und Aufgabetatbestände, die Ermittlung der entsprechenden Gewinne und des Freibetrags in § 16 Abs. 4 durch die Verweisung und entsprechende Geltung in Bezug nimmt, bleiben innerhalb des EStG wenige Regelungen, die einen engen Bezug zu § 18 Abs. 3 aufweisen.

670 **Verhältnis zu § 24:** Vgl. die Ausführungen zum Restbetriebsvermögen → Rn. 734.

671 **Verhältnis zu § 34:** Gemäß § 34 Abs. 1 Satz 1 unterliegen in dem zu versteuernden Einkommen enthaltene außerordentliche Einkünfte der Tarifbegünstigung nach den Sätzen 2 ff. Gemäß § 34 Abs. 2 kommen als außerordentliche Einkünfte nur die enumerativ in § 34 Abs. 2 Nr. 1 bis 3 aufgeführten Einkünfte in Betracht, so ua nach Nr. 1 Veräußerungsgewinne iSd § 18 Abs. 3. Durch die Verwendung der Worte „kommen nur in Betracht" hat der Gesetzgeber zum Ausdruck gebracht, dass bei Vorliegen der unter den Nr. 1 bis 3 aufgezählten Tatbestände die Gewährung der Tarifbegünstigung zwar nahe liegt, aber nicht zwingend ist. Ein Veräußerungsgewinn iSd § 34 Abs. 2 Nr. 1 unterliegt danach der Tarifbegünstigung nur, wenn er auch „außerordentlich" ist. Dies setzt bei allen Tatbeständen des § 34 Abs. 2 eine atypische Zusammenballung voraus.

672 Das Erfordernis der Zusammenballung folgt aus dem Zweck der Tarifbegünstigung nach § 34, die zusammengeballte Realisierung der während vieler Jahre entstandenen stillen Reserven nicht nach dem progressiven Einkommensteuertarif zu erfassen (BFH 10.2.2016 – VIII R 38/12, BFH/NV 2016, 1256). Die Tarifbegünstigung gemäß § 34 setzt demnach voraus, dass alle stillen Reserven, die in den wesentlichen Grundlagen einer betrieblichen Sachgesamtheit angesammelt wurden, in einem einheitlichen Vorgang aufgelöst werden (Beschluss des Großen Senats des BFH 18.10.1999 – GrS 2/98, BStBl. II 2000, 123, mwN; BFH 17.12.2014 – IV R 57/11, BStBl. II 2015, 536; BFH 23.10.2013 – X R 3/12, BStBl. II 2014, 58, jeweils mwN). Die Tarifbegünstigung des § 34 Abs. 2 Nr. 1 knüpft dabei nicht stets an die vollständige Aufgabe des betrieblichen Engagements an. Vielmehr ist auch die Veräußerung/Aufgabe eines Teilbetriebs begünstigt. Daraus folgt, dass die Frage der Tarifbegünstigung bezogen auf die jeweils betroffene Sachgesamtheit zu prüfen ist und iS einer segmentierten Betrachtung die Aufdeckung der in den wesentlichen Wirtschaftsgütern vorhandenen stillen Reserven nur im Hinblick auf die jeweils veräußerte oder aufgegebene

Sachgesamtheit untersucht wird (BFH 17.12.2014 – IV R 57/11, BStBl. II 2015, 797; BFH 10.2.2016 – VIII R 38/12, BFH/NV 2016, 1256).

b) Verhältnis zum Umwandlungssteuergesetz (UmwStG). Überblick: Ein Bezug des § 18 Abs. 3 zum UmwStG ergibt sich zum einen daraus, dass die meisten Formen des Eintritts von Neugesellschaftern in Einzelpraxen und Sozietäten auch Einbringungsvorgänge beinhalten, die unter § 24 UmwStG fallen. Diese werden in → Rn. 837 erläutert. **673**

An dieser Stelle werden die Regelungen der §§ 3 bis 9, 18 UmwStG in ihren Auswirkungen für die **Umwandlung von Freiberufler-Kapitalgesellschaften in Personenunternehmen** (§§ 3 bis 9 UmwStG), die „Vernichtung" von Anschaffungskosten beim Entstehen eines Übergangsverlusts (§ 4 Abs. 4 bis 6 UmwStG), das Entstehen einer Gewerbesteuerschuld auch für Freiberufler bei Verstoß gegen die fünfjährige Behaltefrist des § 18 Abs. 3 UmwStG und Fragen des Wechsels der Gewinnermittlungsart nach Umwandlung von der Kapital- in die Personengesellschaft behandelt. **674**

aa) Zivilrechtliche Möglichkeiten des Wechsels von der Freiberufler-Kapitalgesellschaft in das Freiberufler-Personenunternehmen. Das UmwG lässt die Verschmelzung einer inländischen Kapital- auf eine Personengesellschaft (sowohl Personenhandelsgesellschaften als auch Partnerschaftsgesellschaften/PartG mbB, vgl. §§ 3 Abs. 1 Nr. 2 und 1, 39 ff., 46 ff., 60 ff., 78 UmwG) zu. Zivilrechtlich ist der Formwechsel einer Kapital- in eine Personenhandels- oder Partnerschaftsgesellschaft (auch PartG mbB) gemäß §§ 190, 226, 228 ff. UmwG zulässig. **675**

Der „übernehmende" Rechtsträger (zB als PartG) ist zur Eintragung im Partnerschaftsregister anzumelden (§ 198 Abs. 2 S. 2 UmwG, § 4 PartGG). Die Registereintragung hat konstitutive Wirkung und ist bekanntzumachen (§ 201 UmwG). Voraussetzung der Umwandlung in eine freiberufliche Personengesellschaft ist, dass im Zeitpunkt des Wirksamwerdens der Umwandlung alle Anteilsinhaber natürliche Personen sind, die einem freien Beruf nachgehen und ein Berufsrechtsvorbehalt nicht entgegensteht (§ 1 Abs. 3 PartG). Da die Personengesellschaft nur mit mindestens zwei Gesellschaftern denkbar ist, ist der Formwechsel einer Ein-Personen-GmbH in eine GbR oder PartG nicht möglich. **676**

§ 226 UmwG ermöglicht insbesondere den Formwechsel einer Kapitalgesellschaft in eine GbR oder eine Partnerschaftsgesellschaft. Nach §§ 191, 226, 228 Abs. 2 UmwG kann eine GmbH in eine PartG bzw. PartG mbB umgewandelt werden, wenn im Zeitpunkt des Wirksamwerdens alle Anteilsinhaber natürliche Personen sind, die einem freien Beruf nachgehen und ein Berufsrechtsvorbehalt nicht entgegensteht (§ 1 Abs. 3 PartG). Die hM verlangt eine „aktive" Ausübung eines freien Berufes durch alle Anteilsinhaber. Da die Personengesellschaft nur mit mindestens zwei Gesellschaftern denkbar ist, ist der Formwechsel einer Ein-Personen-GmbH in eine GbR oder PartG nicht möglich. **676.1**

Die Zulassung einer Freiberufler-GmbH, die selbst als Rechtsanwaltsgesellschaft zugelassen (§ 59c BRAO) ist, ist im Fall des Formwechsels in eine GbR oder PartG zu widerrufen. Bei einer Steuerberatungs- oder Wirtschaftsprüfung-GmbH, kann zwar die PartG selbst anerkannt werden, nicht aber die GbR (§§ 49 Abs. 1 StBerG, 27 Abs. 1 WPO). Da die Anerkennung nicht ipso iure mit dem Formwechsel „übergeht", ist sie in diesen Fällen für die PartG neu zu erteilen. **676.2**

Der Formwechsel wird wirksam mit der Eintragung der neuen Rechtsform. In der Folge besteht der formwechselnde Rechtsträger in der im Umwandlungsbeschluss bestimmten Rechtsform weiter. Die Anteilseigener des formwechselnden Rechtsträgers sind mit Wirksamwerden der Umwandlung an dem neuen Rechtsträger nach den für die neue Rechtsform geltenden Vorschriften beteiligt, wenn ihre Beteiligung nicht entfällt (§ 202 UmwG). Auf den Formwechsel sind die allgemeinen Gläubigerschutzvorschriften der §§ 22 f. UmwG anzuwenden. Aus § 202 Abs. 1 UmwG folgt der identitätswahrende Charakter. **677**

Soll die Praxis der Freiberufler-Kapitalgesellschaft (GmbH/AG) durch den Alleingesellschafter als Einzelpraxis fortgeführt werden, besteht die Möglichkeit, die GmbH auf ihren Alleingesellschafter zu verschmelzen, § 120 Abs. 1 UmwG, § 122 Abs. 2 UmwG. Die Verschmelzung einer inländischen (übertragenden) Körperschaft auf eine natürliche Person ist zivilrechtlich möglich als Verschmelzung einer inländischen GmbH oder AG zur Aufnahme (§§ 3 Abs. 2 Nr. 2, 120 UmwG), wenn die natürliche Person der Alleingesellschafter der übertragenden Kapitalgesellschaft ist (siehe *Schwedhelm* Die Unternehmensumwandlung Rn. 49, 476.2, 665, 2180.4). **678**

679 *Einstweilen frei*

680 **bb) Anknüpfung der Regelungen des UmwStG an das Zivilrecht.** §§ 3 bis 9 UmwStG knüpfen an diese zivilrechtlich zulässigen Umwandlungsformen an. Das Bewertungswahlrecht des § 3 UmwStG auf Ebene der übertragenden Kapitalgesellschaft ermöglicht es, den Buchwert oder Zwischenwert für das übergehende Betriebsvermögen in der umwandlungsteuerrechtlichen Übertragungsbilanz der Kapitalgesellschaft zu wählen. Geschieht dies nicht, ist das Vermögen auf Ebene der übertragenden Kapitalgesellschaft zum gemeinen Wert anzusetzen (§ 3 Abs. 1 UmwStG). An die Werte in der steuerlichen Übertragungsbilanz der Kapitalgesellschaft ist der aufnehmende Rechtsträger (Personengesellschaft/Alleingesellschafter) gebunden (§ 4 Abs. 1 UmwStG; zur Bedeutung für die Wahl der Gewinnermittlungsart und Korrektur der Wertansätze der übertragenden Kapitalgesellschaft → Rn. 715). Weitere Einzelheiten zum UmwStG werden nicht dargestellt.

681 **cc) Verfall von Anschaffungskosten auf die Kapitalgesellschaftsanteile durch die Umwandlung bei Entstehen eines Übernahmeverlusts. (1) Begriff und Ermittlung des Übernahmeverlusts. Übernahmegewinn/-verlust:** Auf Ebene des aufnehmenden Rechtsträgers ist gesellschafterbezogen eine Übergangsgewinn oder -verlust gemäß § 4 Abs. 4 bis 6 UmwStG zu ermitteln. Nach dem gesetzlichen Ermittlungsschema ist das übergehende Betriebsvermögen der Kapitalgesellschaft in der steuerlichen Übertragungsbilanz den gemäß § 5 Abs. 1 bis 3 UmwStG als fiktiv in die aufnehmende Kapitalgesellschaft eingelegten Anteilen der Anteilseigner an der Kapitalgesellschaft gegenüberzustellen.

682 Für Anteilseigner, deren Anteile an der übertragenden Körperschaft zum steuerlichen Übertragungsstichtag nicht zum Betriebsvermögen des übernehmenden Rechtsträgers gehören und diesem Betriebsvermögen auch nicht nach § 5 UmwStG oder nach § 27 Abs. 3 Nr. 1 UmwStG fiktiv zugerechnet werden, wird ein Übernahmeergebnis nicht ermittelt. Nach BFH 12.7.2012 – IV R 39/09, BStBl. II 2012, 728 mindern die ursprünglichen Anschaffungskosten eines nicht wesentlich beteiligten Gesellschafters für den Erwerb der Gesellschaftsanteile einer GmbH, nachdem die GmbH formwechselnd in eine Personengesellschaft umgewandelt worden ist, nicht den Gewinn aus einer späteren Veräußerung des Mitunternehmeranteils, weil diese Anschaffungskosten nach den einschlägigen Vorschriften des UmwStG 1995 keinen Eingang in das anteilige Kapitalkonto des Gesellschafters bei der Personengesellschaft gefunden haben. Ebenso wenig können die Anschaffungskosten durch die Aufstellung einer positiven Ergänzungsbilanz berücksichtigt und bei der Veräußerung der Mitunternehmeranteile (Kommanditanteile) in Abzug gebracht werden.

682.1 Gesetzliches Ermittlungsschema – Gesellschafterbezogene Ermittlung beim übernehmenden Rechtsträger

Wert, mit dem die übergegangenen Wirtschaftsgüter zu übernehmen sind (§ 4 Abs. 4 Satz 1 UmwStG) lt. steuerlicher Schlussbilanz der übertragenden Kapitalgesellschaft

./. Buchwert der (fortgeführten) Anschaffungskosten der vorhandenen oder gemäß § 5 UmwStG fiktiv *eingelegten* Anteile an dem formwechselnden Rechtsträger

./. Kosten des Vermögensübergangs

= Übernahmeergebnis 1. Stufe nach § 4 Abs. 4 Satz 1 UmwStG

+ Alt-Sperrbetrag nach § 50 c EStG (§ 4 Abs. 5 Satz 1 EStG)

./. Betrag der Ausschüttungen iSd §§ 7 UmwStG, 20 Abs. 1 Nr. 1 EStG (§ 4 Abs. 5 Satz 2 UmwStG)

= Übernahmeergebnis 2. Stufe (Gewinn/Verlust) = § 4 Abs. 5 und 6 UmwStG

683 Wird nach § 3 Abs. 1 UmwStG ***der gemeine Wert*** in der Übertragungsbilanz der GmbH angesetzt und hiervon der Buchwert der GmbH-Anteile zu Anschaffungskosten abgezogen, kann ein Übernahmeverlust zwar regelmäßig vermieden werden, jedoch muss der Übertragungsgewinn noch von der Kapitalgesellschaft als laufender Gewinn versteuert werden. Dies gilt auch für die Gewerbesteuer (§ 18 Abs. 1 UmwStG).

684 Bei Gesellschaftern einer Kapitalgesellschaft ***mit Gewinnrücklagen*** wirkt sich die Herausrechnung der Rücklagen aus dem Übernahmeergebnis (§§ 4 Abs. 5, 7 UmwStG) aus. Entsprechen die Anschaffungskosten der Anteile an der untergehenden KapGes dem Buchwert des Reinvermögens der GmbH, führt die Herausrechnung der Bezüge regelmäßig zu einem **Übernahmeverlust.** Dieser kann teilweise mit den steuerpflichtigen Ausschüttungen gemäß § 7 UmwStG iVm § 20 Abs. 1 Nr. 1 EStG verrechnet werden (§ 4 Abs. 6 Satz 2 UmwStG).

Ein Übergangsverlust kann schließlich entstehen, weil der ***Buchwertansatz*** für das übergehende Vermögen bei der übertragenden Kapitalgesellschaft gewählt wird und die diesem gegenüberzustellenden AK auf die Anteile an der umgewandelten Kapitalgesellschaft höher sind (§ 4 Abs. 6 UmwStG). Dies wird etwa der Fall sein, wenn ein Gesellschafter der Freiberufler-Kapitalgesellschaft seine Beteiligung unter Berücksichtigung der stillen Reserven im Vermögen der Gesellschaft (Praxiswert) erworben hat und später eine Verschmelzung oder ein Formwechsel zu Buchwerten erfolgt (sog. Erwerberfall). Das Risiko des Entstehens eines Übergangsverlusts ist gerade bei Freiberuflern hoch, da der selbst geschaffene Praxiswert bei Buchwertumwandlungen keinen eigenständigen Buchwert hat (§ 5 Abs. 2) und somit in das Ermittlungsschema der §§ 4 Abs. 4 bis 6 UmwStG mit Null eingeht. **685**

Behandlung des Übernahmeverlusts: Bis zum 31.12.2000 konnte ein Übernahmeverlust im Wege der Aufstockung auf die übergehenden Wirtschaftsgüter verteilt oder in einer Ergänzungsbilanz/-rechnung erfasst werden. Beruhte der Übernahmeverlust auf AK für die Beteiligung an der umgewandelten Kapitalgesellschaft konnten diese AK wirtschaftlich betrachtet demnach in AfA auf die übergehenden Wirtschaftsgüter umgewandelt und im Wege der AfA genutzt werden. Gemäß § 27 Abs. 1a UmwStG musste für Umwandlungen, bei denen der steuerliche Übertragungsstichtag in dem ersten Wirtschaftsjahr der übertragenden Körperschaft lag, für das das Körperschaftsteuergesetz in der Fassung des Art. 3 des Gesetzes vom 23. Oktober 2000 (BGBl. 2000 I 1433) erstmals anzuwenden war und somit für steuerliche Übertragungsstichtage ab dem 1. Januar 2001 ein Übernahmeverlust außer Ansatz bleiben. In der seit dem SEStEG (UmwStG 2006) geltenden Fassung wird für steuerliche Übertragungsstichtage ab dem 13.12.2006 der Effekt des Verfalls von AK lediglich gemindert, indem auf Ebene des aufnehmenden Rechtsträgers 60% des Übernahmeverlusts mit den steuerpflichtigen Bezügen gemäß § 7 UmwStG verrechnet werden können (§ 4 Abs. 6 Satz 2 UmwStG). Ein darüber hinausgehender Übernahmeverlust bleibt außer Ansatz. **686**

(2) Billigung der Beeinträchtigung des Nettoprinzips durch die Rechtsprechung. Der BFH hat den Effekt des Verfalls von AK sowohl für die Rechtslage ab dem 1.1.2001 bis zum 12.12.2006 als auch für die ab dem 13.12.2006 geltende aktuelle Fassung der §§ 4 Abs. 4 bis 6 UmwStG gebilligt und hierin keine verfassungsrechtlichen Bedenken im Hinblick auf einen Verstoß gegen das objektive Nettoprinzip gesehen. **687**

Im Urteil vom 24.6.2014 – VIII R 35/10, BStBl. II 2016, 916 (Streitjahr 2002) hatte der BFH einen sog. Erwerberfall für eine Freiberufler-Kapitalgesellschaft zu beurteilen. Er entschied, ein Übernahmeverlust dürfe im zeitlichen Geltungsbereich des § 4 Abs. 6 UmwStG idF des StSenkG 2001/2002 nicht durch einen sofortigen Abzug einkünftemindernd im Rahmen der Gewinnermittlung der Personengesellschaft (auch nicht über eine Ergänzungsbilanz) berücksichtigt werden. Der VIII. Senat hielt aber zur Vermeidung eines Verfassungsverstoßes in dem entschiedenen Streitfall eine Billigkeitsregelung gemäß §§ 163, 227 AO spätestens bei Veräußerung oder Aufgabe der aus der Umwandlung resultierenden Beteiligung für geboten. Da die Regelung trotz der Einlagefiktion in § 5 Abs. 2 UmwStG 1995 verhindert habe, dass die AK auf die GmbH-Beteiligung „technisch" Eingang in das Kapitalkonto des wesentlich beteiligten GmbH-Gesellschafters und späteren Mitunternehmers finden und sich später auswirken könnten, sei zu prüfen, ob ein später entstehender Veräußerungs- oder Aufgabegewinn gemäß § 16 Abs. 2 EStG iVm §§ 163, 227 AO durch Abzug der ursprünglichen AK an der GmbH-Beteiligung zu mindern sei, um deren Verfall zu verhindern. Die Entscheidung des VIII. Senats hat sowohl Zustimmung (*Strahl* FR 2014, 852 (854 f.); *Böing* EStB 2014, 359 f.; *Heß* BB 2014, 2158 f.) als auch vehemente Ablehnung (*Hahn* jurisPR-SteuerR 47/2014 Anm. 7) erfahren. Die Finanzverwaltung hat die Entscheidung des VIII. Senats im BStBl. veröffentlicht. **688**

Auch der III. Senat des BFH hat in § 4 Abs. 6 UmwStG idF des StSenkG 2001/2002 keinen durchgreifenden Verstoß gegen das objektive Nettoprinzip gesehen, insbesondere, weil das Gesetz den Steuerpflichtigen die Möglichkeit eröffnet, eine GmbH zu liquidieren, hierbei die AK bei der Ermittlung des Liquidationserlöses (§ 17 Abs. 4) zu berücksichtigen und den Liquidationserlös an sich auszukehren (BFH 5.11.2015 – III R 13/13, BStBl. II 2016, 468). **689**

Für die Praxis ergibt sich aus der Entscheidung des VIII. Senats die Konsequenz, dass zur Dokumentation der ursprünglichen Anschaffungskosten, deren finale steuerliche Berücksichtigung nach dem **689.1** objektiven Nettoprinzip geboten ist, eine personifizierte persönliche Ergänzungsbilanz aufgestellt respektive ein entsprechender Merkposten gebildet wird und die Steuerbilanz – diese positive Ergänzungsbilanz oder den Merkposten umschließend – mit der Feststellungserklärung oder – bei einer übernehmenden Einzelunternehmung – mit der Einkommensteuererklärung dem zuständigen Finanzamt zugeleitet wird, ohne dass daraus Abschreibungen vorzunehmen wären (*Strahl* FR 2014, 852 (854 f.)). Bei Veräußerung eines Einzelwirtschaftsguts, das in der fiktiven Ergänzungsbilanz geführt wird, oder der Veräußerung/Aufgabe des Mitunternehmeranteils ist gemäß §§ 163, 227 AO die entsprechende Kürzung des Veräußerungsgewinns vorzunehmen (*Strahl* FR 2014, 852 (855)).

689.2 Der Kritik an der Entscheidung des VIII. Senats ist entgegenzuhalten, dass der Anwendungsbereich der angedachten Billigkeitsregelung vielfach überschätzt wird. Der VIII. Senat hat die angedeutete Billigkeitsmaßnahme in §§ 163, 227 AO nur für einen begrenzten Kreis „verfallender AK" für möglich gehalten. Die Gesetzesbegründung zum StSenkG 2001/2002 (BT-Drs. 14/2683, 192) sah Umwandlungen nur unter bestimmten Voraussetzungen als nicht erwünschte Optimierungsgestaltungen an. Die Möglichkeit, zu Buchwerten von der Kapitalgesellschaft in das Personenunternehmen (Einzelunternehmen oder Mitunternehmerschaft) umwandeln zu können, sollte nicht zu einer steuerlichen Statusverbesserung beim Erwerber führen können. Dieses von der Gesetzesbegründung vorgegebene Ziel für die Einführung des § 4 Abs. 6 UmwStG aF wurde in dem vom BFH im Urteil vom 24.6.2014 – VIII R 35/10, BStBl. II 2016, 916 entschiedenen Fall verfehlt und entfaltete eine überschießende Wirkung.

689.3 Der Kläger hatte die Beteiligung an der B-GmbH 1996 vor Geltung des Halbeinkünfteverfahrens erworben. Der Veräußerer hatte eine wesentliche Beteiligung veräußert, ohne die anteilige Steuerfreistellung im Halbeinkünfteverfahren nutzen zu können. Eine Verbesserung des steuerlichen Status des Klägers durch die Umwandlung konnte nicht stattfinden. Es bestand unter Einbeziehung der Leitgedanken für die Änderung des § 4 Abs. 6 UmwStG somit kein Grund, den Erwerbsaufwand aus den AK für die GmbH-Beteiligung endgültig nicht zu berücksichtigen. Der Gesetzgeber hätte für eine systemkonforme Lösung vielmehr den zeitlichen Anwendungsbereich der Neuregelung zielgenauer mit dem zeitlichen Inkrafttreten des Halbeinkünfteverfahrens abstimmen müssen (siehe auch *Kessler/Schmidt* DB 2000, 2088 (2091)). Die Ausführungen des VIII. Senats zur Möglichkeit einer Billigkeitsregelung waren damit Bestandteil der Argumentation, einen Verstoß gegen das objektive Nettoprinzip im Streitjahr 2002 zu verneinen. Der entschiedene Streitfall stellte sich als Sonderfall dar, den der Gesetzgeber im Rahmen der zeitlichen Stichtagsregelung (§ 27 Abs. 1a UmwStG) unzureichend beachtet hatte. Der Vermeidung der Verfassungswidrigkeit einer Anwendungsbestimmung kann in Sonderfällen durch eine flankierende Billigkeitsmaßnahme Rechnung getragen werden, wenn diese keine strukturelle Korrektur des Gesetzes bewirkt.

690 Für die **aktuelle Rechtslage nach dem SEStEG** (§§ 4 Abs. 4 bis 6 UmwStG 2006) hat der BFH geklärt, dass in dem Verfall von AK eines Gesellschafters der Freiberufler-Kapitalgesellschaft im Zuge einer Buchwertumwandlung in eine Personengesellschaft durch Entstehen des nicht verwertbaren Übernahmeverlusts kein Verstoß gegen das objektive Nettoprinzip zu sehen ist (BFH 22.10.2015 – IV R 37/13, BStBl. II 2016, 919). Die Anschaffungskosten des Anteilseigners für den Erwerb der Gesellschaftsanteile an der formwechselnd umgewandelten GmbH können auch später bei der Ermittlung des Gewinns aus der Veräußerung der Mitunternehmeranteile an der durch die Umwandlung entstehenden Personengesellschaft nicht abgezogen werden. Da die Anschaffungskosten für die Anteile an der GmbH Bestandteil der Ermittlung des Übernahmeergebnisses (§ 4 Abs. 4 Satz 1 UmwStG 2006) seien, könnten sie später bei der Ermittlung des Gewinns aus der Veräußerung des Mitunternehmeranteils an der aufnehmenden Personengesellschaft gemäß § 18 Abs. 3 Satz 2 iVm § 16 Abs. 2 nicht erneut berücksichtigt werden.

691 *Einstweilen frei*

692 **dd) Gewerbesteuerpflicht eines Veräußerungs- oder Aufgabegewinns gemäß § 18 Abs. 3 UmwStG:. (1) Normzweck und Tatbestand.** Nach § 18 Abs. 3 Sätzen 1 und 2 UmwStG unterliegt ein Gewinn aus der Auflösung oder Veräußerung des Betriebs des übernehmenden Einzelunternehmens/der übernehmenden Personengesellschaft der Gewerbesteuer, wenn innerhalb von fünf Jahren nach der Umwandlung eine Betriebsaufgabe oder Veräußerung erfolgt. Das gilt entsprechend, soweit ein Teilbetrieb iSd § 15 UmwStG oder ein Anteil an einer Personengesellschaft aufgegeben oder veräußert wird (§ 18 Abs. 3 Satz 2 UmwStG). Zur Vorgängerregelung in § 18 Abs. 4 Sätzen 1 und 2 im UmwStG 1995 hat der BFH den Normzweck im Sinne einer Missbrauchsvermeidungsvorschrift konkretisiert. Die Gewerbesteuerpflicht einer Kapitalgesellschaft, die auch Gewinne aus der Veräuße-

lung ohne Spitzenausgleich gemäß § 16 Abs. 3 Satz 2 innerhalb der Fünf-Jahres-Frist des § 18 UmwStG zu finden. Die Umwandlung einer Freiberufler-Kapitalgesellschaft in eine GbR kann gerade mit dem Ziel der anschließenden Realteilung unternommen werden (siehe den Sachverhalt des BFH-Urteils vom 24.6.2014 – VIII R 35/10, BStBl. II 2016, 916). Nach dem UmwStE 1998 war die Realteilung wie eine unentgeltliche Übertragung mit Übergang der Sperrfrist zu behandeln. Zuzustimmen ist der Ansicht, die auch zum UmwStE 2011 die Realteilung als unentgeltlichen Vorgang mit Einrücken der Realteiler in die Sperrfrist des § 18 Abs. 3 UmwStG (und ggf. unter Neubegründung der Sperrfrist des § 16 Abs. 3 Satz 3) ansieht (Neu/*Hamacher* GmbHR 2012, 280 (290); *Förster* DB 2016, 789 (793); SHS/*Schmitt* § 18 Rn. 55). Diese Sichtweise lässt sich sowohl auf die Leitgedanken des BFH-Urteils 28.4.2016 – IV R 6/13, BStBl. II 2016, 725 als auch darauf stützen, dass gemäß § 16 Abs. 2 Satz 3 ein umfassender Eintritt der Realteiler in die Rechtsposition des übernehmenden Rechtsträgers (ähnlich wie bei § 23 Abs. 1 UmwStG) erfolgt (siehe zur Rechtsnachfolge im Rahmen der Realteilung *Levedag* GmbHR 2017, 113 (115)) und diese auch die Nachfolge in die Sperrfrist des § 18 Abs. 3 Sätze 1 und 2 UmwStG erfasst.

Einstweilen frei **707**

(3) Unentgeltliche Übertragung/vorweggenommene Erbfolge während der Sperrfrist. Wird der im Wege der Umwandlung übergegangene freiberufliche Betrieb, Teilbetrieb oder Mitunternehmeranteil innerhalb der Fünfjahresfrist des § 18 Abs. 3 Satz 3 UmwStG unentgeltlich übertragen, ist der Rechtsnachfolger für den Rest der Fünfjahresfrist der Vorschrift des § 18 Abs. 3 UmwStG unterworfen (siehe zum Ganzen wie hier *Förster* DB 2016, 789 (793); Lenski/Steinberg/*Beutel* UmwStG § 18 Rn. 115; **aA** SHS/*Schmitt* § 18 Rn. 52 zu § 6 Abs. 3). Die unentgeltliche Übertragung selbst ist kein Sperrfristverstoß. **708**

Findet auf die unentgeltliche Übertragung des freiberuflichen Betriebs/Teilbetriebs/Mitunternehmeranteils die Regelung des § 6 Abs. 3 keine Anwendung, liegt nach Rn. 18.09 UmwStE 2011 (BStBl. I 2011, 1314) eine (Teil-)Betriebsaufgabe gemäß § 16 Abs. 3 (Totalentnahme) vor. Nach Ansicht des UmwStE 2011 dürften über die Formulierungen in Rn. 18.08 Satz 2 des UmwStE 2011 (BStBl. I 2011, 1314) „Findet auf die unentgeltliche Übertragung § 6 Abs. 3 EStG keine Anwendung" und „werden stille Reserven aufgedeckt" alle Probleme des § 6 Abs. 3 Satz 1 und Satz 2 in das UmwStG „importiert" werden. Problematisch sind daher namentlich Sperrfristverletzungen im Sinne des § 6 Abs. 3 Satz 2 und Vorfeldausgliederungen von Sonderbetriebsvermögen vor einer Anteilsschenkung gemäß § 6 Abs. 3, die innerhalb einer nach § 18 Abs. 3 Satz 1 und 2 UmwStG laufenden Sperrfrist erfolgen. **709**

Einstweilen frei **710**

(4) Rechtsfolgen. Der Gewerbeertrag aus einer unter § 18 Abs. 3 Sätze 1 und 2 fallenden Aufgabe- oder Veräußerung ist ohne Abzug des Freibetrags gemäß § 16 Abs. 4 zu ermitteln (BFH 26.3.2015 – IV R 3/12, BStBl. II 2016, 553). Die aus § 18 Abs. 3 Satz 1 UmwStG resultierende Gewerbesteuer ist nicht im Wege der Veräußerungskosten abzugsfähig (§ 4 Abs. 5b). **711**

Steuerschuldner der Gewerbesteuer ist nach hM in Fällen der Betriebsveräußerung und -aufgabe und ebenso bei Teilbetriebsveräußerungen und -aufgaben gemäß § 18 Abs. 3 Satz 2 UmwStG der Einzelunternehmer oder die Personengesellschaft (BFH 17.7.2013 – X R 40/10, BStBl. II 2013, 883, und BFH 26.3.2015 – IV R 3/12, BStBl. II 2016, 553; *Ott* DStZ 2016, 769 (777)). **712**

Der auf Aufgabe- und Veräußerungsgewinne entfallende Teil des Gewerbesteuermessbetrags – bei Freiberuflern geht es nur um diesen Vorgang – ist gemäß § 18 Abs. 3 Satz 3 UmwStG „bei der Ermäßigung der Einkommensteuer gemäß § 35 EStG" nicht zu berücksichtigen. Zudem bestimmt § 35 Abs. 1 Satz 3, dass „gewerbliche Einkünfte" im Sinne der Regelung die der Gewerbesteuer unterliegenden Gewinne und Gewinnanteile sind, soweit sie nicht durch andere Vorschriften „von der Steuerermäßigung nach § 35" ausgenommen sind. Für den hier allein betrachteten Fall der gewerbesteuerpflichtigen Aufgabe oder Veräußerung eines Freiberuflers in der Fünfjahresfrist kann die Steuerermäßigung des § 35 daher keine Entlastung bewirken. **713**

Einstweilen frei **714**

715 **ee) Wechsel der Gewinnermittlungsart nach Umwandlung einer Freiberufler-Kapitalgesellschaft in eine Einzelpraxis/Sozietät.** Nach der Rechtsprechung des BFH muss ein ***bestehender*** übernehmender Rechtsträger, der seinen Gewinn nach § 4 Abs. 3 ermittelt, im Rahmen der Verschmelzung trotz der steuerlichen Übertragungsbilanz der umgewandelten Kapitalgesellschaft und trotz der Wertverknüpfung des § 4 Abs. 1 UmwStG für steuerliche Zwecke keine Übernahmebilanz erstellen (BFH 5.11.2015 – III R 13/13, BStBl. II 2016, 468). Entsteht durch die Verschmelzung einer GmbH auf den Alleingesellschafter hingegen erstmals ein abschlusspflichtiges (vollkaufmännisches) Handelsgewerbe (vgl. § 1 HGB), muss der übernehmende Alleingesellschafter eine Übernahmebilanz in Form einer Eröffnungsbilanz nach § 242 Abs. 1 HGB aufstellen. Für Freiberufler, denen das Wahlrecht der Gewinnermittlungsart zusteht, muss demnach in beiden Fällen aufgrund der Umwandlung nicht bilanziert werden.

716 Wird bei einer übernehmenden freiberuflichen Personengesellschaft gemäß § 4 Abs. 1 UmwStG, die im Wege der Verschmelzung einer Kapitalgesellschaft zu Neugründung entsteht, eine Eröffnungsbilanz auf den steuerlichen Übertragungsstichtag aufgestellt, kann unmittelbar anknüpfend hieran für das folgende Wirtschaftsjahr die Gewinnermittlungsart unter Ermittlung eines Übergangsgewinns gewechselt werden. Der Grundsatz der Gesamtgewinngleichheit ermöglicht es, dass eine Personengesellschaft, die gemäß § 4 Abs. 1 UmwStG an einen unzutreffenden Bilanzansatz in einer steuerlichen Schlussbilanz der übertragenden Kapitalgesellschaft gemäß § 3 S. 1 UmwStG gebunden ist, diesen Bilanzierungsfehler beim Wechsel der Gewinnermittlungsart gewinnneutral korrigieren kann, wenn er sich bislang steuerlich nicht ausgewirkt hat (BFH 16.12.2014 – VIII R 45/12, BStBl. II 2015, 759). Der Zeitpunkt der Überleitungsrechnung dürfte jedoch der späteste Zeitpunkt sein, bis zu dem Bilanzierungsfehler noch korrigierbar sind. Denn mit dem Wechsel zur Einnahme-Überschussrechnung endet die Geltung des Bilanzenzusammenhangs, der Grundlage für eine Bilanzberichtigung in einem späteren Veranlagungszeitraum ist (*Schütze* HFR 2015, 1017 (1018)).

717 *Einstweilen frei*

718 **c) Veräußerungen/Aufgaben gemäß § 18 Abs. 3 während einer erbschaftsteuerlichen Behaltefrist.** Werden die Mitglieder einer Erbengemeinschaft Inhaber eines freiberuflichen Betriebs und sind diese nicht selbst Berufsträger, so wandelt sich der freiberufliche Betrieb in einen Gewerbebetrieb um. Das freiberuflich genutzte Betriebsvermögen des Verstorbenen hat diese Eigenschaft nicht durch seinen Tod verloren. Ertragsteuerlich wird beim Tod eines Freiberuflers dessen Betrieb nicht zwangsweise aufgegeben, sondern geht trotz der höchstpersönlichen Natur der Tätigkeit als freiberuflicher Betrieb auf die Erben über (vgl. BFH 29.4.1993 – IV R 16/92, BStBl. II 1993, 716; BFH 15.11.2006 – XI R 6/06, BFH/NV 2007, 436). Das Betriebsvermögen wird nicht zwangsläufig notwendiges Privatvermögen (BFH 12.3.1992 – IV R 29/91, BStBl. II 1993, 36, und BFH 15.11.2006 – XI R 6/06, BFH/NV 2007, 436), da die mit dem Tod des Freiberuflers verbundene Betriebseinstellung noch keine Betriebsaufgabe darstellt. Diese Beurteilung ist auch für die Betriebsvermögenseigenschaft iS der erbschaftsteuerlichen Verschonungsregelungen maßgebend. Der Fortbestand der Qualität als Betriebsvermögen hängt bei dessen Erwerb von einem Freiberufler nicht tätigkeitsbezogen davon ab, dass der Erbe auch die freiberufliche Tätigkeit des Erblassers fortsetzt, sondern stellt allein betriebsbezogen auf die Aufrechterhaltung und Weiterführung des Betriebs des Erblassers ab (BFH 17.3.2010 – II R 3/09, BStBl. II 2010, 749).

719 Veräußern die Erben den freiberuflichen Betrieb innerhalb der erbschaftsteuerlichen Behaltefrist für die sog. Verschonungsregelungen (§§ 13a, 13b ErbStG), sind die Verschonungen rückwirkend zu versagen (BFH 17.3.2010 – II R 3/09, BStBl. II 2010, 749). Nach dem vorgenannten BFH-Urteil gilt dies auch, wenn die Erben nur die Möglichkeit haben, ein Nachbesetzungsverfahren (§ 103 SGB V) auszulösen, weil sich die Praxis und Vertragsarztzulassung des Erblassers in einem zulassungsbeschränkten Bereich befinden oder die Veräußerung auf einer gesetzlichen Anordnung beruht. Diese zur früheren Rechtslage ergangene Rechtsprechung ist mE auch für die geänderte erbschaftsteuerliche Rechtslage maßgeblich, da auch die neuen Verschonungstatbestände eine Behaltefrist vorsehen (Gesetz vom 4.11.2016, BGBl. 2016 I 2464). Faktisch können berufsfremde Erben einer freiberuflichen Praxis daher nicht von den Verschonungsregelungen profitieren, da sie stets innerhalb der Behaltefrist die Praxis veräußern oder aufgeben müssen.

Einstweilen frei 720

3. Veräußerung von Betrieben/Teilbetrieben/Mitunternehmeranteilen und -teilanteilen

a) Sachgesamtheiten des § 18 Abs. 3. aa) Vermögen, das der selbständigen Arbeit dient (Betrieb/Praxis). Das Merkmal des der freiberuflichen Arbeit dienenden Vermögens meint den Betrieb der freiberuflichen Einzelpraxis oder Personengesellschaft als Sachgesamtheit. Der Begriff „selbständige Arbeit" bezeichnet einen in sich geschlossenen Bereich selbständiger Arbeit, der entsprechend der Aufzählung in § 18 Abs. 1 den Gegenstand eines Berufs bildet. Er hat bei den freiberuflichen Einkünften einen anderen Inhalt als bei den übrigen Gewinneinkünften, da die Ausübung einer auf Ausbildung und Können beruhenden Tätigkeit das beherrschende Moment bildet (BFH 10.10.1963 – IV 198/62 S, BStBl. III 1964, 120). 721

(1) Wesentliche Betriebsgrundlagen der Praxis. Praxiswert: Es besteht bei freiberuflichen Betrieben zwischen Praxisinhaber und Kunden (Mandanten, Patienten) ein besonderes Vertrauensverhältnis, das eine besondere Bedeutung für den Fortbestand der Kundenbeziehung hat. Auch die freiberufliche Praxis als solche hat aber wegen der mit ihr verbundenen Kundenbeziehungen wirtschaftliches Gewicht, sodass in der Praxis vom Praxiserwerber ein Entgelt für diesen Praxiswert gezahlt wird (BFH 12.3.1992 – IV R 29/91, BStBl. II 1993, 36). Der Wert eines bestehenden freiberuflichen Unternehmens wird daher – unabhängig von der Rechtsform und unabhängig von der Art der Gewinnermittlung durch § 4 Abs. 1 oder Abs. 3 – im Wesentlichen von dem sog. Praxiswert bestimmt. Der Praxiswert ist die über den Substanzwert hinausgehende Gewinnaussicht, die sich aus dem Vertrauen des Mandanten in die Leistungsfähigkeit des Praxisinhabers ergibt (BFH 24.2.1994 – IV R 33/93, BStBl. II 1994, 590). Er beruht auf dem persönlichen Vertrauensverhältnis der Mandanten zum beratenden Praxisinhaber (vgl. bereits RFH 30.1.1929 – VI A 369/28, RStBl. 1929, 326; BFH 1.4.1982 – IV R 2-3/79, BStBl. II 1982, 620). Der Praxiswert umfasst insbesondere den Mandantenstamm, die Qualität der Mitarbeiter, die Organisation der Praxis, die örtliche Lage und Einbindung in ein (internationales) Netzwerk (zur Vertragsarztzulassung → Rn. 63, → Rn. 726). Der Praxiswert ist nur zusammen mit der Praxis übertragbar (BFH 24.2.1994 – IV R 33/93, BStBl. II 1994, 922; BFH 21.2.2017 – VIII R 7/14, BStBl. II 2017, 689). Zur AfA auf einen derivativ erworbenen Praxiswert → Rn. 60. 722

Der Praxiswert umschließt während des Bestehens der Praxis als untrennbare Bestandteile andere immaterielle Wirtschaftsgüter, wie den Mandantenstamm (FG München 10.6.2010 – 8 K 460/10, EFG 2011, 247; BFH 8.4.2011 – VIII B 116/10, BFH/NV 2011, 1135) und den wirtschaftlichen Vorteil aus einer Vertragsarztzulassung (BFH 9.8.2011 – VIII R 13/08, BStBl. II 2011, 875; BFH 21.2.2017 – VIII R 7/14, BStBl. II 2017, 689). 723

Die letztgenannten immateriellen Wirtschaftsgüter können nach der Verkehrsanschauung auch eigenständige immaterielle Wirtschaftsgüter darstellen, wenn sie durch vertragliche Absprachen zum Gegenstand eines Veräußerungsvorgangs oder einer Nutzungsüberlassung und hierdurch vom Praxiswert verselbständigt (aus diesem „herausgelöst") werden (siehe zur Ermittlung der Anschaffungskosten für einen Praxiswert BFH 29.4.2011 – VIII B 42/10, BFH/NV 2011, 1345; BFH 13.3.1991 – I R 83/89, BStBl. II 1991, 595). 724

Mandantenstamm: Der (selbstgeschaffene oder derivative) Mandantenstamm ist ebenfalls ein immaterielles Wirtschaftsgut (BFH 8.4.2011 – VIII B 116/10, BFH/NV 2011, 1135; BFH 18.12.1996 – I R 128-129/95, BStBl. II 1997, 546; BFH 24.2.1994 – IV R 33/93, BStBl. II 1994, 590). Er entsteht als eigenständiges, vom „Praxiswert" zu, sonderndes Wirtschaftsgut, wenn er verkehrsfähig gemacht wird, dh mit seiner Definition, Benennung und Verwendung in einem Rechtsgeschäft. Da er ansonsten Teil des Praxiswertes ist, wird er mit seiner Herauslösung aus diesem zunächst Teil des Betriebsvermögens desjenigen Unternehmens, in dessen Praxiswert er seinen Ursprung hat. Die Verwertung des Wirtschaftsguts „Mandantenstamm" erfolgt bei Veräußerung mit dem gesamten Unternehmen (vgl. BFH 18.5.1994 – I R 109/93, BStBl. II 1994, 925), durch dessen gezielte Verpachtung (vgl. BFH 21.11.2017 – VIII R 17/15, DStR 2018, 667: Steuerberater; siehe auch FG Münster 20.11.2018 – 2 K 398/18 E, EFG 2019, 362 mAnm *Mai* zur Betriebsverpachtung 725 einer Tierarztpraxis) oder durch eine Entnahme (vgl. zu diesen Fällen BFH 14.1.1998 – X R 57/93, BFHE 185, 230; BFH 16.4.1991 – VIII R 63/87, BStBl. II 1991, 832). Siehe zur AfA auf einen derivativen Praxiswert → Rn. 60.

726 **Vertragsarztzulassung:** Erwirbt der Käufer eine Vertragsarztpraxis (den „Betrieb") als einheitliches Chancenpaket, lassen sich die Anschaffungskosten – soweit sie nicht auf die erworbenen materiellen Wirtschaftsgüter zu verteilen sind – nicht in solche für den Erwerb des immateriellen Wirtschaftsguts „Praxiswert" und anderer immaterieller Wirtschaftsgüter (wie des „Vorteils aus einer Vertragsarztzulassung" oder eines Patientenstamms) aufteilen. Das mit der Praxis erworbene Chancenpaket setzt sich aus den verschiedenen wertbildenden Einzelbestandteilen zusammen (Patientenstamm, Standort, Umsatz, Facharztgruppe, etc.) und wird – neben den einzeln bewertbaren materiellen Wirtschaftsgütern der Praxiseinrichtung – in der Regel hauptsächlich durch den als immaterielles Wirtschaftsgut abschreibbaren Praxiswert repräsentiert. In dem erworbenen immateriellen Wirtschaftsgut „Praxiswert" sind der „Vorteil aus der Vertragsarztzulassung" und der Patientenstamm „mitenthalten". Eine gesonderte Bewertung des Vorteils aus der Zulassung neben oder statt des Praxiswerts kommt aus Gründen der Praktikabilität nicht in Betracht, weil ein sachlich begründbarer Aufteilungs- und Bewertungsmaßstab nicht ersichtlich ist (siehe BFH 9.8.2011 – VIII R 13/08, BStBl. II 2011, 875; BFH 21.2.2017 – VIII R 56/14, BStBl. II 2017, 694).

727 Wird – ausnahmsweise – bei wirtschaftlicher Betrachtung vom Erwerber nicht für die Praxis als Sachgesamtheit, sondern **nur** für die Überleitung der Vertragsarztzulassung gezahlt, wird auch nur der wirtschaftliche Vorteil aus der Vertragsarztzulassung des Veräußerers erworben. Dieser stellt beim Erwerber einer Einzelpraxis ein derivativ erworbenes immaterielles Wirtschaftsgut dar, das als funktional wesentliche Betriebsgrundlage dem Betriebsvermögen zuzurechnen ist, mangels eines Werteverzehrs aber nicht abschreibbar ist (→ Rn. 63). In einer Sozietät ist der erworbene wirtschaftliche Vorteil aus einer Vertragsarztzulassung bei Tragung der Anschaffungskosten durch den Erwerber als Zulassungsinhaber im Regelfall dessen Sonderbetriebsvermögen zuzurechnen.

728 Zudem kann die auf den Betriebsinhaber zugeschnittene Praxiseinrichtung eine funktional wesentliche Betriebsgrundlage bilden (siehe BFH 13.9.2001 – IV R 13/01, BStBl. II 2002, 287; BFH 18.5.1994 – I R 109/93, BStBl. II 1994, 92). Wirtschaftsgüter des Umlaufvermögens – wie freiberufliche Honorarforderungen – gehören unabhängig vom Umfang nicht zu den wesentlichen Betriebsgrundlagen (BFH 4.12.2012 – VIII R 41/09, BStBl. II 2014, 288).

729 Für die Veräußerung oder Einbringung eines freiberuflichen Betriebs (§§ 20, 24 UmwStG, siehe Rn. 20.06 und 20.07 des UmwStE 2011, BStBl. I 2011, 1314) eines freiberuflichen Betriebs sind die funktional wesentlichen Betriebsgrundlagen auf den Erwerber oder eine übernehmende Gesellschaft zu übertragen. Im Fall der Betriebsaufgabe sind sie aufzugeben.

730 *Einstweilen frei*

731 **(2) Einheitlicher Betrieb auch bei freiberuflichen Personengesellschaften.** Nach der Rechtsprechung des BFH kann ein gewerblicher Einzelunternehmer mehrere „Betriebe" unterhalten, während gewerbliche Personengesellschaften wegen § 15 Abs. 3 Nr. 1 (ebenso wie Kapitalgesellschaften) grundsätzlich nur einen „Betrieb" unterhalten können (vgl. zB Urteile BFH 9.8.1989 – X R 130/87, BStBl. II 1989, 901; BFH 10.2.1989 – III R 78/86, BStBl. II 1989, 467; BFH 23.4.2009 – IV R 73/06, BStBl. II 2010, 40; BFH 15.12.1992 – VIII R 52/91, BFH/NV 1993, 684; BFH 24.10.2012 – X R 36/10, BFH/NV 2013, 252; BFH 25.6.1996 – VIII R 28/94, BStBl. II 1997, 202). Auch freiberufliche Personengesellschaften, deren Tätigkeit in besonderer Weise durch die persönliche Arbeitsleistung ihrer Gesellschafter gekennzeichnet ist, unterhalten beim Tätigwerden an mehreren Standorten, die ggf. Teilbetriebe/Teilpraxen sind, grundsätzlich nur einen „Betrieb" (BFH 13.7.2016 – VIII R 56/13, BStBl. II 2016, 936 zu §§ 4 Abs. 4, 7g).

732 Das **Betriebsvermögen einer Personengesellschaft** umfasst nach ständiger Rechtsprechung und Verwaltungspraxis neben dem Gesamthandsvermögen auch das Sonderbetriebsvermögen in der Hand ihrer Gesellschafter (zB BFH 30.3.1993 – VIII R 8/91, BStBl. II 1993, 864 und BFH 17.12.2008 – IV R 65/07, BStBl. II 2009, 371). Wechselt ein Wirtschaftsgut – etwa ein Mandantenstamm – durch eine Transaktion von einem Teil des Betriebsvermögens (dem Sonderbetriebsvermögen) der Personengesellschaft in einen anderen Teil

desselben Betriebsvermögens, kann der Vorgang nicht als eine Entnahme iSd § 4 Abs. 1 S. 2 angesehen werden. Denn die Entnahme setzt nach dieser Vorschrift voraus, dass das Wirtschaftsgut den Bereich des Betriebs verlässt. Wird der betriebliche Funktionszusammenhang nicht gelöst, fehlt es an einer Entnahme (BFH 17.7.2008 – I R 77/06, BStBl. II 2009, 464, unter B.III.3.b bb). Anders als bei einem von einer einzelnen Person unterhaltenen Betrieb ist deshalb bei einer Personengesellschaft ein zivilrechtlicher Rechtsträgerwechsel ohne gleichzeitige Entnahme denkbar. Findet der Vorgang ganz oder teilweise unentgeltlich statt, fehlt es insoweit an einem Besteuerungstatbestand (BFH 19.9.2012 – IV R 11/12, BFHE 239, 76).

(3) Freiberufliches Restbetriebsvermögen. Unter den Betriebsbegriff fällt auch ein freiberufliches Restbetriebsvermögen, das im Zuge eines Einbringungs- oder Praxisveräußerungs- bzw. -aufgabevorgangs durch Zurückbehaltung von funktional unwesentlichen Wirtschaftsgütern, die nicht privat nutzbar sind, entsteht. 733

Ein Restbetriebsvermögen entsteht insbesondere bei Zurückbehaltung aktiver Wirtschaftsgüter, die nicht privat nutzbar sind und bei nicht abgelösten Schulden (siehe BFH 25.7.1972 – VIII R 3/66, BStBl. II 1972, 936; BFH 25.2.1975 – VIII R 84/69, BStBl. II 1975, 571; Schmidt/*Wacker* § 16 Rn. 122 ff.; zur Analyse der Rechtsprechung siehe *Mathäus* Ubg 2015, 340 ff.). Die Rechtsprechung nimmt dies im Zusammenhang mit Aufgaben/Veräußerungen und Einbringungen bei einer „Fortführung" der freiberuflichen Tätigkeit (etwa in Form einer Nebentätigkeit oder bei Betreuung zurückbehaltener Mandate unterhalb der Bagatellgrenze von 10%; → Rn. 808) nach einer Praxisveräußerung oder -aufgabe an (vgl. zB BFH 29.10.1992 – IV R 16/91, BStBl. II 1993, 182; BFH 8.6.2000 – IV R 63/99, BFH/NV 2000, 1341; BFH 25.1.2001 – IX R 27/97, BStBl. II 2001, 573; BFH 6.3.2002 – XI R 9/01, BStBl. II 2002, 737; BFH 7.7.1998 – VIII R 5/96, BStBl. II 1999, 209; BFH 1.8.2007 – XI R 47/06, BStBl. II 2008, 106 zur Fortführung der Tätigkeit aufgrund des Zurückbehaltens von Mandaten in einem Restbetrieb bei einer Praxisveräußerung). 734

Auch zurückbehaltene Honorarforderungen eines Freiberuflers können ohne Fortführung der freiberuflichen Tätigkeit Bestandteil seines Restbetriebsvermögens (Betrieb ohne Betriebsvermögen) nach einer Praxisveräußerung, -aufgabe oder -einbringung sein (BFH 4.12.2012 – VIII R 41/09, BStBl. II 2014, 288). Hierbei kommt es nach der zitierten Entscheidung für die Möglichkeit des Zurückbehalts auf die frühere Unterscheidung, ob es sich um bestrittene oder unbestrittener Forderungen handelt (so noch BFH 14.11.2007 – XI R 32/06, DStRE 2008, 359), nicht mehr an. Ermittelte der Steuerpflichtige vor der Veräußerung/Aufgabe/Einbringung seiner Praxis den Gewinn nach § 4 Abs. 3, so sind die zurückbehaltenen Forderungen nach der vorstehenden Entscheidung des BFH als nachträgliche Einnahmen aus freiberuflicher Tätigkeit nach § 24 Nr. 2 im Zuflusszeitpunkt zu erfassen. Das FG Berlin-Brandenburg (Urt. v. 1.3.2018 – 12 K 15284/15, EFG 2018, 1544, Rev: VIII R 12/18) hat noch nicht festgesetzte schwebende Insolvenzverwaltervergütungen bei Ausscheiden eines Sozius ohne die Figur des Restbetriebsvermögens heranzuziehen den nachträglichen laufenden Einkünften zugeordnet. 735

Im **Anwendungsbereich von § 4 Abs. 4** sind nach ständiger Rechtsprechung des BFH Schuldzinsen auf Betriebsschulden auch nach Aufgabe oder Veräußerung des Betriebs grundsätzlich als Betriebsausgaben abziehbar. Das gilt aber nur, soweit sie nicht auf Verbindlichkeiten entfallen, die durch den Veräußerungspreis und die Verwertung von zurückbehaltenen aktiven Wirtschaftsgütern hätten getilgt werden können (vgl. zB BFH 28.3.2007 – X R 15/04, BStBl. II 2007, 642). Steuerpflichtige mit freiberuflichen Einkünften, die nach Praxisveräußerung oder -aufgabe unter dieser Voraussetzung Schuldzinsen für eine im Restbetriebsvermögen verbliebene Verbindlichkeit tragen, können diese als nachträgliche Betriebsausgaben (§ 24 Nr. 2) abziehen. 736

Nicht abschließend entschieden, aber von geringer praktischer Bedeutung ist schließlich die Frage, ob auch eine Forderung **aus der Veräußerung des Betriebs** bis zu ihrer Erfüllung im Restbetriebsvermögen des Veräußerers verbleibt. Von einer Zuordnung der Abfindungsforderung und des akzessorischen Zinsanspruchs zum Privatvermögen ist der VIII. Senat in seinem Urteil vom 29.4.2014 (VIII R 35/13, BStBl. II 2014, 990) jedenfalls unter der Voraussetzung ausgegangen, dass die Beteiligten für die auf dem gesellschaftsvertraglichen 737

Zinsanspruch beruhenden Zinsen eine Besteuerung nach dem gesonderten Tarif des § 32d Abs. 1 geltend machen, was wegen § 20 Abs. 8 voraussetzt, dass der Abfindungs- oder Kaufpreisanspruch gemäß § 16 in das Privatvermögen entnommen wird.

737.1 Ob eine Kaufpreisforderung für die Übertragung eines ganzen Gewerbebetriebes, eines Teilbetriebes oder eines Mitunternehmeranteils mit dem Übergang des wirtschaftlichen Eigentums am Betrieb zwangsläufig in das Privatvermögen des Veräußerers übergeht, ist im Übrigen umstritten. Während die ältere Rechtsprechung davon ausging, dass die aus einer Betriebsveräußerung resultierende Kaufpreisforderung mit der Veräußerung des Betriebes grundsätzlich unmittelbar in das Privatvermögen überführt und damit „zwangsprivatisiert" wird (vgl. zB BFH 23.11.1967 – IV R 173/67, BStBl. II 1968, 93; BFH 19.1.1978 – IV R 61/73, BStBl. II 1978, 295; BFH 24.9.1976 – I R 41/75, BStBl. II 1977, 127), hat der VIII. Senat in seinem Vorlagebeschluss an den Großen Senat vom 26.3.1991 (BStBl. II 1992, 479) die Auffassung vertreten, eine Kaufpreisforderung für die Übertragung eines ganzen Gewerbebetriebes, eines Teilbetriebes oder eines Mitunternehmeranteils gehe mit der Übertragung des wirtschaftlichen Eigentums am Betrieb auf den Erwerber nicht zwangsläufig (automatisch) in das Privatvermögen des Veräußerers über. Der Große Senat des BFH hat die Frage der „Zwangsentnahme" in seiner auf den Vorlagebeschluss des VIII. Senates ergangenen Entscheidung zur Problematik der Uneinbringlichkeit einer Kaufpreisforderung als Ereignis mit steuerlicher Rückwirkung im Sinne des § 175 AO ausdrücklich offen gelassen (BFH GrS Beschluss 19.7.1993 – GrS 2/92, BStBl. II 1993, 897, vgl. auch BFH 29.9.1981 – VIII R 39/79, BStBl. II 1982, 113).

737.2 In der Literatur wird die Frage, ob eine Kaufpreisforderung nach der Veräußerung eines Betriebes oder Mitunternehmeranteils zwangsläufig in das Privatvermögen übergeht oder Betriebsvermögen bleibt bzw. bleiben kann, unterschiedlich beantwortet (für Zuordnung zum Betriebsvermögen zB HHR/*Kobor* § 16 Rn. 405, 415, Kirchhof/*Reiß* § 16 Rn. 269; für die zwingende Zuordnung zum Privatvermögen: Blümich/*Schallmoser* § 16 Rn. 597; offen gelassen von Schmidt/*Wacker* § 16 Rn. 281, 381).

738 *Einstweilen frei*

739 **bb) Ein der selbständigen Arbeit dienender Teil des Vermögens. (1) Abgrenzung des allgemeinen Teilbetriebs- vom Teilpraxisbegriff.** Der Ausdruck **„selbständiger Teil des Vermögens"** in § 18 Abs. 3 Satz 1 ist im Gesetz nicht näher definiert. Er ist unter entsprechender Heranziehung der Voraussetzungen des Teilbetriebs iSd § 16 Abs. 1 Nr. 1 zu bestimmen (BFH 18.10.1999 – GrS 2/98, BStBl. II 2000, 123). Ein Teilbetrieb gemäß § 16 Abs. 1 iVm § 18 Abs. 3 ist danach auch ein organisatorisch geschlossener, mit einer gewissen Selbständigkeit ausgestatteter Teil eines Gesamtbetriebs, der – für sich betrachtet – alle Merkmale eines Betriebs im Sinne des EStG aufweist und als solcher lebensfähig ist.

740 Für die Abgrenzbarkeit von Teilpraxen als selbständigen Teilen des der Tätigkeit dienenden Vermögens im Sinne des § 18 Abs. 3 Satz 1 wird von der Rechtsprechung aber auch als entscheidendes Merkmal der freien Berufe stets betont, die Einkünfte würden aus einer persönlichkeitsbezogenen Tätigkeit erzielt und der Wert der Praxis liege nicht in materiellen Vermögensgegenständen. Der Kunden-(Mandanten-, Patienten-)stamm kann danach – anders als eine auf Kapitaleinsatz beruhende Ansammlung bestimmter materieller Wirtschaftsgüter und eines Teilgeschäftswerts – als solcher nicht allein durch organisatorische Trennung zu einer lebensfähigen Wirtschaftseinheit zusammengefasst werden und keinen mit einer gewissen Selbständigkeit ausgestatteten, geschlossenen Teil des Gesamtbetriebs bilden, der für sich allein lebensfähig ist. Denn praxiswertbildend sind nicht die abgrenzbaren Mandantenkreise, sondern nur die Beziehungen zwischen den Kunden und dem Freiberufler (BFH 29.10.1992 – IV R 16/91, BStBl. II 1993, 182; BFH 1.7.2004 – IV R 32/02, BFH/NV 2005, 31; BFH 11.12.2007 – VIII B 202/06, BFH/NV 2008, 559 mwN).

741 **(2) Fallgruppenbildung der Rechtsprechung. Vermutung fehlender Selbständigkeit bei wesensmäßig gleichartiger Tätigkeit:** Als Konsequenz hieraus wird in der Rechtsprechung bei einer einheitlichen gleichartigen freiberuflichen Tätigkeit vermutet, diese schließe im allgemeinen die Annahme aus, Teile der Praxis könnten eine so weitgehende organisatorische Selbständigkeit erlangen, dass sie Teilbetrieben im gewerblichen Bereich gleichgestellt werden könnten (BFH 29.10.1992 – IV R 16/91, BStBl. II 1993, 182; BFH 1.7.2004 – IV R 32/02, BFH/NV 2005, 31; BFH 11.12.2007 – VIII B 202/06, BFH/NV 2008, 559 mwN).

742 So hat der BFH auch für die ab dem Veranlagungszeitraum 1965 geltende geänderten Fassung des § 18 Abs. 3 Satz 1, durch die die Veräußerung einer Teilpraxisveräußerung (als

„Teil des der Tätigkeit dienenden Vermögens") erstmals gesetzlich angesprochen wurde, an den zuvor in der Rechtsprechung entwickelten Fallgruppen festgehalten, in denen abw von der geschilderten Vermutung das Vorliegen und die Übertragung abgrenzbarer Teilpraxen angenommen werden (siehe BFH 14.3.1975 – IV R 78/71, BStBl. II 1975, 661).

Fallgruppenbildung für die Abgrenzbarkeit von Teilbetrieben: Die für die Annahme eines Teilbetriebs erforderliche Selbständigkeit eines Betriebsteils bei Freiberuflern wird für die besonders häufig auftretenden Sachverhalte von der Rechtsprechung typisierend in Fallgruppen umschrieben (BFH 26.6.2012 – VIII R 22/09, BStBl. II 2012, 777). Diese Fallgruppen geben Abgrenzungskriterien vor, die als Indizien in der Gesamtwürdigung, ob ein abgrenzbarer freiberuflicher Teilbetrieb vorliegt, heranzuziehen sind. Danach kann die erforderliche Selbständigkeit einer Teilpraxis angenommen werden, 743

- wenn sich die freiberufliche Arbeit sachlich auf wesensmäßig verschiedene Tätigkeiten mit zugehörigen unterschiedlichen Kunden- oder Patientenkreisen erstreckt (1. Fallgruppe). Übt ein Freiberufler zwei wesensmäßig verschiedene Tätigkeiten aus, setzt die Annahme zweier Teilpraxen also das Vorliegen einer gewissen organisatorischen Verselbständigung der verschiedenen Praxisteile voraus (BFH 1.7.2004 – IV R 32/02, BFH/NV 2005, 31).
- bei einer sachlich gleichartigen Tätigkeit, die in örtlich wie organisatorisch voneinander getrennten Bereichen ausgeübt wird (2. Fallgruppe).

Wesensmäßig verschiedene Tätigkeiten: Für die Frage, ob sachlich gleichartige oder wesensmäßig verschiedene Betätigungen vorliegen, stellt die Rechtsprechung maßgeblich darauf ab, ob der Freiberufler beide Tätigkeiten aufgrund seiner Berufsausbildung ausführen kann; ist letzteres der Fall, liegt eine gleichartige Tätigkeit vor (→ Rn. 750 zu den Fallbeispielen bei Ärzten mit unterschiedlichen Behandlungsformen oder Nebentätigkeiten). Der Umstand, dass zur Behandlung nur jedes Teils eines Mandantenkreises bestimmte Sachmittel eingesetzt werden müssen, kann wegen der untergeordneten Bedeutung der Sachmittel in einer freiberuflichen Praxis in der Regel für sich betrachtet keine „wesensmäßig verschiedenen Tätigkeiten" begründen, wenn der Freiberufler beide Kundenkreise auf Grundlage seiner Berufsausbildung beraten oder behandeln kann (BFH 29.10.1992 – IV R 16/91, BStBl. II 1993, 182); Gleiches gilt auch für unterschiedliche Behandlungsformen verschiedener Patientenkreise (siehe bei den Beispielen). 744

Organisatorische Verselbständigung einer Teilpraxis: Die Kasuistik zur Annahme oder Ablehnung einer hinreichenden organisatorischen Eigenständigkeit bei wesensmäßig verschiedenen Tätigkeiten ist umfassend. Die Eigenständigkeit wurde in der Rechtsprechung sogar bei einer eigenen Kundenkartei, eigenem Inventar, aber wegen fehlender getrennter Gewinnermittlungen und ohne Trennung der Praxiseinnahmen verneint (FG Schleswig-Holstein 25.10.2006 – 1 K 185/01, EFG 2007, 37). Der BFH hat andererseits die getrennte Gewinnermittlung nicht stets als zwingende Voraussetzung für die Annahme eines Teilbetriebes (Teilpraxis) angesehen und entbehrlich gehalten, wenn andere Umstände, wie die räumliche Trennung oder der Einsatz besonderen Personals, die organisatorische Selbständigkeit hinreichend deutlich werden lassen (BFH 1.7.2004 – IV R 32/02, BFH/NV 2005, 31). 745

Örtlicher/räumlicher Wirkungskreis: Der räumliche Wirkungskreis eines Freiberuflers vor der Übertragung wird im Wesentlichen durch die Lage seines Büros, in das sich die Mandanten zu ihrer Beratung begeben, bestimmt (vgl. BFH 24.8.1989 – IV R 120/88, BStBl. II 1990, 55; BFH 5.6.2003 – IV R 18/02, BStBl. II 2003, 838). Zudem kommt es auf die Art der Betätigung an. Bei einer Steuerberatungstätigkeit kommt der räumlichen Entfernung zwischen den einzelnen Niederlassungen nicht die gleiche Bedeutung zu wie etwa bei einer Arztpraxis oder einem Einzelhandelsgeschäft, sodass der BFH eine Einstellung der Tätigkeit im bisherigen örtlichen Wirkungskreis verneint, wenn ein Steuerberater mit zwei Standorten den einen Standorten veräußert und danach von dem ihm verbliebenen Standort aus bisherige Mandanten am „veräußerten Standort" in einem Umfang oberhalb der sog. 10%-Bagatellgrenze weiter betreut (BFH 8.6.2000 – IV R 63/99, BFH/NV 2000, 1341). 746

(3) Maßgeblicher Zeitpunkt und Blickwinkel für die Prüfung des Vorliegens einer Teilpraxis. Ob ein Betriebsteil die für die Annahme eines freiberuflichen Teilbetriebs erforderliche Selbständigkeit besitzt, ist nach dem Gesamtbild der Verhältnisse im Zeitpunkt der Veräußerung **beim Veräußerer** zu entscheiden (BFH 5.6.2003 – IV R 18/02, BStBl. II 2003, 838; BFH 26.6.2012 – VIII R 22/09, BStBl. II 2012, 777). 747

748 Ob im Rahmen von Einbringungen/Umwandlungen aufgrund des § 15 UmwStG 2006 gesonderte Maßstäbe für die Bestimmung einer Teilpraxis gelten, weil die Finanzverwaltung von der Geltung des europäischen Teilbetriebsbegriffs ausgeht. ist noch nicht geklärt. Nach dem UmwStE 2011 kommt es für das Vorliegen eines Teilbetriebs auf die Sicht der übernehmenden Gesellschaft an und gelten strikte Zuordnungsvorgaben für die Aufteilung der Wirtschaftsgüter eines Betriebs mit mehreren Teilbetrieben (siehe Rn. 15.07 ff. des UmwStE 2011, BStBl. I 2011, 1314). ME hat die Abgrenzung freiberuflicher Teilbetriebe nach den obigen Fallgruppen unter dem nationalen Teilpraxisbegriff im Wesentlichen die Aufteilung und Zuordnung des Praxiswerts/Mandantenstamms nach engen funktionalen Kriterien zum Gegenstand. Diese Kriterien halten auch den Vorgaben des europäischen Teilbetriebsbegriffs im UmwStG 2006 stand. Außerhalb der Zuordnung des Mandantenstamms auf die Teilpraxen sind für Einbringungen und andere Umwandlungen gemäß §§ 20, 24, 15 UmwStG auch für Freiberufler die Vorgaben des UmwSt-Erlasses 2011 zum Teilbetriebsbegriff, etwa bei gemeinsam genutzten Immobilien, zu beachten.

749 *Einstweilen frei*

750 **(4) Einzelfragen zu Fallgruppe 1.** Wesensmäßig gleichartige Tätigkeiten:

750.1 Aufteilung des Mandantenstamms bei einheitlicher Tätigkeit: Allein die Trennung des Kunden- (Mandanten-, Patienten-)stamms führt für sich genommen noch nicht zur Annahme von Teilbetrieben (siehe zB Urteil BFH 27.4.1978 – IV R 102/74, BStBl. II 1978, 562 zur Aufteilung der Tätigkeit eines Steuerberaters mit gewerblichen Mandanten einerseits und land- und forstwirtschaftlichen Mandanten andererseits), auch wenn Gruppen von Kunden nach bestimmten Eigenarten (zB Zugehörigkeit zu bestimmten Branchen, Größe ua) unterscheidbar sind. Denn praxiswertbildend sind nicht diese Unterscheidungsmerkmale, sondern nur die Beziehungen zwischen dem Kunden und dem Freiberufler (BFH 6.3.1997 – IV R 28/96, BFH/NV 1997, 746; FG Thüringen 23.11.2004 – III 1084/02, BeckRS 2004, 26021932 zur Teilveräußerung des Patientenstamms einer nuklearmedizinischen Praxis).

750.2 Aufteilung nach Kassen- und Privatpatienten: Die vertragsärztliche Behandlung von Privatpatienten ist nicht wesensverschieden von der Behandlung der Kassenpatienten, sodass keine unterschiedlichen Teilpraxen vorhanden sind (BFH 6.3.1997 – IV R 28/96, BFH/NV 1997, 746; FG München 19.2.2003 – 9 K 1015/01, EFG 2003, 1012). Entscheidend für die Annahme einer gleichartigen Tätigkeit ist, dass die Tätigkeit als Kassenarzt und als Privatarzt auf Grundlage derselben Berufsausbildung des Klägers und mit denselben medizinischen Behandlungsmethoden ausgeübt wird.

750.3 Ärzte mit unterschiedlichen Behandlungsverfahren: Zur Begründung wesensverschiedener Tätigkeiten bei Ärzten reicht es nicht aus, dass verschiedene unterschiedliche Behandlungsverfahren angeboten werden (vgl. FG Münster 29.8.2001 – 8 K 6534/98 E, EFG 2002, 327 betreffend eine Praxis für Allgemeinmedizin und Psychotherapie sowie traditionelle chinesische Medizin). Eine naturheilkundliche Tätigkeit stellt gegenüber der allgemeinmedizinischen Tätigkeit keine „wesensmäßig andere Tätigkeit" dar, da die Anwendung der Naturheilverfahren auf der Grundlage der allgemeinen medizinischen Kenntnisse erfolgt, die ein Arzt für Allgemeinmedizin im Zuge seiner Ausbildung erworben hat und mehr oder weniger untrennbar mit diesen verbunden ist (FG Saarland 30.3.2006 – 1 K 401/02, EFG 2006, 887; BFH 6.3.1997 – IV R 28/96, BFH/NV 1997, 746). Die Gutachtertätigkeit eines Architekten ist nicht wesensmäßig verschieden von der sonstigen Architektentätigkeit, wenn beide Tätigkeiten (auch die Bestellung zum Sachverständigen) dieselbe Berufsausbildung und denselben beruflichen Werdegang als Architekt erfordern (FG Münster Urteil 4.7.2014 – 4 K 2898/12 F, BeckRS 2014, 95779). Veräußert ein Tierarzt seine „Großtierpraxis" unter Zurückbehaltung der „Kleintierpraxis", so handelt es sich nicht um eine Teilbetriebsveräußerung iSd § 18 Abs. 3 (BFH 29.10.1992 – IV R 16/91, BStBl. II 1993, 182). Die Behandlung von Großtieren und die von Kleintieren seien aus veterinärmedizinischer Sicht gleichartig. Sie erforderten demgemäß keine unterschiedliche Berufsausbildung; der Kläger sei durch die Ausbildung zum praktischen Tierarzt befähigt, sowohl Groß- als auch Kleintiere zu behandeln.

750.4 Andere Tätigkeiten: Ob die Tätigkeit als Tanzlehrer und die Tätigkeit als Tanzsporttrainer wesensmäßig verschiedene berufliche Tätigkeiten darstellen, hat der BFH offen gelassen (BFH 1.7.2004 – IV R 32/02, BFH/NV 2005, 31).

750.5 Keine Aufteilbarkeit des Praxiswerts wegen faktischer Wertschöpfung des Praxiswerts eines Teilbereichs durch Dritten: Ein Dezernat „allgemeine und Prozesspraxis" einer Einzelkanzlei stellt keine wesensverschiedene Tätigkeit zur übrigen Kanzleitätigkeit dar (BFH 30.10.2008 – VIII B 172/07, BeckRS 2008, 25014640). Die den partiellen Praxiswert dieses Dezernats bildende Tätigkeit eines angestellten Berufsträgers wirkt sich ausschließlich wie die den Geschäftswert bildende Tätigkeit eines Betriebspächters in der Person eines Betriebsverpächters (BFH 14.1.1998 – X R 57/93, BFHE 185,

230; BFH 30.1.2002 – X R 56/99, BStBl. II 2002, 387) nur in der Person des Praxisinhabers aus, sodass bei Erwerb des abgrenzbaren Dezernats durch den Mitarbeiter nicht schon deshalb eine Teilpraxis vorliegt (BFH 30.10.2008 – VIII B 172/07, BeckRS 2008, 25014640)

Wesensmäßig verschiedene Tätigkeiten mit dem Erfordernis der hinreichenden organisatorischen Trennung: 751

Ärzte: Ist ein freiberuflich tätiger Arzt sowohl als Allgemeinmediziner als auch auf arbeitsmedizinischem Gebiet tätig, übt er zwei ihrer Art nach verschiedene Tätigkeiten aus, die für die Eigenständigkeit als Teilpraxen eine hinreichende organisatorische Trennung verlangen (BFH 4.11.2004 – IV R 17/03, BStBl. II 2005, 208). Die Gutachtertätigkeit eines Arztes für Gerichte und die BfA, die ein Kassenarzt neben der üblichen Tätigkeit in seiner Einzelpraxis ausübt, kann ebenfalls wesensmäßig verschieden von der Behandlungstätigkeit sein, erfordert aber zusätzlich eine gewisse organisatorische Verselbständigung der verschiedenen Praxisteile (FG Hessen 9.6.2008 – 13 K 145/08). Veräußert ein auch im Bereich der Akupunktur tätiger Radiologe seine Radiologiepraxis, liegen zwar wesensmäßig verschiedene Tätigkeiten mit unterschiedlichen Patientenkreisen vor, hinzutreten muss aber ein notwendiger Grad der organisatorischen Verselbständigung beider Praxisteile (FG Schleswig-Holstein 25.10.2006 – 1 K 185/01, EFG 2007, 37). Zur Frage, ob die Tätigkeitsbereiche „Praxis für Allgemeinmedizin" und „Prüfarzttätigkeit für Medikamentenstudien" jeweils Teilpraxen bilden, siehe FG München 29.11.2017 – 1 K 311/16, EFG 2019, 615 mAnm *Hennigfeld*; Rev. VIII R 36/18. 751.1

Steuerberatung und Wirtschaftsprüfung: Die Tätigkeiten als Wirtschaftsprüfer und Steuerberater sind zwar wesensmäßig verschiedene Tätigkeiten, bilden ohne organisatorische Trennung im Rahmen einer einheitlichen Praxis aber keine selbständigen Teilpraxen (BFH 26.6.2012 – VIII R 22/09, BStBl. II 2012, 777). 751.2

(5) Teilpraxen bei gleichartiger Tätigkeit an verschiedenen örtlichen Wirkungskreisen. Örtlich und organisatorisch getrennte Niederlassungen: Ein Steuerbevollmächtigter, der seine auf dem Festland befindliche Praxis veräußert und nur das auf einer nahegelegenen Insel eingerichtete Büro behält (BFH 6.12.1963 – IV 268/63 U, BStBl. III 1964, 135), veräußert eine Teilpraxis. Bei der Veräußerung der Niederlassung einer Fahrschule kann es sich um die Veräußerung eines Teilbetriebs handeln (BFH 24.8.1989 – IV R 120/88, BStBl. II 1990, 55; BFH 5.6.2003 – IV R 18/02, BStBl. II 2003, 838). 752

Eine Teilpraxis kann unter Modifizierung der 2. Fallgruppe vorliegen, wenn ein Freiberufler eine Beratungspraxis an einem separaten Standort als selbständigen Betrieb erwirbt und bis zur Veräußerung im Wesentlichen ***unverändert fortführt.*** Es kommt **dann nicht entscheidend darauf an,** ob die Tätigkeit in voneinander getrennten örtlich abgegrenzten Bereichen ausgeübt worden ist, ***vorausgesetzt*** die beim Erwerb zu bejahende Selbständigkeit der Büros ist beibehalten und nicht durch organisatorische (eingliedernde) Maßnahmen aufgegeben worden. Die „unveränderte Fortführung" des Standorts ist gewährleistet, wenn der Mandantenstamm dieses Standorts als wesentliche Betriebsgrundlage keinem der anderen Standorte zugeordnet wird. Wenn zu den erworbenen Mandaten im Laufe der Jahre eventuell weitere akquirierte Mandate hinzukommen oder andere wegfallen, steht dies der Annahme der unveränderten Fortführung nicht entgegen, solange es sich hauptsächlich um Mandanten handelt, die nur dem ursprünglich erworbenen Standort zuzurechnen sind. Eine schädliche Neuzuordnung des erworbenen Mandantenstamms am zugekauften Standort wird auch nicht schon dadurch bewirkt, dass vereinzelt Anfragen für Mandanten dieses Standorts unter Nutzung freier Kapazitäten in anderen Büros im Wege der Arbeitsteilung erledigt werden (BFH 26.6.2012 – VIII R 22/09, BStBl. II 2012, 777; zur Besprechung der Entscheidung s. *Kempermann* FR 2013, 80). 753

Einstweilen frei 754

cc) Anteil am freiberuflichen Vermögen. Ganzer Anteil: Nach § 18 Abs. 3 Satz 1 gehört zu den Einkünften aus selbständiger Arbeit ua auch der Gewinn, der bei der Veräußerung eines Anteils am Vermögen erzielt wird, das der selbständigen Arbeit dient (BFH 14.9.1994 – I R 41/94, BFH/NV 1995, 766). Dies folgt auch aus den Verweisungen des § 18 Abs. 3 Satz 2 auf § 16 und des § 18 Abs. 4 auf § 15 Abs. 1 Nr. 2. Anwendungsfälle der Anteilsveräußerung an Dritte betreffen das Ausscheiden aus einer freiberuflichen Gesellschaft unter Eintritt eines Dritten als Neugesellschafter oder die Veräußerung an einen oder mehrere Mitgesellschafter gegen eine von diesen geschuldete Abfindung (→ Rn. 773). Die Veräuße- 755 rung des Mitunternehmeranteils tritt jedoch auch beim Ausscheiden unter Anwachsung des Mitunternehmeranteils des Ausscheidenden auf die Mitgesellschafter auf, wenn die Gesellschaft eine Geldabfindung an den Ausscheidenden oder den Erblasser zahlt (zur Geldabfindung bei Ausscheiden unter Lebenden → Rn. 1027 und im Todesfall → Rn. 776) oder diesem ein Wirtschaftsgut als Sachwertabfindung gewährt, das der ausscheidende Gesellschafter in sein Privatvermögen übernimmt (→ Rn. 1030).

756 **Teilmitunternehmeranteil:** Nach dem BFH-Urteil 14.9.1994 – I R 12/94, BStBl. II 1995, 407 gelten § 18 Abs. 3 Sätze 1 und 2 auch, wenn ein Freiberufler einen „Teil" seines Mitunternehmeranteils an einer freiberuflich tätigen Personengesellschaft an einen Nichtgesellschafter oder einen Mitgesellschafter (zur Änderung der Beteiligungsverhältnisse) veräußert (ausführlicher → Rn. 798). In der heutigen Rechtslage ergibt sich dies ohne Weiteres aus der Verweisung des § 18 Abs. 3 Satz 2 auf § 16 Abs. 1 Satz 2. Gemäß § 16 Abs. 1 Satz 2 führt die Veräußerung eines freiberuflichen Teilmitunternehmeranteils stets zu einem nicht tarifbegünstigten, laufenden Gewinn. Anwendungsfälle der (tarifbegünstigten) Veräußerung eines Teilmitunternehmeranteils waren unter der früheren Rechtslage das sog. Zwei-Stufen-Modell (→ Rn. 801).

757 **Anwendungsbeispiele:** Unter der heutigen Rechtslage sind Beispiele für die Veräußerung eines Teilmitunternehmeranteils die entgeltliche Übertragung eines Teils der Gesellschaftsrechte am Gewinn, Verlust und Vermögen auf einen Mit- oder Neugesellschafter. Zahlt der Gesellschafter, dessen Anteil sich durch diese Vereinbarung erhöht, dem anderen hierfür ein Entgelt, ist dies wie die Veräußerung eines (Teil-)Anteils zu behandeln (vgl. Beschluss des Großen Senats des BFH 18.10.1999 – GrS 2/98, BStBl. II 2000, 123; BFH 25.4.2006 – VIII R 52/04, BStBl. II 2006, 847; BFH 1.2.2017 – VIII B 15/16, BFH/NV 2017, 574). Der Eintritt in eine bestehende Personengesellschaft unter Leistung einer Zuzahlung an einen oder mehrere Altgesellschafter in deren Privatvermögen stellt die Veräußerung eines Teilmitunternehmeranteils dar, die mit einem Einbringungsvorgang gemäß § 24 UmwStG verbunden wird (→ Rn. 883). Der entgeltliche Eintritt in ein Einzelunternehmen zur Gründung einer Personengesellschaft unter Zahlung eines Entgelts an den Einzelunternehmer ist allerdings keine Veräußerung eines künftigen Teilmitunternehmeranteils, sondern bewirkt das Entstehen eines laufenden Gewinns im Einzelunternehmen, dem dessen Einbringung in die neu entstehende Personengesellschaft gemäß § 24 UmwStG folgt (→ Rn. 864).

758 Für die unentgeltliche Übertragung eines Teilmitunternehmeranteils gilt § 6 Abs. 3. Zur Problematik des Sonderbetriebsvermögens → Rn. 1247.2.

759 **dd) 100%-Anteil an Kapitalgesellschaft als fiktiver Teilbetrieb.** Anteile an Kapitalgesellschaftsanteilen gehören unter verschiedenen Gesichtspunkten zu einem freiberuflichen Betriebsvermögen, → Rn. 52 ff.

760 Anwendungsbeispiele für Beteiligungen im Betriebsvermögen, die das gesamte Nennkapital der Kapitalgesellschaften erfassen, betreffen zB Kapitalgesellschaften, in die gewerbliche Betätigungen zur Vermeidung einer Abfärbung (→ Rn. 1213) ausgelagert werden (zB die Inkassotätigkeit einer Anwaltskanzlei). Zudem werden Anteile an Freiberufler-Kapitalgesellschaften im Sonderbetriebsvermögen (zB Anteile an der Komplementär-GmbH in der Freiberufler-GmbH & Co. KG) oder im Gesamthandsvermögen von Holding-Personengesellschaften gehalten, soweit dies berufsrechtlich zulässig ist (siehe zur Unzulässigkeit des Haltens der Beteiligung an einer Rechtsanwalts-GmbH durch eine Partnerschaftsgesellschaft mbB, da letztere der juristischen Person angenähert sei, BGH 20.3.2017 – AnwZ (Brfg) 33/16, GmbHR 2017, 576; anders zu einer GbR aus Rechtsanwälten als Holdinggesellschaft BGH 9.7.2011 – PatAnwZ 1/00, BGHZ 148, 270, da die GbR nur teilrechtsfähig und nicht vollständig von ihren Mitgliedern abgekoppelt sei).

761 *Einstweilen frei*

762 **b) Veräußerung einer Sachgesamtheit gemäß § 18 Abs. 3. aa) Übertragung des gesamten freiberuflichen Vermögens (Betriebs). (1) Einstellung der Tätigkeit im örtlichen Wirkungskreis für eine gewisse Zeit.** Der Veräußerungs- und Aufgabetatestand des § 16 Abs. 2 und 3 iVm § 18 Abs. 3 wird bei Freiberuflern tätigkeitsbezogen ausgelegt. Eine Veräußerung in diesem Sinne setzt voraus, dass der Steuerpflichtige die für die Ausübung der selbständigen Arbeit wesentlichen wirtschaftlichen Grundlagen entgeltlich auf einen Anderen überträgt (BFH-Urteil 24.5.1956 – IV 24/55 U, BStBl. III 1956, 205) oder

seine Teilhabe daran aufgibt. Eine Veräußerung setzt begrifflich – auch für die zusammengeballte Aufdeckung der stillen Reserven iSd § 34 Abs. 2 – voraus, dass der Steuerpflichtige die für die Ausübung der selbständigen Arbeit wesentlichen wirtschaftlichen Grundlagen entgeltlich auf einen anderen überträgt (siehe BFH 24.5.1956 – IV 24/55 U, BStBl. III 1956, 205).

Da zu den vermögensmäßigen Grundlagen einer freiberuflichen Praxis sowohl die Bezie- 763
hungen des Praxisinhabers zu seinen bisherigen Mandanten als auch das durch den Praxisnamen bestimmte Wirkungsfeld (der Praxiswert) gehören, ist bei Praxisübertragungen eine Veräußerung ein Übergang oder bei einer Betriebsaufgabe eine Aufgabe der wesentlichen immateriellen Betriebsgrundlagen nur dann anzunehmen, wenn der Veräußerer/Betriebsinhaber seine Tätigkeit in dem bisherigen örtlichen Wirkungskreis wenigstens für eine gewisse Zeit einstellt (vgl. BFH 14.5.1970 – IV 136/65, BStBl. II 1970, 566; BFH 14.3.1975 – IV R 78/71, BStBl. II 1975, 661; BFH 27.4.1978 – IV R 102/74, BStBl. II 1978, 562; BFH 7.11.1985 – IV R 44/83, BStBl. II 1986, 335; BFH 7.11.1991 – IV R 14/90, BStBl. II 1992, 457; BFH 29.6.1994 – I R 105/93, BFH/NV 1995, 109; BFH 29.10.1992 – IV R 16/91, BStBl. II 1993, 182; BFH 26.6.2012 – VIII R 22/09, BStBl. II 2012, 777).

Kriterium der gewissen Zeit: Der Begriff der „gewissen Zeit", für die die Tätigkeit 764
nach einer Praxisveräußerung einzustellen ist, ist nicht näher bestimmt. Diese ist von den Umständen des Einzelfalls abhängig, wie etwa der räumlichen Entfernung der wiederaufgenommenen Berufstätigkeit zur veräußerten Praxis, der Vergleichbarkeit der Betätigung oder der Art und Struktur der Mandate.

Ausreichend ist in Rechtsprechung eine Zeitspanne von drei Jahren als Wartezeit angese- 765
hen, nach deren Ablauf nicht mehr von einer Praxisunterbrechung und -verlegung, sondern von einer Neueröffnung durch den früheren Praxisinhaber auszugehen ist. Die Rechtsprechung hat eine Dauer von 5 Monaten als zu kurz, einen Zeitraum von 3 Jahren hingegen als ausreichend erachtet (vgl. BFH 10.6.1999 – IV R 11/99, BFH/NV 1999, 1594).

Diese typisierende Anknüpfung des BFH an eine dreijährige betriebsgewöhnliche Nut- 766
zungsdauer eines erworbenen Praxiswerts bzw. der Dauer eines im Streitfall vereinbarten dreijährigen Wettbewerbsverbots (sog. Niederlassungsverbotsklausel, siehe *Römermann* BB 1998, 1489 (1490)), das der Veräußerer mit dem Erwerber vereinbart, wird im Schrifttum (Bordewin/Brandt/*Moritz/Baumgartner* § 18 Rn. 612) zu Recht kritisiert: Der BFH übersehe, dass ein zeitlich so weitreichendes Wettbewerbsverbot nach ständiger BGH-Rechtsprechung zivilrechtlich gemäß § 138 BGB sittenwidrig sei. Die während der Zugehörigkeit des Veräußerers zur Praxis geknüpften Verbindungen zur Kundschaft seien nach Sichtweise des BGH nach 2 Jahren typischerweise so gelockert, dass der ausgeschiedene Praxisveräußerer wie jeder andere Wettbewerber behandelt werden könne und ein Mandantenschutz nicht länger berechtigt erscheine (Hinweis auf BGH 8.5.2000 – II ZR 308/98, DStR 2000, 1021; BGH 29.9.2003 – II ZR 59/02, DStR 2004, 100). Daher müsse – so Bordewin/Brandt/*Moritz/Baumgartner* § 18 Rn. 612 – der Praxisveräußerer keinesfalls eine längere Karenzzeit als 2 Jahre beachten, um in den Genuss einer begünstigten Praxisveräußerung oder -aufgabe zu gelangen.

Es ist mE berechtigt, den Veräußerer anknüpfend an die BGH-Rechtsprechung für die 767
Inanspruchnahme der Tarifbegünstigung nicht an einem mehr als zweijährigen Niederlassungsverbot festzuhalten, auch wenn er dieses mit dem Erwerber ausgehandelt hat und die konkret getroffene Vereinbarung zu den maßgeblichen Umständen des Einzelfalls zählt. Die vom BGH typisierte zweijährige Karenzzeit bietet sich als genereller Maßstab an, da die Zivilgerichte sittenwidrige Niederlassungsverbote geltungserhaltend auf die angemessene zweijährige Zeitspanne reduzieren (siehe *Römermann* BB 1998, 1489 (1489 f.)). Haben Veräußerer und Erwerber ein kürzeres Niederlassungsverbot vereinbart, dürfte dies ebenfalls zu akzeptieren sein, da unter fremden Dritten davon auszugehen ist, dass der Erwerber davon ausgeht, in dieser Zeit die Mandanten- und Patientenbeziehung auf sich übergeleitet zu haben. Ein Niederlassungsverbot unterhalb eines halben Jahres ist nach der Rechtsprechung zu kurz.

Einstweilen frei 768

**(2) Abgrenzung zur nicht begünstigten Unterbrechung/Reduzierung der Tätig- 769
keit.** Somit liegt nach der Rechtsprechung eine Veräußerung/Aufgabe des gesamten, der

selbständigen Arbeit dienenden Vermögens – abgesehen von einigen Ausnahmetatbeständen – **nicht** vor, wenn der bisherige Praxisinhaber nach der Veräußerung der Praxis/Teilpraxis einen größeren Teil seiner bisherigen Mandate zurückbehält, in seinem angestammten räumlichen Wirkungsbereich verbleibt und seine Tätigkeit ohne zeitliche Unterbrechung mit alten und neu erworbenen Mandanten fortsetzt. Denn in diesem Falle nutzt der Praxisinhaber einen Teil der vermögensmäßigen Grundlagen seiner bisherigen Praxis und das durch den Praxisnamen bestimmte bedingte bisherige Wirkungsfeld weiterhin als maßgebliche Grundlage zukünftiger selbständiger Arbeit ohne erkennbare Unterbrechung für sich zur Erzielung freiberuflicher Einkünfte (BFH 14.3.1975 – IV R 78/71, BStBl. II 1975, 661; BFH 7.11.1985 – IV R 44/83, BStBl. II 1986, 335).

770 Das Zurückkehren eines Teils der Mandantschaft/Patientenstamms in eine – nach Ablauf der zweijährigen Karenzzeit – wiedereröffnete Praxis führt nicht zur Annahme einer reinen Betriebsunterbrechung statt einer Veräußerung/Aufgabe, wenn es sich aus Sicht des Freiberuflers um einen passiven Prozess ohne aktive Marktbearbeitung handelt (Bordewin/Brandt/*Moritz/Baumgartner* § 18 Rn. 612; Blümich/*Hutter* § 18 Rn. 297; Frotscher/Geurts/*Siewert* § 18 Rn. 117; Lademann EStG/*Stöcker* § 18 Rn. 914; HHR/*Brandt* § 18 Rn. 323; aA KSM/*Stuhrmann* § 18 Rn. D 21).

771 Ist der Veräußerer beim Erwerber für dessen Rechnung unter Behandlung seiner früheren Patienten tätig, verlängern sich die Fristen für die ausreichende „gewisse Zeit", wenn der frühere Veräußerer später eine Praxis gleichen Zuschnitts eröffnet (→ Rn. 813).

772 *Einstweilen frei*

773 **bb) Veräußerung von Mitunternehmeranteilen und Teilmitunternehmeranteilen. (1) Veräußerung des gesamten Anteils.** Nach ständiger Rechtsprechung des BFH setzt auch die tarifbegünstigte Veräußerung/Aufgabe eines Anteils am Vermögen iS der §§ 18 Abs. 3, 34 voraus, dass alle wesentlichen vermögensmäßigen Grundlagen der freiberuflichen Tätigkeit auf den Praxiserwerber übertragen oder in das Privatvermögen überführt werden.

774 Zu den **wesentlichen vermögensmäßigen Grundlagen** einer freiberuflichen Personengesellschaft gehören ebenfalls immaterielle Wirtschaftsgüter wie die Beziehungen der Praxisinhaber zu den bisherigen Mandanten und das durch den Praxisnamen der Gesamthand bestimmte Wirkungsfeld, das die maßgebende Grundlage für die Möglichkeit darstellt, neue Mandanten zu erlangen. Die Übertragung aller wesentlichen vermögensmäßigen Grundlagen der freiberuflichen Tätigkeit auf den Erwerber ist in der Regel nur dann gewährleistet, wenn die freiberufliche Tätigkeit in dem bisherigen örtlichen Wirkungskreis wenigstens für eine gewisse Zeit aufgegeben wird. Denn die Überleitung des Mandanten-/Patientenstammes ist nicht gesichert, wenn der Veräußerer mit seiner bisherigen Tätigkeit in räumlicher Nähe zu dem veräußerten Unternehmen freiberuflich tätig bleibt und damit mit dem Erwerber zumindest bezüglich der bisherigen Kunden in Konkurrenz tritt. Bei Veräußerung/Aufgabe des gesamten Anteils an einer Praxis ist somit auch erforderlich, dass die freiberufliche Tätigkeit in dem bisher örtlich begrenzten Wirkungskreis für eine gewisse Zeit eingestellt wird (vgl. BFH 7.11.1985 – IV R 44/83, BStBl. II 1986, 335; BFH 23.1.1997 – IV R 36/95, BStBl. II 1997, 498).

775 Zu der für die Tarifbegünstigung gemäß § 34 Abs. 2 schädlichen Vorfeldausgliederung von funktional wesentlichen Wirtschaftsgütern des Sonderbetriebsvermögens in ein anderes Betriebsvermögen → Rn. 1247.2 zu § 18 Abs. 4.

776 **(2) Veräußerung des ganzen Anteils durch Ausscheiden im Erbfall. Zivilrecht – GbR:** Stirbt einer der Gesellschafter einer Freiberufler-GbR, hat dies nach der gesetzlichen Regelung des § 727 BGB zur Folge, dass die Gesellschaft aufgelöst und auseinandergesetzt wird. Mit der Auflösung wird die werbende Gesellschaft zur Liquidationsgesellschaft. Diese Folgen treten ipso iure mit dem Tod des Gesellschafters und unabhängig von der Kenntnis der Mitgesellschafter oder der Erben ein. In der durch die Auflösung entstandenen Liquidationsgesellschaft rückt der Erbe in die Mitgliedsstellung des Erblassers ein (Henssler/Strohn/*Kilian* BGB § 727 Rn. 5–9). Mehreren Erben ist die Gesellschafterstellung in ungeteilter Miterbengemeinschaft zugewiesen (BGH 14.5.1986 – IV a ZR 155/84, BGHZ 98, 48; BGH 21.9.1995 – II ZR 273/93, NJW 1995, 3314).

777 **Zivilrecht – Partnerschaft:** Gemäß § 9 Abs. 4 Satz 1 PartGG ist die Beteiligung an einer Partnerschaft grundsätzlich nicht vererblich. Der verstorbene Partner scheidet aus der

Partnerschaft aus (§ 131 Abs. 3 Nr. 1 HGB) und die Gesellschaft wird von den verbleibenden Partnern fortgeführt bzw. erlischt bei Tod eines Partners einer zweigliedrigen Gesellschaft. Den Erben eines Partners steht ein Abfindungsanspruch gegen die Partnerschaft zu. Die Erben können eine Abfindung beanspruchen, falls diese nicht vertraglich ausgeschlossen ist. Sofern der Gesellschaftsvertrag keine abweichenden Regelungen vorsieht, wächst der Anteil des ausscheidenden Partners (durch Tod bzw. mangels Übertragung auf einen berechtigten Nachfolger) den übrigen Gesellschaftern an, §§ 9 Abs. 4 PartGG iVm 738 Abs. 1 Satz1 BGB. Damit entspricht der gesetzliche Regelfall den Rechtsfolgen der vertraglichen Fortsetzungsklausel (siehe auch MHdB GesR I/*Salger* § 44 Rn. 46 ff.).

Der Gesellschaftsvertrag kann abweichend davon regeln, dass die Beteiligung an eine oder mehrere Personen vererbt werden kann, die selbst Partner iSd § 1 Abs. 1 und 2 PartGG sein kann, § 9 Abs. 4 Satz 2 PartGG. Der Erwerb einer Beteiligung an einer Partnerschaft durch einen Nachfolger, der nicht im Besitz der erforderlichen Berufszulassung ist, ist somit bereits von Gesetzes wegen ausgeschlossen, vgl. auch § 9 Abs. 3 PartGG. Soll die Beteiligung an einer Partnerschaft vererblich sein, bedarf es daher regelmäßig einer qualifizierten Nachfolgeklausel. **778**

Zivilrecht – Freiberufler GmbH & Co. KG: Bei Tod eines Kommanditisten geht dessen Kommanditanteil bereits nach der gesetzlichen Regelung des § 177 HGB auf den Erben über, mit dem die Gesellschaft fortgesetzt wird. Mehrere Erben werden nicht als Erbengemeinschaft, sondern jeweils im Wege der Sonderrechtsnachfolge Nachfolger in den Anteil. Die gesetzliche Ausgangslage entspricht daher in ihren Rechtsfolgen der einfachen Nachfolgeklausel. Um einen Übergang der Anteile auf Berufsfremde und damit einen berufsrechtswidrigen Zustand zu vermeiden, sollte der Gesellschaftsvertrag die Vererblichkeit der Kommanditanteile ausschließen oder begrenzen. Regelmäßig ist im Gesellschaftsvertrag der Freiberufler-GmbH & Co. KG abweichend von der gesetzlichen Ausgangslage geregelt, dass der Kommanditist im Todesfall ausscheidet und die Gesellschaft nur durch die verbleibenden Gesellschafter fortgeführt wird (Fortsetzungsklausel). Nach der gesetzlichen Ausgangslage können die Erben eine Abfindung in Höhe des Verkehrswertes beanspruchen, §§ 162 Abs. 2 HGB, 738 BGB. Durch Gesellschaftsvertrag kann die Abfindung aber begrenzt oder vollständig ausgeschlossen werden. **779**

Fortsetzungsklausel: Die Auflösung der Gesellschaft bei Tod eines Gesellschafters ist nicht zwingend. Eine Fortsetzung trotz Tod eines Gesellschafters ergibt sich häufig aus einer Vereinbarung über die Fortsetzung der Gesellschaft bei Tod eines oder mehrerer Gesellschafter im Gesellschaftsvertrag (**Fortsetzungsklausel**). Die Erben des verstorbenen Gesellschafters erwerben in der Regel einen Abfindungsanspruch, wenn neben der Fortführungsklausel keine weiteren Vereinbarungen getroffen werden, §§ 736, 738 Abs. 1 S. 2 BGB. **780**

Mit dem **Ausscheiden eines Gesellschafters** tritt ein Abfindungsanspruch nach § 738 Abs. 1 S. 2 BGB an die Stelle seiner Mitgliedschaft. Diese wird deshalb unter den verbliebenen Gesellschaftern durch eine Erhöhung ihrer Teilhaberschaft an der Gesellschaft nach § 722 BGB oder eine hiervon abweichende Vereinbarung verteilt („Anwachsung", siehe Henssler/Strohn/*Kilian* BGB § 738 Rn. 3–5; *Levedag* GmbHR 2010, 629 ff.). Der vollständige Ausschluss der Abfindung für den Fall des Ausscheidens durch Tod eines Gesellschafters wird entgegen einem Ausscheiden eines lebenden Gesellschafters als zulässig angesehen, wenn dieser beim Eintritt keine Einlage zur erbringen hatte (siehe *Schmid* in MHdB GesR I/*Salger* § 24 Rn. 71 f. zur GbR; MHdB GesR I/*Sakger* § 44 Rn. 49 zur PartG; zudem zu gesellschaftsvertraglichen Abfindungsbeschränkungen → Rn. 817). Die gesellschaftsvertraglichen Abfindungsbeschränkungen treffen bei Abschluss des Gesellschaftsvertrages alle Gesellschafter gleichermaßen, sodass ungewiss ist, wer durch die Abfindungsbeschränkung begünstigt oder belastet sein wird (siehe BFH 15.5.1953 – III R 65/51, BStBl. III 1953, 199). **781**

Den übrigen Gesellschaftern wächst das Vermögen an, § 736 Abs. 1 BGB. Haben die Gesellschafter einer zweigliedrigen BGB-Gesellschaft im Gesellschaftsvertrag vereinbart, dass die Gesellschaft von den verbleibenden Gesellschaftern fortgesetzt wird, wenn ein Gesellschafter ausscheidet, wächst bei Ausscheiden des vorletzten Gesellschafters – soweit im Gesellschaftsvertrag für diesen Fall nichts Abweichendes geregelt ist – dem letzten verbleibenden Gesellschafter das Vermögen der GbR an, dh die Aktiva und Passiva gehen im Wege der Gesamtrechtsnachfolge auf ihn über, ohne dass es eines Übertragungsaktes oder einer Übernahmeerklärung bedarf (BGH 7.7.2008 – II ZR 37/07, DStR 2008, 1792; BFH 7.6.2016 – **782**

VIII R 23/14, BFH/NV 2016, 1684). Eine Fortsetzungsklausel in einer zweigliedrigen GbR kann in eine Übernahmeklausel umgedeutet werden.

783 Das Abfindungsguthaben ist beim Ausscheiden im Erbfall in derselben Weise zu berechnen wie das Auseinandersetzungsguthaben bei Auflösung der Gesellschaft. Die Höhe des Abfindungsanspruchs ergibt sich aus der auf den Abfindungsstichtag zu erstellenden Schlussabrechnung. Ist eine direkte Bewertung des Anteils mangels eines Marktes für einen solchen (typischerweise) nicht möglich, muss zunächst der Wert des Gesellschaftsvermögens und sodann der Wert des Anteils des Ausgeschiedenen hieran ermittelt werden (Henssler/Strohn/*Kilian* BGB § 738 Rn. 8–12).

783.1 Eine große Problematik für die Praxis liegt beim Ausscheiden des Erblassers zum Buchwert oder ohne Abfindung darin, dass im Wege der Anwachsung eine erbschaftsteuerliche Besteuerung gemäß § 3 Abs. 1 Nr. 2 S. 2 ErbStG ausgelöst wird. Der Tatbestand verlangt im Wege der Fiktion keinen Zuwendungswillen (BFH 1.7.1992 – II R 12/90, BStBl. II 1992, 925; siehe auch BVerfG 9.7.1993 – 2 BvR 1527/92, StW 1993, 573). Gleiches gilt beim Ausscheiden unter Lebenden gemäß § 7 Abs. 7 ErbStG (→ Rn. 916). Der übergehende Anteil des Erblassers ist gemäß § 12 Abs. 2 ErbStG iVm §§ 151 Abs. 1, 11 Abs. 2 BewG iVm §§ 202 ff. BewG zu bewerten, es sei denn, ein niedrigerer Wert wird nachgewiesen.

783.2 Bei der Ermittlung des steuerpflichtigen Erwerbs sind die Nachlassverbindlichkeiten in Abzug zu bringen, § 10 Abs. 5 ErbStG. Hierzu gehört auch die Einkommensteuerschuld des Erblassers hinsichtlich der durch ihn verwirklichten Veräußerung seines Mitunternehmeranteils gegen Abfindungsleistung (BFH 4.7.2012 – II R 15/11, BStBl. II 2012, 790).

784 Gläubiger des Abfindungsanspruchs sind die Erben. Schuldner des resultierenden Anspruchs auf Abfindung ist die Gesellschaft (bzw. beim Ausscheiden aus einer zweigliedrigen Gesellschaft der letzte Gesellschafter). Der Anspruch entsteht im Zeitpunkt des Ausscheidens, Fälligkeit tritt erst mit Bezifferung aufgrund der Schlussabrechnung ein. Der Anspruch ist auf Zahlung eines Geldbetrages gerichtet, eine abweichende Vereinbarung, etwa die Abfindung mit Sachwerten, ist zwar möglich (Henssler/Strohn/*Kilian* BGB § 738 Rn. 8–12), aber im Todesfall in der Regel unpraktikabel, wenn keine werthaltigen materiellen Wirtschaftsgüter vorhanden sind.

785 **Nachfolgeklauseln:** Eine gesellschaftsvertraglich vereinbarte *einfache Nachfolgeklausel*, die dazu führt, dass die Mitgliedschaft eines Erblasser-Gesellschafters vererbt werden kann, ist zulässig (Henssler/Strohn/*Kilian* BGB § 727 Rn. 12–17). Ist der Nachfolger Alleinerbe, rückt er mit dem Todesfall unmittelbar in die Gesellschafterstellung des Erblassers ein. Sind von der Nachfolgeklausel mehrere Erben als Miterben erfasst, wird nicht die Miterbengemeinschaft statt des Erblassers Gesellschafter. Vielmehr kommt es quotal zur Sondererbfolge jedes Miterben. Die Beteiligung ist nicht Teil des übrigen gesamthänderisch gebundenen Nachlass (Henssler/Strohn/*Kilian* BGB § 727 Rn. 12–17). Sind alle Erben nachfolgebefugt, so ist die Klausel eine einfache Nachfolgeklausel.

786 Ist nur ein bestimmter oder mehrere bestimmte Erben nachfolgebefugt, handelt es sich um eine *qualifizierte Nachfolgeklausel*. Qualifikation meint Benennung des oder der nachfolgenden Gesellschafter im Gesellschaftsvertrag oder einer letztwilligen Verfügung. Bestimmbarkeit der Person ist ausreichend. Der bestimmte Miterbe erwirbt den Anteil des verstorbenen Gesellschafters unmittelbar im Ganzen. Nicht als Nachfolger qualifizierte Erben können lediglich erbrechtliche Ausgleichsansprüche gegen die Gesellschafter-Erben geltend machen (Henssler/Strohn/*Kilian* BGB § 727 Rn. 12–17). Weder im Rahmen einer einfachen noch einer qualifizierten Nachfolgeklausel entsteht ein Abfindungsanspruch der nicht nachfolgebefugten Erben gegen die Gesellschaft.

787 **Eintrittsklauseln:** Gesellschaftsvertraglich können die Gesellschafter Erben oder Dritten das Recht zum Eintritt in die fortgesetzte Gesellschaft einräumen. Ein solches Eintrittsrecht gibt dem vertraglich Benannten einen Anspruch gegen die überlebenden Gesellschafter auf Aufnahme in die Gesellschaft in Nachfolge des verstorbenen Gesellschafters. Bei den Eintrittsklauseln sind zwei Varianten, die Abfindungs- und die Treuhandvariante zu unterscheiden. In der Abfindungsvariante scheidet der Gesellschafter mit seinem Tod aus der Gesellschaft aus. Sein Anteil am Vermögen wächst den verbleibenden Gesellschaftern an. Der Abfindungsanspruch fällt in den Nachlass.

Macht der Berechtigte von seinem Eintrittsrecht Gebrauch, tritt er der Gesellschaft bei. Als Einlage bringt er die Befreiung der Gesellschaft von der Abfindungsverbindlichkeit in die Gesellschaft ein (BGH 25.5.198 – II ZR 195/86, NJW-RR 1987, 989). Bei der Treuhandvariante halten die verbleibenden Gesellschafter den Anteil des verstorbenen Gesellschafters dagegen treuhänderisch für den Eintrittsberechtigten, sodass der Gesellschaftsanteil seine rechtliche Selbständigkeit behält. Abfindungsansprüche der Erben sind in der Treuhandvariante ausgeschlossen. Das Eintrittsrecht kann unter der Bedingung des Vorliegens bestimmter Qualifikationen (zB der erforderlichen Berufsausübungsbefugnis) in der Person des Begünstigten stehen (Henssler/Strohn/*Kilian* BGB § 727 Rn. 18–21). Der Eintritt erfolgt durch Aufnahme- bzw. Beitrittsvertrag. 788

Bei einer zuvor zweigliedrigen Gesellschaft führt die Ausübung des Eintrittsrechts nicht zu einem Eintritt, da die Gesellschaft mit dem Tod aufgelöst und beendigt ist. Erforderlich ist die Neubegründung einer GbR zwischen überlebendem Gesellschafter und „Eintrittsberechtigtem" (Henssler/Strohn/*Kilian* BGB § 727 Rn. 18–21). 789

Nimmt der Begünstigte sein Eintrittsrecht nicht wahr oder erfüllt er die vertraglich bestimmten Eintrittsvoraussetzungen nicht, so entsteht hinsichtlich des Gesellschaftsanteils des verstorbenen Gesellschafters ein in dessen Nachlass fallender Abfindungsanspruch (§§ 736, 738 Abs. 1 BGB), falls die Gesellschaft mit den übrigen Gesellschaftern fortgesetzt wird. Kommt es nicht zur Fortsetzung, ist die Gesellschaft mit der Folge der Auseinandersetzung aufgelöst (Henssler/Strohn/*Kilian* BGB § 727 Rn. 18–21). Die Eintrittsklausel kann sinnvoll sein, wenn der Nachfolger noch nicht über die erforderliche Berufsqualifikation verfügt, aber gleichwohl einen Anspruch auf Beitritt zur Gesellschaft erlangen soll, sobald er die notwendige Qualifikation nachweisen kann. 790

Abwicklung der Gesellschaft – Steuerrecht: Wird die Gesellschaft beim Tod des Gesellschafters aufgelöst und wandelt sich von der werbenden Gesellschaft in eine Abwicklungsgesellschaft um, wird der Erbe Gesellschafter und steuerlicher Mitunternehmer der Abwicklungsgesellschaft. Bei einer Mehrheit von Erben wird die Erbengemeinschaft steuerliche Mitunternehmerin (BFH 1.3.1994 – VIII R 35/92, HFR 1995, 4). Den Aufgabegewinn realisiert nicht der Erblasser, sondern der oder die Erben (BMF 14.3.2006, BStBl. I 2006, 253 Rn. 5, 54, 69). Der Aufgabegewinn ist gemäß § 16 Abs. 2 Satz 2 durch Bestandsvergleich zu ermitteln. Ein Aufgabegewinn kann im Wege der Realteilung gemäß § 16 Abs. 3 S. 2 ff. vermieden werden. 791

Die Aufgabe und Abwicklung der Gesellschaft ist eine Betriebsaufgabe, die nach Maßgabe der §§ 16, 34 zu einem begünstigten Aufgabe- bzw. Veräußerungsgewinn führen kann. Die Versteuerung des Aufgabegewinns durch die Erben und nicht durch den Erblasser ist nachteilig, wenn die Erben – anders als der Erblasser – nicht die persönlichen Voraussetzungen für die Tarifermäßigung gemäß § 34 Abs. 3 erfüllen. Außerdem kann die latente Einkommensteuerbelastung des geerbten Mitunternehmeranteils nicht bei der Ermittlung der erbschaftsteuerlichen Bemessungsgrundlage in Abzug gebracht werden. § 35b sieht lediglich eine pauschale und begrenzte Ermäßigung der Einkommensteuerbelastung bezogen auf den Aufgabegewinn um einen Teil der Erbschaftsteuerbelastung, aber keine Vollanrechnung der Erbschaftsteuer auf die Einkommensteuerschuld vor. 792

Ausscheiden mit Fortsetzungsklausel – Steuerrecht: Wird die freiberufliche Personengesellschaft nach dem Tod eines Gesellschafters durch die verbliebenen Gesellschafter fortgeführt, realisiert noch der versterbende Erblasser mit seinem Ausscheiden einen Gewinn aus der Veräußerung seines freiberuflichen Mitunternehmeranteils gemäß §§ 18 Abs. 3, 16 Abs. 1 Nr. 2 (Schmidt/*Wacker* § 16 Rn. 661). Der Veräußerungsgewinn errechnet sich aus der Abfindung abzüglich des steuerlichen Buchkapitals seines Anteils sowie abzüglich etwaiger Veräußerungskosten. Er ist gemäß § 16 Abs. 2 Satz 2 zwingend durch Bestandsvergleich gemäß § 4 Abs. 1 zu ermitteln. Die verbleibenden Gesellschafter erlangen im Wege der Anwachsung einen Wertzuwachs ihres Gesellschaftsanteils gegen Zahlung der Abfindung. Steuerrechtlich wird dieser Erwerb kraft Anwachsung jeweils wie der entgeltliche Erwerb eines Teil-Mitunternehmeranteils behandelt. Die Abfindung führt zu steuerlichen Anschaffungskosten, die ggf. in Ergänzungsrechnungen/-bilanzen abzubilden sind. Erwirbt ein Mitunternehmer einen weiteren Anteil an derselben Personengesellschaft aufgrund des Todes eines Mitgesellschafters und einer Fortsetzungsklausel im Wege der Anwachsung hinzu, vereinigt sich der hinzuerworbene Anteil in der Regel mit dem bisherigen Mitunternehmeranteil 793 des Erwerbers zu einem einheitlichen Mitunternehmeranteil. Dies gilt auch dann, wenn der Mitunternehmer bereits im Anwachsungszeitpunkt die Absicht hat, den hinzuerworbenen Anteil an einen anderen Mitgesellschafter zu veräußern (BFH 6.8.2019 – VIII R 12/16, DStR 2019, 2404, auch zur Bildung einer Ergänzungsbilanz für den hinzuerworbenen Teil des Sozietätspraxiswerts).

794 **Nachfolgeklausel – Steuerrecht:** Werden die Erben Nachfolger in den freiberuflichen Mitunternehmeranteil, führen diese gemäß § 6 Abs. 3 S. 1 die Buchwerte fort. Siehe zu den Folgen des Übergangs in eine gewerbliche Mitunternehmerschaft bei fehlender Qualifikation der Erben → Rn. 1159.

795 **Eintrittsklauseln – Steuerrecht:** Macht der Erbe von seinem Eintrittsrecht keinen Gebrauch, geht der Anteil auf die verbleibenden Gesellschafter im Wege der Anwachsung über; den Erben steht nach den Regelungen im Gesellschaftsvertrag oder kraft Gesetzes eine Abfindung zu, die gemäß § 16 Abs. 1 Nr. 2 der Besteuerung unterliegt. Übt der Erbe sein Eintrittsrecht aus, ist zu unterscheiden, ob die Abfindungsvariante oder die Treuhandvariante vereinbart ist. Bei der Abfindungsvariante realisiert der Erblasser einen Veräußerungsgewinn. Der Erbe leistet seine Einlage, indem die Gesellschaft von der Abfindungsverpflichtung befreit wird; sein Beitritt erfolgt entgeltlich. Den Altgesellschaftern steht das Bewertungswahlrecht gemäß § 24 Abs. 2 UmwStG zu. In der Treuhandvariante entsprechen die Rechtsfolgen den Wirkungen einer Nachfolgeklausel, dh der Erbe rückt gemäß § 6 Abs. 3 zum Buchwert in die Gesellschafterstellung.

796 **Zusammenfassende Übersicht** (vgl. *Levedag* GmbHR 2010, 629 (635)):

Klausel	Zivilrechtlicher Nachlassgegenstand	Einkommensteuerrecht
Fortsetzungsklausel	Abfindungsanspruch im Nachlass Anwachsungserwerb der Mitgesellschafter	Veräußerungsgewinn des **Erblassers** gemäß § 16 Abs. 2 iVm § 34, ggf. Entnahme SBV; ggf. betrieblicher Veräußerungsverlust **des Erblassers** bei Buchwertabfindung; **verbleibende Gesellschafter** erwerben anteilig Wirtschaftsgüter des Erblassers (Anschaffungsgeschäft); Entnahme der von der Gesellschaft gezahlten Abfindung und Wiedereinlage der Wirtschaftsgüter ggf. mit Aufstockung in Ergänzungsbilanz
Eintrittsklausel	Gesellschaftsanteil bei Eintritt Abfindungsanspruch bei Nichteintritt	**Eintritt:** Lt. Rn. 70 in BMF 14.3.2006, BStBl. I 2006, 253 ist Anteil übergegangen, wenn Eintritt eines **Erben** innerhalb von sechs Monaten, keine Unterscheidung zwischen den zivilrechtlichen Varianten der Eintrittsklausel (str.;), somit § 6 Abs. 3 S. 1 EStG anwendbar; Entnahme SBV, soweit nicht auf Eintretenden übergehend; Bei **Nichteintritt** wie Fortsetzungsklausel (s. BMF 14.3.2006, BStBl. I 2006, 253 Rn. 79)
Einfache Nachfolgeklausel	Gesellschaftsanteil (Anteilssplitting, dh quotaler Übergang auf Miterben)	**Erbfall:** Anwendung des § 6 Abs. 3 Satz 1, BW-Fortführung bei den Miterben (vgl. BMF 14.3.2006, BStBl. I 2006, 253 Rn. 80); SBV wird regelmäßig nicht entnommen; **Erbauseinandersetzung:** Anschaffungs-/Veräußerungsvorgänge (vgl. BFH 13.12.1990 – IV R 107/89, BStBl. II 1992, 510) oder steuerneutrale Realteilung
Qualifizierte Nachfolgeklausel	Gesellschaftsanteil geht dinglich auf den qualifizierten Nachfolger über; ist aber „wertmä-	Unmittelbarer Anteilsübergang auf qualifizierten Erben (vgl. BFH 5.7.1990 – GrS 2/89, BStBl. II 1990, 837; BFH 13.12.1990 – IV R 107/89, BStBl. II 1992, 510; BFH

Klausel	Zivilrechtlicher Nachlassgegenstand	Einkommensteuerrecht
	ßig" im Nachlass (Vgl. BGH 14.5.1986 – IVa ZR 155/84, BGHZ 98, 48; BGH 30.4.1984 – II ZR 293/83, BGHZ 91, 132).	15.3.2000 – VIII R 51/98, BStBl. II 2000, 316), Fall des § 6 Abs. 3 S. 1 EStG (Direkterwerb); Sonderbetriebsvermögen wird entnommen, soweit Übergang auf Miterben; Ausgleichszahlungen des qualifizierten Nachfolgers sind keine AK und keine Veräußerungsentgelte (BFH 27.7.1993 – VIII R 72/90, BStBl. II 1994, 625); Refinanzierungszinsen für Ausgleichszahlungen sind keine SBA

Einstweilen frei 797

(3) Veräußerung des Teils eines Mitunternehmeranteils. Nach dem BFH-Urteil 14.9.1994 – I R 12/94, BStBl. II 1995, 407 gelten § 18 Abs. 3 Sätze 1 und 2 auch, wenn ein Freiberufler einen „Teil" seines Mitunternehmeranteils an einer freiberuflich tätigen Personengesellschaft an einen Nichtgesellschafter oder einen Mitgesellschafter (zur Änderung der Beteiligungsverhältnisse) veräußert. In der heutigen Rechtslage ergibt sich dies ohne Weiteres aus der Verweisung des § 18 Abs. 3 Satz 2 auf § 16 Abs. 1 Satz 2. Gemäß § 16 Abs. 1 Satz 2 führt die Veräußerung eines freiberuflichen Teilmitunternehmeranteils stets zu einem nicht tarifbegünstigten, laufenden Gewinn. Im Fall der Veräußerung eines Teilmitunternehmeranteils ist eine positive Ergänzungsbilanz oder -rechnung (zB für einen derivativ erworbenen Teil des Sozietätspraxiswerts) korrespondierend in Höhe des veräußerten Bruchteils des Anteils aufzulösen und das Mehrkapital insoweit in das anteilige Buchkapital des veräußerten Teilanteils einzubeziehen (BFH 6.8. 2019 – VIII R 12/16, DStR 2019, 2404). 798

Veräußerungstatbestand: Keine Veräußerung eines Teilmitunternehmeranteils ist die isolierte Veräußerung eines Praxiswertes (BFH 14.12.1993 – VIII R 13/93, BStBl. II 1994, 922; BFH 28.6.1989 – I R 25/88, BStBl. II 1989, 982, mwN). 799

Keine Einstellung der Tätigkeit des Veräußerers erforderlich: Die Einstellung der freiberuflichen Tätigkeit des Veräußerers in dem bisherigen örtlich begrenzten Wirkungskreis war bei Teilanteilsveräußerungen wegen des Verbleibs des Veräußerers in der Gesellschaft nicht erforderlich, da die Überleitung des Mandantenvertrauens innerhalb der Personengesellschaft auch dann sichergestellt war, wenn „Teile von Mitunternehmeranteilen" durch Anwachsung zwischen den Gesellschaftern oder durch Veräußerung auf Dritte übertragen wurden und der erwerbende Gesellschafter nach Aufstockung/Begründung seiner Beteiligung wirtschaftlich in einem größeren Umfang als zuvor an dem Mandantenvertrauen partizipieren konnte (BFH-Urteil 14.9.1994 – I R 12/94, BStBl. II 1995, 407). Für die tarifbegünstigte Veräußerung ganzer Mitunternehmeranteile verlangte der BFH dennoch weiterhin die Einstellung der Betätigung im bisherigen örtlichen Wirkungskreis, da die Interessenlage bei Änderung der Beteiligungsverhältnisse und bei Ausscheiden aus einer Sozietät nicht identisch sei und eine Überleitung des Praxiswerts/Mandantenstamms nicht gewährleistet sei, wenn der Veräußerer des ganzen Mitunternehmeranteils in Konkurrenz zu der Sozietät trete und sein bisheriges, durch Mandanten/Patienten und Praxisnamen bedingtes Wirkungsfeld als maßgebliche Grundlage zukünftiger freiberuflicher Tätigkeit nutze (BFH 23.1.1997 – IV R 36/95, BStBl. II 1997, 498). 800

cc) Gestufte Übertragung von Betrieben und Mitunternehmeranteilen. Zwei-Stufen-Modell: Der BFH entschied für Veräußerungen von Mitunternehmeranteilen zur Rechtslage vor dem 1. Januar 2002 (vor Änderung des § 18 Abs. 3 Satz 2 durch Art. 2 Nr. 4 des Fünften Gesetzes zur Änderung des Steuerbeamten-Ausbildungsgesetzes und zur Änderung von Steuergesetzen – StBAÄG – vom 23. Juli 2002, BGBl. 2002 I 2715, mit Verweisung auf § 16 Abs. 1 Satz 1 Nr. 2 EStG idF des Unternehmenssteuerfortentwicklungsgesetzes – UntStFG –; vom 20. Dezember 2001, BGBl. 2001 I 3858; vgl. zu den Rechtsfolgen für die Zeit ab 2002 BFH 30.3.2009 – VIII B 172/08, BFH/NV 2009, 1258) in ständiger Rechtsprechung, dass auch die Veräußerung des Teils eines Mitunternehmeranteils zu einem tarifbegünstigten Veräußerungsgewinn führen konnte. Dies galt auch für die Veräußerung eines freiberuflichen Teilmitunternehmeranteils (BFH 16.9.2004 – IV R 11/03, BStBl. II 2004, 1068, mwN). 801

802 Für Veranlagungszeiträume **vor Inkrafttreten des § 16 Abs. 1 Nr. 2** in der Fassung des StBAÄG (bis Ende 2001) hat der BFH nach dem Beschluss vom 18.10.1999 (GrS 2/98, BStBl. II 2000, 123) auch an der bis dahin geltenden Rechtsprechung und Verwaltungsauffassung zur Tarifbegünstigung von Gewinnen aus (Teil-)Anteilsveräußerungen im sog. Zwei-Stufen-Modell festgehalten (vgl. Urteile BFH 10.6.2008 – VIII R 79/05, BStBl. II 2008, 863; BFH 17.12.2014 – IV R 57/11, BStBl. II 2015, 536, jeweils mwN; BFH 10.2.2016 – VIII R 38/12, BFH/NV 2016, 1256). Auf dieser Grundlage konnte auch nach dem Beschluss des GrS des BFH (BFH 18.10.1999 – GrS 2/98, BStBl. II 2000, 123), der den Eintritt in ein Einzelunternehmen gegen eine Zuzahlung in das Privatvermögen als nicht tarifbegünstigten Vorgang qualifiziert hatte (→ Rn. 864), ein im Wesentlichen tarifbegünstigter Vorgang gestaltet werden, wenn ein Steuerpflichtiger („Junior") zunächst gegen eine Zuzahlung mit einem kleinen Anteil in ein Einzelunternehmen zur Gründung einer Übergangssozietät aufgenommen wurde und der „Senior" anschließend seinen Mitunternehmeranteil an der Sozietät ganz oder teilweise an den „Junior" veräußerte. Die ganze oder anteilige Veräußerung des Mitunternehmeranteils des „Seniors" war unter bestimmten Voraussetzungen gemäß § 34 Abs. 2 Nr. 1 tarifbegünstigt.

802.1 Waren die Aufnahme in das Einzelunternehmen gegen Zuzahlung und die Veräußerung des Mitunternehmeranteils durch einen „Veräußerungsplan" zu einem einheitlichen Akt verklammert, wurde der zweite Vorgang (die Veräußerung eines ganzen oder Teilmitunternehmeranteils) im Wege einer zeitraumbezogenen Betrachtung von der Rechtsprechung als Teil eines einheitlichen nicht tarifbegünstigten Vorgangs – der Aufnahme in das Einzelunternehmen gegen Zuzahlung (→ Rn. 864) – gewertet (BFH 3.10.1989 – VIII R 142/84, BStBl. II 1990, 420; BFH 30.8.2012 – IV R 44/10, BFH/NV 2013, 376; BFH 22.11.2013 – III B 35/12, BFH/NV 2014, 531).

802.2 Ein derartiger schädlicher mehraktiger Gesamtplan lag nach der Rechtsprechung des BFH jedoch nicht vor, wenn zwischen dem Vertrag über die Aufnahme des Sozius in die Einzelpraxis und der Erhöhung des Anteils **ein Zeitraum von mindestens einem Jahr lag** und wenn sich nicht mindestens einer der Vertragschließenden bei Gründung der Sozietät unwiderruflich verpflichtet hatte, einen weiteren Anteil zu erwerben bzw. zu veräußern (BFH 16.9.2003 – IV R 11/03, BStBl. II 2004, 1068; BFH 26.3.2009 – VIII B 54/08, BFH/NV 2009, 1117).

803 Die Gewährung der Tarifbegünstigung gemäß § 34 Abs. 2 Nr. 1 setzt **nach heutiger Sichtweise** nach wie vor voraus, dass alle stillen Reserven der Sachgesamtheit **in einem einheitlichen Vorgang** „zusammengeballt" aufgelöst werden. § 34 Abs. 2 Nr. 1 wird in der Rechtsprechung **zeitraumbezogen ausgelegt,** auf § 42 AO wird hingegen nicht mehr zurückgegriffen (siehe zu dessen früherer Anwendung im Rahmen des Zweistufenmodells BFH 16.9.2003 – IV R 11/03, BStBl. II 2004, 1068). Wird die Sachgesamtheit auf der Grundlage eines „**Veräußerungsplans**" in mehreren Teilakten übertragen, gebietet schon der Zweck der Tarifbegünstigung, sämtliche Teilakte miteinander zu verklammern und als einen einheitlichen Vorgang im Hinblick auf die Zusammenballung der Einkünfte zu betrachten, ohne dass es der Anwendung des § 42 AO bedürfte (vgl. BFH 9.12.2014 – IV R 36/13, BStBl. II 2015, 529; BFH 5.2.2014 – X R 22/12, BStBl. II 2014, 388). Maßgeblich ist, dass „dem Veräußerer oder Aufgebenden" am Ende des einheitlichen Vorgangs keine stille Reserven verbleiben (BFH 17.12.2014 – IV R 57/11, BStBl. II 2015, 536). Für den „engen zeitlichen Abstand", bei denen die Teilakte grundsätzlich zu verklammern sind, stellt der BFH auf den bei Betriebsaufgaben höchstens akzeptierten zeitlichen Abstand zwischen dem ersten und letzten Aufgabeakt von 18 Monaten ab; in Einzelfällen kann dieser Zeitraum auch länger sein (BFH 30.8.2012 – IV R 44/10, BFH/NV 2013, 376; BFH 22.11. 2013 – III B 35/12, BFH/NV 2014, 531). Bei Freiberuflern muss zusätzlich beachtet werden, dass der Veräußerer für eine tarifbegünstigte Veräußerung die wesentlichen vermögensmäßigen Grundlagen der Praxis **endgültig und definitiv** übertragen muss (BFH 21.8.2018 – VIII R 2/15, BStBl. II 2019, 64; BFH 15.1.2019 – VIII R 24/15, BFH/NV 2019, 940, → Rn. 808 ff., → Rn. 813 ff.). Dieses Erfordernis kann auch bei einer gestreckten und vollständigen Aufdeckung der stillen Reserven durch verschiedene Teilakte **aufgrund eines einheitlichen Vorgangs** erfüllt sein.

804 **Gestufter Einstieg in eine Einzelpraxis:** Das **Stufenmodell** kann auf dieser Grundlage weiterhin eingesetzt werden. Im ersten Schritt erfolgt die Aufnahme des Neugesellschafters („Juniors") **in die Einzelpraxis** zur Gründung einer **Übergangssozietät,** im zweiten

Schritt muss der „Senior" vollständig ausscheiden, da nur noch die Veräußerung eines ganzen Mitunternehmeranteils tarifbegünstigt sein kann (§ 16 Abs. 1 Nr. 2 iVm § 34 Abs. 2 Nr. 1). Das Stufenmodell ermöglicht es, eine Erprobungsphase durchzuführen und ggf. die Zeit zu überbrücken, bis der bisherige Einzelunternehmer die Altersgrenze gemäß § 34 Abs. 3 erreicht (Korn/*Korn* § 18 Rn. 130). Es kommt darauf an, dass der nicht tarifbegünstigte Einstieg des Neugesellschafters in das Einzelunternehmen mit einem „Kleinanteil" im ersten Schritt (→ Rn. 864) mit der späteren Veräußerung des ganzen Mitunternehmeranteils an der Übergangssozietät durch den „Senior" **nicht zu einem schädlichen einheitlichen Vorgang verklammert wird.** Diese Verklammerung bewirkte nach der Rechtsprechung zur früheren Rechtslage, dass eine insgesamt nicht tarifbegünstigte Aufnahme in ein Einzelunternehmen gegen Zuzahlung vorlag (vgl. noch zur alten Rechtslage BFH 10.2.2016 – VIII R 38/12, BFH/NV 2016, 1256). Eine solche Verklammerung der Teilschritte ist auch im heutigen veränderten Regelungsumfeld schädlich: Wird die Anteilsveräußerung (Schritt 2) als Bestandteil der Aufnahme (Schritt 1) gewertet, ist die Tarifbegünstigung nicht zu gewähren, da das Einzelunternehmen im Zeitpunkt der Aufnahme nicht gemäß § 24 Abs. 3 Satz 3 iVm § 16 Abs. 2 Satz 3 (→ Rn. 867) zum gemeinen Wert unter Aufdeckung aller stillen Reserven in die Übergangssozietät eingebracht wird. Eine **getrennte zeitpunktbezogene Betrachtung** des nicht tarifbegünstigten „Einstiegs des Juniors" in das Einzelunternehmen und der begünstigungsfähigen tarifbegünstigten Veräußerung des ganzen Mitunternehmeranteils durch den „Senior" ist nach den vom BFH zur früheren Rechtslage entwickelten Kriterien aber meines Erachtens auch heute noch vorzunehmen, wenn zwischen dem Vertrag über die Aufnahme des Sozius in die Einzelpraxis und der Veräußerung des Mitunternehmeranteils ein Zeitraum von mindestens einem Jahr liegt und sich nicht mindestens einer der Vertragschließenden bei Gründung der Sozietät unwiderruflich verpflichtet hatte, einen weiteren Anteil zu erwerben bzw. zu veräußern.

Gestufte Übertragung eines Sozietätsanteils: Für die Tarifbegünstigung des Gewinns aus der gestuften Veräußerung eines Mitunternehmeranteils gemäß § 34 Abs. 2 Nr. 1 ist hingegen die Beurteilung als einheitlicher Vorgang erforderlich. Fehlt es an einem einheitlichen Vorgang, sind die Veräußerung des Kleinanteils und des Restanteils durch den Senior jeweils als nicht tarifbegünstigte Teilanteilsveräußerungen (§ 16 Abs. 1 Satz 2) zu qualifizieren. Die Tarifbegünstigung ist für beide Teilakte aber erreichbar, wenn die einzelnen Übertragungsvorgänge zu einem einheitlichen Vorgang verklammert werden können und sämtliche stillen Reserven aufgedeckt werden, da der Vorgang dann als Veräußerung des ganzen Mitunternehmeranteils zu würdigen ist (Schmidt/*Wacker* § 16 Rn. 410). Dies erfordert, dass die Teilanteilsveräußerungen in einem engen zeitlichen und wirtschaftlichen bzw. sachlichen Zusammenhang zueinander stehen. Dabei kann für die Bestimmung des engen zeitlichen Zusammenhangs auf den von der Rechtsprechung für eine begünstigte Betriebsaufgabe höchstens akzeptierten zeitlichen Abstand zwischen dem ersten und letzten Aufgabeakt (Abwicklungszeitraum) von 18 Monaten zurückgegriffen werden (→ Rn. 803), zugleich muss die Vertragsgestaltung den sachlichen und wirtschaftlichen Zusammenhang der Teilakte (mE durch feste Übertragungsstichtage und -verpflichtungen) sicherstellen. 805

dd) Veräußerung/Aufgabe von Teilpraxen und fiktiven Teilbetrieben. (1) Echte Teilpraxen. Entsprechend der dargestellten Fallgruppenbildung (→ Rn. 743) ist bei den Anforderungen an Teilpraxisveräußerungen und -aufgaben wie folgt zu unterscheiden: 806

- Liegt eine gleichartige Tätigkeit mit mehreren organisatorisch selbständigen Praxisteilen vor (Fallgruppe 1), in denen der Sache nach verschiedene Berufstätigkeiten mit verschiedenen Mandantenkreisen ausgeübt werden, ist die Annahme einer Teilpraxisveräußerung nicht davon abhängig, dass die verbleibende freiberufliche Tätigkeit in den bisherigen örtlich begrenzten Wirkungsbereich eingestellt wird (BFH 27.4.1978 – IV R 102/74, BStBl. II 1978, 562; BFH 29.10.1992 – IV R 16/91, BStBl. II 1993, 182)
- Liegt eine sachlich einheitliche Praxis mit gleichartiger Tätigkeit vor; die Praxis wird aber im Rahmen organisatorisch selbständiger Büros mit besonderem Personal, die sich in der Regel, aber nicht unbedingt an verschiedenen Orten befinden, in voneinander entfernten örtlichen Wirkungsbereichen mit getrennten Mandantenkreisen ausgeübt (Fallgruppe 2), setzt eine Teilpraxisveräußerung die Veräußerung eines der Büros samt den Mandantenbeziehungen und die völlige Einstellung der freiberuflichen Tätigkeit in dem dazugehörigen

örtlich abgegrenzten Wirkungsbereich voraus (BFH 27.4.1978 – IV R 102/74, BStBl. II 1978, 562; BFH 29.10.1992 – IV R 16/91, BStBl. II 1993, 182; BFH 8.6.2000 – IV R 63/99, BFH/NV 2000, 1341; BFH 20.1.2009 – VIII B 58/08, BFH/NV 2009, 756; BFH 26.6.2012 – VIII R 22/09, BStBl. II 2012, 777).

- Die erforderliche Einstellung der Tätigkeit im örtlichen Wirkungskreis am „veräußerten Standort" verneint die Rechtsprechung in Fallgruppe 2, wenn ein Steuerberater mit zwei Standorten den einen Standorten veräußert und danach **von dem ihm verbliebenen Standort** aus bisherige Mandanten am „veräußerten Standort" oberhalb der sog. 10%-Bagatellgrenze weiter betreut (BFH 8.6.2000 – IV R 63/99, BFH/NV 2000, 1341).

807 **(2) 100%-Beteiligung an Kapitalgesellschaft als fiktiver Teilbetrieb.** Die Veräußerung einer solchen Beteiligung setzt die Übertragung des wirtschaftlichen Eigentums auf den Erwerber voraus.

808 **ee) Unschädliche Fortführung der freiberuflichen Tätigkeit in geringem Umfang.** Der (tarifbegünstigten) Veräußerung/Aufgabe einer Sachgesamtheit steht die Fortführung der früheren Tätigkeit in geringem Umfang nicht entgegen. Mittlerweile spricht der BFH ohne Differenzierung zwischen einer unschädlichen fortgeführten früheren *Nebentätigkeit* und der unschädlichen *Zurückbehaltung und Weiterbetreuung ehemaliger Mandanten* in geringem Umfang einheitlich von einer unschädlichen Fortführung der bisherigen freiberuflichen Tätigkeit. Der BFH sieht die abstrakten Vorgaben für die Beurteilung des Vorliegens einer unschädlichen fortgeführten freiberuflichen Tätigkeit in der Rechtsprechung des BFH mittlerweile als geklärt an (BFH 20.1.2009 – VIII B 58/08, BFH/NV 2009, 756).

809 Die ständige Rechtsprechung sieht in der Fortführung einer freiberuflichen **Nebentätigkeit** der veräußerten Praxis oder Teilpraxis keinen Umstand, der der tarifbegünstigten Veräußerung einer Praxis entgegensteht, wenn diese Nebentätigkeit nur in geringem Umfang ausgeübt worden ist und anschließend fortgeführt wird. Eine Tätigkeit von geringem Umfang nimmt der BFH auf Grundlage einer Durchschnittsbetrachtung an, wenn die darauf entfallenden Umsätze in den letzten drei Jahren weniger als 10 v.H. der gesamten Einnahmen vor der Veräußerung ausmachten (BFH 7.11.1991 – IV R 14/90, BStBl. II 1992, 457; BFH 29.10.1992 – IV R 16/91, BStBl. II 1993, 182; BFH 8.6.2000 – IV R 63/99, BFH/NV 2000, 1341; BFH 20.1.2009 – VIII B 58/08, BFH/NV 2009, 756). **Keine Nebentätigkeit** innerhalb des veräußerten Betriebs soll – unter Übertragung der zu § 3 Nr. 26 für nebenberufliche Tätigkeiten geltenden Grundsätze (siehe dazu Schmidt/*Levedag* § 3 Nr. 26 Rn. 91) – eine Tätigkeit sein, die mehr als ein Drittel der Vollzeittätigkeit in dem früheren Betrieb ausmachte (HHR/*Brandt* § 18 Rn. 325). ME kommt es auf dieses zusätzliche Zeitkriterium nicht an. Maßgeblich ist allein, ob die 10%-Einnahmengrenze für eine abgrenzbare Betätigung innerhalb der letzten drei Jahre vor der Veräußerung nicht überschritten wurde. Der Steuerpflichtige muss nicht zusätzlich noch nachweisen, dass er zur Erwirtschaftung von bis zu 10% der Einnahmen weniger als ein Drittel seiner Zeit eingesetzt hat.

810 Die notwendige Einstellung der Tätigkeit im örtlichen Wirkungskreis an einem „veräußerten Standort" für eine gewisse Zeit verlangt bei mehreren Standorten (Teilpraxen), dass von einem verbliebenen Standort aus bisherige Mandanten am „veräußerten Standort" nicht oberhalb der 10%-Bagatellgrenze weiter betreut werden (BFH 8.6.2000 – IV R 63/99, BFH/NV 2000, 1341).

811 Die 10%-Bagatellgrenze – bezogen auf die durchschnittlichen Einnahmen der auf die zurückbehaltenen Mandate entfallenden Umsätze an den Gesamtumsätzen der letzten drei Jahre – ist auch auf den Zurückbehalt von Mandanten aus der bisherigen Beratungstätigkeit anwendbar, und zwar sowohl dann, wenn die zurückbehaltenen Patienten- oder Kundenbeziehungen gegenüber den veräußerten nach sachlichen Gesichtspunkten abgrenzbar sind (wie etwa die Beziehungen eines Arztes zu seinen Praxispatienten gegenüber denen zu den Firmen, für die er als Betriebsarzt tätig ist), sondern auch dann, wenn die zurückbehaltenen (geringfügigen) Kundenbeziehungen von den veräußerten nicht getrennt werden können (BFH 7.11.1991 – IV R 14/90, BStBl. II 1992, 457; BFH 29.10.1992 – IV R 16/91, BStBl. II 1993, 182; BFH 8.6.2000 – IV R 63/99, BFH/NV 2000, 1341; BFH 26.6.2012 – VIII R 22/09, BStBl. II 2012, 777; siehe zur vergleichbaren Bagatellgrenze bei land- und forstwirtschaftlichen Betrieben BFH 1.2.1990 – IV R 8/89, BStBl. II 1990, 428).

812 *Einstweilen frei*

ff) Fortführung der Tätigkeit für Rechnung des Erwerbers/Praxisüberleitung nach einer Veräußerung. Eine Tätigkeit des bisherigen Praxisinhabers **im Auftrag und für Rechnung** des Praxiserwerbers steht der Annahme einer (steuerbegünstigten) Praxisveräußerung oder Aufgabe nicht entgegen, wobei es keinen Unterschied macht, ob die Tätigkeit selbständig oder nichtselbständig ausgeübt wird (BFH 29.6.1994 – I R 105/93, BFH/NV 1995, 109; BFH 17.7.2008 – X R 40/07, BStBl. II 2009, 43). Die Mitarbeit des Veräußerers im Betrieb des Erwerbers kann nach den vorgenannten Entscheidungen zwar „den Umfang und die Art der Beziehungen des Erwerbers zu dem übertragenen Patienten- bzw. Mandantenstamm beeinflussen", wenn der bisherige Inhaber Mandanten weiterhin steuerlich berät und betreut und „alles beim Alten" bleibt. Diesen Gesichtspunkt hält der BFH aber nicht für begünstigungsschädlich, wenn der Erwerber „zivilrechtlich und wirtschaftlich in der Lage ist, diese Beziehungen zu verwerten". Er muss allein Inhaber des Honoraranspruchs gegen den Patienten/Mandanten werden. Beschäftigt der Erwerber den bisherigen Praxisinhaber noch als Arbeitnehmer oder als freien Mitarbeiter, so bestehen zwischen dem Praxisveräußerer und den Patienten aber keine selbständigen Rechtsbeziehungen mehr. Die Patienten unterhalten Rechtsbeziehungen nur zu dem Erwerber. Dies gilt auch für eine Teilpraxisveräußerung nach der zweiten Fallgruppe, wenn die Tätigkeit im örtlichen Wirkungskreis eines Standorts eingestellt wird (BFH 26.6.2012 – VIII R 22/09, BStBl. II 2012, 777). 813

Der Vorgang der Praxisveräußerung erfüllt nicht die Voraussetzungen einer Einstellung der Praxis am bisherigen örtlichen Wirkungskreis, wenn der Veräußerer nach der Übertragung in der Praxis des Erwerbers tätig bleibt und nach 22 Monaten seine Tätigkeit als freier Mitarbeiter in der Praxis des Erwerbers aufgibt, um in derselben Stadt mit Teilen seines ehemaligen Personals eine Praxis zu eröffnen, die inhaltlich seiner vor der Praxisübertragung ausgeübten Betätigung entspricht und Leistungen gegenüber Mandanten erbringt, die bereits vor der Praxisübertragung rechtlich, wirtschaftlich und danach immerhin faktisch zu seinem Klientel gehörten (BFH 21.8.2018 – VIII R 2/15, DStR 2018, 2520). In dieser Entscheidung knüpft der BFH an die bisherigen Kriterien an und verneint nach den Umständen des Einzelfalls einen definitiven Übergang des Mandantenstamms auf den Erwerber. Zur Abgrenzung einer schädlichen „Betriebsunterbrechung" von einer unschädlichen Neuaufnahme der Tätigkeit siehe auch FG München 23.7.2019 – 1 V 1211/19, EFG 2019, 1599 mAnm *Lutter* (Beschwerde gegen den Beschluss wurde als unbegründet zurückgewiesen, BFH 11.2.2020 – VIII B 131/19, DStR 2020, 486). 814

Einstweilen frei 815

gg) Abgrenzung vollentgeltlicher, teilentgeltlicher und unentgeltlicher Übertragungen. (1) Abgrenzung entgeltlicher und unentgeltlicher Übertragungen. Werden Sachgesamteinheiten unentgeltlich übertragen, hat der Rechtsnachfolger die Buchwerte nach Maßgabe des § 6 Abs. 3 fortzuführen. Dabei ist zu beachten, dass nach der für die Übertragung von Sachgesamtheiten maßgeblichen Einheitsbetrachtung, eine Übertragung nicht nur dann unentgeltlich im vorstehenden Sinn ist, wenn keine Gegenleistung (Abfindung) gezahlt wird, sondern immer dann, wenn die Gegenleistung nicht höher ist als der Buchwert des Mitunternehmeranteils (das steuerliche Kapitalkonto) des ausscheidenden Gesellschafters. Übersteigt die Gegenleistung den Buchwert, liegt dagegen ein voll- oder teilentgeltliches Rechtsgeschäft vor. Vollentgeltlich ist eine Übertragung, wenn sie die Höhe des Verkehrswerts der Sachgesamtheit erreicht, teilentgeltlich, wenn sie zwar das Kapitalkonto übersteigt, aber nicht den Verkehrswert des Mitunternehmeranteils erreicht. 816

(2) Verhältnis zum Zivilrecht. In der Praxis können gesellschaftsvertragliche Abfindungsbeschränkungen zu teil- oder sogar unentgeltlichen Übertragungen führen. Solche Abfindungsbeschränkungen bezwecken, den Bestand des Unternehmens durch Einschränkung des Kapitalabflusses zu sichern und/oder die Berechnung des Abfindungsanspruchs zu vereinfachen. Sie sind zulässig, unterliegen jedoch einer umfassenden richterlichen Inhaltskontrolle. Maßstab ist vor allem § 138 Abs. 1 BGB und die Frage, ob die genannte Klausel faktisch einen Abfindungsausschluss bewirkt oder ausscheidenswillige Gesellschafter in unzulässiger Weise beeinflussen soll (Peres/Senft SoziätsR/*Peres/Schmid* § 10 Rn. 85, 88 ff.; siehe MHdB GesR I/*Schmid* § 24 Rn. 71 f. zur GbR; MHdB GesR I/*Salger* § 44 Rn. 49 zur PartG). 817

818 Ein vollständiger Ausschluss der Abfindung oder das Unterschreiten des Buchwerts unter Lebenden ist regelmäßig unwirksam (Peres/Senft SoziätsR/*Peres/Schmid* § 10 Rn. 85, 88 ff.). Ein sittenwidriges Missverhältnis kann sich aber auch bei Gewährung einer Abfindung aus der Art der Berechnung etwa durch eine im Übrigen als grundsätzlich unbedenklich anerkannte Buchwertklausel ergeben. Sie stellt auf das bilanzielle Eigenkapital ab und lässt stille Reserven und Good Will (Praxiswert) unberücksichtigt, sodass sie bei längerer Mitgliedschaft in der Gesellschaft zu einer starken Diskrepanz von Buchwert und realem Wert führen kann. Haben sich freiberufliche Praxen unter Fortführung von Buchwerten zusammengeschlossen, kann eine darauf aufbauende Buchwertklausel wie ein anfänglicher Abfindungsausschluss wirken und sittenwidrig sein (Peres/Senft SoziätsR/*Peres/Schmid* § 10 Rn. 90).

819 Besteht der wesentliche Wert einer unternehmenstragenden Gesellschaft in ihrem Good Will (wie typischerweise bei Freiberuflergesellschaften), ist die Regelung des Gesellschaftsvertrags zum Ausscheiden aber darauf zu untersuchen, ob nicht in der Möglichkeit, Vertragsbeziehungen „mitzunehmen" (Mandanten-/Patientenübernahme), eine einer adäquaten Abfindung in Geld wirtschaftlich gleichwertige Sachwertabfindung zu sehen ist (Henssler/Strohn/*Kilian* BGB § 738 Rn. 16–20). Auch wenn im berufsrechtlichen Sinne eine Mandantenverteilung nicht durchführbar ist, kann eine Sachwertabfindung durch Mitnahme von Mandantenbeziehungen bewirkt werden, indem der ausscheidende Gesellschafter von einem Wettbewerbsverbot und/oder Mandantenschutzgeboten befreit wird und die Beteiligten davon ausgehen, dass hierdurch ein ansonsten in Geld bestehender Abfindungsanspruch befriedigt wird (siehe Peres/Senft SoziätsR/*Peres/Schmid* § 10 Rn. 81 ff.). Zu unterscheiden von einer solchen Sachwertabfindung sind Fallgestaltungen, in denen sich der Mandantenzulauf faktisch einstellt; hier wird nicht ein Geldanspruch in einen Anspruch auf Sachwertabfindung umgestaltet, sondern ist die Frage zu klären, ob der Wert der Mandantenbeziehungen auf den Geldanspruch anzurechnen ist (siehe Peres/Senft SoziätsR/*Peres/Schmid* § 10 Rn. 83).

820 Im Rahmen der gemäß § 138 BGB erforderlichen Abwägung kommt es auf die Umstände des Einzelfalls an, wobei die Rechtsprechung bei Freiberuflersozietäten tendenziell eine größere Gestaltungsfreiheit zubilligt als Gesellschaften mit gewerblichen oder sonstigem unternehmerischem Zweck. Als Richtwert kann aber gelten, dass eine auf unter 50% des realen Wertes begrenzte Abfindung regelmäßig unwirksam ist (BGH 9.1.1989 – II ZR 83/88, NJW 1989, 2685 (2686) – 50% des Buchwertes; BGH 20.9.1993 – II ZR 104/92, BGHZ 123, 281 (284) – 45% des Verkehrswertes; BGH 13.3.2006 – II ZR 295/04, NJW-RR 2006, 1270 (1271) – 30% des Liquidationswertes). Ein Realabfindungsanspruch im Gesellschaftsvertrag kann unangemessen sein, wenn das Ausscheiden krankheitsbedingt oder wegen Berufsunfähigkeit erfolgt (Peres/Senft SoziätsR/*Peres/Schmid* § 10 Rn. 84).

821 **Verhältnis zu § 7 Abs. 7 und § 10 Abs. 10 ErbStG:** Auch beim Übergang des Mitunternehmeranteils im Wege der Anwachsung kann aufgrund einer Abfindungsbeschränkung ein erbschaftsteuerlicher Erwerb im Wege einer fiktiven Schenkung ausgelöst werden, wenn die Abfindung unterhalb des erbschaftsteuerlichen Werts liegt. Dazu → Rn. 783.1

822 *Einstweilen frei*

823 **(3) Vollentgeltliche Übertragung einer Sachgesamtheit. Veräußerer:** Bei Übertragung eines Betriebs/Teilbetriebs/Mitunternehmeranteils an einer Personengesellschaft gegen Zahlung eines Entgelts, das den Betrag des übergehenden Kapitalkontos übersteigt und den Verkehrswert des Mitunternehmeranteil erreicht (vollentgeltlicher Erwerb), erzielt der Veräußerer einen Veräußerungsgewinn gemäß § 16 Abs. 2.

824 **Erwerber:** Die entgeltliche Übertragung des Mitunternehmeranteils an einer Personengesellschaft ist einkommensteuerrechtlich nicht als Erwerb des Gesellschaftsanteils als Wirtschaftsgut, sondern als Anschaffung von Anteilen an den einzelnen zum Gesellschaftsvermögen gehörenden Wirtschaftsgütern zu werten (BFH 20.11.2014 – IV R 1/11, BStBl. II 2017, 34). Folglich entstehen dem Erwerber des Gesellschaftsanteils Anschaffungskosten für die betreffenden Güter. Es wird nach ständiger Rechtsprechung des BFH vermutet, dass das Entgelt auf stille Reserven in materiellen und immateriellen Wirtschaftsgütern des Gesellschaftsvermögens (auch nicht bilanzierten Wirtschaftsgüter wie einen Praxis- oder Geschäftswert) entfällt.

825 Der Anschaffungspreis des Erwerbers für seinen Anteil am Reinvermögen der Personengesellschaft lässt sich nur darstellen, indem das Kapitalkonto des Veräußerers in der Gesellschafts-

Das UmwStG 2006 sieht als Regelwert gemäß § 24 Abs. 2 Satz 1 UmwStG 2006 den gemeinen Wert vor, der zur Aufdeckung sämtlicher stiller Reserven und damit auch des Praxiswerts führen würde (Korn/*Korn* § 18 Rn. 126). Auf die Eintrittsvorgänge kann jedoch das Bewertungswahlrecht des § 24 Abs. 2 Satz 2 UmwStG entweder ganz oder teilweise Anwendung finden, sodass sich die steuerpflichtige Aufdeckung stiller Reserven vermeiden lässt, soweit ein Buchwertansatz bei der aufnehmenden Personengesellschaft erfolgen darf. Die Kommentierung ist im Folgenden darauf ausgerichtet, dass die Beteiligten die Aufdeckung stiller Reserven weitgehend vermeiden wollen und stellt die Voraussetzungen der Buchwertfortführung dar. Auch freiberufliche Personengesellschaften können jedoch den Zwischenwertansatz gemäß § 24 Abs. 2 Satz 2 UmwStG wählen. 839

Bei einem **gewollten Buchwert- oder Zwischenwertansatz** ist zu beachten, dass die aufnehmende Gesellschaft gemäß § 24 Abs. 2 Satz 2 UmwStG einen Antrag stellen und die entsprechenden Ansätze des eingebrachten Betriebsvermögens in ihrer Schlussbilanz ansetzen muss. Antragsberechtigt ist nur die aufnehmende Personengesellschaft (BFH – 12.10.2011 – VIII R 12/08, BStBl. II 2012, 381). Der Antrag muss spätestens bis zur erstmaligen Abgabe der Schlussbilanz für das Eintrittsjahr beim Finanzamt der Gesellschaft vorliegen. Für Freiberufler, die keine Schlussbilanz für das Eintrittsjahr stellen, sondern den Gewinn gemäß § 4 Abs. 3 ermitteln, gelten die nachfolgend dargestellten Grundsätze. 840

Ein **tauschähnlicher Vorgang,** der unter das Bewertungswahlrecht des § 24 Abs. 2 Satz 2 UmwStG fällt, wird auch verwirklicht, wenn anlässlich des Eintritts in eine bestehende oder neu gegründete Personengesellschaft einer oder jeder der Mitunternehmer seine bisherige Einzelpraxis einbringt (sog. Zusammenschluss von Einzelpraxen, vgl. Rn. 01.47 des UmwStE 2011, BStBl. I 2011, 1314). Jede der Einbringungen kann damit zum Buchwert erfolgen, wenn das Wahlrecht fristgerecht ausgeübt wird. Kommt es durch die gleichzeitige Einbringung mehrerer Praxen zum Buchwert zu einer Verschiebung stiller Reserven zwischen den Mitunternehmern, weil keine Ergänzungsbilanzen/-rechnungen aufgestellt werden, ist dies kein Hinderungsgrund für die Antragstellung gemäß § 24 UmwStG. Die Regelung gewährt eine Buchwertfortführung auch beim disquotalen Übergang von stillen Reserven im eingebrachten Betriebsvermögen auf die verschiedenen Mitunternehmer. 841

Einstweilen frei 842

bb) Wechsel der Gewinnermittlungsart und Antragstellung gemäß § 24 Abs. 2 Satz 2 bei Freiberuflern. Nach der Grundnorm des § 16 Abs. 2 Satz 2 ist ein Veräußerungs-/Aufgabegewinn aus der Übertragung eines Betriebs, Teilbetriebs, Mitunternehmer- und Teilmitunternehmeranteils auf den Zeitpunkt der Veräußerung gemäß § 4 Abs. 1 oder nach § 5 zu ermitteln. Dies gilt gemäß § 18 Abs. 3 Satz 2 auch für freiberufliches Vermögen. Hat der Steuerpflichtige oder eine Sozietät als Gewinnermittlungssubjekt die Einkünfte aus selbständiger Tätigkeit vor dem der Veräußerung/Aufgabe gemäß § 4 Abs. 3 im Wege der Einnahme-Überschussrechnung ermittelt, muss er zur Bestimmung des laufenden Gewinns des letzten Wirtschaftsjahres und des Veräußerungs-/Aufgabegewinns zur Gewinnermittlung gemäß § 4 Abs. 1 übergehen, was aufgrund von Honorarforderungen oder halbfertigen Leistungen zu einem laufenden Übergangsgewinn führen kann (vgl. Schmidt/*Wacker* § 16 Rn. 339; *Urban* DStR 2017, 1248 (1249)). 843

Dies gilt nach Sichtweise des UmwStE 2011 (BMF 11.11.2011, BStBl. I 2011, 1314) unter Rn. 24.03 auch für alle Einbringungen freiberuflichen Vermögens, die unter § 24 UmwStG fallen. Dabei besteht Übereinstimmung mit der Rechtsprechung und dem Schrifttum, wenn die aufnehmende Gesellschaft das Betriebsvermögen mit einem höheren Wert als dem Buchwert (also zum Zwischenwert oder mit dem gemeinen Wert ansetzt) ansetzt (Urteil BFH 5.4.1984 – IV R 88/80, BStBl. II 1984, 518; BFH-Beschluss 18.10.1999 – GrS 2/98, BStBl. II 2000, 123; BFH 9.11.2000 – IV R 18/00, BStBl. II 2001, 102: vgl. auch *Kanzler* FR 1999, 225 (230); Schmidt/*Wacker* § 18 Rn. 232). Ein aufgrund des Wechsels der Gewinnermittlungsart entstehender Übergangsgewinn erhöht den laufenden Gewinn des einbringenden Steuerpflichtigen im letzten Wirtschaftsjahr vor der Einbringung (BFH-Urteil 13.9.2001 – IV R 13/01, BStBl. II 2002, 287). Der Übergangsgewinn ist danach noch dem Einbringenden und nicht der neu entstehenden Gesellschaft zuzurechnen. 844

Im Einzelnen enthält Rn. 24.03 des UmwStE 2011 (BStBl. I 2011, 1314) nur eine Aussage zur Ausübung des Bewertungswahlrechts gemäß § 24 Abs. 2 Satz 2 UmwStG für die Einbrin- 845 gung eines freiberuflichen Betriebs, Teilbetriebs oder Mitunternehmeranteils in eine Mitunternehmerschaft: Hat die übernehmende Personengesellschaft für das Wirtschaftsjahr, in dem die Einbringung erfolgt ist, gemäß Rn. 24.03 UmwStE 2011 keine steuerliche Schlussbilanz zu erstellen, weil sie nach der Einbringung zulässigerweise zur Gewinnermittlung nach § 4 Absatz 3 zurückkehrt, muss der Antrag iSd § 24 Absatz 2 Satz 2 UmwStG in entsprechender Anwendung des § 20 Absatz 2 Satz 3 UmwStG spätestens bis zur erstmaligen Abgabe der entsprechend EStR 4.5 Abs. 6 zu erstellenden Bilanz iSd § 24 Absatz 2 UmwStG bei dem für die Besteuerung der übernehmenden Personengesellschaft zuständigen Finanzamt gestellt werden.

845.1 Rn. 24.03 des UmwStE 2011: Hat die übernehmende Personengesellschaft für das Wirtschaftsjahr, in dem die Einbringung erfolgt ist, keine steuerliche Schlussbilanz zu erstellen, weil sie nach der Einbringung zulässigerweise zur Gewinnermittlung nach § 4 Absatz 3 EStG zurückkehrt, muss der Antrag iSd § 24 Absatz 2 Satz 2 UmwStG in entsprechender Anwendung des § 20 Absatz 2 Satz 3 UmwStG spätestens bis zur erstmaligen Abgabe der entsprechend EStR 4.5 Abs. 6 zu erstellenden Bilanz iSd § 24 Abs. 2 UmwStG bei dem für die Besteuerung der übernehmenden Personengesellschaft zuständigen Finanzamt gestellt werden.

845.2 R. 4.5 Abs. 6 EStR 2012: Veräußert ein Steuerpflichtiger, der den Gewinn nach § 4 Abs. 3 EStG ermittelt, den Betrieb, ist der Steuerpflichtige so zu behandeln, als wäre er im Augenblick der Veräußerung zunächst zur Gewinnermittlung durch Betriebsvermögensvergleich nach § 4 Abs. 1 EStG übergegangen (→ Wechsel der Gewinnermittlungsart, → R 4.6). Dies gilt auch bei der Veräußerung eines Teilbetriebs oder des gesamten Mitunternehmeranteiles und bei der Aufgabe eines Betriebs sowie in den Fällen der Einbringung, unabhängig davon, ob die Einbringung zu Buch-, Zwischen- oder gemeinen Werten erfolgt.

845.3 Vgl. H 4.5 Abs. 6 EStH 2010: Im Fall der Einnahme-Überschussrechnung muss der Einbringungsgewinn auf der Grundlage einer Einbringungsbilanz und einer Eröffnungsbilanz der Gesellschaft ermittelt werden (BFH 18.10.1999 – GrS 2/98, BStBl. II 2000, 123).

846 Die Finanzverwaltung ging demnach in den Fällen der Einbringung, unabhängig davon, ob die Einbringung zu Buch-, Zwischen- oder gemeinen Werten erfolgt,

- von einer Verpflichtung zum Wechsel der Gewinnermittlungsart,
- der Verpflichtung zur Ermittlung des Einbringungsgewinn auf der Grundlage einer Einbringungsbilanz und
- der Verpflichtung zur Aufstellung einer Eröffnungsbilanz der Gesellschaft

aus. Für den Zeitpunkt der Antragstellung gemäß § 24 Abs. 2 Satz 2 UmwStG ist Rn. 24.03 des UmwStE 2011 so zu lesen, dass der Antrag spätestens bis zur erstmaligen Abgabe der *Eröffnungsbilanz* der Gesellschaft zu stellen ist.

847 Keine Einschränkungen (außer bei willkürlichem Wechsel) besteht nach Rn. 24.03 des UmwStE 2011 (BStBl. I 2011, 1314) für die unmittelbare Rückkehr von Gewinnermittlung gemäß § 4 Abs. 1 (durch die Eröffnungsbilanz) zur Einnahme-Überschussrechnung (§ 4 Abs. 3) auf Ebene der aufnehmenden Personengesellschaft noch im selben Wirtschaftsjahr (vgl. EStH 4.6 Erneuter Wechsel der Gewinnermittlungsart). Allerdings führt dieser „Rückwechsel" wegen der dann in der Regel notwendigen Ermittlung eines Übergangsverlusts zu Verzerrungen, wenn die Gewinnminderung hieraus nicht aufgrund einer besonderen Vereinbarung zur Gewinnverteilung ausschließlich dem oder den Einbringenden zugerechnet wird, der/die zuvor den Übergangsgewinn versteuert haben. Fehlt eine solche Abrede, ist die Gewinnminderung nach dem allgemeinen Gewinnverteilungsschlüssel zuzuweisen. Eine reine Umkehrung des Effekts, wie er in der Literatur teilweise angenommen wird, liegt in der Regel daher auch bei Sozietäten nicht vor (aA wohl *Lüken* DStR 2016, 889 (890)).

848 Für Einbringungen freiberuflicher Betriebe, die unter Ausübung des Wahlrechts durch die aufnehmende Personengesellschaft **zum Buchwert** gemäß § 24 Abs. 2 Satz 2 UmwStG erfolgen, war die Verpflichtung zum Wechsel der Gewinnermittlungsart mit Aufstellung einer Einbringungsbilanz, Aufstellung einer Eröffnungsbilanz durch die aufnehmende Personengesellschaft und anschließendem Rückwechsel zur Einnahme-Überschussrechnung stets umstritten. So wurde zum Teil schon aus einem obiter dictum im BFH-Urteil vom 13.9.2001 – IV R 13/01, BStBl. II 2002, 287 abgeleitet, dass der BFH eine Fortführung der Einnahme-Überschussrechnung des Einbringenden durch die aufnehmende Personengesellschaft ohne Einbringungs- und Eröffnungsbilanz zulasse (vgl. *Urban* DStR 2017, 1248 (1250)).

Der III. Senat entschied für den umgekehrten Fall der Realteilung ohne Spitzenausgleich, dass keine Verpflichtung zur Erstellung einer Realteilungsbilanz nebst Übergangsgewinnermittlung bestehe, wenn die Buchwerte fortgeführt würden und die Mitunternehmer unter Aufrechterhaltung der Gewinnermittlung durch Einnahme-Überschussrechnung ihre berufliche Tätigkeit in Einzelpraxen weiterbetreiben (BFH 11.4.2013 – III R 32/12, BStBl. II 2014, 242). Nach Veröffentlichung der Entscheidung des III. Senats im BStBl. hatten bereits einige OFDen geäußert, Rn. 24.03 UmwStE 2011 und Abschnitt H 4.5 der EStH 2014 seien überholt (OFD Frankfurt a.M. 24.10.2014, DStR 2015, 1312; OFD Niedersachsen 3.3.2017, DStR 2017, 985). **849**

Für den zur Realteilung ohne Spitzenausgleich umgekehrten Fall der Buchwerteinbringung hat die Finanzverwaltung nunmehr in einer bundesweit abgestimmten Auffassung zu erkennen gegeben, dass sie an der im Rn. 24.03 des UmwStE 2011 (BStBl. I 2011, 1314) normierten Sichtweise nicht mehr festhält (siehe OFD Nordrhein-Westfalen 9.2.2016, DStR 2016, 1013; OFD Niedersachsen 3.3.2017, DStR 2017, 985). **850**

Die Finanzverwaltung gestattet nunmehr bei Buchwerteinbringungen, dass auf das Erstellen von Einbringungs- und Eröffnungsbilanz „verzichtet werden kann" und somit ein Wechsel der Gewinnermittlungsart beim Einbringenden und der Rückwechsel bei der aufnehmenden Gesellschaft nicht mehr zu erfolgen haben. Einbringungen, bei denen dem Einbringenden nach der seit dem 1.1.2015 geltenden Regelung des § 24 Abs. 2 Satz 2 Nr. 2 UmwStG neben den Gesellschaftsrechten eine unschädliche (unterhalb der absoluten (500.000 EUR/maximaler Buchwert) oder relativen (25% des Buchwerts) Schädlichkeitsgrenze liegende) sonstige Gegenleistung gewährt wird, fallen nach den Verfügungen ebenfalls unter die Erleichterung, da insgesamt die Buchwerte fortgeführt werden. **851**

Im Gegenzug für die nahtlose Fortführung der EÜR müssen auf Ebene der aufnehmenden Personengesellschaft Aufzeichnungen (etwa ein Anlagenverzeichnis) gefertigt werden, nach denen sich der Umfang des eingebrachten Betriebsvermögens ohne Weiteres bestimmen und beurteilen lässt, dass die aufnehmende Gesellschaft die Buchwertansätze (ggf. auch in positiven oder negativen Ergänzungsrechnungen) fortführt. **852**

Für **Buchwerteinbringungen** ist das Wahlrecht des § 24 Abs. 2 Satz 2 UmwStG abweichend von Rn. 24.03 des UmwStE 2011 bei nahtloser Fortführung der Einnahme-Überschussrechnung von der aufnehmenden Personengesellschaft spätestens bis zur erstmaligen Einreichung der Einnahme-Überschussrechnung für das Wirtschaftsjahr der Einbringung auszuüben. Diese Gewinnermittlung tritt damit an die Stelle der im Gesetz genannten „*Schlussbilanz*", um die Regelung des § 24 Abs. 2 Satz 2 UmwStG nicht ins Leere gehen zu lassen. Die Finanzverwaltung überträgt damit mE zutreffend und sachgerecht ihre Auffassung, dass unter dem Begriff der steuerlichen Schlussbilanz im Anwendungsbereich der §§ 20, 24 UmwStG keine eigenständige von der Gewinnermittlung nach §§ 4 Abs. 1, 5 Abs. 1 zu unterscheidende Bilanz des übernehmenden Rechtsträgers, sondern die (reguläre) Steuerbilanz, in der das übernommene Betriebsvermögen erstmals anzusetzen ist, zu verstehen ist (LfSt Bayern 11.11.2014 – S 1978d.2.1-17/10 St32), sinngemäß auf die Einbringung freiberuflichen Vermögens. Der Praktiker muss sich bewusst sein, dass die vereinfachte Praxis der Finanzverwaltung bei Buchwerteinbringungen ihn nur von der Verpflichtung, Einbringungs- und Eröffnungsbilanzen aufstellen zu müssen, aber nicht von der Notwendigkeit der Antragstellung gemäß § 24 Abs. 2 Satz 2 UmwStG entbindet. **853**

Für nicht bestandskräftig veranlagte Buchwerteinbringungen, bei denen seit 2006 in der Praxis entgegen der Vorgabe in Rn. 24.03 des UmwStE 2011 weder Übergangsgewinnermittlungen, Einbringungs- noch Eröffnungsbilanzen erstellt wurden und keine Anträge gemäß § 24 Abs. 2 Satz 2 UmwStG (weder bis zur Abgabe einer Eröffnungsbilanz) noch bis zur Abgabe der EÜR der Personengesellschaft gestellt wurden, ist unklar, ob die Verwaltung von einer wirksamen Buchwertfortführung ausgeht. Das Wahlrecht kann dann auch durch eine Nachholung des Antrags nicht mehr ausgeübt werden, wenn dieser erst nach der Gewinnermittlung für das Einbringungsjahr beim Finanzamt eintrifft. **853.1**

Zudem darf der Steuerpflichtige auch nach der in Rn. 24.03 des UmwStE 2011 vorgegebenen Vorgehensweise verfahren und bei Buchwerteinbringungen freiwillig einen Übergangsgewinn ermitteln, eine Schlussbilanz im eingebrachten Betrieb und eine Eröffnungsbilanz der Gesellschaft aufstellen sowie bei der Personengesellschaft zur EÜR zurückkehren. Bei dieser Vorgehensweise ist der Steuerpflichtige an diese auch gebunden. Er darf auch den Übergangsgewinn dann nicht im Billigkeitswege auf drei **853.2**

Jahre verteilen (BFH 13.9.2001 – IV R 13/01, BStBl. II 2002, 287; Verfügung der OFD Niedersachsen 3.3.2017, DStR 2017, 985).

854 Die Verfügungen der OFD Nordrhein-Westfalen vom 9.2.2016 und der OFD Niedersachsen vom 3.3.2017 stellen ***für andere Einbringungen*** als Buchwerteinbringungen (Zwischenwerte/sonstige Gegenleistungen oberhalb der Grenzen des § 24 Abs. 2 Satz 2 UmwStG und Ansatz gemeiner Werte) klar, dass bei Freiberuflern die Vorgaben der Rn. 24.03 des UmwStE 2011 (BStBl. I 2011, 1314) weiter gelten. Es müssen unter Wechsel der Gewinnermittlungsart eine Einbringungsbilanz und eine Eröffnungsbilanz aufgestellt werden. Die aufnehmende Gesellschaft darf demnach nach wie vor nach der Eröffnungsbilanz zur Gewinnermittlung gemäß § 4 Abs. 3 zurückkehren. Es ist daher die Gewinnermittlungsart zu wechseln (BFH 5.4.1984 – IV R 88/80, BStBl. II 1984, 518; BFH 18.10.1999 – GrS 2/98, BStBl. II 2000, 123; BFH 9.11.2000 – IV R 18/00, BStBl. II 2001, 102: vgl. auch *Kanzler* FR 1999, 225 (230); Schmidt/*Wacker* § 18 Rn. 232). Dies gilt auch in den sog. Zuzahlungsfällen. Das Bewertungswahlrecht des § 24 Abs. 2 Satz 2 UmwStG ist durch die aufnehmende Personengesellschaft durch Antragstellung *spätestens bis zur erstmaligen Abgabe der Eröffnungsbilanz* auszuüben, wenn am Ende des Einbringungsjahrs von der Personengesellschaft keine Schlussbilanz aufgestellt wird.

855 *Einstweilen frei*

856 **cc) Eintritt in ein Einzelunternehmen gegen Einlage in das Gesamthandsvermögen.** Hier ist der Eintritt so ausgestaltet, dass vom Neugesellschafter eine Einlage in das entstehende Gesellschaftsvermögen zu leisten ist, um sich quotal zu einem fest definierten Anteil am Vermögen der Sozietät einzukaufen. Stimmrechte, Gewinn- und Verlust- sowie Vermögensbeteiligung richten sich nach dem erworbenen Anteil an der Gesamthand. Der Einlagebetrag wird nicht als Wertausgleich an einen oder mehrere Gesellschafter geleistet, sondern soll der Gesamthand zur Verfügung stehen.

857 **Begriff der Einlage:** Oft gehen die Beteiligten wirtschaftlich davon aus, dass in der Arbeitsleistung des Neugesellschafters eine werthaltige Gegenleistung für die vermögensmäßige Beteiligung liegt. Eine Aufnahme gegen eine „Einlage" im Sinne der Rechtsprechung ist die **„Einbringung der Arbeitskraft"** als Gesellschafterbeitrag aber nicht, da es sich um die Zuwendung eines nicht einlagefähigen Vorteils durch den Neugesellschafter in das Gesamthandsvermögen handelt (BFH 18.3.1999 – IV R 26/98, BStBl. II 1999, 604).

858 **Behandlung des Einzelunternehmers:** Bei der Aufnahme gegen Einlage wird **nach der** Rechtsprechung eine Einbringung durch den Einzelunternehmer gemäß § 16 im Verhältnis zur neu entstehenden Personengesellschaft verwirklicht. Der Einzelunternehmer bringt das Einzelunternehmen teils für eigene und teils für fremde Rechnung gegen Gewährung von Gesellschaftsrechten in die entstehende Sozietät ein (vgl. BFH 11.12.2001 – VIII R 58/98, BStBl. II 2002, 420; BFH 7.11.2006 – VIII R 13/04, BStBl. II 2008, 545 mwN und zur disquotalen Einlage das BFH-Urteil vom 25.4.2006 – VIII R 52/04, BStBl. II 2006, 847). Dieser Betrachtung folgt der UmwStE 2011, BStBl. I 2011, 1314 in Rn. 01.47.

859 **Behandlung des Neugesellschafters:** Der Neugesellschafter trägt in Höhe der Einlage AK für den neu entstehenden Mitunternehmeranteil. Diese müssen über das Kapitalkonto in der Gesamthand und ggf. über eine Ergänzungsrechnung vollständig erfasst werden. Zum Ansatz des eingebrachten Betriebsvermögens und zur zulässigen Darstellung eines Buchwerts nach der sog. Brutto- oder Nettomethode siehe Rn. 24.13 und 24.14 des UmwStE 2011, BStBl. I 2011, 1314. Der Einlagebetrag des Neugesellschafters in einer Ergänzungsrechnung entfällt bei Freiberuflern in der Regel zu einem großen Teil auf den Praxiswert. Bei einer Buchwerteinbringung wird ein selbst geschaffener Praxiswert des Einzelunternehmens in der Einnahme-Überschussrechnung für die Gesamthandsebene nicht aufgedeckt (FinSen Berlin 3.2.2012, FR 2012, 332). Dieser ist nach der für Einzelpraxiswerte anerkannten Nutzungsdauer von 3 bis 5 Jahren in der Ergänzungsrechnung abzuschreiben (BFH 24.2.1994 – IV R 33/93, BStBl. II 1994, 590; BFH 20.2.2015 – VIII R 33/13, BStBl. II 2016, 596).

860 **Antragstellung gemäß § 24 Abs. 2 Satz 2 UmwStG und Fortführung von Buchwerten:** Für die beabsichtigte Fortführung der Buchwerte muss die entstehende Personengesellschaft das Bewertungswahlrecht des § 24 Abs. 2 Satz 2 UmwStG ausüben, indem sie beim Finanzamt rechtzeitig einen entsprechenden Antrag stellt. Nähere Einzelheiten regelt § 23 Abs. 1 UmwStG. Ergänzungsrechnungen, die zur Darstellung des Buchwerts gebildet werden, sind korrespondierend zur Abschreibung in der Gesamthandsbilanz weiterzuentwickeln (Rn. 24.14 des UmwStE 2011, BStBl. I 2011, 1314 und BMF 19.12.2016, BStBl. I 2017, 36).

Einstweilen frei 861

dd) Eintritt in ein Einzelunternehmen gegen Zuzahlung an den Einzelunternehmer. Vom Neugesellschafter ist eine Zahlung zum Wertausgleich an den bisherigen Einzelunternehmer zu leisten, um sich quotal zu einem fest definierten Anteil am Vermögen in die entstehende Sozietät einzukaufen. Stimmrechte, Gewinn- und Verlust- sowie Vermögensbeteiligung richten sich nach dem Anteil an der Gesamthand. 862

Im Unterschied zu den Einlagefällen wird die Gegenleistung nicht in das Gesamthandsvermögen zur betrieblichen Verwendung durch die Gesellschaft, sondern in das Privatvermögen des Altgesellschafters oder in ein anderes Betriebsvermögen des Altgesellschafters gezahlt (siehe Rn. 24.10 des UmwStE 2011, BStBl. I 2011, 1314 mit Beispielen für Zuzahlungsformen). Der UmwStE 2011, BStBl. I 2011, 1314 enthält in Rn. 24.11 eine typisierende Missbrauchsregelung für den Fall, dass eine Gestaltung sich nur auf den ersten Blick als Beitritt gegen Einlage des neuen Gesellschafters darstellt. Darf der frühere Einzelunternehmer nach dem Eintritt des Neugesellschafters und dessen Einlage in das Gesamthandsvermögen größere Entnahmen tätigen, als nach seiner Beteiligung zulässig wäre, kann sich der Vorgang bei wirtschaftlicher Betrachtung als Ausgleichszahlung in das Privatvermögen des Altgesellschafters darstellen. Die Missbrauchsregelung im Erlass hat jedoch überschießende Tendenz. Es stellt sich die Frage, ob alle Überentnahmen des ehemaligen Einzelunternehmers in der neu entstehenden Personengesellschaft von der Finanzverwaltung als verschleierte Zuzahlung qualifiziert werden, wenn die Personengesellschaft keinen Rückgriffsanspruch gegen den Gesellschafter einbucht. Zudem wird keine zeitliche Grenze definiert, innerhalb derer die Finanzverwaltung Überentnahmen als schädlich ansieht. 863

Sichtweise der Rechtsprechung: Nach dem Beschluss des Großen Senats des BFH (BFH 18.10.1999 – GrS 2/98, BStBl. II 2000, 123) liegt in den Fällen der Aufnahme in ein Einzelunternehmen gegen eine Ausgleichszahlung in das Privatvermögen/ein anderes Betriebsvermögen des Einzelunternehmers ein von der Einbringung getrennt zu beurteilender Veräußerungsvorgang *zwischen dem bisherigen Einzelunternehmer und dem Eintretenden vor.* 864

Dies beruht auf der gedanklichen Zerlegung des Gesamtvorgangs in zwei Komponenten. Es erfolgt eine Veräußerung der ideellen Anteile der Wirtschaftsgüter des bisherigen Einzelunternehmers an den Neugesellschafter gegen die Zuzahlung an den Einzelunternehmer, nicht aber die Veräußerung eines bereist entstandenen Teilmitunternehmeranteils. Der zu versteuernde (laufende) Gewinn entsteht in Höhe der Differenz zwischen der Ausgleichszahlung und den Buchwerten der anteilig übertragenen Wirtschaftsgüter des Betriebsvermögens. Der entstehende Gewinn ist nicht begünstigt nach §§ 16, 34, da nicht sämtliche stillen Reserven des Einzelunternehmens aufgelöst und versteuert werden. Das teilveräußerte Einzelunternehmen wird teilweise für Rechnung des bisherigen Einzelunternehmers und teilweise für Rechnung des Neugesellschafters in die neu entstehende Personengesellschaft eingebracht. Ein nach § 24 UmwStG zu behandelnder Einbringungsvorgang mit der Möglichkeit des Buchwertansatzes liegt nur vor, soweit der Einzelunternehmer den Betrieb für eigene Rechnung gegen Gewährung von Gesellschaftsrechten einbringt. Der Veräußerungsgewinn kann daher auch nicht über eine negative Ergänzungsbilanz (Abstockung der veräußerten stillen Reserven) vermieden werden, da – wertungsmäßig – keine Einbringung gegen Gewährung von Gesellschaftsrechten für eigene Rechnung des Einbringenden, sondern die Einbringung für Rechnung des Neugesellschafters und gegen ein Veräußerungsentgelt verwirklicht wird. 864.1

Der Folgerechtsprechung des BFH lässt sich eine eindeutige *zeitliche Reihenfolge* der beiden Teilakte nicht zwingend entnehmen, sondern nur, dass beide Vorgänge bei „natürlicher Betrachtung gleichzeitig" stattfinden. Das BFH-Urteil vom 16.12.2004 – II R 38/00, BStBl. II 2005, 554 folgt für die Buchwerteinbringung der Auffassung, die Veräußerung ideeller Anteile an den Wirtschaftsgütern des Einzelunternehmens sei der Einbringung *vorgelagert.* Bei Einbringungen zum gemeinen Wert geht der BFH hingegen von einer vorgelagerten Einbringung aus (siehe BFH 21.9.2000 – IV R 54/99, BStBl. II 2001, 178; siehe auch Blümich/*Hutter* § 18 Rn. 302 zum generellen Vorrang der Einbringung des Einzelunternehmens im ersten Schritt mit nachfolgender Veräußerung von ideellen Anteilen am Vermögen). 864.2

Der BFH hat im Urteil vom 24.6.2009 – VIII R 13/07, BStBl. II 2009, 993 für **die Behandlung des Anschaffungsgeschäfts** ausgeführt, der Beschluss des GrS 2/98 865

(18.10.1999, BStBl. II 2000, 123) sei so zu verstehen, dass bei einer Zuzahlung in das Privatvermögen Gegenstand des Erwerbsgeschäfts der **erst entstehende Teilmitunternehmeranteil** ist. Der zuzahlende Neugesellschafter erwirbt vom bisherigen Einzelunternehmer vor der Einbringung Anwartschaftsrechte auf den erst entstehenden Mitunternehmeranteil. Nach der Einbringung durch den Einzelunternehmer erstarkt das Anwartschaftsrecht des Mitgesellschafters zu dessen Mitunternehmeranteil. Diese Betrachtung ist der zivilrechtlichen Betrachtung durch den BGH für die unentgeltliche Aufnahme eines Gesellschafters in ein Einzelunternehmen (BGH 2.7.1990 – II ZR 243/89, DB 1990, 1656) angenähert (vgl. zum Ganzen *Offerhaus* FS Widmann, 2000, 441 ff.; *Groh* DB 2001, 2162 ff.). Aus diesem Grund trägt der Neugesellschafter in Höhe der Zuzahlung Anschaffungskosten auf die durch den Mitunternehmeranteil repräsentierten Wirtschaftsgüter. Diese sind ggf. in einer Ergänzungsbilanz oder -rechnung auszuweisen, wenn sie in der Überschussrechnung der Gesamthand nicht berücksichtigt werden können (BFH 24.6.2009 – VIII R 13/07, BStBl. II 2009, 993).

866 Nach Auffassung der **Finanzverwaltung** in Rn. 24.08, 24.10, 24.11 des UmwStE 2011 (BStBl. I 2011, 1314) ist der erste Teilakt (Veräußerung ideeller Anteile an Wirtschaftsgütern des Einzelunternehmens) dem zweiten Teilakt (Einbringung) *vorgelagert.* Der Gewinn aus der Veräußerung der ideellen Anteile an den Wirtschaftsgütern des Einzelunternehmens ist nach der Verwaltung *als laufender Gewinn im Einzelunternehmen* zu behandeln. Er wird demnach im Einkommensteuerbescheid des Einzelunternehmers erfasst. Das Veräußerungsentgelt wird aus Sicht der Verwaltung noch vor der Einbringung aus dem Betriebsvermögen entnommen und der Betrieb so eingebracht, wie er sich nach der Entnahme des Veräußerungserlöses darstellt. Der Einzelunternehmer bringt die ihm verbliebenen Eigentumsanteile an den Wirtschaftsgütern des Einzelunternehmens *für eigene Rechnung* und die veräußerten Eigentumsanteile *für Rechnung des zuzahlenden neuen Gesellschafters* in die entstehende Personengesellschaft ein. Der Einbringungstatbestand fällt auch nach der Finanzverwaltung unter § 24 UmwStG. Das Buchwertwahlrecht des § 24 Abs. 2 Satz 2 UmwStG kann ausgeübt werden, soweit der ehemalige Einzelunternehmer den Betrieb für eigene Rechnung einbringt. Wird im Kapitalkonto des Neugesellschafters das eingebrachte Betriebsvermögen nicht in voller Höhe der Zuzahlung ausgewiesen, ist auch nach Auffassung der Finanzverwaltung eine Ergänzungsbilanz/Ergänzungsrechnung für den Zuzahlenden zu bilden.

867 **Einbringung zum gemeinen Wert:** Setzt die aufnehmende Personengesellschaft das übergehende Vermögen in vollem Umfang mit dem gemeinen Wert an, weil der Einbringende für den ihm entstehenden Veräußerungsgewinn die Tarifbegünstigung gemäß §§ 16, 34 realisieren möchte, verweist der UmwStE 2011 in Rn. 24.12, BStBl. I 2011, 1314 ausdrücklich auf das BFH-Urteil vom 21.9.2000 – IV R 54/99, BStBl. II 2001, 178. Der BFH sieht bei Einbringungen zum gemeinen Wert als Einbringungsgegenstand *den gesamten Betrieb des Einzelunternehmens* an, der vollständig für Rechnung des ehemaligen Einzelunternehmers in die entstehende Personengesellschaft eingebracht wird. Der zuzahlende Neugesellschafter erwirbt vom bisherigen Einzelunternehmer vor der Einbringung Anwartschaftsrechte auf den erst entstehenden Mitunternehmeranteil. Nach der Einbringung durch den Einzelunternehmer erstarkt das Anwartschaftsrecht des Mitgesellschafters zu dessen Mitunternehmeranteil. Diese Betrachtung ist der zivilrechtlichen Betrachtung durch den BGH für die unentgeltliche Aufnahme eines Gesellschafters in ein Einzelunternehmen (BGH 2.7.1990 – II ZR 243/89, DB 1990, 1656) angenähert (vgl. zum Ganzen *Offerhaus* FS Widmann, 2000, 441 ff.; *Groh* DB 2001, 2162 ff.). Der Veräußerungsgewinn, der sich bei einer eine logische Sekunde nach der Einbringung erfolgenden Teilanteilsübertragung ergibt, tritt beim Ansatz der Teilwerte nicht mehr in Erscheinung; er geht gewissermaßen im Einbringungsgewinn auf (BFH 21.9.2000 – IV R 54/99, BStBl. II 2001, 178).

868 Die Betrachtung, dass bei Einbringungen zum gemeinen Wert gegen eine Zuzahlung nur der Betrieb Einbringungsgegenstand ist und auch keine nicht tarifbegünstigte Teilmitunternehmeranteilsveräußerung gemäß § 16 Abs. 1 Satz 2 erfolgt, weil die Zuzahlung im Einbringungsgewinn aufgeht, setzt auch der UmwStE 2011 in Rn. 24.12 (BStBl. I 2011, 1314) entgegen der früheren Verwaltungsauffassung um (so *Zimmermann ua* PersGes im StR, 11. Aufl., C Rn. 41). Damit besteht insoweit kein Dissens zur Rechtsprechung.

869 Die Einbringung zu Teilwerten fällt jedoch unter § 24 Abs. 3 Satz 3 iVm § 16 Abs. 2 Satz 3, sodass ein nicht tarifbegünstigter laufender und gewerbesteuerpflichtiger Gewinn bei der Personengesellschaft entsteht, soweit der bisherige Einzelunternehmer an der neu entstehenden Personengesellschaft beteiligt bleibt. Der Ansatz des gemeinen Werts bei der neu entstehenden Gesellschaft ist nur sinnvoll, wenn dem früheren Einzelunternehmer eine geringe Beteiligungsquote verbleibt (Korn/*Korn* § 18 Rn. 130). § 24 Abs. 3 Satz 3 UmwStG stellt bei der Betrachtung, ob eine Veräußerung an sich selbst vorliegt, nicht auf den einzelnen Gesellschafter, sondern auf die einbringenden Gesellschafter in ihrer gesamthänderischen Verbundenheit ab (siehe Rn. 24.16 und 24.17 des UmwStE 2011, BStBl. I 2011, 1314). Dieser ist in der gesonderten und einheitlichen Feststellung zu erfassen.

Stellungnahme: Rechtsprechung und Finanzverwaltung gehen damit übereinstimmend von der zweiaktigen Betrachtung aus, dass in den Zuzahlungsfällen eine Veräußerung zwischen dem Einzelunternehmer und Neugesellschafter erfolgt und daneben eine Einbringung stattfindet. Nach übereinstimmender Sichtweise muss bei einer Aufnahme gegen eine Zuzahlung zu Buchwerten von der neu entstehenden Gesellschaft das Buchwertwahlrecht des § 24 Abs. 2 Satz 2 UmwStG durch Antragstellung ausgeübt werden (→ Rn. 870). **870**

Die Regelung des § 24 Abs. 2 Satz 2 Nr. 2 UmwStG idF StÄndG 2015 erfasst mE die „Zuzahlungsfälle" nicht. Wie dargelegt, gehen Finanzverwaltung und Rechtsprechung bei den Zuzahlungsfällen von einem Veräußerungsvorgang zwischen Alt- und Neugesellschafter aus, der neben der Einbringung verwirklicht wird und nicht durch eine Ergänzungsbilanz neutralisiert werden kann. Der Wortlaut des § 24 Abs. 2 Satz 2 Nr. 2 UmwStG unterscheidet zwar nicht, in welche Vermögenssphäre (Sonderbetriebsvermögen/anderes Betriebsvermögen/Privatvermögen) die anlässlich einer Einbringung zusätzlich gewährten „sonstigen Gegenleistungen" an den Einbringenden erfolgen. Die gesetzliche Neuregelung hat aber trotz ihres weiten Wortlauts aufgrund der Entstehungsgeschichte der Norm nur Sachverhalte zum Gegenstand, bei denen dem Einbringenden *von der aufnehmenden Gesellschaft eine sonstige Gegenleistung* gewährt wird. Denn sie knüpft an die Entscheidung des BFH 18.9.2013 – X R 42/10, BStBl. II 2016, 639 zur Einbringung gegen Gewährung eines Mischentgelts durch die aufnehmende Personengesellschaft an (vgl. *Ettinger/Mörz* GmbHR 2016, 154 (157); siehe auch *Rogall/Dreßler* DB 2015, 1981 (1983); Korn/*Korn* § 18 Rn. 130; aA *Nöcker* DB 2016, 72 (76)). Dieser Sachverhalt ist in den Zuzahlungsfällen nicht gegeben, da der anlässlich der Einbringung stattfindende Veräußerungsvorgang zwischen Einzelunternehmer und Neugesellschafter stattfindet. Danach führt jede Zuzahlung zur Aufdeckung stiller Reserven, auch soweit sie unterhalb des Kapitalkontos des Einzelunternehmers liegt. Der zu versteuernde Gewinn entsteht in Höhe der Differenz zwischen der Zuzahlung und den Buchwerten der anteilig übertragenen Wirtschaftsgüter des Betriebsvermögens (BFH 18.10.1999 – GrS 2/98, BStBl. II 2000, 123). Es gibt keinen Anhaltpunkt dafür, dass der Gesetzgeber im StÄndG 2015 Zuzahlungen in das Privatvermögen/Betriebsvermögen eines Einbringenden nicht mehr als Veräußerungsgewinne besteuern wollte, wenn diese unterhalb der dort geregelten Schädlichkeitsgrenzen liegen. **871**

Wechsel der Gewinnermittlungsart und Antragstellung gemäß § 24 Abs. 2 Satz 2 UmwStG: In den Zuzahlungsfällen ist stets ein Wechsel der Gewinnermittlungsart im Einzelunternehmen vorzunehmen. Der Einbringungsgewinn muss auf Grundlage einer Einbringungsbilanz und einer Eröffnungsbilanz der Gesellschaft ermittelt werden (BFH 18.10.1999 – GrS 2/98, BStBl. II 2000, 123; Korn/*Korn* § 18 Rn. 128). **872**

Die Verfügungen der OFD Nordrhein-Westfalen vom 9.2.2016 und der OFD Niedersachsen vom 3.3.2017 bringen hier auch für partielle Buchwerteinbringungen keine Erleichterung. Sie gehen für andere Einbringungen als „vollständige Buchwerteinbringungen" zutreffend davon aus, dass in diesen Fällen bei Freiberuflern die Vorgaben der Rn. 24.03 des UmwStE 2011, BStBl. I 2011, 1349 zu beachten sind. Es muss unter Wechsel der Gewinnermittlungsart im Einzelunternehmen eine Einbringungsbilanz mit Übergangsgewinnermittlung und eine Eröffnungsbilanz bei der neu entstehenden Personengesellschaft aufgestellt werden. Die aufnehmende Gesellschaft darf von der Eröffnungsbilanz zur Gewinnermittlung gemäß § 4 Abs. 3 zurückkehren. Es kommt demnach zum Wechsel der Gewinnermittlungsart vor und zum Rückwechsel nach der Einbringung. Das Bewertungswahlrecht ist durch die entstehende Personengesellschaft durch Antragstellung spätestens bis zur erstmaligen Abgabe der Eröffnungsbilanz auszuüben, wenn am Ende des Einbringungsjahrs keine Schlussbilanz aufgestellt wird. **873**

Eine Erleichterung kann insoweit die Rechtsprechung des BFH zur Möglichkeit des Zurückbehalts von Honorarforderungen bieten, die dann nicht in die Übergangsgewinner- **874** mittlung einbezogen werden müssen, sondern in einem freiberuflichen Restbetriebsvermögen zurückbleiben (siehe BFH 4.12.2012 – VIII R 41/09, BStBl. II 2014, 288; → Rn. 843)

875 *Einstweilen frei*

876 **ee) Eintritt in eine bestehende Personengesellschaft gegen Einlage ins Gesamthandsvermögen.** Nach Sichtweise der Finanzverwaltung und der Rechtsprechung ist der Eintritt eines Gesellschafters in eine bestehende Personengesellschaft gegen eine Geld- oder Sacheinlage als zweiaktiger Vorgang zu behandeln (BFH 25.4.2006 – VIII R 52/04, BStBl. II 2006, 847; BFH 7.11.2006 – VIII R 13/04, BStBl. II 2008, 545 Rn. 28; Rn. 01.47 UmwStE 2011, BStBl. I 2011, 1314). Die Einräumung der Vermögensbeteiligung für den Neugesellschafter im Wege der Abwachsung der vermögensmäßigen Beteiligung bei den Altgesellschaftern unter Anwachsung beim Neugesellschafter ist wirtschaftlich betrachtet eine Veräußerung von Teilmitunternehmeranteilen der Altgesellschafter an den Neugesellschafter gemäß § 16 Abs. 1 Nr. 2. Rechtsprechung und Finanzverwaltung stellen den Vorgang jedoch *wertungsmäßig* der Bargründung einer neuen Gesellschaft durch Alt- und Neugesellschafter mit anschließender Einbringung des Betriebs der „Altgesellschaft" in die neue Personengesellschaft gleich, die unter § 24 UmwStG fällt.

877 Zur Gleichbehandlung wird die Aufnahme eines Neugesellschafters in eine Gesellschaft gegen eine Einlage in das Gesamthandsvermögen im Wege einer ertragsteuerlichen Fiktion als Gründung einer „neuen" vergrößerten Personengesellschaft angesehen, in die die Altgesellschafter ihre (ganzen) Mitunternehmeranteile teilweise für eigene und teilweise für fremde Rechnung des Neugesellschafters einbringen (entsprechend zur Aufnahme in ein Einzelunternehmen gegen Einlage → Rn. 858); die bisherige „Altgesellschaft" (AB-GbR) geht mE anschließend im Wege einer „gedachten Anwachsung" auf die „Neugesellschaft" unter.

878 Ein tauschähnlicher Vorgang findet nach der wertungsmäßigen Betrachtung somit nur zwischen den Altgesellschaftern (Einbringung der Mitunternehmeranteile) und der „neuen" Personengesellschaft statt. Das Bewertungswahlrecht des § 24 Abs. 2 Satz 2 UmwStG ist auf Ebene der „neuen" Personengesellschaft anwendbar und ermöglicht eine vollständige Fortführung der Buchwerte (BFH 25.4.2006 – VIII R 52/04, BStBl. II 2006, 847; BFH 7.11.2006 – VIII R 13/04, BStBl. II 2008, 545 Rn. 28; Rn. 01.47 UmwStE 2011, BStBl. I 2011, 1314).

879 Der Mehrbetrag der Einlage des Neugesellschafters, der über das Kapitalkonto in der Gesamthandsbilanz hinausgeht, ist in einer **Ergänzungsbilanz** auszuweisen; bei der Gewinnermittlung nach § 4 Abs. 3 muss ein Ausweis in einer „Ergänzungsrechnung" erfolgen (BFH 24.6.2009 – VIII R 13/07, BStBl. II 2009, 993). Bei Freiberuflern führt die Bildung von Ergänzungsrechnungen für den Neugesellschafter nach der Nettomethode in der Regel zum Ausweis eines selbst geschaffenen Praxiswerts in der Ergänzungsrechnung. Dieser ist nach der für Sozietätspraxiswerte anerkannten Nutzungsdauer von 6–10 Jahren in der abzuschreiben (BFH 24.2.1994 – IV R 33/93, BStBl. II 1994, 590; BFH 20.2.2015 – VIII R 33/13, BStBl. II 2016, 596). Siehe zur Darstellung des Buchwertansatzes nach der sog. Brutto- oder Nettomethode unter Rn. 24.14 des UmwStE 2011, BStBl. I 2011, 1314. In Abhängigkeit der den Gesellschaftern in der Gesamthandsbilanz eingeräumten Kapitalkonten können daneben zur Darstellung der Buchwertfortführung auch negative Ergänzungsbilanzen der Altgesellschafter erforderlich sein.

880 Die vergrößerte Sozietät, die – nur für Zwecke der Subsumtion unter § 24 UmwStG – fiktiv neu entsteht, hat gemäß § 24 Abs. 2 Satz 2 UmwStG das Wahlrecht, das eingebrachte Betriebsvermögen in ihrer Bilanz einschließlich der Ergänzungsbilanzen für die Gesellschafter mit dem Buchwert, einen Zwischenwert oder mit dem gemeinen Wert anzusetzen. Bei beabsichtigter Buchwertfortführung helfen die Verfügungen der OFD Nordrhein-Westfalen vom 9.2.2016, DB 2016, 383 und der OFD Niedersachsen vom 3.3.2017, DStR 2017, 985 (→ Rn. 849), da sie eine Fortführung der Einnahme-Überschussrechnung der Gesellschaft ohne Wechsel der Gewinnermittlungsart anlässlich des Eintritts zulassen. Die Personengesellschaft als Antragstellerin muss den Buchwertansatz hinreichend dokumentieren und den Antrag gemäß § 24 Abs. 2 Satz 2 UmwStG *spätestens bis zur erstmaligen Abgabe der EÜR* für das Aufnahmejahr stellen.

881 Bei einer **Einbringung der Mitunternehmeranteile** *zu Zwischenwerten* oder *zum gemeinen Wert* wäre hingegen Rn. 24.03 des UmwStE 2011 (BStBl. I 2011, 1314) zu beachten.

Es müsste ein Übergangsgewinn der Altsozietät ermittelt werden, eine Schlussbilanz aufgestellt, eine Eröffnungsbilanz der „neuen" vergrößerten Sozietät aufgestellt werden. Ein erforderlicher Zwischenwertantrag gemäß § 24 Abs. 2 Satz 2 UmwStG wäre von der vergrößerten Personengesellschaft spätestens bis zur erstmaligen Abgabe der Eröffnungsbilanz zu stellen. Der Übergangsgewinn wäre ein nicht auf drei Jahre verteilbarer laufender Gewinn auf Ebene der Altsozietät (→ Rn. 853.2). Ginge die vergrößerte Personengesellschaft wieder zur Gewinnermittlung nach § 4 Abs. 3 über, wäre wiederum eine Übergangsbesteuerung, ggf. mit einer Übergangsgewinnminderung vorzunehmen. Dieser Minderungsbetrag wäre nach dem Gewinnverteilungsschlüssel in der neu entstehenden Sozietät auf alle Gesellschafter zu verteilen (vgl. *Potsch* KÖSDI 2012, 18177 (18185); vgl. *Zimmermann ua* PersGes im StR, 10. Aufl., Teil C Rn. 63 mit Beispiel), wenn keine besondere Gewinnverteilungsabrede getroffen wird. Um zu gewährleisten, dass sich Übergangsgewinn und Übergangsverlust weitgehend neutralisieren, sollte als Aufnahmestichtag der 2. Januar eines Jahres oder ein anderer unterjähriger Stichtag gewählt werden. Wird der 1. Januar eines Jahres gewählt, ist der Übergangsgewinn noch im alten Jahr (dem 31. Dezember um 24 Uhr als steuerlichem Übertragungsstichtag) und der gleich hohe Übergangsverlust eine juristische Sekunde später im neuen Jahr am 1. Januar um Mitternacht zu erfassen (vgl. *Potsch* KÖSDI 2012, 18177 (18185) mit Hinweis auf Vfg der OFD Karlsruhe 8.10.2007, DStR 2007, 2326; *Zimmermann ua* PersGes im StR, 11. Aufl., Teil C Rn. 63 mit Beispiel).

Einstweilen frei 882

ff) Eintritt in eine Personengesellschaft gegen Zuzahlung an den oder die Altgesellschafter. 883 Zahlt der neu eintretende Gesellschafter an den oder die Gesellschafter einer Personengesellschaft eine Zuzahlung in das Privatvermögen oder in ein anderes Betriebsvermögen, wird der Vorgang wie bei der Aufnahme in ein Einzelunternehmen ebenfalls in zwei Teilakte zerlegt (*Kai* GmbHR 2012, 165 ff.; *Ott/Weber* Fallsammlung Umwandlungssteuerrecht, 4. Aufl. 2012, Fall 13, 233; *Zimmermann ua* PersGes im StR, 11. Aufl., Teil D Rn. 10; *Lüken* DStR 2016, 889 (889)). Auch hier werden ein Veräußerungsvorgang und eine Einbringung miteinander verbunden und eine Buchwertfortführung kommt nur im Umfang des Einbringungsvorgangs in Betracht.

Durch das BFH-Urteil 17.9.2014 – IV R 33/11, BStBl. II 2015, 717 ist zur Abfolge 884 der Teilakte geklärt, dass die Zuzahlungsempfänger im Zuge des Beitritts eines weiteren Gesellschafters Teilmitunternehmeranteile an den Neugesellschafter veräußern und laufende Gewinne (§ 16 Abs. 1 Nr. 2) erzielen. Diese sind im Gewinnfeststellungsbescheid nur den Veräußerern und nicht über den allgemeinen Gewinnverteilungsschlüssel allen Gesellschaftern zuzurechnen.

Mit dem Veräußerungsvorgang ist eine Einbringung verbunden. Die Altgesellschafter brin- 885 gen ihre ganzen Mitunternehmeranteile nach § 24 Abs. 1 UmwStG für eigene Rechnung gegen Gewährung neuer Gesellschaftsrechte in das Betriebsvermögen der (fiktiven) „neuen" (zivilrechtlich vergrößerten) Personengesellschaft ein. Im Übrigen erfolgt die Einbringung der Mitunternehmeranteile durch die Altgesellschafter auf fremde Rechnung für den Neugesellschafter. § 24 UmwStG als Bewertungswahlrecht ist für die Altgesellschafter nur anwendbar, *soweit* diese als Gegenleistung für die Einbringung auf eigene Rechnung Gesellschaftsrechte von der „neuen" (vergrößerten) Personengesellschaft als Gegenleistungen erhalten (BFH 17.9.2014 – IV R 33/11, BStBl. II 2015, 717). Das Buch- oder Zwischenwertwahlrecht des § 24 UmwStG kann nur auf den nicht veräußerten Teil der ideellen Anteile an den Wirtschaftsgütern der Gesellschaft Anwendung finden. Der Gewinn, der infolge der Zuzahlung bei den Altgesellschaftern entsteht, kann nicht durch Erstellung einer negativen Ergänzungsbilanz neutralisiert werden, da es nicht die Funktion von Ergänzungsbilanzen ist, Veräußerungsgewinne zu neutralisieren, die durch die anteilige Veräußerung der Wirtschaftsgüter des eingebrachten Betriebs entstehen (BFH 17.9.2014 – IV R 33/11, BStBl. II 2015, 717; Widmann/Mayer/*Fuhrmann* UmwStG § 24 Rn. 497.3).

Der über das Kapitalkonto des Erwerbers in der Gesellschaft hinausgehende Mehrbetrag 886 der Zuzahlung gehört zu den Anschaffungskosten des Neugesellschafters für den Mitunternehmeranteil und ist ggf. in einer Ergänzungsbilanz/-rechnung zugunsten des Erwerbers auszuweisen (BFH 24.6.2009 – VIII R 13/07, BStBl. II 2009, 993).

Wechsel der Gewinnermittlungsart/Ausübung des Antrags gemäß § 24 Abs. 2 UmwStG: 887 Bei der Aufnahme eines Neugesellschafters gegen Zuzahlung in eine bestehende freiberufliche Personengesellschaft ist aufgrund des Veräußerungsvorgangs die Gewinnermittlungsart gemäß § 18 Abs. 3 iVm § 16 Abs. 2 Satz 2 wie bei der Aufnahme in ein Einzelunternehmen gegen Zuzahlung zu wechseln (→ Rn. 872). Die Sozietät hat auf den Stichtag vor der Aufnahme des Neugesellschafters einen Übergangsgewinn zu ermitteln und eine Schlussbilanz aufzustellen. Wenn für das Jahr der Aufnahme des Neugesellschafters keine Schlussbilanz der vergrößerten Sozietät aufgestellt wird, muss das Wahlrecht nach Auffassung der Finanzverwaltung (Rn. 24.03 des UmwStE 2011 und der Verfügung der OFD Nordrhein-Westfalen 9.2.2016, DB 2016, 383) durch Antragstellung spätestens bis zur *erstmaligen Abgabe der Eröffnungsbilanz* durch die Sozietät ausgeübt werden.

888 *Einstweilen frei*

889 **gg) Beteiligung eines Neugesellschafters am Gewinn, Verlust und Vermögen ohne Einlage. (1) Unentgeltliche Aufnahme in eine Einzelpraxis.** Der BFH behandelt den Fall der **unentgeltlichen Aufnahme eines Angehörigen/Dritten** in ein Einzelunternehmen zur Gründung einer Gesellschaft als Einbringung des Betriebs des Einzelunternehmens teilweise für eigene Rechnung des Einzelunternehmens und teilweise für fremde Rechnung, soweit dem Angehörigen/Dritten eine Beteiligung am Vermögen der neu entstehenden Gesellschaft zugewendet wird. Gründet der bisherige Einzelunternehmer mit einem nahen Angehörigen eine Personengesellschaft und bringt er anschließend vereinbarungsgemäß sein bisheriges Einzelunternehmen teils für eigene Rechnung, teils für Rechnung des Angehörigen Dritten, der hierfür kein Entgelt zu leisten hat, gegen Gutschrift der Buchwerte des eingebrachten Betriebsvermögens auf den Kapitalkonten der Gesellschafter in die Personengesellschaft ein, so liegen die Voraussetzungen des § 24 UmwStG vor, soweit der Steuerpflichtige seinen Betrieb für eigene Rechnung einbringt. Soweit er die Einbringung für Rechnung des nahen Angehörigen vornimmt, sind die (anteiligen) in den Buchwerten des eingebrachten Betriebsvermögens enthaltenen stillen Reserven gemäß § 6 Abs. 3 Satz 1 Hs. 2 idF des UntStFG fortzuführen. Entsprechendes galt in analoger Anwendung des § 7 Abs. 1 EStDV auch schon vor In-Kraft-Treten des § 6 Abs. 3 Satz 1 Hs. 2 idF des UntStFG (BFH 12.10.2005 – X R 35/04, BFH/NV 2006, 621).

890 Die Entscheidung wurde von der Finanzverwaltung allerdings nicht im BStBl. veröffentlicht und auch im UmwStE 2011 nicht erwähnt. Der BFH hat jedoch nochmals entschieden, dass wenn der Steuerpflichtige einen Betrieb in eine Mitunternehmerschaft einbringt und er zugleich Dritten unentgeltlich Mitunternehmeranteile zuwendet, auf diesen Vorgang die Vorschriften der § 6 Abs. 3 und § 24 UmwStG nebeneinander anwendbar sind (BFH 18.9.2013 – X R 42/10, BStBl. II 2016, 639). Hierbei hat er sich ausdrücklich gegen die im Schreiben des BMF 11.11.2011, BStBl. I 2011, 1314 Rn. 01.47, letzter Satz vertretene Auffassung gewendet, dass die unentgeltliche Aufnahme in ein Einzelunternehmen vollständig unter § 6 Abs. 3 Satz 1 Hs. 2 fällt. Die Finanzverwaltung dürfte an ihrer in Rn. 01.47 des UmwStE 2011, BStBl. I 2011, 1314 geäußerten Auffassung nicht mehr festhalten, da sie das Urteil im BStBl. veröffentlicht hat.

891 Somit tauscht der Einzelunternehmer die für eigene Rechnung eingebrachten ideellen Anteile an den Wirtschaftsgütern des Einzelunternehmens gegen Gesellschaftsrechte in der neuen Sozietät („Einbringung für eigene Rechnung"). Dieser Tausch im Verhältnis zur neu entstehenden Personengesellschaft ist ein Veräußerungsvorgang gemäß § 16, der zur Aufdeckung stiller Reserven führt. Der BFH sieht als Einbringungsgegenstand den (ganzen) Betrieb des ehemaligen Einzelunternehmens an, sodass das Wahlrecht gemäß § 24 Abs. 2 UmwStG von der neu entstehenden Sozietät ausgeübt werden kann, um den Vorgang zum Buchwert abzuwickeln. § 24 UmwStG kommt insoweit ein Vorrang vor § 6 Abs. 3 zu, da keine unentgeltliche Zuwendung vorliegt. Soweit auf den unentgeltlich aufgenommenen Gesellschafter eine vermögensmäßige Beteiligung an der neu entstehenden Gesellschaft entfällt und ideelle Anteile an Wirtschaftsgütern und stillen Reserven des bisherigen Einzelunternehmens übergehen, nimmt der BFH eine unter § 6 Abs. 3 Satz 1 fallende Übertragung an. Für den Neugesellschafter sind gemäß § 6 Abs. 3 S. 1 Hs. 2 auf Ebene der neu entstehenden Gesellschaft die Buchwerte zwingend fortzuführen.

892 **Folgerungen aus der Anwendung des § 24 UmwStG für den Einzelunternehmer:** Ein Buchwertansatz gelingt gemäß § 24 Abs. 2 Satz 2 UmwStG nur, soweit die neu entstehende Gesellschaft den erforderlichen Antrag spätestens bis zur erstmaligen Abgabe der steuerlichen Schlussbilanz für das Gründungsjahr stellt (§ 24 Abs. 2 Satz 3 iVm § 20 Abs. 2 Satz 3). Auf Grundlage der OFD Niedersachsen 3.3.2017, DStR 2017, 985 (→ Rn. 850) kann auf den Wechsel der Gewinnermittlungsart im Einzelunternehmen, das Aufstellen einer Eröffnungsbilanz durch die Sozietät und den Rückwechsel der Gewinnermittlungsart verzichtet werden. Das Wahlrecht gemäß § 24 Abs. 2 Satz 2 UmwStG ist von der neu entstehenden Gesellschaft spätestens bis zur erstmaligen Abgabe der EÜR der GbR für das Einbringungsjahr auszuüben.

Hält der Einzelunternehmer im Zuge der Aufnahme des Neugesellschafters einzelne Wirtschaftsgüter des Betriebs zurück, um diese anschließend an die entstehende Sozietät zur Nutzung zu überlassen und Sonderbetriebsvermögen zu bilden, fiel der Vorgang nach der bisherigen Auffassung des UmwStE 2011, BStBl. I 2011, 1314 in Rn. 01.47 vollständig unter § 6 Abs. 3; die Zurückbehaltung löst aus Sicht der Finanzverwaltung gemäß § 6 Abs. 3 Satz 1 Hs. 2 iVm § 6 Abs. 3 Satz 2 die fünfjährige Behaltefrist aus (BMF 3.3.2005, BStBl. I 2005, 458 Rn. 21). Findet hingegen nach Sichtweise der Rechtsprechung § 24 UmwStG Anwendung, kann die Einbringung des Einzelunternehmers unter Bildung von Sonderbetriebsvermögen auch teilweise in das Gesamthands- und teilweise in das Sonderbetriebsvermögen (siehe Rn. 24.05 des UmwStE 2011, BStBl. I 2011, 1314) sowie bei Ausübung des Bewertungswahlrechts gemäß § 24 Abs. 2 Satz 2 UmwStG zu Buchwerten erfolgen. Im Anschluss an die Einbringung gemäß § 24 Abs. 2 Satz 2 UmwStG läuft keine Sperrfrist. 893

(2) Schenkung eines freiberuflichen Mitunternehmeranteils. Geht ein Mitunternehmeranteil an einer bestehenden Sozietät schenkweise auf einen Neugesellschafter über, fällt die Übertragung nur unter § 6 Abs. 3. Die Buchwerte sind zwingend fortzuführen. Eine Übergangsgewinnermittlung hat nicht zu erfolgen. Zum Übergang eines Mitunternehmeranteils im Erbfall → Rn. 793. 894

Einstweilen frei 895

(3) Aufnahme in ein Einzelunternehmen oder eine bestehende Personengesellschaft nach dem Gewinnvorabmodell. Grundlagen des Gewinnvorabmodells: Beim sog. Gewinnvorabmodell leistet der Neugesellschafter weder eine Einlage in die Gesellschaft noch eine unmittelbare Zuzahlung an die Altgesellschafter zum Ausgleich für übergehende stille Reserven, wird aber gleichwohl von Beginn an am Gewinn und Verlust und an den stillen Reserven vermögensmäßig beteiligt. Die Befürworter des Gewinnvorabmodells (siehe *Heller* PFB 2005, 35 ff.; *Klaas* Wpg 1991, 208 ff.; zur fehlenden Entgeltlichkeit der Übertragung s. *Treyde* PFB 2009, 178 (183, 186); *Gluth* GStB 2002, 254 (261); *Korn/Strahl* NWB Fach 3, 13417 (13442); differenzierend *Schwamberger* PFB 2004, 140 (143 f.); für eine entgeltliche Übertragung gemäß § 24 UmwStG *Ehlers* NWB Fach 3, 12201 (12216 f.)) beurteilen die Aufnahme des Neugesellschafters unter Fortführung der Buchwerte in die Sozietät mehrheitlich als Schenkung eines Teilmitunternehmeranteils (§ 6 Abs. 3 Satz 1 und 2) an der neu entstehenden oder bestehenden Gesellschaft. Die sich anschließende anteilige Zuweisung von Gewinnanteilen durch den Neu- an den oder die Altgesellschafter im Rahmen der Gewinnverteilungsabrede soll sich nur auf die Zuweisung der laufenden Einkünfte nach der Aufnahme auswirken. 896

Atypische Ausgestaltung mit Vereinbarung eines Kaufpreises: Der BFH hat mit Urteil vom 27.10.2015 – VIII R 47/12, BStBl. II 2016, 600 nur zu einer atypischen Ausgestaltung des Gewinnvorabmodells entschieden. In dem entschiedenen Fall wirkte sich der Gewinnverzicht als gewinnabhängige Tilgungsabrede aus, da anlässlich des Eintritts der Neugesellschafter eine Kaufpreiszahlung für den erworbenen Teilmitunternehmeranteil vereinbart worden war. 897

Drei Neugesellschafter erwarben von einem Altgesellschafter Mitunternehmeranteile, der zu 10% beteiligt blieb. Die Neugesellschafter waren von Beginn an in Höhe des allgemeinen Gewinnverteilungsschlüssels an den stillen Reserven und den laufenden Gewinnen beteiligt. Sie verpflichteten sich anlässlich des Eintritts, zum Ausgleich für die übergehenden stillen Reserven aus ihren Gewinnanteilen dem Altgesellschafter Teile des ihnen zustehenden Gewinns im Rahmen der Gewinnverteilung zuzuweisen, bis ein im Gesellschaftsvertrag festgeschriebener individueller Sockelbetrag (jeweils 3,5 Mio. DM) erreicht sein würde. Sollte während des Bestehens der Gesellschaft eine Tilgung der festgeschriebenen Beträge nicht erreicht werden oder ein Neugesellschafter ausscheiden, war der noch offene Restbetrag bis zu vertraglich festgelegten Enddaten in Raten zu tilgen. Als es nach dem Tod des Altgesellschafters 897.1

zum Streit über die Geltung der Verpflichtung zur Zuweisung von Gewinnanteilen durch die Neugesellschafter kam, bestätigte das zuständige OLG, dass bis zum Erreichen der Festbeträge Gewinnanteile an die Erbinnen des Altgesellschafters abzutreten seien.

897.2 Der VIII. Senat des BFH beurteilte entgegen der Vorinstanz (FG Düsseldorf 11.10.2012 – 11 K 4736/07 F, EFG 2013, 2879) die Vereinbarungen des Altgesellschafters mit den Neugesellschaftern *als Kaufpreisabreden* über Teilmitunternehmeranteile gegen einen der Höhe nach feststehenden Kaufpreis (3,5 Mio. DM). Nur den *Tilgungszeitraum* für die Kaufpreisforderungen sah der BFH aufgrund der an der Gewinnentstehung und der Höhe des Gewinnverzichts orientierten Raten im Veräußerungszeitpunkt als unbestimmt an.

898 Wird ein fester Kaufpreis (mit Ober- und Untergrenzen) zum Wertausgleich für übergehende stille Reserven vereinbart, stellt sich dieser auch dann als Veräußerungsentgelt iSd § 16 Abs. 2 dar (Widmann/Mayer/*Fuhrmann* UmwStG § 24 Rn. 498), wenn der entstandene Kaufpreisanspruch durch Gewinnverzichte der Neugesellschafter zu erfüllen ist. Die im Übertragungszeitpunkt der Höhe nach unbestimmbaren Gewinnanteile, die in der Folge erzielt und dem Neugesellschafter zugewiesen werden, stellen dies nicht in Frage. Die Rechtsprechung nimmt selbst für den Fall eines dem Grunde und der Höhe nach nicht bestimmbaren aufschiebend bedingten gewinn- oder umsatzabhängigen (wagnisbehafteten) Kaufpreises für einen Mitunternehmeranteil ein Veräußerungsentgelt gemäß § 16 Abs. 2 Satz 1 an (BFH 14.5.2002 – VIII R 8/01, BStBl. II 2002, 532; s. auch *Lüken* DStR 2016, 889 (890 f.)). Diese Wertung gilt erst recht, wenn der Kaufpreis festgeschrieben wird und nur die Tilgung dieses Betrags für die Dauer des Bestehens der Mitunternehmerschaft an die künftige Gewinnentstehung geknüpft wird.

899 Wenn die Neugesellschafter dem Altgesellschafter ein Veräußerungsentgelt für die Übertragung des Teilmitunternehmeranteils schulden und die Gewinnverzichte daher reine Tilgungsleistungen auf die Kaufpreisforderungen darstellen, ist die Aufnahme der Neugesellschafter jeweils als Aufnahme gegen eine Zuzahlung in das Eigenvermögen des Altgesellschafters nach → Rn. 883 dargestellten Grundsätzen zu behandeln, dh als Veräußerung von Teilmitunternehmeranteilen durch die Altgesellschafter, die mit einer gleichzeitigen/anschließenden Einbringung der Mitunternehmeranteile des Altgesellschafters in die vergrößerte Personengesellschaft gemäß § 24 UmwStG verbunden ist (zustimmend Widmann/Mayer/*Fuhrmann* UmwStG § 24 Rn. 497.3). Die neu entstehende/vergrößerte Gesellschaft muss einen Antrag auf Buchwertfortführung stellen, soweit diese zulässig ist. Zudem ist gemäß § 16 Abs. 2 Satz 2 ein Wechsel der Gewinnermittlungsart vorzunehmen (glA Widmann/Mayer/*Fuhrmann* UmwStG § 24 Rn. 497.3; → Rn. 887). Nach den bereits oben zu den Zuzahlungsfällen erläuterten hM fällt die Aufnahme gegen eine Zuzahlung nicht unter die Neuregelung des § 24 Abs. 2 Satz 2 (zustimmend Widmann/Mayer/*Fuhrmann* UmwStG § 24 Rn. 497.3, → Rn. 871).

900 Der Veräußerungsgewinn gemäß § 16 Abs. 1 Satz 2 und 2 Satz 1 unterliegt beim Altgesellschafter im Zeitpunkt der Übertragung des Teilmitunternehmeranteils auch ohne Liquiditätszufluss der Sofortversteuerung (zustimmend Widmann/Mayer/*Fuhrmann* UmwStG § 24 Rn. 497.1). Er ist zu diesem Zeitpunkt realisiert, und zwar unabhängig davon, dass er in gewinnabhängigen Raten zahlbar ist. In der Rechtsprechung des BFH ist das Wahlrecht der Zuflussbesteuerung nur für bestimmte andere Fallgruppen anerkannt worden, ansonsten gilt der Grundsatz der Sofortversteuerung (BFH 17.9.2013 – X R 40/10, BStBl. II 2013, 883).

901 Die Neugesellschafter erbringen ihre Kaufpreisraten durch die „Gewinnverzichte" im Wege eines abgekürzten Zahlungswegs, indem in der gesellschaftsvertraglichen Vereinbarung Teile ihre Gewinnanteile dem Altgesellschafter zugewiesen wurden. Es handelt sich bei einer reinen Tilgung aus künftigen Gewinnen um eine *Einkommensverwendung*, die nicht anders zu bewerten ist, als wenn der Neugesellschafter einen Teil seines höheren Gewinnanteils entnimmt und unmittelbar außerhalb der Gesellschaft an den Altgesellschafter zahlt (zustimmend *Richter/John* FR 2016, 606 (607)). Den Neugesellschaftern sind trotz des zivilrechtlich wirksamen Verzichts auf Teile ihrer Gewinne ertragsteuerlich Gewinne in Höhe des allgemeinen Gewinnverteilungsschlüssels zuzurechnen. Die dem Altgesellschafter geschuldeten Kaufpreise (Sockelbeträge) sind bei den Neugesellschaftern aber bereits im Erwerbszeitpunkt (mit dem Eintritt) als Anschaffungskosten für den jeweiligen Teilmitunternehmeranteil zu erfassen und ggf. in Ergänzungsbilanzen abzubilden.

902 *Einstweilen frei*

Eintritt nach dem klassischen Gewinnvorabmodell: Im klassischen Gewinnvorabmodell wird vereinbart, dass zum Ausgleich für die übergehenden stillen Reserven der Neugesellschafter aus einem Gewinnanteil an die Altgesellschafter für die Dauer von sechs Jahren jeweils eine bestimmte Quote abtritt. Ein Mindestbetrag, der durch die Abtretung der künftigen Gewinnansprüche transferiert werden muss, wird nicht vereinbart. Bei Verlusten sind keine Zahlungen zu leisten. Der Neugesellschafter ist nicht damit belastet, eine Einlage aufbringen und ggf. finanzieren zu müssen. Nach der oben geschilderten Sichtweise der Verfechter des Gewinnvorabmodells wäre der Eintritt jeweils als Schenkung eines Teilmitunternehmeranteils (§ 6 Abs. 3) zu behandeln, die Gewinnverzichte würden sich als inkongruente Gewinnverteilungsabrede nur auf die Zuweisung der laufenden Gewinne auswirken. 903

Der BFH hat zum **klassischen Gewinnvorabmodell** als solchem noch nicht entschieden. Die zu beantwortende Frage ist, ob der Gestaltung das BFH-Urteil vom 14.5.2001 – VIII R 8/01, BStBl. II 2002, 532 entgegensteht. Nach diesem ist Veräußerungsentgelt gemäß § 16 Abs. 2 Satz 1 *für die Übertragung* eines Mitunternehmeranteils auch die Verpflichtung, aus künftigen Gewinnen für einen bestimmten Zeitraum gewinnabhängige Beträge zu leisten. In der genannten Entscheidung hat der BFH weder den Umstand, dass diese Verpflichtung zivilrechtlich aufschiebend bedingt ist, weil sie jeweils vom Entstehen eines Gewinns abhängt, noch den Umstand, dass im Zeitpunkt der Übertragung eines Mitunternehmeranteils nicht bestimmbar ist, in welcher Höhe ein Kaufpreis geschuldet sein wird, als Hindernis für die Annahme eines Veräußerungsentgelts gesehen. Diese Entscheidung, die zur gewinn- und umsatzabhängigen Veräußerung eines ganzen Mitunternehmeranteils ergangen ist, ist mE für die Übertragung eines Teilmitunternehmeranteils im Rahmen des Gewinnvorabmodells entsprechend anzuwenden. Nach anderer Auffassung begründet der Gewinnverzicht des Neugesellschafters im klassischen Gewinnvorabmodell keine Kaufpreisabrede, sondern nur eine Modifizierung der Gewinnverteilung, weil der Gewinn vorab betragsmäßig nicht begrenzt ist (Widmann/Mayer/*Fuhrmann* UmwStG § 24 Rn. 499; Korn/*Korn* § 18 Rn. 130). 904

Altgesellschafter: Die Altgesellschafter als Veräußerer erzielen auf dieser Grundlage Veräußerungsgewinne gemäß § 16 Abs. 1 Nr. 2. Denn über die Gewinnverteilungsabrede werden ihnen aus dem Gewinnanteil der Neugesellschafter zur Tilgung der Kaufpreisschuld überquotale Gewinnanteile zugewiesen. Dies ist so zu beurteilen, als ob der Neugesellschafter seine Gewinnanteile zunächst in voller Höhe erhält, anschließend entnimmt und an die Altgesellschafter zahlt. Für die gewinnabhängigen Kaufpreisentgelte der Altgesellschafter findet eine Realisation des Veräußerungsentgelts erst im Zeitpunkt des Zuflusses statt (Urteile BFH 27.10.2015 – VIII R 47/12, BStBl. II 2016, 600; BFH 17.7.2013 – X R 40/10, BStBl. II 2013, 881). Es kann von den Altgesellschaftern keine Tarifbegünstigung gemäß § 34 in Anspruch genommen werden, da die Veräußerung eines Teilmitunternehmeranteils gemäß § 16 Abs. 1 Nr. 2 kraft Gesetzes zu einem laufenden Gewinn führt. 905

Neugesellschafter: Dem Neugesellschafter sind laufende Einkünfte in Höhe der Beteiligungsquote nach dem allgemeinen Gewinnverteilungsschlüssel zuzuweisen. Zudem entstehen ihm gewinnabhängige Anschaffungskosten für den erworbenen Mitunternehmeranteil, die ggf. fortlaufend in einer Ergänzungsrechnung zu erfassen sind. 906

Einbringung: Schließlich ist die Aufnahme eines Neugesellschafters in eine Personengesellschaft, die zu einer partiellen Veräußerung eines Teilmitunternehmeranteils der Alt- an den Neugesellschafter führt, als sog. Zuzahlungsfall zu beurteilen (BFH 17.9.2014 – IV R 33/11, BStBl. II 2015, 717). Die Teilanteilsveräußerung wird mit der Einbringung der Mitunternehmeranteile der Altgesellschafter für eigene und für fremde Rechnung gemäß § 24 UmwStG in die vergrößerte Gesellschaft verbunden. Der Gewinn, der infolge der Zuzahlung entsteht, kann daher auch nicht durch Erstellung einer negativen Ergänzungsbilanz neutralisiert werden. Die Neuregelung des § 24 Abs. 2 Satz 2 Nr. 2 UmwStG zu den „sonstigen Gegenleistungen“ findet keine Anwendung (→ Rn. 899). Zum Wechsel der Gewinnermittlungsart und zur Ausübung des Wahlrechts → Rn. 887, → Rn. 899. 907

Stellungnahme: Die vorbezeichneten Rechtsfolgen für das klassische Gewinnvorabmodell führen nach der hier vertretenen Auffassung bei einer Buchwertfortführung im zulässigen Umfang gemäß § 24 Abs. 2 Satz 2 UmwStG beim Veräußerer zu dem gewollten wirtschaftlichen Ergebnis. Er erzielt in Höhe der ihm zugewiesenen Gewinne des Neugesellschafters jeweils Veräußerungsentgelte, die nach Verrechnung mit dem Kapitalkonto gemäß § 16 Abs. 1 Satz 2 in laufende Gewinne umqualifiziert werden und nicht tarifbegünstigt sind. Auf 908 der Ebene des Neugesellschafters kommt es hingegen zu dem nachteiligen Effekt, höhere Gewinnanteile versteuern zu müssen, als ihm zugewiesen werden. Der gegenläufige Effekt in Form von Abschreibungen aus einer Ergänzungsbilanz oder -rechnung entfällt bei Freiberuflern regelmäßig auf den Praxiswert und hängt von der Abschreibungsdauer ab. Sie dürfte aber zu keiner kongruenten Minderung des Gewinnanteils führen. Zudem ist vor und nach dem Einstieg ein hoher Aufwand zu betreiben, da die Gewinnermittlungsart zu wechseln ist und nach Aufstellung der gemäß Rn. 24.03 des UmwStE 2011 (BStBl. I 2011, 1314) erforderlichen Eröffnungsbilanz ein Rückwechsel der Gewinnermittlungsart durchzuführen ist.

909 Der BFH hat im Urteil 27.10.2015 – VIII R 47/12, BStBl. II 2016, 600 die generelle Zulässigkeit **inkongruenter Gewinnverteilungsabreden** in einer Personengesellschaft zugunsten von Altgesellschaftern nach Aufnahme eines Neugesellschafters nicht in Zweifel gezogen (siehe zu diesen allgemein *Birnbaum/Escher* DStR 2014, 1413 (1416 f. mwN); *Rose* FR 2002, 1 (2); *Watrin* BB 2002, 811 (812)). Besteht bei einem Gewinnverzicht des Neugesellschafters *keine (wirtschaftliche) Verknüpfung* zwischen dem Gewinnvorab und dem Ausgleich übergehender stiller Reserven, sondern wird dieser für besondere Gesellschafterbeiträge gewährt, liegt kein Veräußerungsentgelt für den Teilmitunternehmeranteil vor. Dies gilt etwa, wenn der Gewinnverzicht erwiesenermaßen eine Gegenleistung für überquotale Gesellschafterbeiträge des Altgesellschafters nach der Aufnahme für einen begrenzten Zeitraum abgelten soll, nicht aber den Übergang stiller Reserven (zutreffend *Fuhrmann* GmbHR 2016, 322 (323); Widmann/Mayer/*Fuhrmann* UmwStG § 24 Rn. 499 f.; *Korn* BeSt 2016, 18 (20)). In freiberuflichen Sozietäten erhalten die Partner regelmäßig ausschließlich einen Gewinnanteil und keine zusätzliche Tätigkeitsvergütung, sodass bei der Bestimmung der Höhe des Gewinnanteils eines Altgesellschafters der Umfang und Erfolg des persönlichen Arbeitseinsatzes eines Altgesellschafters reflektiert werden kann (vgl. *Richter/John* FR 2016, 606 (608)).

910 Eine alternative Gestaltung kann zudem darin liegen, dass ein Gewinnverzicht vermieden wird. Der Gewinnanteil der Altgesellschafter mindert sich im Zeitverlauf; die zunächst niedrige Beteiligung eines Neugesellschafters am Gewinn, Verlust und Vermögen wird stetig erhöht. Auf diese Weise kann der Effekt des Gewinnvorabmodells im wirtschaftlichen Ergebnis auch über eine Dosierung der Gewinnbeteiligung des Neugesellschafters erreicht werden. Es kommt von vorneherein nicht zum Entstehen von Veräußerungsentgelten und Anschaffungskosten (Widmann/Mayer/*Fuhrmann* UmwStG § 24 Rn. 499 mit Beispielen). Die ratierliche Erhöhung der Gewinn- und Vermögensbeteiligung des Neugesellschafters in der Folge ist jeweils als Schenkung eines Teilmitunternehmeranteils (§ 6 Abs. 3) durch die Altgesellschafter zu qualifizieren, da der erhöhte Arbeitseinsatz des Neugesellschafters als Gesellschafterbeitrag nach BFH 18.3.1999 – IV R 26/98, BStBl. II 1999, 604 keinen einlagefähigen Vermögensgegenstand darstellt.

911 Muss der Neugesellschafter nach der Aufnahme ohne Einlage oder Zuzahlung aus stehengelassenen Gewinnen eine Geldeinlage leisten, die in die Verfügungsmacht der Sozietät übergeht, um seinen Gewinn- und Vermögensanteil zu erhöhen, liegen hierin jeweils Teilanteilsveräußerungen gemäß § 16 Abs. 1 Nr. 2; eine Aufdeckung der stillen Reserven kann durch Ausübung des Wahlrechts gemäß § 24 Abs. 2 Satz 2 UmwStG vermieden werden (BFH 25.4.2006 – VIII R 52/04, BStBl. II 2006, 847; Rn. 01.47 des UmwStE 2011, BStBl. I 2011, 1314).

912 *Einstweilen frei*

913 **hh) Eintritt ohne Gegenleistung und ohne Vermögensbeteiligung („naked in"). (1) Beitritt ohne Einlage.** Schließlich gibt es den Beitritt des Neugesellschafters zu einem Einzelunternehmen oder in eine Gesellschaft ohne Einlage, der weder zu einer echten Gewinnbeteiligung (Vereinbarung eines Festbetrags) noch zu einer Beteiligung am Vermögen und den stillen Reserven führt. In diesen Fällen steht bereits in Frage, ob der Neugesellschafter als sog. Nullbeteiligungsgesellschafter überhaupt Mitunternehmer wird (→ Rn. 1142).

914 Abgesehen von der erforderlichen Begründung einer Mitunternehmerstellung löst ein solcher Beitritt ohne Einlage und Vermögensbeteiligung nach der Rechtsprechung und der Finanzverwaltung weder eine entgeltliche noch ein unentgeltliche Teilanteilsübertragung aus Sicht der Altgesellschafter aus; auch der Anwendungsbereich des Bewertungswahlrechts des § 24 UmwStG ist nicht eröffnet (BFH 20.9.2007 – IV R 70/05, BStBl. II 2008, 265; Rn. 01.47 des UmwStE 2011, BStBl. I 2011, 1314).

Bei späteren *entgeltlichen* Änderungen der Beteiligungsverhältnisse (Einlage der Neugesellschafter durch Stehenlassen von Gewinnen) werden von den übrigen Gesellschaftern Teilmitunternehmeranteile an die Neugesellschafter in dem Umfang übertragen, in dem deren vermögensmäßige Beteiligung ansteigt. Der Anwendungsbereich des § 24 UmwStG ist wie bei Einlagen in das Gesamthandsvermögen eröffnet (BFH 25.4.2006 – VIII R 52/04, BStBl. II 2006, 847; Rn. 01.47 des UmwStE 2011, BStBl. I 2011, 1314). **915**

Erwirbt der Neugesellschafter durch das Stehenlassen der Gewinne nach und nach eine Vermögensbeteiligung mit Beteiligung am Praxiswert, scheidet aber zum Buchwert (Kapitalkonto im Zeitpunkt des Ausscheidens) wieder aus („naked out"), kann dies gemäß § 7 Abs. 7 ErbStG zum Anfall von Schenkungsteuer führen (→ Rn. 783.1). **916**

Einstweilen frei **917**

(2) Zusammenschluss von Einzelpraxen im Überlassungsmodell. Kennzeichen dieser Form des Zusammenschlusses ist die vollständige Übertragung von bestehenden Einzelpraxen jeweils in das Sonderbetriebsvermögen einer neu gegründeten Personengesellschaft gemäß § 6 Abs. 5 Satz 2 (BMF 8.12.2011, BStBl. I 2011, 1279 Rn. 6). Es wird die gesamte Praxis durch jeden der Partner an die Personengesellschaft verpachtet, was berufsrechtlich zulässig sein muss. Eine Einbringung gemäß § 24 UmwStG liegt nicht vor, wenn sämtliche Wirtschaftsgüter ausschließlich in das Sonderbetriebsvermögen übertragen werden, weil es dann sowohl an einem Veräußerungsvorgang als auch an der Gewährung von Gesellschaftsrechten im Zuge einer Sacheinlage fehlt (Widmann/Mayer/*Fuhrmann* UmwStG § 24 Rn. 205, 291 f.). Dieses sog. „Überlassungsmodell" wird eingehender unter → Rn. 1234 besprochen und kann zur Vermeidung eines Verstoßes gegen die Sperrfrist gemäß § 16 Abs. 3 Satz 3 sinnvoll sein. **918**

ii) Zusammenfassende Übersicht und Stellungnahme. Siehe hierzu auch *Levedag* DStR 2017, 1233 (1235). **919**

Art der Aufnahme des Neugesellschafters	Einbringung gemäß § 24 UmwStG?	Anmerkung
Veräußerung eines ganzen Mitunternehmeranteils an einer Sozietät von Alt- an Neugesellschafter	Nein. Siehe Rn. 01.47 des BMF-Schreibens 11.11.2011 (UmwStE 2011), BStBl. I 2011, 1379	Veräußerungsgewinn des Altgesellschafters (§ 16 Abs. 2 EStG); Anschaffungskosten des Neugesellschafters (zur Ergänzungsbilanz siehe BFH 20.11.2014 – IV R 1/11, BStBl. II 2017, 34; BMF 19.12.2016, BStBl. I 2017, 34)
Unentgeltliche Aufnahme in ein Einzelunternehmen	Ja. Einbringung des Betriebs durch den Einzelunternehmer für eigene und fremde Rechnung in die entstehende Sozietät als Tausch (§§ 16 EStG, 24 UmwStG); Übergang des anteiligen Betriebsvermögens auf Neugesellschafter gemäß § 6 Abs. 3 EStG	BFH 12.10.2005 – X R 35/04, BFH/NV 2006, 521; BFH 18.9.2013 – X R 42/10, BStBl. II 2016, 639; aA Rn. 01.47 des UmwStE 2011, die aber durch die Veröffentlichung des BFH-Urteils X R 42/10 im BStBl. überholt sein dürfte
Eintritt in ein Einzelunternehmen oder eine Sozietät gegen Bar- oder Sacheinlage des Neugesellschafters in das Gesamthandsvermögen	Ja. Einbringung des Betriebs oder der Mitunternehmeranteile durch die Altgesellschafter in die neu entstehende oder vergrößerte Sozietät	Für die Einbringung siehe Rn. 01.47 des UmwStE 2011; Anschaffungskosten des Neugesellschafters in Höhe der Einlage
Aufnahme in ein Einzelunternehmen gegen eine Zuzahlung in das Privat-	Ja. Veräußerung und Einbringung finden nebeneinander statt. Streitig ist, ob	Siehe BFH 18.10.1999 – GrS 2/98, BStBl. II 2000, 123; Rn. 24.08 ff. des

Art der Aufnahme des Neugesellschafters	Einbringung gemäß § 24 UmwStG?	Anmerkung
oder ein anderes Betriebsvermögen des Einzelunternehmers	die Veräußerung ideelle Anteile an den Wirtschaftsgütern noch auf Ebene des Einzelunternehmens umfasst *oder* erst eine Einbringung des Einzelunternehmens für eigene und fremde Rechnung in die Sozietät und anschließend eine Veräußerung von Teilmitunternehmeranteilen an den Neugesellschafter stattfindet	UmwStE 2011; Anschaffungskosten des Neugesellschafters in Höhe der Zuzahlung
Aufnahme in eine bestehende Sozietät gegen Zuzahlung an die Altgesellschafter	Ja. Veräußerung von Teilmitunternehmeranteilen (§ 16 Abs. 1 Nr. 2 EStG) des/der Altgesellschafter und Einbringung der Mitunternehmeranteile für eigene und fremde Rechnung in vergrößerte Sozietät werden verbunden	BFH 17.9.2014 – IV R 33/11, BStBl. II 2015, 717 (zur Veräußerung und Einbringung); keine Aussage im UmwStE 2011; Anschaffungskosten des Neugesellschafters in Höhe der Zuzahlung

920 Der Eintritt eines Neugesellschafters in ein Einzelunternehmen oder eine Personengesellschaft löst zwar in den meisten Konstellationen jeweils dem Grunde nach eine steuerbare Betriebs-, Anteils-, oder Teilanteilsveräußerung gemäß § 16 aus, die je nach konstruktiver Ausgestaltung des Vorgangs zwischen Alt- und Neugesellschafter oder Altgesellschafter/Einzelunternehmer und der neu entstehenden Personengesellschaft abläuft. Auf die meisten Vorgänge findet das Wahlrecht des § 24 Abs. 2 UmwStG Anwendung, das von der neu entstehenden oder bestehenden Personengesellschaft ausgeübt werden muss. Hier ist zu begrüßen, dass die geänderte Verwaltungsauffassung in den meisten Fällen anlässlich des Eintritts keinen Wechsel der Gewinnermittlungsart mehr verlangt. Eine Ausnahme stellen die Zuzahlungsfälle dar, bei denen Veräußerungsvorgänge unmittelbar zwischen Alt- und Neugesellschafter verwirklicht werden, die nicht durch Ergänzungsbilanzen neutralisiert werden können und bei denen auch ein Wechsel der Gewinnermittlungsart und die Ausübung des Wahlrechts gemäß § 24 Abs. 2 UmwStG nach den Vorgaben in Rn. 24.03 des UmwStE 2011 (BStBl. I 2011, 1314) erfolgen muss, wenn für das Eintrittsjahr keine Schlussbilanz aufgestellt wird.

921 Die geltende Rechtslage wird für Freiberufler als unbefriedigend empfunden, da der zentrale wirtschaftliche und zivilrechtlich anerkannte Gesellschafterbeitrag, die Einbringung der persönlichen Arbeitskraft, bei den Freiberuflern nicht den Weg in die Fallgruppe der „Aufnahme gegen Einlage" eröffnet. Die Bundessteuerberaterkammer hatte in ihrer Stellungnahme vom 15.6.2011 zum Entwurf des UmwStE 2011 (https://www.bstbk.de/de/presse/stellungnahmen/archiv/20110615_stellungnahme_bstbk) angeregt, in Rn. 24.01 aufzunehmen, dass auch die unentgeltliche Aufnahme eines weiteren Gesellschafters in eine bestehende Personengesellschaft, der lediglich seine Arbeitskraft einbringt, unter § 24 UmwStG fällt (Beispiel der BStBK: In die Personengesellschaft A, B, C (Beteiligung je 1/3) wird der Gesellschafter D aufgenommen. D erbringt seine Einlage lediglich in Form seiner Arbeitskraft, er wird gleichberechtigter Gesellschafter (A, B, C, D Beteiligung je 25%) oder „wächst" über eine steigende Gewinn- und Vermögensbeteiligung in diese Stellung hinein).

922 Dem steht aber das BFH-Urteil vom 18.3.1999 – IV R 26/98, BStBl. II 1999, 604 entgegen. In diesem hat der BFH die Arbeitskraft als nicht bilanzierungsfähigen Vermögensvorteil und damit nicht als einlagefähigen Vermögensgegenstand angesehen. Dem ist der UmwStE 2011 (BStBl. I 2011, 1314) in seiner bestehenden Fassung zu Recht gefolgt. Der Eintritt ohne Einlage löst keine Besteuerungsfolgen aus (→ Rn. 914). Wenn die Einbringung der Arbeitskraft das Bewertungswahlrecht des § 24 Abs. 2 Satz 2 UmwStG eröffnen würde, dürfte in der Konsequenz nur die reine Buchwertfortführung (auch kein Zwischenwertansatz) auf der Gesamthandsebene möglich sein, da der Wert der eingebrachten Arbeitskraft im Gegensatz zu einer echten Geld- oder Sacheinlage kaum messbar ist. Die Bildung von positiven Ergänzungsbilanzen des Neugesellschafters mit darauf basierenden Abschreibungen kommt bei einer Einbringung der Arbeitskraft mangels plausibel zu bewertender Aufwendungen ebenfalls nicht in Betracht. Für die Eröffnung des Bewertungswahlrechts des § 24 Abs. 2 Satz 2 UmwStG sprechen keine überzeugenden Argumente, zumal die Fortführung der Buchwerte beim Beitritt ohne Einlage schon nach der jetzigen Rechtslage möglich ist.

Einstweilen frei **923**

d) Sonstige Umwandlungen im Rahmen des § 18 Abs. 3. aa) Personengesell- **924**
schaft in Personengesellschaft anderer Rechtsform. (1) Von der GbR in die PartG. Bei dem Formwechsel einer GbR in eine andere Rechtsform handelt es sich nicht um eine Umwandlung im technischen Sinne des UmwG (vgl. *Hirtz* AnwBl. 2011, 48 (49)). Dennoch kann eine GbR identitätswahrend (vergleichbar mit dem Formwechsel einer GbR in eine OHG) in eine PartG umgewandelt werden. Es wandelt sich lediglich das Rechtskleid der Gesellschaft (*Wälzholz* DStR 2013, 2637 (2640)). Diese Rechtsformänderung ist in § 2 Abs. 2 Hs. 2 PartGG ausdrücklich vorgesehen. Die GbR hat lediglich ihren Gesellschaftsvertrag an die Vorgaben des Partnerschaftsgesellschaftsrechts (§ 3 PartGG) anzupassen (insbesondere muss die PartG den Namen mindestens eines Partners enthalten, § 2 Abs. 1) und sich in das Partnerschaftsregister eintragen zu lassen. Erfüllt der Gesellschaftsvertrag der GbR diese Erfordernisse bereits, genügt die – in diesem Fall aber konstitutive – Eintragung in das Partnerschaftsregister (Peres/Senft SozietätsR-HdB/*Posegga* § 15 Rn. 44; *Wollweber* DStR 2014, 1926 (1927), BT-Drs. 12/6152, 9 zu § 1 PartGG). Für die Wandlung einer GbR in eine PartGG ist ein satzungsändernder Beschluss der Gesellschafterversammlung erforderlich, damit der GbR-Gesellschaftsvertrag hinsichtlich der Formerfordernisse – zumindest aber hinsichtlich der Namensänderung – in einen Partnerschaftsvertrag geändert werden kann (*Sommer/Treptow* NJW 2013, 3270).

Einstweilen frei **925**

(2) Von der PartG in die PartG mbB. Zivilrecht: Bei dem Wechsel von der PartGG **926**
in die PartG mbB handelt es sich ebenfalls um einen Vorgang außerhalb des UmwG. Tatsächlich handelt es sich nicht einmal um einen Wechsel der Gesellschaftsform, sondern nur um eine Abänderung der Haftungsstruktur innerhalb derselben Gesellschaftsform (*Henssler* AnwBl. 2014, 96 ff.). Da die PartG bereits die wesentlichen Formerfordernisse erfüllt und in das Partnerschaftsregister eingetragen ist, kann eine PartG mbB bereits durch einen satzungsändernden Gesellschafterbeschluss, in dem sowohl der Abschluss einer entsprechenden Berufshaftpflicht und die Aufnahme eines Hinweises zur Haftungsbegrenzung in den Gesellschaftsnamen aufgenommen wird, und dessen Umsetzung begründet werden.

Steuerrecht: Die beschriebenen identitätswahrenden Formwechsel zwischen den ver- **927**
schiedenen Rechtsformen freiberuflicher Personengesellschaften lösen keine steuerlichen Folgen aus, da keine Realisationstatbestände gemäß § 18 Abs. 3 UmwStG verwirklicht werden (Widmann/Mayer/*Widmann* Vorbemerkung zu § 1 UmwStG Rn. 27; Widmann/Mayer/*Fuhrmann* UmwStG § 24 Rn. 154). Auch ein Wechsel der Gewinnermittlungsart kommt mangels Anwendbarkeit des § 18 Abs. 3 Satz 2 EStG iVm § 16 Abs. 2 Satz 2 UmwStG nicht in Betracht.

bb) Einzelkanzlei oder Freiberufler-Personengesellschaft in Freiberufler-Kapi- **928**
talgesellschaft. (1) Zivilrechtlich mögliche Umwandlungen. Für die Umwandlung einer Personengesellschaft von Freiberuflern in eine Freiberufler-Kapitalgesellschaft bestehen als Gestaltungswege die Übertragung durch Einzelrechtsnachfolge, eine Umwandlung nach dem UmwG oder die Umwandlung durch Anwachsung und Gesamtrechtsnachfolge zur Verfügung. Die Übertragung im Wege der Einzelrechtsnachfolge ist zwar häufig umständlich und wenig praktikabel, bei Personengesellschaften, die nach dem UmwG nicht als übertragender Rechtsträger qualifizieren, ist sie – ggf. neben der Anwachsung – jedoch die einzige Möglichkeit der Umwandlung. Die Umwandlungsmöglichkeiten nach dem UmwG stehen für die Freiberufler nur zur Verfügung, wenn die umzuwandelnde Personengesellschaft eine PartG oder KG ist. Sozietäten in der Rechtsform der GbR fallen nicht unter das UmwG. Allerdings besteht insoweit die Möglichkeit diese zunächst identitätswahrend in eine PartG

umzuwandeln und sodann die PartG nach dem UmwG umzuwandeln. Freiberufliche Einzelunternehmen können im Wege der Sacheinlage eingebracht werden.

929 **Formwechsel:** Der Formwechsel einer Freiberufler-Personengesellschaft – PartG oder GmbH & Co. KG – in eine GmbH ist im Umwandlungsgesetz vorgesehen, §§ 190 ff., 214 ff. UmwG. Der erforderliche Umwandlungsbeschluss gemäß § 193 UmwG bedarf grundsätzlich der Zustimmung aller Gesellschafter; der Gesellschaftsvertrag kann eine Mehrheitsentscheidung von drei Vierteln der abgegebenen Stimmen vorsehen, § 217 Abs. 1 UmwG. Sind nicht sämtliche Gesellschafter der umzuwandelnden Personengesellschaft zur Geschäftsführung berufen, hat die Geschäftsführung den Umwandlungsbeschluss durch einen Umwandlungsbericht vorzubereiten, §§ 192, 215 UmwG. Auf die Erstattung des Umwandlungsberichts können die Gesellschafter in notarieller Urkunde verzichten, § 192 Abs. 3 UmwG. Zudem können die Gesellschafter in notarieller Urkunde auf das Abfindungsangebot verzichten. Der Beschluss über den Formwechsel muss den Gesellschaftsvertrag der GmbH enthalten, § 218 Abs. 1 UmwG. Im Umwandlungsbeschluss sind Zahl, Art und Umfang der Anteile, welche die Anteilsinhaber durch den Formwechsel erlangen sollen, zu bestimmen, § 194 Abs. 1 Nr. 4 UmwG. In der Festsetzung des Stammkapitals der Gesellschaft und der Nennbeträge der Geschäftsanteile sind die Gesellschafter frei und insbesondere nicht durch die Höhe ihrer bisherigen Einlagen gebunden. Die Summe der Nennbeträge der Geschäftsanteile muss dem Stammkapital entsprechen und einen Mindestbetrag von 25.000 EUR erreichen, § 5 Abs. 1 und 3 GmbHG.

930 Die zulässige Obergrenze des Stammkapitals der entstehenden Freiberufler-Kapitalgesellschaft bildet das nach Abzug der Schulden verbleibende Reinvermögen der formwechselnden Personengesellschaft, § 220 Abs. 1 UmwG. Im Sachgründungsbericht sind Angaben zu den wesentlichen Umständen, aus denen sich ergibt, dass das bilanzielle Eigenkapital der formwechselnden Personengesellschaft das festgesetzte Stammkapital abdeckt, sowie zu den Jahresergebnissen der letzten beiden Geschäftsjahre erforderlich, § 5 Abs. 4 S. 2 GmbHG, § 197 S. 1 UmwG. Der Formwechsel wird erst mit Eintragung in das Handelsregister zivilrechtlich wirksam, § 202 Abs. 1 Nr. 1 UmwG. Mit der Wirksamkeit des Formwechsels endet die persönliche Haftung der Gesellschafter der Personengesellschaft für Neuschulden. Für die bis zum Formwechsel begründeten Verbindlichkeiten besteht die Haftung im bisherigen Umfang unverändert weiter, ist jedoch zeitlich begrenzt auf Ansprüche, die innerhalb einer Frist von fünf Jahren nach Eintragung des Formwechsels fällig und gerichtlich gegen den Gesellschafter geltend gemacht werden, § 224 Abs. 1 und 2 UmwG.

931 *Einstweilen frei*

932 **(2) Steuerrechtliche Behandlung der Umwandlungen.** § 20 Abs. 2 Satz 1 UmwStG geht (wie bei § 24 Abs. 2 Satz 1 UmwStG) als Regelwert vom Ansatz des gemeinen Werts und damit der Aufdeckung der stillen Reserven aus. Regelungen, die zu einem Zwischenwertansatz oder zu Buchwertfortführung berechtigen, sind §§ 20, 25 UmwStG (siehe auch Blümich/*Hutter* § 18 Rn. 303 f.). In der folgenden Darstellung wird davon ausgegangen, dass eine Aufdeckung der stillen Reserven vermieden werden soll und die Buchwertfortführung bei der aufnehmenden Kapitalgesellschaft gewählt wird und entsprechende Ansätze in der Schlussbilanz angesetzt werden.

933 Das Bewertungswahlrecht des § 20 Abs. 2 Satz 3 UmwStG setzt voraus, dass ein Betrieb, Teilbetrieb oder Mitunternehmeranteil als Einbringungsgegenstand im Rahmen einer Sachkapitalerhöhung in eine aufnehmende Körperschaft gegen Ausgabe neuer Anteile eingebracht wird. Hierin liegt zugleich eine steuerbare Veräußerung des eingebrachten freiberuflichen Vermögens. Zur Buchwertfortführung muss die aufnehmende Kapitalgesellschaft gemäß § 20 Abs. 2 Satz 2 und Satz 3 UmwStG in ihrer Schlussbilanz die Buchwerte ansetzt und einen entsprechenden Antrag spätestens bis zur erstmaligen Abgabe der Schlussbilanz stellt. Bei Einbringungen zum Buchwert ist Schlussbilanz die reguläre Bilanz, in der das übernommene Betriebsvermögen erstmals auszuweisen ist (Korn/*Korn* § 18 Rn. 126; → Rn. 853).

934 **Wechsel der Gewinnermittlungsart:** Anlässlich der Einbringung eines Betriebs oder von Mitunternehmeranteilen an einer freiberuflichen Personengesellschaft in eine Freiberufler-Kapitalgesellschaft hat diese unabhängig vom Wertansatz (Buchwert, Zwischenwert, gemeiner Wert) auf den Einbringungszeitpunkt eine steuerliche Schlussbilanz zu erstellen,

dh es kommt zum Wechsel der Gewinnermittlungsart zum Bestandsvergleich gemäß §§ 4 Abs. 1, 5 Abs. 1 (DPPM/*Patt* UmwStG § 20 Rn. 241, Stand: Dezember 2013; RHL/*Herlinghaus*, 2. Aufl. 2013, UmwStG § 20 Rn. 202; Widmann/Mayer/*Widmann* UmwStG § 20 Rn. 764, 1184 – Stand 11/1991). Erleichterungen wie im Rahmen des § 24 Abs. 2 UmwStG, bei denen die Finanzverwaltung eine Fortführung der EÜR bei Eintrittsvorgängen zulässt, kommen bei Einbringungen gemäß §§ 20, 25 UmwStG nicht in Betracht, da es zu einem Wechsel von der transparenten Besteuerung des Personenunternehmens zum Trennungsprinzip kommt.

Durch die Aktivierung ausstehender Honorarforderungen und halbfertiger Arbeiten kann ein Übergangsgewinn entstehen, der typischerweise nicht vollständig durch die Passivierung von Verbindlichkeiten, Rückstellungen und Rechnungsabgrenzungsposten neutralisiert wird. Ein Übergangsgewinn führt bei den einbringenden Freiberuflern zu einer vorgezogenen Steuerbelastung. Der Übergangsgewinn ist laufender Gewinn; eine Verteilung ist nach Ansicht der Rechtsprechung und Finanzverwaltung nicht möglich, wenn der Übergangsgewinn anlässlich einer Veräußerung oder Einbringung des Betriebes zu ermitteln ist (H 4.6 EStH 2014 „Keine Verteilung des Übergangsgewinns"). 935

Um die Höhe des steuerlichen Übergangsgewinns zu verringern, können ausstehende Honorarforderungen bei der Einbringung zurückbehalten werden. Da es sich bei Mandantenforderungen nicht um funktional wesentliche Betriebsgrundlagen handelt (BFH 4.12.2012 – VIII R 41/09, BStBl. II 2014, 288 zu § 24 UmwStG; Widmann/Mayer/*Widmann* UmwStG § 20 Rn. 764 – Stand 11/1991 zu § 20 UmwStG) steht deren Zurückbehalt der Ausübung des Bewertungswahlrechts des § 20 Abs. 2 Satz 3 UmwStG nicht entgegen. Die zurückbehaltenen Forderungen verbleiben als „Rest-Betriebsvermögen ohne Betrieb" bei den Einbringenden und sind nicht in deren Privatvermögen zu überführen (BFH 4.12.2012 – VIII R 41/09, BStBl. II 2014, 288). 936

Formwechsel einer Personen- in eine Kapitalgesellschaft: Nach § 25 S. 1 UmwStG gilt § 20 UmwStG in den Fällen des Formwechsels einer Personengesellschaft in eine Kapitalgesellschaft entsprechend. Auf Antrag kann die Einbringung nach § 20 Abs. 2 S. 2 UmwStG unter Erfüllung der dort genannten Voraussetzungen zu Buch- oder Zwischenwerten, höchstens jedoch zum gemeinen Wert, erfolgen. Voraussetzung für die Steuerneutralität des Formwechsels ist, dass der gesamte Mitunternehmeranteil (Gesamthandsvermögen und Sonderbetriebsvermögen) eingebracht wird. 937

Von Freiberufler-GmbH & Co KG in GmbH durch das erweiterte Anwachsungsmodell: Sachlich besteht das sog. erweiterte Anwachsungsmodell aus einer Einbringung der Kommanditanteile in die Komplementär-GmbH durch die Kommanditisten, deren Rechtsfolgen sich nach den §§ 20–23 UmwStG bestimmen (vgl. *Orth* DStR 1999, 1053 (1059)). Beim erweiterten Anwachsungsmodell (Übertragungsmodell) sind wegen der Ausgabe neuer Anteile an der ehemaligen Komplementär-GmbH somit die Anforderungen an eine Einbringung iSd § 20 UmwStG erfüllt. (vgl. Rn. 01.44 des UmwStE 2011, BStBl. I 2011, 1314; *Orth* DStR 2009, 193 ff.). Nach hM werden gedanklich zunächst die Mitunternehmeranteile nach § 20 UmwStG eingebracht; die Anwachsung vollzieht sich aufgrund der Anteilsvereinigung in einer Hand in einer logischen Sekunde später im Wege der Gesamtrechtsnachfolge (*Orth* DStR 2009, 192 (192)). 938

Einbringender und Einbringungsgegenstand: Nach früherer Verwaltungsauffassung waren im Fall der Einbringung von Betriebsvermögen einer Personengesellschaft stets die Gesellschafter/Mitunternehmer der Personengesellschaft als Einbringende iSd § 20 UmwStG anzusehen und nicht die Personengesellschaft selbst. Gemäß Rn. 20.03/20.10 des UmwStE 2011 (BStBl. I 2011, 1314) sind Einbringende dann die Mitunternehmer und Einbringungsgegenstände die Mitunternehmeranteile, wenn die Personengesellschaft nach der Einbringung nicht fortbesteht. Dies gilt vor allem bei der Verschmelzung auf eine Kapitalgesellschaft, beim Formwechsel und im erweiterten Anwachsungsmodell. Umwandlungen, bei denen eine Personengesellschaft Einbringende ist, können zB die Einbringung eines Betriebs/Teilbetriebs aus einer Personengesellschaft im Wege der Ausgliederung oder Einzelrechtsnachfolge sein. In diesen Fällen liegen einheitliche Einbringungsvorgänge mit der Personengesellschaft als Einbringender (nicht von deren Gesellschaftern) vor (siehe zur Diskussion *Schmitt/Keuthen DStR 2015, 860 ff.*) 938.1

Sonderbetriebsvermögen: Ist Einbringungsgegenstand der Mitunternehmeranteil, muss das Sonderbetriebsvermögen eines Gesellschafters eingebracht werden (vgl. Rn. 20.06/20.09 UmwStE 2011, BStBl. I 2011, 1314), sofern es sich um funktional wesentliches Sonderbetriebsvermögen handelt. 938.2

Ansonsten ist das Bewertungswahlrecht des § 20 Abs. 2 Satz 3 UmwStG bei der Kapitalgesellschaft nicht anwendbar. Sonderbetriebsvermögen, das keine funktional wesentliche Betriebsgrundlage darstellt und das nicht in die Kapitalgesellschaft überführt wird, hindert die Anwendung des Wahlrechts in § 20 Abs. 2 UmwStG hingegen nicht. Die einzelnen Wirtschaftsgüter gelten aber unter Realisierung der stillen Reserven als in das Privatvermögen entnommen.

938.3 *Anteile an Komplementär-GmbH:* Es ist somit für die Buchwertfortführung bei der aufnehmenden Komplementär-GmbH gemäß § 20 UmwStG von Bedeutung, dass die Anteile der Kommanditisten an der früheren Komplementär-GmbH Bestandteil des funktional notwendigen Sonderbetriebsvermögens II sein können (BFH 16.4.2015 – IV R 1/12, BStBl. II 2015, 705). Ist dies der Fall, setzt eine Anwendbarkeit des § 20 UmwStG bei Anwachsung auf die Komplementär-GmbH grundsätzlich voraus, dass auch die Anteile der Kommanditisten an der Komplementär-GmbH in das Vermögen der GmbH zu übertragen sind (Rn. 20.06 des UmwStE 2011) und gewährt insofern bei Einbringungen zum Buchwert ein Zurückbehaltungswahlrecht (Rn. 20.09). Die Anteile an der Komplementär-GmbH aus dem Sonderbetriebsvermögen II werden zum Buchwert in das Privatvermögen der Gesellschafter entnommen und als Anteile behandelt, die aus einer Sacheinlage unter dem neuen Recht stammen (§ 22 UmwStG). Hierzu muss der Einbringende eine unwiderrufliche Einverständniserklärung abgeben. Die Einordnung als Anteile im Sinne des § 22 UmwStG hat nach Ablauf der 7-Jahresfrist zur Folge, dass sich die spätere Steuerbarkeit danach richtet, ob Anteile gemäß § 17 vorliegen (*Schießl* Umwandlungssteuererlass (2012) Rn. 20.09, 323). Der Antrag, die Anteile an der Komplementär-GmbH zurückbehalten zu dürfen, ist vom Einbringenden bei dem Finanzamt zu stellen, bei dem auch die Kapitalgesellschaft den Buchwert- oder Zwischenwertantrag zu stellen hat. Übereinstimmend wird der Antrag in Rn. 20.09 des UmwStE 2011 als unwiderruflicher Antrag verstanden, der beim Finanzamt der Kapitalgesellschaft zu stellen ist, weil nur diese berechtigt sei, das Bewertungswahlrecht auszuüben. Da der Erlass keine Frist erwähnt, ist diese Frage in der Literatur noch nicht abschließend geklärt. Nach überwiegender Auffassung muss der Antrag mit dem Antrag der Kapitalgesellschaft bei Ausübung des Bewertungswahlrechts gestellt werden, sodass auch dieser Antrag spätestens mit dem Tag der Abgabe der steuerlichen Schlussbilanz der Kapitalgesellschaft beim Finanzamt eingehen muss (*Hötzel/Kaeser* in FGS/BDI Umwandlungssteuererlass (2012) Rn. 20.09, 330).

938.4 *Darlehensforderungen im Sonderbetriebsvermögen:* Besteht eine Darlehensforderung eines Mitunternehmers gegenüber der formzuwechselnden Personengesellschaft, stellt diese notwendiges Sonderbetriebsvermögen I des Mitunternehmers dar. Die Forderung gehört jedoch nicht zu den funktional wesentlichen Betriebsgrundlagen. Der Zurückbehalt der Forderung, die nicht zu den wesentlichen Betriebsgrundlagen gehört, ist daher für eine Buchwerteinbringung gemäß §§ 20, 25 UmwStG unschädlich. Das gilt wohl auch für den Zurückbehalt von Sonderbetriebsvermögen, das keine wesentliche Betriebsgrundlage der KG darstellt. Nach stRspr des BFH (BFH 16.3.2017 – IV R 1/15, BStBl. II 2017, 943) begründen Gesellschafterdarlehen gegen die Personengesellschaft in der Gesamtbilanz sog. „funktionales" Eigenkapital. Bei Beendigung der Mitunternehmerstellung erfolgt eine Entnahme der Forderung aus dem Sonderbetriebsvermögen I in das Privatvermögen. Die Entnahme iSd § 4 Abs. 1 S. 2 erfolgt nach § 6 Abs. 1 Nr. 4 S. 1 mit dem Teilwert. Da die formgewechselte Freiberufler-Kapitalgesellschaft nach der Umwandlung Schuldnerin der Darlehensforderung ist, stellt sich die Frage, ob der Vorgang so zu werten ist, als folge der Entnahme eine Neubegründung der Forderung gegen die Kapitalgesellschaft nach und ob die „Neubegründung der Forderung" diese zu einer sonstigen Gegenleistung gemäß § 20 Abs. 2 Satz 2 Nr. 4 UmwStG werden lässt. Nach der überzeugenden Begründung von *Schaaf/Hanneweber* DStZ 2016, 155 (159 f) stellt der Forderungsübergang auf die Kapitalgesellschaft trotz der ertragsteuerlichen Fiktion einer Beendigung der Mitunternehmerschaft samt Entnahme und Einbringung unter Neubegründung des Darlehens jedoch keine sonstige Gegenleistung im Sinne der Vorschrift dar.

939 **Weitere Folgen:** Der von der übernehmenden Kapitalgesellschaft gewählte Wertansatz bindet den Einbringenden nach § 20 Abs. 3 Satz 1 UmwStG. Nach dem BFH-Urteil vom 8.6.2011 – I R 79/10 (BStBl. II 2012, 421) steht daher dem Einbringenden das Drittanfechtungsrecht gegen die Steuerfestsetzung bei der Kapitalgesellschaft zu, wenn das Finanzamt einen höheren als den von der Kapitalgesellschaft gewählten Wertansatz verfolgt (vgl. *Ott* NWB 2012, 2711 (2717)). Für den Ansatz des Betriebsvermögens bei der GmbH ist § 23 Abs. 1 bis 4 UmwStG heranzuziehen. Bei Wahl des Buchwertansatzes ist ein selbst geschaffener Praxiswert der Personengesellschaft bei der Kapitalgesellschaft nicht aufzudecken.

940 **Entnahmen im Rückwirkungszeitraum:** Der BFH (7.3.2018 – I R 12/16, DStR 2018, 1560) hat bei der Einbringung eines freiberuflichen Betriebs mit einem negativen Kapitalkonto in eine Kapitalgesellschaft (Rechtsanwaltskanzlei in Rechtsanwalts-GmbH) zur

Behandlung von Entnahmen im Rückwirkungszeitraum wie folgt entschieden: Zum steuerlichen Umwandlungsstichtag wies die Rechtsanwaltskanzlei ein negatives Buchkapital auf. Im Rückwirkungszeitraum bis zum zivilrechtlichen Vollzug der Einbringung erhöhte sich dieses durch Entnahmen. Das Finanzamt vertrat die Auffassung, das negative Buchkapital des eingebrachten Einzelunternehmens sei durch einen Zwischenwertansatz auszugleichen; zudem sei eine Forderung der GmbH gegen den Kläger für die Entnahmen im Rückwirkungszeitraum zu erfassen oder dieser durch den Ansatz eines Zwischenwerts auf Ebene der aufnehmenden GmbH zu neutralisieren. Beide Vorgehensweisen hätten zur Entstehung eines Veräußerungsgewinns beim Einbringenden gemäß § 16 auch für die Minderung durch die Entnahmen im Rückwirkungszeitraum geführt. Der BFH folgte dem nicht. Er entschied, die Minderung der Anschaffungskosten des Einbringenden nach § 20 Abs. 7 S. 3 UmwStG 2002 durch Entnahmen im Rückwirkungszeitraum könne auch zu negativen AK der neu ausgegebenen Anteile für den Einbringenden führen und sei nicht durch einen zwingenden Zwischenwertansatz zu vermeiden. Ein solcher Zwischenwert hätte für den Einbringenden das Entstehen eines Veräußerungsgewinns gemäß § 16 zur Folge. Die Entscheidung des BFH hat auch für die Rechtslage unter dem UmwStG 2006 Bedeutung, da die Regelungen in § 20 Abs. 5 S. 2 und 3 UmwStG 2006 denen des UmwStG 2002 entsprechen (*Hellmann/Krinninger* DStR 2018, 2565; *Weiss* EStB 2018, 277 (278)). Folge des Ansatzes negativer AK aufgrund von Entnahmen im Rückwirkungszeitraum ist aber der Ansatz eines höheren Veräußerungs- oder Aufgabegewinns, wenn die Anteile an der Kapitalgesellschaft später veräußert werden oder im Rahmen einer Liquidation gemäß § 17 Abs. 4 untergehen.

Das für den Fall noch anwendbare UmwStG 2002 enthielt für Entnahmen im Rückwirkungszeit- **940.1**
raum in § 20 Abs. 7 eine spezielle Regelung. § 20 Abs. 7 S. 1 UmwStG 2002 bestimmte, das Einkommen und das Vermögen des Einbringenden und der übernehmenden Kapitalgesellschaft seien bei Einbringungen mit Rückwirkung auf Antrag so zu ermitteln, als ob das eingebrachte Betriebsvermögen mit Ablauf des steuerlichen Übertragungsstichtags auf die GmbH übergegangen sei. Satz 2 der Regelung bestimmte hinsichtlich des Einkommens, dass dies nicht für Entnahmen und Einlagen gelte, die nach dem steuerlichen Übertragungsstichtag (am 2. Januar 2005) erfolgten. Nach S. 3 der Vorschrift waren in diesem Fall die Anschaffungskosten der Gesellschaftsanteile des Einbringenden um den Buchwert der Entnahmen zu vermindern und um den Wert der Einlagen zu erhöhen. Der BFH leitete aus der Regelung des § 20 Abs. 7 UmwStG ab, die Minderung der Anschaffungskosten des Einbringenden durch Entnahmen im Rückwirkungszeitraum dürfe auch zu einem negativen Wert führen. Sinn und Zweck der Vorschrift sei es, die Erfolgswirksamkeit von Einlagen und Entnahmen im Rückwirkungszeitraum bei einer Einbringung zu unterdrücken. Dieses Ziel sei zwar auch durch eine sofortige Zwangsrealisierung der stillen Reserven zu erreichen. Ebenso könne es aber auch durch die Anerkennung negativer AK für die erhaltenen Anteile erreicht werden.

Der BFH verneinte hingegen eine teleologische Extension der Regelung des § 20 Abs. 2 S. 4 **940.2**
UmwStG 2002, nach dessen Inhalt ein eingebrachtes Betriebsvermögen nicht negativ sein durfte und durch den Ansatz eines Zwischenwerts bei der aufnehmenden Kapitalgesellschaft zu neutralisieren war. Demnach war im Ergebnis der Buchwert des eingebrachten Betriebsvermögens nicht zunächst um die Entnahmen des Rückwirkungszeitraums zu mindern und auf Ebene der aufnehmenden GmbH durch einen Zwischenwert auszugleichen, der sowohl das negative Buchkapital im Einbringungszeitpunkt als auch den Überhang der Entnahmen im Rückwirkungszeitraum umfasste.

4. Praxisaufgabe und Praxisverpachtung

a) Umfang des Verweises in § 18 Abs. 3 Satz 2. Durch den Verweis des § 18 Abs. 3 **941**
Satz 2 auf § 16 Abs. 3 sind auch die Regelungen zur Betriebsaufgabe (durch Beendigung der Tätigkeit gemäß § 16 Abs. 3 oder durch Entstrickung gemäß § 16 Abs. 3a), Betriebsverpachtung (§ 16 Abs. 3b) sowie zur Realteilung (§ 16 Abs. 3 Satz 2 ff.) und zur Ermittlung des Veräußerungsgewinns entsprechend bei den Einkünften aus selbständiger Arbeit anwendbar.

b) Praxisaufgabe und Praxisaufgabegewinn. aa) Aufgabetatbestand. Eine **942**
Betriebsaufgabe iSv § 16 Abs. 3 Satz 1 Alt. 1 auch bei selbständigen Einkünften liegt vor, wenn der Steuerpflichtige den Entschluss gefasst hat, seine betriebliche Tätigkeit einzustellen und seinen Betrieb als selbständigen Organismus des Wirtschaftslebens aufzulösen, und wenn er in Ausführung dieses Entschlusses alle wesentlichen Grundlagen des Betriebs entweder insgesamt in das Privatvermögen überführt, anderen betriebsfremden Zwecken zuführt, an

verschiedene Abnehmer veräußert oder teilweise veräußert und teilweise in das Privatvermögen überführt, sodass der Betrieb als selbständiger Organismus des Wirtschaftslebens zu bestehen aufhört. Das Betriebsvermögen muss aufhören, der gewerblichen Tätigkeit des Betriebs zu dienen, dem es zugerechnet wird. Die Beendigung der Tätigkeit ist daher objektiv auf ein bestimmtes Betriebsvermögen und in subjektiver Hinsicht auf ein bestimmtes Steuerrechtssubjekt bezogen (stRspr, zB Urteile BFH 16.3.2017 – IV R 31/14, BFH/NV 2017, 1093; BFH 16.12.1992 – X R 52/90, BStBl. II 1994, 838; BFH 26.4.2001 – IV R 14/00, BStBl. II 2001, 798; BFH 18.12.1990 – VIII R 17/85, BStBl. II 1991, 512).

943 Mit der ersten vom Aufgabeentschluss getragenen Handlung, die objektiv auf die Auflösung des Betriebs gerichtet ist, wie zB der Einstellung der produktiven Tätigkeit oder der Veräußerung bestimmter, für die Fortführung des Betriebs unerlässlicher Wirtschaftsgüter, beginnt die Betriebsaufgabe. Dabei setzt dieser Beginn der Betriebsaufgabe nicht die Veräußerung oder Entnahme wesentlicher Betriebsgrundlagen voraus. Vielmehr markiert auch die Veräußerung beweglichen (sonstigen) Anlagevermögens den Beginn der Betriebsaufgabe, wenn der Steuerpflichtige dadurch für den Gesamtbetrieb den Willen bekundet, die gewerbliche Tätigkeit endgültig einzustellen. Er beginnt in diesem Fall damit, seine Absicht ins Werk zu setzen; die Betriebsaufgabe ist beendet, wenn die letzte wesentliche Betriebsgrundlage veräußert oder in das Privatvermögen überführt worden ist. Für die Gewinnverwirklichung im Rahmen einer Betriebsaufgabe ist dabei nicht der Beginn der Betriebsaufgabe, sondern der Zeitpunkt des einzelnen Aufgabeteilakts relevant, sodass der Betriebsaufgabegewinn in verschiedenen Veranlagungszeiträumen entstehen kann (siehe BFH 9.12.2014 – X R 12/12, BStBl. II 2016, 852; BFH 13.12.2016 – X R 4/15, DStR 2017, 1156).

944 **(1) Einstellung der Tätigkeit.** § 18 Abs. 3 Satz 1 erfasst sowohl die gesamte Praxisaufgabe als auch eine Teilpraxisaufgabe. Ebenfalls erfasst sind die Entnahme einer 100%-Beteiligung an einer Kapitalgesellschaft, die einen fiktiven Teilbetrieb gemäß § 16 Abs. 1 Nr. 1 Satz 2 darstellt (BFH 24.6.1982 – IV R 151/79, BStBl. II 1982, 751) oder deren Liquidation (BFH 19.4.1994 – VIII R 2/93, BStBl. II 1995, 705; siehe Bordewin/Brandt/*Moritz/Baumgartner* § 18 Rn. 632; Blümich/*Hutter* § 18 Rn. 328).

945 Für die Zeitspanne der Einstellung der Tätigkeit wird aufgrund der Notwendigkeit, das Vertrauensverhältnis zu den Patienten zu beenden, von der Rechtsprechung eine Abwicklung über einen Zeitraum von sechs Monaten nicht beanstandet Wird dieser Zeitraum wesentlich überschritten und ist dies nicht durch Vorliegen besonderer Verhältnisse gerechtfertigt, so wird in der Regel von einer nicht begünstigten Betriebsabwicklung auszugehen sein (BFH 25.11.1993 – IV R 19/92, BFH/NV 1994, 540; Bordewin/Brandt/*Moritz/Baumgartner* § 18 Rn. 640; Blümich/*Hutter* § 18 Rn. 324).

946 Es müssen für die Verwirklichung des Tatbestands der Aufgabe und die Inanspruchnahme der §§ 16 Abs. 4, 34 die unter → Rn. 662, → Rn. 807 dargestellten Anforderungen an die tatsächliche Einstellung der Tätigkeit im selben örtlichen Wirkungskreis für eine gewisse Zeit ebenfalls erfüllt werden. Unschädlich sind zudem sowohl die unter → Rn. 808 dargestellten Tätigkeiten und Mandantenbetreuungen innerhalb der 10%-Grenze als auch das Zurückbehalten von Honorarforderungen in einem freiberuflichen Restbetriebsvermögen, da es sich bei den Honorarforderungen als Umlaufvermögen nicht um wesentliche Betriebsgrundlagen handelt (BFH 4.12.2012 – VIII R 41/09, BStBl. II 2014, 288).

946.1 Überträgt ein selbständig tätiger Ingenieur sein technisches Spezialwissen und seine Berufserfahrungen – nicht aber sein gesamtes Know-how – entgeltlich auf seinen einzigen Kunden, so stellt dies – mangels Übertragung aller wesentlichen Betriebsgrundlagen – auch dann keine Betriebsveräußerung oder -aufgabe dar, wenn er unheilbar erkrankt ist und sein Wissen aus diesem Grunde weitergibt. Das Entgelt ist laufende Betriebseinnahme (BFH 26.4.1995 – XI R 86/94, BStBl. II 1996, 4).

947 Auch eine **Freiberuflersozietät** kann durch Abwicklung beendet werden, wenn etwa durch Tod eines Gesellschafters die Sozietät erlischt und von den übrigen Gesellschaftern nicht fortgesetzt oder ein Auflösungsbeschluss gefasst wird (→ Rn. 791). Wird eine Mitunternehmerschaft aufgelöst, führt dies zur Aufgabe ihres Gewerbebetriebs iSd § 16 Abs. 3 Satz 1; entscheidend für die Verwirklichung ist wie beim Einzelunternehmer, dass das Betriebsvermögen aufhört, der freiberuflichen Tätigkeit der Mitunternehmerschaft als Subjekt der Gewinnermittlung und Einkünftequalifikation zu dienen. Erforderlich ist die Verteilung des Betriebsvermögens der Gesellschaft, zu dem auch das Sonderbetriebsvermögen der einzelnen Mitunternehmer gehört. Wie die Gesellschafter dieses Vermögen untereinander verteilen, ist für die Frage der Betriebsaufgabe ohne Bedeutung. Selbst wenn die Verteilung dergestalt erfolgt, dass ein Gesellschafter alle wesentlichen Betriebsgrundlagen erhält und die übrigen Gesellschafter nur unwesentliche Betriebsgrundlagen, liegt – aus der maßgeblichen Sicht der Gesellschaft – eine Betriebsaufgabe vor, denn das Betriebsvermögen dient fortan nicht mehr ihrer gewerblichen Tätigkeit (vgl. BFH 19.1.1982 – VIII R 21/77, BStBl. II 1982, 456; BFH 16.3.2017 – IV R 31/14, BFH/NV 2017, 1093).

Eine besondere Form der Betriebsaufgabe einer freiberuflichen Sozietät ohne Realisation 948 eines Aufgabegewinns stellt die sog. **„echte Realteilung"** unter Vollbeendigung der Sozietät und Verteilung des Betriebsvermögens an die Realteiler dar (→ Rn. 970). Unerheblich ist hierbei für die Annahme einer Betriebsaufgabe als Grundtatbestand für die Realteilung, ob derjenige, der alle wesentlichen Betriebsgrundlagen erhält, diese als Einzelunternehmer für eine gewerbliche Tätigkeit nutzt, die derjenigen der Gesellschaft entspricht. Denn das Betriebsvermögen dient nun seiner gewerblichen Tätigkeit als Einzelunternehmer und nicht mehr derjenigen der (aufgelösten und auseinandergesetzten) Gesellschaft (BFH 16.3.2017 – IV R 31/14, BFH/NV 2017, 1093).

(2) Insolvenz des Praxisinhabers. Die Insolvenzeröffnung bewirkt bei Freiberuflern 949 keine zwangsweise Betriebsaufgabe. Ein vom Insolvenzschuldner vor Insolvenzeröffnung ausgeübter freiberuflicher Betrieb fällt als Inbegriff von Vermögenswerten rechtlicher und tatsächlicher Art als Ganzes in die Insolvenzmasse. Der Insolvenzverwalter ist somit zur Übernahme der gesamten Tätigkeit des Schuldners einschließlich der Befriedigung der Verbindlichkeiten verpflichtet, wenn er das Geschäft oder die freiberufliche Praxis des Schuldners mit der Masse fortführt. Einkünfte, die ein selbständig tätiger Schuldner nach der Eröffnung des Insolvenzverfahrens mit dem Betrieb erzielt, gehören grundsätzlich in vollem Umfang, ohne einen Abzug für beruflich bedingte Ausgaben, zur Insolvenzmasse. Der Schuldner kann nur gemäß § 850i ZPO beantragen, dass ihm von seinen durch Vergütungsansprüche gegen Dritte erzielten Einkünften ein pfandfreier Betrag belassen wird (siehe BGH 9.6.2011 – IX ZB 175/10, WM 2011, 1344; *Steinhauff* jurisPR-SteuerR 45/2015 Anm. 5).

Einen Aufgabetatbestand kann nach der Verfahrenseröffnung der Insolvenzverwalter ver- 950 wirklichen, wenn er den Betrieb einstellt. Hierbei gelten für die Inanspruchnahme der Tarifbegünstigung und des Freibetrags (§§ 16 Abs. 4, 34 Abs. 2) durch den Insolvenzschuldner die allgemeinen Grundsätze zur Einstellung der Tätigkeit im örtlichen Wirkungskreis (siehe *Roth* Insolvenzsteuerrecht Rn. 4.19; *Waza/Uhländer/Schmidtmann* Insolvenz und Steuern Rn. 1383). Siehe zu einer vor der Insolvenzeröffnung noch vom Schuldner begonnenen Betriebsaufgabe auch BFH 9.12.2014 – X R 12/12, BStBl. II 2016, 852: BFH 13.12.2016 – X R 4/15, DStR 2017, 1156).

Bei Freiberuflern kommt es jedoch regelmäßig zur Freigabe der Tätigkeit und Fortführung 951 der Praxis im Wege des Neuerwerbs nach § 35 Abs. 2 InsO. Infolge der Freigabe fällt der Neuerwerb eines selbständigen Schuldners aus der freiberuflichen Tätigkeit nicht mehr in die Masse. Die von dem Schuldner ab Wirksamwerden der Freigabeerklärung aus der selbständigen Tätigkeit erzielten Einkünfte stehen deshalb als ihm gehörendes Vermögen grundsätzlich nur den Neugläubigern, deren Forderungen nach Wirksamwerden der Freigabeerklärung entstanden sind, als Haftungsmasse zur Verfügung. Der Schuldner ist nach Freigabe seiner selbständigen Tätigkeit im eröffneten Insolvenzverfahren aber verpflichtet, aus einem tatsächlich erwirtschafteten Gewinn dem Insolvenzverwalter den pfändbaren Betrag nach dem fiktiven Maßstab des § 295 Abs. 2 InsO abzuführen (vgl. zum Ganzen BGH 13.3.2014 – IX ZR 43/12, ZInsO 2014, 824; BGH 13.6.2013 – IX ZB 38/10, ZInsO 2013, 1586).

Erklärt der Insolvenzverwalter die Freigabe der selbständigen Tätigkeit gemäß § 35 Abs. 2 952 InsO, sind die aus dieser Tätigkeit resultierenden Einkommensteuerschulden keine Masseverbindlichkeiten, sondern gegen das insolvenzfreie Vermögen des Insolvenzschuldners festzusetzen (BFH 16.4.2015 – III R 21/11, BStBl. II 2016, 29). Ein Einkommensteuererstattungsanspruch, der auf Vorauszahlungen beruht, bei deren Berechnung nur die Einkünfte aus einer freigegebenen Tätigkeit zugrunde gelegt worden sind, wird von der vom Insolvenzverwalter erklärten Freigabe der selbständigen gewerblichen Tätigkeit des Insolvenzschuldners ebenfalls erfasst (BFH 6.3.2014 – VII S 47/13 (PKH), BFH/NV 2014, 1013). Wird eine selbständige

Tätigkeit gemäß § 35 Abs. 2 InsO aus dem Insolvenzbeschlag freigegeben, ist daher ein Einkommensteuererstattungsanspruch, der auf Vorauszahlungen beruht, die erst nach der Freigabe festgesetzt und allein nach den zu erwartenden Einkünften aus der freigegebenen Tätigkeit berechnet worden sind, nicht iSd § 96 Abs. 1 Nr. 1 InsO der Insolvenzmasse geschuldet (BFH 26.11.2014 – VII R 32/13, BStBl. II 2015, 561).

952.1 Für die Rechtslage vor Einführung des § 35 Abs. 2 InsO (für nach dem 1.7.2007 begonnene Verfahren) hat der BFH geklärt, dass die Einkommensteuer als Masseschuld (§ 55 Abs. 1 Nr. 1 InsO) aufgrund massebezogenen Verwaltungshandelns gegen den Insolvenzverwalter festzusetzen ist, wenn dieser die selbständige Tätigkeit des Insolvenzschuldners im Interesse der Masse erlaubt, die Betriebseinnahmen zur Masse zieht, soweit sie dem Schuldner nicht für seinen Unterhalt belassen werden, und die Fortführung der Tätigkeit ermöglicht, indem er zur Masse gehörende Mittel einsetzt, um durch die Tätigkeit entstehende Forderungen Dritter zu begleichen (BFH 16.4.2015 – III R 21/11, BStBl. II 2016, 29). Eine Masseverbindlichkeit wird dagegen nicht nach § 55 Abs. 1 Nr. 1 InsO begründet, wenn der Schuldner eine selbständige Tätigkeit ohne Wissen und Billigung durch den Insolvenzverwalter ausübt und die entsprechenden Erträge tatsächlich nicht zur Masse gelangen (BFH 18.5.2010 – X R 11/09, BFH/NV 2010, 2114 Rn. 34) oder wenn der Insolvenzverwalter die selbständige Tätigkeit (wissentlich) duldet, aber keine darüber hinausgehenden Aktivitäten entfaltet (BFH 18.9.2012 – VIII R 47/09, BFH/NV 2013, 411).

953 *Einstweilen frei*

954 **(3) Tod des Praxisinhabers.** Der Tod des Praxisinhabers führt nicht zur zwangsweisen Betriebsaufgabe. Die Praxis fällt in den Nachlass. Dies führt zu einem Wechsel hin zum Gewerbebetrieb wenn „berufsfremde Erben" vorhanden sind. Die Praxis kann von den Erben, die Nicht-Berufsträger sind, vorübergehend bis zum Eintritt eines Berufsträgers verpachtet werden, ohne dass dies zur zwangsweisen Betriebsaufgabe führt (ausführlich → Rn. 1156 ff.). In diesem Fall erzielen die Erben aufgrund der Verwirklichung des Einkünftetatbestands für eigene Rechnung Einnahmen (siehe BFH 29.4.1993 – IV R 16/92, BStBl. II 1993, 716; BFH 14.12.1993 – VIII R 13/93, BStBl. II 1994, 922).

955 Ist allerdings der Betrieb des freiberuflichen Erblassers mit dessen Tod endgültig eingestellt und eine weitere Einkunftserzielung durch Fortführung der Tätigkeit (auch durch Berufsfremde) nicht möglich, stellt sich die Frage, ob nachträgliche freiberufliche Einnahmen (§ 24 Nr. 2) aus der ehemaligen Tätigkeit des Erblassers erzielt werden (siehe *Urban* ZEV 2016, 297 ff.).

956 Für die Erben besteht wie im Falle der Betriebseinstellung durch den Erblasser ein Wahlrecht des bzw. der Erben zwischen einer begünstigten Betriebsaufgabe und einer nicht begünstigten allmählichen Betriebsabwicklung (stRspr; zB BFH 5.12.1996 – IV R 65/95, BFH/NV 1997, 225; FG Köln 24.6.2015 – 14 K 1130/13, EFG 2015, 1923). Dabei darf eine begünstige Betriebsaufgabe sich nicht über einen Zeitraum von mehr als 36 Monaten erstrecken (BFH 26.4.2001 – IV R 14/00, BStBl. II 2001, 798). Dieses Wahlrecht geht im Falle des Todes des Erblassers auf den bzw. die Erben über, da diese(r) materiell und verfahrensrechtlich in dessen Rechtsstellung eintritt bzw. eintreten (BFH 5.5.1999 – XI R 1/97, BStBl. II 1999, 653; FG Köln 24.6.2015 – 14 K 1130/13, EFG 2015, 1923). Die Erben (Berufsfremden) erzielen einen begünstigten (gewerblichen) Betriebsaufgabegewinn, wenn sie innerhalb der zulässigen Zeitspanne das ehemalige freiberufliche Betriebsvermögen verwerten.

957 Entscheiden sich berufsfremde Erben zu einer Vereinnahmung von Einkünften aufgrund der früheren Tätigkeit des Erblassers, die oberhalb des Zeitraums von 36 Monaten liegt, kann hierin die Erzielung von nachträglichen Einkünften aus selbständiger Arbeit gemäß § 24 Nr. 2 statt eigener laufender Einkünfte aus Gewerbebetrieb (aufgrund der allmählichen Abwicklung des früheren Betriebs durch berufsfremde Erben) liegen. Zu den Einkünften im Sinne des § 2 Abs. 1 gehören auch Einkünfte aus einer ehemaligen Tätigkeit im Sinne des § 2 Abs. 1 Satz 1 Nr. 1 bis 4 oder aus einem früheren Rechtsverhältnis im Sinne des § 2 Abs. 1 Satz 1 Nr. 5 bis 7, und zwar auch dann, wenn sie dem Steuerpflichtigen als Rechtsnachfolger zufließen.

958 Die Rechtsprechung nimmt Einkünfte aus einer ehemaligen Tätigkeit bislang an, wenn die Einkünfte in wirtschaftlichem Zusammenhang mit der ehemaligen Tätigkeit stehen und insbesondere ein Entgelt für die im Rahmen der ehemaligen Tätigkeit erbrachten Leistungen des Erblassers darstellen (siehe BFH 10.10.1963 – VI 322, 321/61 U, BStBl. II 1963, 592: Verwertung von Erfindungen durch Übertragung von Patentrechten gegen Rente; BFH 25.3.1976 – IV R 174/73, BStBl. II 1976, 487; ebenso FG Düsseldorf 22.9.2013 – 13 K 472/12 E, EFG 214, 266). Ein hinreichender wirtschaftlicher Zusammenhang mit der ehemaligen Tätigkeit eines Freiberuflers ist bejaht worden für den Fall, dass die berufsfremde Erbin eines verstorbenen Künstlers Werke dieses Künstlers veräußert; die Erbin habe damit den wirtschaftlichen Erfolg der künstlerischen Tätigkeit in gleicher Weise realisiert, wie das bei dem Künstler selbst der Fall gewesen wäre, wenn dieser nach Einstellung der aktiven künstlerischen Tätigkeit die noch vorhandenen Bilder nach und nach veräußert hätte (BFH 29.4.1993 – IV R 16/92, BStBl. II 1993, 716). Die Erbin eines Textdichters, der die Verwertung der Urheberrechte der Gesellschaft für musikalische Aufführungs- und mechanische Vervielfältigungsrechte (GEMA) übertragen hatte, erzielt Einkünfte aus selbständiger Arbeit auch bezüglich der Tantiemen, die auf Zeiträume nach dem Tod des Erblassers entfallen (BFH 2.3.1995 – IV R 62/93, BStBl. II 1995, 413).

Allerdings weist das FG Köln 24.6.2015 – 14 K 1130/13, EFG 2015, 1923 (zur Vereinnahmung von Lizenzeinnahmen und deren Verwertung nach dem Tod des Halters) zu Recht darauf hin, dass die Verwertung ehemaligen freiberuflichen Vermögens durch die Erben nach der bisherigen Rechtsprechung in zu großem Umfang als Einkünfteerzielung aus der ehemaligen Tätigkeit des Erblassers gesehen wurde. Stirbt der „Überschussrechner", bevor er die von ihm durch eine Erwerbstätigkeit iSv § 2 Abs. 1 erlangten Forderungen eingezogen (= Zufluss iSv § 11 Abs. 1) oder die von ihm begründeten und bei ihrer Erfüllung zu Erwerbsaufwand führenden Verbindlichkeiten beglichen hat (= Abfluss iSv § 11 Abs. 2), so hat er den Tatbestand der Einkünfteerzielung insoweit (noch) nicht vollständig verwirklicht. Auch der Erbe erfüllt den Einkünfteerzielungstatbestand in diesen Fällen nur fragmentarisch; denn seine Tätigkeit beschränkt sich auf die Einziehung der bereits in der Person des Erblassers begründeten Forderungen sowie auf die Begleichung der entsprechenden Nachlassverbindlichkeiten. Nur für diese – nicht verallgemeinerungsfähige – Sonderkonstellation der sog. gespaltenen Tatbestandsverwirklichung, in welcher der Einkünfteerzielungstatbestand teils durch den Rechtsvorgänger und teils durch den Rechtsnachfolger verwirklicht wird, regelt § 24 Nr. 2 letzter Halbsatz in der Weise zur Schließung einer sonst bestehenden Besteuerungslücke konstitutiv, dass die vom Rechtsvorgänger erfüllten Tatbestandsmerkmale dem Rechtsnachfolger zugerechnet werden (BFH 17.12.2007 – GrS 2/04, BStBl. II 2008, 608). Anknüpfend an diese Rechtsprechung vertritt das FG Köln vom 24.6.2015 – 14 K 1130/13, EFG 2015, 1923 zutreffend, dass in der Regel eigene gewerbliche (und damit auch gewerbesteuerpflichtige) Einnahmen erzielt werden, wenn berufsfremde Erben etwa in Dauerschuldverträge (Lizenzverträge) als Gesamtrechtsnachfolger eintreten und diese fortführen oder Bilder/Texte des Erblassers durch selbst mit Dritten abgeschlossene Verträge verwerten. Bezüge von der VG-Wort/GEMA für vom Erblasser noch angemeldete Werke oder die Vereinnahmung von Honoraren nach dem Tod des Erblassers fallen hingegen unter die ehemaligen Einkünfte gemäß § 24 Nr. 2, da der Erblasser alles zum Entstehen der Forderungen noch selbst getan hat. 959

Einstweilen frei 960

(4) Aufgabe durch Entstrickung (§ 18 Abs. 3 Satz 2 iVm § 16 Abs. 3a). Einer Aufgabe des der selbständigen Tätigkeit dienenden Vermögens steht gemäß § 18 Abs. 3 iVm § 16 Abs. 3a der Ausschluss oder die Beschränkung des Besteuerungsrechts der Bundesrepublik Deutschland im Sinne des § 4 Abs. 1 Satz 4 hinsichtlich des Gewinns aus der Veräußerung sämtlicher Wirtschaftsgüter des Betriebs oder eines Teilbetriebs gleich. 961

Sachverhalte, die von dieser Regelung betroffen sind, sind insbesondere der Wegzug eines Freiberuflers unter Schließung der inländischen Betriebsstätte oder die Schließung einer inländischen durch eine internationale Sozietät, wenn diese Vorgänge zu einer geänderten Zuordnung von Wirtschaftsgütern/Teilbetrieben zu anderen (ausländischen) Betriebsstätten führen, die nach einem DBA sog. Freistellungsbetriebsstätten sind. Ein solcher Zuordnungswechsel bewirkt eine Beendigung oder Beschränkung des deutschen Besteuerungsrechts für das bisherige inländische Betriebsstättenvermögen gemäß § 4 Abs. 1 Satz 4 (HHR/*Kulosa* § 16 Rn. 626 f.; Blümich/*Schallmoser* § 16 Rn. 494 f.; siehe vertiefend WRS PersGes/*Richter* Kap. 7 Freiberufler-Personengesellschaften Rn. 7.96 zur Aufnahme von Gesellschaftern in 962 grenzüberschreitende Sozietäten mit deutscher Betriebsstätte und Rn. 7.97 zur Beschränkung deutscher Besteuerungsrechte für ausländische Betriebsstättengewinne bei grenzüberschreitend tätigen inländischen Sozietäten).

963 **bb) Besonderheiten bei der Ermittlung des Aufgabegewinns von Freiberuflern. (1) Wechsel der Gewinnermittlungsart und Aufgabebilanz:.** Gemäß § 16 Abs. 2 Satz 2 iVm § 16 Abs. 3 Satz 1 ist auch zur Ermittlung eines Aufgabegewinns von der Einnahme-Überschussrechnung zum Bestandsvergleich überzugehen. Wird nur auf Veranlassung des Finanzamts eine Aufgabebilanz erstellt, weil dieses rechtsfehlerhaft von der Verwirklichung eines Aufgabetatbestands ausgeht, ist der Steuerpflichtige nicht an die Gewinnermittlung durch Bestandsvergleich gebunden (BFH 26.4.1995 – XI R 86/94, BStBl. II 1996, 4).

964 Die Erstellung der Aufgabebilanz dient auch bei Freiberuflern dem Zweck, den Aufgabe- oder Veräußerungsgewinn zu dokumentieren (BFH 3.7.1991 – X R 163-164/87, BStBl. II 1991, 802 (805); BFH 9.12.2014 – X R 12/12, BStBl. II 2016, 852). In der auf den finalen Aufgabezeitpunkt aufzustellenden Aufgabebilanz werden neben etwa veräußerten und in das Privatvermögen überführten Wirtschaftsgütern die verbliebenen Schulden mit den Werten des § 16 Abs. 3 angesetzt (vgl. BFH 9.12.2014 – X R 12/12, BStBl. II 2016, 852; BFH 5.5.2015 – X R 48/13, BFH/NV 2015, 1358, unter II.1.a, mwN). Zur rückwirkenden Änderung der Aufgabebilanz siehe grundlegend den Beschluss des Großen Senats des BFH 19.7.1993 – GrS 2/92, BStBl. II 1993, 897; BFH 19.8.2009 – I R 3/09, BStBl. II 2010, 249; BFH 13.12.2016 – X R 4/15, DStR 2017, 1156 zum nachträglichem Wegfall einer in der Aufgabebilanz erfassten betrieblichen Schuld durch eine insolvenzrechtliche Restschuldbefreiung).

965 **(2) Einzelfragen. Häusliches Arbeitszimmer:** Zur Berechnung des Entnahmegewinns für ein zum freiberuflichen Betriebsvermögen gehörendes Arbeitszimmer, das der Abzugsbeschränkung des § 4 Abs. 5 S. 1 Nr. 6b für die laufenden Aufwendungen unterlegen hat, im Rahmen eines Aufgabegewinns gemäß § 18 Abs. 3 s. FG Hessen 1.2.2017 – 12 K 1282/15, BeckRS 2017, 148469 (Rev. VIII R 15/17).

966 **Praxisräume auf Ehegattengrundstück/im Miteigentum:** Durch die BFH-Rechtsprechung (BFH 29.4.2008 – VIII R 98/04, BStBl. II 2008, 749; BFH 9.3.2016 – X R 46/14, BStBl. II 2016, 976) ist nunmehr geklärt, dass sowohl freiberuflich genutzte Räume in einem Gebäude(teil), der im Miteigentum von Ehegatten, steht als auch freiberuflich genutzte Gebäude, die auf dem Grundstück eines nicht betrieblich tätigen Ehegatten auf Kosten des Praxisinhabers (Unternehmer-Ehegatte) errichtet werden, anlässlich einer Betriebsaufgabe nicht zum gemeinen Wert entnommen werden müssen, sondern erfolgsneutral auszubuchen sind. Das BMF-Schreiben vom 16.12.2016, BStBl. I 2016, 1432 folgt der Rechtsprechung weitgehend. Zum Sonderbetriebsvermögen → Rn. 1241. Errichtet der Unternehmer-Ehegatte mit eigenen Mitteln ein Gebäude auf einem auch dem Nichtunternehmer-Ehegatten gehörenden Grundstück, wird der Nichtunternehmer-Ehegatte – sofern keine abweichenden Vereinbarungen zwischen den Eheleuten getroffen werden – sowohl zivilrechtlicher als auch wirtschaftlicher Eigentümer des auf seinen Miteigentumsanteil entfallenden Gebäudeteils. Dieser Gebäudeteil gehört zu seinem Privatvermögen. Der Nichtunternehmer-Ehegatte ist rechtlicher und wirtschaftlicher Inhaber des vom Betriebsinhaber-Ehegatten errichteten Gebäudeteils, weil er Eigentümer des Grundstücks ist und dem Betriebsinhaber-Ehegatten gestattet, mit eigenen Mitteln auf seinem Grundstück oder Miteigentumsanteil ein betrieblich genutztes Gebäude zu errichten. In Miteigentumsfällen ist dem Betriebsinhaber der auf seinen Miteigentumsanteil entfallende Gebäudeteil als rechtlichem und wirtschaftlichem Eigentümer zuzurechnen. Auch die Annahme eines anderen Wirtschaftsguts (Nutzungsrechts) beim Unternehmer-Ehegatten wird verneint.

966.1 Die vom Betriebsinhaber getragenen Aufwendungen für die Anschaffung oder Herstellung des Gebäudeteils oder eines gesamten Gebäudes, die auf den Miteigentumsanteil des Nichtunternehmer-Ehegatten entfallen, wenn es auf einem im Alleineigentum des Nichtunternehmer-Ehegatten stehenden Grundstücks errichtet wird, sind als Aufwandsverteilungsposten zu erfassen, der nicht die Qualität eines Wirtschaftsguts hat (siehe grundlegend BFH 30.1.1995 – GrS 4/92, BStBl. II 1995, 281). Der Unternehmer-Ehegatte kann über einen Posten „wie Gebäude" die aufgewendeten Anschaffungs- und Errichtungskosten nach den für Gebäude im Privatvermögen geltenden AfA-Regelungen (reguläre AfA und Sonder-AfA) abschreiben.

Bei Beendigung der betrieblichen Nutzung fehlt es daher nach übereinstimmender Auffassung in Rechtsprechung und Verwaltung an einem Gewinnrealisierungstatbestand beim Unternehmer-Ehegatten (Freiberufler), da der betrieblich genutzte Gebäudeteil keine Wirtschaftsgutqualität hat und nicht entnommen werden kann; auch eine Rücklage gemäß § 6b darf nicht gebildet werden (siehe für einen Fall der Betriebsveräußerung unter Zurückbehaltung des Grundstücks BFH 29.4.2008 – VIII R 98/04, BStBl. II 2008, 749; für eine tatbestandlich nicht unter § 20 UmwStG fallende Einbringung in eine Kapitalgesellschaft unter zwingender Aufdeckung stiller Reserven BFH 19.12.2012 – IV R 29/09, BStBl. II 2013, 387 Rn. 26 ff.). **966.2**

Eine Gewinnminderung im Betrieb des Nichteigentümer-Ehegatten (durch Ausbuchung des nicht abgeschriebenen Aufwandsverteilungspostens) kommt ebenfalls nicht in Betracht. Der BFH (BFH 9.3.2016 – X R 46/14, BStBl. II 2016, 976) geht davon aus, dass mit Beendigung der Nutzung des bisherigen Inhabers ein Rückfall des noch nicht abgeschriebenen Aufwandsverteilungspostens an den Nichtunternehmer-Ehegatten stattfindet. Dabei ist unerheblich, ob der Betrieb veräußert/aufgegeben oder gemäß § 6 Abs. 3 unentgeltlich auf einen Rechtsnachfolger übertragen wird, dh bei einer Schenkung des Betriebs findet ein Durchgangserwerb beim Nichtunternehmer-Ehegatten statt. Das Schreiben des BMF 16.12.2016, BStBl. I 2016, 1432 nimmt bei Schenkungen des Betriebs durch den Unternehmer-Ehegatten unter Fortsetzung der Nutzung des bisherigen Gebäudes abweichend von dieser Sichtweise an, der Aufwandsverteilungsposten werde auf den Rechtsnachfolger übertragen, wenn diesem das Grundstück nicht ohnehin zivilrechtlich und wirtschaftlich zuzurechnen sei. **966.3**

Hilfsgeschäfte, wie sie ein Zahnarzt mit der Verwertung ihm überlassener Edelmetallabfälle betreibt, sind jedenfalls dann keine Geschäfte im Rahmen der „normalen" Berufsausübung eines selbständig Tätigen, wenn sie im Zusammenhang mit einer Praxisaufgabe erfolgen, denn das typische Berufsbild eines Zahnarztes wird weder durch den Handel mit Edelmetallabfällen noch durch die Verwertung der zu Vorratszwecken gesammelten Abfälle geprägt (BFH 25.11.1993 – IV R 19/92, BFH/NV 1994, 540). **967**

Die Besonderheiten **eines Nur-Notariats** bestehen für Zwecke der Ermittlung des Aufgabegewinns nach allgemeiner Meinung darin, dass gemäß § 47 BNotO das Amt durch Tod erlischt und ein Nachfolger öffentlich neu bestellt werden muss. Werden Zahlungen des Nachfolgers für die Fortsetzung der Tätigkeit in den bisherigen Räumen geleistet, entfallen diese mangels wirtschaftlicher Verfügungsmacht der Erben nicht auf einen Praxiswert, sondern auf das Inventar. Die Sechs-Monats-Frist zur Abwicklung des bisherigen Notariats beginnt erst mit Aufnahme der Tätigkeit des neu bestallten Notars (Schmidt/*Wacker* § 18 Rn. 260; Blümich/*Hutter* § 18 Rn. 327; Bordewin/Brandt/*Moritz*/*Baumgartner* § 18 Rn. 634). Für den Erwerber (neu bestellten Notar) bedeutet dies, dass die Anschaffungskosten nicht einem erworbenen Einzelpraxiswert zugeordnet werden können, der innerhalb der üblichen Fristen abzuschreiben wäre. Sie sind auf das Inventar zu verteilen (bis zu den Teilwerten) und darüber hinaus als Betriebsausgabe sofort abzugsfähig. **968**

Einstweilen frei **969**

c) Praxisaufgabe im Wege der echten Realteilung. aa) Fallgruppen der Realteilung und Begriff der Sachwertabfindung. Die Verweisung des § 18 Abs. 3 Satz 2 erstreckt sich auch auf § 16 Abs. 3 Satz 2 ff. und damit auf die Realteilungsregelungen. Die Grundsätze der Realteilung gelten nach dem nunmehr in der Rechtsprechung des BFH erreichten Stand (BFH 17.9.2015 – III R 49/13, BStBl. II 2017, 37; BFH 16.3.2017 – IV R 31/14,BStBl. II 2019, 24; BFH 30.3.2017 – IV R 11/15,BStBl. II 2019, 29) sowohl für die Auflösung der Mitunternehmerschaft und Verteilung des Betriebsvermögens („**echte Realteilung**") als auch für das Ausscheiden (mindestens) eines Mitunternehmers unter Mitnahme von mitunternehmerischem Vermögen aus einer zwischen den übrigen Mitunternehmern fortbestehenden Mitunternehmerschaft („**unechte Realteilung**"). Ob im Einzelfall eine echte oder eine unechte Realteilung vorliegt, richtet sich danach, ob die Mitunternehmerschaft aufgelöst wird oder ob sie fortbesteht und nur (mindestens) ein Mitunternehmer unter Mitnahme von mitunternehmerischem Vermögen ausscheidet. Das BMF folgt im überarbeiteten Realteilungserlass vom 19.12.2018 (BStBl. I 2019, 6) dieser Sichtweise. Es nennt in Rn. 1 des Schreibens beide Fallgruppen und führt unter Rn. 4 aus, Grundsätze der Realteilung würden sowohl für die „echte" Realteilung als auch für die „unechte" Realteilung gelten. **970**

Die Realteilung hat für Freiberufler eine hohe praktische Bedeutung. Denn regelmäßig werden Mitunternehmern im Zuge der Auflösung der Sozietät oder des Ausscheidens aus **971** einer fortbestehenden Mitunternehmerschaft neben materiellen Wirtschaftsgütern auch Mandate und damit Teile des immateriellen Wirtschaftsguts „selbst geschaffener Mandantenstamm" **als Sachwertabfindung** zur Befriedigung von Abfindungsansprüchen gewährt. Wie bereits an anderer Stelle ausgeführt liegt nach hier vertretener Auffassung eine Sachwertabfindung mit Mandanten vor, wenn die Mitunternehmer diese zur Befriedigung eigentlich vorhandener Abfindungsansprüche in Geld einsetzen. Vereinbart werden kann eine Sachwertabfindung, indem den einzelnen Mitunternehmern die Ansprache von Mandanten der Sozietät ohne Bindung an ein Wettbewerbsverbot gestattet wird (→ Rn. 812). Auch sog. Mandantenübernahmeklauseln, die weder die berufliche Niederlassung noch die Mitnahme von Mandaten und Mandanten der bisherigen Gesellschaft verbieten, aber den ausscheidenden Freiberufler verpflichten, einen Teil des mit diesen Mandaten eingenommenen Honorars an die Gesellschaft abzuführen (vgl. *Römermann* BB 1998, 1489 (1490)), dürften zum Einsatz des Mandantenstamms als Sachwertabfindung führen. Sind Mandate Gegenstand einer Sachwertabfindung, wird der Mandantenstamm/Patientenstamm entgeltlich aus dem Praxiswert der bisherigen Sozietät herausgelöst und auf den Realteiler übertragen.

972 **bb) Echte Realteilung mit Vollbeendigung der Sozietät. (1) Zivilrecht.** Zivilrechtlich ist die Beendigung einer Personenhandelsgesellschaft entweder durch Realteilung oder im Wege der Liquidation durchzuführen. Bei der GbR ist etwa im Rahmen der Liquidation das Gesellschaftsvermögen, soweit erforderlich, in Geld umzusetzen, es sind die Schulden zu bereinigen und die Einlagen zurückzuerstatten (§§ 731, 733 Abs. 3 BGB). Die Realteilung stellt eine „andere Art der Auseinandersetzung" der Personengesellschaft dar, die in der Regel in Form einer Naturalteilung des Betriebsvermögens im Wege der Einzelrechtsnachfolge vollzogen wird, ohne das Gesellschaftsvermögen zunächst in Geld umzusetzen (BFH 17.9.2015 – III R 49/13, BStBl. II 2017, 37; Widmann/Mayer/*Pupeter* Anhang 10 Rn. 105 ff.).

973 **(2) Voraussetzungen und Rechtsfolgen der echten Realteilung.** Die Vollbeendigung und Auflösung der Sozietät im Wege der Realteilung stellen eine Betriebsaufgabe der Gesellschaft dar, die grundsätzlich zur Aufdeckung sämtlicher stiller Reserven zwingt. Bei Auflösung einer Mitunternehmerschaft im Wege einer steuerbegünstigten Realteilung gemäß § 16 Abs. 3 Satz 2 können hingegen *Sachgesamtheiten* (Teilbetriebe, Mitunternehmeranteile, Teilmitunternehmeranteile oder die 100%ige Beteiligung an einer Kapitalgesellschaft als fiktiver Teilbetrieb gemäß § 16 Abs. 1 S. 2) oder *Einzelwirtschaftsgüter* den Realteilern zugewiesen werden; unter den weiteren Voraussetzungen der Verwendung dieser Wirtschaftsgüter für betriebliche Zwecke (Sicherstellung der Besteuerung der stillen Reserven) kommt es nicht zur Aufdeckung der stillen Reserven, sondern zur zwingenden (nicht antragsgebundenen) Fortführung der Buchwerte bei den Realteilern.

974 Da die Realteilungsgegenstände in das „jeweilige BV der einzelnen Mitunternehmer" zu übertragen sind und jeweils die Besteuerung der stillen Reserven sichergestellt sein muss, sind die Voraussetzungen der Buchwertfortführung gemäß § 16 Abs. 3 Satz 2 personen- und objektbezogen zu prüfen. Die steuerneutrale Buchwertfortführung soll dem einzelnen Realteiler (personenbezogen) zugutekommen, der das im Rahmen der Realteilung erhaltene Betriebsvermögen in einem anderen eigenen Betriebsvermögen weiternutzt und so sein unternehmerisches Engagement in anderer Form fortsetzt; der Aufschub der Versteuerung anlässlich einer Betriebsaufgabe an sich aufzudeckender stiller Reserven soll andererseits (objektbezogen) nur insoweit erfolgen, als das erhaltene Betriebsvermögen tatsächlich in einem anderen eigenen Betriebsvermögen weitergenutzt wird (BFH 16.3.2017 – IV R 31/14,BStBl. II 2019, 24; BMF 19.12.2018, BStBl. I 2019, 6 Rn. 1).

974.1 Werden im Zuge der Realteilung von einzelnen Realteilern Wirtschaftsgüter in das Privatvermögen überführt, werden diese nach dem Realteilungserlass vom 19.12.2018, BStBl. I 2019, 6 Rn. 9 im Zuge der Betriebsaufgabe und Realteilung durch die Realteilungsgesellschaft entnommen. Da die Besteuerung der stillen Reserven für diese Wirtschaftsgüter entgegen § 16 Abs. 3 S. 1 Hs. 1 bei Fortführung der Buchwerte nicht sichergestellt ist, kommt es insoweit zur Aufdeckung der stillen Reserven. Dieser Aufgabegewinn wird aus Sicht des BFH und BMF den einzelnen Realteilern entsprechend der allgemeinen Gewinnverteilungsquote zugerechnet (BFH 16.3.2017 – IV R 31/14, BFH/NV 2017, 1093; BMF 19.12.2018, BStBl. I 2019, 6 Rn. 9; *Niehus/Wilke* Ubg 2019, 194 (205); aA *Stenert* DStR 2019, 245 (253)). Hierdurch kommt es zu Verwerfungen unter den Realteilern, da die mitgenommenen

Wirtschaftsgüter unterschiedlich hohe stille Reserven beeinhalten, deren Aufdeckung von allen Mitunternehmern zu versteuern ist, die aber mit den jeweils übertragenen Wirtschaftsgütern in unterschiedlicher Höhe auf die Realteiler übergehen. Auch in Mischfällen kommt es zu Verwerfungen, wenn einzelne Realteiler ihre Wirtschaftsgüter weiterhin betrieblich nutzen, dennoch aber die Aufdeckung der stillen Reserven für die ins Privatvermögen entnommenen Wirtschaftsgüter anderer Realteiler mitversteuern müssen.

Die technische Handhabung des Vorgangs ist noch nicht gänzlich geklärt. Zutreffend ist meines 974.2
Erachtens, in einem ersten Schritt in der Realteilungsbilanz der Mitunternehmerschaft die Wirtschaftsgüter und Kapitalkonten um die aufgedeckten stillen Reserven aufzustocken, die Aufstockungsgewinne nach dem allgemeinen Gewinnverteilungsschlüssel auf die Mitunternehmer zu verteilen und die Kapitalkonten der einzelnen Mitunternehmer an die aufgestockten Buchwerte der jeweils mitgenommenen Wirtschaftsgüter anzupassen (vgl. *Niehus/Wilke* Ubg 2019, 194 (206) mit Beispiel; Widmann/Mayer/*Pupeter* Anhang Realteilung Rn. 841). Streitig ist weiter, ob die Entnahmegewinne sich durch eine besondere Gewinnverteilungsaberede jeweils denjenigen Entnehmenden zuweisen lassen, die das betroffene Wirtschaftsgut „mitnehmen". Nach BFH 16.3.2017 – IV R 31/14, BFH/NV 2017, 1093 ist dies zweifelhaft (siehe Schmidt/*Wacker* § 16 Rn. 551). Angesichts des Verständnisses der echten Realteilung als Betriebsaufgabe dürfte wegen § 16 Abs. 3 S. 6–8 eine vertragliche Zuweisung der Entnahmegewinne nicht möglich sein. § 16 Abs. 3 S. 8 bestimmt, dass bei der Aufgabe eines Gewerbebetriebs, an dem mehrere Personen beteiligt waren, für jeden einzelnen Beteiligten der gemeine Wert der Wirtschaftsgüter anzusetzen ist, die er bei der Auseinandersetzung erhalten hat. BFH und BMF verstehen die echte Realteilung als gemeinsame Entnahme aller Wirtschaftsgüter, sodass für sämtliche Mitunternehmer die gemeinen Werte anzusetzen und nach dem allgemeinen Verteilungsschlüssel zu verteilen sind. Diese Frage ist aber streitig, denn § 16 Abs. 3 Satz 8 ließe sich jeweils auch personenbezogen anwenden (zu dieser Gegenauffassung siehe Schmidt/*Wacker* § 16 Rn. 551).

Merkmal „Realteilung": Für die seit 2001 geltende Fassung des § 16 Abs. 3 S. 2–4 und 975
Abs. 5 ist das Merkmal der „Realteilung" im Sinne des EStG ein autonom auszulegender – vom Zivilrecht unabhängiger – steuerrechtlicher Eigenbegriff (BFH 16.3.2017 – IV R 31/14, BStBl. II 2019, 24; BFH 17.9.2015 – III R 49/13, BStBl. II 2017, 37; BFH 11.4.2013 – III R 32/12, BStBl. II 2014, 242; BFH 29.3.2011 – VIII R 28/08, BStBl. II 2014, 299; s. aus dem Schrifttum zB HHR/*Kulosa* § 16 Rn. 541 f.). Die Finanzverwaltung sieht im Realteilungserlass vom 19.12.2018 (BStBl. I 2019, 6) die „echte" Realteilung wie der BFH als eine besondere Form der Betriebsaufgabe *der Mitunternehmerschaft* an (siehe auch *Görgen* NWB 2016, 1659 (1660)). Die echte Realteilung ist auch gewerbesteuerlich eine Betriebsaufgabe (Realteilungserlass v. 19.12.2018, BStBl. I 2019, 6 Rn. 18, 30; siehe auch BFH 17.2.1994 – VIII R 13/94, BStBl. II 1994, 809).

Der Realteilungserlass vom 19.12.2018, BStBl. I 2019, 6 verlangt für eine echte Realtei- 976
lung mit Auflösung der Mitunternehmerschaft bei der *Zuweisung von Einzelwirtschaftsgütern des Gesamthandsvermögens* nicht mehr, dass mindestens eine wesentliche (funktional oder quantitativ wesentliche) Betriebsgrundlage nach der Realteilung zu Betriebsvermögen eines Realteilers wird; nicht jeder Realteiler muss daher *wesentliche* Betriebsgrundlagen des Gesamthandsvermögens erhalten. Dies entspricht der Sichtweise des BFH (BFH 16.3.2017 – IV R 31/14, BStBl. II 2019, 24). Ebenfalls ausreichend ist es, wenn einem Realteiler sein Sonderbetriebsvermögen zugeteilt wird.

Gegenstand einer Realteilung können Teilbetriebe, Mitunternehmeranteile, Teilmitunter- 977
nehmeranteile, die 100%-Beteiligung an einer Kapitalgesellschaft als fiktiver Teilbetrieb und Einzelwirtschaftsgüter sein (BMF 19.12.2018, BStBl. I 2019, 6 Rn. 5). Werden vom Realteiler zusammen mit einem Einzelwirtschaftsgut Verbindlichkeiten der Mitunternehmerschaft übernommen, liegt keine teilentgeltliche Übertragung gemäß § 6 Abs. 5 S. 3, sondern eine Realteilung vor, die zu Buchwerten erfolgen kann (vgl. BMF 19.12.2018, BStBl. I 2019, 6 Rn. 8; *Stenert* DStR 2019, 245 (247) mit Beispiel). Hinsichtlich der Zuordenbarkeit von Verbindlichkeiten der realgeteilten Gesellschaft zu den in § 16 genannten originären und fiktiven Teilbetrieben gelten die in Rn. 15.01 ff. des UmwStE 2011 (BMF 11.11.2011, BStBl. I 2011, 1314) unter Geltung des europäischen Teilbetriebsbegriffs postulierten strengen Zuordnungsgrundsätze nicht, dh die Verbindlichkeiten der Mitunternehmerschaft können frei zugeordnet werden (Widmann/Mayer/*Pupeter* Anhang Realteilung Rn. 840, 841; Schmidt/*Wacker* § 16 Rn. 545). Zur freien Zuordnung von Verbindlichkeiten im Rahmen des Teilbetriebsbegriffs gemäß § 16 Abs. 1 s. *Graw*, Der Teilbetrieb im Umwandlungssteuerrecht nach dem Umwandlungssteuererlass 2011, ifst-Schrift Nr. 488 (2013), 17, 26 u. 30).

978 Der Übergang von Wirtschaftsgütern des Sonderbetriebsvermögens des einen Realteilers in das Betriebs- oder Sonderbetriebsvermögen *eines anderen Realteilers* zum Buchwert ist ein Anwendungsfall der Realteilung gemäß § 16 Abs. 3 S. 2; alle übrigen Übertragungen von Sonderbetriebsvermögen ohne einen Rechtsträgerwechsel in ein Einzelunternehmen oder anderes Sonderbetriebsvermögen des Realteilers fallen unter § 6 Abs. 5 S. 2 (BMF 19.12.2018, BStBl. I 2019, 6 Rn. 5; BFH 30.3.2017 – IV R 11/15, BStBl. II 2019, 29; BFH 16.3.2017 – IV R 31/14, BStBl. II 2019, 24).

979 **„Zielbetriebsvermögen"** dürfen nach der Verwaltungsauffassung nur ein Einzelunternehmen oder ein Sonderbetriebsvermögen des Realteilers bei einer anderen Mitunternehmerschaft, nicht aber das Gesamthandsvermögen einer anderen Mitunternehmerschaft sein, an der der Realteiler beteiligt ist. Das aufnehmende Betriebsvermögen des Realteilers darf erst im Zuge der Realteilung (als Einzelunternehmen) entstehen und ausschließlich aus den im Wege der Realteilung empfangenen Wirtschaftsgütern bestehen (BMF 19.12.2018, BStBl. I 2019, 6 Rn. 12).

980 **Sperrfrist:** Die Übertragung bestimmter Einzelwirtschaftsgüter (Grund und Boden, Gebäude, wesentliche Betriebsgrundlagen) zu Buchwerten ist an die Sperrfrist des § 16 Abs. 3 Satz 3 gekoppelt.

981 Wesentliche Betriebsgrundlage, deren Übertragung eine Sperrfrist auslöst, ist bei Freiberuflern in der Regel das immaterielle Wirtschaftsgut Patientenstamm oder Mandantenstamm. Wird zB eine Gemeinschaftspraxis (GbR) real geteilt und vollbeendet, erlischt deren Praxiswert. Im Zuge dieses Erlöschens wird der bis zur Realteilung im Praxiswert untrennbar enthaltene (anteilige) selbst geschaffene Mandanten-/Patientenstamm (Buchwert Null) herausgelöst und auf die Realteiler aufgeteilt (aA wohl *Stenert* DStR 2019, 1785 (1789)). Er ist bei einer Buchwertfortführung weder bei der realgeteilten Personengesellschaft noch beim Realteiler anzusetzen (FSen Berlin 3.2.2012, DStR 2012, 907). Eine solche „Zuweisung" des Mandantenstamms als Sachwertabfindung setzt voraus, dass dieser den Mitunternehmern „statt Geld" für seinen Abfindungsanspruch zugewiesen wird (→ Rn. 971).

982 **Fußstapfentheorie:** § 16 Abs. 3 Satz 2 ordnet die Fortführung der Buchwerte beim übernehmenden Realteiler an. In anderem Kontext hat der BFH diesen Eintritt in die Stellung der realgeteilten Gesellschaft als *einheitliche Betrachtung* der realgeteilten Mitunternehmerschaft und der fortgeführten Einzelunternehmen der Realteiler umschrieben (BFH 11.4.2013 – III R 32/12, BStBl. II 2014, 242; zum Eintritt des Realteilers in die Rechtsposition der Gesellschaft siehe auch Schmidt/*Wacker* § 16 Rn. 547; Widmann/Mayer/*Pupeter* Anhang Realteilung Rn. 1162).

983 **Wechsel der Gewinnermittlungsart bei der realgeteilten Gesellschaft:** Aus dieser personenübergreifenden einheitlichen Betrachtung hat BFH 11.4.2013 – III R 32/12, BStBl. II 2014, 242 abgeleitet, dass ein Wechsel der Gewinnermittlungsart bei Freiberuflern im Vorfeld der Realteilung entbehrlich ist. Bei Realteilung einer – ihren Gewinn durch Einnahme-Überschussrechnung ermittelnden – (freiberuflichen) Mitunternehmerschaft ohne Spitzenausgleich bestehe keine Verpflichtung zur Erstellung einer Realteilungsbilanz nebst Übergangsgewinnermittlung, wenn die Buchwerte fortgeführt würden und die Mitunternehmer unter Aufrechterhaltung der Gewinnermittlung durch Einnahme-Überschussrechnung ihre berufliche Tätigkeit in Einzelpraxen weiter betrieben. Die Mitunternehmer der realgeteilten Mitunternehmerschaft können somit nach der Realteilung in ihren Einzelpraxen ohne einen „Rückwechsel der Gewinnermittlungsart" den Gewinn durch Einnahme-Überschussrechnung nach § 4 Abs. 3 ermitteln.

984 Folge der Buchwertverknüpfung gemäß § 16 Abs. 3 S. 2 Hs. 2 ist nach der BFH-Rechtsprechung auch eine *interpersonelle Geltung der Grundsätze des formellen Bilanzenzusammenhangs* zwischen der Schlussbilanz der realgeteilten Mitunternehmerschaft und den späteren Bilanzen der Realteiler (BFH 20.10.2015 – VIII R 33/13, BStBl. II 2016, 596; siehe auch *Otto* BB 2016, 1202).

985 **Kapitalkontenanpassung:** Die Finanzverwaltung hält im Realteilungserlass vom 19.12.2018, BStBl. I 2019, 6 Rn. 22 daran fest, dass die in § 16 Abs. 3 S. 2 Hs. 1 u. 2 als Rechtsfolge angeordnete Buchwertfortführung auf Ebene der realgeteilten Mitunternehmerschaft und der Ansatz der Buchwerte in den Eröffnungsbilanzen der Realteiler steuerbilanziell nach der sog. *Kapitalkontenanpassungsmethode* abzubilden ist. Die Kapitalkonten der Realteiler werden durch wechselseitige Auf- und Abstockung gewinnneutral dahin angepasst, dass ihre

Höhe der Summe der Buchwerte der übernommenen Wirtschaftsgüter entspricht; die Buchwerte und Kapitalien werden in den Eröffnungsbilanzen der Realteiler entsprechend angesetzt. Die Realteilung gestattet somit im Ergebnis die Fortführung der Buchwerte trotz Abweichung vom Subjektsteuerprinzip, da stille Reserven teilweise auf denjenigen Gesellschafter überspringen, der die Wirtschaftsgüter mit den höheren stillen Reserven erhält, somit nicht von allen Gesellschaftern versteuert werden, die sie erwirtschaftet haben und denen sie nach dem allgemeinen Gewinnverteilungsschlüssel zugerechnet werden müssten (HHR/*Kulosa* § 16 Rn. 552 u. 553). Zu der gegen diese Methode weiterhin erhobenen Kritik siehe *Niehus/Wilke* Ubg 2019, 194 (202 ff.) mwN.

Sperrfristverletzung: Werden innerhalb der Sperrfrist die in § 16 Abs. 3 Satz 3 benannten Wirtschaftsgüter veräußert oder entnommen, führt dies rückwirkend zum Ansatz des gemeinen Werts der übertragenen Wirtschaftsgüter. **986**

Eine schädliche Veräußerung ist nach dem Realteilungserlass vom 19.12.2018 (BStBl. I 2019, 6) unter Rn. 26 auch die Einbringung (tauschähnlicher Vorgang) der im Rahmen der Realteilung erhaltenen wesentlichen Betriebsgrundlagen (Einzelwirtschaftsgüter) als Bestandteil eines Betriebs, Teilbetriebs oder Mitunternehmeranteils nach §§ 20, 24 UmwStG und unabhängig davon, ob die Buchwerte, die gemeinen Werte oder Zwischenwerte angesetzt werden. Als Veräußerung gilt auch ein Formwechsel nach § 25 UmwStG. Überträgt der Realteiler Wirtschaftsgüter, die im Anschluss an die Realteilung Betriebsvermögen geworden sind, gegen Gewährung von Gesellschaftsrechten nach § 6 Abs. 5 auf einen Dritten, liegt ebenfalls eine schädliche Veräußerung vor. **987**

Hierin liegt auch für Freiberufler ein erhebliches praktisches Problem. Im Zuge der Realteilung kann somit zwar Betriebsvermögen in Form von Einzelwirtschafsgütern (etwa eines anteiligen Mandantenstamms) aus der realgeteilten Gesellschaft zu Buchwerten in eine Einzelpraxis oder sogar ein Sonderbetriebsvermögen des Realteilers bei der neuen Sozietät übertragen werden. Die Anschlussübertragung gemäß § 24 UmwStG (der Einzelpraxis) oder einzelner Wirtschaftsgüter (§ 6 Abs. 5 Satz 3 Nr. 1) gegen Gewährung von Gesellschaftsrechten löst dann jedoch auch bei einer Buchwertfortführung durch die aufnehmende Personengesellschaft aus Sicht der Verwaltung eine Sperrfristverletzung aus. **988**

Die Praxis versucht, die Problematik über die **Bildung von Bürogemeinschaften** während der Sperrfrist zu lösen. **989**

Muss eine Gesellschaft gegründet werden, wird die Einzelpraxis des Realteilers insgesamt an die neue Sozietät verpachtet, wenn dies berufsrechtlich zulässig ist (siehe zu Steuerberatern § 28 Abs. 4 BOStB *Strahl* KÖSDI-KSp 14 (Beratungsbrennpunkt Personengesellschaft), 101 Rn. 9). Die Praxisverpachtung fällt unter § 6 Abs. 5 Satz 2. Ertragsteuerlich erlaubt die Finanzverwaltung im Anwendungsschreiben zu § 6 Abs. 5 vom 8. Dezember 2011 (BStBl. I 2011, 1279) in Rn. 6, mehrere Wirtschaftsgüter zeitgleich und sogar ganze Betriebe zu Buchwerten in ein Sonderbetriebsvermögen zu überführen. Der bisher als Einzelunternehmen geführte Betrieb hört auf, ein eigenständiger Betrieb zu sein; er besteht nur noch in Form von Sonderbetriebsvermögen des zum Mitunternehmer gewordenen Einzelunternehmers fort. Die bisher zum Einzelunternehmen gehörenden Wirtschaftsgüter sind vollständig bei der Mitunternehmerschaft zu erfassen (vgl. BFH 25.3.2004 – IV R 49/02, BFH/NV 2004, 1247). Die Zuordnung des Betriebs zum Sonderbetriebsvermögen geht auch den allgemeinen Grundsätzen der Betriebsverpachtung vor (vgl. Schmidt/*Wacker* § 16 Rn. 707 f.; BFH 25.3.2004 – IV R 49/02, BFH/NV 2004, 1247). Sollten die Pachteinnahmen (Sonderbetriebseinnahmen) zu gewerblichen Einkünften führen, können diese nicht die freiberuflichen Einkünfte auf Ebene der Gesamthand gemäß § 15 Abs. 3 Nr. 1 infizieren (→ Rn. 1172). **990**

Umsatzsteuerlich hat der BFH in der Realteilung auf Ebene der realgeteilten Gesellschaft eine steuerbare Lieferung der Gesellschaft angenommen. Liefergegenstand kann auch ein Teil eines Mandantenstamms der realgeteilten Gesellschaft sein (siehe den Leitsatz zu BFH 26.8.2014 – XI R 26/10, DStR 2014, 2810). Das Entgelt setzt sich aus dem Wert des Abfindungsanspruchs des Gesellschafters und etwaigen Ausgleichsleistungen der Gesellschafter zusammen. Dem Realteiler ist von der Gesellschaft eine Rechnung mit USt-Ausweis zu erteilen (Widmann/Mayer/*Knoll* Anhang 11 Rn. 228 ff., 246, 250 ff.; *Korn* KÖSDI 2013, 18504 Rn. 2). In Betracht kommt allerdings bei der Übertragung ganzer Teilbetriebe auch das Vorliegen einer Geschäftsveräußerung im Ganzen (siehe zu den Anforderungen BFH 29.8.2012 – XI R 10/12, BStBl. II 2013, 221). **990.1**

990.2 Überlässt der Realteiler anschließend der neuen Sozietät den Mandantenstamm zur Nutzung, liegt umsatzsteuerrechtlich keine Lieferung gemäß § 3 Abs. 1 UStG, sondern eine sonstige Leistung nach § 3 Abs. 9 UStG vor (BFH 6.12.2012 – V ER-S 2/12, BFH/NV 2013, 418). Die *unentgeltliche Überlassung* des Mandantenstamms an die neue Gesellschaft begründet keine umsatzsteuerliche Unternehmerstellung des Realteilers und steht dem Vorsteuerabzug des Realteilers aus der Rechnung der Gesellschaft entgegen (EuGH 13.3.2014 – C-204/13, DStR 2014, 592; nachgehend BFH 26.8.2014 – XI R 26/10, DStR 2014, 2810). Demnach sollte die Nutzungsüberlassung an die Sozietät entgeltlich ausgestaltet werden (siehe vertiefend *Korn* KÖSDI 2013, 18504, auch zu Steuerbefreiungen bei der neuen Sozietät).

991 Nach dem Realteilungserlass BMF 19.12.2018 (BStBl. I 2019, 6) unter Rn. 28 führt der Verstoß gegen die Sperrfrist zu einem *laufenden Gewinn*. Diese Einordnung ist zutreffend, obwohl der rückwirkende Gewinn im Rahmen der Aufgabe des Betriebs der Gesellschaft entsteht. Er ist laufender Gewinn, da die stillen Reserven nur partiell (für das veräußerte/entnommene Wirtschaftsgut) und im Nachhinein aufgedeckt werden (siehe auch Korn/*Stahl* § 16 Rn. 334). Allerdings hat der BFH (BFH 16.3.2017 – IV R 31/14, BFH/NV 2017, 1093) in einem obiter dictum beiläufig ausgeführt, ein aus einer Sperrfristverletzung resultierender Gewinn wäre „als Aufgabegewinn auf Ebene der Gesellschaft" zu erfassen. Ob der BFH dem Schrifttum nicht folgen will, ist aus der Entscheidung nicht eindeutig abzuleiten.

992 Der rückwirkend bei der realgeteilten Gesellschaft entstehende laufende Gewinn kann durch eine gesellschaftsvertragliche Gewinnverteilungsabrede oder anlässlich der Realteilung von den Mitunternehmern schriftlich getroffene Vereinbarung (sog. Nachversteuerungsklausel, zum Begriff Korn/*Stahl* § 16 Rn. 334) allein dem innerhalb der Sperrfrist entnehmenden oder veräußernden Realteiler zugerechnet werden (BMF 19.12.2018, BStBl. I 2019, 6 Rn. 29). Die Korrektur bestandskräftiger Steuerbescheide erfolgt nach § 175 Abs. 1 Satz 1 Nr. 2 AO. Der Zinslauf nach § 233a Abs. 2a AO beginnt erst 15 Monate nach Ablauf des Kalenderjahres, in dem das rückwirkende Ereignis eingetreten ist.

993 **Spitzenausgleich:** Nach dem Realteilungserlass (BMF 19.12.2018, BStBl. I 2019, 6 Rn. 16 liegt ein Spitzenausgleich vor, wenn ein Mitunternehmer *aus eigenen Mitteln* einen Ausgleich an den anderen Mitunternehmer leistet, weil er etwa im Rahmen der Realteilung Wirtschaftsgüter übernommen hat, deren Verkehrswerte den Wert seines Anteils am Gesamthandsvermögen übersteigen. Diese Begriffsdefinition hat auch der BFH (BFH 11.4.2013 – III R 32/12, BStBl. II 2014, 242) für die seit 2001 geltende Regelung verwendet. Der Gesellschafter, dem bei der Realteilung ein Wirtschaftsgut mit einem seinen Abfindungsanspruch übersteigenden Verkehrswert übertragen wird, muss aus eigenen Mitteln einen Ausgleich an den oder die anderen Gesellschafter leisten.

994 Obwohl dies im Realteilungserlass BMF19.12.2018, BStBl. I 2019, 6 nicht ausdrücklich erwähnt wird, dürfte sich die Finanzverwaltung mit der Veröffentlichung von BFH 17.9.2015 (III R 49/13, BStBl. II 2017, 37) der Sichtweise des BFH angeschlossen haben, dass die Zuteilung von liquiden Mitteln zur Wertangleichung, die *im Gesamthandsvermögen* vorhanden sind, nicht als „verdeckter Spitzenausgleich" beurteilt werden kann. Geld und Forderungen können als Teil des (ungeteilten) Betriebsvermögens wie andere materielle oder immaterielle Wirtschaftsgüter im Zuge einer Realteilung den Gesellschaftern frei zugeordnet werden. Denn insoweit liegen schon keine *aus eigenen Mittel eines Mitunternehmers* geleisteten Zahlungen im Sinne der oben genannten Definition vor.

995 Offen ist nach wie vor, ob ein Spitzenausgleich anzunehmen ist, wenn durch die gezielte Zuführung von Einlagen oder eine Kreditaufnahme der Gesellschaft im Vorfeld der Realteilung eine solche Zuordnung von liquiden Mitteln zur Wertangleichung und Vermeidung eines Spitzenausgleichs erst ermöglicht wird. In der Entscheidung des BFH 17.9.2015 – III R 49/13, BStBl. II 2017, 37 liegt jedenfalls kein Freibrief für die Zuführung von Barmitteln *vor* dem Ausscheiden, um einen Spitzenausgleich zu vermeiden (siehe zur Vertiefung *Wendt* FR 2016, 536 (540); *Kanzler* FR 2016, 567 (574)). Zugelassen hat der BFH nunmehr mit Urteil vom 30.3.2017 – IV R 11/15, BFH/NV 2017, 1125, dass im Vorfeld einer „unechten Realteilung" (Ausscheiden des Gesellschafters aus einer Mitunternehmerschaft) Wirtschaftsgüter des Sonderbetriebsvermögens eines Gesellschafters in das Gesamthandsvermögen übertragen und dann dem ausscheidenden Realteiler ohne Spitzenausgleich zugeordnet werden, da insoweit ebenfalls nur das zum (aus Sonderbetriebsvermögen und Gesamthandsvermögen) Betrieb der Gesellschaft gehörende Vermögen im Zuge der Realteilung verteilt wird.

Ein Spitzenausgleich im Sinne der obigen Definition führt zu einem Gewinn beim Empfänger und zu Anschaffungskosten beim Zahlenden (*Wendt* FR 2016, 536 (541)). Die Finanzverwaltung hält im Realteilungserlass vom 19.12.2018 (BStBl. I 2019, 6) unter Rn. 17 an ihrer langjährigen Auffassung (Nichtanwendungserlass des BMF 11.8.1994, BStBl. I 1994, 601 zum Urteil des BFH 1.12.1992 – VIII R 57/90, BStBl. II 1994, 607) fest, dass im Rahmen einer echten Realteilung ein Spitzenausgleich im Verhältnis des Zahlungsbetrags zum Wert des übernommenen Betriebsvermögens als entgeltliches Geschäft anzusehen ist und dem veräußernden Realteiler in Höhe des um den anteiligen Buchwert verminderten Spitzenausgleichs ein Veräußerungsgewinn [Spitzenausgleich ./. anteilig veräußerter Buchwert] entsteht. Nach der Rechtsprechung des BFH zur Rechtslage vor 2001 wird vom Zahlenden hingegen nicht mitgenommenes Betriebsvermögen teilweise erworben, sondern vielmehr ein Teil des Abfindungsanspruchs als Forderung veräußert, sodass er insoweit einen Veräußerungsgewinn in Höhe des vollen Betrags des Spitzenausgleichs erzielt (BFH 1.12.1992 – VIII R 57/90, BStBl. II 1994, 607; BFH 20.10.2015 – VIII R 33/13, BStBl. II 2016, 596). Der BFH hat diese Sichtweise jüngst nochmals referiert (BFH 2.10.2018 – IV R 24/15, BFH/NV 2019, 516) und ausgeführt, bei der echten Realteilung könne die Leistung eines Spitzenausgleichs nicht als Gegenleistung für den Erwerb der übertragenen Wirtschaftsgüter angesehen werden und deshalb sei weder eine Minderung des Gewinns der Gesellschaft um einen Teil des Buchwerts der übertragenen Wirtschaftsgüter noch eine Buchwertaufstockung beim ausgeschiedenen Gesellschafter vorzunehmen. 996

Zur Gewährung eines Spitzenausgleichs oder sonstigen Gegenleistung im Rahmen des Ausscheidens aus einer fortbestehenden Sozietät gegen eine Sachwertabfindung (**unechte Realteilung**) → Rn. 1056. 997

(3) Echte Realteilung zweigliedriger Mitunternehmerschaften. Wird eine mehrgliedrige Personengesellschaft in der Weise aufgelöst, dass ihre Tätigkeit beendet und das Betriebsvermögen real geteilt und die bisherige Tätigkeit in Betrieben der Einzelunternehmer fortgeführt wird, besteht zwischen der Finanzverwaltung und der Rechtsprechung kein Dissens, dass eine Realteilung im Sinne des § 16 Abs. 2 Satz 3 gegeben ist. Abweichend vom Grundsatz des § 16 Abs. 3 S. 1 iVm § 16 Abs. 2 bewirkt die Realteilung, dass die stillen Reserven im Rahmen der Betriebsaufgabe nicht aufzudecken, sondern die Buchwerte fortzuführen sind (§ 16 Abs. 3 S. 2 Hs. 2). 998

Bei Ausscheiden eines Mitunternehmers aus einer zweigliedrigen Mitunternehmerschaft *gegen eine Sachwertabfindung* geht die Finanzverwaltung stets von einer echten Realteilung aus (BMF 19.12.2018, BStBl. I 2019, 6 Rn. 1), da dieser Vorgang die Aufgabe des Betriebs der Gesellschaft zur Folge habe. 999

Der BFH wendet die Unterscheidung zwischen echter Realteilung und unechter Realteilung hingegen auch auf zweigliedrige Mitunternehmerschaften an (BFH 16.3.2017 – IV R 31/14,BStBl. II 2019, 24; Vorinstanz FG Köln 12.3.2014 – 4 K 1546/10, EFG 2014, 1384, mAnm *Knobbe*; siehe auch BFH 16.12.2015 – IV R 8/12, BStBl. II 2017, 766 zur Realteilung einer zweigliedrigen Unterpersonengesellschaft auf die Oberpersonengesellschaften). 1000

Wird eine zweigliedrige Gesellschaft zivilrechtlich durch einen Auflösungsbeschluss von der operativen Tätigkeit in eine Abwicklungsgesellschaft überführt, führt dies demnach zu einer Betriebsaufgabe gemäß § 16 Abs. 3 Satz 1. Diese Betriebsaufgabe kann nach dem BFH (BFH 16.3.2017 – IV R 31/14, BStBl. II 2019, 24) als „echte Realteilung" gemäß § 16 Abs. 3 Satz 2 ff. zu behandeln sein, wenn die weiteren Voraussetzungen der Realteilung erfüllt sind. Das Gesetz sieht auch keine ungeschriebene Einschränkung vor, nach der ***keine Betriebsaufgabe der Gesellschaft samt Realteilung*** vorliegen kann, wenn ein Realteiler im Wesentlichen das Betriebsvermögen übernimmt, das zur unveränderten Fortführung des Betriebs der realgeteilten Gesellschaft notwendig ist (*Görgen* DStZ 2017, 709 (710 f.); *Stenert* DStR 2017, 1785 ff.; *Steiner/Ullmann* Ubg 2017, 448 (449). Treffen die Gesellschafter eine Vereinbarung über das Ausscheiden eines Gesellschafters, liegt eine unechte Realteilung vor. 1001

(4) Zielbetriebsvermögen darf kein anderes Gesamthandsvermögen sein. Finanzverwaltung: Im Realteilungserlass vom 19.12.2018, BStBl. I 2019, 6 Rn. 12 hält die Finanzverwaltung an ihrer Sichtweise fest, dass im Rahmen einer steuerbegünstigten Realteilung gemäß § 16 Abs. 3 S. 2 Betriebsvermögen nicht unmittelbar aus dem Gesamthandsvermögen der real geteilten Mitunternehmerschaft in das Gesamthandsvermögen einer 1002 anderen Personengesellschaft übertragen werden kann, an der ein oder mehrere Realteiler als Mitunternehmer beteiligt sind. Für ihre Sichtweise beruft sich die Finanzverwaltung auf den Wortlaut des § 16 Abs. 3 S. 3, der nur eine Übertragung in „*das jeweilige Betriebsvermögen der einzelnen Mitunternehmer*" begünstige. Zulässig ist nur die Übertragung aus dem Gesamthandsvermögen einer realgeteilten Mitunternehmerschaft in das Sonderbetriebsvermögen eines Realteilers bei einer anderen Personengesellschaft.

1003 Die Möglichkeit einer „Kettenübertragung" vom Gesamthandsvermögen der real geteilten Mitunternehmerschaft in das Sonderbetriebsvermögen bei der anderen Mitunternehmerschaft und von dort aus gemäß § 6 Abs. 5 Satz 3 in das Gesamthandsvermögen dieser Mitunternehmerschaft zu Buchwerten ist nach Auffassung der Finanzverwaltung ebenfalls ausgeschlossen. Denn sie sieht jede Buchwertübertragung eines Wirtschaftsguts gegen Gewährung von Gesellschaftsrechten gemäß § 6 Abs. 5 Satz 3 als Verletzung der Sperrfrist bei der Realteilung gemäß § 16 Abs. 3 Satz 3 an (BMF 19.12.2018, BStBl. I 2019, 6 Rn. 26).

1004 Die **Rechtsprechung** hat bislang nicht geklärt, ob und in welchen Fällen der Wortlaut des § 16 Abs. 3 S. 2 dahingehend auszulegen ist, dass eine Buchwertfortführung auch bei der Übertragung von Einzelwirtschaftsgütern aus dem Gesamthandsvermögen der real zu teilenden Personengesellschaft in das Gesamthandsvermögen einer „Schwesterpersonengesellschaft", die ausschließlich aus Realteilern der früheren Gesellschaft besteht, als Übertragung auf die „einzelnen Mitunternehmer" einzustufen ist (dies befürwortend Widmann/Mayer/*Pupeter* Anhang Realteilung Rn. 1825 ff.; Schmidt/*Wacker* § 16 Rn. 546).

1005 Allerdings hat der BFH (BFH 16.12.2015 – IV R 8/12, BStBl. II 2017, 766) die Möglichkeit anerkannt, durch gezielte Zwischenschaltung einer Oberpersonengesellschaft im Ergebnis eine Realteilung von Gesamthand auf Gesamthand zu ermöglichen. Werden im Vorfeld der Realteilung von den Mitunternehmern die Anteile an der real zu teilenden Gesellschaft gemäß § 24 UmwStG in andere Mitunternehmerschaften zum Buchwert eingebracht, kann im zweiten Schritt die Realteilung erfolgen, da nach der Einbringung bei einer zeitpunktbezogenen Betrachtungsweise die Oberpersonengesellschaften Mitunternehmer der real zu teilenden Gesellschaft sind. Dem folgt auch die Finanzverwaltung (BMF 19.12.2018, BStBl. I 2019, 6 Rn. 7). Dieser Vorgang kann **als zweistufige echte Realteilung** umschrieben werden. Für die Realteilung größerer freiberuflicher Sozietäten, bei der sich bestimmte Gesellschafter wieder soziieren und gemeinsam Betriebsvermögen übernehmen wollen, besteht jedoch das Problem, dass zivilrechtlich und berufsrechtlich bei manchen Gesellschaftsformen (etwa der PartG) keine Personengesellschaft (wenn auch nur kurzfristig) Gesellschafterin werden darf. In diesem Fall gelingt die notwendige Zwischenschaltung einer Oberpersonengesellschaft nicht, die aus einer Gesellschaftergruppe gebildet wird.

1005.1 Nach dem vom IV. Senat des BFH mit Urteil vom 16.12.2015 (BFH 16.12.2015 – IV R 8/12, BStBl. II 2017, 766) entschiedenen Streitfall wurden Anteile an einer real zu teilenden Mitunternehmerschaft, an der die Gesellschafter A und B (jeweils zu 50%) sowie eine Komplementär-GmbH (ohne Vermögensbeteiligung) beteiligt waren, in einem ersten Schritt gemäß § 24 UmwStG zu Buchwerten in eine A-GmbH & Co. KG und in eine B-GmbH & Co. KG eingebracht. A und B waren jeweils alleinige Kommanditisten „ihrer" GmbH & Co. KGs, die nach der Einbringung Oberpersonengesellschaften der real zu teilenden Untergesellschaft waren. Anschließend wurde die Mitunternehmerschaft (jetzt Untergesellschaft der beiden zwischengeschalteten Personengesellschaften) real geteilt. Im Zuge der Realteilung gingen Einzelwirtschaftsgüter der Mitunternehmerschaft auf die A-GmbH & Co. KG und die B-GmbH & Co. KG über. Sowohl die Einbringungen der Kommanditanteile durch A in die A-GmbH & Co. KG und B in die B-GmbH & Co. KG als auch die Realteilung der Mitunternehmerschaft fanden am selben Tag statt (Einbringung zum 31.12.2002 um 12:00 Uhr; Realteilung zum 31.12.2002 um 13:00 Uhr).

1005.2 Hierin liegt kein Gestaltungsmissbrauch gemäß § 42 AO. Denn es gibt keinen allgemeingültigen Rechtsgrundsatz des Inhalts, dass eine aufgrund einheitlicher Planung in engem zeitlichem und sachlichem Zusammenhang stehende Mehrzahl von Rechtsgeschäften für die steuerliche Beurteilung zu einem einheitlichen wirtschaftlichen Vorgang zusammenzufassen und sodann unter den Steuertatbestand zu subsumieren ist. Grundlage der Steuerrechtsanwendung ist jeweils die verwirklichte zivilrechtliche Gestaltung. Danach sind Einbringung der Mitunternehmeranteile und die nachfolgende Realteilung getrennt zu betrachten. Die Anwendung der Realteilungsregelungen hat somit zeitpunktbezogen auf die Struktur zu erfolgen, die nach der Einbringung der Mitunternehmeranteile in Form doppelstöckiger

Personengesellschaften vorliegt (siehe BFH 16.12.2015 – IV R 8/12, BStBl. II 2017, 766; BFH 30.3.2017 – IV R 11/15, BFH/NV 2017, 1125).

Bei einer **gescheiterten echten Realteilung,** die nicht zu Buchwerten durchgeführt werden konnte, ist für die Inanspruchnahme der Tarifbegünstigung gemäß § 34 Abs. 2 Nr. 1 für den Aufgabegewinn erforderlich, dass der Realteiler die wesentlichen vermögensmäßigen Grundlagen seiner bisherigen freiberuflichen Tätigkeit mit der Realteilung aufgibt. Hieran fehlt es, wenn er den ihm im Rahmen der Realteilung zugewiesenen Mandantenstamm dergestalt verwertet, dass dieser geplant auf eine Nachfolge-GbR, an der der Steuerpflichtige beteiligt ist, übergeht und er in einem zweiten Schritt gegen Abfindung aus dieser GbR ausscheidet. Dass der Realteiler im wirtschaftlichen Ergebnis dieses zweistufigen Vorgangs die freiberufliche Tätigkeit im bisherigen örtlichen Wirkungskreis zeitnah einstellt, genügt in diesem Fall nicht für die Gewährung der Tarifbegünstigung (BFH 15.1.2019 – VIII R 24/15, DStR 2019, 1457). Eine zusammenfassende Betrachtung beider Vorgänge in einem Gesamtplan mit dem Ergebnis, die Tarifbegünstigung nur auf Ebene der GbR zu prüfen, schied im entschiedenen Streitfall verfahrensrechtlich aus, da die Feststellungsbescheide zum Veräußerungsgewinn aus der Nachfolge-GbR bestandskräftig geworden waren. Da somit feststand, dass der Kläger den Mandantenstamm entnommen hatte, „um ihn in der GbR zu veräußern“, lag auf Ebene der realgeteilten Sozietät bei der gebotenen betriebsbezogenen Sichtweise keine tarifbegünstigte endgültige Aufgabe des dem Kläger zugeordneten Teils des Mandantenstamms vor. 1006

Einstweilen frei 1007

d) Praxisverpachtung und -aufspaltung. aa) Praxisverpachtung (§ 18 Abs. 3 Satz 2 iVm § 16 Abs. 3b). Die Verpachtung einer ganzen Praxis ist steuerlich anzuerkennen, wenn sie hierdurch gemäß § 6 Abs. 5 Satz 2 zu Sonderbetriebsvermögen bei einer Sozietät wird, an der der verpachtende Mitunternehmer beteiligt ist (→ Rn. 990). 1008

Ferner ist die vorübergehende Verpachtung einer freiberuflichen Praxis durch die Erben eines Freiberuflers bis zur Übernahme der Praxis durch einen als Berufsträger qualifizierten Erben von der Rechtsprechung anerkannt worden (→ Rn. 1159). Wird die Berufsausbildung nicht abgeschlossen oder wird nach erfolgreichem Abschluss der Ausbildung die bisherige Praxis nicht fortgeführt, ist eine Betriebsaufgabe in dem Zeitpunkt anzunehmen, in dem die Berufsausbildung abgebrochen oder beendet wird. In den von der Rechtsprechung entschiedenen Fallgestaltungen kam es jeweils zur Umwandlung des freiberuflichen Betriebs in einen Gewerbebetrieb, da die Erben „berufsfremd“ waren, sodass das für Gewerbebetriebe allgemein anerkannte Wahlrecht zur Anwendung kam (BFH 12.3.1992 – IV R 29/91, BStBl. II 1993, 36; BFH 14.12.1993 – VIII R 13/93, BStBl. II 1994, 922; Korn/*Korn* § 18 Rn. 131; Blümich/*Hutter* § 18 Rn. 333). 1009

Auch weitere Fallgestaltungen der Praxisverpachtung im Ganzen an andere Berufsträger sind bei Freiberuflern unter den folgenden Beschränkungen anzuerkennen, sodass es in diesen Fällen nicht zu einer zwangsweisen Betriebsaufgabe kommt. 1010

Entscheidend ist, ob nach Art der jeweiligen selbständigen Tätigkeit eine verpachtbare Einheit vorliegt, was etwa bei höchstpersönlich auszuübenden Tätigkeiten (aufgrund einer öffentlichen Bestellung) nicht der Fall ist (siehe Korn/*Korn* § 18 Rn. 132; Schmidt/*Wacker* § 18 Rn. 215; HHR/*Brandt* § 18 Rn. 22, 390; Bordewin/Brandt/*Moritz/Baumgartner* § 18 Rn. 640; wohl auch Blümich/*Hutter* § 18 Rn. 333). 1011

Eine weitere Einschränkung im Hinblick auf die längerfristige Verpachtbarkeit von freiberuflichen Praxen wird darin gesehen, dass ein ursprünglicher Praxiswert/Mandantenstamm der Abnutzung unterliegt, sich schließlich verflüchtigt und nicht an den Verpächter zurückgewährt werden kann (Schmidt/*Wacker* § 18 Rn. 215; siehe auch Korn/*Korn* § 18 Rn. 132; FG Münster 20.11.2018 – 2 K 398/18 E, EFG 2019, 362 mAnm *Mai* zur Betriebsverpachtung einer Tierarztpraxis). Die in der Rechtsprechung anerkannte Nutzungsdauer derivativ erworbener Praxiswerte/Mandantenstämme beruht im Fall der Praxisveräußerung oder Aufnahme eines neuen Gesellschafters in eine Sozietät auf der typisierenden Annahme, dass der Erwerber die Chance erhält, ein Vertrauensverhältnis zwischen sich und den vorhandenen Mandanten oder Patienten aufzubauen. Diese Chance verflüchtigt sich im Laufe der Zeit und definiert die Nutzungsdauer des derivativ erworbenen Mandanten- oder Patientenstamms. Gelingt es dem Erwerber innerhalb der zur Verfügung stehenden Zeit (des typisierenden 1012

Nutzungszeitraums), zwischen sich und den „alten“ Mandanten ein Vertrauensverhältnis herzustellen, so handelt es sich beim Mandantenstamm um ein durch den Erwerber (neues) selbstgeschaffenes immaterielles Wirtschaftsgut, das nach § 5 Abs. 2 nicht mehr als Aktivposten ausgewiesen und nicht mehr abgeschrieben werden darf (BFH 24.2.1994 – IV R 33/93, BStBl. II 1994, 590; BFH 20.10.2015 – VIII R 33/13, BStBl. II 2016, 596). Demnach ist bei Praxisverpachtungen, die auf eine längere Nutzungsdauer als die Abschreibungsdauer für einen Einzelpraxiswert hin angelegt sind, fraglich, ob hierin nicht ein Erwerb des Betriebs/Mandantenstamms gegen Kaufpreisraten zu sehen ist (siehe Korn/*Korn* § 18 Rn. 132).

1013 ME ist aus der Auswechslung des ursprünglichen Mandantenstamms durch einen neu geschaffenen Mandantenstamm des Pächters aber keine Einschränkung für die Verpachtbarkeit eines freiberuflichen Betriebs im Ganzen zu beachten. Der verpachtende Praxisinhaber ist ohnehin nicht mehr selbst leitend und eigenverantwortlich tätig, sodass es mit der Verpachtung zwingend zum Strukturwandel des verpachteten Betriebs von einem freiberuflichen in einen Gewerbebetrieb kommt (HHR/*Brandt* § 18 Rn. 22; Bordewin/Brandt/*Moritz/Baumgartner* § 18 Rn. 640; Korn/*Korn* § 18 Rn. 17, jedoch zweifelnd am zwingenden Strukturwandel). Der Praxiswert der ursprünglichen freiberuflichen Praxis, der den Mandanten-/Patientenstamm als untrennbare Einheit umfasst, wird hierdurch zum gewerblichen Geschäftswert (BFH 14.12.1993 – VIII R 13/93, BStBl. II 1994, 922; FG Münster 24.10 2014 – 13 K 2297/12 F, EFG 2015, 15). Eine Ausnahme von diesem Grundsatz hat der BFH lediglich in solchen Fällen angenommen, in denen sich der Praxiswert eines Freiberuflers durch Übertragung auf eine der Tätigkeit nach freiberufliche, aber kraft Rechtsform oder wegen § 15 Abs. 3 Nr. 1 gewerbliche Einkünfte erzielende Gesellschaft in einen Geschäftswert gewandelt hat (BFH 30.3.1994 – I R 52/93, BStBl. II 1994, 903; BFH 15.5.1997 – IV R 33/95, BFH/NV 1997, 751; BFH 2.10.2003 – IV R 48/01, BStBl. II 2004, 363; FG Münster 24.10 2014 – 13 K 2297/12 F, EFG 2015, 15). Beim Strukturwandel aufgrund einer fehlenden leitenden und eigenverantwortlichen Tätigkeit des Betriebsinhabers sind hingegen die Voraussetzungen der freiberuflichen Einkünfteerzielung nicht erfüllt, ohne dass es auf die Regelung des § 15 Abs. 3 Nr. 1 ankäme (→ Rn. 1167).

1014 Auf dieser Grundlage ist an der Zulässigkeit der Betriebsverpachtung eines freiberuflichen Betriebs, der stets einem Strukturwandel unterliegt, nicht zu zweifeln. Sie richtet sich nach den allgemeinen Grundsätzen und lässt sich nach heutiger Rechtslage aus der Verweisung des § 18 Abs. 3 Satz 2 auf § 16 Abs. 3b unmittelbar ableiten. Der BFH hat zur Verpachtung freiberuflicher Betriebe unter der geltende Rechtslage allerdings noch nicht entschieden.

1015 Zu den Einzelheiten zur Abgabe der Betriebsaufgabeerklärung gemäß § 16 Abs. 3b ab → § 16 Rn. 1114 ff.

1016 *Einstweilen frei*

1017 **bb) Praxisaufspaltung (Betriebsaufspaltung).** Die Grundsätze der Betriebsaufspaltung gelten auch bei einem Betriebsvermögen zu den Einkünften aus selbständiger Arbeit entsprechend. Die **rechtliche Definition** der Betriebsaufspaltung beruht auf der Entscheidung des Großen Senats des BFH 8.11.1971 (GrS 2/71, BStBl. II 1972, 63). Wesensmerkmal der Betriebsaufspaltung ist der einheitliche geschäftliche Betätigungswille der hinter den Unternehmen stehenden Gesellschafter. Dieser kommt zum Ausdruck, wenn kumulativ eine sog. personelle Verflechtung zwischen den Trägern der Besitzgesellschaft und der Betriebsgesellschaft besteht und die (entgeltliche oder unentgeltliche) Überlassung von Wirtschaftsgütern durch die Besitzgesellschaft an die Betriebsgesellschaft erfolgt, welche sog. wesentliche Betriebsgrundlagen der Betriebsgesellschaft bilden (sachliche Verflechtung). Die Annahme einer Betriebsaufspaltung führt klassischerweise zur Gewerbesteuerpflicht der erzielten Pachteinnahmen aufgrund deren Umqualifizierung von Einkünften aus Vermietung und Verpachtung nach § 21 in gewerbliche Einkünfte nach § 15 EStG, § 7 Satz 1 GewStG; zur Gefahr der Abfärbung und Infizierung ansonsten nichtgewerblicher weiterer Einkünfte nach § 15 Abs. 3 Nr. 1 (bei Personengesellschaften als Besitzunternehmen), zur generellen Steuerpflicht der Veräußerung von Anteilen an einer Betriebskapitalgesellschaft (über § 17 hinaus) und sonstiger Wirtschaftsgüter, die zum Betriebsvermögen des Besitzunternehmens gehören (über § 23 Abs. 1 Nr. 1 und Nr. 2 hinaus), wenn diese funktional wesentliche oder unwesentliche Betriebsgrundlagen des Besitzunternehmens und Bestandteil des Betriebsvermögens sind. Gewerbesteuerlich versagt die ständige Rechtsprechung die Inanspruchnahme der erweiterten Kürzung gemäß § 9 Nr. 1 Satz 2 GewStG.

Der Gesetzgeber hat zwischenzeitlich das Rechtsinstitut der Betriebsaufspaltung in verschiedenen Regelungen genannt, sodass sich die Diskussion um eine Rechtsgrundlage der Betriebsaufspaltung überholt haben dürfte. In § 13b Abs. 4 Satz 2 Nr. 1 Buchst. a ErbStG wird die gewerbliche Nutzungsüberlassung eines Grundstücks an Dritte für Zwecke der Verschonungsregelungen nicht als Verwaltungsvermögen eingeordnet, wenn der Erblasser oder Schenker – als natürliche Person – sowohl im überlassenden Betrieb als auch im nutzenden Betrieb allein oder zusammen mit anderen Gesellschaftern einen einheitlichen geschäftlichen Betätigungswillen durchsetzen konnte und diese Rechtsstellung auf den Erwerber übergegangen ist. Diese Gesetzesformulierung greift auf die Begründung des BFH-Beschlusses 8.11.1971 – GrS 2/71, BStBl. II 1972, 63 zurück. Ebenso setzt § 50i Abs. 1 Satz 4 dieses Begriffsverständnis voraus. Dort wird die Betriebsaufspaltung in der Weise umschrieben, dass ein Einzelunternehmen oder eine Personengesellschaft deswegen Einkünfte aus Gewerbebetrieb erzielen, weil der Steuerpflichtige sowohl im überlassenden Betrieb als auch im nutzenden Betrieb allein oder zusammen mit anderen Gesellschaftern einen einheitlichen geschäftlichen Betätigungswillen durchsetzen kann und dem nutzenden Betrieb eine wesentliche Betriebsgrundlage zur Nutzung überlässt. 1018

Ob auf dieser Grundlage die im Richterrecht entwickelten weitergehenden Erscheinungsformen (unter Einbeziehung auch ohne die Verflechtung originär gewerblicher Besitzunternehmen) und Betriebsaufspaltungsgrundsätze auf Strukturen zurückzuführen sind, in denen sich die Gewerblichkeit des Besitzunternehmens allein aus der sachlichen und doppelten Verflechtung heraus ergibt, wird die Rechtsprechung zu klären haben (*Wendt* FR 2016, 272 f.). 1019

Der BFH (BFH 10.11.2005 – IV R 29/04, BStBl. II 2006, 173) hat mit Bezug auf die Freiberufler entschieden, dass das durch eine (teilweises beteiligungsidentische) Besitz-GbR an eine Freiberuflersozietät überlassene Wirtschaftsgut im Sonderbetriebsvermögen der überlassenden Gesellschafter bei der Freiberufler-Betriebspersonengesellschaft zu erfassen ist. Er hat damit für die Vermietung wesentlicher Betriebsgrundlagen an eine Freiberuflergesellschaft die Bildung einer mitunternehmerischen Betriebsaufspaltung mit gewerblichen Vermietungseinkünften im Besitzunternehmen abgelehnt (→ Rn. 1248). 1020

Die Verpachtung eines freiberuflichen Einzelunternehmens an eine Sozietät, an der der Verpächter als Mitunternehmer beteiligt ist, führt zu deren vollständiger Überführung gemäß § 6 Abs. 5 Satz 2 in das Sonderbetriebsvermögen bei der Sozietät (→ Rn. 990) und damit ebenfalls nicht zum Entstehen einer Betriebsaufspaltung. 1021

Die isolierte Überlassung eines Mandantenstamms als Einzelwirtschaftsgut an eine Freiberufler-GmbH mit dem Verpächter als beherrschendem Gesellschafter hat die Rechtsprechung als sachliche Verflechtung beurteilt (BFH 18.12.1996 – I R 128-129/95, BStBl. II 1997, 546; FG München 10.6.2010 – 8 K 460/10, EFG 2011, 47, nachgehend BFH 8.4.2011 – VIII B 116/10, BFH/NV 2011, 1135; BFH 21.11.2017 – VIII R 17/15, DStR 2018, 667: Steuerberater; → Rn. 57). Die Nutzungsüberlassung eines isolierten immateriellen Wirtschaftsguts an den Mandantenstamm gelingt aber nur, wenn der Mandantenstamm nicht vorrangig als untrennbarer Bestandteil eines allgemeinen Praxiswertes im Rahmen einer Praxisverpachtung auf die GmbH übergeht (BFH 30.3.1994 – I R 52/93, BStBl. II 1994, 903). Wird eine freiberufliche Praxis auf eine GmbH übertragen, wird die GmbH in der Regel Träger des Praxiswertes/Mandantenstammes. Die GmbH kann den Praxiswert/Mandantenstamm deshalb nur pachten, wenn davon ausgegangen werden kann, dass die frühere Einzelpraxis als solche fortbesteht und die GmbH fremde (dort zurückbehaltene) Mandate betreut. 1022

Sind die Anforderungen an die Nutzungsüberlassung des Praxiswerts erfüllt, entstehen bei einer daneben gegebenen persönlichen Verflechtung gewerbliche Pachteinkünfte im bisherigen freiberuflichen Einzelunternehmen. Dies gilt auch, wenn der Verpächter des Mandantenstamms auch noch selbst leitend und eigenverantwortlich auf Ebene der GmbH für die verpachteten Mandanten tätig ist. Wie bei der Praxisverpachtung im Ganzen liegt auf Ebene des Verpachtungsunternehmens keine leitende und eigenverantwortliche Tätigkeit mehr vor, da die Betätigung des Besitz- und Betriebsunternehmens getrennt zu betrachten sind. Im Besitzunternehmen kommt es zwingend zum Strukturwandel zu einem gewerblichen Ver- 1023 pachtungsunternehmen (→ Rn. 1013; offen gelassen in BFH 8.4.2011 – VIII B 116/10, BFH/NV 2011, 1135; siehe auch FG Münster 20.11.2018 – 2 K 398/18 E, EFG 2019, 362 mAnm *Mai* zur Betriebsverpachtung einer Tierarztpraxis; *Micker* DStR 2012, 589, (589); *Carlé/Urbach* KÖSDI 2012, 18093, (18095 f.)).

1024 Denkbar als zur Nutzung überlassene wesentliche Betriebsgrundlagen, die zu einer sachlichen Verflechtung führen, sind auch künstlerische Urheberrechte/Erfindungen als immaterielle Wirtschaftsgüter, wenn diese nicht aufgrund einer dauerhaften Nutzungsüberlassung an eine Kapitalgesellschaft wegen eines Wechsels des wirtschaftlichen Eigentums endgültig auf diese übergehen (Korn/*Korn* § 18 Rn. 20). Dienstleistungen begründen hingegen keine sachliche Verflechtung, hier ist aber wie auch bei der entgeltlichen Überlassung eines Mandantenstamms zu prüfen, ob Tätigkeitsentgelte zu einer vGA führen (siehe BFH 30.3.1994 – I R 52/93, BStBl. II 1994, 903; Korn/*Korn* § 18 Rn. 20).

1025 Schließlich ist zu beachten, dass der Einstieg in eine Betriebsaufspaltung aus einem freiberuflichen Einzelunternehmen oder einer Sozietät ohne Aufdeckung stiller Reserven nur noch durch die Verpachtung der Praxis im Ganzen an die Kapitalgesellschaft (→ Rn. 1013) möglich ist.

1025.1 Die un- oder teilentgeltliche Übertragung von Wirtschaftsgütern aus dem späteren Besitzunternehmen (der freiberuflichen Praxis) auf eine Betriebskapitalgesellschaft führt für Übertragungsvorgänge *nach dem 31.12.1998* zu einer verdeckten Einlage in die Betriebs-GmbH mit der Rechtsfolge, dass der Teilwert der eingelegten Wirtschaftsgüter nachträgliche Anschaffungskosten des Gesellschafters auf seine Beteiligung begründet (§ 6 Abs. 6 Satz 2) und eine Gewinnrealisierung beim späteren Besitzunternehmen eintritt, da die verdeckt eingelegten Wirtschaftsgüter vorgeschaltet aus dessen Betriebsvermögen entnommen werden. In der früheren *Rechtslage bis zum 31.12.1998* lag eine Besonderheit der Betriebsaufspaltung darin, dass Rechtsprechung und Finanzverwaltung trotz der verdeckten Einlage während des Aufspaltungsvorgangs eine Buchwertfortführung der übertragenen Wirtschaftsgüter zuließen und damit die Gewinnrealisierung weitgehend vermieden werden konnte, soweit nur Doppelgesellschafter vorhanden waren (BFH 12.5.1993 – XI R 58, 59/92, DStR 1993, 1174; BFH 16.6.2004 – X R 34/03, BStBl. II 2005, 378; BFH 12.12.2007 – X R 17/05, BStBl. II 2008, 579; BFH 4.8.2010 – X B 172/09, BFH/NV 2010, 2053).

1025.2 Die Einbringung einzelner Wirtschaftsgüter ohne die wesentlichen Betriebsgrundlagen (etwa bei Zurückbehalt des Mandantenstamms mit anschließender Verpachtung) gegen Gewährung von Gesellschaftsrechten in eine GmbH kann nicht nach § 20 UmwStG steuerneutral durchgeführt werden, da diese Vorschrift die Einbringung des gesamten Betriebs oder eines Teilbetriebs voraussetzt (siehe Rn. 20.06 und 20.07 des UmwStE 2011, BStBl. I 2011, 1314).

1026 *Einstweilen frei*

5. Ausscheiden von Gesellschaftern aus fortbestehenden Sozietäten gegen Geld- und Sachwertabfindung

1027 **a) Fallgruppen.** Nach dem nunmehr erreichten Stand der Rechtsprechung ist zwischen dem Ausscheiden aus einer fortbestehenden Sozietät gegen eine Geldabfindung, gegen eine Sachwertabfindung ins Privatvermögen und gegen eine Sachwertabfindung in ein Betriebsvermögen des ausscheidenden Gesellschafters zu unterscheiden.

1028 Scheidet ein Mitunternehmer aus der Mitunternehmerschaft gegen Erhalt einer Abfindung (**Geldabfindung**) aus, wird dieser Vorgang nach ständiger Rechtsprechung als Veräußerung des Mitunternehmeranteils an die verbleibenden Mitunternehmer gemäß § 16 Abs. 1 Satz 1 Nr. 2 sowie als Anschaffungsgeschäft der verbleibenden Mitunternehmer beurteilt (vgl. zB BFH 12.12.1996 – IV R 77/93, BStBl. II 1998, 180; BFH 9.7.2015 – IV R 19/12, BStBl. II 2015, 954; BFH 30.3.2017 – IV R 11/15, BFH/NV 2017, 1130; BMF 19.12.2018, BStBl. I 2019, 6 unter Rn. 3).

1029 Die Einordnung des Ausscheidens eines Mitunternehmers aus einer ansonsten fortbestehenden Mitunternehmerschaft gegen eine Sachwertabfindung (Teilbetrieb, Mitunternehmeranteil, Einzelwirtschaftsgut), die der ausscheidende Mitunternehmer in sein Privatvermögen oder in ein anderes Betriebsvermögen entnimmt, ist derzeit nicht abschließend geklärt. Seit BFH 17.9.2015 – III R 49/13, BStBl. II 2017, 37, BFH 16.3.2017 – IV R 31/14, BStBl. II 2019, 24 und BFH 30.3.2017 – IV R 11/15, BStBl. II 2019, 29 sieht der BFH im Ausscheiden gegen eine (Sachwert)Abfindung keine Veräußerung, sondern eine Aufgabe des Mitunternehmeranteils nach § 16 Abs. 3 Satz 1 Alt. 1, die als **unechte Realteilung** nach § 16 Abs. 3 Satz 2 auch zu Buchwerten erfolgen kann, wenn der ausscheidende Gesellschafter die Wirtschaftsgüter anschließend betrieblich nutzt.

Es ist allerdings streitig geworden, wie das Ausscheiden aus einer Mitunternehmerschaft gegen Gewährung „betrieblichen Gelds" (→ Rn. 1036) und das Ausscheiden aus einer Mitunternehmerschaft unter Übernahme des Abfindungsguts in das Privatvermögen (→ Rn. 1038) zu behandeln sind. **1030**

Einstweilen frei **1031**

b) Ausscheiden eines Mitunternehmers aus einer fortbestehenden Sozietät gegen Geldabfindung. Mit Urteil vom 11.7.1973 – I R 126/71 (BStBl. II 1974, 50) hat der I. Senat aus Sicht des Erwerbers (der verbleibenden Gesellschafter) entschieden, das Ausscheiden eines Gesellschafters aus einer Personengesellschaft **gegen Gewährung einer Geldabfindung** führe zu einer Anteilsveräußerung an die Mitgesellschafter der fortbestehenden Sozietät, da der Anteil des ausscheidenden Gesellschafters am Gesellschaftsvermögen den verbleibenden Gesellschaftern kraft Gesetzes (§§ 161 Abs. 2, 105 Abs. 2, 138 HGB, § 738 BGB) anwachse. **1032**

Anknüpfend daran hat der BFH 10.3.1998 – VIII R 76/96, BStBl. II 1999, 269 entschieden, aus dem Blickwinkel des ausscheidenden Gesellschafters sei das Ausscheiden eines Mitunternehmers aus einer Personengesellschaft als entgeltliche oder unentgeltliche Übertragung des Gesellschaftsanteils auf den/die übernehmenden Gesellschafter in Verbindung mit einer zivilrechtlichen Gesamtrechtsnachfolge in das Gesellschaftsvermögen zu behandeln, aber sei aber keine Aufgabe eines Mitunternehmeranteils (im Sinne des damals noch nicht kodifizierten § 16 Abs. 3 Satz 1). **1033**

Das Ausscheiden aus einer Mitunternehmerschaft ist steuerlich auch keine fiktive Beendigung (Aufgabe) der Gesellschaft (BFH 24.11.1988 – IV R 252/84, BStBl. II 1989, 312; BFH 14.9.1978 – IV R 49/74, BStBl. II 1979, 159). **1034**

Technisch wird das Ausscheiden eines Gesellschafters gegen eine Geldabfindung nach ganz hM (vgl. nur Schmidt/*Wacker* § 16 Rn. 450–463, 480 ff.; *Niehus/Wilke* Ubg 2019, 194 (199) zweistufig abgewickelt: **1035**

- Der ausscheidende Gesellschafter realisiert bei einem Abfindungsanspruch oberhalb des Kapitalkontos (teil- oder vollentgeltliche Übertragung, → Rn. 823) einen Veräußerungsgewinn (§ 16 Abs. 2 Satz 1). Dieser kann gemäß §§ 16, 34 tarifbegünstigt sein.
- Auf Seiten des/der Erwerber(s), dh der Gesellschaft, ist die Abfindungsschuld zu passivieren. Es liegt ein erfolgsneutrales Anschaffungsgeschäft vor, da den aufgedeckten stillen Reserven in den materiellen und immateriellen Wirtschaftsgütern des Gesamthandsvermögens diese Abfindungsverpflichtung gegen den Ausscheidenden gegenübersteht. In Höhe der dem Ausgeschiedenen vergüteten stillen Reserven sind die Aktiva in der Gesellschaft aufzustocken. Die AK sind ggf. in Ergänzungsbilanzen zu erfassen (BFH 20.11.2014 – IV R 1/11, BStBl. II 2017, 34; BMF 19.12.2016, BStBl. I 2017, 34).

Scheidet ein Mitunternehmer aus einer Mitunternehmerschaft in der Weise aus, dass sein Mitunternehmeranteil den verbleibenden Mitunternehmern oder dem letzten verbleibenden Mitunternehmer anwächst und er eine Abfindung in Geld erhält, liegt nach BMF 19.12.2018 (BStBl. I 2019, 6) unter Rn. 3 selbst dann kein Fall der unechten Realteilung vor, wenn das Geld in ein Betriebsvermögen des Realteilers übertragen wird. Im Schrifftum wird hingegen die Auffassung vertreten, dass auch das Ausscheiden unter Zuteilung (ausschließlich) liquider Mittel ein Fall der „unechten" Realteilung sei (*Stenert* DStR 2017, 1785 (1790) und *Stenert* DStR 2019, 245 (247); so wohl auch *Neu/Hamacher* GmbHR 2017, 897, (899)). Zur Begründung wird insbesondere angeführt, dass sich dem Gesetz keine Unterscheidung nach Sachwert- oder Barabfindung entnehmen lasse. Außerdem sei nicht erkennbar, wo die Grenzlinie verlaufe, wenn überwiegend liquide Mittel und teilweise Sachgüter übertragen werden. Ich teile trotz aller Abgrenzungsschwierigkeiten die Meinung der Finanzverwaltung. Die Rechtsprechung wollte mit der Anerkennung der „unechten" Realteilung nicht die Regeln bezüglich des Ausscheidens gegen Barabfindung neu fassen, sondern nur das Ausscheiden gegen eine Sachwertabfindung als Aufgabe des Mitunternehmeranteils beurteilen, um den Anwendungsbereich der Realteilung zu erweitern. Die Anwendung der Realteilungsgrund- **1036** sätze setzt mE voraus, dass die Sachwertabfindung zumindest auch aus Wirtschaftsgütern besteht, die (typischerweise) stille Reserven transportieren können.

1037 *Einstweilen frei*

1038 **c) Ausscheiden gegen eine Sachwertabfindung in das Privatvermögen des ausscheidenden Gesellschafters.** Scheidet ein Gesellschafter aus einer Personengesellschaft aus und erhält eine Sachwertabfindung durch eines oder mehrere Wirtschaftsgüter, die er in das Privatvermögen übernimmt, wird nach der gefestigten Rechtsprechung des BFH (grundlegend: BFH 24.5.1973 – IV R 64/70, BStBl. II 1973, 655; BFH 28.11.1989 – VIII R 40/84, BStBl. II 1990, 561) durch den Ausscheidenden ebenfalls eine Veräußerung gemäß § 16 Abs. 1 Satz 2 und keine Aufgabe des Mitunternehmeranteils gemäß § 16 Abs. 3 Satz 1 verwirklicht. Zudem veräußern die verbleibenden Gesellschafter das Wirtschaftsgut, das die Sachwertabfindung bildet, an den ausscheidenden Gesellschafter (doppelter Veräußerungstatbestand).

1039 Dies beruht ebenfalls auf der für das Ausscheiden gegen Barabfindung dargestellten (→ Rn. 1035) zweistufigen Betrachtungsweise. Der Anteilsveräußerer erzielt einen Veräußerungsgewinn, soweit die zur Befriedigung des Abfindungsanspruchs mitgenommenen Wirtschaftsgüter den Buchwert des Kapitalkontos übersteigen. Die Abfindungsschuld ist bei der Gesellschaft zu passivieren und bei den übrigen Gesellschaftern liegt ein Anschaffungsvorgang vor. In Höhe der dem Ausgeschiedenen vergüteten stillen Reserven sind die nicht übertragenen Aktiva in der Gesellschaftsbilanz aufzustocken oder in Ergänzungsbilanzen zu erfassen. Anschließend führt die Ausbringung der zur Sachwertabfindung gewährten Wirtschaftsgüter durch die um den Ausgeschiedenen verkleinerte Gesellschaft unter Verrechnung mit der Abfindungsschuld zur Aufdeckung stiller Reserven bei den verbleibenden Gesellschaftern für dieses Wirtschaftsgut und zu einem laufenden Ertrag (vgl. *Niehus/Wilke* Ubg 2019, 194 (199) mit Beispiel).

1040 Es ist noch nicht abschließend geklärt, welche Folgerungen daraus zu ziehen sind, dass der BFH den Vorgang des Ausscheidens aus einer Mitunternehmerschaft gegen eine Sachwertabfindung nunmehr als Anteilsaufgabe (→ Rn. 1041, → Rn. 1050) qualifiziert.

1040.1 Die *Finanzverwaltung* (BMF 19.12.2018, BStBl. I 2019, 6 Rn. 10) hält an der Behandlung als Anteilsveräußerung auch nach Anerkennung der Fallgruppe zur unechten Realteilung dem Grunde nach fest: Werden im Fall der unechten Realteilung einzelne Wirtschaftsgüter in das Privatvermögen des ausscheidenden Mitunternehmers übertragen, realisiert nur er einen Veräußerungsgewinn iSv § 16 Abs. 2. Im Rahmen der Ermittlung des Gewinnes iSv § 16 Abs. 2 ist – so das BMF – als Veräußerungspreis der gemeine Wert der in das Privatvermögen gelangten Wirtschaftsgüter und der Buchwert der im Rahmen der Realteilung erhaltenen und in das Betriebsvermögen des ausscheidenden Mitunternehmers gelangten Wirtschaftsgüter anzusetzen. Die verbleibenden Mitunternehmer realisieren auf Ebene der Mitunternehmerschaft nach dem BMF einen laufenden Gewinn aus der Veräußerung der in das Privatvermögen des ausgeschiedenen Mitunternehmers übertragenen Wirtschaftsgüter. Insoweit sind die Buchwerte der in der Mitunternehmerschaft verbleibenden Wirtschaftsgüter anteilig aufzustocken. Auch der IV. Senat des BFH folgt dem im Grundsatz.

1040.2 In BFH 2.10.2018 – IV R 24/15, BFH/NV 2019, 516 führt der BFH hingegen aus, eine *Anteilsaufgabe* liege vor, bei der ein *Aufgabegewinn* des ausscheidenden Gesellschafters in Höhe der Differenz zwischen dem Abfindungsanspruch und dem Buchwert seines Kapitalkontos entstehe. In Höhe dieses Betrags (vergütete stille Reserven) seien auf der Aktivseite der zu diesem Zweck aufzustellenden Abschichtungsbilanz die Buchwerte sämtlicher Wirtschaftsgüter, die stille Reserven beinhalten, anteilig aufzustocken. Auf der Passivseite sei eine entsprechende Verbindlichkeit gegenüber dem Ausscheidenden auszuweisen. Die Übertragung des Abfindungsguts zur Erfüllung des Abfindungsanspruchs führe zur Aufdeckung der auf die verbleibenden Gesellschafter entfallenden stillen Reserven in diesem Wirtschaftsgut und zur Entstehung eines nach allgemeinen Grundsätzen zu besteuernden Gewinns der Gesamthand. Der BFH geht damit trotz des Aufgabetatbestands dem Grunde nach von einer Aufstockung der Wirtschaftsgüter der Gesellschaft wie bei einer Anschaffung infolge einer Anteilsveräußerung aus und hält auch an einem doppelten Realisationstatbestand (Aufgabegewinn des ausscheidenden Mitunternehmers und des laufenden Ausbringungsgewinns der verbleibenden Mitunternehmer) fest.

1040.3 Im Schrifttum wird die Annahme einer *Anteilsaufgabe* ebenfalls befürwortet. Danach erzielt nur der Ausscheidende einen Aufgabegewinn. Die in das Privatvermögen entnommenen Wirtschaftsgüter seien gemäß § 16 Abs. 3 Satz 7 mit den gemeinen Werten anzusetzen und hiervon das Kapitalkonto des Ausscheidenden abzuziehen. Letzteres ist zuvor an den Buchwert der dem Ausscheidenden übertragenen

Wirtschaftsgüter anzupassen. Das übertragene Wirtschaftsgut ist anschließend gegen Minderung des Kapitalkontos des Ausgeschiedenen auszubuchen (*Niehus/Wilke* Ubg 2019, 194 (200) mit Beispiel; dort auch zu Mischfällen; siehe auch *Stenert* DStR 2019, 245 (247 f.)). Der entscheidende Unterschied betrifft die verbleibenden Mitunternehmer, für die nach dieser Auffassung *keine Aufstockung* der Aktiva zu erfolgen hat, aber auch *kein laufender Ausbringungsgewinn* entstehen kann. Dass die Folgen eines Ausscheidens gegen eine Sachwertabfindung in das Privatvermögen nur den Ausscheidenden treffen dürfen, wird aus § 16 Abs. 3 Satz 8 abgeleitete (*Stenert* DStR 2019, 245 (247 f.)).

Meines Erachtens ist die Auffassung des Schrifttums überzeugender. Allein der Umstand, dass die Sachwertabfindung auf einem Abfindungsanspruch beruht, rechtfertigt es nicht, wie der BFH die Veräußerungsgrundsätze im Rahmen einer Anteilsaufgabe anzuwenden. Der Auffassung der Verwaltung ist entgegenzuhalten, dass die neue Linie der BFH-Rechtsprechung das Ausscheiden aus einer fortbestehenden Mitunternehmerschaft gegen eine Sachwertabfindung generell als Anteilsaufgaben qualifiziert, ohne dass es auf die Frage ankommt, ob diese Übertragung gemäß § 16 Abs. 3 Satz 2 zum Buchwert erfolgen kann. 1040.4

d) Ausscheiden gegen eine Sachwertabfindung in ein Betriebsvermögen als unechte Realteilung. aa) Sichtweise der Rechtsprechung und Verwaltung. Auf Grundlage der BFH-Urteile vom 17.9.2015 – III R 49/13, BStBl. II 2017, 37; BFH 16.3.2017 – IV R 31/14, BStBl. II 2019, 24 und BFH 30.3.2017 – IV R 11/15, BStBl. II 2019, 29 und BMF 19.12.2018, BStBl. I 2019, 6 Rn. 2 wird beim Ausscheiden eines Mitunternehmers aus einer fortbestehenden Sozietät gegen eine Sachwertabfindung eine Aufgabe des Mitunternehmeranteils gemäß § 16 Abs. 3 Satz 1 verwirklicht. Unerheblich ist, ob dem Realteiler ein Teilbetrieb, Mitunternehmer(teil)anteil oder Einzelwirtschaftsgut zugeteilt wird. 1041

Diese Aufgabe des Mitunternehmeranteils fällt unter die Regelungen zur Realteilung in § 16 Abs. 3 Satz 2 ff. Denn nach der Gesetzessystematik stellt die Realteilung nur eine besondere Form der Betriebsaufgabe dar, die alle Aufgabetatbestände in § 16 Abs. 3 Satz 1 und damit auch Mitunternehmeranteilsaufgaben erfasst. Nach dem Begründungsansatz der Rechtsprechung definiert das Gesetz den Begriff der Realteilung in § 16 Abs. 3 Satz 2 nicht. An die Begriffsbestimmung der Realteilung im früheren Richterrecht, die als solche nur die Aufgabe des Betriebs der Gesellschaft samt Vollbeendigung und Naturalverteilung verstand, knüpft die ab 2001 kodifizierte Fassung der Realteilung nicht an. 1042

Einstweilen frei 1043

Das Ausscheiden aus einer fortbestehenden Sozietät unter Mitnahme eines *Einzelwirtschaftsguts* ist daher nach nunmehr einhelliger Meinung nicht mehr als Veräußerung des Mitunternehmeranteils, sondern als dessen Aufgabe zu behandeln. Daher sind die Realteilungsregelungen anwendbar, sodass der Vorgang auch nach Auffassung der Finanzverwaltung nicht mehr unter § 6 Abs. 5 Satz 3 Nr. 1 fällt (siehe dazu noch Abschn. II. S. 3–5 des Realteilungserlasses vom 20.12.2016 und BMF 8.12.2011, BStBl. I 2011, 1279 Rn. 37). Gemäß § 6 Abs. 5 Satz 3 Nr. 1 und Nr. 2 kann ein Wirtschaftsgut unentgeltlich oder gegen Gewährung oder Minderung von Gesellschaftsrechten aus einem Betriebsvermögen des Mitunternehmers in das Sonderbetriebsvermögen oder Gesamthandsvermögen einer Mitunternehmerschaft und umgekehrt zu Buchwerten übertragen werden. Aus der Formulierung „und umgekehrt" geht hervor, dass auch die Ausbringung eines Einzelwirtschaftsguts gegen eine Minderung von Gesellschaftsrechten im Anwendungsbereich der Regelung liegt. Eine solche Minderung lag nach dem früheren Verständnis der Finanzverwaltung (BMF 8.12.2011, BStBl. I 2011, 1279 Rn. 17 und 37) auch vor, wenn bei Ausbringung eines Einzelwirtschaftsguts die Minderung der Gesellschaftsrechte auf Null (durch vollständiges Ausscheiden) erfolgte. 1044

Nach nunmehr einhelliger Auffassung greift § 6 Abs. 5 Satz 3 aber nicht mehr ein, wenn ein Mitunternehmer aus einer Mitunternehmerschaft gegen eine Sachwertabfindung ausscheidet. Die Regelung wird für diesen Fall durch § 16 Abs. 3 Satz 2 verdrängt (vgl. auch *Pflaum* HFR 2016, 345 (346); *Bünning* DStZ 2016, 290 (292); *Demuth* BeSt 2016, 15 (16); *Wendt* FR 2016, 536 (540); *Kanzler* FR 2016, 567 (574)). Die Übernahme von Verbindlichkeiten durch den ausscheidenden Mitunternehmer ist im Rahmen einer Realteilung kein teilentgeltlicher Vorgang und daher unschädlich. Darüber hinaus ist die Sperrfristregelung 1045 günstiger: § 16 Abs. 3 S. 3 ist anders als § 6 Abs. 5 S. 4 auf Grund und Boden, Gebäude und andere wesentliche Betriebsgrundlagen beschränkt.

1046 Eine Übertragung von Einzelwirtschaftsgütern gegen Minderung von Gesellschaftsrechten iSd § 6 Abs. 5 S. 3 kommt auch aus Sicht der Verwaltung nur noch dann in Betracht, wenn der Mitunternehmer zwar weiterhin an der Personengesellschaft beteiligt bleibt, jedoch Wirtschaftsgüter gegen Reduzierung seines Kapitalkontos aus dem Gesamthandsvermögen in ein anderes Betriebsvermögen überträgt (BFH 16.3.2017 – IV R 31/14, BStBl. II 2019, 24 und BFH 30.3.2017 – IV R 11/15, BStBl. II 2019, 29; *Wendt* FR 2016, 536 (540); *Görgen* DStZ 2017, 709 (714); *Steiner/Ullmann* Ubg 2017, 448). Nur in einem solchen Fall bleibt die Übernahme von Verbindlichkeiten wegen des nicht gelösten Streits um die Anwendung der Trennungstheorie weiterhin problematisch. Die Voraussetzungen einer Realteilung sind mangels Ausscheidens und einer Anteilsaufgabe nicht gegeben.

1047 *Einstweilen frei*

1048 **bb) Weitere Folgerungen und Bewertung.** Wird im Rahmen des Ausscheidens als Sachwertabfindung nur ein – anteiliger – selbst geschaffener Mandantenstamm zugewiesen, geht dieser aufgrund der Buchwertfortführung des § 16 Abs. 3 Satz 2 sowohl bei der abgebenden Personengesellschaft als auch in das aufnehmende Betriebsvermögen des Realteilers mit dem Buchwert „Null" heraus bzw. ein (FSen Berlin 3.2.2012, DStR 2012, 907 zu § 6 Abs. 5 Satz 3).

1049 Werden befreiend Schulden durch den ausscheidenden Gesellschafter übernommen, führt dies nach den Realteilungsregelungen nicht zum Entstehen eines Gewinns auf Ebene der Personengesellschaft, da sowohl aktive als auch passive Wirtschaftsgüter ohne Aufdeckung stiller Reserven übernommen werden können. Siehe dazu *Stenert* DStR 2017, 1785 (1790) mit Beispiel zur Auseinandersetzung einer Freiberufler-Sozietät unter Aufteilung der Mandate und Verbindlichkeiten.

1050 Die einheitliche Auffassung in Rechtsprechung und Verwaltung ist zu begrüßen, weil nunmehr das Ausscheiden aus einer fortbestehenden Personengesellschaft einheitlich in der ersten Stufe als Aufgabe des Mitunternehmeranteils gemäß § 16 Abs. 3 S. 1 anzusehen ist. Folgefragen bleiben aber für die Reichweite der Grundsätze der unechten Realteilung und die systemgerechte Lösung noch offen, → Rn. 1030.

1051–1052 *Einstweilen frei*

1053 **cc) Ungeklärte Fragen. Zweistufige unechte Realteilung:** Ausscheidender Gesellschafter kann, falls eine Zwischeneinbringung von Mitunternehmeranteilen erfolgt, im Wege einer sog. zweistufigen unechten Realteilung auch eine Oberpersonengesellschaft sein (BFH 16.12.2015 – IV R 8/12, BStBl. II 2017, 766; BFH 30.3.2017 – IV R 11/15, BStBl. II 2019, 29). Aufgrund der Veröffentlichung des BFH-Urteils vom 16.12.2015 – IV R 8/12, BStBl. II 2017, 766 und dessen Zitierung in BMF 19.12.2018, BStBl. I 2019, 6 akzeptiert die Finanzverwaltung die vorgelagerte Einbringung von Mitunternehmeranteilen in eine Oberpersonengesellschaft vor einer Realteilung und folgt insoweit der zeitpunktbezogenen Betrachtung des BFH. Der IV. Senat hat in BFH 30.3.2017 – IV R 11/15, BStBl. II 2019, 29 die vorgeschaltete Einbringung von Mitunternehmeranteilen auch deshalb – und damit unabhängig von der Dauer der Mitunternehmerstellung der Oberpersonengesellschaft zwischen Einbringung und Realteilung – nicht als missbräuchlich angesehen, weil über die Verweisung des § 23 Abs. 1, 24 Abs. 4 UmwStG und § 12 Abs. 3 UmwStG eine steuerrechtliche Rechtsnachfolge der aufnehmenden Gesellschaft in die Rechtsstellung des einbringenden Mitunternehmers gesetzlich angeordnet ist (zustimmend *Neu/Hamacher* GmbHR 2017, 898 (900).

1054 Demnach kann nach der Rechtsprechung eine Übertragung von Wirtschaftsgütern zwischen zwei Gesamthandsvermögen im Wege einer zweistufigen unechten Realteilung erreicht werden, indem

- mehrere Gesellschafter einer Personengesellschaft (PG 1) zunächst ihre Mitunternehmeranteile in eine aus ihnen bestehende Personengesellschaft (PG 2) gemäß § 24 UmwStG einbringen.
- Hierdurch wird die PG 2 als Obergesellschaft Mitunternehmerin der PG 1.
- Anschließend tritt die PG 2 gegen Gewährung einer Sachwertabfindung (Einzelwirtschaftsgut) im Wege der unechten Realteilung aus der PG 1 aus.

Gerade bei Freiberuflern könnte durch diese Vorgehensweise ein anteiliger Patientenstamm direkt aus einer größeren Sozietät in das Gesamthandsvermögen einer neuen (kleineren) Sozietät übertragen werden, die aus den ausscheidenden Gesellschaftern besteht. Es ist aber in diesen Fällen berufs- und gesellschaftsrechtlich genau zu prüfen, ob eine Oberpersonengesellschaft, wenn auch nur für eine kurze Zeit („juristische Sekunde"), Gesellschafterin der Personengesellschaft werden darf, aus der die Gesellschaftergruppe ausscheiden will (*Neu/Hamacher* GmbHR 2017, 898 (900); *Neu/Hamacher* FR 2017, 605).

Die Haltung der Finanzverwaltung zur zweistufigen unechten Realteilung ist unklar. Sie akzeptiert in BMF 19.12.2018, BStBl. I 2019, 6 Rn. 7 nur die zweistufige echte Realteilung und bringt in Rn. 12 des Schreibens zum Ausdruck, auch eine Übertragung zwischen beteiligungsidentischen Gesellschaften sei weder als echte noch als unechte Realteilung anzuerkennen. Bislang dürfte die Verwaltung diese Gestaltungen weiterhin als rechtsmissbräuchlich beurteilen, da im Ergebnis die Übertragung eines Wirtschaftsguts zwischen den Gesamthandsvermögen von Schwester-Personengesellschaften durch die zweistufige Vorgehensweise ermöglicht wird. **1055**

Kein Wechsel der Gewinnermittlungsart beim Ausscheiden: Die Einordnung des Ausscheidens gegen ein Einzelwirtschaftsgut als Realteilung hat auch zur Folge, dass kein Wechsel der Gewinnermittlungsart bei der Gesellschaft anlässlich des Ausscheidens erforderlich ist, wenn dem ausscheidenden Gesellschafter kein Spitzenausgleich gewährt wird (→ Rn. 983). **1056**

Sperrfristen: Die Einordnung des Ausscheidens aus einer Personengesellschaft unter Mitnahme eines Einzelwirtschaftsguts als unechte Realteilung beeinflusst auch den Lauf von Sperrfristen. Handelt es sich bei dem Wirtschaftsgut um eine wesentliche Betriebsgrundlage, wird die Sperrfrist gemäß § 16 Abs. 3 Satz 3 ausgelöst. Ein Verstoß gegen die Sperrfrist führt zu einem rückwirkenden Teilwertansatz für das Abfindungs-Wirtschaftsgut bei der realgeteilten Gesellschaft (*Niehus/Wilke* Ubg 2019, 194 (208)). Nach dem Realteilungserlass (BMF 19.12.2018, BStBl. I 2019, 6 unter Rn. 31) handelt es sich um einen laufenden Gewinn, mit der Folge, dass insoweit die Buchwerte der Wirtschaftsgüter der verbleibenden Mitunternehmerschaft aufzustocken sind. Der laufende Gewinn kann durch eine besondere Abrede im Realteilungsvertrag allein dem Verursacher zugewiesen werden (BMF 19.12.2018, BStBl. I 2019, 6 Rn. 29). Nach aA ist dieser Gewinn ein Aufgabegewinn gemäß § 16 Abs. 2, der nur dem Sperrfristverletzer zugerechnet werden kann (*Niehus/Wike* Ubg 2019, 194 (208)). Dies ist meines Erachtens zutreffend. **1057**

Einstweilen frei **1058**

dd) Gewährung weiterer Gegenleistungen an den Ausscheidenden bei der unechten Realteilung. (1) Sichtweise des III. Senats des BFH. Wird dem ausscheidenden Gesellschafter neben der Sachwertabfindung eine weitere Gegenleistung eingeräumt, ist die Behandlung des Vorgangs bei Gesellschaft und Gesellschaftern streitig. **1059**

Der III. Senat des BFH hat im BFH-Urteil vom 17.9.2015 – III R 49/13, BStBl. II 2017, 36 entschieden, bei einer weiteren Gegenleistung neben der Sachwertabfindung liege eine Veräußerung des Mitunternehmeranteils mit inzidenter Realteilung vor. Hierbei ging der III. Senat davon aus, dass der Abfindungsanspruch des Ausscheidenden durch diese gemischte Leistung erfüllt werde und nicht einen Spitzenausgleich der verbleibenden Gesellschafter darstelle. Als Veräußerungsgewinn gemäß § 16 Abs. 2 sei daher der Wert der sonstigen Gegenleistung zuzüglich der Buchwerte des übernommenen Teilbetriebs (Veräußerungspreis) abzüglich etwaiger Veräußerungskosten und des Werts des gesamten Kapitalkontos des Ausscheidenden anzusetzen. **1060**

Die Sichtweise des BFH führt zu folgender Ermittlung des Veräußerungsgewinns: **1060.1**

Veräußerungsentgelt	Sonstige Gegenleistung + Buchwerte des Teilbetriebs/Einzelwirtschaftsguts
	./. Veräußerungskosten
./. Buchwert	./. gesamtes Kapitalkonto des ausscheidenden Gesellschafters
= Veräußerungsgewinn	= Veräußerungsgewinn

1061 **(2) Stellungnahme.** Der Beurteilung des gemischten Vorgangs als Anteilsveräußerung ist nicht zu folgen. Die Gewährung einer Zusatzleistung neben der Sachwertabfindung ist nicht geeignet, die Aufgabe des Mitunternehmeranteils gemäß § 16 Abs. 3 Satz 1 in eine Veräußerung des Anteils gemäß § 16 Abs. 1 Nr. 2 umzuqualifizieren (*Wendt* FR 2016, 536 (542)). Hierfür spricht auch, dass der IV. Senat des BFH den umgekehrten Fall der Leistung eines Spitzenausgleichs durch den ausscheidenden Gesellschafter ebenfalls als Aufgabetatbestand qualifiziert (BFH 2.10.2018 – IV R 24/15, BFH/NV 2019, 516). Eine Aufgabe des Mitunternehmeranteils gemäß § 16 Abs. 3 Satz 1 ist notwendige Voraussetzung für die Buchwertfortführung der ausgebrachten Wirtschaftsgüter nach Realteilungsgrundsätzen. Die Realteilung ist im Rahmen eines Veräußerungstatbestands aber nicht inzident anwendbar, weil es sich bei der Realteilung um einen speziellen Aufgabetatbestand handelt.

1062 Eine sonstige Gegenleistung, die dem Ausscheidenden *neben* der Sachwertabfindung gewährt wird und *nicht* der Befriedigung des Abfindungsanspruchs dient (echte Zusatzleistung), führt *in vollem Umfang* zu einem nicht tarifbegünstigten Aufgabegewinn des Ausscheidenden. Sein Kapitalkonto wird im ersten Schritt in voller Höhe durch die Kapitalkontenanpassung aufgrund der Realteilung bei Ausbuchung der mitgenommenen Wirtschaftsgüter verbraucht, sodass der weiteren Gegenleistung kein anteiliges Kapitalkonto mehr gegenübergestellt werden kann (glA *Demuth* KÖSDI-Beratungsbrennpunkt Personengesellschaft 2017, KSp 28, 107; *Levedag* GmbHR 2016, 377 ff.). Das FG Nürnberg 21.2.2018 – 4 K 1425/15, EFG 2018, 1969 mAnm *Wagner* hat entspr. dieser Sichtweise eine unechte Realteilung, bei der neben Wirtschaftsgütern, die in ein Betriebsvermögen des ausscheidenden Gesellschafters auch eine Barzahlung und die Freistellung vom Ausgleich eines negativen Kapitalkontos als Gegenleistungen gewährt wurden, als Aufgabe des Mitunternehmeranteils beurteilt und einen Aufgabegewinn des ausscheidenden Gesellschafters ermittelt. Die sonstige Gegenleistung der Mitgesellschafter, die keine Gegenleistung für das übernommene Vermögen darstellt, kann mangels eines Anschaffungsvorgangs nur als laufende Betriebsausgabe zu qualifizieren sein, wenn sie betrieblich veranlasst ist.

1063 *Einstweilen frei*

1064 Wird die zusätzliche Vergütung von den verbleibenden Gesellschaftern *zum Ausgleich eines Mehrerwerbs der verbleibenden Gesellschafter/Ausgleich latenter Steuerwirkungen* gezahlt (→ Rn. 993), liegt eine Anteilsaufgabe durch den Ausscheidenden und aus Sicht der Mitgesellschafter ein an diesen gezahlter Spitzenausgleich vor, obwohl sie nicht eigene Mittel, sondern solche der Gesellschaft aufwenden.

1064.1 Die Zusatzleistung an den Ausscheidenden führt bei den Mitgesellschaftern in voller Höhe zu AK auf das in der Gesellschaft zurückbleibende Betriebsvermögen, die ggf. in Ergänzungsbilanzen/-rechnungen zu erfassen sind (*Wendt* FR 2016, 536 (541); *Korn* St 2016, 15 (16)), wenn man der in BMF 19.12.2018, BStBl. I 2019, 6 unter Rn. 17, 19 und 21 vertretenen Auffassung folgt, dass ein Spitzenausgleich zu einem teilentgeltlichen Veräußerungs- und Anschaffungsgeschäft führt.

1064.2 Für das in der Gesellschaft *zurückbleibende* Vermögen ist nach diesen Grundsätzen der Umfang der Aufdeckung der stillen Reserven auf Grundlage einer Entgeltlichkeitsquote (*Betrag der Zusatzleistung/Wert des in der Gesellschaft zurückbleibendes Betriebsvermögen*) zu bestimmen; im Übrigen sind in der Gesellschaft die Buchwerte für das dort verbleibende Vermögen fortzuführen (siehe *Levedag* GmbHR 2017, 113 (122)).

1064.3 Im zweiten Schritt ist für das vom Ausscheidenden „mitgenommene Vermögen" die Kapitalkontenanpassung durchzuführen, dh das nach der Verarbeitung des Wertausgleichs bereinigte Kapitalkonto des ausscheidenden Mitunternehmers ist an den Buchwert der von ihm übernommenen Wirtschaftsgüter bzw. des Teilbetriebs anzupassen. Durch die Ausbuchung der mitgenommenen Wirtschaftsgüter wird das Kapitalkonto des Ausscheidenden verbraucht.

1064.4 Der *Aufgabegewinn* des ausscheidenden Gesellschafters ergibt sich aus der Differenz zwischen dem Entgelt aus der Zusatzleistung ./. dem auf die Entgeltlichkeitsquote entfallenden anteiligen Buchwert für das in der Gesellschaft *zurückbleibende Betriebsvermögen* (*Levedag* GmbHR 2017, 113 (122)). Dieser Buchwert ist vom Kapitalkonto des ausscheidenden Gesellschafters abzuziehen. Eine Tarifbegünstigung gemäß §§ 16, 34 steht dem ausscheidenden Gesellschafter nicht zu, da aufgrund der anteiligen Buchwertfortführung im Zuge der Realteilung nicht sämtliche stille Reserven in seinem Mitunternehmeranteil aufgedeckt werden.

1064.5 Stellt man mit der Rechtsprechung des BFH (BFH 2.10.2018 – IV R 24/15, BFH/NV 2019, 516) auch in der Konstellation eines Ausgleichs der verbleibenden Gesellschafter für einen Mehrerwerb darauf ab, dass die Leistung eines Spitzenausgleichs bei der unechten Realteilung generell nicht als Gegenleistung für den Erwerb der verbliebenen Wirtschaftsgüter angesehen werden kann, käme hingegen weder eine Minderung des Gewinns der Gesellschaft aufgrund der Zahlung noch eine Buchwertaufstockung für die in der Gesellschaft verbleibenden Aktiva, sondern nur eine Entnahme des Mehrbetrags in Betracht. Hier scheint die Behandlung als teilentgeltliches Anschaffungsgeschäft durch die Finanzverwaltung systemgerechter zu sein. Aus Sicht des Ausscheidenden ist der ihm gewährte Wertausgleich durch die Mitgesellschafter bei einer unechten Realteilung dem Aufgabetatbestand nach § 16 Abs. 3 Satz 1 iVm Abs. 1 Satz 1 Nr. 2 zuzuordnen und in voller Höhe als Aufgabegewinn zu versteuern, da dessen Kapitalkonto bereits vollständig durch die Ausbuchung der mitgenommenen Wirtschaftsgüter verbraucht wird.

Einstweilen frei **1065–1067**

ee) Spitzenausgleich durch den Ausscheidenden bei der unechten Realteilung. **1068** Gewährt ein im Wege unechter Realteilung ausscheidender Gesellschafter der Personengesellschaft (Mitunternehmerschaft) eine Leistung, mit der der Betrag ausgeglichen werden soll, um den der Wert des zur Abfindung übertragenen Gesellschaftsvermögens den Abfindungsanspruch übersteigt, führt diese Leistung bei der Personengesellschaft in voller Höhe zu einem Gewinn (BFH 2.10.2018 – IV R 24/15, BFH/NV 2019, 516). Es handelt sich um einen sog. *Spitzenausgleich*, der Ähnlichkeiten mit dem Spitzenausgleich bei einer echten Realteilung aufweist, wenn dort ein Realteiler einem anderen Realteiler einen Ausgleich dafür zahlt, dass der Wert des ihm übertragenen Gesellschaftsvermögens seinen Auseinandersetzungsanspruch übersteigt, während dem anderen Realteiler hinter dessen Auseinandersetzungsanspruch im Wert zurückbleibendes Gesellschaftsvermögen übertragen worden ist. Die Leistung eines Spitzenausgleichs ist nach dem IV. Senat nicht als Gegenleistung für den Erwerb der übertragenen Wirtschaftsgüter anzusehen und kann deshalb weder eine Minderung des Gewinns der Gesellschaft um einen Teil des Buchwerts der übertragenen Wirtschaftsgüter noch eine Buchwertaufstockung beim ausgeschiedenen Gesellschafter bewirken. Er führt zu einem laufenden Gewinn der Mitunternehmerschaft.

Die Finanzverwaltung (BMF 19.12.2018, BStBl. I 2019, 6 Rn. 17, 19 und 21) sieht die **1069** Realteilung mit Spitzenausgleich als teilentgeltliches Anschaffungs- und Veräußerungsgeschäft an. Bei einer „unechten" Realteilung gehört der Gewinn aus der Aufdeckung der stillen Reserven durch die Übertragung von Wirtschaftsgütern an den ausscheidenden Mitunternehmer bei der Mitunternehmerschaft zum laufenden Gewinn. Für den Ausscheidenden sind die Buchwerte der mitgenommenen Wirtschaftsgüter in Höhe des entgeltlich erworbenen Teils aufzustocken. In seinem Zielbetriebsvermögen führt er die aufgestockten Buchwerte aufgrund der Realteilung fort.

Einstweilen frei **1070–1071**

6. Freibetrag gemäß § 16 Abs. 4

Für die Inanspruchnahme des Freibetrags gemäß § 18 Abs. 3 Satz 2 iVm § 16 Abs. 4 gelten **1072** für die Einkünfte aus selbständiger Arbeit keine Besonderheiten. Dazu → § 16 Rn. 1141.

Einstweilen frei **1073**

IV. Entsprechende Anwendung bestimmter Vorschriften (Abs. 4)

1. Entsprechende Anwendung des § 13 Abs. 5 (§ 18 Abs. 4 Satz 1)

§ 13 Abs. 5 gilt im Rahmen der Einkünfte aus selbständiger Arbeit entsprechend, sofern **1074** ein Grundstück im Veranlagungszeitraum 1986 zu einem der selbständigen Arbeit dienenden Betriebsvermögen gehört hat. Es handelt sich um ein Entnahmeprivileg für den Grund und Boden, der zu einem freiberuflichen Betriebsvermögen gehört hat und nach Entnahme zu privaten Wohnzwecken genutzt werden soll. Denn die dauerhafte Nutzung eines zum freiberuflichen Betriebsvermögen gehörenden Grundstücks, das mit einem Wohnhaus bebaut und dauerhaft zu Wohnzwecken genutzt wird, würde aufgrund der Nutzungsänderung zu einer Zwangsentnahme in das notwendige Privatvermögen mit Gewinnrealisierung im freiberuflichen Betriebsvermögen führen (Schmidt/*Kulosa* § 13 Rn. 218). § 13 Abs. 5 erfasst nur Entnahmen, welche durch eine Wohnbebauung des Grund und Bodens durch den

Betriebsinhaber oder einen Altenteiler und dessen dauerhafte Nutzung zu Wohnzwecken eintritt (Schmidt/*Kulosa* § 13 Rn. 220 ff.).

1075 Die Regelung des § 18 Abs. 4 S. 1 wurde durch das Steuerentlastungsgesetz 1999/2000/2002 vom 24. März 1999 (BGBl. 1999 I 402) auf die Einkünfte aus selbständiger Arbeit ausgedehnt. Seit dem Steuerreformgesetz 1990 vom 25. Juli 1988 (BGBl. 1988 I 1093) existierte die Regelung des § 13 Abs. 5, welche ein Entnahmeprivileg für Grund und Boden in einem landwirtschaftlichen Betriebsvermögen vorsah, der bebaut und zu privaten Wohnzwecken genutzt werden sollte. Rechtsprechung zur entsprechenden Anwendung der Regelung des § 18 Abs. 4 S. 1 iVm § 13 Abs. 5 ist, soweit ersichtlich, bislang nicht ergangen.

1076 Die „entsprechende Geltung" des § 13 Abs. 5 betrifft aufgrund der gesetzlichen Bezugnahme des § 18 Abs. 4 Satz 1 nur Grund und Boden, der bereits im Veranlagungszeitraum 1986 zu einem Betriebsvermögen der selbständigen Arbeit gehört hat. Wird dieser vom Betriebsinhaber oder Altenteiler bebaut und zu privaten Wohnzwecken genutzt, wird die durch die Entnahme zum Teilwert (§ 6 Abs. 1 Nr. 4) verursachte Betriebsvermögensmehrung bei Bilanzieren (§§ 4 Abs. 1, 5 Abs. 1) oder fiktive Betriebseinnahme bei der Gewinnermittlung gemäß § 4 Abs. 3 (siehe *Segebrecht/Gunsenheimer* Einnahme-Überschussrechnung, 13. Aufl., Rn. 397) steuerfrei gestellt (allgemeine Meinung, siehe zB Blümich/*Hutter* § 18 Rn. 346; HHR/*Brandt* § 18 Rn. 408; Korn/*Korn* § 18 Rn. 144).

1077 Zu den Tatbestandsvoraussetzungen des § 13 Abs. 5 im Einzelnen → § 13 Rn. 388 ff. Das Merkmal der „Altenteilerwohnung" lässt sich auch bei entsprechender Anwendung nicht auf § 18 Abs. 4 Satz 1 übertragen. § 18 Abs. 4 Satz 1 erfasst den Praxisinhaber oder Mitunternehmer einer Personengesellschaft mit Einkünften aus selbständiger Arbeit, der auf dem Grund und Boden ein Wohngebäude zur Selbstnutzung errichtet (Korn/*Korn* § 18 Rn. 144). Gehört der Grund und Boden einer Mitunternehmerschaft, greift das Entnahmeprivileg nur ein, soweit der wohnende Mitunternehmer an der Gesellschaft beteiligt ist (Schmidt/*Kulosa* § 13 Rn. 221).

1078 Wird das Grundstück gemäß § 6 Abs. 5 Satz 3 Nr. 2 aus dem Gesamthandsvermögen in das Sonderbetriebsvermögen des wohnenden Mitunternehmers übertragen und dort bebaut, löst die Wohnbebauung eine Sperrfristverletzung gemäß § 6 Abs. 5 Satz 4 aus. Das Entnahmeprivileg des § 13 Abs. 5 erfasst nur den Gewinn im Sonderbetriebsvermögen des Mitunternehmers, kann aber den rückwirkenden Teilwertansatz auf Ebene der Gesellschaft aufgrund der Sperrfristverletzung nicht verhindern.

1079 *Einstweilen frei*

2. Entsprechende Anwendung weiterer Regelungen (§ 18 Abs. 4 Satz 2)

1080 **a) In Bezug genommene Regelungen.** § 18 Abs. 4 Satz 2 erklärt § 15 Abs. 1 Satz 1 Nr. 2 (Regelungen zum Mitunternehmerbegriff, zum Sonderbetriebsvermögen und den Sondervergütungen sowie zur mittelbaren Mitunternehmerstellung), des Abs. 1a, des Abs. 2 Satz 2 und 3 zur Gewinnerzielungsabsicht und die §§ 15a, 15b für „entsprechend" anwendbar.

1081 **b) Bezugnahme auf § 15 Abs. 1 Satz 1 Nr. 2: Einkünfte aus freiberuflichen Mitunternehmerschaften. aa) Inhalt und Umfang der Bezugnahme.** § 18 Abs. 4 Satz 2 verweist für die Erzielung freiberuflicher Einkünfte im Rahmen einer Mitunternehmerschaft auf § 15 Abs. 1 Satz 1 Nr. 2. Einkünfte aus selbständiger Arbeit sind bei entsprechender Anwendung der Regelung die Gewinnanteile der Gesellschafter einer Offenen Handelsgesellschaft, einer Kommanditgesellschaft und einer anderen Gesellschaft, bei der der Gesellschafter als Unternehmer (Mitunternehmer) des Betriebs anzusehen ist, und die Vergütungen, die der Gesellschafter von der Gesellschaft für seine Tätigkeit im Dienst der Gesellschaft oder für die Hingabe von Darlehen oder für die Überlassung von Wirtschaftsgütern bezogen hat. Der mittelbar über eine oder mehrere Personengesellschaften beteiligte Gesellschafter steht dem unmittelbar beteiligten Gesellschafter gleich; er ist als Mitunternehmer des Betriebs der Gesellschaft anzusehen, an der er mittelbar beteiligt ist, wenn er und die Personengesellschaften, die seine Beteiligung vermitteln, jeweils als Mitunternehmer der Betriebe der Personengesellschaften anzusehen sind, an denen sie unmittelbar beteiligt sind (§ 15 Abs. 1 Satz 1 Nr. 2 Satz 2).

1082 Die Personengesellschaft ist selbst weder einkommen- noch körperschaftsteuerpflichtig. Sie ist Subjekt der Einkünfteerzielung und Einkünfteermittlung (BFH-Beschlüsse vom

25.6.1984 – GrS 4/82, BStBl. II 1984, 751; BFH 3.7.1995 – GrS 1/93, BStBl. II 1995, 617). Die Einkünfte werden auf Ebene der Personengesellschaft zunächst ihrer Art nach qualifiziert (Einkunftsartenqualifikation). Hier bestehen für freiberufliche Personengesellschaften Besonderheiten (→ Rn. 1164). Erzielt die Mitunternehmerschaft Einkünfte aus selbständiger Arbeit, unterliegt der einzelne Mitunternehmer mit seinem Gewinnanteil und den Sondervergütungen der Besteuerung bei den Einkünften aus selbständiger Arbeit.

Die auf Gesellschaftsebene (unter Einschluss der Sondervergütungen und Sonderbetriebseinnahmen) der Höhe nach ermittelten Einkünfte werden den Gesellschaftern zugerechnet, wenn sie Mitunternehmer im ertragsteuerlichen Sinne sind. Die Gesellschafterstellung ist unerlässlich für die Stellung als Mitunternehmer, bestimmt diese aber nicht abschließend, denn es ist zusätzlich erforderlich, dass ein zivilrechtlicher Gesellschafter Mitunternehmerrisiko trägt und aufgrund seiner Rechtsposition Mitunternehmerinitiative entfalten kann (siehe Beschluss BFH 25.6.1984 – GrS 4/82, BStBl. II 1984, 751; Schmidt/*Wacker* § 15 Rn. 250, 258; → § 15 Rn. 1386 ff.). Der Begriff des Mitunternehmers ist (wie etwa der Arbeitnehmerbegriff) ein sog. Typusbegriff, bei dem beide Untermerkmale feststellbar sein müssen und bei schwacher Ausprägung des Mitunternehmerrisikos dieser Mangel durch eine Überausprägung der Mitunternehmerinitiativrechte kompensiert werden kann (→ § 15 Rn. 1390 ff.; zur revisionsrechtlichen Überprüfung der Würdigung des Finanzgerichts siehe Gräber/*Ratschow* FGO § 118 Rn. 26; BFH 20.11.2008 – VI R 4/06, BStBl. II 2009, 374 zum Arbeitnehmerbegriff). Zur Mitunternehmerstellung bei Freiberuflern im Einzelnen → Rn. 1123. 1083

Anschließend werden die Einkünfte der Höhe nach ermittelt, da die Personengesellschaft Einkünfteermittlungssubjekt ist. Der Gewinn, den die Gesellschaft erzielt, wird den Gesellschaftern anteilig zugerechnet und unterliegt auf Gesellschafterebene der Besteuerung (§§ 2 Abs. 1, 15 Abs. 1 S. 1 Nr. 2, → § 15 Rn. 1257 ff.). Die Einkünfte werden den Gesellschaftern unmittelbar, dh ohne einen besonderen Gewinnverwendungsakt oder Auskehrung zugewiesen. Die Gutschrift, dh Verbuchung von Gewinnanteilen auf Kapital- oder Darlehenskonten der Gesellschafter in der Buchführung der Gesellschaft, ist für den Zeitpunkt der steuerlichen Gewinnzurechnung bedeutungslos. Das Ergebnis ist den Gesellschaftern spätestens mit Ablauf des Wirtschaftsjahres ipso iure zuzurechnen (siehe aus der ständigen Rechtsprechung zu den Freiberuflern BFH 15.11.2011 – VIII R 12/09, BStBl. II 2012, 207). 1084

§ 15 Abs. 1 S 1 Nr. 2 Hs. 2, der über § 18 Abs. 4 Satz 2 entsprechend für die Freiberufler-Sozietät gilt, bezieht sich nach seinem Wortlaut lediglich auf Sondervergütungen. Vermögensgegenstände/Wirtschaftsgüter, die im wirtschaftlichen Zusammenhang mit der Beteiligung stehen, gehören als Sonderbetriebsvermögen ertragsteuerlich ebenfalls zum Betriebsvermögen der Gesellschaft. Das gesamte Betriebsvermögen der Personengesellschaft besteht daher neben dem Gesamthandsvermögen auch aus Vermögensgegenständen im Eigentum des Gesellschafters, die der Gesellschaft zur Nutzung überlassen werden und als Sonderbetriebsvermögen I zu qualifizieren sind. Das Betriebsvermögen der Gesellschaft umfasst weiterhin das Sonderbetriebsvermögen II, dh Wirtschaftsgüter und Schulden, die der Stellung des Mitunternehmers in der Gesellschaft dienen. Einnahmen und Ausgaben im Zusammenhang mit den Wirtschaftsgütern oder Geschäftsvorfällen des Sonderbetriebsvermögens sind als Sonderbetriebseinnahmen und -ausgaben zu erfassen. Zu berücksichtigen sind ferner Ergebnisse aus der Fortschreibung von Ergänzungsbilanzen, die Wertkorrekturen zu den Bilanzansätzen der Gesellschafter in der Gesamthandsbilanz darstellen (BFH 20.11.2014 – IV R 1/11, BStBl. II 2017, 34; dazu BMF 19.12.2016, BStBl. I 2017, 34; BMF 11.11.2011, BStBl. I 2011, 1314 Rn. 24.14 (UmwStE 2011); siehe auch BFH 20.10.2015 – VIII R 33/13, BStBl. II 2016, 596). Ausführlich → § 15 Rn. 1457 ff. 1085

Freiberufliche Personengesellschaften ermitteln den Gewinn in der Regel im Wege der Einnahme-Überschussrechnung (§ 4 Abs. 3); → § 4 Rn. 1505. Auch für das Sonderbetriebsvermögen ist der Gewinn einheitlich nach der für das Gesamthandsvermögen ausgeübten Wahl zu ermitteln, dh die zulässigerweise gewählte Einnahme-Überschussrechnung erstreckt sich auch auf das Sonderbetriebsvermögen. Ergänzungsbilanzen sind im Rahmen der Einnahme-Überschussrechnung in Form sog. Ergänzungsrechnungen zu führen. 1086

Einstweilen frei 1087

bb) Gesellschaftsformen für die freiberufliche Einkünfteerzielung gemäß § 18 Abs. 4 iVm § 15 Abs. 1 Satz 1 Nr. 2. (1) Übersicht. Regelmäßig stehen Freiberuflern 1088 unter Beachtung des einschlägigen Berufsrechts folgende (deutsche) Rechts- und Organisationsformen zur Verfügung

- verfestigte Kooperationen unabhängiger rechtlicher Einheiten;
- einfache Bürogemeinschaft;
- Gesellschaft bürgerlichen Rechts **(GbR);**
- Partnerschaftsgesellschaft **(PartG)** einschließlich der PartG mit beschränkter Berufshaftung (**PartGmbB**);
- KG, OHG und GmbH & Co. KG.
- **GmbH/AG:** Für Freiberufler-Kapitalgesellschaften gilt § 18 Abs. 4 nicht. Gemäß § 8 Abs. 2 KStG erzielt eine solche Kapitalgesellschaft stets Einkünfte aus Gewerbebetrieb und unterliegt auch der Gewerbesteuer. Berufsrechtlich ist die Gründung einer Freiberufler-Kapitalgesellschaft etwa gemäß § 59c BRAO (Rechtsanwaltsgesellschaft), § 49 StBerG (Steuerberatungsgesellschaft), § 27 WPO (Wirtschaftsprüfungsgesellschaft) oder als Medizinisches Versorgungszentrum (MVZ) zulässig. Das Berufsrecht macht in der Regel Vorgaben für die Gesellschafterstruktur. § 59e Abs. 1 S. 1 BRAO bestimmt, etwa für die Rechtsanwalts-GmbH, dass über 50% der Stimmrechte in der Gesellschaft Rechtsanwälten zustehen müssen und § 59f Abs. 1 S. 2 BRAO fordert zusätzlich, dass die Geschäftsführer mehrheitlich Rechtsanwälte sein müssen, damit die GmbH als Rechtsanwaltsgesellschaft zugelassen werden kann. Das BVerfG hat allerdings zum Zusammenschluss zwischen Rechts- und Patentanwälten entschieden, dass diese Mehrheitserfordernisse, die in ähnlicher Form auch in den Berufsrechtsordnungen für Steuerberater § 50 Abs. 4 StBerG und Wirtschaftsprüfer § 28 Abs. 1 WPO zu finden sind, gegen die Berufsfreiheit gemäß Art. 12 GG verstoßen (BVerfG Beschluss 14.1.2014 – 1 BvR 2998/11, 1 BvR 236/12, ZIP 2014, 368). Für *interprofessionelle Zusammenschlüsse* gilt, dass die Gesellschaft über mehrere berufsrechtliche Zulassungen verfügen muss, wenn sie in allen Fachbereichen tätig werden soll.
- **GmbH & Still:** Mit der GmbH & atypisch Still wird die mit der Wahl der Kapitalgesellschaft als Rechtsform im Außenverhältnis bewirkte Entscheidung für das Trennungsprinzip im Innenverhältnis wieder rückgängig gemacht. Die GmbH führt im Innenverhältnis ihren Geschäftsbetrieb für Rechnung der atypisch stillen Gesellschaft. Das Geschäftsergebnis der GmbH & atypisch Still wird somit auf Ebene der atypisch stillen Gesellschaft nach Vornahme bestimmter Korrekturen einheitlich und gesondert festgestellt und den Mitunternehmern zugewiesen (siehe Blaurock Stille Gesellschaft-HdB/*Levedag* § 22 Rn. 152 ff.). Sie wird von § 18 Abs. 4 nicht erfasst.

1089 Daneben kommen auch ausländische Rechtsformen, beispielsweise die englische und US-amerikanische **LLP** in Betracht.

1090 **(2) Kooperationen.** Grundsätzlich kann zwischen einer sog. Einzelkooperation und einer verfestigten Kooperation unterschieden werden. Bei einer Einzelkooperation schließen sich die Freiberufler nur für die Bearbeitung eines einzelnen Projekts zusammen, zB um ein grenzüberschreitendes Mandant sachgerecht zu betreuen, während eine verfestigte Kooperation auf eine dauerhafte Zusammenarbeit angelegt ist.

1091 Bei einer Kooperation handelt es sich um eine bloße Interessensgemeinschaft, die noch keine gesellschaftsrechtliche Organisationsform darstellt. Es handelt sich um eine mehr oder minder verfestigte Zusammenarbeit zur Förderung der Wettbewerbssituation, bei der die Aufträge/Mandate aber nicht von der Kooperation zur gemeinschaftlichen Bearbeitung angenommen werden, sondern den jeweiligen Kooperationspartnern zur ausschließlichen Bearbeitung zugewiesen werden. Dies reicht regelmäßig noch nicht aus, um einen gemeinsamen Zweck und somit eine Gesellschaft bürgerlichen Rechts iSd § 705 BGB anzunehmen (Henssler/Streck SozietätsR-HdB/*Hartung* Kap. J Rn. 5). Es handelt sich daher gerade nicht um eine Berufsausübungsgemeinschaft im Sinne einer Sozietät. Regelmäßig schließen sich nicht einzelne Freiberufler, sondern verschiedene Sozietäten, insbesondere grenzüberschreitend, zu Kooperationen (Netzwerken) zusammen, um ihren örtlichen Einfluss- und Kompetenzbereich zu erweitern. Kooperationen stellen insbesondere dann eine geeignete Lösung dar, wenn eine Sozietätsgründung aus berufsrechtlichen Gründen unzulässig ist und sich nicht sozietätsfähige Berufsträger zu einer inhaltlichen Zusammenarbeit zusammenschließen wollen (siehe aus der Rechtsprechung (BGH-Beschluss 25.7.2005 – AnwZ (B) 42/04, NJW 2005, 2692; BGH-Urteil 12.7.2012 – AnwZ (Brfg) 37/11, NJW 2012, 3102).

Einstweilen frei 1092

(3) Bürogemeinschaften. Bei der Bürogemeinschaft handelt es sich um den einfachsten aller freiberuflichen Zusammenschlüsse. Die Freiberufler schließen sich dabei nicht zur gemeinsamen Berufsausübung zusammen, sondern lediglich, um gemeinsam Ressourcen, wie beispielsweise Büroräume, Personal, die sächliche Büroausstattung mit Bürogeräten wie Computer, Telefon- und Faxgeräte, Literatur etc zu nutzen. Freiberufler dürfen grundsätzlich mit allen sozietätsfähigen Berufsangehörigen eine Bürogemeinschaft bilden (siehe zB § 59a Abs. 3 mit Verweis auf Abs. 1 und 2 BRAO, § 52a Abs. 3 mit Verweis auf Abs. 1 und 2 PAO, § 56 Abs. 2 StBerG, nicht ausdrücklich in § 44b WPO und die Besonderheiten für Notare in § 9 Abs. 1 BNotO). 1093

1094 Die Bürogemeinschaft stellt gesellschaftsrechtlich regelmäßig eine Gesellschaft bürgerlichen Rechts iSd §§ 705 ff. BGB dar. Gemeinsamer Zweck der Gesellschaft ist dabei nicht die gemeinsame Berufsausübung mit gemeinsamer Annahme von Aufträgen und gemeinsamer Entgegennahme der Entgelte, sondern lediglich die gemeinsame Nutzung von Betriebsmitteln (MüKoBGB//*Schäfer* Vor § 705 Rn. 39). Da der Abschluss des Gesellschaftsvertrags grundsätzlich formlos wirksam ist, sofern die Art der Gesellschafterbeiträge keine besondere Form erforderlich macht, liegt eine Bürogemeinschaft bereits dann vor, wenn sich wenigstens zwei Angehörige eines sozietätsfähigen Berufes aufgrund eines Gesellschaftsvertrages (§§ 705 ff. BGB) zusammengetan haben, um ihr Büro aus Rationalisierungsgründen gemeinsam zu führen (zu Rechtsanwälten siehe Weyland/*Brüggemann* BRAO § 59a Rn. 79).

1095 Eine ausreichende Kennzeichnung, dass die Berufsausübung lediglich in einer Bürogemeinschaft und nicht in gemeinsamer Berufsausübung erfolgt, hat für den Haftungsumfang der Gesellschafter Bedeutung. Für berufliche Fehler der anderen Mitglieder in der Bürogemeinschaft haftet der Einzelne grundsätzlich nicht, da jeder beteiligte Freiberufler die Aufträge nur mit Wirkung für und gegen sich selbst entgegennimmt und die übrigen Mitglieder der Bürogemeinschaft daher keiner vertraglichen Haftung unterliegen (BeckOK BORA/*Römermann* BRAO § 59a Rn. 212). Dies gilt aber nur dann, wenn für den Mandanten erkennbar wird, dass er ausschließlich mit einem bestimmten Berufsträger den Mandatsvertrag abschließt. Falls aber die Bürogemeinschaft nach außen hin gemeinschaftlich und ohne nähere Präzisierung der Rechtsform auftritt, erwecken die Partner den Anschein einer Sozietät und haften dann nach Rechtsscheingrundsätzen wie in einer tatsächlich existierenden Sozietät als Gesamtschuldner (BGH 24.1.1978 – VI ZR 264/78, NJW 1987, 996; OLG Hamm 13.6.1991 – 4 U 97/91, NJW-RR 1992, 301).

1096 **(4) Gesellschaft bürgerlichen Rechts.** Wenn Zweck des Zusammenschlusses nicht nur das Teilen von Betriebsmitteln, sondern auch bzw. gerade die gemeinschaftliche Berufsausübung ist, liegt eine sog. Berufsausübungsgemeinschaft vor, die – sofern nicht die Voraussetzungen einer bestimmten Rechtsform eingehalten werden – regelmäßig ebenfalls die Rechtsform der GbR (§§ 705 ff. BGB) hat. Die gemeinschaftliche Berufsausübung wird regelmäßig durch ein gemeinsames Auftreten nach außen hin dokumentiert, zB einheitlicher Briefkopf, einheitliches Praxisschild, einheitliche Kanzleibezeichnung, und spiegelt sich in der Berufsausübung durch die gemeinsame Entgegennahme, Bearbeitung und Abrechnung von Aufträgen wider, dh Mandatsträger ist die Gesellschaft (Weyland/*Brüggemann* BRAO § 59a Rn. 13).

1097 Haftungsrechtlich führt das gemeinsame Auftreten nach außen zu einer unmittelbaren, persönlichen und gesamtschuldnerischen Haftung aller Gesellschafter gemäß § 128 HGB analog (BGH 10.5.2012 – IX ZR 125/10, NJW 2012, 2435). Der BGH hat im Urteil vom 10. Mai 2012 die analoge Anwendung des § 8 Abs. 2 PartGG (Handelndenhaftung) auf die GbR explizit abgelehnt. Ein solcher Analogieschluss sei wegen des Fehlens einer Regelungslücke unzulässig, weil die Haftungskonzentration im Falle der Partnerschaftsgesellschaft gesetzlich gerade nur für diese Rechtsform geschaffen worden sei und im Gegenzug für dieses Haftungsprivileg die Publizität der Gesellschaftsverhältnisse gemäß §§ 4 Abs. 1, 7 Abs. 1 PartGG verlangt werde.

1098 **Labor- und Apparategemeinschaften ohne Gewinnerzielungsabsicht:** Nach zutreffender hM ist eine rein kostendeckend arbeitende Labor- und Apparategemeinschaft, die Personengesellschaft (in der Regel GbR) ist (BFH 18.1.1984 – I R 138/79, BStBl. II 1984, 451) mangels Gewinnerzielungsabsicht weder eine Mitunternehmerschaft als Gewinnermittlungssubjekt. Handelt es sich um eine Kosten-/Hilfsgemeinschaft, die lediglich den Gesellschaftszweck „Erlangung wirtschaftlicher Vorteile durch gemeinsame Übernahme von Aufwendungen" verfolgt, sind die auf gemeinsame Rechnung getätigten Betriebsausgaben im Einzelnen auf die Mitglieder umzulegen (BMF 12.2.2009, BStBl. I 2009, 1398 Rn. 5–8; BFH 30.9.2003 – III R 5/00, BStBl. II 2003, 947; BFH 29.7.2004 – IV B 232/02, BFH/NV 2005, 352; aus dem Schrifttum HHR/*Brandt*, § 18 Rn. 420; *Klaßmann ua* Besteuerung der Ärzte, Zahnärzte und sonstiger Heilberufe, 9. Aufl. 2015, Rn. 716).

1098.1 Die weitere Handhabung auf Ebene der beteiligten Mitglieder hängt von der Behandlung auf Ebene der Laborgemeinschaft ab. Werden die Umlagen der Mitglieder als Einlagen auf Ebene der Laborgemeinschaft behandelt und erzielt die Laborgemeinschaft keine Einnahmen, weil sie nur Leistungen an Mitglieder erbringt, entsteht nur ein Gesamtverlust auf Ebene der Laborgemeinschaft, der auf die Mitglieder anteilig entfällt (*Klaßmann ua* Besteuerung der Ärzte, Zahnärzte und sonstiger Heilberufe, 9. Aufl. 2015, Rn. 716). Erzielt die Laborgemeinschaft selbst Einnahmen können diese den Einnahmen aus selbständiger Tätigkeit der beteiligten Einzelpraxen oder Arztgemeinschaften unmittelbar zuzurechnen, sein, wenn auf Ebene der Laborgemeinschaft aus den Einlagen der Gesellschafter nur Kosten bestritten werden (siehe auch BFH 2910.2013 – VIII R 27/10, BStBl. II 2014, 295). Möglich ist aber auch, dass auf Ebene der Laborgemeinschaft die Umlagen und Leistungen zu Betriebseinnahmen führen, denen Betriebsausgaben auf Ebene der Gesamthand gegenüberstehen und nur die Umlagen der Mitglieder bei diesen zunächst zu Betriebsausgaben führen (*Klaßmann ua* Besteuerung der Ärzte, Zahnärzte und sonstiger Heilberufe, 9. Aufl. 2015, Rn. 718).

1098.2 Eine einheitliche und gesonderte Gewinnfeststellung wird mangels „gemeinschaftlicher Einkünfte" im Sinne des § 180 Abs. 1 Nr. 2 Buchst. a AO für Apparate-/Laborgemeinschaften nicht durchgeführt; denn es handelt sich nur um sog. Kostentragungsgemeinschaften; eine Feststellung gemäß § 180 Abs. 2 iVm der Verordnung ist aber möglich (BFH 30.9.2003 – III R 5/00, BStBl. II 2003, 947; Tipke/Kruse/*Brandis* AO § 180 Rn. 25). Gesondert festgestellt werden die anteiligen Betriebsausgaben der Mitglieder (BFH 29.1.2009 – VIII B 195/07, BeckRS 2009, 25015024).

1099 **Labor- und Apparategemeinschaften mit Gewinnerzielungsabsicht:** Erzielt die Laborgemeinschaft hingegen – zumeist wegen der Leistungserbringung an Nichtgesellschafter – Gewinne, ist sie keine Kosten-/Hilfsgemeinschaft mehr, sondern eine Mitunternehmerschaft iSd § 15 Abs. 1 Satz 1 Nr. 2 iVm § 18 Abs. 4 Satz 2 (BMF 12.2.2009, BStBl. I 2009, 1398 Rn. 10). Für die Prüfung, ob die Laborgemeinschaft in diesem Fall gewerbliche (§ 15) oder freiberufliche (§ 18) Einkünfte erzielt, gelten die unter → Rn. 384 dargestellten Grundsätze. Danach ist zu prüfen, ob unter Berücksichtigung der Zahl der Angestellten und der durchgeführten Untersuchungen eine eigenverantwortliche Tätigkeit der an der Laborgemeinschaft beteiligten Ärzte noch gegeben ist. Ist dies zu bejahen und sind nur selbständig tätige Ärzte an der Laborgemeinschaft beteiligt, erzielen sie Einkünfte aus ärztlicher Tätigkeit gemäß § 18 Abs. 1 Nr. 1 Satz 2. Ist dies zu verneinen und/oder sind nicht nur selbständig tätige Ärzte an der Laborgemeinschaft beteiligt, sind die gesamten Einkünfte der Laborgemeinschaft als Einkünfte aus Gewerbebetrieb gemäß § 15 Abs. 1 Satz 1 Nr. 2 zu behandeln.

1100 **Ärztliche Teilberufsausübungsgemeinschaften:** Die berufsrechtlichen Grenzen werden durch § 18 Abs. 1 der Berufsordnung für Ärztinnen und Ärzte (MBO-Ä) gesetzt. Eine Negativabgrenzung enthält § 31 MBO-Ä, der den Zusammenschluss in einer Teilberufsausübungsgemeinschaft untersagt, wenn sich die Tätigkeit eines Gesellschafters auf die Überweisung seines Patienten beschränkt und anschließend durch die Gewinnverteilung ein verbotener Fall der Zuweisung gegen Entgelt oder andere Vorteile durch den behandelnden Arzt gegeben ist. Auch die vertragsärztliche Zulässigkeit ist in § 33 Abs. 2 Satz 3 der Ärzte-Zulassungsverordnung davon abhängig, dass die Kooperation nicht allein darin besteht, dass medizinisch-technische Untersuchungen auf Überweisungerbracht werden. Ein Verstoß gegen diese öffentlich-rechtlichen Vorgaben (insbesondere § 31 MBO-Ä) führt dazu, dass im Gesellschaftsvertrag der Teil Berufsausübungsgemeinschaft, die in der Regel eine GbR sein wird, nichtig ist (siehe *Klaßmann ua* Besteuerung der Ärzte, Zahnärzte und sonstige Heilberufe, 9. Aufl. 2015, Rn. 691–693).

1100.1 Für die steuerliche Anerkennung einer Teilberufsausübungsgemeinschaft als Mitunternehmerschaft und als verfahrensrechtliches Feststellungssubjekt bei der gesonderten und einheitlichen Feststellung der Besteuerungsgrundlagen (§§ 179 Abs. 1, 180 Abs. 1 Nr. 2 Buchst. a AO) verlangt die OFD Frankfurt in einer Verfügung vom 17.8.2016, DStR 2016, 2591, dass nachweisbar von jedem der Gesellschafter Mitunternehmerinitiative entfaltet werden kann, indem er gesellschaftsrechtliche Kontrollrechte ausüben kann. Die Gesellschafter müssen zudem Mitunternehmerrisiko tragen, weil sie am Gewinn und Verlust, sowie an den stillen Reserven einschließlich eines Praxiswerts der Berufsausübungsgemeinschaft beteiligt werden. Dies ist erfüllt, wenn der jeweilige Behandlungsvertrag für die in ärztlicher Kooperation erbrachten Leistungen mit der Teilgemeinschaftspraxis abgeschlossen wird, die Leistungserbringung im Außenverhältnis zwischen den beteiligten Ärzten aufgegliedert wird, die beteiligten Ärzte mehr oder weniger gleiche Rechte und Pflichten haben und jeder Gesellschafter an den unternehmerischen Chancen und Risiken beteiligt ist. Als typisches Indiz hierfür sieht die OFD eine prozentuale Gewinn- und Verlustbeteiligung sowie die Mitwirkung an Investitions- und Personalentscheidungen und eine Kapitalbeteiligung der Gesellschafter an.

Für die freiberufliche Einkünfteerzielung der Teilberufsausübungsgemeinschaft als Mitunternehmerschaft ist nach der Verfügung der OFD erforderlich, dass jeder ihrer Gesellschafter selbst leitend und eigenverantwortlich im Außenverhältnis gegenüber den Patienten tätig wird. Ist dies nicht gegeben, sind die Voraussetzungen des § 18 Abs. 1 Nr. 1 nicht erfüllt. Bei der Gesellschaft werden unabhängig von der Regelung des § 15 Abs. 3 Nr. 1 gewerbliche Einkünfte gemäß § 15 Abs. 2 erfüllt. 1100.2

Einstweilen frei 1101

(5) Partnerschaftsgesellschaft. Seit 1994 können sich Angehörige freier Berufe zu einer Partnerschaftsgesellschaft (PartG)zusammenschließen und ins Partnerschaftsregister eintragen lassen (§§ 1 ff. und 7 PartGG). Die gemeinschaftliche Berufsausübung in der Partnerschaftsgesellschaft kann durch Vorschriften über einzelne Berufe ausgeschlossen oder von weiteren Voraussetzungen abhängig gemacht werden, § 1 Abs. 3 PartGG. Solche einschränkenden Vorschriften finden sich insbesondere in § 59a BRAO, § 52a PAO, § 56 StBerG und § 44b WPO, aber auch zB § 23c MBO-Ä, § 8 ApoG. Hinsichtlich § 59a BRAO hat das BVerfG (BVerfG-Beschluss 12.1.2016 – 1 BvL 6/13, ZIP 2016, 258) allerdings jüngst entschieden, dass das pauschale Sozietätsverbot für andere als den in § 59a BRAO genannten Berufsträgern zumindest hinsichtlich der Gründung einer Partnerschaftsgesellschaft zwischen Rechtsanwälten mit Ärzten und Apothekern verfassungswidrig sei, da es für seine Zweckerreichung in seinem bestehenden Umfang nicht erforderlich sei. 1102

Die Partnerschaftsgesellschaft ist eine Personengesellschaft, die ausschließlich natürlichen Personen offensteht. Sie wird durch Gesellschaftsvertrag gegründet, der Namen und Sitz der Partnerschaft sowie Namen, Beruf und Wohnort jedes Partners und den Gegenstand der Partnerschaft festlegen muss. Im Gegensatz zur GbR kann die Partnerschaft damit immer nur einen Sitz haben, eine überörtliche Partnerschaft ist ausgeschlossen. Sie kann lediglich Niederlassungen unterhalten, § 5 Abs. 2 PArtGG. Die Partnerschaft ist beim Partnerschaftsregister anzumelden, § 4 Abs. 1 PartGG. Hinsichtlich der Geschäftsführung der Partnerschaft und deren Vertretung nach außen ist diese Gesellschaftsform der offenen Handelsgesellschaft (OHG) nachempfunden (vgl. § 6 Abs. 3 und § 7 Abs. 3 PartGG), jedoch kann ein Partner nicht vollständig von der Geschäftsführung ausgeschlossen werden. Zudem muss jedem Partner stets die Ausübung seiner beruflichen Tätigkeit möglich sein und es ist erforderlich, dass jeder Partner seinen Beruf aktiv in der Gesellschaft ausübt. Die Partner handeln bei der Erbringung ihrer beruflichen Leistungen eigenverantwortlich und unabhängig unter Beachtung des für sie geltenden Berufsrechts (§ 6 Abs. 1 PartGG). Verliert ein Berufsträger seine Zulassung zu dem freien Beruf, den er in der Partnerschaft ausübt, scheidet er kraft Gesetzes unmittelbar aus der Partnerschaft aus, § 9 Abs. 3 PartGG. 1103

Für die Verbindlichkeiten der Partnerschaft haften den Gläubigern neben dem Vermögen der Partnerschaftsgesellschaft grundsätzlich alle Partner mit ihrem Privatvermögen als Gesamtschuldner (§ 8 Abs. 1 PartGG). Dies ist identisch mit dem Haftungssystem der GbR und der OHG, da Rechtsgrundlage § 128 HGB ist. Die Nachhaftungsregeln des § 130 HGB gelten sinngemäß. Im Gegensatz zur Haftung der Gesellschafter einer GbR haften für Schäden *wegen fehlerhafter Berufsausübung* – neben der Partnerschaft – allerdings unter Durchbrechung des § 128 HGB *nur die einzelnen Partner,* die mit der Bearbeitung eines Auftrags befasst waren, sofern sie nicht lediglich Bearbeitungsbeiträge von untergeordneter Bedeutung erbracht haben (§ 8 Abs. 2 PartGG, – Handelndenhaftung – personenbezogene Haftungsbegrenzung kraft Gesetzes). 1104

Die Haftung der Gesellschafter stellt sich damit im Einzelnen wie folgt dar: 1105

- Haftung für Schäden (Delikt) gemäß § 8 Abs. 1 PartGG: Alle Partner haften persönlich und die Sozietät (bei Zurechnung gemäß § 31 BGB);

- Haftung für „Verbindlichkeiten der Partnerschaft" (Miet-, Arbeits- und Darlehensverträge): alle Partner (§ 8 Abs. 1 PartG) – persönliche Haftung aller Partner aufgrund der Akzessorietät;
- Haftung für berufstypisches Verhalten gemäß § 8 Abs. 2 PartG: Nur die mit der Mandatsbearbeitung betrauten Partner haften kraft Gesetzes (sog. Handelndenhaftung); dh es ist die ausreichende Absicherung der Handelnden durch Abschluss einer Berufshaftpflichtversicherung nach dem jeweils einschlägigen Berufsrecht bei interprofessioneller Partnerschaft notwendig!

1106 Die betragsmäßige Haftungsbegrenzung durch eine Individualvereinbarung oder durch AGB für Schäden zwischen der Partnerschaft und dem Mandanten ist möglich, vgl. § 8 Abs. 3 PartGG (zu den Einzelheiten vgl. *Hölscheidt* NWB 2011, 4042 (4053); Peres/Senft SozietätsR-HdB/*Posegga* § 16 Rn. 31 ff.).

1107 *Einstweilen frei*

1108 **(6) Partnerschaftsgesellschaft mit beschränkter Berufshaftung (PartG mbB).** Mit Einfügung des § 8 Abs. 4 PartGG wurde mit Einführung einer weiteren Variante der Partnerschaft seit dem 19.7.2013 eine Rechtsform geschaffen, die den Vorteil einer transparenten Besteuerung mit einer Haftungskonzentration auf das Gesellschaftsvermögen verbindet (siehe auch § 1 Abs. 4 PartGG). Die Partnerschaftsgesellschaft mbB steht **unter anderem** Rechtsanwälten (§ 51a BRAO), Patentanwälten (§ 45a PatAO), Steuerberatern (§ 67 StBerG) und Wirtschaftsprüfern (§ 54 WPO) offen. Bis zu ihrer Einführung griffen insbesondere internationale und nationale Großkanzleien gerne auf die Rechtsform der englischen Limitied Liability Partnerschip (LLP) zurück.

1109 § 8 Abs. 4 PartGG schafft die Handelndenhaftung des oder der mit dem Mandat befassten Partner (§ 8 Abs. 1 und 2 PartGG iVm § 128 HGB) kraft Gesetzes ab. Stattdessen haftet nach § 8 Abs. 4 PartGG nur noch die Partnerschaft. Dies gilt nach der Gesetzesbegründung (BT-Drs. 17/10487, 14) aber nur dann, wenn das Mandat mit der Sozietät besteht. Zudem betrifft die Beschränkung ausschließlich die Haftung für vertragliche Ansprüche aus Schlechtberatung, bei deliktischen Ansprüchen des Mandanten und sonstigen vertraglichen Ansprüchen Dritter (Arbeitnehmer/Vertragspartner) haftet der jeweilige Partner wie in der einfachen Partnerschaft weiter persönlich (→ Rn. 1105).

1110 Die Begrenzung der Handelndenhaftung für Verbindlichkeiten aus Schäden wegen fehlerhafter Berufsausübung ist von zwei Bedingungen abhängig: Zum einen muss die Partnerschaft als solche eine zu diesem Zweck durch Gesetz vorgegebene Berufshaftpflichtversicherung unterhalten (§ 8 Abs. 4 Nr. 1 PartGG, vgl. BT-Drs. 17/10487, 14). Zum anderen muss der Namenszusatz „mit beschränkter Berufshaftung" nach außen im Rechtsverkehr geführt werden, wobei Abkürzungen erlaubt sind, § 8 Abs. 4 Nr. 2 PartGG. Die Berufshaftpflichtversicherung sieht im Vergleich mit der „einfachen" Partnerschaft erhöhte Mindestversicherungssummen vor und beinhaltet zwingend auch die Versicherung sog. wissentlicher Pflichtverletzungen. Die Höhe der neuen Berufshaftpflichtversicherung der Gesellschaft wird in den jeweiligen Berufsordnungen festgelegt. Es besteht die Verpflichtung, die PartGmbB beim Partnerschaftsregister des zuständigen Amtsgerichts mit der Versicherungsbescheinigung (§§ 4 Abs. 3 PartGG, 113 Abs. 2 VVG) anzumelden.

1111 Als Personengesellschaft ist die PartG für die Einkommensteuer ebenfalls selbst nicht Steuerrechtssubjekt. Vielmehr erzielen die Gesellschafter in ihrer mitunternehmerischen Verbundenheit (§ 18 Abs. 4 S. 2 Hs. 2) gemeinschaftlich Einkünfte, die ihnen nach dem sog. Transparenzprinzip als originäre eigene Einkünfte unmittelbar zuzurechnen sind (§ 18 Abs. 4 Satz 2 iVm § 15 Abs. 1 Satz 1 Nr. 2). Die PartG mbB stellt aus steuerlicher Sicht somit eine interessante Alternative zur Freiberufler-GmbH & Co. KG dar. Denn in dieser Rechtsform ist es aus Sicht der Partner als Mitunternehmer möglich, Einkünfte aus § 18 zu erzielen (wenn alle Partner im Außenverhältnis freiberuflich tätig sind), eine steuerlich transparente Rechtsform zu haben und eine Haftungsbegrenzung für „Falschberatung" in Anspruch zu nehmen. Ferner → Rn. 1173.

1112 *Einstweilen frei*

1113 **(7) Freiberufler-GmbH & Co. KG.** Die GmbH & Co. KG ist als Personenhandelsgesellschaft in entsprechender Anwendung der §§ 105 ff. HGB bei dem Gericht, in dessen Bezirk sie ihren Sitz hat, zur Eintragung in das Handelsregister anzumelden, §§ 161 Abs. 2,

106 HGB. Da bei der GmbH & Co. KG die Haftung gegenüber den Gesellschaftsgläubigern bei einem oder bei einigen von den Gesellschaftern auf den Betrag einer bestimmten Vermögenseinlage beschränkt ist (Kommanditisten), während bei dem anderen Teil der Gesellschafter eine Beschränkung der Haftung nicht stattfindet (persönlich haftende Gesellschafter, § 161 Abs. 1 HGB), sind zusätzlich zu den Angaben nach § 106 Abs. 2 HGB die Bezeichnung der Kommanditisten und der Betrag der Einlage eines jeden von ihnen einzutragen (§ 162 Abs. 1 HGB). Die Eintragung der Kommanditgesellschaft setzt, wie erwähnt, nach §§ 161 Abs. 2, 105 Abs. 2 HGB voraus, dass diese ein „Handelsgewerbe" oder die „Verwaltung eigenen Vermögens" zum Gegenstand hat oder zukünftig betreiben wird („gerichtet"). Es handelt sich damit um eine zweckgebundene Rechtsform (*Henssler/Markworth* NZG 2015, 1 (3)).

Freie Berufe, Wissenschaftler und Künstler betreiben im Regelfall kein Gewerbe iSd HGB, daher bleibt Ihnen die Eintragung grundsätzlich verwehrt. **1114**

Vor allem den **Rechtsanwälten** sind alle Rechtsformen, die auf den Betrieb eines Handelsgewerbes gerichtet sein müssen, beispielsweise die Errichtung einer Sozietät in der Rechtsform der OHG (§ 105 Abs. 1 HGB), der Kommanditgesellschaft (§ 161 Abs. 1 HGB), und jegliche Mischformen wie etwa die GmbH & Co. KG verwehrt. Zum einen stellt der Anwaltsberuf einen freien Beruf und ausdrücklich kein Gewerbe dar, § 2 BRAO, sodass es der Gesellschaft an dem für die Eintragung notwendigen Handelsgewerbe oder der alternativ ebenso zulässigen Verwaltung eigenen Vermögens fehlt, §§ 161 Abs. 2, 105 Abs. 2 HGB. Zum anderen scheitert eine Rechtsanwalts GmbH & Co. KG an den spezifischen Erfordernissen des Berufsrechts, das eine GmbH & Co. KG weder mit einer Komplementär-GmbH, die selbst als Rechtsanwaltsgesellschaft zugelassen ist, ermöglicht (§ 59c Abs. 1 BRAO), noch eine Beteiligung der Komplementär-GmbH als bloße Verwaltungsgesellschaft zulässt. Der ersten Ausgestaltung steht § 59c Abs. 2 BRAO entgegen, der es der Rechtsanwalts-GmbH untersagt, sich an Zusammenschlüssen zur gemeinschaftlichen Berufsausübung zu beteiligen. Die Beteiligung der Komplementär-GmbH als reine Verwaltungsgesellschaft wird hingegen durch § 59a BRAO verhindert, der vorsieht, dass sich Rechtsanwälte nur mit den ausdrücklich in der Vorschrift genannten Berufsträgern, die selbst aktiv tätig sind, zu einer Berufsausübungsgemeinschaft zusammenschließen dürfen, § 59a Abs. 1 BRAO, sodass die hM daraus ein Verbot für die Beteiligung von Kapitalgesellschaften an Rechtsanwaltsgesellschaften ableitet (Henssler/Streck SozietätsR-HdB/*Henssler* Kap. F Rn. 10). Nach Ansicht des BGH und des BVerfG stellt die Versagung dieser Rechtsform auch keinen Eingriff in die Berufsausübungsfreiheit iSd Art. 12 GG dar, da dem Rechtsanwalt eine Vielzahl anderer Rechtsformen für seine Berufsausübung bereitsteht (BGH 18.7.2011 – Anwz (Brfg) 18/10, ZIP 2011, 1664; BVerfG 6.12.2011 – 1 BvR 2280/11, ZIP 2012, 367; Nichtannahmebeschluss). **1115**

Das Berufsrecht der **Steuerberater und Wirtschaftsprüfer,** die ausdrücklich freie Berufe und kein Gewerbe betreiben, § 32 Abs. 2 StBerG, § 1 Abs. 2 WPO, erkennt die Rechtsform der GmbH & Co. KG hingegen ausdrücklich an (s. § 49 Abs. 1 u. 2, § 50 Abs. 1 S. 3 StBerG, § 27 Abs. 1 u. 2, § 28 Abs. 1 S. 2 WPO) und lässt es zu, dass die persönlich haftenden Gesellschafter einer Wirtschaftsprüfungs- bzw. Steuerberatungsgesellschaft die Form von Gesellschaften, also auch einer GmbH, haben. Mit seinen Entscheidungen vom 18.7.2011 (BGH 18.7.2011 – AnwZ (Brfg) 18/10, ZIP 2011, 1664) und vom 15.7.2014 (BGH 15.7.2014 – II ZB 2/13, ZIP 2014, 2030 Rn. 19 f.) hat der BGH klargestellt, dass *jedenfalls* Steuerberater- und Wirtschaftsprüfungsgesellschaften, die auch Treuhandaufgaben wahrnehmen, in das Handelsregister eingetragen werden können und keine Schein-KGs sind (siehe zuvor aA *Wachter* GmbHR 2011, R 289; *Karl* BB 2010, 1311 (1315): zur Qualität eingetragener GmbH & Co KGs als GbR). In seinem Beschluss vom 15.7.2014 (BGH 15.7.2014 – II ZB 2/13, ZIP 2014, 2030 Rn. 19 f.) hat der BGH in Abgrenzung zur Entscheidung vom 18.7.2011 ausgeführt, dass jedenfalls bei Steuerberatern und Wirtschaftsprüfern eine nur untergeordnete Wahrnehmung von eintragungspflichtigen Treuhandaufgaben der Rechtsformwahl der GmbH & Co. KG nicht entgegensteht: § 27 WPO und § 49 StBerG seien jeweils als lex specialis zu § 105 Abs. 1 HGB zu verstehen, die eine Eintragung in das Handelsregister auch ermöglichten, wenn die Treuhandaufgaben nicht prägend für das Gesamtbild des Betriebs seien, sondern nur eine untergeordnete Bedeutung einnähmen (zustimmend siehe *Arens* DStR 2011, 1825 (1927); *Arens* DStR 2013, 1103 f.; Peres/Senft SozietätsR-HdB/*Senft* § 13 Rn. 3; *Henssler* NZG 2011, 1121 (1129); *Potsch* NZG 2012, 329 (330)). Die Eintragung im Handelsregister aufgrund der Wahrnehmung von eintragungspflichtigen **1116**

Treuhandaufgaben Voraussetzung für die Rechtsformwahl der GmbH & Co. KG ist. In der Praxis werden wohl auch Neueintragungen akzeptiert, wenn eine entsprechende Treuhandtätigkeit vorliegt, die eine Eintragung in das Handelsregister rechtfertigen würde (Peres/Senft SozietätsR-HdB/*Senft* § 13 Rn. 3; einschränkend für den Formwechsel ohne Berücksichtigung des BGH-Beschlusses 15.7.2014 – II ZB 2/13, ZIP 2014, 2030, siehe KG Berlin Beschluss 27.9.2013 – 12 W 94/12, DStR 2013, 792).

1117 Soweit die Eintragung der Gesellschaft in das Handelsregister erfolgt ist, gilt die Gesellschaft ungeachtet des Betreibens eines Handelsgewerbes zum Schutz des Rechtsverkehrs als errichtet (§ 5 HGB). Allerdings ist zu beachten, dass eine unzulässige Eintragung nicht mit der gewünschten Haftungsbegrenzung einhergeht. Die unzulässig eingetragenen Freiberufler-GmbH & Co. KGs sind allerdings sog. Schein-OHGs oder Schein-KGs, da die Eintragung unrichtig ist. Tatsächlich handelt es sich aber um eine GbR, bei der alle Gesellschafter unbeschränkt haften. Daran ändert auch eine Berufung auf die Eintragung nichts, da die Publizität des Handelsregisters nur die Vertragspartner der KG und den Rechtsverkehr, nicht aber ein Berufen auf unrichtige Tatsachen durch die „Scheinkommanditisten" schützt.

1118 Zur Komplementär-GmbH als „berufsfremder" Mitunternehmer und zur Gewerblichkeit der Einkünfte auf Ebene der Gesellschaft → Rn. 1172.

1119 *Einstweilen frei*

1120 **(8) Britische LLP mit Verwaltungssitz in Deutschland.** Die LLP, die im Jahr 2001 geschaffen wurde, wird als hybride Rechtsform bezeichnet, da sie Eigenschaften der Kapital- und Personengesellschaft miteinander kombiniert. Auf Grund der europäischen Niederlassungsfreiheit steht sie – bis zum Austritt Großbritanniens – auch Freiberuflern in Deutschland als Organisationsform zur Verfügung. Die LLP ist nicht nur bei internationalen Großkanzleien, sondern auch bei mittelständischen Kanzleien, die vorwiegend oder ausschließlich in Deutschland Büros unterhalten, beliebt. Aus deutscher Sicht stellt sie eine attraktive Alternative zur Freiberufler-GmbH und PartG dar, da sie einen umfassenden Haftungsschutz der Partner mit den Vorzügen einer transparenten Besteuerung nach dem Mitunternehmerkonzept bieten kann. Überwiegend wird angenommen, dass die britische LLP („LLP") mit ihrer inländische Zweigniederlassung und den im Inland tätigen Partnern in das Partnerschaftsregister einzutragen ist (siehe Weyland/*Brüggemann* BRAO Vor § 59c Rn. 20 ff.; *Eilers* IStR 2008, 22; *Weller/Kienle* DStR 2005, 1060).

1121 Bei einer LLP mit Verwaltungssitz im Inland (und statutarischem Sitz in Großbritannien) bleibt nach der Gründungstheorie weiterhin das britische Gesellschaftsstatut, insbesondere deren gesellschaftsrechtliche Haftungsverfassung maßgeblich. Die Partner haften gesellschaftsrechtlich nicht persönlich für Verpflichtungen, insbesondere aus Beratungsfehlern der Gesellschaft. Allerdings besteht im englischen Deliktsrecht („tort of negligence") eine persönliche Haftung der Gesellschafter bei Verletzung der dem Mandanten geschuldeten „duty of care". Unterhält die LLP in Deutschland eine Zweigniederlassung, unterliegt sie weiterhin dem englischen Gesellschaftsrecht. Im Hinblick auf eine deliktische Haftung ist jedoch nach internationalem Privatrecht nicht englisches, sondern deutsches Deliktsrecht anwendbar. Eine allgemeine deliktische Haftung für Vermögensschäden, die anlässlich freiberuflicher Tätigkeit entstanden sind, sieht das deutsche Deliktsrecht gemäß §§ 823 ff. BGB jedoch nicht vor. Ob das Zusammenspiel von englischem Gesellschaftsrecht und deutschem Deliktsrecht im Ergebnis eine persönliche Haftung der Gesellschafter vermeidet, ist nicht abschließend geklärt (siehe zum Ganzen *Henssler/Mansel* NJW 2007, 1393; *Henssler* NJW 2014, 1761). Zu Fragen der Gewinnermittlung der Freiberufler-LLP → § 4 Rn. 1546.

1122 *Einstweilen frei*

1123 **cc) Mitunternehmerstellung bei Freiberuflern. (1) Allgemeiner Mitunternehmerbegriff.** Die Annahme der Mitunternehmerstellung knüpft aufgrund der Verweisung in § 18 Abs. 4 auf § 15 Abs. 1 Nr. 1 Satz 1 Nr. 2 an den allgemeinen Mitunternehmerbegriff an. Dies setzt voraus, dass der Steuerpflichtige als Gesellschafter Mitunternehmerrisiko trägt und Mitunternehmerinitiative entfalten kann.

1124 Freiberufliche Personengesellschaften sind im Vergleich zu gewerblichen Mitunternehmerschaften durch den persönlichen Arbeitseinsatz und die persönliche Leistungsfähigkeit gekennzeichnet, sodass die Bedeutung des Kapitaleinsatzes in der Regel zurücktritt. Die besondere persönliche Prägung der freiberuflichen Tätigkeit kommt auch dadurch zum Ausdruck, dass nachrückende Partner in Sozietäten zunächst häufig nicht oder geringfügig am Sozietätsvermögen beteiligt sind, aber sehr werthaltige und wesentliche Gesellschafterbeiträge durch den persönlichen Arbeitseinsatz erbringen würden (Korn/*Korn* § 18 Rn. 149).

Die Voraussetzungen der Mitunternehmerstellung sind aufgrund der Verweisung in § 18 Abs. 4 Satz 2 auf § 15 Abs. 1 Satz Nr. 1 Satz 1 Nr. 2 aber auch für freiberufliche Personenzusammenschlüsse nach dem allgemeinen Mitunternehmerbegriff unter Verwendung der Kriterien des Mitunternehmerrisikos und der Mitunternehmerinitiative zu bestimmen (BFH 10.10.2012 – VIII R 42/10, BStBl. II 2013, 79 Rn. 20; BFH 9.10.1986 – IV R 235/84, BStBl. II 1987, 124). **1125**

Im Zusammenhang mit Freiberufler-Kapitalgesellschaften, die Gesellschafter einer GbR oder einer Komplementärin in einer StB/WP-GmbH & Co KG waren, stellt der BFH für die Frage, ob diese „berufsfremde Mitunternehmer" sind (→ Rn. 1167), in gefestigter Rechtsprechung ebenso auf die allgemeinen Kriterien des Mitunternehmerbegriffs ab und prüft diese in der Person der Kapitalgesellschaft. Einen Durchgriff auf die hinter der Kapitalgesellschaft stehenden und als Freiberufler qualifizierten Gesellschafter hat die Rechtsprechung abgelehnt (BFH 8.4.2008 – VIII R 73/05, BFHE 221, 238, BStBl. II 2008, 681). Modifiziert wird diese Betrachtung bei doppelstöckigen Personengesellschaften für die Prüfung der freiberuflichen Betätigung auf Ebene der Untergesellschaft (→ Rn. 1185). **1126**

(2) Mitunternehmerrisiko und Mitunternehmerinitiative. Die Mitunternehmerstellung setzt somit bei Errichtung einer Gesellschaft (außerhalb der Fallgruppe verdeckter Mitunternehmerschaften) auch für freiberufliche Zusammenschlüsse voraus, dass der Steuerpflichtige Gesellschafter einer der in § 15 Abs. 1 genannten Gesellschaften ist, Mitunternehmerrisiko trägt und Mitunternehmerinitiative entfalten kann (BFH 25.6.1984 – GrS 4/82, BStBl. II 1984, 751 Rn. 201, 207 ff.). Beide Hauptmerkmale der Mitunternehmerstellung (Mitunternehmerinitiative und Mitunternehmerrisiko) können im Einzelfall mehr oder weniger ausgeprägt sein, da es sich beim Mitunternehmerbegriff um einen sog. offenen Typusbegriff handelt (vgl. zB zu den Freiberuflern BFH 8.4.2008 – VIII R 73/05, BStBl. II 2008, 681 Rn. 27; Urteile BFH 3.11.2015 – VIII R 62/13, BStBl. II 2016, 381 und BFH 3.11.2015 – VIII R 63/13, BStBl. II 2016, 383). Kritisch zur Einordnung als Typusbegriff *Korn*, der bemängelt, dass dieses Verständnis zu höchstrichterlichen Einzelfallentscheidungen und einer unüberschaubaren Kasuistik geführt habe (Korn/*Korn* § 15 Rn. 43). Auch → § 15 Rn. 1391. **1127**

Es ist für die Prüfung auf die abstrakte Ausprägung der Merkmale nach der tatsächlichen zivilrechtlichen Gestaltung abzustellen. In einem Urteil vom 16.12.2015 – IV R 8/12 (BStBl. II 2017, 766) hat der IV. Senat jüngst unter Anwendung dieser Grundsätze die Mitunternehmerstellung einer Oberpersonengesellschaft bejaht, die nach der vertraglichen Gestaltung durch eine Einbringung von Mitunternehmeranteilen an einer Untergesellschaft gemäß § 24 UmwStG begründet wurde und von vornherein nur eine Stunde bestehen sollte (Einbringung zum 31.12.2002 um 12:00 Uhr; Realteilung zum 31.12.2002 um 13:00 Uhr). Im konkreten Fall müssen stets beide Merkmale vorliegen. Bei Abweichung von den Regelanforderungen in einem Unterkriterium kann dieses Defizit aber durch ein besonders stark ausgeprägtes anderes Unterkriterium kompensiert werden. Dies gilt sowohl für ein schwach ausgeprägtes Mitunternehmerrisiko als auch für eine schwach ausgeprägte Mitunternehmerinitiative (näher → Rn. 1135). **1128**

Der GrS (BFH 25.6.1984 – GrS 4/82, BStBl. II 1984, 751 Rn. 209) hat ebenfalls geklärt, dass die Mitunternehmerstellung sich zeitabhängig unterschiedlich entwickeln kann. Ob ein zivilrechtlicher Gesellschafter durch Erfüllung beider die Mitunternehmerstellung begründenden Merkmale Mitunternehmer ist, kann auf Grundlage der Abschnittsbesteuerung in den einzelnen Jahren der Beteiligung unterschiedlich zu beurteilen sein. Es kann – so der GrS – bei einem Gesellschafter auch bei bestehender Möglichkeit, Mitunternehmerinitiative zu entfalten, am Anfang der Beteiligung das Mitunternehmerrisiko so stark eingeschränkt sein, dass der Gesellschafter lediglich die Stellung eines Kreditgebers hat und der Gesellschafter damit in die Stellung eines Mitunternehmers hineinwächst. Entsprechendes gilt bei einer umgekehrten Fallgestaltung, wenn die Beteiligungsrechte unter das für die Mitunternehmerstellung erforderliche Maß absinken. Hieraus folgt: **1129**

- Ein Gesellschafter, der im Rahmen einer Erprobungsphase zunächst mit gering ausgeprägtem Mitunternehmerrisiko oder geringen Initiativrechten ausgestattet ist, ist deshalb in der

Anfangsphase nicht aufgrund einer „rückbezogenen Gesamtschau" oder eines Karrierewegs „in die Partnerschaft" über verschiedene Stufen von Beginn an Mitunternehmer, weil er sofort zivilrechtlicher Gesellschafter wird und nach einer Erprobungsphase zu einem späteren Zeitpunkt über Mitunternehmerrisiko und – initiative verfügt (BFH 25.6.1984 – GrS 4/82, BStBl. II 1984, 751; BFH 4.4.2007 – IV B 143/05, BFH/NV 2007, 1848; BFH 3.11.2015 – VIII R 63/13, BStBl. II 2016, 383).

- Ein Mitunternehmer, der sowohl über ein substantielles Mitunternehmerrisiko als auch über Initiativrechte verfügt, sich dann von einem Teil seiner Beteiligungsrechte (zB Veräußerung der Vermögensbeteiligung an einen Mitgesellschafter trennt, aber zivilrechtlicher Gesellschafter bleibt, kann demnach noch Mitunternehmer sein oder aber diesen Status verlieren.

1130 **(3) Inhalt der Mitunternehmerinitiative.** Mitunternehmerinitiative bedeutet vor allem Teilnahme an unternehmerischen Entscheidungen, wie sie zB Gesellschaftern oder diesen vergleichbaren Personen als Geschäftsführern, Prokuristen oder anderen leitenden Angestellten obliegen. Ausreichend ist indes schon die Möglichkeit zur Ausübung von Gesellschafterrechten, die wenigstens den Stimm-, Kontroll- und Widerspruchsrechten angenähert sind, die einem Kommanditisten nach dem HGB zustehen oder die den gesellschaftsrechtlichen Kontrollrechten nach § 716 Abs. 1 BGB entsprechen (BFH 25.6.1984 – GrS 4/82, BStBl. II 1984, 751; zu den Freiberuflern BFH 8.4.2008 – VIII R 73/05, BStBl. II 2008, 681).

1131 *Einstweilen frei*

1132 **(4) Inhalt des Mitunternehmerrisikos. Regelanforderung an das Vorliegen:** Mitunternehmerrisiko bedeutet gesellschaftsrechtliche oder eine dieser wirtschaftlich vergleichbare Teilnahme am Erfolg oder Misserfolg eines gewerblichen Unternehmens. Das Mitunternehmerrisiko wird somit durch die Beteiligung am Gewinn und Verlust sowie an den stillen Reserven des Anlagevermögens einschließlich eines Geschäftswerts vermittelt. Es muss die objektive Möglichkeit an der Teilhabe an einer Betriebsvermögensmehrung bestehen (vgl. BFH 25.6.1984 – GrS 4/82, BStBl. II 1984, 751: Ein Kommanditist trägt ein Mitunternehmerrisiko, indem er einerseits am laufenden Gewinn und im Falle seines Ausscheidens und der Liquidation auch an den stillen Reserven (§§ 168, 161 Abs. 2, 138, 155 HGB, §§ 738 ff. BGB), andererseits nach Maßgabe des § 167 Abs. 3 HGB bis zur Höhe der Einlage am Verlust beteiligt ist.

1133 Es gelten nach der Rechtsprechung für die Prüfung des Vorliegens eines Mitunternehmerrisikos folgende Leitlinien:

- Wer weder am laufenden Gewinn noch am Gesamtgewinn der Gesellschaft beteiligt ist, ist im Grundsatz – abgesehen vom im Außenverhältnis persönlich haftenden Gesellschafter mangels Mitunternehmerrisikos – nicht Mitunternehmer (HHR/*Haep* § 15 Rn. 322; BFH 28.10.1999 – VIII R 66-70/97, BStBl. II 2000, 183; BFH 17.5.2006 – VIII R 21/04, BFH/NV 2006, 1839).
- Die vertraglich eingeräumte Beteiligung an den Wertsteigerungen des Betriebsvermögens vermittelt in der Regel eine für das Mitunternehmerrisiko ausreichende Beteiligung an den stillen Reserven. Diese vertragliche Regelung darf nur dann bei der Prüfung eines Mitunternehmerrisikos nicht berücksichtigt werden, wenn im Einzelfall nach den objektiven Umständen und den subjektiven Vorstellungen der Vertragsparteien eine rein theoretische, nur durch außergewöhnliche Glücksfälle realisierbare Möglichkeit besteht, dass die betreffende Klausel rechtliche und damit auch wirtschaftliche Bedeutung erlangen könnte. Auf eine Beteiligung an den stillen Reserven kann nur verzichtet werden, wenn nach den Umständen des Einzelfalls das insoweit eingeschränkte Mitunternehmerrisiko durch eine besonders ausgeprägte Mitunternehmerinitiative ausgeglichen wird (BFH 22.8.2002 – IV R 6/01, BFH/NV 2003, 2056 zur stillen Gesellschaft).
- Eine Verlustbeteiligung allein ist kein Kennzeichen mitunternehmerischen Verhaltens, weil eine Gewinnchance fehlt, die sich auf Betriebsvermögensmehrungen beziehen muss und deren Vorhandensein erst für unternehmerisches Handeln charakteristisch ist (BFH 25.6.1984 – GrS 4/82, BStBl. II 1984, 751). Unschädlich ist es aber wiederum, wenn neben einer Gewinnbeteiligung eine Verlusthaftung nur bis zur Höhe der geleisteten Ein-

lage stattfindet, denn auch der Kommanditist nimmt nur bis zur Höhe seiner Einlage am Verlust der Gesellschaft teil (BFH 22.8.2002 – IV R 6/01, BFH/NV 2003, 2056).

Rechtliche Grundlage der Gewinn- und Vermögensbeteiligung: Wie bereits an anderer Stelle angesprochen, beurteilt der BFH die Frage, ob das Mitunternehmerrisiko vorliegt, für Außen- und Innengesellschaften nach den gleichen Maßstäben. Eine Beteiligung „am“ Vermögen und an den stillen Reserven setzt somit nicht voraus, dass der Gesellschafter eine Einlage geleistet hat und ein gesamthänderisch gebundenes Vermögen vorhanden ist, dass den Gesellschaftern im Sinne einer dinglichen Mitberechtigung am Vermögen zusteht. Wie gerade die Mitunternehmerstellung des atypisch stillen Gesellschafters zeigt, kann eine Beteiligung am Vermögen und an den stillen Reserven der Innengesellschaft auf rein schuldrechtlicher Grundlage im Gesellschaftsvertrag beruhen und ist als solche dann für die Prüfung der Beteiligung am Vermögen und dessen Wertzuwachs beachtlich. 1134

(5) Mitunternehmerstellung persönlich im Außenverhältnis haftender Gesellschafter trotz fehlender Gewinn- und/oder Vermögensbeteiligung. Für den persönlich haftenden Gesellschafter ist anerkannt, dass allein die Beteiligung an den stillen Reserven – ohne Gewinn- und Verlustbeteiligung im Übrigen – zur Annahme eines hinreichenden Mitunternehmerrisikos führen kann. Hierfür muss allerdings der Vereinbarung über die Beteiligung an den stillen Reserven eine mehr als nur theoretische Bedeutung zukommen (BFH 22.8.2002 – IV R 6/01, BFH/NV 2003, 36; BFH 1.7.2010 – IV R 100/06, BFH/NV 2010, 2056 Rn. 43 f.). Bei einem persönlich unbeschränkt haftenden Gesellschafter-Geschäftsführer (in der Regel des Komplementärs) bejaht der BFH im Übrigen ein Mitunternehmerrisiko, wenn dieser Gesellschafter zwar am laufenden Gewinn, aber weder am Verlust noch an den stillen Reserven beteiligt ist, wenn das nicht den Regelanforderungen entsprechende, aber vorhandene Mitunternehmerrisiko durch eine starke Mitunternehmerinitiative kompensiert wird (vgl. HHR/*Haep* § 15 Rn. 325 mit Hinweis auf zB BFH 14.8.1986 – IV R 131/84, BStBl. II 1987, 60; BFH 11.12.1986 – IV R 222/84, BStBl. II 1987, 553; BFH 11.12.1990 – VIII R 122/86, BFHE 163, 346; BFH 9.2.1999 – VIII R 43/98, BFH/NV 1999, 1196). Ob die Kompensation eines schwach ausgeprägten Merkmals gelingt, ist – so die zitierte ständige Rechtsprechung – unter Berücksichtigung aller die rechtliche und wirtschaftliche Stellung einer Person insgesamt bestimmenden Umstände zu würdigen und unterliegt finanzgerichtlichen Feststellungen im Sinne des § 118 Abs. 2 FGO. Zur Kompensationsmöglichkeit siehe auch *Kraft/Schreiber* NWB 2016, 1492 (1494 f.). 1135

Nach ständiger Rechtsprechung des BFH zur Mitunternehmerstellung der Komplementär-GmbH fehlt es am Mitunternehmerrisiko schließlich selbst dann nicht, wenn der persönlich haftende Gesellschafter weder am Gewinn und Verlust der KG noch an deren Vermögen beteiligt ist (BFH 25.4.2006 – VIII R 74/03, BStBl. II 2006, 595; BFH 10.10.2012 – VIII R 42/10, BStBl. II 2013, 79 zur Komplementär-GmbH in einer StB-/WP – Sozietät). Das nur schwach ausgeprägte, aber vorhandene Mitunternehmerrisiko wird in diesem Fall nur auf die unbeschränkte Haftung des persönlich haftenden Gesellschafters gestützt. Es muss dann durch eine starke Ausprägung der Initiativrechte kompensiert werden. Diese starke Ausprägung ist beim Komplementär gegeben, wenn ihm das organschaftliche Vertretungsrecht nach § 170 HGB nicht entzogen werden kann oder ihm aufgrund seiner Geschäftsführungsbefugnis (§§ 164, 161 Abs. 2 HGB iVm § 114 HGB) das Recht zusteht, typische unternehmerische Entscheidungen zu treffen. 1136

Es kann dem einzigen persönlich haftenden Gesellschafter einer Kommanditgesellschaft zwar die Geschäftsführungsbefugnis, nicht aber die Vertretungsbefugnis entzogen werden. In einer Kommanditgesellschaft, die nur einen persönlich haftenden Gesellschafter hat, ist die Regelung der gesetzlichen Vertretungsverhältnisse nur in der Weise möglich, dass dieser Gesellschafter die alleinige Vertretungsbefugnis erhält. Die (organschaftliche) Vertretung der Gesellschaft kann weder einem Kommanditisten noch einem Dritten übertragen werden (siehe das BFH-Urteil 10.10.2012 – VIII R 42/10, BStBl. II 2013, 79 Rn. 23. 1137

Die durch die Zusammenschau von gering ausgeprägtem unternehmerischem Risiko und stark ausgeprägter unternehmerischer Initiative begründete Mitunternehmerstellung des Komplementärs wird auch durch eine daneben getroffene Vereinbarung, nach der die Mitgesellschafter (im Innenverhältnis) verpflichtet sind, den Komplementär von der Haftung freizustellen, nicht in Frage gestellt, da das wirtschaftliche Gewicht der Außenhaftung trotz der 1138

Freistellungserklärung nur gemindert, jedoch nicht hinfällig wird (siehe zB BFH 25.4.2006 – VIII R 74/03, BStBl. II 2006, 595; BFH 10.10.2012 – VIII R 42/10, BStBl. II 2013, 79; zustimmend HHR/*Haep* § 15 Rn. 325).

1139 Für den **Gesellschafter der GbR** hat der BFH ebenfalls die unbeschränkte Außenhaftung für die Annahme eines schwach ausgeprägten Mitunternehmerrisikos genügen lassen und auf Grundlage des Kompensationsgedankens die Annahme einer Mitunternehmerstellung bei Vorliegen eines signifikanten mitunternehmerischen Initiativrechts für möglich gehalten (siehe BFH 25.4.2006 – VIII R 74/03, BStBl. II 2006, 595; BFH 4.4.2007 – IV B 143/05, BFH/NV 2007, 1848). Zur Bedeutung der Außenhaftung im Rahmen der Kompensationsbetrachtung siehe auch *Kempermann* FR 2016, 668 (672)).

1140 **dd) Praxisfragen der Mitunternehmerstellung bei Freiberuflern. (1) Ausgestaltung der Gewinn- und Vermögensbeteiligung.** Wird nichts geregelt, bestimmt sich die Gewinn- und Vermögenbeteiligung nach Köpfen (siehe zB § 722 BGB zur GbR). Gerade bei Freiberuflern findet sich aber eine Vielzahl von dieser Grundregel abweichender gesellschaftsvertraglicher Ausgestaltungen der Beteiligung am Gewinn/Verlust und am Vermögen.

1141 So wird die Beteiligung am Gewinn und am Gesellschaftsvermögen häufig durch einen im Gesellschaftsvertrag festgelegten – an der Dauer der Sozietätszugehörigkeit ausgerichteten – Prozentsatz bestimmt (sog. prozentuale Beteiligung), der bei Änderungen im Gesellschafterbestand anzupassen ist (siehe dazu Peres/Senft SozietätsR-HdB/*Kunz* § 5 Rn. 5 ff., 29; MHdB GesR I/*Schmid* § 24 Rn. 47, 48).

1142 Zudem werden in der Praxis Punktesysteme (Lock-Step-Systeme) genutzt, bei denen die Partner für die unterschiedlichsten Kriterien Punkte erhalten, aus deren Summe sich dann die anteilige Beteiligung am Gesellschaftsvermögen (dem Praxiswert samt den stillen Reserven) und auch am Gewinn/Verlust ergibt (MHdB GesR I/*Schmid* § 24 Rn. 49 ff.). Ein Vorteil dieses Systems wird etwa darin gesehen, dass die Altgesellschafter beim Eintritt eines neuen Partners keine Punkte abgeben müssen, sondern die Punktzahl, die insgesamt in der Sozietät zu verteilen ist, größer werden kann, wenn die Gesamtzahl der Punkte keiner Obergrenze unterliegt (Peres/Senft SozietätsR-HdB/*Kunz* § 5 Rn. 29). Des Weiteren wird in einem Punktesystem gegenüber der Gewinnverteilung nach Umsätzen ein Vorteil darin gesehen, dass Mandate, die nicht der Spezialisierung des Partners unterliegen, an spezialisierte Kollegen innerhalb der Sozietät zur Bearbeitung abgegeben werden, was hingegen bei einer umsatzbezogenen Gewinnverteilung unter Umständen nicht gewährleistet wäre (Peres/Senft SozietätsR-HdB/*Kunz* § 5 Rn. 30).

1143 Steuerrechtlich sind diese unter fremden Dritten vereinbarten Gewinnverteilungsabreden in Sozietäten anzuerkennen, wenn sie fremdüblich sind (Auch zu § 18 Abs. 1 Nr. 4 → Rn. 511).

1144 **(2) Mitunternehmerstellung des Nullbeteiligungsgesellschafters.** Solche Gesellschafter werden zwar zivilrechtlich aufgenommen, leisten aber keine Einlage und werden im Extremfall nur über eine Festvergütung am Ergebnis und nicht am Vermögen der Gesellschaft beteiligt. Zudem sind die Gesellschafterrechte regelmäßig eingeschränkt.

1145 Schon die Voraussetzungen der zivilrechtlichen Gesellschafterstellung sind wohl noch nicht abschließend geklärt (zur zivilrechtlichen Zulässigkeit einer sog. Nullbeteiligung vgl. zB BGH 6.4.1987 – II ZR 101/86, BB 1987, 1276; LG Stuttgart 7.8.2003 – 27 O 228/03, BeckRS 2003, 17492; OLG Frankfurt 20.9.2012 – 20 W 264/12, NZG 2013, 338; siehe auch *Kempermann* FR 2016, 668 (671); *Neugebauer* DB 2015, 2041 ff.).

1146 Im Bereich der ärztlichen Gemeinschaftspraxen sind oft Nullbeteiligungsgesellschaften als extremste Variante einer Gesellschaft mit unterschiedlicher Gewinnbeteiligung der Gesellschafter anzutreffen. In diesen Strukturen werden neu eintretenden Ärzten – wie im Besprechungsfall – als zivilrechtlichen Gesellschaftern zunächst nur beschränkte, gegebenenfalls fixe Gewinnanteile eingeräumt, um aus Sicht der Altgesellschafter ein höheres Regelleistungsvolumen und damit Abrechnungsvolumen zu erlangen. Sozialrechtliche Grenzen hat insoweit eine Entscheidung des BSG v. 23.6.2010 gezogen (BSG 23.6.2010 – B 6 KA 7/09 R, BSGE 106, 222; s. dazu vertiefend *Ketteler-Eising* jurisPR-MedizinR 4/2016 Anm. 1). Das BSG hat insbesondere entschieden, feste Gewinnanteile, welche unabhängig davon zu zahlen seien, ob die Gesellschaft tatsächlich einen Gewinn erzielt habe, seien mit der erforderlichen Tätigkeit in freier Praxis nicht zu vereinbaren. Der vollständige Ausschluss des Arztes einer

Gemeinschaftspraxis vom Vermögenszuwachs sei nicht als „Niederlassung in eigener Praxis" zu sehen. Durch die Entscheidung des BSG wird es als geklärt angesehen, dass es nicht erlaubt sei, einen in eine Praxis oder Gemeinschaftspraxis eintretenden Arzt auf Dauer vom immateriellen Praxiswert und dem Zuwachs daran auszuschließen (*Gummert/Remplik* in MHdB GesR I/*Gummert/Remplik* § 25 Rn. 80 ff.). Für das Ausscheiden eines jungen Arztes aus einer Gemeinschaftspraxis soll diese Beteiligung am Praxiswert angemessen sein, wenn er im Fall des Ausscheidens seine ärztliche Tätigkeit ohne räumliches und zeitliches Wettbewerbsverbot fortsetzen kann und die von ihm in der Gemeinschaftspraxis behandelten Patienten ansprechen darf, um sie in eine neue Praxis überzuleiten (siehe MHdB GesR I/*Gummert/Remplik* § 25 Rn. 84). Schließlich ist es im Anschluss an die Rechtsprechung des BSG auch notwendig, dass alle Gesellschafter einer Gemeinschaftspraxis an der Geschäftsführung teilhaben und insbesondere für medizinische Angelegenheiten ein Stimmrecht haben.

Der **BFH** hat in jüngeren Entscheidungen die Mitunternehmerstellung einer Nullbeteili- 1147
gungsgesellschafterin verneint (Urteile BFH 3.11.2015 – VIII R 62/13, BStBl. II 2016, 381 und BFH 3.11.2015 – VIII R 63/13, BStBl. II 2016, 383).

Nach dem Sachverhalt verfügte diese nur über ein schwach ausgeprägtes Mitunternehmer- 1148
risiko, da ihr eine Umsatzbeteiligung und nicht eine „Gewinnbeteiligung" zustand, sie aber für Schulden der GbR im Außenverhältnis haften musste. Auch aus § 722 BGB folgte kein anderes Ergebnis, da diese Regelung – so der BFH – lediglich einen Maßstab für die Gewinn- und Verlustverteilung enthalte, aber keinen selbständigen Anspruch begründe. Sie setze voraus, dass – im Wege der Vertragsauslegung – zunächst zu ermitteln sei, ob eine entsprechende Teilhabe am Gewinn und Verlust vereinbart sei. Eine Beteiligung der Nullbeteiligungsgesellschafterin an den stillen Reserven der GbR war nach der bindenden Vertragsauslegung des FG (Urteil FG Düsseldorf 19.9.2013 – 11 K 3968/11 F, EFG 2014, 890) zwischen den GbR-Gesellschaftern gänzlich ausgeschlossen und konnte sich auch nicht aus den der dispositiven Regelung in § 718 BGB oder etwaigen Ansprüchen ergeben, die die Nullbeteiligungsgesellschafterin aus der Vereinbarung eines Wettbewerbsverbots im Fall des Ausscheidens aus der GbR hätte herleiten können.

In BFH 3.11.2015 – VIII R 63/13, BStBl. II 2016, 383 Rn. 28 f. grenzte der BFH die 1149
für das Mitunternehmerrisiko erforderliche „Gewinnbeteiligung" auch von einer nicht als Gewinnbeteiligung qualifizierenden umsatzabhängigen Vergütung ab (s. hierzu auch BFH 18.4.2000 – VIII R 68/98, BStBl. II 2001, 359), die im Rahmen der Gewinnverteilung gewährt werde. Der von der Gesellschaft erzielte Gewinn wirkte sich auf den nach einem Anteil am selbst erwirtschafteten Umsatz bemessenen „Gewinnanteil" der Nullbeteiligungsgesellschafterin nur begrenzend aus, da diese ihren umsatzabhängigen Anteil nicht bekam, wenn die GbR keinen entsprechenden Gewinn erzielte.

Es lagen daneben normal ausgeprägte Mitunternehmerinitiativrechte der Nullbeteili- 1150
gungsgesellschafterin vor, da – vom FG nicht näher festgestellte Kontrollrechte der Nullbeteiligungsgesellschafterin gemäß § 716 BGB – und eine gemeinschaftliche Geschäftsführungsbefugnis (und nach der Regelung des § 714 BGB wohl auch Vertretungsbefugnis) bestanden. Da die Geschäftsführungsbefugnis für die Nullbeteiligungsgesellschafterin wiederum in Teilbereichen eingeschränkt war und sie durch diese keinen maßgeblichen Einfluss auf die Geschäfte der Gesellschaft außerhalb der Behandlung ihrer Patienten nehmen konnte, fehlte es dem BFH an einer signifikanten Ausprägung der Mitunternehmerinitiative, die das schwach ausgeprägte Mitunternehmerrisiko nicht kompensieren konnte (zustimmend *Kraft/Schreiber* NWB 2016, 1492 (1496); *Steinhauff* jurisPR-SteuerR 19/2016 Anm. 2; *Lüken* DStR 2016, 889 (892); *Kempermann* FR 2016, 668 (671 f.).

Erfüllt die Beteiligung eines Neugesellschafters in einem Veranlagungszeitraum somit 1151
(noch) nicht die zur Begründung der Mitunternehmerstellung erforderlichen Voraussetzungen, kann die für einen späteren Zeitraum angestrebte, für die Annahme einer Mitunternehmerstellung genügende Beteiligung (mangels Rückwirkung) daran nichts ändern (→ Rn. 1129). Sollen sich die Gesellschaftsrechte neuer Gesellschafter hinsichtlich der Gewinnbeteiligung und der Beteiligung an den stillen Reserven erst allmählich aufbauen, muss demnach dafür Sorge getragen werden, dass zum Zeitpunkt der Aufnahme entweder eine Kompensation des fehlenden Mitunternehmerrisikos durch stärkere Initiativrechte gegeben ist oder aber eine Beteiligung auch an den stillen Reserven besteht, um das Mitunternehmerrisiko den Regelanforderungen genügend darzustellen (s. auch *Korn* KÖSDI 2016, 19791;

Lüken DStR 2016, 889 (893); *Kraft/Schreiber* NWB 2016, 1492 (1496 f.); *Schiffers* DStZ 2016, 304; *Rogge* BB 2016, 1252 (1254); *Kempermann* FR 2016, 668 (672).

1152 Die Folgen der fehlenden Mitunternehmerstellung eines Nullbeteiligungsgesellschafters sind, dass dieser nicht Feststellungsbeteiligter im Rahmen einer einheitlichen und gesonderten Gewinnfeststellung sein kann. Zudem kann die autonome Tätigkeit des Nullbeteiligungsgesellschafters dazu führen, dass die Einnahmen der Mitunternehmerschaft nicht vollumfänglich auf einer leitenden und eigenverantwortlichen Tätigkeit der Mitunternehmer beruhen, weil der Nullbeteiligungsgesellschafter als Hilfsperson gemäß § 18 Abs. 1 Nr. 1 Satz 3 zu qualifizieren ist. Folge ist, dass aufgrund der Betätigung der GbR als teilweise gewerblich und als teilweise freiberuflich die gesamten Einkünfte über die sog. Abfärbung gemäß § 15 Abs. 3 Nr. 1 zu gewerblichen Einkünften werden (→ Rn. 1180).

1153 *Einstweilen frei*

1154 **(3) Fehlende Mitunternehmerstellung des sog. Briefkopfpartners.** Der BFH (BFH 17.9.2015 – III R 49/13, BStBl. II 2017, 37) hat jüngst auch einen sog. „Briefkopfpartner" (Außensozius) nicht als Mitunternehmer einer freiberuflichen Sozietät qualifiziert, da dessen mögliche Haftung gegenüber Dritten aus Rechtscheinsgrundsätzen nur ein schwach ausgeprägtes Mitunternehmerrisiko begründen. Es fehlt bei reinen Außengesellschaftern zudem auch bereits an der Voraussetzung, dass ein Mitunternehmer zivilrechtlich Gesellschafter sein muss (→ Rn. 1129).

1155 *Einstweilen frei*

1156 **(4) Gesamtrechtsnachfolge in eine Praxis durch Nicht-Berufsträger im Erbfall.** Mit dem Tod des Freiberuflers fällt je nach Ausgestaltung der Nachfolgeregelungen eine Praxis/ein Mitunternehmeranteil (je nach Nachfolgeregelung im Gesellschaftsvertrag) in den Nachlass (→ Rn. 785 ff.). Es wird beim Tod eines Freiberuflers dessen Betrieb nicht zwangsweise aufgegeben, sondern geht trotz der höchstpersönlichen Natur der Tätigkeit als freiberuflicher Betrieb auf die Erben über (vgl. BFH 29.4.1993 – IV R 16/92, BStBl. II 1993, 716; BFH 15.11.2006 – XI R 6/06, BFH/NV 2007, 436). Das Betriebsvermögen wird nicht zwangsläufig notwendiges Privatvermögen, denn die mit dem Tod des Freiberuflers verbundene Betriebseinstellung ist noch keine Betriebsaufgabe (BFH 12.3.1992 – IV R 29/91, BStBl. II 1993, 36; BFH 15.11.2006 – XI R 6/06, BFH/NV 2007, 436). Dies gilt auch für einen künstlerischen Betrieb (BFH 27.5.2009 – II R 53/07, BStBl. II 2009, 852).

1157 Sind nicht ausschließlich Berufsträger als Erben vorhanden, wandelt sich das freiberufliche Betriebsvermögen in ein gewerbliches Betriebsvermögen (BFH 19.5.1981 – VIII R 143/78, BStBl. II 1981, 665; BMF 14.3.2006, BStBl. I 2006, 253).

1157.1 Siehe auch Rn. 5 des BMF-Schreibens vom 14.3.2006, BStBl. I 2006, 253: Ist der Erblasser selbständig tätig iSd § 18 Abs. 1 Nr. 1 gewesen, erzielt die Erbengemeinschaft Einkünfte aus selbständiger Arbeit iSv § 18 allerdings nur dann, wenn keine berufsfremden Erben an der Erbengemeinschaft beteiligt sind. Berufsfremd ist, wer nicht die erforderliche freiberufliche Qualifikation besitzt. Ist zumindest ein Miterbe berufsfremd, erzielt die Erbengemeinschaft Einkünfte aus Gewerbebetrieb. Ist mit dem Übergang eines freiberuflichen Betriebsvermögens auf Grund fehlender Qualifikation des Erben, Miterben oder Vermächtnisnehmers eine Umqualifizierung des bisher freiberuflichen Vermögens in gewerbliches Betriebsvermögen und eine entsprechende Umqualifizierung der aus dem Betrieb erzielten Einkünfte verbunden, kommt es nicht zu einer Betriebsaufgabe (vgl. BFH-Urteil 12.3.1992 – IV R 29/91, BStBl. II 1993, 36).

1158 Das BMF räumt in Rn. 7–9 des Schreibens vom 14.3.2006, BStBl. I 2006, 253 eine sechsmonatige Übergangsfrist zur Auseinandersetzung der Erbengemeinschaft und zur rückwirkenden Einkünftezurechnung bei einem freiberuflichen Übernehmer ein, die bei Umsetzung einer Teilungsanordnung auch länger dauern kann. Hierdurch lässt sich die gewerbliche Infektion der Gesellschaft im Zeitpunkt der Gesamtrechtsnachfolge vermeiden.

1159 Für die Zulässigkeit einer anschließenden Praxisverpachtung durch die berufsfremden Erben an einen Berufsträger kommt es auf die jeweiligen berufsrechtlichen Regelungen (zB § 28 Abs. 2 BOStB) an. Die Rechtsprechung hat eine vorübergehende Praxisverpachtung durch die Erben anerkannt (BFH 12.3.1992 – IV R 29/91, BStBl. II 1993, 36; BFH 19.5.1981 – VIII R 143/78, BStBl. II 1981, 665; vgl. auch *Kratzsch* PFB 2013, 36).

Im Schrifttum wird die Auffassung vertreten, die Fortführung der Praxis, die dem Ziel der Veräußerung diene, um den Praxiswert und bei Ärzten ggf. auch eine Vertragsarztzulassung des Erblassers (siehe § 103 SGB V) zu erhalten, sei stets im Rahmen der sechsmonatigen Frist „wie eine vom Freiberufler-Erblasser noch angestoßene Veräußerung/Abwicklung" zu beurteilen (Korn/*Korn* § 18 Rn. 121, 150). Auch wenn es auf der Hand liegt, dass es aus wirtschaftlichen (und ggf. aus kassenarztrechtlichen) Gründen zwingend notwendig ist, durch die Praxisverpachtung den ursprünglichen Betrieb des Erblassers zu erhalten, da nur dieser Veräußerungsgegenstand sein kann, ist es mE mangels der erforderlichen Rechtsgrundlagen nicht möglich, unter dieser Prämisse eine generelle Zurechnung der Verpachtungseinkünfte und eines Veräußerungsgewinns mit Rückbezug beim Erblasser zu erreichen. **1160**

Die Betrachtung, dass es mit dem Tod des Freiberuflers nicht zur Zwangsprivatisierung des Betriebsvermögens kommt, gilt auch erbschaftsteuerlich, sodass das für den im Nachlass befindlichen Betrieb die Betriebsvermögenseigenschaft nicht verloren geht (BFH 27.5.2009 – II R 53/07, BStBl. II 2009, 852; BFH 17.3.2010 – II R 3/09, BStBl. II 2010, 749). Auf die berufsfremden Erben geht damit begünstigtes Vermögen iSv § 13b Abs. 1 Nr. 2 ErbStG über, wenn der Betrieb bis zum Tode des Freiberufler-Erblassers von ihm selbst geführt wurde und es mit dem Erbgang zur Umwandlung freiberuflichen Vermögens in gewerbliches Betriebsvermögen kommt. Wird die Praxis von „berufsfremden Erben" anschließend im Ganzen an einen Berufsträger verpachtet, stellt sich die Frage, ob bereits hierin ein Verstoß gegen die erbschaftsteuerlichen Behaltensregelungen liegt. Das ErbStG enthält aber keine eigene Definition der Betriebsaufgabe. Bei Begründung der Betriebsverpachtung einer freiberuflichen Praxis nach dem Erbgang liegt nach wohl hM somit noch kein Verstoß gegen die Behaltensfristen vor (vgl. zB *Söffing* ErbStB 2010, 268 (271); *Schulze zur Wiesche* BB 2009, 1391 (1394)). Spätestens mit der Praxisveräußerung durch die berufsfremden Erben, die in der Regel innerhalb der erbschaftsteuerlichen Behaltensfristen liegen wird, entfallen jedoch die zunächst nutzbaren erbschaftsteuerlichen Verschonungsregelungen (BFH 17.3.2010 – II R 3/09, BStBl. II 2010, 749; → Rn. 718). Sie sind faktisch nicht nutzbar. Diese Fragen stellen sich von vornherein nicht, wenn an einer Freiberuflergesellschaft ein Mitunternehmeranteil aufgrund einer Fortsetzungsklausel nicht vererbt werden kann und eine mit dem Ausscheiden verbundene Abfindungsforderung als nicht begünstigtes Vermögen in den Nachlass fällt (→ Rn. 793; zur generellen Empfehlung einer Fortsetzungsklausel mit Ausscheiden des Erblassers oder einer Eintrittsklausel siehe Korn/*Korn* § 18 Rn. 158). **1161**

Hinsichtlich der Freibeträge und Tarifbegünstigung (§§ 16 Abs. 4, 34) kommt es im Fall der Praxisveräußerung oder -aufgabe auf die persönlichen Voraussetzungen der Erben und nicht des verstorbenen Erblassers an (vgl. zu den Einzelheiten *Kratzsch* PfB 2013, 36; *Tölle* NWB 2013, 1316 ff.). **1162**

Einstweilen frei **1163**

ee) Erzielung freiberuflicher Einkünfte durch die Mitunternehmer. (1) Kumulative Betrachtung der gemeinschaftlichen Betätigung und der Mitunternehmereignung. Die Art der Einkünfte der Gesellschafter einer Personengesellschaft wird nach ständiger Rechtsprechung des BFH in erster Linie durch die Tätigkeit der Gesellschafter in ihrer gesamthänderischen Verbundenheit, mithin durch die Tätigkeit der Gesellschaft, bestimmt (BFH-Beschluss 25.6.1984 – GrS 4/82, BStBl. II 1984, 751 Rn. 136 ff.). Dieser Grundsatz wird bei freiberuflichen Mitunternehmerschaften modifiziert. Neben der gemeinschaftliche Betätigung der Gesellschafter auf Ebene der Gesellschaft sind auch bestimmte personenbezogene Voraussetzungen auf Ebene der Gesellschafter zu erfüllen, damit auf Ebene der Mitunternehmerschaft von den Mitunternehmern Einkünfte aus selbständiger Arbeit erzielt werden. Der BFH hat mit Urteil 11.6.1985 – VIII R 254/80 (BStBl. II 1985, 584) seine Rechtsprechung auf den Beschluss des GrS 4/82 abgestimmt und an seiner bis dahin bestehenden Rechtsprechung festgehalten. **1164**

Vor der Entscheidung des GrS 4/82 hatte der BFH formuliert, dass in einer freiberuflichen Gesellschaft die Mitunternehmer selbst eine freiberufliche Tätigkeit ausüben müssen, nicht kapitalistisch beteiligt sein dürfen und keine Tätigkeiten ausüben dürfen, die keine freiberuflichen sind (BFH 26.11.1970 – IV 60/65, BStBl. II 1971, 249). Die Rechtsprechung war somit auf eine Betrachtung der Tätigkeit der Mitunternehmer und nicht der gemeinschaftlichen Betätigung der Gesellschaft ausgerichtet. **1164.1**

1164.2 Anknüpfend an den Beschluss des GrS hat der BFH im Urteil zur Sache VIII R 254/80 ausgeführt: „Der Große Senat des BFH hat allerdings für den Bereich der Einkommensteuer entschieden, daß die Art der Einkünfte der Gesellschafter einer Personengesellschaft in erster Linie durch die Tätigkeit der Gesellschafter in ihrer gesamthänderischen Verbundenheit, mithin durch die Tätigkeit der Gesellschaft selbst bestimmt sind (C III 3 a) und daß das Prinzip der Vielheit der Gesellschafter ‚regelmäßig' ohne Einwirkung auf die Qualifikation der Einkünfte der Gesellschaft bleibt (C III 5 a). *Eine Ausnahme von der Regel ist geboten, wenn zum gesetzlichen Tatbestand einer Einkunftsart Merkmale gehören, die weniger im Bereich der Tätigkeit eines Steuerrechtssubjekts liegen als in persönlichen Eigenschaften, die nur eine natürliche Person haben kann.* Das trifft zu auf Tatbestandsmerkmale der ‚Einkünfte aus freiberuflicher Tätigkeit' nach § 18 Abs. 1 Nr. 1. Alle Berufe, die § 18 Abs. 1 Nr. 1 aufzählt, erfordern persönliche Eigenschaften, zB eine wissenschaftliche Vorbildung, die nur der Gesellschafter einer Personengesellschaft, der eine natürliche Person ist, haben kann, nicht die Gesellschaft selbst. Daher erscheint es zunächst fraglich, ob eine Personengesellschaft als solche überhaupt ‚Einkünfte aus freiberuflicher Tätigkeit' erzielen kann. *Mit der bisherigen Rechtsprechung ist die Frage zu bejahen, wenn alle Gesellschafter der Personengesellschaft die Voraussetzungen einer freiberuflichen Tätigkeit nach § 18 Abs. 1 Nr. 1 erfüllen. Hier enthält das Handeln der Gesellschafter in ihrer gesamthänderischen Verbundenheit und damit das Handeln der Gesellschaft – anders als bei Beteiligung eines Nicht-Freiberuflers – kein Element einer nichtfreiberuflichen Tätigkeit"*. (Hervorhebung durch den Verfasser)

1165 Die ständige Rechtsprechung des BFH hat an dieser Linie festgehalten. Für die Einkunftsartenqualifikation (die Betätigung der Gesamthand) sind die „außerhalb der gemeinschaftlichen Betätigung" liegenden persönlichen Eigenschaften der Mitunternehmer („die Vielheit") mit in den Blick zu nehmen und der gemeinschaftlichen Betätigung zuzurechnen. Dies ist erforderlich, um eine sachlich zutreffende Besteuerung zu erreichen, da bei einer reinen Wortlautbetrachtung Zweifel an der Möglichkeit der gemeinschaftlichen Einkünfteerzielung der Gesellschafter bestehen.

1165.1 Dies gilt auch in anderen Bereichen. Der BFH (BFH-Beschluss 3.7.1995 – GrS 1/93, BStBl. II 1995, 617) hat für die zutreffende Einkunftsartenqualifikation eines gewerblichen Grundstückshändlers das Prinzip der strikten Trennung zwischen einer gemeinschaftlichen Betätigung der Gesellschafter und der Verwirklichung eines bestimmten Einkünftetatbestands auch „in umgekehrter Richtung" durchbrochen und dem Mitunternehmer nicht nur die Einkünfte aus der gemeinschaftlichen Betätigung in Form des Gewinnanteils, sondern auch die auf Ebene der Gesellschaft verwirklichten Geschäftsvorfälle (Grundstücksan- und -verkäufe) zugerechnet.

1165.2 Siehe auch den BFH-Beschluss 3.7.1995 – GrS 1/93, BStBl. II 1995, 617: „Der Grundsatz der Einheit der Personengesellschaft muß […] gegenüber dem Gedanken der Vielheit der Gesellschaft zurücktreten, wenn anderenfalls eine sachlich zutreffende Besteuerung des Gesellschafters nicht möglich wäre. Der Große Senat ist in seinem Beschluß in BStBl. II 1984, 751 (unter C. III. 3. b bb (3)) davon ausgegangen, daß der Grundsatz der ‚Einheit der Gesellschaft' keine uneingeschränkte Geltung haben kann."

1166 Für die Einkünfteerzielung von Einkünften aus selbständiger Arbeit iSv § 18 Abs. 1 auf Ebene der Gesellschaft ist somit kumulativ neben der persönlichen Berufsqualifikation auch die berufsbezogene Tätigkeit sämtlicher Mitunternehmer prägend und erforderlich. Eine Personengesellschaft entfaltet nach der in der ständigen Rechtsprechung genutzten Standardformel nur dann eine Tätigkeit, die die Ausübung eines freien Berufs iSv § 18 darstellt, *wenn sämtliche Gesellschafter die Merkmale eines freien Berufs erfüllen, denn die tatbestandlichen Voraussetzungen der Tatbestände der § 18 Abs. 1 Nr. 1 bis 3 oder eines diesen ähnlichen Berufs können nicht von der Personengesellschaft selbst, sondern nur von natürlichen Personen erfüllt werden.* Zu weiteren Konkretisierung verwendet der BFH auch die Formulierung, dass jeder Gesellschafter als Steuerpflichtiger die Hauptmerkmale des freien Berufs in eigener Person positiv erfüllen, dh er über die persönliche Berufsqualifikation verfügen und eine freiberufliche Tätigkeit, zu deren Ausübung er persönlich qualifiziert ist, tatsächlich auch entfalten muss. Daher reicht die bloße Zugehörigkeit zu einer der in § 18 Abs. 1 Nr. 1 Satz 2 genannten Berufsgruppen nicht aus. Erfüllt auch nur einer der Gesellschafter diese Voraussetzungen nicht, so erzielen alle Gesellschafter Einkünfte aus Gewerbebetrieb nach § 15 Abs. 1 Nr. 2 (vgl. Urteile BFH 18.10.2006 – XI R 9/06, BStBl. II 2007, 266; BFH 28.10.2008 – VIII R 69/06, BStBl. II 2009, 642; BFH 10.10.2012 – VIII R 42/10, BStBl. II 2013, 79).

1167 Resultat dieser Betrachtungsweise ist, dass bei Defiziten auf Ebene der freiberuflichen Qualifikation der Mitunternehmer und der freiberuflichen Betätigung der Mitunternehmer auf Ebene der Gesamthand keine freiberuflichen Einkünfte erzielt werden. Einer Anwendung der sog. Abfärberegelung des § 15 Abs. 3 Nr. 1, auf die in § 18 Abs. 4 ohnehin nicht verwiesen wird, ist in diesen Fällen nicht erforderlich. Wenn die Einkünfteerzielung auf Ebene der Gesellschaft die Voraussetzungen des § 18 nicht erfüllt, ist zugleich das für die Prüfung von Einkünften aus Gewerbebetrieb anerkannte negative Tatbestandsmerkmal, dass die Tätigkeit der Gesellschaft nicht freiberuflich sein darf, erfüllt (Schmidt/*Wacker* § 15 Rn. 95). Dies leitet der BFH auch aus der Verweisung gemäß § 18 Abs. 4 Satz 2 auf den nur entsprechend anwendbaren § 15 Abs. 1 Satz 1 Nr. 2 ab, die personenbezogen (subjektiv) ausgelegt werden müsse, weil im Rahmen des § 18 Abs. 1 Satz 1 Nr. 1 die persönliche Arbeitsleistung des Berufsträgers entscheidend und der Kapitaleinsatz (das Halten der Beteiligung an einer Gesellschaft mit gemeinschaftlicher Beteiligung) nur von untergeordneter Bedeutung sei (BFH-Urteil 8.4.2008 – VIII R 73/05, BStBl. II 2008, 681).

(2) Fallgruppen fehlender freiberuflicher Einkünfteerzielung. Es lassen sich folgende Fallgruppen abgrenzen, in denen auf Ebene der Gesellschaft ohne Anwendung der Abfärberegelung Einkünfte aus Gewerbebetrieb erzielt werden, weil nicht *sämtliche Gesellschafter die Merkmale eines freien Berufs erfüllen:* **1168**

Qualifikation der Mitunternehmer: Mängel in der Berufsqualifikation eines Mitunternehmers im Gesellschafterkreis (eines sog. Berufsfremden) führen unmittelbar dazu, dass die Betätigung der Gesellschaft nicht die Voraussetzung der Erzielung freiberuflicher Einkünfte gemäß § 18 Abs. 1 Nr. 1 erfüllt. Einer Anwendung des § 15 Abs. 3 Nr. 1 bedarf es hier nicht, ebensowenig kann eine Bagatellgrenze gelten (→ Rn. 1167, → Rn. 1212). Zur vorgespiegelten Qualifikation → Rn. 1170. **1169**

Unverständlich ist in dieser Fallgruppe die Bezugnahme auf § 15 Abs. 3 Nr. 1 im BFH-Urteil 8.4.2008 – VIII R 73/05, BStBl. II 2008, 681 zu einer Mitunternehmer-Kapitalgesellschaft und im BFH-Urteil 28.10.2008 – VIII R 69/06, BStBl. II 2009, 642. § 15 Abs. 3 Nr. 1 wird in beiden Entscheidungen mE zu Unrecht zitiert. Soweit der BFH bei berufsfremden Mitunternehmern davon auszugehen scheint, dass in einer freiberuflichen Personengesellschaft die Freiberufler Einkünfte aus § 18 und der berufsfremde Mitunternehmer solche aus § 15 erzielen und es dann zu einer Abfärbung der gewerblichen Einkünfte auf die freiberuflichen Einkünfte kommt, ist dies mit der Linie der Rechtsprechung schwer zu vereinbaren. Sind nicht alle Mitunternehmer als Freiberufler nach außen tätig, ist der Tatbestand des § 18 nicht erfüllt, ohne dass es eines Rückgriffs auf § 15 Abs. 3 Nr. 1 bedürfte. Inkonsequent ist auch, dass im BFH-Urteil 28.10.2008 – VIII R 69/06, BStBl. II 2009, 642 zwar § 15 Abs. 3 Nr. 1 zitiert, aber unter II.4.e der Entscheidungsgründe die Geltung einer beteiligungsbezogenen Bagatellgrenze abgelehnt wird. **1169.1**

So nimmt der BFH in ständiger Rechtsprechung an, dass etwa der Zusammenschluss eines Steuerberaters und eine Person, die mangels Prüfung zum Steuerberater nicht behördlich bestellt ist und daher auch keinen ähnlichen Beruf ausübt, zum gemeinsamen Betrieb einer Steuerberatungspraxis in Form einer Gesellschaft des bürgerlichen Rechts zur Erzielung von Einkünften aus Gewerbebetrieb führt (BFH 9.10.1986 – IV R 235/84, BStBl. II 1987, 124 zu einer Innengesellschaft; BFH 10.8.2010 – VIII R 44/07, BFH/NV 2011, 20 zu einer Außengesellschaft). **1170**

Eine Gesellschaft ist ebenfalls nicht freiberuflich tätig, wenn ein Freiberufler einheitliche Aufträge durch **Zukauf von Fremdleistungen** erledigt und er die zugekauften Fremdleistungen nicht auf sachliche Richtigkeit hin prüfen kann. So hat der BFH die Einkünfte einer Dolmetscher-GbR, die aufgrund einheitlicher Aufträge technische Übersetzungen (zB von technischen Handbüchern) sowohl in von den Mitunternehmern beherrschten Sprachen als auch durch Einsatz von Fremdübersetzern und technischer Übersetzungsdatenbanken in nicht beherrschten Sprachen erstellte, als originär gewerbliche Betätigung beurteilt (BFH 21.2.2017 – VIII R 45/13, BStBl. II 2018, 4). Der Freiberufler muss aufgrund seiner Qualifikation in der Lage sein, die von ihm angebotene Leistung in vollem Umfang eigenverantwortlich und leitend selbst erstellen zu können oder durch Hilfspersonen erstellen zu lassen, deren Arbeitsergebnis er selbst vollständig inhaltlich überprüfen kann. Sind bei der Erledigung (fast) jeden Auftrags strukturell Bestandteile enthalten, die der Freiberufler aufgrund seiner Qualifikation gar nicht selbst erstellen könnte (zB auch Rechts- oder Steuerberatung zu ausländischen Rechtsordnungen durch Inländer), ist seine Tätigkeit nicht freiberuflich. **1171**

1172 Trotz der gegenüber den Mandanten erbrachten freiberuflichen Leistungen sind die Einkünfte einer **Freiberufler-GmbH & Co KG** stets solche aus Gewerbebetrieb, weil zu den Mitunternehmern die Komplementär-GmbH zählt; dies gilt auch, wenn diese nur eine Geschäftsführungs- und Haftungsvergütung erhält (BFH 10.10.2012 – VIII R 42/10, BStBl. II 2013, 79 und die weiteren Nachweise unter → Rn. 1166). Der BFH lehnt eine Durchgriffsbetrachtung auf die hinter der GmbH stehenden Freiberufler-Gesellschafter ab und sieht das entscheidende Argument in der Fiktion des § 8 Abs. 2 KStG, aufgrund derer die Komplementär-GmbH stets gewerbliche Einkünfte erzielt. Eine Zulassung der Komplementär-GmbH als Steuerberatungsgesellschaft ändert an der Erzielung gewerblicher Einkünfte auf Ebene der KG danach nichts. Folglich ist mE keine Ausgestaltung einer Freiberufler-GmbH & Co KG denkbar, in der diese Einkünfte gemäß § 18 Abs. 1 Nr. 1 erzielen kann (gleiche Ansicht *Dötsch* jurisPR-SteuerR 5/2013 Anm. 1; *Kempermann* FR 2013, 281 (285); aA *Karl* GmbHR 2013, 159 (164) mit dem Vorschlag, die Mitunternehmerstellung der Komplementärin durch Minderung der Initiativrechte auszuschließen).

1173 Die **PartG mbB** kann ebenfalls freiberufliche Einkünfte erzielen. Nach einem zutreffenden Beschluss der obersten Finanzbehörden des Bundes und der Länder (Verfügung der OFD Nordrhein-Westfalen 12.12.2013, FR 2014, 141) führt die Beschränkung der Berufshaftung der Partner nicht dazu, dass die PartG mbB (§ 1 Abs. 1 PartGG) kraft Rechtsform der Gewerbesteuerpflicht unterliegt. Die Haftungsbeschränkung der Partner für den Bereich der Falschberatung iSd § 8 PartG schließt die Mitunternehmerstellung der Partner nicht aus. Für die freiberufliche Einkünfteerzielung auf Ebene der Gesellschaft kommt es nach allgemeinen Grundsätzen auf die persönliche Berufsqualifikation der Partner und die berufsbezogene Tätigkeit sämtlicher Mitunternehmer an (→ Rn. 1166).

1174 Zu **interprofessionellen Personengesellschaften** → Rn. 1183.

1175 *Einstweilen frei*

1176 **Fehlende freiberufliche Betätigung eines qualifizierten Mitunternehmers:** Die Gesellschafter und Mitunternehmer müssen freiberuflich leitend und eigenverantwortlich im Außenverhältnis tätig sein: Sie dürfen nicht nur kapitalistisch beteiligt sein oder Tätigkeiten ausüben, die keine freiberuflichen sind (Urteil BFH 11.6.1985 – VIII R 254/80, BStBl. II 1985, 584). Der BFH verlangt einen konkreten *Arbeitsbeitrag* jedes Mitunternehmers an der Erstellung freiberuflicher Leistungen gegenüber externen Auftraggebern, den ein Gesellschafter insbesondere dann nicht erbringt, wenn er seiner Gesellschaft lediglich Kapital zur Verfügung stellt oder wenn er nur Aufträge beschafft, ohne sich zumindest teilweise an der Erstellung freiberuflicher Leistungen selbst zu beteiligen (BFH 28.10.2008 – VIII R 69/06, BStBl. II 2009, 642). Dies ist auch der Fall bei inaktiven Sozien, deren Betätigung über den reinen Kapitaleinsatz (Halten der Beteiligung) nicht hinausgeht.

1177 Übt ein Gesellschafter den freien Beruf im Außenverhältnis nicht leitend und eigenverantwortlich aus, so erfüllt die Gesellschaft schon die Voraussetzungen einer Einkünfteerzielung gemäß § 18 Abs. 1 Nr. 1 nicht. Auf die Abfärberegelung des § 15 Abs. 3 Nr. 1 Satz 1 kommt es nicht an.

1178 **Einsatz von Subunternehmern und Hilfspersonen durch die Gesellschaft:** Dem Erfordernis aus § 18 Abs. 1 Nr. 1 Satz 3 (→ Rn. 363), dass auch bei Einsatz von Hilfspersonen eine leitende und eigenverantwortliche Tätigkeit des zuständigen/der Mitunterunternehmer(s) feststellbar sein muss, entspricht eine Berufsausübung der Mitunternehmer der Gesellschafter nur, wenn sie über die Festlegung der Grundzüge der Organisation und der dienstlichen Aufsicht hinaus durch Planung, Überwachung und Kompetenz zur Entscheidung in Zweifelsfällen gekennzeichnet ist und die Teilnahme des Berufsträgers an der praktischen Arbeit in ausreichendem Maße gewährleistet. Nur unter diesen Voraussetzungen trägt die Arbeitsleistung für Rechnung der Gesellschaft, die durch eine (auch fachlich gleichwertig ausgebildete) Hilfsperson oder einen Subunternehmer im Namen der Gesellschaft geleistet wird – selbst wenn der Berufsträger ausnahmsweise in einzelnen Routinefällen nicht mitarbeitet – den erforderlichen „Stempel der Persönlichkeit" des Steuerpflichtigen (BFH 8.4.2008 – VIII R 73/05, BStBl. II 2008, 68; BFH 16.7.2014 – VIII R 41/12,BStBl. II 2015, 216; BFH 27.8.2014 – VIII R 6/12, BStBl. II 2015, 1002).

1179 Die nicht feststellbare leitende und eigenverantwortliche Betätigung durch die Mitunternehmer-Gesellschafter hat der BFH auch im Fall des zivilrechtlichen **Nullbeteiligungsgesellschafters** (→ Rn. 1144 ff.) bejaht, der die Voraussetzungen für eine Mitunternehmerstellung (Tragen von Mitunternehmerisiko; Ausübung von Mitunternehmerinitiative) nicht erfüllt und in seinem Zuständigkeitsbereich autonom tätig ist. Es werden auf Ebene der Gesellschaft gemischte Einkünfte aus einer freiberuflichen und aus einer als gewerblich zu wertenden Betätigung erzielt. Rechtsfolge ist die Abfärbung der gewerblichen Einkünfte auf die freiberuflichen Einkünfte gemäß § 15 Abs. 3 Nr. 1 (→ Rn. 1202). Der Anwendungsbereich der sog. Bagatellgrenze ist grundsätzlich eröffnet (siehe zu dieser im Einzelnen → Rn. 1212).

Laborgemeinschaften üben in der Regel eine gewerbliche Tätigkeit gemäß § 15 Abs. 2 aus, 1180
wenn unter Berücksichtigung der Zahl der Angestellten und der durchgeführten Untersuchungen keine eigenverantwortliche Tätigkeit der Gesellschafter der Laborgemeinschaft vorliegt (→ Rn. 1098; BMF 12.2.2009, BStBl. I 2009, 1398 Rn. 1, 11; *Schlegel/Tillmanns* DStZ 2010, 287 (290)). Ein Fall der Abfärbung des § 15 Abs. 3 Nr. 1, liegt in dieser Fallgruppe nicht vor, da schon die Voraussetzungen der freiberuflichen Einkünfteerzielung nicht erfüllt sind (→ Rn. 1166). Siehe dazu BFH 25.11.1975 – VIII R 116/74, BStBl. II 1976, 155; BFH 1.2.1990 – IV R 140/88, BStBl. II 1990, 507; BFH 21.3.1995 – XI R 85/93, BStBl. II 1995, 732; FG Bremen 26.8.2000 – 397115 K 1, EFG 2000, 262; FG Münster, 24.10.2014 – 13 K 2297/12 F, EFG 2015, 15; *Klaßmann* ua Besteuerung der Ärzte, Zahnärzte und sonstiger Heilberufe, 9. Aufl. 2015, Rn. 715. Gleiches gilt für ärztliche *Teilberufsausübungsgemeinschaften*, in denen nicht jeder Mitunternehmer leitend und eigenverantwortlich tätig ist (→Rn. 1100; OFD Frankfurt a.M. 17.8.2016, DStR 2016, 2591).

Auch die für den Bereich der Einkünfte aus sonstiger selbständiger Arbeit iSv § 18 Abs. 1 1181
Nr. 3 zulässige Mitarbeit fachlich Vorgebildeter setzt voraus, dass der Berufsträger trotz solcher Mitarbeiter auch in diesem Bereich seinen Beruf leitend und eigenverantwortlich iSd § 18 Abs. 1 Nr. 1 Satz 3 ausübt (BFH 27.8.2014 – VIII R 6/12, BStBl. II 2015, 1002 zum angestellten Rechtsanwalt, der in kleineren Insolvenzverfahren höchstpersönlich zum Verwalter bestellt wird und für Rechnung der Gesellschaft tätig ist).

Einstweilen frei 1182

(3) Interprofessionelle Mitunternehmerschaften. Für eine ausländische Personenge- 1183
sellschaft (zB Rechtsanwaltssozietät in der Rechtsform der LLP) mit aus- und inländischen Standorten gibt es keine Besonderheiten, was die Einkünfteermittlung angeht. Alle Mitunternehmer (Partner) müssen aus deutscher Sicht im Vergleich zu den inländischen Berufsträger-Mitunternehmern in ihrem Sachbereich leitend und eigenverantwortlich tätig sein. Die Sozietät darf auch außerhalb Deutschlands keiner aus deutscher Sicht gewerblichen Tätigkeit nachgehen.

Eine interprofessionelle Personengesellschaft, die sich aus Angehörigen unterschiedlicher 1184
Spezialisierung oder unterschiedlicher freier Berufe zusammensetzt, ist freiberuflich tätig, wenn die Gesellschafter auf ihrem jeweiligen Fachgebiet leitend und eigenverantwortlich tätig werden und ihre Arbeitsergebnisse in die Erstellung des dem Auftraggeber der Gesellschaft geschuldeten Ergebnisses einbringen (BFH-Urteile vom 28.10.2008 – VIII R 69/06, BStBl. II 2009, 642 zur Teamarbeit bei unterschiedlicher Spezialisierung und vom 23.11.2000 – IV R 48/99, BStBl. II 2001, 241 zur interprofessionellen Sozietät). Die persönliche Ausübung einer freiberuflichen Tätigkeit im vorgenannten Sinne setzt somit nicht voraus, dass jeder Gesellschafter in allen Unternehmensbereichen leitend tätig ist und an jedem Auftrag mitarbeitet.

Das Berufsrecht sieht allerdings vielfach Beschränkungen für interdisziplinäre Zusammenschlüsse 1184.1
zwischen Berufsträgern verschiedener freier Berufe vor. Das maßgebliche Berufsrecht findet sich in den jeweiligen Berufsrechtsordnungen, zB Bundesrechtsanwaltsordnung (BRAO), Patentanwaltsordnung (PAO), Bundesnotarordnung (BNotO), Wirtschaftsprüfungsordnung (WPO) und dem Steuerberatungsgesetz (StBerG). Ergänzt werden diese Regelungen durch das jeweilige Satzungsrecht der verschiedenen Berufsverbände (BORA, BOPA, BSWP und BOStB). Bei den rechts-, steuerberatenden Berufen und den Wirtschaftsprüfern ist eine gemeinsame Berufsausübung berufsrechtlich etwa auf die ausdrücklich als sozietätsfähig anerkannten Berufe beschränkt, also Rechtsanwälte, Patentanwälte, Steuerberater und Steuerbevollmächtigte, Wirtschaftsprüfer, und vereidigte Buchprüfer (vgl. § 59a BRAO iVm § 30 BORA, § 52a PAO iVm § 21 BOPA, § 44b WPO, § 56 StBerG iVm § 55 BOStB oder zur Partnerschaft § 59a BRAO, § 52a PAO, § 56 StBerG und § 44b WPO, aber auch zB §§ 23c MBO-Ä, § 8 ApoG). Ein interdisziplinärer Zusammenschluss in einer Personengesellschaft mit dem Erfordernis verschiedener

Zulassungen der Gesellschaft wird zudem praktisch erheblich durch §§ 59e, 59f BRAO, § 28 Abs. 1 WPO und § 50 Abs. 4 StBerG eingeschränkt, die bestimmte Mehrheitserfordernisse hinsichtlich der Struktur der Gesellschafter und der Mitglieder des Vorstandes, der Geschäftsführer und Geschäftsführerinnen, – soweit zutreffend – der persönlich haftenden Gesellschafter und Gesellschafterinnen, der geschäftsführenden Direktoren und Direktorinnen oder der Partner und Partnerinnen aufstellen. Nur in diesem Fall kann die Gesellschaft bei mehr als einer Berufskammer anerkannt bzw. zugelassen werden. Damit wird im Ergebnis ein interdisziplinärer Zusammenschluss mit all denjenigen freien Berufen verhindert, die ein gleichlautendes Mehrheitserfordernis vorschreiben, also zwischen Rechtsanwälten, Steuerberatern und Wirtschaftsprüfern, sofern die jeweiligen Berufsträger nicht über eine jeweilige Doppelqualifikation verfügen (vgl. dazu BVerfG Beschluss 14.1.2014 – 1 BvR 2998/11, 1 BvR 236/12, ZIP 2014, 368). Hinsichtlich § 59a BRAO hat das BVerfG (Beschluss 12.1.2016 – 1 BvL 6/13, ZIP 2016, 258) allerdings jüngst entschieden, das pauschale Sozietätsverbot für andere als die in § 59a BRAO genannten Berufsträger sei zumindest hinsichtlich der Gründung einer Partnerschaftsgesellschaft zwischen Rechtsanwälten mit Ärzten und Apothekern verfassungswidrig, da es für seine Zweckerreichung in seinem bestehenden Umfang nicht erforderlich sei.

1185 **(4) Doppel- und mehrstöckige Personengesellschaften.** Ist an einer Personengesellschaft (Untergesellschaft) eine andere Personengesellschaft (Obergesellschaft) beteiligt, dann entfaltet die Untergesellschaft nur dann eine freiberufliche Tätigkeit, wenn neben den unmittelbar beteiligten Gesellschaftern auch sämtliche mittelbar beteiligten Gesellschafter der Obergesellschaft die Merkmale eines freien Berufs erfüllen (zu doppelstöckigen Gesellschaften BFH-Urteil 28.10.2008 – VIII R 69/06, BStBl. II 2009, 642; zu mehrstöckigen Gesellschaften FG Schleswig-Holstein 17.11.2015 – 4 K 93/14, EFG 2017, 1092; Rev. VIII R 24/17). Die Gesellschafter der Oberpersonengesellschaft können nur durch ihre persönliche, qualifizierte Arbeitsleistung, nicht aber allein durch das Halten einer mittelbaren Beteiligung an einer anderen Freiberufler-Gesellschaft (Untergesellschaft) aus dieser freiberufliche Einkünfte beziehen. Die Gesellschafter der Untergesellschaft, welche nicht an der Obergesellschaft beteiligt sind, können ohne ein Tätigwerden der Obergesellschafter für die Untergesellschaft ebenfalls keine freiberuflichen Einkünfte erzielen. Der BFH leitet das „doppelte Tätigkeitserfordernis" der Mitunternehmer der Obergesellschaft aus dem Prinzip ab, dass auch bei der Ein-Ebenen-Betrachtung die Qualifikation der Mitunternehmer und deren persönliches Tätigwerden zur Betätigung der Sozietät gegeben sein muss, um auf Ebene der Mitunternehmerschaft freiberufliche Einkünfte zu erzielen (→ Rn. 1182).

1186 Ob das Erfordernis einer kumulativen Betätigung der Obergesellschafter bei Ober- und Untergesellschaft bereits aus der gemäß § 18 Abs. 4 entsprechend anwendbaren Vorschrift des § 15 Abs. 1 Satz 1 Nr. 2 Satz 2 abzuleiten ist, wonach bei einer ununterbrochenen Mitunternehmerkette der mittelbar beteiligte dem unmittelbar beteiligten Gesellschafter gleichsteht (zu diesem Ansatz Korn/*Korn* § 18 Rn. 34; Schmidt/*Wacker* § 18 Rn. 43; LBP/*Güroff* § 18 Rn. 282), hat der BFH offengelassen (BFH 28.10.2008 – VIII R 69/06, BStBl. II 2009, 642). Dies ist aber zu verneinen. Der Gesetzgeber hat zwar angeordnet, den mittelbar beteiligten Gesellschafter als Mitunternehmer der Untergesellschaft anzusehen; gleichzeitig hat er aber in § 15 Abs. 1 Nr. 2 Satz 2 Hs. 2 für die Gleichstellung des mittelbar beteiligten Gesellschafters vorausgesetzt, dass auch die Obergesellschaft Mitunternehmerin der Untergesellschaft ist. Der sachliche Anwendungsbereich des § 15 Abs. 1 Nr. 2 Satz 2 ist daher auf den Sonderbetriebsbereich des Gesellschafters der Obergesellschaft bei der Untergesellschaft beschränkt (vgl. BFH 6.9.2000 – IV R 69/99, BStBl. II 2001, 731; BFH 31.8.1999 – VIII B 74/99, BStBl. II 1999, 794; BFH 12.10.2016 – I R 92/12, BFH/NV 2017, 685). Er hat für die Frage der Einkünftequalifikation der Untergesellschaft keine Bedeutung.

1187 **Arbeitshilfe: Auszug aus EStH 15.6 „Gesellschaft":**

Schließen sich Angehörige eines freien Berufs zu einer Personengesellschaft zusammen, haben die Gesellschafter nur dann freiberufliche Einkünfte, wenn alle Gesellschafter, ggf. auch die Kommanditisten, die Merkmale eines freien Berufs erfüllen. Kein Gesellschafter darf nur kapitalmäßig beteiligt sein oder Tätigkeiten ausüben, die keine freiberuflichen sind (BFH 11.6.1985 – VIII R 254/80, BStBl. II 1985, 584 und BFH 9.10.1986 – IV R 235/84, BStBl. II 1987, 124). Dies gilt ungeachtet des Umfangs der Beteiligung (BFH 28.10.2008 – VIII R 69/06, BStBl. II 2009, 642). Eine Personengesellschaft, die sich aus Angehörigen unterschiedlicher freier Berufe zusammensetzt, ist nicht bereits vom Grundsatz her als gewerbliche Mitunternehmerschaft einzustufen (BFH 23.11.2000 – IV R 48/99, BStBl. II 2001,

241). Beratende Bauingenieure können im Rahmen einer GbR, auch wenn sie nur in geringem Umfang tätig werden, eigenverantwortlich tätig sein (BFH 20.4.1989 – IV R 299/83, BStBl. II 1989, 727). Eine an einer KG als Mitunternehmerin beteiligte GmbH ist selbst dann eine berufsfremde Person, wenn ihre sämtlichen Gesellschafter und ihr Geschäftsführer Angehörige eines freien Berufs sind (BFH 17.1.1980 – IV R 115/76, BStBl. II 1980, 336 und BFH 8.4.2008 – VIII R 73/05, BStBl. II 2008, 681). Das gilt auch dann, wenn die GmbH als alleinige Komplementärin lediglich eine Haftungsvergütung erhält, am Vermögen und Gewinn der KG nicht teilhat und von der Geschäftsführung ausgeschlossen ist (BFH 10.10.2012 – VIII R 57/09, BStBl. II 2013, 79).

Ein an einer interprofessionellen Freiberufler-Personengesellschaft beteiligter Volks- oder Betriebswirt, der dort lediglich kaufmännische Leitungsaufgaben oder sonstige Managementtätigkeiten übernimmt, ist nicht beratend und damit nicht freiberuflich tätig (BFH 28.10.2008 – VIII R 69/06, BStBl. II 2009, 642).

Eine Personengesellschaft entfaltet keine freiberufliche Tätigkeit, wenn sie als Holdinggesellschaft geschäftsleitende, kontrollierende und koordinierende kaufmännische Funktionen innerhalb einer Gruppe von freiberuflichen Unternehmen wahrnimmt (BFH 28.10.2008 – VIII R 73/06, BStBl. II 2009, 647).

Üben Personengesellschaften auch nur zum Teil eine gewerbliche Tätigkeit aus, so ist ihr gesamter Betrieb als gewerblich zu behandeln EStR 15.8 (5). Zur steuerrechtlichen Behandlung des Verkaufs von Kontaktlinsen nebst Pflegemitteln, von Mundhygieneartikeln sowie von Tierarzneimitteln durch ärztliche Gemeinschaftspraxen BMF 14.5.1997 (BStBl. I 1997, 566). Zur steuerrechtlichen Anerkennung der Ausgliederung der gewerblichen Tätigkeit auf eine personenidentische Gesellschaft (Schwestergesellschaft) auch BFH 19.2.1998 – IV R 11/97, BStBl. II 1998, 603).

Bei mehrstöckigen Personengesellschaften entfaltet die Untergesellschaft nur dann eine freiberufliche Tätigkeit, wenn neben den unmittelbar beteiligten Gesellschaftern auch sämtliche Gesellschafter der Obergesellschaft die Merkmale des freien Berufs erfüllen und als solche in der Untergesellschaft tätig sind (BFH 28.10.2008 – VIII R 69/06, BStBl. II 2009, 642).

Stellen ein Kameramann und ein Tontechniker als Gesellschafter einer Personengesellschaft für Fernsehanstalten mit Originalton unterlegtes Filmmaterial über aktuelle Ereignisse her, sind sie als Bildberichterstatter freiberuflich iSd § 18 Abs. 1 Nr. 1 tätig (BFH 20.12.2000 – BStBl. II 2002, 478, BStBl. II 2002, 478).

ff) Gemischte Betätigung der Mitunternehmer und Abfärbung (§ 15 Abs. 3 Nr. 1). (1) Ausschließlich freiberufliche Tätigkeit der Mitunternehmer. Auch wenn alle Gesellschafter die dargelegten personenbezogenen Voraussetzungen für eine freiberufliche Einkünfteerzielung (→ Rn. 1169) erfüllen, darf das Handeln der Gesellschafter in ihrer gesamthänderischen Verbundenheit kein Element einer nicht freiberuflichen Tätigkeit enthalten. Es ist allerdings unschädlich, wenn die Personengesellschaft durch ihre Gesellschafter neben einer freiberuflichen Tätigkeit gemäß § 18 Abs. 1 Nr. 1 auch eine Tätigkeit ausübt, die der sonstigen selbständigen Arbeit iSv § 18 Abs. 1 Nr. 3 zuzuordnen ist, solange die Gesellschafter auch hinsichtlich dieser Tätigkeit auf dem jeweiligen Fachgebiet zumindest arbeitsteilig leitend und eigenverantwortlich tätig sind (vgl. zur Insolvenzverwaltung neben der Steuer- und Rechtsberatung BFH 26.1.2011 – VIII R 3/10, BStBl. II 2011, 498; BFH 15.6.2010 – VIII R 10/09, BStBl. II 2010, 906; BFH 28.10.2008 – VIII R 69/06, BStBl. II 2009, 642). 1188

(2) Gemischte freiberufliche und gewerbliche Tätigkeit der Mitunternehmer. 1189
Wird auf Ebene der Gesellschaft neben der freiberuflichen Tätigkeit eine gewerbliche Tätigkeit ausgeübt, ist zu unterscheiden:

- Auf der ersten Stufe ist zu prüfen, ob es sich bei dieser Tätigkeit um eine von der freiberuflichen Tätigkeit abgrenzbare Tätigkeit handelt. Sind beide Tätigkeiten abgrenzbar, kommt die sog. Abfärberegelung zur Anwendung (§ 15 Abs. 3 Nr. 1), die die gesamten Einkünfte der Sozietät in Einkünfte aus Gewerbebetrieb umqualifiziert.
- Sind hingegen gewerbliche und freiberufliche Tätigkeiten bei der Abarbeitung von Aufträgen untrennbar miteinander verflochten, ist vorrangig – *vor Anwendung der Abfärberegelung* – zu entscheiden, ob die gewerbliche oder freiberufliche Tätigkeit prägend ist und welcher Einkunftsart die Tätigkeit der Gesellschaft insgesamt zuzurechnen ist.

Schuldet die Gesellschaft ihrem Auftraggeber einen einheitlichen Erfolg, so ist auch die zur 1190
Durchführung des Auftrags erforderliche Tätigkeit regelmäßig als einheitliche Tätigkeit zu beurteilen. Sind nach wertender Betrachtung bei Erledigung des Auftrags freiberufliche und

nicht freiberufliche Tätigkeitsbeiträge derart miteinander verflochten, dass sie sich gegenseitig unlösbar bedingen, so liegt eine einheitliche Tätigkeit vor, die steuerlich danach zu qualifizieren ist, ob das freiberufliche oder das gewerbliche Element vorherrscht. Für die Abgrenzbarkeit kommt es auf die einzelnen Tätigkeitsbeiträge, weder aber auf den geschätzten Anteil der einzelnen Tätigkeitsarten am Umsatz oder Ertrag noch darauf an, welcher Teil der Gesamtleistung für den Kunden im Vordergrund steht (vgl. BFH 24.4.1997 – IV R 60/95, BStBl. II 1997, 567; zu einer trennbaren Tätigkeit siehe BFH 20.12.2000 – XI R 8/00, BStBl. II 2002, 478). Siehe auch BFH 21.12.2017 – VIII R 45/13, BStBl. II 2018, 4 zu einer untrennbar gewerblichen Tätigkeit.

1191 *Einstweilen frei*

1192 **(3) Varianten der Abfärberegelung und Methodik. Abfärbung gemäß § 15 Abs. 3 Nr. 1 Alt. 1:** Zu den Voraussetzungen des § 15 Abs. 3 Nr. 1 → § 15 Rn. 2185; *Weiss* EStB 2015, 179 ff. sowie *Weiss* NWB 2016, 3148 ff.). Im Folgenden soll es ausschließlich um die bei Freiberuflern in der Praxis relevante Frage gehen, unter welchen Voraussetzungen eine abgrenzbare gewerbliche Tätigkeit neben der freiberuflichen Tätigkeit eine Umqualifizierung sämtlicher Einkünfte in gewerbliche Einkünfte bewirken kann. Trotz des fehlenden Verweises in § 18 Abs. 4 Satz 2 auf § 15 Abs. 3 findet die Abfärberegelung auch bei freiberuflichen Personengesellschaften, die gewerbliche Nebentätigkeiten entfalten, Anwendung (für eine Subsidiarität insoweit Korn/*Korn* § 18 Rn. 153).

1193 Die **Abfärbung gemäß § 15 Abs. 3 Nr. 1, Alt. 2** aufgrund der mitunternehmerischen Beteiligung an einer gewerblichen Unterpersonengesellschaft (sog. „Aufwärtsinfektion") wird hier nicht ausführlich behandelt (→ § 15 Rn. 2203 ff.; BFH 6.6.2019 – IV R 30/16, DStR 2019, 1630; zu § 15 Abs. 3 Nr. 1 S. 2 → § 15 Teil 5 Rn. 2279b). Die Aufwärtsinfektion kann eintreten, wenn eine freiberufliche Oberpersonengesellschaft an einer gewerblich tätigen Untergesellschaft beteiligt ist. Dies kann bei freiberuflichen Personengesellschaften der Fall sein, wenn die Untergesellschaft mangels leitender und eigenverantwortlicher Tätigkeit der Obergesellschafter keine Einkünfte aus selbständiger Tätigkeit erzielt (→ Rn. 1185) und die Obergesellschaft von dieser Einkünfte aus Gewerbebetrieb bezieht. Der BFH mildert auf der Grundlage einer verfassungskonformen Auslegung die gewerbesteuerlichen Folgen auf Ebene der Oberpersonengesellschaft, indem ein gewerbliches Unternehmen iSd § 15 Abs. 3 S. 1 Nr. 1 Alt. 2 nicht gemäß § 2 Abs. 1 S. 2 GewStG als nach § 2 Abs. 1 S. 1 GewStG der Gewerbesteuer unterliegender Gewerbebetrieb gilt (BFH 6.6.2019 – IV R 30/16, DStR 2019, 1630).

1193.1 Eine besondere Fallgruppe stellt die Beteiligung einer Ärztegemeinschaft als Obergesellschaft an einer gewerblich tätigen Labor- und Apparategemeinschaft dar (→ Rn. 1099, → Rn. 1179). Wegen der Regelung des § 15 Abs. 3 Nr. 1 Alt. 2 schlägt die Zuweisung von Gewinnanteilen aus einer gewerblichen Labor- und Apparategemeinschaft auch auf die Einkünftequalifizierung der beteiligten Ärztegemeinschaften als Obergesellschaften durch

1193.2 Als Gestaltungsempfehlung wird im Schrifttum gesehen, das Risiko etwaiger gewerblicher Einkünfte in den Bereich des Sonderbetriebsvermögens zu verlagern, indem sich nicht eine Ärztegemeinschaft als solche, sondern nur die einzelnen Ärzte persönlich an der Laborgemeinschaft beteiligen. Gewerbliche Einkünfte des Arztes fallen dann nur im Sonderbetriebsbereich an, wo sie nicht über § 15 Abs. 3 Nr. 1 zu einer Infektion der freiberuflichen Einkünfte im Gesamthandsbereich führen können (siehe *Klaßmann ua* Besteuerung der Ärzte, Zahnärzte und sonstiger Heilberufe, 9. Aufl. 2015, Rn. 720; → Rn. 1200)

1194 **Trennbare Einkünfte aus gewerblicher und freiberuflicher Haupttätigkeit:** Im Unterschied zur gemischten Tätigkeit eines Einzelunternehmers, bei dem eine gleichzeitige gewerbliche und freiberufliche Betätigung bei sachlichen und wirtschaftlichen Berührungspunkten dieser Tätigkeiten in der Regel getrennt werden kann und deshalb auch separat zu beurteilen ist, bewirkt § 15 Abs. 3 Nr. 1 Alt. 1 bei gemischt tätigen Personengesellschaften eine Umqualifizierung sämtlicher Einkünfte aus nicht gewerblichen Tätigkeiten, die neben Einkünften aus der gleichzeitig ausgeübten gewerblichen Tätigkeit erzielt werden, in gewerbliche Einkünfte. § 15 Abs. 3 S. 1 Nr. 1 Alt. 1 ist hingegen nicht relevant, wenn untrennbare gewerbliche und nicht gewerbliche Einkünfte erzielt werden und die Tätigkeit der Gesellschaft bereits wegen der prägenden gewerblichen Betätigung als originär gewerblich zu qualifizieren ist (BFH 21.12.2017 – VIII R 45/13, BStBl. II 2018, 4).

Es ist bei **einer gemischten Betätigung der Gesellschaft** – zweistufig – zunächst zu prüfen, ob die freiberufliche und gewerbliche Tätigkeit samt der erzielten Einnahmen und Ausgaben trennbar sind (→ Rn. 42; → § 15 Rn. 2186). Maßstab ist die Verkehrsauffassung. Der Umstand, dass sachliche und wirtschaftliche Bezugspunkte zwischen den verschiedenen Tätigkeiten bestehen, schließt deren Trennbarkeit nicht aus. Eine einheitliche Tätigkeit liegt nur dann vor, wenn beide Tätigkeitsarten so miteinander verflochten sind, dass sie sich gegenseitig unlösbar bedingen und nur die Gesamttätigkeit nach dem Gepräge durch eine der Tätigkeiten zu qualifizieren ist. Insbesondere bei einem geschuldeten einheitlichen Erfolg ist, ist die Tätigkeit des Freiberuflers in der Regel als eine einheitliche untrennbare Betätigung einzuordnen. In diesem Zusammenhang können insbesondere isoliert als gewerblich zu betrachtende Tätigkeiten sich als freiberufliche Hilfstätigkeiten ohne Gewinnerzielungsabsicht darstellen (*Korn NWB* 2015, 1042 (1044)). Erst nach Feststellung der Trennbarkeit und Eigenständigkeit der Tätigkeiten ist auf der zweiten Stufe Raum für die Prüfung der Abfärberegelung (*Korn* NWB 2015, 1042 (1044); *Steinhauff* jurisPR-SteueR 16/2015 Anm. 3 unter B; *Weiss* EStB 2015, 179 (179)). 1195

Einstweilen frei 1196

(4) Einzelfragen zur Anwendung der Abfärberegelung bei Freiberuflern. Integrierte Versorgung: Eine Abfärbungsgefahr im Rahmen ärztlicher Gemeinschaftspraxen besteht auf der Grundlage der sog. integrierten Versorgung gemäß §§ 140a ff. SGB V. Es werden zwischen Ärzten und Krankenkassen Verträge abgeschlossen, nach denen die Krankenkasse dem Arzt und den Ärzten für die Behandlung der Patienten eine Fallpauschale zahlt, die sowohl die medizinische Betreuung als auch die Abgabe von Arzneien und Hilfsmitteln abdeckt. Nach Auffassung der Finanzverwaltung (OFD Frankfurt 16.8.2016, DStR 2016, 2591) ist im Einzelnen danach abzugrenzen, ob sich die Abgabe von Arzneien und Hilfsmitteln iSd SGB V noch als Bestandteil der freiberuflichen Behandlungstätigkeit darstellt. Werden im Rahmen der integrierten Versorgunghilfsmittel verwendet, ohne deren Einsatz die ärztliche Heilbehandlung nicht möglich wäre, wie zB der Einsatz künstlicher Hüftgelenke, künstliche Augenlinsen und sonstiger Implantate und Verbrauchsmaterialien, so ist deren Abgabe nicht als selbständige Leistung zu betrachten, sondern als Bestandteil der ärztlichen und damit freiberuflichen Heilbehandlung. Auch die Abgabe von Medikamenten und von Impfstoffen im Rahmen der Durchführung von Impfungen kann Bestandteil der freiberuflichen Heilbehandlung sein. Anders liegt es, wenn ein solcher enger Zusammenhang zur Behandlung nicht festgestellt werden kann. Die OFD Frankfurt sieht die Abgabe von Arzneien und Hilfsmitteln im Rahmen der vereinbarten Fallpauschalen dann als eine abgrenzbare gewerbliche Tätigkeit an, die neben der freiberuflichen Betätigung erbracht wird. Die Abgabe sogenannter Faktorpräparate durch ärztliche Gemeinschaftspraxen an Bluter zur Heimselbstbehandlung wird in der Verfügung als gewerbliche Teilbetätigung ausdrücklich genannt. Dem ist das FG Düsseldorf 1.2.2019 – 3 K 3295/15 F, G, EFG 2019, 607, rkr mAnm *Rode* gefolgt. 1197

Einstweilen frei 1198

Gewerbliche Tätigkeit neben und Verwertung der freiberuflichen Tätigkeit: Die Frage einer gemischten Betätigung und der Trennbarkeit der Tätigkeiten stellt sich nicht nur in klaren Fällen, zB wenn durch eine Gesellschaft **auf der Gesamthandsebene** freiberufliche Leistungen iSd § 18 Abs. 1 Nr. 1 (zB der Behandlung von Patienten) erbracht und daneben auch medizinische Hilfsmittel an die Patienten veräußert werden (zB Zahnpasta und Zahnreinigungszubehör). Schwieriger zu beurteilen ist die Erzielung von Umsätzen aus der Verwertung eines selbst geschaffenen künstlerischen Werks. Die Rechtsprechung zählt dessen Verwertung durch die Veräußerung noch zu den Einkünften aus der freiberuflichen Tätigkeit (BFH 29.4.1993 – IV R 16/92, BStBl. II 1993, 716). Die Grenze zur gewerblichen Betätigung wird überschritten, wenn das eigene Kunstwerk vom Künstler selbst vervielfältigt und damit gezielt vertrieben wird (→ Rn. 120). 1199

Bei Rechtsanwälten oder Steuerberatern besteht neben der freiberuflichen Tätigkeit eine abgrenzbare gewerbliche Tätigkeit, wenn Vermögensanlagen vermittelt werden, eine Treuhändertätigkeit bei Bauherrengemeinschaften oder typische andere Handelsgeschäfte ausgeführt werden oder berufsrechtswidrige, untypische Geldgeschäfte (zB Bürgschaftsvergaben gegen Entgelt) erfolgen (→ Rn. 49; → Rn. 211, → Rn. 237; *Olbing*, AnwBl 2016, 33 (34)).

1200 **Gewerbliche Betätigung im Sonderbetriebsvermögen:** Gewerbliche Einkünfte im Sonderbereich des Gesellschafters einer freiberuflich tätigen Personengesellschaft führen nicht zu einer Abfärbung gemäß § 15 Abs. 3 Nr. 1 auf die Einkünfte der Gesellschaft im Gesamthandsbereich (BFH 28.6.2006 – XI R 31/05, BStBl. II 2007, 378). Dies stützt der BFH maßgeblich auf die verfassungsrechtlichen Vorgaben, die im Vereinfachungszweck der Abfärberegelung liegen und die Annahme einer gewerblichen Betätigung auf Ebene der Gesamthand nicht gebieten. In dieser Konstellation sind demnach zwei Einkunftsarten für die Mitunternehmer in der einheitlichen und gesonderten Gewinnfeststellung zu erfassen.

1201 *Einstweilen frei*

1202 **Fehlende leitende und eigenverantwortliche Tätigkeit durch den Einsatz von Hilfspersonen:** Von einer gemischten Tätigkeit mit trennbaren Einkünften im Anwendungsbereich der Abfärberegelung geht die Rechtsprechung mittlerweile auch aus, wenn auf Ebene einer Personengesellschaft einerseits eine freiberufliche leitende und eigenverantwortliche Tätigkeit der Mitunternehmer vorliegt und daneben auf Ebene der Gesellschaft deshalb gewerbliche Einnahmen erzielt werden, weil Hilfspersonen (zumeist qualifizierte Berufsträger) iSd § 18 Abs. 1 Nr. 1 Satz 3 autonom ohne hinreichende Einbindung oder Anbindung an die Weisung und Kontrolle der Sozien tätig sind (siehe BFH 27.8.2014 – VIII R 6/12, BStBl. II 2015, 1002; BFH 3.11.2015 – VIII R 62/13, BStBl. II 2016, 381; *Wendt* 2015/2016, 35 (44), zudem → Rn. 1222).

1203 Für den Einsatz von Hilfspersonen im Anwendungsbereich der § 18 Abs. 1 Nr. 1 Sätze 1 und 3 sowie des § 18 Abs. 1 Nr. 3 (nach Aufgabe der sog. Vervielfältigungstheorie) gilt gleichermaßen das Erfordernis, dass der Berufsträger-Mitunternehmer leitend und eigenverantwortlich tätig sein muss (→ Rn. 444). Zur erforderlichen Einbindung eines Berufsträgers als Hilfsperson in die leitende und eigenverantwortliche Tätigkeit des Mitunternehmers → Rn. 371 ff.

1204 Der BFH behandelt den zivilrechtlichen Nullbeteiligungsgesellschafter, der nicht die Kriterien der Mitunternehmerstellung erfüllt, ebenfalls als Hilfsperson gemäß § 18 Abs. 1 Nr. 1 Satz 3 (→ Rn. 1144). Es ist bei Beachtung dieser Vorgaben zur Anbindung der Tätigkeit einer Hilfsperson an die Tätigkeit der Mitunternehmer entgegen dem Schrifttum (siehe *Olbing* AnwBl 2011, 33 (35) zu weiteren Alternativen) durch die Rechtsprechung mE nicht ausgeschlossen, angestellte Berufsträger unter Heranführung an die Partnerschaft auch eigenständig arbeiten zu lassen.

1205 *Einstweilen frei.*

1206 **Defizite im Bereich der Qualifikation und Tätigkeit der Mitunternehmer/berufsfremder Mitunternehmer:** Von vornherein kein Fall der Abfärbung liegt jedoch vor, wenn ein sog. „berufsfremder" Mitunternehmer im Gesellschafterkreis tätig ist oder für einen als Freiberufler qualifizierten Mitunternehmer keine leitende und eigenverantwortliche Betätigung im Außenverhältnis festgestellt werden kann. S. → Rn. 1166. In diesem Bereich kann mangels gemischter Einkünfte auch die so genannte Bagatellgrenze nicht zur Anwendung kommen (→ Rn. 1212).

1207 *Einstweilen frei*

1208 **(5) Voraussetzungen der Abfärberegelung gemäß § 15 Abs. 3 Nr. 1 Alt 1 und Verfassungsmäßigkeit. Erfordernis der Gewinnerzielungsabsicht für beide Tätigkeiten:** Voraussetzung einer Abfärbung abtrennbarer gewerbliche Einkünfte aus einer gewerblichen Nebentätigkeit auf freiberufliche Einkünfte gemäß § 15 Abs. 3 Nr. 1 Alt. 1 ist kumulativ eine Gewinnerzielungsabsicht sowohl für die gewerbliche (Neben-)Tätigkeit als auch die freiberufliche Haupttätigkeit, die für beide Einkunftsarten getrennt zu prüfen ist (→ § 15 Rn. 2187; HHR/*Stapperfend* § 18 Rn. 69; Schmidt/*Wacker* § 15 Rn. 192). Nach der herrschenden Auffassung fehlt es an der Gewinnerzielungsabsicht, wenn eine Tätigkeit, die als gewerblich zu qualifizieren ist, zum Selbstkostenpreis (gewinnlose Tätigkeit) durchgeführt wird (BFH 18.5.1995 – IV R 31/94, BStBl. II 1995, 718; BFH 2.10.2003 – IV R 48/01, BStBl. II 2004, 363; BFH 28.10.2008 – VIII R 73/06, BStBl. II 2009, 647; *Korn* NWB 2015, 1042 (1046)).

1208.1 Für die Prüfung der Gewinnerzielungsabsicht ist gedanklich von zwei Teilbetrieben (den gewerblichen und freiberuflichen) auszugehen und für jeden Bereich das Betriebsvermögen und der mutmaßliche Gewinn zu ermitteln. Es sind im Rahmen der Prognose aber nicht sämtliche Aufwendungen des einheitlichen Betriebs exakt aufzuschlüsseln und zuzuordnen. Der typisierende Zweck des § 15 Abs. 3 Nr. 1 Alt. 1 würde konterkariert, wenn bei Prüfung der Gewinnerzielungsabsicht für trennbare freiberufliche und gewerbliche Einkünfte, eine exakte Ermittlung des Gewinns mit Zuordnung der Aufwendungen und exakte Aufteilung des eingesetzten Betriebsvermögens für beide Tätigkeiten erfolgen müsste. Aufgrund dieses Normzwecks erscheint es zur Prüfung der Einkunftserzielungsabsicht beider abgrenzbaren Betätigungen sachlich gerechtfertigt und ausreichend, nur diejenigen Aufwendungen von den gewerblichen Einnahmen abzuziehen, die diesen unmittelbar zugeordnet werden können (zB insbesondere Wareneinkauf/Personalaufwand).

Diejenigen Aufwendungen, die für den freiberuflichen Hauptbetrieb unentbehrlich sind, sind nicht 1208.2
in die Berechnung des Totalgewinns der gewerblichen Einkünfte einzubeziehen. Diese Aufwendungen dienen in vollem Umfang der Gewinnerzielung durch den gedachten freiberuflichen Hauptbetrieb. Die Aufwendungen, die dem gedachten freiberuflichen Hauptbetrieb zuzuordnen sind, können aber nicht dazu herangezogen werden, das Fehlen einer Gewinnerzielungsabsicht in dem gedachten dienenden gewerblichen Betrieb zu begründen.

Nachhaltigkeit der gewerblichen Einnahmeerzielung: Bislang wurde in der Recht- 1209
sprechung des BFH noch nicht endgültig entschieden, ob bei der Prüfung der Rechtsfolgen der Abfärberegelung auf Grundlage der Abschnittsbesteuerung von einem „Fallbeileffekt" auszugehen ist und das einmalige Überschreiten zur Umqualifizierung aller Einkünfte in gewerbliche Einkünfte führt. Für die Frage eines Strukturwandels zwischen land- und forstwirtschaftlichen Betrieben und gewerblichen Betrieben wird von der Finanzverwaltung ein dreijähriger Beobachtungszeitraum (EStR 15.5 Abs. 2 Satz 2 4) angewendet, der auch für die Umqualifizierung freiberuflicher Haupteinkünfte in gewerbliche Einkünfte Anwendung finden sollte (siehe *Wendt* StbJb 2015/2016, 35 (42); *Korn* NWB 2015, 1042 (1047 f.); Korn/*Korn* § 18 Rn. 152 (Stand 02/2016); *Kanzler* FR 2015, 512 (512). Der IV. Senat lässt in einem obiter dictum in BFH 12.4.2018 – IV R 5/15, DStR 2018, 1421 offen, ob er für die Abfärbung *gewerblicher Einkünfte auf vermögensverwaltende Einkünfte* erst das mehrmalige Überschreiten einer wie auch immer definierten Bagatellgrenze innerhalb eines längeren Beobachtungszeitraums (zB des Dreijahreszeitraums gemäß EStR 15.5 Abs. 2) schädlich ist.

Verfassungsmäßigkeit der Abfärberegelung: Den immer wieder gegen die Abfärbere- 1210
gelung in § 15 Abs. 3 Nr. 1 Alt. 1 vorgetragenen verfassungsrechtlichen Bedenken ist das BVerfG nicht gefolgt. Dem BverfG haben die Erleichterung der Einkünfteermittlung und die Sicherung des Gewerbesteueraufkommens als Rechtfertigung für § 15 Abs. 3 Nr. 1 Alt. 1 ausgereicht (BVerfG 15.1.2008 1 BvL 2/04, BVerfGE 120, 1). Durch die Konzentration aller Einkünfte als gewerbliche Einkünfte verfolge der Gesetzgeber ein legitimes Regelungsziel. Die Ermittlung laufender Einkünfte unterschiedlicher Einkunftsarten verursache bei einer Personengesellschaft besondere Schwierigkeiten, insbesondere im Hinblick auf die Anwendung unterschiedlicher Gewinnermittlungsarten, das Erfordernis der Bildung unterschiedlicher bilanzieller Vermögensmassen und Wertansätze der Wirtschaftsgüter bei den Gewinn- oder Überschusseinkünften sowie im Hinblick auf das Vorhandensein von Sonderbetriebsvermögen und Leistungsbeziehungen zwischen der Gesellschaft und den Gesellschaftern. Das BVerfG hat in seinem Beschluss vom 15.1.2008 – 1 BvL 2/04 (BVerfGE 120, 1) im Rahmen der Verhältnismäßigkeitsprüfung allerdings verlangt, die Belastung aus der Gewerbesteuer müsse in den Fällen der Abfärbung auf ein zumutbares Maß gemildert werden; es hat auch die Ausweichgestaltung, durch das sog. Ausgliederungsmodell akzeptiert (auch → § 15 Rn. 2196; → § 15 Rn. 2243).

(6) Bagatellgrenze der Rechtsprechung. Unerheblich ist nach dem Wortlaut des § 15 1211
Abs. 3 Nr. 1 Alt 1 grundsätzlich, ob der gewerblichen Tätigkeit im Rahmen des gesamten Unternehmens nur eine geringfügige wirtschaftliche Bedeutung zukommt, insbesondere sieht das Gesetz selbst keine Geringfügigkeitsgrenze für unbeachtliche gewerbliche Einkünfte vor, die neben freiberuflichen Einkünften erzielt werden (BFH 19.2.1998 – IV R 11/97, BStBl. II 1998, 603). Denn das Wort „auch" im Tatbestand lässt eine noch so geringe gewerbliche Betätigung bereits genügen (siehe auch *Weiss* EStB 2015, 179 (182); *Korn* NWB 2015, 1042 (1043). Auch → § 15 Rn. 2185. Die Nichtanwendung des § 15 Abs. 3 Nr. 1 Alt. 1 bei Unterschreiten einer im Gesetz nicht geregelten Geringfügigkeitsgrenze hat das BVerfG (BVerfG 15.1.2008 – 1 BvL 2/04, BVerfGE 120, 1) aber als Ausfluss einer zulässigen verfassungskonformen Auslegung der Regelung durch die BFH-Rechtsprechung akzeptiert

(Korn/*Korn* § 18 Rn. 153; *Wendt* StbJB 2015/2016, 35 (38); *Steinhauff* jurisPR-SteuerR 16/2015). Die im Schrifttum hieran geäußerte Kritik (KSM/*Stuhrmann* § 18 A 17b; *Lersner* DStR 2015, 2817 (2818), die Formulierung einer richterlichen Bagatellgrenze mit festen Grenzwerten stelle eine unzulässige richterliche Rechtsfortbildung dar, ist unbegründet (ebenso → § 15 Rn. 2202; → § 15 Rn. 2243). Zur Entwicklung der Rechtsprechung im Einzelnen → § 15 Rn. 2194 ff.

1212 **Höhe der Bagatellgrenze bei der Abfärbung auf freiberufliche Einkünfte:** Der VIII. Senat des BFH hat in drei Entscheidungen vom 27.8.2014 (BFH 27.8.2014 – VIII R 6/12, BStBl. II 2015, 1002; BFH 27.8.2014 – VIII R 16/11, BStBl. II 2015, 996; BFH 27.8.2014 – VIII R 41/11, BStBl. II 2015, 999) eine gewerbliche, „nicht abfärbende" Tätigkeit von äußerst geringem Ausmaß angenommen, wenn die Nettoumsatzerlöse aus der gewerblichen Tätigkeit 3% der Gesamtnettoumsätze, die von der Gesellschaft im Gesamthandsbereich erzielt werden **und** den den Betrag von 24.500 EUR nicht übersteigen. Wird diese Bagatellgrenze eingehalten, erzielt die Gesellschaft ausschließlich freiberufliche Einkünfte (Entfärbung der gewerblichen Einnahmen → Rn. 1223). Die Finanzverwaltung wendet diese Rechtsprechung an.

1213 Die Bagatellgrenze besteht kumulativ aus einer tyisierenden relativen Grenze und einer absoluten Obergrenze. Die von der Gesellschaft aus der gewerblichen Tätigkeit erzielten Nettoumsätze ist für den BFH ein Indikator für das Ausmaß der gewerblichen Betätigung:

1213.1 Der relative Umsatzanteil von 3% gewerblicher Nettoumsätze an den Gesamtnettoumsatzerlösen knüpft an den Nettoumsatz und nicht an die gewerblichen „Einkünfte" oder den Gewinn aus der Nebentätigkeit an, um folgende Widersprüche zu vermeiden. Würde man eine Grenze formulieren, die auf Betriebseinnahmen ausgerichtet ist, stellte sich das Problem unterschiedlicher Umsatzsteuersätze und der Qualifizierung auch der vereinnahmten Umsatzsteuer aus Lieferungen und Leistungen als Betriebseinnahme und der Auswirkungen der jeweiligen Gewinnermittlungsart. Würde man an Einkünfte und Gewinne aus der gewerblichen Tätigkeit, also an Saldogrößen, anknüpfen, wäre der Streit um die Zuordnung der BA zu der schädlichen Tätigkeit vorprogrammiert. Der Typisierungscharakter des § 15 Abs. 3 Nr. 1, der eine solche genaue Zuordnung aus Sicht des VIII. Senats gerade nicht verlangt, muss jedoch sowohl im Rahmen der Prüfung der Gewinnerzielungsabsicht als auch bei der Bezugsgröße innerhalb der Bagatellgrenze Beachtung finden (zustimmend zur Anknüpfung an Umsatzerlöse *Wendt* StbJb 2015/2016, 35 (40); *Korn* NWB 2015, 1042 (1047)).

1213.2 Die Grenze von „3%" verdeutlicht, dass der VIII. Senat den vom IV. Senat in BFH 8.3.2004 – IV B 212/03, BFH/NV 2004, 954 als unbedenklich angesehenen gewerblichen Umsatzanteil von „2,81%" als Schlusspunkt der Entwicklung und auch als dem BVerfG bekannte und von diesem gebilligte Grenzziehung ansah. Dieser Grenzbetrag wurde vom VIII. Senat lediglich aufgerundet. Die im Schrifttum geäußerte Kritik, die Prozentgröße der relativen Grenze sei willkürlich (*Kanzler* FR 2015, 512 (513)), ist daher nicht berechtigt.

1213.3 Die absolute Obergrenze von 24.500 EUR gewerblicher Nettoumsätze ist angelehnt an den gewerbesteuerlichen Freibetrag, der selbst an den Gewerbeertrag als Saldogröße, modifiziert um Hinzurechnungen und Kürzungen der §§ 8, 9 GewStG anknüpft. Sie dient der Gleichbehandlung von Personengesellschaften mit hohen Umsätzen, bei denen die 3%-Grenze zu unbedenklichen gewerblichen Nettoumsätzen in namhafter Höhe führen könnte. Der VIII. Senat geht auch insofern typisierend davon aus, dass kein Ausfall von Gewerbesteuer droht und das Regelungsziel des § 15 Abs. 3 Nr. 1 nicht unterlaufen wird, wenn bereits die Umsätze unter dem auf den Gewerbeertrag bezogenen Freibetrag liegen.

1214 Der BFH hat bei der Heranziehung des Betrags iHv 24.500 EUR als Umsatzgrenze und nicht als Gewinngrenze auch nicht den Zweck des gewerbesteuerlichen Freibetrags in § 11 Abs. 1 GewStG verkannt. Dies sollte vermeiden, dass nur für Zwecke der Abfärberegelung im Rahmen einer typisierenden Betrachtung um die korrekte Zuordnung von Aufwendungen aus den verschiedenen Tätigkeitsbereichen gestritten werden muss (zustimmend zur Anknüpfung an eine Erlösgrenze *Wendt* StbJb 2015/2016, 35 (40), allerdings mit der Kritik, dass nunmehr BA im Zusammenhang mit der gewerblichen Nebentätigkeit überhaupt keine Beachtung finden können; siehe auch *Korn* NWB 2015, 1042 (1043); *Weiss* EStB 2015, 179 (183) für eine typisierende Zuordnung von Ausgaben).

1215 Die vom VIII. Senat formulierte zweigliedrige Bagatellgrenze wird im Schrifttum aber unter dem Gesichtspunkt des Rangverhältnisses zwischen relativer und absoluter Grenze zu Recht kritisiert. Es sei konsequenterweise der absolute Grenzbetrag (Nettoumsätze iHv

24.500 EUR) als Mindestbetrag einer unschädlichen Betätigung heranzuziehen und die 3%-Grenze als relative Grenze als Umsatznettobetrag auf diesen Mindestbetrag anzuwenden (*Wendt* StbJb 2015/2016, 35 (40)). Diese Kritik ist mE nicht zuletzt wegen der fehlenden Abzugsmöglichkeit von BA bei Anknüpfung an die Umsatzerlöse iHv 24.500 EUR im Rahmen der absoluten Obergrenze berechtigt und bedenkenswert. Die OFD Frankfurt a.M. nimmt in zwei Verfügungen vom 16.8.2016, DStR 2016, 2591 (zur integrierten Versorgung) und vom 17.8.2016 DStR 2016, 2591 (zur ärztlichen Teilberufsausübungsgemeinschaft) eine Abfärbung ebenfalls erst an, wenn die gewerblichen Nettoumsatzerlöse 3% der Gesamtnettoumsätze *und zusätzlich* den Betrag von 24.500 EUR im Veranlagungszeitraum übersteigen.

Das BFH-Urteil vom 12.4.2018 – IV R 5/15, DStR 2018, 1421 enthielt für die Abfärbung **1216**
gewerblicher auf vermögensverwaltende Einkünfte die neue Aussage, **dass negative Einkünfte aus einer gewerblichen Tätigkeit** nicht abfärben. Es handelt sich nicht um eine Bagatellgrenze, sondern um eine teleologische Reduktion der Regelung des § 15 Abs. 3 Nr. 1, die der IV. Senat zutreffend aus dem vorrangigen Zweck der Regelung ableitet, das Gewerbesteueraufkommen zu schützen. Letzteres sei durch negative gewerbliche Einkünfte aber gerade nicht gefährdet.

Diese hätte auch für die Vermeidung der Abfärbung *gewerblicher auf freiberufliche Einkünfte* **1217**
Bedeutung entfalten können. Der BFH sieht eine ihrer Art nach freiberufliche Tätigkeit, die durch angestellte Berufsträger für Rechnung der Sozietät erfolgt, aber nicht mehr von den Sozien leitend und eigenverantwortlich im Sinne des § 18 Abs. 1 Satz 3 ausgeübt wird, als abgrenzbare gewerbliche Tätigkeit an, die neben der freiberuflichen Tätigkeit der Sozien ausgeübt wird (→ Rn. 1202). Der Anwendungsbereich der Abfärberegelung gemäß § 15 Abs. 3 Nr. 1 ist in dieser Fallgruppe eröffnet. Mit dem BFH-Urteil vom 12.4.2018 – IV R 5/15, DStR 2018, 1421 hätte argumentiert werden können, dass durch die Hilfsperson negative Einkünfte erwirtschaftet wurden (vgl. *Levedag* DStR 2018, 2094 (2098)).

Durch die Einfügung des § 15 Abs. 3 Nr. 1 S. 2 mit Rückwirkung ist dieser Argumentation **1218**
jedoch der Boden entzogen worden.

(7) Fortgeltung der Bagatellgrenze nach Einfügung des § 15 Abs. 3 Nr. 1 Satz 2?. **1219**
Mit der rückwirkenden Einfügung des **§ 15 Abs. 3 Nr. 1 Satz 2** hat der Gesetzgeber geregelt, dass die Abfärberegelung „unabhängig davon Anwendung findet, ob aus der gewerblichen Tätigkeit ein Gewinn oder Verlust erzielt wird". Meines Erachtens muss die gewerbliche Tätigkeit aber nach wie vor mit Gewinnerzielungsabsicht betrieben werden und isoliert betrachtet zu gewerblichen Einkünften führen (→ Rn. 1208). Die Ermittlung des Gewinns oder Verlusts aus der gewerblichen Tätigkeit verlangt auch nach wie vor eine segmentierende Ermittlung der Einkünfte aus der gewerblichen Tätigkeit (BFH 12.4.2018 – IV R 5/15, DStR 2018, 1421). Der Gesetzgeber hat auch nicht über die Frage entschieden, ob eine Abfärbung erst eintritt, wenn innerhalb eines Beobachtungszeitraums in mehreren VZ gewerbliche Verluste oder Gewinne erzielt werden oder ob ein Fallbeileffekt greift (→ Rn. 1209).

Der Gesetzgeber wollte meines Erachtens *für negative gewerbliche Einkünfte* durch § 15 Abs. 3 **1220**
Nr. 1 S. 2 die Grundsätze des BFH-Urteils vom 12.4.2018 – IV R 5/15, DStR 2018, 1421 „überschreiben". Der IV. Senat hatte sich ausdrücklich auf den Erhalt des Gewerbesteueraufkommens als Rechtfertigungsgrund für § 15 Abs. 3 Nr. 1 berufen und ausgeführt, dieses sei bei isolierter Betrachtung der gewerblichen Einkünfte im Verlustfall (auch unabhängig von der Höhe des Verlusts) nie gefährdet (→ Rn. 1216). Folge der Gesetzesänderung ist, dass negative gewerbliche Einkünfte zwar abfärben, aber positive (zB freiberufliche) Einkünfte, die im Zuge der Abfärbung zu negativen Einkünften werden, mindern. Folge des § 15 Abs. 3 Nr. 1 Satz 2 ist auch, dass negative gewerbliche Einkünfte auf negative Einkünfte der anderen Einkunftsarten (zB auf freiberufliche Einkünfte) abfärben und zu einem einheitlichen gewerblichen Verlust führen.

Sowohl für den Bereich negativer als auch positiver gewerblicher Einkünfte ist meines **1221**
Erachtens aber nicht ersichtlich, dass der Gesetzgeber mit Einfügung des § 15 Abs. 3 Nr. 1 Satz 2 die richterrechtliche Bagatellgrenze abschaffen wollte (gleiche Ansicht Schmidt/*Wacker* § 15 Rn. 188). Letztere stellt typisierend auf das Verhältnis der Nettoumsatzerlöse zu den Gesamtnettoumsatzerlösen und die absolute Grenze von 24.500 EUR gewerblicher Nettoumsätze ab, um die Geringfügigkeit der gewerblichen Einkünfteerzielung zu messen (→ Rn. 1213). Sie greift unabhängig davon, ob im Rahmen der einkommensteuerlichen

Einkünfteermittlung für die gewerbliche Tätigkeit ein Gewinn oder Verlust entsteht. Der Gesetzgeber musste für die Fortgeltung der Bagatellgrenze diese nicht ausdrücklich in den Wortlaut der Neuregelung aufnehmen.

1222 **(8) Rechtsfolgen der Abfärberegelung für freiberufliche Einkünfte. Eingreifen der Abfärberegelung.** Werden freiberufliche Einkünfte in gewerbliche Einkünfte umqualifziert, wird die sachliche Gewerbesteuerpflicht der Gesellschaft gemäß § 2 Abs. 1 Satz 2 GewStG begründet und es tritt eine gewerbesteuerliche Verstrickung des Betriebsvermögens ein. Im GewStG ist nicht vorgesehen, dass diese Verstrickung im Rahmen einer „gewerbesteuerlichen Betriebseröffnung" durch einen Teilwertansatz der Wirtschaftsgüter – abweichend von der einkommensteuerlichen Behandlung – abgebildet werden darf (*Weiss* NWB 2016, 3148 (3148)). Zudem kommt ggf. gemäß § 141 Abs. 1 AO eine Aufforderung zur Gewinnermittlung durch Betriebsvermögensvergleich bei Überschreiten der dort normierten Grenzen in Betracht. Dies kann auch Folgen für die Ist-Versteuerung gemäß § 20 UStG nach sich ziehen.

1223 **Nichteingreifen der Abfärberegelung:** Folgen des Nichteingreifens der Abfärberegelung wegen Unterschreitens der Bagatellgrenze ist eine „Entfärbung" der „äußerst geringen" gewerblichen Nebeneinkünfte und deren Einbeziehung in die freiberuflichen Haupteinkünfte jedenfalls dann, wenn für beide Einkunftsarten eine einheitliche Gewinnermittlungsart (zB § 4 Abs. 3) anzuwenden ist. Auf Ebene der freiberuflichen Personengesellschaft werden bei einheitlicher Anwendbarkeit der Einnahme-Überschussrechnung ausschließlich Einkünfte aus der selbständigen Haupttätigkeit erzielt und als solche einheitlich und gesondert festgestellt (BFH 27.8.2014 – VIII R 6/12, BStBl. II 2015, 1002; *Kanzler* FR 2015, 512 (513 f.)).

1224 Dies wird unter dem Gesichtspunkt kritisiert, dass bei Anwendung der Bagatellgrenze die Gewinnermittlung durch Betriebsvermögensvergleich nicht überspielt werden dürfe und daher im Grundsatz immer zwei Gewinnermittlungen zwingend seien (*Wendt* StbJb 2015/2016, 35 (41)). Dem ist jedoch entgegenzuhalten, dass die Entfärbung „äußerst geringfügiger" und damit unbeachtlicher gewerblicher Einkünfte jedenfalls bei zulässiger einheitlicher und von der Gesellschaft gewählter Gewinnermittlungsart die Kehrseite des Vereinfachungszwecks des § 15 Abs. 3 Nr. 1 mit seinem Alles-oder-Nichts-Prinzip und der Vorgabe darstellt, dass die Personengesellschaft Einkünfte aus einer Einkunftsart erzielen soll (zutreffend *Kanzler* FR 2015, 512 (514)).

1225 *Einstweilen frei*

1226 **(9) Wegfall der Voraussetzungen der freiberuflichen Einkünfteerzielung.** Eine freiberufliche Betätigung wird außerhalb der Abfärberegelung zur gewerblichen Tätigkeit, wenn die Voraussetzungen der leitenden und eigenverantwortlichen Tätigkeit des Einzelunternehmers oder der Mitunternehmer entfallen. Die vorrangige Zuordnung der Einkünfte zu den Einkünften gemäß § 18 entfällt, wenn die Tätigkeit die Tatbestandsvoraussetzungen der Einkünfteerzielung aus § 18 nicht mehr erfüllt. Es werden ab diesem Zeitpunkt Einkünfte aus Gewerbebetrieb erzielt. Durch die Umqualifizierung kommt es in diesem Zeitpunkt zum Eintritt in die Gewerbesteuerpflicht.

1227 Ein derivativ erworbener Praxiswert, der über drei bis fünf Jahre (Einzelpraxis) oder 6 bis 10 Jahre abgeschrieben wird (siehe BFH 24.2.1994 – IV R 33/93, BStBl. II 1994, 590; BFH 20.10.2015 – VIII R 33/13, BStBl. II 2016, 596), wandelt sich beim Übergang eines freiberuflichen in einen gewerblichen Betrieb in einen über 15 Jahre abzuschreibenden Geschäftswert um (BFH 14.12.1993 – VIII R 13/93, BStBl. II 1994, 922; FG Münster, 24.10.2014 – 13 K 2297/12 F, EFG 2015, 15). Eine Ausnahme hiervon hat der BFH lediglich in Fällen angenommen, in denen sich der Praxiswert eines Freiberuflers durch Übertragung auf eine der Tätigkeit nach freiberufliche, aber kraft Rechtsform oder wegen § 15 Abs. 3 Nr. 1 gewerbliche Einkünfte erzielende Gesellschaft in einen Geschäftswert wandelt (BFH 30.3.1994 – I R 52/93, BStBl. II 1994, 903; BFH 15.5.1997 – IV R 33/95, BFH/NV 1997, 751; BFH 2.10.2003 – IV R 48/01, BStBl. II 2004, 363).

1228 *Einstweilen frei*

1229 **gg) Einkünfteerzielung im Sonderbetriebsvermögen.** Für die Begriffsbestimmungen des Sonderbetriebsvermögens I und II, von Sonderbetriebseinnahmen und -ausgaben und die für alle Mitunternehmerschaften gängigen Erscheinungsformen (zB Schuldzinsen für ein Darlehen zum Erwerb des Mitunternehmeranteils als Sonderbetriebsausgaben) wird auf die Ausführungen zu § 15 → § 15 Rn. 1602 ff. verwiesen. Nachfolgend werden nur Besonderheiten von Wirtschaftsgütern des Sonderbetriebsvermögens bei Freiberuflern dargestellt.

(1) Bilanzierungskonkurrenz. Der Umfang des Sonderbetriebsvermögens wird in § 15 **1230**
Abs. 1 nicht ausdrücklich geregelt. Die Rechtsprechung sieht die Zuordnung eines Wirtschaftsguts zum Sonderbetriebsvermögen gegenüber der Erfassung in einem anderen Betriebsvermögen als vorrangig an (→ § 15 Rn. 1645 ff.).

Ärztliche Teilberufsausübungsgemeinschaften neben einer Einzelpraxis (siehe **1231**
OFD Frankfurt 17.8.2016, DStR 2016, 2591). Im Verhältnis zwischen Einzelpraxis und Teilgemeinschaftspraxis ist über die vorrangige Zuordnung von Wirtschaftsgütern zwischen Sonderbetriebsvermögen und Einzelpraxisvermögen zu entscheiden.

Zuordnung von Betriebsausgaben: Betriebsausgaben, die den Partnern der Teilberufsausübungsge- **1231.1**
meinschaft im Rahmen ihrer Einzelpraxen von Dritten in Rechnung gestellt werden, aber der Durchführung der gemeinschaftlichen Betätigung dienen, sind aufgrund der vorrangigen Erfassung im Sonderbetriebsvermögen gemäß § 15 Abs. 1 Nr. 2 S. 1 auf Ebene der einheitlichen und gesonderten Gewinnfeststellung als Sonderbetriebsausgaben des jeweiligen Partners zu erfassen.

Zuordnung von Wirtschaftsgütern: Ein Wirtschaftsgut, das in einer Einzelpraxis angeschafft wurde, **1231.2**
jedoch *in vollem Umfang* von der Teilgemeinschaftspraxis genutzt wird, muss dem Sonderbetriebsvermögen der Gemeinschaftspraxis zugeordnet werden. Diese Zuordnung ist zutreffend, weil § 15 Abs. 1 Nr. 2 in diesem Sinne als Zuordnungsnorm wirkt. Bei *gemischter überwiegender Nutzung* des Wirtschaftsguts (Nutzung zu mehr als 50%) in einer Einzelpraxis ist das Wirtschaftsgut ausschließlich in der Einzelpraxis des Arztes zu erfassen. Ein gemischt genutztes Wirtschaftsgut, das zu mehr als 50% in der Teilgemeinschaftspraxis eingesetzt wird, ist nur bei der Gemeinschaftspraxis zu erfassen. Bei exakt hälftiger Nutzung in Einzelpraxis und Gemeinschaftspraxis kann der Zuordnung des Wirtschaftsguts durch den Steuerpflichtigen gefolgt werden.

(2) Praxiswert, Mandantenstamm und Vertragsarztzulassung im Sonderbe- 1232
triebsvermögen. Praxiswert: Der Wert eines freiberuflichen Unternehmens wird – unabhängig von der Rechtsform und unabhängig von der Art der Gewinnermittlung durch § 4 Abs. 1 oder Abs. 3 – im Wesentlichen von dem sog. Praxiswert bestimmt. Der Praxiswert ist die über den Substanzwert hinausgehende Gewinnaussicht, die sich aus dem Vertrauen des Mandanten in die Leistungsfähigkeit des Praxisinhabers ergibt (BFH 24.2.1994 – IV R 33/93, BStBl. II 1994, 590). Er beruht auf dem persönlichen Vertrauensverhältnis der Mandanten zum beratenden Praxisinhaber (vgl. bereits RFH 30.1.1929 – VI A 369/28, RStBl. 1929, 326; BFH 1.4.1982 – IV R 2-3/79, BStBl. II 1982, 620). Zum Praxiswert als wesentliche Betriebsgrundlage der Praxis → Rn. 662.

Soweit ein Praxiswert im Rahmen einer laufenden Praxis besteht, umfasst er auch andere **1233**
immaterielle Wirtschaftsgüter als untrennbare Bestandteile, wie den Mandantenstamm (FG München 10.6.2010 – 8 K 460/10, EFG 2011, 247; BFH 8.4.2011 – VIII B 116/10. BFH/NV 2011, 1135) und den wirtschaftlichen Vorteil aus der Berechtigung einer Vertragsarztzulassung (BFH 9.8.2011 – VIII R 13/08, BStBl. II 2011, 875; BFH 21.2.2017 – VIII R 7/14, BStBl. II 2017, 689). Beide dieser immateriellen Wirtschaftsgüter können nach der Verkehrsanschauung auch eigenständige immaterielle Wirtschaftsgüter darstellen, wenn sie durch vertragliche Absprachen zum Gegenstand eines Veräußerungsvorgangs oder einer Nutzungsüberlassung und hierdurch vom Praxiswert verselbständigt (aus diesem „herausgelöst") werden (siehe zur Ermittlung der Anschaffungskosten für einen Praxiswert BFH 29.4.2011 – VIII B 42/10, BFH/NV 2011, 1345; BFH 13.3.1991 – I R 83/89, BStBl. II 1991, 595).

Der selbst geschaffene Praxiswert einer Sozietät entsteht im Gesamthandsbereich und **1234**
konstituiert bei Freiberuflern im Regelfall die wesentlichen stillen Reserven, die mit der vermögensmäßigen Beteiligung des Mitunternehmers am Gesamthandsvermögen verbunden sind. Beim Zusammenschluss verschiedener Praxisinhaber mit Einzelpraxen kann es auch zu einem Übergang von Praxiswerten als Bestandteil der Praxis in das Sonderbetriebsvermögen kommen. Beide Einzelpraxen können statt in das Gesamthandsvermögen jeweils nur in das Sonderbetriebsvermögen der Gesellschafter überführt werden (sog. Nutzungsüberlassungsmodell). Die Gesellschafter schließen sich nach außen und zivilrechtlich zB als GbR zusam-

men, die auch Vertragspartnerin künftiger Verträge mit Patienten oder Mandanten wird, übertragen in das Gesamthandsvermögen aber keine Gegenstände und überlassen der Gesellschaft anschließend die Gegenstände des Sonderbetriebsvermögens zur Nutzung. Aus steuerlicher Sicht wird Sonderbetriebsvermögen begründet, wenn die Wirtschaftsgüter beider Einzelpraxen in der Folge der Neugesellschaft zur Nutzung überlassen werden. Die Nutzungsüberlassung wird in der Regel durch einen Gewinnvorab auf Ebene der Neugesellschaft, nicht durch eine schuldrechtliche Vergütung abgegolten (siehe für den Zusammenschluss von Ärzten zB *Klaßmann ua* Besteuerung der Ärzte, Zahnärzte und sonstiger Heilberufe, 9. Aufl. 2015, Rn. 679).

1234.1 Ursache für ein solches Vorgehen kann unter anderem sein, dass im Rahmen einer Realteilung einer anderen Personengesellschaft einer der Realteiler Teile des Mandantenstamms der Altsozietät erhält, sich hieraus eine neue Praxis mit eigenständigem Praxiswert entwickelt und der Realteiler diese zu Buchwerten gemäß § 24 UmwStG in eine neue Gesellschaft einbringen will. Der Realteilungserlass vom 20.12.2016 (BStBl. I 2017, 37) sieht Einbringungen in das Gesamthandsvermögen einer Personengesellschaft zum Buchwert gemäß § 24 UmwStG als Verletzung einer gemäß § 16 Abs. 3 Satz 2 laufenden Sperrfrist an. Die Ausgestaltung des Überlassungsmodells ist jedoch auch auf etwaige umsatzsteuerliche Nachteile zu prüfen. So können hierdurch Entnahmen gemäß § 3 Abs. 1b UStG ausgelöst werden (BFH 21.5.2014 – V R 20/13, BStBl. II 2014, 1029). Ist dem Realteiler im Rahmen der Realteilung durch die Realteilungsgesellschaft eine Rechnung mit Umsatzsteuerausweis erteilt worden, muss die Nutzungsüberlassung auf Ebene der Neugesellschaft entgeltlich erfolgen. Anderenfalls ist der Realteiler kein umsatzsteuerlicher Unternehmer und misslingt der Vorsteuerabzug aus der Rechnung der Neugesellschaft (BFH 26.8.2014 – XI R 26/10, DStR 2014, 2449).

1234.2 Der Zusammenschluss im Wege des Überlassungsmodells fällt unter § 6 Abs. 5 S. 2, wenn keine Gegenstände der Einzelpraxen in das Gesamthandsvermögen übertragen werden. Ansonsten ist für den Zusammenschluss bei gleichzeitiger Übertragung von Wirtschaftsgütern aus dem Betriebsvermögen der Einzelpraxen in das Gesamthandsvermögen (zB der nicht werthaltigen Einrichtungsgegenstände ua) und Zurückbehalt der funktional wesentlichen Betriebsgrundlagen mit Zuordnung im Sonderbetriebsvermögen eine Einbringung gemäß § 24 UmwStG gegeben (siehe Rn. 24.05 des UmwStE 2011, BStBl. I 2011, 1314; zur Vertiefung *Levedag* GmbHR 2013, 673 (674)).

1234.3 Ertragsteuerlich erlaubt die Finanzverwaltung im Anwendungsschreiben zu § 6 Abs. 5 vom 8. Dezember 2011 (BStBl. I 2011, 1279) in Rn. 6, mehrere Wirtschaftsgüter zeitgleich und sogar ganze Betriebe in das Sonderbetriebsvermögen zu überführen. Dies führt gemäß § 6 Abs. 5 Satz 2 zwingend zur Fortführung der Buchwerte. Der „überführte" Betrieb hört auf, als solcher eigenständig zu existieren. Eine Betriebsverpachtung an die GbR mit Verpachtungsbetrieben der Altgesellschafter entsteht nicht (BFH 20.3.2004 – IV R 49/02, BFH/NV 2004, 1247).

1235 Im Zuge des Überlassungsmodells gehen die selbst geschaffenen Praxiswerte samt der ursprünglichen Praxen der sich zusammenschließenden Einzelpraxisinhaber somit zunächst jeweils in deren Sonderbetriebsvermögen bei der Neugesellschaft über. Im Laufe der Zeit baut die Neugesellschaft einen eigenständigen Praxiswert im Gesamthandsvermögen auf und die ursprünglichen Praxiswerte in den Sonderbetriebsvermögen gehen sukzessive unentgeltlich gemäß § 6 Abs. 5 Satz 3 Nr. 1 in das Gesamthandsvermögen über.

1236 *Einstweilen frei*

1237 **Mandantenstamm.** Der Mandantenstamm als eigenständiges, vom „Praxiswert" abzusonderndes immaterielles Wirtschaftsgut entsteht, wenn er verkehrsfähig gemacht wird, dh mit seiner Definition, Benennung und Verwendung in einem Rechtsgeschäft (BFH 8.4.2011 – VIII B 116/10, BFH/NV 2011, 1135; BFH 18.12.1996 – I R 128-129/95, BStBl. II 1997, 546; BFH 24.2.1994 – IV R 33/93, BStBl. II 1994, 590). Da er ansonsten Teil des Praxiswertes ist, wird er mit seiner Herauslösung aus diesem zunächst Teil des Betriebsvermögens desjenigen Unternehmens, in dessen Praxiswert er seinen Ursprung hat.

1238 In das Sonderbetriebsvermögen gelangt ein isolierter (derivativer) Mandantenstamm somit nur, wenn er aus dem Praxiswert herausgelöst worden ist. Auf Ebene einer Sozietät bildet sich zunächst nur der Praxiswert, dessen untrennbarer Bestandteil der Mandantenstamm ist. Ein selbst geschaffener Praxiswert auf Ebene des Gesamthandsvermögens und ein selbst geschaffener Mandantenstamm im Sonderbetriebsvermögen der Sozien können während des Bestehens der Sozietät nicht nebeneinander existieren. Ein häufig auftretendes Beispiel für das Herauslösen eines Mandantenstamms aus einem Praxiswert und dessen Übergang in ein Sonderbetriebsvermögen ist die Realteilung einer freiberuflichen Praxis oder das Ausscheiden aus einer freiberuflichen Praxis gegen eine Sachwertabfindung unter Aufteilung der Mandate der Sozietät. Im Wege der Realteilung/des Ausscheidens aus einer Sozietät gegen Sachwertabfindung mit Teilen des Mandantenstamms kann der selbst geschaffene Mandantenstamm gemäß § 16 Abs. 3 Satz 2 (aus Sicht der Finanzverwaltung gemäß § 6 Abs. 5 Satz 3) zum Buchwert in das Sonderbetriebsvermögen einer anderen Gesellschaft übertragen werden (FinSen Berlin 3.2.2012, DStR 2012, 907). Diese Übertragung unterliegt je nach angewendeter Buchwertregelung der Sperrfrist des § 16 Abs. 3 Satz 3 oder des § 6 Abs. 5 Satz 4.

Einstweilen frei 1239

Vertragsarztzulassung. Die öffentlich-rechtliche Vertragsarztzulassung kann in zulassungsbeschränkten Bereichen nicht isoliert entgeltlich übertragen werden, da sie als solche nicht veräußerbar ist (BSG 10.5.2000 – B 6 KA 67/98 R, BSGE 86, 121). Der Vertragsarztsitz eines Arztes, dessen Zulassung endet, durfte in den vom BFH bislang entschiedenen Fällen in Planungsbereichen mit Zulassungsbeschränkungen nur ausgeschrieben und neu besetzt werden, wenn noch eine ärztliche Praxis vorhanden war, die von einem Nachfolger fortgeführt werden konnte und werden sollte; sofern der Tatbestand einer Praxisfortführung gemäß § 103 Abs. 4 Satz 1 SGB V nicht erfüllt sein konnte, weil es keine fortführungsfähige Praxis gab, war weder ein Vertragsarztsitz auszuschreiben noch eine Zulassung im Nachbesetzungsverfahren zu erteilen (BSG-Urteil 29.9.1999 – B 6 KA 1/99 R, BSGE 85, 1 Rn. 37, 40). War eine Praxis vorhanden, endete gemäß § 103 Abs. 4 Satz 1 SGB V die Zulassung eines Vertragsarztes in einer Einzelpraxis (ebenso des Vertragsarztes, der Gesellschafter einer Personengesellschaft ist, siehe § 103 Abs. 6 SGB V) nach früherer Rechtslage durch Erreichen der gesetzlichen Altersgrenze, Tod, Verzicht oder Entziehung. Ein Antrag des Verzichtenden löste gemäß §§ 95 Abs. 7, 103 Abs. 4 Satz 1 SGB V das Nachbesetzungsverfahren aus, in dem der Zulassungsausschuss nach Ausschreibung der Praxis über den Nachfolger nach pflichtgemäßem Ermessen entschied. Nach heutigem Recht darf der Zulassungsausschuss eine Nachbesetzung ablehnen (§ 103a SGB V). Die Auswahlentscheidung des Zulassungsausschusses hat bei Durchführung eines Nachbesetzungsverfahrens unter denjenigen Bewerbern zu erfolgen, die nach Verhandlungen mit dem bisherigen Vertragsarzt oder seinen Erben die ausgeschriebene Praxis als Nachfolger zu einem Kaufpreis erwerben wollen, der die Höhe des Verkehrswerts erreicht, nicht aber übersteigen muss (§ 103 Abs. 4 Sätze 2 und 7 SGB V). In der Person des ausgewählten Erwerbers wird die Vertragsarztzulassung anschließend neu erteilt. Das Nachbesetzungsverfahren und der zivilrechtliche Praxiserwerb sind trotz der vorbeschriebenen Verzahnung aber rechtlich voneinander unabhängige Rechtsakte (siehe BSG 29.9.1999 – B 6 KA 1/99 R, BSGE 85, 1 Rn. 38). 1240

Der Erwerb einer Praxis als Sachgesamtheit (aus materiellen Wirtschaftsgütern und einem Praxiswert) ist abzugrenzen von dem sog. „Sonderfall", in dem zwar von Veräußerer und Erwerber im Nachbesetzungsverfahren gemäß § 103 Abs. 4 Satz 1 SGB V gegenüber dem Zulassungsausschuss kundgetan wird, es gehe dem Erwerber um die Übernahme der ausgeschriebenen Praxis als solcher, sich der Sachverhalt aber wirtschaftlich betrachtet so darstellt, dass nur Marktchancen (das „Behandelndürfen" von Kassenpatienten an einem Vertragsarztsitz im Zulassungsbereich) übertragen werden sollen (siehe BFH 9.8.2011 – VIII R 13/08, BStBl. II 2011, 875 und BFH 21.2.2017 – VIII R 56/14 und BFH 21.2.2017 – VIII R 24/16, BFH/NV 2017, 899). Liegt ein solcher Sonderfall vor, wird nur der Vorteil aus dem Innehaben der Vertragsarztzulassung (nicht die Praxis) zum Gegenstand des Veräußerungsvorgangs gemacht und damit zu einem selbständigen Wirtschaftsgut konkretisiert. Die vom Erwerber an den früheren Zulassungsinhaber gezahlten Beträge sind dann Anschaffungskosten ausschließlich für den Erwerb des Vorteils aus der Vertragsarztzulassung, der nicht abnutz- und damit auch nicht abschreibbar ist (BFH 21.2.2017 – VIII R 56/14, BStBl. II 2017, 694). Die Feststellungslast bezüglich der einen solchen Sonderfall begründenden besonderen Umstände liegt beim Finanzamt (FG Köln 26.1.2012 – 6 K 4538/07, EFG 2012, 1128). 1241

Bei der Gesamtwürdigung, ob eine bestehende Praxis samt Praxiswert oder nur der wirtschaftliche Vorteil aus der Vertragsarztzulassung Gegenstand der Übertragung ist, kommt insbesondere der Kaufpreisbemessung maßgebliche Bedeutung zu. Zahlt der Erwerber einen Preis in Höhe des Verkehrswerts der Vertragsarztpraxis, indiziert dies, dass die Praxis als Chancenpaket Gegenstand der Übertragung ist, da sich der Kaufpreis maßgeblich nach der Patientenstruktur und der damit verbundenen Ertragskraft der Praxis richtet (siehe BFH 9.8.2011 – VIII R 13/08, BStBl. II 2011, 875; BFH 21.2.2017 – VIII R 7/14, BStBl. II 2017, 689). Wird vom Erwerber sogar ein Zuschlag zum Verkehrswert (Überpreis) 1241.1

gezahlt, indiziert dies erst recht, dass Gegenstand der Übertragung die Praxis als Chancenpaket ist, da der Erwerber neben der Ertragskraft des Patientenstamms dann noch weitere wertbildende Faktoren der Praxis vergütet, die durch das Wirtschaftsgut Praxiswert verkörpert werden (BFH 21.2.2017 – VIII R 7/14, BStBl. II 2017, 689).

1241.2 Wenn der erfolgreiche Übergang der Vertragsarztzulassung auf den Praxiserwerber im Nachbesetzungsverfahren gemäß § 103 Abs. 4 SGB V von den Parteien zur Bedingung oder Geschäftsgrundlage für das Zustandekommen des Praxisübernahmevertrags gemacht wird, hat diese vertragliche Gestaltung keine Indizwirkung dafür, dass es dem Erwerber um den Erwerb nur des wirtschaftlichen Vorteils aus der Zulassung geht. Eine vertragliche Verzahnung zwischen der Bindungswirkung des zivilrechtlichen Kaufvertrags und dem Ausgang des Nachbesetzungsverfahrens ist Ausfluss der Regelung in § 103 Abs. 4 SGB V und des in der Rechtsprechung aufgestellten Grundsatzes, dass das öffentlich-rechtliche Nachbesetzungsverfahren und die zivilrechtliche Praxisübernahme voneinander unabhängige Rechtsakte sind (siehe BSG 29.9.1999 – B 6 KA 1/99 R, BSGE 85, 1).

1241.3 Der Erwerb einer Praxis als Chancenpaket kann auch vorliegen, wenn eine Gemeinschaftspraxis (Personengesellschaft) eine Einzelpraxis samt den wertbildenden Faktoren erwirbt und die Vertragsarztzulassung des Übergebers vom Zulassungsausschuss einem Gesellschafter der Personengesellschaft neu erteilt wird (BFH 21.2.2017 – VIII R 7/14, BStBl. II 2017, 689). Dass als Folge dieser Entscheidung des Zulassungsausschusses eine „Praxis vom Markt genommen" und der Kreis der Anbieter für die betroffenen ärztlichen Leistungen mit der Folge des Zulaufs von Patienten beim Erwerber eingeengt wird, ist für sich betrachtet kein Indiz dafür, dass es den Parteien des Praxisübergabevertrags ausschließlich um die Überleitung der wirtschaftlichen Vorteile aus einer Zulassung im Zulassungsbereich und nicht um den Erwerb der Praxis als Chancenpaket geht. Dies gilt auch dann, wenn die Gemeinschaftspraxis nicht beabsichtigt, die ärztliche Tätigkeit in den bisherigen Räumen des Einzelpraxisinhabers fortzusetzen. Auch die Rechtsprechung des BSG verlangt für eine Praxisfortführung im Sinne des § 103 Abs. 4 Satz 3 SGB V nicht, dass der Nachfolger eines ausscheidenden Vertragsarztes auf Dauer die bisherigen Patienten in denselben Praxisräumen mit Unterstützung desselben Praxispersonals und unter Nutzung derselben medizinisch-technischen Infrastruktur behandelt oder zumindest behandeln will (BSG 29.9.1999 – B 6 KA 1/99 R, BSGE 85, 1).

1242 Wird der wirtschaftliche Vorteil aus einer Vertragsarztzulassung zum Gegenstand eines Veräußerungs- und Anschaffungsgeschäfts gemacht, ist Erwerber dieses immateriellen Wirtschaftsguts derjenige, der die Anschaffungskosten hierfür trägt oder dem sie steuerrechtlich zuzuordnen sind. Trägt der Neugesellschafter einer Gemeinschaftspraxis, der Inhaber des höchstpersönlichen öffentlich-rechtlichen Statusrechts der Vertragsarztzulassung ist, selbst die Anschaffungskosten für den wirtschaftlichen Vorteil aus der Vertragsarztzulassung, ist das Wirtschaftsgut von ihm angeschafft und seinem Sonderbetriebsvermögen zuzuordnen (BFH 21.2.2017 – VIII R 56/14, BStBl. II 2017, 694; BFH 21.2.2017 – VIII R 24/16, BFH/NV 2017, 899).

1243 Eine unmittelbare Zahlung der Gegenleistung für den wirtschaftlichen Vorteil aus der Zulassung durch die Gesellschaft an den Veräußerer kann jedoch auch auf einen Erwerb des wirtschaftlichen Vorteils durch eine Gemeinschaftspraxis hindeuten. Kommen zu der Zahlung durch die Gesellschaft weitere Begleitumstände, zB das Führen von Vertragsverhandlungen durch die Gesellschaft mit dem Zulassungsveräußerer für einen von ihr auszuwählenden und zu bezeichnenden „Zulassungsempfänger" oder die vorübergehende Aufnahme eines „Zulassungsveräußerers" in die Gesellschaft hinzu, ist von einem Erwerb des Vorteils durch die Gesellschaft auszugehen. In diesem Fall steht das Interesse der Gesellschaft (der Altgesellschafter) im Vordergrund, das Leistungs- und Abrechnungsvolumen auf der Gesellschaftsebene zu erhalten oder zu erweitern. Der erworbene wirtschaftliche Vorteil aus der Vertragsarztzulassung ist in diesem Fall als immaterielles und nicht abschreibbares Wirtschaftsgut auf Ebene der Gesamthand zu behandeln (BFH 21.2.2017 – VIII R 24/16, BFH/NV 2017, 899). Zahlungen der Gesellschaft an den Veräußerer des wirtschaftlichen Vorteils aus der Zulassung können allerdings nach den in der Rechtsprechung entwickelten Grundsätzen zur Abgrenzung echten und unechten Drittaufwands durch eine Abkürzung des Vertrags- oder Zahlungswegs jedoch auch als vom Gesellschafter selbst getragene Anschaffungskosten zu würdigen sein (vgl. zu Anschaffungskosten etwa die BFH 23.8.1999 – GrS 2/97, BStBl. II 1999, 782 unter C.IV.1.c aa; BFH 12.12.2000 – VIII R 22/92, BStBl. II 2001, 385; BFH 25.6.2008 – X R 36/05, BFHE 222, 373; BFH 16.7.2015 – III R 33/14, BStBl. II 2016, 44; BFH 15.7.2014 – X R 24/12, BStBl. II 2015, 132). Ist die Zahlung der Gesellschaft dem Gesellschafter nach diesen Grundsätzen als Tragung eigener Anschaffungskosten zuzurechnen, erwirbt der Neugesellschafter als höchstpersönlicher Inhaber der Vertragsarztzulassung das immaterielle Wirtschaftsgut des wirtschaftlichen Vorteils aus der Vertragsarztzulassung ebenfalls in seinem Sonderbetriebsvermögen.

Einstweilen frei 1244

(3) Praxisimmobilien und häusliche Arbeitszimmer im Sonderbetriebsvermögen. Praxisimmobilien. Wird die Immobilie, in der die Sozietät ihre Geschäftstätigkeit entfaltet, von einem Partner (Mitunternehmer) der Gesellschaft angemietet, sind Grund und Boden sowie betrieblich genutzte Gebäude(teile) Bestandteil des Sonderbetriebsvermögens I des Gesellschafters bei der Sozietät. Die bei der Ermittlung des Gewinns aus der Gesamthand abgezogenen Vermietungsentgelte zählen aufgrund der korrespondierenden Einkünfteerfassung im Sonderbetriebsvermögen zu den Sonderbetriebseinnahmen des Gesellschafters. Damit wirkt sich die Vermietung ertragssteuerrechtlich nicht gewinnmindernd aus. Statt eines Abzugs von Vermietungsentgelten als Betriebsausgaben auf Ebene der Gesamthand kann alternativ dem vermietenden Gesellschafter auch ein fester Gewinnvorab gewährt werden. 1245

Die Zuordnung der Praxisimmobilie zum Sonderbetriebsvermögen hat zur Konsequenz, 1246 dass die Einnahmen aus der Vermietung zu den Einkünften des Mitunternehmers aus freiberuflicher Tätigkeit führen. Es werden im Sonderbetriebsvermögen keine Einkünfte aus Vermietung und Verpachtung erzielt, da diese gegenüber den freiberuflichen Einkünften subsidiär sind. Die als Sonderbetriebseinnahmen erzielten Vermietungsentgelte sind hingegen keine Einkünfte aus Gewerbebetrieb und zwar auch dann nicht, wenn der Vermieter-Mitunternehmer auf Ebene der freiberuflichen Personengesellschaft ein beherrschender Gesellschafter ist. Die Grundsätze zur Betriebsaufspaltung werden durch den Vorrang der Erfassung des zur Nutzung überlassenen Wirtschaftsguts im Sonderbetriebsvermögen überlagert und führen nur zu Sonderbetriebseinnahmen im Bereich der Einkünfte aus selbständiger Arbeit.

In der Regel ist eine zum Sonderbetriebsvermögen des Gesellschafters zählende Praxisim- 1247 mobilie des Mitunternehmers auch eine funktional wesentliche Betriebsgrundlage für die Tätigkeit der Sozietät. Sie ist damit Bestandteil des Mitunternehmeranteils des vermietenden Gesellschafters.

Wird der Mitunternehmeranteil an der Sozietät durch den Gesellschafter übertragen oder veräußert, 1247.1 ist für die Inanspruchnahme der Tarifbegünstigung gemäß §§ 16, 34 die Praxisimmobilie mitzuveräußern oder in das Privatvermögen zum Teilwert zu entnehmen (BFH 24.8.2000 – IV R 51/98, BStBl. II 2005, 173; BFH 12.4.2000 – XI R 35/99, BStBl. II 2001, 26; BFH 10.11.2005 – IV R 7/05, BStBl. II 2006, 176; BFH 1.2.2006 – XI R 41/04, BFH/NV 2006, 1455; BFH 10.6.2008 – VIII R 79/05, BStBl. II 2008, 863; BFH 17.12.2014 – IV R 57/11, BStBl. II 2015, 536; BFH 1.4.2005 – VIII B 157/03, BFH/NV 2005, 1540; BFH 17.7.2008 – IV B 26/08, BFH/NV 2008, 2003). Es ist geklärt, dass im Rahmen der §§ 16 Abs. 4, 34 eine zeitraumbezogene Betrachtung anzuwenden ist (vgl. zur Betrachtung des Gesamtplans nach Fallgruppen auch *Dornheim* DStZ 2014, 46 ff.). Im BFH-Urteil 30.8.2012 – IV R 44/10, BFH/NV 2013, 376 hat der IV. Senat zB entschieden, der Gewinn aus der Veräußerung eines Mitunternehmeranteils sei nicht tarifbegünstigt, wenn im wirtschaftlichen Zusammenhang damit 17 Monate vor der Veräußerung von der Gesellschaft genutzte Grundstücke ohne Aufdeckung der in ihnen ruhenden stillen Reserven vom Sonderbetriebsvermögen auf eine Schwestergesellschaft übertragen würden (BFH 10.6.2008 – VIII R 79/05, BStBl. II 2008, 863; BFH 14.2.2007 – XI R 30/05, BStBl. II 2007, 524).

Im Vorfeld der schenkweisen Übertragung des Mitunternehmeranteils gemäß § 6 Abs. 3 ist die 1247.2 Vorfeldausgliederung der Praxisimmobilie in ein anderes Betriebsvermögen des Gesellschafters nach der Rechtsprechung in der Regel zulässig. Der BFH entscheidet seit dem Urteil vom 2.8.2012 – IV R 41/11 (DStR 2012, 2118) in gefestigter Rechtsprechung gegen die Auffassung der Finanzverwaltung im BMF-Schreiben 3.3.2005, BStBl. I 2005, 458, dass bei unentgeltlichen Anteilsübertragungen iSd § 6 Abs. 3 die sog. Gesamtplanrechtsprechung zu beachten ist. Eine Buchwertübertragung gemäß § 6 Abs. 3 Satz 1 gelingt nach Ansicht des IV. Senats BFH des BFH auch dann, wenn zeitgleich mit der Anteilsübertragung ein funktional wesentliches Wirtschaftsgut unter Anwendung des Wahlrechts in § 6 Abs. 5 Satz 3 in ein anderes Betriebsvermögen übertragen wird, da das Gesetz gleichzeitige Buchwertübertragungen gemäß § 6 Abs. 5 Satz 3 und § 6 Abs. 3 Satz 1 nicht ausschließe. Ein „Vorrang des § 6 Abs. 3 EStG vor § 6 Abs. 5 EStG" existiert nach dem IV. Senat des BFH nicht. Damit wird die *zeitraumbezogene Betrachtung* der Finanzverwaltung im Wege der Gesamtplanrechtsprechung, ob der übertragene „Betrieb/Mitunternehmeranteil" vor und nach der Übertragung identisch ist, durch den BFH nicht geteilt. Der BFH nimmt eine *zeitpunktbezogene Betrachtung* der Übertragung vor. Ob eine wesentliche Betriebsgrundlage ausgegliedert wird, ist nach den Verhältnissen des jeweiligen Übertragungsstichtags und bei gestuften Übertragungen nicht nach den Verhältnissen zu Beginn der ersten Übertragung zu entscheiden. Bezogen auf die jeweilige unentgeltliche Übertragung einer Sachgesamtheit gemäß § 6 Abs. 3 kann eine wesentliche Betriebsgrundlage nahezu uneingeschränkt gemäß § 6 Abs. 5 Satz 3 ausgegliedert werden (zustimmend *Stein/Stein* FR 2013, 156 (158); *Bohn/Pelters* DStR 2013, 281 ff.; *Roehrig* EStB 2013, 106 (108); *Roehrig* EStB 2013, 144 (147); kritisch *Vees* DStR 2013, 743 (745)). Es ist nach der Folgeentscheidung des BFH 9.12.2014 – IV R 29/14 (BStBl. II 2019, 723), auch unschädlich, wenn *im Vorfeld oder gleichzeitig* mit einer Übertragung gemäß § 6 Abs. 3 ein Wirtschaftsgut des Sonderbetriebsvermögens an einen Dritten veräußert oder in das Privatvermögen entnommen und damit im Ergebnis nicht auf den Erwerber der Sachgesamtheit übertragen wird (BFH 9.12.2014 – IV R 29/14, DStR 2015, 211). Maßgeblich ist aus Sicht des BFH nach dem Gesetzeszweck des § 6 Abs. 3, die im Zeitpunkt der Übertragung konkret vorhandene betriebliche Einheit steuerneutral auf den Rechtsnachfolger übergehen zu lassen, auch in diesen Fällen erfolgt eine *zeitpunktbezogene* Prüfung zum jeweiligen Übertragungsstichtag. Nur für diesen Zeitpunkt ist zu untersuchen, ob eine Sachgesamtheit iSd § 6 Abs. 3 übergeht; hierfür maßgebend ist nur das Betriebsvermögen, das am Tag der Übertragung als Bestandteil der Sachgesamtheit existiert (*Wacker* Ubg 2016, 245 (248)). Dogmatischer Begründungsansatz der Rechtsprechung ist mittlerweile, dass die Gesamtplanrechtsprechung als Ausdruck einer teleologischen Gesetzesauslegung der jeweiligen Begünstigungsnorm (hier: des § 6 Abs. 3) stets nur dem Zweck dieser Norm dienen kann, aber keine Handhabe bietet, mehrere planmäßige Vorgänge zu verklammern, wenn eine Gestaltung den Normzweck gar nicht berührt (*Wacker* Ubg 2016, 245 (248)), mwN; *Levedag* GmbHR 2013, 673 (680 f.)). Mittlerweile hat der BFH auch entschieden, dass eine unterquotale Teilmitunternehmeranteilsübertragung gemäß § 6 Abs. 3 S. 2 nicht rückwirkend als Aufgabe des Mitunternehmeranteils (§ 16 Abs. 3 S. 1) anzusehen ist, wenn der an der Mitunternehmerschaft weiterhin beteiligte *Schenker* das in seinem Sonderbetriebsvermögen zurückbehaltene Wirtschaftsgut während der Behaltefrist des § 6 Abs. 3 Satz 2 gemäß § 6 Abs. 5 S. 3 zu Buchwerten in das Gesamthandsvermögen einer anderen Mitunternehmerschaft überträgt, an der er beteiligt ist (BFH 12.5.2016 – IV R 12/15, DStR 2016, 1518). Rn. 15 des BMF-Schreibens 3.3.2005 (BStBl. I 2005, 458) verneint eine Buchwertübertragung des Mitunternehmeranteils gemäß § 6 Abs. 3, wenn das zurückbehaltene Sonderbetriebsvermögen aufgrund eines Gesamtplanes im Zusammenhang mit der unentgeltlichen Übertragung des Teils eines Mitunternehmeranteils entnommen oder veräußert wird. Die Finanzverwaltung wendet indes das Urt. des BFH 2.8.2012 – IV R 41/11 (DStR 2012, 2118) nach dem BMF-Schreiben 12.9.2013 (BStBl. I 2013, 1164) nicht an und hat auch die Folgeentscheidungen des BFH 9.12.2014 – IV R 29/14 und BFH 12.5.2016 – IV R 12/15 bislang nicht im BStBl. II veröffentlicht.

1248 Vermieten mehrere Partner der Sozietät die Praxisimmobilie in Form einer Vermietungs-GbR an die Sozietät, kommt es nicht zu anderen Rechtsfolgen. Der BFH hat entschieden, dass in dieser Konstellation insbesondere keine mitunternehmerische Betriebsaufspaltung zwischen der Vermietungsgesellschaft und der Sozietät entsteht (BFH 10.11.2005 – IV R 29/04, BStBl. II 2006, 173). Die verschiedenen Grundstücksteile sind als Sonderbetriebsvermögen der Gesellschafter der Vermietungsgesellschaft bei der Freiberufler-Sozietät anzusehen.

1249 Schließlich ist denkbar, dass eine Mitunternehmerschaft auf dem Grundstück des Ehegatten eines Gesellschafters ein Gebäude für eigene betriebliche Zwecke errichtet. Bei dieser Gestaltung gelten die besonderen Grundsätze zur Errichtung von Gebäuden auf fremdem Grund und Boden (siehe Beratungsbrennpunkt Personengesellschaft 2017/*Strahl* Kap. 28, 113). Die Sozietät kann bei Ermittlung des Gesamthandsgewinns die AfA aus den von ihr getragenen Errichtungskosten für den betrieblich genutzten Gebäudeteil nach Maßgabe der für Grundstücke im Privatvermögen geltenden Abschreibungsregelungen in Anspruch nehmen (siehe BFH 9.3.2016 – X R 46/14, BStBl. II 2016, 976; siehe auch BMF 16.12.2016, BStBl. I 2016, 1431). Im Regelfall wird die Sozietät weder wirtschaftlicher Eigentümer des Gebäudeteils, noch kann ihr bei Beendigung der Nutzung des Gebäudes oder im Rahmen einer Betriebsaufgabe der Sozietät ein Entnahmegewinn für den betrieblich genutzten Gebäudeteil entstehen.

1250 *Einstweilen frei*

1251 **Häusliche Arbeitszimmer.** Nutzt ein Mitunternehmer einer Freiberufler-Gesellschaft ein häusliches Arbeitszimmer zur Ausübung seiner Tätigkeit für die Gesellschaft, kann dieses dem Sonderbetriebsvermögen II des Gesellschafters bei der Personengesellschaft zuzuordnen sein (BFH 15.10.2014 – VIII R 8/11, HFR 2015, 914; zum heimischen Tele-Arbeitsplatz des Mitunternehmers einer Partnerschaftsgesellschaft siehe BFH 21.11.2013 – VIII B 134/12, BFH/NV 2014, 509 und zur Betriebsstätte einer Ehegatten-GbR im heimischen Einfamilienhaus BFH 23.9.2009 – IV R 21/08, BStBl. II 2010, 337).

Nach der zitierten Rechtsprechung des BFH gelten die Grundsätze der Abzugsbeschränkung für Arbeitszimmeraufwendungen gemäß § 4 Abs. 5 S. 1 Nr. 6b auch für häusliche Arbeitszimmer, die dem Sonderbetriebsvermögen eines Mitunternehmers bei einer Freiberuflersozietät zuzuordnen sind. Denn es ist ungeachtet der Funktion der Mitunternehmerschaft als Gewinnermittlungssubjekt für die Prüfung, ob die Abzugsbeschränkung zur Anwendung kommt, auf die persönlichen Verhältnisse der Mitunternehmer durchzugreifen (BFH-Urteil 15.10.2014 – VIII R 8/11, HFR 2015, 914). Siehe zum Arbeitszimmerbegriff, zu den Grundsätzen, nach welchen der Mittelpunkt einer betrieblichen Tätigkeit zu ermitteln ist, und zu der Frage, wann für eine Tätigkeit kein anderer Arbeitsplatz zur Verfügung steht, die Kommentierung zu § 4 Abs. 5 S. 1 Nr. 6 Buchst. b (→ § 4 Rn. 2781 ff.). **1252**

Für Freiberufler mit betrieblich genutzten Räumen im Sonderbetriebsvermögen ist von besonderer Bedeutung, dass auch nach dem Beschluss des Großen Senats des BFH 27.7.2015 – GrS 1/14, BStBl. II 2016, 265 für ein räumlich abgeschlossenes Arbeitszimmer außerhalb der Abzugsbeschränkung des § 4 Abs. 5 Satz 1 Nr. 6b Satz 1 weiterhin Betriebsausgaben in voller Höhe abzugsfähig sind, wenn sich der betriebliche Charakter des Raums und dessen Nutzung anhand objektiver Kriterien (besondere betrieblich notwendige Einrichtung, Widmung für einen substantiellen Publikumsverkehr, Tätigkeit von Angestellten) manifestiert. Die Rechtsprechung des BFH, dass eine ärztliche Notarztpraxis oder Archivräume (BFH 5.12.2002 – IV R 7/01, BStBl. II 2003, 463; BFH 20.11.2003 – IV R 3/02, BStBl. II 2005, 203) nicht der Abzugsbeschränkung unterliegen, gilt auch nach dem genannten Beschluss des Großen Senats uneingeschränkt weiter (→ Rn. 77). **1253**

Einstweilen frei **1254**

(4) Gemischt genutzte Fahrzeuge des Gesellschafters im Sonderbetriebsvermögen. Fahrzeuge, die dem Gesellschafter einer freiberuflichen Personengesellschaft gehören und die neben der Verwendung für betriebliche Zwecke auch privat genutzt werden, können zum notwendigen Sonderbetriebsvermögen I des Gesellschafters bei der Gesellschaft gehören. Dies ist der Fall, wenn die Nutzung des Gesellschafter-Fahrzeugs für betriebliche Zwecke der Gesellschaft 50% der gesamten Nutzung des Fahrzeugs überschreitet. Die Aufwendungen für das Fahrzeug (AfA, Reparaturen, Inspektion, Haftpflicht, Kfz-Steuer gehören in diesem Fall zu den Sonderbetriebsausgaben (*Bolk* Bilanzierung und Besteuerung der Personengesellschaften und ihrer Gesellschafter, 1. Aufl., Rn. 4.79, 4.80 und zu Leasingraten des Gesellschafters Rn. 4.93; siehe auch BMF 18.11.2009, BStBl. I 2009, 1326). Allg. → § 6 Rn. 2187 ff. **1255**

Der Zuordnung des Fahrzeugs zum Sonderbetriebsvermögen I durch den Gesellschafter liegt in der Regel eine Vereinbarung mit der Personengesellschaft zugrunde, dass der Gesellschafter der Gesellschaft sein Fahrzeug für die Ausübung der entgeltlich betrieblichen Fahrten zur Nutzung überlässt. Der Gesellschafter kann das Fahrzeug auch in vollem Umfang für die Gesamtfahrleistung an die Sozietät zur Nutzung überlassen. Bei entgeltlicher Nutzungsüberlassung *nur für die betrieblichen Fahrten* stellt die Verwendung des Fahrzeugs für private Fahrten eine Leistungsentnahme des Gesellschafters aus dem Sonderbetriebsvermögen dar, die im Wege der 1%-Regelung oder auf der Grundlage der Fahrtenbuchermittlung (§ 6 Abs. 1 Nr. 4 Satz 2 und Satz 3) zu bewerten ist. Bei der Nutzungsüberlassung an die Gesellschaft *für die gesamte Fahrleistung* (zu dieser Gestaltung BFH 18.9.2012 – VIII R 28/10, BStBl. II 2013, 120) ist die Entnahme aufgrund von Privatfahrten im Bereich des Gesamthandsvermögens zu erfassen und wird als partielle Rücküberlassung des Fahrzeugs durch die Gesellschaft an den Gesellschafter behandelt (siehe *Bolk* Bilanzierung und Besteuerung der Personengesellschaften und ihrer Gesellschafter, 1. Aufl., Rn. 4.81 und 4.97). **1256**

Übersteigt die betriebliche Fahrleistung zwar mindestens 10%, erreicht aber nicht 50%, kann das Fahrzeug nach Wahl des Gesellschafters als gewillkürtes Sonderbetriebsvermögen I behandelt werden. Hierzu muss der Gesellschafter mit der Gesellschaft eine Vereinbarung zu Nutzungsüberlassung schließen, die unentgeltlich oder entgeltlich sein kann. Bei dieser Zuordnung sind ebenfalls die Aufwendungen für das Fahrzeug als Sonderbetriebsausgaben **1257** abzugsfähig. Nutzt der Gesellschafter dass der Gesellschaft zur Nutzung überlassene Fahrzeug für Privatfahrten, ist diese Entnahme gemäß § 6 Abs. 1 Nr. 4 S. 1 mit den anteiligen fixen und variablen Kosten für diese Fahrten zu bewerten (Rn. 31 des BMF-Schreibens vom 18.11.2009, BStBl. I 2009, 1326; *Bolk* Bilanzierung und Besteuerung der Personengesellschaften und ihrer Gesellschafter, 1. Aufl., Rn. 4.85).

1258 Entscheidet sich der Gesellschafter, bei einer betrieblichen Nutzung des Fahrzeugs von mehr als 10%, aber weniger als 50% das Fahrzeug nicht dem gewillkürten Sonderbetriebsvermögen, sondern seinem Privatvermögen zuzuordnen, liegen für die betrieblichen Fahrten Nutzungseinlagen des Gesellschafters vor. Die betrieblich veranlasst gefahrenen Kosten können nach einem Fahrtenbuch oder mit dem pauschalen Kilometersatz iHv 0,30 EUR je Kilometer als Sonderbetriebsausgabe abgezogen werden (EStR 4.12 Abs. 2 S. 2).

1259 Aufwendungen für Fahrten zwischen Wohnung und Betriebsstätte der Gesellschaft können sowohl bei Zugehörigkeit des Fahrzeugs zum Sonderbetriebsvermögen als auch zum Privatvermögen nur nach Maßgabe der Regelungen zur Entfernungspauschale (§ 4 Abs. 5 Nr. 6) abgezogen werden.

1260 *Einstweilen frei*

1261 **c) Entsprechende Anwendung weiterer Regelungen. aa) Entsprechende Anwendung des § 15 Abs. 1a.** Durch das SEStG v. 7.12.2006 (BGBl. 2006 I 2782) wurde in § 18 Abs. 4 Satz 2 ein Verweis auf § 15 Abs. 1a eingeführt. Nach der Vorschrift tritt in den Fällen des § 4 Abs. 1 S. 4 (Sitzverlagerung einer europäischen Genossenschaft oder europäischen Gesellschaft) keine Entnahme im Wege der Entstrickung nach § 4 Abs. 1 Satz 3 für die Anteile an diesen Gesellschaften ein. Dies käme in Betracht, wenn die Anteile einer inländischen Betriebsstätte zuzurechnen sind (Blümich/*Hutter* § 18 Rn. 357).

1262 Die Verweisung des § 18 Abs. 4 Satz 2 auf § 15 Abs. 1a hat wie die Verweisungen auf § 15 Abs. 1 Nr. 2 und Abs. 2 Satz 2 und Abs. 2 Satz 3 klarstellende Funktion, da sie die für Mitunternehmer gewerblicher Personengesellschaften anwendbaren Gewinnermittlungstechniken auf die Gewinnermittlung der Einkünfte aus selbständiger Arbeit überträgt (Frotscher/*Siewert* § 18 Rn. 129 – Stand 11/2014). Eine Besteuerung nach der Sitzverlegung tritt dabei auch im Rahmen der Einkünfte aus selbständiger Arbeit erst dann ein, wenn die entnommenen/entstrickten Anteile später veräußert oder in eine Kapitalgesellschaft eingelegt werden oder wenn die europäische Gesellschaft aufgelöst wird (Blümich/*Hutter* § 18 Rn. 357). Zu den Einzelheiten → § 15 Rn. 2133 ff.

1263 Für die Einkünfte aus selbständiger Arbeit ist bislang keine Rechtsprechung zur Verweisung auf § 15 Abs. 1a ersichtlich geworden. Dies dürfte daran liegen, dass der der Vorschrift zugrunde liegende Anwendungsfall – die Zuordnung von Anteilen an einer europäischen Gesellschaft zu einem inländischen freiberuflichen Betriebsvermögen – in der Praxis kaum auftreten dürfte.

1264 *Einstweilen frei*

1265 **bb) Entsprechende Anwendung der § 15 Abs. 2 Satz 2 und Satz 3.** § 15 Abs. 2 Satz 2 regelt, dass die für die Prüfung der Gewinnerzielungsabsicht die durch eine verlustbehaftete Betätigung verursachte Minderung der Einkommensteuer keinen Gewinn darstellt und das Vorliegen einer Einkünfteerzielungsabsicht des Steuerpflichtigen hierauf nicht gestützt werden kann. Die Verweisung des § 18 Abs. 4 Satz 2 auf § 15 Abs. 2 Satz 2 ist klarstellend und soll sicherstellen, dass dieselben Grundsätze der Einkünfteermittlung für die Einkünfte aus gewerblicher Tätigkeit und aus selbständiger Arbeit Anwendung finden. Sie enthält die Aussage, dass eine steuerbare Betätigung im Rahmen der Einkünfte aus selbständiger Arbeit nicht gegeben ist, wenn mit der Tätigkeit nur Verluste erzielt werden sollen, um diese mit Einkünften aus anderen Einkunftsarten zu verrechnen. Nach dem BFH bedarf es der ausdrücklichen Verweisung auf § 15 Abs. 2 Satz 1 in § 18 Abs. 4 Satz 2 eigentlich nicht, weil die Definition des Gewerbebetriebs in § 15 Abs. 2 Satz 1 insoweit auch für die anderen Gewinn-Einkunftsarten gilt (BFH 22.4.1998 – XI R 10/97, BStBl. II 1998, 663).

1266 Nach der Rechtsprechung des BFH können für den Ansatz von Einkünften aus einem freien Beruf auch nicht geringere Anforderungen an das Merkmal der Gewinnerzielungsabsicht gestellt werden, weil es bei selbständigen Tätigkeiten iSd § 18 nicht um den Einsatz von Kapital, sondern primär um den Einsatz der eigenen Arbeitskraft und die Verwendung der angeborenen oder angelernten Fähigkeiten sowie der in einer langen Ausbildung erwor-

d) Nichtselbständige Arbeit (§ 2 Absatz 1 Satz 1 Nummer 4)

§ 19 [Nichtselbständige Arbeit]

(1) [1]Zu den Einkünften aus nichtselbständiger Arbeit gehören

1. Gehälter, Löhne, Gratifikationen, Tantiemen und andere Bezüge und Vorteile für eine Beschäftigung im öffentlichen oder privaten Dienst;

1a. Zuwendungen des Arbeitgebers an seinen Arbeitnehmer und dessen Begleitpersonen anlässlich von Veranstaltungen auf betrieblicher Ebene mit gesellschaftlichem Charakter (Betriebsveranstaltung). [2]Zuwendungen im Sinne des Satzes 1 sind alle Aufwendungen des Arbeitgebers einschließlich Umsatzsteuer unabhängig davon, ob sie einzelnen Arbeitnehmern individuell zurechenbar sind oder ob es sich um einen rechnerischen Anteil an den Kosten der Betriebsveranstaltung handelt, die der Arbeitgeber gegenüber Dritten für den äußeren Rahmen der Betriebsveranstaltung aufwendet. [3]Soweit solche Zuwendungen den Betrag von 110 Euro je Betriebsveranstaltung und teilnehmenden Arbeitnehmer nicht übersteigen, gehören sie nicht zu den Einkünften aus nichtselbständiger Arbeit, wenn die Teilnahme an der Betriebsveranstaltung allen Angehörigen des Betriebs oder eines Betriebsteils offensteht. [4]Satz 3 gilt für bis zu zwei Betriebsveranstaltungen jährlich. [5]Die Zuwendungen im Sinne des Satzes 1 sind abweichend von § 8 Absatz 2 mit den anteilig auf den Arbeitnehmer und dessen Begleitpersonen entfallenden Aufwendungen des Arbeitgebers im Sinne des Satzes 2 anzusetzen;

2. Wartegelder, Ruhegelder, Witwen- und Waisengelder und andere Bezüge und Vorteile aus früheren Dienstleistungen, auch soweit sie von Arbeitgebern ausgleichspflichtiger Personen an ausgleichsberechtigte Personen infolge einer nach § 10 oder § 14 des Versorgungsausgleichsgesetzes durchgeführten Teilung geleistet werden;

3. laufende Beiträge und laufende Zuwendungen des Arbeitgebers aus einem bestehenden Dienstverhältnis an einen Pensionsfonds, eine Pensionskasse oder für eine Direktversicherung für eine betriebliche Altersversorgung. [2]Zu den Einkünften aus nichtselbständiger Arbeit gehören auch Sonderzahlungen, die der Arbeitgeber neben den laufenden Beiträgen und Zuwendungen an eine solche Versorgungseinrichtung leistet, mit Ausnahme der Zahlungen des Arbeitgebers

a) zur erstmaligen Bereitstellung der Kapitalausstattung zur Erfüllung der Solvabilitätskapitalanforderung nach den §§ 89, 213, 234g oder 238 des Versicherungsaufsichtsgesetzes,

b) zur Wiederherstellung einer angemessenen Kapitalausstattung nach unvorhersehbaren Verlusten oder zur Finanzierung der Verstärkung der Rechnungsgrundlagen auf Grund einer unvorhersehbaren und nicht nur vorübergehenden Änderung der Verhältnisse, wobei die Sonderzahlungen nicht zu einer Absenkung des laufenden Beitrags führen oder durch die Absenkung des laufenden Beitrags Sonderzahlungen ausgelöst werden dürfen,

c) in der Rentenbezugszeit nach § 236 Absatz 2 des Versicherungsaufsichtsgesetzes oder

d) in Form von Sanierungsgeldern;

Sonderzahlungen des Arbeitgebers sind insbesondere Zahlungen an eine Pensionskasse anlässlich

a) seines Ausscheidens aus einer nicht im Wege der Kapitaldeckung finanzierten betrieblichen Altersversorgung oder

b) des Wechsels von einer nicht im Wege der Kapitaldeckung zu einer anderen nicht im Wege der Kapitaldeckung finanzierten betrieblichen Altersversorgung.

[3]Von Sonderzahlungen im Sinne des Satzes 2 zweiter Halbsatz Buchstabe b ist bei laufenden und wiederkehrenden Zahlungen entsprechend dem periodischen Bedarf nur auszugehen, soweit die Bemessung der Zahlungsverpflichtungen des Arbeitgebers in das Versorgungssystem nach dem Wechsel die Bemessung der

Zahlungsverpflichtung zum Zeitpunkt des Wechsels übersteigt. [4]Sanierungsgelder sind Sonderzahlungen des Arbeitgebers an eine Pensionskasse anlässlich der Systemumstellung einer nicht im Wege der Kapitaldeckung finanzierten betrieblichen Altersversorgung auf der Finanzierungs- oder Leistungsseite, die der Finanzierung der zum Zeitpunkt der Umstellung bestehenden Versorgungsverpflichtungen oder Versorgungsanwartschaften dienen; bei laufenden und wiederkehrenden Zahlungen entsprechend dem periodischen Bedarf ist nur von Sanierungsgeldern auszugehen, soweit die Bemessung der Zahlungsverpflichtungen des Arbeitgebers in das Versorgungssystem nach der Systemumstellung die Bemessung der Zahlungsverpflichtung zum Zeitpunkt der Systemumstellung übersteigt.

[2]Es ist gleichgültig, ob es sich um laufende oder um einmalige Bezüge handelt und ob ein Rechtsanspruch auf sie besteht.

(2) [1]Von Versorgungsbezügen bleiben ein nach einem Prozentsatz ermittelter, auf einen Höchstbetrag begrenzter Betrag (Versorgungsfreibetrag) und ein Zuschlag zum Versorgungsfreibetrag steuerfrei. [2]Versorgungsbezüge sind

1. **das Ruhegehalt, Witwen- oder Waisengeld, der Unterhaltsbeitrag oder ein gleichartiger Bezug**
   a) **auf Grund beamtenrechtlicher oder entsprechender gesetzlicher Vorschriften,**
   b) **nach beamtenrechtlichen Grundsätzen von Körperschaften, Anstalten oder Stiftungen des öffentlichen Rechts oder öffentlich-rechtlichen Verbänden von Körperschaften**

   oder
2. **in anderen Fällen Bezüge und Vorteile aus früheren Dienstleistungen wegen Erreichens einer Altersgrenze, verminderter Erwerbsfähigkeit oder Hinterbliebenenbezüge; Bezüge wegen Erreichens einer Altersgrenze gelten erst dann als Versorgungsbezüge, wenn der Steuerpflichtige das 63. Lebensjahr oder, wenn er schwerbehindert ist, das 60. Lebensjahr vollendet hat.**

[3]Der maßgebende Prozentsatz, der Höchstbetrag des Versorgungsfreibetrags und der Zuschlag zum Versorgungsfreibetrag sind der nachstehenden Tabelle zu entnehmen:

Jahr des Versorgungsbeginns	**Versorgungsfreibetrag**		**Zuschlag zum Versorgungsfreibetrag in Euro**
	in % der Versorgungsbezüge	**Höchstbetrag in Euro**	
bis 2005	**40,0**	**3000**	**900**
ab 2006	**38,4**	**2880**	**864**
2007	**36,8**	**2760**	**828**
2008	**35,2**	**2640**	**792**
2009	**33,6**	**2520**	**756**
2010	**32,0**	**2400**	**720**
2011	**30,4**	**2280**	**684**
2012	**28,8**	**2160**	**648**
2013	**27,2**	**2040**	**612**
2014	**25,6**	**1920**	**576**
2015	**24,0**	**1800**	**540**
2016	**22,4**	**1680**	**504**
2017	**20,8**	**1560**	**468**
2018	**19,2**	**1440**	**432**
2019	**17,6**	**1320**	**396**
2020	**16,0**	**1200**	**360**

Jahr des Versorgungsbeginns	**Versorgungsfreibetrag**		**Zuschlag zum Versorgungsfreibetrag in Euro**
	in % der Versorgungsbezüge	**Höchstbetrag in Euro**	
2021	**15,2**	**1140**	**342**
2022	**14,4**	**1080**	**324**
2023	**13,6**	**1020**	**306**
2024	**12,8**	**960**	**288**
2025	**12,0**	**900**	**270**
2026	**11,2**	**840**	**252**
2027	**10,4**	**780**	**234**
2028	**9,6**	**720**	**216**
2029	**8,8**	**660**	**198**
2030	**8,0**	**600**	**180**
2031	**7,2**	**540**	**162**
2032	**6,4**	**480**	**144**
2033	**5,6**	**420**	**126**
2034	**4,8**	**360**	**108**
2035	**4,0**	**300**	**90**
2036	**3,2**	**240**	**72**
2037	**2,4**	**180**	**54**
2038	**1,6**	**120**	**36**
2039	**0,8**	**60**	**18**
2040	**0,0**	**0**	**0**

[4]Bemessungsgrundlage für den Versorgungsfreibetrag ist
a) bei Versorgungsbeginn vor 2005
das Zwölffache des Versorgungsbezugs für Januar 2005,
b) bei Versorgungsbeginn ab 2005
das Zwölffache des Versorgungsbezugs für den ersten vollen Monat,

jeweils zuzüglich voraussichtlicher Sonderzahlungen im Kalenderjahr, auf die zu diesem Zeitpunkt ein Rechtsanspruch besteht. [5]Der Zuschlag zum Versorgungsfreibetrag darf nur bis zur Höhe der um den Versorgungsfreibetrag geminderten Bemessungsgrundlage berücksichtigt werden. [6]Bei mehreren Versorgungsbezügen mit unterschiedlichem Bezugsbeginn bestimmen sich der insgesamt berücksichtigungsfähige Höchstbetrag des Versorgungsfreibetrags und der Zuschlag zum Versorgungsfreibetrag nach dem Jahr des Beginns des ersten Versorgungsbezugs. [7]Folgt ein Hinterbliebenenbezug einem Versorgungsbezug, bestimmen sich der Prozentsatz, der Höchstbetrag des Versorgungsfreibetrags und der Zuschlag zum Versorgungsfreibetrag für den Hinterbliebenenbezug nach dem Jahr des Beginns des Versorgungsbezugs. [8]Der nach den Sätzen 3 bis 7 berechnete Versorgungsfreibetrag und Zuschlag zum Versorgungsfreibetrag gelten für die gesamte Laufzeit des Versorgungsbezugs. [9]Regelmäßige Anpassungen des Versorgungsbezugs führen nicht zu einer Neuberechnung. [10]Abweichend hiervon sind der Versorgungsfreibetrag und der Zuschlag zum Versorgungsfreibetrag neu zu berechnen, wenn sich der Versorgungsbezug wegen Anwendung von Anrechnungs-, Ruhens-, Erhöhungs- oder Kürzungsregelungen erhöht oder vermindert. [11]In diesen Fällen sind die Sätze 3 bis 7 mit dem geänderten Versorgungsbezug als Bemessungsgrundlage im Sinne des Satzes 4 anzuwenden; im Kalenderjahr der Änderung sind der höchste Versorgungsfreibetrag und Zuschlag zum Versorgungsfreibetrag maßgebend. [12]Für jeden vollen Kalendermonat, für den keine Versorgungsbezüge gezahlt werden,

ermäßigen sich der Versorgungsfreibetrag und der Zuschlag zum Versorgungsfreibetrag in diesem Kalenderjahr um je ein Zwölftel.

---

§ 1 LStDV Arbeitnehmer, Arbeitgeber

(1) [1]Arbeitnehmer sind Personen, die in öffentlichem oder privatem Dienst angestellt oder beschäftigt sind oder waren und die aus diesem Dienstverhältnis oder einem früheren Dienstverhältnis Arbeitslohn beziehen. [2]Arbeitnehmer sind auch die Rechtsnachfolger dieser Personen, soweit sie Arbeitslohn aus dem früheren Dienstverhältnis ihres Rechtsvorgängers beziehen.

(2) [1]Ein Dienstverhältnis (Absatz 1) liegt vor, wenn der Angestellte (Beschäftigte) dem Arbeitgeber (öffentliche Körperschaft, Unternehmer, Haushaltsvorstand) seine Arbeitskraft schuldet. [2]Dies ist der Fall, wenn die tätige Person in der Betätigung ihres geschäftlichen Willens unter der Leitung des Arbeitgebers steht oder im geschäftlichen Organismus des Arbeitgebers dessen Weisungen zu folgen verpflichtet ist.

(3) Arbeitnehmer ist nicht, wer Lieferungen und sonstige Leistungen innerhalb der von ihm selbständig ausgeübten gewerblichen oder beruflichen Tätigkeit im Inland gegen Entgelt ausführt, soweit es sich um die Entgelte für diese Lieferungen und sonstigen Leistungen handelt.

---

§ 2 LStDV Arbeitslohn

(1) [1]Arbeitslohn sind alle Einnahmen, die dem Arbeitnehmer aus dem Dienstverhältnis zufließen. [2]Es ist unerheblich, unter welcher Bezeichnung oder in welcher Form die Einnahmen gewährt werden.

(2) Zum Arbeitslohn gehören auch

1. **Einnahmen im Hinblick auf ein künftiges Dienstverhältnis;**
2. **Einnahmen aus einem früheren Dienstverhältnis, unabhängig davon, ob sie dem zunächst Bezugsberechtigten oder seinem Rechtsnachfolger zufließen. [2]Bezüge, die ganz oder teilweise auf früheren Beitragsleistungen des Bezugsberechtigten oder seines Rechtsvorgängers beruhen, gehören nicht zum Arbeitslohn, es sei denn, daß die Beitragsleistungen Werbungskosten gewesen sind;**
3. **Ausgaben, die ein Arbeitgeber leistet, um einen Arbeitnehmer oder diesem nahestehende Personen für den Fall der Krankheit, des Unfalls, der Invalidität, des Alters oder des Todes abzusichern (Zukunftssicherung). [2]Voraussetzung ist, daß der Arbeitnehmer der Zukunftssicherung ausdrücklich oder stillschweigend zustimmt. [3]Ist bei einer Zukunftssicherung für mehrere Arbeitnehmer oder diesen nahestehende Personen in Form einer Gruppenversicherung oder Pauschalversicherung der für den einzelnen Arbeitnehmer geleistete Teil der Ausgaben nicht in anderer Weise zu ermitteln, so sind die Ausgaben nach der Zahl der gesicherten Arbeitnehmer auf diese aufzuteilen. [4]Nicht zum Arbeitslohn gehören Ausgaben, die nur dazu dienen, dem Arbeitgeber die Mittel zur Leistung einer dem Arbeitnehmer zugesagten Versorgung zu verschaffen;**
4. **Entschädigungen, die dem Arbeitnehmer oder seinem Rechtsnachfolger als Ersatz für entgangenen oder entgehenden Arbeitslohn oder für die Aufgabe oder Nichtausübung einer Tätigkeit gewährt werden;**
5. **besondere Zuwendungen, die auf Grund des Dienstverhältnisses oder eines früheren Dienstverhältnisses gewährt werden, zum Beispiel Zuschüsse im Krankheitsfall;**
6. **besondere Entlohnungen für Dienste, die über die regelmäßige Arbeitszeit hinaus geleistet werden, wie Entlohnung für Überstunden, Überschichten, Sonntagsarbeit;**
7. **Lohnzuschläge, die wegen der Besonderheit der Arbeit gewährt werden;**
8. **Entschädigungen für Nebenämter und Nebenbeschäftigungen im Rahmen eines Dienstverhältnisses.**

Überblick

§ 19 Abs. 1 S. 1 bestimmt den Umfang der Einkünfte aus nichtselbständiger Arbeit. Dies sind Bezüge und Vorteile für eine Beschäftigung im öffentlichen oder privaten Dienst (§ 19 Abs. 1

S. 1 Nr. 1, kurz: **Arbeitslohn**), Arbeitgeberzuwendungen anlässlich einer **Betriebsveranstaltung** (§ 19 Abs. 1 S. 1 Nr. 1a), Bezüge und Vorteile aus früheren Dienstleistungen (§ 19 Abs. 1 S. 1 Nr. 2, kurz: **Ruhegelder**) und **laufende Beiträge und laufende Zuwendungen des Arbeitgebers an qualifizierte Versorgungseinrichtungen** (Pensionsfonds, Pensionskassen oder Direktversicherung) für eine betriebliche Altersversorgung sowie bestimmte **Sonderzahlungen,** die der Arbeitgeber neben den laufenden Beiträgen und Zuwendungen an eine solche Versorgungseinrichtung leistet (§ 19 Abs. 1 S. 1 Nr. 3). Gemäß § 19 Abs. 1 S. 2 ist für das Vorliegen von Einkünften aus nichtselbständiger Arbeit die Zahlungsweise der Bezüge (einmalig oder laufende Zahlungen) ebenso irrelevant, wie der Umstand, ob ein Rechtsanspruch auf die Bezüge besteht. § 19 Abs. 2 stellt bestimmte Ruhegehälter teilweise steuerfrei, wenn sie Versorgungsbezüge sind. Die Steuerfreistellung erfolgt durch Abzug eines **Versorgungsfreibetrags** und eines **Zuschlags zum Versorgungsfreibetrag,** wobei sich die Höhe der vorgenannten Freibeträge nach dem Jahr des Beginns der Versorgungsbezüge (sog. Kohorte) richtet. § 19 Abs. 2 S. 2 definiert die Versorgungsbezüge. § 19 Abs. 2 S. 3 ff. legen Einzelheiten zur Berechnung der Höhe des Versorgungsfreibetrags und des Zuschlags zum Versorgungsfreibetrag fest.

Übersicht

A. Allgemeines

I. Regelungsanliegen im System des Steuerrechts

1. Funktion/Zweck der Regelung

a) Konkretisierung der Einkunftsart nichtselbständige Arbeit in § 19 Abs. 1. § 19 Abs. 1 dient dazu, die Einkunftsart des § 19 Abs. 1 durch **materiell-rechtliche Zuordnungskriterien** zu konkretisieren (KSM/*Breinersdorfer* § 19 Rn. A 1; HHR/*Pflüger* § 19 1

Rn. 8). Daneben hat die Norm den Zweck, bestimmte Versorgungsbezüge steuerrechtlich zu privilegieren (§ 19 Abs. 2, → Rn. 6 und → Rn. 1175 ff.). Die Einkünfte aus nichtselbständiger Arbeit bieten den meisten Steuerpflichtigen die **wesentliche ökonomische Grundlage ihrer Lebensführung;** gleichzeitig generiert die Besteuerung der Einkünfte aus nichtselbständiger Arbeit unter den sieben Einkunftsarten das **höchste Aufkommen** für den Fiskus (Kirchhof/*Eisgruber* § 19 Rn. 1). Die Einkünfte aus nichtselbständiger Arbeit haben angesichts dieses gegenüber der veranlagten Einkommensteuer ungleich höheren Aufkommens der – nur auf die Einkünfte aus nichtselbständiger Arbeit erhobenen – Lohnsteuer eine **herausragende Bedeutung** auch für die Staatsfinanzierung (HHR/*Pflüger* § 19 Rn. 9). Mit der **kasuistischen Aufzählung von Regelbeispielen** (KSM/*Breinersdorfer* § 19 Rn. A 11; Kirchhof/*Eisgruber* § 19 Rn. 1), die zudem **unvollständig** ist (Blümich/*Geserich* § 19 Rn. 9; Kirchhof/*Eisgruber* § 19 Rn. 11 zu § 19 Abs. 1 S. 1 Nr. 1), wird die Norm in ihrer gegenwärtigen Ausgestaltung ihrer überragenden Bedeutung nicht gerecht (HHR/*Pflüger* § 19 Rn. 8). Dies gilt selbst unter Heranziehung von §§ 1 und 2 LStDV mit ihren weiteren Konkretisierungen zum Begriff des Arbeitnehmers, zum Begriff des Dienstverhältnisses, zum Begriff des Arbeitslohns sowie der zahlreichen Vorschriften zu (zB § 3; §§ 40 bis 40b) Begünstigungsvorschriften zu den Einkünften aus nichtselbständiger Arbeit (HHR/Pflüger § 19 Rn. 8). Mit Ausnahme der Nrn. 1a und 3 enthält § 19 Abs. 1 S. 1 keine Legaldefinitionen zu den steuerbaren Einkünften; insbesondere eine solche zum Arbeitslohnbegriff fehlt (Blümich/*Geserich* § 19 Rn. 1). Insoweit enthält § 2 LStDV, ein von der Exekutive erlassenes formelles Gesetz, allerdings eine zutreffende Auslegung (→ Rn. 555).

2 **Formell-rechtliche Regelungen** enthält § 19 nicht. Gleichwohl ist das **gesamte Lohnsteuerrecht durch weitgreifende Formalien geprägt;** diese ergeben sich allerdings aus den §§ 38–42g (Bestimmungen zum Lohnsteuerabzug sowie zur Lohnsteuer-Außenprüfung bzw. -Nachschau), § 4 LStDV (Regelung zum Lohnkonto) und den hierzu jeweils ergangenen Verwaltungsvorschriften (vgl. HHR/*Pflüger* § 19 Rn. 8).

3–5 *Einstweilen frei*

6 **b) Stark pauschalierende steuerliche Privilegierung von Versorgungsbezügen durch § 19 Abs. 2.** § 19 Abs. 2 **privilegiert Versorgungsbezüge** dadurch, dass eine stark pauschalierende Steuerbegünstigung in Form eines Versorgungsfreibetrags und eines Zuschlags zum Versorgungsfreibetrag gewährt wird. Diese Steuerbegünstigung ist deshalb erforderlich, weil die Versorgungsbezüge im Grundsatz der vollen Besteuerung unterliegt (Ansatz mit den Einnahmen iSd § 19 Abs. 1 S. 1 Nr. 2 in voller Höhe), während Sozialversicherungsrenten mit dem Besteuerungsanteil zu erfassen sind. Wegen der grob typisierenden Höhe der Steuerbegünstigung in § 19 Abs. 2 erfolgt allerdings keine vollständig gleiche steuerliche Erfassung von Versorgungsbezügen und Sozialversicherungsrenten; dies wird erst im **Jahr 2040** erreicht werden und ist verfassungsmäßig (→ Rn. 1167 ff.).

7–10 *Einstweilen frei*

2. Historische Entwicklung

11 **Vorgängervorschrift** des § 19 Abs. 1 waren § 9 Ziff. 1 EStG 1920 sowie § 36 EStG 1925.

12 **Mit dem EStG 1934** wurde eine bis zum JStG 2007 (→ Rn. 26) unveränderte Fassung des § 19 Abs. 1 eingeführt. § 19 Abs. 2 enthielt im Gegensatz zur heutigen Vorschrift (→ Rn. 1139 ff.) eine negative Abgrenzung/Steuerbefreiung von den Einkünften aus nichtselbständiger Arbeit für durchlaufende Gelder und Auslagenersatz (→ Rn. 533 f.) sowie für den Ersatz von Reisekosten und Fahrtauslagen privater Arbeitnehmer.

13 **StNG vom 16.12.1954 (BGBl. 1954 I 373; BStBl. I 1954, 575):** Der Katalog des früheren § 19 Abs. 2 zur negativen Abgrenzung/Steuerbefreiung (→ Rn. 11) wurde um Trinkgelder erweitert.

14 **StÄndG vom 18.7.1958 (BGBl. 1958 I 473; BStBl. I 1958, 412):** Der zuvor noch in § 19 Abs. 2 (→ Rn. 12 f.) geregelten Steuerbefreiungen wurden in die Vorschriften des § 3 Nr. 16, 50 und 51 verlagert, sodass § 19 zunächst wieder nur aus einem Abs. bestand.

15 **StÄndG 1964 vom 16.11.1964 (BGBl. 1964 I 885; BStBl. I 1964, 533):** § 19 wurde um einen Abs. 2 erweitert, der Regelungen zum Arbeitnehmer-Freibetrag enthielt.

16 **StÄndG vom 14.5.1965 (BGBl. 1965 I 377; BStBl. I 1965, 217):** Da die volle steuerliche Erfassung der Bezüge von Pensionsempfängern im Vergleich zu der nur geringfügigen

Besteuerung von Sozialversicherungsrenten mit dem Ertragsanteil als unbefriedigend empfunden wurde, wurde der Versorgungsfreibetrag zur steuerlichen Entlastung von Pensionsempfängern in dem neuen Abs. 3 eingeführt (zu BT-Drs. IV/3189, 2).

EStRG vom 5.8.1974 (BGBl. 1974 I 1769; BStBl. I 1974, 530): Der Versorgungs-Freibetrag wurde – nunmehr unter ausdrücklicher Verwendung des Begriffs im Gesetzeswortlaut – in Abs. 2 statt wie bisher in Abs. 3 (→ Rn. 16) geregelt. Nach dem neuen Abs. 5 war dieser Versorgungs-Freibetrag vor den anderen beiden Freibeträgen (dem Arbeitnehmer-Freibetrag → Rn. 15 und dem Versorgungsfreibetrag nach dem neuen Abs. 3) abzuziehen. Der Prozentsatz des Freibetrags wurde von 25% auf 40% angehoben, der Höchstbetrag von 2.400 DM auf 4.800 DM verdoppelt. Des Weiteren wurde der Weihnachts-Freibetrag statt in § 3 Nr. 17 in § 19 Abs. 3 geregelt, der Abzug des Freibetrags bereits bei Zahlung ab dem 8. November des jeweiligen Kalenderjahres zugelassen und S. 2 zum Abzug des Freibetrags bei der Einkommensteuerveranlagung und beim Lohnsteuer-Jahresausgleich deutlicher gefasst. Zugleich wurde der Arbeitnehmer-Freibetrag in Abs. 4 statt in Abs. 2 geregelt und von 240 DM auf 480 DM verdoppelt. Der neu eingefügte Abs. 5 enthielt Konkurrenzregelungen zu den in den Abs. 2 bis 4 bestimmten Freibeträgen. Schließlich wurde in den Abs. 3 bis 5 der Begriff des „Arbeitslohns" – gedacht als Kurzform für den Begriff der „Einnahmen aus nichtselbständiger Arbeit" – in das Gesetz eingeführt. 17

Gesetz zur Steuerentlastung und Investitionsförderung vom 4.11.1977 (BGBl. 1977 I 1965; BStBl. I 1977, 495): In § 19 Abs. 3 wurde der Weihnachts-Freibetrag ab dem VZ 1977 von 100 DM auf 400 DM erhöht. 18

Gesetz zur Steuerentlastung und Familienförderung (StEntlG 1981) vom 16.8.1980 (BGBl. 1980 I 1381; BStBl. I 1980, 534): Der in § 19 Abs. 3 geregelte Weihnachts-Freibetrag wurde ab dem VZ 1980 von 400 DM auf 600 DM erhöht. 19

Gesetz zur Änderung und Vereinfachung des und anderer Gesetze vom 18.8.1980 (BGBl. 1980 I 1537; BStBl. I 1980, 581): Die Altersgrenze für den Versorgungs-Freibetrag bei Versorgungsbezügen im privaten Dienst für Schwerbehinderte wurde ab dem VZ 1980 zur Gleichbehandlung von Beziehern beamtenrechtlicher Versorgungsbezüge von 62 auf 60 Jahre herabgesetzt (Abs. 2 Nr. 2). 20

Steuerreformgesetz 1990 vom 25.7.1988 (BGBl. 1988 I 1093; BStBl. I 1988, 224): Es erfolgte eine Streichung des bisher in § 19 Abs. 3 enthaltenen Arbeitnehmer-Freibetrags, des Weihnachts-Freibetrags nach § 19 Abs. 4 sowie der Konkurrenzregelung des § 19Abs. 5 mit Wirkung ab dem VZ 1990. Stattdessen erfolgte seit diesem Zeitpunkt eine Zusammenfassung von Arbeitnehmer-Freibetrag, Weihnachtsfreibetrag und Werbungskosten-Pauschbetrag zu einem einheitlichen Arbeitnehmer-Pauschbetrag (§ 9a Nr. 1). 21

Gesetz zur Neuregelung der Zinsbesteuerung (Zinsabschlaggesetz) vom 9.11.1992 (BGBl. 1992 I 1853; BStBl. I 1992, 682): Erhöhung des Versorgungs-Freibetrags (§ 19 Abs. 2) von 4.800 DM auf 6.000 DM ab dem VZ 1993. 22

StBereinG 1999 vom 22.12.1999 (BGBl. 1999 I 2601; BStBl. I 2000, 13): In § 19 Abs. 2 S. 2 Nr. 2 wurde die Altersgrenze von bisher 62 Lebensjahren auf 63 Lebensjahre mit Wirkung ab dem VZ 2000 heraufgesetzt. 23

StEuglG vom 19.12.2000 (BGBl. 2000 I 1790; BStBl. I 2001, 3): Es erfolgte eine Umrechnung des Versorgungsfreibetrages (3.072 EUR) durch das Gesetz zur Umrechnung und Glättung steuerlicher Euro-Beträge (Steuer-Euroglättungsgesetz) wegen der Einführung des Euro zum 1.1.2001. 24

AltEinkG vom 5.7.2004 (BGBl. 2004 I 1427; BStBl. I 2004, 554): Die Berechnung des Versorgungsfreibetrags wurde im Zusammenhang mit der Neuordnung der Rentenbesteuerung durch das „Gesetz zur Neuregelung der einkommensteuerrechtlichen Behandlung von Altersvorsorgeaufwendungen und Altersbezügen" umgestellt und ein Zuschlag zum Versorgungsfreibetrag eingeführt (§ 19 Abs. 2 S. 1). § 19 Abs. 2 S. 2 wurde redaktionell an die Änderungen durch das Gesetz zur Reform der Renten wegen verminderter Erwerbsfähigkeit vom 20.12.2000 (BGBl. 2000 I 1827) angepasst. In § 19 Abs. 2 Sätze 3 bis 12 wurden die Berechnung, das Abschmelzen des Versorgungsfreibetrags und des Zuschlags zum Versorgungsfreibetrag bis zum VZ 2040 festgeschrieben und es wurde die grundsätzliche Festschreibung des Versorgungsfreibetrags und des Zuschlags zum Versorgungsfreibetrag sowie die Fälle der Neuberechnung festgelegt. 25

JStG 2007 vom 13.12.2006 (BGBl. 2006 I 2876; BStBl. I 2007, 28): In § 19 Abs. 1 S. 1 wurde eine Nr. 3 eingefügt. Mit der Ergänzung wurde normiert, dass alle Beiträge und 26

Zuwendungen des Arbeitgebers in Form von laufenden Beiträgen und Zuwendungen an einen Pensionsfonds, eine Pensionskasse oder eine Direktversicherung für betriebliche Altersversorgung seiner Arbeitnehmers bei diesen zu den Einnahmen aus nichtselbständiger Arbeit gehören; gleiches gilt seitdem für bestimmte Sonderzahlungen an die vorgenannten Versorgungseinrichtungen.

27 **VAStrRefG vom 3.4.2009 (BGBl. 2009 I 700; BStBl. I 2009, 534):** Durch das Gesetz zur Strukturreform des Versorgungsausgleichs wurde § 19 Abs. 1 S. 1 Nr. 2 dahingehend ergänzt, dass Leistungen, die vom Arbeitgeber im Rahmen eines Versorgungsausgleichs an den ausgleichsberechtigten Ehegatten gezahlt werden, auch dann Einkünfte aus nichtselbständiger Arbeit sind, wenn der empfangende Ehegatte kein Arbeitnehmer des leistenden Arbeitgebers ist oder war.

28 **ZollkodexAnpG vom 22.12.2014 (BGBl. 2014 I 2417; BStBl. I 2015, 58):** § 19 Abs. 1 S. 1 wurde um eine Nr. 1a ergänzt, durch die Zuwendungen des Arbeitgebers an seine Arbeitnehmer und dessen Begleitpersonen als zu den Einkünften aus nichtselbständiger Arbeit gehörend festgelegt werden. In Nr. 1a S. 1 wurde der Begriff der Betriebsveranstaltung definiert, in Nr. 1a S. 2 wurde der Umfang dessen umschrieben, was dem Arbeitnehmer anlässlich einer Betriebsveranstaltung zugewendet wird. In Nr. 1a S. 3 wurden ein Freibetrag für diese Zuwendungen von 110 EUR und die Voraussetzung für den Abzug des Freibetrages festgelegt. Gemäß Nr. 1a S. 4 gilt der Freibetrag für bis zu zwei Betriebsveranstaltungen jährlich. Nr. 1a S. 5 enthält eine von § 8 Abs. 2 abweichende Bewertungsvorschrift für die Arbeitgeberzuwendungen anlässlich von Betriebsveranstaltungen. Nach Art. 16 Abs. 2 ZollkodexAnpG traten die vorgenannten Regelungen am 1.1.2015 in Kraft und fanden auf die nach diesem Termin stattfindenden Betriebsveranstaltungen Anwendung.

Durch eine Änderung von § 19 Abs. 1 S. 1 Nr. 3 S. 2 wurde die Anzahl der Fälle Sonderzahlungen, die nicht als Einkünfte aus nichtselbständiger Arbeit gelten, verkleinert. § 19 Abs. 1 S. 1 Nr. 3 S. 3 wurde – als bloße Anpassung an die Neuregelung in § 19 Abs. 1 S. 1 Nr. 3 S. 2 – neu gefasst. Die vorgenannten Änderungen zu den Sonderzahlungen traten am 22.12.2014 (Tag der Verkündung des ZollkodexAnpG) in Kraft und gelten für Zahlungen der Arbeitgeber, die nach dem 30.12.2014 geleistet werden (§ 52 Abs. 26a).

29 **EbAVG vom 19.12.2018 (BGBl. 2018 I 2672):** In § 19 Abs. 1 S. 1 Nr. 3 S. 2 Buchst. a (→ Rn. 1087 f.) wurden dieWörter „89, 213, auch in Verbindung mit den §§ 234 und 238“ durch die Wörter „89, 213, 234g oder 238“ ersetzt. Nach Art. 7 S. 2 EbAVG trat diese Änderung am 13.1.2019 in Kraft.

30–38 *Einstweilen frei*

3. Verhältnis zu höherrangigem Recht

39 **a) Verfassungsrecht.** Das BVerfG beanstandet die Besteuerung der Lohneinkünfte mit dem in der Regel **monatlichen Lohnsteuerabzug im Vergleich zu den übrigen Einkunftsarten und einer vierteljährlichen Vorauszahlung** nicht, weil bei einem Gesamtvergleich der steuererheblichen Unterschiede zwischen den Lohneinkünften und den übrigen Einkunftsarten (bei denen etwa eine Buchführungspflicht besteht) die Belastungswirkung der in der Regel monatlichen Lohnsteuererhebung jedenfalls hinter die übrigen – teilweise gegenläufig wirkenden – Regelungen (zB Arbeitnehmer-Pauschbetrag) über die Erhebung von Lohnsteuer und sonstiger Einkommensteuer zurücktritt; die **Belastungsgleichheit in der Zeit** wird daher durch die in der Regel monatliche Lohnsteuererhebung nur geringfügig berührt (BVerfG 10.4.1997 – 2 BvL 77/92, BStBl. II 1997, 518; vgl. auch BFH 17.7.2000 – IX B 57/00, BFH/NV 200, 1471). Auch sonst ist § 19 **insgesamt verfassungsmäßig** (→ Rn. 116 zu § 19 Abs. 1 S. 1 Nr. 1; → Rn. 938 zu § 19 Abs. 1 S. 1 Nr. 1a; → Rn. 1017 zu § 19 Abs. 1 S. 1 Nr. 2; → Rn. 1071 zu § 19 Abs. 1 S. 1 Nr. 3; Blümich/*Geserich* § 19 Rn. 9; HHR/*Pflüger* § 19 Rn. 10).

40–42 *Einstweilen frei*

43 **b) EU-Recht.** Zu den direkten Steuern, die durch das und mithin auch in § 19 geregelt werden, enthält der **AEUV** keinen besonderen Harmonisierungsauftrag, obwohl gerade auf diesem Gebiet bestehende Besteuerungsunterschiede die Verwirklichung des Binnenmarktes beeinträchtigen (KSM/*Breinersdorfer* § 19 Rn. A 117). Allerdings sind auf dem Gebiet der direkten Steuern die Grundfreiheiten mit ihrem **Diskriminierungsverbot** relevant (KSM/*Breiners-*

dorfer § 19 Rn. A 117), weshalb etwa die steuerliche Berücksichtigung von Aufwendungen für einen Sprachkurs nicht allein mit der Begründung versagt werden, er habe in einem anderen Mitgliedstaat der Europäischen Union stattgefunden (BFH 13.6.2002 – VI R 168/00, BStBl. II 2003, 765).

Einstweilen frei 44–46

4. Zeitlicher Anwendungsbereich

Hinsichtlich des zeitlichen Anwendungsbereichs wird auf die Ausführungen zu den jeweiligen Regelungen verwiesen (→ Rn. 120 zu § 19 Abs. 1 S. 1 Nr. 1; → Rn. 926 zu § 19 Abs. 1 S. 1 Nr. 1a; → Rn. 1021 zu § 19 Abs. 1 S. 1 Nr. 2; → Rn. 1069 zu § 19 Abs. 1 S. 1 Nr. 3, → Rn. 1167 zu § 19 Abs. 2). 47

Einstweilen frei 48–50

5. Verhältnis zu anderen Bestimmungen

a) Verhältnis des § 19 zu anderen Bestimmungen im Allgemeinen. aa) Verhältnis zu § 2 (Liebhaberei). Bei den Einkünften aus nichtselbständiger Arbeit wird **regelmäßig eine Überschusserzielungsabsicht** vorliegen (Kirchhof/*Eisgruber* § 19 Rn. 14; HHR/*Musil* § 2 Rn. 458). Denn nichtselbständige Arbeit wird gewöhnlich so hoch bezahlt, dass die Einnahmen die Werbungskosten übersteigen (HHR/*Musil* § 2 Rn. 462). Die Einkunftserzielungsabsicht kann aber auch bei den Einkünften aus nichtselbständiger Arbeit fehlen, sodass dann von einer **einkommensteuerrechtlich unbeachtlichen Liebhaberei** auszugehen ist (BFH 28.8.2008 – VI R 50/06, BStBl. II 2009, 243). Bei der **Totalüberschussprognose** ist auf das **einzelne Dienstverhältnis** abzustellen, weil bei künftigen Einnahmen aus einem Dienstverhältnis nur insoweit ein hinreichend konkreter Verursachungszusammenhang gegeben sein kann (BFH 28.8.2008 – VI R 50/06, BStBl. II 2009, 243). Während deshalb **fiktive Einnahmen** aus eventuell künftig entstehenden Dienstverhältnissen nicht in die Totalgewinnprognose einzubeziehen sind, sind aber neben den **zu erwartenden Einnahmen** aus dem künftigen Dienstverhältnis auch das zu erwartende Ruhegehalt aus der angestrebten Tätigkeit in die Zukunftsbetrachtung einzubeziehen (BFH 28.8.2008 – VI R 50/06, BStBl. II 2009, 243, Bewertung zum Nennwert ohne Abzinsung). 51

bb) Verhältnis zu § 2 Abs. 3 (Verlustausgleich) und § 10d (Verlustabzug). Ergeben sich aufgrund von die Einnahmen übersteigenden Werbungskosten **negative Einkünfte,** kann der Arbeitnehmer diese, wenn sie nicht dem Bereich der Liebhaberei zuzuordnen sind (→ Rn. 51), mit etwaigen anderen positiven Einkünften **ausgleichen** (§ 2 Abs. 3) oder – soweit entsprechende positive Einkünfte nicht vorhanden sind – im Wege des Verlustabzugs gemäß § 10d auf andere Veranlagungszeiträume **übertragen** (Blümich/*Geserich* § 19 Rn. 30; KSM/*Breinersdorfer* § 19 Rn. A 27). 52

cc) Verhältnis zu § 8 (Einnahmen). Anders als § 19 definiert § 8 für den Bereich der Überschusseinkünfte den Begriff der Einnahmen, enthält aber keine Aussagen zur Steuerbarkeit des Vermögenszuwachses. Welche Vermögenszuwächse steuerbar sind, ergibt sich den in § 19 Abs. 1 S. 1 Nr. 1 bis 3 normierten Tatbeständen (HHR/*Pflüger* § 19 Rn. 19). 53

dd) Verhältnis zu § 11 (Zufluss). Die Regelungen in § 11 ordnen die Steuerbarkeit in zeitlicher Hinsicht mittels der Bestimmung des Zuflusszeitpunktes zu (HHR/*Pflüger* § 19 Rn. 19). Der Zuflusszeitpunkt richtet sich nach den allgemeinen Prinzipien des § 11 Abs. 1, dh Arbeitslohn ist grundsätzlich dann zu versteuern, wenn dem Arbeitnehmer der Vorteil zugeflossen ist. Zugeflossen ist eine Einnahme erst dann, wenn der Empfänger die **wirtschaftliche Verfügungsmacht** über die in Geld oder Geldeswert bestehenden Güter erlangt hat, was regelmäßig den Eintritt des Leistungserfolgs voraussetzt (BFH 21.3.2013 – VI R 31/10, BStBl. II 2013, 700). Allein der Anspruch auf eine vom Arbeitgeber zugesagte Leistung vermag den Zufluss von Arbeitslohn folglich nicht zu begründen (BFH 21.3.2013 – VI R 31/10, BStBl. II 2013, 700). Zu weiteren Einzelheiten des Zuflusses zu Arbeitslohn → Rn. 876 ff. 54

ee) Verhältnis zu den Gewinneinkünften (§§ 13 bis 18). Einkünfte aus nichtselbständiger Arbeit iSd § 19 und Einkünfte aus den Gewinneinkunftsarten (§§ 13 bis 18) **schließen** 55

einander aus, weil ein und dieselbe Tätigkeit entweder als nichtselbständige Tätigkeit (dann Betätigung iSd § 19) oder aber als selbständige Tätigkeit (dann Betätigung, die unter § 13, § 15 oder § 18 zu fassen ist) anzusehen ist (Blümich/*Geserich* § 19 Rn. 15; HHR/*Pflüger* § 19 Rn. 19; Kirchhof/*Eisgruber* § 19 Rn. 3; vgl. auch § 1 Abs. 3 LStDV). § 15 Abs. 1 S. 1 Nr. 2 Alt. 2 verdrängt § 19, soweit ein nichtselbständig Tätiger **mitunternehmerisch an einer Personengesellschaft beteiligt** ist, die als Arbeitgeberin zu qualifizieren ist (BFH 30.8.2007 – IV R 14/06, BStBl. II 2007, 942).

56 **ff) Verhältnis zu den Veräußerungstatbeständen der §§ 17 und 23.** Ob ein Leistungsaustausch aufgrund eines Veräußerungsvertrages zwischen Arbeitgeber und Arbeitnehmer den Einkünften aus nichtselbständiger Arbeit oder aufgrund einer anderen Einkunftsart bzw. dem nichtsteuerbaren Bereich zuzurechnen ist, ist aufgrund einer in erster Linie der Tatsacheninstanz obliegenden tatsächlichen Würdigung zu entscheiden (BFH 30.6.2011 – VI R 80/10, BStBl. II 2011, 948, zu **Aktienoptionen;** BFH 7.5.2014 – VI R 73/12, BStBl. II 2014, 904, zum **Aktienerwerb;** BFH 17.6.2009 – VI R 69/06, BStBl. II 2010, 69, Veräußerung sog. **Economic Value Added (EVA)-Zertifikate**).

57 **gg) Verhältnis zu anderen Überschusseinkünften (§§ 20 bis 23). Allgemeine Grundsätze zur Abgrenzung zu anderen Überschusseinkünften:** Zwischen § 19 und den §§ 20 und 21 ist im Allgemeinen für die Abgrenzung maßgeblich, ob der Arbeitnehmer seinen Arbeitslohn zur privaten Vermögensbildung verwendet: Erzielt er aus dieser Verwendung Einkünfte, sind diese der entsprechenden Einkunftsart zuzurechnen (Blümich/*Geserich* § 19 Rn. 20). Arbeitnehmer und Arbeitgeber können neben den für § 19 relevanten Dienstverhältnis auch noch **gesonderte Rechtsbeziehungen** eingehen (Blümich/*Geserich* § 19 Rn. 21; HHR/*Pflüger* § 19 Rn. 19), aus denen dann Einkünfte aus Kapitalvermögen (§ 20, vgl. dazu BFH 4.10.2016 – IX R 43/15, BStBl. II 2017, 790), Einkünfte aus Vermietung und Verpachtung (§ 21) oder sonstige Einkünfte (§§ 22, 23) resultieren können. Die jeweiligen Rechtsbeziehungen sind **grundsätzlich getrennt voneinander** zu behandeln (HHR/*Pflüger* § 19 Rn. 19). Die Würdigung, ob ein Leistungsaustausch zwischen Arbeitgeber und Arbeitnehmer den Einkünften aus nichtselbständiger Arbeit oder aufgrund einer Sonderrechtsbeziehung einer anderen Einkunftsart oder dem nichtsteuerbaren Bereich zuzurechnen ist, obliegt dem Finanzgericht als Tatsacheninstanz; es hat dabei alle **wesentlichen Umstände des Einzelfalls einzubeziehen** und den zu beurteilenden Lebenssachverhalt dabei nach seinem **wirtschaftlichen Gehalt** und nicht nach seiner äußeren Erscheinungsform zu erfassen (BFH 30.6.2011 – VI R 80/10, BStBl. II 2011, 948). Für die Unterscheidung zwischen Arbeitslohn und Einkünften aus einer Vermögensverwaltung kommt es nicht darauf an, ob ein entsprechendes Nutzungsverhältnis zu gleichen Bedingungen auch mit einem fremden Dritten hätte begründet werden können (BFH 16.9.2004 – VI R 25/02, BStBl. II 2006, 10, zu Einkünften aus Vermietung und Verpachtung). Hinsichtlich des Verhältnisses von Arbeitslohn und einer **verdeckten Gewinnausschüttung** → Rn. 76. § 22 gilt nur subsidiär, weil sonstige Einkünfte erst dann gegeben sind, wenn sie keiner anderen Einkunftsart zuzurechnen sind (Blümich/*Geserich* § 19 Rn. 22).

58 **Verhältnis zu Einkünften aus Kapitalvermögen (§ 20):** Da hinsichtlich der Einkünfte aus Kapitalvermögen und der Einkünfte aus nichtselbständiger Arbeit die Subsidiaritätsklausel des § 20 Abs. 8 nicht eingreift, ist für die Abgrenzung beider Einkunftsarten entscheidend, welche **Einkunftsart im Vordergrund** steht und dadurch die andere Einkunftsart verdrängt (BFH 28.6.2007 – VI B 23/07, BFH/NV 2007, 1870 mwN). Dies kann nur aufgrund einer **Würdigung aller wesentlichen Umstände des Einzelfalles** entschieden werden (BFH 20.11.2008 – VI R 25/05, BStBl. II 2009, 382). So werden **zB Vorteile aufgrund des Dienstverhältnisses** gewährt und es liegt Arbeitslohn iSd § 19 Abs. 1 S. 1 Nr. 1 vor, wenn durch die verbilligte Übertragung von Wertpapieren vom Arbeitgeber auf den Arbeitnehmer die Dienste des Steuerpflichtigen als Arbeitnehmer in besonderem Maße entgolten werden sollten (zB in seiner Funktion als Vorstandsvorsitzender und damit als Arbeitnehmer), die Vorteile nur an Prokuristen und Vorstandsmitglieder eines Arbeitgebers übertragen werden dürfen und mithin das Bestehen eines Dienstverhältnisses zum Arbeitgeber Voraussetzung für die Gewährung des Vorteils waren (BFH 23.6.2005 – VI R 124/99, BStBl. II 2005, 766, zu handelbaren Optionsrechten). Andererseits schließt allein der Umstand, dass Vorteile nur Arbeitnehmern zum Erwerb angeboten werden, es nicht aus, dass der mit diesen erzielte Überschuss seine Ursache allein in

der Kapitalbegebung haben und damit nicht als ein aus dem Arbeitsverhältnis resultierender Vorteil zu qualifizieren ist; denn jede Form der **Mitarbeiterbeteiligung** ist naturgemäß auf den Arbeitnehmer bezogen, und zwar auch dann, wenn der Arbeitgeber nur einen Teil seiner Arbeitnehmer an seinem Unternehmen beteiligen möchte (BFH 5.11.2013 – VIII R 20/11, BStBl. II 2014, 275). **Einkünfte aus Kapitalvermögen** liegen auch in diesen Fällen nur vor, wenn ein **Sonderrechtsverhältnis begründet** wird, das unabhängig vom Arbeitsverhältnis besteht und den gesamten Leistungsaustausch der Vertragspartner abbildet, ohne dass daneben noch dem Arbeitsverhältnis zuzuordnende, lohnsteuerrechtlich erhebliche Leistungen vorliegen müssten (vgl. BFH 17.6.2009 – VI R 69/06, BStBl. II 2010, 69). So darf für die Zuordnung eines Vorteils zu Einnahmen aus Kapitalvermögen weder die Höhe des Rückkaufspreises vom „Wohlverhalten" des Arbeitnehmers abhängig sein, noch die Höhe der Verzinsung derart unbestimmt sein, dass sich ein fremder Kapitalgeber auf die Regelung nicht eingelassen hätte (BFH 5.11.2013 – VIII R 20/11, BStBl. II 2014, 275). Auch eine **Verfallklausel,** nach der die Genussrechte bei der Beendigung des Arbeitsverhältnisses an den Arbeitgeber zwingend zurück zu verkaufen sind, ist ein Indiz für die enge wirtschaftliche Verknüpfung zwischen dem Dienstverhältnis und dem Kauf und Rückkauf der Genussrechte. Denn in einem solchen Fall soll der Arbeitnehmer auch in Zukunft für seine Arbeit motiviert und ein Anreiz zum Verbleib im Unternehmen geschaffen werden (BFH 5.11.2013 – VIII R 20/11, BStBl. II 2014, 275 mwN).

Verhältnis zu Einkünften aus Vermietung und Verpachtung (§ 21): Es ist für die **59**
Abgrenzung von § 19 und § 21 zu unterscheiden einmal zwischen demjenigen, der eine Immobilie entgeltlich überlässt (Arbeitgeber oder Arbeitnehmer) sowie nach der Art der überlassenen Immobilie. **(1) Überlassung eines Büros durch den Arbeitnehmer:** Leistet der Arbeitgeber Zahlungen für ein im Haus bzw. in der Wohnung des Arbeitnehmers gelegenes Büro, das der Arbeitnehmer für die Erbringung seiner Arbeitsleistung nutzt, ist die Unterscheidung zwischen Arbeitslohn einerseits und Einkünften aus Vermietung und Verpachtung andererseits danach vorzunehmen, in wessen **vorrangigem Interesse das Büro genutzt wird:** Dient die Nutzung in erster Linie den **Interessen des Arbeitnehmers,** ist davon auszugehen, dass die Zahlungen des Arbeitgebers (im weitesten Sinne) als Gegenleistung für das Zurverfügungstellen der individuellen Arbeitskraft des Arbeitnehmers anzusehen sind; die Einnahmen sind dementsprechend als **Arbeitslohn** zu erfassen. So verhält es sich, wenn der Arbeitnehmer im Betrieb des Arbeitgebers über einen weiteren Arbeitsplatz verfügt und die Nutzung des häuslichen Arbeitszimmers vom Arbeitgeber lediglich gestattet bzw. geduldet wird (BFH 13.12.2016 – X R 18/12, BStBl. II 2017, 450; BFH 16.9.2004 – VI R 25/02, BStBl. II 2006, 10).Wird der betreffende Raum jedoch **vor allem im betrieblichen Interesse des Arbeitgebers** genutzt und geht dieses Interesse – objektiv nachvollziehbar – über die Entlohnung des Arbeitnehmers bzw. über die Erbringung der jeweiligen Arbeitsleistung hinaus, ist anzunehmen, dass die betreffenden Zahlungen auf einer neben dem Dienstverhältnis gesondert bestehenden Rechtsbeziehung beruhen (BFH 16.9.2004 – VI R 25/02, BStBl. II 2006, 10) und mithin **Einkünfte aus Vermietung und Verpachtung** vorliegen (BFH 17.4.2018 – IX R 9/17, BStBl. II 2019, 219, HFR 2018, 801 mAnm *Schießl*, entgegen dem überholten BMF 13.12.2005, BStBl. I 2006, 4; vgl. nunmehr BMF 18.4.2019, BStB. I 2019, 461; soweit danach die Nachweislast generell dem Arbeitnehmer aufgebürdet wird, ist dies abzulehnen; maßgeblich für die **Nachweislast** ist, ob Umstände im Einzelfall günstig sind für den Steuerpflichtigen – dann liegt Nachweislast bei ihm – oder für das Finanzamt – dann trägt dieses die Nachweislast). Anhaltspunkte hierfür können sich – als Indiz nicht als zwingende Voraussetzung – zB daraus ergeben, dass der Arbeitgeber entsprechende Rechtsbeziehungen zu gleichen Bedingungen auch mit fremden Dritten, die nicht in einem Dienstverhältnis zu ihm stehen, eingegangen ist (BFH 16.9.2004 – VI R 25/02, BStBl. II 2006, 10). BMF 18.4.2019, BStBl. I 2019, 461 nennt unter II. **weitere für ein überwiegendes Arbeitgeberinteresse sprechende Kriterien.** Liegen Einkünfte aus Vermietung und Verpachtung vor, ist stets im Einzelfall festzustellen, ob der Arbeitnehmer beabsichtigt, auf die voraussichtliche Dauer der Nutzung einen Überschuss der Einnahmen über die Werbungskosten zu erzielen (BFH 17.4.2018 – IX R 9/17, BStBl. II 2019, 219, HFR 2018, 801 mAnm *Schießl*, entgegen dem überholten BMF 13.12.2005, BStBl. I 2006, 48.4.2019, DStR 2019, 1042). **(2) Überlassung einer Garage durch den Arbeitnehmer:** Überlässt der Arbeitnehmer seinem Arbeitgeber eine eigene Garage, in der ein Dienstwagen untergestellt wird, stellt das vom Arbeitgeber gezahlte Nutzungsentgelt regelmäßig keinen Arbeitslohn dar, sofern die gezahlten Beträge die Höhe der ortsüblichen Mieten nicht übersteigt. In diesem Fall stellen sich die Entgelte **ihrem**

wirtschaftlichen Gehalt nach als Gegenleistung für die Überlassung der Nutzung bzw. des Gebrauchs der arbeitnehmereigenen Garagen dar (BFH 7.6.2002 – VI R 145/99, BStBl. II 2002, 829). Jedenfalls liegt ein Vermietungs- und kein Dienstverhältnis vor, wenn der Arbeitgeber für seine Dienstwagen die Risiken und Nachteile, die mit dem Abstellen im Freien verbunden waren (Beschädigung, Diebstahl, höhere Versicherungsprämien), ausschließen will und deshalb die Arbeitnehmer zur Nutzung einer (ggf. der eigenen) Garage verpflichtet; dann verfolgt der Arbeitgeber betriebliche Zielsetzungen, sodass die im Zusammenhang damit den Arbeitnehmern gewährten Vorteile in Gestalt der Garagengelder in **überwiegend eigenbetrieblichem Interesse** geleistet (→ Rn. 538 ff.) wurden (BFH 7.6.2002 – VI R 24/00, BFH/NV 2003, 17). **(3) Überlassung von Arbeitsgerät durch den Arbeitnehmer:** Stellt der Arbeitnehmer dem Arbeitgeber eigenes Arbeitsgerät zur Überlassung an andere Arbeitnehmer zur Verfügung, fehlen begrifflich Einkünfte aus Vermietung und Verpachtung, da die Vermietung einzelner oder mehrerer beweglicher Sachen, die keinen Sachinbegriff bilden, nicht unter § 21 Abs. 1 Nr. 2 fällt; indes können Einkünfte aus sonstigen Leistungen iSd § 22 Nr. 3 vorliegen (KSM/*Breinersdorfer* § 19 Rn. A 47). Dass die Überlassung im Regelfall durch das Dienstverhältnis veranlasst ist, kann nicht angenommen werden (so aber KSM/*Breinersdorfer* § 19 Rn. A 47). Denn entsprechend der Rechtsprechung des BFH zur Überlassung eines Büros vom Arbeitnehmer an den Arbeitgeber (BFH 16.9.2004 – VI R 25/02, BStBl. II 2006, 10) ist vielmehr anzunehmen, dass die Überlassung der Geräte vorrangig im Interesse des Arbeitgebers liegt und mithin Einkünfte nach § 21 gegeben sind. **(4) Überlassung einer Wohnung durch den Arbeitgeber** zu einem unter der ortsüblichen Miete liegenden Preis ist im Regelfall durch das Dienstverhältnis veranlasst (KSM/*Breinersdorfer* § 19 Rn. A 46) und stellt ggf. nach § 3 Nr. 59 Hs. 2 (vgl. die dortige Kommentierung) steuerfreien Arbeitslohn dar.

60 **Verhältnis zu sonstigen Einkünften (§ 22):** Im Allgemeinen ist **§ 22 Nr. 3** gegenüber § 19 **subsidiär** („soweit sie weder zu anderen Einkunftsarten (§ 2 Absatz 1 Satz 1 Nummer 1 bis 6) gehören"). Da **Bestechungsgelder, Vorteile aus Diebstählen, Schmiergelder und Vorteile aus Veruntreuungshandlungen** keine Einkünfte aus nichtselbständiger Arbeit sind (→ Rn. 604), können die aus diesen Taten erlangten Vorteile mithin sonstige Einkünfte iSd § 22 Nr. 3 sein. **Abgeordnetenbezüge** sind Einkünfte iSd § 22 Nr. 4. Abgeordnete „schulden" in Abgrenzung zu Arbeitnehmern rechtlich keine Dienste, sondern nehmen in Freiheit ihr Mandat wahr (BVerfG 26.7.2010 – 2 BvR 2227/08, 2 BvR 2228/08, DStRE 2010, 1058), stehen damit mangels Weisungsgebundenheit (→ Rn. 183 f.) nicht in einem Dienstverhältnis und sind mithin keine Arbeitnehmer (KSM/*Breinersdorfer* § 19 Rn. A 48a). Erzielen Abgeordnete neben ihren Diäten weitere Einkünfte, gelten die allgemeinen Grundsätze (KSM/*Breinersdorfer* § 19 Rn. A 48a), sodass sie im Einzelfall auch Einkünfte aus nichtselbständiger Arbeit erzielen können (zB Einkünfte als Vorstandsmitglied, parlamentarischer Geschäftsführer oder Vorsitzender von Arbeitskreisen, Blümich/*Geserich* § 19 Rn. 94; HHR/*Pflüger* § 19 Rn. 600 „Abgeordnete"; KSM/*Breinersdorfer* § 19 Rn. 48a). Im Einzelnen gilt (OFD Hannover 24.2.1994, FR 1994, 376): Die Tätigkeit der Vorsitzenden und stellvertretenden Vorsitzenden der Fraktionen/Gruppen besteht im Wesentlichen in einer intensiveren Wahrnehmung ihrer sich aus dem Abgeordnetenmandat ergebenden politischen Aufgaben. Bezüge, die für diese Tätigkeit von den Fraktionen/Gruppen gezahlt werden, gehören zu den sonstigen Einkünften im Sinne des § 22 Nr. 1 S. 1. Leistungen im Sinne des § 22 Nr. 4 liegen nicht vor, weil sie außerhalb der in § 22 Nr. 4 S. 1 bezeichneten Gesetze erbracht werden (OFD Hannover 24.2.1994, FR 1994, 376 unter 1.). Hinsichtlich der Frage, ob die Tätigkeit der Parlamentarischen Geschäftsführer der Fraktionen/Gruppen und der Vorsitzenden der Arbeitskreise selbständig oder nichtselbständig ausgeübt wird, ist aufgrund der Art der Tätigkeit wie folgt zu differenzieren: **Einkünfte aus nichtselbständiger Arbeit** sind gegeben, wenn überwiegend typisch verwaltende Tätigkeiten ausgeübt werden, wie zB Personalführung, Abschluss von Einstellungs- und Beschaffungsverträgen, Prüfung und Zeichnung von Buchungsbelegen, Genehmigung von Reiseanträgen (die Fraktion/Gruppe ist dann als Arbeitgeber zur Einbehaltung und Abführung der LSt verpflichtet); sonstige Einkünfte (§ 22 Nr. 1 S. 1) liegen vor, wenn überwiegend Aufgaben wahrgenommen werden, die Ausfluss des Abgeordnetenmandats sind, zB die Mitwirkung im Ältestenrat des Deutschen Bundestages (OFD Hannover 24.2.1994, FR 1994, 376 unter 2.). Erhält ein Arbeitnehmer, der als **Spitzenkandidat seiner Partei** für eine Parlamentswahl kandidiert hat, für die Auflösung seines Arbeitsverhältnisses eine Abfindung, ist diese eine Entschädigung iSd § 24 Nr. 1 Buchst. a, wenn sein Arbeitgeber die Auflösung des Arbeitsverhältnisses fordert, weil der Steuerpflichtige

ein Regierungsamt übernimmt (BFH 6.3.2002 – XI R 51/00, BStBl. II 2002, 516). Siehe auch → Rn. 201 „**Bürgermeister**". Hinsichtlich der **Versorgungsbezüge von Abgeordneten** → Rn. 1159. Nach der Rechtsprechung des BFH zur **Abgrenzung zwischen Versorgungsbezügen nach § 19 und Renteneinkünften aus § 22 Nr. 1 S. 3 Buchst. a** liegen Einkünfte „aus früheren Dienstleistungen" iSd § 19 Abs. 1 S. 1 Nr. 2 nur vor, wenn sie dem Steuerpflichtigen aus eben diesem Rechtsgrund zufließen (BFH 23.2.2017 – X R 24/15, BStBl. II 2017, 636; grundlegend BFH 7.2.1990 – X R 36/86, BStBl. II 1990, 1062; BFH 22.11.2006 – X R 29/05, BStBl. II 2007, 402). Gegenüber Einkünften aus nichtselbständiger Arbeit liegen **Einkünfte iSd § 22 Nr. 1 S. 3 und Nr. 5** vor, wenn der Steuerpflichtige in der Vorsorgephase Aufwendungen aus eigenen Mitteln geleistet hat; sie unterscheiden sich untereinander inhaltlich bzw. funktional insoweit, als sie die verschiedenen Schichten der inländischen Altersvorsorge betreffen; der Neuregelung der Alterseinkünfte durch das AltEinkG seit 2005 liegt das sog. „Drei-Schichten-Modell" zugrunde; es unterscheidet zwischen der Basisversorgung (erste Schicht), der betrieblichen sowie der steuerlich geförderten privaten Altersvorsorge (zweite Schicht) und den sonstigen Kapitalanlageprodukten, die zwar der Altersvorsorge dienen können, es aber nicht müssen – dritte Schicht – (BFH 5.4.2017 – X R 50/14, BStBl. II 2017, 1187).

hh) Verhältnis zu § 24. Hinsichtlich des Verhältnisses zu § 24 → Rn. 182, → Rn. 515, **61**
→ Rn. 552, → Rn. 556, → Rn. 562, → Rn. 570, → Rn. 871 und → Rn. 1005.

ii) Verhältnis zum Progressionsvorbehalt (§ 32b). Erhält ein Steuerpflichtiger **Lohn-** **62**
ersatzleistungen, sind diese nach § 19 bzw. nach § 22 Nr. 1 steuerbar, sie werden aber nach verschiedenen Bestimmungen des § 3 steuerfrei gestellt und können (gleichwohl) dem Progressionsvorbehalt unterliegen. Auch wenn Arbeitslohn den ausländischen Einkünften zuzurechnen ist und in einem DBA von der deutschen ESt unter Progressionsvorbehalt freigestellt ist, unterliegt er nach § 32b Abs. 1 S. 1 Nr. 3 im Inland dem Progressionsvorbehalt.

jj) Verhältnis zum Lohnsteuerabzug (§§ 38 ff.). Das Vorliegen von Einkünften iSd **63**
§ 19 ist materiell-rechtliche Voraussetzung für die Anwendung des Lohnsteuerabzugs (vgl. § 38 Abs. 1 S. 1: „Bei Einkünften aus nichtselbständiger Arbeit wird die Einkommensteuer durch Abzug vom Arbeitslohn erhoben (Lohnsteuer)"). Daher regeln die §§ 38 bis 42g im Wesentlichen das **formelle Verfahren zur Erhebung der auf die Einkünfte** aus nichtselbständiger Arbeit entfallenden Steuer im Abzugsverfahren sowie die Haftung des Arbeitgebers für die nicht oder falsch abgeführte Lohnsteuer (HHR/*Pflüger* § 19 Rn. 21); daneben sind in den §§ 42f und 42g Befugnisse der Finanzbehörde zur Durchführung einer Lohnsteuer-Außenprüfung bzw. -Nachschau normiert.

Einstweilen frei **64–66**

kk) Verhältnis zur LStDV. Materiell-rechtlich enthält die LStDV **Definitionsnor-** **67**
men zu § 19. **§§ 1 und 2 LStDV** normieren (jedoch mit Ausnahme des Erfordernisses des Vermögensrisikos (hierzu → Rn. 187) Legaldefinitionen (Kirchhof/*Eisgruber* § 19 Rn. 1) der Begriffe „Arbeitnehmer" (§ 1 Abs. 1 LStDV), „Dienstverhältnis" (§ 1 Abs. 2 LStDV) und „Arbeitslohn" (§ 2 Abs. 1 LStDV). Zwar bezweifelt ein Teil der Literatur, ob eine solche Form der Begriffsbestimmung in der LStDV überhaupt durch die Ermächtigungsgrundlage des § 51 Abs. 1 gedeckt ist, wonach die Bundesregierung mit Zustimmung des Bundesrates (nur) Rechtsverordnungen zur Veranlagung, zur Anwendung der Tarifvorschriften und zur Regelung der Steuerentrichtung, nicht jedoch die zentralen Begriffe der Einkunftsart erlassen darf (vgl. HHR/*Pflüger* § 19 Rn. 53; KSM/*Breinersdorfer* § 19 Rn. A 124 und B 16 f.). Allerdings enthalten **die §§ 1 und 2 LStDV** (lediglich) eine **zutreffende Auslegung des Gesetzes** (BFH 24.11.1961 – VI 183/59 S, BStBl. III 1962, 37, Grundsatzentscheidung; BFH 21.3.1975 – VI R 60/73, BStBl. II 1975, 513; BFH 23.4.2009 – VI R 81/06, BStBl. II 2012, 262; BFH 2.12.1998 – X R 83/96, BStBl. II 1999, 534, mwN; Blümich/*Geserich* § 19 Rn. 47; Kirchhof/*Eisgruber* § 19 Rn. 1; B/B § 19 Rn. 538; vgl. auch KSM/*Breinersdorfer* § 19 Rn. B 203: § 2 LStDV enthalte keine weitere Konkretisierung der Einkünfte aus nichtselbständiger Arbeit und könne mangels rechtlicher Substanz getrost als eine gesetzeskonforme Auslegung des § 19 Abs. 1 S. 1 gesehen werden).

§§ 4 und 5 LStDV enthalten Angaben über den notwendigen Inhalt des vom Arbeitgeber **68**
zu führenden Lohnkontos (§ 4 LStDV) und Mitteilungspflichten (§ 5 LStDV). Dabei handelt

es sich um **formell-rechtliche Vorschriften** (HHR/*Pflüger* § 19 Rn. 22), da sie eine Aufzählung über den Inhalt enthalten.

69–71 *Einstweilen frei*

72 **ll) Verhältnis zur GewStG und zum UStG.** Während § 19 eine nichtselbständige Tätigkeit voraussetzt, verlangen das GewStG und das UStG die Selbständigkeit der Betätigung (vgl. § 2 Abs. 1 S. 2 GewStG iVm § 2 Abs. 1 Nr. 2 GewStG, § 15 GewStG, § 1 Abs. 1 S. 1 GewStDV; § 2 Abs. 1 S. 1 UStG). Die Frage der Selbständigkeit natürlicher Personen ist für die Einkommen-, die Gewerbe- und die Umsatzsteuer **grundsätzlich nach denselben Grundsätzen** zu beurteilen (BFH 20.10.2010 – VIII R 34/08, BFH/NV 2011, 585). Mithin Folglich kann eine Tätigkeit – materiell-rechtlich – nicht gleichzeitig einerseits zu Einkünften aus nichtselbständiger Arbeit, andererseits zu Umsatzsteuerpflicht und/oder Gewerbesteuerpflicht führen (HHR/*Pflüger* § 19 Rn. 28). **Verfahrensrechtlich** ist die Beurteilung auf dem einen Rechtsgebiet für die Beurteilung auf den anderen beiden Gebieten allerdings nicht bindend, sodass einander widersprechende Beurteilungen des gleichen Sachverhalts durch verschiedene FÄ bzw. Stellen eines Finanzamts zwar rechtswidrig, aber rechtlich möglich sind (HHR/*Pflüger* § 19 Rn. 28). Indes besteht die Möglichkeit der Beseitigung des Widerspruchs durch Aufhebung oder Änderung des fehlerhaften Steuerbescheids nach § 174 AO (Blümich/*Geserich* § 19 Rn. 27; HHR/*Pflüger* § 19 Rn. 28).

73–75 *Einstweilen frei*

76 **mm) Verhältnis zu verdeckten Gewinnausschüttungen (§ 8 KStG).** Erlangt ein Gesellschafter-Geschäftsführer einen Vorteil von der Gesellschaft, kann dies sowohl durch das Beteiligungsverhältnis als auch durch das Arbeitsverhältnis veranlasst sein; die Zuordnung (verdeckte Gewinnausschüttung oder Arbeitslohn) bedarf der **wertenden Betrachtung im Einzelfall** (BFH 23.4.2009 – VI R 81/06, BStBl. II 2012, 262; BFH 23.4.2009 – VI R 81/06, BStBl. II 2012, 262, zur unbefugten Privatnutzung eines betrieblichen PKW durch einen Gesellschafter-Geschäftsführer).

77 *Einstweilen frei*

78 **nn) Verhältnis zum Arbeits- und Sozialrecht.** Hinsichtlich des Verhältnisses zum Arbeits- und Sozialrecht wird auf die Kommentierung zum Begriff des Dienstverhältnisses verwiesen (→ Rn. 158 f.).

79 *Einstweilen frei*

80 **b) Verhältnis der einzelnen Regelungen des § 19 zu sonstigen Vorschriften.** Wegen des Verhältnisses **der einzelnen Regelungen des § 19** zu anderen Vorschriften wird auf die dortige Kommentierung verwiesen (zu § 19 Abs. 1 S. 1 Nr. 1 → Rn. 109 ff., zu § 19 Abs. 1 S. 1 Nr. 1a → Rn. 933 f.; zu § 19 Abs. 1 S. 1 Nr. 2 → Rn. 1009 ff.; zu § 19 Abs. 1 S. 1 Nr. 3 → Rn. 1063 f.; zu § 19 Abs. 2 → Rn. 1156 ff.).

81

II. Normstruktur und zentrale Debatten

1. Inhalt der Norm

82 § 19 Abs. 1 bestimmt die Einkünfte aus nichtselbständiger Arbeit iSd. § 2 Abs. 1 S. 1 Nr. 4, ohne dabei eine Legaldefinition zu geben. Vielmehr benennt § 19 Abs. 1 S. 1 zu der Einkunftsart lediglich die folgenden Beispiele:

- Einkünfte aus **aktiven Dienstleistungen** (§ 19 Abs. 1 S. 1 Nr. 1, → Rn. 105 ff.),
- Einkünfte aus der **Teilnahme an Betriebsveranstaltungen** (§ 19 Abs. 1 S. 1 Nr. 1a, → Rn. 934.1 ff.),
- Einkünfte aus **früheren Dienstleistungen** (§ 19 Abs. 1 S. 1 Nr. 2, → Rn. 1005 ff.) und
- Einkünfte aus **Arbeitgeberbeiträgen zur betrieblichen Altersvorsorge** (§ 19 Abs. 1 S. 1 Nr. 3, → Rn. 1056 ff.).

83 § 19 Abs. 1 S. 2 (→ Rn. 1126 ff.) rückt den wirtschaftlichen **Verursachungszusammenhang** (→ Rn. 487 ff.) zum Dienstverhältnis in den Vordergrund, weil es danach für die Qualifizierung von Zuflüssen als Einkünfte aus nichtselbständiger Arbeit irrelevant ist, ob es

sich um laufende oder einmalige Bezüge handelt und ob ein Rechtsanspruch auf die Bezüge besteht.

§ 19 Abs. 2 (→ Rn. 1141 ff.) legt zunächst fest, dass Versorgungsbezüge bis zu einem gewissen (um einen Zuschlag erhöhten) Höchstbetrag steuerfrei bleiben (**Versorgungsfreibetrag und Zuschlag zum Versorgungsfreibetrag,** § 19 Abs. 2 S. 1, → Rn. 1175). Die **Versorgungsbezüge** werden in § 19 Abs. 2 S. 2 festgelegt (→ Rn. 1179 ff.). In § 19 Abs. 2 S. 3 (→ Rn. 1215 ff.) werden die Parameter der Steuerbefreiung quantifiziert, wobei sich Einzelheiten zur Bestimmung der Parameter aus § 19 Abs. 2 S. 6 (→ Rn. 1234 ff.) und § 19 Abs. 2 S. 7 (→ Rn. 1240 ff.) ergeben. Die **Bemessungsgrundlage für den Versorgungsfreibetrag** wird in § 19 Abs. 2 S. 4 festgelegt (→ Rn. 1223 ff.). § 19 Abs. 2 S. 8 (→ Rn. 1246 f.) bestimmt, dass der Versorgungsfreibetrags einschließlich des Zuschlags hierzu seiner Höhe nach grundsätzlich für die gesamte Laufzeit des Versorgungsbezugs gilt, weshalb regelmäßige Anpassungen der Versorgungsbezüge **grundsätzlich zu keiner Neuberechnung** führen (§ 19 Abs. 2 S. 9, → Rn. 1250 f.). § 19 Abs. 2 S. 10 (→ Rn. 1254 ff.) und § 19 Abs. 2 S. 11 (→ Rn. 1258 ff.) bestimmen, unter welchen Voraussetzungen und auf welche Weise eine **Neuberechnung** durchgeführt wird. § 19 Abs. 2 S. 12 schließlich ordnet die Zwölftelung des Versorgungsfreibetrages einschließlich des Zuschlags hierzu an (→ Rn. 1265). 84

2. Leitentscheidungen/maßgebliche Debatten

a) Leitentscheidungen. aa) Leitentscheidung des BVerfG. Das BVerfG hat durch sein Urteil vom 6.3.2002 – 2 BvL 17/99 (BGBl. 2002 I 1305) mit Gesetzeskraft entschieden, dass § 19 Abs. 1 S. 1 Nr. 2, Abs. 2 ab 1996 **mit dem allgemeinen Gleichheitssatz nach Art. 3 Abs. 1 GG unvereinbar** ist, soweit einerseits **Versorgungsbezüge** bis auf einen Versorgungs-Freibetrag von damals noch 6.000 DM zu den Einkünften aus nichtselbständiger Arbeit gehörten und andererseits **Sozialversicherungsrenten aus der gesetzlichen Rentenversicherung** nach § 22 Nr. 1 S. 3 Buchst. a EStG aF lediglich mit Ertragsanteilen besteuert werden, deren Höhe unabhängig davon festgesetzt worden war, in welchem Umfang dem Rentenbezug Beitragsleistungen der Versicherten aus dem versteuerten Einkommen vorangegangen waren. Daher gab das BVerfG dem Gesetzgeber auf, im Rahmen der gebotenen Neuregelung spätestens **mit Wirkung zum 1.1.2005** die Besteuerung von Vorsorgeaufwendungen für die Alterssicherung und die Besteuerung von Bezügen aus dem Ergebnis der Vorsorgeaufwendungen so aufeinander abzustimmen, dass eine doppelte Besteuerung vermieden wird (BVerfG 6.3.2002 – 2 BvL 17/99, BGBl. 2002 I 1305 2. Leitsatz). In der Folge hat der Gesetzgeber die Besteuerung durch das **AltEinkG** neu geregelt, indem er sowohl für die Versorgungsbezüge als auch für die Sozialversicherungsrenten das Prinzip der vollständig nachgelagerten Besteuerung eingeführt hat, das schrittweise bis zum Jahr 2040 erreicht werden soll. Diese Neuregelung ist verfassungsmäßig (→ Rn. 92). 85

Einstweilen frei 86–88

bb) Leitentscheidungen des BFH. Prägung des Arbeitslohnbegriffs durch das Veranlassungsprinzip: Der BFH hat in seinem Urteil vom 17.9.1982 – VI R 75/79 (BStBl. II 1983, 39) deutlich gemacht, dass der Begriff des Arbeitslohns durch das Veranlassungsprinzip (→ Rn. 487 ff.) geprägt ist und Arbeitslohn deshalb voraussetzt, dass ein geldwerter Vorteil durch das individuelle Dienstverhältnis des Arbeitnehmers veranlasst ist. Er hat damit einen generell geltenden Zuordnungsmaßstab von Einnahmen zu einer nichtselbständigen Arbeit im Wege der Rechtsfortbildung etabliert (HHR/*Pflüger* § 19 Rn. 8). 89

Weitreichende Pauschalierungs- und Typisierungsbefugnisse des Gesetzgebers: Nach den Leitentscheidungen des BFH zu den Einkünften aus nichtselbständiger Arbeit aus der jüngeren Zeit stehen dem Gesetzgeber bei der Auswahl des Besteuerungsgegenstandes (→ Rn. 91) und bei der Ausgestaltung der Besteuerung im Vergleich zu weiteren Fällen des § 19 sowie zu anderen Einkunftsarten (→ Rn. 92) weitreichende Pauschalierungs- und Typisierungsbefugnisse zu. 90

Legislative Möglichkeiten zur Erweiterung des steuerbegründenden Veranlassungszusammenhangs zum Dienstverhältnis: Nimmt man die Entstehungsgeschichte des § 19 in den Blick (→ Rn. 6 ff.), hat der Gesetzgeber jüngst in einem bisher nicht gekannten Ausmaß die in § 19 Abs. 1 S. 1 aufgezählten Steuertatbestände erweitert (§ 19 91

Abs. 1 S. 1 Nr. 1a zu Betriebsveranstaltungen, → Rn. 920 ff., und § 19 Abs. 1 S. 1 Nr. 3 S. 2 ff. zu Sonderzuwenden an Vorsorgeeinrichtungen, → Rn. 1084 ff.). Diese Möglichkeit des Gesetzgebers hat der BFH in seinen Vorlagebeschlüssen zur Besteuerung von Sonderzahlungen an Vorsorgeeinrichtungen nach § 19 Abs. 1 S. 1 Nr. 3 S. 2 ff., 40b Abs. 5 im Grundsatz akzeptiert. Sie verstößt nicht gegen den allgemeinen Gleichheitssatz (Art. 3 Abs. 1 GG), weil sich die Erweiterung der Einkünfte aus nichtselbständiger Arbeit im Rahmen der gesetzgeberischen **Gestaltungsfreiheit zur Erschließung neuer Steuerquellen** bewegt und der Gesetzgeber als Anknüpfungspunkt für die Einkommensbesteuerung einen **mit dem Arbeits- und Dienstverhältnis einhergehenden Vorteil** ausgewählt hat, der den herkömmlichen Tatbeständen des § 19 Abs. 1 S. 1 Nrn. 1 und 2 entspricht, weshalb sich die Erweiterung des Umfangs der Einkünfte aus nichtselbständiger Arbeit in die Systematik des § 19 Abs. 1 S. 1 einfügt (BFH 14.11.2013 – VI R 49/12, DStRE 2014, 385, anh. BVerfG 2 BvL 7/14; BFH 14.11.2013 – VI R 50/12, SteuK 2014, 142, BVerfG anh. 2 BvL 8/14). Daher wird der Gesetzgeber auch künftig die in § 19 Abs. 1 S. 1 aufgezählten Steuertatbestände erweitern können, wenn er einen mit dem Dienstverhältnis im weitesten Sinne veranlassten Vorteil zum Anknüpfungspunkt für die Besteuerung auswählt, also das Veranlassungsprinzip (→ Rn. 487 ff.) hinreichend beachtet, und den Steuertatbestand auch sonst dem allgemeinen Gleichheitssatz entsprechend ausgestaltet.

92 **Vollständig nachgelagerte Besteuerung von Versorgungsbezügen nunmehr verfassungsmäßig:** Auch sonst steht dem Gesetzgeber nach der Rechtsprechung des BFH eine weitreichende Typisierungsbefugnis zu. So hat der BFH die auch nach dem AltEinkG bestehende prinzipiell vollständig nachgelagerte Besteuerung von Versorgungsbezügen nach § 19 Abs. 1 S. 1 Nr. 2, Abs. 2 für die Übergangszeit bis 2040 gebilligt und hierbei die nur grob pauschalierende Steuerbegünstigung durch den Versorgungsfreibetrag und den Zuschlag zum Versorgungsfreibetrag (→ Rn. 1149 ff.) als ausreichende Kompensation für die vorübergehend noch ungleiche Besteuerung von Versorgungsbezügen und Sozialversicherungsrenten angesehen (BFH 7.2.2013 – VI R 83/10, BStBl. II 2013, 573). Überdies ist steuerliche Entlastung betrieblicher Zusatzversorgungen durch den Versorgungsfreibetrag und dessen Zuschlag erst ab dem Erreichen einer Altersgrenze im Vergleich zu Versorgungsbezügen aus öffentlich-rechtlichen Dienstverhältnissen, bei denen eine solche Altersgrenze nicht vorgesehen ist verfassungsrechtlich deshalb gerechtfertigt, weil der Gesetzgeber typisierend darauf abstellen durfte, dass Versorgungsbezüge zur Sicherung des Lebensunterhalts im Alter in privaten Dienstverhältnissen erst ab einem Alter von 63 Lebensjahren dienende Bezüge gewährt werden (BFH 7.2.2013 – VI R 12/11, BStBl. II 2013, 576).

93–95 *Einstweilen frei*

96 **b) Maßgebliche Debatten.** Ob Arbeitgeberzuwendungen Arbeitslohnqualität aufweisen, ist nach der Rechtsprechung des BFH auch anhand des Kriteriums des überwiegend eigenbetrieblichen Interesses zu bestimmen (→ Rn. 538 ff.). Diesem Merkmal misst *Krüger* indes nur die Qualität einer Hilfsüberlegung zu (*Krüger* DStR 2013, 2029 (2037)). Denn selbst wenn der Arbeitnehmer ein nicht unbeträchtliches eigenes Interesse an der Zuwendung habe, das überwiegend eigenbetriebliche des Arbeitgebers also abzulehnen sei, folge daraus nicht ohne Weiteres, das Arbeitslohn vorliege. Vielmehr sei ein Vorteil ist nur dann und nur insoweit Ertrag der Arbeit, als er zu einem privat konsumierbaren Vorteil führe. Erfolge die Zuwendung demgegenüber in die Berufssphäre des Arbeitnehmers und verbrauche sich dort für die Berufstätigkeit, liege kein Arbeitslohn vor (*Krüger* DStR 2013, 2029 (2032 und 2037)). Dies ist abzulehnen (→ Rn. 603).

97 Ansonsten **fehlt es an maßgeblichen Debatten,** obwohl der Steuertatbestand des § 19 durch Ergänzung des § 19 Abs. 1 S. 1 um weitere Nummern (→ Rn. 91) immer weiter ausgedehnt wird und sich dadurch vom klassischen Arbeitslohnbegriff entfernt. Auch wird allgemein kein Anstoß daran genommen, dass die Finanzverwaltung das Lohnsteuerrecht durch detaillierte, im Kern jedoch auf (teilweise zu) **stark vereinfachende Verwaltungsvorschriften** prägt (zB → Rn. 502 ff., zu Aufmerksamkeiten, → Rn. 538 ff., zum überwiegend eigenbetrieblichen Interesse).

98–100 *Einstweilen frei*

B. Voraussetzungen und Rechtsfolgen

I. Enumeration der Einkünfte aus nichtselbständiger Arbeit (§ 19 Abs. 1)

Ein auf starke Typisierung angelegter Tatbestand: § 19 Abs. 1 S. 1 regelt ausdrücklich nur **vier Tatbestände.** Diesen gemeinsam ist eine Bereicherung des Arbeitnehmers durch den Arbeitgeber, die durch das zwischen dem Arbeitnehmer und dem Arbeitgeber bestehenden Dienstverhältnis veranlasst ist. Hinsichtlich der Veranlassung durch das Dienstverhältnis ist im Rahmen der vier Tatbestände nach dem Grund der Bereicherung zu unterscheiden: Beim Grundtatbestand des § 19 Abs. 1 S. 1 **Nr. 1** (→ Rn. 105 ff.) ist die Einnahme durch das **gegenwärtige Dienstverhältnis** veranlasst (Gehälter, Löhne und andere Bezüge, die „für eine Beschäftigung" im öffentlichen oder privaten Dienst gewährt werden, kurz: Arbeitslohn, → Rn. 467 ff.). Dagegen sind die Einnahmen bei § 19 Abs. 1 S. 1 **Nr. 2** (→ Rn. 1005 ff.) durch das **frühere Arbeitsverhältnis** veranlasst (Bezüge und Vorteile „aus früheren Dienstleistungen", kurz: Ruhegelder). Seit dem VZ 2015 benennt das Gesetz in § 19 Abs. 1 S. **Nr. 1a** (→ Rn. 920 ff.) ausdrücklich die Zuwendungen eines Arbeitgebers anlässlich von **Betriebsveranstaltungen,** wobei auch im Rahmen dieses Tatbestandes gegenwärtige und frühere Dienstverhältnisse diese Zuwendungen veranlasst haben müssen. § 19 Abs. 1 S. 1 **Nr. 3** betrifft durch das Dienstverhältnis veranlasste **Arbeitgeberleistungen für eine betriebliche Altersversorgung** (laufende Arbeitgeberleistungen und Sonderzahlungen). Diese Norm wurde bereits für den VZ 2007 eingeführt. § 19 Abs. 1 S. 2 enthält klarstellende Ergänzungen zu den Steuertatbeständen des § 19 Abs. 1 S. 1 (Kirchhof/*Eisgruber* § 19 Rn. 1). 101

Einstweilen frei 102–104

1. Bezüge und Vorteile für eine aktuelle Beschäftigung im öffentlichen oder privaten Dienst (§ 19 Abs. 1 S. 1 Nr. 1)

a) Allgemeines. aa) Struktur des in § 19 Abs. 1 S. 1 Nr. 1 gefassten Steuertatbestandes. Enumeration einzelner Bezüge und Skizzierung des Steuertatbestandes: In § 19 Abs. 1 S. 1 Nr. 1 sind typische Beispiele für Einnahmen aus nichtselbständiger Arbeit (etwa Gehälter, Löhne und Gratifikationen) enthalten. Darüber hinaus wird dort jedoch auch der zentrale Tatbestand des § 19 skizzenhaft umschrieben (→ Rn. 106), allerdings ohne den Erfolgstatbestand des Arbeitslohnbegriff zu verwenden und das Veranlassungsprinzip (→ Rn. 487 ff.) zu vertiefen (KSM/*Breinersdorfer* § 19 Rn. B 201): Auch „andere Bezüge und Vorteile" „für" eine „Beschäftigung im öffentlichen oder privaten Dienst" zählen zu den Einnahmen aus nichtselbständiger Arbeit. An der Gesetzesfassung wird kritisiert, dass darin die nichtselbständige Arbeit als „Beschäftigung im öffentlichen oder privaten Dienst" beschrieben und mithin nur ein Begriff durch einen anderen ersetzt wird, ohne die nichtselbständige Arbeit näher zu definieren (KSM/*Breinersdorfer* § 19 Rn. B 13 f.). Teilweise wird der Tatbestand auch als unvollständig qualifiziert (HHR/*Pflüger* § 19 Rn. 51). Indes ist die Vielgestaltigkeit und fortschreitende Wandlung des Arbeitslebens letztlich nur mit einem **leitbildartigen Typus** zu fassen, der mithilfe einer generalisierenden Regelung die Vielfalt der Massenfälle hinreichend benennt (Blümich/*Geserich* § 19 Rn. 45; Kirchhof/*Eisgruber* § 19 Rn. 12) und um der Gleichheit willen möglichst unausweichlich gestaltet sein muss (Kirchhof/*Eisgruber* § 19 Rn. 12). 105

Kriterien des Steuertatbestandes: Die Elemente des in § 19 Abs. 1 S. 1 Nr. 1 geregelten Steuertatbestandes sind nach der generalisierenden Umschreibung im Gesetz eine Beschäftigung im öffentlichen bzw. privaten Dienst, also ein Dienstverhältnis (→ Rn. 122 ff.), das zwischen einem Arbeitnehmer (→ Rn. 173 ff.) und seinem Arbeitgeber (→ Rn. 462 ff.) geschlossen wurde. Das Tatbestandsmerkmal „für" erfordert den durch ein Dienstverhältnis veranlassten (→ Rn. 487 ff.) Zufluss (→ Rn. 881 ff.) in Form von Geld oder Geldeswert als Äquivalent dafür, dass der Arbeitnehmer dem Arbeitgeber seine individuellen Arbeitskraft zur Verfügung stellt, kurz Arbeitslohn (→ Rn. 467 ff.). 106

Einstweilen frei 107–108

bb) Verhältnis zu anderen Steuertatbeständen des § 19 Abs. 1 S. 1. Grundsätzliches: § 19 Abs. 1 S. 1 Nr. 1 ist der **Grundtatbestand der Einkünfte aus nichtselbständiger Arbeit.** Im Allgemeinen wird der nach § 19 Abs. 1 S. 1 der ESt zu unterwerfende Vorteil als **Arbeitslohn** bezeichnet. Soweit dieser Begriff auch für die Vorteile iSd § 19 Abs. 1 S. 1 Nrn. 1a 109 bis 3 Verwendung findet (vgl. zB § 40 Abs. 2 S. 1 Nr. 2 in Bezug auf § 19 Abs. 1 S. 1 Nr. 1a), wird dadurch dem Umstand nicht hinreichend Rechnung getragen, dass die dort genannten Vorteile und Bezüge gerade kein „Arbeitslohn" im herkömmlichen Sinne sind. Denn § 19 Abs. 1 S. 1 Nr. 1a und § 19 Abs. 1 S. 1 Nr. 3 S. 2 ff. stellen eine Reaktion des Gesetzgebers auf die Rechtsprechung des BFH dar, wonach bestimmte Vorteile nicht unter den klassischen Arbeitslohnbegriff fallen (zu § 19 Abs. 1 S. 1 Nr. 1a → Rn. 933; zu § 19 Abs. 1 S. 1 Nr. 3 → Rn. 1058 f.; zur gesetzgeberischen Befugnis zur Erweiterung des § 19 → Rn. 91).

110 **Verhältnis zu § 19 Abs. 1 S. 1 Nr. 1a:** → Rn. 933.

111 **Verhältnis zu § 19 Abs. 1 S. 1 Nr. 2:** → Rn. 1009.

112 **Verhältnis zu § 19 Abs. 1 S. 1 Nr. 3:** → Rn. 1063.

113–115 *Einstweilen frei*

116 **cc) Verfassungsmäßigkeit des § 19 Abs. 1 S. 1 Nr. 1.** § 19 Abs. 1 S. 1 Nr. 1 ist verfassungsmäßig, erfasst er doch entsprechend der **Besteuerung nach der wirtschaftlichen Leistungsfähigkeit** dem Arbeitnehmer zufließende Vorteile. Soweit teilweise der Begriff des Dienstverhältnisses als zu unbestimmt gesehen und darin ein Verstoß gegen **das Bestimmtheitserfordernis** gesehen wird (KSM/*Breinersdorfer* § 19 Rn. B 14 und B 17), ist dem zu widersprechen. Denn dem Gesetzgeber ist es nicht verwehrt, unbestimmte Rechtsbegriffe zu verwenden, solange den Fachgerichten eine hinreichende Konkretisierung gelingt (BVerfG 8.1.2004 – 1 BvR 864/03, NJW 2004, 1371). Das ist indes der Fall. Der BFH hat sich die Auslegung des Gesetzestextes durch § 2 LStDV zu eigen gemacht und dadurch zu einer eigenen, eine hinreichende Rechtssicherheit gewährleistenden Begriffsbestimmung gefunden (BFH 23.10.1992 – VI R 59/91, BStBl. II 1993, 303; BFH 14.6.1985 – VI R 150-152/82, BStBl. II 1985, 661; BFH 24.11.1961 – VI 183/59 S, BStBl. III 1962, 37; hierzu auch → Rn. 67).

117–119 *Einstweilen frei*

120 **dd) Zeitlicher Anwendungsbereich des § 19 Abs. 1 S. 1 Nr. 1.** § 19 Abs. 1 S. 1 Nr. 1 entspricht der Fassung des 1934 (→ Rn. 12) und ist seitdem unverändert anwendbar.

121 *Einstweilen frei*

122 **b) Dienstverhältnis. aa) Keine Legaldefinition von Dienstverhältnis, Arbeitnehmer und Arbeitgeber.** Eine Bestimmung des Begriffs des Dienstverhältnisses fehlt ebenso wie eine solche des Arbeitnehmers (→ Rn. 173 ff.) und des Arbeitgebers (→ Rn. 462) im. Allerdings ist das Dienstverhältnis in § 1 Abs. 2 LStDV – inhaltlich zutreffend → Rn. 67 – definiert. **Im Kern** verlangt ein Dienstverhältnis (BFH 20.11.2008 – VI R 4/06, BStBl. II 2009, 374; HHR/*Pflüger* § 19 Rn. 53), dass ein Arbeitnehmer (→ Rn. 173 ff.) einem Arbeitgeber (→ Rn. 462) seine Arbeitskraft in weisungsgebundener Eingliederung schuldet (→ Rn. 180 ff.). Dabei sind der Arbeitnehmer und der Arbeitgeber über das Dienstverhältnis miteinander verknüpft (vgl. HHR/*Pflüger* § 19 Rn. 52). Wesentliche Kriterien für ein Dienstverhältnis sind die in § 1 Abs. 2 LStDV genannten Merkmale der „Weisungsgebundenheit" und der „Eingliederung in einen geschäftlichen Organismus" (BFH 22.7.2008 – VI R 51/05, BStBl. II 2008, 981). Ob dies vorliegt, wird typischerweise bei der Arbeitnehmereigenschaft des Beschäftigten unter Durchführung einer **Gesamtwürdigung** geprüft (→ Rn. 173 ff.).

123–125 *Einstweilen frei*

126 **bb) Koinzidenz von Vorteil und Dienstverhältnis nicht notwendig. Früheres, gegenwärtiges oder künftiges Dienstverhältnis:** Da für das Vorliegen eines Dienstverhältnisses das Veranlassungsverhältnis maßgeblich ist (→ Rn. 488), ist es grundsätzlich ohne Bedeutung, ob das Dienstverhältnis im Zeitpunkt der Erzielung der Einkünfte noch besteht, noch nicht besteht, also ein Vorschuss gezahlt wird (zur besonderen Prüfung des Veranlassungszusammenhangs bei einem erst **künftigen Dienstverhältnis** → Rn. 555), oder es bereits beendet ist, mithin Nachzahlungen bzw. Zahlungen an Rechtsnachfolger erbracht werden (HHR/*Pflüger* § 19 Rn. 53). Auch wenn eine Leistung nach der Beendigung des Dienstverhältnisses gezahlt wird, ist zu überprüfen, ob insoweit die Veranlassung zum (beendeten) Dienstverhältnis durch sozialpolitische Zwecke überlagert worden ist (BFH 14.4.2005 – VI R 134/01, BStBl. II 2005, 569).

127 **Keine rückwirkende Herstellung des Veranlassungszusammenhangs:** Lässt sich im Zeitpunkt der Leistung ein eindeutiger Veranlassungszusammenhang zu einem künftigen Dienstverhältnis (→ Rn. 555) nicht feststellen, kann ein solcher auch nicht mehr rückwir-

kend hergestellt werden, da das Dienstverhältnis ein tatsächlicher Zustand ist (vgl. BFH 8.5.2008 – VI R 50/05, BStBl. II 2008, 868; HHR/*Pflüger* § 19 Rn. 53). Sowohl das Bestehen eines Dienstverhältnisses als auch der erforderliche Veranlassungszusammenhang sind tatsächliche Zustände, die im Steuerrecht durch rückwirkende Gestaltung grundsätzlich nicht herbeigeführt werden können. Keine Rückwirkung sind allerdings schriftliche Nachtragsvereinbarungen, wenn dadurch bereits zuvor mündlich getroffene und tatsächlich vollzogene Absprachen schriftlich fixiert werden (BFH 27.8.1996 – IX R 86/93, BStBl. II 1997, 47). Da die tatsächliche Durchführung relevant ist, sind auch (verschleierte) **Schwarzlohnzahlungen** zu versteuern (vgl. BGH 5.6.2013 – 1 StR 626/12, NZWiSt 2014, 238).

Einstweilen frei **128–130**

cc) Zivilrechtliche Wirksamkeit des Dienstverhältnisses unmaßgeblich. Der steuerrechtliche **Begriff des Dienstverhältnisses ist gegenüber demjenigen des Zivilrechts eigenständig.** Die zivilrechtliche Trennung von **Dienst- und Arbeitsvertrags** hat steuerrechtlich keine Bedeutung; beide Verhältnisse fallen unter dem Begriff des Dienstverhältnisses (BFH 7.4.1972 – VI R 58/69, BStBl. II 1972, 643). Des Weiteren ist nach §§ 40, 41 AO die zivilrechtliche Wirksamkeit des Dienstverhältnisses für das Steuerrecht grundsätzlich irrelevant, sofern die Beteiligten von der Gültigkeit des Vertrages ausgehen und sich entsprechend verhalten (Blümich/*Geserich* § 19 Rn. 57). Mithin können auch **sittenwidrige Tätigkeiten** Inhalt eines steuerrechtlichen Dienstverhältnisses sein (zB BFH 18.2.2005 – VI B 86/04, BFH/NV 2005, 1061; HHR/*Pflüger* § 19 Rn. 83; Blümich/*Geserich* § 19 Rn. 57; Schmidt/*Krüger* § 19 Rn. 12; Kirchhof/*Eisgruber* § 19 Rn. 17). Zu dem Erfordernis der zivilrechtlichen Wirksamkeit bei **nahen Angehörigen** → Rn. 143. **131**

Einstweilen frei **132–134**

dd) Reichweite des Dienstverhältnisses. Ein Beschäftigter kann steuerrechtlich **mehrere Dienstverhältnisse nebeneinander** ausüben. Daher ist die steuerrechtliche Einordnung jede dieser Tätigkeiten für sich und nach ihren jeweiligen Merkmalen zu beurteilen (Blümich/*Geserich* § 19 Rn. 80: „**Grundsatz der getrennten Beurteilung einzelner Tätigkeiten**"; Aufgabe der sog. „Abfärbetheorie" seit BFH 22.3.1968 – VI R 228/67, BStBl. II 1968, 455, zum Gerichtsreferendar; neuere Rspr.: BFH 22.11.1996 – VI R 59/96, BStBl. II 1997, 254; BFH 7.2.1980 – IV R 37/76, BStBl. II 1980, 321; BFH 21.3.1975 – VI R 60/73, BStBl. II 1975, 513). Maßgeblich ist insbesondere, ob der Arbeitnehmer für einen Dritten (→ Rn. 136) oder für seinen Arbeitgeber (→ Rn. 137) tätig wird (Kirchhof/*Eisgruber* § 19 Rn. 52). **135**

Ist der **Arbeitnehmer auch für einen Dritten** tätig, bestimmt sich die Frage nach der (Un-)Selbständigkeit nach allgemeinen Kriterien. Ausgehend vom Grundsatz der getrennten Beurteilung einzelner Tätigkeiten indiziert die Unselbständigkeit der Haupttätigkeit grundsätzlich nicht die Unselbständigkeit der Neben-, Hilfs- oder Aushilfstätigkeit, auch wenn dem Beschäftigten dabei das (haupt-)beruflich erworbene Wissen und Können zugutekommt (BFH 21.3.1975 – VI R 60/73, BStBl. II 1975, 513; Schmidt/*Krüger* § 19 Rn. 28). **136**

Hauptberuflicher Arbeitnehmer erbringt weitere Leistungen an den Arbeitgeber: Die Frage, zu welcher Einkunftsart die Einkünfte eines Arbeitnehmers aus einer Nebentätigkeit gehören, ist allerdings dann nicht unabhängig von der Art der Haupttätigkeit zu beurteilen, wenn die **Nebeneinkünfte vom Arbeitgeber** der Haupttätigkeit stammen: In diesem Fall sind die Einnahmen aus der Nebentätigkeit wie diejenigen aus der Haupttätigkeit zu beurteilen, wenn (1.) beide Tätigkeiten gleichartig sind und die Nebentätigkeit unter ähnlichen organisatorischen Bedingungen ausgeübt wird wie die Haupttätigkeit oder wenn (2.) der Steuerpflichtige mit der Nebentätigkeit ihm aus seinem Dienstverhältnis – faktisch oder rechtlich – obliegende Nebenpflichten erfüllt (BFH 22.11.1996 – VI R 59/96, BStBl. II 1997, 254; BFH 7.2.1980 – IV R 37/76, BStBl. II 1980, 321). **Gleichartige,** eng **mit der Haupttätigkeit verbundene Leistungen** sind zB gegeben bei zusätzlichen Unterrichtsstunden einer Lehrkraft (Kirchhof/*Eisgruber* § 19 Rn. 53) oder wahlärztlichen Tätigkeit eines Chefarztes (BFH 5.10.2005 – VI R 152/01, BStBl. II 2006, 94). **137**

Faktisch obliegende Nebenpflichten liegen zB vor, wenn Beschäftigte sich neben ihrer Haupttätigkeit für die Übernahme weiterer Tätigkeiten entscheiden, und sie sich ihrem Arbeitgeber gegenüber dadurch in der Weise binden, dass sie ihm ihre Arbeitskraft zur fremdbestimmten Nutzung zur Verfügung stellen und so weisungsgebunden für ihn nicht- **138**

selbständig tätig sind (BFH 7.11.2006 – VI R 81/02, BFH/NV 2007, 426, zur Hostessentätigkeit und Weitergabe von Informationen über Grundstückskaufabsichten und Grundstücksverkaufsabsichten der Arbeitnehmer eines Kreditinstituts); bei der Beratung für Verhandlungen über den Verkauf des Betriebs (BFH 1.2.2001 – IV R 57/99, BStBl. II 2001, 546).

139 **Rechtlich obliegende Nebenpflichten** sind gegeben etwa bei Prüfungstätigkeiten eines Universitätsprofessors an der Hochschule, nicht aber für Staatsprüfungen (Kirchhof/*Eisgruber* § 19 Rn. 53; OFD München 23.12.1991, StEK § 19 Nr. 237); bei Tätigkeiten, die unter ähnlichen organisatorischen Umständen im Interesse des Arbeitgebers ausgeübt werden (zB Reisebüroangestellter vermittelt Reiseversicherungen, Kirchhof/*Eisgruber* § 19 Rn. 53). In den vorgenannten Fällen wird der zum Arbeitsverhältnis bestehenden Zusammenhang auch dann nicht gelöst, wenn das **Entgelt erst nach Beendigung des Arbeitsverhältnisses** der Höhe nach **festgelegt und gezahlt** worden ist (BFH 20.12.2000 – XI R 32/00, BStBl. II 2001, 496). Bietet dagegen der Arbeitgeber dem Arbeitnehmer die bloße Möglichkeit, die während der nichtselbständigen Arbeit erworbenen oder die der nichtselbständigen Tätigkeit dienenden Fähigkeiten außerhalb der vereinbarten Dienstzeit ohne aus dem Arbeitsvertrag sich ergebende Weisungen und Kontrollbefugnisse des Arbeitgebers zu verwerten, kann die dem Arbeitgeber erbrachte **(Neben-)Tätigkeit eine selbständige Tätigkeit** sein (BFH 7.2.1980 – IV R 37/76, BStBl. II 1980, 321; Schmidt/*Krüger* § 19 Rn. 29).

140–142 *Einstweilen frei*

143 **ee) Spezielle Ausprägungen des Dienstverhältnisses. Dienstverhältnisse zwischen Ehegatten und Partnern einer eingetragenen Lebenspartnerschaft:** Ein Dienstverhältnis zwischen Ehegatten (und nunmehr auch zwischen Partnern einer eingetragenen Lebenspartnerschaft, vgl. § 2 Abs. 8) kann mit steuerrechtlicher Wirkung prinzipiell nur dann anerkannt werden, wenn die Beteiligten des Vertrages ihre jeweiligen Pflichten erfüllen, dh der Beschäftigte die vertraglich geschuldete Arbeitsleistung erbringt und der Auftraggeber seinerseits alle Arbeitgeberpflichten, insbesondere die der Lohnzahlung, erfüllt und der Vertrag sowohl nach seinem Inhalt als auch nach seiner tatsächlichen Durchführung **dem zwischen Fremden Üblichen entspricht.** Denn auch insoweit gilt es festzustellen, ob die Vertragsbeziehung und die auf ihr beruhenden Leistungen tatsächlich dem betrieblichen und nicht – zB als Unterhaltsleistungen – dem Privatbereich des § 12 Nr. 1 und 2 zuzurechnen sind und auch nicht durch schuldrechtliche Verträge in den Bereich der Einkünfteerzielung (§ 2) verlagert werden (BFH 18.10.2007 – VI R 59/06, BStBl. II 2009, 200).

144 Die Mithilfe des Ehegatten, die nach Art und Umfang über den Rahmen **unbedeutender Hilfeleistungen** nicht hinausgeht und nach den Verhältnissen der Ehegatten üblich ist, wird steuerrechtlich regelmäßig auch dann als Mitarbeit auf familienrechtlicher Grundlage zu behandeln sein, wenn die Ehegatten einen Arbeitsvertrag geschlossen haben (BFH 27.10.1978 – VI R 166, 173, 174/76, BStBl. II 1979, 80, **Reinigung eines steuerlich anerkannten häuslichen Arbeitszimmers** durch den Ehegatten, wenn die Reinigung nach Art und Umfang über den Rahmen einer üblicherweise auf familienrechtlicher Grundlage unentgeltlich erbrachten unbedeutenden Hilfeleistung nicht hinausgeht). Die Grundsätze über Verträge zwischen nahen Angehörigen kommen überdies bei **geschiedenen Ehegatten bzw. Partnern einer eingetragenen Lebenspartnerschaft** (vgl. BFH 20.11.2002 – X B 6/02, BFH/NV 2003, 318) oder **getrennt lebenden Ehegatten/Partnern einer eingetragenen Lebenspartnerschaft** jedenfalls dann zur Anwendung, wenn Anhaltspunkte für das Fehlen gegenläufiger Interessen vorliegen (vgl. BFH 1.12.2004 – X R 4/03, BFH/NV 2005, 549). Die **Intensität der erforderlichen Prüfung** der Fremdüblichkeit der Vertragsbedingungen ist auch vom Anlass des Vertragsschlusses abhängig: Hätte zB der Steuerpflichtige im Falle der Nichtbeschäftigung seines Angehörigen einen fremden Dritten einstellen müssen, ist der Fremdvergleich weniger strikt durchzuführen als wenn der Angehörige für solche Tätigkeiten eingestellt wird, die üblicherweise vom Steuerpflichtigen selbst oder unentgeltlich von Familienangehörigen erledigt werden (BFH 17.7.2013 – X R 31/12, BStBl. II 2013, 1015). Leistet der als Arbeitnehmer beschäftigte Angehörige **unbezahlte Mehrarbeit** über seine vertragliche Stundenzahl hinaus, steht dies der Annahme, das Arbeitsverhältnis sei tatsächlich durchgeführt worden, grundsätzlich nicht entgegen; etwas anderes gilt nur, wenn die vereinbarte Vergütung schlechterdings nicht mehr als Gegenleistung für die Tätigkeit des Angehörigen angesehen werden kann und deshalb auf das Fehlen eines Rechtsbindungswillens zu schließen ist (BFH 17.7.2013 – X R 31/12, BStBl. II 2013, 1015).

Bei diesem Vergleich ist jedoch zu beachten, dass **geringfügige Abweichungen** einzelner Sachverhaltsmerkmale vom Üblichen sowohl bezüglich des Vertragsinhalts als auch bezüglich der Vertragsdurchführung für sich allein nicht stets zur steuerlichen Nichtanerkennung des Arbeitsverhältnisses führen müssen (BFH 18.10.2007 – VI R 59/06, BStBl. II 2009, 200 mwN). Gerade bei **geringfügiger Beschäftigung** Angehöriger sind Unklarheiten bei der Wochenarbeitszeit für die steuerliche Anerkennung des Arbeitsverhältnisses nicht schädlich, wenn die Arbeitszeit von den betrieblichen oder beruflichen Erfordernissen des Steuerpflichtigen abhängt und deshalb letztlich unbestimmt und nur in Schätzwerten anzugeben ist; in einem solchen Fall ist die Unklarheit auf die Eigenart des Arbeitsverhältnisses zurückzuführen und nicht auf eine unübliche Gestaltung (BFH 21.1.1999 – IV R 15/98, BFH/NV 1999, 919 mwN). Bei Hilfstätigkeiten von untergeordneter Bedeutung können zum Nachweis der erbrachten Arbeitsleistung Belege (zB Stundenzettel) erforderlich sein (BFH 17.5.2001 – IV B 71/00, BFH/NV 2001, 1390). Die unterbliebene Führung von Arbeitszeitnachweisen betrifft – sofern nicht aus einem betriebsinternen Fremdvergleich Gegenteiliges folgt – in der Regel aber nicht die Frage der Fremdüblichkeit der Arbeitsbedingungen, sondern hat vorrangig Bedeutung für den dem Steuerpflichtigen obliegenden Nachweis, dass der Angehörige tatsächlich Arbeitsleistungen jedenfalls in dem vertraglich vereinbarten Umfang erbracht hat (BFH 17.7.2013 – X R 31/12, BStBl. II 2013, 1015). **145**

Ist ein Arbeitnehmer wegen anderer beruflicher Verpflichtungen nicht in der Lage, ein Aufgabengebiet in vollem Umfang selbst zu betreuen, kommt ein **Ehegatten-Unterarbeitsverhältnis** (gleiches gilt für Partner einer eingetragenen Lebenspartnerschaft) hierüber jedenfalls dann nicht in Betracht, wenn solche Tätigkeiten sonst ehrenamtlich von Dritten unentgeltlich übernommen werden (BFH 22.11.1996 – VI R 20/94, BStBl. II 1997, 187), wenn der Arbeitnehmer einer höchstpersönlichen Dienstleistungs- und Geheimhaltungspflicht unterliegt (FG Köln 28.6.2000 – 15 K 4044/94, EFG 2000, 994, rkr.), wenn es sich um Aufgaben handelt, die im Rahmen einer ehelichen Lebensgemeinschaft bei Gelegenheit der privaten Lebensführung üblicherweise miterledigt werden (FG Hamburg 2.12.1994 – V 80/92, EFG 1995, 427, rkr.; FG Niedersachsen 9.5.2001 – 12 K 711/95, EFG 2001, 1181, rkr.), wenn der Partner für eine üblicherweise von Dritten erbrachte Tätigkeit (hier: Chauffeur) gleichsam „rund um die Uhr" zur Verfügung steht und hierfür einen unüblich geringen Arbeitslohn bezieht (FG Nürnberg 15.8.2003 – VI 284/1999, DStRE 2004, 243, rkr.). **146**

Dienstverhältnisse mit Eltern als Arbeitgeber von Kindern und umgekehrt: **147**
Ebenso wie bei Verträgen zwischen Ehegatten bzw. Partnern einer eingetragenen Lebenspartnerschaft (→ Rn. 143) bedarf auch die Anerkennung von Verträgen zwischen Eltern und ihren Kindern für deren Anerkennung einer besonderen Prüfung, da auch insoweit eine Abgrenzung zwischen der steuerrechtlich unmaßgeblichen Privat- und der steuerrechtlich relevanten Erwerbssphäre vorzunehmen ist (BFH 16.1.2003 – IX B 172/02, BStBl. II 2003, 301, mwN; BFH 19.8.1971 – IV R 121/66, BStBl. II 1972, 172). Als zusätzliches Indiz ist in diesen Fällen auch ist die **Wirksamkeit** zu überprüfen.

Zustandekommen des Vertrags: Zivilrechtlich sind Eltern von der Vertretung ihrer minderjährigen Kinder ausgeschlossen (vgl. § 177 Abs. 1 BGB, § 181 BGB, § 1629 Abs. 2 S. 1 BGB, § 1795 Abs. 1 Nr. 1 BGB), sodass zur Wirksamkeit von Verträgen grundsätzlich eine Ergänzungspflegschaft (§ 1909 BGB) erforderlich ist. Indes ist die Bestellung eines Ergänzungspflegers für die bürgerlich-rechtliche Wirksamkeit eines Ausbildungs- und Arbeitsverhältnisses nicht erforderlich (vgl. dazu insbesondere BFH 13.7.1999 – VIII R 29/97, BStBl. II 2000, 386; im Ergebnis ebenso R 4.8 Abs. 3 S. 1 EStR 2014). **148**

Verstoß gegen das JArbSchG: Arbeitsverhältnisse mit **Kindern unter 15 Jahren** verstoßen jedoch im Allgemeinen (§§ 2, 5 und 7 JArbSchG) gegen das **JArbSchG** und können deshalb – es liegt ein gesetzliches Verbot iSd § 134 BGB vor – auch steuerrechtlich nicht anerkannt werden (Blümich/*Wied* § 4 Rn. 940 „Arbeitsverhältnisse mit Kindern"; Heuermann/Wagner LSt/*K. Wagner* D Rn. 147; R 4.8 Abs. 3 S. 2 EStR 2014). **Ausnahmen vom Beschäftigungsverbot** sieht § 5 JArbSchG vor. Danach dürfen Kinder und **Jugendliche über 13 Jahre** mit Einwilligung, also vorheriger Zustimmung, der Personenberechtigten beschäftigt werden, wenn die Tätigkeit leicht und für Kinder geeignet ist; die tägliche **149**

Höchstarbeitszeit beträgt zwei Stunden, in der Landwirtschaft drei Stunden. In der Zeit von 18.00 Uhr bis 8.00 Uhr ist die Tätigkeit ebenso generell untersagt wie in der Zeit vor oder während des Schulunterrichts. Allerdings ist während Schulferien eine Beschäftigung von bis zu vier Wochen zulässig. Ferner können bestimmte Tätigkeit im kulturellen bzw. unterhaltenden Bereich (vgl. die Aufzählung in § 6 Abs. 1 JArbSchG) mit behördlicher Ausnahmebewilligung ausgeübt werden. **Jugendliche von 15 bis 17 Jahren,** die noch zum Besuch einer Vollzeitschule verpflichtet sind (dies bestimmt sich nach den jeweiligen Landesschulgesetzen), sind Kindern gleichgestellt (§ 2 Abs. 3 JArbSchG). Mit dem Eintritt der **Volljährigkeit** greift der Jugendschutz generell nicht mehr. Dabei beruht die fehlende steuerliche Anerkennung im Hinblick auf §§ 40 und 41 AO nicht auf dem Schutzgedanken des JArbSchG (so jedoch Heuermann/Wagner LSt/*K. Wagner* C Rn. 147), sondern darauf, dass aufgrund der schutzrechtlich motivierten rechtlichen Nichtanerkennung von Arbeitsverhältnissen mit Kindern diese typischerweise nicht abgeschlossen zu werden pflegen und mithin **nicht fremdüblich** sind.

150 **Untergeordnete Tätigkeiten (Hilfeleistungen),** die üblicherweise auf familienrechtlicher Grundlage (§ 1619 BGB) erbracht werden, eignen sich nicht als Inhalt eines mit einem Dritten zu begründenden Arbeitsverhältnisses; hierüber geschlossene Verträge können deshalb steuerlich keine Anerkennung beanspruchen (BFH 8.12.1993 – IV R 14/92, BStBl. II 1994, 298). Dies gilt zB für die Entgegennahme von Telefonanrufen, Mithilfe bei Wochenendbereitschaft in einem Arzthaushalt, Chauffeurdienste bei Patientenbesuchen, ggf. iVm dem Waschen der Praxiswäsche (BFH 17.3.1988 – IV R 188/85, BStBl. II. 1988, 632; BFH 9.12.1993 – IV R 14/92, BStBl. II 1994, 298) oder für Botengänge und nicht näher konkretisierte Büroarbeiten schulpflichtiger Kinder in einer Versicherungsagentur (BFH 23.6.1988 – IV R 129/86, BFH/NV 1989, 219). Allerdings gilt anderes für Arbeitsverhältnisse über **nicht nur gelegentliche Aushilfstätigkeiten:** Halten diese einem Fremdvergleich stand (BFH 25.1.1989 – IV R 168/87, BStBl. II 1989, 453, stundenweise Aushilfe beim Verkauf oder der Buchhaltung eines Lebensmittelgeschäfts; BFH 30.6.1989 – III R 130/86, BFH/NV 1990, 224, Mitarbeit in Gärtnerei), sind sie selbst dann der Besteuerung zugrunde zu legen, wenn das Arbeitsverhältnis an die Stelle der familienrechtlichen Grundlage des § 1619 BGB getreten ist (BFH 13.7.1994 – I B 133/93, BFH/NV 1994, 816). Die **Gewährung freier Wohnung und Verpflegung** kann – wenn sonst auch in der Weise üblich – zwar Teil der arbeitsvertragliche Vergütung sein (vgl. EStR 4.8 Abs. 3 S. 3), zu prüfen ist hier allerdings, ob nicht bloß Unterhalt in Form von Beköstigung, Bekleidung, Unterkunft oder Taschengeld gewährt werden soll und das Dienstverhältnis damit nicht der steuerrechtlich relevanten Erwerbssphäre zuzuordnen ist (BFH 19.8.1971 – IV R 121/66, BStBl. II 1972, 172). Die vorgenannten Grundsätze gelten gleichermaßen, wenn die **Kinder Arbeitgeber ihrer Eltern** sind (BFH 21.1.1999 – IV R 15/98, BFH/NV 1999, 919; BFH 8.10.1986 – I R 209/82, BFH/NV 1988, 434).

151 **Dienstverhältnisse mit sonstigen nahestehenden Personen:** Die für Dienstverhältnisse zwischen Ehegatten bzw. Partnern einer eingetragenen Lebenspartnerschaft maßgeblichen Prinzipien (→ Rn. 143) gelten auch für Dienstverhältnisse zwischen **Geschwistern und Verschwägerten** (BFH 7.5.1996 – IX R 69/94, BStBl. II 1997, 196; Blümich/*Geserich* § 19 Rn. 92; Heuermann/Wagner LSt/*K. Wagner* C Rn. 160). Die für Ehegatten und Partnern einer eingetragenen Lebenspartnerschaft geltenden Grundsätze (→ Rn. 143) finden allerdings keine Anwendung bei Verträgen zwischen **Verlobten** (BFH 17.1.1985 – IV R 149/84, BFH/NV 1986, 148) bzw. **in einer nichtehelichen Lebensgemeinschaft lebenden Personen** (BFH 14.4.1988 – IV R 225/85, BStBl. II 1988, 670). Auch bei diesen kann aber im Einzelfall ein den Gleichklang wirtschaftlicher Interessen indizierendes Näheverhältnis vorliegen. Dessen Feststellung bedarf allerdings besonderer Anhaltspunkte. Ein Leistungsaustausch kann dann ggf. als steuerrechtlich irrelevant einzustufen sein (BFH 20.1.2003 – IX B 94/02, BFH/NV 2003, 617; BFH 17.12.2003 – IX R 9/01, BFH/NV 2004, 1274), auch wenn er auf der Grundlage eines Dienstvertrages erbracht worden ist (BFH 22.4.1998 – X R 163/94, BFH/NV 1999, 24, Verlobte; BFH 19.5.1999 – XI R 120/96, BStBl. II 1999, 764, in einer nichtehelichen Lebensgemeinschaft lebende Personen; FG Münster 26.6.2001 – 1 K 2431/99 E, G, EFG 2001, 1541, Geschwister, rkr.).

152 **Gefälligkeitsverhältnisse:** Kein Bestandteil des Dienstverhältnisses sind bloße Gefälligkeiten (Blümich/*Geserich* § 19 Rn. 99; Schmidt/*Krüger* § 19 Rn. 35 „Gefälligkeit“; Kirchhof/

Eisgruber § 19 Rn. 19). Gefälligkeiten sind solche Tätigkeiten, denen eine rechtsgeschäftliche Grundlage fehlt und bei denen die auf persönlicher Verbundenheit beruhende freiwillige Dienstleistung im Vordergrund steht (Kirchhof/*Eisgruber* § 19 Rn. 19), zB Zahlungen im Bereich der Nachbarschafts- und Familienhilfe (Blümich/*Geserich* § 19 Rn. 99) Bei **Au-pair-Mädchen** wurde früher angenommen, dass das gegenseitige Kennenlernen und die Integration in das Familienleben im Vordergrund stehe (FG Hamburg 17.5.1982 – VI 198/79, EFG 1983, 21, rkr.; zustimmend *Risse* BB 1983, 680). Diese Betrachtungsweise trifft jedenfalls heute nicht mehr zu, da zunehmend das Anbieten von Dienstleistungen gegen Entgelt im Vordergrund steht (ähnlich Kirchhof/*Eisgruber* § 19 Rn. 19). Auch die **Umzugshilfe mit Fahrzeuggestellung** kann ein steuerrechtlich unbeachtliches Gefälligkeitsverhältnis sein, wenn diese Hilfe im Bekanntschaftsverhältnis wurzelt und geringfügig entlohnt wird (FG Hamburg 7.9.1999 – I 1154/97, EFG 2000, 13, rkr.). Gleiches gilt, wenn ein Schüler gegen ein geringes Entgelt **gelegentliche Gartenarbeiten** durchführt (vgl. FG Berlin 20.10.1970 – III 66/69, EFG 1971, 252, rkr.).

Ehrenämter unterscheiden sich von typischen Dienstverhältnissen insbesondere durch **153**
die **Art und Höhe der erhaltenen Vergütung** (BFH 22.7.2008 – VI R 51/05, BStBl. II 2008, 981). Die Ausübung eines Ehrenamtes kann ebenfalls ein Dienstverhältnis begründen, wenn der ehrenamtlich Tätige gegenüber seinem Arbeitgeber **weisungsgebunden und/oder organisatorisch bei diesem eingegliedert** ist (BFH 28.2.1975 – VI R 28/73, BStBl. II 1976, 134). Dabei spricht es für die Annahme eines Dienstverhältnisses, wenn die von dem ehrenamtlich Tätigen geschuldeten Dienste verhältnismäßig leicht erlernbar sind und keine umfangreiche Vorbildung erfordern (BFH 4.8.1994 – VI R 94/93, BStBl. II 1994, 944). Da die Einsätze für die ehrenamtlichen Helfer idR nicht arbeitstäglich stattfinden, ist bei der vergleichenden Abwägung, ob die ehrenamtlich Tätigen selbständig oder unselbständig tätig sind, nicht von den jeweils typischen Konditionen bei einer Dauertätigkeit, sondern von denjenigen einer **Aushilfstätigkeit** auszugehen: Danach ist die Eigenschaft als Arbeitnehmer nicht bereits deswegen abzulehnen, wenn sich der ehrenamtlich Tätige zu jedem Einsatz bereit erklären muss, also keine festen Arbeitszeiten hat, und zur Teilnahme nicht generell verpflichtet ist; auch das Fehlen von Ansprüchen auf Urlaub, Lohnfortzahlung, Überstundenvergütung und sonstige Sozialleistungen steht der Annahme eines Aushilfsarbeitsverhältnisses nicht in jedem Fall entgegen (BFH 4.8.1994 – VI R 94/93, BStBl. II 1994, 944). Wird eine **Vergütung** gezahlt, spricht dies für ein Dienstverhältnis, weil eine Leistung nicht ausschließlich aus ideellen Gründen erbracht wird, wenn ihr eine Gegenleistung gegenübersteht (BFH 25.10.1957 – VI 143/56 U, BStBl. III 1958, 15) und dies den Schluss rechtfertigt, dass die Tätigkeit nicht mehr aus Liebhaberei oder ideellen Gründen, sondern auch um des Entgelts willen verrichtet wird (BFH 4.8.1994 – VI R 94/93, BStBl. II 1994, 944). Zuflüsse aus einer ehrenamtlichen Tätigkeit sind also dann den Einkünften aus nichtselbständiger Arbeit zuzuordnen, wenn sie **nicht mehr als pauschale Erstattung der Selbstkosten** beurteilt werden können (BFH 4.8.1994 – VI R 94/93, BStBl. II 1994, 944). Allerdings können **geringfügige Entschädigungen** gegen ein Arbeitsverhältnis sprechen, wenn sie nur den tatsächlichen Aufwand des Sportlers abdecken sollen, weil solche Zahlungen noch nicht den Tatbestand der Einkunftserzielung verwirklichen, sondern sich noch im Bereich der Liebhaberei bewegen (BFH 23.10.1992 – VI R 59/91, BStBl. II 1993, 303). Zudem → Rn. 201 „**Wahlhelfer**".

Zwangsweise begründete Arbeitsverhältnisse: Ein Dienstverhältnis kann auch **154**
zwangsweise begründet werden (Blümich/*Geserich* § 19 Rn. 59; Schmidt/*Krüger* § 19 Rn. 13; Kirchhof/*Eisgruber* § 19 Rn. 18). Soweit dagegen angeführt wird, eine zwangsweise verrichtete Tätigkeit sei nicht auf Einkünfteerzielung gerichtet, sie bilde lediglich die Ableistung einer öffentlich-rechtlichen Pflicht und die Entgelte seinen als hoheitliche Fürsorgeleistungen nicht weder „Ertrag" noch „Frucht" einer Arbeit (so HHR/*Pflüger* § 19 Rn. 72 mwN), wird verkannt, dass gerade Zwangsverpflichtete in abhängiger Stellung tätig werden (ebenso Schmidt/*Krüger* § 19 Rn. 13), dass auch der durch öffentlichen Zwang Verpflichtete seine Arbeitskraft einsetzt und dafür ein Entgelt erhält (Blümich/*Geserich* § 19 Rn. 59) sowie dass aufgrund des für die Tätigkeit erhaltenen Entgelts nicht generell vom Fehlen eines Strebens nach einem Totalüberschuss gesprochen werden kann. Im Übrigen folgt die Weisungsgebundenheit auch bei Beamten und beamtenähnlichen Dienstverhältnissen, bei denen sich das Dienstverhältnis schon aus dem Gesetz ergibt (§ 19 Abs. 1 S. 1 Nr. 1: „Beschäftigung

im öffentlichen Dienst"), aus der zugrundeliegenden öffentlich-rechtlichen Dienstbeziehung (vgl. Heuermann/Wagner LSt/*K. Wagner* C Rn. 31). Mithin können etwa auch **Strafgefangene** oder **Wehrdienstleistende** ein steuerrechtlich erhebliches Dienstverhältnis begründen (Schmidt/*Krüger* § 19 Rn. 13). Indes fließen Zahlungen an **ehemalige Zwangsarbeiter** außerhalb eines Dienstverhältnisses, nämlich aufgrund öffentlich-rechtlicher Rechtsgrundlage, und mithin außerhalb der Einkommensteuertatbestände des zu (Schmidt/*Krüger* § 19 Rn. 13; im Ergebnis ebenso FM Bayern 5.8.1999, ESt-Kartei BY § 4 Abs. 4 Karte 10.1).

155–157 *Einstweilen frei*

158 **ff) Vom Arbeits- und Sozialrecht unabhängiger Begriff des Dienstverhältnisses. Dem Steuerrecht fremde Regelungszwecke irrelevant:** Ob ein Dienstverhältnis gegeben ist, beurteilt sich **nach eigenständigen steuerrechtlichen Maßstäben** (BFH 9.11.2004 – VI B 150/03, BFH/NV 2005, 347; Blümich/*Geserich* § 19 Rn. 50; HHR/*Pflüger* § 19 Rn. 61; KSM/*Breinersdorfer* § 19 Rn. B 34; *Schneider* HFR 2015, 1027 (1028); → Rn. 201 „Scheinselbständige"). Insoweit besteht **keine Bindung zwischen Arbeits- und Sozialversicherungsrecht einerseits und Steuerrecht andererseits;** dem Arbeits- und Sozialversicherungsrecht liegt der Gedanke der sozialen Schutzbedürftigkeit zugrunde, ein Regelungszweck, der dem Steuerrecht hingegen fremd ist (BFH 23.4.2009 – VI R 81/06, BStBl. II 2012, 262). Allerdings kann es im Rahmen der steuerrechtlichen Beurteilung eines Beschäftigungsverhältnisses ein **Indiz** sein, dass das **Arbeitsrecht** bzw. das **Sozialversicherungsrecht** ein nichtselbständiges Beschäftigungsverhältnis annimmt (BFH 23.4.2009 – VI R 81/06, BStBl. II 2012, 262). Das Arbeits- und Sozialversicherungsrecht seinerseits folgt – trotz eigener Regelungszwecke – ebenfalls einer „**Indizienlehre**" (KSM/*Breinersdorfer* § 19 Rn. B 33), wonach die Lohnsteuerpflicht ein „Indiz neben anderen Indizien" für das Vorliegen eines sozialversicherungsrechtlichen Beschäftigungsverhältnisses ist (BSG 5.3.2014 – B 12 R 4/12 R, DStR 2014, 2030). Beide Rechtsgebiete sind also jedenfalls indiziell miteinander verknüpft. Darüber hinaus entspricht es auch im Arbeits- und Sozialrecht ständiger Rechtsprechung, dass das Vorliegen einer abhängigen Beschäftigung – wie im Steuerrecht auch (→ Rn. 192) – unter Berücksichtigung der ausdrücklich getroffenen vertraglichen Vereinbarungen und deren tatsächlichen Durchführung zu beurteilen ist (vgl. *Schneider* HFR 2015, 1027 (1028) mwN zur Rspr. des BAG und des BSG).

159 **Vorgreiflichkeit der Einschätzung des Sozialversicherungsträgers:** Allerdings ist von der vorgenannten Frage, ob das Sozialversicherungs- und das Steuerrecht zu unterschiedlichen Ergebnissen bei der Einordnung einer Tätigkeit gegenseitig Bindungswirkungen entfaltet, von der Frage zu unterscheiden, ob sozialversicherungsrechtlich Arbeitslohn vorliegt und mithin nach § 3 Nr. 62 (teilweise) steuerfrei ist (HHR/*Pflüger* § 19 Rn. 61). Insoweit gilt nämlich, dass Entscheidungen des zuständigen Sozialversicherungsträgers über die Sozialversicherungspflicht eines Arbeitnehmers im Besteuerungsverfahren zu beachten sind, soweit sie nicht offensichtlich rechtswidrig sind; daher entscheidet sich die Frage, ob der Arbeitgeber gesetzlich zur Zahlung von Arbeitgeberanteilen zur Sozialversicherung verpflichtet ist, nach sozialversicherungsrechtlichen Vorschriften sowie obliegt den Krankenkassen als Einzugsstellen der Sozialversicherungsträger die Entscheidung, ob ein GmbH-Gesellschafter-Geschäftsführer in einem Beschäftigungsverhältnis steht (BFH 21.1.2010 – VI R 52/08, BStBl. II 2010, 703).

160–162 *Einstweilen frei*

163 **gg) Beteiligung Dritter am Dienstverhältnis. Dienstverhältnis üblicherweise nur im Zwei-Personenverhältnis:** Das Dienstverhältnis kann, da der Arbeitnehmer zur höchstpersönlichen Arbeitsleistung verpflichtet ist (→ Rn. 165) und je Dienstverhältnis nur ein Arbeitgeber existieren kann (Blümich/*Geserich* § 19 Rn. 134 f.; Kirchhof/*Eisgruber* § 19 Rn. 49; KSM/*Breinersdorfer* § 19 Rn. B 161) nur zwischen dem Arbeitnehmer und dem Arbeitgeber geschlossen worden, sodass sich die Rechte und Pflichte aus dem Dienstverhältnis nur in diesen Personen konkretisieren. Gleichwohl ist es denkbar, dass auf der Arbeitnehmerseite (→ Rn. 164) sowie auf der Arbeitgeberseite (→ Rn. 165) Dritte am Dienstverhältnis beteiligt werden.

164 **Beteiligung Dritter auf der Arbeitnehmerseite:** Dass andere Personen als der (ursprüngliche) Arbeitnehmer am Dienstverhältnis beteiligt sind, ist einmal bei **Rechtsnachfolgern** (Gesamt- und Einzelrechtsnachfolger) sowie bei **Hinterbliebenen** denkbar (→

Rn. 1028). **Kein Fall der Beteiligung eines Dritten** ist das sog. **Jobsharing,** also der Beteiligung mehrerer Personen am Dienstverhältnis in dem Sinne, dass sie sich den Arbeitsplatz und die aus dem Dienstverhältnis folgenden Arbeitnehmerrechte und -pflichten teilen. Hier ist nicht die auf den Zweck des Jobsharings gerichtete GbR Arbeitnehmerin, sondern dies sind sämtliche natürliche Personen selbst (HHR/*Pflüger* § 19 Rn. 60; KSM/*Breinersdorfer* § 19 Rn. B 142). Ebenso stellt es keine Beteiligung Dritter dar, wenn der Arbeitnehmer seinen Lohnanspruch an einen Dritten abtritt oder verpfändet, weil der abtretende Arbeitnehmer eine Zuwendung im gegenwärtigen Dienstverhältnis erhält (KSM/*Breinersdorfer* § 19 Rn. B 145; zum Lohnzufluss bei Abtretung → Rn. 571 bzw. bei Lohnpfändung → Rn. 895).

Beteiligung Dritter auf der Arbeitgeberseite: Einer Abtretung des Anspruchs auf Arbeitsleistung von dem Arbeitgeber auf einem Dritten steht grundsätzlich § 399 BGB iVm § 613 S. 2 BGB entgegen, nach dem der Anspruch auf die Dienste im Zweifel nicht übertragbar ist (KSM/*Breinersdorfer* § 19 Rn. B 160). Auf Arbeitgeberseite kann allerdings im Rahmen eines **Betriebsübergangs** der Arbeitgeber ausgetauscht werden (vgl. § 613a BGB). Selbst wenn der Arbeitgeber verpflichtet ist, seine Arbeitsleistung im Rahmen einer **Arbeitnehmerüberlassung** oder innerhalb eines **Konzerns** an eine andere Person als seinen Arbeitgeber zu erbringen, kann der Arbeitgeber auch insoweit die (lohn-)steuerrechtlichen Pflichten zu übernehmen haben (→ Rn. 462). Zu den Fällen des Arbeitslohns von Dritter Seite (→ Rn. 169). **165**

Einstweilen frei **166–168**

hh) Arbeitslohn von dritter Seite. Arbeitslohn kann ausnahmsweise auch bei der Zuwendung eines Dritten anzunehmen sein, wenn sie ein Entgelt „für" eine Leistung bildet, die der Arbeitnehmer im Rahmen des Dienstverhältnisses für seinen Arbeitgeber erbringt, erbracht hat oder erbringen soll (BFH 1.9.2016 – VI R 67/14, BStBl. II 2017, 69, verbilligte Überlassung einer GmbH-Beteiligung durch einen anderen Gesellschafter des Arbeitgebers; BFH 17.7.2014 – VI R 69/13, BStBl. II 2015, 41; BFH 28.2.2013 – VI R 58/11, BStBl. II 2013, 642; BFH 18.10.2012 – VI R 64/11, BFH/NV 2013, 131; BFH 20.5.2010 – VI R 41/09, BStBl. II 2010, 1022; jeweils mwN). Voraussetzung ist, dass sich die Zuwendung für den Arbeitnehmer als Frucht seiner Arbeit für den Arbeitgeber darstellt und im Zusammenhang mit dem Dienstverhältnis steht (BFH 17.7.2014 – VI R 69/13, BStBl. II 2015, 41). Dagegen liegt dann kein Arbeitslohn vor, wenn die Zuwendung wegen anderer Rechtsbeziehungen oder wegen sonstiger, nicht auf dem Dienstverhältnis beruhender Beziehungen zwischen Arbeitnehmer und Arbeitgeber gewährt wird (BFH 17.7.2014 – VI R 69/13, BStBl. II 2015, 41). Entsprechendes gilt, wenn die Zuwendung auf anderen Rechtsbeziehungen zwischen Arbeitnehmer und Drittem gründet (BFH 17.7.2014 – VI R 69/13, BStBl. II 2015, 41). **169**

Einstweilen frei **170–172**

c) Arbeitnehmer. aa) Begriff des Arbeitnehmers als offener Typusbegriff. Keine Legaldefinition im EStG: Der Begriff des Arbeitnehmers als solches ist in § 19 einzig in dem erst mit Wirkung ab dem VZ 2015 eingeführten § 19 Abs. 1 S. 1 **Nr. 1a** (→ Rn. 942 ff.) enthalten und damit entstehungsgeschichtlich erst seit Kurzem in der Norm des § 19 erwähnt. Zuvor war er allerdings in einem Großteil der Regelungen zum Lohnsteuerabzug (§§ 38a ff.) enthalten. Dagegen kennt § 19 Abs. 1 S. 1 Nr. 1 – die Grund- und Zentralnorm für die Einkünfte aus nichtselbständiger Arbeit – den Begriff des Arbeitnehmers nicht. Das Gesetz spricht an dieser Stelle allein vom Zuordnungsobjekt, also von Gehältern, Löhnen, Gratifikationen, Tantiemen und anderen Bezügen und Vorteilen für eine Beschäftigung im öffentlichen oder privaten Dienst. Einer Beschäftigung im öffentlichen oder privaten Dienst können im Bereich der nichtselbständigen Arbeit aber nur Personen nachgehen, die Arbeitnehmer sind. Welche Voraussetzung aber eine Person erfüllen muss, um Arbeitnehmer zu sein, ist weder in § 19 Abs. 1 S. 1 noch an anderer Stelle in § 19 und nicht sonst im EStG genannt. **173**

Legaldefinition in § 1 Abs. 1 S. 1 und Abs. 2 LStDV: Allerdings kann die LStDV zur Bestimmung des Arbeitnehmerbegriffs herangezogen werden und stellt eine zutreffende Auslegung des Gesetzes dar (→ Rn. 67). Die Legaldefinition des Arbeitnehmers folgt aus der Kombination von § 1 Abs. 1 S. 1 und Abs. 2 LStDV (HHR/*Pflüger* § 19 Rn. 60): Arbeitnehmer ist eine Person, die in der Betätigung ihres geschäftlichen Willens unter der Leitung **174**

des Arbeitgebers steht oder im geschäftlichen Organismus des Arbeitgebers dessen Weisungen zu folgen verpflichtet ist. § 1 Abs. 3 LStDV enthält noch eine **Negativabgrenzung:** Arbeitnehmer ist nicht, wer Lieferungen und sonstige Leistungen innerhalb der von ihm selbständig ausgeübten gewerblichen oder beruflichen Tätigkeit im Inland gegen Entgelt ausführt, soweit es sich um die Entgelte für diese Lieferungen und sonstigen Leistungen handelt. § 19 Abs. 1 S. 1 Nr. 2 und § 1 Abs. 1 S. 2 LStDV enthalten eine **Erweiterung des Arbeitnehmerbegriffs** auf Rechtsnachfolger und Hinterbliebene des Arbeitnehmers soweit sie Arbeitslohn aus dem früheren Dienstverhältnis ihres Rechtsvorgängers beziehen (→ Rn. 1028).

175 **Offener Typusbegriff:** Ebenso wie der Begriff des Dienstverhältnisses ist der Begriff des Arbeitnehmers ein offener Typusbegriff (BFH 29.3.2017 – I R 48/16, BFH/NV 2017, 1316; vgl. hierzu auch *P. Fischer* jurisPR-SteuerR 25/2012 Anm. 2), der nur durch eine **größere und unbestimmte Zahl von Merkmalen** beschrieben werden kann. Die Frage, ob jemand eine Tätigkeit selbständig oder nichtselbständig ausübt, ist deshalb anhand einer Vielzahl in Betracht kommender Merkmale (hierzu → Rn. 180 ff.) nach dem Gesamtbild der Verhältnisse zu beurteilen, wobei die Merkmale im konkreten Einzelfall jeweils zu gewichten und gegeneinander abzuwägen sind (BFH 11.8.2009 – VI B 46/08, BFH/NV 2009, 1814 mwN). Der offene Typusbegriff ist das rechtlich zulässige und für den Gesetzgeber gebotene Instrument, weil in der Praxis ständig neue Formen der Gestaltung von Arbeitsabläufen (zB **virtuelle Organisationskonzepte,** dh Auslagerung der Arbeit auf Heimarbeitsplätze mit gewissen Vergütungsrisiken), zu beurteilen sind (→ Rn. 201 „Virtuelle Organisationskonzepte“). Eine „klare Lösung“ des Gesetzgebers für derartige, aus dem Wandel der Industrie- in die Informationsgesellschaft resultierende neue Fragen, bedarf es entgegen einer Forderung in der Literatur (Heuermann/Wagner LSt/*K. Wagner* D Rn. 44) wegen der Offenheit des Typusbegriffs gerade nicht.

176 **Natürliche Personen:** Nur eine natürliche Personen kann Arbeitnehmer sein. Leistungen an juristische Personen (zB Pflichtbeiträge an Sozialversicherungsträger, Pensionszahlungen als Vermächtnisse an einen e.V.) gehen stets auf ein Dienstverhältnis zurück, in dem eine natürliche Peron steht oder stand (HHR/*Pflüger* § 19 Rn. 60). Die **Geschäftsfähigkeit** ist keine Voraussetzung des Arbeitnehmerbegriffs, sodass auch Geschäftsunfähige (zB ein einer Werkstatt für geistig behinderte Menschen, FG Münster 24.11.1993 – 8 K 828/91 L, EFG 1994, 658, rkr.) und beschränkt Geschäftsfähige Arbeitnehmer sein können (HHR/*Pflüger* § 19 Rn. 60; KSM/*Breinersdorfer* § 19 Rn. B 61).

177–179 *Einstweilen frei*

180 **bb) Die für das Vorliegen eines Arbeitnehmers maßgeblichen Kriterien im Einzelnen.** In zutreffender Gesetzesauslegung (→ Rn. 67) verlangt § 1 Abs. 2 Satz 1 LStDV das **Schulden der Arbeitskraft** (→ Rn. 181), was nach § 1 Abs. 2 S. 2 LStDV der Fall ist, wenn die tätige Person **in der Betätigung ihres geschäftlichen Willens unter der Leitung des Arbeitgebers steht** oder **im geschäftlichen Organismus des Arbeitgebers** dessen **Weisungen zu folgen** verpflichtet ist (→ Rn. 183 ff.). Über die in § 1 Abs. 2 LStDV genannten Merkmale hinaus verlangt das Dienstverhältnis noch, das bei dem Arbeitnehmer aufgrund seiner Tätigkeit kein **Vermögensrisiko** besteht (Blümich/*Geserich* § 19 Rn. 55; → Rn. 187). Dem offenen Typusbegriff des Arbeitnehmers entsprechend (→ Rn. 175) ist eine **Gesamtwürdigung** (→ Rn. 192 ff.) der nach dem gewollten und tatsächlich durchgeführten Rechtsverhältnis maßgeblichen Kriterien (→ Rn. 192) notwendig. Auf den Punkt gebracht verlangt die Arbeitnehmereigenschaft damit, dass der Arbeitnehmer dem Arbeitgeber den weisungsgebundenen Einsatz seiner Arbeitskraft schuldet (so KSM/*Breinersdorfer* § 19 Rn. B 62).

181 **Schulden der Arbeitskraft:** Bestandteil des Dienstverhältnisses ist, dass der Arbeitnehmer seine Arbeitskraft und gerade nicht den Arbeitserfolg schuldet (Blümich/*Geserich* § 19 Rn. 65; Schmidt/*Krüger* § 19 Rn. 25; Kirchhof/*Eisgruber* § 19 Rn. 23). Die **zivil- bzw. arbeitsrechtliche Wirksamkeit** des Rechtsverhältnisses ist irrelevant; maßgeblich sind allein die getroffenen Vereinbarungen (*Giloy* DB 1986, 824). Ein Tätigwerden des Arbeitnehmers für eigene Zwecke reicht ebenfalls aus, sofern es im Einvernehmen mit dem Arbeitgebers iRd konkreten Dienstverhältnisses (zB eines Ausbildungsdienstverhältnisses) geschieht und nicht gegen die Interessen des Arbeitgebers gerichtet ist (Blümich/*Geserich* § 19 Rn. 65). Zwar dient das für ein Dienstverhältnis erforderliche Schulden der Arbeitskraft der **Abgrenzung zum Schul-**

den eines Arbeitserfolgs (Blümich/*Geserich* § 19 Rn. 65; Schmidt/*Krüger* § 19 Rn. 25) und es spricht eher für die Arbeitnehmereigenschaft des Steuerpflichtigen, wenn er das Ableisten einer bestimmten Arbeitszeit und nicht die Erzielung eines bestimmten Arbeitserfolges im Vordergrund steht (BFH 24.8.1995 – IV R 60-61/94, BStBl. II 1995, 888). Indes ist stets auf das **Gesamtbild der Verhältnisse** abzustellen (→ Rn. 193). So kann auch von einem selbständig Tätigen – ohne dass dieser deshalb ein Arbeitnehmer ist – eine ganztägige Leistung verlangt werden (BFH 2.12.1998 – X R 83/96, BStBl. II 1999, 534); umgekehrt kann auch bei einem Arbeitnehmer der Leistungserfolg einen Vergütungsbestandteil begründen (Schmidt/*Krüger* § 19 Rn. 25). Die Voraussetzung des „Schuldens der Arbeitskraft" ist auch dann gegeben, wenn der Arbeitgeber **ausnahmsweise** auf den Einsatz der Arbeitskraft des Arbeitnehmers verzichtet oder der Arbeitnehmer die Arbeit aufgrund anderer Umstände (zB wegen Krankheit) nicht erbringt (Kirchhof/*Eisgruber* § 19 Rn. 23).

Kein Unterlassen der Arbeitskraft: Wird das bloße Unterlassen (Nutzung der eigenen) 182
der Arbeitskraft geschuldet, stellt dies gerade das Gegenteil zum Schulden der Arbeitskraft dar, weshalb dies grundsätzlich nicht Gegenstand eines Dienstverhältnisses sein kann (Heuerman/Wagner LohnSt/*K. Wagner* C Rn. 22). Das „Nichtstun" begründet nur dann Einkünfte aus selbständiger Arbeit, wenn das Unterlassen einer Tätigkeit von vornherein in einem Dienstvertrag festgelegt worden ist (BFH 13.2.1987 – VI R 230/83, BStBl. II 1987, 386). Wird das Unterlassen der Arbeitskraft dagegen erst im Zusammenhang mit der Beendigung eines Arbeitsverhältnisses vereinbart und geschuldet (Wettbewerbsklauseln), liegt eine Entschädigung nach § 24 Nr. 1 Buchst. b iVm § 22 Nr. 3 und kein Arbeitslohn vor (BFH 12.6.1996 – XI R 43/94, BStBl. II 1996, 516).

Weisungsgebundenheit und/oder Eingliederung in den geschäftlichen Organis- 183
mus des Arbeitgebers (§ 1 Abs. 2 S. 2 LStDV): Obwohl nach der Formulierung des § 1 Abs. 2 S. 1 LStDV das Schulden der Arbeitskraft iSd § 1 Abs. 2 S. 2 LStDV durch die Kriterien „Weisungsgebundenheit" und „Eingliederung" definiert wird und damit diesen Kriterien eigentlich nur ausfüllende und keine eigenständige Bedeutung zukommen dürfte, werden beide Merkmale allgemein als eigenständige Voraussetzungen begriffen (Blümich/*Geserich* § 19 Rn. 66; Schmidt/*Krüger* § 19 Rn. 26; Kirchhof/*Eisgruber* § 19 Rn. 25 und 28). Dieses Verständnis des § 1 Abs. 2 S. 2 LStDV ist zutreffend, da das Schulden der Arbeitskraft noch nichts darüber aussagt, ob die Arbeitskraft weisungsgebunden bzw. im geschäftlichen Organismus des Arbeitgebers erbracht wird. Zwischen beiden Merkmalen besteht weder ein Gegensatz noch ein bestimmtes Rangverhältnis; sie ergänzen einander (Blümich/*Geserich* § 19 Rn. 66; Heuermann/Wagner LSt/*K. Wagner* C Rn. 28).

Die **Weisungsgebundenheit** ist dadurch geprägt, dass der Arbeitgeber befugt ist, Ort, 184
Zeit, Umfang, Art und Weise der zu erbringende Arbeitsleistung zu bestimmen (Heuermann/Wagner LSt/*K. Wagner* C Rn. 30). Diese Weisungsunterworfenheit ist **Wesenskern der nichtselbständigen Arbeit;** ohne Weisungsgebundenheit liegt keine Eingliederung vor und ohne die Eingliederung fehlt es an einem Dienstverhältnis (BFH 22.7.2008 – VI R 51/05, BStBl. II 2008, 981; KSM/*Breinersdorfer* § 19 Rn. B 81). Dabei ist nicht das Auftreten des Beschäftigten nach außen, sondern **das Innenverhältnis maßgeblich** (BFH 14.12.1978 – I R 121/76, BStBl. II 1979, 188). Der Umfang der Weisungsbefugnis kann mehr oder weniger stark ausgeprägt sein je nachdem, ob eine **einfache bzw. mechanische Tätigkeit oder eine gehobene Tätigkeit** geschuldet wird (Blümich/*Geserich* § 19 Rn. 67; Schmidt/*Krüger* § 19 Rn. 26). Sie kann umfassend die Einzelheiten des Arbeitsablaufs betreffen oder sich auf einen allg. äußeren Rahmen beschränken (Kirchhof/*Eisgruber* § 19 Rn. 27). Ausnahmsweise, nämlich bei **Organpersonen des Dienstberechtigten und vergleichbar ungebundenen Personen** (zB Richtern, Kirchhof/*Eisgruber* § 19 Rn. 27), kann die Weisungsgebundenheit fehlen; hier ist wie folgt zu unterscheiden (Blümich/*Geserich* § 19 Rn. 67): Ist die dem Beauftragten nach der Eigenart seines Berufs zukommende Freiheit Ausfluss des Willens des Geschäftsherrn, liegt Weisungsgebundenheit vor; beruht diese im Gegenteil auf seiner eigenen Machtvollkommenheit, fehlt es an der Weisungsgebundenheit. So ist bei **Vertretern juristischer Personen** zu unterscheiden zwischen der Organstellung und dem ihr zugrunde liegenden Anstellungsverhältnis; auch bei der Beurteilung der Tätigkeit des GmbH-Geschäftsführers ist vornehmlich auf die Umstände des Einzelfalles und nicht auf dessen organschaftliche Stellung abzustellen (BFH 20.10.2010 – VIII R 34/08, BFH/NV 2011, 585; aA Kirchhof/*Eisgruber* § 19 Rn. 27: dies widerspreche dem geltenden Typus).

Deshalb können **GmbH-Gesellschafter** regelmäßig dann Selbständige sein, wenn sie zugleich Geschäftsführer der Gesellschaft sind und mindestens 50% des Stammkapitals innehaben (BFH 29.3.2017 – I R 48/16, BFH/NV 2017, 1316: lediglich indizielle Bedeutung, zum Geschäftsführer einer luxemburgischen S.a.r.l.); dagegen besitzt ein GmbH-Gesellschafter, der in der GmbH angestellt und nicht zum Geschäftsführer bestellt ist, allein aufgrund seiner gesetzlichen Gesellschaftsrechte nicht die Rechtsmacht, seine Weisungsgebundenheit als Angestellter der Gesellschaft aufzuheben oder abzuschwächen (BFH 23.4.2009 – VI R 81/06, BStBl. II 2012, 262). Ansonsten ist der Geschäftsführer einer GmbH steuerrechtlich regelmäßig Arbeitnehmer iSd § 1 Abs. 2 Sätze 1 und 2 LStDV, weil er als Organ in den Organismus der Gesellschaft eingegliedert ist und den Weisungen zu folgen hat, die sich aus dem Anstellungsvertrag und aus den Gesellschafterbeschlüssen in Verbindung mit den gesetzlichen Vorschriften ergeben (BFH 23.4.2009 – VI R 81/06, BStBl. II 2012, 262).

185 Das Merkmal der **Eingliederung** des Beschäftigten in den geschäftlichen Organismus des Arbeitgebers verlangt eine gewisse **Integration des Beschäftigten in die Arbeitsabläufe des Dienstberechtigten.** Diese liegt – im Rahmen der vorzunehmenden Gesamtabwägung (zu der Vorgehensweise → Rn. 193) – grundsätzlich vor, wenn folgende Kriterien bejaht werden können:

- die **arbeitszeitliche Fremdbestimmtheit** (BFH 2.12.1998 – X R 83/96, BStBl. II 1999, 534), zB durch feste Arbeitszeiten (BFH 2.12.1998 – X R 83/96, BStBl. II 1999, 534; vgl. allerdings BFH 16.5.2002 – IV R 94/99, BStBl. II 2002, 565: auch selbständige Tätigkeiten können nur zu bestimmter Zeit erbracht werden),
- die **arbeitsörtliche Fremdbestimmtheit** (Heuermann/Wagner LSt/*K. Wagner* C Rn. 29), in dem Sinne, dass die Ausübung der Tätigkeit gleichbleibend an einem Ort, va im Herrschaftsbereich des Auftraggebers, zB dem Betrieb, zu erbringen ist (KSM/*Breinersdorfer* § 19 Rn. B 68),
- **organisatorische Fremdbestimmtheit** (BFH 9.9.2003 – VI B 53/03, BFH/NV 2004, 42; BFH 24.7.1992 – V R 126/88, BStBl. II 1993, 155; BFH 22.11.1996 – VI R 59/96, BStBl. II 1997, 254), die durch folgende Kriterien beeinflusst sein kann:
  - höchstpersönliche Arbeitsleistung bzw. Unzulässigkeit der Vertretung (BFH 24.7.1992 – VI R 126/88, BStBl. II 1993, 155; 3.7.1959 – VI 329/57 U, BStBl. III 1959, 344),
  - Überwachung der Arbeitstätigkeit (BFH 20.11.2008 – VI R 4/06, BStBl. II 2009, 374),
  - Notwendigkeit der engen und ständigen Zusammenarbeit mit anderen Mitarbeitern (BFH 7.11.2006 – VI R 81/02, BFH/NV 2007, 426),
  - regelmäßige Berichterstattung (BFH 19.2.1959 – IV 340/56 U, BStBl. III 1959, 425);
- die Art der Tätigkeit (eher **untergeordnete Arbeit oder eher gehobene Tätigkeit,** BFH 24.7.1992 – VI R 126/88, BStBl. II 1993, 155);
- **Tätigwerden für nur einen Vertragspartner** (BFH 14.6.2007 – VI R 5/06, BStBl. II 2009, 931);
- die **Integration in Sozialeinrichtungen des Arbeitgebers** (zB Zusatzversorgung, Direktversicherung, vgl. Heuermann/Wagner LSt/*K. Wagner* C Rn. 29), also Einbehaltung von Lohnsteuer und Sozialversicherungsbeiträgen (BFH 9.11.2004 – VI B 150/03, BFH/NV 2005, 347; BFH 4.12.1975 – IV R 180/72, BStBl. II 1976, 292) sowie
- die **Dauer der Einbindung in den Betrieb** (BFH 24.11.1961 – VI 183/59 S, BStBl. III 1962, 37; Schmidt/*Krüger* § 19 Rn. 26), sodass va eine auf unbestimmte Zeit geschlossenes Dienstverhältnis für eine Eingliederung spricht (KSM/*Breinersdorfer* § 19 Rn. B 68).

186 **Gegen eine Eingliederung sprechende Merkmale** sind andererseits:

- **vereinbarte Vergütung nur für Leistungszeit,** nicht für Zeiten der Leistungsvorbereitung (BFH 16.5.2002 – IV R 94/99, BStBl. II 2002, 565);
- **Bindung nur für bestimmte Tage** an den (Bühnen-)Betrieb (BFH 30.5.1996 – V R 2/95, BStBl. II 1996, 493);
- Beauftragter kann übernommene **Arbeit erledigen wann er will, ohne** dabei an die **Weisungen** seines Auftraggebers gebunden zu sein (BFH 21.3.1975 – VI R 60/73, BStBl. II 1975, 513)
- Verpflichtung, bei Urlaub und Erkrankung für seine **Vertretung** zu sorgen (BFH 3.7.1959 – VI 320/57 U, BStBl. III 1959, 344; vgl. aber BFH 24.7.1992 – VI R 126/88, BStBl. II 1993, 155, wonach dies bei der Gesamtwürdigung hinter die übrigen Merkmale zurücktreten kann);

- Unterhalten eines **eigenen Büros** (BFH 3.10.1961 – I 200/59 S, BStBl. III 1961, 567);
- Tätigkeit **für mehrere Auftraggeber** (BFH 2.2.1968 – VI 127/65, BStBl. II 1968, 430);
- **Beschäftigung selbst entlohnter Hilfskräfte** (BFH 3.7.1959 – VI 320/57 U, BStBl. III 1959, 344; vgl. aber BFH 24.7.1992 – VI R 126/88, BStBl. II 1993, 155: Stromableser Arbeitnehmer trotz Einsatzes von Hilfskräften).

Fehlen eines Unternehmens-/Vermögensrisikos: Zudem verlangt das steuerrechtliche Dienstverhältnis, dass der Beschäftigte kein Unternehmerrisiko trägt (BFH 22.2.2012 – X R 14/10, BStBl. II 2012, 511; BFH 16.5.2002 – IV R 94/99, BStBl. II 2002, 565; Schmidt/*Krüger* § 19 Rn. 24) bzw. von dem Vermögensrisiko der Erwerbstätigkeit grundsätzlich freigestellt ist (BFH 2.12.1998 – X R 83/96, BStBl. II 1999, 534; Blümich/*Geserich* § 19 Rn. 69). Anzeichen für das **Fehlen** eines Unternehmerrisikos sind: 187

- der Erhalt **fester Bezüge** (BFH 22.2.2012 – X R 14/10, BStBl. II 2012, 511), deren Höhe nicht von der **Eigeninitiative** abhängt (BFH 24.7.1992 – VI R 126/88, BStBl. II 1993, 155), wobei die Möglichkeit eines Zusatzverdienstes auch weitere Dienstverhältnisse begründen kann (BFH 20.11.2008 – VI R 4/06, BStBl. II 2009, 374);
- das Entgelt ist nicht von den **Kosten des Arbeitsprozesses** abhängig (KSM/*Breinersdorfer* § 19 Rn. B 68);
- Zahlung von **Überstunden- und Erschwernisvergütungen** (KSM/*Breinersdorfer* § 19 Rn. B 68);
- **Übernahme von Ausbildungskosten** durch den Auftraggeber (KSM/*Breinersdorfer* § 19 Rn. B 68);
- Grundlage des Rechtsverhältnisses ist ein **Tarifvertrag** (BFH 4.5.1972 – IV R 35/69, BStBl. II 1972, 618);
- die gesonderte Vergütung anfallender Überstunden und die Fortzahlung der Bezüge auch in Fällen, in denen der Auftragnehmer aus persönlichen Gründen an der Erbringung seiner Leistungen gehindert ist, zB **Urlaubsanspruch, Fortzahlung der Bezüge im Krankheitsfall** (BFH 22.2.2012 – X R 14/10, BStBl. II 2012, 511);
- der Auftragnehmer **schuldet lediglich seine Arbeitskraft,** nicht aber einen bestimmten Arbeitserfolg (BFH 22.2.2012 – X R 14/10, BStBl. II 2012, 511);
- der **Arbeitsplatz wird vom Auftraggeber gestellt,** der Auftragnehmer also weder zum Kapitaleinsatz noch zur Beschaffung von Arbeitsmitteln verpflichtet ist (BFH 22.2.2012 – X R 14/10, BStBl. II 2012, 511; BFH 14.6.1985 – VI R 150–152/82, BStBl. II 1985, 661).

Vorliegen eines Unternehmerrisikos: Dagegen wird das **Unternehmerrisiko bejaht,** wenn der Beschäftigte die Höhe seiner Einnahmen durch eine Steigerung seiner Arbeitsleistung oder durch das Herbeiführen eines besonderen Erfolgs beeinflussen kann (BFH 2.12.1998 – X R 83/96, BStBl. II 1999, 534) und mithin das **Vergütungsrisiko trägt** sowie wenn der Beschäftigte **keinen Anspruch auf Sozialleistungen** hat (BFH 14.6.2007 – VI R 5/06, BStBl. II 2009, 931). Indes bedeutet allein die Vereinbarung einer erfolgsbezogenen Entlohnung noch nicht die Übernahme von Unternehmerrisiko, solange sich dies lediglich als Arbeitnehmerrisiko besonderer Art darstellt (BFH 23.4.2009 – VI R 81/06, BStBl. II 2012, 262); denn maßgeblich ist das Gesamtbild der jeweiligen Verhältnisse (BFH 10.2.2005 – IX B 183/03, BFH/NV 2005, 1058). 188

Einstweilen frei 189–191

cc) Gewichtung und Abwägung der Kriterien. Einzubeziehende Rechtsverhältnisse: Bei der Gesamtwürdigung ist abzustellen – sofern vorhanden – in erster Linie auf ein zwischen den Beteiligten bestehender **Arbeitsvertrag oder sonstiges Rechtsverhältnis,** wobei der Inhalt einer Vereinbarung der Auslegung zugänglich ist und (nach § 133 BGB) auf den **tatsächlichen Willen der Vertragsparteien bei Vertragsschluss** abzustellen ist (BFH 18.6.2015 – VI R 77/12, BStBl. II 2015, 903, mwN; KSM/*Breinersdorfer* § 19 Rn. B 63; *Pump* StBp 2000, 205; H 19.0 „Allgemeines" LStH 2016). Voraussetzung ist, dass die Vereinbarung **ernsthaft gewollt ist und tatsächlich durchgeführt** wird (BFH 18.6.2015 – VI R 77/12, BStBl. II 2015, 903 mwN). Im Umkehrschluss folgt daraus, dass die Kriterien des wirklich gewollten und so durchgeführten Rechtsverhältnisses maßgeblich sind. Die **Vertragsparteien können ihre tatsächlichen Verhältnisse beliebig regeln** und demgemäß ihren Vereinbarungen einen Inhalt geben, der – wenn die Vereinbarungen tatsächlich 192 praktiziert werden – im Ergebnis dazu führt, dass das Vertragsverhältnis einkommensteuerrechtlich entsprechend zu würdigen ist (*Schneider* HFR 2015, 1027 (1028)). Zur Frage der **qualitativen Veränderung des Rechtsverhältnisses** → Rn. 194. Wegen dieser vorzunehmenden Gesamtabwägung ist auch nicht maßgeblich, wie die Tätigkeit oder der Beschäftigte **bezeichnet** wird (BFH 14.6.1985 – VI R 150–152/82, BStBl. II 1985, 661; Blümich/*Geserich* § 19 Rn. 73; Schmidt/*Krüger* § 19 Rn. 21). Gleichwohl kann der **Wille der Vertragsparteien** als Indiz grundsätzlich herangezogen werden, wenn er nur tatsächlich durchgeführt worden ist (BFH 20.2.1979 – VIII R 52/77, BStBl. II 1979, 414). Sprechen jedoch gewichtige Gründe zB gegen die Selbständigkeit, ist ein gegenteiliger Wille der Vertragsparteien irrelevant (Schmidt/*Krüger* § 19 Rn. 23, mwN). Maßgeblich für die Einordnung einer Rechtsbeziehung als Dienstverhältnis ist letztlich die **Verkehrsanschauung,** wobei der Umstand zu berücksichtigen ist, dass sich die Arbeitswelt auch im Hinblick auf **„neue" Beschäftigungsformen** fortentwickelt (Blümich/*Geserich* § 19 Rn. 73; zur Anwendung der Grundsätze auf neue Beschäftigungsformen → Rn. 175 und → Rn. 201 „virtuelle Organisationskonzepte").

193 **Zur Vorgehensweise bei der Gesamtwürdigung:** Eine Würdigung nach dem Gesamtbild der Verhältnisse bedeutet, dass die für und gegen die Annahme eines steuerrechtlichen Dienstverhältnisses sprechenden Merkmale **festgestellt,** (ggf.) vom Finanzgericht als Tatsacheninstanz in ihrer Bedeutung **gewichtet** und **gegeneinander abgewogen** werden müssen (BFH 29.5.2008 – VI R 11/07, BStBl. II 2008, 933): Weder müssen idealtypisch stets alle Merkmale vorliegen noch kann regelmäßig allein aufgrund eines der Merkmale ein nichtselbständiges Dienstverhältnis im Einzelfall eindeutig bejaht oder verneint werden (Blümich/*Geserich* § 19 Rn. 73). Ein schwächer ausgeprägtes Abgrenzungskriterium kann durch ein anderes kompensiert werden (KSM/*Breinersdorfer* § 19 Rn. B 62). Die danach im Einzelnen zu beachtenden Kriterien sind weder zwingend gleich noch zwingend unterschiedlich zu behandeln (BFH 19.2.2008 – XI B 205/07, BFH/NV 2008, 1210). **Sämtliche** der nach dem wirklich gewollten und so durchgeführten Rechtsverhältnis maßgeblichen Kriterien (→ Rn. 192) sind zu würdigen: Liegen also eine Reihe von Indizien vor, die etwa gegen eine nichtselbständige Arbeit sprechen, sind auch diese zu würdigen und können nicht einfach mit dem Hinweis auf eine Gesamtwürdigung vernachlässigt werden (BFH 18.6.2015 – VI R 77/12, BStBl. II 2015, 903; *Schneider* HFR 2015, 1027 (1028)).

194 **Zeitliches Element bei der Prüfung des Gesamtbildes:** Ist ein Beschäftigungsverhältnis **auf eine längere Dauer hin angelegt,** spricht dies für das Vorliegen eines Dienstverhältnis, selbst wenn das Beschäftigungsverhältnis kurzfristig kündbar sein sollte (BFH 4.12.1975 – IV R 180/72, BStBl. II 1976, 292). Bei einer **zeitlich nur kurzen** Berührung mit dem Betrieb des Auftraggebers ist die Arbeitnehmereigenschaft des Auftragnehmer dagegen s regelmäßig eher zu verneinen als zu bejahen; er ist dann weniger in den Betrieb des Auftraggebers eingegliedert und dessen Weisungen auch nur in geringerem Umfang unterworfen (BFH 14.6.2007 – VI R 5/06, BStBl. II 2009, 931; BFH 14.6.1985 – VI R 150-152/82, BStBl. II 1985, 661; BFH 3.8.1978 – VI R 212/75, BStBl. II 1979, 131; BFH 10.9.1976 – VI R 80/74, BStBl. II 1977, 178).

195 **Veränderungen der Verhältnisse im Laufe der Zeit:** Selbstverständlich kann sich aufgrund veränderter äußerer Gegebenheiten das Ergebnis der Gesamtabwägung ändern. **Defizite in der Umsetzung** des Rechtsverhältnisses können im Laufe der Zeit relevant werden, wenn hieraus eine konkludente Vertragsänderung folgt (KSM/*Breinersdorfer* § 19 Rn. B 63). Ändert sich zB bei einer ursprünglich selbständigen Tätigkeit das Profil im Laufe der Zeit, kommt es in dem Moment zu einer konkludenten Änderung der Stellung des Steuerpflichtigen, in dem von einer Weisungsunterworfenheit bei der Ausübung der Arbeitstätigkeit ausgegangen werden kann (KSM/*Breinersdorfer* § 19 Rn. B 64).

196 **Gesamtbild der Verhältnisse und Verfahrensrecht:** Verfahrensrechtlich obliegt die Gesamtwürdigung, also die Gewichtung und Abwägung der Abgrenzungsmerkmale im Einzelfall, dem Finanzgericht als Tatsacheninstanz (BFH 10.2.2005 – IX B 183/03, BFH/NV 2005, 1058); sie ist **revisionsrechtlich nur begrenzt überprüfbar** (BFH 23.4.2009 – VI R 81/06, BStBl. II 2012, 262). Daher werden eine Nichtzulassungsbeschwerde bzw. eine Revision bei einer nicht gegen die Denk- bzw. Erfahrungsgesetze verstoßenden Gesamtwürdigung kaum Erfolg haben, weshalb dem umfassenden Sachvortrag der Beteiligten vor dem Finanzgericht besondere Bedeutung zukommt (vgl. Schmidt/*Krüger* § 19 Rn. 27).

Einstweilen frei 197–199

d) ABC der Arbeitnehmer.

Vorbemerkung

Die nachstehenden Hinweise zu den einzelnen Berufsgruppen orientieren sich vornehmlich an den bisher in der Rechtsprechung entschiedenen Fällen. Indes ist die Frage, ob Steuerpflichtige selbständig/gewerblich bzw. nichtselbständig tätig sind, **nicht nach der jeweiligen Berufsgruppe (bzw. deren Bezeichnung),** sondern aufgrund einer Vielzahl von in der Rechtsprechung entwickelter Kriterien nach dem **Gesamtbild der jeweiligen Verhältnisse** zu beurteilen (BFH 9.9.2003 – VI B 53/03, BFH/NV 2004, 42). 200

Einstweilen frei 201

Abgeordnete

→ Rn. 60. 202

Adressenschreiber

S. „Heimarbeiter" → Rn. 291. 203

Agent

S. „Reisevertreter" → Rn. 389, „Versicherungsvertreter" → Rn. 436. 204

Amateursportler

Amateursportler sind in der Regel weder selbständig tätig noch gehen sie einer einkommensteuerbaren nichtselbständigen Tätigkeit nach. Denn Sport wird weitaus überwiegend zum Selbstzweck (Freizeitgestaltung und/oder Stärkung der allgemeinen Leistungsfähigkeit), nicht um des Entgelts willen ausgeübt; erbringt ein Sportamateur in diesem Sinne („Sportliebhaber") besondere sportliche Leistungen und erhält er dafür Gewinnpreise, erzielt er damit regelmäßig keine steuerbaren Einkünfte, es sei denn, er beteiligt sich an Sportwettkämpfen in der Absicht, sichere Siegchancen zu nutzen und dies wiederholt zu tun (BFH 23.10.1992 – VI R 59/91, BStBl. II 1993, 303). Anders verhält es sich aber, wenn ein Sportler im Zusammenhang mit seiner Betätigung Zahlungen erhält, die nicht nur ganz unwesentlich höher sind als die ihm hierbei entstandenen Aufwendungen. Dann ist nämlich der Schluss gerechtfertigt, dass der Sport nicht mehr aus reiner Liebhaberei, sondern auch um des Entgelts willen betrieben wird; ob die dann steuerrechtlich relevante Tätigkeit selbständig oder unselbständig ausgeübt wird, bestimmt sich nach dem Inhalt des Dienstverhältnisses (BFH 23.10.1992 – VI R 59/91, BStBl. II 1993, 303). Siehe auch „Berufssportler" → Rn. 227. 205

Anzeigenwerber

Anzeigenwerber eines Verlags können nach dem Gesamtbild der Verhältnisse unselbständig sein, auch wenn sie auf Provisionsbasis arbeiten, ein gewisses Unternehmerrisiko tragen, für ihre Kosten zum Teil selbst aufkommen müssen und der Verlag es ablehnt, Sozialversicherungsbeiträge zu leisten (BFH 28.7.1977 – V R 98/76, DB 1977, 2170). 206

Apothekenvertreter

Ein selbständiger Apotheker, der als Urlaubsvertreter eines anderen selbständigen Apothekers gegen Entgelt tätig wird, bezieht insoweit Einkünfte aus nichtselbständiger Arbeit, wenn im Innenverhältnis eine Weisungsgebundenheit besteht und es wegen der Vereinbarung einer festen Vergütung an einem Unternehmerrisiko fehlt; ein weiteres Indiz kann im Einzelfall der Lohnsteuereinbehalt sein (BFH 20.2.1979 – VIII R 52/77, BStBl. II 1979, 414). 207

Artisten

208 Artisten sind Arbeitnehmer, wenn sie ihre Arbeitskraft einem Unternehmer für eine Zeitdauer, die eine Reihe von Veranstaltungen umfasst – also nicht lediglich für einige Stunden eines Abends – ausschließlich zur Verfügung stellen (BFH 16.3.1951 – IV 197/50 U, BStBl. III 1951, 97).

Ärzte

209 Der niedergelassene Arzt mit eigener Praxis ist regelmäßig selbständig tätig, ein angestellter oder in einem Beamtenverhältnis stehender Arzt (zB Krankenhaus, in einer Behörde tätiger Arzt oder Universitätsdozent) ist grundsätzlich nichtselbständig tätig (Blümich/*Geserich* § 19 Rn. 120 „Ärzte"; HHR/*Pflüger* § 19 Rn. 600 „Arzt"; Kirchhof/*Eisgruber* § 19 Rn. 54 „Arzt"). Bei der Nebentätigkeit auch bei nichtselbständigen Ärzten besteht seit der Aufgabe der sog. „Abfärbetheorie" (→ Rn. 135) keine Vermutung für die Nichtselbständigkeit (HHR/*Pflüger* § 19 Rn. 600 „Arzt"; Kirchhof/*Eisgruber* § 19 Rn. 54 „Arzt"). **Gutachten** können von angestellten Ärzten in selbständiger oder nichtselbständiger Arbeit erstattet werden; für die Einordnung der Gutachtertätigkeit eines angestellten Arztes ist entscheidend, ob der Arzt das Gutachten für seinen Arbeitgeber (nichtselbständig) oder in eigener Verantwortung unter eigenem Namen (selbständig) erstellt (Blümich/Geserich § 19 Rn. 120 „Ärzte"; HHR/*Pflüger* § 19 Rn. 600 „Arzt"; Kirchhof/*Eisgruber* § 19 Rn. 54 „Arzt"; vgl. auch FM Schleswig-Holstein 7.12.2012, DStR 2013, 529: entscheidend seien die Umstände des Einzelfalles, wobei danach zu unterscheiden sei, ob das Gutachten vom Chefarzt oder von nachgeordneten Ärzten/Assistenzärzten erstellt werde; Letztere würden ihre Tätigkeit idR als Arbeitnehmer erstellen). **Chefärzte eines Krankenhauses** sind teilweise selbständig und teilweise nichtselbständig tätig, wenn sie auch Privatpatienten behandeln dürfen und das Liquidationsrisiko tragen. Im Rahmen der letztgenannten Tätigkeit handelt er dann selbständig und übt damit – insgesamt gesehen – eine gemischte Tätigkeit aus (Schmidt/*Krüger* § 19 Rn. 35 „Arzt"). Dies gilt selbst dann, wenn das Krankenhaus die Privathonorare einzieht (BFH 27.2.1964 – V 300/61, HFR 1965, 45) und wegen der Nutzung des Krankenhausapparates eine Kostenbeteiligung abzieht (FG Nürnberg 6.5.1966 – III 103-106/63, EFG 1966, 544, rkr.). Nach der Rechtsprechung des BFH kann ein Chefarzt eines Krankenhauses wahlärztliche Leistungen selbständig oder unselbständig erbringen. Ob das eine oder das andere im Einzelfall zutrifft, beurteilt sich insbesondere danach, ob die Leistungen innerhalb oder außerhalb des Dienstverhältnisses erbracht werden (BFH 11.8.2009 – VI B 46/08, BFH/NV 2009, 181; BFH 5.10.2005 – VI R 152/01, BStBl. II 2006, 94). Siehe auch „Betriebsärzte" → Rn. 228.

Ärztepropagandist

210 S. „Pharmareferent" → Rn. 368.

Arztvertreter

211 Arztvertreter sind **idR nichtselbständig** tätig (Blümich/*Geserich* § 19 Rn. 120 „Urlaubsvertreter"; aA HHR/*Pflüger* § 19 Rn. 600 „Arzt": idR selbständig, unter Hinweis auf BFH 10.4.1953 – IV 429/52 U, BStBl. III 1953, 142; RFH 8.6.1934, RStBl. 1934, 1041). (Selbst) die **weitgehende Entscheidungsbefugnis** des Klägers im fachlichen Bereich, als bei der Durchführung der Arbeit, steht der Annahme eines Dienstverhältnisses nicht entgegen (BFH 20.2.1979 – VIII R 52/77, BStBl. II 1979, 414).Vergütungen, die ein nichtselbständig tätiger Oberarzt in einer Universitätsklinik von dem Klinikdirektor für die Vertretung oder die Mitarbeit bei der Behandlung der Privatpatienten des Klinikdirektors erhält, sind Einkünfte aus nichtselbständiger Arbeit (BFH 11.11.1971 – IV R 241/70, BStBl. II 1972, 213).

Assessoren

212 Assessoren als amtlich bestellte Vertreter eines Rechtsanwalts oder Notars sind idR nichtselbständig tätig (BFH 10.3.2015 – VI R 6/14, BStBl. II 2015, 767, auch dazu, dass freiwillige Zahlungen keine stfr. Trinkgelder iSd § 3 Nr. 51 sind). Bei Mitarbeit von Assessoren in einer

Kanzlei spricht eine länger andauernde regelmäßige Tätigkeit für die Arbeitnehmereigenschaft, während bei der nur gelegentliche Bearbeitung von Fällen gegen Einzelhonorar idR eine selbständige Tätigkeit anzunehmen ist (Blümich/*Geserich* § 19 Rn. 120 „Assessoren").

AStA

Der Vorsitzende und die Referenten des AStA sind Arbeitnehmer im Sinne des Einkommensteuerrechts. Die an sie gezahlten Aufwandsentschädigungen sind als einkommensteuerpflichtiger Lohn zu behandeln (BFH 22.7.2008 – VI R 51/05, BStBl. II 2008, 981). **213**

Aufsichtsratsmitglieder

Aufsichtsratsmitglieder sind selbständig Tätige (vgl. § 18 Abs. 1 Nr. 3; Blümich/*Geserich* § 19 Rn. 120 „Aufsichtsratsmitglieder"; HHR/*Pflüger* § 19 Rn. 600 „Aufsichtsratsmitglied"). Das gilt auch für Arbeitnehmervertreter im Aufsichtsrat einer Kapitalgesellschaft (BFH 9.10.1980 – IV R 81/76, BStBl. II 1981, 29) sowie auch für Beamte und Minister, die in ihrer dienstlicher Eigenschaft dem Aufsichtsrat eines Unternehmens angehören (Blümich/*Geserich* § 19 Rn. 120 „Aufsichtsratsmitglieder"; Schmidt/*Krüger* § 19 Rn. 35 „Aufsichtsratsmitglied"). **214**

Au-Pair-Mädchen/Au-Pair-Kraft

→ Rn. 152. **215**

Ausbeiner

S. „Kopfschlächter" → Rn. 313. **216**

Aushilfskräfte

Aushilfskräfte können nach den jeweiligen Umständen des **Einzelfalls** Arbeitnehmer oder selbständig Tätige sein. Danach waren im Einzelfall **Arbeitnehmer:** Musiker, die in einer Gaststätte auftreten (BFH 10.9.1976 – VI R 80/74, BStBl. II 1977, 178); Verladearbeiter in Markthallen (BFH 18.1.1974 – VI R 221/69, BStBl. II. 1974, 301); Aushilfen zum Bewachen und Abladen in einem Lager (BFH 24.11.1961 – VI 43/61, HFR 1962, 137); Schüler als Erntehelfer (BFH 10.7.1959 – VI 73/58 U, BStBl. III 1959, 354). Dagegen waren aufgrund der konkreten Umstände Selbständige: Musiker als gelegentliche Aushilfen der Stammbesetzung (FG Köln II (XIV) 21.7.1981 – 405/79 E, EFG 1982, 345, rkr.; Fensterputzer (BFH 19.1.1979 – VI R 28/77, BStBl. II 1979, 326); Ausschachten von Gräben für Blitzschutzanlagen gegen eine nach dem Arbeitserfolg bemessene Vergütung (BFH 3.7.1959 – VI 72/58, DB 1959, 1424);. Siehe auch „Praktikanten" → Rn. 370. **217**

Auszubildende

Auszubildende sind Arbeitnehmer. Das (öffentlich-rechtliche oder privatrechtliche) Ausbildungsdienstverhältnis ist ein Dienstverhältnis der besonderen Art, das durch den Ausbildungszweck geprägt ist, was im BBiG und sonstigen Gesetzen bzw. Berufsausbildungsverordnungen deutlich wird. Auch im Rahmen des Ausbildungsdienstverhältnisses schuldet der Auszubildende seine Dienste, wenn auch zum Zwecke der Ausbildung; darüber hinaus ist er in die Organisation des Ausbildungsbetriebes eingegliedert (vgl. § 13 S. 2 Nr. 2, 4 bis 6 BBiG) und gegenüber dem Ausbildungsbetrieb – zB nach § 13 S. 2 Nr. 3 BBiG – weisungsgebunden (BFH 16.1.2013 – VI R 14/12, BStBl. II 2013, 449, praktisches Studiensemester; BFH 7.8.1987 – VI R 60/84, BStBl. II 1987, 780, Promotionsstudium; BFH 18.7.1985 – VI R 93/80, BStBl. II 1985, 644, Auszubildende in einer Steuerberaterpraxis; BFH 19.4.1985 – VI R 131/81, BStBl. II 1985, 465, Student der einstufigen Juristenausbildung). **218**

Einstweilen frei **219–223**

Bardamen (Animierdamen/Anmimierkräfte)

224 Bardamen (Animierdamen/Anmimierkräfte), die die in einer Nachtbar tätig sind, um die Gäste zum Trinken zu animieren, und die außer einem geringen Fixum (30 bis 50 DM pro Abend) mit 30% am Sektumsatz und Weinumsatz beteiligt sind und sich Arbeitstage und Arbeitszeiten nach eigenem Gutdünken aussuchen können, sind keine Arbeitnehmer des Barbesitzers (FG Rheinland-Pfalz 27.1.1986 – 5 K 67/85, EFG 1986, 299). Siehe auch „Prostituierte" → Rn. 374.

Beamte

225 Beamte sind ungeachtet ihrer öffentlich-rechtlichen Stellung Arbeitnehmer im steuerrechtlichen Sinne, da sie in einem öffentlich-rechtlichen Dienstverhältnis stehen und dementsprechend weisungsgebunden sind (Blümich/*Geserich* § 19 Rn. 93; HHR/*Pflüger* § 19 Rn. 600 „Beamte"). Sie können aber daneben selbständig tätig werden, zB als Schriftsteller, Ausbilder und Fachvortragender (HHR/*Pflüger* § 19 Rn. 600 „Beamte"; Kirchhof/*Eisgruber* § 19 Rn. 54 „Beamte"). Vgl. auch → Rn. 154.

Beamtenanwärter

226 Beamtenanwärter sind Arbeitnehmer (BFH 21.1.1972 – VI R 337/70, BStBl. II 1972, 261 zu Finanzanwärtern).

Berufssportler

227 Berufssportler sind soweit sie von einem Verein **laufende Vergütung** für die sportliche Betätigung im Rahmen einer Mannschaft erhalten, Arbeitnehmer (BFH 22.2.2012 – X R 14/10, BStBl. II 2012, 511; BFH 23.10.1992 – VI R 59/91, BStBl. II 1993, 303). Demgegenüber sind Berufssportler, soweit sie Einkünfte aus **Werbeleistungen** erzielen, die auf von diesem geschlossenen Verträgen beruhen, auf einer selbständigen Tätigkeit; insbesondere begründet eine Bindung an den organisatorischen Ablauf von Werbeveranstaltungen allein noch keine Eingliederung in das Unternehmen des Veranstalters (BFH 3.11.1982 – I R 39/80, BStBl. II 1983, 182). Ein Fußball-Nationalspieler, dem der DFB Anteile an den durch die **zentrale Vermarktung** der Fußball-Nationalmannschaft erwirtschafteten Werbeeinnahmen überlässt, erzielt insoweit Einkünfte aus Gewerbebetrieb, wenn er mit Unternehmerrisiko und Unternehmerinitiative handelt (BFH 22.2.2012 – X R 14/10, BStBl. II 2012, 511). **Sportler im öffentlichen Dienst** (etwa Zollbeamte, Bundeswehrsoldaten) üben ihre Sportaktivitäten (sowohl Training als auch Teilnahme an Wettbewerben) im Rahmen ihres Dienstverhältnisses aus und sind insoweit Arbeitnehmer (HHR/*Pflüger* § 19 Rn. 600 „Sportler": Aufwendungen für Training, Wettkampfverpflichtungen, Sportgeräte und sonstige durch den Sport veranlasste Kosten sind demzufolge Werbungskosten; das Abzugsverbot für Repräsentationskosten gem. § 12 Nr. 1 Satz 2 greift nicht ein). Siehe auch „Amateursportler" → Rn. 205.

Betriebsärzte

228 Betriebsärzte, die eigene Praxis betreiben, sind idR selbständig tätig; entscheidend ist aber stets der Einzelfall (HHR/*Pflüger* § 19 Rn. 600 „Betriebsarzt"). Siehe auch „Ärzte" → Rn. 209.

Betrüger

229 Betrüger, die unter Ausnutzung ihrer Vertrauensstellung Geschäfte zu Lasten ihres Arbeitgebers tätigen und sich dabei der fortgesetzten Untreue schuldig machen, handeln insoweit gewerblich (BFH 3.7.1991 – X R 163, 164/87, BStBl. II 1991, 802, zum leitenden Bankangestellten).

Büfettier

230 Büfettier kann im Einzelfall Arbeitnehmer sein (BFH 31.1.1963 – V 80/60 U, BStBl. III 1963, 230, zu einem Büfettier, der weisungsgebunden hinsichtlich der Öffnungszeiten war,

seinen Jahresurlaub nur zu einem Zeitpunkt nehmen durfte und dessen Auftraggeber aus den monatlichen Bruttoverdiensten Lohnsteuer und Sozialversicherungsbeiträge einbehielt und der einen Anspruch auf Fortzahlung seiner Bezüge hatte).

Bürgermeister

Bürgermeister sind in Abhängigkeit von ihrer landesrechtlichen Stellung selbständig oder (teilweise) nichtselbständig tätig: Sind die ehrenamtlichen Bürgermeister bloße Repräsentanten des Rats einer Gemeinde, sind sie nicht Arbeitnehmer der Gemeinden (BFH 3.12.1965 – VI 27/64 U, BStBl. III 1966, 130; BFH 3.12.1987 – IV R 41/85, BStBl. II 1988, 266; jeweils zu Nordrhein-Westfalen); haben sie dagegen Exekutivaufgaben, sind sie Arbeitnehmer der Gemeinden (BFH 5.2.1971 – VI R 82/68, BStBl. II 1971, 353, zu Bayern). Siehe auch „Wahlbeamte" → Rn. 445. 231

Bundeswehr/Bundesfreiwilligendienst

Wehrdienst- oder Wehrersatzdienstleistende waren bis zur Aufhebung der Wehrpflicht zum 1.7.2011 (WehrRÄndG 2011 vom 28.4.2011, BGBl. 2011 I 678) Arbeitnehmer. Die Bezüge waren allerdings nach § 3 Nr. 5 steuerfrei. Freiwillig Wehrdienst- oder einen Bundesfreiwilligendienstleistende gehen ein Dienstverhältnis ein und sind ebenfalls Arbeitnehmer (Blümich/*Geserich* § 19 Rn. 120 „Bundeswehr/Bundesfreiwilligendienst"; Kirchhof/*Eisgruber* § 19 Rn. 54 „Bundesfreiwilligendienst"; → Rn. 232). 232

Einstweilen frei 233–237

Catcher

S. „Sportler" → Rn. 408. 238

Einstweilen frei 239–243

Deichläufer

Deichläufer die bei Vorliegen einer Katastrophe das Deichsystem der Oder kontrollieren, stehen in keinem Dienstverhältnis zu einem öffentlichen Katastrophenhelfer (FG Brandenburg 17.5.2001 – 6 K 331/00, EFG 2001, 1280, rkr.). 244

Diakonisse

S. „Ordensangehörige" → Rn. 357 und „Kirchenbedienstete" → Rn. 311. 245

Diplomanden

Diplomanden sind weder in den betrieblichen Organismus eingebunden noch weisungsgebunden, wenn sie sich – wie regelmäßig – nur kurzfristig im betreuenden Unternehmen aufhalten, um sich Anregungen oder Material zu holen bzw. um Zwischenergebnisse zu besprechen; ggf. handelt es sich bei den an Diplomanden gezahlten Beträgen um Einkünfte nach § 22 Nr. 3 (*Schmidt* BB 1996, 569). 246

Deutsches Rotes Kreuz (DRK)

Deutsches Rotes Kreuz (DRK), **Schwestern des DRK** sind selbst dann Arbeitnehmerinnen, wenn sich das Rechtsverhältnis zwischen einer Schwesternschaft vom Roten Kreuz und ihren Mitgliedern mangels Abschlusses eines besonderen Arbeitsvertrages in den vereinsrechtlichen Pflichten und Rechten erschöpft und nicht den arbeitsrechtlichen Bestimmungen unterliegt (BFH 25.11.1993 – VI R 115/92, BStBl. II 1994, 424). Wird in der Mitgliederversammlung einer Schwesternschaft des DRK ein sog. **„Vorabzug" vom Grundgehalt** für satzungsgemäße Aufgaben beschlossen, so ist dies als Festsetzung eines niedrigeren Vergütungsanspruchs mit der Folge zu verstehen, daß die Mitgliedsschwestern einen Vergütungsanspruch haben, der niedriger ist als der Gehaltsanspruch der sog. freien Schwestern (BFH 25.11.1993 – VI R 115/92, BStBl. II 1994, 424). Die vom DRK gewährten Entschädigungen an Sanitätshelfer, die bei unterschiedlichen Veranstaltungen zum vorbeugenden Schutz der 247

Teilnehmer eingesetzt werden, sind den Einkünften aus nichtselbständiger Arbeit zuzuordnen, wenn sie nicht mehr als pauschale Erstattung der Selbstkosten beurteilt werden können, weil sie die durch die ehrenamtliche Tätigkeit veranlassten Aufwendungen der einzelnen Sanitätshelfer regelmäßig nicht nur unwesentlich übersteigen (BFH 4.8.1994 – VI R 94/93, BStBl. II 1994, 944).

248–252 *Einstweilen frei*

EDV-Berater

253 EDV-Berater können sowohl selbständig als auch nichtselbständig tätig sein, wobei folgende Kriterien für eine Arbeitnehmereigenschaft sprechen (BFH 12.10.1988 – X R 18/87, BFH/NV 1989, 366): Zuteilung bestimmter Aufgaben durch den Auftraggeber, Verpflichtung, für die Lösung der übertragenen Aufgaben für eine bestimmte Zeit zur Verfügung zu stehen, Entlohnung nach einer zeitlichen Berechnungsgrundlage, gesonderte Vergütung von Reisespesen sowie Konkretisierung der übertragenen Aufgabe, des Einsatzorts, der Auftragsdauer und der Vergütung.

Ehrenamtliche Helfer

254 Ehrenamtliche Helfer sind idR selbständig tätig; insbesondere sprechen Geringfügigkeit der Entschädigung und der Tätigkeit gegen ein Dienstverhältnis (HHR/*Pflüger* § 19 Rn. 600 „Ehrenamt"). Ehrenamtliche Helfer können im Einzelfall aber Arbeitnehmer sein. Dies wurde zB bejaht für ehrenamtliche Helfer von Wohlfahrtsverbänden, die Kinder und Jugendliche auf Ferienreisen betreuen (BFH 28.2.1975 – VI R 28/73, BStBl. II 1976, 134) und bei ehrenamtlichen Sanitätern des DRK (BFH 4.8.1994 – VI R 94/93, BStBl. II 1994, 944). Dagegen wurde die Arbeitnehmereigenschaft verneint bei freiwilligen Helfern beim Katastrophenschutz (sog. Deichläufer, FG Brandenburg 17.5.2001 – 6 K 331/00, EFG 2001, 1280, rkr.); DLRG-Rettungsschwimmern (OFD Magdeburg 17.5.2000, FR 2000, 790 mwN); Schulweghelfern und Schulbusbegleitern (FM Bayern 17.1.2000, DB 2000, 952). Siehe auch → Rn. 153.

Ehrenamtliche Richter

255 Ehrenamtliche Richter stehen nicht in einem Dienstverhältnis zur Justiz, weil sie nicht in die Gerichtsorganisation eingegliedert sind, sondern nur von Fall zu Fall zu den Sitzungen herangezogen werden (Blümich/*Geserich* § 19 Rn. 120 „Ehrenamtliche Richter"; FG Berlin 6.12.1979 – IV 460/78, EFG 1980, 280; aA LSF Sachsen 25.6.2013, BeckVerw 275173 zu ehrenamtlichen Friedensrichtern: Arbeitnehmer, da in Gerichtsorganisation eingebunden; so wohl auch Schmidt/*Krüger* § 19 Rn. 35 „Ehrenamtl Tätigkeit"; vgl. auch FG Baden-Württemberg 10.2.2016 – 12 K 1205/14, EFG 2016, 994 und OFD Niedersachsen 28.7.2011: keine Tätigkeit iSd § 3 Nrn. 12 und 26). Eine Entschädigung für Verdienstausfall gemäß § 18 JVEG ist aber nach § 19 Abs. 1 Satz 1 Nr. 1, § 24 Nr. 1 Buchst. a steuerbar, wenn sie als Ersatz für entgangene Einnahmen aus einer nichtselbständigen Tätigkeit im Rahmen eines ansonsten bestehenden Dienstverhältnisses gezahlt wird; die Entschädigung für Zeitversäumnis nach § 16 JVEG ist allerdings nicht steuerbar; auf die Tätigkeit als ehrenamtlicher Richter findet die Steuerbefreiung des § 3 Nr. 26a dann keine Anwendung, wenn nach § 3 Nr. 12 steuerfreier Aufwendungsersatz gezahlt worden ist (BFH 31.1.2017 – IX R 10/16, DStR 2017, 711).

Entwicklungshelfer

256 Entwicklungshelfer können Arbeitnehmer sein; der Arbeitslohn ist aber unter den Voraussetzungen des § 3 Nr. 61 steuerfrei.

Erben

257 Erben können in die Arbeitnehmerstellung des Erblassers eintreten (→ Rn. 1028).

Eltern

Eltern können Arbeitnehmer ihrer Kinder sein (→ Rn. 147). 258

Einstweilen frei 259–263

Fahrlehrer

Fahrlehrer sind dann selbständig tätig, wenn sie nur nach geleisteten Unterrichtsstunden bezahlt werden, den Umfang der Stunden selbst bestimmen können, keinen Lohnfortzahlungsanspruch im Krankheitsfall und keinen Anspruch auf bezahlten Urlaub haben, die Gefahr, ihren eigenen Fahrschulwagen bei den Unterrichtsleistungen zu beschädigen, selbst tragen müssen, der Auftraggeber für sie keine Sozialversicherungsbeiträge entrichtet und sie die Unterrichtsleistungen zeitlich frei vereinbaren können (BFH 17.10.1996 – V R 63/94, BStBl. II 1997, 188); dies gilt selbst dann, wenn die Fahrlehrer keine Fahrschulerlaubnis besitzen (BFH 17.10.1996 – V R 63/94, BStBl. II 1997, 188). 264

Fotomodelle

Fotomodelle können selbständig tätig sein, da sie nur kurzfristig für den Auftraggeber tätig und mithin nicht in seine Organisation eingegliedert sind (BFH 14.6.2007 – VI R 5/06, BStBl. II 2009, 931). 265

Frachtführer

Als „selbständiger Fernfahrer" bezeichnete Kraftfahrer, die für ein Unternehmen mit in dessen Eigentum stehenden Fahrzeugen Transporte auf festen Touren zu einem vereinbarten Stundensatz durchführen, ohne im selben Zeitraum auch für andere Unternehmen zu fahren, sind regelmäßig, selbst wenn sie keinen Anspruch auf Bezahlung im Krankheitsfall, auf bezahlten Urlaub oder auf Altersvorsorgeleistungen haben, Arbeitnehmer des sie „verleihenden" Unternehmens (FG Münster 10.5.1999 – 15 K 4362/95 U, EFG 1999, 1046, rkr.). 266

Franchise-Nehmer

Franchise-Nehmer können nach den Umständen des Einzelfalls Arbeitnehmer sein (Blümich/*Geserich* § 19 Rn. 120 „Franchise-Nehmer"; *Flohr* DStR 2003, 1622). 267

Einstweilen frei 268–272

Gastvorlesungen

Gastvorlesungen begründen regelmäßig kein Dienstverhältnis, da idR eine erfolgsabhängige Vergütung geleistet wird (abweichend HHR/*Pflüger* § 19 Rn. 600 „Gastvorlesung": idR bestehe Dienstverhältnis, anders aber bei einzelnen Gastvorträgen). 273

Gefälligkeitsverhältnisse

→ Rn. 152. 274

GEMA-Außendienstermittler

GEMA-Außendienstermittler die zur Überprüfung und vollständigen Erfassung von öffentlichen Musiknutzungen tätig sind, können nach den Umständen des Einzelfalles Arbeitnehmer sein. Entscheidend sind dieselben Kriterien wie für Rundfunkermittler (s. dort; ebenso Blümich/*Geserich* § 19 Rn. 120 „GEMA-Außendienstmitarbeiter; Schmidt/*Krüger* § 19 Rn. 35 „GEMA-Außendienstermittler"). 275

Gesellschafter-Geschäftsführer von Kapitalgesellschaften

Gesellschafter-Geschäftsführer von Kapitalgesellschaften sind steuerrechtlich regelmäßig Arbeitnehmer iSd § 1 Abs. 2 S. 1 und 2 LStDV, weil sie als Organe in den Organismus der jeweiligen Gesellschaft eingegliedert sind und den Weisungen zu folgen haben, die sich aus dem jeweiligen Anstellungsvertrag und aus den jeweiligen Gesellschafterbeschlüssen in 276

Verbindung mit den gesetzlichen Vorschriften ergeben (BFH 19.2.2004 – VI R 122/00, BStBl. II 2004, 620; BFH 9.10.1996 – XI R 47/96, BStBl. II 1997, 255). Für die Arbeitnehmereigenschaft ist nicht entscheidend, in welchem Verhältnis ein Gesellschafter-Geschäftsführer an der Kapitalgesellschaft beteiligt ist (BFH 23.4.2009 – VI R 81/06, BStBl. II 2012, 262). Vgl. auch → Rn. 184.

Gesellschafter von Personengesellschaften

277 Können zwar ein Dienstverhältnis mit der Gesellschaft begründen; die Einkünfte sind jedoch gemäß § 15 Abs. 1 S. 1 Nr. 2 S. 1 Alt. 2 Einkünfte aus Gewerbebetrieb.

Gesetzliche Vertreter einer Kapitalgesellschaft

278 Gesetzliche Vertreter einer Kapitalgesellschaft sind idR Arbeitnehmer. Entscheidend ist das Gesamtbild der Verhältnisse (BFH 20.10.2010 – VIII R 34/08, BFH/NV 2011, 585). Sie unterliegen regelmäßig den Weisungen der Anteilseigner oder des diese vertretenden Organs und sind grundsätzlich in den wirtschaftlichen Organismus der Gesellschaft eingegliedert (BFH 31.1.1975 – VI R 230/71, BStBl. II 1975, 358, zu Vorstandsmitgliedern einer Familienstiftung; BFH 2.10.1968 – VI R 25/68, BStBl. II 1969, 185, zu Vorstandsmitgliedern einer Genossenschaft, sofern der Vorstand Verwaltungsorgan ist; BFH 11.3.1960 – VI 172/58, BStBl. III 1960, 214, zu Vorstandsmitgliedern einer AG; vgl. aber BFH 3.12.1965 – VI 167/63 U, BStBl. III 1966, 153: Vorstandsmitglieder einer Berufsgenossenschaft sind in dieser Eigenschaft nicht Arbeitnehmer, da ihre Stellung nicht so sehr der der Vorstandsmitglieder von Kapitalgesellschaften gleicht, die Arbeitnehmer sind, sondern der von Aufsichtsratsmitgliedern, die nach § 18 Abs. 1 Nr. 3 selbständig tätig sind). Siehe auch „Gesellschafter-Geschäftsführer von Kapitalgesellschaften" → Rn. 276.

279–283 *Einstweilen frei*

Häftlinge

284 → Rn. 154.

Handelsvertreter

285 S. „Reisevertreter" → Rn. 389.

Hausfrauen

286 Hausfrauen erzielen aus ihrer Tätigkeit als solche keine Einnahmen aus nichtselbständiger Tätigkeit, da sie insoweit in keinem Dienstverhältnis stehen (vgl. Blümich/*Geserich* § 19 Rn. 120 „Hausfrau"; FG Düsseldorf 16.8.2001 – 14 K 582/00 E, EFG 2001, 1598, rkr. ohne nähere Begründung). Allerdings kann im Einzelfall auch anderes gelten, wenn sie jeweils in geringem Umfang (rd. 8 Std. pro Woche) gegen Bezahlung nach den geleisteten Arbeitsstunden (auf Grund ihrer Haushaltserfahrung) völlig selbständig eine Wohnung reinigen (Blümich/*Geserich* § 19 Rn. 120 „Hausfrau"; FG Thüringen 27.8.1998 – II 227/97, EFG 1999, 235, rkr.; Kirchhof/*Eisgruber* § 19 Rn. 54 „Haushaltshilfe"). Siehe auch „Reinigungskraft" → Rn. 387.

Hausgewerbetreibende

287 S. „Heimarbeiter" → Rn. 291.

Haushaltshilfen

288 Haushaltshilfen können nach den Umständen des Einzelfalles Arbeitnehmer sein, wenn sie zu festgelegten Zeiten nach Weisungen des Auftraggebers arbeiten, auch wenn sie für mehrere Haushalte tätig sind (vgl. Blümich/*Geserich* § 19 Rn. 120 „Haushaltshilfen"; HHR/*Pflüger* § 19 Rn. 600 „Haushaltshilfe"). Die Vereinbarung einer wöchentlichen Höchststundenzahl stellt idR keine zeitliche Eingliederung in den Haushalt dar (Kirchhof/*Eisgruber* § 19 Rn. 54 „Haushaltshilfe"). Siehe auch „Au-Pair-Mädchen/Au-Pair-Kraft" → Rn. 215.

Hauswart (Hausmeister)

Hauswart (Hausmeister) die zu persönlichen Leistungen verpflichtet sind (Reinigen von Hausfluren und Treppen, Heizen, Rasenmähen, Kleinreparaturen udgl.), sind regelmäßig Arbeitnehmer; eine selbständige Nebentätigkeit ist allerdings dann möglich, wenn sie typischen Hauswart/-meisterleistungen nebenberuflich nachgehen (BFH 5.2.1965 – VI 320/63, HFR 1965, 373) oder wenn sie in einer Fabrik nebenher Getränke an die Belegschaft veräußern (HHR/*Pflüger* § 19 Rn. 600 „Hauswart (Hausmeister)"). 289

Herbergsvater

Herbergsvater ist dann Arbeitnehmer des Trägers der Herberge (Herbergsverband usf.), soweit er die Herberge zu verwalten hat; dagegen ist der Herbergsvater insoweit selbständig, als er in der Herberge eine Gastwirtschaft betreibt (HHR/*Pflüger* § 19 Rn. 600 „Herbergsvater"). 290

Heimarbeiter

Heimarbeiter sind im Gegensatz zu Heimgewerbetreibenden, deren Tätigkeit als selbständig anzusehen ist, nichtselbständige (vgl. R 15.1 Abs. 1 S. 1 EStR 2014). Heimarbeiter ist, nach § 2 Abs. 1 HAG, wer in selbstgewählter Arbeitsstätte (eigener Wohnung oder selbstgewählter Betriebsstätte) allein oder mit seinen Familienangehörigen im Auftrag von Gewerbetreibenden oder Zwischenmeistern erwerbsmäßig arbeitet, jedoch die Verwertung der Arbeitsergebnisse dem unmittelbar oder mittelbar auftraggebenden Gewerbetreibenden überlässt. Beschafft der Heimarbeiter die Roh- und Hilfsstoffe selbst, wird hierdurch seine Eigenschaft als Heimarbeiter nicht beeinträchtigt. Ob ein Heimarbeiter selbständig ist, beurteilt sich nicht nach seiner Bezeichnung, sondern nach dem Gesamtbild der Verhältnisse (R 15.1 Abs. 1 S. 6 EStR 2014). Für die Selbständigkeit spricht es, wenn fremde Hilfskräfte beschäftigt werden (R 15.1 Abs. 1 S. 7 EStR 2014), wenn der Steuerpflichtige die Gefahr des Unternehmens, insbesondere auch wegen wertvoller Betriebsmittel, trägt (R 15.1 Abs. 1 S. 7 EStR 2014), wenn eine größere Anzahl von Auftraggebern vorhanden ist (R 15.1 Abs. 1 S. 8 EStR 2014), wenn ein größeres Betriebsvermögen vorhanden ist (R 15.1 Abs. 1 S. 8 EStR 2014) sowie freie Zeiteinteilung, Beschäftigung von Hilfskräften und Vergütung nach dem Arbeitserfolg (HHR/*Pflüger* § 19 Rn. 600 „Heimarbeiter"). Gegen die Selbständigkeit eines in seiner Wohnung Tätigen sprechen dagegen die folgenden Merkmale: Vorgeschriebene Arbeitszeit, Verpflichtung zur persönlichen Arbeitsleistung, Tragung der Kosten und des unternehmerischen Risikos durch den Auftraggeber, Arbeit nur für einen Auftraggeber, Stundenlohn nach einem Tarif für Arbeiter (HHR/*Pflüger* § 19 Rn. 600 „Heimarbeiter"). Die Tatsache der Zahlung von Sozialversicherungsbeiträgen durch den Auftraggeber ist für die Frage, ob eine nichtselbständige Tätigkeit vorliegt, ohne Bedeutung (vgl. R 15.1 Abs. 1 S. 9 EStR 2014). 291

ICH-AG

Eine als ICH-AG auftretende Person ist nicht per se selbständig tätig. Entscheidend sind die im konkreten Fall gegebenen Umstände (*Greiner* DB 2003, 1058 (1063)). 292

Ingenieure

Trotz anders lautender Vereinbarungen zwischen Auftraggeber und eines als Auftragnehmer bezeichneten Ingenieur erzielt der Ingenieur Einkünfte aus nichtselbständiger Arbeit, wenn er nach dem Gesamtbild der Verhältnisse in den Streitjahren als Arbeitnehmer anzusehen ist, da er in den Betrieb des Auftraggebers eingegliedert war und bei der Ausführung seiner Arbeitsleistung dessen Weisungen unterstanden hat (FG Rheinland-Pfalz 7.3.1996 – 4 K 1744/93, EFG 1997, 15, rkr., zu einem Ingenieur, der hinsichtlich Arbeitsort, -zeit und -umfang seiner Tätigkeit nicht frei, Arbeitsunterbrechungen (Urlaub) mit dem Auftraggeber abzustimmen hatte, verpflichtet war, seine vertraglichen Aufgaben auch im Konstruktionsbüro des Auftraggebers oder bei dessen Kunden auszuführen und monatlich feste Bezüge erhielt). 293

Einstweilen frei 294–298

Jobsharing

299 S. „Virtuelle Organisationskonzepte" → Rn. 437 und → Rn. 164.

Journalisten

300 Journalisten können mit ihrer Tätigkeit selbständig oder nichtselbständig tätig sein (Schmidt/*Krüger* § 19 Rn. 35 „Journalist"). Für Arbeitnehmereigenschaft sprechende Kriterien sind Tätigkeit bei nur einem Verlag, feste Arbeitszeiten und ein (zumindest weitestgehend) festes Gehalt (Blümich/*Geserich* § 19 Rn. 120 „Journalisten"). Dagegen spricht es für die Selbständigkeit, wenn ein Journalist auf eigene Kosten und eigenes Risiko Beiträge produziert und Urheberrechte veräußert (FG Hessen 8.12.1989 – 1 K 1799/88, EFG 1990, 310, rkr.). Vgl. auch BMF 5.10.1990, BStBl. I 1990, 638, wonach die für Rundfunkanstalten nur in einzelnen Produktionen tätig werdenden Journalisten im Allgemeinen selbständig tätig sein sollen. Siehe auch „Moderator" → Rn. 337.

Jugendsekte

301 Angehörige von Jugendsekten, die in einem der Sekte gehörenden Gewerbebetrieb arbeiten, können aufgrund ihrer – mitunter stark geprägten – Eingliederung in die Organisation Arbeitnehmer sein (Blümich/*Geserich* § 19 Rn. 120 „Ordensangehörige"). Etwas anderes kann allerdings dann gelten, wenn die Tätigkeit allein auf der Mitgliedschaft in der Sekte beruht; dann sind die erhaltenen Vergütungen nicht Arbeitslohn, sondern sonstige Einkünfte iSd § 22 Nr. 3 (Blümich/*Geserich* „Ordenasangehörpge"). Siehe auch „Ordensangehörige" → Rn. 357.

Juristische Mitarbeiter

302 Juristische Mitarbeiter (zB Assessoren und Referendare) sind dann Arbeitnehmer, wenn sie im Rahmen eines Dienstverhältnisses in den Dienstbetrieb der Kanzlei eingegliedert sind (HHR/*Pflüger* § 19 Rn. 600 „Juristische Mitarbeiter"). Kriterien für eine Eingliederung sind etwa: Arbeit am vorbestimmten Ort (zB Kanzlei) zu festgelegter Zeit nach den Weisungen des Rechtsanwalts gegen festes Honorar (HHR/*Pflüger* § 19 Rn. 600 „Juristische Mitarbeiter"). Dagegen sprechen die folgenden Kriterien gegen eine Eingliederung in den Dienstbetrieb einer Kanzlei: Bearbeitung einzelner Fälle außerhalb der Kanzlei in freier Zeiteinteilung, Zahlung eines Erfolgshonorars für den einzelnen Fall sowie Erledigung einer anspruchsvollen geistigen und persönlichen Arbeit (BFH 22.3.1968 – VI R 228/67, BStBl. II 1968, 455; HHR/*Pflüger* § 19 Rn. 600 „Juristische Mitarbeiter").

303–307 *Einstweilen frei*

Kameramänner

308 S. „Regisseure" → Rn. 386.

Karitative Organisationen

309 S. „Ehrenamtliche Helfer" → Rn. 254.

Kellner

310 Kellner sind regelmäßig – selbst bei aushilfsweiser Beschäftigung – als Arbeitnehmer anzusehen (Blümich/*Geserich* § 19 Rn. 120 „Kellner"). Siehe auch „Aushilfskräfte" → Rn. 217.

Kirchenbedienstete

311 Kirchenbedienstete sind regelmäßig Arbeitnehmer, zB evangelische Priester oder katholische Pfarrer (Schmidt/Krüger § 19 Rn. 35 „Kirche"; HHR/*Pflüger* § 19 Rn. 600 „Kirchenbedienstete"). Etwas anderes – keine Eingliederung im Rahmen eines Dienstverhältnisses – kann bei Ordensangehörigen (s. dort) und bei Diakonissen gegeben sein (HHR/*Pflüger* § 19 Rn. 600 „Kirchenbedienstete"). Siehe auch „Ordensangehörige" → Rn. 357 und „Pfarrhaushälterin" → Rn. 365.

Knappschaftsärzte

Knappschaftsärzte die neben dieser Tätigkeit eine freie Praxis ausüben, sind auch mit ihren Einnahmen aus der Knappschaftspraxis keine Arbeitnehmer (BFH 3.7.1959 – VI 320/57 U, BStBl. III 1959, 344). 312

Kopfschlächter

Kopfschlächter können Arbeitnehmer oder selbständig Tätige sein (BFH 14.1.1965 – V 225/62 U, BStBl. III 1965, 185, gegen Arbeitnehmereigenschaft sprechen zB kurze Beschäftigungsdauer und Tätigkeit für eine Vielzahl von Auftraggebern; vgl. auch FM Baden-Württemberg 27.8.1998, DStR 1998, 1720: idR Arbeitnehmer). 313

Korrekturassistenten

Korrekturassistenten an Universitäten können je nach der Gestaltung des Vertragsverhältnisses selbständig (zB. beim Regelfall der erfolgsabhängige Entlohnung) oder nichtselbständig tätig sein (vgl. HHR/Pflüger § 19 Rn. 600 „Korrekturassistenten"). 314

Krankenhausarzt

S. „Ärzte" → Rn. 209. 315

Krankenschwestern/Pfleger

Krankenschwestern/Pfleger sind bei einer Beschäftigung beim Arzt, im Krankenhaus, bei einer Diakoniestation usf. idR Arbeitnehmer (HHR/*Pflüger* § 19 Rn. 600 „Krankenschwester"). Sie aber selbständig tätig sein, wenn sie als Hauspflegerin für einen/mehrere Patienten tätig sind, wenn sie die Pflege auf eigene Verantwortung durchführen, wenn sie ablehnen können, weitere Pflegefälle selbst ermitteln und übernehmen können (HHR/*Pflüger* § 19 Rn. 600 „Krankenschwester"). 316

Künstler

Künstler verrichten **Tätigkeiten gehobener Art,** bei denen die Abgrenzung der selbständigen von der nichtselbständigen Tätigkeit oft schwierig ist, und zwar gerade, wenn es sich um Arbeiten handelt, die wegen ihrer gehobenen Art oft in beiden Erscheinungsformen geleistet zu werden pflegen, weshalb das **Gesamtbild** entscheidend ist; allerdings wird sich bei gehobenen Arbeiten die Weisungsbefugnis des Unternehmers mehr auf äußere und organisatorische Dinge beschränken und Weisungen künstlerischer oder technischer Art den selbständigen Charakter einer Tätigkeit nicht berühren (BFH 1.3.1973 – IV R 231/69, BStBl. II 1973, 458; Blümich/*Geserich* §19 Rn. 96). Stets ist nach den Merkmalen des konkret zugrundeliegenden Rechtsverhältnisses zu prüfen. In der **Praxis** hat die Finanzverwaltung eine **grob typisierende Regelung** (BMF 5.10.1990, BStBl. I 1990, 638) getroffen, die grundsätzlich differenziert nach Tätigkeiten in **Theaterunternehmen** und **Kulturorchestern** (spielzeitverpflichtete Künstler seien Arbeitnehmer, gastspielverpflichtete Künstler seien selbständig Tätige) sowie nach Tätigkeiten bei **Hörfunk** und **Fernsehen** (auch als freie Mitarbeiter Tätige seien grundsätzlich Arbeitnehmer, es sei denn, sie würden nur für einzelne Produktionen tätig und unterfielen einem sog. Negativkatalog, zB seien Autoren, Berichterstatter, Journalisten und Quizmaster) und nach Tätigkeiten bei **Film- und Fernsehproduktionen** einschließlich **Synchronisierung** (Typisierung nach Berufsgruppen, sodass einerseits Filmautoren, Filmkomponisten, Fachberater, Synchronsprecher und Synchronregisseure selbständig, andererseits Lippensynchronsprecher – abzulehnen, s. Synchronsprecher –, Lippensynchronregisseure, Schauspieler, Regisseure, Kameraleute, Regieassistenten und sonstige Mitarbeiter in der Film- und Fernsehproduktion nichtselbständig tätig seien). Dieses BMF-Schreiben, das im Einzelfall abweichende Lösungen zulässt (vgl. BMF 5.10.1990, BStBl. I 1990, 638 unter 1.: „Dies führt bei künstlerischen und verwandten Berufen *im [A]llgemeinen* zu folgenden Ergebnissen"), ist eine die Gerichte nicht bindende norminterpretierende Verwaltungsvorschrift (BFH 4.12.2008 – XI B 250/07, BFH/NV 2009, 394). Siehe auch „Synchronsprecher" → Rn. 412. 317

318–322 *Einstweilen frei*

Lehrlinge

323 S. „Auszubildende" → Rn. 218, „Praktikanten" → Rn. 370.

Lehrtätigkeit

324 Es ist danach zu differenzieren, ob die Lehrtätigkeit Haut- oder Nebenberuflich vorgenommen wird. Wird die Lehrtätigkeit **hauptberuflich** vorgenommen, wird diese idR in Arbeitnehmer-Stellung ausgeübt, wenn die Bildungseinrichtung Unterrichtsgegenstand, Zeit und Ort der Tätigkeit bestimmt (Blümich/*Geserich* § 19 Rn. 120 „Lehrtätigkeit"; Schmidt/*Krüger* § 19 Rn. 35 „Lehrtätigkeit"; HHR/*Pflüger* § 19 Rn. 600 „Lehrtätigkeit von Lehrern, Dozenten, Professoren usw."; vgl. auch BAG 19.11.1997 – 5 AZR 21/97, NZA 1998, 595). Emeritierte Professoren erzielen Einkünfte aus früheren Dienstleistungen iSd § 19 Abs. 1 Nr. 2 und Abs. 2, da sie mit Erreichen der Altersgrenze von ihren amtlichen Verpflichtungen entbunden werden, also zur Erbringung von Dienstleistungen nicht mehr verpflichtet sind und die Bezüge mithin nicht – wie es nach § 19 Abs. 1 S. 1 Nr. 1 Voraussetzung wäre – die Gegenleistung für Dienstleistungen darstellen, die im gleichen Zeitraum geschuldet und erbracht werden (BFH 5.11.1993 – VI R 24/93, BStBl. II 1994, 238). Die Ausübung der **Lehrtätigkeit im Nebenberuf** ist dagegen idR als Ausübung eines freien Berufs anzusehen (BFH 7.2.1980 – I R 37/76, BStBl. II 1980, 321, zu einem Richter als Referendararbeitsgemeinschaftsleiter; BFH 24.4.1959 – VI 29/59 S, BStBl. III 1959, 193, zur Tätigkeit eines hauptamtlichen Dozenten als Vortragender an der Technischen Abendschule; BFH 17.7.1958 – IV 101/56 U, BStBl. III 1958, 360, zu einem Rechtsanwalt als Lehrbeauftragter an einer Hochschule; BFH 27.1.1955 – IV 504/54 U, BStBl. III 1955, 229, zu einem Handwerksmeister als Dozent an einer Meisterschule; H 19.2 „Nebenberufliche Lehrtätigkeit, 1. Anstrich" LStH 2016), es sei denn, dass gewichtige Anhaltspunkte – zB Arbeitsvertrag unter Zugrundelegung eines Tarifvertrags, Anspruch auf Urlaubs- und Feiertagsvergütung – für das Vorliegen einer Arbeitnehmertätigkeit sprechen (BFH 4.10.1984 – IV R 131/82, BStBl. II 1985, 51; BFH 4.5.1972 – IV R 35/69, BStBl. II 1972, 618; BFH 28.4.1972 – VI R 71/69, BStBl. II 1972, 617; H 19.2 „Nebenberufliche Lehrtätigkeit, 1. Anstrich" LStH 2016). **Auch bei nur geringem Umfang der Nebentätigkeit** sind die Lehrkräfte als Arbeitnehmer anzusehen, wenn sie auf Grund eines als Arbeitsvertrag ausgestalteten Vertrags tätig werden oder wenn eine an einer Schule vollbeschäftigte Lehrkraft zusätzliche Unterrichtsstunden an derselben Schule oder an einer Schule gleicher Art erteilt (BFH 4.12.1975 – IV R 162/72, BStBl. II 1976, 291; LStR 19.2 Abs. 1 S. 1; H 19.2 „Nebenberufliche Lehrtätigkeit, 2. Anstrich" LStH 2016). Hat die **Lehrtätigkeit nur einen geringen Umfang,** kann das ein Anhaltspunkt dafür sein, dass eine feste Eingliederung in den Schul- oder Lehrgangsbetrieb nicht vorliegt (LStR 19.2 Abs. 1 S. 3). Ein geringer Umfang in diesem Sinne kann stets angenommen werden, wenn die nebenberuflich tätige Lehrkraft bei der einzelnen Schule oder dem einzelnen Lehrgang in der Woche durchschnittlich nicht mehr als sechs Unterrichtsstunden erteilt (Blümich/*Geserich* § 19 Rn. 120 „Lehrtätigkeit"; LStR 19.2 Abs. 1 S. 4). Einnahmen aus der Nebentätigkeit eines Arbeitnehmers, die er im Rahmen des Dienstverhältnisses **für denselben Arbeitgeber** leistet, für den er die Haupttätigkeit ausübt, sind Arbeitslohn, wenn dem Arbeitnehmer aus seinem Dienstverhältnis Nebenpflichten obliegen, die zwar im Arbeitsvertrag nicht ausdrücklich vorgesehen sind, deren Erfüllung der Arbeitgeber aber nach der tatsächlichen Gestaltung des Dienstverhältnisses und nach der Verkehrsauffassung erwarten darf, auch wenn er die zusätzlichen Leistungen besonders vergüten muss (BFH 25.11.1971 – IV R 126/70, BStBl. II 1972, 212). Siehe auch „Prüfungstätigkeit" → Rn. 375.

Leichenträger

325 S. „Sargträger" → Rn. 402.

Liquidatoren

Liquidatoren wie zB Vorstandsmitglieder oder Geschäftsführer einer Kapitalgesellschaft, die kraft Gesetzes ihre Liquidation durchführen (vgl. zB § 265 AktG, § 66 GmbHG, § 83 GenG), üben auch diese Tätigkeit als Arbeitnehmer aus (Blümich/*Geserich* § 19 Rn. 120 „Liquidatoren"; HHR/*Pflüger* § 19 Rn. 600 „Liquidator"), weil sie nach wie vor in den Betrieb eingegliedert sind. Dies gilt auch dann, wenn die Liquidation vereinbarungsgemäß von einem ansonsten selbständig tätigen Dritten (zB Rechtsanwalt oder Wirtschaftsprüfer) durchgeführt wird (Blümich/*Geserich* § 19 Rn. 120 „Liquidatoren"). 326

LKW-Fahrer

S. „Frachtführer" → Rn. 266. 327

Einstweilen frei 328–332

Mannequins

Mannequins, die an mehreren aufeinanderfolgenden Tagen während einer Messe oder einer Modenschau Kleidungsstücke für ein Unternehmen ganztägig oder nur an einigen Stunden des Tages vorführen, können Einkünfte aus nichtselbständiger Arbeit oder gewerbliche Einkünfte beziehen; es kommt darauf an, ob die Beteiligten für die Dauer der Vorführungen eine Eingliederung in den Betrieb des Arbeitgebers vereinbart und durchgeführt oder ob die Beteiligten in Kenntnis aller Umstände eine von dem Betrieb unabhängige Stellung der Vorführdamen angestrebt haben (BFH 2.10.1968 – VI R 56/67, BStBl. II 1969, 71). Siehe auch „Pharmareferent" → Rn. 368 und „Werber" → Rn. 448. 333

Militärberater

Militärberater, die keinen Anspruch auf Lohnfortzahlung im Krankheitsfall und keinen Anspruch auf bezahlten Urlaub haben, sind selbständig tätig (FG Baden-Württemberg 2.3.2011 – 7 K 5850/08, EFG 2011, 1632). 334

Minister

Minister sind Arbeitnehmer, da sie – wie andere Arbeitnehmer in einem öffentlich-rechtlichen Dienstverhältnis auch – dienstrechtlichen Weisungen unterliegen (Schmidt/*Krüger* § 19 Rn. 35 „Minister"), wenngleich sie auch in einem Dienstverhältnis besonderer Art stehen (*Stöcker* NJW 2000, 609 (611 f.)). Auch → Rn. 748. 335

Mitgliederwerber

Mitgliederwerber können Arbeitnehmer oder selbständig tätig sein; entscheidend sind die Umstände des Einzelfalls (*Felix* DStR 1993, 1550). 336

Moderator

Eine Fernsehmoderatorin, die Produkte nach den Vorgaben des Auftraggebers in Verkaufssendungen präsentiert, übt regelmäßig eine gewerbliche Tätigkeit (BFH 16.9.2014 – VIII R 5/12, BStBl. II 2015, 217). 337

Museumsführer

Eine in einem kommunalen Burgmuseum als Führerin tätige Hausfrau, die in den Behördenapparat organisatorisch nicht eingegliedert ist, soll auch dann nichtselbständig tätig sein können, wenn sie nur hinsichtlich der Zeit, nicht auch hinsichtlich des Ortes und des Inhalts der Führungen Weisungen der Behörde unterworfen ist (FG Rheinland-Pfalz 28.8.1990 – 2 K 1644/90, EFG 1991, 321, rkr.). 338

Musiker

339 Musiker (Einzelmusiker/Orchestermusiker) können nach den Umständen des Einzelfalls Arbeitnehmer oder selbständig tätig sein (HHR/*Pflüger* § 19 Rn. 600 „Musiker"). Ein Arbeitsverhältnis zum Gastwirt ist jedoch in der Regel zu verneinen, wenn die Kapelle gegenüber Dritten als **selbständige Gesellschaft** oder der **Kapellenleiter als Arbeitgeber der Musiker aufgetreten** ist (BFH 10.9.1976 – VI R 80/74, BStBl. II 1977, 178). Eine solche Gestaltung ist typisch bei festgeschlossenen, unter dem Namen des Dirigenten bekannten Orchestern, die eine bestimmte musikalische Stilrichtung vertreten; dagegen werden bei Kapellen, die mit wechselnder Besetzung von Fall zu Fall unter demselben Leiter auftreten, die mitwirkenden Musiker als selbständig anzusehen sein (HHR/*Pflüger* § 19 Rn. 600 „Musiker"). Spielt eine Kapelle **nur gelegentlich** (etwa nur für einen Abend oder an einem Wochenende) bei einem Gastwirt zum Tanz auf, so ist in der Regel eine Selbständigkeit der Kapelle gegenüber dem Gastwirt anzunehmen (BFH 10.9.1976 – VI R 80/74, BStBl. II 1977, 178). **Orchestermusiker,** die neben ihrer nichtselbständigen Haupttätigkeit im Orchester gelegentlich für ihren Arbeitgeber künstlerisch tätig sind, können insoweit Nebeneinkünfte aus selbständiger Tätigkeit haben, als die Tätigkeit nicht zu den Nebenpflichten aus dem Dienstvertrag gehört (BFH 25.11.1971 – IV R 126/70, BStBl. II 1972, 212). **Musikalische Leiter** sind selbständig, soweit sie als Gast mitwirken oder Träger des Chores/Klangkörpers oder Arbeitgeber der Mitglieder des Chores/Klangkörpers sind, weil sie in diesen Fällen nicht in die Organisation der Kultureinrichtung eingegliedert sind (BMF 5.10.1990, BStBl. I 1990, 638 unter 1.3.2). Gleiches gilt für **Solisten,** die als Gast außerhalb eines Ensembles oder einer Gruppe eine Sololeistung erbringen (BMF 5.10.1990, BStBl. I 1990, 638). Spielen Musiker auf **Feiern von Privatpersonen,** sind sie idR nicht Arbeitnehmer dieser Personen (Schmidt/*Krüger* § 19 Rn. 35 „Musiker"). In jedem Fall besteht keine Eingliederung der Musiker in den Betrieb des Bestellers, wenn dieser ein ideeller Verein (**Schützenverein, Sportverein usw.**) ist, also selbst nur einen losen Zusammenschluss von Personen ohne wirtschaftlichen Zweck bildet (Blümich/*Geserich* § 19 Rn. 120 „Musiker"; Schmidt/Krüger § 19 Rn. 35 „Musiker"). Gleiches gilt in den Fällen einer **GbR** (BFH 10.9.1976 – VI R 80/74, BStBl. II 1977, 178). Soweit der Verein im Rahmen eines von ihm selbst unterhaltenen wirtschaftlichen Geschäftsbetriebs Musiker beschäftigt, gilt das Gleiche wie bei Beschäftigung durch einen Gastwirt (HHR/*Pflüger* § 19 Rn. 600 „Musiker"). Siehe auch „Aushilfskräfte" → Rn. 217. Vgl. auch → Rn. 729 zu „Leistungsschutzrechten".

340–344 *Einstweilen frei*

Nachhilfestunden

345 S. „Privatlehrer" → Rn. 372.

Nebentätigkeit

346 → Rn. 137 und → Rn. 566.

Notariatsverwalter

347 Ein Notar, der außerdem zum Notariatsverwalter bestellt ist, übt auch dieses Amt als Unternehmer aus, weil sich seine rechtliche Stellung insoweit ihrer grundsätzlichen Natur nach nicht von der eines Notars unterscheidet, es sei denn, ein Notariatsassessor, der kraft Gesetzes in einem öffentlich-rechtlichen Dienstverhältnis zum Staat steht, hat das Amt eines Notariatsverwalters zu übernehmen (BFH 12.9.1968 – V 174/65, BStBl. II 1968, 811, zum damals noch geregelten **Notariatsverweser**). Siehe auch „Rechtsanwälte" → Rn. 383.

Lohnschlächter

348 S. „Kopfschlächter" → Rn. 313.

Notarvertreter

349 S. „Notariatsverwalter" → Rn. 347 und „Rechtsanwälte" → Rn. 383.

Notarverweser

S. „Notariatsverwalter" → Rn. 347. 350

Einstweilen frei 351–355

Opernsänger

Opernsänger können nach den Umständen des Einzelfalls Arbeitnehmer oder selbständig Tätige sein; bei der Frage, ob eine gastspielverpflichtete Opernsängerin in den Theaterbetrieb eingegliedert und deshalb nichtselbständig oder selbständig tätig ist, ist nicht einseitig auf die Verpflichtung zur Teilnahme an Proben abzustellen (BFH 30.5.1996 – V R 2/95, BStBl. II 1996, 493). 356

Ordensangehörige

Das Verhältnis zwischen dem Orden und einem Ordensangehörigen kann kein Arbeitsverhältnis, sondern ein familienähnliches Verhältnis eigener Art sein, das letztlich auf religiösen Gründen beruht (BFH 30.7.1965 – VI 205/64 U, BStBl. III 1965, 525, zu Diakonissen). In diesen Fällen wird auch dadurch kein Dienstverhältnis begründet, dass die für das Ordensmitglied aufgewandten Unterhaltsleistungen bei der Gewinnermittlung des wirtschaftlichen Geschäftsbetriebs als Betriebsausgaben abgezogen worden sind (HHR/*Pflüger* § 19 Rn. 600 „Ordensangehörige"). Allerdings kann das Verhältnis auch auf eine dienstrechtliche Grundlage gestellt sein, sodass Ordensangehörige Arbeitnehmer sein können (Blümich/*Geserich* § 19 Rn. 120 „Ordensangehörige"). Liegt ein Arbeitsverhältnis vor, ist eine etwaige gänzliche oder teilweise Abführung des Arbeitslohns an den Orden als Festsetzung eines niedrigeren Gehalts zu verstehen (vgl. BFH 25.11.1993 – VI R 115/92, BStBl. II 1994, 424, zum DRK).Übernimmt es ein (evangelische oder) katholischer Orden einer öffentlichen Körperschaft gegenüber vertraglich gegen Entgelt, den **Religionsunterricht an öffentlichen Schulen** durch seine Ordensmitglieder erteilen zu lassen, wird dadurch jedenfalls dann kein Dienstverhältnis, sondern ein Werkvertrag zwischen der öffentlichen Körperschaft und den vom Orden beauftragten Ordensmitgliedern begründet, wenn der Orden nicht ein bestimmtes Mitglied abzustellen hat und die Beteiligten bürgerlich-rechtliche Beziehungen zwischen der öffentlichen Körperschaft und den vom Orden beauftragten Ordensmitgliedern nicht begründen wollten und tatsächlich auch nicht begründet haben (BFH 11.5.1962 – VI 55/61 U, BStBl. III 1962, 310; BFH 8.7.1971 – V R 1/68, BStBl. II 1972, 70; Blümich/*Geserich* § 19 Rn. 120 „Ordensangehörige", mwN). Siehe auch „Jugendsekte" → Rn. 301 und „Kirchenbedienstete" → Rn. 311. 357

Ortsgerichte

Mitglieder der Ortsgerichte sind keine Arbeitnehmer; sie beziehen vielmehr Einkünfte aus sonstiger selbständiger Tätigkeit nach § 18 Abs. 1 Nr. 3 (OFD Frankfurt a.M. 16.9.2014, BeckVerw 289839). 358

Einstweilen frei 359–363

Parlamentarische Geschäftsführer

→ Rn. 60. 364

Pfarrhaushälterin

Pfarrhaushälterin kann Arbeitnehmerin des Pfarrers/Priesters oder der Kirche sein (Blümich/*Geserich* § 19 Rn. 120 „Pfarrhaushälterinnen"; vgl. FG München 19.2.1998 – 10 K 156/93, EFG 1998, 937, rkr.). 365

Pflegekraft

Hat der Steuerpflichtige einen pflegebedürftigen Angehörigen in seinen Haushalt aufgenommen, um ihn dort zu pflegen und zu versorgen, und erhält er dafür aus dem Vermögen des Pflegebedürftigen Geldbeträge, so vollziehen sich diese Leistungen und die empfangenen 366

Zahlungen im Regelfall im Rahmen der familiären Lebensgemeinschaft; die erfüllen grundsätzlich nicht die Voraussetzungen des Erzielens von Einkünften iSd § 2 (BFH 14.9.1999 – IX R 88/95, BStBl. II 1999, 776). In den vorgenannten Fällen fehlt es mithin insbesondere an einem Dienstverhältnis (Kirchhof/*Eisgruber* § 19 Rn. 19 und 54 „Pflegetätigkeit"). Bei Tagespflegepersonen im Bereich der privaten Pflege kann ein Arbeitsverhältnis oder eine selbständige Tätigkeit gegeben sein (Blümich/*Geserich* § 19 Rn. 120 „Pflege"; OFD Frankfurt a.M. 31.7.1996, FR 1996, 682; vgl. auch *Zugmaier* DStR 1995, 872, der ohne Weiteres und undifferenziert von einem Dienstverhältnis ausgeht). Liegen steuerbare Einkünfte vor, können diese unter den Voraussetzungen des § 3 Nr. 36 (teilweise) steuerfrei. Siehe auch „Krankenschwestern" → Rn. 316.

Pfleger

367 S. „Krankenschwester" → Rn. 316.

Pharmareferent

368 Pharmareferenten üben regelmäßig eine selbständige Tätigkeit aus, wenn sie gleichzeitig für mehrere Pharmaunternehmen tätig sind und sie nach der Zahl der durchgeführten Arztbesuche entlohnt werden, was einer erfolgsabhängigen Vergütung entspricht (vgl. BFH 27.4.1961 – IV 329/58 U, BStBl. III 1961, 315, zu Ärztepropagandisten).

Politikberater

369 Politikberater sind idR gewerblich tätig (BFH 14.5.2014 – VIII R 18/11, BStBl. II 2015, 128).

Praktikanten

370 Praktikanten sind idR Arbeitnehmer (HHR/*Pflüger* § 19 Rn. 600 „Praktikanten"), da sie weisungsgebunden in ein Dienstverhältnis eingebunden sind. Die Bezüge von Verwaltungspraktikanten sind keine steuerfreien Unterhaltsbeihilfen iSd § 3 Nr. 11. Siehe auch „Aushilfskräfte" → Rn. 217.

Privatdozenten

371 Privatdozenten an Hochschulen können in die Bildungseinrichtung im Rahmen eines Dienstverhältnisses eingegliedert und mithin Arbeitnehmer sein (HHR/*Pflüger* § 19 Rn. 600 „Privatdozent").

Privatlehrer

372 Privatlehrer sind regelmäßig keine Arbeitnehmer, sondern selbständig tätig (Schmidt/*Krüger* § 19 Rn. 35 „Privatunterricht"). Dagegen sind angestellte Hauslehrer idR Arbeitnehmer (Blümich/*Geserich* § 19 Rn. 120 „Privatlehrer"; Schmidt/*Krüger* § 19 Rn. 35 „Privatunterricht"; HHR/*Pflüger* § 19 Rn. 600 „Privatunterricht").

Prospektverteiler

373 S. „Zusteller" → Rn. 455.

Prostituierte

374 Prostituierte in einem Bordell oder ähnlichem Betrieb können selbständig tätig (dann Einkünfte aus Gewerbebetrieb, vgl. BFH 20.2.2013 – GrS 1/12, BStBl. II 2013, 441) oder bei Eingliederung in den Betrieb Arbeitnehmer sein (Blümich/*Geserich* § 19 Rn. 120 „Prostituierte"; Schmidt/*Krüger* § 19 Rn. 35 „Prostituierte"; HHR/*Pflüger* § 19 Rn. 600 „Prostituierte"). Entscheidend sind die Umstände des Einzelfalles (vgl. einerseits: FG München 19.3.2010 – 8 K 1157/06, EFG 2011, 56, rkr.; FG München 14.12.2007 – 8 K 849/05, EFG 2008, 687, rkr.: jeweils Arbeitnehmer; vgl. andererseits FG München 18.6.2009 – 15

K 2482/06, EFG 2010, 50, rkr.: trotz gewisser organisatorischer Eingliederung und einheitlicher Preisgestaltung in einen Nachtclub selbständige tätig, weil den Prostituierten das Recht zustand, den Lohn für die Prostitutionsleistungen in vollem Umfang selbst zu vereinnahmen, diese damit auf eigenes Risiko und eigene Rechnung handelten und mithin Unternehmerrisiko trugen). Für die Arbeitnehmereigenschaft sprechen etwa die folgenden Kriterien (BFH 20.2.2008 – VI B 111/06, BFH/NV 2008, 949): Eingliederung der Prostituierten in den Bordellbetrieb, dessen Auftritt nach außen durch den Inhaber oder durch Mittelsmänner organisiert wird; Vorgabe von Ort, Zeit und Inhalt der Tätigkeiten; zentrale Steuerung durch den Inhaber des Bordellbetriebs, sodass die Prostituierten kein unternehmerisches Risiko zu tragen haben; Ausschluss einer Preiskonkurrenz. Siehe auch „Bardamen (Animierdamen/Anmimierkräfte)" → Rn. 224.

Prüfungstätigkeit

Eine Prüfungstätigkeit außerhalb der eigentlichen Dienstobliegenheit ist eine Nebentätigkeit und als solche idR als Ausübung eines freien Berufs anzusehen (BFH 29.1.1987 – IV R 189/85, BStBl. II 1987, 783, zur nebenamtlichen Prüfungstätigkeit eines Hochschullehrers; BFH 19.1.1968 – VI R 83/66, BStBl. II 1968, 309, zu Hochschullehrer in Bayern als Mitglieder eines staatlichen Ausschusses für ärztliche Prüfungen; BFH 14.3.1958 – VI 36/55 U, BStBl. III 1958, 255, BFH 2.4.1958 – IV 230/57 U, BStBl. III 1958, 293; H 19.2 „Nebenberufliche Prüfungstätigkeit" LStH 2016). Die **Aufsicht bei schriftlichen Prüfungen** ist regelmäßig Ausfluss der Haupttätigkeit und daher nichtselbständig (HHR/*Pflüger* § 19 Rn. 600 „Prüfungstätigkeit"; FM Brandenburg 9.2.1993, FR 1993, 247). **375**

Putzfrau

S. „Reinigungskraft" → Rn. 387. **376**

Einstweilen frei **377–381**

Rechtspraktikanten

Rechtspraktikanten der einphasigen Juristenausbildung sind Arbeitnehmer, weil er während des Praktikums gegenüber seinem Dienstherrn grundsätzlich weisungsgebunden und – allerdings in gelockerter Form – in den Organismus der Justiz eingegliedert ist (BFH 19.4.1985 – VI R 131/81, BStBl. II 1985, 465). **382**

Rechtsanwälte

Rechtsanwälte können selbständig tätig (dann Einkünfte aus freiberuflicher Tätigkeit, § 18 Abs. 1 Nr. 1 S. 2) oder bei weisungsgebundener Eingliederung in einen Betrieb Arbeitnehmer sein (Schmidt/*Krüger* § 19 Rn. 35 „Rechtsanwalt"; HHR/*Pflüger* § 19 Rn. 600 „Rechtsanwalt"). Die Würdigung der Umstände des Einzelfass kann ergeben, dass für die rechtliche Beurteilung die vertragliche Bezeichnung „freier Mitarbeiter" und fehlende Vereinbarungen über die Abführung von Sozialbeiträgen und Lohnsteuer sowie über die sonst üblichen Sozialleistungen nicht maßgebend sind (FG Nürnberg 14.12.1993 – II 279/92, EFG 1994, 544, rkr.). Eine Arbeitnehmereigenschaft kann insbesondere dann gegeben sein, wenn ein Rechtsanwalt bei Unternehmen oder Verbänden gegen ein festes Gehalt tätig ist (Schmidt/*Krüger* § 19 Rn. 35 „Rechtsanwalt"). Ein im Übrigen als Arbeitnehmer tätiger Rechtsanwalt kann zudem mit seiner Berufstätigkeit selbständig tätig sein (vgl. FG München 18.4.2012 – 9 K 1249/09, DStRE 2013, 340, rkr.). **Rechtsanwaltsvertreter** sind regelmäßig keine Arbeitnehmer, da sie eine anspruchsvolle geistige Tätigkeit unabhängig von den Weisungen des Vertretenen und in freier Bestimmung von Zeit und Art der Ausführung ausüben (HHR/*Pflüger* § 19 Rn. 600 „Anwaltsvertreter"; aA Blümich/*Geserich* § 19 Rn. 120 „Urlaubsvertreter": idR Arbeitnehmer). Siehe auch „Notariatsverwalter" → Rn. 347. **383**

Redakteure

S. „Rundfunkbeschäftigte" → Rn. 392. **384**

Referendare

385 Referandare sind Arbeitnehmer, weil sie durch eine Weisungsgebundenheit bis in die Einzelheiten seiner Beschäftigung in der Betätigung seines geschäftlichen Willens der Leitung der für seine Ausbildung zuständigen Behörde unterstellt und damit zugleich dem geschäftlichen Organismus dieses Arbeitgebers eingegliedert sind (BFH 7.4.1972 – VI R 58/69, BStBl. II 1972, 643; BFH 10.12.1971 – VI R 112/70, BStBl. II 1972, 251; BFH 12.8.1983 – VI R 155/80, BStBl. II 1983, 718; jeweils zu Rechtsreferendaren).

Regisseure

386 Im Ausland ansässige Regisseure und Kameramänner, die für den Dreh von Werbespots durch einen Produzenten im Inland tätig werden, können selbständig tätig sein (BFH 2.7.2008 – VI R 19/07, BFH/NV 2008, 1485). Siehe auch „Rundfunkbeschäftigte" → Rn. 392.

Reinigungskraft

387 Verpflichtet sich eine natürliche Person gegenüber einer Gemeinde zur Durchführung von bestimmten Reinigungsarbeiten, so können im Einzelfall keine gewerblichen Einkünfte, sondern Einkünfte aus nichtselbständiger Arbeit gegeben sein (FG Baden-Württemberg 31.8.1978 – VI 259/75, EFG 1979, 238, rkr.).

Reiseleiter

388 Reiseleiter können selbständig tätig sein, wenn sie in ihrer Reise- und Programmgestaltung frei sind und sich lediglich an den Wünschen ihrer Kunden orientieren (HHR/*Pflüger* § 19 Rn. 600 „Reiseleiter"). IdR sind sie aber Arbeitnehmer des Touristikunternehmens, weil sie üblicherweise bei der Gestaltung des Tagesablaufs an das vom Veranstalter vorgegebene Reiseprogramm gebunden sind, als Vergütung eine feste Tagespauschale erhalten, der Reiseveranstalter sämtliche ihnen entstehenden Kosten trägt und sie im Falle der Schlechtleistung nicht auf Schadensersatz in Anspruch genommen werden, sie also kein Unternehmerrisiko tragen (Blümich/*Geserich* § 19 Rn. 120 „Reiseleiter"; Schmidt/*Krüger* § 19 Rn. 35 „Reiseleiter"; vgl. FG Hamburg 24.9.1987 – II 39/85, EFG 1988, 120, rkr.). Dementsprechend kann eine in der Freizeit für jeweils ein bis zwei Wochen ausgeübte Reiseleitertätigkeit als selbständige Arbeit zu qualifizieren sein, wenn den Reiseleitern für die Gestaltung des Reiseprogramms ein gewisser Spielraum bleibt, sie die Höhe des Honorars durch zusätzliche Leistungen selbst beeinflussen können und das Risiko von Honorarkürzungen bei Beanstandungen durch Reiseteilnehmer tragen (FG Hamburg 29.6.2005 – II 402/03, DStRE 2005, 1442).

Reisevertreter

389 Reisevertreter können auch dann Arbeitnehmer sein, wenn sie erfolgsabhängig entlohnt werden und ihm eine gewisse Bewegungsfreiheit eingeräumt ist, die aber nicht Ausfluss seiner eigenen Machtvollkommenheit ist (BFH 30.10.1969 – V R 150/66, BStBl. II 1970, 474). Indes ist eine erfolgsabhängige Vergütung ein gewichtiges Indiz, dass gegen die Arbeitnehmereigenschaft spricht (BFH 18.6.2015 – VI R 77/12, BStBl. II 2015, 903, zum Telefoninterviewer).

Reporter

390 S. „Rundfunkbeschäftigte" → Rn. 392.

Richter

391 Richter sind als in einem öffentlich-rechtlichen Dienstverhältnis stehende Personen Arbeitnehmer (Blümich/*Geserich* § 19 Rn. 93). Auch → Rn. 184.

Rundfunkbeschäftigte

Rundfunkbeschäftigte können je nach dem Grad ihrer Eingliederung Arbeitnehmer oder selbständig tätig sein (Blümich/*Geserich* § 19 Rn. 120 „Rundfunk"; Schmidt/*Krüger* § 19 Rn. 35 „Rundfunkanstalt"). Freie Mitarbeiter in einem öffentlich-rechtlichen oder privatrechtlichem Rundfunk (Hörfunk und Fernsehen), die aufgrund von Honorarverträgen von Fall zu Fall für eine bestimmte Produktion herangezogen werden, sind in der Regel selbständig tätig (Blümich/*Geserich* § 19 Rn. 120 „Rundfunk"; Schmidt/*Krüger* § 19 Rn. 35 „Rundfunkanstalt"). Es ist eine **Einzelfallwürdigung** erforderlich. Nach der Finanzverwaltung sind bestimmte Künstler und bestimmte verwandte Berufe, die als freie Mitarbeiter für einzelne Produktionen (zB ein Fernsehspiel, eine Unterhaltungssendung oder einen aktuellen Beitrag) tätig werden grundsätzlich selbständig tätig (BMF 5.10.1990, BStBl. I 1990, 638 unter 1.3: Architekten, Arrangeure, Artisten, Autoren, Berichterstatter, Bildhauer, Bühnenbildner, Choreographen, Chorleiter, Darsteller, Dirigenten, Diskussionsleiter, Dolmetscher, Fachberater, Fotografen, Gesprächsteilnehmer, Grafiker, Interviewpartner, Journalisten, Kommentatoren, Komponisten, Korrespondenten, Kostümbildner, Kunstmaler, Lektoren, Moderatoren, musikalische Leiter, Quizmaster, Realisatoren, Regisseure, Solisten – Gesang, Musik, Tanz – , Schriftsteller, Übersetzer). Siehe auch „Schauspieler" → Rn. 403 und „Synchronsprecher" → Rn. 412). Dagegen solle eine von vornherein auf Dauer angelegte Tätigkeit eines freien Mitarbeiters nichtselbständig sein, auch wenn für sie mehrere Honorarverträge abgeschlossen werden (BMF 5.10.1990, BStBl. I 1990, 638 unter 1.3.3). Dieses BMF-Schreiben, das im Einzelfall abweichende Lösungen zulässt (vgl. BMF 5.10.1990, BStBl. I 1990, 638 unter 1.: „Dies führt bei künstlerischen und verwandten Berufen *im [A]llgemeinen* zu folgenden Ergebnissen"), ist eine die Gerichte nicht bindende norminterpretierende Verwaltungsvorschrift (BFH 4.12.2008 – XI B 250/07, BFH/NV 2009, 394). 392

Rundfunkermittler

Rundfunkermittler sind regelmäßig selbständig tätig (BFH 9.1.2004 – V B 140/03, BFH/NV 2004, 543; BFH 9.10.2002 – V R 73/01, BStBl. II 2003, 217; BFH 2.12.1998 – X R 83/96, BStBl. II 1999, 534). 393

Rundfunksprecher

Rundfunksprecher sind idR Arbeitnehmer (HHR/*Pflüger* § 19 Rn. 600 „Rundfunksprecher"). Ein Rundfunksprecher, der einer Rundfunkanstalt auf Dauer zur Verfügung steht, kann auch dann nicht als Unternehmer beurteilt werden, wenn er von der Rundfunkanstalt für jeden Einzelfall seiner Mitwirkung als „freier Mitarbeiter" verpflichtet wird (BFH 4.10.1976 – V R 137/73, BStBl. II 1977, 50). 394

Einstweilen frei **395–399**

Sänger

Die zu „Musiker" (→ Rn. 339) dargelegten Grundsätze gelten entsprechend. 400

Sanitätshelfer

S. „Ehrenamtliche Helfer" → Rn. 254. 401

Sargträger

Sargträger sind keine Arbeitnehmer des Bestattungsunternehmers, wenn sie für jede Beerdigung beauftragt werden und es ihnen freisteht, den Auftrag anzunehmen (FG Saarland 8.11.1995 – 2 K 43/94, EFG 1996, 98, rkr.: kein Dienstverhältnis angesichts der lediglich kurzfristigen Betriebsanbindung und der dabei ohnehin keine nennenswerten Arbeitgeberweisungen erfordernden Trägertätigkeit). 402

Schauspieler

Die Mitwirkung eines Schauspielers an der Herstellung eines Fernsehfilms ist in der Regel eine nichtselbständige Arbeit, weil der einzelne Schauspieler im Zusammenspiel mit den 403 anderen beteiligten Schauspielern weitgehend in den Organismus der Filmproduktion eingegliedert ist; Ort und Zeit seiner Tätigkeit werden wesentlich von dem filmproduzierenden Unternehmen bestimmt; auf die Dauer der Filmtätigkeit kann es dabei nicht entscheidend ankommen (BFH 6.10.1971 – I R 207/66, BStBl. II 1972, 88; BFH 27.11.1962 – I 116/61 U, BStBl. III 1963, 95). Siehe auch „Künstler" → Rn. 317 und „Rundfunkbeschäftigte" → Rn. 392.

Scheinselbständige

404 Scheinselbständige können steuerrechtlich Arbeitnehmer sein, da auch insoweit die Umstände des Einzelfalls zu gewichten sind (Blümich/*Geserich* § 19 Rn. 120 „Scheinselbständige"; FG München 4.12.2012 – 10 K 3854/09, BeckRS 2013, 94554 rkr.). Die in § 7 Abs. 4 SGB IV aF enthaltenen Regelungen der Scheinselbständigkeit beeinflussen nicht den einkommensteuerrechtlichen Arbeitnehmerbegriff (BFH 2.12.1998 – X R 83/96, BStBl. II 1999, 534 unter B.III.3.h dd).

Schiedsrichter

405 Die nebenberufliche Tätigkeit eines **Schiedsrichters bei einem öffentlich-rechtlichen Schiedsgericht** (zB für landwirtschaftliche Marktregelung) ist mangels weisungsgebundener Eingliederung in das Schiedsgericht als selbständig zu beurteilen (HHR/*Pflüger* § 19 Rn. 600 „Schiedsrichter"). Bei **Schiedsrichtern im Bereich des Sports** soll wie folgt zu differenzieren sein: Zahlungen und Aufwandentschädigungen an Schiedsrichter und ihre Assistenten sollen grundsätzlich als sonstige Einkünfte iSd § 22 Nr. 3 zu qualifizieren sein, wenn ihr Einsatz ausschließlich auf nationaler Ebene vom Verband (DFB einschließl. der Landes- und Regionalverbände) bestimmt wird; dagegen sollen Schiedsrichter und Schiedsrichter-Assistenten, die darüber hinaus auch international für die UEFA oder die FIFA oder in anderen ausl. Ligen (zB Stars-League-Katar) eingesetzt werden, aus ihrer gesamten Schiedsrichtertätigkeit Einkünfte aus Gewerbebetrieb erzielen (OFD Frankfurt a.M. 24.4.2012, BeckVerw 260180). Das überzeugt nur insoweit, als Schiedsrichter im Bereich des Sports (und deren Assistenten) idR keine Arbeitnehmer sein dürften. Ansonsten erzielen diese bei Begründung eines Gewerbebetriebs unabhängig vom Einsatzort im Regelfall gewerbliche Einkünfte.

Schwarzarbeiter

406 Schwarzarbeiter sind idR nicht Arbeitnehmer ihres Auftraggebers, da sie hinsichtlich Art und Zeit der Arbeit keinen Weisungen unterliegen, die Arbeit auf Hilfskräfte übertragen können und das Unternehmerrisiko mindestens zusammen mit dem Auftraggeber tragen (BFH 21.3.1975 – VI R 60/73, BStBl. II 1975, 513; HHR/Pflüger § 19 Rn. 600 „Schwarzarbeiter"). Im Einzelfall sind aber Ausnahmen möglich, zB wenn ein ungelernter Arbeiter dem Auftraggeber nach dessen Weisungen zu bestimmten Zeiten im Stundenlohn hilft (HHR/*Pflüger* § 19 Rn. 600 „Schwarzarbeiter") oder wenn bei großem Umfang der Gewerke eine reibungslose Planung und Disposition von Arbeitskräften und eine Überwachung ihres Arbeitserfolges zur bestmöglichen Erreichung des Erfolgs unerlässliche gewesen ist (FG Düsseldorf 21.4.1997 – 7 V 6073/96 A (H (L)), EFG 1997, 1117, im Rahmen einer summarischen Prüfung).

Schwerbehinderte Menschen

407 Schwerbehinderte können im Arbeitsbereich Arbeitnehmer sein; dagegen kann es im Eingangs- und Trainingsbereich an der Arbeitnehmereigenschaft fehlen (FG Münster 24.11.1993 – 8 K 828/91 L, EFG 1994, 658, rkr.).

Sportler

408 S. „Amateursportler" → Rn. 205, „Berufssportler" → Rn. 227 und „Trainer" → Rn. 420.

Strafgefangene

→ Rn. 154. 409

Stromableser

Stromableser können auch dann Arbeitnehmer sein, wenn die Vertragsparteien „freie Mitarbeit" vereinbart haben und das Ablesen in Ausnahmefällen auch durch einen zuverlässigen Vertreter erfolgen darf (BFH 24.7.1992 – VI R 126/88, BStBl. II 1993, 155, Arbeitnehmer, da einfache Tätigkeit mit Weisungsgebundenheit hinsichtlich Ort, Zeit und Inhalt der Tätigkeit; FG Brandenburg 22.10.2003 – 2 K 1792/02, EFG 2004, 34, rkr.: selbständige Tätigkeit, da Unternehmerrisiko gegeben aufgrund des Tätigwerdens für verschiedene Versorgungsunternehmen, der zukünftigen Einstellung von mit monatlich festen Bezügen entlohnten Mitarbeitern sowie der Optimierung von Ablesevorgängen). 410

Subunternehmer

Subunternehmer können entsprechend der konkreten Umstände selbständig tätig oder Arbeitnehmer sein (FG Köln 18.10.2007 – 10 K 6376/03, EFG 2008, 415, rkr.: Arbeitnehmereigenschaft von **Transportfahrern** gegeben bei ausschließlicher Tätigkeit für einen Auftraggeber, keinem eigenen Arbeitsmittel – Transportfahrzeug –, sondern der Zurverfügungstellung eines solchen durch den Auftraggeber, keinen Bemühungen um andere Auftraggeber und gebundener Arbeitszeitgestaltung, selbst wenn keine Fortzahlung der Bezüge im Krankheitsfall erfolgt, kein Anspruch auf sonstige Sozialleistungen besteht und ein Entgelt ausschließlich für durchgeführte Fahrten vereinnahmt wird; vgl. aber BFH 18.6.2015 – VI R 77/12, BStBl. II 2015, 903, wonach Erfolgshonorare ein wesentliches Indiz dafür sind, dass kein lohnsteuerrechtlich erhebliches Beschäftigungsverhältnis vorliegt; FG Saarland 15.2.2005 – 1 K 323/01, BeckRS 2005, 26022200 rkr.: Ein Eisenflechter, der **zum Schein bei einer Baustahlarmierungsfirma angestellt** war, tatsächlich aber als Kolonnenführer gegen eine nach Anzahl der eingesetzten Arbeitskräfte und der geleisteten Arbeitsstunden bemessene Vergütung Aufträge dieser Firma ausgeführt hat, wobei ihm frei stand, mit welchen Personen er die in Auftrag gegebenen Arbeiten verrichtet hat und welche Entgelte er diesen Personen hierfür gezahlt hat, ist nicht Arbeitnehmer, sondern ist als selbständiger Subunternehmer anzusehen; FG Niedersachsen 10.4.2003 – 11 K 130/01, DStRE 2005, 20, rkr.: **Mechaniker in einer Reparaturwerkstatt** sind Arbeitnehmer, wenn einzelne, vorher genau bestimmte Reparaturarbeiten durchgeführt werden, den Mitarbeitern zur Ausführung ihrer Arbeiten die Werkstatt und das schwere Arbeitsgerät zur Verfügung steht, die Bezahlung nach dem vereinbarten Stundenlohn erfolgt und den Mitarbeitern fortlaufend eine Unterkunft auf dem Werkstattgelände gestellt wird). 411

Synchronsprecher

Synchronsprecher sind in der Regel keine Arbeitnehmer, weil bei ihnen im Vergleich zu Schauspielern grundsätzlich keine so feste Eingliederung in den Organismus des Synchronisationsunternehmens und keine so starke zeitliche Abhängigkeit besteht. Da die Leistung eines Synchronsprechers, nämlich das den bereits vorhandenen bildlichen Darstellungen beizugebende lippensynchrone Sprechen, nur im Rahmen des technischen Apparates des Filmsynchronisationsunternehmens erbracht werden kann, lässt sich aus dieser notwendigen technischen Eingliederung noch nicht auf eine Eingliederung in den Organismus des Unternehmens im Sinne einer allgemein weisungsgebundenen Arbeitnehmerstellung schließen (BFH 12.10.1978 – IV R 1/77, BStBl. II 1981, 706; BFH 1.3.1973 – IV R 231/69, BStBl. II 1973, 458). Siehe auch „Schauspieler" → Rn. 403. 412

Einstweilen frei **413–417**

Telearbeiter

Telearbeiter können selbständig tätig sein (insbesondere bei Bestehen eines Unternehmerrisikos) oder aber – trotz der gelockerten Eingliederung (insbesondere hinsichtlich des 418

Arbeitsorts) – wegen fortbestehender Eingliederung im Übrigen Arbeitnehmer sein (Blümich/*Geserich* § 19 Rn. 120 „Telearbeiten"; Schmidt/*Krüger* § 19 Rn. 35 „Telearbeit").

Telefoninterviewer

419 Telefoninterviewer können sowohl selbständig als auch nichtselbständig sein (BFH 18.6.2015 – VI R 77/12, BStBl. II 2015, 903: die Vereinbarung von Erfolgshonoraren ist ein wesentliches Indiz dafür, dass kein lohnsteuerrechtlich erhebliches Beschäftigungsverhältnis vorliegt; BFH 29.5.2008 – VI R 11/07, BStBl. II 2008, 933).

Trainer

420 Trainer in einem Sportverein sind regelmäßig Arbeitnehmer; der zeitliche Umfang der Beschäftigung im Rahmen der Gesamtwürdigung nicht entscheidend (Blümich/*Geserich* § 19 Rn. 120 „Trainer"; Schmidt/*Krüger* § 19 Rn. 35 „Trainer"; vgl. aber FG Hessen 9.7.1993 – 4 K 2744/92, EFG 1994, 396, rkr.: selbständige Tätigkeit bei einem nebenberuflich tätigem Schiedsrichter, der nicht mehr als 6 Stunden wöchentlich für einen Verein tätig und nicht dessen Weisungen unterworfen war).

Tutoren

421 Tutoren eines Studentenwohnheims können selbständig tätig sein (BFH 21.7.1972 – VI R 188/69, BStBl. II 1972, 738). Sind sie keine Arbeitnehmer können die Einnahmen aus der Tätigkeit als Tutor sonstige Einkünfte iSd § 22 Nr. 1 Buchst. b sein (BFH 28.2.1978 – VIII R 116/75, BStBl. II 1978, 387; ablehnend *Weber-Grellet* DStZ 1978, 453: Einnahmen aus selbständiger Arbeit; dagegen *Rößler* DStZ 1979, 78). Tutoren für Unterrichtsveranstaltungen an einer Universität sind idR Arbeitnehmer der Universität (Blümich/*Geserich* § 19 Rn. 120 „Tutoren"; HHR/*Pflüger* § 19 Rn. 600 „Tutoren").

422–426 *Einstweilen frei*

Urlaubsvertreter

427 Urlaubsvertreter können Arbeitnehmer sein, weil eine weitgehende Entscheidungsbefugnis zwar für eine selbständige Tätigkeit spricht, dadurch eine solche aber nicht begründet werden muss (vgl. BFH 20.2.1979 – VIII R 52/77, BStBl. II 1979, 414, zum Urlaubsvertreter eines anderen selbständigen Apothekers; BFH 11.11.1971 – IV R 241/70, BStBl. II 1972, 213, zu dem mitarbeitenden Arzt eines Chefarztes). Siehe auch „Apothekenvertreter" → Rn. 207, „Notarvertreter" → Rn. 349 und „Rechtsanwälte" → Rn. 383.

428–432 *Einstweilen frei*

Verkaufsfahrer

433 S. „Subunternehmer" → Rn. 411.

Verkaufspropagandist

434 S. „Werber" → Rn. 448.

Vermittlungstätigkeit

435 Sie wird durch den Steuerpflichtigen in seiner Eigenschaft als Arbeitnehmer erbracht, wenn es sich um die Nebenpflicht aus einem steuerrechtlichen Dienstverhältnis handelt; Anhaltspunkte für eine Veranlassung durch das Dienstverhältnis sind, dass die Tätigkeit während der Dienstzeit des Hauptberufes mit Billigung des Arbeitgebers unter Ausnutzung der dienstlichen Kontakte erfolgt (Blümich/*Geserich* § 19 Rn. 120 „Vermittlungstätigkeit"; → Rn. 137). Zahlt der Arbeitgeber Vermittlungsprovisionen direkt an den Arbeitnehmer, spricht dies dafür, dass der Steuerpflichtige insoweit als Arbeitnehmer gehandelt hat (BFH 31.8.1962 – VI 120/61 U, BStBl. III 1962, 490, zu **Angestellten eines Reisebüros,** die Reisegepäck-, Schlechtwetter- und Unfallversicherungen vermitteln; vgl. LStR 19.4 Abs. 1). Gleiches gilt für Vertragsabschlüsse, die während der Arbeitszeit vermittelt werden, die Provi-

sionen aber von Dritten (zB **Bausparkassen**) geleistet werden (LStR 19.4 Abs. 2 S. 1). Selbst wenn die Tätigkeit außerhalb der Arbeitszeit erbracht werden, kann der Steuerpflichtige in seiner Arbeitnehmereigenschaft erbracht haben, wenn zum Aufgabengebiet des Arbeitnehmers der direkte Kontakt mit dem Kunden des **Kreditinstituts** gehört, zB bei einem Kunden- oder Anlageberater (LStR 19.4 Abs. 2 S. 2). Im Allgemeinen sind die Umstände des Einzelfalls (Schmidt/*Krüger* § 19 Rn. 35 „Vermittlungstätigkeit"). So wurde eine Tätigkeit als Arbeitnehmer verneint, bei einem Bereichsdirektor einer Bausparkasse, der verantwortlich war für die erfolgsorientierte Führung der Außendienstorganisation der Bausparkasse in einem Bezirk und dabei bei seiner Arbeitszeit im Wesentlichen frei war (FG Düsseldorf 12.10.2001 – 18 K 2524/97 G, EFG 2002, 96).

Versicherungsvertreter

Versicherungsvertreter sind selbständig tätig und kein Arbeitnehmer, wenn sie ein ins Gewicht fallendes Unternehmerrisiko tragen; die Art seiner Tätigkeit, ob werbende oder verwaltende, ist in der Regel nicht von entscheidender Bedeutung (BFH 13.4.1967 – IV 194/64, BStBl. III 1967, 398, mwN). Bei der Einordnung kommt es aber auf das Gesamtbild der Tätigkeit an (HHR/*Pflüger* § 19 Rn. 600 „Versicherungsvertreter"). **436**

Virtuelle Organisationskonzepte

Virtuelle Organisationskonzepte erfordern insbesondere die Prüfung der Frage, ob der Beschäftigte in den geschäftlichen Organismus eines Auftraggebers eingegliedert ist (HHR/*Pflüger* § 19 Rn. 60). Es handelt sich um „virtuelle Einheiten", die am Markt selbständig agieren sowie lediglich als projektbezogene Teams zusammentreten, an denen sowohl Arbeitnehmer verschiedener Unternehmen als auch Freiberufler beteiligt sind. Die beteiligten Arbeitnehmer dürften dabei häufig nicht mehr in den geschäftlichen Organismus ihres (bisherigen) Arbeitgebers eingebunden und seinen Weisungen zu folgen verpflichtet sein (Heuermann/Wagner LSt/*K. Wagner* C Rn. 44). Überdies dürften sie weitgehend erfolgsabhängig honoriert (HHR/*Pflüger* § 19 Rn. 60; Heuermann/Wagner LSt/*K. Wagner* D Rn. 44) werden und es an einer Gestellung von Arbeitsmitteln bzw. einem Arbeitsplatz fehlen. Im Rahmen einer Gesamtwürdigung dürfte es daher eher selten sein, hier die Arbeitnehmereigenschaft zu bejahen. Nicht entscheidend ist, wie die Teilnehmer des Teams im Einzelfall bezeichnet werden (HHR/*Pflüger* § 19 Rn. 60). **437**

Vorführdame

S. „Mannequin" → Rn. 333. **438**

Vorstandsmitglied

S. „Gesetzliche Vertreter einer Kapitalgesellschaft" → Rn. 278. **439**

Einstweilen frei **440–444**

Wahlbeamte

Während hauptberuflich kommunale Wahlbeamte Arbeitnehmer sind, sind ehrenamtliche Wahlbeamte selbständig tätig (BFH 25.1.1996 – IV R 15/95, BStBl. II 1996, 431). Siehe auch „Bürgermeister" → Rn. 231. **445**

Wahlhelfer

Wahlhelfer sind von den Gemeinden eingesetzte Hilfskräfte zur Erfüllung der eigenverantwortlichen organisatorischen Hilfsfunktion der Gemeinden bei Wahlen; sie sind weisungsabhängig und nach dem Gesamtbild der Verhältnisse als Arbeitnehmer anzusehen (Schmidt/*Krüger* § 19 Rn. 35 „Ehrenamtl Tätigkeit"; FM Thüringen 30.4.1999, DStR 1999, 1317). **446**

Wehrersatzdienstleistende

447 S. „Bundeswehr/Bundesfreiwilligendienst" → Rn. 232.

Werber

448 Werber (Propagandisten) können sowohl selbständig als auch als Arbeitnehmer tätig sein. Insoweit spricht für ein selbständiges Handeln, wenn der Steuerpflichtige jeweils nur kurzfristig für verschiedene Auftraggeber tätig ist und dabei einem gewissen Unternehmerrisiko unterliegt (BFH 14.6.1985 – VI R 150–152/82, BStBl. II 1985, 661; FG Baden-Württemberg 28.11.1984 – II (III) K 179/82, EFG 1985, 261, rkr.). Siehe auch „Anzeigenwerber" → Rn. 206 und „Zeitschriftenwerber" → Rn. 454.

449–453 *Einstweilen frei*

Zeitschriftenwerber

454 Zeitungswerber („Drücker") können Arbeitnehmer sein (Blümich/*Geserich* § 19 Rn. 120 „Zeitschriftenwerber"). Ist die Tätigkeit von Werbern für Zeitschriftenabonnements durch totale Weisungsgebundenheit, organisatorische Eingliederung, fehlende Unternehmerinitiative und fehlendes Unternehmerrisiko gekennzeichnet, soll unabhängig von der vertraglichen Gestaltung auch dann eine nichtselbständige Tätigkeit vor, wenn die Werber ausschließlich erfolgsabhängige Provisionen beziehen (FG Nürnberg 13.2.2003 – IV 434/98, EFG 2003, 1782, rkr.; vgl. aber BFH 18.6.2015 – VI R 77/12, BStBl. II 2015, 903, wonach Erfolgshonorare ein wesentliches Indiz dafür sind, dass kein lohnsteuerrechtlich erhebliches Beschäftigungsverhältnis vorliegt).

Zusteller

455 Zusteller können – ebenso wie Prospektverteiler – je nach Umfang und Organisation der übernommenen Tätigkeit selbständig oder nichtselbständig tätig sein (BFH 9.11.2004 – VI B 150/03, BFH/NV 2005, 347, Zusteller kostenloser Wochenblätter; BFH 9.9.2003 – VI B 53/03, BFH/NV 2004, 42, Werbeprospektverteiler; BFH 2.10.1968 – VI R 29/68, BStBl. II 1969, 103, Zeitungsausträgerinnen; BFH 12.1.1956 – V 86/55 U, BStBl. III 1956, 119, Zeitungsausträger; RFH 1.6.1934 – VI A 55/32, RStBl. 1934, 1029, Zeitungsausträgerinnen; RFH 21.4.1926 – VI A 1173/25, RStBl. 1926, 220, Zeitungsausträgerinnen; FG Münster 23.5.2001 – 8 K 158/98 L, EFG 2001, 1200, rkr.; FG Niedersachsen 6.5.1999 – XI 679/97, EFG 1999, 1015, rkr.). Die Umstände dürften regelmäßig ergeben, dass eine Arbeitnehmertätigkeit gegeben ist (Schmidt/*Krüger* § 19 Rn. 35 „Zeitungsausträger"; HHR/*Pflüger* § 19 Rn. 600 „Zeitungsausträger"). Prämien, die ein Verlagsunternehmen seinen Zeitungsausträgern für die **Werbung neuer Abonnenten** gewährt, sind dann kein Arbeitslohn, wenn die Zeitungsausträger weder rechtlich noch faktisch zur Anwerbung neuer Abonnenten verpflichtet sind; dies gilt auch dann, wenn die Werbung neuer Abonnenten ausschließlich innerhalb des eigenen Zustellungsbezirks der Zeitungsausträger erfolgt und die Belieferung der neuen Abonnenten in der Folgezeit zu einer Erhöhung der Einnahmen aus der nichtselbständig ausgeübten Tätigkeit als Zeitungsausträger führt (BFH 22.11.1996 – VI R 59/96, BStBl. II 1997, 254).

Zwischenmeister

456 S. „Heimarbeiter" → Rn. 291.

457–461 *Einstweilen frei*

462 **e) Arbeitgeber. Arbeitgeber:** Arbeitgeber ist derjenige, dem der Arbeitnehmer die Arbeitsleistung schuldet, unter dessen Leitung er tätig wird oder dessen Weisung er zu befolgen hat (Umkehrschluss aus § 1 Abs. 2 LStDV, BFH 13.7.2011 – VI R 84/10, BStBl. II 2011, 986; HHR/*Pflüger* § 19 Rn. 62). Dies ist regelmäßig der Vertragspartner des Arbeitnehmers aus dem Dienstvertrag (BFH 19.2.2004 – VI R 122/00, BStBl. II 2004, 620). Bei **Arbeitnehmerüberlassung** oder sonstigen Formen des **drittbezogenen Arbeitseinsatzes,** in denen der Arbeitnehmer nicht mehr unter der Weisung seines Vertragspartners steht,

ist lohnsteuerrechtlich jedoch derjenige Arbeitgeber, der dem Arbeitnehmer den Lohn im eigenen Namen und für eigene Rechnung auszahlt (BFH 13.7.2011 – VI R 84/10, BStBl. II 2011, 986; HHR/*Pflüger* § 19 Rn. 62). Ist dies der Entleiher, so kann davon ausgegangen werden, dass ein Arbeitgeberwechsel im lohnsteuerrechtlichen Sinne stattgefunden hat (BFH 24.3.1999 – I R 64/98, BStBl. II 2000, 41). Das den Arbeitgeber und den Arbeitnehmer verbindende steuerrechtliche Dienstverhältnis kann **gegenwärtig, vergangen oder erst zukünftig** sein (→ Rn. 126), weshalb zB auch derjenige Arbeitgeber ist, der an einen ehemaligen Arbeitnehmer oder an dessen Rechtsnachfolger Arbeitslohn zahlt (Blümich/*Geserich* § 19 Rn. 130). Regelmäßig zahlt der Arbeitgeber den Arbeitslohn (Kirchhof/*Eisgruber* § 19 Rn. 50); allerdings ist es für die Arbeitgeberstellung irrelevant, ob der Arbeitgeber den Arbeitslohn selbst zahlt oder ein Dritter Arbeitslohn gewährt (§ 38 Abs. 1 S. 3), weshalb der Arbeitgeber **kein Spiegelbild des Arbeitnehmers** ist (Kirchhof/*Eisgruber* § 19 Rn. 48). Arbeitgeber kann eine natürliche oder juristische Person des privaten Rechts (zB Kapitalgesellschaft, privatrechtliche Stiftungen, rechtsfähige Vereine) oder des öffentlichen Rechts (zB öffentlich-rechtliche Körperschaften, Anstalten bzw. Stiftungen des öffentlichen Rechts) sein (Blümich/*Geserich* § 19 Rn. 131; Schmidt/*Krüger* § 19 Rn. 32). Gleiches gilt auch für eine OHG, KG und GbR (vgl. zu letzterer BFH 17.2.1995 – VI R 41/92, BStBl. II 1995, 390), also andere Personenzusammenschlüsse ohne eigene Rechtspersönlichkeit (Blümich/*Geserich* § 19 Rn. 131).

Insolvenzverwalter und Testamentsvollstrecker erfüllen ihre gesetzliche Aufgabe (zB Führung eines Unternehmens nach der Eröffnung des Insolvenzverfahrens/dem Tode des Erblassers) als Partei kraft Amtes und sind deshalb auch in dieser Funktion Arbeitgeber (Blümich/*Geserich* § 19 Rn. 132). **462.1**

Wer Arbeitgeber ist, hat die **Lohnsteuer** für den Arbeitnehmer **einzubehalten und abzuführen** (§§ 38 Abs. 1 S. 1, Abs. 3 S. 1, 41a Abs. 1 S. 1 Nr. 2). Verletzt er vorgenannte Pflichten, haftet er insoweit (§ 42d). Hinsichtlich der pauschalen Lohnsteuer ist er selbst Schuldner (§ 40 Abs. 3 S. 2). **463**

Einstweilen frei **464–466**

f) Arbeitslohn. aa) Zum Begriff und der allgemeinen Definition des Arbeitslohns. Der Begriff des Arbeitslohns wird in § 19 als solcher nicht genannt. Unter Arbeitslohn werden jedenfalls die nach § 19 Abs. 1 S. 1 Nr. 1 zu versteuernden Einnahmen verstanden. Z.T. wird der Begriff des Arbeitslohns darüber hinaus – ohne dadurch die Ausweitung des Begriffs des Arbeitslohns zu reflektieren (→ Rn. 109) – auf den Besteuerungstatbestand des § 19 Abs. 1 S. 1 Nr. 1a ausgeweitet. **467**

Definition des Arbeitslohns: Nach § 19 Abs. 1 S. 1 Nr. 1 gehören zu den Einkünften aus nichtselbständiger Arbeit – neben Gehältern, Löhnen, Gratifikationen und Tantiemenauch andere Bezüge und Vorteile, die **„für"** eine Beschäftigung im öffentlichen oder privaten Dienst gewährt werden. Dabei ist gleichgültig, ob ein Rechtsanspruch auf sie besteht (§ 19 Abs. 1 S. 2, → Rn. 1126 ff.). Zu den Einkünften aus nichtselbständiger Arbeit gemäß § 2 Abs. 1 S. 1 Nr. 4 iVm § 19 gehören nach § 19 Abs. 1 S. 1 Nr. 2 auch Bezüge und Vorteile **aus früheren Dienstleistungen.** Bezüge und Vorteile für eine (ggf.) frühere Beschäftigung werden verkürzend als Arbeitslohn bezeichnet, obwohl in der gesamten Vorschrift des § 19 der Begriff des „Arbeitslohns" mittlerweile nicht mehr enthalten ist (bis einschließlich des VZ 1989 nannten § 19 Abs. 3 bis 5 noch den Arbeitslohn, → Rn. 21). Eine **Begriffsbestimmung** des Arbeitslohns findet sich allerdings in **§ 2 Abs. 1 LStDV.** Danach sind alle Einnahmen Arbeitslohn, die dem Arbeitnehmer aus dem Dienstverhältnis zufließen (§ 2 Abs. 1 S. 1 LStDV), wobei es gemäß § 2 Abs. 1 S. 1 LStDV unerheblich ist, unter welcher Bezeichnung oder in welcher Form die Einnahmen gewährt werden. Nicht in § 2 Abs. 1 LStDV enthalten ist, dass die Einnahme nach § 19 Abs. 1 S. 1 Nr. 1 „für" die Zurverfügungstellung der Arbeitskraft geleistet werden muss (HHR/*Pflüger* § 19 Rn. 100) und das es dem Arbeitnehmer an einem Vermögensrisiko fehlen muss (→ Rn. 67). Nach dieser im Übrigen aber zutreffenden (Blümich/*Geserich* § 19 Rn. 150; Kirchhof/*Eisgruber* § 19 Rn. 55, Fußnote 2; → Rn. 67) Definition verlangt der Arbeitslohnbegriff also das Vorliegen folgender Kriterien: Eine **Bereicherung** (→ Rn. 527 ff.) des Arbeitnehmers (→ Rn. 173 ff.), die **aus dem** (früheren, gegenwärtigen oder künftigen) **Dienstverhältnis** (→ Rn. 122 ff.) und nicht aus anderen Veranlassungszusammenhängen – wie zB bei Aufmerksamkeiten auf gesellschaftlichen Konventionen (→ Rn. 503 ff.) oder auf einem überwiegend eigenbetrieblichen Interesse (→ **468**

Rn. 538 ff.) **zufließt** (→ Rn. 876 ff.), wobei es unerheblich ist, unter welcher Bezeichnung oder in welcher Form die Einnahmen gewährt werden (→ Rn. 1126 ff.). Diese Voraussetzungen müssen auch bei den in § 19 Abs. 1 S. 1 Nr. 1 genannten Regelbeispielen (→ Rn. 473 bis → Rn. 477) gegeben sein (→ Rn. 472). Gleiches gilt für die in § 2 Abs. 2 LStDV genannten Fälle (→ Rn. 552 ff.).

469–471 *Einstweilen frei*

472 **bb) Regelbeispiele (Gehälter, Löhne, Gratifikationen, Tantiemen) und Generalklausel der sonstigen Bezüge und Vorteile. Bedeutung der im Gesetz genannten Beispiele und der Generalklausel:** Die im Gesetz aufgezählten Regelbeispiele bzw. die Generalklausel der Einnahmen aus nichtselbständiger Arbeit führen nicht schon begrifflich zu Einnahmen aus nichtselbständiger Arbeit. Sie müssen vielmehr die Kriterien des Arbeitslohnbegriffs (→ Rn. 468) erfüllen.

473 **Gehälter** sind regelmäßig, dh monatlich oder in größeren Abständen, gezahlte Entgelte (vgl. HHR/*Pflüger* § 19 Rn. 206). Zur Abgrenzung gegenüber dem Begriff der „Löhne" → Rn. 474.

474 **Löhne** sind Entgelte für geleistete Arbeit, die täglich, wöchentlich oder monatlich ausgezahlt werden (HHR/*Pflüger* § 19 Rn. 206). Für den Fall der monatlichen Zahlung werden die Begriffe „Löhne" und „Gehälter" synonym verwandt. Die Unterscheidung ist steuerrechtlich nicht von Bedeutung (HHR/*Pflüger* § 19 Rn. 206).

475 **Gratifikationen** sind regelmäßig – aber nicht notwendigerweise – freiwillig gewährte Sondervergütungen des Arbeitgebers (HHR/*Pflüger* § 19 Rn. 207) zu bestimmten Anlässen (zB zu Weihnachten).

476 **Tantiemen** sind nach dem Umsatz oder Gewinn des Unternehmen bzw. Teilbetriebs bemessene Erfolgsvergütungen (HHR/*Pflüger* § 19 Rn. 207).

477 **Sonstige Bezüge und Vorteile:** Die Generalklausel der sonstigen Bezüge und Vorteile ist ein Sammelbegriff und erfasst alle sonst noch möglichen Erscheinungsformen der Einnahmen aus nichtselbständiger Arbeit iSd § 19 Abs. 1 S. 1 (Blümich/*Geserich* § 19 Rn. 45).

478–480 *Einstweilen frei*

481 **cc) Einnahmen. Einnahmen** sind – wie aus § 8 Abs. 1 folgt – alle Güter in Geld (→ Rn. 482) oder Geldeswert (→ Rn. 483). Irrelevant ist, ob die Einnahmen **einmalig oder laufend** erlangt werden (§ 19 Abs. 1 S. 2, dazu → Rn. 1126 ff.).

482 **In Geld** werden Güter erlangt, wenn sie in bar oder unbar gezahlt werden (Blümich/*Geserich* § 19 Rn. 161). Für beide Formen, also auch die unbare, hat sich der Begriff des **Barlohns** eingebürgert (Blümich/*Geserich* § 19 Rn. 161). Zum Barlohn zählen auch Güter in einer gängigen, frei konvertiblen und im Inland handelbaren **ausländischen Währung,** deren Wert durch Umrechnung in Euro zu bestimmen ist (BFH 3.12.2009 – VI R 4/08, BStBl. II 2010, 698, laufende Lohnzahlungen bei Zufluss anhand der von der Europäischen Zentralbank veröffentlichten **monatlichen Durchschnittsreferenzkurse;** keine taggenaue Umrechnung der monatlichen Gehaltszahlungen erforderlich, da nicht verwaltungspraktikabel). Fehlt es aber ausnahmsweise an einem von der Europäischen Zentralbank veröffentlichten monatlichen Durchschnittsreferenzkurs, kann mangels Alternativen auf den (ggf. gemittelten) Wechselkurs verschiedener Kreditinstitute oder Wechselstuben abgestellt werden. Die **Bewertung des Barlohns** erfolgt nach dem Nennwertprinzip, dh der Vorteil ist mit dem nominellen Geldbetrag anzusetzen (Blümich/*Geserich* § 19 Rn. 240).

483 **In Geldeswert** erzielte Güter sind sog. geldwerte Vorteile, deren Unterfall die in § 8 Abs. 2 genannten Sachbezüge (zB Wohnung, Kost, Waren, Dienstleistungen) sind. Sie sind zum Zeitpunkt des Zuflusses zu bewerten. Die **Bewertung der geldwerten Vorteile** ist in § 8 Abs. 2 und 3 bestimmt; auf die entsprechenden Erläuterungen wird verwiesen. Zur für die Bewertung der Einnahme erforderlichen **Abgrenzung des Barlohns von Sachbezügen** s. Erläuterungen zu § 8 Abs. 2.

484–486 *Einstweilen frei*

487 **dd) Aus dem Dienstverhältnis: Grundsätzliches zum Veranlassungsprinzip. Abgrenzung zu nicht steuerbaren Vorteilen oder Bezügen:** Da Vorteile aus dem Dienstverhältnis zufließen müssen, um nach § 19 Abs. 1 S. 1 Nr. 1 steuerbar zu sein, sind nicht aufgrund des Dienstverhältnisses gewährte Vorteile oder Bezüge nicht steuerbar. Hierzu zählen zB veruntreute Beträge, Bestechungsgelder, die unbefugte Privatnutzung eines betrieblichen PKW (→ Rn. 488.1) oder aber Aufmerksamkeiten (→ Rn. 503 ff.). Stets erforderlich ist also, dass die Vorteile oder Bezüge **durch** das zwischen dem Arbeitnehmer und dem Arbeitgeber bestehende **Dienstverhältnis veranlasst** sind.

Veranlassung: Bezüge oder Vorteile werden „für" eine Beschäftigung iSd § 19 Abs. 1 S. 1 Nr. 1 gewährt, wenn sie durch das individuelle Dienstverhältnis **veranlasst** sind (Veranlassungsprinzip, BFH 17.7.2014 – VI R 69/13, BStBl. II 2015, 41; BFH 25.4.2018 – VI R 34/16, BStBl. II 2018, 600). Erforderlich ist nicht, dass sie eine Gegenleistung für eine konkrete (einzelne) Dienstleistung des Arbeitnehmers sind (BFH 11.3.1988 – VI R 106/84, BStBl. II 1988, 726); eine Veranlassung durch das individuelle Dienstverhältnis ist vielmehr zu bejahen, wenn die Einnahmen dem Empfänger mit Rücksicht auf das Dienstverhältnis zufließen und sich als Ertrag der nichtselbständigen Arbeit darstellen, dh wenn sich die Leistung des Arbeitgebers im weitesten Sinne als Gegenleistung für das Zurverfügungstellen der individuellen Arbeitskraft des Arbeitnehmers erweist (BFH 17.7.2014 – VI R 69/13, BStBl. II 2015, 41). Ein **einfacher Kausalzusammenhang genügt hingegen nicht** für die Annahme von Arbeitslohn. Es kann nicht allein darauf abgestellt werden, dass zwischen der Leistung und dem Dienstverhältnis ein ursächlicher Zusammenhang im Sinne einer „conditio sine qua non" (Bedingung, die nicht hinweggedacht werden kann, ohne dass der Erfolg entfiele) besteht. **Erforderlich ist vielmehr,** dass der Vorteil zugewendet wird, um (**finaler Zusammenhang**) die Dienste des Arbeitnehmers zu entlohnen (Kirchhof/*Eisgruber* § 19 Rn. 62); die Zuwendung muss einen Entlohnungscharakter aufweisen (BFH 17.7.2014 – VI R 69/13, BStBl. II 2015, 41; Blümich/*Geserich* § 19 Rn. 152; Schmidt/*Krüger* § 19 Rn. 40). Prinzipiell divergierende dogmatische Ansatzpunkte zum Arbeitslohnbegriff werden heute praktisch nicht mehr vertreten (Schmidt/*Krüger* § 19 Rn. 40). Ob ein Leistungsaustausch zwischen Arbeitgeber und Arbeitnehmer den Einkünften aus nichtselbständiger Arbeit oder aufgrund einer Sonderrechtsbeziehung einer anderen Einkunftsart oder dem nichtsteuerbaren Bereich zuzurechnen ist, ist aufgrund einer in erster Linie der Tatsacheninstanz obliegenden **tatsächlichen Würdigung** zu entscheiden (BFH 30.6.2011 – VI R 80/10, BStBl. II 2011, 948). Denn ob ein Leistungsaustausch zwischen Arbeitgeber und Arbeitnehmer den Einkünften aus nichtselbständiger Arbeit oder aufgrund einer Sonderrechtsbeziehung einer anderen Einkunftsart oder dem nicht einkommensteuerbaren Bereich zuzurechnen ist, kann nur aufgrund einer Würdigung aller wesentlichen Umstände des Einzelfalles entschieden werden (BFH 20.11.2008 – VI R 25/05, BStBl. II 2009, 382). Dabei ist der mit der Zuwendung verfolgte Zweck zu erforschen. Äußere Umstände wie Anlass, Zuwendungsgegenstand und Begleitumstände sind eingehend zu würdigen (BFH 11.5.2011 – VI R 65/09, BStBl. II 2011, 946). Nicht erforderlich ist, dass der Einnahme eine konkrete Dienstleistung des Arbeitnehmers zugeordnet werden kann (BFH 11.5.2011 – VI R 65/09, BStBl. II 2011, 946). Ebenso kommt es nach § 19 Abs. 1 S. 2 (→ Rn. 1126 ff.) nicht darauf an, ob der Arbeitgeber aufgrund gesetzlicher, individual- bzw. tarifvertraglicher **Verpflichtung, ohne** eine solche **Verpflichtung** (freiwillig) oder **versehentlich** leistet. Auf die **subjektive Einschätzung** der Beteiligten kommt es nicht an; entscheidend sind vielmehr die vorgefundenen objektiven Tatumstände, die vom Finanzgericht als Tatsacheninstanz eigenständig zu würdigen sind (BFH 6.12.2013 – VI B 89/13, BFH/NV 2014, 511). Mithin sind **unerheblich** insoweit die **persönlichen Auffassungen und Einschätzungen** der an der Zuwendung Beteiligten, wonach die Zahlung nicht im Zusammenhang mit dem Arbeitsverhältnis stehe, sondern unabhängig davon eine eigenständige Schenkung darstelle (BFH VI R 28.2.2013 – VI R 58/11, BStBl. II 2013, 642). **In der Praxis** gelangt die Rechtsprechung häufig ohne Weiteres zu der Annahme, einem Arbeitnehmer gewährte Vorteile stammten aus dem Dienstverhältnis (vgl. zB Nachweise zur Rechtsprechung betreffend die Aktienoptionen → Rn. 573, unter (1)). 488

Beispiele für **nicht** auf Dienstverhältnis beruhende Vorteile sind: **Veruntreute Beträge** sind, da nicht „gewährt" (vgl. auch § 2 Abs. 1 S. 2 LStDV), kein Arbeitslohn (BFH 13.11.2012 – VI R 38/11, BStBl. II 2013, 929); ohne Wissen und entgegen den Interessen des Arbeitgebers gezahlte **Bestechungsgeldern** der Arbeitslohncharakter ebenfalls (BFH IX R 16.6.2015 – IX R 26/14, DStR 2015, 2321: Einnahmen iSd § 22 Nr. 3); die **unbefugte Privatnutzung des betrieblichen PKW** hat keinen Lohncharakter, weil ein Vorteil, den sich der Arbeitnehmer gegen den Willen des Arbeitgebers selbst 488.1

zuteilt, nicht „für" eine Beschäftigung im öffentlichen oder privaten Dienst gewährt wird (BFH 6.10.2011 – VI R 56/10, BStBl. II 2012, 362).

489–491 *Einstweilen frei*

492 **ee) Fehlender Veranlassungszusammenhang zum Dienstverhältnis bei öffentlich-rechtlicher Verpflichtung.** Erbringt der Arbeitgeber aufgrund einer öffentlich-rechtlicher Verpflichtung Leistungen, ist sorgfältig zu prüfen, ob diese Leistungen „für" eine Beschäftigung erbracht werden (Schmidt/*Krüger* § 19 Rn. 48). Denn eine Leistung des Arbeitgebers, die dem Arbeitnehmer zugutekommt, erweist sich jedenfalls dann nicht mehr als Gegenleistung für das Zurverfügungstellen der Arbeitskraft im weitesten Sinne, wenn der Arbeitgeber zu ihr aufgrund gesetzlicher Vorschriften verpflichtet ist, mit denen der Gesetzgeber **sozialpolitische Zwecke** auf eine Weise verfolgt, die den Arbeitgeber letztlich **nur als Erfüllungsgehilfen des Staates** bei den von diesem mit eigenen Mitteln geförderten Zielen erscheinen lässt (BFH 25.5.1992 – VI R 18/90, BStBl. II 1993, 45; BFH 14.4.2005 – VI R 134/01, BStBl. II 2005, 569). Gleiches gilt, wenn der Arbeitgeber zu der Leistung aufgrund von gesetzlichen Vorschriften verpflichtet ist, mit denen der Gesetzgeber **ordnungs- und verkehrspolitische Zwecke** verfolgt und diese mit eigenen Mitteln fördert (BFH 30.5.2001 – VI R 159/99, BStBl. II 2001, 815).

492.1 So sind **zB keine auf Dienstverhältnis beruhende Vorteile** die Übereignung eines mit Mitteln der **Kohlenabgabe geförderten Hausgrundstück** durch ein Bergbauunternehmen an seinen Arbeitnehmer aufgrund eines gesetzlichen Anspruchs des Arbeitnehmers zu einem angemessenen Kaufpreis, der unter dem ortsüblichen Verkehrswert liegt. (Das Bergbauunternehmen übereignete das Hausgrundstück nicht, um eine Arbeitsleistung des Ehemanns im weitesten Sinne mit eigenen Mitteln abzugelten, sondern um die vom Gesetzgeber mit Hilfe öffentlicher Mittel beabsichtigte Befriedigung des Wohnungsbedarfs der Arbeitnehmer im Kohlenbergbau auf dem dafür gesetzlich vorgesehenen Weg herbeizuführen; vgl. BFH 25.5.1992 – VI R 18/90, BStBl. II 1993, 45); **Bundeszuschüsse an die Bahnversicherungsanstalt,** die dazu dienten, die (damals) neu gegründete DB AG von finanziellen Verpflichtungen für die Zusatzversorgung ihrer Arbeitnehmer zu entlasten (BFH 30.5.2001 – VI R 159/99, BStBl. II 2001, 815); Beiträge für die gesetzliche Rentenversicherung und Arbeitgeberanteile zur Kranken- und Pflegeversicherung, die der Bund nach § 15 des Gesetzes zur Förderung der Einstellung der landwirtschaftlichen Erwerbstätigkeit (**FELEG**) trägt, da diese Beiträge Maßnahmen zur sozialen Absicherung von Arbeitnehmern sind, um die aufgrund des FELEG bewirkte vorzeitige Aufgabe eines landwirtschaftlichen Unternehmens und die wegen des Ausscheidens aus dem Erwerbsleben folgenden sozialen Härten für die davon betroffenen Arbeitnehmer (insbesondere älteren Arbeitnehmern) aufzufangen (BFH 14.4.2005 – VI R 134/01, BStBl. II 2005, 569).

493–495 *Einstweilen frei*

496 **ff) Teilweise fehlender Veranlassungszusammenhang zum Dienstverhältnis bei gemischten Veranlassungszusammenhängen. Gemischte Veranlassungszusammenhänge:** Die Veranlassungszusammenhänge für einen Vorteil können auch teilweise im nichtsteuerbaren Bereich (→ Rn. 497) oder in anderen Rechtsverhältnissen (→ Rn. 498 ff.) wurzeln. Soweit dies feststellbar ist, fehlt es am Arbeitslohn.

497 **Veranlassungszusammenhänge auch im nichtsteuerbarem Bereich:** Ist eine Leistung des Arbeitgebers einerseits durch das Dienstverhältnis und andererseits zugleich durch betriebsfunktionale oder private Umstände veranlasst (→ Rn. 538 ff.), ist grundsätzlich – wenn möglich – eine **Aufteilung nach objektiven Gesichtspunkten** (zB nach zeitlichen Kriterien) vorzunehmen (BFH 18.8.2005 – VI R 32/03, BStBl. II 2006, 30; BFH 21.11.2018 – VI R 10/17, BStBl. II 2019, 404). Es besteht insofern kein Aufteilungsverbot. Ein solches ergibt sich insbesondere nicht aus § 12 Nr. 1 S. 2, da die Vorschrift ihrem Wortlaut und ihrer Stellung im Gesetz nach (II. Abschnitt, Nr. 7. Nicht abzugsfähige Ausgaben) auf der Einnahmenseite keine Anwendung findet (BFH 7.12.2004 – VIII R 70/02, BStBl. II 2005, 468; Schmidt/*Krüger* § 19 Rn. 51). Der Aufteilung steht idR auch weder das Fehlen eines geeigneten Aufteilungsmaßstabs noch der Umstand entgegen, dass Zuwendungen mit bzw. ohne Vorteilscharakter zeitlich und organisatorisch aufeinander aufbauen. Denn gerade wenn eine genaue und eindeutige Ermittlung oder Berechnung der Besteuerungsgrundlagen nicht möglich ist, sind sie nach § 162 AO zu **schätzen** (BFH 18.8.2005 – VI R 32/03, BStBl. II 2006, 30, zu dem Vorteil aus einer **Reise;** BFH 21.11.2018 – VI R 10/17, BStBl.

II 2019, 404, zur **betrieblichen Gesundheitsförderung**). Ergibt die Würdigung aller Umstände des Einzelfalls, dass die Zuwendung ausschließlich oder ganz überwiegend eine Entlohnung des Arbeitnehmers ist, ist der geldwerte Vorteil in voller Höhe Arbeitslohn. Ergibt die Würdigung demgegenüber, dass sich die Zuwendung nahezu ausschließlich als notwendige Begleiterscheinung betriebsfunktionaler Zielsetzung erweist, liegt insgesamt kein steuerpflichtiger Arbeitslohn vor. Dies gilt auch, wenn die Zuwendung für den Arbeitnehmer mit angenehmen Begleitumständen verbunden ist (BFH 11.3.2010 – VI R 7/08, BStBl. II 2010, 763). Scheidet eine Aufteilung aus, weil die jeweiligen Veranlassungsbeiträge so ineinandergreifen, ist von einer **einheitlich zu beurteilenden Zuwendung** auszugehen (BFH 11.3.2010 – VI R 7/08, BStBl. II 2010, 763), wobei der wesentliche Veranlassungsfaktor maßgeblich ist (Blümich/*Geserich* § 19 Rn. 194; Schmidt/*Krüger* § 19 Rn. 51). Kann ein Vorteil nicht in betriebsfunktionale Bestandteile und Elemente mit Vorteilscharakter unterschieden werden, liegt insgesamt steuerpflichtiger Arbeitslohn vor, da solcher nur dann nicht anzunehmen ist, wenn sich die Zuwendung nahezu ausschließlich als notwendige Begleiterscheinung betriebsfunktionaler Zielsetzung (überwiegend eigenbetriebliches Interesse, → Rn. 538 ff.) erweist (BFH 11.3.2010 – VI R 7/08, BStBl. II 2010, 763, **Regenerationskur** eines Fluglotsen).

Veranlassungszusammenhang in anderen Rechtsverhältnissen: Es sind auch Fälle 498
denkbar, in denen ein Vorteil von dem Dienstverhältnis abgrenzbar **in anderen Rechtsbeziehungen** zwischen Arbeitgeber und Arbeitnehmer gründet (Arbeitgeber und -nehmer schließen zB einen Darlehens- oder Mietvertrag oder der Arbeitnehmer ist Gesellschafter der Arbeitgeberin). Ob ein Leistungsaustausch zwischen Arbeitgeber und Arbeitnehmer den Einkünften aus nichtselbständiger Arbeit oder aufgrund einer Sonderrechtsbeziehung einer anderen Einkunftsart oder dem nichtsteuerbaren Bereich zuzurechnen ist, ist aufgrund einer in erster Linie der Tatsacheninstanz obliegenden tatsächlichen **Würdigung** zu entscheiden, wobei **das wirtschaftlich Gewollte und das tatsächlich Bewirkte ausschlaggebend** und nicht das formal Erklärte oder formal-rechtlich Vereinbarte ist. (BFH 30.6.2011 – VI R 80/10, BStBl. II 2011, 948; Blümich/Geserich § 19 Rn. 21). Die nach dieser Würdigung aus den anderen Rechtsverhältnissen erzielten Einnahmen beruhen gerade nicht auf dem Dienstverhältnis und stellen damit keinen Arbeitslohn dar (Blümich/*Geserich* § 19 Rn. 21). Zur Abgrenzung zu anderen Rechtsverhältnissen und mithin zu anderen Einkunftsarten → Rn. 55.

Einstweilen frei 499–501

**gg) Fehlender Veranlassungszusammenhang zum Dienstverhältnis bei Auf- 502
merksamkeiten. Definition der Aufmerksamkeiten:** Aufmerksamkeiten sind Zuwendungen, die auch **im gesellschaftlichen Verkehr üblich** sind, für den Arbeitnehmern **keinen oder einen nur sehr geringen materiellen Wert** haben (der geringe Wert an sich schließt den Arbeitslohncharakter einer Zuwendung aber nicht aus → Rn. 528) **und kein Instrument der Belohnung** darstellen (ähnlich: KSM/*Breinersdorfer* § 19 Rn. B 268; LStR 19.6 Abs. 1 S. 1). Einen engeren Ansatz vertritt HHR/*Pflüger* § 19 Rn. 135. Er fordert darüber hinaus, dass der Vorteil nur einen ideellen, immateriellen Wert haben dürfe (fehlende **Marktgängigkeit**), da er diese Zuwendung nur in dem ihm vom Arbeitgeber zur Verfügung gestellten Rahmen zeitlich oder tatsächlich nutzen könne und in ihrer Verwendung nicht frei. Diese Auffassung ist dies als zu eng abzulehnen. Diese Auffassung ist als zu eng abzulehnen. Zuwendungen, die auch im gesellschaftlichen Verkehr ausgetauscht werden können, können – wie etwa das Schulbeispiel des zum Geburtstag überreichten Blumenstraußes – einen Marktwert haben und gleichwohl nicht als Entlohnung überreicht werden (im Ergebnis ebenso KSM/*Breinersdorfer* § 19 Rn. B 275: ansonsten wäre noch nicht einmal das Schenken eines neuen Buches von geringem Wert eine nichtsteuerbare Aufmerksamkeit). Jenseits der in der Praxis häufigen Fälle der Aufmerksamkeiten in Form von **Gelegenheitsgeschenken** (→ Rn. 504) bzw. in Form **von Getränken, Genussmitteln und Speisen** (→ Rn. 506), verlangt die Annahme nicht steuerbarer Aufmerksamkeiten die Prüfung in jedem Einzelfall, ob der Grund für die **Vorteilsgewährung im gesellschaftlichen Verkehr** oder im Dienstverhältnis liegt (→ Rn. 507 f.). Diese schwierige Prüfung – die genaue Motivation dürfte den Beteiligten des Dienstverhältnisses häufig gar nicht bewusst gewesen sein – ist in der Praxis allerdings in vielen Fälle aufgrund einer **Nichtbeanstandungsgrenze der Finanzverwaltung** entbehrlich (→ Rn. 510).

503 **Aufmerksamkeiten grundsätzlich nicht einkommensteuerbar:** Bloße Aufmerksamkeiten sind, da sie nicht durch das Dienstverhältnis veranlasst sind, nicht einkommensteuerbar (BFH 3.7.2019 – VI R 36/17, DStR 2019, 1961: Gewährung von Aufmerksamkeiten durch Gestellung unbelegter Backwaren zum unmittelbaren Verzehr, um sich über berufliche Angelegenheiten untereinander sowie mit der „Führungsetage" auszutauschen; BFH 15.5.2013 – VI R 44/11, BStBl. II 2014, 589; grundlegend: BFH 22.3.1985 – VI R 26/82, BStBl. II 1985, 641). Denn hierbei handelt es sich um **sozial beeinflussten Sonderzuwendungen,** die **auch im gesellschaftlichen Verkehr ausgetauscht** werden und bei denen deshalb ein geldwerter Vorteil ausscheiden und ein Leistungsentgelt nicht gegeben sein kann (BFH 22.3.1985 – VI R 26/82, BStBl. II 1985, 641).

504 **Aufmerksamkeiten in Form von Gelegenheitsgeschenken:** Aufmerksamkeiten liegen etwa vor bei der Überlassung von Gelegenheitsgeschenken. Dies sind **Sach- und Geldzuwendungen, die anlässlich persönlicher Ereignisse** oder **anlässlich sonstiger, allgemein begangener Fest-, Gedenk- und Ehrentage** gewährt werden.

504.1 Hierunter fallen nicht nur die üblicherweise erfolgenden Sachzuwendungen wie Blumensträuße, sondern auch die Überreichung von Ehrennadeln und Festschriften (Schmidt/*Krüger* § 19 Rn. 100 „Aufmerksamkeiten"; LBP/*Barein* § 19 Rn. 249; aA für Geldgeschenke LStR 19.6 Abs. 1 S. 3; KSM/*Breinersdorfer* § 19 Rn. B 275; → Rn. 510).

505 Geschenke des Arbeitgebers, die einem Arbeitnehmer ausschließlich wegen eines privaten oder gesellschaftlichen Anlasses gewährt werden, sind nicht veranlasst durch das Dienstverhältnis und stellen mithin keinen Arbeitslohn dar. Indes kann allein die Bezeichnung eines Vorteils als Gelegenheitsgeschenk nicht das Vorliegen von Arbeitslohn ausschließen (BFH 9.8.1985 – VI R 81/82, BStBl. II 1986, 95; Blümich/*Geserich* § 19 Rn. 280 „Gelegenheitsgeschenke"). Vielmehr ist eine Zuwendung sowohl in Form eines **Geld- als auch eines Sachgeschenks** immer dann durch das individuelle Dienstverhältnis veranlasst und deshalb Arbeitslohn, wenn der Vorteil nur deshalb gewährt wird, weil der Zuwendungsempfänger Arbeitnehmer dieses Arbeitgebers ist, der Vorteil also mit Rücksicht auf das Dienstverhältnis eingeräumt wird, und wenn sich die Leistung des Arbeitgebers im weitesten Sinne als Gegenleistung für das Zurverfügungstellen der individuellen Arbeitskraft des Arbeitnehmers erweist (BFH 9.3.1990 – VI R 49/87, BFH/NV 1991, 22; BFH 22.3.1985 – VI R 26/82, BStBl. II 1985, 641; Blümich/*Geserich* § 19 Rn. 280 „Gelegenheitsgeschenke"; Schmidt/*Krüger* § 19 Rn. „Gelegenheitsgeschenke"). Das gilt auch in Fällen, in denen der Arbeitgeber mit der Zuwendung **gleichzeitig soziale Ziele** verfolgt; denn dies lässt die Veranlassung der Zuwendung durch das individuelle Dienstverhältnis unberührt und führt nur dann zur Steuerfreiheit, wenn dies ausdrücklich gesetzlich geregelt ist (BFH 9.8.1985 – VI R 81/82, BStBl. II 1986, 95).

506 Aufmerksamkeiten in Form von **Getränken, Genussmitteln und Speisen** bei dienstlichen Anlässen außerhalb von Betriebsveranstaltungen: Darüber hinaus liegt eine bloße Aufmerksamkeit vor bei Getränken, Genussmitteln und Speisen, die außerhalb von Betriebsveranstaltungen bei dienstlichen Anlässen gereicht werden und zum Verzehr während des dienstlichen Anlasses vorgesehen sind. Nach Auffassung der Finanzverwaltung sollen dagegen sämtliche Getränke und Genussmittel, die der Arbeitgeber den Arbeitnehmern zum Verzehr im Betrieb unentgeltlich oder teilentgeltlich überlässt sowie Speisen während eines außergewöhnlichen Arbeitseinsatzes bis zu einer gewissen Wertgrenze Aufmerksamkeiten sein (LStR 19.6 Abs. 2 S. 1; s. auch BFH 3.7.2019 – VI R 36/17, DStR 2019, 1961: im Grundsatz zutreffende Auslegung des Arbeitslohnbegriffs; zu den Einzelheiten und der Würdigung dieser Ansicht → Rn. 510).

507 **Nur ausnahmsweise Gewährung bloßer Aufmerksamkeiten im Dienstverhältnis:** Grundsätzlich sind auch Sonderzuwendungen anlässlich persönlicher Ereignisse als Ertrag der Arbeitsleistung anzusehen: Der Arbeitslohncharakter derartiger Zuwendungen ist nicht deshalb zu verneinen, weil der Arbeitgeber besondere persönliche Ereignisse beim Arbeitnehmer zum Anlass freiwilliger oder zusätzlich zum laufenden Arbeitslohn geschuldeter Sondervergütungen macht; denn maßgebender Grund dieser Leistungen bleibt doch das jeweilige individuelle Arbeitsverhältnis, während der Eintritt des persönlichen Ereignisses nur das die Sonderzuwendungen auslösende Moment ist (BFH 9.3.1990 – VI R 49/87, BFH/NV 1991, 22, Zuwendungen für den erfolgreichen Abschluss einer landeseigenen Bildungseinrichtung,

die nur für Verwaltungsangehörige gewährt wird weshalb eine unmittelbare Veranlassung zum Dienstverhältnis gegeben ist; BFH 9.8.1985 – VI R 81/82, BStBl. II 1986, 95, Zuwendungen anlässlich der Kommunion bzw. Konfirmation eines Kindes des Arbeitnehmers; BFH 22.3.1985 – VI R 26/82, BStBl. II 1985, 641, Gewährung einer Lehrabschlussprämie von 150 DM; BFH 22.3.1985 – VI R 26/82, BStBl. II 1985, 641, freiwillig gezahlte Anreizprämien für einen guten Lehrabschluss als Gegenleistung für das Zurverfügungstellen der Arbeitskraft im Rahmen des Ausbildungsdienstverhältnisses).

Das Vorgenannte gilt auch bei **von Fall zu Fall gewährten Sonderzuwendungen.** 508
Denn hierbei bringt der Arbeitgeber zum Ausdruck, dass er gerade den Bedachten dieser geldwerten Auszeichnung besonders wert hält, weil dieser sich durch sein dienstliches Verhalten die zusätzliche Entlohnung in besonderem Maße verdient hat (BFH 22.3.1985 – VI R 26/82, BStBl. II 1985, 641). Dies gilt jedoch dann nicht, wenn und soweit diese Sonderzuwendungen wegen anderer Umstände oder wegen sonstiger, nicht auf dem Dienstverhältnis beruhender Beziehungen zwischen Arbeitgeber und Arbeitnehmer gewährt werden. Dann wird der darin liegende Vorteil nicht „für" die Beschäftigung gewährt, weil die Zuwendung – losgelöst vom Dienstverhältnis – auch sonst im gesellschaftlichen Verkehr üblich ist (Blümich/*Geserich* § 19 Rn. 195 mwN). Zu den Aufmerksamkeiten zählt insbesondere auch nicht die unentgeltliche oder verbilligte Überlassung von Waren aus der Produktion des Arbeitgebers; hier liegt in aller Regel Arbeitslohn vor (BFH 27.3.1991 – VI R 126/87, BStBl. II 1991, 720, Haustrunk im Brauereigewerbe als Arbeitslohn). Selbst wenn der Arbeitgeber durch die Gewährung solcher Vorteile das eigene Interessen verfolgen sollte, das Betriebsklima günstig zu beeinflussen, den Betriebsfrieden zu wahren und die Verbundenheit der Belegschaft mit dem Betrieb zu fördern, liegen nicht etwa steuerfreie Vorteile vor. Denn solche Umstände können für jede Art von Sonderzuwendungen angeführt werden, weshalb sie für sich gesehen nicht geeignet sind, den Entlohnungscharakter einer Zuwendung zu verneinen; vielmehr pflegen die erwähnten Auswirkungen allgemein einzutreten, wenn Arbeitgeber Waren der eigenen Produktion Arbeitnehmern in bestimmtem Umfang unentgeltlich oder verbilligt zukommen lassen, über die die Beschäftigten außerhalb des Betriebes frei verfügen können.

Abgrenzungskriterium für das Vorliegen nicht steuerbarer Aufmerksamkeiten: 509
Ausschlaggebend für derartige Sonderzuwendungen sind (letztlich) die individuellen Leistungsbeziehungen zwischen Arbeitnehmer und Arbeitgeber (BFH 22.3.1985 – VI R 170/82, BStBl. II 1985, 529). Als Kriterium für Arbeitslohn soll in Betracht kommen, ob jeder Arbeitnehmer, bei bestimmten Ereignissen, in den Genuss der Sonderzuwendungen kommt (vgl. BFH 22.3.1985 – VI R 26/82, BStBl. II 1985, 641; KSM/*Breinersdorfer* § 19 Rn. B 274). Indes kann auch in diesen Fällen die Gewährung der Sonderzuwendung allein auf gesellschaftlicher Konvention beruhen, nämlich derjenigen, dass ausnahmslos jedem näher Bekannten – sei es aufgrund beruflicher oder privater Gegebenheiten – zu bestimmten Anlässen ein Vorteil gewährt wird. Umgekehrt kann die Gewährung eines Vorteils nur für bestimmte Arbeitnehmer besondere Belohnung für deren bisherige Arbeitsleistungsleistung sein und deshalb Arbeitslohncharakter haben. Mithin ist im konkreten Einzelfall zu prüfen, ob der Grund für die Vorteilsgewährung im gesellschaftlichen Verkehr oder im Dienstverhältnis liegt. Insoweit ist das Vorliegen einer Aufmerksamkeit mithilfe eines Fremdvergleichs festzustellen: Der Arbeitnehmer bekommt mit der Aufmerksamkeit etwas, was er außerhalb des Dienstverhältnisses bei einem vergleichbar engen sozialen Kontakt in seiner Privatsphäre als Höflichkeit ebenfalls erhalten könnte (KSM/*Breinersdorfer* § 19 Rn. B 275). Dabei sind neben dem **Wert** auch andere Umstände, wie **Anlass, Rahmen** aber auch der **Gegenstand der Zuwendung** zu würdigen (vgl. LBP/*Barein* § 19 Rn. 249).

Nichtbeanstandungsgrenze der Finanzverwaltung für Aufmerksamkeiten: Für 510
viele Fälle dürfte in der Praxis eine Nichtbeanstandungsgrenze (Blümich/*Geserich* § 19 Rn. 196) der Finanzverwaltung greifen, nach der **Sachzuwendungen** bis zu einem Wert von 60 EUR (zB Blumen, Genussmittel, ein Buch oder ein Tonträger), die dem Arbeitnehmer oder seinen Angehörigen aus Anlass eines besonderen persönlichen Ereignisses zugewendet werden, nicht zum Arbeitslohn zählt (LStR 19.6 Abs. 1 S. 1). Auch im Wert geringe **Geldzuwendungen** sollen dagegen nach LStR 19.6 Abs. 1 S. 3 stets zum Arbeitslohn gehören (ähnlich KSM/*Breinersdorfer* § 19 Rn. B 275: falls bei Geldzuwendungen nicht ausnahmsweise eine – strenge – Zweckbindung iSe mittelbaren Sachzuwendung vorliege, seien Geld-

zuwendungen gesellschaftlich nicht üblich). Dies ist in dieser Allgemeinheit abzulehnen. Die Prüfung der Veranlassung durch das Dienstverhältnis ist auch hier zu prüfen, weil für eine Sonderbehandlung von Geldzuwendungen kein Grund ersichtlich ist, weshalb zB einer Zuwendung in Geld der Arbeitslohncharakter fehlt, die nur mittelbar durch die nichtselbständige Tätigkeit, in erster Linie aber durch verwandtschaftliche Beziehungen veranlasst und mithin ein Geldgeschenk ist (FG Hamburg 18.10.1995 – V 176/94, EFG 1996, 272, rkr.). Überdies können nach Auffassung der Finanzverwaltung Getränke und Genussmittel zum Verzehr im Betrieb (unabhängig von deren Wert) und Speisen anlässlich und während eines außergewöhnlichen Arbeitseinsatzes bis einschließlich 60 EUR (zB während einer außergewöhnlichen betrieblichen Besprechung oder Sitzung) Aufmerksamkeiten sein (LStR 19.6 Abs. 2; s. auch BFH 3.7.2019 – VI R 36/17, DStR 2019, 1961: im Grundsatz zutreffende Auslegung des Arbeitslohnbegriffs; Blümich/*Geserich* § 19 Rn. 197; Kirchhof/*Eisgruber* § 19 Rn. 67). Allerdings sind ausgehend von der allgemeinen Definition der Aufmerksamkeiten, wonach diese sozial beeinflussten Sonderzuwendungen sind, die auch im gesellschaftlichen Verkehr ausgetauscht werden (→ Rn. 503), Getränke, Genussmittel und Speisen nur dann Aufmerksamkeiten, wenn sie im gesellschaftlichen Verkehr (also für jeden) zugewendet werden. Dagegen wird durch den Hinweis, das Anbieten von Getränken und Genussmitteln entspreche durchaus gesellschaftlichen Gepflogenheiten (vgl. Kirchhof/*Eisgruber* § 19 Rn. 67), zu sehr verallgemeinert. Aufmerksamkeiten sind insbesondere Getränke, Genussmittel und Speisen anlässlich von – regelmäßigen wie außergewöhnlichen – dienstlicher Besprechungen. In den sonstigen in LStR 19.6 Abs. 2 genannten Fällen kann gleichwohl unter dem Gesichtspunkt der Ausgestaltung des Arbeitsplatzes iwS (zB Fürsorge wegen übermäßiger Staub- oder Hitzeentwicklung) kein Arbeitslohn vorliegen (Blümich/*Geserich* § 19 Rn. 280 „Getränke und Genussmittel") bzw. der Arbeitslohncharakter wegen des Vorliegens eines überwiegend eigenbetrieblichen Interesses zu verneinen sein. Da das überwiegend eigenbetriebliche Interesse anhand einer umfassenden Gesamtwürdigung festzustellen ist (→ Rn. 538 ff.), ist entgegen der Ansicht der Finanzverwaltung aber weder allein darauf abzustellen, ob die Getränke und Genussmittel zum Verzehr im Betrieb vorgesehen sind noch, ob sie anlässlich eines außergewöhnlichen Arbeitseinsatzes gewährt werden, noch, ob eine **Wertgrenze von 60 EUR** überschritten ist. Zwar wird es sich regelmäßig als richtig erweisen, dass die Zurverfügungstellung besonders teurer Speisen während eines außergewöhnlichen Arbeitseinsatzes nicht im überwiegend eigenbetrieblichen Interesse erfolgt, sodass die von der Finanzverwaltung insoweit geltende Wertgrenze von 60 EUR (LStR 19.6 Abs. 2 S. 2) im Regelfall zu zutreffenden Ergebnissen führt. Beruht die Gewährung von Speisen und Getränken während eines außergewöhnlichen Arbeitseinsatzes im Wert von über 60 EUR aber zB darauf, dass während des üblichen Arbeitseinsatzes keine günstigeren Speisen und Getränke – etwa aus Zeitgründen oder weil am Ort des Arbeitseinsatzes keine weiteren Speisen (und Getränke) zur Verfügung stehen – gewährt werden können, überwiegt das eigenbetriebliche Interesse auch in diesen Fällen, sodass dann nicht steuerbare Aufmerksamkeiten gegeben sind.

511–513 *Einstweilen frei*

514 **hh) Fehlender Veranlassungszusammenhang beim Schadensersatz.** Bei Schadensersatzleistungen ist danach zu differenzieren, ob dieser für entgehenden/entgangenen Arbeitslohn (→ Rn. 515), aufgrund einer arbeitsrechtlichen Verpflichtung (→ Rn. 516) oder außerhalb arbeitsrechtlicher Beziehungen (→ Rn. 517) geleistet werden, sowie danach, ob ein Verzicht auf einen Schadensersatzanspruch gegeben ist (→ Rn. 518).

515 **Schadensersatzzahlungen des Arbeitgebers für entgehenden/entgangenen Arbeitslohn** haben Arbeitslohncharakter, weil diese Zahlungen als **Surrogat** von § 19 Abs. 1 S. 1 iVm § 24 Nr. 1 Buchst. a und b erfasst werden (Blümich/*Geserich* § 19 Rn. 220; Schmidt/*Krüger* § 19 Rn. 100 „Schadensersatz"; KSM/*Breinersdorfer* § 19 Rn. B 342; vgl. auch § 2 Abs. 2 Nr. 4, → Rn. 562). So ist etwa Schadensersatz, der einem Steuerpflichtigen infolge einer schuldhaft verweigerten Wiedereinstellung zufließt, eine Entschädigung iSd § 24 Nr. 1 Buchst. a, die bei zusammengeballtem Zufluss tarifbegünstigt zu besteuern ist (BFH 6.7.2005 – XI R 46/04, BStBl. II 2006, 55).

515.1 **Beispiel:** Ausgleichszahlungen, die ein Feuerwehrbeamter nachträglich für rechtswidrig geleistete Mehrarbeit erhält, stellen Arbeitslohn dar (BFH 14.6.2016 – IX R 2/16, BStBl. II 2016, 901; FG Münster 31.3.2014 – 1 K 3818/13 E, EFG 2014, 1579, rkr.).

Schadensersatzzahlungen aufgrund eines arbeitsrechtlichen Schadensersatzanspruchs sind dagegen kein Arbeitslohn. Denn bei wertender Betrachtung erweist sich der Ersatz des dem Arbeitnehmer aus einer auf schuldhaftem Verhalten des Arbeitgebers beruhenden fehlerhaften Besteuerung entstandenen Schadens **nicht als Frucht seiner Arbeitsleistung;** vielmehr wird ein dem Arbeitnehmer in dessen Privatvermögen entstandener Schaden ausgeglichen; der Arbeitnehmer erhält die Zuwendung nicht, weil er eine Arbeitsleistung erbracht hat, sondern weil ihm gegen den Arbeitgeber ein zivilrechtlicher Anspruch auf Schadensausgleich zusteht; dass dieser Anspruch ohne das Arbeitsverhältnis nicht entstanden wäre, ist unerheblich (grundlegend BFH 20.9.1996 – VI R 57/95, BStBl. II 1997, 144; im Ergebnis bereits ebenso BFH 29.10.1963 – VI 290/62 U, BStBl. III 1964, 12, zu einem vom Arbeitgeber gezahlten Schadensersatz wegen der Verletzung des Persönlichkeitsrechts). Dabei sind **nur echte Schadensersatzleistungen** des Arbeitgebers – also Leistungen aufgrund eines zivilrechtlichen Schadensersatzanspruchs, der dem Arbeitnehmer gegen den Arbeitgeber zusteht – nicht einkommensteuerbar (BFH 25.4.2018 – VI R 34/16, BStBl. II 2018, 600; BFH 24.5.2000 – VI R 17/96, BStBl. II 2000, 584; BFH 20.9.1996 – VI R 57/95, BStBl. II 1997, 144). Der Steuerpflichtige trägt die objektive Feststellungslast, dass die Ersatzleistung des Arbeitgebers der Erfüllung eines tatsächlich bestehenden Schadensersatzanspruchs diente, weil die entscheidungserheblichen Umstände in seiner Sphäre liegen (BFH 25.4.2018 – VI R 34/16, BStBl. II 2018, 600: erhebliche Bedenken gegen den vermeintlichen Schadenersatzanspruch des Arbeitnehmer; s. dazu auch *Krüger* HFR 2018, 886). Auch haben Schadensersatzleistungen des Arbeitgebers dann Arbeitslohncharakter, wenn diese die zivilrechtlichen Schadensersatzansprüche – etwa aufgrund eines dem Arbeitnehmer zuzurechnenden Mitverschuldens – übersteigen (Blümich/*Geserich* § 19 Rn. 219; Schmidt/*Krüger* § 19 Rn. 100 „Schadensersatz"). 516

Schadensersatzzahlungen des Arbeitgebers außerhalb eines arbeitsrechtlichen Schadenersatzanspruchs können Arbeitslohn darstellen, soweit die Zahlungen aus dem Dienstverhältnis veranlasst sind. 517

Beispiele für Schadensersatzleistungen mit Arbeitslohncharakter: Ersatz von Vermögensschäden eines Arbeitnehmers, die aufgrund einer widerrufenen Versetzung entstanden sind für dem Grunde nach in die private Vermögenssphäre des Arbeitnehmers fallende Aufwendungen – Maklerkosten, verlorene Aufwendungen für ein Grundstück bezogen auf die Baureifmachung (BFH 24.5.2000 – VI R 17/96, BStBl. II 2000, 584; FG Hessen19.2.1981 – I 108/79, EFG 1981, 629); Ersatz von am Arbeitsplatz gestohlenen privaten Gegenständen (Blümich/*Geserich* § 19 Rn. 219; Kirchhof/*Eisgruber* § 19 Rn. 78 „Schadensersatz"; FG Köln 8.6.1990 – 4 K 23/85, EFG 1991, 193, zu einem Pelzmantel, rkr.; aA Schmidt/*Krüger* § 19 Rn. 100 „Schadensersatz"); Schadensersatzleistungen für die Entziehung des Dienstwagens nach rechtswidriger Kündigung des Arbeitsverhältnisses (FG Köln 11.11.2009 – 7 K 3651/08, EFG 2010, 482 rkr.); Übernahme von Kosten der Beseitigung von (auf einer Dienstreise entstandenen) Unfallschäden am privaten Kfz des Arbeitnehmers als ggf. nach der unter den § 3 Nr. 13 und 16 steuerfreier Werbungskostenersatz (→ Rn. 532 f.; Blümich/*Geserich* § 19 Rn. 220; Kirchhof/*Eisgruber* § 19 Rn. 78 „Schadensersatz"; aA Schmidt/*Krüger* § 19 Rn. 100 „Unfallkosten": Auslagenersatz, → Rn. 533). 517.1

Der Verzicht des Arbeitgebers auf einen Schadensatzanspruch gegen den Arbeitnehmer kann Arbeitslohn sein (BFH 24.5.2007 – VI R 73/05, BStBl. II 2007, 766; BFH 27.3.1992 – VI R 145/89, BStBl. II 1992, 837; jeweils zum Verzicht auf eine aus einem Verkehrsunfall herrührenden Schadensersatzforderung gegen den Arbeitnehmer; → Rn. 531): Sind persönliche Gründe, die zum Erlass der Schadensersatzforderung hätten führen können, für den Verzicht nicht maßgeblich gewesen, können allein aus dem Beschäftigungsverhältnis herrührende Gesichtspunkte – wie zB das Interesse, eine grundsätzlich tüchtige Arbeitskraft weiterhin in gutem Einvernehmen an das Unternehmen binden zu können – den Verzicht veranlasst haben; solche Umstände rechtfertigen aber die Wertung, dass der Vorteil für die Beschäftigung im weitesten Sinne gewährt worden ist. 518

Einstweilen frei 519–521

ii) Fehlender Veranlassungszusammenhang bei Schenkungen unter Lebenden sowie bei Verfügungen von Todes wegen. Freiwillige Sonderzuwendungen können Arbeitslohn oder aber nicht durch das Dienstverhältnis veranlasste Zuwendungen ohne Arbeitslohncharakter sein. Zur Abgrenzung → Rn. 504. 522

523 Arbeitslohn in Gestalt eines **nachträglichen Entgelts oder eines Ruhegehalts** ist nicht schon dann gegeben, wenn das Arbeitsverhältnis bloß Motiv für die vermächtnisweise Zuwendung gewesen ist, sondern wenn dem Arbeitnehmer etwas vermacht worden ist, worauf er bereits ohne die letztwillige Verfügung auf Grund lebzeitiger Verpflichtung des Erblassers einen Anspruch aus dem Arbeitsverhältnis hatte (BFH 16.12.1998 – II R 38/97, BFH/NV 1999, 931; BFH 15.5.1986 – IV R 119/84, BStBl. II 1986, 609; BFH 20.8.1965 – VI 156/64 U, BStBl. III 1965, 706; FG Berlin 24.1.1984 – V 168/83, EFG 1984, 406, rkr.) oder wenn der Arbeitnehmer – ohne bestehende Zusage – auf Grund arbeitsrechtlicher Beziehungen die Abgeltung der in der Vergangenheit geleisteten Dienste erwarten konnte (BFH 18.2.1986 – IX R 7/80, BFH/NV 1986, 654).

524–526 *Einstweilen frei*

527 **jj) Bereicherung. Definition der Bereicherung:** Eine Bereicherung liegt beim Arbeitnehmer vor, wenn dieser durch das erlangte Gut **wirtschaftlich objektiv** bereichert ist, die Zuwendung für ihn einen wirtschaftlichen Wert hatte und eine wirtschaftliche Bereicherung und somit eine Steigerung der Leistungsfähigkeit ausgelöst hat (BFH 9.3.1990 – VI R 48/87, BStBl. II 1990, 711; Blümich/*Geserich* § 19 Rn. 163; Schmidt/*Krüger* § 19 Rn. 41; HHR/*Pflüger* § 19 Rn. 113; Kirchhof/*Eisgruber* § 19 Rn. 57). Der Arbeitnehmer kann auch dadurch objektiv bereichert sein, dass der **Arbeitgeber den Vorteil an einen Dritten** (zB einem Angehörigen) gewährt (Schmidt/*Krüger* § 19 Rn. 43). Auch die bloße Nutzungsmöglichkeit genügt für die Annahme eines Vorteils (HHR/*Pflüger* § 19 Rn. 113). So führt die Überlassung eines Dienstwagens durch den Arbeitgeber an den Arbeitnehmer für dessen Privatnutzung unabhängig von den tatsächlichen Nutzungsverhältnissen zu einer Bereicherung des Arbeitnehmers, weil der Vorteil aus der Nutzungsüberlassung das Zurverfügungstellen des Fahrzeugs selbst sowie die Übernahme sämtlicher damit verbundener Kosten wie Steuern, Versicherungsprämien, Reparatur-, Wartungs- und Treibstoffkosten und damit nutzungsabhängige wie -unabhängige Kosten umfasst. Selbst wenn der Arbeitnehmer den hierzu überlassenen PKW tatsächlich nicht privat nutzt, erspart er sich jedenfalls die (nutzungsunabhängigen) Kosten, die er für das Vorhalten eines betriebsbereiten PKW verausgaben müsste (BFH 21.3.2013 – VI R 31/10, BStBl. II 2013, 700).

528 **Unmaßgebliche Kriterien für das Vorliegen einer Bereicherung:** Weil es auf die **objektive Bereicherung des Arbeitnehmers** ankommt, liegt eine Bereicherung des Arbeitnehmers unabhängig davon vor,

- ob der Arbeitgeber selbst Aufwendungen hatte (Schmidt/*Krüger* § 19 Rn. 43);
- ob der **Arbeitgeber entreichert** ist (Schmidt/*Krüger* § 19 Rn. 43; FG Hamburg 3.7.1992 – II 229/89, EFG 1993, 155, rkr., verbilligte Überlassung von Charterflügen durch ein Tourismusunternehmen an seine Arbeitnehmer);
- ob dem Arbeitnehmer durch die Inanspruchnahme des geldwerten Vorteils **notwendige Aufwendungen erspart geblieben** sind (BFH 24.1.1975 – VI R 242/71, BStBl. II 1975, 340; Blümich/*Geserich* § 19 Rn. 165) bzw. solche Aufwendungen erspart geblieben sind, die er mit einiger Wahrscheinlichkeit hätte tätigen müssen (BFH 9.3.1990 – VI R 48/87, BStBl. II 1990, 711, mwN; Blümich/*Geserich* § 19 Rn. 165; Schmidt/*Krüger* § 19 Rn. 42);
- ob der **Arbeitnehmer aus seiner subjektiven Sicht** die Zuwendung durch den Arbeitgebers überhaupt in Anspruch genommen hätte (BFH 2.2.1990 – VI R 15/86, BStBl. II 1990, 472, verbilligter Erwerb des PKW einer bestimmten Marke, den der Arbeitnehmer ohne Rabatt nicht erworben hätte);
- ob die **Bereicherung nur geringfügig** ist (Schmidt/*Krüger* § 19 Rn. 41; Blümich/*Geserich* § 19 Rn. 164; offen gelassen: BFH 21.9.1990 – VI R 97/86, BStBl. II. 1991, 262);
- ob **beim Arbeitgeber Bereicherungsabsicht** vorlag (BFH 18.10.1974 – VI R 249/71, BStBl. II 1975, 182, Wirtschaftsgut wird nicht bewusst und gewollt unter dem Verkehrswert überlassen);
- ob der Arbeitnehmer über den in seinen Konsumbereich gelangten Vorteil nicht weiterverfügen, ihn also **nicht in Geld umsetzen** kann (Blümich/*Geserich* § 19 Rn. 163; Schmidt/*Krüger* § 19 Rn. 42);
- ob der Vorteil vom Arbeitgeber selbst stammt (vgl. § 38 Abs. 1 S. 3).

529 **Keine Bereicherung des Arbeitnehmers:** Dagegen fehlt es an einer Bereicherung

- bei der **bloßen Möglichkeit,** später einen geldwerten Vorteil zu erlangen (BFH 14.11.2012 – VI R 56/11, BStBl. II 2013, 382: die Chance, eine verbilligte Jahresnetzkarte zu erwerben führt noch nicht zum Arbeitslohn, dieser ist erst beim Kauf der Karte gegeben; BFH 25.11.1993 – VI R 45/93, BStBl. II 1994, 254: führt ein Arbeitgeber im Rahmen des betrieblichen Vorschlagwesens eine **Verlosung** durch, an der alle Arbeitnehmer teilnehmen, die einen Verbesserungsvorschlag eingereicht haben, so sind die verlosten Sachpreise Arbeitslohn der jeweiligen Gewinner; die Einräumung der bloßen Gewinnchance führt noch nicht zu einem Zufluss von Arbeitslohns);

- bei Aufwendungen des Arbeitgebers für **durchlaufende Gelder** oder **Auslagenersatz** iSd § 3 Nr. 50, weil nur ein bereits durch die Ausgabe entstandener Erstattungsanspruch befriedigt wird und keine weitergehende Bereicherung vorliegt (HHR/*Pflüger* § 19 Rn. 113; Kirchhof/*Eisgruber* § 19 Rn. 58); dagegen liegt beim **Werbungskostenersatz** eine Bereicherung vor (→ Rn. 532 f.);
- bei **bloß ideellen Vorteilen,** zB bei der Ausgestaltung des Arbeitsplatzes (Gestellung moderner Maschinen, angenehmer Büroeinrichtung, Wasch- und Duschgelegenheiten, Kantinen- und Pausenräumen ua (Kirchhof/*Eisgruber* § 19 Rn. 57); kein bloß ideeller Vorteil ist aber die Einräumung einer (zumindest verbilligten) Nutzungsmöglichkeit, für die am Markt ein Entgelt gezahlt wird (zB firmeneigene Schwimmbäder, Sportanlagen (FG Münster 21.9.1989 – VI 5297/88 L, EFG 1990, 178, rkr., für die Nutzung eines Tennisplatzes), Kindergärten (BFH 25.7.1986 – VI R 203/83, BStBl. II 1986, 868, aber ggf. steuerfrei nach § 3 Nr. 33); zur Parkplatzgestellung (Kirchhof/*Eisgruber* § 19 Rn. 57);
- bei der Zuwendung von Vorteilen mit **fehlender Marktgängigkeit,** also Vorteilen, für die ein ortsüblicher Endpreis deshalb nicht ermittelt werden kann, weil ein solcher nicht existiert (zB Bildband über ein Unternehmen zu Weihnachten, Medaille ohne Metallwert mit Firmensymbol zum Dienstjubiläum (HHR/*Pflüger* § 19 Rn. 114: überdies dürfte eine aufgedrängte Bereicherung vorliegen, → Rn. 534; uU kommt auch ein überwiegend eigenbetriebliches Interesse in Betracht → Rn. 538 ff.); keine fehlende Marktgängigkeit allerdings bei sonst nicht erhältlichen Zuwendungen, die einen erheblichen Wert verkörpern (BFH 7.11.2006 – VI R 58/04, BStBl. II 2007, 128: Krügerrand-Goldmünzen im Wert von ca. 550 DM pro Stück, selbst wenn diese durch die Aufbringung eines Firmenlogos individualisiert worden wäre);
- bei Vorteilen, die **notwendigerweise als Begleiterscheinung der Arbeitsleistung** anfallen, zB Einsatz eines Polizisten bei einem Fußballspiel (HHR/*Pflüger* § 19 Rn. 114; vgl. auch BFH 16.10.2013 – VI R 78/12, BStBl. II 2015, 495, zur Kundenbetreuung durch Außendienstmitarbeiter auf einem Regattabegleitschiff: zwar Bereicherung, aber überwiegend eigenbetriebliches Interesse);
- bei Vorteilen, für die der Arbeitnehmer **ohnehin nichts hätte aufwenden müssen** (BFH 5.11.1993 – VI R 56/93, BFH/NV 1994, 313; BFH 24.1.1975 – VI R 242/71, BStBl. II 1975, 340, zB wenn eine Krankenversicherung Kosten für einen Kuraufenthalt übernommen hätte; Blümich/*Geserich* § 19 Rn. 166; Schmidt/*Krüger* § 19 Rn. 42);
- beim **Erwerb eines Wirtschaftsgutes zu marktüblichen Konditionen** (BFH 7.5.2014 – VI R 73/12, BStBl. II 2014, 904; Blümich/*Geserich* § 19 Rn. 163, zum für die Bestimmung des Wertes **maßgeblichen Zeitpunkt** → Rn. 530);
- bei teilweisem Verzicht auf Arbeitslohn zur künftig Erhaltung des Arbeitsplatzes (HHR/*Pflüger* § 19 Rn. 113).

Verbilligte Überlassung von Gütern: Auch die verbilligte Überlassung von Gütern **530**
stellt eine objektive Bereicherung dar (BFH 1.9.2016 – VI R 67/14, BStBl. II 2017, 69, verbilligte Überlassung einer GmbH-Beteiligung; BFH 30.6.2011 – VI R 37/09, BStBl. II 2011, 923, verbilligte Veräußerung von Aktien). Ob der Arbeitnehmer das Wirtschaftsgut verbilligt erwirbt oder sich Leistung und Gegenleistung entsprechen, ist grundsätzlich anhand der Wertverhältnisse im **Zeitpunkt des** Abschluss des für beide Seiten verbindlichen **Veräußerungsgeschäfts** zu bestimmen. Der Zeitpunkt des Zuflusses der erworbenen Aktien (regelmäßig die Erlangung der wirtschaftlichen Verfügungsmacht über die Aktien) ist für die Frage, ob und in welcher Höhe ein verbilligter Erwerb von Wirtschaftsgütern vorliegt, unbeachtlich. Denn positive wie negative Wertveränderungen zwischen schuldrechtlichem Veräußerungs- und dinglichem Erfüllungsgeschäft werden nicht mehr durch den Arbeitgeber vermittelt. Wertveränderungen in dieser Zeitspanne sind vielmehr der privaten und im Streitjahr insoweit nicht steuerbaren Vermögenssphäre zuzuordnen (BFH 7.5.2014 – VI R 73/12, BStBl. II 2014, 904; Blümich/*Geserich* § 19 Rn. 163).

531 **Ersparnis eigener Aufwendungen:** Die Steigerung der Leistungsfähigkeit kann auch darin liegen, dass der Arbeitnehmer mit dem erlangten Gut entsprechende Ausgaben erspart (BFH 9.3.1990 – VI R 48/87, BStBl. II 1990, 711, Incentive-Reisen; 24.5.2007 – VI R 73/05, BStBl. II 2007, 766, Verzicht auf Schadensersatz bei Schadensfahrt unter Alkoholeinfluss; 5.3.2007 – VI B 41/06, BFH/NV 2007, 1122, Regressverzicht nach Lohnsteuerhaftung; FG Köln 24.6.2004 – 2 K 3877/02, EFG 2004, 1622, rkr., Raucherentwöhnung). Da insoweit tatsächlich Aufwendungen erspart worden sind, liegt auch insoweit eine Steigerung der Leistungsfähigkeit vor, als die ersparten Aufwendungen **nicht notwendig** waren (Blümich/*Geserich* § 19 Rn. 165; Kirchhof/*Eisgruber* § 19 Rn. 57, mwN). Keine eigenen Aufwendungen werden insbesondere dann erspart, wenn der Arbeitnehmer für den Vorteil selbst nichts hätte aufwenden müssen (BFH 5.11.1993 – VI R 56/93, BFH/NV 1994, 313, Kuraufenthalt bei bestehender Krankenversicherung, die die Kur gezahlt hätte; Blümich/*Geserich* § 19 Rn. 166; Schmidt/*Krüger* § 19 Rn. 42).

531.1 **Beispiele für objektive Bereicherung** sind die Zurverfügungstellung unternehmenseigene Sportanlagen (zB Tennisplatz, BFH 8.11.1996 – VI R 74/96, BFH/NV 1997, 473); Kindergärten (BFH 25.7.1986 – VI R 203/83, BStBl. II 1986, 868, aber ggf. steuerfrei nach § 3 Nr. 33); Parkplatzgestellung (Kirchhof/*Eisgruber* § 19 Rn. 57).

532 **Objektive Bereicherung durch Werbungkostenersatz:** Im Gegensatz zum Auslagenersatz und zu durchlaufenden Geldern (→ Rn. 529) ist beim Werbungskostenersatz eine Bereicherung des Arbeitnehmers gegeben. Werbungskostenersatz liegt vor, wenn beim Arbeitnehmer Aufwendungen ausgeglichen werden, die ihrer Natur nach Werbungskosten iSd. § 9 sind. Beim Werbungskostenersatz werden also Aufwendungen ersetzt, die objektiv mit dem Beruf des Steuerpflichtigen im Zusammenhang stehen und die dieser subjektiv zur Förderung seines Berufes macht (BFH 17.12.1993 – III R 29/91, BFH/NV 1994, 371). Dagegen fehlt es am Werbungskostensatz, wenn die Kosten nicht von dem Dritten erstattet werden. Gewährt der Empfänger der Zahlungen diese selbst zurück, liegt kein Werbungskostenersatz, sondern ein **Rückfluss von Werbungskosten** vor. Die rückgeflossenen Werbungskosten sind – wie der Werbungskostenersatz auch – als Einnahmen bei der Einkunftsart zu erfassen, bei der sie zuvor abzogen worden waren (Schmidt/*Loschelder* § 9 Rn. 66; vgl. dazu auch BFH 14.12.1999 – IX R 69/98, BStBl. II 2000, 197; vgl. zur Terminologie insgesamt KSM/*von Bornhaupt* § 9 Rn. B 65 ff.; BFH 19.2.1993 – VI R 74/91, BStBl. II 1993, 551). Auch sofern der Dritte die Kosten unmittelbar selbst trägt, fehlt es am Werbungskostenersatz. Denn dem Steuerpflichtigen entstehen keine eigenen Aufwendungen, die zu erstatten wären (Küttner/*Thomas*, Personalbuch 2012, „Werbungskostenersatz" Rn. 10).

533 **Abgrenzung des Werbungskostenersatzes zu durchlaufenden Geldern/Auslagenersatz:** Die Unterscheidung von einerseits Werbungskostenersatz sowie andererseits durchlaufenden Geldern und Auslagenersatz erfolgt zunächst danach, **auf wessen Rechnung** die Ausgaben getätigt werden: Während Werbungskostenersatz auf Rechnung des Arbeitnehmers erfolgt, werden durchlaufende Gelder und Auslagenersatz auf Rechnung des Arbeitgebers getätigt, wobei es gleichgültig ist, ob das im Namen des Arbeitgebers oder im eigenen – des Arbeitnehmers – Namen geschieht (Kirchhof/*Eisgruber* § 19 Rn. 60; LStR 3.50 Abs. 1 Satz 1 Nr. 1). Darüber hinaus muss geprüft werden, **in wessen Interesse** die Aufwendungen getätigt werden. Werden die Aufwendungen zwar vom Arbeitgeber getragen, werden sie also auf dessen Rechnung getätigt, liegen sie gleichwohl im Interesse des Arbeitnehmers (zB bei Reisekostenersatz), liegen weder durchlaufende Gelder noch Auslagenersatz, sondern Werbungskostenersatz vor, der ggf. nach § 3 Nr. 13 oder 16 steuerfrei sein kann. Nach der Rechtsprechung des BFH liegt Werbungskostenersatz vor und es sind keine nicht steuerbaren durchlaufenden Gelder bzw. es ist kein Auslagenersatz gegeben, wenn mit den betreffenden Mitteln nicht ein Geschäft des Arbeitnehmers, sondern ein solches des Arbeitgebers geführt wird. Daher müssen die Ausgaben, um durchlaufende Gelder bzw. Auslagenersatz iSd. § 3 Nr. 50 zu sein, ausschließlich oder doch bei weitem überwiegend durch die Belange des Arbeitgebers bedingt und von ihm veranlasst oder gebilligt sein (BFH 28.3.2006 – VI R 24/03, BStBl. II 2006, 473, steuerfreier Auslagenersatz bei Erstattung der Reparaturkosten eines Musikinstruments; BFH 8.3.2006 – IX R 76/01, BFH/NV 2006, 1810, Zuschuss des Arbeitgebers zu den Aufwendungen eines Arbeitnehmers für ein Büro in seinem Haus als steuerbarer Arbeitslohn). Mithin greift die Steuerbefreiungsvorschrift des § 3 Nr. 50 nicht und es

fehlt an Werbungskostenersatz mit Arbeitslohncharakter, wenn der Arbeitnehmer an den Aufwendungen ein nicht ganz unerhebliches eigenes Interesse hat. Dies ist zB zu bejahen bei dem Ersatz von Werbungskosten und von Kosten der privaten Lebensführung (vgl. zB BFH 5.4.2006 – IX R 109/00, BStBl. II 2006, 541, zu Sicherheitsmaßnahmen am Wohnhaus eines Bankvorstands; BFH 19.1.1976 – VI R 227/72, BStBl. II 1976, 231, zu einem Gaststättenbesuch des Arbeitnehmers auf Veranlassung des Arbeitgebers) sowie bei Ersatzleistungen, die sich auf Gegenstände beziehen, die im Eigentum des Arbeitnehmers stehen (Kirchhof/*Eisgruber* § 19 Rn. 60), zB bei Werkzeuggeld (Kirchhof/*Eisgruber* § 19 Rn. 60, unter den Voraussetzungen des § 3 Nr. 30 steuerfrei) oder bei Instrumentengeld (BFH 21.9.1995 – VI R 30/95, BStBl. II 1995, 906). Dagegen erfolgt der Ersatz von Hilfs- und Betriebsstoffen (zB bei Arbeitnehmern, die Musiker sind und denen Geld für den Ersatz von Saiten, Rohren und Blättern geleistet wird) im Interesse des Arbeitgebers, sodass kein Arbeitslohn gegeben ist (→ Rn. 700 zu „Instrumentengeld")

Aufgedrängte Bereicherung: Trotz objektiv gegebener Bereicherung ist ausnahmsweise kein steuerrechtlich erheblicher Vorteil gegeben, wenn der Arbeitgeber seinem Arbeitnehmer eine Bereicherung in der Weise aufzwingt, dass der Arbeitnehmer sich dem Vorteil nicht entziehen kann, ohne Nachteile in Kauf zu nehmen (BFH 17.9.1982 – VI R 75/79, BStBl. II 1983, 39, Vorsorgeuntersuchung leitender Angestellter). In diesen Fällen besteht ein Indiz für das Vorliegen eines den Arbeitslohncharakter ausschließenden (→ Rn. 540 ff.) ganz überwiegend eigenbetrieblichen Interesses des Arbeitgebers an der Zuwendung (BFH 17.9.1982 – VI R 75/79, BStBl. II 1983, 39; Blümich/*Geserich* § 19 Rn. 167). **Keine aufgedrängte Bereicherung** ist es von vornherein, wenn es dem Arbeitnehmer freisteht, von dem Vorteil Gebrauch zu machen oder nicht (BFH 9.7.1996 – VI R 19/96, BFH/NV 1997, 179; FG Rheinland-Pfalz 21.7.1987 – 2 K 29/87, EFG 1988, 123, rkr.; Blümich/*Geserich* § 19 Rn. 168). Eine aufgedrängte Bereicherung ist **überdies ausgeschlossen,** wenn (und soweit) die Leistung des Arbeitgebers dem Arbeitnehmer einen individuellen und konkreten Vorteil vermittelt (BFH 11.3.1988 – VI R 106/84, BStBl. II 1988, 726, zu Prämien im Rahmen eines sog. Sicherheitswettbewerbs; BFH 9.3.1990 – VI R 48/87, BStBl. II 1990, 711, zur Übernahme von Mitgliedskosten in einem Verein; BFH 2.2.1990 – VI R 15/86, BStBl. II 1990, 472, zu verbilligtem Erwerb eines bestimmten PKW; BFH 4.6.1993 – VI R 95/92, BStBl. II 1993, 687, zu Personalrabatten auf Neuwagen; BFH 29.11.2000 – I R 102/99, BStBl. II 2001, 195, zum Anrechnungs- oder Erstattungsanspruch gegenüber dem Finanzamt; BFH 17.1.2008 – VI R 26/06, BStBl. II 2008, 378, zum Mitgliedsbeitrag bei einer berufsständischen Kammer eines Freiberuflers). 534

Einstweilen frei 535–537

kk) Keine Gewährung im überwiegend eigenbetrieblichen Interesse. Kein Arbeitslohn sind Vorteile, die sich bei objektiver Würdigung aller Umstände nicht als Entlohnung, sondern lediglich als **notwendige Begleiterscheinung betriebsfunktionaler Zielsetzung** erweisen. Dann steht der mit der Zahlung verfolgte betriebliche Zweck im Vordergrund. Im Fall des **„ganz überwiegend" eigenbetrieblichen Interesses** kann ein damit einhergehendes eigenes Interesse des Arbeitnehmers, den betreffenden Vorteil zu erlangen, vernachlässigt werden, sodass der **Entlohnungscharakter in den Hintergrund** tritt und der Vorteil nicht „für" die Arbeitsleistung eines Arbeitnehmers gewährt wird (BFH 4.7.2018 – VI R 16/17, BStBl. II 2019, 373; BFH 7.6.2018 – VI R 13/16, BStBl. II 2019, 371; BFH 14.11.2013 – VI R 36/12, BStBl. II 2014, 278). Es handelt sich deshalb um ein **im Gesetzeswortlaut angelegtes Kriterium** (§ 19 Abs. 1 S. 1 Nr. 1: „für", *Krüger* DStR 2013, 2029 (2030), mwN). 538

Gesamtwürdigung zur Bestimmung des überwiegend eigenbetrieblichen Interesses: Ein Vorteil wird im vorgenannten Sinne dann im ganz überwiegend eigenbetrieblichen Interesse gewährt, wenn im Rahmen einer Gesamtwürdigung aus den Begleitumständen zu schließen ist, dass der betriebliche Zweck ganz im Vordergrund steht (BFH 14.11.2013 – VI R 36/12, BStBl. II 2014, 278). Die danach erforderliche Gesamtwürdigung hat insbesondere **Anlass, Art** und **Höhe des Vorteils, Auswahl der Begünstigten, freie oder nur gebundene Verfügbarkeit, Freiwilligkeit** oder **Zwang** zur Annahme des Vorteils und seine **besondere Geeignetheit** für den jeweils verfolgten betrieblichen Zweck zu berücksichtigen (BFH 14.11.2013 – VI R 36/12, BStBl. II 2014, 278; Blümich/*Geserich* 539

§ 19 Rn. 200; Schmidt/*Krüger* § 19 Rn. 55). Tritt das Interesse des Arbeitnehmers gegenüber dem des Arbeitgebers in den Hintergrund, kann eine Lohnzuwendung zu verneinen sein; ist aber – neben dem eigenbetrieblichen Interesse des Arbeitgebers – ein **nicht unerhebliches Interesse des Arbeitnehmers** gegeben, liegt die Vorteilsgewährung nicht im ganz überwiegend eigenbetrieblichen Interesse des Arbeitgebers und führt zur Lohnzuwendung (BFH 14.11.2013 – VI R 36/12, BStBl. II 2014, 278). Dabei besteht eine **Wechselwirkung** zwischen der Intensität des eigenbetrieblichen Interesses des Arbeitgebers und dem Ausmaß der Bereicherung des Arbeitnehmers: Je höher aus der Sicht des Arbeitnehmers die Bereicherung anzusetzen ist, desto geringer wiegt das aus der Sicht des Arbeitgebers vorhandene eigenbetriebliche Interesse (BFH 11.3.2010 – VI R 7/08, BStBl. II 2010, 763; BFH 21.1.2010 – VI R 51/08, BStBl. II 2010, 700). Bei **gemischt veranlassten Zuwendungen** (→ Rn. 496 ff.) an den Arbeitnehmer, kommt eine Aufteilung in Arbeitslohn und Zuwendung im betrieblichen Eigeninteresse in Betracht (BFH VI R 7/08 – 11.3.2010, BStBl. II 2010, 763 mwN). Lässt sich der Charakter einer Zuwendung nur einheitlich beurteilen, ist sie im Rahmen der Gesamtwürdigung einheitlich dem einen oder dem anderen Bereich zuzuordnen (BFH 11.3.2010 – VI R 7/08, BStBl. II 2010, 763, Regenerationskur kann nur einheitlich beurteilt werden, grds. Arbeitslohn). Die Gesamtwürdigung obliegt dem Finanzgericht und ist **revisionsrechtlich nur begrenzt überprüfbar** (BFH 21.1.2010 – VI R 51/08, BStBl. II 2010, 700).

540 **Regeln zur Gesamtwürdigung:** Obgleich die Gesamtwürdigung im Wesentlichen der Tatsacheninstanz (also dem Finanzgericht) obliegt, lassen sich aus der Rechtsprechung des BFH leitende Gesichtspunkte für die vorzunehmende Gesamtwürdigung entnehmen, die die maßgebliche Sichtweise (→ Rn. 541), die (Un-)Beachtlichkeit bestimmter Belange (→ Rn. 542), den Vergleich des Gewichts von Arbeitnehmer- und Arbeitgeberinteressen (→ Rn. 543 f.). Insgesamt legt die Rechtsprechung des BFH die Fälle des überwiegend eigenbetrieblichen Interesses restriktiv aus (→ Rn. 545); auch bestehen gewisse **Fallgruppen** (→ Rn. 546).

541 **Maßgebliche Sichtweise** ist diejenige des Arbeitgebers; die Frage, ob eine Leistung an den Arbeitnehmer im ganz überwiegend eigenbetrieblichen Interesse des Arbeitgebers liegt, beurteilt sich also nach dem vom Arbeitgeber mit der Zuwendung verfolgten Zweck (BFH 20.9.1985 – VI R 120/82, BStBl. II 1985, 718, Mitgliedsbeiträge für einen Industrieclub; BFH 22.3.1985 – VI R 170/82, BStBl. II 1985, 529, Betriebsveranstaltung). Dabei ist es nicht notwendig, dass der Arbeitgeber dem Arbeitnehmer einen Vorteil **bewusst und gewollt** zuwendet, sondern es genügt, dass ein Vorteil gewährt wurde, für den bei objektiver Betrachtung des Dienstverhältnisses maßgebend war (BFH 18.10.1974 – VI R 249/71, BStBl. II 1975, 182).

542 **Nunmehr nur „beachtliche" Belange maßgebend:** Nicht jeder betriebsfunktionaler Grund kann ein überwiegend eigenbetriebliches Interesse begründen – der betriebsfunktionale Grund muss vielmehr „beachtlich" sein (BFH 14.11.2013 – VI R 36/12, BStBl. II 2014, 278: verneint für rechtswidriges Tun bei Übernahme von Bußgeldern durch den Arbeitgeber; kritisch *Bergkemper* FR 2014, 281: der BFH „moralisiere").

543 **Nur hohes Arbeitgeberinteresse:** Das Interesse des Arbeitgebers kann nur durch solche Umstände begründet werden, die **durch den Betrieb** und nicht durch das individuelle Dienstverhältnis **veranlasst** sind, was im Wesentlichen bei solchen Maßnahmen gegeben sein wird, die einen reibungslosen Betriebsablauf sicherstellen bzw. verbessern sollen und der Belegschaft als Gesamtheit zugutekommen (Blümich/*Geserich* § 19 Rn. 202; Heuermann/Wagner LSt/*K. Wagner* D Rn. 107). Allerdings genügt es für ein überwiegend eigenbetriebliches Interesse nicht schon, wenn sich die Aufwendungen beim Zuwendenden als betrieblich veranlasst darstellen (BFH 6.10.2004 – X R 36/03, BFH/NV 2005, 682). Vielmehr muss hinzukommen, dass der mit der Zuwendung verfolgte betriebliche Zweck derart im Vordergrund steht, dass bei wertender Beurteilung ein damit einhergehendes Interesse des Arbeitnehmers an der Erlangung des betreffenden Vorteils vernachlässigt werden kann (Blümich/*Geserich* § 19 Rn. 202). Das Interesse des Arbeitgeber ist als hoch, dasjenige des Arbeitnehmers als gering anzusehen, wenn ihm Leistungen des Arbeitgebers **aufgedrängt** werden (BFH 22.3.1985 – VI R 170/82, BStBl. II 1985, 529, Teilnahme an Betriebsveranstaltungen wird vom Arbeitnehmer in erster Linie als Aufgabe empfunden und nicht so sehr als Gelegenheit, sich auf Kosten des Betriebs zu unterhalten; zur aufgedrängten Bereicherung → Rn. 534).

Hohes Arbeitnehmerinteresse: Da eine **Wechselwirkung** zwischen der Intensität des eigenbetrieblichen Interesses des Arbeitgebers und dem Ausmaß der Bereicherung des Arbeitnehmers besteht (→ Rn. 539) ist es nicht unerheblich, wenn sich der dem Arbeitnehmer zugewandte **Vorteil** als **außergewöhnlich hoch** erweist (BFH 14.11.2013 – VI R 36/12, BStBl. II 2014, 278, Übernahme von Bußgeldern für nicht nur gelegentliche und geringfügige Verstöße in Höhe von 2.950 EUR und 3.640 EUR; BFH 24.9.2013 – VI R 8/11, BStBl. II 2014, 124, die in Zuschüssen zur freiwilligen Rentenversicherung liegende erheblichen Bedeutung für den Arbeitnehmer an der Sicherung seiner Altersversorgung; BFH 11.4.2006 – VI R 60/02, BStBl. II 2006, 691, verbilligte Überlassung von Kleidungsstücken einer „Edelmarke"; FG Münster 5.2.1997 – 1 K 156/96 E, EFG 1997, 1511, Verkauf eines Grundstücks zu weniger als 50% unter dem üblichen Verkaufspreis). In diesen Fällen liegt kein überwiegend eigenbetriebliches Interesse vor. Aus einer nur geringen Bereicherung des Arbeitnehmers folgt aber nicht, dass dem eigenbetrieblichen Interesse des Arbeitgebers eine umso größere Bedeutung zukommt (Blümich/*Geserich* § 19 Rn. 203; kritisch Schmidt/*Krüger* § 19 Rn. 55; **aA** BFH 21.9.1990 – VI R 97/86, BStBl. II 1991, 262; s. dazu BMF 13.3.1991, BStBl. I 1991, 388, Nichtanwendungserlass). 544

Aktuelle Rechtsprechungstendenz: Der BFH zeigt (nunmehr wieder) die Tendenz, die Fälle des überwiegend eigenbetriebliche Interesse einzugrenzen und folglich nicht steuerbare Zuwendungen auf Ausnahmefälle zu beschränken (Blümich/*Geserich* § 19 Rn. 205). Zuschüsse zur freiwilligen Rentenversicherung hat der BFH in seinem Urteil vom 5.9.2006 – VI R 38/04 (BStBl. II 2007, 181) nicht als Arbeitslohn angesehen, weil die Zahlung dieser Beiträge wirtschaftlich der Sicherung und Finanzierung der Pensionszusage diene und mithin im ganz überwiegend eigenbetrieblichen Interesse liege. Dagegen hat der BFH in jüngerer Zeit entschieden, dass die Erlangung eines Versorgungsanspruchs vornehmlich im Interesse des Arbeitnehmers liegt (BFH 24.9.2013 – VI R 8/11, BStBl. II 2014, 124). Bei der Übernahme von Bußgeldern gegen Arbeitnehmer hat der BFH in seinem Urteil vom 7.7.2004 – VI R 29/00 (BStBl. II 2005, 367) noch ein überwiegend eigenbetrieblichen Interesse erkannt (reibungsloser Betriebsablauf). Davon ist der BFH jedoch abgerückt. Nach BFH 14.11.2013 – VI R 36/12 (BStBl. II 2014, 278) fehlt es in diesen Fällen deshalb an einem überwiegend eigenbetrieblichen Interesse, weil zu den notwendigen Begleiterscheinungen betriebsfunktionaler Zielsetzungen keine gegen die Rechtsordnung verstoßenden, mit Bußgeldern belegten rechtswidrigen Weisungen des ArbG zählen können. Damit ist der BFH zu seiner früheren Rechtsprechung zurückgekehrt, nach der ein überwiegend eigenbetriebliches Interesse nur auf **Ausnahmefälle** beschränkt sein sollte (BFH 28.2.1975 – VI R 28/73, BStBl. II 1976, 134). 545

Fallgruppen des überwiegend eigenbetrieblichen Interesses: Das ganz überwiegend eigenbetriebliche Interesse lässt sich nicht abschließend positiv definieren, sondern nur anhand von Fallgruppen darstellen (Blümich/*Geserich* § 19 Rn. 201; Heuermann/Wagner LSt/*K. Wagner* D Rn. 108). Allerdings ist eine trennscharfe Differenzierung zwischen den Fallgruppen weder möglich noch erforderlich (*Krüger* DStR 2013, 2029 (2034)). Gleichwohl lässt sich eine gewisse Abgrenzung trotz der bestehenden Unklarheiten und Unsicherheiten aus den zu Einzelfällen ergangenen Judikaten erkennen (Heuermann/Wagner LSt/*K. Wagner* D Rn. 109): 546

- **Betriebsveranstaltungen** (→ Rn. 920 ff.)
- **Schaffung günstiger Arbeitsbedingungen** (BFH 3.7.2019 – VI R 36/17, DStR 2019, 1961: Gestellung unbelegter Backwaren zum unmittelbaren Verzehr, um sich über berufliche Angelegenheiten untereinander sowie mit der „Führungsetage" auszutauschen; zugleich als Aufmerksamkeit, → Rn. 502 ff., eingestuft; BFH 17.7.1959 – VI 107/57 U, BStBl. III 1959, 412; BFH 24.1.1975 – VI R 242/71, BStBl. II 1975, 340; BFH 21.3.1975 – VI R 94/72, BStBl. II 1975, 486)
- **Ausgestaltung des Arbeitsplatzes** einschließlich der Sozial- und Kantinenräume (Schmidt/*Krüger* § 19 Rn. 56)
- **aufgedrängte Bereicherung** (→ Rn. 534)
- Maßnahmen zur **Gesundheitsförderung** (→ Rn. 678)
- **Fortbildungsmaßnahmen** (→ Rn. 605)
- **Reisen** (Heuermann/Wagner LSt/*K. Wagner* D Rn. 109; → Rn. 695)
- **Aufmerksamkeiten** (→ Rn. 502 ff.)

- **Innerbetriebliche Verlosungen** (→ Rn. 842)
- **Outplacement-Beratung** (→ Rn. 765)
- **Arbeitgeberdarlehen** (→ Rn. 620)

547 **Umfangreiche Kasuistik:** Jenseits der vorgenannten Fallgruppen hat sich zum Kriterium des überwiegend eigenbetrieblichen Interesses eine umfangreiche Kasuistik herausgebildet.

548 **Praxis:** Die Finanzverwaltung ist bestrebt, die **Gesamtwürdigung durch Vermutungs- bzw. Vereinfachungsregelungen** für das Massenverfahren **gering zu halten.** Dies ist jedoch sowohl für Fälle der Begünstigung als auch der Benachteiligung des Steuerpflichtigen abzulehnen, weil es hierfür an einer Rechtsgrundlage fehlt; im Übrigen dürften die meisten Sachverhalte nicht derart komplex sein, dass eine Gesamtwürdigung nur mit unverhältnismäßig hohem Aufwand durchzuführen wäre. Zwar ist für die ausnahmsweise vielschichtigen Fälle ist eine aufwändigere Prüfung notwendig. Indes ist sie zur Wahrung der Gleichmäßigkeit der Besteuerung geboten.

549–551 *Einstweilen frei*

552 **ll) Die einzelnen Fälle des Arbeitslohns nach § 2 Abs. 2 LStDV. Enumeration weiterer Fälle des Arbeitslohns:** § 2 Abs. 2 LStDV nennt weitere Fälle, die nach dem Wortlaut dieser Vorschrift (§ 2 Abs. 2 LStDV: „Zum **Arbeitslohn** gehören". Diese Aufzählung ist **nicht abschließend** (§ 2 Abs. 2 LStDV: „gehören auch"). Auch § 2 Abs. 2 LStDV ist wegen der hinreichenden Beachtung des Veranlassungszusammenhangs zum Dienstverhältnis (→ Rn. 487 ff.) eine zutreffende Auslegung des § 19 Abs. 1, dessen Voraussetzungen gegeben sein müssen (→ Rn. 468). Überdies ist in § 2 Abs. 2 LStDV teilweise der Wortlauts von § 24 Nr. 1 wiedergegeben (→ Rn. 562). Die genannten Konstellationen werden jedoch nicht allein von § 19 Abs. 1 S. 1 Nr. 1, also dem klassischen Tatbestand des Arbeitslohns, erfasst, weil § 2 Abs. 2 LStDV nur zum Teil nach **§ 19 Abs. 1 S. 1 Nr. 1** steuerbare Einnahmen beinhaltet:

- § 2 Abs. 2 Nr. 1 LStDV: Einnahmen im Hinblick auf ein künftiges Dienstverhältnis → Rn. 555;
- § 2 Abs. 2 Nr. 3 LStDV: Zukunftssicherungsleistungen mit Ausnahme der Fälle des § 19 Abs. 1 S. 1 Nr. 3 → Rn. 557;
- § 2 Abs. 2 Nr. 4 LStDV: Entschädigungen aus gegenwärtigen Dienstverhältnissen → Rn. 562;
- § 2 Abs. 2 Nr. 5 LStDV: besondere Zuwendungen aufgrund eines gegenwärtigen oder künftigen Dienstverhältnisses → Rn. 563;
- § 2 Abs. 2 Nr. 6 LStDV: Entlohnungen für Mehrarbeit → Rn. 564;
- § 2 Abs. 2 Nr. 7 LStDV: Lohnzuschläge, die wegen der Besonderheit der Arbeit gewährt werden → Rn. 565;
- § 2 Abs. 2 Nr. 8 LStDV: Entschädigungen für Nebenämter und Nebenbeschäftigungen im Rahmen eines – gegenwärtigen oder künftigen – Dienstverhältnisses → Rn. 566).

553 Im Übrigen nennt § 2 Abs. 2 LStDV auch Einnahmen, die dem Steuertatbestand des **§ 19 Abs. 1 S. 1 Nr. 2** unterfallen:

- § 2 Abs. 2 Nr. 2 LStDV: Einnahmen aus früheren Dienstleistungen → Rn. 556;
- § 2 Abs. 2 Nr. 4 LStDV: Entschädigungen aus früheren Dienstleistungen → Rn. 562;
- § 2 Abs. 2 Nr. 5 LStDV: besondere Zuwendungen aufgrund eines früheren Dienstverhältnisses → Rn. 563;
- § 2 Abs. 2 Nr. 8 LStDV: Entschädigungen für Nebenämter und Nebenbeschäftigungen im Rahmen eines – früheren – Dienstverhältnisses → Rn. 876).

554 Des Weiteren beinhaltet § 2 Abs. 2 Nr. 3 LStDV (bestimmte Arbeitgeberleistungen an Versorgungseinrichtungen), die nach **§ 19 Abs. 1 S. 1 Nr. 3** zu versteuern sind, → Rn. 557. Mithin lassen die beispielhaft aufgezählten Fallgruppen des § 2 Abs. 2 LStDV insgesamt keine Struktur erkennen, aus der sich der Arbeitslohnbegriff ableiten ließe (KSM/*Breinersdorfer* § 19 Rn. B 204). Gleichwohl rekurrieren Rechtsprechung und Literatur bei der Auslegung der einzelnen Steuertatbestände des § 19 Abs. 1 S. 1 auf die einzelnen Fälle des § 2 Abs. 2 LStDV.

555 **Einnahmen im Hinblick auf ein künftiges Dienstverhältnis (§ 2 Abs. 2 Nr. 1 LStDV):** Die in § 2 Abs. 2 Nr. 1 LStDV aufgenommene Regelung, wonach auch Einnahmen im Hinblick auf eine künftiges Dienstverhältnis Arbeitslohn sind, ist eine zutreffende Auslegung und Konkretisierung des § 19 Abs. 1 S. 1 Nr. 1 (HHR/*Pflüger* § 19 Rn. 165) und dient

lediglich der Klarstellung (Blümich/*Geserich* § 19 Rn. 250; KSM/*Breinersdorfer* § 19 Rn. B 181 f.). Denn der erforderliche **Veranlassungszusammenhang** (→ Rn. 126 f.) kann auch zu künftigen Dienstverhältnissen bestehen (BFH 26.6.2014 – VI R 94/13, BStBl. II 2014, 864; BFH 20.5.2010 – VI R 12/08, BStBl. II 2010, 1069; BFH 8.11.1996 – VI R 100/95, BStBl. II 1997, 330; BFH 18.9.1964 – VI 244/63 U, BStBl. III 1965, 11). Wenn ein Arbeitsverhältnis zum Zeitpunkt der (angenommenen) Lohnzahlung noch gar nicht besteht, ist ein erhöhter Erklärungsbedarf für die arbeitsvertragliche Veranlassung erforderlich (BFH 20.5.2010 – VI R 12/08, BStBl. II 2010, 1069). Ob eine Zuwendung durch das Dienstverhältnis veranlasst und damit als Arbeitslohn zu beurteilen ist, obliegt in erster Linie der **tatrichterlichen Würdigung** durch das Finanzgericht (BFH 26.6.2014 – VI R 94/13, BStBl. II 2014, 864).

Einnahmen aus einem früheren Dienstverhältnis (§ 2 Abs. 2 Nr. 2 LStDV): Gemäß **556** § 2 Abs. 2 Nr. 2 S. 1 LStDV gehören zum Arbeitslohn auch Einnahmen aus einem früheren Dienstverhältnis, unabhängig davon, ob sie dem zunächst Bezugsberechtigten oder seinem Rechtsnachfolger zufließen. Bezüge, die ganz oder teilweise auf früheren Beitragsleistungen des Bezugsberechtigten oder seines Rechtsvorgängers beruhen, gehören nicht zum Arbeitslohn, es sei denn, dass die Beitragsleistungen Werbungskosten gewesen sind (§ 2 Abs. 2 Nr. 2 S. 2 LStDV). Diese Vorschrift ist damit insgesamt eine Umschreibung der Steuertatbestände des § 19 Abs. 1 S. 1 Nr. 2 und § 24 Nr. 2 (Blümich/*Geserich* § 19 Rn. 251; HHR/*Pflüger* § 19 Rn. 312; vgl. auch KSM/*Breinersdorfer* § 19 Rn. B 202: entbehrliche Regelung, da sie sich für den Arbeitnehmer selbst uns seine Hinterbliebenen unmittelbar aus § 19 Abs. 1 S. 1 Nr. 2 und für Rechtsnachfolger aus § 1 Abs. 1 S. 2 LStDV ergebe). Zur Auslegung von § 19 Abs. 1 S. 1 Nr. 2 → Rn. 1005 ff.; zur Auslegung des § 2 Abs. 2 S. 2 LStDV (fehlende Veranlassung zu früheren Dienstleistungen beim Beruhen auf Beitragsleistungen) → Rn. 1050.

Zukunftssicherungsleistungen iSd § 2 Abs. 2 Nr. 3 LStDV mit Ausnahme der Fälle des **557** § 19 Abs. 1 S. 1 Nr. 3 – Allgemeines: Gemäß § 2 Abs. 2 Nr. 3 S. 1 LStDV gehören Ausgaben, die ein Arbeitgeber leistet, um einen Arbeitnehmer oder diesem nahestehende Personen für den Fall der Krankheit, des Unfalls, der Invalidität, des Alters oder des Todes abzusichern (Zukunftssicherung) ebenfalls zum Arbeitslohn. Dabei können sie entweder nach der vorrangig anzuwendenden Bestimmung des § 19 Abs. 1 S. 1 Nr. 3 (Arbeitgeberleistungen an bestimmte Versorgungseinrichtungen, → Rn. 1056 ff.) – oder aber nach dem klassischen Steuertatbestand des § 19 Abs. 1 S. 1 Nr. 1 („andere Bezüge und Vorteile", vgl. Blümich/*Geserich* § 19 Rn. 290) zu versteuern sein. Die Arbeitslohnqualität von Zukunftssicherungsleistungen, bei denen die Leistung des Arbeitgebers an einen Dritten (Versicherer) erfolgt, hängt davon ab, ob sich der Vorgang – wirtschaftlich betrachtet – so darstellt, als ob der Arbeitgeber dem Arbeitnehmer Mittel zur Verfügung gestellt und der Arbeitnehmer sie zum Zweck seiner Zukunftssicherung verwendet hat; davon ist auszugehen, wenn dem Arbeitnehmer gegen die Versorgungseinrichtung, an die der Arbeitgeber die Beiträge geleistet hat, ein unentziehbarer Rechtsanspruch auf die Leistung zusteht (zB BFH 5.7.2012 – VI R 11/11, BStBl. II 2013, 190; BFH 9.12.2010 – VI R 57/08, BStBl. II 2011, 978; BFH 11.12.2008 – VI R 9/05, BStBl. II 2009, 385; BFH 15.11.2007 – VI R 30/04, BFH/NV 2008, 550; BFH 5.7.2007 – VI R 47/02, BFH/NV 2007, 1876; BFH 12.4.2007 – VI R 55/05, BStBl. II 2007, 619; jeweils mwN). Dem liegt die Vorstellung zugrunde, dass die Zukunftssicherung typischerweise in den Verantwortungsbereich des Arbeitnehmers fällt und der Arbeitgeber – finanziert er die Zukunftssicherung – Arbeitslohn zuwendet (Blümich/*Geserich* § 19 Rn. 290). Für den Arbeitslohncharakter von Zukunftssicherungsleistungen, die dem Arbeitnehmer einen unmittelbaren und unentziehbaren Rechtsanspruch gegen einen Dritten verschaffen, ist es grundsätzlich unerheblich, ob der Versicherungsfall bei dem begünstigten Arbeitnehmer überhaupt eintritt und welche Leistungen er letztlich erhält (BFH 15.9.2011 – VI R 36/09, BFH/NV 2012, 201; die dagegen eingelegte Verfassungsbeschwerde hat das BVerfG nicht zur Entscheidung angenommen, BVerfG 14.1.2015 – 2 BvR 568/12, nv).

Keine Zukunftssicherungsausgaben iSd. § 2 Abs. 2 Nr. 3 Satz 1 LStDV sind etwa Zah- **558** lungen auf ein Sparkonto des Arbeitgebers oder Arbeitnehmers, das bis zum Eintritt bestimmter Ereignisse (Erreichen eines bestimmten Alters) gesperrt bleibt (HHR/*Pflüger* § 19 Rn. 361; hier fehlt es an dem unmittelbaren Entstehen des Rechtsanspruchs) oder bei einer

Beteiligung des Arbeitnehmers am Betriebsvermögen des Arbeitgebers (HHR/*Pflüger* § 19 Rn. 361; hier fehlt es an einem Rechtsanspruch gegen Dritte). Erwirbt der Arbeitnehmer aufgrund der Arbeitgeberleistung einen unentziehbaren Anspruch, ist es für die Zurechnung zum Arbeitslohn **unerheblich, aus welchem Rechtsgrund** der Arbeitgeber die Zahlungen leistet, ob es freiwillige Leistungen des Arbeitgebers sind, ob sie auf einem Tarifvertrag, einer Betriebsvereinbarung oder einem Einzelarbeitsvertrag beruhen (BFH 6.11.1970 – VI 385/65, BStBl. II 1971, 22).

559 Zukunftssicherungsleistungen iSd § 2 Abs. 2 Nr. 3 LStDV mit Ausnahme der Fälle des § 19 Abs. 1 S. 1 Nr. 3 – Zustimmung des Arbeitnehmers erforderlich (§ 2 Abs. 2 Nr. 3 S. 2 LStDV): Voraussetzung für die Annahme von Arbeitslohn ist nach § 2 Abs. 2 Nr. 3 S. 2 LStDV, dass der Arbeitnehmer derartigen Arbeitgeberleistungen ausdrücklich oder stillschweigend zustimmt (§ 2 Abs. 2 Nr. 3 S. 2 LStDV; KSM/*Breinersdorfer* § 19 Rn. B 202). Eine (stillschweigende) Zustimmung liegt im Allgemeinen auch vor, wenn der Arbeitnehmer eine Mitteilung seines Arbeitgeber über dessen Absicht zum Abschluss einer Versicherung ohne Reaktion zur Kenntnis nimmt (Blümich/*Geserich* § 19 Rn. 294; HHR/*Pflüger* § 19 Rn. 362; aA KSM/*Breinersdorfer* § 19 Rn. B 705: dem Schweigen komme im Rechtsverkehr kein Erklärungswert zu; indes bringt der Arbeitnehmer seine Zustimmung konkludent durch die Erbringung seiner Weiterarbeit zum Ausdruck; der Zugang wird nach § 151 S. 1 BGB entbehrlich sein). Siehe auch → Rn. 1076.

560 Zukunftssicherungsleistungen iSd § 2 Abs. 2 Nr. 3 LStDV mit Ausnahme der Fälle des § 19 Abs. 1 S. 1 Nr. 3 – Gruppenversicherung oder Pauschalversicherung (§ 2 Abs. 2 Nr. 3 S. 3 LStDV): Ist bei einer Zukunftssicherung für mehrere Arbeitnehmer oder diesen nahestehende Personen in Form einer Gruppenversicherung oder Pauschalversicherung der für den einzelnen Arbeitnehmer geleistete Teil der Ausgaben nicht in anderer Weise zu ermitteln, sind nach § 2 Abs. 2 Nr. S. 3 LStDV die Ausgaben nach der Zahl der gesicherten Arbeitnehmer auf diese aufzuteilen. Damit ist die Bestimmung der Höhe des Arbeitslohns nach Köpfen subsidiär zu exakteren Berechnungsmethoden (ähnlich HHR/*Pflüger* § 19 Rn. 376: grundsätzlich ist bei zusammengefassten Zukunftssicherungsleistungen der auf den einzelnen Arbeitnehmer entfallende Teil zu ermitteln). Keinesfalls darf einem Arbeitnehmer Arbeitslohn in Form von Zukunftssicherungsleistungen nur deshalb nach seinem Anteil pro Kopf zugerechnet werden, weil andere Ermittlungen aufwändiger wären. Erforderlich ist stets, dass zugunsten des Arbeitnehmers dem Grunde nach ein unmittelbarer Rechtsanspruch entstanden ist und dieser Rechtsanspruch der Höhe nach bestimmbar ist. Auf andere Weise ermittelbar ist der für den einzelnen Arbeitnehmer geleistete Teil etwa dann, wenn eine versicherungsmathematische Berechnung durchführbar ist. Letztlich ist § 2 Abs. 2 Nr. 3 S. 3 LStDV eine Schätzungsmethode iSd § 162 AO, die – wie sämtliche Schätzungsmethoden – auf Wahrscheinlichkeitsüberlegungen beruhen muss, die der Wirklichkeit möglichst nahe kommen (vgl. BFH 25.3.2015 – X R 20/13, BStBl. II 2015, 743, mwN). Kommt demnach (gleichwohl) eine Aufteilung pro Kopf in Betracht, sind sämtliche begünstigten Arbeitnehmer zu berücksichtigen, auch wenn sie nur eine Anwartschaft haben (HHR/*Pflüger* § 19 Rn. 376).

561 Zukunftssicherungsleistungen iSd § 2 Abs. 2 Nr. 3 LStDV mit Ausnahme der Fälle des § 19 Abs. 1 S. 1 Nr. 3 – Rückdeckungsversicherungen (§ 2 Abs. 2 Nr. 3 S. 4 LStDV): Gemäß § 2 Abs. 2 Nr. 3 S. 4 LStDV gehören nicht zum Arbeitslohn Ausgaben, die nur dazu dienen, dem Arbeitgeber die Mittel zur Leistung einer dem Arbeitnehmer zugesagten Versorgung zu verschaffen. Dies ist der Fall, wenn solche Ausgaben vorliegen, die nur dazu dienen, dem Arbeitgeber die Mittel zur Leistung einer dem Arbeitnehmer zugesagten Versorgung zu verschaffen (Rückdeckungsversicherung), nicht um Arbeitslohn (BFH 5.7.2012 – VI R 11/11, BStBl. II 2013, 190 Rn. 14) (BFH 5.7.2012 – VI R 11/11, BStBl. II 2013, 190; BFH 5.7.2012 – VI R 10/11, BFH/NV 2013, 350). Die Rückdeckungsversicherung ist selbst keine Maßnahme der betrieblichen Altersversorgung, sondern dient zu deren Sicherung und Finanzierung (HHR/*Pflüger* § 19 Rn. 395). Sie unterscheidet sich von der Direktversicherung (→ Rn. 1080) dadurch, dass bei der Rückdeckungsversicherung der Arbeitgeber selbst Versicherungsnehmer und Bezugsberechtigter sein muss (HHR/*Pflüger* § 19 Rn. 397). Liegen demnach Beiträge eines Arbeitgebers zu einer Rückdeckungsversicherung vor, gehören sie nicht zu den Aufwendungen iSd § 2 Abs. 2 Nr. 3 LStDV und sind kein Arbeitslohn iSd § 19 Abs. 1 S. 1 Nr. 1 (BFH 27.5.1993 – VI R 19/92, BStBl. II 1994, 246; HHR/*Pflüger* § 19 Rn. 406). Eine Rückdeckungsversicherung liegt auch dann vor, wenn durch die Beteiligten

(Arbeitnehmer und Arbeitgeber) die Versorgungszusage auf die vom Träger der Rückdeckung später tatsächlich erbrachte Leistung beschränkt wird – selbst wenn die Beteiligten die Beitragszahlungen in der Vergangenheit als steuerpflichtigen Arbeitslohn behandelt haben (BFH 27.5.1993 – VI R 19/92, BStBl. II 1994, 246). Tritt ein Arbeitgeber Ansprüche aus einer von ihm mit einem Versicherer abgeschlossenen Rückdeckungsversicherung an den Arbeitnehmer ab, erwirbt der Arbeitnehmer durch im Anschluss an die Abtretung erbrachten Arbeitgeberleistungen an die Versicherung eigene Ansprüche gegen die Versicherung, sodass diese Arbeitgeberausgaben Arbeitslohn sind; die mit der Abtretung einhergehende Änderung des Versicherungsverhältnisses begründet die Umwandlung einer Rückdeckungsversicherung in eine Direktversicherung (BFH 5.7.2012 – VI R 11/11, BStBl. II 2013, 190; HHR/*Pflüger* § 19 Rn. 407). Hinsichtlich der Bewertung wird wegen der **44 EUR-Freigrenze** des § 8 Abs. 2 S. 11 die **Abgrenzung des Bar- vom Sachlohn** relevant. S. dazu BFH 4.7.2018 – VI R 16/17, BStBl. II 2019, 373; BFH 7.6.2018 – VI R 13/16, BStBl. II 2019, 371; dazu instruktiv insb. *Teller* HFR 2018, 865 f.

Entschädigungen als Ersatz für (entgangenen oder entgehenden) Arbeitslohn (§ 2 Abs. 2 Nr. 4 LStDV): Nach dieser Vorschrift haben auch Entschädigungen Arbeitslohncharakter, die dem Arbeitnehmer oder seinem Rechtsnachfolger als Ersatz für entgangenen oder entgehenden Arbeitslohn oder für die Aufgabe oder Nichtausübung einer Tätigkeit gewährt werden. Diese Regelung hat allerdings nur klarstellende Bedeutung, weil sich ihre Rechtsfolge unmittelbar aus § 24 Abs. 1 Buchst. a und b ergibt (Blümich/*Geserich* § 19 Rn. 255; KSM/*Breinersdorfer* § 19 Rn. B 202). 562

Zuwendungen wegen besonderer Ereignisse (§ 2 Abs. 2 Nr. 5 LStDV): Zum Arbeitslohn zählen nach § 2 Abs. 2 Nr. 5 LStDV auch besondere Zuwendungen, die auf Grund des Dienstverhältnisses oder eines früheren Dienstverhältnisses gewährt werden, zB Zuschüsse im Krankheitsfall. Neben dem letztgenannten Beispiel gehören hierzu auch Belohnungen, Prämien, Weihnachtszuwendungen usf. sowie alle sonstigen Leistungen, die regelmäßig als sonstige Bezüge (→ Rn. 886) zu versteuern sind (Blümich/*Geserich* § 19 Rn. 256). Diese Regelung dient ebenfalls nur der Klarstellung, weil § 19 Abs. 1 S. 1 Nr. 1 sämtliche Vorteile aus einem künftigen und gegenwärtigen Dienstverhältnis und § 19 Abs. 1 S. 1 Nr. 2 sämtliche Vorteile aus früheren Dienstleistungen zu den Einkünften aus nichtselbständiger Arbeit zählt (Blümich/*Geserich* § 19 Rn. 256; KSM/*Breinersdorfer* § 19 Rn. B 202). 563

Entlohnung für Mehrarbeit (§ 2 Abs. 2 Nr. 6 LStDV): Besondere Entlohnungen für Dienste, die über die regelmäßige Arbeitszeit hinaus geleistet werden, wie Entlohnung für **Überstunden, Überschichten, Sonntagsarbeit,** gehören nach § 2 Abs. 2 Nr. 6 LStDV zum Arbeitslohn. Auch dies folgt bereits aus dem weiten Arbeitslohnbegriff (Blümich/*Geserich* § 19 Rn. 257; → Rn. 468). Die in § 2 Abs. 2 Nr. 6 LStDV genannten Vorteile sind unter den Voraussetzungen des § 3b steuerfrei. 564

Lohnzuschläge wegen besonderer Arbeitsbedingungen (§ 2 Abs. 2 Nr. 7 LStDV): Überdies gehören nach § 2 Abs. 2 Nr. 7 LStDV zum Arbeitslohn auch Lohnzuschläge, die wegen der Besonderheit der Arbeit gewährt werden. Die Vorschrift dient der Klarstellung des weiten Arbeitslohnbegriffs (Blümich/*Geserich* § 19 Rn. 258; → Rn. 468). 565

Hierunter fallen etwa **Erschwerniszuschläge,** z B wegen Hitze, Wasser, Schmutz oder besonderer Gefahren (Blümich/*Geserich* § 19 Rn. 258; LStR 19.3 Abs. 1 S. 2 Nr. 1). 565.1

Entschädigung für Nebentätigkeiten (§ 2 Abs. 2 Nr. 8 LStDV): § 2 Abs. 2 Nr. 8 LStDV umfasst der Arbeitslohnbegriff auch Entschädigungen für Nebenämter und Nebenbeschäftigungen im Rahmen eines Dienstverhältnisses. Auch diese Regelung dient lediglich der Klarstellung, da der Veranlassungszusammenhang des Vorteils zum Dienstverhältnis auch Nebentätigkeiten umfasst (Blümich/*Geserich* § 19 Rn. 259; KSM/*Breinersdorfer* § 19 Rn. B 202; → Rn. 137). 566

Einstweilen frei 567–569

g) ABC des Arbeitslohns.

Abfindungen

Abfindungen aus Anlass der **Beendigung eines Arbeitsverhältnisses** sind Arbeitslohn, die ggf. nach § 34 ermäßigt besteuert werden; bis VZ 2005 bei Vorliegen der Voraussetzungen 570 des § 3 Nr. 9 steuerfrei (Kirchhof/*Eisgruber* § 19 Rn. 78 „Abfindungen"); Abfindungen für die vorzeitige **Aufgabe einer Werkswohnung** sind Arbeitslohn, wobei keine Entschädigung iSd § 24 Nr. 1a vorliegt (BFH 15.3.1974 – VI R 371/70, BStBl. II 1974, 512); Abfindungen für die **Ablösung eines Wohnrechts** sind Arbeitslohn als tarifbegünstigte Entschädigung (BFH 25.8.1993 – XI R 7/93, BStBl. II 1994, 185).

Abtretung

571 **Abtretung** einer Gehaltsforderung des Arbeitnehmers an einen Dritten bewirkt nicht, dass der Abtretungsempfänger (Dritte) den Tatbestand der Einkünfteerzielung erfüllt (BFH 23.1.1985 – I R 64/81, BStBl. II 1985, 330). Hinsichtlich der Rechtsfolgen für den Arbeitnehmer lässt sich danach unterscheidenden, ob die Abtretung unentgeltlich oder entgeltlich erfolgt. Bei **unentgeltlicher Abtretung** der Arbeitslohnforderung (zB Spende des Zehnten zugunsten einer Religionsgemeinschaft) verfügt der Arbeitnehmer mittels der Abtretung wirtschaftlich über seinen Lohnanspruch und der Arbeitslohn fließt ihm in dem Zeitpunkt zu, in dem der Arbeitgeber an den Dritten zahlt bzw. dem Dritten eine Gutschrift erteilt (Blümich/*Geserich* § 19 Rn. 229; KSM/*Breinersdorfer* § 19 Rn. B 900 „Abtretung des Lohnanspruchs durch den Arbeitnehmer"; HHR/*Pflüger* § 19 Rn. 123, mwN zur Rspr. des RFH). Bei **entgeltlicher Abtretung** wird in der Regel kein Arbeitslohn vorliegen, weil der Rechtsgrund für das Entgelt in der Vereinbarung für die Abtretung und nicht im Dienstverhältnis liegen wird (Blümich/*Geserich* § 19 Rn. 229; Schmidt/*Krüger* § 19 Rn. 100 „Abtretung einer Gehaltsforderung"). Das Entgelt kann aber eine Entschädigung iSd § 2 Abs. 2 Nr. 4 LStDV (→ Rn. 562) sein, wenn die Vereinbarung die Pflichten aus dem Dienstverhältnis modifiziert; in diesen Fällen ist der Zufluss des Arbeitslohns allerdings erst in der Zahlung seitens des Arbeitgebers an den Abtretungsempfänger gegeben; der Arbeitgeber hat die Lohnsteuer nach allgemeinen Grundsätzen einzubehalten (vgl. HHR/*Pflüger* § 19 Rn. 123).

Aktien/sonstige Anteile an Kapitalgesellschaften

572 **Aktien** Der Vorteil aus der (*gegenwärtigen*) verbilligten Überlassung von Aktien (zur Einräumung des Rechts auf *künftigen* Erwerb s. Stichwort „**Aktienoptionen**" → Rn. 573) ist Arbeitslohn, wenn der Vorteil dem Arbeitnehmer „für" seine Arbeitsleistung gewährt wird (BFH 23.6.2005 – VI R 124/99, BStBl. II 2005, 766; → Rn. 105. Dienstverhältnis Abgrenzung). Der geldwerte Vorteil eines Arbeitnehmers aus der verbilligten Überlassung von Aktien seines Arbeitgebers im Rahmen einer Kapitalerhöhung fließt mit der Eintragung der Durchführung der Erhöhung des Grundkapitals zu (BFH 29.7.2010 – VI R 30/07, BStBl. II 2011, 68). Dem Zufluss steht es nicht entgegen, wenn der Arbeitnehmer aufgrund einer Sperrfrist bzw. Haltefrist die Aktien für eine bestimmte Zeit nicht veräußern kann; der Erwerber ist rechtlich und wirtschaftlich bereits von dem Augenblick an Inhaber der Aktie, in dem sie auf ihn übertragen oder auf seinen Namen im Depot einer Bank hinterlegt wird (BFH 30.9.2008 – VI R 67/05, BStBl. II 2009, 282). Der geldwerte Vorteil fließt dem Arbeitnehmer auch dann mit der Verschaffung der Verfügungsmacht zu, wenn die Aktien unter der auflösenden Bedingung einer Rückzahlungsverpflichtung (§ 158 Abs. 2 BGB) überlassen werden und diese Bedingung eintritt (BFH 30.9.2008 – VI R 67/05, BStBl. II 2009, 282); in diesen Fällen ist auch nicht eine Bewertung unterhalb des Börsenkurses gerechtfertigt (Schmidt/*Krüger* § 19 Rn. 100 „Aktien"). Der geldwerte Vorteil aus verbilligt abgegebenen Aktien bemisst sich aus der Differenz zwischen dem Börsenpreis der Aktien am Verschaffungstag und den diesbezüglichen Erwerbsaufwendungen des Arbeitnehmers (BFH 23.6.2005 – VI R 124/99, BStBl. II 2005, 766). Ist kein Maßstab erkennbar, der mittels Zu- und Abschlägen von den festgestellten Verkaufspreisen auf den gemeinen Wert der Aktien kurz vor dem Gang an den Kapitalmarkt schließen ließe, ist der gemeine Wert der Anteile unter Berücksichtigung des Vermögens und der Ertragsaussichten der Kapitalgesellschaft zu schätzen (BFH 29.7.2010 – VI R 30/07, BStBl. II 2011, 68). Der verbilligte Erwerb einer GmbH-Beteiligung durch einen leitenden Arbeitnehmer des Arbeitgebers kann auch dann zu Arbeitslohn führen, wenn nicht der Arbeitgeber selbst, sondern ein Gesellschafter des Arbeitgebers die Beteiligung veräußert (BFH 15.3.2018 – VI R 8/16, BStBl. II 2018, 550; s. dazu *Geserich* jurisPR-SteuerR 31/2018 Anm. 2).

Aktienoptionen

Aktienoptionen ***(1.) Arbeitslohn:*** Der verbilligte Erwerb von Aktien vom Arbeitgeber (oder einem Dritten) kann zu Einnahmen aus nichtselbständiger Arbeit nach § 19 Abs. 1 S. 1 Nr. 1 iVm § 8 Abs. 1 führen, wenn der Vorteil dem Arbeitnehmer „für" seine Arbeitsleistung gewährt wird, dh durch das Dienstverhältnis des Klägers veranlasst ist und nicht auf einer anderen privatrechtlichen oder besonderen persönlichen Beziehung beruht (BFH 7.5.2014 – VI R 73/12, BStBl. II 2014, 904). Dann stellt die mit der Einräumung einer Aktienoption einhergehende **Erwerbschance selbst Ertrag der Arbeit** dar (BFH 19.12.2006 – VI R 24/01, BFH/NV 2007, 881). Die berufliche Veranlassung eines geldwerten Vorteils ist anhand einer **Gesamtwürdigung** aller Umstände des Einzelfalls festzustellen, die in erster Linie dem Finanzgericht als Tatsacheninstanz obliegt (BFH 1.2.2007 – VI R 72/05, BFH/NV 2007, 898). Als **maßgebliche Kriterien** kommen etwa in Betracht: Beschäftigung des Arbeitnehmers bei einem Unternehmen, das gegenwärtig oder später zu einer Unternehmensgruppe gehört bzw. gehörte ist Voraussetzung für den Aktienbezug (BFH 1.2.2007 – VI R 72/05, BFH/NV 2007, 898); Optionsrechte werden mit Rücksicht auf die konkrete Stellung des Arbeitnehmers im Unternehmen gewährt, zB an sämtliche Geschäftsführer (BFH 19.6.2008 – VI R 4/05, BStBl. II 2008, 826), an sämtliche Prokuristen und Vorstandsmitglieder (BFH 23.6.2005 – VI R 124/99, BStBl. II 2005, 766) oder an Mitarbeiter und Aufsichtsratsmitglieder (BFH 9.4.2013 – VIII R 19/11, BStBl. II 2013, 689); Vorteil wird nur den beim Arbeitgeber oder bei einem mit ihm verbundenen Unternehmen beschäftigten Arbeitnehmern gewährt (BFH 23.6.2005 – VI R 10/03, BStBl. II 2005, 770); im Falle der Beendigung des Anstellungsverhältnisses erlöschen die Rechte aus der Einräumung der Option grundsätzlich mit dem Austrittsdatum (BFH 23.6.2005 – VI R 10/03, BStBl. II 2005, 770). Wird ein **fehlgeschlagenes Mitarbeiteraktienprogramm** rückgängig gemacht, indem zuvor vergünstigt erworbene Aktien an den Arbeitgeber zurückgegeben werden, liegen negative Einnahmen bzw. Werbungskosten vor; die Höhe des Erwerbsaufwands bemisst sich in einem solchen Fall nach dem ursprünglich gewährten geldwerten Vorteil; zwischenzeitlich eingetretene Wertveränderungen der Aktien sind unbeachtlich (BFH 17.9.2009 – VI R 17/08, BStBl. II 2010, 299). Dies gilt – wie auch die nachstehenden Ausführungen – unabhängig davon, ob der Arbeitgeber **nichthandelbare oder handelbare Optionsrechte** (BFH 20.11.2008 – VI R 25/05, BStBl. II 2009, 382; BFH 24.1.2001 – I R 100/98, BStBl. II 2001, 509) bzw. (sonst) **abtretbare bzw. übertragbare Optionsrechte** (BFH 20.11.2008 – VI R 25/05, BStBl. II 2009, 382) gewährt. Da nur der verbilligte Erwerb für den Arbeitnehmer einen Vorteil darstellt, liegt ein lohnsteuerbarer Vorteil jedoch nur insoweit vor, als der Arbeitgeber die Aktien tatsächlich verbilligt an den Arbeitnehmer veräußert, mithin der Wert der Aktien den vereinbarten Kaufpreis übersteigt (BFH 7.5.2014 – VI R 73/12, BStBl. II 2014, 904). ***(2.) Bewertung der Sachbezüge:*** Die Einräumung von Aktienoptionen ist, da dieser Vorteil nicht in Geld besteht, als Sachzuwendung nach § 8 Abs. 2 S. 1 und damit mit den um übliche Preisnachlässe geminderten üblichen Endpreisen am Abgabeort zu bestimmen. Maßgeblicher **Bewertungszeitpunkt** ist derjenige des Zuflusses (Schmidt/*Krüger* § 19 Rn. 100 „Ankaufsrecht", s. dazu unter (3.). Nicht gefolgt werden kann der Ansicht (BFH 7.5.2014 – VI R 73/12, BStBl. II 2014, 904), für die Bewertung sei auf den Zeitpunkt des schuldrechtlichen Veräußerungsgeschäfts abzustellen. Diese (wenig praktikable) Auffassung widerspricht dem allgemeinen Grundsatz, dass der maßgebliche Bewertungszeitpunkt derjenige des Zuflusses ist; sie übersieht zudem, dass ArbG und ArbN im Regelfall einen Vorteil vereinbaren werden, der sich auf den Zeitpunkt der tatsächlichen Einräumung bezieht (Schmidt/*Krüger* § 19 Rn. 100 „Ankaufsrecht"; Kirchhof/*Eisgruber* § 19 Rn. 73, Fußnote 11). Zum Auffinden des gem. § 8 Abs. 2 S. 1 maßgeblichen Wertes kann sich das Finanzgericht an § 11 BewG orientieren. Waren die Aktien zu diesem Zeitpunkt **noch nicht an einer deutschen Börse zum amtlichen Handel zugelassen,** ist ihr Wert gemäß § 11 Abs. 2 BewG zu ermitteln. Danach ist der gemeine Wert von Aktien unter Berücksichtigung des Vermögens und der Ertragsaussichten der Kapitalgesellschaft zu schätzen (vgl. BFH 29.7.2010 – VI R 30/07, BStBl. II 2011, 68, mwN). Für den Fall des **amtlichen Handels an der deutschen Börse** sind sie nach § 11 Abs. 1 S. 1 BewG mit dem niedrigsten am Stichtag für sie im amtlichen Handel notierten Kurs anzusetzen. Dabei sind Abweichungen vom Kurswert nur dann zuzulassen, wenn der amtlich festgestellte Kurs 573 nicht der wirklichen Geschäftslage des Verkehrs an der Börse entspricht, dh eine Streichung des festgestellten Kurses hätte erreicht werden können. Andere Einwendungen, die nicht die Geschäftslage betreffen, sind ausgeschlossen. Insbesondere kann grundsätzlich nicht eingewandt werden, dass der Börsenpreis nicht dem gemeinen Wert der Aktien entspreche (BFH 7.5.2014 – VI R 73/12, BStBl. II 2014, 904). Auf Sachbezüge in Form von unentgeltlich oder verbilligt überlassenen Aktien ist die **Freigrenze des § 8 Abs. 2 S. 11** unabhängig davon anzuwenden, ob sie auch unter § 19a fallen. Diese Vorschrift schränkt den Anwendungsbereich des § 8 Abs. 2 S. 11 nicht ein: Sofern ein geldwerter Vorteil die Voraussetzungen beider Vorschriften erfüllt, sind § 19a und § 8 Abs. 2 S. 11 vielmehr nebeneinander anwendbar (BFH 15.1.2015 – VI R 16/12, BFH/NV 2015, 672). Der als Arbeitslohn erfasste und damit aus versteuertem Einkommen des Arbeitnehmers stammende Anteil zählt neben den Aufwendungen für den Basispreis ebenfalls zu den **Anschaffungskosten;** folglich wird dieser Anteil nicht nochmals bei den Einkünften aus privaten Veräußerungsgeschäften iSd **§ 23** (§ 22 Nr. 2) erfasst (BFH 20.6.2001 – VI R 105/99, BStBl. II 2001, 689). ***(3.) Zufluss des Vorteils:*** Bei dem Versprechen des Arbeitgebers, dem Arbeitnehmer einen Gegenstand zuzuwenden, fließt Arbeitslohn nicht bereits mit der wirksamen Zusage, sondern erst in dem Zeitpunkt zu, in dem der Arbeitgeber dem Arbeitnehmer das **wirtschaftliche Eigentum verschafft** (BFH 20.11.2008 – VI R 25/05, BStBl. II 2009, 382 und BFH 30.9.2008 – VI R 67/05, BStBl. II 2009, 282: Tag der **Einbuchung der Aktien in das Depot des Arbeitnehmers**). Denn das Innehaben von Ansprüchen oder Rechten führt den Zufluss von Einnahmen regelmäßig noch nicht herbei, der Anspruch auf die Leistung begründet noch keinen gegenwärtigen Zufluss von Arbeitslohn. Der Zufluss ist **grundsätzlich erst mit der Erfüllung des Anspruchs** gegeben. Ein Vorteil ist dem Arbeitnehmer erst dann zugeflossen, wenn der Arbeitgeber die geschuldete Leistung tatsächlich erbringt. So ist mit der Zusage des Arbeitgebers, dem Arbeitnehmer künftig Leistungen zu erbringen, der Zufluss eines geldwerten Vorteils in der Regel noch nicht verwirklicht (BFH 20.11.2008 – VI R 25/05, BStBl. II 2009, 382). Der Zufluss von Arbeitslohn ist ferner zu bejahen, wenn der Arbeitgeber mit seinen Leistungen dem Arbeitnehmer einen **unmittelbaren und unentziehbaren Rechtsanspruch** gegen einen Dritten verschafft (BFH 16.4.1999 – VI R 66/97, BStBl. II 2000, 408). Auch in diesem Fall wird der Zufluss aber nicht durch das Versprechen des Arbeitgebers, zB Versicherungsschutz zu gewähren, herbeigeführt, sondern erst durch die Erfüllung dieses Versprechens, insbesondere durch die Leistung der Versicherungsbeiträge in der Weise, dass ein eigener unentziehbarer Anspruch des Arbeitnehmers auf die Versicherungsleistung entsteht (BFH 20.11.2008 – VI R 25/05, BStBl. II 2009, 382). An der Verschaffung der wirtschaftlichen Verfügungsmacht fehlt es, solange dem Arbeitnehmer eine Verfügung über die Aktien **rechtlich unmöglich** ist (BFH 30.6.2011 – VI R 37/09, BStBl. II 2011, 923, zu sog. **restricted shares**). Dem Zufluss steht es allerdings nicht entgegen, wenn der Arbeitnehmer aufgrund einer **Sperrfrist bzw. Haltefrist** die Aktien für eine bestimmte Zeit nicht veräußern darf (BFH 30.9.2008 – VI R 67/05, BStBl. II 2009, 282). Dies folgt daraus, dass der Erwerber der Aktien rechtlich und wirtschaftlich bereits von dem Augenblick an Inhaber der Aktie ist, in dem sie auf ihn übertragen oder auf seinen Namen im Depot einer Bank hinterlegt wird. Die mit dem Aktienerwerb verbundene Rechtsstellung erschöpft sich nicht in der Möglichkeit, die Aktie zu verkaufen. Denn sowohl das Stimmrecht als auch der Dividendenanspruch stehen dem Arbeitnehmer unabhängig von der Vereinbarung einer Sperrfrist bereits vom Zeitpunkt des Erwerbs an zu. Bei einer obligatorischen Veräußerungssperre ist dem Erwerber von Aktien selbst deren Veräußerung rechtlich möglich, wenngleich dies auch Sanktionen auslösen kann. Denn aufgrund des im Aktienrecht geltenden Grundsatzes der freien Übertragbarkeit der Aktie (§ 68 Abs. 2 AktG) ist jede Einschränkung, die über eine schuldrechtliche Wirkung hinausgeht, unwirksam (BFH 30.9.2008 – VI R 67/05, BStBl. II 2009, 282). Wird einem Arbeitnehmer vom Arbeitgeber oder einem Dritten im Hinblick auf das Dienstverhältnis ein **nicht handelbares Aktienoptionsrecht** eingeräumt, fließt ein geldwerter Vorteil auch nicht zum Zeitpunkt der erstmaligen Ausübbarkeit, sondern erst bei verbilligtem Aktienbezug nach Optionsausübung zu (BFH 20.6.2001 – VI R 105/99, BStBl. II 2001, 689). ***(4.) Sonstige Verwertung von Optionsrechten:*** Verzichtet der Arbeitgeber entgeltlich auf die Ausübung des Optionsrechts, sind die aus diesem Verzicht resultierenden Vorteile im Zeitpunkt Veräußerung zu erfassen, weil diese Veräußerung der Ausübung des Optionsrechts gleichsteht (BFH 19.6.2008 – VI R 4/05,

BStBl. II 2008, 826, zum Vorkaufsrecht; BFH 20.5.2010 – VI R 12/08, BStBl. II 2010, 1069, zu Wandeldarlehen); dementsprechend ist die spätere Ausübung des Optionsrechts dem Erwerber und nicht mehr dem Arbeitnehmer zuzurechnen (Schmidt/*Krüger* § 19 Rn. 100 „Ankaufsrecht", unter (3)). Hat der Arbeitnehmer die Option, die von ihm gezeichneten Aktien innerhalb einer bestimmten Frist zum Ausgabekurs an die Gesellschaft zurückzugeben, erzielt er Einkünfte aus selbständiger Arbeit, wenn er die unter dem Ausgabepreis notierenden Aktien innerhalb der vereinbarten Frist zum Ausgabepreis an die Gesellschaft zurückgibt; die Höhe der Einkünfte bemisst sich nach der Differenz zwischen Ausgabepreis und dem tatsächlichen Wert der Aktien im Zeitpunkt der Ausübung der Option, da dieser Zeitpunkt der Zuflusszeitpunkt ist (BFH 9.4.2013 – VIII R 19/11, BStBl. II 2013, 689). Darf der Arbeitnehmer trotz Verfallklausel bei Beendigung des Arbeitsverhältnisses Aktien aus einen Aktienoptionsprogramm gleichwohl behalten, führt dies nicht zu einem erneuten Lohnzufluss, da dem durch den Verzicht begründeten steuerpflichtigen Vorteil durch einen Abfluss in gleicher Höhe saldiert wird (BFH 30.9.2008 – VI R 67/05, BStBl. II 2009, 282). ***(5.) Werbungskosten:*** Verfällt das Optionsrecht, sind die Optionskosten im Jahr des Verfalls als vergebliche Werbungskosten abziehbar (BFH 3.5.2007 – VI R 36/05, BStBl. II 2007, 647). ***(6.) Vorteilsgewährung durch Dritte:*** Selbstverständlich kann der geldwerte Vorteil der Einräumung von Aktienoptionen auch Arbeitslohn von Dritter Seite iSd § 38 Abs. 1 S. 3 darstellen (BFH 23.7.2001 – VI B 63/99, BFH/NV 2001, 1557; BFH 24.1.2001 – I R 100/98, BStBl. II 2001, 509; BFH 24.1.2001 – I R 119/98, BStBl. II 2001, 512). Das ist aber dann nicht der Fall, wenn sich die Muttergesellschaft gegenüber Arbeitnehmern einer Tochtergesellschaft zur Gewährung von Aktienoptionen und sonstigen Vorteilen verpflichtet. Denn dann handelt sie in Erfüllung dieser eigenen rechtlichen Verpflichtung nicht – wie es jedoch für Drittlohn erforderlich wäre – als bloße Leistungsmittlerin für eine Pflicht des Arbeitgebers; in derartigen Fällen ist die Einräumung des Vorteils nicht Bestandteil des Arbeitsverhältnisses geworden (BFH 4.4.2006 – VI R 11/03, BStBl. II 2006, 668). ***(7.) Besonderer ESt-Tarif:*** Geldwerte Vorteile aus einem Aktienoptionsprogramm bilden im Regelfall als **Anreizlohn** eine Vergütung **für eine mehrjährige Tätigkeit,** wenn die Laufzeit zwischen Einräumung und Ausübung der Optionsrechte mehr als zwölf Monate beträgt und der Arbeitnehmer in dieser Zeit auch bei seinem Arbeitgeber beschäftigt ist; als Vergütung für eine mehrjährige Tätigkeit unterliegen die geldwerten Vorteile aus einem Aktienoptionsprogramm bis zum Veranlagungszeitraum 1998 der Drittelregelung des § 34 Abs. 3 und ab dem Veranlagungszeitraum 1999 der Fünftelregelung des § 34 Abs. 1 (BFH 10.7.2008 – VI R 70/06, BFH/NV 2008, 1828; BFH 19.12.2006 – VI R 136/01, BStBl. II 2007, 456).

Altersteilzeit

Altersteilzeit Bei der Altersteilzeit gibt es im Wesentlichen zwei Modelle. Beim ersten **574**
Modell wird die Arbeitszeit um 50% reduziert. Beim zweiten Modell (sog. **Blockmodell**) wird die Altersteilzeit in zwei Beschäftigungsphasen unterteilt: der ersten Phase, in der die Arbeitszeit ungekürzt bleibt, folgt die sog. Freistellungsphase (Reduzierung der Arbeitszeit auf null). In beiden Fällen stünde dem Arbeitnehmer eigentlich nur die hälftige Zahlung seines Arbeitslohns zu. Indes stockt der Arbeitgeber gemäß § 3 Abs. 1 Nr. 1a AltTZG das Arbeitsentgelt um mindestens 20% auf. Aufstockungsbeträge, Höherversicherungsbeiträge und zusätzliche Beiträge zur gesetzlichen Rentenversicherung sind gemäß § 3 Nr. 28 steuerfrei und unterliegen dem Progressionsvorbehalt des § 32b. Einkünfte, die in der **Freistellungsphase** im Rahmen der Altersteilzeit nach dem sog. Blockmodell erzielt werden, sind Arbeitslohn iSd § 19 Abs. 1 S. 1 Nr. 1 und grundsätzlich **keine Versorgungsbezüge** (→ Rn. 1179 ff.). Zum Besteuerungsrecht für Bezüge nach dem sog. Blockmodell nach **DBA** s. BFH 24.7.2013 – I R 8/13, BStBl. II 2014, 929; BFH 12.1.2011 – I R 49/10, BStBl. II 2011, 446). Die **Insolvenzsicherung** von Ansprüchen aus einem Altersteilzeitarbeitsverhältnis ist kein geldwerter Vorteil für den Arbeitnehmer (BMF 13.2.1998, DB 1998, 800, zur Eindämmung der Normenflut aufgehoben durch BMF 29.3.2007, BStBl. I 2007, 369). Zur Rückzahlung von Arbeitslohn (→ Rn. 902 ff.) wegen **rückwirkender Inanspruchnahme von Altersteilzeit** s. OFD Erfurt 23.8.2000, DStR 2000, 1827; OFD Berlin 27.6.2001, DB 2001, 2119). Siehe auch „Arbeitszeitkonten" → Rn. 582. Die Werbungskosten, die den in der Altersteilzeit befindlichen Arbeitnehmern entstehen, sollen mangels unmittelbarer

wirtschaftlicher Zusammenhang zwischen den steuerfreien Einnahmen und den Werbungskosten ganz allgemein nicht nach Maßgabe des § 3c zu kürzen sein (OFD Rheinland 21.5.2008, DB 2008, 1408; Schmidt/*Krüger* § 19 Rn. 100 „Altersteilzeit"); indes sind die Umstände des Einzelfalls maßgeblich (vgl. auch BFH 23.11.2000 – VI R 93/98, BStBl. II 2001, 199). Siehe auch *Niermann* DB 2006, 170 (171 f.), „Arbeitszeitkonten".

Altersversorgung

575 → Rn. 1005 ff.

Amtseinführung

576 **Amtseinführung** Übliche Sachleistungen des Arbeitgebers aus Anlass der Diensteinführung, eines Amts- oder Funktionswechsels, eines runden Arbeitnehmerjubiläums oder der Verabschiedung eines Arbeitnehmers sollen mangels Gegenleistung für das Zurverfügungstellen der individuellen Arbeitskraft kein Arbeitslohn sein; betragen die Aufwendungen des Arbeitgebers einschließlich USt mehr als 150 EUR je teilnehmender Person, sollen die Aufwendungen dem Arbeitslohn des Arbeitnehmers hinzuzurechnen sein; auch Geschenke bis zu einem Gesamtwert von 60 EUR sollen in die 150-EUR-Grenze einzubeziehen sein (LStR 19.3 Abs. 2 Nr. 3; Schmidt/*Krüger* § 19 Rn. 100 „Amtseinführung"). Siehe auch „Verpflegung" → Rn. 846.

Arbeitgeberanteil zur Gesamtsozialversicherung

577 **Arbeitgeberanteil zur Gesamtsozialversicherung** eines Arbeitnehmers gehören nicht zum Arbeitslohn; § 3 Nr. 62 S. 1 hat insofern nur deklaratorische Bedeutung, da der Arbeitgeber seinen Anteil aufgrund einer eigenen, ihm aus sozialen Gründen unmittelbar auferlegten öffentlichen *Verpflichtung* zu erbringen hat und es sich darüber hinaus bei dem Arbeitgeberanteil um eine aus der Höhe der beitragspflichtigen Lohnsumme des Betriebs berechnete zusätzliche, unmittelbar drittnützige Abgabenlast auf den privatrechtlich dem Unternehmer zugeordneten Unternehmensertrag handelt (BFH 6.6.2002 – VI R 178/97, BStBl. II 2003, 34). Soweit Zuschüsse des Arbeitgebers die Grenzen des § 3 Nr. 62 übersteigen, liegt allerdings **nicht steuerfreier Arbeitslohn** vor (FG Hamburg 24.3.1992 – 4 K 1112/88, EFG 1953, 56). Zuschüsse, die ein Arbeitgeber den Arbeitnehmern zur **freiwilligen Weiterversicherung** in der gesetzlichen Rentenversicherung oder einem Versorgungswerk gewährt, sind Arbeitslohn; es handelt sich hierbei um Vorteile, die im überwiegend Interesse des Arbeitnehmers gewährt werden und sich auch dann nicht lediglich als notwendige Begleiterscheinung betriebsfunktionaler Zielsetzungen darstellen, wenn die Rentenzahlungen auf die betriebliche Altersversorgung angerechnet werden (BFH 24.9.2013 – VI R 8/11, BStBl. II 2014, 124). Die Beiträge müssen jedoch – um einen Vorteil für den Arbeitnehmer zu sein – bei der Sozialversicherung verbleiben, weshalb „Arbeitgeberanteile", die in der **rechtsirrtümlichen** Annahme der Versicherungspflicht an die gesetzliche Renten- und Arbeitslosenversicherung geleistet und dem Arbeitgeber später erstattet werden, kein Arbeitslohn sind (BFH 27.3.1992 – VI R 35/89, BStBl. II 1992, 663). Dabei sind Entscheidungen des zuständigen Sozialversicherungsträgers über die Sozialversicherungspflicht eines Arbeitnehmers im Besteuerungsverfahren zu beachten, soweit sie nicht offensichtlich rechtswidrig sind (BFH 21.1.2010 – VI R 52/08, BStBl. II 2010, 703). Eine **rückwirkende Freistellung von der Versicherungspflicht** ist ein rückwirkendes Ereignis (§ 175 Abs. 1 S. 1 Nr. 2 AO), sodass rückwirkend freiwillige Zuschüsse vorliegen, die der Besteuerung zu unterwerfen sind (FG Köln 20.8.2008 – 12 K 1173/04, EFG 2009, 117, rkr.). Arbeitgeberanteile zur Sozialversicherung eines Mitunternehmers, der sozialversicherungsrechtlich als Arbeitnehmer angesehen wird, gehören – unabhängig davon, ob sie dem Mitunternehmer zufließen – zu den Vergütungen, die er von der Gesellschaft für seine Tätigkeit im Dienste der Gesellschaft bezogen hat (BFH 30.8.2007 – IV R 14/06, BStBl. II 2007, 942). Soweit nach den vorgenannten Grundsätzen steuerpflichtiger Arbeitslohn gegeben ist, ist der **Zufluss** dann gegeben, wenn der Arbeitnehmer durch die Arbeitgeberleistungen einen eigenen Rechtsanspruch gegen die Versorgungseinrichtung erlangt (vgl. 13.9.2007 – VI R 54/03, BStBl. II 2008, 58, zum Arbeitnehmeranteil).

Arbeitnehmeranteil zur Gesamtsozialversicherung

Arbeitnehmeranteil zur Gesamtsozialversicherung Arbeitnehmeranteile zur Arbeitslosen-, Kranken- und Rentenversicherung (Gesamtsozialversicherung) sind – bei eigenem Rechtsanspruch des Arbeitnehmers gegen die Versorgungseinrichtung – **Arbeitslohn** und mit ihrer Abführung durch den Arbeitgeber gegenwärtig **zugeflossen** (BFH 16.1.2007 – IX R 69/04, BStBl. II 2007, 579). Bei Nachentrichtung **hinterzogener Arbeitnehmeranteile** zur Gesamtsozialversicherung führt die Nachzahlung als solche zum **Zufluss** eines zusätzlichen geldwerten Vorteils; dem Lohnzufluss steht nicht entgegen, dass der Arbeitgeber beim Arbeitnehmer gemäß § 28g SGB IV keinen Rückgriff mehr nehmen kann (BFH 13.9.2007 – VI R 54/03, BStBl. II 2008, 58). → Rn. 655 zu „FELEG". 578

Arbeitgeberersatz

Arbeitgeberersatz für Kontoführungsgebühren sowie für Aufwendungen des Arbeitnehmers für Fahrten zwischen Wohnung und erster Tätigkeitsstätte sind Arbeitslohn (LStR 19.5 Abs. 3 S. 2). Siehe auch „Kontogebühren" → Rn. 716. 579

Arbeitslosengeld II

Arbeitslosengeld II ist steuerfrei (§ 3 Nr. 2 Buchst. b); die Leistungen unterliegen (auch) nicht dem Progressionsvorbehalt gemäß § 32b, da sie in dem dortigen abschließenden Katalog nicht aufgeführt sind (OFD Münster 13.1.2006, DStR 2006, 235). 580

Arbeitsmittel

Arbeitsmittel, die unentgeltlich zur beruflichen Nutzung überlassen werden, sind mangels Gegenleistung für das Zurverfügungstellen der individuellen Arbeitskraft kein Arbeitslohn (Schmidt/*Krüger* § 19 Rn. 100 „Arbeitsmittel"; LStR 19.3 Abs. 2 Nr. 1). Siehe auch „Instrumentengeld" → Rn. 700. 581

Arbeitszeitkonten (Lebensarbeitszeit- bzw. Arbeitszeitkonten)

Arbeitszeitkonten (Lebensarbeitszeit- bzw. Arbeitszeitkonten) Bei Zeitwertkonten (= Wertguthabenvereinbarungen gemäß § 7b SGB IV) vereinbaren Arbeitgeber und Arbeitnehmer, dass der Arbeitnehmer künftig fällig werdenden Arbeitslohn nicht sofort ausbezahlt erhält, sondern dieser Arbeitslohn beim Arbeitgeber nur betragsmäßig erfasst wird, um ihn im Zusammenhang mit einer vollen oder teilweisen Freistellung von der Arbeitsleistung während des noch fortbestehenden Dienstverhältnisses auszuzahlen (BMF 17.6.2009, BStBl. I 2009, 1286 unter A.I.; *Plenker* DB 2009, 1430; *Portner* DStR 2009, 1338; *Harder-Buschner* NWB 2009, 2132; *Graefe* DStR 2012, 2419; *Wellisch/Quiring* BB 2012, 2029; *Hilbert/Paul* NWB 2012, 3391; *Heidel/van Buren* NWB 2013, 1878; *Uckermann* Betriebliche Altersversorgung und Zeitwertkonten, 2014). Keine Zeitwertkonten in diesem Sinne sind dagegen Vereinbarungen, die das Ziel der flexiblen Gestaltung der werktäglichen oder wöchentlichen Arbeitszeit oder den Ausgleich betrieblicher Produktions- und Arbeitszeitzyklen verfolgen (sog. **Flexi- oder Gleitzeitkonten,** BMF 17.6.2009, BStBl. I 2009, 1286 unter A.I.). **(1.) Zufluss:** In bestimmten Konstellationen ist der Zeitpunkt des Zuflusses umstritten. Grundsätzliche Einigkeit besteht noch darin, dass erst die Auszahlung des Guthabens (ggf. einschließlich Verzinsungen) während der Freistellung den Zufluss von Arbeitslohn und damit eine Besteuerung auslöst (Blümich/*Geserich* § 19 Rn. 280 „Zeitwertkonten"; Schmidt/*Krüger* § 19 Rn. 100 „Arbeitszeitkonten"; Heuermann/Wagner LSt/*K. Wagner* A „Flexibilisierung der Arbeitszeit"; BMF 17.6.2009, BStBl. I 2009, 1286 unter A.II. und IV.1.; B.II.). **Voraussetzungen** sind, dass der Arbeitnehmer – wenn das Zeitwertkonto bei einem Dritten (zB Kreditinstitut) geführt wird – keinen unmittelbaren Rechtsanspruch gegenüber dem Dritten hat (Blümich/*Geserich* § 19 Rn. 280 „Zeitwertkonten"; BMF 17.6.2009, BStBl. I 2009, 1286 unter IV.) sowie dass die vorgenannte Wertguthabenvereinbarung zum Zeitpunkt der planmäßigen Inanspruchnahme des Guthabens mindestens den Rückfluss der dem Konto zugeführten Arbeitslohnbeträge (Bruttoarbeitslohn im steuerrechtlichen Sinn ohne den ArbG-Anteil am Gesamtsozialversicherungsbeitrag) garantiert (Drittvergleich, vgl. §§ 7d, 7e 582

SGB IV; Blümich/*Geserich* § 19 Rn. 280 „Zeitwertkonten"; BMF 17.6.2009, BStBl. I 2009, 1286 unter B.V.). Wird **steuerfreier Arbeitslohn** dem Zeitwertkonto zugeführt, bleibt die Steuerfreiheit erhalten (BMF 17.6.2009, BStBl. I 2009, 1286 unter B.III.). Soweit bei **befristeten Arbeitsverhältnissen** der Ausgleich innerhalb der vertraglich vereinbarten Befristung verlangt wird bzw. bei **Organen von Körperschaften** die Anerkennung generell versagt wird und in diesen Fällen ein Zufluss bereits mit der Gutschrift des künftig fällig werdenden Arbeitslohns auf dem Zeitwertkonto vorliegen soll (BMF 17.6.2009, BStBl. I 2009, 1286 unter A.IV.2 a und b; *Sterzinger* BB 2012, 2728; *Harder-Buschner* NWB 2009, 2132; *Ziegenhagen/Schmidt* DB 2006, 181 (184)), widerspricht dies dem Zuflussprinzip (Blümich/*Geserich* § 19 Rn. 280 „Zeitwertkonten"; Schmidt/*Krüger* § 19 Rn. 100 „Arbeitszeitkonten"; FG Niedersachsen 16.2.2012 – 14 K 202/11, EFG 2012, 1397, aufgehoben aus anderen Gründen durch BFH 27.2.2014 – VI R 19/12, BFH/NV 2014, 1370; FG Düsseldorf 21.3.2012 – 4 K 2834/11 AO, EFG 2012, 1400, aus anderen Gründen aufgehoben durch BFH 27.2.2014 – VI R 26/12, BFH/NV 2014, 1372). Bei **teilweise planwidriger Verwendung ohne existenzbedrohende Notlage** des Zeitwertguthabens (zB bei vorzeitigem Zugriff auf das Zeitwertkonto) fließt – wie in sämtlichen Fällen der planwidrigen Verwendung – nur der ausgezahlte Teilbetrag, nicht das gesamte Guthaben zu (Blümich/*Geserich* § 19 Rn. 280 „Zeitwertkonten"; Schmidt/*Krüger* § 19 Rn. 100 „Arbeitszeitkonten"; aA BMF 17.6.2009, BStBl. I 2009, 1286 unter C.I.). Bei **beherrschenden Gesellschaftern** ist ein Zufluss entsprechend allgemeiner Grundsätze jedoch bereits bei Fälligkeit anzunehmen (BMF 17.6.2009, BStBl. I 2009, 1286 unter A.IV.2 c; Blümich/*Geserich* § 19 Rn. 280 „Zeitwertkonten"; aA Schmidt/*Krüger* § 19 Rn. 100 „Arbeitszeitkonten"; FG Hessen 19.1.2012 – 1 K 250/11, EFG 2012, 1243, rkr., vgl. BFH 8.11.2012 – VI R 25/12, BFH/NV 2013, 235; differenzierend *Wellisch/Quiring* BB 2012, 2029 (2031): Begrenzung maximal zulässiger Vorruhestandslänge auf 5 Jahre vor Bezug von Altersversorgungsleistungen der staatlichen oder betrieblichen Altersversorgung). **Vorzeitige Beendigung eines im Blockmodell geführten Altersteilzeitarbeitsverhältnisses:** Wird ein im Blockmodell geführtes Altersteilzeitarbeitsverhältnis vor Ablauf der vertraglich vereinbarten Zeit beendet und erhält der Arbeitnehmer für seine in der Arbeitsphase erbrachten Vorleistungen Ausgleichszahlungen, sind diese Arbeitslohn und fließen als sonstige Bezüge iSd § 38a Abs. 1 S. 3 nach dem allgemeinen Zuflussprinzip (§ 11 Abs. 1 S. 1 zu (BFH 15.12.2011 – VI R 26/11, BStBl. II 2012, 415). **(2.) Entgeltumwandlung** s. BMF 17.6.2009, BStBl. I 2009, 1286 unter A III. **(3.) Mitnahme des Zeitwertkontos:** Der Arbeitnehmer kann, ohne dass dies zum Zufluss des Zeitwertguthabens führt, sein Guthaben zu einem neuen Arbeitgeber mitnehmen (BMF 17.6.2009, BStBl. I 2009, 1286 unter D.; Blümich/*Geserich* § 19 Rn. 280 „Zeitwertkonten"; Schmidt/*Krüger* § 19 Rn. 100 „Arbeitszeitkonten") oder ab dem 1.1.2009 steuerfrei nach § 3 Nr. 53 auf die Deutsche Rentenversicherung Bund übertragen. **(4.) Verwendung von Wertguthaben zugunsten der betrieblichen Altersversorgung:** vgl. BMF 17.6.2009, BStBl. I 2009, 1286 unter A. III.; *Plenker* DB 2009, 1430 (1431); *Portner* DStR 2009, 1338 (1839); *Wellisch/Machill* StuW 2007, 30 f.). **(5). Verdeckte Gewinnausschüttungen bei Arbeitszeitkonten:** s. *Ziegenhagen/Schmidt* DB 2006, 181 (182); *Wellisch/Liedtke/Quast* BB 2006, 1989 ff. **(6) Verzinsung des Arbeitszeitkontos:** s. „Zinsen" → Rn. 872. S. insgesamt auch „Altersteilzeit" → Rn. 574.

Arbeitsessen

583 S. „Verpflegung" → Rn. 846.

Arbeitskleidung

584 S. „Berufsbekleidung und bürgerliche Kleidung" → Rn. 602.

Ärztliche Betreuung

585 S. „Gesundheitsfürsorge" → Rn. 678.

Aufmerksamkeiten

→ Rn. 502 ff. 586

Aufsichtsratsvergütungen

Aufsichtsratsvergütungen Die Tätigkeit eines Aufsichtsratsmitgliedes ist selbständig (→ Rn. 201 „Aufsichtsratsmitglied"). Ein Arbeitnehmervertreter erzielt auch dann keine Einnahmen aus nichtselbständiger Arbeit, wenn er im Aufsichtsrat einer Kapitalgesellschaft seine Aufsichtsratsvergütung aufgrund einer besonderen, außerhalb des Dienstverhältnisses liegenden Vereinbarung an seine Arbeitskollegen weitergibt (BFH 7.8.1987 – VI R 53/84, BStBl. II 1987, 822). → Rn. 201 „Arbeitnehmervertreter". 587

Aufstockungsbeträge

S. „Altersteilzeit" → Rn. 574. 588

Aufwandsentschädigungen

S. Erläuterungen zu § 3 Nr. 12. 589

Ausbildungsvergütung

Ausbildungsvergütung Die Vergütung in einem **privatrechtlichen Ausbildungsdienstverhältnis** ist Arbeitslohn; sie stellt ein weisungsgebundenes Dienstverhältnis besonderer Art (durch den Ausbildungszweck geprägt) dar, da die Vergütung nur gewährt wird, wenn der Auszubildende dem Dienstherrn seine Dienste, wenn auch zum Zwecke der Ausbildung, zur Verfügung stellt und wenn er sich dessen Weisungen unterwirft (BFH 18.7.1985 – VI R 93/80, BStBl. II 1985, 644). Die Rückerstattung von Ausbildungskosten durch den Arbeitgeber kann Arbeitslohn sein, wenn dem insoweit zugewendeten Vorteil Entlohnungscharakter zukommt (FG Köln 19.7.2000 – 14 K 6947/99, EFG 2000, 1251, rkr.). Siehe auch „Unterhaltszuschüsse" → Rn. 831. 590

Ausbildungszuschüsse

Ausbildungszuschüsse sind unter den Voraussetzungen des § 3 Nr. 11 bzw. § 3 Nr. 44 steuerfrei. Siehe auch „Unterhaltszuschüsse" → Rn. 831. 591

Auslagenersatz

→ Rn. 533. 592

Auslandsreisen

Auslandsreisen Trägt der Arbeitgeber die Kosten einer von ihm angeordneten Auslandsreise des Arbeitnehmers, so ist ein – die Zuwendung von Arbeitslohn ausschließendes – überwiegend eigenbetriebliches Interesse des Arbeitgebers besonders darzulegen, wenn die Reise auch touristische Aspekte aufweist (BFH 11.1.2007 – VI R 69/02, BFH/NV 2007, 708; BFH 16.4.1993 – VI R 6/89, BStBl. II 1993, 640). Diese Darlegung umfasst auch die dienstliche Verpflichtung zur Teilnahme an der Reise unter substantiierter Darlegung der Sanktionen im Falle der Nichtteilnahme und ggf. entsprechender Nachweise (BFH 18.2.1994 – VI R 53/93, BFH/NV 1994, 708, zur Händler-Incentive-Reise). Nehmen an einer vom Arbeitgeber veranstalteten Auslandsreise in größerer Zahl **Ehepartner** oder sonstige Begleitpersonen der für die Betreuung der Gäste (Händler) verantwortlichen Arbeitnehmer teil, so spricht dies für einen eher gesellschaftlichen und damit belohnenden Charakter der Reise insgesamt und damit für den Zufluss von Arbeitslohn bei den betreuenden Arbeitnehmern (BFH 18.2.1994 – VI R 53/93, BFH/NV 1994, 708, zur Händler-Incentive-Reise). Ist die Reise für den Arbeitnehmer kein Arbeitslohn, kann allerdings der auf den mitreisenden Ehegatten entfallende Teil der Kosten Arbeitslohn begründen (Schmidt/*Krüger* § 19 Rn. 100 „Auslandsreise"). Ist die Auslandsreise nur teilweise überwiegend betrieblich 593 veranlasst und im Übrigen Arbeitslohn, gelten für die deshalb notwendige Aufteilung in Arbeitslohn und nicht steuerbaren Zufluss maßgeblichen Kriterien für die Aufteilung einer Incentive-Reise entsprechend (s. dort). Zur steuerrechtlichen Behandlung **unentgeltlicher oder verbilligter Reisen bei Mitarbeitern von Reisebüros** und Reiseveranstaltern vgl. BMF 14.9.1994, BStBl. I 1994, 755). Siehe auch „Incentive-Reisen" → Rn. 695.

594–598 *Einstweilen frei*

BahnCard

599 Ersetzt der Arbeitgeber Arbeitnehmern mit umfangreicher Reisetätigkeit die Kosten der Bahncard, um auf diese Weise die erstattungspflichtigen Fahrtkosten für Dienstreisen zu mindern, so ist diese Ersatzleistung nach § 3 Nr. 13 und 16 steuerfrei; nutzt der Arbeitnehmer die Bahncard auch für private Bahnreisen, liegt ein steuerpflichtiger Vorteil dann nicht vor, wenn die Aufwendungen des Arbeitgebers für die Bahncard und die ermäßigt abgerechneten dienstlichen Bahnfahrten unter den Fahrtkosten liegen, die ohne Bahncard entstanden wären (Schmidt/Krüger § 19 Rn. 100 „BahnCard"). Zur lohnsteuerlichen Behandlung des Prämienprogramms für Bahnfahrer „bahn.bonus", s. FM Saarland 24.10.2005, DStR 2005, 2125. Siehe auch „Jahresnetzkarte" → Rn. 706.

Belohnungen

600 **Belohnungen,** die der Arbeitgeber für die besonders gute Arbeitsleistung gewährt, sind Arbeitslohn, wenn die Belohnungen im weitesten Sinne als Ertrag der Arbeit anzusehen sind (vgl. zB BFH 9.3.1990 – VI R 48/87, BStBl. II 1990, 711, zu Incentive-Reisen). In diesem Fällen liegen besondere Zuwendungen iSd § 2 Abs. 2 Nr. 5 LStDV (→ Rn. 563) vor (Schmidt/*Krüger* § 19 Rn. 100 „Belohnungen"). Dies gilt auch für Belohnungen durch Dritte, wenn sie einen Ertrag der Arbeit darstellen (→ Rn. 821). Ausnahmen bilden Belohnungen, die der Arbeitgeber nicht aus dem Dienstverhältnis, sondern aufgrund eines gesonderten Rechtsverhältnisses, zB für die Ergreifung eines Täters einer bestimmten Straftat ausgelobt hat (Kirchhof/*Eisgruber* § 19 Rn. „Prämien und Incentives"). Siehe auch „Auslandsreisen" → Rn. 593 und „Incentive-Reisen" → Rn. 695.

Beratung durch Dritte auf Veranlassung des Arbeitgebers

601 Pauschale Zahlungen des Arbeitgebers an ein Dienstleistungsunternehmen, das sich verpflichtet, alle Arbeitnehmer des Auftraggebers kostenlos in persönlichen und sozialen Angelegenheiten zu beraten und zu betreuen (zB durch die Übernahme der Vermittlung von Betreuungspersonen für Familienangehörige) sollen mangels Gegenleistung für das Zurverfügungstellen der individuellen Arbeitskraft kein Arbeitslohn sein (LStR 19.3 Abs. 2 Nr. 5).

Berufsbekleidung und bürgerliche Kleidung

602 Die unentgeltliche oder verbilligte Überlassung typischer Berufsbekleidung (vgl. zu diesem Begriff Erläuterungen zu § 3 Nr. 31) liegt im überwiegend eigenbetrieblichen Interesse und stellt daher (→ Rn. 538 ff.) keinen Arbeitslohn dar (vgl. BFH 22.6.2006 – VI R 21/05, BStBl. II 2006, 915, Überlassung während der Arbeitszeit zu tragender weder exklusiver noch teurer standardisierter bürgerlicher Kleidung; FG Baden-Württemberg 13.4.2000 – 3 K 20/97, EFG 2000, 1113, rkr., Messebekleidung mit Firmenlogo; FG Kassel 9.3.1992 – 4 K 2725/90, EFG 1993, 648, rkr., Dienstkleidung des Verkaufspersonals einer Luftverkehrsgesellschaft; Schmidt/*Krüger* § 19 Rn. 100 „Berufskleidung"). Die Überlassung bürgerlicher Kleidung ist mangels überwiegend eigenbetrieblichen Interesses des Arbeitgebers grundsätzlich Arbeitslohn, da der Arbeitnehmer an der Aushändigung solcher Kleidung ein nicht unerhebliches Interesse hat (vgl. Blümich/*Geserich* § 19 Rn. 280 „Arbeitskleidung"; Schmidt/*Krüger* § 19 Rn. 100 „Berufskleidung"). Allerdings kann bei der Gestellung einheitlicher, während der Arbeitszeit zu tragender bürgerlicher Kleidungsstücke kann das eigenbetriebliche Interesse des Arbeitgebers im Vordergrund stehen bzw. ein geldwerter Vorteil des Arbeitnehmers zu verneinen sein, wenn die Gestellung der Kleidungsstücke in erster Linie durch das eigenbetriebliche Interesse des Arbeitgebers veranlasst ist (und/oder) der geldwerte Vorteil für die Arbeitnehmer gering bzw. zu vernachlässigen ist (BFH 22.6.2006 – VI R 21/

05, BStBl. II 2006, 915). Dagegen stellt die kostenlose oder verbilligte Überlassung von qualitativ und preislich hochwertigen Bekleidungsstücken durch den Arbeitgeber an die Mitglieder seiner Geschäftsleitung Arbeitslohn dar, da an der Überlassung derartiger Kleidung neben dem eigenbetrieblichen Interesse des Arbeitgebers ein nicht unerhebliches Interesse des Arbeitnehmers besteht; dahinter tritt das Interesse des Arbeitgebers das an Repräsentation und Werbung zurück (BFH 11.4.2006 – VI R 60/02, BStBl. II 2006, 691, „Edelmarke"). Die vorgenannten Grundsätze gelten entsprechend, wenn der Arbeitgeber statt der Bekleidung selbst die für die Anschaffung erforderlichen Geldmittel ganz oder teilweise überlässt (BFH 29.10.1965 – VI 49/65 U, BStBl. III 1966, 75; Blümich/*Geserich* § 19 Rn. 280 „Arbeitskleidung"; Schmidt/*Krüger* § 19 Rn. 100 „Berufskleidung").

Berufshaftpflichtversicherung eines Rechtsanwalts

Die Übernahme der Beiträge zur Berufshaftpflichtversicherung eines (angestellten) Rechtsanwalts durch den Arbeitgeber führt zu Arbeitslohn, weil diese gemäß § 51 BRAO zum Abschluss der Versicherung verpflichtet ist und deshalb ein überwiegend eigenbetriebliches Interesse des Arbeitgebers ausscheidet. Die Übernahme der Beiträge zur Berufshaftpflichtversicherung durch den Arbeitgeber geschieht auch im eigenen Interesse des Arbeitnehmers, weil der Abschluss einer Berufshaftpflichtversicherung berufsrechtlich unabdingbar für die Ausübung des Berufs eines (angestellten) Rechtsanwalts ist (BFH 26.7.2007 – VI R 64/06, BStBl. II 2007, 892). Dem Umstand, dass die Leistungssteigerung in der Erwerbsphäre verbraucht wird, trägt die Rechtsprechung zutreffend dadurch Rechnung, dass der als Arbeitslohn erfassten Leistungssteigerung Werbungskosten in entsprechender Höhe gegenüber stehen (vgl. BFH 26.7.2007 – VI R 64/06, BStBl. II 2007, 892). Die eigene Berufshaftpflichtversicherung einer Rechtsanwalts-GbR oder einer Rechtsanwalts-GmbH führt nicht zu Lohn bei den angestellten Anwälten; die Rechtsanwalts-GbR oder Rechtsanwalts-GmbH wendet dadurch weder Geld noch einen geldwerten Vorteil in Form des Versicherungsschutzes zu (BFH 10.3.2016 – VI R 58/14, BStBl. II 2016, 621; BFH 19.11.2015 – VI R 74/14, BStBl. II 2016, 303). 603

Bestechungsgelder

Bestechungsgelder, die einem Arbeitnehmer von einem Dritten gezahlt werden, sind sonstige Einkünfte iSd § 22 Nr. 3, da es ohne Wissen und entgegen den Interessen des Arbeitgebers gezahlt wurde und mithin nicht aus dem Dienstverhältnis veranlasst ist (BFH 26.1.2000 – IX R 87/95, BStBl. II 2000, 396). Ebenso fehlt es an der „Gewährung" der Vorteile (vgl. BFH 13.11.2012 – VI R 38/11, BStBl. II 2013, 929, zur Veruntreuung). Die Herausgabe der Bestechungsgelder an den geschädigten Arbeitgeber führt im Abflusszeitpunkt zu Werbungskosten bei den Einkünften aus § 22 Nr. 3 (vgl. dazu BFH 16.6.2015 – IX R 26/14, BStBl. II 2015, 1019). Siehe auch „Diebstahl" → Rn. 623 und „Veruntreuung" → Rn. 849. 604

Betriebliche Fort- oder Weiterbildungsleistungen

Betriebliche Fort- oder Weiterbildungsleistungen des Arbeitgebers sind kein Arbeitslohn, wenn sie im überwiegend eigenbetrieblichen Interesse erbracht werden; insoweit ist es irrelevant, wo diese Arbeitgeberleistungen (am Arbeitsplatz, in zentralen betrieblichen Einrichtungen oder in außerbetrieblichen Einrichtungen) und durch wen (durch den Arbeitgeber selbst oder durch einen Dritten auf Rechnung des Arbeitgebers) erbracht werden (Blümich/*Geserich* § 19 Rn. 280 „Lehrgänge"; Schmidt/*Krüger* § 19 Rn. 100 „Betriebl Weiterbildung"; LStR 19.7 Abs. 1 S. 1 bis 3). Ebenso spricht es nicht automatisch gegen ein überwiegend eigenbetriebliches Interesse, wenn die Bildungsmaßnahme in der **Freizeit** des Arbeitnehmers stattfindet (Schmidt/*Krüger* § 19 Rn. 100 „Betriebl Weiterbildung"; vgl. auch LStR 19.7 Abs. 2 S. 2). Die **Vereinfachungsregelung der Finanzverwaltung,** nach der die Prüfung weiterer Voraussetzungen eines ganz überwiegenden betrieblichen Interesses des Arbeitgebers grundsätzlich entbehrlich ist, wenn der Arbeitgeber die Teilnahme an der Bildungsmaßnahme zumindest teilweise auf die **Arbeitszeit anrechnet** (LStR 19.7 Abs. 2 S. 3, Ausnahme: Bestehen konkreter Anhaltspunkte für Belohnungscharakter der Bildungs- 605 maßnahme; ebenso Blümich/*Geserich* § 19 Rn. 280 „Lehrgänge"), ist abzulehnen, weil dies der nach allgemeinen Grundsätzen notwendigen Gesamtwürdigung (→ Rn. 539 ff.) nicht entspricht. Allerdings kann die Anrechnung von Arbeitszeit ein in die Gesamtwürdigung einzustellendes Indiz für ein überwiegend eigenbetriebliches Interesse sein. Ebenfalls zu weitherzig ist die Verwaltungsauffassung, wenn sie die vorgenannte Vereinfachungsregelung ganz allgemein auf **Sprachkurse** anwendet (LStR 19.7 Abs. 2 S. 4; ebenso Blümich/*Geserich* § 19 Rn. 280 „Lehrgänge"): Denn ein Sprachkurs ist für ein überwiegend eigenbetriebliches Interesse nur dann erforderlich, wenn in diesem für das Aufgabengebiet des Arbeitnehmers spezifische Sprachkenntnisse vermittelt werden; allgemeine sprachliche Kenntnisse reichen wegen des in diesem Fall großen Arbeitnehmerinteresses nicht aus (siehe auch „Sprachkurs"). Schulungen zur bloßen Verbesserung der **Allgemeinbildung** des Arbeitnehmers fehlt grundsätzlich das überwiegend eigenbetriebliche Interesse (Schmidt/*Krüger* § 19 Rn. 100 „Betriebl Weiterbildung"). Das stets vorhandene **Fortbildungsinteresse des Arbeitnehmers** vermag das überwiegend eigenbetriebliche Interesse nicht zu schmälern (Schmidt/*Krüger* § 19 Rn. 100 „Betriebl Weiterbildung"). Überdies zeigt sich die Finanzverwaltung zu großzügig, wenn sie ein überwiegend eigenbetriebliches Interesse dann annimmt, wenn die Bildungsmaßnahme die Einsatzfähigkeit des Arbeitnehmers im Betrieb des Arbeitgebers erhöhen soll (LStR 19.7 Abs. 2 S. 1); dies dürfte bei nahezu jeder Bildungsmaßnahme der Fall sein, weshalb auch insoweit kein taugliches Abgrenzungsmerkmal vorliegt. Ein **Indiz** für das überwiegend eigenbetriebliche Interesse kann die **Kostenübernahme durch den Arbeitgeber** sein (vgl. auch *Hartmann* DStR 2010, 2550 (2557)). Soweit die Finanzverwaltung. in diesem Zusammenhang zur Vermeidung des Vorliegens von Arbeitslohn verlangt, dass die Zusage der Kostenübernahme „allgemein oder für die besondere Bildungsmaßnahme vor Vertragsabschluss schriftlich" zu erfolgen habe (LStR 19.7 Abs. 1 S. 4; ebenso Blümich/*Geserich* § 19 Rn. 280 „Lehrgänge"), mag dies zwar aus Praktikabilitätsgründen (Vereinfachung des Nachweises) zu begrüßen sein; indes verkürzt auch diese Anforderung die nach allgemeinen Grundsätzen erforderliche Gesamtwürdigung (→ Rn. 539 ff.) in unzulässiger Weise und etabliert mit dem Formerfordernis der schriftlichen Arbeitgeberzugsage ein der Gesamtwürdigung fremdes Kriterium. Ebenfalls als zu starr abzulehnen ist die Ansicht der Finanzverwaltung zur lohnsteuerlichen Behandlung der **Übernahme von Studiengebühren für ein berufsbegleitendes Studium** durch den Arbeitgeber (ggf. im Darlehenswege); nach BMF 13.4.2012, BStBl. I 2012, 531 mit Prüfschema unter 2.4) soll das (Nicht-)Vorliegen eines überwiegend eigenbetriebliches Interesse bei einem Ausbildungsarbeitsverhältnis vereinfachend danach bestimmt werden, wer Schuldner der Studiengebühren ist und ob eine Rückforderungsmöglichkeit des übernommenen Betrags besteht: Ist der Arbeitgeber Schuldner der Studiengebühren, soll kein Arbeitslohn vorliegen. Schuldet dagegen der Arbeitnehmer die Studiengebühren, die der Arbeitgeber dann übernimmt, soll nur dann kein Arbeitslohn gegeben sein, wenn eine arbeitsvertragliche Verpflichtung zur Übernahme besteht und der Arbeitgeber den Betrag beim Ausscheiden des Arbeitnehmers aus dem Betrieb auf seinen Wunsch und nicht aufgrund der Verantwortlichkeit des Arbeitgebers – ggf. zeitanteilig – innerhalb von zwei Jahren zurückfordern kann (aA Schmidt/*Krüger* § 19 Rn. 280 „Betriebl Weiterbildung": es fehle generell an dem für Arbeitslohn notwendigen Wertetransfer in den privaten Bereich des Arbeitnehmers). Zwar können in den Fällen der Übernahme von Studiengebühren für ein berufsbegleitendes Studium die Person des Schuldners der Studiengebühren und das Rückforderungsrecht des Arbeitgebers Indizien für das überwiegend eigenbetriebliche Interesse sein, es muss jedoch stets eine Gesamtwürdigung vorgenommen werden. Verbindet der Arbeitgeber eine Fortbildungsmaßnahme mit einer **Incentive-Reise** (s. „Incentive-Reisen"), ist durch eine Gesamtwürdigung zu entscheiden, ob es sich (einheitlich) um eine Fortbildungsmaßnahme im überwiegend eigenbetrieblichen Interesse, eine zur Annahme von Arbeitslohn führende reine Incentive-Reise oder eine gemischt veranlasste Reise – mit der Folge der Aufteilung in Arbeitslohn bzw. nicht steuerbare Zuwendung handelt (Blümich/*Geserich* § 19 Rn. 280 „Lehrgänge", unter Hinweis auf BFH 18.8.2005 – VI R 32/03, BStBl. II 2006, 30). Liegt kein überwiegend eigenbetriebliches Interesse vor, führt der Vorteil der vom Arbeitgeber gewährten Bildungsmaßnahme zu Arbeitslohn; soweit der Arbeitnehmer Kosten für die Bildungsmaßnahme zu tragen hat, können Werbungskosten (§ 9 Abs. 1 S. 1) oder Sonderausgaben (§ 10 Abs. 1 Nr. 7) vorliegen. Die Übernahme der Kosten für die im Rahmen der Fortbildungsveranstaltungen zur Verfügung gestellten **Mahlzeiten** durch den Arbeitgeber ist Arbeitslohn (BFH 19.11.2008 – VI R 80/06, BStBl. II 2009, 547, auch zur Bewertung des darin liegenden Vorteils). Siehe auch „Outplacement-Beratung" → Rn. 765.

Betriebshaftpflichtversicherung

Die Mitversicherung angestellter Klinikärzte in der Betriebshaftpflichtversicherung eines Krankenhauses nach § 102 Abs. 1 VVG ist kein Lohn, weil die Mitversicherung keine Gegenleistung für die Beschäftigung ist (BFH 19.11.2015 – VI R 47/14, BStBl. II 2016, 301). **605a**

Betriebsrenten

Betriebsrenten sind generell wie auch dann Arbeitslohn, wenn sie unter Beteiligung eines Pensions-Sicherungsvereins gezahlt werden (BFH 4.7.2005 – VI B 72/04, BFH/NV 2005, 1998). **606**

Betriebssport

Mietet ein Arbeitgeber für seine Arbeitnehmer Tennisplätze und Squashplätze an, führt die unentgeltliche Nutzung bei den Arbeitnehmern zum Zufluss von Arbeitslohn, da stets ein erhebliches Eigeninteresse des Arbeitnehmers an der Erlangung des geldwerten Vorteils besteht; dies gilt unabhängig davon, wie die Nutzung der Tennis- oder Squashplätze im jeweiligen Betrieb im einzelnen organisatorisch geregelt ist (BFH 27.9.1996 – VI R 44/96, BStBl. II 1997, 146). Gleiches gilt, wenn der Arbeitgeber seinen Arbeitnehmern vergünstigte Mitgliedschaften in einem Fitnessstudio zur Verfügung stellt (FG Bremen 23.3.2011 – 1 K 150/09 (6), DStRE 2012, 144). Abzulehnen ist die Ansicht der Finanzverwaltung (OFD Frankfurt a.M. 8.7.1996, FR 1996, 649), die für das Betreiben von **Mannschaftssportarten** (zB Handball, Fußball) übernommenen Kosten für Platz- und Gerätemiete könnten „wegen der schwierigen persönlichen Zurechnung sowie des im allgemeinen geringen persönlichen Vorteils des Arbeitnehmers außer Ansatz bleiben"; dies entspricht nicht der ansonsten erforderlichen Gesamtwürdigung zur Bestimmung des überwiegend eigenbetrieblichen Interesses (ebenfalls ablehnend: Schmidt/*Krüger* § 19 Rn. 100 „Betriebssport"; aA: Kirchhof/*Eisgruber* § 19 Rn. 78 „Betriebssport"). Siehe auch „Gesundheitsfürsorge" → Rn. 678. **607**

Betriebsveranstaltung

Es gilt vorrangig und abschließend die Regelung des § 19 Abs. 1 S. 1 Nr. 1a (→ Rn. 920 ff.). **608**

Betriebsversammlung

Ersatzleistungen des ArbG nach § 44 BetrVG sind Arbeitslohn (Blümich/*Geserich* § 19 Rn. 280 „Betriebsversammlung"; Schmidt/*Krüger* § 19 Rn. 100 „Betriebsversammlung"), aber ggf. nach § 3 Nrn. 13/16 steuerfreier Reisekostenersatz. **609**

Blattgeld

S. „Instrumentengeld" → Rn. 700. **610**

Blockmodell

S. „Altersteilzeit" → Rn. 574 und „Arbeitzeitkonten" → Rn. 582. **611**

Bundeswehr/Bundesfreiwilligendienst

Die Geld- und Sachbezüge von Wehrpflichtigen, freiwillig Wehrdienst- und Zivildienstleistenden waren bis einschl. VZ 2012 nach § 3 Nr. 5 vollumfänglich steuerfrei. Für Bundesfreiwilligendienstleistende galt dies nur aus Billigkeitsgründen (BayLfSt 24.10.2011, DStR 2011, 2098). Nach der Änderung des § 3 Nr. 5 durch das AmtshilfeRLUmsG vom 26.6.2013 (BGBl. 2013 I 1809) ist bei freiwillig Wehrdienstleistenden sind die Bezüge nur noch teilweise **612** steuerfrei (Wehrsold nach § 2 Abs. 1 WSG, Heilfürsorge nach § 6 WSG u. § 35 ZDG; dies gilt erst für Dienstverhältnisse ab dem 1.1.2014, vgl. § 52 Abs. 4g S. 2). Das **Taschengeld** der Bundesfreiwilligendienstleistenden bzw. der sonstige Freiwilligendienste Leistenden iSd § 32 Abs. 4 S. 1 Nr. 2d ist ab 1.1.2013 steuerfrei (Kirchhof/*Eisgruber* § 19 Rn. „Bundeswehr/ Bundesfreiwilligendienst"). Die sonstigen Bezüge, wie etwa der Wehrdienstzuschlag, Gefahren- und Belastungszulagen (vgl. § 2 Abs. 2 Nr. 7 LStDV), Gemeinschaftsunterkunft, Verpflegung, Verpflichtungsprämien an länger dienende Angehörige der Bundeswehr (sonstiger Bezug, keine Verteilung auf mehrere Jahre), sind als steuerpflichtiger Arbeitslohn zu behandeln. Die Bezüge der Wehrpflichtigen gemäß § 4 WehrpflichtG und der Zivildienstleistenden iSd § 35 ZDG blieben nach § 3 Nr. 5 steuerfrei. Ggf. sind weitere Steuerbefreiungen zu beachten, vgl. § 3 Nr. 4 etwa für Dienstkleidung und Einsatzverpflegung) sowie § 3 Nr. 64 für Bezüge anlässlich von Auslandseinsätzen.

Corporate Cards

613 S. „Firmenkreditkarten" → Rn. 657.

Corporate Identity-Konzept

614 S. „Teambildungsmaßnahmen" → Rn. 818.

615–619 *Einstweilen frei*

Darlehen

620 **Darlehen (1.)** Gewährung eines Darlehens des **Arbeitgebers an den Arbeitnehmer:** Diese führt – da auf einem vom Arbeitsverhältnis zu trennenden Rechtsgrund beruhend grundsätzlich nicht zu Arbeitslohn, es sei denn, es wird von vornherein an eine Rückforderung nicht ernsthaft gedacht (Blümich/*Geserich* § 19 Rn. 280 „Darlehen"; Schmidt/*Krüger* § 19 Rn. 100 „Darlehen"; Kirchhof/*Eisgruber* § 19 Rn. 78 „Darlehen"). Der Verzicht auf die Rückzahlung ist auch dann Arbeitslohn, wenn das Darlehen zur Finanzierung von Ausbildungskosten diente (BFH 19.2.2004 – VI B 146/02, DStRE 2004, 560). Wird das Darlehen **verbilligt,** dh unterhalb des marktüblichen Zinssatzes, überlassen, kann der in der Verbilligung liegende Vorteil Arbeitslohn (Sachlohn) sein, wenn er auf dem Arbeitsverhältnis beruht (BFH 4.5.2006 – VI R 28/05, BStBl. II 2006, 781; Blümich/*Geserich* § 19 Rn. 280 „Zinsen"; aA – ohne gesetzliche Grundlage – BMF 19.5.2015, BStBl. I 2015, 484 Rn. 3: nur Arbeitslohn, wenn und soweit die Summe des zinsverbilligten Darlehen am Ende des Lohnzahlungszeitraums mehr als 2.600 EUR beträgt). Verpflichtet sich der Arbeitgeber aufgrund des konkreten Dienstverhältnisses gegenüber dem Darlehensgeber zur Zahlung von **Zinszuschüssen** (sog. Zinsausgleichszahlungen), liegt Arbeitslohn vor (BFH 4.5.2006 – VI R 67/ 03, BStBl. II 2006, 914). **Vorschuss- oder Abschlagszahlungen** sind – da sie nicht zurückzuzahlen sind – Arbeitslohn, auch wenn die Lohnvorschüsse später mit fällig werdenden Lohnforderungen verrechnet werden. Die Annahme eines Darlehens setzt in der Regel eindeutige Vereinbarungen über Laufzeit, Höhe und Fälligkeit von Tilgungsraten sowie über die Verzinsung voraus; ohne solche Vereinbarungen liegen im Zweifel Vorschuss- oder Abschlagszahlungen vor (Kirchhof/*Eisgruber* § 19 Rn. 78 „Darlehen"; BMF 19.5.2015, BStBl. I 2015, 484 Rn. 2, anders nur für nach den Vorschussrichtlinien des Bundes oder der entsprechenden Richtlinien der Länder gewährte Gehaltsvorschüsse im öffentlichen Dienst; vgl. auch FG Saarland 14.5.2004 – 1 V 56/04, EFG 2004, 1222, rkr.). Deshalb sind Indizien dafür, dass dem Arbeitnehmer keine Vorschuss- oder Abschlagzahlungen, sondern ein Darlehen gewährt wurde, ein im Verhältnis zum laufenden Gehalt hoher Betrag, ein großer Vorauszahlungszeitraum sowie Vereinbarungen über Sicherheiten, Laufzeit, Zinsen und Tilgung (Blümich/*Geserich* § 19 Rn. 280 „Vorschüsse (Vorauszahlungen)"). **(2.)** Gewährung eines Darlehens **vom Arbeitnehmer an den Arbeitgeber.** Hier stehen, da die Gewährung durch den Arbeitnehmer zur Erwirtschaftung von Zinsen erfolgt, regelmäßig die Einkünfte aus Kapitalvermögen im Vordergrund (BFH 10.4.2014 – VI R 57/13, BStBl. II 2014, 850). Der Verlust der Darlehensforderung ist keine Erwerbsaufwendungen bei den Einkünften aus Kapitalvermögen, sondern stellt Werbungskosten bei den Einkünften aus nichtselbständiger Tätigkeit dar, wenn der Arbeitnehmer das Risiko des Darlehensverlusts aus beruflichen Grün-

den bewusst auf sich genommen hat und daher jedenfalls nicht die Nutzung des Geldkapitals zur Erzielung von Zinseinkünften im Vordergrund stand (BFH 10.4.2014 – VI R 57/13, BStBl. II 2014, 850, Indiz hierfür zB, dass ein außenstehender Dritter, insbesondere eine Bank, kein Darlehen mehr gewährt hätte). Siehe auch „Zinsen“ → Rn. 872.

Deferred compensation

Unter dem Begriff deferred compensation werden die in angelsächsischen Ländern häufig gebrauchten Modelle bezeichnet, mit denen Teile des während des aktiven Berufslebens hoch versteuerten Gehalts in Form einer arbeitnehmerfinanzierten Pensionszusage in die durch die Progression geringer besteuerte Zeit niedrigerer Alterseinkünfte verlagert wird (HHR/*Pflüger* § 19 Rn. 600 „Deferred compensation“). Die späteren Bezüge sind unter den Voraussetzungen des § 19 Abs. 1 S. 1 Nr. 2 steuerbar (→ Rn. 1005 ff.). **621**

Deputate

Deputate (zB Freifahrten-, flüge, -karten, -tabak, -trunk) sind Arbeitslohn, der nach § 8 Abs. 3 zu bewerten ist (Schmidt/*Krüger* § 19 Rn. 100 „Deputate“). Siehe auch „Haustrunk“ → Rn. 689. **622**

Diebstahl

Vorteile, die der Arbeitnehmer durch den Diebstahl von Sachen des Arbeitnehmers erlangt, sind, da die Vorteile gegen den Willen des Arbeitgebers in das Vermögen des Arbeitnehmers gelangen und mithin nicht auf den Dienstverhältnis beruhen, kein Arbeitslohn (Schmidt/*Krüger* § 19 Rn. 100 „Diebstahl“). Ebenso fehlt es an der „Gewährung“ der Vorteile (vgl. BFH 13.11.2012 – VI R 38/11, BStBl. II 2013, 929, zur Veruntreuung). Allerdings kann der durch den Arbeitgeber ausgesprochene Erlass seines auf der Tat beruhenden Schadensersatzanspruchs gegen den Arbeitnehmer zu Arbeitslohn führen (Blümich/*Geserich* § 19 Rn. 227). Überdies ist ein bei Gelegenheit des Dienstverhältnisses mit Billigung des Arbeitgebers erlangter Vorteil Arbeitslohn (FG Rheinland-Pfalz 22.3.1990, 6 K 129/87, DStZ 1992, 55, rkr., Fundgelder in Spielsachen bei eigentlich bestehender Pflicht zur Weiterleitung an den Arbeitgeber; Blümich/*Geserich* § 19 Rn. 227; Schmidt/*Krüger* § 19 Rn. 46; aA *Gräfe* DStZ 1992, 56: das Finanzgericht habe zu Unrecht die Arbeitnehmer als Besitzdiener angesehen und damit einen Erwerb der Fundgelder zunächst durch den Arbeitgeber angenommen – dagegen spricht, dass der Vorteil letztlich beim Arbeitnehmer verbleibt und dieser im weitesten Sinne durch das Dienstverhältnis veranlasst ist). Siehe auch „Bestechungsgelder“ → Rn. 604 und „Veruntreuung“ → Rn. 849. **623**

Diebstahlersatz

Diebstahlersatz, den der Arbeitgeber einem Arbeitnehmer für auf Dienstreisen durch Diebstahl abhandengekommene Gegenstände gewährt, ist dann als Arbeitslohn zwar kein nach § 3 Nr. 50 steuerfreier Auslagenersatz (→ Rn. 533), kann jedoch nach § 3 Nr. 16 steuerfrei sein, wenn sich der Schaden als Konkretisierung einer reisespezifischen Gefährdung (zB Diebstahls-, Transport- oder Unfallschaden) erweist und nicht nur gelegentlich der Reise eingetreten ist (BFH 30.11.1993 – VI R 21/92, BStBl. II 1994, 256). Siehe auch „Schadenersatz“ → Rn. 514. **624**

Diensterfindung

S. „Erfindervergütung“ → Rn. 625. **625**

Dienstjubiläum

S. „Empfang“ → Rn. 638. **626**

Dienstreise-Kaskoversicherung

627 Hat ein Arbeitgeber eine Dienstreise-Kaskoversicherung für die seinen Arbeitnehmern gehörenden Kfz abgeschlossen, so führt die Prämienzahlung bei den Arbeitnehmern nicht zum Lohnzufluss (BFH 27.6.1991 – VI R 3/87, BStBl. II 1992, 365).

Dienstwagen

628 S. „Kraftfahrzeuggestellung" → Rn. 719.

Dienstwohnung

629 **Dienstwohnung (1.) Arbeitslohn:** Überlässt ein Arbeitgeber im Rahmen des Dienstverhältnisses seinem Arbeitnehmer verbilligt eine Wohnung, so besteht im Umfang der Verbilligung ein geldwerter Vorteil, der Arbeitslohn ist, wenn er sich als Ertrag der Arbeit erweist (BFH 7.11.2006 – VI R 70/02, BFH/NV 2007, 425; BFH 19.8.2004 – VI R 33/97, BStBl. II 2004, 1076; FG Rheinland-Pfalz 21.7.1987 – 2 K 29/87, EFG 1988, 123, rkr., verbilligte Überlassung einer Werksdienstwohnung). Gleiches gilt für die unentgeltliche Nutzungsüberlassung sowie für die unentgeltliche bzw. verbilligte Herrichtung oder Übereignung einer Wohnung (Schmidt/*Krüger* § 19 Rn. 100 „Dienstwohnung"). An einer verbilligten Nutzungsüberlassung etc. fehlt es, wenn in erheblichem Umfang auch an Nicht-Arbeitnehmer zu vergleichbarem Entgelt vermietet wird (vgl. BFH 11.5.2011 – VI R 65/09, BStBl. II 2011, 946). Bei der Prüfung, ob eine verbilligte Überlassung ihren Rechtsgrund im Arbeitsverhältnis hat, kann ein gewichtiges Indiz sein, in welchem Umfang der Arbeitgeber vergleichbare Wohnungen auch an fremde Dritte zu einem niedrigeren als dem üblichen Mietzins vermietet; es kann jedoch nicht typisierend davon ausgegangen werden, dass bei einem unter 10% liegenden Anteil an fremdvermieteten Wohnungen ein Veranlassungszusammenhang zum Arbeitsverhältnis besteht (BFH 11.5.2011 – VI R 65/09, BStBl. II 2011, 946). Etwas anderes gilt dann, wenn die Nutzungsüberlassung im überwiegend eigenbetrieblichen Interesse liegt (OFD Köln 9.11.1990, DB 1990, 2448; Schmidt/*Krüger* § 19 Rn. 100 „Dienstwohnung"). Ein überwiegend eigenbetriebliches Interesse ist zB gegeben, wenn eine Übernachtungsmöglichkeit nur eine Art Ausgestaltung des Arbeitsplatzes ist, etwa beim Bereitschaftsdienst oder bei Fahrtätigkeit (BFH 16.2.2005 – VI R 46/03, BStBl. II 2005, 529) oder bei (Teil-)Möblierung des Büros durch den Arbeitgeber, die Erfassung der anteiligen Energiekosten über gesonderte Zähler oder die räumliche Trennung durch eine separate Eingangstür (OFD Köln 9.11.1990, DB 1990, 2448). Demgegenüber wird der Lohncharakter eines Mietvorteils nicht allein deswegen in Frage gestellt, weil es sich um eine Dienstwohnung handelt; insbesondere ist der Vorteil auch dann Arbeitslohn, wenn Residenzpflicht besteht (BFH 16.2.2005 – VI R 46/03, BStBl. II 2005, 529). **(2.) Zufluss:** Für den Zuflusszeitpunkt, der in der Erlangung der wirtschaftlichen Verfügungsmacht liegt, ist bei Grundstücken regelmäßig der Zeitpunkt maßgebend, von dem ab der Erwerber nach dem Willen der Vertragspartner wirtschaftlich über das Grundstück verfügen kann (idR Übergang von Besitz, Gefahr, Nutzen und Lasten auf den Erwerber, aber auch zu einem früheren als im notariellen Kaufvertrag festgelegten Zeitpunkt, zB bei vorzeitiger Übernahme der Wohnung, Übergabe aller Schlüssel, Zahlung von Wohngeld und zumindest zeitweiser Benutzung (BFH 10.11.1989 – VI R 155/85, BFH/NV 1990, 290). Überlässt der Arbeitgeber dem Arbeitnehmer auf Grund eines Nießbrauchs (BFH 26.5.1993 – VI R 118/92, BStBl. II 1993, 686; BFH 19.8.2004 – VI R 33/97, BStBl. II 2004, 1076) oder eines obligatorischen Wohnungsrechts (BFH 26.5.1993 – VI R 118/92, BStBl. II 1993, 686) unentgeltlich die Nutzung eines Hauses, fließt dem Arbeitnehmer monatlich ein geldwerter Vorteil in Höhe der ersparten ortsüblichen Miete zu; dies gilt auch bei einer verbilligten Vermietung (Schmidt/*Krüger* § 19 Rn. 100 „Dienstwohnung"). Die abweichende Behandlung eines verbilligt überlassenen Erbbaurechts (s. „Erbbaurecht") steht dem nicht entgegen, weil zw. obligatorischem Wohnungsrecht und Erbbaurecht gewichtige Unterschiede bestehen (Blümich/*Geserich* § 19 Rn. 280 „Nutzungsüberlassung"). **(3.) Steuerfreiheit:** Der Vorteil aus einer unentgeltlichen/verbilligten Überlassung einer Wohnung kann nach § 3 Nr. 59 steuerfrei sein (vgl. BFH 16.2.2005 – VI R 58/03, BStBl. II 2005, 750). **(4.) Bewertung des Vorteils:** Es gilt nach § 8 Abs. 2 S. 6 und 7 die Bewertung nach der SvEV, dh für Unterkünfte gilt der amtliche Sachbezugswert nach

§ 2 Abs. 3 SvEV; für Wohnungen (zur Abgrenzung zwischen Unterkunft und Wohnung vgl. LStR 8.1 Abs. 6 S. 2 bis 4) gilt nach § 2 Abs. 4 SvEV der ortsübliche Mietpreis. Bei Wohnungen ist daher der Vorteil mit dem Unterschiedsbetrag zwischen dem um übliche Preisnachlässe geminderten üblichen Endpreis am Abgabeort (ortsübliche Miete für Wohnungen vergleichbarer Art, Lage und Ausstattung, entnommen aus dem örtlichen Mietspiegel) und dem Betrag, der dem Arbeitnehmer in Rechnung gestellt worden ist (Kaltmiete plus umlagefähige Nebenkosten), anzusetzen (BFH 7.11.2006 – VI R 70/02, BFH/NV 2007, 425; BFH 17.8.2005 – IX R 10/05, BStBl. II 2006, 71). Da bei einer Spanne zwischen mehreren Mietwerten für vergleichbare Wohnungen jeder der Mietwerte als ortsüblich anzusehen ist, scheidet regelmäßig die Annahme eines geldwerten Vorteils durch verbilligte Wohnraumüberlassung aus, wenn der Arbeitgeber seinem Arbeitnehmer eine Wohnung zu einem Mietpreis überlässt, der innerhalb der Mietpreisspanne des Mietspiegels der Gemeinde liegt (BFH 11.5.2011 – VI R 65/09, BStBl. II 2011, 946; BFH 17.8.2005 – IX R 10/05, BStBl. II 2006, 71). Hinsichtlich des Verfahrens der Ermittlung der ortsüblichen Vergleichsmiete, vgl. OFD Frankfurt a.M. 22.1.2015, BeckVerw 296059. Es besteht eine Vermutung dafür, dass die (ggf.) vom Arbeitgeber (für das Anmieten der Wohnung) gezahlte Miete der ortsüblichen Miete entspricht (BFH 29.3.1985 – VI R 69/82, BFH/NV 1986, 52). **(5.) Einkünfte beim Arbeitgeber:** Der sich aus einer Wohnungsüberlassung gegen eine (anteilig hierauf entfallende) Arbeitsleistung des Arbeitnehmer ergebende geldwerte Vorteil führt beim Arbeitgeber zu Einkünften nach § 21 (BFH 1.9.1998 – VIII R 3/97, BStBl. II 1999, 213). Siehe auch „Grundstück" → Rn. 682.

Directors & Officers-Versicherungen (D&O Versicherung)

Eine D&O-Versicherung ist eine Vermögensschadenhaftpflichtversicherung für Organmitglieder und leitende Angestellte zur Deckung von Vermögensschäden, die Organmitglieder oder leitende Angestellte in Ausübung ihrer Tätigkeit unter fahrlässiger Verletzung ihrer gesetzlichen Pflichten entweder ihrem Unternehmen oder außenstehenden Dritten zufügen (*Lange* DStR 2002, 1626). Die Übernahme von Versicherungsprämien durch den Arbeitgeber stellt jedenfalls dann keinen Arbeitslohn dar, wenn die Versicherung in erster Linie Schadensersatzforderungen Dritter gegen das Unternehmen betrifft, die Versicherungsleistung dem Unternehmen zusteht, regelmäßig das Management als Ganzes versichert ist und sich die Prämienkalkulation nicht nach den Merkmalen der versicherten Organmitglieder, sondern nach den Betriebsdaten des Unternehmens richtet (vgl. zB OFD München 12.4.2002 – S 2245-9 St 41/42; vgl. FM Niedersachsen 25.1.2002, DStR 2002, 678). Ob dies darüber hinaus auch der Fall ist (insbesondere für Einzel- bzw. Singularpolicen, bei denen einzelne leitende Angestellte Begünstigte sind), ist umstritten (der Streit kann bei der Einkommensteuerfestsetzung des Arbeitnehmers bei überschrittenem Arbeitnehmer-Pauschbetrag dahinstehen, da in Höhe des Arbeitslohns zugleich Werbungskosten vorliegen, siehe dazu sogleich in dieser Rn.). Es wird vertreten, bei dem Abschluss einer D&O-Versicherung fehle es – da der Arbeitgeber die Versicherung auch dann abschließen würde, wenn einer der versicherten Arbeitnehmer nicht beschäftigt sei- an der Veranlassung durch das konkrete Dienstverhältnis des einzelnen Arbeitnehmer und überdies trage der Arbeitgeber die Versicherungsprämien in seinem ganz überwiegend eigenbetrieblichen Interesse, weshalb es an Arbeitslohn fehle (Blümich/*Geserich* § 19 Rn. 280 „Beiträge"; Schmidt/*Krüger* § 19 Rn. 100 „Directors & Officers (D&O-Versicherungen"; *Dreher* DB 2001, 996 f.; **aA** *Küpers/Dettmeier/Koch* DStR 2002, 199 (204); *Kästner* DStR 2001, 195 (422)). Soweit von einer fehlenden Veranlassung zum Dienstverhältnis ausgegangen wird, wird übersehen, dass der einzelne versicherte Arbeitnehmer tatsächlich einen Vorteil in Form des Versicherungsschutzes erlangt hat (*Küpers/Dettmeier/Koch* DStR 2002, 199 (202)); allerdings bedarf es auch in diesen Fällen einer umfassenden Gesamtwürdigung der Umstände des Einzelfalls (→ Rn. 539 ff.), ob ein überwiegend eigenbetriebliches Interesse gegeben ist und deshalb kein Arbeitslohn vorliegt (vgl. FG München 5.8.2002 – 7 K 5726/00, EFG 2002, 1524, rkr.). Liegt Arbeitslohn vor ist dieser als Werbungskosten-Ersatz (s. dort) steuerbar. Die Höhe des Vorteils bemisst sich für den einzelnen Arbeitnehmer nach der Versicherungsprämie, die rechnerisch auf den einzelnen Arbeitnehmer entfällt; dabei erfolgt die Aufteilung nicht nach Köpfen, sondern nach dem in dem einzelnen Arbeitnehmer verkörperten individuellen Risiko (vgl. *Küpers/* **630**

Dettmeier/Koch DStR 2002, 199 (202)). Der dem Arbeitnehmer insoweit zufließende Arbeitslohn führt in gleicher Höhe zum Werbungskostenabzug (vgl. FM Niedersachsen 25.1.2002, DStR 2002, 678).

631–635 *Einstweilen frei*

Economic Value Added-Zertifikate (EVA-Zertifikate)

636 Der Veräußerungsgewinn aus einer Kapitalbeteiligung an einem Unternehmen in Form von sog. EVA-Zertifikaten führt nicht allein deshalb zu Einkünften aus nichtselbständiger Arbeit, weil die Kapitalbeteiligung von einem Arbeitnehmer des Unternehmens gehalten und nur Arbeitnehmern angeboten worden war; allein der Umstand, dass EVA-Zertifikate nur leitenden Angestellten angeboten worden sind, schließt noch nicht aus, dass der mit diesen Zertifikaten erzielte Kursgewinn seine Ursache allein in der Kapitalbegebung hatte und damit als ein nicht aus dem Arbeitsverhältnis resultierender Vorteil zu qualifizieren ist (BFH 17.6.2009 – VI R 69/06, BStBl. II 2010, 69). Vgl. auch → Rn. 56.

Einarbeitungszuschuss

637 **Einarbeitungszuschuss** nach § 7 Abs. 5 SVG ist Arbeitslohn (LStR 19.3 Abs. 1 S. 2 Nr. 3).

Empfang

638 S. „Geburtstag" → Rn. 669.

Entschädigung

639 S. „Abfindung" → Rn. 570 und „Urlaub" → Rn. 834.

Erbbaurecht

640 Bestellt ein Arbeitgeber seinem Arbeitnehmer ein Erbbaurecht zu einem unangemessen niedrigen Erbbauzins, so sind die Vorteile, die sich aus dem unentgeltlichen Teil der Erbbaurechtsbestellung für den Arbeitnehmer ergeben, diesem im Jahr der Bestellung des Erbbaurechts zugeflossen (BFH 10.6.1983 – VI R 15/80, BStBl. II 1983, 642). Anders als bei der Einräumung eines Wohnungsrechts (s. dazu „Dienstwohnung" → Rn. 629) kann ein Erbbauberechtigter das Erbbaurecht ua durch Veräußerung realisieren, was den Zufluss des sich hieraus ergebenden Vorteils beim Arbeitnehmer bereits im Jahre der Bestellung des Erbbaurechts in Höhe des kapitalisierten Wertes rechtfertigt (BFH 19.8.2004 – VI R 33/97, BStBl. II 2004, 1076; **aA** zB Lademann EStG/*Claßen A.* § 19 Rn. 149/141; *Lang* DStJG 9 (1986), 49 mwN: Erbbauvertrag wie Mietvertrag zu behandeln).

Erfindervergütung

641 Eine Erfindervergütung für eine sog. Diensterfindung (§ 9 ArbnErfG) ist grundsätzlich Arbeitslohn und unterfällt der beschränkten Steuerpflicht (auch dann, wenn das Arbeitsverhältnis im Augenblick der Zahlung nicht mehr besteht); da eine Vergütung gemäß § 9 ArbnErfG regelmäßig nicht als konkrete Gegenleistung für eine Arbeitsleistung anzusehen ist, handelt es sich nicht um ein zusätzliches Entgelt „für" eine (frühere) Tätigkeit iSd Art. 15 Abs. 1 OECD-MA, sodass eine Besteuerung nur im Ansässigkeitsstaat des (früheren) Arbeitnehmers erfolgt (BFH 21.10.2009 – I R 70/08, BStBl. II 2012, 493).

Erholungsbeihilfen

642 S. Erläuterungen zu § 40 Abs. 2 S. 1 Nr. 3.

Erlass

643 S. „Forderungsverzicht des Arbeitgebers" → Rn. 659.

EU-Beamte

Beamte, die an Organe der EU abgeordnet worden sind, erhalten ein EU-Tagegeld sowie von ihrer Herkunftsdienststelle wie zuvor ihre Besoldung. Diese Zuflüsse sind steuerrechtlich unterschiedlich zu behandeln. **(1) EU-Tagegeld:** Das EU-Tagegeld ist Arbeitslohn, weil es auf Grund des vorübergehenden Dienstverhältnisses mit der EU gezahlt wird; es bleibt jedoch gemäß § 3 Nr. 64 EStG iVm § 9a Abs. 2 BBesG steuerfrei, soweit es auf steuerfreie Auslandsdienstbezüge angerechnet wird (BMF 12.4.2006, BStBl. I 2006, 340 unter 2.). Es besteht keine Steuerfreiheit nach Art. 13 des Protokolls über die Vorrechte und Befreiungen der Europäischen Gemeinschaft vom 8. April 1965 (BMF 12.4.2006, BStBl. I 2006, 340 unter 3.). Nach dem jeweiligen DBA (zB Art. 15 DBA-Belgien, Art. 10 DBA Luxemburg) finden die Kassenstaatsklauseln keine Anwendung, weshalb dem **Tätigkeitsstaat** (= grundsätzlich der Staat, in dem sich der Arbeitnehmer zur Ausführung seiner Tätigkeit persönlich aufhält) das Besteuerungsrecht zusteht (BMF 12.4.2006, BStBl. I 2006, 340 unter 4.). Das die EU-Tagegelder zahlende und wirtschaftlich tragende EU-Organ ist während der Tätigkeit des Beamten bei diesem Organ neben dem inländischen Dienstherrn (partiell) auch dessen Arbeitgeber im abkommensrechtlichen Sinne (BFH 15.3.2000 – I R 28/99, BStBl. II 2002, 238). Ist der Beamte (weiterhin) in Deutschland ansässig und übt er seine Tätigkeit bei einem Organ der EU (in dem maßgebenden Veranlagungszeitraum) nicht **länger als 183 Tage** im Kalenderjahr aus, wird das EU-Tagegeld grundsätzlich in Deutschland besteuert. Dies gilt jedoch nicht, wenn das die EU-Tagegelder zahlende und wirtschaftlich tragende Organ der EU seinen Sitz im Tätigkeitsstaat hat und somit iSd DBA ansässig ist (BMF 12.4.2006, BStBl. I 2006, 340 unter 4. mit Beispielen). Wird das EU-Tagegeld nach einem DBA von der deutschen Steuer freigestellt, ist gemäß § 32b Abs. 1 Nr. 2 und 3 bei unbeschränkter Steuerpflicht der Steuersatz anzuwenden, der sich unter Berücksichtigung des EU-Tagegeldes ergibt (Progressionsvorbehalt); dies gilt nicht, soweit das EU-Tagegeld gem. § 9a Abs. 2 BBesG auf steuerfreie Auslandsdienstbezüge angerechnet wird (BMF 12.4.2006, BStBl. I 2006, 340 unter 4. und 5.). **(2) Besoldung der Herkunftsdienststelle:** Für die dem Beamten gewährten Inlandsdienstbezüge steht nach dem jeweils einschlägigen DBA über die Bezüge aus öffentlichen Kassen der Vertragsstaaten (zB Art. 19 DBA-Belgien, Art. 11 DBA-Luxemburg) Deutschland als **Kassenstaat** das Besteuerungsrecht zu; der inländische Dienstherr bleibt weiterhin Arbeitgeber im abkommensrechtlichen Sinne (BMF 12.4.2006, BStBl. I 2006, 340 unter 4.). 644

Einstweilen frei **645–649**

Fahrergestellung

Überlässt der Arbeitgeber seinem Arbeitnehmer für Fahrten zwischen Wohnung und Arbeitsstätte einen Fahrer, führt das dem Grunde nach zu einem lohnsteuerrechtlich erheblichen Vorteil (BFH 15.5.2013 – VI R 44/11, BStBl. II 2014, 589). Die gegenteilige Ansicht, nach der Arbeitslohn deshalb ausscheiden soll, weil der Arbeitnehmer bereits während der Fahrt Arbeitsleistungen erbringen soll (Schmidt/*Krüger* § 19 Rn. 100 „Kraftfahrzeuggestellung"; *Lang* FS Offerhaus 444; *Hilbert/Sperandio* DStR 2011, 1121), ist abzulehnen. Denn der Arbeitnehmer schuldet seine Anwesenheit im Betrieb, sodass es in seinem Pflichtenkreis liegt, dort hinzugelangen. Mithin ist die Fahrergestellung eine Dienstleistung in Form der Personalüberlassung, die für sich betrachtet einen Wert hat; zudem betrifft diese Personalüberlassung nicht den unmittelbaren betrieblichen Bereich des Arbeitgebers, den er mit Arbeitsmitteln und Personal auszustatten hat, um den eigentlichen Arbeitsprozess zu fördern (BFH 15.5.2013 – VI R 44/11, BStBl. II 2014, 589; HHR/*Pflüger* § 19 Rn. 135). Der Vorteil bemisst sich gemäß § 8 Abs. 2 S. 1 grundsätzlich nach dem üblichen Endpreis am Abgabeort einer vergleichbaren von fremden Dritten erbrachten Leistung (BFH 15.5.2013 – VI R 44/11, BStBl. II 2014, 589; LStR 8.1 Abs. 10 S. 2; vgl. auch die Vereinfachungsregelung nach LStR 8.1 Abs. 10 S. 3, wonach die sich aus der steuerrechtlichen Bewertung ergebenden Vorteile für die Fahrten zwischen Wohnung und erster Tätigkeitsstätte und sonstige Privatnutzung um pauschale Werte zu erhöhen sind, jedoch der Vorteil eines zur Selbststeuerung nicht geeigneten gepanzerten Kfz außer Ansatz bleibt). 650

Fahrvergünstigung

650a Fahrvergünstigungen (zB **Freifahrtscheine**) des Arbeitgebers an seinen (ehemaligen) Arbeitnehmer sind Sachlohn (§ 19 Abs. 1 S. 1 Nr. 2, § 8 Abs. 1) aufgrund des aktuellen/früheren Dienstverhältnisses, der – sofern sonstiger Bezug iSd § 38a Abs. 1 S. 3 – mit Empfang der Fahrkarte, nicht erst mit Fahrtantritt zugeflossen ist und auf den (auch bei Sonderkonditionen) ggf. der Rabattfreibetrag (§ 8 Abs. 3) anzuwenden ist (BFH 26.9.2019 – VI R 23/17, DStR 2020, 109).

Familienpflegezeit

651 Nach dem FPfZG erhalten Arbeitnehmer, die ihre Arbeitszeit über einen Zeitraum von maximal zwei Jahren auf bis zu 15 Stunden reduzieren, während der Familienpflegezeit eine **Entgeltaufstockung.** Zum Ausgleich erhalten die Arbeitnehmer später bei voller Arbeitszeit weiterhin nur das reduzierte Gehalt, bis ein Ausgleich des „negativen“ Wertguthabens erfolgt ist. Entsprechend BMF 23.5.2012, BStBl. I 2012, 617) gilt lohnsteuerrechtlich Folgendes: Während der Familienpflegezeit liegt ein Zufluss von Arbeitslohn in Höhe der Summe aus dem verringerten (regulären) Arbeitsentgelt und der Entgeltaufstockung des Arbeitgebers vor. Wird in der Nachpflegephase das reduzierte Arbeitsentgelt ausgezahlt, um gleichzeitig mit dem anderen Teil des Arbeitsentgelts ein „negatives“ Wertguthaben auszugleichen, ist ein Zufluss von Arbeitslohn nur in Höhe des reduzierten Arbeitsentgelts gegeben; der Ausgleich des „negativen“ Wertguthabens löst keinen Zufluss von Arbeitslohn und damit auch keine Besteuerung aus. Zahlungen des Arbeitnehmers an den Sozialleistungsträger oder an den Arbeitgeber bei vorzeitiger Beendigung des Beschäftigungsverhältnisses bzw. Freistellung von der Arbeitsleistung führt dagegen zu negativem Arbeitslohn.

Fahrtkostenersatz

652 S. „Arbeitgeberersatz“ → Rn. 579.

Fehlgeldentschädigungen

653 **Fehlgeldentschädigungen,** die an den Arbeitnehmer gezahlt werden, sind dann gem. § 3 Nr. 50 steuerfreier Arbeitgeberersatz, wenn sie **einzeln abgerechnet** werden (BFH 11.7.1969 – VI 68/65, BStBl. II 1970, 69; Schmidt/*Krüger* § 19 Rn. 100 „Fehlgeldentschädigung“). **Pauschal gezahlte** Fehlgeldentschädigungen im Kassen- und Zähldienst pauschal gezahlt werden, soweit sie 16 Euro im Monat übersteigen, sollen kein Arbeitslohn sein (LStR 19.3 Abs. 1 S. 2 Nr. 4). Indes liegt Arbeitslohn nur vor, wenn der Arbeitnehmer insoweit von einer ihn treffenden Ersatzverpflichtung gegenüber dem Arbeitgeber freigestellt worden ist (FG Münster 25.2.2000 – 11 K 5202/98 L, DStRE 2000, 633; zustimmend auch Schmidt/*Krüger* § 19 Rn. 100 „Kassenfehlbeträge“).

Feiern

654 S. „Geburtstag“ → Rn. 669 und „Betriebsveranstaltungen“ → Rn. 920 ff..

FELEG

655 Die Beiträge für die gesetzliche Rentenversicherung und Arbeitgeberanteile zur Kranken- und Pflegeversicherung, die der Bund nach § 15 FELEG trägt, sind bei den ehemaligen Arbeitnehmern der stillgelegten landwirtschaftlichen Unternehmen kein Arbeitslohn (BFH 14.4.2005 – VI R 134/01, BStBl. II 2005, 569). Vgl. auch → Rn. 492.

Fernsprechanschluss

656 S. „Telekommunikation“ → Rn. 819.

Firmenkreditkarten

657 Kreditkartengebühren, die der Arbeitgeber dem Arbeitnehmer erstattet, sind insgesamt gemäß § 3 Nr. 16 steuerfreier Arbeitgeberersatz, wenn die Kreditkarte ausschließlich für

dienstliche Belange eingesetzt wird (BMF 29.9.1998, DStR 1998, 1794, zur Eindämmung der Normenflut aufgehoben durch BMF 29.3.2007, BStBl. I 2007, 369). Bei auch privater Verwendung kommt eine anteilige steuerfreie Erstattung in Betracht (FG München 17.1.2002 – 7 K 1790/00, EFG 2002, 617, rkr.). Siehe auch „Scheckkarte" → Rn. 799.

Forderungsübergang auf Sozialleistungsträger

Leistet der Arbeitgeber aufgrund des gesetzlichen Forderungsübergangs nach § 115 SGB X eine Lohnnachzahlung unmittelbar an die Arbeitsverwaltung, führt dies beim Arbeitnehmer zum Zufluss von Arbeitslohn (BFH 15.11.2007 – VI R 66/03, BStBl. II 2008, 375): Arbeitslohn liegt vor, weil der infolge der Zahlung des Arbeitslosengeldes eingetretene gesetzliche Übergang des Lohnanspruchs auf den Sozialleistungsträger die Rechtsnatur der Zahlung als Arbeitslohn nicht geändert hat. Die Zahlung des Arbeitgebers an den Sozialleistungsträger erfolgt im abgekürzten Zahlungsweg, da sie wirtschaftlich sowohl zu einem Zufluss von Arbeitslohn beim Arbeitnehmer als auch zu einer Rückzahlung der Sozialleistungen (zB Arbeitslosengeld) führt; die Rückzahlung der Sozialleistung und die daraus folgende geringere steuerliche Leistungsfähigkeit des Klägers werden über den negativen Progressionsvorbehalt nach § 32b berücksichtigt. Leistet aber statt des Arbeitgebers der Insolvenzverwalter aufgrund des übergegangenen Anspruchs (Rück-)Zahlungen an den Sozialleistungsträger für von diesem gezahltes Arbeitslosengeld, sollen diese Zahlungen nicht zu steuerpflichtigem Arbeitslohn bei dem betroffenen Arbeitnehmer führen; dem Arbeitnehmer sollen insoweit nur Leistungen zufließen, die von der Steuerbefreiungsregelung des § 3 Nr. 2 erfasst werden (OFD Koblenz 15.7.2008, DStR 2008, 2266). Dies überzeugt nicht, da kein sachlicher Grund dafür ersichtlich ist, zwischen Zahlungen des Insolvenzverwalters und des Arbeitgebers zu differenzieren). Siehe auch „Insolvenzgeld" → Rn. 697 und „Lohnersatzleistungen" → Rn. 730. 658

Forderungsverzicht des Arbeitgebers

Der Verzicht des Arbeitgebers auf die ihm zustehende Schadensersatzforderung gegen den Arbeitnehmer begründet einen geldwerten Vorteil des Arbeitnehmers; der geldwerte Vorteil fließt dem Arbeitnehmer in dem Zeitpunkt zu, in dem der Arbeitgeber zu erkennen gibt, dass er keinen Rückgriff nehmen wird (BFH 27.3.1992 – VI R 145/89, BStBl. II 1992, 837). Ein Zufluss ist nicht allein deshalb anzunehmen, weil es der Arbeitgeber es unterlässt, zunächst mit Gegenforderungen ganz oder teilweise aufzurechnen (BFH 25.1.1985 – VI R 173/80, BStBl. II 1985, 437). Siehe auch „Darlehen" → Rn. 620. 659

Flexibilisierung der Arbeitszeit

S. „Arbeitszeitkonten" → Rn. 582. 660

Freifahrtschein

S. „Fahrvergünstigungen" → Rn. 650a. 660a

Früheres Dienstverhältnis

→ Rn. 1005 ff. 661

Führerschein

Aufwendungen des Arbeitgebers dafür, dass der bei ihm beschäftigte Arbeitnehmer eine Fahrerlaubnis erwerben, um ein Betriebsfahrzeug (zB Werkstattwagen) führen zu können, können im überwiegend eigenbetrieblichen Interesse erbracht werden, wenn nicht der Arbeitnehmer ein erhebliches Eigeninteresse an dem Erwerb der Fahrerlaubnis (vgl. *Buciek* DStZ 2003, 816). Daher muss eine Bereicherung in Form ersparter Aufwendungen hinsichtlich beiläufig erworbener Kenntnisse und Fertigkeiten (Führerscheinkosten der üblichen Klasse) im Rahmen einer umfassenden Gesamtausbildung zum Polizeivollzugsdienst nicht zu Arbeitslohn eines Polizeianwärters führen, sofern das Ausbildungsinteresse des Dienstherrn 662 im Vordergrund steht (BFH 26.6.2003 – VI R 112/98, BStBl. II 2003, 886, Schulung für schwierige Verkehrslagen und Grenzsituationen zur Erlangung eines Mehrs an theoretischem und praktischem Wissen gegenüber dem Besitzer einer üblichen Fahrerlaubnis, sodass der miterlangte Erwerb der (üblichen) Fahrerlaubnis mithin bloße Dreingabe). Die Finanzverwaltung geht anhand der Fahrzeugklasse typisierend von einem eigenbetrieblichen Interesse aus (FM Bayern 16.6.2004, DStR 2004, 1217, FM Nordrhein-Westfalen 18.8.2004, DB 2004, 2557, Übernahme der Kosten für die Klasse C 1/C für Feuerwehrleute kein Arbeitslohn; LfSt Bayern 26.6.2009, DB 2009, 1902, Übernahme der Kosten für die Klasse C 1/C für Arbeitnehmer von Handwerksbetrieben kein Arbeitslohn im Alltag).

663–667 *Einstweilen frei*

Garagengeld

668 Ist der Arbeitnehmer gehalten, einen Dienstwagen, der ihm auch zur privaten Nutzung zur Verfügung steht, in einer Garage unterzustellen, so sind hierfür geleistete Zahlungen des Arbeitgebers (sog. Garagengeld) nicht als Arbeitslohn der Lohnsteuer zu unterwerfen (BFH 7.6.2002 – VI R 145/99, BStBl. II 2002, 829; BFH 7.6.2002 – VI R 24/00, BFH/NV 2003, 17). Stellt der Arbeitnehmer den Dienstwagen in einer von ihm angemieteten Garage unter, handelt es sich bei der vom Arbeitgeber erstatteten Garagenmiete um steuerfreien Auslagenersatz (BFH 7.6.2002 – VI R 145/99, BStBl. II 2002, 829, → Rn. 533). Siehe auch „Parkplätze" → Rn. 771.

Geburtstag

669 Lädt ein Arbeitgeber anlässlich eines Geburtstags eines Arbeitnehmers Geschäftsfreunde, Repräsentanten des öffentlichen Lebens, Vertreter von Verbänden und Berufsorganisationen sowie Mitarbeiter zu einem Empfang ein, ist unter Berücksichtigung aller Umstände des Einzelfalls zu entscheiden, ob es sich trotz der privaten Ursache, dem Geburtstag des Arbeitnehmers, um ein Fest des Arbeitgebers (betriebliche Veranstaltung) oder um ein privates Fest des Arbeitnehmers handelt (BFH 28.1.2003 – VI R 48/99, BStBl. II 2003, 724). Umstände, die für ein Fest des Arbeitgebers sprechen, sind: Arbeitgeber tritt als Gastgeber auf, der die Gästeliste bestimmt; Gäste sind Geschäftspartner des Arbeitgebers, Angehörige des öffentlichen Lebens sowie der Presse, Verbandsfunktionäre sowie Mitarbeiter des Arbeitgebers handelt und nicht private Freunde und Bekannte des Arbeitnehmers; Empfang findet in den Räumen des Arbeitgebers statt; Fest hat nicht den Charakter einer privaten Feier (BFH 28.1.2003 – VI R 48/99, BStBl. II 2003, 724). Liegt eine betriebliche Veranstaltung vor, ist der mit der Feier im Zusammenhang stehende Vorteil kein Arbeitslohn; es können aber Einkünfte aus nichtselbständiger Arbeit nach § 19 Abs. 1 S. 1 Nr. 1a gegeben sein (→ Rn. 920 ff.). Handelt es sich um eine Geburtstagsfeier des Arbeitnehmers (zB in seinem privaten Haushalt, der Anteil privater Bekannter überwiegt), liegt Arbeitslohn vor, wenn der Arbeitgeber die dadurch entstehenden Kosten übernimmt (Schmidt/*Krüger* § 19 Rn. 100 „Geburtstag").

Gehaltskürzung

670 Verwirkter oder aufgrund von Disziplinarmaßnahmen gekürzter Arbeitslohn wird von vornherein nicht an den Arbeitnehmer ausbezahlt und gelangt so gar nicht in seinen wirtschaftlichen Verfügungsbereich (BFH 25.4.1968 – VI R 2/66, BStBl. II 1968, 545). Einzig das gekürzte Arbeitsentgelt ist Arbeitslohn (BFH 30.10.1964 – VI 55/64 U, BStBl. III 1965, 68).

Gehaltsverzicht

671 Ein Gehaltsverzicht, der mit Verwendungsauflagen hinsichtlich der freiwerdenden Mittel verbunden ist, führt – da die Verwendungsabrede wirtschaftliche Verfügungsmacht des Arbeitnehmers begründet – zum Zufluss von Arbeitslohn (vgl. BFH 30.7.1993 – VI R 87/92, BStBl. II 1993, 884). Eine Verwendungsauflage in diesem Sinne liegt nicht vor, wenn die Mitgliederversammlung eines gemeinnützigen Vereins einen sog. Vorabzug vom Grundgehalt der für den Verein tätigen Mitglieder für satzungsgemäße Zwecke beschließt, wenn der als gemeinnützig anerkannter Verein (= Arbeitgeber) die Mittel, die ihm aufgrund der niedrigeren Zahlungen verbleiben, nicht für ganz bestimmte, von der Mitgliederversammlung ausgewählte Aufgaben verwenden soll (BFH 25.11.1993 – VI R 115/92, BStBl. II 1994, 424). „Aus Billigkeits- und Vereinfachungsgründen“ soll in bestimmten Fällen (zB Flutkatastrophen) bei Arbeitslohnspenden kein Arbeitslohn vorliegen (vgl. zB BMF 17.6.2014, BStBl. I 2014, 889).

Geistlicher

S. „Messstipendien“ → Rn. 744. 672

Gelegenheitsgeschenke

→ Rn. 504. 673

Geldbuße/-strafe/-auflage

Übernimmt der Arbeitgeber die Geldbußen/-strafen/-auflagen, die gegen seine Arbeitnehmer verhängt worden sind, handelt es sich um Arbeitslohn (BFH 14.11.2013 – VI R 36/12, BStBl. II 2014, 278, für ein Speditionsunternehmen, das Bußgelder für gegen angestellte Fahrer wegen Verstößen gegen die Lenk- und Ruhezeiten übernimmt). Denn Vorteile haben keinen Arbeitslohncharakter, wenn sie sich bei objektiver Würdigung aller Umstände nicht als Entlohnung, sondern lediglich als notwendige Begleiterscheinung betriebsfunktionaler Zielsetzung erweisen. Das ist der Fall, wenn sie aus ganz überwiegend eigenbetrieblichem Interesse des Arbeitgebers gewährt werden. Ein rechtswidriges Tun ist keine beachtliche Grundlage einer solchen betriebsfunktionalen Zielsetzung (BFH 14.11.2013 – VI R 36/12, BStBl. II 2014, 278; eine betriebsfunktionale Zielsetzung sah noch BFH 7.7.2004 – VI R 29/00, BStBl. II 2005, 367). 674

Gemeinschaftsverpflegung

S. „Verpflegung“ → Rn. 846. 675

Genussmittel und Getränke

→ Rn. 510. 676

Gesamtsozialversicherung

→ Rn. 577 (zu „Arbeitgeberanteil zur Gesamtsozialversicherung“) und → Rn. 578 (zu „Arbeitnehmeranteil zur Gesamtsozialversicherung“). 677

Gesundheitsfürsorge

Arbeitgeberleistungen zur Verbesserung des allgemeinen Gesundheitszustands und der betrieblichen Gesundheitsförderung sind Arbeitslohn, es sei denn, die Übernahme der Kosten liegt im überwiegend eigenbetrieblichen Interesse (Blümich/*Geserich* § 19 Rn. 280 „Gesundheitsvorsorge“). Die für die Frage des Arbeitslohns maßgebliche Entscheidung, ob ein überwiegend eigenbetriebliches Interesse besteht, ist Bestandteil der tatrichterlichen Überzeugungsbildung, die einer Nachprüfung durch den BFH weitgehend entzogen ist (BFH 24.3.2009 – VI B 106/08, BFH/NV 2009, 1122). In der **Übernahme von Kurkosten** durch den Arbeitgeber ist grundsätzlich Arbeitslohn zu sehen, da das große Interesse an der eigenen Gesundheit und Leistungsfähigkeit für den einzelnen Arbeitnehmer wie das Interesse des Arbeitnehmers an der Bereicherung durch die Kostenübernahme gegenüber den eigenbetrieblichen Interessen des Arbeitgebers im Vordergrund stehen (BFH 31.10.1986 – VI R 73/83, BStBl. II 1987, 142; BFH 5.11.1993 – VI R 56/93, BFH/NV 1994, 313; BFH 31.10.1986 – VI R 73/83, BStBl. II 1987, 142). Ausnahmsweise liegt in der Übernahme von Kurkosten aber kein Arbeitslohn, wenn die Teilnehmer durch Betriebsärzte ausgewählt werden, die Kur notwendig ist und sie unter betriebsärztlicher Aufsicht in einer streng auf den Kurzweck abgestellten Weise durchgeführt wird (BFH-Urteil 24.1.1975 – VI R 242/ 678

71, BStBl. II 1975, 340, Kreislauftrainingskuren). Leistungen des Arbeitgebers zur **Verbesserung des allgemeinen Gesundheitszustands** der Arbeitnehmer („**Sensibilisierungswoche**") und zur betrieblichen Gesundheitsförderung können zu steuerbarem Arbeitslohn führen, wenn sich die Vorteile bei objektiver Würdigung aller Umstände als Entlohnung und nicht lediglich als notwendige Begleiterscheinung betriebsfunktionaler Zielsetzungen erweisen (BFH 21.11.2018 – VI R 10/17, BStBl. II 2019, 404).Dagegen können vom Arbeitgeber veranlasste **unentgeltliche Vorsorgeuntersuchungen** seiner leitenden Angestellten im ganz überwiegend eigenbetrieblichen Interesse liegen bei mittelbarem Zwang durch das Inaussichtstellen finanzieller Nachteile bei dem Absehen von der Vorsorgeuntersuchung (BFH 17.9.1982 – VI R 75/79, BStBl. II 1983, 39). Ebenso können Maßnahmen zur **Vermeidung spezifisch berufsbedingter Krankheiten** im überwiegend eigenbetrieblichen Interesse liegen (BFH 30.5.2001 – VI R 177/99, BStBl. II 2001, 671, Massagen von Arbeitnehmern mit Bildschirmarbeitsplätzen; BFH 4.7.2007 – VI B 78/06, BFH/NV 2007, 1874, Rückentrainingsprogramm für Arbeitnehmer mit Bildschirmarbeitsplätzen; vgl. auch *Pust* HFR 2001, 1060). Bei Vorteilen durch **allgemein gesundheitspräventive Maßnahmen** ist, da sie zuvorderst im persönlichen Interesse der Arbeitnehmers liegen, Arbeitslohn gegeben (FG Köln 24.6.2004 – 2 K 3877/02, EFG 2004, 1622, rkr., Raucherentwöhnung; FG Düsseldorf 18.4.2013 – 16 K 922/12 L, EFG 2013, 1358, Sensibilisierungswoche, rkr., vgl. BFH 7.5.2014 – VI R 28/13, BFH/NV 2014, 1734). Dies gilt selbst dann, wenn der Arbeitnehmer mit einer Erstattung nach §§ 20, 20a SGB V rechnen kann (FG Düsseldorf 18.4.2013 – 16 K 922/12 L, EFG 2013, 1358, siehe auch § 3 Nr. 34). Liegt Arbeitslohn vor, ist dieser ggf. nach § 3 Nr. 34 steuerfrei. Siehe auch „Betriebssport" → Rn. 607, „Medikamentengestellung" → Rn. 743 und „Sehhilfen" → Rn. 798.

Getränke

679 S. „Verpflegung" → Rn. 846.

Gewinnbeteiligungs- und Vermögensbildungsmodell

680 Gutschriften beim Arbeitgeber zugunsten des Arbeitnehmers aufgrund eines der vorgenannten Modelle sind dem Arbeitnehmer dann noch nicht zugeflossen, wenn er über die gutgeschriebenen Beträge wirtschaftlich nicht verfügen kann (BFH 14.5.1982 – VI R 124/77, BStBl. II 1982, 469: kein Zufluss, wenn Arbeitnehmer das Guthaben ohne Wahlmöglichkeit 10 Jahre beim Arbeitgeber belassen muss und Arbeitnehmer in dieser Zeit keine Dispositionsbefugnis besitzen).

Golfclub

681 Wird einem früheren firmenspielberechtigten Vorstandsmitglied einer Bank nach dessen Eintritt in den Ruhestand eine Ehrenmitgliedschaft in einem Golfclub gewährt und verzichtet der Golfclub dabei auf die Mitgliedsbeiträge, liegt nur dann Arbeitslohn vor, wenn mit der Zuwendung die Arbeitsleistung des Vorstandsmitglieds entlohnt werden soll; Arbeitslohn liegt in einem solchen Fall nicht allein deshalb vor, weil die Ehrenmitgliedschaft allen firmenspielberechtigten Vorstandsmitgliedern einer Bank gewährt wurde oder der Arbeitgeber an der Verschaffung der Ehrenmitgliedschaft mitgewirkt hat – entscheidend ist vielmehr der Rechtsgrund der Zuwendung (BFH 17.7.2014 – VI R 69/13, BStBl. II 2015, 41).

Grundstück

682 Der Verkauf eines Grundstücks unterhalb des Verkaufswerts führt insoweit und selbst dann zu Arbeitslohn, wenn der Arbeitgeber die Grundstücke außerhalb des normalen Geschäftsverkehrs auch Arbeitnehmern einer (Minderheits-)Beteiligungsgesellschaft verbilligt zum Kauf anbietet (FG Münster 5.2.1997 – 1 K 156/96 E, EFG 1997, 1511, rkr.). Für den **Zuflusszeitpunkt,** der in der Erlangung der wirtschaftlichen Verfügungsmacht liegt, ist bei Grundstücken regelmäßig der Zeitpunkt maßgebend, von dem ab der Erwerber nach dem Willen der Vertragspartner wirtschaftlich über das Grundstück verfügen kann (idR Übergang von Besitz, Gefahr, Nutzen und Lasten auf den Erwerber, aber auch zu einem früheren als im notariellen Kaufvertrag festgelegten Zeitpunkt, zB bei vorzeitiger Übernahme der Wohnung,

Übergabe aller Schlüssel, Zahlung von Wohngeld und zumindest zeitweiser Benutzung (BFH 10.11.1989 – VI R 155/85, BFH/NV 1990, 290). Überlässt dagegen ein Fertighaushersteller seinem Arbeitnehmer ein Fertighaus mit einem Nachlass auf den Listenpreis und ist dieser Preisnachlass von der Erfüllung einer Reihe von Auflagen abhängig, so ist der Vorteil der Vergünstigung dann kein Arbeitslohn, wenn er etwa dem Wert der übernommenen Auflagen entspricht (FG Rheinland-Pfalz 5.10.1978 – III 191/76, EFG 1979, 122, rkr.). Siehe auch „Dienstwohnung" → Rn. 629.

Gruppenunfallversicherung

S. „Unfallversicherung" → Rn. 830. 683

Einstweilen frei 684–688

Haustrunk

Die Gewährung unentgeltlichen Haustrunks an Arbeitnehmer des Brauereigewerbes ist Arbeitslohn (BFH 27.3.1991 – VI R 126/87, BStBl. II 1991, 720, auch keine Ausgestaltung des Arbeitsplatzes da nicht zum Verbrauch im Betrieb, sondern zum häuslichen Verzehr bestimmt). 689

Einstweilen frei 690–694

Incentive-Reisen

Incentive-Reise = eine Reise, die ein Unternehmen bestimmten Arbeitnehmern als Anreiz zur Leistungssteigerung, als Prämie oÄ stiftet. **(1.) Arbeitslohn:** Vorteile im Zusammenhang mit einer Incentive-Reise stellen grundsätzlich Arbeitslohn dar, weil der sich daraus ergebende geldwerte Vorteil im Zusammenhang mit dem Dienstverhältnis steht (BFH 9.3.1990 – VI R 48/87, BStBl. II 1990, 711; Blümich/*Geserich* § 19 Rn. 280 „Incentive-Reisen"). Dies gilt ausnahmsweise nicht, wenn die mit der Gewährung einer Incentive-Reise verbundenen Vorteile bei objektiver Würdigung aller Umstände nicht als Entlohnung, sondern lediglich als notwendige Begleiterscheinung betriebsfunktionaler Zielsetzung erweisen. Dies ist der Fall, wenn der jeweils verfolgte betriebliche Zweck ganz im Vordergrund steht und ein eigenes Interesse des Arbeitnehmers, den betreffenden Vorteil zu erlangen, vernachlässigt werden kann (BFH 2.7.2008 – VI B 21/08, BFH/NV 2008, 1680; BFH 5.9.2006 – VI R 65/03, BStBl. II 2007, 312; BFH 5.9.2006 – VI R 49/05, BFH/NV 2007, 217; BFH 11.1.2007 – VI R 69/02, BFH/NV 2007, 708), zB Vornahme von Geschäftsabschlüssen, Verhandlung mit Geschäftspartnern des Arbeitgebers, Beratungsleistungen, Lieferungsbetreuung usf. (Blümich/*Geserich* § 19 Rn. 280 „Incentive-Reisen"). Diese Grundsätze gelten auch dann, wenn die Reise für den Arbeitnehmer mit angenehmen Begleitumständen verbunden ist (Blümich/*Geserich* § 19 Rn. 280 „Incentive-Reisen"; *Geserich* DStR 2014, 561; BFH 16.10.2013 – VI R 78/12, BStBl. II 2015, 495, zu einem Kundenbetreuer auf einem Regattabegleitschiff). **Anhaltspunkte für** einen **Incentive-Charakter** der Reise können sein: Auswahl der Reiseteilnehmer, nicht unerheblicher Umfang der auch touristischen Reise-Elemente; Arbeitnehmer werden von ihren Ehegatten bzw. ihrem Lebenspartner iSd § 2 Abs. 8 begleitet und es ist unklar, inwieweit sie durch die ihnen vom ArbG übertragenen Gästebetreuungsaufgaben tatsächlich belastet sind (zB BFH 5.9.2006 – VI R 65/03, BStBl. II 2007, 312), die mit der Betreuung der Reiseteilnehmer beauftragten Arbeitnehmer können an den touristischen Elementen der Reise gemeinsam mit den zu Betreuenden teilnehmen (BFH 11.1.2007 – VI R 69/02, BFH/NV 2007, 708). Umgekehrt können **Indizien für eine überwiegend eigenbetrieblich veranlasste Incentive-Reise** sein, dass der Arbeitnehmer auf Weisung des Arbeitgebers auf der Reise überwiegend Kunden u. Geschäftsfreunde betreuen muss (BFH 5.9.2006 – VI R 65/03, BStBl. II 2007, 312), sodass für ihn als Betreuungsperson der Betreuungscharakter den Urlaubscharakter der Reise so gut wie verdrängt (BFH 9.12.2010 – VI R 43/09, BStBl. II 2011, 522) oder die Reisetage sind während der normalen Arbeitszeit mit dienstlichen Tätigkeiten ausgefüllt (BFH 5.9.2006 – VI R 49/05, BFH/NV 2007, 217). Es obliegt in erster Linie tatrichterlicher Würdigung, ob die dem Arbeitnehmer übertragenen Organisationsaufgaben und Betreuungsaufgaben von solchem Gewicht sind, dass ein Interesse des Arbeitnehmers an der Teilnahme des touristi- 695 schen Programms in den Hintergrund treten kann (BFH 2.7.2008 – VI B 21/08, BFH/NV 2008, 1680). **(2.) Aufteilung in Arbeitslohn und nicht steuerbare Zuflüsse:** Ergibt die **Würdigung aller Umstände des Einzelfalls** eine gemischt veranlasste Incentive-Reise (nur teilweise eigenbetriebliches Interesse), gelten für die deshalb notwendige Aufteilung in Arbeitslohn und nicht steuerbare Zuflüsse folgende Kriterien (BFH 18.8.2005 – VI R 32/03, BStBl. II 2006, 30; BFH 24.8.2010 – VI B 14/10, BFH/NV 2011, 24): (a) Zunächst sind die Kostenbestandteile der Reise abzutrennen, die sich **leicht und eindeutig** dem betriebsfunktionalen Bereich (zB Zurverfügungstellen von Tagungsräumen nebst Ausstattung, Tagungsunterlagen und Referenten) bzw. dem Bereich, der sich als geldwerter Vorteil darstellt (zB touristisches Programm, Ausflüge, Spiel- u. Sportprogramm, gemeinsame Feiern u. Unterhaltung), zuordnen lassen. (b) Die danach verbleibenden **nicht trennbaren allgemeinen Kosten** (zB der Beförderung, Verpflegung, Unterbringung, allg. Betreuung, Organisation) sind sodann grundsätzlich im Wege sachgerechter Schätzung aufzuteilen, wobei der **Aufteilungsmaßstab** in der Regel das Verhältnis der Zeitanteile heranzuziehen ist, in dem Reise-Bestandteile mit Vorteilscharakter zu den aus betriebsfunktionalen Gründen durchgeführten Reise-Bestandteilen stehen. (c) **Verpflegungsmehraufwendungen,** die über die Pauschbeträge des § 9 Abs. 4a hinausgehen, sind Arbeitslohn; dabei sind wegen der gemischten Veranlassung der Incentive-Reise die Verpflegungsmehraufwendungen nur mit dem Prozentsatz zu berücksichtigen, der nach dem – regelmäßig zeitlich bedingten – Aufteilungsmaßstab für die nicht trennbaren allgemeinen Kosten gilt; beträgt zB der Anteil für das überwiegend eigenbetriebliche Interesse 60%%, scheidet insoweit eine Zuwendung von Arbeitslohn aus (Schmidt/*Krüger* § 19 Rn. 100 „Incentivereisen"). **(3.) Bewertung:** Der Wert einer dem Arbeitnehmer durch den Arbeitgeber zugewandten Reise kann grundsätzlich **anhand der Kosten geschätzt** werden, die der Arbeitgeber für die Reise aufgewendet hat; sofern sich ein Beteiligter auf eine abweichende Wertbestimmung beruft, muss er konkret darlegen, dass eine Schätzung des üblichen Endpreises am Abgabeort nach den aufgewandten Kosten dem objektiven Wert der Reise nicht entspricht (BFH 18.8.2005 – VI R 32/03, BStBl. II 2006, 30). Siehe auch „Auslandsreisen" → Rn. 593.

Insolvenz

696 Gelangt pfändbarer Arbeitslohn des Insolvenzschuldners als Neuerwerb zur Insolvenzmasse, liegt allein darin keine Verwaltung der Insolvenzmasse in anderer Weise iSd § 55 Abs. 1 Nr. 1 InsO, sodass die auf die Lohneinkünfte zu zahlende Einkommensteuer keine vorrangig zu befriedigende Masseverbindlichkeit ist (BFH 24.2.2011 – VI R 21/10, BStBl. II 2011, 520; aA Gosch AO/FGO/*Neumann* AO § 251 Rn. 70.4: Nachzahlungsanspruch der Finanzbehörde belaste ausschließlich die Insolvenzmasse; zur Abgrenzung gegenüber den Einkünften aus selbständiger Tätigkeit vgl. BFH 16.4.2015 – III R 21/11, DStRE 2015, 1264). Kein „Arbeitseinkommen" sind Lohnsteuererstattungsansprüche; ein Anspruch auf Erstattung von Lohnsteuer, auch wenn er durch eine steuerpflichtige Tätigkeit des Schuldners während des Insolvenzverfahrens begründet worden ist, gehört daher nicht zum insolvenzfreien Vermögen und kann vom Finanzamt nicht mit vorinsolvenzlichen Steuerschulden des Insolvenzschuldners verrechnet werden (BFH 29.1.2010 – VII B 188/09, BFH/NV BFH/NV 2010, 1243).

Insolvenzgeld

697 **Insolvenzgeld** ist nach § 3 Nr. 2 steuerfrei und unterliegt nach § 32b Abs. 1 S. 1 Nr. 1 Buchst. a dem Progressionsvorbehalt. Soweit Insolvenzgeld vorfinanziert wird, das nach § 188 Abs. 1 SGB III einem Dritten zusteht, ist die Gegenleistung für die Übertragung des Arbeitsentgeltanspruchs als Insolvenzgeld iSd § 32b Abs. 1 Nr. 1 Buchst. a anzusehen (Gegenleistung ist Äquivalent zum Insolvenzgeld); die an den Arbeitnehmer gezahlten Entgelte hat dieser iSd § 32b Abs. 1 Nr. 1 Buchst. a bezogen, wenn sie ihm nach den Regeln über die Überschusseinkünfte zugeflossen sind (BFH 1.3.2012 – VI R 4/11, BStBl. II 2012, 596). Entstehen einem Arbeitnehmer, der Insolvenzgeld erhält, Werbungskosten, können diese bei den Einkünften aus nichtselbständiger Arbeit abziehbar sein, wenn zwischen den fraglichen Aufwendungen und dem Insolvenzgeld kein unmittelbarer wirtschaftlicher Zusammenhang iSd § 3c besteht (BFH 23.11.2000 – VI R 93/98, BStBl. II 2001, 199, Werbungskostenabzug bejaht für Fahrten zwischen Wohnung und erster Tätigkeitsstätte).

Intensivlohn

Zum Arbeitslohn und seiner Besteuerung bei Intensivlohnmodellen mit und ohne Barlohnumwandlung vgl. *Wagner* BB 1998, Beilage 11 zu Heft 11. Siehe auch „Mitarbeiterbeteiligung" → Rn. 749. **698**

Internet

S. „Telekommunikation" → Rn. 819. **699**

Instrumentengeld

Ein an angestellte Musiker für die Abnutzung eigener Musikinstrumente gezahltes pauschales Instrumentengeld ist steuerpflichtiger Arbeitslohn; dagegen kann ein pauschales Rohrgeld, Blattgeld oder Saitengeld steuerfreier Auslagenersatz iSd § 3 Nr. 50 (→ Rn. 533) sein (BFH 21.8.1995 – VI R 30/95, BStBl. II 1995, 906). **700**

Einstweilen frei **701–705**

Jahresnetzkarte

Die Einräumung des Rechts zum Erwerb einer vergünstigten Jahresnetzkarte (Jobticket) ist Arbeitslohn in Form eines Sachbezugs (§ 8 Abs. 2 S. 1), soweit sich dies für den Arbeitnehmer als Frucht seiner Arbeit für den Arbeitgeber darstellt (allen Arbeitnehmern wird das Recht zum Bezug vergünstigter Jahresnetzkarten eingeräumt); dieser geldwerte Vorteil, dessen Höhe sich nach der Differenz zwischen dem Verkaufspreis des Verkehrsunternehmens im Rahmen eines Jobticketprogramms und der Zuzahlung des Arbeitnehmers bestimmt, fließt den Arbeitnehmern mit Ausübung des Bezugsrechts zu, also dem Erwerb der Jahresnetzkarten (BFH 14.11.2012 – VI R 56/11, BStBl. II 2013, 382). Ausgangspunkt für die Wertermittlung einer (zB an Pensionäre) unentgeltlich überlassenen Bahncard ist deren Marktwert, also derjenige Betrag, den ein fremder Dritter am Abgabeort üblicherweise zu entrichten hätte; dieser Betrag hängt nicht davon ab, in welchem Umfang die Netzkarte tatsächlich genutzt wird. Ggf. ist der Ausgangsbetrag gemäß § 8 Abs. 3 um einen Bewertungsabschlag von 4% und den Rabattfreibetrag zu kürzen (BFH 29.10.2004 – VI B 186/03, BFH/NV 2005, 206, zur Eisenbahn-Netzkarte; FG München 8.4.2014 – 6 K 1712/13, EFG 2014, 1303). Siehe auch H 8.1 (1-4) „Jobticket" LStH 2015 (Gewährung eines 4%-igen Abschlags nach § 8 Abs. 3, LStR 8.1 Abs. 2 S. 3). S. „Jobticket" → Rn. 708 und „Bahncard" → Rn. 599. **706**

Jahreswagen

Überlässt ein Arbeitgeber – direkt oder im Konzernverbund – verbilligt Jahreswagen, stellt dies einen Unterfall der Gewährung von Personalrabatten dar und kann zu Arbeitslohn führen (vgl. BFH 4.6.1993 – VI R 95/92, BStBl. II 1993, 687; Schmidt/*Krüger* § 19 Rn. 57). Dabei führt eine einjährige Veräußerungssperre nicht zu einem Wertabschlag (BFH 2.2.1990 – VI R 15/86, BStBl. II 1990, 472). Überlässt der Generalvertreter für Fahrzeuge eines bestimmten Herstellers seinen Verkäufern fabrikneue PKW dieses Herstellers mit einem Rabatt auf den Listenpreis, so kann darin auch dann ein steuerpflichtige Arbeitslohn (unter Berücksichtigung eines normalen Rabatts) liegen, wenn der Hersteller die Fahrzeuge zuvor dem Generalvertreter verbilligt geliefert hat, weil er Wert darauf legt, dass die Verkäufer PKW seines Fabrikats im Außendienst benutzen (BFH 6.3.1992 – VI R 43/89, BFH/NV 1992, 651). Siehe auch „Personalrabatt" → Rn. 772. **707**

Jobticket

S. „Jahresnetzkarte" → Rn. 706. **708**

Einstweilen frei **709–713**

Kammerbeiträge

714 **Kammerbeiträge** für Geschäftsführer von Wirtschaftsprüfungsgesellschaften, die vom Arbeitgeber übernommen werden, sind Arbeitslohn. Die Mitgliedschaft in der Berufskammer ist unabdingbar für die Ausübung des Berufs eines Wirtschaftsprüfers bzw. Steuerberaters. Die Zahlung der Kammerbeiträge durch den Arbeitgeber liegt damit in besonderer Weise im eigenen Interesse des Arbeitnehmers, sodass der Arbeitslohnqualität kein überwiegend eigenbetriebliches Interesse des Arbeitgebers entgegensteht (BFH 17.1.2008 – VI R 26/06, BStBl. II 2008, 378). Dagegen wird geltend gemacht, dass die übernommenen Beitragsleistungen ausschließlich der Berufstätigkeit des Arbeitnehmers zugutekämen und sich sich in seiner Berufssphäre verbrauchten. Mithin sei die Übernahme nicht „Ertrag" der Arbeit (*Krüger* DStR 2013, 2029 (2036 f.)). Dies ist abzulehnen (→ Rn. 603).

Katholische Geistliche

715 Zur lohnsteuerrechtlichen Behandlung der Pflichtbeiträge katholischer Geistlicher vgl. BMF 6.12.1994, BStBl. I 1994, 921.

Kontogebühren

716 Eine gebührenfreie Kontenführung für Arbeitnehmer einer Zentralbank durch Mitgliedsbanken führt bei den Arbeitnehmern grundsätzlich zu lohnsteuerpflichtigen Bezügen (FG Münster 11.12.1996 – 8 K 6360/93 L, EFG 1997, 608). Siehe auch „Arbeitgeberersatz" → Rn. 579.

Kindergärten

717 → Rn. 529 und → Rn. 531.1.

Kirchenbeamte

718 Die Übernahme von Beitragsleistungen zur freiwilligen Versicherung in der gesetzlichen Rentenversicherung durch den Arbeitgeber für sog. Kirchenbeamte stellt Arbeitslohn dar (vgl. nunmehr BFH 24.9.2013 – VI R 8/11, BStBl. II 2014, 124; anders noch BFH 5.9.2006 – VI R 38/04, BStBl. II 2007, 181: Die Funktion der freiwilligen Versicherung erschöpfe in der Anrechnung auf die beamtenrechtliche Versorgungsbezüge. Auf diese Weise entlaste sich der Arbeitgeber von seiner Pensionsverpflichtung. Wirtschaftlich diene die Zahlung der Beiträge zur freiwilligen Versicherung der Sicherung und Finanzierung der Pensionszusage und erfolge deshalb aus ganz überwiegend eigenbetrieblich Interesse des Arbeitgebers; dazu BMF 13.2.2007, BStBl. I 2007, 270: Nichtanwendungserlass bis einschließlich VZ 2012, vgl. BMF 24.3.2014, BStBl. I 2014, 606.

Kraftfahrzeuggestellung

719 Die unentgeltliche oder verbilligte Überlassung eines Dienstwagens durch den Arbeitgeber an den Arbeitnehmer für dessen Privatnutzung führt unabhängig davon, ob und in welchem Umfang der Arbeitnehmer das Fahrzeug tatsächlich privat nutzt, zu Arbeitslohn (BFH 21.3.2013 – VI R 31/10, BStBl. II 2013, 700). Die unbefugte Privatnutzung eines betrieblichen Kraftfahrzeugs stellt keinen Arbeitslohn dar (BFH 18.4.2013 – VI R 23/12, BStBl. II 2013, 920; BFH 21.3.2013 – VI R 42/12, BStBl. II 2013, 918; BFH 21.3.2013; BFH 21.3.2013 – VI R 46/11, BStBl. II 2013, 1044). Steht nicht fest, dass der Arbeitgeber dem Arbeitnehmer einen Dienstwagen zur privaten Nutzung überlassen hat, kann auch der Beweis des ersten Anscheins diese fehlende Feststellung nicht ersetzen (BFH 21.3.2013 – VI R 42/12, BStBl. II 2013, 918). Dies gilt auch bei angestellten Geschäftsführern einer GmbH. Auch in einem solchen Fall lässt sich kein allgemeiner Erfahrungssatz des Inhalts feststellen, dass ein Privatnutzungsverbot nur zum Schein ausgesprochen ist oder der (Allein-)Geschäftsführer ein Privatnutzungsverbot generell missachtet (BFH 21.3.2013 – VI R 42/12, BStBl. II 2013, 918). Nutzt der Gesellschafter-Geschäftsführer den betrieblichen PKW allerdings unbefugt privat, liegt kein Arbeitslohn, sondern eine vGA vor (BFH 21.3.2013 – VI R 46/11, BStBl. II 2013, 1044).

Krankenversicherung

Arbeitgeberbeiträge zur Krankenversicherung sind zwar Arbeitslohn (§ 2 Abs. 2 Nr. 3 LStDV, → Rn. 557), die jedoch unter den Voraussetzungen des § 3 Nr. 1 Buchst. a steuerfrei sind. 720

Krankheit

Lohnfortzahlung im Krankheitsfall führt, da sie auf dem Dienstverhältnis beruht und im weitesten Sinne Ertrag der Arbeit darstellt, zu Arbeitslohn (Schmidt/*Krüger* § 19 Rn. 100 „Lohnfortzahlung im Krankheitsfall“). 721

Kreditkarten

S. „Firmenkreditkarten“ → Rn. 657. 722

Kuren

S. „Gesundheitsfürsorge“ → Rn. 678. 723

Künftige Vorteile

Soll ein Arbeitnehmer an einem künftigen Veräußerungserlös des Unternehmens, für das er tätig ist, beteiligt werden, ist die Zahlung im Zeitpunkt des Zuflusses Arbeitslohn (BFH 3.7.2019 – VI R 12/16, BFH/NV 2020, 12). 724

Einstweilen frei 725–728

Leistungsschutzrechte

Zahlt ein Musiktheater an seine angestellten Orchestermusiker Vergütungen für die Übertragung von Leistungsschutzrechten betreffend Fernsehausstrahlungen, so handelt es sich nicht um Arbeitslohn, sondern um Einnahmen aus selbständiger Arbeit, wenn die Leistungsschutzrechte nicht bereits aufgrund des Arbeitsvertrages auf den Arbeitgeber übergegangen und die Höhe der jeweiligen Vergütungen in gesonderten Vereinbarungen festgelegt worden sind (BFH 6.3.1995 – VI R 63/94, BStBl. II 1995, 471). 729

Lohnersatzleistungen

Lohnersatzleistungen wie zB Arbeitslosengeld können nach § 3 Nr. 2 steuerfrei sein. Bei Lohnneben- und Lohnersatzleistungen an Arbeitnehmer im Baugewerbe, Gerüstbaugewerbe, Dachdeckerhandwerk, Maler- und Lackiererhandwerk, für die die Arbeitgeber bestimmte Vomhundertsätze der Bruttolohnsumme an die Urlaubs-, Lohnausgleichs- oder Sozialkasse abzuführen haben, stellen diese Arbeitgeberbeiträge keinen Arbeitslohn dar; die späteren Zahlungen der Lohnneben- und Lohnersatzleistungen sind Arbeitslohn (Blümich/*Geserich* § 19 Rn. 230; Schmidt/*Krüger* § 19 Rn. 100 „Lohnersatzleistungen; Lohnnebenkosten“; OFD Frankfurt a.M. 27.1.2004, DB 2004, 407, mit weiteren Ausführungen zum LSt-Abzugsverfahren ua nach § 38 Abs. 3a S. 1). Siehe auch „Forderungsübergang auf Sozialleistungsträger“ → Rn. 658 und „Insolvenzgeld“ → Rn. 697. 730

Lohnsteuer

Vom Arbeitgeber zu Unrecht angemeldete und an das Finanzamt abgeführte Lohnsteuer ist im Fall der Erstattung an den Arbeitnehmer oder Anrechnung beim Arbeitnehmer – jedenfalls wenn der Abzug der Lohnsteuer nicht mehr nach § 41c Abs. 3 geändert werden kann – nach zutreffender hM Arbeitslohn (BFH 17.6.9 – VI R 46/07, BStBl. II 2010, 72; Blümich/*Geserich* § 19 Rn. 280 „Lohnsteuer“; *ders.*, HFR 2009, 1202; Kirchhof/*Eisgruber* § 19 Rn. 78 „Lohnsteuer“), wenn der Arbeitnehmer dadurch einen Vorteil erlangt, dass ihm diese Lohnsteuer tatsächlich erstattet oder angerechnet wird (*Steinhauff* jurisPR-SteuerR 47/2009 Anm. 5, unter D.3). Denn es kommt nicht darauf an, ob die (nachträglich) lohnversteuerten Einkünfte tatsächlich der sachlichen Einkommensteuerpflicht unterliegen (BFH 731

29.11.2000 – I R 102/99, BStBl. II 2001, 195). Daher ist die davon abweichende Auffassung abzulehnen, nach der die hM dazu führe, dass zu Unrecht abgeführte Lohnsteuer ihrerseits der Einkommensteuer unterliege, wodurch „Nichtlohn" zu Arbeitslohn würde, was §§ 11 und 19 widerspreche und auch nicht § 41c Abs. 3 gestützt werden könne. Dasselbe gilt für die beim Arbeitgeber als Haftenden nachträglich erhobene Lohnsteuer und zwar auch dann, wenn dieser sich den Rückgriff beim Arbeitnehmer durch fehlende Aufzeichnungen unmöglich gemacht hat (vgl. BFH 21.2.1992 – VI R 41/88, BStBl. II 1992, 443). Eine Gewährung zusätzlichen Arbeitslohnes liegt dagegen nicht vor, wenn es der Arbeitgeber irrtümlich unterlässt, den Barlohn des Arbeitnehmers um den gesetzlichen Arbeitnehmeranteil zu kürzen und die Unmöglichkeit einer Rückbelastung wegen Eintritts der gesetzlichen Lastenverschiebung zum endgültigen Verbleiben des Vorteils beim Arbeitnehmer führt. In diesen Fällen liegt zwar eine Bereicherung der Arbeitnehmer darin, dass ihm der Arbeitslohn unvermindert um den Arbeitnehmeranteil zur Sozialversicherung verbleibt. Dies beruht darauf, dass nach Ablauf der hierfür geltenden sozialrechtlichen Frist der Arbeitgeber nicht mehr den Arbeitnehmeranteil des Sozialversicherungsbeitrags vom Arbeitslohn einbehalten kann und sich durch diese endgültige Befreiung von der sozialversicherungsrechtlichen Beitragslast die Vermögenslage der Arbeitnehmer verbessert hat; allerdings ist dieser Vorteil nicht „für" die Arbeitsleistung des Arbeitnehmers gewährt, weil die Bereicherung durch die Verschiebung der sozialversicherungsrechtlichen Beitragslast, dh kraft Gesetzes, eingetreten ist (BFH 29.10.1993 – VI R 4/87, BStBl. II 1994, 194). Ebenfalls kein (letztlich „hochgerechneter") Arbeitslohn ist darin zu sehen, dass er Lohnsteuerabzug unterblieben ist, weil die Beteiligten eines Dienstverhältnisses irrtümlich von freier Mitarbeit ausgehen. Als Arbeitslohn sind (nur) die zugeflossenen Einnahmen (Barlohn und Sachbezüge) zu erfassen (BFH 23.4.1997 – VI R 12/96, VI R 99/96, BFH/NV 1997, 656). Zur Lohnsteuer, die der Arbeitgeber wegen einer Nettolohnvereinbarung übernimmt, s. „Nettolohnvereinbarung" → Rn. 757. Siehe auch „Lohnsteuernachforderung und Lohnsteuerhaftung" → Rn. 723.

Lohnsteuernachforderung und Lohnsteuerhaftung

732 S. „Lohnsteuer" → Rn. 731.

Lohnzuschläge

733 **Lohnzuschläge** für Mehrarbeit und Erschwerniszuschläge, wie Hitzezuschläge, Wasserzuschläge, Gefahrenzuschläge, Schmutzzulagen etc sind Arbeitslohn (vgl. Schmidt/*Krüger* § 19 Rn. 100 „Erschwerniszuschläge"; LStR 19.3 Abs. 1 S. 2 Nr. 1).

Lösegeldzahlungen

734 **Lösegeldzahlungen** des Arbeitgebers für die Freilassung seines Arbeitnehmers und/oder seiner Familienangehörigen sollen kein Arbeitslohn sein (Blümich/*Geserich* § 19 Rn. 280 „Lösegeld" und Schmidt/*Krüger* § 19 Rn. 100 „Lösegeld": nicht einkommensteuerbare Aufwendungen zur Ausgestaltung des Arbeitsplatzes; HHR/*Pflüger* § 19 Rn. 600 „Lösegeld": geldwerter Vorteil fehle bzw. ganz überwiegend eigenbetriebliches Interesse an Erhaltung der Arbeitskraft; Kirchhof/*Eisgruber* § 19 Rn. 78 „Lösegeld": Arbeitnehmer wegen Zahlung an Entführer objektiv nicht bereichert sowie keine Leistung „für" den Arbeitnehmer, da dieser nicht als Subjekt, sondern nur als Objekt an der Tauschhandlung „Geld gegen Freiheit des ArbN" teilnehme; *Wunderlich* DStR 1996, 2003 (2005 f.): kein geldwerter Vorteil, da persönliche Freiheit, Gesundheit und Leben, die der Arbeitgeber dem Arbeitnehmer durch die Lösegeldzahlung verschaffe, höchstpersönliche Güter ohne einen in Geld ausdrückbaren Marktwert zu haben; **aA** KSM/*Söhn* § 19 B 1000 „Bewachung des ArbN": Arbeitslohn, da es sich um den Ersatz privater Aufwendungen handelt). Dem ist für den Fall zuzustimmen, dass die Lösegeldforderung an den Arbeitgeber gestellt wird. Richten die Entführer ihre Forderung hingegen an den Arbeitnehmer, die dann der Arbeitgeber tilgt, handelt es sich um Arbeitslohn, wenn die Übernahme der (rechtswidrigen) Verbindlichkeit durch das konkrete Dienstverhältnis – was in der Regel der Fall sein dürfte – veranlasst ist und die Zahlung des Arbeitgebers nicht im überwiegend eigenbetrieblichen Interesse erfolgt. Ein überwiegend eigenbetriebliches Interesse ist entgegen der vorgenannten h.L. nur ausnahmsweise zu vernei-

nen, da der prinzipiell hohe Vorteil aus der Lösegeldzahlung nicht unerheblich ist (→ Rn. 544) und der Arbeitnehmer ein außerordentlich hohes Interesse an der mit der Lösegeldzahlung verknüpften Wiedererlangung seiner Freiheit und derjenigen seiner Familienangehörigen hat (ähnlich Heuermann/Wagner LSt/*K. Wagner* D Rn. 1 „Lösegeld"; vgl. vgl. auch BFH 5.4.2006 – IX R 109/00, BStBl. II 2006, 541: nicht unerhebliches Eigeninteresse bei Sicherheitsmaßnahmen am Wohnhaus eines Arbeitnehmers bei Gefährdung ua von Leben, Gesundheit und Freiheit). Ist die Entführung der Erwerbssphäre zuzuordnen, kann der Arbeitnehmer einen Betrag in Höhe der Lösegeldzahlung über die Grundsätze des Werbungskostenersatzes (→ Rn. 532 f.) als Werbungskosten abziehen (ähnlich Heuermann/Wagner LSt/*K. Wagner* D Rn. 1 „Lösegeld"; vgl. auch BFH 5.4.2006 – IX R 109/00, BStBl. II 2006, 541: Werbungskosten bei Sicherheitsmaßnahmen gegen konkrete, mit dem Beruf zusammenhängende Gefährdung). Siehe auch „Sicherheitsmaßnahmen" → Rn. 802.

Losgewinne

S. „Verlosung" → Rn. 842. **735**

Einstweilen frei **736–740**

Mahlzeitengestellung

S. „Verpflegung" → Rn. 846. **741**

Massagen

S. „Gesundheitsfürsorge" → Rn. 678. **742**

Medikamentengestellung

Medikamentengestellung kann unter den besonderen Umständen des Einzelfalls im überwiegend eigenbetrieblichen Interesse erfolgen (BFH 24.1.1975 – VI R 242/71, BStBl. II 1975, 340). **743**

Messstipendien

Messstipendien (Stiftungs- oder Manualstipendien), die Gläubige einem Priester zahlen, damit dieser eine Messe in der von den Gläubigen gewünschten Meinung feiert, rechnen als „Drittlohn" wegen des rechtlichen und tatsächlichen Zusammenhangs mit dem Dienstverhältnis zu dessen Einkünften aus nichtselbständiger Arbeit (FG Niedersachsen 10.10.2003 – 11 K 191/03, EFG 2004, 901, rkr., mit Ausführungen zum Kirchenrecht; Blümich/*Geserich* § 19 Rn. 280 „Geistliche"; Schmidt/*Krüger* § 19 Rn. 100 „Pfarrer"). Siehe auch „Kirchenbeamte" → Rn. 718. **744**

Metergelder

Metergelder der Möbeltransportarbeiter sind Arbeitslohn, wenn ein Rechtsanspruch hierauf besteht (BFH 9.3.1965 – VI 109/62 U, BStBl. III 1965, 426). **745**

Mitgliedsbeiträge

S. „Golfclub" → Rn. 681 und „Repräsentation" → Rn. 785. **746**

Mietkostenzuschuss

S. „Dienstwohnung" → Rn. 629. **747**

Minister

Minister, die von ihrem Dienstherrn Zuwendungen aus ihrem öffentlich-rechtlichen Dienstverhältnis zu ihrer Gebietskörperschaft erhalten, beziehen – wie Beamte – Arbeitslohn (*Stöcker* NJW 2000, 609 (611), mit weiteren Ausführungen zu Aufsichtsratsvergütungen, **748**

Leistungen durch Dritte, Schmier- und Bestechungsgeldern und freigebigen Zuwendungen; *Lohr* DStR 1997, 1230 (1232)). Auch → Rn. 335.

Mitarbeiterbeteiligungen in Management-Buy-Out-Strukturen

749 Erhalten nicht selbständig beschäftigte Angehörige des Managements variable Gehaltsbestandteile, handelt es sich um Arbeitslohn (*vom Braunschweig* DB 1998, 1831). Siehe auch „Aktienoptionen" → Rn. 57 und „Intensivlohn" → Rn. 698.

Mitarbeiter-Vorteilsprogramm

750 Auch Preisvorteile und Rabatte, die Arbeitnehmer von Dritten erhalten, sind nur dann Lohn, wenn sie sich für den Arbeitnehmer als Frucht seiner Arbeit für den Arbeitgeber darstellen und im Zusammenhang mit dem Dienstverhältnis stehen; davon kann ausgegangen werden, wenn der Dritte damit anstelle des Arbeitgebers die Arbeitsleistung des Arbeitnehmers entgilt, indem der Arbeitgeber etwa einen ihm zustehenden Vorteil im abgekürzten Weg an seine Mitarbeiter weitergibt (BFH 18.10.2012 – VI R 64/11, BStBl. II 2015, 184). Arbeitslohn liegt in solchen Fällen nicht allein deshalb vor, weil der Arbeitgeber an der Verschaffung der Rabatte mitgewirkt hat; dies gilt erst recht, wenn er von der Rabattgewährung nur Kenntnis hatte oder hätte haben müssen (BFH 18.10.2012 – VI R 64/11, BStBl. II 2015, 184). Das BMF setzt mit seinem „Anwendungserlass" vom 20.1.2015 (BStBl. I 2015, 143) von dieser Rechtsprechung abweichendes Verwaltungsrecht, indem es den Arbeitslohncharakter im Wesentlichen davon abhängig machen möchte, ob der Arbeitgeber an der Verschaffung von Preisvorteilen aktiv mitgewirkt (aus dem Handeln des Arbeitgebers ist ein Anspruch des Arbeitnehmers auf den Preisvorteil entstanden/der Arbeitgeber hat für den Dritten Verpflichtungen übernommen); gleiches soll gelten bei enger wirtschaftlicher oder tatsächlicher Verflechtung oder enger Beziehung sonstiger Art (zB Organschaftsverhältnis) bzw. wenn dem Arbeitnehmer Preisvorteile von einem Unternehmen eingeräumt werden, dessen Arbeitnehmer ihrerseits Preisvorteile vom Arbeitgeber erhalten (BMF 20.1.2015, BStBl. I 2015, 143 mit weiteren Detailregelungen). Die im Interesse der Vereinfachung liegenden Kriterien stehen außerhalb bisheriger Rechtsgrundsätze und sind daher abzulehnen.

Mobilitätsbeihilfen

751 **Mobilitätsbeihilfen** nach sozialversicherungsrechtlichen Vorschriften sind nach § 3 Nr. 2 steuerfrei. Zu den Einzelheiten vgl. (→ § 3 Nr. 2 Rn. 2 ff.).

752–756 *Einstweilen frei*

Nettolohnvereinbarung

757 **(1) Definition und steuerrechtliche Behandlung:** Unter einer Nettolohnvereinbarung ist eine Abrede zwischen den Parteien eines Dienstverhältnisses des Inhalts zu verstehen, dass der Arbeitgeber – ggf. neben der Übernahme von Arbeitnehmerbeiträgen zur Sozialversicherung – dem Arbeitnehmer dadurch zusätzlichen Lohn zuwendet, dass er auch die im Lohnsteuerabzugsverfahren nach den Merkmalen der Lohnsteuerkarte zu erhebende Lohnsteuer trägt (BFH 28.2.1992 – VI R 146/87, BStBl. II 1992, 733). Im Verzicht auf den Rückgriff auf nachgezahlte Lohnsteuer selbst liegt Arbeitslohn (Kirchhof/*Eisgruber* § 19 Rn. 78 „Nettolohnvereinbarung"). Mithin ist bei einer Nettolohnvereinbarung für den Lohnsteuereinbehalt vom laufenden Arbeitslohn der Arbeitslohn maßgeblich, der vermindert um die übernommenen Lohnabzüge den arbeitsvertraglich vereinbarten Nettobetrag ergibt; damit ist die steuerliche Ausgangsgröße des Lohnsteuerabzugs auch im Fall der Nettolohnabrede ein Bruttobetrag (BFH 30.7.2009 – VI R 29/06, BStBl. II 2010, 148). Leistet der Arbeitgeber bei einer Nettolohnvereinbarung für den Arbeitnehmer eine Einkommensteuernachzahlung für einen vorangegangenen Veranlagungszeitraum, wendet er dem Arbeitnehmer Arbeitslohn zu, der dem Arbeitnehmer als sonstiger Bezug im Zeitpunkt der Zahlung zufließt (BFH 3.9.2015 – VI R 1/14, DStR 2015, 2599). Der in der Tilgung der persönlichen Einkommensteuerschuld des Arbeitnehmers durch den Arbeitgeber liegende Vorteil unterliegt der Einkommensteuer und ist deshalb auf einen Bruttobetrag hochzurechnen (BFH 3.9.2015 – VI R 1/14, DStR

2015, 2599). Diesen Bruttobetrag hat der Arbeitnehmer in seiner Einkommensteuererklärung zu deklarieren (*Geserich* jurisPR-SteuerR 2/2016 Anm. 4, unter C). Dagegen ist ein Einkommensteuererstattungsanspruch, den der Arbeitnehmer im Rahmen einer Nettolohnvereinbarung seinem Arbeitgeber abgetreten hat, im Rahmen des Lohnsteuereinbehalts nur durch einen Abzug vom laufenden (Brutto-)Arbeitslohn und nicht durch eine Verminderung des laufenden Nettolohns zu berücksichtigen; eine Hochrechnung der Steuererstattung auf einen fiktiven Bruttobetrag ist nicht möglich (BFH 30.7.2009 – VI R 29/06, BStBl. II 2010, 148). **(2) Nachweis:** Wegen der Außergewöhnlichkeit der Nettolohnabrede und ihrer Folgen muss der Abschluss einer Nettolohnvereinbarung klar und eindeutig (vom Finanzgericht) feststellbar sein (BFH 25.10.2013 – VI B 144/12, BFH/NV 2014, 181). Keine Nettolohnvereinbarung liegt vor, wenn Arbeitgeber und Arbeitnehmer einvernehmlich zur Hinterziehung der Lohnsteuer sowie der Gesamtbeiträge zur Sozialversicherung zusammenwirken, da in diesen Fällen gerade keine Steuern und Beiträge abgeführt werden sollen (BFH 21.2.1992 – VI R 41/88, BStBl. II 1992, 443). Denjenigen, der sich auf den Abschluss einer Nettolohnvereinbarung beruft, trifft eine erhöhte Nachweispflicht sowohl hinsichtlich des Abschlusses als auch des Inhalts der Vereinbarungen (BFH 25.10.2013 – VI B 144/12, BFH/NV 2014, 181). **(3) Haftung:** Folge einer Nettolohnvereinbarung ist, dass der Arbeitgeber mit der Auszahlung des Nettolohns aus der Sicht des Arbeitnehmers die Lohnsteuer vorschriftsmäßig einbehalten hat (§ 42d Abs. 3 S. 4 Nr. 1), weshalb der Arbeitnehmer nur in Anspruch genommen werden kann, wenn er weiß, dass der Arbeitgeber die Lohnsteuer nicht vorschriftsmäßig angemeldet hat, und diesen Sachverhalt dem Finanzamt nicht unverzüglich mitteilt (§ 42d Abs. 3 S. 4 Nr. 2; vgl. BFH 28.2.1992 – VI R 146/87, BStBl. II 1992, 733). Da die Nettolohnvereinbarung einen Sonderfall des Lohnsteuerregelabzugs mit der aus § 42d Abs. 3 S. 4 abgeleiteten Tilgungsannahme darstellt, darf der Arbeitnehmer von einem vorschriftsmäßigen Lohnsteuereinbehalt nur ausgehen, wenn er dem Arbeitgeber die für den Lohnsteuerregelabzug erforderliche Lohnsteuerkarte ausgehändigt hat (BFH 25.10.2013 – VI B 144/12, BFH/NV 2014, 181). **(4.)** Zu **weiteren Einzelheiten** vgl. OFD Düsseldorf 29.11.2005, BeckVerw 070971 sowie „Lohnsteuer" → Rn. 731, „Schwarzarbeiter" → Rn. 406 und „Steuerberatungskosten" → Rn. 807.

Netzkarte

S. „Bahncard" → Rn. 599. **758**

Einstweilen frei **759–763**

Optionen

S. „Aktienoptionen" → Rn. 573. **764**

Outplacement-Beratung

Outplacement-Beratung, die der Arbeitgeber dem zur Entlassung anstehenden Arbeitnehmer finanziert und die den Übergang in eine neue Beschäftigung begleitet (zur arbeits- und sozialrechtlichen Situation vgl. Howald/Königer DB 2013, 689), kann nach den Umständen des Einzelfalls im überwiegend eigenbetrieblichen Interesse geleistet werden (Schmidt/*Krüger* § 19 Rn. 100 „Outplacement-Beratung"; ähnlich Blümich/*Geserich* § 19 Rn. 280 „Outplacement-Beratung": idR steuerfrei; *Grote/Kellersmann* DStR 2002, 741 (743): ggf. überwiegend eigenbetriebliches Interesse wegen effektiverer Neu- und Umstrukturierungen, Vermeidung von Konflikten mit Mitarbeitern, Förderung allgemeiner Akzeptanz, Wahrung des Betriebsfriedens und der Förderung des Betriebsklimas sowie Förderung der Reputation des Arbeitgebers durch Gewährung von Zusatzleistungen; vgl. auch FG Baden-Württemberg 6.3.2007 – 4 K 280/06, EFG 2007, 832, rkr., im Streitfall überwiegendes Interesse des Arbeitnehmers an Knowhow und Netzwerk des Outplacement-Beraters zur beruflichen Neuorientierung; R 19.7 Abs. 2 S. 5 LStR: überwiegend eigenbetriebliches Interesse bei dem SGB III entsprechenden Qualifikations- und Traningsmaßnahmen). Jedoch darf nicht jede (notwendige) Begleiterscheinung einer Outplacement-Beratung, die beim Arbeitgeber eintritt, automatisch zur Ausblendung der Arbeitnehmerinteressen und zu einem überwiegend eigenbetrieblichen Interesse führen. Überwiegt das eigenbetriebliche Interesse, **765**

liegt kein Arbeitslohn vor (→ Rn. 538 ff.). Ist Arbeitslohn gegeben, konnten die Zuwendungen (z.T.) bis VZ 2005 nach § 3 Nr. 9 EStG aF steuerfrei sein (FG Baden-Württemberg 6.3.2007 – 4 K 280/06, EFG 2007, 832, rkr.; FG Düsseldorf 5.4.2000 – 13 K 9505/97 E, EFG 2000, 740, rkr., verneint § 3 Nrn. 13, 16, 30, 31, 32 und 50). Soweit keine Steuerfreiheit in Betracht kommt, ist von Werbungskostenersatz (→ Rn. 532 f.) auszugehen (Schmidt/*Krüger* § 19 Rn. 100 „Outplacement-Beratung"), der als Bestandteil einer Abfindungsvereinbarung der ermäßigten Besteuerung nach § 34 unterliegen kann (BFH 14.8.2001 – XI R 22/00, BStBl. II 2002, 180; Heuermann/Wagner LSt/*K. Wagner* D Rn. 55; 108 ff.).

766–770 *Einstweilen frei*

Parkplätze

771 Kein Arbeitslohn ist (wegen des fehlenden konkretisierbaren geldwerten Vorteils) die Arbeitnehmern gebotene Möglichkeit, auf dem Firmenparkplatz einen der jeweils freien Plätzen zu nutzen (Blümich/*Geserich* § 19 Rn. 280 „Parkplätze"). Das Gleiche gilt, wenn der Arbeitgeber aufgrund der Besonderheiten des Streitfalles in seinem ganz überwiegend eigenbetrieblichen Interesse (→ Rn. 538 ff.) Parkplätze zur Verfügung stellt (FG Köln 13.11.2003 – 2 K 4176/02, EFG 2004, 356, rkr.; strikter: Blümich/*Geserich* § 19 Rn. 280 „Parkplätze" und Schmidt/*Krüger* § 19 Rn. 100 „Kraftfahrzeuggestellung": kein Arbeitslohn; Zinnkann/Adrian DB 2006, 2256 (2257 f.): nur ausnahmsweise kein Arbeitslohn bei ausreichenden Parkmöglichkeiten; idR. bestehe aber ein überwiegend eigenbetriebliches Interesse des Arbeitgebers (!), dass Arbeitnehmer möglichst wenig Zeit mit der Parkplatzsuche verbringen würden; indes steigt das Interesse des Arbeitnehmers bei nicht ausreichenden Parkmöglichkeiten an einer Parkplatzgestellung zur Einhaltung seiner Pflicht, pünktlich bei der Arbeit zu erscheinen; OFD Münster 25.6.2007, DStR 2007, 1256: generell kein Arbeitslohn; aA FG Köln 15.3.2006 – 11 K 5680/04, EFG 2006, 1516, rkr.; *Apitz* StBp 2007, 87 f.: generell Arbeitslohn, da die Bewältigung des Weges vom Wohnort zur Arbeitsstätte und das Erscheinen am Arbeitsplatz zum arbeitsvertraglich vereinbarten Zeitpunkt alleine Sache des Arbeitnehmers sei). Dagegen ist Arbeitslohn gegeben, wenn dem Arbeitnehmer die Parkplatzkosten für sein Fahrzeug an seinem Wohnort (Blümich/*Geserich* § 19 Rn. 280 „Parkplätze"; Schmidt/*Krüger* § 19 Rn. 100 „Kraftfahrzeuggestellung; OFD Frankfurt a.M. 18.3.2003, DStR 2003, 1207) oder die Kosten für einen selbst angemieteten Parkplatz am Arbeitsort erstattet werden (Blümich/*Geserich* § 19 Rn. 280 „Parkplätze"; Schmidt/*Krüger* § 19 Rn. 100 „Kraftfahrzeuggestellung). Siehe auch „Garagengeld" → Rn. 668.

Personalrabatte

772 Zum Arbeitslohn zählen solche Vorteile, die Arbeitnehmern daraus entstehen, dass ihnen ihre Arbeitgeber Personalrabatte gewähren, indem sie Waren aufgrund des Dienstverhältnisses verbilligt überlassen (BFH 5.9.2006 – VI R 41/02, BStBl. II 2007, 309). Denn in diesem Fall vereinbaren Arbeitgeber und Arbeitnehmer nicht nur den Kauf der Ware, sondern treffen auch eine besondere Preisabsprache, die im Umfang der Verbilligung ihren Rechtsgrund im Arbeitsverhältnis haben kann, damit „für" eine Beschäftigung gewährt wird und folglich durch das individuelle Dienstverhältnis veranlasst ist (BFH 16.1.2020 – VI R 31/17, DStR 2020, 698; BFH 26.7.2012 – VI R 27/11, BStBl. II 2013, 402). Preisvorteile und Rabatte, die Arbeitnehmer von Dritten erhalten, können Arbeitslohn sein (→ Rn. 750). Dies gilt auch dann, wenn eine konzernangehörige Gesellschaft Leistungen an die **Arbeitnehmer einer anderen konzernangehörigen Gesellschaft** erbringt (BFH 10.5.2006 – IX R 82/98, BStBl. II 2006, 669). Irrelevant ist es, ob der Arbeitgeber einem Arbeitnehmer ein Wirtschaftsgut **bewusst und gewollt** unter dem Verkehrswert überlassen wollte (BFH 18.10.1974 – VI R 249/71, BStBl. II 1975, 182). Dagegen begründen Rabatte, die der Arbeitgeber nicht nur seinen Arbeitnehmern, sondern auch fremden Dritten üblicherweise einräumt, bei Arbeitnehmern keinen steuerpflichtigen Arbeitslohn (BFH 26.7.2012 – VI R 27/11, BStBl. II 2013, 402). So kann der Umstand, dass eine Bausparkasse sowohl bei Arbeitnehmern ihrer „Partnerbanken" als auch bei ihren freien Handelsvertretern und deren Arbeitnehmern sowie den Beschäftigten anderer genossenschaftlich organisierter Unternehmen und Kooperationspartner auf die Erhebung von Abschlussgebühren verzichtet, Zweifel daran begründen, ob dieser Gebührenvorteil Arbeitslohn ist (BFH 20.5.2010 – VI R 41/

09, BStBl. II 2010, 1022). Lässt sich eine Veranlassung aus dem Dienstverhältnis feststellen, ist der Vorteil in der Regel auch **nicht als im überwiegend eigenbetrieblichen Interesse** gewährt anzusehen (BFH 22.5.1992 – VI R 178/87, BStBl. II 1992, 840). Weder der Umstand, dass der Arbeitgeber bei großer Belegschaft allen Arbeitnehmern vergleichbare Rabatte einräumt und mithin ein entsprechend großer spezieller Kundenkreis geschaffen wird, noch das Bestreben, mit der Rabattgewährung die Belegschaft an den Betrieb zu binden oder durch die Benutzung eigener Produkte eine Werbewirkung zu erreichen, lässt den Vorteil als im ganz überwiegend eigenbetrieblichen Interesse zugewendet erscheinen (BFH 4.6.1993 – VI R 95/92, BStBl. II 1993, 687). Gleiches gilt für das Bestreben des Arbeitgebers, Personaldiebstählen vorzubeugen (Blümich/*Geserich* § 19 Rn. 280 „Personalrabatte"). Denn ganz abgesehen davon, dass der Rabattvorteil ein erhebliches Ausmaß erreichen kann und dies das überwiegend eigenbetriebliche Interesse ausschließt (→ Rn. 538 ff.), dient der Vorteil aus der Gewährung eines Personalrabatts letztlich vorwiegend der Befriedigung von Konsumbedürfnissen des Arbeitnehmers und ist damit Arbeitslohn (BFH 22.5.1992 – VI R 178/87, BStBl. II 1992, 840; Schmidt/*Krüger* § 19 Rn. 57, mwN). Die verbilligte oder kostenlose Überlassung von Waren zu **Testzwecken** (zB vor der Markteinführung oder vor der Aufnahme in das Sortiment des Arbeitgebers) ist wegen des ganz überwiegend eigenbetrieblichen Interesses (→ Rn. 538 ff.) des Arbeitgebers Arbeitslohn zu verneinen (Blümich/*Geserich* § 19 Rn. 280 „Personalrabatte"; Schmidt/*Krüger* § 19 Rn. 57; im Ergebnis ebenso FG Saarland 22.6.1994 – 1 K 76/93, EFG 1994, 962, rkr.). Zur **Bewertung** der Vorteile aus Personalrabatten s. Erläuterungen zu § 8 Abs. 3. Siehe auch „Jahreswagen" → Rn. 707 und „Mitarbeiter-Vorteilsprogramm" → Rn. 750.

Praktikantenlohn

Praktikantenlohn ist wie Lohn für Auszubildende (s. dort) ebenfalls Arbeitslohn, da 773
auch das Praktikantenverhältnis ein Dienstverhältnis besonderer Art ist, bei dem das Kennenlernen des Arbeitgebers bzw. der Tätigkeit im Vordergrund steht (vgl. Heuermann/Wagner LSt/*K. Wagner* A „Praktikanten").

Prämien

S. „Belohnungen" → Rn. 600. 774

Preisgelder

Preisgelder sind dann Arbeitslohn, wenn sie „für" die Beschäftigung des Arbeitnehmers 775
gewährt werden, dh wenn sie durch das individuelle Dienstverhältnis des Arbeitnehmers veranlasst sind. Das ist der Fall, wenn der Vorteil mit Rücksicht auf das Dienstverhältnis eingeräumt wird und sich die Leistung im weitesten Sinne als Gegenleistung für das Zurverfügungstellen der individuellen Arbeitskraft des Arbeitnehmers erweist (BFH 23.4.2009 – VI R 39/08, BStBl. II 2009, 668). Ein Preisgeld ist allerdings nicht bereits deshalb als Arbeitslohn zu qualifizieren, wenn es durch die berufliche Tätigkeit veranlasst ist und es sich nicht ausdrücklich um eine Ehrung der Persönlichkeit handelt; auch in einem solchen Fall ist eine Gesamtschau vorzunehmen und abzuwägen, ob die Zuwendung (Preisgeld) in erster Linie als Vergütung für die Tätigkeit gegenüber dem Arbeitgeber (dann: kein Arbeitslohn) oder als Auszeichnung und damit nicht als wirtschaftlicher Anreiz für die geehrte Person und andere gedacht (dann: kein Arbeitslohn) ist (FG Nürnberg 25.2.2014 – 1 K 1718/12, EFG 2014, 1187, rkr.; Blümich/*Geserich* § 19 Rn. 280 „Preisgeld"). Liegt kein Arbeitslohn vor, dürfte – wenn auch keine selbständige Tätigkeit anzunehmen ist (vgl. dazu BFH 9.5.1985 – IV R 184/82, BStBl. II 1985, 427), regelmäßig § 22 Nr. 3 greifen (BFH 23.4.2009 – VI R 39/08, BStBl. II 2009, 668). **Beispiele** aus der Rspr.: durch einen Dritten verliehenen Nachwuchsförderungspreis für fachliche Leistungen eines Dritten ist nach tatrichterlich zulässiger Würdigung Arbeitslohn (BFH 23.4.2009 – VI R 39/08, BStBl. II 2009, 668); Preis für medizinische Forschung eines angestellten Arztes ist kein Arbeitslohn (FG Nürnberg 25.2.2014 – 1 K 1718/12, EFG 2014, 1187, rkr., zutreffend; Blümich/*Geserich* § 19 Rn. 280 „Preisgelder"; aA Schmidt/*Krüger* § 19 Rn. 100 „Preise"); Förderpreis des Deutschen Bundestages für eine im Rahmen der dienstlichen Aufgaben erstellten Habilitationsschrift eines

wissenschaftlichen Assistenten (FG Schleswig-Holstein 15.3.2000 – I 210/95, EFG 2000, 787; unzutreffend, s.u. „Würdigung"; ebenso kritisch: Blümich/*Geserich* § 19 Rn. 280 „Preisgeld"; zustimmend *Krumm* FR 2015, 639); Preisgeld im Zusammenhang (!) mit beruflicher Tätigkeit (FG Berlin 17.5.2000 – 6 K 6422/97, EFG 2000, 936, rkr., unzutreffend, unzutreffend, s.u. „Würdigung"); im Rahmen des Ideenwettbewerbs eines Bundesministeriums vereinnahmtes Preisgeld, bei dem der Teilnehmerkreis für den Ideenwettbewerb auf die Beschäftigten der Bundesverwaltung beschränkt war, ist Arbeitslohn (zutreffend FG Köln 12.6.2013 – 4 K 759/10, EFG 2013, 1405, rkr., keine Steuerfreiheit nach § 3 Nr. 26a); Hamburger Lehrpreis soll, da er sich untrennbar auf die von den Hochschullehrern im Rahmen ihrer Beschäftigung an den Hochschulen erbrachten besonderen Leistungen in der „Lehre" beziehe, Arbeitslohn sein (FG Hamburg 25.2.2014 – 3 K 126/13, EFG 2014, 1790, rkr., unzutreffend, s.u. „Würdigung"). **Würdigung:** Die Rspr. der Finanzgerichte wie auch Teile der Literatur neigen dazu, Vorteile als mit Rücksicht auf das Dienstverhältnis gewährt anzusehen, wobei nicht ausreichend in den Blick genommen wird, dass die Prämierung der Arbeitsleistung in der Regel nicht mit Rücksicht auf das Dienstverhältnis, sondern im Hinblick auf den mit dem Preisgeld verfolgten, grundsätzlich nicht aus dem Dienstverhältnis folgenden Zweck erfolgt. Dass die für den Arbeitgeber erbrachte Arbeitsleistung des Arbeitnehmers (mehr oder minder beliebig) den Ausschreibungsbedingungen eines Dritten genügt, lässt den Vorteil nicht zur „Frucht der Arbeit" werden. Indes werden Preisgelder in der Regel als selbständige Einkünfte bzw. nach § 22 Nr. 3 der Besteuerung zu unterwerfen sein. – Zum abweichenden Ansatz der Finanzverwaltung vgl. BMF 5.9.1996, BStBl. I 1996, 1150, teilweise aufgehoben durch das Schreiben BMF 23.12.2002, BStBl. I 2003, 76). Siehe auch „Verbesserungsvorschläge" → Rn. 841.

Provisionsnachlass

776 S. „Personalrabatte" → Rn. 772.

777–781 *Einstweilen frei*

Rabatte

782 S. „Personalrabatte" → Rn. 772.

Reisegepäckversicherung

783 Schließt ein Arbeitgeber für seine Arbeitnehmer eine Reisegepäckversicherung ab, aus der den Arbeitnehmern ein eigener Anspruch gegenüber dem Versicherer zusteht, so führt die Zahlung der Prämien durch den Arbeitgeber zu Arbeitslohn; dieser ist in der Regel dann gemäß § 3 Nr. 16 steuerbefreit, wenn sich der Versicherungsschutz auf Dienstreisen beschränkt; bezieht sich der Versicherungsschutz auf sämtliche Reisen des Arbeitnehmers, so ist eine Aufteilung der gesamten Prämie in einen beruflichen und einen privaten Anteil dann zulässig, wenn der Versicherer eine Auskunft über die Kalkulation seiner Prämien erteilt, die eine Aufteilung ohne Weiteres ermöglicht; eine Aufteilung, die aufgrund der Auskunft des Versicherers möglich wäre, hat zu unterbleiben mit der Folge, dass dann die gesamte Prämie als steuerpflichtiger Arbeitslohn anzusehen ist, wenn der Arbeitnehmer nur sporadisch oder gar keine Dienstreisen durchführt (BFH 19.2.1993 – VI R 42/92, BStBl. II 1993, 519).

Reisekostenerstattungen

784 **Reisekostenerstattungen** sind unter den Voraussetzungen der § 3 Nr. 13 und 16 steuerfrei.

Repräsentation

785 Übernimmt der Arbeitgeber Repräsentationskosten, ist die Frage, ob ein – die Annahme von Arbeitslohn ausschließendes – überwiegend eigenbetriebliches Interesse des Arbeitgebers vorliegt, nach dem Gesamtbild der Verhältnisse des Einzelfalles zu beurteilen, die dem Finanzgericht obliegt (BFH 31.5.2001 – VI B 18/99, BFH/NV 2001, 1549, zu Kosten der Teilnahme von Arbeitnehmern und ihren Ehefrauen an einer gesellschaftlichen Veranstaltung). Ersetzt eine Sparkasse ihren Vorstandsmitgliedern und anderen herausgehobenen Bediensteten Beiträge für die Mitgliedschaft in privaten Vereinen wie Rotary- oder Tennis-Club, so handelt es sich grundsätzlich um die Zuwendung von steuerpflichtigem Arbeitslohn, selbst wenn die Mitgliedschaft auf Beschluss des Vorstandes oder auf Veranlassung eines Vorstandsmitglieds erworben wurde (BFH 15.5.1992 – VI R 106/88, BStBl. II 1993, 840).

Rohrgeld

S. „Instrumentengeld" → Rn. 700. **786**

Ruhegeld

Behält der Arbeitgeber einen Beitrag nach dem RuhegeldG vom Arbeitslohn ein und **787**
führt ihn einer Versorgungsrückstellung zu, fließt dem Arbeitnehmer (noch) kein Arbeitslohn zu (BFH 20.7.2005 – VI R 165/01, BStBl. II 2005, 890).

Einstweilen frei **788–792**

Sachbezüge

S. Erläuterungen zu § 8 Abs. 2. **793**

Saitengeld

S. „Instrumentengeld" → Rn. 700. **794**

Sammelbeförderung

Sammelbeförderung zur ersten Tätigkeitsstätte ist unter den Voraussetzungen des § 3 **795**
Nr. 32 steuerfrei.

Schadensersatzleistungen

→ Rn. 514 ff. **796**

Schätzung von Arbeitslohn

Bei der Schätzung von Einkünften aus nichtselbständiger Arbeit können Lohnsteuerab- **797**
zugsbeträge auch dann anzurechnen sein können, wenn die Einbehaltung nicht durch Lohnsteuerkarte oder besondere Lohnsteuerbescheinigung nachgewiesen ist; es ist eine tatsächliche Frage, inwieweit Anhaltspunkte dafür vorliegen, dass der Arbeitgeber Lohnsteuer einbehalten und abgeführt hat (BFH 21.1.2000 – VII B 205/99, BFH/NV 2000, 1080; BFH 29.2.1996 – X B 303/95, BFH/NV 1996, 606).

Sehhilfen

Die vom Arbeitgeber auf Grund gesetzlicher Verpflichtung nach § 3 Abs. 2 Nr. 1, Abs. 3 **798**
ArbSchG iVm § 6 BildscharbV und der ArbMedVV übernommenen angemessenen Kosten für eine spezielle Sehhilfe sind mangels Gegenleistung für das Zurverfügungstellen der individuellen Arbeitskraft kein Arbeitslohn, wenn auf Grund einer Untersuchung der Augen und des Sehvermögens durch eine fachkundige Person iSd ArbMedVV die spezielle Sehhilfe notwendig ist, um eine ausreichende Sehfähigkeit in den Entfernungsbereichen des Bildschirmarbeitsplatzes zu gewährleisten (LStR 19.3 Abs. 2 Nr. 2).

Scheckkarte

Die (teilweise) unentgeltliche Überlassung von Scheckkarten durch den Arbeitgeber **799**
(Bank) ist Arbeitslohn (FG Hamburg 17.2.1986 – II 204/83, EFG 1986, 495, unzutreffend aufgehoben durch BFH 21.9.1990 – VI R 97/86, BStBl. II 1991, 262; Schmidt/*Krüger* § 19 Rn. 100 „Scheckkarte").

Schmerzensgeld

800 **Schmerzensgeld** ist keine Leistung im Zusammenhang mit dem Dienstverhältnis und damit kein Arbeitslohn (BFH 13.4.1976 – VI R 216/72, BStBl. II 1976, 694).

Schmiergelder

801 S. „Bestechungsgelder" → Rn. 604.

Sicherheitsmaßnahmen

802 Aufwendungen des Arbeitgebers für Sicherheitsmaßnahmen am Wohnhaus eines Arbeitnehmers sind bei allenfalls abstrakter berufsbedingter Gefährdung von dessen Leben, Gesundheit und Vermögen, also nicht unerheblichem Eigeninteresse des Vorstandsmitglieds, Arbeitslohn, der auch keinen nach § 3 Nr. 50 steuerfreien Auslagenersatz (→ Rn. 533) darstellt. Liegt keine konkrete, mit dem Beruf zusammenhängende Gefährdung, vor, handelt es sich – wenn die Aufwendungen nicht getrennt werden können – um sog. gemischte Aufwendungen, die nach § 12 Nr. 1 S. 2 insgesamt nicht abziehbare Aufwendungen, da sie nicht unwesentlich auch die private Lebensführung berühren (vgl. BFH 5.4.2006 – IX R 109/00, BStBl. II 2006, 541). Vgl. auch BMF 30.6.1997, BStBl. I 1997, 696: Differenzierung nach konkreten Gefährdungsstufen 1–3, die von der Sicherheitsbehörde aufgrund einer Gefährdungsanalyse zuerkannt werden (grds. kein Arbeitslohn, da überwiegend eigenbetriebliches Interesse), und bloß abstrakten Gefährdungslagen (grds. Arbeitslohn) differenziert; nach BFH 5.4.2006 – IX R 109/00, BStBl. II 2006, 541 soll es sich um eine Billigkeitsregelung handeln).

Sprachkurs

803 Ersetzt der Arbeitgeber ausländischen Arbeitnehmern die Kosten eines Sprachkurses (deutsch), soll er damit eine betriebsfunktionale Zielsetzung verfolgen, sodass die Erstattungen kein Arbeitslohn sein sollen, selbst wenn der Sprachunterricht nicht auf das Erlernen einer berufsspezifischen Fachsprache zugeschnitten ist (FG München 17.1.2002 – 7 K 1790/00, EFG 2002, 617, rkr.). Dies überzeugt nicht, da ein Arbeitnehmer auch ein großes Interesse an dem Erlernen der Sprache für außerhalb des Berufes liegende Zwecke haben wird. Siehe auch „Berufliche Fort- oder Weiterbildungsleistungen" → Rn. 605.

Sozialplan

804 Sind monatliche Zahlungen nach der Betriebsvereinbarung (Sozialplan) unter Berücksichtigung der maßgebenden Auslegungsgrundsätze zum Ausgleich der durch Kurzarbeit entstehenden Nachteile und für die Dauer der Kurzarbeit erbracht, stellen die gezahlten Zuschüsse zum Kurzarbeitergeld keine steuerfreie (ratierliche) Abfindung, sondern steuerpflichtigen Arbeitslohn dar (BFH 20.7.2010 – IX R 23/09, BStBl. II 2011, 218)

Sozialversicherung

805 → Rn. 577 und → Rn. 578.

Sozialversicherungsentgeltverordnung (SvEV)

806 S. Erläuterungen zu § 8 Abs. 2 S. 6 und 7.

Steuerberatungskosten

807 Übernimmt der Arbeitgeber, der mit dem Arbeitnehmer unter Abtretung der Steuererstattungsansprüche eine Nettolohnvereinbarung abgeschlossen hat, die Steuerberatungskosten für die Erstellung der Einkommensteuererklärungen des Arbeitnehmers, wendet er damit keinem Arbeitslohn zu (BFH 9.5.2019 – VI R 28/17, DStR 2019, 1742: Aus beiderseitigem Interesse am Abschluss der Nettolohnvereinbarungen – und ggf. am Entsendesystem insgesamt – kann noch nicht geschlossen werden, dass auch die Übernahme der Steuerberatungs-

kosten für die Erstellung der Einkommensteuererklärungen und die damit zusammenhängenden Folgeleistungen – Prüfung der ESt-Bescheide und Einlegung von Standardeinsprüchen – zu Arbeitslohn führt; Aufgabe von BFH 21.1.2010 – VI R 2/08, BStBl. II 2010, 639: Arbeitnehmerinteressen, nämlich handhabbare Entscheidungs- und Vergleichsgröße zur Bewertung des Auslandsaufenthalts sowie keine Auseinandersetzung mit steuer- und sozialversicherungsrechtlichen Vorschriften einer ausländischen Rechtsordnung bzw. mit den Fragen grenzüberschreitender Besteuerung, würden das Arbeitgeberinteresse an einer solchen Vereinbarung überwiegen). Siehe auch „Lohnsteuer" → Rn. 731 und „Nettolohnvereinbarung" → Rn. 757.

Stipendien

Stipendien, die einem Studenten mit der Verpflichtung gewährt werden, nach Abschluss des Studiums in ihren Dienst zu treten, sind idR steuerfreie Bezüge aus öffentlichen Mitteln iSd § 3 Nr. 11, die als Beihilfen zur Förderung der Ausbildung bewilligt werden (BFH 29.6.1973 – VI R 267/69, BStBl. II 1973, 736). **808**

Stock Options

S. „Aktienoptionen" → Rn. 573. **809**

Streikgelder

Streikgelder sind kein Arbeitslohn, da sie ihre Rechtsgrundlage in der Mitgliedschaft des Arbeitnehmers bei der Gewerkschaft haben (BFH 24.10.1990 – X R 161/88, BStBl. II 1991, 337, auch keine Leistung nach § 22 Nr. 3 und keine Entschädigung in der Form des Ersatzes entgangener Einnahmen iSd § 24 Nr. 1 Buchst. a). **810**

Studiengebühren

Ist der Arbeitgeber im Rahmen eines Ausbildungsdienstverhältnisses Schuldner der Studiengebühren, unterstellt die Finanzverwaltung ein ganz überwiegend eigenbetriebliches Interesse des Arbeitgebers, sodass kein Arbeitslohn vorliegen soll; so sollen auch Studiengebühren kein Arbeitslohn sein, die der Arbeitgeber bei einer im dualen System durchgeführten Ausbildung aufgrund einer Vereinbarung mit der Bildungseinrichtung als unmittelbarer Schuldner trägt (BMF 13.4.2012, BStBl. I 2012, 531). Dies ist abzulehnen, da hier das Arbeitgeberinteresse das Fortbildungsinteresse des Arbeitnehmers nicht weit überwiegt, wie es jedoch für den Ausschluss von Arbeitslohn Voraussetzung wäre (→ Rn. 543 f.). **811**

Stundung

Dem Arbeitnehmer ist insoweit kein Lohn zugeflossen, als er seinem Arbeitgeber wegen dessen Liquiditätsschwierigkeiten die Gehaltsforderung stundet (BFH 2.9.1994 – VI R 35/94, BFH/NV 1995, 208). **812**

Einstweilen frei **813–817**

Teambildungsmaßnahmen

(1.) Laufende Kosten: Vorteile aus Maßnahmen des Arbeitgebers, die der Verbesserung der betriebsinternen Kommunikation, Zusammenarbeit, Konfliktlösung etc. dienen sollen, führen in der Regel nicht zu Arbeitslohn, weil sie im überwiegend eigenbetrieblichen Interesse gewährt; etwas anderes gilt dann, wenn das eigenbetriebliche Interesse aufgrund des Freizeitwerts für den einzelnen Arbeitnehmer nicht überwiegt (Blümich/*Geserich* § 19 Rn. 280 „Teambildungsmaßnahmen"; Schmidt/*Krüger* § 19 Rn. 100 „Teambildungsmaßnahmen"; *Albert* FR 2003, 1153 f.). Auch Vorteile für Maßnahmen im Rahmen eines Corporate Identity-Konzept (zB Übernahme von Startgebühren bei einem Firmenlauf, Zuwendung eines mit dem Firmenlogo versehen Laufshirts) sind aus gleichem Grund kein Arbeitslohn (Blümich/*Geserich* § 19 Rn. 280 „Teambildungsmaßnahmen"). **818**

Telekommunikation

819 **(1) Kostenübernahme:** Trägt der Arbeitgeber Kosten eines Internet- oder Telefonanschlusses (Einrichtungskosten, Grundgebühr u. Gesprächsgebühren) des Arbeitnehmers in dessen Wohnung oder für sein Mobiltelefon, begründet dies in Höhe des Anteils der beruflichen Nutzung Auslagenersatz (→ Rn. 533), da eine Maßnahme zur Ausgestaltung des Arbeitsplatzes vorliegt (Blümich/*Geserich* § 19 Rn. 280 „Telekommunikationseinrichtungen"; Schmidt/*Krüger* § 19 Rn. 100 „Internet"); allein die anteilige Privatnutzung führt zu einem geldwerten Vorteil (Blümich/*Geserich* § 19 Rn. 280 „Telekommunikationseinrichtungen"). Das Verhältnis der beruflichen zur privaten Nutzung ist ggf. zu schätzen, wobei der Arbeitnehmer hierzu den beruflichen Anteil der Aufwendungen an den Gesamtkosten über einen repräsentativen Zeitraum von drei Monaten im Einzelnen nachweisen kann (vgl. LStR 3.50 Abs. 2 S. 2; *Macher* DStZ 2002, 318). Für die Zukunft kann er stattdessen auch den sich aus der dreimonatigen Aufzeichnung ergebenden Durchschnittsbetrag (bis zu einer wesentlichen Änderung der Verhältnisse, insbesondere einer Änderung der Berufstätigkeit) zugrunde legen (LStR 3.50 Abs. 2 S. 5–7). Fallen erfahrungsgemäß derartige Kosten an, kann der ArbG ohne Einzelnachweis bis zu 20% des Rechnungsbetrages, höchstens jedoch 20 EUR/Monat – steuerfrei ersetzen (LStR 3.50 Abs. 2 S. 4; vgl. auch OFD Frankfurt a.M. 4.3.2003, DB 2003, 1085, Aufwendungen für ein Autotelefon). **(2) Steuerbefreiung:** Vgl. Erläuterungen zu § 3 Nr. 45. **(3) Pauschalversteuerung:** Vgl. Erläuterungen zu § 40 Abs. 2 S. 1 Nr. 5.

Tombolagewinne

820 S. „Verlosung" → Rn. 842.

Transferarbeitergeld, Aufstockungsbeträge

820a Aufstockungsbeträge zum Transferkurzarbeitergeld, die auf der Grundlage eines Transfer-Arbeitsverhältnisses und mit Rücksicht auf dieses von der Transfergesellschaft geleistet werden, sind regelmäßig laufender Arbeistlohn und keine Entschädigung iSd § 24 Nr. 1 Buchst. a, § 34 Abs. 2 Nr. 2 (BFH 12.3.2019 – IX R 44/17, BStBl. II 2019, 574).

Trinkgelder

821 **Trinkgelder,** Bedienungszuschläge und ähnliche Zuwendungen, auf die der Arbeitnehmer einen Rechtsanspruch hat, sind Arbeitslohn (LStR 19.3 Abs. 1 S. 2 Nr.), der jedoch nach § 3 Nr. 51 steuerfrei sein kann (BFH 18.6.2015 – VI R 37/14, BStBl. II 2016, 751).

822–826 *Einstweilen frei*

Übernahme von Studiengebühren durch den Arbeitgeber

827 S. „Betriebliche Fort- oder Weiterbildungsleistungen" → Rn. 605.

Unfallschäden

828 Ersatzleistungen des Arbeitgebers zu ihrer Beseitigung, zu denen der Arbeitgeber kraft Gesetzes (zB nach BGB) verpflichtet ist, sind nicht steuerbar; ersetzt der Arbeitgeber den Unfallschaden freiwillig, liegt im Regelfall Arbeitslohn vor (HHR/*Pflüger* § 19 Rn. 600 „Unfallschäden"). Dieser kann aber steuerfrei sein (BFH 30.11.1993 – VI R 21/92, BStBl. II 1994, 256, zur Steuerbefreiung nach § 3 Nr. 16 für Schäden auf Dienstreisen, wenn sich der Schaden als Konkretisierung einer reisespezifischen Gefährdung erweist.

Unfallverhütung

829 Zahlt der Arbeitgeber an den Arbeitnehmer im Rahmen eines sog. Sicherheitswettbewerbs Prämien, so handelt es sich hierbei um Arbeitslohn (BFH 11.3.1988 – VI R 106/84, BStBl. II 1988, 726).

Unfallversicherung

Unfallversicherung (Einzel-/Gruppenversicherung oder Autoinsassenunfallversicherung). Hinsichtlich der Frage, welche steuerrechtlichen Folgen Versicherungsprämien für Unfallversicherungen und Leistungen aus Unfallversicherungen haben, ist nach der Person des Versicherungsnehmers zu differenzieren. **(1) Versicherungsprämien für eine vom Arbeitnehmer abgeschlossene Versicherung – (1a) Arbeitnehmer zahlt Versicherungsprämien:** Versicherungsprämien des Arbeitnehmers für eine von ihm abgeschlossene Versicherung gegen Berufsunfälle sind Werbungskosten (Schmidt/*Krüger* § 19 Rn. 100 „Unfallversicherung"; BMF 28.10.2009, BStBl. I 2009, 1275 unter 1.1). Dagegen sind Versicherungsprämien im Zusammenhang mit außerberuflichen Unfällen Sonderausgaben (BMF 28.10.2009, BStBl. I 2009, 1275 unter 1.2). Versicherungsprämien für eine Unfallversicherung, die das Unfallrisiko sowohl im beruflichen als auch im außerberuflichen Bereich abdeckt, sind zum einen Teil Werbungskosten und zum anderen Teil Sonderausgaben; die notwendige Aufteilung kann durch Schätzung erfolgen (entsprechend der Angaben des Versicherers; fehlen solche können aus Vereinfachungsgründen die Anteile auf jeweils 50% der Versicherungsprämie geschätzt werden, vgl. BFH 22.6.1990 – VI R 2/87, BStBl. II 1990, 901; BMF 28.10.2009, BStBl. I 2009, 1275 unter 1.3). **(1.b) Arbeitgeber übernimmt Versicherungsprämien:** Die Übernahme von Versicherungsprämien für eine vom Arbeitnehmer abgeschlossene Unfallversicherung ist (sofort zufließender) Arbeitslohn, sofern der Arbeitnehmer – wie bei einer durch ihn abgeschlossenen Versicherung typischerweise gegeben – aus der Zahlung einen unmittelbaren Anspruch hat (HHR/*Pflüger* § 19 Rn. 441). Dieser ist nach § 3 Nr. 13 und 16 steuerfrei, soweit die Versicherung **allein Unfälle bei einer Auswärtstätigkeit** abdecken (HHR/*Pflüger* § 19 Rn. 441; BMF 28.10.2009, BStBl. I 2009, 1275 unter 1.4). Deckt die Versicherung dagegen **neben den berufsbedingten auch außerdienstliche (private) Unfälle des Arbeitnehmers** ab, kann dieser den lohnsteuerpflichtigen Teil der Prämie nur dann als Sonderausgaben (§ 10 Abs. 1 Nr. 2 Buchst. a) abziehen, wenn objektive Merkmale und Unterlagen eine zutreffende und leicht nachprüfbare Trennung ermöglichen und außerdem der berufliche Nutzungsanteil nicht von untergeordneter Bedeutung ist, was regelmäßig jedoch nicht der Fall sein dürfte (BFH 13.4.1976 – VI R 87/73, BStBl. II 1976, 599; vgl. jedoch Vereinfachungsregelung des BMF 28.10.2009, BStBl. I 2009, 1275 unter 1.4: 40% der Versicherungsprämie entfallen auf den beruflichen Bereich bzw. sind steuerfreie Reisekostenerstattungen; 60% sind lohnsteuerpflichtiger Werbungskostenersatz (zB Unfälle auf Fahrten zwischen Wohnung und regelmäßiger Arbeitsstätte; → Rn. 532 f.); der lohnsteuerpflichtige Anteil von 60% gehört zu den Werbungskosten des Arbeitnehmers). Deckt die Versicherung **ausschließlich außerberufliche Unfälle** ab, bilden die vom Arbeitgeber übernommenen Prämien insgesamt Arbeitslohn (HHR/*Pflüger* § 19 Rn. 441). **(1c) Leistungen aus einer vom Arbeitnehmer abgeschlossenen Unfallversicherung** sind sowohl bei Leistung der Versicherungsprämien durch den Arbeitnehmer (s. 1a) als auch bei Übernahme der Prämien durch den Arbeitgeber (s. 1b), Einkünfte iSd §§ 19 Abs. 1 S. 1 Nr. 1, 24 Nr. 1 Buchst. a, soweit sie Entschädigungen für entgangene oder entgehende Einnahmen, der Unfall im beruflichen Bereich eingetreten ist und die Prämien zumindest teilweise Werbungskosten (bzw. steuerfreier Werbungskostenersatz) waren; Unfallrenten gehören zu den Einkünften nach § 22 Nr. 1 (HHR/*Pflüger* § 19 Rn. 441). Ein Lohnsteuerabzug ist nicht vorzunehmen; der nach § 24 Nr. 1 Buchst. a zu versteuernde Anteil ist im Rahmen der Einkommensteuerveranlagung zu schätzen (HHR/*Pflüger* § 19 Rn. 441). **(2) Versicherungsprämien für eine vom Arbeitgeber abgeschlossene Versicherung.** Hier ist folgendermaßen zu differenzieren: **(2a) Steht die Ausübung der Rechte aus dem Versicherungsvertrag ausschließlich dem Arbeitgeber zu** (Fall der Rückdeckungsversicherung), liegt kein Arbeitslohn vor (BFH 11.12.2008 – VI R 9/05, BStBl. II 2009, 385; BFH 16.4.1999 – VI R 60/96, BStBl. II 2000, 406; BFH 16.4.1999 – VI R 66/97, BStBl. II 2000, 408; Blümich/*Geserich* § 19 Rn. 322; Schmidt/*Krüger* § 19 Rn. 100 „Unfallversicherung"; HHR/*Pflüger* § 19 Rn. 442; BMF 28.10.2009, BStBl. I 2009, 1275 unter 2.1.1). **(2b) Erhält ein Arbeitnehmer Leistungen aus einer durch Beiträge seines Arbeitgebers finanzierten Unfallversicherung,** die ihm keinen eigenen unentziehbaren Rechtsanspruch einräumt, führen im Zeitpunkt der Leistung die bis dahin entrichteten, auf den Versicherungsschutz des Arbeitnehmers entfallenden Beiträge zu Arbeitslohn 830 (ggf. tarifbegünstigt, § 34 Abs. 1, Abs. 2 Nr. 4), begrenzt auf die dem Arbeitnehmer ausgezahlte Versicherungsleistung (BFH 11.12.2008 – VI R 9/05, BStBl. II 2009, 385; Blümich/*Geserich* § 19 Rn. 322; Schmidt/*Krüger* § 19 Rn. 100 „Unfallversicherung"; BMF 28.10.2009, BStBl. I 2009, 1275 unter 2.1.2; aA *Thomas* DStR 2009, 2349 (2352 f.), Widerspruch zur bisherigen steuerrechtlichen Beurteilung von Zukunftssicherungsleistungen). Das gilt unabhängig davon, ob der Unfall im beruflichen oder außerberuflichen Bereich eingetreten ist und ob es sich um eine Einzelunfallversicherung oder eine Gruppenunfallversicherung handelt. Bei einer Gruppenunfallversicherung ist der auf den einzelnen Arbeitnehmer entfallende Teil der Beiträge ggf. zu schätzen (BFH 11.12.2008 – VI R 19/06, BFH/NV 2009, 905; BMF 28.10.2009, BStBl. I 2009, 1275). In diesen Fällen liegt Sachlohn vor, da diese Leistung Ausfluss der früheren Prämienzahlung des Arbeitgebers ist (Blümich/*Geserich* § 19 Rn. 322; *Bode* HFR 2009, 466; *Bode* FR 2009, 771; HHR/*Pflüger* § 19 Rn. 442; aA *Bergkemper*, FR 2009, 676; BMF 28.10.2009, BStBl. I 2009, 1275 unter 2.1.2: Annahme von Barlohn). Der auf das Risiko beruflicher Unfälle entfallende Anteil der *Beiträge* führt in den vorgenannten Fällen als Werbungskostenersatz auch zu Werbungskosten des Arbeitnehmers, mit denen der entsprechende steuerpflichtige Arbeitslohn zu saldieren ist; regelmäßig kann davon ausgegangen werden, dass die Beiträge jeweils hälftig auf das Risiko privater und beruflicher Unfälle entfallen (BFH 11.12.2008 – VI R 19/06, BFH/NV 2009, 905; BMF 28.10.2009, BStBl. I 2009, 1275; teilweise aA: Schmidt/*Krüger* § 19 Rn. 100 „Unfallversicherung": Arbeitslohn liegt nur insoweit vor, als die Beiträge private Risiken abdecken). Die bei einer früheren Versicherungsleistung als Arbeitslohn berücksichtigten Prämien sind bei einer späteren Versicherungsleistung nicht erneut als Arbeitslohn zu erfassen (BFH 11.12.2008 – VI R 3/08, BFH/NV 2009, 907; Schmidt/*Krüger* § 19 Rn. 100 „Unfallversicherung"; vgl. auch Beispiel des BMF 28.10.2009, BStBl. I 2009, 1275 unter 2.1.2). **(2c) Steuerfreier Reisekostenersatz und lohnsteuerpflichtiger Werbungskostenersatz:** Der auf das Risiko beruflicher Unfälle entfallende Anteil der Beiträge ist zum Zeitpunkt der Leistungsgewährung durch die Versicherung, die ihm keinen eigenen unentziehbaren Rechtsanspruch einräumt, steuerfreier Reisekostenersatz (§ 3 Nr. 13 und 16) oder steuerpflichtiger Werbungskostenersatz (→ Rn. 532 f.) des Arbeitgebers (dem bei der Veranlagung zur Einkommensteuer Werbungskosten in gleicher Höhe gegenüberstehen); auch insoweit kann nach BMF 28.10.2009, BStBl. I 2009, 1275 unter 2.1.3 die unter (1b) dargestellte Aufteilung gewählt werden. **(2d) Schadensersatzleistungen des Arbeitgebers aus der ihn berechtigenden Versicherung:** Bei einem im beruflichen Bereich eingetretenen Unfall gehört die Auskehrung des Arbeitgebers nicht zum Arbeitslohn, soweit der Arbeitgeber gesetzlich zur Schadensersatzleistung verpflichtet ist oder soweit der Arbeitgeber einen zivilrechtlichen Schadensersatzanspruch des Arbeitnehmers wegen schuldhafter Verletzung arbeitsvertraglicher Fürsorgepflichten erfüllt (BFH 20.9.1996 – VI R 57/95, BStBl. II 1997, 144). Der gesetzliche Schadensersatzanspruch des Arbeitnehmers aus unfallbedingten Personenschäden im beruflichen Bereich wird regelmäßig durch Leistungen aus der gesetzlichen Unfallversicherung erfüllt; diese Leistungen sind nach § 3 Nr. 1 Buchst. a steuerfrei (BMF 28.10.2009, BStBl. I 2009, 1275 unter 2.1.4). Schmerzensgeldrenten nach § 253 Absatz 2 BGB, Schadensersatzrenten zum Ausgleich vermehrter Bedürfnisse (§ 843 Absatz 1 2. Alternative BGB), Unterhaltsrenten nach § 844 Absatz 2 BGB sowie Ersatzansprüche wegen entgangener Dienste nach § 845 BGB sind ebenfalls nicht steuerbar (BMF 28.10.2009, BStBl. I 2009, 1275 unter 2.1.4). **(2e) Entschädigungen für entgangene oder entgehende Einnahmen** sind Arbeitslohn, wenn die Versicherung den Arbeitgeber berechtigt; wickelt das Versicherungsunternehmen die Auszahlung der Versicherungsleistung unmittelbar mit dem Arbeitnehmer ab, hat der Arbeitgeber LSt gemäß § 38 Absatz 1 Satz 3 nur einzubehalten, wenn er weiß oder erkennen kann, dass derartige Zahlungen erbracht wurden. (BMF 28.10.2009, BStBl. I 2009, 1275 unter 2.1.5). Unfallrenten aus einer den Arbeitgeber berechtigenden Unfallversicherung können Leibrenten nach § 22 Nr. 1 S. 3 Buchst. a Doppelbuchst. bb sein (BMF 28.10.2009, BStBl. I 2009, 1275 unter 2.1.6). **(3a) Erlangt der Arbeitnehmer einen eigenen durchsetzbaren Anspruch,** sind die Beiträge zu der Versicherung, soweit diese private Risiken abdeckt, Arbeitslohn (BFH 16.4.1999 – VI R 60/96, BStBl. II 2000, 406; Blümich/*Geserich* § 19 Rn. 322; HHR/*Pflüger* § 19 Rn. 442; BMF 28.10.2009, BStBl. I 2009, 1275 unter 2.2.1). Beiträge zu Gruppenunfallversicherungen sind ggf. nach der Zahl der versicherten Arbeitnehmer auf diese aufzuteilen (§ 2 Abs. 2 Nr. 3 S. 3

LStDV). Die Beiträge oder Beitragsteile, die bei Auswärtstätigkeiten das Unfallrisiko abdecken sind steuerfreie Reisekostenerstattungen; für die Aufteilung eines auf den beruflichen Bereich entfallenden Gesamtbeitrags in steuerfreie Reisekostenerstattungen und steuerpflichtigen Werbungskostenersatz ist die Vereinfachungsregelung der Finanzverwaltung anzuwenden, wonach 40% der Versicherungsprämie auf den beruflichen Bereich entfallen bzw. steuerfreie Reisekostenerstattungen sind und 60% lohnsteuerpflichtigen Werbungskostenersatz darstellen (BMF 28.10.2009, BStBl. I 2009, 1275 unter 2.2.1 und 1.4). **(3b) Leistungen aus einer Unfallversicherung, aus der der Arbeitnehmer einen eigenen Anspruch hat,** sind Arbeitslohn, soweit sie Entschädigungen für entgangene oder entgehende Einnahmen iSd § 24 Nr. 1 Buchst. a darstellen, der Unfall im beruflichen Bereich eingetreten ist und die Beiträge ganz oder teilweise Werbungskosten bzw. steuerfreie Reisenebenkostenerstattungen waren (BMF 28.10.2009, BStBl. I 2009, 1275 unter 2.2.2). In diesen Fällen hat der Arbeitgeber LSt gemäß § 38 Absatz 1 Satz 3 nur einzubehalten, wenn er weiß oder erkennen kann, dass derartige Zahlungen erbracht wurden; andernfalls ist der als Entschädigung iSd § 24 Nr. 1 Buchst. a steuerpflichtige Teil des Arbeitslohns, der ggf. durch Schätzung zu ermitteln ist, im Rahmen der Veranlagung des Arbeitnehmers zur Einkommensteuer zu erfassen (BMF 28.10.2009, BStBl. I 2009, 1275 unter 2.2.2). Unfallrenten aus einer den Arbeitgeber berechtigenden Unfallversicherung können Leibrenten nach § 22 Nr. 1 S. 3 Buchst. a Doppelbuchst. bb sein (BMF 28.10.2009, BStBl. I 2009, 1275 unter 2.2.3).

Unterhaltszuschüsse

Unterhaltszuschüsse an einen **Beamtenanwärter** sind, da er – wie ein Rechtsreferendar (vgl. dazu BFH 10.12.1971 – VI R 112/70, BStBl. II 1972, 251) – einer Behörde unterstellt und damit zugleich in den geschäftlichen Organismus dieses Arbeitgebers eingegliedert, Arbeitslohn (BFH 21.1.1972 – VI R 337/70, BStBl. II 1972, 261, zum Finanzanwärter). Siehe auch „Ausbildungsvergütung" → Rn. 590. **831**

Unterschlagung

Die Ausführungen zum „Diebstahl" → Rn. 623 gelten sinngemäß. **832**

Urheberrechtlicher Verwertungsrechte

Wiederholungshonorare und Erlösbeteiligungen, die an ausübende Künstler von Hörfunk- oder Fernsehproduktionen als Nutzungsentgelte für die Übertragung originärer urheberrechtlicher Verwertungsrechte gezahlt werden, stellen keinen Arbeitslohn dar. Denn diesem Vergütungsanspruch liegen außerhalb des Dienstverhältnisses und in der Person des ausübenden Künstlers entstandene, originäre urheberrechtliche Schutzrechte zugrunde, vgl. §§ 73 ff. UrhG (BFH 26.7.2006 – VI R 49/02, BStBl. II 2006, 917). Siehe auch „Lohnersatzleistungen" → Rn. 730. **833**

Urlaub

Bei Entschädigungszahlungen der Urlaubs- und Lohnausgleichskasse der Bauwirtschaft für verfallene Urlaubsansprüche handelt es sich um Arbeitslohn, da sie nachträgliche Lohnzahlungen darstellen (BFH 21.2.2003 – VI R 74/00, BStBl. II 2003, 496; LStR 19.3 Abs. 1 S. 2 Nr. 2). Siehe auch „Abfindungen" → Rn. 570. **834**

Einstweilen frei **835–839**

Verabschiedung

S. „Amtseinführung" → Rn. 576. **840**

Verbesserungsvorschläge

Zuwendungen für Verbesserungsvorschläge betreffend von Arbeitsabläufen beim Arbeitgeber sind Arbeitslohn, da sich solche Prämien im weitesten Sinne als Gegenleistung für das Zurverfügungstellen der individuellen Arbeitskraft des Arbeitnehmers erweisen (FG Baden- **841**

Württemberg 10.12.1992 – 6 K 325/90, EFG 1993, 446, rkr.; Schmidt/*Krüger* § 19 Rn. 100 „Verbesserungsvorschläge"; Heuermann/Wagner LSt/*K. Wagner* A „Verbesserungsvorschläge").

Verlosung

842 Im Zusammenhang mit Verlosungen ist **Arbeitslohn gegeben,** wenn durch die Möglichkeit der (an besondere Voraussetzungen geknüpften) Teilnahme an der Verlosung die „Geschäftskontakte" mit den Arbeitnehmer vertieft werden sollte (FG Münster 26.3.2002 – 15 K 3309/99 E, DStRE 2005, 320, rkr., Goldgewinn; die – beschränkte Teilnahmeberechtigung – an der Verlosung sollte dem Zweck dienen, den Umsatz zu steigern und das Verhältnis zu den Vertragshändlern zu verbessern) oder die Arbeitsleistungen der Arbeitnehmer belohnt werden sollen (BFH 25.11.1993 – VI R 45/93, BStBl. II 1994, 254). Verschafft der Arbeitgeber dem Arbeitnehmer mit der Schenkung des Geschenkloses die Teilnahme an einer von einem fremden Dritten durchgeführten Lotterie, so ist in dieser Schenkung der geldwerte Vorteil (Sachlohn, auf den die 44 EUR-Freigrenze des § 8 Abs. 2 S. 11 anwendbar ist) für den Arbeitnehmer zu sehen; insoweit wird ihm ein Vorteil für die Beschäftigung eingeräumt und er erspart sich eigenen Aufwand für die Teilnahme an der Lotterie; indes ist der Losgewinn nicht durch das individuelle Dienstverhältnis veranlasst und mithin kein Arbeitslohn (FM Saarland 10.2.2004, DStR 2004, 865; zustimmend auch Blümich/*Geserich* § 19 Rn. 280 „Losgewinne"; Schmidt/*Krüger* § 19 Rn. 47). **Kein Arbeitslohn** ist die **Einräumung einer bloßen Gewinnchance** (BFH 25.11.1993 – VI R 45/93, BStBl. II 1994, 254). Des Weiteren ist kein Arbeitslohn gegeben, wenn durch die Verlosung lediglich unter allen Teilnehmern einer Betriebsveranstaltung die **üblichen Geschenke verteilt werden sollen** oder der Losgewinn eine bloße **Aufmerksamkeit** (→ Rn. 502 ff.) darstellt (Blümich/*Geserich* § 19 Rn. 280 „Losgewinne"; *Förster* DStR 2009, 249 (251 f.)). Wird von einer Provision das **Entgelt für Lose unmittelbar einbehalten,** ist der Erwerb der Lose bereits Teil der Einkommensverwendung; die Vorteile, die im Rahmen der Einkommensverwendung erworben werden, stehen mit der Einkommenserzielung in keinem steuerlich relevanten Sachzusammenhang (vgl. BFH 2.9.2008 – X R 8/06, BStBl. II 2010, 548).

Vermächtnis

843 Eine Zuwendung aufgrund eines Vermächtnisses des verstorbenen Arbeitgebers ist kein durch das Dienstverhältnis veranlasster Vorteil und damit kein Arbeitslohn (vgl. BFH 15.5.1986 – IV R 119/84, BStBl. II 1986, 609).

Vermietung eines (häuslichen) Arbeitszimmers an den Arbeitgeber

844 Siehe „Garagengeld" → Rn. 668, „Parkplätze" → Rn. 771 und → Rn. 59.

Vermögenshaftpflichtversicherung

845 S. „Directors & Officers-Versicherungen (D&O-Versicherungen)" → Rn. 630.

Verpflegung

846 Die unentgeltliche oder verbilligte Überlassung von Mahlzeiten, also Speisen und Lebensmitteln, die üblicherweise der Ernährung dienen, einschließlich der dazu üblichen Getränke (BFH 7.11.1975 – VI R 94/72, BStBl. II 1976, 50; BFH 21.3.1975 – VI R 174/73, BStBl. II 1975, 486) ist grundsätzlich Arbeitslohn (BFH 14.6.1985 – VI R 167/81, BFH/NV 1986, 303), der nach § 8 Abs. 2 S. 6 bis 9 zu bewerten ist. Stellt der Arbeitgeber seinen Arbeitnehmern im Rahmen von Dienstbesprechungen oder Fortbildungsveranstaltungen Speisen und Getränke unentgeltlich zur Verfügung, ist der den Arbeitnehmern gewährte Vorteil allerdings kein Arbeitslohn, wenn das **eigenbetriebliche Interesse des Arbeitgebers** an der günstigen Gestaltung des Arbeitsablaufs den Vorteil der Arbeitnehmer bei weitem überwiegt; insoweit ist die Gesamtwürdigung aller Umstände des Einzelfalles erforderlich (BFH 5.5.1994 – VI R 55/92, VI R 56/92, BStBl. II 1994, 771). Die Finanzverwaltung nimmt ein überwiegend eigenbetriebliches Interesse typisierend an bei Speisen, die der Arbeitgeber den Arbeit-

nehmern anlässlich und während eines außergewöhnlichen Arbeitseinsatzes (zB während einer außergewöhnlichen betrieblichen Besprechung oder Sitzung) unentgeltlich oder teilentgeltlich überlässt und deren Wert 60 EUR nicht überschreitet (LStR 19.6 Abs. 2 S. 2). Nach der Rechtsprechung des BFH ist wegen betriebsfunktionaler Zielsetzung in folgenden Fällen **kein Arbeitslohn** gegeben: **Arbeitgeberverpflegung von Besatzungsmitglieder an Bord eines Flusskreuzfahrtschiffes** (BFH 21.1.2010 – VI R 51/08, BStBl. II 2010, 700); Mahlzeitgestellung an **Kindergärtnerinnen** (FG Niedersachsen 19.2.2009 – 11 K 384/07, DStRE 2010, 1162, rkr.; FG Schleswig-Holstein 23.1.2012 – 5 K 64/11, DStRE 2012, 918, rkr.); Mahlzeitengestellung an Mitarbeiter auf einer **Offshore-Plattform** (FG Hamburg 17.9.2015 – 2 K 54/15, EFG 2016, 36 rkr.); Essensgewährung während **Dienstbesprechungen** (FG Rheinland-Pfalz 27.2.1992 – 6 K 2302/89, BeckRS 1992, 08780 rkr.). Dagegen ist die Gewährung einer Verpflegung **Arbeitslohn** zB bei unentgeltlicher **Gemeinschaftsverpflegung** in der Kaserne für Soldaten während einer Dienstreise (BFH 24.3.2011 – VI R 11/10, BStBl. II 2011, 829, Bewertung mit amtlichem Sachbezugswert); bei unentgeltlicher Verpflegung von **Profifußballern,** da an der Einnahme sportmedizinisch abgestimmter Speisen neben dem eigenbetrieblichen Interesse des Arbeitgebers ein nicht untererhebliches Interesse der Sportler besteht (FG München 3.5.2013 – 8 K 4017/09, EFG 2013, 1407); bei Gewährung von freier Kost für **Haus-, Hotel- oder Krankenhausangestellte** (BFH 28.2.1975 – VI R 28/73, BStBl. II 1976, 134). Diese Grundsätze lassen sich auch auf die Gestellung solcher Speisen übertragen, die der Arbeitgeber den Arbeitnehmern anlässlich und während eines außergewöhnlichen Arbeitseinsatzes, zB während einer außergewöhnlichen betrieblichen Besprechung oder Sitzung, im ganz überwiegend betrieblichen Interesse an einer günstigen Gestaltung des Arbeitsablaufes unentgeltlich oder teilentgeltlich überlässt. Soweit die Finanzverwaltung verlangt, dass deren Wert 60 EUR nicht überschreitet (LStR 19.6 Abs. 2 S. 2), ist dies – wie zu dem Begriff „Aufmerksamkeiten" aufgeführt – abzulehnen. Siehe auch zu **Genussmitteln und Getränken** → Rn. 510.

Versorgungsausgleich

→ Rn. 1042. **847**

Versorgungsrückstellung

Behält der Arbeitgeber einen Beitrag vom Arbeitslohn ein und führt ihn einer Versorgungsrückstellung zu, fließt dem Arbeitnehmer (noch) kein Arbeitslohn zu (BFH 20.7.2005 – VI R 165/01, BStBl. II 2005, 890; BFH 22.11.2006 – X R 29/05, BStBl. II 2007, 402). **848**

Veruntreuung

Fügt ein Arbeitnehmer seinem Arbeitgeber durch den Missbrauch seiner Befugnisse bzw. durch Treuebruch Schäden zu, liegt kein Arbeitslohn vor; es fehlt bereits an dem Merkmal der „Gewährung" von Vorteilen; vielmehr hat sich der Arbeitnehmer die entsprechenden Vorteile eigenmächtig unter Überschreitung seiner Befugnisse zugeteilt (BFH 13.11.2012 – VI R 38/11, BStBl. II 2013, 929; FG Nürnberg 4.6.1987 – I 42/81, EFG 1987, 607; FG München 29.8.1984 – IX 69/84 E, EFG 1985, 71). Siehe auch „Bestechungsgelder" → Rn. 604 und „Diebstahl" → Rn. 623. **849**

VIP

Zuwendungen an Arbeitnehmer im Rahmen von Leistungen an wichtige Persönlichkeiten (VIP), wie zB der unentgeltliche oder verbilligte Zugang zu einer VIP-Loge, Bewirtung und/oder Geschenke, sind Arbeitslohn. Ein (denkbares) ganz überwiegend eigenbetriebliches Interesse des Arbeitgebers tritt hinter der nicht geringen Bereicherung des Arbeitnehmers zurück (Blümich/*Geserich* § 19 Rn. 280 „VIP-Maßnahme"; zur steuerrechtlichen Behandlung vgl. BMF 22.8.2005, BStBl. I 2005, 845 Rn. 10, 14 u. 18; BMF 30.3.2006, BStBl. I 2006, 307; BMF 11.7.2006, BStBl. I 2006, 447); *Geserich* DStR 2014, 561; BMF 19.5.2015, BStBl. I 2015, 468 Rn. 15). Kein Arbeitslohn liegt hingegen vor, wenn der Arbeitnehmer für den Arbeitgeber bei einem solchen Events, zB als Kundenbetreuer, tätig wird und dies im ganz überwiegend eigenbetrieblichen Interesse des Arbeitgebers liegt und mithin die **850**

Zuwendung eines lohnsteuerrechtlichen Vorteils ausgeschlossen ist (BFH 16.10.2013 – VI R 78/12, BStBl. II 2015, 495).

Vorkaufsrechte

851 Werden einem Arbeitnehmer vom Arbeitgeber oder einem Dritten im Hinblick auf das Dienstverhältnis Vorkaufsrechte eingeräumt, fließt dem Arbeitnehmer nicht zum Zeitpunkt der Rechtseinräumung, sondern erst zum Zeitpunkt der Ausübung des Rechts oder des entgeltlichen Verzichts hierauf ein geldwerter Vorteil zu (BFH 19.6.2008 – VI R 4/05, BStBl. II 2008, 826). Es ergeben sich keine Besonderheiten im Vergleich zu den **Aktienoptionen** (s. dort).

Vorsorgekuren

852 S. „Gesundheitsfürsorge" → Rn. 678.

Vorsorgeuntersuchungen

853 S. „Gesundheitsfürsorge" → Rn. 678.

854–858 *Einstweilen frei*

Waisengelder

859 → Rn. 1036.

Wandeldarlehen

860 Der Gewinn aus der Veräußerung eines Wandeldarlehens ist ein geldwerter Vorteil, soweit sich die bis dahin latent bestehende Möglichkeit zum verbilligten Aktienerwerb verwirklicht: Erst die Übertragung eines Wandeldarlehens führt zu einem geldwerten Vorteil. Die Einräumung des Wandlungsrechts selbst eröffnet lediglich die Chance zu einem preisgünstigen Vermögenserwerb und führt erst zu einem Zufluss und damit zu einer Einnahme, wenn der Berechtigte die Wandlung vollzieht. Im Zeitpunkt der Darlehensveräußerung realisiert sich die bis dahin latent bestehende Möglichkeit zum verbilligten Aktienerwerb zu einem festgelegten Wandlungspreis. Die Höhe des gewährten Vorteils ergibt sich aus dem vom Darlehenserwerber gezahlten Kaufpreis (BFH 20.5.2010 – VI R 12/08, BStBl. II 2010, 1069; BFH 23.6.2005 – VI R 10/03, BStBl. II 2005, 770).

Wandelschuldverschreibungen

861 Räumt der Arbeitgeber dem Arbeitnehmer durch Übertragung von nicht handelbaren Wandelschuldverschreibungen (vgl. § 221 AktG) einen Anspruch auf Verschaffung von Aktien ein, gelten die Grundsätze zu den Aktienoptionen (s. dort) entsprechend (BFH 23.6.2005 – VI R 124/99, BStBl. II 2005, 766).

Wartegelder

862 → Rn. 1034.

Witwengeld

863 → Rn. 1036.

Wohnrecht

864 S. „Abfindungen" → Rn. 570.

865–869 *Einstweilen frei*

Zeitwertkonten

870 S. „Arbeitszeitkonten" → Rn. 582.

Zeugen

Zeugen, die von der Gerichtskasse Zuwendungen für erlittenen Verdienstausfall erhalten, beziehen insoweit Arbeitslohn (Schmidt/*Krüger* § 19 Rn. 100 „Zeugengebühr", unter Hinweis auf § 24). 871

Zinsen

Gewährt ein Kreditinstitut seinen Arbeitnehmern höhere Sparzinsen als den (betriebsfremden) Kunden, gehört nur der Regelzins zu den Einkünften aus Kapitalvermögen; der diesen übersteigende Zins ist dagegen, da auf dem individuellen Dienstverhältnis beruhend, Arbeitslohn (Blümich/*Geserich* § 19 Rn. 280 „Zinsen"; Schmidt/*Krüger* § 19 Rn. 100 „Zinsen"). Zinsen auf stehengelassenen Arbeitslohn (BFH 31.10.1989 – VIII R 210/83, BStBl. II 1990, 532) oder nicht ausgezahlte Tantiemen (BFH 29.9.1981 – VIII R 39/79, BStBl. II 1982, 113) zählen zu den Einnahmen aus Kapitalvermögen. Dagegen liegt Arbeitslohn iSd § 19 vor, wenn das Arbeitsverhältnis gegenüber dem Darlehensverhältnis im Vordergrund steht (BFH 28.6.2007 – VI B 23/07, BFH/NV 2007, 1870, zB bei Zinsen aus einem Mitarbeiter-Beteiligungsmodell; FG Köln 16.12.2003 – 13 K 2681/03, EFG 2004, 654, rkr., Arbeitszeitabhängige Verzinsung von Arbeitslohn als Einnahmen iSd § 19). Siehe auch „Darlehen" → Rn. 620. 872

Zinsersparnisse

S. „Darlehen" → Rn. 620. 873

Zukunftssicherungsleistungen

→ Rn. 557. 874

Zuschläge

S. „Lohnzuschläge" → Rn. 733. 875

h) Zufluss des Arbeitslohns. aa) Zufluss kein Bestandteil des Arbeitslohnbegriffs. Der Zufluss des Vorteils ist entsprechend der Definition in § 2 Abs. 1 S. 1 LStDV Bestandteil des Arbeitslohnbegriffs („zufließen"). Allerdings verlangt aber nicht der Tatbestand des § 19 Abs. 1 S. 1, sondern der Begriff der Einnahme (Blümich/*Geserich* § 19 Rn. 244; KSM/*Breinersdorfer* § 19 Rn. B 291; Kirchhof/*Eisgruber* § 19 Rn. 72) und das Prinzip der Besteuerung nach der Leistungsfähigkeit (KSM/*Breinersdorfer* § 19 Rn. B 203) den Zufluss. 876

Einstweilen frei 877–879

bb) Allgemeine Definition des Zuflusses. Zugeflossen ist eine Einnahme dann, wenn der Empfänger die **wirtschaftliche Verfügungsmacht** über die in Geld oder Geldeswert bestehenden Güter erlangt hat (BFH 4.5.2006 – VI R 19/03, BStBl. II 2006, 832, mwN). Der Zufluss kann **grundsätzlich nicht fingiert** werden (BFH 3.2.2011 – VI R 4/10, BStBl. II 2014, 493, zur **Ausnahme** beim beherrschenden Gesellschafter → Rn. 896). Der Übergang der wirtschaftlichen Verfügungsmacht richtet sich nach den **Umständen des Einzelfalls** (BFH 14.11.2012 – VI R 56/11, BStBl. II 2013, 382). Bei **Barzahlungen** ist die Übereignung gesetzlicher Zahlungsmittel maßgeblich (KSM/*Breinersdorfer* § 19 Rn. B 291). Bei einer **Sachzuwendung** ist der Zufluss eines geldwerten Vorteils zu bejahen, wenn der Arbeitnehmer den Vorteil tatsächlich in Anspruch nehmen kann (BFH 14.11.2012 – VI R 56/11, BStBl. II 2013, 382). Es kommt nicht darauf an, ob der Arbeitnehmer den Vorteil an einen Dritten abtreten oder in Geld umsetzen kann (BFH 9.3.1990 – VI R 48/87, BStBl. II 1990, 711, mwN). Ist **Gegenstand der Sachzuwendung ein Recht,** (bei einem Dritten) eine (vergünstigte) Sach- oder Dienstleistung zu beziehen, ist der Vorteil und damit der Arbeitslohn nicht bereits mit Einräumung des Bezugsrechts durch den Arbeitgeber, sondern erst mit Ausübung des Rechts, dh der Inanspruchnahme der Sach- oder Dienstleistung durch den Arbeitnehmer zugeflossen (BFH 20.11.2008 – VI R 25/05, BStBl. II 2009, 382, mwN zum Zuflusszeitpunkt von Arbeitslohn bei handelbaren Optionsrechten). Dagegen reicht das **Bestehen eines Anspruchs als solches** nicht aus (BFH 21.3.2013 – VI R 31/10, BStBl. 880

II 2013, 700, mwN; Blümich/*Geserich* § 19 Rn. 244; Schmidt/*Krüger* § 19 Rn. 76). Zu besonderen Konstellationen beim Zufluss von Arbeitslohn → Rn. 892 ff.

881 **Verwirklichter Zufluss kann nicht rückgängig gemacht werden:** Da sich die Erlangung der wirtschaftlichen Verfügungsmacht nach den tatsächlichen Verhältnissen richtet, kann ein bereits verwirklichter Zufluss durch eine Rückzahlung von Arbeitslohn nicht ungeschehen gemacht werden (BFH 12.11.2009 – VI R 20/07, BStBl. II 2010, 845). Zur **einkünftemindernden Berücksichtigung** von Rückzahlungen → Rn. 902 ff.

882–884 *Einstweilen frei*

885 **cc) Spezialgesetzliche Ausprägungen des Zuflusses von Arbeitslohn. Laufender Arbeitslohn** gilt – in Durchbrechung des allgemeinen Zuflussprinzips (Blümich/*Geserich* § 19 Rn. 246) in dem Kalenderjahr als bezogen, in dem der Lohnzahlungszeitraum endet (§ 11 Abs. 1 Satz 4 iVm § 38a Abs. 1 S. 2). Laufender Arbeitslohn ist der Arbeitslohn, der dem Arbeitnehmer regelmäßig fortlaufend zufließt (zB Monatsgehälter und Wochen- und Tagelöhne, vgl. auch LStR 39b.2 Abs. 1 S. 1 mit zahlreichen weiteren Beispielen). **Lohnzahlungszeitraum** ist der Zeitraum, für den jeweils der laufende Arbeitslohn gezahlt wird (LStR 39b.5 Abs. 2 S. 1).

886 **Sonstige Bezüge** fließen gemäß § 11 Abs. 1 S. 4 iVm § 38a Abs. 1 S. 3 entsprechend dem allgemeinen Zuflussprinzip mit Erlangung der wirtschaftlichen Verfügungsmacht zu. Ein sonstiger Bezug ist – entsprechend der Legaldefinition in § 38a Abs. 1 S. 3 – Arbeitslohn, der nicht als laufender Arbeitslohn gezahlt wird (vgl. auch die vielzähligen Beispiele in LStR 39b.2 Abs. 2 S. 2).

887 Bei **Anzahlungen** iSd § 39b Abs. 5 S. 1 tritt gemäß § 11 Abs. 1 S. 4 iVm § 38a Abs. 1 S. 2 Hs. der Lohnabrechnungszeitraum an die Stelle des Lohnzahlungseitraums.

888 **Auf den Arbeitnehmer abgewälzte pauschale Lohnsteuer** gilt als zugeflossener Arbeitslohn (§ 11 Abs. 1 S. 4 iVm § 40 Abs. 3 S. 2 Hs. 2 (vgl. dazu näher die Erläuterungen zu § 40 Abs. 3 S. 2).

889–891 *Einstweilen frei*

892 **dd) Besondere Fälle des Zuflusses von Arbeitslohn. Abtretung:** → Rn. 571.

893 Einbehalt der gesetzlichen Sozialversicherung: → Rn. 577 (zu „Arbeitgeberanteil zur Gesamtsozialversicherung") und → Rn. 578 (zu „Arbeitnehmerateil zur Gesamtsozialversicherung").

894 **Kraft Gesetzes auf Sozialleistungsträger übergegangene Forderungen:** Leistet der Arbeitgeber aufgrund des gesetzlichen Forderungsübergangs nach **§ 115 SGB X** eine Lohnnachzahlung unmittelbar an die Arbeitsverwaltung, führt dies beim Arbeitnehmer zum Zufluss von Arbeitslohn (BFH 15.11.2007 – VI R 66/03, BStBl. II 2008, 375, BFH 16.3.1993 – XI R 52/88, BStBl. II 1993, 507). Denn bei einem gesetzlichen Forderungsübergang gemäß § 115 Abs. 1 SGB X fließt der übergegangene Arbeitslohn dem Arbeitnehmer -steuerrechtlich im **abgekürzten Zahlungsweg** – in dem Zeitpunkt zu, in dem der Arbeitslohn durch eine Zahlung des Arbeitgebers beim Zessionar eingeht. Mit dem Zufluss des Arbeitslohns geht wirtschaftlich jedoch die Rückzahlung der zuvor an den Arbeitnehmer geleisteten Sozialleistungen einher. Durch diese Erstattung des Arbeitnehmers wird das mit dem gesetzlichen Forderungsübergang verbundene Ziel der Rückzahlung der gewährten Sozialleistungen erreicht. Die aus dieser Rückzahlung folgende geringere steuerliche Leistungsfähigkeit wird über einen **negativen Progressionsvorbehalt** nach § 32b berücksichtigt (BFH 15.11.2007 – VI R 66/03, BStBl. II 2008, 375). Davon sind die Fälle zu unterscheiden, in denen ein Arbeitnehmer seinen Arbeitsentgeltanspruch im Hinblick auf zukünftig zu erwartende Leistungen eines Sozialleistungsträgers (zB **Insolvenzgeld**) an einen Dritten entgeltlich überträgt und sie dadurch wirtschaftlich verwertet. Soweit Insolvenzgeld durch diese wirtschaftliche Verwertung vorfinanziert wird, das nach § 188 Abs. 1 SGB III einem Dritten zusteht, ist die Gegenleistung für die Übertragung des Arbeitsentgeltanspruchs als Insolvenzgeld i. S. des § 32b Abs. 1 Nr. 1 Buchst. a anzusehen. Die an den Arbeitnehmer gezahlten Entgelte hat dieser i. S. des § 32b Abs. 1 Nr. 1 Buchst. a bezogen, wenn sie ihm nach den Regeln über die Überschusseinkünfte zugeflossen sind (BFH 1.3.2012 – VI R 4/11, BStBl. II 2012, 596). Dass mit der Auszahlung des Insolvenzgeldes durch den Sozialleistungsträger an den Dritten der Arbeitsentgeltanspruch nach § 187 Satz 1 SGB III letztlich auf den Sozialleistungsträger übergeht, ist insoweit nicht relevant. Denn erst wenn der Arbeitgeber den Arbeitslohn an den Sozialleistungsträger zahlt, ist nach den genannten Entscheidungen bei dem Arbeitnehmer ein Arbeitslohnzufluss anzunehmen, mit dem ein negativer Progressionsvorbehalt zusammentrifft (BFH 1.3.2012 – VI R 4/11, BStBl. II 2012, 596).

Lohnpfändung: Der Arbeitslohn fließt dem Arbeitnehmer auch dann zu, wenn der Arbeitslohnanspruch von einem Dritten gepfändet und eingezogen worden ist. Der Zufluss liegt in dem Zeitpunkt des Einzugs durch den Dritten vor. Denn wirtschaftlich betrachtet liegt der Fall nicht anders, als habe der Arbeitnehmer sein Gehalt in vollem Umfange empfangen und dann den gepfändeten oder abgetretenen Teil an den Pfandgläubiger oder Einzelrechtsnachfolger abgeführt; der Arbeitgeber muss deshalb, sobald er die Bezüge auszahlt, die Lohnsteuer auch insoweit einbehalten, als der Arbeitslohn gepfändet worden war (BFH 29.7.1960 – VI 265/58 U, BStBl. III 1960, 404). Dies gilt auch dann, wenn der Arbeitgeber den Arbeitslohn wegen der Lohnpfändung zugunsten mehrerer Gläubiger hinterlegt (§ 853 ZPO) sowie bei Hinterlegung durch den Arbeitgeber gemäß §§ 372, 378 BGB) wegen Annahmeverzugs des Arbeitnehmers unter Verzicht auf das Rücknahmerecht (HHR/*Pflüger* § 19 Rn. 123). 895

Zuflussfiktion bei beherrschenden Gesellschaftern: Eine Ausnahme davon, dass sich die Erlangung der wirtschaftlichen Verfügungsmacht nach den tatsächlichen Verhältnissen richtet und das Zufließen grundsätzlich nicht fingiert werden kann (→ Rn. 880), wird **nur bei beherrschenden Gesellschaftern** einer Kapitalgesellschaft gemacht. Bei ihnen wird angenommen, dass sie über eine von der Gesellschaft geschuldete Vergütung bereits im Zeitpunkt der Fälligkeit verfügen können und ihnen damit entsprechende Einnahmen zugeflossen sind (BFH 15.5.2013 – VI R 24/12, BStBl. II 2014, 495). **Beherrschend** sind im Regelfall solche Gesellschafter, die die Mehrheit der Stimmrechte besitzen und deshalb bei Gesellschafterversammlungen entscheidenden Einfluss ausüben können; im Allgemeinen ist das erst der Fall, wenn die Gesellschafter, die durch Leistungen der Kapitalgesellschaft Vorteile erhalten, mehr als 50% der Stimmrechte haben (BFH 3.2.2011 – VI R 4/10, BStBl. II 2014, 493, mwN). Bei beherrschenden Gesellschaftern wird angenommen, dass sie über eine von der Gesellschaft geschuldete Vergütung bereits **im Zeitpunkt der Fälligkeit verfügen** können und ihnen damit entsprechende Einnahmen zugeflossen sind (BFH 15.5.2013 – VI R 24/12, BStBl. II 2014, 495, mwN). Allerdings werden von dieser **Zuflussfiktion** (BFH 3.2.2011 – VI R 4/10, BStBl. II 2014, 493) nur Gehaltsbeträge und sonstige Vergütungen erfasst, die die Kapitalgesellschaft den sie **beherrschenden Gesellschaftern schuldet** und die sich **bei der Ermittlung ihres Einkommens ausgewirkt** haben (BFH 3.2.2011 – VI R 4/10, BStBl. II 2014, 493, mwN). 896

Zufluss bei verdeckter Einlage eines Gesellschafters: Der Verzicht eines Gesellschafters, der nicht notwendigerweise ein beherrschender Gesellschafter sein muss (dazu → Rn. 896), auf seinen Vergütungsanspruch kann zum Zufluss des Forderungswerts führen, soweit mit ihm eine verdeckte Einlage erbracht wird (BFH 9.6.1997 – GrS 1/94, BStBl. II 1998, 307, mwN). Eine **verdeckte Einlage** liegt vor, wenn ein Gesellschafter oder eine ihm nahestehende Person der Gesellschaft einen einlagefähigen Vermögensvorteil zuwendet, ohne dass der Gesellschafter hierfür neue Gesellschaftsanteile erhält, und wenn diese Zuwendung ihre Ursache im Gesellschaftsverhältnis hat. Letztere Voraussetzung ist gegeben, wenn ein Nichtgesellschafter der Gesellschaft den Vermögensvorteil bei Anwendung der Sorgfalt eines ordentlichen Kaufmanns nicht eingeräumt hätte (BFH 15.5.2013 – VI R 24/12, BStBl. II 2014, 495; BFH 20.7.2005 – X R 22/02, BStBl. II 2006, 457; jeweils mwN). Verzichtet also ein Gesellschafter-Geschäftsführer gegenüber seiner Kapitalgesellschaft auf eine bereits erdiente (werthaltige) Pensionsanwartschaft, ist darin nur dann keine verdeckte Einlage zu sehen, wenn auch ein fremder Geschäftsführer unter sonst gleichen Umständen die Pensionsanwartschaft aufgegeben hätte (BFH 23.8.2017 – VI R 4/16, BStBl. II 2018, 208). Wurzelt die Zusage der Altersversorgung im Anstellungsvertrag, führt der Verzicht auf die erdiente und werthaltige Anwartschaft zu einem Lohnzufluss in Höhe des Teilwerts (BFH 23.8.2017 – VI R 4/16, BStBl. II 2018, 208: Vergütung für mehrjährige Tätigkeit, ggf. Anwendung der Fünftelregelung des § 34 Abs. 1 und Abs. 2 Nr. 4). Als verdeckte Einlagen sind nur Wirtschaftsgüter geeignet, die das Vermögen der Kapitalgesellschaft vermehrt haben, sei es durch den **Ansatz oder die Erhöhung eines Aktivpostens,** sei es durch den **Wegfall oder die Verminderung eines Passivpostens** (BFH 15.5.2013 – VI R 24/12, BStBl. II 2014, 495; BFH 6.11.2003 – IV R 10/01, BStBl. II 2004, 416; jeweils mwN). Ob als Voraussetzung 897 für eine verdeckte Einlage das Vermögen der Kapitalgesellschaft durch den Ansatz oder die Erhöhung eines Aktivpostens oder durch den Wegfall oder die Verminderung eines Passivpostens vermehrt ist, bestimmt sich nach **Bilanzrecht** (BFH 15.5.2013 – VI R 24/12, BStBl. II 2014, 495). Insofern ist maßgeblich, inwieweit Bilanzposten in eine Bilanz hätten eingestellt werden müssen, die zum Zeitpunkt des Verzichts erstellt worden wäre (BFH 15.6.2016 – VI R 6/13, BStBl. II 2016, 903; BFH 15.5.2013 – VI R 24/12, BStBl. II 2014, 495; BFH 24.5.1984 – I R 166/78, BStBl. II 1984, 747). Werden zugesagte Sonderzuwendungen über mehrere Jahre hinweg unverändert weder ausbezahlt noch beim Arbeitgeber als Aufwand erfasst, ohne dass ein Buchungsfehler anzunehmen ist, kann bei planvollem Vorgehen, auf einen **konkludenten Verzicht und damit auf den Nichteintritt der Fälligkeit der Forderung geschlossen** werden, was der Annahme eines Zuflusses und einer verdeckten Einlage entgegen steht (BFH 15.5.2013 – VI R 24/12, BStBl. II 2014, 495, unter Hinweis auf BAG 1.8.2001 – 4 AZR 129/00, BAGE 98, 293, mwN). Eine zum Zufluss von Arbeitslohn führende verdeckte Einlage kann nur dann gegeben sein, soweit der Steuerpflichtige nach Entstehung seines Gehaltsanspruchs aus gesellschaftsrechtlichen Gründen auf diese verzichtet, da in diesem Fall eine Gehaltsverbindlichkeit in eine Bilanz hätte eingestellt werden müssen (BFH 15.6.2016 – VI R 6/13, BStBl. II 2016, 903). Verzichtet ein Gesellschafter-Geschäftsführer gegenüber seiner Kapitalgesellschaft auf eine **bereits erdiente (werthaltige) Pensionsanwartschaft,** ist darin nur dann keine verdeckte Einlage zu sehen, wenn auch ein fremder Geschäftsführer unter sonst gleichen Umständen die Pensionsanwartschaft aufgegeben hätte (BFH 23.8.2017 – VI R 4/16, BStBl. II 2018, 208).

898 **Novation:** Zum Zufluss des Arbeitslohns in den Fällen einer Novation → § 11 Rn. 108.

899–901 *Einstweilen frei*

902 **i) Rückzahlung von Arbeitslohn. aa) Rückzahlung von Arbeitslohn als negative Einnahmen.** Wird Arbeitslohn zurückgezahlt, liegen Werbungskosten vor, sodass demnach der Arbeitnehmer-Pauschbetrag (§ 9a S. 1 Nr. 1 Buchst. a) verbraucht wird (Schmidt/*Loschelder* § 9 Rn. 61; KSM/*von Bornhaupt* § 9 Rn. B 227 ff.; HHR/*Kreft* § 9 Rn. 80; *Schneider* HFR 2006, 1118; str.). Dagegen sieht die **hM** (zugunsten des Arbeitnehmers) in der Rückzahlung von Arbeitslohn negative Einnahmen, dh es ist eine einkünftemindernde Berücksichtigung ohne Anrechnung auf den Arbeitnehmer-Pauschbetrag (§ 9a S. 1 Nr. 1 Buchst. a) möglich (KSM/*Breinersdorfer* § 19 Rn. B 266). Negative Einnahmen liegen auch nach der hM nur vor, wenn die Rückzahlung einer Einnahme durch das der Auszahlung zugrunde liegende Rechtsverhältnis veranlasst ist; die Annahme von negativen Einnahmen setzt nach hM daher voraus, dass die Einnahmen an den zuvor Zahlenden zurückerstattet werden (BFH 14.4.2016 – VI R 13/14, BStBl. II 2016, 778, zu irrtümlichen Überweisungen des Arbeitgebers; BFH 16.6.2015 – IX R 26/14, BStBl. II 2015, 1019; BFH 17.9.2009 – VI R 17/08, BStBl. II 2010, 299; BFH 13.12.1963 – VI 22/61 S, BStBl. III 1964, 184; KSM/*Breinersdorfer* § 19 Rn. B 266; Kirchhof/*Eisgruber* § 19 Rn. 72; offen lassend Blümich/*Geserich* § 19 Rn. 271), zurückgezahlter Arbeitslohn sich also als „**actus contrarius**" zur Lohnzahlung darstellt (BFH 17.9.2009 – VI R 17/08, BStBl. II 2010, 299). Denn nur dann setze sich der **Veranlassungszusammenhang mit dem Arbeitsverhältnis** bei den zurückgezahlten Beträgen fort (BFH 7.5.2009 – VI R 37/08, BStBl. II 2010, 135). Diese Grundsätze gelten auch in den Fällen eines **beherrschenden Gesellschafters** (BFH 14.4.2016 – VI R 13/14, BStBl. II 2016, 778: der beherrschende Gesellschafter beherrscht die Gesellschaft, die beherrschte Gesellschaft aber nicht den beherrschenden Gesellschafter; daher hat es die beherrschte Gesellschaft insbesondere regelmäßig nicht in der Hand, sich Beträge, die ihr der beherrschende Gesellschafter schuldet, auszahlen zu lassen). Die **hM ist abzulehnen.** Die Rechtsfigur der „negativen Einnahmen" ist vom final formulierten Wortlaut des § 9 Abs. 1 Satz 1 beeinflusst und geht auf das BFH 13.12.1963 – VI 22/61, BStBl. III 1964, 184 zurück. Indes ist der Tatbestand der negativen Einnahmen ist im EStG nicht normiert. Die Rückzahlung früherer Einnahmen kann daher nur entweder als Werbungskosten oder gar nicht abgezogen werden. Deswegen und wegen der Annäherung des Begriffs der Werbungskosten an den der Betriebsausgaben durch Betonung des Veranlassungsprinzips (grundlegend: BFH 2.3.1962 – VI 79/60 S, BStBl. III 1962, 192) sind zurückgezahlte Einnahmen als Werbungskosten iSd § 9 Abs. 1 Satz 1 zu berücksichtigen.

903–905 *Einstweilen frei*

bb) Abgrenzung negativen Arbeitslohns von Werbungskosten nach hM. Wegen der vorstehend genannten Zweifel an der Rechtsfigur der „negativen Einnahmen" (→ Rn. 902) hat der BFH in jüngerer Zeit hat der BFH offengelassen, ob zurückgezahlter Arbeitslohn negative Einnahmen oder Werbungskosten darstellt (BFH 17.9.2009 – VI R 24/08, BStBl. II 2010, 198; BFH 7.11.2006 – VI R 2/05, BStBl. II 2007, 315; BFH 4.5.2006 – VI R 33/03, BStBl. II 2006, 911). Sind aber Zahlungen des Arbeitnehmers im o.g. Sinne (→ Rn. 902) als „actus contrarius" vorheriger Arbeitslohnzahlungen anzusehen und war die wesentliche Ursache für die später tatsächlich erfolgte Rückzahlung bereits bei Empfang der später zurückgezahlten Arbeitslohns gesetzt (zB bei Empfang des später zurückgezahlten Arbeitslohns stand die Rückzahlungspflicht wegen der Verstoßes gegen arbeitsrechtliche Compliance-Regeln fest, vgl. dazu BFH 28.2.2013 – VI R 58/11, BStBl. II 2013, 642, oder Arbeitslohn wurde für denselben Zeitraum versehentlich doppelt ausgezahlt), liegen nach hM, die abzulehnen ist (→ Rn. 902), negative Einnahmen in Form negativen Arbeitslohns vor. Nur wenn die Rückzahlungspflicht durch andere wesentliche Ursachen gesetzt worden ist (zB bei freiwilliger Zusage wegen unklarer tatsächlicher oder rechtlicher Umstände), sind aufgrund dieser wesentlichen Ursachen erfolgte Erstattungen als Werbungskosten anzusehen, die auf den Arbeitnehmer-Pauschbetrag anzurechnen sind. Die Differenzierung kann jedoch dahinstehen, wenn der Arbeitnehmer-Pauschbetrag ohnehin nicht zur Anwendung kommt (etwa wenn die Werbungskosten ohne die Einnahmenrückzahlung den Arbeitnehmer-Pauschbetrag überschreiten oder wenn die Einnahmen geringer als die Einnahmenrückzahlung sind, zu einem solchen Fall vgl. BFH 4.5.2006 – VI R 33/03, BStBl. II 2006, 911). Die **Rückzahlung steuerfreien Arbeitslohns** hat unter Anwendung des Rechtsgedankens des § 3c Abs. 2 steuerrechtlich keine Auswirkungen, weil der Arbeitnehmer durch die Einnahmenrückzahlung wie nach der ursprünglichen Arbeitslohnzahlung steht (im Ergebnis ebenso KSM/*Breinersdorfer* § 19 Rn. B 266). 906

Einstweilen frei 907–909

cc) Erscheinungsformen der Rückzahlung von Arbeitslohn. Der klassische Fall negativer Einnahmen ist nach hM, die abzulehnen ist (→ Rn. 902), die **Rückzahlung versehentlich überzahlten Arbeitslohns.** Daneben sind noch weitere Konstellationen denkbar (vgl. KSM/*Breinersdorfer* § 19 Rn. B 268). Eine Rückzahlung von Arbeitslohn ist nach hM **bei vom Arbeitgeber finanziertem Versicherungsschutz** des Arbeitnehmers etwa dann anzunehmen, wenn der Versicherer lohnversteuerte Prämien oder Beiträge wegen eines günstigen Versicherungsverlaufs an den Arbeitgeber zurückerstattete (BFH 7.5.2009 – VI R 37/08, BStBl. II 2010, 135) oder wenn das **Bezugsrecht aus einer Direktversicherung** ganz oder teilweise **entfällt** oder auf eine **Pensionsanwartschaft der externen betrieblichen Altersversorgung** ganz oder teilweise **verzichtet** wird, weil der Arbeitnehmer mit dem Entfallen bzw. Verzicht Aufwendungen hat, die als „actus contrarius" zum mit der Einzahlung in die Versorgungseinrichtung bewirkten Arbeitslohn (§ 2 Abs. 2 Nr. 3) angesehen werden können (KSM/*Breinersdorfer* § 19 Rn. B 268). Des Weiteren liegen negative Einnahmen nach hM vor, wenn der Arbeitnehmer seinem Arbeitgeber aufgrund des Arbeitsvertrages einen geldwerten Vorteil erstatten muss, weil der Arbeitnehmer verbilligt erworbene **Belegschaftsanteile innerhalb der Sperrfrist veräußert** hat oder das **Arbeitsverhältnis beendet** wurde (vgl. BFH 17.9.2009 – VI R 17/08, BStBl. II 2010, 299; KSM/*Breinersdorfer* § 19 Rn. B 268). Die Höhe des Erwerbsaufwands bemisst die hM in einem solchen Fall nach dem ursprünglich gewährten geldwerten Vorteil; zwischenzeitlich eingetretene Wertveränderungen der Aktien sind unbeachtlich, weil eine darüber hinausgehende wirtschaftliche Belastung die Rückabwicklung des Mitarbeiteraktienprogramms nicht zu bewirken vermag, da die verbilligt erworbenen Aktien von Anbeginn an mit der „gegenständlichen" Rückgabeverpflichtung belegt waren (BFH 17.9.2009 – VI R 17/08, BStBl. II 2010, 299). Stellt sich die Veräußerung der Anteile durch den Arbeitnehmer aber nicht als „actus contrarius" zu einer rechtsgrundlosen Lohn(über)zahlung dar, sondern erfüllt er vielmehr eine gesellschaftsvertragliche Verpflichtung, die – wirtschaftlich betrachtet – auf die preisgebundene Rückveräußerung von mit versteuertem Arbeitslohn erworbenen Aktien lautet, steht die Rückveräußerung der Anteile nach hM nicht in einem Veranlassungszusammenhang mit dem Arbeitsverhältnis (BFH 17.9.2009 – VI R 24/08, BStBl. II 2010, 198). 910

Einstweilen frei 911–913

914 **dd) Arbeitslohnrückzahlung und Lohnsteuerabzug.** Zahlt ein Arbeitnehmer, dem Einnahmen zugeflossen sind, diese Einnahmen **im gleichen Veranlagungszeitraum** ganz oder zum Teil an seinen Arbeitgeber zurück, kann der Arbeitgeber den als Arbeitslohn zu versteuernden laufenden Arbeitslohn um die zurückgezahlten Beträge kürzen und die Lohnsteuer nur von dem die zurückgezahlten Beträge übersteigenden Arbeitslohn berechnen (BFH 17.9.2009 – VI R 17/08, BStBl. II 2010, 299; Blümich/*Geserich* § 19 Rn. 271; Schmidt/*Krüger* § 19 Rn. 8; KSM/*Breinersdorfer* § 19 Rn. 267). Dies gilt auch dann, wenn es sich um **pauschal besteuerten Arbeitslohn** handelt (KSM/*Breinersdorfer* § 19 Rn. B 267; LStR 40b.1 Abs. 14 S. 1). Übersteigen in einem Kalenderjahr die Arbeitslohnrückzahlungen betragsmäßig die Beitragsleistungen des Arbeitgebers, ist eine Minderung der Beitragsleistungen im selben Kalenderjahr nur bis auf Null möglich (LStR 40b.1 Abs. 14 S. 2). In seiner Einkommensteuererklärung kann der Arbeitnehmer negative Einnahmen aus pauschal versteuertem Arbeitslohn nicht geltend machen (vgl. LStR 40b.1 Abs. 14 S. 4, zu Beitragsleistungen).

915 Erfolgen die Zahlung des Arbeitslohns und dessen Rückerstattung in **verschiedenen Veranlagungszeiträumen,** liegen im Veranlagungszeitraum der Auszahlung (positive) Einnahmen und im Jahr der Rückerstattung negative Einnahmen vor (BFH 7.11.2006 – VI R 2/05, BStBl. II 2007, 315; KSM/*Breinersdorfer* § 19 Rn. B 267). Etwas anderes ergibt sich nicht aus den Regelungen zum Zufluss regelmäßig gezahlten Arbeitslohns (§ 11 Abs. 1 S. 4 iVm § 38a Abs. 1 S. 2). Denn diese Normen regeln nur, wann laufender Arbeitslohn bzw. sonstige Bezüge als vereinnahmt gelten. Angesichts dessen rechtfertigen diese Vorschriften auch nicht den „Umkehrschluss", dass die Rückzahlung ursprünglich als laufender Arbeitslohn geleisteter Beträge in dem Kalenderjahr als abgeflossen gelten müsse, in dem der laufende (und später zurückgezahlte) Arbeitslohn selbst als bezogen galt (BFH 7.11.2006 – VI R 2/05, BStBl. II 2007, 315). Die vorgenannten Grundsätze zur Berücksichtigung zurückgezahlten Arbeitslohns im Jahr der Zahlung gelten auch, wenn im Jahr der Auszahlung des Arbeitslohns durch den Arbeitgeber der Arbeitslohn **ermäßigt besteuert** worden war (BFH 4.5.2006 – VI R 33/03, BStBl. II 2006, 911; KSM/*Breinersdorfer* § 19 Rn. B 267). Denn es ist hinzunehmen, wenn es durch das in § 11 normierte Zu- und Abflussprinzip bei einer Zusammenballung von Einnahmen und Ausgaben in einem Veranlagungszeitraum zu Ergebnissen kommen kann, die als Folge der Einkommensteuerprogression oder fehlender tatsächlicher Ausgleichsmöglichkeiten zu steuerlichen Be- oder Entlastungen führen können; eine zeitabschnittsbezogene Steuerermittlung bewirkt typischerweise bei progressiven Steuersätzen Unterschiede der Steuerbelastung zwischen den verschiedenen Abschnitten (BFH 4.5.2006 – VI R 33/03, BStBl. II 2006, 911).

916 Die Rückzahlung von Arbeitslohn ist **kein rückwirkendes Ereignis iSd § 175 Abs. 1 S. 1 Nr. 2 AO:** Denn materiell-rechtlich sind allein die tatsächlichen Zu- und Abflüssen von Einnahmen maßgeblich und diese tatsächlichen Vorgänge können nicht durch später bewirkte tatsächliche Rückzahlungen und erst recht nicht durch später geltend gemachte Forderungen ungeschehen gemacht werden (BFH 4.5.2006 – VI R 17/03, BStBl. II 2006, 830).

917–919 *Einstweilen frei*

2. Zuwendungen des Arbeitgebers anlässlich von Betriebsveranstaltungen (§ 19 Abs. 1 S. 1 Nr. 1a)

920 **a) Allgemeines. aa) Rechtslage bis VZ 2014. Betriebsveranstaltung als Arbeitslohn iSd § 19 Abs. 1 S. 1 Nr. 1:** Dass die Teilnahme an einer Betriebsveranstaltung der Einkommensteuer Arbeitslohncharakter aufweisen konnte, entsprach allgemeiner Ansicht (vgl. nur BFH 22.3.1985 – VI R 170/82, BStBl. II 1985, 529). Dies galt aber nicht für Betriebsveranstaltungen **in üblichem Rahmen.** Denn der Arbeitgeber bezweckt mit der Durchführung oder Gestattung einer Betriebsveranstaltung im Allgemeinen, den Kontakt der Arbeitnehmer untereinander und damit das Betriebsklima zu fördern. Diese **eigenbetriebliche Zielsetzung** war nach der früheren Rechtslage, sofern sie sich im üblichen Rahmen hielt, von der Entlohnung individueller Dienste so weit entfernt, dass die damit verbundenen geldwerten Vorteile beim einzelnen Arbeitnehmer nicht mehr als Frucht seiner Dienstleistungen angesehen werden konnten (BFH 22.3.1985 – VI R 170/82, BStBl. II

1985, 529). Überdies hat der BFH (BFH 22.3.1985 – VI R 170/82, BStBl. II 1985, 529) zutreffend erkannt, dass viele Arbeitnehmer die Teilnahme an einer Betriebsveranstaltung **in erster Linie als Aufgabe empfinden** und **nicht** so sehr **als Gelegenheit, sich auf Kosten des Betriebs zu unterhalten.** Auch deshalb sollten die Arbeitgeberaufwendungen grundsätzlich keine individuelle Belohnung des Arbeitnehmers darstellen; nur wenn der übliche Rahmen von Aufwendungen bei einer Betriebsveranstaltung durch Häufigkeit, Dauer oder besondere Ausgestaltung der Betriebsveranstaltung überschritten wurde, war der Schluss gerechtfertigt, dass die den Arbeitnehmern dabei zukommenden Vorteile nicht allein dem im eigenbetrieblichen Interesse liegenden Gelingen einer Gemeinschaftsveranstaltung dienten, sondern dass die Dienste der Arbeitnehmer auf diesem Wege im besonderen Maße entgolten werden sollten (BFH 22.3.1985 – VI R 170/82, BStBl. II 1985, 529). Diese durch das Richterrecht geprägten Grundsätze bleiben bis zum VZ 2014 anwendbar (Schmidt/*Krüger* § 19 Rn. 77).

Abgrenzung nach überwiegend eigenbetrieblichem Interesse: Folglich konnten bis zum Ablauf des VZ 2014 Zuwendungen des Arbeitgebers aus Anlass von Betriebsveranstaltungen Arbeitslohn iSd. § 19 Abs. 1 S. 1 Nr. 1 sein, wenn sie nicht im ganz überwiegend eigenbetrieblichen Interesse des Arbeitgebers (Förderung des Kontakts der Arbeitnehmer untereinander und in der Verbesserung des Betriebsklimas) lagen (zum überwiegend eigenbetrieblichen Interesse → Rn. 538 ff.). Insbesondere zur Wahrung einer einheitlichen Rechtsanwendung hatte der BFH diesbezüglich **typisierend** festgelegt, dass bei Überschreiten einer **Freigrenze** von zuletzt 110 EUR die Zuwendungen des Arbeitgebers in vollem Umfang als steuerpflichtiger Arbeitslohn zu qualifizieren waren (vgl. etwa BFH 12.12.2012 – VI R 79/10, BFH/NV 2013, 637, m.w.N). Da die Freigrenze zur typisierenden Bestimmung des überwiegend eigenbetrieblichen Interesses für die Jahre 1983 bis 1992 150 DM (zur Herleitung dieses Betrags vgl. BFH 25.5.1992 – VI R 85/90, BStBl. II 1992, 655) und für die folgenden Veranlagungszeiträume 200 DM betragen hatte (BFH 16.11.2005 – VI R 157/98, BStBl. II 2006, 437) sowie im Zuge der Euro-Umstellung in den LStR geringfügig auf 110 EUR angehoben worden war (vgl. BT-Drs. 18/3017, 47 f.), bestand nicht zuletzt bei den Arbeitgebern, die den in der Durchführung der Betriebsveranstaltung liegenden Arbeitslohn wohl häufig nach § 40 Abs. 2 S. 1 Nr. 2 übernommen hatten, ein Interesse an der Anpassung der Freigrenze an die Geldentwertung. Diese Anpassung selbst vorzunehmen, lehnte der BFH jedoch zumindest bis einschließlich des VZ 2007 ab, da seiner Einschätzung nach dieser Betrag noch ausreichte, um im Rahmen einer Betriebsveranstaltung den Kontakt der Arbeitnehmer untereinander und damit das Betriebsklima zu fördern (BFH 12.12.2012 – VI R 79/10, BFH/NV 2013, 637). Die **Bewertung** des Vorteils erfolgte nach § 8 Abs. 2 S. 1, also dem Betrag, den ein Fremder unter gewöhnlichen Verhältnissen für Güter gleicher Art im freien Verkehr aufwenden muss. Rechtsprechung und Verwaltung beanstandeten es jedoch grundsätzlich nicht, den Wert der dem Arbeitnehmer durch den Arbeitgeber anlässlich einer Betriebsveranstaltung zugewandten Leistungen anhand der Kosten zu iSd. **§ 162 AO** zu **schätzen,** die dem Arbeitgeber dafür seinerseits erwachsen waren, weil im Regelfall davon ausgegangen werden konnte, dass auch ein Fremder diesen Betrag für die Veranstaltung hätte aufwenden müssen (BFH 16.5.2013 – VI R 94/10, BStBl. II 2015, 186, mwN). Die Finanzverwaltung hatte zu diesen allgemeinen Rechtsgrundsätzen konkretisierende Verwaltungsvorschriften erlassen (zuletzt LStR 19.5), an denen sich die Praxis orientierte. 921

Rechtsprechung des BFH in 2013: Nach zwei Entscheidungen des BFH vom 16.5.2013 waren bei dem im Schätzungswege ermittelten Betrag des § 8 Abs. 2 S. 1 jedoch nur solche Kosten des Arbeitgebers einzubeziehen, die die Teilnehmer **unmittelbar konsumieren** konnten (BFH 16.5.2013 – VI R 94/10, BStBl. II 2015, 186; BFH 16.5.2013 – VI R 7/11, BStBl. II 2015, 189: Arbeitslohn lag vor bei Speisen, Getränken und Musikdarbietungen; dagegen Arbeitslohnqualität mangels Konsumierbarkeit grundsätzlich verneint bei Aufwendungen des Arbeitgebers, die die Ausgestaltung der Betriebsveranstaltung selbst betreffen, zB Mietkosten und Kosten für die organisatorischen Tätigkeiten eines Eventveranstalters; in diesem Sinne bereits BFH 7.7.1961 – VI 176/60 S, BStBl. III 1961, 443; anders BFH 25.5.1992 – VI R 85/90, BStBl. II 1992, 655: Ausgaben des Arbeitgebers für den „äußeren Rahmen" von Betriebsveranstaltungen seien bei der Bemessung des Arbeitslohns zu berücksichtigen; vgl. auch *Geserich* NWB 2013, 3298: Arbeitslohn wegen tatsächlicher Bereicherung nur durch „**Gaumen-, Augen- und Ohrenschmaus**"). Darüber hinaus fanden nach der 922

Rechtsprechung des BFH die auf die **Begleitpersonen** eines Arbeitnehmers entfallenden Kosten einer Betriebsveranstaltung keinen Eingang in die Berechnung, ob die Freigrenze von 110 EUR überschritten war, wenn sich die Vorteile des Arbeitnehmers auf eine Beköstigung in angemessenem Umfang, eine musikalische Unterhaltung und ein Animationsprogram für Kinder beschränkten; eine andere Beurteilung konnte angezeigt sein, wenn über die Familienangehörigen dem Arbeitnehmer ein Vorteil zugewendet wurde, was bei Veranstaltungen der Fall war, die bereits für sich selbst einen marktgängigen Wert besaßen und die vom Arbeitgeber nicht selbst durchgeführt werden konnten (BFH 16.5.2013 – VI R 7/11, BStBl. II 2015, 189). Da das BMF diese beiden Urteile des BFH nach Schaffung der Neuregelung ab VZ 2015 im BStBl. II veröffentlicht hat, sind diese Grundsätze auch für die Finanzverwaltung bis einschließlich VZ 2014 anzuwenden (*Eismann* DStR 2015, 1429 (1430)).

923–925 *Einstweilen frei*

926 **bb) Rechtslage ab VZ 2015. Neuregelung:** Aufgrund der Rechtsprechung des BFH im Jahr 2013 (→ Rn. 922) sah sich der Gesetzgeber zur Einfügung des § 19 Abs. 1 S. 1 Nr. 1a veranlasst (vgl. BT-Drs. 18/3017, 48). Zu dieser Neuregelung ist mittlerweile eine Verwaltungsanweisung ergangen (BMF 14.10.2015, BStBl. I 2015, 832). Nach Art. 16 Abs. 2 ZollkodexAnpG tritt die Neuregelung der steuerrechtlichen Berücksichtigung von Zuwendungen des Arbeitgebers an Arbeitnehmer anlässlich von Betriebsveranstaltungen am **1.1.2015** in Kraft und findet auf die nach diesem Termin stattfindenden Betriebsveranstaltungen Anwendung (BT-Drs. 18/3017, 48).

927 **Gesetzesmaterialien:** Nach den Gesetzesmaterialien sollen die bisherigen Verwaltungsgrundsätze gesetzlich festgeschrieben werden und auch insoweit fortgelten, als sie die Neuregelung präzisieren (BT-Drs. 18/3017, 47 und 48). Gleichwohl begriffen sie die Koalitionsfraktionen der CDU/CSU und SPD als einen **Systemwechsel** (BT-Drs. 18/3441, 50; zutreffend, da Verbreiterung der Bemessungsgrundlage und verbindliche Bestimmung der Bemessungsgrundlage anhand der Kosten → Rn. 928). Der Regierungsentwurf (BT-Drs. 18/3017, 47 f.) ist nach Änderungen durch den Bundesrat (vgl. Gegenüberstellung in BT-Drs. 18/3441, 32 sowie Begründung der Änderungen in BT-Drs. 18/3441, 57) weitgehend unverändert Gesetz geworden. Ausweislich der Gesetzesbegründung soll die Neuregelung der **Steuervereinfachung** dienen, da der BFH mit seiner Rechtsprechung zu Betriebsveranstaltungen (→ Rn. 922) die seit langer Zeit bestehenden und anerkannten Verwaltungsgrundsätze zum Teil abgelehnt und dies zu einer unklaren und komplizierten Rechtslage geführt habe (BT-Drs. 18/3017, 47). In der Tat hat die Rechtsprechung eingeführte Unterscheidung zwischen unmittelbaren und von vornherein nicht steuerpflichtigen mittelbaren Zuwendungen Potential für Streitigkeiten geschaffen (Kirchhof/*Eisgruber* § 19 Rn. 78 „Betriebsveranstaltungen"; aA *Eismann* DStR 2015, 1429 (1433): der Steuervereinfachung hätte es gedient, Arbeitgeberaufwendungen für den äußeren Rahmen einer Betriebsveranstaltung „einfach wegzulassen"). Allerdings waren ebenfalls **fiskalische motivierte Gründe** für die Neuregelung maßgeblich, da diese der Vermeidung von Steuerausfällen, nämlich dem Ausschluss der vom BFH eröffneten Gestaltungsmöglichkeiten, dienen soll (BT-Drs. 18/3017, 48). Dass sowohl Kosten für den äußeren Rahmen der Betriebsveranstaltung als auch die auf Begleitpersonen entfallenden Zuwendungen abweichend von der bisherigen Rechtslage (→ Rn. 922) nunmehr wieder dem Steuerzugriff zugeführt werden (→ Rn. 932), dürfte ebenfalls fiskalisches Motiv gewesen sein (*Eismann* DStR 2013, 1429 (1433)). Dies ist **verfassungsrechtlich** jedoch nicht zu beanstanden (→ Rn. 938). Überdies sollte wohl auch eine inhaltliche Überprüfung der bisherigen Veraltungsvorschriften durch die Finanzgerichtsbarkeit erschwert werden (HHR/*Pflüger* § 19 J 14-4; *Eismann* DStR 2015, 1429 (1433)). Damit dient die Vorschrift der **Verwaltungsökonomie und der Rechtssicherheit im Massenverfahren des Lohnsteuerrechts;** dahinter können die im Einzelfall auftretenden steuerlich überschaubaren Auswirkungen zurücktreten (HHR/*Pflüger* § 19 J 14-4).

928 **Spezieller Besteuerungsgegenstand:** Aufgrund der Entstehungsgeschichte und der Gesetzesbegründung (→ Rn. 927) wurzelt die Neuregelung des § 19 Abs. 1 S. 1 Nr. 1a in den Rechtsprechungs- und Verwaltungsgrundsätzen zur Zuwendung von Arbeitslohn im Zusammenhang mit Betriebsveranstaltung. Gleichwohl handelt es sich bei den nach § 19 Abs. 1 S. 1 Nr. 1a zu versteuernden Zuwendungen nicht stets um Arbeitslohn iSd. § 19

Abs. 1 S. 1 Nr. 1. Dies zeigt sich schon daran, dass in § 19 Abs. 1 S. 1 Nr. 1a der Begriff des Arbeitslohns nicht enthalten ist; das Gesetz verwendet das allgemeinere Tatbestandsmerkmal „Einkünfte aus nichtselbständiger Arbeit" (Einleitungssatz des § 19 Abs. 1 und § 19 Abs. 1 S. 1 Nr. 1a S. 3). Dass durch die Neuregelung auch Vorteile erfasst werden sollen, die nicht unter den Arbeitslohnbegriff fallen, zeigt sich zum einen an § 19 Abs. 1 S. 1 Nr. 1a S. 1, nach dem – in Abkehr zur bisherigen Rechtslage – nunmehr Zuwendungen an Begleitpersonen des Arbeitnehmers stets als Einkünfte aus nichtselbständiger Arbeit erfasst werden sollen (s. zur fehlenden Steuerbarkeit dieser Zuwendungen bis zum VZ 2014 → Rn. 922). Zum anderen ist – anders als nach der Rechtsprechung des BFH (→ Rn. 922) – gem. § 19 Abs. 1 S. 1 Nr. 1a S. 5 nicht mehr danach zu differenzieren, ob die Aufwendungen des Arbeitgebers für die Betriebsveranstaltung unmittelbar konsumierbar sind. In den Gesetzesmaterialien wird zwar (wohl verkürzend) von „Arbeitslohn" gesprochen (BT-Drs. 18/3017, 47 und 48), mit dem gemeinhin der Besteuerungstatbestand des § 19 Abs. 1 S. 1 Nr. 1 bezeichnet wird. Sollte der Gesetzgeber seiner Vorstellung nach durch die Neuregelung Arbeitslohn fingiert haben wollen – die Gesetzesmaterialien ließen sich durchaus so verstehen – wären die Materialien insoweit allerdings irrelevant, da die darin zum Ausdruck kommende Vorstellung nach dem in der Norm zum Ausdruck kommenden objektivierten Willen des Gesetzgebers („Einkünfte aus nichtselbständiger Arbeit" statt „Arbeitslohn"; keine ausdrückliche Anordnung einer Fiktion) nicht zum Ausdruck käme (vgl. zur teleologischen Auslegung zB BFH 25.8.2015 – VIII R 3/14, BStBl. II 2015, 892). Damit entstammt die Besteuerung von Betriebsveranstaltungen der Auslegung des Arbeitslohnbegriffs; nunmehr ist ein jedoch davon **emanzipierter Besteuerungstatbestand** gegeben. Freilich hat der Gesetzgeber einen Gleichlauf der Tatbestandsmerkmale in § 19 Abs. 1 S. 1 Nr. 1a S. 3 und in § 40 Abs. 2 S. 1 Nr. 2 (**Lohnsteuerpauschalierung**) verabsäumt, da in der letztgenannten Vorschrift wie bereits vor dem VZ 2015 eine Lohnsteuerpauschalierung für „*Arbeitslohn* aus Anlass von Betriebsveranstaltungen" geregelt ist. Gleichwohl besteht nach wie vor insgesamt, dh für Zuwendungen mit Arbeitslohncharakter und für weitere Zuwendungen anlässlich von Betriebsveranstaltungen, die Pauschalierungsmöglichkeit nach § 40 Abs. 2 S. 1 Nr. 2. Ansonsten würde die Pauschalierungsmöglichkeit teilweise, nämlich soweit § 19 Abs. 1 S. 1 Nr. 1a eine Erweiterung des Steuerzugriffs auf Zuwendungen ohne Arbeitslohncharakter bewirkt, nicht nur leerlaufen, sondern zugleich die mit der Neuregelung bezweckte Steuervereinfachung, Vorteile aus Betriebsveranstaltungen nach den Aufwendungen des Arbeitgebers zu bemessen und nicht die Arbeitslohnqualität einzelner Vorteile zu ergründen (→ Rn. 927), für den Bereich der Lohnsteuerpauschalierung nicht gelten. § 40 Abs. 2 S. 1 Nr. 2 ist damit auf die nach § 19 Abs. 1 S. 1 Nr. 1a zu versteuernden Zuwendungen insgesamt anzuwenden, nämlich soweit bisher Arbeitslohn vorlag direkt und im Übrigen entsprechend (im Ergebnis ebenso BMF 14.10.2015, BStBl. I 2015, 832, unter 5.; zur unreflektierten Verwendung des Arbeitslohnbegriffs → Rn. 109).

Einstweilen frei 929–931

cc) Vergleich alte und neue Rechtslage zu den Betriebsveranstaltungen. Schablonisierung von Zuwendungen mit Arbeitslohncharakter: Die Neuregelung beinhaltet **keine bloße Restituierung des Verwaltungsrechts,** sondern auch Neuregelungen (vgl. HHR/*Pflüger* § 19 J 14-1: bisheriges Verwaltungsrecht wird fortentwickelt). Aus der gesetzestechnischen Schablonisierung von Zuwendungen, die Arbeitslohncharakter haben sollen, folgt eine **Ausdehnung des Steuerzugriffs,** da nunmehr auch auf Begleitpersonen entfallende Aufwendungen (→ Rn. 946) sowie Kosten für den äußeren Rahmen einer Betriebsfeier (→ Rn. 965) Einkünfte aus nichtselbständiger Arbeit sind. Die vorher geltende Freigrenze wurde in einen Freibetrag umgewandelt, das bisherige „Alles oder Nichts"-Prinzip also abgeschafft (→ Rn. 921). Das Offenstehen der Betriebsveranstaltung ist jetzt nicht mehr Voraussetzungen für eine Betriebsveranstaltung als solche, sondern nur noch Bedingung für die Anwendung des Freibetrags (→ Rn. 971; ebenso FG Münster 20.2.2020 – 8 K 32/19 E,P,L, BeckRS 2020, 3561 Die Bewertung ist nunmehr stets nach den Arbeitgeberaufwendungen zu bestimmen (→ Rn. 995 ff., bis VZ 2014 nur hilfsweise als sachgerechter Schätzungsmaßstab, → Rn. 921). Insgesamt hat der Gesetzgeber mit der Neuregelung im Rahmen eines **Systemwechsels** (vgl. BT-Drs. 18/3441, 50) einen eigenständigen Besteuerungsgegenstand geschaffen, für den die bisherigen Rechtsgrundsätze nur noch insoweit herangezo- 932 gen werden können, als sie im Wortlaut ihren Niederschlag gefunden haben (ebenso BT-Drs. 18/3017, 47; kritisch *Eismann* DStR 2013, 1429 (1433): steuersystematische Grundsätze seien „eher unberücksichtigt geblieben").

933 **Verhältnis von § 19 Abs. 1 S. 1 Nr. 1a zu § 19 Abs. 1 S. 1 Nr. 1:** Die Erweiterung des Tatbestands der Einkünfte aus nichtselbständiger Arbeit hat zur Folge, dass Zuwendungen anlässlich von Betriebsveranstaltungen ohne Arbeitslohncharakter iSd § 19 Abs. 1 S. 1 Nr. 1 gleichwohl nach § 19 Abs. 1 S. 1 Nr. 1a als Einkünfte aus nichtselbständiger Arbeit erfasst werden. Dies ist zB anders als nach früherem Recht (→ Rn. 922) der Fall bei Zuwendungen an Begleitpersonen in angemessenem Umfang. Für den umgekehrten Fall, dass Zuwendungen anlässlich von Betriebsveranstaltungen gänzlich oder zT nicht nach § 19 Abs. 1 S. 1 Nr. 1a zu versteuern, aber gleichwohl Arbeitslohn iSd § 19 Abs. 1 S. 1 Nr. 1 sind (zB beim Überschreiten des Betrags von 110 EUR, der bis zum VZ 2014 insgesamt zu versteuern war und ab dem VZ 2015 nur noch nach Abzug des Freibetrags – → Rn. 969 ff. – der Einkommensteuer unterliegt), sind diese Zuwendungen nach systematischen und teleologischen Grundsätzen nicht als Arbeitslohn iSd § 19 Abs. 1 S. 1 Nr. 1 zu erfassen (*Bleschick* DStR 2018, 2322 (2323); zustimmend *Hey* FR 2020, 1 (4) Fn. 29; aA Schmidt/*Krüger* § 19 Rn. 77). Denn **§ 19 Abs. 1 S. 1 Nr. 1a ist deshalb systematisch zu § 19 Abs. 1 S. 1 Nr. 1 vorrangig,** weil er im Vergleich zum allgemeinen Arbeitslohnbegriff (s. Rn. → Rn. 467 ff.) einen besonderen Fall des Sachlohns erfasst und mithin ein **abschließender Spezialfall zu § 19 Abs. 1 S. 1 Nr. 1** ist. Die Schaffung einer abschließenden Spezialregelung entspricht auch der Intention des Gesetzgebers, weil nach seiner Vorstellung die Neuregelung der Steuervereinfachung zur gesetzlichen Festschreibung der bisherigen Verwaltungsgrundsätze zum Arbeitslohnbegriff dienen (BT-Drs. 18/3017, 47) und insgesamt eine Klarstellung sein soll, die den Arbeitgebern Rechtssicherheit verschaffe und Abgrenzungsfragen verhindere (BT-Drs. 18/3017, 60). Da mithin davon auszugehen ist, dass der Gesetzgeber die Steuervereinfachung umfassend für den Bereich der Betriebsveranstaltungen einführen wollte, bleibt für § 19 Abs. 1 S. 1 als „Auffangtatbestand" kein Raum. Man mag § 19 Abs. 1 S. 1 Nr. 1a seiner Art nach als einen typisierten oder fingierten Arbeitslohnbegriff bezeichnen. Indes geht er über den klassischen Arbeitslohnbegriff hinaus, da die Prüfung seiner Tatbestandsmerkmale entfällt (→ Rn. 932). Richtigerweise greift § 19 Abs. 1 S. 1 Nr. 1a daher nicht auf Arbeitslohn zu, sondern schafft einen neuen, den bisher insoweit geltenden § 19 Abs. 1 S. 1 Nr. 1 ausschließenden Besteuerungstatbestand mit einem zwingend anzuwendenden speziellen Bewertungsmaßstab unter gleichzeitiger Anordnung eines Freibetrages.

934 **Allerdings keine Erweiterung der Werbungskosten:** Der neue Besteuerungstatbestand geht allerdings nicht einher mit einer Erweiterung möglicher **Werbungskosten.** Zwar sind – wie zuvor – durch die Betriebsveranstaltung veranlasste Reisekosten (Fahrt- und Übernachtungskosten sowie Verpflegungsmehraufwendungen) Werbungskosten. Dies zeigt sich (indirekt) auch durch den Verweis der Finanzverwaltung (BMF 14.10.2015, BStBl. I 2015, 832, unter 6.) sowie der Gesetzesmaterialien (BT-Drs. 18/3441, 57) auf § 3 Nr. 13 und 16, nach denen steuerfreie Arbeitgebererstattungen nur insoweit gegeben sind, als dem Arbeitnehmer (grundsätzlich) Werbungskosten entstanden sind. Aufwendungen zB für die **Anschaffung bürgerlicher Kleidung** nur für die Betriebsveranstaltung sind aber nach wie vor dem Anwendungsbereich des § 9 entzogen, weil sie nach den Vorschriften über das steuerliche Existenzminimum berücksichtigt worden sind und deren doppelte Berücksichtigung zu vermieden ist (vgl. BFH 21.9.2009 – GrS 1/06, BStBl. II 2010, 672).

934.1 **Auswirkungen auf die USt:** Zuwendungen des Arbeitgebers an Arbeitnehmer anlässlich von Betriebsveranstaltungen sind – sofern sie sich im üblichen Rahmen halten – nach Meinung der Finanzverwaltung umsatzsteuerrechtlich eine nicht steuerbare Leistung, die überwiegend durch das betriebliche Interesse des Arbeitgebers veranlasst ist; die Üblichkeit der Zuwendungen ist bis zu einer Höhe von 110 EUR (Freigrenze, aber ermittelt nach lohnsteuerrechtlichen Grundsätzen) einschließlich USt je Arbeitnehmer und Betriebsveranstaltung bei nicht mehr als zwei Betriebsveranstaltungen jährlich nicht zu prüfen (vgl. UStAE 1.8 Abs. 4 Nr. 6). Hinsichtlich des Vorsteuerabzugs differenziert die Finanzverwaltung danach, ob die Freigrenze von 110 EUR überschritten ist (vgl. UStAE 15.15 Abs. 2 Beispiel 3): Ist die Freigrenze nicht überschritten, liegen nicht steuerbare Aufmerksamkeiten vor, sodass kein Wertabgabentatbestand erfüllt und für den Vorsteuerabzug die Gesamttätigkeit des Unternehmers maßgeblich ist. Ist die Freigrenze dagegen überschritten, ist bei entsprechender Verwendungsabsicht im

Zeitpunkt des Leistungsbezugs kein Leistungsbezug für das Unternehmen gegeben, sodass die Besteuerung einer unentgeltlichen Wertabgabe von vornherein ausscheidet (vgl. auch BFH 9.12.2010 – V R 17/10, BStBl. II 2012, 53).

Einstweilen frei 935–937

dd) Verfassungsrechtliche Rechtfertigung des in § 19 Abs. 1 S. 1 Nr. 1a normierten Steuertatbestandes. Hinsichtlich der Rechtfertigung des Besteuerungsgegenstandes ist nach dem Begünstigten zu differenzieren: Die Besteuerung der Zuwendung an (aktive und ehemalige) **Arbeitnehmer** rechtfertigt sich daraus, dass diesen ein Vorteil zufließt und dieser Vorteil einen engen Zusammenhang zum Dienstverhältnis und mithin zu steuerbaren Einkünften aufweist, der ohne die abschließende Neuregelung (→ Rn. 933) dem Grunde nach bei **aktiven Arbeitnehmern** als Arbeitslohn iSd § 19 Abs. 1 S. 1 Nr. 1 bzw. bei **ehemaligen Arbeitnehmern** gemäß § 19 Abs. 1 S. 1 Nr. 2 als anderer Vorteil aus früheren Dienstleistungen (→ Rn. 1005 ff.) zu erfassen wäre. Soweit die Neuregelung für aktive Arbeitnehmer wegen der Einbeziehung auch der Kosten für den äußeren Rahmen der Betriebsveranstaltung eine Verbreiterung der Besteuerungsgrundlage bewirkt (→ Rn. 932), ist auch dies gerechtfertigt. Denn der Gesetzgeber kann aus Vereinfachungsgründen typisierend davon ausgehen, dass der Abfluss von Aufwendungen für eine Betriebsveranstaltung beim Arbeitgeber auch insoweit einen Zufluss bei dem an der Betriebsveranstaltung teilnehmenden Arbeitnehmer begründet, weil diese Kosten bei einer Leistung an fremde Dritte in den zu zahlenden Preis einkalkuliert und vom Arbeitgeber bezahlt würden, sodass der aktive Arbeitnehmer auch insoweit einen seine wirtschaftliche Leistungsfähigkeit steigernden Vorteil erlangt. Auch hinsichtlich der **Begleitpersonen** des aktiven und ehemaligen Arbeitnehmers ist die Besteuerung gerechtfertigt. Denn der Gesetzgeber durfte aus Vereinfachungsgründen davon ausgehen, dass die Übernahme der Kosten für Begleitpersonen aktiver und ehemaliger Arbeitnehmer typischerweise im Hinblick auf das Dienstverhältnis zu dem betreffenden Arbeitnehmer erfolgt und der Arbeitgeber deshalb dem Arbeitnehmer indirekt einen zusätzlichen Vorteil zuwendet, den dieser – soweit der Freibetrag nach § 19 Abs. 1 S. 1 Nr. 1a S. 3 (→ Rn. 975) überschritten ist- zu versteuern hat (vgl. auch BFH 25.5.1992 – VI R 85/90, BStBl. II 1992, 655). 938

Einstweilen frei 939–941

b) Arbeitgeberzuwendungen anlässlich von Betriebsveranstaltungen (§ 19 Abs. 1 S. 1 Nr. 1a S. 1). aa) Regelungsinhalt. § 19 Abs. 1 S. 1 Nr. 1a S. 1 definiert im Wesentlichen den Begriff der Betriebsveranstaltung (vgl. BT-Drs. 18/3017, 47, → Rn. 948 ff.). Daneben bestimmt diese Vorschrift die Zuwendungsempfänger (→ Rn. 944 f.) fest. 942

Einstweilen frei 943

bb) Zuwendungsempfänger. Aktive Arbeitnehmer: Einkünfte aus nichtselbständiger Arbeit liegen nur insoweit vor, als der Arbeitgeber die Zuwendungen an „seinen" Arbeitnehmer (oder dessen Begleitperson, → Rn. 946) erbringt. Wem die Arbeitnehmer zuzuordnen sind, ist gesetzlich nicht definiert. Dies sind – entsprechend allgemeiner Grundsätze (vgl. Blümich/*Thürmer* § 38 Rn. 65) solche Arbeitnehmer (bzw. deren Begleitpersonen → Rn. 946), die dem Arbeitgeber ihre Arbeitsleistung schulden, unter dessen Leitung sie tätig werden oder dessen Weisungen sie zu befolgen haben (Umkehrschluss aus § 1 Abs. 2 LStDV). Dazu gehören auch **Praktikanten, Referendare** und ähnliche Personen (BMF 14.10.2015, BStBl. I 2015, 832 unter 3.). Aus Vereinfachungsgründen beanstandet es die Finanzverwaltung nicht, wenn auch **Leiharbeitnehmer** bei Betriebsveranstaltungen des Entleihers sowie **Arbeitnehmer anderer konzernangehöriger Unternehmen** als Zuwendungsempfänger iSd § 19 Abs. 1 S. 1 Nr. 1a S. 1 behandelt werden (BMF 14.10.2015, BStBl. I 2015, 832). Dient die Teilnahme der **Erfüllung beruflicher Aufgaben** (zB wenn Personalchef bzw. Betriebsrats-/Personalratsmitglieder Betriebsveranstaltungen mehrerer Abteilungen besuchen), sollen nach Auffassung der Finanzverwaltung keine Einkünfte aus nichtselbständiger Arbeit vorliegen (BMF 14.10.2015, BStBl. I 2015, 832 unter 4.c). 944

Auch **ehemalige Arbeitnehmer** fallen in den Anwendungsbereich des § 19 Abs. 1 S. 1 Nr. 1a S. 1, weil Arbeitnehmer entsprechend dem bei der Auslegung des § 19 heranzuziehenden § 1 Abs. 1 S. 1 LStDV (→ Rn. 67) auch eine Person ist, die angestellt bzw. beschäftigt 945 war, sofern sich die Arbeitgeberzuwendung als Vorteil aus dem früheren Dienstverhältnis darstellt.

946 **Begleitpersonen** sind jedenfalls diejenigen Personen, die dem Arbeitnehmer zumindest während eines Teils der vom Arbeitgeber ausgerichteten Betriebsveranstaltung Gesellschaft leisten. Hierunter fallen auch solche Personen, die an der Betriebsveranstaltung teilnehmen, weil ihnen der Arbeitnehmer mit (ggf. stillschweigend erklärtem) Einverständnis des Arbeitgebers die Teilnahme an der Betriebsveranstaltung ermöglicht hat. Eine andere Auslegung würde zu Ermittlungsaufwand für Arbeitgeber wie Finanzverwaltung führen. Ferner ist die Erfassung von Einnahmen beim Arbeitnehmer auch für diese Personen gerechtfertigt, da auch insoweit typischerweise angenommen werden kann, dass der Arbeitgeber dem Arbeitnehmer auch über solche Personen einen Vorteil im Hinblick auf das Dienstverhältnis zuwendet (→ Rn. 938). Vom Arbeitgeber zur Betriebsveranstaltung eingeladene **Gäste** sind, da sie nicht den Arbeitnehmer Gesellschaft leisten, **keine Begleitpersonen** des Arbeitnehmers.

946.1 Gäste sind zB Geschäftsfreunde, Repräsentanten des öffentlichen Lebens oder Vertreter von Verbänden und Berufsorganisationen (BFH 28.1.2003 – VI R 48/99, BStBl. II 2003, 724).

947 **cc) Tatsächliche Teilnahme erforderlich. Nur tatsächliche Teilnahme erfasst:** Dass die Teilnahme des Arbeitnehmers bzw. dessen Begleitperson erforderlich ist, ergibt sich bereits aus dem Wortlaut des § 19 Abs. 1 S. 1 Nr. 1a S. 1, da nur „Zuwendungen […] an" den Arbeitnehmer im Tatbestand genannt sind. Zudem geht § 19 Abs. 1 S. 1 Nr. 1a S. 3 davon aus, dass sich der Freibetrag nach der Zahl der „teilnehmenden Arbeitnehmern" bestimmt und mithin nur bei diesen steuerbare Einnahmen vorliegen können. Gleiches folgt aus dem Grundsatz der Besteuerung nach der Leistungsfähigkeit, nach dessen Maßgabe der Steuerpflichtige entsprechend seiner finanziellen Leistungsfähigkeit heranzuziehen ist (vgl. (BVerfG 7.11.2006 – 1 BvL 10/02, BVerfGE 117, 1), und nur bei tatsächlicher Teilnahme ein steuerbarer Vorteil vorhanden ist. Dagegen bewirkt die bloße Eröffnung der Zugangsmöglichkeit zur Betriebsveranstaltung als solche keine Steigerung der Leistungsfähigkeit des Arbeitnehmers bzw. seiner Begleitperson, weshalb Einkünfte aus nichtselbständiger Arbeit nicht vorliegen, wenn der Arbeitnehmer bzw. dessen Begleitperson die Betriebsveranstaltung nicht besuchen. Die für tatsachlich nicht erschienene Personen eingeplanten Kosten erhöhen nicht die auf den erschienenen Arbeitnehmer und dessen Begleitperson entfallenden Zuwendungen (→ Rn. 997).

948 **dd) Definition der Betriebsveranstaltung.** § 19 Abs. 1 S. 1 Nr. 1a S. 1 definiert die Betriebsveranstaltung als Veranstaltungen auf betrieblicher Ebene mit gesellschaftlichem Charakter.

949 **Veranstaltung:** Eine Veranstaltung verlangt ein nach Ort und Beginn festgelegtes Ereignis. Überdies ist eine **gewisse Dauer** erforderlich (HHR/*Pflüger* § 19 J 14-5), nämlich eine solche, um dem gesellschaftlichen Charakter (→ Rn. 951) des Ereignisses gerecht zu werden. Mithin ist eine kurze Arbeitsunterbrechung mit dem Ziel der bloßen Überreichung von Geschenken keine Betriebsveranstaltung (HHR/*Pflüger* § 19 J 14-5). Eine Höchstgrenze besteht nicht, sodass ein Ereignis von mehr als einem Tag unschädlich ist (vgl. BFH 16.11.2005 – VI R 157/98, BStBl. II 2006, 437; BFH 16.11.2005 – VI R 151/99, BStBl. II 2006, 439).

950 **Auf betriebliche Ebene** findet die Veranstaltung statt, wenn sie vom Arbeitgeber oder mit dessen (mutwilligem) Einverständnis von anderen Angehörigen des Betriebs (zB Betriebs- oder Personalrat, BMF 14.10.2015, BStBl. I 2015, 832, unter 1.) durchgeführt wird. Überdies muss sie einen Bezug zum Betrieb haben (HHR/*Pflüger* § 19 J 14-5). Letzteres ist zB der Fall, wenn der Teilnehmerkreis aus Betriebsangehörigen besteht oder wenn ein Firmenjubiläum oder die Vorstellung eines neuen Produkts des Betriebs Anlass für die Veranstaltung ist. Nicht erforderlich ist, dass die Veranstaltung in betrieblichen Räumen stattfindet (HHR/*Pflüger* § 19 J 14-5). Die Teilnahme von **Gästen** (zum Begriff → Rn. 946) ist unschädlich (BFH 16.5.2013 – VI R 7/11, BStBl. II 2015, 189), ihre Anzahl darf nur nicht überwiegen (→ Rn. 951). Gleiches gilt für sich dem Arbeitnehmer beigesellende Familienangehörige und andere **Begleitpersonen** des Arbeitnehmers, wie nunmehr ausdrücklich gesetzlich festgelegt ist (→ Rn. 946).

951 **Mit gesellschaftlichem Charakter** wird die Veranstaltung ausgerichtet, wenn sie der **Förderung des Kontakts der Arbeitnehmer untereinander** und der **Verbesserung des Betriebsklimas** dient, wozu auch die Förderung der Arbeitsfreude gehört (vgl. BFH 16.5.2013 – VI R 94/10, BStBl. II 2015, 186; BFH 12.12.2012 – VI R 79/10, BFH/NV 2013, 637; jeweils mwN; vgl. auch HHR/*Pflüger* § 19 J 14-5). Dies ist grundsätzlich nur der Fall, wenn sich der Teilnehmerkreis überwiegend aus Betriebsangehörigen, deren Begleitpersonen und gegebenenfalls Leiharbeitnehmern oder Arbeitnehmern anderer Unternehmen im Konzernverbund zusammensetzt (BFH 16.11.2005 – VI R 68/00, BStBl. II 2006, 440; BMF 14.10.2015, BStBl. I 2015, 832 unter 1.; *Weber* NWB 2015, 3532 (3533)). Alleiniger Anlass für das Zusammentreffen braucht die Veranstaltung nicht zu sein (**gemischt veranlasste Veranstaltungen**), sodass zB eine **Verbindung des Ereignisses mit einer vorgeschriebenen jährlichen Personalversammlung** unschädlich ist (HHR/*Pflüger* § 19 J 14-5). Dagegen fehlt es an einer Betriebsveranstaltung, wenn **künstlerische und artistische Darbietungen** und nicht die Förderung des Kontakts der Arbeitnehmer untereinander bzw. die Verbesserung des Betriebsklimas wesentlicher Zweck der Betriebsveranstaltung ist (vgl. BT-Drs. 18/3017, 48). Hieran fehlt es auch bei Betriebsversammlungen oder bei **Informations- und Fortbildungsveranstaltungen** (Heuermann/Wagner LSt/*K. Wagner* D Rn. 114), oder bei **Arbeitsessen** bzw. bei **geschäftlich veranlassten Bewirtungsaufwendungen** (HHR/*Pflüger* § 19 J 14-5; *Weber* NWB 2015, 3532 (3533); BMF 14.10.2015, BStBl. I 2015, 832 unter 1.). Ebenfalls keine Betriebsveranstaltung ist gegeben, wenn der Kontakt zu externen Gästen im Vordergrund steht; vielmehr liegt dann eine **Repräsentationsveranstaltung** vor (vgl. Urteil FG Baden-Württemberg 5.5.2015 – 6 K 115/13, EFG 2015, 2167, rkr., zur Rechtslage bis zum VZ 2014). Auch eine **Jubiläumsveranstaltung,** in der ausschließlich ein bestimmter Arbeitnehmer geehrt oder aus dem Arbeitsleben verabschiedet wird, ist keine Betriebsveranstaltung, weil hier die Ehrung einer einzelnen Person und nicht die Förderung des Betriebsklimas im Vordergrund steht (BMF 14.10.2015, BStBl. I 2015, 832 unter 1.; dieser Ansicht zuneigend, aber offen gelassen BFH 16.9.1986 – VI B 93/86, BStBl. II 1987, 37). Ebenso sind **Incentive-Reisen** keine Betriebsveranstaltungen (BFH 9.3.1990 – VI R 48/87, BStBl. II 1990, 711; BFH 9.3.1990 – VI R 49/87, BFH/NV 1991, 22; hier ist zu überprüfen, ob die Sachzuwendungen Arbeitslohn darstellen, vgl. LStR 19.3 Abs. 2 Nr. 3 und 4; aA HHR/*Pflüger* § 19 J 14-5).

952 Bei **gemischt veranlassten Veranstaltungen** (Elemente einer Betriebsveranstaltung als auch einer sonstigen betrieblichen Veranstaltung liegen vor) sind die Aufwendungen grundsätzlich aufzuteilen (BFH 30.4.2009 – VI R 55/07, BStBl. II 2009, 726; BFH 16.11.2005 – VI R 118/01, BStBl. II 2006, 444). Hierzu sind für die Aufteilung zunächst die Kostenbestandteile zu trennen, die sich leicht und eindeutig Betriebsveranstaltung einerseits und dem Bereich der sonstigen betrieblichen Veranstaltung andererseits zuordnen lassen. Die verbleibenden nicht zuordenbaren Kosten sind im Wege sachgerechter Schätzung (grundsätzlich Verhältnis der jeweiligen Zeitanteile) aufzuteilen (vgl. BFH 30.4.2009 – VI R 55/07, BStBl. II 2009, 726).

952.1 Beispiele für Betriebsveranstaltungen: Betriebsausflüge, Weihnachtsfeiern, Jubiläumsfeiern (BMF 14.10.2015, BStBl. I 2015, 832 unter 1.), Abteilungsfeiern, Pensionärstreffen, Jubilarfeiern mit gesellschaftlichem Charakter; Fahrt mit einem Tanzschiff oder einem Tanzzug (Schmidt/*Krüger* § 19 Rn. 78); gemeinsamer Besuch einer kulturellen oder sportlichen Veranstaltung mit anschließendem Zusammensein (BFH 21.2.1986 – VI R 21/84, BStBl. II 1986, 406); dagegen sind, da im Schwerpunkt nicht der Förderung des Kontakts der Arbeitnehmer untereinander dienend.

952.2 Keine Betriebsveranstaltungen: Reine Arbeitsessen (Nahrungsaufnahme zur Aufrechterhaltung/Wiederherstellung der Arbeitskraft steht im Vordergrund, vgl. HHR/*Pflüger* § 19 J 14-5; BMF 14.10.2015, BStBl. I 2015, 832 unter 1.); nicht im Rahmen eines Gesamtprogramms stehender Besuch frei zugänglicher bzw. planmäßig aufgeführter kultureller oder sportlicher Ereignisse (Besuch der Veranstaltung steht im Vordergrund, vgl. BFH 21.2.1986 – VI R 21/84, BStBl. II 1986, 406); Ehrung einzelner Jubilare ohne gesellschaftlichem Charakter (vgl. BMF 14.10.2015, BStBl. I 2015, 832 unter 1.); Incentive-Reisen (→ Rn. 695) bzw. Lustreisen (individuelle Belohnung steht jeweils im Vordergrund).

953 **Auch geschlossene Gesellschaft ist Betriebsveranstaltung:** Die Legaldefinition erweitert den Begriff der Betriebsveranstaltungen im Vergleich zum bisherigen Recht. Denn danach waren Betriebsveranstaltungen zwar bisher auch Veranstaltungen auf betrieblicher

Ebene mit gesellschaftlichem Charakter; zusätzlich wurde allerdings verlangt, dass die Teilnahme an der Betriebsveranstaltung grundsätzlich allen Betriebsangehörigen offensteht (vgl. BFH 16.5.2013 – VI R 94/10, BStBl. II 2015, 186; BFH 16.5.2013 – VI R 7/11, BStBl. II 2015, 189; BFH 15.1.2009 – VI R 22/06, BStBl. II 2009, 476). Das grundsätzliche Offenstehen für sämtliche Betriebsangehörigen ist nunmehr einzig für die Anwendung des Freibetrags des § 19 Abs. 1 S. 1 Nr. 1a S. 3 Voraussetzung (→ Rn. 971) und(19); aA Schmidt/*Krüger* § 19 Rn. 79).

954–956 *Einstweilen frei*

957 **c) Definition der Zuwendungen (§ 19 Abs. 1 S. 1 Nr. 1a S. 2). aa) Regelungsinhalt.** In § 19 Abs. 1 S. 1 Nr. 1a S. 2 werden die Zuwendungen des Arbeitgebers definiert. Dabei geht das Gesetz davon aus, dass die Summe der Arbeitgeberausgaben in gleicher Höhe eine Bereicherung bei der Gesamtheit der vom Arbeitgeber eingeplanten Teilnehmer bewirkt.

958 **bb) Die einzelnen Tatbestandsmerkmale der Zuwendung. Aufwendungen des Arbeitgebers** sind die Wertabflüsse, die er endgültig an Dritte zu zahlen hat. Abzustellen ist auf die wirtschaftliche Belastung des Arbeitgebers. Spätere Minderungen (zB Entgeltminderungen wegen Schlechterfüllung des Caterers) reduzieren die Ausgaben des Arbeitgebers. Entsprechend dem § 19 Abs. 1 S. 1 Nr. 1a erkennbar zugrundeliegenden Gedanken, dass die Belastungen des Arbeitgebers (spiegelbildlich) zu Zuflüssen beim Arbeitnehmer führen, führen solche Minderungen zu einer entsprechend niedrigeren Zuwendung an den Arbeitnehmer. Erhält der Arbeitgeber vom Arbeitnehmer für seine Aufwendungen eine **Erstattung** für die Teilnahme an der Betriebsveranstaltung, ist durch die dadurch beim ihm eingetretene Bereicherung der Steuertatbestand bereits verwirklicht und die Erstattung mindert nur die Höhe der bereits verwirklichten Einkünfte aus nichtselbständiger Arbeit.

959 **Aufwendungen** für Betriebsausgaben sind in Anlehnung an den Betriebsausgabenbegriff des § 4 Abs. 4 (vgl. dazu Blümich/*Wied* § 4 Rn. 552 und 556; Kirchhof/*Bode* § 4 Rn. 161) alle Ausgaben, dh Güter in Geld oder Geldeswert, die beim Arbeitgeber abfließen- und auch sonstiger Aufwand (Wertverzehr), dem nach den Bestimmungen des Ertragssteuerrecht die rechtliche Qualität einer den Gewinn mindernden Aufwendung zukommt; diese Ausgaben müssen objektiv mit der Betriebsveranstaltung zusammenhängenden und – soweit sie auf einer Willensentscheidung des Arbeitgebers beruhen – auch subjektiv dazu bestimmt sein.

959.1 Dies sind (vgl. auch die Aufzählung in BMF 14.10.2015, BStBl. I 2015, 832, unter 2.) **freiwillige Ausgaben** für Speisen, Getränke, Genussmittel, Dienstleistungen Dritter (zB Musik), Raumkosten einschließlich Nebenkosten und sonstige Kosten für den äußeren Rahmen (zB Kosten für anwesende Sanitäter, für die Erfüllung behördlicher Auflagen, Stornokosten oder Trinkgelder). Auch auf der bzw. anlässlich der Betriebsveranstaltung überreichte Geschenke (insbesondere solche im Wert von über 60 EUR, → Rn. 510) können durch die Verteilung der Kosten auf die Eingeladenen und kostenrelevant Eingeplanten, → Rn. 997, – wenn der Freibetrag nicht überschritten wird – nicht steuerbar zugewandt werden (Schmidt/*Krüger* § 19 Rn. 83: **Gestaltungsmöglichkeit;** *Weber* NWB 2015, 3532 (3536)).

960 Neben den vorgenannten willentlich aufgewandten Ausgaben fallen aber auch **erzwungenermaßen entstandene** Ausgaben unter den Begriff der Aufwendungen (zB Aufwendungen zur Beseitigung von Sachschäden, die Teilnehmer der Betriebsveranstaltungen verursacht haben).

961 **Anlässlich der Betriebsveranstaltung** müssen die Aufwendungen angefallen sein. Daher sind Aufwendungen für **gemischt veranlasste Veranstaltungen** um die auf die sonstige betriebliche Veranstaltung entfallenden Elemente zu bereinigen (→ Rn. 951). Zudem sind **ohnehin entstehende Ausgaben** (zB Raum- und Energiekosten für eine Betriebsfeier in den vom Arbeitgeber unabhängig davon angemieteten Betriebsräumen) oder sich bei Gelegenheit der Betriebsveranstaltung ergebende Kosten nicht einzubeziehen; insoweit gehören nur die Mehrkosten zu den Zuwendungen (ebenso BMF 14.10.2015, BStBl. I 2015, 832 unter 2. für anlässlich der Betriebsveranstaltung überreichte Geschenke; jedoch auch weitergehend betr. anteilige AfA und Kosten für Energie- und Wasserverbrauch bei einer Betriebsveranstaltung in den Räumlichkeiten des Arbeitgebers: keine Aufwendungen). Zu den sog. **Leerkosten** → Rn. 997.

Gegenüber Dritten müssen die Arbeitgeberaufwendungen entstanden sein. Damit gehören **Selbstkosten** wie anteiligen Kosten der Lohnbuchhaltung für die Erfassung des geldwerten Vorteils der Betriebsveranstaltung oder ihrer Planung nicht zu den Ausgaben des Arbeitgebers (BMF 14.10.2015, BStBl. I 2015, 832 unter 2.; Heuermann/Wagner LSt/*K. Wagner* D Rn. 115). Die Aussonderung von Selbstkosten ist also nicht nur aus Praktikabilitätsgründen zu begrüßen (Kirchhof/*Eisgruber* § 19 Rn. 78 „Betriebsveranstaltungen"), sondern ergibt sich eben auch aus dem Gesetzeswortlaut (ebenso: Heuermann/Wagner LSt/*K. Wagner* D Rn. 115) und aus den Gesetzesmaterialien (BT-Drs. 18/3441, 57, hinsichtlich der Selbstkosten für den äußeren Rahmen). Auch **Reisekostenvergütungen** (Fahrtkosten einschließlich Verpflegungsmehraufwendungen und Übernachtungskosten) des Arbeitgebers an Arbeitnehmer sind keine Aufwendungen, da diese keine Dritten iSd § 19 Abs. 1 S. 1 Nr. 1a S. 2 sind. Denn § 19 Abs. 1 S. 1 Nr. 1a nennt die Personengruppen „Arbeitgeber", „Arbeitnehmer" und „Dritte" (im Ergebnis ebenso Blümich/*Geserich* § 19 Rn. 249f; HHR/*Pflüger* § 19 J 14-6; aA BFH 25.5.1992 – VI R 91/89, BStBl. II 1992, 856, zur alten Rechtslage). Hiervon gehen auch die Gesetzesmaterialien aus (BT-Drs. 18/3441, 57). Im Ergebnis gleich gelagert war die nach der Entwurfsfassung geplante Rechtslage, wonach § 3 Nr. 13 und 16 noch ausdrücklich ausgeschlossen und Reisevergütungen des Arbeitgebers an seine Arbeitnehmer bei der Berechnung des Werts der Zuwendungen nach § 19 Abs. 1 S. 1 Nr. 1a S. 3 nicht zu berücksichtigen sein sollten (BT-Drs. 18/3017, 48). Die Finanzverwaltung fasst die Übernahme von Übernachtungs- und Fahrtkosten durch den Arbeitgeber dagegen grundsätzlich unter die Arbeitgeberausgaben (BMF 14.10.2015, BStBl. I 2015, 832 unter 2.). Gleichwohl bleiben diese Reisekostenerstattungen nach § 3 Nr. 13 und 16 auch nach Auffassung der Finanzverwaltung steuerfrei (vgl. BMF 14.10.2015, BStBl. I 2015, 832 unter 6., Beispiel 1). 962

Einschließlich Umsatzsteuer: Auch die auf die Ausgaben entfallende Umsatzsteuer gehört zu den Arbeitgeberausgaben. Ob diese als Vorsteuer abzugsfähig ist, ist nicht entscheidend. Die Einbeziehung der Umsatzsteuer in die Arbeitgeberausgaben ist gerechtfertigt, da ein Arbeitnehmer für sich (und dessen Begleitperson) als Verbraucher an der Betriebsveranstaltung teilnimmt und der Gesetzgeber mithin davon ausgehen durfte, dass dem Arbeitnehmer ein Vorteil in Höhe des Bruttobetrages zugeflossen ist. 963

Mitsamt individuell zurechenbare Aufwendungen: Einzubeziehen sind individuell zurechenbare Aufwendungen. Dies sind **variable,** dh in Abhängigkeit zur Teilnehmerzahl verursachte, **Arbeitgeberaufwendungen.** Hierunter fallen etwa den Teilnehmern zurechenbare Aufwendungen für Speisen, Getränke, Eintrittskarten für sportliche/kulturelle Veranstaltungen oder Geschenke (HHR/*Pflüger* § 19 J 14-6). Die Frage der Zurechenbarkeit bestimmt sich auch nach dem Zeitpunkt der Planung der Betriebsveranstaltung. Mithin sind auch sog. **Leerkosten** in die variablen Arbeitgeberaufwendungen einzubeziehen, sie erhöhen jedoch nicht die Einkünfte aus nichtselbständiger Arbeit des einzelnen Arbeitnehmers (→ Rn. 997). 964

Inklusive Kosten für den äußeren Rahmen: Ob die Ausgaben des Arbeitgebers – wie nach früherer Rechtslage vom BFH verlangt (→ Rn. 922) – für vom Arbeitnehmer **konsumierbare Güter** entstehen, ist nunmehr ausweislich des Gesetzeswortlauts irrelevant („alle Ausgaben […] unabhängig davon, […] ob es sich um einen rechnerischen Anteil an den Kosten der Betriebsveranstaltung handelt, die der Arbeitgeber gegenüber Dritten für den äußeren Rahmen der Betriebsveranstaltung aufwendet"). Mithin werden hiervon auch Aufwendungen für die Inanspruchnahme von **Eventveranstaltern,** für **Raumkosten** aber auch – wie bisher (vgl. BFH 16.5.2013 – VI R 94/10, BStBl. II 2015, 186) – für **Musikdarbietungen** erfasst (HHR/*Pflüger* § 19 J 14-6). Die Gesetzesmaterialien nennen überdies – wenngleich zutreffend, so doch wenig zeitgemäß – Aufwendungen für **Kegelbahnen** (BT-Drs. 18/3017, 48; vgl. auch BFH 7.7.1961 – VI 176/60 S, BStBl. III 1961, 443). Dass der Besteuerungstatbestand auch den äußeren Rahmen erfasst, ist **verfassungsmäßig** (→ Rn. 938). 965

Einstweilen frei **966–968**

d) Voraussetzungen und Höhe des Freibetrags (§ 19 Abs. 1 S. 1 Nr. 1a S. 3). aa) Regelungsinhalt. In § 19 Abs. 1 S. 1 Nr. 1a S. 3 werden die Voraussetzungen und die Höhe eines für die Einnahmen nach § 19 Abs. 1 S. 1 Nr. 1a S. 1 geltenden Freibetrags normiert. 969

970 *Einstweilen frei*

971 **bb) Voraussetzung für Anwendung des Freibetrags. Offenstehen der Betriebsveranstaltung:** Der Freibetrag gilt nach § 19 Abs. 1 S. 1 Nr. 1a S. 3 nur dann, wenn die Betriebsveranstaltung allen Angehörigen des Betriebs oder eines Betriebsteils offensteht. **Betrieb** ist das gesamte vom Arbeitgeber betriebene Unternehmen einschließlich aller Niederlassungen. Ist die Arbeitgeberin eine Kapitalgesellschaft fallen unter den Begriff des Betriebes die von der Kapitalgesellschaft betriebenen Unternehmen. Ggf. eigene Tochtergesellschaften betreiben jeweils ein eigenes Unternehmen. Unter **Betriebsteil** ist eine betriebliche Organisationseinheit von einiger Bedeutung und Größe zu verstehen (BT-Drs. 18/3441, 57; BMF BMF 14.10.2015, BStBl. I 2015, 832, unter 4.b). Hierunter fallen zB einer Filiale, eines Zweigbetriebs oder einer Abteilung (BFH 15.1.2009 – VI R 22/06, BStBl. II 2009, 476). Das **Offenstehen** einer Betriebsveranstaltung setzt eine Möglichkeit des Zugangs zur Betriebsveranstaltung für sämtliche Arbeitnehmer des Betriebs bzw. Betriebsteils voraus; die Begrenzung des Teilnehmerkreises darf sich nicht als Bevorzugung bestimmter Arbeitnehmergruppen erweisen (vgl. BFH 15.1.2009 – VI R 22/06, BStBl. II 2009, 476; BFH 4.8.1994 – VI R 61/92, BStBl. II 1995, 59: **„vertikale Beteiligung“**; BMF 14.10.2015, BStBl. I 2015, 832, unter 4.b). Hinsichtlich des Teilnehmerkreises muss folglich sichergestellt sein, dass weder die Stellung des Arbeitnehmers, noch seine Gehalts- bzw. Lohngruppe, die Dauer der Betriebszugehörigkeit oder besondere Leistungen maßgebend sind (vgl. BFH 15.1.2009 – VI R 22/06, BStBl. II 2009, 476). Nach dem Gesetzeswortlaut ist nur auf die jeweiligen Arbeitnehmer des Arbeitgebers abzustellen. Allerdings beanstandet die Finanzverwaltung nicht die Anwendung auch auf **Leiharbeitnehmer** und **Arbeitnehmer anderer konzernangehöriger Unternehmen,** wenn auch für diese Personengruppen die Betriebsveranstaltung offensteht (BMF 14.10.2015, BStBl. I 2015, 832 unter 3.).

972–974 *Einstweilen frei*

975 **cc) Rechtsfolge. Freibetrag statt Freigrenze:** Auf Zuwendungen iSd § 19 Abs. 1 S. 1 Nr. 1a S. 2 (→ Rn. 957 ff.) ist ein Freibetrag („soweit“) je Betriebsveranstaltung (zur fehlenden Übertragbarkeit nicht ausgenutzter Teile des Freibetrages auf weitere Betriebsveranstaltung → Rn. 987) und je Arbeitnehmer anzuwenden. **Begleitpersonen** eines Arbeitnehmers erhöhen den Freibetrag nicht, da nach dem Wortlaut auf den einzelnen Arbeitnehmer abzustellen ist (kritisch *Weber* NWB 2015, 3532 (3535)). Mithin kommt eine Übertragung des Freibetrags von einzelnen Arbeitnehmern (zB solchen ohne Begleitung) auf andere Arbeitnehmer (zB solche mit Begleitung) nicht in Betracht. Dies rechtfertigt sich daraus, dass der Arbeitgeber dem Arbeitnehmer **über dessen Begleitperson indirekt einen zusätzlichen Vorteil zuwendet** (→ Rn. 938), was sich auf die Höhe seiner Einkünfte niederschlägt.

976 Nur über dem Freibetrag liegende Zuwendungen an den Arbeitnehmer führen zu Einnahmen aus nichtselbständiger Arbeit. Dies ist eine bewusste Abkehr zur bisherigen Rechtslage, nach der BFH und Finanzverwaltung insbesondere zur Wahrung einer einheitlichen Rechtsanwendung typisierend festgelegt hatte, dass Zuwendungen des Arbeitgebers an den teilnehmenden Arbeitnehmer ab dem Überschreiten einer Freigrenze von 110 EUR einen geldwerten Vorteil von solchem Eigengewicht darstellte, dass von einem ganz überwiegend eigenbetrieblichen Interesse des Arbeitgebers nicht mehr ausgegangen werden kann und die Zuwendung in vollem Umfang Arbeitslohncharakter hatte (BFH 16.5.2013 – VI R 7/11, BStBl. II 2015, 189, mwN; LStR 19.5 Abs. 4 S. 2). Der BFH erachtete die Einführung eines Freibetrages zwar **zur Vermeidung von Härten bei nur geringfügiger Überschreitung** der Freigrenze als wünschenswert, sah sich doch an der Einführung eines Freibetrages deshalb gehindert, weil dies allein dem Gesetzgeber zusteht (BFH 25.5.1992 – VI R 85/90, BStBl. II 1992, 655). Ausweislich der Gesetzesmaterialien erfolgte die Einführung einer Freibetragsregelung, um künftig die Zahl der Streitfälle bei der Besteuerung von Betriebsveranstaltungen zu reduzieren (BT-Drs. 18/3441, 57). Zugleich werden dadurch aufwändigere Betriebsveranstaltungen ermöglicht, ohne diese gänzlich von einer steuerrechtlichen Begünstigung auszuschließen (HHR/*Pflüger* § 19 J 14-5). Des Weiteren entfällt durch die Einführung des Freibetrags der für eine Freigrenze grundsätzlich bestehende Anpassungsbedarf an die Geldentwertung, da anhand der Freigrenze der übliche Rahmen der auf die gesellschaftlichen Zwecke entfallenden bestimmt werden sollte (vgl. BFH 12.12.2012 – VI R 79/10, BFH/NV 2013, 637, mwN).

Reichweite des Freibetrags: Nach § 19 Abs. 1 S. 1 Nr. 1a S. 3 gehören die Zuwendungen „nicht zu den Einkünften aus nichtselbständiger Arbeit", soweit sie den Freibetrag nicht überschreiten. Mithin sind sie insoweit von keinem der in § 19 Abs. 1 S. 1 Nrn. 1, 1a oder 2 genannten Tatbestände zuordenbar. **Erstattungen des Arbeitnehmers** an den Arbeitgeber mindern die auf ihn entfallenden Betrag, sodass bei einem Betrag von zB 120 EUR je Betriebsveranstaltung und teilnehmenden Arbeitnehmer eine Arbeitnehmererstattung von 10 EUR zur Einhaltung des Freibetrages führt (Schmidt/*Krüger* § 19 Rn. 83: **Gestaltungsmöglichkeit;** BFH 16.11.2005 – VI R 157/98, BStBl. II 2006, 437, zur früheren Rechtslage). 977

Einstweilen frei **978–980**

e) Höchstzahl der Gewährung eines Freibetrags (§ 19 Abs. 1 S. 1 Nr. 1a S. 4). aa) Begrenzung auf bis zu zwei Betriebsveranstaltungen jährlich. In § 19 Abs. 1 S. 1 Nr. 1a S. 4 wird festgelegt, dass für bis zu **zwei Betriebsveranstaltungen** jährlich der Freibetrag nach § 19 Abs. 1 S. 1 Nr. 1a S. 3 (→ Rn. 975 ff.) in Anspruch genommen werden kann. 981

Kalenderjahr maßgeblich: Für die Anzahl der Betriebsfeiern ist auf das **Kalenderjahr** und nicht auf das Wirtschaftsjahr abzustellen, da § 19 Abs. 1 S. 1 Nr. 1a die im Rahmen der Einkommensteuerfestsetzung zu berücksichtigenden Einnahmen aus nichtselbständiger Arbeit bestimmt und die Festsetzung für das Kalenderjahr erfolgt (vgl. § 25 Abs. 1). Es ist auf das jeweilige Dienstverhältnis abzustellen, dh in den Fällen des **Arbeitgeberwechsels im Laufe eines Kalenderjahres** kann der Arbeitnehmer den Freibetrag für jedes Dienstverhältnis zweimal in Anspruch nehmen. Denn § 19 Abs. 1 S. 1 Nr. 1a S. 3 bezieht sich unmittelbar auf S. 2 der Nr. 1a („solche Zuwendungen"), der seinerseits „Zuwendungen im Sinne des Satzes 1" definiert und § 19 Abs. 1 S. 1 Nr. 1a S. 1 wiederum auf Zuwendungen des Arbeitgebers an „seinen Arbeitnehmer" abstellt; die Zuordnung eines Arbeitnehmers zu einem Arbeitgeber wird aber durch das jeweilige Dienstverhältnis bestimmt (→ Rn. 944; im Ergebnis ebenso *Weber* NWB 2015, 3532 (3538)). Nimmt ein Arbeitnehmer in **Erfüllung beruflicher Aufgaben** an der Betriebsveranstaltung teil, behandelt die Finanzverwaltung dies so, als hätte der Arbeitnehmer nicht teilgenommen (→ Rn. 944). 982

Einstweilen frei **983–985**

bb) Ausgestaltung der Begrenzung. Zuordnungswahlrecht: § 19 Abs. 1 S. 1 Nr. 1a S. 4 ordnet nicht an, auf welche Betriebsveranstaltungen der Freibetrag anzuwenden ist. Nimmt der Arbeitnehmer im Kalenderjahr (→ Rn. 982) an **mehr als zwei Betriebsveranstaltungen jährlich** teil, besteht ein Zuordnungswahlrecht (regelmäßig für den Arbeitgeber im Lohnsteuerverfahren, ansonsten für den Arbeitnehmer – sofern von der Lohnsteuerpauschalierung des § 40 Abs. 2 S. 2 Nr. 2 kein Gebrauch gemacht wird – bei der Einkommensteuerveranlagung bis zu deren Bestandskraft, vgl. *Plenker* DB 2015, 2530 (2534)), für welche beiden Betriebsveranstaltungen die Freibeträge gelten (Schmidt/*Krüger* § 19 Rn. 80; BMF 14.10.2015, BStBl. I 2015, 832, unter 4.c). Dabei der Arbeitgeber die Zuordnung des Freibetrages ändern, solange die Lohnsteueranmeldung verfahrensrechtlich noch korrigiert werden kann. 986

Veranstaltungsbezogener Freibetrag: Nach § 19 Abs. 1 S. 1 Nr. 1a S. 4 gilt „S. 3" für bis zu zwei Betriebsveranstaltungen jährlich. Hieraus ergibt sich, dass der Freibetrag für die einzelnen Betriebsveranstaltungen getrennt zu beurteilen ist, mithin **keine Übertragung nicht ausgenutzter Teile des Freibetrages** (zB wenn sich ein Betrag bei einer Betriebsveranstaltung von 90 EUR je Arbeitnehmer ergibt) auf eine andere Betriebsveranstaltung (auch solche späterer Jahre) in Betracht kommt (im Ergebnis ebenso Heuermann/Wagner LSt/*K. Wagner* D Rn. 115). 987

Einstweilen frei **988–990**

cc) Vergleich der Freibetragsregelung mit früherer Rechtslage. Die gesetzliche Begrenzung einer steuerlichen Vergünstigung auf bis zu zwei Betriebsveranstaltungen jährlich ähnelt der früheren Rechtslage, da die bis zum VZ 2014 anzuwendende Freigrenze (→ Rn. 921) nur auf Betriebsveranstaltungen in üblichem Umfang Anwendung fand (→ Rn. 921) und dies nicht der Fall war, soweit Betriebsveranstaltungen mehr als zweimal im Jahr stattfanden (BFH 25.5.1992 – VI R 85/90, BStBl. II 1992, 655, mwN; LStR 19.5 991

Abs. 3 S. 2). Während aber nach früherer Rechtslage auf die Organisationseinheit abgestellt wurde, gilt nunmehr eine auf den Arbeitnehmer bezogene, individuelle Betrachtungsweise (*Weber* NWB 2015, 3532 (3537): „mitarbeiterbezogene Prüfung").

992–994 *Einstweilen frei*

995 **f) Bewertung der Zuwendung (§ 19 Abs. 1 S. 1 Nr. 1a S. 5).** In § 19 Abs. S. 1 Nr. 1a S. 5 wird ein von der allgemeinen Bewertungsvorschrift des § 8 Abs. 2 abweichender Bewertungsmaßstab für die Zuwendungen anlässlich einer Betriebsveranstaltung bestimmt (Blümich/*Geserich* § 19 Rn. 249f: „**Bewertungssonderrecht**").

996 **Ansatz mit anteiligen Arbeitgeberaufwendungen:** Die Arbeitgeberaufwendungen iSd § 19 Abs. 1 S. 1 Nr. 1a S. 2 (→ Rn. 957 ff.) sind sowohl auf die Arbeitnehmer und deren Begleitpersonen, als auch auf die Gäste (vgl. hierzu Antwort des Parlamentarischen Staatssekretärs Meister BT-Drs. 18/5768, 18, ohne Begründung) aufzuteilen, soweit auch diese Personen bei der Planung der Betriebsveranstaltung berücksichtigt worden sind (→ Rn. 997). Somit erhöhen Begleitpersonen eines Arbeitnehmers die Einnahmen iSd. § 19 Abs. 1 S. 1 Nr. 1a (Heuermann/Wagner LSt/*K. Wagner* D Rn. 115, → Rn. 938 und → Rn. 946). Da § 19 Abs. 1 S. 1 Nr. 1a S. 5 die Anwendung des § 8 Abs. 2 insgesamt ausschließt, sind die dort geregelten Vergünstigungen insgesamt ausgeschlossen (HHR/*Pflüger* § 19 J 14-9). Damit entfällt zB die früher noch mögliche Anwendung der Freigrenze des § 8 Abs. 2 S. 11 auf Betriebsveranstaltungen (vgl. BFH 12.12.2012 – VI R 79/10, BFH/NV 2013, 637), dh auch Beträge, die den Freibetrag bis zum Betrag des § 8 Abs. 2 S. 11 überschreiten, sind der Einkommensteuer zu unterwerfen (ebenso *Weber* NWB 2015, 3532 (3538); *Plenker* DB 2015, 2530 (2533)). Überdies findet die in § 8 Abs. 2 S. 6 und 7 angeordnete Anwendung der SvEV keine Anwendung (Schmidt/*Krüger* § 19 Rn. 84; BFH 6.2.1987 – VI R 24/84, BStBl. II 1987, 355, zur alten Rechtslage).

997 **Eingeladene, aber nicht erschienene Arbeitnehmer (sog. Leerkosten/„No-Show-Kosten"):** Arbeitnehmer und/oder deren Begleitpersonen, die zwar eingeladen und kostenrelevant eingeplant waren, der Betriebsveranstaltung jedoch fernblieben, sind bei der rechnerischen Aufteilung zu berücksichtigen; nicht teilnehmende Arbeitnehmer und Personen, die beim Arbeitgeber Kosten verursacht haben, mindern also den nach § 19 Abs. 1 S. 1 Nr. 1a S. 5 anzusetzenden Wert der Zuwendung (FG Köln 27.6.2018 – 3 K 870/17, DStR 2018, 2199, Rev. BFH VI R 31/18; Blümich/*Geserich* § 19 Rn. 249f; HHR/*Pflüger* § 19 J 14-6; eKommentar EStG/*Schramm/Danz* § 19 Rn. 75; aA *Plenker* DB 2015, 2530 (2532 f.), indem er auf den in § 19 Abs. 1 S. 1 Nr. 1a S. 5 allerdings nicht enthaltenen Begriff des „Teilnehmers" abstellt). Dies ergibt sich bereits aus dem Wortlaut der Norm (wohl aA *Eismann* DStR 2015, 1429 (1434 f.)), wonach die anteilig auf den Arbeitnehmer und dessen Begleitpersonen „entfallenden" Aufwendungen anzusetzen sind. Unmittelbar einsichtig ist dies für die Kosten des „äußeren Rahmens" der Betriebsveranstaltung (zB Saalmiete), die durch nicht Erschienene nicht gemindert werden (HHR/*Pflüger* § 19 J 14-6).

998 Die Arbeitgeberaufwendungen (→ Rn. 958 ff.) bestimmen sich aber insgesamt (sowohl für die fixen als auch für die variablen Kosten) nach der von ihm bei der Planung zugrunde gelegten Anzahl der Teilnehmer, sodass von den danach tatsächlich entstandenen Kosten ein entsprechender (geplanter) Anteil auf die Arbeitnehmer und deren Begleitperson „entfällt". Selbst wenn niemand zur Betriebsveranstaltung erschiene (zB aufgrund eines das gesamte Unternehmen treffenden unvorhersehbaren Ereignisses) und der Arbeitgeber nicht mehr sämtliche mit Dritten bereits eingegangenen Verträge kostenneutral rückgängig zu machen in der Lage wäre, wäre jeder eingeplanten Person ein Anteil der so entstandenen Kosten zurechenbar. Dass Eingeladene, sodann kostenrelevant eingeplante, letztlich aber nicht Erschienene nicht den Wert der Zuwendungen an die ansonsten teilnehmenden Arbeitnehmer (und deren Begleitpersonen) erhöhen, rechtfertigt sich auch aus der Überlegung, dass der Arbeitnehmer regelmäßig nur um den Vorteil bereichert ist, den er für sich aus der Teilnahme an der Veranstaltung ziehen kann, und dieser Vorteil typischerweise durch Aufteilung des aufgrund der Planungen entstandenen Aufwands bestimmt werden muss. Ob der nach § 19 Abs. 1 S. 1 Nr. 1a S. 5 ermittelte Wert in einem weiteren Schritt tatsächlich der Besteuerung zu unterwerfen ist, bestimmt sich dagegen nach der tatsächlichen Teilnahme der Arbeitnehmer und ggf. ihrer Begleitpersonen (→ Rn. 947).

999 **Zusammenfassend** lässt sich also festhalten: § 19 Abs. 1 S. 1 Nr. 1a S. 1 entscheidet über das „Ob" der Besteuerung und § 19 Abs. 1 S. 1 Nr. 1a über die Höhe des anzusetzenden Wertes (das „Wie").

Erschienene, aber nicht eingeladene Arbeitnehmer: Für den (sehr theoretischen) umgekehrten Fall, dass **mehr Arbeitnehmer und Begleitpersonen als geplant** erscheinen und etwa die auf der Betriebsveranstaltung angebotenen Speisen und Getränke für jeden Teilnehmer in geringerem Maße zur Verfügung stehen, ergibt sich dagegen ein geringerer Anteil an den Arbeitgeberaufwendungen für jede der erschienenen Personen, da die nach den Planungen tatsächlich entstandenen Kosten dann auf sämtliche der teilnehmenden Personen „entfallen"; in diesen Fällen entspricht also das „Ob" dem „Wie" des Besteuerungszugriffs. 1000

Dokumentation: Da die Höhe nach § 19 Abs. 1 S. 1 Nr. 1a S. 5 anhand der anteilig auf den Arbeitnehmer und dessen Begleitpersonen entfallenden Aufwendungen des Arbeitgebers bestimmt wird, hat der Arbeitgeber bei einer Betriebsveranstaltung sowohl die Anzahl der geplanten Teilnehmer nach Gruppen sowie die Anzahl der tatsächlich erschienenen Arbeitnehmer und deren Begleitpersonen festzuhalten (kritisch: *Weber* NWB 2015, 3532 (3538): dies sei „nahezu unmöglich"). Das Ergebnis der so ermittelten Teilnehmerzahl sollte er – ebenso wie die im Zusammenhang mit der Betriebsveranstaltung angefallenen Aufwendungen (→ Rn. 958 ff.) – zum Lohnkonto nehmen. 1001

Einstweilen frei 1002–1004

3. Bezüge und Vorteile aus früheren Dienstleistungen (§ 19 Abs. 1 S. 1 Nr. 2)

a) Allgemeines. aa) Rechtssystematische Bedeutung. § 19 Abs. 1 S. 1 Nr. 2, der durch § 1 Abs. 1 S. 2 LStDV ergänzt wird, ist eine Spezialvorschrift zu § 24 Nr. 2, nach dem „nachträglicher Einkünfte" der Steuerpflicht unterliegen (Blümich/*Geserich* § 19 Rn. 251). Soweit sie den ehemaligen Arbeitnehmer selbst betrifft, hat § 19 Abs. 1 S. 1 Nr. 2 nur **klarstellende Bedeutung** (Schmidt/*Krüger* § 19 Rn. 86), da diese Leistungen nach § 19 Abs. 1 S. 1 Nr. 1 iVm § 24 Nr. 2 steuerbar wären (Blümich/*Geserich* § 19 Rn. 251). Soweit sie Zuflüsse an Rechtsnachfolger und Hinterbliebene erfasst, ist § 19 Abs. 1 S. 1 Nr. 2 iVm § 24 Nr. 2 **rechtsbegründend** und verankert in **Erweiterung des Veranlassungszusammenhangs** (HHR/*Pflüger* § 19 Rn. 300) eine Ausnahme von dem Grundsatz, dass Einkünfte aus Arbeit stets dem zuzurechnen sind, der sie durch seine eigene Arbeit erwirtschaftet hat (HHR/*Pflüger* § 19 Rn. 303, mwN; → Rn. 1028). Gleichwohl ist der Tatbestand des § 19 Abs. 1 S. 1 Nr. 2 strukturell vergleichbar mit § 19 Abs. 1 S. 1 Nr. 1 (→ Rn. 1009). Die nach § 19 Abs. 1 S. 1 Nr. 2 steuerbaren Einnahmen können unter den weiteren Voraussetzungen des § 19 Abs. 2 **Versorgungsbezüge** sein (→ Rn. 1179 ff.) und nach § 19 Abs. 2 durch einen Versorgungsfreibetrag sowie dem Zuschlag zum Versorgungsfreibetrag begünstigt sein (→ Rn. 1139 ff.). 1005

Einstweilen frei 1006–1008

bb) Verhältnis zu anderen Vorschriften. Verhältnis zu § 19 Abs. 1 S. 1 Nr. 1 und Nr. 1a: § 19 Abs. 1 S. 1 Nr. 2 verlangt wie bei § 19 Abs. 1 S. 1 Nr. 1, dass ein **Arbeitnehmer** einen **Vermögenszufluss** erhält, der durch ein **Dienstverhältnis** veranlasst ist (Schmidt/*Krüger* § 19 Rn. 86; HHR/*Pflüger* § 19 Rn. 300). Allerdings erweitert § 19 Abs. 1 S. 1 Nr. 2 den Tatbestand der Einkünfte aus nichtselbständiger Arbeit in zeitlicher wie auch in personeller Hinsicht. **Zeitliche Erweiterung gegenüber § 19 Abs. 1 S. 1 Nr. 1:** Während § 19 Abs. 1 S. 1 Nr. 1 aber Zuflüsse aus dem Dienstverhältnis erfasst, die für im selben Zeitraum geschuldete und erbrachte Dienstleistungen entgelten sollen, gilt § 19 Abs. 1 S. 1 Nr. 2 für **außerhalb des Zeitraums des Schuldens und Erbringens von Dienstleistungen gezahlte** Zuflüsse (→ Rn. 1023). Diese Zuflüsse sind in § 19 Abs. 1 S. 1 Nr. 2 beispielhaft aufgezählt (→ Rn. 1032 ff.) und durch eine Generalklausel (→ Rn. 1037 f.) umschrieben. 1009

Personelle Erweiterung gegenüber § 19 Abs. 1 S. 1 Nr. 1: § 19 Abs. 1 S. 1 Nr. 2 erfasst auch Zuwendungen des Arbeitgebers an **ehemalige Arbeitnehmer bzw. deren Rechtsnachfolger** (→ Rn. 1028). Die Erweiterung in personeller Hinsicht gilt allerdings nicht für **Arbeitgeberzuwendungen anlässlich einer Betriebsveranstaltung** an ehemalige Arbeitnehmer, da der darin liegende Vorteil durch § 19 Abs. 1 S. 1 Nr. 1a erfasst wird (→ Rn. 945), wodurch der Anwendungsbereich des § 19 Abs. 1 S. 1 Nr. 2 gänzlich gesperrt wird. Praktische Relevanz hat § 19 Abs. 1 S. 1 Nr. 2 vor allem für Versorgungsbezüge, dh **Beamten- und Geschäftsführerpensionen** sowie die sog. **Betriebsrenten** (HHR/*Pflüger* § 19 Rn. 300). 1010

1011 **Verhältnis zu § 22 Nr. 1 und Nr. 5:** Während Einkünfte aus einem früheren Dienstverhältnis nur dann vorliegen, wenn sie dem Steuerpflichtigen aus eben diesem Rechtsgrund zufließen, unterliegt die Nutzung eigenen Vermögens unter den weiteren Voraussetzungen des § 22 gemäß § 22 Nr. 1 der Besteuerung mit dem Besteuerungsanteil bzw. nach § 22 Nr. 5 der Besteuerung in voller Höhe (BFH 22.11.2006 – X R 29/05, BStBl. II 2007, 402; HHR/*Pflüger* § 19 Rn. 306).

1012 **Verhältnis zur Erbschaftsteuer:** Da der Anspruch des verstorbenen Arbeitnehmers als zum Nachlass gehörend grundsätzlich der Erbschaftsteuer unterliegt und der Rechtsnachfolger des Arbeitnehmers nach § 19 Abs. 1 S. 1 Nr. 2 bei dessen Erfüllung auch lohn- bzw. einkommensteuerpflichtige Einkünfte aus nichtselbständiger Arbeit bezieht (→ Rn. 1023), kommt es zu einer steuerlichen **Doppelbelastung,** die allerdings durch den erbschaftsteuerrechtlichen Versorgungs-Freibetrag (§ 17 ErbStG) zumindest beim überlebenden Ehegatten und bei Kindern weitgehend beseitigt wird (HHR/*Pflüger* § 19 Rn. 306). Dies ist verfassungsrechtlich zulässig (→ Rn. 1017).

1013 **Berührung zum Ausland:** Beruhen Bezüge und Vorteile aus früheren Dienstleistungen in anderen Staaten, die ein unbeschränkt Steuerpflichtiger erhält, nicht auf eigenen Beitragsleistungen des bezugsberechtigten ehemaligen Bediensteten, sind sie Ruhegehälter aus früheren Dienstleistungen nach § 19 Abs. 1 S. 1 Nr. 2 (BFH 22.11.2006 – X R 29/05, BStBl. II 2007, 402, Ruhegeldzahlungen der NATO). Das Besteuerungsrecht ergibt sich für Ruhegehälter des privaten Dienstes aus dem Wohnsitzprinzip des Art. 18 OECD-MA, für Versorgungsbezüge des öffentlichen Dienstes bei deutscher Staatsangehörigkeit aus dem eingeschränkten Kassenstaatsprinzip des Art. 19 Abs. 2 OECD-MA (vgl. auch HHR/*Pflüger* § 19 Rn. 306, mwN). Im Ausland ansässige Steuerpflichtige, die von ihrem ehemaligen inländischen Arbeitgeber Ruhe- bzw. Altersbezüge erhalten, unterliegen der deutschen Besteuerung (BFH 12.1.2011 – I R 49/10, BStBl. II 2011, 446, Zahlungen aus einem Blockmodell im Rahmen der Altersteilzeit eines in Frankreich lebenden Arbeitnehmers).

1014–1016 *Einstweilen frei*

1017 **cc) Verfassungsmäßigkeit des § 19 Abs. 1 S. 1 Nr. 2.** § 19 Abs. 1 S. 1 Nr. 2 ist, da eingebettet in das System der Besteuerung von Alterseinkünften mit seinen Entlastungen (zur Verfassungsmäßigkeit des Versorgungsfreibetrages und des Zuschlags zum Versorgungsfreibetrag → Rn. 1169), verfassungsmäßig. Denn der allgemeine Gleichheitssatz gebietet es nicht, Versorgungsbezüge wie Renten aus der gesetzlichen Sozialversicherung nur mit einem Besteuerungsanteil zu erfassen (BFH 7.2.2013 – VI R 83/10, BStBl. II 2013, 573, nach beamtenrechtlichen Vorschriften gewährte Ruhegehälter). Nachdem das BVerfG dem Gesetzgeber aufgegeben hatte, sich im Rahmen der Neuregelung der Besteuerung von Renten und Pensionen für ein Lösungsmodell zu entscheiden und dieses folgerichtig auszugestalten (BVerfG 6.3.2002 – 2 BvL 17/99, BStBl. II 2002, 618), wurden durch das AltEinkG sämtliche Basis-Altersversorgungssysteme unterschiedslos dem **System der nachgelagerten Besteuerung** unterworfen (BT-Drs. 15/2150, 1 und 22), was für sich genommen verfassungsrechtlich nicht zu beanstanden ist (BFH 19.1.2010 – X R 53/08, BStBl. II 2011, 567; BFH 4.2.2010 – X R 58/08, BStBl. II 2011, 579; BFH 4.2.2010 – X R 52/08, BFH/NV 2010, 1253) und eine **Übergangszeit bis zum VZ 2040** gewählt. Nachdem aber **bei der Besteuerung von Versorgungsbezügen das Ziel des AltEinkG bereits in der Übergangsphase erreicht** wurde, liefe ihre einkommensteuerliche Erfassung mit einem Besteuerungsanteil – sei es auch nur für eine Übergangszeit – dem Leitgedanken des AltEinkG zuwider und entspräche nicht dem Gebot der Folgerichtigkeit. Überdies hat der Gesetzgeber während der Übergangszeit zur Wahrung des Vertrauensschutzes von Versorgungsempfängern Maßnahmen aufrechterhalten bzw. ergriffen, um zwischen Versorgungsbezügen und Sozialversicherungsrenten bestehende Besteuerungsunterschiede abzumildern (→ Rn. 1169).

1018–1020 *Einstweilen frei*

1021 **dd) Zeitlicher Anwendungsbereich des § 19 Abs. 1 S. 1 Nr. 2.** § 19 Abs. 1 S. 1 Nr. 2 entspricht der Fassung des 1934 (→ Rn. 12) und ist seit diesem Zeitpunkt anzuwenden. Zum Versorgungsausgleich → Rn. 1042.

1022 *Einstweilen frei*

b) „Aus“ früheren Dienstleistungen. aa) Zahlung außerhalb des Zeitraums der Leistungserbringung. Die Bezüge und Vorteile müssen „aus“ früheren **Dienstleistungen** geleistet werden. Dies wird mit Leistungen aus einem früheren **Dienstverhältnis** gleichgesetzt (BFH 23.2.2017 – X R 24/15, BStBl. II 2017, 636) und ist der Fall, wenn das vom Arbeitgeber geleistete Entgelt keine Gegenleistung für Dienstleistungen des Arbeitnehmers darstellt, die **im gleichen Zeitraum geschuldet und erbracht werden** (BFH 6.2.2013 – VI R 28/11, BStBl. II 2013, 572; BFH 12.2.2009 – VI R 50/07, BStBl. II 2009, 460; BFH 19.6.1974 – VI R 37/70, BStBl. II 1975, 23). Um Einkünfte aus nichtselbständiger Arbeit kann es sich in Abgrenzung zu sonstigen Einkünften iSd § 22 Nr. 1 S. 3 Buchst. a daher nur handeln, wenn der Steuerpflichtige sie – abgesehen von der erbrachten Dienstleistung – ohne rechtlich ins Gewicht fallenden Eigenbeitrag erhält, also ohne eine Leistung aus seinem Vermögen oder für seine Rechnung (BFH 23.2.2017 – X R 24/15, BStBl. II 2017, 636). Zu den Bezügen und Vorteilen iSd § 19 Abs. 1 Nr. 2 gehören auch solche, die erst im Zeitpunkt der vertraglich vorgesehenen Beendigung des Arbeitsverhältnisses vereinbart oder ggf. erhöht werden (BFH 23.11.2016 – X R 39/14, BFH/NV 2017, 888; BFH 6.3.2002 – XI R 51/00, BStBl. II 2002, 516). Entscheidend ist, dass ein Zusammenhang mit dem Dienstverhältnis besteht (Blümich/*Geserich* § 19 Rn. 252). Zahlungen von Erben aufgrund letztwilliger Verfügung an einen früheren Arbeitnehmer des Erblassers können Ruhegehalt oder freigebige Zuwendung oder teils das eine, teils das andere sein; entscheidend sind die Umstände des Einzelfalls (BFH 20.8.1965 – VI 156/64 U, BStBl. III 1965, 706). **1023**

Keine Bezüge und Leistungen aus früheren Dienstleistungen sind dagegen Einnahmen, die auf früheren Beiträgen des Arbeitnehmers beruhen (§ 2 Abs. 2 Nr. 2 S. 2 LStDV → Rn. 1050); diese sind mit dem Besteuerungsanteil nach § 22 Nr. 1 zu versteuern. Andere Bezüge und Vorteile liegen in diesen Fällen nur vor, wenn die ausdrücklich im Gesetz aufgezählten Tatbestände (→ Rn. 1032 ff.) nicht gegeben sind (HHR/*Pflüger* § 19 Rn. 321). **1024**

Einstweilen frei **1025–1027**

bb) Leistungsempfänger. § 19 Abs. 1 S. 1 Nr. 2 erfasst Vorteile und Bezüge sowohl an den bisherigen **Arbeitnehmer** (nur klarstellende Bedeutung → Rn. 1005) und – insoweit konstitutiv (→ Rn. 1005) an **Rechtsnachfolger** (Gesamt- und Einzelrechtsnachfolger) sowie **Hinterbliebene** (Blümich/*Geserich* § 19 Rn. 253; HHR/*Pflüger* § 19 Rn. 312). Rechtsnachfolger und Hinterbliebene treten in die Rechtsposition des Arbeitnehmers ein (§ 1 Abs. 1 S. 2 LStDV, auch insoweit (→ Rn. 555) zutreffende Auslegung des § 19, HHR/*Pflüger* § 19 Rn. 312). Daher muss der Arbeitgeber für sie einen Bezug auf der elektronischen Lohnsteuerbescheinigung (§ 41b) bescheinigen (vgl. Blümich/*Geserich* § 19 Rn. 254: bei mehreren Rechtsnachfolgern jeder von ihnen, weil nur dadurch die persönlichen Verhältnisse jedes Einzelnen berücksichtigt werden können). Zahlt der Arbeitgeber an einen Rechtsnachfolger den gesamten Betrag aus, sind im Lohnsteuerverfahren allein die Besteuerungsmerkmale des Vorlegenden zugrunde zu legen; der Empfänger kann jedoch die an die anderen Berechtigten weitergeleiteten Beträge als Werbungskosten abziehen (Blümich/*Geserich* § 19 Rn. 54; HHR/*Pflüger* § 19 Rn. 312; s. aber BFH 19.12.1975 – VI R 157/72, BStBl. II 1976, 322 und LStR 19.9 Abs. 2 S. 2: jeweils negative Einnahmen). In diesen Fällen können die weitergegebenen Beträge bei den Empfängern nur durch Veranlagung erfasst werden (HHR/*Pflüger* § 19 Rn. 312). Der Lohnsteuerabzug ist grundsätzlich nur nach den **Besteuerungsmerkmalen** der Rechtsnachfolger und Hinterbliebenen durchzuführen (BFH 19.12.1975 – VI R 157/72, BStBl. II 1976, 322, LStR 19.9 Abs. 1 S. 1), es sei denn, der Arbeitgeber macht von einer **Vereinfachungsregelung der Finanzverwaltung** Gebrauch, nach der bei laufendem Arbeitslohn, der im Sterbemonat oder für den Sterbemonat gezahlt wird, der Steuerabzug noch nach den steuerlichen Merkmalen des Verstorbenen vorgenommen werden kann (LStR 19.9 Abs. 1 S. 2, Abs. 2 S. 1; vgl. auch Beispiel in H 19.9 „Weiterleitung von Arbeitslohn an Miterben“ LStH 2016). **1028**

Einstweilen frei **1029–1031**

c) Gesetzlich benannte Beispiele von Bezügen und Vorteilen aus früheren Dienstleistungen. aa) Keine abschließende Benennung der Anwendungsfälle. Die in § 19 Abs. 1 S. 1 Nr. 2 genannten Beispiele sind **nicht abschließend** (Schmidt/*Krüger* § 19 Rn. 86; HHR/*Pflüger* § 19 Rn. 318). **1032**

Einstweilen frei **1033**

1034 **bb) Wartegelder.** Wartegelder sind Einnahmen aus einem Dienstverhältnis, dessen normale Lohnzahlung eingestellt oder welches aufgelöst ist, das aber entweder in der bisherigen oder in einer anderen Weise fortgesetzt oder neu geschlossen oder durch eine Versorgungsregelung ersetzt werden soll (HHR/*Pflüger* § 19 Rn. 319), zB Übergangsgeld, das eine Arbeitnehmerin gemäß § 62 Abs. 3 BAT wegen beantragten Ausscheidens innerhalb von drei Monaten nach ihrer Niederkunft erhält (BFH 21.6.1990 – X R 45/86, BFH/NV 1991, 88).

1035 **cc) Ruhegelder.** Ruhegelder sind Beträge, die zur Versorgung des Arbeitnehmers nach Auflösung seines Dienstverhältnisses gezahlt werden (BFH 6.3.2002 – XI R 51/00, BStBl. II 2002, 516). Sie können auch erst mit dem Abschluss des Dienstverhältnisses vereinbart werden (→ Rn. 1023). Hierunter fallen etwa Versorgungsbezüge ehemaliger Beamter, Altersversorgungsleistungen, die ein ehemaliger Bediensteter des Europäischen Patentamts von dem Reservefonds der Europäischen Patentorganisation bezieht (BFH 23.2.2017 – X R 24/15, BStBl. II 2017, 636), Versorgungsbezüge aufgrund der von einem Beamten zur Erhöhung der ruhegehaltsfähigen Dienstzeiten gezahlten Versorgungszuschläge (BFH 23.11.2016 – X R 39/14, BFH/NV 2017, 888), Ruhegehaltszahlungen an ehemalige NATO-Bedienstete (BFH 22.11.2006 – X R 29/05, BStBl. II 2007, 402) oder Pensionszahlungen an ehemalige Mitarbeiter des Europäischen Raumfahrtkontrollzentrums (ESOC), BFH 22.7.2015 – X B 172/14, BFH/NV 2015, 1390.

1036 **dd) Witwen- und Waisengelder.** Witwen- und Waisengelder sind Zahlungen des früheren Arbeitgebers an die Witwe/den Witwer des verstorbenen Arbeitnehmers oder dessen Abkömmlinge, soweit sie auf Rechtsbeziehungen beruhen, die der verstorbene Arbeitnehmer mit dem Arbeitgeber begründet hat (vgl. HHR/*Pflüger* § 19 Rn. 320). Diese Zahlungen sind den Empfängern zuzurechnen, nicht jedoch dem Verstorbenen (HHR/*Pflüger* § 19 Rn. 320). Eine Witwe, die aufgrund der ihrem verstorbenen Ehemann zu Lebzeiten gewährten Versorgungszusage ein Witwengehalt bezieht, wird so behandelt, als sei sie selbst Arbeitnehmerin (RFH 14.5.1930, RStBl. 1930, 704). Die Witwe hat eine **eigene Lohnsteuerkarte** vorzulegen, wobei die **Besteuerungsmerkmale** der Witwe und nicht diejenigen des Verstorbenen maßgeblich sind (BFH 29.7.1960 – VI 265/58 U, BStBl. III 1960, 404; zur Rechtslage bei mehreren Empfängern → Rn. 1028). Zum Witwengeld zählen auch etwaige **Kinderzuschläge** (Schmidt/*Krüger* § 19 Rn. 88), die dem Hinterbliebenen zuzurechnen sind (HHR/*Pflüger* § 19 Rn. 320). Witwenbezüge, die einer Witwe vor ihrem Ableben weder gutgeschrieben noch sonst ihr als zugeflossen anzusehen sind, sind ihrem Erben als eigene Einkünfte aus nichtselbständiger Arbeit zuzurechnen und nach den in seiner Person gegebenen Besteuerungsmerkmalen zu besteuern (BFH 29.7.1960 – VI 265/58 U, BStBl. III 1960, 404, **Rechtsnachfolger der Rechtsnachfolgerin des Arbeitnehmers**).

1037 **d) Oberbegriff der Vorteile und Bezüge aus sonstigen Leistungen. Oberbegriff:** Die Bezeichnung „andere Bezüge und Vorteile“ in § 19 Abs. 1 S. 1 Nr. 2 bildet den Oberbegriff für die Erfassung sämtlicher durch ein früheres Dienstverhältnis veranlassten Einnahmen, soweit sie nicht Wartegelder (→ Rn. 1034), Ruhegelder (→ Rn. 1035) oder Witwen- und Waisengelder (→ Rn. 1036) sind.

1038 **Beispiele** für andere Vorteile und Bezüge sind:

- einmalige Versorgungsleistungen (HHR/*Pflüger* § 19 Rn. 321);
- Beihilfeleistungen, die an nicht beamtete Versorgungsempfänger ausbezahlt werden (BFH 6.2.2013 – VI R 28/11, BStBl. II 2013, 572);
- sog. 58er-Regelung: Freistellung vom Dienst unter Fortzahlung von 70% der Besoldung bis zur Versetzung in den Ruhestand (BFH 12.2.2009 – VI R 50/07, BStBl. II 2009, 460);
- Dienstbezüge eines emeritierten Professors (BFH 19.6.1974 – VI R 37/70, BStBl. II 1975, 23);
- Übergangsgelder (BFH 21.6.1990 – X R 45/86, BFH/NV 1991, 88); BFH 6.3.2002 – XI R 51/00, BStBl. II 2002, 516);
- rückständiger Arbeitslohn, der dem Berechtigten erst nachträglich ausgezahlt wird (Blümich/*Geserich* § 19 Rn. 252);
- einmalige Versorgungsleistungen, Vorruhestandsleistungen aufgrund einer vor dem 1.1.2006 geschlossenen Vereinbarung, die an unbeschränkt Steuerpflichtige gewährt wer-

den, wenn sie die durch § 3 Nr. 9 begünstigten Höchstbeträge übersteigen (HHR/*Pflüger* § 19 Rn. 321);
- Bezüge aus einem angesparten Arbeitszeitkonto (HHR/*Pflüger* § 19 Rn. 321).

Einstweilen frei **1039–1041**

e) Versorgungsausgleich. Klarstellende Regelung: In § 19 Abs. 1 S. 1 Nr. 2 ist mit Wirkung ab dem 1.1.2009 geregelt, dass es sich auch bei den Leistungen, die die ausgleichsberechtigte Person aufgrund der Teilung einer Direktzusage oder der Leistungen aus einer Unterstützungskasse unmittelbar vom Arbeitgeber oder der Unterstützungskasse erhält, um Einkünfte aus nichtselbständiger Arbeit handelt. Hierbei handelt es sich um eine gesetzliche Klarstellung (BT-Drs. 16/10144, 109; Blümich/*Geserich* § 19 Rn. 252; HHR/*Pflüger* § 19 Rn. 322). Bei der ausgleichspflichtigen Person liegen Einkünfte aus nichtselbständiger Arbeit nur hinsichtlich der verbleibenden Leistungen vor (BT-Drs. 16/10144, 109; Schmidt/*Krüger* § 19 Rn. 89; vgl. auch Erläuterungen zu § 3 Nr. 55a und 55b). Zu den steuerrechtlichen Folgen einschließlich des sog. **„Quasi-Rentensplitting"** vgl. BMF 9.4.2010, BStBl. I 2010, 323. **1042**

Einstweilen frei **1043–1045**

f) Aus früheren Dienstleistungen. aa) Erforderlicher Veranlassungszusammenhang. Die Einnahmen iSd § 19 Abs. 1 S. 1 Nr. 2 müssen durch frühere Dienstleistungen veranlasst sein; insoweit gelten die Ausführungen zu § 19 Abs. 1 S. 1 Nr. 1 entsprechend (BFH 14.4.2005 – VI R 74/01, BFH/NV 2005, 1301; BFH 6.3.2002 – XI R 51/00, BStBl. II 2002, 516; BFH 5.11.1993 – VI R 24/93, BStBl. II 1994, 238, → Rn. 487 ff.). **1046**

Einstweilen frei **1047–1049**

bb) Fehlende Veranlassung zu früheren Dienstleistungen beim Beruhen auf Beitragsleistungen. Bezüge, die ganz oder teilweise auf früheren Beitragsleistungen des Bezugsberechtigten oder seines Rechtsvorgängers beruhen, gehören nicht zum Arbeitslohn (§ 2 Abs. 2 Nr. 2 S. 2 LStDV, verfassungsmäßige Auslegung der Voraussetzungen für die Annahme von Arbeitslohn, vgl. BFH 14.6.1985 – VI R 150–152/82, BStBl. II 1985, 611; HHR/*Pflüger* § 19 Rn. 325; KSM/*Breinersdorfer* § 19 Rn. B 202). Dies gilt auch in den Fällen der **Einschaltung des Arbeitgebers in die Auszahlung** (BFH 26.5.1998 – VI R 9/96, BStBl. II 1998, 581: Krankentagegelder kein Arbeitslohn, wenn der Arbeitnehmer arbeitsrechtlich zum Versicherungsbeitritt verpflichtet war und der Arbeitgeber sowohl in den Beitragseinzug als auch in die Auszahlung der Versicherungsleistungen eingeschaltet ist). **1050**

Folge dieser Regelung ist, dass Kapitalabfindungen letztlich steuerfrei sind und Renten mit dem Besteuerungsanteil nach § 22 Nr. 1 zu versteuern sind (vgl. BFH 21.10.1996 – VI R 46/96, BStBl. II 1997, 127; BFH 6.3.2002 – XI R 51/00, BStBl. II 2002, 516). **Beitragsleistungen iSd § 2 Abs. 2 Nr. 2 S. 2 LStDV** setzen voraus, dass Geld oder Geldeswert aus dem Vermögen des Arbeitnehmers abfließt, dh dass der Arbeitnehmer an seinen Arbeitgeber oder an eine Versorgungseinrichtung Zahlungen leistet (HHR/*Pflüger* § 19 Rn. 328: zB Arbeitnehmeranteile zur gesetzlichen Sozialversicherung und Arbeitnehmerbeiträge im Rahmen der betrieblichen Altersversorgung). Dies kann auch im Wege der **Verrechnung** mit laufendem Arbeitslohn erfolgen; eine Zahlung des Arbeitnehmers aus seinem Vermögen liegt aber nur dann vor, wenn der Arbeitgeber auf von der Beitragsleistung **Lohnsteuer einbehalten** hat (BFH 7.7.1972 – VI R 116/69, BStBl. II 1972, 890). Dementsprechend liegen keine Beitragsleistungen vor und die Verursachung der späteren Leistungen aus früheren Dienstleistungen ist gegeben, wenn der dem Arbeitnehmer zu zahlende Arbeitslohn vereinbarungsgemäß herabgesetzt wird und der Arbeitgeber insoweit (ohne Einbehaltung von LSt) Leistungen an die Versorgungseinrichtung erbringt bzw. seine schon vorhandene Versorgungszusage erhöht (BFH 25.10.1968 – VI R 33/66, BStBl. II 1969, 187). Zudem fallen einzig **als Sonderausgaben abziehbare** und der Zukunftssicherung dienende Arbeitnehmerbeiträge unter Beitragsleistungen iSd § 2 Abs. 2 Nr. 2 S. 2 LStDV, **nicht** jedoch als **Werbungskosten** abgezogene Beiträge (§ 2 Abs. 2 Nr. 2 S. 2 letzter Hs. LStDV). **1051**

Der Werbungskostenabzug muss materiell-rechtlich zutreffend gewesen sein (Blümich/*Geserich* § 19 Rn. 224; Schmidt/*Krüger* § 19 Rn. 64). Des Weiteren müssen die Beitragsleistungen **vor Beginn der Ruhegeldzahlungen geleistet** sein; wird also durch eine Einmalzahlung eine sofortige Ruhegeldzahlung erreicht, handelt es sich insoweit nicht um eine **1052** frühere Beitragszahlung (HHR/*Pflüger* § 19 Rn. 328). Die Voraussetzungen können für die Bezüge und Vorteile aus früheren Dienstleistungen auch nur teilweise gegeben sein, dh die **Bezüge sind teilbar** (vgl. BFH 7.2.1990 – X R 36/86, BStBl. II 1990, 1062). Beruhen die Bezüge und Vorteile aus früheren Dienstleistungen nur zum Teil auf eigenen Arbeitnehmerbeiträgen, können sie durch Schätzung in Ruhegeld iSd § 19 Abs. 1 S. 1 Nr. 2 und in eine nach § 22 Nr. 1 zu versteuernde Leibrente aufgeteilt werden (BFH 21.10.1996 – VI R 46/96, BStBl. II 1997, 127). Die Voraussetzungen des § 2 Abs. 2 Nr. 2 S. 2 LStDV dürften **in der Praxis selten** sein, da die modernen betrieblichen Altersversorgungssysteme regelmäßig derart ausgestaltet worden sind, dass – wie es hierfür erforderlich wäre (s.o.) – während der Ansparphase kein Lohnzufluss angenommen wird und erst in der Auszahlphase die Besteuerung durchgeführt wird; einzig im Fall einer verunglückten betrieblichen Regelungen mit der Folge sofortigen Lohnzuflusses, kann die Ausnahmebestimmung des § 2 Abs. 2 Nr. 2 S. 2 letzter Hs. LStDV in Betracht kommen (HHR/*Pflüger* § 19 Rn. 328).

1053–1055 *Einstweilen frei*

4. Arbeitgeberleistungen für eine betriebliche Altersversorgung (§ 19 Abs. 1 S. 1 Nr. 3)

1056 **a) Allgemeines. aa) Rechtssystematische Bedeutung. Rechtsprechungsänderndes Gesetz:** Vor Einführung des § 19 Abs. 1 S. 1 Nr. 3 hat der BFH entschieden, dass Sonderzahlungen des Arbeitgebers, die er anlässlich einer Systemumstellung auf das Kapitaldeckungsverfahren, der Überführung einer Mitarbeiterversorgung auf eine andere Zusatzversorgungskasse (ohne Umstellung des Finanzierungssystems) oder anlässlich seines Ausscheidens aus einer Zusatzversorgungskasse (sogenannte Gegenwertzahlung) leistet, nicht zu steuerpflichtigem Arbeitslohn führen. Er sah in diesen Sonder- und Gegenwertzahlungen in der Hauptsache lediglich eine Erfüllung einer „eigenen Verpflichtung des Arbeitgebers", die für den Arbeitnehmer keinen zusätzlichen Vorteil begründet (BFH 14.9.2005 – VI 32/04, BStBl. II 2006, 500, mwN; BFH 14.9.2005 – VI R 148/98, BStBl. II 2006, 532; BFH 15.2.2006 – VI R 92/04, BStBl. II 2006, 528). Hiervon ausgehend bestimmte er den Arbeitslohncharakter (§ 19 Abs. 1 S. 1 Nr. 1) von Arbeitgeberleistungen für eine betriebliche Altersversorgung danach, ob der Arbeitnehmer durch die Zahlungen des Arbeitgebers einen **eigenen Anspruch auf Leistung im Versorgungsfall** hatte; der in Höhe der Arbeitgeberbeiträge zu Arbeitslohn führende Vorteil des Arbeitnehmers bestand in der Teilhabe an einem System, das dem Arbeitnehmer zukünftig Versorgungsleistungen garantiere (BFH 14.9.2005 – VI R 32/04, BStBl. II 2006, 500).

1057 Mit Einführung des § 19 Abs. 1 S. 1 Nr. 3 wurde ein **neuer Ansatz** etabliert, der sich von der vorgenannten konkret-individuellen Betrachtungsweise löst. Seitdem wird nicht mehr auf den Vermögenszuwachs beim Arbeitnehmer, sondern zur Bestimmung des Besteuerungsgegenstandes sowie seiner Höhe rein technisch auf die Arbeitgeberleistung abgestellt (Kirchhof/*Eisgruber* § 19 Rn. 76). Damit **erweitert** § 19 Abs. 1 S. 1 Nr. 3 die Tatbestände des § 19 Abs. 1 **S. 1** (vgl. *Bergkemper* FR 2011, 1043 (1050); HHR/*Pflüger* § 19 Rn. 331) und folglich **die Steuerbarkeit** (Kirchhof/*Eisgruber* § 19 Rn. 76; Schmidt/*Krüger* § 19 Rn. 92: gesetzliche Arbeitslohnfiktion).

1058 **Neuer Ansatz bei Arbeitgeberleistungen zur betrieblichen Altersvorsorge:** Im Einzelnen stellt sich die Neuregelung wie folgt dar: § 19 Abs. 1 S 1 Nr. 3 S 1 ordnet an, dass **laufende Arbeitgeberleistungen** an bestimmte Empfänger Einkünfte aus nichtselbständiger Arbeit sind. Insoweit hat § 19 Abs. 1 S. 1 Nr. 3 nur **deklaratorische Bedeutung,** da diese Arbeitgeberleistungen bisher dem klassischen Arbeitslohnbegriff (§ 19 Abs. 1 S. 1 Nr. 1 EStG iVm § 2 Abs. 2 Nr. 3 LStDV) unterfielen (BFH 14.11.2013 – VI R 49/12, DStRE 2014, 385, mwN). Seit dem JStG 2007 (→ Rn. 1069) gehören gemäß § 19 Abs. 1 **S. 2** zu den Einkünften aus nichtselbständiger Arbeit zusätzlich und **konstitutiv** grundsätzlich auch **Sonderzahlungen** mit Ausnahme von Zahlungen zur erstmaligen Bereitstellung der Kapitalausstattung zur Erfüllung von Solvabilitätsvorschriften (→ Rn. 1087), Zahlungen zur Wiederherstellung einer angemessenen Kapitalausstattung nach unvorhersehbaren Verlusten (→ Rn. 1090), laufenden Zahlungen an Pensionsfonds, wenn die Altersversorgungsleistung von laufenden Beitragszahlungen abhängt (§ 236 Abs. 2 VAG, → Rn. 1094), und Sanierungsgeldern (→ Rn. 1095). Da der Gesetzgeber der Auffassung war, infolge dieser

Rechtsprechung blieben Finanzierungsbeiträge, die vom Arbeitgeber zur Sicherung der Altersversorgung seiner Arbeitnehmer geleistet würden, in großem Umfang vollständig unbesteuert, obwohl sie die wirtschaftliche Leistungsfähigkeit der bezugsberechtigten Arbeitnehmer steigerten, erweiterte er dadurch den Besteuerungszugriff durch Einführung von § 19 Abs. 1 S. 1 Nr. 3 S. 2 (vgl. BT-Drs. 16/2712, 45 f.; BR-Drs. 622/06, 74 ff.). Nunmehr lassen sich Sonderzahlungen als **Nachholung bisher nicht gezahlter laufender Beiträge** verstehen (Kirchhof/*Eisgruber* § 19 Rn. 76).

Schließung von Regelungslücken: Durch das ZollkodexAnpG sind nach Auffassung des BRats und des BT bestehende Regelungslücken dadurch geschlossen worden, dass Sonderzahlungen nur noch unter weiteren Voraussetzungen keine Einkünfte aus nichtselbständiger Arbeit darstellen (→ Rn. 1087). Bei der durch das JStG 2007 eingeführten Regelung des § 19 Abs. 1 S. 1 Nr. 3 S. 2 wurde bei den zur Erfüllung der Solvabilitätsvorschriften aufzubringenden Mitteln des Arbeitgebers nicht nach deren Verwendung differenziert. Dies ermöglichte es dem Arbeitgeber, auch dem Grunde nach steuerpflichtige Arbeitgeberbeiträge zur Altersvorsorge der Arbeitnehmer durch steuerlich unbelastete Mittel zu ersetzen. Hierin erblickte der Gesetzgeber eine Regelungslücke, die es seiner Auffassung nach zu schließen galt (BT-Drs. 18/3017, 39). Dies geschah dadurch, dass die Ausnahme in § 19 Absatz 1 S. 1 Nr. 3 S. 2 Hs. 1 künftig ausdrücklich auf die erstmalige Bereitstellung der Kapitalausstattung zur Erfüllung bestimmter Solvabilitätsvorschriften (§ 19 Abs. 1 S. 1 Nr. 3 S. 2 Buchst. a → Rn. 1087) und Zahlungen des Arbeitgebers zur Wiederherstellung einer angemessenen Kapitalausstattung nach unvorhersehbaren Verlusten oder zur Finanzierung der Verstärkung der Rechnungsgrundlagen auf Grund einer unvorhersehbaren und nicht nur vorübergehenden Änderung der Verhältnisse (§ 19 Abs. 1 S. 1 Nr. 3 S. 2 Buchst. b → Rn. 1090) beschränkt wird (BT-Drs. 18/3017, 39). Mit dieser Regelung ist die Bitte des BRats aufgegriffen worden, die Konkretisierung der steuerlichen Erfassung von Sonderzahlungen des Arbeitgebers zur Erfüllung der Solvabilitätsvorschriften zu prüfen und in ein steuerrechtliches Gesetzgebungsverfahren im Jahr 2014 einzubringen (s. BR-Drs. 184/14 (Beschluss) vom 13.6.2014 und BT-Drs. 18/1776 vom 18.6.2014). 1059

Einstweilen frei 1060–1062

bb) Verhältnis zu anderen Normen. Verhältnis zu § 19 Abs. 1 S. 1 Nrn. 1 und 2: 1063
In der **Einzahlungsphase** unterliegen **laufende Arbeitgeberleistungen** nunmehr dem gegenüber § 19 Abs. 1 S. 1 Nr. 1 spezielleren Steuertatbestand des § 19 Abs. 1 S. 1 Nr. 3 S. 1. Diese Gesetzesänderung ist nur deklaratorisch, denn auch für die Zeit vor Einführung des § 19 Abs. 1 S. 1 Nr. 3 (→ Rn. 1069) zählten die laufenden Beiträge und Zuwendungen des Arbeitgebers aus einem bestehenden Dienstverhältnis für eine betriebliche Altersversorgung des Arbeitnehmers gemäß § 19 Abs. 1 Satz 1 Nr. 1 EStG iVm § 2 Abs. 2 Nr. 3 LStDV zum Arbeitslohn (BFH 14.11.2013 – VI R 49/12, DStRE 2014, 385 mwN, VerfB BVerfG 2 BvL 7/14; BFH 14.11.2013 – VI R 50/12, BFHE 243, 544, VerfB BVerfG 2 BvL 8/14; vgl. auch BFH 4.7.2018 – VI R 16/17, DStR 2018, 191: Prüfung des § 19 Abs. 1 S. 1 Nr. 1 für laufende Arbeitgeberleistungen auch für das Streitjahr 2015, in dem § 19 Abs. 1 S. 1 Nr. 3 S. 1 schon gilt, → Rn. 1069).

In der **Auszahlungsphase** erfolgende Leistungen aus der Vorsorgeeinrichtung unterliegen nicht der Besteuerung nach § 19 Abs. 1 S. 1 Nr. 1. Da die **Arbeitgeberleistungen für eine betriebliche Altersversorgung** bereits in der Einzahlungsphase nach § 19 Abs. 1 S. 1 Nr. 3 versteuert werden, sind die Leistungen in der Auszahlungsphase vielmehr nur noch insoweit zu besteuern, als in den Leistungen (typisierend bestimmte) Zinsanteile enthalten sind (Ertragsanteilsbesteuerung, vgl. § 22 Nr. 1 S. 3 Buchst. a). Demgegenüber sind **Ruhegelder oder andere Bezüge aus früheren Dienstleistungen** grundsätzlich in voller Höhe nach § 19 Abs. 1 S. 1 Nr. 2, Abs. 2 (Versorgungsbezüge, → Rn. 1179 ff.) steuerpflichtig. Fällt ein Arbeitnehmer nach dem Ausscheiden des Arbeitgebers aus der VBL bei Eintritt des Versicherungsfalles von einem Anspruch auf Versorgungsrente auf einen **niedrigeren Anspruch auf Versicherungsrente** zurück, ist dies **keine Rückzahlung von Arbeitslohn** (dazu allgemein → Rn. 902 ff.), da die Minderung der Versorgungsrente nicht den nach der hM für eine Rückzahlung von Arbeitslohn erforderlichen actus contrarius darstellt (BFH 7.5.2009 – VI R 37/08, BStBl. II 2010, 135; BFH 7.5.2009 – VI R 5/08, BStBl. II 2010, 133). 1064

1065 **Verhältnis zu § 40:** Der Arbeitgeber hat auf die Sonderzahlungen nach § 40 Abs. 4 eine pauschale Lohnsteuer von 15% einzubehalten. Anders als sonst besteht kein Wahlrecht, eine **Lohnsteuerpauschalierung** vorzunehmen. Dies stellt eine echte Mehrbelastung für den Arbeitgeber dar (HHR/*Pflüger* § 19 Rn. 333) und ist verfassungswidrig (→ Rn. 1071). Die Arbeitgeberleistungen für die betriebliche Altersvorsorge sind bei diesem Betriebsausgaben; dies gilt auch für die Zahlungen des Arbeitgebers, die nach § 19 Abs. 1 S. 1 Nr. 3 S. 2 Hs. 2 (→ Rn. 1086 ff.) beim Arbeitnehmer nicht zu Einkünften aus nichtselbständiger Arbeit zu führen (HHR/*Pflüger* § 19 Rn. J 14-10).

1066–1068 *Einstweilen frei*

1069 **cc) Zeitlicher Anwendungsbereich.** § 19 Abs. 1 S. 1 Nr. 3 ist gemäß § 52 Abs. 35 EStG idF des JStG 2007 grundsätzlich erstmals anzuwenden auf Sonderzahlungen, die nach dem 23.8.2006, dem Tag des Kabinettsbeschlusses, geleistet werden. Allerdings ist § 19 Abs. 1 S. 1 Nr. 3 S. 2 und 3 in seiner jetzigen Fassung erst am 22.12.2014 (Tag der Verkündung des ZollkodexAnpG) in Kraft getreten und gilt für Arbeitgeberleistungen, die nach dem 30.12.2014 geleistet werden (§ 52 Abs. 26a).

1070 *Einstweilen frei*

1071 **dd) Verfassungsmäßigkeit der Norm.** Die grundsätzliche Erweiterung des Umfangs der Einkünfte aus nichtselbständiger Arbeit auf Sonderzahlungen ist **verfassungsmäßig** (BFH 14.11.2013 – VI R 49/12, DStRE 2014, 385; aA Schmidt/*Krüger* § 19 Rn. 94; *Glaser* BB 2006, 2217; *Birk/Specker* DB 2008, 488; kritisch Kirchhof/*Eisgruber* § 19 Rn. 76: „gesetzessystematisch bedenklich"). Es liegt **kein Verstoß gegen den allgemeinen Gleichheitssatz** (Art. 3 Abs. 1 GG) vor, da sich § 19 Abs. 1 S. 1 Nr. 3 im Rahmen der gesetzgeberischen Gestaltungsfreiheit zur **Erschließung neuer Steuerquellen** bewegt (BFH 14.11.2013 – VI R 49/12, DStRE 2014, 385: Anknüpfung an vollständig Ausfinanzierung von Rentenansprüchen und Anwartschaften durch Sonderzahlung als ein mit dem Arbeits- und Dienstverhältnis einhergehender Vorteil fügt sich in die Systematik des § 19 Abs. 1 S. 1). Überdies ist aus verfassungsrechtlicher Sicht die **ungleiche Behandlung von Sanierungsgeldern und Gegenwertzahlungen** in § 19 Abs. 1 S. 1 Nr. 3 Sätze 2 und 3 nicht zu beanstanden (BFH 14.11.2013 – VI R 49/12, DStRE 2014, 385: hinreichende sachliche Gründe waren, (1.) dass bei Einführung der Sanierungsgelder deren Nichtsteuerbarkeit im Tarifvertrag „Altersversorgung" ausdrücklich festgeschrieben worden war und dies eine der entscheidenden Finanzierungsfragen und (2.) dass sich der Trend zur Abwanderung von finanziell durch Umlagen und Sanierungsgelder bereits vergleichsweise hoch belasteten Beteiligten der VBL noch verstärkt, weil dies kurzfristig, aber auch nachhaltig erhebliche Probleme aufgeworfen hätte). Eine **verfassungswidrige steuerverschärfende Rückwirkung** kommt nur in Betracht, soweit die nach dem 23.8.2006, dem Tag, seit dem die Neuregelung gilt (§ 52 Abs. 35), geleistete Sonderzahlung auf einem zuvor beschlossenen Austritt beruht (BFH 14.11.2013 – VI R 49/12, DStRE 2014, 385). **Verfassungswidrig** ist aber die nach § 40b Abs. 4, Abs. 5 iVm § 40 Abs. 3 S. 1 **ausnahmslos geltende Pflicht des Arbeitgebers zur Übernahme der pauschalen LSt** in den Fällen des § 19 Abs. 1 S. 1 Nr. 3 S. 2 mit einem Pauschsteuersatz von 15% nicht nur zu erheben, sondern auch zu tragen (→ Rn. 1065), wegen der damit verbundenen endgültigen Trennung von Steuersubjekt und Steuerschuld gegen Art. 3 Abs. 1 GG (BFH 14.11.2013 – VI R 49/12, DStRE 2014, 385; aA HHR/*Pflüger* § 19 Rn. 331; Heuermann/Wagner LSt/*K. Wagner* H Rn. 106).

1072–1074 *Einstweilen frei*

1075 **b) Laufende Arbeitgeberleistungen (§ 19 Abs. 1 S. 1 Nr. 3 S. 1). Zufluss im Zeitpunkt der Arbeitgeberleistung:** Nach § 19 Abs. 1 S. 1 Nr. 3 S. 1 gehören laufende Beiträge und Zuwendungen (→ Rn. 1077) – wie vor der Einführung dieser Norm (→ Rn. 1056) – zu den Einkünften aus nichtselbständiger Arbeit, wenn sie vom Arbeitgeber aus einem bestehenden Dienstverhältnis an einen Pensionsfonds (→ Rn. 1078), eine Pensionskasse (→ Rn. 1079) oder an eine Direktversicherung (→ Rn. 1080) geleistet werden. Dem liegt die Vorstellung zugrunde, dass bereits die laufende Zahlung in die Versorgungseinrichtung und nicht erst die Zahlung der Rente nach Eintritt in den Ruhestand zu einem gegenwärtigen Vorteil des Arbeitnehmers und damit zu einem Zufluss der Einnahmen iSd § 8 Abs. 1 führt, sofern dieser dadurch einen **unentziehbaren Anspruch** gegenüber der Versorgungseinrichtung erlangt; wirtschaftlich betrachtet stellt der Arbeitgeber dem Arbeitnehmer die Beiträge zur Verfügung und dieser verwendet sie zum Erwerb einer ihn berechtigenden Altersversorgung (BFH 24.8.2017 – VI R 58/15, BStBl. II 2018, 72, auch zum Zuflusszeitpunkt; BFH 14.11.2013 – VI R 49/12, DStRE 2014, 385). Es kommt nur auf das Entstehen eines Rechtsanspruchs als solches an; unschädlich ist also, dass zwischen der Anwartschaft und dem versicherungsmathematischen Barwert **keine Deckungsgleichheit** besteht (BFH 14.9.2005 – VI R 32/04, BStBl. II 2006, 500; BFH 7.5.2009 – VI R 8/07, BFH/NV 2009, 1504).

Zustimmung des Arbeitnehmers erforderlich: Der Arbeitnehmer muss den Vorsorgeleistungen des Arbeitgebers auch unter der Geltung des § 19 Abs. 1 S. 1 Nr. 3 S. 1 der Zukunftssicherung ausdrücklich oder stillschweigend zustimmen. Dies ergibt sich nach wie vor aus dem unverändert gebliebenen § 2 Abs. 2 Nr. 3 S. 2 LStDV (ebenso: Blümich/*Geserich* § 19 Rn. 294; vgl. auch BFH 15.7.1977 – VI R 109/74, BStBl. II 1977, 761, zur Rechtslage vor dem VZ 2007). Die Zustimmung kann ausdrücklich (zB in einem Arbeitsvertrag) oder auch nur stillschweigend gegeben werden, zB wenn der Arbeitnehmer die Mitteilung des Arbeitgebers über dessen Absicht, Versorgungsleistungen zu gewähren, ohne Reaktion zur Kenntnis nimmt (Blümich/*Geserich* § 19 Rn. 294; HHR/*Pflüger* § 19 Rn. 362). Siehe auch → Rn. 559. 1076

Laufende Beiträge und Zuwendungen sind regelmäßig fortlaufend geleistete Zahlungen des Arbeitgebers für eine betriebliche Altersversorgung an eine Pensionskasse, die nicht im Kapitaldeckungsverfahren, sondern im Umlageverfahren finanziert wird, zB Umlagen an die VBL bzw. an eine kommunale Zusatzversorgungskasse (BMF 24.7.2013, BStBl. I 2013, 1022). 1077

Pensionsfonds sind rechtsfähige Versorgungseinrichtungen (in der Rechtsform einer AG oder eines Pensionsfondsvereins auf Gegenseitigkeit), die im Wege des Kapitaldeckungsverfahren dem Arbeitnehmer und seinen Hinterbliebenen einen Rechtsanspruch auf Versorgung gewähren (§ 236 VAG, vgl. H 4e „Pensionsfonds" EStH). 1078

Pensionskassen sind sowohl rechtsfähige Versorgungseinrichtungen iSd § 1b Abs. 3 S. 1 BetrAVG als auch nichtrechtsfähige Zusatzversorgungseinrichtungen des öffentlichen Dienstes iSd § 18 BetrAVG, die den Leistungsberechtigten, insbesondere Arbeitnehmern und deren Hinterbliebenen, auf ihre Versorgungsleistungen einen Rechtsanspruch gewähren, wobei es gleichgültig ist, ob die Kasse ihren Sitz oder ihre Geschäftsleitung innerhalb oder außerhalb des Geltungsbereichs des Einkommensteuergesetzes hat (R 40b.1 Abs. 4 S. 1 und 4 LStR). 1079

Direktversicherungen sind Lebensversicherungen auf das Leben des Arbeitnehmers, die durch den Arbeitgeber bei einem inländischen oder ausländischen Versicherungsunternehmen abgeschlossen worden sind und bei der der Arbeitnehmer oder seine Hinterbliebenen hinsichtlich der Versorgungsleistungen des Versicherers ganz oder teilweise bezugsberechtigt sind (§ 1b Abs. 2 S. 1 BetrAVG); dasselbe gilt für eine Lebensversicherung auf das Leben des Arbeitnehmers, die nach Abschluss durch den Arbeitnehmer vom Arbeitgeber übernommen worden ist (LStR 40b.1 Abs. 1 S. 1 und 2). Bei einer zwischen Arbeitnehmer und Arbeitgeber aufgespaltenen Bezugsberechtigung ist der auf den Arbeitnehmer entfallende Anteil eine Direktversicherung (→ Rn. 1080) und der auf den Arbeitgeber entfallende Anteil eine Rückdeckungsversicherung (FG Hamburg 8.8.2001 – VII 158/97, EFG 2001, 1611, rkr.; Blümich/*Geserich* § 19 Rn. 321). Die **Rückdeckungsversicherung** ist selbst keine Maßnahme der betrieblichen Altersversorgung, sondern dient zu deren Sicherung und Finanzierung, sodass die (Finanzierungs-)Leistungen des Arbeitgebers nicht zu Arbeitslohn führen (BFH 27.5.1993 – VI R 19/92, BStBl. II 1994, 246, mwN; HHR/*Pflüger* § 19 Rn. 406). Leistungen des Arbeitgebers in eine Rückdeckungsversicherung sind daher von solchen in eine Direktversicherung zu unterscheiden (HHR/*Pflüger* § 19 Rn. 395). Für die **Abgrenzung zwischen Direktversicherung und Rückdeckungsversicherung** sind regelmäßig die zwischen Arbeitgeber und Arbeitnehmer im Innenverhältnis getroffenen Vereinbarungen maßgebend und nicht die Abreden im Außenverhältnis zwischen Arbeitgeber und Versicherungsunternehmen (R 40b. 1 Abs. 3 S. 1 LStR). Nach den damit maßgeblichen Vereinbarungen im Innenverhältnis muss der Arbeitgeber dem Arbeitnehmer eine Versorgung aus eigenen Mitteln zugesagt haben (z.B Werkspension), hat die Leistung der Versicherungsbeiträge ausschließlich aus Mitteln des Arbeitgebers zu folgen und darf nur der Arbeitgeber, nicht aber der Arbeitnehmer Ansprüche gegen die Versicherung erlangen, wobei eine Verpfändung 1080 oder Abtretung an den Arbeitnehmer unschädlich ist, da diese Verfügungen erst die Auszahlung der Versorgungsleistungen selbst, nicht jedoch die Entstehung der Ansprüche betreffen (BFH 27.5.1993 – VI R 19/92, BStBl. II 1994, 246; BFH 20.11.1987 – VI R 91/84, BFH/NV 1988, 564; HHR/*Pflüger* § 19 Rn. 396; LStR 40b.1 Abs. 1 S. 4). Arbeitslohn aus Beiträgen des Arbeitgebers zu einer Direktversicherung des Arbeitnehmers für eine betriebliche Altersversorgung fließt dem Arbeitnehmer nicht schon mit Erteilung der Einzugsermächtigung durch den Arbeitgeber zugunsten des Versicherungsnehmers zu; der **Zufluss** erfolgt erst, wenn der Arbeitgeber den Versicherungsbeitrag tatsächlich leistet (BFH 24.8.2017 – VI R 58/15, BStBl. II 2018, 72).

1081–1083 *Einstweilen frei*

1084 **c) Sonderzahlungen an Versorgungseinrichtungen (§ 19 Abs. 1 S. 1 Nr. 3 S. 2). aa) Sonderzahlungen grundsätzlich Einkünfte aus nichtselbständiger Arbeit (§ 19 Abs. 1 S. 1 Nr. 3 S. 2 Teil 1). Grundsatz:** Nach § 19 Abs. 1 S. 1 Nr. 3 S. 2 gehören zu den Einkünften aus nichtselbständiger Arbeit auch **Sonderzahlungen** (zu den einzelnen Regelbeispielen der Sonderzahlungen → Rn. 1099), die der Arbeitgeber neben den laufenden Beiträgen und Zuwendungen an einen Pensionsfonds (→ Rn. 1078), eine Pensionskasse (→ Rn. 1079) oder an eine Direktversicherung (→ Rn. 1080) leistet. Dies ist eine **bewusste Abkehr von der früher gegenteiligen Rechtsprechung des BFH,** mit der ein neuer Ansatz in die Besteuerung von Arbeitgeberleistungen für die betriebliche Altersvorsorge eingeführt worden ist (→ Rn. 1056). Diese Erweiterung der Einkünfte aus nichtselbständiger Arbeit ist verfassungsmäßig (→ Rn. 1071).

1085 **Nur vom Arbeitgeber geleistete Sonderzahlungen:** Zu den Einkünften aus nichtselbständiger Arbeit gehören dabei nur Sonderzahlungen, die den Arbeitgeber unmittelbar treffen. Tragen dagegen (auch) Arbeitnehmer Beiträge und Umlageanteile, liegen insoweit keine Einkünfte aus nichtselbständiger Arbeit vor (BT-Drs. 16/2712, 45 und 46 „Zu S. 3").

1086 **Ausnahmen:** Nicht der Besteuerung unterliegen vier abschließend in § 19 Abs. 1 S. 1 Nr. 3 S. 2 Hs. 1 Teil 2 aufgeführte Arten der Sonderzahlungen.

1087 Erstmalige Bereitstellung der Kapitalausstattung entsprechend den Solvabilitätsvorschriften (§ 19 Abs. 1 S. 1 Nr. 3 S. 2 Buchst. a): Zum Kreis der nicht zu Einkünften aus nichtselbständiger Arbeit führenden Sonderzahlungen (→ Rn. 1086) zählen auch Zahlungen des Arbeitgebers zur erstmaligen Bereitstellung der Kapitalausstattung zur Erfüllung der Solvabilitätskapitalanforderung nach den §§ 89, 213, 234g oder 238 VAG.

1087.1 Bis zur Änderung des § 19 Abs. 1 S. 1 Nr. 3 S. 3 Buchst. a durch das EbAVG (→ Rn. 29) führten Zahlungen des Arbeitgebers zur erstmaligen Bereitstellung der Kapitalausstattung zur Erfüllung der Solvabilitätskapitalanforderung nach den §§ 89, 213 VAG, auch in Verbindung mit den §§ 234 und 238 VAG, nicht zu Einkünften aus nichtselbständiger Arbeit. Die Änderung durch das EbAVG (→ Rn. 29), wodurch § 19 Abs. 1 S. 1 Nr. 2 Buchst. a seine jetztige Fassng erhielt (→ Rn. 1087), sind Folgeänderungen, die sich in erster Linie aus den geänderten Vorschriften des VAG ergeben, die Pensionskassen und Pensionsfonds betreffen (BT-Drs. 19/4673, 75). Mit dem EbAVG wurde die Richtlinie (EU) 2016/2341 des Europäischen Parlaments und des Rates vom 14.12.2016 über die Tätigkeiten und die Beaufsichtigung von Einrichtungen der betrieblichen Altersversorgung (EbAV) – Neufassung – (ABl. L 354 vom 23.12.2016, 37) in deutsches Recht umgesetzt. Die Richtlinie erweitert gegenüber der Vorgängerrichtlinie 2003/41/EG den Aufsichtsrahmen für Einrichtungen der betrieblichen Altersversorgung (BT-Drs. 19/4673, 41).

1088 **Erfüllung der Solvabiltitätsanforderungen der §§ 89, 213 234g oder 238 VAG:** Versicherungsunternehmen sind nach § 89 Abs. 1 S. 1 VAG verpflichtet, stets über anrechnungsfähige Eigenmittel mindestens in Höhe der Solvabilitätskapitalanforderung zu verfügen. In Höhe der Mindestkapitalanforderung haben sie stets über anrechnungsfähige Basiseigenmittel zu verfügen (§ 89 Abs. 1 S. 2 VAG). Anrechnungsfähig sind Eigenmittel, die den Anforderungen der §§ 94 und 95 VAG entsprechen (§ 89 Abs. 1 S. 3 VAG). Die Eigenmittel eines Versicherungsunternehmens umfassen die Basiseigenmittel und die ergänzenden Eigenmittel (§ 89 Abs. 2 VAG, legal definiert in § 89 Abs. 3 VAG). Kleine Versicherungsunternehmen erfahren gewisse Erleichterungen (§§ 213 und 217 VAG). Entsprechendes gilt auch für Pensionskassen (§ 234g VAG) und Pensionsfonds (§ 238 VAG), die zur Sicherstellung der dauernden Erfüllbarkeit der Verträge stets über freie unbelastete Eigenmittel mindestens in Höhe der geforderten Solvabilitätsspanne verfügen müssen, die sich nach dem gesamten

Geschäftsumfang bemisst. Ist die Zahlungsfähigkeit der Versorgungseinrichtung bedroht, hat diese von ihren Mitgliedern Sonderzahlungen anfordern. Diese sind nach § 19 Abs. 1 S. 1 Nr. 3 S. 2 Buchst. a steuerfrei. (→ Rn. 1087).

Erstmalige Herstellung der ausreichenden Eigenmittelausstattung (Solvabilitätsspanne): Anders als vor der Novellierung des § 19 Abs. 1 S. 1 Nr. 3 S. 2 Buchst. a durch das am 22.12.2014 in Kraft getretene ZollkodexAnpG sind auf nach dem 30.12.2014 geleistete Sonderzahlungen (→ Rn. 1069) nur noch bei der Neugründung von Versorgungswerken gezahlte Sonderzahlungen zur **erstmaligen Herstellung** der ausreichenden Eigenmittelausstattung dienen. Diese Neuregelung soll der Schließung einer Regelungslücke dienen (→ Rn. 1059). Zur erstmaligen Bereitstellung der Kapitalausstattung zur Erfüllung der Solvabilitätsvorschriften (Buchstabe a) soll nach den Gesetzesmaterialien (BT-Drs. 18/3017, 39) auch eine Erhöhung der Solvabilitätsspanne sein, die auf **Neugeschäften** oder **vertraglich vereinbarten laufenden Beiträgen oder Zuwendungen** beruht. Eine angemessene Kapitalausstattung liegt – so die Gesetzesmaterialien (BT-Drs. 18/3017, 39) – jedenfalls bei einer Bedeckung der Solvabilitätsspanne von 100% vor und kann bis zu einem Bedeckungsgrad von bis zu 115% reichen. Dies soll zum einen den **aufsichtsrechtlichen Vorgaben** entsprechen; zum anderen liege der höhere Bedeckungsgrad immer noch unter dem durchschnittlichen Bedeckungsgrad von Pensionskassen und Lebensversicherungsunternehmen in den letzten Jahren, gebe den Unternehmen aber etwas Handlungsspielraum, um weitere Verluste abzufedern (BT-Drs. 18/3017, 39). 1089

Wiederherstellung einer angemessenen Kapitalausstattung (§ 19 Abs. 1 S. 1 Nr. 3 S. 2 Buchst. b): Auch Zahlungen des Arbeitgebers zur Wiederherstellung einer angemessenen Kapitalausstattung nach unvorhersehbaren Verlusten oder zur Finanzierung der Verstärkung der Rechnungsgrundlagen auf Grund einer unvorhersehbaren und nicht nur vorübergehenden Änderung der Verhältnisse führen nicht zu Arbeitslohn. Als unvorhersehbare Verluste sind in Anlehnung an den Begriff der unvorhersehbaren Verluste in § 56b Abs. 1 S. 2 VAG Verluste zu verstehen, die die Unternehmen nicht zu vertreten haben (BT-Drs. 18/3017, 39). Das Vorliegen einer unvorhersehbaren, nicht nur vorübergehenden Änderung der Verhältnisse bezieht sich auf den Zeitpunkt, zu dem die Sonderzahlung des Arbeitgebers begründet wird (BT-Drs. 18/3017, 40). 1090

Beispiele für unvorhersehbare Verluste sind ein hoher Abschreibungsbedarf infolge eines Einbruchs am Kapitalmarkt, wie er etwa in der Finanzkrise des Jahres 2008 zu beobachten war, und ein plötzlicher Anstieg der Invaliditätsfälle infolge neuer Rechtsprechung. Dagegen reichen Verluste aus einzelnen Kapitalanlagen eines Unternehmens regelmäßig nicht aus, da derartige Verluste dem Kapitalanlagemarkt immanent und mithin nicht unvorhersehbar sind. 1090.1

Verstärkung von Rechnungslagen: Da die gestiegene Lebenserwartung und das Niedrigzinsumfeld ebenfalls zu Finanzierungslücken führen, ist es nach Auffassung der Gesetzesmaterialien (BT-Drs. 18/3017, 39) sachgerecht, Sonderzahlungen des Arbeitgebers, mit denen diese Lücken geschlossen werden, den Sonderzahlungen zur Wiederherstellung einer angemessenen Kapitalausstattung gleichzustellen. 1091

Das gilt zB auch im Fall des Bedarfsdeckungsverfahrens, das unterstellt, dass sich im langjährigen Mittel Überschüsse und Verluste ausgleichen (BT-Drs. 18/3017, 39). 1091.1

Unabhängigkeit von Sonderzahlung und laufenden Beiträgen: Durch die im Schlussatz von § 19 Abs. 1 S. 1 Nr. 3 S. 2 Buchst. b genannten Voraussetzungen („wobei [...] dürfen"), soll Gestaltungsspielräumen dadurch entgegengewirkt werden, dass die Sonderzahlungen nicht zu einer Absenkung des laufenden Beitrags führen dürfen oder umgekehrt durch die Absenkung des laufenden Beitrags eine Sonderzahlung ausgelöst wird (BT-Drs. 18/3017, 39). Dadurch soll ausgeschlossen werden, dass (lohn-)steuerpflichtige Beiträge – insbesondere beim Bedarfsdeckungsverfahren, bei dem die laufenden Beiträge im Zeitablauf schwanken können – nicht durch unversteuerte Zahlungen ersetzt werden (BT-Drs. 18/3017, 39). 1092

Schließung von Regelungslücken: Diese Neuregelung soll – ebenso wie diejenige in § 19 Abs. 1 S. 1 Nr. 3 S. 2 Buchst. a (→ Rn. 1087) – der Schließung einer Regelungslücke dienen (→ Rn. 1059). 1093

1094 **Zahlungen in der Rentenbezugszeit nach § 236 Abs. 2 VAG (§ 19 Abs. 1 S. 1 Nr. 3 S. 2 Buchst. c):** Überdies begründen Zahlungen des Arbeitgebers in der Rentenbezugszeit nach § 236 Abs. 2 VAG (vor VZ 2016: § 112 Abs. 1a VAG) keine Einkünfte aus nichtselbständiger Arbeit. Pensionsfonds können gem. § 236 Abs. 2 VAG Altersversorgungsleistungen erbringen, solange Beitragszahlungen durch den Arbeitgeber auch in der Rentenbezugszeit vorgesehen sind; dabei darf ein fester Termin für das Zahlungsende nicht vorgesehen werden. Dies gilt jedoch nach § 236 Abs. 2 S. 3 VAG nicht für Zusagen iSd § 1 Abs. 2 Nr. 2 BetrAVG. Die Sonderzahlungen nach § 236 Abs. 2 VAG sind insbesondere dann erforderlich, wenn sich – bedingt durch den demographischen Wandel und die gestiegene Lebenserwartung – ein Finanzierungsengpass bei dem Versorgungssystem ergibt (HHR/*Pflüger* § 19 Rn. 334).

1095 **Sanierungsgelder (§ 19 Abs. 1 S. 1 Nr. 3 S. 2 Buchst. d):** Des Weiteren werden keine Einkünfte aus nichtselbständiger Arbeit begründet, wenn der Arbeitgeber Sanierungsgelder leistet. Zur Definition → Rn. 1114. Sanierungsgelder sollten zunächst ebenfalls als „Arbeitslohn" definiert und wie die vom BFH entschiedenen anderen Fälle der Sonderzahlungen der Besteuerung unterworfen werden (BT-Drs. 16/2712, 45 f.; BR-Drs. 622/06, 74 ff.; ferner Stellungnahme der Bundesregierung in BT-Drs. 16/3036, 20 auf den Vorschlag des Bundesrats, vgl. BT-Drs. 16/3036, 5 f.). Aufgrund der Beschlussempfehlung des Finanzausschusses (BT-Drs. 16/3325, 2 und 10) wurden sie jedoch von der Steuerpflicht ausgenommen. Dies ist verfassungsmäßig (→ Rn. 1071).

1096–1098 *Einstweilen frei*

1099 **bb) Regelbeispiele für Sonderzahlungen (§ 19 Abs. 1 S. 1 Nr. 3 S. 2 Hs. 2). Regelbeispiele:** Der Begriff der Sonderzahlung iSd § 19 Abs. 1 S. 1 Nr. 3 S. 2 wird anhand von – **nicht abschließenden** („insbesondere") – **Regelbeispielen** umschrieben, denen gemeinsam ist, dass diese Sonderzahlungen entstehen, wenn ein Arbeitgeber sein bisheriges Versorgungsunternehmen verlässt (HHR/*Pflüger* § 19 Rn. 335).

1100 Praktisch häufiger Fall ist der Wechsel früherer öffentlich Bediensteter in private Unternehmen im Wege der Privatisierung unter gleichzeitiger Übernahme der von öffentlich-rechtlichen Versorgungsanstalten zum Zeitpunkt des Wechsels bereits zugesagten Versorgungsanwartschaften durch privatrechtlich organisierte Versorgungswerke (HHR/*Pflüger* § 19 Rn. 335).

1101 Ausscheiden aus einem nicht nach dem Kapitaldeckungssystem finanzierten Versorgungswerk (§ 19 Abs. 1 S. 1 Nr. 3 S. 2 Hs. 2 Buchst. a): Das gesetzlich genannte Regelbeispiel (→ Rn. 1099) für Einkünfte aus nichtselbständiger Arbeit begründende Sonderzahlungen betrifft das Ausscheiden des Arbeitgebers aus einem umlagefinanzierten Versorgungswerk. Hier schließen öffentlich-rechtlich organisierte Arbeitgeber ihre Versorgungszusagen, bzw. frieren diese anlässlich einer „Privatisierung" ein (HHR/*Pflüger* § 19 Rn. 335).

1101.1 **Beispiel:** Abschlusszahlung an die VBL (BFH 14.11.2013 – VI R 49/12, DStRE 2014, 385).

1102 **Wechsel in ein anderes Versorgungswerk (§ 19 Abs. 1 S. 1 Nr. 3 S. 2 Hs. 2 Buchst. b):** Auch Sonderzahlungen anlässlich eines Wechsels von einer nicht im Wege der Kapitaldeckung zu einer anderen nicht im Wege der Kapitaldeckung finanzierten betrieblichen Altersversorgung führen zu Einkünften aus nichtselbständiger Arbeit.

1102.1 **Beispiel** (nach BMF 24.7.2013, BStBl. I 2013, 1022 Rn. 298): Die Zusatzversorgungskasse (ZVK) A wird auf die ZVK B überführt. Der Umlagesatz der ZVK A betrug bis zur Überführung 6% vom zusatzversorgungspflichtigen Entgelt. Die ZVK B erhebt nur 4% vom zusatzversorgungspflichtigen Entgelt. Der Arbeitgeber zahlt nach der Überführung auf die ZVK B für seine Arbeitnehmer zusätzlich zu den 4% Umlage einen festgelegten Betrag, durch den die Differenz bei der Umlagenhöhe (6% zu 4% vom zusatzversorgungspflichtigen Entgelt) ausgeglichen wird.

Bei dem Differenzbetrag, den der Arbeitgeber nach der Überführung auf die ZVK B zusätzlich leisten muss, handelt es sich um eine steuerpflichtige Sonderzahlung gem. § 19 Abs. 1 S. 1 Nr. 3 S. 2 Buchst. b, die nach einfachem mit 15% gem. § 40b Abs. 4 pauschal zu besteuern ist. Diese Vorschrift ist verfassungswidrig. Es ist der Vorlagebeschluss des BFH zur Verfassungswidrigkeit der in § 40b Abs. 4 angeordneten Zwangspauschalierung zu beachten (→ Rn. 1071).

1103–1105 *Einstweilen frei*

d) Maßstab zur Berechnung bestimmter Sonderzahlungen (§ 19 Abs. 1 S. 1 Nr. 3 S. 3). Vereinfachter Maßstab zur Berechnung bestimmter Sonderzahlung: § 19 Abs. 1 S. 1 Nr. 3 S. 3 normiert für Sonderzahlungen iSd § 19 Abs. 1 S. 1 Nr. 3 S. 3 Hs. 2 Buchst. b, also für Sonderzahlungen anlässlich des Wechsels von einer nicht im Wege der Kapitaldeckung zu einer anderen nicht im Wege der Kapitaldeckung finanzierten betrieblichen Altersversorgung (→ Rn. 1102), einen vereinfachten Maßstab zur Berechnung der Sonderzahlungen, wenn es sich bei diesen Sonderzahlungen um laufende und wiederkehrende Zahlungen entsprechend dem periodischen Bedarf handelt. 1106

Laufende Zahlungen sind im Vorhinein bestimmte **regelmäßig fortlaufend** geleistete Zahlungen des Arbeitgebers. 1107

Wiederkehrend sind Sonderzahlungen, die **wiederholt** mit einer – im Gegensatz zu laufenden Zahlungen (→ Rn. 1107) – **nur gewissen Regelmäßigkeit** erbracht werden, wie etwa auf Grundeiner Systemumstellung nach dem periodischen Bedarf bemessene Jahressonderzahlungen oder -schlusszahlungen im Anschluss an laufende Abschlagszahlungen. Unberücksichtigt bleiben etwaige daneben **von Beschäftigten zu tragende Beiträge und Umlageanteile** (BT-Drs. 16/2712, 46); denn § 19 Abs. 1 S. 1 Nr. 3 S. 2 umfasst nur Sonderzahlungen des Arbeitgebers (→ Rn. 1085). 1108

Gesetzgeberisches Motiv: Hierdurch wird sichergestellt, dass bei der laufenden oder wiederkehrenden Zahlung der Zuwendungen und Sonderzahlungen in einem Betrag eine Abgrenzung dieser beiden unter anderem gemäß § 40b Abs. 1 und 5 unterschiedlich zu besteuernden Leistungen des Arbeitgebers möglich ist (BT-Drs. 16/2712, 46). 1109

Beispiel (nach BT-Drs. 16/2712, 46): Lag der vom Arbeitgeber zum Zeitpunkt der Umstellung zu tragende Umlagesatz bereits bei 6% des Arbeitsentgelts und hat der Arbeitgeber nunmehr insgesamt 7,5% des Arbeitsentgelts an die Versorgungseinrichtung zu entrichten, stellt gemäß § 19 Abs. 1 S. 1 Nr. 3 S. 3 nur der über die ursprüngliche Zuwendung (Umlage von 6%) hinausgehende Teil von 1,5% des Arbeitsentgelts eine Sonderzahlung dar. 1109.1

Einstweilen frei 1110–1112

e) Sanierungsgelder (§ 19 Abs. 1 S. 1 Nr. 3 S. 4). aa) Legaldefinition des Begriffs der Sanierungsgelder (§ 19 Abs. 1 S. 1 Nr. 3 S. 4 Hs. 1). Festlegung der nicht steuerbaren Sanierungsgelder: § 19 Abs. 1 S. 1 Nr. 3 S. 4 Hs. 1 legt die Sanierungsgelder per Legaldefinition fest, die nach § 19 Abs. 1 S. 1 Nr. 3 S. 2 Buchst. d (→ Rn. 1095) nicht zu den Einkünften aus nichtselbständiger Arbeit zählen. 1113

Definition: Es handelt sich um Sonderzahlungen des Arbeitgebers an eine Pensionskasse **anlässlich der Systemumstellung** einer nicht im Wege der Kapitaldeckung finanzierten betrieblichen Altersversorgung auf der Finanzierungs- oder Leistungsseite, die der Finanzierung der zum Zeitpunkt der Umstellung bestehenden Versorgungsverpflichten oder -anwartschaften dienen. Eine solche Systemumstellung ist notwendig, wenn sich die Berechnungsgrundlagen durch arbeitsvertragliche Veränderungen, beispielsweise durch den Wechsel des Arbeitgeber in privatrechtliche Organisationsformen, ergeben (HHR/*Pflüger* § 19 Rn. 337). 1114

Anlässlich der Systemumstellung: Hierzu gehören Zahlungen, die der Arbeitgeber im Fall der Umstellung auf der Leistungsseite für diese vor Umstellung bereits entstandenen Versorgungsverpflichtungen und -anwartschaften in das Versorgungssystem leistet (BMF 24.7.2013, BStBl. I 2013, 1022 Rn. 299). 1115

Davon ist **beispielsweise** auszugehen wenn,

- eine deutliche Trennung zwischen bereits entstandenen und neu entstehenden Versorgungsverpflichtungen sowie -anwartschaften sichtbar wird,
- der finanzielle Fehlbedarf zum Zeitpunkt der Umstellung hinsichtlich der bereits entstandenen Versorgungsverpflichtungen sowie -anwartschaften ermittelt wird und
- dieser Betrag ausschließlich vom Arbeitgeber als Zuschuss geleistet wird (BMF 24.7.2013, BStBl. I 2013, 1022).

Zahlungen, die **unabhängig von der systembedingten Umstellung** in das Umlagesystem hätten erbracht werden müssen, sind keine Sanierungsgelder (vgl. HHR/*Pflüger* § 19 Rn. 337). 1116

Nicht im Wege der Kapitaldeckung finanziert ist eine betriebliche Altersversorgung, wenn sie durch **Umlagen** finanziert wird (Blümich/*Geserich* § 19 Rn. 303) Hierzu gehören insbesondere Umlagen an die Versorgungsanstalt des Bundes und der Länder (**VBL**) bzw. an 1117 eine **kommunale Zusatzversorgungskasse** (vgl. BMF 24.7.2013, BStBl. I 2013, 1022 Rn. 296; zu weiteren Einzelheiten s. *Heger* BB 2006, 1598 (1599 f.)).

1118–1120 *Einstweilen frei*

1121 **bb) Berechnungsmaßstab bei bestimmten Sanierungsgeldern (§ 19 Abs. 1 S. 1 Nr. 3 S. 4 Hs. 2). Berechnungsmaßstab:** Bei laufenden und wiederkehrenden Zahlungen entsprechend dem periodischen Bedarf ist nach § 19 Abs. 1 S. 1 Nr. 3 S. 4 Hs. 2 der Höhe nach von Sanierungsgeldern auszugehen, soweit die Bemessung der Zahlungsverpflichtungen des Arbeitgebers in das Versorgungssystem nach der Systemumstellung die Bemessung der Zahlungsverpflichtung zum Zeitpunkt der Systemumstellung übersteigt (**Differenzberechnung**). Dies bedeutet, dass als Sanierungsgelder nur die Zahlungen anzusehen sind, die durch eine Systemumstellung innerhalb des umlagefinanzierten Versorgungssystems zusätzlich vom Arbeitgeber erbracht werden müssen (HHR/*Pflüger* § 19 Rn. 337).

1122 **Laufende und wiederkehrende Zahlungen von Sanierungsgeldern entsprechend dem periodischen Bedarf:** Nur laufende und wiederkehrende Sanierungsgelder unterfallen der Differenzberechnung (→ Rn. 1121). Daher entfällt eine Differenzrechnung nach § 19 Abs. 1 S. 1 Nr. 3 S. 4 Hs. 2, wenn es an laufenden und wiederkehrenden Zahlungen entsprechend dem periodischen Bedarf fehlt, also das zu erbringende Sanierungsgeld als Gesamtfehlbetrag feststeht und lediglich ratierlich getilgt wird (BMF 24.7.2013, BStBl. I 2013, 1022 Rn. 300). Die zu Sonderzahlungen gegebenen Erläuterungen der Tatbestandsmerkmale „laufend" und „wiederkehrend" gelten entsprechend („laufend" → Rn. 1107; „wiederkehrend" → Rn. 1108).

1122.1 **Beispiel** (nach BMF 24.7.2013, BStBl. I 2013, 1022 Rn. 300):

Die Zusatzversorgungskasse (ZVK) A stellt ihre betriebliche Altersversorgung auf der Finanzierungs- und Leistungsseite um. Bis zur Systemumstellung betrug die Umlage 6,2% vom zusatzversorgungspflichtigen Entgelt. Nach der Systemumstellung beträgt die Zahlung insgesamt 7,7% vom zusatzversorgungspflichtigen Entgelt. Davon werden 4% zugunsten der nun im Kapitaldeckungsverfahren finanzierten Neuanwartschaften und 3,7% für die weiterhin im Umlageverfahren finanzierten Anwartschaften einschließlich eines Sanierungsgeldes geleistet.

Die Ermittlung des nicht zu besteuernden Sanierungsgeldes erfolgt nach § 19 Abs. 1 S. 1 Nr. 3 S. 4 Hs. 2. Ein solches nicht zu besteuerndes Sanierungsgeld liegt nur vor, soweit der bisherige Umlagesatz überstiegen wird.

Zahlungen nach der Systemumstellung insgesamt	7,7%
Abzüglich Zahlungen vor der Systemumstellung	6,2%
Nicht zu besteuerndes Sanierungsgeld	1,5%
Ermittlung der weiterhin nach § 19 Abs. 1 S. 1 Nr. 3 S. 1 grundsätzlich zu besteuernden Umlagezahlung:	
Nach der Systemumstellung geleistete Zahlung für das Umlageverfahren einschließlich des Sanierungsgeldes	3,7%
Nicht zu besteuerndes Sanierungsgeld	1,5%
grundsätzlich zu besteuernde Umlagezahlung	2,2%

1123–1125 *Einstweilen frei*

5. Irrelevanz von Zahlungsweise und Bestehen eines Rechtsanspruchs (§ 19 Abs. 1 S. 2)

1126 **a) Rechtssystematische Bedeutung des § 19 Abs. 1 S. 2. Weder abschließende noch konstitutive Regelung:** § 19 Abs. 1 S. 2 bekräftigt das bereits in § 19 Abs. 1 S. 1 Normierte, nämlich dass die Verwirklichung der verschiedenen Tatbestände des § 19 Abs. 1 S. 1 allein von dem **tatsächlichen Veranlassungszusammenhang zum Dienstverhältnis** abhängt (BFH 17.9.1982 – VI R 75/79, BStBl. II 1985, 39). Damit ist die Bestimmung des § 19 Abs. 1 S. 2 nicht konstitutiv. Überdies ist die Regelung auch nicht abschließend. Denn sie wird etwa ergänzt durch § 2 Abs. 1 S. 2 LStDV, nach dem es zudem gleichgültig ist, unter welcher Bezeichnung oder in welcher Form Einnahmen gewährt werden. Unerheblich ist überdies, ob Zahlungen des Arbeitgebers an den Arbeitnehmer bei diesem verbleiben können (BFH 22.5.2002 – VIII R 74/99, BFH/NV 2002, 1430).

Einstweilen frei 1127

b) Verwirklichung der Tatbestände unabhängig von Zahlungsweise und Rechtsanspruch. Gemäß § 19 Abs. 1 S. 2 ist es gleichgültig, ob es sich um laufende oder um einmalige Bezüge handelt und ob ein Rechtsanspruch auf sie besteht. 1128

Laufende Bezüge iSd § 19 Abs. 1 S. 2 sind Vergütungen, die regelmäßig für den Lohnzahlungszeitraum gezahlt werden, zB Löhne, Gehälter oder Pensionen (HHR/*Pflüger* § 19 Rn. 340). 1129

Einmalige Bezüge sind nicht regelmäßig gezahlte Vergütungen (→ Rn. 1129), sodass auch dann „einmalige" Bezüge gegeben sind, wenn sie innerhalb eines VZ mehrfach, aber eben nicht von vornherein regelmäßig festgelegt gezahlt werden. **Beispiele** sind Gratifikationen, Tantiemen, Belohnungen für besondere Leistungen, Jubiläumszuwendungen, Weihnachtsgeld, Urlaubsgeld, Heirats- und Geburtsbeihilfen und Entlassungsentschädigungen (HHR/*Pflüger* § 19 Rn. 340). 1130

Überlagerung des Rechtsanspruchs durch den Veranlassungszusammenhang: Ein Rechtsanspruch für die Bezüge kann sich aus Vertrag oder aus öffentlich-rechtlichen Regelungen ergeben. Auch bei dem Fehlen eines solchen Rechtsanspruchs kann ein Tatbestand des § 19 Abs. 1 S. 1 erfüllt sein. Die tatsächliche Veranlassung der Einnahmen durch das Dienstverhältnis ist ausreichend, ohne dass es eines rechtlichen Zusammenhangs bedarf (BFH 19.7.1974 – VI R 114/71, BStBl. II 1975, 181; BFH 28.2.1975 – VI R 29/72, BStBl. II 1975, 520). 1131

Deshalb ist zB Arbeitslohn iSd § 19 Abs. 1 S. 1 Nr. 1 auch dann gegeben, wenn zwar ohne Rechtsanspruch, aber **durch das individuelle Dienstverhältnis veranlasst** (→ Rn. 1126) ein **Geschenk** gewährt wird (BFH 5.7.1996 – VI R 10/96, BStBl. II 1996, 545, Zuwendung einer Reise). Zum Arbeitslohn gehören daher auch **versehentliche Überweisungen** des Arbeitgebers, die dieser zurückfordern kann (BFH 13.11.2012 – VI R 38/11, BStBl. II 2013, 929); die Rückzahlung ist in diesem Fall erst im Zeitpunkt des tatsächlichen Abflusses einkünftemindernd zu berücksichtigen (BFH 4.5.2006 – VI R 17/03, BStBl. II 2006, 830). Auch **Trinkgelder** stellen Arbeitslohn dar (→ Rn. 821), sie sind jedoch nach § 3 Nr. 51 steuerfrei (siehe auch Erläuterungen zu dieser Vorschrift). Das Fehlen eines Rechtsanspruchs als solches rechtfertigt es zwar nicht, einen der Tatbestände des § 19 Abs. 1 S. 1 auszuschließen (zB bei einer Betriebsveranstaltung), es kann jedoch aus anderen Gründen an der Verwirklichung des Tatbestandes fehlen (→ Rn. 719). 1131.1

Einstweilen frei 1132–1134

c) Rechtsfolge. „Es ist gleichgültig" bedeutet im Zusammenhang mit S. 1 des § 19 Abs. 1, dass die dort normierten Tatbestände der Einkünfte aus nichtselbständiger Arbeit unabhängig von der Häufigkeit der Zahlung der Bezüge sowie auch dann gegeben sind, wenn auf die Bezüge kein Rechtsanspruch besteht. Dies schließt jedoch nicht aus, dass die Verwirklichung des Steuertatbestands aus einem anderen Grund scheitern kann (→ Rn. 1131). Wegen § 19 Abs. 1 S. 2 sind auch **freiwillige Sonderzuwendungen** des Arbeitgebers an einzelne Arbeitnehmer, die keine Aufmerksamkeiten sind (→ Rn. 502 ff.) oder einen Gewinn aus einer betrieblichen Verlosung darstellen (→ Rn. 201 „Verlosung"), Arbeitslohn. 1135

Einstweilen frei 1136–1138

II. Versorgungsfreibetrag und Zuschlag zum Versorgungsfreibetrag (§ 19 Abs. 2)

In § 19 **Abs. 2** sind für Ruhegehälter iSd § 19 Abs. 1 S. 1 Nr. 2, die die Qualität von Versorgungsbezügen (→ Rn. 1179 ff.) haben, steuerliche Vergünstigungen normiert, nämlich der **Versorgungsfreibetrag** und **der Zuschlag zum Versorgungsfreibetrag** (→ Rn. 1215 ff.). 1139

Einstweilen frei 1140

1. Allgemeines

1141 **a) Inhalt des § 19 Abs. 2.** § 19 Abs. 2 **S. 1** (→ Rn. 1175) regelt, dass Versorgungsbezüge in Höhe eines Versorgungsfreibetrags und eines Zuschlags zum Versorgungsfreibetrag steuerfrei bleiben. § 19 Abs. 2 **S. 2** definiert die so privilegierten Versorgungsbezüge (→ Rn. 1179 ff.). In § 19 Abs. 2 **S. 3** (→ Rn. 1215 ff.) legt den Höchstbetrag des Versorgungsfreibetrages und die Höhe des Zuschlages zum Versorgungsfreibetrag fest. Dies geschieht in Abhängigkeit von dem Kalenderjahr des Versorgungsbeginns (sog. **Kohortenprinzip**). Daneben wird auch der maßgebende Prozentsatz festgelegt, der auf die in § 19 Abs. 2 **S. 4** normierte Bemessungsgrundlage (→ Rn. 1226) anzuwenden ist. Der Zuschlag zum Versorgungsfreibetrag kann nach § 19 Abs. 2 **S. 5** maximal bis zur Höhe der um den Versorgungsfreibetrag geminderten Bemessungsgrundlage abgezogen werden (→ Rn. 1230). Nach § 19 Abs. 2 **S. 6** bestimmt sich die maßgebende Kohorte nach dem Beginn des ersten Versorgungsbezugs (→ Rn. 1234). Gemäß § 19 Abs. 2 **S. 7** richten sich bei Hinterbliebenenbezügen ausnahmsweise der Prozentsatz, der Höchstbetrag des Versorgungsfreibetrags und der Zuschlag zum Versorgungsfreibetrag nach dem Kalenderjahr des Versorgungsbeginns für den Rechtsvorgänger (→ Rn. 1240 ff.). § 19 Abs. 2 **S. 8** etabliert den Grundsatz, dass der Versorgungsfreibetrag und dessen Zuschlag für die gesamte Laufzeit des Versorgungsbezugs gelten (→ Rn. 1246), sodass insbesondere regelmäßige Anpassungen des Versorgungsbezugs nicht zu einer Neuberechnung führen (§ 19 Abs. 2 **S. 9,** → Rn. 1250). Ausnahmsweise findet allerdings eine Neuberechnung dann statt, wenn sich der Versorgungsbezug wegen Anwendung von Anrechnungs-, Ruhens-, Erhöhungs- oder Kürzungsregelungen erhöht oder vermindert (§ 19 Abs. 2 **S. 10,** → Rn. 1254 f.). Für den Fall der Neuberechnung nach § 19 Abs. 2 S. 10 regelt § 19 Abs. 2 **S. 11 Hs. 1,** dass sich allein die Bemessungsgrundlage, nicht jedoch die Zuordnung zur Kohorte verändert; insoweit gelten der neu ermittelte Versorgungsfreibetrag einschließlich seines Zuschlags gemäß § 19 Abs. 2 **S. 11 Hs. 2** nur, wenn sie höher als zuvor sind (→ Rn. 1258 ff.). Nach § 19 Abs. 2 **S. 12** werden der Versorgungsfreibetrag und der Zuschlag zum Versorgungsfreibetrag zeitanteilig für die Monate gekürzt, in denen an keinem Tag Versorgungsbezüge gezahlt werden (→ Rn. 1265).

1142–1144 *Einstweilen frei*

1145 **b) Rechtssystematische Bedeutung des § 19 Abs. 2. aa) Ursprüngliche Bedeutung des Versorgungsfreibetrags.** Der Zuschlag zum Versorgungsfreibetrag wurde erst durch das AltEinkG mit Wirkung ab dem VZ 2005 eingeführt (→ Rn. 1149). Anfänglich diente der in § 19 Abs. 2 geregelte Versorgungsfreibetrag der steuerlichen Entlastung von Pensionsempfängern. Denn die vollständige steuerliche Erfassung ihrer Bezüge im Vergleich zu der nur geringfügigen Besteuerung von Sozialversicherungsrenten mit dem Ertragsanteil wurde als unbefriedigend empfunden (zu BT-Drs. IV/3189, 2). Daher wurde ein Teil der grundsätzlich vollständig nachgelagert zu besteuernden Versorgungsbezüge (→ Rn. 1179 ff.) steuerfrei gestellt.

1146–1148 *Einstweilen frei*

1149 **bb) Abschmelzung bis vollständigen nachgelagerten Besteuerung im VZ 2040 durch das AltEinkG. Schrittweise Abschmelzung:** Durch das AltEinkG wurde **ab dem VZ 2005** das bei den Versorgungsbezügen im Grundsatz bereits geltende **Prinzip der nachgelagerten Besteuerung,** also die Maxime der steuerlichen Nichtbelastung der Beiträge zur Altersversorgung und damit korrespondierend der Besteuerung beim Zufluss der Alterseinkünfte, für die Renten aus der gesetzlichen Sozialversicherung eingeführt. Diese wurden zuvor mit einem regelmäßig niedrigen Ertragsanteil (vgl. § 22 Nr. 1 S. 3 Buchst. a EStG aF) versteuert. So wie die Besteuerung von Sozialversicherungsrenten nicht mehr nach den regelmäßig niedrigen Ertragsanteilen, sondern gleitend nach jährlich steigenden Besteuerungsanteilen bis zur vollständigen nachgelagerten Besteuerung im Jahr 2040 überführt wird, wird die vollständige nachgelagerte Besteuerung von Versorgungsbezügen durch die gleitende Abschmelzung des Versorgungsfreibetrags und des Zuschlag zum Versorgungsfreibetrag **bis zum Jahr 2040** bestimmt (→ Rn. 1219). Zugleich wurde durch das AltEinkG ein **Zuschlag zum Versorgungsfreibetrag** eingeführt (zur Ratio dieses Zuschlags → Rn. 1218). Auch dieser Zuschlag zum Versorgungsfreibetrag wird schrittweise verringert.

Die Abschmelzung des Versorgungsfreibetrags und des Zuschlags zum Versorgungsfreibetrag ist also **Folge der schrittweisen Angleichung der Versorgungssysteme.**

Kohortenprinzip: Im Grundsatz bestimmen sich der Versorgungsfreibetrag und der Zuschlag zum Versorgungsfreibetrag nach dem Jahrgangs- bzw. Kohortenprinzip, dh der für das Jahr des erstmaligen Versorgungsbezugs geltenden Freibeträge werden grundsätzlich bis zum Tod des Versorgungsempfängers festgeschrieben (→ Rn. 1246 f., eine Besonderheit besteht bei Hinterbliebenenbezügen → Rn. 1240 ff.) und nur ausnahmsweise neu berechnet (→ Rn. 1254 ff.). 1150

Einstweilen frei 1151–1153

cc) Fiskalische Bedeutung des § 19 Abs. 2. Der Gesetzgeber kalkulierte aufgrund der Einführung des Zuschlags zum Versorgungsfreibetrag in seiner jetzigen Fassung (grundsätzlich 900 EUR) sowie der nur schrittweisen Abschmelzung des Versorgungsfreibetrags und des Zuschlags mit Mindereinnahmen von **225 Mio. EUR** (BT-Drs. 15/3004, 32, Nr. 6 unter „Änderung"). 1154

Einstweilen frei 1155

c) Verhältnis zu anderen Vorschriften. Verhältnis zu § 3 Nr. 66: Wird eine Versorgungsverpflichtung nach § 3 Nr. 66 auf einen Pensionsfonds übertragen und hat der Steuerpflichtige bereits vor dieser Übertragung Leistungen auf Grund dieser Versorgungsverpflichtung erhalten, sind insoweit auf die Leistungen aus dem Pensionsfonds die Beträge nach § 9a S. 1 Nr. 1 Buchst. b und § 19 Abs. 2 entsprechend anzuwenden (vgl. § 22 Nr. 5 S. 11 Hs. 1). 1156

Verhältnis zu § 9a: Von den Einnahmen aus nichtselbständiger Arbeit, soweit es sich um Versorgungsbezüge im Sinne des § 19 Abs. 2 handelt, ist nach § 9a S. 1 Nr. 1 Buchst. b ein Pauschbetrag von 102 EUR abzuziehen. Dabei darf der Pauschbetrag gemäß § 9a S. 2 nur bis zur Höhe der um den Versorgungsfreibetrag einschließlich des Zuschlags zum Versorgungsfreibetrag (§ 19 Abs. 2) geminderten Einnahmen abgezogen werden. Mithin führt der Abzug des Pauschbetrags nicht zu negativen Einkünften. 1157

Verhältnis zu § 19 Abs. 1 S. 1 Nr. 2: § 19 Abs. 2 privilegiert unter weiteren Voraussetzungen bestimmte Ruhegehälter, nämlich Versorgungsbezüge iSd § 19 Abs. 2 S. 2 (→ Rn. 1179 ff.), durch Abzug des Versorgungsfreibetrags und des Zuschlags zum Versorgungsfreibetrag. 1158

Verhältnis zu § 22 Nr. 4: Bei Abgeordnetenbezügen ist die steuerliche Privilegierung durch § 19 Abs. 2 nur auf den Abzug des Versorgungsfreibetrags begrenzt; der Zuschlag zum Versorgungsfreibetrag wird nicht gewährt (§ 22 Nr. 4 S. 4 Buchst. b). Dies rührt daher, dass für Abgeordnetenbezüge schon vor dem VZ 2005 – anders als bei Versorgungsbezügen – kein Arbeitnehmer-Pauschbetrag abgezogen wurde und dementsprechend für Abgeordnete – anders als für andere Versorgungsbezüge, für die der Arbeitnehmer-Pauschbetrag galt – mangels Wegfalls des Arbeitnehmer-Pauschbetrag keine Kompensation erforderlich war (zur Ratio des Zuschlags zum Versorgungsfreibetrag → Rn. 1218). 1159

Verhältnis zu § 24a S. 2: U.a. Versorgungsbezüge bleiben bei der Bemessung des Altersentlastungsbetrags außer Betracht, weil sie bereits durch den Versorgungsfreibetrag und den Zuschlag zum Versorgungsfreibetrag begünstigt sind. Eine doppelte Begünstigung würde dem Zweck des § 24a, sonstige Einkünfte im Alter vergleichbar zu entlasten, widersprechen (HHR/*Bleschick* § 24a Rn. 25). 1160

Verhältnis zu § 39b Abs. 2 S. 3 und 5: Der Abzug des Versorgungsfreibetrags und des Zuschlags zum Versorgungsfreibetrag gelten nach § 39b Abs. 2 S. 3 und 5 auch im Lohnsteuerabzugsverfahren. 1161

Verhältnis zu §§ 40 bis 40b: Wird die Lohnsteuer nach §§ 40 bis 40b pauschal berechnet, finden der Versorgungsfreibetrag und der Zuschlag zum Versorgungsfreibetrag keine Anwendung (Schmidt/*Krüger* § 19 Rn. 95). 1162

Verhältnis zu § 41b EStG iVm § 4 Abs. 2 Nr. 4 LStDV: Der Arbeitgeber hat im Lohnkonto in den Fällen des § 19 Abs. 2 die für die zutreffende Berechnung des Versorgungsfreibetrags und des Zuschlags zum Versorgungsfreibetrag erforderlichen Angaben aufzuzeichnen (§ 4 Abs. 2 Nr. 4 LStDV). Es sind also kenntlich zu machen: der Bruttobetrag der Versorgungsbezüge (HHR/*Pflüger* § 19 Rn. 512; vgl. BMF 3.8.2015, BStBl. I 2015, 621 Nr. 8 des Musters für den Ausdruck der elektronischen Lohnsteuerbescheinigung), die Bemessungsgrundlage für den Versorgungsfreibetrag (BMF 3.8.2015, BStBl. I 2015, 621 1163

Nr. 29 des Musters für den Ausdruck der elektronischen Lohnsteuerbescheinigung), das maßgebende Kalenderjahr des Versorgungsbeginns (BMF 3.8.2015, BStBl. I 2015, 621 Nr. 30 des Musters für den Ausdruck der elektronischen Lohnsteuerbescheinigung), bei unterjähriger Zahlung: erster und letzter Monat, für den Versorgungsbezüge gezahlt worden sind (BMF 3.8.2015, BStBl. I 2015, 621 Nr. 31 des Musters für den Ausdruck der elektronischen Lohnsteuerbescheinigung). Der Arbeitgeber hat jedoch nicht den Versorgungsfreibetrag und den Zuschlag zum Versorgungsfreibetrag auszurechnen. Die so ermittelten Daten sind dem Betriebstättenfinanzamt elektronisch zu übermitteln; dem Arbeitnehmer ist sodann ein Ausdruck der elektronischen Lohnsteuerbescheinigung auszuhändigen (§ 41b Abs. 1 S. 2 und 3).

1164–1166 *Einstweilen frei*

1167 **d) Zeitlicher Anwendungsbereich des § 19 Abs. 2.** Die Neufassung des § 19 Abs. 2 mit der Abschmelzung von Versorgungsfreibetrag und der Einführung des (ebenfalls schrittweisen abgesenkten) Zuschlags zum Versorgungsfreibetrag war erstmals **ab dem VZ 2005** anzuwenden (§ 52 Abs. 1 S. 1 EStG idF des Art. 18 Abs. 3 AltEinkG (BGBl. 2004 I 1447)).

1168 *Einstweilen frei*

1169 **e) Verfassungsmäßigkeit des § 19 Abs. 2.** § 19 Abs. 2 ist in seiner Grundentscheidung, Versorgungsbezüge steuerlich mäßig zu privilegieren (→ Rn. 1170), und hierbei zwischen öffentlich-rechtlichen und privatrechtlichen Versorgungsbezügen zu differenzieren (→ Rn. 1171) verfassungsmäßig (→ Rn. 1170 f.).

1170 **Maßnahmen zur Wahrung verfassungsrechtlich gebotenen Vertrauensschutzes:** Die in § 19 Abs. 1 S. 1 Nr. 2 zum Ausdruck kommende Grundentscheidung des Gesetzgebers, sämtliche Basis-Altersversorgungssysteme unter schiedslos dem System der nachgelagerten Besteuerung zu unterwerfen (BT-Drs. 15/2150, 1 und 22), ist verfassungsrechtlich nicht zu beanstanden (→ Rn. 1017). Da das Prinzip der nachgelagerten Besteuerung bei den Versorgungsbezügen bereits vor der Neuordnung der Besteuerung von Basis-Alterseinkünften erreicht war und der zur Abmilderung von Ungleichbehandlungen in der Besteuerung von Versorgungsbezügen und Sozialversicherungsrenten geschaffene Versorgungsfreibetrag (→ Rn. 1145) seine Berechtigung verlor, wird dieser bis zum VZ 2040 zwar abgeschmolzen (→ Rn. 1149), aber grundsätzlich beibehalten und für den jeweiligen Versorgungsempfänger bis zu seinem Tod festgeschrieben. Da zusätzlich zu dem Versorgungsfreibetrag noch der Zuschlag zum Versorgungsfreibetrag zur Vermeidung eines sprunghaften Anstiegs der Besteuerung wegen des Ersatzes des bisher geltenden Arbeitnehmer-Pauschbetrags durch einen niedrigeren Werbungskosten-Pauschbetrag eingeführt wurde, hat der Gesetzgeber während der Übergangszeit bis zum VZ 2040 zur verfassungsrechtlich gebotenen **Wahrung des Vertrauensschutzes von Versorgungsempfängern** Maßnahmen aufrechterhalten (Versorgungsfreibetrag) bzw. ergriffen (Zuschlag zum Versorgungsfreibetrag), um zwischen Versorgungsbezügen und Sozialversicherungsrenten bestehende Besteuerungsunterschiede abzumildern (vgl. BFH 7.2.2013 – VI R 83/10, BStBl. II 2013, 573; vgl. auch BFH 30.6.2015 – VIII B 5/14, BFH/NV 2015, 1387: Verfassungsmäßigkeit des § 19 Abs. 2 grds. geklärt).

1171 **Partielle Ungleichbehandlung von privatrechtlichen und öffentlich-rechtlichen Versorgungsbezügen:** Bezüge iSd § 19 Abs. 2 S. 2 Nr. 1, also nach beamtenrechtlichen oder entsprechenden Vorschriften bzw. Grundsätzen gewährte Bezüge, und solche aus früheren Dienstverhältnissen iSd § 19 Abs. 2 S. 2 Nr. 2 wegen des Erreichens einer Altersgrenze werden zwar unterschiedlich behandelt. Denn bei Letzteren wird ein Versorgungsfreibetrag erst mit Vollendung des 63. Lebensjahres oder bei Schwerbehinderten mit Vollendung des 60. Lebensjahres gewährt; dagegen sieht § 19 Abs. 2 S. 2 Nr. 1 keine Altersgrenze vor. Es fragt sich bereits, ob diese unterschiedlichen Rechtsfolgen überhaupt etwas wesentliches Gleiches iSd Art. 3 Abs. 1 GG betreffen. Denn während § 19 Abs. 2 S. 2 Nr. 1 bei den Beamten die Besteuerung der zur Grundversorgung dienenden Beamtenpensionen betrifft, regelt § 19 Abs. 2 S. 2 Nr. 2 die Besteuerung der in der Regel zur Basisversorgung hinzutretenden betrieblichen Zusatzversorgung (BFH 7.2.2013 – VI R 12/11, BStBl. II 2013, 576). Ungeachtet dessen ist die Besteuerung der betrieblichen Zusatzversorgung als Versorgungsbezüge iSd § 19 Abs. 2 S. 2 Nr. 2 Hs. 2 erst ab dem Erreichen einer Altersgrenze jedenfalls verfassungsrechtlich gerechtfertigt. Denn der Versorgungsfreibetrag soll nur für Bezüge gewährt werden, die der Sicherung des Lebensunterhalts im Alter dienten. Um dies bei in der Privatwirtschaft gewährten Bezüge und Vorteile aus früheren Dienstverhältnissen zu gewährleisten, bedarf es einer gesetzlichen Festlegung einer Altersgrenze. Denn die in der Privatwirtschaft gewährten Bezüge und Vorteile aus früheren Dienstverhältnissen unterliegen der freien Vertragsgestaltung, sodass Betriebsrentner aufgrund von Vereinbarungen mit ihrem Arbeitgeber den Zeitpunkt des Altersruhestandes frei bestimmen können. Bei Beamten bedarf es einer solchen Grenze nicht. Für diese Berufsgruppe ist eine solche dienstrechtlich festgelegt. Der Gesetzgeber hat insoweit (realitätsgerecht, weil statistisch belastbar) davon ausgehen dürfen, dass Beamte üblicherweise erst mit dem 63. Lebensjahr in den Ruhestand gehen und deshalb auf eine ausdrückliche Bestimmung einer entsprechenden Altersgrenze verzichten können (BFH 7.2.2013 – VI R 12/11, BStBl. II 2013, 576).

Einstweilen frei **1172–1174**

2. Teilweise Steuerfreiheit von Versorgungsbezügen (§ 19 Abs. 2 S. 1)

§ 19 Abs. 2 S. 1 ordnet die Steuerfreiheit eines Teils von Versorgungsbezügen durch Abzug **1175** des Versorgungsfreibetrags und des Zuschlags zum Versorgungsbetrag an. Die nähere Konkretisierung bleibt den S. 2 bis 12 in § 19 Abs. 2 vorbehalten. Der Abzug der Freibeträge erfolgt dabei innerhalb der Einkünfte aus nichtselbständiger Arbeit (§ 19 Abs. 2 S. 1: „Von den Versorgungsbezügen bleiben [...] steuerfrei."). Die steuerliche Privilegierung erfolgt sowohl im Veranlagungsverfahren als auch mit Lohnsteuerabzugsverfahren (→ Rn. 1161), jedoch nicht bei der pauschalen Lohnversteuerung (→ Rn. 1162).

Einstweilen frei **1176–1178**

3. Gesetzliche Differenzierung bei den Versorgungsbezügen (§ 19 Abs. 2 S. 2)

§ 19 Abs. 2 S. 2 enthält die Legaldefinition der Versorgungsbezüge, wobei gesetzlich zwi- **1179** schen öffentlich-rechtlichen Versorgungsbezügen (§ 19 Abs. 2 S. 2 Nr. 1, → Rn. 1183 ff.) und privatrechtlichen Versorgungsbezügen (§ 19 Abs. 2 S. 2 Nr. 2, → Rn. 1200 ff.) unterschieden wird. Gemeinsam ist beiden Fällen, dass sie ihren wirtschaftlichen Ursprung in früheren Dienstleistungen haben (→ Rn. 1023) und einem **Versorgungszweck** dienen (HHR/*Pflüger* § 19 Rn. 515, → Rn. 1191). Auch **Sachbezüge** (zB steuerpflichtige Fahrtkostenzuschüsse, Freifahrtberechtigungen, Kontoführungsgebühren) können unter den weiteren Voraussetzungen des § 19 Abs. 2 S. 2 Versorgungsbezüge sein (Blümich/*Geserich* § 19 Rn. 339; Schmidt/*Krüger* § 19 Rn. 96; BMF 23.8.2010, BStBl. I 2010, 665 unter 14.a; H 19.8 „Versorgungsfreibetrag" LStH 2016; offenlassend: BFH 26.6.2014 – VI R 41/13, BStBl. II 2015, 39; zu möglichen **Auswirkungen auf den Arbeitnehmer-Pauschbetrag,** s. *Gunsenheimer* NWB 2010, 3910 (3912)). **Nachzahlungen von Versorgungsbezügen** an nichtversorgungsberechtigte Erben eines Versorgungsberechtigten sollen nach Auffassung der Finanzverwaltung nicht nach § 19 Abs. 2 begünstigt sein (LStR 19.8 Abs. 3 S. 2). Tritt aber der Rechtsnachfolger bei den Ruhegehältern iSd § 19 Abs. 1 S. 1 Nr. 2 in die Rechtsposition des Versorgungsempfängers ein, muss dies auch in Bezug auf nachgezahlt Versorgungsbezüge gelten.

Einstweilen frei **1180–1182**

a) Öffentlich-rechtliche Versorgungsbezüge (§ 19 Abs. 2 S. 2 Nr. 1). Bei den **1183** öffentlich-rechtlichen Versorgungsbezügen wird zwischen Versorgungsbezügen aufgrund beamtenrechtlicher/entsprechender gesetzlicher Vorschriften (§ 19 Abs. 2 S. 2 Nr. 1 Buchst. a, → Rn. 1187 ff.) und Versorgungsbezügen aufgrund beamtenähnlicher Vorschriften durch bestimmte juristische Personen des öffentlichen Rechts (§ 19 Abs. 2 S. 2 Nr. 1 Buchst. b, → Rn. 1196) **differenziert.**

Einstweilen frei **1184–1186**

aa) Versorgungsbezügen aufgrund beamtenrechtlicher oder entsprechender **1187** **gesetzlicher Vorschriften (§ 19 Abs. 2 S. 2 Nr. 1 Buchst. a). Aufgrund beamtenrechtlicher oder entsprechender gesetzlicher Vorschriften:** Die in § 19 Abs. 2 S. 2 Nr. 1 Buchst. a genannten Bezüge müssen aufgrund beamtenrechtlicher oder entsprechender gesetzlicher Vorschriften gewährt werden. Hierunter fallen etwa das **BeamtVG, das BMinG oder das SVG** (HHR/*Pflüger* § 19 Rn. 516). Der Tatbestand des § 19 Abs. 2 S. 2 Nr. 1

Buchst. a folgt also der öffentlich-rechtlichen Einordnung der Zuwendung durch das insoweit **vorgreifliche Dienstrecht** (BFH 21.3.2013 – VI R 5/12, BStBl. II 2013, 611). Damit ist – anders als bei privatrechtlichen Bezügen (→ Rn. 1203 ff.) – keine Altersgrenze für die Einstufung von Einnahmen als Versorgungsbezügen vorgesehen (BFH 7.2.2013 – VI R 12/11, BStBl. II 2013, 576).

1188 **Ruhegehalt** ist ein **einem Versorgungszweck dienender** Bezug (BFH 21.3.2013 – VI R 5/12, BStBl. II 2013, 611; BFH 1.3.1974 – VI R 47/71, BStBl. II 1974, 490), **zB** Versorgungsbezüge bei unwiderruflicher Freistellung vom Dienst bis zur Versetzung in den Ruhestand (sog. 58er-Regelung, BFH 12.2.2009 – VI R 50/07, BStBl. II 2009, 460).

1189 **Witwen- oder Waisengeld:** → Rn. 1036.

1190 **Unterhaltsbeitrag** ist der nach öffentlich-rechtlichen Bestimmungen gewährte und so bezeichnete und wegen Erreichens einer bestimmten Altersgrenze oder wegen Dienstunfähigkeit dem Versorgungsempfänger oder dessen überlebenden Ehegatten, geschiedenem Ehepartner oder Kindern gewährte Bezug, vgl. etwa **§§ 15, 26 und 69 BeamtVG** oder entsprechende **landesrechtlichen Vorschriften** sowie **§ 36 SVG** (KSM/*Breinersdorfer* § 19 Rn. C 30).

1191 **Gleichartiger Bezug:** Ein gleichartiger Bezug ist ein Bezug, der nach seinem Zuwendungsgrund mit einem Ruhegehalt, Witwen- und Waisengeld oder Unterhaltsbeitrag vergleichbar ist; ein dem Ruhegehalt gleichartiger Bezug erfordert deshalb, dass dieser Bezug – wie das Ruhegehalt – ebenfalls einem Versorgungszweck dient, ihm also die **Funktion eines (vorgezogenen) Ruhegehalts** zukommt (BFH 21.3.2013 – VI R 5/12, BStBl. II 2013, 611). Zu weiteren Fällen gleichartiger Versorgungsbezüge vgl. die **umfangreiche Aufzählung** in LStR 19.8 Abs. 1 und BMF 19.8.2013, BStBl. I 2013, 1087 Rn. 168, zu von internationalen Organisationen gezahlten Pensionen).

1192 **Andere als Versorgungszwecke:** Werden mit den Geldleistungen **andere als Versorgungszwecke** verfolgt, liegen keine gleichartigen Bezüge iSd § 19 Abs. 2 S. 2 Nr. 1 Buchst. a vor. Daher sind regelmäßig **keine Versorgungsbezüge** Einkünfte, die in der Freistellungsphase im Rahmen der Altersteilzeit nach dem sog. **Blockmodell** erzielt werden, weil sie – was insbesondere auch ihre Bemessung zeigt – **Entlohnung für die aktive Tätigkeit** des Teilzeitbeschäftigten, also laufende Dienstbezüge, sind und nicht der Versorgung dienen (BFH 21.3.2013 – VI R 5/12, BStBl. II 2013, 611); Wartegeld eines in den einstweiligen Ruhestand versetzten Beamten (BFH 19.6.1974 – VI R 37/70, BStBl. II 1975, 23, emeritierter Professor); aus gleichem Grund ist gezahltes **Sterbegeld,** das zwar grundsätzlich als Versorgungsbezug anzusehen ist, dann kein Versorgungsbezug, wenn das Sterbegeld als Arbeitsentgelt für den Sterbemonat gezahlt wird (LStR 19.8 Abs. 1 Nr. 1 S. 2 Hs. 1). Ebenfalls nicht der Versorgung, sondern der **Erleichterung des Berufswechsels bzw. der Hilfe in Überbrückungs- und Umstellungszeiten** dienen ehemaligen Soldaten gezahlte **Übergangsgebührnisse** (BFH 1.8.2007 – XI R 55/05, BFH/NV 2008, 31; BFH 1.3.1974 – VI R 47/71, BStBl. II 1974, 490) und **Übergangsgeld nach § 47 BeamtVG bzw. nach § 14 BMinG** bzw. nach entsprechenden landesrechtlichen Vorschriften (vgl. auch LStR 19.8 Abs. 2, jedoch Versorgungsbezug, wenn es zur Versorgung gezahlt wird → Rn. 1191).

1193–1195 *Einstweilen frei*

1196 **bb) Versorgungsbezügen aufgrund beamtenähnlicher Vorschriften durch bestimmte juristische Personen des öffentlichen Rechts (§ 19 Abs. 2 S. 2 Nr. 1 Buchst. b). Der Beamtenversorgung entsprechende Versorgung:** Nach beamtenrechtlichen Grundsätzen von Körperschaften, Anstalten oder Stiftungen des öffentlichen Rechts oder öffentlich-rechtlichen Verbänden von Körperschaften gezahlte Bezüge können ebenfalls Versorgungsbezüge sein. **Juristische Personen des Privatrechts** können – auch wenn sie zB als Beliehener hoheitliche Befugnisse ausüben – keine Versorgungsbezüge aufgrund beamtenrechtlicher Vorschriften gewähren, da ihnen die sog. **Dienstherrenfähigkeit** fehlt (BFH 6.2.2013 – VI R 28/11, BStBl. II 2013, 572, aber Versorgungsbezüge nach § 19 Abs. 2 S. 2 Nr. 2 – → Rn. 1200 ff. – möglich). Auch diese müssen einen **gleichartigen Bezug** (→ Rn. 1191) darstellen, wenn sie nicht den ausdrücklich benannten Fällen des § 19 Abs. 2 S. 2 entsprechen (also weder **Ruhegehalt, Witwen- noch Waisengeld bzw. Unterhaltsbeitrag** sind, → Rn. 1188 ff.). Im **Unterschied zu den in § 19 Abs. 2 S. 2 Nr. 1 Buchst. a benannten Fällen** (→ Rn. 1187 ff.), erfolgt die Versorgung hier nicht unmittelbar aufgrund eines Gesetzes, sondern aufgrund des Status der öffentlich-rechtlichen Körperschaft, Anstalt, Stiftung bzw. öffentlich-rechtlichen Verbänden von Körperschaften (HHR/*Pflüger* § 19 Rn. 516).

Beispiele für beamtenähnliche Versorgungsleistungen sind: **Beihilfen im Krankheitsfall** an nicht- 1196.1
beamtete Versorgungsempfänger (BFH 6.2.2013 – VI R 28/11, BStBl. II 2013, 572, auch nicht nach § 3 Nr. 11 steuerfrei, da gerade nicht – wie nach § 3 Nr. 11 erforderlich – aus öffentlichen Mitteln gezahlt); **Übergangsversorgungen,** die aufgrund beamtenähnlicher Rechtsgrundlagen (zB BAT) geleistet werden (LStR 19.8 Abs. 1 Nr. 2); **Versorgungsbezüge der politischen Wahlbeamten auf Zeit** (LStR 19.8 Abs. 1 Nr. 7).

Einstweilen frei 1197–1199

b) Privatrechtliche Versorgungsbezüge (§ 19 Abs. 2 S. 2 Nr. 2). Bei den privat- 1200
rechtlichen Versorgungsbezügen ist **zu unterscheiden** zwischen Bezügen und Vorteilen aus früheren Dienstleistungen wegen Erreichens einer Altersgrenze einerseits (→ Rn. 1203 ff.) und solchen wegen verminderter Erwerbsfähigkeit sowie Hinterbliebenenbezügen andererseits (→ Rn. 1210 ff.).

Einstweilen frei 1201–1202

aa) Bezüge und Vorteile aus früheren Dienstleistungen wegen Erreichens einer 1203
Altersgrenze (§ 19 Abs. 2 S. 2 Nr. 2 Hs. 1 Alt. 1). Bezüge wegen Erreichens einer Altersgrenze (§ 19 Abs. 2 S. 2 Nr. 2 Hs. 1 Alt. 1) gelten nach § 19 Abs. 2 S. 2 Nr. 2 Hs. 2 erst dann als Versorgungsbezüge, wenn der Steuerpflichtige das 63. Lebensjahr vollendet hat, bzw. in Fällen der Schwerbehinderung, mit Vollendung des 60. Lebensjahres. Das Erreichen einer Altersgrenze gilt nur bei privatrechtlichen Versorgungsbezügen; dies ist **verfassungsmäßig** (→ Rn. 1170 f.). Des Weiteren ist Voraussetzungen für einen gleichartigen Bezug, dass der Steuerpflichtige **von seinen Dienstpflichten entbunden** ist (BFH 6.2.2013 – VI R 28/11, BStBl. II 2013, 572).

Mindestgrenze von 63 Lebensjahren: Die Mindestgrenze von 63 Jahren, die seit dem 1204
VZ 2000 gilt (zuvor galt bis einschließlich dem VZ 1999 eine Grenze von 62 Lebensjahren), dient der **Angleichung an die Behandlung der beamtenrechtlichen Ruhegehälter** iSd § 19 Abs. 2 S. 2 Nr. 1, da seit dem 1.7.1997 nach § 52 BBG die Versetzung in den Ruhestand nach Vollendung des 63. Lebensjahres ohne Angabe von Gründen beantragt werden kann (vgl. zu BT-Drs. IV/3189, 8, sowie BT-Drs. 14/1514, 29 f.).

Mindestgrenze von 60 Lebensjahren bei Schwerbehinderten: Diese Mindestgrenze 1205
ist auf das Gesetz vom 18.8.1980 (BGBl. 1980 I 1537; BStBl. I 1980, 581) zurückzuführen und gilt seit dem VZ 1980 (§ 52 Abs. 20b EStG 1979). Durch diese Änderung sollte eine **Gleichstellung mit den Beamten** erreicht werden, die seit 1980 aufgrund des Gesetzes zur Änderung dienstrechtlichen Vorschriften vom 30.7.1979 (BGBl. 1979 I 1301) auf Antrag bereits mit Vollendung des 60. Lebensjahres in den Ruhestand treten können, wenn sie Schwerbehinderte sind (HHR/*Pflüger* § 19 Rn. 517). Schwerbehinderte sind grundsätzlich Körperbehinderte, deren **Erwerbsfähigkeit um mindestens 50% gemindert** sind (BFH 29.6.2001 – XI B 143/00, BFH/NV 2001, 1401; HHR/*Pflüger* § 19 Rn. 517). Zur Berechnung der maßgeblichen Bemessungsgrundlage in diesen Fällen → Rn. 1225.

Leistung „wegen" des Erreichens der Altersgrenze: Die Leistung muss auf dem 1206
Erreichen einer Altersgrenze beruhen (§ 19 Abs. 2 S. 2 Nr. 2 Hs. 1 Alt. 1: „wegen"), sodass bei freiwilliger Weiterzahlung von Gehalt nach Einstellung der Arbeit vor dem Erreichen einer zuvor vereinbarten über dem 63. Lebensjahr liegenden Altersgrenze kein Bezug „wegen" des Erreichens der Altersgrenze erfolgt (FG Nürnberg 6.3.1985 – V 206/84, EFG 1985, 607, rkr.; HHR/*Pflüger* § 19 Rn. 517).

Einstweilen frei 1207–1209

bb) Bezüge und Vorteile wegen verminderter Erwerbsfähigkeit sowie Hinter- 1210
bliebenenbezügen (§ 19 Abs. 2 S. 2 Nr. 2 Hs. 1 Alt. 2 und 3). Bezüge wegen verminderter Erwerbsfähigkeit liegen dann vor, wenn die Erwerbsfähigkeit nach den **im Bereich der Sozialversicherung bzw. im Bereich der beamtenrechtlichen Vorschriften** in der Erwerbsfähigkeit gemindert ist (HHR/*Pflüger* § 19 Rn. 517). Eine nach privatrechtlichen Vorschriften vorliegende Erwerbsminderung reicht nicht aus, da dies ansonsten wegen der dort geltenden Privatautonomie zu Ungleichbehandlungen mit der unter § 19 Abs. 2 S. 2

Nr. 1 fallenden Personengruppe führen kann. Ebenso wie bei Versorgungsbezügen wegen Erreichens einer Altersgrenze, muss die Zahlung auf der verminderten Erwerbsfähigkeit beruhen, damit sie privilegiert sind („wegen" → Rn. 1206).

1211 **Hinterbliebenenbezüge:** Sind Versorgungsbezüge, die an Hinterbliebene gewährt werden (zB **Sterbegeld;** vgl. dazu FG Berlin-Brandenburg 16.1.2019 – 11 K 11160/18, EFG 2019, 535: zwar nach § 19 Abs. 1 S. 1 Nr. 2 steuerbar, aber nach § 3 Nr. 11 steuerfrei, Rev. BFH VI R 8/19) und der Hinterbliebenenversorgung dienen. Maßgebend ist auch hier die öffentlich-rechtliche Bezeichnung (KSM/*Breinersdorfer* § 19 Rn. C 29). Nicht zu den steuerbegünstigten Versorgungsbezügen gehören Bezüge, die an Hinterbliebene für den Sterbemonat auf Grund des Arbeitsvertrages als Arbeitsentgelt gezahlt werden; besondere Leistungen an Hinterbliebene, die über das bis zum Erlöschen des Dienstverhältnisses geschuldete Arbeitsentgelt hinaus gewährt werden, sind dagegen Versorgungsbezüge (LStR 19.8 Abs. 1 Nr. 1 S. 2).

1211.1 **Beispiele** für privatrechtliche Versorgungsbezüge sind Leistungen zur Altersversorgung aufgrund einer **Direktzusage** (BFH 7.2.2013 – VI R 12/11, BStBl. II 2013, 576); **Vorruhestandsleistungen** (LStR 19.8 Abs. 1 Nr. 21; **Übergangsgeld,** das nach den tarifvertraglichen Vorschriften im öffentlichen Dienst gewährt wird, wenn es wegen Berufsunfähigkeit oder Erwerbsunfähigkeit oder wegen Erreichens der tariflichen oder der sog. flexiblen Altersgrenze gezahlt wird; beim Übergangsgeld, das wegen Erreichens einer Altersgrenze gezahlt wird, ist Voraussetzung, dass der Angestellte im Zeitpunkt seines Ausscheidens das 63., bei Schwerbehinderten das 60. Lebensjahr vollendet hat (BFH 21.8.1974 – VI R 243/71, BStBl. II 1975, 62; anders, wenn es nicht zur Versorgung gezahlt wird → Rn. 1192).

1212–1214 *Einstweilen frei*

4. Versorgungsfreibetrag und Zuschlag zum Versorgungsfreibetrag (§ 19 Abs. 2 S. 3)

1215 **a) Rechtslage bis VZ 2004.** Bis zum VZ 2004 betrug der Versorgungsfreibetrag 40% der Versorgungsbezüge, höchstens jedoch **3.072 EUR.** Eine Abschmelzung nach dem Kohortenprinzip erfolgte nicht.

1216 *Einstweilen frei*

1217 **b) Rechtslage ab dem VZ 2005. Ab dem VZ 2005** sind in § 19 Abs. 2 S. 3 der maßgebende Prozentsatz, der Höchstbetrag des Versorgungsfreibetrags und der Zuschlag zum Versorgungsfreibetrag bestimmt.

1218 **Zuschlag zum Versorgungsfreibetrag:** Der Gesetzgeber hat mit der Einführung des Zuschlags zum Versorgungsfreibetrag die Anpassung des für Beamtenpensionen ursprünglich gewährten Arbeitnehmer-Pauschbetrags von 1.044 EUR an den Rentenbeziehern zustehenden Werbungskosten-Pauschbetrag von 102 EUR nahezu kompensiert. Ein Zuschlag zum Versorgungsfreibetrag war nach den Gesetzesmaterialien (BT-Drs. 15/2150, 38) einem schrittweisen Abschmelzen des Arbeitnehmer-Pauschbetrags vorzuziehen, da dadurch verdeutlicht werde, dass dieser Zuschlag seinem Wesen nach kein Werbungskosten-Pauschbetrag sei, der gegenüber anderen Alterseinkünften und gegenüber den aktiv Beschäftigten nicht gerechtfertigt wäre. Vielmehr erfüllt der Zuschlag zum Versorgungsfreibetrag den in der Übergangsphase noch bestehenden Ausgleichsbedarf zwischen der Besteuerung von Renten und Pensionen, zu dem bisher der Arbeitnehmer-Pauschbetrag für Pensionäre beigetragen hat, und vermeidet insbesondere einen abrupten Anstieg des steuerpflichtigen Teils bei niedrigen Versorgungsbezügen (BT-Drs. 15/2150, 38).

1219 **Zur Bemessung der Steuerfreibeträge:** Für den VZ 2005 betrug der Höchstbetrag des Versorgungsfreibetrags 3.000 EUR und der Höchstbetrag für den Zuschlag zum Versorgungsfreibetrag höchstens 900 EUR (vgl. **Tabelle** in § 19 Abs. 2 S. 3). Die Summe aus dem Höchstbetrag des Versorgungsfreibetrags von **3.000 EUR,** dem Zuschlag zum Versorgungsfreibetrag von **900 EUR,** und dem in § 9a S. 1 Nr. 1 Buchst. b festgelegten Werbungskosten-Pauschbetrag von 102 EUR (insgesamt also 4.002 EUR) entspricht der Summe aus Arbeitnehmer-Pauschbetrag nach dem HBeglG 2004 vom 29.12.2003 (BGBl. 2003 I 3076, BStBl. I 2004, 120) von 920 EUR und dem bisherigen Höchstbetrag des Versorgungsfreibetrags von 3.072 EUR, mithin insgesamt 3.992 EUR (BT-Drs. 15/3004, 19); die geringfügige Erhöhung um 10 EUR soll nach den Gesetzesmaterialien zum Ausgleich der bisher ungünsti-

19.8.2013, BStBl. I 2013, 1087 Rn. 175). Wird der Versorgungsbezug wegen verminderter Erwerbsfähigkeit mit Vollendung des 63. Lebensjahres des Steuerpflichtigen oder, wenn er schwerbehindert ist, mit Vollendung des 60. Lebensjahres, **in einen Versorgungsbezug wegen Erreichens der Altersgrenze umgewandelt,** bestimmen sich der Prozentsatz, der Höchstbetrag des Versorgungsfreibetrags und der Zuschlag zum Versorgungsfreibetrag weiterhin nach dem Jahr des Beginns des Versorgungsbezugs wegen verminderter Erwerbsfähigkeit; da es sich bei der Umwandlung des Versorgungsbezugs nicht um eine regelmäßige Anpassung iSd § 19 Abs. 2 S. 9 (→ Rn. 1250) handelt, ist eine **Neuberechnung des Versorgungsfreibetrags** erforderlich (BMF 19.8.2013, BStBl. I 2013, 1087).

Einstweilen frei **1243–1245**

9. Festschreibung der Freibeträge (§ 19 Abs. 2 S. 8)

Grundsätzliche Festschreibung als Jahresbetrag: Der Versorgungsfreibetrag und der Zuschlag zum Versorgungsfreibetrag werden in § 19 Abs. 2 S. 8 als fester Jahresfreibetrag für die gesamte Laufzeit des Versorgungsbezugs grundsätzlich festgeschrieben. Der ermittelte Jahreswert ist vom Finanzamt festzuhalten und grundsätzlich bei allen weiteren Veranlagungen mit Versorgungsbezügen zugrunde zu legen; es erfolgt **keine gesonderte Feststellung des Jahresbetrages** (HHR/*Pflüger* § 19 Rn. 525). Daher kann bei **fehlerhafter Ermittlung** des Versorgungsfreibetrags und des Zuschlags zum Versorgungsfreibetrag in einem bestandskräftig gewordenen Bescheid über die Festsetzung von Einkommensteuer für das Erstjahr des Versorgungsbezugs eine Korrektur erfolgen. Eine Neuberechnung erfolgt auch nicht bei regelmäßigen Anpassungen des Versorgungsfreibetrags (→ Rn. 1250); sie ist jedoch in Fällen des § 19 Abs. 2 S. 10 vorzunehmen (→ Rn. 1254). **1246**

Einstweilen frei **1247–1249**

10. Grundsätzlich keine Neuberechnung bei regelmäßigen Anpassungen des Versorgungsbezugs (§ 19 Abs. 2 S. 9)

Regelmäßige Anpassungen des Versorgungsbezugs führen gemäß § 19 Abs. 2 S. 9 nicht zu einer Neuberechnung. Hierunter sind nur Anpassungen der Höhe nach, nicht Anpassungen dem Grunde nach zu verstehen; Letztere bewirken eine Neuberechnung nach § 19 Abs. 2 S. 10 (→ Rn. 1254). **1250**

Beispiel für regelmäßige Anpassungen ist die Anpassung nach § 16 BetrAVG (BT-Drs. 15/3004, 19). Dadurch wird der zu Beginn der Versorgungsleistungen festgeschriebene Versorgungsfreibetrag und der Zuschlag zum Versorgungsfreibetrag auch für die erhöhten Versorgungsbezüge beibehalten (HHR/*Pflüger* § 19 Rn. 530). **1250.1**

Einstweilen frei **1251–1253**

11. Ausnahmsweise Neuberechnung bei Verminderung des Versorgungsbezugs in bestimmten Fällen (§ 19 Abs. 2 S. 10)

Veränderung dem Grunde nach: Abweichend von § 19 Abs. 2 S. 9 sind der Versorgungsfreibetrag und der Zuschlag zum Versorgungsfreibetrag neu zu berechnen, wenn sich der Versorgungsbezug **wegen Anwendung von Anrechnungs-, Ruhens-, Erhöhungs- oder Kürzungsregelungen erhöht oder vermindert** (§ 19 Abs. 2 S. 10). In diesen Fällen wäre es – im Vergleich zu einem Zahlungsfall ohne besondere Umstände – nicht sachgerecht, den nach den Verhältnissen bei Beginn des Versorgungsbezugs berechneten Versorgungsfreibetrag und den Zuschlag zum Versorgungsfreibetrag zu Lasten oder zu Gunsten des Versorgungsempfängers in unveränderter Höhe beizubehalten, wenn sich die Versorgungsbezüge auf Grund der besonderen Umstände verringern oder erhöhen (BT-Drs. 15/3004, 19). **1254**

Beispiele: So werden etwa beamtenrechtliche Versorgungsbezüge gemindert, wenn ein Versorgungsberechtigter daneben noch anderes Einkommen bezieht (BT-Drs. 15/3004, 19). Dies sind insbesondere **Erwerbs- oder Erwerbszusatzeinkommen** iSd § 53 BeamtVG; andere Versorgungsbezüge iSd § 54 BeamtVG; Renten iSd § 55 BeamtVG; Versorgungsbezüge aus zwischenstaatlicher und überstaatlicher Verwendung iSd § 56 BeamtVG (BMF 19.8.2013, BStBl. I 2013, 1087 Rn. 173). Bei dem **Wegfall solcher Anrechungstatbestände** erhöht sich der Versorgungsbezug entsprechend (BT-Drs. **1254.1**

15/3004, 19). Änderungen der Voraussetzungen für die Gewährung des Familienzuschlags oder des Unterschiedsbetrags nach § 50 BeamtVG; Wiederbewilligung von Witwen- oder Waisengeld nach Unterbrechung der Zahlung führen ebenfalls zu einer Neuberechnung (BMF 19.8.2013, BStBl. I 2013, 1087); Gewährung eines zusätzlichen weiteren Versorgungsbezugs; Erhöhung des Versorgungsbezugs beim Übertritt vom Vorruhestand in den regulären Ruhestand (regelmäßig nach Vollendung des 65. Lebensjahres); Scheidung mit entsprechendem Versorgungsausgleich; Anerkennung zusätzlicher Versorgungszeiten erst ab einem bestimmten Lebensjahr (HHR/*Pflüger* § 19 Rn. 531). Neben dem Zusammentreffen mit anderem Einkommen haben auch **Kürzungen mit familienrechtlichem Ursprung** Eingang in das Versorgungsrecht (§ 57 BeamtVG) gefunden (BT-Drs. 15/3004, 19). Gleiches gilt für entsprechende Leistungen aufgrund **landesrechtlicher Beamtenversorgungsgesetze** (BMF 19.8.2013, BStBl. I 2013, 1087). Bei **nicht beamtenrechtlichen Versorgungsbezügen** können aus ähnlichen Rechtsgründen (zB § 5 BetrAVG) ebenfalls Kürzungen oder Erhöhungen eintreten (BT-Drs. 15/3004, 19).

1255–1257 *Einstweilen frei*

12. Durchführung der Neuberechnung (§ 19 Abs. 2 S. 11)

1258 **Fortgeltung der Kohorte (§ 19 Abs. 2 S. 11 Hs. 1):** In den Fällen einer Neuberechnung nach § 19 Abs. 2 S. 10 (→ Rn. 1254 f.) sind nach § 19 Abs. 2 S. 11 Hs. 1 der anzuwendende Prozentsatz, der Höchstbetrag des Versorgungsfreibetrags und der Zuschlag zum Versorgungsfreibetrag, also die **Werte bei Beginn des Versorgungsbezugs,** maßgeblich. Dies ist weitere Ausprägung des **Kohortenprinzips. Bemessungsgrundlage** ist nach § 19 Abs. 2 S. 11 Hs. 1 der **geänderte Versorgungsbezug,** ggf. einschließlich zwischenzeitlicher regelmäßiger Anpassungen (Blümich/*Geserich* § 19 Rn. 349; HHR/*Pflüger* § 19 Rn. 532). Dabei wurde **keine betragsmäßigen Mindestgrenze** für die Neuberechnung festgelegt, weil eine solche Grenze das Verfahren bei maschineller Berechnung der Versorgungsbezüge erschweren würde (BT-Drs. 15/3004, 19).

1259 **Vereinfachungsregelungen der Finanzverwaltung:** Ändert sich der anzurechnende Betrag aufgrund einer einmaligen Sonderzahlung und hat dies nur eine einmalige Minderung des Versorgungsbezugs zur Folge, kann nach Auffassung der Finanzverwaltung auf eine Neuberechnung verzichtet werden (BMF 19.8.2013, BStBl. I 2013, 1087 Rn. 173; ebenso BT-Drs. 15/3004, 19). Auf eine Neuberechnung kann aus Vereinfachungsgründen auch verzichtet werden, wenn der Versorgungsbezug, der bisher Bemessungsgrundlage für den Versorgungsfreibetrag war, vor und nach einer Anpassung aufgrund von Anrechnungs-, Ruhens-, Erhöhungs- und Kürzungsregelungen mindestens 7.500 EUR jährlich/625 EUR monatlich beträgt, also die Neuberechnung zu keiner Änderung der Freibeträge für Versorgungsbezüge führen würde (BMF 19.8.2013, BStBl. I 2013, 1087).

1260 **Vereinfachungsregelung (§ 19 Abs. 2 S. 11 Hs. 2):** Die Regelung in § 19 Abs. 2 S. 11 Hs. 2 bestimmt, dass bei unterschiedlicher Höhe von Versorgungsfreibetrag und Zuschlag zum Versorgungsfreibetrag im Kalenderjahr der Änderung für das ganze Kalenderjahr der höchste Betrag anzuwenden ist. Dies dient der **Vereinfachung,** insbesondere bei der Veranlagung (BT-Drs. 15/3004, 19). Die Änderung der Freibeträge für Versorgungsbezüge kann im **Lohnsteuerabzugsverfahren** berücksichtigt werden (BMF 19.8.2013, BStBl. I 2013, 1087 Rn. 176).

1261 **Keine Zwölftelung bei Neuberechnung nach § 19 Abs. 2 S. 11:** Ändern sich der Versorgungsfreibetrag und/oder der Zuschlag zum Versorgungsfreibetrag im Laufe des Kalenderjahrs aufgrund einer Neuberechnung nach § 19 Abs. 2 S. 11, ist eine zeitanteilige Aufteilung ist nicht vorzunehmen (BMF 19.8.2013, BStBl. I 2013, 1087 Rn. 176), da die speziellere Regelung des § 19 Abs. 2 S. 11 derjenigen des § 19 Abs. 2 S. 12 vorgeht (HHR/*Pflüger* § 19 Rn. 532).

1262–1264 *Einstweilen frei*

13. Zwölftelung der Freibeträge (§ 19 Abs. 2 S. 12)

1265 **Zeitanteilige Berücksichtigung des Versorgungsfreibetrags und des Zuschlags zum Versorgungsfreibetrag:** Für jeden vollen Kalendermonat, für den keine Versorgungsbezüge gezahlt werden, ermäßigen sich nach § 19 Abs. 2 S. 12 der Versorgungsfreibetrag und der Zuschlag zum Versorgungsfreibetrag in diesem Kalenderjahr um je 1/12. Dadurch wird ausgeschlossen, dass in Jahren, in denen solche Zahlungen nur in wenigen Monaten erfolgen, unvertretbar geringe oder sogar negative Einkünfte entstehen können (BT-Drs. 15/2150, 39). Bei **Zahlung mehrerer Versorgungsbezüge** erfolgt eine Kürzung nur für Monate, für die keiner der Versorgungsbezüge geleistet wird (BMF 19.8.2013, BStBl. I 2013, 1087 Rn. 176). Damit sind nach Auffassung der Finanzverwaltung in den Fällen der Anpassung der Freibeträge im VZ der Anpassung regelmäßig die höheren Freibeträge zu gewähren (HHR/*Pflüger* § 19 Rn. 533).

§ 19a Überlassung von Vermögensbeteiligungen an Arbeitnehmer

(1) Erhält ein Arbeitnehmer im Rahmen eines gegenwärtigen Dienstverhältnisses unentgeltlich oder verbilligt Sachbezüge in Form von Vermögensbeteiligungen im Sinne des § 2 Abs. 1 Nr. 1 und Abs. 2 bis 5 des Fünften Vermögensbildungsgesetzes in der Fassung des Gesetzes vom 19. Dezember 2000 (BGBl. I S. 1790), so ist der Vorteil steuerfrei, soweit er nicht höher als der halbe Wert der Vermögensbeteiligung (Absatz 2) ist und insgesamt 135 Euro im Kalenderjahr nicht übersteigt.

(2) [1]Als Wert der Vermögensbeteiligung ist der gemeine Wert anzusetzen. [2]Werden einem Arbeitnehmer Vermögensbeteiligungen im Sinne des § 2 Abs. 1 Nr. 1 Buchstabe a, b und f des Fünften Vermögensbildungsgesetzes überlassen, die am Tag der Beschlussfassung über die Überlassung an einer deutschen Börse zum regulierten Markt zugelassen sind, so werden diese mit dem niedrigsten an diesem Tag für sie im regulierten Markt notierten Kurs angesetzt, wenn am Tag der Überlassung nicht mehr als neun Monate seit dem Tag der Beschlussfassung über die Überlassung vergangen sind. [3]Liegt am Tag der Beschlussfassung über die Überlassung eine Notierung nicht vor, so werden diese Vermögensbeteiligungen mit dem letzten innerhalb von 30 Tagen vor diesem Tag im regulierten Markt notierten Kurs angesetzt. [4]Die Sätze 2 und 3 gelten entsprechend für Vermögensbeteiligungen im Sinne des § 2 Abs. 1 Nr. 1 Buchstabe a, b und f des Fünften Vermögensbildungsgesetzes, die im Inland in den Freiverkehr einbezogen sind oder in einem anderen Staat des Europäischen Wirtschaftsraums zum Handel an einem geregelten Markt im Sinne des Artikels 1 Nr. 13 der Richtlinie 93/22/EWG des Rates vom 10. Mai 1993 über Wertpapierdienstleistungen (ABl. EG Nr. L 141 S. 27) zugelassen sind. [5]Sind am Tag der Überlassung von Vermögensbeteiligungen im Sinne des § 2 Abs. 1 Nr. 1 Buchstabe a, b und f des Fünften Vermögensbildungsgesetzes mehr als neun Monate seit dem Tag der Beschlussfassung über die Überlassung vergangen, so tritt an die Stelle des Tages der Beschlussfassung über die Überlassung im Sinne der Sätze 2 bis 4 der Tag der Überlassung. [6]Der Wert von Vermögensbeteiligungen im Sinne des § 2 Abs. 1 Nr. 1 Buchstabe c des Fünften Vermögensbildungsgesetzes wird mit dem Ausgabepreis am Tag der Überlassung angesetzt. [7]Der Wert von Vermögensbeteiligungen im Sinne des § 2 Abs. 1 Nr. 1 Buchstabe g, i, k und l des Fünften Vermögensbildungsgesetzes wird mit dem Nennbetrag angesetzt, wenn nicht besondere Umstände einen höheren oder niedrigeren Wert begründen.

Überblick

§ 19a Abs. 1 stellte Sachzuwendungen des Arbeitgebers in Form bestimmter, abschließend genannter Vermögensbeteiligungen iSd 5. VermBG aF in Höhe von bis zu 135 EUR jährlich steuerfrei, wenn die Überlassung der Vermögensbeteiligung an aktive Arbeitnehmer erfolgte. § 19a Abs. 2 etablierte einen von § 8 Abs. 2 abweichenden Bewertungsmaßstab und unterschied dabei hinsichtlich der einzelnen Vermögensbeteiligungen. § 19a wurde ab dem VZ 2009 aufgehoben und durch § 3 Nr. 39 teilweise inhaltsgleich ersetzt, wobei er bis einschließlich des VZ 2015 im Rahmen einer Übergangsregelung anwendbar war.

Übersicht

A. Allgemeines

1 *Einstweilen frei*

I. Regelungsanliegen im System des Steuerrechts

1. Funktion/Zweck der Regelung

2 § 19a, an dessen Stelle ab dem 1.4.2009 die Steuerbefreiungsvorschrift des **§ 3 Nr. 39** getreten ist, gab einen Anreiz zur Lohnzahlung durch Überlassung von Vermögensbeteiligungen (Blümich/*v. Twickel* § 19a Rn. 11, 21) und **förderte** mithin die **Zuwendung von Beteiligungen am Produktivkapital durch den Arbeitgeber** an den Arbeitnehmer. § 19a begünstigte Sachbezüge der Arbeitnehmer in Form verbilligter oder unentgeltlich überlassener Vermögensbeteiligungen bis zum **Freibetrag von bis zu 135 EUR** (bis VZ 2003: 154 EUR) jährlich, indem diese Zuwendungen vom steuerpflichtigen Arbeitslohn ausgenommen wurden.

3 Außerdem verringerte § 19a die Gefahr, dass ein Arbeitnehmer einen Sachbezug zu versteuern hatte, dessen Wert ihm – bei ungünstiger Entwicklung der Vermögensbeteiligung – nicht erhalten blieb, wodurch **steuerrechtlich eine Entlastung im Zusammenhang mit Wertschwankungen** etabliert wurde. Die Gefahr von höheren Wertschwankungen besteht bei Beteiligungen am Produktivvermögen in höherem Maße als bei anderen Formen der Geldanlage.

2. Historische Entwicklung

4 § 19a wurde durch das **Vermögensbeteiligungsgesetz** v. 22.12.1983 (BGBl. 1983 I 1592) in das EStG eingefügt. Die Vorschrift war erstmals bei Vermögensbeteiligungen anzuwenden, die der Arbeitnehmer nach dem 31.12.1983 erhalten hatte (§ 52 Abs. 21b EStG 1983).

5 Von den nachfolgenden Änderungen des § 19a ist das **StÄndG 2001** v. 20.12.2001 (BGBl. 2001 I 3794) hervorzuheben, mit dem § 19a grundlegend neu gefasst wurde. Die **Sperrfrist** für die Vermögensbindung in Arbeitnehmerhand wurde von bisher sechs Jahren ab dem 1.1.2002 **ersatzlos gestrichen.** Auch bei vor dem 1.1.2002 überlassenen Vermögensbeteiligungen unterlag eine Verfügung nach dem 1.1.2002 keiner Nachversteuerung mehr.

6 Auch in der Folgezeit wurde § 19a mehrfach geändert und schließlich durch das **Mitarbeiterkapitalbeteiligungsgesetz** v. 7.3.2009 (BGBl. 2009 I 451) **aufgehoben.** Die steuerliche

Förderung von Mitarbeiterkapitalbeteiligungen wird nunmehr in **§ 3 Nr. 39** fortgeführt, der gegenüber § 19a einen erhöhten **Freibetrag von 360 EUR** enthält, allerdings – im Gegensatz zu § 19a (→ Rn. 32) – keine steuerliche Förderung bei Barlohnumwandlung ermöglicht. Auch bestimmte indirekte Investmentanteile sind in § 3 Nr. 39 nicht mehr begünstigt (*Stockum/Bender* BB 2009, 1948).

3. Verhältnis zu höherrangigem Recht

Die Vorschrift war **verfassungsmäßig.** Zwar kam die Begünstigung nur Arbeitnehmern im Rahmen der Einkünfte aus nichtselbständiger Arbeit zugute. Dies war jedoch dadurch gerechtfertigt, dass von dieser Begünstigung ausgeschlossene Land- und Forstwirte, Gewerbetreibende und selbständig Tätige von vornherein am Produktivvermögen ihres Betriebs beteiligt sind (KSM/*Breinersdorfer* § 19a Rn. A 144). Außerdem wären Arbeitnehmer ohne die Begünstigungsvorschrift nicht an der Substanzvermehrung des Betriebes ihrer Arbeitgeber beteiligt gewesen, weshalb solche Beteiligungen gefördert werden sollten (HHR/*Pflüger* § 19a Rn. 2). Im Übrigen war die Vorschrift auch deshalb verfassungsrechtlich unproblematisch, weil der Gesetzgeber bei begünstigenden Rechtsnormen – und mithin auch bei § 19a – einen weiten Gestaltungsspielraum hat (KSM/*Breinersdorfer* § 19a Rn. A 144). Zur (gegebenen) **Europarechtskonformität** → Rn. 100. 7

4. Zeitlicher Anwendungsbereich

§ 19a ist nach § 52 Abs. 27 (zuvor § 52 Abs. 35) in der am 31.12.2008 geltenden Fassung weiter anzuwenden, wenn 8

1. die Vermögensbeteiligung vor dem 1.4.2009 überlassen wird oder
2. auf Grund einer am 31.3.2009 bestehenden Vereinbarung ein Anspruch auf die unentgeltliche oder verbilligte Überlassung einer Vermögensbeteiligung besteht sowie die Vermögensbeteiligung vor dem 1.1.2016 überlassen wird

und der Arbeitgeber bei demselben Arbeitnehmer im Kalenderjahr nicht § 3 Nr. 39 anzuwenden hat.

Die **Altverträge** genießen damit **Bestandsschutz bis einschließlich 2015** (Schmidt/*Krüger*, 32. Aufl. 2013, § 19a Rn. 1; *Niermann* DB 2009, 473; *Niermann* DB 2010, 79; *Harder-Buschner* NWB 2009, 1260). 9

Die Übergangsregelung in § 52 Abs. 27 Nr. 2 greift auch dann, wenn eine **Vereinbarung vor dem 1.4.2009** getroffen wurde, aber die **Höhe des geldwerten Vorteils noch ungewiss** ist, also zB wenn die Höhe der Vermögensbeteiligung und damit die Höhe des geldwerten Vorteils vom Betriebsergebnis abhängig ist (BMF 8.12.2009, BStBl. I 2009, 1513 Rn. 3). Die Übergangsregelung des § 52 Abs. 27 Nr. 2 ist **betriebs- und nicht personenbezogen** (BMF 8.12.2009, BStBl. I 2009, 1513 Rn. 3). Die Steuerbefreiung kann auch greifen, wenn das Dienstverhältnis nach dem 31.3.2009 begründet wird (BMF 8.12.2009, BStBl. I 2009, 1513 Rn. 3). 10

Soweit § 19a nach der Übergangsregelung weiter anzuwenden ist, gelten die **Verwaltungsanweisungen** in R 19a **LStR 2008** fort (R 19a LStR 2014). 11

5. Verhältnis zu anderen Bestimmungen

a) Verhältnis zum EStG. Verhältnis zu § 1 Abs. 3: → Rn. 56. 12

Verhältnis zu § 3 Nr. 39: § 19a und § 3 Nr. 39 schließen einander aus (vgl. § 52 Abs. 27, → Rn. 8). Möglich ist die **Umstellung** einer zunächst nach § 19a geförderten Mitarbeiterbeteiligung auf eine Förderung nach § 3 Nr. 39 (Schmidt/*Krüger*, 32. Aufl. 2013, § 19a Rn. 1; HHR/*Pflüger* § 19a Rn. 5). 13

Verhältnis zu § 8 Abs. 2: → Rn. 76. 14

Verhältnis zu § 11 Abs. 1 S. 1: Das in § 11 Abs. 1 S. 1 normierte Zuflussprinzip fand im Rahmen des § 19a Anwendung (→ Rn. 70 f.). 15

Verhältnis zu § 15 Abs. 1 S. 1 Nr. 2 Alt. 2: → Rn. 54. 16

Verhältnis zu § 19 Abs. 1: Die Steuerbegünstigung nach § 19a fand Anwendung auf steuerbare Sachbezüge mit Arbeitslohncharakter, dh auf andere Vorteile und Bezüge iSd § 19 Abs. 1 S. 1 Nr. 1 an Arbeitnehmer (→ Rn. 53 ff.). Da nur Sachbezüge im Rahmen 17 gegenwärtiger Dienstverhältnisse gefördert wurden (→ Rn. 59 ff.), fand § 19a keine Anwendung in den Fällen der § 19 Abs. 1 S. 1 Nr. 2.

18 **Verhältnis zu §§ 20, 32d und 43 ff.:** Bezüge aus der Vermögensbeteiligung des Arbeitnehmers sind Einkünfte aus Kapitalvermögen, die nach §§ 20, 32d und 43 ff. zu behandeln sind (Schmidt/*Krüger*, 32. Aufl. 2013, § 19a Rn. 27).

19 **Verhältnis zu § 23:** Wurde die Vermögensbeteiligung innerhalb eines Jahres nach ihrem Erwerb (= Zufluss, → Rn. 70 f.) veräußert, konnte der Steuertatbestand des § 23 Abs. 1 Nr. 2 greifen. Dabei drohte **keine Doppelbesteuerung:** Denn der als Arbeitslohn erfasste und damit aus versteuertem Einkommen des Arbeitnehmers stammende Anteil zählt zu den Anschaffungskosten; folglich würde dieser Anteil nicht nochmals bei den Einkünften aus privaten Veräußerungsgeschäften iSd § 23 (§ 22 Nr. 2) der Besteuerung unterworfen (BFH 20.6.2001 – VI R 105/99, BStBl. II 2001, 689).

20 **Verhältnis zu §§ 38 ff.:** → Rn. 70.

21 **Verhältnis zu § 49:** → Rn. 55.

22 **b) Verhältnis zu anderen steuerrechtlichen Vorschriften. Verhältnis zum BewG:** § 19a Abs. 2 S. 1 knüpfte an den gemeinen Wert (§ 9 BewG) an. Der für die Bewertung des geldwerten Vorteils aus der Übertragung nicht börsennotierter Aktien gemäß § 19a Abs. 2 S. 1 maßgebliche gemeine Wert war gemäß § 11 Abs. 2 BewG zu ermitteln (BFH 1.2.2007 – VI R 72/05, BFH/NV 2007, 898). Dagegen enthielten § 19a Abs. 2 S. 2 bis 8 für börsennotierte Aktien eine Anzahl von Ausnahmen von diesem Grundsatz, sodass die Bewertung nach dem gemeinen Wert tatsächlich die Ausnahme blieb (HHR/*Pflüger* § 19a Rn. 5).

23 **Verhältnis zum GewStG:** Die aufgrund von Mitarbeiterdarlehen und stillen Beteiligungen der Arbeitnehmer an diese gezahlten Zinsen werden zum Gewerbeertrag zugerechnet (§ 8 Nrn. 1 Buchst. a, d und 5 GewStG).

24 **Verhältnis zum 5. VermBG vom 4.3.1994:** Erfüllt ein Beteiligungsmodell die Voraussetzungen sowohl nach dem 5. VermBG als auch nach § 19a, kann der Arbeitnehmer die Förderung der vermögenswirksamen Leistungen nach dem 5. VermBG als auch nach § 19a gleichzeitig in Anspruch nehmen (HHR/*Pflüger* § 19a Rn. 5).

25 **c) Verhältnis zum Sozialversicherungsrecht.** Soweit steuerrechtlich der Freibetrag zu gewähren ist, besteht auch **Sozialversicherungsfreiheit** (§ 1 SvEV); diese wirkt sich allerdings nur insoweit aus, als die Beitragsbemessungsgrenze nicht überschritten wird (Blümich/*von Twickel* § 19 Rn. 24; KSM/*Breinersdorfer* § 19a Rn. A 173 f.).

II. Normstruktur und zentrale Debatten

1. Inhalt der Norm

26 In **Absatz 1** wurden die geförderten Vermögensbeteiligungen durch Verweisung auf das 5. VermBG definiert und die Höhe des Freibetrags festgelegt. **Absatz 2** der Vorschrift beinhaltete eine von § 8 Abs. 2 abweichende Bewertungsvorschrift zur Ermittlung der Höhe des Sachbezugswertes einer Vermögensbeteiligung.

2. Leitentscheidungen/maßgebliche Debatten

27 Leitentscheidungen zu § 19a, insbesondere solche des BVerfG, sind nicht vorhanden (vgl. KSM/*Breinersdorfer* § 19 Rn. A 144).

28 § 19a ist **auslaufendes Recht** (→ Rn. 8 f.). Die maßgeblichen Debatten zur Mitarbeiterbeteiligung könnten daher allenfalls § 3 Nr. 39 betreffen, der die Nachfolgevorschrift zu § 19a ist. Die Vorschrift **gehört als Steuerbefreiungsvorschrift systematisch zu § 3** (Blümich/*v. Twickel* § 19a Rn. 21). Daher hat der Gesetzgeber dadurch die zutreffenden Konsequenzen gezogen, dass er die Nachfolgevorschrift zur Steuerbefreiung im Zusammenhang mit Mitarbeiterbeteiligungen in § 3 Nr. 39 angesiedelt hat.

B. Voraussetzungen und Rechtsfolgen

I. § 19a Abs. 1: Voraussetzungen und Rechtsfolge der Steuerbefreiung für Vermögensbeteiligung

1. Voraussetzungen

a) Überblick über die Voraussetzungen. § 19a Abs. 1 hat folgende Tatbestandsvoraussetzungen: 29
- Sachbezüge (→ Rn. 30 ff.)
- in Form bestimmter, abschließend genannter Vermögensbeteiligungen (→ Rn. 34 ff.),
- die ein Arbeitnehmer (→ Rn. 53 ff.)
- im Rahmen eines gegenwärtigen Dienstverhältnisses (→ Rn. 59 ff.)
- unentgeltlich oder verbilligt (→ Rn. 67 ff.)
- erhält (→ Rn. 70 f.).

b) Sachbezüge. Der **Begriff der Sachbezüge** wurde durch das Haushaltsbegleitgesetz von 20.12.1988 (BGBl. 1988 I 2262; BStBl. I 1989, 19) in den Gesetzestext des § 19a aufgenommen (*Zacharias/Hebig* FR 1989, 320). Dies war jedoch lediglich eine **klarstellende Regelung** (HHR/*Pflüger* § 19a Rn. 20). 30

Keine Begünstigung von Barlohn: Geldleistungen des Arbeitgebers, die zum Erwerb einer Vermögensbeteiligung durch den Arbeitnehmer bestimmt sind, waren damit vor (Schmidt/*Krüger*, 32. Aufl. 2013, § 19a Rn. 20) sowie auch nach der bis zum Inkrafttreten des HBeglG 1989 geltenden Fassung von § 19a nicht von der Einkommensteuer befreit (FG Baden-Württemberg 10.10.1991 – 8 K 169/90, EFG 1992, 266, rkr.). Folglich ist die **Hingabe von Geld** an einen Arbeitnehmer, um diesem den Kauf von Vermögensbeteiligungen zu ermöglichen, nach § 19a nicht begünstigt (FG Münster 11.12.1992 – 4 K 4204/91 L, EFG 1993, 445, rkr.; Schmidt/*Krüger*, 32. Aufl. 2013, § 19a Rn. 21; HHR/*Pflüger* § 19 Rn. 20; aA *Baumdicker* FR 1990, 506). Für die Entscheidung, ob ein arbeitsrechtlicher Anspruch auf Sachleistungen oder eine Geldleistung vorliegt, sind die zwischen den Arbeitsvertragsparteien geschlossenen Vereinbarungen maßgebend (BFH 4.7.2018 – VI R 16/17, DStR 2018, 1910). Die Gewährung von Krankenversicherungsschutz ist in Höhe der geleisteten Beiträge Sachlohn, wenn der Arbeitnehmer aufgrund des Arbeitsvertrags von seinem Arbeitgeber ausschließlich Versicherungsschutz und nicht auch eine Geldzahlung verlangen kann (BFH 7.6.2018 – VI R 13/16, DStR 2018, 1907). 31

Dagegen ist die **Barlohnumwandlung von Arbeitslohn** – mangels entgegenstehendem Wortlaut – **begünstigt** (vgl. Schmidt/*Krüger*, 32. Aufl. 2013, § 19a Rn. 21). Für die Steuerfreiheit nach § 19a kommt es also nicht darauf an, ob die Vermögensbeteiligungen zusätzlich zum ohnehin geschuldeten Arbeitslohn oder auf Grund einer Vereinbarung mit dem Arbeitnehmer über die Herabsetzung des individuell zu besteuernden Arbeitslohns überlassen werden (R 19a Abs. 4 LStR 2008). Zur Abgrenzung des Barlohns von Sachlohn → Rn. 31. 32

Der geldwerte Vorteil, also die **Höhe des Sachbezugs,** ergibt sich aus dem Unterschied zwischen dem Wert der Vermögensbeteiligung (bestimmt nach den Grundsätzen des § 19a Abs. 2, → Rn. 76 ff.) und dem Preis, zu dem die Vermögensbeteiligung dem Arbeitnehmer überlassen wird (R 19a Abs. 10 LStR 2008). 33

c) Begünstigung nur bestimmter Vermögensbeteiligungen. aa) Grundlagen. Die Vermögensbeteiligungen, deren Überlassung nach § 19a steuerbegünstigt ist, sind in § 19a Abs. 1 durch den Verweis auf § 2 Abs. 1 Nr. 1 und Abs. 2 bis 5 VermBG **abschließend aufgezählt** (Blümich/*v. Twickel* § 19a Rn. 30; HHR/*Pflüger* § 19a Rn. 23; R 19a Abs. 5 S. 1 LStR 2008). Im Gegensatz zu § 19a Abs. 2 wird hier auf das 5. VermBG idF vom 19.12.2000 verwiesen (→ Rn. 77). Danach können sowohl Vermögensbeteiligungen am Unternehmen des Arbeitgebers **(betriebliche Beteiligungen)** als auch Vermögensbeteiligungen an anderen Unternehmen **(außerbetriebliche Beteiligungen)** steuerbegünstigt überlassen werden (Blümich/*v. Twickel* § 19a Rn. 29; R 19a Abs. 5 S. 2 LStR 2008). 34

Die Förderung der betrieblichen Beteiligungen umfasst auch die Beteiligung an einem **herrschenden Unternehmen** iSd § 18 Abs. 1 AktG (§ 2 Abs. 2 Abs. 2 5. VermBG). 35

36 **bb) Maßgebliche Gesetzesfassung.** Gemäß § 19a Abs. 1 bestimmt sich der Kreis der geförderten Vermögensbeteiligungen nach § 2 Abs. 1 Nr. 1 und Abs. 2 bis 5 5. VermBG idF des Gesetzes vom 19.12.2000 (BGBl. 2000 I 1790). Zu der für § 19a geltenden Gesetzesfassung → Rn. 77.

37 § 2 Abs. 1 Nr. 1 5. VermBG lautete nach der gemäß § 19a maßgeblichen Fassung:

„Vermögenswirksame Leistungen sind Geldleistungen, die der Arbeitgeber für den Arbeitnehmer anlegt

1. als Sparbeiträge des Arbeitnehmers auf Grund eines Sparvertrags über Wertpapiere oder andere Vermögensbeteiligungen (§ 4)
   a) zum Erwerb von Aktien, die vom Arbeitgeber ausgegeben werden oder an einer deutschen Börse zum amtlichen Handel oder zum geregelten Markt zugelassen oder in den geregelten Freiverkehr einbezogen sind,
   b) zum Erwerb von Wandelschuldverschreibungen, die vom Arbeitgeber ausgegeben werden oder an einer deutschen Börse zum amtlichen Handel oder zum geregelten Markt zugelassen oder in den Freiverkehr einbezogen sind, sowie von Gewinnschuldverschreibungen, die vom Arbeitgeber ausgegeben werden, zum Erwerb von Namensschuldverschreibungen des Arbeitgebers jedoch nur dann, wenn auf dessen Kosten die Ansprüche des Arbeitnehmers aus der Schuldverschreibung durch ein Kreditinstitut verbürgt oder durch ein Versicherungsunternehmen privatrechtlich gesichert sind und das Kreditinstitut oder Versicherungsunternehmen im Geltungsbereich dieses Gesetzes zum Geschäftsbetrieb befugt ist,
   c) zum Erwerb von Anteilen an Sondervermögen nach den §§ 46 bis 65 und 83 bis 86 des Investmentgesetzes sowie von ausländischen Investmentanteilen, die nach dem Investmentgesetz öffentlich vertrieben werden dürfen, wenn nach dem Jahresbericht für das vorletzte Geschäftsjahr, das dem Kalenderjahr des Abschlusses des Vertrages im Sinne des § 4 oder des § 5 vorausgeht, der Wert der Aktien in diesem Sondervermögen 60 Prozent des Werts dieses Sondervermögens nicht unterschreitet; für neu aufgelegte für neu aufgelegte Sondervermögen ist für das erste und zweite Geschäftsjahr der erste Rechenschaftsbericht oder der erste Halbjahresbericht nach Auflegung des Sondervermögens maßgebend,
   d) zum Erwerb von Anteilen an einem Mitarbeiterbeteiligungs- Sondervermögen nach Abschnitt 7a des Investmentgesetzes vom 15. Dezember 2003 (BGBl. I S. 2676), zuletzt geändert durch Art. 3 des Gesetzes vom 7. März 2009 (BGBl. I S. 451), in der jeweils geltenden Fassung,
   e) (weggefallen)
   f) zum Erwerb von Genußscheinen, die vom Arbeitgeber als Wertpapiere ausgegeben werden oder an einer deutschen Börse zum regulierten Markt zugelassen oder in den Freiverkehr einbezogen sind und von Unternehmen mit Sitz und Geschäftsleitung im Geltungsbereich dieses Gesetzes, die keine Kreditinstitute sind, ausgegeben werden, wenn mit den Genußscheinen das Recht am Gewinn eines Unternehmens verbunden ist und der Arbeitnehmer nicht als Mitunternehmer im Sinne des § 15 Abs. 1 Nr. 2 des Einkommensteuergesetzes anzusehen ist,
   g) zur Begründung oder zum Erwerb eines Geschäftsguthabens bei einer Genossenschaft mit Sitz und Geschäftsleitung im Geltungsbereich dieses Gesetzes; ist die Genossenschaft nicht der Arbeitgeber, so setzt die Anlage vermögenswirksamer Leistungen voraus, daß die Genossenschaft entweder ein Kreditinstitut oder eine Bau- oder Wohnungsgenossenschaft im Sinne des § 2 Abs. 1 Nr. 2 des Wohnungsbau-Prämiengesetzes ist, die zum Zeitpunkt der Begründung oder des Erwerbs des Geschäftsguthabens seit mindestens drei Jahren im Genossenschaftsregister ohne wesentliche Änderung ihres Unternehmensgegenstandes eingetragen und nicht aufgelöst ist oder Sitz und Geschäftsleitung in dem in Artikel 3 des Einigungsvertrages genannten Gebiet hat und dort entweder am 1. Juli 1990 als Arbeiterwohnungsbaugenossenschaft, Gemeinnützige Wohnungsbaugenossenschaft oder sonstige Wohnungsbaugenossenschaft bestanden oder einen nicht unwesentlichen Teil von Wohnungen aus dem Bestand einer solchen Bau- oder Wohnungsgenossenschaft erworben hat,
   h) zur Übernahme einer Stammeinlage oder zum Erwerb eines Geschäftsanteils an einer Gesellschaft mit beschränkter Haftung mit Sitz und Geschäftsleitung im Geltungsbereich dieses Gesetzes, wenn die Gesellschaft das Unternehmen des Arbeitgebers ist,

i) zur Begründung oder zum Erwerb einer Beteiligung als stiller Gesellschafter im Sinne des § 230 des Handelsgesetzbuchs am Unternehmen des Arbeitgebers mit Sitz und Geschäftsleitung im Geltungsbereich dieses Gesetzes, wenn der Arbeitnehmer nicht als Mitunternehmer im Sinne des § 15 Abs. 1 Nr. 2 des Einkommensteuergesetzes anzusehen ist,

j) zur Begründung oder zum Erwerb einer Darlehensforderung gegen den Arbeitgeber, wenn auf dessen Kosten die Ansprüche des Arbeitnehmers aus dem Darlehensvertrag durch ein Kreditinstitut verbürgt oder durch ein Versicherungsunternehmen privatrechtlich gesichert sind und das Kreditinstitut oder Versicherungsunternehmen im Geltungsbereich dieses Gesetzes zum Geschäftsbetrieb befugt ist,

k) zur Begründung oder zum Erwerb eines Genußrechts am Unternehmen des Arbeitgebers mit Sitz und Geschäftsleitung im Geltungsbereich dieses Gesetzes, wenn damit das Recht am Gewinn dieses Unternehmens verbunden ist, der Arbeitnehmer nicht als Mitunternehmer im Sinne des § 15 Abs. 1 Nr. 2 des Einkommensteuergesetzes anzusehen ist und über das Genußrecht kein Genußschein im Sinne des Buchstaben f ausgegeben wird […]"

§ 2 Abs. 2 bis 5 5. VermBG lauteten nach der gemäß § 19a maßgeblichen Gesetzesfassung: **38**

„(2) Aktien, Wandelschuldverschreibungen, Gewinnschuldverschreibungen oder Genußscheine eines Unternehmens, das im Sinne des § 18 Abs. 1 des Aktiengesetzes als herrschendes Unternehmen mit dem Unternehmen des Arbeitgebers verbunden ist, stehen Aktien, Wandelschuldverschreibungen, Gewinnschuldverschreibungen oder Genußscheinen im Sinne des Absatzes 1 Nr. 1 Buchstabe a, b oder f gleich, die vom Arbeitgeber ausgegeben werden. Ein Geschäftsguthaben bei einer Genossenschaft mit Sitz und Geschäftsleitung im Geltungsbereich dieses Gesetzes, die im Sinne des § 18 Abs. 1 des Aktiengesetzes als herrschendes Unternehmen mit dem Unternehmen des Arbeitgebers verbunden ist, steht einem Geschäftsguthaben im Sinne des Absatzes 1 Nr. 1 Buchstabe g bei einer Genossenschaft, die das Unternehmen des Arbeitgebers ist, gleich. Eine Stammeinlage oder ein Geschäftsanteil an einer Gesellschaft mit beschränkter Haftung mit Sitz und Geschäftsleitung im Geltungsbereich dieses Gesetzes, die im Sinne des § 18 Abs. 1 des Aktiengesetzes als herrschendes Unternehmen mit dem Unternehmen des Arbeitgebers verbunden ist, stehen einer Stammeinlage oder einem Geschäftsanteil im Sinne des Absatzes 1 Nr. 1 Buchstabe h an einer Gesellschaft, die das Unternehmen des Arbeitgebers ist, gleich. Eine Beteiligung als stiller Gesellschafter an einem Unternehmen mit Sitz und Geschäftsleitung im Geltungsbereich dieses Gesetzes, das im Sinne des § 18 Abs. 1 des Aktiengesetzes als herrschendes Unternehmen mit dem Unternehmen des Arbeitgebers verbunden ist oder das auf Grund eines Vertrags mit dem Arbeitgeber an dessen Unternehmen gesellschaftsrechtlich beteiligt ist, steht einer Beteiligung als stiller Gesellschafter im Sinne des Absatzes 1 Nr. 1 Buchstabe i gleich. Eine Darlehensforderung gegen ein Unternehmen mit Sitz und Geschäftsleitung im Geltungsbereich dieses Gesetzes, das im Sinne des § 18 Abs. 1 des Aktiengesetzes als herrschendes Unternehmen mit dem Unternehmen des Arbeitgebers verbunden ist, oder ein Genußrecht an einem solchen Unternehmen stehen einer Darlehensforderung oder einem Genußrecht im Sinne des Absatzes 1 Nr. 1 Buchstabe k oder l gleich.

(3) Die Anlage vermögenswirksamer Leistungen in Gewinnschuldverschreibungen im Sinne des Absatzes 1 Nr. 1 Buchstabe b und des Absatzes 2 Satz 1, in denen neben der gewinnabhängigen Verzinsung eine gewinnunabhängige Mindestverzinsung zugesagt ist, setzt voraus, dass

1. der Aussteller in der Gewinnschuldverschreibung erklärt, die gewinnunabhängige Mindestverzinsung werde im Regelfall die Hälfte der Gesamtverzinsung nicht überschreiten, oder
2. die gewinnunabhängige Mindestverzinsung zum Zeitpunkt der Ausgabe der Gewinnschuldverschreibung die Hälfte der Emissionsrendite festverzinslicher Wertpapiere nicht überschreitet, die in den Monatsberichten der Deutschen Bundesbank für den viertletzten Kalendermonat ausgewiesen wird, der dem Kalendermonat der Ausgabe vorausgeht.

(4) Die Anlage vermögenswirksamer Leistungen in Genußscheinen und Genußrechten im Sinne des Absatzes 1 Nr. 1 Buchstaben f und l und des Absatzes 2 Satz 1 und 5 setzt voraus, dass eine Rückzahlung zum Nennwert nicht zugesagt ist; ist neben dem Recht am Gewinn eine gewinnunabhängige Mindestverzinsung zugesagt, gilt Absatz 3 entsprechend.

(5) Der Anlage vermögenswirksamer Leistungen nach Absatz 1 Nr. 1 Buchstabe f, i bis l, Absatz 2 Satz 1, 4 und 5 sowie Absatz 4 in einer Genossenschaft mit Sitz und Geschäftsleitung

im Geltungsbereich dieses Gesetzes stehen § 19 und eine Festsetzung durch Statut gemäß § 20 des Gesetzes betreffend die Erwerbs- und Wirtschaftsgenossenschaften nicht entgegen."

cc) Die geförderten Vermögensbeteiligungen im Einzelnen. Gefördert werden einzig (→ Rn. 34) die nachfolgend genannten Vermögensbeteiligungen.

39 **Aktien** (§ 2 Abs. 1 Nr. 1 Buchst. a 5. VermBG aF) sind Vermögensbeteiligungen, wenn sie (1.) vom inländischen oder ausländischen Arbeitgeber oder von einem Unternehmen, das als herrschendes Unternehmen mit dem Unternehmen des Arbeitgebers verbunden ist (§ 18 Abs. 1 AktG), ausgegeben werden oder (2.) an einer deutschen Börse zum amtlichen Handel oder zum geregelten Markt zugelassen oder in den Freiverkehr einbezogen sind (BMF 9.8.2004, BStBl. I 2004, 717, Abschnitt 4 Abs. 2; Schmidt/*Krüger*, 32. Aufl. 2013, § 19a Rn. 3). Die Bewertung dieser Vermögensbeteiligung ist in § 19a Abs. 2 S. 1 bis 4 geregelt (→ Rn. 80 ff.).

40 **Gewinnschuldverschreibungen** (§ 2 Abs. 1 Nr. 1 Buchst. b 5. VermBG aF) sind Wertpapiere, die auf Inhaber, Namen oder an Order lauten und in denen die Leistung einer bestimmten Geldsumme – im Regelfall die Einlösung zum Nennwert – versprochen wird (BMF 9.8.2004, BStBl. I 2004, 717, Abschnitt 4 Abs. 3; H 19a LStH 2008 „Gewinnschuldverschreibung"). Ob die Einlösung nach Fristablauf, Kündigung oder Rückgabe vorgesehen ist, ist dabei ohne Bedeutung. Unerheblich ist ebenfalls, ob neben Geldsummenansprüchen Geldwertansprüche verbrieft sind; so liegt zB eine Gewinnschuldverschreibung auch vor, wenn die Einlösung zum Kurs einer entsprechenden Aktie, mindestens jedoch zu einer bestimmten Geldsumme vereinbart ist (BMF 9.8.2004, BStBl. I 2004, 717). Voraussetzung ist in allen Fällen jedoch, dass neben einer bestimmten Geldsumme eine (gewinnabhängige oder feste) Verzinsung zugesagt ist (die Bezeichnung als Zins ist nicht relevant), die mit dem Gewinn zusammenhängt. Zudem ist ein voraussichtliches Überwiegen der gewinnabhängigen Verzinsung erforderlich (§ 2 Abs. 1 Nr. 1 Buchst. b und Abs. 2 S. 1 sowie Abs. 3 5. VermBG; BMF 9.8.2004, BStBl. I 2004, 717).

41 Gewinnschuldverschreibungen sind **Vermögensbeteiligungen,** wenn sie vom inländischen oder ausländischen Arbeitgeber oder von einem Unternehmen ausgegeben werden, das als herrschendes Unternehmen mit dem Unternehmen des Arbeitgebers iSd § 18 Abs. 1 AktG verbunden ist (BMF 9.8.2004, BStBl. I 2004, 717). Sofern in solchen Gewinnschuldverschreibungen eine **gewinnunabhängige Mindestverzinsung** zugesagt ist, muss eine der in § 2 Abs. 3 VermBG geforderten Voraussetzungen erfüllt sein; die Mindestverzinsung im Sinne des § 2 Abs. 3 Nr. 2 VermBG bestimmt sich nach dem Ausgabepreis, nicht nach dem Nennwert oder Tageskurs der Gewinnschuldverschreibung (BMF 9.8.2004, BStBl. I 2004, 717).

42 Gewinnschuldverschreibungen, die **Namensschuldverschreibungen des Arbeitgebers** sind, sind Vermögensbeteiligungen, wenn die Ansprüche des Arbeitnehmers aus der Schuldverschreibung auf Kosten des Arbeitgebers durch ein inländisches Kreditinstitut verbürgt oder durch ein inländisches Versicherungsunternehmen privatrechtlich gesichert sind; ein Wechsel des Bürgen oder des Versicherungsunternehmens während der für die gewählte Anlage geltenden Sperrfrist ist zulässig, wenn der neue Bürge oder das neue Versicherungsunternehmen die bisher entstandenen Verpflichtungen übernimmt; durch den Eintritt des Sicherungsfalls wird die für die gewählte Anlage geltende Sperrfrist nicht berührt. Die Sicherung ist nicht erforderlich, wenn der Arbeitgeber ein inländisches Kreditinstitut ist (BMF 9.8.2004, BStBl. I 2004, 717, 4. Abschnitt Abs. 5).

43 Neben Gewinnschuldverschreibungen werden an Schuldverschreibungen nur noch Wandelschuldverschreibungen (→ Rn. 44) gefördert. Die Bewertung dieser Vermögensbeteiligung ist in § 19a Abs. 2 S. 1 bis 4 geregelt (→ Rn. 80 ff.).

44 **Wandelschuldverschreibungen** (§ 2 Abs. 1 Nr. 1 Buchst. b 5. VermBG aF) sind Vermögensbeteiligungen, wenn sie (1.) vom inländischen oder ausländischen Arbeitgeber oder von einem Unternehmen, das als herrschendes Unternehmen mit dem Unternehmen des Arbeitgebers verbunden ist (§ 18 Abs. 1 AktG) ausgegeben werden oder (2.) an einer deutschen Börse zum amtlichen Handel oder zum geregelten Markt zugelassen oder in den Freiverkehr einbezogen sind. (BMF 9.8.2004, BStBl. I 2004, 717, Abschnitt 4 Abs. 2). Bei der Zusage einer **gewinnabhängigen Mindestverzinsung** ist § 2 Abs. 4 5. VermBG zu beachten. Handelt es sich um Wandelschuldverschreibungen, die **Namensschuldverschrei-**

bungen des Arbeitgebers sind, gelten die zu Gewinnschuldverschreibungen gemachten Ausführungen (→ Rn. 40) entsprechend, soweit sie die Namensschuldverschreibungen betreffen (vgl. BMF 9.8.2004, BStBl. I 2004, 717, 4. Abschnitt Abs. 5). Neben Wandelschuldverschreibungen werden an Schuldverschreibungen nur noch Gewinnschuldverschreibungen (→ Rn. 40) gefördert. Die Bewertung dieser Vermögensbeteiligung ist in § 19a Abs. 2 S. 1 bis 4 geregelt (→ Rn. 80 ff.).

Aktienfondsanteile/Investmentfonds (§ 2 Abs. 1 Nr. 1 Buchst. c 5. VermBG aF) sind typischerweise Anteile an richtlinienkonformen Sondervermögen (§ 46 bis 65 InvG) und gemischten Sondervermögen (§ 83 bis 86 InvG). Sie bleiben Vermögensbeteiligungen auch bei Änderung der im maßgebenden Jahresbericht oder im ersten Halbjahresbericht nach Auflegung des Sondervermögens festgestellten Zusammensetzung des Sondervermögens, die während der Laufzeit eines Vertrags nach § 4 VermBG über den Erwerb von entsprechenden Anteilen mit laufenden vermögenswirksamen Leistungen eintreten kann (BMF 9.8.2004, BStBl. I 2004, 717, 4. Abschnitt Abs. 5). Gefördert werden auch ausländische Investmentanteile, wobei im Zeitpunkt des Vertragsabschlusses der Jahresbericht über das vorletzte Geschäftsjahr vorliegen muss (BMF 9.8.2004, BStBl. I 2004, 717). Beim Erwerb **verbriefter EG-Investmentanteile** (§ 2 Abs. 10 InvG) kann für neu aufgelegte Vermögen aus Wertpapieren auch der erste Halbjahresbericht nach Auflegung des Vermögens zugrunde gelegt werden (BMF 9.8.2004, BStBl. I 2004, 717). Die Anlage in Immobilien-Sondervermögen, Altersvorsorge-Sondervermögen und Spezial-Sondervermögen fällt nicht unter § 2 Abs. 1 Nr. 1 Buchst. c 5. VermBG aF (BMF 9.8.2004, BStBl. I 2004, 717). 45

Mitarbeiterbeteiligungs-Sondervermögen nach Abschnitt 7a des Investmentgesetzes vom 15.12.2003 (§ 2 Abs. 1 Nr. 1 Buchst. d 5. VermBGB aF): Hierunter fallen solche Beteiligungen an einem inländischen Unternehmen, das auf Grund eines Vertrags mit dem Arbeitgeber an dessen inländischem Unternehmen gesellschaftsrechtlich beteiligt ist, sog. indirekte betriebliche stille Beteiligung über eine sog. Mitarbeiterbeteiligungsgesellschaft (BMF 9.8.2004, BStBl. I 2004, 717, 4. Abschnitt Abs. 9 Nr. 2). 46

Genussscheine und Genussrechte (§ 2 Abs. 1 Nr. 1 Buchst. f und k 5. VermBG aF): Ein **Genussschein** ist ein Wertpapier, wenn er ein Genussrecht verbrieft und auf Inhaber, Namen oder an Order lautet. Genussscheine können von Unternehmen sämtlicher Rechtsformen herausgegeben werden (BMF 9.8.2004, BStBl. I 2004, 717, 4. Abschnitt Abs. 6, H 19a LStH 2008 „Genusschein"). Die Bewertung dieser Vermögensbeteiligung ist in § 19a Abs. 2 S. 1 bis 4 geregelt (→ Rn. 80 ff.). **Genussrechte** können alle Vermögensrechte sein, wie sie typischerweise Aktionären zustehen, insbesondere das Gewinnbezugsrecht; sie unterscheiden sich von Mitgliedschaftsrechten durch das Fehlen der Kontroll- und Verwaltungsrechte (BMF 9.8.2004, BStBl. I 2004, 717). Zur Bewertung dieser Vermögensbeteiligung → Rn. 107 ff. Genussscheine sind **Vermögensbeteiligungen,** wenn sie (1.) vom inländischen oder ausländischen Arbeitgeber oder von einem Unternehmen, das als herrschendes Unternehmen mit dem Unternehmen des Arbeitgebers verbunden ist (§ 18 Abs. 1 AktG), ausgegeben werden oder (2.) von einem inländischen Unternehmen, das kein Kreditinstitut ist, ausgegeben werden und an einer deutschen Börse zum amtlichen Handel oder zum geregelten Markt zugelassen oder in den Freiverkehr einbezogen sind (BMF 9.8.2004, BStBl. I 2004, 717). Sind neben dem Recht am Gewinn eines Unternehmens andere Rechte vereinbart, die ebenfalls typische Vermögensrechte eines Aktionärs sein können (zB Bezugsrechte), steht das der Annahme eines Genussrechts nicht entgegen (BMF 9.8.2004, BStBl. I 2004, 717). Da mit dem Genussrecht das Recht am Gewinn des Unternehmens verbunden sein muss, wird die Zusage eines **gewinnunabhängigen Mindest- bzw. Festzinses** nicht gefördert (BMF 9.8.2004, BStBl. I 2004, 717). Die Abgrenzung hat anhand der Umstände des Einzelfalls zu erfolgen. 47

Ein gewinnunabhängiger Mindest- oder Festzins ist zB dann nicht zugesagt, wenn die Zinszahlung ausdrücklich von einem ausreichenden Gewinn abhängig gemacht ist oder das Genussrechtskapital am Verlust teilnimmt (vgl. § 10 Abs. 5 Gesetz über das Kreditwesen); sofern eine gewinnunabhängige Mindestverzinsung zugesagt ist, muss eine der in § 2 Abs. 4 VermBG iVm § 2 Abs. 3 5. VermBG geforderten Voraussetzungen erfüllt sein (BMF 9.8.2004, BStBl. I 2004, 717). 47.1

Voraussetzung für das Vorliegen einer begünstigten Vermögensbeteiligung ist außerdem, dass eine **Rückzahlung zum Nennwert nicht zugesagt** ist; dann könnte aber eine 48

Gewinnschuldverschreibung (→ Rn. 40) vorliegen (BMF 9.8.2004, BStBl. I 2004, 717, 4. Abschnitt Abs. 6 a. E.).

48.1 Eine Rückzahlung ist zB in den folgenden Fällen **nicht zum Nennwert zugesagt** (BMF 9.8.2004, BStBl. I 2004, 717, 4. Abschnitt Abs. 6):

- Ausschluss der Rückzahlbarkeit (Unkündbarkeit, keine Rücknahme des Genussscheins);
- Rückzahlbarkeit bei Kündigung, bei Rückgabe oder nach Fristablauf, wenn sich der Rückzahlungsanspruch nach der Wertentwicklung eines Unternehmens richtet (zB unmittelbar auf einen Anteil am Liquidationserlös gerichtet ist oder sich nach dem Börsenkurs einer entsprechenden Aktie des Unternehmens richtet);
- Rückzahlbarkeit bei Kündigung, bei Rückgabe oder nach Fristablauf, wenn eine Beteiligung am Verlust vereinbart ist (das ist auch dann der Fall, wenn im Verlustfalle weniger als der Nennwert zurückgezahlt wird);
- Rückzahlbarkeit bei Kündigung, bei Rückgabe oder nach Fristablauf, wenn eine Rückzahlung nur aus dem Gewinn erfolgen darf (BMF 9.8.2004, BStBl. I 2004, 717).

49 **Genossenschaftsanteile** (§ 2 Abs. 1 Nr. 1 Buchst. g 5. VermBG aF) sind Vermögensbeteiligungen, wenn die Genossenschaft (1.) der inländische Arbeitgeber oder ein inländisches Unternehmen ist, das als herrschendes Unternehmen mit dem inländischen Unternehmen des Arbeitgebers verbunden ist (§ 18 Abs. 1 AktG), oder (2.) ein inländisches Kreditinstitut oder ein Post-, Spar- oder Darlehensverein ist oder (3.) eine Bau- oder Wohnungsgenossenschaft iSd § 2 Abs. 1 Nr. 2 WoPG ist, die die in § 2 Abs. 1 Nr. 1 Buchst. g VermBG geforderten Voraussetzungen erfüllt (BMF 9.8.2004, BStBl. I 2004, 717, Abs. 7). Zur Bewertung dieser Vermögensbeteiligung → Rn. 107 ff.

50 **GmbH-Anteile** (§ 2 Abs. 1 Nr. 1 Buchst. h 5. VermBG aF) sind nur dann Vermögensbeteiligungen und deren Gewährung durch den Arbeitgeber ist nach § 19a Abs. 1 nur dann (teilweise) steuerfrei, wenn die GmbH der inländische Arbeitgeber oder ein inländisches Unternehmen ist, das als herrschendes Unternehmen mit dem inländischen Unternehmen des Arbeitgebers iSd § 18 Abs. 1 AktG verbunden ist (BMF 9.8.2004, BStBl. I 2004, 717, 4. Abschnitt Abs. 8). Zur Bewertung dieser Vermögensbeteiligung → Rn. 81.

51 **Stille Beteiligungen** (§ 2 Abs. 1 Nr. 1 Buchst. i 5. VermBG aF) sind Vermögensbeteiligungen, wenn das Unternehmen, an dem die Beteiligung besteht, (1.) der inländische Arbeitgeber oder ein inländisches Unternehmen ist, das als herrschendes Unternehmen mit dem inländischen Unternehmen des Arbeitgebers verbunden ist (§ 18 Abs. 1 AktG), oder (2.) ein inländisches Unternehmen ist, das auf Grund eines Vertrags mit dem Arbeitgeber an dessen inländischem Unternehmen gesellschaftsrechtlich beteiligt ist, indirekte betriebliche stille Beteiligung über eine sog. Mitarbeiterbeteiligungsgesellschaft (BMF 9.8.2004, BStBl. I 2004, 717, 4. Abschnitt Abs. 9). Für die **Abgrenzung einer stillen Beteiligung von einem partiarischen Darlehen** kommt es darauf an, ob die Vertragspartner einen gemeinsamen Zweck verfolgen (BFH 21.6.1983 – VIII R 237/80, BStBl. II 1983, 563). Indiz für die Verfolgung eines gemeinsamen Zwecks kann die ausdrückliche Vereinbarung von Kontrollrechten des Arbeitnehmers sein (BFH 10.2.1978 – III R 115/76, BStBl. II 1978, 256). Fehlt es an einem gemeinsamen Zweck der Vertragspartner, liegt ein partiarisches Darlehen vor (H 19a LStH 2008 „Abgrenzung zwischen stiller Beteiligung und partiarischem Darlehen"). Zur Bewertung dieser Vermögensbeteiligung → Rn. 107 ff.

52 **Darlehensforderungen** (§ 2 Abs. 1 Nr. 1 Buchst. j 5. VermBG aF) sind Vermögensbeteiligungen, wenn (1.) sie Forderungen gegen den Arbeitgeber oder gegen ein inländisches Unternehmen sind, das als herrschendes Unternehmen mit dem Unternehmen des Arbeitgebers verbunden ist (§ 18 Abs. 1 AktG) und (2.) die Ansprüche des Arbeitnehmers aus dem Darlehensvertrag gesichert sind (BMF 9.8.2004, BStBl. I 2004, 717, 4. Abschnitt Abs. 10). Zur Bewertung dieser Vermögensbeteiligung → Rn. 107 ff.

53 **d) Arbeitnehmer. Allgemeiner Arbeitnehmerbegriff:** Den Vorteil muss ein Arbeitnehmer im ertragsteuerlichen Sinn erhalten (BFH 1.9.2016 – VI R 16/15, BStBl. II 2017, 149, zu einem Vorstandsmitglied). Es gelten die Ausführungen zu § 19 entsprechend (→ § 19 Rn. 173 ff.). Mithin sind begünstigte Arbeitnehmer auch die **Organwalter von Kapitalgesellschaften als Angestellte** – zB ein Vorstandsvorsitzender – (BFH 1.9.2016 – VI R 16/15, BStBl. II 2017, 149, zu einem Vorstandsmitglied; HHR/*Pflüger* § 19a Rn. 15). Nach § 1 Abs. 3 Nr. 1 des 5. VermBG ist dieser Personenkreis aber vom persönlichen Geltungsbe-

reich des 5. VermBG ausgeschlossen, sodass Organe von Kapitalgesellschaften eine für die übrigen Arbeitnehmer mögliche Doppelbegünstigung nach § 19a und nach 5. VermBG nicht erhalten können (HHR/*Pflüger* § 19a Rn. 15).

Subsidiarität gemäß § 15 Abs. 1 S. 1 Nr. 2 Alt. 2: Die in § 15 Abs. 1 S. 1 Nr. 2 Alt. 2 angeordnete Subsidiarität des § 19 Abs. 1 S. 1 ist auch in den Fällen des § 19a zu beachten, sodass Vergütungen in Form von Sachbezügen der in § 19a Abs. 1 geschilderten Art, die ein Mitunternehmer von der Gesellschaft für seine Tätigkeit im Dienst der Gesellschaft erhält, nicht durch § 19a begünstigt sind (HHR/*Pflüger* § 19a Rn. 15). 54

Beschränkt steuerpflichtige Arbeitnehmer können die Vergünstigungen nach § 19a in Anspruch nehmen, wenn sie Einkünfte iSd § 49 Abs. 1 Nr. 4 erzielen (BFH 24.1.2001 – I R 119/98, BStBl. II 2001, 512; R 19a Abs. 1 S. 1 LStR 2008). 55

Nach § 1 Abs. 3 als unbeschränkt einkommensteuerpflichtig behandelte Arbeitnehmer fallen ebenfalls in den Anwendungsbereich des § 19a (HHR/*Pflüger* § 19a Rn. 15). 56

Überlassung an Dritte: Ist dem Arbeitnehmer die Überlassung des begünstigten Sachbezugs zuzurechnen (zB bei der Gewährung einer Vermögensbeteiligung an den **Ehegatten des Arbeitnehmers,** die als wirtschaftlicher Verfügung des Arbeitnehmers anzusehen und diesem mithin zugeflossen ist), ist dieser Sachbezug **begünstigt** (Blümich/*v. Twickel* § 19 Rn. 31; Schmidt/*Krüger,* 32. Aufl. 2013, § 19a Rn. 20; R 19a Abs. 2 S. 2 LStR 2008). Dem steht nicht der Zweck des § 19a, die Vermögensbildung beim Arbeitnehmer zu fördern, entgegen (so jedoch HHR/*Pflüger* § 19a Rn. 15; *Zacharias/Hebig* FR 1987, 498; *Loritz* BB 1990, 1743). Denn der Begünstigungstatbestand stellt auf die Zuwendung der Vermögensbeteiligung vom Arbeitgeber an den Arbeitnehmer als solche ab, die in den Fällen der Zurechnung gegeben ist, ohne dass die anschließende Vermögensverwendung relevant wäre. 57

e) Im Rahmen eines gegenwärtigen Dienstverhältnisses. Hinsichtlich des Begriffs des Dienstverhältnisses wird auf die Erläuterungen zu § 19 verwiesen (→ § 19 Rn. 122 ff.). Für die Privilegierung nach § 19a muss ein **gegenwärtiges Dienstverhältnis** (→ Rn. 59 ff.) bestehen und die Vermögensbeteiligung **im Rahmen des Dienstverhältnisses** (→ Rn. 65 ff.) gewährt werden. 58

aa) Gegenwärtigkeit des Dienstverhältnisses. Aktives Dienstverhältnis: Die Vermögensbeteiligung muss dem Arbeitnehmer im Rahmen eines gegenwärtigen Dienstverhältnisses zufließen. Gegenwärtiges Dienstverhältnis ist jedenfalls ein im Zeitpunkt des Zuflusses bestehendes aktives Dienstverhältnis (Schmidt/*Krüger,* 32. Aufl. 2013, § 19a Rn. 20). Vergangene oder zukünftige Dienstverhältnisse sind mithin nicht begünstigt (Blümich/*v. Twickel* § 19a Rn. 26; HHR/*Pflüger* § 19a Rn. 16). 59

Ruhen des Dienstverhältnisses kraft gesetzlicher Regelungen (zB Mutterschutz oder Erziehungsurlaub) suspendiert zwar die Pflichten aus dem Dienstverhältnis in ihren wesentlichen Punkten, das Dienstverhältnis als solches besteht jedoch fort, sodass dem Arbeitnehmer auch in diesen Fällen die Steuerfreiheit zusteht (HHR/*Pflüger* § 19a Rn. 16). 60

In Auflösung begriffene Dienstverhältnisse: Die Überlassung von Vermögensbeteiligungen an **frühere Arbeitnehmer** des Arbeitgebers ist aber nach Auffassung der Finanzverwaltung auch dann steuerbegünstigt, soweit die unentgeltliche oder verbilligte Vermögensbeteiligung im Rahmen einer Abwicklung des früheren Dienstverhältnisses noch als Arbeitslohn für die tatsächliche Arbeitsleistung überlassen wird (R 19a Abs. 1 S. 2 LStR 2008; zustimmend Blümich/*v. Twickel* § 19a Rn. 26). 61

Höhe des Arbeitsentgelts sowie Dauer der Beschäftigung haben keine Auswirkungen auf die Privilegierung des Sachbezugs; auch im Rahmen **geringfügiger oder kurzzeitiger** (selbst tageweiser) **Beschäftigung** im Rahmen eines Dienstverhältnisses ist die Steuerfreiheit zu gewähren (HHR/*Pflüger* § 19a Rn. 16). 62

bb) Überlassung im Rahmen des Dienstverhältnisses. Die Vermögensbeteiligung muss nach § 19a Abs. 1 „im Rahmen des Dienstverhältnisses" überlassen werden, was sowohl bei Gewährung durch den Arbeitgeber (→ Rn. 64) als auch bei Gewährung durch Dritte (→ Rn. 65 ff.) der Fall sein kann. 63

Überlassung durch den Arbeitgeber einer ihm (zunächst) gehörenden Vermögensbeteiligung ist der Regelfall (HHR/*Pflüger* § 19a Rn. 16). 64

65 **Überlassung durch Dritte:** Voraussetzung für eine Veranlassung zum Dienstverhältnis ist nicht, dass der Arbeitgeber Rechtsinhaber der zu überlassenden Vermögensbeteiligung ist, sodass die Steuerbegünstigung auch für den geldwerten Vorteil gilt, der bei Überlassung der Vermögensbeteiligung durch einen Dritten entsteht (R 19a Abs. 2 S. 1 und 2 LStR 2008).

65.1 Eine steuerbegünstigte Überlassung von Vermögensbeteiligungen durch Dritte liegt zB vor, wenn der Arbeitnehmer die Vermögensbeteiligung unmittelbar erhält (R 19a Abs. 2 S. 3 LStR 2008):

- von einem Beauftragten des Arbeitgebers, zB einem Kreditinstitut, oder
- von einem Unternehmen, das mit dem Unternehmen des Arbeitgebers in einem Konzern (§ 18 AktG) verbunden ist (Ausgabe von Aktien oder anderen Vermögensbeteiligungen durch eine Konzernobergesellschaft an Arbeitnehmer der Konzernuntergesellschaft oder zwischen anderen Konzerngesellschaften), oder
- von einem fremden Unternehmen, mit dem der Arbeitgeber entsprechende Vereinbarungen getroffen hat.

66 Dabei ist der Veranlassungszusammenhang zum Dienstverhältnis unabhängig davon zu bejahen, ob der **Arbeitgeber in die Überlassung eingeschaltet** ist oder ob der Arbeitgeber dem Dritten den **Preis der Vermögensbeteiligung oder die durch die Überlassung entstehenden Kosten ganz oder teilweise ersetzt** (R 19a Abs. 2 S. 4 LStR 2008).

67 **f) Unentgeltliche oder verbilligte Überlassung.** Die Steuerbegünstigung gilt nach § 19a Abs. 1 nur für den geldwerten Vorteil, den der Arbeitnehmer durch die **unentgeltliche oder verbilligte Überlassung** der Vermögensbeteiligung erhält.

68 **Definition:** Eine unentgeltliche oder verbilligte Überlassung an den Arbeitnehmer liegt vor, wenn die Vermögensbeteiligung ganz oder teilweise unter dem gemäß § 19a Abs. 2 maßgeblichen Wert der Vermögensbeteiligung überlassen wird (R 19a Abs. 10 LStR 2008) und der Arbeitnehmer insoweit keine zusätzliche Arbeitsleistung zu erbringen hat (HHR/*Pflüger* § 19a Rn. 24). Deshalb sind Geldleistungen des Arbeitgebers an den Arbeitnehmer zur Begründung oder zum Erwerb der Vermögensbeteiligung oder für den Arbeitnehmer vereinbarte vermögenswirksame Leistungen iSd VermBG, die zur Begründung oder zum Erwerb der Vermögensbeteiligung angelegt werden, nicht steuerbegünstigt (R 19a Abs. 3 S. 1 und 2 LStR 2008). Die verbilligte oder unentgeltliche Überlassung bedeutet nicht **Schenkung,** weil es sich um Arbeitslohn handeln muss (Blümich/*v. Twickel* § 19a Rn. 27).

69 **Vom Arbeitnehmer übernommene Nebenkosten** (Notariatsgebühren, Eintrittsgelder im Zusammenhang mit Geschäftsguthaben bei einer Genossenschaft und Kosten für Registereintragungen, übernommene Depotgebühren) sind ebenfalls als geldwerter Vorteil dem Arbeitnehmer zuzurechnen (vgl. BFH 21.9.1990 – VI R 97/86, BStBl. II 1991, 262). Die Übernahme solcher Kosten wird **grundsätzlich nicht durch § 19a begünstigt** (Blümich/*v. Twickel* § 19a Rn. 27; R 19a Abs. 1 S. 3 und 4 LStR 2008; → Rn. 78). Sie sind aber dann als Teil der erhaltenen Vermögensbeteiligung **ausnahmsweise begünstigt,** wenn sie mit der Überlassung der Vermögensbeteiligung unmittelbar zusammenhängen, mithin Anschaffungskosten der dem Arbeitnehmer überlassenen Vermögensbeteiligung sind (HHR/*Pflüger* § 19a Rn. 16).

70 **g) Erhalten der Vermögensbeteiligung (Zufluss).** Das in § 19a Abs. 1 genannte Tatbestandsmerkmal „[e]rhält" ist inhaltlich gleichzusetzen mit dem allgemeinen Begriff des Zuflusses in § 11 Abs. 1, sodass es der **Steigerung der wirtschaftlichen Leistungsfähigkeit des Arbeitnehmers** bedarf (Schmidt/*Krüger,* 32. Aufl. 2013, § 19a Rn. 20; HHR/*Pflüger* § 19a Rn. 11). Ist der Zufluss verwirklicht, sind spätere Wertveränderungen nicht im Rahmen der Einkünfte aus nichtselbständiger Arbeit relevant; ggf. ergeben sich Konsequenzen im Rahmen der Einkünfte aus Kapitalvermögen (§ 20) oder im Rahmen der sonstigen Einkünfte (§§ 22 Nr. 2, 23). Hinsichtlich der Wertveränderungen zwischen Bewertungsstichtag und Zufluss → Rn. 88. Weil es sich bei der Überlassung von Vermögensbeteiligungen um **sonstige Bezüge** und nicht um laufenden Arbeitslohn handelt (Blümich/*v. Twickel* § 19a Rn. 32, mwN), muss der Arbeitslohn im aktuellen Veranlagungszeitraum bis zum 31.12. des Veranlagungszeitraums zufließen, um die Steuerbefreiung noch in diesem Veranlagungszeitraum zu erlangen (§§ 11 Abs. 1 S. 4, 38a Abs. 1 S. 3).

71 **Zeitpunkt des Zuflusses** ist der Tag der Erfüllung des Anspruchs des Arbeitnehmers auf Verschaffung der wirtschaftlichen Verfügungsmacht über die Vermögensbeteiligung (BFH 23.6.2005 – VI R 10/03, BStBl. II 2005, 770; H 19a LStH 2008 „Zuflusszeitpunkt der

Vermögensbeteiligung“). Wird Arbeitnehmern auf Beteiligungskonten **Beteiligungskapital gutgeschrieben,** ist der Zufluss von Arbeitslohn bereits im Zeitpunkt der Gutschrift anzunehmen; dies gilt auch dann, wenn die Arbeitnehmer langfristig in der Verwendung der gutgeschriebenen Beträge beschränkt sind (BFH 11.2.2010 – VI R 47/08, BFH/NV 2010, 1094). In der Praxis gilt die **Vereinfachungsregelung** der Finanzverwaltung, wonach als Tag der Überlassung vom **Tag der Ausbuchung** beim Überlassenden oder dessen Erfüllungsgehilfen ausgegangen werden kann (R 19a Abs. 8 LStR 2008). Belegschaftsaktien, die bisher lediglich in einer **Sammelurkunde verbrieft** sind, werden den Mitarbeitern im Zeitpunkt der schriftliche Zuteilung der Anzahl der Aktien und der Erstellung einer Datei mit den Namen der Mitarbeiter sowie der jeweiligen Anzahl der Aktien und der jeweiligen Aktiennummer überlassen (FG Thüringen 9.4.2003 – III 313/02, EFG 2004, 334, rkr.).

2. Rechtsfolge des § 19a Abs. 1

a) Absolute Höhe des Freibetrages. Rechtsfolge des § 19a Abs. 1 ist die Gewährung eines **Freibetrags von bis zu 135 EUR** (bis Veranlagungszeitraum 2003 154 EUR). 72

Mehrere Dienstverhältnisse: Der steuerfreie Höchstbetrag ist auf das Dienstverhältnis bezogen (R 19a Abs. 11 S. 1 LStR 2008). Steht der Arbeitnehmer im Kalenderjahr nacheinander oder nebeneinander in mehreren Dienstverhältnissen, kann der steuerfreie Höchstbetrag in jedem Dienstverhältnis in Anspruch genommen werden (Blümich/*v. Twickel* § 19a Rn. 34: das Wort „*eines* […] Dienstverhältnisses“ ist als unbestimmter Artikel und nicht numerisch zu verstehen; Schmidt/*Krüger,* 32. Aufl. 2013, § 19a Rn. 25; HHR/*Pflüger* § 19a Rn. 16; R 19a Abs. 11 S. 2 LStR 2008). 73

b) Begrenzung des Freibetrages. Doppelte bzw. dreifache Begrenzung: Die Steuerfreiheit des geldwerten Vorteils ist der Höhe nach **doppelt begrenzt,** und zwar auf den halben Wert der Vermögensbeteiligung, höchstens aber auf den in § 19a Abs. 1 genannten Freibetrag von 135 EUR jährlich (H 19a LStH 2008 „Ermittlung des steuerfreien geldwerten Vorteils“). Sieht man den Abzug der Eigenleistung des Arbeitnehmers zusätzlich als Begrenzung an, kann man ebenso von einer **dreifachen Begrenzung** der Höhe des Freibetrages ausgehen (so HHR/*Pflüger* § 19a Rn. 30). 74

Berechnungsschritte: Daraus folgt, dass der geldwerte Vorteil nur insoweit zum steuerpflichtigen Arbeitslohn gehört, als er die Hälfte des Werts der Vermögensbeteiligung übersteigt. Ist der geldwerte Vorteil höher als 135 EUR im Kalenderjahr, gehört der 135 EUR übersteigende Teil des geldwerten Vorteils auch dann zum steuerpflichtigen Arbeitslohn, wenn die Hälfte des Werts der Vermögensbeteiligung nicht überschritten wird (H 19a LStH 2008 „Ermittlung des steuerfreien geldwerten Vorteils“). 75

Die Ermittlung des nach § 19a Abs. 1 steuerfreien Vorteils macht damit folgende Berechnungsschritte erforderlich: 75.1

	Wert der Vermögensbeteiligung nach § 19a Abs. 2
./.	Eigenleistung des Arbeitnehmers
=	Höhe des geldwerten Vorteils

Hiervon ist steuerfrei die Hälfte des Wertes nach § 19a Abs. 2, höchstens jedoch 135 EUR.

Beispiele nach H 19a LStH 2008 „Beispiele zur Ermittlung des steuerfreien geldwerten Vorteils“: 75.2

Eigenleistung des Arbeitnehmers EUR	Wert der Beteiligung EUR	steuerfrei EUR	steuerpflichtig EUR
0	50	25	25
0	500	135	365
200	400	135	65
50	250	125	75
135	270	135	0
150	300	135	15
250	500	135	115
275	550	135	140

II. § 19a Abs. 2: Bewertung der Vermögensbeteiligung

1. Vorbemerkung und Überblick

76 **Subsidiär anzuwendende besondere Bewertungsvorschrift:** § 19a Abs. 2 enthält eine besondere, von § 8 Abs. 2 abweichende Bewertungsvorschrift (Blümich/*v. Twickel* § 19a Rn. 35; HHR/*Pflüger* § 19a Rn. 35). Der **Anwendungsbereich** dieser Norm ist aber **zu beschränken:** Denn die Abweichung von der allgemeinen Bewertungsregelung in § 8 Abs. 2 ist nur insoweit gerechtfertigt, als es der Regelungszweck des § 19a Abs. 2 erfordert. Danach ist die Vorschrift nur in den Fällen anzuwenden, in denen der aus der Annahme des Überlassungsangebots entstehende Vorteil bis zur Überlassung **Veränderungen unterliegen kann.** Beziffert der Arbeitgeber jedoch in seinem Überlassungsangebot den Vorteil mit einem feststehenden Betrag, bedarf es für die Ermittlung des geldwerten Vorteils nicht der Heranziehung des § 19a Abs. 2 (BFH 10.3.2010 – VI R 36/08, BFH/NV 2010, 1432; BFH 4.4.2001 – VI R 96/00, BStBl. II 2001, 813, zur Vorgängervorschrift § 19a Abs. 8 S. 2 EStG aF; Schmidt/*Krüger*, 32. Aufl. 2013, § 19a Rn. 26; H 19a LStH 2008 „Preisnachlass"). Die Vergünstigungsvorschrift des § 19a 2 schränkt den Anwendungsbereich der Vereinfachungsregelung des § 8 Abs. 2 Satz 11 nicht ein, weil eine vergünstigende Norm nicht dazu führen darf, dass der Steuerpflichtige ungünstiger behandelt wird als wenn es diese Vergünstigung nicht gäbe (BFH 6.7.2011 – VI R 35/10, BFH/NV 2011, 1683, zu § 8 Abs. 2 S. 9 EStG aF, der Vorgängervorschrift des § 8 Abs. 2 S. 11). Die Verschaffung von Krankenversicherungsschutz unterliegt als Sachbezug der Freigrenze iSd § 8 Abs. 2 S. 11 (BFH 7.6.2018 – VI R 13/16, DStR 2018, 1907).

77 **Verweis auf das 5. VermBG:** Ein Vergleich der beiden Absätze zeigt, dass § 19a Abs. 1 auf eine historische Fassung des 5. VermBG Bezug nimmt (→ Rn. 36 ff.), während § 19a Abs. 2 auf die aktuelle Gesetzesfassung (dynamisch) verweist.

78 **Nebenkosten** der Überlassung sind nach § 19a Abs. 2 bei der Bewertung der Vermögensbeteiligung nicht zu berücksichtigen; dazu gehören Notariats-, Register-, Bankgebühren uÄ, die bei Erwerb oder Begründung der Vermögensbeteiligung anfallen (Blümich/*v. Twickel* § 19a Rn. 37; R 19a Abs. 3 S. 3 LStR 2008). Dies gilt allerdings nicht bei laufenden Depotgebühren, die bei dem Arbeitnehmer Werbungskosten bei den Einkünften aus Kapitalvermögen sind (Blümich/*v. Twickel* § 19a Rn. 37).

79 **Fehlgeschlagenes Mitarbeiterprogramm:** Wird ein fehlgeschlagenes Mitarbeiteraktienprogramm rückgängig gemacht, indem zuvor vergünstigt erworbene Aktien an den Arbeitgeber zurückgegeben werden, liegen beim Arbeitnehmer Werbungskosten bzw. negative Einnahmen vor; die Höhe des Erwerbsaufwands bemisst sich in einem solchen Fall nach dem ursprünglich gewährten geldwerten Vorteil; zwischenzeitlich eingetretene Wertveränderungen der Aktien sind unbeachtlich (BFH 17.9.2009 – VI R 17/08, BStBl. II 2010, 299). Die Vorschrift des § 19a kann jedenfalls dann nicht als Bewertungsmaßstab für negative Einnahmen herangezogen werden, wenn lediglich ein zuvor gewährter geldwerter Vorteil rückgängig gemacht werden soll (BFH 17.9.2009 – VI R 17/08, BStBl. II 2010, 299).

2. Grundsätzliche Anknüpfung an den gemeinen Wert (§ 19a Abs. 2 S. 1)

80 **Auffangtatbestand:** Nach § 19a Abs. 2 S. 1 ist als Wert der Vermögensbeteiligung der **gemeine Wert** anzusetzen. Die Ermittlung des gemeinen Werts aufgrund von Verkäufen hat **Vorrang vor der Schätzung** (BFH 15.3.2018 – VI R 8/16, BStBl. II 2018, 550). Dieser bestimmt sich nach dem **BewG** (BFH 15.3.2018 – VI R 8/16, BStBl. II 2018, 550). Der gemeine Wert wird durch den Preis bestimmt, der im gewöhnlichen Geschäftsverkehr nach der Beschaffenheit des Wirtschaftsgutes bei einer Veräußerung zu erzielen wäre; dabei sind alle Umstände, die den Preis beeinflussen, zu berücksichtigen. Ungewöhnliche oder persönliche Verhältnisse sind nicht zu berücksichtigen (§ 9 Abs. 2 BewG). Ob die Parteien einen Preis vereinbart haben, der dem gewöhnlichen Geschäftsverkehr entspricht, ist nach ständiger Rechtsprechung nach den Gesamtumständen des Einzelfalls unter Heranziehung objektivierter Maßstäbe zu entscheiden; auszuklammern sind dabei solche preisbildende Faktoren, die mit der Beschaffenheit der Anteile selbst nichts zu tun haben (BFH 15.3.2018 – VI R 8/16, BStBl. II 2018, 550). Der gemeine Wert noch **nicht börsennotierter Aktien** ist – auch im Rahmen des § 19a – gemäß § 11 Abs. 2 BewG zu ermitteln (BFH 1.9.2016 –

VI R 16/15, BStBl. II 2017, 149; BFH 1.2.2007 – VI R 72/05, BFH/NV 2007, 898). Der gemäß § 11 Abs. 2 BewG zu ermittelnde gemeine Wert nicht börsennotierter Aktien ist vorrangig aus der Wertbestätigung am Markt abzuleiten, also von dem Preis, der bei einer Veräußerung im gewöhnlichen Geschäftsverkehr tatsächlich erzielt wurde (BFH 15.3.2018 – VI R 8/16, BStBl. II 2018, 550; BFH 1.9.2016 – VI R 16/15, BStBl. II 2017, 149: Bei nicht börsennotierten Aktien kann der gemeine Wert grds. vom Wert der börsennotierten gattungsgleichen Aktien abgeleitet werden; vgl. auch FG Berlin-Brandenburg 14.6.2017 – 14 K 14026/15, BeckRS 2017, 149858, Rev. BFH VI R 6/18). Zur Vorrangigkeit der Bezifferung des Wertes durch den Arbeitgeber → Rn. 76. § 19a Abs. 2 S. 1 ist ein **Auffangtatbestand,** der immer dann eingreift, wenn § 19a Abs. 2 S. 2 bis 7 nicht eingreifen (vgl. auch R 19a Abs. 9 S. 1 LStR 2008).

Der **gemeine Wert für GmbH-Anteile** bestimmt sich gemäß § 19a Abs. 2 S. 1 EStG iVm § 11 Abs. 2 BewG (BFH 1.9.2016 – VI R 16/15, BStBl. II 2017, 149). Das sog. **Stuttgarter Verfahren** für die Bewertung von Anteilen an Kapitalgesellschaften gilt **nicht für ertragsteuerliche Zwecke** (§ 11 Abs. 2 Satz 3 BewG, aA Blümich/*v. Twickel* § 19 Rn. 46, nach dem der Wert nach dem Stuttgarter Verfahren zu ermitteln ist, wenn er sich nicht aus weniger als einem Jahr zurückliegenden Verkäufen ableiten lässt). Kann der Wert der unentgeltlich oder verbilligt überlassenen Vermögensbeteiligung auch nicht aus tatsächlichen Anteilsverkäufen abgeleitet werden, darf der Wert nach Ansicht der Finanzverwaltung unter Beachtung des von ihr herausgegebenen „Leitfadens zur Bewertung von Anteilen an Kapitalgesellschaften" ermittelt werden (H 19a LStH 2008 „Wert der Vermögensbeteiligung" zweiter Gedankenstrich). **Maßgeblicher Bewertungsstichtag** ist nach allgemeinen Grundsätzen der Zeitpunkt, zu dem dem Steuerpflichtigen (Kläger) der Vorteil zufließt (BFH 1.9.2016 – VI R 16/15, BStBl. II 2017, 149). 81

Veräußerungssperren mindern den Wert der Vermögensbeteiligung nicht. Denn Verfügungsbeschränkungen, mit denen Aktien belastet sind, sollen nach den erkennbaren Vorstellungen des Gesetzgebers bei der Ermittlung des „üblichen Mittelpreises" des Verbrauchsorts nicht zu Wertabschlägen führen (BFH 7.4.1989 – VI R 47/88, BStBl. II 1989, 608; im Ergebnis ebenso H 19a LStH 2008 „Wert der Vermögensbeteiligung" erster Gedankenstrich). 82

3. Bewertung verbriefter Vermögensbeteiligungen (§ 19a Abs. 2 S. 2)

Inhalt der Norm: Werden einem Arbeitnehmer **Vermögensbeteiligungen iSd § 2 Abs. 1 Nr. 1 Buchst. a, b und f 5. VermBG** (→ Rn. 84) überlassen, die am Tag der Beschlussfassung über die Überlassung an einer deutschen Börse zum regulierten Markt zugelassen sind (→ Rn. 85), werden die vorgenannten Vermögensbeteiligungen gemäß § 19a Abs. 2 S. 2 mit dem **niedrigsten an diesem Tag für sie im regulierten Markt notierten Kurs** angesetzt, wenn am Tag der Überlassung **nicht mehr als neun Monate** (→ Rn. 89) seit dem Tag der Beschlussfassung (→ Rn. 86 f.) über die Überlassung vergangen sind. Die Regelung soll es dem Arbeitgeber ermöglichen, schon im Überlassungsangebot an die Arbeitnehmer die steuerrechtlichen Auswirkungen nennen zu können (BT-Drs. 10/5981, 32; BFH 4.4.2001 – VI R 173/00, BStBl. II 2001, 677; Blümich/*v. Twickel* § 19a Rn. 39). Keine Anwendung findet § 19a Abs. 2 S. 2 allerdings auf solche Vermögensbeteiligungen, deren **Preis am Tag der Beschlussfassung über die Überlassung bereits unveränderlich** feststeht (BFH 4.4.2001 – VI R 96/00, BStBl. II 2001, 813, → Rn. 76). Gleiches gilt, wenn der vom Arbeitgeber verlangte Preis dem Börsenkurs der Aktien entspricht (FG Niedersachsen 14.6.2007 – 11 K 187/03, EFG 2007, 1876, rkr.; Schmidt/*Krüger,* 32. Aufl. 2013, § 19a Rn. 26). 83

Vermögensbeteiligungen iSd § 2 Abs. 1 Nr. 1 Buchst. a, b und f 5. VermBG sind 84

- **Aktien** (§ 2 Abs. 1 Nr. 1 Buchst. a 5. VermBG, → Rn. 39), einschließlich **junger Aktien,** die am Tag der Beschlussfassung an der Börse bereits notiert werden (BFH 4.4.2001 – VI R 173/00, BStBl. II 2001, 677; H 19a LStH 2008 „Junge Aktien"),
- **Gewinnschuldverschreibungen und Wandelschuldverschreibungen** (§ 2 Abs. 1 Nr. 1 Buchst. b 5. VermBG, → Rn. 40 f.) und
- **Genussscheine** (§ 2 Abs. 1 Nr. 1 Buchst. f VermBG, → Rn. 47).

Zulassung zum regulierten Markt: Da § 19a Abs. 2 S. 2 am Tag der Überlassung der Vermögensbeteiligung eine Zulassung im regulierten Markt voraussetzt, findet diese Vor- 85 schrift keine Anwendung, wenn die (Belegschafts-)Aktien erst **unmittelbar vor dem Börsengang** stehen (Schmidt/*Krüger*, 32. Aufl. 2013, § 19a Rn. 26; FG Thüringen 9.4.2003 – III 313/02, EFG 2004, 334, rkr.); dann ist gemäß § 19 Abs. 2 S. 1 der gemeine Wert der Bewertungsmaßstab (FG Thüringen 9.4.2003 – III 313/02, EFG 2004, 334; vgl. auch R 19a Abs. 9 S. 1 LStR 2008).

86 **Maßgeblicher Bewertungszeitpunkt** ist der Tag der Beschlussfassung. Für den Tag der Beschlussfassung kommt es auf den **zivilrechtlich wirksamen Beschluss** an, der der Überlassung zugrunde liegt (BFH 4.4.2001 – VI R 173/00, BStBl. II 2001, 677). Tag der Beschlussfassung über die Überlassung eines **nicht handelbaren Aktienoptionsrechts** ist nicht der Tag, an dem der Arbeitgeber beschließt, seiner Verpflichtung aus dem bereits ausgeübten Optionsrecht nachzukommen, sondern der Tag, an dem der Beschluss über die Ausübung des Bezugsrechts getroffen wird (BFH 20.6.2001 – VI R 105/99, BStBl. II 2001, 689). Werden dem Arbeitnehmer **Wertpapiere von Konzerngesellschaften** überlassen, ist der Tag der Beschlussfassung über die Überlassung ebenfalls der maßgebliche Bewertungsstichtag (HHR/*Pflüger* § 19a Rn. 40; *Rabe von Papenheim* DB 1987, 957).

87 **Gestaltungsrecht:** Hinsichtlich des maßgeblichen Zeitpunkts für die Bewertung – dem Tag der Beschlussfassung – steht dem Arbeitgeber ein **Gestaltungsrecht** zu. Er kann einen Beschluss über die Überlassung von Aktien an seine Arbeitnehmer aufheben und durch einen anderen **Überlassungsbeschluss ersetzen;** in diesem Fall ist der nach § 19a Abs. 2 S. 2 zu berechnende Vorteil auf den Tag des (Zweit-)Beschlusses zu berechnen, auf dem die Überlassung der Aktien tatsächlich beruht (BFH 4.4.2001 – VI R 173/00, BStBl. II 2001, 677; H 19a LStH 2008 „Tag der Beschlussfassung"). Das Gestaltungsrecht steht dem Arbeitgeber auch dann noch zu, wenn die erste Beschlussfassung über die Belegschaftsaktien bereits bekannt gegeben worden war (Schmidt/*Krüger*, 32. Aufl. 2013, § 19a Rn. 26).

88 Die **Berücksichtigung von Wertveränderungen** richtet sich danach, ob bei der überlassenen Vermögensbeteiligungen im Anschluss an den Tag der Beschlussfassung (→ Rn. 86) Wertsteigerungen oder Wertminderungen eintreten. **Wertsteigerungen** nach dem Tag der Beschlussfassung rechtfertigen keine Abweichung von § 19a Abs. 2 S. 2, weil der Arbeitnehmer im Normalfall keinen Einfluss auf den Abwicklungszeitraum und der Arbeitgeber regelmäßig keinen Einfluss auf die Wertveränderungen in diesem Zeitraum hat (Blümich/*v. Twickel* § 19a Rn. 39; *Thomas* DStR 1991, 1405 (1407)). Bei zwischenzeitlichen **Wertminderungen** ist es der Ratio der Regelung (→ Rn. 83) entsprechend zulässig – aber ausweislich des klaren Wortlauts des § 19a Abs. 2 S. 2 auch erforderlich –, den ursprünglichen Überlassungsbeschluss aufzuheben und durch einen geänderten Beschluss zu ersetzen, um die mit der Zuwendung der Vermögensbeteiligung beabsichtigten Zwecke zu erreichen (zum Gestaltungsrecht des Arbeitgebers → Rn. 87); andernfalls müsste der Arbeitnehmer einen tatsächlich nicht bestehenden Vorteil versteuern (Blümich/*v. Twickel* § 19a Rn. 39; *Thomas* DStR 2001, 1525; *Seltenreich* DStR 2002, 658; offen gelassen in BFH 4.4.2001 – VI R 173/00, BStBl. II 2001,677).

89 **Zweck der Neunmonatsfrist:** Die vom Gesetzgeber normierte Neunmonatsfrist dient dem Zweck, sog. Vorratsbeschlüsse zu verhindern, also Beschlüsse des Arbeitgebers über die Überlassung von Vermögensbeteiligungen an Arbeitnehmer, bei denen die Überlassung der Vermögensbeteiligung erst zu einem Zeitpunkt nach Ablauf der Neunmonatsfrist erfolgt. Es soll die Möglichkeit verhindert werden, Aktien aufgrund eines uU Jahre vorher gefassten Beschlusses zu einem günstigen Kurs an die Arbeitnehmer zu überlassen (BFH 4.4.2001 – VI R 173/00, BStBl. II 2001, 677, mwN). Für den Fall des Überschreitens der Neunmonatsfrist gilt § 19a Abs. 2 S. 5, → Rn. 102 f.

90 **Möglicher Dividendenabschlag bei jungen Aktien:** Bei **jungen Aktien,** die noch nicht an der Börse eingeführt und **noch nicht voll dividendenberechtigt** sind, kann nach Auffassung der Finanzverwaltung insgesamt ein Abschlag in Höhe von 10% des Börsenkurses der Altaktien, höchstens von 30% vom Nominalwert der Aktie, bei Stückaktien vom auf die Aktie entfallenden anteiligen Wert des Grundkapitals gemacht werden; der ermittelte Wert gilt für alle jungen Aktien, die dem Arbeitnehmer innerhalb von neun Monaten nach dem Beschlusstag überlassen werden (R 19a Abs. 9 S. 4 und 5 LStR 2008; zustimmend Blümich/*v. Twickel* § 19a Rn. 42).

91 **Bewertung der Überlassung innerhalb eines Konzerns:** Beschließt ein herrschendes Unternehmen iSd § 18 Abs. 1 AktG die Überlassung von Vermögensbeteiligungen iSd § 2

Abs. 1 Nr. 1 Buchstabe a, b und f VermBG iVm § 2 Abs. 2 bis 5 5. VermBG (→ Rn. 84) an Arbeitnehmer des Konzerns, gilt nach Auffassung der Finanzverwaltung dieser Tag als Tag der Beschlussfassung iSd § 19a Abs. 2 S. 2; dies gilt auch dann, wenn das abhängige Unternehmen in einem eigenen Beschluss den Überlassungsbeschluss des herrschenden Unternehmens nachvollzieht, ohne die Wertpapiere von diesem zu erwerben (R 19a Abs. 7 S. 1 LStR 2008). **Erwirbt das abhängige Unternehmen die Wertpapiere,** ist der Tag seiner Beschlussfassung maßgebend (zutreffend R 19a Abs. 7 S. 2 LStR 2008).

4. Keine Notierung am Tag der Beschlussfassung (§ 19a Abs. 2 S. 3)

Inhalt der Norm: Liegt am Tag der Beschlussfassung über die Überlassung eine Notierung nicht vor, werden die dem Arbeitnehmer überlassenen Vermögensbeteiligungen nach § 19a Abs. 2 S. 3 mit dem letzten innerhalb von 30 Tagen vor diesem Tag im regulierten Markt notierten Kurs angesetzt. 92

Es liegt **keine Notierung am Tag der Beschlussfassung** über die Überlassung vor, wenn der Kurs wegen mangelnder Kauf- oder Verkaufaufträge, wegen außergewöhnlicher Kursänderungen oder aus sonstigen Gründen gestrichen worden ist oder wenn es sich um einen börsenfreien Tag handelt (HHR/*Pflüger* § 19a Rn. 41). 93

Rechtsfolge: Liegt keine Notierung am Tag der Beschlussfassung vor (→ Rn. 93), ist der innerhalb der letzten 30 Tage dem Tag der Beschlussfassung zeitlich am nächsten zurückliegende – nicht der niedrigste (HHR/*Pflüger* § 19a Rn. 41) – Wert anzusetzen. 94

Keine Notierung innerhalb der letzten 30 Tage vor dem Tag der Beschlussfassung: Vermögensbeteiligungen iSd § 2 Abs. 1 Nr. 1 Buchst. a, b und f, Abs. 2 und 4 5. VermBG (→ Rn. 84), für die am Beschlusstag und innerhalb von 30 Tagen vor dem Beschlusstag ein Kurs weder im amtlichen Handel noch im geregelten Markt oder im Freiverkehr ermittelt worden ist, sind entsprechend der Grundregel des § 19a Abs. 2 S. 1 (→ Rn. 80) mit dem gemeinen Wert am Tag der Überlassung anzusetzen (HHR/*Pflüger* § 19a Rn. 41; R 19a Abs. 9 S. 1 LStR 2008); wird an diesem Tag ein Kurs ermittelt, ist dieser der gemeine Wert (R 19a Abs. 9 S. 1 LStR 2008). Ansonsten können Kursnotierungen, die weiter als 30 Tage zurückliegen, mittelbar noch Anhaltspunkte für die Ermittlung des gemeinen Werts bilden (HHR/*Pflüger* § 19a Rn. 41; Blümich/*v. Twickel* §19a Rn. 41). 95

Der **gemeine Wert nicht börsennotierte Aktien** ist aus Verkäufen abzuleiten, wenn diese weniger als ein Jahr zurückliegen und den gemeinsamen Wert der Aktien repräsentieren (BFH 29.7.2010 – VI R 53/08, BFH/NV 2011, 18). Der gemeine Wert lässt sich dementsprechend nicht iSd § 11 Abs. 2 Abs. 2 Satz 2 BewG aus Verkäufen ableiten, wenn nach den Veräußerungen, aber noch vor dem Bewertungsstichtag weitere objektive Umstände hinzutreten, die dafür sprechen, dass diese Verkäufe nicht mehr den gemeinen Wert der Aktien repräsentieren, und es an objektiven Maßstäben für Zuschläge und Abschläge fehlt, um von den festgestellten Verkaufspreisen der Aktien auf deren gemeinen Wert zum Bewertungsstichtag schließen zu können (BFH 29.7.2010 – VI R 53/08, BFH/NV 2011, 18). Im letzteren Fall ist der Wert zu schätzen (§ 11 Abs. 2 S. 2 BewG). Der gemeine Wert nicht börsennotierter Aktien lässt sich nicht iSd § 11 Abs. 2 Satz 2 BewG aus Verkäufen ableiten, wenn nach den Veräußerungen aber noch vor dem Bewertungsstichtag weitere objektive Umstände hinzutreten, die dafür sprechen, dass diese Verkäufe nicht mehr den gemeinen Wert der Aktien repräsentieren, und es an objektiven Maßstäben für Zu- und Abschläge fehlt, um von den festgestellten Verkaufspreisen der Aktien auf deren gemeinen Wert zum Bewertungsstichtag schließen zu können (BFH 29.7.2010 – VI R 30/07, BStBl. II 2011, 68). Zu den Besonderheiten für am Stichtag noch nicht börsennotierte junge Aktien, wenn eine Notierung für Altaktien vorliegt → Rn. 84 und → Rn. 90. 96

5. Bewertung bei amtlicher Marktzulassung im Freiverkehr (§ 19a Abs. 2 S. 4)

Inhalt der Norm: § 19a Abs. 2 S. 4 erweitert den Anwendungsbereich des § 19a Abs. 2 S. 2 und 3 auf Vermögensbeteiligungen iSd § 2 Abs. 1 Nr. 1 Buchst. a, b und f 5. VermBG, die im Inland in den Freiverkehr (→ Rn. 98) einbezogen sind oder in einem anderen Staat des Europäischen Wirtschaftsraums (→ Rn. 100) zum Handel an einem geregelten Markt (→ Rn. 99) iSd Art. 1 Nr. 13 der Richtlinie 93/22/EWG des Rates vom 10.5.1993 über Wertpapierdienstleistungen (ABl. EG Nr. L 141 S. 27) zugelassen sind. Aufgrund dieser 97

Erweiterung gilt der Tag der Beschlussfassung über die Überlassung **bei allen originären verbrieften Vermögensbeteiligungen** zunächst als der Bewertungsstichtag (HHR/*Pflüger* § 19a Rn. 42).

98 **Freiverkehr** ist der Handel mit Wertpapieren, die nicht zum amtlichen Börsenhandel zugelassen sind, weshalb keine amtliche Kursnotierung erfolgt (HHR/*Pflüger* § 19 Rn. 42, unter Hinweis auf BFH 6.5.1977 – III R 17/75, BStBl. II 1977, 626 und BFH 26.4.1963 – III 196/59 U, BStBl. III 1963, 372).

99 **Geregelter Markt** ist ein Markt, der sich unter börsenbehördlicher Aufsicht neben der eigentlichen Börse etabliert hat (HHR/*Pflüger* § 19a Rn. 42).

100 **Anderer Staat des Europäischen Wirtschaftsraums:** Dieser Zusatz wurde ab dem Veranlagungszeitraum 2002 in das Gesetz aufgenommen und sorgt für die Unionsrechtskonformität der Vorschrift (HHR/*Pflüger* § 19 Rn. 42; *Hammes* ZBB 2001, 498).

101 **Rechtsfolge des § 19a Abs. 2 S. 4** ist, dass bei unterschiedlichen Notierungen der niedrigste am Tag des Beschlusses über die Überlassung im geregelten Markt oder Freiverkehr festgestellte Preis (bei entsprechender Anwendung des § 19a Abs. 2 S. 2) oder der letzte innerhalb von 30 Tagen vor dem Tag der Beschlussfassung über die Überlassung der Vermögensbeteiligungen notierte Preis anzusetzen ist, wenn im Freiverkehr am Tag der Beschlussfassung über die Überlassung kein Preis notiert worden ist (bei entsprechender Anwendung des § 19a Abs. 2 S. 3).

6. Tag der Überlassung als Bewertungsstichtag bei Überschreiten der 9-Monats-Grenze (§ 19a Abs. 2 S. 5)

102 **Inhalt der Norm:** § 19a Abs. 2 S. 5 erklärt den Tag der Überlassung zum maßgeblichen Bewertungstag, wenn am Tag der Überlassung von Vermögensbeteiligungen iSd § 2 Abs. 1 Nr. 1 Buchst. a, b und f 5. VermBG (→ Rn. 84) mehr als neun Monate (→ Rn. 103) seit dem Tag der Beschlussfassung über die Überlassung vergangen sind.

103 Für die **Berechnung der Neunmonatsfrist** gelten die §§ 187 bis 193 BGB entsprechend (vgl. § 108 Abs. 1 AO; im Ergebnis ebenso HHR/*Pflüger* § 19 Rn. 43).

7. Ausgabepreis am Tag der Überlassung als Bewertungsmaßstab (§ 19a Abs. 2 S. 6)

104 **Inhalt der Norm:** § 19a Abs. 2 S. 6 legt als gemeinen Wert für Vermögensbeteiligungen iSd § 2 Abs. 1 Nr. 1 Buchst. c 5. VermBG (zB Aktienfondsanteile/Investmentfonds, → Rn. 45) den Ausgabepreis (→ Rn. 105) am Tag der Überlassung (→ Rn. 106) fest.

105 **Ausgabepreis** ist der individuell zu ermittelnde Preis, den der die Vermögensbeteiligung überlassende Arbeitgeber am Tag der Überlassung für eine Vermögensbeteiligung der gleichen Art und Menge zu zahlen hat (HHR/*Pflüger* § 19a Rn. 45).

106 **Tag der Überlassung** ist der Tag des Zuflusses (→ Rn. 71), wobei in der Praxis die **Vereinfachungsregelung** der Finanzverwaltung gilt, wonach als Tag der Überlassung vom Tag der Ausbuchung beim Überlassenden oder dessen Erfüllungsgehilfen ausgegangen werden kann (R 19a Abs. 8 LStR 2008).

8. Grundsätzliche Bewertung mit dem Nennbetrag für Genossenschaftsanteile, stille Beteiligungen, Darlehensforderungen und Genussrechte (§ 19a Abs. 2 S. 7)

107 **Inhalt der Norm:** Der Wert von Genossenschaftsanteilen (§ 2 Abs. 1 Nr. 1 Buchst. g 5. VermBG), stillen Beteiligungen (§ 2 Abs. 1 Nr. 1 Buchst. i 5. VermBG), Darlehensforderungen (§ 2 Abs. 1 Nr. 1 Buchst. k 5. VermBG) und Genussrechten (§ 2 Abs. 1 Nr. 1 Buchst. l 5. VermBG) wird mit dem Nennbetrag (→ Rn. 108) angesetzt, wenn nicht besondere Umstände einen höheren oder niedrigeren Wert begründen (→ Rn. 109).

108 **Nennbetrag** ist der Betrag, der nach dem Inhalt des Schuldverhältnisses vom Schuldner bei Fälligkeit der Forderung zu entrichten ist (Blümich/*v. Twickel* § 19a Rn. 45). Maßgeblich ist der **Zeitpunkt** der Überlassung, also der Zuflusszeitpunkt (→ Rn. 71).

109 **Abweichungen vom Nennbetrag aufgrund besonderer Umstände** können in dem Recht der Vermögensbeteiligung selbst oder in ihren daraus folgenden Rechten (zB Recht

auf Verzinsung) liegen. Das sind insbesondere Hoch- oder Niedrigverzinslichkeit der Forderung oder **Zweifel, ob** der **Rückzahlungsanspruch durchsetzbar** ist (Blümich/*v. Twickel* § 19a Rn. 45; HHR/*Pflüger* § 19a Rn. 46; R B 12.1 Abs. 1 ErbStR 2013). Die Finanzverwaltung hat in R B 12.1 ErbStR 2013 ihrer Auffassung nach besondere Umstände zusammengestellt (zB **Verzinsung von unter 3%** als niedrige Verzinsung, R B 12.1 Abs. 2 S. 1 ErbStR 2013).

e) Kapitalvermögen (§ 2 Absatz 1 Satz 1 Nummer 5)

§ 20 [Einkünfte aus Kapitalvermögen]

(1) Zu den Einkünften aus Kapitalvermögen gehören

1. Gewinnanteile (Dividenden), Ausbeuten und sonstige Bezüge aus Aktien, Genussrechten, mit denen das Recht am Gewinn und Liquidationserlös einer Kapitalgesellschaft verbunden ist, aus Anteilen an Gesellschaften mit beschränkter Haftung, an Erwerbs- und Wirtschaftsgenossenschaften sowie an bergbautreibenden Vereinigungen, die die Rechte einer juristischen Person haben. [2]Zu den sonstigen Bezügen gehören auch verdeckte Gewinnausschüttungen. [3]Die Bezüge gehören nicht zu den Einnahmen, soweit sie aus Ausschüttungen einer Körperschaft stammen, für die Beträge aus dem steuerlichen Einlagekonto im Sinne des § 27 des Körperschaftsteuergesetzes als verwendet gelten. [4]Als sonstige Bezüge gelten auch Einnahmen, die anstelle der Bezüge im Sinne des Satzes 1 von einem anderen als dem Anteilseigner nach Absatz 5 bezogen werden, wenn die Aktien mit Dividendenberechtigung erworben, aber ohne Dividendenanspruch geliefert werden;

2. Bezüge, die nach der Auflösung einer Körperschaft oder Personenvereinigung im Sinne der Nummer 1 anfallen und die nicht in der Rückzahlung von Nennkapital bestehen; Nummer 1 Satz 3 gilt entsprechend. [2]Gleiches gilt für Bezüge, die auf Grund einer Kapitalherabsetzung oder nach der Auflösung einer unbeschränkt steuerpflichtigen Körperschaft oder Personenvereinigung im Sinne der Nummer 1 anfallen und die als Gewinnausschüttung im Sinne des § 28 Absatz 2 Satz 2 und 4 des Körperschaftsteuergesetzes gelten;

3. Investmenterträge nach § 16 des Investmentsteuergesetzes;

3a. Spezial-Investmenterträge nach § 34 des Investmentsteuergesetzes;

4. Einnahmen aus der Beteiligung an einem Handelsgewerbe als stiller Gesellschafter und aus partiarischen Darlehen, es sei denn, dass der Gesellschafter oder Darlehensgeber als Mitunternehmer anzusehen ist. [2]Auf Anteile des stillen Gesellschafters am Verlust des Betriebes sind § 15 Absatz 4 Satz 6 bis 8 und § 15a sinngemäß anzuwenden;

5. Zinsen aus Hypotheken und Grundschulden und Renten aus Rentenschulden. [2]Bei Tilgungshypotheken und Tilgungsgrundschulden ist nur der Teil der Zahlungen anzusetzen, der als Zins auf den jeweiligen Kapitalrest entfällt;

6. der Unterschiedsbetrag zwischen der Versicherungsleistung und der Summe der auf sie entrichteten Beiträge (Erträge) im Erlebensfall oder bei Rückkauf des Vertrags bei Rentenversicherungen mit Kapitalwahlrecht, soweit nicht die lebenslange Rentenzahlung gewählt und erbracht wird, und bei Kapitalversicherungen mit Sparanteil, wenn der Vertrag nach dem 31. Dezember 2004 abgeschlossen worden ist. [2]Wird die Versicherungsleistung nach Vollendung des 60. Lebensjahres des Steuerpflichtigen und nach Ablauf von zwölf Jahren seit dem Vertragsabschluss ausgezahlt, ist die Hälfte des Unterschiedsbetrags anzusetzen. [3]Bei entgeltlichem Erwerb des Anspruchs auf die Versicherungsleistung treten die Anschaffungskosten an die Stelle der vor dem Erwerb entrichteten Beiträge. [4]Die Sätze 1 bis 3 sind auf Erträge aus fondsgebundenen Lebensversicherungen, auf Erträge im Erlebensfall bei Rentenversicherungen ohne Kapitalwahlrecht, soweit keine lebenslange Rentenzahlung vereinbart und

erbracht wird, und auf Erträge bei Rückkauf des Vertrages bei Rentenversicherungen ohne Kapitalwahlrecht entsprechend anzuwenden. [5]Ist in einem Versicherungsvertrag eine gesonderte Verwaltung von speziell für diesen Vertrag zusammengestellten Kapitalanlagen vereinbart, die nicht auf öffentlich vertriebene Investmentfondsanteile oder Anlagen, die die Entwicklung eines veröffentlichten Indexes abbilden, beschränkt ist, und kann der wirtschaftlich Berechtigte unmittelbar oder mittelbar über die Veräußerung der Vermögensgegenstände und die Wiederanlage der Erlöse bestimmen (vermögensverwaltender Versicherungsvertrag), sind die dem Versicherungsunternehmen zufließenden Erträge dem wirtschaftlich Berechtigten aus dem Versicherungsvertrag zuzurechnen; Sätze 1 bis 4 sind nicht anzuwenden. [6]Satz 2 ist nicht anzuwenden, wenn

a) in einem Kapitallebensversicherungsvertrag mit vereinbarter laufender Beitragszahlung in mindestens gleichbleibender Höhe bis zum Zeitpunkt des Erlebensfalls die vereinbarte Leistung bei Eintritt des versicherten Risikos weniger als 50 Prozent der Summe der für die gesamte Vertragsdauer zu zahlenden Beiträge beträgt und

b) bei einem Kapitallebensversicherungsvertrag die vereinbarte Leistung bei Eintritt des versicherten Risikos das Deckungskapital oder den Zeitwert der Versicherung spätestens fünf Jahre nach Vertragsabschluss nicht um mindestens 10 Prozent des Deckungskapitals, des Zeitwerts oder der Summe der gezahlten Beiträge übersteigt. [2]Dieser Prozentsatz darf bis zum Ende der Vertragslaufzeit in jährlich gleichen Schritten auf Null sinken.

[7]Hat der Steuerpflichtige Ansprüche aus einem von einer anderen Person abgeschlossenen Vertrag entgeltlich erworben, gehört zu den Einkünften aus Kapitalvermögen auch der Unterschiedsbetrag zwischen der Versicherungsleistung bei Eintritt eines versicherten Risikos und den Aufwendungen für den Erwerb und Erhalt des Versicherungsanspruches; insoweit findet Satz 2 keine Anwendung. [8]Satz 7 gilt nicht, wenn die versicherte Person den Versicherungsanspruch von einem Dritten erwirbt oder aus anderen Rechtsverhältnissen entstandene Abfindungs- und Ausgleichsansprüche arbeitsrechtlicher, erbrechtlicher oder familienrechtlicher Art durch Übertragung von Ansprüchen aus Versicherungsverträgen erfüllt werden. [9]Bei fondsgebundenen Lebensversicherungen sind 15 Prozent des Unterschiedsbetrages steuerfrei oder dürfen nicht bei der Ermittlung der Einkünfte abgezogen werden, soweit der Unterschiedsbetrag aus Investmenterträgen stammt;

7. Erträge aus sonstigen Kapitalforderungen jeder Art, wenn die Rückzahlung des Kapitalvermögens oder ein Entgelt für die Überlassung des Kapitalvermögens zur Nutzung zugesagt oder geleistet worden ist, auch wenn die Höhe der Rückzahlung oder des Entgelts von einem ungewissen Ereignis abhängt. [2]Dies gilt unabhängig von der Bezeichnung und der zivilrechtlichen Ausgestaltung der Kapitalanlage. [3]Erstattungszinsen im Sinne des § 233a der Abgabenordnung sind Erträge im Sinne des Satzes 1;

8. Diskontbeträge von Wechseln und Anweisungen einschließlich der Schatzwechsel;

9. Einnahmen aus Leistungen einer nicht von der Körperschaftsteuer befreiten Körperschaft, Personenvereinigung oder Vermögensmasse im Sinne des § 1 Absatz 1 Nummer 3 bis 5 des Körperschaftsteuergesetzes, die Gewinnausschüttungen im Sinne der Nummer 1 wirtschaftlich vergleichbar sind, soweit sie nicht bereits zu den Einnahmen im Sinne der Nummer 1 gehören; Nummer 1 Satz 2, 3 und Nummer 2 gelten entsprechend. [2]Satz 1 ist auf Leistungen von vergleichbaren Körperschaften, Personenvereinigungen oder Vermögensmassen, die weder Sitz noch Geschäftsleitung im Inland haben, entsprechend anzuwenden;

10. a) Leistungen eines nicht von der Körperschaftsteuer befreiten Betriebs gewerblicher Art im Sinne des § 4 des Körperschaftsteuergesetzes mit eigener Rechtspersönlichkeit, die zu mit Gewinnausschüttungen im Sinne der

Nummer 1 Satz 1 wirtschaftlich vergleichbaren Einnahmen führen; Nummer 1 Satz 2, 3 und Nummer 2 gelten entsprechend;

b) der nicht den Rücklagen zugeführte Gewinn und verdeckte Gewinnausschüttungen eines nicht von der Körperschaftsteuer befreiten Betriebs gewerblicher Art im Sinne des § 4 des Körperschaftsteuergesetzes ohne eigene Rechtspersönlichkeit, der den Gewinn durch Betriebsvermögensvergleich ermittelt oder Umsätze einschließlich der steuerfreien Umsätze, ausgenommen die Umsätze nach § 4 Nummer 8 bis 10 des Umsatzsteuergesetzes, von mehr als 350 000 Euro im Kalenderjahr oder einen Gewinn von mehr als 30 000 Euro im Wirtschaftsjahr hat, sowie der Gewinn im Sinne des § 22 Absatz 4 des Umwandlungssteuergesetzes. [2]Die Auflösung der Rücklagen zu Zwecken außerhalb des Betriebs gewerblicher Art führt zu einem Gewinn im Sinne des Satzes 1; in Fällen der Einbringung nach dem Sechsten und des Formwechsels nach dem Achten Teil des Umwandlungssteuergesetzes gelten die Rücklagen als aufgelöst. [3]Bei dem Geschäft der Veranstaltung von Werbesendungen der inländischen öffentlich-rechtlichen Rundfunkanstalten gelten drei Viertel des Einkommens im Sinne des § 8 Absatz 1 Satz 3 des Körperschaftsteuergesetzes als Gewinn im Sinne des Satzes 1. [4]Die Sätze 1 und 2 sind bei wirtschaftlichen Geschäftsbetrieben der von der Körperschaftsteuer befreiten Körperschaften, Personenvereinigungen oder Vermögensmassen entsprechend anzuwenden. [5]Nummer 1 Satz 3 gilt entsprechend. [6]Satz 1 in der am 12. Dezember 2006 geltenden Fassung ist für Anteile, die einbringungsgeboren im Sinne des § 21 des Umwandlungssteuergesetzes in der am 12. Dezember 2006 geltenden Fassung sind, weiter anzuwenden;

11. Stillhalterprämien, die für die Einräumung von Optionen vereinnahmt werden; schließt der Stillhalter ein Glattstellungsgeschäft ab, mindern sich die Einnahmen aus den Stillhalterprämien um die im Glattstellungsgeschäft gezahlten Prämien.

(2) [1]Zu den Einkünften aus Kapitalvermögen gehören auch

1. der Gewinn aus der Veräußerung von Anteilen an einer Körperschaft im Sinne des Absatzes 1 Nummer 1. [2]Anteile an einer Körperschaft sind auch Genussrechte im Sinne des Absatzes 1 Nummer 1, den Anteilen im Sinne des Absatzes 1 Nummer 1 ähnliche Beteiligungen und Anwartschaften auf Anteile im Sinne des Absatzes 1 Nummer 1;

2. der Gewinn aus der Veräußerung

a) von Dividendenscheinen und sonstigen Ansprüchen durch den Inhaber des Stammrechts, wenn die dazugehörigen Aktien oder sonstigen Anteile nicht mitveräußert werden. [2]Soweit eine Besteuerung nach Satz 1 erfolgt ist, tritt diese insoweit an die Stelle der Besteuerung nach Absatz 1;

b) von Zinsscheinen und Zinsforderungen durch den Inhaber oder ehemaligen Inhaber der Schuldverschreibung, wenn die dazugehörigen Schuldverschreibungen nicht mitveräußert werden. [2]Entsprechendes gilt für die Einlösung von Zinsscheinen und Zinsforderungen durch den ehemaligen Inhaber der Schuldverschreibung.

[2]Satz 1 gilt sinngemäß für die Einnahmen aus der Abtretung von Dividenden- oder Zinsansprüchen oder sonstigen Ansprüchen im Sinne des Satzes 1, wenn die dazugehörigen Anteilsrechte oder Schuldverschreibungen nicht in einzelnen Wertpapieren verbrieft sind. [3]Satz 2 gilt auch bei der Abtretung von Zinsansprüchen aus Schuldbuchforderungen, die in ein öffentliches Schuldbuch eingetragen sind;

3. der Gewinn

a) bei Termingeschäften, durch die der Steuerpflichtige einen Differenzausgleich oder einen durch den Wert einer veränderlichen Bezugsgröße bestimmten Geldbetrag oder Vorteil erlangt;

b) aus der Veräußerung eines als Termingeschäft ausgestalteten Finanzinstruments;

4. der Gewinn aus der Veräußerung von Wirtschaftsgütern, die Erträge im Sinne des Absatzes 1 Nummer 4 erzielen;
5. der Gewinn aus der Übertragung von Rechten im Sinne des Absatzes 1 Nummer 5;
6. der Gewinn aus der Veräußerung von Ansprüchen auf eine Versicherungsleistung im Sinne des Absatzes 1 Nummer 6. [2]Das Versicherungsunternehmen hat nach Kenntniserlangung von einer Veräußerung unverzüglich Mitteilung an das für den Steuerpflichtigen zuständige Finanzamt zu machen und auf Verlangen des Steuerpflichtigen eine Bescheinigung über die Höhe der entrichteten Beiträge im Zeitpunkt der Veräußerung zu erteilen;
7. der Gewinn aus der Veräußerung von sonstigen Kapitalforderungen jeder Art im Sinne des Absatzes 1 Nummer 7;
8. der Gewinn aus der Übertragung oder Aufgabe einer die Einnahmen im Sinne des Absatzes 1 Nummer 9 vermittelnden Rechtsposition.

[2]Als Veräußerung im Sinne des Satzes 1 gilt auch die Einlösung, Rückzahlung, Abtretung oder verdeckte Einlage in eine Kapitalgesellschaft; in den Fällen von Satz 1 Nummer 4 gilt auch die Vereinnahmung eines Auseinandersetzungsguthabens als Veräußerung. [3]Die Anschaffung oder Veräußerung einer unmittelbaren oder mittelbaren Beteiligung an einer Personengesellschaft gilt als Anschaffung oder Veräußerung der anteiligen Wirtschaftsgüter. [4]Wird ein Zinsschein oder eine Zinsforderung vom Stammrecht abgetrennt, gilt dies als Veräußerung der Schuldverschreibung und als Anschaffung der durch die Trennung entstandenen Wirtschaftsgüter. [5]Eine Trennung gilt als vollzogen, wenn dem Inhaber der Schuldverschreibung die Wertpapierkennnummern für die durch die Trennung entstandenen Wirtschaftsgüter zugehen.

(3) Zu den Einkünften aus Kapitalvermögen gehören auch besondere Entgelte oder Vorteile, die neben den in den Absätzen 1 und 2 bezeichneten Einnahmen oder an deren Stelle gewährt werden.

(3a) [1]Korrekturen im Sinne des § 43a Absatz 3 Satz 7 sind erst zu dem dort genannten Zeitpunkt zu berücksichtigen. [2]Weist der Steuerpflichtige durch eine Bescheinigung der auszahlenden Stelle nach, dass sie die Korrektur nicht vorgenommen hat und auch nicht vornehmen wird, kann der Steuerpflichtige die Korrektur nach § 32d Absatz 4 und 6 geltend machen.

(4) [1]Gewinn im Sinne des Absatzes 2 ist der Unterschied zwischen den Einnahmen aus der Veräußerung nach Abzug der Aufwendungen, die im unmittelbaren sachlichen Zusammenhang mit dem Veräußerungsgeschäft stehen, und den Anschaffungskosten; bei nicht in Euro getätigten Geschäften sind die Einnahmen im Zeitpunkt der Veräußerung und die Anschaffungskosten im Zeitpunkt der Anschaffung in Euro umzurechnen. [2]In den Fällen der verdeckten Einlage tritt an die Stelle der Einnahmen aus der Veräußerung der Wirtschaftsgüter ihr gemeiner Wert; der Gewinn ist für das Kalenderjahr der verdeckten Einlage anzusetzen. [3]Ist ein Wirtschaftsgut im Sinne des Absatzes 2 in das Privatvermögen durch Entnahme oder Betriebsaufgabe überführt worden, tritt an die Stelle der Anschaffungskosten der nach § 6 Absatz 1 Nummer 4 oder § 16 Absatz 3 angesetzte Wert. [4]In den Fällen des Absatzes 2 Satz 1 Nummer 6 gelten die entrichteten Beiträge im Sinne des Absatzes 1 Nummer 6 Satz 1 als Anschaffungskosten; ist ein entgeltlicher Erwerb vorausgegangen, gelten auch die nach dem Erwerb entrichteten Beiträge als Anschaffungskosten. [5]Gewinn bei einem Termingeschäft ist der Differenzausgleich oder der durch den Wert einer veränderlichen Bezugsgröße bestimmte Geldbetrag oder Vorteil abzüglich der Aufwendungen, die im unmittelbaren sachlichen Zusammenhang mit dem Termingeschäft stehen. [6]Bei unentgeltlichem Erwerb sind dem Einzelrechtsnachfolger für Zwecke dieser Vorschrift die Anschaffung, die Überführung des Wirtschaftsguts in das Privatvermögen, der Erwerb eines Rechts aus Termingeschäften oder die Beiträge im Sinne des Absatzes 1 Nummer 6 Satz 1 durch den Rechtsvorgänger zuzurechnen. [7]Bei vertretbaren Wertpapieren, die einem Verwahrer zur Sammelverwahrung im Sinne des § 5 des Depotgesetzes in

der Fassung der Bekanntmachung vom 11. Januar 1995 (BGBl. I S. 34), das zuletzt durch Artikel 4 des Gesetzes vom 5. April 2004 (BGBl. I S. 502) geändert worden ist, in der jeweils geltenden Fassung anvertraut worden sind, ist zu unterstellen, dass die zuerst angeschafften Wertpapiere zuerst veräußert wurden. [8]Ist ein Zinsschein oder eine Zinsforderung vom Stammrecht abgetrennt worden, gilt als Veräußerungserlös der Schuldverschreibung deren gemeiner Wert zum Zeitpunkt der Trennung. [9]Für die Ermittlung der Anschaffungskosten ist der Wert nach Satz 8 entsprechend dem gemeinen Wert der neuen Wirtschaftsgüter aufzuteilen.

(4a) [1]Werden Anteile an einer Körperschaft, Vermögensmasse oder Personenvereinigung gegen Anteile an einer anderen Körperschaft, Vermögensmasse oder Personenvereinigung getauscht und wird der Tausch auf Grund gesellschaftsrechtlicher Maßnahmen vollzogen, die von den beteiligten Unternehmen ausgehen, treten abweichend von Absatz 2 Satz 1 und den §§ 13 und 21 des Umwandlungssteuergesetzes die übernommenen Anteile steuerlich an die Stelle der bisherigen Anteile, wenn das Recht der Bundesrepublik Deutschland hinsichtlich der Besteuerung des Gewinns aus der Veräußerung der erhaltenen Anteile nicht ausgeschlossen oder beschränkt ist oder die Mitgliedstaaten der Europäischen Union bei einer Verschmelzung Artikel 8 der Richtlinie 2009/133/EG des Rates vom 19. Oktober 2009 über das gemeinsame Steuersystem für Fusionen, Spaltungen, Abspaltungen, die Einbringung von Unternehmensteilen und den Austausch von Anteilen, die Gesellschaften verschiedener Mitgliedstaaten betreffen, sowie für die Verlegung des Sitzes einer Europäischen Gesellschaft oder einer Europäischen Genossenschaft von einem Mitgliedstaat in einen anderen Mitgliedstaat (ABl. L 310 vom 25.11.2009, S. 34) in der jeweils geltenden Fassung anzuwenden haben; in diesem Fall ist der Gewinn aus einer späteren Veräußerung der erworbenen Anteile ungeachtet der Bestimmungen eines Abkommens zur Vermeidung der Doppelbesteuerung in der gleichen Art und Weise zu besteuern, wie die Veräußerung der Anteile an der übertragenden Körperschaft zu besteuern wäre, und § 15 Absatz 1a Satz 2 entsprechend anzuwenden. [2]Erhält der Steuerpflichtige in den Fällen des Satzes 1 zusätzlich zu den Anteilen eine Gegenleistung, gilt diese als Ertrag im Sinne des Absatzes 1 Nummer 1. [3]Besitzt bei sonstigen Kapitalforderungen im Sinne des Absatzes 1 Nummer 7 der Inhaber das Recht, bei Fälligkeit anstelle der Zahlung eines Geldbetrags vom Emittenten die Lieferung von Wertpapieren zu verlangen oder besitzt der Emittent das Recht, bei Fälligkeit dem Inhaber anstelle der Zahlung eines Geldbetrags Wertpapiere anzudienen und macht der Inhaber der Forderung oder der Emittent von diesem Recht Gebrauch, ist abweichend von Absatz 4 Satz 1 das Entgelt für den Erwerb der Forderung als Veräußerungspreis der Forderung und als Anschaffungskosten der erhaltenen Wertpapiere anzusetzen; Satz 2 gilt entsprechend. [4]Werden Bezugsrechte veräußert oder ausgeübt, die nach § 186 des Aktiengesetzes, § 55 des Gesetzes betreffend die Gesellschaften mit beschränkter Haftung oder eines vergleichbaren ausländischen Rechts einen Anspruch auf Abschluss eines Zeichnungsvertrags begründen, wird der Teil der Anschaffungskosten der Altanteile, der auf das Bezugsrecht entfällt, bei der Ermittlung des Gewinns nach Absatz 4 Satz 1 mit 0 Euro angesetzt. [5]Werden einem Steuerpflichtigen Anteile im Sinne des Absatzes 2 Satz 1 Nummer 1 zugeteilt, ohne dass dieser eine gesonderte Gegenleistung zu entrichten hat, werden der Ertrag und die Anschaffungskosten dieser Anteile mit 0 Euro angesetzt, wenn die Voraussetzungen der Sätze 3 und 4 nicht vorliegen und die Ermittlung der Höhe des Kapitalertrags nicht möglich ist. [6]Soweit es auf die steuerliche Wirksamkeit einer Kapitalmaßnahme im Sinne der vorstehenden Sätze 1 bis 5 ankommt, ist auf den Zeitpunkt der Einbuchung in das Depot des Steuerpflichtigen abzustellen. [7]Geht Vermögen einer Körperschaft durch Abspaltung auf andere Körperschaften über, gelten abweichend von Satz 5 und § 15 des Umwandlungssteuergesetzes die Sätze 1 und 2 entsprechend.

(5) [1]Einkünfte aus Kapitalvermögen im Sinne des Absatzes 1 Nummer 1 und 2 erzielt der Anteilseigner. [2]Anteilseigner ist derjenige, dem nach § 39 der Abgabenordnung die Anteile an dem Kapitalvermögen im Sinne des Absatzes 1 Nummer 1

im Zeitpunkt des Gewinnverteilungsbeschlusses zuzurechnen sind. [3]Sind einem Nießbraucher oder Pfandgläubiger die Einnahmen im Sinne des Absatzes 1 Nummer 1 oder 2 zuzurechnen, gilt er als Anteilseigner.

(6) [1]Verluste aus Kapitalvermögen dürfen nicht mit Einkünften aus anderen Einkunftsarten ausgeglichen werden; sie dürfen auch nicht nach § 10d abgezogen werden. [2]Die Verluste mindern jedoch die Einkünfte, die der Steuerpflichtige in den folgenden Veranlagungszeiträumen aus Kapitalvermögen erzielt. [3]§ 10d Absatz 4 ist sinngemäß anzuwenden. [4]Verluste aus Kapitalvermögen im Sinne des Absatzes 2 Satz 1 Nummer 1 Satz 1, die aus der Veräußerung von Aktien entstehen, dürfen nur mit Gewinnen aus Kapitalvermögen im Sinne des Absatzes 2 Satz 1 Nummer 1 Satz 1, die aus der Veräußerung von Aktien entstehen, ausgeglichen werden; die Sätze 2 und 3 gelten sinngemäß. [5]Verluste aus Kapitalvermögen im Sinne des Absatzes 2 Satz 1 Nummer 3 dürfen nur in Höhe von 10 000 Euro mit Gewinnen im Sinne des Absatzes 2 Satz 1 Nummer 3 und mit Einkünften im Sinne des § 20 Absatz 1 Nummer 11 ausgeglichen werden; die Sätze 2 und 3 gelten sinngemäß mit der Maßgabe, dass nicht verrechnete Verluste je Folgejahr nur bis zur Höhe von 10 000 Euro mit Gewinnen im Sinne des Absatzes 2 Satz 1 Nummer 3 und mit Einkünften im Sinne des § 20 Absatz 1 Nummer 11 verrechnet werden dürfen. [6]Verluste aus Kapitalvermögen aus der ganzen oder teilweisen Uneinbringlichkeit einer Kapitalforderung, aus der Ausbuchung wertloser Wirtschaftsgüter im Sinne des Absatzes 1, aus der Übertragung wertloser Wirtschaftsgüter im Sinne des Absatzes 1 auf einen Dritten oder aus einem sonstigen Ausfall von Wirtschaftsgütern im Sinne des Absatzes 1 dürfen nur in Höhe von 10 000 Euro mit Einkünften aus Kapitalvermögen ausgeglichen werden; die Sätze 2 und 3 gelten sinngemäß mit der Maßgabe, dass nicht verrechnete Verluste je Folgejahr nur bis zur Höhe von 10 000 Euro mit Einkünften aus Kapitalvermögen verrechnet werden dürfen. [7]Verluste aus Kapitalvermögen, die der Kapitalertragsteuer unterliegen, dürfen nur verrechnet werden oder mindern die Einkünfte, die der Steuerpflichtige in den folgenden Veranlagungszeiträumen aus Kapitalvermögen erzielt, wenn eine Bescheinigung im Sinne des § 43a Absatz 3 Satz 4 vorliegt.

(7) [1]§ 15b ist sinngemäß anzuwenden. [2]Ein vorgefertigtes Konzept im Sinne des § 15b Absatz 2 Satz 2 liegt auch vor, wenn die positiven Einkünfte nicht der tariflichen Einkommensteuer unterliegen.

(8) [1]Soweit Einkünfte der in den Absätzen 1, 2 und 3 bezeichneten Art zu den Einkünften aus Land- und Forstwirtschaft, aus Gewerbebetrieb, aus selbständiger Arbeit oder aus Vermietung und Verpachtung gehören, sind sie diesen Einkünften zuzurechnen. [2]Absatz 4a findet insoweit keine Anwendung.

(9) [1]Bei der Ermittlung der Einkünfte aus Kapitalvermögen ist als Werbungskosten ein Betrag von 801 Euro abzuziehen (Sparer-Pauschbetrag); der Abzug der tatsächlichen Werbungskosten ist ausgeschlossen. [2]Ehegatten, die zusammen veranlagt werden, wird ein gemeinsamer Sparer-Pauschbetrag von 1 602 Euro gewährt. [3]Der gemeinsame Sparer-Pauschbetrag ist bei der Einkunftsermittlung bei jedem Ehegatten je zur Hälfte abzuziehen; sind die Kapitalerträge eines Ehegatten niedriger als 801 Euro, so ist der anteilige Sparer-Pauschbetrag insoweit, als er die Kapitalerträge dieses Ehegatten übersteigt, bei dem anderen Ehegatten abzuziehen. [4]Der Sparer-Pauschbetrag und der gemeinsame Sparer-Pauschbetrag dürfen nicht höher sein als die nach Maßgabe des Absatzes 6 verrechneten Kapitalerträge.

Überblick

§ 20 bestimmt, welche Einkünfte im Einzelnen als „Einkünfte aus Kapitalvermögen" iSd § 2 Abs. 1 S. 1 Nr. 5 anzusehen sind, wie diese zu ermitteln und wem sie persönlich zuzurechnen sind. Die Regelung bildet dabei die materiellrechtliche Zentralvorschrift der Kapitalertragsbesteuerung.

Übersicht

A. Allgemeines

Leitentscheidungen, wichtige Verwaltungsanweisungen und Schrifttum (Auswahl): 1

Leitentscheidungen des BVerfG: 1.1
BVerfG 19.12.1978 – 1 BvR 335/76, 1 BvR 427/76 und 1 BvR 811/76, BStBl. II 1979, 308; BVerfG 27.6.1991 – 2 BvR 1493/89, BVerfGE 84, 239, BStBl. II 1991, 654; BVerfG 25.2.2008 – 2 BvL 14/05, BStBl. II 2008, 651; BVerfG 10.3.2008 – 2 BvR 2077/05, NJW 2008, 2637; BVerfG 12.10.2010 – 1 BvL 12/07, DStR 2010, 2393.

Leitentscheidungen des GrS: 1.2
BFH 29.11.1982 – GrS 1/81, BStBl. II 1983, 272; BFH 25.6.1984 – GrS 4/82, BStBl. II 1984, 751; BFH 26.10.1987 – GrS 2/86, BStBl. II 1988, 348; BFH 4.7.1990 – GrS 2/88 und GrS 3/88, BStBl. II 1990, 817; BFH 8.12.1997 – GrS 1/95 und GrS 2/95, BStBl. II 1998, 193.

Weitere Leitentscheidungen des BFH: 1.3

BFH 28.1.1960 – IV 109/59 U, BStBl. III 1960, 172; BFH 3.11.1961 – VI 13/61 U, BStBl. III 1962, 35; BFH 13.12.1961 – VI 133/60 U, BStBl. III 1962, 127; BFH 11.8.1971 – VIII R 76/70, BStBl. II 1972, 55; BFH 25.6.1974 – VIII R 109/69, BStBl. II 1974, 735; BFH 27.6.1989 – VIII R 30/88, BStBl. II 1989, 934; BFH 22.8.1990 – I R 69/89, BStBl. II 1991, 38; BFH 27.10.1992 – VIII R 41/89, BStBl. II 1993, 569; BFH 15.11.1994 – VIII R 74/93, BStBl. II 1995, 315; BFH 7.3.1995 – VIII R 9/94, BStBl. II 1995, 697; BFH 17.4.2007 – IX R 40/06, BStBl. II 2007, 608; BFH 15.6.2010 – VIII R 33/07, BStBl. II 2011, 503; BFH 12.11.2013 – VIII R 36/10, BStBl. II 2014, 168; BFH 1.7.2014 – VIII R 53/12, BStBl. II 2014, 975; BFH 9.8.2016 – VIII R 27/14, BStBl. II 2017, 821; BFH 9.5.2017 – VIII R 40/15, BStBl. II 2017, 1049; BFH 24.10.2017 – VIII R 13/15, BFH/NV 2018, 280; BFH 24.10.2017 – VIII R 35/15, BStBl. II 2018, 189; BFH 30.1.2018 – VIII R 42/15, BStBl. II 2019, 96; BFH 12.6.2018 – VIII R 32/16, BStBl. II 2019, 221; BFH 20.11.2018 – VIII R 37/15, BStBl. II 2019, 507; BFH 6.8.2019 – VIII R 18/16, BFH/NV 2020, 52: BFH 3.12.2019 – VIII R 34/16, BeckRS 2019, 41730.

1.4 **Wichtige Verwaltungsanweisungen:**

BMF 23.11.1983, BStBl. I 1983, 508; BMF 20.5.1999, BStBl. I 1999, 514; BMF 1.10.2009, BStBl. I 2009, 1172; BMF 11.11.2011, BStBl. I 2011, 1314; BMF 17.12.2013, BStBl. I 2014, 63; BMF 9.1.2015, BStBl. I 2015, 111; BMF 17.7.2017, BStBl. I 2017, 986; BMF 12.4.2018, BStBl. I 2018, 624; BMF 20.12.2018, BStBl. I 2019, 14; BMF 28.1.2019, BStBl. I 2019, 97.

1.5 **Schrifttum (Auswahl):**

Seibold, Der Tatbestand der Einnahmenerzielung unter besonderer Berücksichtigung der Einkünfte aus Kapitalvermögen, StuW 1990, 165; *Wassermeyer*, Zum Besteuerungsgegenstand der Einkünfte aus Kapitalvermögen, StuW 1988, 283; *Bareis*, Das Halbeinkünfteverfahren im Systemvergleich, StuW 2000, 133; *Englisch*, Verfassungsrechtliche und steuersystematische Kritik der Abgeltungssteuer, StuW 2007, 221; *Eckhoff*, Abgeltungsteuer – Steuersystematische und verfassungsrechtliche Aspekte, FR 2007, 989; *Intemann*, Einbeziehung von Dividenden in die Abgeltungssteuer verfassungswidrig?, DB 2007, 1658; *Hey*, Verletzung fundamentaler Besteuerungsprinzipien durch die Gegenfinanzierungsmaßnahmen des Unternehmensteuerreformgesetzes 2008, BB 2007, 1303; *Kohlhepp*, Die Korrespondenzprinzipien der verdeckten Gewinnausschüttung, DStR 2007, 1502; *Lehner*, Die Reform der Kapitaleinkommensbesteuerung im Rahmen des Verfassungs- und Europarechts, DStJG 30 (2007), 61; *Meyer-Sandberg*, Die Duale Einkommensteuer als Modell ungleicher Besteuerung von Arbeit und Kapital (2008); *Dahm/Hamacher,s*, Negative Einkünfte aus Kapitalvermögen und die Abgeltungsteuer, DStR 2009, 2359; *Kirchhof*, Der qualifizierte Gesetzesvorbehalt im Steuerrecht – Schedulenbesteuerung, Nettoprinzip, Steuerkonkurrenzenm, DStR-Beih. 2009, 135; *Musil* Abzugsbeschränkungen bei der Abgeltungsteuer als steuersystematisches und verfassungsrechtliches Problem, FR 2010, 149; *Helios/Philipp*, Besteuerung von Optionsgeschäften im Abgeltungsteuersystem, BB 2010, 95; *Haisch/Krampe*, Überschusserzielungsabsicht bei der Kapitalanlage unter der Abgeltungsteuer, DStR 2011, 2178; *Kellersmann*, Behandlung „unrealisierter" Kapitalvermögenseinbußen im Rahmen der Abgeltungsteuer, FR 2012, 57; *Thiemann*, Rechtmäßigkeit der Besteuerung von Erstattungszinsen nach § 233a AO, FR 2012, 673; *Desens*, Kapitaleinkünfte bei Leerverkäufen über den Dividendenstichtag („cum/ex"-Geschäfte), DStZ 2012, 142; *Jachmann-Michel*, Ermittlung von Vermögenseinkünften – Abgeltungsteuer, in: DStJG 34 (2011), 251; *Weber-Grellet*, Kapitalertragsteuer im System der Abgeltungsteuer, DStR 2013, 1357 (Teil 1) und 1412 (Teil 2); *Worgulla*, Bruttobesteuerung der Einkünfte aus Kapitalvermögen und der allgemeine Gleichheitsgrundsatz, FR 2013, 921; *Djanani/Krenzin/Grossmann*, Reale Steuerlast auf private Kapitaleinkünfte – Zu den Auswirkungen der Geldentwertung bei den Einkünften aus Kapitalvermögen, StuW 2014, 145; *Schön*, Cum-/Ex-Geschäfte – materiell-rechtliche und verfahrensrechtliche Fragen, RDF 2015, 115; *Werth*, Erste BFH-Rechtsprechung zur Abgeltungsteuer, DStR 2015, 1343; *Konrad*, Gleichheit und Differentiation (2016); *Englisch*, Die Abgeltungsteuer für private Kapitalerträge – ein verfassungswidriger Sondertarif (2016); *Jachmann-Michel*, Zur Einkünfteerzielungsabsicht bei Einkünften aus Kapitalvermögen, DStR 2017, 1849; *Kollruss*, Zur Relevanz des subjektiven Nettoprinzips innerhalb der Abgeltungsteuer, FR 2018, 350; *Haarmann*, Die Relevanz der Rückgewährverpflichtung eines Wertpapierdarlehens für den Übergang des wirtschaftlichen Eigentums – zugleich ein Beitrag zur Zweckrichtung des § 39 AO, BB 2018, 1623; *Schmidt*, Die Konturen der Abgeltungsteuer gemäß § 2 Abs. 5b, § 25 Abs. 1 und § 43 Abs. 5 S. 1 EStG, DStR 2018, 1201; *Jachmann-Michel*, Nach fast 100 Jahren anders: Verluste unter dem Regime der Abgeltungsteuer, BB 2018, 2329; *Stahl*, Aktuelle Brennpunkte der Abgeltungsteuer (2018); *Stöhr*, Die steuerrechtliche Einordnung von elektronischen Schuldverschreibungen, DStR 2019, 1889; *Zantopp*, Neues zum gesonderten und einheitlichen Feststellungsverfahren in Fondsstrukturen, FR 2019, 1085; *Krumm*, Die Steuerbarkeit privater Vermögensverluste: Gesellschafterdarlehen und §§ 17, 20 EStG i.d.F. des JStG 2019 (§§ 17, 20 EStG), FR 2020, 197.

I. Regelungsanliegen des § 20 im System des Steuerrechts

Gemäß § 2 Abs. 1 S. 1 Nr. 5 unterliegen die „Einkünfte aus Kapitalvermögen", die ein Steuerpflichtiger während seiner unbeschränkten Einkommensteuerpflicht oder als inländische Einkünfte während seiner beschränkten Einkommensteuerpflicht in Deutschland erzielt, der Einkommensteuer. Über den Verweis in § 2 Abs. 1 S. 2 bestimmt **§ 20 den sachlichen Umfang der Steuerpflicht für Einkünfte aus Kapitalvermögen** (LBP/*Schlotter* § 20 Rn. 1). Hierzu zählt die Norm zunächst auf, welche Sachverhalte zu steuerbaren Einkünften aus Kapitalvermögen führen (§ 20 Abs. 1 bis Abs. 3). In der Folge regelt sie zumindest teilweise, wie sich diese Einkünfte errechnen (§ 20 Abs. 4 und Abs. 4a) und wer die derart ermittelten Einkünfte erzielt (§ 20 Abs. 5). Sodann wird die Behandlung möglicher Verluste aus Kapitalvermögen (§ 20 Abs. 6 und Abs. 7), das subsidiäre Verhältnis der Kapitaleinkünfte zu anderen Einkünften (§ 20 Abs. 8) sowie die Möglichkeit des steuermindernden Abzugs von Erwerbsaufwendungen geregelt (§ 20 Abs. 9). Zur Binnensystematik der Norm → Rn. 313. 2

Einstweilen frei 3

1. Überblick über die Systematik der Besteuerung von Kapitalerträgen

Seit Inkrafttreten der Unternehmensteuerreform 2008 zum 1.1.2009 (→ Rn. 5 ff. und → Rn. 31) steht § 20 im Zentrum eines Regelungsgeflechts, durch das **Kapitalerträge** iSd § 20 Abs. 1 bis Abs. 3 **vier verschiedenen Besteuerungssystemen** unterfallen können. Die Einordnung hängt dabei in erster Linie davon ab, ob die Kapitaleinkünfte dem Privat- oder Betriebsvermögen eines Steuerpflichtigen zuzurechnen sind. Fallen sie in einem Betriebsvermögen an (dazu → Rn. 1429 ff.), so hängt ihre steuerliche Behandlung weiter davon ab, ob das Betriebsvermögen von einer natürlichen Person bzw. Personengesellschaft iSd EStG oder einer juristischen Person iSd KStG unterhalten wird. Sind die im Privatvermögen eines Steuerpflichtigen anfallenden Kapitaleinkünfte einer anderen Einkunftsart zuzurechnen, richtet sich ihre Besteuerung nach den Regeln dieser Einkunftsart. Bei qualifizierten Beteiligungen führen Veräußerungen und gleichgestellte Vorgänge zu gewerblichen Einkünften nach § 17. 4

Kapitalforderung im Privatvermögen			Kapitalforderung im Betriebsvermögen	
Qualifizierte Beteiligung	Keine qualifizierte Beteiligung	Veranlassung durch andere Überschusseinkunftsart	Betriebsvermögen natürliche Person/ Personengesellschaft	Betriebsvermögen Kapitalgesellschaft
Laufende Einkünfte führen zu privaten Kapitaleinkünften (§ 20, **Abgeltungsteuer**) Veräußerungsgewinne führen zu gewerblichen Einkünften (§ 17, **Teileinkünfteverfahren**)	Laufende Einkünfte **und** Veräußerungsgewinne führen zu privaten Kapitaleinkünften (§ 20; **Abgeltungsteuer**)	Zuordnung zu anderen Überschusseinkunftsarten (§ 20 Abs. 8 iVm 21; § 19)	Zuordnung zu Gewinneinkunftsarten (§ 20 Abs. 8 iVm §§ 13, 15, 18) Bei Beteiligungserträgen: Teileinkünfteverfahren	§ 8b KStG (Mindestbesteuerung)

5 **a) Kapitaleinkünfte im Privatvermögen („Abgeltungsteuer").** Gehört eine **Kapitalanlage zum Privatvermögen** des Steuerpflichtigen **und** sind die daraus erzielten Kapitaleinkünfte **keiner anderen Überschusseinkunftsart zuzuordnen,** so erfolgt die Besteuerung der daraus erzielten Kapitaleinkünfte iSd §§ 20 Abs. 1 bis Abs. 3 seit dem UntStRefG 2008 v. 14.8.2007 (→ Rn. 72) grundsätzlich mit dem gesonderten Einkommensteuertarif des § 32d von (maximal) 25%. Die Kapitaleinkünfte können im Rahmen der sog. Günstigerprüfung des § 32d Abs. 6 der tariflichen Einkommensteuer gemäß § 32a unterworfen werden, wenn dies zu einer niedrigeren Einkommensteuer einschließlich Zuschlagsteuern führt. Die Einkommensteuer für Kapitaleinkünfte aus Kapitalanlagen des Privatvermögens wird in den von § 43 Abs. 1 erfassten Fällen direkt an der Einkunftsquelle als Quellensteuer erhoben und ist gemäß § 43 Abs. 5 S. 1 mit der Kapitalertragsteuer abgegolten (**Abgeltungswirkung**), sodass damit nach § 25 Abs. 1 Hs. 2 eine Veranlagung für diese Kapitaleinkünfte nur in Ausnahmefällen auf Antrag des Steuerpflichtigen stattfindet (sog. **Abgeltungsteuer**).

6 Die Besteuerung derartiger Kapitaleinkünfte wird dabei durch § 2 Abs. 2 S. 2 und Abs. 5b, § 32d und § 43 Abs. 5 S. 1 **aus der synthetischen Einkommensbesteuerung herausgelöst und einer schedulierten Einkommensbesteuerung unterworfen** (zu den dadurch ausgelösten verfassungsrechtlichen Problemen → Rn. 253 ff.). **Hauptanliegen** der Reform waren die **Beseitigung von Vollzugsdefiziten** bei der Erhebung der Einkommensteuer auf Kapitaleinkünfte (→ Rn. 33) und die Herstellung der vom BVerfG geforderten **Gleichheit der Besteuerung im konkreten Belastungserfolg** (BVerfG 27.6.1991 – 2 BvR 1493/89, BStBl. II 1991, 654). Zugleich gelang damit eine **Angleichung** an die in den EU-Mitgliedstaaten geläufigste Form der Kapitalertragsbesteuerung (Lademann EStG/*Jachmann-Michel/Lindenberg* § 20 Rn. 4).

6.1 Eine Grundform einer Abgeltungsteuer fand sich bereits in der selbständigen und nicht anrechenbaren Kapitalertragsteuer 1920 (*Rockoff* Beeinflussung der Investitionsentscheidung durch die Abgeltungsteuer (2014), 28). Internationales Vorbild des geltenden Abgeltungsteuersystems waren va Steuerreformen skandinavischer Länder ab den 1980er Jahren (*Englisch* Die Duale Einkommensteuer – Reformmodell für Deutschland? (IFSt-Schrifft 432, 2005), 19 ff.; *Meyer-Sandberg* Die Duale Einkommensteuer als Modell ungleicher Besteuerung von Arbeit und Kapital (2008), 108 ff. mwN; *Konrad* Gleichheit und Differentiation (2016), 63 ff. mwN).

7–9 *Einstweilen frei*

10 **b) Kapitaleinkünfte im Privatvermögen bei qualifizierter Beteiligung.** Hält ein Steuerpflichtiger innerhalb der letzten fünf Jahre vor der Veräußerung eine **qualifizierte Beteiligung iHv mindestens 1%** an einer Kapitalgesellschaft in seinem **Privatvermögen,** so gehört der Veräußerungsgewinn gemäß § 17 Abs. 1 S. 1 zu den Einkünften aus Gewerbebetrieb. Über § 20 Abs. 8 S. 1 wird dabei **nur der Gewinn aus der Veräußerung der Beteiligung umqualifiziert;** die aus der Kapitalanlage erzielten laufenden Kapitalerträge führen hingegen auch bei einer qualifizierten Beteiligung des Steuerpflichtigen ohne Umqualifizierung zu Kapitaleinkünften iSd § 20 (BFH 19.1.1993 – VIII R 74/91, BFH/NV 1993, 714; BFH 17.4.1997 – VIII R 47/95, BStBl. II 1998, 102).

10.1 § 17 wurde durch EStG 1925 eingeführt und beruhte ursprünglich auf der Vorstellung, dass das Halten und die Veräußerung einer qualifizierten Beteiligung dem Einzelunternehmen und der Beteiligung an einer OHG wirtschaftlich „gleich stehe" (Nachweis bei *Strutz* Kommentar zum Einkommensteuergesetz vom 10.8.1925, Band II, § 30 Rn. 2 und 29). Der qualifiziert Beteiligte sollte danach einem Mitunternehmer gleichgestellt werden, sodass die Gewinne aus der Veräußerung der qualifizierten Beteiligung in gleicher Weise versteuert werden wie die Gewinne aus der Veräußerung von Mitunternehmer-Anteilen (BFH 21.12.1993 – VIII R 69/88, BStBl. II 1994, 648 mwN). Das BVerfG hat in der Regelung des § 17 keine Durchbrechung des Besteuerungssystems des EStG erkannt und die Regelung nicht als gleichheitswidrig angesehen. Ein qualifiziert beteiligter Gesellschafter habe durch seine qualifizierte Beteiligung – nach damaliger Rechtslage iHv von 25% – die Möglichkeit, die Voraussetzungen für die Entstehung von Veräußerungsgewinnen planmäßig herbeizuführen, was eine Sonderbehandlung rechtfertige (BVerfG 7.10.1969 – 2 BvL 3/66 und 2 BvR 701/64, BStBl. II 1970, 160).

11 Seit mit der Unternehmensteuerreform 2008 Veräußerungsgewinne gemäß § 20 Abs. 2 unabhängig von einer Haltefrist steuerbar sind, erscheint es **weder aus Gründen der Belastungsgleichheit geboten noch aus anderen Gründen sachlich gerechtfertigt,** die Ver-

äußerungsgewinne bei qualifizierten Beteiligungen weiterhin dem – systemfremden – Sondertatbestand des § 17 zu unterwerfen (Blümich/*Ratschow* § 20 Rn. 17; *Rockoff* Beeinflussung der Investitionsentscheidung durch die Abgeltungsteuer (2014), 211; *Seer* DStJG Bd. 34 (2011), 1 (6)), insbesondere seitdem die maßgebliche Beteiligungsquote von 25% auf 1% reduziert wurde und die vom BVerfG zur Rechtfertigung angeführte Möglichkeit der Einwirkung auf die Geschäftsführung so nicht mehr angenommen werden kann.

Einstweilen frei 12–13

c) Beteiligungserträge im Betriebsvermögen einer natürlichen Person oder Personengesellschaft („Teileinkünfteverfahren"). Sind Kapitaleinkünfte iSd § 20 Abs. 1 Nr. 1, Nr. 2 und Nr. 9, Abs. 2 Nr. 1 und Nr. 2 sowie neben oder an die Stelle dieser Einkünfte tretende Einkünfte iSd § 20 Abs. 3 einer Gewinneinkunftsart zuzurechnen (zu § 20 Abs. 8 → Rn. 1405 ff.), so führen diese Erträge aus Kapitalnutzung zu Betriebseinnahmen, die allerdings gemäß § 3 Nr. 40 zu 40% steuerfrei sind (sog. **Teileinkünfteverfahren**). Das Abzugsverbot des § 20 Abs. 9 S. 1 findet keine Anwendung. Allerdings ist der Abzug der Erwerbsaufwendungen nach § 3c Abs. 2 auf 60% beschränkt. Der Ausgleich und Abzug von Verlusten richtet sich nicht nach § 20 Abs. 6 (→ Rn. 1373 ff.), sondern nach den allgemeinen Regelungen gemäß § 2 Abs. 1, Abs. 2 und § 10d. Insbesondere besteht durch die Einbeziehung dieser Einkünfte in die synthetische Einkommensteuer die Möglichkeit der vertikalen Verlustverrechnung (Kirchhof/*Bleschick* § 20 Rn. 182). Die auf diese Weise ermittelten und ggf. teilweise steuerpflichtigen Kapitaleinkünfte werden grundsätzlich gemäß § 32a Abs. 1 S. 1 mit dem progressiven Steuertarif von bis zu 45% besteuert. Hintergrund des Teileinkünfteverfahrens ist die Vermeidung einer unabgestimmten Doppelbelastung von Beteiligungserträgen sowohl auf Gesellschafts- als auch auf Gesellschafterebene (→ Rn. 21 ff.). 14

Einstweilen frei 15–16

d) Kapitaleinkünfte im Betriebsvermögen einer juristischen Person. Hält eine juristische Person ihrererseits Beteiligungen an einer Körperschaft, so findet eine automatische Zurechnung der Einkünfte der Körperschaft anders als bei Personengesellschaften nicht statt. Unmodifiziert käme es daher bei konzerninternen Ausschüttungen zu substanzaufzehrenden Mehrfachbelastungen innerhalb der Ausschüttungskette. Deshalb bleiben gemäß **§ 8b Abs. 1 S. 1 KStG** die Bezüge iSd § 20 Abs. 1 Nr. 1, Nr. 2, Nr. 9 und Nr. 10 Buchst. a und gemäß **§ 8b Abs. 2 KStG** die Gewinne aus der Veräußerung einer solchen Beteiligung bei der Ermittlung des Einkommens der Trägerkörperschaft grundsätzlich außer Ansatz. Gemäß **§ 8b Abs. 3 S. 1 und Abs. 5 KStG** gelten lediglich 5% des Betrags als Ausgaben, die nicht als Betriebsausgaben abgezogen werden dürfen und daher dem Betriebsvermögen außerbilanziell hinzuzurechnen ist (Blümich/*Rengers* KStG § 8b Rn. 169), sodass es insofern nur zu einer geringfügigen **Mindestbesteuerung** von Ausschüttungen kommt. 17

§ 8b Abs. 4, Abs. 6 und Abs. 7 KStG sehen diverse Rückausnahmen vor, die eine Anwendung der sog. Schachtelprivilegierung wieder ausschließen und daher eine Regelbesteuerung bewirken. 17.1

Umgekehrt erlaubt die Errichtung einer Organschaft gemäß §§ 14, 17 KStG eine vollständige Zurechnung und damit die steuerlich unbelastete Verlagerung von Gewinnen der Tochtergesellschaften zur Organträgerin. 17.2

Erst bei einer Endausschüttung der im Körperschaftsverbund erzielten Gewinne an eine natürliche Person kommt es zur vollständigen Ertragsbesteuerung des Gewinns (Lademann EStG/*Jachmann-Michel/Lindenberg* § 20 Rn. 51). Diese wird wegen der zeitlich erst am Ende der Ausschüttungskette erfolgenden Besteuerung teilweise als „Nachversteuerung" bezeichnet (Gosch KStG/*Gosch* KStG § 8b Rn. 1), ohne dass aus dieser wirtschaftlich zutreffenden Betrachtung materiell- oder verfahrensrechtliche Folgerungen gezogen werden könnten. Hintergrund dieser augenscheinlich günstigen Besteuerung ist die Vermeidung von Überbelastungen durch Kaskadeneffekte innerhalb von Konzernen und eine anderenfalls übermäßige Gesamtsteuerbelastung auf Gewinne einer Körperschaft durch die Körperschaft- und Gewerbesteuer auf Ebene der Gesellschaft und durch die Einkommensteuer des Gesellschafters (dazu BVerfG 12.10.2010 – 1 BvL 12/07, DStR 2010, 2393). 18

Einstweilen frei 19–20

2. Historische Entwicklung der Besteuerung von Kapitaleinkünften

21 **a) Überblick.** Während die Besteuerung der Kapitaleinkünfte aus der Vergabe von Fremdkapital gesetzgebungshistorisch durch große Konstanz geprägt ist, unterlag die Rechtslage zur Besteuerung von Eigenkapitalerträgen mehrfach umfassenden Systemänderungen, die teilweise auf der Gesellschafts-, teilweise auf der Gesellschafterebene ansetzten, um die Doppelbelastung von Kapitaleinkünften aus der Vergabe von Eigenkapital an Kapitalgesellschaften durch Körperschaft- und Einkommensteuer zu mindern (zur historischen Entwicklung *Kußmaul/Meyering/Schwarz* GmbHR 2016, 385; zu den ökonomischen Belastungswirkungen iE: *Kambeck* Wirkung der Einkommensbesteuerung auf das Wirtschaftswachstum (2000), 83 ff.).

22 **aa) Klassisches Körperschaftsteuersystem mit Doppelbelastung (1920 bis 1952).** Bereits bei Erlass des **Körperschaftsteuergesetzes 1920 v. 30.3.1920** (RGBl. 1920 I 393) erkannte der Gesetzgeber die Problematik einer Doppelbesteuerung von Kapitalgesellschaft und dahinterstehendem Gesellschafter. Allerdings nahm er die drohende **Mehrfachbelastung** nicht nur aus fiskalischen Gründen in Kauf, sondern setzte sie sogar bewusst als **wirtschaftspolitisches Steuerungsinstrument** ein, um die empfundene Marktmacht der Kapitalgesellschaften zugunsten der „privaten Einzelwirtschafter" zurückzudrängen.

22.1 Begründung zum Entwurf eines Körperschaftsteuergesetzes v. 16.1.1920 (Verhandlungen der verfassunggebenden Deutschen Nationalversammlung, Anlage zu den stenographischen Berichten Band 341, Aktenstück Nr. 1976, 14 f.):

„So mag zwar eine **Doppelbesteuerung** in dem Sinne vorliegen, daß Teile der volkswirtschaftlichen Gütererzeugung auf dem Wege zum endgültigen Verbraucher zweimal mit einer rein nach den persönlichen Verhältnissen des Verbrauchers sich bestimmenden Steuer belegt werden. Jedenfalls liegt aber eine doppelte Besteuerung in dem Sinne nicht vor, daß dasßelbe Subjekt zweimal besteuert wird. Nur in dieser Art könnte aber die Doppelbesteuerung einen besonderen Angriffspunkt bieten; denn im übrigen ist die mehrfache Besteuerung desßelben wirtschaftlichen Gutes nichts Ungewöhnliches. […] Aber selbst dann, wenn man eine Doppelbesteuerung anerkennen wollte, wäre sie innerlich begründet. **Die Verleihung der Rechtspersönlichkeit gewährt den Erwerbsgesellschaften so viele Rechte, daß sie die Folgen der Selbständigmachung auch auf einem Gebiete tragen müssen, auf dem sie für sie nachteilig sind.** Die Vorteile der Rechtsform, in der sie ihre Zwecke verfolgen können, sind vor allem, neben der völligen Gleichstellung mit den natürlichen Personen auf allen Verkehrs- und Wirtschaftsgebieten, die bedeutende Verstärkung der Kreditfähigkeit, die in der fast unbeschränkten Möglichkeit der Erweiterung des Kapitals liegt. […] Daß in vielen Fällen die Kapitalhäufung auch die Wirtschaftlichkeit steigert, ist eine weitere Folge dieser Rechtsform. […] Endlich aber darf nicht übersehen werden, daß die Erwerbsgesellschaften sich auch zu so übermächtigen Wettbewerbern der privaten Einzelwirtschafter entwickelt haben, daß die Erhaltung der **Wettbewerbsfähigkeit letzteren unbedingt einen Ausgleich auf steuerlichem Gebiet erfordert. Die Freilassung der Gesellschaften von einer Besteuerung ihres Einkommens würde die Übermacht der Kapitalansammlung noch mehr steigern.**"

23 **bb) Niedrigerer Körperschaftsteuertarif für ausgeschüttete Gewinne (1953 bis 1976).** Eine erstmals von Konzern-Konstellationen losgelöste Entlastung ausgeschütteter Gewinne von ihrer wirtschaftlichen Doppelbesteuerung erfolgte durch Art. 5 Nr. 1 iVm Art. 6 **Gesetz zur Änderung steuerlicher Vorschriften und zur Sicherung der Haushaltsführung v. 24.6.1953** (BGBl. 1953 I 413 ff.) mWv 25.6.1953. Der erstmals für den Veranlagungszeitraum 1953 anzuwendende § 19 Abs. 2 KStG ermäßigte hierzu die Körperschaftsteuer für berücksichtigungsfähige Ausschüttungen von 60% auf 30%.

24 Das **Körperschaftsteuergesetz (KStG 1958) v. 18.11.1958** (BGBl. 1958 I 747 ff.) mWv 1.1.1958 verstärkte die körperschaftsteuerliche Entlastung ausgeschütteter Gewinne, indem es den Gewinn thesaurierte Gewinne nach § 19 Abs. 1 Nr. 1 S. 1 KStG iHv 51%, berücksichtigungsfähigen Ausschüttungen in § 19 Abs. 1 Nr. 1 S. 2 KStG hingegen nur iHv 15% belastete. Die Körperschaftsteuer wurde dabei als notwendige Konsequenz der Verselbständigung der juristischen Person angesehen (BVerfG 24.1.1962 – 1 BvR 845/58, BVerfGE 13, 331 (352)).

25 **cc) Anrechnungsverfahren (1977 bis 2000).** Durch **Körperschaftsteuerreformgesetz v. 31.8.1976** (→ Rn. 47) wurde das sog. **Anrechnungsverfahren** eingeführt, das

einen umfangreichen Systemwechsel in der Besteuerung von Kapitalerträgen aus inländischen Kapitalgesellschaften bewirkte. Hauptziel war die **vollständige Beseitigung der Doppel- und Mehrfachbelastung ausgeschütteter Gewinne** durch Einführung eines Anrechnungsverfahrens, das zum Teil auf der Ebene der ausschüttenden Gesellschaft und im Übrigen durch Anrechnung der Körperschaftsteuer auf die Einkommen- oder Körperschaftsteuer der Anteilseigner ansetzte (BT-Drs. 7/1470, 2).

In einem ersten Schritt wurde zunächst der Gewinn einer Kapitalgesellschaft der inländischen Körperschaftsteuer unterworfen. In einem zweiten Schritt wurde dieser Körperschaftsteuerbetrag anteilig dem jeweiligen Anteilseigner als steuerbare Kapitaleinkünfte zugerechnet und dessen Einkommensbesteuerung unterworfen, wofür Art. 2 Nr. 5 Körperschaftsteuerreformgesetz mit der Einführung der §§ 20 Abs. 1 Nr. 2 und Nr. 3 die einfachgesetzliche Grundlage schuf. In einem dritten Schritt wurde der zugerechnete Körperschaftsteuerbetrag gemäß § 36 Abs. 2 Nr. 3, Abs. 3 auf die deutsche Einkommensteuerschuld angerechnet bzw. gemäß § 36b vergütet. Wirtschaftlich wirkte die gesamte **Körperschaftsteuer,** die auf dem ausschüttbaren Gewinn der inländischen Körperschaft lastete, damit wie eine **Vorauszahlung auf die Einkommensteuerschuld** des „letzten" Anteilseigners. Der Umfang der Steuerbelastung richtete sich allein nach der individuellen Einkommensteuerbelastung des Anteilseigners (vgl. BT-Drs. 7/1470, 271 ff.). 26

Dadurch sollten **Aktien und andere Anteile an inländischen Körperschaften** für Anteilseigner **attraktiver werden** (BT-Drs. 7/1470, 272). Für die Gesamtheit der Steuerpflichtigen resultierte dies bereits aus der Beseitigung der Mehrfachbesteuerung, aber insbesondere für Personen mit insgesamt niedrigem zu versteuernden Einkommen stieg die Attraktivität von Anlagen in Kapitalgesellschaften zusätzlich, je geringer ihre individuelle Einkommensteuerbelastung war. Die Einführung des Anrechnungsverfahrens sollte damit weitere Maßnahmen wirksam unterstützen, um breitere Bevölkerungskreise insbesondere zum Erwerb von Aktien und damit zur Beteiligung am Produktivvermögen der Wirtschaft anzuregen. Sie hatte somit neben ihrer steuer- und wirtschaftspolitischen auch eine **vermögens- bzw. sozialpolitische Bedeutung** (BT-Drs. 7/1470, 221; BT-Drs. 7/5310, 7). 27

Trotz grundsätzlich positiver Resonanz auf den Reformvorschlag (BT-Drs. 7/5310, 2) äußerten einige der im Gesetzgebungsverfahren befragten Verbände erhebliche Kritik an der Einführung des Anrechnungsverfahrens. Das neue Verfahren begünstige wenige vermögende Aktienbesitzer, erhöhe das Renditeniveau und lasse daher die Aktienkurse steigen. Die fehlende Thesaurierungsbegünstigung beeinträchtige die Investitionsaktivität von Kapitalgesellschaften und **benachteilige ausländische Aktiengesellschaften,** ausländische Mutter- mit inländischen Tochtergesellschaften sowie ausländische Unternehmen mit inländischen Betriebsstätten (BT-Drs. 7/5310, 3 ff.). 27.1

Der Gesetzgeber hielt gleichwohl an dem Reformvorhaben fest, weil damit bei vertretbarem Verwaltungsaufwand insbesondere eine **Verbesserung der Eigenfinanzierung** der Unternehmen und eine Verringerung des Interessengegensatzes zwischen Groß- und Kleinaktionären erreicht werde. Die Kosten der Eigenfinanzierung würden infolge der Anrechnung bzw. Vergütung den Kosten der Fremdfinanzierung angenähert. Anteilseigner erhielten neben der Bardividende der Kapitalgesellschaft eine entsprechende Steuergutschrift und damit einen zusätzlichen Vorteil. In der Summe ergebe dies einen höheren Bruttoertrag, den die Kapitalgesellschaft nicht zusätzlich erwirtschaften müssten, um eine angemessene Kapitalverzinsung zu gewähren. Dies sollte vermehrt zu Kapitalerhöhungen und einer Vergrößerung des Aktienangebots führen (BT-Drs. 7/5310, 6 f.). 27.2

dd) Halbeinkünfteverfahren (2001 bis 2008). Mit dem **StSenkG v. 23.10.2000** (→ Rn. 59) mWv 1.1.2001 ging ein umfassender Systemwechsel in der Besteuerung von Beteiligungserträgen einher, der in engem Zusammenhang mit der Senkung des Einkommensteuersatzes auf 45% sowie des Körperschaftsteuersatzes auf 25% stand (zu den Belastungswirkungen *Bareis* StuW 2000, 133; zur Kritik *Pezzer* StuW 2000, 144 (146)). Die Reform sollte im Interesse einer stärker rechtsformneutralen Unternehmensbesteuerung vergleichbare Bedingungen für Personenunternehmen schaffen und bewirken, dass attraktive Bedingungen für Investitionen aus dem In- und Ausland geboten (vgl. BT-Drs. 14/3074, 4 mit Verweis auf BT-Drs. 14/2683, 92 f.) und ausländisches Kapital dadurch „verstärkt zur Investition in Deutschland eingeladen" würde (BT-Drs. 14/2683, 95). 28

Das bisherige System der Vollanrechnung der Körperschaftsteuer der Kapitalgesellschaft auf die Einkommensteuer des Gesellschafters (dazu → Rn. 25 ff.) wurde durch das sog. 29

Halbeinkünfteverfahren ersetzt, das die Doppelbelastung ausgeschütteter Gewinne in pauschaler Form durch eine Entlastung sowohl auf Unternehmensebene als auch auf der Anteilseignerebene beseitigen sollte. Die Gewinne der Körperschaft wurden mit einem einheitlichen Körperschaftsteuersatz von nur noch 25% belastet. Auf der Ebene der Anteilseigner wurde diese körperschaftsteuerliche Vorbelastung dadurch berücksichtigt, dass Beteiligungserträge gemäß § 3 Nr. 40 zur Hälfte steuerfrei waren und damit nur zur Hälfte in die tarifliche Einkommensteuer der Anteilseigner einbezogen wurden. Korrespondierend war der Abzug der mit diesen Einnahmen im Zusammenhang stehenden Werbungskosten oder Betriebsausgaben gemäß § 3c Abs. 2 ebenfalls nur zur Hälfte zugelassen. Insgesamt ergab sich dadurch eine Belastung der ausgeschütteten Gewinne, die der steuerlichen Belastung bei anderen Einkunftsarten angenähert wurde (vgl. BT-Drs. 14/2683, 94).

30 Die durch das Halbeinkünfteverfahren begründete **Tarifstruktur sollte einen Anreiz zur Thesaurierung** von Gewinnen der Kapitalgesellschaft geben. Im Gegensatz zur Tarifstruktur des Anrechnungsverfahrens, das wegen des deutlich über dem Ausschüttungssteuersatz liegenden Körperschaftsteuersatzes bei Thesaurierung zu Gewinnausschüttungen angereizt hatte, sollte so die **Reinvestition betrieblicher Gewinne im Unternehmen gefördert** und die **Innenfinanzierung der Unternehmen verbessert** werden. Die begrenzten öffentlichen Haushaltsmittel sollten gezielt dort eingesetzt werden, wo investiert würde und Arbeitsplätze entstehen könnten (BT-Drs. 14/2683, 95).

30.1 Weil das Teileinkünfteverfahren eine zuvor notwendige umfangreiche Gliederungsrechnung sowie die verwaltungsaufwendigen Bescheinigungsverfahren entbehrlich machte, sollte seine Handhabung **vergleichsweise einfach und weniger missbrauchsanfällig** sein als das Anrechnungsverfahren. So habe die bisherige Verwaltungspraxis des körperschaftsteuerlichen Anrechnungsverfahrens gezeigt, dass die geltend gemachten Körperschaftsteuerguthaben deutlich über den tatsächlich gezahlten Körperschaftsteuern gelegen hätten, ohne dass ein umfassender Abgleich zwischen den gezahlten Körperschaftsteuern und dem Anrechnungsguthaben in der Praxis möglich gewesen wäre (vgl. BT-Drs. 14/2683, 94).

30.2 Schließlich sollte **jedenfalls eine Einmalbelastung der in Deutschland erwirtschafteten Gewinne** erreicht werden, die nicht im Wege einer Anrechnung wieder rückgängig gemacht werden könne (vgl. BT-Drs. 14/2683, 94) und zu **gleichen Steuerbelastungen inländischer wie grenzüberschreitender Investitionen,** die ins Ausland oder aus dem Ausland vorgenommen werden, führe (BT-Drs. 14/2683, 95 f.).

31 **ee) Abgeltungsteuer, Teileinkünfteverfahren (seit 2009).** Das **UntStRefG 2008 v. 14.8.2007** (→ Rn. 72; zur zeitlichen Anwendbarkeit → Rn. 99) bewirkte erneut eine umfassende Reform der Besteuerung von Kapitaleinkünften, die eng mit der Reform der Unternehmensbesteuerung verbunden war (BT-Drs. 16/4841, 33). So wurde das Halbeinkünfteverfahren für Kapitaleinkünfte des Privatvermögens abgeschafft und durch das **Abgeltungsteuersystem** ersetzt (→ Rn. 5 ff.). Zugleich wurde die Steuerbarkeit auch auf Gewinne aus der Veräußerung von Kapitalanlagen des Privatvermögens ohne Rücksicht auf die Haltedauer (BT-Drs. 16/4841, 54 f.) und den Beteiligungsanteil des Steuerpflichtigen ausgedehnt.

32 Der Gesetzgeber begründete dies damit, dass sowohl nationale als auch internationale Investoren bei der Standortwahl für ihre Investitionen in Deutschland trotz ansonsten guter Standortqualität einen Wettbewerbsnachteil aufgrund der hohen Steuerbelastung gesehen hätten. Darin liege die **Gefahr,** dass Unternehmen ihre in Deutschland erwirtschafteten Erträge **durch grenzüberschreitende Kreditvergabe ins niedriger besteuernde Ausland verlagerten** und auch **private Haushalte Kapital ins Ausland transferierten,** um der Besteuerung in Deutschland auszuweichen. Hauptziel der Unternehmensteuerreform sollte deshalb neben der Erhöhung der Standortattraktivität die **längerfristige Sicherung des deutschen Steuersubstrats** sein. Gerade die Einführung einer Abgeltungsteuer sollte dabei das Interesse privater Anleger mindern, Kapital allein aus steuerlichen Gründen ins Ausland zu verlagern (BT-Drs. 16/4841, 1). Zugleich wurde aus Gerechtigkeitserwägungen die Stärkung des Faktors Kapital zum gesamten Steueraufkommen erstrebt (BT-Drs. 16/4841, 30).

33 Nach Einschätzung des Gesetzgebers führe die Einführung der Abgeltungsteuer zu einer erheblichen steuerlichen Entlastung sowie zur **drastischen Vereinfachung des Besteue-**

rungsverfahrens von Kapitaleinkünften (BT-Drs. 16/4841, 35). Sofern die Kapitalertragsbesteuerung durch den Kapitalertragsteuerabzug abschließend erfolge, brauche der Steuerpflichtige die Kapitalerträge diesbezüglich nicht mehr gegenüber dem Finanzamt anzugeben, sodass die **Anonymität der Anleger** zukünftig gewahrt werde. Stehe ein Steuerzahler durch den abgeltenden Steuersatz von 25% schlechter, so könne er die Kapitaleinkünfte in der Steuererklärung angeben und sich auf diesem Weg die überzahlte Abgeltungsteuer auf Kapitalerträge erstatten lassen (vgl. BT-Drs. 16/4841, 33).

Einstweilen frei **34–42**

b) Normhistorie des § 20 im Einzelnen. Im **Einkommensteuergesetz v. 10.8.1925** (RGBl. 1925 I 189) wurden die Einkünfte aus Kapitalvermögen erstmals als fünfte von damals noch 8 Einkunftsarten in § 6 Abs. 1 Nr. 5 EStG 1925 erfasst. § 37 EStG 1925 bestimmte den sachlichen Umfang der Einkünfte aus Kapitalvermögen ähnlich des heutigen § 20. **43**

So führte § 37 Abs. 1 EStG 1925 exemplarisch typische Kapitaleinkünfte auf, die sich – mit Ausnahme der in § 37 Abs. 1 Nr. 3 EStG 1925 gesondert genannten Zinsen für Anleihen – auch in der Aufzählung des heutigen § 20 Abs. 1 finden. **43.1**

Nach § 37 Abs. 2 Nr. 1 EStG 1925 führten – entsprechend dem heutigen § 20 Abs. 3 – auch besondere Entgelte oder Vorteile, die neben Kapitalerträgen der in Abs. 1 genannten Art oder an deren Stelle gewährt werden, zu steuerbaren Kapitaleinkünften.

Zudem bestand mit § 37 Abs. 2 Nr. 2 EStG 1925 eine inhaltlich mit dem heutigen § 20 Abs. 2 S. 1 Nr. 2 vergleichbare Regelung, die Einkünften aus der Veräußerung von Kapitalerträgen vorsah, sofern die zugrunde liegenden Aktien, Schuldverschreibungen oder sonstigen Anteile weiterhin im Eigentum des Steuerpflichtigen blieben.

§ 37 Abs. 2 EStG 1925 enthielt eine dem heutigen § 20 Abs. 8 entsprechende Subsidiaritätsklausel, die Kapitalerträge als Einkünfte aus dem Betriebe der Land- oder Forstwirtschaft oder aus Gewerbebetrieb zuordnete, wenn sie in einem derartigen Betrieb angefallen waren.

Mit dem **Einkommensteuergesetz v. 16.10.1934** (RGBl. 1934 I 1005) wurden die Einkünfte aus Kapitalvermögen in § 2 Abs. 3 Nr. 5 iVm § 20 EStG 1934 **als fünfte von insgesamt sieben Einkunftsarten verortet.** Die in § 20 Abs. 1 EStG 1934 exemplarisch genannten Kapitaleinkünfte finden sich sämtlich auch in der Aufzählung des heutigen § 20 Abs. 1. Die Subsidiaritätsklausel in § 20 Abs. 3 EStG 1934 wurde auf die Einkünfte aus selbständiger Arbeit oder aus Vermietung und Verpachtung erweitert. Einkünfte aus Spekulationsgeschäften, va aus der Veräußerung von Wertpapieren waren gemäß § 22 Nr. 2 iVm § 23 Abs. 1 Nr. 1 EStG 1934 steuerbar, wenn zwischen Anschaffung und Veräußerung des jeweiligen Wirtschaftsguts nicht mehr als ein Jahr lag. **44**

Das **Einkommensteuergesetz (EStG 1949) v. 10.8.1949** (WiGBl. 1949, 266) mWv 1.1.1949 übernahm den vollständigen Wortlaut der §§ 20, 22 und 23 EStG 1934. **45**

Durch Art. 1 Nr. 31 Gesetz zur Reform der Einkommensteuer, des Familienlastenausgleichs und der Sparförderung (Einkommensteuerreformgesetz – EStRG) v. 5.8.1974 (BGBl. 1974 I 1769) mWv 11.8.1974 wurde die Steuerbarkeit von außerrechnungsmäßigen und rechnungsmäßigen Zinsen aus Lebensversicherungen in § 20 Abs. 1 Nr. 6 normiert (→ Rn. 866 ff.) und in § 20 Abs. 4 ein Sparer-Freibetrag eingeführt (→ Rn. 1476.3). **46**

Das **Körperschaftsteuerreformgesetz v. 31.8.1976** (BGBl. 1976 I 2597) mWv 8.9.1976 ging aus dem Regierungsentwurf eines Dritten Steuerreformgesetzes v. 9.1.1974 hervor (BT-Drs. 7/1470; BT-Drs. 7/2180, 4 und BT-Drs. 7/5310, 1) und bewirkte die Einführung des sog. **Anrechnungsverfahrens** (→ Rn. 25 ff.). Zudem wurde § 20 Abs. 1 Nr. 2 eingeführt (→ Rn. 710) und § 20 Abs. 1 Nr. 4 unter Verschiebung aus Nr. 2 EStG aF um partiarische Darlehen erweitert (→ Rn. 766). **47**

Mit dem Körperschaftsteuerreformgesetz wurden zudem sog. Bauzinsen iSd § 57 Abs. 3 AktG, dh Zinsen, die von einer Aktiengesellschaft während der Aufbauphase eines Unternehmens an die Aktionäre gezahlt werden können, in § 20 Abs. 1 Nr. 7 eigenständig geregelt. Dies lag darin begründet, dass es sich nach hM des Handelsrechts nicht um echte Zinsen iSd § 246 BGB, §§ 352, 363 HGB handelte. Allerdings waren diese Bauzinsen wie echte Zinsen zu behandeln (BT-Drs. 7/1470, 274). **47.1**

Durch § 20 Abs. 2 Nr. 3 wurde die Steuerbarkeit auf Einnahmen aus der Veräußerung von Zinsscheinen erstreckt, wenn die dazugehörigen Schuldverschreibungen mitveräußert und Zinsen des laufenden Zinszahlungszeitraums (Stückzinsen) besonders in Rechnung gestellt wurden. **47.2**

48 Durch Art. 1 Nr. 7 **Gesetz zur Änderung des Einkommensteuergesetzes, des Körperschaftsteuergesetzes und anderer Gesetze v. 20.8.1980** (BGBl. 1980 I 1545) mWv 29.8.1980 wurde bei der Einführung der Verlustverrechnungsbeschränkung in § 15a für Kommanditisten und andere Mitunternehmer mit Haftungsbeschränkung auch in § 20 Abs. 1 Nr. 4 S. 2 ein Verweis auf § 15a aufgenommen (→ Rn. 825).

49 Gemäß Art. 3 Nr. 14 **Steuerbereinigungsgesetz 1985 v. 14.12.1984** (BGBl. 1984 I 1493) mWv 1.1.1985 wurde der in § 20 Abs. 1 Nr. 1 benutzte Begriff „Genußscheine" zu „Genußrechte" geändert, um sicherzustellen, dass auch die Erträge aus unverbrieften Genussrechten den Einkünften aus Kapitalvermögen zugeordnet werden (BT-Drs. 10/2370, 11).

49.1 Zudem wurde die Steuerbarkeit sog. Bauzinsen iSd § 57 Abs. 3 AktG (→ Rn. 47.2) gestrichen, nachdem § 57 Abs. 3 AktG durch Artikel 1 Nr. 12 Gesetz zur Durchführung der Zweiten Richtlinie des Rates der Europäischen Gemeinschaften zur Koordinierung des Gesellschaftsrechts vom 13.12.1978 (BGBl. 1978 I 1959) aufgehoben worden war (BT-Drs. 10/1636, 58).

50 Art. 1 Nr. 22 **Steuerreformgesetz 1990 v. 25.7.1988** (BGBl. 1988 I 1093) mWv 3.8.1988 ordnete vGA in § 20 Abs. 1 Nr. 1 S. 2 als sonstige Bezüge iSd Nr. 1 S. 1 ein (→ Rn. 569). In § 20 Abs. 2 Nr. 4 wurden zudem Erträge aus der Veräußerung oder Abtretung von ab- oder aufgezinsten Schuldverschreibungen, Schuldbuchforderungen und Kapitalforderungen erfasst.

50.1 Daneben wurde die Steuerbarkeit von Erträgen aus Lebensversicherungen in § 20 Abs. 1 Nr. 6 geändert. Allerdings statuierte bereits das Gesetz zur Änderung des Steuerreformgesetzes 1990 sowie zur Förderung des Mietwohnungbaus und von Arbeitsplätzen in Privathaushalten v. 30.6.1989 (BGBl. 1989 I 1267) mit Rückwirkung zum 1.1.1989 den früheren Gesetzeswortlaut (→ Rn. 52), sodass die Neuregelung faktisch leer lief.

51 Art. 4 Nr. 2 **Gesetz über Maßnahmen zur Entlastung der öffentlichen Haushalte (Haushaltsbegleitgesetz 1989) v. 20.12.1988** (BGBl. 1988 I 2262) mWv 3.8.1988 fügte § 20 Abs. 2 S. 4 an (vgl. BT-Drs. 11/2969, BT-Drs. 11/3009 und BT-Drs. 11/3306 (neu), 23).

51.1 Art. 4 Nr. 11 Buchst. b Haushaltsbegleitgesetz 1989 fügte zudem § 52 Abs. 20 S. 2 ein, wonach § 20 Abs. 1 Nr. 6 auf Erträge aus Kapitallebensversicherungen gegen Einmalbetrag und aus Rentenversicherungen mit Kapitalwahlrecht gegen Einmalbetrag nicht anzuwenden war, wenn die Versicherungsverträge vor dem 1.1.1974 abgeschlossen worden waren. Zweck der Regelung war es, die Erträge aus den bis zum 31.12.1973 abgeschlossenen Lebensversicherungsverträgen nach wie vor von der Besteuerung freizustellen, obwohl die bis dahin geltende Übergangsvorschrift aus dem Jahr 1988 aufgehoben wurde (vgl. BT-Drs. 11/3306 (neu), 24).

52 Das Gesetz zur Änderung des Steuerreformgesetzes 1990 sowie zur Förderung des Mietwohnungbaus und von Arbeitsplätzen in Privathaushalten v. 30.6.1989 (BGBl. 1989 I 1267) mWv 1.7.1989 erweiterte § 20 Abs. 2 Nr. 4 durch die offene Formulierung „ähnliche Kapitalforderungen" und verdoppelt den Sparer-Freibetrag in § 20 Abs. 4 (→ Rn. 1476.4).

53 Durch Art. 1 Nr. 18 Gesetz zur Entlastung der Familien und zur Verbesserung der Rahmenbedingungen für Investitionen und Arbeitsplätze (Steueränderungsgesetz 1992 – StÄndG 1992) v. 25.2.1992 (BGBl. 1992 I 297) mWv 29.2.1992 wurde die Steuerbarkeit von Einkünften aus Kolonialgesellschaften in § 20 Abs. 1 Nr. 1 gestrichen, weil keine derartigen Gesellschaften mehr bestanden. Zuden wurde in § 20 Abs. 1 Nr. 6 S. 3 klargestellt, dass die Steuerfreiheit der Zinsen aus Lebensversicherungen iHv 3,5% an ihre Abzugsfähigkeit als Sonderausgabe nach § 10 Abs. 2 S. 2 gekoppelt war (BT-Drs. 12/1108, 59).

54 Gemäß Art. 1 Nr. 4 **Gesetz zur Neuregelung der Zinsbesteuerung (Zinsabschlaggesetz) v. 9.11.1992** (BGBl. 1992 I 1853) mWv 13.11.1992 wurde der Sparer-Freibetrag durch Änderungen in § 20 Abs. 4 verzehnfacht (→ Rn. 1476.5).

55 Art. 1 Nr. 8 Gesetz zur Verbesserung der steuerlichen Bedingungen zur Sicherung des Wirtschaftsstandorts Deutschland im Europäischen Binnenmarkt (Standortsicherungsgesetz – StandOG) v. 13.9.1993 (BGBl. 1993 I 1569) mWv 18.9.1993 gliederte den zuvor lediglich im Kontext des § 20 Abs. 2 Nr. 2 S. 2 und S. 3 definierten Begriff „Anteilseigner" in § 20 Abs. 2a aus. Zugleich wurde in § 20 Abs. 2 S. 1 Nr. 2 das Wort „Anteilseigner" durch „Inha-

ber des Stammrechts" ersetzt, weil der Veräußerer eines noch nicht entstandenen Dividendenanspruchs nicht Anteilseigner iSd § 20 Abs. 2a ist. In § 20 Abs. 2 S. 1 Nr. 2 S. 2 wurde zudem die Klarstellung aufgenommen, dass eine Dividende bei Versteuerung des Veräußerungserlöses nach § 20 Abs. 2 Nr. 2 Buchst. a, der anstelle der Dividende vom Inhaber des Stammrechts zu versteuern war, nicht nochmals vom Anteilseigner nach § 20 Abs. 1 Nr. 1 versteuert werden musste (BT-Drs. 12/5016, 87). Die Regelungen dienten zur Einschränkung des sog. Dividendenstrippings (→ Rn. 695, BT-Drs. 12/5016, 78).

Art. 1 Nr. 15 Gesetz zur Bekämpfung des Mißbrauchs und zur Bereinigung des Steuerrechts (Mißbrauchsbekämpfungs- und Steuerbereinigungsgesetz – StMBG) v. 21.12.1993 (BGBl. 1993 I 2310) mWv 30.12.1993 erweiterte die steuerpflichtigen Kapitalerträge iSd § 20 Abs. 1 Nr. 7 durch die Formulierung „Erträge aus sonstigen Kapitalforderungen jeder Art" deutlich (→ Rn. 994) und erfasste durch die Neufassung von § 20 Abs. 2 Nr. 1 bis Nr. 4 die im Wertpapierkurs und damit im Veräußerungspreis enthaltenen Kapitalerträge. Beide Regelungen zielten auf die Einschränkung steuervermeidender Gestaltungen durch Finanzinnovationen ab (BT-Drs. 12/5764, 1 f.), die so ausgestaltet waren, dass der aus ihnen erzielte wirtschaftliche Vorteil möglichst nicht als steuerpflichtiger Kapitalertrag, sondern als steuerfreier Kursgewinn anfiel. Zudem wurde § 20 Abs. 4 S. 4 angefügt, wonach ausländische Steuern und Werbungskosten vor Berücksichtigung des Sparer-Freibetrags abzuziehen waren (BT-Drs. 12/6078, 116 f. und 123). 56

Danach führt insbesondere die Veräußerung sog. Zero-Bonds (→ Rn. 1249.1), von Wertpapieren mit Zinsforderungen ohne besondere Berechnung der Stückzinsen (sog. Range Warrants → Rn. 1016), von Finanzinnovationen (→ Rn. 1249), von Wertpapieren mit Kapitalforderungen in unterschiedlicher Höhe (sog. Gleitzinsanleihen → Rn. 1004.1) und mit unterschiedlich langen Zinszahlungszeiträumen (sog. Kombizinsanleihen) zu steuerbaren Kapitaleinkünften (vgl. BT-Drs. 12/6078, 123). 56.1

Art. 8 Nr. 12 **Jahressteuergesetz 1997 (JStG 1997) v. 20.12.1996** (BGBl. 1996 I 2049) mWv 28.12.1996 ordnete mit § 20 Abs. 1 Nr. 6 S. 3 die Steuerbarkeit der Zinsen aus Sparanteilen von Lebensversicherungsverträgen iSd § 10 Abs. 1 Nr. 2 Buchst. b S. 5 an, bei denen der Sonderausgabenabzug von Versicherungsbeiträgen ausgeschlossen war, weil der Steuerpflichtige die Versicherungsleistung entgeltlich von einer anderen Person erworben hat. 57

Der Gsetzgeber reagierte mit der Gesetzesänderung auf häufigere Fälle, in denen bestehende Lebensversicherungsverträge entgeltlich erworben wurden. Weil es sich beim Kauf einer „gebrauchten" Lebensversicherung nicht um einen der langfristigen Altersvorsorge dienenden Lebensversicherungsvertrag, sondern um eine Geldanlage handle, die zu Einkünften aus Kapitalvermögen führe, schloss der Gesetzgeber solche Lebensversicherungsverträge zur Vermeidung einer missbräuchlichen Ausnutzung von den Steuervergünstigungen der §§ 10 und 20 aus (BT-Drs. 13/5952, 47 mit Verweis auf S. 46). 57.1

Durch Art. 1 Nr. 29 **Steuerentlastungsgesetz 1999/2000/2002 v. 24.3.1999** (BGBl. 1999 I 402) mWv 1.1.1999 halbierte der Gesetzgeber den Sparer-Freibetrag in § 20 Abs. 4 (→ Rn. 1476.6). 58

Art. 1 Nr. 12 **Gesetz zur Senkung der Steuersätze und zur Reform der Unternehmensbesteuerung (Steuersenkungsgesetz – StSenkG) v. 23.10.2000** (BGBl. 2000 I 1433) mWv 1.1.2001 hob im Zusammenhang mit einer umfassenden Neuregelung der Kapitalertragsbesteuerung und der Einführung des sog. Halbeinkünfteverfahrens (→ Rn. 28 ff.) die nun nicht mehr erforderliche Steuerbarkeit zugerechneter Körperschaftsteuerguthaben gemäß § 20 Abs. 1 Nr. 3 auf (BT-Drs. 14/2683, 114). Zudem wurden in § 20 Abs. 1 Nr. 1 S. 3 eine Verweisung auf die Rückzahlung bei Führung eines steuerlichen Einlagekontos iSd § 27 KStG (→ Rn. 676 ff.) und die Steuertatbestände gemäß § 20 Abs. 1 Nr. 9 (→ Rn. 1065 ff.) sowie Nr. 10 geschaffen (→ Rn. 1092 ff.). 59

Art. 1 Nr. 7 **Gesetz zur Umrechnung und Glättung steuerlicher Euro-Beträge (Steuer-Euroglättungsgesetz – StEuglG) v. 19.12.2000** (BGBl. 2000 I 1790) mWv 1.1.2002 passte den Sparer-Freibetrag des § 20 Abs. 4 an Euro-Beträge an (→ Rn. 1476.7). 60

Art. 1 Nr. 13 **Gesetz zur Änderung steuerlicher Vorschriften (Steueränderungsgesetz 2001 – StÄndG 2001) v. 20.12.2001** (BGBl. 2001 I 3794) mWv 23.12.2001 ergänzte § 20 Abs. 2 S. 1 Nr. 4 S. 2 um die Steuerbarkeit auch im Falle einer fehlenden Emissionsrendite. 61

62 Mit Art. 1 Nr. 7 **Gesetz zur Fortentwicklung des Unternehmenssteuerrechts (Unternehmenssteuerfortentwicklungsgesetz – UntStFG) v. 20.12.2001** (BGBl. 2001 I 3858) mWv 25.12.2001 fasste der Gesetzgeber § 20 Abs. 1 Nr. 2 neu (→ Rn. 711), konkretisierte den Kreis der Leistungen sonstiger juristischer Personen iSd § 20 Abs. 1 Nr. 9 (→ Rn. 1067) und stellte die Steuerbarkeit ausschüttungsgleicher Leistungen bei Betrieben gewerblicher Art mit und ohne eigene Rechtspersönlichkeit iSd § 20 Abs. 1 Nr. 10 klar (→ Rn. 1095).

63 Art. 1 Nr. 3 **Gesetz zum Abbau von Steuervergünstigungen und. Ausnahmeregelungen (Steuervergünstigungsabbaugesetz – StVergAbG) v. 16.5.2003** (BGBl. 2003 I 660) mWv 21.5.2003 ergänzte § 20 Abs. 1 Nr. 4 S. 2 um einen Verweis auf den ebenfalls neu eingeführten § 15 Abs. 4 S. 6 (→ Rn. 823).

64 Art. 1 Nr. 2 Gesetz zur Förderung von Kleinunternehmern und zur Verbesserung der Unternehmensfinanzierung (Kleinunternehmerförderungsgesetz) v. 31.7.2003 (BGBl. 2003 I 1550) mWv 1.1.2003 passte die Schwellenwerte des § 20 Abs. 1 Nr. 10 Buchst. b an die Werte in § 141 AO in der damaligen Fassung an (BT-Drs. 15/537, 9; → Rn. 1097).

65 Mit Art. 1 Nr. 5 Gesetz zur Umsetzung der Protokollerklärung der Bundesregierung zur Vermittlungsempfehlung zum Steuervergünstigungsabbaugesetz v. 22.12.2003 (BGBl. 2003 I 2840) mWv 1.1.2004 erweiterte der Gesetzgeber den Anwendungsbereich der Verlustverrechnungsbeschränkungen für stille Gesellschaften, Unterbeteiligungen und sonstige Innengesellschaften an Kapitalgesellschaften in § 20 Abs. 1 Nr. 4 S. 2 um die Verweisung auf die neu gefassten § 15 Abs. 4 S. 6 bis S. 8 (→ Rn. 823 f.).

66 Durch Art. 9 Nr. 19 **Haushaltsbegleitgesetz 2004 (HBeglG 2004) v. 29.12.2003** (BGBl. 2003 I 3076) mWv 1.1.2004 wurde der Sparer-Freibetrag des § 20 Abs. 4 gemäß Beschlussempfehlung des Vermittlungsausschusses leicht gesenkt (BT-Drs. 15/2261).

67 Art. 1 Nr. 12 Gesetz zur Neuordnung der einkommensteuerrechtlichen Behandlung von Altersvorsorgeaufwendungen und Altersbezügen (Alterseinkünftegesetz – AltEinkG) v. 5.7.2004 (BGBl. 2004 I 1427) mWv 1.1.2005 regelte die Besteuerung von Erträgen aus Lebensversicherungsverträgen, die nach dem 31.12.2004 abgeschlossen wurden, dahingehend neu, dass als steuerpflichtiger Ertrag iSd § 20 Abs. 1 Nr. 6 aus Vereinfachungsgründen nicht mehr die rechnungsmäßigen und außerrechnungsmäßigen Zinsen, sondern der Unterschiedsbetrag zwischen der Versicherungsleistung und der Summe der Versicherungsbeiträge festgelegt wurde (BT-Drs. 15/2150, 39; → Rn. 876 ff.).

68 Art. 1 Nr. 6 **Gesetz zur Beschränkung der Verlustverrechnung im Zusammenhang mit Steuerstundungsmodellen v. 22.12.2005** (BGBl. 2005 I 3683) mWv 31.12.2005 ergänzte § 20 Abs. 1 Nr. 4 S. 2 um einen Verweis auch auf § 15b (→ Rn. 1400 ff.).

69 Art. 1 Nr. 10 **Steueränderungsgesetz 2007 (StÄndG 2007) v. 19.7.2006** (BGBl. 2006 I 1652) mWv 1.1.2007 senkte den Sparer-Freibetrag des § 20 Abs. 4 auf 750 EUR für Unverheiratete und 1.500 EUR für Verheiratete ab (→ Rn. 1476.8).

70 Mit Art. 1 Nr. 13 Gesetz über steuerliche Begleitmaßnahmen zur Einführung der Europäischen Gesellschaft und zur Änderung weiterer steuerrechtlicher Vorschriften (SEStEG) v. 7.12.2006 (BGBl. 2006 I 2782) mWv 13.12.2006 strich der Gesetzgeber in § 20 Abs. 1 Nr. 2 S. 1 das Tatbestandsmerkmal „unbeschränkt steuerpflichtig" (→ Rn. 712). Im Zuge des Gesetzgebungsverfahrens (BT-Drs. 16/3315, 10) wurde zudem die Einführung von § 20 Abs. 1 Nr. 10 Buchst. b S. 2 Hs. 2 beschlossen (→ Rn. 1098).

71 Art. 1 Nr. 13 **Jahressteuergesetz 2007 (JStG 2007) v. 13.12.2006** (BGBl. 2006 I 2878) mWv 19.12.2006 erweiterte den Kreis steuerbarer Beteiligungserträge in § 20 Abs. 1 Nr. 1 S. 4 um die Einnahmen aus Dividendenkompensationsleistungen (→ Rn. 691 ff.). Zudem unterzog der Gesetzgeber die Besteuerung der Erträge aus kapitalbildenden Lebensversicherungen iSd § 20 Abs. 1 Nr. 6 einer umfassenden Neuregelung (→ Rn. 878) und ergänzte § 20 Abs. 1 Nr. 9 Hs. 3 (→ Rn. 1089) und Nr. 10 Buchst. a um Verweise auf die entsprechende Anwendung von § 20 Abs. 1 Nr. 2 (→ Rn. 1099).

71.1 Da die sinngemäße Anwendung von § 15b zur Verlustverrechnung bei gewerblichen Steuerstundungsmodellen in den ebenfalls neu gefassten § 20 Abs. 2b aufgenommen und damit für sämtliche Einkünfte aus Kapitalvermögen angeordnet wurde, konnte die zuvor in § 20 Abs. 1 Nr. 4 S. 2 enthaltene und auf Kapitaleinkünfte aus typisch stiller Beteiligungen beschränkte Verweisung auf § 15b entfallen (BT-Drs. 16/2712, 48).

Art. 1 Nr. 16 **Unternehmensteuerreformgesetz 2008 (UntStRefG 2008) v. 14.8.2007** (BGBl. 2007 I 1912) mWv 18.8.2007 stand im Zusammenhang mit einer umfassenden Neuregelung der Kapitalertragsbesteuerung, in deren Kontext das zuvor umfassend geltende sog. Halbeinkünfteverfahren (dazu → Rn. 28 ff.) für gewerbliche Kapitalerträge durch das sog. Teileinkünfteverfahren und im Übrigen durch die sog. Abgeltungsteuer ersetzt wurde (dazu → Rn. 31; zur zeitlichen Anwendbarkeit → Rn. 99 ff.). Wesentliche Änderung war die umfassende Steuerbarkeit von Veräußerungsgewinnen unabhängig von einer Haltefrist gemäß § 20 Abs. 2 (→ Rn. 1142). Mit § 20 Abs. 6 wurden zudem umfangreiche Beschränkungen für den Verlustausgleich und Verlustabzug für Kapitaleinkünfte eingeführt (→ Rn. 1373 ff., zur verfassungsrechtlichen Problematik → Rn. 273 ff.). Zudem überführte der Gesetzgeber den bisherigen Sparer-Freibetrag iHv 750 EUR und den bisherigen Werbungskostenpauschbetrag iHv 51 EUR in § 20 Abs. 9 zu einem einheitlichen Sparer-Pauschbetrag iHv 801 EUR und schloss den Ansatz der tatsächlichen Werbungskosten grundsätzlich aus (→ Rn. 1501, zur verfassungsrechtlichen Problematik → Rn. 283 ff.). Überdies wurde die Besteuerung von Versicherungserträgen bei entgeltlichem Erwerb des Anspruchs auf eine Versicherungsleistung in § 20 Abs. 1 Nr. 6 S. 3 neu gefasst, um eine Doppelbesteuerung im Veräußerungsfall zu vermeiden (→ Rn. 869 f.). In § 20 Abs. 1 Nr. 7 S. 1 wurde der Begriff „gewährt" durch den Begriff „geleistet" ersetzt und Nr. 7 S. 1 Hs. 2 dahingehend ergänzt, dass auch die Höhe der Rückzahlung ungewiss sein konnte (→ Rn. 994). Zudem nahm der Gesetzgeber die Steuerbarkeit sog. Stillhalterprämie für die Einräumung eines Optionsrechts als § 20 Abs. 1 Nr. 11 in den Katalog laufender Kapitaleinkünfte auf (→ Rn. 1136). 72

Art. 1 Nr. 11 **Jahressteuergesetz 2009 (JStG 2009) v. 19.12.2008** (BGBl. 2008 I 2794) mWv 1.1.2009 ergänzte § 20 Abs. 1 Nr. 6 um S. 5 und S. 6 (→ Rn. 947 ff.). Zudem wurden in § 20 Abs. 4a Sonderregelungen für die Gewinnbemessung bei gesellschaftsrechtlich veranlassten Kapitalmaßnahmen eingeführt (→ Rn. 1336 ff.), die nach dem ebenfalls eingeführten § 20 Abs. 8 S. 2 nicht bei Zuordnung von Kapitalerträgen zu anderen Einkunftsarten gelten sollten (→ Rn. 1338). Schließlich wurde die Möglichkeit des Abzugs einer ausländischen Steuer von den positiven Kapitaleinkünften gemäß § 20 Abs. 9 S. 4 gestrichen (→ Rn. 1509). 73

Mit Art. 1 Nr. 16 **Jahressteuergesetz 2010 (JStG 2010) v. 8.12.2010** (BGBl. 2010 I 1768) mWv 14.12.2010 wurde die Steuerbarkeit von Erstattungszinsen iSd § 233a AO in § 20 Abs. 1 Nr. 7 S. 3 aufgenommen (→ Rn. 1045 ff.). Gemäß § 20 Abs. 1 Nr. 9 S. 2 wurden Leistungen solcher Rechtsgebilde erfasst, die mit den in § 1 Abs. 1 Nr. 3 bis Nr. 5 genannten Körperschaften vergleichbar sind, aber weder Sitz noch Geschäftsleitung im Inland haben (→ Rn. 1069 und → Rn. 1076). Zudem wurde § 20 Abs. 3a eingeführt (→ Rn. 1267), die zuvor in § 20 Abs. 4a S. 1 enthaltene Einschränkung, dass die betreffenden Körperschaften weder ihre Geschäftsleitung noch ihren Sitz im Inland haben dürfen, gestrichen (→ Rn. 1337) und der Anwendungsbereich des § 20 Abs. 4a S. 3 ausgeweitet (→ Rn. 1350 ff.). 74

Art. 2 Nr. 12 Gesetz zur Umsetzung der Amtshilferichtlinie sowie zur Änderung steuerlicher Vorschriften (Amtshilferichtlinie-Umsetzungsgesetz – AmtshilfeRLUmsG) v. 26.6.2013 (BGBl. 2013 I 1809) mWv 30.6.2013 fügte § 20 Abs. 4a S. 7 ein (→ Rn. 1364). 75

Mit Art. 2 Nr. 9 Gesetz zur Anpassung des nationalen Steuerrechts an den Beitritt Kroatiens zur EU und zur Änderung weiterer steuerlicher Vorschriften v. 25.7.2014 (BGBl. 2014 I 1266) mWv 31.7.2014 wurde § 20 Abs. 1 Nr. 6 um S. 7 und S. 8 ergänzt (→ Rn. 977 ff.). Zudem übernahm der Gesetzgeber in § 20 Abs. 1 Nr. 10 Buchst. b S. 6 die zuvor in § 52 Abs. 37a S. 5 enthaltene Regelung über die Fortgeltung der Besteuerung einbringungsgeborener Anteile iSd § 21 UmwStG für Betriebe gewerblicher Art (→ Rn. 1125) und sah sich zu einer Klarstellung von § 20 Abs. 2 S. 1 Nr. 2 Buchst. a S. 2 veranlasst (BT-Drs. 18/1529, 53 → Rn. 1211.1). Schließlich wurde in § 20 Abs. 6 S. 1 EStG die Möglichkeit zur Verrechnung von Kapitaleinkünften mit Verlusten aus privaten Veräußerungsgeschäften iSd § 23 EStG aufgehoben (→ Rn. 1376.1). 76

Art. 3 Nr. 2 **Gesetz zur Reform der Investmentbesteuerung (Investmentsteuerreformgesetz – InvStRefG) v. 19.7.2016** (BGBl. 2016 I 1730) mWv 20.7.2016 normierte in § 20 Abs. 2 S. 4 und S. 5 eine Veräußerungs- und anschließende Anschaffungsfiktion für die Trennung einer Zinsforderung vom Stammrecht (→ Rn. 1188 ff.) und in § 20 Abs. 4 S. 8 und S. 9 Regelungen zur Errechnung des hierbei zu ermittelnden Veräußerungsgewinns bzw. der in der Folge anzusetzenden Anschaffungskosten (→ Rn. 1333). Im Zusammenhang mit der Abschaffung der Transparenzbesteuerung von 77

Investmentvermögen wurde in § 20 Abs. 1 Nr. 3 die erstmalige Steuerbarkeit von Investmenterträgen nach § 16 InvStG → Rn. 742 ff.) sowie in § 20 Abs. 1 Nr. 3a von Spezial-Investmenterträgen nach § 34 InvStG (→ Rn. 756 ff.) als eigene Ertragsarten eingeführt (BT-Drs. 18/8045, 132). Zudem sind bei fondsgebundenen Lebensversicherungen gemäß § 20 Abs. 6 S. 9 insgesamt 15% des Unterschiedsbetrages zwischen Versicherungs- und Beitragsleistungen steuerfrei oder dürfen nicht bei der Ermittlung der Einkünfte abgezogen werden, soweit der Unterschiedsbetrag aus Investmenterträgen nach dem 31.12.2017 stammt (→ Rn. 984 ff.).

78 Durch Art. 1 Nr. 14 **„JStG 2019"** v. 12.12.2019 (BGBl. 2019 I 2451) mWv 18.12.2019 wurde § 20 Abs. 4a S. 1, der bisher nur auf die (1.) Fusionsrichtlinie verwies, durch dynamischen Verweis auf die 2. Fusionsrichtlinie angepasst (→ Rn. 1343).

79 Mit Art. 5 Nr. 1 **GrenzStGestaltG** v. 21.12.2019 (BGBl. 2019 I 2875) mWv 1.1.2020 wurden in § 20 Abs. 6 S. 5 und 6 zusätzliche Verlustverrechnungsbeschränkungen für Verluste im Zusammenhang mit Termingeschäften (→ Rn. 1394 ff.) sowie für Verluste aufgrund von Uneinbringlichkeit, Ausbuchung, Ausfall oder Übertragung wertloser Wirtschaftsgüter eingeführt (→ Rn. 1395 ff.).

80–92 *Einstweilen frei*

3. Anwendungsbereich des § 20

93 **a) Persönlicher Anwendungsbereich.** Über die Verweisung des § 2 Abs. 1 S. 2 kommt § 20 in vollem Umfang für **Steuerpflichtige mit unbeschränkter Einkommensteuerpflicht** zur Anwendung (zur persönlichen Zurechnung von Kapitaleinkünften → Rn. 386 ff.; zur Zuordnung zu einer anderen Einkunftsart → Rn. 1405 ff.). Unter weiteren, dort genannten Bedingungen zur Begründung eines inländischen Besteuerungsanspruchs finden die Teilregelungen des § 20 gemäß § 1 Abs. 4 iVm § 49 Abs. 1 Nr. 5 auch auf **Personen mit beschränkter Einkommensteuerpflicht** Anwendung (→ Rn. 102).

94 Die Erträge einer **unbeschränkt steuerpflichtigen Körperschaft iSd § 1 Abs. 1 Nr. 1 bis Nr. 3 KStG** aus der Verwaltung von Vermögen iSd § 20 Abs. 1 bis Abs. 3 sind nach § 8 Abs. 2 KStG iVm § 20 Abs. 8 S. 1 EStG den gewerblichen Einkünften der einer juristischen Person zuzurechnen. Nur sofern man – entgegen der hier vertretenen Auffassung – mit neueren wissenschaftlichen Stimmen eine außerbetriebliche Vermögenssphäre der Kapitalgesellschaft anerkennt (zB *Hüttemann* FS Raupach, 2006, 495 (508 f.); *Weber-Grellet* BB 2014, 2263 (2265 f.); **aA** stRspr des I. Senats seit BFH 4.12.1996 – I R 54/95, DStR 1997, 492; vgl. zuletzt BFH 27.7.2016 – I R 8/15, BStBl. II 2017, 214; BFH 27.7.2016 – I R 12/15, BStBl. II 2017, 217; BFH 27.7.2016 – I R 71/15, BFH/NV 2017, 60; BFH 6.12.2016 – I R 50/16, BStBl. II 2017, 324; *Frotscher* DStJG 20 (1997), 205 (208); gegen eine außerbetriebliche Vermögenssphäre aber die Möglichkeit einer vgA: *Brise* FR 2014, 1001 (1003 und 1011)), bestünde Raum für originäre Kapitaleinkünfte der juristischen Person in einem nichtbetrieblichen Vermögensbereich. **Körperschaftsteuersubjekte iSd § 1 Abs. 1 Nr. 4 bis Nr. 6 KStG** können hingegen Kapitaleinkünfte iSd § 20 erzielen (FG Düsseldorf 15.5.2018 – 6 K 357/15 K, EFG 2018, 1474, Rev. I R 19/18).

95–98 *Einstweilen frei*

99 **b) Zeitlicher Anwendungsbereich.** Die Regelung zur Anwendbarkeit des im Zuge der Unternehmensteuerreform 2008 neu gefassten § 20 wurde aus Gründen der besseren Übersichtlichkeit in § 52a EStG idF UntStRefG 2008 aufgenommen. Durch Art. 2 Nr. 35 Gesetz zur Anpassung des nationalen Steuerrechts an den Beitritt Kroatiens zur EU und zur Änderung weiterer steuerlicher Vorschriften v. 25.7.2014 (BGBl. 2014 I 1266) wurden die noch nicht durch Zeitablauf gegenstandslos gewordenen Regelungen aus § 52a in § 52 übernommen und § 52a mWv 31.7.2014 aufgehoben. Ziel dieser Neuregelung war es, die aus dem Konkurrenzverhältnis der §§ 52 und 52a resultierenden Schwierigkeiten bezüglich der zeitlichen Anwendung einzelner Vorschriften des unter gleichzeitiger Verbesserung der Lesbarkeit der Vorschriften zu vermeiden (BT-Drs. 18/1529, 60).

Materiellrechtliche Regelung zur Kapitalertragsbesteuerung idF des UntStRefG 2008 v. 14.8.2007	Anwendbarkeit	Rechtsgrundlage für zeitliche Geltung (§ 52a EStG idF des UntStRefG 2008 v. 14.8.2007)
§ 2 Abs. 2, Abs. 5a und Abs. 5b	Erstmals anzuwenden ab Veranlagungszeitraum 2009	§ 52a Abs. 2 EStG idF UntStRefG 2008 v. 14.8.2007
§ 3 Nr. 40	Erstmals anzuwenden ab Veranlagungszeitraum 2009	§ 52a Abs. 3 EStG idF UntStRefG 2008 v. 14.8.2007
§ 3c Abs. 2 S. 1	Erstmals anzuwenden ab Veranlagungszeitraum 2009	§ 52a Abs. 4 EStG idF UntStRefG 2008 v. 14.8.2007
§ 20	Erstmals auf Kapitalerträge anzuwenden, die dem Gläubiger nach dem 31.12.2008 zufließen, wenn keine spezielle Regelung zur zeitlichen Anwendbarkeit gilt	§ 52a Abs. 2 EStG idF UntStRefG 2008 v. 14.8.2007
§ 23 Abs. 1 S. 1 Nr. 2	Letztmalig anzuwenden für Veräußerungsgeschäfte, bei denen die Wirtschaftsgüter vor dem 1.1.2009 erworben wurden	§ 52a Abs. 11 EStG idF UntStRefG 2008 v. 14.8.2007
§ 32d	Erstmals anzuwenden ab Veranlagungszeitraum 2009	§ 52a Abs. 15 EStG idF UntStRefG 2008 v. 14.8.2007
Teilregelungen des § 20	Anwendbarkeit	Rechtsgrundlage für zeitliche Geltung
§ 20 EStG idF UntStRefG 2008 v. 14.8.2007 (→ Rn. 72), sofern nicht ein anderes bestimmt.	Erstmals anzuwenden ab Veranlagungszeitraum 2009 bzw. auf Kapitalerträge, die dem Gläubiger nach dem 31.12.2008 zugeflossen sind	§ 52 Abs. 1 S. 1 und S. 3 EStG idF UntStRefG 2008 v. 14.8.2007
§ 20 Abs. 1 Nr. 1 S. 4 EStG idF JStG 2007 v. 13.12.2006 (→ Rn. 71)	Erstmals anzuwenden auf Verkäufe, die nach dem 31.12.2006 getätigt wurden	§ 52 Abs. 36 S. 6 EStG idF JStG 2007 v. 13.12.2006
§ 20 Abs. 1 Nr. 2 S. 1 EStG		
idF Körperschaftsteuerreformgesetz v. 31.8.1976 (→ Rn. 47)	Erstmals anzuwenden ab Veranlagungszeitraum 1977	§ 52 Abs. 1 S. 1 EStG idF Körperschaftsteuerreformgesetz v. 31.8.1976
idF UntStFG v. 20.12.2001 (→ Rn. 62)	Erstmals anzuwenden ab Veranlagungszeitraum 2001	§ 52 Abs. 36 S. 2 EStG idF UntStFG v. 20.12.2001 iVm § 34 Abs. 10a S. 1 Nr. 2 KStG idF StSenkG v. 23.10.2000

Materiellrechtliche Regelung zur Kapitalertragsbesteuerung idF des UntStRefG 2008 v. 14.8.2007	Anwendbarkeit	Rechtsgrundlage für zeitliche Geltung (§ 52a EStG idF des UntStRefG 2008 v. 14.8.2007)
idF SEStEG v. 07.12.2006 (→ Rn. 70)	Erstmals anzuwenden ab 13.12.2006	Art. 14 SEStEG v. 07.12.2006
§ 20 Abs. 1 Nr. 2 S. 1 EStG idF UntStFG v. 20.12.2001	Erstmals anzuwenden ab Veranlagungszeitraum 2001	§ 52 Abs. 36 S. 2 EStG idF UntStFG v. 20.12.2001 iVm § 34 Abs. 10a S. 1 Nr. 2 KStG idF StSenkG v. 23.10.2000
§ 20 Abs. 1 Nr. 3 EStG idF InvStRefG v. 27.7.2016 (→ Rn. 77)	Erstmals anzuwenden ab 1.1.2018	§ 52 Abs. 28 S. 20 EStG idF InvStRefG v. 27.7.2016
§ 20 Abs. 1 Nr. 3a EStG idF InvStRefG v. 27.7.2016 (→ Rn. 77)	Erstmals anzuwenden ab 1.1.2018	§ 52 Abs. 28 S. 20 EStG idF InvStRefG v. 27.7.2016
§ 20 Abs. 1 Nr. 4 S. 1 EStG idF Körperschaftsteuerreformgesetz v. 31.8.1976 (→ Rn. 47)	Erstmals anzuwenden ab Veranlagungszeitraum 1977	§ 52 Abs. 1 S. 1 EStG idF Körperschaftsteuerreformgesetz v. 31.8.1976
§ 20 Abs. 1 Nr. 4 S. 2 EStG		
idF Gesetz zur Änderung des Einkommensteuergesetzes, des Körperschaftsteuergesetzes und anderer Gesetze v. 20.8.1980 iVm § 15a (→ Rn. 48)	Erstmals anzuwenden ab Veranlagungszeitraum 1980	§ 52 Abs. 21 Gesetz zur Änderung des Einkommensteuergesetzes, des Körperschaftsteuergesetzes und anderer Gesetze v. 20.8.1980
idF StVergAbG v. 16.5.2003 iVm § 15 Abs. 4 S. 6 (→ Rn. 63)	Erstmals anzuwenden ab Veranlagungszeitraum 2003 Wegen unechter Rückwirkung nicht anzuwenden, wenn der Gesellschaftsvertrag spätestens am Tag des Kabinettsbeschlusses (20.11.2002) abgeschlossen wurde und der Verlust auf das erste im Jahr 2003 endende Wirtschaftsjahr entfällt (BFH 27.3.2012 – I R 62/08, BStBl. II 2012, 745)	§ 52 Abs. 1 EStG idF StVergAbG v. 16.5.2003
idF Gesetz zur Beschränkung der Verlustverrechnung im Zusammenhang mit Steuerstundungsmodellen v. 22.12.2005 (→ Rn. 68) iVm 15 Abs. 4 S. 6 bis 8, §§ 15a und 15b	Erstmals anzuwenden auf Verluste der dort bezeichneten Steuerstundungsmodelle, denen der Steuerpflichtige nach dem 10.11.2005 beige-	§ 52 Abs. 36a iVm Abs. 33a EStG idF Gesetz zur Beschränkung der Verlustverrechnung im Zusammenhang mit Steuerstundungsmodellen v. 22.12.2005,

Materiellrechtliche Regelung zur Kapitalertragsbesteuerung idF des UntStRefG 2008 v. 14.8.2007	Anwendbarkeit	Rechtsgrundlage für zeitliche Geltung (§ 52a EStG idF des UntStRefG 2008 v. 14.8.2007)
	treten ist oder für die nach dem 10.11.2005 mit dem Außenvertrieb begonnen wurde	übernommen in § 52 Abs. 28 S. 1 iVm § 52 Abs. 25
idF JStG 2007 v. 13.12.2006 (→ Rn. 71) iVm § 15 Abs. 4 S. 6 bis 8 und § 15a (Rechtslage bis 30.7.2014)	Erstmals anzuwenden ab Veranlagungszeitraum 2006 Zur Thematisierung der Rückwirkungsproblematik bereits BT-Drs. 16/3368, 11.	§ 52 Abs. 37d EStG idF JStG 2007 idF JSt 2007 v. 13.12.2006
	Neufassung der Anwendungsregelung durch Gesetz zur Anpassung des nationalen Steuerrechts an den Beitritt Kroatiens zur EU und zur Änderung weiterer steuerlicher Vorschriften v. 25.7.2014 mWv 31.7.2014: Erstmalig anzuwenden auf Verluste der dort bezeichneten Steuerstundungsmodelle, denen der Steuerpflichtige nach dem 10.11.2005 beigetreten ist oder für die nach dem 10.11.2005 mit dem Außenvertrieb begonnen wurde	§ 52 Abs. 28 S. 2 iVm § 52 Abs. 25
§ 20 Abs. 1 Nr. 6 Nr. 1 EStG		
idF EStRG v. 5.8.1974 (→ Rn. 46)	Erstmals anzuwenden auf nach dem 31.12.1974 zugeflossene Zinsen aus Versicherungsverträgen, die nach dem 31.12.1973 abgeschlossen worden sind.	§ 52 Abs. 19 EStG idF EStRG, übernommen in § 52 Abs. 28 S. 3
idF JStG 1997 v. 20.12.1996 (→ Rn. 57)	Erstmals anzuwenden auf Zinsen aus Versicherungsverträgen, bei denen die Ansprüche nach dem 31.12.1996 entgelt-	§ 52 Abs. 20 S. 5 EStG idF JStG 1997 v. 20.12.1996, übernommen in § 52 Abs. 28 S. 4

Materiellrechtliche Regelung zur Kapitalertragsbesteuerung idF des UntStRefG 2008 v. 14.8.2007	Anwendbarkeit	Rechtsgrundlage für zeitliche Geltung (§ 52a EStG idF des UntStRefG 2008 v. 14.8.2007)
	lich erworben worden sind	
idF AltEinkG v. 5.7.2004 (→ Rn. 67 f.)	Erstmals anzuwenden auf Versicherungsverträge, die nach dem 31.12.2004 abgeschlossen wurden	§ 52 Abs. 1 S. 1 EStG idF AltEinkG v. 5.7.2004
	Gesetz idF JStG 1997 weiterhin anzuwenden für Kapitalerträge aus Versicherungsverträgen, die vor dem 1.1.2005 abgeschlossen worden sind, mit der Maßgabe, dass in S. 3 die Wörter „§ 10 Absatz 1 Nummer 2 Buchstabe b Satz 5" durch die Wörter „§ 10 Absatz 1 Nummer 2 Buchstabe b Satz 6" ersetzt werden.	§ 52 Abs. 36 S. 5 EStG idF des AltEinkG v. 5.7.2004
idF JStG 2007 v. 13.12.2006 (→ Rn. 71)	Rückwirkende Klarstellung („lebenslang" und „erbracht") für Verträge, die nach dem 31.12.2004 abgeschlossen wurden (→ Rn. 878)	52 Abs. 36 S. 7 EStG idF JStG 2007 v. 13.12.2006
§ 20 Abs. 1 Nr. 6 S. 2		
idF AltEinkG v. 5.7.2004 Mindestalter: 60 Jahre (→ Rn. 67 f.)	Erstmals anzuwenden auf Versicherungsverträge, die nach dem 31.12.2004 abgeschlossen wurden	§ 52 Abs. 1 S. 1 idF AltEinkG v. 5.7.2004
idF RV-Altersgrenzenanpassungsgesetz v. 20.4.2007 (Mindestalter: 62 Jahre → Rn. 879)	Erstmals anzuwenden auf Versicherungsverträge, die nach dem 31.12.2011 abgeschlossen wurden	§ 52 Abs. 36 S. 9 EStG idF RV- Altersgrenzenanpassungsgesetz v. 20.4.2007, übernommen in § 52 Abs. 28 S. 7
§ 20 Abs. 1 Nr. 6 S. 3		
idF JStG 2007 v. 13.12.2006 (→ Rn. 71)	Erstmals anzuwenden auf Versicherungsleistungen im Erlebensfall bei Versicherungsverträgen, die nach dem 31.12.2006 abgeschlossen wur-	§ 52 Abs. 36 S. 8 EStG idF JStG 2007 v. 13.12.2006, übernommen in § 52 Abs. 28 S. 6

Materiellrechtliche Regelung zur Kapitalertragsbesteuerung idF des UntStRefG 2008 v. 14.8.2007	Anwendbarkeit	Rechtsgrundlage für zeitliche Geltung (§ 52a EStG idF des UntStRefG 2008 v. 14.8.2007)
	den, und auf Versicherungsleistungen bei Rückkauf eines Vertrages nach dem 31.12.2006	
idF UntStRefG 2008 v. 14.8.2007 (→ Rn. 72)	Erstmals anzuwenden auf entgeltliche Erwerbe ab Veranlagungszeitraum 2008, aber durch Bezugnahme auf S. 1 nur für Versicherungsverträge anzuwenden, die nach dem 31.12.2004 abgeschlossen wurden (vgl BFH 24.5.2011 – VIII R 46/09, BStBl. II 2011, 920; **aA** Blümich/*Ratschow* § 20 Rn. 280)	§ 52a Abs. 1 EStG idF UntStRefG 2008 v. 14.8.2007
§ 20 Abs. 1 Nr. 6 S. 4 Alt. 1 (entspricht § 20 Abs. 1 Nr. 6 S. 3 Alt. 1 EStG idF AltEinkG v. 5.7.2004 (→ Rn. 67 f.), verschoben durch UntStRefG 2008 → Rn. 72))	Erstmals anzuwenden auf Versicherungsverträge, die nach dem 31.12.2004 abgeschlossen wurden	§ 52 Abs. 1 S. 1 EStG idF AltEinkG v. 5.7.2004, übernommen in § 52 Abs. 28 S. 6
§ 20 Abs. 1 Nr. 6 S. 4 Alt. 2 und Alt. 3 (entspricht § 20 Abs. 1 Nr. 6 S. 3 Alt. 2 und Alt. 3 EStG idF JStG 2007 v. 13.12.2006 (→ Rn. 71), verschoben durch UntStRefG 2008 → Rn. 72)	Erstmals anzuwenden auf Versicherungsverträge, die nach dem 31.12.2006 abgeschlossen werden, und Versicherungsleistungen bei Rückkauf eines Vertrages nach dem 31.12.2006	§ 52 Abs. 36 S. 7 EStG idF JStG 2007 v. 13.12.2006, übernommen in § 52 Abs. 28 S. 6
§ 20 Abs. 1 Nr. 6 S. 5 EStG idF JStG 2009 v. 19.12.2008 (→ Rn. 73)	Erstmals anzuwenden auf Erträge, die dem Versicherungsunternehmen nach dem 31.12.2008 zugeflossen sind	§ 52 Abs. 36 S. 10 EStG idF JStG 2009 v. 19.12.2008
§ 20 Abs. 1 Nr. 6 S. 6 EStG idF JStG 2009 v. 19.12.2008 (→ Rn. 73)	Erstmals anzuwenden auf Versicherungsverträge, die nach dem 31.3.2009 abgeschlossen wurden oder bei denen die erstmalige Beitragsleistung nach dem 31.3.2009 erfolgte	§ 52 Abs. 36 S. 11 EStG idF des JStG 2009 v. 19.12.2008, übernommen in § 52 Abs. 28 S. 8 und 9

Materiellrechtliche Regelung zur Kapitalertragsbesteuerung idF des UntStRefG 2008 v. 14.8.2007	Anwendbarkeit	Rechtsgrundlage für zeitliche Geltung (§ 52a EStG idF des UntStRefG 2008 v. 14.8.2007)
§ 20 Abs. 1 Nr. 6 S. 7 und S. 8 EStG idF Gesetz zur Anpassung des nationalen Steuerrechts an den Beitritt Kroatiens zur EU und zur Änderung weiterer steuerlicher Vorschriften v. 25.7.2014 (→ Rn. 76)	Erstmals anzuwenden auf Versicherungsleistungen, die auf Grund eines nach dem 31.12.2014 eingetretenen Versicherungsfalles ausgezahlt wurden	§ 52 Abs. 28 S. 10 EStG idF Gesetz zur Anpassung des nationalen Steuerrechts an den Beitritt Kroatiens zur EU und zur Änderung weiterer steuerlicher Vorschriften v. 25.7.2014
§ 20 Abs. 1 Nr. 6 S. 9 EStG idF InvStRefG v. 19.7.2016 (→ Rn. 77)	Erstmals anzuwenden auf Erträge aus Investmentfonds, die dem Versicherungsunternehmen nach dem 31.12.2017 zufließen, nach dem 31.12.2017 dem Sicherungsvermögen zugeführt werden oder aus Wertveränderungen im Jahr 2017 resultieren	§ 52 Abs. 28 S. 20 bis 22 EStG idF InvStRefG v. 19.7.2016
§ 20 Abs. 1 Nr. 7 S. 1 Hs. 1 EStG idF § 20 Abs. 1 Nr. 4 EStG 1934 entspricht § 20 Abs. 1 Nr. 8 EStG idF Körperschaftsteuerreformgesetz v. 31.8.1976 (→ Rn. 47) entspricht § 20 Abs. 1 Nr. 7 EStG idF Steuerbereinigungsgesetz 1985 v. 14.12.1984 (→ Rn. 49).	Erstmals anzuwenden auf Einnahmen ab Veranlagungszeitraum 1934	§ 51 Abs. 1 EStG 1934
§ 20 Abs. 1 Nr. 7 S. 1 Hs. 2 und S. 2 EStG		
idF StMBG v. 21.12.1993 (→ Rn. 56)	Erstmals anzuwenden auf Einnahmen ab Veranlagungszeitraum 1994	§ 52 Abs. 1 S. 1 EStG idF StMBG v. 21.12.1993
idF UntStRefG 2008 v. 14.8.2007 (→ Rn. 72)	**Grundsatz:** Erstmals anzuwenden auf Einnahmen, die nach dem 31.12.2008 zufließen **Ausnahme:** Dies gilt nicht für Erträge aus solchen Kapitalforderungen, die zum Zeitpunkt des vor dem 1.1.2009 erfolgten Erwerbs nicht Kapitalforderungen iSd § 20 in der am 31.12.2008 geltenden Fassung, son-	§ 52a Abs. 8 EStG idF UntStRefG 2008 v. 14.8.2007

Materiellrechtliche Regelung zur Kapitalertragsbesteuerung idF des UntStRefG 2008 v. 14.8.2007	Anwendbarkeit	Rechtsgrundlage für zeitliche Geltung (§ 52a EStG idF des UntStRefG 2008 v. 14.8.2007)
	dern ausschließlich private Veräußerungsgeschäfte iSd § 23 in der am 31.12.2008 geltenden Fassung waren (sog. Vollrisikozertifikate).	
§ 20 Abs. 1 Nr. 7 S. 3 EStG idF JStG 2010 v. 8.12.2010 (→ Rn. 74)	In allen Steuerfällen mit Erstattungszinsen anzuwenden, in denen die Steuer bei Inkrafttreten des JStG am 14.12.2010 (als dem Tag nach Verkündung am 13.12.2010) noch nicht bestandskräftig festgesetzt war	§ 52a Abs. 8 S. 2 EStG idF JStG 2010 v. 8.12.2010
§ 20 Abs. 1 Nr. 8 EStG idF Steuerbereinigungsgesetz 1985 v. 14.12.1984 (→ Rn. 49), entspricht § 20 Abs. 1 Nr. 5 EStG 1934, entspricht § 20 Abs. 1 Nr. 9 Körperschaftsteuerreformgesetz v. 31.8.1976	Seit EStG 1920 (→ Rn. 1055)	
§ 20 Abs. 1 Nr. 9 S. 1		
idF StSenkG v. 22.10.2000 (→ Rn. 59)	Erstmals anzuwenden auf Einnahmen, die nach Ablauf des ersten Wirtschaftsjahrs erzielt wurden, für das das KStG idF Art. 3 StSenkG erstmals anzuwenden war. Gemäß § 34 Abs. 1 KStG war das KStG erstmalig anzuwenden ab dem 1.1.2001. § 20 Abs. 1 Nr. 9 war damit erstmalig nach Ablauf des Jahres 2001, also ab 2002 anzuwenden (→ Rn. 1088)	§ 52 Abs. 37 iVm Art. 3 StSenkG iVm § 34 Abs. 1 KStG idF StSenkG v. 22.10.2000
idF UntStFG v. 20.12.2001 (→ Rn. 62)	Erstmals anzuwenden auf Einnahmen ab dem 21.12.2001	Art. 12 Abs. 1 UntStFG v. 20.12.2001

Materiellrechtliche Regelung zur Kapitalertragsbesteuerung idF des UntStRefG 2008 v. 14.8.2007	Anwendbarkeit	Rechtsgrundlage für zeitliche Geltung (§ 52a EStG idF des UntStRefG 2008 v. 14.8.2007)
idF JStG 2007 v. 13.12.2006 (→ Rn. 71)	Erstmals anzuwenden auf Einnahmen ab dem 1.1.2007	Art. 20 Abs. 6 JStG 2007 v. 13.12.2006
§ 20 Abs. 1 Nr. 9 S. 2 EStG idF JStG 2010 v. 8.12.2010 (→ Rn. 74)	Erstmals anzuwenden auf Einnahmen ab Veranlagungszeitraum 2011	§ 52 Abs. 37 S. 1 EStG idF JStG 2010 v. 8.12.2010
	Nur soweit in den Einnahmen aus Leistungen zuzurechnende wiederkehrende Bezüge iSd § 22 Nr. 1 S. 2 Buchst. a und b enthalten sind, erstmalig anzuwenden auf Einnahmen ab Veranlagungszeitraum 2009	§ 52 Abs. 37 S. 2 EStG idF des JStG 2010 Umqualifizierung der wiederkehrenden Leistungen in Einkünfte aus Kapitalvermögen soll die Anwendung des gesonderten Steuertarifs nach § 32d ermöglichen (BT-Drs. 17/2249, 63). Wegen Möglichkeit der Günstigerprüfung zugunsten des Steuerpflichtigen begegnet die rückwirkende Regelung keinen verfassungsrechtlichen Bedenken.
§ 20 Abs. 1 Nr. 10 Buchst. a EStG		
idF StSenkG v. 23.10.2000 (→ Rn. 59)	Erstmals anzuwenden auf Leistungen, die nach Ablauf des ersten Wirtschaftsjahrs des Betriebs gewerblicher Art mit eigener Rechtspersönlichkeit erzielt wurden, für das das KStG idF Art. 3 StSenkG erstmals erstmals anzuwenden war Da das KStG idF StSenkG erstmals zum Wirtschaftsjahr 2001 anwendbar war, war § 20 Abs. 1 Nr. 10 Buchst. a erstmals auf Leistungen anzuwenden, die die Trägerkörperschaft des BgA aufgrund einer Leistung nach Ablauf des Jahres 2001, mithin dem Veranlagungszeitraum 2002 erzielte. Dies galt auch für die ab	§ 52 Abs. 37a S. 2 StSenkG v. 23.10.2000

Materiellrechtliche Regelung zur Kapitalertragsbesteuerung idF des UntStRefG 2008 v. 14.8.2007	Anwendbarkeit	Rechtsgrundlage für zeitliche Geltung (§ 52a EStG idF des UntStRefG 2008 v. 14.8.2007)
	dem Jahr 2002 vorgennommenen „Ausschüttung" von Erträgen des BgA an die Trägerkörperschaft, die dieser bis einschließlich 2001 erzielt hatte (ebenso: *Schiffers* BB 2003, 398 (403 f.)).	
idF UntStFG v. 20.12.2001 (→ Rn. 62)	Erstmals anzuwenden auf Einnahmen ab dem 25.12.2001	Art. 12 Abs. 1 UntStFG v. 20.12.2001
§ 20 Abs. 1 Nr. 10 Buchst. b S. 1 EStG		
idF StSenkG v. 23.10.2000 (→ Rn. 59)	Erstmals anzuwenden auf Gewinne, die nach Ablauf des ersten Wirtschaftsjahrs erzielt wurden, für das das KStG idF Art. 3 StSenkG erstmals anzuwenden war. Gemäß § 34 Abs. 1 KStG war das KStG erstmalig anzuwenden ab dem 1.1.2001. § 20 Abs. 1 Nr. 10 war damit erstmalig nach Ablauf des Jahres 2001, also ab Veranlagungszeitraum 2002 anzuwenden. Anders als bei BgA mit eigener Rechtspersönlichkeit, bei denen erst die Übertragung von Wirtschaftsgütern in Geld oder Geldeswert zu einer steuerbaren Einnahme iSd § 8 Abs. 1 führt und damit den Besteuerungstatbestand verwirklicht ist, werden Gewinne eines BgA ohne eigene Rechtspersönlichkeit sowie eines wirtschaftlichen Geschäftsbe-	§ 52 Abs. 37a S. 2 StSenkG v. 23.10.2000

Materiellrechtliche Regelung zur Kapitalertragsbesteuerung idF des UntStRefG 2008 v. 14.8.2007	Anwendbarkeit	Rechtsgrundlage für zeitliche Geltung (§ 52a EStG idF des UntStRefG 2008 v. 14.8.2007)
	triebs unmittelbar bei ihrer Entstehung der dahinterstehenden Körperschaft zugerechnet. Dies hat zur Folge, dass erst die ab 2002 erzielten Erträge aus BgA mit eigener Rechtspersönlichkeit und wirtschaftlichen Geschäftsbetrieben als steuerbare Kapitalerträge der dahinterstehenden Körperschaft anzusehen sind (ebenso: BFH 11.7.2007 – I R 105/05, BStBl. II 2007, 841). Hierin liegt keine regelungsfremde Rechtswirkung (**aA** *Schiffers* BB 2003, 398 (404)), sondern vielmehr eine gleichheitsgerechte und einheitliche Gleichstellung von BgA mit und ohne Rechtspersönlichkeit sowie von wirtschaftlichen Geschäftsbetrieben mit anderen Körperschaften zum 1.1.2002.	
idF UntStFG v. 20.12.2001 (→ Rn. 62)	Erstmals anzuwenden ab 25.12.2001	Art. 12 Abs. 1 UntStFG v. 20.12.2001
idF Kleinunternehmerförderungsgesetz v. 31.7.2003 (→ Rn. 64)	Erstmalig anzuwenden ab Veranlagungszeitraum 2004	§ 52 Abs. 37a S. 4 Kleinunternehmerförderungsgesetz v. 31.7.2003
§ 20 Abs. 1 Nr. 10 Buchst. b S. 2 Hs. 1 EStG idF StSenkG v. 23.10.2000 (→ Rn. 59)	Erstmals anzuwenden auf Einnahmen ab Veranlagungszeitraum 2002	§ 52 Abs. 37a S. 1 und S. 2 StSenkG v. 23.10.2000
§ 20 Abs. 1 Nr. 10 Buchst. b S. 2 Hs. 2 EStG idF SEStEG v. 7.12.2006, entspricht Wortlaut idF JStG 2007 v. 13.12.2006 (→ Rn. 71)	Erstmals anzuwenden auf Einbringungen und Formwechsel ab 1.12.2006	Für Einbringungen in der Zeit vom 1.12.2006 bis 12.12.2006: Art. 20 Abs. 5 iVm Art. 1 Nr. 13 Buchst. a Doppelbuchst. ee JStG 2007 v. 13.12.2006

Materiellrechtliche Regelung zur Kapitalertragsbesteuerung idF des UntStRefG 2008 v. 14.8.2007	Anwendbarkeit	Rechtsgrundlage für zeitliche Geltung (§ 52a EStG idF des UntStRefG 2008 v. 14.8.2007)
		Für Formwechsel in der Zeit vom 1.12.2006 bis 12.12.2006: § 52 Abs. 37a S. 7 und 8 EStG idF SEStEG v. 7.12.2006 Für Einbringungen oder Formwechsel ab dem 13.12.2006: § 52 Abs. 37a S. 6 EStG idF SEStEG v. 7.12.2006 iVm Art. 14 SEStEG
§ 20 Abs. 1 Nr. 10 Buchst. b S. 3 EStG idF UntStFG v. 20.12.2001 (→ Rn. 62).	Erstmals anzuwenden ab Veranlagungszeitraum 2001	§ 52 Abs. 37a S. 2 EStG idF UntStFG v. 20.12.2001
§ 20 Abs. 1 Nr. 10 Buchst. b S. 4 entspricht § 20 Abs. 1 Nr. 10 Buchst. b S. 3 EStG idF StSenkG v. 23.10.2000 (→ Rn. 59)	Erstmals anzuwenden auf Einnahmen ab 2002	§ 52 Abs. 37a S. 1 und S. 2 StSenkG v. 23.10.2000
§ 20 Abs. 1 Nr. 10 Buchst. b S. 5 EStG idF UntStFG v. 20.12.2001 (→ Rn. 62).	Erstmals anzuwenden ab 25.12.2001	Art. 12 Abs. 1 UntStFG v. 20.12.2001
§ 20 Abs. 1 Nr. 10 Buchst. b S. 6 EStG idF Gesetz zur Anpassung des nationalen Steuerrechts an den Beitritt Kroatiens zur EU und zur Änderung weiterer steuerlicher Vorschriften v. 25.7.2014 (vormals § 52 Abs. 37a S. 5 → Rn. 76)	Erstmals anzuwenden ab Veranlagungszeitraum 2014	§ 52 Abs. 1 EStG idF Gesetz zur Anpassung des nationalen Steuerrechts an den Beitritt Kroatiens zur EU und zur Änderung weiterer steuerlicher Vorschriften v. 25.7.2014
§ 20 Abs. 1 Nr. 11 EStG idF UntStRefG 2008 v. 14.8.2007 (→ Rn. 72)	Erstmals anzuwenden auf Stillhalterprämien, die nach dem 31.12.2008 zufließen	§ 52a Abs. 9 EStG idF UntStRefG 2008 v. 14.8.2007
§ 20 Abs. 2 S. 1 Nr. 1 EStG idF UntStRefG 2008 v. 14.8.2007 (→ Rn. 72)	Erstmals anzuwenden auf Gewinne aus der Veräußerung von Anteilen, die nach dem 31.12.2008 erworben werden	§ 52a Abs. 10 S. 1 EStG idF UntStRefG 2008 v. 14.8.2007, übernommen in § 52 Abs. 28 S. 11
§ 20 Abs. 2 S. 1 Nr. 2 EStG idF UntStRefG 2008 v. 14.8.2007 (→ Rn. 72)	Erstmals anzuwenden auf Veräußerungen nach dem 31.12.2008	§ 52a Abs. 10 S. 2 EStG idF UntStRefG 2008 v. 14.8.2007
§ 20 Abs. 2 S. 1 Nr. 2 Buchst. a S. 2 EStG		
idF StandOG v. 13.9.1993 (→ Rn. 55)	Erstmals anzuwenden in Fällen, in denen die Trennung zwischen Stammrecht und Dividendenanspruch nach dem 31.12.1993 erfolgte	§ 52 Abs. 20 S. 3 EStG idF StandOG v. 13.9.1993

Materiellrechtliche Regelung zur Kapitalertragsbesteuerung idF des UntStRefG 2008 v. 14.8.2007	Anwendbarkeit	Rechtsgrundlage für zeitliche Geltung (§ 52a EStG idF des UntStRefG 2008 v. 14.8.2007)
idF Gesetz zur Anpassung des nationalen Steuerrechts an den Beitritt Kroatiens zur EU und zur Änderung weiterer steuerlicher Vorschriften v. 25.7.2014 (→ Rn. 76)	Erstmals anzuwenden ab Veranlagungszeitraum 2014	§ 52 Abs. 1 EStG idF Gesetz zur Anpassung des nationalen Steuerrechts an den Beitritt Kroatiens zur EU und zur Änderung weiterer steuerlicher Vorschriften v. 25.7.2014
§ 20 Abs. 2 S. 1 Nr. 3 EStG idF UntStRefG 2008 v. 14.8.2007 (→ Rn. 72)	Erstmals anzuwenden auf Gewinne aus Termingeschäften, bei denen der Rechtserwerb nach dem 31.12.2008 erfolgte	§ 52a Abs. 10 S. 3 EStG idF UntStRefG 2008 v. 14.8.2007, übernommen in § 52 Abs. 28 S. 12
§ 20 Abs. 2 S. 1 Nr. 4 und Nr. 5 EStG idF UntStRefG 2008 v. 14.8.2007 (→ Rn. 72)	Erstmals anzuwenden auf Gewinne, bei denen die zugrunde liegenden Wirtschaftsgüter, Rechte oder Rechtspositionen nach dem 31.12.2008 erworben oder geschaffen wurden	§ 52a Abs. 10 S. 4 EStG idF UntStRefG 2008 v. 14.8.2007, übernommen in § 52 Abs. 28 S. 13
§ 20 Abs. 2 S. 1 Nr. 6 EStG idF UntStRefG 2008 v. 14.8.2007 (→ Rn. 72)	Erstmals anzuwenden auf die Veräußerung von Ansprüchen nach dem 31.12.2008, bei denen der Versicherungsvertrag nach dem 31.12.2004 abgeschlossen wurde; dies gilt auch für Versicherungsverträge, die vor dem 1. Januar 2005 abgeschlossen wurden, sofern bei einem Rückkauf zum Veräußerungszeitpunkt die Erträge nach § 20 Abs. 1 Nr. 6 in der am 31.12.2004 geltenden Fassung steuerpflichtig wären. Die hierin liegende unechte Rückwirkung ist verfassungsrechtlich gerechtfertigt, da bei Inkrafttreten der Neuregelung nach dem 31.12.2008 für Ver-	§ 52a Abs. 10 S. 5 EStG idF UntStRefG 2008 v. 14.8.2007, übernommen in § 52 Abs. 28 S. 14

Materiellrechtliche Regelung zur Kapitalertragsbesteuerung idF des UntStRefG 2008 v. 14.8.2007	Anwendbarkeit	Rechtsgrundlage für zeitliche Geltung (§ 52a EStG idF des UntStRefG 2008 v. 14.8.2007)
	träge mit Vertragsabschluss nach dem 31.12.2004 der vormals geltende Zeitraum von 12 Jahren noch nicht verstrichen war, der einen geschützten Anspruch auf Steuerfreiheit hätte vermitteln können (so auch FG Münster 22.5.2019 – 7 K 1014/16 E, EFG 2019, 1307).	
§ 20 Abs. 2 S. 1 Nr. 7 EStG idF UntStRefG 2008 v. 14.8.2007 (→ Rn. 72)	Erstmals anzuwenden auf nach dem 31.12.2008 zufließende Kapitalerträge aus der Veräußerung sonstiger Kapitalforderungen. Abweichende Regelung für Kapitalforderungen, die zum Zeitpunkt des vor dem 1.1.2009 erfolgten Erwerbs nicht Kapitalforderungen iSd § 20 in der am 31.12.2008 geltenden Fassung, sondern ausschließlich als private Veräußerungsgeschäfte iSd § 23 in der am 31.12.2008 geltenden Fassung steuerbar waren (sog. Vollrisikozertifikate).	§ 52a Abs. 10 S. 6 bis S. 8 EStG idF UntStRefG 2008 v. 14.8.2007, übernommen in § 52 Abs. 28 S. 15 bis S. 17
§ 20 Abs. 2 S. 1 Nr. 8 EStG idF UntStRefG 2008 v. 14.8.2007 (→ Rn. 72)	Erstmals anzuwenden auf Gewinne, bei denen die zugrunde liegenden Wirtschaftsgüter, Rechte oder Rechtspositionen nach dem 31.12.2008 erworben oder geschaffen werden	§ 52a Abs. 10 S. 4 EStG idF UntStRefG 2008 v. 14.8.2007, übernommen in § 52 Abs. 28 S. 13
§ 20 Abs. 2 S. 2 und S. 3 EStG idF UntStRefG 2008 v. 14.8.2007 (→ Rn. 72)	Erstmals anzuwenden auf Veräußerungen, Einlösungen, Abtretungen oder ver-	§ 52a Abs. 10 S. 9 EStG idF UntStRefG 2008 v. 14.8.2007

Materiellrechtliche Regelung zur Kapitalertragsbesteuerung idF des UntStRefG 2008 v. 14.8.2007	Anwendbarkeit	Rechtsgrundlage für zeitliche Geltung (§ 52a EStG idF des UntStRefG 2008 v. 14.8.2007)
	deckte Einlagen nach dem 31.12.2008	
§ 20 Abs. 2 S. 4 und 5 EStG idF InvStRefG v. 27.7.2016 (→ Rn. 77)	Erstmals anzuwenden ab 1.1.2017	§ 52 Abs. 28 S. 19 EStG idF InvStRefG v. 27.7.2016
§ 20 Abs. 3 EStG idF UntStRefG 2008 v. 14.8.2007 (→ Rn. 72)	Erstmals anzuwenden auf nach dem 31.12.2008 zufließende Kapitalerträge	§ 52a Abs. 10 S. 10 EStG idF UntStRefG 2008 v. 14.8.2007
§ 20 Abs. 3a EStG idF JStG 2010 v. 8.12.2010 (→ Rn. 74)	Erstmals anzuwenden auf nach dem 31.12.2008 zufließende Kapitalerträge	§ 52a Abs. 10 S. 10 EStG idF JStG 2010 v. 8.12.2010
§ 20 Abs. 4 S. 1 bis S. 7 EStG idF UntStRefG 2008 v. 14.8.2007 (→ Rn. 72)	Erstmals anzuwenden auf nach dem 31.12.2008 zufließende Kapitalerträge	§ 52a Abs. 10 S. 10 EStG idF UntStRefG 2008 v. 14.8.2007
§ 20 Abs. 4 S. 8 und S. 9 EStG idF InvStRefG v. 27.7.2016 (→ Rn. 77)	Erstmals anzuwenden ab 1.1.2017	§ 52 Abs. 28 S. 19 EStG idF InvStRefG v. 27.7.2016
§ 20 Abs. 4a S. 1 EStG		
idF JStG 2009 v. 19.12.2008 (→ Rn. 73)	Erstmals anzuwenden auf nach dem 31.12.2008 zufließende Kapitalerträge	§ 52a Abs. 10 S. 10 EStG idF JStG 2009 v. 19.12.2008
idF JStG 2010 v. 8.12.2010 (→ Rn. 74)	Erstmals anzuwenden ab 14.12.2010	Art. 32 Abs. 1 JStG 2010 v. 8.12.2010
idF „JStG 2019" v. 12.12.2019 (→ Rn. 78)	Erstmals anzuwenden ab 18.12.2019	Art. 39 Abs. 1 „JStG 2019" v. 12.12.2019
§ 20 Abs. 4a S. 2 EStG idF JStG 2009 v. 19.12.2008 (→ Rn. 73)	Erstmals anzuwenden auf nach dem 31.12.2008 zufließende Kapitalerträge	§ 52a Abs. 10 S. 10 EStG idF JStG 2009 v. 19.12.2008
§ 20 Abs. 4a S. 3 EStG		
idF JStG 2009 v. 19.12.2008 (→ Rn. 73)	Erstmals anzuwenden auf nach dem 31.12.2008 zufließende Kapitalerträge	§ 52a Abs. 10 S. 10 EStG idF JStG 2009 v. 19.12.2008
idF JStG 2010 v. 8.12.2010 (→ Rn. 74)	Erstmals anzuwenden für Wertpapiere, die nach dem 31.12.2009 geliefert wurden, sofern für die Lieferung § 20 Abs. 4 anzuwenden war	§ 52a Abs. 10 S. 11 EStG idF JStG 2010 v. 8.12.2010, übernommen in § 52 Abs. 28 S. 18
§ 20 Abs. 4a S. 4 bis S. 6 EStG idF JStG 2009 v. 19.12.2008 (→ Rn. 73)	Erstmals anzuwenden auf nach dem 31.12.2008 zufließende Kapitalerträge	§ 52a Abs. 10 S. 10 EStG idF JStG 2009 v. 19.12.2008

Materiellrechtliche Regelung zur Kapitalertragsbesteuerung idF des UntStRefG 2008 v. 14.8.2007	Anwendbarkeit	Rechtsgrundlage für zeitliche Geltung (§ 52a EStG idF des UntStRefG 2008 v. 14.8.2007)
	Verfassungskonforme Auslegung: keine Anwendung bei Anteilen, deren Veräußerung nach Ablauf der Spekulationsfrist vor dem 1.1.2009 steuerfrei möglich gewesen wäre, die Bezugsrechtsausübung und Veräußerung aber erst nach dem 31.12.2008 erfolgt (BFH 9.5.2017 – VIII R 54/14, BStBl. II 2018, 262)	
§ 20 Abs. 4a S. 7 EStG idF AmtshilfeRLUmsG v. 26.6.2013 (→ Rn. 75)	Erstmals anzuwenden auf Abspaltungen, bei denen die Anmeldung zur Eintragung in das öffentliche Register, das für die Wirksamkeit des jeweiligen Vorgangs maßgebend war, nach dem 31.12.2012 erfolgte	§ 52a Abs. 10 S. 12 EStG idF AmtshilfeRLUmsG v. 26.6.2013
§ 20 Abs. 5 EStG idF UntStRefG 2008 v. 14.8.2007 (→ Rn. 72) entspricht § 20 Abs. 2a EStG idF StandOG v. 13.9.1993 (→ Rn. 55)	Erstmals anzuwenden auf nach dem 31.12.2008 zufließende Kapitalerträge	§ 52a Abs. 10 S. 10 EStG idF UntStRefG 2008 v. 14.8.2007
§ 20 Abs. 6 EStG idF UntStRefG 2008 v. 14.8.2007 (→ Rn. 72)	Erstmals anzuwenden auf nach dem 31.12.2008 zufließende Kapitalerträge	§ 52a Abs. 10 S. 10 EStG idF UntStRefG 2008 v. 14.8.2007
§ 20 Abs. 6 S. 5 EStG idF GrenzStGestaltG v. 21.12.2019 (→ Rn. 79)	Erstmals anzuwenden auf Verluste, die nach dem 31.12.2020 entstehen	§ 52 Abs. 28 S. 23 EStG idF GrenzStGestaltG v. 21.12.2019
§ 20 Abs. 6 S. 6 EStG idF GrenzStGestaltG v. 21.12.2019 (→ Rn. 79)	Erstmals anzuwenden auf Verluste, die nach dem 31.12.2019 entstehen	§ 52 Abs. 28 S. 24 EStG idF GrenzStGestaltG v. 21.12.2019
§ 20 Abs. 6 S. 7 EStG idF GrenzStGestaltG v. 21.12.2019 (→ Rn. 79) entspricht § 20 Abs. 6 S. 5 idF UntStRefG 2008 v. 14.8.2007 (→ Rn. 72)	Erstmals anzuwenden auf nach dem 31.12.2008 zufließende Kapitalerträge	§ 52a Abs. 10 S. 10 EStG idF UntStRefG 2008 v. 14.8.2007 verschoben mWv 1.1.2020 durch GrenzStGestaltG v. 21.12.2019

Materiellrechtliche Regelung zur Kapitalertragsbesteuerung idF des UntStRefG 2008 v. 14.8.2007	Anwendbarkeit	Rechtsgrundlage für zeitliche Geltung (§ 52a EStG idF des UntStRefG 2008 v. 14.8.2007)
§ 20 Abs. 7 EStG idF UntStRefG 2008 v. 14.8.2007 (→ Rn. 72) vormals § 20 Abs. 2b EStG idF JStG 2007 v. 13.12.2006 (→ Rn. 71.1)	Erstmals anzuwenden ab Veranlagungszeitraum 2006	§ 52 Abs. 37d EStG idF JStG 2007 v. 13.12.2006
§ 20 Abs. 8 S. 1 EStG idF UntStRefG 2008 v. 14.8.2007 (→ Rn. 72)	Erstmals anzuwenden auf nach dem 31.12.2008 zufließende Kapitalerträge	§ 52a Abs. 10 S. 10 EStG idF UntStRefG 2008 v. 14.8.2007
§ 20 Abs. 8 S. 2 EStG idF JStG 2009 v. 19.12.2008 (→ Rn. 73)	Erstmals anzuwenden ab Veranlagungszeitraum 2009	§ 52 Abs. 1 EStG idF JStG 2009 v. 19.12.2008
§ 20 Abs. 9 EStG idF UntStRefG 2008 v. 14.8.2007 (→ Rn. 72)	Erstmals anzuwenden auf nach dem 31.12.2008 zufließende Kapitalerträge (zu den Einzelheiten → Rn. 1476); Zum Verlauf und der Höhe des früheren Sparer-Freibetrags → Rn. 1476.2 ff.	§ 52a Abs. 10 S. 10 EStG idF UntStRefG 2008 v. 14.8.200

100 **c) Internationaler Anwendungsbereich.** § 20 gilt bei **unbeschränkt Steuerpflichtigen** für inländische wie ausländische Kapitaleinkünfte gleichermaßen. Daher kommt es weder darauf an, **in welchem Staat sich eine Kapitalanlage befindet** oder **wo der Kapitalnehmer steuerpflichtig** ist. Ob ein Kapitalertrag bereits im Ausland besteuert wurde, ist nur im Rahmen der Anwendung von Regelungen zur Vermeidung der Doppelbesteuerung relevant (Blümich/*Ratschow* § 20 Rn. 7). Die Abgrenzung eines steuerpflichtigen Kapitalertrags von einer nicht steuerbaren Kapitalrückzahlung richtet sich nach ausländändischem Handels- und Gesellschaftsrecht (HHR/*Intemann* § 20 Rn. 67).

101 Das dem Kapitalertrag zugrunde liegende **Rechtsverhältnis** zwischen Kapitalgeber und Kapitalnehmer kann **nach ausländischem Recht begründet** werden, sofern es einem nach deutschem Recht begründeten Rechtsverhältnis iSd § 20 wesentlich entspricht (→ Rn. 351).

101.1 Für Beteiligungen an ausländischen Kapitalgesellschaften gemäß § 20 Abs. 1 Nr. 1 → Rn. 538; für qualifizierte Genussrechte an ausländischen Kapitalgesellschaften → Rn. 529; für grenzüberschreitende vGA gemäß § 20 Abs. 1 Nr. 1 S. 2 → Rn. 609; für stille Gesellschaften an ausländischen Handelsgewerben und Genussrechten nach ausländischem Recht gemäß § 20 Abs. 1 Nr. 4 → Rn. 778 und → Rn. 787; für Zinsen bzw. Renten aus ausländischen Grundpfandrechten gemäß § 20 Abs. 1 Nr. 5 → Rn. 835; für ausländische Kapital-/Renten-/Lebensversicherungen gemäß § 20 Abs. 1 Nr. 6 → Rn. 854; für nach ausländischem Recht begründete Kapitalforderungen gemäß § 20 Abs. 1 Nr. 7 → Rn. 1004; für Erträge aus mit § 1 Abs. 1 Nr. 3 bis Nr. 5 KStG vergleichbaren ausländischen Rechtsgebilden gemäß § 20 Abs. 1 Nr. 9 → Rn. 1076).

102 **Beschränkt Steuerpflichtige** unterliegen der deutschen Einkommensteuer in dem durch § 49 Abs. 1 Nr. 5 bestimmten Umfang. Die Norm bestimmt den für einzelne Kapitaleinkünfte erforderlichen Inlandsbezug, der ein deutsches Besteuerungsrecht für die jeweiligen Kapitaleinkünfte begründet. Gestaltungen, die formal auf die Vermeidung einer beschränkten Steuerpflicht abzielen, aber wirtschaftlich einer Gestaltung entsprechen, die eine beschränkten Steuerpflicht zur Folge hätte, sind missbräuchlich iSd § 42 AO (BFH 8.7.1998 – I R 112/97, BStBl. II 1999, 123).

Anwendbare Regelungen für beschränkt Steuerpflichtige	Verweisungskette
§ 20 Abs. 1 Nr. 1, Nr. 2, Nr. 4, Nr. 6 und Nr. 9	§ 1 Abs. 4 iVm § 49 Abs. 1 **Nr. 5 Buchst. a**
§ 20 Abs. 1 Nr. 5 und Nr. 7	§ 1 Abs. 4 iVm § 49 Abs. 1 **Nr. 5 Buchst. c**
§ 20 Abs. 1 Nr. 7	§ 1 Abs. 4 iVm § 49 Abs. 1 **Nr. 5 Buchst. d** iVm § 43 Abs. 1 S. 1 Nr. 7 Buchst. a
§ 20 Abs. 2 S. 1 Nr. 1	§ 1 Abs. 4 iVm § 49 Abs. 1 **Nr. 5 Buchst. d** iVm § 43 Abs. 1 S. 1 Nr. 9
§ 20 Abs. 2 S. 1 Nr. 2 Buchst. b und Nr. 7	§ 1 Abs. 4 iVm § 49 Abs. 1 **Nr. 5 Buchst. d** iVm § 43 Abs. 1 S. 1 Nr. 10
§ 20 Abs. 3	§ 1 Abs. 4 iVm § 49 Abs. 1 **Nr. 5 S. 2**

Einstweilen frei **103–107**

4. Leitende Prinzipien der geltenden Kapitalertragsbesteuerung

Die Kapitalertragsbesteuerung lässt sich auf einige einfachrechtlich ausgeprägte Prinzipien der Besteuerung zurückführen, die einerseits als Maßstab zur Erschließung der Systematik des Rechtsgebiets dienen und dadurch eine Folgerichtigkeitsprüfung und andererseits eine telelogische Auslegung der Vorschrift ermöglichen, die ohne leitende Prinzipien einer Auslegung nicht zugänglich wäre (HHR/*Hey* Einführung Rn. 40 f.). **108**

a) Trennungsprinzip. § 20 Abs. 1 Nr. 1 EStG iVm § 1 KStG belegt die **Trennung zwischen der Ertragsbesteuerung juristischer Personen und ihrer Anteilseigner.** Nach dem sog. **Trennungsprinzip** wird eine Körperschaft als eigenständiges Steuersubjekt behandelt, dessen Leistungsfähigkeit eigenständig und von der Belastung ihrer Anteilseigner unabhängig besteuert wird. Die Anteilseigner haben den Gewinn aus der Tätigkeit der Kapitalgesellschaft nicht zu versteuern; ein Durchgriff durch die Gesellschaft kommt grundsätzlich nicht in Betracht. Die Beteiligung erlangt für die Anteilseigner steuerrechtlich erst Bedeutung, wenn die Kapitalgesellschaft Ausschüttungen an sie vornimmt (BFH 27.3.2007 – VIII R 28/04, BStBl. II 2007, 699; *Böhmer* StuW 2012, 33 (34 ff.)). **Verfahrensrechtlich** stehen der Körperschaftsteuerbescheid einer Kapitalgesellschaft und der Einkommensteuerbescheid der Anteilseigner **nicht im Verhältnis eines Grundlagenbescheids zum Folgebescheid** iSd § 171 Abs. 10, § 175 Abs. 1 S. 1 Nr. 1 AO (BFH 27.10.1992 – VIII R 41/89, BStBl. II 1993, 569; BFH 20.3.2009 – VIII B 170/08, BFH/NV 2009, 1029; BFH 6.9.2011 – VIII R 55/10, BFH/NV 2012, 269; BFH 18.9.2012 – VIII R 9/09, BStBl. II 2013, 149; BFH 21.10.2014 – VIII R 31/12, GmbHR 2015, 772. Zu den gleichwohl bestehenden ökonomischen Implikationen, die gerade bei der Abstimmung von Körperschaftsteuer der Körperschaft und der Ertragsbesteuerung der dahinterstehenden Gesellschaftern zu beachten sind: *Fuest* FS Endres, 2016, 139 (141 ff.)). **109**

Mit der Ausformung des Trennungsprinzips trifft der Steuergesetzgeber eine grundsätzliche Absage an das **Kongruenzprinzip,** das eine Einnahme beim Gläubiger formell oder materiell mit einer Ausgabe beim Schuldner des Kapitalertrags verknüpft. **110**

Auch ein allgemeines **Korrespondenzprinzip,** wonach vereinnahmte Zinsen oder sonstige Entgelte für die Kapitalnutzung nur dann beim Gläubiger der Kapitaleinkünfte besteuert werden könnten, wenn und soweit entsprechend gezahlte Zinsen oder Entgelte beim Schuldner ebenfalls steuerlich berücksichtigt wurden, ist einfachrechtlich **grundsätzlich nicht angelegt** (BFH 26.2.2002 – IX R 20/98, BStBl. II 2002, 796; BFH 7.7.2005 – IX R 7/05, BStBl. II 2005, 726; BFH 6.6.2012 – I R 6/11 und I R 8/11, BStBl. II 2013, 111). Nur die §§ 32a, 8b Abs. 1 S. 2 KStG sowie § 3 Nr. 40 Buchst. d S. 2 erreichen **ausnahmsweise** unter punktueller Durchbrechung des Trennungsprinzips eine korrespondierende Behandlung bestimmter Kapitaleinkünfte in materieller wie in formeller Hinsicht (BT-Drs. 16/2712, 38 und 71 f.; BFH 20.3.2009 – VIII B 170/08, BFH/NV 2009, 1029; FG Berlin-Brandenburg 4.11.2014 – 6 K 6114/12, EFG 2015, 330; FG Baden-Württemberg 8.2.2012 – **111**

4 K 4769/10, BeckRS 2013, 95368; *Heuel/Matthey* AO-StB 2018, 89 (92 f.); vertiefend *Kohlhepp* DStR 2007, 1502). Da diese Regelungen nur für Kapitalanlagen im Betriebsvermögen Anwendung finden (→ Rn. 150), bleibt es bei privaten Kapitaleinkünften bei der Absage an ein Kongruenz- oder Korrespondenzprinzip. Zur Problemantik bei der Besteuerung verdeckter Gewinnausschüttungen ausführlich → Rn. 581 ff.

112–113 *Einstweilen frei*

114 **b) Prinzip der Einzelbetrachtung.** Für die Kapitalertragsbesteuerung gilt das **Prinzip der Einzelbetrachtung** jeder einzelnen Kapitalanlage. Dies folgt aus der Besteuerung der Einkünfte „aus Kapitalvermögen", das sich aus einer Summe von Kapitalanlagen zusammensetzt (→ Rn. 328). Va bei der Prüfung der Überschusserzielungsabsicht (→ Rn. 504 ff.) sowie der persönlichen Zurechnung von Kapitalerträgen (→ Rn. 389) ist auf jede Kapitalanlage gesondert abzustellen. Auch **wirtschaftlich einheitliche Kombinationsprodukte** sind de lege lata grundsätzlich in ihre verschiedenen Komponenten **zu zerlegen,** die sodann jeweils eigenständig zu behandeln sind.

115 Eine **Betrachtung mehrerer Kapitalforderungen** „als Einheit" ist ausdrücklich nur in § 20 Abs. 1 Nr. 11 Hs. 2 normiert. Danach mindern sich die Einnahmen aus den Stillhalterprämien um die im Glattstellungsgeschäft gezahlten Prämien (→ Rn. 1136 ff.). Eine **Gruppenbildung** einzelner Kapitalforderungen zu „einer wirtschaftlichen Einheit" wird im Übrigen nur ausnahmsweise zugelassen, wenn Kapitalforderungen die gleiche wirtschaftliche Funktion haben oder wenn sich im Einzelfall nicht mehr ermitteln lässt, welcher Werbungskostenanteil auf einzelne Kapitalanlagen entfällt (→ Rn. 331 ff.; zur gleichheitsrechtlichen Problematik bei rechtlich selbständigen, aber wirtschaftlich zusammenhängenden Kapitalforderungen → Rn. 335).

116–117 *Einstweilen frei*

118 **c) Veranlassungsprinzip.** Kapitaleinkünfte resultieren aus der entgeltlichen Kapitalüberlassung aufgrund eines Rechtsverhältnisses (→ Rn. 350) und sind von Einkünften aufgrund anderer Rechtsverhältnisse (→ Rn. 1405 ff.) nach dem sog. **Veranlassungsprinzip** abzugrenzen. Danach ist allein maßgeblich, ob die Vorteilszuwendung **aus Sicht des Kapitalgebers** durch ein Kapitalnutzungsverhältnis veranlasst ist (sog. Veranlassungszusammenhang) und deshalb zur steuerbaren Erwerbssphäre gehört. Ausreichend ist eine Mitveranlassung idS, dass das auslösende Moment des erhaltenen Vorteils nach einer an den Umständen des Einzelfalls auszurichtenden **wertenden Betrachtung** in signifikantem Ausmaß dem jeweiligen Rechtsverhältnis der Kapitalüberlassung zuzuordnen ist (BFH 10.3.1992 – VIII R 66/89, BStBl. II 1992, 1032; BFH 7.12.2004 – VIII R 70/02, BStBl. II 2005, 468; BFH 16.12.2008 – VIII B 29/07, BFH/NV 2009, 574; HHR/*Buge* § 20 Rn. 45). Aus der gebotenen Einzelbetrachtung (→ Rn. 114 ff.) folgt die Notwendigkeit der Prüfung des Veranlassungszusammenhangs gleichermaßen für Einnahmen (→ Rn. 362) und Erwerbsaufwendungen (→ Rn. 1485). Zur Abgrenzung der Einkünfte aus Kapitalvermögen von anderen Einkunftsarten nach dem Kriterium der Veranlassung → Rn. 1405 ff.

119 Kapitaleinkünfte sind somit auch dann noch durch ein (früher bestehendes) Kapitalnutzungsverhältnis veranlasst, wenn sie dem Steuerpflichtigen erst zeitlich nach ihrer wirtschaftlichen Veranlassung durch dieses Rechtsverhältnis zufließen.

120 Das Veranlassungsprinzip gilt auch, wenn **Leistungen von Dritten** erbracht werden, die an dem die Einkunftsquelle begründenden Rechtsverhältnis nicht beteiligt sind. Eine ausschließliche Veranlassung durch den Dritten ist nicht erforderlich; ausreichend ist vielmehr eine Mitveranlassung idS, dass das auslösende Moment des erhaltenen Vorteils nach der an den Umständen des Einzelfalls auszurichtenden Wertung in signifikantem Ausmaß zumindest auch dem zugrundeliegenden Rechtsverhältnis, etwa dem Gesellschaftsverhältnis, zuzuordnen ist (BFH 7.12.2004 – VIII R 70/02, BStBl. II 2005, 468; zB bei Zinsgarantien Dritter → Rn. 1261.1; **aA** *Gondert/Schimmelschmidt* DB 1999, 1570 (1572): nur für die Berücksichtigung solcher Drittleistungen, die als echte Substitute des Kapitalertrags aus dem Rechtsverhältnis geleistet werden).

121–122 *Einstweilen frei*

123 **d) Prinzip der wirtschaftlichen Betrachtungsweise, Zahlstellenprinzip.** In den Regelungen der § 20 Abs. 1 Nr. 7 (→ Rn. 1002 ff.), Abs. 2 S. 2 (→ Rn. 1148), Abs. 3

(→ Rn. 1258 ff.) sowie § 20 Abs. 5 EStG iVm § 39 AO (→ Rn. 1370) kommt die starke Orientierung der Kapitalertragsbesteuerung am **Prinzip der wirtschaftlichen Betrachtungsweise** zum Ausdruck, die gerade wegen der besonderen Fungibilität von Kapitalvermögen (→ Rn. 258) und der beliebigen finanzwirtschaftlichen Substituierbarkeit von Kapitalsubstanz und -ertrag (→ Rn. 1144) den wirtschaftlichen Gehalt von Gestaltungen im Rahmen der systematischen und telelogischen Auslegung besonders berücksichtigt.

Durch Art. 7 Nr. 3 Gesetz zur Umsetzung der Richtlinie 2009/65/EG zur Koordinierung der Rechts- und Verwaltungsvorschriften betreffend bestimmte Organismen für gemeinsame Anlagen in Wertpapieren (OGAW-IV-Umsetzungsgesetz – OGAW-IV-UmsG) v. 22.6.2011 (BGBl. 2011 I 1162) mWv Veranlagungszeitraum 2012 wurde für die Erhebung von Steuern auf Kapitalerträge das sog. **Zahlstellenprinzip** in § 44 Abs. 1 S. 3 und S. 4 eingeführt, um missbräuchliche Gestaltungen unter Einschaltung ausländischer Kreditinstitute zu verhindern (BT-Drs. 17/4510, 55 und 89). Danach wird die Pflicht zum Einbehalt und zur Abführung der Kapitalertragsteuer an den Fiskus nicht mehr ausschließlich dem Schuldner der Kapitalerträge (sog. **Schuldnerprinzip**), sondern auch der jeweiligen inländischen Zahlstelle auferlegt, die einen Kapitalertrag an den Gläubiger auszahlt (*Hahne* AG 2011, 503). 124

Einstweilen frei 125–126

e) Zufluss-Abfluss-Prinzip. Aus der Einordnung privater Kapitaleinkünfte als Überschuss-Einkunftsart iSd § 2 Abs. 1 S. 1 Nr. 2 folgt das die Anwendung des **Zufluss-Abfluss-Prinzips** iSd § 8 Abs. 1 iVm § 11 für Kapitalforderungen im Privatvermögen. Danach ist der Zufluss nicht nur konstitutives Element einer Einnahme iSd § 8 Abs. 1, sondern bestimmt zugleich dessen zeitliche Zuordnung zu einem bestimmten Veranlagungszeitraum. Zu Bedeutung des Zufluss-Abfluss-Prinzips in Fremdwährungsfällen → Rn. 132. 127

Zu den **Ausnahmen** von der Anwendung des § 11 durch **§ 20 Abs. 1 Nr. 3** iVm § 16 Abs. 1 Nr. 2 iVm § 18 Abs. 3 InvStG idF InvStRefG v. 19.7.2016 → Rn. 747, **§ 20 Abs. 1 Nr. 3a** iVm § 36 Abs. 4 Nr. 2 iVm § 36 Abs. 4 InvStG idF InvStRefG v. 19.7.2016 → Rn. 759, § 20 Abs. 1 Nr. 6 → Rn. 924 ff., **§ 20 Abs. 1 Nr. 11** → Rn. 11391139“ → **Rn.** 1139, **§ 20 Abs. 2 iVm Abs. 4** → Rn. 1275. 127.1

Bis zur umfassenden Besteuerung von Veräußerungsgewinnen nach § 20 Abs. 2 durch UntStRefG 2008 v. 14.8.2007 (→ Rn. 72) erkannte der BFH einen **Gestaltungsmissbrauch iSd § 42 AO** liegt nicht allein darin, dass eine Einkunftsquelle kurz vor einem bestimmten Stichtag veräußert oder anderweitig aufgegeben wurde, auch wenn ein solches Vorgehen dazu diente, den Zufluss von steuerpflichtigen Einkünften zu vermeiden und statt dessen einen unbesteuerten Wertzuwachs auf der Vermögensebene zu realisieren. Ein Gestaltungsmissbrauch lag allerdings vor, wenn eine vor dem Stichtag erfolgte Maßnahme **alsbald nach dem Stichtag rückgängig gemacht oder wesentlich abgeändert** wird und sich damit als nur kurzfristig vorgeschoben erweist (BFH 11.10.2000 – I R 99/96, BStBl. II 2001, 22 mwN). Seit Inkrafttreten des UntStRefG 2008 ist dieser Gestaltungsanreiz entfallen. 127.2

Befindet sich die Kapitalanlage hingegen in einem Betriebsvermögen und werden die Kapitalerträge daher nach § 20 Abs. 8 S. 1 einer Gewinneinkunftsart zugerechnet, so richtet sich deren Erfassung in zeitlicher Hinsicht nicht nach Maßgabe des Zuflusses iSd § 11 Abs. 1 S. 1, sondern nach den Gewinnermittlungsvorschriften (BFH 25.11.1976 – IV R 90/72, BStBl. II 1977, 467; HHR/*Buge* § 20 Rn. 660; Schmidt/*Levedag* § 20 Rn. 3). 128

Einstweilen frei 129–130

f) Nominalwertprinzip. Besondere Bedeutung für die Kapitalertragsbesteuerung hat das **Nominalwertprinzip (auch Nennwertgrundsatz),** das dem EStG immanent und partiell in § 20 Abs. 4 S. 1 Hs. 2 verankert ist. Alle Normen, die sich auf wirtschaftliche Größen beziehen und üblicherweise in Geld bemessen werden, wären ohne den Nennwertgrundsatz nicht zu handhaben (BFH 14.5.1974 – VIII R 95/72, BStBl. II 1974, 572). Die Geldentwertung kann daher bei der Bemessung der Einkünfte aus Kapitalvermögen weder im Wege der Auslegung des Gesetzes noch durch richterliche Rechtsfortbildung berücksichtigt werden (BFH 27.7.1967 – IV 300/64, BStBl. III 1967, 690; BFH 10.11.1967 – VI R 179/66, BStBl. II 1968, 143; BFH 12.6.1968 – IV 254/62, BStBl. II 1968, 653; BFH 19.5.1971 – I B 10/71, BStBl. II 1971, 626; BFH 20.6.1989 – VIII R 82/86, BStBl. II 1989, 836; BFH 27.6.1996 – VIII B 102/95, BFH/NV 1996, 921; HHR/*Buge* § 20 Rn. 6). 131

Dies macht eine **Umrechnung von Einnahmen und Ausgaben in ausländischer Währung zum jeweiligen Zu- bzw. Abflusszeitpunkt** in Nennbeträge in EUR erforder- 132 lich, ohne dabei deren Realwert zu berücksichtigen (Grundsatz: „Euro = Euro"). Weder inländische **Geldwertverluste durch Inflation** noch **Wechselkursverluste** bei ausländischer Währung können daher steuermindernd berücksichtigt werden, solange sich diese Verluste nicht durch einen Veräußerungstatbestand iSd § 20 Abs. 2 realisiert haben (→ Rn. 1029 f.). Wenn ein Nominalzinssatz sich an der Inflationshöhe orientiert und Geldwertverluste mildern soll, ist dies für seine Steuerbarkeit unbeachtlich (BFH 12.9.1985 – VIII R 306/81, BStBl. II 1986, 252; BFH 27.6.1996 – VIII B 102/95, BFH/NV 1996, 921).

133 Das BVerfG sähe es wegen der besonderen gesamtwirtschaftlichen Funktion von Kapitalvermögen als verfassungsrechtlich unbedenklich an, wenn die Geldwertabhängigkeit und damit die gesteigerte Inflationsanfälligkeit der Einkunftsart „Kapitalvermögen" bei der Besteuerung berücksichtigt würde (BVerfG 27.6.1991 – 2 BvR 1493/89, BStBl. II 1991, 654). Gleichwohl beurteilt die Rechtsprechung den mit der Nominalwertbesteuerung einhergehenden Verzicht des Gesetzgebers auf eine inflationsbereinigte Indexierung der steuerlichen Bemessungsgrundlagen für Kapitaleinkünfte de lege lata als sachgerecht, erkennt keine ernsthaften Zweifel an der Verfassungsmäßigkeit und insbesondere keinen Verstoß gegen Art. 3 Abs. 1 GG oder Art. 14 GG. Die Geldentwertung mindere zwar den Wert der Zinserträge, gleichzeitig aber auch den Wert der darauf entfallenden Steuern, sodass die wirtschaftliche Belastung im Verhältnis zu dem Wert der Erträge unverändert bleibe (BVerfG 21.1.1969 – 1 BvR 346/68 und 1 BvR 598/68, HFR 1969, 347; BVerfG 19.12.1978 – 1 BvR 335/76, 1 BvR 427/76 und 1 BvR 811/76 BStBl. II 1979, 308; vgl. auch BFH 27.7.1967 – IV 300/64, BStBl. III 1967, 690; **diese Frage als geklärt ansehend:** BFH 12.11.2007 – IV B 36/07, BFH/NV 2008, 766). Ferner werden Symmetrie-Überlegungen gegen eine realwertorientierte Kapitalertragsbesteuerung vorgetragen, da anderenfalls auch die inflationsbedingte Wertminderung von Verbindlichkeiten des Steuerpflichtigen zu berücksichtigen wären. Außerdem entstünden durch ein sinkendes Steueraufkommen Schwierigkeiten für die Finanzpolitik der öffentlichen Hand sowie währungspolitische Probleme, da durch die Indexierung eine Inflationsbeschleunigung auftreten könne (*Deutsche Bundesbank* Monatsbericht August 1979, 20 (31 ff.)).

134 Nach **derzeitiger Rechtslage** rechtfertigen inflationsbedingte Wertverluste **keinen Erlass aus Billigkeit** (KSM/*Jochum* § 20 Rn. A 46). **De lege ferenda** sollte allerdings gerade in der Bemessungsgrundlage der Einkommensteuer auf Kapitaleinkünfte **eine Anpassungsmöglichkeit an Realwerte vorgesehen** werden (ebenso: *Berninghaus* Das Gestaltungsermessen des Gesetzgebers bei der steuerlichen Erfassung privater Veräußerungsgewinne (2006), 68 ff.; zu möglichen Ansätzen einer Reform etwa: *Rose* BB 1992, Beilage Nr. 5, 1 (1 ff.); **aA** *Kleinmanns* Besteuerung inflationsbedingter Scheingewinne im System des deutschen Einkommensteuerrechts und ihre verfassungsrechtliche Rechtfertigung (2009), 107 ff., 141 und 183). So geht das von der Rechtsprechung angeführte Symmetrie-Argument jedenfalls für Zwecke der Kapitalertragsbesteuerung im Abgeltungsteuersystem ins Leere, da der Gesetzgeber diese Symmetrie durch die Verlustverrechnungsbeschränkungen in § 20 Abs. 6 (→ Rn. 1373 ff.) und die Abzugsverbote für Werbungskosten nach § 20 Abs. 9 (→ Rn. 1500) für erwerbsbezogene Aufwendungen einseitig gelöst hat. Die steuermindernde Berücksichtigung von Zahlungswertgewinnen aus der Rückzahlung nominell gleichbleibender Verbindlichkeiten im Zusammenhang mit nominell steigenden Einnahmen scheidet damit für private Kapitalerträge aus (so auch: *Englisch* StuW 2007, 221 (233 f.)). Dabei **kann die Besteuerung von Scheingewinnen den Bestand des Kapitalvermögens angreifen,** sofern die Einkommensteuer auf lediglich nominell vorhandene Einkünfte aus Kapitalvermögen erhoben wird und aus dem Vermögen des Steuerpflichtigen zu zahlen ist, das sich real jedoch nicht gemehrt hat (vgl. *Jacobs/Schreiner* Betriebliche Kapital- und Substanzerhaltung in Zeiten steigender Preise, 1999, 73 und 85; zu den Belastungseffekten der Geldentwertung und empirischen Belegen: *Djanani/Krenzin/Grossmann* StuW 2014, 145 (148 ff.)). Die als Steuer auf den Ertrag des Kapitalvermögens konzipierte Einkommensbesteuerung könnte dann wirtschaftlich umschlagen in eine Steuer auf die Substanz des Kapitalvermögens.

135–136 *Einstweilen frei*

137 **g) Prinzip veranlagungsfreier und anonymer Kapitalertragsbesteuerung.** Die Besteuerung mit einem proportionalen Steuertarif iSd § 32d Abs. 1 und die abgeltende Wirkung einbehaltener Kapitalertragsteuer nach § 43 Abs. 5 S. 1 (→ Rn. 6) erlauben es seit der

Einführung der Abgeltungsteuer grundsätzlich, die sonstigen Erwerbs- und persönlichen Lebensumstände des Steuerpflichtigen unberücksichtigt zu lassen. Damit ist eine prinzipiell **veranlagungsfreie und anonyme Kapitalertragsbesteuerung** möglich (BT-Drs. 16/4841, 33). Dies führt zu einer Reduzierung des Deklarationsaufwands des Steuerpflichtigen und des Veranlagungsaufwands der Finanzverwaltung, letzteres jedoch im Wesentlichen durch Verlagerung des Verwaltungsaufwands auf die Zahlstellen der Kapitalerträge (so zutreffend: *Rockoff* Beeinflussung der Investitionsentscheidung durch die Abgeltungsteuer (2014), 30 und 202). Zugleich besteht durch die geringeren Entzugsmöglichkeiten aufgrund der Quellenbesteuerung bei gleichzeitiger Anonymität der Steuerpflichtigen die Möglichkeit einer gleichheitsgerechteren Besteuerung bei zugleich steigenden Staatseinnahmen (*Kirchhof* DStR-Beih. 2009, 135 (141 f.)).

h) Subsidiaritätsprinzip. § 20 Abs. 8 S. 1 normiert das **Subsidiaritätsprinzip,** das eine vorrangige Zurechnung von Einkünften der in § 20 Abs. 1 bis 3 bezeichneten Art zu den Einkünften aus Land- und Forstwirtschaft, aus Gewerbebetrieb, aus selbständiger Arbeit oder aus Vermietung und Verpachtung verlangt, wenn sie zu diesen Einkünften gehören (→ Rn. 1405 ff.). **138**

Einstweilen frei **139–143**

5. Verhältnis des § 20 zu einfachrechtlichen Bestimmungen

a) Vorschriften des EStG. § 2 Abs. 2 S. 1 Nr. 2 rechnet Kapitaleinkünfte grundsätzlich den Überschusseinkünften zu. Einnahmen aus Kapitalvermögen sind deshalb nicht schon dann anzunehmen, wenn nach allgemeinen Bilanzierungsgrundsätzen eine Forderung zu aktivieren wäre (BFH 8.10.1991 – VIII R 48/88, BStBl. II 1992, 174; **aA** *Wassermeyer* StuW 1988, 283 (284 und 288 f.)), sondern erst beim Zufluss eines Kapitalertrags (→ Rn. 127). **144**

Gemäß **§ 2 Abs. 2 S. 2** tritt § 20 Abs. 9 im Rahmen der Abgeltungsteuer grundsätzlich an die Stelle der §§ 9, 9a, sodass der Abzug der tatsächlichen Werbungskosten (§ 9) sowie der Werbungskostenpauschbeträge (§ 9a) insofern ausgeschlossen ist (BT-Drs. 16/4841, 46; dazu iE → Rn. 1472 ff.). **145**

Nach **§ 2 Abs. 5a** sind die in § 2 Abs. 1 bis Abs. 5 definierten Begriffe Einkünfte, Summe der Einkünfte, Gesamtbetrag der Einkünfte, Einkommen und zu versteuerndes Einkommen um die der Abgeltungsteuer gemäß §§ 32d Abs. 1, 43 Abs. 5 unterfallenden Kapitaleinkünfte zu erhöhen, wenn **außersteuerliche Rechtsnormen** an diese Begriffe anknüpfen. Hintergrund ist die für außersteuerliche Zwecke allein maßgebliche Höhe der tatsächlichen Einkünfte unabhängig davon, dass ein Teil dieser Einkünfte einem besonderen Steuersatz unterworfen ist (BT-Drs. 16/4841, 46). „Außersteuerliche Rechtsnormen" sind solche, für die die AO nicht unmittelbar zur Anwendung kommt. Hierzu gehören auch solche Gesetze, für die die AO erst nach ausdrücklicher Regelung anzuwenden ist (BT-Drs. 14/3366, 117), va Leistungsgesetze wie das Bundesausbildungsförderungsgesetz (BaföG), das Bundeselterngeld- und Elternzeitgesetz (BEEG), das Wohnungsbau-Prämiengesetz (WoPG) oder das Investitionszulagengesetz 2010 (HHR/*Musil* § 2 Rn. 871). **146**

§ 2 Abs. 5b nimmt die Kapitaleinkünfte, die gemäß „§ 32d Abs. 1 und § 43 Abs. 5" der Abgeltungsteuer iHv 25% unterliegen, aus den durch § 2 Abs. 1 bis Abs. 5 definierten Begriffen Einkünfte, Summe der Einkünfte, Gesamtbetrag der Einkünfte, Einkommen und zu versteuerndes Einkommen aus, soweit Rechtsnormen des EStG an diese Begriffe anknüpfen. Daher werden die betroffenen **Kapitaleinkünfte erst durch § 2 Abs. 5b aus dem einheitlichen Besteuerungssystem einer synthetischen Einkommensbesteuerung herausgelöst,** von den Einkünften aus anderen Einkunftsquellen getrennt und damit einer eigenständigen Schedulenbesteuerung zuführt (HHR/*Musil* § 2 Rn. 872; KSM/*Jochum* § 20 Rn. A 1; Kirchhof/*Kirchhof* § 2 Rn. 110; *Rockoff* Beeinflussung der Investitionsentscheidung durch die Abgeltungsteuer (2014), 36; *Englisch* StuW 2007, 221 (222); *Eckhoff* FS Steiner (2009), 118 (130)). Da eine zwingende Veranlagung in diesen Fällen nicht gesetzlich vorgesehen ist (→ Rn. 137), ist es folgerichtig, Kapitaleinkünfte iSd §§ 32d Abs. 1, 43 Abs. 5 auch bei der Berechnung der Einkommensschwelle gemäß **§ 56 EStDV,** bei deren Erreichen eine Pflicht zur Abgabe einer Jahressteuererklärung besteht, unberücksichtigt zu lassen. **147**

147.1 Als Rückausnahme von § 2 Abs. 5b kann der Steuerpflichtige gemäß § 32d Abs. 6 eine Veranlagung beantragen. Damit werden die nach § 20 ermittelten Kapitaleinkünfte den Einkünften iSd § 2 hinzugerechnet und der tariflichen Einkommensteuer unterworfen, wenn dies zu einer niedrigeren Einkommensteuer einschließlich Zuschlagsteuern führt (sog. Günstigerprüfung, → § 32d Rn. 266 ff.). In diesem Fall findet § 32d Abs. 1 nach dem Wortlaut von § 32d Abs. 6 keine Anwendung, sodass zugleich eine Anwendungsvoraussetzung des § 2 Abs. 5b fehlt.

147.2 **Strittig** ist, ob für die Anwendung von § 2 Abs. 5b die **Voraussetzungen von § 32d Abs. 1 bzw. § 43 Abs. 5 kumulativ oder alternativ erfüllt sein müssen.** Die Gesetzesbegründung scheint dabei durch die Verknüpfung beider Regelungen mit „oder" auf ein alternatives Verständnis abzustellen (BT-Drs. 16/4841, 46). Auch einige Finanzgerichte gehen zutreffend von einem **alternativen Verständnis** aus (vertiefend: *Schmidt* DStR 2018, 1201 (1207 f.) mwN; offen lassend: BFH 12.8.2015 – I R 18/14, BStBl. II 2016, 201).

148 **§ 2 Abs. 6 S. 1** definiert die festzusetzende Einkommensteuer als die Summe der tarifliche Einkommensteuer iSd § 32a und der nach § 32d Abs. 3 und Abs. 4 erhobenen Steuer. In diesen Fällen kommt es ausnahmsweise zu einer Veranlagung dieser Einkünfte und Festsetzung eines darauf entfallenden Einkommensteuerbetrags, allerdings unter Besteuerung dem gesonderten Steuertarif (→ § 32d Rn. 246 ff. und → § 32d Rn. 255 ff.).

149 Gemäß **§ 2a Abs. 1 S. 1 Nr. 5** beschränkt die Verrechnung negativer Einkünfte aus der Beteiligung an einem Handelsgewerbe als stiller Gesellschafter und aus partiarischen Darlehen iSd § 20 Abs. 1 Nr. 4 (→ Rn. 765 ff.) auf den Ausgleich mit positiven Einkünften der jeweils selben Art und aus demselben Staat beschränkt. Dies begrenzt die Verlustverrechnung nach § 10d, wenn der Schuldner Wohnsitz, Sitz oder Geschäftsleitung in einem Drittstaat hat. Die für stille Gesellschaften bestehenden allgemeinen Verlustverrechnungsbeschränkungen nach § 20 Abs. 1 Nr. 4 S. 2 iVm §§ 15 Abs. 4 S. 6 bis S. 8 und § 15a gehen § 2a bei telelogischer Auslegung vor, sofern sie eine umfangreichere Beschränkung der Verlustverrechnung als § 2a ermöglichen (Kirchhof/*Gosch* § 2a Rn. 9).

150 **§ 3 Nr. 40** stellt Beteiligungserträge unter weiteren Voraussetzungen zu 40% steuerfrei, sofern sie in einem Betriebsvermögen erzielt werden (sog. **Teileinkünfteverfahren** → Rn. 256 f.). Für die Steuerbefreiung gemäß § 3 Nr. 40 S. 1 **Buchst. a** folgt die Anwendung auf Kapitalanlagen im Betriebsvermögen unmittelbar aus Buchst. a S. 1 aE, der Einnahmen iSd § 20 Abs. 1 Nr. 1 und Nr. 9 nur insoweit als steuerfrei behandelt, als sie zu den Einkünften aus Land- und Forstwirtschaft, aus Gewerbebetrieb oder aus selbständiger Arbeit gehören (→ Rn. 1405 ff.). Die Steuerbefreiungen gemäß § 3 Nr. 40 S. 1 **Buchst. b, Buchst. c und Buchst. i** finden bereits tatbestandlich keine Anwendung (zum Verhältnis der § 17 zu § 20 → Rn. 10 ff.). Die Steuerbefreiungen gemäß § 3 Nr. 40 S. 1 **Buchst. d bis Buchst. h** finden auf Kapitaleinkünfte im Privatvermögen ebenfalls keine Anwendung, da diese gemäß **§ 3 Nr. 40 S. 2** nur in Verbindung mit § 20 Abs. 8 gelten (dazu iE → Rn. 1405 ff.). Zur beschränkten Abzugsfähigkeit von Erwerbsaufwendungen durch § 3c Abs. 2 → Rn. 14 und → Rn. 29.

150.1 Der Steuerabzug vom Kapitalertrag ist gemäß § 43 Abs. 1 S. 3 ungeachtet des § 3 Nr. 40 vorzunehmen. Der Schuldner der Kapitalerträge kann daher die möglicherweise weitgehende Steuerfreiheit der Kapitalerträge beim Gläubiger weder dem Grunde noch der Höhe nach bei dem vom ihn vorzunehmenden Steuerabzug berücksichtigen.

151 Gemäß **§ 3 Nr. 41** sind Gewinnausschüttungen aus einer Beteiligung an einer ausländischen Gesellschaft (**Buchst. a**) sowie aus der Veräußerung eines Anteils an einer ausländischen Kapitalgesellschaft, aus deren Auflösung oder der Herabsetzung ihres Kapitals (**Buchst. b**) **in voller Höhe steuerfrei,** soweit Hinzurechnungsbeträge gemäß § 10 Abs. 2 AStG iVm § 20 Abs. 1 Nr. 1 EStG der deutschen Einkommensteuer unterlagen. Die Regelung steht in Verbindung mit der sog. Hinzurechnungsbesteuerung gemäß §§ 7 bis 14 AStG, die durch eine Ausschüttungsfiktion die Besteuerung von Kapitalerträgen in Deutschland gewährleisten sollen (zum Verhältnis von § 15 AStG zu § 20: BFH 2.2.1994 – I R 66/92, BStBl. II 1994, 727; zum Verhältnis von § 11 AStG zu § 20 Abs. 1 Nr. 1 und Nr. 2: BFH 19.5.1998 – I R 86/97, BStBl. II 1998, 715). Sie **vermeidet Doppelbesteuerungen,** wenn derselbe Kapitalertrag einmal über die Hinzurechnungsbesteuerung gemäß § 10 Abs. 2 AStG iVm § 20 Abs. 1 Nr. 1 EStG (bei Körperschaften: iVm § 8 Abs. 1 KStG) und ein weiteres Mal im Zeitpunkt seines tatsächlichen Zuflusses zum Gesellschafter der deutschen Einkommensteuer

unterfiele, indem sie einen nach der Hinzurechnung erfolgenden Zufluss steuerbefreit (BT-Drs. 14/6882, 31). § 3 Nr. 41 gilt unabhängig davon, ob die Kapitalanlage in einem Privat- oder Betriebsvermögen gehalten wird, sowie nach hM über die Verweisung des § 8 Abs. 1 KStG auch für juristische Personen. Sie geht der Anwendung des gesonderten Steuertarifs gemäß § 32d vor, der schon systematisch nur auf steuerpflichtige Kapitaleinkünfte anwendbar ist (Blümich/*Erhard* § 3 Nr. 41 Rn. 1 f.; HHR/*Intemann* § 3 Nr. 41 Rn. 3 f.)

§ 3c Abs. 2 lässt den Abzug von Betriebsvermögensminderungen, Betriebsausgaben, Veräußerungskosten oder Werbungskosten, die im Rahmen des sog. **Teileinkünfteverfahrens** in wirtschaftlichem Zusammenhang mit zu 40% steuerfreien Betriebseinnahmen iSd § 3 Nr. 40 (→ Rn. 14 und → Rn. 33) stehen, nur zu 60% zu. Der Anwendungsbereich entspricht dem des § 3 Nr. 40 (→ Rn. 150). **152**

§ 6e regelt die Behandlung von Fondsetablierungskosten als Anschaffungskosten und gilt gemäß § 9 Abs. 5 S. 2 auch für die Überschusseinkünfte. Die Regelung wurde mit „JStG 2019" v. 12.12.2019 (BGBl. 2019 I 2451) mWv 18.12.2019 eingeführt, ist nach § 52 Abs. 14a EStG aber „auch in Wirtschaftsjahren anzuwenden, die vor dem 18.12.2019 enden", um die bisherige Auffassung von Rechtsprechung und Verwaltung auch rückwirkend festzuschreiben. **152a**

Gemäß **§ 6b Abs. 10** können natürliche Personen unter weiteren Voraussetzungen Gewinne aus der Veräußerung von Anteilen an Kapitalgesellschaften bis zu einem Betrag von 500.000 EUR auf die im Wirtschaftsjahr der Veräußerung oder in den folgenden zwei Wirtschaftsjahren angeschafften Anteile an Kapitalgesellschaften übertragen. Dies erlaubt die Übertragung stiller Reserven, bezweckt die Förderung des Mittelstands und will Benachteiligungen von Personenunternehmen gegenüber Körperschaften begegnen, die sich bei Umstrukturierung aus einer Steuerbelastung der Kapitalgesellschaften iHv lediglich 5% (§ 8b Abs. 3 S. 1, Abs. 5 KStG) ergeben (vgl. Blümich/*Schlenker* § 6b Rn. 291). **153**

§§ 9, 9a werden im Rahmen der Abgeltungsteuer gemäß § 2 Abs. 2 S. 2 durch die speziellere Vorschrift des § 20 Abs. 9 verdrängt (→ Rn. 145, → Rn. 1279 und → Rn. 1472). **154**

§ 10d wird als allgemeine Regelung zum Verlustabzug durch die abschließende Regelung des § 20 Abs. 6 als lex specialis verdrängt und ist nur bezüglich der Teilregelungen anzuwenden, auf die § 20 Abs. 6 ausdrücklich verweist (→ Rn. 1388 ff.). **155**

Gemäß **§ 11** richtet sich die zeitliche Zuordnung von Einnahmen aus Kapitalvermögen und der damit zusammenhängenden Ausgaben nach dem Zeitpunkt ihres Zuflusses bzw. Abflusses (→ Rn. 127; zu den Ausnahmen → Rn. 127.1). **156**

Zum Verhältnis zu **§ 17** → Rn. 10. Führt die Auflösung oder Kapitalherabsetzung einer Kapitalgesellschaft bei qualifizierter Beteiligung bereits nach § 20 Abs. 1 Nr. 1 oder Nr. 2 zu Einnahmen aus Kapitalvermögen, so tritt die Besteuerung nach § 17 Abs. 4 S. 1 gemäß § 17 Abs. 4 S. 3 zurück (*Früchtl/Proksch*a BB 2007, 2147 (2148): „steuergesetzliches Scharnier"). **157**

Zur Anwendung von **§ 18 Abs. 1 Nr. 4** bei Venture-Capital-Fonds sowie Private-Equity-Fonds → Rn. 430. **158**

§ 22 Abs. 1 S. 3 Buchst. a Doppelbuchst. bb erfasst die Besteuerung von Leibrenten und anderen rentierlichen Leistungen, die lex specialis zu § 20 Abs. 1 Nr. 6 ist (→ Rn. 920). Eine sog. **Dividendengarantie** führt nicht zu rentierlichen Bezügen iSd § 22, sondern ist bei Zufluss gemäß § 20 Abs. 1 Nr. 1 zu versteuern (Bordewin/Brandt/*Geurts* § 20 Rn. 125). **§ 22 Abs. 1 S. 2** tritt für die **Steuerbarkeit von Destinatärsleistungen aus Stiftungen** wegen der in § 22 Abs. 1 S. 1 angeordneten Subsidiarität ab Inkrafttreten des § 20 Abs. 1 Nr. 9 zum Veranlagungszeitraum 2002 hinter § 20 Abs. 1 Nr. 9 zurück (→ Rn. 99). **159**

§ 22 Nr. 5 EStG iVm § 55 EStDV regelt die Steuerbarkeit von Leistungen aus Altersvorsorgeverträgen, Pensionsfonds, Pensionskassen und Direktversicherungen abschließend und ist deshalb lex specialis zu § 20 Abs. 1 Nr. 6 (→ Rn. 850 ff.) und Abs. 1 Nr. 7 (vgl. FG Berlin-Brandenburg 13.6.2019 – 9 K 9119/17, BeckRS 2019, 16703) sowie zum Investmentsteuergesetz (§ 2 Abs. 1 InvStG), sodass insbesondere in der Ansparphase kein steuerbarer Zufluss stattfindet (BT-Drs. 16/2712, 50). **160**

Für Einkünfte aus Kapitalvermögen, die nicht einer anderen Einkunftsart zugerechnet werden, gilt gemäß **§ 32d Abs. 1** grundsätzlich der gesonderte Steuertarif iHv 25% (zur Bedeutung als Zentralnorm der Abgeltungsteuer → Rn. 5 f. und → Rn. 253 ff.). **161**

Die Möglichkeit der Anrechnung ausländischer Einkommensteuer gemäß **§ 34c Abs. 1 S. 1** gilt gemäß § 34c Abs. 1 S. 1 Hs. 2 ausdrücklich nicht für die Einkommensteuer auf **162**

Einkünfte aus Kapitalvermögen, auf die § 32d Abs. 1 und Abs. 3 bis Abs. 6 anzuwenden sind. Da das Wahlrecht auf Freistellung ausländischer Kapitalerträge bei der Ermittlung der Einkünfte gemäß **§ 34c Abs. 2** stets voraussetzt, dass die Voraussetzungen von Abs. 1 („statt der Anrechnung") vorliegen, ist die Anwendung des § 34c Abs. 2 ebenfalls ausgeschlossen. Stattdessen sehen die § 32d Abs. 5, Abs. 6 S. 2 als leges speciales eigenständige unilaterale Regelungen zur Vermeidung einer Doppelbesteuerung durch Anrechnung ausländischer Quellensteuer auf die deutsche Einkommensteuer iHv maximal 25% vor.

162.1 Soweit die Kapitaleinkünfte ausnahmsweise § 32d Abs. 2 unterfallen und die allgemeinen Vorschriften gemäß § 34c anzuwenden sind, richtet sich die Bestimmung der ausländischen Einkünfte nach § 34d Nr. 4 Buchst. b (Veräußerung von Beteiligungen → § 34d Rn. 37) und § 34d Nr. 6 (sonstige Einkünfte aus Kapitalvermögen → § 34d Rn. 41).

163 **§ 36a** wurde durch InvStRefG v. 27.7.2016 (→ Rn. 77) eingeführt und knüpft die vollständige Anrechenbarkeit der nach § 43 Abs. 1 Nr. 1a einbehaltenen Kapitalertragsteuer auf die Einkommensteuer für Beteiligungserträge aus Aktien und Genussscheinen iSd § 20 Abs. 1 Nr. 1 an eine **Mindesthaltedauer von 45 Tagen,** wenn diese in Sammelverwahrung iSd § 5 DepotG oder Sonderverwahrung iSd § 2 S. 1 DepotG verwahrt werden oder wenn die Auszahlung bzw. Gutschrift der Erträge gegen Aushändigung der Dividendenscheine oder sonstigen Erträgnisscheine erfolgt. Sind diese Voraussetzungen nicht erfüllt, so wird die Kapitalertragsteuer nach § 36a Abs. 1 S. 2 nur zu 40% angerechnet. Die Regelung dient der Vermeidung missbräuchlicher Cum-Cum-Gestaltungen (BT-Drs. 18/8739, 2, 88 und 112 ff.), bei denen inländische Aktien zur Vermeidung einer Definitivbelastung mit Kapitalertragsteuer – insbesondere durch Steuerausländer – unmittelbar vor dem Dividendenstichtag, durch sog. Cum-Cum-Transaktionen mit Dividendenanspruch auf einen anrechnungsberechtigten Steuerinländer übertragen werden (BMF 17.7.2017, BStBl. I 2017, 986 Rn. 1 f. und 13 ff.). Die Regelung findet aufgrund ihres Zusammenhangs mit der Anrechnung der Kapitalertrag- auf die Einkommensteuer nur insoweit Anwendung, als der Kapitalertragsteuereinbehalt nach § 43 Abs. 5 S. 1 keine abgeltende Wirkung hat (→ Rn. 147.2 und → Rn. 164) und ist nach § 52 Abs. 35 EStG idF InvStRefG v. 27.7.2016 erstmals anzuwenden auf Kapitalerträge, die ab dem 1.1.2016 zufließen.

164 Die **§§ 43 ff.** statuieren ein besonderes Erhebungsverfahren für die Besteuerung von Kapitalerträgen. Nach § 43 Abs. 1 wird die Einkommensteuer auf die meisten steuerbaren Kapitaleinkünfte iSd § 20 durch Abzug vom Kapitalertrag erhoben (**Kapitalertragsteuer**), der direkt an der jeweiligen Einkunftsquelle vorgenommen wird (**Quellensteuer**). Besondere Bedeutung kommt **§ 43 Abs. 5 S. 1 Hs. 1** zu. Danach ist die Einkommensteuer für private Kapitalerträge, soweit sie der Kapitalertragsteuer unterlegen haben, mit dem Steuerabzug abgegolten. Diese **Abgeltungswirkung** stellt eine Kernregelung der Besteuerung privater Kapitalerträge dar und ist namensgebend für das System der Abgeltungsteuer (→ Rn. 5).

165 Nach **§ 43b Abs. 1** wird die Kapitalertragsteuer für Kapitalerträge iSd § 20 Abs. 1 Nr. 1, die einer ausländischen Muttergesellschaft iSd § 43 Abs. 2 aus einer Mindestbeteiligung iHv 10% an ihrer Tochtergesellschaft zufließen, auf Antrag nicht erhoben. Bereits aus dem Wortlaut des § 43 Abs. 2 wird deutlich, dass die Vorschrift der Umsetzung der **Richtlinie 2011/96/EU des Rates vom 30.11.2011 über das gemeinsame Steuersystem der Mutter- und Tochtergesellschaften verschiedener Mitgliedstaaten (sog. Mutter-Tochter-Richtlinie)** dient. Der Verzicht auf die Erhebung einer Quellensteuer auf Kapitalerträge innerhalb eines Konzerns dient der Vermeidung von Doppelbesteuerungen der Muttergesellschaften, der Schaffung wettbewerbsneutraler Regelungen für grenzüberschreitende Unternehmenszusammenschlüsse und damit der Stärkung des Binnenmarktes (Erwägungsgründe 3 bis 5 der vorgenannten Richtlinie, ABL. 2011 L 345, 8).

166 In die Berechnung der Nebeneinkünfte, die nach **§ 46 Abs. 2 Nr. 1** eine obligatorische Veranlagung von Steuerpflichtigen mit Einkünften aus nichtselbständiger Arbeit von mehr als 410 EUR pro Jahr auslöst, sind Kapitaleinkünfte aufgrund der ausdrücklichen Ausnahme der Kapitaleinkünfte, die dem gesonderten Steuertarif unterfallen und dem abgeltenden Kapitalertragsteuereinbehalt unterfallen, in § 2 Abs. 5b (→ Rn. 147) nicht einzubeziehen.

167 **§ 49 Abs. 1 Nr. 5, Abs. 2 iVm § 1 Abs. 4** begründet eine **beschränkte Steuerpflicht auf inländische Kapitaleinkünfte** (→ Rn. 93 und → Rn. 102).

Gemäß **§ 50 Abs. 2 S. 1** ist die Einkommensteuer von beschränkt Steuerpflichtigen auf inländische Kapitalerträge, die dem Steuerabzug vom Kapitalertrag unterliegen, durch den Steuerabzug **abgegolten.** Ausweislich ihres Regelungszusammenhangs ist die Vorschrift lex specialis zu § 43 Abs. 5, sodass die Abgeltungswirkung der erhobenen Kapitalertragsteuer gemäß § 50 Abs. 2 S. 1 auch in den Fällen eintreten kann, in denen die Abgeltungswirkung nicht bereits nach § 43 Abs. 5 S. 1 Hs. 2, S. 2 und S. 3 eintritt (dazu → Rn. 147.2). **168**

§ 50a ordnet die **Unanwendbarkeit einer gesonderten Quellensteuer** auf private inländische Kapitaleinkünfte an, da die Quellensteuererhebung bereits im Kapitalertragsteuerverfahren erfolgt und die deutsche Besteuerung damit gesichert ist. **169**

§ 50d Abs. 1 S. 1 ordnet für Kapitaleinkünfte, die nach §§ 43b, 50g oder nach einem Doppelbesteuerungsabkommen nicht oder nur mit einem niedrigeren Steuersatz besteuert werden, die Anwendung der Vorschriften über die Einbehaltung, Abführung und Anmeldung der Steuer ungeachtet der §§ 43b und 50g sowie des Doppelbesteuerungsabkommens an. Dies hat insbesondere zur Folge, dass das Quellensteuerverfahren nach allgemeinen Grundsätzen, dh zunächst unter Einbehaltung einer Quellensteuer iHv 25% durchgeführt wird. Sofern dem Gläubiger der Kapitalerträge hieraus ein Erstattungsanspruch erwächst, bleibt dieser gemäß § 50d Abs. 1 S. 3, Abs. 1a unberührt und wird verzinst. Nach § 50d Abs. 2 bis Abs. 9 besteht zudem die Möglichkeit für den Schuldner der Kapitalerträge, auf Antrag vollständig oder teilweise von der Pflicht zum Einbehalt von Quellensteuer befreit zu werden. **170**

§ 50g Abs. 1 lässt zu, dass eine Kapitalertragsteuer auf Zinsen und Lizenzgebühren unter eng umgrenzten Voraussetzungen nicht erhoben wird und dass derartige Einkünfte im Fall der Veranlagung bei der Ermittlung der Einkünfte nicht erfasst werden. Der deutsche Gesetzgeber setzte mit der Einführung der Steuerbefreiungsvorschrift für bestimmte Zinseinkünfte (Blümich/*Wagner* § 50g Rn. 2 f. und 8) durch EG-Amtshilfe-Anpassungsgesetz v. 2.12.2004 (BGBl. 2004 I 3112) die **Richtlinie 2003/49/EG des Rates v. 3.6.2003 über eine gemeinsame Steuerregelung für Zahlungen von Zinsen und Lizenzgebühren zwischen verbundenen Unternehmen verschiedener Mitgliedstaaten (sog. Zins- und Lizenzrichtlinie,** Abl. 2003 L 157, 49) um. Danach wird von einer Besteuerung von Zinsen und Lizenzgebühren abgesehen, wenn die jeweilige Zahlung von einem Unternehmen mit Sitz oder Betriebsstätte in Deutschland an ein verbundenes Unternehmen mit Sitz in einem EU-Mitgliedstaat oder eine in der EU gelegenen Betriebsstätte eines in der EU ansässigen Unternehmens erfolgt. Wenngleich die in § 50g Abs. 3 Nr. 4 Buchst. a benutzte Definition des Begriffs „Zinsen" von der durch Art. 2 Buchst. a RL 2003/49/EG vorgegebenen Definition abweicht, bleibt ihre Reichweite wegen des besonderen europarechtlichen Kontextes der Regelung auf den Anwendungsbereich des § 50g beschränkt und **strahlt nicht auf § 20 aus.** **171**

§ 51a Abs. 2b, Abs. 2c, Abs. 3 regeln die Erhebung der auf den Steuerabzug entfallenden Kirchensteuer. Dies gilt über die Verweisung des **§ 1 Abs. 1 bis Abs. 3 SolzG 1995** für die Erhebung des darauf entfallenden Solidaritätszuschlags entsprechend. **172**

Einstweilen frei **173–177**

b) Vorschriften des KStG. § 8 Abs. 10 KStG wurde durch JStG 2009 (→ Rn. 73) eingeführt und enthält Sonderregelungen für die **Einkünfteermittlung einer Körperschaft im Zusammenhang mit Kapitaleinkünften,** deren Notwendigkeit sich aus der Verweisungstechnik des § 8 Abs. 1, Abs. 2 KStG erklärt. Während § 8 Abs. 2 KStG anordnet, dass bei unbeschränkt steuerpflichtigen Körperschaften iSd § 1 Abs. 1 Nr. 1 bis 3 KStG Einkünfte generell als Einkünfte aus Gewerbebetrieb zu behandeln sind, können Körperschaftsteuersubjekte iSd § 1 Abs. 1 Nr. 4 bis Nr. 6 KStG auch Einkünfte anderer Einkunftsarten erzielen. Würde eine derartige juristische Person originäre Kapitaleinkünfte iSd § 2 Abs. 1 S. 1 Nr. 5, Abs. 1 S. 2 iVm § 20 erzielen, die nicht gemäß § 20 Abs. 8 EStG iVm § 8 Abs. 2 KStG einer anderen Einkunftsart zugerechnet werden werden (→ Rn. 94), so wären die Kapitalerträge über die Verweisung des § 8 Abs. 1 KStG auf § 2 Abs. 5b nicht in das zu versteuernde Einkommen der juristischen Person einzubeziehen. Weil zugleich mit § 23 iVm § 31 KStG eine körperschaftsteuerliche Tarifvorschrift besteht, die im Vergleich zu § 32d spezieller ist (→ § 32d Rn. 27), unterlägen derartige Kapitaleinkünfte ohne § 8 Abs. 10 KStG weder der Besteuerung durch das KStG noch der Besteuerung mit dem gesonderten **178**

Steuertarif und blieben effektiv unbesteuert (dazu Gosch KStG/*Roser* KStG § 8 Rn. 1516). Um dies zu vermeiden, regelt **§ 8 Abs. 10 S. 1 KStG konstitutiv (aA** BT-Drs. 16/11108, 27), dass bei der Ermittlung des körperschaftsteuerlichen Einkommens auch die Einkünfte aus Kapitalvermögen einzubeziehen sind.

179 Zudem hätte die beschriebene Verweisungstechnik zur Folge, dass eine juristische Person iSd § 1 Abs. 1 Nr. 4 bis Nr. 6 KStG auch dann an die Verlustverrechungsbeschränkungen aus § 20 Abs. 6 und das Abzugsverbot für Werbungskosten aus § 20 Abs. 9 gebunden wäre, wenn die – als Tarifvorschrift grundsätzlich nur auf natürliche Personen anzuwendende – Regelung des § 32d Abs. 2 (→ § 32d Rn. 25) die Anwendung der vorgenannten Beschränkungen ausschließt und damit sowohl eine Verlustverrechnung als auch den Werbungskostenabzug nach allgemeinen Regelungen zulässt. **§ 8 Abs. 10 S. 2 KStG** ordnet daher die entsprechende Anwendung der § 32d Abs. 2 S. 1 Nr. 1 S. 1 und Nr. 3 S. 1 sowie Abs. 2 S. 3 bis S. 6 an, sodass die Beschränkungen nach § 20 Abs. 6 und Abs. 9 nicht anzuwenden und sowohl eine Verlustverrechnung als auch der Abzug tatsächlicher Werbungskosten möglich sind (BT-Drs. 16/11108, 27).

180 **§ 8b KStG** ist lex specialis zu § 3 Nr. 40 (→ Rn. 150; Blümich/*Erhard* § 3 Nr. 40 Rn. 9) und erklärt Gewinnausschüttungen innerhalb körperschaftlicher Beteiligungsstrukturen auch nach der Abschaffung des Anrechnungsverfahrens und dem Übergang zum Halbeinkünfteverfahren zum 1.1.2001 (→ Rn. 28 ff.) als grundsätzlich steuerfrei. Die Behandlung iHv 5% als nicht abzugsfähige Betriebsausgaben, die zu einer außerbilanziellen Hinzurechnung führt, bewirkt im Ergebnis eine Steuerbefreiung iHv 95%, um körperschaftsteuerliche Mehrfachbelastungen bei Ausschüttungskaskaden zu vermeiden (→ Rn. 17 f.). Die Kapitalertragsteuerpflicht der Quellenkörperschaft auf diese Beteiligungserträge bleibt jedoch unberührt, da der Steuerabzug vom Kapitalertrag gemäß § 43 Abs. 1 S. 3 ungeachtet des § 8b KStG vorzunehmen ist, weil der Schuldner die Voraussetzungen des § 8b weder dem Grunde noch der Höhe nach prüfen und berücksichtigen kann.

181 Gemäß **§ 32 Abs. 2 KStG** entfaltet der ohne Berücksichtigung einer weitgehenden Steuerbefreitung durch § 8b KStG erfolgte Steuerabzug **grundsätzlich keine abgeltende Wirkung;** hat der Abzug ausnahmsweise doch abgeltende Wirkung, so wird die einbehaltene und abgeführte Kapitalertragsteuer der Gläubiger-Körperschaft gemäß **§ 32 Abs. 5 S. 1 KStG** auf Antrag erstattet. Nur wenn der Gläubiger des Kapitalertrags eine in § 5 Abs. 1 KStG aufgeführte, von der Körperschaftsteuer befreite Körperschaft, Personenvereinigung oder Vermögensmassen bzw. ein in Deutschland nur beschränkt körperschaftsteuerpflichtiges Steuersubjekt ist, kommt dem Abzug der Kapitalertragsteuer gemäß **§ 32 Abs. 1 KStG ausnahmsweise abgeltende Wirkung** zu.

182–186 *Einstweilen frei*

187 **c) Spezialgesetzliche Vorschriften für besondere Kapitalmaßnahmen.** Das Umwandlungssteuergesetz (UmwStG) und das Gesetz über steuerrechtliche Maßnahmen bei Erhöhung des Nennkapitals aus Gesellschaftsmitteln (KapErhStG) treffen spezialgesetzliche Regelungen für die ertragsteuerliche Behandlung besonderer Kapitalmaßnahmen.

188 **aa) Vorschriften des UmwStG.** Das UmwStG idF SEStEG v. 7.12.2006 (BGBl. 2006 I 2782 und 2791) regelt die steuerlichen Folgen von Umwandlungen (§§ 3 bis 19 UmwStG) und Einbringungen (§§ 20 bis 25 UmwStG) für die Körperschaft-, Einkommen- und Gewerbesteuer (BMF 11.11.2011, BStBl. I 2011, 1314 Rn. 1.01). Liegen die Voraussetzungen des UmwStG vor, so verdrängt es grundsätzlich andere ertragsteuerliche Regelungen (HMB/*Haritz* UmwStG § 1 Rn. 101). Die va relevanten Vorschriften der **§§ 13, 15 und 21 UmwStG gelten dabei nur für Anteilseigner,** deren Anteile sich in einem **Betriebsvermögen** befinden, bei denen eine **qualifizierte Beteiligung im Privatvermögen** iSd § 17 besteht oder bei **einbringungsgeborenen Anteile iSd § 21 Abs. 1 UmwStG.** Für die übrigen im Privatvermögen gehaltenen Gesellschaftsanteile gilt **§ 20 Abs. 4a** (→ Rn. 1336; BMF 11.11.2011, BStBl. I 2011, 1314 Rn. 13.01; Lademann EStG/*Jachmann-Michel/Lindenberg* § 20 Rn. 796 f.; BHS/*Höhn* UmwStG § 13 Rn. 9 und 11; SHS/*Schmitt* UmwStG § 13 Rn. 1).

189 **§ 13 UmwStG** regelt die steuerliche Behandlung der **Verschmelzung** oder **Vermögensvollübertragung** auf eine andere Körperschaft für den Gesellschafter der übertragenden Gesellschaft, der zugleich Gesellschafter der übernehmenden Gesellschaft wird. **§ 15 Abs. 1**

UmwStG ordnet die entsprechende Geltung von § 13 UmwStG an, wenn das Vermögen einer Körperschaft durch **Aufspaltung** oder **Abspaltung** oder durch Teilübertragung auf andere Körperschaften übergeht. Der Anwendungsbereich entspricht dem des § 13 UmwStG (BMF 3.1.2014, BStBl. I 2014, 58 (bis 17.1.2016), aufgehoben durch BMF 18.1.2016, BStBl. I 2016, 85 Rn. 325).

§ 20 Abs. 4a sieht Rechtsfolgen für Umwandlungsvorgänge für Kapitalanlagen im Pivatvermögen vor, die mit der für Betriebsvermögen geltenden Regelung des § 15 UmwStG vergleichbar sind. Dies ergibt sich bei **Aufspaltungen** gemäß § 20 Abs. 4a S. 1 und S. 2 (dazu bereits nach alter Rechtslage vor dem Veranlagungszeitraum 2013: BMF 11.11.2011, BStBl. I 2011, 1314 Rn. 15.12) und bei **Abspaltungen** gemäß § 20 Abs. 4a S. 7 iVm § 20 Abs. 4a S. 1 und S. 2 (→ Rn. 75), sodass ertragsneutrale Abspaltungen möglich sind, ohne dass hierfür – wie bei §§ 13 und 15 UmwStG – ein Antragserfordernis für die Fortführung der Anschaffungskosten bestünde (BT-Drs. 17/10000, 54). **189.1**

§ 21 UmwStG betrifft die Bewertung von Anteilen an einer Kapitalgesellschaft oder Genossenschaft in eine Kapitalgesellschaft oder Genossenschaft (übernehmende Gesellschaft) gegen Gewährung neuer Anteile an der übernehmenden Gesellschaft (**Anteilstausch**). **190**

Für private Beteiligungen ist § 21 UmwStG nicht anwendbar (→ Rn. 188), sodass § 20 Abs. 4a S. 1 und S. 2 anzuwenden ist (BMF 11.11.2011, BStBl. I 2011, 1314 Rn. 21.02; SHS/*Schmitt* UmwStG § 21 Rn. 1; HHR/*Buge* § 20 Rn. 580). **190.1**

Umgekehrt enthalten die **§§ 7 und 12 UmwStG** iVm § 20 Abs. 1 Nr. 1 EStG spezialgesetzliche Regelungen zur Erweiterung des Kreises steuerbarer Kapitaleinkünfte iSd § 20 Abs. 1 Nr. 1. Bei der weiteren steuerlichen Behandlung dieser fingierten Einnahmen kommen sodann die allgemeinen Regelungen des § 20 Abs. 4 bis Abs. 9 zur Anwendung, sofern die Einnahmen nicht gemäß § 8 Abs. 2 KStG oder § 20 Abs. 8 zu Einkünften aus einer anderen Einkunftsart umzuqualifzieren sind (vgl. BMF 11.11.2011, BStBl. I 2011, 1314 Rn. 2.20 und 7.07). **191**

§ 4 UmwStG regelt grundsätzlich die Ermittlung des Übernahmegewinns im Zusammenhang mit der Verschmelzung einer Körperschaft auf eine Personengesellschaft oder auf eine natürliche Person sowie der Umwandlung einer Körperschaft in eine Personengesellschaft auf der Grundlage einer Einlagefiktion, wenn die Anteile zu einem inländischen Betriebsvermögen gehören, es sich um einbringungsgeborene Anteile handelt oder die Anteile eine qalifizierte Beteiligung begründen. Im Übrigen greift allerdings die Ausschüttungsfiktion des **§ 7 UmwStG** (BT-Drs. 16/2710, 38), die gemäß **§ 9 UmwStG** entsprechend gilt, wenn das Vermögen der übertragenden Körperschaft in ein Betriebsvermögen oder Privatvermögen einer natürlichen Person übergeht. § 7 S. 1 UmwStG rechnet dabei allen Anteilseignern, die am steuerlichen Übertragungsstichtag iSd § 2 Abs. 1 UmwStG an der übertragenden Körperschaft beteiligt sind und zugleich Gesellschafter der übernehmenden Personengesellschaft werden (BMF 11.11.2011, BStBl. I 2011, 1314 Rn. 2.20 und 7.02), das in der in der Steuerbilanz ausgewiesene Eigenkapital abzüglich des Bestands seines steuerlichen Einlagekontos iSd § 27 KStG (sog. **offene Rücklage**) anteilig als **fiktive Bezüge aus Kapitalvermögen iSd § 20 Abs. 1 Nr. 1** zu. Die betroffenen Anteilseigner werden dadurch so gestellt, als ob im Umwandlungszeitpunkt eine Vollausschüttung oder Liquidation der übertragenden Körperschaft eingetreten wäre (BHS/*Honebrink* UmwStG § 7 Rn. 2). Auf diese Weise wird ein deutsches Besteuerungsrecht an den offenen Rücklagen der übertragenden Kapitalgesellschaft sichergestellt (BT-Drs. 16/2710, 34 und 38). Als **fiktiver Zuflusszeitpunkt** gilt der Übertragungsstichtag (BMF 11.11.2011, BStBl. I 2011, 1314 Rn. 7.07). **192**

§ 12 Abs. 5 UmwStG fingiert ausnahmsweise den Zufluss der sog. offenen Rücklage als Einnahme der übernehmenden Körperschaft iSd 20 Abs. 1 Nr. 1, wenn deren Vermögen in den nicht steuerpflichtigen oder in den steuerbefreiten Bereich der übernehmenden Körperschaft übertragen wird und daher nicht nach § 12 Abs. 1 UmwStG iVm § 4 Abs. 1 UmwStG zu Buchwerten fortgeführt werden kann. Die fiktive Vollausschüttung offener Rücklagen bewirkt die Aufdeckung der vorhandenen stillen Reserven der übertragenden Körperschaft (BHS/*Honebrink* UmwStG § 12 Rn. 97) und stellt die deutsche Besteuerung aller stillen Reserven der übertragenden Körperschaft sicher. **193**

Einstweilen frei **194–198**

199 **bb) Vorschriften des KapErhStG.** Das Gesetz über steuerrechtliche Maßnahmen bei Erhöhung des Nennkapitals aus Gesellschaftsmitteln in der Fassung der Bekanntmachung (KapErhStG) v. 10.10.1967 (BGBl. 1967 I 977) ist **lex specialis zu § 20** (Lademann EStG/*Jachmann-Michel/Lindenberg* § 20 Rn. 52). Für Kapitalerhöhungen einer Kapitalgesellschaft iSd § 1 Abs. 1 Nr. 1 KStG durch Umwandlung von Rücklagen in Nennkapital sieht § 1 KapErhStG vor, dass der Wert der neuen Anteilsrechte bei den Anteilseignern nicht zu den Einkünften iSd § 2 Abs. 1 gehört. Der Erwerb der neuen Anteilsrechte unterliegt somit nicht den Steuern vom Einkommen und Ertrag (BT-Drs. 5/507, 3). Veräußert der Anteilseigner seine Anteile, so regelt § 3 KapErhStG den Ansatz der Anschaffungskosten der bereits vor der Erhöhung des Nennkapitals erworbenen und der auf sie entfallenen neuen Anteilsrechte, die bei der Ermittlung des Veräußerungsgewinns gemäß § 20 Abs. 4 zu berücksichtigen ist (zu den Voraussetzungen, insbesondere bei Kapitalerhöhungen ausländischer Gesellschaften: BFH 14.2.2006 – VIII R 49/03, BStBl. II 2006, 520).

200–201 *Einstweilen frei*

202 **d) Spezialgesetzliche Vorschriften für besondere Kapitalanlageformen.** Das Investmentsteuergesetz (InvStG) sowie das REIT-Gesetz (REITG) treffen spezialgesetzliche Regelungen für die ertragsteuerliche Behandlung besonderer Formen der Kapitalanlage in Investmentvermögen bzw. Real Estate Investment Trusts (REITS).

203 **aa) Vorschriften des InvStG 2004 (bis 31.12.2017).** Das Investmentsteuergesetz (InvStG 2004) in der bis zum 31.12.2017 geltenden Fassung wurde durch Investmentmodernisierungsgesetz v. 15.12.2003 (BGBl. 2003 I 2676) mWv 1.1.2004 eingeführt und stand in engem Zusammenhang mit dem zeitgleich eingeführten Investmentgesetz (InvG). Zum einen erfasste § 1 S. 1 Nr. 1 InvG inländische Investmentvermögen, soweit diese in Form von **Investmentfonds** iSd § 2 Abs. 1 InvG gebildet werden. Investmentfonds war die Sammelbezeichnung für sämtliche Formen von Sondervermögen nach dem InvG (BT-Drs. 15/1553, 74), die gemäß § 2 Abs. 2 InvG iVm § 6 Abs. 1 S. 2 InvG von einer **Kapitalanlagegesellschaft** in der Rechtsform einer **AG oder GmbH** verwaltet werden mussten. Zum anderen wurden inländische Investmentvermögen erfasst, soweit diese in Form von **Investmentaktiengesellschaften** iSd § 2 Abs. 5 InvG iVm § 96 Abs. 1 S. 1 InvG in der Rechtsform der AG gebildet wurden. Sonstige, insbesondere geschlossene Investmentfonds in der Rechtsform einer **Personengesellschaft** (idR GmbH & Co. KG bei Venture Capital Fonds und Private Equity Fonds, BMF 16.12.2003, BStBl. I 2004, 40 Rn. 2 und 18) fielen aufgrund ihrer Rechtsform nicht unter das InvStG 2004, sondern unterlagen den allgemeinen Besteuerungsregeln für Personengesellschaften (BT-Drs. 18/68 (neu), 33).

204 Die unmodifizierte Anwendung des § 20 auf derartige Investmentvermögen hätte wegen deren Rechtsform als Kapitalgesellschaft zwingend die Anwendung des Trennungsprinzips zwischen Gesellschaft und Gesellschafter zur Folge gehabt (→ Rn. 109). Fondserträge der Anleger wären dann erst im Zeitpunkt der Ausschüttung aus dem Investmentfonds besteuert worden, was gerade bei thesaurierenden Fonds als Problem erachtet wurde. Der Steuergesetzgeber entschied sich daher bewusst für Sonderregelungen für die Besteuerung von Investmentvermögen im InvStG 2004 (PDK/*Patzner/Kempf* Einleitung InvStG Rn. 8). In seinem Anwendungsbereich war das **InvStG 2004 lex specialis** zu abweichenden steuerrechtlichen Vorschriften im EStG, KStG und GewStG, die nur dann zur Anwendung kamen, soweit das InvStG 2004 ausdrücklich auf sie verwies (Blümich/*Wenzel* InvStG 2004 § 2 Rn. 1; so auch zur Vorgängerregelung des KAAG: BFH 24.11.2009 – VIII R 30/06, BStBl. II 2010, 647).

205 Telos des InvStG 2004 war eine spezielle Besteuerung von Investmentvermögen nach dem (leicht **modifizierten) Transparenzprinzip** mit dem Ziel der grundsätzlichen Gleichbehandlung von Anlegern in Investmentanteilen einerseits und Direktanlegern andererseits. Der Gesetzgeber erkannte die hierdurch bedingte Komplexität im Besteuerungsverfahren von Erträgen aus Investmentfonds, befürchtete bei Abschaffung des Transparenzprinzips – zB durch Streichung der Steuerfreiheit des Fonds – allerdings **fühlbare Wettbewerbsnachteile der deutschen Fondsindustrie** bei bestimmten Fondstypen, da eine Besteuerung nach dem Transparenzprinzip das international übliche Besteuerungsverfahren sei (BT-Drs. 15/1553, 120).

206 **Kernregelungen** der Transparenzbesteuerung waren die **§ 11 Abs. 1 S. 2 und S. 3 InvStG 2004,** wonach inländische Sondervermögen sowie die Investmentaktiengesellschaft

von der Körperschaft- und Gewerbesteuer befreit waren. Zudem gehören die auf Investmentanteile ausgeschütteten sowie die ausschüttungsgleichen Erträge und der Zwischengewinn **gem. § 2 Abs. 1 S. 1 InvStG 2004** (hierin nicht ohne Weiteres eine unangemessene Aufwendung zur Erzielung von Kapitaleinkünften iSd § 20 Abs. 7 iVm § 15b erkennend: BFH 28.6.2017 – VIII R 57/14, BStBl. II 2017, 1144) **zu den Einkünften aus Kapitalvermögen iSd § 20 Abs. 1 Nr. 1** und entsprechende **Veräußerungsgewinne gemäß § 8 Abs. 5 S. 1 zu den Kapitaleinkünften iSd § 20 Abs. 2 S. 1 Nr. 1,** wenn sie nicht Betriebseinnahmen des Anlegers waren oder für diesen Leistungen aus Altersvorsorgeverträgen, Pensionsfonds, Pensionskassen und Direktversicherungen iSd § 22 Nr. 5 darstellten (→ Rn. 160). Für den Fall der Einordnung von Investmenterträgen als Kapitaleinkünfte oder als Betriebseinnahmen sah § 2 Abs. 1 S. 2 InvStG 2004 zudem für sog. ausschüttungsgleiche Erträge eine Zuflussfiktion vor (Blümich/*Wenzel* InvStG 2004 § 2 Rn. 11). In ihrer Kombination bewirkten § 2 Abs. 1 S. 2 und § 11 InvStG 2004 im Grundsatz eine **semi-transparente Besteuerung von Investmentfonds.** Aufgrund der Qualifikation als Einkünfte iSd § 20 Abs. 1 Nr. 1 bzw. § 20 Abs. 2 S. 1 Nr. 1 waren **alle an die vorgenannten Regelungen anknüpfenden Regelungen des EStG,** etwa zur Verlustverrechnung nach § 20 Abs. 6, **anzuwenden** (vgl. HHR/*Buge* § 20 Rn. 612).

Durch Gesetz zur Umsetzung der Richtlinie 2011/61/EU über die Verwaltung alternativer Investmentfonds (AIFM-Umsetzungsgesetz – AIFM-UmsG) v. 4.7.2013 (BGBl. 2013 I 1981) mWv 22.7.2013 wurde das InvG aufgehoben und durch das Kapitalanlagegesetzbuch (KAGB) ersetzt. Im Bereich der offenen Fonds trat die offene Investmentkommanditgesellschaft (eine punktuelle modifizierte KG iSd §§ 161 ff. HGB) als weiteres Fondsvehikel hinzu. Hauptziel der Regelung war die Zulassung eines nach den geltenden Doppelbesteuerungsabkommen steuertransparenten Rechtsformvehikels. Damit wollte der Steuergesetzgeber die Rahmenbedingungen dafür schaffen, dass die Standortwahl beim sog. Pension Asset Pooling zugunsten Deutschlands ausfällt. Altersvorsorgevermögen von großen deutschen Konzernen sollte im Inland gehalten und ggf. auch entsprechendes Fondsvermögen von deren ausländischen Tochterunternehmen ins Inland geholt werden (BT-Drs. 17/12294, 190; BT-Drs. 18/68 (neu), 61). **207**

In der Folge passte der Gesetzgeber durch Gesetz zur Anpassung des Investmentsteuergesetzes und anderer Gesetze an das AIFM-Umsetzungsgesetz (AIFM-Steuer-Anpassungsgesetz – AIFM-StAnpG) v. 18.12.2013 (BGBl. 2013 I 4318) mWv 18.12.2013 das InvStG 2004 an die neue Rechtslage an: Für sog. Personen-Investitionsgesellschaften ordnete § 18 InvStG 2004 die Anwendung der für Personengesellschaften und deren Anleger geltenden Regelungen an (vgl. BT-Drs. 18/68 (neu), 64). Sonstige Investitionsgesellschaften waren gemäß § 19 Abs. 1 S. 1 InvStG 2004 nur als sog. Kapital-Investitionsgesellschaften möglich. Diese galten zwar gemäß § 19 Abs. 1 S. 2 InvStG 2004 grundsätzlich als Zweckvermögen iSd § 1 Abs. 1 Nr. 5 KStG sowie als sonstige juristische Personen des privaten Rechts iSd § 2 Abs. 3 GewStG, waren allerdings auch nach neuer Rechtslage gemäß § 11 Abs. 1 S. 2 InvStG 2004 von der Körperschaftsteuer und der Gewerbesteuer befreit. Die Einordnung der Erträge aus Investmentfonds als Kapitaleinkünfte des Anlegers in § 2 Abs. 1 S. 1 InvStG 2004 sowie die Zuflussfiktion für sog. ausschüttungsgleiche Erträge in § 2 Abs. 1 S. 2 InvStG 2004 wurden beibehalten und bewirkten im Grundsatz eine transparente Besteuerung der Investmentvermögen. **208**

bb) Vorschriften des InvStG (ab 1.1.2018). Das **InvStRefG v. 27.7.2016** (→ Rn. 77) ist weiterhin lex specialis zum EStG sowie KStG (Lademann EStG/*Jachmann-Michel/Lindenberg* § 20 Rn. 301), ändert die Besteuerung von Investmentvermögen zum 1.1.2018 (§ 56 Abs. 1 InvStG) jedoch grundlegend. Die zuvor geltende semi-transparente Besteuerung wird durch ein „einfaches, leicht administrierbares und gestaltungssicheres **intransparentes Besteuerungssystem für Investmentfonds** unter Verankerung des **Trennungsprinzips"** ersetzt (BT-Drs. 18/8045, 54 f.). Nur für sog. Spezial-Investmentfonds mit maximal 100 und zudem institutionell tätigen Anlegern besteht eine sog. **Transparenzoption** mit der Folge, dass ein Spezial-Investmentfonds entsprechend der früheren Rechtslage als transparent behandelt werden kann. Die Besteuerung der Fondserträge auf Anlegerebene erfolgt durch die ebenfalls mWv 1.1.2018 eingeführten **§ 20 Abs. 1 Nr. 3** als allgemeine Regelung für Erträge aus Investmentfonds (→ Rn. 742 ff.) sowie **§ 20 Abs. 1 Nr. 3a** für Erträge aus Spezial-Investmentfonds (→ Rn. 756 ff.). **209**

210–214 *Einstweilen frei*

215 **cc) Vorschriften des REITG.** Mit dem **Gesetz über deutsche Immobilien-Aktiengesellschaften mit börsennotierten Anteilen (REIT-Gesetz – REITG) v. 28.5.2007** (BGBl. 2007 I 914) reagierte der Gesetzgeber darauf, dass es bis dato in Deutschland an einem international bekannten und anerkannten Instrument zur indirekten Immobilienanlage mit steuertransparenter Besteuerung fehlte. Die in Deutschland bestehende Lücke bei der indirekten Immobilienanlage sollte geschlossen werden, um eine Stärkung des Wirtschaftsstandortes, eine Professionalisierung der Immobilienwirtschaft und Wettbewerbsgleichheit gegenüber europäischen Finanz- und Immobilienstandorten zu erreichen (BT-Drs. 16/4026, 1), das Potential des deutschen Finanzmarkts unter Beachtung der Fortentwicklung der globalen Finanzmärkte weiter auszubauen und den Wirtschaftsstandort Deutschland zu stärken (BT-Drs. 16/4026, 14).

216 Daher wurde mit der sog. **Real Estate Investment Trust (REIT)-Aktiengesellschaft** iSd § 1 Abs. 1 REITG ein **Sondertypus der AG** in Form einer **Immobiliengesellschaft sui generis** geschaffen, der sich dadurch auszeichnet, dass nicht die Gewinne auf Gesellschaftsebene, sondern die Gewinnausschüttungen beim Anleger besteuert werden (BT-Drs. 16/4026, 1). Die REIT-Aktiengesellschaft, die die Voraussetzungen der §§ 8 bis 15 REITG erfüllt, ist gemäß § 16 Abs. 1 S. 2 REITG **von der Gewerbesteuer** und, wenn sie zudem unbeschränkt körperschaftsteuerpflichtig ist und nicht im Sinne eines Doppelbesteuerungsabkommens als in dem anderen Vertragsstaat ansässig gilt, gemäß § 16 Abs. 1 S. 1 REITG auch **von der Körperschaftsteuer befreit.** Hierzu muss der REIT umfangreiche und hohe Anforderungen erfüllen. Insbesondere muss der REIT hohe Ausschüttungen von mindestens 90% der Erträge vornehmen (vgl. § 13 Abs. 1 REITG), mindestens 75% der Einkünfte aus Immobilien erzielen (vgl. § 12 Abs. 3 Buchst. a REITG) und mindestens 75% seines Vermögens in Immobilien anlegen (vgl. § 12 Abs. 2 Buchst. a REITG). Diese Vorgaben zu Unternehmensgegenstand, Grundkapital, Börsennotierung, Streubesitz und Mindesthöhe der Ausschüttung ließen es nach Ansicht des Gesetzgebers verfassungsrechtlich zu, die REIT-Aktiengesellschaft von der Körperschaftsteuer zu befreien und die ausgeschütteten Gewinne bei den Aktionären ohne Halbeinkünfteverfahren voll zu versteuern (BT-Drs. 16/4026, 1).

217 **§ 19 REITG** erhält eine **im Vergleich zu § 20 speziellere Rechtsgrundlage zur Besteuerung der REIT-Anteilsinhaber** (Lademann EStG/*Jachmann-Michel/Lindenberg* § 20 Rn. 50), die ihrerseits allerdings wieder auf § 20 verweist. Danach führen Ausschüttungen der REIT-Aktiengesellschaft und anderer REIT-Körperschaften, -Personenvereinigungen oder -Vermögensmassen sowie sonstige Vorteile, die neben den oder an Stelle der Ausschüttungen gewährt werden, beim Anteilsinhaber grundsätzlich **zu Einkünften aus Kapitalvermögen iSd § 20 Abs. 1 Nr. 1,** wenn die Anteile an dem REIT nicht zu einem Betriebsvermögen des Anteilsinhabers gehören und daher zu Betriebseinnahmen führen. Die Pflicht zur Ausschüttung von mindestens 90% des Jahresgewinns gemäß § 13 Abs. 1 REITG enthält dabei das „Gegengewicht der der REIT-Aktiengesellschaft gewährten Steuerbefreiung" (BT-Drs. 16/4026, 23) und gewährleistet, dass trotz der Entscheidung für die Rechtsform der REIT-AG nahezu dasselbe Besteuerungsergebnis wie bei einer transparenten Besteuerung erreicht wird.

218 Für den Fall der Auflösung einer REIT-Aktiengesellschaft verweist § 19 Abs. 1 S. 2 REITG auf **§ 20 Abs. 1 Nr. 2,** wobei § 20 Abs. 2 S. 1 Nr. 2 Buchst. a auf Gewinne aus der Veräußerung von Dividendenscheinen und sonstigen Ansprüchen nicht anzuwenden ist. Gewinne aus der Veräußerung von Aktien an REIT-Aktiengesellschaften und Anteilen an anderen REIT-Körperschaften, -Personenvereinigungen oder -Vermögensmassen, die nicht Bestandteil eines Betriebsvermögens sind, sind nach § 19 Abs. 2 REITG iVm § 17 (bei qualifizierter Beteiligung) EStG oder iVm § 20 Abs. 2 S. 1 Nr. 1 EStG (bei geringerer Beteiligung) steuerbar.

219 § 19 Abs. 3 REITG erklärt die Steuerbefreiungen gemäß § 3 Nr. 40 (→ Rn. 150) und § 8b KStG (→ Rn. 17 ff.) für grundsätzlich nicht anwendbar. Dies ist folgerichtig, da beide Vorschriften darauf abzielen, Kapitalerträge aus Kapitalgesellschaften von ihrer wirtschaftlichen Doppelbelastung auf Gesellschafts- wie auf Gesellschafterebene zu entlasten (→ Rn. 150). Aufgrund der Befreiung der REIT-Aktiengesellschaft von der Körperschaftsteuer (§ 16 Abs. 1 REITG) ist eine derartige Entlastung gemäß § 3 Nr. 40 oder § 8b KStG jedoch

nicht mehr erforderlich (dazu BT-Drs. 16/4026, 24). Lediglich ausnahmsweise erlaubt § 19a Abs. 1 REITG die Anwendung von § 3 Nr. 40 oder § 8b KStG, wenn die Erträge des REIT ausnahmsweise bereits steuerlich vorbelastet sind.

Einstweilen frei 220–222

e) Vorschriften in völkerrechtlichen Doppelbesteuerungsabkommen. Art. 10 OECD-MA enthält Regelungen zur Zuordnung des Besteuerungsrechts an Dividenden, Art. 11 OECD-MA zur Zuordnung des Besteuerungsrechts an Zinsen und Art. 13 Abs. 2 OECD-MA zur Zuordnung des Besteuerungsrechts für Gewinne aus der Veräußerung von beweglichem Vermögen, zu dem auch Beteiligungen an Kapital- und an Personalgesellschaften unabhängig von der Beteiligungsquote zählen (Vogel/Lehner/*Reimer* OECD-MA 2014 Art. 13 Rn. 78). 223

Die in Art. 10 und Art. 11 OECD-MA benutzten Begriffe „Dividenden" und „Zinsen" sind nach allgemeinen völkerrechtlichen Grundsätzen auszulegen. Beide Artikel gelten zudem gemäß Art. 10 Abs. 4 und Art. 11 OECD-MA nur subsidiär, dh die Zuweisung des Besteuerungsrechts richtet sich vorrangig nach Art. 7 OECD-MA, wenn der Empfänger der Kapitaleinkünfte in seinem Ansässigkeitsstaat eine Geschäftstätigkeit durch eine dort gelegene Betriebstätte ausübt und die Forderung, für die die Zinsen gezahlt werden, tatsächlich zu dieser Betriebstätte gehört. 224

Einstweilen frei 225–229

f) Vorschriften der AO. In verfahrensrechtlicher Hinsicht verlangte **§ 30a AO** eine besondere Rücksichtnahme der Finanzbehörden auf das Vertrauensverhältnis zwischen den Kreditinstituten und deren Kunden und beschränkte das Instrumentarium zulässiger Maßnahmen der Finanzverwaltung zur Amtsermittlung. Mit der Einführung der Abgeltungsteuer ab dem Veranlagungszeitraum 2009 (→ Rn. 4) hatte die Vorschrift jedoch erheblich an praktischer Bedeutung verloren, weil die dem abgeltenden Kapitalertragsteuerabzug unterliegenden Kapitaleinkünfte nicht mehr in der Steuererklärung angegeben werden musste (Koenig/*Intemann* AO § 30a Rn. 1 und 3). Durch Gesetz zur Bekämpfung der Steuerumgehung und zur Änderung weiterer steuerlicher Vorschriften (Steuerumgehungsbekämpfungsgesetz – StUmgBG) v. 23.6.2017 (BGBl. 2017 I 1682) wurde **§ 30a AO** daher **ersatzlos gestrichen** (BT-Drs. 18/11132, 17) und ist nach § 1 Abs. 12 EGAO ab dem 25.6.2017 auch auf Sachverhalte, die vor diesem Zeitpunkt verwirklicht worden sind, nicht mehr anzuwenden. 230

Bei grenzüberschreitenden Gestaltungen von Kapitalanlagen kommt ab dem 25.6.2018 (vgl. § 33 Abs. 2 EGAO) die Anwendbarkeit der besonderen **Anzeigepflichten für Finanzintermediatäre oder Kapitalanleger** gemäß **§§ 138d ff. AO** in Betracht, insbesondere wenn die Gestaltungen die Voraussetzungen gemäß § 138e Abs. 1 Nr. 3 Buchst. b und c AO bzw. § 138e Abs. 2 Nr. 1 Buchst. b und c, Nr. 2 oder Nr. 3 AO vorliegen. 230a

Nach **§ 154 Abs. 1 AO** darf niemand auf einen falschen oder erdichteten Namen für sich oder einen Dritten ein **Konto errichten** etc. Für die kontoführende Stelle, die kein Kreditinstitut sein muss (Koenig/*Cöster* AO § 154 Rn. 22) und alle Stellen erfasst, die für Kunden oder Geschäftspartner etwa ein Kontokorrent-Konto oder ein virtuelles Konto (**aA** *Waadt/Klinger* DStR 2019, 1610 (1612), die ein „physisches Konto" verlangen) führen, bestehen besondere **Prüfungs- und Auskunftspflichten** gemäß **§ 154 Abs. 2 AO.** 230b

Die durch Art. 1 Nr. 2 Gesetz zur Änderung der Abgabenordnung und des Einführungsgesetzes zur Abgabenordnung v. 22.12.2014 (BGBl. 2014 I 2415) eingeführte Anlaufhemmung des **§ 170 Abs. 6 AO** ist für alle nach dem 31.12.2014 beginnenden Festsetzungsfristen anwendbar. Danach beginnt der Lauf der Festsetzungsverjährungsfrist für Steuern, die auf Kapitalerträge aus Staaten oder Territorien außerhalb der Europäischen Union oder der Europäischen Freihandelsassoziation entfallen, oder für Kapitalerträge, die nicht nach völkerrechtlichen Verträgen iSd § 2 Abs. 1 AO oder hierauf beruhenden Vereinbarungen automatisch mitgeteilt werden, frühestens mit Ablauf des Kalenderjahres, in dem diese Kapitalerträge der Finanzbehörde durch Erklärung des Steuerpflichtigen oder in sonstiger Weise bekannt geworden sind, spätestens jedoch zehn Jahre nach Ablauf des Kalenderjahres, in dem die Steuer entstanden ist. Dies trägt dem Umstand Rechnung, dass die Finanzbehörden nicht automatisch von Kapitalerträgen aus Drittstaaten Kenntnis erlangen, die nicht am automatischen Datenaustauschverfahren teilnehmen, und dient der Vermeidung und Bekämpfung der Steuerhinterziehung (BT-Drs. 18/3018, 8 f.). 231

232 Zur gesonderten und einheitlichen Feststellung nach **§§ 179 Abs. 1, 180 Abs. 1 S. 1 Nr. 2 Buchst. a AO** bei vermögensverwaltenden Personengesellschaften → Rn. 430.1.

233–236 *Einstweilen frei*

237 **g) Vorschriften des BewG.** Bei unentgeltlicher oder vergünstigter Kapitalüberlassung ist der **Rückzahlungsbetrag unter den Voraussetzungen des § 12 Abs. 3 BewG** in einen nicht steuerbaren Tilgungs- und einen steuerbaren Ertragsteil aufzuspalten (→ Rn. 1036 ff.).

238 In Fällen der **verdeckten Einlage** tritt gemäß **§ 20 Abs. 4 S. 2** bei der Berechnung des Veräußerungsgewinns der **gemeine Wert** der eingelegten Kapitalforderungen an die Stelle der Einnahmen aus der Veräußerung der Wirtschaftsgüter (→ Rn. 1323). Mangels spezieller Bewertungsvorschriften des EStG sind § 11 EStG iVm **§ 9 BewG** und § 12 BewG für die Bewertung privater Kapitalforderungen maßgeblich (vgl. BFH 26.6.1996 – VIII R 67/95, BFH/NV 1997, 175).

239 Auch wenn ein **Zinsschein oder eine Zinsforderung vom Stammrecht** abgetrennt wird, gilt gemäß **§ 20 Abs. 4 S. 8** der gemeine Wert einer Schuldverschreibung zum Zeitpunkt der Trennung als Veräußerungserlös (→ Rn. 1333). Als gemeiner Wert ist bei börsennotierten Schuldverschreibungen gemäß § 11 Abs. 1 BewG idR der niedrigste im regulierten Markt notierte Kurs am Tag der Trennung anzusetzen. Der gemeine Wert der Schuldverschreibung gilt nach § 20 Abs. 4 S. 9 gleichzeitig als Anschaffungskosten der neuen Wirtschaftsgüter (→ Rn. 1333). Um die Anschaffungskosten auf den Zinsschein oder der Zinsforderung und den Anleihemantel aufteilen zu können, ist wiederum deren gemeiner Wert zu ermitteln. Da für diese Papiere im Zeitpunkt der Trennung typischerweise noch kein Börsenkurs existiert, ist deren gemeiner Wert grundsätzlich der unter Berücksichtigung des aktuellen Marktzinses nach finanzmathematischen Methoden ermittelte Barwert. Die Summe der Barwerte der neuen Wirtschaftsgüter dürfte idR dem gemeinen Wert der Anleihe entsprechen. Sofern eine Abweichung auftritt, ist eine Verhältnisrechnung vorzunehmen (BT-Drs. 18/8739, 112; so zur Gesetzesbegründung zu § 3 Abs. 1a InvStG 2004 in BT-Drs. 17/12603, 26, die als „Vorbild" der in § 20 verankerten Regelung diente).

240 Für die Frage, ob eine Kapitalforderung „wertlos" iSd § 20 Abs. 6 S. 6 ist (→ Rn. 1395c), ist der gemeine Wert nach **§§ 11 und 12 BewG** maßgeblich.

241 *Einstweilen frei*

6. Vereinbarkeit des § 20 mit höherrangigem Recht

242 Verfassungsrechtlich problematische Kernpunkte der Abgeltungsteuer sind die Beseitigung von Vollzugsdefiziten (→ Rn. 261 f.) und die Besteuerung privater Kapitaleinkünfte in einer Schedule (→ Rn. 253 ff.). Damit verbunden sind die Kritik an der steuerlichen Privilegierung für Erträge aus der Kapitalüberlassung als Fremdkapital (→ Rn. 265 ff.), die Verlustabzugsbeschränkungen für Kapitaleinkünfte (→ Rn. 273 ff.) und die nur eingeschränkten Möglichkeiten zur steuermindernden Berücksichtigung von Erwerbsaufwendungen (→ Rn. 283 ff.).

243 **a) Vollzugsdefizit.** Das bis zu den 1990er Jahren bestehende strukturelle **Vollzugsdefizit der Kapitalertragsbesteuerung,** das verfassungsgerichtlich beanstandet worden war (→ Rn. 244), wurde **spätestens durch das gegenwärtige Abgeltungsteuersystem** (→ Rn. 5 und → Rn. 31 ff.) mit Kapitalertragsteuererhebung mit idR abgeltender Wirkung der Quellensteuer **beseitigt** (ebenso Bordewin/Brandt/*Oellerich* § 32d Rn. 17).

243.1 Durch seine Bemerkungen zur Haushalts- und Wirtschaftsführung des Jahres 1985 (BT-Drs. 10/4367, 89 ff.) stellte der Bundesrechnungshof anhand von Stichproben bei Erbschaftsteuerstellen fest, dass in den laufenden Steuererklärungen der Erblasser nur etwa 25% der Zinseinkünfte ordnungsgemäß versteuert worden waren. In der Folge ging ein Steuerpflichtiger gegen die Besteuerung seiner ordnungsgemäß erklärten und versteuerten Kapitaleinkünfte mit dem Argument vor, dass die zugrundeliegenden materiell-rechtlichen Vorschriften zur Kapitalertragsbesteuerung an einem Vollzugsdefizit litten und daher verfassungswidrig seien.

244 In seinen sog. **„Zinsurteil"** erkannte das BVerfG für Veranlagungszeiträume bis einschließlich 1990 ein **strukturelles Erhebungsdefizit** bei der Besteuerung von Kapitalerträgen darin, dass eine Steuerbelastung nach den damals geltenden Vollzugsregelungen nahezu

allein auf der Erklärungsbereitschaft des Steuerpflichtigen beruht habe, weil Kontrollen der Steuererklärungen nach den Erhebungsregelungen weitgehend ausgeschlossen gewesen seien. So habe die Deklarierungsquote bei den geprüften Finanzämtern lediglich zwischen 3,7% und 47,7% betragen. Eine materiell-rechtliche Steuernorm belaste Steuerpflichtige nicht mehr nach Maßgabe gleicher Lastenzuteilung, wenn ein gleichmäßiger Belastungserfolg durch Erhebungsregelungen strukturell verfehlt und der Besteuerungsanspruch weitgehend nicht durchgesetzt werde. Das BVerfG räumte dem Gesetzgeber eine Übergangsfrist zur Verbesserung der Erhebungsmöglichkeiten ein, bevor das Erhebungsdefizit zu einer Rechtsverletzung steuerehrlicher Steuerpflichtiger führe (BverfG 27.6.1991 – 2 BvR 1493/89, BStBl. II 1991, 654).

Der Gesetzgeber reagierte auf die Entscheidung des BverfG insbesondere durch das **Zinsabschlaggesetz v. 9.11.1992** (→ Rn. 54), das ua eine Verzehnfachung des Sparerfreibetrags (→ Rn. 1476.5), die Einführung einer Jahressteuerbescheinigung nach § 24c und die Einführung eines Mitteilungsverfahrens betreffend die Freistellungsaufträge gemäß § 45d zur Vermeidung unberechtigter mehrfacher Inanspruchnahmen des Sparerfreibetrags vorsah. Zudem wurden den Kreditinstituten Auskunftspflichten auferlegt und ein Kontenabrufverfahren gemäß § 93 Abs. 7, § 93b AO eingeführt. 245

Seit der **Richtlinie des Rates 2003/48/EG vom 3.6.2003 im Bereich der Besteuerung von Zinserträgen,** Abl. 2003 L 157, 38 („**Zins-Richtlinie**") und weiteren damit zusammenhängenden Rechtsakten wurden bestehende nationale Maßnahmen auch gemeinschaftsrechtlich effektuiert (kritisch *Englisch* StuW 2007, 221 (221 f.). Parallel wurde die Amtshilfe in Steuersachen intensiviert und durch die Richtlinie 2011/16/EU des Rates v. 15.2.2011 über die Zusammenarbeit der Verwaltungsbehörden im Bereich der Besteuerung und zur Aufhebung der Richtlinie 77/799/EWG, Abl. 2011, L 64, 1 **(„Amtshilfe-Richtlinie")** sowie durch **Gesetz über die Durchführung der gegenseitigen Amtshilfe in Steuersachen zwischen den Mitgliedstaaten der Europäischen Union (EU-Amtshilfegesetz – EUAHiG) v. 26.6.2013** (BGBl. 2013 I 1809) effektuiert. Auch ein multilateraler völkerrechtlicher Vertrag zwischen den zuständigen Behörden über den automatischen Austausch von Informationen über Finanzkonten mit aktuell 51 Teilnehmerstaaten wurde notifiziert (BGBl. 2015 II 1630) und mit dem **Gesetz zum automatischen Austausch von Informationen über Finanzkonten in Steuersachen und zur Änderung weiterer Gesetze v. 21.12.2015** (BGBl. 2015 I 2531) in deutschen Regelungen umgesetzt. Dadurch erhält die deutsche Finanzverwaltung zunehmend die rechtlichen und technischen Möglichkeiten, um Informationen auch über ausländisches, aber in Deutschland zu steuerbaren Kapitalerträgen führendes Kapitalvermögen zu gewinnen (vgl. zu diesem Instrument: *Knist* Kapitalvermögen und Steuerhinterziehung (1996), 192 ff.). 246

Die Rechtsprechung erkannte diese Bemühungen als **wirkungsvolle Maßnahmen gegen Erhebungsdefizite** an. Der Gesetzgeber habe das zur Anwendung kommende Ermittlungsinstrumentarium der Finanzbehörden für den Zeitraum ab 1999 kontinuierlich erweitert und so im Ergebnis **nahezu lückenlose Kontrollmöglichkeiten geschaffen.** Daher seien die materiell-rechtlichen Regelungen des § 20 **für die Veranlagungszeiträumen ab 1993 nicht mehr als gleichheitswidrig** anzusehen. Soweit noch Erhebungsdefizite in den Fällen bestünden, in denen steuerbare **Kapitalerträge von ausländischen Zahlstellen** bezogen werden, seien diese dem Gesetzgeber nicht zurechenbar, da eine **Quellensteuer als wirksamste Erhebungsform** im Ausland nicht greife. Deutsche Kapitalverkehrskontrollen hätten die Kapitalflucht und damit die Entziehung von Kapitalvermögen vor dem deutschen Besteuerungszugriff nach Einschätzung der Deutschen Bundesbank und der parlamentarischen Zinskommission wahrscheinlich begünstigt und verstärkt, wodurch auch die laufende Ersparnisbildung im Inland auf Dauer beeinträchtigt worden wäre. Bei den von inländischen Zahlstellen bezogenen Kapitalerträgen liege ein Vollzugsdefizit allenfalls bei einzelnen Steuerpflichtigen mit einem über dem Zinsabschlag liegenden Grenzsteuersatz vor, wenn diese den (anonymen) Abzug der Quellensteuer hinnähmen, die Zinseinkünfte jedoch anschließend in ihrer Einkommensteuererklärung nicht erklärten (BFH 18.2.1997 – VIII R 33/95, BStBl. II 1997, 499; BFH 24.6.1997 – VIII R 25/97, BeckRS 1997, 14048; BFH 15.12.1998 – VIII R 6/98, BStBl. II 1999, 138; BFH 19.2.1999 – VIII B 3/98, BFH/NV 1999, 1079; BFH 22.2.1999 – VIII B 29/98, BFH/NV 1999, 931; BFH 7.9.2005 – VIII R 90/04, BStBl. II 2006, 61; BFH 10.1.2007 – VIII B 221/05, BFH/NV 247

2007, 1079; BFH 10.1.2007 – VIII B 213/05; BFH 10.1.2007 – VIII B 214/05; BFH 10.1.2007 – VIII B 220/05; BFH 21.12.2007 – VIII B 12/07, BeckRS 2007, 25012930; BFH 26.10.2007 – VIII B 144/06, BFH/NV 2008, 576; **BVerfG 25.2.2008 – 2 BvL 14/05, BStBl. II 2008, 651; BVerfG 10.3.2008 – 2 BvR 2077/05, NJW 2008, 2637;** BFH 19.10.2010 – X R 43/05, BFH/NV 2011, 772; BFH 17.10.2012 – VIII R 51/09, BFH/NV 2013, 365; so auch KSM/*Jochum* § 20 Rn. A 152; *Scheurle* DStJG Bd. 30 (2007), 39 (und 43 ff., 48 und 53 ff.); *Anzinger* StuW 2002, 261 (269 ff. und 272); *Eckhoff* FR 2007, 989 (995 f.); *Musil* FR 2010, 149 (153)); **aA** noch *Englisch* StuW 2007, 221 (225 f.); heute einen effektiven Steuervollzug anerkennend, aber daraus die Forderung nach einer Besteuerung im Rahmen der synthetischen Einkommensteuer ableitend: *Englisch* Die Abgeltungsteuer für private Kapitalerträge – ein verfassungswidriger Sondertarif (2016), 48 f.).

248–252 *Einstweilen frei*

253 **b) Schedulenbesteuerung.** Das System der Abgeltungsteuer mit einem **gesonderten Steuertarif für private Kapitaleinkünfte** begegnet **im Grundsatz keinen gleichheitsrechtlichen Bedenken** (so auch: HHR/*Intemann* § 20 Rn. 8; Blümich/*Werth* § 32d Rn. 46; *Strohm* Abgeltungsteuer (2010),133 ff.; *Recnik* Die Besteuerung privater Kapitaleinkünfte durch die Abgeltungsteuer (2011), 113 ff.; *Eckhoff* FR 2007, 989 (996); *Weber-Grellet* NJW 2008, 545 (548); *Musil* FR 2010, 149 (153); *Gröpl* FS Steiner (2009), 228 (2416); **aA** Bordewin/Brandt/*Oellerich* § 32d Rn. 18 f.; *Kahnwald* Steuersatzspreizung zwischen Unternehmenssteuer und Steuer auf private Einkünfte (2010), 179 ff.; *Rockoff* Beeinflussung der Investitionsentscheidung durch die Abgeltungsteuer (2014), 206; *Lehner* DStJG Bd. 30 (2007), 61 (81 f.); *Englisch* StuW 2007, 221 (223 ff. und 231 f.); *Kollruss* FR 2018, 350 (355 ff.); offen lassend: Korn/*Koss* § 32d Rn. 15).

253.1 Ob die vom Gesetzgeber vorgefundenen Unterschiede zwischen den verschiedenen Einkunftsarten eine Schedulenbesteuerung erlauben, ist **strittig** (So für einen deutlich über den Eingangssteuersatz des progressiven Steuertarifs liegenden Proportionalsatz zur Vermeidung von Steuerarbitragen durch Verlagerung von Arbeitseinkünften zu Kapitaleinkünften: *Meyer-Sandberg* Die Duale Einkommensteuer als Modell ungleicher Besteuerung von Arbeit und Kapital (2008), 114 f.; für eine tarifliche Besserstellung von Kapitaleinkünften zum Ausgleich der im Vergleich zu Arbeitseinkommen bestehenden wirtschaftlichen Nachteile: *Rüggeberg* Besteuerung der Unternehmen durch die Duale Einkommensteuer (2014), 86 ff.; den gesonderten Steuertarif iHv 25% als willkürlich ansehend und für eine Erhöhung auf 32%, aber ohne Berücksichtigung der Vorbelastung auf Körperschaftsebene: *Cropp* FR 2015, 878 (880 und 885 f.); für eine höhere Besteuerung von Kapitaleinkünften aufgrund der gesteigerten Leistungsfähigkeit durch die Mobilität des Kapitals und der darin liegenden „Einkommensreserve“: *Siegfried* Die Sonderbelastung der Kapitaleinkünfte im Rahmen der Einkommensteuer (1954), 36 ff. und 61 ff.).

254 **aa) Teileinkünfteverfahren und Abgeltungsteuer.** Nach der Unternehmensteuerreform 2008 erfolgt die Kapitalertragsbesteuerung nach vier verschiedenen Besteuerungsregimen in Abhängigkeit von der Rechtsform des Kapitalgebers, der Zuordnung zu dessen Betriebs- oder Privatvermögen, der Art der Kapitalanlage sowie ggf. der Beteiligungsquote (→ Rn. 31). Gerade die Bildung von Vergleichsgruppen im Rahmen einer gleichheitsrechtlichen Prüfung der Belastungen nach dem Teileinkünfteverfahren bzw. nach dem Abgeltungsteuersystem verlangt dabei eine **Zusammenschau von steuerlicher Vorbelastung, Steuerbefreiungsquote und Steuersatz.** Eine Ungleichbehandlung allein aus dem gesonderten Steuertarif von 25% oder allein aus der individuellen Steuerbelastung des Gesellschafters auf die ihm zufließenden Beteiligungserträge abzuleiten, erscheint im Hinblick auf die steuerliche Vorbelastung möglicher Erträge der Körperschaft und das dadurch ceteris paribus reduzierte Ausschüttungsvolumen auf Ebene der Körperschaft verkürzt (iE ebenso: Frotscher/*Moritz/Strohm* § 32d Rn. 9).

255 Das **Nebeneinander von Teileinkünfteverfahren und Abgeltungsteuer** führt daher nicht automatisch zu abweichenden Steuerbelastungen und erscheint daher zwar aus Vereinfachungsgründen als verzichtbar, aber nicht per se gleichheitswidrig (*Weber-Grellet* NJW 2008, 545 (549); iE ebenso: HHR/*Kühner* § 32d Rn. 6; die Unterscheidung sogar für geboten haltend: *Eckhoff* FR 2007, 989 (994 f. und 997); **aA** HHR/*Intemann* § 20 Rn. 8; KSM/*Jochum* 20 Rn. A 161; Bordewin/Brandt/*Oellerich* § 32d Rn. 19; *Loos* DB 2007, 704 (704 und 706); *Intemann* DB 2007, 1658 (1661)). Bei Kapitalerträgen aus Körperschaften, Perso-

nenvereinigungen oder Vermögensmassen (§ 20 Abs. 1 Nr. 1, Nr. 2 und Nr. 9, Abs. 2 S. 1 Nr. 1 und Nr. 2) ergibt sich bei beiden Besteuerungssystemen eine effektive Steuerbelastung, die hinsichtlich der **maximalen Grenzsteuerbelastung im Vergleich zueinander sowie zur anderer Einkünfte etwa gleich hoch** ausfällt (**aA** *Englisch* StuW 2007, 221 (231)). Eventuelle **Zinsvorteile** durch Thesaurierungsmöglichkeiten bei Kapitalgesellschaften sind dem gegenwärtigen Besteuerungssystem mit seiner Trennung von Kapitalgesellschaften und deren Gesellschaftern sowie dem Zufluss-Abfluss-Prinzip immanent und kein besonderes Rechtfertigungsproblem der Abgeltungsteuer (**aA** Bordewin/Brandt/*Geurts* § 20 Rn. 4). Gleiches gilt für etwaige **Zinsnachteile,** die durch die Kapitalertragsteuererhebung im Zuflusszeitpunkt und deren etwaiger Erstattung nach Abschluss der Veranlagung entstehen können (**aA** Korn/*Koss* § 32d Rn. 25).

256 Erst ab einem **persönlichen Steuersatz von ca. 40%** zeigen sich im Abgeltungsteuersystem höhere Steuerbelastungen als im Vergleich zum Teilinkünfteverfahren, da der Effekt der Anwendung des Spitzensteuersatzes auf eine gemäß § 3 Nr. 40 nur zu 60% steuerpflichtige Bemessungsgrundlage den Effekt des gesonderten Steuertarifs iHv 25% auf eine 100% steuerpflichtige Bemessungsgrundlage überwiegt (Sachverständigenrat zur Begutachtung der gesamtwirtschaftlichen Entwicklung, Jahresgutachten 2007/2008, BT-Drs. 16/7083 Rn. 407; Belastungsvergleich mit umfassenden Vergleichs- und Modellrechnungen: *Rockoff* Beeinflussung der Investitionsentscheidung durch die Abgeltungsteuer (2014), 185 ff.; *Ortmann-Babel/Zipfel* BB 2007, 1869 (1874 ff.)).

<table>
<tr><td colspan="2">Maximale Effektivbelastung (S gesamt) eines Brutto-Ertrags (B) aus Beteiligungsausschüttung
= Steuerbelastung Gesellschaft (S Gesellschaft) + Steuerbelastung (S Gesellschafter) bei Ausschüttung (A)
(exemplarisch für GewSt-Hebesatz von 380% und sich damit ergebende GewSt-Belastung von 13,3%; unter Vernachlässigung von Hinzurechnungen nach § 8 GewSt, Solidaritätszuschlag und Kirchensteuer)</td></tr>
<tr><td>Teileinkünfteverfahren</td><td>Abgeltungsteuer</td></tr>
<tr><td>S gesamt = max. 39,91% des Brutto-Ertrags</td><td>S gesamt = 46,75% des Brutto-Ertrags</td></tr>
<tr><td>S Gesellschafter = max. 11,61% des Brutto-Ertrags
Ausschüttung 40% steuerfrei (§ 3 Nr. 40); tarifliche Est max 45%, Eventuelle GewSt-Belastung und Anrechnung § 35 gleichen sich bei Hebesatz von 380% aus:

(A x 60%) x max. 45% =
A x (60% x max. 45%) =
S Gesellschafter = max. 27% der Ausschüttung (A)

B x (71,7% x 60% x max. 27%) = A
S Gesellschafter = max. 11,61% des Bruttoertrags</td><td>S Gesellschafter = 17,75% des Brutto-Ertrags

Ausschüttung 100% steuerpflichtig, gesonderter Steuertarif: 25%, GewSt fällt beim Gesellschafter nicht an

(A x 100%) x 25% =
A x (100% x 25%) =
S Gesellschafter = 25% der Ausschüttung (A)

B x (71,7% x 100% x 25%) = A
S Ausschüttung = 17,75% des Brutto-Ertrags</td></tr>
<tr><td colspan="2">S Gesellschaft = 28,3% des Bruttoertrags
B – GewSt – KSt =
B – (13,3% + 15%)E</td></tr>
</table>

257 Die niedrigere Besteuerung von Kapitaleinkünften kann jedenfalls **verfassungsrechtlich gerechtfertigt werden,** da der Gesetzgeber von Verfassungs wegen **nicht gehindert ist, die Besteuerung der Kapitaleinkünfte auf die gesamtwirtschaftlichen Anforderungen an das Kapitalvermögen und die Kapitalerträge auszurichten** und entsprechend zu differenzieren. Dabei kann die Kapitalbildung als Quelle der Altersversorgung oder als sonstige existenzsichernde Versorgungsgrundlage gesondert gewürdigt werden. Es bliebe

auch im Rahmen des gesetzgeberischen Einschätzungsspielraums, wenn der Gesetzgeber die ihrer Natur nach nicht einer bestimmten Person zugeordnete und geographisch nicht gebundene Erwerbsgrundlage „Finanzkapital" dadurch erfasste, dass er alle Kapitaleinkünfte – unabhängig von ihrer Anlageform und buchungstechnischen Erfassung – **an der Quelle besteuert und mit einer Definitivsteuer belastet, die in einem linearen Satz den absetzbaren Aufwand und den Progressionssatz in Durchschnittswerten typisiert** (BverfG 27.6.1991 – 2 BvR 1493/89, BStBl. II 1991, 654; **aA** *Austrupp* Zinsbesteuerung (1994), 85 ff.).

257.1 Der Wissenschaftliche Beirat des BMF (Reform der internationalen Kapitaleinkommensbesteuerung, Heft 65 (1999), 114) sowie der Sachverständigenrat zur Begutachtung der gesamtwirtschaftlichen Entwicklung befürworten ausdrücklich den Übergang zu einer Dualen Einkommensbesteuerung von Kapital- und Arbeitseinkommen mit einem niedrigen Proportionalsteuersatz. Dies stärke die Neutralität der Besteuerung im Hinblick auf Investitions-, Finanzierungs- und Rechtsformentscheidungen, erhöhe die Standortattraktivität vor dem Hintergrund der zunehmenden internationalen Kapitalmobilität, führe zu einer Verbesserung der Wachstumsbedingungen und verbessere Chancen der Arbeitnehmer auf höhere Einkommen (BT-Drs. 15/2000, Rn. 57 f., Rn. 567 ff. und Rn. 584 ff.).

258 Die mit der Abgeltungsteuer umgesetzte **Besteuerung der Kapitaleinkünfte genügt diesen Anforderungen.** Zwar hat der Gesetzgeber durch § 32d Abs. 6 die Anwendung niedrigerer Durchschnittssteuersätze als 25% geöffnet und den Steuertarif darüber hinaus mit einem Proportionalsteuersatz ausgestaltet, also gerade keine Typisierung möglicher Progressionsverläufe vorgenommen (so auch *Englisch* StuW 2007, 221 (227 f.)). Allerdings fand sich bereits in der Begründung zum EStG 1925 der Hinweis, dass sich „das Kapitaleinkommen [...] wegen der Beweglichkeit des Kapitalvermögens am leichtesten der Besteuerung entziehen kann" (RT-Drs. 1925 Bd. 400, 19 ff.). Finanzwissenschaftliche Untersuchungen zeigen **empirische Belege für eine stark zunehmende internationale Geldkapitalmobilität** (*Rüggeberg* Besteuerung der Unternehmen durch die Duale Einkommensteuer (2014), 17 ff. und 37 ff.) und begründen theoretische **Anreizmechanismen für einen asymmetrischen Steuerwettbewerb um Geldkapital,** der gerade für kleine Staaten ohne weitreichende Handelsintegration Vorteile verspricht, sich mit vergleichsweise niedrigen Steuersätzen auf Kapitaleinkünften deutlich leichter Besteuerungssubstrat als mit höheren Steuern auf Arbeitseinkommen etc zu verschaffen (*Schwarz* Kapitalsteuerwettbewerb zwischen Nationalstaaten unter besonderer Berücksichtigung Deutschlands (2007), 41, 44 und 60; *Meyer-Sandberg* Die Duale Einkommensteuer als Modell ungleicher Besteuerung von Arbeit und Kapital (2008), 42 f. und 120 ff., zur zusätzlichen Berücksichtigung von Hinterziehungsanreizen bei Anlageentscheidungen zwischen verschiedenen Staaten auch S. 17; **aA** *Austrupp* Zinsbesteuerung (1994), 83 f. und 112; *Englisch* Die Duale Einkommensteuer – Reformmodell für Deutschland? (IFSt-Schrifft 432, 2005), 118 ff.). Dass **Kapitalanleger auch praktisch auf diese Besteuerungsanreize reagieren,** zeigt beispielhaft die festgestellte Kapitalflucht aus Deutschland ab dem Jahr 1992 im Zusammenhang mit dem Zinsabschlaggesetz v. 9.11.1992 und den dadurch verbesserten Kontrollmöglichkeiten der Finanzverwaltung (BverfG 10.3.2008 – 2 BvR 2077/05, NJW 2008, 2637 mwN). Die Erhaltung des Kapitalvermögens als Besteuerungssubstrat ist daher als Vorbedingung einer Einkommensteuer anzuerkennen und **geht damit über einen bloß fiskalischen Rechtfertigungsgrund hinaus** (so auch *Strohm* Abgeltungsteuer (2010), 169 ff.; **aA** Bordewin/Brandt/*Oellerich* § 32d Rn. 21; *Gröpl* FS Steiner (2009), 228 (244)).

259–260 *Einstweilen frei*

261 **bb) Veräußerungsgewinne. Zur Herstellung und Sicherung einer leistungsfähigkeitsgerechten Kapitalertragsbesteuerung** ist es zu begrüßen, dass der Gesetzgeber im Zuge des UntStRefG 2008 v. 14.8.2007 (→ Rn. 72) die **Gewinne aus der Veräußerung von Kapitalforderungen unabhängig von einer Haltefrist** als steuerbar erfasst und mit einer verbreiterten Erfassung von Erträgen zugleich eine Erhöhung der Steuereinnahmen auf Kapitaleinkünfte beabsichtigt hat (BT-Drs. 16/4841, 30). Der Gesetzgeber hat von seiner Freiheit zur Erschließung von Steuerquellen (vgl. BVerfG 7.10.1969 – 2 BvL 3/66 und 2 BvR 701/64, BStBl. II 1970, 160) zulässig Gebrauch gemacht. Aufgrund der Möglichkeiten der sog. **Finanzchemie,** Substanz und Ertrag eines Kapitalstroms beliebig zu substituieren (→ Rn. 1144), bestünde anderenfalls die **Gefahr der Nichtbesteuerung von Finanzinnovationen trotz**

vergleichbarer Leistungsfähigkeit (iE auch Kirchhof/*Pfirrmann* § 32d Rn. 2; *Englisch* StuW 2007, 221 (233); *Haisch/Danz/Jetter* DStZ 2007, 450 (460); *Eckhoff* FR 2007, 989 (994); *Gröpl* FS Steiner (2009), 228 (241 f.); für ein Gebot zur Erfassung derartiger Veräußerungsgewinne zur Wahrung des Leistungsfähigkeitsprinzips: *Berninghaus* Das Gestaltungsermessen des Gesetzgebers bei der steuerlichen Erfassung privater Veräußerungsgewinne (2006), 26 f.; **aA** *Loos* DB 2007, 704 (704); kritisch zur Steuererhebung auf Veräußerungsgewinne durch Kapitalertragsteuer auch: *Haarmann* FS Herzig (2010), 423 (424 f.)).

Bei der Besteuerung von **Gewinnen aus der Veräußerung von Beteiligungen** zeigt 262 sich eine nahezu gleich hohe Gesamtsteuerbelastung im Teileinkünfteverfahren wie im Abgeltungsteuersystem, die augenscheinlich unter dem Niveau der tariflichen Einkommensteuer liegt. Versteht man den Wert einer Beteiligung nach finanzwirtschaftlichen Grundsätzen allerdings als die Summe künftiger Ausschüttungen, so ist bei der Wertberechnung **die (künftige) Ausschüttungsbelastung zu berücksichtigen.** Dies ist bei der Vergleichsgruppenbildung zu beachten: Selbst bei gegenwärtiger Gewinnthesaurierung ergibt sich im Fall der späteren Ausschüttung **eine zur tariflichen Einkommensteuer vergleichbare Belastung;** das zeitliche Auseinanderfallen der Besteuerung ist Ausfluss der gesetzgeberischen Grundentscheidung zur Verankerung des Trennungsprinzips (→ Rn. 109; **aA** *Jachmann-Michel* DStJG Bd. 34 (2011), 251 (261), die hierin einen Folgerichtigkeitsverstoß aufgrund steuerprinzipieller Erwägungen erkennt). Zugleich bewirkt die in § 32d Abs. 6 vorgesehene Möglichkeit der Günstigerprüfung, dass der pauschale Steuersatz von 25% bei einem niedrigeren individuellen Steuersatz des Steuerpflichtigen nicht zu ungerechtfertigten Mehrbelastungen aus Beteiligungserträgen im Vergleich zu anderen Einkunftsarten führt (so auch *Englisch* StuW 2007, 221 (222)).

<table>
<tr><td colspan="2">Maximale Effektivbelastung (S gesamt) eines Brutto-Ertrags (B) aus Anteilsveräußerung
= Steuerbelastung Gesellschaft (S Gesellschaft) + Steuerbelastung (S Gesellschafter) bei Ausschüttung (A)
(exemplarisch für GewSt-Hebesatz von 380% und damit ergebende GewSt-Belastung von 13,3%; unter Vernachlässigung von Hinzurechnungen nach § 8 GewSt, Solidaritätszuschlag und Kirchensteuer)</td></tr>
<tr><td>Teileinkünfteverfahren</td><td>Abgeltungsteuer</td></tr>
<tr><td>S gesamt = max. 27% des Brutto-Ertrags</td><td>S gesamt = 25% des Brutto-Ertrags</td></tr>
<tr><td>S Gesellschafter = max. 27%
Gewinn 40% steuerfrei (§ 3 Nr. 40); tarifliche Est max 45%, Eventuelle GewSt-Belastung und Anrechnung § 35 gleichen sich bei Hebesatz von 380% aus:

(A x 60%) x max. 45% =
A x (60% x max. 45%) =
S Gesellschafter = max. 27% des Bruttoertrags</td><td>S Gesellschafter = 25%
Ausschüttung 100% steuerpflichtig, gesonderter Steuertarif: 25%, GewSt fällt beim Gesellschafter nicht an

(A x 100%) x 25% =
A x (100% x 25%) =
S Gesellschafter = 25% des Bruttoertrags</td></tr>
<tr><td colspan="2">S Gesellschaft = 0%
Die Veräußerung der Anteile an der Kapitalgesellschaft lässt den Gewinn und damit die Ertragsteuerbelastung der Kapitalgesellschaft vollständig unberührt.</td></tr>
</table>

Einstweilen frei 263–264

cc) Fremdkapitalerträge und andere Erträge ohne Vorbelastung auf Körperschaftsebene. Als **gleichheitswidrig** erscheint die **Besteuerung von Kapitalerträgen aus Fremdkapitalfinanzierungen** und aus anderen Kapitalforderungen ohne Vorbelastung auf Körperschaftsebene (zB bei Warentermingeschäften etc). Obwohl derartige Erträge nicht bereits einer steuerlichen Vorbelastung auf Ebene einer Körperschaft unterlegen haben, findet auf sie gleichwohl der reduzierte Steuersatz von 25% Anwendung. Allein auf die **Höhe des nominellen Zuflusses des Kapitalertragsgläubigers** abzustellen und damit die Gleichbehandlung von Beteiligungs- und sonstigen Kapitalerträgen zu rechtfertigen (*Jachmann-Michel* DSJG Bd. 34 265

(2011), 251 (260)), erscheint dabei **als unzureichende Vergleichsgruppenbildung.** Bei Beteiligungserträgen müssten auf Ebene der Körperschaft aufgrund der dortigen Vorbelastung mit Körperschaft- und Gewerbesteuer deutlich höhere Bruttoerträge als im Vergleich zu anderen Kapitalanlagen erzielt werden, um dem Kapitalgeber einen Zufluss in betragsmäßig gleicher Höhe zu verschaffen (**aA** Lademann EStG/*Jachmann-Michel/Lindenberg* § 20 Rn. 106: steuerliche Vorbelastung auf Ebene der Körperschaft wegen Trennungsprinzip unerheblich). Die Unterschiede werden gerade beim Vergleich von Beteiligungserträgen und Zinsen auf Gesellschafterdarlehen deutlich.

<table>
<tr><td colspan="2">Maximale Effektivbelastung (S gesamt) eines Brutto-Ertrags (C) aus sonstigen Kapitalforderungen
(exemplarisch für GewSt-Hebesatz von 380% und sich damit ergebende GewSt-Belastung von 13,3%; unter Vernachlässigung von Hinzurechnungen nach § 8 GewSt, Solidaritätszuschlag und Kirchensteuer)</td></tr>
<tr><td>Teileinkünfteverfahren</td><td>Abgeltungsteuer</td></tr>
<tr><td>S gesamt = max. 45% des Brutto-Ertrags</td><td>S gesamt = 25% des Brutto-Ertrags</td></tr>
<tr><td>S Kapitalgeber = max. 45%
Ertrag aus Kapitalforderung 100% steuerpflichtig (§ 3 Nr. 40 greift nicht); tarifliche ESt max 45%, Eventuelle GewSt-Belastung und Anrechnung § 35 gleichen sich bei Hebesatz von 380% aus:

(C x 100%) x max. 45% =
S Kapitalgeber = max. 45% des Brutto-Ertrags (C)</td><td>S Kapitalgeber = 25%
Ausschüttung 100% steuerpflichtig, gesonderter Steuertarif: 25%, GewSt fällt beim Gesellschafter nicht an

(C x 100%) x 25% =
S Kapitalgeber = 25% des Brutto-Ertrags (C)</td></tr>
<tr><td colspan="2">Soweit eine Gesellschafter-Fremdfinanzierung vorliegt, beträgt die Steuerbelastung auf Ebene der als Kapitalnehmerin auftretenden Gesellschaft S Gesellschaft = 0% des Brutto-Ertrags (C), da die Gesellschaft angemessene Fremdkapitalzinsen als Betriebsausgaben grundsätzlich ertragsmindernd ansetzen darf (Ausnahme: Anwendbarkeit der Zinsschranke gemäß § 4h).</td></tr>
</table>

266 Diese **Privilegierung von Fremdkapitalerträgen** erscheint unabhänhig vom anzuwendenden gleichheitsrechtlichen Maßstab (für die Anwendbarkeit der sog. Neuen Formel: *Englisch* StuW 2007, 221 (224)) **nicht gerechtfertigt.** Das EStG respektiert grundsätzlich die Entscheidung des Gesellschafters, der Gesellschaft nicht Eigen-, sondern Fremdkapital zur Verfügung zu stellen (BFH 11.7.2017 – IX R 36/15, BStBl. II 2019, 208 mwN). Die zur Begünstigung von Kapitaleinkünften im Vergleich zu anderen Einkünften angeführte besondere **internationale Mobilität von Geldkapital** (→ Rn. 258) kann jedoch nicht zur Begründung zur steuerlichen Privilegierung von Fremdkapitalfinanzierungen übertragen werden (**aA** *Eckhoff* FR 2007, 989 (997)), da daraus keine Differenzierungsgründe für eine unterschiedliche Mobilität von Eigen- und Fremdkapitalfinanzierungen abgeleitet werden können. Zudem ist weder in den Gesetzgebungsmaterialien zum UntStRefG 2008 noch aus den sonstigen Normen des EStG die Absicht zur **Berücksichtigung inflationsbedingter Wertminderungen** erkennbar (→ Rn. 131), sodass die Privilegierung nicht als Instrument eines pauschalen **Inflationsausgleichs** anzusehen ist (KSM/*Jochum* § 20 Rn. A 159; *Meyer-Sandberg* Die Duale Einkommensteuer als Modell ungleicher Besteuerung von Arbeit und Kapital (2008), 178, 182 ff. und 248 f.; *Kleinmanns* Besteuerung inflationsbedingter Scheingewinne im System des deutschen Einkommensteuerrechts und ihre verfassungsrechtliche Rechtfertigung (2009), 82 f.; *Rockoff* Beeinflussung der Investitionsentscheidung durch die Abgeltungsteuer (2014), 101, 207 f. und 214; *Intemann* DB 2007, 1658 (1660); für die Verfassungswidrigkeit schon aus diesem Grunde: *Haas* DStR 2014, 567 (569 f.); **aA** *Gröpl* FS Steiner (2009), 228 (245 f.)). Auch in dem Unterschied, dass **Zinsen grundsätzlich fest sind** und der Zuflusszeitpunkt bei Dividenden vom Anteilseigner durch entsprechende Gewinnverwendungsbeschlüsse gesteuert werden kann, kann kein ausreichender Rechtfertigungsgrund erkannt werden (Lademann EStG/*Boochs* § 32d Rn. 26).

Insbesondere das mit der Unternehmensteuerreform 2008 verfolgte Ziel, Anreize zur gezielten **Förderung der Eigenkapitalausstattung** von Unternehmen zu geben und die im internationalen Vergleich hohe Fremdkapitalquote zum Schutz vor Insolvenz zu senken (BT-Drs. 16/4841, 30 f.), war für den Gesetzgeber lediglich ein Argument zur Rechtfertigung der Zinsschranke nach § 4h, nicht aber zu Privilegierungen der Zinserträge. Zudem wird das Ziel der Eigenkapitalstärkung durch den Privilegierungseffekt der Abgeltungsteuer für andere als Beteiligungserträge unterlaufen (*Englisch* StuW 2007, 221 (226 und 231 f.); *Homburg* DStR 2007, 686 (689); *Ortmann-Babel/Zipfel* BB 2007, 1869 (1881). Die ungleiche Belastung von Gesellschaftsfinanzierungen durch Eigen- oder Fremdkapital führt aus Sicht der Kapitalgesellschaft zu niedrigeren Kapitalkosten im Fall der Fremdkapitalfinanzierung mit **„massiven Anreizen" zur Erhöhung der Fremdkapitalquote** (Sachverständigenrat zur Begutachtung der gesamtwirtschaftlichen Entwicklung, Jahresgutachten 2007/2008, BT-Drs. 16/7083 Rn. 411 ff., va Rn. 414; mit instruktivem Berechnungsbeispiel und Ausführungen zu den gesamtwirtschaftlichen Folgen dieser (Fehl)Steuerung: Jahresgutachten 2012/2013, BT-Drs. 17/11440 Rn. 391 ff.; grundlegend zur Berücksichtiung der Kapitalertragsbesteuerung im Rahmen unternehmerischer Entscheidungen aus ökonomischer Sicht: *Sinn* Kapitaleinkommensbesteuerung (1985), 46 ff.). Diesen Anreizen kann **gerade bei der Vielzahl eher kleiner Unternehmen auch die Regelung zur Zinsschranke nicht wirksam begegnet werden.** In ihrer gegenwärtigen Ausgestaltung stellt die Schedulenbesteuerung der Kapitaleinkünfte folglich gerade keine Finanzierungs- und Rechtsformneutralität her (*Meyer-Sandberg* Die Duale Einkommensteuer als Modell ungleicher Besteuerung von Arbeit und Kapital (2008), 56 ff.; *Büttner et al* Neutralitätsverletzungen in der Besteuerung von Kapitaleinkommen und deren Wachstmswirkung (2012) 68 f.; *Kollruss* GmbHR 2007, 1133 (1133); *Kube* FR 2018, 408 (408); zu Alternativkonzepten zur Abgeltungsteuer *Rumpf* StuW 2009, 333: Zinsbereinigung des Grundkapitals; *Körner* DB 2015, 397: Einführung eines steuerlichen Eigenkapitalkostenabzugs). 267

Einstweilen frei 268–272

c) Verlustabzugsbeschränkungen. Die **Verlustabzugsbeschränkungen des § 20 Abs. 6 S. 1** (→ Rn. 1382 ff.) stehen im Zusammenhang mit § 2 Abs. 5b (→ Rn. 147) und sind nach der gesetzgeberischen Entscheidung für das Abgeltungsteuersystem **folgerichtig,** da positive Kapitaleinkünfte ohne die Regelung des Abs. 6 S. 1 einer Maximalbesteuerung iHv 25% unterlägen, im Falle negativer Kapitaleinkünfte indes iHv maximal 45% steuermindernd zu berücksichtigen wären (iE ebenso: FG Baden-Württemberg 31.1.2018 – 12 K 2623/16, EFG 2019, 1295, Rev. VIII R 35/18; HHR/*Intemann* § 20 Rn. 8; Blümich/*Ratschow* § 20 Rn. 26; *Strohm* Abgeltungsteuer (2010), 214 ff.; *Recnik* Die Besteuerung privater Kapitaleinkünfte durch die Abgeltungsteuer (2011), 93; *Rüggeberg* Besteuerung der Unternehmen durch die Duale Einkommensteuer (2014), 82; *Birk* DStJG Bd. 34 (2011), 12 (28); *Jachmann-Michel* DStJG Bd. 34 (2011), 251 (263 f.); *Eckhoff* FR 2007, 989 (990); **aA** darin eine Übermaßbesteuerung sehend und daher für eine Steuergutschrift in Höhe des Produkts aus dem Verlustbetrag und dem darauf anfallenden Steuersatz als milderes Mittel gleicher Eignung: KSM/*Jochum* § 20 Rn. A 168, H 28 und H 38 ff.; *Seer* DStJG Bd. 34 (2011), 1 (6); *Englisch* Die Duale Einkommensteuer – Reformmodell für Deutschland? (IFSt-Schrifft 432, 2005), 152 ff.; *Englisch* StuW 2007, 221 (236 f.)). Auch der **Ausschluss des Verlustrücktrags in Abs. 6 S. 2** zur Verhinderung von Haushaltsrisiken (vgl. BT-Drs. 16/5491, 19) ist **verfassungsrechtlich nicht zwingend, aber möglich** (*Kube* DStR 2011, 1781 (1788) mwN; **aA** *Mirth* Bundesverfassungsgericht und interperiodische Verlustberücksichtigung 2005, 160 f. und 199; *Oho/Hagen/Lenz* DB 2007, 1322 (1324)). 273

Als **ungerechtfertiger Verstoß** gegen das gleichheitsrechtliche fundierte Folgerichtigkeitsprinzip ist die Beschränkung der Verlustverrechnung aus der Veräußerung von Aktien des Privatvermögens gemäß **Abs. 6 S. 4** anzusehen, die sich nicht mehr mit den Besonderheiten der Abgeltungsteuer rechtfertigen lässt (iE ebenso HHR/*Intemann* § 20 Rn. 8; KSM/*Jochum* § 20 Rn. A 169 und H 55 ff.; *Recnik* Die Besteuerung privater Kapitaleinkünfte durch die Abgeltungsteuer (2011), 94 f.; *Rockoff* Beeinflussung der Investitionsentscheidung durch die Abgeltungsteuer (2014), 220 ff.; *Englisch* StuW 2007, 221 (238); *Oho/Hagen/Lenz* DB 2007, 1322 (1324); *Dinkelbach* DB 2009, 870; *Loos* DStZ 2010, 78; *Jochum* DStZ 2010, 309; *Jachmann-Michel* DStJG Bd. 34 (2011), 251 (264); kritisch auch HHR/*Buge* § 20 Rn. 620; 274

mit Bedenken auch FG Schleswig-Holstein 28.2.2018 – 5 K 69/15, EFG 2018, 948, Rev.VIII R 11/18; **aA** *Birk* DStJG Bd. 34 (2011), 12 (22 f.)).

275 Der Gesetzgeber begründet diese zusätzliche Verlustverrechnungsbeschränkung damit, auf diese Weise abstrakt drohende Haushaltsrisiken durch Spekulationsgeschäfte verhindern zu wollen. So könnten Kursstürze an den Aktienmärkten zu einem erheblichen Verlustpotential bei den Einkünften aus privaten Veräußerungsgeschäften mit Aktien führen. Der (Steuer-)Gesetzgeber müsse daher verfassungsrechtlich befugt sein, von vornherein und damit auch für jeden Normadressaten erkennbar strukturelle Vorkehrungen zu treffen, um qualifizierten, wegen der Spezifika bestimmter Märkte spekulationsbedingt abstrakt drohenden Haushaltsrisiken vorzubeugen. Die Verlustverrechnungsbeschränkung erfolge lediglich für private Veräußerungsgeschäfte mit Aktien, da eine Einbeziehung anderer Finanzmarktprodukte wie Zertifikate, Termingeschäfte oder Fondsanteile wegen der geringen Verbreitung dieser Anlageformen als nicht angezeigt erscheine (BT-Drs. 16/5491, 19).

276 Diese **reine fiskalisch motivierte Begründung** vermag die Ungleichbehandlung von Veräußerungsverlusten aus Aktien im Vergleich zu Veräußerungsverlusten anderer Kapitalanlagen oder anderen negativen Kapitaleinkünften **nicht zu rechtfertigen.** Wenngleich bei Aktien in besonderer Weise die Möglichkeit der schnellen Veräußerung ohne wesentliche Transaktionskosten und damit das Risiko einer besonders kurzfristigen sowie umfangreichen Verlustrealisation besteht, hat sich der Steuergesetzgeber im Wissen um die Besonderheiten dieser Einkunftsquelle für die Aufnahme von Veräußerungsgewinnen in den Tatbestand steuerbarer Kapitaleinkünfte entscheidet. Daher erscheint es als **nicht folgerichtig,** wenn die – aus Sicht des Haushaltsgesetzgebers ebenso unplanbaren und gerade aus Sicht des Privatanlegers häufig vom Zufall abhängigen – **Gewinne aus Aktienveräußerungen sofort besteuert, Verluste wegen der ungewissen Planbarkeit aber nur bei künftigen Veräußerungsgewinnen** verrechnet werden (HHR/*Buge* § 20 Rn. 620; KSM/*Jochum* § 20 Rn. A 29, A 169 und H 52 ff.; *Recnik* Die Besteuerung privater Kapitaleinkünfte durch die Abgeltungsteuer (2011), 143 ff.; Brandt/*Jochum* Europäische Perspektiven im Steuerrecht – Steuergerechtigkeit und Steuervereinfachung (2013), 221 (226 f.); *Rockoff* Beeinflussung der Investitionsentscheidung durch die Abgeltungsteuer (2014), 222; *Englisch* StuW 2007, 221 (238)).

277 Aus gleichheitsrechtlichen Gründen bedenklich erscheint auch, dass die Beschränkung der horizontalen Verlustverrechnung **nur bei Verlusten aus der Veräußerung von Aktien des Privatvermögens,** nicht hingegen bei solchen Veräußerungsverlusten gelten sollen, die nach § 20 Abs. 8 einer anderen Einkunftsart zugerechnet werden, obwohl das Verlustrisko des Kapitalanlegers und das Haushaltsrisiko des Staates unabhängig von der Zuordnung der Aktien zum Privat- oder Betriebsvermögen sind.

278 Die vorstehend beschriebenen gleichheitsrechtlichen Einwände aufgrund einer ungerechtfertigten Abweichung vom Gebot folgerichtiger Belastungsentscheidungen gelten für die mit GrenzStGestaltG v. 21.12.2019 eingeführten Verlustverrechnungsbeschränkungen für Termingeschäfte (§ 20 Abs. 6 S. 5 → Rn. 1394 ff.) und ausgefallene Kapitalforderungen (§ 20 Abs. 6 S. 6 → Rn. 1395 ff.) entsprechend (so auch Kirchhof/ *Bleschick* § 20 Rn. 177b und 177d; krit. auch mit Verweis auf faktisch kaum mögliche Verlustverrechnung mit entsprechenden Gewinnen: *Jachmann-Michel* jM 2020, 120 (122); *Weiss* EStB 2020, 64 (69); *Jachmann-Michel* BB 2020, 727 (729 f.)).

279–282 *Einstweilen frei*

283 **d) Bruttobesteuerung durch Werbungskostenabzugsverbot.** Die **Herauslösung des Werbungskostenabzugs für Kapitaleinkünfte** aus dem allgemeinen Werbungskostenabzug gemäß § 2 Abs. 2 S. 2 (→ Rn. 145) erscheint noch als **folgerichtige** Umsetzung der Abgeltungsteuer, um die Schedulenbesteuerung nicht nur für die Einnahmen, sondern auch für die Erwerbsaufwendungen konsequent durchzuführen (vgl. BFH 1.7.2014 – VIII R 53/ 12, BStBl. II 2014, 975). Damit ließe sich jedenfalls die **beschränkte Verrechnung** von Einnahmen und Erwerbsaufwendungen **nur innerhalb der Schedule der Kapitaleinkünfte rechtfertigen.**

284 Das Verbot des Abzugs von Erwerbsaufwendungen sogar innerhalb der Schedule nach § 20 Abs. 9 S. 1 erscheint jedoch als nicht ungerechtfertige Abweichung vom Folgerichtigkeitsgrundsatz und ist daher als **gleichheiswidrig** anzusehen. Nicht nur bei Steuerpflichtigen, bei denen hohen Erwerbsaufwendungen nur geringe Kapitaleinkünfte gegenüberstehen (so Korn/*Hama-*

cher/Dahm § 20 Rn. 57 und 458; HHR/*Intemann* § 20 Rn. 8), ist damit von einem Verstoß gegen die Besteuerung nach der objektiven Leistungsfähigkeit auszugehen (iE ebenso: Kirchhof/*Bleschick* § 20 Rn. 13; KSM/*Jochum* § 20 Rn. A 164 ff. und K 48 ff.; Schmidt/*Levedag* § 20 Rn. 262; HHR/*Kühner* § 32d Rn. 17; *Englisch* StuW 2007, 221 (238 f.); *Wenzel* DStR 2009, 1182 (1183 f.); *Hey* BB 2007, 1303 (1307); *Oho/Hagen/Lenz* DB 2007, 1322 (1323); *Worgulla/Söffing* FR 2007, 1005 (1010); *Behrend* BB 2007, 1025 (1028); *Haarmann* FS Herzig (2010), 423 (425); *Kämmerer* DStR 2010, 27 (29); **aA BFH** 1.7.2014 – VIII R 53/12, BStBl. II 2014, 975; BFH 21.10.2014 – VIII R 48/12, BStBl. II 2015, 270; BFH 28.1.2015 – VIII R 13/13, BStBl. II 2015, 393; Lademann EStG/*Jachmann-Michel/Lindenberg* § 20 Rn. 105; Kirchhof/*Pfirrmann* § 32d Rn. 2; *Eckhoff* FR 2007, 989 (997 f.); *Watrin/Wittkowski/Strohm* GmbHR 2007, 785 (790); *Weber-Grellet* NJW 2008, 545 (548 f.); *Gröpl* FS Steiner (2009), 228 (242 f.); *Philipowski* DStR 2009, 353 (356); *Musil* FR 2010, 149 (154); *Weber-Grellet* DStR 2013, 1357 (1359 f.); *Jachmann-Michel* DStJG 34, 251 (258)).

Zwar ist anzuerkennen, dass das BVerfG eine Typisierung des absetzbaren Aufwands für **285** Kapitaleinkünfte zulässt (BVerfG 27.6.1991 – 2 BvR 1493/89, BStBl. II 1991, 654) und dass ein Verbot des Abzugs tatsächlicher Werbungskosten die Kapitalertragsbesteuerung vereinfacht. Die teils vertretene **Auffassung, dass erst durch das Abzugsverbot die Abgeltungswirkung der Kapitalertragsteuer ermöglicht** werde (Lademann EStG/*Jachmann-Michel/Lindenberg* § 20 Rn. 105; Blümch/*Ratschow* § 20 Rn. 28; HHR/*Kühner* § 32d Rn. 6; *Meyer-Sandberg* Die Duale Einkommensteuer als Modell ungleicher Besteuerung von Arbeit und Kapital (2008), 167; *Recnik* Die Besteuerung privater Kapitaleinkünfte durch die Abgeltungsteuer (2011), 86 f.; *Eckhoff* FR 2007, 989 (997 f.); *Musil* FR 2010, 149 (152); *Weber-Grellet* NJW 2008, 545 (548 f.), ist jedoch **nicht zwingend.** Vielmehr wäre es möglich gewesen, Kapitalertragsgläubiger jedenfalls zum Abzug solcher Erwerbsaufwendungen zu veranlassen, die ihnen für den Besteuerungszeitraum bekannt werden (vgl. Kirchhof/*Bleschick* § 20 Rn. 14), wie dies mit den Regelungen der § 20 Abs. 1 Nr. 6 und Nr. 11, Abs. 4 S. 1 und S. 5 sogar obligatorisch von ihnen verlangt wird (*Englisch* StuW 2007, 221 (239); **aA** BFH 1.7.2014 – VIII R 53/12, BStBl. II 2014, 975).

Es erscheint als **nicht folgerichtig,** bestimmte Erwerbsaufwendungen im Rahmen von § 20 **286** Abs. 1 Nr. 6 und Nr. 11, Abs. 4 S. 1 und S. 5 steuermindernd zu berücksichtigen (→ Rn. 1474), im Übrigen aber nach § 20 Abs. 9 S. 1 vom Abzug auszuschließen (Kirchhof/*Bleschick* § 20 Rn. 15; HHR/*Buge* § 20 Rn. 567 und 682; *Rockoff* Beeinflussung der Investitionsentscheidung durch die Abgeltungsteuer (2014), 217*Englisch* StuW 2007, 221 (238); mit Bedenken auch Blümich/*Werth* § 32d Rn. 46). Während bis zum Inkrafttreten des UntStRefG 2008 zum 1.1.2009 (→ Rn. 4) eine Trennung zwischen der Steuerbarkeit laufender Kapitalerträge und der fehlenden Steuerbarkeit von Erträgen aus der Verwertung des Vermögensstamms bestand, die ihren Grund in der Differenzierung innerhalb der Gruppe der Erwerbsaufwendungen zwischen Werbungskosten, die mit laufenden Kapitalerträgen im Zusammenhang standen und daher abzugsfähig waren, und Anschaffungs(neben)kosten fand, die auf die Anschaffung des Vermögensstamms entfielen und daher nicht abgezogen werden konnten (→ Rn. 1279.1), ist dieser legitime Differenzierungsgrund mit der umfassenden Steuerbarkeit von Veräußerungsgewinnen nach § 20 Abs. 2 EStG idF UntStRefG 2008 nachhaltig entfallen. Dies gilt insbesondere vor dem Hintergrund, dass mit finanzwirtschaftlichen Instrumenten ein **laufender Kapitalertrag beliebig durch eine Kapitalforderung substiuiert** (→ Rn. 1144) und **Werbungskosten beliebig zu Anschaffungsneben- oder Veräußerungskosten umgestaltet werden** können (→ Rn. 1500.1 ff.). Gerade diese wirtschaftliche Gleichwertigkeit und Austauschbarkeit von Erwerbsaufwendungen bei völlig unterschiedlicher ertragsteuerlicher Behandlung zeigt, dass das Abzugsverbot nicht folgerichtig ausgestaltet ist.

Zugleich belegen die Veranlagungswahlrechte nach § 32d Abs. 4 (→ § 32d Rn. 255 ff.) **287** und Abs. 6 (→ § 32d Rn. 266 ff.), dass im Abgeltungsteuersystem die beabsichtigte **Verwaltungsvereinfachung nicht absolut umgesetzt** und die Herbeiführung von Veranlagungen zur **Wahrung des Leistungsfähigkeitsprinzips** möglich ist (*Fischer* DStR 2007, 1898 (1898 f.); *Wenzel* DStR 2009, 1182 (1183 f.)). Allerdings ist bei einfachrechtlicher Auslegung auch bei diesen Veranlagungen das Werbungskostenabzugsverbot des § 20 Abs. 9 anzuwenden (→ Rn. 1473), ohne dass erkennbar wird, warum bei Kapitaleinkünften ein im Vergleich zu anderen Einkunftsarten gesteigerter Verwaltungsaufwand für die Berücksichtigung von Erwerbsaufwendungen in Form von Werbungskosten bestehen soll.

287.1 Bedenkenswert erscheint auch der an volkswirtschaftlichen Modellen zur Kapitalmarkttheorie orientierte Ansatz, die Kapitalbildung oder -aufnahme als Möglichkeiten des intertemporalen Transfers wirtschaftlicher Leistungsfähigkeit anzusehen (*Ismer* DStJG Bd. 34 (2011), 91 (101 f.)). Danach wäre das Werbungskostenabzugsverbot nach § 20 Abs. 9 auch gemessen an einer Lebensleistungsfähigkeit bedenklich, da zwar temporäre Leistungsfähigkeitsmehrungen durch ansparbedingte Kapitalerträge besteuert, Leistungsfähigkeitsminderungen aber durch Abzugsverbote einseitig als steuerlich unbeachtlich behandelt werden.

288 Überdies orientiert sich die **Typisierungsentscheidung zur Höhe des Sparer-Pauschbetrags nicht an einem** für eine verfassungskonforme Typisierung erforderlichen typischen, **realitätsgerechten Maßstab** (Bordewin/Brandt/*Oellerich* § 32d Rn. 20; HHR/*Kühner* § 32d Rn. 6; *Meyer-Sandberg* Die Duale Einkommensteuer als Modell ungleicher Besteuerung von Arbeit und Kapital (2008), 161 f.; Brandt/*Jochum* Europäische Perspektiven im Steuerrecht – Steuergerechtigkeit und Steuervereinfachung (2013), 221 (225 f.); *Worgulla* Die Bruttobesteuerung in der Schedule der Einkünfte aus Kapitalvermögen (2013), 170 ff.; *Rockoff* Beeinflussung der Investitionsentscheidung durch die Abgeltungsteuer (2014), 218; *Treml* Die Bruttobesteuerung bei der Abgeltungsteuer auf Einkünfte aus Kapitalvermögen (2014), 150 f.; *Englisch* Die Abgeltungsteuer für private Kapitalerträge – ein verfassungswidriger Sondertarif (2016), 71 ff.; *Wenzel* DStR 2009, 1182 (1183 f.); **aA** *Strohm* Abgeltungsteuer (2010), 193 ff.; *Recnik* Die Besteuerung privater Kapitaleinkünfte durch die Abgeltungsteuer (2011), 125; *Musil* FR 2010, 149 (154 f.). Vielmehr wurde der Sparerfreibetrag bis zum Inkrafttreten des UntStRefG 2008 vielfach auf zuletzt 750 EUR angepasst und durch das UntStRefG 2008 mit dem Werbungskosten-Pauschbetrag iHv 51 EUR zu einem Sparer-Pauschbetrag iHv 801 EUR zusammengeführt (→ Rn. 1476.2 ff.). Für alle Erhöhungen oder Reduzierungen des Sparerfreibetrags in der wechselvollen Gesetzgebungshistorie führte der Gesetzgeber jedoch stets gesellschafts-, finanz- oder wirtschaftspolitische Gründe und zuletzt schlichte Sparzwänge an. Keine Erhöhung oder Reduzierung wurde jedoch damit begründet, dass die Erwerbsaufwendungen für die Erzielung von Kapitaleinkünften zwischenzeitlich gestiegen bzw. gesunken wären.

289 Der Gesetzgeber hat schließlich **keine eigenständige, an der Einführung des gesonderten Steuertarifs von 25% ausgerichtete Typisierungsentscheidung getroffen,** sondern Kapitalerträge lediglich in einer solchen Höhe von der Besteuerung ausgenommen, wie sie bis zur Einführung des Abgeltungsteuersystems zum 1.1.2009 bereits im Teileinkünftesystem ohne den Proportionalsteuersatz des § 32d Abs. 1 bestand. Dabei bleibt auch unklar, warum der Gesetzgeber beim Ansatz von Werbungskosten in Abs. 9 nicht auf den zuvor geltenden **Werbungskostenpauschbetrag von lediglich 51 EUR zurückgriff, obgleich dieser Betrag nach früherer Rechtslage die Werbungskosten für Einkünfte aus Kapitalvermögen typisierend abbilden sollte** und keine Anhaltspunkte für eine (vermeintliche) Änderung der typischen Werbungskosten in das Gesetzgebungsverfahren eingegangen sind. Bloße Verweise des Gesetzgebers, dass bei Kleinanlegern der Betrag der Kapitaleinkünfte den Pauschbetrag von 801 EUR idR nicht übersteige oder dass die Werbungskosten „einer kleine Gruppe von Spitzeninvestoren" (Lademann EStG/*Jachmann-Michel/Lindenberg* § 20 Rn. 105) durch die Absenkung des Steuersatzes von 45% auf 25% hinreichend ausgeglichen werden dürfte (BT-Drs. 16/4841, 57), erscheinen als zur Begründung unzureichend (ebenso: HHR/*Kühner* § 32d Rn. 6; **aA** *Recnik* Die Besteuerung privater Kapitaleinkünfte durch die Abgeltungsteuer (2011), 127 f.; *Weber-Grellet* DStR 2013, 1357 (1360)).

290 Die Berücksichtigung des Sparer-Pauschbetrags kann auch nicht mit einer pauschalen Regelung zur Berücksichtigung inflationsbedingter Geldwertverluste begründet werden, da eine **Berücksichtigung der Geldentwertung** im EStG generell nicht angelegt ist (→ Rn. 131 f.; ebenso: KSM/*Jochum* § 20 Rn. K 63 und K 66; HHR/*Buge* § 20 Rn. 681; *Kleinmanns* Besteuerung inflationsbedingter Scheingewinne im System des deutschen Einkommensteuerrechts und ihre verfassungsrechtliche Rechtfertigung (2009), 75 ff.; *Englisch* Die Abgeltungsteuer für private Kapitalerträge – ein verfassungswidriger Sondertarif (2016), 74 ff.; **aA** *Franzen/Meyer/Ziemer* Nominalwertprinzip, Geldentwertung und Besteuerung (IFSt-Schrift Nr. 134, 1973), 46; *Esser* Ertragsbesteuerung und Geldentwertung das Problem des „Scheingewinns" (IFSt-Schrift Nr. 374, 1999), 53 f.; *Djanani/Krenzin/Grossmann* StuW 2014, 145 (153)).

291–295 *Einstweilen frei*

296 **e) Rückwirkungsproblematik.** Der Gesetzgeber erkannte in der Gesetzeshistorie zu § 20 wiederholt Gestaltungen, die er als unerwünscht oder steuerschädlich erachtete und

bei denen er versuchte, Besteuerungslücken durch rückwirkende Regelungen zu schließen. Rückwirkungsprobleme stellen sich insbesondere bei der Neufassung von § 20 Abs. 1 Nr. 4 S. 2 durch das StVergAbG v. 16.5.2003 sowie durch JStG 2007 v. 13.12.2006 (→ Rn. 99 mwN) und von § 20 Abs. 1 Nr. 6 S. 1 durch JStG 2007 v. 13.12.2006 (→ Rn. 878 und → Rn. 920 mwN) sowie bei der Einfügung von § 20 Abs. 1 Nr. 7 S. 3 durch JStG 2010 v. 8.12.2010 (→ Rn. 1049 mwN), von § 20 Abs. 2 S. 1 Nr. 2 Buchst. a S. 2 durch Gesetz zur Anpassung des nationalen Steuerrechts an den Beitritt Kroatiens zur EU und zur Änderung weiterer steuerlicher Vorschriften v. 25.7.2014 (→ Rn. 1211) und von § 20 Abs. 4a durch JStG 2009 v. 19.12.2008 (→ Rn. 1337.1), ohne dass dies iE jedoch die Verfassungswidrigkeit der betreffenden Regelungen zur Folge hätte.

Einstweilen frei **297–312**

II. Normstruktur und zentrale Debatten

1. Binnensystematik des § 20

§ 20 **Abs. 1** bestimmt die laufenden Erträge aus der entgeltlichen Nutzung von Kapital **313**
(→ Rn. 521 ff.). Dabei ist zu unterscheiden zwischen Entgelten für die dauerhafte Kapitalüberlassung an Körperschaften als Eigenkapital (§ 20 Abs. 1 Nr. 1 und Nr. 2), Erträgen aus Investmentanteilen und Spezial-Investmentanteilen (§ 20 Abs. 1 Nr. 3 und Nr. 3a), Entgelten für die Kapitalüberlassung auf Zeit als Fremdkapital (§ 20 Abs. 1 Nr. 4 bis Nr. 8), Leistungen juristischer Personen iSd § 1 Abs. 1 Nr. 3 bis Nr. 5 KStG, Betrieben gewerblicher Art und wirtschaftlichen Geschäftsbetrieben (§ 20 Abs. 1 Nr. 9 und Nr. 10) sowie Stillhalterprämien für die Nichtausübung von Optionsrechten (§ 20 Abs. 1 Nr. 11).

§ 20 **Abs. 2** erstreckt die Steuerbarkeit auf die Gewinne aus der Übertragung des Vermö- **314**
gensstamms sowie aus sonstigen Realisationsvorgängen. Dies gilt in einer weitgehend parallelen Gesetzesstruktur für nahezu alle Kapitalanlagen iSd § 20 Abs. 1 (→ Rn. 1142 ff.).

§ 20 **Abs. 3** erweitert die Steuerbarkeit auf besondere Entgelte oder Vorteile, die neben **315**
den in § 20 Abs. 1 und 2 bezeichneten Einnahmen oder an deren Stelle gewährt werden (→ Rn. 1256 ff.).

§ 20 Abs. 1		§ 20 Abs. 2 S. 1	
Nr. 1	Bezüge aus Beteiligungen (→ Rn. 521 ff.)	Nr. 1	Gewinn aus der Veräußerung von Beteiligungen (→ Rn. 1193 ff.)
Nr. 2	Bezüge nach Auflösung einer Körperschaft bzw. nach Kapitalherabsetzung (→ Rn. 710 ff.)		
		Nr. 2	Gewinn aus der Veräußerung von Dividendenscheinen und sonstigen Ansprüchen ohne Veräußerung des Anteils an der Kapitalgesellschaft sowie von verkörperten Zinsscheinen und Zinsforderungen ohne Veräußerung der dazugehörigen Schuldverschreibung (→ Rn. 1199 ff.)
Nr. 3	Investmenterträge nach § 16 InvStG (→ Rn. 742 ff.)	Die Besteuerung von Veräußerungsgewinnen folgt unmittelbar aus dem InvStG.	
Nr. 3a	Spezial-Investmenterträge nach § 34 InvStG (→ Rn. 756 ff.)		
		Nr. 3	Gewinn bei Termingeschäften und aus der Veräußerung als

§ 20 Abs. 1		§ 20 Abs. 2 S. 1	
			Termingeschäft ausgestalteter Finanzinstrumente (→ Rn. 1218 ff.)
Nr. 4	Einnahmen aus stiller Gesellschaft und partiarischem Darlehen (→ Rn. 765 ff.)	Nr. 4	Gewinn aus der Veräußerung von stillen Beteiligungen bzw. partiarischen Darlehen (→ Rn. 1237 ff.)
Nr. 5	Zinsen aus Grundpfandrechten (→ Rn. 833 ff.)	Nr. 5	Gewinn aus der Übertragung von Grundpfandrechten (→ Rn. 1241)
Nr. 6	Erträge aus Kapital(lebens)versicherungen (→ Rn. 850 ff.)	Nr. 6	Gewinn aus der Veräußerung von Ansprüchen aus Kapital(lebens)versicherungen (→ Rn. 1244 f.)
Nr. 7	Erträge aus sonstigen Kapitalforderungen (→ Rn. 992 ff.)	Nr. 7	Gewinn aus der Veräußerung sonstiger Kapitalforderungen (→ Rn. 1247 ff.)
Nr. 8	Diskontbeträge von Wechseln und Anweisungen (→ Rn. 1055 ff.)		
Nr. 9	Einnahmen aus gewinnausschüttungsähnlichen Leistungen juristischen Personen iSd § 1 Abs. 1 Nr. 3 bis Nr. 5 KStG (→ Rn. 1065)	Nr. 8	Gewinn aus der Übertragung oder Aufgabe einer Rechtsposition iSd § 1 Abs. 1 Nr. 3 bis Nr. 5 KStG (→ Rn. 1253)
Nr. 10	Buchst. a: Leistungen eines kstpflichtigen Betriebes gewerblicher Art mit eigener Rechtspersönlichkeit (→ Rn. 1106 ff.)		
	Buchst. b: nicht den Rücklagen zugeführter Gewinn und verdeckte Gewinnausschüttungen bei Betrieb gewerblicher Art ohne eigene Rechtspersönlichkeit und aus wirtschaftlichem Geschäftsbetrieb eines Rechtssubjekts, das von der KSt-Pflicht befreit ist (→ Rn. 1113 ff.)		
Nr. 11	Stillhalterprämien (→ Rn. 1136 ff.)		
		§ 20 Abs. 2 S. 2 bis S. 5: Gewinne aus der Veräußerung gleichgestellten Realisationsvorgängen: Einlösung, Rückzahlung, Abtretung oder verdeckte Einlage in eine Kapitalgesellschaft (→ Rn. 1161 ff.)	
§ 20 Abs. 3 (→ Rn. 1256 ff.) Besondere Entgelte oder Vorteile, die neben den in den Absätzen 1 und 2 bezeichneten Einnahmen oder an deren Stelle gewährt werden.			

316 § 20 **Abs. 3a** regelt die materiell-rechtliche Zuordnung von Korrekturvorgängen im Rahmen des Kapitalertragsteuerverfahrens, wodurch die Notwendigkeit einer Änderung früherer Bescheide aufgrund neuer Tatsachen entfällt (→ Rn. 1267 ff.).

§ 20 **Abs. 4** trifft Regelungen zur Berechnung des Gewinns, der bei Veräußerungs- oder sonstigen Realisationsvorgängen iSd § 20 Abs. 2 steuerbar ist (→ Rn. 1272 ff.). § 20 **Abs. 4a** enthält ergänzende Regelungen für Fälle des Anteilstauschs, des Tauschs mit Baraufgabe sowie der Ausübung von Andienungs- und Bezugsrechten (→ Rn. 1336 ff.). 317

§ 20 **Abs. 5** trifft punktuelle Regelungen zur Zurechnung einzelner Kapitalanlagen; im Übrigen erfolgt die persönliche Zurechnung nach allgemeinen Kriterien (→ Rn. 1370 ff.). 318

§ 20 **Abs. 6 und Abs. 7** enthalten Beschränkungen zur Verlustverrechnung, die zum einen die für andere Einkunftsarten bestehenden Möglichkeiten der Verlustverrechnung – insbesondere durch vertikalen Verlustausgleich mit Einkünften anderer Einkunftsarten – weitgehend einschränken und die Kapitaleinkünfte zum anderen in allgemeine Regelungen zur Beschränkung des Verlustausgleichs gemäß § 15b einbinden (→ Rn. 1373). 319

§ 20 **Abs. 8** rechnet Einkünfte iSd § 20 Abs. 1 bis Abs. 3 anderen Einkunftsarten zu, soweit sie zu diesen Einkünften gehören (→ Rn. 1405 ff.). 320

§ 20 **Abs. 9** schließt den Abzug von Werbungskosten aus und lässt stattdessen den Abzug eines Sparer-Pauschbetrages zu, der auf die Höhe der positiven Kapitaleinkünfte begrenzt ist und nicht zu negativen Einkünften führen kann (→ Rn. 1472 ff.). 321

Einstweilen frei 322–326

2. Gegenstand der Kapitalertragsbesteuerung

a) Begriff des Kapitalvermögens. Die im EStG benutzte Formulierung „Einkünfte *aus* Kapitalvermögen" macht deutlich, dass nicht das Kapitalvermögen selbst, sondern nur die daraus tatsächlich erzielten Erträge der Einkommensteuer unterliegen. Die Begriffe „Kapital" oder „Kapitalvermögen" iSd § 20 sind keine tatsächlich vorgefundenen Zustände, die betriebswirtschaftlich (HHR/*Buge* § 20 Rn. 41; **aA** *Weißbrodt/Michalke* DStR 2012, 1533 (1535)) oder volkswirtschaftlich abzugrenzen wären (Blümich/*Ratschow* § 20 Rn. 4), sondern im Wege einer systematischen und telelogischen Auslegung zu bestimmen sind (*Austrup* Zinsbesteuerung (1994), 7). 327

Kapitalvermögen iSd § 20 besteht aus privatem Geldkapital und ist nicht die einheitlich zu beurteilende Gesamtheit von Kapitalanlagen, sondern eine **Summe jeweils gesondert zu beurteilender Anlagegegenstände.** Damit ist grundsätzlich auf **jede einzelne Kapitalanlage,** dh auf jedes einzelne Wertpapier, jede einzelne Beteiligung, jede einzelne Kapitalforderung abzustellen. Eine zusammenfassende Behandlung mehrerer oder gar aller Kapitalanlagen des Steuerpflichtigen findet mangels gesetzlicher Grundlage grundsätzlich nicht statt (stRspr RFH 7.2.1929 – I A 377/28, RStBl. 1929, 193; RFH 14.3.1934 – VI A 1125/33, RStBl. 1934, 711; BFH 3.11.1961 – VI 13/61 U, BStBl. III 1962, 35; BFH 26.11.1974 – VIII R 266/72, BStBl. II 1975, 331; BFH 15.12.1987 – VIII R 281/83, BStBl. II 1989, 16; BFH 27.6.1989 – VIII R 30/88, BStBl. II 1989, 934; BFH 24.3.1992 – VIII R 12/89, BStBl. II 1993, 18; BFH 11.2.2014 – IX R 46/12, BFH/NV 2014, 1025; BFH 14.5.2014 – VIII R 37/12, BFH/NV 2014, 1883; LBP/*Schlotter* § 20 Rn. 5; KSM/*Jochum* § 20 Rn. A 37; **für eine ausnahmsweise Zusammenfassung bei wirtschaftlicher Einheit:** Schmidt/*Levedag* § 20 Rn. 19; **aA** *Halfar* Der Gegenstand der Besteuerung im Rahmen der Einkünfte aus Kapitalvermögen (1995), 110 und 112 f. mit Verweis auf den Portfolio-Gedanken des Kapitalvermögens als Risikoverbund mit eine Zusammenspiel von Renditen und Risiken; ähnlich auch für Beteiligung und Gesellschafterdarlehen: *Krumm* FR 2020, 197 (206); *von Cölln* FR 2020, 248 (251)). Diese Frage sieht der **BFH als abschließend geklärt an** (BFH 22.1.2007 – VIII B 161/05, BFH/NV 2007, 889). 328

Jedenfalls solche **elektronischen Zahlungsmittel, virtuelle Währungen** bzw. **Kryptowährungen** wie Bitcoin etc, die nicht dem staatlichen Geld- und Währungsregime unterliegen, ohne staatliche Kontrolle durch sog. Mining selbst erzeugt und in der Folge übertragen werden können, sind kein Geldkapital iSd § 20, sondern stellen „andere Wirtschaftsgüter" iSd § 23 Abs. 1 S. 1 Nr. 2 dar (vgl. *Heuel/Matthey* NWB 2018, 1037 (1039); *Reiter/Nolte* BB 2018, 1179 (1180); *Dürr* FR 2019, 656 (657)). Unterliegen Kryptowährungen hingegen staatlicher Kontrolle (wie ggf. der jüngst gestartete venezolanische „Petro"), erscheint die Einordnung als Kapitalforderung iSd § 20 jedoch denkbar. 328.1

Damit müsste die Abgrenzung zwischen vorhandenem Kapitalvermögen und den daraus erzielten steuerbaren Kapitaleinkünften (BFH 27.6.1989 – VIII R 30/88, BStBl. II 1989, 329

934), die Einordnung in eine Einkunftsart (BFH 24.3.1992 – VIII R 12/89, BStBl. II 1993, 181), die Prüfung der Überschusserzielungsabsicht durch die Ermittlung des Überschusses der Einnahmen über die Werbungskosten für **jeden Anlagegegenstand gesondert** erfolgen (BFH 15.12.1987 – VIII R 281/83, BStBl. II 1989, 16; BFH 4.5.1993 – VIII R 7/91, BStBl. II 1993, 832; BFH 27.7.1999 – VIII R 36/98, BStBl. II 1999, 769; BFH 27.7.1999 – VIII R 79/98, BFH/NV 2000, 188; BFH 30.10.2001 – VIII R 29/00, BStBl. II 2006, 223; BFH 22.1.2007 – VIII B 161/05, BFH/NV 2007, 889; BFH 14.5.2014 – VIII R 37/12, BFH/NV 2014, 1883; LBP/*Schlotter* § 20 Rn. 22).

330 Folglich ist auch nach der Einführung der Abgeltungsteuer grundsätzlich eine **Zuordnung von Erwerbsaufwendungen zu konkret bestimmten Kapitaleinkünften erforderlich** (BFH 3.11.1961 – VI 13/61 U, BStBl. III 1962, 35; BFH 26.11.1974 – VIII R 266/72, BStBl. II 1975, 331; BFH 15.12.1987 – VIII R 281/83, BStBl. II 1989, 16; BFH 22.1.2007 – VIII B 161/05, BFH/NV 2007, 889), obwohl dies aufgrund des Abzugsverbots der tatsächlichen Werbungskosten gemäß § 20 Abs. 9 S. 1 zunächst nicht erforderlich erscheint.

331 Da jede Kapitalüberlassung auf einem Rechtsverhältnis beruht (→ Rn. 350 ff.), ist eine **Einzelbetrachtung jedes einzelnen Rechtsverhältnisses** erforderlich (→ Rn. 331). Eine zusammenfassende Behandlung mehrerer Rechtsverhältnisse erfolgt grundsätzlich nicht (BFH 30.10.2001 – VIII R 29/00, BStBl. II 2006, 223), **selbst wenn verschiedene Kapitalforderungen eine einheitliche wirtschaftliche Zielsetzung verfolgen** (BFH 11.2.2014 – IX R 46/12, BFH/NV 2014, 1025). So ist es etwa ausgeschlossen, ein durch Zu- und Abgänge veränderliches Aktiendepot im Rahmen einer Gesamtbetrachtung als Einheit zu behandeln (BFH 24.3.1992 – VIII R 12/89, BStBl. II 1993, 18). Auch die Komponenten von finanzwirtschaftlichen Kombinationsprodukten sind getrennt voneinander zu behandeln (Blümich/*Ratschow* § 20 Rn. 48; **aA** → Rn. 336). Die Frage, ob zwei Geschäfte (zB Rahmenvertrag und konkretes Veräußerungsgeschäft) einen einheitlichen Vertrag bilden und daher einheitlich zu behandeln sind, ist eine Rechtsfrage und wird durch eine rechtliche Wertung, nicht aber durch eine Beweiserhebung beantwortet (FG Niedersachsen 17.11.2016 – 6 K 230/15, DStRK 2017, 76, Nichtzulassungsbeschwerde eingelegt unter BFH I B 2/17).

332 Lässt sich eine aus einem Rechtsverhältnis resultierende **Zahlung wirtschaftlich und rechnerisch in verschiedene Teil-Erträge aufspalten,** so ist diese Zahlung wegen ihrer Gründung in einem einheitlichen Rechtsverhältnis gleichwohl als ein **einheitlicher Ertrag** zu behandeln und einem Besteuerungstatbestand des § 20 zuordnen (für die Zinsen aus einer Festgeldanlage: BFH 1.10.1996 – VIII R 68/94, BStBl. II 1997, 454; für Zinsen aus Aktienanleihen, die bei wirtschaftlicher Betrachtung teilweise als Zins, teilweise als Optionsprämie für das Risiko der Lieferung wertgeminderter Aktien geleistet werden: FG Düsseldorf 16.4.2013 – 13 K 2328/12 E, EFG 2013, 1217; *Schumacher* DStR 2000, 416 (417); *Schumacher* DStR 2000, 1218 (1218 f.); *Hagen* BB 2008, 759 (760); *Schmitt/Krause* DStR 2008, 82 (85)).

333 Nur für zwei Konstellationen lässt die Rechtsprechung ausnahmsweise eine sog. **Gruppenbildung** durch Zusammenfassung verschiedener Kapitalanlagen zu: Zum einen können mehrere Kapitalanlagen eines Steuerpflichtigen, insbesondere Wertpapiere und Beteiligungen, aus Gründen der Verwaltungsvereinfachung (BFH 3.11.1961 – VI 13/61 U, BStBl. III 1962, 35) als eine wirtschaftliche Einheit nach einheitlichen Grundsätzen beurteilt werden, wenn sie die gleiche wirtschaftliche Funktion haben (BFH 3.11.1961 – VI 13/61 U, BStBl. III 1962, 35; BFH 26.11.1974 – VIII R 266/72, BStBl. II 1975, 331; BFH 27.6.1989 – VIII R 30/88, BStBl. II 1989, 934; BFH 24.3.1992 – VIII R 12/89, BStBl. II 1993, 18; BFH 29.10.1998 – VIII B 43/98, BeckRS 1998, 30030810). **Voraussetzung hierfür ist ein qualifizierter zeitlicher, sachlicher und personeller Zusammenhang der einzelnen Anlagegegenstände** (*Haisch/Krampe* DStR 2011, 2178 (2180 f.)). Die grundsätzlichen Unterscheidungen zwischen ertragbringenden und ertraglosen Kapitalanlagen (BFH 3.11.1961 – VI 13/61 U, BStBl. III 1962, 35; BFH 26.11.1974 – VIII R 266/72, BStBl. II 1975, 331), zwischen steuerpflichtigen und steuerbefreiten Kapitalanlagen (vgl. BFH 21.2.1973 – I R 148/71, BStBl. II 1973, 509) oder zwischen Kapitalanlagen mit und ohne prognostiziertem Totalüberschuss kann **durch eine derartige Gruppenbildung jedoch nicht überwunden** werden (BFH 24.3.1992 – VIII R 12/89, BStBl. II 1993, 18). Zudem ist es nicht möglich, durch eine zusammengefasste Behandlung wirtschaftlich funktionsgleicher Kapitalanlagen einen dem Grunde nach nicht gegebenen Werbungskostenabzug zu eröffnen

(BFH 27.6.1989 – VIII R 30/88, BStBl. II 1989, 934; BFH 22.1.2007 – VIII B 161/05, BFH/NV 2007, 889).

Zum anderen ist eine Gruppenbildung bei größerem Kapitalvermögen (BFH 27.6.1989 – VIII R 30/88, BStBl. II 1989, 934) zur Schätzung iSd § 162 AO oder § 100 FGO zulässig, wenn sich im Einzelfall nicht mehr ermitteln lässt, welcher Werbungskostenanteil auf einzelne Kapitalanlagen entfällt. Erträge und Erwerbsaufwendungen können dann nach einem einheitlichen Durchschnittssatz bestimmt werden (BFH 3.11.1961 – VI 13/61 U, BStBl. III 1962, 35; BFH 26.11.1974 – VIII R 266/72, BStBl. II 1975, 331; BFH 24.3.1992 – VIII R 12/89, BStBl. II 1993, 18; BFH 4.5.1993 – VIII R 7/91, BStBl. II 1993, 832). Die Aufteilung kann dabei zB in der Weise erfolgen, wie sie üblicherweise in den Depotauszügen der Banken vorgenommen wird (BFH 4.5.1993 – VIII R 7/91, BStBl. II 1993, 832). **334**

Eine solche Gruppenbildung gehört in beiden Konstellationen – im Rahmen der Aufklärung des Sachverhalts – zur Mitwirkungspflicht des Steuerpflichtigen iSd §§ 90, 93 AO und ist – im Rahmen einer erforderlich werdenden Schätzung – Aufgabe des Finanzgerichts (BFH 24.3.1992 – VIII R 12/89, BStBl. II 1993, 18). **334.1**

Zwar sind sog. **strukturierte Produkte** (zB Wandelanleihen, Umtauschanleihen, Aktienanleihen), die zivilrechtlich als einheitliches Kapitalmarktprodukt ausgestaltet sind und eingebettete derivative Elemente (zB Optionsrechte) enthalten, auch steuerlich noch als einheitliche Kapitalanlage zu behandeln, deren Erträge trotz einer rechnerischen Aufteilungsmöglichkeit steuerrechtlich nicht zerlegt werden (→ Rn. 332; *Schumacher* DStR 2000, 416; *Haisch/Danz* DStR 2005, 2108 (2109); *Haisch/Danz/Jetter* DStZ 2007, 450 (457 f.); *Hagen* BB 2008, 759 (760); *Henkel* GStB 2009, 445 (448); **aA** *Fleischmann* NWB 1998, 4123 (4123 f.); *Schultze/Spudy* DStR 2001, 1143 (1146)). **335**

Problematisch wird die Einzelbetrachtung jeder Kapitalforderung jedoch, wenn aus mehreren rechtlich selbständigen Kapitalforderungen bestehende Finanzprodukte oder Gestaltungen **nur in ihrer Gemeinsamkeit eine wirtschaftliche Einheit** ergeben. Besondere Schwierigkeiten stellen sich bei **Sicherungsgeschäften (Kopplungsgeschäften, Hedgegeschäften)** durch Kombination gegenläufiger Kapitalforderungen zur Absicherung von Kurs- oder Währungsrisiken. Die Einzelbetrachtung jeder Kapitalforderung kann dabei dazu führen, dass die positiven Erträge aus einem Teil des Geschäfts steuerbar sind, während die Aufwendungen für den nicht zu positiven Erträgen führenden Teil des Geschäfts nicht steuermindernd berücksichtigt werden können. Der Steuerpflichtige wird dann in einem Umfang als steuerlich leistungsfähig behandelt, der den wirtschaftlichen Gegebenheiten nicht entspricht. Eine Öffnung des § 20 zur einheitlichen Behandlung rechtlich eigenständiger, aber wirtschaftlich miteinander verknüpfter Kapitalanlagen erscheint daher im Hinblick auf die fortschreitendenden finanzwirtschaftlichen Möglichkeiten **de lege ferenda wünschenswert** und zur Vermeidung leistungsfähigkeitswidriger Belastungen auch **gleichheitsrechtlich geboten** (iE ebenso: *Jachmann-Michel* DStR 2007, 877 (879); *Hagen* BB 2008, 759 (760); *Schmitt/Krause* DStR 2008, 82 (84); *Altvater/Buchholz* RDF 2015, 132 (133 ff.); *Spohn/Weber* RDF 2016, 148 (150 ff.) **aA** FG Düsseldorf 16.4.2013 – 13 K 2328/12 E, EFG 2013, 1217; kritisch: *Ebner* RDF 2016, 218 (224 ff.)). **336**

Einstweilen frei **337–341**

b) Begriff der Einkünfte aus Kapitalvermögen. Der Gesetzgeber bestimmt den Umfang steuerbarer Kapitaleinkünfte nicht abstrakt oder wirtschaftlich, sondern führt alle steuerbaren Kapitaleinkünfte in § 20 Abs. 1 bis Abs. 3 abschließend auf (→ Rn. 520). Eine **abstrahierende Erfassung des Begriffs „Einkünfte aus Kapitalvermögen" ist gleichwohl erforderlich,** um gerade § 20 Abs. 1 Nr. 7 („Erträge aus sonstigen Kapitalforderungen jeder Art") und § 20 Abs. 3 („besondere Entgelte oder Vorteile, die neben den in den Absätzen 1 und 2 bezeichneten Einnahmen oder an deren Stelle gewährt werden") **hinreichende Kontur** zu verleihen. **342**

§ 14 S. 3 AO sieht die Anlage von Kapitalvermögen gegen Entgelt als **Unterfall der Vermögensverwaltung** an (zur Abgrenzung privater Vermögensverwaltung zum Gewerbebetrieb → Rn. 1410 ff.). Verallgemeinernd unterfallen dem Begriff der „Einkünfte aus Kapitalvermögen" alle **Vermögensmehrungen, die der Inhaber privaten Geldkapitals bei wirtschaftlicher Betrachtung als Entgelt für die dauerhafte oder lediglich vorübergehende Überlassung seines Kapitals an einen anderen Rechtsträger** erzielt (vgl. **343**

stRspr: BFH 25.6.1974 – VIII R 109/69, BStBl. II 1974, 735; BFH 29.9.1981 – VIII R 39/79, BStBl. II 1982, 113; BFH 14.2.1984 – VIII R 126/82, BStBl. II 1984, 580; BFH 13.10.1987 – VIII R 156/84, BStBl. II 1988, 252; BFH 31.10.1989 – VIII R 210/83, BStBl. II 1990, 532; BFH 24.4.1990 – VIII R 170/83, BStBl. II 1990, 539; BFH 13.11.2007 – VIII R 36/05, BStBl. II 2008, 292; Blümich/*Ratschow* § 20 Rn. 4; **aA** für die Erfassung der Differenz zwischen zwei wechselseitigen Kapitalströmen unabhängig von ihrer wirtschaftlichen Begründung: *Halfar,* Der Gegenstand der Besteuerung im Rahmen der Einkünfte aus Kapitalvermögen (1995), 76, 80, 106 und 122 ff.). Insbesondere die Steuerbarkeit von Beteiligungserträgen in § 20 Abs. 1 Nr. 1 zeigt, dass **auch die dauerhafte Kapitalüberlassung** durch Einlage in eine Körperschaft zu Einkünften aus Kapitalvermögen führt, obwohl der Anteilseigner alle Rechte an dem an die Gesellschaft übertragenen Vermögen verliert und ihm kein Rückgewähranspruch zusteht (BFH 16.12.1992 – I R 32/92, BStBl. II 1993, 399).

344 Für die Erfassung als „Einkünfte aus Kapitalvermögen" kommt es weder auf die **Bezeichnung der Erträge** (BFH 14.2.1984 – VIII R 126/82, BStBl. II 1984, 580; BFH 13.10.1987 – VIII R 156/84, BStBl. II 1988, 252) noch darauf an, ob die Erträge in **offener oder verschleierter Form** gewährt werden (BFH 13.10.1987 – VIII R 156/84, BStBl. II 1988, 252). Die **Herkunft des überlassenen Kapitals** ist nicht entscheidend, sodass auch die Überlassung von Kapital, das seinerseits durch Fremdfinanzierung beschafft wurde, zu Kapitaleinkünften führt (BFH 31.10.1989 – VIII R 210/83, BStBl. II 1990, 532; LBP/*Schlotter* § 20 Rn. 5). Hinsichtlich der **Form der Kapitalüberlassung** ist der Tatbestand von § 20 denkbar weit. So kann die Kapitalüberlassung in unterschiedlicher Art und Weise erfolgen, etwa durch Hingabe als Darlehen (→ Rn. 379), durch Novation eines bestehenden Zahlungsanspruchs in ein Darlehen oder durch zeitliche Streckung eines Zahlungsanspruchs mittels Verrentung (BFH 9.2.2010 – VIII R 43/06, BStBl. II 2010, 818; BFH 9.2.2010 – VIII R 35/07, BFH/NV 2010, 1793). Steuerbar sind **Kapitalerträge in jeder Höhe;** für die **Nichtbesteuerung geringfügiger Erträge aus Billigkeit** besteht weder Raum noch Anlass (**aA** BMF 18.1.2016, BStBl. I 2016, 85 Rn. 126).

345–349 *Einstweilen frei*

350 **c) Ableitung der Kapitalüberlassung aus einem Rechtsverhältnis.** Aus **§ 24 Nr. 2,** der eine Steuerpflicht des Rechtsnachfolgers für „Einkünfte […] aus einem früheren **Rechtsverhältnis** im Sinne des § 2 Abs. 1 S. 1 Nr. 5 bis 7" begründet, folgt, dass **allen Kapitaleinkünften** iSd § 2 Abs. 1 S. 1 Nr. 5 iVm Abs. 1 S. 2 iVm § 20 als gemeinsames Merkmal ein **Rechtsverhältnis** zugrunde liegt (BFH 16.12.1992 – I R 32/92, BStBl. II 1993, 399). Eine rein faktische Kapitalüberlassung ist nicht möglich (**aA** *Hofner* Der Tatbestand „Einnahmen aus Kapitalvermögen" im deutschen Einkommensteuerrecht (1997), 69 f. und 73: Herleitung aus Rechtsverhältnis ungeeignet).

351 Der Begriff des Rechtsverhältnisses beinhaltet eine sich aus einem konkreten Sachverhalt ergebende rechtliche Beziehung zwischen Kapitalgeber und Kapitalnehmer. Diese rechtliche Beziehung ist nicht auf ein bestimmtes Rechtsgebiet beschränkt, sondern kann sowohl privatrechtlicher als auch öffentlich-rechtlicher Natur sein und dabei aus einem hoheitlichen Einzelakt oder als gesetzliche Folge eines bestimmten Verhaltens resultieren (BFH 22.4.1966 – VI 142/65, BStBl. III 1966, 462). Zu Recht ist unerheblich, ob der Überlassung von Kapital ein Darlehens-, Kaufvertrag oder Arbeitsvertrag bzw ein anderer Rechtsgrund zugrunde liegt (BFH 8.4.1986 – VIII R 260/82, BStBl. II 1986, 557; BFH 31.10.1989 – VIII R 210/83, BStBl. II 1990, 532). Ein nach ausländischem Recht begründetes Rechtsverhältnis kann der Steuerbarkeit zugrunde gelegt werden, sofern es inhaltlich einem für § 20 relevanten inländischen Rechtsverhältnis im Wesentlichen entspricht (→ Rn. 100 ff.). Ist oder wird ein Rechtsverhältnis unwirksam, so ist dies nach § 41 Abs. 1 S. 1 AO für die Besteuerung unerheblich, soweit und solange die Beteiligten das wirtschaftliche Ergebnis dieses Rechtsgeschäfts gleichwohl eintreten und bestehen lassen (Kirchhof/*Bleschick* § 20 Rn. 111).

352 Maßgebend soll nach **stRspr** das **Rechtsverhältnis sein, auf dem die Überlassung des Kapitalvermögens zur Nutzung beruht** (BFH 22.8.1990 – I R 69/89, BStBl. II 1991, 38; BFH 5.12.1990 – I R 94/88, BStBl. II 1991, 287; BFH 5.12.1990 – I R 27/90, BFH/NV 1991, 657; BFH 30.4.1991 – VIII R 38/87, BStBl. II 1991, 574; BFH 16.12.1992 – I R 32/92, BStBl. II 1993, 399; BFH 29.3.2001 – IV R 71/99, BFH/NV

2001, 1251; idS auch BFH 29.11.1982 – GrS 1/81, BStBl. II 1983, 272). Danach scheint eine logische oder zeitliche Reihenfolge erforderlich zu sein, in der zunächst eine rechtliche Beziehung zwischen Kapitalgeber und Kapitalnehmer begründet wird, auf dem die anschließende Kapitalüberlassung beruht.

Keine dogmatischen Schwierigkeiten ergeben sich dabei, wenn die Kapitalüberlassung aufgrund einer vorherigen Vereinbarung oder jedenfalls auf der einseitige Veranlassung des Kapitalgebers beruht, der damit jedenfalls konkludent ein Rechtsverhältnis im Sinne einer Leihe, einer gesellschaftsrechtlichen Beteiligung durch Einlage etc. begründet und so für den Kapitalnehmer den Rechtsgrund zum jedenfalls kurzfristigen Behaltendürfen des Kapitals schafft. **352.1**

Argumentative Schwierigkeiten ergeben sich jedoch, **wenn ein der Kapitalüberlassung vorgelagertes Rechtsverhältnis (vermeintlich) fehlt,** weil einem Steuerpflichtigen ohne oder gegen seinen Willen ihm materiellrechtlich zustehendes Kapital zeitweise entzogen oder die dadurch bestehende Nutzungsmöglichkeit bzw. vorenthalten wurde. So sah sich der BFH in solchen Fällen mehrfach zu relativierenden Formulierungen veranlasst, etwa dass der für Kapitaleinkünfte charakteristischen Nutzungsüberlassung jedenfalls „im Regelfall" ein Rechtsverhältnis zugrunde liege (BFH 30.4.1991 – VIII R 38/87, BStBl. II 1991, 574) oder dass Verzugszinsen „wie ‚normale' Zinsen […] gezahlt" würden (BFH 22.4.1966 – VI 142/65, BStBl. III 1966, 462). Zudem betont der BFH zwar, dass dem Besteuerungsgegenstand der Einkünfte aus Kapitalvermögen – wie bei den anderen Einkunftsarten – auch **Handlungselemente** zugrunde lägen (BFH 30.4.1991 – VIII R 38/87, BStBl. II 1991, 574; BFH 8.10.1991 – VIII R 48/88, BStBl. II 1992, 174 → Rn. 361 f.), lässt es für die Steuerbarkeit von Verzugszinsen jedoch genügen, dass der Kapitalgeber sich bei Verzug mit der Nichtzahlung des Schuldners „abfindet". Daraus leitet er her, dass steuerbare Kapitalerträge unabhängig davon vorliegen, ob die Kapitalüberlassung freiwillig durch den Kapitalgeber erfolge oder von ihm erzwungen sei. Dabei könne die erzwungene Kapitalüberlassung auf einem vorausgehenden öffentlich-rechtlichen Rechtsakt (für die Steuerbarkeit von Zinsen auf Steuererstattungsbetrag: BFH 18.2.1975 – VIII R 104/70, BStBl. II 1975, 568; BFH 8.4.1986 – VIII R 260/82, BStBl. II 1986, 557; BFH 14.4.1992 – VIII B 114/91, BFH/NV 1993, 165; BFH 13.11.2007 – VIII R 36/05, BStBl. II 2008, 292) oder einer faktisch hinzunehmenden Kapitalüberlassung durch Nichtzahlung des Schuldners beruhen, mit der sich ein Gläubiger für die Zeit des Verzugs abfinden müsse (für die Steuerbarkeit von Verzugszinsen daher: RFH 17.3.1927 – VI A 576/26, RStBl. 1927, 118; BFH 22.4.1966 – VI 142/65, BStBl. III 1966, 462; BFH 29.9.1981 – VIII R 39/79, BStBl. II 1982, 113; BFH 21.6.1994 – IX R 57/89, BFH/NV 1995, 106). **352.2**

Entscheidendes Rechtsverhältnis iSd § 24 Nr. 2 ist nach hier vertretener Auffassung nicht das Rechtsverhältnis, auf dem die Kapitalüberlassung beruht, sondern nur das Rechtsverhältnis, aufgrund dessen der Kapitalgeber ein Entgelt für die ihm – willentlich oder unwillentlich sowie zeitweise oder dauerhaft – entzogene Möglichkeit der Kapitalnutzung verlangen kann, dh das Rechtsverhältnis, das unmittelbar einen Entgeltanspruch des Kapitalgebers gegen einen Kapitalnehmer begründet. Soweit ein Steuerpflichtiger wirtschaftlicher Eigentümer von Kapital ist (sog. Kapitalgeber), über das er aktuell nicht verfügen kann, weil ein anderer ohne oder gegen seinen Willen über das Kapital verfügt, entsteht daraus nach der (Zivil-, Verwaltungs-, Straf- oder Steuer-)Rechtsordnung ipso iure ein Rechtsverhältnis, das den wirtschaftlichen Eigentümer zur Herausgabe des Kapitals berechtigt, sobald und so lange der Schuldner (sog. Kapitalnehmer) unberechtigt über das Kapital verfügt. Eine Berechtigung des Schuldners kann dabei von Anfang fehlen, etwa indem er dem Berechtigten das Kapital wegnimmt, oder erst nach einer zunächst berechtigten Kapitalnutzung entfallen, wenn er das ihm berechtigt überlassene Kapital am Ende der zur Nutzung berechtigenden Zeit nicht an den Gläubiger überträgt. Allen sich daraus ergebenden vertraglichen oder gesetzlichen Zins-Ansprüchen als Vertrags-, Schadensersatz- oder Nutzungsersatzpflicht (zB Säumis-, Verzugs-, Verspätungszinsen) ist gemein, dass sie dem Berechtigte einen Ausgleich für die fehlende Nutzungsmöglichkeit des ihm zunächst oder oder jedenfalls ab einem bestimmten Zeitpunkt zustehenden Kapitals vermitteln. Dabei zeigen die Wertungen der (Zivil-, Verwaltungs-, Straf- oder Steuer-)Rechtsordnung, dass der Berechtigte insofern gerade keine besondere, dogmatisch oder zeitlich vorgelagerte Rechtshandlung im Sinne einer aktiven „Überlassung" von Kapital an den Schuldner vorgenommen haben muss, um neben dem Anspruch auf Auszahlung des ihm zustehenden Kapitals auch einen darauf aufbauenden Zinsanspruch zu begründen. **353**

So würde beispielsweise das für die Steuerbarkeit von Erstattungszinsen erforderliche Rechtsverhältnis durch Entstehung des Erstattungsanspruchs im Augenblick der Überzahlung (vgl. BFH 18.2.1975 – **353.1**

VIII R 104/70, BStBl. II 1975, 568) oder das für die Steuerbarkeit von Verzugszinsen erforderliche Rechtsverhältnis unmittelbar durch den Verzug entstehen und damit die Entstehung des Anspruchs auf Verzugszinsen begründet.

354 Wenn der Entgeltanspruch nach den vorgenannten Grundsätzen jedoch unabhängig davon entsteht, ob die Kapitalüberlassung mit oder ohne bzw. gegen den Willen des Kapitalgebers erfolgt ist, dann kann das Steuerrecht diese Wertung der (Zivil-, Verwaltungs-, Straf- oder Steuer-)Rechtsordnung aufgreifen. Wegen der **insofern gleichen Leistungsfähigkeit des Kapitalgebers** ist es für die Besteuerung des Entgeltanspruchs folglich ohne Bedeutung, ob die zu dem Entgelt führende Rechtsbeziehung zwischen Kapitalgeber und Kapitalnehmer bereits die Grundlage für den zeitweisen oder dauerhaften Verlust der Nutzungsmöglichkeit des Kapitalgebers oder lediglich dessen außersteuerliche Folge darstellt.

355 Entweder lässt man in Fällen der unfreiwilligen Kapitalüberlassung ausnahmsweise den **Handlungstatbestand des Besteuerungstatbestands** (→ Rn. 361 ff.) im Sinne der Einheit der Rechtsordnung **zurücktreten,** weil außersteuerliche Zinsansprüche auch ohne besondere Rechtshandlung eines Kapitalberechtigten ipso iure entstehen, oder man sieht die „Tätigkeit" des Gläubigers darin, dass dieser auf die eigenständige Herstellung der rechtlich zutreffenden Zuordnung **zugunsten der staatlichen Instrumente zur Feststellung und Durchsetzung seiner Ansprüche zu verzichtet.** Jedenfalls **typisiert** der Gesetzgeber mit der Existenz gesetzlicher Zinsansprüche das Interesse des Gläubigers an einem wirtschaftlichen Entgelt für den Verlust seiner Möglichkeit zur Kapitalnutzung, sodass die Darlegung einer **Überschusserzielungsabsicht** zur Begründung der Steuerbarkeit nicht eigens erforderlich ist (**aA** BFH 24.5.2011 – VIII R 3/09, BStBl. II 2012, 254; 28.2.2018 – VIII R 53/14, DStR 2018, 1655 Rn. 17 ff.: Einkünfte aus erzwungener Kapitalüberlassung setzen keine subjektive Einkünfteerzielungsabsicht des Steuerpflichtigen voraus).

356–360 *Einstweilen frei*

361 **d) Zustands-, Handlungs- und Erfolgstatbestand der Kapitaleinkünfte.** Wie allen Einkunftsarten des EStG liegen auch der Steuerbarkeit von Kapitaleinkünften **drei tatbestandsbegründende Merkmale** in Form eines Zustands-, eines Handlungs- und eines Erfolgstatbestands zugrunde (Kirchhof/*Bleschick* § 20 Rn. 2 und 17; **aA** *Halfar* Der Gegenstand der Besteuerung im Rahmen der Einkünfte aus Kapitalvermögen (1995), 68; *Hofner* Der Tatbestand „Einnahmen aus Kapitalvermögen" im deutschen Einkommensteuerrecht (1997), 67 f.; *Wassermeyer* StuW 1988, 283 (287)). Der sog. **Zustandstatbestand** benennt als Voraussetzung und rechtfertigenden Grund für die Erhebung der Einkommensteuer, dass der Steuerpflichtige zur Erzielung seiner Einkünfte auf eine Erwerbsgrundlage in Form von Markt- und Rechtsstrukturen zugreifen kann, die von der Rechtsgemeinschaft geschaffen und geschützt werden. Der sog. **Handlungstatbestand** verlangt die konkrete und tatsächliche Nutzung dieser Erwerbsgrundlage in Form eines Erwerbshandelns des Steuerpflichtigen, das sodann im Rahmen des sog. **Erfolgstatbestands** zu konkreten Einkünften, dh zu einem tatsächlichen Vermögenszuwachs führt (Kirchhof/*Kirchhof* § 2 Rn. 7 ff.).

362 Der **Zustandstatbestand** der Kapitaleinkünfte gemäß § 2 Abs. 1 S. 1 Nr. 5, Abs. 1 S. 2 iVm § 20 ist **vergleichsweise stark ausgeprägt** (Kirchhof/*Bleschick* § 20 Rn. 2 und 17). Die zur Erzielung von Kapitaleinkünften erforderliche Überlassung von Kapital des Kapitalgebers an Kapitalnehmer verlangt nicht nur einen funktionierenden Kapitalmarkt, der eine effiziente Kapitalallokation erst ermöglicht, sondern auch ein funktionierendes Rechtssystem, das Kapitalvermögen schützt, (zivil)rechtliche Instrumente zur Kapitalüberlassung bereitstellt und Ansprüche des Kapitalgebers auf ein Entgelt für seine Kapitalüberlassung oder auf Rückzahlung seines Kapitals begründen sowie notfalls zwangsweise durchsetzen kann.

363 Im Vergleich hierzu fällt der **Handlungstatbestand deutlich schwächer** aus, da nach der geltenden Ausgestaltung des § 20 alle an den Kapitalgeber geleisteten Entgelte für die Überlassung seines Kapitals steuerbar sind, ohne dass er die Überlassung willentlich veranlasst haben muss (→ Rn. 353 ff.).

364 Wieder deutlich stärker ausgeprägt ist der **Erfolgstatbestand** der an der Quellentheorie ausgerichteten Kapitalertragsbesteuerung an tatsächlich aus der Kapitalüberlassung erzielte und dem Steuerpflichtigen zugeflossene Erträge und Gewinne anknüpft (→ Rn. 370).

365–369 *Einstweilen frei*

e) Quellentheoretischer Ansatz der Kapitalertragsbesteuerung. Nach § 2 Abs. 2 S. 1 Nr. 2 werden die **Einkünfte aus Kapitalvermögen** grundsätzlich aus dem Überschuss der Einnahmen über die Werbungskosten ermittelt (§§ 8 bis 9a), sofern es nicht gemäß § 20 Abs. 8 S. 1 zur Zurechnung zu einer anderen Einkunftsart und zur Behandlung nach den für diese geltenden Vorschriften zur Einkünfteermittlung kommt (→ Rn. 1405 ff.). Entsprechend quellentheoretischer Grundsätze ordnet der Steuergesetzgeber damit die Einkünfte aus Kapitalvermögen als **Überschusseinkünfte** ein (Blümich/*Ratschow* § 20 Rn. 49; **aA** *Ebner* NWB 2008, 2795 (2798)), verlangt eine **Stromgrößenbetrachtung der Zu- und Abflüsse** und unterwirft nur die aus dem Kapitalvermögen erzielten Erträge der Einkommensteuer. Dabei kann die **Frucht aus einer anderen Einkunftsart** (zB die Mietzinsforderung bei Einkünften aus Vermietung und Verpachtung) zugleich die **Einkunftsquelle für Kapitaleinkünfte** (zB bei Verzug für die Zahlung von Verzugszinsen) bilden (*Stuhldreier* Die Zuordnung von Zinseinnahmen zu den einzelnen Einkünften (1996), 117). 370

Die Einordnung als Überschusseinkunftsart hatte bis zur Unternehmensteuerreform 2008 zur Folge, dass Werterhöhungen oder -minderungen innerhalb des im Privatvermögen vorhandenen Kapitalbestands unberücksichtigt blieben und Gewinne aus der Veräußerung einer derartigen Kapitalanlage sowie bloße Vermögensumschichtungen innerhalb des vorhandenen Kapitalvermögens nicht zu Kapitaleinkünften iSd § 20 führten. Punktuelle Durchbrechungen dieses Grundsatzes waren nur bei wesentlicher Beteiligung (§ 17) sowie bei An- und Verkauf binnen kurzer Zeit vorgesehen (§ 22 Nr. 2 iVm § 23 Abs. 1 S. 1 Nr. 2; vgl. BFH 27.6.1989 – VIII R 30/88, BStBl. II 1989, 934). Damit bestanden jedoch aus Sicht des Gesetzgebers unerwünschte Gestaltungsanreize, zB zur Veräußerung verlustbringender Kapitalanlagen noch vor Ablauf der Spekulationsfrist oder zur Ausgestaltung des Entgelts zur Kapitalnutzung als Wertsteigerungen statt als laufender Kapitalertrag (→ Rn. 1144). 371

Durch **UntStRefG 2008 v. 14.8.2007** (→ Rn. 72; zur zeitlichen Anwendbarkeit → Rn. 99) wurde die bis dahin nur punktuell durchbrochene **Trennung von Kapitalvermögen und Kapitalertrag aufgehoben.** Gewinne aus der Veräußerung einer Kapitalanlage oder aus sonstigen Realisationsvorgängen in **§ 20 Abs. 2** sind seitdem auch unabhängig von Beteiligungsquote und Haltedauer steuerbar (→ Rn. 1142 ff.). Trotz der nach § 20 Abs. 2 und Abs. 4 erforderlichen Gewinnberechnung wurde jedoch **kein abstrakter Vermögensvergleich** des Kapitalvermögens iSd § 4 etabliert, sondern ein Veräußerungs- oder sonstiger Realisationsakt als zum steuerbaren Zufluss des Veräußerungserlöses führendes Ereignis verlangt. Zudem lässt **§ 2 Abs. 2 S. 2** anstelle der ansonsten abzugsfähigen Werbungskosten nur den Ansatz des Sparer-Pauschbetrags iSd § 20 Abs. 9 zu (→ Rn. 145), sodass sich die Einkünfte aus Kapitalvermögen nunmehr aus dem **Überschuss der Einnahmen über den Sparer-Pauschbetrag** ergeben. 372

Der Gesetzgeber hat somit im Zuge der Unternehmensteuerreform 2008 **keine dritte Einkünfteermittlungsart** und **keine gesonderte Kategorie eines steuerverhafteten „Finanzvermögens"** geschaffen, das neben die steuerlichen Sphären des Privat- bzw. Betriebsvermögen treten könnte und entsprechend den Regelungen zum Betriebsvermögensvergleich zu behandeln wäre (Korn/*Hamacher/Dahm* § 20 Rn. 41 ff., 46 und 50; *Helios/Link* DStR 2008, 386 (388); *Dahm/Hamacher* DStR 2008, 1910 (1910 f. und 1917); *Haisch/Krampe* DStR 2011, 2178 (2180); **aA** FG München 17.7.2017 – 7 K 1888/16, EFG 2017, 1792 mit Verweis auf Schmidt/*Weber-Grellet*, 36. Aufl. 2017, § 20 Rn. 3: „ähnlich wie bei betrieblichen Einkünften steuerverhaftet"; auch *Philipowski* DStR 2007, 1615 (1616): „umfassende Wertzuwachsbesteuerung"; *Ebner* NWB 2008, 2795 (2798): „Modifizierte Überschussrechnung"; *Seer* DStJG Bd. 34 (2011), 1 (7) „Untereinkunftsart"; *Halfar*, Der Gegenstand der Besteuerung im Rahmen der Einkünfte aus Kapitalvermögen (1995), 122 und 126: „Einkünfte aus „Geldvermögen" als dritte Einkunftsart). 373

Dies hat insbesondere zur Folge, dass nunmehr alle laufenden Erträge aus Kapitalanlagen des Privatvermögens sowie alle Gewinne aus der Veräußerung privater Kapitalanlagen der Besteuerung unterliegen, während der Bestand der Kapitalanlagen und deren Wertveränderungen weiterhin dem einkommensteuerlich unbeachtlichen Bereich des Vermögens bzw. der Vermögensverwendung des Steuerpflichtigen zuzurechnen sind (iE → Rn. 376 ff.). Für die Besteuerung der Erträge aus einer Kapitalüberlassung ist daher zu Recht unerheblich, ob die zugrunde liegende Kapitalforderung selbst steuerbar ist (→ Rn. 1003). 374

Die bloße **Überlassung von Kapital zur Nutzung** durch den Kapitalgeber an den Kapitalnehmer ist daher für beide weiterhin nicht steuerbar (BFH 19.10.1982 – VIII R 97/ 375

79, BStBl. II 1983, 295). Auch **Einlagen eines Gesellschafters** in eine Kapitalgesellschaft sind sowohl auf der Ebene der Gesellschaft als auch auf der Ebene der Gesellschafter steuerneutral (BFH 19.7.1994 – VIII R 58/92, BStBl. II 1995, 362), sondern führen nur zu nachträglichen Anschaffungskosten der Beteiligung (BFH 20.4.1999 – VIII R 44/96, BStBl. II 1999, 698).

376 Folgerichtig bleiben **(Kapital)Forderungen** sowie **unrealisierte Wertveränderungen** dieser Kapitalanlagen **unberücksichtigt.** Bloße **Wertsteigerungen** sind grundsätzlich kein Entgelt für eine Kapitalüberlassung (*Seibold* StuW 1990, 165 (168) und führen nur ausnahmsweise zu laufenden Kapitalerträgen iSd § 20, soweit in ihnen Kapitalerträge enthalten sind (BFH 9.10.1979 – VIII R 67/77, BStBl. II 1980, 116; BFH 2.3.1993 – VIII R 13/91, BStBl. II 1993, 602; *Helios/Link* DStR 2008, 386 (388); so für Finanzinnovationen wie Nullkuponanleihen → Rn. 1249 f.). Bloße **Wertminderungen** der Kapitalforderung durch **inländische Geldwertverschlechterung** bzw. Inflation (zum Nominalwertprinzip → Rn. 131 ff.) oder durch Abwertungsverluste von Forderungen in **ausländischer Währung** (→ Rn. 1030.1) sind nicht steuerbar. Erst wenn die Kapitalanlage veräußert wird oder dauerhaft ausfällt, ist ein hierbei entstehender Verlust nach § 20 Abs. 2 steuerbar (→ Rn. 1148 ff. und → Rn. 1163). In diesem Fall werden auch Gewinne steuerbar, die ausschließlich auf Wechselkursänderungen beruhen (vgl. BFH 24.10.2000 – VIII R 28/99, BStBl. II 2001, 97; HHR/*Buge* § 20 Rn. 40).

377 Unberücksichtigt bleiben auch **Wertschwankungen** durch **Kursschwankungen** börsennotierter Aktien, Anleihen etc (Blümich/*Ratschow* § 20 Rn. 16 ff.) bis zum völligen Wertverlust des Kapitalvermögens (BFH 11.1.1966 – I 53/63, BStBl. III 1966, 218; BFH 9.10.1979 – VIII R 67/77, BStBl. II 1980, 116). Eine steuerliche Geltendmachung derartiger Verluste ist nur und erst möglich, wenn sie sich infolge einer Veräußerung oder eines gleichgestellten Vorgangs iSd § 20 Abs. 2 tatsächlich realisiert haben (zum endgültigen Zahlungsausfall als möglichen Realisationstatbestand → Rn. 1164).

378 Schließlich bewirken die **Rückzahlung von Kapital** und das **Erlöschen des zugrundeliegenden Rechtsverhältnisses** grundsätzlich weder beim Kapitalgeber noch beim Kapitalnehmer einen steuerbaren Vorgang, sondern lediglich eine nicht steuerbare **Vermögensumschichtung** (RFH 14.9.1935 – VI A 443/34, RStBl. 1936, 121; BFH 19.10.1982 – VIII R 97/79, BStBl. II 1983, 295; BFH 10.3.1992 – VIII R 66/89, BStBl. II 1992, 1032; BFH 7.12.2004 – VIII R 70/02, BStBl. II 2005, 468; BFH 14.4.2015 – IX R 35/13, BStBl. II 2015, 795; LBP/*Schlotter* § 20 Rn. 5; nur soweit daraus ein eigenständiger Ertrag entsteht, ist dieser nach § 20 Abs. 2 steuerbar → Rn. 1168). So sind insbesondere die offene Rückzahlung von Gesellschaftskapital bzw. die Einlagenrückgewähr an einen Gesellschafter nach vorheriger handels- bzw. gesellschaftsrechtlich wirksamer Kapitalherabsetzung ein einkommensteuerlich neutraler Vorgang im Vermögensbereich (BFH 1.12.1967 – VI 379/65, BStBl. II 1968, 145; BFH 21.12.1972 – I R 70/70, BStBl. II 1973, 449; BFH 6.4.1976 – VIII R 72/70, BStBl. II 1976, 341; BFH 25.10.1979 – VIII R 46/76, BStBl. II 1980, 247; BFH 30.5.1990 – I R 41/87, BStBl. II 1991, 588; BMF 4.6.2003, BStBl. I 2003, 366 Rn. 1). Bei Einlagen in eine Kapitalgesellschaft stellt deren Verbuchung auf dem steuerlichen Einlagekonto gemäß § 27 KStG sicher, dass es insofern tatsächlich nicht zur Besteuerung der Kapitalrückzahlung kommt (→ Rn. 676 ff.; vgl. Blümich/*Oellerich* KStG § 27 Rn. 10). Eine Kapitalrückzahlung an den Gesellschafter bewirkt bei diesem eine Minderung der Anschaffungskosten seiner Beteiligung (BFH 20.4.1999 – VIII R 44/96, BStBl. II 1999, 698).

379 Von der **Rückzahlung einer Kapitalforderung,** die durch zivilrechtliche Erfüllung (§ 362 BGB) zum Erlöschen der Forderung führt, zu unterscheiden ist die **Rückzahlung des Kapitalertrags,** insbesondere wenn dieser wie in Fällen der sog. Novation durch das „Stehenlassen" von Zinsforderungen zur Wiederanlage genutzt wird (→ Rn. 344). Der Zufluss eines Kapitalertrags zum Vermögen des Kapitalgebers löst einen für den Kapitalgeber im Zuflusszeitpunkt steuerbaren Geschäftsvorfall aus. Sofern der Kapitalgeber diesen Kapitalertrag wieder an den Kapitalnehmer zurückzahlt, kann dies den durch den Zufluss bereits verwirklichten Steuertatbestand nicht rückgängig machen (BFH 24.1.1989 – VIII R 74/84, BStBl. II 1989, 419; H 20.2 EStH 2018; Blümich/*Ratschow* § 20 Rn. 52; Schmidt/*Levedag* § 20 Rn. 26; HHR/*Intemann* § 20 Rn. 78; **aA** *Schulz* Die Rückabwicklung im Ertragsteuerrecht (2019), 199 ff. und va 220 ff.). Die Zahlung dieses Betrages an den Kapitalnehmer stellt

aus Sicht des Kapitalgebers eine neuerliche Überlassung von Kapital an den Kapitalnehmer, mithin einen ertragsteuerlich unbeachtlichen **Vorgang der Einkommensverwendung** dar. Ist die Rückgewährung des Kapitalertrags zB gesellschaftsrechtlich aufgrund einer in der Satzung verankerten Pflicht des Gesellschafters zur Rückführung von vGA an eine Kapitalgesellschaft veranlasst, so lässt dies die Folgen früher erfolgter Ausschüttungen zu Recht unberührt (BFH 2.3.1988 – I B 58/87, BFH/NV 1989, 460) und führt beim Gesellschafter nicht etwa zu einer negativen Einnahme aus Kapitalvermögen (BFH 14.7.2009 – VIII R 10/07, BFH/NV 2009, 1815), sondern zu einer **Einlage** in die GmbH und erhöht insofern die Anschaffungskosten des Gesellschafters für die GmbH-Beteiligung (stRspr seit BFH 22.2.1989 – I R 44/85, BStBl. II 1989, 475; BFH 14.3.1989 – I R 105/88, BStBl. II 1989, 741; BFH 26.4.1989 – I R 152/84, BStBl. II 1989, 668; BFH 13.9.1989 – I R 41/86, BStBl. II 1989, 1029; BFH 18.7.1990 – I R 173/87, BFH/NV 1991, 190; BFH 29.5.1996 – I R 118/93, BStBl. II 1997, 92; BFH 25.5.1999 – VIII R 59/97, BStBl. II 2001, 226; BFH 21.7.1999 – I R 57/98, BStBl. II 2001, 127; BFH 29.8.2000 – VIII R 7/99, BStBl. II 2001, 173; BFH 5.9.2001 – I R 60/00, I R 61/00, BFH/NV 2002, 222; BFH 1.4.2003 – I R 51/02, BStBl. II 2003, 779; HHR/*Intemann* § 20 Rn. 78). Der BFH sieht diese **Frage als abschließend geklärt** an (BFH 19.7.1996 – I B 29/95, BFH/NV 1997, 151; BFH 8.5.2000 – VIII B 78/99, BFH/NV 2000, 1201; BFH 10.9.2003 – I B 64/02, BFH/NV 2004, 231).

Bei **zeitlich gestreckten Zahlungsvorgängen,** etwa bei Unternehmensverkäufen gegen **380** Gewährung von Rentenansprüchen an den bisherigen Unternehmenseigner, kann der Zahlungsstrom wirtschaftlich in einen Teil-Zahlungsstrom zur Tilgung einer Kapitalforderung (**Tilgungsanteil**) und einen Teil-Zahlungsstrom zur Zahlung eines Entgelts für die Möglichkeit der Kapitalnutzung bis zum Zeitpunkt der Teilzahlung (**Zinsanteil**) aufgeteilt werden. Derartige Zahlungsströme erfordern daher auch steuerlich eine klare Aufteilung in einen nicht steuerbaren Tilgungsanteil, der lediglich eine Vermögensumschichtung darstellt, und einen steuerbaren Zinsanteil, der zu steuerbaren Kapitaleinkünften führt (→ Rn. 1036 ff.).

Einstweilen frei **381–385**

3. Persönliche Zurechnung

a) Grundsätze. Der sorgsamen Anwendung der persönlichen Zurechnung der Kapital- **386** einkünfte kommt besondere Bedeutung zu, da dieselben Einkünfte nicht verschiedenen Steuerpflichtigen zugerechnet und damit nicht mehrfach der Besteuerung unterworfen werden können (Blümich/*Ratschow* § 20 Rn. 30). Die **Fragen der persönlichen Zurechnung und des Zuflusses** sind dabei **unabhängig von einander zu beantworten.** Hat der Zufluss eines Kapitalertrags bei seinem Empfänger bereits den Tatbestand der Einkünfte aus Kapitalvermögen erfüllt, so stellt die anschließende Übertragung des als Ertrag bezogenen Kapitals eine einkommensteuerrechtlich unbeachtliche Einkommensverwendung dar (→ Rn. 374 f.), auch wenn sie zugleich mit der Übertragung der Kapitalforderung erfolgt (BFH 9.3.1982 – VIII R 160/81, BStBl. II 1982, 540).

§ 20 enthält **nur punktuelle Regelungen zur persönlichen Zurechnung** von Kapital- **387** einkünften: Nach **§ 20 Abs. 1 Nr. 6 S. 5** sind die Erträge aus vermögensverwaltenden Versicherungsverträgen (→ Rn. 961 ff.) nicht dem Versicherungsunternehmen, sondern allein und unmittelbar dem wirtschaftlich Berechtigten des Versicherungsvertrags zuzurechnen. **§ 20 Abs. 5 S. 1** ordnet Beteiligungserträge iSd § 20 Abs. 1 Nr. 1 und Nr. 2 dem Anteilseigner zu und definiert diesen in § 20 **Abs. 5 S. 2** als den Steuerpflichtigen, dem die Beteiligung im Zeitpunkt des Gewinnverteilungsbeschlusses nach § 39 AO zuzurechnen ist. § 20 **Abs. 5 S. 3** trifft Regelungen für die Zuordnung bei Nießbrauch oder Pfand (→ Rn. 1370).

Weil der Gesetzgeber darüber hinaus keine Regelung zur persönlichen Zurechnung von **388** Kapitaleinkünften in § 20 getroffen hat, wird der **Rückgriff auf die allgemeinen Regelungen** gemäß **§ 38 AO** (BFH 17.10.2001 – I R 111/00, BFH/NV 2002, 628; Bordewin/Brandt/*Geurts* § 20 Rn. 15) und § 2 Abs. 1 erforderlich. Mit der dort benutzten Formulierung „Einkünfte […], die der Steuerpflichtige […] erzielt" hat der Gesetzgeber zum Ausdruck gebracht, dass er die Einkünfte **demjenigen zurechnen will, der sie erzielt, indem er einen Einkunftstatbestand des § 2 Abs. 1 erfüllt** (vgl. BFH 13.5.1980 – VIII R 63/79, BStBl. II 1981, 295; BFH 9.3.1982 – VIII R 160/81, BStBl. II 1982, 540; BFH 10.12.1985 –

VIII R 15/83, BStBl. II 1986, 342; BFH 26.11.1997 – X R 114/94, BStBl. II 1998, 190; BFH 14.12.1999 – VIII R 49/98, BStBl. II 2000, 341; BFH 29.3.2001 – IV R 71/99, BFH/NV 2001, 1251; BFH 7.8.2002 – I R 64/01, BFH/NV 2003, 205; BFH 18.5.2005 – VIII R 34/01, BStBl. II 2005, 857; BFH 7.9.2005 – VIII R 80/99, BFH/NV 2006, 57; BFH 11.4.2012 – VIII R 28/09, BStBl. II 2012, 496; LBP/*Schlotter* § 20 Rn. 25). Ob die einem Steuerpflichtigen zunächst als Kapitaleinkünfte zugerechneten Einkünfte in der Folge gemäß § 20 Abs. 8 S. 1 oder § 8 Abs. 2 KStG (dazu BFH 17.10.2001 – I R 97/00, DStR 2002, 78) einer anderen Einkunftsart zugerechnet werden, ist unerheblich.

389 Danach sind **Kapitaleinkünfte** grundsätzlich **demjenigen zuzurechnen,** der den Tatbestand der Erzielung von Einkünften aus Kapitalvermögen erfüllt, indem er **Kapitalvermögen aufgrund eines Rechtsverhältnisses einem anderen gegen Entgelt zur Nutzung überlässt** (BFH 29.5.1984 – VIII R 29/80, BFHE 141, 321; BFH 8.4.1986 – VIII R 260/82, BStBl. II 1986, 557; BFH 18.12.1986 – I R 52/83, BStBl. II 1988, 521; BFH 13.10.1987 – VIII R 156/84, BStBl. II 1988, 252; BFH 31.10.1989 – VIII R 210/83, BStBl. II 1990, 532; BFH 24.4.1990 – VIII R 170/83, BStBl. II 1990, 539; BFH 22.8.1990 – I R 69/89, BStBl. II 1991, 38; BFH 30.4.1991 – VIII R 38/87, BStBl. II 1991, 574; BFH 8.10.1991 – VIII R 48/88, BStBl. II 1992, 174; BFH 27.8.1991 – VIII R 84/89, BStBl. II 1992, 9; BFH 17.10.2001 – I R 111/00, BFH/NV 2002, 628; BFH 7.9.2005 – VIII R 80/99, BFH/NV 2006, 57; BFH 15.6.2010 – VIII R 33/07, BStBl. II 2011, 503; BFH 26.1.2011 – VIII R 14/10, BFH/NV 2011, 1512; Schmidt/*Levedag* § 20 Rn. 20; LBP/*Schlotter* § 20 Rn. 25; Bordewin/Brandt/*Geurts* § 20 Rn. 15; HHR/*Buge* § 20 Rn. 19 f.; KSM/*Jochum* § 20 Rn. B 34 ff.; *Lang/Seer* FR 1992, 637 (641)) und **hierbei im eigenen Namen und für eigene Rechnung handelt** (BFH 22.8.1990 – I R 69/89, BStBl. II 1991, 38; BFH 8.7.1998 – I R 112/97, BStBl. II 1999, 123; BFH 26.11.1997 – X R 114/94, BStBl. II 1998, 190; BFH 29.3.2001 – IV R 71/99, BFH/NV 2001, 1251; *Seibold* StuW 1990, 165 (165 und 168 f.).

390 Kapitaleinkünfte erzielt also der **wirtschaftliche Eigentümer der Kapitalforderung iSd § 39 Abs. 2 Nr. 1 S. 1 AO,** der die rechtliche oder tatsächliche Dispositionsbefugnis hat, das in § 20 Abs. 1 genannte Kapitalvermögen entgeltlich auf Zeit zur Nutzung zu überlassen (BFH 31.10.1989 – VIII R 210/83, BStBl. II 1990, 532; BFH 22.8.1990 – I R 69/89, BStBl. II 1991, 38; BFH 20.1.1999 – I R 69/97, BStBl. II 1999, 514; BFH 26.1.2011 – VIII R 14/10, BFH/NV 2011, 1512; BFH 29.3.2001 – IV R 71/99, BFH/NV 2001, 1251; BFH 7.7.2011 – IX R 11/10, BFH/NV 2011, 2023; BFH 6.8.2013 – VIII R 10/10, BStBl. II 2013, 862; BFH 6.8.2013 – VIII R 11/10, BFH/NV 2014, 27; LBP/*Schlotter* § 20 Rn. 25; Blümich/*Ratschow* § 20 Rn. 32; Lademann EStG/*Jachmann-Michel/Lindenberg* § 20 Rn. 65; Bordewin/Brandt/*Geurts* § 20 Rn. 18; *Ruppe* DStJG Bd. 1 (1979), 7 (18); **ähnlich** Schmidt/*Levedag* § 20 Rn. 20: Inhaber des Anspruchs auf Kapitalrückzahlung; **aA** für Kapitalerträge gemäß § 20 Abs. 1 Nr. 4 bis Nr. 11: HHR/*Buge* § 20 Rn. 21: „§ 39 AO lediglich indizielle Bedeutung"), ohne dass gesondert auf den ohnehin schwach ausgeprägten Handlungstatbestand der Kapitaleinkünfte (→ Rn. 363) abgestellt werden müsste (**aA** *Wassermeyer* DStJG Bd. 30 (2007), 257 (269)). **Der BFH sieht diese Grundsätze als geklärt an** (BFH 3.3.2016 – VIII B 25/14, BFH/NV 2016, 1021).

390.1 Ob ein Steuerpflichtiger im Einzelfall tatsächlich die wirtschaftliche Verfügungsmacht erlangt hat, ist eine dem Finanzgericht obliegende **Tatsachenfrage,** in der das Finanzgericht **alle Umstände des Einzelfalles** zu prüfen und in seine Würdigung einzubeziehen hat (BFH 30.11.2010 – VIII R 40/08, BFH/NV 2011, 592; BFH 30.6.2011 – VI R 37/09, BStBl. II 2011, 923).

391 **Dispositionsbefugnis über eine Kapitalanlage hat,** wer Marktchancen nutzen, das Vermögen verwalten, die Modalitäten einer Kapitalanlage verändern oder das Kapitalvermögen zurückziehen kann (BFH 29.3.2001 – IV R 71/99, BFH/NV 2001, 1251; Schmidt/*Levedag* § 20 Rn. 20; *Ruppe* DStJG Bd. 1 (1979), 7 (18)). Die kurzzeitige Erlangung des wirtschaftlichen Eigentums genügt, auch wenn dieses kurze Zeit später – ggf. sogar am selben Tag – wieder übertragen wird (so für den Aktienerwerb mit („cum") und die taggleiche Veräußerung ohne Dividendenanspruch („ex"): BFH 15.12.1999 – I R 29/97, BStBl. II 2000, 527; BFH 20.11.2007 – I R 85/05, BStBl. II 2013, 287; → Rn. 695 f.). Das bloße Bestehen einer Vollmacht, der tatsächliche Empfang von Kapitaleinnahmen oder die bloße Annahme einer Vollberechtigung begründen hingegen keine Dispositionsbefugnis (BFH

26.1.2011 – VIII R 14/10, BFH/NV 2011, 1512; BFH 7.7.2011 – IX R 11/10, BFH/NV 2011, 2023). Da die Überlassung einen Dauertatbestand darstellt, sind die Kapitaleinkünfte **so lange demjenigen zuzurechnen,** der im Zeitpunkt der den Besteuerungstatbestand erfüllenden Überlassung zur Verfügung über das Kapital zivilrechtlich befugt war, **bis ein anderer die volle Verfügungsbefugnis über das Kapital erlangt** (Blümich/*Ratschow* § 20 Rn. 31). Zwar kann eine Kapitalforderung mehreren Personen gemeinschaftlich zustehen und ihnen daher nach § 39 Abs. 2 Nr. 2 AO anteilig zuzurechnen sein (→ Rn. 424 ff.). Die **mehrfache vollständige Zurechnung zu unterschiedlichen Rechtsträgern,** die zu mehrfachem wirtschaftlichen Eigentum an derselben Kapitalforderung führen würde, ist hingegen **ausgeschlossen.** Dies begrenzt nicht nur den Adressatenkreis von Besteuerungsansprüchen für die Erträge aus Kapitalforderungen (→ Rn. 386), sondern auch den Kreis möglicher Erstattungsberechtigter der Kapitalertragsteuer auf die jeweiligen wirtschaftlichen Eigentümer (so auch: FG Hessen 10.3.2017 – 4 K 977/14, EFG 2017, 656 mwN, auch zur Gegenansicht; *Martini* jM 2020, 169 (170)).

Da der **BFH** in stRspr auf das Rechtsverhältnis abstellt, auf dem die Kapitalüberlassung beruht (→ Rn. 352), ist es folgerichtig, wenn er für die persönliche Zurechnung der daraus erzielten Kapitalerträge darauf abstellt, wer Gläubiger dieses Rechtsverhältnisses ist (BFH 22.8.1990 – I R 69/89, BStBl. II 1991, 38; BFH 26.11.1997 – X R 114/94, BStBl. II 1998, 190; BFH 26.1.2011 – VIII R 14/10, BFH/NV 2011, 1512; *Wassermeyer* StuW 1988, 283 (288)). Da nach **hier vertretener Auffassung** jedoch das Rechtsverhältnis als maßgeblich angesehen wird, **das unmittelbar einen Entgeltanspruch des Kapitalgebers gegen einen Kapitalnehmer begründet** (→ Rn. 354), kommt es folgerichtig darauf an, wer der Gläubiger dieses Anspruchs ist. Nach beiden Auffassungen ist das Rechtsverhältnis, auf dem die Kapitalüberlassung beruht bzw. das den Entgeltanspruch begründet, von dem in dem Entgeltanspruch seinerseits liegende Rechtsverhältnis zu unterscheiden. **Wer der Gläubiger der Kapitalerträge ist, ist in jedem Fall unerheblich** (BFH 22.8.1990 – I R 69/89, BStBl. II 1991, 38; BFH 29.3.2001 – IV R 71/99, BFH/NV 2001, 1251). Werden Kapitalerträge übertragen, so sind sie nur dann ihrem zivilrechtlichen Inhaber einkommensteuerlich zuzurechnen, wenn diesem **zugleich eine Dispositionsbefugnis über die Einkunftsquelle eingeräumt** wird, seine Rechtsposition also über das bloße Empfangen der Einkünfte hinausgeht (Korn/*Hamacher/Dahm* § 20 Rn. 112; zur unentgeltlichen Übertragung von Kapitalerträgen: BFH 29.3.2001 – IV R 71/99, BFH/NV 2001, 1251). 392

Entscheidender Zeitpunkt für die Bewertung der Sach- und Rechtslage ist der **Entstehungszeitpunkt der Erträge,** dh es kommt darauf an, wer im Zeitpunkt der außersteuerlichen (zB zivilrechtlichen) Entstehung des jeweiligen Ertragsanspruchs der Gläubiger der Kapitalforderung ist (BFH 26.1.2011 – VIII R 14/10, BFH/NV 2011, 1512; BFH 7.7.2011 – IX R 11/10, BFH/NV 2011, 2023; KSM/*Jochum* § 20 Rn. A 17; Schmidt/*Levedag* § 20 Rn. 20; *Seibold* StuW 1990, 165 (169)). Dies kann **bei Wechsel der wirtschaftlichen Verfügungsmacht** innerhalb eines Veranlagungszeitraums, aber einem für die ganze Zeit geleisteten Entgelt des Kapitalnehmers eine **besitzzeitanteilige Aufteilung des Kapitalertrags erforderlich machen** (Blümich/*Ratschow* § 20 Rn. 31 und 37; für entgeltliche Rechtsnachfolge auch Schmidt/*Levedag* § 20 Rn. 22; iE → Rn. 438.1; → Rn. 472; → Rn. 750 und → Rn. 929; **aA** Schmidt/*Weber-Grellet*, 36. Aufl. 2017, § 20 Rn. 167). Verfügt ein Steuerpflichtiger nach dem Zeitpunkt, zu dem ihm eine Kapitalforderung zugerechnet wird, aber noch vor dem Zufluss des daraus erzielten Kapitalertrags über die zugrundeliegende Kapitalforderung, so stellt dies eine steuerlich unbeachtliche Vermögensverwendung durch den Steuerpflichtigen dar und lässt die einkommensteuerliche Zurechnung unberührt (Schmidt/*Levedag* § 20 Rn. 20; Korn/*Hamacher/Dahm* § 20 Rn. 111; *Seibold* StuW 1990, 165 (169)). Empfängt ein Steuerpflichtiger umgekehrt Zinsen oder Gewinnanteile, die nach den vorgenannten Grundsätzen einem anderen Steuerpflichtigen gebühren, so empfängt er sie für Rechnung des anderen und verwirklicht idR nicht selbst einen Besteuerungstatbestand (vgl. BFH 8.10.1991 – VIII R 48/88, BStBl. II 1992, 17). 393

Bei unklarer Sachverhaltslage (anonymes Auslandskonto, unklare Erbfolge etc) können Finanzamt und Finanzgericht anhand von **Indizienbeweisen** zur Überzeugung gelangen, dass eine Kapitalforderung und die daraus erzielten Kapitalerträge einem Steuerpflichtigen zuzurechnen sind. Die Sachverhaltsermittlung sowie die Überzeugungsbildung sind **für alle Folgejahre zu wiederholen,** ohne dass den Steuerpflichtigen die Feststellungslast dafür 394 träfe, dass er in diesen Jahren keine Kapitaleinkünfte hat (BFH 18.6.2013 – VIII B 92/11, BFH/NV 2013, 1448). Hat ein Steuerpflichtiger das **wirtschaftliche Eigentum an einer Kapitalforderung erlangt, ohne den Verlust des wirtschaftlichen Eigentums nachweisen zu können,** so sind ihm die Kapitalforderung und der darauf beruhenede Kapitalertrag im Zweifel wirtschaftlich zuzurechnen (zB zur fortgesetzten persönlichen Zurechnung der in dem Streifbanddepot verbuchten Anteile bei Übertragung von wertmäßig, nicht aber nummernmäßig bezeichneten Aktien BFH 6.8.1971 – III R 89/68, BStBl. II 1972, 28; Bordewin/Brandt/*Geurts* § 20 Rn. 22).

395–399 *Einstweilen frei*

400 **b) Persönliche Zurechnung einzelner Kapitaleinkünfte.** Entfaltet man die vorstehenden Grundsätze zur persönlichen Zurechnung von Kapitaleinkünften auf die verschiedenen zugrundeliegenden Kapitalforderungen in § 20 Abs. 1 bis Abs. 3, so lässt sich die persönliche Zurechnung der jeweiligen Einkünfte klar treffen (→ Rn. 401 ff.). Zum anderen können besondere zivilrechtliche Gestaltungen Einfluss auf die steuerliche Zurechnung dieser Kapitalforderungen und der daraus erzielten Erträge haben (→ Rn. 424 ff.).

401 **§ 20 Abs. 1 Nr. 1:** Kapitaleinkünfte aus § 20 Abs. 1 Nr. 1 erzielt, wer die Erträge durch eine im Gesellschaftsverhältnis begründete Vermögensverschiebung zwischen der Gesellschaft und dem Anteilseigner bezieht (BFH 12.10.1982 – VIII R 72/79, BStBl. II 1983, 128). **Anteilseigner** ist, wer die gesetzlich oder nach der Satzung erforderliche Einlage in die Gesellschaft geleistet oder eine gesellschaftsrechtliche Beteiligung erworben hat (Blümich/*Ratschow* § 20 Rn. 69), durch die ihm die Teilhabe an den Risiken der Wertminderung, von Pfändungszugriffen sowie des Insolvenzverfalls (BFH 15.12.1999 – I R 29/97, BStBl. II 2000, 527) sowie das Gewinnbezugsrecht, die Chance auf Wertsteigerung der Anteile sowie die sich aus der Beteiligung ergebenden Verwaltungsrechte (BFH 18.5.2005 – VIII R 34/01, BStBl. II 2005, 857 mwN), umgekehrt formuliert also ein Recht zur Ausschließung des zivilrechtlichen Eigentümers zukommen. Das Recht auf die Auszahlung von Gewinnanteilen an einer Kapitalgesellschaft iSd § 20 Abs. 1 Nr. 1 entsteht zivilrechtlich erst mit dem Gewinnverteilungsbeschluss der Gesellschaft. Es ist Ausfluss des Gewinnbezugsrechts, das allein den Gesellschaftern zusteht und als unselbständiger Bestandteil des Mitgliedschaftsrechts anzusehen. Der Umstand, dass der Gewinnanspruch als solcher unabhängig von der Beteiligung abgetreten werden kann, ändert daran nichts (BFH 17.12.1997 – I R 30/97, BFH/NV 1998, 1093; BFH 17.10.2001 – I R 111/00, BFH/NV 2002, 628; Bordewin/Brandt/*Geurts* § 20 Rn. 18; *Seibold* StuW 1990, 165 (168 f.); **aA** HHR/*Buge* § 20 Rn. 20). Kapitaleinkünfte aus § 20 Abs. 1 Nr. 1 sind damit den **Anteilseignern im Zeitpunkt des jeweiligen Gewinnverteilungsbeschlusses zuzurechnen** (FG Hessen 17.8.2018 – 4 V 1131/17, EFG 2018, 1754; *Wollweber/Vitale* GmbH-StB 2019, 351 (352)). Spätere Änderungen des Gesellschafterbestands lassen den Besteuerungsanspruch unberührt (Bordewin/Brandt/*Geurts* § 20 Rn. 18). Die Regelung des **§ 20 Abs. 5 S. 1** hat insofern **deklaratorischen Charakter.** Der Gesetzgeber wollte klarstellen, dass ein Dividendenanspruch bis zum Zeitpunkt des Gewinnverwendungsbeschlusses unselbständiger Bestandteil des Stammrechts ist (BT-Drs. 12/5016, 87 f. zur Einführung des § 20 Abs. 2a, der dem heutigen § 20 Abs. 5 entspricht; **aA** BFH 17.10.2001 – I R 111/00, BFH/NV 2002, 628).

401.1 **Unterbeteiligungsverhältnisse** sind nicht gestaltungsmissbräuchlich, wenn die Unterbeteiligung tatsächlich durchgeführt wird und auf Dauer angelegt ist (BFH 21.2.1991 – IV R 35/89, BStBl. II 1995, 449; BFH 18.5.2005 – VIII R 34/01, BStBl. II 2005, 857). Dem an einem Kapitalgesellschaftsanteil Unterbeteiligten wird jedoch das wirtschaftliche Eigentum nur dann vermittelt, wenn er nach dem Inhalt der getroffenen Abrede alle mit der Beteiligung verbundenen wesentlichen Rechte (Vermögensrechte und Verwaltungsrechte) ausüben und im Konfliktfall effektiv durchsetzen kann (FG Düsseldorf 28.10.2019 – 8 K 2812/16 E, EFG 2020, 42, Rev. VIII R 38/19).

401.2 Bei **verdeckten Gewinnausschüttungen (vGA)** kommt es auf die Beteiligungsverhältnisse im Zeitpunkt des Zuflusses der vGA an, weil das Kennzeichen der vGA das Fehlen eines Gewinnverteilungsbeschlusses im Zuflusszeitpunkt ist (Bordewin/Brandt/*Geurts* § 20 Rn. 19; ähnlich *Schuck* DStR 1996, 371 (372); **aA** *Wichmann* GmbHR 1995, 426 (433 f.)).

401.3 **Vorabausschüttungen** (→ Rn. 557) sind den Gesellschaftern im Zeitpunkt des Beschlusses über die Auszahlung einer Vorabausschüttung zuzurechnen (BFH 13.3.2018 – IX R 35/16, DStR 2018, 1756 Rn. 17; *Schuck* DStR 1996, 371 (371 f.); **aA** *Weber* GmbHR 1995, 494 (498)).

Bei **depotverwahrten Aktien** wird das wirtschaftliche Eigentum durch Einräumung eines Besitzmittlungsanspruchs iSd § 929 S. 2 BGB zur girosammelverwahrenden Stelle oder durch Vereinbarung eines Besitzkonstituts iSd § 930 BGB unter Übertragung des Mitbesitzes an der Globalurkunde durch Umstellung des Besitzmittlungsverhältnisses (BFH 15.12.1999 – I R 29/97, BStBl. II 2000, 527; FG Hessen 10.3.2017 – 4 K 977/14, EFG 2017, 656), grundsätzlich also durch **Einbuchung in das Depot des Erwerbers** erlangt, da der zivilrechtliche Eigentümer bis dahin eine entsprechende Übertragung idR noch verhindern kann (FG Hessen 10.3.2017 – 4 K 977/14, EFG 2017, 854; FG Hessen 17.8.2018 – 4 V 1131/17,EFG 2018, 1754). Dies gilt auch im **Direkthandel** (OTC-Geschäft, FG Hessen 10.3.2017 – 4 K 977/14, EFG 2017, 656). Ein Übergang der wirtschaftlichen Verfügungsmacht bereits **durch Abschluss eines schuldrechtlichen Vertrags** kann nur erfolgen, wenn **bei Börsengeschäften** die Börsenusancen Zwischenverfügungen des Aktienverkäufers, zB in Form des mehrfachen Verkaufs derselben Aktien, durch einen Sperrvermerk oÄ wirksam verhindern (vgl BFH 15.12.1999 – I R 29/97, BStBl. II 2000, 527; FG Hessen 10.3.2017 – 4 K 977/14, EFG 2017, 656; FG Hessen 17.8.2018 – 4 V 1131/17,EFG 2018, 1754 mwN, auch zur Gegenansicht). **401.4**

Wenn der Erwerb der Aktien bei sog. **cum/ex-Geschäften** mit einem durch einen Initiator modellhaft aufgelegten Gesamtvertragskonzept verbunden ist, nach dem der Initiator den Anteilserwerb fremdfinanziert, der Erwerber die Aktien unmittelbar nach ihrem Erwerb dem Initiator im Wege einer sog. Wertpapierleihe (bis zum Rückverkauf) weiterreicht und der Erwerber das Marktpreisrisiko der Aktien im Rahmen eines sog. Total Return Swap-Geschäfts auf den Initiator überträgt, erwirbt der Erwerber zu keinem Zeitpunkt wirtschaftliches Eigentum an den Aktien, ohne dass es auf § 42 AO ankäme. Zwar hindern weder die Kreditfinanzierung eines Erwerbs noch der Ausschluss von Gewinn- und Verlustrisiken durch Kurssicherungsgeschäfte oder der zeitnahe Wiederverkauf der Aktien den Übergang der wirtschaftlichen Verfügungsmacht auf den Ewerber. Stehen die Wertpapiererwerbe jedoch im untrennbaren Zusammenhang mit Finanzierungs-, Wertpapierleih- und (Total-Return-)Swapgeschäften sowie einem kurzfristigen Rückverkauf, so ist die nennenswerte Inanspruchnahme der mit dem Innehaben der Wertpapiere verbundenen Rechte durch den (vermeintlichen) Erwerber in einer Gesamtbetrachtung ausgeschlossen (BFH 16.4.2014 – I R 2/12, DStR 2014, 2012). **401.5**

§ 20 Abs. 1 Nr. 2 S. 1: Das Recht zum Erhalt von Bezügen aus der **Auflösung einer Kapitalgesellschaft** entsteht nach hM als nicht selbständig durchsetzbarer Teil des mitgliedschaftlichen Beteiligungsrechts, **sobald** die Gesellschaft aufgelöst ist und soweit sich nach Verwertung des Gesellschaftsvermögens und Befriedigung bzw. Sicherstellung der Gläubiger ein Liquidationsüberschuss ergibt (Baumbach/Hueck/*Haas* GmbHG § 72 Rn. 2; MüKoGmbHG/*Müller* GmbHG § 72 Rn. 3; Heidel/*Wermeckes* AktG § 271 Rn. 2 mwN). Liegt ein Auflösungsgrund vor, ist die Gesellschaft in diesem Zeitpunkt ipso iure aufgelöst, ohne dass es einer weiteren Maßnahmen oder Voraussetzungen bedarf. Die Anmeldung der Auflösung zum Handelsregister und die anschließende Eintragung sind lediglich deklaratorisch (BeckOK GmbHG/*Lorscheider* GmbHG § 60 Rn. 18; Heidel/*Wermeckes* AktG § 263 Rn. 9 mwN). Bezüge iSd § 20 Abs. 1 Nr. 2 S. 2 werden daher **denjenigen zugerechnet, die bei Eintritt des Auflösungsgrundes Gesellschafter waren.** Auf die Verhältnisse im Zeitpunkt der Eintragung zum Handelsregister, im Zeitpunkt der Fälligkeitszeit des Auszahlungsanspruchs nach Ablauf des Sperrjahres (§ 73 Abs. 1 GmbHG, § 272 Abs. 1 AktG) oder im Zeitpunkt der Auszahlung des Liquidationserlöses kommt es nicht mehr an. **402**

§ 20 Abs. 1 Nr. 2 S. 2: Ein Gesellschafterbeschluss über eine **Kapitalherabsetzung** und dessen Eintragung in das Handelsregister bewirken lediglich eine Veränderung der Eigenkapitalstruktur, ohne dass es hierdurch bereits zu einer Ausschüttung oder Rückzahlung aus dem Vermögen der Kapitalgesellschaft an ihre Gesellschafter kommt. Erst wenn die Gesellschafter die Ausschüttung oder Rückzahlung beschließen, entsteht ein Auszahlungsanspruch gegen die Kapitalgesellschaft, der den **Anteilseignern im Zeitpunkt dieses Beschlusses zuzurechnen** ist. Dies gilt entsprechend für die Auflösung einer Kapitalgesellschaft nach **Umwandlung von Rücklagen in Nennkapital** und für die **Herabsetzung des Nennkapitals** (§ 28 KStG). **403**

§ 20 Abs. 1 Nr. 3: Die Norm erfasst mWv 1.1.2018 die Besteuerung der Anleger von Investmentfonds iSd § 16 InvStG idF InvStRefG v. 19.7.2016 (BT-Drs. 18/8045, 85). Anleger iSd Legaldefinition des § 2 Abs. 10 InvStG idF InvStRefG v. 19.7.2016 ist, wer wirtschaftlicher Eigentümer des Investmentanteils nach § 39 AO ist (→ Rn. 390 ff.). **Ausschüttungen iSd § 16 Abs. 1 Nr. 1 InvStG** sind dem wirtschaftlichen Eigentümer im Zeitpunkt des Ausschüttungsbeschlusses (→ Rn. 393) zuzurechnen. Die **Vorabpauschale iSd § 16 Abs. 1** **404**

Nr. 2 InvStG, die auch ohne tatsächliche Ausschüttung besteuert wird, gilt nach der Zuflussfiktion des § 18 Abs. 3 InvStG dem Anleger als am ersten Werktag des folgenden Kalenderjahres zugeflossen, sodass diese Erträge den wirtschaftlichen Eigentümern des Investmentanteils an diesem Stichtag zuzurechnen sind. Um insofern Rechtsunsicherheiten zu vermeiden und missbräuchliche Gestaltungen am ersten Werktag eines Kalenderjahres auszuschließen, wäre **de lege ferenda** eine weitere Konkretisierung auf einen konkreteren Zeitpunkt, etwa auf den Zeitpunkt des Handelsschlusses oÄ zu begrüßen. Der **Veräußerungsgewinn iSd § 16 Abs. 1 Nr. 3** ist dem Anleger zuzurechnen, der in der juristischen Sekunde vor der Veräußerung (bzw. dem veräußerungsgleichen Vorgang iSd § 2 Abs. 13 InvStG) der wirtschaftliche Eigentümer des Investmentanteils war.

405 **§ 20 Abs. 1 Nr. 3a:** Die Norm erfasst mWv 1.1.2018 die Besteuerung der Anleger von Spezial-Investmentfonds iSd § 34 InvStG idF InvStRefG v. 19.7.2016 (BT-Drs. 18/8045, 85). **Ausschüttungen iSd § 34 Abs. 1 Nr. 1 InvStG** sind den Anlegern zuzurechnen, die im Zeitpunkt der Ausschüttungsbeschlusses (→ Rn. 393) wirtschaftlicher Eigentümer des Spezial-Investmentanteils sind. Die thesaurierten Einnahmen und Werbungskosten, die als sog. **ausschüttungsgleiche Erträge iSd § 34 Abs. 1 Nr. 2 InvStG** iVm § 36 Abs. 1 InvStG auch ohne tatsächliche Ausschüttung versteuert werden, sind nach § 36 Abs. 4 InvStG den Anlegern zuzurechnen, die zum Zeitpunkt des Zuflusses der Einnahmen oder des Abflusses der Werbungskosten Spezial-Investmentanteile an dem Spezial-Investmentfonds halten. Der **Veräußerungsgewinn iSd § 34 Abs. 1 Nr. 3 InvStG** ist dem Anleger zuzurechnen, der in der juristischen Sekunde vor der Veräußerung (bzw. dem veräußerungsgleichen Vorgang iSd § 2 Abs. 13 InvStG) der wirtschaftliche Eigentümer des Spezial-Investmentanteils war.

406 **§ 20 Abs. 1 Nr. 4:** Maßgebendes Rechtsverhältnis für die Überlassung des Kapitalvermögens ist die Beteiligung als stiller Gesellschafter. Die Einnahmen aus der Beteiligung an einem Handelsgewerbe als stiller Gesellschafter sind daher grundsätzlich dem stillen Gesellschafter iSd § 230 HGB zuzurechnen, **soweit sie während seiner Gesellschaftszugehörigkeit veranlasst sind,** auch wenn sie erst später ausgeschüttet werden. Unmaßgeblich ist, ob der stille Gesellschafter seinen zivilrechtlichen Anspruch auf den Gewinnanteil durch Abtretung oder in sonstiger Weise auf eine andere Person übertragen hat (BFH 22.8.1990 – I R 69/89, BStBl. II 1991, 38; BFH 10.8.2004 – I B 2/04, BFH/NV 2005, 239; HHR/*Intemann* § 20 Rn. 140; KSM/*Jochum* § 20 Rn. C/4 73). Umgekehrt wird der Verlust einer Kapitalgesellschaft, der in einer Zeit vor der Begründung der stillen Gesellschaft entstanden ist, nicht vom dem stillen Gesellschafter erzielt und kann somit nicht in dessen Einkommensbesteuerung eingehen (BFH 7.12.1983 – I R 70/77, BStBl. II 1984, 384; BFH 25.3.2008 – VIII B 148/07, BFH/NV 2008, 1148).

407 **§ 20 Abs. 1 Nr. 5:** Die Grundschuld gewährt keinen Anspruch, sondern ein dingliches Recht, sodass das bloße Innehaben einer verzinslichen Grundschuld im Hinblick auf die Zinsen noch keinen Besteuerungstatbestand erfüllt. Das dingliche Recht erlischt mit dem Zuschlag; an seine Stelle tritt erstmals der Anspruch auf Ersatz des Wertes aus dem Versteigerungserlös (§ 92 Abs. 1 ZVG). Erst die Entstehung dieses Anspruchs rechtfertigt eine persönliche steuerliche Zuordnung der Zinsen aus der Grundschuld. Es kommt somit darauf an, **wem die Grundschuld im Zeitpunkt des Zuschlags zusteht** (BFH 11.4.2012 – VIII R 28/09, BStBl. II 2012, 496). Für Hypotheken und Rentenschulden gilt Entsprechendes.

408 **§ 20 Abs. 1 Nr. 6 S. 1 bis S. 4:** Erträge aus Lebens- und sonstigen Versicherungsverträgen iSd § 20 Abs. 1 Nr. 6 erzielt der Gläubiger der Versicherungsleistung. Dies ist grundsätzlich derjenige, der dem Versicherungsunternehmen das Kapital in Form der Sparanteile im eigenen Namen und für eigene Rechnung zur Nutzung überlassen hat und hieraus einen Leistungsanspruch erwirbt, dh **grundsätzlich der Versicherungsnehmer.** Nur im Fall der **Einräumung eines unwiderruflichen Bezugsrechts** wird der Bezugsberechtigte Gläubiger der Versicherungsleistung (BMF 1.10.2009, BStBl. I 2009, 1172 Rn. 50–52; **aA** ohne Differenzierung auf den Versicherungsnehmer abstellend: HHR/*Buge* § 20 Rn. 261). Zur persönlichen Zurechnung bei Abtretung der Versicherungsansprüche zur Sicherheit, die die Zurechnung zum wirtschaftlich Berechtigten bis zum Eintritt des Verwertungsfalls grundsätzlich unberührt lässt → Rn. 460. Allgemein zu Kapitalanlagen zugunsten Dritter und den entsprechenden Anforderungen → Rn. 448 ff.

409 **§ 20 Abs. 1 Nr. 6 S. 5:** § 20 Abs. 1 Nr. 6 S. 5 rechnet die von einer Versicherung erzielten Kapitaleinkünfte bei sog. vermögensverwaltenden Versicherungsverträgen nicht dem Versi-

cherungsunternehmen, sondern dem wirtschaftlich Berechtigten der Versicherungsleistung zu. Dies ist idR der Versicherungsnehmer, wenn nicht einem Dritten ein unwiderrufliches Bezugsrecht eingeräumt wurde (Kirchhof/*Bleschick* § 20 Rn. 105).

§ 20 Abs. 1 Nr. 7: Die Erträge sind dem wirtschaftlichen Eigentümer der zugrunde liegenden Kapitalforderung zuzurechnen (→ Rn. 390). Dies ist idR **derjenige, der das Kapital überlassen hat** (BFH 26.6.1996 – VIII R 67/95, BFH/NV 1997, 175; zur Rechtsnachfolge → Rn. 434 ff.). Erlangt **ein Dritter** vom Gläubiger der Kapitalforderung die wirtschaftliche **Verfügungsmacht über den Ertrag aus der Forderung ohne die zugrunde liegende Kapitalforderung,** so ist der Kapitalertrag gleichwohl dem Gläubiger der Kapitalforderung zuzurechnen (*Weißbrodt/Michalke* DStR 2012, 1533 (1534 f.)). **410**

Aus üblichen Erfahrungssätzen lassen sich widerlegliche Vermutungsregeln für die Zurechnung von Kapitalforderungen ableiten: **410.1**

Verzinsliche Kapitalforderungen sind idR dem Forderungsgläubiger zuzurechnen, der dem Schuldner Kapital überlässt (BFH 23.4.1980 – VIII R 156/75, BStBl. II 1980, 643; BFH 7.9.2005 – VIII R 80/99, BFH/NV 2006, 57).

Bei **Eigenkonten** ist idR derjenige, der ein Konto auf seinen Namen errichtet hat bzw. auf dessen Namen ein Konto errichtet, auch der Inhaber der Forderung ist, sodass ihm die daraus erzielten Zinseinnahmen zuzurechnen sind (BFH 26.1.2011 – VIII R 14/10, BFH/NV 2011, 1512; BFH 7.7.2011 – IX R 11/10, BFH/NV 2011, 2023).

Eine Forderung aus einem **Sparguthaben** ist grundsätzlich demjenigen zuzurechnen, der den Vertrag über die Eröffnung des Sparkontos mit der Bank abgeschlossen hat (BFH 24.4.1990 – VIII R 170/83, BStBl. II 1990, 539; zu den Ausnahmen bei Konten zugunsten Dritter → Rn. 449), weil dieses Rechtsverhältnis idR die Grundlage für die Überlassung des Kapitalvermögens zur Nutzung gegen Entgelt bildet (FG Nürnberg 19.1.2006 – VII 338/2001, EFG 2006, 1169).

Bei in einem **Wertpapier** verbrieften Kapitalforderung gilt nach der gesetzlichen Vermutung des § 793 Abs. 1 BGB der Inhaber des Wertpapiers grundsätzlich als berechtigter Gläubiger der verbrieften Forderung, sodass ihm grundsätzlich auch die hieraus erzielten Erträge zuzurechnen sind (HHR/*Buge* § 20 Rn. 21; Blümich/*Ratschow* § 20 Rn. 444; Bordewin/Brandt/*Geurts* § 20 Rn. 21).

§ 20 Abs. 1 Nr. 8: Diskontbeträge von Wechseln und Anweisungen einschließlich der Schatzwechsel sind nach der Vermutung des § 793 BGB **grundsätzlich dem Inhaber des Wechsels oder der Anweisung zuzurechnen.** Ist der Inhaber des Wertpapiers **ausnahmsweise** nicht zur Verfügung über die Urkunde berechtigt, ist der Diskontbetrag dem **Gläubiger der versprochenen Leistung zuzurechnen** (hierzu Blümich/*Ratschow* § 20 Rn. 445). Für die Zurechnung bei Besicherung, Verpfändung etc → Rn. 460 ff. **411**

§ 20 Abs. 1 Nr. 9: Leistungen juristischer Personen iSd § 1 Abs. 1 Nr. 3 bis Nr. 5 KStG bzw. vergleichbarer ausländischer Körperschaften sind den **„dahinter stehenden" (natürlichen oder juristischen) Personen zuzurechnen,** die eine Stellung innehaben, die wirtschaftlich der Stellung eines Anteilseigners § 20 Abs. 1 Nr. 1 entspricht (→ Rn. 1079 f.). **412**

§ 20 Abs. 1 Nr. 10 Buchst. a: Leistungen körperschaftsteuerpflichtiger Betriebe gewerblicher Art mit eigener Rechtspersönlichkeit sind der **Gebietskörperschaft zuzurechnen, die den BgA errichtet hat** (sog. Gewährträger). **413**

§ 20 Abs. 1 Nr. 10 Buchst. b: Leistungen körperschaftsteuerpflichtiger Betriebe gewerblicher Art ohne eigene Rechtspersönlichkeit sowie Leistungen wirtschaftlicher Geschäftsbetriebe einer von der Körperschaftsteuer befreiten Körperschaft sind **der jeweiligen Trägerkörperschaft zuzurechnen.** **414**

§ 20 Abs. 1 Nr. 11: Stillhalterprämien sind dem sog. Stillhalter zuzurechnen, der ein Optionsrecht gewährt und hierfür die Zahlung einer Prämie für seine Bindung und die Risiken erhält, die er durch die Einräumung des Optionsrechts während der Optionsfrist eingeht (BMF 18.1.2016, BStBl. I 2016, 85 Rn. 25; Lademann EStG/*Jachmann-Michel/Lindenberg* § 20 Rn. 65; Blümich/*Ratschow* § 20 Rn. 348 und 445; HHR/*Buge* § 20 Rn. 20). **415**

§ 20 Abs. 2 S. 1 Nr. 1 und Nr. 2, Nr. 3 Buchst. b und Nr. 4 bis Nr. 8: Gewinne und Verluste aus Veräußerungen iSd § 20 Abs. 2 Nr. 1 und Nr. 2, Nr. 3 Buchst. b und Nr. 4 bis Nr. 8 oder der Veräußerung gleichgestellten Vorgängen iSd § 20 Abs. 2 S. 2 ff. **sind dem Steuerpflichtigen zuzurechnen, dem die jeweilige Kapitalforderung bis zum Zeitpunkt des Veräußerungs- oder der Veräußerung gleichgestellten Realisationsvorgangs bei wirtschaftlicher Betrachtungsweise zuzurechnen war** (→ Rn. 401 ff.; LBP/*Schlotter* § 20 Rn. 26; HHR/*Buge* § 20 Rn. 20 mit Verweis auf HHR/*Musil* § 23 Rn. 25). **416**

417 **20 Abs. 2 S. 1 Nr. 3 Buchst. a:** Einkünfte aus Termingeschäften iSd 20 Abs. 2 S. 1 Nr. 3 Buchst. a sind **dem aus dem Termingeschäft Berechtigten zuzurechnen** (Korn/*Hamacher/Dahm* § 20 Rn. 80), etwa bei Optionsgeschäften dem Optionsberechtigten (vgl. Blümich/*Ratschow* § 20 Rn. 348).

418 **§ 20 Abs. 3:** Die Regelung ordnet besondere Entgelte oder Vorteile, die neben den in den Absätzen 1 und 2 bezeichneten Einnahmen oder an deren Stelle gewährt werden, den einzelnen Tatbeständen iSd Abs. 1 oder Abs. 2 zu (→ Rn. 1257). Die persönliche Zurechnung richtet sich daher nach den Grundsätzen des jeweiligen Tatbestands, dem die besonderen Entgelte oder Vorteile zugeordnet werden.

419–423 *Einstweilen frei*

424 **c) Mit-, Gesamthands-, Bruchteilseigentum.** Haben mehrere natürliche oder juristische Personen **Miteigentum** an einem Wirtschaftsgut des Kapitalvermögens, so ist ihnen dieses schon nach allgemeinen zivil- wie steuerrechtlichen Grundsätzen jeweils **anteilig, im Zweifel nach Kopfteilen zuzurechnen.**

425 Insbesondere wenn ein **Bankkonto, ein Wertpapierdepot etc auf den Namen mehrerer Personen** errichtet wurde, so sind diese nach Kopfteilen als Gläubiger und Kapitalnutzungsberechtigte anzusehen. Dabei macht es keinen Unterschied, ob ein sog. **Oderkonto,** bei dem jeder der Kontoinhaber unabhängig von anderen über das Guthaben verfügen kann, oder ein sog. **Undkonto** vorliegt, bei dem alle Kontoinhaber nur gemeinschaftlich verfügen können. In beiden Fällen sind alle Kontoinhaber gemeinsame Gläubiger der auf dem Konto verwalteten Kapitalforderungen sowie der darüber zufließenden Kapitalerträge (FG München 14.1.1981 – IX 56/77 E, EFG 1981, 563; FG München 20.4.1998 – 13 K 2593/95, EFG 1998, 1404; Bordewin/Brandt/*Geurts* § 20 Rn. 23 und 25).

426 **Wirtschaftsgüter, die mehreren zur gesamten Hand zustehen,** werden nach § 39 Abs. 2 Nr. 2 AO den Beteiligten anteilig zugerechnet, soweit eine getrennte Zurechnung für die Besteuerung erforderlich ist (zur Überschussprognose für jeden Gesamthänder → Rn. 504). Eine Kapitalanlage im **Gesamthandseigentum** und die hieraus erzielten Kapitalerträge sind, soweit sie in der Zeit des Bestehens der Gesamthand begründet wurden, jedem der Gesamthänder anteilig zuzurechnen. Dies erfasst die Zuordnung einer Kapitalforderung zum Vermögen einer Gesellschaft bürgerlichen Rechts (§ 718 BGB), eines nicht rechtsfähigen Vereins (§ 54 BGB iVm § 718 BGB), einer ehelichen Gütergemeinschaft (§ 1416 BGB), einer fortgesetzten Gütergemeinschaft (§ 1485 BGB), einer ungeteilten Erbengemeinschaft (§ 2032 BGB), einer OHG (§ 105 Abs. 3 HGB iVm § 718 BGB), einer Kommanditgesellschaft (§ 161 Abs. 2 iVm § 105 Abs. 3 HGB iVm § 718 BGB), einer Partnerschaft (§ 1 Abs. 4 PartGG iVm § 718 BGB), einer Europäischen Wirtschaftsvereinigung (zur Vergleichbarkeit mit der OHG: BT-Drs. 11/352, 6) und einer Gemeinschaft der Miturheber (§ 8 UrhG). Ein gesondertes Feststellungsverfahren nach §§ 179, 180 AO ist nicht erforderlich, da die Gesamthänder nicht gemeinsam, sondern nur einzeln und anteilig Kapitaleinkünfte erzielen (vgl. Koenig/*Koenig* AO § 180 Rn. 17; *Zantopp* FR 2019, 1085 (1089)).

427 Bei Gemeinschaften nach Bruchteilen (sog. **Bruchteilsgemeinschaft**) iSd § 741 BGB steht ein Recht mehreren gemeinschaftlich zu, wenngleich jeder über seinen Anteil an der Gemeinschaft verfügen kann. Die vorstehenden Grundsätze gelten deshalb entsprechend.

428–429 *Einstweilen frei*

430 **d) Vermögensverwaltende Personengesellschaft.** Ob die Gesellschafter einer **vermögensverwaltenden Personengesellschaft** Kapitaleinkünfte gerade in ihrer gesamthänderischen Verbundenheit (→ Rn. 426) erzielen, bestimmt sich nach den von der Personengesellschaft eingegangenen Rechtsverhältnissen. Eine **Kapitalüberlassung durch die Personengesellschaft** liegt vor, wenn diese bei wirtschaftlicher Betrachtung Trägerin der Rechte und Pflichten aus den Rechtsverhältnissen ist, die den Kapitalerträgen zugrunde liegen, also die Dispositionsbefugnis hat (→ Rn. 391 ff.). Anders als bei einer Mitunternehmerschaft genügt es, dass den Gesellschaftern das wirtschaftliche Ergebnis der Aktivitäten der GbR entsprechend ihrer Beteiligungsquote zugutekommt und sie eine (Mit)Dispositionsbefugnis hinsichtlich der zur Nutzung überlassenen Vermögensgegenstände haben. Ein Anspruch auf Beteiligung an den stillen Reserven des Gesellschaftsvermögens im Fall der Auflösung der Gesellschaft ist nicht erforderlich (BFH 16.12.2008 – VIII R 83/05, BFH/NV 2009, 1118). Den Gesellschaftern werden – anders als bei der Mitunternehmerschaft –

keine Anteile am Gewinn oder Verlust der Personengesellschaft, sondern unmittelbar die von der Personengesellschaft erzielten Einkünfte aus Kapitalvermögen anteilig zugerechnet (HHR/*Buge* § 20 Rn. 23; *Brunsbach/Mock* BB 2013, 1051). Hierbei ist den Gesellschaftern der Personengesellschaft **jedes einzelne Kapitalnutzungsverhältnis anteilig** zuzurechnen, ohne dass eine vorweggenommene Verrechnung von positiven und negativen Kapitaleinkünften auf Ebene der Personengesellschaft vorgenommen werden könnte (**aA** HHR/*Buge* § 20 Rn. 23). Nur eine derartige Zurechnung gewährleistet die gesetzgeberisch geforderte Einzelbetrachtung jeder einzelnen Kapitalanlage (→ Rn. 114 und → Rn. 331), ermöglicht die gleichheitsgerechte Anwendung der Verlustverrechnungsbeschränkungen des § 20 Abs. 6 (→ Rn. 1373 ff.) und sichert zugleich die umfassende Anwendung des Abzugsverbots tatsächlicher Werbungskosten gemäß § 20 Abs. 9 (→ Rn. 1472 ff.). Zur gewerblich tätigen Personengesellschaft → Rn. 1438. Zur Absicherung dieser Grundsätze gegen missbräuchliche Gestaltungen durch die Veräußerungsfiktion des § 20 Abs. 2 S. 3 → Rn. 1182 ff. Bei Venture-Capital-Fonds sowie Private-Equity-Fonds kommen Einkünfte nach § 18 Abs. 1 Nr. 4 in Betracht.

Die Kapitalerträge der Personengesellschaft sind gemäß §§ 179 Abs. 1, 180 Abs. 1 S. 1 Nr. 2 Buchst. **430.1**
a AO **gesondert und einheitlich festzustellen** (BMF 18.1.2016, BStBl. I 2016, 85 Rn. 72 und 278; **aA** *Zantopp* FR 2019, 1085 (1088 f.): nur bei aktiver Gesellschafterbeteiligung in Form einer gemeinschaftlichen Kauf- bzw. Verkaufsentscheidung). Allerdings entfaltet der Feststellungsbescheid eine Bindungswirkung weder hinsichtlich der Qualifizierung der Einkunftsart (vgl. § 20 Abs. 8) noch hinsichtlich einer etwaigen Durchführung einer (Wahl- oder Pflicht)Veranlagung der Feststellungsbeteiligten (BFH 20.11.2018 – VIII R 39/15, BStBl. II 2019, 239 mwN), sondern allein hinsichtlich der anteiligen Zurechnung einzelner Kapitalnutzungsverhältnisse Bindungswirkung. Wie das jeweilige Rechtsverhältnis auf Ebene der Anteilseigner behandelt wird und nach welchen Regelungen deshalb seine Erträge aus der vermögensverwaltenden Gesellschaft bestimmt werden, ist für jeden Anteilseigner eigenständig – ggf. durch Veranlagung – zu bewerten (**aA** für Bindungswirkung auch hinsichtlich des konkreten Gewinns bei Beteiligung unter 1%: *Herkens* EStB 2018, 443 (444)).

Erfolgt eine **Kapitalüberlassung durch einen Gesellschafter,** insbesondere in zivil- **431**
rechtlich zulässiger Weise an die Personengesellschaft selbst, so sind die daraus erzielten Zinseinkünfte originäre Einkünfte dieses Gesellschafters (HHR/*Buge* § 20 Rn. 23; vgl. auch BFH 20.11.2018 – VIII R 39/15, BStBl. II 2019, 239 mwN).

Einstweilen frei **432–433**

e) Rechtsnachfolge. Einkünfte aus Kapitalvermögen bezieht nicht nur, wer selbst Kapi- **434**
talvermögen gegen Entgelt zur Nutzung überlassen hat, sondern auch dessen **Rechtsnachfolger in dem Rechtsverhältnis, das dem Kapitalertrag zugrunde liegt.** Dies findet seinen Rechtsgrund darin, dass der Rechtsnachfolger in die Rechte und Pflichten des Rechtsvorgängers und folglich auch in die von diesem begründete Pflicht, Kapital zur entgeltlichen Nutzung zu belassen, eintritt. Damit ist es der Rechtsnachfolger, der nunmehr Kapital zur Nutzung überlässt (stRspr BFH 11.8.1971 – VIII R 76/70, BStBl. II 1972, 55; BFH 29.11.1982 – GrS 1/81, BStBl. II 1983, 272; BFH 29.5.1984 – VIII R 29/80, BFHE 141, 321; BFH 9.3.1982 – VIII R 160/81, BStBl. II 1982, 540; BFH 18.12.1986 – I R 52/83, BStBl. II 1988, 521; BFH 30.4.1991 – VIII R 38/87, BStBl. II 1991, 574; BFH 21.5.1993 – VIII R 1/91, BStBl. II 1994, 93; für entgeltliche Rechtsnachfolge auch: Schmidt/*Levedag* § 20 Rn. 22). Dies entspricht dem Rechtsgedanken des § 24 Nr. 2, dass zu den Einkünften des § 2 Abs. 1 auch die Einkünfte aus einer ehemaligen Tätigkeit oder aus einem früheren Rechtsverhältnis gehören, selbst wenn sie dem Steuerpflichtigen als Rechtsnachfolger zufließen (BFH 11.8.1971 – VIII R 76/70, BStBl. II 1972, 55).

Die Nachfolge in das Rechtsverhältnis kann dabei durch **Gesamtrechtsnachfolge** (va **435**
Erbschaft, Umwandlung) oder **Einzelrechtsnachfolge** (va Abtretung, Übereignung) erfolgen. Ob der Rechtsnachfolger dauerhaft in die Rechtsstellung des Rechtsvorgängers eintritt oder dessen Stellung nur zeitlich begrenzt einnimmt, ist zu Recht unbeachtlich (BFH 29.11.1982 – GrS 1/81, BStBl. II 1983, 272; LBP/*Schlotter* § 20 Rn. 35; *Seibold* StuW 1990, 165 (170 f.)), da die Zurechnung für den Zeitpunkt der Entstehung des Kapitalertrags vorzunehmen ist (→ Rn. 393).

Ob eine Rechtsnachfolge eingetreten ist, ist für **Erwerbsfälle im Inland** nach inländi- **436**
schem Recht und für **Erwerbsfälle im Ausland** nach ausländischem Recht zu beurteilen,

wenn dessen Rechtsinstitute dem inländischen Recht entsprechen. Bei fehlender Gleichsetzbarkeit in- wie ausländischer Rechtsbegriffe ist die wirtschaftliche Bedeutung maßgebend: Soweit der ausländische Erwerbsvorgang in seiner wirtschaftlichen Bedeutung der inländischen Gesamtrechtsnachfolge oder Einzelrechtsnachfolge gleicht, kann ein Tatbestands iSd § 20 durch den Erwerber erfüllt werden (BFH 29.5.1984 – VIII R 29/80, BFHE 141, 321).

437 Während der Erwerber beim Erwerb durch Gesamtrechtsnachfolge in die gesamte Rechtsstellung des Rechtsvorgängers eintritt und sich entsprechend § 24 Nr. 2 und **§ 45 AO** die **Verwirklichung des Einkünfteerzielungstatbestands durch den Rechtsvorgänger zurechnen** lassen muss (BFH 26.1.2011 – VIII R 14/10, BFH/NV 2011, 1512; Bordewin/Brandt/*Geurts* § 20 Rn. 17), ist bei einer Einzelrechtsnachfolge eine Einzelfallprüfung erforderlich, wem die Kapitalerträge zustehen und für wessen Rechnung sie vereinnahmt werden sollen. So führt insbesondere die **Abtretung** eines Darlehensanspruchs gemäß § 398 BGB nur dann zu Kapitaleinkünften des Einzelrechtsnachfolgers, wenn die Abtretung in der Weise ausgestaltet wird, dass nicht (mehr) der Abtretende (Zedent), sondern nunmehr der neue Gläubiger der Darlehensforderung (Zessionar) die betreffenden Einkünfte erzielt (BFH 9.3.1982 – VIII R 160/81, BStBl. II 1982, 540; BFH 12.10.1982 – VIII R 72/79, BStBl. II 1983, 128; BFH 8.7.1998 – I R 112/97, BStBl. II 1999, 123). Ist der Anspruch über die Rückzahlung des Kapitals in einer Inhaberschuldverschreibung verkörpert und **vom Besitz des Schuldpapiers abhängig,** so sind die hieraus erzielten Einnahmen nur dem wirtschaftlichen Eigentümer der verkörperten Schuldverschreibung zuzurechnen (BFH 18.12.1986 – I R 52/83, BStBl. II 1988, 521).

438 **Wem die Kapitalerträge als Früchte des überlassenen Kapitalvermögens iSd § 99 BGB zustehen,** bestimmte die **frühere BFH-Rechtsprechung** auch für steuerliche Zwecke nach **§ 101 BGB:** Bestünden die Früchte aus einer Sache oder einem Recht in der Vergütung für die Überlassung des Gebrauchs oder des Fruchtgenusses, in Zinsen, Gewinnanteilen oder anderen regelmäßig wiederkehrenden Erträgen, so gebühre dem Berechtigten gemäß § 101 Nr. 2 Hs. 2 BGB ein **der Dauer seiner Berechtigung entsprechender Teil.** Danach sei das Entgelt für die zeitliche Kapitalüberlassung durch den Rechtsvorgänger einerseits und durch den Rechtsnachfolger andererseits aufzuteilen. Dies gelte, „sofern nicht ein anderes bestimmt ist", sodass abweichende Vereinbarungen zur Zuordnung der Kapitalerträge zivilrechtlich möglich und in der Folge auch steuerlich anzuerkennen seien (BFH 30.10.1973 – I R 67/72, BStBl. II 1974, 234; BFH 9.3.1982 – VIII R 160/81, BStBl. II 1982, 540; BFH 29.11.1982 – GrS 1/81, BStBl. II 1983, 272; BFH 22.5.1984 – VIII R 316/83, BStBl. II 1984, 746; BFH 21.5.1986 – I R 190/81, BStBl. II 1986, 815; BFH 30.4.1991 – VIII R 38/87, BStBl. II 1991, 574; BFH 14.12.1999 – VIII R 49/98, BStBl. II 2000, 341; BFH 14.12.1999 – VIII R 24/99, BFH/NV 2000, 707).

438.1 Nach diesen Grundsätzen sollten etwa Gewinnanteile des laufenden Geschäftsjahrs bei einer unterjährigen Veräußerung von Anteilen an einer GmbH dem Veräußerer und dem Erwerber nach dem Verhältnis der Dauer ihrer Beteiligung gebühren, sofern nicht – zB im Unternehmenskaufvertrag – ein anderes bestimmt war (BFH 22.5.1984 – VIII R 316/83, BStBl. II 1984, 746). Während den ausgeschiedenen Gesellschaftern noch der Gewinn zustehen sollte, der während ihrer Gesellschaftszugehörigkeit entstanden war, sollten neu eintretende Gesellschafter nur Anspruch auf den Gewinn haben, der während ihrer Beteiligungszeit erwirtschaftet wurde (BFH 7.12.1983 – I R 70/77, BStBl. II 1984, 384). Bei Übertragung einer sonstigen Kapitalforderung könnten die Zinsen des laufenden Zinszahlungszeitraums dem Rechtsvorgänger und dem Rechtsnachfolger im Regelfall nach dem Verhältnis der Dauer der Berechtigung zugerechnet werden (BFH 26.1.2011 – VIII R 14/10, BFH/NV 2011, 1512).

439 Die **neuere Rechtsprechung** scheint von diesem Argumentationsansatz zunehmend abzukommen: So entschied der VIII. Senat, dass keine abschließende Entscheidung darüber ergehe, ob an diesen Grundsätzen in vollem Umfang festzuhalten sei, und hielt lediglich für die Zeit bis einschließlich des Veranlagungszeitraums 1993 daran fest (BFH 14.12.1999 – VIII R 49/98, BStBl. II 2000, 341). Auch der I. Senat entschied, dass jedenfalls im summarischen Verfahren des einstweiligen Rechtsschutz an der bisherigen Rechtsprechung zur Anwendung des § 101 BGB festzuhalten sei (BFH 10.8.2004 – I B 2/04, BFH/NV 2005, 239). In einer weiteren Entscheidung begründete der VIII. Senat seine Entscheidung zur steuerlichen Zurechnung von Grundschuldzinsen ua auch mit den Hinweis, dass sich etwas anderes auch dann nicht ergebe, wenn man der älteren Rechtsprechung des Senats zur Zurechnung von

Kapitaleinkünften über § 101 BGB folge, und ließ erneut offen, ob er an den bisherigen Grundsätzen festhält (BFH 11.4.2012 – VIII R 28/09, BStBl. II 2012, 496).

Der Rückgriff des Steuerrechts auf § 101 BGB wurde in der Literatur wiederholt kritisiert (Blümich/*Ratschow* § 20 Rn. 37 und 443; Bordewin/Brandt/*Geurts* § 20 Rn. 16; Schmidt/*Weber-Grellet*, 36. Aufl. 2017, § 20 Rn. 165; *Seibold* StuW 1990, 165 (170)). Zutreffend kann es für die steuerliche Zurechnung von Kapitaleinkünften **nicht auf § 101 BGB ankommen.** So stellt der Gesetzgeber bei der Einführung des § 20 Abs. 2a idF StandOG v. 13.9.1993 (→ Rn. 55), der dem heutigen § 20 Abs. 5 entspricht, in den Gesetzesmaterialien klar: „Vereinbarungen im Sinne des § 101 Nr. 2 Hs. 2 BGB darüber, wer berechtigt sein soll, die Gewinnanteile zu beziehen, betreffen bereits die Einkommensverwendung und sind daher für die steuerrechtliche Zurechnung von Kapitalerträgen nicht maßgebend." (BT-Drs. 12/5016, 87 f.). Zudem urteilte der BFH selbst, dass § 101 BGB weder die Eigentumsverhältnisse noch das Fruchtziehungsrecht regele und auch nicht die Fälligkeit von Kapitalerträgen vorverlagere, sondern nur das schuldrechtliche Verhältnis der aufeinanderfolgenden Fruchtziehungsberechtigten untereinander ordne (BFH 8.10.1991 – VIII R 48/88, BStBl. II 1992, 17). Der BFH entschied zugleich, dass es für die Zurechnung von Kapitaleinkünften nicht darauf ankomme, wem die hieraus erzielten Kapitalerträge zivilrechtlich gebührten (→ Rn. 438 ff.). Es wäre daher ein Widerspruch, einerseits die zivilrechtliche Zurechnung von Kapitalerträgen außer Acht zu lassen, andererseits aber auf den Regelungsgehalt des § 101 BGB abzustellen und die wirtschaftliche Zurechnung eines Kapitalvermögens somit iE doch von der zivilrechtlichen Zurechnung der daraus erzielten Erträge abhängig zu machen (idS auch: Bordewin/Brandt/*Geurts* § 20 Rn. 16; *Wassermeyer* StuW 1988, 283 (288); *Leberfinger* DStR 1991, 1205 (1206)). **440**

Stattdessen ist zunächst zu ermitteln, für welchen Zeitraum der Rechtsvorgänger bzw. der Rechtsnachfolger die wirtschaftliche Dispositionsbefugnis über ein konkretes Wirtschaftsgut des Kapitalvermögens hatte. Wird hierfür bei rein wirtschaftlicher Betrachtung ein Kapitalertrag gezahlt, der zum Teil für die Kapitalüberlassung durch den Rechtsvorgänger und zum Teil durch den Rechtsnachfolger geleistet wird, so ist dieser Kapitalertrag dem Rechtsvorgänger bzw. dem Rechtsnachfolger besitzzeitanteilig im Verhältnis ihres jeweiligen Kapitalüberlassungszeitraums zuzurechnen (→ Rn. 393). **441**

Einstweilen frei **442–446**

f) Stellvertretung, Handeln für fremde Rechnung, Vertrag zugunsten Dritter, Vermögenssorge. Verwaltet ein Steuerpflichtiger eine Kapitalforderung nicht in eigenem, sondern **in fremdem Namen** (**Stellvertretung**), so ist diese nur dem Vertretenen zuzurechnen. Vereinnahmt der Vertreter hieraus erzielte Erträge in fremdem Namen, so sind diese ebenfalls allein dem Vertretenen zuzurechnen (ebenso: LBP/*Schlotter* § 20 Rn. 25). Den Stellvertreter treffen die **Nachweiserfordernisse des § 159 AO** (→ Rn. 457). **447**

Wird eine Kapitalanlage nicht auf eigene Rechnung, sondern **für Rechnung eines anderen** gehalten (va bei Kommissionsgeschäften), so liegt die Dispositionsbefugnis über das überlassene Kapital allein bei dem anderen, sodass diesem die aus der Kapitalüberlassung resultierenden Kapitaleinkünfte zuzurechnen sind (Lademann EStG/*Jachmann-Michel*/*Lindenberg* § 20 Rn. 65). **448**

Bei einem **Vertrag zugunsten Dritter** iSd § 328 BGB über eine Kapitalforderung ist der Dritte Gläubiger dieser Kapitalforderung. Daher sind die hieraus erzielten Kapitaleinkünfte dem Dritten zuzurechnen (vgl. BFH 24.4.1990 – VIII R 170/83, BStBl. II 1990, 539). Auf den Zeitpunkt der Fälligkeit der zugunsten des Dritten begründeten Kapitalforderung kommt es nicht an (**aA** Korn/*Hamacher*/*Dahm* § 20 Rn. 107 ff.). Eine bloße Einzugsermächtigung des Dritten ist nicht ausreichend, ein entsprechender Sperrvermerk zugunsten des Berechtigten umgekehrt jedoch nicht erforderlich (Blümich/*Ratschow* § 20 Rn. 462). Die Grundsätze gelten nicht nur bei Sparkonten, die beispielsweise Eltern zugunsten ihrer Kinder errichten (→ Rn. 450 ff.), sondern auch für die Errichtung von Wertpapierdepots zugunsten eines Dritten (FG Niedersachsen 5.3.1997 – IX 325/92, EFG 1997, 803) und bei der Errichtung von Kapitallebensversicherungen zugunsten eines Dritten. **449**

Bei der **Vermögenssorge** im Eltern-Kind-Verhältnis genügt es für eine Zurechnung von Kapitalvermögen zu Kindern nicht, dass diese lediglich zivilrechtlich Inhaber des in ihrem Namen angelegten Geldvermögens geworden sind. Vielmehr muss objektiv erkennbar fest- **450** stehen, dass die Ansprüche gegen die Bank **endgültig in das Vermögen der Kinder übergegangen sind,** was nicht allein aus der formalen Gestaltung des Verhältnisses zur Bank abgeleitet werden kann. Voraussetzung für die Zurechnung der Zinsen zu den Kindern ist deshalb, dass **auch alle sonstigen Folgerungen gezogen werden, die sich aus einer endgültigen Vermögensübertragung ergeben.** Die Eltern müssen zB Sparguthaben der Kinder im Rahmen ihrer elterlichen Vermögenssorge gemäß §§ 1626 ff. BGB wie fremdes Vermögen verwalten und dürfen es nicht wie eigenes Vermögen behandeln. Nur wenn diese Voraussetzungen erfüllt sind, sind die daraus erzielten Kapitaleinkünfte den Kindern zuzurechnen. Richten die Eltern zwar ein Sparkonto auf den Namen eines Kindes ein, verwalten dieses Vermögen aber nicht entsprechend den bürgerlich-rechtlichen Vorschriften über die elterliche Vermögenssorge, so sind die Zinsen den Eltern zuzurechnen. Dem Besitz am Sparbuch kommt in solchen Fällen nicht das Gewicht zu, das er in Fällen der Errichtung von Sparkonten auf fremdem Namen im Allgemeinen hat (BFH 3.11.1976 – VIII R 170/74, BStBl. II 1977, 206; BFH 3.11.1976 – VIII R 137/74, BStBl. II 1977, 205; BFH 24.4.1990 – VIII R 170/83, BStBl. II 1990, 539; BFH 7.11.1990 – X R 126/87, BStBl. II 1991, 291). Eine ordnungsgemäße Vermögenssorge setzt also eine **strikte Trennung der Vermögensbereiche der Eltern und der Kinder** voraus (BFH 24.4.1990 – VIII R 89/83, BFH/NV 1991, 28; BFH 14.10.2002 – VIII R 42/01, BFH/NV 2003, 307). **Beweisanzeichen** für eine endgültige und unwiderrufliche Übertragung von Kapitalvermögen von den Eltern auf ihr Kind sind die Bezeichnung des Kindes als Gläubiger, die Errichtung eines Kontos auf den Namen des Kindes oder die Benennung des Kindes als verfügungsberechtigte Personen (Kirchhof/*Bleschick* § 20 Rn. 17; Lademann EStG/*Jachmann-Michel*/*Lindenberg* § 20 Rn. 66). Bei depotverwahrten Wertpapieren muss das Kind als Depotinhaber bezeichnet sein (Blümich/*Ratschow* § 20 Rn. 462). **Der BFH sieht diese Grundsätze als geklärt an** (BFH 23.1.2007 – VIII B 174/05, BFH/NV 2007, 911; BFH 3.3.2016 – VIII B 25/14, BFH/NV 2016, 1021).

451 Wegen der hohen Fungibilität von Kapitalvermögen besteht zwischen nahen Angehörigen ein Anreiz für rechtsmissbräuchliche Gestaltungen, insbesondere zur mehrfachen Nutzung des Sparer-Pauschbetrages iSd § 20 Abs. 8 sowie zur mehrfachen Nutzung des steuerlichen Grundfreibetrages im Wege einer sog. Günstigerprüfung gemäß § 32d Abs. 6 (vgl. Kirchhof/*Bleschick* § 20 Rn. 17). Daher sind die allgemeinen **Anforderungen an Verträge zwischen nahen Angehörigen zu beachten** und steuerliche Gestaltungen in besonderem Maße an § 42 AO zu messen (BFH 3.11.1976 – VIII R 170/74, BStBl. II 1977, 206; BFH 30.3.1999 – VIII R 19/98, BFH/NV 1999, 1325; BFH 29.1.2002 – VIII B 91/01, BFH/NV 2002, 749). Dies ist verfassungsrechtlich nicht zu beanstanden (BVerfG 12.3.1985 – 1 BvR 571/81, 1 BvR 494/82, 1 BvR 47/83, BStBl. II 1985, 475; BVerfG 23.9.1991 – 1 BvR 775/89, BeckRS 1991, 06889; BVerfG 9.10.1991 – 1 BvR 1406/89, BeckRS 1991, 06862).

451.1 Vom tatsächlichen Vollzug eines **Schenkungsvertrags über die unentgeltliche Zuwendung von GmbH-Anteilen vom Vater auf seine Kinder** kann nicht ausgegangen werden, wenn den Kindern zwar die Stimmrechte und das Gewinnbezugsrecht aus den entsprechenden Anteilen zustehen, die Gewinnausschüttungen jedoch auf ein Konto des Vaters überwiesen werden und dort verbleiben, ohne dass die konkrete Verwendung der Mittel für die Kinder nachgewiesen wird. Die Gewinnausschüttungen sind dann steuerlich dem Vater zuzurechnen (BFH 14.10.2002 – VIII R 42/01, BFH/NV 2003, 307).

451.2 Allein die zeitliche Nähe zwischen der **Schenkung von Aktien von Eltern an die Kinder und ihrer Veräußerung durch die Kinder** lässt keinen Schluss darauf zu, dass der Verkauf vor der Schenkung bereits geplant und die Gestaltung daher missbräuchlich zur Erlangung steuerfreier Veräußerungsgewinne durch die Kinder war. Gleiches gilt, wenn nach dem tatsächlichen Ablauf nicht von einer Zwischenschaltung der Kinder auszugehen ist, weil sich Schenkung und Verkauf zwar in engem zeitlichen Zusammenhang, aber (nachweislich) ohne inneren Zusammenhang ergeben haben (vgl BFH 17.4.2018 – IX R 19/17, BFH/NV 2018, 1081).

451.3 Bei **Darlehen zwischen Angehörigen** ist die Fremdüblichkeit insbesondere anhand der Vereinbarung über die Laufzeit und Rückzahlbarkeit, der regelmäßigen Entrichtung der geschuldeten Zinsen sowie der Darlehensbesicherung zu überprüfen. Bei **Anschaffungsdarlehen** steht die fehlende Besicherung der Anerkennung der vertragsgemäß geleisteten Zinsen als Betriebsausgaben oder Werbungskosten dann nicht entgegen, wenn das Rechtsgeschäft von volljährigen und voneinander wirtschaftlich unabhängigen Angehörigen geschlossen wurde (BFH 9.10.2001 – VIII R 5/01, BFH/NV 2002, 334 mwN).

Die vorstehenden Grundsätze sind auf die Zurechnung von Kapitaleinkünften in sonstigen Fälle der Vermögenssorge, etwa die Zurechnung im Verhältnis von **Vormund zu Mündel** (§§ 1793 ff. BGB), von **Betreuer zu Betreutem** (§§ 1896 ff. BGB) sowie in Fällen der **Pflegschaft** (§§ 1909 ff. BGB) entsprechend anzuwenden. **452**

Einstweilen frei **453–454**

g) Treuhandverhältnisse. Bei **Treuhandverhältnissen** sind Kapitalforderungen und in der Folge auch die daraus erzielten Kapitaleinkünfte gemäß § 39 Abs. 2 Nr. 1 S. 2 Hs. 1 AO dem Treugeber zuzurechnen (BFH 20.1.1999 – I R 69/97, BStBl. II 1999, 514; H 20.2 EStH 2018; Lademann EStG/*Jachmann-Michel/Lindenberg* § 20 Rn. 65; LBP/*Schlotter* § 20 Rn. 43; *Lang/Seer* FR 1992, 637 (642); iE ebenso: Korn/*Hamacher/Dahm* § 20 Rn. 87 f.). **455**

Allerdings führt nicht jede formal als „Treuhandvertrag" bezeichnete Vereinbarung zur Anerkennung eines „Treuhandverhältnisses" iSd § 39 AO: Bei der Prüfung, ob ein Treuhandverhältnis tatsächlich gegeben ist, ist ein **strenger Maßstab** anzulegen. Ist der Erwerb einer Kapitalforderung **formgebunden,** muss auch die Treuhandvereinbarung dieser Form entsprechen (BFH 25.4.2006 – X R 57/04, BFH/NV 2006, 1819). Bei einem formwirksamen Treuhandvertrag muss die mit der rechtlichen Eigentümerstellung verbundene **Verfügungsmacht des Treuhänders zugunsten des Treugebers so sehr eingeschränkt** sein, dass das rechtliche Eigentum als „leere Hülle" erscheint. Der Treugeber muss das Treuhandverhältnis beherrschen, und zwar nicht nur nach den mit dem Treuhänder getroffenen Absprachen, sondern auch bei deren tatsächlichem Vollzug. **Wesentliches Merkmal** einer solchen Beherrschung ist eine **Weisungsbefugnis des Treugebers** bzw. die Weisungsgebundenheit des Treuhänders in Bezug auf die Behandlung des Treuguts. Zudem muss der Treugeber berechtigt sein, jederzeit die Rückgabe des Treuguts zu verlangen, und es muss zweifelsfrei erkennbar sein, dass der Treuhänder ausschließlich für Rechnung des Treugebers handelt. Den Treuhänder muss zudem die **Verpflichtung zur jederzeitigen Rückgabe des Treuguts** treffen (BFH 15.7.1997 – VIII R 56/93, BStBl. II 1998, 152; BFH 20.1.1999 – I R 69/97, BStBl. II 1999, 514; BFH 24.11.2009 – I R 12/09, BStBl. II 2010, 590; BFH 6.8.2013 – VIII R 10/10, BStBl. II 2013, 862; BFH 6.8.2013 – VIII R 11/10, BFH/NV 2014, 27). Die bloße Berechtigung zur Ausübung von Stimmrechten ist nicht ausreichend, die Vereinbarung eines Treuhandentgeltes umgekehrt nicht erforderlich (BFH 15.7.1997 – VIII R 56/93, BStBl. II 1998, 152). **456**

Ein Treuhandverhältnis kann sich aufgrund einer gesetzlichen **treuhänderischen Rechtsbeziehung,** durch eine **Treuhandabrede (Übertragungs-, Erwerbs- oder Vereinbarungstreuhand,** dazu BFH 15.7.1997 – VIII R 56/93, BStBl. II 1998, 152) oder einer **Stimmrechtsvereinbarung** ergeben (BFH 17.2.2004 – VIII R 28/02, BStBl. II 2005, 46). **456.1**

Eine treuhandähnliche Stellung des bisherigen Anteilseigners kann sich bei **Veräußerung unter aufschiebender Bedingung aus §§ 160 Abs. 1, 161 Abs. 1 BGB** ergeben. Danach darf der Veräußerer das vom Eintritt der Bedingung abhängige Recht in der Schwebezeit nicht beeinträchtigen und muss ein formal ggf. noch bei ihm verbliebenes Stimmrecht idR im Interesse des Erwerbers wahrnehmen (BFH 17.2.2004 – VIII R 28/02, BStBl. II 2005, 46). **456.2**

Bei **Zahlungsabwicklungen über Treuhänder** (zB Notar als Treuhänder, notarielles oder anwaltliches **Anderkonto, Hinterlegungsstelle**) ist der Treuhänder bis zum Eintritt der Auszahlungsbedingung (sog. Auszahlungsreife) Treuhänder des Zahlungsanweisenden und ab diesem Zeitpunkt Treuhänder des Zahlungsempfängers (BFH 30.1.1986 – IV R 125/83, BStBl. II 1986, 404). Kapitalerträge gebühren daher bis zur Auszahlungsreife dem Zahlungsanweisenden, danach dem Zahlungsempfänger. **456.3**

Eine Pflicht zur **Trennung des Treuhandvermögens von persönlichem Vermögen** besteht zwar nicht (**aA** Bordewin/Brandt/*Geurts* § 20 Rn. 27). Den Treuhänder treffen neben der Feststellungslast seiner Treuhänderstellung im Rahmen allgemeiner gerichtlicher Überzeugungsbildung (vgl BFH 9.5.2017 – VIII R 51/14, BFH/NV 2018, 5) auch die besonderen **Nachweispflichten der Beweisführungslastregelung des § 159 AO.** Gelingt ihm der Nachweis, eine Kapitalforderung nur in fremdem Namen und für fremde Rechnung zu verwalten, nicht, ist ihm die vermeintlich treuhänderisch verwaltete Kapitalforderung einschließlich der daraus erzielten Erträge im Zweifel persönlich zuzurechnen (§ 159 Abs. 1 S. 1 Hs. 2 AO; BFH 6.10.2009 – IX R 14/08, BStBl. II 2010, 460). **457**

Einstweilen frei **458–459**

460 **h) Sicherungsverhältnisse.** Bei der **Sicherungsübereignung** sind Sicherungsgüter (zB sicherungsübereignetes Wertpapierdepot) und somit auch die daraus erzielten Kapitalerträge nach § 39 Abs. 2 Nr. 1 S. 2 Hs. 2 AO **bis zum Eintritt des Verwertungsfalls dem Sicherungsgeber** zuzurechnen (**aA** Lademann EStG/*Jachmann-Michel/Lindenberg* § 20 Rn. 65). **Erst mit Eintritt des Verwertungsfalls,** der den Sicherungsnehmer zur wirtschaftlichen Verwertung berechtigt, geht das wirtschaftliche Eigentum auf den **Sicherungsnehmer** über, dem alle künftig entstehenden Kapitalerträge zuzurechnen sind.

461 Wird ein Gegenstand des Kapitalvermögens unter **Eigentumsvorbehalt** übereignet, so geht das wirtschaftliche Eigentum an diesem Gegenstand auf den **Vorbehaltskäufer** über, da dieser durch die Möglichkeit zur jederzeitigen Vertragserfüllung einseitig die Möglichkeit zur Erlangung des zivilrechtlichen Volleigentums hat. Damit stehen dem Vorbehaltskäufer zugleich alle Kapitalerträge zu, die aus einer derart erworbenen Kapitalforderung erzielt werden, solange er seine Pflichten aus dem Vertragsverhältnis mit dem Vorbehaltsverkäufer ordnungsgemäß erfüllt (Lademann EStG/*Jachmann-Michel/Lindenberg* § 20 Rn. 65; HHR/*Buge* § 20 Rn. 21). Dies gilt für **Anwartschaften** entsprechend (→ Rn. 1196).

462 Wird zur Absicherung eines Zahlungsanspruchs ein **Pfandrecht** an einem Wirtschaftsgut des Kapitalvermögens kraft Rechtsgeschäfts (§§ 1205 ff. BGB), kraft Gesetzes (§ 1273 Abs. 2 BGB) oder im Wege der Zwangsvollstreckung (§ 804 ZPO) begründet, so bleibt der **Sicherungsgeber bis zum Eintritt des Verwertungsfalls wirtschaftlicher Eigentümer** der Pfandsache, sodass diesem weiterhin die hieraus erzielten Einkünfte zuzurechnen sind (vgl. LBP/*Schlotter* § 20 Rn. 43; Bordewin/Brandt/*Geurts* § 20 Rn. 53; HHR/*Buge* § 20 Rn. 21). Relevant ist dies namentlich in Fällen des Wertpapier-Pfands sowie bei sog. **Lombardkrediten,** die durch die Verpfändung von Wertpapieren oder sonstigen Kapitalforderungen abgesichert sind. Den Pfandgläubiger treffen ebenfalls die **Nachweispflichten** nach § 159 AO; die Unerweislichkeit des Sicherungsverhältnisses geht zu seinen Lasten (→ Rn. 457).

463–464 *Einstweilen frei*

465 **i) Verwahrung, Wertpapierleihe, Wertpapierdarlehen, Pensionsgeschäfte.** Die **Verwahrung** iSd § 688 BGB findet insbesondere bei der Verwahrung von Wertpapieren (Aktien, Schuldverschreibungen etc) Anwendung. Aufgrund des jederzeitigen Rückforderungsrechts des Hinterlegers (§ 695 BGB) hat die Hinterlegung keinen Einfluss auf die Eigentümerstellung des Hinterlegers, sodass die Stellung des rechtlichen oder wirtschaftlichen Eigentümers des Hinterlegungsguts von der Hinterlegung nicht berührt wird.

465.1 Wichtige Beispiele sind die sog. **Giro-Sammelverwahrung** von Wertpapieren (*Schmid/Stoll* DStR 2001, 2137 (2141 f.) oder die Verbriefung von Hinterlegungsansprüchen in **Hinterlegungsscheinen** (insbesondere American Depository Receipts – ADR), die eine Zurechnung der hinterlegten Aktien von der Hinterlegungsstelle über den Verwalter der ADR-Scheine zum Inhaber der ADR-Scheine bewirkt. In der Folge werden an den Verwahrer gezahlte Dividenden aus den hinterlegten Aktien dem Inhaber der ADR-Scheine zugerechnet (BMF 24.5.2013, BStBl. I 2013, 718; BMF 18.1.2016, BStBl. I 2016, 85 Rn. 68).

466 Sofern **ausnahmsweise** eine **echte Wertpapierleihe** anzunehmen ist, weil zwischen Verleiher und Entleiher ein unentgeltlicher Leihvertrag nach § 598 BGB über die Entleihe konkret individualisierbarer Wertpapiere – zB vinkulierte Namensaktien oder verkörperte Schuldverschreibungen – geschlossen wurde, so ist der Entleiher verpflichtet, nach Ablauf der Leihdauer dieselben Wertpapiere an den Verleiher zurückzugewähren, die er von diesem erhalten hat. Der Verleiher behält dabei jederzeit das rechtliche wie wirtschaftliche Eigentum an den überlassenen Wertpapieren, ihm sind die Kapitalerträge jederzeit zuzurechnen.

467 Wenngleich das sog. **Wertpapierdarlehen** zumeist als „Wertpapierleihe" bezeichnet wird, sollte es sprachlich wie inhaltlich klar von der echten Wertpapierleihe abgegrenzt werden: Bei einem entgeltlichen Wertpapierdarlehen übereignet der Darlehensgeber dem Darlehensnehmer vertretbare Wertpapiere oder sonstige Kapitalforderungen als **Sachdarlehen iSd § 607 BGB** mit der Verpflichtung, dass der Darlehensnehmer nach Ablauf der Darlehenszeit Papiere gleicher Art, Güte und Menge an den Darlehensgeber übereignen muss. Hierbei erwirbt der **Darlehensnehmer** (zumeist als „Entleiher" bezeichnet) **während der Darlehenslaufzeit** also das rechtliche wie wirtschaftliche Eigentum an den ihm vom Darlehensgeber übereigneten Wertpapieren, sodass ihm die hieraus erzielten Kapitalerträge zuzurechnen sind (BFH 17.10.2001 – I R 97/00, DStR 2002, 78; BFH 30.6.2011 – VI R 37/09, BStBl.

II 2011, 923; BFH 16.4.2014 – I R 2/12, DStR 2014, 2012; BFH 18.8.2015 – I R 88/13,BStBl. II 2016, 961; BMF 3.4.1990, DB 1990, 863; BMF 11.11.2016, BStBl. I 2016, 1324; LBP/*Schlotter* § 20 Rn. 40; Blümich/*Ratschow* § 20 Rn. 453; Kirchhof/*Bleschick* § 20 Rn. 166; Korn/*Hamacher/Dahm* § 20 Rn. 104; Bordewin/Brandt/*Geurts* § 20 Rn. 45; *Häuselmann/Wiesenbart* DB 1990, 2129 (2130 und 2134); *Schmid/Mühlhäuser* BB 2001, 2609 (2613); *Häuselmann/Wagner* FR 2003, 331 (331 f.); *Häuselmann* DStR 2007, 1379 (1380); *Schnitger/Bildstein* IStR 2008, 202 (203 f.); *Behnes/Kühnel* RDF 2016, 141 (143 ff.); *Haarmann* BB 2018, 1623 (1633 ff.)). **Übereignet der Darlehensnehmer Wertpapiere nach Ablauf der Darlehenszeit** zur Erfüllung seiner Rückgewährpflicht an den Darlehensgeber „zurück", so geht das wirtschaftliche Eigentum an den übertragenen Papieren ab diesem Zeitpunkt auf den **Darlehensgeber** über mit der Folge, dass alle ab diesem Zeitpunkt erzielten Einkünfte (wieder) dem Darlehensgeber zuzurechnen sind (*Haarmann* BB 2018, 1623 (1633 ff.) mwN zur Gegenauffassung von *Schön*).

Nur ausnahmsweise bleibt das wirtschaftliche Eigentum während der Vertragslaufzeit eines solchen **467.1**
Darlehens beim Darlehensgeber (zumeist als „Verleiher" bezeichnet), etwa wenn alle Wertsteigerungschancen und Wertminderungsrisiken aufgrund vereinbarter Dividendenkompensationszahlungen weiterhin beim Darlehensgeber verbleiben (BFH 18.8.2015 – I R 88/13, BStBl. II 2016, 961; FG Niedersachsen 17.11.2016 – 6 K 230/15, DStRK 2017, 76) oder wenn durch Stimmbindungsverträge oÄ keine mitgliedschaftlichen Verwaltungsrechte an der Gesellschaft bestehen (vgl. BFH 16.4.2014 – I R 2/12, DStR 2014, 2012).

Sog. **Pensionsgeschäfte iSd § 340b HGB** sind Verträge, durch die ein Kreditinstitut **468**
oder der Kunde eines Kreditinstituts (Pensionsgeber) ihm gehörende Vermögensgegenstände (Pensionsgut) einem anderen Kreditinstitut oder einem seiner Kunden (Pensionsnehmer) gegen Zahlung eines Betrags überträgt und gleichzeitig vereinbart, dass die Vermögensgegenstände später gegen Entrichtung des empfangenen oder eines im Voraus vereinbarten anderen Betrags an den Pensionsgeber zurückübertragen werden müssen (sog. **echtes Pensionsgeschäft,** § 340b Abs. 2 HGB) oder können (sog. **unechtes Pensionsgeschäft,** § 340b Abs. 3 HGB). Bei festverzinslichen Wertpapieren bedeutet dies die Rückübereignung von Papieren des gleichen Emissionsdatums, gleichen Nennbetrags, gleicher Laufzeit und gleicher Verzinsung; bei Aktien müssen ebenfalls Emittent und Gattung der Aktien, dh Stammaktie oder Vorzugsaktie, identisch sein (*Häuselmann* DStR 2007, 1379 (1380)). **Während der Pensionszeit** ist der Pensionsnehmer in seiner Verfügung über das Pensionsgut – wie jeder Eigentümer – nicht beschränkt und kann das Pensionsgut während dieser Zeit veräußern, verpfänden oder seinerseits in Pension geben. Der Pensionsnehmer wird hierdurch zum zivilrechtlichen Inhaber und übernimmt dabei alle Rechte an den übertragenen Vermögensgegenständen (BFH 29.11.1982 – GrS 1/81, BStBl. II 1983, 272). Ob er damit zugleich wirtschaftlicher Eigentümer des Pensionsguts wird, ist **strittig:**

Eine von der **Finanzverwaltung und Literaturstimmen** vertretene Ansicht geht davon **469**
aus, dass dem **Pensionsgeber** nach dem gesetzgeberischen Willen nicht nur die betreffenden Vermögensgegenstände des Kapitalvermögens, sondern folgerichtig auch die daraus erzielten Kapitalerträge zuzurechnen seien. Dies folge aus der erst 1993 in Kraft getretenen Regelung des § 340b Abs. 4 HGB, wonach bei Pensionsgeschäften die übertragenen Vermögensgegenstände in der Bilanz des Pensionsgebers auszuweisen sei (BMF 3.4.1990, DB 1990, 863; OFD Frankfurt a.M. 19.11.2013, BeckVerw 279359, ersetzt durch OFD Frankfurt a.M. 17.2.2016, DStR 2016, 1112; LBP/*Schlotter* § 20 Rn. 38; *Schmid/Stoll* DStR 2001, 2137 (2142)).

Allerdings ist **fraglich,** ob eine derart spezielle Bilanzierungsvorschrift für Kredit- und **470**
Finanzdienstleistungsinstitute überhaupt für steuerliche Zwecke maßgeblich sein kann (Blümich/*Ratschow* § 20 Rn. 451; *Häuselmann* BB 2000, 1287 (1289)). Überdies bestehen bei telelogischer wie historischer Auslegung erhebliche Bedenken, ob der Gesetzgeber mit der Einführung der §§ 340 ff. HGB durch das Gesetz zur Durchführung der Richtlinie des Rates der Europäischen Gemeinschaften über den Jahresabschluss und den konsolidierten Abschluss von Banken und anderen Finanzinstituten (Bankbilanzrichtlinie-Gesetz) v. 30.11.1990 (BGBl. 1990 I 2570) derart grundlegende Abweichungen von den allgemeinen Grundsätzen steuerlicher Zurechnung treffen wollte: So diente das Gesetz lediglich der Umsetzung unionsrechtlicher Bilanzierungsregelungen (BT-Drs. 11/6275, 13); gerade die Regelung über den

Bilanzansatz von Pensionsgeschäften ergab sich „in vollem Umfang aus Artikel 12 der Bankbilanzrichtlinie" (BT-Drs. 11/6275, 20).

471 Eine Zurechnung des Pensionsguts zum Pensionsgeber wird zudem damit begründet, dass sich der Pensionsnehmer nach dem Deutschen Rahmenvertrag für Wertpapierpensionsgeschäfte bei echten Wertpapierpensionsgeschäften verpflichte, die während der Pensionszeit auf die in Pension gegebenen Wertpapiere geleisteten Zinsen, Gewinnanteile sowie sonstigen Ausschüttungen im Wege einer Kompensationszahlung an den Verleiher weiterzuleiten und dem Pensionsgeber auf die Wertpapiere entfallende Bezugsrechte zur Verfügung zu stellen (*Schmid/Stoll* DStR 2001, 2137 (2142). Hieraus allerdings den Verbleib des wirtschaftlichen Eigentums abzuleiten, würde den Anforderungen an das wirtschaftliche Eigentum als der wirtschaftlichen Verfügungsmacht nach Substanz, Wert und Ertrag nicht gerecht: So behält der Pensionsgeber gerade nicht den Wert des Pensionsguts und bleibt nicht an dessen Gewinn und Verlust beteiligt, sondern erhält lediglich einen von der Wertentwicklung idR unabhängigen Kaufpreis sowie ein Pensionsentgelt. Dies spricht klar gegen den Übergang des wirtschaftlichen Eigentums auf den Pensionsgeber.

472 Nach **hier vertretener Auffassung** geht daher mit der zivilrechtlichen Übereignung auch das wirtschaftliche Eigentum am Pensionsgut von Pensionsgeber **auf dem Pensionsnehmer** über. Folgerichtig sind auch die hieraus erzielten (Kapital)Einkünfte, die während der Besitzzeit begründet sind, dem Pensionsnehmer zuzurechnen (BFH 29.11.1982 – GrS 1/81, BStBl. II 1983, 272; Blümich/*Ratschow* § 20 Rn. 451; Bordewin/Brandt/*Geurts* § 20 Rn. 41 f.; *Häuselmann* BB 2000, 1287 (1289); *Häuselmann/Wagner* FR 2003, 331 (335); für unechte Pensionsgeschäfte ebenso: *Schnitger/Bildstein* IStR 2008, 202 (204)). Für sonstige **Rückkaufgeschäfte (sog. Repo-Geschäfte) gilt Entsprechendes.**

473 **Wertpapierpensionsgeschäfte zwischen nahen Angehörigen** sind **auf ihren tatsächlichen Vollzug zu prüfen.** Insbesondere wenn ein Wertpapierpensionsgeschäft im wirtschaftlichen Ergebnis **wie ein Nießbrauch ausgestaltet** ist, ist dies als Vorausabtretung der künftigen Erträgnisansprüche vom Nießbrauchbesteller an den Nießbraucher und damit als ertragsteuerlich unbeachtliche Vermögensverwendung zu werten. Die daraus erzielten Kapitalerträge sind daher weiterhin dem Nießbrauchsbesteller zuzurechnen. Gegen den tatsächlichen Vollzug spricht auch, wenn die zwischen Eltern als Pensionsgebern und deren Kind als Pensionsnehmer **vereinbarte Gegenleistung bis zum Zeitpunkt der Rückübertragung gestundet** wird und im Zeitpunkt der Rückübertragung eine Aufrechnung der Ansprüche von Pensionsgeber und Pensionsnehmer stattfindet oder wenn dem Pensionsnehmer das **zu leistende Entgelt zuvor vom Pensionsgeber geschenkt** wurde (BMF 28.6.1984, BStBl. I 1984, 394).

474–475 *Einstweilen frei*

476 **j) Nießbrauch.** Nach § 1030 BGB kann eine Sache in der Weise dinglich belastet werden, dass derjenige, zu dessen Gunsten die Belastung erfolgt, **berechtigt ist, die Nutzungen der Sache zu ziehen** (sog. **Nießbrauch**). Der Nießbrauch kann auch an einem Recht (§ 1068 Abs. 1, Abs. 2 iVm § 1030 BGB), an einer verzinslichen Forderung (§ 1076 BGB), einer Grund- oder Rentenschuld (§ 1080 BGB) sowie an Inhaber- oder Orderpapieren (§ 1081 BGB) bestellt werden. Das Recht zur Ziehung der Nutzungen berechtigt nach der Legaldefinition des § 100 BGB zur Vereinnahmung der Früchte einer Sache oder eines Rechts sowie der Vorteile, welche der Gebrauch der Sache oder des Rechts gewährt. Für die steuerliche Zurechnung von Kapitalerträgen kommt es **entscheidend** darauf an, ob dem Nießbrauchsberechtigten (sog. **Nießbraucher) die wirtschaftliche Dispositionsbefugnis über die Kapitalforderung** (→ Rn. 391 ff.) zukommt und daher auch Kapitalerträge zuzurechnen sind:

477 **Grundsätzlich** erlangt der **Nießbraucher keine Dispositionsbefugnis,** da ihm lediglich ein Recht zur Ziehung der Nutzungen, dh zur Vereinnahmung möglicher Kapitalerträge zusteht, ohne dass er über die zugrundeliegende Kapitalforderung disponieren könnte. Das rechtliche wie wirtschaftliche Eigentum an der vom Nießbrauch umfassten Kapitalanlage verbleibt **grundsätzlich beim Inhaber des Stammrechts,** dem die hieraus erzielten Kapitalerträge zuzurechnen sind. Die Einräumung des Nießbrauchs ist als ertragsteuerlich unbeachtliche Vorausabtretung künftiger Erträgnisansprüche zu werten, sodass der Nießbraucher lediglich eine Forderung des Stammrechtsinhabers einzieht (BFH 14.12.1976 – VIII R 146/

73, BStBl. II 1977, 115 unter Aufgabe früherer Rspr; BFH 22.8.1990 – I R 69/89, BStBl. II 1991, 38; BFH 28.1.1992 – VIII R 207/85, BStBl. II 1992, 605; BFH 1.4.1994 – VIII R 35/92, BStBl. II 1995, 241; BMF 23.11.1983, BStBl. I 1983, 508 Rn. 57 f. (für Sachverhalte bis 31.12.2009), aufgehoben durch BMF 23.4.2010, BStBl. I 2010, 391; FG Hessen 16.8.2018 – 11 K 371/13, DStRE 2019, 552, Rev. VIII R 29/18; FG Hessen 16.8.2018 – 11 K 372/13, DStRE 2019, 877, Rev. VIII R 30/18; **aA** noch: BFH 2.10.1959 – VI 64/57 U, BStBl. III 1960, 36; BFH 1.2.1972 – VIII R 118/71, BStBl. II 1972, 347; *Piltz* Die steuerliche Zurechnung von Einkünften beim Nießbrauch (IFSt-Schrift Nr. 172, 1977), 18 ff.; **offen lassend:** BFH 29.11.1982 – GrS 1/81, BStBl. II 1983, 272).

Nur ausnahmsweise können Kapitalerträge dem Nießbraucher zugerechnet werden, 478
wenn dieser gegenüber dem zivilrechtlichen Eigentümer der nießbrauchbelasteten Sachen oder Rechte eine Position innehat, die **über die übliche Position des Nießbrauchers hinausgeht und ihn eine Dispositionsbefugnis verschafft,** eigenständig über die Kapitalforderung zu verfügen, Marktchancen zu nutzen bzw. über die Kapitalüberlassung zu entscheiden. **Anhaltspunkte** sind die Befugnis, die Kapitalüberlassung durch Kündigung zu beenden oder eine Kapitalumschichtung vorzunehmen (Bordewin/Brandt/*Geurts* § 20 Rn. 35), wobei Mitverwaltungsrechte genügen (HHR/*Buge* § 20 Rn. 26). Nicht ausreichend ist es hingegen, wenn bezogene Erträge zwar an den Nießbraucher weitergeleitet werden müssen, ohne dass der Nießbraucher jedoch auf die Verwaltung der zugrunde liegenden Kapitalforderung Einfluss nehmen kann (BFH 26.11.1997 – X R 114/94, BStBl. II 1998, 190 BFH 24.8.2005 – VIII B 4/02, BFH/NV 2006, 273) oder wenn lediglich eine Berechtigung zur Ausübung des Stimmrechts besteht (BFH 28.1.1992 – VIII R 207/85, BStBl. II 1992, 605; HHR/*Buge* § 20 Rn. 26; *Witte* Zur einkommensteuerlichen Behandlung des Nießbrauchs an Wertpapieren (1985), 36 ff.).

Beim **Nießbrauch unter nahen Angehörigen** gelten die allgemeinen Grundsätze zur Anerken- 478.1
nung derartiger Vereinbarungen. So ist insbesondere eine Globalvereinbarung zur Bestellung des Nießbrauchs „am Kapitalvermögen", die zu einer „Art von Gesamtrechtsnachfolge in das Kapitalvermögen" führen soll, zutreffend nicht anerkennungsfähig. Vielmehr ist eine **klare und eindeutige Bezeichnung einzelner Rechtsverhältnisse,** etwa konkreter Sparkonten, Wertpapierdepots und Darlehensverhältnissen erforderlich (BFH 8.10.1986 – I R 209/82, BFH/NV 1988, 434; HHR/*Buge* § 20 Rn. 26).

Die vorstehenden Grundsätze gelten unabhängig davon, ob der Stammrechtsinhaber (idR 479
der Besteller des Nießbrauchs) das Vollrecht behalten und dem Nießbraucher lediglich den Nießbrauch zugewendet hat (sog. **Zuwendungsnießbrauch**) oder ob der bisherige Stammrechtsinhaber das Stammrecht mit Ausnahme eines Nießbrauchs an einen neuen Stammrechtsinhaber übertragen hat und hierdurch selbst zum Nießbraucher wird (sog. **Vorbehaltsnießbrauch**). In den Fällen des Vorbehaltsnießbrauchs aus der früheren Eigentümerstellung des Altinhabers an einem Wirtschaftsgut des Kapitalvermögens zu schließen, dass dieser bei der Übereignung mit Ausnahme des Vorbehaltsnießbrauchs seine wirtschaftliche Dispositionsbefugnis an der übereigneten Kapitalanlage beibehalten habe, erscheint ungerechtfertigt, da das Zivilrecht keinen wesentlichen Unterschied im sachlichen Umfang der mit dem Nießbrauch eingeräumten Besitz- oder Nutzungsrechte begründet. Vielmehr ist die Kapitalanlage auch in den Fällen des Vorbehaltsnießbrauchs **grundsätzlich dem Eigentümer zuzurechnen** (vgl. BFH 14.12.1976 – VIII R 146/73, BStBl. II 1977, 115; BFH 1.3.1994 – VIII R 35/92, BStBl. II 1995, 241; Schmidt/*Levedag* § 20 Rn. 21; dagegen für eine Zurechnung zum Vorbehaltsnießbraucher: BFH 28.7.1981 – VIII R 124/76, BStBl. II 1982, 378; offen lassend: BFH 29.5.2001 – VIII R 11/00, BFH/NV 2001, 1393). Bei einem sog. **Nachlass- oder Vermächtnisnießbrauch,** bei dem die Erben das Stammrecht und ein Dritter im Wege des Vermächtnisses den Nießbrauch erwerben, werden nießbrauchsbelastete Kapitalforderungen ebenfalls nicht dem Nießbraucher zugerechnet. Vielmehr ist das Wirtschaftsgut grundsätzlich dem Erben zuzurechnen, wenn der Nießbraucher nicht ausnahmsweise nach allgemeinen Grundsätzen das wirtschaftliche Eigentum an diesem Wirtschaftsgut erlangt (BFH 8.6.1977 – II R 79/69, BStBl. II 1979, 562).

Nach den vorstehenden Ausführungen kann es für die Zurechnung einer Kapitalanlage 480
und der daraus erzielten Kapitalerträge allein auf die wirtschaftliche Dispositionsbefugnis, nicht aber darauf ankommen, ob der Nießbrauch **entgeltlich oder unentgeltlich** eingeräumt wurde (BFH 1.3.1994 – VIII R 35/92, BStBl. II 1995, 241; BMF 23.11.1983, BStBl.

I 1983, 508 Rn. 57 f. (für Sachverhalte bis 31.12.2009), aufgehoben durch BMF 23.4.2010, BStBl. I 2010 391; Blümich/*Ratschow* § 20 Rn. 459a; Bordewin/Brandt/*Geurts* § 20 Rn. 37; HHR/*Buge* § 20 Rn. 29; **aA** für eine Differenzierung zwischen entgeltlichem und unentgeltlichem Erwerb des Nießbrauchs: BFH 8.2.1957 – VI 27/56 U, BStBl. III 1957, 207; BFH 5.7.1957 – VI 74/55 U, BStBl. III 1957, 393; BFH 6.7.1966 – VI 111/65, BFHE 86, 674). Mangels Erlangung der wirtschaftlichen Verfügungsmacht liegt in der entgeltlichen Bestellung eines Nießbrauchs auch kein Veräußerungsvorgang iSd § 20 Abs. 2 S. 1 Nr. 2, der zu entsprechenden steuerbaren Kapitaleinkünften führen könnte (ebenso: Blümich/*Ratschow* Rn. 459a; Schmidt/*Weber-Grellet*, 36. Aufl. 2017, § 20 Rn. 180; **aA** BMF 23.11.1983, BStBl. I 1983, 508 Rn. 58 (für Sachverhalte bis 31.12.2009), aufgehoben durch BMF 23.4.2010, BStBl. I 2010, 391; vgl. auch BFH 14.12.1976 – VIII R 146/73, BStBl. II 1977, 115).

481 Da die Einkunftsquelle grundsätzlich beim Inhaber des Vollrechts verbleibt, führt auch die **Überlassung der Ausübung des Nießbrauchs** vom Nießbraucher auf einen Dritten gemäß § 1059 S. 2 BGB nicht dazu, dass nun der Dritte Einkünfte aus Kapitalvermögen erzielt (idS, allerdings in der Folge von Kapitaleinkünften des Nießbrauchers ausgehend: BFH 1.2.1972 – VIII R 118/71, BStBl. II 1972, 347; BFH 13.5.1976 – IV R 83/75, BStBl. II 1976, 592).

482–483 *Einstweilen frei*

4. Überschusserzielungsabsicht als allgemeine Voraussetzung des Steuertatbestands

484 Einkünften aus Kapitalvermögen setzen als ungeschriebene Tatbestandsvoraussetzung eine **Einkünfteerzielungsabsicht des Kapitalgebers** voraus, die aufgrund der grundsätzlichen Einordnung der Kapitaleinkünfte als Überschusseinkünfte (→ Rn. 370) in Form einer **Überschusserzielungsabsicht** vorliegen muss. Damit finden Geschäftsvorfälle, die nicht auf die Erzielung positiver Einkünfte gerichtet sind, als sog. Liebhaberei keine steuerliche Beachtung (→ Rn. 504 ff.). Selbst bei anhaltenden Verlustperioden ist die Einkünfteerzielungsabsicht jedoch **nur beim Vorliegen von Beweisanzeichen dafür zu verneinen,** dass der Steuerpflichtige die verlustbringende Tätigkeit allein aus im Bereich seiner Lebensführung liegenden persönlichen Gründen oder Neigungen ausübt (BFH 25.6.1984 – GrS 4/82, BStBl. II 1984, 751; für Kapitaleinkünfte: BFH 30.3.1999 – VIII R 70/96, BFH/NV 1999, 1323 mwN; BFH 2.4.2014 – VIII R 26/11, BFH/NV 2014, 1745 mwN).

485 Die Bestimmung der Überschusserzielungsabsicht erfolgt auch bei Kapitaleinkünften im Wesentlichen nach allgemeinen Grundsätzen. Allerdings hat sich die Bedeutung des Tatbestandsmerkmals durch das UntStRefG 2008 v. 14.8.2007 (→ Rn. 72) aufgrund der Steuerbarkeit von Veräußerungsgewinnen iSd § 20 Abs. 2 und dem Verbot des Werbungskostenabzugs iSd § 20 Abs. 9 grundlegend geändert, sodass insofern einige Besonderheiten zur Ermittlung der Überschusserzielungsabsicht gelten (→ Rn. 492).

486 Die Überschusserzielungsabsicht ist eine sog. **innere Tatsache,** die nur anhand einer Gesamtwürdigung aller äußerlichen Merkmale und objektiven Umstände des konkreten Einzelfalls beurteilt werden kann, wobei einzelne Umstände als Beweisanzeichen einen Anscheinsbeweis (sog. Prima-facie-Beweis) liefern können, der vom eigentlich Beweispflichtigen entkräftet werden kann bzw. muss (BFH 25.6.1984 – GrS 4/82, BStBl. II 1984, 751 mwN; BFH 23.3.1982 – VIII R 132/80, BStBl. II 1982, 463; BFH 24.3.1992 – VIII R 12/89, BStBl. II 1993, 18; BFH 28.10.1999 – VIII R 7/97, BFH/NV 2000, 564; BFH 19.1.2010 – X R 2/07, BFH/NV 2010, 1251; BFH 12.4.2016 – VIII R 60/14, BFH/NV 2016, 1455). Das Merkmal der Einkünfteerzielungsabsicht wird jedoch trotz seiner Qualifizierung als innere Tatsache durch die höchstrichterliche Rechtsprechung **objektiviert:** So sind weder das Vorliegen noch die Feststellung einer Einkünfteerzielungsabsicht eines Steuerpflichtigen erforderlich, wenn dieser positive Kapitaleinkünfte erzielt (BFH 30.6.2009 – VIII B 8/09, BFH/NV 2009, 1977; BFH 15.6.2010 – VIII R 33/07, BStBl. II 2011, 503; BFH 24.5.2011 – VIII R 3/09, BStBl. II 2012, 254). **Der BFH sieht diese Frage als geklärt an** (BFH 9.7.2012 – VIII B 51/11, BFH/NV 2012, 1780). Die **Feststellungslast** trägt nach allgemeinen Grundsätzen, wer sich darauf beruft, also etwa der Steuerpflichtige, wenn er die Anerkennung von Verlusten aus Kapitalvermögen begehrt (zur Besonderheit aufgrund vermuteter Einkünfteerzielungsabsicht → Rn. 492.1)

Einstweilen frei 487–488

a) Bedeutung der Überschusserzielungsabsicht bis 2008. Nicht steuerbare oder steuerbefreite Einnahmen sind **in eine Überschussprognose nicht einzubeziehen** (BFH 25.6.1984 – GrS 4/82, BStBl. II 1984, 751; BFH 23.3.1982 – VIII R 132/80, BStBl. II 1982, 463; BFH 5.3.1991 – VIII R 6/88, BStBl. II 1991, 744; BFH 27.7.1999 – VIII R 79/98, BFH/NV 2000, 188; 18.4.2018 – I R 2/16, DStR 2018, 1538 Rn. 17). Dies hatte bis zum **UntStRefG 2008 v. 14.8.2007** (→ Rn. 72) idR den Ausschluss der Steuerbarkeit zur Folge, wenn die prognostizierten Überschüsse für eine Kapitalanlage nicht aus der entgeltlichen Überlassung von Kapital zur Nutzung, sondern maßgeblich aus Wertsteigerungen der Vermögenssubstanz **durch Veräußerungsgewinne** realisiert werden sollten, da diese nur berücksichtigungsfähig waren, wenn es sich bei der Kapitalanlage um eine qualifizierte Beteiligung iSd § 17 handelte oder wenn ein Spekulationsgeschäft iSd § 23 vorlag (BFH 23.3.1982 – VIII R 132/80, BStBl. II 1982, 463; BFH 25.6.1984 – GrS 4/82, BStBl. II 1984, 751; BFH 8.10.1985 – VIII R 234/84, BStBl. II 1986, 596; BFH 15.12.1987 – VIII R 281/83, BStBl. II 1989, 16). 489

Dies erforderte eine – in ihrer praktischen Anwendung häufig umstrittene – **Abgrenzung anhand konkreter äußerlich erkennbarer Merkmale** (BFH 21.7.1981 – VIII R 154/76, BStBl. II 1982, 37) zwischen der **Erzielung nicht steuerbarer Veräußerungsgewinne** einerseits und der **Erzielung steuerbarer laufender Erträge** andererseits, bei der die Absicht der Erzielung nicht steuerbarer Wertsteigerungen für die Anschaffung der ertragbringenden Kapitalanlage höchstens mitursächlich war (BFH 19.11.2014 – VIII R 23/11, BeckRS 2015, 95302 mwN). Die Problematik wurde zusätzlich dadurch verschärft, dass die eine Form der Kapitalanlage in die andere umschlagen konnte, wobei der Grund für den Wechsel der Form der Vermögensverwaltung unerheblich war (BFH 23.3.1982 – VIII R 132/80, BStBl. II 1982, 463; BFH 8.10.1985 – VIII R 234/84, BStBl. II 1986, 596). 490

Die **vorrangige Absicht der Substanzverwertung** wurde va dann als im Vordergrund stehend angesehen, wenn die Kapitalanlage mit Gewinn veräußert wurde, ohne dass die Finanzierungskosten für ihren Erwerb aus den laufenden Erträgen abgedeckt wurden, oder wenn die Kapitalanlage über einen langen Zeitraum hinweg gehalten wurde und die Finanzierungskosten der Anschaffung ständig die laufenden Erträge überstiegen (BFH 21.7.1981 – VIII R 154/76, BStBl. II 1982, 37; BFH 23.3.1982 – VIII R 132/80, BStBl. II 1982, 463). Von der **vorrangigen Absicht zur Überschusserzielung** wurde hingegen ausgegangen, wenn auf Dauer gesehen mit Überschüssen zu rechnen war, wovon beim Erwerb einer ertragbringenden Kapitalanlage grundsätzlich ausgegangen wurde, sofern keine objektiven Anhaltspunkte dafür vorlagen, dass ein solcher Überschuss nicht erwartet wurde oder zu erwarten war (BFH 21.7.1981 – VIII R 154/76, BStBl. II 1982, 37; BFH 30.3.1999 – VIII R 70/96, BFH/NV 1999, 1323). 491

b) Bedeutung der Überschusserzielungsabsicht seit 1.1.2009. Die vorstehende **Problematik** hat sich im Zuge der Unternehmensteuerreform 2008 (→ Rn. 72 ff.) **weitgehend entschärft:** Die Einführung einer umfassenden Steuerbarkeit von Veräußerungsgewinnen gem. § 20 Abs. 2, die Verlustabzugsbeschränkungen des § 20 Abs. 6 sowie das Abzugsverbot für tatsächliche Werbungskosten gem. § 20 Abs. 9 S. 1 bewirken eine **idR positive Überschussprognose** (BMF 12.4.2018, BStBl. I 2018, 624 Rn. 125; Blümich/*Ratschow* § 20 Rn. 45; Bordewin/Brandt/*Geurts* § 20 Rn. 61), sodass eine **tatsächliche (widerlegbare) Vermutung** der Einkünfteerzielungsabsicht für alle Steuerpflichtigen besteht, denen eine private Kapitalforderung persönlich zuzurechnen ist (BFH 14.3.2017 – VIII R 25/14, BStBl. II 2017, 1038; BFH 14.3.2017 – VIII R 38/15, BStBl. II 2017, 1040; FG Münster 5.9.2019 – 8 K 2950/16 E, BeckRS 2019, 22767, Rev. VIII R 36/19; Schmidt/*Levedag* § 20 Rn. 24; *Jachmann-Michel* DStR 2017, 1849 (1850 f.); *Jachmann-Michel* BB 2018, 2329 (2329)). Für Kapitalanlagen, für die vor Inkrafttreten der Unternehmensteuerreform 2008 eine Überschusserzielungsabsicht mangels positiver Überschussprognose abgelehnt worden war, ist eine **neue Überschussprognose** unter Einbeziehung der nun steuerbaren Realisationsgewinne vorzunehmen (LBP/*Schlotter* § 20 Rn. 21; zum Erfordernis einer Neuprognose bei Sach- oder Rechtsänderungen → Rn. 508). 492

In der Literatur wird teilweise vertreten, es obliege stets der Finanzverwaltung, die **Vermutung** der Einkünfteerzielungsabsicht zu **widerlegen** (*Jachmann-Michel* BB 2018, 854 (856); *Jachmann-Michel* BB 492.1

2018, 2329 (2329); *von Cölln* FR 2020, 248 (250)). Dies wird nicht geteilt; vielmehr gelten auch insofern die allgemeinen Grundsätze zur Feststellungslast, dh die der Steuerpflichtige trägt, wenn er sich auf die fehlende Steuerbarkeit einer (positiven) Einnahme beruft, und bei der Finanzverwaltung liegt, wenn sie sich gegen die Berücksichtigung (negativer) Kapitaleinkünfte wendet.

492.2 Der zu erwartende Überschuss kann sich **auch ohne ausdrückliche Zinsvereinbarung** ergeben (**aA** *Krumm* FR 2020, 197 (206)), wenn die zinslose Kapitalforderung § 12 Abs. 3 BewG in einen nicht steuerbaren Tilgunganteil und einen steuerbaren Ertragsanteil aufzuteilen ist (→ Rn. 1036).

493 Gleichwohl sind das **Merkmal der Überschusserzielungsabsicht** und die damit verbundene Abgrenzung zwischen einkommensteuerlich beachtlicher Einkünfteerzielung und unbeachtlicher Liebhaberei **nicht grundsätzlich entfallen** (idS auch: BMF 18.1.2016, BStBl. I 2016, 85 Rn. 125; Schmidt/*Levedag* § 20 Rn. 24; *Haisch/Krampe* DStR 2011, 2178 (2179); **aA** LBP/*Schlotter* § 20 Rn. 21; KSM/*Jochum* § 20 Rn. K 46). Der **konkrete Inhalt** der vorzunehmenden Überschussprognose ist **strittig:**

494 Weil die Sonderregelungen der § 2 Abs. 2 S. 2, § 2 Abs. 5b und § 20 Abs. 9 den Abzug von **Werbungskosten** ausschließen, sollen derartige **Erwerbsaufwendungen nach teilweise vertretener Ansicht im Rahmen der Überschussprognose außer Ansatz** bleiben. Es solle allein auf einen Überschuss der positiven über die negativen Einnahmen aus der jeweiligen Kapitalanlage ankommen (Kirchhof/*Bleschick* § 20 Rn. 8; *Kleinsmann* DStR 2009, 2359 (2360 f.); *Haisch/Krampe* DStR 2011, 2178 (2182)).

494.1 Gegen diese Auffassung spricht, dass Kapitaleinkünfte auch durch § 2 Abs. 2 S. 2, § 2 Abs. 5b und § 20 Abs. 9 nicht vollständig aus dem Kreis der steuerbaren Einkünfte gelöst und einem völlig eigenständigen Regelungsregime unterworfen werden, sondern grundsätzlich den allgemeinen Besteuerungsgrundsätzen des EStG unterliegen. Ungeachtet der grundsätzlichen Bedenken gegen die nicht gesetzlich verankerte Figur der „negativen Einnahmen", die zu einer umfangreichen Umqualifizierung von Werbungskosten zu „negativen Einnahmen" tendiert und damit das in § 20 Abs. 9 angeordnete Abzugsverbot zu unterlaufen droht (etwa *Rockoff/Weber* DStR 2010, 363 (366) und *Czisz/Krane* DStR 2010, 2226 (2229), die dadurch ein als unangemessen empfundenes Ergebnis durch eine teleologische Reduktion von § 20 Abs. 9 erreichen wollen), würde der aus einer Kapitalanlage erzielte positive Einnahmensaldo des Kapitalgebers auch dann besteuert, wenn dieser durch seine Kapitalanlage **vor Steuern kein wirtschaftliches Mehrergebnis erzielen, sondern eine private Vermögensverwendung** vornehmen wollte (zB Vergabe eines zinsgünstigen Darlehens an Familienangehörigen, dessen Darlehensvaluta vom Kapitalgeber selbst zu höheren Zinsen am Kapitalmarkt beschafft wurde). Die steuerliche Abgrenzung zwischen der Erwerbs- und Vermögenssphäre würde für Kapitaleinkünfte vollständig aufgehoben und das Tatbestandsmerkmal der Überschusserzielungsabsicht vollständig entleert. Der Besteuerungszugriff würde insofern seine Anknüpfung an den Besteuerungsgrund der Einkommensteuer, nämlich die Besteuerung erwerbsbedingter Mehrungen der wirtschaftlichen Leistungsfähigkeit des Steuerpflichtigen, verlieren. Auch in den Gesetzgebungsmaterialien finden sich keine Hinweise, dass der Gesetzgeber an der Überschusserzielungsabsicht als dem grundlegenden Merkmal der Steuerbarkeit konkreter Kapitalerträge derart grundlegende Änderungen vornehmen wollte.

495 **Eine andere Auffassung** berücksichtigt zumindest den Pauschbetrag nach § 20 Abs. 9 S. 2 und verlangt einen prognostizierten **Überschuss der Einnahmen aus Kapitalvermögen über den Sparer-Pauschbetrag** (LBP/*Schlotter* § 20 Rn. 21).

495.1 Gegen diese Auffassung spricht das Prinzip der Einzelbetrachtung jeder Kapitalanlage, das die Bestimmung der Überschusserzielungsabsicht des Steuerpflichtigen für jede einzelne Kapitalanlage verlangt (→ Rn. 114 f. und → Rn. 328 ff.). So wird der Sparer-Pauschbetrag lediglich als Abzug von der Summe der Kapitaleinkünfte, nicht aber für jeden einzelnen Kapitalertrag gewährt wird (vgl. Blümich/*Ratschow* § 20 Rn. 48). Umkehrt kann es nicht als Beweisanzeichen für das Vorliegen der Überschusserzielungsabsicht bei einer konkreten Kapitalanlage des Steuerpflichtigen zu werten sein, wenn die gesamten Einnahmen aus Kapitalvermögen die insgesamt geltend gemachten Aufwendungen übersteigen (BFH 24.3.1992 – VIII R 12/89, BStBl. II 1993, 18; BFH 4.5.1993 – VIII R 7/91, BStBl. II 1993, 832).

496 Auf eine **allgemeine betriebswirtschaftliche Betrachtung** abzustellen und die Prognose einer wirtschaftlichen Vermögensmehrung zu verlangen (*Roser/Will/Mendel* FR 2008, 953 (956); ähnlich Schmidt/*Levedag* § 20 Rn. 24: „wenn ein positives Ergebnis […] von vornherein ausgeschlossen erscheint"; *Jachmann-Michel* DStR 2017, 1849 (1850): „irgendwie gearteter positiver Ertrag in Zukunft möglich"), würde zwar dem Besteuerungsgrund des

EStG am ehesten entsprechen. Allerdings fügt sich eine derartige betriebswirtschaftliche Betrachtung nicht in die vorhandene Gesetzessystematik des EStG ein, weil dadurch auf anderen Voraussetzungen aufbauende Begriffe in das Steuerrecht eingeführt würden, das jedoch auf eigenen Grundlagen beruht (BFH 17.1.1972 – GrS 10/70, BStBl. II 1972, 700).

Damit steht die Bestimmung der Überschusserzielungsabsicht für Kapitaleinkünfte vor der **497**
Herausforderung, die grundlegende Unterscheidung des EStG zwischen steuerlich nicht relevanter Privat- und steuerlich relevanter Erwerbsphäre, die Einordnung der Kapitaleinkünfte als Überschusseinkunftsart, das Erfordernis einer Überschusserzielungsabsicht sowie das Werbungskostenabzugsverbot nach § 20 Abs. 9 gleichermaßen zu berücksichtigen und den vorbezeichneten argumentativen Schwierigkeiten anderer Vorschläge zu begegnen.

Nach **hier vertretener Auffassung** kann das Tatbestandsmerkmal der Überschusserzie- **498**
lungsabsicht seine Funktion, für jeden einzelnen Geschäftsvorfall eine wirksame Abgrenzung zwischen steuerbarer Erwerbssphäre und nicht steuerbarerer Liebhaberei vorzunehmen, auch unter der Rechtslage ab 1.1.2009 nur erfüllen, wenn man für eine konkrete Kapitalanlage einen **Überschuss der daraus erzielten steuerbaren Einnahmen iSd § 8 über die dadurch konkret und individualisierbar veranlassten Erwerbsaufwendungen** verlangt, auch wenn deren steuerlicher Abzug gemäß § 2 Abs. 2 S. 2 und 20 Abs. 9 S. 1 Hs. 2 ausgeschlossen ist. **Ist für eine Kapitalanlage bereits vor Steuern ein Überschuss zu erwarten, so rechtfertigt dies ihre Zuordnung zur Erwerbssphäre des Steuerpflichtigen.** Wenn sich der Überschuss durch das Werbungskostenabzugsverbot des § 20 Abs. 9 zusätzlich erhöht, ist dies seinerseits verfassungsrechtlich rechtfertigungsbedürftig (→ Rn. 283 ff.), aber ohne Auswirkungen auf die im Rahmen der Überschusserzielungsabsicht zu treffende Zuordnungsentscheidung zwischen Privat- und Erwerbssphäre. Ist für eine Kapitalanlage hingegen bereits **vor Steuern kein Überschuss zu erwarten,** so fehlt eine für den Besteuerungszugriff erforderliche Leistungsfähigkeitsmehrung des Steuerpflichtigen, ohne dass es auf eine subjektive Liebhaberei im Sinne der Verfolgung persönlicher Neigungen ankäme (so aber *Jachmann-Michel* DStR 2017, 1849 (1850 f.)).

Einstweilen frei **499–503**

c) Grundsätze der Überschussprognose. Da „Einkünfte aus Kapitalvermögen" nicht **504**
aus einem einheitlichen Gesamtvermögen, sondern aus der Summe einzelner Kapitalanlagen erzielt werden (→ Rn. 328 ff.), ist für **jeden einzelnen Anlagegegenstand** des Steuerpflichtigen zu überprüfen, ob für diesen auf Dauer gesehen die Absicht des Steuerpflichtigen der Erzielung eines Überschusses der Einnahmen über die Erwerbsaufwendungen im Vordergrund steht (BFH 8.10.1985 – VIII R 234/84, BStBl. II 1986, 596; BFH 8.10.1985 – VIII R 234/84, BStBl. II 1986, 596; BFH 5.3.1991 – VIII R 6/88, BStBl. II 1991, 744; BFH 28.10.1999 – VIII R 7/97, BFH/NV 2000, 564; BFH 7.12.1999 – VIII R 8/98, BFH/NV 2000, 825; BFH 29.5.2001 – VIII R 11/00, BFH/NV 2001, 1393; BFH 30.10.2001 – VIII R 29/00, BStBl. II 2006, 223; BFH 19.11.2014 – VIII R 23/11, BeckRS 2015, 95302; BFH 18.4.2018 – I R 2/16, DStR 2018, 1538 Rn. 17; Schmidt/*Levedag* § 20 Rn. 24; *Haisch/Krampe* DStR 2011, 2178 (2180); **aA** für eine **Gesamtbetrachtung** (jedenfalls) beim sog. Bond Stripping (→ Rn. 1188 ff.) für den Kauf von Anleihen und anschließendem Verkauf von Zinsanspruch und Anleihemantel: FG Münster 5.9.2019 – 8 K 2950/16 E, BeckRS 2019, 22767). Aus der personen- und leistungsfähigkeitsgerechten Ausgestaltung der Einkommensteuer folgt, dass im Rahmen dieser Prognose **nur auf den Zeitraum der Nutzung durch den Steuerpflichtigen,** nicht aber von dessen Rechtsvorgängern oder -nachfolgern abzustellen ist (vgl BFH 18.4.2018 – I R 2/16, DStR 2018, 1538 Rn. 19 ff. und Rn. 24 mwN). Wird eine Kapitalanlage gem. § 39 Abs. 2 AO **mehreren Personen anteilig zugerechnet,** so müssen die Voraussetzungen der **Einkünfteerzielungsabsicht für jede dieser Personen** geprüft werden und vorliegen (BFH 18.4.2018 – I R 2/16, DStR 2018, 1538 Rn. 15).

Die Prüfung der Überschusserzielungsabsicht erfordert somit für jede einzelne Kapitalan- **505**
lage eine **Prognose über die voraussichtliche Dauer der Kapitalüberlassung,** über die in diesem Zeitraum voraussichtlich zu erzielenden **steuerpflichtigen Kapitaleinnahmen** und die in dieser Zeit **voraussichtlich anfallenden Erwerbsaufwendungen** (BFH 28.10.1999 – VIII R 7/97, BFH/NV 2000, 564; BFH 12.4.2016 – VIII R 60/14, BFH/NV 2016, 1455; 18.4.2018 – I R 2/16, BStBl. II 2018, 567; LBP/*Schlotter* § 20 Rn. 22; zur

Bedeutung des Werbungskostenabzugsverbots nach § 20 Abs. 9 auf diese Überschussprognose → Rn. 492 ff. und va → Rn. 498). Dabei ist nicht auf das Ergebnis der Vermögensnutzung eines oder weniger Jahre, sondern auf das zu erwartende Gesamtergebnis während der Gesamtdauer der voraussichtlichen Vermögensnutzung abzustellen, ohne dass hierfür feste zeitliche Vorgaben bestehen (BFH 25.6.1984 – GrS 4/82, BStBl. II 1984, 751; BFH 30.3.1999 – VIII R 70/96, BFH/NV 1999, 1323; BFH 27.7.1999 – VIII R 79/98, BFH/NV 2000, 188; BFH 28.10.1999 – VIII R 7/97, BFH/NV 2000, 564; BFH 15.12.1999 – X R 23/95, BStBl. II 2000, 267; BFH 19.1.2010 – X R 2/07, BFH/NV 2010, 1251). Der Prognose sind nur bereits tatsächlich verwirklichte, nicht hingegen hypothetische und zwar realisierbare, aber tatsächlich nicht verwirklichte Sachverhalte und Gestaltungen zugrunde zu legen (BFH 14.5.2014 – VIII R 37/12, BFH/NV 2014, 1883; BFH 19.11.2014 – VIII R 23/11, BeckRS 2015, 95302).

506 Bei Ansprüchen, die nicht auf vertraglichen Grundlagen beruhen, sondern kraft Gesetzes entstehen, kommt es nicht allein auf die Vorstellung des Steuerpflichtigen an, da eine Besteuerung allein nach Absichten und Vorstellungen der Steuerpflichtigen gegen das Gebot der Besteuerung nach der objektiven Leistungsfähigkeit verstoßen würde. Maßgeblich sind vielmehr die objektiven Verhältnisse des Einzelfalles (BFH 8.11.2005 – VIII R 105/03, BFH/NV 2006, 527; BFH 30.6.2009 – VIII B 8/09, BFH/NV 2009, 1977; BFH 24.5.2011 – VIII R 3/09, BStBl. II 2012, 254). Bei gesetzlichen Zinsansprüchen hat der Gesetzgeber die Überschusserzielungsabsicht des Steuerpflichtigen nach hier vertretener Auffassung typisiert (→ Rn. 355).

506.1 Eine missbräuchliche Gestaltung iSd § 42 AO liegt vor, wenn bei einer Kapitalanlage für den Steuerpflichtigen bereits im Zeitpunkt des Vertragsabschlusses feststeht, dass das Geschäft bei Einbeziehung der Vermögensebene zu einem Verlust führt und es sich deshalb ausschließlich im Falle seiner steuerlichen Anerkennung vorteilhaft für ihn auswirken würde (BFH 27.7.1999 – VIII R 36/98, BStBl. II 1999, 769; BFH 27.7.1999 – VIII R 79/98, BFH/NV 2000, 188).

506.2 Der Annahme einer Überschusserzielungsabsicht kann es auch entgegenstehen, dass die der Kapitalüberlassung zugrunde liegenden Verträge aus sonstigen Gründen – etwa mangels Wahrung der Grundsätze über Verträge zwischen nahen Angehörigen – steuerlich nicht anzuerkennen sind (FG Hamburg 10.7.2015 – 6 K 121/14, EFG 2015, 1917).

507 Aus der zeitlichen Zuordnung von Einnahmen und Ausgaben nach dem Zufluss-Abfluss-Prinzip iSd § 11 (→ Rn. 127) und der Prägung des EStG durch das Nominalwertprinzip (→ Rn. 131 ff.) folgt überdies, dass die Überschussrechnung durch **Verrechnung der Nennbeträge** aller im Prognosezeitraum erwarteten Einnahmen und Aufwendungen vorzunehmen ist. Die Anwendung der – zu einer betriebswirtschaftlich zutreffenden Ergebnisrechnung führenden – **Barwertmethode mittels Abzinsung aller erwarteten Einnahmen und Ausgaben auf den Prognosezeitpunkt ist de lege lata unzulässig** (BFH 15.12.1999 – X R 23/95, BStBl. II 2000, 267).

508 Der Prognose sind die Vorschriften zugrundezulegen, die in den einzelnen Veranlagungsjahren des Prognosezeitraums gelten (BFH 15.12.1999 – X R 23/95, BStBl. II 2000, 267). Maßgebliche Sachverhalts- oder Rechtsänderungen gebieten eine erneute Prognose. Kann eine Überschusserzielungsabsicht erst aufgrund der Neuprognose angenommen werden bzw entfällt sie dadurch, so beginnt die einkommensteuerrechtlich relevante Tätigkeit entsprechend später bzw fällt weg (für Gewinneinkünfte: BFH 25.6.1984 – GrS 4/82, BStBl. II 1984, 751). Die Neubewertung für die Vergangenheit scheidet aus und ist ausschließlich mit ex-nunc-Wirkung maßgeblich (LBP/*Schlotter* § 20 Rn. 21).

509 Sind die für die Überschusserzielungsabsicht maßgeblichen Prognosegrundlagen ermittelt, so muss nicht mit Sicherheit feststehen, dass ein Überschuss erzielt wird. Vielmehr genügt eine überwiegende **Wahrscheinlichkeit** (BFH 5.3.1991 – VIII R 6/88, BStBl. II 1991, 744; BFH 30.3.1999 – VIII R 70/96, BFH/NV 1999, 1323). Der zu erwartende Überschuss muss auch **keinen besonders ins Gewicht fallenden Ertrag** darstellen, sodass auch ein „bescheidener Überschuss", ggf. sogar iHv 0,01 EUR genügt (BFH 8.10.1985 – VIII R 234/84, BStBl. II 1986, 596; BFH 8.10.1985 – VIII R 234/84, BStBl. II 1986, 596; BFH 30.3.1999 – VIII R 70/96, BFH/NV 1999, 1323; offen gelassen: BFH 7.12.1999 – VIII R 8/98, BFH/NV 2000, 825). Bleiben anfangs zutreffend prognostizierte Erträge später teilweise oder sogar vollständig aus, so lässt dies die frühere positive Überschussprognose zu Recht unberührt (BFH 8.10.1985 – VIII R 234/84, BStBl. II 1986, 596).

Der Steuerpflichtige muss Zins- und Renditeprognosen nebst Aufstellungen über erwartete Erträge und Aufwand **in für Dritte nachvollziehbarer Weise dokumentieren.** Nachweisschwierigkeiten gehen idR zu seinen Lasten, wenn er die Anerkennung steuerlicher Verluste begehrt (BFH 19.11.2014 – VIII R 23/11, BeckRS 2015, 95302). Umgekehrt kommt es auf die besondere Feststellung der Einkünfteerzielungsabsicht nicht an, wenn eine Steigerung der finanziellen Leistungsfähigkeit durch den feststehenden Sachverhalt bewirkt worden ist (zur Verobjektivierung → Rn. 486). **510**

Einstweilen frei **511–515**

B. Voraussetzungen und Rechtsfolgen

§ 20 Abs. 1 bis Abs. 3 bestimmen Inhalt und Umfang der „Einkünfte aus Kapitalvermögen" iSd § 2 Abs. 1 Nr. 5. Dabei erfasst § 20 **Abs. 1** die **laufenden Erträge des Kapitalgebers aus seiner entgeltlichen Kapitalüberlassung** (BFH 4.12.2007 – VIII R 53/05, BStBl. II 2008, 563) und § 20 **Abs. 2** den Gewinn aus der Veräußerung und gleichgestellten Realisationsakten, dh aus der **Verwertung des Kapitalvermögensstamms** (Lademann EStG/*Jachmann-Michel/Lindenberg* § 20 Rn. 3). § 20 **Abs. 3** erstreckt die Steuerbarkeit auf besondere Entgelte oder Vorteile, die neben den in den Abs. 1 und 2 bezeichneten Einnahmen oder an deren Stelle gewährt werden. **516**

Die zutreffende Einordnung konkreter Kapitalerträge in die einzelnen Teilregelungen des § 20 Abs. 1 bis Abs. 3 hat Bedeutung für deren weitere steuerliche Behandlung, namentlich für ihre mögliche Besteuerung mit dem gesonderten Steuertarif iSd § 32d oder für die Erhebung der darauf entfallenden Kapitalertragsteuer iSd §§ 43 ff., aber auch für die Anknüpfung in Steuergesetzen außerhalb des EStG, namentlich im UmwStG (→ Rn. 188 ff.). **517**

Einstweilen frei **518–519**

I. Steuerbare Kapitaleinkünfte (§ 20 Abs. 1 bis Abs. 3)

Der Katalog steuerbarer Kapitaleinkünfte gemäß § 20 Abs. 1 bis Abs. 3 ist **abschließend** (aus rechtlicher Sicht bereits RFH 14.12.1920 – I D 4/20, RFHE 4, 222 (229) mwN; Blümich/*Ratschow* § 20 Rn. 4; HHR/*Buge* § 20 Rn. 46; KSM/*Jochum* § 20 Rn. A 18; aus wirtschaftlicher Sicht *Deutsche Bundesbank* Monatsberichte August 1979, 20 (27); *Halfar* Der Gegenstand der Besteuerung im Rahmen der Einkünfte aus Kapitalvermögen (1995), 23; **aA** Katalog nicht abschließend: LBP/*Schlotter* § 20 Rn. 6; *Hofner* Der Tatbestand „Einnahmen aus Kapitalvermögen" im deutschen Einkommensteuerrecht (1997), 22). Der durch § 20 Abs. 1 Nr. 7 und § 20 Abs. 3 ohnehin **generalklauselartig weite Steuertatbestand des § 20 verlöre anderenfalls seine Bestimmtheit,** wenn er lediglich als beispielhafte Aufzählung angesehen würde und in unbestimmtem Umfang durch weitere (vermeintlich) steuerbare Vorgänge ergänzt würde. **520**

1. Laufende Kapitalerträge gemäß § 20 Abs. 1

a) Bezüge aus Beteiligungen (§ 20 Abs. 1 Nr. 1). § 20 Abs. 1 Nr. 1 erfasst **laufende Erträge aus der dauerhaften Kapitalüberlassung eines Gesellschafters an eine Kapitalgesellschaft.** Ein Anteilseigner, der eine Bar- oder Sacheinlage zu leisten verspricht, überträgt bei der Erfüllung dieser Verbindlichkeit Bar- oder Sachkapital zivilrechtlich und wirtschaftlich endgültig und ohne Rückgewähranspruch an die Körperschaft. Er verliert alle Rechte an dem übertragenen Kapital und erhält als Gegenleistung ein Mitgliedschaftsrecht an der Kapitalgesellschaft, das idR frei übertragbar ist und das Vermögensrecht mitumfasst, an Gewinnausschüttungen und an der Verteilung des Liquidationsvermögens beteiligt zu werden (BFH 16.12.1992 – I R 32/92, BStBl. II 1993, 399). Gleichzeitig erlangt das eingelegte Kapital durch seine Einlage die Funktion als haftendes Kapital. Die Beteiligungerträge des Anteilseigners stellen bei wirtschaftlicher Betrachtung das Entgelt der Körperschaft für die Kapitalüberlassung durch den Anteilseigner dar, die ihr eine dauerhafte Verfügung über das überlassenen Geldkapital ermöglicht (vgl. KSM/*Jochum* § 20 Rn. A 4 und B 81 f.). **521**

522 Bei den von § 20 Abs. 1 Nr. 1 erfassten Rechtsverhältnissen kam es der Rechtsprechung **zunächst** auf eine **kapitalmäßige Beteiligung** des Zuwendungsempfängers an der Körperschaft an. So stellten Ausschüttungen eines Vereins, an dem neben mitgliedschaftlichen Rechten keine kapitalmäßige Beteiligung besteht, idR keinen Kapitalertrag iSd § 20 Abs. 1 Nr. 1 dar. Der BFH hat diese Rechtsprechung jedoch aufgegeben und lässt auch das Verhältnis von Nicht-Kapitalgesellschaften zu den Personen genügen, die über Mitgliedschaftsrechte oder mitgliedschaftsähnliche Rechte den Einfluss auf die der Körperschaftsteuer unterliegende Person haben (BFH 9.8.1989 – I R 4/84, BStBl. II 1990, 237 mwN zur vormals stRspr; dazu → Rn. 94).

523 § 20 Abs. 1 **Nr. 1 S. 1** fasst Gewinnanteile (Dividenden), Ausbeuten und sonstige Bezüge unter den **gemeinsamen Oberbegriff „Bezüge".** Nr. 1 **S. 2** und **S. 4** rechnen auch verdeckte Gewinnausschüttungen und Dividendenkompensationsleistungen zu den sonstigen Bezügen. Umgekehrt beschränkt Nr. 1 **S. 3** die Bezüge um Ausschüttungen einer Körperschaft, für die Beträge aus dem steuerlichen Einlagekonto iSd § 27 KStG als verwendet gelten.

524–525 *Einstweilen frei*

526 **aa) Erfasste Rechtsverhältnisse.** Steuerbar sind Kapitaleinkünfte nach § 20 Abs. 1 Nr. 1 S. 1, sofern sie aus Aktien, Genussrechten, mit denen das Recht am Gewinn und Liquidationserlös einer Kapitalgesellschaft verbunden ist, oder aus Anteilen an Gesellschaften mit beschränkter Haftung, an Erwerbs- und Wirtschaftsgenossenschaften sowie an bergbautreibenden Vereinigungen, die die Rechte einer juristischen Person haben, erzielt werden. Inwiefern daneben Einkünfte aus weiteren Rechtsgebilden erfasst sind, ist strittig (→ Rn. 543 ff.).

527 **(1) Aktienbeteiligungen.** Bezüge **„aus Aktien"** resultieren aus der Beteiligung an Kapitalgesellschaften, die ein Beteiligungsverhältnis durch Einräumung von Aktien begründen. Dies sind die Beteiligung an einer **AG** (vgl. § 1 Abs. 2 AktG), einer **KGaA** (vgl. § 280 Abs. 2 AktG) und an einer **SE** („Societas Europea", vgl. Art. 3 Abs. 1 SE-Verordnung (EG) Nr. 2157/2001).

527.1 Unterfällt eine AG als sog. Investmentaktiengesellschaft den Vorschriften des InvG bzw. des KAGB, so wird die Besteuerung nach § 20 Abs. 1 Nr. 1 jedoch durch das speziellere InvStG verdrängt (→ Rn. 203 ff.).

528 Für die Beteiligung an einer **KGaA** ist § 20 Abs. 1 Nr. 1 indes **nur auf solche Gewinnanteile** der Komplementäre einer KGaA anzuwenden, **die auf dessen Anteile am Grundkapital (sog. Kommanditaktien) entfallen.** Dies folgt im **Umkehrschluss aus § 15 Abs. 1 S. 1 Nr. 3,** der Gewinnanteile persönlich haftender Gesellschafter einer KGaA als gewerbliche Einkünfte einordnet, **soweit** sie nicht auf Anteile am Grundkapital entfallen, und nur insoweit nach § 20 Abs. 8 S. 1 (→ Rn. 1438) eine Zurechnung zu den gewerblichen Einkünften bewirkt (BFH 21.6.1989 – X R 14/88, BStBl. II 1989, 881).

529 **(2) Qualifizierte Genussrechte.** § 20 Abs. 1 Nr. 1 S. 1 erfasst zudem die Bezüge **aus Genussrechten, mit denen das Recht am Gewinn und Liquidationserlös einer Kapitalgesellschaft verbunden ist.** Erfasst sind damit nur solche Genussrechte, die von einer Kapitalgesellschaft als Kapitalnehmerin, nicht hingegen die Genussrechte von anderen Privatrechtssubjekten oder öffentlich-rechtlichen Körperschaften begeben werden (Kirchhof/*Bleschick* § 20 Rn. 48a). Ein **sog. qualifiziertes Genussrecht** ist ein **schuldrechtliches Rechtsverhältnis** (BFH 19.1.1994 – I R 67/92, BStBl. II 1996, 77; BFH 8.4.2008 – VIII R 3/05, BStBl. II 2008, 852) zwischen dem Genussrechtsinhaber und einer Kapitalgesellschaft, das dem Genussrechtsinhaber in seiner Funktion als Kapitalgeber bei Erwirtschaftung eines Gewinns der Kapitalgesellschaft einen schuldrechtlichen **Anspruch sowohl auf Teilhabe am Gewinn als auch am Erlös aus der Liquidation der Kapitalgesellschaft gewährt.** Das Genussrecht kann **auch an einer ausländischen Kapitalgesellschaft** begründet werden (HHR/*Intemann* § 20 Rn. 56; vgl. für eine Schweizer Industriegesellschaft BFH 24.3.1992 – VIII R 51/89, BStBl. II 1992, 941).

529.1 Wird ein Genussrecht verbrieft, ist dies ein **Genussschein.** Die Verbriefung des Genussrechts ist seit der Änderung des Wortlauts von „Genussscheine" zu „Genussrechte" durch Steuerbereinigungsgesetz 1985 v. 14.12.1984 (→ Rn. 49) nicht mehr vorausgesetzt und die Besteuerung der Erträge unverbriefter Genussrechte gemäß § 20 gesichert (BT-Drs. 10/2370. 11).

Nur wenn das Genussrecht zivilrechtlich so ausgestaltet ist, dass es **kumulativ beide Partizipationsbedingungen** erfüllt, handelt es sich um ein sog. **qualifiziertes Genussrecht** (sog. **sozietäres Genussrecht** oder **Genussrecht mit Beteiligungscharakter**) und ist bei wirtschaftlicher Betrachtung als Beteiligung am Haftungskapital der Kapitalgesellschaft anzusehen. Ausschüttungen jeder Art durch die Kapitalgesellschaft an den Genussrechtsinhaber mindern dann das Einkommen der Kapitalgesellschaft gemäß § 8 Abs. 3 S. 2 KStG nicht, sondern stellen bei dieser einen Vorgang der Gewinnverwendung dar (BFH 24.3.1992 – VIII R 51/89, BStBl. II 1992, 941; BFH 19.1.1994 – I R 67/92, BStBl. II 1996, 77; BFH 14.6.2005 – VIII R 73/03, BStBl. II 2005, 861; BFH 8.4.2008 – VIII R 3/05, BStBl. II 2008, 852; BFH 12.12.2012 – I R 27/12, BStBl. II 2013, 682; Blümich/*Ratschow* § 20 Rn. 83; **aA** Bordewin/Brandt/*Geurts* § 20 Rn. 107 und 198: Mitverwaltungsrechte entscheidend). Liegt nur eine dieser Bedingungen nicht vor, handelt es sich um ein sog. **einfaches Genussrecht** (auch sog. **obligatorisches Genussrecht** oder **Genussrecht mit Obligationscharakter**), das für die Kapitalgesellschaft den Status einer Fremdkapitalverbindlichkeit, für den Kapitalgeber einer sonstigen Kapitalforderung iSd § 20 Abs. 1 Nr. 7 hat (→ Rn. 1004.1 mwN). 530

Wegen der Möglichkeit, das Genussrecht als einfaches bzw. qualifiziertes Genussrecht auszugestalten und es damit beim Kapitalgeber als Fremd- bzw. Eigenkapital zu qualifizieren, zählt die Gewährung eines Genussrechts zu den **hybriden Finanzierungsformen** (*Watrin/Struffert* ErbStB 2004, 287 (289)). 530.1

Indizien für die Annahme eines qualifizierten Genussrechts sind zB ein Verzicht des Genussrechtsinhabers auf die Rückzahlung des Genussrechtskapitals, ein fehlendes Kündigungsrecht oder eine Kapitalrückzahlung in so ferner Zukunft, dass der Rückzahlungsanspruch wirtschaftlich bedeutungslos ist (Bordewin/Brandt/*Geurts* § 20 Rn. 110). 530.2

Der Beteiligungscharakter des qualifizierten Genussrechts führt dazu, dass diese Zahlungen auf Ebene der Körperschaft – so wie Gewinnausschüttungen – nicht gewinnmindernd abgezogen werden dürfen (§ 8 Abs. 3 Satz 2 Alt. 2 KStG). 530.3

Für eine **Gewinnbeteiligung** des Genussrechtsinhabers genügt die alleinige Zusage eines gewinnunabhängigen Mindest- oder Festzinses nicht (Blümich/*Ratschow* § 20 Rn. 82). Eine **Beteiligung des Genussrechtsinhabers am Liquidationserlös** liegt stets vor, wenn das Genussrechtskapital zuzüglich der anteiligen stillen Reserven zurückzuzahlen ist, auch wenn eine Rückzahlung des Genussrechtskapitals vor der Liquidation des Unternehmens des Genussrechtsverpflichteten nicht verlangt werden kann (BFH 14.6.2005 – VIII R 73/03, BStBl. II 2005, 861). Eine Beteiligung am Liquidationserlös fehlt, wenn diese in den Genussrechtsbedingungen ausdrücklich ausgeschlossen wurde (BFH 19.1.1994 – I R 67/92, BStBl. II 1996, 77) oder wenn die Kapitalgesellschaft bei Rückgabe des Genussrechts durch den Kapitalgeber nur den Nennwert des Genussrechts vergüten muss (vgl. BFH 11.2.2015 – VIII R 4/12, BStBl. II 2015, 647; HHR/*Intemann* § 20 Rn. 56). 531

Wegen der Nichtberücksichtigung von Forderungen (→ Rn. 376) sind die **Einräumung eines Genussrechts,** ggf. durch Ausgabe von Genussscheinen (BFH 5.11.2013 – VIII R 20/11, BStBl. II 2014, 275) und die **Rückzahlung des mit bei Einräumung des Genussrechts überlassenen Kapitals,** ggf. auch gegen Rückgabe eines Genussscheins, **unbeachtlich** (Blümich/*Ratschow* § 20 Rn. 86). Die Veräußerung eines qualifizierten Genussrechts ist bei Veräußerung bis 31.12.2008 nur unter den Voraussetzungen der §§ 17 oder 23 (BFH 8.4.2008 – VIII R 3/05, BStBl. II 2008, 852), ab 1.1.2009 gemäß § 20 Abs. 2 S. 1 Nr. 1 Hs. 2 steuerbar (→ Rn. 1194). 532

(3) GmbH-Beteiligungen. § 20 Abs. 1 Nr. 1 erfasst überdies Beteiligungen an „Gesellschaften mit beschränkter Haftung" in Form der **GmbH** einschließlich der **UG (haftungsbeschränkt)** iSd GmbHG (HHR/*Buge* § 20 Rn. 50) sowie vergleichbare ausländische Gesellschaften mit beschränkter Haftung der Gesellschafter (→ Rn. 101). Steuerbar sind nur die Bezüge des Anteilseigners iSd § 39 AO, nicht aber die Bezüge des stillen Gesellschafters iSd § 20 Abs. 1 Nr. 4 (→ Rn. 765 ff.) oder des Geschäftsführers (vgl. Schmidt/*Levedag* § 20 Rn. 31, iE → Rn. 1455 ff.). 533

534 **(4) Geschäftsanteile einer Erwerbs- und Wirtschaftsgenossenschaft.** Anwendbar ist § 20 Abs. 1 Nr. 1 auch auf **Erwerbs- und Wirtschaftsgenossenschaften** iSd GenG. Angesichts des klaren Wortlauts stellt der BFH zu Recht auf eine **rein formelle Betrachtung des Rechtsträgers** ab, die eine funktionelle Betrachtung seiner Tätigkeit weder zulässt noch verlangt. Daher kann zB die Beteiligung an einer Kapitalgesellschaft auch dann nicht als Beteiligung an einer Erwerbs- oder Wirtschaftsgenossenschaft behandelt werden, wenn die Kapitalgesellschaft nach ihrer Satzung genossenschaftliche Funktionen ausübt (BFH 16.12.1992 – I R 32/92, BStBl. II 1993, 399). Die Mitgliedschaft in einem **Versicherungsverein auf Gegenseitigkeit** (VVaG) kann nicht mit der Beteiligung an einer Erwerbs- und Wirtschaftsgenossenschaft gleichgestellt werden (BFH 13.11.1991 – I R 45/90, BStBl. II 1992, 429). Die BFH-Rechtsprechung zur Anerkennung der nach DDR-Recht errichteten **Produktionsgenossenschaft des Handwerks (PGH)** ist nicht übertragbar, da § 20 Abs. 1 Nr. 1 EStG-DDR offener als § 20 Abs. 1 Nr. 1 formuliert war und „sonstige Vereinigung mit den Rechten einer juristischen Person" erfasste (BFH 26.9.1995 – VIII R 70/94, BStBl. II 1996, 464; BFH 1.8.1996 – VIII R 71/94, BStBl. II 1997, 483).

535 **(5) Anteile an bergbautreibenden Vereinigungen.** Schließlich nennt § 20 Abs. 1 Nr. 1 S. 1 Bezüge aus Anteilen an einer **bergbautreibenden Vereinigungen,** die die Rechte einer juristischen Person haben, aber nicht als AG, KGaA, SE oder GmbH errichtet sind. Nach der Zwangsumwandlung bzw. -auflösung von bergrechtlichen Gewerkschaften durch § 163 BBergG spätestens bis zum 1.1.1994 ist der Gesetzestext überholt, da derartige Vereinigungen nicht mehr bestehen.

536 **(6) Vor- bzw. Gründungsgesellschaften.** Nach gesellschaftsrechtlichen Grundsätzen gilt das Kapitalgesellschaftsrecht bereits für notariell errichtete, aber noch nicht in das Handelsregister eingetragene Kapitalgesellschaften, **wenn** deren Eintragung nachfolgt, eine nach außen in Erscheinung tretende geschäftliche Tätigkeit aufgenommen wird und **soweit** es nicht gerade auf die Eintragungswirkung ankommt. Diese sog. **Vorgesellschaften bzw. Gründungsgesellschaften** (insbesondere Vor-AG, Vor-SE, Vor-GmbH) sind mit der jeweiligen späteren Kapitalgesellschaft identisch und nehmen mit der Eintragung ipso iure deren Rechtsform an. Sie sind daher **ab dem Zeitpunkt ihrer Errichtung von § 20 Abs. 1 Nr. 1 erfasst** (BFH 8.11.1989 – I R 174/86, BStBl. II 1990, 91; BFH 18.7.1990 – I R 98/87, BStBl. II 1990, 1073; BFH 14.12.1992 – I R 17/92, BStBl. II 1993, 352; Kirchhof/*Bleschick* § 20 Rn. 48a; Blümich/*Ratschow* § 20 Rn. 60; HHR/*Intemann* § 20 Rn. 52).

537 Von der Vorgesellschaft zu unterscheiden ist die sog. **Vorgründungsgesellschaft,** bei der es sich typischerweise um eine Personengesellschaft mit dem Ziel der Errichtung einer Kapitalgesellschaft handelt und die mit der späteren Kapitalgesellschaft gerade nicht identisch ist. Die Vorgründungsgesellschaft wird als transparentes Steuerermittlungs- und Steuererzielungssubjekt behandelt. Die von ihr erzielten Einkünfte werden also anteilig den Gesellschaftern zugerechnet werden (vgl. etwa BFH 9.3.1994 – VIII B 104/93, BFH/NV 1994, 898; BFH 5.2.1998 – III R 48/91, BStBl. II 1999, 836; BFH 29.11.2000 – I B 64/00, BFH/NV 2001, 573; BFH 5.9.2008 – IV B 1/08, BeckRS 2008, 25013992).

538 **(7) Vergleichbare ausländische Körperschaften.** § 20 Abs. 1 Nr. 1 ist auf ausländische Körperschaften anzuwenden, die in einem Rechtstypenvergleich einer inländischen Kapitalgesellschaft oder Genossenschaft entsprechen. So benutzen § 20 Abs. 1 Nr. 1 S. 1 und § 20 Abs. 2 S. 2 den Begriff „Kapitalgesellschaften" und verweisen damit auf den auch in § 1 Abs. 1 Nr. 1 KStG genannten Begriff, der nach der gesetzgeberischen Intention durch die Formulierung „insbesondere" ist für alle ausländischen Rechtsformen offen, die in einem Rechtstypenvergleich einer deutschen Kapitalgesellschaft entsprechen (BT-Drs. 16/2710, 30). Zudem ist der in § 20 Abs. 1 Nr. 1 S. 1 benutzte Begriff der „Aktie" nicht auf deutsche Gesellschaftsformen beschränkt, sondern umfasst ausländische Rechtsgebilde, die nach ihrer inneren Struktur einer nach dem AktG errichteten AG oder KGaA im Wesentlichen entsprechen. Dies folgt auch aus dem Gebot der leistungsfähigkeitsgerechten Besteuerung des Kapitalgebers, dessen Leistungsfähigkeit durch in- wie ausländische Beteiligungserträge gleichermaßen erhöht wird (BFH 16.12.1992 – I R 32/92, BStBl. II 1993, 399; BFH 14.3.2007 – XI R 15/05, BStBl. II 2007, 924; BFH 20.10.2010 – I R 117/08, BFH/NV 2011, 669; BFH 11.10.2017 – I R 42/15, BFH/NV 2018, 616). Gleiches gilt für den Begriff „Gesellschaft

mit beschränkter Haftung“ (BFH 12.6.2013 – I R 109/10, I R 110/10, I R 111/10, BStBl. II 2013, 1024; BFH 11.10.2017 – I R 42/15, BFH/NV 2018, 616).

Bei diesem **Rechtstypenvergleich** ist in einer Gesamtwürdigung der Umstände des Einzelfalls darauf abzustellen, ob die ausländische Personenvereinigung wie eine deutsche juristische Person körperschaftlich strukturiert ist. **Bedeutende Einzelmerkmale** sind eine zentralisierte Geschäftsführung und Vertretung, eine beschränkte Haftung der Gesellschafter, die freie Übertragbarkeit der Anteile, die Gewinnzuteilung durch Gesellschafterbeschluss, die Grundsätze der Kapitalaufbringung, eine grundsätzlich unbegrenzte Lebensdauer der Gesellschaft, eine Gewinnverteilung und die formalen Gründungsvoraussetzungen zur Errichtung der Gesellschaft (BFH 20.8.2008 – I R 34/08, BStBl. II 2009, 263). **Unerheblich** ist, ob die Gesellschaft im Ausland als Körperschaft oder als Mitunternehmerschaft besteuert wird und ob ihr das **ausländische Recht eine eigene Rechtsfähigkeit** zuerkennt (BFH 16.12.1992 – I R 32/92, BStBl. II 1993, 399; BFH 24.3.1998 – I R 49/96, BStBl. II 1998, 649; BFH 16.12.1998 – I R 138/97, BStBl. II 1999, 437; BFH 14.3.2007 – XI R 15/05, BStBl. II 2007, 924; BFH 20.8.2008 – I R 34/08, BStBl. II 2009, 263; BFH 20.10.2010 – I R 117/08, BFH/NV 2011, 669; Bordewin/Brandt/*Geurts* § 20 Rn. 104; HHR/*Intemann* § 20 Rn. 54; KSM/*Jochum* § 20 Rn. C/1 6 f.; *Wassermeyer* DStJG Bd. 20 (1997), 83 (88 f.)). **Hybride Gesellschaften,** denen nach ausländischem Gesellschafts- bzw. Steuerrecht ein Wahlrecht zur Behandlung als Personen- oder Kapitalgesellschaft zusteht (zB LLP, LLC, MLP), sind für Zwecke des § 20 als Körperschaft zu behandeln (BMF 18.1.2016, BStBl. I 2016, 85 Rn. 2), wenn sie in ihrer zivilrechtlichen Struktur mit einer erfassten inländischen Rechtsform vergleichbar sind (BFH 11.10.2017 – I R 42/15, BFH/NV 2018, 616; vertiefend: *Martini* Die Mechanismen zur Bestimmung von Körperschaftsteuersubjekten (2016), 176 ff.). 539

Erfasst sind **alle ausländischen Kapitalerträge, die den von § 20 erfassten inländischen Ertragsformen entsprechen** (für steuerbare Gewinnausschüttungen bzw. nicht steuerbare Einlagenrückgewähr etwa: BFH 13.7.2016 – VIII R 73/13, BFH/NV 2016, 1827). 540

§ 43b Abs. 2 iVm Anlage 2 zum EStG stellt die **Kapitalgesellschaften aller EU-Mitgliedstaaten** iSd sog. „Mutter-Tochter-Richtlinie“ Nr. 2011/96/EU zusammen, von denen gemäß § 43b Abs. 1 Kapitalertragsteuer für Kapitalerträge iSd § 20 Abs. 1 Nr. 1 einbehalten wird. Das BMF hat zudem eine Zusammenstellung solcher Gesellschaftsformen erarbeitet, die mit einer deutschen Kapitalgesellschaft vergleichbar sind; dort finden sich insbesondere Ausführungen zu den **Kapitalgesellschaften von Nicht-EU-Mitgliedstaaten** (BMF 24.12.1999, BStBl. I 1999, 1076, **Tabelle 1 und Tabelle 2**). 540.1

Erfasst wird auch die sog. **Europäische Genossenschaft (Societas Cooperativa Europaea – SCE)** nach Verordnung EG/1435/2003 des Rates v. 22.7.2003 über das Statut der Europäischen Genossenschaft (SCE) für die Europäische Genossenschaft (Frotscher/*Moritz/Strohm* § 32d Rn. 40 und 51; Korn/*Koss* § 32d Rn. 53) 540.2

In der Rechtsprechung wurde für folgende **ausländischen Rechtsformen von Nicht-EU-Mitgliedstaaten** die Vergleichbarkeit mit einer deutschen Kapitalgesellschaft angenommen: 540.3

Australien: Public company limited by shares (FG Düsseldorf 20.8.2013 – 6 K 4183/11 K, EFG 2013, 1881).

Brasilien: Sociedade Anônima (S.A) (vgl. BFH 6.6.2012 – I R 6/11 und 8/11, BStBl. II 2013, 111).

Schweiz: Aktiengesellschaft nach Schweizer Recht (BFH 26.8.1993 – I R 44/92, BFH/NV 1994, 318).

USA: Limited Liablity Company (LLC), auch wenn nach US-Steuerrecht statt zur Besteuerung als Kapitalgesellschaft zu einer Besteuerung als Personengesellschaft optiert wurde (BFH 20.8.2008 – I R 34/08, BStBl. II 2009, 263; BMF 19.3.2004, BStBl. I 2004, 411; BMF 18.1.2016, BStBl. I 2016, 85 Rn. 2); S-Corporation auch bei Ausübung des Wahlrechts zur Körperschaftsteuerfreiheit und direkten (anteiligen) Besteuerung ihrer Gesellschafter („pass-through treatment“, BFH 11.10.2017 – I R 42/15, BFH/NV 2018, 616); Incorporated (FG Nürnberg 30.1.2018 – 1 K 655/16, EFG 2019, 802, Rev. I R 12/18).

Die **Feststellung** des ausländischen Rechts obliegt sowohl seinem Bestand als auch seinem Inhalt nach dem **Finanzgericht** als Tatsacheninstanz. Die **Feststellungslast** für die Vergleichbarkeit der ausländischen Personenvereinigung mit einer deutschen juristischen Person iSd § 20 Abs. 1 Nr. 1 bestimmt sich nach allgemeinen Grundsätzen. 540.4

Einstweilen frei **541–542**

543 **(8) Sonstige Rechtsgebilde?.** Ob § 20 Abs. 1 Nr. 1 über die vorgenannten Beteiligungsformen auch sonstige beteiligungsähnliche Rechtsverhältnisse erfasst, ist **strittig:**

544 Der **BFH** sieht den Katalog steuerbarer Beteiligungserträge iSd § 20 Abs. 1 Nr. 1 **als nicht abschließend,** sondern als bloß beispielhaft an (vgl. BFH 15.11.1994 – VIII R 74/93, BStBl. II 1995, 315; Bordewin/Brandt/*Geurts* § 20 Rn. 103; HHR/*Intemann* § 20 Rn. 52; Schmidt/*Levedag* § 20 Rn. 28). Daher hat er Bezüge aus sog. **Realverbänden oder Realgemeinden** – einer aus dem deutschen Landrecht tradierten besonderen Genossenschaftsform mit eigener Rechtspersönlichkeit für die gemeinsame land- und forstwirtschaftliche Nutzung von Wirtschaftsgütern, die eine eigene Rechtspersönlichkeit aufweist – unter § 20 Abs. 1 Nr. 1 gefasst, weil diese nach ihrem korporativen Charakter eine gewisse Ähnlichkeit mit den Erwerbs- und Wirtschaftsgenossenschaften iSd GenG aufweise (zur **Forstgenossenschaft:** BFH 3.11.1961 – VI 42/60 U, BStBl. III 1962, 7; zur **Brauerei-Gemeinschaft:** BFH 24.6.1966 – VI 171/65, BStBl. III 1966, 579; zur gemeinschaftlichen Waldnutzung in Form der sog. **Jahnschaft:** BFH 5.9.1963 – IV 213/58 S, BStBl. III 1964, 117; zum **Genossenschaftsforst bzw. zur Forstinteressengemeinschaft:** BFH 3.3.1965 – IV 106/62 U, BStBl. III 1965, 319; zur sog. **Interessenschaft:** BFH 15.12.1983 – IV R 81/81).

544.1 Die Anwendung des § 20 Abs. 1 Nr. 1 auf andere, dort nicht genannte Körperschaften soll möglich sein, wenn die Mitgliedschaftsrechte einer derartigen Körperschaft einer kapitalmäßigen Beteiligung gleichstehen und die betreffenden Körperschaften den in § 20 Abs. 1 Nr. 1 genannten Gesellschaftsformen vergleichbar sind. Diese müsse in jedem Einzelfall nach dem Gesamtbild der Struktur der Vereinigung beurteilt werden. Anhaltspunkte für eine kapitalmäßige Beteiligung seien das Recht, an Gewinnausschüttungen und am Liquidationserlös beteiligt zu werden, die Möglichkeit, die Mitgliedschaftsrechte zu veräußern, sowie die Abstufung der Stimmrechte nach der Höhe der geleisteten Einlagen (HHR/*Intemann* § 20 Rn. 52).

544.2 Für die Rechtsfigur der sog. **Ritterschaft** (BFH 8.2.1995 – I R 73/94, BStBl. II 1995, 552) sowie für einen **rechtsfähigen Verein** sah der BFH diese Voraussetzungen als nicht erfüllt an, weil das Vermögen des Vereins der Beteiligung seiner Mitglieder entzogen sei; diese hätten gerade keinen Anteil am Vereinsvermögen (BFH 11.2.1987 – I R 43/83, BStBl. II 1987, 643; **aA** *Hofner* Der Tatbestand „Einnahmen aus Kapitalvermögen" im deutschen Einkommensteuerrecht (1997), 101 f.). Auch ein **VVaG** könne nicht mit der Beteiligung an einer in § 20 Abs. 1 Nr. 1 S. 1 ausdrücklich genannten Erwerbs- und Wirtschaftsgenossenschaft gleichgestellt werden (BFH 13.11.1991 – I R 45/90, BStBl. II 1992, 429).

545 Nach **vorzugswürdiger Auffassung** ist der in § 20 Abs. 1 Nr. 1 aufgeführte Katalog jedoch **abschließend** (KSM/*Jochum* § 20 Rn. C/1 9; Schmidt/*Weber-Grellet*, 36. Aufl. 2017, § 20 Rn. 31; *Wassermeyer* FR 1990, 1 (8); *Jakobs/Wittmann* GmbHR 2000, 910 (916)). Andernfalls erhielte die Regelung eine hinsichtlich ihrer Bestimmtheit verfassungsrechtlich bedenkliche Offenheit, indem nahezu alle denkbaren Rechtsgebilde dem Anwendungsbereich der Norm unterfielen. Während die Begriffe „Aktie" bzw. „Gesellschaft mit beschränkter Haftung" noch offen dahingehend interpretiert werden können, dass sie alle nationalen wie internationalen Rechtsgebilde mit einer anonymisierten Aktionärsstruktur bzw. mit einer Haftungsbeschränkung der Gesellschafter erfassen, zeigt der Begriff der „Erwerbs- und Wirtschaftsgenossenschaften" eine klare Ausrichtung an der Form der Genossenschaft nach dem Gesetz betreffend die Erwerbs- und Wirtschaftsgenossenschaften (GenG). Schließlich zwingt das Gebot leistungsfähigkeitsgerechter Besteuerung nicht zu einer extensiven Auslegung des § 20 Abs. 1 Nr. 1, zumal § 20 Abs. 1 Nr. 9 und Nr. 10 Besteuerungslücken für Betriebe gewerblicher Art sowie für wirtschaftliche Geschäftsbetriebe gemeinnütziger Vereine schließen.

546–547 *Einstweilen frei*

548 **bb) Gewinnanteile, Ausbeuten, sonstige Bezüge (§ 20 Abs. 1 Nr. 1 S. 1).** § 20 Abs. 1 Nr. 1 S. 1 stellt **Gewinnanteile (Dividenden), Ausbeuten und sonstige Bezüge** als steuerbare Beteiligungserträge unter den **Oberbegriff „Bezüge". Gemeinsames Merkmal** ist, dass ein Anteilseigner eine durch das Gesellschaftsverhältnis veranlasste Zuwendung von einer Körperschaft „bezieht". Dies verlangt eine **Vermögensübertragung von der Körperschaft an den Anteilseigner** (BFH 12.10.1982 – VIII R 72/79, BStBl. II 1983, 128; BFH 20.10.2010 – I R 117/08, BFH/NV 2011, 669; HHR/*Intemann* § 20 Rn. 60), durch die das Reinvermögen der Körperschaft ohne Kapitalherabsetzung gemindert

wird (BFH 1.3.1977 – VIII R 106/74, BStBl. II 1977, 545), ohne dass es sich hierbei um eine Betriebsausgabe der Körperschaft handelt (Schmidt/*Levedag* § 20 Rn. 31); bzw. eine Eigenkapitalmehrung der Körperschaft verhindert (KSM/*Jochum* § 20 Rn. C/1 14 ff.) und das Vermögen des Anteilseigners oder einer nahestehenden Person (→ Rn. 613) gemehrt wird (BFH 25.5.2004 – VIII R 4/01, DStR 2004, 2143).

Der offene Begriff „Bezüge" ist dabei als **„Einnahme" iSd § 8 Abs. 1** zu verstehen (HHR/*Intemann* § 20 Rn. 60; KSM/*Jochum* § 20 Rn. C/1 14) und erfasst die Zuwendung von **Gütern in Geld oder Geldeswert** gleichermaßen (so für Gewährung von Aktien einer Tochtergesellschaften an die Gesellschafter der Muttergesellschaft: BFH 20.10.2010 – I R 117/08, BFH/NV 2011, 669). Somit gehören zu den Bezügen auch solche Vermögensvorteile, die von der Körperschaft **statt einer offenen Gewinnausschüttung** gewährt werden (so zur Wahlmöglichkeit zwischen einer offenen Gewinnausschüttung und einer Verzinsung der Gesellschaftereinlage: BFH 6.6.2012 – I R 6/11, I R 8/11, BStBl. II 2013, 111). **549**

Aufgrund des Trennungsprinzips (→ Rn. 109) führen **weder thesaurierte Gewinne noch bestehende Verluste der Körperschaft** zu „Bezügen" des Anteilseigners. Umgekehrt bewirken bloße Wertänderungen der Beteiligung oder Minderungen der Anschaffungskosten keinen „Bezug" iSd § 20 Abs. 1 Nr. 1 (Schmidt/*Levedag* § 20 Rn. 31; Bordewin/Brandt/*Geurts* § 20 Rn. 124; → Rn. 376). Bei einer gesellschaftsrechtlich veranlassten Übertragung des Vermögens der Körperschaft an den Anteilseigner va in Form einer Ausschüttung ist **gleichgültig, aus welchen Mitteln** die Ausschüttung erfolgt, solange es sich nicht um die Rückzahlung von Einlagen handelt (Blümich/*Ratschow* § 20 Rn. 66), und ob die Zuwendung an den Anteilseigner **dem Reingewinn der Körperschaft entspricht** bzw. ob die Ausschüttung durch das **Vorhandensein von Reserven** oder andere Umstände ermöglicht wird (RFH 14.3.1934 – VI A 899/33, RStBl. 1935, 967; RFH 26.2.1936 – VI A 851/35, RStBl. 1936, 754; BFH 1.3.1977 – VIII R 106/74, BStBl. II 1977, 545; BFH 7.12.2004 – VIII R 70/02, BStBl. II 2005, 468). **550**

§ 20 Abs. 1 Nr. 1 S. 1 ist bei telelogischer Auslegung darauf gerichtet, **jede Vorteilszuwendung** als steuerbare Einnahme iSd § 20 Abs. 1 Nr. 1 zu erfassen, die der Anteilseigner **durch eine im Gesellschaftsverhältnis begründete Vermögensverschiebung** bezieht (BFH 12.10.1982 – VIII R 72/79, BStBl. II 1983, 128) und **die in dem individuellen Mitgliedschaftsverhältnis wurzelt** (BFH 7.12.2004 – VIII R 70/02, BStBl. II 2005, 468; Schmidt/*Levedag* § 20 Rn. 31). Ein Bezug iSd § 20 Abs. 1 Nr. 1 muss durch die Beteiligung veranlasst sein, also bei wertender Beurteilung (HHR/*Intemann* § 20 Rn. 60) seinen **Rechtsgrund in dem Beteiligungsverhältnis zwischen Anteilseigner und Körperschaft** haben (BFH 7.12.2004 – VIII R 70/02, BStBl. II 2005, 468; BFH 16.12.2008 – VIII B 29/07, BFH/NV 2009, 574). Folgerichtig sind Kapitaleinkünfte iSd § 20 Abs. 1 Nr. 1 dem Anteilseigner zuzurechnen (iE → Rn. 401). Sind **Leistungen Dritter,** etwa in Form einer Dividendengarantie durch eine Organträger-Gesellschaft, gesellschaftsrechtlich veranlasst, so führen auch diese zu steuerbaren Bezügen iSd § 20 Abs. 1 Nr. 1 (stRspr BFH 27.11.1956 – I D 1/56 S, BStBl. III 1957, 139; BFH 2.3.1993 – VIII R 13/91, BStBl. II 1993, 602; BFH 7.12.2004 – VIII R 70/02, BStBl. II 2005, 468; BFH 16.12.2008 – VIII B 29/07, BFH/NV 2009, 574; Bordewin/Brandt/*Geurts* § 20 Rn. 125 f.). **551**

Der Tatbestand des § 20 Abs. 1 Nr. 1 ist **nicht verwirklicht,** wenn ein Anteilseigner Erträge nicht aufgrund seiner Stellung als Anteilseigner der Körperschaft, sondern **aufgrund seiner Gläubigerstellung aus einem anderen Rechtsverhältnis** erzielt. So kann es beim Vorliegen besonderer Umstände geboten sein, zu prüfen, ob beim Anteilseigner Einnahmen aus einer Gläubigerstellung vorliegen. Dies ist etwa der Fall, wenn ein enger Zusammenhang von Zahlungen mit einer Anteilsveräußerung zwischen Anteilseignern besteht und die Zahlungen lediglich auf abgekürztem Weg geleistete Kaufpreiszahlungen zwischen den Anteilseignern sind (BFH 12.10.1982 – VIII R 72/79, BStBl. II 1983, 128). **552**

Wegen der Unbeachtlichkeit der Herkunft des überlassenen Kapitals (→ Rn. 344) ist es idR nicht zu beanstanden, wenn die für die Ausschüttung von Beteiligungserträge erforderlichen liquiden Geldmittel im Rahmen des sog. **Leg-ein-Hol-zurück-Verfahrens** oder sog. **Schütt-aus-Hol-zurück-Verfahrens** erwirtschaftet werden, um die Anrechnung von Körperschaftsteuerguthaben oder auch die Nutzung von Verlustpotentialen zu erwirken (BFH 19.8.1999 – I R 77/96, BStBl. II 2001, 43; BFH 8.8.2001 – I R 25/00, BStBl. II 2003, 923; BFH 28.6.2006 – I R 97/05, BFH/NV 2006, 2207), auch wenn dies durch Zwischenschaltung einer GmbH praktiziert wird (BFH 19.12.2007 – VIII R 13/05, **552.1**

BStBl. II 2008, 568). Nur in Einzelfällen können Besonderheiten hinzutreten, die einen Gestaltungsmissbrauch begründen (so für ein Modell des sog. „Rücklagenmanagements“: FG Hessen 2.3.2005 – 4 K 2223/02, EFG 2005, 1587).

552.2 Auch sog. **disquotale, dispartitätische bzw. inkongruente Ausschüttungen,** bei denen die Ausschüttungsquote nicht dem Beteiligungsanteil entspricht, sind gesellschaftsrechtlich zulässig und steuerlich anzuerkennen, wenn sie zivilrechtlich wirksam vorgenommen werden (stRspr Seit BFH 19.8.1999 – I R 77/96, BStBl. II 2001, 43; zuletzt etwa BFH 4.12.2014 – IV R 28/11, BFH/NV 2015, 495; FG München 22.4.2013 – 7 K 2604/10, BeckRS 2013, 95969; HHR/*Intemann* § 20 Rn. 62; KSM/*Jochum* § 20 Rn. C/1 44; BMF 17.12.2013, BStBl. I 2014, 63; *Gosch* DStR 1999, 1849 (1853); *Harle* GmbHR 2000, 321 (322); *Prinz* GmbHR 2001, 125 (131); *Schiffers* GmbHR 2000, 901 (905); *Rose* FR 2002, 1(5 f.); **aA** für Gestaltungsmissbrauch iSd § 42 AO: *Paus* FR 2000, 197 (198); für eine Anerkennung auch ohne zivilrechtliche Wirksamkeit: *Pörschke* DB 2017, 1165 (1167)). Eine missbräuchliche Gestaltung iSd § 42 AO kann nur vorliegen, wenn keine wirtschaftlich sinnvollen Gestaltungsgründe vorliegen. So wurden zB disquotale Ausschüttungen an eine steuerbegünstigte Stiftung mit anschließender disquotaler Einlage zur Liquiditätsstärkung der GmbH zutreffend als missbräuchlich angesehen (FG Hessen 25.2.2008 – 9 K 577/03, NZG 2009, 320; bestätigt in BFH 27.5.2010 – VIII B 146/08, BFH/NV 2010, 1865).

553–554 *Einstweilen frei*

555 **(1) Gewinnanteile (Dividenden). Gewinnanteile** idS Nr. 1 S. 1 Alt. 1 sind **offenen Ausschüttungen,** die von einer Körperschaft (→ Rn. 526 ff.) aufgrund eines Beteiligungsverhältnisses ausgeschüttet werden (→ Rn. 551) und auf einem **wirksamen handelsrechtlichen Gewinnverwendungsbeschluss** der zuständigen Organe beruhen (Schmidt/*Levedag* § 20 Rn. 31; KSM/*Jochum* § 20 Rn. C/1 18 f. und C/1 23). Der in Nr. 1 S. 1 aufgeführte **Klammerzusatz** („Dividenden…“) bezeichnet lediglich **beispielhaft** einzelne Gewinnanteile, hat darüber hinaus aber keine eigenständige dogmatische Bedeutung. Geldwerte **Sondervorteile,** die ein Anteilseigner über den ihm zustehenden Anteil am ausgeschütteten Bilanzgewinn hinaus erhält, sind keine Gewinnanteile, sondern **sonstige Bezüge** (HHR/*Intemann* § 20 Rn. 62). Keine Gewinnanteile sind die in § 20 Abs. 1 Nr. 2 genannten Bezüge (→ Rn. 715 ff.), etwa die nach Auflösung einer unbeschränkt steuerpflichtigen Kapitalgesellschaft anfallenden Liquidationsauskehrungen (BFH 19.5.1998 – I R 86/97, BStBl. II 1998, 715; BFH 25. 4.2006 – X R 57/04, BFH/NV 2006, 1819).

556 Wegen der Funktion des Tatbestandsmerkmals, das offene und verdeckte Gewinnausschüttungen mit bzw. ohne Gewinnverwendungsbeschluss voneinander abgrenzt, kommt es für die Einordnung als Gewinnanteil **nur auf das Vorhanden-Sein,** nicht aber auf die Ordnungsgemäßheit, Wirksamkeit, gesellschaftsrechtliche Zulässigkeit oder Anfechtbarkeit einer Ausschüttungsentscheidung an. Führt die Unzulässigkeit einer Ausschüttung zu Rückforderungsansprüchen, so lässt dies den Kapitalertrag nicht rückwirkend entfallen (→ Rn. 379), sondern ist erst im Zeitpunkt der Rückzahlung als negative Einnahme oder Werbungskosten zu erfassen (BFH 1.3.1977 – VIII R 106/74, BStBl. II 1977, 545; BFH 21.6.1978 – II R 31/75, BStBl. II 1978, 604; Bordewin/Brandt/*Geurts* § 20 Rn. 134 f.). Ob der Gewinn bei der ausschüttenden Körperschaft der Körperschaftsteuer unterlegen hat, ist für die Erfassung der Gewinnanteile bei den Anteilseignern unerheblich (HHR/*Intemann* § 20 Rn. 61), da **keine Kongruenz oder Korrespondenz** besteht (→ Rn. 110 f.).

557 Folgerichtig zählen zu den Gewinnanteilen iSd § 20 Abs. 1 Nr. 1 auch sog. **Vorabausschüttungen,** die nach Ablauf des Geschäftsjahres, aber noch vor der Feststellung der Bilanz von den Anteilseignern beschlossen werden. Zwar werden Vorabausschüttungen an den Vorbehalt geknüpft, dass in dem vorangegangenen Geschäftsjahr tatsächlich ein Bilanzgewinn in Höhe der Vorabausschüttung entstanden ist. Tritt diese Voraussetzung allerdings nicht ein und haben die Anteilseigner die empfangene **Vorabausschüttung deshalb zurückzuzahlen,** so wird dies erst im Zeitpunkt der tatsächlichen Rückzahlung berücksichtigt (BFH 6.3.1979 – VIII R 26/78, BStBl. II 1979, 510; BFH 2.12.2014 – VIII R 2/12, BStBl. II 2015, 333; BFH 13.3.2018 – IX R 35/16, DStR 2018, 1756 Rn. 19 und 22; **aA** sonstige Bezüge: HHR/*Intemann* § 20 Rn. 62; Blümich/*Ratschow* § 20 Rn. 76; keine Steuerbarkeit: *Kohlhaas* DStR 1995, 525 (528 f.); *Kohlhaas* DStR 1996, 1355 (1356)). Zur persönlichen Zurechnung → Rn. 401.

558 Steuerbar sind nur Ausschüttungen von erwirtschaftetem Gewinn, nicht aber die **Kapitalrückzahlung** als nicht steuerbare Vermögensumschichtung innerhalb des Kapitalstamms des Anteilseigners (→ Rn. 378 f. und → Rn. 676 ff.). Dies gilt unabhängig davon, ob das zurückgezahlte Kapital erst aufgrund einer handelsrechtlich wirksamen Kapitalherabsetzung zur Ausschüttung frei geworden ist (BFH 7.12.2004 – VIII R 70/02, BStBl. II 2005, 468) oder ob die Kapitalrückzahlung aus einer über das Grund- oder Stammkapital hinaus gebildeten Kapitalrücklage (§ 272 Abs. 2 HGB) geleistet wurde (BFH 20.10.2010 – I R 117/08, BFH/NV 2011, 669). Steuerbar ist die **Ausschüttung aus Gewinnrücklagen** auch dann, wenn sie in vororganschaftlichen Wirtschaftsjahren gebildet worden ist, selbst wenn sie in einem Wirtschaftsjahr stattfindet, für das die Voraussetzungen der organschaftlichen Abführung gemäß § 14 Abs. 1 KStG erfüllt sind (BFH 25.7.2019 – IV R 61/16, BFH/NV 2019, 1418). Die **Ausschüttung von Gewinn- oder Kapitalücklagen,** die der Gesellschafter beim Erwerb der Beteiligung mit den Anschaffungskosten bezahlt hat, sind in voller Höhe steuerbar iSd Abs. 1 Nr. 1 Alt. 1 (Blümich/*Ratschow* § 20 Rn. 66).

Einstweilen frei **559–560**

(2) Ausbeuten. Ausbeuten iSd Nr. 1 S. 1 Alt. 2 sind die Gewinnanteile aus sog. Kuxen, **561**
den Stammrechten an sog. **bergrechtlichen Gewerkschaften** (Kirchhof/*Bleschick* § 20 Rn. 48a). Ihre Aufnahme in § 20 Abs. 1 Nr. 1 S. 1 ist überholt (**aA** Bordewin/Brandt/*Geurts* § 20 Rn. 131), da Unternehmen in dieser Rechtsform spätestens bis zum 1.1.1994 aufgelöst sind (→ Rn. 535) und „Kuxen" bereits durch StSenkG v. 23.10.2000 (→ Rn. 59) aus § 20 gestrichen wurde.

(3) Sonstige Bezüge. Nr. 1 S. 1 Alt. 3 erfasst als **„sonstige Bezüge"** in einer general- **562**
klauselartigen Formulierung (*Stache* Kapitaleinkünfte und Spekulationsgeschäfte, 1996, 84) **alle Zuwendungen an die Anteilseigner,** durch die das Vermögen einer Körperschaft ohne Kapitalherabsetzung (→ Rn. 710 ff.) gemindert wird (stRspr RFH 14.9.1935 – VI A 443/34, RStBl. 1936, 121; BFH 15.7.1975 – VIII R 61/71, BStBl. II 1975, 815), dh alle Einnahmen iSd § 8 Abs. 1, die der Anteilseigner aufgrund seiner gesellschaftsrechtlichen Beteiligung von der Körperschaft erhält, ohne dass es sich hierbei um Gewinnanteile (→ Rn. 555 ff.) oder Kapitalrückzahlungen (→ Rn. 558) handelt (KSM/*Jochum* § 20 Rn. C/1 28; Bordewin/Brandt/*Geurts* § 20 Rn. 132; HHR/*Intemann* § 20 Rn. 67). Sie bedürften **keiner besonderen Form** der Vermögensübertragung (KSM/*Jochum* § 20 Rn. C/1 29), können **bereits vor einem Gewinnverwendungsbeschluss** zufließen (BFH 3.5.1983 – VIII R 187/82) und aus dem laufenden Gewinn oder der Vermögensubstanz geleistet werden (HHR/*Intemann* § 20 Rn. 67). Wie die ausgeschütteten Mittel in der Körperschaft gebildet wurden, ist unerheblich (→ Rn. 550). Erfasst sind Bezüge von **Gütern in Geld und Geldeswert.** Die Bewertung von Sachbezügen bestimmt sich gemäß § 8 Abs. 2 nach den üblichen Endpreisen am Abgabeort; auf den etwaigen Buchwert des Sachbezugs bei der Körperschaft kommt es folglich nicht an (Blümich/*Ratschow* § 20 Rn. 74).

Beispiele für sonstige Bezüge iSd § 20 Abs. 1 Nr. 1 S. 1: **562.1**
Auszahlung eines Geldbetrages, der der Gesellschaft zuvor als Investitionszulage gewährt worden war (BFH 15.7.1975 – VIII R 61/71, BStBl. II 1975, 815).

Auskehrung einer offenen Rücklage einer GmbH zur Tilgung der Schuld eines Gesellschafters ohne vorherigen Gesellschafterbeschluss (BFH 3.5.1983 – VIII R 187/82).

Auf eigene Anteile entfallende Kapitalrückzahlung von einer GmbH an ihre Gesellschafter, soweit die GmbH gemäß § 33 Abs. 2 GmbHG eigene Anteile hält und zuvor eine Kapitalherabsetzung sowie die Rückgewähr des durch die Herabsetzung freigewordenen Kapitals an die Gesellschafter beschlossen hat (BFH 29.7.1992 – I R 31/91, BStBl. II 1993, 369).

Barabfindung bei Umwandlung der übernehmenden Kapitalgesellschaft an verbleibende Anteilseigner (BMF 25.3.1998, BStBl. I 1998, 268 Rn. 13.04 S. 2; zwischenzeitlich überholt durch geänderten Umwandlungsteuer-Erlass BMF 11.11.2011, BStBl. I 2011, 1314).

Gewährung von Bonusaktien (BFH 7.12.2004 – VIII R 70/02, BStBl. II 2005, 468; Bordewin/Brandt/*Geurts* § 20 Rn. 133).

Zeitweise unentgeltliche Überlassung von Ferienwohnungen einer AG an ihre Aktionäre nach Maßgabe eines Wohnungsberechtigungspunktesystems, bei dem pro Jahr des Haltens der Aktien eine bestimmte Zahl von Wohnberechtigungspunkten gutgeschrieben und gesammelt werden kann (BFH 16.12.1992 – I R 32/92, BStBl. II 1993, 399).

Die **Legaldefinition des Begriffs „sonstige Bezüge" in § 38a Abs. 1 S. 2** ist wegen des dortigen, **562.2**
spezielleren Regelungszusammenhangs **nicht übertragbar.** Der in § 20 Abs. 1 Nr. 1 S. 1 benutzte

Begriff ist vielmehr aus seinem Regelungszusammenhang heraus und insbesondere in Abgrenzung von den dort ebenfalls genannten Gewinnanteilen der dort genannten Beteiligungsformen eigenständig auszulegen.

563 Die **Gewährung eines Bezugsrechts zum Erwerb junger Aktien gegen Zuzahlung** gemäß § 186 Abs. 1 S. 1 des AktG bewirkt keinen „sonstigen Bezug“, weil das Bezugsrecht den Aktionär nur zum Bezug neuer Aktien gegen Zuzahlung entsprechend seiner bisherigen Beteiligung am Grundkapital berechtigt und danach kein Entgelt der Aktiengesellschaft für das ihr vom Aktionär überlassene Kapital bildet (BFH 22.5.2003 – IX R 9/00, BStBl. II 2003, 712). **Anderes** gilt ausnahmsweise, wenn der Steuerpflichtige **statt einer Dividendenzahlung** ein Bezugsrecht hat oder den Bezug von **Freiaktien als Sachdividende** verlangen kann (vgl. BFH 14.2.2006 – VIII R 49/03, BStBl. II 2006, 520), die von der Kapitalgesellschaft aus Gesellschaftsmitteln und damit ohne eigene Einlage des Gesellschafters geschaffen werden (HHR/*Intemann* § 20 Rn. 76; zur Fiktion eines sonstigen Bezugs bei Baraufgabe gemäß § 20 Abs. 4a S. 2 und S. 3 Hs. 2 iVm S. 2 → Rn. 1347; zur Auswirkung auf die Erwerbsaufwendungen → Rn. 1296.8).

564–568 *Einstweilen frei*

569 **cc) Verdeckte Gewinnausschüttungen (§ 20 Abs. 1 Nr. 1 S. 2). (1) Grundlagen, Begriff der verdeckten Gewinnausschüttung.** Das **Steuerreformgesetz 1990 v. 25.7.1988** (→ Rn. 50; zur zeitlichen Anwendbarkeit → Rn. 99) ordnete **verdeckte Gewinnausschüttungen (vGA)** in § 20 Abs. 1 Nr. 1 S. 2 als sonstige Bezüge iSd Nr. 1 S. 1 ein und schrieb eine entsprechende Rechtsprechung (BFH 29.9.1981 – VIII R 8/77, BStBl. II 1982, 248) deklaratorisch fest (BT-Drs. 11/2157, 147; Kirchhof/*Bleschick* § 20 Rn. 50). Anteilseigner haben die zivil- und steuerrechtlich anerkannte Möglichkeit, **neben dem Beteiligungsverhältnis weitere Rechtsverhältnisse zur Kapitalgesellschaft** zu unterhalten, an der sie beteiligt sind (KSM/*Jochum* § 20 Rn. C/1 17). Insbesondere steht es ihnen frei, Eigen- oder Fremdkapital einzusetzen (BFH 8.7.2003 – VIII R 43/01, BStBl. II 2003, 937). Dadurch besteht jedoch die **Gefahr,** dass sie die Entstehung und **offene Ausschüttung steuerlicher Gewinne** auf Ebene der Gesellschaft durch gesellschaftsrechtlich motivierte Gestaltungen **unter dem „Rechtskleid“ anderer Rechtsverhältnisse verdecken.** Hierdurch würde das geltende System der Besteuerung von Beteiligungserträgen unterlaufen, das seine finale Gesamtsteuerbelastung erst durch eine Doppelbelastung auf Gesellschafts- als auch auf Gesellschafterebene erreicht (→ Rn. 5 ff.).

570 Hierdurch besteht aus Sicht der Finanzbehörden das **Risiko der Nichtaufdeckung von vGA** und aus Sicht der Anteilseigner siegelbildlich ein entsprechender Anreiz, der umso größer wird, je weiter der persönliche Grenzsteuersatz des Anteilseigners unter der kumulierten Grenzsteuerbelastung durch die Besteuerung auf Gesellschafts- wie Gesellschafterebene liegt bzw. je weiter der Spitzensteuersatz abgesenkt wird (Kirchhof/*Bleschick* § 20 Rn. 51). Vor diesem Hintergrund wurde die Rechtsfigur der vGA zunächst von der Rechtsprechung zur Ermittlung des Einkommens der Körperschaft entwickelt, weil eine mit § 8 Abs. 3 S. 2 KStG vergleichbare Regelung im damaligen Gesetzeswortlaut fehlte (vgl. BFH 9.8.1989 – I R 4/84, BStBl. II 1990, 237).

570.1 So sprach der RFH zunächst in unterschiedlicher Diktion von „versteckter Gewinnverteilung“ (RFH 26.7.1919 – I A 82/19, RFHE 2, 183; RFH 10.5.1921 – I A 218/20, RFHE 5, 294; RFH 8.7.1921 – I A 60/21, RFHE 6, 266; RFH 2.1.1922 – I A 79/21, RFHE 8, 68; RFH 16.11.1926 – I A 335/26, RFHE 21, 1), „verdeckter Gewinnverteilung“ (RFH 26.3.1920 – I A 314/19, RFHE 2, 266; RFH 12.11.1920 – I A 36/20, RFHE 4, 113; RFH 1.5.1925 – I A 102/24, RFHE 16, 296; RFH 15.1.1930 – I A a 621/29, RStBl. 1930, 548), „versteckter Dividende“ (RFH 10.5.1921 – I A 218/20, RFHE 5, 294; RFH 2.1.1922 I A 79/21, RFHE 8, 68), „verschleierter Dividende“ (RFH 2.1.1922 – I A 79/21, RFHE 8, 68), „Gewinnverschleierung“ (RFH 12.11.1920 – I A 36/20, RFHE 4, 113), „verdeckter Gewinnzuführung“ (RFH 1.5.1925 – I A 102/24, RFHE 16, 296) oder „verschleierter Gewinnverteilung“ (RFH 26.2.1929 – I A a 89/29, RStBl. 1929, 253). Schließlich etablierte sich die Rechtsfigur unter der Bezeichnung „**verdeckte Gewinnausschüttung**“ (RFH 1.5.1925 – I A 102/24, RFHE 16, 296), bevor sie in § 6 Abs. 2, § 7 S. 1 KStG 1934, später § 6 Abs. 1 S. 2 KStG 1968 bzw. in den heutigen § 8 Abs. 3 S. 2 KStG 1977 übernommen wurde.

571 Die Verwendung des **unbestimmten Rechtsbegriffs** „verdeckte Gewinnausschüttungen“ in § 8 Abs. 3 S. 2 KStG wurde als **verfassungsrechtlich unbedenklich** angesehen, weil der Gesetzgeber den Begriff vor dem Hintergrund einer langjährigen einheitlichen Rechtsprechung in den Gesetzeswortlaut aufgenommen, dabei an der Definition dieses Begriffs festgehalten und so die von der Rechtsprechung vorgenommene Inhaltsbestimmung gebilligt habe (BVerfG 1.6.1978 – 1 BvR 338/74 und 341/74, HFR 1978, 339; BVerfG 26.6.2008 – 2 BvR 2067/07, BVerfGK 14, 12; BFH 13.4.1988 – I R 284/82, BFH/NV 1989, 395). Dies **gilt für § 20 Abs. 1 Nr. 1 S. 2 entsprechend.**

Die **Idee des Begriffs „vGA"** besteht darin, dass den Anteilseigner von der Körperschaft Gewinn in einer Form zugeführt wird, in der dieser nicht als Gewinn erscheint, sondern unter anderen Bezeichnungen verborgen ist (RFH 9.7.1935 – I A 37/34, RStBl. 1935, 1128; BFH 30.7.1975 – I R 110/72, BStBl. II 1976, 74; BFH 7.12.1983 – I R 70/77, BStBl. II 1984, 384; BFH 21.7.1982 – I R 56/78, BStBl. II 1982, 761; BFH 23.5.1984 – I R 294/81, BStBl. II 1984, 673; BFH 23.10.1985 – I R 247/81, BStBl. II 1986, 195; BFH 11.2.1987 – I R 43/83, BStBl. II 1987, 643; BFH 7.12.1988 – I R 25/82, BStBl. II 1989, 248; BFH 30.1.2013 – II R 6/12, BStBl. II 2013, 930). Die vGA vermindert also das Vermögen der Körperschaft bzw. verhindert eine Vermögensmehrung und entzieht damit Gewinnanteile der Anteilseigner einer Belastung auf Ebene der Körperschaft sowie auf Ebene des Anteilseigners (BFH 22.11.1983 – VIII R 133/82, BFHE 140, 69). **572**

Sowohl § 8 Abs. 3 S. 2 KStG als auch § 20 Abs. 1 Nr. 1 S. 2 sind dabei erkennbar von der gleichheitsrechtlich gebotenen **Zielsetzung** getragen, offene und verdeckte Gewinnausschüttungen als wirtschaftlich gleichartige Sachverhalte auch gleich zu belasten. Dies rechtfertigt die Besteuerung der vGA sowohl bei der Körperschaft als auch beim betreffenden Anteilseigner, als hätte ein Leistungsaustausch zu angemessenen Preisen und gleichzeitig eine offene Gewinnausschüttung stattgefunden (BFH 14.8.1975 – IV R 30/71, BStBl. II 1976, 88; BFH 30.1.2013 – II R 6/12, BStBl. II 2013, 930). Das Zusammenspiel von § 8 Abs. 3 S. 2 KStG auf Ebene der Körperschaft und § 20 Abs. 1 Nr. 1 S. 2 auf Ebene des Anteilseigners hat eine **Doppelwirkung der vGA** zur Folge (BFH 25.11.1976 – IV R 90/72, BStBl. II 1977, 467; BFH 6.8.1985 – VIII R 280/81, BStBl. II 1986, 17): **573**

§ 8 Abs. 3 S. 2 KStG verlangt die **Hinzurechnung zum steuerpflichtigen Gewinn der Körperschaft** von solchen Teilen des „Gewinns", die auf einen Anteilseigner verlagert wurden, im Wege einer außerbilanziellen Korrektur. Dabei wird die Höhe des verlagerten Gewinns im Wege eines **partiellen Fremdvergleichs** ermittelt und steuerrechtlich der Gewinn angesetzt, den die Körperschaft ohne die festgestellte Gewinnverlagerung erzielt hätte (stRspr BFH 2.2.1994 – I R 78/92, BStBl. II 1994, 479; BFH 29.6.1994 – I R 137/93, BStBl. II 2002, 366; BFH 20.12.2000 – I R 15/00, BStBl. II 2005, 657; BFH 17.10.2001 – I R 103/00, BStBl. II 2004, 171; BFH 7.11.2001 – I R 79/00, BStBl. II 2005, 659; BFH 22.10.2003 – I R 37/02, BStBl. II 2004, 121; BFH 31.3.2004 – I R 70/03, BStBl. II 2004, 937; BFH 28.1.2004 – I R 21/03, BStBl. II 2005, 841; BFH 21.8.2007 – I R 74/06, BStBl. II 2008, 277; BFH 23.9.2008 – I R 62/07, BStBl. II 2013, 39; BFH 28.4.2010 – I R 78/08, BStBl. II 2013, 41; BFH 26.6.2013 – I R 39/12, BStBl. II 2014, 174; BMF 28.5.2002, BStBl. I 2002, 603 Rn. 3; *Frotscher* DStJG Bd. 20 (1997), 205 (212); dagegen für eine Korrektur der gewinnmindernden Wirkung durch das erfolgswirksame Erfassen einer Forderung: *Marx* DB 2003, 673 (675)). Eine **vGA iSd § 8 Abs. 3 S. 2 KStG** setzt daher nach stRspr des ua für die Körperschaftsteuer zuständigen **I. Senats** des BFH eine Vermögensminderung oder verhinderte Vermögensmehrung voraus, die durch das Gesellschaftsverhältnis veranlasst ist, sich auf die Höhe des Einkommens der Kapitalgesellschaft in Form des Unterschiedsbetrags iSd § 4 Abs. 1 auswirkt und in keinem Zusammenhang mit einer offenen Ausschüttung steht (BFH 29.4.1987 – I R 176/83, BStBl. II 1987, 733; BFH 23.5.1984 – I R 294/81, BStBl. II 1984, 673; BFH 22.2.1989 – I R 44/85, BStBl. II 1989, 475; BFH 14.3.1989 – I R 8/85, BStBl. II 1989, 633; BFH 31.3.2004 – I R 65/03, BStBl. II 2005, 664; BFH 31.3.2004 – I R 70/03, BStBl. II 2004, 937; BFH 15.12.2004 – I R 6/04, BStBl. II 2009, 197; BFH 23.9.2008 – I R 62/07, BStBl. II 2013, 39; BFH 12.6.2013 – I R 109/10, I R 110/10, I R 111/10, BStBl. II 2013, 1024; BFH 11.3.2015 – I R 16/13, BFH/NV 2015, 1273; R 36 KStH 2008; kritisch: *Frotscher* DStJG Bd. 20 (1997), 205 (216 f.)). **574**

§ 8 Abs. 3 S. 2 KStG geht damit den Bestimmungen gemäß § 8 Abs. 1 KStG iVm den Regelungen des EStG über die Entnahme vor (BFH 26.10.1987 – GrS 2/86, BStBl. II 1988, 348). **574.1**

Bei Anwendung von DBA ist nicht ausschlaggebend, ob ein ausländisches Steuerrecht eine vGA in ihrer konkreten Ausprägung der verhinderten Vermögensmehrung kennt. Aus abkommensrechtlicher **574.2**

Sicht reicht es aus, wenn eine vGA als Rechtsinstitut mit der hiermit verbundenen Rechtsfolge der Einkommenserhöhung qualifiziert wird (BFH 12.6.2013 – I R 109/10, I R 110/10, I R 111/10, BStBl. II 2013, 1024).

575 **§ 20 Abs. 1 Nr. 1 S. 2** zählt vGA zu den sonstigen Bezügen iSd § 20 Abs. 1 Nr. 1 S. 1 und begründet ihre Steuerpflicht auf Ebene des Anteilseigners. Eine **vGA iSd § 20 Abs. 1 Nr. 1 S. 2** liegt dabei nach der – insofern ständigen – Rechtsprechung des ua für die Kapitaleinkünfte zuständigen VIII. Senats des BFH vor, wenn eine **Körperschaft ihrem Anteilseigner außerhalb der gesellschaftsrechtlichen Gewinnverteilung einen Vermögensvorteil zuwendet,** den sie bei Anwendung der Sorgfalt eines ordentlichen und gewissenhaften Geschäftsleiters einem Nichtgesellschafter unter sonst gleichen Umständen nicht gewährt haben würde, und wenn diese Zuwendung ihre **Veranlassung im Gesellschaftsverhältnis hat** (BFH 11.10.1977 – VIII R 191/74, BStBl. II 1978, 109; BFH 24.1.1989 – VIII R 74/84, BStBl. II 1989, 419; BFH 13.9.2000 – I R 10/00, BFH/NV 2001, 584; BFH 22.2.2005 – VIII R 24/03, BFH/NV 2005, 1266; BFH 18.5.2006 – III R 25/05, DStR 2006, 1359; BFH 13.12.2006 – VIII R 31/05, BStBl. II 2007, 393; BFH 19.12.2007 – VIII R 13/05, BStBl. II 2008, 568; BFH 9.3.2010 – VIII R 32/07, BFHE 229, 129; BFH 24.6.2014 – VIII R 54/10, BFH/NV 2014, 1501; BFH 16.8.2015 – IX R 28/14, BFH/NV 2015, 1679; BFH 22.10.2015 – IV R 7/13, BStBl. II 2016, 219; BFH 11.12.2018 – VIII R 44/15, BFH/NV 2019, 773; BFH 10.12.2019 – VIII R 33/16, BFH/NV 2020, 517).

576–580 *Einstweilen frei*

581 **(2) Verhältnis von § 20 Abs. 1 Nr. 1 S. 2 und § 8 Abs. 3 S. 2 KStG.** Der im Wortlaut von § 20 Abs. 1 Nr. 1 S. 2 und § 8 Abs. 3 S. 2 KStG gleichermaßen benutzte Begriff der vGA führt zur Frage nach inhaltlichen Überschneidungen oder wechselseitigen Interdependenzen beider Tatbestände. Nach hier vertretener Auffassung beschreibt der in beiden Regelungen benutzte Begriff **denselben wirtschaftlichen Vorgang, ohne** dass jedoch eine **Korrespondenz oder Kongruenz** besteht (→ Rn. 588).

582 In seiner frühen Rechtsprechung ging der BFH zunächst von einer inhaltlichen Übereinstimmung beider Tatbestände aus: So erfasste der **VI. Senats** die zu Kapitaleinkünften iSd § 20 führende vGA gemäß „§ 20 Abs. 2 Ziff. 1 EStG in Verbindung mit § 6 KStG", der Vorgängernorm zu § 8 Abs. 3 S. 2 KStG (BFH 9.8.1963 – VI 72/60 U, BStBl. III 1963, 454). Der **VIII. Senat** zählte zu den sonstigen Bezügen gemäß § 20 Abs. 1 Nr. 1 auch „verdeckte Gewinnausschüttungen iS von § 6 Abs. 1 S. 2 KStG" (BFH 23.6.1981 – VIII R 102/80, BStBl. II 1982, 245) bzw. „verdeckte Gewinnausschüttung iS von § 8 Abs. 3 S. 2 des Körperschaftsteuergesetzes" (BFH 26.7.1983 – VIII R 28/79, BStBl. II 1984, 290).

583 Im Jahr 1976 äußerte der **IV. Senat** die Einschätzung, dass eine vGA iSd § 6 Abs. 1 S. 2 KStG 1986 (heute § 8 Abs. 3 S. 2 KStG) und iSd EStG sich „nicht in vollem Umfange zu entsprechen brauchen" (BFH 25.11.1976 – IV R 90/72, BStBl. II 1977, 467).

584 In zwei Entscheidungen im Jahr 1987 statuierte der **I. Senat** erstmals als Tatbestandsmerkmal einer vGA gemäß § 8 Abs. 3 S. 2 KStG, dass darunter nur solche Vorteilszuwendungen der Kapitalgesellschaft an ihre(n) Anteilseigner fallen könnten, die die **Eignung hätten, Einnahmen iSd § 20 Abs. 1 Nr. 1 und Nr. 2 zu sein.** Der Senat begründete seine Entscheidung damit, dass das KStG 1977 und das EStG 1977 in ihrem rechtlichen Zusammenwirken ein System der **sachlichen Kongruenz** zwischen der Herstellung der Ausschüttungsbelastung bei der Kapitalgesellschaft und der Besteuerung der Ausschüttung sowie der Anrechnung des Körperschaftsteuerguthabens beim Anteilseigner erkennen ließen, wonach die Herstellung der Ausschüttungsbelastung sachlich mit der Besteuerung der Ausschüttung beim Anteilseigner als Einkünfte aus der Beteiligung **korrespondiere** und umgekehrt. Er bezog sich hierbei auf die Steuerbarkeitstatbestände gemäß § 20 Abs. 1 Nr. 1 und Nr. 2, aber auch auf die Vorschriften zur Anrechnung der Körperschaft- auf die Einkommensteuer gemäß §§ 36 Abs. 2 Nr. 3, 36a, 36e. Der Gesetzgeber habe lediglich auf eine **zeitliche Kongruenz** zwischen der Herstellung der Ausschüttungsbelastung und dem Zufluss der Ausschüttung bzw. der Anrechnung des Körperschaftsteuer-Guthabens beim Anteilseigner verzichtet (BFH 9.12.1987 – I R 260/83, BStBl. II 1988, 460; BFH 9.12.1987 – I R 148/86, BFH/NV 1988, 524). Hieran hielt der I. Senat in diversen Folgeentscheidungen fest und verlangt in einzelnen Entscheidungen für das Vorliegen einer vGA iSd § 8 Abs. 3 S. 2

KStG ausdrücklich die **Eignung, zu einem „korrespondierenden vermögensmäßigen Vorteil" des Anteilseigners** (BFH 7.8.2002 – I R 2/02, BStBl. II 2004, 131) bzw. **zu einem „sachlich korrespondierenden Kapitalertrag" iSd § 20 Abs. 1 Nr. 1 S. 2 zu führen** (BFH 26.6.2013 – I R 39/12, BStBl. II 2014, 174; BFH 7.6.2016 – I B 6/15, BFH/NV 2016, 1496; BFH 13.3.2019 – I R 66/16, BFH/NV 2019, 1360).

Wenn der Senat diese Eignung für einen „**Vorgang**" (BFH 7.3.2007 – I R 45/06, BFH/NV 2007, **584.1**
1710; BFH 5.3.2008 – I B 171/07, BFH/NV 2008, 1060; BFH 8.10.2008 – I R 61/07, BStBl. II 2011, 62; BFH 26.6.2013 – I R 39/12, BStBl. II 2014, 174), für eine „**Gewinnminderung**" (BFH 14.7.2004 – I R 16/03, BStBl. II 2004, 1010) bzw. für die durch die vGA ausgelöste „**Unterschiedsbetragsminderung**" (BFH 7.8.2002 – I R 2/02, BStBl. II 2004, 131; BFH 3.5.2006 – I R 124/04, BStBl. II 2011, 547; BFH 22.8.2007 – I R 32/06, BStBl. II 2007, 961; BFH 23.1.2008 – I R 8/06, BStBl. II 2012, 260; BFH 5.3.2008 – I R 45/07, BFH/NV 2008, 1534; BFH 21.7.2011 – I B 27/11, BFH/NV 2011, 2116) bzw. „**Minderung des Unterschiedsbetrages**" (BFH 31.3.2004 – I R 83/03, BFH/NV 2004, 1482; BFH 20.8.2008 – I R 19/07, BStBl. II 2011, 60; BFH 27.7.2016 – I R 8/15, BStBl. II 2017, 214; BFH 27.7.2016 – I R 12/15, BStBl. II 2017, 217; BFH 27.7.2016 – I R 71/15, BFH/NV 2017, 60) verlangt, so handelt es sich lediglich um leichte **Variationen in der Formulierung ohne materiell-rechtliche Divergenz.**

Der **VIII. Senat** ließ zunächst offen, ob sich der Begriff der vGA iSd § 8 Abs. 3 S. 2 **585**
KStG von dem iSd § 20 Abs. 1 Nr. 1 S. 2 unterscheidet (BFH 23.3.1994 – VIII B 50/93, BFH/NV 1994, 786). In einem Obiter dictum schien es für ihn jedenfalls nicht ausgeschlossen, dass die Auslegung des Begriffs der vGA in § 20 Abs. 1 Nr. 1 S. 2 mit dem in § 8 Abs. 3 S. 2 KStG **korrespondiere.** Danach liege den Tatbestandsbestimmungen der vGA iSd § 8 Abs. 3 S. 2 KStG einerseits sowie der vGA iSd § 20 Abs. 1 Nr. 1 S. 2 andererseits jedenfalls insofern ein einheitlicher Begriffskern zugrunde, als das für § 20 Abs. 1 Nr. 1 S. 2 erforderliche Tatbestandsmerkmal der gesellschaftsrechtlich veranlassten Zuwendung eines Vermögensvorteils zumindest auch an der Frage auszurichten sei, ob das Einkommen (bzw. das Vermögen) der Kapitalgesellschaft iSd § 8 Abs. 3 S. 2 KStG aufgrund des zu beurteilenden Sachverhalts gemindert werde (BFH 14.7.1998 – VIII B 38/98, DStR 1998, 1547). In einer Folgeentscheidung schloss er daraus weiter, dass unter Berücksichtigung dieser „**eingeschränkten Korrespondenz**" unter einer vGA iSd § 8 Abs. 3 S. 2 KStG eine Vermögensminderung oder verhinderte Vermögensmehrung zu verstehen sei, die durch das Gesellschaftsverhältnis veranlasst sei, sich auf die Höhe des Unterschiedsbetrages gemäß § 4 Abs. 1 S. 1 EStG iVm § 8 Abs. 1 KStG auswirke, in keinem Zusammenhang zu einer offenen Ausschüttung stehe und geeignet sei, beim Anteilseigner einen Beteiligungsertrag iS von § 20 Abs. 1 Nr. 1 herbeizuführen (BFH 25.5.2004 – VIII R 4/01, DStR 2004, 2143; vgl. auch BFH 5.10.2004 – VIII R 9/03, BFH/NV 2005, 526). Hieran hielt der Senat auch in weiteren Entscheidungen fest und nahm eine vGA iSd § 20 Abs. 1 Nr. 1 S. 2 stets unter der zusätzlichen Voraussetzung an, dass sich die Zuwendung der Körperschaft bei dieser (!) auf die Höhe des Unterschiedsbetrags gemäß § 4 Abs. 1 S. 1 EStG iVm § 8 Abs. 1 KStG auswirke (BFH 21.10.2014 – VIII R 11/12, BeckRS 2015, 95305; BFH 21.10.2014 – VIII R 31/12, GmbHR 2015, 772; BFH 21.10.2014 – VIII R 32/12, BeckRS 2015, 94871).

Der **XI. Senat** ließ, soweit erkennbar, offen, ob die Erfassung einer vGA bei der benach- **586**
teiligten Kapitalgesellschaft von der Vorteilserlangung beim Gesellschafter abhängt (BFH 6.11.1991 – XI R 12/87, BStBl. II 1992, 415). Der **II. Senat** hat sich der Judikatur des I. Senats zwischenzeitlich angeschlossen (BFH 30.1.2013 – II R 6/12, BStBl. II 2013, 930). Im Zusammenhang mit strafrechtlichen Entscheidungen haben sich zudem mehrere Senate des **BGH** der Rechtsprechung des I. Senats angeschlossen und verlangen für das Vorliegen einer vGA iSd § 8 Abs. 3 S. 2 KStG ebenfalls die Eignung der Unterschiedsbetragsminderung auf Ebene der Kapitalgesellschaft, beim Gesellschafter einen sonstigen Bezug iSd § 20 Abs. 1 Nr. 1 S. 2 auszulösen (BGH 17.4.2008 – 5 StR 547/07, NStZ 2009, 157; BGH 26.7.2012 – 1 StR 492/11, wistra 2012, 477).

Nach **hier vertretener Auffassung** stehen die in beiden Regelungen benutzten Begriffe **587**
der vGA nicht nur nach grammatikalischer und historischer Auslegung, sondern auch nach Gesetzessystematik und Telos in einem **gemeinsamen Regelungszusammenhang,** da sie solche Geschäftsvorfälle der Besteuerung unterwerfen, die bei wirtschaftlicher Betrachtung eine **Gewinnerzielung der Körperschaft einerseits** und zugleich die **Zuwendung dieses**

Gewinns an den Anteilseigner andererseits betreffen. Wenn eine vGA iSd § 20 Abs. 1 Nr. 1 S. 2 den Zufluss eines geldwerten Vorteils zum Vermögen des Gesellschafters voraussetzt (→ Rn. 612 ff.), so ist jeder derartige Vorteil **per se geeignet, den Unterschiedsbetrags iSd § 4 Abs. 1 S. 1 zu mindern** (zur Maßgeblichkeit des durch Betriebsvermögensvergleich ermittelten Gewinns: *Frotscher* GmbHR 1998, 23 (24)) und eine vGA iSd § 8 Abs. 3 S. 2 KStG auszulösen. Denn entweder wird das Betriebsvermögen durch die Zuwendung unmittelbar gemindert oder ein zunächst bei der Gesellschaft befindlicher geldwerter Vorteil nicht gegen ein angemessenes Entgelt am Markt verwertet. Umgekehrt ist jede durch das Gesellschaftsverhältnis veranlasste Betriebsvermögensminderung oder verhinderte Betriebsvermögensmehrung der Kapitalgesellschaft iSd § 8 Abs. 3 S. 2 KStG **per se geeignet, beim Gesellschafter zu einem sonstigen Bezug iSd § 20 Abs. 1 Nr. 1 S. 2 zu führen,** der sich eigene Aufwendungen erspart oder Vorteile anstelle der Kapitalgesellschaft vereinnahmt.

588 Die von der Rechtsprechung erkannten **Anforderungen an eine sachliche oder eingeschränkte Korrespondenz** der vGA iSd § 8 Abs. 3 S. 2 KStG und iSd § 20 Abs. 1 Nr. 1 S. 2 (→ Rn. 584 f.) stellen daher **bei wirtschaftlicher** Betrachtungsweise keine eigenständigen Tatbestandsmerkmale der vGA dar. Die Rechtsfigur erfasst **denselben wirtschaftlichen Vorgang** (*Frotscher* DStJG Bd. 20 (1997), 205 (219); für eine einheitliche Auslegung auch: *Herlinghaus* GmbHR 2003, 373 (380 f.)); **aA** Kirchhof/*Bleschick* § 20 Rn. 50: „unterschiedliche Lebensvorgänge"; HHR/*Intemann* § 20 Rn. 80) und führt diesen dem geltenden System der Besteuerung von Kapitalgesellschaftserträgen lediglich in zwei Stufen auf Gesellschaftsebene einerseits und auf Gesellschafterebene andererseits zu. Auf beiden Besteuerungsebenen hat die vGA die **Funktion, die Einkommensermittlung von der Einkommensverwendung abzugrenzen** (Brandt/*Drüen* Neue Lösungsansätze für Dauerbrennpunkte der Besteuerung (2011), 95 (110)).

589 Sofern es in der Folge zu Unterschieden auf beiden Besteuerungsebenen kommt, so resultieren diese zum einen aus den jeweiligen Besonderheiten der Einkünfteermittlung, zum anderen aus den verschiedenen Zeitpunkten der steuerlichen Erfassung. So soll die **vGA iSd § 8 Abs. 3 S. 2 KStG bei der Kapitalgesellschaft den Betrag der Minderung (bzw. entgangenen Mehrung) des Betriebsvermögens betragsmäßig ausgleichen.** Sie knüpft damit an steuerbilanzielle Grundsätze einschließlich des Realisations- und Vorsichtsprinzips an, ist zeitlich im Zeitpunkt Betriebsvermögensminderung (bzw. entgangenen Betriebsvermögensminderung) zu erfassen und entspricht wertmäßig der Betrag der Minderung (bzw. entgangenen Mehrung). Die **vGA iSd § 20 Abs. 1 Nr. 1 S. 2** bemisst sich hingegen gemäß § 8 Abs. 2 nach der Höhe des Vorteils des Anteilseigners und wird erst im Zeitpunkt des Zuflusses zu dessen Vermögen besteuert.

590 Durch diese zweifache Erfassung desselben wirtschaftlichen Vorgangs wird jedoch **weder eine Kongruenz** im Sinne einer formalen Verknüpfung beider Vorgänge noch eine einseitige oder gar wechselseitige **Korrespondenz** vorausgesetzt oder begründet, die die Besteuerung der vGA auf der Ebene der Körperschaft von der Besteuerung auf Ebene des Anteilseigners abhängig macht oder umgekehrt. Dies gilt für den Ansatz der vGA dem **Grunde noch der Höhe nach** (HHR/*Intemann* § 20 Rn. 80 und 87, → Rn. 110 f.) sowie hinsichtlich des Zeitpunkts, zu dem vGA auf Gesellschafts- bzw. Gesellschafterebene zu erfassen sind. So kann eine vGA iSd § 8 Abs. 3 S. 2 KStG auch ohne einen Zufluss beim Anteilseigner und ein Zufluss einer vGA iSd § 20 Abs. 1 Nr. 1 S. 2 zum Vermögen des Anteilseigners umgekehrt auch ohne Vermögensminderung der Körperschaft vorliegen (ebenso: Schmidt/*Levedag* § 20 Rn. 39; Blümich/*Ratschow* § 20 Rn. 111; KSM/*Jochum* § 20 Rn. A 70; HHR/*Intemann* § 20 Rn. 80 und 92; *Frotscher* DStJG Bd. 20 (1997), 205 (218); *Gosch* DStR 1998, 1550 (1551); *Herkens* GmbH-StB 2019, 141 (142 f.)). Dies ist die zwingende Folge des Verankerung des Trennungsprinzips, das einen Durchgriff der Besteuerung der Körperschaft auf den Anteilseigner oder umgekehrt gerade nicht verwirklicht (→ Rn. 109).

590.1 Dies gilt auch nach der Einführung des **§ 32a Abs. 1 KStG** durch JStG 2007 (→ Rn. 669 f.), da damit lediglich eine formelle Möglichkeit zur Änderung von Steuerbescheiden des Anteilseigners, aber keine formelle Bindungswirkung des Körperschaftsteuerbescheids der Körperschaft geschaffen wurde (→ Rn. 666 f. und → Rn. 669 f.).

590.2 Auch die materiell-rechtlichen Regelungen gemäß **§ 8b Abs. 1 S. 2 KStG** bzw. **§ 3 Nr. 40 Buchst. d S. 2** können eine Korrespondenz nicht begründen. Diese Tatbestände knüpfen zwar die Steuerbefreiung sowie die Anwendung des gesonderten Steuertarifs an die Voraussetzung, dass die entsprechenden

Bezüge des Anteilseigners das Einkommen der leistenden Körperschaft – infolge einer wirksamen außerbilanziellen Hinzurechnung nach § 8 Abs. 3 S. 2 KStG – nicht gemindert haben. Der Gesetzgeber macht damit jedoch nicht das Vorliegen einer vGA iSd § 20 Abs. 1 Nr. 1 S. 2, sondern nur die Begünstigung des Anteilseigners gemäß § 8b KStG, § 3 Nr. 40 von der außerbilanziellen Hinzurechnung der vGA zum Einkommen der Kapitalgesellschaft gemäß § 8 Abs. 3 S. 2 KStG und damit von deren Belastung mit Körperschaftsteuer abhängig. Der Gesetzgeber geht damit implizit davon aus, dass es sich einer vGA iSd § 8 Abs. 3 S. 2 KStG und iSd § 20 Abs. 1 Nr. 1 S. 2 um denselben wirtschaftlichen Vorgang handelt.

Trotz ihrer Bezeichnung als Korrespondenzregelung kann **§ 32d Abs. 2 Nr. 4** (→ § 32d Rn. 230 ff.) nur eine partielle Korrespondenz hinsichtlich des für Gesellschafter anzuwendenden Steuertarifs begründen. Zwar ging der Gesetzgeber bei der Einführung von § 32d Abs. 2 Nr. 4 davon aus, dass bis zu diesem Zeitpunkt keine materiell-rechtliche Korrespondenz von vGA bei Besteuerung auf Ebene der juristischen Person (KStG) sowie auf Ebene der dahinterstehenden Personen (EStG) bestanden habe und durch die Neuregelung hergestellt werde (BT-Drs. 17/2249, 55). Allerdings modifiziert § 32d Abs. 2 Nr. 4 hierfür nur den anzuwendenden Steuertarif, trifft aber keinerlei Regelung zur Herstellung einer materiell-rechtlich korrespondierenden Behandlung von vGA dem Grunde, dem Zeitpunkt oder der Höhe nach. **590.3**

Einstweilen frei **591–592**

(3) Vermögensvorteil. Eine vGA iSd § 20 Abs. 1 Nr. 1 S. 2 verlangt die Zuwendung eines Vorteils durch die Körperschaft an einen Anteilseigner oder an eine diesem nahestehende Person. Hierbei kann nicht nur die Zuwendung eines Wirtschaftsguts, sondern auch jedes anderen wirtschaftlichen Vorteils in Geld oder Geldeswert eine vGA bewirken (BFH 21.1.1970 – I R 125/67, BStBl. II 1970, 466; BFH 26.10.1987 – GrS 2/86, BStBl. II 1988, 348; HHR/*Intemann* § 20 Rn. 80 f. und 85). **593**

Die Rechtsprechung verlangte für die **Zuwendung** des Vorteils zunächst, dass dieser aus dem Vermögen der Körperschaft an einen Anteilseigner oder eine ihm nahestehende Person übertragen wird, dh dass eine entsprechende wertmäßige **Vermögensverschiebung** erfolgt (BFH 1.4.1952 – I 2/52 U, BStBl. III 1952, 148; BFH 25.10.1960 – I 62/59 S, BStBl. III 1961, 69; BFH 2.11.1965 – I 221/62 S, BStBl. III 1966, 255; BFH 16.3.1967 – I 261/63, BStBl. III 1967, 626; BFH 4.3.1970 – I R 123/68, BStBl. II 1970, 470). In späteren Entscheidungen sah sie den Tatbestand der vGA zutreffend auch bei durch das Gesellschaftsverhältnis veranlassten **verhinderten Vermögensmehrungen** als erfüllt an, bei denen eine derartige Übertragung aus dem Vermögen der Körperschaft in das Vermögen des Anteilseigners unterbleibt. Nicht ausreichend sind jedoch bloße Vermögensumschichtungen zwischen den Gesellschaftern der Kapitalgesellschaft (BFH 1.4.1952 – I 2/52 U, BStBl. III 1952, 148) oder im Vermögen der Körperschaft (so etwa für Umbuchungen in der Kapitalgesellschaft: BFH 27.3.1984 – VIII R 69/80, BStBl. II 1984, 717). An einer **Vorteilszuwendung fehlt** es auch, wenn die Körperschaft etwas an einen ihrer Anteilseigner leistet und dabei von vornherein feststeht, dass dieser Zuwendung ein **äquivalenter Vorteilsausgleich in Form eines marktüblichen Entgelts oder eines werthaltigen Zahlungsanspruchs entgegensteht** (Blümich/*Ratschow* § 20 Rn. 119). Bei mehreren Teilleistungen liegt eine vGA erst in dem Moment und nur in dem Umfang vor, in dem die Angemessenheitsgrenze überschritten wird (HHR/*Intemann* § 20 Rn. 92). **594**

So löst etwa die **Gewährung eines Darlehens** der Kapitalgesellschaft an ihren Gesellschafter keine vGA aus, soweit es sich um eine Kreditgewährung seitens der Gesellschaft handelt, eine Rückzahlungsverpflichtung ernsthaft vereinbart sowie ausreichend abgesichert worden und der Gesellschafter von Anfang an ernstlich bestrebt ist, die erhaltenen Mittel in absehbarer Zeit wieder zurückzuzahlen. Etwas anderes gilt, wenn bereits bei Darlehensauszahlung aufgrund der wirtschaftlichen Situation des Gesellschafters mit einer Rückzahlung der Darlehensbeträge nicht gerechnet werden kann, da der Darlehensgewährung dann von vornherein kein Gegenwert gegenübersteht und davon auszugehen ist, dass eine Rückzahlungsverpflichtung nicht begründet werden sollte (BFH 23.6.1981 – VIII R 102/80, BStBl. II 1982, 245; BFH 8.10.1985 – VIII R 284/83, BStBl. II 1986, 481; BFH 22.3.2010 – VIII B 204/09, BFH/NV 2010, 1112; BFH 16.6.2015 – IX R 28/14, BFH/NV 2015, 1679). **594.1**

Erstattungsansprüche der Körperschaft gegen den Anteilseigner, die erst infolge einer vGA entstehen und das **Gegenstück („actus contrarius") zur vGA** darstellen (BFH 2.3.2005 – VIII B 298/03, BFH/NV 2005, 1528), sind trotz bilanzieller Vermögensbetrach- **595**

tung bei der Kapitalgesellschaft (→ Rn. 588) nicht geeignet, die Verwirklichung des Tatbestands der vGA und die damit einhergehenden Besteuerungswirkungen wieder entfallen zu lassen (stRspr BFH 13.9.1989 – I R 41/86, BStBl. II 1989, 1029; BFH 2.2.1994 – I R 78/92, BStBl. II 1994, 479; BFH 29.5.1996 – I R 118/93, BStBl. II 1997, 92; BFH 13.10.1999 – I B 164/98, BFH/NV 2000, 749; BFH 25.5.2004 – VIII R 4/01, DStR 2004, 2143; BFH 2.3.2005 – VIII B 298/03, BFH/NV 2005, 1528; BFH 29.4.2008 – I R 67/06, BStBl. II 2011, 55; *Gosch* DStR 1998, 1550 (1551)). Allerdings darf der **Rückgewähranspruch den steuerlichen Gewinn nicht noch einmal erhöhen** (BFH 2.3.2005 – VIII B 298/03, BFH/NV 2005, 1528). Er ist daher als **verdeckte Einlage** in die Kapitalgesellschaft zu behandeln und außerbilanziell zu korrigieren (BFH 29.4. 1987 – I R 176/83, BStBl. II 1987, 733; BFH 24.5.1989 – I R 90/85, BStBl. II 1989, 800; BFH 13.9.1989 – I R 41/86, BStBl. II 1989, 1029; BFH 2.2.1994 – I R 78/92, BStBl. II 1994, 479; *Frotscher* DStJG Bd. 20 (1997), 205 (222 f.); *Frotscher* GmbHR 1998, 23 (33, Fn. 66)).

596–597 *Einstweilen frei*

598 Verdeckte Gewinnausschüttungen lassen sich in **drei Fallgruppen einteilen** (vgl. *Marx* DB 2003, 673 (676); **aA** *Scheffler* BB 2002, 543: fünf Fallgruppen mit feinerer Untergliederung zwischen Lieferungen und anderen Leistungen):

599 Eine **erste Fallgruppe** betrifft **Vorteile des Anteilseigners bei marktunüblich hohen Betriebsausgaben der Körperschaft.** Wichtige Beispiele sind Lieferungen oder sonstige Leistungen des Gesellschafters an die Kapitalgesellschaft zu einem unüblich hohen Preis (Verkauf eines Wirtschaftsguts des Anteilseigners an die Körperschaft zu einem über dem Verkehrswert liegenden Preis, überhöhtes Geschäftsführergehalt, unangemessen hohe Zinsen für ein Gesellschafterdarlehen, über dem Marktpreis liegende Mieten etc). Auch unangemessene Repräsentationsaufwendungen der Körperschaft, für die nach § 4 Abs. 5 ein Abzugsverbot besteht, können zu derartigen vGA führen. Insofern besteht kein Rangverhältnis zwischen § 4 Abs. 5 S. 1 und den Regelungen zur vGA, sodass sich beide Vorschriften nur insofern überlagern, als sich eine Gewinnkorrektur nach der einen Vorschrift erübrigt, wenn sie bereits nach der anderen Vorschrift vollzogen wurde (BFH 4.12.1996 – I R 54/95, DStR 1997, 492; BFH 7.2.2007 – I R 27/05, I R 28/05, I R 29/05, BFHE 216, 536; Schmidt/*Levedag* § 20 Rn. 44, mit Beispielsfällen Rn. 56 ff.). Schließlich führt die Übernahme von rein privaten Aufwendungen des Anteilseigners durch die Körperschaft zu vGA, etwa bei Übernahme von Aufwendungen eines Gesellschafters zur Wahrnehmung seiner Gesellschafterrechte (HHR/*Intemann* § 20 Rn. 85) oder durch Befreiung des Gesellschafters von einer privaten Schuld (BFH 11.10.2017 – I R 42/15, BFH/NV 2018, 616).

600 Eine **zweite Fallgruppe** betrifft **Vorteile des Anteilseigners durch marktunüblich niedrige Betriebseinnahmen der Körperschaft.** Wichtige Beispiele sind Lieferungen oder sonstige Leistungen einer Körperschaft an ihre Anteilseigner ohne oder gegen ein marktunüblich niedriges Entgelt (zB unangemessen niedrige Zinsen für Darlehen der Gesellschaft an Gesellschafter, unangemessen niedrige Mietzahlung des Gesellschafters für Nutzung von Wirtschaftsgütern des Betriebsvermögens; Verkauf eines Wirtschaftsguts des Betriebsvermögens von der Gesellschaft an ihren Gesellschafter zu einem unter dem gemeinen Wert liegenden Entgelt etc). Gleiches gilt für Geschäfte der Körperschaft, die im privaten Interesse ihrer Anteilseigner liegen und bei denen die Körperschaft auf ein angemessenes Entgelt verzichtet, das neben einem Aufwendungsersatzes auch einen angemessenen Gewinnaufschlag enthalten müsste (BFH 4.12.1996 – I R 54/95, DStR 1997, 492; BFH 8.7.1998 – I R 123/97, DStR 1998, 1749; BFH 8.8.2001 – I R 106/99, BStBl. II 2003, 487; BFH 15.5.2002 – I R 92/00, DStR 2002, 1660; BFH 17.11.2004 – I R 56/03, DStR 2005, 594; BFH 12.6.2013 – I R 109/10, I R 110/10, I R 111/10, BStBl. II 2013, 1024; **aA** noch: BFH 4.3.1970 – I R 123/68, BStBl. II 1970, 470; **kritisch** zur dadurch bewirkten Einführung einer partiellen Soll-Besteuerung der Kapitalgesellschaft: Brandt/*Drüen* Neue Lösungsansätze für Dauerbrennpunkte der Besteuerung (2011), 95 (111 und 113) mwN). Die bloße Begründung eines wirtschaftlichen Risikos der Kapitalgesellschaft ist hierfür nicht ausreichend; insbesondere kommt es nicht ab dem Überschreiten einer gewissen Risikostufe automatisch zur Umqualifizierung eines Vorgangs als vGA. Entscheidend ist aber, ob die Durchführung risikoreicher Geschäfte nach Art und Umfang der Geschäftstätigkeit der Gesellschaft völlig unüblich oder mit besonders hohen Risiken verbunden ist. So sind vGA bei ersichtlicher Veranlassung der Aufwendungen durch das Gesellschaftsverhältnis anzunehmen, beispielsweise dann, wenn eine Gesellschaft sich verpflichtet, Spekulationsverluste zu tragen und Spekulationsgewinne an den Gesellschafter abzuführen. Für eine Veranlassung durch das Gesellschaftsverhältnis spricht es auch, wenn die Körperschaft sich erst zu einem Zeitpunkt zur Übernahme der Geschäfte entschließt, in dem sich die dauerhafte Verlustsituation bereits konkret abzeichnet (BFH 8.8.2001 – I R 106/99, BStBl. II 2003, 487; BFH 11.2.2003 – I B 159/01, BFH/NV 2003, 1093; BFH 31.3.2004 – I R 83/03, DStR 2004, 1519; BFH 16.2.2005 – I B 154/04, BFH/NV 2005, 1377; *Frotscher* GmbHR 1998, 23 (26 f.)).

Die **dritte Fallgruppe** erfasst den **Verzicht der Körperschaft** auf eine Forderung gegen den Anteilseigner, den Verzicht auf deren Einziehung oder den Verzicht der Körperschaft auf den Abschluss eines für sie günstigen Geschäfts zugunsten des Anteilseigners, obwohl ihr dies möglich und zumutbar wäre. **601**

Beispiele für vGA iSd § 20 Abs. 1 Nr. 1 S. 2 (va aus der Rechtsprechung des VIII. Senats des BFH): **601.1**

Belastung betrieblicher Konten mit privat veranlassten Zahlungen (so für die Ausstellung von Schecks durch den Gesellschafter zulasten einer Kapitalgesellschaft, aber unter Verwendung der Mittel für eigene Geschäfte: BFH 2.7.1999 – VIII B 43/99, BFH/NV 2000, 84; für Entnahmen von betrieblichen Portokonten: BFH 18.5.2005 – VIII B 56/04, BFH/NV 2005, 1811; für Scheckzahlungen zulasten der Gesellschaft ohne erkennbareren Rechtsgrund: BFH 2.12.2014 – VIII R 45/11, BFH/NV 2015, 683).

Forderungsausfall eines Gesellschaftsdarlehens an den Gesellschafter (FG München 5.6.2018 – 2 K 345/16, BeckRS 2018, 17790).

Gesonderte Vergütungen für Überstunden sowie Sonn-, Feiertags- und Nachtarbeit (BFH 16.3.2004 – VIII R 33/02, BStBl. II 2004, 927; BFH 13.12.2006 – VIII R 31/05, BStBl. II 2007, 393; BFH 27.3.2012 – VIII R 27/09, BFH/NV 2012, 1127).

Hingabe eines von Anfang an uneinbringlichen Darlehens der Kapitalgesellschaft an ihre Gesellschafter ist in voller Höhe der Darlehensvaluta vGA (BFH 8.10.1985 – VIII R 284/83, BStBl. II 1986, 481; BFH 2.2.2005 – VIII B 191/03, BFH/NV 2005, 1318).

Kapitalherabsetzung: Wird die Kapitalrückzahlung nach einer beschlossenen Kapitalherabsetzung, aber noch vor deren handelsrechtlicher Wirksamkeit vorgenommen (→ Rn. 556 f.), so kann eine vGA gegeben sein (BFH 29.6.1995 – VIII R 69/93, BStBl. II 1995, 725).

Unangemessen hohes Entgelt bei Zahlungen aus Austauschverträgen zwischen Kapitalgesellschaft und Gesellschafter(-Geschäftsführer). Für die Bemessung gibt es keine festen Regeln. Vielmehr muss die obere Grenze im Einzelfall durch Schätzung ermittelt werden, die dem Finanzamt bzw. Finanzgericht obliegt. Zur Feststellung des Sachverhalts gehört ua auch, welchen der zahlreichen Kriterien im Einzelfall der Vorrang einzuräumen ist (BFH 27.10.1992 – VIII R 41/89, BStBl. II 1993, 569; zu überhöhten Tantiemen- und Urlaubsgeldzahlungen BFH 14.4.2016 – VI R 13/14, BStBl. II 2016, 778).

Unentgeltliche Befreiung vom Wettbewerbsverbot (BFH 18.3.2004 – VIII B 105/03, BFH/NV 2004, 958).

Unentgeltliche Möglichkeit zur Nutzung immaterieller Wirtschaftsgüter wie Firmennamen, Erfindungen etc (HHR/*Intemann* § 20 Rn. 85).

Unentgeltliche Überlassung betrieblich angemieteter Räume (BFH 9.12.2009 – X R 52/06, BFH/NV 2010, 1246).

Unterlassen geeigneter Sicherungsmaßnahmen der GmbH bei Uneinbringlichkeit eines Darlehens an den Gesellschafter kommt einem Verzicht auf die Rückzahlung gleich (BFH 8.10.1985 – VIII R 284/83, BStBl. II 1986, 481).

Veräußerung eigener Anteile an Gesellschafter unter Wert (HHR/*Intemann* § 20 Rn. 77).

Verkauf eines Wirtschaftsguts des Betriebsvermögens unter Wert, zB Verkauf eines Betriebsvermögensgegenstands einer GmbH & Co. KG an den Kommanditisten, der gleichzeitig Gesellschafter der Komplementär-GmbH ist (BFH 6.8.1985 – VIII R 280/81, BStBl. II 1986, 17). Die vGA fließt dem Gesellschafter bei verbilligtem Kauf von Wirtschaftsgütern in dem Zeitpunkt zu, in dem er das wirtschaftliche Eigentum an dem Wirtschaftsgut erlangt (vgl. BFH 23.3.1994 – VIII B 50/93, BFH/NV 1994, 786).

Verrechnungskonto: Wird ein Verrechnungskonto des Gesellschafters bei der Kapitalgesellschaft, das einen Saldo zugunsten der Kapitalgesellschaft aufweist, nicht angemessen verzinst, so liegt hierin eine vGA in Höhe der nicht erhobenen Zinsen (BFH 23.6.1981 – VIII R 102/80, BStBl. II 1982, 245).

Verzicht auf Anspruch gegen Dritten, den die Kapitalgesellschaft gegen den Dritten hat, zum Vorteil ihres Gesellschafters. Dies gilt auch, wenn der Anspruch in Wahrheit nicht besteht, der Dritte aber bereit ist, den streitigen Anspruch im Wege eines Vergleichs ganz oder zum Teil anzuerkennen. Verzichtet hier die Kapitalgesellschaft auf den ihr angebotenen Anspruch, um dadurch die Zuwendung eines Vorteils durch den Dritten an ihren Gesellschafter zu ermöglichen, wendet sie selbst diesen Vorteil mittelbar ihrem Gesellschafter zu (BFH 18.11.1980 – VIII R 8/78, BStBl. II 1981, 260).

Verzicht auf Aufwendungsersatz (BFH 5.3.2008 – I R 45/07, BFH/NV 2008, 1534).

Verzicht auf Darlehensrückzahlung (BFH 8.10.1985 – VIII R 284/83, BStBl. II 1986, 481).

Verzicht auf Gewinnchancen einer Kapitalgesellschaft zugunsten ihres Gesellschafters (BFH 18.11.1980 – VIII R 8/78, BStBl. II 1981, 260).

Vorteilszuwendungen an Schwester-Kapitalgesellschaften führen zu mittelbarer vGA der ersten Kapitalgesellschaft an deren Anteilseigner, der seinerseits das zugewendete Wirtschaftsgut verdeckt in die zweite Kapitalgesellschaft einlegen (BFH 28.1.1992 – VIII R 207/85, BStBl. II 1992, 605).

602–606 *Einstweilen frei*

607 **(4) Zuwendung durch die Körperschaft.** Eine **Vorteilszuwendung durch die Körperschaft** liegt vor, wenn diese ihr Betriebsergebnis durch ein Tun oder Unterlassen mit einem Aufwand oder einem entgangenen Ertrag belastet (BFH 18.11.1980 – VIII R 8/78, BStBl. II 1981, 261; BFH 6.8.1985 – VIII R 280/81, BStBl. II 1986, 17). Dies nahm der BFH zunächst nur unter den engen Voraussetzungen an, dass die Vermögensminderung bzw. verhinderte Vermögensmehrung auf einer **Rechtshandlung der Organe** der Körperschaft beruhen müsse (BFH 13.8.1957 – I 161/56, HFR 1961, 230; BFH 13.8.1989 – I R 41/86, BStBl. II 1989, 1029; BFH 18.7.1990 – I R 32/88, BStBl. II 1991, 484; BFH 14.10.1992 – I R 17/92, BStBl. II 1993, 352). Diese Anforderungen hat der BFH jedoch zu Recht gelockert und erfasst nunmehr auch **tatsächliche Handlungen, die durch den beherrschenden Gesellschafter der Kapitalgesellschaft** (BFH 18.7.1990 – I R 32/88, BStBl. II 1991, 484; BFH 14.10.1992 – I R 17/92, BStBl. II 1993, 352) oder eines zum Geschäftsführer bestimmten Minderheitsgesellschafter vorgenommen werden können (BFH 29.4.1987 – I R 176/83, BStBl. II 1987, 733; BFH 25.5.2004 – VIII R 4/01, BFH/NV 2005, 105; BFH 14.4.2010 – VIII B 91/08, BeckRS 2010, 25016242). Zudem können der Körperschaft auch **tatsächliche Handlungen von Anteilseignern oder diesen nahestehenden Personen** zugerechnet werden, wenn den Gesellschaftsorganen damit die Möglichkeit verschafft wurde, über Gesellschaftsvermögen zu disponieren (BFH 14.10.1992 – I R 17/92, BStBl. II 1993, 352; HHR/*Intemann* § 20 Rn. 85).

608 Die jeweils handelnden Personen müssen **weder den Tatbestand der vGA kennen noch das Geschehene rechtlich zutreffend würdigen.** Sie muss auch nicht erkannt haben, dass ein Vorgang den Tatbestand der vGA verwirklicht, denn die vGA setzt **keine Ausschüttungsabsicht** und **keine Einigung zwischen Anteilseigner und Körperschaft** über die „verdeckte" Zuwendung voraus (stRspr BFH 3.12.1969 – I R 107/69, BStBl. II 1970, 229; BFH 10.1.1973 – I R 119/70, BStBl. II 1973, 322; BFH 20.3.1974 – I R 197/72, BStBl. II 1974, 430; BFH 9.10.1985 – I R 271/82, BFH/NV 1986, 429; BFH 28.1.1992 – VIII R 207/85, BStBl. II 1992, 605; BFH 29.4.2008 – I R 67/06, BStBl. II 2011, 55; BFH 28.4.2010 – I R 78/08, BStBl. II 2013, 41; BFH 21.10.2014 – VIII R 31/12, GmbHR 2015, 772; HHR/*Intemann* § 20 Rn. 85; *Frotscher* GmbHR 1998, 23 (25)). Auch dass eine Körperschaft einem Anteilseigner **laufend Vorteile zuwendet,** steht der Annahme einer vGA nicht entgegen. Anderenfalls wären derartige Zuwendungen umso weniger als vGA anzusehen, je nachhaltiger sie getätigt würden (BFH 21.12.1972 – I R 70/70, BStBl. II 1973, 449). Nur wenn es an jeglichem finalen Zuwendungswillen in Richtung eines Vermögenstransfers zu Lasten der Körperschaft und zu Gunsten eines Anteilseigners fehlt und feststeht, dass die Vorteilsverschiebung nicht aus gesellschaftlichen Gründen erfolgt ist, soll eine **vGA mangels konkreter Veranlassung durch das Gesellschaftsverhältnis** ausscheiden (BFH 29.4.2008 – I R 67/06, BStBl. II 2011, 55; für das Erfordernis einer „bewussten Zuwendung" auch: Schmidt/*Levedag* § 20 Rn. 45; für die Anerkennung eines Rechtsirrtums auch HHR/*Intemann* § 20 Rn. 85). Dies erscheint im Hinblick auf die für sonstige Einkünfte ausreichende Kausalbeziehung zwischen Tätigkeit und Einnahme indes als problematisch.

609 Der BFH sieht es als „Selbstverständlichkeit" an, dass eine **vGA auch über die Grenzen der Bundesrepublik Deutschland hinweg** verwirklicht werden kann (BFH 26.8.1993 – I B 25/93, BFH/NV 1994, 268 mwN). Für die Behandlung grenzüberschreitender vGA ist das **nationale Steuerrecht im Sitzstaat der Körperschaft maßgeblich,** die den Vorteil zuwendet (vgl. BFH 6.4.1977 – I R 183/75, BStBl. II 1977, 571; BFH 19.5.1982 – I R 102/79, BStBl. II 1982, 631; noch offenlassend: BFH 3.2.1971 – I R 51/66, BStBl. II 1971, 408). Die Frage, ob eine vGA einer deutschen Tochter- an ihre ausländische Muttergesellschaft vorliegt, ist deshalb nach deutschem Steuerrecht zu beurteilen, auch soweit sich der Sachverhalt, an den das deutsche Steuerrecht anknüpft, im Ausland ereignet hat (BFH 6.4.1977 – I R 184/75, BStBl. II 1977, 574). Gleiches gilt für die Vorteilszuwendung der inländischen Tochtergesellschaft einer ausländischen Muttergesellschaft an ihre ebenfalls inländische Schwestergesellschaft (BFH 28.1.1981 – I R 10/77, BStBl. II 1981, 612).

Einstweilen frei **610–611**

(5) Zufluss zum Vermögen des Anteilseigners oder ihm nahestehender Personen. Die vGA iSd § 20 Abs. 1 Nr. 1 S. 2 steht im Regelungskontext der Überschusseinkünfte iSd § 2 Abs. 2 S. 1 Nr. 2 (→ Rn. 370), sodass der Anteilseigner sie nur zu versteuern hat, wenn und sobald ihm der Vorteil aus der vGA zufließt. Mit dem Ansatz einer vGA iSd § 8 Abs. 3 S. 2 KStG bei der Körperschaft erfolgt nicht zugleich der Zufluss einer vGA iSd § 20 Abs. 1 Nr. 1 S. 2 beim Anteilseigner (BFH 11.9.1968 – I 89/63, BStBl. II 1968, 809; BFH 25.11.1976 – IV R 90/72, BStBl. II 1977, 467; BFH 28.1.1981 – I R 10/77, BStBl. II 1981, 612; BFH 19.5.1982 – I R 102/79, BStBl. II 1982, 631; BFH 18.7.1985 – IV R 135/82, BStBl. II 1985, 635; BFH 1.10.1986 – I R 54/83, DStR 1998, 1547; BFH 24.7.1990 – VIII R 304/84, BFH/NV 1991, 90; BFH 19.3.1991 – VIII R 2/85, BFH/NV 1992, 19; BFH 14.7.1998 – VIII B 38/98, DStR 1998, 1547; BFH 22. 2.2005 – VIII R 24/03, BFH/NV 2005, 1266; BFH 19.7.2007 – VIII R 54/05, BStBl. II 2007, 830; BFH 30.11.2010 – VIII R 19/07, BFH/NV 2011, 449; BFH 22.10.2015 – IV R 7/13, BStBl. II 2016, 219; → Rn. 581 ff.). **612**

Eine vGA kann auch ohne unmittelbaren Zufluss iSd § 11 Abs. 1 beim Anteilseigner persönlich gegeben sein, wenn ihm der Vorteil in der Weise **mittelbar zugewendet** wird, dass ein Vermögensvorteil auf seine Veranlassung hin (*Frotscher* GmbHR 1998, 23 (29)) von der Körperschaft an eine ihm **nahestehenden Person** im abgekürzten Zahlungsweg zufließt (zum Zufluss → Rn. 617). Das „**Nahestehen**" kann insbesondere **familienrechtlicher, gesellschaftsrechtlicher, schuldrechtlicher oder auch rein tatsächlicher Art sein** bzw. auf derartigen Bindungen beruhen (BFH 18.12.1996 – I R 139/94, BStBl. II 1997, 301; BFH 25.5.2004 – VIII R 4/01, DStR 2004, 2143; BFH 22.2.2005 – VIII R 24/03, BFH/NV 2005, 1266; BFH 18.5.2006 – III R 25/05, DStR 2006, 1359; BFH 19.6.2007 – VIII R 54/05, BStBl. II 2007, 830; BFH 8.10.2008 – I R 61/07, BStBl. II 2011, 62; BFH 30.11.2010 – VIII R 19/07, BFH/NV 2011, 449; BFH 15.2.2012 – I R 19/11, BFHE 236, 452; BFH 21.10.2014 – VIII R 21/12, BStBl. II 2015, 638; BFH 21.10.2014 – VIII R 22/11, BStBl. II 2015, 687; BFH 22.10.2015 – IV R 7/13, BStBl. II 2016, 219; BFH 10.12.2019 – VIII R 33/16, BFH/NV 2020, 517; Schmidt/*Levedag* § 20 Rn. 43). **613**

Das **Merkmal des „Nahestehens" ist ein widerlegliches Indiz für eine Veranlassung durch das Gesellschaftsverhältnis.** Es reicht daher jede Beziehung zwischen dem Anteilseigner und dem Dritten aus, die den Schluss zulässt, sie habe die Vorteilszuwendung der Körperschaft an den Dritten beeinflusst (BFH 18.12.1996 – I R 139/94, BStBl. II 1997, 301; BFH 8.10.2008 – I R 61/07, BStBl. II 2011, 62). Ein **besonderes Zuwendungsverhältnis** zwischen Anteilseigner und nahestehender Person oder ein **besonderer Zuwendungswille,** wie er für eine Zuwendung iSd § 7 ErbStG gefordert wird (BFH 30.1.2013 – II R 6/12, BStBl. II 2013, 930), sind **nicht erforderlich** (**aA** FG München 26.11.2009 – 11 K 3053/06, BeckRS 2011, 96008; Blümich/*Ratschow* § 20 Rn. 122). Eine vGA scheidet aus, wenn die Körperschaft nachweislich ein eigenes, ausschließlich betriebliches Interesse an der Leistung an die nahestehende Person hat (HHR/*Intemann* § 20 Rn. 86). **614**

Zum Kreis nahestehender Personen gehören insbesondere **Angehörige des Anteilseigners iSd § 15 AO** (BFH 22.10.2015 – IV R 7/13, BStBl. II 2016, 219), aber darüber hinaus gehend auch **sonstige Verwandten, die keine Angehörigen iSd § 15 AO sind,** sowie **enge persönliche Freunde oder nichteheliche Lebenspartner** (RFH 17.3.1931 – I Aa 679/29, RStBl. 1931, 352; BFH 25.10.1963 – I 325/61 S, BStBl. III 1964, 17; BFH 18.12.1996 – I R 139/94, BStBl. II 1997, 301; Schmidt/*Levedag* § 20 Rn. 43). Ist der Anteilseigner einer Kapitalgesellschaft selbst eine Kapitalgesellschaft, so stehen sich die **615**

Unternehmen(sträger) in der Beteiligungskette ebenfalls nahe. Daher können Leistungen, die eine Enkelgesellschaft unmittelbar an eine Muttergesellschaft zuwendet, zugleich eine vGA der Enkel- an die Tochtergesellschaft und eine weitere vGA der Tochter- an die Muttergesellschaft darstellen, deren Auszahlung lediglich im abgekürzten Zahlungsweg erfolgt (BFH 23.10.1985 – I R 247/81, BStBl. II 1986, 195; BFH 30.1.2013 – II R 6/12, BStBl. II 2013, 930). Wenn der Gesellschafter einer Kapitalgesellschaft zugleich Gesellschafter einer anderen Kapitalgesellschaft ist, so stehen sich auch diese Gesellschaften nahe. Dadurch sind **vGA einer Kapitalgesellschaft an Schwestergesellschaften oder deren Tochtergesellschaft** möglich sind (BFH 6.4.1977 – I R 183/75, BStBl. II 1977, 571; BFH 21.12.1972 – I R 70/70, BStBl. II 1973, 449; BFH 28.1.1981 – I R 10/77, BStBl. II 1981, 612; BFH 23.10.1985 – I R 247/81, BStBl. II 1986, 195; Schmidt/*Levedag* § 20 Rn. 43; **aA** Schmidt/*Weber-Grellet,* 36. Aufl. 2017, § 20 Rn. 42; **die Frage als geklärt ansehend:** BFH 17.8.2007 – VIII B 36/06, BFH/NV 2007, 2293), ohne dass hierfür eine beherrschende Stellung des betreffenden Gesellschafters sowohl in der vorteilsgewährenden als auch in der empfangenden Kapitalgesellschaft erforderlich wäre (BFH 8.10.2008 – I R 61/07, BStBl. II 2011, 62).

616 Die Zuwendung eines Vorteils an eine dem Anteilseigner nahestehende Person ist unabhängig davon als vGA zu beurteilen, ob der Anteilseigner selbst ein vermögenswertes Interesse an dieser Zuwendung hat, soweit andere Ursachen für die Zuwendung als das Nahestehen des Empfängers zum Anteilseigner auszuschließen sind. Bei einer solchen Vorteilsgewährung spricht der widerlegliche **Beweis des ersten Anscheins** dafür, dass die nahestehende Person den Vorteil ohne ihre Beziehung zum Anteilseigner nicht erhalten hätte und der Vorteil daher mittelbar dem Anteilseigner zugewandt wurde (stRspr seit BFH 18.12.1996 – I R 139/94, BStBl. II 1997, 301 unter Aufgabe früherer Rechtsprechung; BFH 25.5.2004 – VIII R 4/01, DStR 2004, 2143; BFH 22.2.2005 – VIII R 24/03, BFH/NV 2005, 1266; BFH 6.12.2005 – VIII R 70/04, BFH/NV 2006, 722; BFH 19.6.2007 – VIII R 54/05, BStBl. II 2007, 830; BFH 19.6.2007 – VIII R 34/06, BFH/NV 2007, 2291; BFH 7.11.2007 – II R 28/06, BStBl. II 2008, 258; BFH 30.11.2010 – VIII R 19/07, BFH/NV 2011, 449; BFH 30.1.2013 – II R 6/12, BStBl. II 2013, 930; BFH 21.10.2014 – VIII R 22/11, BStBl. II 2015, 687; BFH 22.10.2015 – IV R 7/13, BStBl. II 2016, 219; BMF 20.5.1999, BStBl. I 1999, 514; *Gosch* DStR 1998, 1550 (1551); Schmidt/*Levedag* § 20 Rn. 43; **aA** *Frotscher* GmbHR 1998, 23 (29 f.)).

617 Der Tatbestand der vGA iSd **§ 8 Abs. 1** iVm § 20 Abs. 1 Nr. 1 S. 2 wird für den Anteilseigner jedoch auch bei Vorteilszuwendungen an ihm nahestehende Personen nur verwirklicht, **wenn der vermittelte Vorteil der nahestehenden Person gemäß § 11 Abs. 1 zufließt** (stRspr BFH 3.2.1971 – I R 51/66, BStBl. II 1971, 408; BFH 28.1.1981 – I R 10/77, BStBl. II 1981, 612; BFH 30.11.2010 – VIII R 19/07, BFH/NV 2011, 449). Die nahestehende Person erlangt dadurch nicht selbst die Stellung als Anteilseigner und erzielt keine Einkünfte aus § 20 Abs. 1 Nr. 1 S. 2 (BFH 21.10.2014 – VIII R 22/11, BStBl. II 2015, 687; *Frotscher* GmbHR 1998, 23 (30); *Breier/Sejdija* GmbHR 2011, 290 (291)). Bei **vGA zwischen Schwestergesellschaften** ist dieser abgekürzte Zuwendungslauf als verdeckte Einlage des gemeinsamen Gesellschafters in die begünstigte Schwestergesellschaft zu bewerten (BFH 23.10.1968 – I 228/65, BStBl. II 1969, 243; BFH 21.12.1972 – I R 70/70, BStBl. II 1973, 449; BFH 6.4.1977 – I R 183/75, BStBl. II 1977, 571; BFH 6.4.1977 – I R 184/75, BStBl. II 1977, 574; BFH 18.7.1985 – IV R 135/82, BStBl. II 1985, 635; BFH 23.10.1985 – I R 247/81, BStBl. II 1986, 195; BFH 20.8.1986 – I R 150/82, BStBl. II 1987, 455).

618 Bei **buchführungspflichtigen Anteilseignern,** deren Einkünfte gemäß § 20 Abs. 8 S. 1 einer Gewinneinkunftsart zugerechnet werden und für die das Zuflussprinzip gemäß § 11 Abs. 1 S. 5 keine Anwendung findet, soll die Erfassung einer vGA iSd § 20 Abs. 1 Nr. 1 S. 2 **ausscheiden, wenn der zugewendete Vorteil nicht in der Zuwendung eines Wirtschaftsguts besteht.** So soll insbesondere die Zuwendung von Nutzungsvorteilen oder Dienstleistungen zwischen Schwestergesellschaften keine beim gemeinsamen Anteilseigner zu erfassende vGA auslösen, da der begünstigten Schwestergesellschaft kein derart bilanzierungsfähiges Wirtschaftsgut im Wege einer verdeckten Einlage zugewendet werde (BFH 3.2.1971 – I R 51/66, BStBl. II 1971, 408; BFH 29.1.1975 – I R 135/70, BStBl. II 1975, 553; BFH 25.11.1976 – IV R 90/72, BStBl. II 1977, 467; BFH 28.1.1981 – I R 10/77, BStBl. II 1981, 612; BFH 19.5.1982 – I R 102/79, BStBl. II 1982, 631; BFH 4.7.1984 –

I R 195/81, BStBl. II 1984, 842). Eine vGA würde damit nur durch Zuwendung von abstrakt aktivierungsfähigen Wirtschaftsgütern begründet, die in eine Bilanz aufgenommen werden können (BFH 26.10.1987 – GrS 2/86, BStBl. II 1988, 348). Ob die konkrete Aktivierungsfähigkeit fehlt, weil etwa nach § 5 Abs. 2 ein Aktivierungsverbot besteht, soll hingegen unerheblich sein (BFH 20.8.1986 – I R 150/82, BStBl. II 1987, 455; BFH 20.8.1986 – I R 151/82, BFH/NV 1987, 468). Dies soll entsprechend gelten für Zuwendungen an die Komplementär-GmbH an Kommanditisten, bei denen die Beteiligung an GmbH und KG zu deren Sonderbetriebsvermögen gehört (BFH 25.11.1976 – IV R 90/72, BStBl. II 1977, 467).

Diese Interpretation ist **abzulehnen.** Vielmehr ist auch die vergünstigte Zuwendung von Nutzungsvorteilen oder Dienstleistungen **unabhängig von ihrer Behandlung als Wirtschaftsgut** als vGA ansatzfähig. Anderenfalls entfiele die gesetzgeberisch vorgesehene zweite Stufe der Besteuerung bei dieser Art von Ertragsverlagerungen aus der Gesellschafts- in die Gesellschafter-Sphäre systematisch. **619**

Einstweilen frei **620–624**

(6) Veranlassung der Zuwendung durch das Gesellschaftsverhältnis. Die Zuwendung eines Vorteils von der Körperschaft an ihre Anteilseigner ist idR durch das Gesellschaftsverhältnis veranlasst und daher keine Betriebsausgabe der Körperschaft iSd § 4 Abs. 4 (BFH 24.1.1989 – VIII R 74/84, BStBl. II 1989, 419; BFH 3.3.2009 – I B 51/08, BFH/NV 2009, 1280), wenn die **Körperschaft den Vorteil einem Nichtgesellschafter unter sonst gleichen Umständen nicht gewährt** hätte (stRspr BFH 10.3.1967 – I 261/63, BStBl. III 1967, 626; BFH 12.10.1995 – I R 127/94, BFHE 179, 258; BFH 5.10.2004 – VIII R 9/03, BFH/NV 2005, 526; BFH 14.12.2004 – VIII R 59/02, BFH/NV 2005, 1090; BFH 9.3.2010 – VIII R 32/07, BFHE 229, 129; BFH 21.10.2014 – VIII R 11/12, BeckRS 2015, 95305; BFH 21.10.2014 – VIII R 31/12, GmbHR 2015, 772; BFH 21.10.2014 – VIII R 32/12, BeckRS 2015, 94871; BFH 16.6.2015 – IX R 28/14, BFH/NV 2015, 1679). Die **Funktion dieses Tatbestandsmerkmals** ist es, dem Interessengegensatz zwischen der belasteten Körperschaft und dem begünstigten Anteilseigner unter den Gegebenheiten des zu beurteilenden Sachverhalts nachzugehen (BFH 22.12.2010 – I R 47/10, BFH/NV 2011, 1019) und festzustellen, ob die Körperschaft statt eigener Interessen solche des Anteilseigners verfolgt hat (*Frotscher* GmbHR 1998, 23 (25)). **625**

Das vom Fremdvergleich abweichende Verhalten einer Körperschaft und ihres Anteilseigners **indiziert** die Veranlassung durch das Gesellschaftsverhältnis (BFH 28.10.1987 – I R 22/84, BFH/NV 1989, 131; BFH 19.3.1997 – I R 75/96, BStBl. II 1997, 577). Auch das Merkmal des „Nahestehens" ist ein **widerlegliches Indiz** für eine Veranlassung durch das Gesellschaftsverhältnis (→ Rn. 614). Diese Indizwirkung kann allerdings entkräftet werden, indem nachprüfbar dargelegt wird, dass die zu beurteilende Vereinbarung für die Gesellschaft wirtschaftlich sachgerecht ist und sich auch ein Fremdgeschäftsführer auf sie eingelassen hätte (BFH 18.3.2002 – I B 156/01, BFH/NV 2002, 1178). **626**

Die Prüfung, ob ein Vermögensvorteil auch an Nichtgesellschafter gewährt worden wäre, stellt in einem sog. **doppelten Fremdvergleich** sowohl auf die Sicht der Körperschaft als auch auf die Interessenlage eines objektiven und gedachten Vertragspartners ab (BFH 19.5.1998 – I R 36/97, BStBl. II 1998, 689; BFH 3.11.1998 – I B 6/98, BFH/NV 1999, 672; BFH 18.2.1999 – I R 51/98, BFH/NV 1999, 1384; BFH 27.3.2001 – I R 27/99, BStBl. II 2002, 111; BFH 28.11.2001 – I R 44/00, BFH/NV 2002, 543; BFH 18.12.2002 – I R 27/02, BFH/NV 2003, 824; BFH 28.1.2004 – I R 87/02, BFHE 205, 181; BFH 20.10.2004 – I R 4/04, BFH/NV 2005, 723; BFH 6.4.2005 – I R 15/04, BStBl. II 2006, 196; BFH 1.2.2010 – I B 118/09, BFH/NV 2010, 1127; BFH 28.4.2010 – I R 78/08, BStBl. II 2013, 41; BFH 11.9.2013 – I R 28/13, BStBl. II 2014, 726). Die insofern zum Begriff der vGA iS von § 8 Abs. 3 S. 2 KStG entwickelten Rechtsgrundsätze gelten **auch für die Auslegung des Begriffs der vGA in § 20 Abs. 1 Nr. 1 S. 2** (BFH 25.5.2004 – VIII R 4/01, DStR 2004, 2143; BFH 21.10.2014 – VIII R 11/12, BeckRS 2015, 95305; BFH 21.10.2014 – VIII R 31/12, GmbHR 2015, 772). **627**

Als Maßstab zur Prüfung einer Üblichkeit der Vorteilszuwendung **lehnte der BFH zunächst den Maßstab eines fremden Dritten ab** und stellte stattdessen für die Bewertung der Fremdüblichkeit eines Vorgangs und damit für die Einordnung als vGA **entscheidend auf die Sicht eines ordentlichen** **627.1**

und gewissenhaften Geschäftsleiters ab (BFH 21.2.1974 – I R 160/71, BStBl. II 1974, 363; BFH 28.10.1987 – I R 22/84, BFH/NV 1989, 131; so auch: *Frotscher* GmbHR 1998, 23 (25)).

627.2 In späteren Entscheidungen sah er den Maßstab des ordentlichen und gewissenhaften Geschäftsleiters zunächst als Konkretisierung der Fremdüblichkeit (vgl. BFH 13.12.1989 – I R 99/87, BStBl. II 1990, 454) bzw. als Fallgruppe der Fremdvergleichs an (vgl. BFH 6.12.1995 – I R 88/94, BStBl. II 1996, 383: „aus anderen Gründen des Fremdvergleichs"; BFH 29.7.2004 – I B 154/03, BeckRS 2004, 25009370) und maß Zuwendungen am Maßstab eines Fremdvergleichs (BFH 16.12.1992 – I R 2/92, BStBl. II 1993, 455; BFH 2.2.1994 – I R 78/92, BStBl. II 1994, 479; BFH 13.11.1996 – I R 53/95, BFH/NV 1997, 622; BFH 17.3.1997 – I B 84/96, BeckRS 1997, 13642; BFH 9.4.1997 – I R 52/96, BFH/NV 1997, 808; BFH 23.10.2002 – I B 122/01, BFH/NV 2003, 349; BFH 2.9.2005 – I B 227/04, BFH/NV 2009, 417).

627.3 **Zwischenzeitlich** prüft der BFH die Fremdüblichkeit einer Zuwendung nicht mehr nur aus der Sicht der Körperschaft am Maßstab des ordentlichen und gewissenhaften Geschäftsleiters, sondern auch **unter Einbeziehung des Vertragspartners.** Auch wenn ein Dritter einer für die Körperschaft vorteilhaften Vereinbarung nicht zugestimmt hätte, kann deren Veranlassung im Gesellschaftsverhältnis liegen und daher zu einer vGA führen. Der Maßstab des **Handelns eines ordentlichen und gewissenhaften Geschäftsleiters ist daher nur ein Teilaspekt des Fremdvergleichs** (BFH 17.5.1995 – I R 147/93, BStBl. II 1996, 204; ebenso BFH 6.12.1995 – I R 88/94, BStBl. II 1996, 383).

628 Entscheidend ist die Bewertung der Fremdüblichkeit **im Zeitpunkt der Veranlassung** der jeweiligen Zuwendung. Es ist also nicht darauf abzustellen, ob die Tätigkeit bei rückschauender Betrachtung wirtschaftlich erfolgversprechend war (BFH 15.5.2002 – I R 92/00, DStR 2002, 1660; BFH 27.7.2016 – I R 8/15, BStBl. II 2017, 214; BFH 27.7.2016 – I R 12/15, BStBl. II 2017, 217; BFH 27.7.2016 – I R 71/15, BFH/NV 2017, 60). Die Fremdüblichkeit ist zudem für **den einzelnen Anteilseigner** zu prüfen. Eine vGA aufgrund unangemessen hoher Bezüge eines Gesellschafters wird zB nicht dadurch ausgeschlossen, dass die Bezüge anderer Gesellschafter noch angemessen sind (BFH 16.10.1991 – I B 227/90, I B 228/90, BFH/NV 1992, 341).

629 Ob die Gewährung eines Vermögensvorteils einem **Fremdvergleich** standhält, ist an den **Kriterien der Angemessenheit, Üblichkeit und Ernsthaftigkeit** zu messen (HHR/*Intemann* § 20 Rn. 90). Der BFH versteht die einzelnen **Kriterien nicht mehr iSv „absoluten Tatbestandsvoraussetzungen"** (BFH 19.12.2007 – VIII R 13/05, BStBl. II 2008, 568 mwN), sondern als **Beweiswürdigungsregeln** für den durchzuführenden Fremdvergleich, der seine Rechtsgrundlage in §§ 85 und 88 AO sowie § 76 Abs. 1 FGO findet. Der Fremdvergleich verlangt die Würdigung von Beweisanzeichen und ermöglicht den Schluss, aus welchen Gründen eine Zuwendung zwischen Körperschaft und Anteilseigner oder nahestehenden Personen stattgefunden hat. Erst das Ergebnis dieser **der Tatsachenfeststellung zuzuordnenden Indizienwürdigung** ermöglicht die rechtliche Subsumtion, ob es sich um eine vGA handelt (BFH 21.10.2014 – VIII R 32/12, BeckRS 2015, 94871). Dies macht eine **Gesamtwürdigung aller für und gegen den Fremdvergleich sprechende Anhaltspunkte** erforderlich, die im gerichtlichen Verfahren idR dem Finanzgericht obliegt und im Revisionsverfahren nur daraufhin überprüft werden kann, ob sie verfahrensfehlerhaft zustande gekommen ist oder gegen Denkgesetze oder gegen allgemeine Erfahrungssätze verstößt (BFH 4.9.2002 – I R 48/01, BFH/NV 2003, 347; BFH 14.7.2004 – I R 111/03, BStBl. II 2005, 307; BFH 6.4.2005 – I R 15/04, BStBl. II 2006, 196; BFH 22.12.2010 – I R 47/10, BFH/NV 2011, 1019; BFH 9.4.2013 – VIII R 19/11, BStBl. II 2013, 689).

630 **Beweisanzeichen bei vGA aus Leistungen der Körperschaft an ihre Anteilseigner** sind neben dem Preis, der sich am Markt erzielen lässt, auch das Streben nach einer angemessenen Verzinsung des eingesetzten Kapitals (BFH 19.3.1975 – I R 137/73, BStBl. II 1975, 722; BFH 1.9.1982 – I R 44/78, BStBl. II 1982, 783), wobei sich ein ordentlicher und gewissenhafter Geschäftsleiter nicht damit zufrieden geben würde, dass seine Investition in ferner Zukunft einen Gewinn abwirft (BFH 27.7.2016 – I R 8/15, BStBl. II 2017, 214; BFH 27.7.2016 – I R 12/15, BStBl. II 2017, 217; BFH 27.7.2016 – I R 71/15, BFH/NV 2017, 60). Statt eines genau bestimmten Fremdpreises ist idR ein fremdüblicher **Preiskorridor** zu bestimmen (Brandt/*Drüen* Neue Lösungsansätze für Dauerbrennpunkte der Besteuerung (2011), 95 (109)).

631 **Wichtiges Beweisanzeichen bei vGA aus einer im Gesellschafterinteresse übernommenen Tätigkeit der Körperschaft** ist die Erzielbarkeit eines Totalgewinns für die

Zeit von der Aufnahme bis zur voraussichtlichen Beendigung der Tätigkeit (BFH 15.5.2002 – I R 92/00, DStR 2002, 1660; BFH 22.8.2007 – I R 32/06, BStBl. II 2007, 961). Wenn eine Körperschaft im Interesse ihres Anteilseigners ein Wirtschaftsgut unterhält und daraus Verluste erzielt, ohne dass sich der Anteilseigner zu einem Verlustausgleich zuzüglich der Zahlung eines angemessenen Gewinnaufschlags verpflichtet, liegt hierin eine vGA (BFH 4.12.1996 – I R 54/95, DStR 1997, 492; BFH 5.3.2008 – I R 45/07, BFH/NV 2008, 1534).

Einstweilen frei **632–636**

(7) Veranlassung bei beherrschenden Gesellschaftern. Beherrschende Gesellschafter können die von ihnen beherrschte Körperschaft sehr leicht zu vGA veranlassen, sodass zusätzliche Fallgruppen für vGA entwickelt wurden (→ Rn. 639 ff.; für einen **dreifach differenzierten Fremdvergleichsmaßstab** zwischen einfachen Gesellschafter, beherrschenden Gesellschaftern und Gesellschafter-Geschäftsführern: Schmidt/*Weber-Grellet*, 36. Aufl. 2017, § 20 Rn. 50). Die Anwendung dieser Sonderbedingungen für beherrschende Gesellschafter kann **bei grenzüberschreitenden Sachverhalten** durch eine mit Art. 9 OECD-MA („Verbundene Unternehmen") vergleichbare Regelung in DBA gesperrt sein (HHR/*Intemann* § 20 Rn. 91). **637**

Eine **beherrschende Stellung** besteht, wenn der Anteilseigner die **Mehrheit der Stimmrechte** besitzt und deshalb bei Gesellschafterversammlungen entscheidenden Einfluss ausüben kann. Dies ist idR der Fall, wenn er über mehr als 50% der Stimmrechte verfügt. Eine beherrschende Stellung kann aber auch vorliegen, soweit ein Anteilseigner zusammen mit anderen Anteilseignern über die Mehrheit der Stimmrechte verfügt, zusammen mit diesen in der zu entscheidenden Frage gleichgerichtete Interessen verfolgt und unter dieser Voraussetzung einen sachlich beschränkten beherrschenden Einfluss ausüben kann (stRspr BFH 21.10.1981 – I R 230/78, BStBl. II 1982, 139; BFH 13.12.1989 – I R 99/87, BStBl. II 1990, 454; BFH 9.4.1997 – I R 52/96, BFH/NV 1997, 808; BFH 29.7.2004 – I B 154/03, BeckRS 2004, 25009370; BFH 5.10.2004 – VIII R 9/03, BFH/NV 2005, 526; BFH 3.2.2011 – VI R 4/10, BStBl. II 2014, 493). Die beherrschende Stellung muss **in dem Zeitpunkt bestanden haben, in dem die vGA veranlasst wurde** (HHR/*Intemann* § 20 Rn. 91). Wenn ein zuvor bestandener beherrschender Einfluss im Zeitpunkt des Zufluss der vGA zum Vermögen des Gesellschafters entfallen ist, lässt dies den Tatbestand der vGA unberührt. **638**

Allein der Umstand, dass Gesellschafter **Eheleute** sind, kann eine entsprechende Vermutung jedenfalls nicht begründen (BFH 3.2.2011 – VI R 4/10, BStBl. II 2014, 493). Auch ein **Verwandtschaftsverhältnis** zu anderen Gesellschaftern begründet als solches noch keine Beherrschung einer Kapitalgesellschaft durch gleichgelagerte Interessen (BFH 15.3.2000 – I R 40/99, BStBl. II 2000, 504; BFH 29.7.2004 – I B 154/03, BeckRS 2004, 25009370). Die **Möglichkeit eines Anteilseigners, aufgrund seiner Fachkenntnisse wirtschaftlichen** Druck auf den beherrschenden Gesellschafter auszuüben, reicht für die (Mit)Beherrschung einer Kapitalgesellschaft ebenfalls nicht aus (BFH 5.10.2004 – VIII R 9/03, BFH/NV 2005, 526). **638.1**

Gemäß einer **ersten Fallgruppe** können beherrschende Gesellschafter den Tatbestand der vGA selbst bei der Zuwendung eines Vorteils gegen eine angemessene Gegenleistung an sich selbst oder an eine nahestehende Person erfüllen, wenn es für deren Zuwendung **an einer klaren, im Voraus getroffenen, zivilrechtlich wirksamen und tatsächlich durchgeführten Vereinbarung fehlt** (BFH 28.10.1987 – I R 110/83, BStBl. II 1988, 301; BFH 2.3.1988 – I R 103/86, BStBl. II 1988, 786; BFH 26.4.1989 – I R 172/87, BStBl. II 1989, 673; BFH 14.3.1990 – I R 6/89, BStBl. II 1990, 795; BFH 29.4.1992 – I R 21/90, BStBl. II 1992, 851; BFH 2.12.1992 – I R 54/91, BStBl. II 1993, 311; BFH 16.12.1992 – I R 2/92, BStBl. II 1993, 455; BFH 28.7.1993 – I B 54/93, BFH/NV 1994, 345; BFH 2.2.1994 – I R 78/92, BStBl. II 1994, 479; BFH 5.6.1996 – I B 105/95, BFH/NV 1996, 932; BFH 13.11.1996 – I R 149/94, BFHE 181, 494; BFH 27.3.2001 – I R 27/99, BStBl. II 2002, 111; BFH 19.12.2007 – VIII R 13/05, BStBl. II 2008, 568; BFH 8.10.2008 – I R 61/07, BStBl. II 2011, 62; BFH 9.3.2010 – VIII R 32/07, BFHE 229, 129; BFH 21.10.2014 – VIII R 21/12, BStBl. II 2015, 638; BFH 21.10.2014 – VIII R 11/12, BeckRS 2015, 95305; BFH 21.10.2014 – VIII R 31/12, GmbHR 2015, 772; BFH 21.10.2014 – VIII R 32/12, BeckRS 2015, 94871; BFH 2.12.2014 – VIII R 45/11, BFH/NV 2015, 683; **639**

BFH 20.1.2015 – X R 49/13, BFH/NV 2015, 704; BFH 25.6.2014 – I R 76/13, BStBl. II 2015, 665; BFH 16.6.2015 – IX R 28/14, BFH/NV 2015, 1679; HHR/*Intemann* § 20 Rn. 91**aA** *Frotscher* GmbHR 1998, 23 (31 f.)). Das **Fehlen einer solchen Vereinbarungen stellt ein Beweisanzeichen bzw. Indiz für eine vGA** dar (BFH 17.12.1997 – I R 70/97, BStBl. II 1998, 545). Diese Forderung nach rechtswirksamen Verträgen dient dazu, Gewinnausschüttungen klar von Leistungen aufgrund schuldrechtlicher Verpflichtungen unterscheiden zu können und steuerliche Manipulationen zu vermeiden. Der beherrschende Gesellschafter soll den Gewinn der Körperschaft nicht beliebig festsetzen und so beeinflussen können, wie es bei der steuerlichen Gesamtbetrachtung der Körperschaft und ihres Anteilseigners am günstigsten ist (BFH 28.10.1987 – I R 110/83, BStBl. II 1988, 301; BFH 26.4.1989 – I R 172/87, BStBl. II 1989, 673; BFH 29.4.1992 – I R 21/90, BStBl. II 1992, 851; BFH 23.10.1996 – I R 71/95, BStBl. II 1999, 35; BFH 20.1.2015 – X R 49/13, BFH/NV 2015, 704).

640 Nach diesen Anforderungen muss **von vornherein Klarheit über den Inhalt der vertraglichen Hauptpflichten** bestehen. Eine zwischen der Körperschaft und ihrem beherrschenden Gesellschafter abgeschlossene **Vereinbarung ist klar,** wenn ein außenstehender Dritter zweifelsfrei erkennen kann, dass die Leistung der Körperschaft auf Grund einer entgeltlichen Vereinbarung mit dem Gesellschafter erbracht wurde (BFH 24.1.1990 – I R 157/86, BStBl. II 1990, 645; BFH 4.12.1991 – I R 63/90, BStBl. II 1992, 362). Kann ein außenstehender Dritter bei einer an sich mehrdeutigen Vereinbarung das, was die Vertragsschließenden tatsächlich von Anfang an übereinstimmend wollten, **durch Beweiserhebung zweifelsfrei ermitteln,** so ist das tatsächlich Gewollte der Besteuerung zugrunde zu legen; insbesondere eine sog. „falsa demonstratio" ist dann unschädlich (BFH 4.12.1991 – I R 63/90, BStBl. II 1992, 362). Das **Fehlen einer Detailvereinbarung über eine vertragliche Nebenpflichten ist unschädlich,** weil und soweit die Vorschriften des BGB ergänzende Anwendung finden können und soweit sich die notwendige vertragliche Ergänzung aus der tatsächlichen, ständigen und einheitlichen Handhabung durch die Vertragspartner ergeben kann (BFH 28.10.1987 – I R 110/83, BStBl. II 1988, 301).

641 Die **zivilrechtliche Unwirksamkeit** indiziert die mangelnde Ernsthaftigkeit einer schuldrechtlichen Leistungsverpflichtung (BFH 23.10.1996 – I R 71/95, BStBl. II 1999, 35). Eine vGA ist zudem anzunehmen, wenn nicht von vornherein klar und eindeutig bestimmt ist, ob und in welcher Höhe ein Entgelt für eine Leistung des Gesellschafters gezahlt wird bzw. nach welchen Maßstäben es sich konkret errechnet (BFH 30.7.1975 – I R 110/72, BStBl. II 1976, 74; BFH 24.3.1999 – I R 20/98, BStBl. II 2001, 612). **Rückwirkende Vereinbarungen** (BFH 28.10.1987 – I R 22/84, BFH/NV 1989, 131; BFH 21.10.2014 – VIII R 21/12, BStBl. II 2015, 638; **aA** für nachträgliche Genehmigung: *Heuel/Matthey* AO-StB 2018, 89 (90)) und **Nachzahlungen** an beherrschende Gesellschafter ohne im Voraus getroffene klare und eindeutige Vereinbarung sind idR nicht anzuerkennen (BFH 30.7.1975 – I R 110/72, BStBl. II 1976, 74; BFH 5.6.1996 – I B 105/95, BFH/NV 1996, 932).

641.1 Nur ausnahmsweise kann hiervon abgewichen werden, wenn an der Ernsthaftigkeit der Verpflichtungen trotz fehlender oder fehlerhafter Befreiung vom Verbot des In-sich-Geschäfts keine Zweifel bestehen können, zB wenn die maßgebliche Zivilrechtslage im Zeitpunkt des Vertragsschlusses ungeklärt gewesen ist oder sich erst nach diesem Zeitpunkt die Auslegung der einschlägigen bürgerlich-rechtlichen Rechtsnormen geändert hat (BFH 23.10.1996 – I R 71/95, BStBl. II 1999, 35 mwN).

642 Eine **zweite Fallgruppe** der vGA an beherrschende Gesellschafter erfasst Fälle, in denen zwar eine klare Vereinbarung zwischen der Körperschaft und dem beherrschenden Gesellschafter abgeschlossen, aber **tatsächlich nicht oder nicht in fremdüblicher Weise durchgeführt** wurde (vgl. BFH 28.10.1987 – I R 110/83, BStBl. II 1988, 301; BFH 2.3.1988 – I R 103/86, BStBl. II 1988, 786; BFH 2.12.1992 – I R 54/91, BStBl. II 1993, 311; BFH 15.3.2005 – I B 191/04, BFH/NV 2005, 1378; BFH 2.9.2005 – I B 227/04, BFH/NV 2006, 132; BFH 19.12.2007 – VIII R 13/05, BStBl. II 2008, 568; BFH 21.10.2014 – VIII R 32/12, BeckRS 2015, 94871). Die klare Vereinbarung hat dabei den Zweck, die Ernsthaftigkeit der Vereinbarung erkennen zu lassen (BFH 28.7.1993 – I B 54/93, BFH/NV 1994, 345). **Soweit eine Vereinbarung nicht wie vereinbart durchgeführt wird, spricht dies indiziell gegen ihre Ernstlichkeit** (BFH 13.11.1996 – I R 53/95, BFH/NV

1997, 622) und bewirkt, dass sie steuerrechtlich nicht anzuerkennen ist (BFH 5.10.1977 – I R 230/75, BStBl. II 1978, 234). Auch wenn die aus dem Vertrag eigentlich folgenden steuer- bzw. sozialversicherungsrechtlichen Pflichten (zB Lohnsteuereinbehalt und -abführung) nicht gezogen wird, indiziert dies eine vGA (*Heuel/Matthey* AO-StB 2018, 89 (90)). Wird ein Vertrag jedoch lediglich in einem Detailpunkt, wie der Beachtung der Fälligkeit, nicht vollzogen, so führt dies nicht ohne Weiteres zur Verweigerung der Anerkennung des Vertrags, da auch ein fehlender Vertragsvollzug aufgrund entgegenstehender betrieblicher Gründe unschädlich sein kann (BFH 28.7.1993 – I B 54/93, BFH/NV 1994, 345).

Eine **dritte Fallgruppe** betrifft Handlungen eines beherrschenden Gesellschafters für die Körperschaft in Überschreitung seiner Kompetenzen. Die dadurch ausgelösten Vermögensminderungen bzw. verhinderten Vermögensmehrungen beruhen auf dem Gesellschaftsverhältnis, da die Gesellschaftereigenschaft eine nicht wegzudenkende Ursache hierfür ist (BFH 18.7.1990 – I R 32/88, BStBl. II 1991, 484). 643

Liegt eine vGA an einen beherrschenden Gesellschafter vor, so bewirkt diese, dass der **Zufluss des Vermögensvorteils** zu seinem Vermögen idR nicht erst im Zeitpunkt der Gutschrift auf seinem Konto etc, sondern **bereits im Zeitpunkt der Fälligkeit der Forderung** gegen die Körperschaft anzunehmen ist, da der beherrschende Gesellschafter die Überführung in sein eigenes Vermögen regelmäßig selbst in der Hand hat (BFH 19.7.1994 – VIII R 58/92, BStBl. II 1995, 362; BFH 5.10.2004 – VIII R 9/03, BFH/NV 2005, 526; BFH 8.5.2007 – VIII R 13/06, BFH/NV 2007, 2249: BFH 3.2.2011 – VI R 66/09,BStBl. II 2013, 491; BFH 3.2.2011 – VI R 4/10, BStBl. II 2014, 493). **Der BFH sieht diese Frage als geklärt an** (BFH 10.5.2005 – VIII B 121/04, BFH/NV 2005, 1776; BFH 20.12.2011 – VIII B 46/11, BFH/NV 2012, 597). 644

Beispiel: 644.1
Zufluss eines Gewinnanteils des beherrschenden Gesellschafters durch Gutschrift auf dessen personenbezogenem Rücklagekonto bereits Zeitpunkt der Beschlussfassung, da durch die Beschlussfassung ein konkreter, auszahlbarer Gewinnanspruch in Höhe des dem Rücklagekonto zugewiesenen Betrags entsteht, den der beherrschende Gesellschafter jederzeit durch Beschluss fällig stellen kann (FG Niedersachen 4.7.2019 – 10 K 181/17, EFG 2019, 1583, Rev. VIII R 25/19).

Einstweilen frei 645–649

(8) Feststellungslast, Beweisführung. Die **Feststellungslast** für das Vorliegen von vGA obliegt nach stRspr der Finanzverwaltung. Dies gilt sowohl für die Frage einer Vermögensminderung (verhinderten Vermögensmehrung) als auch für die Frage nach der Veranlassung dieser Vermögensminderung (verhinderten Vermögensmehrung) durch das Gesellschaftsverhältnis sowie die Frage der Unangemessenheit eines Leistungsaustauschs (**zur vGA iSd § 8 Abs. 3 S. 2 KStG:** BFH 20.3.1974 – I R 197/72, BStBl. II 1974, 430; BFH 16.2.1977 – I R 94/75, BStBl. II 1977, 568; BFH 10.5.1989 – I R 159/85, BFH/NV 1990, 635; BFH 13.7.1994 – I R 43/94, BFH/NV 1995, 548; BFH 15.10.1997 – I R 42/97, BStBl. II 1999, 316; BFH 7.8.2002 – I R 64/01, BFH/NV 2003, 205; **zur vGA iSd § 20 Abs. 1 Nr. 1 S. 2:** BFH 27.10.1992 – VIII R 41/89, BStBl. II 1993, 569; BFH 3.11.2005 – VIII B 12/05, BFH/NV 2006, 250; BFH 24.6.2014 – VIII R 54/10, BFH/NV 2014, 1501; BFH 21.10.2014 – VIII R 21/12, BStBl. II 2015, 638; HHR/*Intemann* § 20 Rn. 81). Spricht ein **Beweisanzeichen** des festgestellten Sachverhalts dafür, dass diese Tatbestandsvoraussetzungen erfüllt sind, kann **der Steuerpflichtige den dadurch gesetzten Anschein widerlegen** (BFH 24.6.2014 – VIII R 54/10, BFH/NV 2014, 1501). Zudem trifft den Steuerpflichtigen die **Feststellungslast für die betriebliche Veranlassung** der in der Buchführung als Betriebsausgabe behandelten Aufwendungen (BFH 23.10.1985 – I R 230/82, BFH/NV 1986, 490). 650

Ob eine Vorteilsgewährung durch das Gesellschaftsverhältnis oder aufgrund schuldrechtlicher Verpflichtungen veranlasst ist, ist eine **innere Tatsache,** die aus den im Einzelfall erkennbaren äußeren Merkmalen und Verhaltensweisen erschlossen werden muss (BFH 7.12.1988 – I R 25/82, BStBl. II 1989, 248; BFH 15.5.2002 – I R 92/00, DStR 2002, 1660). Für diese Beurteilung ist die **Gesamtheit der objektiven Gegebenheiten maßgebend,** denen als Beweisanzeichen eine unterschiedliche Bedeutung zukommen kann (BFH 16.12.1998 – I R 96/95, BFH/NV 1999, 1125). Die **Gesamtwürdigung** der für den Fremdvergleich erheblichen Anhaltspunkte obliegt im gerichtlichen Verfahren dem Finanz- 651 gericht und kann vom BFH nur daraufhin überprüft werden, ob sie verfahrensrechtlich einwandfrei zustande gekommen ist und gegen Denkgesetze oder gegen allgemeine Erfahrungssätze verstößt (BFH 23.7.2003 – I R 80/02, BStBl. II 2003, 926; BFH 14.7.2004 – I R 111/03, BStBl. II 2005, 307; BFH 19.10.2005 – I R 40/04, BFH/NV 2006, 822).

652 Dabei kann grundsätzlich nicht darauf verzichtet werden, das Leistungsverhältnis zwischen Körperschaft und Anteilseigner zumindest überschlägig auf seine Angemessenheit hin zu überprüfen, weil mangels sonstiger ausreichender Anhaltspunkte nur auf diese Weise Rückschlüsse auf die innere Willensrichtung des Zuwendenden möglich sind. Ergibt diese Überprüfung ein auffälliges Missverhältnis zwischen Leistung und Gegenleistung, so wird dies idR die Annahme einer verdeckten Gewinnausschüttung rechtfertigen, sofern nicht gewichtige und nachprüfbare Gründe vorliegen, die geeignet sind, diese Vermutung zu widerlegen (BFH 11.10.1977 – VIII R 191/74, BStBl. II 1978, 109).

653 Für den BFH spricht insbesondere bei **vGA an nahestehende Personen** der **Beweis des ersten Anscheins** dafür, dass der Vorteil zunächst dem Vermögen des Anteilseigners als steuerbare vGA zugeflossen und von ihm sodann als ertragsteuerlich unbeachtliche Vermögensverwendung an die ihm nahestehende Person weitergegeben wurde. Der mittelbaren vGA an eine nahestehende Person liegt somit die Vorstellung eines abgekürzten Zahlungswegs zugrunde (BFH 25.5.2004 – VIII R 4/01, DStR 2004, 2143; BFH 22.2.2005 – VIII R 24/03, BFH/NV 2005, 1266; BFH 6.12.2005 – VIII R 70/04, BFH/NV 2006, 722; BFH 30.11.2010 – VIII R 19/07, BFH/NV 2011, 449; BFH 21.10.2014 – VIII R 22/11, BStBl. II 2015, 687). Allerdings gilt dies uneingeschränkt nur für den Fall, dass andere Ursachen für die Zuwendung als das „Nahestehen" des Empfängers zu einem Anteilseigner auszuschließen sind. **Der Beweis des ersten Anscheins kann erschüttert werden** durch die Feststellung, dass die Zuwendung des Vorteils ihre Ursache ausschließlich in einer vom Gesellschaftsverhältnis unabhängigen Beziehung der Körperschaft zum Empfänger der Zuwendung hatte (BFH 27.11.1974 – I R 250/72, BStBl. II 1975, 306; BFH 21.10.2014 – VIII R 22/11, BStBl. II 2015, 687; HHR/*Intemann* § 20 Rn. 86). Außerdem ist der Anscheinsbeweis erschüttert, wenn die widerrechtlichen eigenmächtigen Maßnahmen des Geschäftsführers zur Zuwendung an eine dem Anteilseigner nahestehende Person widerrechtlich und eigenmächtig vorgenommen wurden, dem Anteilseigner nicht bekannt waren und nicht in seinem Interesse erfolgten (BFH 19.6.2007 – VIII R 54/05, BStBl. II 2007, 830 mwN).

654–655 *Einstweilen frei*

656 **(9) Rechtsfolge.** Steht fest, dass eine Körperschaft ihrem Anteilseigner eine vGA zugewendet hat, so hat dieser die vGA iSd § 20 Abs. 1 Nr. 1 S. 2 in dem Veranlagungszeitraum zu versteuern, in dem ihm der Vorteil gemäß § 11 Abs. 1 zugeflossen ist. Sofern der Vorteil bereits als steuerbare Einnahme einer anderen Einkunftsart (etwa als Einkünfte nach § 19 oder § 21) erfasst wurde, erhöht § 20 Abs. 1 Nr. 1 S. 2 die Einkünfte nicht nochmals, sondern bewirkt eine **Umqualifizierung der bereits erfassten Einkünfte** zu sonstigen Bezügen iSd § 20 Abs. 1 Nr. 1 S. 1 iVm S. 2 (Lademann EStG/*Jachmann-Michel/Lindenberg* § 20 Rn. 204; Korn/*Hamacher/Dahm* § 20 Rn. 167). Die bereits erfolgte Erfassung der Einkünfte muss im Umfang der Umqualifizierung rückgängig gemacht werden. Fehlerhafte Buchungen sind in der Finanzbuchhaltung bzw. der Bilanz zu korrigieren. Die **Höhe der vGA** bemisst sich bei Zuwendungen in Geld nach dem Nennwert, bei Zufluss von Geld in ausländischer Währung zum Umrechnungskurs am Zufluss-Stichtag (→ Rn. 132) und im Übrigen **nach § 8 Abs. 2** mit den um übliche Preisnachlässe geminderten üblichen Endpreisen am Abgabeort, dies jeweils ungeschmälert als Bruttobetrag bzw. Roheinnahme (BFH 6.12.2005 – VIII R 70/04, BFH/NV 2006, 722).

657 Die **vGA erfüllt** auf Ebene der Körperschaft idR den Tatbestand einer **fiktiventgeltlichen Leistung iSd § 3 Abs. 1b, Abs. 9a UStG.** Die **hierdurch ausgelöste Umsatzsteuer** ist Teil des üblichen Endabgabepreises und folglich sowohl für den Ansatz einer vGA iSd § 8 Abs. 3 S. 2 KStG als auch iSd § 20 Abs. 1 Nr. 1 S. 2 **als Teil der vGA anzusetzen** (BFH 25.5.2004 – VIII R 4/01, DStR 2004, 2143; BFH 6.12.2005 – VIII R 70/04, BFH/NV 2006, 722).

658 Sofern die Beteiligung im Privatvermögen des Anteilseigners gehalten wird, unterfällt die vGA dem gesonderten Steuertarif des § 32d Abs. 1, sofern kein Fall von § 32d Abs. 2 Nr. 3

(→ § 32d Rn. 195 ff.) oder Nr. 4 (→ § 32d Rn. 230 ff.) vorliegt. Bei einer Zuordnung zu einem Betriebsvermögen ist in Anwendung des Teileinkünfteverfahrens gemäß § 3 Nr. 40 Buchst. d eine Steuerbefreiung iHv 40% vorzunehmen, wenn die vGA das Einkommen auf Ebene der leistenden Körperschaft nicht gemindert hat (§ 3 Nr. 40 Buchst. d S. 2), weil es dort zur außerbilanziellen Korrektur gemäß § 8 Abs. 3 S. 2 KStG kam.

Die Körperschaft ist Schuldnerin der vGA und hat daher gemäß § 43 Abs. 1 S. 1 Nr. 1 iVm § 44 Abs. 1 S. 1 **Kapitalertragsteuer einzubehalten und abzuführen,** für die sie gemäß § 44 Abs. 5 grundsätzlich haftet. Diese Verpflichtung ist allerdings nicht durch das Gesellschaftsverhältnis veranlasst, sodass mögliche **von der Körperschaft geschuldete (Neben)Leistungen,** die wegen der Verletzung dieser öffentlich-rechtlichen Verpflichtung anfallen, **nicht ihrer als vGA zu beurteilen** bzw. bei deren Bewertung einzuberechnen sind (BFH 22.1.1997 – I R 64/96, BStBl. II 1997, 548). **659**

Ansprüche der Körperschaft gegen den Anteilseigner auf Rückgewähr der vGA aufgrund von Regelungen in der Satzung, durch schadensersatzrechtliche Ansprüche oder auf sonstiger Rechtsgrundlage sind nach stRspr **lediglich Folgen der vGA.** Sie haben sowohl aus Sicht der Körperschaft als auch aus Sicht des Anteilseigners den Charakter einer Einlageforderung, die gesellschaftsrechtlich veranlasst ist und weder die durch die vGA verursachte Minderung des Unterschiedsbetrags iSd § 4 Abs. 1 S. 1 ausgleichen kann noch die Verwirklichung der vGA bei der Besteuerung des Anteilseigners entfallen lässt (stRspr BFH 18.2.1966 – VI 218/64, BFHE 85, 104; BFH 29.4.1987 – I R 176/83, BStBl. II 1987, 733; BFH 26.4.1989 – I R 152/84, BStBl. II 1989, 668; BFH 24.5.1989 – I R 90/85, BStBl. II 1989, 800; BFH 13.9.1989 – I R 41/86, BStBl. II 1989, 1029; BFH 13.9.1989 – I R 110/88, BStBl. II 1990, 24; BFH 29.5.1996 – I R 118/93, BStBl. II 1997, 92; BFH 14.7.1998 – VIII B 38/98, DStR 1998, 1547; BFH 25.5.1999 – VIII R 59/97, BStBl. II 2001, 226; BFH 13.10.1999 – I B 164/98; BFH/NV 2000, 749; BFH 9.3.2000 – VIII B 113/99, BeckRS 2000, 25004671; BFH 8.5.2000 – VIII B 78/99, BFH/NV 2000, 1201; BFH 29.8.2000 – VIII R 7/99, BStBl. II 2001, 173; BFH 30.5.2001 – I B 176/00, BFH/NV 2001, 1456; BFH 31.5.2005 – I R 35/04, BStBl. II 2006, 132; BFH 14.7.2009 – VIII R 10/07, BFH/NV 2009, 1815; Blümich/*Ratschow* § 20 Rn. 134 f.; HHR/*Intemann* § 20 Rn. 93; **aA** für eine Korrektur der gewinnmindernden Wirkung der vGA durch erfolgswirksames Erfassen einer Forderung: *Lempenau* BB 1977, 1209 (1213 f.); *Döllerer* DStR 1980, 395 (398 f.); *Marx* DB 2003, 673 (675)). Der BFH hat seine frühere Rechtsprechung, die Rückzahlung der vGA als negative Einnahme aus Kapitalvermögen zu erfassen, zwischenzeitlich aufgegeben (BFH 29.8.2000 – VIII R 7/99, BStBl. II 2001, 173) und sieht diese Frage als **geklärt** an (BFH 9.3.2000 – VIII B 113/99, BeckRS 2000, 25004671). **660**

Hinsichtlich des **Verhältnisses der EStG- zur ErbSt-Belastung bei vGA** ist der jüngeren BFH-Rechtsprechung darin zuzustimmen, dass es im Verhältnis einer Körperschaft zu ihren Anteilseignern oder zu den Gesellschaftern einer an ihr beteiligten Kapitalgesellschaft neben betrieblich veranlassten Rechtsbeziehungen lediglich offene und verdeckte Gewinnausschüttungen sowie Kapitalrückzahlungen, aber **keine freigebigen Zuwendungen** gibt. Gewinnausschüttungen einer Kapitalgesellschaft an ihre Gesellschafter erfolgen nicht freigebig, sondern beruhen auf dem Gesellschaftsverhältnis, und zwar unabhängig davon, ob sie offen oder verdeckt vorgenommen werden. **Eine vGA löst daher bei der Körperschaft sowie dem Anteilseigner lediglich ertragsteuerliche Folgen, aber keine Schenkungsteuer gemäß § 1 Abs. 1 Nr. 2 ErbStG iVm § 7 Abs. 1 Nr. 1 ErbStG aus** (BFH 30.1.2013 – II R 6/12, BStBl. II 2013, 930; BFH 27.8.2014 – II R 44/13, BStBl. II 2015, 249; BFH 2.9.2015 – II B 146/14, BFH/NV 2015, 1586; BFH 20.1.2016 – II R 40/14, BStBl. II 2018, 284; Schmidt/*Levedag* § 20 Rn. 55; Blümich/*Ratschow* § 20 Rn. 110a). **661**

Wurde der Tatbestand der vGA durch die unentgeltliche **Zuwendung eines Vorteils von einer Körperschaft an eine dem Anteilseigner nahestehende Person** verwirklicht (→ Rn. 613 ff.) und ist der Anteilseigner mit der nahestehenden Person nicht durch ein gesellschaftsrechtliches Rechtsverhältnis verbunden (anderenfalls käme eine verdeckte Einlage in Betracht), so ist dies **eine freigebige Zuwendung iSd § 7 Abs. 1 Nr. 1 ErbStG des Gesellschafters an die nahestehende Person** (BMF 20.5.1999, BStBl. I 1999, 514; Gleich lautende Erlasse der obersten Finanzbehörden der Länder 20.4.2018, BStBl. I 2018, 632; Schmidt/*Levedag* § 20 Rn. 55; *Viskorf/Löcherbacher* DStR 2016, 789; **aA** *Erkis* DStR 2016, 350 (353 f.); *Kotzenberg/Lorenz* DStR 2018, 1346 (1351 f.)), deren Besteuerung wie bei **662** anderen Vorgängen der persönlichen Vermögensverwendung neben die ertragsteuerliche Belastung der vGA tritt (**aA** mit ernstlichen Zweifeln an der Rechtmäßigkeit dieser Doppelbelastung: BFH 21.7.2014 – II B 40/14, BFH/NV 2014, 1554; weiterführend: *Keß* ZEV 2015, 254; *Crezelius* ZEV 2015, 392; *Götz* ZEV 2015, 624; *van Lishaut* ZEV 2016, 19; *Schulte/Petschulat* Disquotale Einlagen und verdeckte Gewinnausschüttungen im Schenkungsteuerrecht (2013); *Willms* Disquotale Einlage und disquotale verdeckte Gewinnausschüttung in der Schenkungsteuer (2015)).

663 Die Ausschüttung bzw. die Annahme einer vGA ist nicht per se strafbar (*Heuel/Matthey* AO-StB 2018, 89 (93 ff.) zur steuerstrafrechtlichen Würdigung). Wird eine vGA jedoch nicht ordnungsgemäß erklärt, so kommt insofern eine **Verkürzung der Körperschaft- und Gewerbesteuer zugunsten der Körperschaft** sowie eine Verkürzung der Einkommensteuer des Anteilseigners (bei Kapitalgesellschaften: Körperschaft- und Gewerbesteuer) **iSd §§ 370, 378 AO** in Betracht (BVerfG 26.6.2008 – 2 BvR 2067/07, BVerfGK 14, 12). Da die Minderung des Unterschiedsbetrages der Kapitalgesellschaft einerseits und der Zufluss der vGA zum Vermögen des Anteilseigners andererseits in unterschiedlichen Besteuerungszeiträumen erfolgen können, müssen die Verkürzungszeiträume nicht deckungsgleich sein. Im Zusammenhang mit **strafbefreienden Selbstanzeigen iSd § 371 AO** kann der den Finanzbehörden zur Kenntnis gebrachte Sachverhalt zur vGA gerade bei Einmann- oder Familien-Gesellschaften mehrere Steuerarten betreffen, sodass insofern das Vollständigkeitsgebot des § 371 Abs. 1 AO für jede dieser Steuerarten zu beachten ist. Neben der Steuerverkürzung können unberechtigte vGA eine Strafbarkeit wegen **Untreue** (§ 266 StGB) oder wegen **Bankrotts durch Beiseiteschaffen von Vermögen** (§ 283 Abs. 1 Nr. 1 StGB) auslösen (vgl. etwa *Madauß* NZWiSt 2015, 341). Die mögliche Strafbarkeit des Steuerpflichtigen durch die Zuwendung der vGA steht ihrer steuerlichen Erfassung nicht entgegen (BFH 13.9.1989 – I R 41/86, BStBl. II 1989, 1029; BFH 14.10.1992 – I R 14/92, BStBl. II 1993, 351; BFH 13.7.1994 – I R 112/93, BStBl. II 1995, 198; BFH 18.5.2005 – VIII B 56/04, BFH/NV 2005, 1811; **diese Frage als geklärt ansehend:** BFH 14.4.2010 – VIII B 91/08, BeckRS 2010, 25016242; **aA** keine vGA bei nicht beherrschendem Gesellschafter ohne Zustimmung des Geschäftsführers bzw. des beherrschenden Gesellschafters: BFH 18.7.1990 – I R 32/88, BStBl. II 1991, 484; BFH 14.10.1992 – I R 17/92, BStBl. II 1993, 352).

664–665 *Einstweilen frei*

666 **(10) Verfahrensrechtliche Besonderheiten.** Der Körperschaftsteuerbescheid der Körperschaft und der Einkommen- bzw. Körperschaftsteuerbescheid des Anteilseigners stehen **auch bei vGA nicht im Verhältnis von Grundlagen- und Folgebescheid iSd § 171 Abs. 10, § 175 Abs. 1 S. 1 Nr. 1 AO.** Über das Vorliegen von vGA ist **im jeweiligen Besteuerungsverfahren selbständig zu entscheiden.** Das Vorliegen einer vGA iSd § 20 Abs. 1 S. 1 Nr. 2 ist daher nicht allein anhand der Feststellungen im Körperschaftsteuerbescheid der Körperschaft, sondern selbständig im Einkommensteuerveranlagungsverfahren der Anteilseigner zu prüfen (BFH 27.10.1992 – VIII R 41/89, BStBl. II 1993, 569; BFH 29.11.2006 – I R 78/05, I R 79/05, I R 80/05, BFH/NV 2007, 1091; BFH 14.10.2008 – I B 48/08, BFH/NV 2009, 213; BFH 20.3.2009 – VIII B 170/08, DStR 2009, 795; BFH 6.9.2011 – VIII R 55/10, BFH/NV 2012, 269; BFH 18.9.2012 – VIII R 9/09, BStBl. II 2013, 149; BFH 21.10.2014 – VIII R 31/12, GmbHR 2015, 772; BFH 16.12.2014 – VIII R 30/12, BStBl. II 2015, 858; BMF 29.9.2005, BStBl. I 2005, 903, aufgehoben durch BMF 23.4.2010, BStBl. I 2010, 391; zur Änderungsproblematik: *Niemann* Verdeckte Gewinnausschüttungen und Halbeinkünfteverfahren (IFSt-Schrift Nr. 414, 2004), 6 ff.). Die **bestandskräftige Feststellung der vGA bei einer Körperschaft** hat daher nicht zur Folge, dass automatisch auch bei deren Empfänger dem Grunde und der Höhe nach von einer vGA auszugehen ist (BFH 28.1.1992 – VIII R 207/85, BStBl. II 1992, 605).

666.1 An der **fehlenden Korrespondenz oder Kongruenz** (→ Rn. 590) hat weder die Einführung des körperschaftsteuerlichen Anrechnungsverfahrens (→ Rn. 25 ff.) durch das Körperschaftsteuerreformgesetz v. 31.8.1976 (BFH 24.3.1987 – I B 117/86, BStBl. II 1987, 508; BFH 27.10.1992 – VIII R 41/89, BStBl. II 1993, 569) noch die Einführung des Halbeinkünfteverfahrens durch das StSenkG v. 23.10.2000 (→ Rn. 28 ff.) oder der Korrespondenzregelung in § 32a KStG durch das JStG 2007 v. 13.12.2006 (→ Rn. 669 f.) etwas geändert (BFH 20.3.2009 – VIII B 170/08, DStR 2009, 795; BFH

6.9.2011 – VIII R 55/10, BFH/NV 2012, 269; BFH 18.9.2012 – VIII R 9/09, BStBl. II 2013, 149; BFH 21.10.2014 – VIII R 31/12, GmbHR 2015, 772).

Für eine **Beiladung** des Anteilseigners zum Besteuerungsverfahren der Körperschaft oder der Körperschaft zum Besteuerungsverfahren des Anteilseigners nach **§ 60 Abs. 3 S. 1 genügt es nicht,** dass sich in beiden Besteuerungsverfahren mit der Veranlassung durch das Gesellschaftsverhältnis die gleiche Vorfrage stellt und diese logisch nur einheitlich beantwortet werden kann. Ein Verhältnis der gegenseitigen Abhängigkeit der Beantwortung liegt mangels Korrespondenz oder Kongruenz der vGA (→ Rn. 590) nicht vor (BFH 14.10.2008 – I B 48/08, BFH/NV 2009, 213; BFH 28.7.2014 – I B 21/14, BFH/NV 2014, 1881; BFH 2.12.2014 – VIII R 45/11, BFH/NV 2015, 683). Dies gilt für die **Hinzuziehung im Einspruchsverfahren gemäß § 360 Abs. 3 S. 1 AO** entsprechend. 667

Stellt das Körperschaftsteuer-Finanzamt im Besteuerungsverfahren der Körperschaft eine vGA fest, so kann diese **nachträglich bekannt gewordene Tatsache** zu einer Änderung der Bescheide des betroffenen Anteilseigners auf der Grundlage des § 173 Abs. 1 AO führen. Allerdings sind bloße Ergebnismitteilungen des Körperschaftsteuer-Finanzamts an die für die Veranlagung der Anteilseigner zuständigen Finanzämtern **ohne Mitteilung der für die Annahme einer vGA entscheidungserheblichen Tatsachen** oder die **bloße Mitteilung, es seien vGA festgestellt worden,** zutreffend als noch **nicht ausreichend** anzusehen, da derartige Mitteilungen lediglich rechtliche Schlussfolgerungen und Schätzungsergebnisse, nicht aber „neue Tatsachen" mitteilen (hierzu § 173 AEAO 2014 Rn. 1.1.3). 668

§ 32a KStG enthält eine eigenständige, neben den allgemeinen Änderungsmöglichkeiten der AO anwendbare Änderungsgrundlage (Gosch KStG/*Bauschatz* KStG § 32a Rn. 11), die eine Änderung auch in den Fällen erhöhter Bestandskraft gemäß § 173 Abs. 2 AO erlaubt und die **Bedeutung des § 173 Abs. 1 AO im Zusammenhang mit vGA reduziert** (Blümich/*Rengers* KStG § 32a Rn. 14). So kann ein Steuer- oder Feststellungsbescheid gegenüber einem Anteilseigner, dem die vGA zuzurechnen ist, erlassen, aufgehoben oder geändert werden, soweit gegenüber der Körperschaft ein Steuerbescheid hinsichtlich der Berücksichtigung einer vGA erlassen, aufgehoben oder geändert wird. 669

Zwar wollte der Gesetzgeber mit der Einführung des § 32a KStG durch das JStG 2007 (→ Rn. 71) auf eine korrespondierende Besteuerung von vGA hinwirken (BT-Drs. 16/2712, 38 und 71), sodass die Norm in Durchbrechung des Trennungsprinzips (→ Rn. 109) auf die Kongruenz der Besteuerung der Ebenen der Körperschaft bzw. des Anteilseigners angelegt ist (BFH 20.3.2009 – VIII B 170/08, DStR 2009, 795). § 32a KStG begründet allerdings **lediglich eine formelle Änderungsmöglichkeit bzw. -pflicht, jedoch keine materielle Bindung** der Steuerfestsetzung auf Gesellschaftsebene im Besteuerungsverfahren gegenüber dem Anteilseigner (BFH 20.3.2009 – VIII B 170/08, BFH/NV 2009, 1029; BFH 18.9.2012 – VIII R 9/09, BStBl. II 2013, 149; BFH 2.12.2014 – VIII R 45/11, BFH/NV 2015, 683; BFH 5.6.2015 – VIII B 20/15, GmbHR 2015, 1053; Schmidt/*Levedag* § 20 Rn. 39; *Böhmer* StuW 2012, 33 (36); für verfahrensrechtliche bzw. formelle Korrespondenz: Schmidt/*Weber-Grellet*, 36. Aufl. 2017, § 20 Rn. 41 und 58; *Herkens* GmbH-StB 2019, 347 (347 f.)). Zwar ist das **Ermessen der Finanzverwaltung in § 32a Abs. 1 S. 1 KStG („kann") regelmäßig auf Null reduziert,** wenn die Steuerfestsetzung für den Anteilseigner ohne die Änderung sachlich unrichtig wäre und daher jede andere Entscheidung als die der Änderung der unrichtigen Steuerfestsetzung als ermessenswidrig beurteilt werden müsste (BFH 24.6.2014 – VIII R 54/10, BFH/NV 2014, 1501). Allerdings betrifft dies lediglich das Entschließungsermessen des für die Veranlagung des Anteilseigners zuständigen Finanzamts über das „Ob" einer Änderung im Veranlagungsverfahren des jeweiligen Anteilseigners. Zudem **fehlt eine mit § 182 Abs. 1, § 175 Abs. 1 S. 1 Nr. 1 AO vergleichbare Regelung,** die hinsichtlich der Steuerbescheide der Anteilseigner eine für Folgebescheide typische Bindung an den Körperschaftsteuerbescheid als Grundlagenbescheid begründen würde (BFH 18.9.2012 – VIII R 9/09, BStBl. II 2013, 149; BFH 5.6.2015 – VIII B 20/15, GmbHR 2015, 1053). 670

Einstweilen frei **671–675**

dd) Kapitalrückzahlungen bei Verwendung des steuerlichen Einlagekontos (§ 20 Abs. 1 Nr. 1 S. 3). (1) Historie und Anwendungsbereich. Kommt es zu einer Zahlung von der Körperschaft an ihre Anteilseigner, so erfüllt diese unabhängig davon, ob es sich **676**

um eine steuerbare Gewinnausschüttung oder um eine nicht steuerbare Kapitalrückzahlung handelt, grundsätzlich die Merkmale eines „Bezugs" iSd § 20 Abs. 1 Nr. 1 S. 1 (→ Rn. 548 f.) ohne dass der Charakter der Zahlung als nicht steuerbare Vermögensumschichtung oder steuerbarer Kapitalertrag für Außenstehende – und insbesondere für die Finanzverwaltung – erkennbar wäre. Durch das **StSenkG v. 23.10.2000** wurde neben der **Einführung des § 27 KStG** auch **§ 20 Abs. 1 Nr. 1 S. 3 eingeführt** (→ Rn. 59). Damit sollte sich die steuerliche Behandlung der Rückgewähr von Einlagen gegenüber der damals gültigen Praxis nicht ändern und nicht zu steuerpflichtigen Beteiligungserträgen führen. Der Ausweis der Einlagen auf einem steuerlichen Einlagekonto iSd § 27 KStG sollte dies gewährleisten (BT-Drs. 14/2683, 125).

677 § 27 KStG verpflichtet **im Inland unbeschränkt steuerpflichtige Kapitalgesellschaften** (§ 27 Abs. 1 KStG) sowie andere unbeschränkt steuerpflichtige **Körperschaften** und **Personenvereinigungen,** die Leistungen im Sinne des § 20 Abs. 1 Nr. 1, 9 oder Nr. 10 gewähren können (§ 27 Abs. 7 KStG), die nicht in ihr Nennkapital geleisteten Einlagen am Schluss jedes Wirtschaftsjahrs auf einem besonderen Konto – dem sog. **steuerlichen Einlagekonto** – auszuweisen (§ 27 Abs. 1 S. 1 KStG) und von dem Bestand am Ende des vorangegangenen Wirtschaftsjahrs um die jeweiligen Zu- und Abgänge des Wirtschaftsjahrs fortzuschreiben (§ 27 Abs. 1 S. 2 KStG). Dies verfolgt den **Zweck,** die in einer Ausschüttung ggf. enthaltene und nach § 20 Abs. 1 Nr. 1 S. 3 dem nicht steuerbaren Vermögensbereich zuzuordnende Rückgewähr von Einlagen **darstellbar** zu machen (HHR/*Berninghaus* KStG § 27 Rn. 1).

678 Auch **Körperschaften oder Personenvereinigungen mit Sitz oder Geschäftsleitung in einem anderen EU-Mitgliedstaat,** die Leistungen iSd § 20 Abs. 1 Nr. 1 oder 9 gewähren können, können seit der Einführung von § 27 Abs. 8 KStG durch das SEStEG v. 7.12.2006 (→ Rn. 70) ein steuerliches Einlagekonto führen. Sie können damit nach den Grundsätzen der Differenzrechnung nachweisen, dass eine Zahlung an den Anteilseigner als Einlagenrückgewähr zu qualifizieren ist (BT-Drs. 16/2710, 32). Eine entsprechende Anwendung von § 27 Abs. 8 KStG muss gemäß Art. 31 und 40 EWR-Abkommen auch für Gesellschaften aus den **EWR-Staaten Island, Norwegen, Liechtenstein** möglich sein (ebenso HHR/*Intemann* § 20 Rn. 102; *Früchtl/Prokscha* BB 2007, 2147 (2151) *Sedemund/Fischenich* BB 2008, 1656 (1657 f.)).

679 § 20 Abs. 1 Nr. 1 S. 3 EStG iVm § 27 KStG ist weder für **Stiftungen,** die als rechtlich selbständige Vermögensmassen nicht ausdrücklich in § 27 Abs. 7 KStG genannt sind (**aA** FG Münster 16.1.2019 – 9 K 1107/17 F, EFG 2019, 1010; FG Rheinland-Pfalz 31.7.2019 – 1 K 1505/15, EFG 2019, 1604, Rev. I R 42/19), noch für **Körperschaften aus Drittstaaten direkt oder entsprechend anwendbar** (**aA** BFH 20.10.2010 – I R 117/08, BFH/NV 2011, 669; BFH 13.7.2016 – VIII R 47/13, BFH/NV 2016, 1831; BFH 19.12.2019 – 8 K 981/17, BeckRS 2019, 39535, Rev. VIII R 6/20; für eine geltungserhaltende Reduktion des § 20 Abs. 1 Nr. 1 S. 3 oder Analogie von § 27 KStG: *Benecke/Staats* IStR 2016, 893 (896)). Daraus folgt jedoch **nicht im Umkehrschluss,** dass die Einlagenrückgewähr in diesen Fällen stets zu steuerpflichtigen Bezügen führt. Vielmehr ist entsprechend der quellentheoretisch begründeten Nichtbesteuerung der Kapitalüberlassung (→ Rn. 370 ff., va → Rn. 378) auch die **Kapitalrückzahlung von Körperschaften aus Drittstaaten nicht steuerbar,** sofern unter Heranziehung des einschlägigen ausländischen Handels- und Gesellschaftsrechts von der Rückzahlung einer Einlage auszugehen ist.

680 Dabei besteht ein erhöhter Aufwand zur Abgrenzung und zum Nachweis der nicht steuerbaren Einlagenrückgewähr von steuerbaren Gewinnausschüttungen. Die **Feststellungslast** für die Annahme eines Bezuges trägt das Finanzamt, die Feststellungslast für die Annahme einer nicht steuerbaren Kapitalrückzahlung hingegen der Anteilseigner (BFH 20.10.2010 – I R 117/08, BFH/NV 2011, 669; BFH 13.7.2016 – VIII R 47/13, BFH/NV 2016, 1831; BFH 3.5.2017 – X R 12/14, BFH/NV 2017, 1485; BFH 10.4.2019 – I R 15/16, BFH/NV 2019, 1312; FG München 19.12.2019 – 8 K 981/17, BeckRS 2019, 39535, Rev. VIII R 6/20; **iErg ebenso:** Blümich/*Ratschow* § 20 Rn. 137 und 179; Schmidt/*Levedag* § 20 Rn. 66; *Rödder/Schumacher* DStR 2003, 909 (910); *Rödder/Schumacher* DStR 2006, 1481 (1490); *Sedemund/Fischenich* BB 2008, 1656 (1658 f.); *Krämer,* EStB 2011, 139 (140); *Schönfeld* IStR 2017, 486 (487 f.); *Arjes/Foddanu* DB 2017, 688 (691); *Meilicke/Scholz* DB 2017, 871 (872); *Wacker* FR 2019, 979 (988); vertiefend zu praktischen Folgen aus der Nichtanwendung

von § 27 KStG: *Mayer-Theobald/Süß* DStR 2017, 137 (140 f.); *Niedermaier* DStR 2017, 1009 (1013 ff.); **aA** HHR/*Intemann* § 20 Rn. 102; *Früchtl/Prokscha* BB 2007, 2147 (2149 f.); kritisch auch *Werra/Teiche* DB 2006, 1455 (1458)). Da das Gesetz für die Einlagenrückgewähr von Drittstaatengesellschaften kein gesondertes Feststellungsverfahren zur Verfügung stellt, können die damit zusammenhängenden Fragen nur im Rahmen der jeweiligen Festsetzungsverfahren der Gesellschafter geklärt werden (BFH 10.4.2019 – I R 15/16, BFH/NV 2019, 1312). Die rechtliche Bewertung als Kapitalrückzahlung erfolgt nach ausländischem Recht, als Indiz kann die Bilanz der ausschüttenden ausländischen Körperschaft herangezogen werden (Schmidt/*Levedag* § 20 Rn. 66). Dies vermeidet eine Benachteiligung von Körperschaften aus Drittstaaten, die weder vor Art. 3 Abs. 1 GG noch vor der Kapitalverkehrsfreiheit iSd Art. 63 AEUV, die auch den Kapitalverkehr zu Drittstaaten schützt, gerechtfertigt werden könnte (mit unionsrechtskonformer Auslegung: BFH 13.7.2016 – VIII R 47/13, BFH/NV 2016, 1831; BFH 10.4.2019 – I R 15/16, BFH/NV 2019, 1312).

Einstweilen frei **681–682**

(2) Funktionsweise des steuerlichen Einlagekontos. Über das Nennkapital (→ Rn. 720) hinausgehende **Einlagen des Anteilseigners** sind bei der Körperschaft auf dem steuerlichen Einlagekonto des Anteilseigners zu erfassen und erhöhen bei diesem die Anschaffungskosten seiner Beteiligung (vgl. BT-Drs. 14/2683, 123). **Leistungen der Körperschaft an den Gesellschafter,** dh alle durch das Gesellschaftsverhältnis verursachten Auskehrungen (BMF 4.6.2003, BStBl. I 2003, 366 Rn. 11) mindern das steuerliche Einlagekonto des Anteilseigners nur insoweit, als sie den auf den Schluss des vorangegangenen Wirtschaftsjahrs ermittelten ausschüttbaren Gewinn übersteigen (§ 27 Abs. 1 S. 3 KStG). Durch die in § 27 Abs. 1 S. 5 vorgeschriebene Berechnungsweise des ausschüttbaren Gewinns werden alle thesaurierten Gewinne der Kapitalgesellschaft erfasst. **683**

Berechnung des ausschüttbaren Gewinns iSd § 27 Abs. 1 S. 5 (vgl. BMF 4.6.2003, BStBl. I 2003, 366 Rn. 14): **683.1**

Eigenkapital gemäß Steuerbilanz
./. gezeichnetes Kapital
./. (positiver) Bestand des steuerlichen Einlagekontos (= nicht in Nennkapital geleistete Einlage)
Ausschüttbarer Gewinn iSd § 27 Abs. 1 S. 5 KStG (wenn negativer Wert, dann Ansatz mit 0 EUR)

Hat die Körperschaft keine Steuerbilanz aufgestellt, muss sie für die Berechnung des ausschüttbaren Gewinns, ausgehend von der Handelsbilanz, gemäß § 60 Abs. 2 S. 1 EStDV das Eigenkapital ermitteln, das sich nach den Vorschriften über die steuerliche Gewinnermittlung ergibt (BMF 4.6.2003, BStBl. I 2003, 366 Rn. 18). **683.2**

Einstweilen frei **684–685**

(3) Rechtsfolge. Kann bzw. muss ein steuerliches Einlagekonto iSd § 27 KStG geführt werden, so sind Ausschüttungen der Körperschaft bis zum Betrag des ausschüttbaren Gewinns nach allgemeinen Grundsätzen gemäß § 20 Abs. 1 Nr. 1 S. 1 steuerbar. Nur **soweit der ausgeschüttete Gewinn den ausschüttbaren Gewinn übersteigt,** gelten diese Bezüge als aus dem steuerlichen Einlagekonto verwendet iSd § 20 Abs. 1 Nr. 1 S. 3. Diese **Verwendungsfiktion** auf Ebene der Körperschaft (BFH 19.5.2010 – I R 51/09, BStBl. II 2014, 937) bewirkt auf Ebene des Anteilseigners eine Einordnung als nicht steuerbare Einlagenrückgewähr, die die Anschaffungskosten der Beteiligung iSd § 20 Abs. 4 bzw. § 17 Abs. 2 mindert (HHR/*Intemann* § 20 Rn. 104). **686**

Die im Bescheid **nach § 27 Abs. 2 KStG festgestellten Bestände sind Tatbestandsmerkmal des § 20 Abs. 1 Nr. 1 S. 3.** Sie entfalten damit, ohne jedoch ein Grundlagenbescheid iSd §§ 171 Abs. 10, 182 Abs. 1 AO für den Steuerbescheid des Anteilseigners zu sein und obwohl der Feststellungsbescheid an die Körperschaft als Inhaltsadressatin gerichtet ist, auch für die Besteuerung der Anteilseigner eine materiell-rechtliche Bindung. Daher scheiden insofern insbesondere Änderungen gemäß § 175 Abs. 1 S. 1 Nr. 1 AO aus (BFH 19.7.1994 – VIII R 58/92, BStBl. II 1995, 362; BFH 19.4.2005 – VIII R 27/03, BFH/NV 2005, 1807; BFH 19.5.2010 – I R 51/09, BStBl. II 2014, 937; BFH 24.2.2015 – VIII R 50/11, BFH/NV 2015, 1603; BFH 28.1.2015 – I R 70/13, BStBl. II 2017, 101; zu den verfahrensrechtlichen Rechtsfolgen (Anfechtungsrecht, Beiladung etc): FG München 28.5.2019 – 7 V 803/19, EFG 2020, 68, NZB I B 35/19; FG Schleswig-Holstein 19.9.2019 – **687**

1 K 73/18, EFG 2019, 1920, Rev. XI R 28/19; zu den Folgen fehlerhafter Feststellung *Schell/Philipp* DStR 2019, 2225 (226 ff.); zu den Änderungsmöglichkeiten bei fehlerhafter Feststellung: *Ott* DStR 2014, 673 (674 ff.); *Schröder* DStR 2017, 835; *Schlagheck* GStB 2019, 381; **aA** Gosch KStG/*Bauschatz* KStG § 27 Rn. 68 ff.: Grundlagenbescheid nach §§ 179 ff. AO).

688–690 *Einstweilen frei*

691 **ee) Einnahmen aus Dividendenkompensationsleistungen (§ 20 Abs. 1 Nr. 1 S. 4).** § 20 Abs. 1 Nr. 1 S. 4 erfasst als sonstige Bezüge iSd Nr. 1 S. 1 (→ Rn. 548 ff.) auch solche Einnahmen, die anstelle der Bezüge nach Nr. 1 S. 1 von einem anderen als dem Anteilseigner bezogen werden, wenn Aktien mit Dividendenberechtigung erworben, aber ohne Dividendenanspruch geliefert werden (sog. **Dividendenkompensationsleistungen,** künstliche Dividenden oder **manufactured dividends;** LBP/*Schlotter* § 20 Rn. 444; HHR/*Intemann* § 20 Rn. 110). Die durch **JStG 2007 v. 13.12.2006** eingeführte Regelung (→ Rn. 71; zur zeitlichen Anwendbarkeit → Rn. 99) betrifft die Abwicklung von Aktiengeschäften an der Börse in zeitlicher Nähe zum Ausschüttungstermin, die vor dem Gewinnverteilungsbeschluss abgeschlossen, aber erst danach erfüllt werden. Sie dient der Verringerung von Steuerausfällen vor allem durch Bescheinigung von Kapitalertragsteuer, die tatsächlich nicht abgeführt wurde (BT-Drs. 16/2712, 38 und 46 ff.).

692–693 *Einstweilen frei*

694 **(1) Dividendenkompensationszahlungen.** Sog. **Dividendenkompensationsleistungen** haben ihren **wirtschaftlichen Grund** im zeitlichen Auseinanderfallen des Vertragsschlusses und der Erfüllung bei Aktienverkäufen (BT-Drs. 17/13638, 3; vgl. Übersicht bei *Desens* DStZ 2012, 142 (143)). Der Verkäufer einer Aktie geht mit dem Vertragsschluss die börsenübliche Verpflichtung ein, die verkauften Aktien innerhalb von zwei Tagen nach Geschäftsabschluss an seinen Vertragspartner zu liefern. Bei der Veräußerung einer Aktie kurz vor oder am Dividendenstichtag hat der Erwerber zudem einen schuldrechtlichen Anspruch auf Lieferung von Aktien mit Dividendenanspruch. Erfüllt der Verkäufer den Kaufvertrag erst nach Entstehung des Dividendenanspruchs durch Übertragung einer Aktie, so wird die AG, KGaA oder SE die Dividende in Erfüllung des Dividendenanspruchs noch an den Verkäufer der Aktie auszahlen. Die in Erfüllung des Kaufvertrags übertragene Aktie wird dann ohne den – von der Kapitalgesellschaft bereits erfüllten – Dividendenanspruch, dh **mit sog. Dividendenabschlag geliefert.**

695 Derartige Verkaufsvorgänge treten insbesondere im Zusammenhang mit sog. **Leerverkäufen** auf, bei denen Aktien zunächst verkauft und erst danach vom Verkäufer zur Erfüllung seiner kaufvertraglichen Verpflichtung am Kapitalmarkt beschafft werden. Ein weiterer Anwendungsfall sind sog. **Cum-Ex-Geschäfte** („**Dividendenstripping**"), bei denen der Verkäufer Wertpapiere mit Dividendenanspruch („Cum") veräußert, sich die zur Erfüllung notwendigen Wertpapiere ohne Dividendenanspruch („Ex") im Wege der Wertpapierleihe beschafft und die Aktie sodann ohne Dividendenanspruch zurückerwirbt, um seine Rückgabepflicht aus der Wertpapierleihe zu erfüllen (FG Köln 19.7.2019 – 2 K 2672/17, EFG 2020, 367, Rev, VIII R 5/20). Lieferungen mit Dividendenabschlag können zudem bei sog. **Fails,** dh bei Pannen oder Unzulänglichkeiten bei der Belieferung von über den Dividendenstichtag abzuwickelnden Veräußerungsgeschäften „cum Dividende" auftreten, die auf unterschiedliche Gründe, insbesondere Probleme im Erfüllungsgeschäft, zurückgeführt werden können (BT-Drs. 16/2712, 48; HHR/*Intemann* § 20 Rn. 112; *Podewils* FR 2011, 69 (69 f.); *Desens* DStZ 2012, 142 (144); *Schön* RDF 2015, 115 (120 ff.)).

696 Der Verkäufer kann in solchen Fällen seine Verpflichtung zur Lieferung von Aktien mit Dividendenanspruch aufgrund des Geschäftsabschlusses kurz vor oder am Dividendenstichtag nicht erfüllen. Daher wird bei Lieferung der Aktien ohne Dividendenanspruch im Depot des Erwerbers ein **Dividendenkompensationsprozess** in Gang gesetzt: Das die Wertpapiertransaktion abwickelnde Institut – in Deutschland typischerweise die Clearstream Banking AG – belastet das Konto des Verkäufers mit einem der Nettodividende entsprechenden Betrag und schreibt diesen Betrag dem Konto des Erwerbers gut. Der Erwerber erhält dadurch zwar nicht die von der Kapitalgesellschaft gezahlte Dividende, aber eine Zahlung des Verkäufers zum Ausgleich dafür, dass dieser dem Erwerber neben der Aktie nicht auch den zwischenzeitlich entstandenen Anspruch auf Auszahlung der Dividende vermitteln konnte. Der Erwerber wird im Ergebnis wirtschaftlich so gestellt, wie es aufgrund des Geschäftsabschlusses vor dem Dividendenstichtag vorgesehen war (BT-Drs. 16/2712, 48; BT-Drs. 17/13638, 6).

Einstweilen frei **697–698**

(2) Regelungszweck. Bis zur Einführung des § 20 Abs. 1 Nr. 1 S. 4 durch das JStG 2007 v. 13.12.2006 (→ Rn. 71; zur zeitlichen Anwendbarkeit → Rn. 99) hatte die Kapitalgesellschaft einmalig Kapitalertragsteuer für die ausgeschüttete originäre Dividende einzubehalten und abzuführen. Allerdings war es möglich, dass nicht nur das Kreditinstitut des Aktienverkäufers, sondern auch das Kreditinstitut des Erwerbers eine Steuerbescheinigung über den vermeintlichen Einbehalt von Kapitalertragsteuer ausstellte, insbesondere wenn das Kreditinstitut des Käufers nichts von der Verkaufsgestaltung wusste und die Steuerbescheinigung gutgläubig ausstellte (BT-Drs. 17/13638, 6). Hierdurch konnte es zunächst zum mehrfachen Ausweis und in der Folge zur mehrfachen Anrechnung von Kapitalertragsteuer kommen, obwohl die Kapitalertragsteuer nur einmal einbehalten worden war. Daher konnte die Summe der auf eine Steuerschuld bescheinigten und anzurechnenden Kapitalertragsteuer über die Summe der tatsächlich einbehaltenen Kapitalertragsteuer hinausgehen (BT-Drs. 16/2712, 48). **699**

§ 20 Abs. 1 Nr. 1 S. 4 fingiert („gelten auch") Dividendenkompensationsleistungen als sonstige Bezüge iSd § 20 Abs. 1 Nr. 1 S. 1 (Blümich/*Ratschow* § 20 Rn. 138) und qualifiziert diese ohne diese Fiktionswirkung als Schadensersatzleistungen anzusehenden Leistungen (BT-Drs. 17/13638, 9) zu Kapitalerträgen um. Diese könnten anderenfalls nicht nach Nr. 1 S. 1 besteuert werden, weil sie nicht vom Schuldner der Dividenden, sondern von der Bank gezahlt werden (HHR/Intemann § 20 Rn. 110). Dividendenkompensationsleistungen werden dadurch denselben Regeln wie originäre Dividenden unterworfen (BT-Drs. 16/2712, 48), dies nicht nur materiell-rechtlich, sondern zugleich im Kapitalertragsteuerabzugsverfahren. Zusammen mit der nach den allgemeinen Vorschriften von der Kapitalgesellschaft abgeführten Kapitalertragsteuer soll in der Summe so viel Quellensteuer erhoben werden, wie später bei den Anteilseignern im Rahmen der steuerlichen Anrechnung berücksichtigt wird (BT-Drs. 16/2712, 47 f.). **700**

Dieses Ziel wurde erst durch die Einführung des sog. **Zahlstellenprinzips** in § 44 Abs. 1 S. 3 und S. 4 (→ Rn. 124) und die Verankerung einer Kapitalertragsteuerpflicht auch für die den Kapitalertrag auszahlende Stelle erreicht. **700.1**

Die von 1999 bis 2012 betriebene Vorgehensweise (BT-Drs. 18/6839, 2) bewirkte erhebliche Steuerausfällen, die aus Sicht der Bundesregierung auf gezielten Gestaltungen und Absprachen beruhte, illegal war und den Tatbestand der Steuerhinterziehung nach § 370 AO erfüllte (BT-Drs. 17/13638, 7, 12 und 16). Die Bewertung derartiger Gestaltungen als Gestaltungsmissbrauch und/oder Steuerhinterziehung ist strittig (bislang vom BFH offengelassen, so zuletzt BFH 16.4.2014 – I R 2/12, DStR 2014, 2012). **700.2**

Einstweilen frei **701–702**

(3) Tatbestandsmerkmale. § 20 Abs. 1 Nr. 1 S. 4 ist nach seinem Wortlaut („**Aktien**") allein auf **Beteiligungen an einer AG, KGaA oder SE** (→ Rn. 527), auf Vorgesellschaften solcher Gesellschaften anwendbar (→ Rn. 536) und vergleichbare ausländische Gesellschaften anwendbar (→ Rn. 538). Es besteht jedoch **keine Beschränkung hinsichtlich der Verwahrungs- oder Handelsform der Aktien,** sodass sowohl der Börsenhandel als auch der außerbörsliche Direkthandel (sog. „Over-the-counter" (OTC)-Geschäfte) erfasst ist (BT-Drs. 16/2712, 48). **703**

Die Einnahmen iSd Nr. 1 S. 4 müssen **an Stelle von Gewinnausschüttungen iSd Abs. 1 Nr. 1 gezahlt** werden. Dies bezieht sich auf **alle Bezüge iSd Abs. 1 S. 1** einschließlich der sonstigen Bezüge aus vGA iSd **Nr. 1 S. 2** iVm S. 1 und Dividendenkompensationsleistungen iSd Nr. 1 **S. 4 iVm S. 1** (**aA** *Desens* DStZ 2012, 142 (144): mit teleologischer Beschränkung auf Gewinnanteile und Ausbeuten). Die erfassten Leistungen dürfen einerseits keine originären Gewinnausschüttungen sein und müssen andererseits den Bezug einer Gewinnausschüttung ersetzen. Es muss sich also um eine **Ausgleichszahlung des Verkäufers an den Käufer** dafür handeln, dass die verkaufte Aktien nicht mehr den originären Anspruch auf Auszahlung des Gewinns vermitteln (HHR/*Intemann* § 20 Rn. 111). Zwischen den Vertragsparteien muss daher die Übertragung des wirtschaftlichen Eigentums an den **704** betreffenden Aktien, und sei es zur Abwicklung nach Leerverkäufen, beabsichtigt sein (vgl auch FG Hessen 17.8.2018 – 4 V 1131/17, EFG 2018, 1754, hinsichtlich der Leerverkäufe offenlassend).

705 Mit der Formulierung „wenn die Aktien **mit Dividendenberechtigung erworben, aber ohne Dividendenanspruch geliefert** werden" wird sichergestellt, dass nur **tatsächliche Leerverkäufe** unter die Regelung fallen. Ausgeschlossen sind Verkäufe, bei denen Aktien jeweils mit Dividendenanspruch verkauft, per Wertpapierleihe beschafft und an den Verkäufer übertragen werden und in denen eine Dividendenkompensation des Veräußerers nicht an den Käufer, sondern an den Wertpapierverleiher fließt (BT-Drs. 16/2712, 48). Die Aktien ohne Dividendenanspruch müssen tatsächlich **vom Veräußerer** der mit Dividendenanspruch veräußerten Aktien **an den Erwerber** dieser Aktien **geliefert, dh in ihrem wirtschaftlichen Eigentum übertragen werden** (KSM/*Jochum* § 20 Rn. C/1 110; *Eisgruper/Sprengel* DB 2017, 750 (751); **aA** *Spatschek/Spilker* DB 2017, 752).

706 Die Dividendenkompensationsleistung muss **von „einem anderen als dem Anteilseigner nach Absatz 5 bezogen"** werden. „Anderer" kann nicht der Leistende selbst, der bereits nichts an sich selbst leistet (**aA** *Desens* DStZ 2012, 142 (144)), sondern bei systematischer und telelogischer Auslegung **nur derjenige** sein, der bei Abschluss des Veräußerungsgeschäfts noch kein wirtschaftlicher Eigentümer der Beteiligung war, aber **bei der Erfüllung des obligatorischen Veräußerungsgeschäfts das wirtschaftliche Eigentum unmittelbar vom Veräußerer erlangt** (KSM/*Jochum* § 20 Rn. C/1 114).

707 Entscheidender Stichtag ist die **Entstehung des Dividendenanspruchs,** der nach gesellschaftsrechtlichen Grundsätzen vom Gewinnbezugsrecht zu unterscheiden ist. Das Gewinnbezugsrecht iSd § 58 Abs. 4 AktG ist unlösbar mit der gesellschaftsrechtlichen Beteiligung des Gesellschafters verbunden und entsteht mit der Feststellung des Jahresabschlusses gem. § 172 oder 173 AktG, der einen Bilanzgewinn ausweist (zur Fälligkeit § 58 Abs. 4 S. 2 AktG). Der schuldrechtliche **Dividendenanspruch des Gesellschafters gegen die Aktiengesellschaft auf Auszahlung des auf ihn entfallenden Anteils am Ausschüttungsbetrag** entsteht hingegen erst mit **Wirksamwerden des Gewinnverwendungsbeschlusses** iSd § 174 AktG; er ist selbständig und ohne die Mitgliedschaft verkehrsfähig (statt vieler: Henssler/Strohn/*Lange* AktG § 58 Rn. 10; iE → Rn. 555 ff.).

708–709 *Einstweilen frei*

710 **b) Bezüge aus Auflösung und Kapitalherabsetzung (§ 20 Abs. 1 Nr. 2). aa) Grundsätze und Systematik.** Durch **Körperschaftsteuerreformgesetz v. 31.8.1976** (→ Rn. 47; zur zeitlichen Anwendbarkeit → Rn. 99) wurde in § 20 Abs. 1 Nr. 2 erstmals die Steuerbarkeit der Bezüge aus der Auflösung oder Kapitalherabsetzung verankert, soweit Eigenkapital als verwendet gilt. Der Gesetzgeber bezweckte damit, dass die gesamte auf dem ausschüttbaren Gewinn der ausschüttenden Körperschaft lastende Körperschaftsteuer auf die Einkommensteuer des „letzten" Anteilseigners angerechnet werden konnte (BT-Drs. 7/1470, 272). Dies stellt die vollständige Besteuerung **thesaurierter und erst bei der Liquidation entstehender Erträge der Kapitalgesellschaft** bei Beendigung der dauerhaften Kapitalüberlassung und Auszahlung an den Gesellschafter sicher. Die Regelung gewährleistet zugleich, dass die **Rückgewähr des Nennkapitals** nach allgemeinen quellentheoretischen Grundsätzen (→ Rn. 378) nicht steuerbar ist. Zur **persönlichen Zurechnung** → Rn. 403.

711 Die Regelung wurde **durch UntStFG v. 20.12.2001 neu gefasst** (→ Rn. 62; zur zeitlichen Anwendbarkeit Rn. → Rn. 99) und erfasste Bezüge nach Auflösung oder Kapitalherabsetzung, die über das Nennkapital bzw. über den Bestand des steuerlichen Einlagekontos hinausgehen. Mit der Neuregelung **stellte der Gesetzgeber klar, dass die Bezüge aus der Auflösung oder Kapitalherabsetzung im Grundsatz zu Einkünften aus Kapitalvermögen führen** und dass die Liquidation – anders als bei § 17 Abs. 4 – nicht als Veräußerung oder veräußerungsgleicher Vorgang iSd § 20 Abs. 2 S. 2 behandelt wurde (BT-Drs. 14/6882, 35; BMF 18.1.2016, BStBl. I 2016, 85 Rn. 92; Schmidt/*Levedag* § 20 Rn. 73; Kirchhof/*Bleschick* § 20 Rn. 58). Im Gesetzgebungsverfahren wurde die zunächst vorgesehene Formulierung „Liquidationsraten" durch „Bezüge, die nach der Auflösung einer unbeschränkt steuerpflichtigen Körperschaft oder Personenvereinigung im Sinne der Nummer 1 anfallen" ersetzt, weil der Gesetzgeber klarstellen wollte, dass bei einer Liquidation **auch Abschluss-**

zahlungen als Kapitalerträge erfasst werden (BT-Drs. 14/7343, 12; BT-Drs. 14/7344, 8). Zum **Spezialitätsverhältnis zu § 17 Abs. 4 S. 1** → Rn. 157.

Die Streichung des zuvor in § 20 Abs. 1 Nr. 2 S. 1 enthaltenen Tatbestandsmerkmals **„unbeschränkt steuerpflichtig"** durch das SEStEG v. 7.12.2006 (→ Rn. 70; zur zeitlichen Anwendbarkeit → Rn. 99) erweiterte die Steuerbarkeit auch auf Bezüge aus der Auflösung ausländischer Körperschaften (BT-Drs. 16/2710, 29), die ihren Sitz oder ihre Geschäftsleitung nicht im Inland haben müssen, sondern auch in **sonstigen Drittstaaten** haben können (ebenso: Korn/*Hamacher/Dahm* § 20 Rn. 187; HHR/*Intemann* § 20 Rn. 122; **aA** Beschränkung auf Körperschaften aus EU-Mitgliedstaaten: Kirchhof/*Bleschick* § 20 Rn. 58; rechtswidriger Zustand: *Früchtl/Prokscha* BB 2007, 2147 (2149 f.)). 712

Einstweilen frei 713–714

bb) Bezüge nach Auflösung einer Körperschaft (§ 20 Abs. 1 Nr. 2 S. 1). § 20 Abs. 1 Nr. 2 erfasst die Auflösung und Kapitalherabsetzung bei allen **Körperschaften iSd § 20 Abs. 1 Nr. 1** (→ Rn. 526 ff.); die gesonderte Erwähnung von Personenvereinigungen ist überflüssig (Kirchhof/*Bleschick* § 20 Rn. 58). Erfasst werden im Umkehrschluss aus Nr. 2 S. 2 (→ Rn. 726) sowie bei historischer Auslegung (→ Rn. 712) **alle in- wie ausländischen Körperschaften.** 715

Die **Auflösung** einer Körperschaft kann entsprechend gesellschaftsrechtlicher Grundsätze durch Zeitablauf, Gesellschafterbeschluss, Insolvenzeröffnung etc erfolgen. Die **Wirkung der Auflösung** tritt zu dem Zeitpunkt ein, den das Gesellschaftsrecht für den jeweiligen Auflösungsgrund bestimmt, zB mit Ablauf eines konkreten Tages, mit der Rechtskraft eines gerichtlichen Auflösungsbeschlusses etc. An die formelle Auflösung der Körperschaft schließt sich ihre Liquidation in einem Liquidationsverfahren an, wenn nicht ein Insolvenzverfahren durchzuführen ist. 716

Regelungen zur Auflösung von Körperschaften: 716.1
AG: § 262 AktG.
KGaA: §§ 289 Abs. 2, Abs. 1 AktG iVm §§ 161 iVm 131 HGB.
SE: § 52 SEAG iVm § 262 AktG.
GmbH: §§ 60 ff. GmbHG.
Eingetragene Genossenschaft: §§ 78 ff. GenG
Vorgesellschaften: § 262 AktG analog oder § 60 GmbHG analog.
Vergleichbare ausländische Gesellschaft: nach dem jeweils geltenden nationalen Gesellschaftsrecht.

Die **Aufgabe einer Beteiligung** stellt keine Auflösung einer Körperschaft dar (Blümich/*Ratschow* § 20 Rn. 183). Auf die **Verschmelzung, Spaltung** oder **Vermögensübertragung** einer Körperschaft findet § 20 Abs. 1 Nr. 2 keine Anwendung (Korn/*Hamacher/Dahm* § 20 Rn. 189). In seinem Anwendungsbereich ist das **UmwStG** lex specialis zu § 20 Abs. 1 Nr. 2 (→ Rn. 188 ff.). Zu den Besonderheiten nach Kapitalerhöhung aus Gesellschaftsmitteln im **KapErhStG** → Rn. 199. 717

Die Anwendung des § 20 Abs. 1 Nr. 2 auf Abwicklungserlöse setzt die **tatsächliche Auflösung und Abwicklung,** dh die ernstliche Durchführung einer beschlossenen Abwicklung voraus (Blümich/*Ratschow* § 20 Rn. 185). Mit dem **„Anfallen"** von Bezügen kann nicht deren Zufluss zum Vermögen des Anteilseigners iSd § 11 Abs. 1 gemeint sein, weil dem Merkmal dann keine eigenständige Bedeutung im Vergleich zu § 11 zukäme. Vielmehr ist nach Historie, Telos und Systematik der Norm, die eine Sonderregelung für Kapitalerträge aus der Beendigung einer Kapitalbeteiligung durch Auflösung der Körperschaft darstellt, darauf abzustellen, inwiefern ein **Gewinn der Kapitalgesellschaft** bis zum Zeitpunkt der Auflösung der Kapitalgesellschaft **entstanden ist** (**aA** Blümich/*Ratschow* § 20 Rn. 187: Zeitpunkt des Gewinnverwendungsbeschlusses vor oder nach dem Zeitpunkt der Auflösung entscheidend). Auf diese Weise wird der mit Liquidationswerten und nicht nach den Grundsätzen der Unternehmensfortführung ermittelte Gewinn der Liquidationsphase auch beim Anteilseigner einheitlichen Regelungen unterworfen. Eine derartige Interpretation steht zudem im Einklang mit der Rechtsprechung des BFH, der eine Beschlussfassung über die Ausschüttung der bis zum Beginn der Liquidation entstandenen Gewinne auch noch nach Liquidationsbeginn genügen lässt (BFH 12.9.1973 – I R 9/72, BStBl. II 1974, 14; BFH 17.7.1974 – I R 233/71, BStBl. II 1974, 692; BFH 9.3.1983 – I R 202/79, BStBl. II 1983, 718

433; BFH 22.10.1998 – I R 15/98, BFH/NV 1999, 829; BFH 17.7.2008 – I R 12/08, BStBl. II 2009, 160; BFH 10.6.2009 – I R 80/08; BFH/NV 2009, 1835).

719 Nach seinem Regelungszusammenhang erfasst § 20 Abs. 1 Nr. 2 S. 1 nur solche **Bezüge, die auf dem Beteiligungsverhältnis des Anteilseigners zur Körperschaft beruhen,** nicht hingegen die Bezüge aus der Abwicklung und Erfüllung sonstiger, neben das Beteiligungsverhältnis tretender Rechtsverhältnisse zwischen Körperschaft und Anteilseigner, etwa durch Rückveräußerung im Zuge der Liquidation (vgl. Lademann EStG/*Jachmann-Michel/Lindenberg* § 20 Rn. 288). Mangels konkreter gesetzlicher Vorgaben können die Bezüge aus freihändigem Verkauf, im Rahmen einer Insolvenzquote oder in sonstiger Weise resultieren. Der Begriff „**Bezüge**" ist iSd § 20 Abs. 1 Nr. 1 S. 1 zu verstehen (HHR/*Intemann* § 20 Rn. 121 → Rn. 548 ff.) und umfasst **Raten- sowie Abschlusszahlungen** (→ Rn. 710), die **zeitlich nach der Auflösung der Körperschaft anfallen** (sog. Liquidationsphase; KSM/*Jochum* § 20 Rn. C/2 14). Erfasst werden auch Sachbezüge (HHR/*Intemann* § 20 Rn. 121). Zeitlich vor dem Zeitpunkt der Auflösung (→ Rn. 716) anfallende Bezüge sind als sonstige Bezüge iSd § 20 Abs. 1 Nr. 1 S. 1 steuerbar (Korn/*Hamacher/Dahm* § 20 Rn. 188 und 191; Blümich/*Ratschow* § 20 Rn. 187; Lademann EStG/*Jachmann-Michel/Lindenberg* § 20 Rn. 291).

720 Nach § 20 Abs. 1 Nr. 2 S. 1 steuerbar sind zudem nur solche Bezüge des Gesellschafters aus der Auflösung, die **nicht in der Rückzahlung von Nennkapital** bestehen (§ 20 Abs. 1 Nr. 2 S. 1 Hs. 1) und **nicht als aus dem steuerlichen Einlagekonto iSd § 27 KStG verwendet gelten** (§ 20 Abs. 1 Nr. 2 S. 1 Hs. 2 iVm Nr. 1 S. 3). Diese Regelungstechnik stellt sicher, dass die Kapitalrückzahlung entsprechend allgemeiner quellentheoretischer Grundsätze (→ Rn. 378) nicht besteuert wird. Der Begriff „**Nennkapital**" meint das gesellschaftsrechtlich gebundene Eigenkapital der Körperschaft, also das Stammkapital einer GmbH (§§ 5, 5a GmbHG), das Grundkapital einer AG oder KGaA (§ 1 Abs. 2, § 6 AktG) oder das Geschäftsguthaben der Mitglieder einer Erwerbs- und Wirtschaftsgenossenschaft (§ 22 GenG, Schmidt/*Weber-Grellet*, 36. Aufl. 2017, § 20 Rn. 70). Zu den über das Nennkapital hinausgehenden Einlagen gemäß steuerlichem Einlagekonto iSd § 27 KStG → Rn. 676 ff.; zur Auflösung von Gesellschaften ohne steuerliches Einlagekonto → Rn. 679; zur Steuerbarkeit der Rückzahlung von den Teilen des Nennkapitals, die aus Gewinnrücklagen gebildet wurden, gemäß § 20 Abs. 1 Nr. 2 S. 2 → Rn. 726.

720.1 Berechnung der steuerbaren Bezüge iSd § 20 Abs. 1 Nr. 2 S. 1:
Gesamterlös nach Abschluss der Liquidation
./.Verbindlichkeiten der Körperschaft
./.ggf. Bezüge, die vor Auflösung der Körperschaft angefallen sind (steuerbar gemäß § 20 Abs. 1 Nr. 1 S. 1)
./.Anteil anderer Anteilseigner am Auflösungserlös
= Eigenkapitalanteil des Anteilseigners am Auflösungserlös
./. Nennkapital der Beteiligung an der Körperschaft (nicht steuerbar nach allgemeinen Grundsätzen)
./. Bestand steuerliches Einlagekonto (nicht steuerbar, § 20 Abs. 1 Nr. 2 S. 1 Hs. 2 iVm Nr. 1 S. 3 EStG iVm § 27 KStG)
= Auflösungsgewinn = steuerbare Bezüge iSd § 20 Abs. 1 Nr. 2 S. 1.

721–725 *Einstweilen frei*

726 **cc) Bezüge auf Grund einer Kapitalherabsetzung oder nach Auflösung einer inländischen Körperschaft (§ 20 Abs. 1 Nr. 2 S. 2).** § 20 Abs. 1 Nr. 2 S. 2 statuiert eine Steuerpflicht für Bezüge des Anteilseigners, die aufgrund einer Kapitalherabsetzung oder nach der Auflösung einer unbeschränkt steuerpflichtigen Körperschaft oder Personenvereinigung iSd § 20 Abs. 1 Nr. 1 anfallen und als Gewinnausschüttung iSd § 28 Abs. 2 S. 2 und S. 4 KStG gelten.

727 **(1) Zweck und Funktion der Regelung.** § 20 Abs. 1 Nr. 2 S. 2 EStG iVm § 28 Abs. 2 S. 2 und S. 4 KStG hat den **Zweck,** die Besteuerung der bei einer Kapitalherabsetzung an den Anteilseigner ausgekehrten Beträge bei diesem sicherzustellen. Ohne die Regelung könnten nach einer Kapitalerhöhung Besteuerungslücken durch Umwandlung von Gewinnrücklagen in Nennkapital entstehen, wenn das Nennkapital anschließend wieder herabgesetzt wird. Da die Rückzahlung von Kapital nach allgemeinen quellentheoretischen Grundsätzen

(→ Rn. 370 ff.) als nicht steuerbare Vermögensumschichtung erscheinen könnte, bliebe es bei den für die Kapitalerhöhung verwendeten Gewinnrücklagen lediglich bei einer Belastung mit Körperschaftsteuer, ohne dass der Kapitalertrag der Gesellschafter besteuert würde.

Die **Funktion** des durch das StSenkG v. 23.10.2000 (→ Rn. 59) eingeführten § 28 KStG besteht darin, die aus der Gewinnrücklage stammenden und in Nennkapital umgewandelten Beträge dokumentarisch festzuhalten (BT-Drs. 14/2683, 126). Bei einer Herabsetzung des Nennkapitals oder der Auflösung der Körperschaft wird der Betrag dieses Sonderausweises dann in der von § 28 Abs. 2 KStG vorgesehenen Reihenfolge verrechnet bzw. gemindert. Die gesetzliche Reihenfolge ist dabei bindend, eindeutig, lässt keine Ausnahmen zu und ist nicht analogiefähig (BFH 8.6.2011 – I R 69/10, BFH/NV 2011, 1921; vgl. auch BFH 15.1.2015 – I R 69/12, BFHE 249, 99), woran auch die punktuelle Ergänzung des § 28 KStG durch das SEStEG v. 7.12.2006 (→ Rn. 70) nichts geändert hat. Erfolgen Rückzahlungen des Nennkapitals, so werden diese nach § 28 Abs. 2 S. 2 und S. 4 KStG **umqualifiziert** zu Gewinnausschüttungen, die beim Anteilseigner zu Bezügen iSd § 20 Abs. 1 Nr. 2 führen. **728**

Einstweilen frei **729–730**

(2) Anwendungsbereich. § 20 Abs. 1 Nr. 2 S. 2 ist nur anwendbar auf **Körperschaften iSd § 20 Abs. 1 Nr. 1** (→ Rn. 526 ff.), die anders als bei § 20 Abs. 1 Nr. 2 S. 1 (→ Rn. 716.1) **unbeschränkt körperschaftsteuerpflichtig** iSd § 1 KStG sein müssen (HHR/*Intemann* § 20 Rn. 128). **731**

Kapitalrückzahlungen **ausländischer Körperschaften** aufgrund einer handelsrechtlich wirksamen Kapitalherabsetzung unterfallen nicht § 20 Abs. 1 Nr. 2 S. 2. Sie sind gleichwohl nach allgemeinen quellentheoretischen Grundsätzen (→ Rn. 378) in Höhe des Betrags der Nennkapitalherabsetzung nicht steuerbar, denn sie bewirken eine steuerneutrale Vermögensumschichtung des Gesellschafters (vgl. BT-Drs. 7/1470, 272; BFH 14.10.1992 – I R 1/91, BStBl. II 1993, 189; BFH 20.10.2010 – I R 117/08, BFH/NV 2011, 669). **732**

Einstweilen frei **733–734**

(3) Bezüge auf Grund einer Kapitalherabsetzung. Nach § 20 Abs. 1 Nr. 2 S. 2 sind Bezüge steuerbar, die aufgrund einer **Kapitalherabsetzung** anfallen. Zum Begriff **„Bezüge"** → Rn. 719, zu **„Anfallen"** → Rn. 718. Bezüge fallen **„auf Grund"** der Kapitalherabsetzung an, wenn bereits der Herabsetzungsbeschluss die Rückzahlung als letzten Akt des Herabsetzungsvorgangs vorsieht oder wenn jedenfalls die weiteren Umstände (zB der zeitliche Abstand zwischen Herabsetzung und Auskehrung) für eine finale Verknüpfung sprechen (HHR/*Berninghaus* KStG § 28 Rn. 50). **735**

Eine **Kapitalherabsetzung** ist der Beschluss der Gesellschafter einer Kapitalgesellschaft, das durch die Satzung der Gesellschaft gebundene Nennkapital (→ Rn. 720) herabzusetzen (HHR/*Intemann* § 20 Rn. 126) und die gesellschaftsrechtliche Bindung des Kapitals nach einem besonderen Verfahren zu lösen. Die Kapitalherabsetzung wird nach §§ 222 ff. und 229 ff. AktG (AG) bzw. nach § 58 iVm § 54 GmbHG (GmbH) vollzogen und **erst im Zeitpunkt der Eintragung ins Handelsregister handels- bzw. gesellschaftsrechtlich wirksam** (§ 224 AktG, § 58 Abs. 1 Nr. 4 iVm § 54 Abs. 1, Abs. 3 GmbHG). Sie kann gesellschaftsrechtlich zulässige Ausschüttungen aus der Kapitalgesellschaft vorbereiten, löst diese jedoch noch nicht aus, sondern bewirkt lediglich eine Umgliederung der bilanziellen Eigenkapitalposition. **736**

Der **Erwerb eigener Anteile** gemäß § 71 AktG, § 33 GmbHG stellt **bei der Gesellschaft** keinen Anschaffungsvorgang dar, sondern ist **wie eine Herabsetzung des Nennkapitals zu behandeln.** In Höhe des Nennbetrags der eigenen Anteile ist § 28 Abs. 2 KStG entsprechend anzuwenden. Der über die Rückzahlung des herabgesetzten Nennkapitals hinausgehende Betrag stellt eine Leistung der Gesellschaft an den veräußernden Anteilseigner dar, die nach den Grundsätzen des § 27 Abs. 1 S. 3 KStG zu einer Minderung des steuerlichen Einlagekontos führt. Beim **Anteilseigner, der seine Gesellschaftsanteile an die Gesellschaft veräußert,** stellt dies ein Veräußerungsgeschäft dar, das nach allgemeinen Grundsätzen der Besteuerung nach § 20 Abs. 2 S. 1 unterliegt (BMF 27.11.2013, BStBl. I 2013, 1615 Rn. 2, 9 und 20; HHR/*Intemann* § 20 Rn. 70, HHR/*Buge* § 20 Rn. 431; **offenlassend:** BFH 6.12.2017 – IX R 7/17, BStBl. II 2019, 213). **Verbleibende Gesellschafter** erzielen grundsätzlich keine Bezüge iSd § 20 Abs. 1 Nr. 1, selbst wenn sich der Wert ihrer Beteiligung durch den Erwerb eigener Anteile seitens der Gesellschaft erhöht. Nur wenn den Anteilseignern aufgrund des Erwerbs **736.1** eigener Anteile der Gesellschaft unmittelbar Leistungen zufließen, unterfallen diese § 20 Abs. 1 Nr. 2 S. 2 (HHR/*Intemann* § 20 Rn. 77).

736.2 Die **Einziehung von Aktien gemäß §§ 237 ff. AktG** ist nicht nur wirtschaftlich, sondern auch rechtlich ein **Unterfall der Kapitalherabsetzung** (MüKoAktG/*Oechsler* AktG § 237 Rn. 1) und unterfällt damit § 20 Abs. 1 Nr. 2 S. 2 (Blümich/*Ratschow* § 20 Rn. 194; **aA** für die Einordnung als Veräußerung iSd § 20 Abs. 2 S. 1: BMF 27.11.2013, BStBl. I 2013, 1615 Rn. 16; HHR/*Intemann* § 20 Rn. 70 f.; HHR/*Buge* § 20 Rn. 431). Die vereinfachte Kapitalherabsetzung nach § 229 AktG ist zwar erfasst, wegen des Ausschlusses von Leistungen an Gesellschafter nach § 230 AktG aber praktisch ohne Bedeutung (HHR/*Intemann* § 20 Rn. 126). Die durch die Einziehung als Reflex einhergehende Werterhöhung der übrigen Aktien ist mangels Zuflusses zum Vermögen der verbleibenden Anteilseigner nicht steuerbar (KSM/*Jochum* § 20 Rn. C/1 35).

736.3 Die **Einziehung von GmbH-Anteilen gemäß § 34 GmbHG** (sog. Amortisation) ist gemäß § 34 Abs. 3 iVm § 30 Abs. 1 GmbHG nur zulässig, wenn dadurch das Stammkapital der GmbH nicht angegriffen wird. Wenngleich die Einziehung eine Vernichtung des Geschäftsanteils und der mit ihm verbundenen Mitgliedschaftsrechte bewirkt (BeckOK GmbHG/*Schindler* § 34 GmbHG Rn. 1), wird das Stammkapital durch das Wirksamwerden der Einziehung grundsätzlich nicht berührt, sondern bleibt in gleicher Höhe erhalten, sofern nicht zugleich mit dem Einziehungsbeschluss ein Beschluss über die Herabsetzung des Stammkapitals getroffen wird. Lediglich die Summe der Nominalwerte der Geschäftsanteile entspricht durch die Einziehung nicht mehr dem tatsächlichen Stammkapital (BeckOK GmbHG/*Schindler* § 34 GmbHG Rn. 64 mwN; BGH 2.12.2014 – II ZR 322/13, NZG 2015, 429 mwN). Die Einziehung ist daher **keine Kapitalherabsetzung** iSd § 20 Abs. 1 Nr. 2 S. 2, sondern eine Veräußerung iSd § 20 Abs. 2 Nr. 1 (HHR/*Buge* § 20 Rn. 431; Blümich/*Ratschow* § 20 Rn. 194; **aA** LBP/*Schlotter* § 20 Rn. 1204). Der von der Einziehung unmittelbar betroffene Gesellschafter erhält für die Einziehung seines Geschäftsanteils eine Abfindung, die sich nach allgemeiner gesellschaftsrechtlicher Ansicht nach dem wirtschaftlichen Wert des GmbH-Anteils, dh im Zweifel nach dessen Verkehrswert bemisst (BeckOK GmbHG/*Schindler* § 34 GmbHG Rn. 81 f. mwN). Soweit die Abfindung dem früheren Nennwert des Geschäftsanteils entspricht, bewirkt die Einziehung insoweit eine steuerneutrale Vermögensumschichtung; der darüber hinausgehende Abfindungsbetrag ist als Veräußerungserlös iSd § 20 Abs. 2 S. 1 steuerbar (BMF 27.11.2013, BStBl. I 2013, 1615 Rn. 16; HHR/*Intemann* § 20 Rn. 71).

736.4 **Nicht um eine Kapitalherabsetzung** handelt es sich, wenn ein Gesellschafter wegen der nicht rechtzeitigen Einzahlung seiner Einlagen gemäß § 64 AktG, § 21 GmbHG **aus der Gesellschaft ausgeschlossen** wird und sein Gesellschaftsanteil zugunsten der Gesellschaft für verlustig erklärt wird (sog. **Kaduzierung;** so auch: Blümich/*Ratschow* § 20 Rn. 194). Dies folgt daraus, dass der Gesellschaftsanteil nicht untergeht, sondern zumindest nach hL auf die Gesellschaft übergeht, die bis zum Übergang auf einen neuen Erwerber gebundener, treuhänderischer Inhaber des Gesellschaftsanteils bleibt (BeckOK GmbHG/*Jaeger* § 21 GmbHG Rn. 46.1; MüKoAktG/*Bayer* AktG § 64 Rn. 68 f. mwN).

736.5 Auch bei der freiwilligen **Aufgabe des GmbH-Anteils** gemäß § 27 GmbHG durch den Gesellschafter, der eine von der Gesellschafterversammlung beschlossene Nachschusspflicht nicht erfüllen will oder kann, bleibt das Nennkapital der GmbH ebenfalls vollständig erhalten, sodass **keine Kapitalherabsetzung** vorliegt. Vielmehr handelt es sich bei wirtschaftlicher Betrachtung um einen Veräußerungsvorgang, bei dem der Gesellschafter seinen GmbH-Anteil gegen Befreiung von der Nachschusspflicht, ggf. zuzüglich des Überschusses nach der Deckung der Verkaufskosten und des rückständigen Nachschusses (§ 27 Abs. 2 S. 3 GmbHG) überträgt. Ist die Befriedigung der Gesellschaft durch den Verkauf nicht zu erlangen, so fällt der Geschäftsanteil gemäß § 27 Abs. 3 S. 1 GmbHG der Gesellschaft zu. In Höhe des Nennbetrags handelt es sich somit um eine steuerneutrale Kapitalrückzahlung, in Höhe des darüber hinausgehenden Überschusses um eine Veräußerung iSd § 20 Abs. 2 S. 1 Nr. 1 (BMF 27.11.2013, BStBl. I 2013, 1615 Rn. 16; Blümich/*Ratschow* § 20 Rn. 183).

736.6 Werden **Vorzugsaktien (Mehrstimmrechtsaktien) in Stammaktien umgewandelt,** so ist darin ein abgekürztes Verfahren an Stelle einer Kapitalherabsetzung durch Einziehung der Vorzugsaktien einerseits und einer gleichzeitigen Kapitalerhöhung gegen Sacheinlage andererseits zu sehen (BFH 24.9.1974 – VIII R 64/69, BStBl. II 1975, 230).

737 Nur wenn eine Körperschaft Ausschüttungen an ihre Anteilseigner **zeitlich nach der Wirksamkeit der Kapitalherabsetzung durch Eintragung ins Handelsregister** vornimmt, können diese **auf Grund** der Kapitalherabsetzung iSd § 20 Abs. 1 Nr. 2 S. 2 anfallen; anderenfalls liegt eine vGA nach § 20 Abs. 1 Nr. 1 S. 2 vor (→ Rn. 569; vgl. auch Schmidt/*Levedag* § 20 Rn. 73). Wird die Kapitalrückzahlung hingegen nach dem Gesellschafterbeschluss über die Kapitalherabsetzung, aber **noch vor dessen handelsrechtlicher Wirksamkeit durch seine Handelsregistereintragung vorgenommen,** so soll eine steuerbare

Kapitalrückzahlung hingegen auch dann vorliegen können, wenn die Beteiligten im Zeitpunkt der Zahlung alles unternommen haben, was zur Herbeiführung der handelsrechtlichen Wirksamkeit der Kapitalherabsetzung erforderlich ist, und wenn Gläubigerinteressen nicht berührt sind (BFH 6.4.1976 – VIII R 72/70, BStBl. II 1976, 341; BFH 25.10.1979 – VIII R 46/76, BStBl. II 1980, 247; BFH 29.6.1995 – VIII R 69/93, BStBl. II 1995, 725; HHR/*Intemann* § 20 Rn. 72; Lademann EStG/*Jachmann-Michel/Lindenberg* § 20 Rn. 295; **aA** noch BFH 9.8.1963 – VI 72/60 U, BStBl. III 1963, 454 mwN). In diesem Fall scheidet die Einordnung einer Auszahlung nach Kapitalherabsetzung als vGA zutreffend schon deshalb aus, weil eine solche Auszahlung einem Nichtgesellschafter nicht zugewendet werden kann und damit ein Vergleich zwischen Gesellschafter und Nichtgesellschafter nicht möglich ist (BFH 25.10.1979 – VIII R 46/76, BStBl. II 1980, 247). **Diese Frage sieht der BFH als abschließend geklärt an** (BFH 14.2.2008 – I B 115/07, BFH/NV 2008, 1362).

Von der Rückzahlung des Nennkapitals zu unterscheiden ist die Frage, ob in der **Auszahlung des Kapitals vor Fälligkeit,** jedoch **unter Verzicht auf eine Verzinsung** für die Zeit von der Auszahlung bis zum Wirksamwerden der Kapitalherabsetzung eine vGA in Höhe des Zinsvorteils liegt. Der BFH nimmt dies zu Recht an, weil der Gesellschafter eine Zinsersparnis und damit einen durch das Gesellschaftsverhältnis veranlassten geldwerten Vorteil erlangt (BFH 9.8.2006 – I B 20/06, BFH/NV 2007, 108). **738**

Einstweilen frei **739–741**

c) Investmenterträge nach § 16 InvStG (§ 20 Abs. 1 Nr. 3). § 20 Abs. 1 Nr. 3 wurde durch das **InvStRefG** v. 27.7.2016 eingeführt (→ Rn. 77) und ist **am 1.1.2018 in Kraft getreten** (→ Rn. 99; Überblick bei *Lechner* RDF 2016, 208; *Stadler/Bindl* DStR 2016, 1953; zum Anwendungsschreiben vgl. BStBl. I 2019, 527). Die Aufnahme derartiger Investmenterträge in den Katalog des § 20 bewirkt eine steuerliche **Gleichstellung mit Direktinvestitionen,** indem insbesondere die Verlustverrechnungsbeschränkungen des § 20 Abs. 6 (→ Rn. 1373), das Werbungskostenabzugsverbot des § 20 Abs. 9 (→ Rn. 1500) sowie die Anwendung des gesonderten Steuertarifs gemäß § 32d Abs. 1 sichergestellt werden. Die Rechtsgrundverweisung erfasst **Investmenterträge nach § 16 InvStG,** die sich zusammensetzen aus den Ausschüttungen von Investmentfonds nach § 2 Abs. 1 InvStG iVm § 1 KAGB (§ 16 Abs. 1 Nr. 1 InvStG), den Vorabpauschalen nach § 18 InvStG (§ 16 Abs. 1 Nr. 2 InvStG) und den Gewinnen aus der Veräußerung von Investmentanteilen nach § 19 InvStG (§ 16 Abs. 1 Nr. 3 InvStG). Investmenterträge sind nach § 16 Abs. 2 S. 1 InvStG nur dann nicht anzusetzen, wenn die zugrundeliegenden Investmentanteile im Rahmen von Altersvorsorge- oder Basisrentenverträgen gehalten werden, die nach § 5 oder § 5a AltZertG zertifiziert wurden. Für ein **Absehen von der Besteuerung aus Billigkeitsgründen,** etwa bei Verwicklung des Investmentfonds in ein betrügerisches System, besteht **kein Raum** (**aA** vgl. BMF 20.12.2018, BStBl. I 2019, 14). **Zur persönlichen Zurechnung** → Rn. 404. **742**

Die Regelung des 20 Abs. 1 Nr. 3 steht im Zusammenhang mit der grundlegenden Neuregelung der Besteuerung von Investmentvermögen zum 1.1.2018 (§ 56 Abs. 1 InvStG). Durch das InvStRefG wurde die zuvor geltende semi-transparente Besteuerung (→ Rn. 209) durch ein „einfaches, leicht administrierbares und gestaltungssicheres **intransparentes Besteuerungssystem für Investmentfonds**" ersetzt, das nicht mehr auf bestimmte Rechtsformen offener Investmentvermögen abstellt. In Abkehr von § 11 Abs. 1 S. 2 und S. 3 InvStG idF Investmentmodernisierungsgesetz v. 15.12.2003, der Investmentvermögen von der Körperschaft- und Gewerbesteuer ausnahm, gelten **inländische Investmentfonds** gemäß § 6 Abs. 1 InvStG idF InvStRefG v. 27.7.2016 als **Zweckvermögen nach § 1 Abs. 1 Nr. 5 KStG** und **ausländische Investmentfonds** als **Vermögensmassen nach § 2 Nr. 1 KStG,** unterliegen also der Körperschaftsteuer. Zugleich gelten Investmentfonds gemäß § 15 Abs. 1 InvStG idF InvStRefG v. 27.7.2016 als sonstige juristische Personen des Privatrechts gemäß § 2 Abs. 3 GewStG und unterliegen daher der Gewerbesteuer. Mit § 20 Abs. 1 Nr. 3 wird die zweistufige Steuerbelastung nicht nur auf Fonds-, sondern auch auf Anleger-Ebene verwirklicht. Mit der **Verankerung des Trennungsprinzips** (→ Rn. 109) geht zum einen eine unterschiedslose Körperschaftsteuerbelastung in- wie ausländischer Investmentfonds, zum anderen eine Belastung der Anleger eines Investmentfonds für die Ausschüttungen des Investmentfonds und Gewinne aus der Rückgabe, Veräußerung oder Entnahme von Investmentanteilen mit dem Abgeltungsteuersatz oder als Betriebseinnahmen einher (BT- **743**

Drs. 18/8045, 54 f.). Für die Besteuerung der Anleger sind damit **nur noch vier Informationen** (Angaben zur Art des Investmentfonds, Höhe der Ausschüttung, Rücknahmepreis am Anfang und am Ende des Wirtschaftsjahres) erforderlich (KSM/*Jochum* § 20 Rn. C/3 2). Die Vorbelastung auf Ebene des Investmentfonds wird gemäß **§ 20 InvStG** durch eine **teilweise Steuerbefreiung** der Einkünfte iSd § 20 Abs. 1 Nr. 3 iVm § 16 berücksichtigt (Übersicht bei *Stadler/Bindl* DStR 2016, 1953 (1959)).

744 § 16 Abs. 1 **Nr. 1 InvStG** iVm § 2 Abs. 11 InvStG besteuert die **Ausschüttungen aus Investmentfonds.** Um die gesetzgeberisch beabsichtigte Vereinfachung der Besteuerung von Investmentvermögen zu erreichen (→ Rn. 743), werden in § 16 Abs. 1 Nr. 1 InvStG alle Ausschüttungen grundsätzlich als steuerpflichtige Erträge behandelt und steuerfreie Kapitalrückzahlungen grundsätzlich (zur Ausnahme → Rn. 744.1 f.) nicht anerkannt. Inwiefern sich diese Abweichung vom Grundsatz der Kapitalertragsbesteuerung, Kapitalrückzahlungen als nicht steuerbar zu behandeln (→ Rn. 378), mit Vereinfachungsaspekten rechtfertigen lässt, erscheint fraglich.

744.1 Die Steuerfreiheit der Kapitalrückzahlung bestand bereits nach der ursprünglichen Gesetzesfassung des § 17 InvStG für die Liquidationsphase eines Investmentfonds. Insbesondere sog. Entnahmepläne mit Kapitalverzehr, bei denen ein Anleger einen bestimmten Betrag in einen Investmentfonds investiert, der dann über einen festgelegten Zeitraum in Teilbeträgen zuzüglich etwaiger Erträge zurückgezahlt wird, werden steuerlich nicht als steuerfreie Kapitalrückzahlung betrachtet (BT-Drs. 18/8045, 85 f.).

744.2 Mit der Neufassung von § 17 InvStG durch „JStG 2019" v. 12.12.2019 (BGBl. 2019 I 2451) zum 1.1.2020 hat der Gesetzgeber die Regelungen verschärft. Dadurch soll sichergestellt werden, dass erst die von den Anlegern erzielten Wertsteigerungen aus vorangegangenen Geschäftsjahren versteuert werden, bevor es zu steuerfreien Kapitalrückzahlungen kommt, und sog. negative Anschaffungskosten, die im Ergebnis zu einer nicht steuerbaren Kapitalrückzahlung führen, verhindert werden (BT-Drs. 19/13436, 175 ff.).

745–746 *Einstweilen frei*

747 § 16 Abs. 1 **Nr. 2** iVm § 18 Abs. 1 besteuert die sog. **Vorabpauschale** in Höhe des Betrags, um den die Ausschüttungen eines Investmentfonds innerhalb eines Kalenderjahres den sog. Basisertrag für dieses Kalenderjahr unterschreiten. Hintergrund ist die Einschätzung des Gesetzgebers, dass die tatsächlichen Ausschüttungen aus Investmentfonds in vielen Fällen geringer als die Erträge einer risikolosen Geldanlage seien, da Investmentfonds idR die außerordentlichen Erträge und häufig auch die laufenden Erträge (vor allem Zins-, Dividenden- und Mieterträge) thesaurierten. Die unveränderte Anwendung des Zufluss-Abfluss-Prinzips käme dann einer generellen Thesaurierungsbegünstigung gleich und würde zu einer erheblichen Steuerstundung führen, die Fondsanlagen im Vergleich zu Direktanlagen besser stellen würde. § 18 InvStG löst dies mit einer Ausnahme vom Zuflussprinzip iSd § 11 Abs. 1 (→ Rn. 127), indem an die Stelle der bisherigen ausschüttungsgleichen Erträge eine **pauschale Bemessungsgrundlage in Höhe einer risikolosen Marktverzinsung** tritt (sog. Vorabpauschale), wenn die Ausschüttungen des Investmentfonds diese Marktverzinsung in dem Veranlagungszeitraum nicht erreichen (BT-Drs. 18/8045, 88 f.). Die Regelung vermeidet trotz intransparenter Besteuerung des Investmentfonds zumindest teilweise eine steuerwirksame Ertragsthesaurierung und damit Steuerstundungseffekte über viele Jahre hinweg, die Anlagen über Investmentfonds im Vergleich zu Direktanlagen erheblich begünstigen würden (KSM/*Jochum* § 20 Rn C/3 4).

747.1 Eine Besteuerung der Vorabpauschale unterbleibt nach § 16 Abs. 2 S. 2 InvStG nur, wenn die zugrundeliegenden Investmentfondsanteile im Rahmen der betrieblichen Altersvorsorge, von Versicherungsunternehmen im Rahmen von Versicherungsverträgen nach § 20 Abs. 1 Nr. 6 S. 1 (→ Rn. 905 ff.) und § 20 Abs. 1 Nr. 6 S. 4 (→ Rn. 914 ff.) oder von Kranken- und Pflegeversicherungsunternehmen zur Sicherung von Alterungsrückstellungen gehalten werden.

748–749 *Einstweilen frei*

750 § 16 Abs. 1 **Nr. 3** iVm § 19 erfasst die **Gewinne aus der Veräußerung von Investmentanteilen,** die nicht in einem Betriebsvermögen und damit im Privatvermögen gehalten werden, dogmatisch **unsystematisch** im Rahmen von § 20 **Abs. 1,** der ansonsten nur laufende Kapitalerträge erfasst (→ Rn. 313). Als **Veräußerung** von Investmentanteilen und Spezial-Investmentanteilen gilt nach § 2 Abs. 13 InvStG auch deren Rückgabe, Abtretung, Entnahme oder verdeckte Einlage in eine Kapitalgesellschaft, sodass insoweit eine zusätzliche

Verweisung auf Veräußerungen iSd § 20 Abs. 2 entbehrlich war. Zur gleichheitsgerechten Besteuerung sind die **in § 2 Abs. 13 InvStG genannten Begriffe entsprechend § 20 Abs. 2** zu verstehen (→ Rn. 1148). Außerdem sind **ab dem 1.1.2020** (Art. 17 Nr. 2 Buchst. c „JStG 2019" v. 12.12.2019, BGBl. 2019 I 2451) auch die **beendete Abwicklung oder Liquidation** des Investmentfonds oder Spezial-Investmentfonds als mit der Veräußerung vergleichbare Realisationsvorgänge (BT-Drs. 19/13436, 173) erfasst. Um eine Doppelbesteuerung thesaurierter Gewinne durch Besteuerung der Vorabpauschalen (→ Rn. 747) und nochmals durch einen infolge der Thesaurierung erhöhten Veräußerungspreis zu vermeiden, werden die während der Besitzzeit angesetzten Vorabpauschalen nach § 19 Abs. 1 S. 3 InvStG vom Veräußerungsgewinn abgezogen (BT-Drs. 18/8045, 90).

Die Aufnahme von Veräußerungsgewinnen in § 20 Abs. 1 bewirkt Friktionen in der Verlustverrechnung, da die Vorrangwirkung des § 20 Abs. 6 S. 4 (→ Rn. 1378.1 und → Rn. 1392 f.) unterlaufen wird. De lege ferenda wäre daher eine Verweisung in § 20 Abs. 1 Nr. 3a auf § 16 Abs. 1 Nr. 1 und Nr. 2 InvStG und ein gesonderter Verweis in § 20 Abs. 2 auf § 16 Abs. 1 Nr. 3 InvStG zu begrüßen. **750.1**

§ 2 Abs. 14 InvStG stellt klar, dass der Begriff „Gewinne" auch Realisationsvorgänge erfasst, aus denen Verluste resultieren. **750.2**

Einstweilen frei **751–755**

d) Spezial-Investmenterträge nach § 34 InvStG (§ 20 Abs. 1 Nr. 3a). § 20 Abs. 1 Nr. 3a wurde durch **InvStRefG v. 19.7.2016** eingeführt (→ Rn. 77) und ist am 1.1.2018 in Kraft getreten (→ Rn. 99; Überblick bei *Stadler/Bindl* DStR 2016, 1953 (1960 ff.); zum Anwendungsschreiben vgl. BStBl. I 2019, 527). Die Rechtsgrundverweisung erfasst sog. Spezial-Investmenterträge iSd § 34 Abs. 1 InvStG, die sich zusammensetzen aus den Ausschüttungen des Investmentfonds nach § 35 iVm § 2 Abs. 1 InvStG iVm § 1 KAGB (§ 34 Abs. 1 Nr. 1 InvStG), den ausschüttungsgleichen Erträgen nach § 36 InvStG (§ 34 Abs. 1 Nr. 2 InvStG) und den Gewinnen aus der Veräußerung (vgl. → Rn. 750) von Spezial-Investmentanteilen nach § 49 iVm § 2 Abs. 13 InvStG (§ 34 Abs. 1 Nr. 3 InvStG). **756**

Die Regelung gilt nur für sog. **Spezial-Investmentfonds,** die für einen Anlegerkreis von für maximal 100 institutionelle Anleger eröffnet sind und grundsätzlich der Körperschaft- und Gewerbesteuer unterliegen (§ 29 iVm §§ 6, 7 InvStG idF InvStRefG v. 19.7.2016), wenn sie nicht die sog. **Tranzparenzoption** des § 30 Abs. 1 InvStG ausüben. **757**

Übt der Spezial-Investmentfonds hingegen seine **Transparenzoption** aus und erklärt gegenüber dem Entrichtungspflichtigen unwiderruflich, dass den Anlegern des Spezial-Investmentfonds Steuerbescheinigungen gemäß § 45a Abs. 2 InvStG ausgestellt werden sollen, dann werden inländische Beteiligungseinnahmen des Spezial-Investmentfonds nach § 30 Abs. 1 S. 2 InvStG nicht dem Spezial-Investmentfonds, sondern unmittelbar dessen Anlegern zugerechnet. Die Kapitalerträge des Fonds sind dann nicht Teil der ausgeschütteten bzw. ausschüttungsgleichen Erträge iSd § 20 Abs. 1 Nr. 3a (*Warnke* EStB 2016, 305 (308)), sondern werden den Fondsanlegern unmittelbar als Kapitaleinkünfte nach § 20 Abs. 1 Nr. 1, Nr. 7 etc zugerechnet. Bei Ausübung der Transparenzoption kann der Spezial-Investmentfonds damit unter den gleichen Voraussetzungen wie bisher die zuvor **geltende semi-transparente Besteuerung** (→ Rn. 205) erlangen (Lademann EStG/*Jachmann-Michel/Lindenberg* § 20 Rn. 301b). Dabei bringt der Begriff „Semi-Transparenz" zum Ausdruck, dass bei Spezial-Investmentfonds – anders als bei Personengesellschaften – nicht alle Einkünfte dem Anleger zugerechnet werden (BT-Drs. 18/8045, 54 und 94 f.; **aA** BT-Drs. 18/8045, 98: „vollständige Transparenz"). **758**

§ 34 Abs. 1 Nr. 2 iVm §§ 36, 38 InvStG begründet eine **Abweichung vom Zufluss-Abfluss-Prinzip** ab, indem der Inhaber der Fondsanteile ausschüttungsgleiche Erträge jährlich versteuern muss, obwohl sie ihm nicht tatsächlich zufließen, sondern im Spezial-Investmentfonds verbleiben und wiederangelegt werden (BT-Drs. 18/8045, 104). § 34 Abs. 2 InvStG **schließt die Anwendung des gesonderten Steuertarifs nach § 32d aus** und verhindert damit eine unangemessene Privilegierung gegenüber den Anlegern von Publikums-Investmentfonds, die bei Spezial-Investmentfonds durch die Möglichkeit zur steuerneutralen Thesaurierung von Veräußerungsgewinnen und Gewinnen aus Termingeschäften entstehen könnte. Stattdessen kommt der allgemeine Einkommensteuertarif zur Anwendung. Daher ist es folgerichtig, § 20 Abs. 6 und Abs. 9 nicht anzuwenden und damit die unbeschränkte Verlustverrechnung und den Abzug der tatsächlichen Werbungskosten zuzulassen **759**

(BT-Drs. 18/8045, 102). Die Zurechnung negativer Beträge ist auf diesem Weg indes nicht möglich (KSM/*Jochum* § 20 Rn. C/3a 6).

760–764 *Einstweilen frei*

765 **e) Einnahmen aus stiller Beteiligung und partiarischem Darlehen (§ 20 Abs. 1 Nr. 4).** § 20 Abs. 1 Nr. 4 zählt zu den Kapitaleinkünften die Einnahmen aus der Beteiligung an einem Handelsgewerbe als stiller Gesellschafter sowie die Einnahmen aus partiarischen Darlehen, es sei denn, dass der stille Gesellschafter oder der partiarische Darlehensgeber als Mitunternehmer anzusehen ist.

766 **aa) Überblick.** Einnahmen aus der Beteiligung an einem Handelsgewerbe als **stiller Gesellschafter** sind seit § 12 Abs. 2 Buchst. b **EStG 1891** steuerbar, wurden in der Folge in § 8 Nr. 2 EStG 1920, § 37 Abs. 1 Nr. 2 EStG 1925, § 20 Abs. 1 Nr. 2 EStG 1934 überführt und schließlich durch Körperschaftsteuerreformgesetz v. 31.8.1976 in § 20 Abs. 1 Nr. 4 überführt (→ Rn. 47). Einnahmen aus **partiarischen Darlehen** wurden seit Körperschaftsteuerreformgesetz v. 31.8.1976 (→ Rn. 47, zur zeitlichen Anwendbarkeit → Rn. 99) in den Wortlaut des § 20 Abs. 1 Nr. 4 aufgenommen, um die Abgrenzung zwischen den sich in ihrem Wesen ähnlichen Anlageformen der stillen Beteiligung bzw. des partiarischen Darlehens im Rahmen von Abkommen zur Vermeidung der Doppelbesteuerung zu erleichtern (BT-Drs. 7/1470, 273). Beide Anlageformen sind insofern ähnlich, als die daraus erzielten Kapitalerträge sowohl dem Grunde als auch der Höhe nach an den Ertrag des Kapitalnehmers gekoppelt sind. Die Erträge aus beiden Arten von Kapitalforderungen unterfallen grundsätzlich dem gesonderten Steuertarif, wenn nicht die Voraussetzungen des **§ 32d Abs. 2 Nr. 1** vorliegen (→ § 32d Rn. 131 ff.). **Zur persönlichen Zurechnung** → Rn. 406.

767 **Kapitalnehmer** kann bei beiden Anlageformen ein nicht dem Kapitalgeber zuzurechnendes Einzelunternehmen, eine Personengesellschaft oder eine Kapitalgesellschaft sein (vgl. für die stille Gesellschaft: BFH 9.12.2002 – VIII R 20/01, BFH/NV 2003, 601). Zwischen **nahen Angehörigen** gelten die allgemeinen Grundsätze zur steuerlichen Anerkennung, insbesondere das Erfordernis der zivilrechtlichen Wirksamkeit getroffener Vereinbarungen (BFH 8.3.1984 – I R 31/80, BStBl. II 1984, 623).

768 Begründet ein Steuerpflichtiger eine stille Beteiligung mit einer **Personengesellschaft** oder gewährt er ihr ein partiarisches Darlehen, so unterfallen die daraus erzielten Einnahmen nur dann § 20 Abs. 1 Nr. 4, wenn der Steuerpflichtige dadurch **nicht die Stellung eines Mitunternehmers iSd § 15 Abs. 1 S. 1 Nr. 2 erlangt.** Anderenfalls erfolgt eine Umqualifizierung als Sonderbetriebseinnahmen (zur Abgrenzung → Rn. 799 ff.).

769 Bei **Kapitalgesellschaften** ist es zivilrechtlich zulässig und grundsätzlich auch steuerlich anzuerkennen, wenn der Gesellschafter der Gesellschaft ein partiarisches Darlehen gewährt oder an ihr eine stille Beteiligung begründet, selbst wenn er beherrschender Gesellschafter der Kapitalgesellschaft ist (BFH 28.10.1964 – I 198/62 U, BStBl. III 1965, 119; BFH 9.7.1969 – I R 188/67, BStBl. II 1969, 690; BFH 6.2.1980 – I R 50/76, BStBl. II 1980, 477; BFH 21.6.1983 – VIII R 237/80, BStBl. II 1983, 563; BFH 20.1.1984 – IV B 41/83, BeckRS 1984, 04769; BFH 1.4.1987 – II R 183/79; BFH 5.12.1990 – I R 106/88, BFH/NV 1991, 841; BFH 12.12.1990 – I R 85/88, BFH/NV 1992, 59; BFH 15.12.1992 – VIII R 42/90, BStBl. II 1994, 702; BFH 31.8.1999 – VIII R 21/98, BFH/NV 2000, 555). Dies folgt für die **stille Beteiligung** daraus, dass eine Kapitalgesellschaft den stillen Gesellschaftern nach gesellschaftsrechtlichen Grundsätzen als eine von der stillen Gesellschaft unabhängige Rechtsperson gegenübersteht (BFH 6.2.1980 – I R 50/76, BStBl. II 1980, 477). Die Möglichkeit der gleichzeitigen Gesellschaftsbeteiligung und Begründung eines **partiarischen Darlehens** folgt aus der gebotenen Einzelbetrachtung jedes Rechtsverhältnisses (→ Rn. 331), die die Gewährung von Eigen- und Fremdkapital unabhängig voneinander zulässt (BFH 28.10.1964 – I 198/62 U, BStBl. III 1965, 119).

770 **bb) Abgrenzung.** Die **Abgrenzung der stillen Gesellschaft vom partiarischen Darlehen,** die insbesondere aufgrund der bisweilen unterschiedlichen Behandlung beider Anlageformen in DBA erforderlich werden kann (HHR/*Intemann* § 20 Rn. 191), erfolgt danach, ob die **Parteien ohne einen gemeinsamen Zweck lediglich ihre eigenen Interessen verfolgen** und ihre Beziehungen ausschließlich durch die Verschiedenheit ihrer Interessen bestimmt werden. In dem Fall liegt ein **partiarisches Darlehen iSd § 488 BGB**

vor. Eine **(typisch) stille Beteiligung iSd §§ 230 ff. HGB** liegt hingegen vor, wenn sich die Parteien **zur Erreichung eines gemeinsamen Zieles verbunden haben** (BFH 21.6.1983 – VIII R 237/80, BStBl. II 1983, 563; BFH 8.3.1984 – I R 31/80, BStBl. II 1984, 623; BFH 1.4.1987 – II R 183/79; 21.10.1992 – X R 99/88, BStBl. II 1993, 289; BFH 14.6.2005 – VIII R 53/03, BFH/NV 2005, 2183; BFH 28.10.2008 – VIII R 36/04, BStBl. II 2009, 190; BFH 29.8.2017 – VIII R 13/16, BFH/NV 2018, 189 mwN; KSM/*Jochum* § 20 Rn. C/4 42), der über die bloße Kapitalüberlassung zur Nutzung hinausgeht (Lademann EStG/*Jachmann-Michel/Lindenberg* § 20 Rn. 304), und eine **Risikogemeinschaft** bilden (BFH 29.8.2017 – VIII R 13/16, BFH/NV 2018, 189 mwN; 5.10.2017 – VIII R 13/14, BFH/NV 2018, 27 mwN).

Die Abgrenzung hat in einer **Gesamtschau aller Beweisanzeichen** (vgl. BFH 10.2.1978 – III R 115/76, BStBl. II 1978, 256; BFH 21.10.1992 – X R 99/88, BStBl. II 1993, 289) unter umfassender Berücksichtigung des Vertragszwecks und der wirtschaftlichen Ziele der Vertragsparteien, ihrer bisherigen persönlichen Beziehungen, der geplanten Dauer des Vertragsverhältnisses, der Bereitschaft zur Übernahme eines Risikos bzw. des Bestrebens der Risikominimierung sowie des Interesses des Geschäftsinhabers an der Person des Geldgebers zu erfolgen (BFH 10.2.1978 – III R 115/76, BStBl. II 1978, 256; BFH 21.6.1983 – VIII R 237/80, BStBl. II 1983, 563; BFH 8.3.1984 – I R 31/80, BStBl. II 1984, 623). Für die Entscheidung können auch außerhalb eines Vertragstextes liegende Umstände von Bedeutung sein, insbesondere solche, die sich aus weiteren wirtschaftlichen Beziehungen zwischen den Vertragspartnern ergeben (BFH 8.3.1984 – I R 31/80, BStBl. II 1984, 623; BFH 21.10.1992 – X R 99/88, BStBl. II 1993, 289). Die Bezeichnung des Vertragsverhältnisses durch die Parteien kann dabei nur einen unverbindlichen Anhalt bieten. Maßgebend ist der zum Ausdruck gebrachte Rechtsfolgewille (BFH 10.2.1978 – III R 115/76, BStBl. II 1978, 256; BFH 21.6.1983 – VIII R 237/80, BStBl. II 1983, 563). **Indizien für ein partiarisches Darlehen** können ein Anspruch auf Rückzahlung des hingegebenen Geldes (BFH 7.2.2018 – X R 10/16, BStBl. II 2018, 630) sowie die fehlende Fortführungsverpflichtung des Geschäftsherrn, **Indiz für eine stille Gesellschaft** eine Verlustbeteiligung sein (HHR/*Intemann* § 20 Rn. 157). **771**

Die Auslegung einzelner Abreden und die sich daraus ergebende Gesamtwürdigung des jeweils zu beurteilenden Vertrags obliegt dem Finanzgericht als **Tatrichter** und unterliegt nur einer eingeschränkten revisionsrechtlichen Kontrolle (BFH 19.10.2005 – I R 48/04, BStBl. II 2006, 334; BFH 21.5.2014 – I R 41/13, BFH/NV 2014, 1908). **772**

Einstweilen frei **773–777**

cc) Einnahmen aus der Beteiligung an einem Handelsgewerbe als stiller Gesellschafter. § 20 Abs. 1 Nr. 4 S. 1 Alt. 1 verweist in einem **Rechtsgrundverweis** auf die (typisch) stille Gesellschaft iSd § 230 HGB und verlangt damit einen vertraglichen Zusammenschluss zwischen einem Unternehmensträger – dem Inhaber eines Handelsgeschäfts – und einem Anderen, kraft dessen sich der Andere ohne Bildung eines Gesellschaftsvermögens mit einer Einlage an dem Unternehmen beteiligt und eine **Gewinnbeteiligung** erhält (BFH 21.6.1983 – VIII R 237/80, BStBl. II 1983, 563; BFH 14.6.2005 – VIII R 53/03, BFH/NV 2005, 2183). § 20 Abs. 1 Nr. 4 ist auf Gewinnanteile aus typisch stillen Unterbeteiligungen (BFH 28.11.1990 – I R 111/88, BStBl. II 1991, 313; H 20.2 EStH 2018) sowie auf vergleichbare ausländische Beteiligungsverhältnisse entsprechend anzuwenden (vgl. BFH 24.3.1998 – I R 49/96, BStBl. II 1998, 649 zur limited partnership nach dem Recht des Bundesstaates Colorado/USA). **778**

Als stiller Gesellschafter können sich natürliche oder juristische Personen, aber auch Personengesellschaften oder Erbengemeinschaften am Handelsgewerbe eines anderen beteiligen (HHR/*Intemann* § 20 Rn. 153; Lademann EStG/*Jachmann-Michel/Lindenberg* § 20 Rn. 304). Stille Gesellschaften erleben aktuell eine praktische Aufwertung insbesondere durch sog. **Investment-Clubs** (BFH 14.6.2005 – VIII R 53/03, BFH/NV 2005, 2183) sowie im Rahmen des sog. **Crowdfunding,** bei dem insbesondere durch die Akquise von Kleinstbeträgen gemeinsame Forschungs-, Entwicklungs- oder Vertriebsprojekte realisiert werden. **779**

(1) Beteiligungsverhältnis. Die stille Gesellschaft erfordert ein **gesellschaftsrechtliches Beteiligungsverhältnis,** das auf eine gemeinsame Zweckverfolgung angelegt ist und die stille Gesellschaft von partiarischen Darlehen abgrenzt (→ Rn. 770). Die zur Erreichung **780**

des gemeinsamen Zwecks aufgebrachte Vermögenseinlage des stillen Gesellschafters (→ Rn. 782) geht in das alleinige Eigentum des Inhabers des Handelsgeschäfts über (§ 230 Abs. 1 HGB), ohne dass die stille Gesellschaft ein eigenes Gesamthandsvermögen bildet (für atyisch stille Gesellschaft: BFH 2.5.1984 – VIII R 276/81, BStBl. II 1984, 820; vgl. auch HHR/*Intemann* § 20 Rn. 149; Lademann EStG/*Jachmann-Michel/Lindenberg* § 20 Rn. 304). Folglich erwächst dem stillen Gesellschafter keine Vermögens-, sondern nur eine Ergebnisbeteiligung in Form eines **Gewinnanteils aus dem Ertrag der gesamten geschäftlichen Tätigkeit des Handelsgewerbes** (BFH 6.2.1980 – I R 50/76, BStBl. II 1980, 477; BFH 28.10.2008 – VIII R 36/04, BStBl. II 2009, 190). Zwingende Voraussetzung für die Anerkennung einer stillen Gesellschaft ist die **Beteiligung am Gewinn** des Geschäftsinhabers; die **alleinige Zahlung einer festen Verzinsung genügt nicht.** Wird jedoch **neben den Gewinnanteilen** eine feste Verzinsung, für Verlustjahre eine vereinbarte Mindestverzinsung der Einlage bzw. besondere Entgelte oder Vorteile iSd § 20 Abs. 3 gewährt, so sind diese Einkünfte von § 20 Abs. 1 Nr. 4 erfasst (HHR/*Intemann* § 20 Rn. 140). Eine stille Gesellschaft liegt nicht vor, wenn der (vermeintlich stille) Gesellschafter eine vom Geschäftsergebnis unabhängige Vergütung (BFH 9.7.1969 – I R 188/67, BStBl. II 1969, 690), lediglich eine **Umsatzbeteiligung** oder nur eine **Beteiligung am Erfolg einzelner Geschäftvorfälle** (HHR/*Intemann* § 20 Rn. 151 und 155), eines Geschäftszweigs, einer Geschäftsabteilung oder einer Zweigniederlassung erhält (**aA** KSM/*Jochum* § 20 Rn. C/4 26).

781 Der Wortlaut einer **Vereinbarung,** insbesondere die fehlende Erwähnung des Begriffs „stille Gesellschaft", steht der Begründung einer stillen Gesellschaft iSd § 230 HGB nicht entgegen. Entscheidend ist allein, ob der unter Heranziehung aller Umstände zu ermittelnde Vertragswille dem objektiven Rechtsbild der stillen Gesellschaft entspricht (BFH 28.10.2008 – VIII R 36/04, BStBl. II 2009, 190). Die Stellung als stiller Gesellschafter kann **auch durch ein mit einem anderen Rechtsverhältnis** (zB Darlehensverhältnis) **verdeckten Gesellschaftsverhältnis begründet** werden, wenn die Beteiligten sich bei Abschluss des anderen Rechtsverhältnisses zur Erreichung eines gemeinsamen Zwecks zusammenschließen und sich verpflichten, die Erreichung dieses Zwecks durch ihre Beiträge zu fördern. Ob den Rechtsverhältnissen zwischen den Beteiligten diese Eigenschaft zukommt, muss nach dem **Gesamtbild der Verhältnisse** beurteilt werden (BFH 27.5.1993 – IV R 1/92, BStBl. II 1994, 700). Der Annahme eines stillen Gesellschaftsverhältnisses steht auch nicht entgegen, wenn die Anleger seine Einlage jederzeit mit einer bestimmten Frist kündigen kann. Zwar ist die stille Gesellschaft als Dauerschuldverhältnis typischerweise darauf angelegt, einen Zustand zu schaffen, der über die kurzfristige Inanspruchnahme von Fremdmitteln durch den Geschäftsinhaber hinausgeht, jedoch ist die Regelung des § 234 Abs. 1 S. 1 iVm § 132 HGB ohne Weiteres abdingbar, dass die Gesellschafter auch eine jederzeitige fristlose ordentliche Kündigung vereinbaren können (BFH 14.6.2005 – VIII R 53/03, BFH/NV 2005, 2183).

782 Die **Vermögenseinlage** des stillen Gesellschafters in die stille Gesellschaft kann als Geld- oder Sacheinlage, aber auch durch Erbringung von Arbeitsleistungen erfolgen (Baumbach/Hopt/*Roth* HGB § 230 Rn. 20). Da die stille Gesellschaft nur als Innengesellschaft existiert, muss die Einlage so geleistet werden, dass sie in das Vermögen des Inhabers des Handelsgeschäfts übergeht. Sie wird daher kein Gesamthandsvermögen des stillen Gesellschafters und des Inhabers des Handelsgeschäfts (BFH 2.5.1984 – VIII R 276/81, BStBl. II 1984, 820; BFH 28.10.2008 – VIII R 36/04, BStBl. II 2009, 190).

782.1 Ob **Dienst- oder Arbeitsleistungen** als Einlage in eine stille Gesellschaft oder im Rahmen eines Arbeitsverhältnisses mit Gewinnbeteiligung (sog. partiarisches Arbeitsverhältnis) erfolgt sind, hängt bei Würdigung aller Einzelheiten davon ab, ob die Beteiligten in einem Verhältnis der Über- und Unterordnung jeweils ihre eigenen Interessen im Auge haben oder ob sie in partnerschaftlicher Gleichberechtigung ein gemeinsames Ziel im Sinne einer Neben- oder Gleichordnung verfolgen (BFH 28.7.1971 – I R 78/68, BStBl. II 1971, 815; BFH 6.10.1971 – I R 215/69, BStBl. II 1972, 187; BFH 28.1.1982 – IV R 197/79, BStBl. II 1982, 389). Eine gleichrangige Partnerschaft kann ihren Niederschlag zB in einem Überwachungs- und Mitspracherecht des stillen Gesellschafters oder in der ungewöhnlichen Höhe der Gewinnbeteiligung bzw. eines Beteiligungskontos finden (BFH 6.10.1971 – I R 215/69, BStBl. II 1972, 187; BFH 28.1.1982 – IV R 197/79, BStBl. II 1982, 389).

783–785 *Einstweilen frei*

(2) Handelsgewerbe des Unternehmensträgers. Begriff und Rechtsform der (typischen wie atypischen) stillen Gesellschaft setzen nach § 230 Abs. 1 HGB voraus, dass der **Unternehmensträger, mit dem die stille Gesellschaft begründet wird, ein Handelsgewerbe betreibt** (vgl. BFH 10.5.2007 – IV R 2/05, BStBl. II 2007, 927; Blümich/*Ratschow* § 20 Rn. 202). Ein solcher **„Inhaber des Handelsgeschäfts"** kann ein Einzelunternehmer als natürliche Person, eine Personengesellschaft oder eine Kapitalgesellschaft sein (HHR/*Intemann* § 20 Rn. 152; zur parallelen Beteiligung als Mitunternehmer und zugleich stiller Gesellschafter einer Personengesellschaft → Rn. 799 ff.). Nicht erforderlich ist hingegen, dass die stille Gesellschaft als solche ein gewerbliches Unternehmen betreibt, da es eine Tätigkeit der lediglich als Innengesellschaft errichteten stillen Gesellschaft nicht gibt; **tätig ist nur der Inhaber des Handelsgeschäfts** (BFH 12.11.1985 – VIII R 364/83, BStBl. II 1986, 311). Dabei kann sich die Einordnung als Handelsgewerbe unmittelbar **kraft kaufmännischer Tätigkeit (§ 1 Abs. 1, Abs. 2 HGB), kraft Eintragung (§ 3 HGB) oder kraft Rechtsform (6 HGB)** ergeben. Bei Handelsgesellschaften kann die Einordnung als Handelsgewerbe ausnahmsweise fehlen, wenn der Zweck der Gesellschaft nicht auf die Erzielung von Gewinn gerichtet ist und es deshalb an dem **zwingenden Merkmal einer Gewinnbeteiligung** fehlt (BFH 21.6.1983 – VIII R 237/80, BStBl. II 1983, 563; HHR/*Intemann* § 20 Rn. 151). 786

Erfasst werden auch stille **Beteiligungen an einem ausländischen Handelsgewerbe** (vgl. BFH 4.6.2008 – I R 62/06, BStBl. II 2008, 793; BFH 5.10.2017 – VIII R 13/14, BFH/NV 2018, 27), wenn diese Beteiligung sämtliche Merkmale einer stillen Gesellschaft iSd § 230 HGB aufweist (Blümich/*Ratschow* § 20 Rn. 7; HHR/*Intemann* § 20 Rn. 152). 787

Sind mehrere Personen oder Personengruppen als stille Gesellschafter am Handelsgewerbe einer anderen Person beteiligt, so bestehen zivilrechtlich **mehrere stille Gesellschaften,** die jeweils gesondert der vorstehenden Abgrenzung zu unterziehen sind. Hierbei muss auch geklärt werden, ob die unter der Firma des Inhabers ausgeübten Tätigkeiten **einen einzigen Gewerbebetrieb oder mehrere Betriebe bilden.** Im Rahmen der Abgrenzung ist die Tätigkeiten des Inhabers des Gewerbebetriebs **vollständig und einheitlich** zu berücksichtigen, wenn der Zweck der stillen Gesellschaft darauf gerichtet ist, die **gesamten** unter der Firma des Inhabers des Handelsgeschäfts ausgeübten gewerblichen Tätigkeiten gemeinsam mit dem Inhaber des Handelsgeschäfts auszuüben und mit dessen Tätigkeit identisch sind. Ist der stille Gesellschafter hingegen nur an bestimmten Geschäften oder jeweils nur an einem bestimmten Geschäftsbereich des Handelsgewerbes beteiligt, so sind die der jeweiligen stillen Gesellschaft gemeinsam bzw. die dem Inhaber des Handelsgeschäfts allein zuzuordnenden gewerblichen Tätigkeiten als jeweils getrennte Gewerbebetriebe zu beurteilen (so für atypisch stille Gesellschaften: BFH 6.12.1995 – I R 109/94, BStBl. II 1998, 685; BFH 23.4.2009 – IV R 73/06, BStBl. II 2010, 40; BFH 11.10.2012 – IV R 38/09, BStBl. II 2013, 958; Lademann EStG/*Jachmann-Michel/Lindenberg* § 20 Rn. 304; HHR/*Intemann* § 20 Rn. 153; die Grundsätze gelten für typisch stille Gesellschaften entsprechend). 788

Einstweilen frei **789–790**

(3) Besondere Voraussetzungen bei Gesellschafter-Fremdfinanzierung. Gesellschafter einer Kapitalgesellschaft können **neben ihrer Beteiligung ein weiteres Rechtsverhältnis in Form einer stillen Gesellschaft** begründen. Das Rechtsverhältnis der stillen Beteiligung ist der Besteuerung dabei nur dann zugrunde gelegt, wenn es klar und eindeutig vereinbart ist und die Vereinbarung tatsächlich durchgeführt worden ist. Die **Vereinbarung** muss dem Grunde und der Höhe nach **klar und eindeutig** sein oder zu Beginn des jeweiligen Wirtschaftsjahres zumindest erkennen lassen, nach welcher Bemessungsgrundlage (Prozentsätze, Zuschläge, Höchst- und Mindestbeträge) die Vergütung errechnet werden soll (BFH 9.7.1969 – I R 188/67, BStBl. II 1969, 690; BFH 25.5.1988 – I R 92/84, BFH/NV 1989, 258; BFH 26.4.1989 – I R 96/85, BFH/NV 1990, 63; BFH 12.12.1990 – I R 85/88, BFH/NV 1992, 59; HHR/*Intemann* § 20 Rn. 185). Zudem ist die Angemessenheit der Erfolgsbeteiligung des stillen Gesellschafters nach den Grundsätzen über die vGA daraufhin zu überprüfen, ob die Kapitalgesellschaft dem stillen Gesellschafter einen Vermögensvorteil in Form eines unangemessen hohen Gewinnanteils zugewendet hat, den sie bei Anwendung der Sorgfalt eines ordentlichen und gewissenhaften Geschäftsleiters einem Nichtgesellschafter unter sonst gleichen Umständen nicht gewährt hätte (BFH 6.2.1980 – I R 50/76, BStBl. II 1980, 477; BFH 5.12.1990 – I R 106/88, BFH/NV 1991, 841). 791

792 Dabei ist der Besteuerung idR die von den Gesellschaftern **vereinbarte Gewinn- und Verlustverteilung zugrunde zu legen. Soweit** die Verzinsung oder Gewinnbeteiligung jedoch unangemessen hoch ist, handelt es sich um **vGA** (BFH 29.3.1973 – IV R 56/70, BStBl. II 1973, 650; BFH 6.2.1980 – I R 50/76, BStBl. II 1980, 477; BFH 21.6.1983 – VIII R 237/80, BStBl. II 1983, 563). Beim stillen Gesellschafter führen daher nur die angemessenen Gewinnanteile zu Einnahmen aus § 20 Abs. 1 Nr. 4, die darüber hinausgehenden unangemessenen Gewinnanteile hingegen zu **vGA iSd § 20 Abs. 1 Nr. 1 S. 2** (HHR/*Intemann* § 20 Rn. 173, 175 und 187). Dies hat insbesondere Auswirkungen auf die Voraussetzungen, unter denen die Anwendung des gesonderten Steuertarifs nach § 32d Abs. 2 Nr. 1 (→ § 32d Rn. 131 ff.) oder Nr. 3 (→ § 32d Rn. 195 ff.) ausgeschlossen ist. Die Gesellschaft kann Zahlungen an den Gesellschafter nur in Höhe des angemessenen Gewinnanteils als Finanzierungsaufwand geltend machen; der darüber hinausgehende Betrag bewirkt eine vGA und ist bei erfolgtem Betriebsausgabenabzugs durch den Inhaber des Handelsgeschäfts außerbilanziell zu dessen Gewinn hinzuzurechnen (BFH 19.1.1994 – I R 67/92, BStBl. II 1996, 77).

793 Bei der **Prüfung der Angemessenheit** einer Leistung der Kapitalgesellschaft an einen stillen Gesellschafter können die den Gewinnanteil bestimmenden Faktoren sehr mannigfach sein und bei den verschiedenen Unternehmen ein unterschiedliches Gewicht haben (BFH 29.5.1972 – GrS 4/71, BStBl. II 1973, 5). Die Angemessenheit kann dabei nicht anhand einer als Obergrenze gedachten **festen Verzinsung** des zur Verfügung gestellten Kapitals ermittelt werden. Vielmehr muss die für die stille Gesellschaft notwendige Gewinnabhängigkeit der Bezüge der stillen Gesellschaft **in vollem Umfange** berücksichtigt werden (BFH 9.7.1969 – I R 188/67, BStBl. II 1969, 690; BFH 26.10.1983 – I R 18/78, BeckRS 1983, 05141; **aA** HHR/*Intemann* § 20 Rn. 173; kein konkreter Fremdvergleich durchzuführen, sondern eine angemessen Durchschnittsrendite der Einlage zu bestimmen). Danach ist unter **Würdigung aller Umstände des Einzelfalls** zu prüfen, ob der Gewinnanteil des stillen Gesellschafters im Hinblick auf den **Kapitaleinsatz, den Arbeitseinsatz und die Risikobereitschaft** von stiller Gesellschaft einerseits und stillem Gesellschafter andererseits ausgewogen ist (BFH 9.7.1969 – I R 188/67, BStBl. II 1969, 690; BFH 29.5.1972 – GrS 4/71, BStBl. II 1973, 5; BFH 2.7.1975 – I B 5/75, BFHE 116, 348).

794 Die Angemessenheit der Gewinnverteilung ist insbesondere durch eine **Gegenüberstellung des Werts der Einlagen der stillen Gesellschafter und des wirklichen Werts des Gesamtunternehmens** zu ermitteln (BFH 5.12.1990 – I R 106/88, BFH/NV 1991, 841). Weitere Faktoren für die Ermittlung der Angemessenheit können der Umfang des eingegangenen Verlustrisikos (HHR/*Intemann* § 20 Rn. 173) sowie die **Einbringung eines angesehenen Namens oder eines eingeführten Unternehmens, Seriosität, Kreditwürdigkeit, die Einbringung persönlicher Eigenschaften wie die Kunst der Menschenbehandlung oder die Leistungen aus früheren Tätigkeit sein** (BFH 29.5.1972 – GrS 4/71, BStBl. II 1973, 5). Von wem und aus welchem Rechtsgrund der Kapitalgeber das Kapital erworben hat, spielt im Rahmen der der Angemessenheitsprüfung keine Rolle (BFH 26.10.1983 – I R 218/78; iE → Rn. 344). Maßgebend ist der **Zeitpunkt der Vereinbarung der stillen Gesellschaft** bzw. des Maßstabs der Gewinn- und Verlustverteilung (BFH 29.5.1972 – GrS 4/71, BStBl. II 1973, 5; BFH 29.3.1973 – IV R 56/70, BStBl. II 1973, 650; BFH 6.2.1980 – I R 50/76, BStBl. II 1980, 477; BFH 21.9.1989 – IV R 126/88, BFH/NV 1990, 692; BFH 5.12.1990 – I R 106/88, BFH/NV 1991, 841; HHR/*Intemann* § 20 Rn. 173). Dabei sind die Bareinlagen der stillen Gesellschafter mit ihrem Nominalwert anzusetzen, während das Gesamtunternehmen der Kapitalgesellschaft nach der sog. indirekten Methode zu bewerten ist. Dies entspricht im Ergebnis dem arithmetischen Mittel aus Ertrags- und Substanzwert (BFH 26.10.1983 – I R 18/78, BeckRS 1983, 05141; BFH 5.12.1990 – I R 106/88, BFH/NV 1991, 841). Das nominale Eigenkapital des Unternehmens ist für die Prüfung der Angemessenheit der Gewinnverteilung schon deshalb nicht geeignet, weil es die tatsächlichen Vermögensverhältnisse nicht wiedergibt und darüber hinaus durch besondere Ereignisse, zB durch hohe Entnahmen verändert sein kann (BFH 29.5.1972 – GrS 4/71, BStBl. II 1973, 5). Als Wert einer Unterbeteiligung gilt der Gesamtwert der obligatorischen Rechte des Unterbeteiligten, auch soweit sie sich auf den Anteil des Hauptgesellschafters an den stillen Reserven und am Geschäftswert der Hauptgesellschaft beziehen (vgl. BFH 9.10.2001 – VIII R 77/98, BStBl. II 2002, 460). Da der Gewinnanteil des stillen Gesellschafters den Steuerbilanzgewinn mindert, ist im Zweifel vom **Gewinn vor Abzug des Gewinnanteils** auszugehen (HHR/*Intemann* § 20 Rn. 141).

Die **Feststellung aller erforderlichen Berechnungsgrundlagen und deren Würdigung** obliegt dem **Finanzgericht** als Tatsacheninstanz und kann durch das Revisionsgericht nur daraufhin geprüft werden, ob sie frei ist von Verstößen gegen Denkgesetze und Erfahrungssätze (BFH 26.10.1983 – I R 218/78; BFH 5.12.1990 – I R 106/88, BFH/NV 1991, 841). **795**

Nur soweit im Einzelfall ein **konkreter Fremdvergleich nicht möglich** ist, soll eine Gewinnverteilung im Allgemeinen nicht zu beanstanden sein, wenn der Gewinnverteilungsschlüssel – gemessen am tatsächlichen Werts der Beteiligung bzw. der Einlage in die stille Gesellschaft – eine **durchschnittliche Rendite** zuletzt von maximal **15%** bei einer Schenkung des Anteils an der stillen Gesellschaft, von maximal **25%** bei Einlagen des stillen Gesellschafters aus eigenen Mitteln und von maximal **35%** bei Einlagen des stillen Gesellschafters aus eigenen Mitteln und Verlustbeteiligung ergibt. Ein niedrigerer Satz soll unter besonderen Umständen gerechtfertigt sein. Ist die Abrede hiernach angemessen, so soll der vereinbarte Gewinnverteilungsschlüssel regelmäßig auch dann der Besteuerung zugrunde gelegt werden, wenn sich später die Ertragslage günstiger oder ungünstiger als erwartet gestaltet und sich deshalb für das einzelne Jahr ein Gewinnanteil ergibt, der über oder unter dem jeweiligen prozentualen Anteil des Beteiligungswerts liegt (vgl. BFH 29.5.1972 – GrS 4/71, BStBl. II 1973, 5; BFH 14.2.1973 – I R 131/70, BStBl. II 1973, 395; BFH 29.3.1973 – IV R 56/70, BStBl. II 1973, 650; BFH 4.6.1973 – IV R 26/68, BStBl. II 1973, 866; BFH 16.12.1981 – I R 167/78, BStBl. II 1982, 387; BFH 24.7.1986 – IV R 103/83, BStBl. II 1987, 54; BFH 14.4.1988 – IV R 225/85, BStBl. II 1988, 670; BFH 21.9.2000 – IV R 50/99, BStBl. II 2001, 299; BFH 9.10.2001 – VIII R 77/98, BStBl. II 2002, 460; BFH 19.2.2009 – IV R 83/06, BStBl. II 2009, 798). **796**

Diese in einer Hochzinsphase gewonnenen Prozentsätze dürften in der aktuellen Niedrigzinsphase indes keine geeigneten Angemessenheitsmaßstäbe mehr darstellen, sondern bei wirtschaftlicher Betrachtung in erheblichem Umfang vGA ermöglichen. Vielmehr wäre die Entwicklung einer flexiblen, etwa an den Basiszins gekoppelten Angemessenheitsschwelle durch die Rechtsprechung hilfreich, deren Untergrenze die gesetzlichen Zinsen iHv 4% pro Jahr (§ 246 BGB) bzw. iHv 5% pro Jahr bei beiderseitigen Handelsgeschäften (§ 352 HGB) bilden könnte. **796.1**

Einstweilen frei **797–798**

(4) Keine Mitunternehmerschaft durch atypisch stille Beteiligung. Zur Abgrenzung der Einkünfte aus stiller Gesellschaft bzw. gewerblicher Mitunternehmerschaft (sog. atypisch stille Gesellschaft) darf der **stille Gesellschafter nicht als Mitunternehmer iSd § 15 Abs. 1 S. 1 Nr. 2** anzusehen sein. Dabei sieht der BFH die sog. atypisch stille Gesellschaft in mittlerweile stRspr als „andere Gesellschaft" iSd § 15 Abs. 1 S. 1 Nr. 2 S. 1 an (BFH 6.12.1995 – I R 109/94, BStBl. II 1998, 685; BFH 13.5.1998 – VIII R 81/96, BFH/NV 1999, 355; BFH 15.12.1998 – VIII R 62/97, BFH/NV 1999, 773; BFH 22.1.2009 – IV R 90/05, BFHE 224, 364; BFH 4.5.2009 – VIII B 220/08, BFH/NV 2009, 1429). Dies gilt seit der Einführung des § 15 Abs. 1 S. 1 Nr. 2 S. 2 auch für die atypisch stille Unterbeteiligung (BFH 2.10.1997 – IV R 75/96, BStBl. II 1998, 137). **799**

Erste Voraussetzung für die Qualifizierung als atypisch stille Beteiligung ist eine gewerbliche Tätigkeit des **Inhabers des Handelsgeschäfts** in Form einer **originär gewerblichen Tätigkeit** iSd § 15 Abs. 2 oder einer **gewerbliche infizierten Tätigkeit iSd § 15 Abs. 3 Nr. 1** (zur Geltung der Abfärbetheorie auch für die atypisch stille Gesellschaft: BFH 10.8.1994 – I R 133/93, BStBl. II 1995, 171; BFH 23.4.2009 – IV R 73/06, BStBl. II 2010, 40). Zudem kann die Tätigkeit des Inhabers des Handelsgeschäfts **gemäß § 15 Abs. 3 Nr. 2 gewerblich geprägt sein,** weil eine oder mehrere Kapitalgesellschaften persönlich haftende Gesellschafter sind und nur diese oder Personen, die nicht Gesellschafter sind, zur Geschäftsführung befugt sind. So führt insbesondere die Beteiligung an einer nicht gewerblich tätigen **GmbH & atypisch Still,** die lediglich einer vermögensverwaltende Tätigkeit nachgeht, bei alleiniger Haftung der GmbH zur gewerblichen Prägung (BFH 26.11.1996 – VIII R 42/94, BStBl. II 1998, 328; BFH 14.7.1998 – VIII B 112/97, BFH/NV 1999, 169; BFH 15.10.1998 – IV R 18/98, BStBl. II 1999, 286). **800**

801 Zur Begründung einer atypisch stillen Beteiligung und damit einer gewerblichen Mitunternehmerschaft müsste der stille Gesellschafter zudem als **Mitunternehmer** der stillen Gesellschaft anzusehen sein und den Rechten eines Kommanditisten vergleichbare Befugnisse erhalten; insofern gelten die Grundsätze zu § 15 Abs. 1 S. 1 Nr. 2. Insbesondere die Verleihung von Geschäftsführungsbefugnissen begründet typischerweise eine Stellung des stillen Gesellschafters als Mitunternehmer (BFH 12.11.1985 – VIII R 364/83, BStBl. II 1986, 311; BFH 15.12.1992 – VIII R 42/90, BStBl. II 1994, 702; BFH 27.5.1993 – IV R 1/92, BStBl. II 1994, 700; BFH 6.6.1995 – IV R 79/94, BStBl. II 1996, 269; BFH 13.5.1998 – VIII R 81/96, BFH/NV 1999, 355; BFH 22.8.2002 – IV R 6/01, BFH/NV 2003, 36; BFH 9.12.2002 – VIII R 20/01, BFH/NV 2003, 601; zur ausnahmsweisen Begründung der Mitunternehmerschaft auch ohne Beteiligung an den stillen Reserven der atypisch stillen Gesellschaft: BFH 15.12.1992 – VIII R 42/90, BStBl. II 1994, 702; zur Mitunternehmerschaft eines beherrschende Gesellschafters einer GmbH, der zugleich Alleingeschäftsführers und stiller Gesellschafter der GmbH ist: BFH 26.11.2003 – VIII R 64/03, BFH/NV 2004, 631).

802 Durch Begründung einer atypisch stillen Beteiligung entsteht kein neues, eigenständiges Steuersubjekt. Vielmehr ist die **atypisch stille Gesellschaft eine reine Innengesellschaft** ohne juristisches Gesellschafts- und damit auch ohne steuerliches Betriebsvermögen. Eine Tätigkeit der atypisch stillen Gesellschaft, die kein gewerbliches Unternehmen betreibt, gibt es nicht. Tätig ist allein der Inhaber des Handelsgeschäfts; nur dieser betreibt ein gewerbliches Unternehmen iSd § 15, auch wenn das Ergebnis dieser Betätigung dem atypisch stillen Gesellschafter wegen seiner schuldrechtlichen Beteiligung zum Inhaber des Handelsgeschäfts anteilig zugerechnet wird (stRspr seit BFH 12.11.1985 – VIII R 364/83, BStBl. II 1986, 311; BFH 6.12.1995 – I R 109/94, BStBl. II 1998, 685). Allerdings ist die **atypisch stille Gesellschaft selbständiges Subjekt der Gewinnerzielung, Gewinnermittlung und Einkünftequalifikation** und wird so behandelt, als führe der Inhaber des Handelsgeschäfts im Innenverhältnis zu den atypisch stillen Gesellschaftern die Geschäfte **treuhänderisch für alle Gesellschafter;** entsprechende Gewinne und Verluste werden den Gesellschaftern anteilig nach § 15 Abs. 1 S. 1 Nr. 2 Hs. 1 zugerechnet (BFH 26.11.1996 – VIII R 42/94, BStBl. II 1998, 328; BFH 15.12.1998 – VIII R 62/97, BFH/NV 1999, 773; BFH 28.3.2003 – VIII B 194/01, BFH/NV 2003, 1308; BFH 19.2.2009 – II R 8/06, BFH/NV 2009, 1092; BFH 19.7.2012 – II R 5/10, BFH/NV 2012, 1942; BFH 12.2.2015 – IV R 48/11, BFH/NV 2015, 1075; BFH 21.10.2015 – IV R 43/12, BStBl. II 2016, 517). **Der BFH sieht dies als abschließend geklärt an** (BFH 14.7.1998 – VIII B 112/97, BFH/NV 1999, 169).

802.1 Die Gewinne bzw. Gewinnanteile bei atypisch stiller Gesellschaft sind nach §§ 179 Abs. 2 S. 2, 180 Abs. 1 Nr. 2 Buchst. a AO für den Inhaber des Handelsgeschäfts und die atypisch stillen Gesellschafter gesondert und einheitlich festzustellen (BFH 22.8.2002 – IV R 6/01, BFH/NV 2003, 36; BFH 12.2.2015 – IV R 48/11, BFH/NV 2015, 1075). Dies gebietet die Hinzuziehung aller angeblich Beteiligten im Einspruchsverfahren gemäß § 360 Abs. 3 S. 1 AO sowie deren notwendige Beiladung in den finanzgerichtlichen Verfahren nach § 60 Abs. 3 S. 1 FGO (BFH 29.9.2006 – IV R 2/05, BFH/NV 2007, 91). Die atypisch stille Gesellschaft ist wegen ihres Charakters als Innengesellschaft im Besteuerungsverfahren oder im finanzgerichtlichen Verfahren nicht beteiligtenfähig. Als Beteiligte kommen nur der Inhaber des Handelsgeschäfts und die atypisch stillen Gesellschafter in Betracht (BFH 12.11.1985 – VIII R 364/83, BStBl. II 1986, 311; BFH 15.12.1992 – VIII R 42/90, BStBl. II 1994, 702).

803 Für jeden atypisch stillen Gesellschafter entsteht ein steuerverhaftetes Sonderbetriebsvermögen. Vergütungen zur Entlohnung seiner Tätigkeit für die atypisch stille Gesellschaft führen ebenso zu **Sonderbetriebseinnahmen des atypisch stillen Gesellschafters** iSd § 15 Abs. 1 S. 1 Nr. 2 Hs. 2 (BFH 15.12.1998 – VIII R 62/97, BFH/NV 1999, 773; BFH 31.8.1999 – VIII R 22/98, BFH/NV 2000, 420; BFH 28.3.2003 – VIII B 199/02, BeckRS 2003, 25002072; BFH 12.9.2005 – VIII B 54/05, BFH/NV 2006, 277) wie Vergütungen für die Hingabe von Darlehen oder die sonstige Kapitalerlassung (vgl. BFH 29.5.2001 – VIII R 10/00, BStBl. II 2001, 747; HHR/*Intemann* § 20 Rn. 152). **Der BFH sieht diese Frage als abschließend geklärt an** (BFH 28.3.2003 – VIII B 194/01, BFH/NV 2003, 1308).

804 Unterhält der Anteilseigner einer Kapitalgesellschaft zugleich eine **atypisch stille Beteiligung an dieser Kapitalgesellschaft** (zB „GmbH & atypisch Still", „AG & atypisch Still"

etc), so zählen die Anteile an der Kapitalgesellschaft zum Sonderbetriebsvermögen II des atypisch stillen Gesellschafters. Kommt es zu offenen oder verdeckten Gewinnausschüttungen aus der Kapitalgesellschaft, so werden diese Bezüge daher **als Sonderbetriebseinnahmen II iSd § 15 Abs. 1 S. 1 Nr. 2 Hs. 2 umqualifiziert,** sofern die Kapitalgesellschaft nicht noch einer anderen Geschäftstätigkeit von nicht ganz untergeordneter Bedeutung nachgeht (BFH 15.10.1998 – IV R 18/98, BStBl. II 1999, 286 mwN zum Meinungsstreit über die Einordnung als Sonderbetriebsvermögen; zuletzt BFH 18.6.2015 – IV R 5/12, BStBl. II 2015, 935). **§ 20 Abs. 1 Nr. 4 S. 1 Hs. 2 stellt dies zusätzlich klar.**

Einstweilen frei **805–809**

dd) Einnahmen aus partiarischen Darlehen. Kennzeichnend für ein partiarisches Darlehen ist, dass die Vergütung für eine Kapitalüberlassung nicht oder nicht nur in einem festen periodischen Betrag, sondern in einem Anteil an dem vom Darlehensempfänger erwirtschafteten Erfolg besteht (BFH 13.9.2000 – I R 61/99, BStBl. II 2001, 67; BFH 22.6.2010 – I R 78/09, BFH/NV 2011, 12), wobei sich diese Erfolgsbezogenheit in einer Gewinn- oder in einer Umsatzabhängigkeit des Darlehensentgelts niederschlagen (BT-Drs. 7/1470, 308; BFH 13.9.2000 – I R 61/99, BStBl. II 2001, 67) auf ein bestimmtes Geschäft – insbesondere auf das Geschäft, zu dessen Finanzierung das Darlehen gewährt wurde – beschränken kann (BFH 22.6.2010 – I R 78/09, BFH/NV 2011, 12). Die Vereinbarung eines Mindestgewinnanteils ist möglich (HHR/*Intemann* § 20 Rn. 191). **810**

Zur Abgrenzung zwischen partiarischem Darlehen und stiller Gesellschaft → Rn. 770 f. **811**
Für die Annahme eines partiarischen Darlehens muss insbesondere ein Anspruch des Kapitalgebers auf Kapitalrückzahlung der Darlehensvaluta bestehen und eine Verlustbeteiligung ausgeschlossen sein, da der partiarische Darlehensgeber im Rahmen der vertragstypischen und damit den Fremdvergleich kennzeichnenden Interessenlage nur **bezüglich der Verzinsung, nicht hingegen mit Rücksicht auf die Werthaltigkeit des Darlehenskapitals bereit ist, unternehmerisches Risiko zu tragen** (BFH 25.1.2000 – VIII R 50/97, BFHE 191, 267, BStBl. II 2000, 393; BFH 22.6.2010 – I R 78/09, BFH/NV 2011, 12; Blümich/*Ratschow* § 20 Rn. 252).

Gewährt der **Gesellschafter einer Kapitalgesellschaft** der Gesellschaft zusätzlich ein partiarisches Darlehen, so werden die Einnahmen hieraus nur insoweit nach § 20 Abs. 1 Nr. 4 erfasst und sind bei der Kapitalgesellschaft als Darlehensnehmerin nur insofern als Finanzierungsaufwand abzugsfähig, als damit noch der Kapitalüberlassung **angemessene Erfolgsanteile** gewährt werden. Soweit die Erfolgsanteile die Angemessenheitsgrenze übersteigen, bewirken sie eine **vGA** (BFH 19.1.1994 – I R 67/92, BStBl. II 1996, 77; BFH 9.6.1994 – IV R 47/92, IV R 48/92, BFH/NV 1995, 103; BFH 27.3.2001 – I R 52/00, BFH/NV 2002, 537; HHR/*Intemann* § 20 Rn. 198). Bei neben das partiarische Darlehen tretender Beteiligung als **Gesellschafter einer Personengesellschaft** kommt die Anwendung von § 15 Abs. 1 S. 1 Nr. 2 in Betracht (→ Rn. 799 ff.). **812**

Die **Fremdüblichkeit** ist anhand der Vereinbarung über die Laufzeit und Rückzahlbarkeit des Darlehens, der regelmäßigen Entrichtung der als Entgelt vereinbarten Erfolgsanteile sowie der Darlehensbesicherung zu überprüfen. So bedürfen va langfristige Ausleihungen auch bei günstigen Vermögensverhältnissen des Darlehensnehmers im Zeitpunkt der Kreditgewährung grundsätzlich einer werthaltigen und den Kapitalstamm umfassenden verkehrsüblichen Besicherung. Für partiarische Darlehen gilt keine Ausnahme hiervon (BFH 25.1.2000 – VIII R 50/97, BStBl. II 2000, 393 mwN; BFH 19.8.2008 – IX R 23/07, BFH/NV 2009, 12). **813**

Eine allein nach einem Prozentsatz des Kapitalanteils bemessene Verzinsung kann nicht zu einem partiarischen Darlehen führen, weil dies mit der notwendigen Gewinnabhängigkeit der an einen stillen Gesellschafter zu leistenden Vergütung nicht vereinbar wäre. Gleichwohl muss **zwischen der Kapitaleinlage des stillen Gesellschafters und der Höhe seines Gewinnanteils ein innerer Zusammenhang bestehen** (BFH 14.2.1973 – I R 131/70, BStBl. II 1973, 395). Der Fremdvergleichsmaßstab hat sich an der Höhe des Darlehens und dem Umfang der daraus erwachsenden Forderung des Gläubigers zu orientieren (BFH 27.3.2001 – I R 52/00, BFH/NV 2002, 537). Der tatsächliche Wert eines partiarischen Darlehens muss dabei grundsätzlich seinem Nennwert gleichgesetzt werden (BFH 9.6.1994 – IV R 47/92, IV R 48/92, BFH/NV 1995, 103; BFH 27.3.2001 – I R 52/00, BFH/NV 2002, 537). Allerdings lässt sich die Angemessenheitsprüfung hierbei nicht auf die Errechnung **814** des verhältnismäßigen Anteils des Nennwerts des partiarischen Darlehens am tatsächlichen Wert des Eigenkapitals verkürzen. Für die Ermittlung des tatsächlichen Werts des Eigenkapitals ist **auf den (fiktiven) Durchschnittsgewinn abzustellen, der nach den zum Zeitpunkt der Gewinnverteilungsvereinbarung bekannten Umständen für die Zukunft (idR für die nächsten fünf Jahre) zu erwarten is**t (BFH 27.3.2001 – I R 52/00, BFH/NV 2002, 537).

814.1 Im Allgemeinen soll eine partiarische Gewinnverteilung dann als angemessen anzusehen sein, wenn das Entgelt für das partiarische Darlehen unter Zugrundelegung der im Zeitpunkt des Vertragsschlusses erwarteten Gewinne bei vernünftiger kaufmännischer Beurteilung eine **durchschnittliche Rendite iHv 25%** der Darlehenssumme nicht überschreitet. Diese Gewinnverteilung kann idR in den Folgejahren beibehalten werden, auch wenn sie aufgrund unerwartet guter bzw. schlechter Erträge des Kapitalnehmers eine Rendite von 25% über- bzw. unterschreitet (BFH 9.7.1969 – I R 78/67, BStBl. II 1969, 649; BFH 14.2.1973 – I R 131/70, BStBl. II 1973, 395; BFH 9.6.1994 – IV R 47/92, IV R 48/92, BFH/NV 1995, 103; BFH 27.3.2001 – I R 52/00, BFH/NV 2002, 537). Zur Kritik an diesem in einer Hochzinsphase entwickelten Schwellenwert → Rn. 796.1.

815 Ob die Vertragsabrede dem Fremdvergleich standhält, ist nach der **Gesamtheit der objektiven Gegebenheiten** unter Würdigung aller Umstände des Einzelfalls festzustellen und zu beurteilen. Dies obliegt im gerichtlichen Verfahren dem **Finanzgericht** und kann im Revisionsverfahren daher nur daraufhin überprüft werden, ob sie in verfahrensfehlerhafter Weise zustande gekommen ist oder ob sie gegen Denkgesetze oder gegen allgemeine Erfahrungssätze verstößt (BFH 19.8.2008 – IX R 23/07, BFH/NV 2009, 12).

816–820 *Einstweilen frei*

821 **ee) Verlustverrechnungsbeschränkungen. § 20 Abs. 1 Nr. 4 S. 2** ordnet die sinngemäße Anwendung der Regelungen der § 15 Abs. 4 S. 6 bis S. 8 und § 15a an. Bei systematischer Auslegung gilt dies nur für typisch stille, nicht hingegen für atypisch stille Beteiligungen (→ Rn. 799). Dass § 15a nur sinngemäß anzuwenden ist, folgt nicht nur aus dem Wortlaut von Nr. 4 S. 2, sondern auch aus der Gesetzessystematik, da eine typisch stille Gesellschaft mangels einer Steuerbilanz idR nicht über ein Kapitalkonto verfügt. Damit muss das Kapitalkonto einer stillen Gesellschaft soweit wie möglich der Berechnung des Kapitalkontos bei einer Gesellschaft mit gewerblichen Einkünften angeglichen werden, indem das „Kapitalkonto" jedes Gesellschafters ausgehend von den geleisteten Einlagen jedes stillen Gesellschafters eigenständig zu ermitteln ist. Diese Einlagen sind um spätere Einlagen sowie um positive Einkünfte der Vorjahre zu erhöhen und um Entnahmen und negative Einkünfte des Vorjahres zu vermindern. Ob das Einlagekonto als Verlustsonderkonto, formlos oder in sonstiger Form geführt ist, steht den Steuerpflichtigen frei. Ein etwaiger Verlustanteil ist nicht dem Geschäftsinhaber, sondern dem stillen Gesellschafter zuzurechnen (BFH 7.9.2000 – III R 33/96, BFH/NV 2001, 415; BFH 23.7.2002 – VIII R 36/01, BStBl. II 2002, 858; BFH 16.10.2007 – VIII R 21/06, BStBl. II 2008, 126; Blümich/*Ratschow* § 20 Rn. 238; **aA** *Kuck* DStR 2003, 235 (236 f.); *Groh* DB 2004, 668 (669 f.)).

822 Zudem hat der Gesetzgeber in § 2a Abs. 1 S. 1 Nr. 5 S. 1 für **Verluste aus stillen Beteiligungen und partiarischen Darlehen aus Drittländern** (→ Rn. 149) besondere Verlustverrechnungsbeschränkungen vorgesehen, die neben die allgemeinen Verrechnungsbeschränkungen gemäß § 20 Abs. 7 iVm § 15b treten (→ Rn. 1400).

823 Durch **Gesetz zur Änderung des Einkommensteuergesetzes, des Körperschaftsteuergesetzes und anderer Gesetze v. 20.8.1980** wurde § 20 Abs. 1 Nr. 4 S. 2 mit einen Verweis auf **§ 15a** eingeführt (→ Rn. 48). Durch **StVergAbG v. 16.5.2003** (→ Rn. 63) wurde § 20 Abs. 1 Nr. 4 S. 2 um einen Verweis auf den zugleich neu eingeführten **§ 15 Abs. 4 S. 6** erweitert, sodass die Verrechnung von Verlusten nur noch mit Gewinnen aus derselben Beteiligung zugelassen wurde. Die Regelung diente der Absicherung der Abschaffung der sog. Mehrmütterorganschaft nach § 14 Abs. 1 Nr. 2 und Abs. 2 KStG (BT-Drs. 15/119, 38). Mit dem **Gesetz zur Umsetzung der Protokollerklärung der Bundesregierung zur Vermittlungsempfehlung zum Steuervergünstigungsabbaugesetz v. 22.12.2003** (→ Rn. 65) wurde § 20 Abs. 1 Nr. 4 S. 2 durch eine Verweisung auf die neu gefassten **§ 15 Abs. 4 S. 6 bis S. 8** erweitert, weil die bisherige Beschränkung des § 15 Abs. 4 S. 6 bei stillen Beteiligungen an Kapitalgesellschaften durch Zwischenschaltung einer Personengesellschaft leicht umgangen werden konnte (BT-Drs. 15/1518, 14).

Nach **§ 20 Abs. 1 Nr. 4 S. 2 iVm § 15 Abs. 4 S. 6 und S. 7** dürfen Verluste aus (typisch) stillen Gesellschaften weder mit Einkünften aus Gewerbebetrieb noch aus anderen Einkunftsarten ausgeglichen und auch nicht nach § 10d abgezogen werden. Derartige Verluste können vielmehr nach Maßgabe des § 10d, auf den in einem Rechtsfolgenverweis verwiesen wird, einen Veranlagungszeitraum zurück- bzw. in künftige Veranlagungszeiträume vorgetragen und mit Gewinnen des stillen Gesellschafters **aus derselben stillen Gesellschaft** verrechnet werden; ein etwaiger Verlustüberhang ist gemäß § 15 Abs. 4 S. 7 Hs. 2 iVm § 10d Abs. 4 gesondert festzustellen. Dies gilt im Umkehrschluss aus § 15 Abs. 4 S. 8 jedoch nur, soweit der Verlust **nicht auf eine natürliche Person als unmittelbar oder mittelbar beteiligte stille Gesellschafterin entfällt.** Hierdurch wird verhindert, dass sich von einer Kapitalgesellschaft erwirtschafteten Verluste über stille Beteiligungen bei anderen Kapitalgesellschaften steuermindernd auswirken (BT-Drs. 15/1518, 14). 824

Nach **§ 20 Abs. 1 Nr. 4 S. 2 iVm § 15a** dürfen Verluste aus (typisch) stillen Gesellschaften zudem weder mit anderen Einkünften aus Gewerbebetrieb noch mit Einkünften aus anderen Einkunftsarten ausgeglichen und nicht nach § 10d abgezogen werden, **soweit dadurch ein negatives Kapitalkonto des stillen Gesellschafters entsteht oder sich erhöht.** Der Rechtsfolgenverweis auf die für Kommanditisten geltende Regelung des § 15a erklärt sich daraus, dass auch ein stiller Gesellschafter gemäß § 232 Abs. 2 S. 1 HGB – insofern einem Kommanditisten vergleichbar – nur bis zum Betrag seiner eingezahlten oder rückständigen Einlage am Verlust der stillen Gesellschaft teilnimmt. Folglich muss das Kapitalkonto des stillen Gesellschafters eigenständig ermittelt werden, obwohl keine Steuerbilanz mit entsprechendem Kapitalkonto zur Verfügung stehen (HHR/*Intemann* § 20 Rn. 207). Die Verweisung in § 20 Abs. 1 Nr. 4 S. 2 auf § 15a führt dazu, dass für den stillen Gesellschafter ein **sog. Einlagekonto zu bilden** ist, auf dem seine tatsächlich geleisteten Vermögenseinlagen iSd § 230 HGB festzuhalten ist (Blümich/*Ratschow* § 20 Rn. 235; HHR/*Intemann* § 20 Rn. 208 und 210 f.; *Kuck* DStR 2003, 325 (326)). 825

Ein auf diesem Konto ausgewiesener Verlust ist jährlich zum Bilanzstichtag als verrechenbarer Verlust gesondert festzustellen. Spätere Gewinnanteile des stillen Gesellschafters werden nach den Grundsätzen des § 232 Abs. 2 S. 2 Hs. 2 HGB und § 15a Abs. 2 zunächst erfolgsneutral mit dem negativen Einlagekonto verrechnet und bewirken damit eine steuerneutrale Vermögensumschichtung durch Erfüllung der Einlageverpflichtung des stillen Gesellschafters. Als Kapitaleinkünfte iSd § 20 Abs. 1 Nr. 4 S. 1 sind vielmehr erst die Gewinnanteile zu erfassen, die dem stillen Gesellschafter nach vollständiger Auffüllung seines negativen Einlagekontos zufließen (BFH 23.7.2002 – VIII R 36/01, BStBl. II 2002, 858; Blümich/*Ratschow* § 20 Rn. 238; *Kuck* DStR 2003, 325 (327); **aA** LBP/*Schlotter* § 20 Rn. 529 f.). 826

§ 15a ist nur insoweit „entsprechend" anwendbar, als die Stellung des typisch stillen Gesellschafters im Hinblick auf die Verlustbeteiligung mit der Stellung des Kommanditisten vergleichbar ist. Daher sind § 15a Abs. 1 S. 2 und S. 3 nicht sinngemäß anwendbar, weil eine Pflicht zur konstitutiven Eintragung ins Handelsregister für die typisch stille Gesellschaft nicht besteht (Blümich/*Ratschow* § 20 Rn. 236 mwN). 827

Einstweilen frei 828–832

f) Zinsen aus Grundpfandrechten (§ 20 Abs. 1 Nr. 5). Nach § 20 Abs. 1 Nr. 5 S. 1 gehören zu den Einkünften aus Kapitalvermögen auch die **Zinsen aus Hypotheken und Grundschulden** sowie **Renten aus Rentenschulden.** Diese Rechtsgrundverweise verweisen umfassend auf die Grundpfandrechte der Hypothek (§§ 1113 ff. BGB), Grundschuld (§§ 1191 ff. BGB) und Rentenschuld (§§ 1199 ff. BGB). 833

Die **Gemeinsamkeit dieser Grundpfandrechte** besteht darin, dass sie Belastungen eines Grundstücks darstellen, aufgrund derer der jeweilige Inhaber des Grundpfandrechts eine bestimmte Geldsumme aus dem Grundstück verlangen (§ 1113, 1191 Abs. 1, § 1199 Abs. 1 BGB) und eine Befriedigung dieses Geldanspruchs gemäß § 1147 BGB im Wege der Zwangsvollstreckung in das Grundstück erlangen kann. Diese Geldforderungen können auch verzinslich sein (MüKoBGB/*Eickmann* BGB § 1192 Rn. 6), wobei die Haftung des Grundstücks für Zinszahlungen an den Inhaber des Grundpfandrechts aus einem dinglichen Rechtsgeschäft (§ 1115 BGB), kraft gesetzlicher Haftung (§ 1118 BGB) oder als Verzugsschaden (§ 1146 BGB) resultieren kann. **Zur persönlichen Zurechnung** → Rn. 407. 834

Erfasst werden auch **Zinsen bzw. Renten aus ausländischen Grundpfandrechten,** die den deutschen Sicherungsrechten der Hypothek, der Grund- oder der Rentenschuld 835 inhaltlich vollständig entsprechen (vgl. BFH 17.11.1999 – I R 11/99, BStBl. II 2001, 822 zur Hypothek nach niederländischem Recht).

836–837 *Einstweilen frei*

838 **aa) Zinsen aus Hypotheken und Grundschulden.** § 20 Abs. 1 Nr. 5 S. 1 Alt. 1 **erfasst nur die Zinsen** aus Hypotheken und Grundschulden. **Nicht steuerbar** sind hingegen die aus dem Grundstück zu **leistende Geldschuld selbst** oder etwaige **Nebenleistungen,** die neben die Geldschuld und die Zinsen treten können (BFH 11.4.2012 – VIII R 28/09, BStBl. II 2012, 496).

839 Der BFH sieht § 20 Abs. 1 Nr. 5 insofern als **systemfremden Tatbestand,** als er Zahlungen aus einem Grundstück als Einnahmen aus Kapitalvermögen erfasst, denen kein Kapitalnutzungsverhältnis zugrunde liegen müsse. Dies gebiete es, den Tatbestand nicht über seinen Wortlaut hinaus anzuwenden (BFH 11.4.2012 – VIII R 28/09, BStBl. II 2012, 496). Dieses Verständnis ist aus Sicht des BFH konsequent, weil er nach stRspr ein Rechtsverhältnis der Kapitalüberlassung als relevant ansieht (→ Rn. 352), das bei Zinsen aus Grundpfandrechten tatsächlich fehlt. Sieht man mit der **hier vertretenen Auffassung** hingegen auch solche Rechtsverhältnisse als maßgeblich an, auf dem die Gegenleistung des Kapitalnehmers für die Kapitalnutzung, also das **Entgelt** beruht (→ Rn. 353 ff.), kommt es insofern allein darauf an, dass dem Inhaber der Hypothek bzw. der Grundschuld ein Zinsanspruch zusteht. Ein solcher kann sich jedoch unmittelbar aus § 1115, § 1118 oder § 1148 BGB ergeben.

840 Die Norm erfasst zudem nur die Zinsen, die unmittelbar „aus" der Hypothek bzw. Grundschuld geleistet werden, dh ihren Rechtsgrund unmittelbar in dem jeweiligen Grundpfandrecht haben. Dies bedeutet zum einen, dass **sonstige Erträge aus anderem Rechtsgrund** – insbesondere die aus der hypothekarisch oder per Grundschuld gesicherten Hauptforderung resultierenden Zinsansprüche oder das Entgelt für die Übernahme der dinglichen Haftung durch Bestellung einer Grundschuld zur Absicherung eines einem Dritten gewährten Kredits (BFH 13.8.1997 – I R 61/96, BStBl. II 1998, 270) – nicht § 20 Abs. 1 Nr. 5 unterfallen, sondern ggf. nach § 20 Abs. 1 Nr. 7 steuerbar sind (zB Bereitstellungszinsen aus der Nichtabrufung von Kreditmitteln: KSM/*Jochum* § 20 Rn. C/5 30).

841 § 20 Abs. 1 Nr. 5 erfasst nach dem insofern offenen Wortlaut richtigerweise nicht nur Buch- und Briefhypotheken und -grundschulden, sondern **auch Sicherungshypotheken** iSd § 1184 Abs. 1 BGB und **Sicherungsgrundschulden** iSd § 1192 Abs. 1a BGB. Zudem ist nicht erkennbar, inwiefern der Sicherungszweck Auswirkungen auf den für eine Besicherung gezahlten Zins haben sollte (HHR/*Buge* § 20 Rn. 233; KSM/*Jochum* § 20 Rn. C/5 28; Lademann EStG/*Jachmann-Michel/Lindenberg* § 20 Rn. 345; vgl. auch Schmidt/*Levedag* § 20 Rn. 99; **aA** LBP/*Schlotter* § 20 Rn. 545; offen lassend: BFH 11.4.2012 – VIII R 28/09, BStBl. II 2012, 496). Schließlich kommt es weder nach dem Gesetzeswortlaut noch nach Systematik oder Zweck des § 20 Abs. 1 Nr. 5 auf den **obligatorischen Rechtsgrund für das Grundpfandrecht** an, sodass dieses durch dingliches Rechtsgeschäft, durch Zwangsvollstreckung (§ 867 ZPO) oder gerichtliche Zwangsanordnung begründet sein kann.

842 Bei **Tilgungshypotheken** und **Tilgungsgrundschulden,** bei denen sich betragsmäßig gleichbleibende Zahlungen (sog. Annuitäten) aus sinkenden Zins- und steigenden Tilgungsanteilen zusammensetzen, ist gemäß **§ 20 Abs. 1 Nr. 5 S. 2** nur der Teil der Zahlungen als Kapitalertrag anzusetzen, der als Zins auf den jeweiligen Kapitalrest entfällt, während der Tilgungsteil eine nicht steuerbare Vermögensumschichtung darstellt (HHR/*Buge* § 20 Rn. 240 f.). Ist eine **Verbindlichkeit vollständig erfüllt** und wird die ursprüngliche Fremdhypothek bzw. -grundschuld **nachträglich zur Eigentümerhypothek bzw. -grundschuld,** so resultieren daraus wegen der Identität von Schuldner und Gläubiger keine Kapitalerträge mehr (HHR/*Buge* § 20 Rn. 233 f.; *Jachmann-Michel/Lindenberg* § 20 Rn. 347).

843–844 *Einstweilen frei*

845 **bb) Renten aus Rentenschulden.** § 20 Abs. 1 Nr. 5 S. 1 Alt. 2 erfasst die Renten aus **Rentenschulden iSd §§ 1199 ff. BGB,** die von rentierlich gezahlten Kaufpreisen bei gestreckter Zahlung (→ Rn. 380), von Renten aus Versicherungsverträgen iSd § 20 Abs. 1 Nr. 6 (→ Rn. 851 ff.), von Leibrenten aus Rentenversicherungen und sonstigen Versorgungseinrichtungen iSd § 22 Nr. 1 S. 3 Buchst. a Doppelbuchst. aa), von sonstigen Leibrenten iSd § 22 Nr. 1 S. 3 Buchst. a Doppelbuchst. bb) und von Leistungen aus Vorsorgeverträgen iSd § 22 Nr. 5 (→ Rn. 160) **abzugrenzen** sind.

Eine **Rentenschuld** ist eine **besondere Form der Grundschuld,** die in der Weise bestellt wird, dass zu regelmäßig wiederkehrenden Terminen eine bestimmte Geldsumme (sog. Rente) **aus dem belasteten Grundstück zu zahlen** ist (§ 1199 Abs. 1 BGB). Auf einzelne Rentenleistungen finden die für Hypothekenzinsen, auf die Ablösungssumme finden die für ein Grundschuldkapital geltenden Vorschriften entsprechende Anwendung (§ 1200 Abs. 1 BGB). Damit führen **alle** derartigen Rentenleistungen in **vollem Umfang zu steuerbaren Kapitaleinnahmen iSd § 20 Abs. 1 Nr. 5 S. 1.** 846

Die **Ablösung der Rentenschuld** durch Zahlung eines Ablösungsbetrags nach §§ 1199 Abs. 2, 1200 Abs. 2 BGB hat zivilrechtlich die gleiche Wirkung wie die Zahlung des Kapitals einer Grundschuld und ist daher zutreffend als nicht steuerbare Vermögensumschichtung zu behandeln (Blümich/*Ratschow* § 20 Rn. 257; HHR/*Buge* § 20 Rn. 235; *Jachmann-Michel/Lindenberg* § 20 Rn. 348). 847

Die Bedeutung der Regelung könnte zunehmen im Zusammenhang mit der sog. **Umkehrhypothek** (auch bekannt unter „**Reverse Mortage**" oder **Immobilienverzehrkreditvertrag,** vgl. Art. 3 Abs. 2 Buchst. a Richtlinie 2014/17/EU): Bei dieser Vertragsform zur Sicherung ausreichender finanzieller Liquidität im Alter kann die eigene, idR bereits vollständig finanzierte Immobilie zum einen genutzt werden, um diese unter Belastung mit einem lebenslangen Wohn- und Rentenrecht oder als Entgelt für die Gewährung einer lebenslangen Rentenzahlung an ein Kreditinstitut oder einen sonstigen Erwerber zu übereignen. Abhängig von der konkret gewählten Gestaltung können beim früheren Eigentümer steuerbare Kapitalerträge iSd § 20 Abs. 1 Nr. 5 oder Nr. 6 anfallen. Alternativ kann die Immobilie zur Absicherung eines Immobiliendarlehens mit lebenslanger, ratierlicher Valutierung zu verwendet werden, bei denen Zins und Tilgung erst beim Tod des Darlehensnehmers fällig werden (*Schnabl* NZM 2007, 714), sodass die monatlichen Zahlungen an den Eigentümer nach allgemeinen quellentheoretischen Grundsätzen (→ Rn. 378) als nicht steuerbare Vermögensschichtung zu bewerten sind. 847.1

Einstweilen frei 848–849

g) Erträge aus Renten-, Kapital- und Kapitallebensversicherungen (§ 20 Abs. 1 Nr. 6). aa) Systematik der Besteuerung von Versicherungserträgen. Durch eine Entscheidung des BVerfG (BVerfG 6.3.2002– 2 BvL 17/99, DStRE 2002, 349) war der Gesetzgeber zu einer Neuregelung der Besteuerung von Alterseinkünften bis zum 1.1.2005 aufgerufen. Er reagierte hierauf durch das AltEinkG v. 5.7.2004 mit dem Übergang zum System der sog. nachgelagerten Besteuerung von Alterseinkünften erst nach Abschluss der Erwerbsphase sowie mit einer Neufassung der Besteuerung der Renten-, Kapital- und Kapitallebensversicherungen. Dies sollte eine doppelte Besteuerung vermeiden, indem Rentenzahlungen in einem Umfang steuerlich unbelastet zufließen konnten, der mindestens dem Umfang der aus versteuertem Einkommen geleisteten Beiträge entsprach (BT-Drs. 15/2150, 23). 850

§ 20 Abs. 1 Nr. 6 erfasst die Erträge aus Rentenversicherungen mit und ohne Kapitalwahlrecht, soweit nicht die lebenslange Rentenzahlung gewählt und erbracht wird, aus Kapitalversicherungen mit Sparanteil, aus fondsgebundenen Lebensversicherungen sowie aus dem Rückkauf von Rentenversicherungen ohne Kapitalwahlrecht. Der Besteuerung unterliegen **nur die Leistungen im Erlebensfall,** dh die Versicherungsleistungen, die vom Versicherungsunternehmen aufgrund des Versicherungsvertrages zu erbringen sind, **ohne dass sich das versicherte Risiko realisiert hat** (Risiko-Leistung) und ohne dass der Versicherungsvertrag ganz oder teilweise vorzeitig durch sog. Rückkauf beendet wurde. Zusätzlich wird der **Rückkauf der Versicherung** besteuert (BMF 1.10.2009, BStBl. I 2009, 1172 Rn. 41 und 48). Die Versicherungsleistung bei Eintritt des die Versicherung charakterisierenden Hauptrisikos (Tod, Unfall etc) sowie die Abfindung einer Rentengarantiezeit sind hingegen nicht steuerbar (BMF 1.10.2009, BStBl. I 2009, 1172 Rn. 22, 24, 37 und 40; vgl. BT-Drs. 16/2712, 49; Lademann EStG/*Jachmann-Michel/Lindenberg* § 20 Rn. 359; zur Ausnahme durch Nr. 6 S. 7 → Rn. 977 ff.). **Zur persönlichen Zurechnung** der von § 20 Abs. 1 Nr. 6 erfassten Erträge → Rn. 408 f.; **zur zeitlichen Zuordnung** BMF 1.10.2009, BStBl. I 2009, 1172 Rn. 26 und 43 ff. 851

Die in der Anspar- bzw. Aufschubphase entstandenen Erträge aus den von § 20 Abs. 1 Nr. 6 erfassten Versicherungsverträgen werden nicht in diesen beiden Phasen, sondern **erst in der Auszahlungsphase hinsichtlich der Ertragsanteile besteuert.** Hierdurch sollen Altersvorsorgeprodukte steuerlich begünstigt werden, die eine **lebenslange Absicherung** 852 des Steuerpflichtigen gewährleisten (BT-Drs. 16/2712, 49). Dabei wird eine steuerliche Doppelbelastung von Versicherungsbeiträgen und -leistungen vermieden, indem bei Zufluss der Versicherungsleistung nur der Unterschied zwischen der Versicherungsleistung und der Summe der auf sie entrichteten Beiträge als steuerbarer Ertrag erfasst wird.

853 **§ 20 Abs. 1 Nr. 1 S. 6** ist nur für solche Rentenversicherungen mit bzw. ohne Kapitalwahlrecht nur anzuwenden, bei denen **keine lebenslange Rentenzahlung** gewählt und erbracht wird. **Lebenslang erbrachte Leistungen aus Rentenversicherungen** unterfallen hingegen **§ 22 Nr. 1 S. 3 Buchst. a Doppelbuchst. bb)** und werden – insofern privilegiert – nur in der Auszahlungsphase mit ihrem jeweiligen Ertragsanteil besteuert. Dies gilt insbesondere für Versicherungen, die nur eine einmalige Auszahlung bewirken (für Einmalzahlungen aus Schweizer Pensionskassen: BFH 25.3.2010 – X B 142/09, BFH/NV 2010, 1275).

854 **Nach ausländischem Recht geschlossene Versicherungsverträge** unterfallen § 20 Abs. 1 Nr. 6, wenn sie hinsichtlich der versicherten Risiken, Beitragsmodalitäten und Leistungsumfängen einem von der Norm erfassten Vertragstypus entsprechen. Die Voraussetzungen des § 10 Abs. 1 Nr. 2 für den Ansatz der Versicherungsbeiträge als Sonderausgaben müssen für die Anwendung der hälftigen Steuerbefreiung nach § 20 Abs. 1 Nr. 6 S. 2 nicht erfüllt sein (vgl. BFH 26.11.2014 – VIII R 31/10, BStBl. II 2016, 653; BFH 26.11.2014 – VIII R 38/10, BStBl. II 2016, 657; BFH 26.11.2014 – VIII R 39/10, BStBl. II 2016, 665; BFH 1.10.2015 – X R 43/11, BStBl. II 2016, 685).

855–857 *Einstweilen frei*

858 **bb) Rechtsentwicklung.** Die Besteuerung der Erträge aus Renten-, Kapital- und Kapitallebensversicherungen unterlag in der Vergangenheit diversen, teils grundlegenden Änderungen. Für die Bestimmung des anzuwendenden Regelungsregimes ist der **Zeitpunkt entscheidend, zu dem der jeweilige Versicherungsvertrag abgeschlossen wurde.** Erträge aus bis zum 31.12.1973 geschlossenen Versicherungsverträgen sind nicht steuerbar (→ Rn. 862 f.). Für Erträge aus Versicherungsverträgen, die zwischen dem 1.4.1974 und dem 31.12.2004 geschlossen wurden, besteht eine Steuerbarkeit nur, wenn der Versicherungsvertrag steuerschädlich geschlossen oder verwendet wurde (→ Rn. 866 ff.; vertiefend BMF 22.8.2002, BStBl. I 2002, 827 mit Fortgeltung für Altverträge). Für ab dem 1.1.2005 geschlossenen Versicherungsverträge besteht eine Steuerbarkeit grundsätzlich in Höhe der Differenz zwischen Versicherungsleistungen und Beitragszahlungen, bei begünstigten Verträgen gemäß Nr. 6 S. 2 iHv 50% dieser Differenz (→ Rn. 876 ff.).

859 Für den **Abschluss des Versicherungsvertrags** (dazu → Rn. 905) gelten keine versicherungsrechtlichen Besonderheiten (MüKoVVG /*Looschelders* VVG § 1 Rn. 5), sodass nach allgemeinen zivilrechtlichen Grundsätzen auf den **Zugang der Annahme** – idR also auf den Zugang der Annahmeerklärung des Versicherers beim Versicherungsnehmer – abzustellen ist (Blümich/*Ratschow* § 20 Rn. 262). Die Finanzverwaltung lässt es aus Vereinfachungsgründen zu, auf das Datum der Annahmeerklärung, dh idR auf das Datum der Ausstellung des Versicherungsscheines abzustellen. Wenn der Steuerpflichtige einen früheren Vertragsschluss geltend macht, hat er dies zu belegen (BMF 1.10.2009, BStBl. I 2009, 1172 Rn. 66 und 89).

859.1 Die **Rückdatierung von Verträgen** sowie der **Abschluss sog. Vorratsverträge,** bei denen der wirtschaftliche Versicherungsbeginn erst nach einem bestimmten Stichtag liegt, sind zu Recht unbeachtlich und idR als Gestaltungsmissbrauch iSd § 42 AO anzusehen (BMF 1.10.2009, BStBl. I 2009, 1172 Rn. 89 und 91).

860–861 *Einstweilen frei*

862 **(1) Abschluss der Versicherung bis 31.12.1973.** Erste Regelungen zur Besteuerung von Erträgen aus Renten-, Kapital- und Kapitallebensversicherungen als Kapitalerträge fanden sich zwar schon in § 2 Abs. 1 Nr. 3 **Kapitalertragsteuergesetz 1920** für die Steuerbarkeit von Zinsen, die bei Lebens-, Kapital- oder Rentenversicherungsunternehmungen auf die Prämienreserve der Versicherten rechnungsmäßig nach dem Geschäftsplan entfielen. In dieser ersten Variante einer Abgeltungsteuer wurde erstmals eine Kapitalertragsteuer erhoben, die nicht auf die Einkommen- oder Körperschaftsteuer angerechnet wurde und daher abgeltende Wirkung hatte (*Rockoff* Beeinflussung der Investitionsentscheidung durch die Abgeltungsteuer (2013), 28).

Im Rahmen des **EStG** wurden Erträge aus einer **bis zum 31.12.1973 abgeschlossenen Versicherung** lediglich als Rückzahlung im Rahmen eines als Einheit aufzufassenden Versicherungsverhältnisses behandelt, die keiner der Einkunftsarten des EStG unterfiel und daher mangels besonderer Bestimmung nicht der Einkommensbesteuerung unterlagen (RFH 20.12.1933 – VI A 353/33, RStBl. 1934, 429; BFH 20.2.1970 – VI R 11/68, BStBl. II 1970, 314; BFH 27.2.1970 – VI R 314/67, BStBl. II 1970, 422; BFH 11.10.1974 – VI R 173/71, BStBl. II 1975, 275). Zinsen und sonstige Erträge aus einer derartigen, bis zum 31.12.1973 abgeschlossenen Versicherung sind aufgrund der insofern fortgeltenden Rechtslage **nicht steuerbar** (BFH 29.5.2012 – VIII R 16/10, BStBl. II 2013, 115; H 20.2 EStH 2018). Die Zahlung von Dividenden oder sonstigen zurückgezahlten Beträgen der Versicherung an den Versicherungsnehmer führten einzig dazu, dass für die Berechnung der anzuerkennenden Sonderausgaben der Betrag der vom Versicherungsnehmer gezahlten Versicherungsbeiträge um den Betrag der in diesem Besteuerungszeitraum erlangten Versicherungsleistungen gemindert wurden. Gesetzgeberische Intention der fehlenden Steuerbarkeit war, hierdurch die eigenverantwortliche Vorsorge zu fördern und gleichzeitig dem Umstand Rechnung zu tragen, dass diese idR sehr langfristigen Geldanlagen mit dem Risiko der Geldwertänderung behaftet sind (vgl. BT-Drs. 7/1470, 273). 863

Einstweilen frei 864–865

(2) Abschluss der Versicherung zwischen 1.1.1974 und 31.12.2004. Das **EStRG v. 5.8.1974** (→ Rn. 46) statuierte in § 20 Abs. 1 Nr. 6 iVm § 10 Abs. 1 Nr. 2, Abs. 2 erstmals die Steuerbarkeit von außerrechnungsmäßigen und rechnungsmäßigen Zinsen aus Sparanteilen, die in den Beiträgen zu Versicherungen auf den Erlebens- oder Todesfall enthalten sind, sowie für nach dem 31.12.1974 zugeflossene Zinsen aus Versicherungsverträgen, die nach dem 31.12.1973 abgeschlossen wurden (§ 52 Abs. 19 EStG idF EStRG v. 5.8.1974). Die Steuerbarkeit bestand nach der Ausnahmevorschrift des § 20 Abs. 1 Nr. 6 S. 2 nicht für Zinsen aus Versicherungen im Sinne des § 10 Abs. 1 Nr. 2 Buchst. b, die mit Beiträgen verrechnet oder im Versicherungsfall oder im Fall des Rückkaufs des Vertrags nach Ablauf von zwölf Jahren seit dem Vertragsabschluss ausgezahlt werden. Ob auch die Hauptforderung nach zwölf Jahren ausgezahlt oder der Vertrag weitergeführt wurde, war unerheblich (BFH 12.10.2005 – VIII R 87/03, BStBl. II 2006, 251). Die Steuerbefreiung war in den Fällen der § 10 Abs. 1 Nr. 2 Buchst. b Doppelbuchst. cc und dd auf Versicherungen mit laufender Beitragszahlung beschränkt (BFH 11.12.2018 – VIII R 7/15, BStBl. II 2019, 231; FG Rheinland-Pfalz 16.3.2018 – 3 K 2049/16, EFG 2019, 264, Rev. VIII R 41/18). Fondsgebundene Lebensversicherungen waren gemäß § 10 Abs. 1 Nr. 2 S. 2 von der steuerlichen Förderung in Form eines Sonderausgabenabzugs für geleistete Versicherungsbeiträge ausgeschlossen (daher für die Verfassungswidrigkeit der Besteuerung solcher Versicherungen: *Marchand* DB 1974, 2430 (2430 f.)). 866

Wortlaut § 10 EStG idF EStRG v. 5.8.1974: 866.1

„(1) Sonderausgaben sind die folgenden Aufwendungen, wenn sie weder Betriebsausgaben noch Werbungskosten sind:

[…]

2. a) […]

b) Beiträge zu den folgenden Versicherungen auf den Erlebens- oder Todesfall:

aa) Risikoversicherungen, die nur für den Todesfall eine Leistung vorsehen,

bb) Rentenversicherungen ohne Kapitalwahlrecht,

cc Rentenversicherungen mit Kapitalwahlrecht gegen laufende Beitragsleistung, wenn das Kapitalwahlrecht nicht vor Ablauf von zwölf Jahren seit Vertragsabschluß ausgeübt werden kann,

dd) Kapitalversicherungen gegen laufende Beitragsleistung mit Sparanteil, wenn der Vertrag für die Dauer von mindestens zwölf Jahren abgeschlossen worden ist.

Fondsgebundene Lebensversicherungen sind ausgeschlossen;

(2) Voraussetzung für den Abzug der in Absatz 1 Nr. 2 und 3 bezeichneten Beiträge (Vorsorgeaufwendungen) ist, daß sie

1. weder unmittelbar noch mittelbar in wirtschaftlichem Zusammenhang mit der Aufnahme eines Kredits stehen,
2. nicht in unmittelbarem wirtschaftlichem Zusammenhang mit steuerfreien Einnahmen stehen und

3. an Versicherungsunternehmen oder Bausparkassen, die ihren Sitz oder ihre Geschäftsleitung im Inland haben oder denen die Erlaubnis zum Geschäftsbetrieb im Inland erteilt ist, oder an einen Sozialversicherungsträger geleistet werden."

866.2 Wortlaut § 20 EStG idF EStRG v. 5.8.1974:

„(1) Zu den Einkünften aus Kapitalvermögen gehören

[…]

6. außerrechnungsmäßige und rechnungsmäßige Zinsen aus den Sparanteilen, die in den Beiträgen zu Versicherungen auf den Erlebens- oder Todesfall enthalten sind. [2]Dies gilt nicht für Zinsen aus Versicherungen im Sinne des § 10 Abs. 1 Nr. 2 Buchstabe b, die mit Beiträgen verrechnet oder im Versicherungsfall oder im Fall des Rückkaufs des Vertrags nach Ablauf von zwölf Jahren seit dem Vertragsabschluß ausgezahlt werden. [3]Sätze 1 und 2 sind auf Kapitalerträge aus fondsgebundenen Lebensversicherungen entsprechend anzuwenden;"

866.3 Zum Zeitpunkt des Vertragsschlusses → Rn. 859; zur Versicherung auf den Erlebensfall → Rn. 919, zur Versicherung auf den Todesfall → Rn. 908.2; zur Rentenversicherung → Rn. 907; zur Rentenversicherung mit Kapitalwahlrecht → Rn. 907, zur Kapitalversicherung mit Sparanteil → Rn. 908 f., zur fondsgebundenen Lebensversicherung → Rn. 915.

866.4 **Rechnungsmäßige Zinsen** sind von vornherein garantierten Zinsen, die dem Steuerpflichtigen mit der fälligen Lebensversicherungssumme zufließen. **Außerrechnungsmäßige Zinsen** sind zusätzlich erwirtschaftete Zinsen, die entweder zur Beitragsrückerstattung oder zur Erhöhung der Versicherungssumme verwendet werden (BT-Drs. 7/1470, 273).

867 Der Gesetzgeber sah Erträge aus Versicherungen, die die Anforderungen des § 10 Abs. 1 Nr. 2 Buchst. b nicht erfüllen, als nicht förderwürdig an, weil der **Vorsorgezweck nicht im Vordergrund stehe** und sich ohne wesentliches Risiko ein beachtlicher Vermögenszuwachs erzielen lasse. § 20 Abs. 1 Nr. 6 S. 2 nahm daher nur solche Versicherungen von der Steuerbarkeit aus, bei denen eine **Nutzung als (kurzfristige) Kapitalanlage nicht im Vordergrund stehen konnte** (BT-Drs. 7/1470, 273).

868 § 20 Abs. 1 Nr. 6 S. 2 bezog sich jedoch auf § 10 Abs. 1 Nr. 2 Buchst. b, nicht aber auf § 10 Abs. 2. Für die Anwendung des § 20 Abs. 1 Nr. 6 S. 2 kam es daher lediglich darauf an, ob der betreffende Versicherungsvertrag **generell zu den nach § 10 Abs. 1 Nr. 2 Buchst. b begünstigten Vertragstypen gehörte.** Die Steuerbefreiung in § 20 Abs. 1 Nr. 6 S. 2 für Zinsen aus Lebensversicherungen war daher nicht an die Voraussetzungen des Sonderausgabenabzugs für die Versicherungsbeiträge gemäß § 10 Abs. 2 geknüpft (vgl. zur Rechtslage ab 29.2.1992: BFH 1.3.2005 – VIII R 47/01, BStBl. II 2006, 365 mwN). Dies begünstigte Gestaltungen sog. **Policendarlehen,** bei dem private Lebensversicherungen zur Absicherung von zur Einkünfteerzielung benötigten Darlehen genutzt wurden und es damit möglich war, die Aufwendungen für das Policendarlehen (die Versicherungsprämien als Sonderausgaben, die Schuldzinsen als Betriebsausgaben oder Werbungskosten) steuerlich abzuziehen, während die Einnahmen aus der Versicherung steuerfrei blieben (vertiefend BMF 15.6.2000, BStBl. I 2000, 1118).

868.1 Die Neufassung von § 20 Abs. 1 Nr. 6 durch **Steuerreformgesetz 1990 v. 25.7.1988** (→ Rn. 52) wurde durch Gesetz zur Änderung des Steuerreformgesetzes 1990 sowie zur Förderung des Mietwohnungbaus und von Arbeitsplätzen in Privathaushalten v. 30.6.1989 (→ Rn. 50.1) rückwirkendend unter Wiederherstellung der früheren Rechtslage aufgehoben.

868.2 Durch Gesetz zur steuerlichen Förderung von Kunst, Kultur und Stiftungen sowie zur Änderung steuerrechtlicher Vorschriften (Kultur- und Stiftungsförderungsgesetz) v. 13.12.1990 (BGBl. 1990 I 2775) mWv 22.12.1990 wurde mit § 10 Abs. 1 Nr. 2 S. 2 und S. 3 eine Übergangsregelung bis zum 31.12.1996 für Steuerpflichtige mit Wohnsitz oder gewöhnlichen Aufenthalt in den Beitrittsgebieten eingeführt, die gemäß § 52 Abs. 13a S. 1 EStG idF Kultur- und Stiftungsförderungsgesetz erstmals anzuwenden war für Verträge, die nach dem 31.12.1990 geschlossen wurden.

869 Mit dem **StÄndG 1992 v. 25.2.1992** (→ Rn. 53) fügte der Gesetzgeber auf Vorschlag des Finanzausschuss § 10 Abs. 2 S. 2 und § 20 Abs. 1 Nr. 6 S. 3 ein, um die Gestaltung des sog. Policendarlehens (→ Rn. 868) zu verhindern (BT-Drs. 12/1506, 136 und 191). Nach § 52 Abs. 20 S. 2 iVm Abs. 13a S. 4 EStG idF StÄndG 1992 war die Neuregelung erstmals anwendbar, wenn die Ansprüche aus dem Versicherungsvertrag nach dem 12.2.1992 zur Tilgung oder Sicherung eines Darlehen dienten, es sei denn, der Steuerpflichtige wies nach, dass bis zu diesem Zeitpunkt die Darlehensschuld entstanden war und er sich verpflichtet hatte, die Ansprüche aus dem Versicherungsvertrag zur Tilgung oder Sicherung dieses Darlehens einzusetzen.

Nach § 10 Abs. 2 S. 2 **Hs. 1** EStG idF StÄndG 1992 v. 25.2.1992 konnten die **Beiträge** zu Rentenversicherungen mit und ohne Kapitalwahlrecht sowie zu Kapitalversicherungen (insbesondere Lebensversicherungen) **nicht mehr als Sonderausgaben abgezogen werden,** wenn die **Versicherung im Erlebensfall der Tilgung oder Sicherung eines Darlehens dienen sollte** und wenn dessen **Finanzierungskosten Betriebsausgaben oder Werbungskosten** waren. Der Gesetzgeber begründete den Ausschluss solcher Versicherungen aus der steuerlichen Förderung damit, dass die steuerliche Begünstigung langlaufender Lebensversicherungen durch § 10 dem Zweck diene, die eigene private Vorsorge und die Versorgung der Hinterbliebenen steuerlich zu fördern. Diesem Ziel widerspreche es, wenn Lebensversicherungen zu steuersparenden Finanzierungsmodellen eingesetzt werden, bei denen die Darlehenszinsen als Betriebsausgaben oder Werbungskosten den steuerfreien Kapitalerträgen aus den Lebensversicherungen gegenüberstünden und die Versicherungen zur Tilgung oder Sicherung des Darlehens verwendet werde (BT-Drs. 12/1506, 170). Der zugleich eingeführte **§ 20 Abs. 1 Nr. 6 S. 3 EStG** idF StÄndG 1992 v. 25.2.1992 machte die Steuerfreiheit vereinnahmter Zinsen daher von einer steuerunschädlichen Verwendung der Versicherungsleistungen abhängig. **870**

Nach der **Rückausnahme** des § 10 Abs. 2 S. 2 **Hs. 2** EStG idF StÄndG 1992 v. 25.2.1992 war der Sonderausgabenabzug ausnahmsweise wieder möglich, wenn getilgte oder besicherte Darlehen **unmittelbar und ausschließlich** der Finanzierung von Anschaffungs- oder Herstellungskosten eines Wirtschaftsgutes dienten, das dauernd zur Erzielung von Einkünften bestimmt sowie keine Forderung war, und wenn die ganz oder zum Teil zur Tilgung oder Sicherung verwendeten Ansprüche aus Versicherungsverträgen nicht die mit dem Darlehen finanzierten Anschaffungs- oder Herstellungskosten überstiegen (Buchst. a), wenn es sich um eine **Direktversicherung** handelte (Buchst. b) oder wenn die Ansprüche aus Versicherungsverträgen **insgesamt nicht länger als drei Jahre der Sicherung betrieblich veranlasster Darlehen diente** (Buchst. c; dazu → Rn. 871.5 ff.). **871**

Wortlaut § 10 EStG idF StÄndG 1992 v. 25.2.1992: **871.1**

„(1) Sonderausgaben sind die folgenden Aufwendungen, wenn sie weder Betriebsausgaben noch Werbungskosten sind:

[…]

2. a) […]

b) Beiträge zu den folgenden Versicherungen auf den Erlebens- oder Todesfall:

aa) Risikoversicherungen, die nur für den Todesfall eine Leistung vorsehen,

bb) Rentenversicherungen ohne Kapitalwahlrecht,

cc) Rentenversicherungen mit Kapitalwahlrecht gegen laufende Beitragsleistung, wenn das Kapitalwahlrecht nicht vor Ablauf von zwölf Jahren seit Vertragsabschluß ausgeübt werden kann,

dd) Kapitalversicherungen gegen laufende Beitragsleistung mit Sparanteil, wenn der Vertrag für die Dauer von mindestens zwölf Jahren abgeschlossen worden ist.

[…] Fondsgebundene Lebensversicherungen sind ausgeschlossen;

(2) [1]Voraussetzung für den Abzug der in Absatz 1 Nr. 2 und 3 bezeichneten Beiträge (Vorsorgeaufwendungen) ist, daß sie

1. weder unmittelbar noch mittelbar in wirtschaftlichem Zusammenhang mit der Aufnahme eines Kredits stehen,
2. nicht in unmittelbarem wirtschaftlichem Zusammenhang mit steuerfreien Einnahmen stehen und
3. an Versicherungsunternehmen oder Bausparkassen, die ihren Sitz oder ihre Geschäftsleitung im Inland haben oder denen die Erlaubnis zum Geschäftsbetrieb im Inland erteilt ist, oder an einen Sozialversicherungsträger geleistet werden.

[2]Als Sonderausgaben können Beiträge zu Versicherungen im Sinne des Absatzes 1 Nr. 2 Buchstabe b Doppelbuchstaben bb, cc und dd nicht abgezogen werden, wenn die Ansprüche aus Versicherungsverträgen während deren Dauer im Erlebensfall der Tilgung oder Sicherung eines Darlehens dienen, dessen Finanzierungskosten Betriebsausgaben oder Werbungskosten sind, es sei denn,

a) das Darlehen dient unmittelbar und ausschließlich der Finanzierung von Anschaffungs- oder Herstellungskosten eines Wirtschaftsgutes, das dauernd zur Erzielung von Einkünften bestimmt und keine Forderung ist, und die ganz oder zum Teil zur Tilgung oder Sicherung verwendeten Ansprüche aus Versicherungsverträgen übersteigen nicht die mit dem Darlehen finanzierten Anschaffungs- oder Herstellungskosten,

b) es handelt sich um eine Direktversicherung oder
c) die Ansprüche aus Versicherungsverträgen dienen insgesamt nicht länger als drei Jahre der Sicherung betrieblich veranlaßter Darlehen; in diesen Fällen können die Versicherungsbeiträge in den Veranlagungszeiträumen nicht als Sonderausgaben abgezogen werden, in denen die Ansprüche aus Versicherungsverträgen der Sicherung des Darlehens dienen."

871.2 Wortlaut § 20 EStG idF StÄndG 1992 v. 25.2.1992:
„(1) Zu den Einkünften aus Kapitalvermögen gehören
[...]
6. außerrechnungsmäßige und rechnungsmäßige Zinsen aus den Sparanteilen, die in den Beiträgen zu Versicherungen auf den Erlebens- oder Todesfall enthalten sind. [2]Dies gilt nicht für Zinsen aus Versicherungen im Sinne des § 10 Abs. 1 Nr. 2 Buchstabe b, die mit Beiträgen verrechnet oder im Versicherungsfall oder im Fall des Rückkaufs des Vertrags nach Ablauf von 12 Jahren seit dem Vertragsabschluß ausgezahlt werden. [3]**Satz 2 gilt in den Fällen des § 10 Abs. 2 Satz 2 nur, wenn die Voraussetzungen für den Sonderausgabenabzug nach § 10 Abs. 2 Satz 2 Buchstabe a oder b erfüllt sind oder soweit bei Versicherungsverträgen Zinsen in Veranlagungszeiträumen gutgeschrieben werden, in denen Beiträge nach § 10 Abs. 2 Satz 2 Buchstabe c abgezogen werden können.** [4]Die Sätze 1 **bis 3** sind auf Kapitalerträge aus fondsgebundenen Lebensversicherungen entsprechend anzuwenden;"

871.3 Zum Zeitpunkt des Vertragsschlusses → Rn. 859; zur Versicherung auf den Erlebensfall → Rn. 919, zur Versicherung auf den Todesfall → Rn. 908.2; zur Rentenversicherung → Rn. 907; zur Rentenversicherung mit Kapitalwahlrecht → Rn. 907, zur Kapitalversicherung mit Sparanteil → Rn. 908 f., zur fondsgebundenen Lebensversicherung → Rn. 915.

871.4 Steuerunschädlich war nach § 10 Abs. 2. S. 2 **Hs. 1** der Einsatz der Versicherung bei **Finanzierung selbstgenutzten Wohneigentums,** da die Finanzierungskosten nicht zu Betriebsausgaben oder Werbungskosten führten (BT-Drs. 12/1506, 170; BFH 13.7.2004 – VIII R 48/02, BStBl. II 2004, 1060). Bei gemischter Verwendung lag eine insgesamt steuerschädliche Verwendung vor, da der Vereinfachungszweck unterlaufen wurde (BFH 13.7.2004 – VIII R 48/02, BStBl. II 2004, 1060).

871.5 Steuerunschädlich war nach § 10 Abs. 2 S. 2 Hs. 2 **Buchst. a** die unmittelbare und ausschließliche Verwendung der Versicherung für **Investitionsdarlehen** für die **Anschaffung oder Herstellung von Wirtschaftsgütern des Anlagevermögens** bzw. vergleichbaren Wirtschaftsgütern bei den Überschusseinkünften. Die Beschränkung der Steuerbefreiung auf die **unmittelbare und ausschließliche** Finanzierung sowie auf die **Höhe der Anschaffungs-/Herstellungskosten** schloss die Steuerbegünstigung solcher Versicherungen aus, bei denen der Zinsanteil künstlich aufgebläht wurde. Danach war es auch steuerschädlich, wenn mehrere Versicherungen zur Tilgung oder Sicherung der Finanzierung eingesetzt wurden und zwar nicht jede Versicherung für sich, aber die Summe der zur Tilgung oder Sicherung verwendeten Versicherungsansprüche die Anschaffungs- oder Herstellungskosten überstiegen. Wurden mit dem zur Tilgung oder Sicherung verwendeten Teil der Ansprüche aus dem Versicherungsvertrag Finanzierungskosten (zB Schuldzinsen) für Wirtschaftsgüter außerhalb des Umlaufvermögens aufgebracht, handelte es sich um eine steuerschädliche mittelbare Finanzierung (BT-Drs. 12/1506, 170).

871.6 Das Merkmal der **Unmittelbarkeit** forderte zwar keine Auszahlung und steuerunschädliche Verwendung binnen eines bestimmten Zeitraums, insbesondere wie von der Finanzverwaltung gefordert von 30 Tagen. Das **Überschreiten dieses Zeitraums war unschädlich,** wenn im Zeitraum zwischen Gutschrift und Weiterleitung der Darlehensmittel über den Betrag **keine schädlichen Dispositionen** erfolgte (BFH 4.7.2007 – VIII R 46/06, BStBl. II 2008, 49; BFH 13.7.2004 – VIII R 61/03, BFH/NV 2005, 184; BFH 12.10.2011 – VIII R 7/09, BFH/NV 2012, 564; **aA** BMF 15.6.2000, BStBl. I 2000, 1118 Rn. 30). Die Steuerunschädlichkeit wurde zB angenommen bei Verwendung zur Besicherung eines Avalkredits (BFH 27.3.2007 – VIII R 27/05, BStBl. II 2010, 21), bei Verwendung zur **Umschuldung eines – bislang steuerunschädlichen – Darlehens** (BFH 19.1.2010 – VIII R 40/06, BStBl. II 2011, 254) oder bei Auszahlung der Versicherungsleistung auf das Girokonto, wenn dies ein „notwendiges Durchgangsstadium im Rahmen einer wirtschaftlich sinnvollen Zahlungsgestaltung" war (BFH 27.3.2007 – VIII S 23/06, BFH/NV 2007, 1486; BFH 4.7.2007 – VIII R 46/06, BStBl. II 2008, 49). Allerdings konnte der Unmittelbarkeitszusammenhang auch unterbrochen werden, etwa bei Einzahlung auf einem **Kontokorrentkonto** durch Vermischung mit anderen Guthaben (BFH 24.11.2009 – VIII R 29/07, BStBl. II 2011, 251) oder Einzahlung auf ein „Baukonto" (BFH 13.7.2004 – VIII R 52/03, VIII R 61/03, BFH/NV 2005, 184), von dem Verfügungen außerhalb der Anschaffung oder Herstellung eines Wirtschaftsguts des Anlagevermögens getätigt wurden.

871.7 Das Merkmal der Ausschließlichkeit war eng zu verstehen und schloss die Aufteilung eines besicherten Darlehens in einen steuerschädlichen und einen steuerunschädlichen Teil aus (BFH 13.7.2004 – VIII R 48/02, BStBl. II 2004, 1060; BFH 12.10.2005 – VIII R 19/04, BFH/NV 2006, 288; BFH

7.11.2006 – VIII R 1/06, BStBl. II 2010, 18; BFH 12.9.2007 – VIII R 12/07, BStBl. II 2008, 602; BFH 24.11.2009 – VIII R 29/07, BStBl. II 2011, 251; BFH 23.4.2010 – VIII B 48/08, BFH/NV 2010, 1439; BFH 12.10.2011 – VIII R 49/09, BStBl. II 2014, 156; BFH 2.12.2014 – VIII R 16/12, BeckRS 2015, 94872; vgl. auch BMF 15.6.2000, BStBl. I 2000, 1118 Rn. 50). Eine steuerschädliche Verwendung lag insofern folglich vor, wenn das durch die Versicherung besicherte oder getilgte Darlehen Aufwendungen finanziert, die nicht zur Gänze zu den Anschaffungs- oder Herstellungskosten eines Wirtschaftsguts gehörten oder wenn nach der Veräußerung des angeschafften oder hergestellten Wirtschaftsguts der Verkaufserlös nicht zur möglichen Tilgung des Darlehens verwendet, sondern in andere Anlageprodukte reinvestiert wurde (Verwendung zur Kapitalüberlassung und Begründung einer Darlehensforderung: BFH 13.7.2004 – VIII R 52/03, BFH/NV 2005, 181; Verwendung für Anlage in offenen Aktienfonds: BFH 7.11.2006 – VIII R 1/06, BStBl. II 2010, 18; Verwendung für gemischt genutztes Gebäude mit zu eigenen Wohnzwecken genutztem Gebäudeteil: BFH 12.9.2007 – VIII R 12/07, BStBl. II 2008, 602; Verwendung zur Auffüllung des Eigenkapitalbestands: BFH 9.2.2010 – VIII R 21/07, BStBl. II 2011, 257; Verwendung für Erbpacht- und Darlehenszinsen: BFH 12.10.2011 – VIII R 7/09, BFH/NV 2012, 564; Verwendung für Zinssicherungsprämien bzw. Zinscap-Gebühren: BFH 12.10.2005 – VIII R 19/04, BFH/NV 2006, 288; BFH 12.10.2011 – VIII R 49/09, BStBl. II 2014, 156; Verwendung als Bausparguthaben: BFH 12.10.2011 – VIII R 30/09, BStBl. II 2014, 153; Verwendung für Anlage in geschlossenem Fonds: BFH 2.12.2014 – VIII R 16/12, BeckRS 2015, 94872).

Da die Abzugsbeschränkung nach § 10 Abs. 2 S. 2 nicht personenbezogen war, konnte die **schädliche Verwendung nicht nur durch oder für den Steuerpflichtigen, sondern auch durch oder für Dritte** erfolgen (BFH 24.11.2009 – VIII R 29/07, BStBl. II 2011, 251). Mit dem Worte „**dienen**“ sollte **jede Form des Einsatzes von Lebensversicherungsansprüchen** im Zusammenhang mit der Tilgung oder Besicherung von Darlehen erfasst werden, ohne dass dort auf die rechtliche Wirksamkeit etwaiger Abreden abgestellt wurde. Das Merkmal war insbesondere erfüllt, wenn die Versicherung gepfändet werden konnte oder vor ihrer Fälligkeit eine Tilgungs- oder Sicherungsabrede zwischen Darlehensgeber und Darlehensnehmer getroffen wurde (BFH 7.12.2007 – VIII B 140/07, BeckRS 2007, 25012941; BFH 12.10.2011 – VIII R 6/10, BFH/NV 2012, 716). **871.8**

Steuerunschädlich war ferner nach § 10 Abs. 2 **S. 2 Hs. 2 Buchst. b** der **Einsatz von Direktversicherungen** zur Tilgung oder Sicherung von betrieblich veranlassten Darlehen (BT-Drs. 12/1506, 170). **871.9**

Die Begünstigung der steuerunschädlichen Verwendung für höchstens drei Jahre gemäß § 10 Abs. 2 S. 2 **Hs. 2 Buchst.** c bestand nach Wortlaut und Telos der Norm **nur bei der Sicherung** betrieblich veranlasster Darlehen, **nicht aber für die Darlehenstilgung.** Dabei stellte es auch eine steuerschädliche Verwendung dar, wenn die Versicherung zunächst zur Besicherung, danach aber noch vor ihrer Endfälligkeit zur Darlehenstilgung verwendet wurde. Steuerunschädlich war die Verwendung einer Versicherung nur, wenn die Versicherung bei Fälligkeit ausgezahlt und erst danach eine Tilgungs- oder Sicherungsabrede getroffen wurde (BFH 6.11.2009 – VIII R 7/08, BStBl. II 2010, 294; BFH 12.10.2011 – VIII R 6/10, BFH/NV 2012, 716). **871.10**

Bei jeder auch nur **kurzzeitigen steuerschädlichen Verwendung** eines Lebensversicherungsvertrags war der Sonderausgabenabzug von Beiträgen grundsätzlich **für die gesamte Vertragsdauer** zu versagen. Bei einer insgesamt nur drei Jahre dauernden Sicherung betrieblich veranlasster Darlehen war das Abzugsverbot der Beiträge zu Lebensversicherungen als Sonderausgaben jedoch auf die Veranlagungszeiträume beschränkt, in denen Ansprüche aus diesen Versicherungsverträgen zur Sicherung von Darlehen dienten (BT-Drs. 12/1506, 170). **871.11**

Um der Finanzverwaltung die Überprüfung zu ermöglichen, ob und inwiefern eine Versicherung steuerschädlich verwendet wurde, verlangte **§ 29 S. 1 und S. 4 EStDV** sowohl **vom Versicherungsnehmer** als auch **vom Sicherungsnehmer** einer mit der Versicherung besicherten Kapitalforderung die unverzügliche Anzeige in Fällen, in denen Ansprüche aus Versicherungsverträgen zur Tilgung oder Sicherung von Darlehen eingesetzt wurden. Für unbeschränkt steuerpflichtige Versicherungsnehmer gilt dies nach S. 3 nur, wenn die Darlehen den Betrag von 25.565 EUR übersteigen. Liegen die Voraussetzungen der Steuerunschädlichkeit nach § 10 Abs. 2 S. 2 in der am 31.12.2004 geltenden Fassung nicht vor, so ist gemäß **§ 30 EStDV** eine **Nachversteuerung** durchzuführen (zu Verfahrensfragen, va zur Feststellung der Steuerschädlichkeit gemäß § 180 Abs. 2 AO iVm der Verordnung über die gesonderte Feststellung von Besteuerungsgrundlagen nach § 180 Abs. 2 AO: *Horlemann* DStR 1994, 1793). **871.12**

Durch **Gesetz zur Änderung des Umwandlungssteuerrechts v. 28.10 1994** (BGBl. 1994 I 3267) mWv 9.11.1994 wurde § 10 Abs. 2 Satz 2 Buchst. a mit Hs. 2 um eine Bagatellgrenze ergänzt. Danach war es für die Abzugsfähigkeit der Versicherungsbeiträge als Sonderausgaben unbeachtlich, wenn die Voraussetzungen des Buchst. a bei Darlehen oder bei zur Tilgung oder Sicherung verwendeten **871.13**

Ansprüchen aus Versicherungsverträgen jeweils insgesamt für einen Teilbetrag bis zu 5.000 DM (später: 2.556 EUR) nicht erfüllt waren. Die Änderung hatte über die Verweisung in § 20 Abs. 1 Nr. 6 S. 3 Auswirkungen auf die Besteuerung der daraus erzielten Versicherungserträge.

871.14 Durch **Gesetz zur steuerlichen Neuregelung der steuerlichen Wohneigentumsförderung v. 15.12.1995** (BGBl. 1995 I 1783) wurde die für Bausparkassen geltende Regelung in § 10 Abs. 2 Satz 1 Nr. 2 Buchst. b aufgehoben. Die Änderung hatte über die Verweisung in § 20 Abs. 1 Nr. 6 S. 3 Auswirkungen auf die Besteuerung der erzielten Kapitalerträge.

872 Durch **JStG 1997 v. 20.12.1996** (→ Rn. 57) wurde in § 20 Abs. 1 Nr. 6 S. 3 EStG idF JStG 1997 (unter Verschiebung der früheren S. 3 und 4 zu S. 4 und 5) die grundsätzliche Steuerbarkeit der Zinsen aus Sparanteilen von Lebensversicherungsverträgen in den Fällen angeordnet, in denen der Sonderausgabenabzug von Lebensversicherungsbeiträgen gemäß § 10 Abs. 1 Nr. 2 Buchst. b S. 5 ausgeschlossen wurde, weil der Steuerpflichtige Ansprüche aus einem derartigen Vertrag entgeltlich von einer anderen Person erworben hatte (erstmals anzuwenden auf Zinsen aus Versicherungsverträgen, bei denen **Ansprüche nach dem 31.12.1996 entgeltlich erworben wurden,** § 52 Abs. 20 S. 5 EStG idF JStG 1997).

873 Der Steuergesetzgeber wollte einerseits mit der Beibehaltung des Sonderausgabenabzugs für Beiträge zu Lebensversicherungen gemäß § 10 Abs. 1 Nr. 2 und der Steuerfreiheit von außerrechnungsmäßigen und rechnungsmäßigen Zinsen aus Lebensversicherungen gemäß § 20 Abs. 1 Nr. 6 S. 2 weiterhin steuerliche Anreize für eine langfristige eigene Altersvorsorge bieten. Andererseits reagierte er mit der Gesetzesänderung auf häufigere Fälle, in denen bestehende Lebensversicherungsverträge entgeltlich erworben wurden. Weil es sich beim **Kauf einer „gebrauchten" Lebensversicherung nicht um einen der langfristigen Altersvorsorge dienenden Lebensversicherungsvertrag, sondern um eine Geldanlage** handle, schloss er solche Geschäfte zur Vermeidung einer missbräuchlichen Ausnutzung von Steuervergünstigungen von den Vergünstigungen der §§ 10 und 20 aus (BT-Drs. 13/5952, 46 f.).

873.1 Wortlaut § 10 EStG idF JStG 1997 v. 20.12.1996:

„(1) Sonderausgaben sind die folgenden Aufwendungen, wenn sie weder Betriebsausgaben noch Werbungskosten sind:

[…]

2. a) […]
   b) Beiträge zu den folgenden Versicherungen auf den Erlebens- oder Todesfall:
      aa) Risikoversicherungen, die nur für den Todesfall eine Leistung vorsehen,
      bb) Rentenversicherungen ohne Kapitalwahlrecht,
      cc) Rentenversicherungen mit Kapitalwahlrecht gegen laufende Beitragsleistung, wenn das Kapitalwahlrecht nicht vor Ablauf von zwölf Jahren seit Vertragsabschluß ausgeübt werden kann,
      dd) Kapitalversicherungen gegen laufende Beitragsleistung mit Sparanteil, wenn der Vertrag für die Dauer von mindestens zwölf Jahren abgeschlossen worden ist.

[3]Bei Steuerpflichtigen, die am 31. Dezember 1990 einen Wohnsitz oder ihren gewöhnlichen Aufenthalt in dem in Artikel 3 des Einigungsvertrages genannten Gebiet und vor dem 1. Januar 1991 keinen Wohnsitz oder gewöhnlichen Aufenthalt im bisherigen Geltungsbereich dieses Gesetzes hatten, gilt bis 31. Dezember 1996 folgendes: Hat der Steuerpflichtige zur Zeit des Vertragsabschlusses das 47. Lebensjahr vollendet, verkürzt sich bei laufender Beitragsleistung die Mindestvertragsdauer von 12 Jahren um die Zahl der angefangenen Lebensjahre, um die er älter als 47 Jahre ist, höchstens jedoch auf 6 Jahre. [4]Fondsgebundene Lebensversicherungen sind ausgeschlossen. [5]**Ausgeschlossen sind auch Versicherungen auf den Erlebens- oder Todesfall, bei denen der Steuerpflichtige Ansprüche aus einem von einer anderen Person abgeschlossenen Vertrag entgeltlich erworben hat, es sei denn, es werden aus anderen Rechtsverhältnissen entstandene Abfindungs- und Ausgleichsansprüche arbeitsrechtlicher, erbrechtlicher oder familienrechtlicher Art durch Übertragung von Ansprüchen aus Lebensversicherungsverträgen erfüllt;**"

873.2 Wortlaut § 20 EStG idF JStG 1997 v. 20.12.1996:

„(1) Zu den Einkünften aus Kapitalvermögen gehören

[…]

6. außerrechnungsmäßige und rechnungsmäßige Zinsen aus den Sparanteilen, die in den Beiträgen zu Versicherungen auf den Erlebens- oder Todesfall enthalten sind. [2]Dies gilt nicht für Zinsen aus Versicherungen im Sinne des § 10 Abs. 1 Nr. 2 Buchstabe b, die mit Beiträgen verrechnet oder im Versicherungsfall oder im Fall des Rückkaufs des Vertrags nach Ablauf von 12 Jahren seit dem

Vertragsabschluß ausgezahlt werden. [3]**Satz 2 gilt nicht in den Fällen des § 10 Abs. 1 Nr. 2 Buchstabe b Satz** 5. [4]Satz 2 gilt in den Fällen des § 10 Abs. 2 Satz 2 nur, wenn die Voraussetzungen für den Sonderausgabenabzug nach § 10 Abs. 2 Satz 2 Buchstabe a oder b erfüllt sind oder soweit bei Versicherungsverträgen Zinsen in Veranlagungszeiträumen gutgeschrieben werden, in denen Beiträge nach § 10 Abs. 2 Satz 2 Buchstabe c abgezogen werden können.[5]Die Sätze 1 bis 4 sind auf Kapitalerträge aus fondsgebundenen Lebensversicherungen entsprechend anzuwenden"

Durch **Haushaltsbegleitgesetz 2004** (HBeglG 2004) v. 29.12.2003 (BGBl. 2003 I 3076) wurde **873.3** die Abzugsfähigkeit der Beiträge zu Rentenversicherungen mit Kapitalwahlrecht und Kapitalversicherungen in § 10 Abs. 1 Nr. 2 Buchst. b S. 2 auf 88% begrenzt; die vorherigen Regelungen in Buchst. b S. 2 bis S. 5 wurden in S. 3 bis S. 6 verschoben.

Einstweilen frei **874–875**

(3) Abschluss der Versicherung seit 1.1.2005. Das **AltEinkG v. 5.7.2004** (→ **876** Rn. 67 f.) änderte im Zusammenhang mit der Neuordnung der Besteuerung von Alterseinkünften und dem Übergang zur nachgelagerten Besteuerung (→ Rn. 850) auch die Besteuerung von Erträgen aus Versicherungsverträgen, die nach dem 31.12.2004 abgeschlossen wurden, grundlegend: Das **Steuerprivileg** für Kapitallebensversicherungen, das in einer Kombination aus der Möglichkeit des Sonderausgabenabzugs für die geleisteten Beiträge einerseits und Steuerfreiheit der Erträge bei längerer Laufzeit andererseits bestanden hatte, wurde **abgeschafft** (BT-Drs. 15/2150, 26). § 20 Abs. 1 Nr. 6 S. 1 begründet seitdem **unabhängig von der Laufzeit der Versicherung** die **Steuerbarkeit des Unterschiedsbetrags** zwischen der Versicherungsleistung und der Summe der auf sie entrichteten Beiträge (Erträge) **im Erlebensfall oder bei Rückkauf des Vertrags** bei Rentenversicherungen mit Kapitalwahlrecht sowie bei Kapitalversicherungen mit Sparanteil (BT-Drs. 15/2150, 39). Für Versicherungsleistungen, die nach Vollendung des 60. Lebensjahres des Steuerpflichtigen und nach Ablauf von zwölf Jahren seit dem Vertragsabschluss ausgezahlt werden, enthält § 20 Abs. 1 Nr. 6 S. 2 eine Steuerbefreiung iHv 50% des Unterschiedsbetrags. Für Kapitalerträge aus **Versicherungsverträgen, die vor dem 1.1.2005 abgeschlossen wurden,** ist § 20 Abs. 1 Nr. 6 in der am 31.12.2004 geltenden Fassung des JStG 1997 (→ Rn. 873.2) weiterhin anzuwenden (§ 52 Abs. 36 S. 5 EStG idF AltEinkG v. 5.7.2004).

Hierdurch sollten die Erträge aus Kapitallebensversicherungen im Interesse der **Steuerge- 877 rechtigkeit** und **Vereinfachung** steuerlich erfasst werden, da bei einer Kapitallebensversicherung gegen laufende Beitragsleistung mit Sparanteil der **Charakter einer frei verfügbaren Kapitalanlage deutlich überwiegt.** Das mit der vorigen Rechtslage verbundene Steuerprivileg, das mit einem Wettbewerbsvorteil von Lebensversicherungen gegenüber anderen Anlageformen (zB Sparguthaben) verbunden war, wurde beseitigt. Als steuerpflichtiger Ertrag aus einer Lebensversicherung iSd § 20 Abs. 1 Nr. 6 wurden aus Vereinfachungsgründen nicht mehr die rechnungsmäßigen und außerrechnungsmäßigen Zinsen, sondern der Unterschiedsbetrag zwischen der Versicherungsleistung und der Summe der Versicherungsbeiträge festgelegt (BT-Drs. 15/2150, 26 und 39).

Durch **JStG 2007 v. 13.12.2006** (→ Rn. 71; zur zeitlichen Anwendbarkeit → Rn. 99) **878** wurde § 20 Abs. 1 Nr. 6 S. 1 ergänzt um das Merkmal einer „lebenslangen" Rentenzahlung, die zudem auch „erbracht" werden muss. Die Neufassung gilt für Erträge aus Versicherungsverträgen, die nach dem 2004 abgeschlossen werden (→ Rn. 99), ohne dass hierin **eine verfassungswidrige Rückwirkung** liegt (→ Rn. 920). Zudem wurden in § 20 Abs. 1 Nr. 6 S. 3 **Rentenversicherungen ohne Kapitalwahlrecht** erfasst, den Rentenversicherungen mit Kapitalwahlrecht gleichgestellt und mit ihren Erträge im Erlebensfall erfasst, soweit keine lebenslange Rentenzahlung vereinbart und erbracht wird. Mit der Besteuerung der **Erträge aus dem Rückkauf** des Rentenversicherungswahlrechts ohne Kapitalwahlrecht wurde zudem eine Besteuerungslücke bei vorzeitiger Beendigung einer solchen Rentenversicherung geschlossen. Dies verhinderte Missbräuche durch Vertragskündigung kurz vor Erreichen des Rentenzahlungsbeginns mit der Folge steuerfreier Einmalauszahlungen (BT-Drs. 16/2712, 49).

§ 52 Abs. 36 S. 9 EStG idF Gesetz zur Anpassung der Regelaltersgrenze an die demografi- **879** sche Entwicklung und zur Stärkung der Finanzierungsgrundlagen der gesetzlichen Rentenversicherung (RV-Altersgrenzenanpassungsgesetz) v. 20.4.2007 (BGBl. 2007 I 554) machte im Zuge der allgemeine Anpassung des Renteneintrittsalters die Anwendung der Privilegierung für Altersvorsorgeverträge gemäß Nr. 6 S. 2 (→ Rn. 936 ff.) für Vertragsschlüsse nach dem 31.12.2011 von einer Auszahlung der Versicherungsleistung frühestens nach Vollendung des 62. Lebensjahres abhängig (BT-Drs. 16/3794, 47).

880 Mit Einführung von § 20 Abs. 1 Nr. 6 S. 3 durch das **UntStRefG 2008 v. 14.8.2007** (→ Rn. 72; zur zeitlichen Anwendbarkeit → Rn. 99) muss der Erwerber beim entgeltlichen Erwerb einer Versicherung nur die Erträge versteuern, die in der Zeit seiner Inhaberschaft entstanden sind (→ Rn. 929).

881 Mit den **JStG 2009 v. 19.12.2008** (→ Rn. 73 zur zeitlichen Anwendbarkeit → Rn. 99) wurden in § 20 Abs. 1 Nr. 6 S. 5 Regelungen für vermögensverwaltende Versicherungsverträge eingeführt und mit § 20 Abs. 1 Nr. 6 S. 6 neue steuerliche Mindeststandards für die Anforderungen an die Risikoleistung aus einer Kapitallebensversicherung gesetzt (→ Rn. 947).

882 Durch Gesetz zur Anpassung des nationalen Steuerrechts an den Beitritt Kroatiens zur EU und zur Änderung weiterer steuerlicher Vorschriften v. 25.7.2014 (→ Rn. 76; zur zeitlichen Anwendbarkeit → Rn. 99) wurde § 20 Abs. 1 Nr. 6 um weitere Regelungen zur Steuerbarkeit gebrauchter Versicherungsverträge gemäß S. 7 und S. 8 ergänzt (→ Rn. 977 ff.).

883 Im Zuge der vollständigen Neuregelung der Besteuerung von Investmentfonds durch **InvStRefG v. 19.7.2016** (→ Rn. 77; zur zeitlichen Anwendbarkeit → Rn. 99) wurde § 20 Abs. 1 Nr. 6 S. 9 eingeführt, der eine Steuerbefreiung iHv 15% für solche Teile des Unterschiedsbetrags iSd Nr. 6 S. 1 begründet, die aus Investmentfonds erzielt werden (→ Rn. 984 ff.).

884–894 *Einstweilen frei*

895 **cc) Binnensystematik des § 20 Abs. 1 Nr. 6.** § 20 Abs. 1 **Nr. 6 S. 1** folgt dem **Grundsatz der nachgelagerten Besteuerung** von Versicherungserträgen (→ Rn. 876), indem er als steuerbare Kapitaleinkünfte erst den Unterschiedsbetrag zwischen der (ausgezahlten) Versicherungsleistung und der Summe der auf sie entrichteten Beiträge besteuert. Zudem werden der **zeitliche Anwendungsbereich** der Norm bestimmt für Versicherungsverträge, die nach dem 31.12.2004 abgeschlossen wurden, und mit der Aufführung einzelner Versicherungsverträge der **sachliche Anwendungsbereich** festgelegt (→ Rn. 905 ff.), der durch **Nr. 6 S. 4** wie folgt erweitert wird (zur zeitlichen Anwendbarkeit → Rn. 99).

S. 1 Alt. 1	Unterschiedsbetrag zwischen Versicherungsleistung und -beiträgen bei **Rentenversicherungen mit Kapitalwahlrecht,** soweit nicht die lebenslange Rentenzahlung gewählt und erbracht wird
S. 1 Alt. 2	Unterschiedsbetrag zwischen Versicherungsleistung und -beiträgen bei **Kapitalversicherungen mit Sparanteil**
S. 4 Alt. 1	Erträge aus fondsgebundenen Lebensversicherungen
S. 4 Alt. 2	Erträge im Erlebensfall bei **Rentenversicherungen ohne Kapitalwahlrecht,** soweit keine lebenslange Rentenzahlung vereinbart und erbracht wird
S. 4 Alt. 3	Erträge bei **Rückkauf** des Vertrages bei Rentenversicherungen ohne Kapitalwahlrecht

896 **Nr. 6 S. 2** erlaubt die Besteuerung mit der Hälfte des Unterschiedsbetrags nach S. 1 und begründet damit eine Steuerbefreiung iHv 50% bei sog. **Altersvorsorgeverträgen** (→ Rn. 936 ff.; zur Unanwendbarkeit gemäß Nr. 6 S. 6 → Rn. 947 ff.; zur Unanwendbarkeit gemäß Nr. 6 S. 7 → Rn. 977).

897 **Nr. 6 S. 3** regelt die Berechnung des Unterschiedsbetrags iSd Nr. 6 S. 1 bei **entgeltlichem Erwerb** des Anspruchs auf Versicherungsleistungen (→ Rn. 929 ff.).

898 **Nr. 6 S. 5** sieht für die Besteuerung **vermögensverwaltender Versicherungsverträge** eine im Vergleich zu Nr. 6 S. 1 bis S. 4 speziellere Regelung vor, indem die Versicherungsgesellschaft als vollständig transparent behandelt wird (→ Rn. 961 ff.).

899 **Nr. 6 S. 6** schließt die Anwendung der hälftigen Steuerbefreiung gemäß Nr. 6 S. 2 aus und bewirkt damit eine Steuerpflicht des Unterschiedsbetrags iHv 100%, wenn ein Altersvorsorgevertrag nicht bestimmte Mindestabsicherungen begründet (→ Rn. 947).

Nr. 6 S. 7 bewirkt für entgeltlich erworbene Versicherungen eine Ausnahme vom Grundsatz der Nichtbesteuerung von Versicherungsleistung im Fall des Eintritts eines versicherten Risikos, **Nr. 6 S. 8** enthält eine Rückausnahme hierzu (→ Rn. 977 ff.). **900**

Nr. 6 S. 9 enthält eine Steuerbefreiung iHv 15% bei fondsgebundenen Versicherungen zur Entlastung von Vorbelastungen auf Ebene des Investmentfonds (→ Rn. 984 ff.). **901**

Einstweilen frei **902–904**

dd) Grundsätzliche Vollversteuerung des Unterschiedsbetrags (§ 20 Abs. 1 Nr. 6 S. 1, S. 3 und 4). (1) Erfasste Versicherungsverträge (Nr. 6 S. 1). Nach seinem Wortlaut („Rückkauf des **Vertrages**" und „wenn der **Vertrag** nach dem 31.12.2004 abgeschlossen worden ist") ist § 20 Abs. 1 Nr. 6 S. 1 nur bei **Versicherungsverträgen** anzuwenden. Ein Versicherungsvertrag unterscheidet sich **von gesetzlichen Versicherungsverhältnissen** durch seine **Freiwilligkeit** und **von einer Kapitalanlage ohne Versicherungscharakter** dadurch, dass ein **wirtschaftliches Risiko abgedeckt wird, das aus der Unsicherheit und Unberechenbarkeit des menschlichen Lebens für den Lebensplan des Menschen erwächst** (biometrisches Risiko), typischerweise der Tod (Todesfallrisiko), die ungewisse Lebensdauer (Erlebensrisiko, Langlebigkeitsrisiko), das Unfallrisiko (Versicherung mit garantierter Beitragsrückzahlung) oder das Risiko der Beitragsrückzahlung im Todesfall (FG Köln 29.9.2015 – 10 K 3587/13, EFG 2016, 26; BMF 1.10.2009, BStBl. I 2009, 1172 Rn. 1 f.; HHR/*Buge* § 20 Rn. 262). Eine derartige **Risikoabsicherung fehlt,** wenn der Vertrag keine nennenswerte Risikotragung enthält, insbesondere wenn bei Risikoeintritt **nur die Auszahlung angesammelter und verzinster Sparanteile zuzüglich Überschussbeteiligung** vereinbart ist, oder wenn bei sog. Kapitalisierungsgeschäften lediglich die im Voraus festgesetzten einmaligen oder wiederkehrenden Prämien und die übernommenen Verpflichtungen unter Anwendung eines mathematischen Verfahrens nach Dauer und Höhe festgelegt sind (BMF 1.10.2009, BStBl. I 2009, 1172 Rn. 3 und 4). Ausreichend ist eine Risikosumme, die jedenfalls geringfügig größer als der Wert des Anlagestocks ist (1% des Anlagestocks ausreichend ansehend: FG Köln 27.8.2015 – 6 K 2927/13, EFG 2015, 2170; FG Köln 29.9.2015 – 10 K 3587/13, EFG 2016, 26; *Welker* ErbStB 2015, 15 (19); ähnlich: *Jooß* jM 2019, 430 (433): geringfügig über 0%). **905**

Die Regelung ist bereits nach ihrem Wortlaut nur anwendbar auf **Verträge, die nach dem 31.12.2004 geschlossen wurden** (dazu auch → Rn. 99; zum Begriff des Vertragsschlusses → Rn. 859 f.). Eine extensive Auslegung bzw. eine analoge Anwendung der Regelung auf bis zum 31.12.2004 geschlossene Versicherungsverträge scheidet mangels Auslegungsspielraums bzw. planwidriger Regelungslücke aus (BFH 24.5.2011 – VIII R 46/09, BStBl. II 2011, 920). **906**

Erfasst sind zum einen sog. **Rentenversicherungen mit Kapitalwahlrecht.** Bei einer **Rentenversicherung** besteht die Versicherungsleistung in der zeitlich unbeschränkten Zahlung gleich bleibender oder steigender wiederkehrender Bezüge für die Lebenszeit der versicherten Person (lebenslange Leibrente) unter der Bedingung, dass die versicherte Person den vereinbarten Rentenzahlungsbeginn erlebt (BT-Drs. 16/2712, 49; BMF 1.10.2009, BStBl. I 2009, 1172 Rn. 3a–3c und 19 f.). Bei einer Rentenversicherung **mit Kapitalwahlrecht** hat der Bezugsberechtigte die vertragliche Option, die lebenslange Rentenzahlung gegen Zahlung einer Kapitalleistung zu beenden (HHR/*Buge* § 20 Rn. 265). Bei systematischer und telelogischer Auslegung **nicht** erfasst sind **sofort beginnende Rentenversicherungen gegen Einmalzahlung,** bei denen eine Ansparphase fehlt (BFH 15.6.2005 – X R 64/01, BStBl. II 2006, 245). **907**

Zum anderen werden **Kapitalversicherungen mit Sparanteil** von Nr. 6 S. 1 erfasst. Eine **Kapitalversicherung** unterscheidet sich von einer Rentenversicherung, bei der eine regelmäßig wiederkehrende Versicherungsleistung ausgezahlt wird (→ Rn. 907), durch eine einmalige Kapitalzahlung bei Eintritt der Fälligkeit. Der Versicherungsbeitrag muss neben dem **Kostenanteil** (für Verwaltungsaufgaben, Abschluss-, Inkassokosten) und einem **Risikoanteil** (für Leistungen bei Eintritt des Hauptrisikos) auch einen **Sparanteil** enthalten, der für die Finanzierung einer Erlebensfall-Leistung verwendet wird (Kirchhof/*Bleschick* § 20 Rn. 100). Liegen diese Voraussetzungen vor, so hat die konkrete Ausgestaltung der Kapitalversicherung als Vertrag mit oder ohne Rentenwahlrecht sowie gegen einmalige oder laufende Beitragszahlung keinen Einfluss auf die Besteuerung (BMF 1.10.2009, BStBl. I 2009, 1172 Rn. 25). **908**

908.1 **Erfasst** sind häufige Formen von Kapitalversicherungen auf den Todes- und Erlebensfall (sog. **klassische Kapital-Lebensversicherung**), **Unfallversicherungen mit garantierter Beitragsrückzahlung und Sparanteil** sowie **Kapital-Lebensversicherungen auf den Todes- und Erlebensfall von mehreren Personen,** die nur ausgezahlt werden, wenn alle versicherten Personen den im Versicherungsschein genannten Ablauftermin erleben (sog. Kapitalversicherung auf verbundene Leben), Kapitalversicherungen mit fixen Auszahlungstermin (sog. Kapitalfixversicherung) sowie **Kapitalversicherung mit lebenslangem Todesfallschutz.**

908.2 **Nicht erfasst** werden hingegen sog. **Risiko(lebens)versicherungen,** die nur das Todesfallrisiko ohne Kapitalbildung absichern (zB Berufsunfähigkeitsversicherung ohne Sparanteil: BFH 27.9.2011 – X B 241/10, BFH/NV 2012, 31), **Kapitalversicherungen mit festem Auszahlungszeitpunkt,** bei denen die Versicherungsleistung nur zu einem festen Zeitpunkt und unabhängig vom Tod der versicherten Person ausgezahlt wird (sog. Terminfixversicherung), und **Kapitalversicherungen mit lebenslangem Todesfallschutz, die nur beim Tod der versicherten Person leisten** und nicht die Möglichkeit bieten, zu Lebzeiten der versicherten Person eine Versicherungsleistung abzurufen und so die Versicherung zu beenden oder mit reduzierter Versicherungssumme bestehen zu lassen (BMF 1.10.2009, BStBl. I 2009, 1172 Rn. 7 und 23 ff.; KSM/*Jochum* § 20 Rn. C/6 32 f.).

909–913 *Einstweilen frei*

914 **(2) Weitere erfasste Versicherungsverträge (Nr. 6 S. 4).** § 20 Abs. 1 Nr. 6 S. 4 verweist für Erträge aus fondsgebundenen Lebensversicherungen, aus Rentenversicherungen ohne Kapitalwahlrecht sowie aus Erträgen bei Rückkauf des Vertrages bei Rentenversicherungen ohne Kapitalwahlrecht in einer **Rechtsfolgenverweisung** auf Nr. 6 S. 1 bis S. 3 (vgl. mit wohl versehentlicher Bezugnahme auf S. 5: BFH 24.6.2019 – VIII R 25/16, BStBl. II 2019, 696; zur zeitlichen Anwendbarkeit → Rn. 99).

915 **Fondsgebundene Lebensversicherungen** (Nr. 6 S. 4 **Alt. 1**) sind Kapital-Lebensversicherungen auf den Erlebens- oder Todesfall (→ Rn. 908.1), bei denen der Sparanteil (→ Rn. 908) idR in einem Investmentvermögen angelegt wird (→ Rn. 203 ff.). Die daraus erzielten Erträge werden typischerweise thesauriert und wieder angelegt. Die Höhe der Versicherungsleistungen hängt damit direkt von der Wertentwicklung der in einem besonderen Anlagestock angesparten Vermögensanlagen ab (BMF 1.10.2009, BStBl. I 2009, 1172 Rn. 31 f.; HHR/*Buge* § 20 Rn. 267; *Reuter* BB 1986, 295; *Marchand* DB 1974, 2430 (2430); zur teilweisen Steuerfreiheit für fondsgebundene Lebensversicherungen nach Nr. 6 S. 9 → Rn. 984 ff.).

916 **Rentenversicherungen ohne Kapitalwahlrecht** (Nr. 6 S. 4 **Alt. 2**) unterfallen derselben steuerlichen Behandlung wie Rentenversicherungen mit Kapitalwahlrecht (zur Abgrenzung → Rn. 907). Steuerbar sind schließlich auch die Erträge aus dem **Rückkauf eines solchen Vertrages** (Nr. 6 S. 4 **Alt. 3**). Ein Rückkauf einer Versicherung liegt vor, wenn der Versicherungsvertrag vorzeitig va aufgrund von Rücktritt, Kündigung oder Anfechtung ganz oder teilweise beendet und der sog. Rückkaufswert durch das Versicherungsunternehmen erstattet wird (BMF 1.10.2009, BStBl. I 2009, 1172 Rn. 48).

917–918 *Einstweilen frei*

919 **(3) Steuerbare Versicherungsleistungen.** Steuerbare Erträge iSd Nr. 6 S. 1 und S. 4 entstehen, wenn der Versicherungsnehmer, der vom Bezugsberechtigten verschieden sein kann (→ Rn. 943), den Ablauf des Versicherungsvertrags erlebt (sog. **Erlebensfall**), von einem vereinbarten **Kapitalwahlrecht Gebrauch macht** (→ Rn. 907) oder den Versicherungsvertrag während der Laufzeit **zurückkauft** (HHR/*Buge* § 20 Rn. 265). **Leistungen der Versicherung bei Eintritt des versicherten Risikos,** zB beim Tod der versicherten Person vor Ablauf des Versicherungszeitraums, sind hingegen grundsätzlich nicht steuerbar (KSM/*Jochum* § 20 Rn. C/6 27c; Lademann EStG/*Jachmann-Michel/Lindenberg* § 20 Rn. 361; zur Ausnahme in Nr. 6 S. 7 → Rn. 977 ff.).

920 Versicherungsleistungen aus einer **Rentenversicherung mit** (Nr. 6 S. 1) und **ohne** (Nr. 6 S. 4) Kapitalwahlrecht zählt zudem nur zu den Einnahmen nach § 20 Abs. 1 Nr. 6, **soweit nicht die lebenslange Rentenzahlung gewählt und erbracht wird** (zur Besteuerung lebenslanger Zahlungen nach § 22 → Rn. 160). Aus der Formulierung „**soweit**" folgt, dass bei Auszahlung der Versicherungsleistung zT in einem einmaligen Teilbetrag und zT als wiederkehrende Rentenzahlungen nur bezüglich der einmaligen Kapitalzahlung § 20 Abs. 1 Nr. 6 S. 1 und iÜ nach § 22 Nr. 1 S. 3 Buchst. a Doppelbuchst. bb unterfällt (BMF 1.10.2009,

BStBl. I 2009, 1172 Rn. 64). Bei Verträgen mit garantierter lebenslanger Grundrente und zusätzlicher Überschussbeteiligung ist eine **Aufteilung** zwischen der § 20 Abs. 1 Nr. 6 unterfallenden Überschussbeteiligung und der nach § 22 Nr. 1 S. 3 Buchst. a Doppelbuchst. bb zu besteuernden Grundrente vorzunehmen (**aA** HHR/*Buge* § 20 Rn. 265; KSM/*Jochum* § 20 Rn. C/6 28).

Wichtige Ausgestaltungen von Rentenversicherungen:

Sind Versicherungsverträge so konstruiert, dass Versicherungsleistungen jedenfalls bis zum Tod der versicherten Person, mindestens aber für eine vertraglich bestimmte Zeit gewährt und ggf. auch an die Erben der versicherten Person erbracht werden (sog. **Mindestzeitrenten**), handelt es sich aufgrund der in jedem Fall gewährleisteten lebenslangen Absicherung bei teleologischer Auslegung um einen Versicherungsvertrag, der nicht der Besteuerung gemäß § 20 Abs. 1 Nr. 6 S. 1, sondern nach § 22 Nr. 1 S. 1 Buchst. a Doppelbuchst. bb unterliegt (iE ebenso: HHR/*Buge* § 20 Rn. 265). **920.1**

Nicht um eine lebenslange Rentenzahlung handelt es sich hingegen bei einer **einmaligen Kapitalauszahlung,** bei **mehreren Teil-Kapitalauszahlungen** oder bei Abgeltung eines laufenden Rentenzahlungsanspruchs durch Ausübung eines Kapitalwahlrechts und Auszahlung einer **Abfindung** (BMF 1.10.2009, BStBl. I 2009, 1172 Rn. 19). **920.2**

Gleichermaßen **nicht erfasst** sind Leibrenten mit einer vertraglich vereinbarten Höchstlaufzeit (sog. **abgekürzte Leibrenten**) sowie wiederkehrende Bezüge, die nicht auf die Lebenszeit der versicherten Person, sondern auf eine festgelegte Dauer zu entrichten sind (sog. **Zeitrenten,** vgl. BT-Drs. 16/2712, 49; **aA** KSM/*Jochum* § 20 Rn. C/6 27b). **920.3**

Investmentrentenverträge unterfallen nur dann der Privilegierung des § 22 Nr. 1 S. 1 Buchst. a Doppelbuchst. bb, wenn sie eine lebenslange Absicherung unabhängig von Vermögensstand des Investmentvermögens gewährleisten. Ansonsten unterfallen sie § 20 Abs. 1 Nr. 6 (HHR/*Buge* § 20 Rn. 265, zu Nr. 6 S. 9 → Rn. 984 ff.). **920.4**

Werden hingegen **lebenslange Rentenzahlungen gewährt und erbracht,** so werden diese **nach § 22 Nr. 1 S. 3 Buchst. a Doppelbuchst. bb** besteuert (→ Rn. 853). Durch JStG 2007 v. 13.12.2006 (→ Rn. 71; zur zeitlichen Anwendbarkeit → Rn. 99) ergänzte der Gesetzgeber den in Nr. 6 S. 1 benutzten Begriffs „Rentenzahlung", der ohnehin als wiederkehrende Zahlungsreihe zu verstehen ist, durch das Adjektiv „lebenslang" und stellte damit **ohne verfassungswidrige Rückwirkung** klar, dass die steuerliche Privilegierung von Rentenzahlungen gemäß § 22 Nr. 1 S. 3 Buchst. a Doppelbuchst. bb) tatsächlich wiederkehrende Bezüge **für die gesamte Lebenszeit der versicherten Person** voraussetzt (BT-Drs. 16/2712, 63). Die Ergänzung des Gesetzeswortlauts um die Worte „und erbracht" stellt klar, dass die steuerliche Privilegierung **nur so weit reicht, wie eine Rentenzahlung auch tatsächlich an den Bezugsberechtigten erbracht wird.** Wird die Rentenzahlung **durch Kündigung** vorzeitig beendet und der Rentenanspruch durch eine Kapitalleistung abgefunden, ist diese Versicherungsleistung daher nicht mehr nach § 22 Nr. 1 S. 3 Buchst. a Doppelbuchst. bb, sondern nach § 20 Abs. 1 Nr. 6 zu versteuern (BT-Drs. 16/2712, 49). **921**

Einstweilen frei **922–923**

(4) Ermittlung des steuerbaren Versicherungsertrags (Nr. 6 S. 1 und 3). § 20 Abs. 1 Nr. 6 S. 1 definiert als steuerbaren Kapitalertrag den Unterschiedsbetrag zwischen der Versicherungsleistung und der Summe der auf sie entrichteten Beiträge. **924**

Die **Versicherungsleistung** iSd Nr. 6 S. 1 bestimmt sich **ausgehend vom Gesamtbetrag der zugeflossenen Geldleistungen,** in denen die angesammelten Sparanteile, die garantierte Verzinsung der Sparanteile und die Überschüsse aus dem Kapitalanlage-, dem Risiko- und dem Kostenergebnis enthalten sind (zu den einzelnen Beitragsbestandteilen → Rn. 908). Die **Überschussanteile sowie die sonstigen Leistungen, die jeweils auf Nebenrisiken (zB Invalidität, Erwerbsunfähigkeit etc) geleistet werden, sind auszusondern** (BMF 1.10.2009, BStBl. I 2009, 1172 Rn. 55; zur Berechnung des Unterschiedsbetrags bei **Teilleistungen** BMF 1.10.2009, BStBl. I 2009, 1172 Rn. 61 ff.). Durch diese Ermittlungsmethode ist zum einen gewährleistet, dass die auf den Versicherungsvertrag geleisteten Beiträge und damit das an das Versicherungsunternehmen überlassene Kapital entsprechend des quellentheoretischen Ansatzes der Kapitalertragsbesteuerung (→ Rn. 877) unbesteuert bleiben. Zum anderen werden Mehrungen der überlassenen Vermögenssubstanz, die thesauriert werden und die Versicherungsleistung am Ende der Vertragslaufzeit erhöhen, **925** auch ohne steuerlichen Realisationstatbestand iSd § 20 Abs. 2 steuerlich erfasst (vgl. Blümich/*Ratschow* § 20 Rn. 282).

925.1 Könnte der Steuerpflichtige zwar eine Versicherungsleistung abrufen, lässt diese aber bis zur endgültigen Entscheidung über die Verwendung beim Versicherungsunternehmen (sog. Parkdepot), so hat er die wirtschaftliche Verfügungsmacht an der Versicherungsleistung erlangt und die Versicherungsleistung ist ihm zugeflossen (KSM/*Jochum* § 20 Rn. C/6 47c).

926 Beim **Rückkauf einer Versicherung** (Nr. 6 S. 1 Alt. 2 und S. 4 Alt. 3) entspricht die Versicherungsleistung iSd Nr. 6 S. 1 dem sog. **Rückkaufswert** der Versicherung. Zur Bestimmung des Rückkaufswertes wird zunächst nach anerkannten versicherungsmathematischen Regeln der Zeitwert der Versicherung für den Schluss der laufenden Versicherungsperiode berechnet. Nach Abzug der Beitragsrückstände, der Kosten zum Abschluss des Versicherungsvertrags und eines häufig erhobenen sog. Stornoabschlags aufgrund der vorzeitigen Beendigung des Vertrags der Rückkaufswert der Versicherung. Insbesondere im Fall einer sehr frühzeitigen Vertragsbeendigung kann sich durch diese Berechnung aufgrund des niedrigen Zeitwerts, aber der verhältnismäßig hohen Anfangskosten ein negativer Unterschiedsbetrag ergeben (vgl. BMF 1.10.2009, BStBl. I 2009, 1172 Rn. 48 f.).

927 Von der Versicherungsleistung (→ Rn. 925) bzw. dem Rückkaufwert (→ Rn. 926) ist **die Summe der auf sie entrichteten Beiträge** abzuziehen. **Versicherungsbeiträge** (Prämien) sind alle aufgrund des Versicherungsvertrags erbrachten Geldleistungen, insbesondere die Ausfertigungsgebühr, die Abschlussgebühr und die Versicherungsteuer (Schmidt/*Weber-Grellet*, 36. Aufl. 2017, § 20 Rn. 93; KSM/*Jochum* § 20 Rn. C/6 44). Als Beitragsleistung abzugsfähig ist auch die Vermittlungsgebühr unabhängig davon, ob diese an die Versicherung selbst oder aufgrund eines gesonderten Vertrages an einen Dritten als Versicherungsvermittler entrichtet wurde (BFH 28.10.2010 – VIII B 90/10, BFH/NV 2011, 254; BFH 28.10.2010 – VIII B 44/10, BFH/NV 2011, 587 mwN). **Vorteile des Steuerpflichtigen** aus dem Abschluss des Versicherungsvertrages wie weitergeleitete Vermittlungsprovisionen der Versicherungsgesellschaft an den Vermittler oder Provisionen der Versicherungsgesellschaft unmittelbar an den Steuerpflichtigen (sog. Eigenprovisionen) **mindern die Summe der abzugsfähigen Beiträge** (BMF 1.10.2009, BStBl. I 2009, 1172 Rn. 56).

928 Während der ursprüngliche Gesetzesvorschlag des AltEinkG lediglich die Formulierung „die Summe der Beiträge" enthielt, wurde der Wortlaut auf Vorschlag des Finanzausschusses dahingehend konkretisiert, dass nur die **Summe der „auf sie", dh auf die Versicherungsleistung entrichteten Beiträge** von der Versicherungsleistung bzw. dem Rückkaufwert abzugsfähig ist (BT-Drs. 15/2986, 19). Dadurch machte der Gesetzgeber deutlich, dass Beitragsbestandteile einer Versicherung, die neben dem Todesfallrisiko weitere Risiken absichern, nicht von der Versicherungsleistung abgezogen werden können (BT-Drs. 15/3004, 19). Bei **Mischverträgen** sind deshalb nicht nur die Versicherungsleistungen (→ Rn. 925), sondern auch die auf diese Leistungen oder auf Nebenrisiken entfallenden Versicherungsbeiträge gesondert auszuweisen (vgl. BMF 1.10.2009, BStBl. I 2009, 1172 Rn. 38 f. und 58; Lademann EStG/*Jachmann-Michel/Lindenberg* § 20 Rn. 361). Für die Berechnung des Unterschiedsbetrags ist zu Recht **unerheblich, wer die Versicherungsbeiträge aufgewendet hat,** denn auch Beiträge von anderen als dem Steuerpflichtigen mindern den steuerpflichtigen Ertrag der Kapitalanlage (vgl. BMF 1.10.2009, BStBl. I 2009, 1172 Rn. 59). Erforderlich ist die tatsächliche **Entrichtung,** dh die tatsächliche Zahlung der Beiträge an das Versicherungsunternehmen. Das bloße Bestehen der Beitragsansprüche ist nicht ausreichend.

929 Hat der Steuerpflichtige den **Anspruch auf die Versicherungsleistung entgeltlich erworben,** so treten insoweit gemäß **Nr. 6 S. 3** (zur zeitlichen Anwendbarkeit → Rn. 99, zur vergleichbaren Vorgängerregelung idF JStG 1997 v. 20.12.1996 → Rn. 57) die Anschaffungskosten des Erwerbers iSd § 255 Abs. 1 HGB analog an die Stelle der vom Versicherungsnehmer entrichteten Beiträge (→ Rn. 928). „Entgeltlich" bedeutet nur, dass irgendeine Gegenleistung für den Erwerb des Anspruchs geleistet wird, auch wenn diese in ihrem Wert hinter dem Wert des erworbenen Anspruchs zurückbleibt. Eine Aufteilung erfolgt insofern nicht (Blümich/*Ratschow* § 20 Rn. 281; Lademann EStG/*Jachmann-Michel/Lindenberg* § 20 Rn. 371a). Damit hat der Erwerber nur den Unterschiedsbetrag zwischen der Versicherungsleistung und den Anschaffungskosten sowie den von ihm selbst entrichteten Beiträgen gemäß Nr. 6 S. 1 zu versteuern (vgl. BFH 24.5.2011 – VIII R 46/09, BStBl. II 2011, 920). Dies stellt sicher, dass der Erwerber nur besitzzeitanteilig die Erträge zu versteuern hat, die während seiner Zeit als Versicherungsnehmer ab dem Zeitpunkt der Vertragsübernahme mit den von ihm gezahlten Versicherungsbeiträgen erwirtschaftet werden (HHR/*Buge* § 20 Rn. 266). Die beim Veräußerer des Anspruchs bis zum Zeitpunkt der Veräußerung aufgelaufenen Erträge werden über den ebenfalls durch das JStG 2008 eingeführten § 20 Abs. 2 Nr. 6 erfasst. Dies verhindert eine Übermaßbesteuerung bei einem Steuerpflichtigen, der den Anspruch auf eine Versicherungsleistung iSd Nr. 6 S. 1 vom ursprünglichen Rechtsinhaber entgeltlich erworben hat (BT-Drs. 16/4841, 54).

Aufwendungen im Zusammenhang mit einem **Versicherungsvertrag zu eigenen Gunsten** sind, soweit sie nicht Anschaffungs(neben)kosten iSd 255 Abs. 1 HGB analog sind (→ Rn. 929), Werbungskosten (Blümich/*Ratschow* § 20 Rn. 282; *Loritz* DStR 2005, 625 (627 ff.)). Für Werbungskosten auf begünstigte Altersvorsorgeverträge iSd Nr. 6 S. 2 gilt wegen der wirtschaftlichen Wirkung dieser Regelung als Steuerbefreiung (→ Rn. 936 f.) **§ 3c Abs. 1,** sodass mit solchen Verträgen im Zusammenhang stehende **Erwerbsaufwendungen nur hälftig abziehbar** wären (**aA** Blümich/*Ratschow* § 20 Rn. 282; *Loritz* DStR 2005, 625 (630)). Davon unabhängig gilt jedoch das Abzugsverbot aus § 20 Abs. 9 S. 1 (→ Rn. 1472 ff.). 930

Einstweilen frei 931–935

ee) Altersvorsorgeverträge (§ 20 Abs. 1 Nr. 6 S. 2 und 6). § 20 Abs. 1 Nr. 6 **S. 2** begründet eine **Privilegierung sog. Altersvorsorgeverträge** als lex specialis zu § 34 (Schmidt/*Levedag* § 20 Rn. 108), indem nur die Hälfte des Unterschiedsbetrags iSd Nr. 6 S. 1 (→ Rn. 924 ff.) als steuerbarer Kapitalertrag anzusetzen ist. Allerdings ist die Privilegierung **ausgeschlossen** nach Nr. 6 S. 5 Hs. 2 bei **vermögensverwaltenden Versicherungsverträgen** (→ Rn. 961 ff.), nach Nr. 6 S. 6 bei **Altersvorsorgeverträgen mit minimalistischem Versicherungsschutz** (→ Rn. 947 ff.) und nach Nr. 6 S. 7 bei **entgeltlich erworbenen Versicherungsverträgen** → Rn. 977 ff.). Bei telelogischer Auslegung ist **ab dem 1.1.2018 eine kumulative Anwendung von Nr. 6 S. 2 und Nr. 6 S. 9 möglich** (→ Rn. 984 ff.), da Nr. 6 S. 2 auf die Privilegierung von Altersvorsorgeverträgen, Nr. 6 S. 9 hingegen auf die Entlastung von Versicherungserträgen aus Investmentvermögen von der steuerlichen Vorbelastung der Investmentfonds abzielt. 936

Trotz seiner systematischen Stellung in einem Steuertatbestand stellt Nr. 6 S. 2 wirtschaftlich einen Ertrag zu 50% von der Besteuerung frei und wirkt damit als **Steuerbefreiungsvorschrift** (**aA** Blümich/*Ratschow* § 20 Rn. 282: Regelung zur Bestimmung des sachlichen Umfangs der Besteuerung). Damit wurde für Erträge aus Altersvorsorgeverträgen faktisch das **Halbeinkünfteverfahren** gesetzlich verankert; in der Folge ist der hälftige Abzug von Erwerbsaufwendungen unabhängig von § 20 Abs. 9 S. 1 bereits nach § 3c Abs. 1 ausgeschlossen (→ Rn. 930). 937

Die Privilegierung derartiger Altersvorsorgeverträge wurde im Gesetzgebungsverfahren zum AltEinkG v. 5.7.2004 kontrovers diskutiert. Während der **Bundesrat** die steuerliche Begünstigung von Erträgen aus Lebensversicherungen mit dem Hinweis darauf gefordert hatte, dass über zwei Drittel aller Arbeitnehmerhaushalte für Altersrisiken mit einer Lebensversicherung vorsorgten und Entscheidungsfreiheit für eine bewährte Form der Altersvorsorge behalten sollten (BT-Drs. 15/2563, 8), lehnte die **Bundesregierung** eine Privilegierung ab, weil ein Steuerprivileg der Kapitallebensversicherung nicht in das vorgesehene System der nachgelagerten Besteuerung gesicherter Altersvorsorge passe (BT-Drs. 15/2592, 1). Der **Finanzausschuss** schlug eine Ergänzung des § 34 um die Versicherungserträge aus § 20 Abs. 1 Nr. 6 S. 1 vor, wenn diese nach Vollendung des 60. Lebensjahres des Steuerpflichtigen und nach Ablauf von zwölf Jahren seit dem Vertragsabschluss ausgezahlt werden (BT-Drs. 15/2986, 25 f.). Dies sollte die Progressionsspitze für die im Auszahlungsjahr zusammengeballt zufließenden Erträge durch Anwendung der sog. Fünftel-Regelung abmildern (BT-Drs. 15/3004, 12 und 21). Erst auf Beschlussempfehlung des **Vermittlungsausschusses** wurde § 20 Abs. 1 Nr. 6 S. 2 mit den vom Finanzausschuss vorgeschlagenen Tatbestandsvoraussetzungen aufgenommen (BT-Drs. 15/3230, 2). 938

In der Sache ist die gesetzlich vorgegebene Privilegierung von Altersvorsorgeverträgen wegen der damit intendierten steuerlichen Förderung der Eigenvorsorge zur Absicherung von Altersrisiken zu begrüßen. Eine Verschonung von Erträgen, die der Altersversorgung dienen, ist möglich, wenngleich 938.1

von Verfassung wegen nicht geboten (BFH 8.12.1992 – VIII B 74/92). Die mit Nr. 6 S. 2 einhergehende steuerliche Ungleichbehandlung im Vergleich zu Versicherungsverträgen iSd Nr. 6 S. 1 erscheint vor diesem Hintergrund auch sachlich gerechtfertigt, da Nr. 6 S. 2 auf Verträge zur langfristigen Eigenvorsorge für das Alter zugeschnitten ist. Die Regelung kann Progressionsnachteile durch den typischerweise einmaligen Anfall der Versicherungsleistung ausgleichen, die anderenfalls erheblichen Nachteilen im Vergleich zu anderen Formen der Altersvorsorge mit regelmäßigen Leistungen in deutlich niedrigerem Umfang über einen längeren Zeitraum ausgesetzt wären.

938.2 Die **systematische Stellung** der Regelung Nr. 6 S. 2 sowie der darauf Bezug nehmenden S. 6 bis S. 8 trägt jedoch deutlich den Kompromiss-Charakter ihrer Genese und erscheint **unsystematisch.** § 20 Abs. 1 Nr. 6 S. 2 bestimmt nicht die Steuerbarkeit der Versicherungserträge dem Grunde oder der Höhe nach, sondern hat die Wirkung einer Steuerbefreiungsvorschrift (→ Rn. 936). Im Interesse der Rechtklarheit und der Entschlackung des Normwortlauts von § 20 Abs. 1 Nr. 6 wäre es deshalb zu begrüßen, wenn die Regelungen der Nr. 6 S. 2, S. 6 bis S. 8 zumindest aus ihrem aktuellen Regelungsstandort gelöst und in § 3 und/oder § 34 verankert würden.

939–940 *Einstweilen frei*

941 **(1) Voraussetzungen privilegierter Altersvorsorgeverträge (§ 20 Abs. 1 Nr. 6 S. 2).** Ein Versicherungsvertrag iSd Nr. 6 S. 1 und S. 4 (→ Rn. 905 ff. und → Rn. 914 ff.) erfüllt die Voraussetzungen eines **privilegierten Altersvorsorgevertrags iSd Nr. 6 S. 2,** wenn im Zeitpunkt der Auszahlung der Versicherungsleistung die **Mindestvoraussetzungen hinsichtlich des Alters des Steuerpflichtigen und der Vertragslaufzeit kumulativ erfüllt** sind.

941.1 Ob die Ansprüche aus dem Versicherungsvertrag der Tilgung oder Sicherung eines Darlehens dienen, ist für die Anwendung des § 20 Abs. 1 Nr. 6 S. 2 seit dem **AltEinkG v. 5.7.2004** und dem damit verbundenen generellen Ausschluss des Sonderausgabenansatzes von Versicherungsbeiträgen unerheblich (BMF 1.10.2009, BStBl. I 2009, 1172 Rn. 74; zu den vormals geltenden Regelungen für sog. Policendarlehen → Rn. 868).

942 Zum einen muss die **Auszahlung** der Versicherungsleistung bei zwischen dem 1.1.2005 und dem 31.12.2011 geschlossenen Versicherungsverträgen frühestens **nach Vollendung des 60. Lebensjahrs,** bei nach dem 31.12.2011 geschlossenen Versicherungsverträgen frühestens nach **Vollendung des 62. Lebensjahrs** erfolgen (→ Rn. 879). Werden **mehrere Versicherungsleistungen zu unterschiedlichen Zeitpunkten ausgezahlt** (zB bei Teilauszahlungen und Barauszahlungen von laufenden Überschussanteilen), so ist für die jeweilige Teilleistung gesondert zu prüfen, ob die Voraussetzungen von Nr. 6 S. 2 erfüllt sind (BMF 1.10.2009, BStBl. I 2009, 1172 Rn. 75).

943 Wer als „**Steuerpflichtiger**" iSd Nr. 6 S. 2 anzusehen ist und auf wessen Alter im Auszahlungszeitpunkt es deshalb ankommt, ist **strittig:** Teilweise wird vertreten, dass hiermit der Versicherungsnehmer, dh der zivilrechtliche Vertragspartner des Versicherungsunternehmens gemeint sei, weil nur dieser die Dispositionsmöglichkeit über den Besteuerungsgegenstand habe und den Versicherungsvertrag kündigen oder beitragsfrei stellen könne (Blümich/*Ratschow* § 20 Rn. 271; Korn/*Hamacher/Dahm* § 20 Rn. 149; Lademann EStG/*Jachmann-Michel/Lindenberg* § 20 Rn. 365). Aus telelogischen Gründen ist jedoch auf das Alter des Gläubigers der Versicherungsleistung, dh des **Bezugsberechtigten** abzustellen, dem die Erträge nach Nr. 6 S. 1 bis S. 4 zuzurechnen sind, denn nur bei diesen ist Vereinnahmung der Versicherungsleistung steuerbar (→ Rn. 408 f.) und nur für ihn besteht eine privilegierungswürdige Risikoabsicherung (iE ebenso: Kirchhof/*Bleschick* § 20 Rn. 103).

944 Zum anderen darf die Versicherungsleistung **nicht vor Ablauf von mindestens zwölf Jahren seit dem Vertragsabschluss ausgezahlt** werden (zum Zeitpunkt des Vertragsschlusses → Rn. 859; für die Berechnung der Frist gilt § 108 AO). Werden **wesentliche Vertragsmerkmale** einer Versicherung iSd § 20 Abs. 1 Nr. 6 **wie die versicherte Person** (KSM/*Jochum* § 20 Rn. C/6 47d), **Versicherungslaufzeit, Versicherungssumme, Beitragshöhe oder Beitragszahlungsdauer geändert,** so ist dies bei wirtschaftlicher Betrachtung als Abschluss eines neuen Vertrages zu werten. Der ursprünglich geschlossene Vertrag wird durch die späteren Änderungen nicht obsolet, sondern gilt hinsichtlich seiner Merkmale und der vertraglichen Ansprüche wie ursprünglich abgeschlossen und wird nur hinsichtlich seiner Laufzeit bis zu dem Zeitpunkt begrenzt, in dem die als neuer Vertragsschluss zu bewertende Änderung vorgenommen wurde. **Nur sofern die Vertragsänderung nach**

Ablauf von 12 Jahren erfolgt, kann für den alten Vertrag die hälftige Steuerbefreiung gemäß Nr. 6 S. 2 in Anspruch genommen. Für den neuen Vertrag wird der Lauf der Mindestvertragsdauer von 12 Jahren eigenständig in Gang gesetzt (BFH 6.7.2005 – VIII R 71/04, BStBl. II 2006, 53 mwN; BFH 27.9.2016 – VIII R 66/13, BStBl. II 2017, 626; BMF 1.10.2009, BStBl. I 2009, 1172 Rn. 67 ff.; Schmidt/*Levedag* § 20 Rn. 108). Der Eintritt des Steuerpflichtigen in einen von einem Dritten abgeschlossenen Lebensversicherungsvertrag mit Zustimmung des Versicherungsunternehmens und gegen laufende Beitragszahlung ist hingegen nicht als Abschluss eines neuen Vertrags anzusehen (BFH 9.5.1974 – VI R 137/72, BStBl. II 1974, 633; BFH 23.4.2010 – VIII B 48/08, BFH/NV 2010, 1439).

Einstweilen frei **945–946**

(2) Kein Ausschluss durch minimalistischen Versicherungsschutz (§ 20 Abs. 1 Nr. 6 S. 6). § 20 Abs. 1 Nr. 6 S. 6 schließt die Privilegierung nach Nr. 6 S. 2 aus, wenn steuerliche Mindeststandards für die Risikoleistung aus einer Kapitallebensversicherung (→ Rn. 908.1) nicht erfüllt sind. Der Gesetzgeber begründete die durch JStG 2009 v. 19.12.2008 eingeführte Regelung (→ Rn. 73; zur zeitlichen Anwendbarkeit → Rn. 99) mit der Beobachtung eines zunehmenden Angebots von Lebensversicherungsverträgen mit einem minimalistisch ausgestatteten Versicherungsschutz sowie mit individueller Vermögensverwaltung, gerade im Vorfeld der Einführung der Abgeltungsteuer durch UntStRefG 2008 (→ Rn. 72). Die Einfügung von Nr. 6 S. 6 sollte bewirken, dass derartige Verträge transparent besteuert werden und die Versicherungsunternehmen im Zusammenhang mit ihrer Kapitalanlage im Zuge des Versicherungsverhältnisses zufließenden Erträge dem wirtschaftlich Berechtigten aus dem Versicherungsvertrag zuzurechnen sind, sobald sie dem vom Versicherungsunternehmen unterhaltenen Depot oder Konto zufließen. Durch Nr. 6 S. 6 wurden zudem neue steuerliche Mindeststandards für die Risikoleistung aus einer Kapitallebensversicherung gesetzt. Sind diese Voraussetzungen nicht erfüllt, so tritt der Vorsorgecharakter der von Nr. 6 S. 6 erfassten Lebensversicherungen nach der Vorstellung des Gesetzgebers so weit hinter den Zweck der Kapitalanlage zurück, dass allein die Erzielung steuerlicher Vorteile im Vordergrund stand und eine privilegierte Besteuerung nicht angemessen erschien (vgl. BT-Drs. 16/11108, 14 f., → Rn. 947 ff.). **947**

Danach ist die Anwendung der hälftigen Steuerbefreiung nach Nr. 6 S. 2 (→ Rn. 936 ff.) ausgeschlossen und der Unterschiedsbetrag nach Nr. 6 S. 1 bzw. S. 4 somit wieder zu 100% steuerpflichtig, wenn **alternativ** (BT-Drs. 16/11108, 16; **aA** *Jooß* jM 2019, 430 (433)) entweder die vereinbarte Leistung bei Eintritt des versicherten Risikos weniger als 50% der Summe der für die gesamte Vertragsdauer zu zahlenden Beiträge beträgt (**Buchst. a**), oder wenn die vereinbarte Leistung bei Eintritt des versicherten Risikos das Deckungskapital oder den Zeitwert der Versicherung spätestens fünf Jahre nach Vertragsabschluss nicht um mindestens 10% des Deckungskapitals, des Zeitwerts oder der Summe der gezahlten Beiträge übersteigt (**Buchst. b**). **948**

Nr. 6 S. 6 Buchst. a betrifft va Kapitallebensversicherungen mit **laufenden Beitragszahlungen bis zum Zeitpunkt des Erlebensfalls** (hierzu → Rn. 851). Die Regelung lehnt sich an frühere verwaltungsrechtliche Regelungen zum Mindesttodesfallschutz an, geht über diese allerding in zeitlicher Hinsicht hinaus und soll Verträge von der Privilegierung ausnehmen, bei denen das innerhalb kurzer Zeit angesammelte Deckungskapital die versprochene Todesfallleistung übersteigt und damit faktisch kein Risiko mehr von dem Versicherungsunternehmen getragen wird (BT-Drs. 16/11108, 15). **949**

Nr. 6 S. 6 Buchst. b betrifft va **Kapitalversicherungen gegen Einmalbeitrag** oder mit **abgekürzter Beitragszahlungsdauer** sowie Leistungen bei fondsgebundenen Lebensversicherungen. Als ausreichend wird grundsätzlich eine Todesfallleistung betrachtet, die den Zeitwert oder das Deckungskapital um 10% übersteigt. Da der Zeitwert auf Grund der Wertentwicklung der unterlegten Kapitalanteile regelmäßig schwankt, ist es nicht zu beanstanden, wenn im Hinblick auf eine verlässliche, in die Zukunft gerichtete Kalkulation alternativ zugelassen wird, dass sich die zusätzlich auszuzahlende Todesfallleistung auf die Summe der gezahlten Beiträge bezieht (BT-Drs. 16/11108, 15 f.). **950**

Einstweilen frei **951–952**

(3) Rechtsfolge. Nach § 32d Abs. 2 Nr. 2 S. 1 findet der gesonderte Steuertarif iSd § 32d Abs. 1 iHv 25% keine Anwendung, sodass der hälftige Unterschiedsbetrag dem progressiven **953**

Steuertarif nach § 32a unterfällt. Zudem finden die Verlustverrechnungsbeschränkungen des § 20 Abs. 6 gemäß § 32d Abs. 2 Nr. 2 S. 2 keine Anwendung, sodass ein positiver Unterschiedsbetrag mit negativen Einkünften, aber auch ein negativer Unterschiedsbetrag mit positiven Einkünften anderer Einkunftsarten verrechnet werden kann (vgl. HHR/*Buge* § 20 Rn. 263).

954 Bei der Erhebung der auf den Unterschiedsbetrag entfallenden Kapitalertragsteuer bleibt die hälftige Steuerbefreiung Nr. 6 S. 2 (→ Rn. 936 f.) gemäß § 43 Abs. 1 S. 1 Nr. 4 S. 1 Hs. 1 unberücksichtigt, sodass die Kapitalertragsteuer iHv 25% (§ 43a Abs. 1 S. 1 Nr. 1) auf den vollen Unterschiedsbetrag erhoben wird. Gemäß § 43 Abs. 5 S. 2 tritt dadurch keine abgeltende Wirkung der Kapitalertragsteuer ein, sodass die Erträge aus Altersvorsorgeverträgen iSd Nr. 6 S. 2 trotz des Kapitalertragsteuerabzugs in der Steuererklärung zu erklären sind (iE ebenso: Blümich/*Ratschow* § 20 Rn. 272).

955 Die **Kombination dieser Regelungen** bewirkt eine **begünstigte Besteuerung des Unterschiedsbetrags** aus Altersvorsorgeverträgen, die sich insbesondere bei Steuerpflichtigen mit insgesamt niedrigem zu versteuerndem Einkommen im unteren Progressionsverlauf auswirkt, bei denen eine Einmalleistung im Erlebensfall zu einer deutlich höheren Progressionsstufe im Tarifverlauf führen würde. Sie bieten damit gerade für diese Gruppe von Steuerpflichtigen, bei denen idR von einem erhöhten Bedarf an einer verbesserten Altersvorsorge auszugehen ist, einen effektiven Anreiz zur Eigenvorsorge der Altersabsicherung. Bei Steuerpflichtigen mit ohnehin hohen Einkünften und einem persönlichen Durchschnittssteuersatz in Höhe des Spitzensteuersatzes gleichen sich die gegenläufige Effekte der Steuerbefreiung zu 50% und der Besteuerung mit dem persönlichen Spitzensteuersatz nahezu aus, sodass § 20 Abs. 1 Nr. 6 S. 2 insofern effektiv nur noch eine geringe privilegierende Wirkung entfaltet.

955.1 **Berechnungsbeispiel:**

Ohne Privilegierung geht der Unterschiedsbetrag zu 100% in die Bemessungsgrundlage des gesonderten Steuertarifs (§ 32d Abs. 1 S. 1) iHv 25% ein, sodass sich ceteris paribus eine Gesamtsteuerbelastung iHv **25% des Unterschiedsbetrags** ergibt.

Mit Privilegierung geht der Unterschiedsbetrag zu 50% in die Bemessungsgrundlage des progressiven Steuertarifs (§ 32a) iHv maximal 45% ein, sodass sich ceteris paribus eine Gesamtsteuerbelastung iHv **zwischen 0% und maximal 22,5% des Unterschiedsbetrags** ergibt.

956–960 *Einstweilen frei*

961 **ff) Vermögensverwaltende Versicherungsverträge (§ 20 Abs. 1 Nr. 6 S. 5). (1) Überblick, Regelungszweck.** § 20 Abs. 1 Nr. 6 S. 5 wurde durch das **JStG 2009 v. 19.12.2008** eingefügt (→ Rn. 73; zur zeitlichen Anwendbarkeit → Rn. 99), nimmt sog. vermögensverwaltende Versicherungsverträge aus den Regelungen für Erträge aus Versicherungsverträgen nach Nr. 6 S. 1 bis S. 4 aus und führt diese einer **transparenten Besteuerung** zu. Hintergrund der vom Bundesrat initiierten Regelung (BT-Drs. 16/10494, 6) war die auf dem Versicherungsmarkt bestehende Möglichkeit, **Versicherungen mit individueller Vermögensverwaltung** abzuschließen (sog. „Policenummantelung": Schmidt/*Weber-Grellet*, 36. Aufl. 2017, § 20 Rn. 96). Anders als konventionelle Lebensversicherungen garantierten diese **keine Versicherungsleistung für den Erlebensfall; der Kunde trug also allein das Kapitalanlagerisiko.** Nach Einschätzung des Gesetzgebers tritt der Vorsorgecharakter bei solchen vermögensverwaltenden Lebensversicherungen so weit hinter ihrem Zweck einer Kapitalanlage zurück, dass ihm eine privilegierte Besteuerung nicht angemessen erschien. Mit der Einführung von Nr. 6 S. 5 nahm er sog. vermögensverwaltende Versicherungsverträge aus den allgemeinen Besteuerungsregelungen aus und rechnet die Erträge dem wirtschaftlich Berechtigten zu, sodass die Versicherungsgesellschaft damit als **vollständig transparent** behandelt wird (BT-Drs. 16/10494, 6; BT-Drs. 16/11108, 14 f.).

962–963 *Einstweilen frei*

964 **(2) Tatbestandsmerkale.** Nr. 6 S. 5 definiert einen **vermögensverwaltenden Versicherungsvertrag** als Versicherungsvertrag (→ Rn. 905), bei dem eine gesonderte Verwaltung von speziell für diesen Vertrag zusammengestellten Kapitalanlagen vereinbart ist, die nicht auf öffentlich vertriebene Investmentfondsanteile oder Anlagen, die die Entwicklung eines veröffentlichten Indexes abbilden, beschränkt ist, und bei denen der wirtschaftlich Berechtigte unmittelbar oder mittelbar über die Veräußerung der Vermögensgegenstände

und die Wiederanlage der Erlöse bestimmen kann. Der Gesetzgeber statuiert damit zum ersten **formelle Anforderungen** an die Separierung der konkreten Kapitalanlage innerhalb des Versicherungsunternehmens, zum zweiten **inhaltliche Anforderungen** an die gegenständlichen Kapitalanlagen und zum dritten **Anforderungen an die Einflussmöglichkeiten** des wirtschaftlichen Berechtigten, die durch die Verwendung des Begriffs „und" **kumulativ** erfüllt sein müssen (FG Köln 29.9.2015 – 10 K 3587/13, EFG 2016, 26; BMF 1.10.2009, BStBl. I 2009, 1172 Rn. 34b, Korn/*Hamacher/Dahm* § 20 Rn. 273; *Welker* ErbStB 2015, 15 (19)).

Formell verlangt Nr. 6 S. 5, dass eine gesonderte Verwaltung von speziell für diesen Vertrag zusammengestellten Kapitalanlagen vereinbart ist. **Speziell für einen einzelnen Vertrag zusammengestellt** sind Kapitalanlagen, bei denen die Auswahl der einzelnen Anlageprodukte ganz oder zumindest teilweise konkret zwischen Versicherungsunternehmen und Anleger abgesprochen ist. Bei einer **gesonderten Verwaltung** wird die Sparleistung vom Versicherungsunternehmen gerade nicht für eine unbestimmte Vielzahl von Versicherten gemeinschaftlich, sondern separat für den einzelnen Vertrag angelegt bzw. verwaltet, wobei der wirtschaftlich Berechtigte das Kapitalanlagerisiko trägt (BMF 1.10.2009, BStBl. I 2009, 1172 Rn. 34c). Nach dem klaren Wortlaut der Norm müssen beide Elemente **ausdrücklich im Versicherungsvertrag vereinbart sein.** Dies ist insbesondere der Fall, wenn der Versicherungsnehmer einzelne Wertpapiere oder ein bereits vorhandenes Wertpapierdepot als Versicherungsbeitrag erbringt (BMF 1.10.2009, BStBl. I 2009, 1172 Rn. 34d). Hiervon ist hingegen nicht auszugehen, wenn das Versicherungsunternehmen einer unbestimmten, von vornherein nicht bekannten Anzahl von Anlegern verschiedene Produkte anbietet und die Anleger lediglich die Auswahl treffen, welche der angebotenen Produkte dem Versicherungsvertrag zugrunde zu legen sind (BT-Drs. 16/11108, 15). 965

Inhaltlich verlangt Nr. 6 S. 5, dass die für den Versicherungsvertrag zusammengestellten Kapitalanlagen nach der vertraglichen Vereinbarung **nicht auf öffentlich vertriebene Investmentfondsanteile oder Anlagen, die die Entwicklung eines veröffentlichten Indexes abbilden, beschränkt sind.** Ohne die Einschränkung unterfielen auch marktübliche fondsgebundene Lebensversicherungen der Regelung von Nr. 6 S. 5, obwohl sie seit jeher typischerweise dem Anwendungsbereich der Besteuerung nach § 20 Abs. 1 Nr. 6 unterfallen (vgl. BT-Drs. 16/11108, 15). Anlagen, die die Entwicklung eines veröffentlichten Indexes abbilden, betreffen insbesondere Ausgestaltungen von Investmentfonds als sog. Indexfonds, auch Kombinationsmöglichkeiten mehrerer im Inland oder Ausland veröffentlichter Indizes (BMF 1.10.2009, BStBl. I 2009, 1172 Rn. 34f). 966

Der Gesetzeswortlaut, der sich durch die Verwendung der Singularform „gesonderte Verwaltung […], die […]beschränkt ist" nur auf das ebenfalls im Singular bezeichnete Merkmal „gesonderte Verwaltung" zu beziehen scheint, weicht von der Gesetzesbegründung ab. In der Begründung zum JStG 2009 stellt der Gesetzgeber jedoch durch die Verwendung des Plurals „beschränkt sind" sowie inhaltlich Anforderungen an die Art der einzelnen Kapitalanlagen. Anforderungen an bestimmte Formen der gesonderten Verwaltung der Kapitalanlagen waren damit allerdings weder intendiert noch notwendig, da kein sachlicher Zusammenhang zwischen der gesonderten Anlagenverwaltung und der Entscheidung für bestimmte Kapitalanlageformen besteht. Bei historischer wie telelogischer Auslegung handelt es sich deshalb bei der Gesetzesformulierung „ist" lediglich um ein **Redaktionsversehen,** das de lege ferenda klarstellend korrigiert werden sollte. 966.1

Schließlich verlangt Nr. 6 S. 5, dass der **wirtschaftlich Berechtigte** unmittelbar oder mittelbar **über die Veräußerung der Vermögensgegenstände und die Wiederanlage der Erlöse bestimmen kann** (sog. Dispositionsmöglichkeit). **Wirtschaftlich Berechtigter** ist der Inhaber des Anspruchs auf die Versicherungsleistung, idR der Versicherungsnehmer und nur in den Fällen eines unwiderruflich eingeräumten Bezugsrechts der Bezugsberechtigte (BT-Drs. 16/11108, 15). Erforderlich, aber auch ausreichend ist die konkrete **Möglichkeit** zur Bestimmung der Anlageentscheidung; die tatsächliche Ausübung dieser Möglichkeit durch konkrete Anlageentscheidung ist nicht notwendig. 967

Eine **unmittelbare Möglichkeit** zur Einflussnahme des wirtschaftlich Berechtigten auf die Anlagestrategie des Versicherungsunternehmens besteht, wenn der Versicherungsvertrag ein Weisungsrecht des wirtschaftlich Berechtigten gegenüber dem Versicherungsunternehmen vorsieht. Von einer **mittelbaren Möglichkeit** zur Einflussnahme auf Vermögensum- 968 schichtungen ist insbesondere auszugehen, wenn die Vermögensdispositionen von einem Vermögensverwalter getroffen werden, der durch den wirtschaftlich Berechtigten beauftragt oder ausgewählt wurde (BT-Drs. 16/11108, 15), wenn der wirtschaftlich Berechtigte einen Wechsel in der Person des Vermögensverwalters verlangen kann oder wenn eine individuelle Anlagestrategie zwischen dem Versicherungsunternehmen oder dem Vermögensverwalter und dem wirtschaftlich Berechtigten vereinbart wird (BMF 1.10.2009, BStBl. I 2009, 1172 Rn. 34g). Praktisch schließen Regelungen in den allgemeinen Versicherungsbedingungen (AVB) zwischen den Versicherungsunternehmen und den von ihnen beauftragten Vermögensverwaltern eine Einflussmöglichkeit idR aus (*Hetzer/Götzenberger* BB 2010, 223 (226)).

968.1 Die **Auswahlmöglichkeit aus standardisierten Anlagestrategien,** die einer unbestimmten Vielzahl von Versicherungsnehmern angeboten werden, stellt ebenso wenig eine unmittelbare oder mittelbare Dispositionsmöglichkeit dar (BFH 26.3.2019 – VIII R 36/15, DStR 2019, 1142; BMF 1.10.2009, BStBl. I 2009, 1172 Rn. 34h) wie allgemeine Strategievorgaben des Versicherungsnehmers (*Welker* ErbStB 2015, 15 (22)).

968.2 Die bloße **Übertragung eines Wertpapierportfolios als Versicherungsprämie** kann idR noch nicht als Indiz für eine Einflussnahme auf das Anlageverhalten gesehen werden (HHR/Buge § 20 Rn. 269; *Hetzer/Götzenberger* BB 2010, 223 (226); **aA** KSM/*Jochum* § 20 Rn. C/6 71 und C/6 74).

968.3 Wird ein bereits vorhandenes Depot in einen Versicherungsvertrag dergestalt eingebracht, dass die Depotführung und die Vermögensverwaltung beim bisherigen Kreditinstitut oder dem bisherigen Vermögensverwalter verbleiben, so geht die Finanzverwaltung zu Recht davon aus, dass die bestehende Dispositionsmöglichkeit des wirtschaftlich Berechtigten idR weiterbesteht. Es gilt insoweit die – widerlegliche – Vermutung, dass der wirtschaftlich Berechtigte aufgrund einer gewachsenen und weiterhin bestehenden Geschäftsbeziehung Einfluss auf die Anlageentscheidungen ausüben kann (BMF 1.10.2009, BStBl. I 2009, 1172 Rn. 34i).

969–970 *Einstweilen frei*

971 **(3) Rechtsfolge.** Ist ein Versicherungsvertrag als vermögensverwaltender Versicherungsvertrag anzusehen, so sind die dem Versicherungsunternehmen unmittelbar zufließenden Erträge nicht dem Versicherungsunternehmen, sondern dem wirtschaftlich Berechtigten aus dem Versicherungsvertrag zuzurechnen (→ Rn. 967). Der Versicherungsvertrag wird damit nach der gesetzgeberischen Intention **vollständig transparent besteuert.** Dies bedeutet zum einen, dass Kapitalerträge **in dem Zeitpunkt,** in dem sie in Form von Dividenden, Zinsen etc auf einem vom Versicherungsunternehmen gehaltenen Depot oder Konto zufließen, dem wirtschaftlich Berechtigten zuzurechnen sind. Zum anderen richtet sich die Besteuerung nicht nach den Regelungen zu Erträgen aus Versicherungen (Nr. 6 S. 1 bis S. 4), sondern nach den für das jeweilige Anlagegut geltenden Regelungen, zB bei Dividenden nach § 20 Abs. 1 Nr. 1, bei Zinsen nach § 20 Abs. 1 Nr. 7 oder Investmentfondserträgen nach InvStG (BT-Drs. 16/11108, 15) bzw. ab 1.1.2018 nach § 20 Abs. 1 Nr. 3, Nr. 3a. Weil damit alle Erträge, die das Versicherungsunternehmen erzielt, unmittelbar im Zeitpunkt ihrer dortigen Erzielung dem wirtschaftlich Berechtigten zugerechnet und damit bereits laufend besteuert werden, sind Versicherungsleistungen im Todes- oder Erlebensfall sowie bei Rückkauf des Vertrages einkommensteuerrechtlich unbeachtlich (vgl. BT-Drs. 16/11108, 15), da es anderenfalls zur ungerechtfertigten Doppelbesteuerung dieser Erträge käme.

972–976 *Einstweilen frei*

977 **gg) „Gebrauchte“ Versicherungsverträge (§ 20 Abs. 1 Nr. 6 S. 7 und 8).** Durch Gesetz zur Anpassung des nationalen Steuerrechts an den Beitritt Kroatiens zur EU und zur Änderung weiterer steuerlicher Vorschriften v. 25.7.2014 (BGBl. 2014 I 1266) mWv 31.7.2014 (→ Rn. 76; zur zeitlichen Anwendbarkeit → Rn. 99) wurde 20 Abs. 1 Nr. 6 S. 7 und Nr. 8 eingeführt. Die Regelung des Nr. 6 S. 7 unterwirft ausnahmsweise auch die grundsätzlich nicht steuerbare Versicherungsleistung bei Eintritt eines versicherten Risikos der Besteuerung (zum Grundsatz → Rn. 851 und → Rn. 919), wenn der Steuerpflichtige den Anspruch auf die Versicherungsleistung aus einem von einer anderen Person abgeschlossenen Vertrag entgeltlich erworben hat (sog. gebrauchter Versicherungsvertrag). Eine Versicherung verliere durch die entgeltliche Veräußerung des Versicherungsanspruches den Zweck der Risikovorsorge bei Eintritt des Versicherungsfalls, da für den Erwerber nicht die Absicherung des versicherten Risikos, sondern allein seine Renditeerwartungen aus einer Kapitalanlage von Bedeutung sei. So würden auf dem Versicherungsmarkt Anlagemodelle vertrieben, die den Zweck verfolgen, durch den gezielten Ankauf von Lebensversicherungen vorab kalkulierte Erträge in Höhe des Unterschiedsbetrages zwischen der Versicherungssumme im Falle des Todes der versicherten Person und der Aufwendungen für die Anschaffung und den Erhalt des Versicherungsanspruches zu erzielen. Diese Anlagemodelle zeigten, dass beim entgeltlichen Erwerb gebrauchter Versicherungen die Grundlage für den steuerfreien Bezug der Versicherungssumme entfalle (vgl. BT-Drs. 18/1529, 52 f.).

Nach Nr. 6 **S. 8** gilt diese Steuerbarkeit im Sinne einer **Rückausnahme** ausnahmsweise **978** nicht, wenn die versicherte Person den Versicherungsanspruch von einem Dritten erwirbt oder wenn durch die Übertragung von Ansprüchen aus Versicherungsverträgen aus anderen Rechtsverhältnissen entstandene Abfindungs- und Ausgleichsansprüche arbeitsrechtlicher, erbrechtlicher oder familienrechtlicher Art erfüllt werden. Hintergrund für die Erweiterung der Ausnahmeregelung ist die Tatsache, dass derartige Übertragungen nicht durch die Realisierung besonderer Renditeerwartungen motiviert sind, sondern aus anderen Gründen vorgenommen werden, insbesondere anlässlich der güterrechtlichen Auseinandersetzung bei Scheidung oder bei Auseinandersetzung von Nachlässen. Die Regelung in Nr. 6 S. 8 trägt diesen besonderen Konstellationen Rechnung (BT-Drs. 18/1995, 104 f.).

Einstweilen frei **979–983**

hh) Fondsgebundene Lebensversicherungen (§ 20 Abs. 1 Nr. 6 S. 9). § 20 Abs. 1 **984** **Nr. 6 S. 9** wurde durch **InvStRefG v. 19.7.2016** eingeführt und tritt mit Wirkung zum 1.1.2018 in Kraft (→ Rn. 77; zur zeitlichen Anwendbarkeit → Rn. 99). Die Regelung steht im Zusammenhang mit der umfassenden Neuregelung der Besteuerung von Investmentfonds (→ Rn. 209). Danach sind bei fondsgebundenen Lebensversicherungen 15% des Unterschiedsbetrages steuerfrei oder dürfen nicht bei der Ermittlung der Einkünfte abgezogen werden, soweit der Unterschiedsbetrag aus Investmenterträgen stammt. Die Steuerbefreiung iHv 15% dient dem Ausgleich für die steuerliche Vorbelastung von Investmenterträgen durch die teilweise Besteuerung von Investmentfonds ab der Neufassung des InvStG zum 1.1.2018 (BT-Drs. 18/8045, 133). Die Regelung ist neben Nr. 6 S. 2 anwendbar (→ Rn. 936). Die Finanzverwaltung beanstandet es nicht, wenn der steuerfreie Anteil am Unterschiedsbetrag anstelle der exakten Wertermittlung pauschaliert ermittelt wird (BMF 29.9.2017, BStBl. I 2017, 1314 Rn. 64f ff.; mit Erläuterungen zu den Berechnungsschritten: *Mandler* FR 2019, 549 (551 ff.)).

Zum Begriff der **fondsgebundenen Lebensversicherung** → Rn. 915. Da Nr. 6 S. 9 **985** nur die Teile des Unterschiedsbetrags zu 15% von der Besteuerung freistellt, die aus Investmenterträgen erzielt wurden, ist bei Versicherungsprodukten, bei denen das Versicherungsunternehmen für den Kunden nicht nur Investmentanteile hält, sondern auch andere Kapitalanlagen tätigt (hybride Versicherungsprodukte), zwischen diesen Anlagegegenständen zu unterscheiden. Nur **soweit** der Unterschiedsbetrag auf Erträgen (Ausschüttungen sowie Gewinne oder Verluste aus der Veräußerung des Investmentanteils) beruht, ist die Steuerbefreiung anzuwenden (BT-Drs. 18/8045, 133). Gegebenenfalls ist eine betragsmäßige Aufteilung des Ertrags vorzunehmen, für die der Steuerpflichtige die Feststellungslast trägt.

Investmenterträge iSd Abs. 6 S. 9 sind nach der **Legaldefinition des § 52 Abs. 28** **986** **S. 21** EStG idF InvStRefG v. 19.7.2016 die nach dem 31.12.2017 zugeflossenen Ausschüttungen nach § 2 Abs. 11 InvStG (**S. 21 Nr. 1**), die realisierten oder unrealisierten Wertveränderungen aus Investmentanteilen nach § 2 Abs. 4 S. 1 InvStG, die das Versicherungsunternehmen nach dem 31.12.2017 dem Sicherungsvermögen zur Sicherung der Ansprüche des Steuerpflichtigen zugeführt hat (gemäß **S. 21 Nr. 2**), und die realisierten oder unrealisierten Wertveränderungen aus Investmentanteilen nach § 2 Abs. 4 S. 1 InvStG, die das Versicherungsunternehmen vor dem 1.1.2018 dem Sicherungsvermögen zur Sicherung der Ansprüche des Steuerpflichtigen zugeführt hat, soweit Wertveränderungen gegenüber dem letzten im Kalenderjahr 2017 festgesetzten Rücknahmepreis des Investmentanteils eingetreten sind (nach **S. 21 Nr. 3**). Danach fallen nur diejenigen Investmenterträge unter die Steuerbefreiung, die ab 2018 wirtschaftlich entstanden sind (BT-Drs. 18/8045, 139 f.; BMF 29.9.2017, BStBl. I 2017, 1314 Rn. 64d). Wird kein Rücknahmepreis festgesetzt, so tritt nach **§ 52 Abs. 28 S. 22** der Börsen- oder Marktpreis an die Stelle des Rücknahmepreises. Bei telelogischer Auslegung ist Nr. 6 S. 9 gleichermaßen anwendbar auf **Investmentfonds wie auch**

Spezial-Investmentfonds, sofern diese nicht die sog. Transparenzoption iSd § 30 InvStG ausgeübt haben und daher gerade keiner Vorbelastung durch KSt und GewSt unterfallen (→ Rn. 209 mwN). Keine Anwendung erfolgt auf Erträge aus sog. „internen Fonds" iSd § 124 Abs. 2 Nr. 1 VAG, soweit diese nicht aus Investmentfonds stammen (BMF 29.9.2017, BStBl. I 2017, 1314 Rn. 64c).

987–991 *Einstweilen frei*

992 **h) Erträge aus sonstigen Kapitalforderungen jeder Art (§ 20 Abs. 1 Nr. 7). aa) Allgemeines.** § 20 Abs. 1 Nr. 7 erfasst Erträge aus sonstigen Kapitalforderungen jeder Art (Nr. 7 S. 1) unabhängig von ihrer Bezeichnung und zivilrechtlichen Ausgestaltung (Nr. 7 S. 2). Der Tatbestand ist durch die Formulierung „sonstige Kapitalforderungen" als **subsidiärer Auffangtatbestand** ausgestaltet und erfasst alle laufenden Kapitalerträge, die nicht bereits nach § 20 Abs. 1 Nr. 1 bis 6 oder Nr. 8 bis 11 steuerbar sind (Blümich/*Ratschow* § 20 Rn. 299; LBP/*Schlotter* § 20 Rn. 597; Lademann EStG/*Jachmann-Michel/Lindenberg* § 20 Rn. 390; HHR/*Buge* § 20 Rn. 231 und 290; ähnlich Schmidt/*Levedag* § 20 Rn. 111: „Grund- und Auffangtatbestand"). Die Erträge unterfallen dem gesonderten Steuertarif, wenn nicht die Voraussetzungen des § 32d Abs. 2 Nr. 1 vorliegen (→ § 32d Rn. 131 ff.). Zur persönlichen Zurechnung → Rn. 410.

992.1 Die Besteuerung der Erträge als „Kapitalforderungen jeder Art" fand sich erstmals in § 12 Abs. 1 EStG 1891, später dann in § 8 Nr. 4 EStG 1920, § 37 Abs. 1 Nr. 4 EStG 1925 und § 20 Abs. 1 Nr. 4 EStG 1934. Die Regelung wurde in unverändertem Wortlaut durch Körperschaftsteuerreformgesetz v. 31.8.1976 in Nr. 8 (→ Rn. 47) und durch Steuerbereinigungsgesetz 1985 v. 14.12.1984 von § 20 Abs. 1 Nr. 8 zu Nr. 7 verschoben (→ Rn. 49).

993 Die **Generalklausel** des § 20 Abs. 1 Nr. 7 (so auch Blümich/*Ratschow* § 20 Rn. 4; HHR/*Buge* § 20 Rn. 292 **aA** wohl BFH 14.7.2010 – X R 62/08, BStBl. II 2014, 320) zielt gerade iVm § 20 Abs. 3 (→ Rn. 1256 ff.) auf die umfassende Steuerbarkeit aller denkbaren Einnahmen ab, die **bei wirtschaftlicher Betrachtung** das **Entgelt für eine Kapitalüberlassung** darstellen. Dies ist im Interesse einer gleichheitsgerechten Kapitalertragsbesteuerung zu begrüßen und zugleich hinreichend bestimmt, da die Norm durch den Begriff der „Kapitalforderung" die allgemeinen Grundsätze der Kapitalertragsbesteuerung konkret aufnimmt (→ Rn. 327 ff.).

994 Der Tatbestand von **Nr. 7 S. 1 und S. 2** wurde durch das **StMBG v. 21.12.1993** (→ Rn. 56; zur zeitlichen Anwendbarkeit → Rn. 99) einerseits eingeschränkt und andererseits erweitert: Nicht besteuert wurden Kapitalforderungen mit rein spekulativem Charakter, bei denen nicht wenigstens die Rückzahlung oder ein Kapitalertrag sicher waren. War eine dieser Positionen sicher, so wurden die aus der Kapitalforderung erzielten Erträge unabhängig davon erfasst, wie die Kapitalforderung bezeichnet oder zivilrechtlich ausgestaltet war (BT-Drs. 12/6078, 122; zur zeitlichen Anwendbarkeit → Rn. 99). Durch das **UntStRefG 2008 v. 14.8.2007** (→ Rn. 72; zur zeitlichen Anwendbarkeit → Rn. 99) wurde in Nr. 7 S. 1 das Wort „gewährt" durch das Wort „geleistet" ersetzt, um klarzustellen, dass zukünftig alle laufenden Erträge aus reinen Spekulationsanlagen (Vollrisikozertifikate) erfasst werden. Zudem sind seitdem auch Kapitalforderungen erfasst, bei denen sowohl die Höhe des Entgelts als auch die Höhe der Rückzahlung von einem ungewissen Ereignis abhängen (BT-Drs. 16/4841, 54).

995 Mit dem **JStG 2010 v. 8.12.2010** (→ Rn. 74; zur zeitlichen Anwendbarkeit → Rn. 99) verankerte der Gesetzgeber die Steuerbarkeit von Erstattungszinsen nach § 233a AO in Nr. 7 S. 3 und reagierte damit auf ein Urteil des BFH, der seine Rechtsprechung zur Steuerpflicht von Erstattungszinsen geändert hatte und von der Finanzverwaltung gezahlte Erstattungszinsen als nicht mehr steuerbar ansah (BT-Drs. 17/3449, 13; BT-Drs. 17/3549, 17; im Einzelnen → Rn. 1045 ff.; zur zeitlichen Anwendbarkeit → Rn. 99).

996–1001 *Einstweilen frei*

1002 **bb) Kapitalforderungen. Kapitalforderungen** iSd § 20 Abs. 1 Nr. 7 sind alle auf eine Geldleistung gerichteten Forderungen, deren Steuerbarkeit sich nicht bereits aus einem anderen Tatbestand iSd § 20 Abs. 1 Nr. 1 bis 6 oder Nr. 8 bis 11 ergibt. Dies gilt durch den Zusatz „Kapitalforderungen **jeder Art**" ohne Rücksicht auf die Dauer oder den Rechtsgrund der Kapitalüberlassung (BFH 29.9.1981 – VIII R 39/79, BStBl. II 1982, 113; BFH 12.9.1985 –

VIII R 306/81, BStBl. II 1986, 252; BFH 26.6.1996 – VIII R 67/95, BFH/NV 1997, 175; BFH 13.11.2007 – VIII R 36/05, BStBl. II 2008, 292; BFH 4.12.2007 – VIII R 53/05, BStBl. II 2008, 563; BFH 9.2.2010 – VIII R 35/07, BFH/NV 2010, 1793; BFH 9.2.2010 – VIII R 43/06, BStBl. II 2010, 818; BFH 24.5.2011 – VIII R 3/09, BStBl. II 2012, 254; BFH 5.12.2014 – VIII R 28/11, BStBl. II 2015, 276; BFH 24.2.2015 – VIII R 54/12, BStBl. II 2015, 693; BFH 12.5.2015 – VIII R 35/14, BStBl. II 2015, 834; BFH 12.5.2015 – VIII R 19/14, BFH/NV 2015, 1559; BFH 20.10.2015 – VIII R 40/13, BStBl. II 2016, 342; BFH 27.10.2015 – VIII R 70/13, BFH/NV 2016, 736; *Haisch* DStZ 2007, 762 (763); **aA** KSM/*Jochum* § 20 Rn. C/7 12: Nur Übertragung auf Zeit erfasst).

Unerheblich sind die **Steuerbarkeit der zugrundeliegenden Kapitalforderung** 1003
(BFH 25.10.1994 – VIII R 79/91, BStBl. II 1995, 121; BFH 13.11.2007 – VIII R 36/05, BStBl. II 2008, 292; BFH 12.9.2011 – VIII B 70/09, BFH/NV 2012, 229; BFH 9.6.2015 – VIII R 18/12, BStBl. II 2016, 523; BFH 20.10.2015 – VIII R 40/13, BStBl. II 2016, 342) sowie die **steuerliche Abzugsfähigkeit der gezahlten Kapitalerträge beim Kapitalnehmer** (BFH 2.9.2008 – VIII R 2/07, BStBl. II 2010, 25; grundlegend zur fehlenden Kongruenz und Korrespondenz der geltenden Kapitalertragsbesteuerung → Rn. 110 f.). Zudem kommt es nicht auf die **Freiwilligkeit** der Kapitalüberlassung (BFH 13.11.2007 – VIII R 36/05, BStBl. II 2008, 292; BFH 24.5.2011 – VIII R 3/09, BStBl. II 2012, 254 mwN → Rn. 352.2 ff.), die privat- oder öffentlich-rechtliche **Rechtsnatur der Kapitalforderung** (BFH 26.6.1996 – VIII R 67/95, BFH/NV 1997, 175; BFH 13.11.2007 – VIII R 36/05, BStBl. II 2008, 292), die Fälligkeit von Zins- und Rückzahlung (BVerfG 13.8.1976 – 1 BvR 119/76), die **Bezeichnungen oder Produktnamen** der Rechtsverhältnisse (HHR/*Buge* § 20 Rn. 290; *Schuhmacher* DStR 1996, 1505 (1506)), die Handelbarkeit der Forderung am Kapitalmarkt (FG Köln 14.8.2019 – 14 K 719/19, EFG 2020, 101, Rev. VIII R 30/19), die **Form der Kapitalüberlassung** oder die **Herkunft des überlassenen Kapitals an** (→ Rn. 344). **§ 20 Abs. 1 Nr. 7 S. 2 stellt** diese allgemeinen Grundsätze **klar** (KSM/*Jochum* § 20 Rn. C/7 36; HHR/*Buge* § 20 Rn. 305 f.; **aA** *Schuhmacher* DStR 1996, 1505 (1506 und 1510 f.): konstitutive Regelung für wirtschaftliche Betrachtungsweise).

Die zivilrechtliche Wirksamkeit des Rechtsverhältnisses ist gemäß **§ 41 AO** unerheblich, soweit und 1003.1
solange die Beteiligten das wirtschaftliche Ergebnis dieses Rechtsgeschäfts gleichwohl eintreten und bestehen lassen (BFH 10.6.1975 – VIII R 71/71, BStBl. II 1975, 847 zur Unwirksamkeit wegen Sittenwidrigkeit auch: BFH 6.4.1993 – VIII R 68/90, BStBl. II 1993, 825; BFH 22.7.1997 – VIII R 13/96, BStBl. II 1997, 767; BFH 29.1.2002 – VIII B 47/01, BFH/NV 2002, 780; BFH 14.12.2004 – VIII R 5/02, BStBl. II 2005, 739; Kirchhof/*Bleschick* § 20 Rn. 111; **aA** *Weißbrodt/Michalke* DStR 2012, 1533 (1534)).

Erträge aus Kapitalforderung werden nach **§ 42 AO** auch dann besteuert, wenn sie sich durch 1003.2
wechselseitige Geschäfte wirtschaftlich aufheben (BFH 11.12.2018 – VIII R 21/15, BFH/NV 2019, 542).

Erforderlich ist, dass das **Entgelt für die Kapitalüberlassung auf einem Rechtsverhältnis beruht** (dazu grundlegend → Rn. 350 ff.), das auf die **Überlassung von privatem Geldvermögen** zur Nutzung an Dritte gerichtet ist. Dies folgt aus § 24 Nr. 2, aber auch nach dem Gesetzeswortlaut von Nr. 7 S. 1, der auf eine „Kapital**forderung**" abstellt (vgl. BFH 9.2.2010 – VIII R 43/06, BStBl. II 2010, 818; BFH 9.2.2010 – VIII R 35/07, BFH/NV 2010, 1793; Lademann EStG/*Jachmann-Michel/Lindenberg* § 20 Rn. 392; *Halfar* Der Gegenstand der Besteuerung im Rahmen der Einkünfte aus Kapitalvermögen (1995), 49; **aA** *Schuhmacher* DStR 1996, 1505 (1506)). Die Forderung muss deshalb **auf ein gesetzliches Zahlungsmittel gerichtet** sein, wobei dies sowohl inländische wie ausländische gesetzliche Währungen erfasst (Lademann EStG/*Jachmann-Michel/Lindenberg* § 20 Rn. 390; *Weißbrodt/Michalke* DStR 2012, 1533 (1535 und 1536)). Der **gegenseitige Austausch** von Leistungen, wie er bei § 1 Abs. 1 UStG gefordert wird, ist in § 20 Abs. 1 Nr. 7 **nicht vorausgesetzt** (BFH 25.10.1994 – VIII R 79/91, BStBl. II 1995, 1211). 1004

Typische Kapitalforderungen bei **Kapitalanlagen privater Kapitalnehmer:** 1004.1

Abrechnungssalden bei Kontokorrent-Konten (KSM/*Jochum* § 20 Rn. C/7 117; Blümich/*Ratschow* § 20 Rn. 308).

Anleihen (BFH 14.12.2004 – VIII R 5/02, BStBl. II 2005, 739), auch Step-up/-down-Anleihen, Gleitzins- und Kombizinsanleihen (*Haisch* DStZ 2007, 762 (768)); vgl. auch „Schuldverschreibungen", „Teilschuldverschreibungen".

Auf- oder Abzinspapiere (HHR/*Buge* § 20 Rn. 195, vgl. auch „Zerobond").

Bausparguthaben (vgl. BFH 8.2.1983 – VIII R 163/81, BStBl. II 1983, 355; BFH 24.7.1990 – VIII R 45/85, BStBl. II 1990, 975; BFH 8.12.1992 – VIII R 78/89, BStBl. II 1993, 301; BFH 12.4.2016 – VIII R 60/14, BFH/NV 2016, 1455; BMF 22.2.1995, DStR 1995, 605): Dass der Sparzweck für den Steuerpflichtigen ein Nebenzweck des Bausparens sein kann, genügt idR für die Annahme einer Überschusserzielungsabsicht (vgl. BFH 8.2.1983 – VIII R 163/81, BStBl. II 1983, 355).

Darlehen (BFH 13.10.1987 – VIII R 156/84, BStBl. II 1988, 252; BFH 14.12.2004 – VIII R 5/02, BStBl. II 2005, 739; nicht aber Sach- und insbesondere Wertpapierdarlehen → Rn. 467 und → Rn. 1007).

Einlagen und (Sicht)Guthaben bei Sparkassen, Banken und anderen Kreditanstalten (BFH 13.10.1987 – VIII R 156/84, BStBl. II 1988, 252; BFH 14.12.2004 – VIII R 5/02, BStBl. II 2005, 739; zum Habensaldo bei Kontokorrent-Abrechnung vgl. auch „Abrechnungssalden").

Festgeldanlage (BFH 14.12.2004 – VIII R 5/02, BStBl. II 2005, 739).

Floating Rate Notes bzw. Floater: Variabel verzinsliche Schuldverschreibungen, bei denen der Zinssatz im Voraus unter Bezug auf einen Referenzzinssatz, zB einen Geldmarktzinssatz (LIBOR, EURIBOR etc) oder Kapitalmarktzinssatz festgelegt wird, sodass die Höhe des Kapitalertrags ungewiss ist (BFH 24.10.2000 – VIII R 28/99, BStBl. II 2001, 97; *Lohr* DB 2000, 643 (645)).

Genussrechte mit obligationsähnlichem Charakter, die keine Beteiligung an einem etwaigen Gewinn und/oder einem etwaigen Liquidationserlös vermitteln (BFH 19.1.1994 – I R 67/92, BStBl. II 1996, 77; BFH 12.12.2012 – I R 27/12, BStBl. II 2013, 682; BFH 11.2.2015 – VIII R 4/12, BStBl. II 2015, 647; Schmidt/*Levedag* § 20 Rn. 117; HHR/*Intemann* § 20 Rn. 56; zur Abgrenzung der Erträge aus qualifizierten Genussrechten nach § 20 Abs. 1 Nr. 1 S. 1 → Rn. 529 ff.).

Gleitzins-Schuldverschreibungen mit gestaffelten Zinssätzen für unterschiedlich lange Zeiträume (BFH 11.7.2006 – VIII R 67/04, BStBl. II 2007, 553).

Schuldverschreibungen wie **Pfandbriefe, Industrieobligationen und Schuldbuchforderungen** (BFH 26.6.2012 – VIII R 40/10, BFH/NV 2013, 346; Schmidt/*Levedag* § 20 Rn. 117), auch wenn sie nur elektronisch generiert werden (*Stöhr* DStR 2019, 1889 (1891).

Teilschuldverschreibungen (BFH 7.12.2010 – VIII R 37/08, BFH/NV 2011, 776).

Warrants (Capped Warrants oder Range Warrants (→ Rn. 1016.2)): Kapitalanlagekonstruktion gegenläufiger oder sich ergänzender Geschäfte (HHR/*Buge* § 20 Rn. 305; *Austrup* Zinsbesteuerung (1994), 58 f.).

Zerobonds: Anleihen, die abgezinst oder aufgezinst ausgegeben und bei Fälligkeit zum Rücknahmebetrag getilgt werden. Der Anleger zahlt beim Ankauf einen Preis, der weit unter dem Rücknahmebetrag liegt. Der Unterschiedsbetrag zwischen Ausgabe- und Rücknahmebetrag ist der Ausgleich für den entgehenden laufenden Zins und Zinseszins (BFH 8.10.1991 – VIII R 48/88, BStBl. II 1992, 174).

Zertifikate (Schmidt/*Levedag* § 20 Rn. 117), zB **Indexzertifikate mit Garantiezusage:** Hierbei erwirbt der Anleger eine auf eine Geldleistung gerichtete Forderung gegen den Emittenten auf (Rück-)Zahlung eines Geldbetrags, dessen Höhe vom Punktestand eines bestimmten Indexes am vereinbarten Abrechnungstag abhängt, mindestens jedoch auf Zahlung eines bestimmten Geldbetrags je Zertifikat gerichtet ist (BFH 13.12.2006 – VIII R 79/03, BStBl. II 2007, 562; BFH 4.12.2007 – VIII R 53/05, BStBl. II 2008, 563; *Gratz* BB 2005, 2678 (2678)).

1004.2 Kapitalforderungen aus **zivilrechtlichen Geldforderungen jeder Art:**

Arbeitsverhältnisse (BFH 31.10. 1989 – VIII R 210/83, BStBl. II 1990, 532).

Bereicherungsansprüche (KSM/*Jochum* § 20 Rn. C/7 109).

Auseinandersetzungsansprüche bei Miterben iSd §§ 2042, 2050 BGB, sofern auf eine Geldzahlung gerichtet (BFH 26.6.1996 – VIII R 67/95, BFH/NV 1997, 175).

Darlehensverträge (BFH 13.10.1987 – VIII R 156/84, BStBl. II 1988, 252; BFH 31.10. 1989 – VIII R 210/83, BStBl. II 1990, 532; BFH 14.12.2004 – VIII R 5/02, BStBl. II 2005, 739).

Erbauseinandersetzungsverträge (zur Aufhebung einer bestehenden Erbengemeinschaft gegen Abfindungsgeldbetrag: BFH 26.6.1996 – VIII R 67/95, BFH/NV 1997, 175).

Kaufverträge (etwa bei der Ausgabe von Schuldverschreibungen BFH 13.10.1987 – VIII R 156/84, BStBl. II 1988, 252; BFH 31.10. 1989 – VIII R 210/83, BStBl. II 1990, 532; für dem Grundstückskauf: BFH 17.3.2010 – X R 38/06, BStBl. II 2011, 622; BFH 8.10.2014 – VIII B 115/13, BFH/NV 2015, 200; für die Veräußerung gegen betragsmäßig gleiche, wiederkehrende Rentenzahlungen: BFH 26.11.1992 – X R 187/87, BStBl. II 1993, 298).

Laufende Versicherungsleistungen bei Versicherung gegen Einmalbetrag, die wie eine Kapitalanlage ausgestaltet ist, etwa im Rahmen der LEX-Konzept-Rente oder ähnlicher Modelle (OFD Nordrhein-Westfalen 2.1.2014, BeckVerw 281605).

Pflichtteilsansprüche iSd § 2303 BGB nach Eintritt des Erbfalls, wenn dieser Anspruch zeitlich gestreckt wird, zB durch wiederkehrende Leistungen (vgl. BFH 26.11.1992 – X R 187/87, BStBl. II 1993, 298; BFH 9.2.2010 – VIII R 43/06, BStBl. II 2010, 818; BFH 8.10.2014 – VIII B 115/13, BFH/NV 2015, 200). Anders bei Erb- und/oder Pflichtteilsverzichtsvertrag, der nicht auf eine Kapitalüberlassung, sondern Regulierung der Vermögensnachfolge gerichtet ist und daher keine Kapitalforderung iSd § 20 Abs. 1 Nr. 7 begründet (BFH 20.11.2012 – VIII R 57/10, BStBl. II 2014, 56).

Schadensersatzansprüche (zu Schadensersatzforderung aus Delikt: BFH 25.10.1994 – VIII R 79/91, BStBl. II 1995, 121).

Vergleichsvereinbarungen iSd § 779 BGB (BFH 6.4.1993 – VIII R 68/90, BStBl. II 1993, 825) bzw. iSd 278 ZPO.

Vermächtnisansprüche iSd § 2147 BGB nach Eintritt des Erbfalls in Fällen, in denen der Erblasser durch testamentarische Anordnung eine auf Geld gerichtete Teilungsanordnung trifft oder eine Geldforderung vermacht und deren spätere Fälligkeit verbindlich vorgibt (BFH 26.6.1996 – VIII R 67/95, BFH/NV 1997, 175; BFH 20.10.2015 – VIII R 40/13, BStBl. II 2016, 342).

Wiederkehrende Bezüge und Leistungen iSd § 22 (für sog. Gegenleistungsrenten: BFH 26.11.1992 – X R 187/87, BStBl. II 1993, 298; BFH 14.11.2001 – X R 32/01, X R 33/01, BStBl. II 2002, 183).

Kapitalforderungen aus **öffentlich-rechtlichen Geldforderungen jeder Art:** 1004.3

Finanzierungsschätze (→ Rn. 1058).

Kommunalobligation (BFH 13.10.1987 – VIII R 156/84, BStBl. II 1988, 252).

Öffentlich-rechtliche Entschädigungsansprüche (für Grundstücksentschädigungsanspruch: BFH 22.4.1980 – VIII R 120/76, BStBl. II 1980, 570; BFH 12.9.1985 – VIII R 306/81, BStBl. II 1986, 252; BFH 28.10.1998 – X R 96/96, BStBl. II 1999, 217; für Wiedergutmachungsentschädigung: BFH 28.10.1998 – X R 96/96, BStBl. II 1999, 217; für Entschädigung ehemaliger Eigentümer von Grundstücken auf dem Gebiet der DDR: FG Schleswig-Holstein 26.9.2018 – 5 K 35/18, EFG 2018, 1884).

Öffentlich-rechtliche Erstattungsansprüche (etwa Steuererstattungsanspruch: BFH 18.2.1975 – VIII R 104/70, BStBl. II 1975, 568; BFH 8.4.1986 – VIII R 260/82, BStBl. II 1986, 557; BFH 8.11.2005 – VIII R 105/03, BFH/NV 2006, 527; BFH 15.6.2010 – VIII R 33/07, BStBl. II 2011, 503; Erstattung eines Körperschaftsteuer-Guthabens iSd § 37 KStG: FG Düsseldorf 20.11.2018 – 13 K 2486/17 E, EFG 2019, 129, Rev. VIII R 1/19).

Sozialversicherungsrechtliche Ansprüche auf Geldleistungen (zB Erwerbsunfähigkeitsrente: BFH 13.11.2007 – VIII R 36/05, BStBl. II 2008, 292; Witwenrente und Altersrente für schwerbehinderte Menschen: BFH 9.6.2015 – VIII R 18/12, BStBl. II 2016, 523).

Sparkassenbriefe (BFH 9.3.1982 – VIII R 160/81, BStBl. II 1982, 540).

Staatsanleihen (zu argentinischen Staatsanleihen: BFH 13.12.2006 – VIII R 62/04, BStBl. II 2007, 568; zu sog. BIP-gebundenen Wertpapieren oder „GDP-Bonds", deren Erträge von der Entwicklung des Bruttoinlandsprodukts (BIP; engl. Gross Domestic Product (GDP)) eines Staats abhängen: BFH 24.2.2015 – VIII R 54/12, BStBl. II 2015, 693; vgl. auch BFH 28.5.2019 – VIII R 7/16, BStBl. 2019 II 697, insbesondere zur Eigenständigkeit nach automatischer Abtrennung, mit eigener Wertpapier-Kennnummer und getrennter Handelbarkeit).

Steuererstattungsanspruch (für Anspruch auf Erstattung eines Körperschaftsteuerguthabens nach § 37 KStG: FG Düsseldorf, 20.11.2018 – 13 K 2486/17 E, EFG 2019, 129, Rev. VIII R 1/19).

Schatzanweisungen (→ Rn. 1058).

Nicht erfasst werden hingegen solche Forderungen, die keine Kapitalüberlassung, son- 1005
dern nur (wiederkehrende) **Zahlungen mit in der Zukunft liegender Fälligkeit** betreffen, zB erbrechtlicher Vertrag zum Erb- und/oder Pflichtteilsverzicht gegen Gewährung wiederkehrender Zahlungen (BFH 9.2.2010 – VIII R 35/07, BFH/NV 2010, 1793; BFH 9.2.2010 – VIII R 43/06, BStBl. II 2010, 818; H 20.2 EStH 2018) oder Austauschverträge mit gestreckter Fälligkeit (zB Raten- oder Mietkauf). Erst bei Zahlungsverzug liegt eine unfreiwillige Kapitalüberlassung vor, sodass ein Rechtsverhältnis iSd § 20 Abs. 1 Nr. 7 begründet wird.

Nicht erfasst sind auch Ansprüche und Forderungen, die auf die Übertragung anderer 1006
Wirtschaftsgüter als Geldbeträge, insbesondere auf Übertragung von Sachleistungen oder Kapitalforderungen gerichtet sind (sog. Lieferschuldverschreibungen), die ggf. nach § 22 Nr. 2 iVm § 23 steuerbar sind (*Weißbrodt/Michalke* DStR 2012, 1533 (1535)). Dies gilt etwa für die Erträge aus Inhaberschuldverschreibungen, die Geldzahlungen ausschließen und einen Anspruch gegen die Emittentin auf Lieferung von Gold (sog. Xetra-Gold) oder anderer

Rohstoffe (sog. Rohstoff-Verschreibungen) verbriefen (BFH 12.5.2015 – VIII R 35/14, BStBl. II 2015, 834; BFH 12.5.2015 – VIII R 4/15, BStBl. II 2015, 835; BFH 12.5.2015 – VIII R 19/14, BFH/NV 2015, 1559, jeweils mit umfangreichenden Literaturnachweisen; BFH 6.2 2018 – IX R 33/17, BStBl. II 2018, 525; FG Berlin-Brandenburg 15.3.2018 – 13 K 13030/17, EFG 2018, 1550, Rev. VIII R 15/18; KSM/*Jochum* § 20 Rn. C/7 98; Schmidt/*Levedag* § 20 Rn. 115; **aA** BMF 18.1.2016, BStBl. I 2016, 85 Rn. 57; Schmidt/*Weber-Grellet*, 36. Aufl. 2017, § 20 Rn. 100 und 134; *Graf/Paukstadt* FR 2011, 249 (259); *Meinhardt/Fischler* RDF 2011, 32 (36); *Dornheim* DB 2014, 2312 (2314 f.); **aA** bei fehlender physischer Deckung mit Sachleistungen: *Spieker* DB 2016, 197). Nicht erfasst sind auch Wertpapiere, die auf Dienstleistungen wie den Zutritt zu einer Veranstaltung gerichtet sind (zB Tickets für Fußballspiele: BFH 29.10.2019 – IX R 10/18, DStR 2020, 707).

1007 **Wertpapierdarlehen** haben ohne Überlassung von Geldkapital lediglich Ansprüche auf die (Rück)Übertragung bereits bestehender Wertpapiere gleicher Art und Anzahl zum Gegenstand und begründen daher **keine Kapitalforderung iSd § 20 Abs. 1 Nr. 7,** sondern führen zu Einkünften aus Leistungen iSd **§ 22 Nr. 3** (Blümich/*Ratschow* § 20 Rn. 308; HHR/*Buge* § 20 Rn. 295). Gleiches gilt für **Termingeschäfte** (→ Rn. 1220 ff.), bei denen ohne Kapitalüberlassung lediglich der Austausch wechselseitiger Geld- oder sonstiger Leistungsströme vereinbart wird (für sog. Aktienswaps: Blümich/*Ratschow* § 20 Rn. 308; *Jachmann-Michel* BB 2004, 2438).

1008 Auch sog. **Pfandbestellungsverträge,** bei denen sich eine Partei gegen Entgelt dazu verpflichtet, der anderen Partei Sicherheiten für ein von dieser mit einem Dritten begründetes Kreditverhältnis zu stellen, begründet keine Kapitalforderung zwischen den beiden Parteien des Pfandbestellungsvertrags, da keine Partei der anderen Geldkapital zur Nutzung überlässt (BFH 14.4.2015 – IX R 35/13, BStBl. II 2015, 795). Gleiches gilt für sonstige Verträge zur Stellung von Sicherheiten durch **Bürgschaft** (so auch BFH 19.10.1982 – VIII R 97/79, BStBl. II 1983, 295), **Patronatserklärungen** etc.

1009–1013 *Einstweilen frei*

1014 **cc) Anforderungen an Kapitalrückzahlung und Entgelt. (1) Rechtslage für Besteuerungszeiträume bis 2008.** Für die Veranlagungszeiträume 1994 bis 2008 nach der Rechtslage des **StMBG v. 21.12.1993** (→ Rn. 56; zur zeitlichen Anwendbarkeit → Rn. 99) erfasste § 20 Abs. 1 Nr. 7 Kapitalforderungen nur, wenn entweder die Rückzahlung des Kapitalvermögens oder ein Entgelt für die Überlassung des Kapitalvermögens zur Nutzung zugesagt oder gewährt worden war, auch wenn die Höhe des Entgelts von einem ungewissen Ereignis abhing. War nicht zumindest eine der beiden Tatbestandsvarianten erfüllt, so lag eine nicht steuerbare Vermögensanlage spekulativen Charakters vorliegen (BT-Drs. 12/6078, 122; BFH 4.12.2007 – VIII R 53/05, BStBl. II 2008, 563; BFH 27.10.2015 – VIII R 70/13, BFH/NV 2016, 736).

1015 Ob die Kapitalrückzahlung bzw. das Entgelt für die Kapitalnutzung gewiss oder ungewiss war, war **im Zeitpunkt der Kapitalüberlassung,** zB im Zeitpunkt der Emission, der Begebung von Anleihen etc zu bestimmen. Danach eintretende Änderungen der Sach- oder Rechtslage waren für die Prüfung einer Kapitalforderung an den Voraussetzungen des § 20 Abs. 1 Nr. 7 zu Recht unerheblich (BFH 13.12.2006 – VIII R 62/04, BStBl. II 2007, 568; BFH 26.6.2012 – VIII R 40/10, BFH/NV 2013, 346; BFH 17.12.2013 – VIII R 42/12, BStBl. II 2014, 319; BFH 24.2.2015 – VIII R 54/12, BStBl. II 2015, 693; BFH 29.9.2015 – VIII R 49/13, BStBl. II 2016, 339; Blümich/*Ratschow* § 20 Rn. 303; *Hamacher* DB 2000, 2396 (2399); *Bödecker/Geitzenauer* FR 2003, 1209 (1212)).

1016 Die **Kapitalrückzahlung war sicher,** wenn das überlassene Kapital zu einem bestimmten Stichtag iHv **100% des Nennwerts** ausgezahlt wurde (BFH 26.6.2012 – VIII R 40/10, BFH/NV 2013, 346) oder wenn der Kapitalnehmer jedenfalls die Rückzahlung eines **Teilbetrags verbindlich zugesagt** hatte, weil die Kapitalrückzahlung damit zumindest dem Grunde nach gewiss und die Ungewissheit hinsichtlich der Höhe der Rückzahlung nach Nr. 7 S. 1 Hs. 2 unschädlich war (BFH 4.12.2007 – VIII R 53/05, BStBl. II 2008, 563; BFH 5.11.2014 – VIII R 28/11, BStBl. II 2015, 276; *Bödecker/Geitzenauer* FR 2003, 1209 (1212 f.); **aA** *Lohr* DB 2000, 643 (643); *Haisch* DStZ 2005, 102 (103); *Haisch/Danz* DStR 2005, 2108 (2110)). Die **Zusage** zur Rückzahlung des Kapitalvermögens oder die Zahlung eines Entgelts konnte in den Emissionsbedingungen enthalten sein (dazu BFH 26.6.2012 –

VIII R 40/10, BFH/NV 2013, 346) oder in sonstiger Form erfolgen. War eine Zusage rechtlich unwirksam, so konnte die Kapitalforderung gleichwohl Nr. 7 S. 1 unterfallen, wenn sicher mit einer Leistung der Rückzahlung oder mit der Leistung eines Entgelts zu rechnen war.

Der Begriff der **Gewährung** eines (ungewissen) Entgelts war teleologisch zu reduzieren, sodass 1016.1
Erträge aus sonstigen Kapitalforderungen nur vorlagen, wenn entweder die Kapitalrückzahlung oder die Höhe eines (Mindest-)Entgelts auch ohne eine Vereinbarung im Vorhinein sicher feststanden (BFH 27.10.2015 – VIII R 70/13, BFH/NV 2016, 736). Der bloße **Nachrang einer Anleihe** reichte ebenfalls nicht aus, um per se die Unsicherheit der Kapitalrückzahlung anzunehmen (*Haberland* BB 2014, 2328 (2330)).

Für eine Geringfügigkeitsgrenze (etwa iHv bis zu 10% des eingesetzten Kapitals, unterhalb derer 1016.2
eine Teilrückzahlungsgarantie nicht zu steuerpflichtigen Kapitalerträgen führen sollt, erkannte der BFH im Gesetz zutreffend keine Anhaltspunkte (BFH 4.12.2007 – VIII R 53/05, BStBl. II 2008, 563 mwN). Für sog. **Range Warrants** (bzw. **Bandbreiten- oder Korridor-Optionen**) galt dies sogar für den Fall der Trennung der als Paket ausgegebenen Papiere: Zwar war unsicher, aus welchem der einzelnen Papiere ein Kapitalertrag erzielt wird; die Rückzahlung des Kapitalvermögens war jedoch auch bei jedem einzelnen Papier zugesichert (BT-Drs. 12/6078, 122). Keine Rückzahlungsgarantie bestand hingegen bei **Discount- oder Bonus-Zertifikaten** (*Gratz* BB 2005, 2678 (2679 f.)).

Für die Sicherstellung der Kapitalrückzahlung **nicht ausreichend** war es hingegen, wenn die Emissi- 1016.3
onsbedingungen der Kapitalanlage mit grundsätzlich unendlicher Laufzeit (sog. ewige Anleihen oder Hybridanleihen ohne Laufzeitbegrenzung) zwar eine Kapitalrückzahlung bei Kündigung vorsahen, das Kündigungsrecht allerdings allein dem Emittent der Kapitalanlage und damit nur dem Kapitalnehmer zustanden. Der Kapitalgeber war dabei grundsätzlich nicht aus eigenen Stücken in der Lage, sein gezahltes Kapital vom Kapitalnehmer zurückzuerlangen (obiter dictum: BFH 27.10.2015 – VIII R 70/13, BFH/NV 2016, 736).

Ein Entgelt war sicher, wenn ein Mindestertrag, im Zweifel iHv 0,01 EUR gesichert 1017
war. Dabei konnte die Höhe des Entgelts auch von Bedingungen abhängen (BFH 4.12.2007 – VIII R 53/05, BStBl. II 2008, 563). War die Entstehung von Kapitalerträgen dem Grunde nach gewiss, so war es unschädlich, wenn diese für unterschiedlich lange Zeiträume in unterschiedlicher Höhe zu zahlen waren (zu sog. Gleitzins-Schuldverschreibungen BFH 11.7.2006 – VIII R 67/04, BStBl. II 2007, 553).

Ein **Entgelt war hingegen unsicher,** wenn die Zahlung eines Entgelts ausschließlich von einer 1017.1
Bedingung abhing, deren Eintritt ausschließlich vom Kapitalnehmer herbeigeführt werden konnte (offen lassend für Verpflichtung des Emittenten zur Kuponzahlung abhängig von seiner Eigenkapitalausstattung: BFH 27.10.2015 – VIII R 70/13, BFH/NV 2016, 736).

Einstweilen frei 1018–1022

(2) Rechtslage für Besteuerungszeiträume ab 2009. Für Veranlagungszeiträume ab 1023
2009 (→ Rn. 994) werden Kapitalforderungen auch dann erfasst, wenn die Rückzahlung des Kapitalvermögens oder ein Entgelt für die Überlassung des Kapitalvermögens zur Nutzung zugesagt oder geleistet worden ist, auch wenn die Höhe der Rückzahlung oder des Entgelts von einem ungewissen Ereignis (zB von der Einstufung des Emittenten durch Rating-Agenturen für sog. Down-Rating-Anleihen: BFH 13.12.2006 – VIII R 6/05, BStBl. II 2007, 571) abhängen. Dabei sprechen seit dem UntStRefG 2008 historische Gründe (BT-Drs. 16/4841, 54), aber auch telelogische und systematische Argumente dafür, dass § 20 Abs. 1 Nr. 7 S. 1 auch solche Kapitalforderungen erfasst, bei denen **sowohl die Rückzahlung des Kapitals als auch die Zahlung eines Entgelts unsicher sind.** Folglich ist die nach alter Rechtslage vorzunehmende Differenzierung zwischen sog. Garantie-, Teilgarantie- und Vollrisikopapieren entbehrlich (ebenso KSM/*Jochum* § 20 Rn. C/7 28; Lademann EStG/*Jachmann-Michel/Lindenberg* § 20 Rn. 391; *Hagen/Remmel* BB 2011, 2718 (2720)).

Einstweilen frei 1024–1025

dd) Steuerbare Erträge. (1) Steuerbarkeit des Entgelts für die Kapitalüberlassung 1026
zur Nutzung. § 20 Abs. 1 Nr. 7 S. 1 besteuert die „Erträge **aus** sonstigen Kapitalforderungen jeder Art". Steuerbar sind damit alle Vermögensmehrungen, die unmittelbar aus der Kapitalforderung resultieren und bei **wirtschaftlicher Betrachtung ein Entgelt für die Überlassung des Kapitalvermögens** zur Nutzung im weitesten Sinne darstellen (BFH

29.9.1981 – VIII R 39/79, BStBl. II 1982, 113; BFH 26.6.1996 – VIII R 67/95, BFH/NV 1997, 175; BFH 30.11.2010 – VIII R 58/07, BStBl. II 2011, 491). Der Begriff **„Erträge"** ist identisch mit den „Entgelten oder Vorteilen" iSd § 20 Abs. 3 (HHR/*Buge* § 20 Rn. 292).

1026.1 Wegen der umfassenden Formulierung „Erträge", aber auch bei telelogischer Betrachtung der als Auffangtatbestand bzw. Generalklausel konzipierten Regelung in Nr. 7 (→ Rn. 992) kommt es allein auf den wirtschaftlichen Gehalt, nicht aber auf die Bezeichnung eines Ertrags an. Wenn der BFH seine diesbezügliche Argumentation jedoch auf § 20 Abs. 1 Nr. 7 S. 2 stützt (BFH 30.11.2010 – VIII R 58/07, BStBl. II 2011, 491), so ist dem zwar im Ergebnis, nicht aber in der Herleitung zuzustimmen, da sich § 20 Abs. 1 Nr. 7 S. 2 allein darauf bezieht, dass „die Kapitalanlage" unabhängig von der Bezeichnung und der zivilrechtlichen Ausgestaltung ist. Eine Aussage zu dem daraus erzielte Kapitalertrag ist gerade nicht getroffen.

1027 Ein Entgelt iSd § 20 Abs. 1 Nr. 7 ist **unabhängig von seiner Höhe als steuerbarer Kapitalertrag zu erfassen.** Für eine andere Handhabung bietet der Gesetzeswortlaut weder Anlass noch Raum; auch Verwaltungsvereinfachungsgründe rechtfertigen die Nichterhebung der Steuer auf diese (vermeintlich geringen) Entgelte nicht (**aA** BFH 13.10.1987 – VIII R 156/84, BStBl. II 1988, 252; BMF 24.11.1986, BStBl. I 1986, 539: Keine Steuerbarkeit des Disagios aus Vereinfachungsgründen, wenn dieses „wirtschaftlich nicht ins Gewicht fällt" bzw. bestimmte Prozentsätze nicht übersteigt). Liegen bei einer Kapitalanlage mehrere Zahlungszeitpunkte bis zur Endfälligkeit vor, sind die Erträge zu diesen Zeitpunkten jeweils Einkünfte iSd § 20 Abs. 1 Nr. 7 (BMF 18.1.2016, BStBl. I 2016, 85 Rn. 8a).

1027.1 Typische Entgelte für die Überlassung von Kapitalvermögen zur Nutzung:

Abgeld, dazu „Damnum".

Aufgeld (auch Agio). Zahlung des Kapitalnehmers an den Kapitalgeber, die bei der Rückzahlung eines Darlehens über den Nennbetrag einer Anleihe hinaus gewährt wird (BFH 16.1.1979 – VIII R 38/76, BStBl. II 1979, 334; BFH 13.10.1987 – VIII R 156/84, BStBl. II 1988, 252).

Damnum (auch Abgeld oder Disagio): **Unterschiedsbetrag zwischen Ausgabebetrag und Rückzahlungsbetrag** ist ein Vorteil, der dem Kapitalgeber vom Kapitalnehmer neben den zu leistenden Zinsen zu gewähren ist. Zugleich ein Mittel zur Feineinstellung des Zinses, um gebrochene Zinssätze zu vermeiden, oder um eine zusätzliche Vergütung für die Kapitalüberlassung, die die Vergütung in Form laufender Zinsen ergänzt. Summe aus Damnum und laufendem Zins ist das Gesamtentgelt für die Kapitalnutzung (BFH 7.11.1978 – VIII R 183/75, BStBl. II 1979, 169; BFH 21.4.1988 – IV R 47/85, BStBl. II 1989, 722; BFH 21.5.1993 – VIII R 1/91, BStBl. II 1994, 93; die Einordnung unter § 20 Abs. 1 Nr. 7 im Hinblick auf § 20 Abs. 3 (damals § 20 Abs. 2 Nr. 1): BFH 13.10.1987 – VIII R 156/84, BStBl. II 1988, 252; *Rodin* Disagio, Diskont und Damnum im Einkommensteuerrecht (1988), 15 und 19).

Differenz zwischen Auszahlungsbetrag und auf den Fälligkeitsstichtag ermitteltem Barwert der Kapitalforderung: Der positive Differenzbetrag ist das Entgelt für die Stundung des Anspruchs (BFH 26.11.1992 – X R 187/87, BStBl. II 1993, 298).

Disagio: dazu „Damnum".

Erstattungszinsen nach § 233a AO (→ Rn. 1045 ff.).

Kurswertgarantien (RFH 16.5.1933 – VI A 939/32, RStBl. 1933, 1005; BFH 16.1.1979 – VIII R 38/76, BStBl. II 1979, 334).

Nutzungen: Besteht ein zivilrechtlicher Herausgabeanspruch auf Herausgabe von Kapital sowie auf Herausgabe der gezogenen Nutzungen iSd § 100 BGB, so führen diese beim Gläubiger insoweit zu steuerbaren Kapitaleinkünften iSd § 20 Abs. 1 Nr. 7, als die Nutzungen auf eine Kapitalforderung iSd Nr. 7 S. 1 entfallen (BFH 6.4.1993 – VIII R 68/90, BStBl. II 1993, 825).

Nutzungsentgelte bei Ab- oder Aufzinsungspapieren: Der Unterschiedsbetrag zwischen Ausgabe- und Rücknahmebetrag ist der Ausgleich für den entgehenden laufenden Zins und Zinseszins (für Zerobonds: BFH 8.10.1991 – VIII R 48/88, BStBl. II 1992, 174; für abgezinste Sparkassenbriefe: BFH 9.3.1982 – VIII R 160/81, BStBl. II 1982, 540).

Nutzungsersatz bei Rückabwicklung von Darlehensverträgen (FG Hessen 6.11.2018 – 12 K 1328/17, BeckRS 2018, 41273; BMF 12.4.2018, BStBl. I 2018, 624 Rn. 8b).

Prozesszinsen iSd § 291 BGB. Auch die während einer gerichtlichen Klage vom Gläubiger zu duldende Nichtzahlung des Schuldners ist eine Kapitalüberlassung, die dafür zu zahlenden Zinsen sind das entsprechende Entgelt des Schuldners (BFH 8.4.1986 – VIII R 260/82, BStBl. II 1986, 557; BFH 14.4.1992 – VIII B 114/91, BFH/NV 1993, 165; BFH 25.10.1994 – VIII R 79/91, BStBl. II 1995,

121; BFH 24.5.2011 – VIII R 3/09, BStBl. II 2012, 254). Zur unfreiwilligen Kapitalüberlassung grundlegend → Rn. 352 ff.

Prozesszinsen iSd § 236 AO (vormals § 111 FGO aF: BFH 18.2.1975 – VIII R 104/70, BStBl. II 1975, 568; BFH 8.4.1986 – VIII R 260/82, BStBl. II 1986, 557; BFH 14.4.1992 – VIII B 114/91, BFH/NV 1993, 165; BFH 14.12.1994 – X R 106/92, BStBl. II 1995, 41).

Rücktrittszinsen nach Vertragsrücktritt (Schmidt/*Weber-Grellet*, 36. Aufl. 2017, § 20 Rn. 103).

Verzugszinsen iSd § 286 Abs. 1 iVm § 288 Abs. 1 BGB: Auch der vom Schuldner durch Nichtzahlung bewirkte Verzug ist eine Kapitalüberlassung, mit der der Gläubiger sich für die Zeit des Verzugs mit der Nichtzahlung abfinden muss und die durch Verzugszinsen abgegolten wird (RFH 17.3.1927 – VI A 576/26, RStBl. 1927, 118; BFH 22.4.1966 – VI 142/65, BStBl. III 1966, 462; BFH 29.9.1981 – VIII R 39/79, BStBl. II 1982, 113; BFH 25.10.1994 – VIII R 79/91, BStBl. II 1995, 121; BFH 14.12.1994 – X R 106/92, BStBl. II 1995, 410; BFH 28.10.1998 – X R 96/96, BStBl. II 1999, 217; BFH 24.5.2011 – VIII R 3/09, BStBl. II 2012, 254). Der zivilrechtliche Schadensersatzcharakter der Verzugszinsen hindert nicht, sie steuerrechtlich in vollem Umfang als Entgelt für die vom Schuldner erzwungene Kapitalüberlassung anzusehen (BFH 29.9.1981 – VIII R 39/79, BStBl. II 1982, 113; BFH 24.5.2011 – VIII R 3/09, BStBl. II 2012, 254). Zur unfreiwilligen Kapitalüberlassung grundlegend → Rn. 352 ff.

Wertsicherungsklauseln. Zahlungen, die als Ausgleich für die Verminderung des realen Werts einer Geldforderung geleistet werden (BFH 16.1.1979 – VIII R 38/76, BStBl. II 1979, 334).

Wertzuwachsgarantien (HHR/*Buge* § 20 Rn. 295).

Zinsen: Laufzeitabhängige Vergütungen für den Gebrauch eines auf Zeit überlassenen Kapitals, die das Bestehen einer auf die Hauptleistung gerichteten Kapitalschuld voraussetzen. Es ist nicht begriffsnotwendig, dass Zinsen fortlaufend entrichtet werden, sie können auch sogleich für die gesamte Nutzungsdauer berechnet und vom Kapital abgezogen werden (BFH 13.10.1987 – VIII R 156/84, BStBl. II 1988, 252; BFH 6.6.2012 – I R 6/11, I R 8/11, BStBl. II 2013, 111).

Zinsen iSd § 44 Abs. 1 SGB I für sozialversicherungsrechtliche Ansprüche auf Geldleistungen (BFH 13.11.2007 – VIII R 36/05, BStBl. II 2008, 292; BFH 9.6.2015 – VIII R 18/12, BStBl. II 2016, 523).

Zinsanteile einzelner wiederkehrender Leistungen (BFH 26.11.1992 – X R 187/87, BStBl. II 1993, 298).

Zinsanteile einzelner Rentenzahlungen bei der Veräußerung gegen betragsmäßig gleiche, wiederkehrende Rentenzahlungen (BFH 26.11.1992 – X R 187/87, BStBl. II 1993, 298).

Kein Kapitalertrag iSd § 20 Abs. 1 Nr. 7 sind solche Vermögensvorteile, bei denen die **1028** **Veranlassung durch die Kapitalüberlassung zur Nutzung von vornherein ausscheidet** (vgl. BFH 13.12.2006 – VIII R 62/04, BStBl. II 2007, 568; BFH 7.12.2010 – VIII R 37/08, BFH/NV 2011, 776). So ist das **Bezugsrecht,** das einen Aktionär im Falle einer Kapitalerhöhung gegen Einlage zum Erwerb junger Aktien berechtigt, grundsätzlich kein Entgelt der Aktiengesellschaft für die Überlassung von Kapital, sondern Teil der bisherigen Rechte des Aktionärs (RFH 14.12.1920 – I D 4/20, RStBl. 1921, 169; BFH 22.5.2003 – IX R 9/00, BStBl. II 2003, 712; → Rn. 1355 ff.; zur Ausnahme → Rn. 563). Gleiches gilt für die sog. **Optionsanleihe,** bei der der Inhaber **neben dem Recht auf Rückzahlung** des Nominalbetrags ein in einem Optionsschein verbrieftes Recht besitzt, innerhalb der Optionsfrist eine bestimmte Anzahl von Aktien des Emittenten oder einer anderen Gesellschaft, Anleihen, Fremdwährungen, Edelmetalle oder andere Basiswerte zu einem festgelegten Kaufpreis zu erwerben. Nur die Zinsen auf den Anleihebetrag, nicht aber die bei Optionsausübung gelieferten Aktien etc sind ein Entgelt aus der Kapitalüberlassung iSd § 20 Abs. 1 Nr. 7 (BMF 18.1.2016, BStBl. I 2016, 85 Rn. 6 f.). **Negative Einlagezinsen auf Sichtguthaben (sog. Negativzinsen)** bewirken keinen Kapitalertrag des Kreditinstituts iSd § 20 Abs. 1 Nr. 7, da das Kreditinstitut aus dem Negativzins zwar einen Ertrag erhält, aber nicht selbst Kapital an seine Anleger überlassen hat (*Patzner/Joch* BB 2015, 221 (222 f.); *Jachmann-Michel* BB 2018, 854 (856); iE auch BMF 18.1.2016, BStBl. I 2016, 85 Rn. 129a: Negativzinsen sind Werbungskosten des Anlegers; **aA** Schmidt/*Levedag* § 20 Rn. 265; *Niermann* jM 2016, 426 (428 ff.); *Anzinger* DStR 2016, 1766 (1773)).

Die quellentheoretische Prägung der Kapitalertragsbesteuerung (→ Rn. 370) wirkt sich **1029** überdies dahingehend aus, dass **reine Wertänderungen** der Kapitalanlage bei Besteuerung **grundsätzlich unberücksichtigt** bleiben. Aus **Wertsteigerungen** ergeben sich nur insoweit Kapitalerträge iSd § 20, als in ihnen **Nutzungen enthalten** sind (BFH 9.10.1979 –

VIII R 67/77, BStBl. II 1980, 116; BFH 15.12.1987 – VIII R 281/83, BStBl. II 1989, 16; BFH 2.3.1993 – VIII R 13/91, BStBl. II 1993, 602; BFH 24.10.2000 – VIII R 28/99, BStBl. II 2001, 97; BFH 7.12.2010 – VIII R 37/08, BFH/NV 2011, 776; *Helios/Link* DStR 2008, 386 (388); zB **Nullkuponanleihen,** bei denen der komplette Kapitalertrag erst im Zeitpunkt der Endfälligkeit zufließt: BFH 12.12.2000 – VIII R 36/99, BFH/NV 2001, 789).

1029.1 Dies verlangt jedoch eine vertragliche oder gesetzliche Ausgestaltung der Kapitalanlage, bei der – jedenfalls nachträglich – eine Trennung zwischen Ertrags- und Vermögensebene und damit zwischen der Wertsteigerung und dem Nutzungsentgelt möglich ist. So muss spätestens im Zeitpunkt einer Veräußerung der Kapitalanlage aus dem Veräußerungserlös herausgerechnet werden können, was als Vergütung für die auf die Zeit bis zur Veräußerung entfallende Verzinsung gezahlt wurde. Möglich ist dies insbesondere bei Kapitalanlagen mit Ausweis sog. **Stückzinsen** für jeden Tag der Kapitalüberlassung (vgl. BFH 26.6.2012 – VIII R 40/10, BFH/NV 2013, 346; zur Behandlung von Stückzinsen im Einzelnen → Rn. 1248 und → Rn. 1297.1).

1030 Steuerbar sind nur die Erträge aus der **Einlösung einer Kapitalforderung durch den Ersterwerber,** den sog. Durchhalter (BFH 4.12.2007 – VIII R 53/05, BStBl. II 2008, 563). Der Gewinn aus der **Veräußerung, Einlösung oder sonstigen der Veräußerung gleichgestellten Vorgängen** von sonstigen Kapitalforderungen ist nicht nach § 20 Abs. 1 Nr. 7, sondern ggf. nach § 20 Abs. 2 Nr. 7 steuerbar (vgl. für die Veräußerung von Zero-Bonds: BFH 8.10.1991 – VIII R 48/88, BStBl. II 1992, 174; für Veräußerung von Indexzertifikaten mit Garantiezusage: BFH 4.12.2007 – VIII R 53/05, BStBl. II 2008, 563).

1030.1 **Währungsgewinne und -verluste** waren bis zur Unternehmensteuerreform 2008 für die Ermittlung des Kapitalertrags steuerlich unbeachtlich, da sie wirtschaftlich nicht durch die Erzielung von Kapitaleinkünften, sondern durch die private Vermögenssphäre veranlasst waren (BFH 9.10.1979 – VIII R 67/77, BStBl. II 1980, 116; BFH 9.11.1993 – IX R 81/90, BStBl. II 1994, 289; BFH 22.9.2005 – IX R 44/03, BFH/NV 2006, 279; BFH 9.11.1993 – IX R 81/90, BStBl. II 1994, 289; BFH 30.11.2010 – VIII R 58/07, BStBl. II 2011, 491; BFH 10.5.2011 – VIII B 147/10, BFH/NV 2011, 1516; auch → Rn. 132; vgl. auch *Harder* IStR 1993, 297 (300); für sog. Doppelwährungsanleihen bzw. Dual Currency Issues: *Hofner* Der Tatbestand „Einnahmen aus Kapitalvermögen" im deutschen Einkommensteuerrecht (1997), 175 ff.

1030.2 Gleiches gilt für Veranlagungszeiträume ab 2009 (BFH 4.3.2016 – IX B 85/15, BFH/NV 2016, 917; BFH 23.11.2016 – IX B 42/16, BFH/NV 2017, 287 → Rn. 1250). Allerdings handelt es sich bei dem Gewinn aus dem Rückkauf einer Fremdwährungsanlage dann um einen Ertrag iSd § 20 Abs. 1 Nr. 7, wenn der Kurs für den Rückkauf im Anlagezeitpunkt vertraglich festgelegt und von der tatsächlichen Kursentwicklung unabhängig ist, um den Anleger im Sinne einer Festgeldgarantie von jedem Kursrisiko zu befreien. Der Differenzbetrag zwischen dem Kurs im Zeitpunkt der Anlage und dem fest vereinbarten höheren Kurs im Zeitpunkt des Rückkaufs ist Entgelt für die Kapitalnutzung unter Übernahme des Kursrisikos (BFH 19.4.2005 – VIII R 80/02, BeckRS 2005, 25009125; BFH 30.11.2010 – VIII R 58/07, BStBl. II 2011, 491; *Jachmann-Michel* DStJG Bd. 30 (2007), 153 (160 f., Fn. 24)).

1031–1032 *Einstweilen frei*

1033 **(2) Keine Steuerbarkeit der Kapitalrückzahlung.** Nach quellentheoretischen Grundsätzen ist die Rückzahlung des zur Nutzung überlassenen Kapitalvermögens nicht steuerbar (→ Rn. 370 ff.). Ob eine Zahlung als Kapitalrückzahlung oder als Entgelt für die Überlassung des Kapitalvermögens anzusehen ist, hängt davon ab, bei welcher dieser Verpflichtungen der Leistungserfolg eingetreten ist. Diese Frage ist nicht unmittelbar durch das Steuerrecht, sondern unter ergänzender Heranziehung zivilrechtlicher Grundsätze zu beantworten und bestimmt sich gemäß § 366 Abs. 1 BGB vorrangig nach der Leistungsbestimmung des Zahlenden, bei Fehlen einer derartigen Leistungsbestimmung gemäß § 366 Abs. 2 BGB (BFH 10.6.1975 – VIII R 71/71, BStBl. II 1975, 847; BFH 10.7.2001 – VIII R 31/97, BFH/NV 2001, 1554; BFH 14.6.2005 – VIII R 47/03, BFH/NV 2005, 2181; HHR/*Buge* § 20 Rn. 292 **aA** HHR/*Buge* § 20 Rn. 34). Tilgungsbestimmungen des Zahlenden sind als empfangsbedürftige Willenserklärungen nach dem Empfängerhorizont des Zahlungsempfängers auszulegen (BFH 14.6.2005 – VIII R 47/03, BFH/NV 2005, 2181).

1034–1035 *Einstweilen frei*

(3) Besonderheiten unentgeltlicher Kapitalüberlassung von mehr als einem Jahr. 1036
Bei unentgeltlicher Kapitalüberlassung von mehr als einem Jahr folgt aus dem Verzicht auf eine Verzinsung nicht zwingend ein Gestaltungsmissbrauch iSd § 42 AO, wenn hierfür außersteuerliche Gründe bestehen (zB Zinsverzicht zur Verlustnutzung: BFH 17.10.2001 – I R 97/00, BFH/NV 2002, 240; Zinsverzicht zur Streitbeilegung: BFH 12.4.2016 – VIII R 39/13, BFH/NV 2016, 1430). Erfolgt eine Kapitalüberlassung allerdings aus Sicht des Kapitalgebers **freiwillig** (BFH 12.4. 2016 – VIII R 39/13, BFH/NV 2016, 1430; zur unfreiwilligen Kapitalüberlassung → Rn. 353 ff.) **unentgeltlich, so ist der Rückzahlungsbetrag unter den Voraussetzungen des § 12 Abs. 3 BewG in einen nicht steuerbaren Tilgunganteil** in Höhe des Barwerts bzw. Kapitalwerts des Rückzahlungsanspruchs und einen **steuerbaren Ertragsanteil aufzuteilen** (BFH 25.6.1974 – VIII R 163/71, BStBl. II 1975, 431; BFH 26.11.1992 – X R 187/87, BStBl. II 1993, 298; BFH 26.6.1996 – VIII R 67/95, BFH/NV 1997, 175; BFH 8.1.1998 – VIII B 76/96, BFH/NV 1998, 963; BFH 14.11.2001 – X R 32/01, X R 33/01, BStBl. II 2002, 183; BFH 17.3.2010 – X R 38/06, BStBl. II 2011, 622; BFH 12.9.2011 – VIII B 70/09, BFH/NV 2012, 229; BFH 8.10.2014 – VIII B 115/13, BFH/NV 2015, 200; BFH 20.10.2015 – VIII R 40/13, BStBl. II 2016, 342).

Nach der Rechtsprechung des BFH soll in der unentgeltlichen Überlassung einer Kapitalsumme 1036.1
auf Zeit grundsätzlich auch eine Schenkung iSd ErbStG liegen können. Gegenstand der freigebigen Zuwendung sei nicht ein konkreter Ertrag, der dem Zuwendenden entgehe, sondern die dem Verzicht auf die eigene Nutzungsmöglichkeit seitens des Zuwendenden korrespondierende Gewährung der Nutzungsmöglichkeit durch den Zuwendungsempfänger. Wenn derselbe Lebenssachverhalt tatbestandlich sowohl der Einkommen- als auch der Schenkungsteuer unterfalle, sei zu prüfen, ob eine Erwerbshandlung der Person vorliege, die auf die Einkünfteerzielung am Markt, also auf einen Hinzuerwerb von Einkommen gerichtet sei. Fehle es an der notwendigen Erwerbshandlung, komme eine Erfassung von Erträgen als Einkünfte iSd EStG grundsätzlich nicht in Betracht (BFH 12.9.2011 – VIII B 70/09, BFH/NV 2012, 229 mwN).

§ 12 Abs. 3 BewG greift den sich bei steuerjuristischer Betrachtungsweise ergebenden 1037
Befund auf, dass eine erst künftig fällig werdende Forderung bei identischem Nominalbetrag einen niedrigeren gegenwärtigen Wert hat als eine sofort fällige Forderung. Dies entspricht der Differenz zwischen dem Nominalbetrag der Kaufpreisforderung und ihrem niedrigen Barwert. Es ist **verfassungsrechtlich nicht zu beanstanden,** an diesem Befund steuerrechtlich anzuknüpfen und die Wertdifferenz als Zinsanteil zu betrachten (BVerfG 7.6.1993 – 2 BvR 335/93, HFR 1993, 542).

Trotz höchstrichterlicher Billigung dürfte diese Besteuerungsfolge von Steuerpflichtigen häufig nicht 1037.1
gesehen werden und schwer verständlich sein. Der von *Pondelik* geäußerten Einschätzung der „Steuerfalle zinsloses Darlehen" ist daher zuzustimmen. In der Gestaltungsberatung sollte von der Vereinbarung zinsloser Darlehen abgeraten werden (zu Belastungswirkungen, Gestaltungsempfehlungen und Vermeidungsstrategien: *Pondelik* SteuK 2013, 423).

Tatbestandsvoraussetzungen nach § 12 Nr. 3 BewG sind die Unverzinslichkeit der 1038
(Kapital)Forderung, deren Laufzeit von mehr als einem Jahr und deren Fälligkeit zu einem klar bestimmten Zeitpunkt. Von der **Unverzinslichkeit einer Forderung** ist stets auszugehen, wenn die Vertragsparteien Zinsen nicht vereinbart oder sogar ausdrücklich ausgeschlossen haben (RFH 14.7.1938 – IV 48/38, RStBl. 1938, 938; BFH 25.6.1974 – VIII R 163/71, BStBl. II 1975, 431; BFH 26.11.1992 – X R 187/87, BStBl. II 1993, 298; BFH 26.6.1996 – VIII R 67/95, BFH/NV 1997, 175; BFH 8.1.1998 – VIII B 76/96, BFH/NV 1998, 963; BFH 26.2.2002 – X R 4/00, BFH/NV 2002, 1140; BFH 12.9.2011 – VIII B 70/09, BFH/NV 2012, 229; BFH 8.10.2014 – VIII B 115/13, BFH/NV 2015, 200; BFH 20.10.2015 – VIII R 40/13, BStBl. II 2016, 342; H 20.2 EStH 2018).

So ist § 12 Nr. 3 BewG insbesondere anzuwenden, wenn Geldkapital längerfristig unverzinst an den 1038.1
Kapitalnehmer überlassen wird bzw. ist eine Geldforderung unentgeltlich gestundet, verrentet oder nur in Raten zu zahlen ist (BFH 25.6.1974 – VIII R 163/71, BStBl. II 1975, 431), denn auch die Gestattung langfristiger Ratenzahlung zur Tilgung einer Schuld stellt eine Kreditgewährung durch den Gläubiger dar (BFH 26.2.2002 – X R 4/00, BFH/NV 2002, 1140).

Dies kulminierte in eine Entscheidung, wonach § 12 Abs. 3 BewG auch dann anzuwenden sei, wenn 1038.2
„ein gesondertes Entgelt **in Form einer angemessenen Verzinsung** nicht vereinbart" wurde (BFH

20.10.2015 – VIII R 40/13, BStBl. II 2016, 342). Die erscheint jedoch als zu weitgehend: § 12 Abs. 3 S. 1 BewG spricht ausdrücklich von „**un**verzinslichen Forderungen", also nur von der Forderung **ohne** vereinbarte Verzinsung. Die Norm enthält kein Tatbestandsmerkmal, das Anlass oder Möglichkeit für eine Angemessenheitsprüfung einer konkret vereinbarten Verzinsung gäbe. Während der Zinsfuß von 5,5% ohne Zinsvereinbarung noch als gleichheitsrechtlich zulässige Typisierung erscheinen mag, muss sich die Angemessenheitsprüfung einer vereinbarten Verzinsung an konkreten Marktumständen orientieren und unterliegt einer Angemessenheitskontrolle nur unter den Voraussetzungen und in den Grenzen des § 42 AO. Anderenfalls könnte es gerade bei Gesellschafterdarlehen zu widerstreitenden Normgehalten kommen, wenn dieselbe Kapitalforderung bei der Besteuerung von vGA iSd § 20 Abs. 1 Nr. 1 S. 2 als unüblich hoch, im Kontext des § 20 Abs. 1 Nr. 7 jedoch als unüblich niedrig verzinst angesehen würde.

1038.3 Die Vereinbarung einer rückwirkenden Verzinsung wirkt nur ex nunc (vgl. BFH 22.5.2019 – X R 19/17, BStBl. II 2019, 795).

1039 Die von § 12 Nr. 3 BewG vorgesehene Rechtsfolge ist verfassungsrechtlich selbst dann nicht zu beanstanden, wenn eine Absprache zwischen den Vertragsparteien darüber besteht, dass die Forderung zinslos gestundet werden soll. Ein Vorrang oder eine Maßgeblichkeit der zivilrechtlichen Würdigung der von den Parteien gewählten Sachverhaltsgestaltung für die Auslegung der betreffenden steuerrechtlichen Vorschrift besteht schon deshalb nicht, weil Zivilrecht und Steuerrecht nebengeordnete, gleichrangige Rechtsgebiete sind, die denselben Sachverhalt aus einer anderen Perspektive und unter anderen Wertungsgesichtspunkten beurteilen (BVerfG 7.6.1993 – 2 BvR 335/93, HFR 1993, 542). Der BFH sieht dies als **abschließend geklärt** an (BFH 8.1.1998 – VIII B 76/96, BFH/NV 1998, 963).

1039.1 Der Zinsanteil wird **nach finanzmathematischen Regeln errechnet** (BFH 19.5.1992 – VIII R 37/90, BFH/NV 1993, 87). Die Rechtsprechung bezeichnete in mehreren Entscheidungen einen Zinssatz bzw. **Rechnungszinsfuß von 5,5%** als angemessen, wenn die Vertragspartner keinen höheren Rechnungszinsfuß vereinbaren (RFH 10.2.1932 – VI A 1323/30, RStBl. 1932, 628; BFH 12.3.1964 – IV 456/61 U, BStBl. III 1964, 525; BFH 20.11.1969 – IV R 22/68, BStBl. II 1970, 309; BFH 20.8.1970 – IV 143/64, BStBl. II 1970, 807; BFH 21.10.1980 – VIII R 190/78, BStBl. II 1981, 160; BFH 26.11.1992 – X R 187/87, BStBl. II 1993, 298; BFH 19.5.1992 – VIII R 37/90, BFH/NV 1993, 87; BFH 26.6.1996 – VIII R 67/95, BFH/NV 1997, 175). Der BFH sieht die Frage, ob das BewG eine Abweichung des Zinssatzes von 5,5% vorsieht, wenn der marktübliche Zins nachweislich geringer ist, **als geklärt** an (BFH 8.10.2014 – VIII B 115/13, BFH/NV 2015, 200).

1040 Eine (Kapital)Forderung hat eine **Laufzeit von mehr als einem Jahr,** wenn die Forderung am Stichtag bereits mehr als ein Jahr bestanden hat und nicht getilgt wurde (BFH 12.9.2011 – VIII B 70/09, BFH/NV 2012, 229; Rössler/Troll/*Eisele* BewG § 12 Rn. 20). Bei einer Laufzeit von einem Jahr und weniger kommt eine Abzinsung nicht in Betracht (BFH 10.10.1984 – II R 182/82, BStBl. II 1985, 105). Steht ein Rechtsgeschäft unter aufschiebender Bedingung, so setzt erst der Eintritt der Bedingung den Lauf der Jahresfrist in Gang (vgl. BFH 14.2.1984 – VIII R 41/82, BStBl. II 1984, 550).

1041 Schließlich muss die **Fälligkeit zu einem bestimmten Zeitpunkt bestimmt** sein (BFH 14.11.2001 – X R 32/01, X R 33/01, BStBl. II 2002, 183; BFH 17.3.2010 – X R 38/06, BStBl. II 2011, 622), dh es muss vertraglich bestimmt werden oder bestimmbar sein, wann die Forderung spätestens zu erfüllen ist. Ist für die (Kapital)Forderung ein fester Zahlungstermin nicht bestimmt (BFH 22.11.1962 – II 175/60 U, BStBl. III 1963, 46) oder haben die Parteien die Fälligkeit bewusst (weitgehend) offengelassen (BFH 14.2.1984 – VIII R 41/82, BStBl. II 1984, 550; BFH 10.6.1996 – VIII B 111/95, BFH/NV 1996, 837), so ist § 12 Abs. 3 BewG nicht anzuwenden.

1042 Kommt § 12 Abs. 3 BewG zur Anwendung, so fließt dem Kapitalgeber im Zeitpunkt Zahlung des Nominalbetrags nicht nur der nicht steuerbare Tilgungsanteil, sondern auch der darin enthaltene steuerbare Zinsanteil zu (BFH 12.9.2011 – VIII B 70/09, BFH/NV 2012, 229). Bei Ratenzahlungen fließt dem Kapitalgeber der Zinsanteil daher nicht erst nach Tilgung des Barwerts der Kaufpreisforderung oder in einem jährlich gleichbleibenden Betrag zu, sondern ist in jeder einzelnen Rate mitenthalten (RFH 20.10.1937 – VI 500/37, RStBl. 1938, 92; BFH 20.8.1970 – IV 143/64, BStBl. II 1970, 807; BFH 25.6.1974 – VIII R 163/71, BStBl. II 1975, 431; BFH 26.6.1996 – VIII R 67/95, BFH/NV 1997, 175).

1043–1044 *Einstweilen frei*

(4) Steuerbarkeit von Erstattungszinsen nach § 233a AO. Bis zu einer Entscheidung des VIII. Senats vom **15.6.2010** sah der BFH **Erstattungszinsen iSd § 233a AO in stRspr als steuerbare Kapitalerträge iSd § 20 Abs. 1 Nr. 7 S. 1** an, da die Norm auch öffentlich-rechtliche Kapitalforderungen sowie Fälle der unfreiwilligen Kapitalüberlassung erfasse (BFH 8.11.2005 – VIII R 105/03, BFH/NV 2006, 527; BFH 8.11.2005 – VIII R 105/03, BFH/NV 2006, 527; BFH 8.5.2008 – VI R 50/05, BStBl. II 2008, 868; BFH 6.10.2009 – I R 39/09, BFH/NV 2010, 470; für Prozesszinsen auf Erstattungsbeträge nach § 236 AO → Rn. 1027.1). Dass Zahlungen auf die steuerliche Hauptforderung nach § 12 Nr. 3 bzw. vergleichbaren früheren Regelungen nicht abzugsfähig waren, sollte hieran nichts ändern (vgl. BFH 14.4.1992 – VIII B 114/91, BFH/NV 1993, 165; BFH 6.10.2009 – I R 39/09, BFH/NV 2010, 470; Schmidt/*Weber-Grellet*, 36. Aufl. 2017, § 20 Rn. 103; **aA** KSM/*Jochum* § 20 Rn. C/7 37b; *Oswald* DStR 1976, 412 (413); *Loose* StuW 2003, 377 (381)). Die Finanzverwaltung ließ es zur Vermeidung sachlich unbilliger Härten gleichwohl auf Antrag zu, Erstattungszinsen iSd § 233a AO nach § 163 AO nicht in die Steuerbemessungsgrundlage einzubeziehen, soweit keine abziehbare Nachforderungszinsen gegenüberstehen, die auf demselben Ereignis beruhten (BMF 5.10.2000, BStBl. I 2000, 1508; H 20.2 EStH 2018). 1045

Im **Jahr 2010 gab der VIII. Senat seine stRspr im Hinblick auf § 12 Nr. 3 auf.** Die Norm sehe für die erfassten Steuern (Einkommensteuer, Personensteuern sowie die Umsatzsteuer auf Entnahmen und nicht abzugsfähige Aufwendungen) nicht nur ein gesetzliches Abzugsverbot vor, sondern weise diese schlechthin dem nichtsteuerbaren Bereich zu. Die auf diese Steuern entfallenden Erstattungszinsen teilten als Nebenleistungen iSd § 3 Abs. 4 AO das „Schicksal" der Hauptforderung und würden von § 12 Nr. 3 also ebenfalls dem nichtsteuerbaren Bereich zugewiesen (BFH 15.6.2010 – VIII R 33/07, BStBl. II 2011, 503). 1046

Der **Gesetzgeber** reagierte ausdrücklich auf diese Änderung der stRspr (BT-Drs. 17/3549, 17), indem er die Steuerbarkeit von Erstattungszinsen iSd § 233a AO mit dem JStG 2010 v. 8.12.2010 (→ Rn. 995) ausdrücklich in § 20 Abs. 1 **Nr. 7 S. 3** verankerte (zur zeitlichen Anwendbarkeit → Rn. 99). Hierbei sollte es sich nach der Einschätzung des Gesetzgebers um eine **deklaratorische Klarstellung** handeln (BT-Drs. 17/3549, 17). Nach allgemeinen Grundsätzen der Kapitalertragsbesteuerung kommt es für die Steuerbarkeit des Entgelts für eine Kapitalüberlassung nicht darauf an, ob die zugrunde liegende Kapitalforderung steuerbar ist oder nicht (→ Rn. 374 f. und → Rn. 1003). Folgerichtig ist die von § 12 Nr. 3 getroffene Zuordnung der steuerlichen Hauptforderung in den nicht steuerbaren Vermögensbereich unerheblich für die steuerliche Behandlung etwaiger Erstattungszinsen, die auf diesen Betrag zu leisten sind. Zudem enthält bereits die Gesetzesbegründung den zutreffenden Hinweis auf eine anderenfalls drohende gleichheitsrechtliche Problematik, wenn ein Steuerpflichtiger, der zum Ausgleich für verspätete Einkommensteuererstattungen Zinsen vom Finanzamt erhält, ohne eine derartige Regelung steuerlich günstiger gestellt würde als ein Steuerpflichtiger, der seine vor Beginn des Zinslaufs nach § 233a AO erhaltenen Einkommensteuererstattungen Zins bringend bei seiner Bank anlegt (BT-Drs. 17/3549, 17; *Thiemann* FR 2012, 673 (680); *Balliet* DStZ 2012, 436 (438); **aA** HHR/*Buge* § 20 Rn. 308). Die erhobenen gleichheitsrechtlichen Bedenken aufgrund der Besteuerung der Erstattungszinsen als Einnahmen aus Kapitalvermögen im Vergleich zur Nichtabziehbarkeit der Nachzahlungszinsen werden nicht geteilt, da das EStG eine Kongruenz oder Korrespondenz (→ Rn. 110 f.) für das Abzugsverbot für Nachzahlungszinsen iSd § 233a AO in § 12 Nr. 3 und der Steuerbarkeit der Nachzahlungszinsen iSd § 233a AO in § 20 Abs. 1 Nr. 7 S. 3 nicht kennt (BFH 12.11.2013 – VIII R 36/10, BStBl. II 2014, 168; vgl. *Thiemann* FR 2012, 673 (679); *Balliet* DStZ 2012, 436 (438); **aA** KSM/*Jochum* § 20 Rn. C/7 37a und C/7 37b; *Behrens* BB 2014, 996). 1047

Der **BFH bestätigt seitdem in stRspr die Steuerbarkeit von Erstattungszinsen** und sieht für eine andere Auslegung angesichts des klaren Wortlauts, des erkennbaren Gesetzeszwecks und der Entstehungsgeschichte der Norm keinen Raum mehr (BFH 12.11.2013 – VIII R 36/10, BStBl. II 2014, 168; BFH 12.11.2013 – VIII R 1/11, BFH/NV 2014, 830, Verfassungsbeschwerde eingelegt unter 2 BvR 482/14; BFH 24.6.2014 – VIII R 29/12, BStBl. II 2014, 998, Verfassungsbeschwerde eingelegt unter BVerfG 2 BvR 2674/14; BFH 24.6.2014 – VIII R 28/12, BeckRS 2014, 96539, Verfassungsbeschwerde eingelegt unter BVerfG 2 BvR 2671/14; BFH 9.10.2014 – I R 34/13, BFH/NV 2015, 167; BFH 1048

15.4.2015 – VIII R 30/13, BeckRS 2015, 95778, Verfassungsbeschwerde eingelegt unter BVerfG 2 BvR 1711/15; BFH 6.3.2019 – VIII B 94/18, BFH/NV 2019, 835).

1049 **Problematisch** ist einstweilen, ob die durch § 52a Abs. 8 S. 2 EStG idF JStG 2010 angeordnete Anwendbarkeit von Nr. 7 S. 3 EStG idF JStG 2010 für alle Fälle, in denen die Steuer im Zeitpunkt der Gesetzesänderung noch nicht bestandskräftig festgesetzt war, eine **Regelung mit verfassungswidriger Rückwirkung darstellt.** Einige **Finanzgerichte** (FG Düsseldorf 5.9.2011 – 1 V 2325/11 A(E), EFG 2012, 120; FG Münster 27.10.2011 – 2 V 913/11 E, EFG 2012, 118; FG Schleswig-Holstein 27.1.2012 – 1 V 226/11, EFG 2012, 619) und Literaturstimmen (*Panzer/Gebert* DStR 2011, 741 (743 f.); *Rublack* FR 2011, 173 (175)) erkannten eine **verfassungswidrige Rückwirkung.** Auch der BFH setzte in einer Reihe von Fällen aufgrund summarischer Prüfung zunächst die Vollziehung von Steuerfestsetzungen aus (BFH 22.12.2011 – VIII B 190/11, BStBl. II 2012, 243; BFH 22.12.2011 – VIII B 146/11, BFH/NV 2012, 575; BFH 9.1.2012 – VIII B 95/11, BFH/NV 2012, 575). In mehreren Hauptsache-Entscheidungen gab der BFH jedoch zu erkennen, dass es sich zwar um eine Regelung mit echter Rückwirkung handeln könnte. Allerdings habe der Gesetzgeber mit § 20 Abs. 1 Nr. 7 S. 3 iVm § 52a Abs. 8 S. 2 EStG idF des JStG 2010 die Rechtslage (auch) mit Wirkung für die Vergangenheit lediglich entsprechend der gefestigten höchstrichterlichen Rechtsprechung bis zum Ergehen des BFH-Urteils BFH 15.6.2010 – VIII R 33/07, BStBl. II 2011, 503 geregelt. Es habe sich daher – insoweit **überzeugend – kein schützenswertes Vertrauen auf den Bestand der geänderten Rechtsprechung** bilden können, sodass die **Regelung ausnahmsweise das verfassungsrechtliche Rückwirkungsverbot durchbrechen kann** (BFH 12.11.2013 – VIII R 36/10, BStBl. II 2014, 168; BFH 10.4.2014 – III R 20/13, BStBl. II 2016, 583; BFH 24.6.2014 – VIII R 29/12, BStBl. II 2014, 998, Verfassungsbeschwerde eingelegt unter BVerfG 2 BvR 2674/14; BFH 9.10.2014 – I R 34/13, BFH/NV 2015, 167; BFH 15.4.2015 – VIII R 30/13, BeckRS 2015, 95778, Verfassungsbeschwerde eingelegt unter BVerfG 2 BvR 1711/15; ebenso: FG Schleswig-Holstein 1.6.2011 – 2 V 35/11, EFG 2011, 1687; HHR/*Buge* § 20 Rn. 308; Schmidt/*Levedag* § 20 Rn. 120; *Thiemann* FR 2012, 673 (682 f.); *Balliet* DStZ 2012, 436 (440); *Steinhauff* EStB 2014, 90 (91)).

1050–1054 *Einstweilen frei*

1055 **i) Diskontbeträge von Wechseln und Anweisungen (§ 20 Abs. 1 Nr. 8).** § 20 Abs. 1 Nr. 8 erfasst Diskontbeträge von Wechseln und Anweisungen einschließlich der Schatzwechsel. Die Regelung war wortgleich erstmals in § 8 Nr. 1 EStG 1920 enthalten und wurde in § 37 Abs. 1 Nr. 6 EStG 1925 mit dem Zusatz „soweit es sich um Kapitalanlagen handelt" übernommen. Mit § 20 Abs. 1 Nr. 5 EStG 1934 erhielt die Regelung durch Streichung dieses Zusatzes ihren heutigen Wortlaut und wurde seitdem lediglich durch Körperschaftsteuerreformgesetz v. 31.8.1976 in Nr. 9 (→ Rn. 47) und durch Steuerbereinigungsgesetz 1985 v. 14.12.1984 in Nr. 8 verschoben (→ Rn. 49).

1056 **aa) Anwendungsbereich.** Die im Vergleich zu § 20 Abs. 1 Nr. 7 speziellere Regelung des § 20 Abs. 1 Nr. 8 (Kirchhof/*Bleschick* § 20 Rn. 109; HHR/*Buge* § 20 Rn. 330) erfasst als Grundform verbriefter Kapitalforderungen die **Anweisung** iSd § 783 BGB. Dabei handelt es sich um eine Urkunde, in der der Anweisende einen anderen (sog. Angewiesener) anweist, Geld, Wertpapiere oder andere vertretbare Sachen an einen Dritten zu leisten. Mit der Übergabe dieser Urkunde an einen Dritten ist dieser ermächtigt, die in der Anweisung genannte Leistung bei dem Angewiesenen im eigenen Namen zu erheben, und der Angewiesene ist ermächtigt, für Rechnung des Anweisenden an den Anweisungsempfänger zu leisten. Während die Anweisung in ihrer Grundform weniger relevant ist, kommt vor allem den **Spezialfällen der Anweisung** in Form der **kaufmännischen Anweisung** iSd § 363 HGB, des **Wechsels** iSd WG und des **Schecks** iSd ScheckG Bedeutung zu (BeckOGK/*Körber* BGB § 783 Rn. 1 und 29 ff.). Damit ist § 20 Abs. 1 Nr. 8 auch auf **Diskontbeträge von Schecks** anwendbar, auch ohne dass diese ausdrücklich im Wortlaut aufgenommen sind.

1057 Bei einem **Wechsel** handelt es sich um eine Urkunde, die gemäß Art. 1 WG die unbedingte Anweisung (sog. gezogener Wechsel) bzw. gemäß Art. 75 WG das unbedingte Versprechen (sog. eigener Wechsel) enthält, eine bestimmte Geldsumme zu zahlen. Unter die Regelung des § 20 Abs. 1 Nr. 8 fallen sämtliche Wechsel, nicht nur Finanzwechsel

(FG Baden-Württemberg 27.5.1994 – 6 K 185/91, EFG 1995, 110). Wegen des umfassenden Wortlauts sind zudem gezogene und eigene Wechsel gleichermaßen erfasst.

Schatzwechsel sind unverzinsliche eigene Wechsel, die vom Bund, von einem Sondervermögen oder von den Ländern ausgestellt werden (Kirchhof/*Bleschick* § 20 Rn. 109; HHR/*Buge* § 20 Rn. 332) und als Geldmarktinstrumente dienen (vgl. § 2 Abs. 2 WpHG). Sie sind **abzugrenzen von Schatzanweisungen,** Finanzierungsschätzen und Bundesliquidationsschätze, bei denen es sich um Schuldverschreibungen der öffentlichen Hand (vgl. SBL BankR-HdB/*Seiler/Geier* Vor § 104 Rn. 9; ASM/*Assmann* WpHG § 2 Rn. 41 und 43) und damit um **Kapitalforderung iSd § 20 Abs. 1 Nr. 7** handelt (Kirchhof/*Bleschick* § 20 Rn. 109; Blümich/*Ratschow* § 20 Rn. 333; HHR/*Buge* § 20 Rn. 332). De lege ferenda wäre aus gleichheitsrechtlichen Gründen eine Ausweitung auf alle Geldmarktinstrumente, ggf. durch dynamische Verweisung auf § 2 Abs. 2 WpHG, zu begrüßen (so auch für Termingeschäfte → Rn. 1220). 1058

Einstweilen frei **1059–1060**

bb) Steuerbarer Kapitalertrag. § 20 Abs. 1 Nr. 8 ordnet nur die Steuerbarkeit sog. **Diskontbeträge** aus den vorgenannten Wertpapieren an. Dies sind Beträge, die demjenigen von dem Nennbetrag des Wechsels oder der Anweisung nachgelassen werden („**Diskont**"), der die Forderung **vor ihrer Fälligkeit** ankauft oder in Zahlung nimmt. Für den Erwerber ist der Diskontbetrag damit ein Vorteil in Höhe der Differenz zwischen dem in der Anweisung oder dem Wechsel enthaltenen Nennbetrag und dem dafür entrichteten Betrag, den er für den Empfang des Anweisungs- und Wechselbetrags nicht bereits bei Begebung des Wechsels oder der Anweisung, erst bei Fälligkeit des Zahlbetrags erhält (HHR/*Buge* § 20 Rn. 331). Der Diskontbetrag ist damit letztlich ein Entgelt für die geduldete Kapitalüberlassung auf Zeit und daher folgerichtig ein Kapitalertrag iSd § 20 Abs. 1 (zum Zinscharakter von Diskontbeträgen bei § 8 GewSt: BFH 15.11.1983 – VIII R 179/83, BStBl. II 1984, 213; Erlasse der obersten Finanzbehörden der Länder v. 4.7.2008, BStBl. I 2008, 630; zur persönlichen Zurechnung → Rn. 411). Der Zufluss iSd § 11 Abs. 1 erfolgt im **Zeitpunkt** des Ankaufs oder der Inzahlungnahme der Anweisung oder des Wechsels unter Abzug des Diskontbetrages. Es besteht **keine Kapitalertragsteuerpflicht** iSd § 43. 1061

Sonstige Erträge aus Wechseln oder Anweisungen einschließlich der Schatzwechsel, insbesondere die nach Art. 5 WG mögliche Verzinsung oder etwaige Verzugszinsen, sind nach § 20 Abs. 1 Nr. 7 steuerbar (vgl. FG Rheinland-Pfalz 19.9.1985 – 3 K 274/82, EFG 1986, 70; Blümich/*Ratschow* § 20 Rn. 333; Schmidt/*Levedag* § 20 Rn. 125; Kirchhof/*Bleschick* § 20 Rn. 109). 1062

Einstweilen frei **1063–1064**

j) Einnahmen aus Leistungen von Körperschaften, Personenvereinigungen oder Vermögensmassen iSd § 1 Abs. 1 Nr. 3 bis Nr. 5 KStG (§ 20 Abs. 1 Nr. 9). § 20 Abs. 1 Nr. 9 zählt zu den steuerbaren Kapitalerträgen auch die Einnahmen aus Leistungen von Körperschaften, Personenvereinigungen oder Vermögensmassen iSd § 1 Abs. 1 Nr. 3 bis Nr. 5 KStG. Aufgrund ausdrücklicher gesetzlicher Anordnung in § 20 Abs. 1 Nr. 9 S. 1 Hs. 2 ist die Norm nur **subsidiär zu § 20 Abs. 1 Nr. 1** anwendbar, sofern eine Einnahme auch die Tatbestandsmerkmale von § 20 Abs. 1 Nr. 1 oder Nr. 2 erfüllt (HHR/Buge § 20 Rn. 48; HHR/*Intemann* § 20 Rn. 344). Die grundsätzliche Anwendbarkeit des gesonderten Steuertarifs iSd § 32d Abs. 1 kann ausnahmsweise § 32d Abs. 2 Nr. 4 entgegenstehen (→ § 32d Rn. 230 ff.). Es besteht eine **Kapitalertragsteuerpflicht nach § 43 Abs. 1 Nr. 7a.** Zur persönlichen Zurechnung → Rn. 412. 1065

Die Einführung des **Grundtatbestands** durch das **StSenkG v. 23.10.2000** (→ Rn. 59; zur zeitlichen Anwendbarkeit → Rn. 99) stand im Zusammenhang mit der Einführung des Halbeinkünfteverfahrens und der Statuierung einer Doppelbelastung auf Ebene der Körperschaft sowie der dahinterstehenden (natürlichen oder juristischen) Personen (→ Rn. 28). § 20 Abs. 1 Nr. 9 sollte gewährleisten, dass diese Grundsätze nicht nur bei Beteiligungen an Kapitalgesellschaften oder Genossenschaften (§ 1 Abs. 1 Nr. 1 und Nr. 2 KStG), sondern bei allen in § 1 Abs. 1 KStG genannten juristischen Personen gelten (BT-Drs. 14/3366, 118). Zwar kann es bei den juristischen Personen iSd § 1 Abs. 1 Nr. 3 bis Nr. 6 KStG aufgrund ihrer Rechtsform anders als bei Körperschaften iSd § 1 Abs. 1 Nr. 1 und Nr. 2 KStG **keine Ausschüttungen an Anteilseigner oder Mitglieder** geben. Gleichwohl sind auch bei 1066 diesen sonstigen juristischen Personen zu Vermögensübertragungen an die „hinter diesen stehenden" Personen möglich, die wirtschaftlich mit Gewinnausschüttungen vergleichbar sind. Aus Gründen der steuerlichen Gleichbehandlung erschien es dem Gesetzgeber daher geboten, auch diese Vermögensübertragungen auf der Ebene des „Anteilseigners" steuerlich zu erfassen (BT-Drs. 14/2683, 114 f.), da ansonsten die für die Besteuerung von Beteiligungserträgen charakteristische zweite Besteuerungsstufe auf Ebene der dahinterstehenden Person (→ Rn. 109) fehlen würde (HHR/*Intemann* § 20 Rn. 340). Zugleich stellt § 3 Nr. 40 S. 1 Buchst. d die Zuwendungen an die „Anteilseigner" steuerfrei, um eine anderenfalls drohende Überbelastung durch Körperschaft- und Einkommensteuer (→ Rn. 14) zu vermeiden (HHR/*Intemann* § 20 Rn. 340). Die **Steuerbarkeit von Leistungen iSd § 22 Nr. 1 S. 2** tritt dabei wegen der in § 22 Abs. 1 S. 1 angeordneten Subsidiarität zurück (**aA** Schmidt/*Levedag* § 20 Rn. 129).

1067 Das **UntStFG v. 20.12.2001** (→ Rn. 62; zur zeitlichen Anwendbarkeit → Rn. 99) ergänzte den Wortlaut von Nr. 9 **S. 1** dahingehend, dass die Leistungen mit Gewinnausschüttungen iSd Nr. 1 wirtschaftlich vergleichbar sein müssen, und normierte damit den bereits in der Gesetzesbegründung zum StSenkG enthaltenen entsprechenden Zusatz ausdrücklich (BT-Drs. 14/2683, 114). Die Gesetzesbegründung geht insofern zutreffend von einer klarstellenden Regelung aus (BT-Drs. 14/6882, 35), die auch ohne die Neuregelung im Wege der historischen und teleologischen Gesetzesauslegung zu berücksichtigten war.

1068 Mit dem **JStG 2007 v. 13.12.2006** (→ Rn. 71; zur zeitlichen Anwendbarkeit → Rn. 99) erstreckte der Gesetzgeber die Bezugnahme von § 20 Abs. 1 Nr. 9 S. 1 **Hs. 3** auch auf § 20 Abs. 1 Nr. 2 (→ Rn. 710).

1069 Mit der Einführung von § 20 Abs. 1 Nr. 9 S. 2 durch **JStG 2010 v. 8.12.2010** (→ Rn. 74; zur zeitlichen Anwendbarkeit → Rn. 99) wurde die zuvor geltende Beschränkung auf inländische juristische Personen aufgehoben (HHR/*Intemann* § 20 Rn. 340). Danach ist Nr. 9 S. 1 entsprechend anzuwenden auf Leistungen von vergleichbaren ausländischen Körperschaften, Personenvereinigungen oder Vermögensmassen, die **weder Sitz noch Geschäftsleitung** im Inland haben. Dies stellt einen Gleichlauf zur Besteuerung von Dividenden iSd § 20 Abs. 1 Nr. 1 her, die bei ihrem in Deutschland steuerpflichtigen Empfänger auch dann steuerbar sind, wenn die ausschüttende Körperschaft weder Sitz noch Geschäftsleitung im Inland hat (BT-Drs. 17/2249, 52).

1070–1074 *Einstweilen frei*

1075 **aa) Erfasste juristische Personen.** § 20 Abs. 1 Nr. 9 **S. 1** findet Anwendung auf **Versicherungs- und Pensionsfondsvereine auf Gegenseitigkeit** (§ 1 Abs. 1 Nr. 3 KStG), **sonstige juristische Personen des privaten Rechts** (§ 1 Abs. 1 Nr. 4 KStG, dh rechtsfähige Vereine und Stiftungen) sowie **nichtrechtsfähige Vereine, Anstalten, Stiftungen und andere Zweckvermögen des privaten Rechts** (§ 1 Abs. 1 Nr. 5 KStG). Die Verweisung auf § 1 KStG impliziert dabei, dass die vorgenannten juristischen Personen **in Deutschland unbeschränkt körperschaftsteuerpflichtig** sind, also ihre Geschäftsleitung oder ihren Sitz im Inland haben. Diese dürfen zudem **nicht von der Körperschaftsteuer befreit** sein, da ihre Leistungen an eine Empfängerkörperschaft, die ihrerseits nach § 5 KStG von der Körperschaftsteuer befreit ist, anderenfalls bei den Empfängern nochmals besteuert würden (BT-Drs. 14/3366, 118).

1076 Seit der Einführung des § 20 Abs. 1 Nr. **9 S. 2** (→ Rn. 1069) ist § 20 Abs. 1 Nr. 9 S. 1 entsprechend anzuwenden auf Leistungen ausländischer Rechtsgebilde, die mit den in § 1 Abs. 1 Nr. 3 bis Nr. 5 KStG genannten Körperschaften vergleichbar sind, aber **weder Sitz noch Geschäftsleitung** im Inland haben. Dazu ist ein **Rechtstypenvergleich** anzustellen, der auch zur Feststellung durchzuführen ist, in dem festzustellen ist, ob eine nach ausländischem Recht gegründetes Rechtssubjekt einer juristischen Person iSd § 1 Abs. 1 Nr. 3 bis Nr. 5 KStG entspricht (*Haisch/Elser/Krampe* DStZ 2010, 394 (395)).

1076.1 **Keine Vergleichbarkeit erkennend:**
USA: Estate als verselbständigte Erbmasse (*von Oertzen/Lemmer* IStR 2015, 952 (958); **Trust** (*Werner/Wystrcil* BB 2015, 412 (418)).

1077–1078 *Einstweilen frei*

bb) Anteilseignerähnliche Stellung des Leistungsempfängers. Entsprechend der tatbestandlichen Ausgestaltung bei Kapitalgesellschaften iSd § 1 Abs. 1 Nr. 1 und Nr. 2 KStG kann nur derjenige Einnahmen aus einer Leistung iSd § 20 Abs. 1 Nr. 9 erzielen, der in der juristischen Person iSd § 1 Abs. 1 Nr. 3 bis Nr. 5 KStG eine Stellung innehat, die **zwar naturgemäß nicht rechtlich, aber wirtschaftlich** der Stellung eines Anteilseigners einer Körperschaft iSd § 1 Abs. 1 Nr. 1 und Nr. 2 KStG entspricht, indem er unmittelbar oder mittelbar Einfluss auf das Ausschüttungsverhalten der Stiftung nehmen kann (BFH 3.11.2010 – I R 98/09, BStBl. II 2011, 417; FG Münster 16.1.2019 – 9 K 1107/17 F, DStRE 2019, 755; FG Nürnberg 21.2.2019 – 6 K 719/18, BeckRS 2019, 7581; Blümich/*Ratschow* § 20 Rn. 336; *Schiffer/von Schubert* BB 2002, 265 (267 f.); *Freundl* DStR 2004, 1509 (1513); **aA** *Kirchhain* BB 2006, 2387 (2388): Mitgliedschaftliche Rechte ausgeschlossen; **differenzierend:** LBP/*Schlotter* § 20 Rn. 735; *Wassermeyer* DStR 2006, 1733 (1734)). Steht ein Steuerpflichtiger daher in mehreren Rechtsverhältnissen zur juristischen Person (zB als Versicherungsnehmer und als Mitglied eines VVaG), so ist für jeden von der juristischen Person erhaltenen Vermögensvorteil zu prüfen, ob dieser seine Ursache in dem beteiligungsähnlichen Verhältnis des Leistungsempfängers hat. Ob diese Voraussetzungen vorliegen, ist in einer **Gesamtabwägung aller Umstände des Einzelfalls** zu prüfen. 1079

Wichtigstes **Indiz** für eine anteilseignerähnliche Stellung ist, dass der Leistungsempfänger aufgrund vertraglicher Gestaltungen oder rein tatsächlich unmittelbar oder mittelbar **Einfluss auf das Ausschüttungsverhalten, auf die Ertragsverwendung und damit letztlich auch auf das Vermögen der juristischen Person** nehmen kann. 1079.1

Weitere Beweisanzeichen können sein, dass der Leistungsempfänger **zum Kreis eng begrenzter Nutznießer der Erträge aus der juristischen Person gehört,** im Falle ihrer Auflösung Vermögensrechte geltend machen kann, an ihren Entscheidungen mitwirkt oder Einfluss auf die Besetzung ihrer Entscheidungsgremien hat (BFH 3.11.2010 – I R 98/09, BStBl. II 2011, 417). 1079.2

Bei Stiftungen besteht eine gesellschafterähnliche Stellung insbesondere für den **Stifter, seine Angehörigen oder deren Abkömmlinge** (BMF 27.6.2006, BStBl. I 2006, 417; *Orth* DStR 2001, 325 (332)). Ein Anspruch der sog. Destinatäre gegen die Stiftung ist nicht erforderlich (*Schiffer* DStR 2005, 508 (511 f.); **aA** *Orth* DStR 2001, 325 (330 f. und 332 f.)). 1079.3

Einstweilen frei 1080–1081

cc) Einnahmen aus Leistungen (§ 20 Abs. 1 Nr. 9 S. 1 Hs. 1 und Hs. 2). Steuerbare Einnahmen sind nach § 20 Abs. 1 **Nr. 9 S. 1 Hs. 1** die Einnahmen aus Leistungen der vorgenannten Körperschaften. Der Begriff „**Einnahme**" entspricht § 8 Abs. 1 und erfasst neben Geld- auch Sach- und Dienstleistungen, Nutzungsüberlassungen etc (HHR/*Intemann* § 20 Rn. 341; Blümich/*Ratschow* § 20 Rn. 337). Der Begriff der „**Leistung**", der entsprechend der zu § 22 entwickelten Grundsätze auszulegen ist (Blümich/*Ratschow* § 20 Rn. 339; HHR/*Intemann* § 20 Rn. 341), meint jedes Tun, Dulden oder Unterlassen, das Gegenstand eines entgeltlichen Vertrages sein kann. Für **Veranlagungszeiträume bis einschließlich 2001** (→ Rn. 99) erfüllen vergleichbare Leistungen den Tatbestand von § 22 Nr. 3 (BFH 14.7.2010 – X R 62/08, BStBl. II 2014, 320; BFH 21.1.2015 – X R 31/13, BStBl. II 2015, 540, Verfassungsbeschwerde eingelegt unter BVerfG 2 BvR 676/15). Für **Veranlagungszeiträume ab 2002** werden entsprechende Leistungen unter § 20 Abs. 1 Nr. 9 gefasst, sodass § 22 zurücktritt (BFH 3.11.2010 – I R 98/09, BStBl. II 2011, 417). 1082

Erfasst werden nur solche **Leistungen, die Gewinnausschüttungen iSd Nr. 1 wirtschaftlich vergleichbar sind.** Dies folgt seit der deklaratorischen Ergänzung durch UntStFG v. 20.12.2001 (→ Rn. 1067) unmittelbar aus dem Wortlaut von **Nr. 9 S. 1 Hs. 2** und für frühere Veranlagungszeiträume aus historischer und telelogischer Auslegung (→ Rn. 1066). Bei einer Gewinnausschüttung handelt es sich um die gesellschaftsrechtlich veranlasste Gewinnverteilung der Kapitalgesellschaft an ihre Gesellschafter, der im Rahmen des Geschäftszwecks der Gesellschaft erwirtschaftet worden ist, dh um eine Verteilung des erwirtschafteten Überschusses. Die von Nr. 9 erfassten Leistungen müssen daher **aus Sicht der juristischen Person** bei wirtschaftlicher Betrachtung einer **Überschussverteilung** (BT-Drs. 14/6882, 35) **und** aus Sicht des Empfängers wirtschaftlich der offenen oder verdeckten Zuwendung eines Beteiligungsertrags entsprechen (HHR/*Intemann* § 20 Rn. 342; KSM/*Jochum* § 20 Rn. C/9 12). Auf § 20 Abs. 1 **Nr. 2,** der die aufgrund der Liquidation erfolgende Verteilung des Stiftungsvermögens regelt, verweist § 20 Abs. 1 Nr. 9 hingegen nicht, sodass 1083 die Auszahlung des Liquidationsendvermögens an den ausschließlich Anfallberechtigten keine der Gewinnausschüttungen iSd § 20 Abs. 1 Nr. 1 wirtschaftlich vergleichbare Leistung ist (BFH 28.2.2018 – VIII R 30/15, DStRE 2018, 857 Rn. 15).

1083.1 Erfasst sind insbesondere alle wiederkehrenden oder einmaligen **Destinärsleistungen,** die eine privatrechtlich organisierte Stiftung an den Stifter, seine Angehörigen oder deren Abkömmlinge als den Begünstigten (sog. Destinatäre) der Stiftung aus laufenden Erträgen der Stiftung (BFH 3.11.2010 – I R 98/09, BStBl. II 2011, 417) oder anlässlich der Auflösung der Stiftung auskehrt (→ Rn. 1089). Die dadurch bewirkte Gesamtsteuerbelastung der Destinatäre entspricht weitgehend der Gesamtbelastung der Anteilseigner von Kapitalgesellschaften. Nur für Gewinne aus der Übergangszeit vom Anrechnungs- zum Halbeinkünfteverfahren zum 1.1.2002 (→ Rn. 28) können umstellungsbedingte höhere Belastungen entstehen, ohne dass hierdurch jedoch eine verfassungswidrige Übermaßbesteuerung entsteht (BFH 21.1. 2015 – X R 31/13, BStBl. II 2015, 540, Verfassungsbeschwerde eingelegt unter BVerfG 2 BvR 676/15).

1084 Folglich sind **Leistungen** aus dem Anwendungsbereich von § 20 Abs. 1 Nr. 9 **ausgeschlossen,** die eine nach § 20 Abs. 1 Nr. 9 S. 2 iVm Nr. 1 S. 3 nicht **steuerbare Einlagenrückgewähr** darstellen (dazu → Rn. 1088) oder denen eine **Gegenleistung des Leistungsempfängers** gegenübersteht (BFH 3.11.2010 – I R 98/09, BStBl. II 2011, 417). So ist der Tatbestand von § 20 Abs. 1 Nr. 9 beispielsweise nicht erfüllt, wenn ein nicht von der Körperschaftsteuer befreiter Verein in Erfüllung seiner allgemeinen satzungsmäßigen Aufgaben Leistungen an Vereinsmitglieder aufgrund von Mitgliedsbeiträgen iSd § 8 Abs. 5 KStG erbringt, die von den Mitgliedern lediglich in ihrer Eigenschaft als Mitglieder nach der Satzung zu entrichten sind (BT-Drs. 14/6882, 35). Auch ein Versicherungsbonus für den Fall, dass Schadensleistungen nicht in Anspruch genommen wurden, sowie die Beitragsermäßigung aus technischem Überschuss (Gewinnverteilung, die nach der Häufigkeit der Inanspruchnahme der Versicherung aufgeschlüsselt und verteilt wird) werden dem Mitglied eines VVaG nicht wegen seiner Mitgliedschaft, sondern aufgrund eines daneben bestehenden Versicherungsverhältnisses gewährt und unterfallen nicht § 20 Abs. 1 Nr. 9 (BFH 27.2.1970 – VI R 314/67, BStBl. II 1970, 422).

1085–1086 *Einstweilen frei*

1087 **dd) Einnahmen aus vGA, Auflösung oder Kapitalherabsetzung (§ 20 Abs. 1 Nr. 9 S. 1 Hs. 3).** § 20 Abs. 1 **Nr. 9 S. 1 Hs. 3** verlangt zum einen die entsprechende Anwendung von § 20 Abs. 1 **Nr. 1 S. 2** und erfasst damit solche **Vermögensvorteile, die einer vGA entsprechen.** Es kommt damit darauf an, ob die juristische Person einer Person mit anteilseignerähnlicher Stellung (→ Rn. 1079) oder einer dieser Person nahestehenden Person (→ Rn. 613 ff.) einen geldwerten Vorteil zuwendet, der seine Veranlassung in der beteiligungsähnlichen Stellung hat (zB die besondere Leistung eines Vereins für einzelne Mitglieder, die über die für die Gesamtheit der Mitglieder erbrachten und per Mitgliedsbeitrag abgegoltenen Leistungen des Vereins hinausgehen: Blümich/*Ratschow* § 20 Rn. 337). Die zur vGA iSd § 20 Abs. 1 Nr. 1 S. 2 entwickelten Grundsätze sind übertragbar (zum Vermögensvorteil → Rn. 593 ff.; zur Zuwendung durch die Körperschaft → Rn. 607; zur Veranlassung der Zuwendung durch die Beteiligung → Rn. 625 ff.; zu verfahrensrechtlichen Fragen → Rn. 666 ff.).

1088 Die Verweisung in Nr. 9 S. 1 Hs. 3 auf Abs. 1 **Nr. 1 S. 3** stellt zum anderen sicher, dass die **Rückzahlung von Einlagen** auch bei den juristischen Personen iSd § 1 Abs. 1 Nr. 3 bis Nr. 5 KStG nicht besteuert wird (vgl. FG Nürnberg 21.2.2019 – 6 K 719/18, BeckRS 2019, 7581). Zu diesem Zweck haben diese **Körperschaften** und **Personenvereinigungen** am Schluss jedes Wirtschaftsjahrs gemäß **§ 27 Abs. 7 iVm Abs. 1 KStG ein steuerliches Einlagekonto zu führen,** dies bei einem dem Kalenderjahr entsprechenden Wirtschaftsjahr **erstmals zum 31.12.2001** (§ 34 Abs. 2a KStG idF StSenkG v. 23.10.2000 iVm Art. 3 Nr. 20 Buchst. a iVm Art. 19 Abs. 1 StSenkG v. 23.10.2000; vgl. auch BFH 21.8.2007 – I R 78/06, BStBl. II 2008, 317) und bei abweichendem Wirtschaftsjahr am Ende des ersten in 2002 ablaufenden Wirtschaftsjahres (§ 34 Abs. 2a KStG idF StSenkG v. 23.10.2000 iVm Art. 3 Nr. 20 Buchst. b StSenkG v. 23.10.2000). Auf **Stiftungen,** die als Vermögensmassen nicht eigens in § 27 Abs. 7 KStG genannt sind, sind die vorgenannten Vorschriften analog anzuwenden (FG Münster 16.1.2019 – 9 K 1107/17 F, DStRE 2019, 755 mwN; FG Rheinland-Pfalz 31.7.2019 – 1 K 1505/15, EFG 2019, 1604, Rev. I R 42/19; *Kraft* DStR 2016, 2825

(2828); *Orth* DB 2017 (1472 (1473 f.)). Bei ausländischen juristischen Personen gelten die Ausführungen zu Abs. 1 Nr. 1 S. 3 ebenfalls entsprechend (→ Rn. 676 ff.). Bei der Aufstellung des steuerlichen Einlagekontos sind ausschließlich die Zu- und Abgänge des Wirtschaftsjahres, an dessen Schluss das steuerliche Einlagekonto aufgestellt wird, nicht dagegen Zu- und Abgänge aus früheren Wirtschaftsjahren zu berücksichtigen (BFH 21.8.2007 – I R 78/06, BStBl. II 2008, 317). Zur Verwendung der auf dem steuerlichen Einlagekonto erfassten Beträge → Rn. 676 ff.

Mit der Ergänzung des als „klarstellend" bezeichneten (BT-Drs. 16/2712, 49), tatsächlich 1089
aber **konstitutiv** wirkendenden Verweises in § 20 Abs. 1 Nr. 9 Hs. 3 auf **§ 20 Abs. 1 Nr. 2** durch **JStG 2007 v. 13.12.2006** (→ Rn. 1068) werden auch die Einnahmen aus der Auflösung einer sonstigen Körperschaft bei den dahinterstehenden Personen als steuerbare Kapitalerträge nach § 20 Abs. 1 Nr. 9 erfasst (→ Rn. 710 ff.). Derartige Bezüge sind bei **Stiftungen** va denkbar bei der Auskehr von Liquidationserlösen an den Anfallsberechtigten nach Liquidation oder Teilauflösung der Stiftung (*Orth* DB 2017 (1410 (1415)).

Für **Streitjahre vor Inkrafttreten der Neuregelung zum 1.1.2007** (→ Rn. 99) erfasst der Wort- 1089.1
laut der Regelung hingegen nur solche Bezüge, die „Gewinnausschüttungen **im Sinne der Nummer 1** wirtschaftlich vergleichbar sind". Auf § 20 Abs. 1 **Nr. 2,** der die aufgrund der Liquidation erfolgende Verteilung des Stiftungsvermögens regelt, verweist § 20 Abs. 1 Nr. 9 hingegen nicht. Die Auszahlung des Liquidationsendvermögens an den ausschließlich Anfallberechtigten ist für diese Jahre daher keine der Gewinnausschüttung iSd § 20 Abs. 1 Nr. 1 wirtschaftlich vergleichbare Leistung und nicht steuerbar (BFH 28.2.2018 – VIII R 30/15, DStRE 2018, 857 Rn. 15; **aA** BMF 27.6.2006, BStBl. I 2006, 417).

Einstweilen frei 1090–1091

k) Erträge aus Betrieben gewerblicher Art sowie aus dem wirtschaftlichen 1092
Geschäftsbetrieb (§ 20 Abs. 1 Nr. 10). § 20 Abs. 1 **Nr. 10** wurde durch das **StSenkG v. 23.10.2000** eingeführt (→ Rn. 59; zur zeitlichen Anwendbarkeit → Rn. 99) und steht im Zusammenhang mit dem grundlegenden Systemwechsel vom Anrechnungs- zum Halbeinkünfteverfahren. Die Norm flankiert die **§ 20 Abs. 1 Nr. 1 sowie Nr. 9 und tritt hinter diesen zurück** (HHR/*Buge* § 20 Rn. 48). Sie soll aus Gründen steuerlicher Gleichbehandlung gewährleisten, dass die Übertragung von Erträgen an die hinter einem **Betrieb gewerblicher Art (BgA)** oder hinter einem wirtschaftlichen Geschäftsbetrieb stehenden Personen steuerlich erfasst wird. Dies soll Nachteile wirtschaftlicher Unternehmen beseitigen, die mit **BgA der öffentlichen Hand** oder **wirtschaftlichen Geschäftsbetrieben (idR gemeinnütziger) von der Körperschaftsteuer befreiter juristischer Personen** im Wettbewerb stehen (BT-Drs. 14/2683, 114 f.).

Erfasst werden zum einen die Leistungen, die nicht den Rücklagen zugeführte Gewinne 1093
sowie die vGA bei nicht von der Körperschaftsteuer befreiten staatlichen **BgA mit** (§ 20 Abs. 1 **Nr. 10 Buchst. a**), **und ohne eigene Rechtspersönlichkeit** (§ 20 Abs. 1 **Nr. 10 Buchst. b S. 1 bis S. 3, S. 5 und S. 6**). Damit wird va die wirtschaftliche Betätigung juristischer Personen des öffentlichen Rechts unabhängig davon, ob sie in der Form eines BgA oder einer Kapitalgesellschaft ausgeübt wird, im Ergebnis der gleichen Steuerbelastung unterworfen (BMF 9.1.2015, BStBl. I 2015, 111 Rn. 3 (bis 27.1.2019); BMF 28.1.2019, BStBl. I 2019, 97 Rn. 34 (ab 28.1.2019, auch für alle offenen Fälle); mit instruktiver Arbeitshilfe: OFD Karlsruhe 7.10.2015, BeckVerw 453281). Da nach § 2 Nr. 2 KStG zugleich eine beschränkte Körperschaftsteuerpflicht iHv 15% besteht, bewirkt § 20 Abs. 1 Nr. 10 eine Nachbelastung auf der Ebene der Trägerkörperschaft, die der Belastung der Anteilseigner einer Kapitalgesellschaft entspricht und ohne die eine Privilegierung der öffentlichen Hand gegenüber Privatrechtssubjekten bestünde (BFH 25.3.2015 – I R 52/13, BStBl. II 2016, 172).

Zum anderen unterfallen die Leistungen von **wirtschaftlichen Geschäftsbetrieben** der 1094
von der Körperschaftsteuer befreiten Körperschaften, Personenvereinigungen oder Vermögensmassen der Regelung des § 20 Abs. 1 **Nr. 10 Buchst. b S. 4** (S. 3 EStG idF des StSenkG) iVm S. 1 und S. 2 sowie **Nr. 10 Buchst. b S. 5,** die sich in einer mit einem BgA ohne eigene Rechtspersönlichkeit systematisch vergleichbaren Situation befinden (HHR/*Intemann* § 20 Rn. 340).

1094.1 Für die Erträge nach § 20 Abs. 1 Nr. 10 ist gemäß § 43 Abs. 1 S. 1 Nr. 7b und 7c iVm § 43a Abs. 1 S. 1 Nr. 2 eine **Kapitalertragsteuer** iHv 15% des Kapitalertrags zu erheben, wenn nicht die Trägerkörperschaft des BgA die Voraussetzungen des § 44a Abs. 7 S. 1 Nr. 2 oder 3 erfüllt. Als inländische Einkünfte unterliegen die Einkünfte gemäß § 5 Abs. 2 Nr. 1 KStG nicht der Steuerbefreiung, sodass der Quellensteuerabzug nach § 32 Abs. 1 Nr. 1 KStG **abgeltende Wirkung** hat.

1094.2 **Schuldner der Kapitalertragsteuer** auf Kapitalerträge iSd § 20 Abs. 1 Nr. 10 **Buchst. a** ist gemäß § 44 Abs. 1 S. 1 iVm § 43 Abs. 1 S. 1 Nr. 7b die Trägerkörperschaft des BgA als Gläubigerin der Kapitaleinkünfte, allerdings hat nach § 4 Abs. 1 S. 3 der BgA den Steuerabzug selbst vorzunehmen.

1094.3 **Schuldner der Kapitalertragsteuer** auf Kapitalerträge iSd § 20 Abs. 1 Nr. 10 **Buchst. b** ist gemäß § 44 Abs. 6 S. 1 iVm § 43 Abs. 1 S. 1 Nr. 7c die juristische Person des öffentlichen Rechts und die von der Körperschaftsteuer befreite Körperschaft, Personenvereinigung oder Vermögensmasse als Gläubiger der Kapitalerträge. Für Zwecke des Kapitalertragsteuerverfahrens wird daher entgegen der materiellen Rechtslage die eigenständige Rechtsfähigkeit des BgA fingiert.

1095 Das **UntStFG v. 20.12.2001** (→ Rn. 62; zur zeitlichen Anwendbarkeit → Rn. 99) konkretisierte die Steuerbarkeit von Leistungen der BgA gemäß § 20 Abs. 1 Nr. 10 **Buchst. a Hs. 1** durch den Zusatz, dass die Leistungen zu mit Gewinnausschüttungen iSd Nr. 1 S. 1 wirtschaftlich vergleichbaren Einnahmen führen müssen. Der zuvor bereits in der Gesetzesbegründung zum StSenkG enthaltene Hinweis wurde damit ausdrücklich normiert (BT-Drs. 14/2683, 114) und stellte sich bereits bei historischer und teleologischer Gesetzesauslegung ergebende Voraussetzung ausdrücklich klar (BT-Drs. 14/6882, 35). Nach den Ergänzungen in Nr. 10 **Buchst. a Hs. 2** und **Buchst. b S. 1** führen auch mit vGA iSd Abs. 1 Nr. 1 S. 2 vergleichbare Leistungen zu steuerbaren Einkünften der Trägerkörperschaft aus Kapitalvermögen (BT-Drs. 14/6882, 35).

1096 Auf Vorschlag des Finanzausschusses wurde die Steuerbarkeit nach § 20 Abs. 1 Nr. 10 **Buchst. b S. 1** an die Gewinnermittlung des BgA oder des wirtschaftlichen Geschäftsbetriebs durch Betriebsvermögensvergleich, an das Überschreiten eines Umsatzes von mehr als 260.000 EUR im Kalenderjahr oder an einen Gewinn von mehr als 25.000 EUR pro Jahr geknüpft. So sollte sichergestellt werden, dass auch bei buchführungspflichtigen BgA und wirtschaftlichen Geschäftsbetrieben der nicht den Rücklagen zugeführte Gewinn sowie verdeckte Gewinnausschüttungen (vGA) zu den Einkünften aus Kapitalvermögen gehören und kapitalertragsteuerpflichtig sind (BT-Drs. 14/7344, 8). Nach Beschlussempfehlung des Vermittlungsausschusses (BT-Drs. 14/778, 3) wurde in § 20 Abs. 1 Nr. 10 **Buchst. b S. 3** eine Fiktion des Gewinns aus Werbesendungen inländischer öffentlich-rechtlicher Rundfunkanstalten iHv 75% des damit erzielten Einkommens verankert. Der Verweis in § 20 Abs. 1 **Nr. 10 Buchst. b S. 5** auf Abs. 1 Nr. 1 S. 3 sollte sicherstellen, dass die Ausschüttungsfiktion von § 20 Abs. 1 Nr. 10 Buchst. b S. 1 nicht die Einlagerückgewähr als steuerbaren Kapitalertrag erfasste (BT-Drs. 14/6882, 35).

1097 Mit dem **Kleinunternehmerförderungsgesetz v. 31.7.2003** (→ Rn. 64; zur zeitlichen Anwendbarkeit → Rn. 99) passte der Gesetzgeber die Schwellenwerte des § 20 Abs. 1 Nr. 10 **Buchst. b** an § 141 AO an (BT-Drs. 15/537, 9) und erhöhte die Umsatzschwelle auf 350.000 EUR (statt zuvor 260.000 EUR) und die Gewinnschwelle auf 30.000 EUR (statt zuvor 25.000 EUR).

1098 Das **SEStEG v. 7.12.2006** (→ Rn. 70; zur zeitlichen Anwendbarkeit → Rn. 99) berücksichtigt die redaktionellen Folgeänderungen aufgrund der Neukonzeption des UmwStG 2006, ersetzte den in § 20 Nr. 10 Buchst. b S. 1 enthaltenen Verweis auf § 21 Abs. 3 UmwG durch § 22 Abs. 4 UmwG und statuierte zudem in Nr. 10 Buchst. b S. 2 Hs. 2 sowie in § 52 Abs. 37a S. 7 und 8 die fiktive Auflösung von Rücklagen (BT-Drs. 16/3369, 7; zum Entwurf BT-Drs. 16/3315, 13).

1099 Das **JStG 2007 v. 13.12.2006** (→ Rn. 71; zur zeitlichen Anwendbarkeit → Rn. 99) ergänzte die Verweisung nur § 20 Abs. 1 **Nr. 10 Buchst. a** um § 20 Abs. 1 Nr. 2, um klarzustellen, dass nicht nur laufende Zahlungen, sondern auch Zahlungen bei Auflösung sonstiger Körperschaften aufgrund ihrer wirtschaftlichen Vergleichbarkeit steuerbar sind (BT-Drs. 16/2712, 49). Ferner wurde in § 20 Abs. 1 Nr. 10 **Buchst. b S. 2 Hs. 2** nochmals (zur inhaltsgleichen Änderungen durch das SEStEG v. 7.12.2006 → Rn. 1098) die Auflösung einer sonstigen Körperschaft im Fall ihrer Einbringung nach dem Achten Teil des UmwStG fingiert. Die Ergänzung sollte klarstellen, dass die Einbringung eines BgA oder eines wirtschaftlichen Geschäftsbetriebs in eine Kapitalgesellschaft eine Verwendung der Rücklagen für Zwecke außerhalb des BgA bzw. des steuerfreien Vermögensbereichs bei von der Körperschaftsteuer befreiten Körperschaften darstellt. Die Rücklagen stehen mit der Einbringung der aufnehmenden Kapitalgesellschaft und nicht mehr dem BgA oder dem wirtschaftlichen Geschäftsbetrieb zu (BT-Drs. 16/2712, 49 f.). Trotz der Bezeichnung als Klarstellung wirkt die Regelung aufgrund ihrer Fiktionswirkung **konstitutiv.**

Mit dem **JStG 2009 v. 19.12.2008** (→ Rn. 73; zur zeitlichen Anwendbarkeit → Rn. 99) wurde der Verweis in § 20 Abs. 1 Nr. 10 **Buchst. b S. 3** redaktionell geändert von § 8 Abs. 1 S. 2 auf S. 3 KStG. Das **Gesetz zur Anpassung des nationalen Steuerrechts an den Beitritt Kroatiens zur EU und zur Änderung weiterer steuerlicher Vorschriften v. 25.7.2014** (→ Rn. 76; zur zeitlichen Anwendbarkeit → Rn. 99) fügte Nr. 10 **Buchst. b S. 6** ein. **1100**

Einstweilen frei **1101–1105**

aa) Leistungen von Betrieben gewerblicher Art mit eigener Rechtspersönlichkeit (§ 20 Abs. 1 Nr. 10 Buchst. a). § 20 Abs. 1 **Nr. 10 Buchst. a Hs. 1** erfasst Leistungen eines nicht von der Körperschaftsteuer befreiten Betriebs gewerblicher Art (BgA) mit eigener Rechtspersönlichkeit, die zu mit Gewinnausschüttungen iSd § 20 Abs. 1 Nr. 1 wirtschaftlich vergleichbaren Einnahmen führen. **Nr. 10 Buchst. a Hs. 2** erweitert die Steuerbarkeit durch Verweisung auf § 20 Abs. 1 Nr. 1 S. 2 auf vGA an die Trägerkörperschaft sowie durch Verweisung auf § 20 Abs. 1 Nr. 2 auf die Erträge aus der Auflösung des BgA. Es besteht eine **Kapitalertragsteuerpflicht nach § 43 Abs. 1 Nr. 7b.** Zur persönlichen Zurechnung → Rn. 413. **1106**

Ein **BgA** ist nach der Legaldefinition des § 4 Abs. 1 KStG jede Einrichtung, die einer nachhaltigen wirtschaftlichen Tätigkeit zur Erzielung von Einnahmen außerhalb der Land- und Forstwirtschaft dient und die sich innerhalb der Gesamtbetätigung der juristischen Person wirtschaftlich heraushebt, wobei die Absicht, Gewinn zu erzielen, und die Beteiligung am allgemeinen wirtschaftlichen Verkehr nicht erforderlich sind (ABC der BgA: Blümich/*Erhard* KStG § 4 Rn. 141). Die „Einrichtung" kann auch in einer **Beteiligung an einer gewerblich tätigen** (stRspr seit RFH 8.11.1938 – I 347/38, RStBl. 1939, 301; zuletzt etwa BFH 25.3.2015 – I R 52/13, BStBl. II 2016, 172; BFH 26.6.2019 – VIII R 43/15, BFH/NV 2019, 1414) oder **gewerblich geprägten Personengesellschaft** bestehen (BFH 29.11.2017 – I R 83/15, BStBl. II 2018). Der Umkehrschluss aus § 4 Abs. 6 KStG zeigt, dass **eine Trägerkörperschaft mehrere BgA** unterhalten kann, die jeweils für sich zu behandeln sind und auf Ebene der Trägerkörperschaft nicht (wieder) zu einem einheitlichen BgA zusammengefasst werden können (vgl. zur Rechtslage vor Einführung des § 4 Abs. 6 KStG: BFH 26.6.2019 – VIII R 43/15, BFH/NV 2019, 1414). Ausländische BgA sind nicht möglich (KSM/*Jochum* § 20 Rn. C/10 5 und C/10 10). **1107**

Unter Nr. 10 **Buchst. a** fallen nur die BgA **mit eigener Rechtspersönlichkeit, dh mit Vollrechtsfähigkeit** ausgestattete Körperschaften des öffentlichen Rechts, insbesondere rechtsfähige Stiftungen oder Anstalten des öffentlichen Rechts (zB Versorgungsbetriebe, Zweckbetriebe, Sparkassen, Landesbanken etc). Bei **teilweise oder vollständig fehlender Rechtsfähigkeit** findet Nr. 10 Buchst. b Anwendung (BMF 28.1.2019, BStBl. I 2019, 97 Rn. 5 f.; HHR/*Intemann* § 20 Rn. 352, dazu → Rn. 1114). Für eine Anwendung von Nr. 10 Buchst. a bei Leistung eines BgA ohne Rechtspersönlichkeit einer juristischen Person an eine andere juristische Person, die das BMF aus Billigkeitsgründen vornehmen will (BMF 28.1.2019, BStBl. I 2019, 97 Rn. 7) besteht im Hinblick auf die klare Systematik in Abs. 1 Nr. 10 weder Raum noch Anlass. Sind Teilbereiche öffentlich-rechtlicher Kreditinstitute von der Körperschaftsteuer befreit (zB gemäß § 5 Abs. 1 Nr. 2 KStG), ist § 20 Abs. 1 Nr. 10 Buchst. a auf den nicht steuerbefreiten Bereich anzuwenden (BMF 9.1.2015, BStBl. I 2015, 111 Rn. 5 f. und 17 (bis 27.1.2019), ersetzt durch BMF 28.1.2019, BStBl. I 2019, 97 Rn. 6 und 70 mit Wirkung ab VZ 2018 sowie für alle am 28.1.2019 noch offenen Fälle). Für Beteiligungen an einer Kapitalgesellschaft iSd § 1 Abs. 1 Nr. 1 und Nr. 2 KStG sind § 20 Abs. 1 Nr. 1 und Nr. 2 leges speciales (→ Rn. 1092). Für stille Beteiligungen ist § 20 Abs. 1 Nr. 4 lex specialis. **1108**

Zum Begriff der „**Leistung**" → Rn. 1082; zur **wirtschaftlichen Vergleichbarkeit mit Gewinnausschüttungen** iSd § 20 Abs. 1 Nr. 1 → Rn. 1083 f.). Auf Leistungen des BgA, die in der **Rückgewähr von Einlagen** va bei Auflösung bestehen, ist Nr. 10 Buchst. a iVm **1109**

20 Abs. 1 Nr. 2 nicht anzuwenden (→ Rn. 710 ff.). Die Verweisung von Nr. 10 Buchst. a Hs. 2 auf **§ 20 Abs. 1 Nr. 1 S. 3** bewirkt, dass **Leistungen aus dem steuerlichen Einlagekonto** des BgA iSd § 27 KStG nicht steuerbar sind (vgl. BMF 28.1.2019, BStBl. I 2019, 97 Rn. 13 f. → Rn. 676 ff.).

1110 **Empfänger** der Leistungen können die zuständigen Gewährsträger des BgA (Gemeinden, Gemeindeverbände, Länder, Bund) oder andere juristische Personen des öffentlichen Rechts sein (Blümich/*Ratschow* § 20 Rn. 340), weil nur diese einen BgA unterhalten können (HHR/*Intemann* § 20 Rn. 362). Auch ein BgA mit eigener Rechtspersönlichkeit kann Leistungen an einen BgA ohne Rechtspersönlichkeit erbringen. Die frühere Auffassung der Finanzverwaltung, die eine Erfassung aus „Billigkeit" für nicht erforderlich hielt (BMF 9.1.2015, BStBl. I 2015, 111 Rn. 7 (bis 27.1.2019), aufgehoben durch BMF 28.1.2019, BStBl. I 2019, 97 Rn. 70 mit Wirkung ab VZ 2018 sowie für alle am 28.1.2019 noch offenen Fälle), ist entsprechend der Grundsätze zur vGA an Schwestergesellschaften (→ Rn. 617) und im Hinblick auf die Zielsetzung, Steuervorteile der öffentlichen Hand im Rahmen ihrer wirtschaftlichen Betätigung zu vermeiden (→ Rn. 1092). Das Halten einer Beteiligung an einem BgA mit eigener Rechtspersönlichkeit zählt bei der Trägerkörperschaft idR zur Vermögensverwaltung (Blümich/*Erhard* KStG § 4 Rn. 48).

1111–1112 *Einstweilen frei*

1113 **bb) Gewinne von Betrieben gewerblicher Art ohne eigene Rechtspersönlichkeit (§ 20 Abs. 1 Nr. 10 Buchst. b S. 1 bis 3, S. 5 und S. 6).** § 20 Abs. 1 Nr. 10 Buchst. b S. 1 erfasst die Erträge einer öffentlich-rechtlichen Trägerkörperschaft aus einem nicht von der Körperschaftsteuer befreiten **BgA ohne eigene Rechtspersönlichkeit** (zur persönlichen Zurechnung → Rn. 414). Während bei den von Nr. 10 Buchst. a erfassten BgA mit eigener Persönlichkeit eine Leistung und damit eine ausschüttungsähnliche Vermögensübertragung vom BgA auf die dahinter stehende Körperschaft des öffentlichen Rechts zu steuerbaren Kapitalerträgen führt (→ Rn. 1109), führt bei BgA ohne eigene Rechtspersönlichkeit, bei der wegen der fehlenden rechtlichen Selbständigkeit des BgA keine tatsächlichen Ausschüttungen möglich sind, nach der **Ausschüttungsfiktion** in Nr. 10 Buchst. b S. 1 (BFH 30.1.2018 – VIII R 42/15, BStBl. II 2019, 96; BFH 30.1.2018 – VIII R 15/16, BStBl. II 2019, 101) bereits die Gewinnerzielung des rechtlich unselbständigen BgA zu Kapitalerträgen der dahinterstehenden Trägerkörperschaft. Der BgA und seine Trägerkörperschaft werden **fiktiv wie zwei getrennte, jeweils selbständige Rechtssubjekte** ähnlich einer Kapitalgesellschaft und deren Anteilseigner behandelt (BFH 23.1.2008 – I R 18/07, BStBl. II 2008, 573; instruktiv: BFH 30.1.2018 – VIII R 42/15, BStBl. II 2019, 96; BFH 30.1.2018 – VIII R 15/16, BStBl. II 2019, 101: „virtuelle Kapitalgesellschaft"). Es besteht eine **Kapitalertragsteuerpflicht nach § 43 Abs. 1 Nr. 7c.**

1113.1 Aufgrund der gesetzlichen **Ausschüttungsfiktion** kommt es nicht auf den tatsächlichen Zufluss oder die Verwendung des Gewinns bei der Trägerkörperschaft an (BFH 11.7.2007 – I R 105/05, BStBl. II 2007, 841 Rn. 12; Kirchhof/*Bleschick* § 20 Rn. 63 f., HHR/*Buge* § 20 Rn. 33; *Kessler/Fritz/Gastl* BB 2002, 1512; *Reich/Helios* BB 2001, 1442; *Engelsing/Muth* DStR 2003, 917), sodass § 11 Abs. 1 insofern keine Anwendung findet (FG Münster 19.10.2005 – 10 K 6992/03 Kap, EFG 2006, 190; FG Hessen 7.10.2009 – 4 K 3240/06, EFG 2010, 1319). Der Gewinn des BgA iSd § 1 Abs. 1 Nr. 6 KStG und die Einkünfte der Trägerkörperschaft iSd § 20 Abs. 1 Nr. 10 Buchst. b werden **zeitgleich** (phasenkongruent) bezogen (BFH 11.7.2007 – I R 105/05, BStBl. II 2007, 841 mwN; BFH 30.1.2018 – VIII R 42/15, BStBl. II 2019, 96; BFH 30.1.2018 – VIII R 15/16, BStBl. II 2019, 101).

1113.2 Aufgrund der fiktiven Trennung zwischen BgA und Trägerkörperschaft können **Verluste oder Verlustvorträge** des BgA ohne eigene Rechtspersönlichkeit **nicht** mit positiven (Kapital)Einkünften der Trägerkörperschaft **verrechnet** werden (BFH 23.1.2008 – I R 18/07, BStBl. II 2008, 573). Daher ist ein Verlust auf Ebene des BgA festzustellen und in kommenden Veranlagungszeiträume vorzutragen, in denen dann vorrangig eine Verrechnung etwaiger Gewinne mit den Verlusten des BgA aus Vorjahren erfolgt und erst hinsichtlich eines ggf. überschießenden Betrags ein fiktiv ausschüttungsfähiger Gewinn zur Verfügung steht (HHR/*Intemann* § 20 Rn. 360).

1114 **(1) Erfasste Betriebe gewerblicher Art.** Zum Begriff des **BgA** → Rn. 1107. Ein BgA ist **ohne eigene Rechtspersönlichkeit,** wenn er nicht vollrechtsfähig ist (→ Rn. 1108), sondern lediglich einen rechtlich unselbständigen Teil einer juristischen Person des öffentlichen Rechts bildet (HHR/*Intemann* § 20 Rn. 362). Entsprechend allgemeiner Grundsätze

(→ Rn. 331) ist **für jeden BgA gesondert zu prüfen,** ob dessen Gewinne zu Kapitaleinkünften der Trägerkörperschaft führen (KSM/*Jochum* § 20 Rn. C/10 12).

Beispiele für BgA ohne eigene Rechtspersönlichkeit: kommunale Eigen- und Regiebetriebe (BFH 23.1.2008 – I R 18/07, BStBl. II 2008, 573; BMF 28.1.2019, BStBl. I 2019, 97 Rn. 17), Landesbetriebe, eigenbetriebsähnliche Einrichtungen sowie alle schlichten Tätigkeiten, die von der Körperschaft im Rahmen ihrer Ressourcen erledigt werden, steuerlich aber als BgA einzustufen sind (*Schiffers* BB 2003, 398 (400)). 1114.1

Zusätzlich benennt Nr. 10 Buchst. b S. 1 **alternative Anforderungen,** die eine besondere Markttätigkeit des BgA indizieren und daher eine steuerliche Gleichstellung mit übrigen Marktteilnehmern gebieten. So muss der BgA entweder seinen Gewinn durch **Betriebsvermögensvergleich** ermitteln, **steuerbare einschließlich steuerfreier Umsätze** (ohne § 4 Nr. 8 bis 10 UStG) **von mehr als 350.000 EUR** im Kalenderjahr tätigen oder einen **Gewinn von mehr als 30.000 EUR im Wirtschaftsjahr erzielen.** Das Überschreiten der Schwellenwerte ist **für jeden einzelnen BgA gesondert zu ermitteln** (→ Rn. 1114); eine Zusammenrechnung verschiedener BgA einer öffentlich-rechtl. Körperschaft erfolgt nur unter den besonderen Voraussetzungen des § 4 Abs. 6 KStG (HHR/*Intemann* § 20 Rn. 363; KSM/*Jochum* § 20 Rn. C/10 12). 1115

Ein **Betriebsvermögensvergleich** iSd § 4 Abs. 1, § 5 Abs. 1 (BMF 28.1.2019, BStBl. I 2019, 97 Rn. 17) kann gemäß § 140 AO, hilfsweise nach § 141 AO aufgrund des Überschreitens der dort genannten Schwellenwerte und nach vorheriger Aufforderung durch die Finanzverwaltung verpflichtend sein. Zudem sind solche BgA erfasst, die freiwillig Bücher führen (BMF 28.1.2019, BStBl. I 2019, 97 Rn. 17; *Schiffers* BB 2003, 398 (400)). Die Verwaltungsbuchführung (Kameralistik) ist mit einem Betriebsvermögensvergleich nicht vergleichbar, sodass solche BgA nicht erfasst sind, die lediglich der Kameralistik unterfallen und die Umsatz- bzw. Gewinnschwellen nicht übersteigen (BMF 9.1.2015, BStBl. I 2015, 111 Rn. 18 (bis 27.1.2019), ersetzt durch BMF 28.1.2019, BStBl. I 2019, 97 Rn. 18 mit Wirkung ab VZ 2018 sowie für alle am 28.1.2019 noch offenen Fälle). 1116

Die Werte der Umsatz- bzw. Gewinnschwelle in Nr. 10 Buchst. b S. 1 wurden durch UntStFG v. 20.12.2001 an die Werte des § 141 AO angepasst (→ Rn. 1097). Da die Schwellenwerte in § 141 AO jedoch bereits mWv 26.8.2006 erhöht wurden, wäre de lege ferenda im Hinblick auf die fortbestehende Zielrichtung eine neuerliche Anpassung an die in § 141 AO erfassten Werte, ggf. auch in Form einer dynamischen Verweisung, zu begrüßen. 1116.1

Hinsichtlich der **Umsatzschwelle von 350.000 EUR pro Wirtschaftsjahr** sind alle steuerbaren Ausgangsumsätze iSd § 1 UStG und – mit Ausnahme der steuerfreien Umsätze nach § 4 Nr. 8 bis 10 UStG – auch die steuerfreien Umsätze des BgA einzubeziehen. Bei systematischer Auslegung verlangt die Verweisung auf das UStG, die Umsätze gemäß §§ 10 und 11 UStG zu bemessen. Die Zielsetzung von Nr. 10 Buchst. b, der auf eine ertragsteuerliche Gleichstellung der BgA mit Kapitalgesellschaften iSd § 1 Abs. 1 Nr. 1 und Nr. 2 abzielt, spricht zudem dafür, auch Umsätze des BgA an Leistungsempfänger einzubeziehen, bei denen diese die Umsatzsteuer nach § 13b UStG schulden (Reverse Charge). 1117

Bei der **Gewinnschwelle von mehr als 30.000 EUR im Wirtschaftsjahr** ist nach Wortlaut und Funktion von Nr. 10 Buchst. b, der steuerliche Wettbewerbsvorteile des BgA im Vergleich zu Wettbewerbsunternehmen in anderer Rechtsform vermeiden will (→ Rn. 1092), zutreffend auf den **Gewinn des BgA** abzustellen (offen lassend: BFH 11.7.2007 – I R 105/05, BStBl. II 2007, 841). **Strittig** ist indes, welcher Gewinn des BgA insofern zugrunde zu legen ist: So wird von **Rechtsprechung, Verwaltung und Teilen der Literatur** im Hinblick auf die durch § 20 Abs. 1 Nr. 10 bezweckte Wettbewerbsgleichheit zwischen BgA und Unternehmen anderer Rechtsformen der nach **handelsbilanziellen Grundsätzen** ermittelte Gewinn als maßgeblich angesehen. Außerbilanzielle steuerliche Korrekturen, zB nicht abziehbare Aufwendungen, vGA oder nach § 8b KStG steuerfreie Beträge hätten dann auf die Ermittlung des Gewinns keine Auswirkungen. Werde lediglich eine Steuerbilanz erstellt, so müsse der handelsrechtliche Gewinn in einer Nebenrechnung gesondert ermittelt werden (BFH 11.9.2013 – I R 77/11, BStBl. II 2015, 161; BFH 25.3.2015 – I R 52/13, BStBl. II 2016, 172; BFH 30.1.2018 – VIII R 42/15, BStBl. II 2019, 96; BFH 30.1.2018 – VIII R 15/16, BStBl. II 2019, 101; BMF 9.1.2015, BStBl. I 2015, 111 Rn. 25 und 31 (bis 1118

27.1.2019), ersetzt durch BMF 28.1.2019, BStBl. I 2019, 97 Rn. 70 für VZ 2018 sowie für alle zum 28.1.2019 noch offenen Fälle; KSM/*Jochum* § 20 Rn. C/10 15; *Schiffers* BB 2003, 398 (401); *Bott* DStZ 2015, 112 (116 f. und 122 f.); *Schiffers* DStZ 2015, 144 (145 f.); für eine Modifikation des handelsrechtlichen Gewinns zur Vermeidung einer unzulässigen Verlustverrechnung zwischen eigenständigen BgA: BFH 26.6.2019 – VIII R 43/15, BFH/NV 2019, 1414). Die Finanzverwaltung stellt ebenfalls grundsätzlich auf den handelsbilanziellen Jahresüberschuss iSd § 275 HGB ab, lässt bei alleinigem Vorliegen einer Steuerbilanz aber auch den Unterschiedsbetrag nach § 4 Abs. 1 genügen, verlangt bei Gewinnermittlung nach § 4 Abs. 3 eine Schätzung des Gewinns iSd § 4 Abs. 1 und stellt bei Beteiligung an Mitunternehmerschaften aus Vereinfachungsgründen auf die tatsächlich entnommenen Gewinnanteile iSd §§ 120 Abs. 1, 122 HGB bzw. auf das Sonderbetriebsergebnis iSd § 15 Abs. 1 Nr. 1 S. 2 ab (BMF 28.1.2019, BStBl. I 2019, 97 Rn. 25–27 und 31; ähnlich auch Schmidt/*Levedag* § 20 Rn. 137).

1119 Nach hier **vertretener Auffassung** wird die Besteuerungsgleichheit auf erster Ebene durch Besteuerung des BgA-Gewinns nach § 1 Abs. 1 Nr. 6 KStG und auf zweiter Ebene durch die Ausschüttungsfiktion des § 20 Abs. 1 Nr. 10 Buchst. b verwirklicht (→ Rn. 1113). Dieses Ziel wird jedoch nur erreicht, wenn als **„Gewinn" iSd Nr. 10 Buchst. b** der Gewinn verstanden wird, der im Fall einer gedachten Ausschüttung ausschüttungsfähig wäre. Dies kann jedoch nur der nach steuerrechtlichen Grundsätzen ermittelte **Gewinn unter Abzug aller steuerrechtlich nicht abzugsfähigen Betriebsausgaben sowie unter Abzug der auf erster Stufe anfallenden Ertragsteuern** sein, weil diese Aufwendungen den **verteilungsfähigen** Gewinn des BgA trotz ihres steuerlichen Abzugsverbots wirtschaftlich gemindert haben und für eine – wenn auch fiktive – Ausschüttung an die Trägerkörperschaft nicht mehr zur Verfügung stünden (HHR/*Intemann* § 20 Rn. 360; Blümich/*Ratschow* § 20 Rn. 343 und 345; Kirchhof/*Bleschick* § 20 Rn. 64; hinsichtlich des **Abzugs der Ertragsteuern** auch: BFH 26.6.2019 – VIII R 43/15, BFH/NV 2019, 1414; BMF 28.1.2019, BStBl. I 2019, 97 Rn. 31). Kommen nicht abziehbare Aufwendungen des BgA der dahinterstehenden Trägerkörperschaft zugute, so hat dies keinen Einfluss auf die Gewinnschwelle, da § 20 Abs. 1 Nr. 10 nicht nur eine Begünstigung der BgA im Vergleich zu anderen wirtschaftlich tätigen Unternehmen beseitigen, sondern umgekehrt eine Benachteiligung begründen würde.

1120–1121 *Einstweilen frei*

1122 **(2) Umfang der sachlichen Steuerpflicht.** § 20 Abs. 1 Nr. 10 Buchst. b bestimmt den sachlichen Umfang der Ausschüttungsfiktion (→ Rn. 1113) durch **vier fiktive Ausschüttungsformen:** Zu den steuerbaren Kapitaleinkünften der Trägerkörperschaft zählen der **offene Gewinn** des BgA, der nicht den Rücklagen zugeführt wird (S. 1 Alt. 1), die **vGA** (S. 1 Alt. 2), der **Gewinn aus der Veräußerung einbringungsgeborener Anteile** iSd § 22 Abs. 4 UmwStG (S. 1 Alt. 3, S. 6) und die **(fiktive) Auflösung von Rücklagen** zu Zwecken außerhalb des BgA (S. 2).

1123 Der **nicht den Rücklagen zugeführte Gewinn** des BgA (**Nr. 10 S. 1 Alt. 1**) **bemisst** sich nach dem tatsächlich für eine fiktive Ausschüttung zur Verfügung stehenden Gewinn (→ Rn. 1119) und entspricht den offenen Gewinnausschüttungen bei Kapitalgesellschaften. Das Erfordernis einer gesonderten Zuführung des Gewinns zu den Rücklagen des BgA stellt sicher, dass die Trägerschaft nicht frei auf diesen Gewinn zugreifen kann, und entspricht insofern der Gewinnthesaurierung bei Kapitalgesellschaften. Erst wenn das hierfür zuständige Gremium beschließt, den Gewinn ganz oder teilweise in den allgemeinen Haushalt der Trägerkörperschaft zu überführen, kann die Trägerkörperschaft hierüber verfügen (BFH 16.11.2011 – I R 108/09, BStBl. II 2013, 328). Umgekehrt können Gewinnzuführungen zu den Rücklagen des BgA nur dann steuerlich anerkannt werden, wenn der unmittelbare Zugriff der Trägerkörperschaft auf den Gewinn ausgeschlossen ist (BMF 11.9.2002, BStBl. I 2002, 935 Rn. 4 f., aufgehoben durch BMF 28.1.2019, BStBl. I 2019, 97 Rn. 70 ab VZ 2018 sowie für alle am 28.1.2019 noch offenen Fälle), bei Beteiligung an gewerblich tätigen Personengesellschaften (→ Rn. 1107) etwa durch Beschränkungen der Gewinnausschüttung auf Gesellschaftsebene durch Mindestthesaurierung (vgl. BFH 26.6.2019 – VIII R 43/15, BFH/NV 2019, 1414). Inwiefern der direkte Zugriff der Trägerkörperschaft auf diesen Gewinn ausgeschlossen ist, richtet sich va nach den öffentlich-rechtlichen Vorschriften zur

Errichtung des BgA, insbesondere nach dem Haushalts- und Kommunalrecht der Länder. Insoweit unterscheiden sich Eigenbetriebe mit eigener Haushaltsführung, auf die die Trägerkörperschaft nicht unmittelbar Einfluss nehmen kann, von Regiebetrieben, über deren Vermögen die Trägerkörperschaft unmittelbar verfügen kann (BFH 30.1.2018 – VIII R 42/15, BStBl. II 2019, 96; BFH 30.1.2018 – VIII R 15/16, BStBl. II 2019, 101).

Dieser **Unterschied** hat nicht nur Einfluss auf die Möglichkeiten der **Verlustverrechnung** (→ Rn. 1128.1) und den **Zuflusszeitpunkt** (→ Rn. 1128.2). Er rechtfertigt es aus Gleichheitsgründen auch, den Trägerkörperschaften von Eigenbetrieben eine Gestaltungsfreiheit bei der **Rücklagenbildung** einzuräumen, bei Regiebetrieben jedoch nur die Bildung betrieblich erforderlicher Rücklagen zuzulassen (vgl BFH 16.11.2011 – I R 108/09, BStBl. II 2013, 328; **aA** BMF 9.1.2015, BStBl. I 2015, 111 Rn. 34 ff., aufgehoben durch BMF 28.1.2019, BStBl. I 2019, 97 Rn. 70 ab VZ 2018 sowie für alle am 28.1.2019 noch offenen Fälle: „für eine Rücklagenbildung […] kein Raum"; **aA** auch BFH 30.1.2018 – VIII R 42/15, BStBl. II 2019, 96; BFH 30.1.2018 – VIII R 15/16, BStBl. II 2019, 101; BMF 28.1.2019, BStBl. I 2019, 97 Rn. 34 f.: aus der steuerlichen Angleichung von BgA an Kapitalgesellschaften folgt auch für Regiebetriebe das Recht zur Speicherung von Gewinnen durch voraussetzungslose Rücklagenbildung). Dies eröffnet der Trägerkörperschaft Gestaltungsmöglichkeiten bei der Errichtung ihrer Betriebe (dazu *Schiffers* BB 2003, 398 (401 f.)). **1123.1**

Während bei Eigenbetrieben von einer **Zuführung zu den Rücklagen** bereits durch das bloße „Stehenlassen" von Erträgen durch Unterlassen eines entsprechenden Ausschüttungsbeschlusses auszugehen ist, müssen bei Regiebetrieben objektive Umstände vorliegen, aufgrund derer nachvollzogen und überprüft werden kann, dass dem Regiebetrieb die entsprechenden Mittel weiterhin als Eigenkapital zur Verfügung stehen. Eine Rücklagenbildung entsprechend § 272 HGB oder haushaltsrechtlicher Vorschriften ist aufgrund der steuerlichen Fiktionswirkung nicht erforderlich (BFH 30.1.2018 – VIII R 42/15, BStBl. II 2019, 96; BFH 30.1.2018 – VIII R 15/16, BStBl. II 2019, 101; BMF 28.1.2019, BStBl. I 2019, 97 Rn. 34 f.). **1123.2**

Nr. **10 Buchst. b S. 1 Alt. 2** stellt die Besteuerungsgleichheit für **verdeckte Zuwendungen** her. Voraussetzung einer solchen **fiktiven vGA** ist, dass sich durch einen Geschäftsvorfall innerhalb der Sphäre des BgA objektiv ein zurechenbarer (materieller) Vorteil bei der Trägerkörperschaft einstellt, der auch in der Ersparnis eigener Aufwendungen der Trägerkörperschaft zur Erfüllung eigener Aufgaben liegen kann (BFH 25.1.2005 – I R 8/04, BStBl. II 2006, 190; zu dauerdefizitären kommunalen Einrichtungen BFH 11.12.2018 – VIII R 44/15, BFH/NV 2019, 773 mwN). Die zur vGA iSd § 20 Abs. 1 Nr. 1 S. 2 entwickelten Grundsätze sind übertragbar, wobei wegen der rechtlichen Identität zwischen Trägerkörperschaft und BgA die zivilrechtliche Wirksamkeit von Rechtsgeschäften keine Rolle spielen kann (BFH 30.1.2018 – VIII R 42/15, BStBl. II 2019, 96; BFH 30.1.2018 – VIII R 15/16, BStBl. II 2019, 101; zum Vermögensvorteil → Rn. 593 ff.; zur Zuwendung durch die Körperschaft → Rn. 607; zur Veranlassung der Zuwendung durch die Beteiligung → Rn. 625 ff.; zu verfahrensrechtlichen Fragen → Rn. 666 ff.). Insbesondere sind die Voraussetzungen der vGA an beherrschende Gesellschafter anwendbar (→ Rn. 637 ff.), sodass eine vGA bereits dann indiziert ist, wenn eine im Voraus getroffene, eindeutige und tatsächlich durchgeführte Vereinbarung zwischen BgA und Trägerkörperschaft über die Vorteilszuwendung fehlt (*Schiffers* BB 2003, 398 (400)), wenngleich diese zivilrechtlich wegen Rechtsträger-Identität unwirksam ist. **1124**

Nr. 10 Buchst. b S. 1 Alt. 3 erfasst den **Gewinn iSd § 22 Abs. 4 UmwStG aus der Veräußerung von Anteilen.** Damit gewährleistet der Gesetzgeber in Verbindung mit § 22 Abs. 4 UmwStG, der die Besteuerung auf erster Ebene sicherstellt, die Zweistufigkeit der BgA-Gewinne auch für den Fall, dass die Trägerkörperschaft einen BgA als Sacheinlage gegen Gewährung von Gesellschaftsanteilen in eine Kapitalgesellschaft eingebracht (sog. **einbringungsgeborene Anteile**) und die Anteile anschließend veräußert hat. **1125**

Nach der umfassenden Reform des UmwStG durch das SEStEG mWv 13.12.2006 (→ Rn. 188) ist die Entstehung einbringungsgeborener Anteile nicht mehr möglich (vgl. BT-Drs. 16/3369, 7). Nr. 10 Buchst. b **S. 6** ordnet für die bis zum 12.12.2006 entstandenen einbringungsgeborenen Anteile die Fortgeltung der früheren Rechtslage an, übernimmt die erforderliche Übergangsvorschrift und nimmt damit die ohnehin bestehende Rechtsfolge aus § 52 Abs. 37a S. 5 EStG idF SEStEG auf, der durch das **Gesetz zur Anpassung des nationalen Steuerrechts an den Beitritt Kroatiens zur EU und zur Änderung weiterer steuerlicher Vorschriften v. 25.7.2014** (→ Rn. 76) aufgehoben wurde. **1125.1**

1126 Nach **Nr. 10 Buchst. b S. 2** führt zudem die **Auflösung von Rücklagen zu Zwecken außerhalb des BgA** zu einem Kapitalertrag der Trägerkörperschaft. Mit der Auflösung der zuvor ohne Einkommensteuerbelastung der Trägerkörperschaft gebildeten Rücklage wird erstmals deren Zugriff auf den Gewinn des BgA möglich, was der Ausschüttung einer Kapitalgesellschaft an ihre Anteilseigner gleichkommt. Folgerichtig verwirklicht die Auflösung der Rücklagen des BgA gemäß Nr. 10 Buchst. b S. 2 die zweite Besteuerungsebene des BgA-Gewinns mit Wirksamkeit des Auflösungsbeschlusses (→ Rn. 1123). § 20 Abs. 1 Nr. 10 Buchst. b S. 2 Hs. 2 nimmt schließlich eine **fiktive Auflösung von Rücklagen des BgA bei Einbringung oder Umwandlung des BgA** auf und dient wie Buchst. b S. 1 Alt. 3 (→ Rn. 1125) der Sicherstellung der zweistufen Ertragsbesteuerung auch in Umwandlungsfällen.

1127 Der mit dem UntStFG v. 20.12.2001 (→ Rn. 62; zur zeitlichen Anwendbarkeit → Rn. 99) eingeführte Regelung in **Nr. 10 Buchst. b S. 3** fingiert den Gewinn aus Werbesendungen inländischer öffentlich-rechtlicher Rundfunkanstalten iHv 75% des Einkommens iSd § 8 Abs. 1 S. 3 KStG.

1128 § 20 Abs. 1 Nr. 10 Buchst. b **S. 5** verweist Abs. 1 Nr. 1 S. 3 und begründet damit eine Pflicht zur Führung eines steuerlichen **Einlagekontos iSd § 27 KStG** (→ Rn. 676 ff.), da nur auf diese Weise festgestellt werden kann, ob zB Gewinnrücklagen aufgelöst oder Einlagen zurückgezahlt werden (BFH 9.4.2008 – I R 68/06, I R 69/06, I R 70/06, GmbHR 2008, 1111). Danach liegen keine Einkünfte der Trägerkörperschaft vor, soweit Beträge aus dem steuerlichen Einlagekonto iSd § 27 Abs. 7 iVm Abs. 1 KStG als verwendet gelten. Dies stellt sicher, dass die Ausschüttungsfiktion von Nr. 10 Buchst. b S. 1 die Einlagerückgewähr nicht erfasst (BT-Drs. 14/6882, 35) und die Rückzahlung von „Einlagen" auch bei BgA ohne eigene Rechtspersönlichkeit unbesteuert bleibt (BFH 21.8.2007 – I R 78/06, BStBl. II 2008, 317; BFH 23.1.2008 – I R 18/07, BStBl. II 2008, 573; BFH 16.11.2011 – I R 108/09, BStBl. II 2013, 328; zur zeitlichen Anwendbarkeit → Rn. 99.

1128.1 Die kommunal- oder haushaltsrechtliche Ausgestaltung des BgA ohne eigene Rechtspersönlichkeit kann Auswirkungen auf die Führung des steuerlichen Einlagekontos haben (→ Rn. 1123). Während sog. **Eigenbetriebe** haushaltsrechtliches Sondervermögen der Trägerkörperschaft darstellen und als solche Verlustvorträge ermöglichen (→ Rn. 1114.1 und → Rn. 1123), erzielt der BgA solange keinen Gewinn und damit die Trägerkörperschaft solange keine Einkünfte aus Kapitalvermögen, bis ein bestehender Verlust auf Ebene des BgA ausgeglichen ist. Bei sog. **Regiebetrieben,** die haushaltsrechtlich kein Sondervermögen im Haushalt der Trägerkörperschaft darstellen, kann der Verlust des BgA hingegen nicht vorgetragen werden. In Höhe des Verlustes liegen vielmehr Einlagen vor, die dem Einlagekonto gutzuschreiben sind. Diese Verluste wirken sich dann insoweit aus, als sich die Höhe des in Folgejahren fiktiv ausschüttbaren und damit steuerbaren Gewinns mindert (BFH 23.1.2008 – I R 18/07, BStBl. II 2008, 573; BMF 9.1.2015, BStBl. I 2015, 111 Rn. 34 f., ersetzt durch BMF 28.1.2019, BStBl. I 2019, 97 Rn. 55 ab VZ 2018 sowie für alle am 28.1.2019 noch offenen Fälle).

1128.2 Im Fall eines Regiebetriebs fließen diese Einkünfte der Trägerkörperschaft zeitgleich (phasenkongruent) mit der Entstehung der Gewinne zum Abschluss des jeweiligen Wirtschaftsjahrs, im Fall eines Eigenbetriebs dagegen grundsätzlich erst im Folgejahr zu (BFH 30.1.2018 – VIII R 42/15, BStBl. II 2019, 96; BFH 30.1.2018 – VIII R 15/16, BStBl. II 2019, 101; BMF 28.1.2019, BStBl. I 2019, 97 Rn. 29).

1129–1130 *Einstweilen frei*

1131 **cc) Gewinne von wirtschaftlichen Geschäftsbetrieben (§ 20 Abs. 1 Nr. 10 Buchst. b S. 4).** § 20 Abs. 1 **Nr. 10 Buchst. b S. 4** erklärt die Regelungen in Nr. 10 Buchst. b S. 1 und S. 2 bei wirtschaftlichen Geschäftsbetrieben der von der Körperschaftsteuer befreiten Körperschaften, Personenvereinigungen oder Vermögensmassen für entsprechend anwendbar und unterwirft den Gewinn der von der Körperschaftsteuer befreiten Träger aus ihren wirtschaftlichen Geschäftsbetrieben der Kapitalertragsbesteuerung. Die Regelung in Nr. 10 Buchst. b S. 4 steht dabei in **systematischem Zusammenhang mit § 5 KStG:** Während die Körperschaftsteuerbefreiung des jeweiligen Trägers gemäß § 5 Nr. 7 S. 2 (Parteien), Nr. 9 S. 2 (gemeinnützige, mildtätige oder kirchliche Träger), Nr. 19 S. 3 (Gesamthafenbetriebe) und Nr. 22 S. 2 KStG (gemeinsame Einrichtungen der Tarifvertragsparteien) hinsichtlich ihres wirtschaftlichen Geschäftsbetriebs ausgeschlossen ist und insoweit die Ertragsteuerbelastung auf erster Ebene (KSt, GewSt, SolZ) wiederhergestellt wird, bewirkt § 20 Abs. 1 Nr. 10 Buchst. b S. 4 die Besteuerung dieser Gewinne der wirtschaftlichen Geschäftsbetriebe auf zweiter Belastungsebene. Der wirtschaftliche Geschäftsbetrieb und sein Träger werden ähnlich einer Kapitalgesellschaft und deren Anteilseigner fiktiv als zwei getrennte, jeweils selbständige Rechtssubjekte behandelt.

Ein **wirtschaftlicher Geschäftsbetrieb iSd § 14 S. 1, S. 2 AO** ist eine selbständige 1132
nachhaltige Tätigkeit, durch die Einnahmen oder andere wirtschaftliche Vorteile erzielt werden und die über den Rahmen einer Vermögensverwaltung hinausgeht, wobei eine Gewinnerzielungsabsicht nicht erforderlich ist. Bei gemeinnützigen, mildtätigen oder kirchlichen Trägern tritt als zusätzliche Anforderung des § 64 Abs. 1 AO hinzu, dass der wirtschaftliche Geschäftsbetrieb kein sog. Zweckbetrieb iSd §§ 65 bis 68 AO ist. Unterhält eine Körperschaft, Personenvereinigung oder Vermögensmasse mehrere wirtschaftliche Geschäftsbetriebe, so werden diese entsprechend § 64 Abs. 2 AO als ein einheitlicher wirtschaftlicher Geschäftsbetrieb behandelt, sodass auf das Gesamtergebnis aller Geschäftsbetriebe abzustellen ist (iE ebenso: BMF 2.2.2016, BStBl. I 2016, 200).

Nr. 10 Buchst. b S. 4 ist nur anwendbar, sobald und solange die Befreiung des Trägers von 1133
der Körperschaftsteuer gilt (so für die Anwendung nach dem Verlust der Gemeinnützigkeit: Blümich/*Ratschow* § 20 Rn. 346). Zur Ermittlung des **relevanten Gewinns des wirtschaftlichen Geschäftsbetriebes** → Rn. 1118 f. Zur fehlenden Steuerbarkeit von Beträgen, für die das steuerliche Einlagekonto iSd § 27 KStG als verwendet gilt (Nr. 10 Buchst. b S. 4 iVm S. 2 iVm Abs. 1 Nr. 1 S. 3) → Rn. 676 ff.

Einstweilen frei 1134–1135

l) Stillhalterprämien bei Optionen (§ 20 Abs. 1 Nr. 11). Mit dem **UntStRefG 2008** 1136
v. 14.8.2007 (→ Rn. 72; zur zeitlichen Anwendbarkeit → Rn. 99) übernahm der Gesetzgeber die Steuerbarkeit sog. **Stillhalter- bzw. Optionsprämien** für die Einräumung eines Optionsrechts, die zuvor nach § 22 Nr. 3 steuerbar waren, zur „künftig einheitlichen Besteuerung aller Finanzinstrumente im Rahmen des § 20 EStG" in § 20 Abs. 1 Nr. 11 (BT-Drs. 16/4841, 54; zur zeitlichen Anwendbarkeit → Rn. 99). Besteuert werden die Stillhalterprämien, die der **Emittent eines Optionsrechts (Optionsgeber oder sog. Stillhalter)** für die Einräumung einer Option vereinnahmt (zur persönlichen Zurechnung → Rn. 415). Übt der Optionsnehmer das Optionsrecht aus und muss der Stillhalter daher Wertpapiere oder sonstige Kapitalforderungen zu einem bestimmten Preis veräußern, handelt es sich um ein gesondertes Rechtsverhältnis in Form einer Veräußerung gemäß § 20 Abs. 2 S. 1 Nr. 1 oder Nr. 7 durch den Stillhalter (*Helios/Philipp* BB 2010, 95 (99)). § 20 Abs. 1 Nr. 11 zu unterscheiden von § 20 Abs. 2 S. 1 Nr. 3, der die Wertzuwächse des **Optionsnehmers** aus dem Optionsrecht bzw. dessen Veräußerung besteuert (→ Rn. 1218).

Zwar ist die mit der Regelung in § 20 verfolgte gesetzgeberische Intention zur einheitlichen Beteue- 1136.1
rung aller Finanzinstrumente (BT-Drs. 16/4841, 54) aus gleichheitsrechtlichen Gründen zu begrüßen. Allerdings liegt der Stillhalterprämie kein Verhältnis der Kapitalüberlassung zur Nutzung zwischen Optionsgeber und Optionsnehmer zugrunde (so bereits RFH 6.10.1937 – VI A 576/37, RStBl. 1938, 103), sodass der Regelungsstandort in § 20 systemfremd erscheint.

Beim **Optionsgeschäft** als Unterfall des Termingeschäfts (→ Rn. 1220.1) erwirbt der 1137
Käufer einer **Kaufoption (sog. „Call")** gegen Zahlung einer Prämie (Optionspreis) das Recht, von dem Optionsgeber (Stillhalter) jederzeit während der Laufzeit der Option die den Gegenstand des Optionsgeschäfts bildenden Basiswerte zum vereinbarten Preis zu kaufen. Bei der **Verkaufsoption (sog. „Put")** besteht das Recht darin, den Basiswert zu einem vereinbarten Preis zu verkaufen. Die einseitige Bindung des Optionsgebers an sein Vertragsangebot nimmt diesem die Möglichkeit, die Basiswerte einem anderen zu für ihn günstigeren Bedingungen anzubieten oder bei diesem nachzufragen, und ermöglicht dem Optionsnehmer damit, Änderungen der Umstände auszunutzen und so auf Kosten des Optionsgebers zu spekulieren. Diesen Vorteil sichert sich der Optionsnehmer für eine bestimmte Zeit, indem er dem Optionsgeber ein **Bindungsentgelt, die sog. Stillhalterprämie** zahlt (BFH 28.11.1984 – I R 290/81, BStBl. II 1985, 264; BFH 28.11.1990 – X R 197/87, BStBl. II 1991, 300). Das Optionsgeschäft ist dabei kein Veräußerungsvorgang oder ein veräußerungsähnlicher Vorgang, bei dem ein Entgelt dafür gezahlt wird, dass ein Vermögenswert in seiner Substanz endgültig aufgegeben wird (BFH 28.11.1990 – X R 197/87, BStBl. II 1991, 300; ebenso bereits RFH 6.10.1937 – VI A 576/37, RStBl. 1938, 103). Das **Stillhalten bedeutet vielmehr eine wirtschaftlich und rechtlich selbständige Leistung,** die losgelöst von

dem nachfolgenden Basisgeschäft und damit auch unabhängig davon zu beurteilen ist, ob es zu einer Abnahme oder Lieferung von Basiswerten oder von vornherein lediglich zu einem Ausgleich in Geld kommt (BT-Drs. 16/4841, 54; BFH 29.6.2004 – IX R 26/03, BStBl. II 2004, 995; BFH 17.4.2007 – IX R 40/06, BStBl. II 2007, 608; BFH 13.2.2008 – IX R 68/07, BStBl. II 2008, 522).

1138 Die **Stillhalterprämie** iSd § 20 Abs. 1 Nr. 11 **Hs. 1** ist eine fixe, nicht durch den Wert einer veränderlichen Bezugsgröße bestimmte Gegenleistung des Optionsnehmers für das Stillhalten des Optionsgebers (BFH 17.4.2007 – IX R 40/06, BStBl. II 2007, 608; BFH 11.2.2014 – IX R 46/12, BFH/NV 2014, 1025), die der Optionsgeber auch dann behält, wenn er aus der Option nicht in Anspruch genommen wird und ein Basisgeschäft nicht durchführen muss (BFH 17.4.2007 – IX R 40/06, BStBl. II 2007, 608; BFH 13.2.2008 – IX R 68/07, BStBl. II 2008, 522; HHR/*Buge* § 20 Rn. 401). **Zweck** der Stillhalterprämie ist die Vergütung oder Entschädigung des Optionsgebers für die vorstehend bezeichnete Bindung und die Risiken, die er durch die Begründung des Optionsrechts eingeht (BT-Drs. 16/4841, 54; RFH 6.10.1937 – VI A 576/37, RStBl. 1938, 103; BFH 28.11.1984 – I R 290/81, BStBl. II 1985, 264; BFH 28.11.1990 – X R 197/87, BStBl. II 1991, 300; BFH 29.6.2004 – IX R 26/03, BStBl. II 2004, 995; BFH 17.4.2007 – IX R 40/06, BStBl. II 2007, 608).

1139 Die Einnahmen des Stillhalters aus den Stillhalterprämien sind nach § 20 Abs. 1 **Nr. 11 Hs. 2 um die von ihm im Glattstellungsgeschäft gezahlten Prämien** zu mindern. Schließt der Stillhalter ein sog. Glattstellungsgeschäft ab, so erwirbt er eine Option der gleichen Art unter Closing-Vermerk, wie er sie zuvor verkauft hat. Erfasst werden nach dem insofern klaren Wortlaut „Glattstellungsgeschäfte" **nur Geschäfte an den amtlich organisierten EUREX-Börsen mit einer rechtlichen Verknüpfung** durch Abschluss einer Schuldaufhebungs- und Verrechnungsabrede (dazu iE → Rn. 1230), **nicht** aber die sog. „einfache Glattstellung" durch (Gegen-)Optionsgeschäfte, die das **Eröffnungsgeschäft lediglich wirtschaftlich beenden** (HHR/*Buge* § 20 Rn. 401; **aA** KSM/*Jochum* § 20 Rn. C/11 8 und K 59; *Haisch* DStZ 2007, 762 (763 f.)). Bei Glattstellungsprämien handelt es sich der Sache nach also um Werbungskosten (HHR/*Buge* § 20 Rn. 401). Durch ihre Abzugsfähigkeit nach Nr. 11 Hs. 2 wird nur der beim Stillhalter nach Abschluss eines Gegengeschäfts verbliebene Differenzbetrag der Besteuerung unterworfen und das Nettoprinzip zur Anwendung gebracht (BT-Drs. 16/4841, 54). Hat der Stillhalter für das Glattstellungsgeschäft höhere Aufwendungen als Einnahmen aus der Stillhalterprämie, kommt es zu einem **Werbungskostenüberschuss,** der **steuerlich beachtlich** ist und zur Verrechnung mit anderen positiven Kapitalerträgen zur Verfügung steht (HHR/*Buge* § 20 Rn. 401; **aA** *Haisch* DStZ 2007, 762 (763): negative Einnahmen).

1139.1 Dies ist eine Durchbrechung des für die Kapitalertragsbesteuerung geltenden Grundsatzes der Einzelbetrachtung, indem eine Verschleifung zwischen zwei verschiedenen Marktvorgängen zugelassen und verlangt wird (→ Rn. 328 ff.).

1139.2 Nach Ansicht der Finanzverwaltung soll es ein Vorgang in der privaten Vermögenssphäre des Stillhalters liegender und damit einkommensteuerrechtlich unbeachtlicher Vorgang sein, wenn der Stillhalter statt der Lieferung eines Basiswerts einen Barausgleich an den Optionsberechtigten zu leisten hat (BMF 18.1.2016, BStBl. I 2016, 85 Rn. 12, 26 und 34). Damit könnte sich der Stillhalter zwar durch ein Glattstellungsgeschäft steuermindernd von seiner Pflicht zur Leistung eines Barausgleichs befreien, die Leistung des Barausgleichs selbst wäre indes nicht steuermindernd berücksichtigungsfähig. Diese Auffassung berücksichtigt **Erwerbsaufwendungen des Stillhalters** nur unvollständig und erscheint als nicht folgerichtig (HHR/*Buge* § 20 Rn. 401; *Dahm/Hamacher* Termingeschäfte im Steuerrecht, 2. Aufl. 2014, Rn. 63 ff.; *Helios/Philipp* BB 2010, 95 (96); *Philipowski* DStR 2017, 1362 (1364 f.)), sodass auch der **Barausgleich als Werbungskosten** anzusehen ist (→ Rn. 1488.1).

1140–1141 *Einstweilen frei*

2. Veräußerungsgewinne gemäß § 20 Abs. 2

1142 **a) Grundsätze, Historie, Zweck.** Alle **bis zur Unternehmensteuerreform 2008** umgesetzten Systeme der Besteuerung von Einkünften aus Kapitalvermögen (→ Rn. 22 ff.) waren stark durch einen quellentheoretische Ansatz geprägt (→ Rn. 370). Während laufende

Kapitalerträge grundsätzlich der Besteuerung unterfielen, wurde das im Privatvermögen gehaltene Kapitalvermögen grundsätzlich dem nicht steuerbaren Vermögensbereich zugerechnet. Gewinne aus der Veräußerung oder sonstigen Verwertung einzelner Kapitalforderungen waren nur ausnahmsweise nach § 17 und § 23 steuerbar. Im Übrigen bestand eine **Steuerbarkeit für Veräußerungsgewinne in § 20 Abs. 2 nur punktuell,** wenn die Kapital- bzw. Ertragsforderung getrennt veräußert wurden.

Durch **UntStRefG 2008 v. 14.8.2007** (→ Rn. 72; zur zeitlichen Anwendbarkeit → Rn. 99) wurde § 20 Abs. 2 umfassend auf alle Gewinne aus der Veräußerung von Kapitalanlagen sowie aus sonstigen Realisationsvorgängen unabhängig von Haltefrist und Beteiligungsanteil erweitert, um eine vollständige steuerliche Erfassung aller Wertzuwächse im Zusammenhang mit Kapitalanlagen zu erreichen (BT-Drs. 16/4841, 56). Die bisher im Rahmen des § 20 notwendige Unterscheidung zwischen in Veräußerungsgewinnen enthaltenen laufenden „Nutzungsertrag" und „echtem Veräußerungsertrag" entfällt damit (*Weber-Grellet* DStR 2013, 1357 (1358 und 1361)) und hat nur noch Relevanz für die Anwendung der Ausnahmen des gesonderten Steuertarifs (§ 32d Abs. 2), im Kapitalertragsteuerverfahren (§§ 43 ff.) und bei beschränkt Steuerpflichtigen (§ 49 Abs. 1 Nr. 5, HHR/*Buge* § 20 Rn. 421). 1143

Die Erweiterung des Steuertatbestands auf die wirtschaftliche Verwertung des Kapitalvermögensstamms ist im Interesse einer gleichheitsgerechten Besteuerung von Kapitaleinkünften zu begrüßen. Die Bestandsgröße „Kapitalvermögen" bezieht ihren wirtschaftlichen Wert aus den abgezinsten künftigen Erträgen, die sie abwerfen kann bzw. wird (*Halfar* Der Gegenstand der Besteuerung im Rahmen der Einkünfte aus Kapitalvermögen (1995), 23). Moderne finanzierungstheoretische Instrumente erlauben es im Wege der sog. **Finanzchemie (bzw. Financial Engeneering**), Finanztitel in ihre Grundelemente (zB Zins, Tilgung, Währung, Fristigkeit, Sicherheiten, Zusatzrechte, etc) zu zerlegen, um sie besser bewerten zu können oder nach individuellen Zielen wieder bausteinartig zusammenzuführen (*Schumacher* DStR 2000, 416 (sog. Compound Instruments); *Haisch/Danz/Jetter* DStZ 2007, 450 (451 und 460); *Kühnlein/Thier* BB 2011, 1180 (1181)). Dies erlaubt umgekehrt den Zuschnitt sog. synthetischer Kapitalanlagen mit der **Möglichkeit, die Substanz und den Ertrag einer Kapitalforderung beliebig zusammenzustellen,** den Vermögensstamm durch seine Auszahlungen in späteren, möglichen Zuständen zu definieren und beliebig duplizierbar zu machen. Substanz und Ertrag lassen sich nicht mehr nach den gleichen einfachen Kriterien trennen wie zur Entstehungszeit des EStG (*Jonas* BB 1993, 2421 (2423)). Aus Sicht des Steuergesetzgebers bewirkt diese wirtschaftliche Gleichwertigkeit eine erhebliche Vereinfachung des Steuerobjekts (*Pezzer* DStJG Bd. 34 (2011), 207 (2008)), auch wenn die Neufassung des § 20 Abs. 2 zunächst als Komplexitätszuwachs erscheint. 1144

§ 20 Abs. 2 folgt in seiner Normstruktur weitgehend dem Aufbau des § 20 Abs. 1 (→ Rn. 315) und bestimmt die Realisationsvorgänge, die zu Veräußerungsgewinnen führen können (→ Rn. 1148), **abschließend.** Die § 20 Abs. 4 und Abs. 4a treffen Regelungen zur Bemessung eines hierbei ggf. entstehenden Veräußerungsgewinns (→ Rn. 1272 ff.; zur persönliche Zurechnung von Veräußerungsgewinnen → Rn. 416; zur zeitlichen Anwendbarkeit → Rn. 99; zur Steuerfreiheit bereits nach AStG besteuerter Gewinne aus der Veräußerung ausländischer Beteiligungen gemäß **§ 3 Nr. 41** → Rn. 151; zur Möglichkeit der steuerfreien Gewinnrücklage gemäß **§ 6b Abs. 10** → Rn. 153). 1145

Einstweilen frei 1146–1147

b) Wertrealisation durch Veräußerung und Veräußerungsfiktionen (§ 20 Abs. 2). 1148
§ 20 **Abs. 2 S. 1** benennt als wesentlichen Realisationsvorgang die **Veräußerung** einer Kapitalforderung des Privatvermögens, ergänzt diese in § 20 **Abs. 2 S. 2 bis S. 5** jedoch um **mehrere Veräußerungsfiktionen** (Schmidt/*Weber-Grellet*, 36. Aufl. 2017, § 20 Rn. 148: „Veräußerungssurrogate"; HHR/*Buge* § 20 Rn. 530: „Ersatztatbestände"). Diese umfassende Normierung von Realisationstatbeständen dient dem Ziel der gleichmäßigen steuerlichen Erfassung aller Wertsteigerungen im Zusammenhang mit der Übertragung von Kapitalanlagen und unterbindet steuervermeidende Gestaltungen (ebenso HHR/*Buge* § 20 Rn. 530). Hierbei bedurfte es nach Einschätzung des Gesetzgebers einer **Aufzählung** der einzelnen für den Steuerabzug maßgebenden Geschäftsvorfälle, um zu gewährleisten, dass die Kapitalerträge auszahlenden Stellen – vor allem Kreditinstitute – den Steuerabzug vom Kapitalertrag nach § 43 vornehmen können (BT-Drs. 16/4841, 55). Die Aufzählung der veräußerungsglei-

chen Tatbestände ist **abschließend** (Blümich/*Ratschow* § 20 Rn. 390; **aA für Analogiefähigkeit:** vgl. BFH 3.12.2019 – VIII R 34/16, BeckRS 2019, 41730; BFH 3.12.2019 – VIII R 43/18, BeckRS 2019, 41728; *Kellersmann* FR 2012, 57 (62 ff.)). Zu den besonderen Verlustverrechnungsbeschränkungen in § 20 Abs. 6 S. 6 → Rn. 1395 ff.

1148.1 § 20 Abs. 2 erlaubt Steuergestaltungen, durch die (noch) nicht realisierte Werterhöhungen oder -minderungen realisiert und als Veräußerungsgewinne oder -verluste steuerlich berücksichtigt werden, zB durch **gezielte Veräußerung zur Verlustrealisierung** (Schmidt/*Levedag* § 20 Rn. 146), durch **Einlage eines (ggf. wertgeminderten) Darlehens** in ein Betriebsvermögen (Schmidt/*Weber-Grellet*, 36. Aufl. 2017, § 20 Rn. 148 mwN; **aA** FG Saarland 15.7.2003 – 1 K 347/00, EFG 2003, 1430), durch **Veräußerung von Anteilen mit thesaurierten Gewinnen zu höheren Preisen** zur Verrechnung des hierbei erzielten Veräußerungsgewinns mit bestehenden Veräußerungsverlusten etc. Ein Gestaltungsmissbrauch iSd § 42 AO kommt hierbei nur dann in Betracht, wenn die Veräußerung wirtschaftlich nicht gewollt war, zB weil ein zwischengeschalteter Erwerber alsbald liquidiert wird (zB stRspr zur sog. **Anteilsrotation:** BFH 23.10.1996 – I R 55/95, BStBl. II 1998, 90; BFH 18.7.2001 – I R 48/97, BFH/NV 2001, 1636; BFH 18.7.2001 – I R 48/97, BFH/NV 2001, 1636; BFH 8.5.2003 – IV R 54/01, BStBl. II 2003, 854; BFH 19.8.2003 – VIII R 44/01, BFH/NV 2004, 925; BFH 28.6.2006 – I R 97/05, BFH/NV 2006, 2207).

1149 **aa) Veräußerung (§ 20 Abs. 2 S. 1).** Der in § 20 Abs. 2 S. 1 benutzte Begriff der **Veräußerung** ist aus systematischen und historischen Gründen **inhaltsgleich zu dem in § 23 benutzten Veräußerungsbegriff** (Blümich/*Ratschow* § 20 Rn. 351). Die zu §§ 16 und 17 ergangene Rechtsprechung ist nur bedingt übertragbar, da sie auf einen vom Zufluss-Abfluss-Prinzip abweichenden Realisationszeitpunkt nach bilanzrechtlichen Grundsätzen und damit insbesondere auf die Erlangung der wirtschaftlichen Verfügungsmacht abstellt (vgl. BFH 21.9.1982 – VIII R 140/79, BStBl. II 1983, 289; BFH 30.6.1983 – IV R 113/81, BStBl. II 1983, 640; BFH 2.10.1984 – VIII R 20/84, BStBl. II 1985, 428).

1150 Der BFH versteht den im EStG nicht definierte Begriff der Veräußerung als die **Übertragung des rechtlichen oder wirtschaftlichen Eigentums** an einem Gegenstand von einem Rechtssubjekt **auf ein anderes Rechtssubjekt** gegen **Entgelt** (BFH 21.10.1976 – IV R 210/72, BStBl. II 1977, 145; BFH 17.2.2004 – VIII R 28/02, BStBl. II 2005, 46; BFH 3.12.2019 – VIII R 34/16, BeckRS 2019, 41730; BFH 3.12.2019 – VIII R 43/18, BeckRS 2019, 41728; BMF 18.1.2016, BStBl. I 2016, 85 Rn. 59; KSM/*Jochum* § 20 Rn. D/2 7 f. und D/9 25). Das neben die Übertragung des wirtschaftlichen Eigentums tretende Merkmal der Entgeltlichkeit folgt zum einen aus dem Charakter der Einkommensteuer als Ertragsteuer und zum anderen aus § 20 Abs. 4, der grundsätzlich von der Zahlung eines Veräußerungspreises ausgeht (vgl. BFH 27.7.1988 – I R 147/83, BStBl. II 1989, 271; BFH 28.2.1990 – I R 43/86, BStBl. II 1990, 615).

1151 **Zeitpunkt der Veräußerung** ist grundsätzlich der Zeitpunkt des Abschlusses des obligatorischen Rechtsgeschäfts, in dem die Übertragung des (wirtschaftlichen) Eigentums vereinbart wird. Die Annahme einer vor diesem Zeitpunkt liegenden Veräußerung ist nur dann gerechtfertigt, wenn die Vertragspartner vor Abschluss des Vertrags Verhältnisse geschaffen haben, die das Ergebnis des obligatorischen Veräußerungsgeschäfts bei wirtschaftlicher Betrachtung vorwegnehmen, etwa bei Abschluss einer dem obligatorischen Veräußerungsgeschäft gleichzustellenden Vereinbarung oder bei Vollzug des dinglichen Rechtsgeschäfts vor dem Abschluss des obligatorischen Vertrages (BFH 13.12.1983 – VIII R 16/83, BStBl. II 1984, 311 mwN; BMF 18.1.2016, BStBl. I 2016, 85 Rn. 59 und 85; Blümich/*Ratschow* § 20 Rn. 351).

1151.1 Für die Kapitalertragsbesteuerung ist ohne Belang, ob das **Rechtsverhältnis freiwillig oder unter Zwang** des Veräußerers, etwa durch Gesetz oder aufgrund hoheitlichen Zwangs zustande gekommen ist (→ Rn. 351 ff.). Daher erfasst § 20 Abs. 2 S. 1 zutreffend auch die rechtlich oder wirtschaftlich zwingende Veräußerung der steuerbaren Kapitalforderungen, etwa im Wege des **Zwangsverkaufs** von Minderheitsaktionären, durch sog. **Squeeze-out iSd §§ 327a ff. AktG** (BMF 18.1.2016, BStBl. I 2016, 85 Rn. 69 f.; Blümich/*Ratschow* § 20 Rn. 352; HHR/*Buge* § 20 Rn. 431; LBP/*Schlotter* § 20 Rn. 1204), bei zwangsweiser Einziehung und anschließende Übertragung auf Gläubiger im Rahmen eines US-amerikanischen Insolvenzverfahrens gegen Reduzierung der Schulden (BFH 12.5.2015 – IX R 57/13, BFH/NV 2015, 1364), bei sog. sanierender **Kapitalherabsetzung auf Null** samt Bezugsrechtsausschluss für die anschließende Kapitalerhöhung nach § 225a InsO, da die zwangsweise Kapitalherabsetzung für den Alt-Gesellschafter formal gegen Entschädigungsanspruch – wenn ggf. auch mit Wert von 0 EUR – erfolgt (vergleichbar mit dem Erwerb eigener Anteile durch die Gesellschaft → Rn. 736.1; **aA** keine Veräußerung, aber § 20 Abs. 2 S. 1 analog: BFH 3.12.2019 – VIII R 34/16, BeckRS 2019, 41730; BFH 3.12.2019 – VIII R 43/18, BeckRS 2019, 41728), oder durch staatliche **Enteignung** mit Entschädigungsanspruch (FG Düsseldorf 25.9.2018 – 13 K 93/16 E, DStR 2019, 153).

Das **Entgelt** des Erwerbers kann nicht nur **in Geld,** sondern auch im Wege der **offenen Sacheinlage** gegen Gewährung von Gesellschaftsanteilen, im Wege des **Tauschs** gegen andere Kapitalforderungen oder Wirtschaftsgüter (BFH 7.7.1992 – VIII R 54/88, BStBl. II 1993, 331; BFH 21.1.2014 – IX R 11/13, BStBl. II 2014, 385 mwN; BMF 18.1.2016, BStBl. I 2016, 85 Rn. 64 und 74) oder durch **Forderungsverzicht** erbracht werden (zB bei Forderungsverzicht im Gegenzug zur „Nullstellung" der Anteile von Alt-Aktionären und Ausschluss vom Bezugsrecht bei Kapitalerhöhung im Rahmen eines Debt-to-Equity-Swaps: FG Hessen 10.4.2018 – 7 K 440/16, EFG 2019, 1597, Rev. VIII R 43/18). **1151.2**

Entgeltliche Wertpapierdarlehen (→ Rn. 467) erfüllen aufgrund der dabei erfolgenden Übertragung des wirtschaftlichen Eigentums an Wertpapieren den Tatbestand der Veräußerung (**aA** Bordewin/Brandt/*Geurts* § 20 Rn. 47). Die Grundsätze des Tauschs sollen auch bei der Entgegennahme eines Fremdwährungsguthabens als Gegenleistung für die Veräußerung von Wertpapieren gelten (BFH 21.1.2014 – IX R 11/13, BStBl. II 2014, 385). **1151.3**

Einstweilen frei **1152**

Bleibt das Entgelt zumindest teilweise hinter dem marktüblichen Gegenwert der übertragenen Kapitalforderung zurück, ist eine **Aufteilung des Geschäftsvorfalls in einen entgeltlichen und einen unentgeltlichen Anteil** nach dem Verhältnis des vom Erwerber tatsächlich geleisteten Entgelts zum gemeinen Wert (§ 9 Abs. 1 BewG) der an ihn übertragenen Kapitalforderung vorzunehmen (Blümich/*Ratschow* § 20 Rn. 354; **aA** *Werth* DStR 2015, 1343 (1347); für vollständig entgeltliche Veräußerung auch bei Gegenleistung von 0 EUR: FG Düsseldorf 25.9.2018 – 13 K 93/16 E, DStR 2019, 153). Darlehen bei fehlender Fremdüblichkeit nicht anzuerkennen). Werden **vor der Veräußerung thesaurierte Gewinne an die veräußernden Gesellschafter ausgeschüttet** und sind die Anteile bei der späteren Veräußerung um diese Gewinnausschüttungen im Wert gemindert, so stellt dies zutreffend keinen Gestaltungsmissbrauch iSd § 42 AO dar, da statt der Ausschüttung auch ein um den thesaurierten Betrag höherer Verkaufspreis hätte vereinbart werden können (FG Köln 14.9.2016 – 9 K 1560/14, EFG 2016, 1875, Rev. VIII R 28/16). **1153**

Nicht als Veräußerung iSd § 20 Abs. 2 S. 1 anzusehen: **1153.1**

Aktiensplits durch Aufteilung einer Aktie in zwei oder mehr Aktien, da der Gesellschaftsanteil, den der einzelne Aktionär an dem Unternehmen hält, sowie das Grundkapital der Gesellschaft vor und nach dem Aktiensplit gleich sind. Es kommt nicht zur Übertragung wirtschaftlicher Verfügungsmacht. Die im Rahmen eines Aktiensplits zugeteilten Aktien werden nicht angeschafft, die gesplittete Aktie nicht veräußert. Als Tag der Anschaffung des Aktienbestands gilt weiterhin der Tag, an dem die jetzt gesplitteten Aktien angeschafft wurden. Gleiches gilt für den sog. Reverse-Split, bei dem mehreren Aktien zu einem Wertpapier zusammengefasst werden (BMF 18.1.2016, BStBl. I 2016, 85 Rn. 88–89a; HHR/*Buge* § 20 Rn. 431).

Einlage ohne Gewährung zusätzlicher Gesellschaftsanteile in eine Personen- oder Kapitalgesellschaft (BT-Drs. 16/4841, 50), weil dabei die Wertsteigerung der Anteile an der aufnehmenden Kapitalgesellschaft keine Gegenleistung, sondern nur eine Reflexwirkung der Einlage darstellt (vgl. stRspr seit BFH 27.7.1988 – I R 147/83, BStBl. II 1989, 271 unter Aufgabe der früheren Rechtsprechung bis BFH 12.2.1980 – VIII R 114/77, BStBl. II 1980, 494; BFH 28.2.1990 – I R 43/86, BStBl. II 1990, 615; BFH 20.5.1997 – VIII B 108/96, BFH/NV 1997, 462; BFH 9.7.1997 – VIII B 40/97, BFH/NV 1998, 23; BFH 18.12.2001 – VIII R 10/01, BStBl. II 2002, 463; *Dinkelbach* DStR 2011, 941 (942 ff.)).

Einziehung von Aktien bei Insolvenz.

Entgeltliche Gestellung von Sicherheiten eines Sicherungsgebers zur Absicherung der Kapitalforderung eines Dritten, da der Sicherungsgeber insofern nicht das wirtschaftliche Eigentum an einer Kapitalforderung überträgt (BFH 14.4.2015 – IX R 35/13, BStBl. II 2015, 795).

Forderungsverzicht, auch soweit darin keine verdeckte Einlage in eine Kapitalgesellschaft in Höhe des werthaltigen Teils liegt, da keinerlei Rechtsträgerwechsel erfolgt (FG Rheinland-Pfalz 12.7.2016 – 3 K 1133/14, DStRE 2017, 1496; BMF 18.1.2016, BStBl. I 2016, 85 Rn. 61; **aA** BFH 6.8.2019 – VIII R 18/16, BFH/NV 2020, 52: steht Abtretung gleich; FG Rheinland-Pfalz 19.11.2018 – 3 K 1846/15, EFG 2019, 610 mwN; FG Münster 12.3.2018 – 2 K 3127/15 E, DStRE 2019, 138, Rev. IX R 9/18; Schmidt/*Levedag* § 20 Rn. 150; bei wertloser Forderung auch: *Dötsch* jurisPR-SteuerR 2/

2018 Anm. 3; *Moritz/Strohm* BB 2018, 542 (545); *Jachmann-Michel* BB 2018, 2329 (2332); zur wirtschaftlichen Gleichwertigkeit des entgeltlichen Forderungsverzichts und zur Veräußerung ohne Anwendung von § 42 AO: BFH 11.12.2018 – VIII R 21/15, BFH/NV 2019, 542).

Kündigung einer typisch stillen Gesellschaft (BFH 18.10.2006 – IX R 7/04, BStBl. II 2007, 258). Allerdings ist die Veräußerungsfiktion des § 20 Abs. 2 S. 2 Alt. 5 anzuwenden (→ Rn. 1179 ff.), **aA** zum Austritt aus einer Erwerbs- und Wirtschaftsgenossenschaft: BT-Drs. 16/4841, 55).

Rückzahlung auf eine Kapitalforderung, da diese durch die Zahlung nicht gegen Entgelt auf einen Dritten übergeht, sondern durch Erfüllung nach § 362 Abs. 1 BGB untergeht (BFH 30.11.2010 – VIII R 58/07, BStBl. II 2011, 491; so auch zum inhaltlichsgleichen Veräußerungsbegriff (→ Rn. 1149) in § 23: BFH 3.9.2019 – IX R 12/18, BStBl. II 2020, 94).

Schenkungsweise Übertragung einer Kapitalforderung ohne Gegenleistung (Blümich/*Ratschow* § 20 Rn. 354).

Sicherungsabtretung, da der Sicherungsgeber hierbei das wirtschaftliche Eigentum an der Kapitalforderung bis zum Eintritt der Verwertungsreife durch Eintritt des Sicherungsfalls beibehält (vgl. BMF 18.1.2016, BStBl. I 2016, 85 Rn. 59, auch → Rn. 460).

1154 **Strittig ist, ob eine Veräußerung iSd § 20 Abs. 2 S. 1 nur vorliegt, wenn diese auch zu einem Veräußerungsgewinn führt.** Die Finanzverwaltung vertritt die Ansicht, dass keine Veräußerung vorliege, wenn der Veräußerungspreis die tatsächlichen Transaktionskosten nicht übersteige (BMF 18.1.2016, BStBl. I 2016, 85 Rn. 59). Auch die Gesetzesbegründung zur Neufassung des § 20 Abs. 2 durch UntStRefG 2008 v. 14.8.2007 scheint nur auf die Besteuerung der „Wertzuwächse" abzuzielen, die dem Steuerpflichtigen durch die Veräußerung der Kapitalanlage zufließen (BT-Drs. 16/4841, 54 f.). **Ein solches Normverständnis findet allerdings bereits keine Stütze im Wortlaut des § 20 und ist überdies als system- und verfassungswidrig abzulehnen.** Gerade § 20 Abs. 6 zeigt, dass auch die Erzielung von Verlusten aus Kapitalvermögen durch Veräußerungen iSd § 20 Abs. 2 S. 1 möglich und steuerlich anzuerkennen sind. Die Erfüllung des Tatbestands der Veräußerung gemäß § 20 Abs. 2 Satz 1 Nr. 1 ist daher insbesondere weder von der Höhe der Gegenleistung noch von der Höhe der anfallenden Veräußerungskosten abhängig (BFH 12.6.2018 – VIII R 32/16, BStBl. II 2019, 221; BFH 3.12.2019 – VIII R 34/16, BeckRS 2019, 41730; BFH 3.12.2019 – VIII R 43/18, BeckRS 2019, 41728; HHR/*Buge* § 20 Rn. 422; Blümich/*Ratschow* § 20 Rn. 350 und 391; Schmidt/*Levedag* § 20 Rn. 146; *Schmitt/Homann* BB 2010, 351 (353); *Knoblauch* DStR 2013, 798 (800 f.); *Jachmann-Michel* BB 2018, 2329 (2331)). Den Tatbestand der Veräußerung von der Erzielung eines Veräußerungsgewinns abhängig zu machen, wäre nicht nur zirkulär, sondern erscheint auch als Verletzung des Folgerichtigkeitsgebots (vgl. BFH 26.9.2012 – IX R 50/09, BStBl. II 2013, 231), da der Begriff „Einnahmen" auch negative Einkünfte und „Gewinn" auch Verluste umfasst (vgl. BFH 10.11.2015 – IX R 20/14, BStBl. II 2016, 159).

1155 Als **weiteres – ungeschriebenes – Tatbestandsmerkmal** muss die veräußerte Kapitalforderung zumindest **teilidentisch** mit einer zuvor erworbenen Kapitalforderung sein (sog. **Grundsatz der Nämlichkeit,** vgl. zu § 23: BFH 24.11.1993 – X R 49/90, BStBl. II 1994, 591; BFH 22.5.2003 – IX R 9/00, BStBl. II 2003, 712; BFH 21.9.2004 – IX R 36/01, BStBl. II 2006, 12; BFH 25.8.2009 – IX R 60/07, BStBl. II 2009, 999; BFH 21.1.2014 – IX R 11/13, BStBl. II 2014, 385). Dies folgt aus der Notwendigkeit, gemäß § 20 Abs. 4 einen Veräußerungsgewinn aus der Differenz zwischen Verkaufspreis und Anschaffungskosten zu bestimmen. Der BFH verlangt insofern eine **wirtschaftliche Teilidentität** (vgl. BFH 19.7.1983 – VIII R 161/82, BStBl. II 1984, 26; BFH 21.9.2004 – IX R 36/01, BStBl. II 2006, 12), die sich durch die Gleichartigkeit, Gleichwertigkeit oder Funktionsgleichheit der Kapitalforderung ausdrücken kann (Blümich/*Ratschow* § 20 Rn. 351).

1155.1 Eine Teilidentität liegt insbesondere vor bei **Aktienzusammenfassung** und **Gattungswechsel** (vgl. Schmidt/*Levedag* § 20 Rn. 157), beim Erwerb neuer Geschäftsanteile durch Kapitalerhöhung, bei **Abspaltung** durch sog. **Aktiensplit** (vgl. BFH 21.9.2004 – IX R 36/01, BStBl. II 2006, 12 → Rn. 1296.8) sowie beim Erwerb neuer Geschäftsanteile (zB sog. „junge Aktien") durch einen Gesellschafter, der mit dem Erwerb der Altaktien zugleich ein entsprechendes **Bezugsrecht** erworben hatte (vgl. BFH 22.5.2003 – IX R 9/00, BStBl. II 2003, 712). Die Ausübung des Bezugsrechts selbst, auch durch Umtausch eines Aktienhinterlegungsscheins in Aktien, ist keine Veräußerung (Schmidt/*Levedag* § 20 Rn. 157).

Es stellt keinen Gestaltungsmissbrauch iSd § 42 AO dar, eine Beteiligung kurz vor einem Spin-off zu veräußern und anschließend wieder zu erwerben (BFH 25.8.2009 – IX R 60/07, BStBl. II 2009, 999; FG Niedersachsen 25.9.2012 – 8 K 179/10, EFG 2013, 2002). Bei **Wertpapieren eines Sammeldepots** ist dem Nämlichkeitserfordernis genügt, wenn die angeschafften und veräußerten Wertpapiere ihrer Art und der Stückzahl nach identisch sind (BFH 24.11.1993 – X R 49/90, BStBl. II 1994, 591). **1155.2**

Einstweilen frei **1156–1160**

bb) Einlösung (§ 20 Abs. 2 S. 2 Alt. 1). Die **Einlösung** gilt nach § 20 Abs. 2 S. 2 Alt. 1 als Veräußerung iSd § 20 Abs. 2 S. 1 und meint die **Erfüllung** der in einem Wertpapier verbrieften Kapitalforderung durch den Kapitalnehmer **bei gleichzeitiger Rückübertragung des Wertpapiers** (vgl. Kirchhof/*Bleschick* § 20 Rn. 141; *Haisch* DStZ 2007, 762 (764)). Beispiele sind Zins-, Gewinnanteils- und Ertragsscheine sowie rückzahlbare Wertpapiere (*Bunte* AGB-Banken SB Wertpapiergeschäfte Nr. 14 Rn. 126), aber auch die sog. Wandlung bei Wandelschuldverschreibungen (sog. Wandelanleihen, Wandelobligationen oder Convertible Bonds) iSd § 221 AktG durch Umtausch in Aktien (Kirchhof/*Bleschick* § 20 Rn. 141; **aA** Schmidt/*Weber-Grellet*, 36. Aufl. 2017, § 20 Rn. 127; 160 f.; *Altenburg* Die Besteuerung von Wandelschuldverschreibungen im deutschen und niederländischen Steuerrecht (2017), 160 f.; *Haisch* DStZ 2007, 762 (769)). **1161**

Hierdurch soll insbesondere das bis zur Unternehmensteuerreform 2008 steuerlich nicht erfasste **Emissionsdisagio,** das dem Kapitalgeber erst bei Rückzahlung des an den Kapitalnehmer unter Abzug des Disagios überlassenen Kapitalvermögens zufließt, im Zeitpunkt der Rückgabe einer Schuldverschreibung als steuerpflichtiger Kapitalertrag erfasst werden (BT-Drs. 16/4841, 56). Gleiches gilt für Kapitalerträge, die bei der Einlösung eines zu einem **Kurs unter dem Nennwert („unter pari") angeschafften Wertpapiers** erzielt werden.

Gesetzgeber und Finanzverwaltung verstehen den Begriff der Einlösung als **Endeinlösung** einer Forderung oder eines Wertpapiers am Ende des vertraglichen Nutzungszeitraums (BT-Drs. 16/4841, 56, BMF 18.1.2016, BStBl. I 2016, 85 Rn. 59; ebenso: Schmidt/*Weber-Grellet*, 36. Aufl. 2017, § 20 Rn. 148; HHR/*Buge* § 20 Rn. 421). Wie bei der Rückzahlung dürften jedoch insbesondere bei telelogischer Auslegung im Sinne einer umfassenden Erfassung von Wertsteigerungen im Zusammenhang mit der Übertragung von Kapitalanlegen auch **Einlösungen vor sowie dem Zeitpunkt der Endfälligkeit** erfasst sein (ebenso: Kirchhof/*Bleschick* § 20 Rn. 141; Blümich/*Ratschow* § 20 Rn. 390; Schmidt/*Levedag* § 20 Rn. 149; *Haisch* DStZ 2007, 762 (745)). Ob die Forderungen vor ihrer Einlösung entgeltlich zur Einziehung erworben wurden, ist wegen der Herkunft der überlassenen Mittel (→ Rn. 344) unerheblich (**aA** HHR/*Buge* § 20 Rn. 422). **1162**

Strittig ist, ob auch die **Uneinbringlichkeit einer Kapitalforderung durch Forderungsausfall, Insolvenz etc** unter den Begriff der Einlösung zu subsumieren ist. Die Finanzverwaltung sieht in einem Forderungsausfall keine Veräußerung iSd § 20 Abs. 2 S. 2 und die Anschaffungs- sowie Anschaffungsnebenkosten der ausgefallenen Kapitalforderung daher als einkommensteuerrechtlich als ohne Bedeutung an; dies soll auch für den nach einem Insolvenzplan nicht zurückgezahlten Teil des Nennwertes der Kapitalforderung gelten (BMF 18.1.2016, BStBl. I 2016, 85 Rn. 60 und 60a; für den Fall einer Kombination von Teilverzicht, Nennwertreduktion und Teilrückzahlung im Rahmen der Restrukturierung von Anleiheforderungen im Rahmen einer Restrukturierungsvereinbarung auch: BMF 10.5.2017, BStBl. I 2017, 774). Ein solches Verständnis entspricht zwar dem bis zur Unternehmensteuerreform 2008 geltenden Normverständnis (so für den Ausfall eines Darlehens: BFH 1.9.1997 – VIII B 105/96, BFH/NV 1998, 450; BFH 20.6.2000 – VIII R 37/99, BFH/NV 2000, 1342; für den Verlust aus der Zahlungsunfähigkeit einer Kapitalgesellschaft: BFH 27.6.1989 – VIII R 30/88, BStBl. II 1989, 934; BFH 12.5.1995 – VI R 64/94, BStBl. II 1995, 644; für Wertverluste infolge einer Verschlechterung des Wechselkurses: BFH 9.11.1993 – IX R 81/90, BStBl. II 1994, 289). **1163**

Seit der Unternehmensteuerreform 2008 kann einer derartigen Interpretation aber nur noch zugestimmt werden, wenn dem Steuerpflichtigen bereits von Anfang an für die einzelne Kapitalanlage eine Überschusserzielungsabsicht fehlte (→ Rn. 492 ff.). Die grundsätzliche Versagung der steuerlichen Anerkennung teilweiser Forderungsausfälle steht im Übrigen **bereits bei einfachrechtlicher Auslegung im Widerspruch zu § 20 Abs. 6** **1164**

S. 4, der gerade von der Möglichkeit von Verlusten aus Veräußerungen iSd § 20 Abs. 2 S. 1 sowie aus den als Veräußerung geltenden Realisationstatbeständen iSd § 20 Abs. 2 S. 2 bis S. 5 ausgeht. Zudem erscheint es auch nach den Maßstäben des verfassungsrechtlichen Folgerichtigkeitsgebots ausgeschlossen, wenn Kapitalanlagen nur hinsichtlich ihrer Ertragschancen, nicht aber hinsichtlich ihres Verlustrisikos dem steuerbaren Bereich zugerechnet würden.

1165 Dies verlangt die steuerliche **Anerkennung vollständiger Forderungsausfälle als** veräußerungsgleichen Realisationstatbestand in Form der **Einlösung.** Jedenfalls in **Fällen des Durchhaltens** einer Kapitalforderung, bei der sich im Zeitpunkt der Endeinlösung die Uneinbringlichkeit herausstellt, ist der **Tatbestand der Einlösung** unmittelbar verwirklicht, sobald der teilweise oder vollständige Zahlungsausfall des Kapitalnehmers für den Kapitalgeber endgültig feststeht. Steht die **Uneinbringlichkeit bereits vor dem Zeitpunkt der Endeinlösung fest,** ist der **Tatbestand der Einlösung entsprechend anzuwenden.** Der Veräußerungsverlust iSd § 20 Abs. 4 errechnet sich aus der Differenz zwischen der ggf. noch teileinbringlichen Kapitalforderung und den Anschaffungskosten des Forderungsinhabers (Blümich/*Ratschow* § 20 Rn. 391; *Bayer* DStR 2009, 2397 (2400); **iErg ebenso, aber für Einordnung als Anwendungsfall der Rückzahlung:** BFH 24.10.2017 – VIII R 13/15, BFH/NV 2018, 280; FG Rheinland-Pfalz 12.12.2018 – 2 K 1952/16, EFG 2019, 365, Rev. VIII R 5/19; FG Berlin-Brandenburg 21.3.2019 – 7 K 7051/17, BeckRS 2019, 7717; FG Hessen 10.4.2018 – 7 K 440/16, EFG 2019, 1597, Rev. VIII R 43/18; *Spieker* DB 2016, 197 (198); iErg ebenso auch HHR/*Buge* § 20 Rn. 531; Kirchhof/*Bleschick* § 20 Rn. 139a; *Schmitt-Homann* BB 2010, 351 (353 f.); *Jansen* DStR 2016, 2729 (2732 ff.); *Kellersmann* FR 2012, 57 (64 ff.); *Jachmann-Michel* jM 2018, 124 (126); *Dötsch* jurisPR-SteuerR 2/2018 Anm. 3; *Jachmann-Michel* BB 2018, 2329 (2329); vgl. auch FG Rheinland-Pfalz 23.10.2013 – 2 K 2096/11, EFG 2014, 136; **aA Forderungsausfall unbeachtlich:** FG Düsseldorf 11.3.2015 – 7 K 3661/14, DStRE 2016, 523, aufgehoben durch BFH 24.10.2017 – VIII R 13/15, BFH/NV 2018, 280; FG Hessen 12.4.2018 – 9 K 1053/15, DStRE 2019, 83; BFH 3.9.2019 – IX R 17/18, BFH/NV 2020, 27; KSM/*Jochum* § 20 Rn. D/9 19 ff.; *Jachmann-Michel* DStJG Bd. 34 (2011), 251 (272 f.); mit Ablehnung der analogen Anwendung, aber Einordnung als Werbungskosten: *Aigner* Wegfall der Einkunftsquelle bei den Kapitaleinkünften (§ 20 n. F.) (2013), 117 ff., 124, 168 f. und 190 ff.; Werbungskostenausschluss: *Aigner* jM 2015, 119 (124 f.); für Einordnung der Zwangseinlösung als Übertragung wertloser Anteile ohne Gegenleistung zwischen fremden Dritten als Veräußerung iSd Abs. 2 S. 1: BFH 12.5.2015 – IX R 57/13, BFH/NV 2015, 1364).

1165.1 Der Ausfall einer Kapitalforderung, etwa der Verlust einer privaten Sparkonto-Einlage durch den Zusammenbruch der kontoführenden Bank, rechtfertigt zutreffend idR keinen **Erlass aus sachlichen Billigkeitsgründen iSd §§ 163, 227 AO** (BFH 24.3.1981 – VIII R 117/78, BStBl. II 1981, 505).

1165.2 Die bloße **Bewertung** einer Kapitalanlage durch die zuständige Lagerstelle **als wertlos** und deren ersatzlose Ausbuchung gibt noch keine endgültige Klarheit über die definitive Uneinbringlichkeit (**aA** FG Rheinland-Pfalz 12.12.2018 – 2 K 1952/16, EFG 2019, 365, Rev. VIII R 5/19; für Zeiträume **ab 1.1.2020** hat der Gesetzgeber den Verlust aus der Ausbuchung eines Wirtschaftsguts in § 20 Abs. 6 S. 6 (→ Rn. 1395c) als Fallgruppe eines Veräußerungsverlusts erklärt, sodass ab diesem Zeitpunkt auch die Ausbuchung einer wertlosen Kapitalforderung als Unterfall der Veräußerung anzusehen ist, ohne dass erkennbar würde, unter welchen Tatbestand der Veräußerungsfiktion sie zu subsumieren wäre). Gleiches gilt für die bloße Eröffnung des **Insolvenzverfahrens ohne Anzeige der Masseunzulänglichkeit,** da noch ein Quotenerlös möglich ist (BFH 24.10.2017 – VIII R 13/15, BFH/NV 2018, 280; FG Münster 9.4.2019 – 2 K 2576/17 E, DStRE 2019, 1317).

1165.3 Die Uneinbringlichkeit steht **erst im Zeitpunkt der Abweisung des Insolvenzantrags** mangels Masse (FG Rheinland-Pfalz 19.11.2018 – 3 K 1846/15, EFG 2019, 610; FG Berlin-Brandenburg 21.3.2019 – 7 K 7051/17, BeckRS 2019, 7717) und bei Eröffnung des Insolvenzverfahrens erst im Zeitpunkt der **Verfahrenseinstellung** durch Anzeige der Masseunzulänglichkeit (FG Düsseldorf 18.7.2018 – 7 K 3302/17 E, DStRE 2019, 82, Rev. VIII R 28/18; *Jachmann-Michel* BB 2018, 2329 (2330)) bzw. **nach Schlussverteilung** fest (vgl. FG Münster 20.12.2018 – 5 K 2661/16 E, DStRE 2019, 1117).

1166–1167 *Einstweilen frei*

1168 **cc) Rückzahlung (§ 20 Abs. 2 S. 2 Alt. 2).** § 20 Abs. 2 S. 2 Alt. 2 stellt die **Rückzahlung** einer Kapitalforderung, dh die vollständige oder teilweise **Erfüllung einer Kapitalfor-**

derung durch Rückgewähr des vom Kapitalgeber an den Kapitalnehmer überlassenen Kapitals (Kirchhof/*Bleschick* § 20 Rn. 141) einer Veräußerung gleich. Bei teleologischer Auslegung (→ Rn. 1162) sind Rückzahlungen vor und mit Ablauf der vereinbarten Nutzungszeit erfasst (BT-Drs. 16/4841, 56; BMF 18.1.2016, BStBl. I 2016, 85 Rn. 59; Blümich/*Ratschow* § 20 Rn. 390). Zur mittlerweise stRspr zur Einordnung von Forderungsausfällen als Verlust aus Rückzahlung → Rn. 1165.

Die zivilrechtliche **Aufhebung des Kapitalnutzungsverhältnisses** erfüllt nicht den Tatbestand der Rückzahlung, da es gerade nicht zur Erfüllung der Kapitalforderung kommt. Eine Einmalzahlung, die nicht als Gegenleistung für die Nutzung überlassenen Kapitals, sondern zur einvernehmlichen Auflösung der entgeltliche Kapitalnutzungsverhältnisses geleistet wird, ist daher nicht nach 20 Abs. 2, sondern als Entschädigung für entgehende Einnahmen gemäß **§ 24 Nr. 1 Buchst. a** iVm § 20 Abs. 1 steuerbar (BFH 11.2.2015 – VIII R 4/12, BStBl. II 2015, 647; offen lassend noch: BFH 18.11.2014 – IX R 49/13, BStBl. II 2015, 224). Gleiches gilt für Zahlungen zum **Ausgleich der Entwertung einer veräußerten Kapitalbeteiligung,** soweit sie für einen Rechtsverlust entschädigen und nicht dem Veräußerungsvorgang zuzurechnen sind (BFH 19.3.2013 – IX R 65/10, BFH/NV 2013, 1085). 1169

Nach zutreffender Auffassung sind weder die **Liquidation einer Kapitalgesellschaft** eine Veräußerung iSd Abs. 2 S. 1 (BMF 18.1.2016, BStBl. I 2016, 85 Rn. 63; Blümich/*Ratschow* § 20 Rn. 393; HHR/*Buge* § 20 Rn. 531; KSM/*Jochum* § 20 Rn. D/9 8; vgl. auch Schmidt/*Levedag* § 20 Rn. 157) noch die Auskehr des Liquidationserlöses eine Rückzahlung nach Abs. 2 S. 2 Alt. 2 (**aA** Schmidt/*Weber-Grellet*, 36. Aufl. 2017, § 20 Rn. 148). Liquidationserlöse sind vielmehr allein nach § 20 Abs. 1 Nr. 2 steuerbar, soweit sie nicht in der Rückzahlung von Nennkapital bestehen. 1170

Einstweilen frei 1171–1172

dd) Abtretung (§ 20 Abs. 2 S. 2 Alt. 3). § 20 Abs. 2 S. 2 Alt. 3 stellt die **Abtretung** einer Kapitalforderung einer Veräußerung gleich. Wie bei der Veräußerung, der das Element der Entgeltlichkeit immanent ist (→ Rn. 1152 f.), erfasst auch Abs. 2 S. 2 Alt. 3 ausschließlich **entgeltliche Abtretungen** (KSM/*Jochum* § 20 Rn. D/9 9; Kirchhof/*Bleschick* § 20 Rn. 141). Sofern mit der zivilrechtlichen Abtretung iSd § 398 BGB zugleich das wirtschaftliche Eigentum an der Kapitalforderung übergeht, ist der Tatbestand mit der zivilrechtlichen Wirksamkeit der Abtretung erfüllt. Die Sicherungsabtretung wird erst mit Eintritt des Sicherungsfalls erfasst (→ Rn. 1153.1). 1173

Die Abtretung einer gegen die Gesellschaft bestehenden Forderung eines Alt-Gesellschafters an den Neu-Gesellschafter kann missbräuchlich iSd § 42 AO sein, wenn ein Forderungsverzicht des Alt-Gesellschafters dem Gestaltungsziel ebenso entsprochen hätte und die Abtretung nur der Erzeugung eines Abtretungsgewinns zur Verlustnutzung dient (BFH 1.2.2001 – IV R 3/00, BStBl. II 2001, 520). 1173.1

Soweit eine Kapitalforderung nicht mehr werthaltig ist, soll der Forderungsverzicht einen Forderungsausfall bewirken und nach Auffassung des BFH der Abtretung gleichstehen (BFH 6.8.2019 – VIII R 18/16, BFH/NV 2020, 52). 1173.2

Einstweilen frei 1174–1175

ee) Verdeckte Einlage (§ 20 Abs. 2 S. 2 Alt. 4). Die **verdeckte Einlage** einer Kapitalanlage in eine Kapitalgesellschaft wird nach § 20 Abs. 2 S. 2 Alt. 4 als Veräußerung der Kapitalanlage fingiert. Sie lässt sich nicht bereits als Tausch unter den Veräußerungstatbestand des Abs. 2 S. 1 fassen (→ Rn. 1152), da bei der verdeckten Form der Einlage die Gewährung entsprechender Gegenleistungen in Form von Gesellschaftsanteilen gerade fehlt. Die verdeckte Einlage bloßer Nutzungsvorteile ist nicht möglich (BFH 28.3.2000 – VIII R 68/96, BFH/NV 2000, 1278). Nach dem Gesetzeswortlaut in Abs. 2 S. 2 Alt. 4 und wegen des Fehlens einer mit § 23 Abs. 1 S. 5 Nr. 1 vergleichbaren Regelung gilt die Veräußerungsfiktion nur bei verdeckten Einlagen **in eine Kapitalgesellschaft,** nicht hingegen bei verdeckten Einlagen in eine Personengesellschaft oder in das Betriebsvermögen eines Einzelunternehmens (HHR/*Buge* § 20 Rn. 422; *Dinkelbach* DStR 2011, 941 (942)). 1176

Eine verdeckte Einlage ist dogmatisch auch in das Betriebsvermögen einer Personengesellschaft möglich (BFH 11.12.1997 – IV R 92/96, BFH/NV 1998, 1222; BFH 9.9.2010 – IV R 12/08, BFH/NV 2011, 768). Anders als bei der verdeckten Einlage in eine Kapitalgesellschaft, die eine Sofortbesteuerung im Zeitpunkt der Einlage bewirkt, kann die steuerliche Belastungswirkung bei verdeckten Einlagen 1176.1

in eine Personengesellschaft erheblich später eintreten, woraus sich Gestaltungsmöglichkeiten zur Ertrags- oder Verlustverteilung auf mehrere Personengesellschafter ergeben.

1177–1178 *Einstweilen frei*

1179 **ff) Vereinnahmung eines Auseinandersetzungsguthabens (§ 20 Abs. 2 S. 2 Alt. 5).** § 20 Abs. 2 S. 2 Alt. 5 behandelt auch die **Vereinnahmung eines Auseinandersetzungsguthabens,** das einem stillen Gesellschafter bei Auflösung der stillen Gesellschaft gemäß § 235 HGB zusteht, als Veräußerung. Ohne die Regelung würde die Kündigung, Auflösung und Auseinandersetzung nicht als Veräußerung zu bewerten sein, da der typisch stille Gesellschafter bei Kündigung seiner Beteiligung und Erhalt seines Auseinandersetzungsguthabens in Geld kein Entgelt, sondern nicht mehr als den Wert seiner Beteiligung erhält (BFH 18.10.2006 – IX R 7/04, BStBl. II 2007, 258). Wird dem stillen Gesellschafter im Rahmen der Auseinandersetzung sein Guthaben zugewiesen, werden zur Vermeidung einer doppelten Besteuerung bei der Gewinnermittlung iSd § 20 Abs. 4 die bereits als laufende Einkünfte iSd § 20 Abs. 1 Nr. 4 berücksichtigten Gewinn- oder Verlustanteile, die das Auseinandersetzungsguthaben erhöht bzw. gemindert haben, dem Veräußerungsgewinn ab- bzw. hinzugerechnet (BMF 18.1.2016, BStBl. I 2016, 85 Rn. 4).

1180–1181 *Einstweilen frei*

1182 **gg) Anschaffung oder Veräußerung einer unmittelbaren oder mittelbaren Beteiligung an einer Personengesellschaft (§ 20 Abs. 2 S. 3).** Soweit eine Personengesellschaft Kapitalerträge iSd § 20 Abs. 1 bis Abs. 3 erzielt, folgt die Zurechnung der Erträge zu den hinter der Personengesellschaft stehenden Gesellschaftern bereits aus allgemeinen Grundsätzen gemäß § 39 Abs. 2 Nr. 2 AO (→ Rn. 426 und → Rn. 430 ff.). § 20 Abs. 2 S. 3 fingiert die **Anschaffung oder Veräußerung einer unmittelbaren oder mittelbaren Beteiligung an einer Personengesellschaft** als Anschaffung oder Veräußerung der anteiligen Wirtschaftsgüter und schließt damit eine ansonsten auftretende Besteuerungslücke. So gehören Anteile an Personengesellschaften, deren Gesamthandvermögen nur aus Kapitalforderungen besteht, ihrerseits nicht zu den Beteiligungen iSd § 20, sondern unterfallen nur § 23. Ohne die Regelung des § 20 Abs. 2 S. 3 wäre die Veräußerung der Anteile an der Personengesellschaft nur innerhalb der Veräußerungsfrist des § 23 Abs. 1 S. 1 Nr. 2 steuerbar und es bestünde die Möglichkeit, Kapitalanlagen außerhalb der Spekulationsfrist durch Zwischenschaltung einer Personengesellschaft steuerfrei zu veräußern (BT-Drs. 16/4841, 56; BFH 20.11.2018 – VIII R 39/15, BStBl. II 2019, 239).

1182.1 Gewinne oder Verlust aus Veräußerungsvorgängen einer vermögensverwaltenden Personengesellschaft, die den Tatbestand des § 20 Abs. 2 S. 1 Nr. 1 erfüllen, sind zunächst nach §§ 179 Abs. 2, 180 Abs. 1 S. 1 Nr. 2 Buchst. a AO gesondert und einheitlich festzustellen, und zwar auch dann, wenn ein, mehrere oder alle Gesellschafter mit der Veräußerung den Tatbestand des § 17 verwirklicht haben. Die nach § 20 Abs. 8 S. 1 ggf. vorzunehmende Zurechnung einer Veräußerung einer qualifizierten Beteiligung zu den gewerblichen Einkünften iSd § 17 erfolgt erst auf Ebene der Gesellschafter im Veranlagungsverfahren (BMF 18.1.2016, BStBl. I 2016, 85 Rn. 72). Stellt sich heraus, dass der ihnen zugerechnete Veräußerungsgewinn oder -verlust nach § 17 steuerbar ist, ist die im Kapitalertragsteuerabzugverfahren erfolgte Behandlung als Veräußerungstatbestand iSd § 20 Abs. 2 S. 1 Nr. 1 im Rahmen des Veranlagungsverfahrens zu korrigieren (BMF 16.12.2014, BStBl. I 2015, 24).

1183 Eine **unmittelbare Beteiligung** an einer Personengesellschaft ist gegeben, wenn ein Steuerpflichtiger als Gesellschafter oder Treuhänder an der Personengesellschaft beteiligt ist. Eine **mittelbare Beteiligung** besteht bei einer Unterbeteiligung am Gesellschaftsanteil eines Personengesellschafters (BT-Drs. 16/4841, 56). Ungeschriebenes Tatbestandsmerkmal ist im Umkehrschluss aus § 15 Abs. 3 Nr. 1, dass es sich um eine **vermögensverwaltende Personengesellschaft** handelt (Blümich/*Ratschow* § 20 Rn. 395; → Rn. 430). Weil sich im Gesamthandvermögen der Personengesellschaften sich neben Kapitalforderungen iSd § 20 Abs. 2 auch andere Wirtschaftsgüter befinden können (BT-Drs. 16/4841, 56), darf die Personengesellschaft zusätzlich **nicht gewerblich geprägt** iSd § 15 Abs. 3 Nr. 2 sein.

1184 Zum Begriff der **Anschaffung** → Rn. 1296. Beim **Eintritt von Gesellschaftern gegen Einlage** gilt der Erwerb der Beteiligung zugleich als Anschaffung der von der Gesellschaft gehaltenen Wirtschaftsgüter dies anteilig nach der Beteiligungsquote der neuen Gesellschafter. Als Anschaffungskosten der erworbenen Wirtschaftsgüter gilt der Anteil der Einlage oder des Kaufpreises, der nach dem Verhältnis der Verkehrswerte der erworbenen Wirtschaftsgüter zueinander auf das entsprechende Wirtschaftsgut entfällt. Durch den Neueintritt eines Gesellschafters **veräußern zugleich die Altgesellschafter einen Anteil der Wirtschaftsgüter an die neuen Gesellschafter** (BMF 18.1.2016, BStBl. I 2016, 85 Rn. 74 f. mit Berechnungsbeispiel; HHR/*Buge* § 20 Rn. 537). Die Einbringung eines Anteils an einer Personengesellschaft, die Kapitalanlagen hält, in eine andere Personengesellschaft stellt in dem Umfang keine Anschaffung bzw. Veräußerung dar, in dem die Kapitalanlagen weiterhin dem Steuerpflichtigen zuzurechnen sind (*Brunsbach/Mock* BB 2013, 1051 (1051 f.)).

Zum Begriff der **Veräußerung** → Rn. 1149 ff. Der insofern nicht differenzierende Gesetzeswortlaut und das gesetzgeberische Ziel der Schließung von Besteuerungslücken spricht dafür, die Veräußerungsfiktionen des Abs. 2 S. 2 (→ Rn. 1161 ff.) sowie von S. 4 und S. 5 (→ Rn. 1188 ff.) auch auf die Veräußerung iSd Abs. 2 S. 3 zu erstrecken und damit die entsprechenden Veräußerungsfiktionen auch auf die Anteile an vermögensverwaltenden Personengesellschaften anzuwenden. **Verlässt ein Gesellschafter die Personengesellschaft** und lässt sich den gegenwärtigen Wert der ihm anteilig zustehenden Wertpapiere auszahlen, liegt deshalb zutreffend eine Veräußerung der Beteiligung an der Personengesellschaft iSd Abs. 2 S. 3 vor (BMF 18.1.2016, BStBl. I 2016, 85 Rn. 78). Fallen alle Anteile in der Person eines einzigen Steuerpflichtigen zusammen und erlischt die Personengesellschaft dadurch, so stellt dies ungeachtet des fehlenden Rechtsträgerwechsels einen tauschähnlichen Vorgang und damit eine Veräußerung des Anteils dar (BFH 20.11.2018 – VIII R 39/15, BStBl. II 2019, 239). **1185**

Einstweilen frei **1186–1187**

hh) Abtrennung von Zinsschein oder Zinsforderung vom Stammrecht (§ 20 Abs. 2 S. 4 und S. 5). Die § 20 Abs. 2 S. 4 und S. 5 wurden auf Vorschlag des Finanzausschusses (BT-Drs. 18/8739, 111 f.) durch InvStRefG v. 19.7.2016 eingeführt (→ Rn. 77; zur zeitlichen Anwendbarkeit → Rn. 99). Für den Fall, dass ein **Zinsschein oder eine Zinsforderung vom Stammrecht abgetrennt wird,** fingiert **Abs. 2 S. 4** dies als Veräußerung des einheitlichen Wirtschaftsguts „Anleihe" aus Anleihemantel und Zinsschein bzw. Zinsforderung, sowie zugleich als Anschaffung der nach der Abtrennung selbständigen Wirtschaftsgüter „Anleihemantel" einerseits und „Zinsschein bzw. Zinsforderung" andererseits (BT-Drs. 18/8739, 112, sog. **Bond Stripping**). **§ 20 Abs. 2 S. 5** bestimmt den Zeitpunkt der Trennung und damit den Zeitpunkt, zu dem die fiktive Veräußerung der Schuldverschreibung sowie die Anschaffung der durch die Trennung entstandenen Wirtschaftsgüter anzunehmen sind, auf den Zeitpunkt, zu dem die Wertpapierkennnummern für die durch die Trennung entstandenen Wirtschaftsgüter dem Inhaber der Schuldverschreibung zugehen. Für den Nachweis des Zugangszeitpunkts gelten die allgemeinen Grundsätze zur Feststellungslast. **1188**

Im Sinne einer gleichheitsgerechten Besteuerung wäre es **de lege ferenda** zu begrüßen, wenn der Tatbestand des § 20 Abs. 2 S. 4 und S. 5 von seiner Bezugnahme auf **Zins**scheine und -forderungen gelöst und auf die Abtrennung von Gewinn- und sonstigen Ansprüchen iSd § 20 Abs. 2 S. 1 Nr. 2 Buchst. a erweitert würde. **1188.1**

Werden die Zinsforderung oder der Anleihemantel, der eine eigene Kapitalforderung gegen den Kapitalnehmer auf Kapitalrückzahlung darstellt, nach der Trennung veräußert, so liegen hierin weitere, jeweils eigenständige Veräußerungen im Sinne des § 20 Abs. 2 Satz 1 Nr. 7 (→ Rn. 1247 ff.; FG Düsseldorf 29.3.2019 – 1 K 2163/16 E, F, EFG 2019, 1389, Rev. VIII R 15/19; FG Münster 5.9.2019 – 8 K 2950/16 E, BeckRS 2019, 22767). **1188.2**

Das Bond Stripping selbst ist als solches **grundsätzlich keine missbräuchliche Gestaltung** (ebenso: FG Düsseldorf 29.3.2019 – 1 K 2163/16 E, F, EFG 2019, 1389, Rev. VIII R 15/19; *Kußmaul* BB 1998, 2236; offen lassend: FG Münster 5.9.2019 – 8 K 2950/16 E, BeckRS 2019, 22767), sondern das Ergebnis der wirtschaftlichen Tatsache, dass eine Kapitalforderung nach finanzwirtschaftlichen Grundsätzen von ihrem Ertrag getrennt werden kann (→ Rn. 1144). **1189**

Allerdings können **einzelne Gestaltungen missbräuchlich sein,** etwa indem Investmentfonds bestehende Verluste mithilfe des Bond Strippings durch künstlich generierte Erträge ausgleichen, in späteren Veranlagungszeiträumen die Fondsanteile veräußern, dabei die dem künstlich erzeugten Ertrag gegenüber stehenden künstlich erzeugten Verluste realisieren und so die Verlustabzugsbeschränkung nach § 8c KStG umgehen (BT-Drs. 17/12603, **1190**

26). Gerade auf diese Gestaltung reagierte der Gesetzgeber zunächst mit § 3 Abs. 1a S. 1 und S. 2 InvStG idF **AIFM-StAnpG v. 18.12.2013** (→ Rn. 208; zur zeitlichen Anwendbarkeit → Rn. 99), der nur auf denjenigen Investmentfonds anzuwenden war, durch den das Bond Stripping initiiert worden ist (BT-Drs. 17/12603, 26). Nur wenn ein Dritter mit dem Investmentfonds bei der Trennung zusammenwirkte, sollte die Regelung auch für Dritte gelten (BMF 4.6.2014, DStR 2014, 1168 Punkt 4). Durch **InvStRefG v. 19.7.2016** (→ Rn. 77; zur zeitlichen Anwendbarkeit → Rn. 99) übernahm der Gesetzgeber die Regelungen aus § 3 Abs. 1a S. 1 und S. 2 InvStG 2004 wortgleich in § 20 Abs. 2 S. 4 und S. 5 und nahm damit aus seiner Sicht „klarstellend" (BT-Drs. 18/8739, 116; **aA** *Strothenke* DStR 2016, 2893 (2895)) die bisherige Verwaltungspraxis auf, die in der vorgenannten Gestaltung eine missbräuchliche Gestaltung iSd § 42 AO gesehen hatte (BMF 2.12.2013, BStBl. I 2013, 1506).

1190.1 Eine weitere missbräuchliche Gestaltungsmöglichkeit besteht darin, die Anschaffungskosten für die Anleihe vollständig dem Anleihemantel zuzuordnen. Der Anleihemantel könne dann an eine ausschließlich zur Abwicklung der Gestaltung erworbene GmbH veräußert werden, an welcher der Steuerpflichtige zu 100% beteiligt sei. Wegen der vollständigen Zuordnung der Anschaffungskosten zum Anleihemantel würde der Steuerpflichtige aus der Veräußerung des Anleihemantels einen Verlust iSd 20 Abs. 2 S. 1 Nr. 7 generieren, der nach § 32d Abs. 2 S. 1 Nr. 1 Buchst. b der tariflichen Einkommensteuer unterläge und mit Verlusten aus anderen Einkünften verrechnet werden könnte. Aus der Veräußerung des Zinsscheins oder der Zinsforderung würde dann ein Gewinn in Höhe des vollständigen Veräußerungserlöses gemäß § 20 Abs. 2 S. 1 Nr. 2 Buchst. b erzielen, der allerdings nur dem gesonderten Steuertarif von 25% unterläge (BT-Drs. 18/8739, 111 f.; zur Berechnung des Veräußerungsgewinns BMF 11.11.2016, BStBl. I 2016, 1245). Eine derartige Zuordnung ist jedoch unzulässig. Vielmehr sind die ursprünglichen Anschaffungskosten der Anleihe im Verhältnis der jeweiligen Marktwerte auf den Anleihemantel und die Zinsscheine aufzuteilen. Eine unagemessene Gestaltung liegt auch vor, wenn eine vom Steuerpflichtigen beherrschte Gesellschaft in die Veräußerung der Anleihemäntel zwischengeschalet wird, um die durch die Veräußerung der Anleihemäntel erzielten Verluste – anders als die dem Abgeltungsteuersatz unterliegenden positiven Einkünfte aus der Veräußerung der Zinsscheine – in den Anwendungsbereich der dem allgemeinen Steuertarif unterliegenden Einkünfte zu verlagern (FG Düsseldorf 29.3.2019 – 1 K 2163/16 E, F, EFG 2019, 1389, Rev. VIII R 15/19).

1191–1192 *Einstweilen frei*

1193 **c) Übertragungstatbestände im Einzelnen. aa) Veräußerung von Anteilen an Körperschaften, Genussrechten, ähnlichen Beteiligungen und Anwartschaften (§ 20 Abs. 2 S. 1 Nr. 1).** § 20 **Abs. 2 S. 1 Nr. 1 S. 1** erfasst den Gewinn aus der Veräußerung von Anteilen an Anteilen an einer **Körperschaft iSd § 20 Abs. 1 Nr. 1** (→ Rn. 526 ff.). Der Katalog des § 20 Abs. 1 Nr. 1 ist entgegen stRspr als abschließend anzusehen (→ Rn. 544 f.). Zum Tatbestand der **Veräußerung** → Rn. 1149 ff.; zu den Veräußerungsfiktionen → Rn. 1161 ff.; zur Berechnung des Veräußerungsgewinns → Rn. 1272 ff.

1194 Nach **S. 2 Alt. 1** ist auch die Veräußerung sog. **qualifizierter Genussrechte** iSd § 20 Abs. 1 Nr. 1 steuerbar, mit denen das Recht der Beteiligung am Gewinn **und** Liquidationserlös einer Kapitalgesellschaft verbunden ist (→ Rn. 529). Sog. **einfache Genussrechte,** die diese Bedingung nicht erfüllen, sind Kapitalforderungen iSd § 20 Abs. 1 Nr. 7 (→ Rn. 530), sodass der Gewinn aus ihrer Veräußerung nach § 20 Abs. 2 Nr. 7 steuerbar ist (→ Rn. 1247).

1195 Die von **S. 2 Alt. 2** erfassten **ähnlichen Beteiligungen** sollen insbesondere Anteile an Vorgesellschaften sein, die nach Abschluss des Vertrags zur Errichtung einer Kapitalgesellschaft vor Eintragung in das Handelsregister bestehen (BT-Drs. 16/4841, 55). Nach hier vertretener Auffassung unterfallen die Vorgesellschaften jedoch bereits nach allgemeinen Grundsätzen den Körperschaften iSd § 20 Abs. 1 Nr. 1 (→ Rn. 536), sodass die Veräußerung der daran bestehenden Beteiligung bereits nach Abs. 2 S. 1 Nr. 1 S. 1 steuerbar ist.

1196 **S. 2 Alt. 3** erstreckt die Steuerbarkeit der Veräußerungsgewinne auch auf die Veräußerung von **Anwartschaften auf Anteile** iSd Abs. 1 Nr. 1. **Anwartschaften** sind alle dinglichen oder schuldrechtlichen Rechte auf den Erwerb eines Anteils einer Körperschaft. Hierzu gehören va **Bezugsrechte,** die einen Anspruch auf Abschluss eines Zeichnungsvertrages begründen, sowie **Wandlungsrechte** aus Wandelschuldverschreibungen iSd § 221 Abs. 1 AktG (BT-Drs. 16/4841, 55), aber auch **Optionsanleihen mit Wahlrecht** des Gläubigers zwischen Kapitalrückzahlung und Anteilsbezug (Blümich/*Ratschow* § 20 Rn. 359) oder die nach **allgemeinen zivilrechtlichen Grundsätzen begründeten Anwartschaftsrechte,** etwa beim Kauf unter Eigentumsvorbehalt, unter aufschiebender Bedingung mit jederzeitiger Möglichkeit zur Herbeiführung des Bedingungseintritts etc (zur Wahrung der Korrespondenz de lege ferenda für eine Zuordnung zu Abs. 2 Nr. 7: HHR/*Buge* § 20 Rn. 430 und 511).

Einstweilen frei **1197–1198**

bb) Veräußerung von Dividendenscheinen und sonstigen Ansprüchen sowie von Zinsscheinen und Zinsforderungen (§ 20 Abs. 2 S. 1 Nr. 2). § 20 **Abs. 2 S. 1 Nr. 2 S. 1** besteuert den Gewinn aus der Veräußerung von **Dividendenscheinen und sonstigen Ansprüchen ohne das Stammrecht** durch den Inhaber des Stammrechts (**Buchst. a**) sowie aus der Veräußerung von **Zinsscheinen und Zinsforderungen** durch den Inhaber oder ehemalige Inhaber der Schuldverschreibung und deren Einlösung durch den ehemaligen Inhaber der Schuldverschreibung (**Buchst. b**), **wenn die zugrundeliegende Kapitalforderung nicht mitveräußert wird.** Dies gilt nach Nr. 2 S. 2 auch dann, wenn die dazugehörigen Anteilsrechte oder Schuldverschreibungen nicht in einzelnen Wertpapieren verbrieft sind. **1199**

(1) Historie, Zweck der Norm. Die Regelung des § 20 Abs. 2 S. 1 Nr. 2 entspricht der Rechtslage vor der Unternehmensteuerreform 2008 (BT-Drs. 16/4841, 55), Vorläufer fanden sich bereits in § 37 Abs. 2 Nr. 2 EStG 1925 und § 20 Abs. 2 Nr. 2 EStG 1934. Durch das **StandOG v. 13.9.1993** (→ Rn. 55; zur zeitlichen Anwendbarkeit → Rn. 99) wurde § 20 Abs. 2 S. 1 Nr. 2 neu gefasst und die Formulierung „Anteilseigner" durch „Inhaber des Stammrechts" ersetzt, weil der Veräußerer eines noch nicht entstandenen Dividendenanspruchs nicht Anteilseigner iSd zugleich eingeführten § 20 Abs. 2a sein konnte. Zudem wurde die klarstellende Regelung des Nr. 2 Buchst. a S. 2 eingeführt, wonach die Besteuerung nach Buchst. a S. 1 an die Stelle der Besteuerung nach § 20 Abs. 1 trat. Hierdurch musste eine Dividende bei Versteuerung des Veräußerungserlöses nach § 20 Abs. 2 Nr. 2 Buchst. a, der vom Inhaber des Stammrechts anstelle der Dividende zu versteuern ist, nicht nochmals vom Anteilseigner nach § 20 Abs. 1 Nr. 1 versteuert werden (BT-Drs. 12/5016, 87 → Rn. 1211). **1200**

Mit dem **StMBG v. 21.12.1993** (→ Rn. 56; zur zeitlichen Anwendbarkeit → Rn. 99) erweiterte der Gesetzgeber die in Nr. 2 Buchst a bestehende Steuerbarkeit für verbriefte Forderungen mit Nr. 2 Buchst. b auch auf die Gewinne aus der Veräußerung unverbriefter Zinsforderungen, auf die Veräußerung oder Einlösung von Zinsscheinen und Zinsforderungen durch ehemalige Inhaber einer Schuldverschreibung. Er schloss damit eine Regelungslücke, die bei einer Veräußerung eines vom Wertpapier getrennten Zinsscheins nur beim Inhaber des Papiers zu Kapitalertrag führte, während die Veräußerung oder Einlösung des (nicht getrennten) Zinsscheins durch den ehemaligen Inhaber als Veräußerung oder Einziehung einer Forderung auf steuerfreier Vermögensebene angesehen wurde (BT-Drs. 12/6078, 123). **1201**

Einstweilen frei **1202–1203**

(2) Systematik. Beide in § 20 Abs. 2 S. 1 Nr. 2 genannten Tatbeständen betreffen die wirtschaftliche Verwertung des Rechts auf erst künftig entstehende Kapitalerträge, ohne dass zugleich eine Übertragung der Kapitalforderung selbst erfolgt. Die Übertragung eines Anspruchs auf künftige Gewinne ist dabei bereits vor der zivilrechtlichen Entstehung des Anspruchs möglich (BMF 26.7.2013, BStBl. I 2013, 939). Erfasst wird nur die Veräußerung künftig entstehender Gewinnansprüche. Sind die Ansprüche im Zeitpunkt der Veräußerung bereits entstanden, so tritt allein die Besteuerung nach § 20 Abs. 1 Nr. 1 ein (HHR/*Buge* § 20 Rn. 451; Schmidt/*Levedag* § 20 Rn. 160) und die Bezüge werden den Stammrechtsinhabern, dh den Anteilseignern im Zeitpunkt der Anspruchsentstehung (Rn. → Rn. 401) zugerechnet. Wenn der Anteilseigner das Gewinnbezugsrecht zeitlich nach dessen Entstehung, aber noch vor dem Zufluss des Ertrags veräußert, ist dies ein nicht steuerbarer Akt der Vermögensverwendung (KSM/*Jochum* § 20 Rn. D/2 10c; Blümich/*Ratschow* § 20 Rn. 362; Schmidt/*Levedag* § 20 Rn. 160; → Rn. 379). **1204**

Nr. 2 S. 1 Buchst. a ist auf Gewinnbezugsrechte und damit auf Fälle der dauerhaften Kapitalüberlassung an Körperschaften und Personenvereinigung iSd § 20 Abs. 1 Nr. 1 ausge- **1205**

richtet. Dagegen betrifft **Nr. 2 S. 1 Buchst. b** zinsgebundene Kapitalerträge aus zeitlich begrenzten Fremdkapitalforderungen.

1206 **Nr. 2 S. 2,** der eine Verbriefung in einzelnen Wertpapieren nicht erforderlich macht, gilt ausweislich ihrer Bezugnahme seiner Dividenden- oder Zinsansprüchen für beide Fälle von Nr. 2. S. 1. Die Verweisung in **Nr. 2 S. 3** auf die Anwendung von S. 2 gilt ausweislich der Bezugnahme auf „Zinsansprüche" nur in den Fällen von Nr. 2 S. 1 Buchst. b sowie nur bei der „Abtretung" von Zinsansprüchen gemäß §§ 398 ff. BGB, nicht aber bei der Übertragung isolierter Zinsscheine gemäß §§ 929 ff. BGB (FG Düsseldorf 17.12.2018 – 2 K 3874/15 F, EFG 2019, 505, Rev. I R 8/19).

1207–1208 *Einstweilen frei*

1209 **(3) Veräußerung von Dividendenscheinen und sonstigen Ansprüchen (Nr. 2 S. 1 Buchst. a). Nr. 2 S. 1 Buchst. a besteuert** den Inhaber des Stammrechts, dem im Zeitpunkt der Veräußerung oder Veräußerungsfiktion die Beteiligung iSd § 20 Abs. 1 Nr. 1, aus der die Gewinnbezugsrechte in verbriefter („Dividendenschein") oder unverbriefter Form („Dividendenansprüche") sowie die sonstigen Ansprüche resultieren, persönlich zuzurechnen ist (zur persönlichen Zurechnung → Rn. 401). Dabei unterfällt der Nr. 2 S. 1 Buchst. a nur die **Veräußerung unmittelbar durch den Stammrechtsinhaber,** nicht hingegen die Veräußerung früherer Inhaber des Stammrechts oder die Weiterveräußerung von Ansprüchen durch den Erwerber (HHR/*Buge* § 20 Rn. 454).

1210 Der **Dividenden- bzw. Gewinnanspruch** darf noch nicht durch einen Gewinnverwendungsbeschluss (→ Rn. 401 und → Rn. 707) entstanden sein (KSM/*Jochum* § 20 Rn. D/2 14c und D/2 16a). Voraussetzung ist zudem, dass die dazugehörigen **Aktien oder sonstigen Anteile nicht mitveräußert werden** (KSM/*Jochum* § 20 Rn. D/2 10c). Aufgrund der gebotenen Einzelbetrachtung jeder Kapitalanlage und jedes Rechtsverhältnisses (→ Rn. 331) ist diese Voraussetzung nicht nur erfüllt, wenn der Inhaber des Stammrechts dieses behält, sondern auch dann, wenn er das Stammrecht und die daraus resultierenden Gewinn- und sonstigen Ansprüche an verschiedene Erwerber veräußert. Zum Tatbestand der **Veräußerung** → Rn. 1149 ff.; zu den Veräußerungsfiktionen → Rn. 1161 ff.; zur Berechnung des Veräußerungsgewinns → Rn. 1272 ff.

1211 Nach **Nr. 2 Buchst. a S. 2** tritt die tatsächliche Besteuerung eines Veräußerungsgewinns nach Nr. 2 Buchst. a S. 1 **insoweit** an die Stelle der Besteuerung nach § 20 Abs. 1; diese Sperrwirkung gilt jedoch nicht, wenn für den Veräußerer des Dividendenanspruchs keine unbeschränkte Steuerpflicht bestand, da § 49 nicht auf § 20 Abs. 2 S. 1 Nr. 2 Buchst. a verweist (FG Hessen 17.5.2019 – 4 K 720/16, EFG 2019, 1593, Rev. VIII R 21/19). **Zweck** der in der Grundform durch **StandOG v. 13.9.1993** (→ Rn. 55; zur zeitlichen Anwendbarkeit → Rn. 99) eingeführten Regelungen ist die Vermeidung der Doppelbesteuerung des Anteilseigners durch Versteuerung des Veräußerungserlöses nach § 20 Abs. 2 Nr. 2 Buchst. a und anschließender Besteuerung des Beteiligungsertrags nach § 20 Abs. 1 Nr. 1 (BT-Drs. 12/5016, 87). Die Subsidiaritätsregelung wurde durch **Gesetz zur Anpassung des nationalen Steuerrechts an den Beitritt Kroatiens zur EU und zur Änderung weiterer steuerlicher Vorschriften v. 25.7.2014** (→ Rn. 76; zur zeitlichen Anwendbarkeit → Rn. 99) nochmals klargestellt. Ohne die ausdrückliche Regelung müsste zB der ursprüngliche Inhaber des Zinsscheins die Zinsen trotz Veräußerung des Zinsanspruchs versteuern, obwohl nicht ihm, sondern dem Erwerber die Zinseinnahmen bei Einlösung zufließen (HHR/*Buge* § 20 Rn. 450). Dabei entfaltet schon nach grammatikalischer Auslegung („erfolgt **ist**"), aber auch im Hinblick auf den Besteuerungszweck der Vermeidung einer Doppelbesteuerung **nur eine tatsächlich erfolgte Dividendenbesteuerung** durch eine tatsächlich erhobene Einkommensteuer auf Erträge iSd § 20 Abs. 1 Nr. 1 **Sperrwirkung** für die Besteuerung der Veräußerungsgewinne. Ist eine Dividendenbesteuerung – etwa wegen eines fehlenden Besteuerungsrechts der Bundesrepublik Deutschland bei beschränkter Steuerpflicht – unterblieben, so kann aus Nr. 2 Buchst. a S. 2 keine Sperrwirkung erfolgen (**aA** HHR/*Buge* § 20 Rn. 456; *Bisle* NWB 2013, 4108 (4110); *Helios/Klein* FR 2014, 110 (112)).

1211.1 Der Gesetzgeber sah sich zu einer Neufassung von Buchst. a S. 2 Gesetz zur Anpassung des nationalen Steuerrechts an den Beitritt Kroatiens zur EU und zur Änderung weiterer steuerlicher Vorschriften v. 25.7.2014 veranlasst, weil aufgrund des früheren Wortlauts teilweise die Auffassung vertreten wurde, dass bei Veräußerung von Dividendenansprüchen vor dem Dividendenstichtag die Besteuerung der späteren Dividendenzahlung nach § 20 Abs. 1 Nr. 1 generell ausgeschlossen sei, und zwar selbst dann, wenn der Veräußerungserlös keiner Besteuerung unterlag (so *Wiese/Berner* DStR 2013, 2674 (2675 f.); *Helios/Link* FR 2014, 110 (112 f.); gegen eine derartige Sperrwirkung bereits bei altem Gesetzeswortlaut: BMF 26.7.2013, BStBl. I 2013, 939; Schmidt/*Weber-Grellet*, 36. Aufl. 2017, § 20 Rn. 128). Ein derartiges Rechtsverständnis war indes bei grammatikalischer, systematischer und telelogischer Auslegung nicht überzeugend. So entsteht ein Konkurrenzverhältnis zwischen der Besteuerung nach § 20 Abs. 2 S. 1 Nr. 2 Buchst. a S. 1 und § 20 Abs. 1 Nr. 1 zutreffend nur, soweit der Anteilseigner seinen Anspruch auf künftige Gewinne veräußert. Dieses Konkurrenzverhältnis löst Nr. 2 Buchst. a S. 2 dergestalt, dass die Besteuerung beim Anteilseigner nach § 20 Abs. 1 Nr. 1 unterbleibt, allerdings nur, **soweit** eine kongruente Besteuerung des Veräußerungserlöses tatsächlich erfolgt ist (BT-Drs. 18/1529, 53; in der Regelung eine verfassungswidrige Rückwirkung erkennend: Blümich/*Ratschow* § 20 Rn. 362a). Nur in diesem Umfang bestehen Bedarf und Notwendigkeit, zur Vermeidung einer Doppelbesteuerung eine Sperrwirkung anzunehmen.

Einstweilen frei 1212–1213

(4) Veräußerung von Zinsscheinen und Zinsforderungen (Nr. 2 S. 1 Buchst. b). 1214
Nr. 2 Buchst. b S. 1 besteuert den Gewinn aus der **Veräußerung von Zinsscheinen und Zinsforderungen** durch den Inhaber oder ehemaligen Inhaber der Schuldverschreibung, wenn die dazugehörige Schuldverschreibung nicht mitveräußert wird, auch wenn sie nicht in einem einzelnen Wertpapier verbrieft ist. Entsprechendes gilt nach Buchst. b S. 2 für die Einlösung von Zinsscheinen und Zinsforderungen durch den ehemaligen Inhaber der Schuldverschreibung. Die Verweisung in Nr. 2 **S. 3** auf Nr. 2 S. 2 erstreckt die Unschädlichkeit einer fehlenden Verbriefung auch auf die Abtretung von Zinsansprüchen aus Schuldbuchforderungen, die in ein öffentliches Schuldbuch eingetragen sind.

Inhaber einer Inhaberschuldverschreibung ist der Steuerpflichtige, dem im Zeitpunkt der 1215
Veräußerung oder Veräußerungsfiktion die Kapitalforderung, aus der die Zinsforderung in verbriefter („Zinsschein") oder unverbriefter Form („Zinsforderung") resultiert, persönlich zuzurechnen ist. **Ehemaliger Inhaber** ist der Steuerpflichtige, dem die Zinsforderung vor der Veräußerung zuzurechnen war. Zur persönlichen Zurechnung → Rn. 410. Die Besteuerung des ehemaligen Inhabers verhindert, dass dieser die Kapitalforderung vor der Zinszahlung abtrennt und veräußert, die Zinsforderung aber behält. Zum Tatbestand der **Veräußerung** → Rn. 1149 ff.; zu den Veräußerungsfiktionen → Rn. 1161 ff.; zur Berechnung des Veräußerungsgewinns → Rn. 1272 ff.

Die Erlöse aus der Veräußerung von Zinskupons gegen eine Kapitalgesellschaft stellen nach inner- 1215.1
deutschem Recht „vorgezogene" Zinserträge und nicht Dividenden dar, sodass diese innerdeutsche Einkünftequalifikation nicht auf die Auslegung des Dividendenbegriffs iSd DBA durchschlagen kann (so für das DBA Luxemburg: BMF 2.12.2013, BStBl. I 2013, 1506).

Nach **Nr. 2 Buchst. b S. 2** gilt Buchst. b S. 1 entsprechend gilt für die Einlösung von 1216
Zinsscheinen und Zinsforderungen durch den ehemaligen Inhaber der Schuldverschreibung. Die Regelung hat **teilweise klarstellenden Charakter,** soweit der Veräußerer des Stammrechts lediglich Zinsforderungen einzieht, die auf den Zeitraum entfallen, in dem er Inhaber der Schuldverschreibung war (Besitzzeit), und enthält einen eigenen **steuerbegründenden Besteuerungstatbestand,** soweit er bei der Veräußerung des Stammrechts Zinsforderungen zurückbehalten hat, die auf die Besitzzeit des Erwerbers der Schuldverschreibung entfallen (HHR/*Buge* § 20 Rn. 462; KSM/*Jochum* § 20 Rn. D/2 32 ff.).

Einstweilen frei 1217

cc) Gewinn aus Termingeschäften (§ 20 Abs. 2 S. 1 Nr. 3). § 20 **Abs. 2 S. 1 Nr. 3** 1218
besteuert den **Gewinn bei Termingeschäften,** durch die der Steuerpflichtige einen Bar- bzw. Differenzausgleich oder einen durch den Wert einer veränderlichen Bezugsgröße bestimmten Geldbetrag oder Vorteil erlangt (**Buchst. a**), sowie **aus der Veräußerung eines als Termingeschäft ausgestalteten Finanzinstruments (Buchst. b**). Die Regelung wurde durch **UntStRefG 2008 v. 14.8.2007** eingeführt (→ Rn. 72; zur zeitlichen Anwendbarkeit → Rn. 99).

Die Regelung normiert abschließend die Beendigungstatbestände bezüglich des aus dem 1219
Termingeschäft **Berechtigten,** va des Optionsberechtigten (Optionsnehmer) und ist damit zu unterscheiden von der spiegelbildlichen Regelung des **§ 20 Abs. 1 Nr. 11** (→

Rn. 1136 ff.) **für die Einkünfte des aus dem Termingeschäft Verpflichteten (sog. Stillhalter oder Optionsgeber;** BT-Drs. 16/4841, 54 f.; *Philipowski* DStR 2017, 1362 (1363); **aA** *Helios/Philipp* BB 2010, 95 (100): Anwendung des § 20 Abs. 2 S. 1 Nr. 3 auch auf Stillhalter). Zur persönlichen Zurechnung der Gewinne iSd Abs. 2 S. 1 Nr. 3 → Rn. 416 f. Zu den besonderen Verlustverrechnungsbeschränkungen in § 20 Abs. 6 S. 5 → Rn. 1394 ff.

1219.1 Die Regelung löste die zuvor geltende Regelung des § 23 Abs. 1 S. 1 Nr. 4 aF ab, wonach der Wertzuwachs bei Termingeschäften nur innerhalb der Spekulationsfrist steuerbar war (BT-Drs. 16/4841, 55). Zudem konnten Festgeschäfte mit wechselseitigen Veräußerungsgeschäften unter bestimmten Bedingungen als Veräußerungsgeschäfte angesehen werden, bei denen die Veräußerung der Wirtschaftsgüter früher erfolgte als der Erwerb; die hieraus erzielte Erträgen waren dann nach § 23 Abs. 1 S. 1 Nr. 3 unabhängig von einer Haltefrist steuerbar (FG Baden-Württemberg 27.9.2007 – 10 K 303/05, EFG 2008, 282).

1219.2 Ausweislich der Gesetzesbegründung besteuert Nr. 3 Buchst. a Wertzuwächse nunmehr unabhängig davon, ob und wann die Beendigung des Rechts erfolgt (BT-Drs. 16/4841, 55). Aus Gründen der systematischen Einheit wäre es daher zu begrüßen, die Regelung des Abs. 2 S. 1 Nr. 3 Buchst. a, die auf den Realisationsvorgang einer Veräußerung gerade verzichtet (BFH 26.9.2012 – IX R 50/09, BStBl. II 2013, 231; vgl. auch BMF 27.3.2013, BStBl. I 2013, 403), in § 20 Abs. 1 Nr. 11 zu überführen.

1220 **(1) Gewinn aus Termingeschäften (Nr. 3 Buchst. a).** Der in § 20 Abs. 2 S. 1 Nr. 3 benutzte Begriff des **Termingeschäfts** entspricht dem Begriffsverständnis des § 15 Abs. 4 S. 3 sowie des § 23 Abs. 1 S. 1 Nr. 4 aF (BFH 20.8.2014 – X R 13/12, BStBl. II 2015, 177) und folgt den Regelungen des § 2 WpHG und § 1 KWG (BT-Drs. 14/443, 28 f.; BFH 17.4.2007 – IX R 40/06, BStBl. II 2007, 608; BFH 26.9.2012 – IX R 50/09, BStBl. II 2013, 231; BFH 20.8.2014 – X R 13/12, BStBl. II 2015, 177; BFH13.1.2015 – IX R 13/14, BStBl. II 2015, 827; BFH 24.10.2017 – VIII R 35/15, BStBl. II 2018, 189; **aA** KSM/*Jochum* § 20 Rn. D/3 13). **Termingeschäfte,** die sich **von sog. Kassageschäften unterscheiden,** deren Abschluss und Erfüllung sofort bzw. innerhalb von zwei Bankarbeitstagen erfolgt (Schmidt/*Levedag* § 20 Rn. 166), sind sämtliche als Options- oder Festgeschäft ausgestaltete Finanzinstrumente sowie Kombinationen zwischen Options- und Festgeschäften, deren Preis unmittelbar oder mittelbar abhängt von dem Börsen- oder Marktpreis von Wertpapieren, Geldmarktinstrumenten, Waren oder Edelmetallen, dem Kurs von Devisen oder Rechnungseinheiten von den Zinssätzen oder anderen Erträgen (mögliche Bezugselemente und Basiswerte der Termingeschäfte ergeben sich auch aus § 2 Abs. 3 WpHG). Dabei ist es **ohne Bedeutung,** ob das Termingeschäft in einem Wertpapier **verbrieft** ist und ob es **an einer amtlichen Börse oder außerbörslich abgeschlossen** wird (BT-Drs. 16/4841, 55; BMF 18.1.2016, BStBl. I 2016, 85 Rn. 9). Die teleologische **Erstreckung des klaren Wortlauts auf sämtliche Derivate,** von denen die Termingeschäfte nur einen Ausschnitt bilden, ist mit den Bestimmtheitserfordernissen des Steuertatbestands **nicht vereinbar** (ähnlich für Devisentermingeschäfte: BFH 25.8.1987 – IX R 65/86, BStBl. II 1988, 248; **aA** HHR/*Buge* § 20 Rn. 472 und 476 zB für Zinsbindungsverträge (Caps, Floors, Collars, Forwards); *Dahm/Hamacher* Termingeschäfte im Steuerrecht, 2. Aufl. 2014, Rn. 70 ff.; *Helios/Philipp* BB 2010, 95 (96 f.)). Zur Vermeidung von Besteuerungslücken wäre de lege ferenda allerdings eine dynamische Verweisung in § 20 auf die Regelungen des WpHG oder KWG zu begrüßen (ebenso: Braun/Günther/*Tormöhlen* Das Steuer-Handbuch, „Termingeschäft"; für eine gesonderte Legaldefinition: *Haisch* DStZ 2007, 762 (765); für Geldmarktinstrumente auch → Rn. 1058).

1220.1 Ein **Optionsgeschäft** ist ein Unterfall eines Termingeschäfts (zum Begriff → Rn. 1137). Weil der Käufer der Option das Recht, nicht jedoch die Verpflichtung zum Abschluss eines späteren Geschäfts zu vorab festgelegten Konditionen hat, sind Optionsgeschäfte **bedingte Termingeschäfte** (BMF 18.1.2016, BStBl. I 2016, 85 Rn. 10 f.). Das Optionsgeschäft ist getrennt und steuerlich eigenständig von dem ggf. nachfolgenden Wertpapiergeschäft anzusehen (HHR/*Buge* § 20 Rn. 476), was praktische Bedeutung insbesondere für die Ermittlung der Überschusserzieluungsabsicht bei gebotener Einzelbetrachtung jeder Kapitalanlage hat (→ Rn. 504).

1220.2 Im Gegensatz dazu gehen beim **Festgeschäft** (auch Terminkontrakt) beide Vertragsparteien bereits bei Abschluss des Geschäfts die feste **Verpflichtung** ein, zu einem späteren Zeitpunkt zB einen bestimmten Kaufgegenstand zum vereinbarten Preis zu erwerben oder zu liefern (**unbedingtes Ter-**

mingeschäft). Unterschieden werden an einer amtlichen Terminbörse gehandelte, standardisierte Festgeschäfte (sog. „Futures") und außerbörslich gehandelte, individuell gestaltete Festgeschäfte (sog. „Forwards"; BMF 18.1.2016, BStBl. I 2016, 85 Rn. 10 und 36). Besondere Formen des Festgeschäfts sind sog. **Swaps** (Zinsswaps, Aktienswaps, Cross-Currency-Swaps etc), die sich durch die feste Vereinbarung von zeitlich verzögerten wechselseitigen Zahlungs-, Zins-, Währungs- oder sonstigen Ansprüchen oder Beträgen zu vereinbarten Zeitpunkten auszeichnen (BFH 13.1.2015 – IX R 13/14, BStBl. II 2015, 827; BFH 7.6.2016 – VIII R 32/13, BStBl. II 2016, 769; BMF 18.1.2016, BStBl. I 2016, 85 Rn. 38, 40, 45 und 47; HHR/*Buge* § 20 Rn. 481), oder sog. **Differenzkontrakte** (Contracts for Difference (CfD)) mit festem Vertragsschluss, aber unbestimmter Laufzeit (*Dahm/Hamacher* Termingeschäfte im Steuerrecht, 2. Aufl. 2014, Rn. 101 ff.).

Kombinationsgeschäfte von jeweils zwei Grundgeschäften in einem Abschluss sind möglich in Form sog. „**Spreads**" (gleichzeitiger Kauf und Verkauf von Optionen der gleichen Serie, aber mit unterschiedlichem Basispreis und/oder Verfalldatum), „**Straddles**" (gleichzeitiger Kauf einer Kauf- und einer Verkaufsoption mit gleichem Basiswert, Basispreis und Verfalldatum) oder „**Strangles**" (gleichzeitiger Kauf einer Kauf- und einer Verkaufsoption mit gleichem Basiswert und Verfalldatum, aber unterschiedlichem Basispreis; BMF 18.1.2016, BStBl. I 2016, 85 Rn. 16). **1220.3**

Weitere Tatbestandsvoraussetzung ist, dass der **Optionsnehmer durch das Termingeschäft** einen **Bar- bzw. Differenzausgleich** oder einen durch den Wert einer veränderlichen Bezugsgröße bestimmten Geldbetrag oder Vorteil erlangt. Ist die effektive Abnahme oder Lieferung des Basiswertes auf Grund der Natur der Sache (zB weil der Basiswert ein bloß rechnerisch ermittelter Index ist), auf Grund von Handelsbedingungen oder nach den vereinbarten Optionsbedingungen ausgeschlossen, so kann die Verpflichtung des Optionsgebers (sog. Stillhalter) in der Zahlung eines nach in Nr. 3 Buchst. a steuerbaren **Differenzausgleichs** an den Optionsnehmer (sog. Barausgleich oder „cash-settlement"; BFH 24.10.2017 – VIII R 35/15, BStBl. II 2018, 189; BMF 18.1.2016, BStBl. I 2016, 85 Rn. 12; *Dahm/Hamacher* Termingeschäfte im Steuerrecht, 2. Aufl. 2014, Rn. 56; *Helios/Philipp* BB 2010, 95 (96)) in Höhe der Differenz zwischen vereinbartem Basispreis und Tageskurs des Basiswerts liegen (BT-Drs. 16/4841, 59; zur Behandlung des Differenz- bzw. Barausgleichs als Werbungskosten des Stillhalter → Rn. 1488.1). **1221**

Ist das **Termingeschäft hingegen auf die tatsächliche („physische") Lieferung des Basiswertes** am Ende der Laufzeit gerichtet, so ist dies kein Fall von § 20 Abs. 2 S. 1 Nr. 3 (BFH 24.10.2017 – VIII R 35/15, BStBl. II 2018, 189; BFH 20.11.2018 – VIII R 37/15, BStBl. II 2019, 507; zur Differenzierung bei Investments in Kryptowährungen wie Bitcoin etc: *Krauß/Blöchle* DStR 2018, 1210 (1213 f.); *Reiter/Nolte* BB 2018, 1179 (1180)). Kommt es bei **Ausübung einer Option** zur Lieferung des Basisguts an den Optionsnehmer, ist dies ein einheitlicher Anschaffungsvorgang des Optionsnehmers, bei dem die Options- bzw. Stillhalterprämie die Anschaffungskosten des Basisguts erhöhen (*Haisch* DStZ 2007, 762 (770); → Rn. 1286.1; **aA** HHR/*Buge* § 20 Rn. 476: zweiter Vertragsschluss). **1221.1**

Wird die durch Optionsrechtsausübung erlangte Kapitalforderung erlangte Beteiligung oder Kapitalforderung veräußert, so ist dies nach § 20 Abs. 2 S. 1 Nr. 1 oder Nr. 7, nicht aber nach Nr. 3 steuerbar (*Helios/Philipp* BB 2010, 95 (96)). **1221.2**

Erfasst werden **durch den Wert einer veränderlichen Bezugsgröße bestimmte Geldbeträge oder Vorteile, die auf dem Basisgeschäft beruhen** (BT-Drs. 14/443, 29). Dies erfasst auch Vorteile bei Abschluss eines Eröffnungsgeschäftes mit nachfolgendem Gegengeschäft, wenn beide Geschäfte derart miteinander verknüpft sind, dass der auf die Realisierung einer positiven oder negativen Differenz aus Eröffnungs- und Gegengeschäft gerichtete Wille der Vertragsbeteiligten erkennbar ist (BFH 24.10.2017 – VIII R 35/15, BStBl. II 2018, 189: bloße Leerverkäufe nicht ausreichend; BFH 20.11.2018 – VIII R 37/15, BStBl. II 2019, 507; BMF 17.1.2019, BStBl. I 2019, 51, Rn. 38: Order mit Closingvermerk oder ausdrückliche Vereinbarung eines Differenzausgleichs ausreichend, bloßes zeitliches Aufeinanderfolgen von Eröffnungs- und Gegengeschäft nicht ausreichend). Anders als § 23 Abs. 1 S. 1 Nr. 4 EStG aF stellt § 20 Abs. 2 S. 1 Nr. 3 Buchst. a nach seinem insofern offenen Wortlaut nur noch auf den Abschluss eines Termingeschäfts und dessen wirtschaftliches Ergebnis ab und verlangt gerade **nicht mehr,** dass die entsprechenden Gewinne aus Termingeschäften durch die bzw. **bei der „Beendigung des Rechts"** erzielt werden (BFH 12.1.2016 – IX R 48/14, BStBl. II 2016, 456 mwN; BFH 12.1.2016 – IX R 50/14, BStBl. II 2016, 462; **aA** Kirchhof/*Bleschick* § 20 Rn. 130). **1222**

1223 In beiden Fällen ist erforderlich, dass der Optionsnehmer den Differenzausgleich oder den Vorteil „durch das Termingeschäft", dh unmittelbar aufgrund des Erwerbs eines Rechts erlangt. Dies gilt unabhängig davon, ob der Erwerber die darin liegende (rechtliche) Möglichkeit im Fall einer für ihn günstigen Wertentwicklung ausgeübt hat, ob er im Fall einer für ihn ungünstigen Wertentwicklung das Recht verfallen lässt oder ob der Verfall der Option durch ein vorab vereinbartes Ereignis eintritt. Dass der Optionsnehmer das Recht als Vorteil ansieht, zeigt sich gerade in der von ihm an den Emittenten des Rechts gezahlten Prämie. Schließt der Steuerpflichtige ein Termingeschäft mit Überschusserzielungsabsicht ab (→ Rn. 504 ff.), so ist jeder Ausgang des Geschäfts und damit auch der Verfall einer Option ohne zeitliche Beschränkung in vollem Umfang und damit nicht nur etwaige positive Gewinne, sondern auch etwaige Verluste steuerbar (BFH 12.1.2016 – IX R 48/14, BStBl. II 2016, 456; BFH 12.1.2016 – IX R 50/14, BStBl. II 2016, 462; BFH 20.11.2018 – VIII R 37/15, BStBl. II 2019, 507; HHR/*Buge* § 20 Rn. 476; KSM/*Jochum* § 20 Rn. C/11 12, D/3 26 f. und F 26; Schmidt/*Levedag* § 20 Rn. 165; *Haisch* DStZ 2007, 762 (770); *Helios/Philipp* BB 2010, 95 (97 f.); *Reislhuber/Bachmeister* DStR 2010, 684 (685); *Kellersmann* FR 2012, 57 (64 ff.); *Meinert/Helios* DStR 2013, 508 (510); *Moritz/Strohm* DB 2013, 603 (605 f.); *Heuermann* DB 2013, 718 (718); für Knock-Out-Zertifikate mit automatischer Beendigung bei Erreichen der Stopp-Loss-Barriere: FG Köln 26.10.2016 – 7 K 3387/13, EFG 2017, 216, Rev. VIII R 1/17; BMF 12.4.2018, BStBl. I 2018, 624 Rn. 27, Rn. 32 und Rn. 44; **aA** noch BMF 18.1.2016, BStBl. I 2016, 85 Rn. 27 und 32).

1224 Das Tatbestandsmerkmal **„durch den Wert einer veränderlichen Bezugsgröße bestimmt"** ist nicht erfüllt, wenn am Fälligkeitstag schlicht Basiswerte in der bestellten – und damit von Anfang an feststehenden und von der weiteren Kursentwicklung unabhängigen – Menge geliefert werden. Der erlangte **Vorteil ist dann nicht vom Basiswert als Bezugsgröße abhängig, sondern besteht unmittelbar in der Lieferung des Basiswerts** (BFH 6.7.2016 – I R 25/14, BStBl. II 2018, 124) und unterfällt nicht § 20 Abs. 2 S. 1 Nr. 3 Buchst. a, sondern im Fall von Kapitalforderungen § 20 Abs. 2 Nr. 7 (vgl. BMF 18.1.2016, BStBl. I 2016, 85 Rn. 26, 29 und 33; **aA** HHR/*Buge* § 20 Rn. 472) und bei anderen Wirtschaftsgütern § 23 Abs. 1 S. 1 Nr. 2 (Kirchhof/*Bleschick* § 20 Rn. 130; vgl. auch *Helios/Philipp* BB 2010, 95 (96)). Die **Stillhalterprämie** (→ Rn. 1137) erfüllt diese Voraussetzung nicht, da sie vom Veräußerungsgeschäft gelöst ist und eine fixe Gegenleistung für das Stillhalten des Optionsgebers darstellt. Sie wird daher eigenständig nach § 20 Abs. 1 Nr. 11 besteuert (BFH 17.4.2007 – IX R 40/06, BStBl. II 2007, 608; BFH 11.2.2014 – IX R 46/12, BFH/NV 2014, 1025; BMF 18.1.2016, BStBl. I 2016, 85 Rn. 25; HHR/*Buge* § 20 Rn. 401; *Haisch* DStZ 2007, 762 (770 f.); **aA** *Philipowski* DStR 2011, 1298 (1299 f.)).

1225 Die **Berechnung des Gewinns iSd Nr. 3 Buchst. a** erfolgt nach **§ 20 Abs. 4 S. 5 und 6** (→ Rn. 1326 ff.) und setzt dabei voraus, dass ein Ergebnis einer nach § 20 Abs. 2 S. 1 Nr. 3 steuerbaren Tätigkeit zu ermitteln ist (BFH 12.1.2016 – IX R 48/14, BStBl. II 2016, 456; BFH 12.1.2016 – IX R 50/14, BStBl. II 2016, 462). Bei sog. Kombinationsgeschäften (→ Rn. 1220.3) ist eine gezahlte oder erhaltene Optionsprämie im Verhältnis der am Kauftag für die Grundgeschäfte zu zahlenden Optionsprämien aufzuteilen (BMF 18.1.2016, BStBl. I 2016, 85 Rn. 16 und 35). Der Abzug der hierfür entstehenden Aufwendungen als Werbungskosten oder negativen Einnahmen scheidet aus (für Swapkosten: BFH 7.6.2016 – VIII R 32/13, BStBl. II 2016, 769).

1226–1227 *Einstweilen frei*

1228 **(2) Gewinn aus Veräußerung als Termingeschäft ausgestalteter Finanzinstrumente (Nr. 3 Buchst. b).** § 20 **Abs. 2 S. 1 Nr. 3 Buchst. b** besteuert den Gewinn aus der Veräußerung als Termingeschäft ausgestalteter Finanzinstrumente, die nach der Unternehmensteuerreform 2008 (→ Rn. 1219.1) außerhalb der zuvor geltenden Haltensfrist von einem Jahr steuerbar sind (BT-Drs. 16/4841, 55). Zum Begriff des **Finanzinstruments** vgl. § 2 Abs. 4 WpHG (bzw. mit weiterem Verständnis: 1 Abs. 11 KWG); der Tatbestand der Nr. 3 Buchst. b ist jedoch auf solche Finanzinstrumente begrenzt, die als **Termingeschäft** (→ Rn. 1220) ausgestaltet sind (Kirchhof/*Bleschick* § 20 Rn. 131).

1228.1 § 20 Abs. 2 S. 1 Nr. 3 Buchst. b ist – entsprechend der Vorgängerregelung des § 23 Abs. 1 S. 1 Nr. 2 – lex specialis zu § 23 Abs. 1 S. 1 Nr. 4 aF (vertiefend hierzu *Peter* FR 1998, 545; gegen die analoge Anwendung von § 20 Abs. 1 Nr. 11 auf Altfälle mangels Regelungslücke BFH 20.10.2016 – VIII R 55/13, BStBl. II 2017, 264).

Zum Tatbestand der **Veräußerung** → Rn. 1149 ff.; zu den Veräußerungsfiktionen → Rn. 1161 ff.; zur Berechnung des Veräußerungsgewinns → Rn. 1272 ff. Da bereits der Verfall der Option selbst steuerbar ist (BFH 20.11.2018 – VIII R 37/15, BStBl. II 2019, 507: Verfall als Anwendungsfall der „Einlösung" iSd § 20 Abs. 2 S. 2) und zu entsprechenden Verlusten aus Kapitalvermögen führen kann (→ Rn. 1223), ist der Veräußerungstatbestand auch erfüllt bei der Veräußerung wertlos gewordener Optionen mit entsprechenden Verlusten; ein Gestaltungsmissbrauch iSd § 42 AO liegt insofern nicht vor (HHR/*Buge* § 20 Rn. 483; *Knoblauch* DStR 2013, 798 (800 f.); **krit.** Blümich/*Ratschow* § 20 Rn. 372 und 427a; **aA** BMF 18.1.2016, BStBl. I 2016, 85 Rn. 59). 1229

Auch die sog. **Glattstellung** ist bei **Optionsgeschäften** eine Veräußerung iSd § 20 Abs. 2 S. 1 Nr. 3 Buchst. b (BT-Drs. 16/4841, 55; BMF 18.1.2016, BStBl. I 2016, 85 Rn. 31; BFH 24.6.2003 – IX R 2/02, BStBl. II 2003, 752; BFH 29.6.2004 – IX R 26/03, BStBl. II 2004, 995; HHR/*Buge* § 20 Rn. 475 f. und 485; Blümich/*Ratschow* § 20 Rn. 372; *Helios/Philipp* BB 2010, 95 (97)). Die an der amtlichen Terminbörse EUREX gehandelte Optionen können nicht an Dritte veräußert, sondern nur durch Gegengeschäfte „glattgestellt" werden (BFH 24.6.2003 – IX R 2/02, BStBl. II 2003, 752 mwN). Hierbei schließt der Optionsrechtsinhaber mit der Clearingstelle des Börsenbetreibers zum Ausgleich des Ursprungsgeschäfts ein Gegengeschäft auf denselben Basiswert mit demselben Verfalltermin ab. Sofern das Gegengeschäft durch eine **sog. Schuldaufhebungs- und Verrechnungsabrede** als Glattstellungs- oder sog. closing-Geschäft gekennzeichnet wird, führt dies zur Aufrechnung der wechselseitigen Ansprüche und damit zum Erlöschen des Optionsrechts (BMF 18.1.2016, BStBl. I 2016, 85 Rn. 13; HHR/*Buge* § 20 Rn. 475). Dies ist für Optionsinhaber der einzige Weg, sich von der eingegangenen Position zu trennen und ihren Wert zu realisieren (BFH 24.6.2003 – IX R 2/02, BStBl. II 2003, 752; BFH 29.6.2004 – IX R 26/03, BStBl. II 2004, 995). 1230

Bei **Festgeschäften** (→ Rn. 1220.2) scheidet eine Glattstellung hingegen aus, da diese gerade fix auf den Austausch von Leistung und Gegenleistung zu verschiedenen Zeitpunkten angelegt sind. Entsprechende Glattstellungsgeschäfte sind daher unmittelbarer Teil des Termingeschäfts und daher nicht nach Nr. 3 Buchst. b, sondern **unmittelbar nach Nr. 3 Buchst. a** steuerbar (für **Futures:** BT-Drs. 16/4841, 55, BMF 18.1.2016, BStBl. I 2016, 85 Rn. 36; für **Forwards:** HHR/*Buge* § 20 Rn. 475). 1230.1

Die **Berechnung des Gewinns iSd Nr. 3 Buchst. b** aus einer Veräußerung oder einem gleichgestellten Realisationsvorgang richtet sich nach allgemeinen Grundsätzen des § 20 Abs. 4 S. 1 und errechnet sich aus dem Unterschiedsbetrag zwischen den Anschaffungskosten der Verkaufsoption und der aus dem glattstellenden Abschluss des Stillhaltergeschäfts erzielten Options- bzw. Stillhalterprämie (BMF 18.1.2016, BStBl. I 2016, 85 Rn. 24 und 31; **aA** Blümich/*Ratschow* § 20 Rn. 372: § 20 Abs. 4 S. 5). 1231

Einstweilen frei 1232–1236

dd) Gewinn aus Veräußerung stiller Beteiligungen und partiarischer Darlehen (§ 20 Abs. 2 S. 1 Nr. 4). § 20 **Abs. 2 S. 1 Nr. 4** besteuert den Gewinn aus der Veräußerung von Wirtschaftsgütern, die Erträge iSd § 20 Abs. 1 Nr. 4 erzielen. Die Regelung bestimmt iVm Abs. 2 S. 2 und S. 3, dass die Wertzuwächse, die aufgrund der Abtretung von Forderungen aus einem partiarischen Darlehen oder bei Beendigung der Laufzeit des Darlehens zufließen, ebenso steuerbar sind wie die Veräußerung einer stillen Beteiligung an Gesellschaftsfremde sowie das Auseinandersetzungsguthaben, das einem stillen Gesellschafter bei der Auflösung der Gesellschaft zufließt (BT-Drs. 16/4841, 55). Zur zeitlichen Anwendbarkeit → Rn. 99, zur persönlichen Zurechnung → Rn. 416. 1237

Zu den Voraussetzungen einer stillen Gesellschaft → Rn. 766 ff. und eines partiarischen Darlehens → Rn. 810 ff. Wegen der grundsätzlichen Nichtsteuerbarkeit der Kapitalumschichtung (→ Rn. 378) ist bei der Berechnung des Veräußerungsgewinns für das partiarische Darlehen der Wert des vom Kapitalgeber überlassenen Kapitals, bei der stillen Gesellschaft der Wert der Einlage in die stille Gesellschaft abzuziehen (ebenso: Blümich/*Ratschow* § 20 Rn. 373). 1238

Einstweilen frei 1239–1240

1241 **ee) Gewinn aus der Übertragung von Grundpfandrechten (§ 20 Abs. 2 S. 1 Nr. 5).** § 20 **Abs. 2 S. 1 Nr. 5** besteuert den Gewinn aus der Übertragung von Rechten iSd § 20 Abs. 1 Nr. 5 (→ Rn. 834). Zwar ist der Begriff der **Übertragung** weiter als der Begriff der Veräußerung, die lediglich Übertragungen gegen Entgelt meint. Bei telelogischer Auslegung wird gleichwohl eine **entgeltliche Übertragung vorausgesetzt,** bei der auch mittelbare Vorteile des das Grundpfandrecht übertragenden Steuerpflichtigen in die Steuerbarkeit einbezogen sind. Mangels Aufnahme in den Katalog des § 43 Abs. 1 erfolgt kein Kapitalertragsteuereinbehalt, sodass die Veräußerungsgewinne gemäß § 32d Abs. 3 zu erklären und zu veranlagen sind.

1242–1243 *Einstweilen frei*

1244 **ff) Gewinn aus der Veräußerung von Ansprüchen auf Versicherungsleistungen (§ 20 Abs. 2 S. 1 Nr. 6).** § 20 **Abs. 2 S. 1 Nr. 6 S. 1** besteuert den Gewinn aus der Veräußerung von Ansprüchen des Versicherungsnehmers aus Rentenversicherungen mit und ohne Kapitalwahlrecht (→ Rn. 907 und → Rn. 916), aus Kapitalversicherungen mit Sparanteil (→ Rn. 908) und fondsgebundenen Lebensversicherungen (→ Rn. 915) sowie aus Verträgen, durch die ein Dritter selbst die Ansprüche durch Eintritt in den Versicherungsvertrag als Versicherungsnehmer übernimmt (BT-Drs. 16/4841, 55). Zum Tatbestand der **Veräußerung** → Rn. 1149 ff.; zu den Veräußerungsfiktionen → Rn. 1161 ff.; zur Berechnung des Veräußerungsgewinns → Rn. 1272 ff. unter Modifikation gemäß → Rn. 1315. Mangels Aufnahme in § 43 Abs. 1 erfolgt kein Kapitalertragsteuereinbehalt, sodass die Veräußerungsgewinne nach Abs. 2 S. 1 Nr. 6 gemäß § 32d Abs. 3 zu erklären und zu veranlagen sind.

1244.1 Um zu gewährleisten, dass die Besteuerung der Veräußerungsvorgänge durch die Finanzverwaltung in den Fällen des Nr. 6 S. 1 auch tatsächlich vollzogen wird, regelt **Nr. 6 S. 2,** dass das Versicherungsunternehmen die für den Steuerpflichtigen zuständige Finanzbehörde nach der Kenntnisnahme von der Veräußerung unverzüglich zu informieren hat. Eine solche Mitwirkungspflicht bedeutet für die Versicherungsunternehmen keinen unzumutbaren Aufwand, da ihnen aufgrund der Vertragsunterlagen der Wohnsitz des Steuerpflichtigen bekannt ist (BT-Drs. 16/4841, 55). Diese Mitteilungspflichten treten die allgemeinen Pflichten nach §§ 29, 30 EStDV (→ Rn. 871.12).

1245–1246 *Einstweilen frei*

1247 **gg) Gewinn aus der Veräußerung von sonstigen Kapitalforderungen jeder Art (§ 20 Abs. 2 S. 1 Nr. 7).** § 20 **Abs. 2 S. 1 Nr. 7** folgt der Regelung des § 20 Abs. 1 Nr. 7 als **subsidiärer Auffangtatbestand** (→ Rn. 992) und besteuert den Gewinn aus der Veräußerung, Abtretung oder Endeinlösung von sonstigen Kapitalforderungen jeder Art (BT-Drs. 16/4841, 56). Erfasst werden gleichermaßen Erst- und Zweiterwerber, die eine Kapitalforderung bis zum Ende der Laufzeit halten und sie dann beim Schuldner einlösen (LBP/*Schlotter* § 20 Rn. 1366; HHR/*Buge* § 20 Rn. 511, zur Einlösung → Rn. 1161 ff., zur Rückzahlung → Rn. 1168 f.) oder vor der Endfälligkeit veräußern. Zu den **Kapitalforderungen** iSd § 20 Abs. 1 Nr. 7 → Rn. 1002 ff. Zum Tatbestand der **Veräußerung** → Rn. 1149 ff.; zu den Veräußerungsfiktionen → Rn. 1161 ff.; zur Berechnung des Veräußerungsgewinns → Rn. 1272 ff. Bei Wandel- und Umtauschanleihen wird die Gewinnermittlung durch die speziellere Regelung des § 20 Abs. 4a S. 3 **modifiziert** (→ Rn. 1350 ff.).

1248 Veräußerungsgewinne iSd Abs. 2 S. 1 Nr. 7 sind va anlässlich der Veräußerung **vom Veräußerer vereinnahmte Stückzinsen,** die bei Wertpapieren mit laufenden Zinsschein gesondert berechnet, vergütet und als Entgelt für die auf den Zeitraum bis zur Veräußerung der Schuldverschreibung entfallenden Zinsen bezahlt werden (BMF 18.1.2016, BStBl. I 2016, 85 Rn. 49; HHR/*Buge* § 20 Rn. 511). Auch abkommensrechtlich werden vereinnahmte Stückzinsen als Veräußerungsgewinn iSd Art. 13 OECD-MA eingeordnet (BFH 9.6.2010 – I R 94/09, BStBl. II 2011, 860; BMF 6.12.2011, BStBl. I 2011, 1222). Die Steuerbarkeit der Stückzinsen bestand bereits vor der Unternehmensteuerreform 2008 gemäß § 20 Abs. 2 S. 1 Nr. 3 EStG aF (BT-Drs. 16/4841, 56; BMF 18.1.2016, BStBl. I 2016, 85 Rn. 50 f.; zur nicht korrespondierenden Behandlung der vom Erwerber gezahlten Stückzinsen → Rn. 1297.1), sodass Stückzinsen auch dann besteuert werden, wenn die Kapitalforderung vor dem 1.1.2009 angeschafft wurde (BFH

7.5.2019 – VIII R 22/15, BStBl. II 2019, 576; BFH 7.5.2019 – VIII R 31/15, BStBl. II 2019, 577).

Erfasst werden zudem die Kapitalerträge aus sog. **Finanzinnovationen** wie Auf- oder Abzinsungspapieren, die so konstruiert sind, dass sie erst bei ihrer Veräußerung iSd § 20 Abs. 2 S. 1 oder – dies ist der typische Fall – bei ihrer Einlösung iSd § 20 Abs. 2 S. 2 Alt. 1 einen Kapitalertrag auslösen (BMF 18.1.2016, BStBl. I 2016, 85 Rn. 52–56; Blümich/*Ratschow* § 20 Rn. 382 ff.; HHR/*Buge* § 20 Rn. 511), zB sog. **Zero-Bonds** (BFH 8.10. 1991 – VIII R 48/88, BStBl. II 1992, 74; BFH 2.3.1993 – VIII R 13/91, BStBl. II 1993, 602; BMF 18.1.2016, BStBl. I 2016, 85 Rn. 55), **Bundesschatzbriefe Typ B** (BMF 18.1.2016, BStBl. I 2016, 85 Rn. 52), abgezinste Sparkassenbriefe (BFH 9.3.1982 – VIII R 160/81, BStBl. II 1982, 540) oder Fremdkapitalgewährungen mit **Disagio** (BFH 2.3.1993 – VIII R 13/91, BStBl. II 1993, 602). **1249**

Die Steuerbarkeit der Kapitalerträge aus Finanzinnovationen bestand bereits vor der Unternehmensteuerreform 2008 gemäß § 20 Abs. 2 S. 1 Nr. 4 EStG aF, der jedoch teleologisch dahingehend zu reduzieren und in verfassungskonformer Weise einschränkend auszulegen war (BFH 13.12.2006 – VIII R 6/05, BStBl. II 2015, 693), dass seine Anwendung ausschied, wenn das Entgelt für die Kapitalüberlassung und der Vermögenszuwachs rechnerisch eindeutig abgrenzbar und bestimmbar waren (BFH 13.12.2006 – VIII R 62/04, BStBl. II 2007, 568; BFH 13.12.2006 – VIII R 6/05, BStBl. II 2007, 571; BFH 7.12.2010 – VIII R 37/08, BFH/NV 2011, 776; BFH 24.2.2015 – VIII R 54/12, BStBl. II 2015, 693). Der BFH begründete dies damit, dass die Norm nach ihrer Genese und Zielrichtung einzig auf die Besteuerung solcher Kapitalanlagen abziele, bei denen – an sich steuerpflichtige – Zinserträge als steuerfreier Wertzuwachs konstruiert wurden (vgl. BT-Drs. 12/5630, 59). Dies hatte zur Folge, dass sich aus der Realisierung von (positiven wie negativen) Wertsteigerungen nur dann Kapitalerträge iSd § 20 Abs. 2 S. 1 Nr. 4 S. 2 EStG aF ergaben, wenn in ihnen Nutzungsentgelte enthalten waren, während Überschüsse und entsprechende Verluste nicht als Kapitalertrag zu behandeln waren, bei denen die Veranlassung durch die Kapitalüberlassung zur Nutzung von vornherein ausschied (BFH 7.12.2010 – VIII R 37/08, BFH/NV 2011, 776). Diese Abgrenzung ist mit der Neufassung des § 20 Abs. 2 und der umfassenden Steuerbarkeit von Veräußerungsgewinnen entfallen. **1249.1**

Da reine Fremdwährungsbeträge nicht als Kapitalforderung iSd § 20 Abs. 1 Nr. 7 anzusehen sind (→ Rn. 132 und → Rn. 1030.1 f.), führen **Währungskursgewinne aus bloßen Devisenumwechslungen** nicht zu steuerbaren Einkünften nach § 20, sondern zählen grundsätzlich zum nicht steuerbaren Vermögensbereich des Steuerpflichtigen und führen nur dann zu steuerbaren Einkünften gemäß § 23 Abs. 1 S. 1 Nr. 2, wenn sie innerhalb der Spekulationsfrist von einem Jahr erzielt werden (vgl. BFH 2.2.2000 – IX R 73/98, BStBl. II 2000, 614; BFH 30.11.2010 – VIII R 58/07, BStBl. II 2011, 491; BFH 24.1.2012 – IX R 62/10, BStBl. II 2012, 564; BMF 18.1.2016, BStBl. I 2016, 85 Rn. 39; Blümich/*Ratschow* § 20 Rn. 378; HHR/*Buge* § 20 Rn. 475). Nicht schon der Transfer eines Fremdwährungsguthabens von einem Konto auf ein anderes oder durch Gewährung eines Darlehens in Fremdwährung und Rückfluss der Darlehensvaluta in Fremdwährung, sondern erst der marktoffenbare Veräußerungsvorgang durch Währungsaustausch bewirkt dabei die Realisierung der Wertsteigerung im Privatvermögen (BFH 2.2.2000 – IX R 73/98, BStBl. II 2000, 614). **1250**

Einstweilen frei **1251–1252**

hh) Gewinn aus der Übertragung oder Aufgabe einer Beteiligung iSd § 1 Abs. 1 Nr. 3 bis Nr. 5 KStG (§ 20 Abs. 2 S. 1 Nr. 8). § 20 **Abs. 2 S. 1 Nr. 8** besteuert den Gewinn aus der Übertragung oder Aufgabe einer Rechtsposition, die Einnahmen iSd § 20 Abs. 1 Nr. 9 vermittelt. Erfasst werden damit die Erträge, die einem Steuerpflichtigen durch sein Ausscheiden als Mitglied oder gesellschafterähnlich Beteiligter einer juristischen Person iSd § 1 Abs. 1 Nr. 3 bis 5 KStG oder durch Übertragung dieser Stellung auf Dritte zufließen (BT-Drs. 16/4841, 56). Zu den von § 20 Abs. 1 Nr. 9 erfassten **Körperschaften, Personenvereinigungen oder Vermögensmassen iSd § 1 Abs. 1 Nr. 3 bis Nr. 5 KStG** → Rn. 1075 f. Zum Begriff der **Übertragung** → Rn. 1241. Eine Rechtsposition wird **aufgegeben,** wenn sie ohne Übertragung auf einen neuen Rechtsträger einseitig beendet wird. Mangels Aufnahme in § 43 Abs. 1 erfolgt kein Kapitalertragsteuereinbehalt, sodass die Veräu- **1253**

ßerungsgewinne iSd Abs. 2 S. 1 Nr. 8 gemäß § 32d Abs. 3 zu erklären und zu veranlagen sind.

1254–1255 *Einstweilen frei*

3. Besondere Entgelte oder Vorteile (§ 20 Abs. 3)

1256 Zu den Einkünften aus Kapitalvermögen gehören nach § 20 Abs. 3 auch besondere **Entgelte oder Vorteile, die neben den in § 20 Abs. 1 und Abs. 2 bezeichneten Einnahmen oder an deren Stelle gewährt** werden. Eine nahezu wortgleiche Norm fand sich bereits in § 8 Abs. 2 EStG 1920 und § 2 Abs. 2 S. 2 **Kapitalertragsteuergesetz v. 29.3.1920** (RGBl. 1920, 345 ff.). Dieser Normwortlaut wurde sodann in § 37 Abs. 2 Nr. 1 EStG 1925 und § 20 Abs. 2 Nr. 1 EStG 1934 überführt, bevor der Gesetzgeber die Regelung im Zuge der Unternehmensteuerreform 2008 (→ Rn. 72 ff.) wortgleich und ohne inhaltliche Änderung in § 20 Abs. 3 ausgliederte, um eine für den Rechtsanwender erleichternde gleich gerichtete Nummerierung in § 20 Abs. 1 und Abs. 2 zu ermöglichen (BT-Drs. 16/4841, 57).

1257 § 20 Abs. 3 ist kein eigener Besteuerungstatbestand, sondern eine lediglich **klarstellende Regelung** zum Umfang der Erträge aus der Nutzung oder Verwertung von Kapitalanlagen (RFH 14.12.1920 – I D 4/20, RFHE 4, 222 (228 f.); BFH 11.2.1981 – I R 98/76, BStBl. II 1981, 465; BFH 14.2.1984 – VIII R 126/82, BStBl. II 1984, 580; BFH 4.7.1984 – I R 195/81, BStBl. II 1984, 842; BFH 2.3.1993 – VIII R 13/91, BStBl. II 1993, 602; BFH 7.12.2004 – VIII R 70/02, BStBl. II 2005, 468; BFH 16.12.2008 – VIII B 29/07, BFH/NV 2009, 574; BFH 20.10.2010 – I R 117/08, BFH/NV 2011, 669; Blümich/*Ratschow* § 20 Rn. 399; HHR/*Buge* § 20 Rn. 47 und 550). Besondere Entgelte oder Vorteile iSd Abs. 3, die neben oder anstelle von Einnahmen iSd Abs. 1 und 2 gewährt werden, sind daher **den dortigen Tatbeständen zuzuordnen** und entsprechend der Rechtsfolge dieser Tatbestände zu behandeln (HHR/*Buge* § 20 Rn. 552; KSM/*Jochum* § 20 Rn. E 13; zum Kapitalertragsteuereinbehalt vgl. § 43 Abs. 1 S. 2). Die Klarstellung wirkt sich va auf das ohnehin interpretationsoffene Tatbestandsmerkmal „sonstige Bezüge" des § 20 Abs. 1 Nr. 1 S. 1 (dazu BFH 7.12.2004 – VIII R 70/02, BStBl. II 2005, 468; BFH 16.12.2008 – VIII B 29/07, BFH/NV 2009, 574; BFH 20.10.2010 – I R 117/08, BFH/NV 2011, 669), aber auch bei § 20 Abs. 1 Nr. 4, Nr. 9 und Nr. 10 iVm § 8 Abs. 1 („Einnahmen"), § 20 Abs. 1 Nr. 7 („Erträge") und § 20 Abs. 2 („Gewinn") aus.

1258 Der Normwortlaut ist bewusst **weit gefasst** (vgl. BFH 4.8.1961 – VI 208/60 U, BStBl. III 1961, 468; BFH 14.5.1974 – VIII R 95/72, BStBl. II 1974, 572; BFH 21.10.1997 – VIII R 18/96, BFH/NV 1998, 582; BFH 9.4.2013 – VIII R 19/11, BStBl. II 2013, 689). Die **Generalklausel** ist ergänzend zu Abs. 1 und Abs. 2 erforderlich, weil dort zwar die Quellen der steuerpflichtigen Kapitalerträge und Veräußerungserlöse, **nicht aber die Arten von Kapitalerträgen** abschließend aufgezählt oder begrifflich erläutert sind (HHR/*Buge* § 20 Rn. 550; KSM/*Jochum* § 20 Rn. A 6 und A 23). **Die allgemeinen Grundsätze der Kapitalertragsbesteuerung,** insbesondere die grundsätzliche Unbeachtlichkeit von Wertänderungen des Kapitalvermögens (→ Rn. 376) und die Nichtsteuerbarkeit von Kapitalrückzahlungen (→ Rn. 378), **sind auch bei Anwendung von § 20 Abs. 3 zu beachten.**

1259 Entgelte oder Vorteile können **neben** den in § 20 Abs. 1 und Abs. 2 bezeichneten Einnahmen, also als zu diesen hinzutretender zusätzlicher Kapitalertrag, oder **an deren Stelle** geleistet, dh bei wirtschaftlicher Betrachtung als deren Substitut gewährt werden. Zum Begriff des **Entgelts** → Rn. 343. Der Begriff des **Vorteils** entspricht der Einnahmedefinition des § 8 Abs. 1 und erfasst alle Güter in Geld oder Geldeswert, die dem Steuerpflichtigen zufließen (BFH 4.7.1984 – I R 195/81, BStBl. II 1984, 842). Es ist eine Brutto-Betrachtung des Entgelts, dh als Roheinnahme ohne Abzug etwaiger Erwerbsaufwendungen vorzunehmen (KSM/*Jochum* § 20 Rn. E 10).

1260 Aus Systematik und Zielsetzung des § 20 Abs. 3 folgt als notwendiges **ungeschriebenes Tatbestandsmerkmal,** dass die Entgelte oder Vorteile **wirtschaftlich gerade als Entgelt für die Kapitalüberlassung zur Nutzung** gezahlt werden (BFH 25.6.1974 – VIII R 109/69, BStBl. II 1974, 735; BFH 27.3.1979 – VIII R 95/76, BStBl. II 1979, 553; BFH 11.2.1981 – I R 98/76, BStBl. II 1981, 465; BFH 6.4.1993 – VIII R 68/90, BStBl. II 1993, 825; BFH 21.10.1997 – VIII R 18/96, BFH/NV 1998, 582; BFH 14.12.2004 –

VIII R 5/02, BStBl. II 2005, 739; BFH 14.12.2004 – VIII R 81/03, BStBl. II 2005, 746; BFH 16.3.2010 – VIII R 4/07, BStBl. II 2014, 147; BFH 9.4.2013 – VIII R 19/11, BStBl. II 2013, 689; HHR/*Buge* § 20 Rn. 551; Blümich/*Ratschow* § 20 Rn. 399). Erfasst werden alle Zuwendungen in Geld oder Geldeswert **iSd § 8 Abs. 1 und Abs. 2,** die dem Steuerpflichtigen bei wertender Beurteilung des die Vorteilszuwendung auslösenden Moments aufgrund des dem Kapitalertrag zugrundeliegenden Rechtsverhältnisses (→ Rn. 350 ff.) zufließen, soweit die Vorteilszuwendungen nicht als Kapitalrückzahlung zu werten sind (BFH 10.3.1992 – VIII R 66/89, BStBl. II 1992, 1032; BFH 7.12.2004 – VIII R 70/02, BStBl. II 2005, 468; BFH 16.12.2008 – VIII B 29/07, BFH/NV 2009, 574; BFH 20.10.2010 – I R 117/08, BFH/NV 2011, 669). Hierbei kommt es weder auf die **Bezeichnung der Erträge** noch darauf an, in welche **zivilrechtliche Form** die Vorteilsgewährung gekleidet ist oder ob die Erträge in **offener oder verschleierter Form** zufließen (BFH 2.3.1993 – VIII R 13/91, BStBl. II 1993, 602; BFH 7.12.2004 – VIII R 70/02, BStBl. II 2005, 468; BFH 16.12.2008 – VIII B 29/07, BFH/NV 2009, 574; BFH 20.10.2010 – I R 117/08, BFH/NV 2011, 669). Bei der Berücksichtigung dieser Einnahme erfolgt eine **Bruttobetrachtung,** bei der die gesamte Vermögensmehrung des Steuerpflichtigen ohne Berücksichtigung seiner Erwerbsaufwendungen anzusetzen ist (HHR/*Buge* § 20 Rn. 551).

Auch **Leistungen von Dritten** an den Kapitalgeber führen bei diesem zu steuerbaren Kapitaleinkünften, sofern eine entsprechende Veranlassung durch die Kapitalüberlassung vorliegt (RFH 29.10. 1929 – I Aa 378/29, RStBl. 1929, 667; BFH 2.3.1993 – VIII R 13/91, BStBl. II 1993, 602; BFH 19.4.2005 – VIII R 80/02, BeckRS 2005, 25009125; BFH 16.12.2008 – VIII B 29/07, BFH/NV 2009, 574; BFH 20.10.2010 – I R 117/08, BFH/NV 2011, 669 jeweils mwN), etwa bei **Dividendengarantien** vom Organträger an die Minderheitsgesellschafter: BFH 27.11.1956 – I D 1/56 S, BStBl. III 1957, 139; BFH 2.3.1993 – VIII R 13/91, BStBl. II 1993, 602; Blümich/*Ratschow* § 20 Rn. 407). Dass Leistungen **Dritter** auch dann als Einnahmen iSd § 20 Abs. 3 iVm Abs. 1 oder Abs. 2 anzusehen sind, wenn sie nicht anstelle der, sondern neben den in den Absätzen 1 und 2 bezeichneten Einnahmen erbracht werden, sieht der **BFH als geklärt** an (BFH 16.12.2008 – VIII B 29/07, BFH/NV 2009, 574; hingegen für eine Entscheidung zwischen Zusatzleistungen und Substituten: *Gondert/Schimmelschmidt* DB 1999, 1570 (1572)). 1261

Erfasst werden insbesondere folgende Entgelte und Vorteile: 1261.1

Abfindungszahlungen an (stille) Gesellschafter bei Auflösung der (stillen) Gesellschaft (BFH 4.8.1961 – VI 208/60 U, BStBl. III 1961, 468; BFH 16.1.1979 – VIII R 38/76, BStBl. II 1979, 334; BFH 14.2.1984 – VIII R 126/82, BStBl. II 1984, 580; BFH 18.5.2005 – VIII R 34/01, BStBl. II 2005, 857).

Agio s. „Damnum".

Abgeld, Aufgeld s. „Damnum".

Bonusaktien, in denen kein besonderer Naturalrabatt für den Erwerb der ursprünglichen Aktien, sondern (abhängig von den Emissionsbedingungen) ein zusätzlicher Anreiz für das Aufrechterhalten des Beteiligungsverhältnisses und damit ein besonderer Vorteil iSd § 20 Abs. 3 iVm Abs. 1 Nr. 1 liegt. Eine Anschaffungspreisminderung der ursprünglichen Aktie ist nicht vorzunehmen, wenn die Gewährung der Bonusaktien nicht von Anfang fest steht, sondern nur unter bestimmten Bedingungen erfolgt (BFH 7.12.2004 – VIII R 70/02, BStBl. II 2005, 468; BFH 16.1.2009 – VII R 25/08, BStBl. II 2009, 582; Blümich/*Ratschow* § 20 Rn. 400; *Metzing* DStR 2001, 608 (609 f.); **aA** *Gondert/Schimmelschmidt* DB 1999, 1570 (1572); *Singer* FR 2000, 229 (230).

Erstattung von Bestandsprovisionen der Kreditinstitute an ihre Kunden, die ihnen von Investmentgesellschaften als Vermittlungsentgelte für den Vertrieb ihrer Fondsanteilen gezahlt werden und bei den Kunden zu Einkünften nach § 20 Abs. 3 iVm Abs. 1 Nr. 1 führen (BMF 18.1.2016, BStBl. I 2016, 85 Rn. 84).

Damnum in Form des Aufgelds (Agio) bzw. Abgelds (Disagio), das im Zeitpunkt seines Einbehalts zufließt (BFH 21.5.1993 – VIII R 1/91, BStBl. II 1994, 93; BFH 25.6.1974 – VIII R 109/69, BStBl. II 1974, 735; BFH 2.3.1993 – VIII R 13/91, BStBl. II 1993, 602; BFH 20.4.2006 – VIII B 33/05, BFH/NV 2006, 1338; für Emissionsdisagio und Emissionsdiskont: BMF 24.11.1986, BStBl. I 1986, 539; Blümich/*Ratschow* § 20 Rn. 403; *Bacher* BB 1991, 1685 (1687 f.); *Wüllenkemper* FR 1992, 1 (3)).

Disagio s. „Damnum".

Dienstleistungen s. „Sachleistungen".

Dividendengarantien, etwa vom Organträger an Minderheitsgesellschafter des Organs (→ Rn. 1261).

Dividendenersatzleistungen (BFH 7.12.2004 – VIII R 70/02, BStBl. II 2005, 468; BFH 16.12.2008 – VIII B 29/07, BFH/NV 2009, 574).

Entschädigungszahlungen für entgangene steuerbare Kapitaleinkünfte iSd § 20 Abs. 1 oder steuermindernd zu berücksichtigende Verluste iSd § 20 Abs. 2, die Anlegern **aufgrund von Beratungsfehlern** im Zusammenhang mit einer Kapitalanlage gezahlt werden. Die Finanzverwaltung sieht hingegen alle Entschädigungszahlungen für Verluste als besondere Entgelte und Vorteile iSd § 20 Abs. 3 iVm Abs. 1 oder 2 an, wenn ein unmittelbarer Zusammenhang zu einer konkreten einzelnen Transaktion besteht, bei der ein konkreter Verlust entstanden ist oder ein steuerpflichtiger Gewinn vermindert wird (BMF 18.1.2016, BStBl. I 2016, 85 Rn. 82; Blümich/*Ratschow* § 20 Rn. 399).

Exit-Zuschuss bei Veräußerung von Wagniskapitalbeteiligungen (*von Cölln* DStR 2016, 2560 (2563); *von Cölln* DStR 2017, 1185 (1191)), der natürlichen Personen als pauschalierter Ausgleich für Steuern auf Veräußerungserlöse als pauschale Steuerkompensation in Höhe von 25% des Veräußerungsgewinns geförderter Anteile gewährt wird (zur Steuerfreiheit nach § 3 Nr. 71 Buchst. b → § 3 Nr. 71 Rn. 3 f.).

Garantien s. „Kurswertgarantien", „Währungsgarantien", „Wertsicherungsgarantien", „Zinsgarantien".

Kurswertgarantien (RFH 16.5.1933 – VI A 939/32, RStBl. 1933, 1005; BFH 25.6.1974 – VIII R 109/69, BStBl. II 1974, 735; Blümich/*Ratschow* § 20 Rn. 407).

Nutzungen und Nutzungsvorteile aufgrund der Kapitalüberlassung (BFH 16.12.1992 – I R 32/92, BStBl. II 1993, 399; BFH 2.3.1993 – VIII R 13/91, BStBl. II 1993, 602; Blümich/*Ratschow* § 20 Rn. 409).

Optionsscheine und Optionsanleihen, bei denen der Erwerber allein wegen des gleichzeitigen Erwerbs des Optionsrechts und der damit bestehenden Erwerbschance bereit ist, eine Schuldverschreibung mit einer unter dem Marktzins liegenden Verzinsung zu ihrem Nennbetrag zu erwerben (vgl. BFH 1.7.2003 – VIII R 9/02, BStBl. II 2003, 883; Blümich/*Ratschow* § 20 Rn. 400).

Rücknahme von Gesellschaftsanteilen gegen Zahlung eines Rücknahmebetrags oder Verrechnung mit Gesellschafterschulden in über dem Wert der Einlage liegender Höhe (BFH 27.3.1979 – VIII R 95/76, BStBl. II 1979, 553; BFH 24.1.1989 – VIII R 74/84, BStBl. II 1989, 419, Blümich/*Ratschow* § 20 Rn. 400).

Sachleistungen mit ihrem gemeinen Wert iSd § 9 BewG (zB Sachausschüttung durch Gewährung von Aktien einer per „Spin-off" abgespaltenen Tochtergesellschaft an die Gesellschafter der Muttergesellschaft: BFH 20.10.2010 – I R 117/08, BFH/NV 2011, 669; FG Baden-Württemberg 30.11.2018 – 13 K 3111/18, EFG 2019, 425, Rev. VIII R 7/20; FG München 19.12.2019 – 8 K 981/17, BeckRS 2019, 39535, Rev. VIII R 6/20; BMF 18.1.2016, BStBl. I 2016, 85 Rn. 113; Satzungsgemäße Überlassungen von Ferienwohnungen einer AG an ihre Aktionären zur zeitlich vorübergehenden Nutzung nach Maßgabe eines Wohnungsberechtigungspunktesystems: BFH 16.12.1992 – I R 32/92, BStBl. II 1993, 399; Darlehensrückzahlung durch Sachlieferung einer bestimmten Menge Gitterziegel: BFH 25.6.1974 – VIII R 109/69, BStBl. II 1974, 735); zu den Sonderregeln für Bezugsrechte, Anteilsbezug und Abspaltung nach § 20 Abs. 4a S. 4 bis 7 → Rn. 1355 ff.).

Übernahme von Steuern des Gläubigers durch den Schuldner der Kapitalerträge (zB Übernahme der Kapitalertragsteuer des Gesellschafters durch die Kapitalgesellschaft: BFH 25.9.1970 – VI R 122/67, BStBl. II 1971, 53)

Währungsumstellungsgewinne (BFH 4.8.1961 – VI 208/60 U, BStBl. III 1961, 468; BFH 14.5.1974 – VIII R 95/72, BStBl. II 1974, 572); dies verwirklicht das einfachrechtlich vorgegebene Nominalwertprinzip → Rn. 131 ff.

Vergütung von Provision, die Kredit- oder Finanzdienstleistungsinstitute von Kapitalanlagegesellschaften erhalten, an den Kapitalanleger (vgl. BMF 17.1.2019, BStBl. I 2019, 51 Rn. 84).

Verpflichtungen, die im Zusammenhang mit dem Erwerb von Wirtschaftsgütern eingegangen werden und den Charakter einer Entgeltleistung haben können (BFH 7.12.2004 – VIII R 70/02, BStBl. II 2005, 468).

Verschmelzungsgewinne (Blümich/*Ratschow* § 20 Rn. 402).

Vorfälligkeitsentschädigungen (BFH 10.3.1992 – VIII R 66/89, BStBl. II 1992, 1032).

Währungsgarantien (vgl. BFH 19.4.2005 – VIII R 80/02, BeckRS 2005, 25009125).

Wechselprämie für Konto- oder Depotwechsel mit Übertragung von Geldkapital zu einem anderen Institut (**aA** BMF 17.1.2019, BStBl. I 2019, 51 Rn. 129b: Einkünfte aus § 22 Nr. 3, „soweit nicht einer anderen Einkunftsart (§§ 13, 15, 18 oder 21 EStG) zugeordnet").

Wertsicherungsgarantien (BFH 25.6.1974 – VIII R 109/69, BStBl. II 1974, 735; BFH 16.1.1979 – VIII R 38/76, BStBl. II 1979, 334).

Zinsgarantien (BFH 2.3.1993 – VIII R 13/91, BStBl. II 1993, 602; BFH 19.4.2005 – VIII R 80/02, BeckRS 2005, 25009125 mwN).

Zinslose Darlehen einer Kapitalgesellschaft an ihre Gesellschafter (BFH 25.9.1970 – VI R 122/67, BStBl. II 1971, 53).

Nicht erfasst werden: 1261.2

Nebenleistungen iSd § 1191 Abs. 2 BGB aus einer Grundschuld, die – anders als die daraus resultierenden Zinsen – nicht von § 20 Abs. 1 Nr. 5 erfasst und nicht durch die Kapitalüberlassung veranlasst sind (BFH 11.4.2012 – VIII R 28/09, BStBl. II 2012, 496; H 20.2 EStH 2018).

Aktienoptionsprogramme für Mitarbeiter, Vorstands- oder Aufsichtsratsmitgliedern und entsprechende Rückkaufgarantien, da die damit verbundenen Vorteile zwar an den Erwerb neuer Aktien geknüpft sind, wobei jedoch im Vordergrund steht, dass sie untrennbar mit der persönlichen Eigenschaft als Mitarbeiter, Vorstands- oder Aufsichtsratsmitglied verknüpft sind (BFH 9.4.2013 – VIII R 19/11, BStBl. II 2013, 689; zur Zuordnung zu Einkünften nach § 18 → Rn. 430).

Einstweilen frei 1262–1266

II. Materiell-rechtlicher und verfahrensrechtlicher Gleichlauf der Kapitalertragsbesteuerung (§ 20 Abs. 3a)

§ 20 Abs. 3a wurde durch **JStG 2010 v. 8.12.2010** eingeführt (→ Rn. 74; zur zeitlichen Anwendbarkeit → Rn. 99). Die Regelung steht im Zusammenhang mit der zeitgleichen Einfügung des § 43a Abs. 3 S. 7, der den die Kapitalerträge auszahlenden Stellen bei Kenntnis von der Veränderung einer Bemessungsgrundlage oder einer zu erhebenden Kapitalertragsteuer nach Ablauf des Kalenderjahres erlaubt, die entsprechende Korrektur im Kapitalertragsteuerverfahren erst zum Zeitpunkt ihrer Kenntnisnahme vorzunehmen. Damit soll die auszahlende Stelle die von ihr festgestellten Korrekturen materieller Fehler beim Kapitalertragsteuer-Einbehalt nicht rückwirkend, sondern erst zum Zeitpunkt ihrer Kenntniserlangung vornehmen müssen (BT-Drs. 17/2249, 58). Nach Einschätzung des Gesetzgebers bedurfte es zur Vermeidung von Veranlagungsfällen und damit zur Wahrung der mit dem Kapitalertragsteuerverfahren bezweckten Verwaltungsvereinfachung einer materiell-rechtlichen Absicherung dieser Korrekturen durch § 20 Abs. 3a (BT-Drs. 17/2249, 52 f.). 1267

Grundsätzlich wird die materiell geschuldete Einkommensteuer im Wege des Kapitalertragsteuerverfahrens erhoben und hat deshalb der materiell-rechtlichen Rechtslage zu folgen. **20 Abs. 3a S. 1** durchbricht den **Grundsatz** dahingehend, dass etwaige **Korrekturen iSd § 43a Abs. 3 S. 7** im Kapitalertragsteuerverfahren auch materiell-rechtlich **erst zu dem dort genannten Zeitpunkt zu berücksichtigen sind.** Damit bewirkt der Gesetzgeber einen Gleichlauf zwischen der materiell-rechtlichen Kapitalertragsbesteuerung und der Steuererhebung im Kapitalertragsteuerverfahren, indem er **ausnahmsweise die materielle Rechtslage von der Handhabung im Kapitalertragsteuerverfahren abhängig** macht. 1268

Nach **§ 20 Abs. 3a S. 2** kann ein Steuerpflichtiger Korrekturen nach § 32d Abs. 4 und Abs. 6 nur geltend machen, wenn er durch eine Bescheinigung der auszahlenden Stelle nachweist, dass diese die Korrektur nicht vorgenommen hat **und** auch nicht vornehmen wird. Dies sichert ab, dass die mit § 20 Abs. 3a S. 1, § 43a Abs. 3 S. 7 bezweckte Verwaltungsvereinfachung **nicht durch Antrag des Steuerpflichtigen auf Veranlagung nach § 32d Abs. 4 Alt. 3** oder durch **Antrag auf Günstigerprüfung nach § 32d Abs. 6 S. 1** unterlaufen werden und zudem zu einer doppelten Berücksichtigung der Korrekturen führen kann (vgl. dazu Blümich/*Ratschow* § 20 Rn. 409b–409d). Die Rechtsfolge von Abs. 3a S. 2 ist zutreffend teleologisch dahingehend zu reduzieren, dass der Steuerpflichtige die Korrektur iSd § 32d Abs. 4 und Abs. 6 solange nicht geltend machen kann, bis er entweder die Bescheinigung vorlegt oder bis die Korrektur nach beiden Vorschriften tatsächlich erfolgt. Anderenfalls wären ihm die genannten Korrekturmöglichkeiten genommen, obwohl der Regelungszweck von § 20 Abs. 3a nicht mehr bestünde (HHR/*Buge* § 20 Rn. 556). Die Feststellungslast liegt wegen des klaren Nachweiserfordernisses beim Steuerpflichtigen. 1269

Einstweilen frei 1270–1271

III. Bemessungsgrundlage bei Veräußerungsgewinnen (§ 20 Abs. 4)

1. Grundsätzliches

1272 **§ 20 regelt die Steuerbemessungsgrundlage** für die Kapitalerträge **nur unvollständig.** Für laufende Kapitalerträge iSd § 20 Abs. 1 gibt die Einordnung der Kapitaleinkünfte als Überschuss-Einkunftsart iSd § 2 Abs. 2 S. 1 Nr. 2 die Bemessungsgrundlage als den Überschuss der Einnahmen iSd § 8 über die Werbungskosten iSd § 9 vor (→ Rn. 127 und → Rn. 144), wobei der Abzug der tatsächlichen Werbungskosten nach § 20 Abs. 9 S. 1 zugunsten des Sparer-Pauschbetrags ausgeschlossen ist (→ Rn. 1472 ff.). Diese Systematik schließt die Anwendung des allgemeinen Gewinnbegriffs aus § 4 zur Bemessung des Gewinns iSd § 20 Abs. 2 aus und begründet in **§ 20 Abs. 4** eine **Gewinnermittlungsvorschrift eigener Art** (KSM/*Jochum* § 20 Rn. B 9). § 20 Abs. 4 enthält daher in Anlehnung an die vergleichbaren Vorschriften in § 17 Abs. 2 und § 23 Abs. 3 (Lademann EStG/*Jachmann-Michel/Lindenberg* § 20 Rn. 745) Regelungen zur Bestimmung der Bemessungsgrundlage bei steuerbaren Veräußerungsgeschäften iSd § 20 Abs. 2 (BT-Drs. 16/4841, 57). Dabei wurden Abs. 4 S. 1 bis S. 7 durch das UntStRefG 2008 v. 14.8.2007 (→ Rn. 72) und Abs. 4 S. 8 und S. 9 durch InvStRefG v. 19.7.2016 eingeführt (→ Rn. 77; zur zeitlichen Anwendbarkeit jeweils → Rn. 99). Die Regelung bewirkt eine **Durchbrechnung der durch § 20 Abs. 9 begründeten Bruttobesteuerung** (vgl. BFH 20.11.2018 – VIII R 37/15, BStBl. II 2019, 507 → Rn. 1500), die ihrerseits eine Ausnahme von der bei allen anderen Einkunftsarten geltenden Nettobesteuerung darstellt (dazu → Rn. 283 ff.).

1273 **S. 1 Hs. 1** enthält den **Grundsatz** für die Ermittlung des Veräußerungsgewinns, der bei Veräußerungen und veräußerungsgleichen Geschäften legaldefiniert als der Unterschied zwischen den Einnahmen aus der Veräußerung nach Abzug der unmittelbaren Veräußerungsaufwendungen und den Anschaffungskosten (→ Rn. 1278 ff.). **S. 5** regelt als lex specialis den **Gewinn bei Termingeschäften** iSd Abs. 2 S. 1 Nr. 3 Buchst. a. Der Zusatz in **S. 1 Hs. 2** verankert das **Nominalwertprinzip** (→ Rn. 131 ff. und → Rn. 1280), **S. 7** das sog. **Fifo-Prinzip** beim Erwerb vertretbarer Wertpapiere in Sammelverwahrung (→ Rn. 1318 ff.).

1274 Diese Grundsätze werden **in S. 2 bis S. 4, S. 6 bis S. 9 modifiziert.** So ersetzt **S. 2** in den Fällen der verdeckten Einlage die – tatsächlich nicht erzielten – Einnahmen aus der Veräußerung durch den gemeinen Wert des eingelegten Wirtschaftsguts (→ Rn. 1323), **S. 3** ordnet den Abzug fiktiver Anschaffungskosten bei Entnahme oder Betriebsaufgabe an (→ Rn. 1311). **S. 4** bestimmt die Anschaffungskosten bei der Übertragung von Kapital(lebens)versicherungen (→ Rn. 1315). **S. 6** regelt die Zurechnung von Erwerbsvorgängen bei unentgeltlichem Erwerb durch Einzelrechnungsnachfolge (→ Rn. 1330). **S. 8 und S. 9** bestimmen Veräußerungserlös und Anschaffungskosten bei Abtrennung von Zinsscheinen oder Zinsforderungen vom Stammrecht iSd Abs. 2 S. 4 (→ Rn. 1333).

1275 § 20 **Abs. 4 S. 1 Hs. 1** begründet insoweit eine **Ausnahme vom Abflussprinzip iSd § 11 Abs. 2** (→ Rn. 127), als die Anschaffungskosten für den Erwerb einer Kapitalanlage nicht bereits im Zeitpunkt ihres Abflusses aus dem Vermögen des Steuerpflichtigen, sondern erst bei Zufluss des Veräußerungsgewinns steuermindernd abgezogen werden können (Lademann EStG/*Jachmann-Michel/Lindenberg* § 20 Rn. 765; HHR/*Buge* § 20 Rn. 561 und 568). Bei **Veräußerung gegen Gewährung wiederkehrender Leistungen** sind künftige Anschaffungskosten und Veräußerungskosten auf den Zeitpunkt der Veräußerung bzw. Veräußerungsfiktion abzuzinsen und mit ihrem Barwert anzusetzen (Blümich/*Ratschow* § 20 Rn. 419). Zudem begründet § 20 **Abs. 4 S. 1 Hs. 2** eine Ausnahme von § 11 hinsichtlich des maßgeblichen Umrechnungskurses von Fremdwährungszahlungen, die nicht für den Zu- bzw. Abfluss-Zeitpunkt der jeweiligen Zahlung, sondern für den Zeitpunkt der Anschaffung bzw. Veräußerung zu berechnen sind (→ Rn. 1280).

1276–1277 *Einstweilen frei*

2. Grundsätzliche Bestimmung des Veräußerungsgewinns (§ 20 Abs. 4 S. 1)

1278 § 20 **Abs. 4 S. 1 Hs. 1 definiert den Gewinn iSd § 20 Abs. 2** als den Unterschied zwischen den Einnahmen aus der Veräußerung nach Abzug der Aufwendungen, die im unmittelbaren sachlichen Zusammenhang mit dem Veräußerungsgeschäft stehen, und den

Anschaffungskosten. Dies erfordert, **für jede einzelne Kapitalanlage** (→ Rn. 328 ff.) die Einnahmen des Steuerpflichtigen aus der Veräußerung, die Aufwendungen im unmittelbaren sachlichen Zusammenhang mit dem Veräußerungsgeschäft und die Höhe der Anschaffungskosten der jeweiligen Kapitalanlage zu ermitteln (HHR/*Buge* § 20 Rn. 561). Der daraus ermittelte Differenzbetrag kann positiv („Gewinn" ieS) oder negativ („Verlust") sein (BT-Drs. 16/4841, 57; **str.,** zudem → Rn. 1154). Bestehen bei Vermischung gattungsgleicher Kapitalforderungen **Unklarheiten,** dann ist **subsidiär eine Schätzung** unter den Voraussetzungen des § 162 AO oder § 100 FGO vorzunehmen. Sofern auch Anhaltspunkte für einen zutreffenden Schätzwert fehlen, bleibt – hierzu subsidiär – als einzige feststehende Schätzungsgrundlage nur der Anschaffungspreis des vermischten Gesamtbestandes übrig, der sich aus der Zusammenrechnung der Einzelkosten ergibt und die Errechnung eines Durchschnittswerts für das einzelne Wertpapier ermöglicht (BFH 11.12.2013 – IX R 45/12, BStBl. II 2014, 578).

Berechnung des Veräußerungsgewinns: 1278.1

	Einnahme aus Veräußerung (→ Rn. 1283 ff. und → Rn. 1323)
./.	Unmittelbare Veräußerungsaufwendungen (→ Rn. 1286 ff.)
./.	Anschaffungskosten (→ Rn. 1289 ff. → Rn. 1311 ff.)
	Veräußerungsgewinn (für Sonderfälle → Rn. 1326 ff.)

Die Bewertung von Aufwendungen als Anschaffungs(neben)kosten bzw. als Veräußerungskosten **geht der Einordnung als Werbungskosten iSd § 9 vor** und schließt diese grundsätzlich aus, wie die Berücksichtigung der Anschaffungs(neben)kosten nur in Form von Absetzungen für Abnutzung iSd § 9 Abs. 1 S. 3 Nr. 7 zeigt (vgl. BFH 29.7.1986 – IX R 206/84, BStBl. II 1986, 747; BFH 27.6.1989 – VIII R 30/88, BStBl. II 1989, 934; BFH 17.4.1997 – VIII R 47/95, BStBl. II 1998, 102; BFH 20.6.2000 – VIII R 37/99, BFH/NV 2000, 1342; BFH 23.2.2000 – VIII R 40/98, BStBl. II 2001, 24; BFH 2.5.2001 – VIII R 32/00, BStBl. II 2001, 668; BFH 30.10.2001 – VIII R 29/00, BStBl. II 2006, 223; BFH 20.4.2004 – VIII R 4/02, BStBl. II 2004, 597; BFH 7.9.2005 – VIII R 80/99, BFH/NV 2006, 57; BFH 12.10.2005 – VIII B 38/04, BFH/NV 2006, 288; BFH 27.3.2007 – VIII R 62/05, BStBl. II 2010, 159; BFH 12.3.2013 – VIII B 85/12, BFH/NV 2013, 931). Dies gilt nicht nur für die Anschaffung von Wertpapieren, sondern auch für Erwerbs- und Erwerbsnebenkosten im Zusammenhang mit der Begründung einer Darlehensforderung (BFH 20.6.2000 – VIII R 37/99, BFH/NV 2000, 1342) oder einer sonstigen Kapitalforderung. Ob Aufwendungen den Anschaffungs(neben)kosten oder den sofort abziehbaren Werbungskosten zuzurechnen ist, bestimmt sich nicht nach der Bezeichnung des Entgelts durch die Vertragsparteien, sondern nach dem tatsächlichen wirtschaftlichen Gehalt der in Frage stehenden Leistung (BFH 24.5.2011 – VIII R 46/09, BStBl. II 2011, 920). **Der BFH sieht die Frage als abschließend geklärt an** (BFH 22.4.1999 – VIII B 81/98, BFH/NV 1999, 1328). 1279

Bis zur Unternehmensteuerreform 2008 war die Abgrenzung zwischen Anschaffungskosten, Anschaffungsnebenkosten sowie nachträglichen Anschaffungskosten einerseits und den Werbungskosten andererseits vor allem deshalb entscheidend, weil für Werbungskosten eine steuermindernde Abzugsmöglichkeit bestand, während die Anschaffungskosten des Kapitalvermögensstamms steuerlich unbeachtlich blieben (vgl. hierzu etwa BFH 27.6.1989 – VIII R 30/88, BStBl. II 1989, 934). 1279.1

Durch die Unternehmensteuerreform 2008 hat sich diese **Abgrenzungsproblematik gerade umgekehrt,** weil § 20 Abs. 4 S. 1 die steuermindernde Berücksichtigung der Anschaffungskosten zulässt, während der Abzug der tatsächlichen Werbungskosten nach § 20 Abs. 9 S. 1 Hs. 2 ausgeschlossen ist. 1279.2

Bei nicht in Euro getätigten Geschäften ist gemäß Abs. 4 S. 1 Hs. 2 der Zeitpunkt der Anschaffung, dh Erwerbs wirtschaftlicher Verfügungsmacht (Lademann EStG/*Jachmann-Michel/Lindenberg* § 20 Rn. 747 mwN; **aA** HHR/*Buge* § 20 Rn. 563: Zeitpunkt des Vertragsschlusses), maßgeblich für die Währungsumrechnung von Einnahmen in Fremdwährungen. Gleiches gilt für die Umrechnung von Veräußerungsaufwendungen für den Zeitpunkt der Erlangung wirtschaftlicher Verfügungsmacht, nicht hingegen der Abschluss des obligatorischen Veräußerungsgeschäfts (vgl. BFH 24.1.2012 – IX R 62/10, BStBl. II 2012, 564; für Vorrang von § 20 Abs. 1 Nr. 1 S. 1 Hs. 2: HHR/*Buge* § 20 Rn. 569; **aA** BMF 18.1.2016, 1280

BStBl. I 2016, 85 Rn. 85). Die Umrechnung erfolgt nach dem jeweils geltenden **Devisenbriefkurs** (KSM/*Jochum* § 20 Rn. F 17; Schmidt/*Levedag* § 20 Rn. 204). Durch den Zusatz werden nach der gesetzgeberischen Intention auch die sich aus den Währungsschwankungen ergebenden Gewinne einkommensteuerrechtlich erfasst (BT-Drs. 16/4841, 57). Demnach bildet eine – ggf. bereits im Voraus erbrachte – Fremdwährungsschuld die Grundlage für die Ermittlung der Anschaffungskosten nach dem im Anschaffungszeitpunkt gültigen Umrechnungsverhältnis (stRspr seit RFH 30.3.1927 – VI A 108/27, RStBl. 1927, 161; BFH 16.12.1977 – III R 92/75, BStBl. II 1978, 233; BFH 6.11.1997 – III R 190/94, BStBl. II 1998, 123). Hierunter fällt va die Anschaffung von Wertpapieren in fremder Währung oder von ausländischen Anleihen (BT-Drs. 16/4841, 57; grundlegend zum Nominalwertprinzip der Kapitalertragsbesteuerung → Rn. 131 ff.).

1281–1282 *Einstweilen frei*

1283 **a) Einnahme aus Veräußerung.** Als **Einnahme aus der Veräußerung** iSd § 20 Abs. 4 S. 1 ist der Wert der Gegenleistung anzusetzen, die der Veräußerer aus dem Veräußerungsgeschäft als Gegenleistung für die Übertragung oder Aufgabe seiner Kapitalanlage erhält (BFH 7.3.1995 – VIII R 29/93, BStBl. II 1995, 693; BFH 13.10.2015 – IX R 43/14, BStBl. II 2016, 212). Diese Gegenleistung des Erwerbers kann in der Zahlung eines **Geldbetrages,** aber auch in der Übertragung von Sachen oder Rechten im Wege des **Tauschs** oder in der **Übernahme von aktuellen oder künftigen Verbindlichkeiten des Veräußerers** (BFH 1.12.1992 – VIII R 43/90, BFH/NV 1993, 520) bestehen. Zum Ansatz des fiktiven Veräußerungserlöses bei verdeckter Einlage gemäß Abs. 4 S. 2 → Rn. 1323 sowie bei Kapitalforderungen mit Andienungsrecht gemäß Abs. 4a S. 3 → Rn. 1351.

1283.1 Da die **entgeltliche wie die unentgeltliche Stundung** eine eigenständige Kapitalforderung begründet und zu Kapitalerträgen iSd § 20 Abs. 1 Nr. 7 führt (→ Rn. 1027.1), sind **Stundungszinsen** nicht als Teil der Einnahmen aus der Veräußerung erfasst (Blümich/*Ratschow* § 20 Rn. 418).

1283.2 Wegen der Einzelbetrachtung jeder einzelnen Kapitalforderung (→ Rn. 114 f. und → Rn. 331) zählen gesellschaftsrechtlich geschuldete oder vertraglich vereinbarte **Leistungen der Kapitalgesellschaft iSd § 20 Abs. 1 Nr. 1 an den veräußernden Gesellschafter,** va Vorabausschüttungen (→ Rn. 401.3 und → Rn. 557), die steuerrechtlich (noch) dem Veräußerer der später übertragenen Kapitalbeteiligung zuzurechnen sind, nicht zur Gegenleistung und damit nicht zum Veräußerungspreis (vgl. BFH 13.3.2018 – IX R 35/16, BFH/NV 2018, 936 iVm FM Schleswig-Holstein 16.12.2019, BeckVerw 462599), auch wenn entsprechende Vereinbarungen anlässlich der Veräußerung getroffen werden.

1283.3 Auch eine Leistung des Erwerbers, die dieser bei unterjähriger Veräußerung einer Kapitalforderung für den **Erwerb einer Gewinnbeteiligung** ab einem bereits vor dem Veräußerungszeitpunkt liegenden Zeitpunkt zahlt, stellt kein Entgelt für die Übertragung der Beteiligung im Zuge des Veräußerungsvorgangs, sondern für den Erwerb einer gesonderten Kapitalforderung in Form eines eigenständigen Gewinnbezugsrechts dar. Das hierfür gezahlte Entgelt des Erwerbers ist daher nicht als Einnahmen aus der Veräußerung der Beteiligung iSd Abs. 2 Nr. 1, sondern aus der Veräußerung des Gewinnbezugsrechts iSd Abs. 2 Nr. 2 S. 1 Buchst. a zu erfassen (**aA** BFH 21.5.1986 – I R 199/84, BStBl. II 1986, 794).

1283.4 Erfolgt die Veräußerung durch mehrere Personen, sind die Einnahmen aus der Veräußerung grundsätzlich entsprechend der Beteiligungsanteile aufzuteilen. Liegen keine vernünftigen wirtschaftlichen Gründe für eine sog. **disquotale Verteilung** vor und dient diese insbesondere zur Verlagerung des Kapitalertrags in den nicht steuerbaren Bereich eines Steuerpflichtigen, so stellt dies eine missbräuchliche Gestaltung iSd § 42 AO dar (iE → Rn. 552.2).

1284–1285 *Einstweilen frei*

1286 **b) Aufwendungen im unmittelbaren sachlichen Zusammenhang mit der Veräußerung.** § 20 Abs. 4 S. 1 lässt den Abzug solcher Aufwendungen zu, die in unmittelbarem sachlichen Zusammenhang mit dem Veräußerungsgeschäft stehen (Blümich/*Ratschow* § 20 Rn. 420). Der Begriff „**Aufwendungen**", den der Gesetzgeber in zahlreichen Vorschriften des EStG verwendet, wird im Allgemeinen iSv „Ausgaben" verstanden und erfasst nicht nur Vermögensabflüsse in Geld, sondern auch in Geldeswert, die im Rahmen einer gesetzlichen Einkunftsart eintreten (vgl. BFH 4.7.1990 – GrS 1/89, BStBl. II 1990, 830; *Offerhaus* BB 1979, 617 (621 f.); *Jakob/Wittmann* FR 1988, 541 (547 f.)). Die Aufwendungen müssen vom Veräußerer selbst getragen werden (KSM/*Jochum* § 20 Rn. F 11) und **ausschließlich mit**

der konkret geprüften Veräußerung im Kausalzusammenhang stehen, dürfen ohne die konkrete Veräußerung also nicht entstanden sein. Dies entspricht der Auslegung des BFH zu § 23 (vgl. etwa BFH 1.12.1992 – VIII R 43/90, BFH/NV 1993, 520; BFH 17.4.1997 – VIII R 47/95, BStBl. II 1998, 102). Da Abs. 4 S. 1 auf die Bestimmung eines Veräußerungsgewinns abzielt, der dem bisherigen Inhaber der Kapitalanlage persönlich zuzurechnen ist, können nur die **Aufwendungen des Veräußerers** berücksichtigt werden. Etwaige Aufwendungen des Erwerbers führen hingegen allein bei diesem zur Berücksichtigung als (nachträgliche) Anschaffungskosten der Kapitalforderung.

Typische Aufwendungen in unmittelbarem Zusammenhang mit der Veräußerung von Kapitalanlagen: **1286.1**

Aufwendungen für die Vorbereitung und das Zustandekommen der konkreten Veräußerung, etwa Gestaltungsberatungen für eine tatsächlich durchgeführte Veräußerung (nicht hingegen die Aufwendungen für nicht durchgeführte Veräußerungsgeschäfte, so zutreffend für die Beratung des Notars: BFH 17.4.1997 – VIII R 47/95, BStBl. II 1998, 102).

Gebühren für die **notarielle Übertragung** von GmbH-Anteilen oder für die zur Bewirkung der Übertragung erforderlichen **Registereintragungen.**

Geleistete Options- bzw. Stillhalterprämien, wenn der Veräußerer die konkrete Veräußerung durch den Erwerb einer Verkaufsoption vorbereitet hat und die Verkaufsoptionen mit Andienung des Basiswertes tatsächlich ausübt (BT-Drs. 16/4841, 57; BFH 12.1.2016 – IX R 48/14, BStBl. II 2016, 456 unter Aufgabe früherer Rechtsprechung; BFH 12.1.2016 – IX R 49/14, BStBl. II 2016, 459; BFH 12.1.2016 – IX R 50/14, BStBl. II 2016, 462; BFH 20.10.2016 – VIII R 55/13, BStBl. II 2017, 264; BMF 12.4.2018, BStBl. I 2018, 624 Rn. 26). Dies gilt auch, wenn der Optionsnehmer das Optionsrecht verfallen lässt, aber bei Erwerb entsprechende Einkünfteerzielungsabsicht hatte (→ Rn. 1327).

Maklerprovisionen (Blümich/*Ratschow* § 20 Rn. 420).

Orderentgelte, Börsengebühren, Spesen Dritter sowie ggf. erhobene Finanztransaktions- oder Börsenumsatzsteuern (BT-Drs. 16/4841, 57).

Reisekosten für die Fahrt zur notariellen Beurkundung einer Übertragung, zu einer ansatzfähigen Gestaltungsberatung etc.

Vorschusszinsen bei vorzeitiger Rückzahlung einer Spareinlage, die den Tatbestand der Einlösung oder Rückzahlung nach § 20 Abs. 2 S. 2 verwirklicht (BMF 18.1.2016, BStBl. I 2016, 85 Rn. 85a).

Nicht als unmittelbare Veräußerungsaufwendungen abzugsfähig: **1286.2**

Allgemeine Depot- und Vermögensverwaltungsgebühren → Rn. 1302. Die Finanzverwaltung grenzt hiervon den Transaktionskostenanteil der sog. „**all-in-fee**" ab, bei der es sich um ein pauschales Entgelt an ein Kreditinstitut handelt, das auch die Transaktionskosten mit abdeckt, und sieht diesen Anteil jedenfalls dann anstelle der tatsächlichen Veräußerungskosten als abzugsfähig an, wenn im Vermögensverwaltungsvertrag festgehalten ist, wie hoch der Transaktionskostenanteil der all-in-fee ist (BMF 18.1.2016, BStBl. I 2016, 85 Rn. 93; Blümich/*Ratschow* § 20 Rn. 420, Kirchhof/*Bleschick* § 20 Rn. 12; *Graf/Paukstadt* FR 2011, 249 (252)). Dies überzeugt im Hinblick auf den klaren Wortlaut, der gerade einen „unmittelbaren" sachlichen Zusammenhang einer Aufwendung mit einem konkreten Veräußerungsgeschäft verlangt, und der gebotenen Einzelbetrachtung jeder Kapitalanlage und Transaktion (→ Rn. 1278) nicht.

Fehlgeschlagene Veräußerungskosten, da derartige Aufwendungen getätigt wurden, um die Beteiligung aufzugeben, nicht um aus ihr weiterhin laufende Kapitaleinkünfte oder einen Veräußerungsgewinn zu erzielen (vgl. zu § 17: BFH 17.4.1997 – VIII R 47/95, BStBl. II 1998, 102; **aA** für einen weiteren Veräußerungskostenbegriff und Berücksichtigung von Verlusten aus Derivaten: *Herr* DStR 2016, 2786 (2789)).

Vorfälligkeitsentschädigungen bei vorzeitiger Ablösung eines Wertpapierkredits wegen der Veräußerung der Kapitalanlage, da der Wertpapierkredit eine gesonderte Kapitalforderung betrifft (**aA** HHR/*Buge* § 20 Rn. 567).

Einstweilen frei **1287–1288**

c) Anschaffungskosten. Der in § 20 Abs. 4 S. 1 benutzte Begriff „**Anschaffungskosten" folgt der Legaldefinition des § 255 Abs. 1 HGB,** der mit seinem einheitlichen Anschaffungskostenbegriff gleichermaßen im Bereich der Gewinneinkünfte wie im Bereich der Überschusseinkünfte gilt (stRspr seit BFH 27.6.1989 – VIII R 30/88, BStBl. II 1989, 934; BFH 12.9.2001 – IX R 52/00, BStBl. II 2003, 574; BFH 27.3.2007 – VIII R 62/05, BStBl. II 2010, 159; BFH 24.5.2011 – VIII R 46/09, BStBl. II 2011, 920; BFH 14.6.2012 – VI R 89/10, BStBl. II 2012, 835; BFH 30.6.2015 – VIII B 5/14, BFH/NV 2015, 1387). **1289**

Umfasst sind alle mit dem Anschaffungsvorgang verbundenen Kosten unter Ausschluss der Gemeinkosten (BFH 20.4.2011 – I R 2/10, BStBl. II 2011, 761). Zu abweichenden Ansätzen gemäß § 20 Abs. 4 S. 3 und S. 4 → Rn. 1311 ff. und nach § 20 Abs. 4a S. 4 → Rn. 1355 ff. Zudem sieht **§ 6e** eine Sonderregelung für Fondsetablierungskosten vor (→ Rn. 152a).

1290 Erfasst werden alle unmittelbar mit der Anschaffung in sachlichem Zusammenhang stehenden Aufwendungen, die **zeitlich nach dem endgültigen Entschluss des** Steuerpflichtigen entstanden sind, die Kapitalanlage zu erwerben. **Einzel- und Gemeinkosten** des Erwerbs sind zu unterscheiden (BFH 20.4.2004 – VIII R 4/02, BStBl. II 2004, 597). Dabei muss die Erwerbsentscheidung im Zeitpunkt der Aufwendungen zwar noch nicht gänzlich unumstößlich gefasst sein; allerdings müssen die Aufwendungen in Abgrenzung von bloßen, noch unbestimmten Vorbereitungsmaßnahmen **bereits durch eine grundsätzlich gefasste Erwerbsentscheidung** veranlasst sein (BFH 27.3.2007 – VIII R 62/05, BStBl. II 2010, 159), die auch ersichtlich nach der vom Steuerpflichtigen bestimmten Anlagestrategie umgesetzt wird (BFH 28.10.2009 – VIII R 22/07, BStBl. II 2010, 469). Der BFH sieht die Frage für Provisionen, Maklergebühren und dergleichen (BFH 4.4.1995 – VIII B 52/94, BFH/NV 1995, 882) sowie für Gutachtenkosten, Beratungskosten oder Vermittlungskosten **als abschließend geklärt** an (BFH 19.12.2007 – VIII B 43/07, BFH/NV 2008, 566).

1291 **Bis zum Zeitpunkt der grundsätzlichen Erwerbsentscheidung geleistete Aufwendungen** im Zusammenhang mit einer Kapitalanlage können ggf. Werbungskosten sein, wenn noch keine mit den Aufwendungen zusammenhängenden Einnahmen erzielt werden, aber bereits ein klar erkennbarer wirtschaftlicher Zusammenhang zwischen den Aufwendungen und den angestrebten Einnahmen besteht (BFH 2.5.2001 – VIII R 32/00, BStBl. II 2001, 668). **Nach diesem Zeitpunkt geleistete, aber letztlich vergeblich aufgewendete Anschaffungskosten bleiben Anschaffungskosten** (BFH 20.4.2004 – VIII R 4/02, BStBl. II 2004, 597; BFH 28.10.2009 – VIII R 22/07, BStBl. II 2010, 469; BFH 12.1.2016 – IX R 48/14, BStBl. II 2016, 456). Der BFH sieht Frage als **abschließend geklärt** (BFH 19.12.2007 – VIII B 43/07, BFH/NV 2008, 566).

1292–1293 *Einstweilen frei*

1294 **aa) Unmittelbare Erwerbsaufwendungen.** Anschaffungskosten sind nach § 255 Abs. 1 S. 1 HGB die Aufwendungen, die geleistet werden, **um einen Vermögensgegenstand zu erwerben** und ihn in einen betriebsbereiten Zustand zu versetzen, soweit sie dem Vermögensgegenstand einzeln zugeordnet werden können. Die Begriffe des **entgeltlichen Erwerbs** bzw. der **Anschaffung** meinen den Erwerb eines konkreten Wirtschaftsguts, indem dieses gegen eine Gegenleistung aus einer fremden Sphäre wirtschaftlicher Verfügungsmacht in die eigene überführt wird (stRspr seit BFH 22.8.1966 – GrS 2/66, BStBl. III 1966, 672). Eine **Anschaffung ieS** ist dabei nur denkbar beim entgeltlichen Erwerb einer bereits bestehenden Kapitalforderung durch Zession. Nur in diesem Fall ergeben sich **Anschaffungskosten ieS** in Höhe des unmittelbaren Erwerbspreises, etwa in Form des Kaufpreises für den Erwerb der Rechte und Pflichten aus einer von diesem Verkäufer abgeschlossenen, „gebrauchten" Kapitallebensversicherung (BFH 24.5.2011 – VIII R 46/09, BStBl. II 2011, 920; *Lohr* DB 2004, 2334 (2336)).

1295 Auch der **Anteilstausch** und die **Verschmelzung** auf eine Kapitalgesellschaft gegen Gewährung von Gesellschaftsanteilen an der übernehmenden Gesellschaft stellen sich als besonderer tauschähnlicher Vorgang und damit als Veräußerung bzw. spiegelbildlich als Anschaffung ieS dar (vgl. BFH 15.10.1997 – I R 22/96, BStBl. II 1998, 168; BFH 17.9.2003 – I R 97/02, BStBl. II 2004, 686; **aA** HHR/*Buge* § 20 Rn. 431; zu den Besonderheiten gemäß § 20 Abs. 4a → Rn. 1336 ff.). Als Veräußerungserlös für die hingegebenen Wertpapiere ist der Börsenkurs der erlangten Wertpapiere, als Anschaffungskosten der erlangten Wertpapiere der Börsenkurs der hingegebenen Wertpapiere jeweils im Zeitpunkt der Depotausbuchung unter sinngemäßer Anwendung des § 43a Abs. 2 S. 9 anzusetzen (BMF 18.1.2016, BStBl. I 2016, 85 Rn. 65 f.).

1295.1 Der Übergang des wirtschaftlichen Eigentums, der sich außerhalb eines Rechtsgeschäfts im Wege der **Gesamtrechtsnachfolge** vollzieht, ist nicht unter dem Begriff der „Anschaffung" zu subsumieren (BFH 13.1.1993 – X R 53/91, BStBl. II 1993, 346; BFH 25.6.2002 – IX R 47/98, BStBl. II 2002, 756). Gleiches gilt für den **Erwerb kraft Gesetzes** oder durch einen aufgrund gesetzlicher Vorschriften ergehenden **Hoheitsakt** (vgl. BFH 19.4.1977 – VIII R 23/75, BStBl. II 1977, 712).

Darüber hinaus ist auch in der **erstmaligen Begründung einer Kapitalforderung** ein tauglicher Gegenstand zu einer **Anschaffung iwS** zu sehen. Die folgt dem Verständnis zu § 255 HGB, wonach es für die Übertragung der wirtschaftlichen Verfügungsmacht ausreichend ist, wenn der Vermögensgegenstand erstmalig im Zuge des Übertragungsvorgangs geschaffen wird oder erst in der Hand des Erwerbers entsteht (BeBiKo/*Schubert/Gadek* HGB § 255 Rn. 36). **1296**

Folgerichtig wirken sich **Sparbeiträge zur Ansammlung privaten Geldkapitals** oder andere Aufwendungen zum Erwerb einer Kapitalanlage als rechtsbegründende bzw. forderungsbegründende Anschaffungskosten aus (BFH 8.2.1983 – VIII R 163/81, BStBl. II 1983, 355; BFH 29.7.1986 – IX R 206/84, BStBl. II 1986, 747). **1296.1**

Bei der **Valutierung von Darlehen** entsprechen die Anschaffungskosten des durch die Hingabe des Kapitals erworbenen Darlehensrückerstattungsanspruchs mindestens dem Nennwert des Rückzahlungsanspruchs bzw. der ausgezahlten Darlehensbeträge (BFH 23.4.1975 – I R 236/72, BStBl. II 1975, 875; BFH 4.3.1976 – IV R 78/72, BStBl. II 1977, 380; BFH 24.1.1990 – I R 157/85, I R 145/86, BStBl. II 1990, 639; BFH 20.6.2000 – VIII R 37/99, BFH/NV 2000, 1342; BFH 12.3.2013 – VIII B 85/12, BFH/NV 2013, 931), ungeachtet dessen, ob die Summe der Anschaffungs- und Anschaffungsnebenkosten den Verkehrs- oder Teilwert des Darlehensanspruchs überschreitet (BFH 20.6.2000 – VIII R 37/99, BFH/NV 2000, 1342). **1296.2**

Die **Übernahme der Stammeinlage durch den Gründungsgesellschafter** zählt als Anschaffung, da der gesellschaftsrechtliche Vertrag über die Gründung der Kapitalgesellschaft eine entsprechende Übernahmeverpflichtung der Gründungsgesellschafter gegenüber der Kapitalgesellschaft enthält (BFH 26.8.1975 – VIII R 61/72, BStBl. II 1976, 64; BFH 20.6.2000 – VIII R 37/99, BFH/NV 2000, 1342). Dies gilt auch für den **Bezug neuer Gesellschaftsanteile bei Kapitalerhöhungen** gegen Zuzahlung eines Übernahmebetrags (BFH 12.4.1967 – VI 144/64, BStBl. III 1967, 554). **1296.3**

Der sog. **Aktiensplit** stellt keine Anschaffung neuer Aktien, sondern lediglich die nominell kleinere Aufteilung eines unveränderten Beteiligungsanteils dar (→ Rn. 1153.1 und → Rn. 1155.1). Die Anschaffungskosten der Altaktien sind deshalb nach dem Split-Verhältnis auf die neue Anzahl an Aktien aufzuteilen (BMF 18.1.2016, BStBl. I 2016, 85 Rn. 88–89a). Entsprechendes gilt für andere Gesellschaften. **1296.4**

Rechtsformwechsel einer Kapitalgesellschaft, die Umwandlung von Vorzugs- in Stammaktien oder umgekehrt, die Umwandlung von Inhaber- in Namensaktien und umgekehrt oder rein wertpapiertechnisch bedingte Umtauschvorgänge wie ein Umtausch wegen ISIN-Änderung oder Urkundentausch sind keine steuerbaren Tauschvorgänge, sondern stellen lediglich Modifikation der bestehenden Mitgliedschaftsrechte des Gesellschafters dar (BMF 18.1.2016, BStBl. I 2016, 85 Rn. 67; HHR/*Buge* § 20 Rn. 431). **1296.5**

Eine **Herabsetzung des Nennkapitals** verändert lediglich die Kapitalbindung innerhalb einer Kapitalgesellschaft, führt aber weder zur Veräußerung der bisherigen noch zur Anschaffung einer neuen Beteiligung und hat daher keine Auswirkungen auf die Anschaffungskosten (vgl. BMF 18.1.2016, BStBl. I 2016, 85 Rn. 93). **1296.6**

Bei der **Zusammenlegung (sog. Reverse-Split)** findet ebenfalls keine Veräußerung der alten und Anschaffung der neuen Anteile statt. Zur Ermittlung der Anschaffungskosten sind die Anschaffungskosten der zusammengelegten Anteile zu addieren. **1296.7**

Werden bei einer **Kapitalerhöhung aus Gesellschaftsmitteln nach §§ 207 ff. AktG** Anteilsrechte (Gratis- oder Berichtigungsaktien und Teilrechte) zugeteilt, so führt dies lediglich zu einer Abspaltung der in den Altaktien verkörperten Substanz. Die bisherigen Gesellschafter erwerben mit den neuen Anteilsrechten jedoch nichts, was sie nicht schon besessen hätten (BFH 20.10.1976 – I R 56/74, BStBl. II 1977, 177; BFH 14.2.2006 – VIII R 49/03, BStBl. II 2006, 520). Weder der Erhalt des Bezugsrechts noch die zugeteilten Anteilsrechte stellen einen steuerbaren Kapitalertrag iSd § 20 Abs. 1 Nr. 1 dar (→ Rn. 563). Einziger Effekt ist die Abspaltung eines Teils der ursprünglichen Anschaffungskosten in Höhe des Teils, der durch die Abspaltung auf die Gratisaktien oder Teilrechte entfällt. Die Aufteilung der Anschaffungskosten erfolgt nach dem rechnerischen Bezugsverhältnis. Als Zeitpunkt der Anschaffung der zugeteilten Anteilsrechte gilt zutreffend nicht der Zeitpunkt der Gewährung oder Ausgabe von jungen (Gratis)Aktien, sondern der Zeitpunkt der Anschaffung der Altaktien (BMF 18.1.2016, BStBl. I 2016, 85 Rn. 89a und 90 mit Berechnungsbeispiel). **1296.8**

Übt der Inhaber einer Optionsscheins die Option aus und schafft er das Basisgut (Aktien, Schuldverschreibungen, Rohstoffe) an, so gehören die **Anschaffungskosten des Optionsscheins** sowie der bei Ausübung für den Erwerb des Basisguts gezahlte Kaufpreis zu den Anschaffungskosten des Basiswerts (HHR/*Buge* § 20 Rn. 565; hingegen für Einordnung als Anschaffungsnebenkosten: BFH 22.5.2019 – XI R 44/17, BStBl. II 2020, 44). **1296.9**

1296.10 Beim entgeltlichen **Erwerb einer nur teilweise werthaltigen Kapitalforderung** entfallen die Anschaffungskosten bis zum Nennwert des werthaltigen Teils der Kapitalforderung allein auf den werthaltigen Teil der Kapitalforderung; für den nicht werthaltigen Teil betragen die Anschaffungskosten 0 EUR (BFH 6.8.2019 – VIII R 18/16, BFH/NV 2020, 52; *Levedag* GmbHR 2020, 111 (116)). Nur soweit Anschaffungskosten ausnahmsweise den Nennwert des werthaltigen Teils übersteigen, kommt insofern eine Zuordnung zum nicht werthaltigen Teil in Betracht.

1297 Zu den **Anschaffungskosten** in Form der **unmittelbaren Erwerbsaufwendungen** zählen alle Aufwendungen, um eine Kapitalforderung zu erwerben und zu behalten (BFH 8.4.1998 – VIII R 21/94, BStBl. II 1998, 660; BFH 26.8.2010 – I B 85/10, BFH/NV 2011, 220). Leistungen **an den Verkäufer wie an Dritte** werden gleichermaßen erfasst (BFH 15.9.1961 – VI 224/61 U, BStBl. III 1961, 547). Soweit der Erwerb einer Kapitalforderung nur gegen Zahlung von **Ausgabeaufschlägen bzw. -aufgeldern** erfolgen kann, sind auch diese Teil der unmittelbaren Erwerbsaufwendungen (BFH 23.2.2000 – VIII R 40/98, BStBl. II 2001, 24; (BFH 30.6.2015 – VIII B 5/14, BFH/NV 2015, 1387; H 20.1 EStH 2018). Gleiches gilt für die über dem Nennwert der erworbenen Kapitalforderung liegenden Aufwendungen für den Erwerb der Kapitalforderung (sog. **Überpreis:** BFH 30.7.2002 – VIII B 23/02, BFH/NV 2002, 1574; BFH 5.8.2005 – VIII B 133/04, BFH/NV 2005, 2187; BFH 30.6.2015 – VIII B 5/14, BFH/NV 2015, 1387). Das Tatbestandsmerkmal der Versetzung in den betriebsbereiten Zustand ist für Kapitalforderungen ohne praktische Bedeutung.

1297.1 **Vom Erwerber** gezahlte **Stückzinsen** sollen für den Erwerber einer Kapitalforderung keine Anschaffungskosten iSd § 20 Abs. 4, sondern vorab, dh im Jahr der Zahlung entstandene **negative Einnahmen iSd § 20 Abs. 1 Nr. 7 des Erwerbers** darstellen (BT-Drs. 16/4841, 56; BMF 6.12.2011, BStBl. I 2011, 1222; BMF 18.1.2016, BStBl. I 2016, 85 Rn. 51, allerdings die konkrete Zuordnung bei Bundesschatzbriefen Typ B wegen der gleichen Steuerbelastung als nicht erforderlich ansehend in Rn. 54; zweifelnd: BFH 3.8.1976 – VIII R 101/71, BStBl. II 1977, 65; → Rn. 1029 und → Rn. 1248).

1297.2 Veräußert ein **Arbeitnehmer** seine aufgrund einer ihm von seinem Arbeitgeber gewährten **Arbeitnehmeroption** erworbenen Aktien, sind als Anschaffungskosten neben der Zuzahlung zum Kaufpreis auch der Wert des geldwerten Vorteils anzusetzen (HHR/*Buge* § 20 Rn. 565; *Grohmann/Reinhold* DStR-Beih. 2014, 61 (66)).

1298–1299 *Einstweilen frei*

1300 **bb) Anschaffungsnebenkosten.** Nach § 255 Abs. 1 S. 2 Alt. 1 HGB gehören zu den Anschaffungskosten auch die **Anschaffungsnebenkosten,** dh alle neben die Anschaffungskosten tretenden sonstigen Aufwendungen des Erwerbers, die in einem unmittelbaren wirtschaftlichen Zusammenhang mit der Anschaffung stehen, insbesondere zwangsläufig im Gefolge der Anschaffung (BFH 17.10.2001 – I R 32/00, BStBl. II 2002, 349; vertiefend: *Kahler/Hiller* Anschaffungsnebenkosten beim Erwerb von Beteiligungen an Kapitalgesellschaften (IFSt-Schrift 495, 2014) mwN).

1300.1 Typische Anschaffungsnebenkosten im Zusammenhang mit Kapitalanlagen:

Abschlussgebühren und sonstige Abschlusskosten, insbesondere bei Kapitallebens- und sonstigen Versicherungsverträgen iSd § 20 Abs. 1 Nr. 6 (BFH 12.10.2005 – VIII B 38/04, BFH/NV 2006, 288; BFH 6.11.2009 – VIII B 186/09, BFH/NV 2010, 235; BFH 23.9.2013 – VIII B 40/13, BFH/NV 2014, 40; **die Frage als geklärt ansehend:** BFH 6.11.2009 – VIII B 186/09, BFH/NV 2010, 235).

Ankaufspesen (BFH 9.10.1979 – VIII R 67/77, BStBl. II 1980, 117).

Auslosungskosten im Zusammenhang mit der Auslosung von Anleihen (BFH 9.10.1979 – VIII R 67/77, BStBl. II 1980, 116).

(Bank)Provisionen, Makler- und Vermittlungsgebühren, (Bank)Spesen, Finanztransaktions- oder Börsenumsatzsteuer (BFH 15.9.1961 – VI 224/61 U, BStBl. III 1961, 547; BFH 15.7.1966 – VI 226/64, BStBl. III 1966, 643; BFH 9.10.1979 – VIII R 67/77, BStBl. II 1980, 116; BFH 27.6.1989 – VIII R 30/88, BStBl. II 1989, 934; BFH 20.6.2000 – VIII R 37/99, BFH/NV 2000, 1342; BFH 30.10.2001 – VIII R 29/00, BStBl. II 2006, 223).

Beratungskosten (zB vor der Gründung einer AG: BFH 20.4.2004 – VIII R 4/02, BStBl. II 2004, 597; Blümich/*Ratschow* § 20 Rn. 411).

Beurkundungskosten (BFH 27.3.2007 – VIII R 62/05, BStBl. II 2010, 159; zB **Notargebühren** für Übertragung von Gesellschaftsanteilen, so zu § 17: BFH 17.4.1997 – VIII R 47/95, BStBl. II 1998, 102).

Due-Dilligence-Kosten.

Erbauseinandersetzungskosten zur Erlangung des Alleineigentums an Kapitalanlagen (vgl. BFH 9.7.2013 – IX R 43/11, BStBl. II 2014, 878).

Erstellungs- und Prüfungskosten für Wertpapierprospekte.

Fahrtkosten (BFH 27.3.2007 – VIII R 62/05, BStBl. II 2010, 159).

Grunderwerbsteuer gemäß § 1 Abs. 2a, Abs. 3a GrEStG im Zuge der Anschaffung von Kapitalgesellschaftsanteilen (für die Verschmelzung von Genossenschaften: BFH 15.10.1997 – I R 22/96, BStBl. II 1998, 168; für die Verschmelzung einer Personengesellschaft auf eine Kapitalgesellschaft gegen Gewährung von Gesellschaftsanteilen: BFH 17.9.2003 – I R 97/02, BStBl. II 2004, 686).

Gutachterkosten zur (Unternehmens)Analyse und Bewertung einer konkret erworbenen Kapitalforderung, etwa einer Beteiligung, sofern es sich dabei nicht um die Vorbereitung einer noch gänzlich unbestimmten und später vielleicht erst noch zu treffenden Erwerbsentscheidung, wie zum Beispiel bei einer Marktstudie, gehandelt hat (BFH 27.3.2007 – VIII R 62/05, BStBl. II 2010, 159; H 20.1 EStH 2018).

Kreditbeschaffungskosten, wenn sie in unmittelbarem Zusammenhang mit der Erlangung einer konkreten Kapitalforderung, etwa mit Darlehensmitteln stehen. Dies gilt auch dann, wenn die Aufwendungen in der Annahme geleistet werden, mittels dieses Vermögensgegenstands von einem Dritten weitaus höhere Geldmittel zu erlangen, die er nicht zurückzahlen muss (BFH 7.11.2005 – X B 70/05, BFH/NV 2006, 295).

Orderentgelte.

Registerkosten, die zur Bewirkung der zivilrechtlichen Übertragung einer Kapitalanlage erforderlich sind.

Reisekosten zu Haupt- und Gesellschafterversammlungen.

Strategieentgelte im Zusammenhang mit dem bereits grundsätzlich beschlossenen Erwerb von Kapitalanlagen (→ Rn. 1290), sofern damit die Vergütung für die konkrete Anlagestrategie und dem Erwerb einzelner Kapitalanlagen verbunden ist und darin keine Gebühren für die laufende Verwaltung des Kapitalvermögens liegen (BFH 28.10.2009 – VIII R 22/07, BStBl. II 2010, 469; H 20.1 EStH 2018; HHR/*Buge* § 20 Rn. 565).

Übersetzerhonorare für notwendige Übersetzungen.

(Kredit)Vermittlungsgebühren, die der Kapitalgeber für die Vermittlung eines Kapitalnutzungsverhältnisses, etwa eines Darlehens mit dem Kapitalnehmer leistet (BFH 20.6.2000 – VIII R 37/99, BFH/NV 2000, 1342; BFH 7.9.2005 – VIII R 80/99, BFH/NV 2006, 57; BFH 7.11.2005 – X B 70/05, BFH/NV 2006, 295).

Verwaltungskostenanteile (BFH 6.11.2009 – VIII B 186/09, BFH/NV 2010, 235).

Zahlungen zur Ablösung von Vorkaufsrechten Dritter (BFH 11.2.2004 – VIII B 92/03, BeckRS 2004, 25003455).

Nicht um Anschaffungsnebenkosten, sondern allenfalls um Werbungskosten iSd § 9 handelt es sich bei Aufwendungen, die **ihrem ursprünglichen Charakter nach allgemeine Geldbeschaffungskosten darstellen** (BFH 20.12.1983 – VIII R 127/80), etwa **Schuldzinsen und andere Kreditkosten,** wenn der aufgenommene Kredit zum Erwerb oder zur Schaffung einer Kapitalanlage verwendet wird und der Zweck der Schuldaufnahme in der Erwerbssphäre liegt (BFH 24.3.1992 – VIII R 12/89, BStBl. II 1993, 18 mwN; BFH 7.12.1999 – VIII R 8/98, BFH/NV 2000, 825 mwN), **Zinsbegrenzungsprämien** durch sog. Zinscap-Gebühren (BFH 12.10.2011 – VIII R 49/09, BStBl. II 2014, 156) oder **Abschlussgebühren für einen Bausparvertrag,** wenn der Abschluss des Bausparvertrags in keinem engen zeitlichen und wirtschaftlichen Zusammenhang mit der Verwirklichung eines Bauvorhabens steht und wenn auf Dauer gesehen ein Überschuss aus Zinsgutschriften erwartet werden kann (BFH 8.2.1983 – VIII R 163/81, BStBl. II 1983, 355; BFH 24.7.1990 – VIII R 45/85, BStBl. II 1990, 975; BFH 18.12.1992 – VIII R 94/90, BStBl. II 1992, 1005). 1301

Nicht erfasst werden auch Aufwendungen, die unabhängig von der Art und Weise der Kapitalanlage zu leisten sind und ihrer Art nach die allgemeine vermögensverwaltende Tätigkeit abgelten sollen (BFH 12.3.2013 – VIII B 85/12, BFH/NV 2013, 931), sodass sie in keinem konkreten Zusammenhang mit einer noch zu beschaffenden Kapitalanlage stehen, zB sog. Vorabverwaltungsgebühren (BFH 24.2.2015 – VIII R 44/12, BStBl. II 2015, 649) 1302 oder Depot- und Verwaltungsgebühren (BFH 9.10.1979 – VIII R 67/77, BStBl. II 1980, 117; BFH 15.12.1987 – VIII R 281/83, BStBl. II 1989, 16; BFH 4.5.1993 – VIII R 7/91, BStBl. II 1993, 832; BFH 4.5.1993 – VIII R 89/90, BFH/NV 1994, 225; BFH 28.10.2009 – VIII R 22/07, BStBl. II 2010, 469; BFH 24.11.2009 – VIII R 11/07, BFH/NV 2010, 1417; BFH 24.5.2011 – VIII R 46/09, BStBl. II 2011, 920).

1303–1304 *Einstweilen frei*

1305 **cc) Nachträgliche Anschaffungskosten.** Nach § 255 Abs. 1 S. 2 Alt. 2 HGB gehören zu den Anschaffungskosten auch die **nachträglichen Anschaffungskosten,** die dem Grunde nach zu den Anschaffungs- oder Anschaffungsnebenkosten zählen würden, aber zeitlich nach Abschluss des Anschaffungsvorgangs aufgewendet werden. Die Bewertung von Kosten als nachträgliche Anschaffungskosten schließt deren Einordnung als Werbungskosten iSd § 9 wegen Spezialität (→ Rn. 1279) aus (BFH 2.5.2001 – VIII R 32/00, BStBl. II 2001, 668; BFH 12.3.2013 – VIII B 85/12, BFH/NV 2013, 931). Nachträgliche Anschaffungskosten auf eine Beteiligung entstehen insbesondere bei der **Einzahlung eines Gesellschafters in die Kapitalrücklage** der Kapitalgesellschaft (BFH 27.4.2000 – I R 58/99, BStBl. II 2001, 168; BFH 14.3.2011 – I R 40/10, BStBl. II 2012, 281) oder bei **verdeckten Einlagen** in die Kapitalgesellschaft, durch die kein neuer Anteil an der Kapitalgesellschaft angeschafft oder hergestellt, sondern der Gesamtbetrag der Anschaffungskosten der bestehenden Beteiligung nachträglich erhöht wird (BFH 9.3.1977 – I R 203/74, BStBl. II 1977, 515; BFH 9.9.1986 – VIII R 159/85, BStBl. II 1987, 257; BFH 4.12.1991 – I R 68/89, BStBl. II 1992, 744). Weitere Fallgruppe sind alle Aufwendungen auf den Vermögensstamm, die der Steuerpflichtige aufwendet, um eine **notleidende Kapitalanlage** zu retten und die einer bestimmten Kapitalanlage konkret zuordenbar sind (BFH 12.3.2013 – VIII B 85/12, BFH/NV 2013, 931).

1305.1 **Beispiele für verdeckte Einlagen:**

Bürgschaftsübernahme und Inanspruchnahme des Gesellschafters einer Kapitalgesellschaft für Verbindlichkeiten der Kapitalgesellschaft, die der Gesellschafter übernommen hatte, ohne hierbei eine gleichwertige Rückgriffsforderung gegen die Kapitalgesellschaft zu erwerben (BFH 16.4.1991 – VIII R 100/87, BStBl. II 1992, 234 mwN).

Darlehensverzicht des Gesellschafters einer Kapitalgesellschaft bei Darlehen an die Kapitalgesellschaft, um diese vor der Insolvenz zu bewahren (BFH 19.5.1992 – VIII R 16/88, BStBl. II 1992, 902).

Forderungsverzicht auf eine noch werthaltige Forderung (BFH 9.6.1997 – GrS 1/94, BStBl. II 1998, 307; BFH 6.8.2019 – VIII R 18/16, BFH/NV 2020, 52).

Nachschüsse iSd §§ 26 ff. GmbHG (BFH 11.7.2017 – IX R 36/15, BStBl. II 2019, 208).

Stehenlassen eines Gesellschafterdarlehens in der Krise einer Kapitalgesellschaft war nach den Grundsätzen der Umqualifizierung eigenkapitalersetzender Darlehen gem. §§ 30, 31 GmbhG aF wie eine Einlage zu behandeln, soweit die Darlehensforderung den werthaltigen Teil der Darlehensforderung überstieg (BFH 16.4.1991 – VIII R 100/87, BStBl. II 1992, 234 mwN). Für **sonstige eigenkapitalersetzende Finanzierungshilfen** wie Bürgschaftsübernahmen galt dies entsprechend (BFH 12.12.2000 – VIII R 22/92, BStBl. II 2001, 385; 20.8.2013 – IX R 1/13, BFH/NV 2014, 310). Seit der Aufhebung der §§ 30, 31 GmbHG aF durch das MoMiG **mWv 1.11.2008 fehlt eine gesetzliche Grundlage für diese Rechtsprechung** (zu Recht: BFH 11.7.2017 – IX R 36/15, BStBl. II 2019, 208 mwN; BFH 2.7.2019 – IX R 13/18, BStBl. II 2020, 89), wobei die durch den IX. Senat angenommene Fortgeltung der bisherigen Grundsätze für eigenkapitalersetzende Finanzierungshilfen, die Gesellschafter bis zum Tag der Veröffentlichung des Urteils vom 11.7.2017 am 27.9.2017 geleistet haben oder die bis zu diesem Tag eigenkapitalersetzend wurden, ihrerseits keine gesetzliche Grundlage hat und auch durch Vertrauensschutzgründe nicht zu rechtfertigen ist (so auch FG Berlin-Brandenburg 18.4.2018 – 3 K 3138/15, EFG 2018, 1366, aber aufgehoben durch BFH 2.7.2019 – IX R 13/18, BStBl. II 2020, 89; FG Berlin-Brandenburg 13.12.2018 – 3 K 3207/17, EFG 2019, 535, aber aufgehoben durch BFH 10.12.2019 – IX R 1/19, BFH/NV 2020, 504; *Jachmann-Michel* BB 2018, 2329 (2331) **aA** BFH 11.7.2017 – IX R 36/15, BStBl. II 2019, 208; BFH 2.7.2019 – IX R 13/18, BStBl. II 2020, 89; BFH 3.9.2019 – IX R 17/18, BFH/NV 2020, 27; FG Hessen 12.4.2018 – 9 K 1053/15, EFG 2018, 1642).

Vorteilszuwendungen von der Mutter- in die Enkelgesellschaft sind als Einlage in die Tochter- und als weitere Einlage in die Enkelgesellschaft anzusehen (vgl. BFH 9.9.1986 – VIII R 159/85, BStBl. II 1987, 257). **Vorteilszuwendungen einer Enkelgesellschaft an eine Schwestergesellschaft** ihrer beherrschenden Gesellschafterin sind so zu beurteilen, dass die Enkelgesellschaft die Vorteile zunächst ihrer Gesellschafterin zuwendet, diese sie an die übergeordnete Muttergesellschaft weitergibt und letztere sie der Schwestergesellschaft verdeckt einlegt (BFH 23.10.1985 – I R 247/81, BStBl. II 1986, 195).

Solange Aufwendungen dazu dienen, eine Beteiligung zu erwerben oder zu behalten (→ Rn. 1297), **ist es keine zwingende Voraussetzung,** dass die Aufwendungen nach handels- und bilanzsteuerrechtlichen Grundsätzen **zu einer offenen oder verdeckten Einlage in das Kapital der Körperschaft führen.** Dies folgt aus dem für Beteiligungserträge umgesetzten Trennungsprinzip und der Absage an ein Kongruenzprinzip (→ Rn. 109 ff.), die grundsätzlich keinen Konnex zwischen den Aufwendungen des Anteilseigners und den Vorteilen der Körperschaft zulassen oder verlangen. Warum dies nur für nachträgliche Anschaffungskosten durchbrochen werden sollte, ist schwerlich begründbar (**aA** BFH 11.7.2017 – IX R 36/15, BStBl. II 2019, 208). Gleichwohl verlangt das Prinzip der Einzelbetrachtung (→ Rn. 114 f.) eine **einzelfallbezogene Zuordnung von Aufwendungen zu jeder einzelnen von mehreren möglichen Kapitalforderungen,** sodass va bei Fremdkapitalhilfen wie Gesellschafterdarlehen oder Bürgschaften zu prüfen ist, ob diese aufgrund vertraglicher Abreden mit der Zuführung einer Einlage in das Gesellschaftsvermögen wirtschaftlich vergleichbar sind und damit zu Anschaffungskosten der Beteiligung führen, oder ob sie für eine „in der Krise stehen gelassene" Darlehens- oder Bürgschaftsregressforderung erwachsen, deren Ausfall nicht auf die Beteiligung entfällt (dazu BFH 11.7.2017 – IX R 36/15, BStBl. II 2019, 208; FG Münster 12.3.2018 – 2 K 3127/15 E, EFG 2018, 947 Rn. 34), sondern als Verlust aus der Einlösung dieser Kapitalforderung (dazu → Rn. 1163 ff.) zu berücksichtigen ist. 1305.2

Einstweilen frei 1306–1307

dd) Anschaffungspreisminderungen. Anschaffungspreisminderungen, die dem Vermögensgegenstand einzeln zugeordnet werden können, sind nach § 255 Abs. 1 S. 3 HGB abzusetzen. Diese Regelung gilt dabei nicht nur für Kaufpreisnachlässe, sondern nach ihrem Zweck als Aktivierungsnorm auch für Rückflüsse von im Zusammenhang mit dem Erwerb geleisteten Aufwendungen, zB wenn Anschaffungsnebenkosten zurückgezahlt oder **Anschaffungsausgaben von Dritten erstattet oder vergütet** werden, sofern hierin nicht ein Entgelt für eine Leistung des Empfängers liegt (BFH 14.6.2012 – VI R 89/10, BStBl. II 2012, 835). So mindern etwa **Provisionsnachlässe,** die ein Eigenkapitalvermittler für die Vermittlung von Kapitalanlegern erreicht und an Fonds-Gesellschafter weiterreicht, die Anschaffungskosten iSd § 255 Abs. 1 S. 3 HGB der Fondsanteile (vgl. BFH 26.2.2002 – IX R 20/98, BStBl. II 2002, 796). 1308

Eine Anschaffungspreisminderung ist nicht vorzunehmen für den sog. **INVEST-Zuschuss** und sonstige Erwerbszuschüsse für private Wagniskapitalgeber (sog. Business Angels), und zwar unabhängig davon, ob die Kapitalanlage in einem Privat- oder Betriebsvermögen gehalten wird (ebenso HHR/*Buge* § 3 Nr. 71 Rn. 9). Der Steuergesetzgeber wollte diesen Zuschuss durch § 3 Nr. 71 als steuerfrei behandeln, weil er davon ausging, dass es sich hierbei um grundsätzlich steuerpflichtige Betriebseinnahmen handelt (BT-Drs. 18/3017, 37 f.; BT-Drs. 18/3441, 50). Bei einem auf einzelne Anschaffungsvorgänge zugeschnittenen Zuschuss wie dem INVEST-Zuschuss handelt es sich zwar nicht um einen reinen Ertragszuschuss, sondern um einen Investitionszuschuss, dessen steuerliche Behandlung grundlegend strittig ist (vertiefend *Küting* DStR 1996, 276 und 313 mwN). Nach hier vertretener Auffassung besteht indes kein konkreter Konnex zwischen der zwischen Veräußerer und Erwerber vereinbarten Anschaffung einer Kapitalanlage mit dem dafür gewährten Zuschuss, der die Voraussetzungen des § 255 Abs. 1 S. 3 HGB erfüllen würde. 1308.1

Einstweilen frei 1309–1310

3. Anschaffungskosten in Sonderfällen

a) Entnahme und Betriebsaufgabe (§ 20 Abs. 4 S. 3). § 20 **Abs. 4 S. 3** bestimmt, dass bei der Veräußerung eines Wirtschaftsguts, das aus einem Betriebsvermögen entnommen oder aufgrund einer Betriebsaufgabe in das Privatvermögen überführt wurde, anstelle der Anschaffungskosten der bei der **Entnahme** angesetzte Wert nach § 6 Abs. 1 Nr. 4 oder der bei der Betriebsaufgabe angesetzte Wert nach § 16 Abs. 3 tritt. Bei Entnahmen ist daher der Teilwert iSd § 10 BewG, bei Betriebsaufgaben der Aufgabegewinn iSd § 16 Abs. 3 anzusetzen. Modifiziert wird damit nur der Ansatz der Anschaffungskosten; die Ausführungen zu den Einnahmen aus der Veräußerung (→ Rn. 1283) und damit im Zusammenhang stehenden Aufwendungen (→ Rn. 1286 ff.) gelten umfänglich. 1311

1312 Abs. 4 S. 3 setzt dabei denknotwendig voraus, dass die Entnahme oder Betriebsaufgabe **zeitlich (zumindest eine juristische Sekunde) vor der Veräußerung** erfolgt ist und dass sich die Kapitalanlage deshalb im Veräußerungszeitpunkt bereits im Privatvermögen des Steuerpflichtigen befand. Damit wird gewährleistet, dass alle im Betriebsvermögen entstandenen Vermögensmehrungen einer Kapitalanlage über den Entnahme- oder Betriebsaufgabegewinn im Betriebsvermögen erfasst und besteuert werden, während § 20 nur die im Privatvermögen zugeflossenen Wertzuwächse besteuert (BT-Drs. 16/4841, 57).

1313–1314 *Einstweilen frei*

1315 **b) Übertragung von Kapital(lebens)versicherungen (§ 20 Abs. 4 S. 4).** § 20 **Abs. 4 S. 4 Hs. 1** sieht zur Berechnung der Veräußerungsgewinne bei Kapital(lebens)versicherungen (→ Rn. 1244) grundsätzlich vor, dass die entrichteten Beiträge iSd § 20 Abs. 1 Nr. 6 S. 1 als Anschaffungskosten gelten. Ging der Veräußerung ein entgeltlicher Erwerb voraus, so gelten nach **Abs. 4 S. 4 Hs. 2** als Anschaffungskosten nicht nur die eigenen Erwerbsaufwendungen, sondern auch die nach dem Erwerb entrichteten Beiträge. Dies gewährleistet, dass nur die in der Besitzzeit des Veräußerers entstandenen Erträge und nicht die gesamten Beitragsleistungen (ggf. mehrmals) besteuert werden (BT-Drs. 16/4841, 57).

1316–1317 *Einstweilen frei*

1318 **c) Vertretbare Wertpapiere in Sammelverwahrung (§ 20 Abs. 4 S. 7).** § 20 **Abs. 4 S. 7** unterstellt bei Verwahrung vertretbarer Wertpapiere in Sammelverwahrung, dass ein zeitlich zuerst angeschafftes Wertpapier zwingend als das zuerst veräußerte zu behandeln ist **(Fifo-Methode: first-in-first-out).** Konkrete Einzelweisungen des Steuerpflichtigen an das depotführende Institut, welches Wertpapier veräußert werden soll, sind insoweit unbeachtlich (ebenso: BMF 18.1.2016, BStBl. I 2016, 85 Rn. 96). Durch die gesetzliche Verankerung der Fifo-Methode wird erreicht, dass die Kreditinstitute den Steuerabzug bei der Veräußerung von gleichartigen Wertpapieren, die zu verschiedenen Zeitpunkten angeschafft wurden, praktisch leichter bewältigen können (BT-Drs. 16/4841, 57).

1318.1 Bereits die Klarheit dieser Regelung ist zu begrüßen, zumal der BFH festgestellt hat, dass im Wege der Gesetzesauslegung weder die sog. Lifo- noch die sog. Fifo-Methode zwingend anzuwenden sei. Es gebe keinen allgemeinen Erfahrungssatz, dass entweder die zuerst oder die zuletzt angeschafften Wertpapiere zuerst veräußert werden. Wenn nicht feststellbar sei, welche Aktien tatsächlich veräußert wurden, seien daher die durchschnittlichen Anschaffungskosten zugrunde zu legen, da der Steuerpflichtige nicht bestimmen könne, welche Aktien als veräußert gelten sollen (zu § 23 Abs. 1 S. 1 Nr. 2 S. 2 EStG 2002: BFH 26.8.2010 – I B 85/10, BFH/NV 2011, 220; zu § 21 Abs. 1 S. 1 iVm § 20 Abs. 4 S. 1 UmwStG: BFH 11.12.2013 – IX R 45/12, BStBl. II 2014, 578).

1318.2 In der Sache bewirkt die Lifo-Methode zudem, dass sich aus der Veräußerung bei fallenden Kursen bereits früh steuerbare Verluste und bei steigenden Kursen früh steuerbare Gewinne realisieren. Dies verhindert zumindest faktisch die Entstehung und Besteuerung sog. Scheingewinne, die Steuerpflichtige zur Zahlung einer Steuerlast auf wirtschaftlich (noch) nicht erzielte Gewinne verpflichtet, wobei nicht entscheidend ist, ob diese Funktion zugleich implizit zum Gesetzeszweck erhoben wurde (*Hüttemann/Meinert* Die Lifo-Methode in Handels- und Steuerbilanz (IFSt-Schrift Nr. 486, 2013), 84 ff. mwN zum Meinungsstand).

1319 Voraussetzung für die Anwendung des Abs. 4 S. 7 ist das Vorliegen sog. **vertretbarer Wertpapiere,** bei denen einzelne Wertpapiere nicht nummernmäßig identifiziert werden können. Ungeschriebenes, aber denknotwendiges Tatbestandsmerkmal ist zudem die **Anschaffung mehrerer vertretbarer Wertpapiere zu unterschiedlichen Anschaffungszeitpunkten** (Blümich/*Ratschow* § 20 Rn. 427). Dieses Merkmal ist auch erfüllt, wenn der Steuerpflichtige Wertpapiere aus Wertpapierdepots anderer Verwahrer überträgt und eine Vermischung von vertretbaren Wertpapieren mit verschiedenen Anschaffungszeitpunkten bewirkt. Erforderlich ist ferner eine **Sammelverwahrung iSd § 5 DepotG.** Wegen des insofern klaren Wortlauts ist Abs. 4 S. 7 folglich nicht anwendbar auf sog. Sonderverwahrungen iSd § 2 DepotG und damit insbesondere nicht auf die sog. **Streifbandverwahrung** als Sonderform der Verwahrung nach § 2 DepotG (*Böttcher* Depotgesetz § 2 Rn. 1; Baumbach/Hopt/*Kumpan* DepotG § 2 Rn. 1), bei der sammelverwahrungsfähige Wertpapiere auf ausdrückliche Anweisung des Depotinhabers separiert aufbewahrt werden (**aA** BMF 18.1.2016, BStBl. I 2016, 85 Rn. 98; Blümich/*Ratschow* § 20 Rn. 427; KSM/*Jochum* § 20 Rn. F 35).

Schließlich gilt das Gebot der Fifo-Methode nur für alle vertretbaren Wertpapiere, die **bei demselben Verwahrer verwahrt** werden (**aA** BMF 18.1.2016, BStBl. I 2016, 85 Rn. 97: auf das einzelne Depot bezogen). Dies folgt bereits aus dem Wortlaut der Norm „[…] die **einem** Verwahrer […] zur Verwahrung anvertraut sind" sowie aus dem Telos der Norm zur Vermeidung von Gestaltungsmissbräuchen. Eine Umgehung ist weder durch die Führung von Unter-Depots (BMF 18.1.2016, BStBl. I 2016, 85 Rn. 98; **aA** HHR/*Buge* § 20 Rn. 575; KSM/*Jochum* § 20 Rn. F 31 und F 34) noch durch die Errichtung mehrerer getrennter Depots bei demselben Verwahrer möglich (**aA** wohl Blümich/*Ratschow* § 20 Rn. 427). Will der Steuerpflichtige die Anwendbarkeit der Fifo-Methode vermeiden, kann er dies nur durch Wertpapierdepots bei **verschiedenen** Verwahrern erreichen. 1320

Einstweilen frei 1321–1322

4. Veräußerungsgewinn in Sonderfällen

a) Veräußerungspreis bei verdeckter Einlage (§ 20 Abs. 4 S. 2). Bei der verdeckten Einlage, die gemäß § 20 Abs. 2 S. 2 einer Veräußerung gleichsteht (→ Rn. 1176), fließen dem Steuerpflichtigen aufgrund der bloßen Fiktion einer Veräußerung keine tatsächlichen Einnahmen aus der Veräußerung zu. Abs. 4 S. 2 regelt daher – vergleichbar zu § 17 Abs. 2 S. 2 – die Gewinnermittlung in den Fällen einer verdeckten Einlage (BT-Drs. 16/4841, 57). Zum einen tritt nach **Abs. 4 S. 2 Hs. 1** an die Stelle der Einnahmen aus der Veräußerung ihr **gemeiner Wert iSd § 9 BewG ff.** (→ Rn. 238). Zum anderen ordnet **Abs. 4 S. 2 Hs. 1** den Gewinn dem **Kalenderjahr der verdeckten Einlage** zu. Die Regelung ist notwendig, da anderenfalls mangels Zuflusses keine Bestimmung des Zuflusszeitpunkts nach § 11 Abs. 1 (→ Rn. 127) erfolgen könnte. 1323

Einstweilen frei 1324–1325

b) Gewinn bei Termingeschäften (§ 20 Abs. 4 S. 5). § 20 Abs. 4 S. 5 gilt nur für den Gewinn bei Termingeschäften iSd § 20 Abs. 2 S. 1 Nr. 3 Buchst. a (→ Rn. 1209), nicht aber für Veräußerungsgeschäfte iSd Nr. 3 Buchst. b (→ Rn. 1214 ff.), für die ein Veräußerungsgewinn nach allgemeinen Grundsätzen des Abs. 4 S. 1 zu bestimmen ist (BT-Drs. 16/4841, 57). Nach Abs. 4 S. 5 ist der Gewinn bei **Termingeschäften iSd § 20 Abs. 2 S. 1 Nr. 3 Buchst. a** der **Differenzausgleich** (→ Rn. 1221) oder der durch den Wert einer veränderlichen Bezugsgröße bestimmte Geldbetrag oder Vorteil **abzüglich der Aufwendungen, die im unmittelbaren sachlichen Zusammenhang mit dem Termingeschäft stehen.** Die vorgesehene Minderung um die in unmittelbarem sachlichen Zusammenhang mit dem Termingeschäft anfallenden Aufwendungen wahrt das objektive Nettoprinzip. Derartige Aufwendungen sind zB in den Fällen der Optionsgeschäfte mit Barausgleich die Options- bzw. Stillhalterprämien für den Erwerb des Optionsrechts (BT-Drs. 16/4841, 57). 1326

Zutreffend erfüllt auch das **Verfallenlassen einer Option** den Tatbestand des § 20 Abs. 2 S. 1 Nr. 3 Buchst. a, wenn der Steuerpflichtige beim Erwerb der Option über eine Überschusserzielungsabsicht verfügte (→ Rn. 1223). Durch den Verfall fließt dem Steuerpflichtigen in diesem Fall zwar weder ein Differenzausgleich noch ein bestimmter Geldbetrag oder Vorteil zu. Gleichwohl sind die vergeblich für den Erwerb der Optionen aufgewandten **Anschaffungskosten** Aufwendungen, die im unmittelbaren sachlichen Zusammenhang mit dem Termingeschäft stehen und deshalb bei der Gewinnermittlung iSd § 20 Abs. 4 S. 5 abzuziehen sind. Dies führt zu einem Verlust, der zur Wahrung des objektiven Nettoprinzips steuermindernd zu berücksichtigen ist (BFH 12.1.2016 – IX R 48/14, BStBl. II 2016, 456; BMF 12.4.2018, BStBl. I 2018, 624 Rn. 34; HHR/*Buge* § 20 Rn. 476; KSM/*Jochum* § 20 Rn. F 26; *Helios/Philipp* BB 2010, 95 (97 f.); *Meinert/Helios* DStR 2013, 508 (510 f.); **aA** noch BMF 18.1.2016, BStBl. I 2016, 85 Rn. 27 und 32). Zu den Besonderheiten bei Arbeitnehmeroptionen → Rn. 1297.2. 1327

Einstweilen frei 1328–1329

c) Veräußerungsgewinn bei unentgeltlichem Erwerb von Kapitalanlagen (§ 20 Abs. 4 S. 6). Nach § 20 Abs. 4 S. 6 werden dem **Einzelrechtsnachfolger,** der eine Kapitalanlage **unentgeltlich** erworben hat, für Zwecke des § 20 die Anschaffung, die Überführung des Wirtschaftsguts in das Privatvermögen, der Erwerb eines Rechts aus Termingeschäften oder die Beiträge iSd § 20 Abs. 1 Nr. 6 S. 1 durch den Rechtsvorgänger zugerechnet. Die 1330

Norm bestimmt damit, dass dem Erwerber bei der Ermittlung des Gewinns alle Aufwendungen des Rechtsvorgängers zuzurechnen sind (BT-Drs. 16/4841, 57).

1331–1332 *Einstweilen frei*

1333 **d) Veräußerungsgewinn bei Abtrennung von Zinsscheinen und -forderungen (§ 20 Abs. 4 S. 8 und 9).** Die durch InvStRefG v. 19.7.2016 (→ Rn. 77) eingeführten § 20 Abs. 4 S. 8 und 9 ergänzen die ebenfalls eingeführten § 20 Abs. 2 S. 4 und 5 und regeln die Ermittlung des Veräußerungserlöses aufgrund der Veräußerungsfiktion bei Abtrennung von Zinsscheinen und Zinsforderungen vom Stammrecht (→ Rn. 1188 ff.). Aufgrund der durch Abs. 2 S. 4 bewirkten Fiktion einer Veräußerung der Schuldverschreibung und einer Anschaffung der durch die Trennung entstandenen Wirtschaftsgüter erfolgt in Abs. 4 S. 8 die Bestimmung des fiktiven Veräußerungserlöses und in Abs. 4 S. 9 die Bestimmung der fiktiven Anschaffungskosten. Als Veräußerungserlös der Schuldverschreibung gilt gemäß Abs. 4 S. 8 deren gemeiner Wert iSd §§ 9 ff. BewG (→ Rn. 238 f.) zum Zeitpunkt der Trennung von Anleihemantel und Zinsschein oder Zinsforderung. Nach Abs. 4 S. 9 ist der nach S. 8 ermittelte Wert entsprechend dem gemeinen Wert der neuen Wirtschaftsgüter aufzuteilen.

1334–1335 *Einstweilen frei*

IV. Sonderregelungen bei Anteilstausch, Umtausch- und Wandelanleihe, Bezugsrechten, Anteilszuteilung und Sachdividende, Abspaltung (§ 20 Abs. 4a)

1. Historie, Systematik

1336 § 20 Abs. 4a S. 1 bis S. 6 wurde **durch JStG 2009 v. 19.12.2008** (→ Rn. 73; zur zeitlichen Anwendbarkeit → Rn. 99) mit dem **Ziel einer praktikableren Ausgestaltung der Abgeltungsteuer für Privatanleger bei gesellschaftsrechtlich veranlassten Kapitalmaßnahmen** eingeführt (Regierungsentwurf: BT-Drs. 16/10189, 50; Finanzausschuss mit grundlegender Neufassung des Gesetzeswortlauts: BT-Drs. 16/11108, 16 f.). Zugleich sollte die Finanzverwaltung von zusätzlichen Veranlagungsfällen entlastet werden, weil es infolge der Neuregelung weder einer streitanfälligen fingierten Bewertung des Veräußerungspreises noch des Veräußerungszeitpunktes bedurfte (BT-Drs. 16/10189, 50; vertiefend: *Moldenhauer* Die Besteuerung von Kapitalmaßnahmen nach § 20 Abs. 4a EStG (2015)). Nach seinem Grundgedanken bewirkt § 20 Abs. 4a daher, dass bei unbaren Umwandlungsvorgängen die neuen Anteile steuerlich an die Stelle der bisherigen Anteile treten, sodass die Besteuerung hinausgeschoben wird.

1337 Durch das **JStG 2010 v. 8.12.2010** (→ Rn. 74; zur zeitlichen Anwendbarkeit → Rn. 99) wurde die in § 20 **Abs. 4a S. 1** EStG idF JStG 2009 enthaltene Einschränkung, dass die betreffenden Körperschaften weder ihre Geschäftsleitung noch ihren Sitz im Inland haben dürfen, gestrichen. Hierdurch wurde die Steuerneutralität bei Kapitalmaßnahmen auf Inlandsbeteiligungen ausgeweitet, da sich auch bei Inlandsbeteiligungen eine Besteuerung der Kapitalmaßnahmen als unpraktikabel erwiesen habe und eine Benachteiligung inländischer Beteiligungen vermieden werden könne. Mit der Änderung des § 20 Abs. 4a **S. 3** wurde zudem der Anwendungsbereich der Norm zur Wahrung der Steuerneutralität auf sog. Vollrisikozertifikate mit Andienungsrecht ausgeweitet, da die Voraussetzungen des bisherigen S. 3 in diesen Fällen nicht gegeben bzw. nicht eindeutig waren (BT-Drs. 17/2249, 53). Durch **AmtshilfeRLUmsG v. 26.6.2013** wurde zudem Abs. 4a **S. 7 angefügt** (→ Rn. 75; zur zeitlichen Anwendbarkeit → Rn. 99).

1337.1 § 20 Abs. 4a ist **erstmalig anzuwenden** auf nach dem 31.12.2008 zufließende Kapitalerträge (→ Rn. 99). Dies verhinderte, dass bei Anteilen, bei denen die bisher geltende Haltefrist von einem Jahr bereits überschritten war und bei denen die Veräußerung damit grundsätzlich steuerfrei gewesen wäre, die stillen Reserven wieder steuerverstrickt werden, wenn die nach dem 31.12.2008 erhaltenen Anteile steuerlich an die Stelle der zuvor erworbenen Anteile treten (BT-Drs. 16/11108, 16). Anderenfalls hätte die Neuregelung eine verdeckten Rückwirkung zur Folge, die gesetzgeberisch ausdrücklich nicht intendiert war und auch verfassungsrechtlich kaum gerechtfertigt werden könnte (BFH 20.10.2016 – VIII R 10/13, BStBl. II 2017, 262; BFH 20.10.2016 – VIII R 42/13, BFH/NV 2017, 283; Blümich/*Ratschow* § 20 Rn. 434; *Bron* DStR 2014, 353 (356)).

Im Umkehrschluss aus § 20 Abs. 8 S. 2 ist **§ 20 Abs. 4a nur anwendbar** auf Kapitalanlagen, die nicht nach § 20 Abs. 8 S. 1 anderen Einkünften zugerechnet werden, dh nur auf **Kapitalanlagen im Privatvermögen, die der Abgeltungsteuer unterliegen** (BT-Drs. 16/11108, 17). Ist Abs. 4a anwendbar, so enthalten **S. 1 und S. 2** spezielle Regelungen für den Anteilsaustausch (→ Rn. 1341), **S. 3** für Wandel- bzw. Umtauschanleihen und sonstige Kapitalforderungen mit Andienungsrecht (→ Rn. 1350 ff.), **S. 4** für Bezugsrechte (→ Rn. 1355), **S. 5** für den unentgeltlichen Anteilsbezug ohne Andienungs- oder Bezugsrecht (→ Rn. 1359) und **S. 7** für die Abspaltung (→ Rn. 1364). **S. 6** bestimmt den Zeitpunkt, auf den bei den vorgenannten gesellschaftsrechtlichen Maßnahmen abzustellen ist (→ Rn. 1367). **1338**

Einstweilen frei **1339–1340**

2. Anteilsaustausch (§§ 20 Abs. 4a S. 1 und S. 2)

a) Tatbestandsvoraussetzungen. Grundsätzlich lassen sich gesellschaftsrechtliche Maßnahmen wie **Verschmelzungen, Aufspaltungen oder Übernahmen als besondere Vorgänge des Anteilstauschs** beschreiben (BMF 18.1.2016, BStBl. I 2016, 85 Rn. 100). Da ein Tausch sich als wechselseitige Veräußerung iSd § 20 Abs. 2 S. 1 darstellt (→ Rn. 1294), würden derartige gesellschaftsrechtliche Maßnahmen damit grundsätzlich einen steuerbaren Veräußerungsgewinn/-verlust auslösen. Zur Vermeidung dieser Besteuerungsfolge enthalten **Abs. 4a S. 1 und S. 2** eine **zu § 20 Abs. 2 sowie §§ 13 und 21 UmwStG speziellere Regelung** (→ Rn. 188 ff.) für den Fall, dass Anteile an einer Körperschaft, Vermögensmasse oder Personenvereinigung gegen Anteile an einer anderen juristischen Person getauscht werden **und** dieser Tausch aufgrund gesellschaftsrechtlicher Maßnahmen vollzogen wird, die von den beteiligten Unternehmen ausgehen. Wegen der Spezialität zu den vorgenannten Regeln müssen deren Voraussetzungen für eine Steuerneutralität nicht erfüllt sein (*Beinert* GmbHR 2012, 291 (293 f.)). **1341**

Voraussetzung ist ein **Tausch,** beim dem ein Anteilseigner für die Hingabe der Anteile einer Körperschaft neue Anteile einer anderen juristischen Person erhält (BMF 18.1.2016, BStBl. I 2016, 85 Rn. 100), oder ein Vorgang, bei dem für steuerliche Zwecke ein **Tausch fingiert** wird. Erfasst werden etwa **Verschmelzungen, Einbringungen von Beteiligungen** und **Aufspaltungen** (HHR/*Buge* § 20 Rn. 582 mwN), ohne dass der Anwendungsbereich auf Umwandlungen des UmwG beschränkt wäre. Der einfache Tausch sowie der qualifizierte Tausch nach § 21 UmwStG sind gleichermaßen erfasst (*Beinert* GmbHR 2012, 291 (294)). **Nicht erfasst** sind hingegen der bloße **Formwechsel,** bei dem nur das Rechtskleid einer Körperschaft, nicht aber deren Beteiligungsverhältnisse wechselt, sowie die **Abspaltung,** da der Gesellschafter hierbei keine Anteile hingibt (FG Düsseldorf 29.1.2019 – 13 K 2119/17 E, EFG 2019, 698; FG Düsseldorf 12.3.2019 – 13 K 1762/17 E, EFG 2019, 1117, Rev. VIII R 9/19; *Bron* DStR 2014, 353 (353 f.); **aA** *Beinert* GmbHR 2012, 291 (297 ff.)); insofern finden Abs. 4a S. 1 und S. 2 erst über die Verweisung des Abs. 4a S. 7 Anwendung (→ Rn. 1364). Entsprechende **gesellschaftsrechtliche Maßnahmen,** aufgrund derer der Tausch vollzogen wird, können Verschmelzungs- oder Aufspaltungsbeschlüsse oder freiwillige Übernahmeangebote anderer Gesellschaften sein (BT-Drs. 16/11108, 16), die auf in- wie ausländischem Recht beruhen können. Zur Wahrung der grundsätzlichen Steuerbarkeit von Tauschgeschäften (BT-Drs. 16/11108, 16) gilt dies nach dem klaren Wortlaut des Abs. 4a S. 1 aE nur, wenn die entsprechenden **Maßnahmen von den beteiligten Unternehmen ausgehen.** **1342**

Weitere Voraussetzung ist, dass das Recht der Bundesrepublik Deutschland hinsichtlich der **Besteuerung des Gewinns aus der Veräußerung der erhaltenen Anteile nicht ausgeschlossen oder beschränkt** ist bzw. dass die betroffenen Mitgliedstaaten der Europäischen Union bei einer Verschmelzung Art. 8 der sog. Fusionsrichtlinie 90/434/EWG (bis 17.12.2019) bzw. der sog. 2. Fusionsrichtline 2009/133/EG in der jeweils geltenden Fassung (ab 18.12.2019 → Rn. 99) anzuwenden haben. Die geänderte Verweisung berücksichtigt, dass nach Inkrafttreten der 2. Fusionsrichtlinie die Regelungen der früheren Fusionsrichtlinie nicht mehr anwendbar sind (BT-Drs. 19/13436, 96). Die dynamische Verweisung verhindert einfachrechtlichen Anpassungsbedarf oder anderenfalls drohende Härten bei künftigen Änderungen des Sekundärrechts. Bei telelogischer Auslegung der Formulierung „in der jeweils **1343** geltenden Fassung" wird damit auf die **Richtlinienfassung im Vollzugszeitpunkt** des Tauschs bzw. der Tauschfiktion (→ Rn. 1342) verwiesen, da für diesen Zeitpunkt die durch § 20 Abs. 4a S. 1 abzuwendende Besteuerungsfolge eintreten würde. Die Steuerneutralität ist damit davon abhängig, dass **vor dem Tausch ein Besteuerungsrecht der Bundesrepublik Deutschland bestand** und auch danach an dem später zu erzielenden Veräußerungsgewinn weiter **erhalten bleibt** (Blümich/*Ratschow* § 20 Rn. 432). Nur in diesem Fall ist es gleichheitsrechtlich hinzunehmen, dass der Gesetzgeber aus Vereinfachungsgründen (→ Rn. 1336) eine spätere Versteuerung des Veräußerungsgewinns zulässt. Ist das Besteuerungsrecht im Zeitpunkt der Einbuchung in das Depot des Steuerpflichtigen (zum insofern maßgeblichen Zeitpunkt gemäß Abs. 4a S. 6 → Rn. 1367) nicht gesichert, scheidet die Anwendung des Abs. 4a S. 1 aus mit der Folge, dass nach allgemeinen Grundsätzen eine steuerbare Veräußerung iSd § 20 Abs. 2 anzunehmen ist.

1344–1345 *Einstweilen frei*

1346 **b) Rechtsfolgen.** Liegen diese Voraussetzungen vor, so treten abweichend von § 20 Abs. 2 und §§ 13 und 21 UmwStG die **im Zuge der gesellschaftsrechtlichen Maßnahme neu übernommenen Anteile steuerlich an die Stelle der bisherigen Anteile** (sog. „**Fußstapfentheorie**", HHR/*Buge* § 20 Rn. 583; *Beinert* GmbHR 2012, 291 (291 f. und 295)). Der Gewinn aus einer späteren Veräußerung der erworbenen Anteile ist – ungeachtet der Bestimmungen eines Abkommens zur Vermeidung der Doppelbesteuerung – in der gleichen Art und Weise zu besteuern, wie die Veräußerung der Anteile an der übertragenden Körperschaft zu besteuern wäre. **Bei Veräußerung der neu erworbenen Anteile endet der Aufschub der Besteuerung.** Die **Anschaffungskosten der hingegebenen Anteile** werden bis zur Veräußerung **in den neuen Anteilen fortgeführt** (BT-Drs. 16/11108, 16) und bei Veräußerung vom Veräußerungspreis der neuen Anteile abgezogen. Im Zusammenhang mit dem Anteilstausch anfallende **Transaktionskosten** führen zu nachträglichen Anschaffungskosten und sind bei der Berechnung des Veräußerungsgewinns gewinnmindernd zu berücksichtigen (**aA** BMF 18.1.2016, BStBl. I 2016, 85 Rn. 100; Blümich/*Ratschow* § 20 Rn. 431: Transaktionskosten nicht berücksichtigungsfähig).

1346.1 Nach Abs. 4a S. 1 Hs. 3 ist zudem **§ 15 Abs. 1a S. 2 entsprechend** anzuwenden, dh die vorstehende Rechtsfolge tritt auch ein, wenn Anteile nach dem Anteilstausch verdeckt in eine Kapitalgesellschaft eingelegt werden, wenn die juristische Person aufgelöst wird, wenn ihr Kapital herabgesetzt und zurückgezahlt wird oder wenn Beträge aus dem steuerlichen Einlagekonto iSd § 27 KStG ausgeschüttet oder zurückgezahlt werden. Die Verweisung ist durch die Veräußerungsfiktion in § 20 Abs. 2 S. 2, die die dort genannten Realisationstatbestände einer Veräußerung bereits gleichstellt, redundant.

1346.2 Ergibt sich bei einer **Spaltung** die Notwendigkeit, die Anschaffungskosten der alten Anteile auf mehrere neue Anteile aufzuteilen, ist grundsätzlich auf das **Umtauschverhältnis laut Spaltungs- oder Übernahmevertrag oder Spaltungsplan** abzustellen. Wenn dieses Verhältnis, insbesondere bei ausländischen Maßnahmen, nicht bekannt ist, ist das rechnerische Umtauschverhältnis bzw. das Splittingverhältnis maßgebend (BMF 18.1.2016, BStBl. I 2016, 85 Rn. 101).

1347 Die Anwendung von Abs. 4a **S. 2** qualifiziert eine zusätzlich zu den Anteilen geleistete Gegenleistung, va eine neben dem Anteilstausch geleistete **Baraufgabe,** als sonstigen Anteilsbezug iSd § 20 Abs. 1 Nr. 1. Dabei erscheint es unter Berücksichtigung einer leistungsfähigkeitsgerechten Besteuerung problematisch, in Abs. 4a S. 2 eine lediglich „klarstellende Regelung" zu sehen (so aber BT-Drs. 16/11108, 16), weil dadurch uU eine Besteuerung der Vermögenssubstanz erfolgen kann, etwa wenn die Baraufgabe nur dazu dient, beim Tausch entstehende Bruchteile auszugleichen. Dass sich der Regelungsgehalt auf die Umqualifizierung der Barkomponente in eine Dividende beschränkt, setzt deshalb bei **verfassungskonformer Auslegung** implizit voraus, dass es sich bei der Baraufgabe um eine steuerbare Gegenleistung für den Erhalt der Anteile handelt (ähnlich *Beinert* GmbHR 2012, 291 (296): Umqualifizierung greift nur bei Verstrickung der Anteile; **aA** FG Münster 9.10.2018 – 2 K 3516/17 E, EFG 2019, 42, Rev. VIII R 44/18: Steuerbarkeit jeder Baraufgabe **in voller Höhe** ohne anteiligen Abzug der darauf entfallenden Anschaffungskosten). § 20 Abs. 4a S. 2 begründet zudem **kein Besteuerungsrecht für bereits steuerentstrickte Vermögenswerte,** da die Besteuerung anderenfalls unzulässig rückwirkend auf Vermögensbestände zugreifen könnte, die nicht der Einkommensteuer unterliegen (BFH 20.10.2016 – VIII R 10/13, BStBl. II 2017, 262; BFH 20.10.2016 – VIII R 42/13, BFH/NV 2017, 283 mwN;

H 20.2 EStH 2018; BMF 12.4.2018, BStBl. I 2018, 624 Rn. 100a; *Bron* DStR 2014, 353 (356); **aA** HHR/*Buge* § 20 Rn. 585: ohne Differenzierung stets gegen die Steuerbarkeit der Baraufgabe).

Einstweilen frei **1348–1349**

3. Kapitalforderungen mit Andienungsrecht (§ 20 Abs. 4a S. 3)

Kapitalforderungen iSd § 20 Abs. 1 Nr. 7 (→ Rn. 1026 ff.) können so ausgestaltet sein, **1350** dass der Inhaber bzw. der Emittent bei Fälligkeit der Kapitalforderung **anstelle der (Rück)Zahlung eines Geldbetrags die Lieferung von Wertpapieren verlangen** kann bzw. vornehmen darf (zB Umtausch- oder Aktienanleihen, Wandelschuldverschreibungen, Convertibles: BT-Drs. 17/2249, 53; erläuternd und unter Ausschluss von Optionsanleihen: BMF 18.1.2016, BStBl. I 2016, 85 Rn. 103). Kommt es statt der Rückzahlung der Kapitalforderung zur Lieferung von Wertpapieren, so erfüllt dies grundsätzlich den Tatbestand der Einlösung iSd § 20 Abs. 2 S. 2 (→ Rn. 1161 ff.). Handelt es sich um eine **Kapitalforderung iSd § 20 Abs. 1 Nr. 7,** die bereits der Abgeltungsteuer unterliegt (BT-Drs. 17/2249, 53; zur zeitlichen Anwendbarkeit → Rn. 99), so würde dies grundsätzlich die Berechnung eines Veräußerungsgewinns iSd § 20 Abs. 4 S. 1 erforderlich machen.

Bereits die durch JStG 2009 v. 19.12.2008 eingeführte Fassung des Abs. 4a S. 3 (→ Rn. 1336) zielte **1350.1** neben der Steuerneutralität für die Andienung von Aktien auch darauf ab, die Andienung anderer Wertpapiere nicht schon bei ihrer Übertragung, sondern erst bei ihrer späteren Veräußerung der Besteuerung zu unterziehen, da auch bei derartigen Rechten ist die Vereinfachung des Abzugsverfahrens gerechtfertigt sei. Die Altregelung galt dabei für Sachverhalte im Inland, im EU-/EWR-Ausland und in Drittstaaten (BT-Drs. 16/11108, 16). Allerdings war der Wortlaut der Norm nur für Fälle zugeschnitten, in denen die Rückzahlung des Nominalbetrags vereinbart war und zudem eine festgelegte Anzahl von Wertpapieren geliefert wurde. Die Norm war damit auf Zertifikate mit unsicherer Rückzahlung, insbesondere auf sog. Vollrisikozertifikate (→ Rn. 994) nicht anwendbar.

Durch die Neufassung des Abs. 4a S. 3 durch das JStG 2010 v. 8.12.2010 (→ Rn. 1337) wurde **1350.2** der Anwendungsbereich zur Wahrung der Steuerneutralität ausgeweitet, sodass nunmehr auch sog. Vollrisikozertifikate mit Andienungsrecht erfasst wurden (BT-Drs. 17/2249, 53).

Zur Wahrung der beabsichtigten Steuerneutralität in Fällen mit Andienungsrechten (→ **1351** Rn. 1336) sieht **Abs. 4a S. 3** für derart ausgestaltete Kapitalforderungen **als lex specialis zu Abs. 4 S. 1** (→ Rn. 1283) vor, dass das **Entgelt für den Erwerb der Forderung zugleich als Veräußerungspreis der Forderung** und als Anschaffungskosten der erhaltenen Wertpapiere anzusetzen ist. Durch die Fiktion eines Veräußerungspreises in Höhe der Anschaffungskosten stehen sich beide Rechengrößen in gleicher Höhe gegenüber, sodass der Steuerpflichtige durch die Einlösung einen **Veräußerungsgewinn iHv 0 EUR** erzielt und die **Besteuerung zwar nicht dem Grunde, aber der Höhe nach bis zur Veräußerung der Wertpapiere aufgeschoben wird** (*Ortmann-Babel/Stelzer/Zipfel* BB 2008, 1760 (1764)). Durch den Ansatz des Entgelts für den Erwerb der Forderung als Anschaffungskosten der erhaltenen Wertpapiere ist sichergestellt, dass diese bei Veräußerung der Wertpapiere vom Veräußerungspreis dieser Wertpapiere abgezogen werden können.

Nach Abs. 4a **S. 3 Hs. 2** gilt zudem **Abs. 4a S. 2** entsprechend, sodass ein neben den **1352** Anteilen gezahlter Baraufschlag als steuerbarer Kapitalertrag iSd § 20 Abs. 1 Nr. 1 umqualifiziert wird (BMF 18.1.2016, BStBl. I 2016, 85 Rn. 106; dazu → Rn. 1347).

Einstweilen frei **1353–1354**

4. Bezugsrechte (§ 20 Abs. 4a S. 4)

Erhöht eine Kapitalgesellschaft ihr Grund- bzw. Stammkapital gegen Einlage, erwirbt **1355** der Anteilseigner durch Gewährung von **Bezugsrechten** einen Anspruch auf entgeltlichen Erwerb der neuen Anteile. Bezugsrechte sind damit Bestandteil seines Gesellschafterrechts und scheiden mit ihrer Zuteilung aus der Substanz der bisherigen Anteile aus, bewirken also eine Spaltung der im bisherigen Anteil verkörperten Substanz einerseits und eines Teils der ursprünglichen Anschaffungskosten andererseits. Die bisherigen Anschaffungskosten der Anteile wären ohne die **Modifikation durch Abs. 4a S. 4** im Rahmen der sog. **Gesamtwertmethode** um den Teil zu vermindern, der durch die Abspaltung auf die Bezugsrechte entfällt. Allerdings würde dieser Mechanismus depotführende Kreditinstitute aus Sicht des Gesetzgebers in vielen Fällen vor **gravierende Probleme bei der Ermittlung von Bezugsrechtswerten** stellen, die zudem letztlich keiner befriedigenden Lösung zugeführt werden können. So fehlt bei handelbaren Bezugsrechten häufig am ersten Handelstag ein Kurs, auf dessen Grundlage die Berechnung nach der Gesamtwerttheorie erfolgen kann. Bei nicht handelbaren Bezugsrechten, für die ohnehin keine Kurse festgestellt werden können, bestünde nur die Möglichkeit der rein rechnerischen Bezugsrechtswertermittlung. Größte Unsicherheit bestünde zudem bei im Ausland stattfindenden Kapitalmaßnahmen, bei denen nur in seltenen Fällen ausreichende Informationen für deren zuverlässige Beurteilung nach deutschen steuerlichen Grundsätzen vorliegen und eine zutreffende Qualifikation und Bewertung von Bezugsrechten erfolgen kann (BT-Drs. 16/10189, 50).

1356 § 20 Abs. 4a S. 4 modifiziert deshalb den Ansatz der Anschaffungskosten iSd Abs. 4 S. 1 (→ Rn. 1289) in Fällen, in denen der Steuerpflichtige **Bezugsrechte veräußert oder ausübt,** die nach § 186 AktG, § 55 GmbH oder eines vergleichbaren ausländischen Rechts einen **Anspruch auf Abschluss eines Zeichnungsvertrags begründen.** Hierzu ist der Teil der Anschaffungskosten der Altanteile, der auf das Bezugsrecht entfällt, bei der Ermittlung des Gewinns nach Abs. 4 S. 1 mit 0 EUR angesetzt. Die Anschaffungskosten der alten Anteile können daher unvermindert mit ihrem vollen (früheren) Betrag angesetzt werden (Blümich/*Ratschow* § 20 Rn. 436; HHR/*Buge* § 20 Rn. 588). Wird das **Bezugsrecht veräußert,** können von dem dabei erzielten Veräußerungspreis nur die Anschaffungskosten iHv 0 EUR abgezogen werden, sodass der Veräußerungspreis abzüglich den Veräußerungskosten dem Veräußerungsgewinn entspricht. Dies bietet die Voraussetzung dafür, dass die mit dem Bezugsrecht zusammenhängenden Kapitalmaßnahmen im Rahmen der Abgeltungsteuer in einem Massenverfahren zeitpunktgenau praktisch abgewickelt werden können. Denn zum einen vermindert sich der Wert der Anschaffungskosten der Altanteile nicht, zum anderen braucht bei der Veräußerung von Bezugsrechten deren schwer zu ermittelnder Wert nicht ermittelt zu werden und wirkt sich nicht auf die Anschaffungskosten der auf Grund der Ausübung des Bezugsrechts erhaltenen Anteile aus (BT-Drs. 16/10189, 50). Wird das **Bezugsrecht ausgeübt** und erwirbt der Steuerpflichtige dadurch Gesellschaftsanteile (zB „junge Aktien"), so bewirkt § 20 Abs. 4a S. 4 auch bei der späteren Veräußerung dieser Anteile den Ansatz der Anschaffungskosten dieser Anteile mit 0 EUR (BFH 9.5.2017 – VIII R 54/14, BStBl. II 2018, 262 mwN, BMF 12.4.2018, BStBl. I 2018, 624 Rn. 108 und Rn. 110, zur zeitlichen Anwendbarkeit → Rn. 99).

1357–1358 *Einstweilen frei*

5. Unentgeltlicher Anteilsbezug ohne Andienungs- oder Bezugsrecht (§ 20 Abs. 4a S. 5)

1359 § 20 **Abs. 4a S. 5** regelt **subsidiär zu Abs. 4a S. 1** (*Beinert* GmbHR 2012, 291 (292)) den Fall, dass einem Steuerpflichtigen Anteile iSd § 20 Abs. 2 S. 1 Nr. 1 zugeteilt werden, wenn dieser **keine gesonderte Gegenleistung** zu entrichten hat, die Voraussetzungen der Abs. 4a S. 3 (**Andienungsrecht**) und Abs. 4a S. 4 (**Bezugsrecht**) nicht vorliegen **und zugleich** die Ermittlung der Höhe des Kapitalertrags nicht möglich ist. Hintergrund der Regelung ist, dass im Rahmen der Abgeltungsteuer für die Kreditinstitute insbesondere bei Auslandssachverhalten regelmäßig nicht zu erkennen ist, ob die Einbuchung zusätzlicher Anteile eine sofort steuerwirksame Sachausschüttung oder lediglich eine Kapitalrückgewähr darstellt. Daher bestimmt Abs. 4a S. 5 zur Vermeidung von Veranlagungsfällen, dass im Zweifel der **Ertrag dieser Anteile mit 0 EUR** angesetzt, dh die Vermögensmehrung des Steuerpflichtigen durch die Zuteilung der Anteile unversteuert bleibt. Zum anderen werden die **Anschaffungskosten dieser Anteile ebenfalls mit 0 EUR** angesetzt, dh bei Veräußerung dieser Anteile wird der volle Veräußerungspreis abzüglich der Veräußerungskosten besteuert und damit die Besteuerung des Wertzuwachses aus der Zuteilung der Anteile nachgeholt (BT-Drs. 16/11108, 16).

1360 Wichtigste Tatbestandsvoraussetzung ist, dass die Ermittlung der Höhe des Kapitalertrags **aus Sicht des depotführenden Kreditinstituts** nicht möglich ist. Bei inländischen Sachverhalten geht der Gesetzgeber davon aus, dass die Erträge durch entsprechende Angaben der Emittenten zu ermitteln sein werden. Für Auslandsfälle stellt er in der Gesetzesbegründung jedoch die Vermutung auf, dass es sich hierbei grundsätzlich um Fälle ohne Möglichkeit der Ermittlung der Höhe des Kapitalertrags handelt, schränkt dies indes dahingehend ein, dass diese Vermutung nicht gilt, wenn das ausländische Recht ein Wahlrecht zwischen einer Bardividende und dem Bezug von Freiaktien unter Verzicht einer Bardividende ermöglicht, sodass das Kreditinstitut den steuerlich relevanten Kapitalertrag ermitteln kann (BT-Drs. 16/11108, 16 f.; HHR/*Buge* § 20 Rn. 590). Zutreffend geht die Finanzverwaltung auch davon aus, dass ein Ertrag ermittelt werden kann, wenn dem Anleger mit ausländischer Quellensteuer belastete Anteile in sein Depot eingebucht werden und daher für das depotführende Kreditinstitut erkennbar ist, dass es sich hierbei um einen Kapitalertrag in Form einer Sachzuwendung handelt (BMF 18.1.2016, BStBl. I 2016, 85 Rn. 11). § 20 Abs. 4a S. 5 soll zudem als **Auffangvorschrift** in anderen Fällen zur Anwendung kommen, wenn die einkommensteuerrechtliche Beurteilung der Einbuchung neuer Stücke aufgrund von Schwierigkeiten bei der Sachverhaltsbeurteilung zweifelhaft ist, zB bei Einbuchung als Bonus- oder Gratisaktie (BMF 18.1.2016, BStBl. I 2016, 85 Rn. 116).

Eine **Gegenleistung** darf durch den Steuerpflichtigen weder in Geld noch in anderer **1361**
Form geleistete werden. Hauptanwendungsfall war bis zur Einführung des Abs. 4a S. 7 durch AmtshilfeRLUmsG v. 26.6.2013 die Anteilszuteilung bei Abspaltungen (BMF 18.1.2016, BStBl. I 2016, 85 Rn. 113 ff., dazu → Rn. 1364 ff.).

Einstweilen frei **1362–1363**

6. Abspaltung (§ 20 Abs. 4a S. 7)

§ 20 **Abs. 4a S. 7** wurde durch **AmtshilfeRLUmsG v. 26.6.2013** eingeführt (→ Rn. 75; **1364**
zur zeitlichen Anwendbarkeit → Rn. 99), war bereits im Entwurf eines Jahressteuergesetzes 2013 v. 19.6.2012 enthalten (BT-Drs. 17/10000, 54) und wurde ohne zusätzliche Begründung in das Gesetzgebungsverfahren zum AmtshilfeRLUmsG übernommen (BT-Drs. 17/12532, 26). Die Regelung ordnet als **lex specialis zu Abs. 4a S. 5** (FG Düsseldorf 29.1.2019 – 13 K 2119/17 E, EFG 2019, 698; FG Düsseldorf 12.3.2019 – 13 K 1762/17 E, EFG 2019, 1117, Rev. VIII R 9/19; → Rn. 1359; FG Rheinland-Pfalz 21.8.2019 – 1 K 2295/17, EFG 2019, 1824, Rev. VIII R 28/19; FG München 19.12.2019 – 8 K 981/17, BeckRS 2019, 39535, Rev. VIII R 6/20) und § 15 UmwStG (→ Rn. 189 f.) die Anwendung von Abs. 4a S. 1 und S. 2 an, wenn das Vermögen einer Körperschaft durch **Abspaltung (Spin-Off)** auf andere Körperschaften übergeht. Zählt die Beteiligung an der abgespaltenen Kapitalgesellschaft – anders als bei § 15 UmwStG – zum Privatvermögen des Gesellschafters und ist sie keine qualifizierte Beteiligung iSd § 17, so ergäben sich ohne die Regelung des Abs. 4a S. 7 die steuerlichen Rechtsfolgen dieser Abspaltung aus § 20 Abs. 4a S. 5 (BMF 11.11.2011, BStBl. I 2011, 1314 Rn. 15.12), weil dem Gesellschafter damit formal Anteile zugeteilt werden, ohne dass er eine gesonderte Gegenleistung hierfür zu entrichten hätte. Mit der **Rechtsfolgenverweisung des § 20 Abs. 4a S. 7 wird § 20 Abs. 4a S. 1 vollumfänglich auch auf Abspaltungen anwendbar.** Damit treten auch bei der Abspaltung von Körperschaften die Anteile an der übernehmenden Gesellschaft anteilig an die Stelle der Anteile der übertragenden Gesellschaft und können zu den früheren Anschaffungskosten fortgeführt werden (BT-Drs. 17/10000, 54; *Bron* DStR 2014, 353 (354 f.)).

Der **Begriff „Abspaltung"** ist entsprechend dem umwandlungsrechtlichen Begriffsver- **1365**
ständnis des § 123 Abs. 2 UmwG typusorientiert zu verstehen und setzt voraus, dass der übertragende Rechtsträger im Rahmen einer gesellschaftsrechtlichen Maßnahme einen Teil seines Vermögens auf einen oder mehrere übernehmende Rechtsträger übertragen hat, die entweder schon bestehen oder im Zuge des Vorgangs gegründet worden sind, dass die Anteile am übernehmenden Rechtsträger oder an den übernehmenden Rechtsträgern im Zusammenhang mit der Vermögensübertragung an die Anteilsinhaber des übertragenden Rechtsträgers übertragen worden sind und dass der übertragende Rechtsträger fortbesteht (FG Düsseldorf 29.1.2019 – 13 K 2119/17 E, EFG 2019, 698; FG Rheinland-Pfalz 21.8.2019 – 1 K 2295/17, EFG 2019, 1824, Rev. VIII R 28/19; FG München 19.12.2019 – 8 K 981/17, BeckRS 2019, 39535, Rev. VIII R 6/20).

Einstweilen frei **1366**

7. Zeitliche Wirksamkeit der Kapitalmaßnahmen (§ 20 Abs. 4a S. 6)

1367 Soweit es auf die steuerliche **Wirksamkeit einer Kapitalmaßnahme iSd Abs. 4a S. 1 bis S. 5 sowie S. 7** ankommt, ist nach § 20 Abs. 4a S. 6 auf den Zeitpunkt der Einbuchung in das Depot des Steuerpflichtigen abzustellen. Dies stellt eine Vereinfachungsregel zur Ermittlung des steuerlich relevanten Zeitpunkts einer Kapitalmaßnahme für die auszahlenden Stellen dar, da bei ausländischen Maßnahmen eine zuverlässige Ermittlung eines Stichtags für das Wirksamwerden einer Kapitalmaßnahme häufig nicht möglich ist, insbesondere wenn in dem ausländischen Sitzstaat keine dem deutschen Recht vergleichbare Publizitätspflichten bestehen. Im Hinblick auf die künftigen Steuerabzugsverpflichtungen und um eine konsistente Ermittlung der Verbrauchsreihenfolge nach Fifo-Grundsätzen zu erreichen, wird bei Kapitalmaßnahmen auf den Zeitpunkt der Depoteinbuchung abgestellt und damit eine klare Zeitpunktbestimmung vorgenommen (BT-Drs. 16/11108, 17).

1368–1369 *Einstweilen frei*

V. Persönliche Zurechnung von Kapitaleinkünften (§ 20 Abs. 5)

1370 Die persönliche Zurechnung von Kapitaleinkünften ist entscheidend für die Frage, welcher Steuerpflichtige mit der Besteuerungsfolge belastet wird. Der Gesetzgeber führte zur persönlichen Zurechnung von Beteiligungserträgen § 20 Abs. 2a EStG idF StandOG v. 13.9.1993 ein (→ Rn. 55) und übernahm die Regelung durch **UntStRefG 2008 v. 14.8.2007** in § 20 Abs. 5 (→ Rn. 72; zur zeitlichen Anwendbarkeit → Rn. 99). Allerdings trifft § 20 Abs. 5 **nur partielle Regelungen** zur persönlichen Zurechnung einzelner Kapitaleinkünfte und verweist andererseits in Abs. 5 S. 2 ausdrücklich auf § 39 AO, sodass umfassend **auf allgemeine Grundsätze der Zurechnung von Kapitaleinkünften** zurückzugreifen ist (dazu grundsätzlich sowie bezüglich einzelner Kapitalerträge → Rn. 386 ff.).

1371–1372 *Einstweilen frei*

VI. Verlustverrechnungsbeschränkungen (§ 20 Abs. 6 und Abs. 7)

1. System der Verlustverrechnung

1373 Der Steuergesetzgeber geht davon aus, dass steuerbare „**Verluste** aus Kapitalvermögen" (§ 20 Abs. 6 S. 1) bzw. „**negative Kapitalerträge**" (§ 43a Abs. 3 S. 2) entstehen können und **steuerlich anzuerkennen sind, wenn der Steuerpflichtige im Zeitpunkt seiner Entscheidung für eine konkrete Kapitalanlage mit Überschusserzielungsabsicht gehandelt hat** (→ Rn. 484). Dabei sind nicht nur Veräußerungsverluste iSd § 20 Abs. 2 (**aA** Schmidt/*Weber-Grellet*, 36. Aufl. 2017, § 20 Rn. 186), sondern auch Verluste bei laufenden Kapitalerträgen möglich (zB bei § 20 Abs. 1 Nr. 6), wenn die auf eine einzelne Kapitalforderung bezogenen (→ Rn. 331) Werbungskosten die Einnahmen übersteigen (→ Rn. 1154 und → Rn. 1278).

1374 Die Verluste aus Kapitalvermögen sind dabei in ein **in sich geschlossenes und aufeinander abgestimmtes System von Verlustverrechnungsmöglichkeiten und -beschränkungen eingebunden** (so zu § 23 Abs. 3 S. 6 und S. 7 EStG aF mit vergleichbaren Regelungen: BFH 25.8.2009 – IX R 55/07, BFH/NV 2010, 387). § 20 Abs. 6 beinhaltet dabei sowohl materiell- als auch verfahrensrechtliche Regelungen zur Verlustverrechnung, zum Verlustausgleich und zum Verlustabzug im Zusammenhang mit Verlusten aus Kapitalvermögen (BT-Drs. 16/4841, 57) und ist insofern **lex specialis zu § 10d.**

1374.1 Die Verlustabzugsbeschränkungen des § 20 Abs. 6 gelten nicht in den Fällen des § 32d Abs. 2 Nr. 1 bis Nr. 3 sowie bei Spezial-Investmentfonds nach § 20 Abs. 1 Nr. 3a iVm § 34 Abs. 2 InvStG idF InvStRefG v. 19.7.2016 (zur zeitlichen Anwendbarkeit → Rn. 99).

1375 So ist ein **horizontaler Verlustausgleich** von negativen mit positiven Kapitaleinkünften desselben Steuerpflichtigen **grundsätzlich zulässig** und nach § 43a Abs. 3 S. 2 vorrangig von der den Kapitalertrag jeweils auszahlenden Stelle im Rahmen eines sog. **Verlustverrechnungstopfes** vorzunehmen. Am Jahresende noch nicht verrechnete Verluste sind nach § 43a Abs. 3 S. 3 ins Folgejahr vorzutragen und vorrangig mit positiven Kapitaleinkünften zu verrechnen. Es ist bei jeder Zahlstelle für jeden Steuerpflichtigen ein eigenständiger und bei

Personenmehrheiten ein zusätzlicher eigener Verlustverrechnungstopf für die jeweilige Personenmehrheit zu bilden (KSM/*Jochum* § 20 Rn. H 4).

Als **eng auszulegende Ausnahme** von diesem Grundsatz anzusehen ist die **horizontale Verlustverrechnung** für Verluste aus der **Veräußerung von Aktien** (§ 20 Abs. 6 S. 4 → Rn. 1392), aus Termingeschäften bzw. aus der Veräußerung entsprechend ausgestalteter Finanzinstrumente (§ 20 Abs. 6 S. 5 → Rn. 1394 ff.) bzw. aus ausgefallenen Kapitalforderungen (§ 20 Abs. 6 S. 5 → Rn. 1395 ff.), für Verluste aus **stillen Beteiligungen** (§ 20 Abs. 1 Nr. 4 S. 2 iVm § 15 Abs. 4 S. 6 bis S. 8 → Rn. 821 ff.), Verluste im Zusammenhang mit **Steuerstundungsmodellen** (§ 20 Abs. 7 iVm § 15b → Rn. 1400) und Verluste aus **Drittstaaten** (§ 2a → Rn. 149 und → Rn. 821). Zudem ist bei systematischer Auslegung von § 2 Abs. 5b iVm § 32d eine Verrechnung von Verlusten aus Kapitalvermögen, die der Abgeltungsteuer unterliegen, mit **positiven Kapitaleinkünften, die nicht der Abgeltungsteuer unterliegen,** ausgeschlossen (**str.** → Rn. 1383). 1376

Zum Ablauf des Veranlagungszeitraums 2013 bestanden zudem horizontale Verrechnungsbeschränkungen für Verluste aus Veräußerungsgeschäften innerhalb der Spekulationsfrist (§ 23 Abs. 3 S. 9 und S. 10) sowie aus Termingeschäften (§ 22 Nr. 3 S. 5 und S. 6). Beide Beschränkungen wurden durch **Gesetz zur Anpassung des nationalen Steuerrechts an den Beitritt Kroatiens zur EU und zur Änderung weiterer steuerlicher Vorschriften v. 25.7.2014** (→ Rn. 76; zur zeitlichen Anwendbarkeit → Rn. 99) jedoch ersatzlos gestrichen. In diesem Zusammenhang wurde auch § 20 Abs. 6 S. 1 EStG aF gestrichen und die übrigen Sätze neu nummeriert, weil der Gesetzgeber davon ausging, dass derartige Veräußerungsverluste folglich künftig nicht mehr entstehen und verrechnet werden konnten (BT-Drs. 18/1529, 53 und 55). 1376.1

Die vollständige Aufhebung des § 20 Abs. 6 S. 1 EStG aF erscheint indes problematisch, da damit eine **ausdrückliche materiell-rechtliche Rechtsgrundlage für die im Kapitalertragsteuerverfahren nach § 43a Abs. 3 S. 2 vorzunehmende Verrechnung von negativen mit positiven Kapitaleinkünften fehlt** und nur im Wege systematischer Auslegung aus § 2 Abs. 1 Nr. 5 und § 43a S. 3 S. 2 sowie bei historischer Interpretation begründet werden kann. De lege ferenda wäre daher eine Wiedereinführung unter Auslassung der Verweisung auf § 23 zu begrüßen. 1376.2

Anders als der horizontale Verlustausgleich (→ Rn. 1375) ist der **vertikale Verlustausgleich** durch Verrechnung negativer Kapitaleinkünfte mit Einkünften aus anderen Einkunftsarten **grundsätzlich ausgeschlossen** (→ Rn. 1382). Die vertikale Verlustausgleichsbeschränkung gilt nur **ausnahmsweise nicht,** wenn Kapitaleinkünfte einer anderen Einkunftsart zugerechnet werden (→ Rn. 1405 ff.), wenn die Anwendung des § 20 Abs. 6 nach § 32d Abs. Abs. 2 Nr. 1 bis Nr. 3 insgesamt ausgeschlossen ist oder wenn die Kapitalerträge des Steuerpflichtigen aufgrund einer positiven sog. Günstiger-Prüfung nach § 32d Abs. 6 nach den allgemeinen Regelungen besteuert wird. 1377

Hinsichtlich des **intertemporalen Verlustabzugs** ist nach § 20 Abs. 6 S. 2 Hs. 2 grundsätzlich **nur der Verlustvortrag** und die Verrechnung mit positiven Einkünften aus Kapitalvermögen in Folgeperioden möglich (→ Rn. 1388). 1378

Die Finanzverwaltung unterscheidet insofern anschaulich verschiedene „Verlustverrechnungskreise" (vgl. BMF 18.1.2016, BStBl. I 2016, 85 Rn. 118), deren Unterscheidung **und** Reihenfolge gesetzlich jeweils vollumfänglich vorzunehmen sind, dh nicht auf Teilbeträge beschränkt werden können (BFH 9.8.2016 – VIII R 27/14, BStBl. II 2017, 821): 1378.1

1. Schritt: Horizontale Verlustverrechnung

1.1	Verrechnung negativer und positiver Kapitaleinkünfte jeweils gesondert durch jede ausschüttende Stelle im sog. Verlustverrechnungstopf (§ 20 Abs. 6 S. 1 EStG aF iVm § 43a Abs. 3 S. 2), soweit eine Kapitalertragsteuerpflicht besteht
1.2 (bis einschließlich VZ 2013)	Verrechnung von Gewinnen und Altverlusten aus Veräußerungsgeschäften innerhalb der Spekulationsfrist mit Veräußerungsgewinnen iSd § 20 Abs. 2 (§ 20 Abs. 6 S. 1 EStG aF iVm § 23 Abs. 3 S. 9 und S. 10 EStG aF) Zur Vorrangwirkung ausdrücklich BT-Drs. 16/4841, 58: Diese Altverluste konnten nicht bereits im sog. Verrechnungstopf berücksichtigt werden, da sie der ausschüttenden Stelle nicht bekannt und auch nicht ohne zusätzlichen erheblichen Verfahrensaufwand kenntlich zu machen waren. Daher erfolgte die Verlustverrechnung im Rahmen des Verlustverrechnungstopfs vor Verrechnung mit den Altverlusten (dies als gerechtfertigte Ungleichbehandlung im Vergleich zu anderen Verlusten ansehend: BFH 3.11.2015 – VIII R 37/13, BStBl. II 2016, 273; BFH 20.10.2016 – VIII R

55/13, BStBl. II 2017, 264). Die Vorrangwirkung soll durch einen Antrag auf Wahlveranlagung nach § 32d Abs. 4 ausgehebelt werden können (BFH 29.8.2017 – VIII R 23/15, BStBl. II 2019, 54 mwN zu kritischen Literaturstimmen).
Verrechnung von Altverlusten aus Termingeschäften mit entsprechenden Gewinnen (§ 22 Nr. 3 S. 5 und S. 6 EStG aF)

1.3	Verrechnung von Verlusten aus Termingeschäften und der Veräußerung von als Termingeschäft ausgestalteten Finanzistrumenten, die nach dem 31.12.2020 entstehen (§ 20 Abs. 6 S. 5 Hs. 1 → Rn. 1394 ff.)
1.4	Verrechnung von Verlusten aus Veräußerung von Aktien iSd § 20 Abs. 2 S. 1 Nr. 1 S. 1 nach dem 1.1.2009 mit entsprechenden Gewinnen aus der Veräußerung iSd Abs. 2 Nr. 1 (§ 20 Abs. 6 S. 4 → Rn. 1392 f.)
1.5	Verrechnung von Verlusten aus ausgefallenen Kapitalforderungen, die nach dem 31.12.2019 entstehen (§ 20 Abs. 6 S. 6 Hs. 1 → Rn. 1395 ff.)
1.6	Verrechnung von Verlusten aus stiller Beteiligung mit Gewinnen aus derselben stillen Gesellschaft (§ 20 Abs. 1 Nr. 4 S. 2 iVm § 15 Abs. 4 S. 6 bis S. 8 → Rn. 821 ff.) Verrechnung von Verlusten im Zusammenhang mit Steuerstundungsmodellen mit Gewinnen aus derselben Einkunftsquelle (§ 20 Abs. 7 iVm § 15b, → Rn. 1400 ff.) Verrechnung von Verlusten mit Bezug zu Drittstaaten mit Gewinnen derselben Art aus demselben Land (§ 2a → Rn. 149 und → Rn. 821). sVerrechnung von negativen Kapitaleinkünften, die der Abgeltungsteuer unterliegen, mit positiven Kapitaleinkünften, die nicht der Abgeltungsteuer unterliegen (§ 2 Abs. 5b iVm § 32d **str.** → Rn. 1383)
1.7	Vollständige horizontale Verlustverrechnung, sofern nicht leges speciales in Schritt 2 bis Schritt 4 anwendbar (→ Rn. 1375 f.)
2. Schritt: Vertikale Verlustverrechnung	
2.1	Bei Antrag auf Günstigerprüfung (§ 32d Abs. 6): Vertikale Verlustverrechnung positiver Kapitaleinkünfte mit negativen Einkünften anderer Einkunftsarten und umgekehrt (**str.** → Rn. 1385)
2.2	Bei Kapitaleinkünften iSd § 32d Abs. Abs. 2 Nr. 1 S. 2, Nr. 2 S. 2 oder Nr. 3 S. 2: Partielle vertikale Verlustverrechnung durch Unanwendbarkeit der Beschränkungen aus § 20 Abs. 6
3. Schritt: Intertemporale Verlustverrechnung/Pauschbetrag	
3.1 a)	Soweit Verluste aus Termingeschäften und der Veräußerung von als Termingeschäft ausgestalteten Finanzistrumenten in Vorjahren bestehen (§ 20 Abs. 6 S. 5 Hs. 2): Verrechnung mit Gewinnen iSd § 20 Abs. 2 S. 1 Nr. 3 sowie aus Stillhaltergeschäften iSd § 20 Abs. 1 Nr. 11; bei verbleibenden Verlusten: gesonderte Feststellung des vortragsfähigen Verlusts bis maximal 10.000 EUR, Verlustvortrag des Restbetrags in Folgejahre
3.1 b)	Soweit Verluste aus der Veräußerung von Aktien iSd § 20 Abs. 2 S. 1 Nr. 1 S. 1 bestehen: Verrechnung mit entsprechenden Veräußerungsgewinnen iSd Abs. 2 Nr. 1 in unbegrenzter Höhe; Verlustvortrag des Restbetrags in Folgejahre
3.1 c)	Soweit Verluste aus ausgefallenen Kapitalforderungen bestehen (§ 20 Abs. 6 S. 6 Hs. 2): Verrechnung mit positiven Kapitaleinkünften des laufenden Jahres, wenn diese (im Verlustfall) nicht Abs. 6 S. 4 und S. 5 unterfallen würden, bis maximal 10.000 Euro; Verlustvortrag des Restbetrags in Folgejahre
3.2	Soweit sonstige (allgemeine) Verluste aus Kapitalvermögen in Vorjahr(en) bestehen: Verrechnung mit positiven Kapitaleinkünften des laufenden Jahres
3.3 a)	Bei positiven Kapitaleinkünften nach Verlustverrechnung gemäß vorstehender Schritte: Abzug Sparer-Pauschbetrag nach § 20 Abs. 9 S. 4 bis zur Höhe der nach Abs. 6 verrechneten Verluste (→ Rn. 1508)
3.3 b)	Bei verbleibenden negativen Kapitaleinkünften nach Verlustverrechnung gemäß vorstehender Schritte: Keine Verrechnung mit positiven Einkünften anderer Einkunftsarten (§ 2 Abs. 5b, § 20 Abs. 6 S. 1), gesonderte Feststellung des vortragsfähigen Verlusts, Verlustvortrag in Folgejahre (§ 20 Abs. 6 S. 2 Hs. 2).

1379–1381 *Einstweilen frei*

2. Schedulierte Verlustverrechnung (§ 20 Abs. 6)

a) Horizontaler Verlustausgleich (§ 20 Abs. 6 S. 1). § 20 Abs. 6 S. 1 schließt grundsätzlich den Ausgleich von Verlusten aus Kapitalvermögen mit Einkünften aus anderen Einkunftsarten sowie den Abzug dieser Verluste nach § 10d aus. Diese von den allgemeinen einkommensteuerrechtlichen Vorschriften über Verlustausgleich und Verlustabzug abweichende Regelung erschien aus Sicht des Gesetzgebers berechtigt, da für Kapitaleinkünfte mit der Einführung der Abgeltungsteuer ein gesonderter Einkommensteuersatz von höchstens 25% gelten sollte (BT-Drs. 16/4841, 57 f.). Entgegen der Behauptung des Gesetzgeber (BT-Drs. 16/4841, 58 f.) wirkt Abs. 6 S. 1 durch die darin angeordnete Beschränkung der anderenfalls eröffneten Verlustverrechnungsmöglichkeit konstitutiv (so auch KSM/*Jochum* § 20 Rn. A 55). 1382

Bei systematischer und telelogischer Auslegung folgt aus § 2 Abs. 5b iVm § 20 Abs. 6 S. 1 zum einen, dass dem gesonderten Steuertarif nach **§ 32d Abs. 1** unterfallende Verluste aus Kapitalvermögen **nicht mit positiven Kapitaleinkünften verrechnet werden dürfen, die gemäß § 32d Abs. 2 aus dem Anwendungsbereich der Abgeltungsteuer ausgenommen sind** (iE ebenso: BMF 18.1.2016, BStBl. I 2016, 85 Rn. 119a; *Spieker* DB 2012, 2836 (2837); *Spieker* DB 2016, 197; **aA** *Anemüller* ErbStB 2017, 163 (164)). Verluste innerhalb der Schedule aus Kapitaleinkünften iSd § 32d Abs. 1 können daher auch bei einem Antrag nach **§ 32d Abs. 4** nicht in eine Verlustverrechnung mit positiven Einkünften außerhalb der Schedule eingehen (*Englisch* StuW 2007, 221 (234)). Nur bei einem Antrag auf Günstigerprüfung nach **§ 32d Abs. 6** ist die horizontale Verlustverrechnung zwischen allen Kapitaleinkünften möglich. 1383

Einstweilen frei 1384

b) Vertikaler Verlustausgleich (§ 20 Abs. 6 S. 1 Hs. 1). Nach **Abs. 6 S. 1 Hs. 1** dürfen Verluste aus Kapitalvermögen nicht mit Einkünften aus anderen Einkunftsarten ausgeglichen werden, ein **vertikaler Verlustausgleich** ist folglich **grundsätzlich untersagt** (HHR/*Buge* § 20 Rn. 617). Der **BFH** geht davon aus, dass ein Steuerpflichtiger sich über dieses Verlustverrechnungsverbot auch mit einem Antrag auf **Günstigerprüfung nach § 32d Abs. 6 S. 1** (→ § 32d Rn. 266 ff.) nicht hinwegsetzen kann. Zulässig sei allein die Verrechnung positiver Einkünfte aus Kapitalvermögen, die nach § 20 ermittelt worden sind und dem Kapitalertragsteuerabzug nach § 32d Abs. 1 unterlegen haben, mit dem allgemeinen Steuertarif unterliegenden negativen Einkünften aus den übrigen Einkunftsarten. Die **Verrechnung negativer Kapitaleinkünfte mit positiven Einkünften anderer Einkunftsarten** soll hingegen auch im Rahmen der Günstigerprüfung **nicht möglich** sein (BFH 30.11.2016 – VIII R 11/14, BStBl. II 2017, 443 mwN). **Überzeugender** erscheint bei grammatikalischer und systematischer Auslegung jedoch, auch im Rahmen einer Günstigerprüfung nach § 32d Abs. 6 **die Verrechnung negativer Kapitaleinkünfte mit positiven Einkünften anderer Einkunftsarten zuzulassen** (vgl. auch BMF 12.4.2018, BStBl. I 2018, 624 Rn. 119a, zur Begründung sogleich → Rn. 1385.1 ff.). 1385

Indem § 32d Abs. 6 S. 1 die Hinzurechnung der „nach § 20 ermittelten Kapitaleinkünfte" zu den Einkünften iSd § 2 anordnet, **differenziert bereits der Normwortlaut nicht zwischen positiven und negativen Kapitaleinkünften,** die den anderen Einkünften hinzugerechnet werden sollen. 1385.1

Zudem verweist zwar der Wortlaut auf die Einkünfteermittlung „nach § 20" und könnte damit die umfassende Anwendung der Verlustverrechnungsbeschränkung des § 20 Abs. 6 inkorporieren. **Allerdings wirkt sich die in § 20 Abs. 6 verankerte Beschränkung der Verlustverrechnung** anders als die in § 20 Abs. 9 verankerte Beschränkung des Werbungskostenabzugs, die sich unmittelbar auf die Höhe der nach § 32d zu behandelnden steuerbaren Kapitaleinkünfte auswirkt und daher auch im Rahmen der Günstigerprüfung nach § 32d Abs. 6 zu berücksichtigen ist (→ § 32d Rn. 266), **systematisch gerade nicht auf die Höhe und damit nicht auf die „Ermittlung" der steuerbaren Einkünfte aus Kapitalvermögen** aus. § 20 Abs. 6 trifft vielmehr allein eine Regelung, wie die – nach § 20 Abs. 4 oder Abs. 4a, § 8 – ermittelten Kapitaleinkünfte in der Folge zu behandeln sind, wenn sie negativ sind. 1385.2

Überdies zeigt die **in § 32d Abs. 6 S. 1 gewählte Regelungsmechanik,** die „anstelle der Anwendung" von § 32d Abs. 1 eine Besteuerung unter Einbeziehung in die Einkünfte iSd § 2 treten lässt und damit die durch § 2 Abs. 5b grundsätzlich vorgesehene Zuweisung von Kapitaleinkünften in eine eigene Schedule aufhebt (→ Rn. 147), dass es hier dogmatisch vor und unabhängig von der Bestimmung der Höhe der Einkünfte bereits dem Grunde nach zu einer entscheidenden Weichenstellung in dem 1385.3

anzuwendenden Besteuerungssystem kommt. Sieht man in § 20 Abs. 6 eine Ausnahme von den durch § 2 Abs. 1 S. 1, Abs. 3 sowie § 10d begründeten Verlustverrechnungssystem (→ Rn. 1382), so bewirkt § 32d Abs. 6 S. 1 systematisch eine **Rückkehr zu diesen allgemeinen Grundsätzen,** die unter engeren Voraussetzungen als § 20 Abs. 6 steht und daher als **lex specialis zu § 20 Abs. 6** anzusehen ist.

1385.4 Schließlich wäre es im Hinblick auf das **Folgerichtigkeitsgebot** und die **horizontale Steuergerechtigkeit** verfassungsrechtlich bedenklich und im Hinblick auf die mit der Abgeltungsteuer intendierte Verwaltungsvereinfachung kaum zu rechtfertigen, wenn ein Steuerpflichtiger positive Kapitalerträge mit negativen Einkünften anderer Einkunftsarten ausgleichen und eine Besteuerung nach dem allgemeinen Steuertarif erreichen könnte, während ein anderer Steuerpflichtiger mit betragsmäßig gleichen negativen Kapitalerträgen bzw. positiven Einkünften anderer Einkunftsarten trotz insgesamt gleicher Leistungsfähigkeit keinen Verlustausgleich vornehmen könnte und daher insgesamt deutlich höher belastet würde.

1386–1387 *Einstweilen frei*

1388 **c) Intertemporaler Verlustausgleich (§ 20 Abs. 6 S. 1 Hs. 2, S. 2 und S. 3).** Sofern auch nach den vorbeschriebenen Verlustverrechnungsschritten horizontaler und vertikaler Verlustverrechnung (→ Rn. 1378.1) noch steuerlich anzuerkennende Verluste aus Kapitalvermögen bestehen, ist nach **Abs. 6 S. 1 Hs. 2** die Anwendung von § 10d ausgeschlossen. Stattdessen mindern die Verluste nach **Abs. 6 S. 2** die Einkünfte aus Kapitalvermögen, die der Steuerpflichtige **in den folgenden Veranlagungszeiträumen** erzielt **und** die dem Abgeltungsteuertarif des § 32d Abs. 1 unterliegen. Eine horizontale Verlustverrechnung zwischen tariflich besteuerten negativen Einkünften aus Kapitalvermögen und positiven Kapitaleinkünften, die der Abgeltungsteuer gem. § 32d Abs. 1 unterliegen, ist nur bei einem Antrag auf Günstigerprüfung nach § 32d Abs. 6 möglich. Die Anwendung dieser Grundsätze auch für Altverluste aus der Zeit vor dem Systemwechsel zur Abgeltungsteuer ist verfassungsgemäß (BFH 29.8.2017 – VIII R 5/15, BStBl. II 2018, 66; dazu iE → § 32d Rn. 237). Der Gesetzgeber stellt damit zum einen sicher, dass die mit Abs. 6 S. 1 beabsichtigte Verlustverrechnungsbeschränkung auch in Folgeperioden erhalten bleibt. Zum anderen werden die in § 10d grundsätzlich eröffneten Möglichkeiten der intertemporalen Verlustverrechnung dahingehend eingeschränkt, dass der **Verlustrücktrag ausgeschlossen** ist. Ein Verlustrücktrag erschien dem Gesetzgeber aus Gründen der Steuergerechtigkeit nicht geboten, zumal der Verlustvortrag möglich sei (BT-Drs. 16/4841, 58). Dies sollte zugleich der Verhinderung von Haushaltsrisiken dienen (vgl BT-Drs. 16/5491, 19). Einzig überzeugender Rechtfertigungsansatz scheint jedoch die anderenfalls problematische Administrierbarkeit im Kapitalertragsteuerverfahren zu sein (HHR/*Buge* § 20 Rn. 618).

1389 Der Verlustvortrag ist mangels entsprechender Sockelbeträge zur Mindestbesteuerung in den Folgeperioden unbegrenzt verrechnungsfähig (KSM/*Jochum* § 20 Rn. A 57). Über die Rechtsgrundverweisung des Abs. 6 S. 3 ist **einzig § 10d Abs. 4 sinngemäß anzuwenden.** Damit ist der **Verlustvortrag nicht durch die Sockelbeträge nach § 10d Abs. 2 S. 1 und S. 2 beschränkt.** Dies findet seine Rechtfertigung darin, dass im Rahmen des sog. Verlusverrechnungstopfs iSd § 43a Abs. 3 S. 2 eine entsprechende Beschränkung der Verlustverrechnung durch die Kreditinstitute nicht durchführbar ist und eine Verlustverrechnung ohne Berücksichtigung der Mindestbesteuerung nach § 10d Abs. 2 erfolgt (BT-Drs. 16/4841, 58). Die nach **§ 10d Abs. 4 S. 1** notwendige gesonderte Feststellung erfolgt in einem Grundlagenbescheid, der für die Verlustverrechnung in Folgejahren bindend ist und unter Beachtung der Besonderheiten zu erfolgen hat, die für die der Abgeltungsteuer unterliegenden Einkünfte aus Kapitalvermögen gelten. Dementsprechend sind va die Regelungen zum Kapitalertragsteuerabzug (§§ 43 ff.) einschließlich der vorrangigen Verlustverrechnung durch den Kapitalertragsteuerpflichtigen (→ Rn. 1378.1) sowie zur Verlustberücksichtigung bei Antragsveranlagung (§ 32d Abs. 4, § 43 Abs. 5 S. 3, § 43a Abs. 3) zu beachten (BFH 9.5.2017 – VIII R 40/15, BStBl. II 2017, 1049).

1390–1391 *Einstweilen frei*

1392 **d) Verlustverrechnung bei Verlusten aus Aktienveräußerung (§ 20 Abs. 6 S. 4).** § 20 **Abs. 6 S. 4 Hs. 1** wurde erst auf Beschlussempfehlung des Finanzausschusses in das UntStRefG 2008 aufgenommen (BT-Drs. 16/5452, 19). Danach dürfen Verluste iSd Abs. 2 S. 1 Nr. 1 S. 1, die aus der **Veräußerung von Aktien** entstehen, nur mit Veräußerungsgewinnen iSd Abs. 2 S. 1 Nr. 1 S. 1 ausgeglichen werden, die aus der Veräußerung von Aktien entstehen. Zum Begriff „Aktien" → Rn. 527; zum Tatbestand der **Veräußerung** → Rn. 1149 ff.; zu den Veräußerungsfiktionen → Rn. 1161 ff.; zur Berechnung des Veräußerungsgewinns → Rn. 1272 ff. Zur **Verletzung des verfassungsrechtlichen Gleichheitsgrundsatzes** → Rn. 274 ff.

Für die nach dieser beschränkten Verlustrechnung noch bestehenden Verluste gelten gemäß **Abs. 6 S. 4 Hs. 2** die Regelungen aus Abs. 6 S. 2 und S. 3 sinngemäß, dh dem Steuerpflichtigen ist allein der **Verlustvortrag** des insofern entstandenen Veräußerungsverlusts in Folgeperioden **in unbegrenzter Höhe, dh ohne die in § 10d Abs. 1 und Abs. 2 vorgesehenen Sockelbeträge** möglich (→ Rn. 1388). 1393

e) Verlustverrechnung bei Verlusten aus Termingeschäften (§ 20 Abs. 6 S. 5). § 20 Abs. 6 **S. 5** wurde erst auf Beschlussempfehlung des Finanzausschusses (BT-Drs. 19/15876) mit dem GrenzStGestaltG v. 21.12.2019 eingeführt (→ Rn. 79). Die Norm begründet für **Verluste aus Termingeschäften,** die **nach dem 31.12.2020 entstehen** (→ Rn. 99; zum Begriff „entstehen" → Rn. 393), einen zusätzlichen **besonderen Verlustverrechnungskreis** (*Weiss* EStB 2020, 64 (69); zu den verschiedenen Verrechnungskreisen → Rn. 1378.1), durch den eine Verlustnutzung zeitlich gestreckt und veranlagungsübergreifend ermöglicht werden soll. Die Regelung ging aus nicht umgesetzten gesetzgeberischen Überlegungen hervor, derartigen Verlusten insbesondere aus dem Verfall von Optionen mit einer Einschränkung des Veräußerungsbegriffs gänzlich die Anerkennung zu versagen (vgl. BT-Drs. 19/13436, 16 und 112 ff.). Der Gesetzgeber begründete die Einführung von Abs. 6 S. 5 anschließend damit, dass Termingeschäfte durch ihre begrenzte Laufzeit und durch Hebeleffekte in wesentlichem Umfang spekulativ seien und dass insbesondere der Totalverlust der Anlage eintreten könne, was bei anderen Kapitalanlagen nicht in vergleichbarem Ausmaß auftrete. Durch die Neuregelung solle das Investitionsvolumen und die daraus für Anleger entstehenden Verlustrisiken aus diesen spekulativen Anlagen begrenzt werden (BT-Drs. 19/15876, 68). 1394

Der **sachliche Anwendungsbereich** ist eröffnet, soweit Einkünfte aus den Termingeschäften nicht nach § 20 Abs. 8 einer anderen Einkunftsart zuzurechnen sind (→ Rn. 1407). Die Anwendung von Abs. 6 S. 5 wird nicht durch § 32d Abs. 2 Nr. 1 S. 2, Nr. 2 S. 2 und Nr. 3 S. 2 gesperrt, die zwar in ihrer Rechtsfolge die gesamte Regelung des § 20 Abs. 6 für nicht anwendbar erklären, aber die Kapitaleinkünfte iSd § 20 Abs. 2 S. 1 Nr. 3 tatbestandlich nicht erfassen. 1394a

Bei systematischer Auslegung ist Abs. 6 S. 5 als **lex specials** vorrangig vor allen übrigen horizontalen Verlustverrechnungsbeschränkungen für Kapitaleinkünfte anzuwenden, dies allerdings nur insoweit, als er die Verrechnung von **Verlusten** iSd § 20 Abs. 2 S. 1 Nr. 3 regelt. 1394a.1

Die Verrechnung von **Gewinnen** iSd § 20 Abs. 2 S. 1 Nr. 3 mit Verlusten aus anderen Kapitalerträgen im Rahmen der allgemeinen Verlustverrechnung wird durch S. 5 Hs. 1 hingegen nicht gesondert geregelt, sodass die allgemeinen Regelungen des Abs. 6 S. 1 Hs. 1 (→ Rn. 1383 f.) zur horizontalen Verlustverrechnung anwendbar sind. 1394a.2

Dass Abs. 6 S. 5 keine eigenständige Regelung zur **vertikalen Verlustverrechnungsbeschränkung** enthält, aber die Gewinne bzw. Verluste iSd § 20 Abs. 2 S. 1 Nr. 3 auch nicht aus dem System der Abgeltungsteuer löst und lediglich eine zeitliche Streckung der Verlustberücksichtigung erreichen will, spricht telelogisch und systmatisch dafür, dass die allgemeinen **vertikalen Verlustverrechnungsbeschränkungen** des Abs. 6 S. 1 Hs. 1 (→ Rn. 1385) ebenfalls nicht durch Abs. 6 S. 5 verdrängt werden. 1394a.3

Nach Abs. 6 S. 5 **Hs. 1** dürfen **Verluste** (→ Rn. 1154 und → Rn. 1336) **iSd § 20 Abs. 2 S. 1 Nr. 3,** die unmittelbar aus Termingeschäften (→ Rn. 1220 ff.) sowie aus der Veräußerung als Termingeschäft ausgestalteter Finanzinstrumente (→ Rn. 1228 ff.) entstehen, nur iHv 10.000 EUR mit Gewinnen iSd § 20 Abs. 2 S. 1 Nr. 3 und mit positiven Einkünften aus Stillhaltergeschäften iSd § 20 Abs. 1 Nr. 11 (→ Rn. 1136 ff.) verrechnet werden. Hierin liegt eine **doppelte horizontale Verlustverrechnungsbeschränkung,** da die erfassten Verluste nicht mit anderen Kapitalerträgen (BT-Drs. 19/15876, 68) und zudem auch mit den verrechnungsfähigen Kapitalerträgen nur bis zu einem Betrag von 10.000 EUR verrechnet werden können. 1394b

Nach Abs. 6 S. 5 **Hs. 2** gelten für die **intertemporale Verlustverrechnung** der nach S. 5 Hs. 1 gesondert schedulierten Verluste die Regelungen in Abs. 6 S. 2 (→ Rn. 1388) und S. 3 (→ Rn. 1389) grundsätzlich sinngemäß. So hat auch S. 5 Hs. 2 den **Verlustrücktrag** 1394c

ausgeschlossen und lässt lediglich einen **Verlustvortrag** zu, der in einem gesonderten Verlustfeststellungsbescheid festzustellen ist. Allerdings können die derart vorgetragenen Verluste je Folgejahr ebenfalls nur bis zur Höhe von 10.000 EUR und nur mit Gewinnen iSd § 20 Abs. 2 S. 1 Nr. 3 und mit positiven Einkünften aus Stillhaltergeschäften iSd § 20 Abs. 1 Nr. 11 verrechnet werden. Die Regelung überträgt damit die für den Verlustentstehungszeitraum geltenden horizontalen Verlustverrechnungsbeschränkungen gemäß S. 5 Hs. 1 auch in künftige Veranlagungszeiträume und stellt damit sicher, dass die Verluste in einer eigenständigen Teil-Schedule besteuert beiben.

1395 **f) Verlustverrechnung bei Verlusten aus ausgefallenen Kapitalforderungen (§ 20 Abs. 6 S. 6).** § 20 Abs. 6 **S. 6** wurde erst auf Beschlussempfehlung des Finanzausschusses (BT-Drs. 19/15876) mit dem GrenzStGestaltG v. 21.12.2019 eingeführt (→ Rn. 79). Die Norm begründet für **Verluste aus ausgefallenen Kapitalforderungen,** die **nach dem 31.12.2019 entstehen** (→ Rn. 99; zum Begriff „entstehen" → Rn. 393), einen zusätzlichen **besonderen Verlustverrechnungskreis** (*Weiss* EStB 2020, 64 (69); zu den verschiedenen Verrechnungskreisen → Rn. 1378.1). Die Regelung ging aus nicht umgesetzten gesetzgeberischen Überlegungen hervor, derartigen Verlusten mit einer Einschränkung des Veräußerungsbegriffs gänzlich die Anerkennung zu versagen (vgl. BT-Drs. 19/13436, 16 und 112 ff.). Der Gesetzgeber begründete die Einführung von Abs. 6 S. 6 anschließend damit, die Neuregelung diene der Sicherung des Steuersubstrats, um die Steuermindereinnahmen in Höhe von jährlich ca. 100 Mio EUR, die aus der Rechtsprechung zur Berücksichtigung des Vermögensverfalls bei privaten Kapitaleinnahmen resultieren (→ Rn. 1165), zeitlich zu strecken und jährlich auf einen zweistelligen Millionenbetrag zu reduzieren. Die sofortige Anerkennung der Verluste bei Kleinanlegern bis zur Höhe von 10.000 EUR sei sachgerecht. Anleger mit höheren Vermögenswerten erzielten typischerweise auch in größerem Umfang laufende Erträge und seien durch den für Kapitaleinkünfte einschlägigen Steuersatz von 25% begünstigt, sodass für diese Anlegergruppe die Begrenzung der Verlustverrechnungsmöglichkeiten gerechtfertigt sei (BT-Drs. 19/15876, 2 und 69).

1395a Der **sachliche Anwendungsbereich** ist eröffnet, soweit Einkünfte aus den Termingeschäften nicht nach § 20 Abs. 8 einer anderen Einkunftsart zuzurechnen sind (→ Rn. 1407). Da sich der Wortlaut von Abs. 6 S. 6 allgemein auf „Kapitalforderungen" bzw. „Wirtschaftsgüter" iSd § 20 Abs. 1 bezieht, können die hierauf bezogenen Veräußerungen bzw. Veräußerungsfiktionen auch § 32d Abs. 2 Nr. 1 S. 2, Nr. 2 S. 2 und Nr. 3 S. 2 unterfallen; in diesem Fall ist die Anwendung von § 20 Abs. 6 einschließlich Abs. 6 S. 6 ausgeschlossen.

1395a.1 Ausweislich der Gesetzesbegründung soll Abs. 6 S. 6 die Kapitaleinkünfte erfassen, die nicht Einkünfte iSd Abs. 6 S. 4 und S. 5 sind (BT-Drs. 19/15876, 69). Abs. 6 S. 6 ist somit **nachrangig zu Abs. 6 S. 5 und (dann) Abs. 6 S. 4,** aber als **lex specials** vorrangig vor den übrigen **horizontalen Verlustverrechnungsbeschränkungen** für Kapitaleinkünfte anzuwenden.

1395a.2 Dass Abs. 6 S. 6 keine eigenständige Regelung zur **vertikalen Verlustverrechnungsbeschränkung** enthält, aber die Gewinne bzw. Verluste iSd § 20 Abs. 2 S. 1 Nr. 3 auch nicht aus dem System der Abgeltungsteuer löst und lediglich eine zeitliche Streckung der Verlustberücksichtigung erreichen will, spricht telelogisch und systmatisch dafür, dass die allgemeinen **vertikalen Verlustverrechnungsbeschränkungen** des Abs. 6 S. 1 Hs. 1 (→ Rn. 1385) ebenfalls nicht durch Abs. 6 S. 6 verdrängt werden.

1395b Nach Abs. 6 S. 6 **Hs. 1** dürfen Verluste aus Kapitalvermögen (→ Rn. 1154 und → Rn. 1336) aus der ganzen oder teilweisen Uneinbringlichkeit einer Kapitalforderung, aus der **Ausbuchung** wertloser Wirtschaftsgüter iSd § 20 Abs. 1, aus der Übertragung wertloser Wirtschaftsgüter iSd § 20 Abs. 1 auf einen Dritten oder aus einem sonstigen Ausfall von Wirtschaftsgütern iSd § 20 Abs. 1 nur in Höhe von 10 000 EUR mit Einkünften aus Kapitalvermögen ausgeglichen werden.

1395c Zu den Begriffen „**Kapitalforderung**" → Rn. 1002 ff., „**Ausbuchung**" → Rn. 1165.2 (auch zur bisherigen Rechtslage), **Übertragung** → Rn. 1150 f. Zum Begriff „**Ausfall**" → Rn. 1163 f.; dem Tatbestandsmerkmal „**sonstigen** (Ausfall)" kommt keine eigene tatbestandliche Bedeutung zu; vielmehr wird der „Ausfall" damit bei systematischer Auslegung aller Tatbestandsalternativen von Abs. 6 Satz 6 nur als ein Fall eines Realisationstatbestands ohne wirtschaftlichen Erlös des Steuerpflichtigen eingeordnet. Als „**Wirtschaftsgüter iSd § 20 Abs. 1**" sind alle Kapitalforderungen (→ Rn. 327 ff. und → Rn. 1002 ff.) zu verstehen, die zu steuerbaren Kapitaleinkünften iSd § 20 Abs. 1 führen können. Eine Kapitalforderung ist va **„uneinbringlich"**, wenn sich auf Grundlage der Gesamtumstände des Schuldverhältnisses abzeichnet, dass der Schuldner die Verbindlichkeit ganz oder teilweise nicht erfüllen wird (zudem → Rn. 1163 ff.). Die Regelung erfasst auch Veräußerungstatbestände, die zu Gestaltungszwecken abgewickelt werden, wenn sich das Solvenzrisiko bereits ganz oder teilweise realisiert hat (BT-Drs. 19/15876, 69). Erfasst werden sowohl rechtliche wie tatsächliche Rückzahlungshindernisse (Insolvenz, Vollstreckungshindernisse, unbekannter Schuldner etc). Eine Kapitalforderung ist **„wertlos"**, wenn ihr nach § 11 BewG (für Wertpapiere, Schuldbuchforderungen, Anteile an Kapitalgesellschaften sowie Anteile oder Aktien, die Rechte an einem Investmentvermögen iSd KAGG verbriefen) bzw. subsidiär nach § 12 BewG (sonstige Kapitalforderungen) anzusetzender Wert 0 EUR beträgt.

Nach Abs. 6 S. 6 **Hs. 2** gelten für die **intertemporale Verlustverrechnung** der nach S. 6 Hs. 1 gesondert schedulierten Verluste die Regelungen in Abs. 6 S. 2 (→ Rn. 1388) und S. 3 (→ Rn. 1389) grundsätzlich sinngemäß. So hat auch S. 6 Hs. 2 den **Verlustrücktrag ausgeschlossen** und lässt lediglich einen **Verlustvortrag** zu, der in einem gesonderten Verlustfeststellungsbescheid festzustellen ist. Allerdings können die derart vorgetragenen Verluste je Folgejahr ebenfalls nur **bis zur Höhe von 10.000 EUR** verrechnet werden. Anders als nach S. 5 Hs. 2 dürfen die Verluste nach S. 6 Hs. 2 im Folgejahr jedoch **mit allen positiven Kapitaleinkünften** verrechnet werden, soweit diese in den spezielleren Verlustverrechnungskreisen gemäß Abs. 6 S. 4 und S. 5 gesondert scheduliert sind. **1395d**

g) Formale Verknüpfung der Verlustnutzung an eine Verlustbescheinigung (§ 20 Abs. 6 S. 7). Nach § 20 **Abs. 6 S. 7** (vormals S. 5, verschoben mWv 1.1.2020 → Rn. 79) dürfen Verluste aus Kapitalvermögen, die der Kapitalertragsteuer unterliegen, materiellrechtlich nur dann verrechnet werden oder in den folgenden Veranlagungszeiträumen die Einkünfte des Steuerpflichtigen aus Kapitalvermögen mindern, wenn eine **Bescheinigung iSd § 43a Abs. 3 S. 4** vorliegt. Das Zusammenspiel beider Vorschriften verhindert dabei, dass Verluste einmal im Rahmen des Verlustverrechnungstopfes und ein weiteres Mal im Rahmen der sonstigen Verlustverrechnung möglich ist (BFH 20.10.2016 – VIII R 55/13, BStBl. II 2017, 264; Schmidt/*Levedag* § 20 Rn. 247; Blümich/*Ratschow* § 20 Rn. 470). **1396**

Nach § 43 Abs. 3 S. 4 hat die auszahlende Stelle **auf Verlangen des Gläubigers** der Kapitalerträge über die Höhe eines nicht ausgeglichenen Verlusts eine Bescheinigung nach amtlich vorgeschriebenem Muster zu erteilen. In der Folge entfällt der nach § 43a Abs. 3 S. 3 grundsätzlich auf das nächste Kalenderjahr zu übertragende nicht ausgeglichene Verlust innerhalb des Verlustverrechnungstopfes. Der Gläubiger hat daher durch seine Antragstellung die Wahl, ob die Nutzung seiner im Verlustverrechnungstopf erfassten Verluste künftig vorrangig mit positiven Kapitalerträgen derselben auszahlenden Stelle (vgl. Schritt 1.1 → Rn. 1378.1) oder eine horizontale bzw. intertemporale Verlustverrechnung mit anderen positiven Kapitaleinkünften nach allgemeinen Grundsätzen erfolgen soll (vgl. Schritt 1.4 und folgende → Rn. 1378.1). Bei systematischer und telelogischer Auslegung muss die Bescheinigung **„dem Steuerpflichtigen" körperlich vorliegen;** das Vorliegen beim Kreditinstitut oder gar die bloße Möglichkeit einer Erstellung durch das Kreditinstitut sind nicht ausreichend. **1397**

Der BFH hat im Einzelfall eine Verlustverrechnung nach Abs. 6 S. 1 auch ohne eine Bescheinigung nach **Abs. 6 S. 6** zugelassen, weil die auszahlende Stelle aufgrund der von der Finanzverwaltung geäußerten Verwaltungsauffassung davon ausgegangen sei, dass der vom Stillhalter geleistete Barausgleich einkommensteuerrechtlich unbeachtlich sei. Es sei daher ausgeschlossen, dass der Verlust aus dem vom Kläger geleisteten Barausgleich doppelt berücksichtigt würde, und bloße Förmelei, das Vorliegen einer derartigen Bescheinigung zu fordern (BFH 20.10.2016 – VIII R 55/13, BStBl. II 2017, 264). Ein solches Verständnis erscheint indes im Hinblick auf die gesetzgeberische Intention, gerade die formelle Prüfung zum Vorliegen einer Bescheinigung an die Stelle einer einzelfallbezogenen Prüfung einer (möglicherweise) doppelten Verlustnutzung treten zu lassen, sowie im Hinblick auf die damit verbundenen Ermittlungserfordernisse im Besteuerungsverfahren problematisch. **1397.1**

Einstweilen frei **1398–1399**

3. Verlustverrechnung im Zusammenhang mit Steuerstundungsmodellen (§ 20 Abs. 7 iVm § 15b)

1400 Die punktuelle Anwendbarkeit der Verlustverrechnungsbeschränkungen im Zusammenhang mit Steuerstundungsmodellen gemäß § 15b war durch Gesetz zur Beschränkung der Verlustverrechnung im Zusammenhang mit Steuerstundungsmodellen v. 22.12.2005 (→ Rn. 68; zur zeitlichen Anwendbarkeit → Rn. 99) zunächst für Einkünfte aus stiller Beteiligung in § 20 Abs. 1 Nr. 4 S. 2 verankert. Die Ausdehnung der Verlustverrechnungsbeschränkung, die insbesondere Verluste aus Medienfonds, Schiffsbeteiligungen (soweit sie noch Verluste vermitteln), New Energy Fonds, Leasingfonds, Wertpapierhandelsfonds und Videogamefonds betraf, auf Verluste aus stillen Beteiligungen bezweckte die Vermeidung von Umgehungsgestaltungen und die Gewährleistung der Gleichheit der Besteuerung (BT-Drs. 16/107, 4). Mit dem JStG 2007 v. 13.12.2006 (→ Rn. 71; zur zeitlichen Anwendbarkeit → Rn. 99) wurde die Verweisung auf § 15b in § 20 Abs. 2b ausgegliedert, bevor sie im Rahmen des UntStRefG 2008 v. 14.8.2007 von 20 Abs. 2b in Abs. 7 verschoben wurde (→ Rn. 72; zur zeitlichen Anwendbarkeit → Rn. 99).

1401 Über die **Rechtsgrundverweisung** des § 20 **Abs. 7 S. 1** iVm § 15b sind die **Verlustverrechnungsbeschränkungen im Zusammenhang mit Steuerstundungsmodellen,** die unmittelbar nur für gewerbliche Einkünfte gelten, sinngemäß anzuwenden. Für ein **Steuerstundungsmodell,** mit dem auf Grund einer modellhaften Gestaltung steuerliche Vorteile in Form negativer Einkünfte erzielt werden sollen (§ 15b Abs. 2 S. 1) reicht es nicht aus, dass eine (in Fachkreisen) bekannte Gestaltungsidee mit dem Ziel einer sofortigen Verlustverrechnung aufgegriffen wird. Erforderlich ist vielmehr die Erstellung einer umfassenden und regelmäßig an mehrere Interessenten gerichteten Investitionskonzeption, die bereits vor der eigentlichen Investitionsentscheidung und von einer vom Steuerpflichtigen verschiedenen Person (Anbieter/Initiator) festgelegt worden sein muss (BFH 6.2.2014 – IV R 59/10, BStBl. II 2014, 465; BFH 17.1.2017 – VIII R 7/13, BStBl. II 2017, 700; BFH 28.6.2017 – VIII R 57/14, BStBl. II 2017, 1144). Die gemäß § 15b Abs. 1 nicht ausgleichsfähigen Verluste sind gemäß § 15b Abs. 4 S. 1 jährlich und für jede Einkunftsquelle sowie jedes Verlustentstehungsjahrgesondert festzustellen, auch wenn der Steuerpflichtige lediglich Einkünfte aus Kapitalvermögen erzielt (BFH 11.11.2015 – VIII R 74/13, BStBl. II 2016, 388).

1402 Ergänzend liegt nach **Abs. 7 S. 2** ein vorgefertigtes Konzept iSd § 15b Abs. 2 S. 2 auch vor, wenn die positiven Einkünfte nicht der tariflichen Einkommensteuer unterliegen, dh dem gesonderten Steuertarif nach § 32d Abs. 1 unterfallen. Der Begriff „tarifliche Einkommensteuer" erfasst trotz sprachlicher Ungenauigkeit bei historischer, teleologischer und systematischer Auslegung (arg. ex § 32a Abs. 1 S. 1: „Die tarifliche Einkommensteuer […] bemisst sich"; arg. ex § 32d Abs. 6 S. 1: „[…] werden anstelle der Anwendung der Absätze 1, 3 und 4 die nach § 20 ermittelten Kapitaleinkünfte […] der tariflichen Einkommensteuer unterworfen") allein die Besteuerung nach dem allgemeinen Steuertarif des § 32a, nicht aber nach dem gesonderten Steuertarif des § 32d (**aA** BFH 28.6.2017 – VIII R 57/14, BStBl. II 2017, 1144: Regelungszweck durch Wortlaut verfehlt). Ein derart vorgefertigtes Konzept scheidet daher nur dann per se aus, wenn die privaten Kapitaleinkünfte gem. § 32d Abs. 2 oder bei Günstigerprüfung gem. § 32d Abs. 6 dem allgemeinen Steuertarif iSd § 32a unterfallen.

1403–1404 *Einstweilen frei*

VII. Zurechnung von Kapitaleinkünften zu anderen Einkunftsarten (§ 20 Abs. 8)

1. Grundlagen

1405 Soweit Einkünfte der in § 20 Abs. 1, Abs. 2 oder Abs. 3 bezeichneten Art zu den **Einkünften aus Land- und Forstwirtschaft,** aus **Gewerbebetrieb,** aus **selbständiger Arbeit** oder aus **Vermietung und Verpachtung** gehören, sind sie gemäß § 20 Abs. 8 S. 1 vorrangig diesen Einkünften zuzurechnen. Auf die Kapitalerträge ist zwar nach § 43 Abs. 4 Kapitalertragsteuer zu erheben, dies nach § 43 Abs. 5 S. 2 jedoch ohne abgeltende Wirkung.

1405.1 Eine vergleichbare Subsidiaritätsvorschrift der Einkünfte aus Kapitalvermögen im Vergleich zu den Gewinneinkunftsarten fand sich bereits in § 8 Abs. 3 EStG 1920 bzw. § 37 Abs. 3 EStG 1925. Durch

§ 20 Abs. 3 EStG 1934 wurde zudem ein Vorrang der Einkünfte aus Vermietung und Verpachtung eingeführt. Die Regelung in § 20 Abs. 3 EStG 1934 wurde im Zuge der Unternehmensteuerreform 2008 in § 20 Abs. 8 überführt und durch JStG 2009 v. 19.12.2008 um **Abs. 8 S. 2** ergänzt (→ Rn. 73; zur zeitlichen Anwendbarkeit → Rn. 99), sodass die Sonderregelungen des § 20 Abs. 4a für bestimmte Kapitalmaßnahmen (→ Rn. 1336) nicht anwendbar sind.

Eine **ausdrückliche Kollisionsregelung zu den Einkünften aus nichtselbständiger Arbeit fehlt.** Die Abgrenzung zu diesen Einkunftsarten ist daher aus der **Art der jeweiligen Einkunftsart** zu treffen. Maßgebend ist die Einkunftsart, die im Vordergrund steht und die Beziehungen zu den anderen Einkünften verdrängt (BFH 31.10.1989 – VIII R 210/83, BStBl. II 1990, 532). **Sonstige Einkünfte** sind nach § 22 Nr. 1 und Nr. 3 im Verhältnis zu den Einkünften aller anderen Einkunftsarten, dh auch im Verhältnis zu den Kapitaleinkünften subsidiär 1406

Abs. 8 S. 1 ist **kein eigener Besteuerungstatbestand,** dies weder für die in der Norm genannten Einkunftsarten noch in Ergänzung zu § 20 Abs. 1 bis Abs. 3, sondern eine **Kollisionsregelung** (so ausdrücklich BFH 31.10.1989 – VIII R 210/83, BStBl. II 1990, 532), deren **einziger Zweck eine vorrangige Zuordnung der Einkünfte iSd § 20 Abs. 1 bis Abs. 3 zu den in Abs. 8 S. 1 genannten Einkunftsarten** ist, soweit die eigentlich als Kapitaleinkünfte zu bewertenden Einkünfte zu diesen Einkünften gehören (**Subsidiarität der Kapitaleinkünfte** → Rn. 138). Ungeschriebene Voraussetzung der Norm ist damit, dass ein Besteuerungssachverhalt grundsätzlich auch die Voraussetzungen eines Tatbestands nach § 20 Abs. 1 bis Abs. 3 sowie einer anderen Einkunftsart erfüllen würde (Schmidt/*Levedag* § 20 Rn. 253), sodass eine Kollisionsregelung erst notwendig wird. Werden die Erträge aus einer Kapitalüberlassung einer Einkunftsart zugerechnet, so richtet sich deren **Behandlung (zeitliche Zuordnung, Einkünfteermittlung, Bewertung, Verlustnutzung, Tarif etc) nach den allgemeinen Grundsätzen der jeweils anderen Einkunftsart** (HHR/*Buge* § 20 Rn. 650 f. und 660; Schmidt/*Levedag* § 20 Rn. 253; vgl. etwa FG Münster 11.10.2019 – 13 K 172/17 E, EFG 2020, 96, NZB X B 174/19). 1407

Die **Bedeutung der Subsidiaritätsregelung** hat sich seit der Einführung der Abgeltungsteuer im Zuge der Unternehmensteuerreform 2008 verschoben (sogar für „eine weitaus größere Bedeutung": Lademann EStG/*Jachmann-Michel/Lindenberg* § 20 Rn. 931): Zwar bleibt die Zurechnung zu einer Überschusseinkunftsart weiterhin von Bedeutung für den steuerlichen Realisationszeitpunkt nach dem Zufluss-Abfluss- bzw. dem Realisationsprinzip (→ Rn. 127) sowie für die anzustellende Prognose der Einkünfte (→ Rn. 492). Allerdings kann seitdem auch der Forderungsausfall einer Kapitalforderung über den Realisationstatbestand der Einlösung iSd § 20 Abs. 2 S. 2 (→ Rn. 1163 f.) im Privatvermögen steuermindernd erfasst werden. Zwar ist der Kapitalertragsteuerabzug gemäß § 43 Abs. 4 auch dann vorzunehmen, wenn die Kapitalerträge beim Gläubiger gemäß § 20 Abs. 8 S. 1 einer anderen Einkunftsart zugeordnet werden. Allerdings wird die Anwendung des gesonderten Steuertarifs und die mit der Kapitalertragsteuer verbundenen Abgeltungswirkung gemäß § 43 Abs. 5 S. 1 nur dann möglich, wenn Einkünfte der in § 20 Abs. 1 bis Abs. 3 begründeten Art nicht nach § 20 Abs. 8 S. 1 einer anderen Einkunftsart zugerechnet werden (Kirchhof/*Bleschick* § 20 Rn. 180; Lademann EStG/*Jachmann-Michel/Lindenberg* § 20 Rn. 931 f.; HHR/*Buge* § 20 Rn. 650). 1407.1

Einstweilen frei 1408–1409

2. Zurechnung zu Einkünften aus Gewerbebetrieb

a) Private Vermögensverwaltung bzw. originär gewerbliche Tätigkeit. Eine **erste Zurechnungsfrage** liegt in der Unterscheidung, ob sich eine im Zusammenhang mit der Kapitalanlage stehende Tätigkeit (zum Handlungselement der Kapitaleinkünfte → Rn. 361 f.) noch als vermögensverwaltende Tätigkeit iSd § 14 S. 3 AO darstellt und folglich zu Einkünften aus Kapitalvermögen iSd § 20 führt oder ob die **Tätigkeit die Schwelle der vermögensverwaltenden Tätigkeit überschreitet** und daher eine **originär gewerbliche Tätigkeit iSd § 15 Abs. 2** begründet (→ Rn. 1411 ff.) bzw. aufgrund der **Beteiligung an einer gewerblich geprägten oder infizierten Gesellschaft iSd § 15 Abs. 3** zu gewerblichen Einkünften führt (BFH 27.6.2019 – IV R 44/16, BStBl. II 2020, 24, Verfassungsbeschwerde 1 BvR 2331/19; BFH 27.6.2019 – IV R 45/16, BFH/NV 2019, 1245, Verfassungsbeschwerde 1 BvR 2332/19). Hierbei ist entscheidend, ob die Tätigkeit des An- bzw. 1410

Verkaufs lediglich den Beginn bzw. das Ende einer in erster Linie auf Fruchtziehung gerichteten Vermögensverwaltung darstellt oder ob die **Umschichtung substantieller Vermögenswerte und die Verwertung der Vermögenssubstanz in den Vordergrund treten** (BFH 11.7.1968 – IV 139/63, BStBl. II 1968, 775; BFH 31.7.1990 – I R 173/83, BStBl. II 1991, 66; BFH 6.3.1991 – X R 39/88, BStBl. II 1991, 631; BFH 9.10.1992 – III R 9/89, BFH/NV 1994, 80; BFH 19.2.1997 – XI R 1/96, BStBl. II 1997, 399; BFH 29.10.1998 – XI R 80/97, BStBl. II 1999, 448; BFH 20.12.2000 – X R 1/97, BStBl. II 2001, 706; BFH 25.7.2001 – X R 55/97, BStBl. II 2001, 809).

1411 Ob eine Tätigkeit noch der Vermögensverwaltung zuzuordnen ist, lässt sich nicht für alle Wirtschaftsgüter nach einheitlichen Maßstäben beurteilen. Vielmehr sind die **Art der Tätigkeit** und bei Kauf- und Verkaufsgeschäften **auch der Gegenstand der Verkaufstätigkeit** (BFH 6.3.1991 – X R 39/88, BStBl. II 1991, 631), mithin die jeweiligen **artspezifischen Besonderheiten** zu beachten. So ist der Vermögensanlage in **Wertpapieren** im Allgemeinen zu eigen, dass bei deren kurzfristigem Umschlag **schon wegen der Stichtagsbezogenheit der Gewinnausschüttung** von Kapitalgesellschaften die „Fruchtziehung" nicht notwendigerweise im Zufluss von Dividenden und Bezugsrechten besteht, sondern dass sich die Ertragserwartung des Anlegers wirtschaftlich auch aus der Kursentwicklung ergeben kann (BFH 20.12.2000 – X R 1/97, BStBl. II 2001, 706). Zudem entspricht es der **Eigenart von Wertpapieren, dass diese sich leicht und schnell erwerben und veräußern lassen.** Es liegt daher in der Natur der Sache, den Bestand zu verändern, schlechte Papiere abzustoßen, gute zu erwerben und Wertveränderungen durch An- und Verkauf zu nutzen, um dadurch Erträge in Form von Kursgewinnen zu erzielen. Dabei ist **kein Rechts- oder Erfahrungssatz ersichtlich, dass mit steigendem Kapitaleinsatz (zwingend) ein Übergang zur gewerblichen Betätigung einhergeht** (BFH 11.10.2012 – IV R 32/10, BStBl. II 2013, 538).

1412 Folglich wird **selbst bei häufigem Umschlag von Wertpapieren der Bereich der privaten Vermögensverwaltung noch nicht verlassen** (stRspr BFH 13.12.1961 – VI 133/60 U, BStBl. III 1962, 127; BFH 11.7.1968 – IV 139/63, BStBl. II 1968, 775; BFH 2.4.1971 – VI R 149/67, BStBl. II 1971, 620; BFH 6.3.1991 – X R 39/88, BStBl. II 1991, 631; BFH 9.10.1992 – III R 9/89, BFH/NV 1994, 80; BFH 29.10.1998 – XI R 80/97, BStBl. II 1999, 448; BFH 20.12.2000 – X R 1/97, BStBl. II 2001, 706; BFH 25.7.2001 – X R 55/97, BStBl. II 2001, 809; BFH 30.7.2003 – X R 7/99, BStBl. II 2004, 408; BFH 7.9.2004 – IX R 73/00, BFH/NV 2005, 51; BFH 2.9.2008 – X R 14/07, BFH/NV 2008, 2012; BFH 19.8.2009 – III R 31/07, BFH/NV 2010, 844). Dies gilt **auch, wenn die Größe des Vermögens beträchtlich ist** und dessen Verwaltung häufige und ständige Akte der Umschichtung erfordert, da nach der Verkehrsauffassung auch die Pflege eines großen Wertpapierdepots zu den üblichen Vorgängen der Vermögensverwaltung gehört (BFH 4.3.1980 – VIII R 150/76, BStBl. II 1980, 389; BFH 25.7.2001 – X R 55/97, BStBl. II 2001, 809; BFH 30.7.2003 – X R 7/99, BStBl. II 2004, 408; BFH 2.9.2008 – X R 14/07, BFH/NV 2008, 2012). Eine Geschäftstätigkeit, die nicht auf die verzinsliche Anlage von Kapitalvermögen, sondern auf die Gewinnerzielung durch Kursveränderungen abzielt, ist nicht bereits aus diesem Grunde gewerblich (BFH 20.12.2000 – X R 67/98, BFH/NV 2001, 1015).

1413 Eine **originär gewerbliche Tätigkeit** kann vielmehr **nur bei Vorliegen besonderer Umstände** angenommen werden (BFH 6.12.1983 – VIII R 172/83, BStBl. II 1984, 132; BFH 9.10.1992 – III R 9/89, BFH/NV 1994, 80; BFH 29.10.1998 – XI R 80/97, BStBl. II 1999, 448; BFH 30.7.2003 – X R 7/99, BStBl. II 2004, 408; BFH 7.9.2004 – IX R 73/00, BFH/NV 2005, 51; BFH 2.9.2008 – X R 14/07, BFH/NV 2008, 2012). Dieser bereits vor Inkrafttreten der Unternehmensteuerreform 2008 entwickelte Grundsatz gilt nach der grundlegenden Steuerbarkeit von Veräußerungsgewinnen iSd § 20 Abs. 2 und deren Verankerung im Bereich von privaten Kapitaleinkünften (und nicht etwa in § 17) in besonderer Weise (vgl. auch BFH 19.8.2009 – III R 31/07, BFH/NV 2010, 844).

1414 Ob eine Tätigkeit noch unter die Vermögensverwaltung fällt oder bereits die Grenze zum Gewerbebetrieb überschreitet, kann nur nach den **Verhältnissen des Einzelfalles** bestimmt werden (BFH 11.7.1968 – IV 139/63, BStBl. II 1968, 775; BFH 31.7.1990 – I R 173/83, BStBl. II 1991, 66). Das für eine Vermögensverwaltung Unübliche liegt dabei nicht in der einzelnen Maßnahme, sondern in dem planmäßig herbeigeführten Zusammentreffen verschiedener Umstände, die für ein gewerbliches Handeln kennzeichnend sind (BFH 4.3.1980 – VIII R 150/76, BStBl. II 1980, 389; BFH 31.7.1990 – I R 173/83, BStBl. II 1991, 66). Daher ist für die Abgrenzung zwischen privater Vermögensverwaltung und Gewerblichkeit auf das **Gesamtbild der Verhältnisse** und die **Verkehrsanschauung** abzustellen (BFH 25.6.1984 – GrS 4/82, BStBl. II 1984, 751; BFH 9.10.1992 – III R 9/89, BFH/NV 1994, 80; BFH 29.10.1998 – XI R 80/97, BStBl. II 1999, 448; BFH 20.12.2000 – X R 1/97, BStBl. II 2001, 706; BFH 2.9.2008 – X R 14/07, BFH/NV 2008, 2012; BFH 19.8.2009 – III R 31/07, BFH/NV 2010, 844; BFH 11.10.2012 – IV R 32/10, BStBl. II 2013, 538). Während die Verkehrsauffassung keines Beweises bedarf (BFH 25.7.2001 – X R 55/97, BStBl. II 2001, 809), hat der nach allgemeinen Grundsätzen darlegungspflichtige Beteiligte die für die Gewerblichkeit sprechenden besondere Umstände darzulegen.

Der BFH sieht die Frage, unter welchen Voraussetzungen der Erwerb und die Veräußerung von Wertpapieren den Rahmen privater Vermögensverwaltung überschreiten, **als geklärt** an (BFH 9.12.1997 – X B 248/96, BFH/NV 1998, 703; BFH 2.5.2001 – X B 10/01, BeckRS 2001, 25006246). Dies gilt insbesondere dann, wenn eine vom Kläger aufgeworfenen Rechtsfrage allenfalls einen einzelnen besonderen Umstand betrifft, der in die anzustellende Gesamtbetrachtung einfließt, zu gewichten und abzuwägen ist (BFH 16.9.2008 – X B 158/07, BFH/NV 2008, 2024). **1414.1**

Das **Finanzgericht** hat alle für und gegen die Gewerblichkeit sprechenden **Beweisanzeichen (Indizien) festzustellen** (BFH 22.9.1987 – IX R 162/83, BFH/NV 1988, 230), zu **gewichten und gegeneinander abzuwägen** (BFH 20.12.2000 – X R 1/97, BStBl. II 2001, 706; BFH 7.9.2004 – IX R 73/00, BFH/NV 2005, 51; BFH 2.9.2008 – X R 14/07, BFH/NV 2008, 2012; BFH 19.8.2009 – III R 31/07, BFH/NV 2010, 844). Diese Feststellungen des Finanzgerichts sind gemäß § 118 Abs. 2 FGO grundsätzlich bindend (BFH 31.7.1990 – I R 173/83, BStBl. II 1991, 66; BFH 30.7.2003 – X R 7/99, BStBl. II 2004, 408). **1414.2**

In Zweifelsfällen ist darauf abzustellen, ob die Tätigkeit des Steuerpflichtigen dem „Bild" entspricht, das nach der Verkehrsauffassung einen Gewerbebetrieb ausmacht und einer privaten Vermögensverwaltung fremd ist (BFH 11.7.1968 – IV 139/63, BStBl. II 1968, 775; BFH 31.7.1990 – I R 173/83, BStBl. II 1991, 66; BFH 6.3.1991 – X R 39/88, BStBl. II 1991, 631; BFH 29.10.1998 – XI R 80/97, BStBl. II 1999, 448; BFH 25.7.2001 – X R 55/97, BStBl. II 2001, 809; BFH 2.9.2008 – X R 14/07, BFH/NV 2008, 2012; BFH 16.9.2008 – X B 158/07, BFH/NV 2008, 2024; BFH 19.8.2009 – III R 31/07, BFH/NV 2010, 844; BFH 11.10.2012 – IV R 32/10, BStBl. II 2013, 538). Bedeutende **Beweisanzeichen für eine private Vermögensverwaltung** sind das **Tätigwerden ausschließlich für eigene Rechnung** (jedenfalls idR: BFH 19.2.1997 – XI R 1/96, BStBl. II 1997, 399; BFH 28.11.2007 – X R 24/06, BFH/NV 2008, 774; BFH 2.9.2008 – X R 14/07, BFH/NV 2008, 2012; BFH 11.10.2012 – IV R 32/10, BStBl. II 2013, 538) und die An- und Verkaufstätigkeit neben einer Hauptbeschäftigung und außerhalb der üblichen Arbeitszeiten in der Freizeit des Steuerpflichtigen bzw. durch ein Finanzunternehmen im Auftrag des Steuerpflichtigen (BFH 30.7.2003 – X R 7/99, BStBl. II 2004, 408; BFH 28.11.2007 – X R 24/06, BFH/NV 2008, 774; BFH 19.8.2009 – III R 31/07, BFH/NV 2010, 844). **1415**

Weitere Beweisanzeichen für private Vermögensverwaltung: **1415.1**

Nutzbarmachung allgemeiner beruflicher Erfahrungen, Kenntnisse und Verbindungen (BFH 12.3.1964 – IV 136/61 S, BStBl. III 1964, 364; BFH 11.7.1968 – IV 139/63, BStBl. II 1968, 775; BFH 6.3.1991 – X R 39/88, BStBl. II 1991, 63; BFH 19.2.1997 – XI R 1/96, BStBl. II 1997, 399; BFH 29.10.1998 – XI R 80/97, BStBl. II 1999, 448).

Begründung einer Dauerkapitalanlage mit bestimmendem Einfluss auf die Geschäftsführung einer Kapitalgesellschaft durch Ankauf von Wertpapieren (BFH 4.3.1980 – VIII R 150/76, BStBl. II 1980, 389).

Beteiligungsquote: Eine qualifizierte Beteiligung an einer Kapitalgesellschaft iSd § 17 begründet für sich allein keine gewerbliche Tätigkeit (BFH 4.3.1980 – VIII R 150/76, BStBl. II 1980, 389; BFH 25.7.2001 – X R 55/97, BStBl. II 2001, 809).

Umschichtung durch Erteilung von Aufträgen an die depotführende (Haus)Bank, ohne selbst Kontrahenten am Kapitalmarkt zu suchen (BFH 2.4.1971 – VI R 149/67, BStBl. II 1971, 620; BFH 20.12.2000 – X R 1/97, BStBl. II 2001, 706; BFH 30.7.2003 – X R 7/99, BStBl. II 2004, 408; BFH 10.4.2006 – X B 209/05, BFH/NV 2006, 1461; BFH 2.9.2008 – X R 14/07, BFH/NV 2008, 2012).

Kapitalanlagen ausschließlich für nahe Angehörige, va mit (marktunüblicher) Einstandspflicht für Eintritt etwaiger Verluste (BFH 19.8.2009 – III R 31/07, BFH/NV 2010, 844).

1416 Die **Anzahl der getätigten Geschäfte** wurde vom BFH teilweise als relevantes Beweisanzeichen für gewerbsmäßiges Handeltreiben eines Steuerpflichtigen herangezogen (BFH 22.9.1987 – IX R 162/83, BFH/NV 1988, 230), wenn deren Zahl den händlertypischen marktmäßigen Umschlag von Sachwerten indizieren könnte (BFH 11.10.2012 – IV R 32/10, BStBl. II 2013, 538). Allerdings blieb die **konkrete geltende Schwelle unbestimmt.**

1416.1 So wurden Fälle mit 21 An- und Verkäufen von Aktien sowie 14 Geschäfte mit Optionsscheinen und 14 Devisentermingeschäfte innerhalb von vier Jahren (BFH 19.2.1997 – XI R 1/96, BStBl. II 1997, 399) oder mit 96 Wertpapierkäufen und 90 Wertpapierverkäufen in einem Veranlagungszeitraum (BFH 20.12.2000 – X R 67/98, BFH/NV 2001, 1015) als nicht ausreichend zum Überschreiten der Schwelle zur Gewerblichkeit erachtet.

1417 Die frühere Rechtsprechung des BFH sah zudem den **volumenmäßigen Umfang** von Geschäften mit Kapitalanlagen teilweise als aus sich heraus relevantes Beweisanzeichen zur Abgrenzung privater Vermögensverwaltung von gewerblichem Handeln an (BFH 15.3.1994 – X R 38/92, BFH/NV 1994, 850; BFH 2.9.2008 – X R 14/07, BFH/NV 2008, 2012; BFH 19.8.2009 – III R 31/07, BFH/NV 2010, 844).

1417.1 So ordnete der X. Senat beispielsweise die Tätigkeit eines Steuerpflichtigen als gewerblich ein, weil der Umfang seiner Umsätze für private Depotinhaber mit einem angestrebten Bestand von ca. 1 Mio DM ungewöhnlich sei. So seien in einem Jahr Wertpapiere für ca. 8,1 Mio DM angeschafft und für ca. 8,5 Mio DM veräußert worden. Ungewöhnlich für einen solchen Bestandswert sei auch die Höhe der einzelnen An- und Verkäufe, die häufig nominell 100.000 DM bis 500.000 DM und in zahlreichen Fällen nominell 1 Mio DM betragen hätten. Dieses Kauf- und Verkaufsverhalten entspreche demjenigen eines Wertpapierhändlers, der minimale Gewinnchancen durch die Vergrößerung der Positionen maximiere (BFH 15.3.1994 – X R 38/92, BFH/NV 1994, 850). Auch der IX. Senat erkannte den Umfang von Devisenoptionsgeschäft mit einem Devisenvolumen von mehreren hundert Millionen US-$ in sieben Jahren als Indiz für die Gewerblichkeit (BFH 18.8.1999 – IX B 47/99, BFH/NV 2000, 185).

1417.2 In späteren Entscheidungen sah der X. Senat die addierte Summe der Basiswerte als ohne entscheidende Bedeutung an (BFH 20.12.2000 – X R 1/97, BStBl. II 2001, 706; BFH 30.7.2003 – X R 7/99, BStBl. II 2004, 408) und nahm eine Rechtsprechung des EuGH auf, wonach der Verkauf von Aktien im Wert von ca. **2,5 Milliarden britischen Pfund** und die Wiederanlage im Wert 1,8 Milliarden britischen Pfund noch als Tätigkeit im Rahmen der „privaten Anlage" angesehen werden könne (BFH 30.7.2003 – X R 7/99, BStBl. II 2004, 408).

1418 Sowohl das **Kriterium der Anzahl als auch des Umfangs** von Transaktionsgeschäften sind **ungeeignete Beweisanzeichen,** um die Schwelle zum Überschreiten der Gewerbsmäßigkeit abstrakt-generell zu bestimmen. Zum einen erscheint es auch unter Heranziehung von Rechtsmaßstäben anderer Gesetze wie dem KWG oder dem WpHG **nicht möglich, konkrete Schwellenwerte willkürfrei zu bestimmen.** Zum anderen ist aus den vorgenannten Gründen eine einzelfallbzogene Gesamtabwägung aller Umstände vorzunehmen (→ Rn. 1414), die insbesondere eine Relation zwischen dem Umfang des zu verwaltenden Vermögens und der zu dessen Verwaltung getätigten Transaktionen notwendig macht (→ Rn. 1412). Daher wird der reinen Anzahl und dem bloßen Umfang von Transaktionen in der Rechtsprechung des BFH zwischenzeitlich zu Recht **keine entscheidende Bedeutung** zugemessen (BFH 4.3.1980 – VIII R 150/76, BStBl. II 1980, 389; BFH 7.9.2004 – IX R 73/00, BFH/NV 2005, 51; BFH 2.9.2008 – X R 14/07, BFH/NV 2008, 2012; ähnlich: *Wilhelm-Lenz* Das Kapitalvermögen im Betriebs- und Privatvermögen in Abgrenzung zu Einnahmen aus Kapitalvermögen und Werbungskosten (2000), 45 f. und 96). Erst wenn die Geschäfte einen **Umfang erreichen, der einen in kaufmännischer Weise eingerichteten Geschäftsbetrieb erfordert,** kann dies für eine gewerbliche Tätigkeit sprechen (BFH 20.12.2000 – X R 1/97, BStBl. II 2001, 706; BFH 20.12.2000 – X R 67/98, BFH/NV 2001, 1015), wobei zur Vermeidung argumentativer Zirkelschlüsse aus dem Begriff des Handelsgewerbes weitere Beweisanzeichen hinzutreten müssen.

1418.1 Weitere Beweisanzeichen ohne klaren Beweisgehalt für private Vermögensverwaltung oder Gewerbsmäßigkeit:

Anzahl eingeschalteter Banken: Da überwiegend Banken zum Börsenhandel zugelassen sind, ist ihre Einschaltung sowohl im gewerblichen wie im privaten Bereich regelmäßig erforderlich (BFH 29.10.1998 – XI R 80/97, BStBl. II 1999, 448). Die Abwicklung von Umschichtungsvorgängen über lediglich eine Bank schließt Einkünfte aus Gewerbebetrieb nicht von vornherein aus (BFH 22.9.1987 – IX R 162/83, BFH/NV 1988, 230). Umgekehrt ist die Auftragserteilung über mehrere verschiedene Depotbanken ohne rechtliche Bedeutung, da der Steuerpflichtige durch ein solches Verhalten noch nicht zum unmittelbaren Marktteilnehmer wird. Die Bank wird von der Verkehrsanschauung ebenso wenig als Kunde des Anlegers angesehen wie die anonym bleibenden Kontrahenten (BFH 2.9.2008 – X R 14/07, BFH/NV 2008, 2012; für drei depotführende Banken: BFH 19.2.1997 – XI R 1/96, BStBl. II 1997, 399; für sechs depotführende Banken: BFH 30.7.2003 – X R 7/99, BStBl. II 2004, 408; *Weyde/Frey* FR 2002, 190 (196)).

Dauer der An- und Verkaufstätigkeit (BFH 31.7.1990 – I R 173/83, BStBl. II 1991, 66: knapp fünf Wochen).

Einschaltung fachkundiger Dritter bei Anlageentscheidungen in Ermangelung eigener Fachkenntnisse im Bereich der Kapitalanlage bzw. Vermögensumschichtung (BFH 19.2.1997 – XI R 1/96, BStBl. II 1997, 399; BFH 29.10.1998 – XI R 80/97, BStBl. II 1999, 448; BFH 10.4.2006 – X B 209/05, BFH/NV 2006, 1461). Allein die Nutzung fremder (Markt-)Kenntnisse, Erfahrungen und Expertise sowie die Inanspruchnahme fremder Dienste (zB die Bewertung der auf dem Markt angebotenen Lebensversicherungsverträge, die Vermittlung der Verträge, Feststellung des Eintritts des Versicherungsfalls, Einziehung der Versicherungssumme für die Klägerin etc) begründen noch kein hinreichendes Indiz für einen Gewerbebetrieb, selbst wenn Dienstleistungen in erheblichem Umfang in Anspruch genommen werden (BFH 11.10.2012 – IV R 32/10, BStBl. II 2013, 538) oder wenn die den konkreten Einzelentscheidungen zugrunde liegende **Anlagestrategie** ständig zwischen dem Steuerpflichtigen und einem Berater abgesprochen worden ist (BFH 2.9.2008 – X R 14/07, BFH/NV 2008, 2012).

Handel mit komplexen Finanzprodukten, etwa Handel mit Derivaten (*Weyde/Frey* FR 2002, 190 (196)).

Fremdfinanzierungsgrad: In seiner früheren Rechtsprechung maß der BFH der Fremdfinanzierung der Anschaffung einer Kapitalanlage eine Bedeutung für die Bewertung für die Gewerblichkeit zu, da die Fremdfinanzierung nicht für eine Verwaltung vorhandenen Vermögens spreche (vgl. BFH 15.3.1994 – X R 38/92, BFH/NV 1994, 850; BFH 28.11.2007 – X R 24/06, BFH/NV 2008, 774). Der Tatsache der Fremdfinanzierung könne für die Abgrenzung jedoch allenfalls Bedeutung zukommen, wenn die Kapitalanlage vollständig kreditfinanziert wurde (BFH 4.3.1980 – VIII R 150/76, BStBl. II 1980, 389; BFH 9.10.1992 – III R 9/89, BFH/NV 1994, 80) oder soweit eine Eigenfinanzierung als Finanzierungsalternative überhaupt möglich gewesen wäre (BFH 11.7.1968 – IV 139/63, BStBl. II 1968, 775; BFH 31.7.1990 – I R 173/83, BStBl. II 1991, 66; BFH 29.10.1998 – XI R 80/97, BStBl. II 1999, 44). Seit einer **Grundsatzentscheidung v. 30.7.2003 änderte der BFH seine Rechtsprechung** dahingehend, dass angesichts der veränderten Gewohnheiten von Privatanlegern selbst eine Fremdfinanzierung in nennenswertem Umfang Wertpapiergeschäfte nicht mehr als gewerblich prägt (BFH 30.7.2003 – X R 7/99, BStBl. II 2004, 408). Der Fremdfinanzierungsanteil hat daher für den BFH keine entscheidende Bedeutung mehr für die Abgrenzung (BFH 7.9.2004 – IX R 73/00, BFH/NV 2005, 51).

Regelmäßige Erfolgskontrollen sind sowohl bei privater Vermögensverwaltung als auch bei gewerblichen Wertpapiergeschäften üblich und deshalb kein Merkmal, das für die Gewerblichkeit von Wertpapiergeschäften spricht (BFH 2.9.2008 – X R 14/07, BFH/NV 2008, 2012).

Verhältnis der Wertpapiergeschäfte zum sonstigen Vermögen (BFH 21.5.1976 – III R 10/74, BStBl. II 1976, 588).

Anzahl der gehandelten Wertpapiersorten (BFH 21.5.1976 – III R 10/74, BStBl. II 1976, 588).

Marktenge im relevanten Kapitalmarkt (vgl. BFH 21.5.1976 – III R 10/74, BStBl. II 1976, 588).

Als **Beweisanzeichen für das Vorliegen eines Gewerbebetriebs** stellte der BFH **zunächst verstärkt auf organisationsbezogene Aspekte der Tätigkeit** ab und verlangte deshalb insbesondere das Unterhalten eines Büros oder einer Organisation zur Durchführung von Geschäften, den regelmäßigen Besuch von Börsen, das Ausnutzen eines bestimmten Marktes unter Einsatz beruflicher Erfahrung (etwa Branchenkenntnisse, Know-how, geschäftliche Verbindungen) oder andere bei einer privaten Vermögensverwaltung ungewöhnliche Verhaltensweisen (BFH 2.4.1971 – VI R 149/67, BStBl. II 1971, 620; BFH 4.3.1980 – VIII R 150/76, BStBl. II 1980, 389; BFH 6.12.1983 – VIII R 172/83, BStBl. II 1984, 132; BFH 22.9.1987 – IX R 162/83, BFH/NV 1988, 230; BFH 15.3.1994 – X **1419**

R 38/92, BFH/NV 1994, 850; BFH 19.2.1997 – XI R 1/96, BStBl. II 1997, 399; BFH 29.10.1998 – XI R 80/97, BStBl. II 1999, 448; BFH 20.12.2000 – X R 1/97, BStBl. II 2001, 706). Dem **Vorhandensein einer Büroorganisation** kam in der Rechtsprechungsentwicklung eine **angesichts des Wandels privater Anlagetätigkeit** zunehmend geringere und für sich allein sogar keine Indizwirkung zu (BFH 20.12.2000 – X R 1/97, BStBl. II 2001, 706; BFH 20.12.2000 – X R 67/98, BFH/NV 2001, 1015), da auch dem privaten Anleger mittlerweile die Möglichkeit offensteht, beim An- und Verkauf von Wertpapieren handelsübliche PC und einschlägige Standard-Software einzusetzen. Stattdessen verobjektivierte der BFH den anzulegenden Maßstab in zu begrüßender Weise und betonte die **Professionalität** des Handels mit Kapitalanlagen, die einen gesetzlichen Niederschlag in verschiedenen kapitalmarktrechtlichen Regelungen, insbesondere im § 1 Abs. 1a, Abs. 3 und Abs. 3d KWG sowie § 2 Abs. 3 und Abs. 3a WpHG (heute § 2 Abs. 8 und 9 WpHG) bezüglich des **professionellen Wertpapierhandels** bzw. **professioneller Kapitalmarktdienstleistungen** gefunden hat (BFH 30.7.2003 – X R 7/99, BStBl. II 2004, 408).

1420 Danach ist von einer gewerblichen Tätigkeit auszugehen, wenn sich der Steuerpflichtige dadurch **„wie ein Händler"** verhält, dass er planmäßig und auf Dauer mit der Absicht tätig ist, die Ausnutzung substantieller Werte durch Umschichtung von Vermögenswerten zu betreiben und daher **händlertypisch** bzw. **marktmäßig Sachwerte umzuschlagen** (BFH 6.3.1991 – X R 39/88, BStBl. II 1991, 631; BFH 29.10.1998 – XI R 80/97, BStBl. II 1999, 448; BFH 20.12.2000 – X R 1/97, BStBl. II 2001, 706; BFH 25.7.2001 – X R 55/97, BStBl. II 2001, 809; BFH 30.7.2003 – X R 7/99, BStBl. II 2004, 408; BFH 2.9.2008 – X R 14/07, BFH/NV 2008, 2012; BFH 11.10.2012 – IV R 32/10, BStBl. II 2013, 538). Der Vergleichsmaßstab des unternehmerisch tätigen **Dienstleistenden** kann insbesondere herangezogen werden bei einem eng mit eigenen Wertpapiergeschäften verbundenen Tätigwerden für fremde Rechnung (BFH 30.7.2003 – X R 7/99, BStBl. II 2004, 408; BFH 11.10.2012 – IV R 32/10, BStBl. II 2013, 538). Im Zusammenhang mit der gewerblichen Dienstleistung hat das Tatbestandsmerkmal der Vermögensverwaltung in Gestalt einer Fruchtziehung aus zu erhaltenden Substanzwerten (vgl. § 14 S. 3 AO) keine rechtliche Bedeutung, sodass ein gewerblicher Dienstleister auch derjenige sein, der keinerlei Früchte aus vorhandener Substanzwerten zieht (BFH 11.10.2012 – IV R 32/10, BStBl. II 2013, 538).

1421 Abgeleitet aus § 1 Abs. 1a Nr. 2 KWG, kommt insbesondere dem **Tätigwerden des Steuerpflichtigen „für andere"** sowie **„für fremde Rechnung"** eine „hohe Indizwirkung" bzw. ein „besonderes Gewicht" als Beweisanzeichen der Gewerblichkeit zu (BFH 4.3.1980 – VIII R 150/76, BStBl. II 1980, 389; BFH 29.10.1998 – XI R 80/97, BStBl. II 1999, 448; BFH 20.12.2000 – X R 1/97, BStBl. II 2001, 706; BFH 20.12.2000 – X R 67/98, BFH/NV 2001, 1015; BFH 30.7.2003 – X R 7/99, BStBl. II 2004, 408; BFH 7.9.2004 – IX R 73/00, BFH/NV 2005, 51; BFH 28.11.2007 – X R 24/06, BFH/NV 2008, 774; BFH 2.9.2008 – X R 14/07, BFH/NV 2008, 2012; BFH 19.8.2009 – III R 31/07, BFH/NV 2010, 844). Zudem spricht es mit Blick auf § 1 Abs. 3 KWG stark für ein gewerbsmäßiges Handeln des Steuerpflichtigen, wenn der Handel mit Kapitalanlagen dessen **Haupttätigkeit** darstellt (BFH 28.11.2007 – X R 24/06, BFH/NV 2008, 774; BFH 19.8.2009 – III R 31/07, BFH/NV 2010, 844) und wenn der Steuerpflichtige einen **Handel mit institutionellen Partnern** betreibt, also nicht lediglich über eine Depotbank am Marktgeschehen teilnimmt (BFH 2.4.1971 – VI R 149/67, BStBl. II 1971, 620; BFH 6.3.1991 – X R 39/88, BStBl. II 1991, 631; BFH 4.3.1980 – VIII R 150/76, BStBl. II 1980, 389; BFH 29.10.1998 – XI R 80/97, BStBl. II 1999, 448; BFH 28.11.2007 – X R 24/06, BFH/NV 2008, 774; BFH 2.9.2008 – X R 14/07, BFH/NV 2008, 2012; BFH 19.8.2009 – III R 31/07, BFH/NV 2010, 844).

1422 Für eine Gewerblichkeit ist zudem erforderlich, dass der Steuerpflichtige die **maßgeblichen Entscheidungen selbst trifft** und die Ausgestaltung der Tätigkeit der Hilfskräfte bestimmt (BFH 7.9.2004 – IX R 73/00, BFH/NV 2005, 51). Die gewerbliche Tätigkeit kann sich auch im Geheimen vollziehen, wenn der Steuerpflichtige nach außen andere für sich auftreten lässt, deren Tätigkeit ihm jedoch zuzurechnen sind. So kann der Steuerpflichtige seine Bank, statt ihr in den gewöhnlichen Formen als privater Anleger Aufträge zu erteilen, auch in verdeckter Stellvertretung nach außen am Markt für sich tätig werden lassen (BFH 18.8.1999 – IX B 47/99, BFH/NV 2000, 185).

Weitere Beweisanzeichen für die Gewerbsmäßigkeit: **1422.1**

Angebot von Wertpapiergeschäften an eine breitere Öffentlichkeit (BFH 4.3.1980 – VIII R 150/76, BStBl. II 1980, 389; BFH 29.10.1998 – XI R 80/97, BStBl. II 1999, 448; BFH 2.9.2008 – X R 14/07, BFH/NV 2008, 2012; BFH 19.8.2009 – III R 31/07, BFH/NV 2010, 844; *Weyde/Frey* FR 2002, 190 (196)).

Ausschaltung jeglichen Kursrisikos (BFH 6.3.1991 – X R 39/88, BStBl. II 1991, 631).

Einsatz besonderer, in einem einschlägigen Hauptberuf gewonnener beruflicher Erfahrung (BFH 20.12.2000 – X R 1/97, BStBl. II 2001, 706; BFH 30.7.2003 – X R 7/99, BStBl. II 2004, 408). Nicht ausreichend sind der Erwerb von Kenntnissen auf dem Gebiet des Wertpapierhandels allein aus der bisherigen Anlagetätigkeit des Steuerpflichtigen (BFH 20.12.2000 – X R 1/97, BStBl. II 2001, 706), die Nutzung eigener beruflicher Kenntnisse als gelernter Einzelhandelskaufmann, eine Promotion im Bereich Wirtschaftswissenschaften oder eine berufliche Tätigkeit im kaufmännischen Bereich (BFH 20.12.2000 – X R 67/98, BFH/NV 2001, 1015). Als Steuerpflichtige mit entsprechenden Kenntnissen wurden beispielsweise angesehen: **Bankier** (RFH 13.11.1930 – VI A 844/30, RStBl. 1931, 110), **Inhaber einer Privatbank** (BFH 15.2.1966 – I 95/63, BStBl. III 1966, 274; BFH 19.1.1977 – I R 10/74, BStBl. II 1977, 287), **Bank-Prokurist** (BFH 22.9.1987 – IX R 162/83, BFH/NV 1988, 230), **Effektenhändler** (RFH 28.11.1928 – VI A 1542/28, RStBl. 1929, 271; BFH 30.7.2003 – X R 7/99, BStBl. II 2004, 408) **Rentenhändler** (BFH 6.3.1991 – X R 39/88, BStBl. II 1991, 631; BFH 9.10.1992 – III R 9/89, BFH/NV 1994, 80); **Kursmakler bzw. Kursmakler-Stellvertreter** (BFH 15.3.1994 – X R 38/92, BFH/NV 1994, 850); **Bankkaufmann/-frau** (BFH 9.10.1992 – III R 9/89, BFH/NV 1994, 80; BFH 18.8.1999 – IX B 47/99, BFH/NV 2000, 185).

Erfordernis eines in kaufmännischer Weise eingerichteten Geschäftsbetriebs (→ Rn. 1418).

Geschäfte eines Konsortiums (BFH 2.4.1971 – VI R 149/67, BStBl. II 1971, 620).

Inhaltliche Nähe der Tätigkeit zu einem bereits bestehenden Gewerbebetrieb (BFH 15.2.1966 – I 95/63, BStBl. III 1966, 274; BFH 11.7.1968 – IV 139/63, BStBl. II 1968, 775; BFH 21.5.1976 – III R 10/74, BStBl. II 1976, 588), insbesondere bei unzureichender Trennung der Verbuchung (vermeintlicher) Privatgeschäfte von den Geschäftsvorfällen eines Betriebes (BFH 15.2.1966 – I 95/63, BStBl. III 1966, 274).

Intensität und die Organisation der Tätigkeit, wobei zu berücksichtigen ist, dass größere Vermögen auch eine intensivere und besser organisierte Betätigung erfordern (BFH 11.7.1968 – IV 139/63, BStBl. II 1968, 775).

Kürze der Zeiträume zwischen Anschaffung und Veräußerung (BFH 15.2.1966 – I 95/63, BStBl. III 1966, 274; BFH 11.7.1968 – IV 139/63, BStBl. II 1968, 775; BFH 15.3.1994 – X R 38/92, BFH/NV 1994, 850), zB überwiegend **taggleicher An- und Verkauf** (BFH 6.3.1991 – X R 39/88, BStBl. II 1991, 631).

Leerkäufe/-verkäufe (vgl. BFH 4.3.1980 – VIII R 150/76, BStBl. II 1980, 389).

Stellen oder Vermitteln von Sicherheiten für Wertpapiergeschäfte (BFH 22.9.1987 – IX R 162/83, BFH/NV 1988, 230).

Unterhalten eines Büros und einer Organisation (→ Rn. 1419), wobei die Ausstattung **erkennbar für den Wertpapierhandel bestimmt** sein muss und im Übrigen keine überhöhten Anforderungen zu stellen sind. Die Mitbenutzung eines dem Steuerpflichtigen aus anderen Gründen ohnehin zur Verfügung stehenden Büros reicht dafür nach ständiger Rechtsprechung nicht aus (RFH 4.12.1929 – VI A 1843/29, RStBl. 1930, 345; RFH 13.11.1930 – VI A 844/30, RStBl. 1931, 110; RFH 4.5.1932 – III A 30/32, RStBl. 1932, 662; RFH 20.12.1939 – VI 314/39, RStBl. 1940, 305; BFH 29.10.1998 – XI R 80/97, BStBl. II 1999, 448; BFH 20.12.2000 – X R 67/98, BFH/NV 2001, 1015; BFH 30.7.2003 – X R 7/99, BStBl. II 2004, 408). Erfüllt ist dieses Merkmal insbesondere bei **Anschluss an professionelle Handelssysteme** (BFH 30.7.2003 – X R 7/99, BStBl. II 2004, 408). **Nicht ausreichend** ist beispielsweise ein **Fernsehgerät,** über das Börseninformationen bei den Sendern wie CNN oder n-tv empfangen werden können, da das Gerät lediglich der zeitgemäßen Information über die Kursentwicklung gedient hätte, die auch bei jeder privaten Vermögensverwaltung üblich und zweckdienlich ist, und explizit auf Privatanleger zugeschnitten sind. Auch das **Übertragen gewisser Schreibarbeiten** auf eine anderweitig angestellte Büromitarbeiterin genügt nicht (BFH 30.7.2003 – X R 7/99, BStBl. II 2004, 408). Geht die **Erschließung von börsenrelevanten Informationsquellen mittels persönlicher Kontakte** und durch den **Bezug von Fachnachrichten** nicht über ein für Privatanleger übliches Maß hinaus, spricht dies auch gegen eine Gewerblichkeit (BFH 20.12.2000 – X R 67/98, BFH/NV 2001, 1015).

Vereinbarung von Kaufrechten und Rückkaufsverpflichtungen (BFH 4.3.1980 – VIII R 150/76, BStBl. II 1980, 389).

Verwendung betrieblicher Mittel oder Kredite für Anschaffung (BFH 15.2.1966 – I 95/63, BStBl. III 1966, 274; BFH 21.5.1976 – III R 10/74, BStBl. II 1976, 588; BFH 15.3.1994 – X R 38/92, BFH/NV 1994, 850).

Zeitnahe Führung von Aufzeichnungen, um jederzeit den Erfolg der Tätigkeit zu überblicken und ggf. im Fall des Misserfolgs angemessen reagieren zu können (BFH 2.9.2008 – X R 14/07, BFH/NV 2008, 2012).

Zugunsten Dritter genutzte einschlägige berufliche Erfahrungen und Mittel (BFH 29.10.1998 – XI R 80/97, BStBl. II 1999, 448).

1423 Da bei der vorzunehmenden Abgrenzung zwischen privatem Vermögen und gewerblicher Tätigkeit die **Besonderheiten der gehandelten Wirtschaftsgüter zu berücksichtigen** sind, können sich aus den konkret gehandelten Kapitalanlagen ergänzende Beweisanzeichen ergeben.

1423.1 So ist beispielswese die **Gründung bzw. der Erwerb von 100%-Beteiligungen an mindestens 11 GmbHs** und deren anschließende Veräußerung zu Recht als gewerbliches Handeln angesehen worden, da sich derartige „Beteiligungen an Unternehmen" in rechtlicher und wirtschaftlicher Hinsicht von durch Wertpapiere verbrieften, an der Börse handelbaren Anteilen an Kapitalgesellschaften unterscheiden: Sie werden nicht unter Inanspruchnahme eines das „Massengeschäft" abwickelnden organisierten Marktes (Wertpapierbörse) und unter Einschaltung von Banken, sondern durch Verhandlungen und vertragliche Vereinbarung mit dem bisherigen Unternehmensträger gekauft und erworben. Sie haben ferner eine andere wirtschaftliche Funktion als Wertpapiere, da sich die Übertragung einer derartigen Beteiligung wirtschaftlich oft als Kauf/Verkauf eines Unternehmens darstellt (BFH 25.7.2001 – X R 55/97, BStBl. II 2001, 809; zur **Gründung und Veräußerung von insgesamt 40 GmbHs als Vorratsgesellschaften** als Überschreitung der Grenzen der privaten Vermögensverwaltung BFH 27.6.2017 – IX R 3/17, BFH/NV 2018, 20; zu den Besonderheiten bei Venture Capital Fonds und Private Equity Fonds vgl. BMF 16.12.2003, BStBl. I 2004, 40 Rn. 9 ff.).

1423.2 Die Teilnahme an **Optionsgeschäften** weist die Besonderheit auf, dass der Gesetzgeber derartige Geschäfte zwar in § 20 bzw. § 23 regelt und damit grundsätzlich dem Privatvermögen des Steuerpflichtigen zuordnet (vgl. BFH 7.9.2004 – IX R 73/00, BFH/NV 2005, 51). Die sinnvolle Nutzung derivativer Finanzinstrumente erfordert jedoch besondere Kenntnisse und Erfahrungen, über die ein durchschnittlicher Anleger nicht verfügt und die daher für gewerbliches Handeln des Steuerpflichtigen sprechen soll (für **Zins- und Währungsoptionsscheine:** BFH 28.11.2007 – X R 24/06, BFH/NV 2008, 774).

1423.3 Auch das Handeln eines Rentenhändlers mit **Rentenpapieren** unter Einsatz beruflich erlangter Kenntnisse spricht wegen der besonderen Kapitalanlageform ebenso für gewerbliches Handeln (vgl. BFH 6.3.1991 – X R 39/88, BStBl. II 1991, 631) wie der Abschluss von Kauf- und Verkaufsgeschäften über **festverzinsliche Wertpapiere** unter Ausnutzung relativ geringer Kursdifferenzen (BFH 9.10.1992 – III R 9/89, BFH/NV 1994, 80) oder **Devisen-Kassa-Geschäfte** (An- und Verkauf von Devisen innerhalb von zwei Tagen) und **Devisenoptionsgeschäfte,** die auf eine bankübliche Ausnutzung von Kursdifferenzen gerichtet sind (vgl. BFH 18.8.1999 – IX B 47/99, BFH/NV 2000, 185).

1423.4 Umgekehrt geht es idR nicht über den Rahmen der privaten Vermögensverwaltung hinaus, wenn der **Erwerb und das Halten bereits bestehender (sog. gebrauchter) Lebensversicherungen sowie der Einzug der Versicherungssumme** lediglich den Beginn und das Ende einer in erster Linie auf Fruchtziehung gerichteten Tätigkeit darstellt und die Tätigkeit des Erwerbers damit regelmäßig in gleicher Weise auf Fruchtziehung angelegt ist wie die des ursprünglichen Versicherungsnehmers (BFH 11.12.2012 – IV R 32/10, BStBl. II 2013, 538).

1424–1428 *Einstweilen frei*

1429 **b) Betriebsvermögen bzw. Privatvermögen.** Eine **zweite Abgrenzung** ist danach vorzunehmen, ob eine Kapitalanlage einem **Betriebsvermögen zuzurechnen** ist und daher dem Teileinkünfteverfahren unterfällt (→ Rn. 14). Dabei kann die Zuordnung zu einem Betriebsvermögen daraus resultieren, dass der Steuerpflichtige durch die konkrete Kapitalanlage eine **originäre gewerbliche Tätigkeit iSd § 15 Abs. 2** begründet (→ Rn. 1410), dass eine **Zurechnung zum Betriebsvermögen fingiert** wird (vgl. § 5 Abs. 2 UmwStG, BFH 11.4.2019 – IV R 1/17, DStR 2019, 1305) oder dass die Kapitalanlage als notwendiges bzw. gewillkürtes Betriebsvermögen **einem bereits bestehenden, durch anderweitige Gewinneinkünfte begründeten Betriebsvermögen zuzurechnen** ist (→ Rn. 1430 ff.). Gehört eine Kapitalanlage zum Betriebsvermögen, so sind die daraus erzielten Erträge grundsätzlich im steuerlichen Gewinn des Inhabers der Kapitalanlage zu erfassen, es sei denn, die

Beteiligung wird im Zusammenhang mit einer Betriebsveräußerung oder einer Betriebsaufgabe veräußert bzw. entnommen (BFH 25.7.2001 – X R 55/97, BStBl. II 2001, 809 mwN). Ein Steuerpflichtiger kann Geschäfte nicht dadurch zweckentfremden, dass er dem Betrieb häufig wiederkehrend Mittel entnimmt, branchenübliche Käufe und Verkäufe abschließt und die Erlöse wieder in den Betrieb einlegt, die Vorgänge jedoch pro forma der Besteuerung im Privatvermögens unterwirft (BFH 19.1.1977 – I R 10/74, BStBl. II 1977, 287).

Bis zur Unternehmensteuerreform 2008 war die Zuordnung einer Kapitalanlage zu einem Privat- oder Betriebsvermögen häufig insbesondere deshalb streitig, weil damit die Steuerbarkeit von Veräußerungsgewinnen außerhalb der Spekulationsfrist oder die Berücksichtigungsfähigkeit von Forderungsausfällen und Veräußerungsverlusten einherging. Zwar hat diese Frage mit der Einführung des § 20 Abs. 2 EStG idF UntStRefG 2008 zur umfassenden Steuerbarkeit von Veräußerungsgewinnen und -verlusten an Bedeutung verloren. Dennoch ist die Zuordnungsentscheidung wegen der fortbestehenden Unterschiede der Besteuerung im Teileinkünfteverfahren bzw. im Abgeltungsteuersystem (→ Rn. 4 ff.) weiterhin relevant. **1429.1**

Die Zuordnung einer Kapitalanlage zum **notwendigen Betriebsvermögen** kann sich auch ergeben, weil die Kapitalforderung ausschließlich und unmittelbar für eigenbetriebliche Zwecke des Steuerpflichtigen genutzt wird und eine wesentliche Betriebsgrundlage darstellt. **1430**

Hierzu ist im Fall der **Beteiligung an einer Kapitalgesellschaft** erforderlich, dass der Steuerpflichtige mit dieser Gesellschaft nicht nur Geschäftsbeziehungen unterhält, wie sie üblicherweise auch mit anderen Unternehmen bestehen. Unmittelbar für eigenbetriebliche Zwecke wird eine solche Beteiligung jedenfalls dann genutzt, **wenn sie dazu bestimmt ist, entweder die branchengleiche gewerbliche Betätigung des Steuerpflichtigen zu fördern oder den Absatz der Produkte des Steuerpflichtigen zu gewährleisten** (stRspr BFH 3.10.1989 – VIII R 328/84, BFH/NV 1990, 361; BFH 20.9.1995 – X R 46/94, BFH/NV 1996, 393; BFH 26.8.2005 – X B 98/05, BStBl. II 2005, 833; BFH 2.9.2008 – X R 32/05, BStBl. II 2009, 634; zuletzt etwa BFH 12.6.2013 – X R 2/10, BStBl. II 2013, 907; BFH 15.1.2019 – X R 34/17, BFH/NV 2019, 530 mwN; diese Grundsätze als **geklärt** ansehend: BFH 25.11.2008 – X B 268/07, BFH/NV 2009, 162). **Entscheidend** für den Gesichtspunkt der Absatzförderung ist der **Anteil am Umsatz des Einzelunternehmens,** nicht aber an dessen Gewinn (BFH 25.11.2008 – X B 268/07, BFH/NV 2009, 162; BFH 15.1.2019 – X R 34/17, BFH/NV 2019, 530). Bei besonderer Förderung des Absatzes ist keine Mehrheitsbeteiligung an der Gesellschaft erforderlich (BFH 2.9.2008 – X R 32/05, BStBl. II 2009, 634). Neben dem Umsatzanteil können insbesondere eine **intensive Verflechtung** von Steuerpflichtigem und Gesellschaft sowie **vergleichbare Tätigkeiten** für eine Zuordnung zum Betriebsvermögen sprechen (BFH 15.1.2019 – X R 34/17, BFH/NV 2019, 530). Die **Unterhaltung von fremdüblichen Geschäftsbeziehungen** zwischen dem Steuerpflichtigen und der Gesellschaft genügt jedoch ebenso wenig wie ein **einmaliger Geschäftsvorfall** (BFH 12.6.2013 – X R 2/10, BStBl. II 2013, 907; BFH 15.1.2019 – X R 34/17, BFH/NV 2019, 530; vgl. auch BFH 15.10.2003 – XI R 39/01, BFH/NV 2004, 622). Abzugrenzen sind derart der Absatzförderung dienende Beteiligungen zudem von Anteilen, die in erster Linie der Kapitalanlage dienen (BFH 15.1.2019 – X R 34/17, BFH/NV 2019, 530) oder zum alleinigen Zwecke der steuersparenden Kapitalanlage erworben wurden (BFH 6.10.2004 – X R 36/03, BFH/NV 2005, 682). Ob diese Voraussetzungen erfüllt sind, ist im Wesentlichen **Tatfrage** (BFH 25.11.2008 – X B 268/07, BFH/NV 2009, 162 mwN).

Eine **Beteiligung an einer Kapitalgesellschaft** kann etwa zum notwendigen Betriebsvermögen gehören, wenn ihr Erwerb dazu dient, hierdurch bereits bestehende Absatzmöglichkeiten zu sichern, die wegen einer Insolvenz des bisherigen Geschäftspartners gefährdet waren (BFH 9.9.1986 – VIII R 159/85, BStBl. II 1987, 257). Die **Absatzförderung** kann auch dann maßgeblich sein, wenn die Kapitalgesellschaft in einer anderen Branche tätig ist als der beteiligte Gesellschafter oder wenn der Steuerpflichtige seine geschäftliche Betätigung um ein zusätzliches Geschäftsfeld erweitert, das im Wesentlichen darauf abzielt, Umsätze mittels der Geschäftsbeziehung zu der Kapitalgesellschaft zu erzielen (BFH 25.11.2008 – X B 268/07, BFH/NV 2009, 162; BFH 15.1.2019 – X R 34/17, BFH/NV 2019, 530). Eine **vollständige Umsatzerzielung über die Beteiligung ist nicht erforderlich;** vielmehr nahm der BFH eine Zuordnung zum notwendigen Betriebsvermögen eines Steuerpflichtigen bereits bei anteiligen Umsätzen zwischen Steuerpflichtigem und Kapitalgesellschaft zwischen 0,3% und **1430.1**

2,1% (BFH 10.7.1974 – I R 223/70, BStBl. II 1974, 736), 5,27% und 6,42% (BFH 20.9.1995 – X R 46/94, BFH/NV 1996, 393), 5,4% und 25,8% und durchschnittlich 12,5% (BFH 8.12.1993 – XI R 18/93, BStBl. II 1994, 296), 17% (BFH 15.1.2019 – X R 34/17, BFH/NV 2019, 530), 9,8% bis 19,2% (BFH 26.8.2005 – X B 98/05, BStBl. II 2005, 833), 14,1% bis 33% (BFH 13.2.2008 – I R 63/06, BStBl. II 2009, 414), **spätestens aber bei Erreichen von 50%** (BFH 29.7.2015 – X R 37/13, BFH/NV 2016, 536) oder bei „beinahe ausschließlich[er]" Umsatzerzielung (BFH 31.5.2005 – X R 36/02, BStBl. II 2005, 707) vor. Ein Umsatzumfang zwischen 1,2% und 1,4% des Jahresumsatzes wurde hingegen als nicht ausreichend angesehen (FG Münster 17.1.2020 – 4 K 1526/16 E, EFG 2020, 525).

1430.2 Eine **Darlehensforderung** zählt zum notwendigen Betriebsvermögen, wenn die Gewährung des Darlehens **auf einem Vorgang beruht, der in den betrieblichen Bereich fällt,** wozu auch das Anbahnen von Geschäften gehört (BFH 30.1.1985 – I R 39/82, BFH/NV 1986, 80; BFH 9.2.2011 – X B 67/10, BFH/NV 2011, 826), wenn sie **dem Erwerb von Anlagevermögen dient** (so für den Erwerb eines Betriebsgrundstücks: BFH 12.6.1974 – I R 212/73, BStBl. II 1974, 734) oder wenn das Darlehen an eine Kapitalgesellschaft gewährt wird, deren Anteile im notwendigen Betriebsvermögen gehalten werden (BFH 2.3.1983 – I R 61/78).

1430.3 **Devisen- oder Warentermingeschäfte** führen regelmäßig nicht zur Bildung von notwendigem Betriebsvermögen, sondern allenfalls zur Schaffung von gewillkürtem Betriebsvermögen (BFH 20.4.1999 – VIII R 63/96, BStBl. II 1999, 466).

1430.4 Durch die **Besicherung einer privaten Kapitalforderung** mit einem Wirtschaftsgut des Betriebsvermögens wird die Kapitalforderung nicht ihrerseits dem Betriebsvermögen zugeordnet; ggf. liegt indes eine Entnahme des Sicherungsguts vor.

1430.5 **Beherrschende Gesellschafter-Geschäftsführer** sind selbständig und erzielen durch ihre Geschäftsführertätigkeit gewerbliche Einkünfte. Die Beteiligung zählt daher zur ihrem notwendigen Betriebsvermögen zur Erzielung dieser gewerblichen Einkünfte (*Seer/Krumm* FS Herzig (2010), 45 (54 f.); *Seer* GmbHR 2011, 225 (228 ff.); **aA** *Schothöfer* GmbHR 2012, 559 (560 ff.)).

1430.6 Eine wesentliche Betriebsgrundlage kann auch darin liegen, dass über die Kapitalgesellschaft ein nicht unerheblicher Teil des **Wareneinkaufs zu Vorzugsbedingungen** erfolgt und damit ohne die Beteiligung Absatz-Nachteile drohen, wenn ähnliche **Namensbestandteile in der Firmierung des Inhabers des Betriebs** sowie der Kapitalgesellschaft enthalten sind oder wenn ein besonders relevantes Rechtsverhältnis besteht (BFH 2.3.1983 – I R 61/78).

1430.7 Weicht ein neben der Beteiligung bestehendes Kapitalnutzungsverhältnis zum Nachteil der gewerblichen Tätigkeit des Gesellschafters vom Fremdüblichen ab, so spricht dies dafür, dass die Beteiligung nicht durch den Gewerbebetrieb des Gesellschafters veranlasst ist, sondern die Kapitalgesellschaft im Gesellschafterinteresse stärken sollte. Dies spricht gegen die Zuordnung zum Betriebsvermögen des Gesellschafters (BFH 17.1.1973 – I R 65/71, BStBl. II 1973, 303).

1430.8 Die Zuordnung zum Betriebsvermögen des Steuerpflichtigen kann sich auch nach den Grundsätzen der **Betriebsaufspaltung** ergeben (vgl. FG Münster 17.1.2020 – 4 K 1526/16 E, EFG 2020, 525, Betriebsaufspaltung verneint).

1430.9 Für die Zugehörigkeit einer **(verrenteten) Kaufpreisforderung** aus einer Betriebsveräußerung ist nach der Zahlungsweise zu unterscheiden: Während die Forderung bei Wahl der Sofortversteuerung des Kapitalwerts nach der Versteuerung des Veräußerungsgewinns Privatvermögen sein kann, bleibt sie bei Wahl der sog. Zuflussbesteuerung stets Teil des Restbetriebsvermögens (BFH 5.11.2019 – X R 12/17, DStR 2020, 435).

1431 Der Steuerpflichtige kann Kapitalanlagen dem **gewillkürten Betriebsvermögen** widmen, wenn sie dem Betrieb in dem Sinne dienen, dass sie objektiv erkennbar zum unmittelbaren Einsatz im Betrieb bestimmt sind. Die **Dienlichkeit** einer Kapitalforderung für den Betrieb des Steuerpflichtigen kann dabei über **unmittelbar liquiditätsbezogene Aspekte** hinausgehen und für die Unternehmenspolitik in sonstiger Weise relevant sein. So kann eine Kapitalforderung auch **produktions- oder absatzstrategische Ziele** verfolgen (zB Stundung einer fälligen Forderung gegen einen (Groß)Kunden), der **strategischen Unternehmensentwicklung** dienen (zB bei Beteiligungen an anderen Unternehmen als horizontale oder vertikale Eingliederung eines Unternehmens in einen Wertschöpfungs- oder Leistungsprozess) oder auf eine **Haftungsbegrenzung** gerichtet sein (zB durch Gründung oder Erwerb von Kapitalgesellschaften).

1432 Im **Einzelfall** können besondere Umstände jedoch dazu führen, die Betriebsvermögenseigenschaft der Wertpapiere zu verneinen: **Je weiter Art und Inhalt des Geschäfts von der Haupttätigkeit des Unternehmers entfernt sind,** desto größer ist idR die Gefahr eines Verlusts, weil der Unternehmer Chancen und Risiken eines solchen branchenfremden

Geschäfts im Allgemeinen nur sehr schwer abzuschätzen vermag. In entsprechendem Maße müssen deshalb Anforderungen an die Feststellung der objektiven Eignung eines Geschäfts zur Förderung des Betriebs gestellt werden (vgl. BFH 19.2.1997 – XI R 1/96, BStBl. II 1997, 399; BFH 19.3.1998 – VII B 175/97, BFH/NV 1998, 1447; BFH 19.2.1997 – XI R 1/96, BStBl. II 1997, 399; BFH 20.4.1999 – VIII R 63/96, BStBl. II 1999, 466; BFH 2.5.2001 – X B 10/01, BeckRS 2001, 25006246; BFH 23.4.2009 – IV R 87/05, BFH/NV 2009, 1650; BFH 9.2.2011 – X B 67/10, BFH/NV 2011, 826; **diese Frage als geklärt ansehend:** BFH 19.2.1997 – XI R 1/96, BStBl. II 1997, 399). Den Steuerpflichtigen trifft die Feststellungslast (vgl. BFH 2.5.2001 – X B 10/01, BeckRS 2001, 25006246).

Darlehen oder stille Beteiligungen müssen mit dem Gewerbebetrieb des Steuerpflichtigen in wirtschaftlichem Zusammenhang stehen und diesen zu fördern bestimmt und geeignet sein, zB wenn die Gewährung des Darlehens den Erwerb eines Betriebsgrundstücks oder eines für betriebliche Zwecke zur Verfügung stehenden Grundstücks ermöglichen soll (BFH 12.6.1974 – I R 212/73, BStBl. II 1974, 734; BFH 26.2.1975 – I R 50/73, BStBl. II 1975, 573; BFH 30.1.1985 – I R 39/82, BFH/NV 1986, 80). Sind diese Voraussetzungen nicht erfüllt, kann das Darlehen oder die stille Beteiligung nicht als gewillkürtes Betriebsvermögen behandelt werden (BFH 16.9.1964 – IV 211/64, HFR 1966, 116; BFH 28.4.1970 – VI R 183/67, BStBl. II 1970, 621; BFH 30.1.1985 – I R 39/82, BFH/NV 1986, 80; BFH 23.9.2009 – IV R 14/07, BStBl. II 2010, 227; BFH 9.2.2011 – X B 67/10, BFH/NV 2011, 826). 1432.1

(Devisen)Termingeschäfte können betrieblich veranlasst sein, etwa wenn sie der Absicherung unternehmensbedingter Preis-, Kurs- oder Währungsrisiken dienen, branchentypisch sind und wenn nach Art, Inhalt und Zweck ein Zusammenhang mit dem Betrieb besteht. Beim einzelnen Termingeschäft wird eine betriebliche Veranlassung zudem regelmäßig nur dann angenommen werden können, wenn es nach den im Zeitpunkt des Vertragsschlusses bekannten Umständen geeignet und dazu bestimmt ist, das Betriebskapital tatsächlich zu verstärken (BFH 11.7.1996 – IV R 67/95, BFH/NV 1997, 114; BFH 19.2.1997 – XI R 1/96, BStBl. II 1997, 399; BFH 2.5.2001 – X B 10/01, BeckRS 2001, 25006246). Im Rahmen branchenfremder Betriebe kommen daher Optionsscheine als gewillkürtes Betriebsvermögen auch unter dem Gesichtspunkt einer Liquiditätsreserve regelmäßig nicht in Betracht (BFH 19.2.1997 – XI R 1/96, BStBl. II 1997, 399). 1432.2

Festgeldanleihen, die zu einem über dem Nennwert liegenden Kurs erworben werden und erkennbar keinen positiven Ertrag mehr erwirtschaften können, können nicht Betriebsvermögen sein (BFH 24.2.2000 – IV R 6/99, BStBl. II 2000, 297). 1432.3

Wertpapiere können dem Betrieb wie Bankguthaben als sog. **Liquiditätsreserve** mit dem Ziel dienen, die Betriebsmittel zu stärken. Zudem kann die Kapitalanlage auch als **Anlage betrieblicher Mittel** dienen, die in Wertpapieren wegen höherer Erträge meist günstiger ist als Bankguthaben, wobei selbst der Erwerb von Wertpapieren auf Kredit noch rentabel sein kann, sofern die Wertpapiererträge höher sind als die Kreditzinsen (BFH 8.2.1985 – III R 169/82, BFH/NV 1985, 80; BFH 19.2.1997 – XI R 1/96, BStBl. II 1997, 399). Sie scheiden nicht allein deshalb als gewillkürtes Betriebsvermögen aus, weil sie in spekulativer Absicht erworben werden oder risikobehaftet sind und Kursverluste billigend in Kauf genommen wurden. Deshalb kann bei branchentypischen Risikogeschäften idR von einem Förderungszusammenhang ausgegangen werden (BFH 11.7.1996 – IV R 67/95, BFH/NV 1997, 114; BFH 20.2.2001 – IV B 75/00, BeckRS 2001, 25005806). Dies gilt nach gefestigter Rechtsprechung (BFH 7.12.2007 – VIII B 110/07, BFH/NV 2008, 613) jedenfalls, solange die Geschäfte in der Erwartung getätigt werden, Einnahmen zu erzielen. Einlagen von Wirtschaftsgütern in ein Betriebsvermögen sind jedoch dann nicht mehr anzuerkennen, wenn bereits beim Erwerb erkennbar ist, dass sie dem Betrieb keinen Nutzen, sondern nur Verluste bringen werden (BFH 15.11.1978 – I R 57/76, BStBl. II 1979, 257; BFH 25.2.1982 – IV R 25/78, BStBl. II 1982, 461; BFH 8.2.1985 – III R 169/82, BFH/NV 1985, 80; BFH 11.10.1988 – VIII R 237/83, BFH/NV 1989, 305; BFH 19.2.1997 – XI R 1/96, BStBl. II 1997, 399; BFH 24.2.2000 – IV R 6/99, BStBl. II 2000, 297; BFH 23.4.2009 – IV R 87/05, BFH/NV 2009, 1650; BFH 23.9.2009 – IV R 5/07, BFH/NV 2010, 612). Der BFH sieht diese Frage als abschließend geklärt an (BFH 26.10.1999 – X B 40/99, BFH/NV 2000, 563). 1432.4

Einstweilen frei **1433–1437**

c) Besonderheiten bei Personengesellschaften. Besonderheiten bestehen bei Kapitalanlagen im Zusammenhang mit Personengesellschaften, die nach § 15 Abs. 1 S. 1 Nr. 2 dem **Sonderbetriebsvermögen** eines Personengesellschafters zugerechnet werden und daher zu gewerblichen Sonderbetriebseinnahmen bzw. -ausgaben führen (zB zur Umqualifizierung von vGA iSd § 20 Abs. 1 Nr. 1 S. 2 einer Komplementär-GmbH an ihren Gesellschafter, der 1438 zugleich Kommanditist der GmbH ist, bei GmbH & Co. KG zu Sonderbetriebseinnahmen des Kommanditisten: BFH 15.11.1967 – IV R 139/67, BStBl. II 1968, 152 mwN; BFH 25.11.1976 – IV R 90/72, BStBl. II 1977, 467). Zur **Abgrenzung der vermögensverwaltenden Personengesellschaft** (→ Rn. 430) von der **gewerblich tätigen Personengesellschaft** ist auf die Tätigkeit der Gesellschaft abzustellen; insofern gelten die Ausführungen zur gewerblichen Qualifikation von Einkünften aus Kapitalüberlassung entsprechend (→ Rn. 1410 ff.). **Gestaltungsmöglichkeiten,** insbesondere zur Umgehung der Verlustabzugsbeschränkungen nach § 20 Abs. 6 und des Werbungskostenabzugsverbots nach § 20 Abs. 9, bestehen bei **Errichtung einer gewerblich geprägten Personengesellschaft** iSd § 15 Abs. 3 Nr. 2 (*Rockoff* Beeinflussung der Investitionsentscheidung durch die Abgeltungsteuer (2014), 151). Zur Anwendung von **§ 18 Abs. 1 Nr. 4** bei Venture-Capital-Fonds sowie Private-Equity-Fonds → Rn. 430.

1439–1440 *Einstweilen frei*

1441 **d) Qualifizierte Beteiligung gemäß § 17.** Bei Kapitalanlagen im Privatvermögen stellt sich schließlich eine **vierte Abgrenzungsfrage,** ob die Schwelle einer qualifizierten Beteiligung nach § 17 überschritten ist, sodass Veräußerungsgewinne dem Teileinkünfteverfahren unterfallen (→ Rn. 10 ff.). Die Zuordnung einer wesentlichen Beteiligung zu § 17 schließt – in ihrem Anwendungsbereich, dh für die Behandlung von Veräußerungsgewinnen – aufgrund der insofern erfolgten Zuordnung zu den gewerblichen Einkünften die subsidiäre Anwendung von § 20 aus (vgl. Schmidt/*Levedag* § 20 Rn. 255; *Ott* GStB 2020, 100 (Punkt 6); *Levedag* GmbHR 2020, 111, (115 und 117); **aA** FG Düsseldorf 28.1.2020 – 10 K 2166/16 E, EFG 2020, 444, Rev. IX R 5/20; *Jachmann-Michel* BB 2018, 2329 (2331); *Krumm* FR 2020, 197 (205)).

3. Zurechnung zu Einkünften aus Land- und Forstwirtschaft

1442 Wie bei anderen Gewinneinkünften gibt es keinen Rechtssatz des Inhalts, dass aus Mitteln des Betriebsvermögens angeschaffte Wirtschaftsgüter in jedem Fall als Betriebsvermögen zu behandeln sind (BFH 21.3.1997 – IV B 53/96, BFH/NV 1997, 651). Für Einkünfte aus Land- und Forstwirtschaft gelten die für die Einkünfte aus Gewerbebetrieb geltenden einschränkenden Anforderungen an die Zuordnung einer Kapitalforderung zum gewillkürten Betriebsvermögen entsprechend (BFH 23.9.2009 – IV R 14/07, BStBl. II 2010, 227 mwN; BFH 23.9.2009 – IV R 5/07, BFH/NV 2010, 612 mwN, dazu → Rn. 1429 ff.).

1442.1 **Wertpapiere** können gewillkürtes Betriebsvermögen eines land- und forstwirtschaftlichen Betriebs sein, wenn sie diesem ähnlich wie Barmittel oder Bankguthaben als Liquiditätsreserve dienen (BFH 30.7.1964 – IV 20/63 U, BStBl. III 1964, 574; BFH 23.9.2009 – IV R 14/07, BStBl. II 2010, 227).

1442.2 Die Beteiligung eines Landwirts an einer **Genossenschaft** ist dem notwendigen Betriebsvermögen zuzurechnen, wenn er die Mitgliedschaftsrechte für seinen Betrieb fortdauernd in Anspruch nimmt (für die Beteiligung an einer Weidegenossenschaft: BFH 1.10.1981 – IV R 147/79, BStBl. II 1982, 250; für die Beteiligung an einem als Genossenschaft organisierten Elektrizitätswerk: BFH 23.9.2009 – IV R 5/07, BFH/NV 2010, 612).

1442.3 Um notwendiges Betriebsvermögen handelt es sich auch, wenn sich ein Landwirt an einer Genossenschaft beteiligt, die die **Verwertung und den Absatz landwirtschaftlicher Produkte zum Gegenstand** hat, da eine tatsächliche Vermutung dafür spricht, dass die Beteiligung keine bloße Kapitalanlage darstellt, sondern aus betrieblichem Anlass erworben wurde, zB weil sie die Abnahme der Produkte sicherstellt (BFH 20.3.1980 – IV R 22/77, BStBl. II 1980, 439; BFH 23.9.2009 – IV R 5/07, BFH/NV 2010, 612). Ein Genossenschaftsanteil ist kein notwendiges Betriebsvermögen, wenn die Genossenschaft Nichtmitglieder gleichbehandelt und aus der Mitgliedschaft kein Vorteil für den (landwirtschaftlichen) Betrieb entsteht. Der Steuerpflichtige kann die Genossenschaftsanteile jedoch als **gewillkürtes Betriebsvermögen** behandeln, wenn es sich um eine sowohl absolut als auch relativ vergleichsweise geringfügige Beteiligung ohne erkennbares Verlustrisiko handelt und die Genossenschaft typischerweise Geschäftspartner (auch) land- und forstwirtschaftlicher Betriebe ist, ohne ihren Mitgliedern jedoch besondere Vorteile einzuräumen (BFH 23.9.2009 – IV R 14/07, BStBl. II 2010, 227; BFH 23.9.2009 – IV R 5/07, BFH/NV 2010, 612; **aA** BFH 20.3.1980 – IV R 22/77, BStBl. II 1980, 439: notwendiges Betriebsvermögen, da Fremdvergleichsmaßstab nicht entscheidend).

1442.4 Notwendiges oder jedenfalls gewillkürtes Betriebsvermögen sind von einem Landwirt gehaltene **Aktien einer Zuckerfabrik, mit denen Rübenlieferrechte verbunden sind** (vgl. BFH 11.12.2003 – IV R 19/02, BStBl. II 2004, 280).

Einstweilen frei 1443–1444

4. Zurechnung zu Einkünften aus selbständiger Arbeit

Nach **stRspr** sind **Geldgeschäfte der persönlichkeitsbezogenen freiberuflichen Tätigkeit grundsätzlich fremd** und deshalb getrennt von dieser zu beurteilen, auch wenn sie der Steuerpflichtige im sachlichen und wirtschaftlichen Zusammenhang mit seiner eigentlichen Tätigkeit, so auch mit dem Ziel der Gewinnung eines Mandanten oder Auftraggebers, eingegangen ist. Nur unter konkreter Würdigung der Umstände des Einzelfalls, die ggf. finanzgerichtlich festzustellen sind, kann sich **ausnahmsweise** ergeben, dass für das „Geldgeschäft", dh für die Kapitalüberlassung des Steuerpflichtigen ausnahmsweise **ausschließlich betriebliche Gründe maßgeblich** sind. Nur in diesem Fall ist die Kapitalüberlassung als nicht fremde Hilfstätigkeit zur freiberuflichen Tätigkeit anzusehen, die ein eigenes wirtschaftliches Gewicht gewinnt und zum Betriebsvermögen des Freiberuflers gehört (stRspr seit RFH 27.8.1930 – VI A 264/29, RStBl. 1931, 104; RFH 27.8.1930 – VI A 1798/30, RStBl. 1931, 104; RFH 20.2.1935 – VI A 16/33, RStBl. 1935, 870; RFH 20.2.1935 – VI A 592/32, RStBl. 1935, 873; BFH 28.1.1960 – IV 109/59 U, BStBl. III 1960, 172; BFH 15.7.1960 – VI 10/60 S, BStBl. III 1960, 484; BFH 19.7.1960 – I 185/59 S, BStBl. III 1960, 485; BFH 14.11.1972 – VIII R 100/69, BStBl. II 1973, 289; BFH 11.3.1976 – IV R 185/71, BStBl. II 1976, 380; BFH 22.1.1981 – IV R 107/77, BStBl. II 1981, 564; BFH 12.1.1984 – IV R 89/81, BeckRS 1984, 04843; BFH 31.5.2001 – IV R 49/00, BStBl. II 2001, 828; BFH 23.5.1985 – IV R 198/83, BStBl. II 1985, 517; BFH 24.8.1989 – IV R 80/88, BStBl. II 1990, 17; BFH 10.6.1998 – IV B 54/97, BFH/NV 1998, 1477; BFH 15.12.1999 – XI R 11/99, BFH/NV 2000, 708; BFH 26.1.2011 – VIII R 19/08, BFH/NV 2011, 1311; BFH 8.2.2011 – VIII R 18/09, BFH/NV 2011, 1847; BFH 17.5.2011 – VIII R 1/08, BStBl. II 2011, 862). **Der BFH sieht die Frage als abschließend geklärt an** (BFH 26.9.2007 – VIII B 216/06; BFH/NV 2008, 42). Zur – insoweit systematisch fragwürdigen – Anwendung von **§ 18 Abs. 1 Nr. 4** bei Venture-Capital-Fonds sowie Private-Equity-Fonds → Rn. 430. 1445

Notwendiges Betriebsvermögen kann vorliegen, wenn sich ein Freiberufler an einer Kapitalgesellschaft beteiligt, weil mit der Gesellschaft eine Absatzmöglichkeit für die höchstpersönliche geistige Leistung des Steuerpflichtigen oder eine auf die Vergabe von Aufträgen gerichtete Geschäftsbeziehung bestand bzw. geschaffen werden sollte (BFH 11.3.1976 – IV R 185/71, BStBl. II 1976, 380; BFH 23.11.1978 – IV R 146/75, BStBl. II 1979, 109; BFH 14.1.1982 – IV R 168/78, BStBl. II 1982, 345; BFH 26.4.2001 – IV R 14/00, BStBl. II 2001, 798; BFH 26.1.2011 – VIII R 19/08, BFH/NV 2011, 1311; HHR/*Buge* § 20 Rn. 658). Danach ist eine einzelfallbezogene Unterscheidung zu treffen zwischen einer wesensfremden Kapitalüberlassung, bei der die Gewinnung eines neuen Auftraggebers lediglich ein erwünschter Nebeneffekt ist, und einem zwar kapitalbezogenen Geschäft, das ohne die Aussicht auf neue Aufträge jedoch nicht zustande gekommen wäre (BFH 22.1.1981 – IV R 107/77, BStBl. II 1981, 564; BFH 24.8.1989 – IV R 80/88, BStBl. II 1990, 17; BFH 31.5.2001 – IV R 49/00, BStBl. II 2001, 828; BFH 12.1.2010 – VIII R 34/07, BStBl. II 2010, 612; BFH 26.1.2011 – VIII R 19/08, BFH/NV 2011, 1311; BFH 2.3.2011 – II R 5/09, BFH/NV 2011, 1147). Lediglich mittelbare Effekte dürfen nicht in die Abwägung einbezogen werden. Das Unterhalten von üblichen Geschäftsbeziehungen mit dem Kapitalnehmer spricht indiziell gegen Betriebsvermögen (BFH 12.1.2010 – VIII R 34/07, BStBl. II 2010, 612). Zählt eine Beteiligung zum notwendigen Betriebsvermögen, so sind auch die Kapitalforderungen aus entsprechenden Gesellschafterdarlehen an die Kapitalgesellschaft als Betriebsvermögen zu behandeln (BFH 14.1.1982 – IV R 168/78, BStBl. II 1982, 345). 1446

An den **Nachweis der Betriebsbezogenheit sind besonders strenge Anforderungen zu stellen,** wenn Geldanlagen als gewillkürtes Betriebsvermögen behandelt werden sollen (BFH 24.2.2000 – IV R 6/99, BStBl. II 2000, 297; BFH 26.9.2007 – VIII B 216/06, BFH/NV 2008, 42). Eine betriebliche Veranlassung kann etwa angenommen werden, wenn die als Sicherheit für betriebliche Schulden verpfändete Kapitalanlage (etwa ein Wertpapierdepot) des Freiberuflers in ihrer Verwendung so festgelegt ist, dass sie aus der Sicht der kreditgebenden Bank **untrennbarer Bestandteil eines Finanzierungskonzepts für den freiberuflichen Betrieb** ist (BFH 17.5.2011 – VIII R 1/08, BStBl. II 2011, 862) oder wenn dem Freiberufler durch seine dauerhafte oder vorrübergehende Kapitalüberlassung an eine Kapi- 1447 talgesellschaft erst die Mittel zu deren eigenbetrieblicher Aktivität zugeführt werden, die in unmittelbarem wirtschaftlichen Zusammenhang mit der freiberuflichen Betätigung des Kapitalgebers steht (BFH 14.1.1982 – IV R 168/78, BStBl. II. 1982, 345). Für einen **unmittelbaren Zusammenhang** der Wertpapiere mit dem freiberuflichen Betrieb **reicht es hingegen nicht aus,** dass die Wertpapiere aus betrieblichen Mitteln erworben wurden, in der Gewinnermittlung ausgewiesen sind oder als Sicherheit für betriebliche Schulden dienen (BFH 17.5.2011 – VIII R 1/08, BStBl. II 2011, 862 mwN). Auch die Frage, in welchem Ausmaß der Freiberufler früher oder zum Bewertungsstichtag tatsächlich Geldgeschäfte der fraglichen Art getätigt hat, vermag nichts daran zu ändern, dass dem Begriff der freiberuflichen Tätigkeit nach wie vor ein bestimmtes Berufsbild zugrunde liegt, dem Geldgeschäfte grundsätzlich fremd sind (BFH 23.5.1985 – IV R 198/83, BStBl. II 1985, 517).

1448 An einer **betrieblichen Veranlassung fehlt es hingegen,** wenn es dem Steuerpflichtigen im Wesentlichen auf den Ertrag aus der Kapitalanlage ankommt (BFH 8.2.2011 – VIII R 18/09, BFH/NV 2011, 1847). Wie bei gewerblichen Einkünften (→ Rn. 1432.4) kommt die Zuordnung einer Kapitalanlage gewillkürten Betriebsvermögens nicht in Betracht, wenn bereits bei ihrem Erwerb feststeht, dass sie nur in den Betrieb eingelegt werden, um ansonsten nicht abziehbare Verluste als betrieblichen Aufwand geltend machen zu können. **Der BFH sieht diese Frage als abschließend geklärt an** (BFH 24.2.2000 – IV R 6/99, BStBl. II 2000, 297).

1448.1 Beispiele für zulässige Zuordnungen von Kapitalanlagen zum Betriebsvermögen von Freiberuflern: Beteiligung eines **Aufsichtsratsmitglieds** an einer von ihm beaufsichtigten AG (vgl. BFH 9.4.2013 – VIII R 19/11, BStBl. II 2013, 689).

Beteiligung eines beratenden **Ingenieurs** für Baustatik an einer Planungs- und Bau-GmbH (BFH 11.3.1976 – IV R 185/71, BStBl. II 1976, 380; BFH 23.11.1978 – IV R 146/75, BStBl. II 1979, 10).

Beteiligung eines **Architekten** an einer Bauträger-Gesellschaft (14.1.1982 – IV R 168/78, BStBl. II. 1982, 345), einem „Hausbau-Verein" (BFH 9.8.1995 – XI R 108/92, BFH/NV 1996, 300) oder einer Erd-, Straßen- und Tiefbauunternehmen GmbH (BFH 18.8.1992 – VIII R 22/89, BFH/NV 1993, 465).

Beteiligung eines **Wirtschaftsprüfers** an einer in Form einer GmbH betriebenen Treuhandgesellschaft (BFH 11.3.1976 – IV R 185/71, BStBl. II 1976, 380).

Beteiligung eines **Mediziners,** der Ideen und Rezepturen für medizinische Präparate entwickelt, an einer Kapitalgesellschaft, die diese Präparate als Lizenznehmerin vermarktet (BFH 26.4.2001 – IV R 14/00, BStBl. II 2001, 798).

Darlehensgewährung eines **Steuerberaters oder Rechtsanwalts** an seinen Mandanten zur Rettung einer Honorarforderung aus Beratungsleistungen (BFH 22.4.1980 – VIII R 236/77, BStBl. II 1980, 571; BFH 20.7.2007 – XI B 25/07, BFH/NV 2007, 1888).

Beteiligung eines **Rechtsanwalts** an einer Kapitalgesellschaft, wenn der Rechtsanwalt durch den Erwerb der Beteiligung seinen Einfluss auf die Gesellschaft behalten will, um von dieser weiterhin mit Mandaten betraut zu werden (BFH 26.1.2011 – VIII R 19/08, BFH/NV 2011, 1311).

1449–1450 *Einstweilen frei*

5. Zurechnung zu Einkünften aus Vermietung und Verpachtung

1451 Die Verdrängung der Einkunftsart „Kapitalvermögen" durch die Einkunftsart „Vermietung und Verpachtung" tritt ein, wenn ein Sachverhalt den Tatbestand der Erzielung von Einkünften aus Vermietung und Verpachtung verwirklicht oder mit einer Verwirklichung des Tatbestands der Erzielung von Einkünften aus Vermietung und Verpachtung in wirtschaftlichem Zusammenhang steht (BFH 8.4.1986 – VIII R 260/82, BStBl. II 1986, 557; BFH 21.6.1994 – IX R 57/89, BFH/NV 1995, 106; kritisch zu diesem Abgrenzungskriterium: *Stuhldreier* Die Zuordnung von Zinseinnahmen zu den einzelnen Einkünften (1996), 32 f.). Dies ist va anzunehmen, wenn alleiniger Zweck einer Kreditbeschaffung die spätere Erzielung von Einkünften aus Vermietung und Verpachtung ist (vgl. BFH 8.2.1983 – VIII R 163/81, BStBl. II 1983, 355).

1451.1 Wichtige Beispiele zur Abgrenzung der Kapitalanlagen iSd § 20 von Einkünften iSd § 21:

Dingliche Belastungen eines vermieteten oder verpachteten Grundstücks mit einer Hypothek begründen zwar einen rechtlichen, nicht aber ohne Weiteres einen wirtschaftlichen Zusammenhang mit Einkünften aus Vermietung und Verpachtung (BFH 15.1.1980 – VIII R 70/78, BStBl. II 1980, 348; BFH 18.11.1980 – VIII R 194/78, BStBl. II 1981, 510).

Guthabenzinsen aus Bausparverträgen (und im Zusammenhang damit geleistete Schuldzinsen) sind bereits bei Abschluss eines entsprechenden Vertrags bei den Einkünften aus Vermietung und Verpachtung zu berücksichtigen, wenn sie in einem engen zeitlichen Zusammenhang mit dem Erwerb eines vermieteten Hauses stehen, etwa wenn mit einer Einzahlung die Voraussetzungen für die Erlangung eines Zwischenkredits geschaffen wurden (BFH 9.11.1982 – VIII R 188/79, BStBl. II 1983, 172; BFH 8.2.1983 – VIII R 163/81, BStBl. II 1983, 355; BFH 8.4.1986 – VIII R 260/82, BStBl. II 1986, 557; Kirchhof/*Bleschick* § 20 Rn. 183). Liegen diese Voraussetzung nicht vor, kommt eine Steuerbarkeit nach § 20 bei einer positiven Überschusserzielungsprognose nur in Betracht, falls aus dem Bausparvertrag ein Überschuss der Einnahmen über die Ausgaben erwartet werden kann. Diese Voraussetzung ist im Falle einer marktüblichen Fremdfinanzierung des Bausparguthabens (regelmäßig) nicht gegeben (BFH 29.10.2002 – VIII B 125/01, BFH/NV 2003, 314).

Prozesszinsen für verspätete Erstattung von Grunderwerbsteuer sind nicht den Einkünften aus Vermietung und Verpachtung zuzurechnen (BFH 8.4.1986 – VIII R 260/82, BStBl. II 1986, 557).

Verzugszinsen sollen nach der Rechtsprechung von dem Zeitpunkt an im Zusammenhang mit den Einkünften aus Vermietung und Verpachtung stehen, zu dem sich anhand objektiver Umstände feststellen lässt, dass der Entschluss, mit dem zinsbringenden Geldbetrag Einkünfte aus dieser Einkunftsart zu erzielen, endgültig gefasst worden ist (BFH 21.6.1994 – IX R 57/89, BFH/NV 1995, 106; **aA** grundsätzlich für die Zuordnung von Verzugszinsen auf rückständige Zahlungen des Mieters zu Einkünften des Vermieters aus Vermietung und Verpachtung: Kirchhof/*Bleschick* § 20 Rn. 183; für die grundsätzliche Zuordnung zu § 20 Abs. 1 Nr. 7 HHR/*Buge* § 20 Rn. 659).

Zinsen aus Instandhaltungsrücklagen bei vermieteten Objekten unterfallen wegen der Unbeachtlichkeit der Mittelherkunft (→ Rn. 344) nicht § 21, sondern § 20 Abs. 1 Nr. 7 (so iE auch HHR/*Buge* § 20 Rn. 659).

Zinsswap-Aufwendungen zur Absicherung eines Immobiliendarlehens über ein fremdfinanziertes Objekt unterfallen § 21 (FG Rheinland-Pfalz 9.4.2019 – 4 K 1734/17, EFG 2019, 901; **aA,** jedoch aus tatsächlichen Gründen: FG Münster 20.2.2019 – 7 K 1746/16 F, EFG 2019, 703).

Der erforderliche wirtschaftliche **Zusammenhang mit den Einkünften aus Vermie-** **1452**
tung und Verpachtung fehlt hingegen, soweit ein Geldzufluss allein oder ganz überwiegend durch die Veräußerung eines zum Privatvermögen gehörenden Wirtschaftsguts veranlasst ist. Diese Differenzierung ist systemtragend und beschreibt die Grenze zwischen nicht steuerbarer Vermögenssubstanz und steuerbarer Vermögensnutzung. Daher scheidet zB die Zurechnung von Ausgleichszahlungen zur Beendigung eines Termingeschäfts zu den Einkünften aus Vermietung und Verpachtung zu Recht aus (BFH 13.1.2015 – IX R 13/14, BStBl. II 2015, 827). Erweiternd gilt dies für alle Fälle der Veräußerung einer Kapitalanlage iSd § 20 Abs. 2 S. 1 sowie den gleichgestellten Realisationstatbeständen.

Einstweilen frei **1453–1454**

6. Zurechnung zu Einkünften aus nichtselbständiger Arbeit (§ 19)

Eine mit § 20 Abs. 8 S. 1 vergleichbare Regelung für die vorrangige Zurechnung von **1455**
Einkünften iSd § 20 Abs. 1 bis Abs. 3 zu den Einkünften aus nichtselbständiger Arbeit fehlt. Gleichwohl können zwischen Arbeitgeber und Arbeitnehmer neben dem Arbeitsverhältnis gesonderte Rechtsbeziehungen bestehen, die steuerlich grundsätzlich getrennt zu beurteilen sind (vgl. BFH 19.10.2001 – VI R 131/00, BStBl. II 2002, 300). Weil damit grundsätzlich ein systematisches Gleichordnungsverhältnis zwischen beiden Einkunftsarten besteht, sind diese **danach abzugrenzen, welche Einkunftsart im Vordergrund steht** und dadurch die andere Einkunftsart verdrängt, weil insofern der **engere und wirtschaftlich vorrangige Veranlassungszusammenhang** besteht (BFH 21.4.1961 – VI 158/59 U, BStBl. III 1961, 431; 21.7.1981 – VIII R 154/76, BStBl. II 1982, 37; BFH 31.10.1989 – VIII R 210/83, BStBl. II 1990, 532; BFH 25.11.2010 – VI R 34/08, BStBl. II 2012, 24; BFH 17.5.2017 – VI R 1/16, BStBl. II 2017, 1073; Kirchhof/*Bleschick* § 20 Rn. 184; *von Bornhaupt* FR 1989, 423 (424)). Erforderlich ist ein **unmittelbarer Zusammenhang** zwischen dem Arbeitsverhältnis und den Einkünften aus einer Kapitalanlage. Ein mittelbarer, lediglich entfernter Zusammenhang genügt im Allgemeinen nicht (BFH 21.4.1961 – VI 158/59 U, BStBl. III 1961, 431). Ein Veranlassungszusammenhang zu dem jeweiligen Rechtsverhältnis kann auch bestehen, wenn der jeweilige **Vorteil durch Dritte** (so für die Zuwendung einer **Mutterge-**

sellschaft an einen Arbeitnehmer einer Tochtergesellschaft: BFH 17.1.2005 – VI B 30/04, BFH/NV 2005, 884) oder **an dritte Personen** wie Angehörige des Steuerpflichtigen zugewendet wird (BFH 7.5.2014 – VI R 73/12, BStBl. II 2014, 904).

1455.1 Dieser Zuordnungsgrundsatz gilt insbesondere für die Zurechnung von Erwerbsaufwendungen zu einem Arbeitsverhältnis. So sind Aufwendungen des Steuerpflichtigen, die dieser nicht wegen einer möglichen Beteiligung an seinem Arbeitgeber, sondern ausschließlich wegen seiner beruflichen Stellung zB als Geschäftsführer getätigt hat, nicht den Kapitaleinkünften, sondern den Einkünften aus nichtselbständiger Arbeit zuzurechnen (so für steuerliche Haftungsbeträge des Geschäftsführers nach § 69 AO: Kirchhof/*Bleschick* § 20 Rn. 184).

1456 Die Abgrenzung richtet sich entscheidend danach, ob die Einkünfte des Steuerpflichtigen im Wesentlichen durch ein Rechtsverhältnis veranlasst sind, das die Überlassung von Arbeitskraft zum Gegenstand hat und daher zu Einkünften aus nichtselbständiger Arbeit führt, oder auf einer **Sonderrechtsbeziehung** beruhen, die ein eigenständiges Rechtsverhältnis der Kapitalüberlassung begründet und daher zu Einkünften aus Kapitalvermögen führt (BFH 19.10.1982 – VIII R 97/79, BStBl. II 1983, 295; BFH 31.10.1989 – VIII R 210/83, BStBl. II 1990, 532; BFH 7.6.2002 – VI R 145/99, BStBl. II 2002, 829; BFH 28.6.2007 – VI B 23/07, BFH/NV 2007, 1870; BFH 19.6.2008 – VI R 4/05, BStBl. II 2008, 826; BFH 20.11.2008 – VI R 25/05, BStBl. II 2009, 382; BFH 25.11.2010 – VI R 34/08, BStBl. II 2012, 24; BFH 5.11.2013 – VIII R 20/11, BStBl. II 2014, 275; BFH 21.10.2014 – VIII R 44/11, BStBl. II 2015, 593; BFH 1.9.2016 – VI R 67/14, BStBl. II 2017, 69; Kirchhof/*Bleschick* § 20 Rn. 184; *Schneider* DB 2006 Beilage 6 zu Heft 49, 51 (55 f.); *Geserich* DStR-Beih. 2014, 53 (53 f.)). Aus welchen Mitteln das überlassene Kapital stammt, ist nach allgemeinen Grundsätzen unerheblich (→ Rn. 344), sodass die Zurechnung zu Einkünften aus nichtselbständiger Arbeit nicht schon daraus folgt, dass ein Arbeitnehmer das ggf. an den Arbeitgeber überlassenen Kapital (ausschließlich oder überwiegend) aus Arbeitsentgelten erzielt hat (BFH 19.10.1982 – VIII R 97/79, BStBl. II 1983, 295; BFH 4.10.2016 – IX R 43/15, BStBl. II 2017, 790).

1457 Der Rechtsprechung des BFH ist zu entnehmen, dass der BFH bei der finanzgerichtlichen Feststellung einer die Kapitalnutzung begründenden Sonderrechtsbeziehung zwischen Arbeitgeber und Arbeitnehmer **grundsätzlich von Einkünften aus Kapitalvermögen ausgeht,** wenn das Finanzgericht nicht darüber hinausgehende Feststellungen für die Zurechnung zu Einkünften aus § 19 trifft, ob trotz dieser festgestellten eigenständigen Sonderrechtsbeziehung **ausnahmsweise doch das Arbeitsverhältnis die wesentliche Grundlage der jeweiligen Kapitalerträge** ist (BFH 21.4.1961 – VI 158/59 U, BStBl. III 1961, 431; BFH 19.10.1982 – VIII R 97/79, BStBl. II 1983, 295; BFH 31.10.1989 – VIII R 210/83, BStBl. II 1990, 532; BFH 17.6.2009 – VI R 69/06, BStBl. II 2010, 69; BFH 25.11.2010 – VI R 34/08, BStBl. II 2012, 24; BFH 17.5.2017 – VI R 1/16, BStBl. II 2017, 1073). So ist von einer Zurechnung zu den Einkünften aus nichtselbständiger Arbeit stets auszugehen, wenn sich die Leistung des Arbeitgebers als **Gegenleistung für die Zurverfügungstellung der individuellen Arbeitskraft des Arbeitnehmers in Form einer Kapitalanlage** erweist (BFH 15.1.2015 – VI R 16/12, BFH/NV 2015, 672; *Niemann* Zur lohnsteuerlichen Behandlung von Aktienoptionen für Mitarbeiter (IFSt-Schrift Nr. 394, 2001), 44), so etwa bei Umwandlung von Teilen des laufenden Gehalts, Bonus-/Tantieme-/Urlaubsgeldzahlungen aus einem Anstellungsverhältnis in ein Zeitwertguthaben mit Möglichkeit zum Freizeitausgleich (**aA** FG Münster 5.9.2018 – 7 K 3531/16 L, EFG 2018, 1799). Interne Regelungen wie Compliance-Richtlinien lassen die steuerliche Zurechnung unberührt (*Geserich* DStR-Beih. 2014, 53 (54)).

1458 Ob ein Leistungsaustauch und die daraus erzielten Einkünfte durch ein Arbeitsverhältnis oder ein gesondertes Rechtsverhältnis zur Kapitalnutzung veranlasst sind, erfordert eine **Gesamtwürdigung aller wesentlichen Umstände des Einzelfalles** und obliegt deshalb der tatrichterlichen Würdigung durch das Finanzgericht, die gemäß § 118 Abs. 2 FGO revisionsrechtlich bindend ist, soweit sie verfahrensrechtlich einwandfrei zustande gekommen und nicht durch Denkfehler oder durch die Verletzung von Erfahrungssätzen beeinflusst ist (BFH 17.7.1992 – VI R 125/88, BStBl. II 1993, 111; BFH 21.12.2006 – VI B 24/06, BFH/NV 2007, 699; BFH 1.2.2007 – VI R 72/05, BFH/NV 2007, 898; BFH 19.6.2008 – VI R 4/05, BStBl. II 2008, 826; BFH 20.11.2008 – VI R 25/05, BStBl. II 2009, 382; BFH 7.5.2014 –

VI R 73/12, BStBl. II 2014, 904; BFH 26.6.2014 – VI R 94/13, BStBl. II 2014, 864; BFH 21.10.2014 – VIII R 44/11, BStBl. II 2015, 593; BFH 1.9.2016 – VI R 67/14, BStBl. II 2017, 69; BFH 4.10.2016 – IX R 43/15, BStBl. II 2017, 790; Kirchhof/*Bleschick* § 20 Rn. 184; diese Fragen als **nicht mehr klärungsbedürftig** ansehend: BFH 20.2.2008 – VIII B 53/07, BFH/NV 2008, 971). Das Finanzgericht ist danach gehalten, über die Feststellung des Rechtsverhältnisses – etwa eines Aktienkaufvertrages – hinausgehend auch Feststellungen zu Anlass und Begleitumständen der Kapitalüberlassung zu treffen (BFH 7.5.2014 – VI R 73/12, BStBl. II 2014, 904). Die in der Rechtsprechung genannten Umstände können wegen der erforderlichen einzelfallbezogenen Gesamtwürdigung nur als einzelne **Beweisanzeichen (Indizien)** herangezogen werden (BFH 21.12.2006 – VI B 24/06, BFH/NV 2007, 699).

Entscheidend für die Zurechnung von Einkünften zu einem neben das Arbeitsverhältnis tretenden Rechtsverhältnis ist vor allem, ob das Rechtsverhältnis unabhängig davon, ob ein Dienstverhältnis besteht, **zu gleichen Bedingungen auch mit Dritten begründet** wurde. Wurde eine Kapitalforderung zu fremdvergleichsüblichen Bedingungen begründet, kann aufgrund der Begründung vergleichbarer Kapitalnutzungsverhältnisse mit außerhalb eines Arbeitsverhältnisses stehenden Dritten nicht davon ausgegangen werden, dass die daraus erzielten Kapitalerträge gerade durch das Arbeitsverhältnis veranlasst sind. Werden Gewinnausschüttungen unter dem Rechtskleid eines (vermeintlichen) Arbeitsverhältnisses vorgenommen, erfolgt deshalb eine Umqualifizierung des vermeintlichen Arbeitsentgelts zu vGA iSd § 20 Abs. 1 Nr. 1 S. 2. Haben Kapitalgeber oder Kapitalnehmer hingegen nur deshalb einen Vorteil aus dem Kapitalnutzungsverhältnis (in Form niedrigerer Sollzinsen, günstigerer Bezugsbedingungen etc) ziehen können, weil zugleich ein Arbeitsverhältnis besteht, so spricht dies dafür, dass das Rechtsverhältnis der Kapitalnutzung seinerseits durch das Arbeitsverhältnis veranlasst war und entsprechende Erträge daraus folglich den Einkünften aus nichtselbständiger Arbeit zuzurechnen sind (vgl. BFH 19.10.1982 – VIII R 97/79, BStBl. II 1983, 295; BFH 19.10.2001 – VI R 131/00, BStBl. II 2002, 300; BFH 23.6.2005 – VI R 10/03, BStBl. II 2005, 770; BFH 25.11.2010 – VI R 34/08, BStBl. II 2012, 24; BFH 7.5.2014 – VI R 73/12, BStBl. II 2014, 904; BFH 4.10.2016 – IX R 43/15, BStBl. II 2017, 790). Ob der Arbeitnehmer eine Kapitalforderung verbilligt erwirbt oder sich Leistung und Gegenleistung entsprechen, ist grundsätzlich anhand der Wertverhältnisse bei Abschluss des für beide Seiten verbindlichen Rechtsverhältnisses zu bestimmen (vgl. BFH 7.5.2014 – VI R 73/12, BStBl. II 2014, 904). **1459**

Nach diesen Grundsätzen führt insbesondere die bloße kapitalmäßige Beteiligung eines Arbeitnehmers an seinem als Körperschaft errichteten Arbeitgeber **zu fremdvergleichsüblichen Bedingungen** (zB Aktienerwerb im Freiverkehr) **grundsätzlich zu Einkünften nach § 20** (BFH 21.4.1961 – VI 158/59 U, BStBl. III 1961, 431; BFH 5.4.2006 – IX R 111/00, BStBl. II 2006, 654; BFH 17.6.2009 – VI R 69/06, BStBl. II 2010, 69; BFH 4.10.2016 – IX R 43/15, BStBl. II 2017, 790; FG Düsseldorf 9.10.2018 – 13 K 1257/17 E, EFG 2019, 970, Rev. VIII R 40/18; FG Münster 7.12.2018 – 4 K 1366/17 E, EFG 2019, 620). Erträge sind dabei grundsätzlich selbst dann den Einkünften aus Kapitalvermögen zuzurechnen, wenn der Steuerpflichtige die Kapitalanlage auch ergreift, um durch die Zuführung von Kapital den **Fortbestand der Gesellschaft zu sichern und damit gleichzeitig seinen eigenen Arbeitsplatz zu erhalten** oder um dadurch **eine höher dotierte Position zu erlangen,** selbst wenn die Beteiligung oder sonstige Kapitalanlage Voraussetzung hierfür ist (BFH 21.4.1961 – VI 158/59 U, BStBl. III 1961, 431; BFH 19.10.1982 – VIII R 97/79, BStBl. II 1983, 295; BFH 5.4.2006 – IX R 111/00, BStBl. II 2006, 654; BFH 5.4.2006 – IX R 80/01, BFH/NV 2006, 1817; BFH 17.6.2009 – VI R 69/06, BStBl. II 2010, 69; BFH 25.11.2010 – VI R 34/08, BStBl. II 2012, 24; BFH 17.5.2017 – VI R 1/16, BStBl. II 2017, 1073). **1460**

Stellt das Finanzgericht jedoch eine **verbilligte Überlassung von (jungen) Aktien** auf einen Arbeitnehmer fest, so spricht dies indiziell dafür, dass durch diesen geldwerten Vorteil die Dienste des Klägers als Arbeitnehmer in besonderem Maße entgolten werden sollten und damit eine Veranlassung durch das Arbeitsverhältnis besteht (BFH 23.6.2005 – VI R 124/99, BStBl. II 2005, 766; BFH 23.6.2005 – VI R 10/03, BStBl. II 2005, 770; BFH 1.2.2007 – VI R 72/05, BFH/NV 2007, 898; BFH 7.5.2014 – VI R 73/12, BStBl. II 2014, 904; BFH 26.6.2014 – VI R 94/13, BStBl. II 2014, 864; BFH 15.1.2015 – VI R 16/12, BFH/NV 2015, 672; BFH 1.9.2016 – VI R 67/14, BStBl. II 2017, 69). Gleiches gilt bei Inkaufnahme **1461** einer **über- oder unterdurchschnittlichen Verzinsung** (BFH 19.10.1982 – VIII R 97/79, BStBl. II 1983, 295; *Levedag* RDF 2015, 144 (149)), bei **Ausschluss eines Verlustrisikos** für den Arbeitnehmer (BFH 1.9.2016 – VI R 67/14, BStBl. II 2017, 69) sowie bei **Wandeldarlehen,** die dem Arbeitnehmer die Möglichkeit eröffnen, Anteile seines Arbeitgebers zu einem unter dem Kurswert liegenden Preis zu erwerben (BFH 17.6.2009 – VI R 69/06, BStBl. II 2010, 69).

1462 **Ausnahmsweise** kann auf dieser Grundlage eine Veranlassung durch das Arbeitsverhältnis in Betracht kommen, wenn der Arbeitnehmer **nahezu ausschließlich** die Sicherung seines bestehenden oder die Erlangung eines höherwertigen Arbeitsplatzes erstrebt. Das kann insbesondere bei **negativer Überschussprognose** und damit erkennbar fehlender Absicht zur Erzielung von Einkünften aus Kapitalvermögen aus einer solchen Beteiligung der Fall sein (BFH 5.4.2006 – IX R 111/00, BStBl. II 2006, 654; BFH 17.5.2017 – VI R 1/16, BStBl. II 2017, 1073). Veräußert der Arbeitnehmer die derart erworbene Beteiligung, wird der Betrag seines beim Bezug erfassten geldwerten Vorteils sowie seiner eventuellen Zuzahlung im Rahmen der Gewinnermittlung nach § 20 Abs. 4 als Teil der Anschaffungskosten vom Veräußerungserlös abgezogen (→ Rn. 1297.2).

1463 Ein für sich genommen jedoch noch nicht ausreichendes Indiz für die Veranlassung von Einkünften durch das Arbeitsverhältnis ist, wenn eine Kapitalanlage nach den Vertrags- oder Emissionsbedingungen nur an die Arbeitnehmer (für sog. Wandeldarlehensverträge: BFH 23.6.2005 – VI R 10/03, BStBl. II 2005, 770; für sog. Belegschaftsaktien: BFH 1.2.2007 – VI R 72/05, BFH/NV 2007, 898) oder sogar nur an bestimmte Arbeitnehmergruppen wie Geschäftsführer, Vorstandsmitglieder, Prokuristen oÄ gewährt wird, an das Bestehen eines Dienstverhältnisses geknüpft ist oder im Hinblick auf die Erbringung besonderer Arbeitsleistungen gewährt wird (BFH 23.6.2005 – VI R 124/99, BStBl. II 2005, 766; BFH 19.6.2008 – VI R 4/05, BStBl. II 2008, 826; BFH 20.11.2008 – VI R 25/05, BStBl. II 2009, 382; BFH 4.10.2016 – IX R 43/15, BStBl. II 2017, 790). Die Beschränkung auf einen bestimmten Arbeitnehmerkreis soll nach neuerer BFH-Rechtsprechung für sich genommen jedoch kein zureichendes Indiz mehr für eine Veranlassung durch das Arbeitsverhältnis sein (BFH 17.6.2009 – VI R 69/06, BStBl. II 2010, 69; BFH 21.10.2014 – VIII R 44/11, BStBl. II 2015, 593; BFH 1.9.2016 – VI R 67/14, BStBl. II 2017, 69; BFH 4.10.2016 – IX R 43/15, BStBl. II 2017, 790). Auch wenn das Finanzgericht feststellen kann, dass mit einem konkreten Mitarbeiter-Beteiligungsmodell in erster Linie die Motivationssteigerung und Unternehmensbindung der Arbeitnehmer gesteigert werden soll und der Gedanke der Fruchtziehung aus einer Kapitalnutzung bei den Arbeitnehmern nicht im Vordergrund steht, sind die Erträge den Einkünften aus nichtselbständiger Arbeit zuzurechnen (BFH 28.6.2007 – VI B 23/07, BFH/NV 2007, 1870; vgl. auch für sog. Incentive-Aktien: BFH 15.1.2015 – VI R 16/12, BFH/NV 2015, 672).

1463.1 Indizell gegen eine Veranlassung durch das Arbeitsverhältnis spricht ein fehlender zeitlicher Zusammenhang zur Begründung des Arbeitsverhältnisses (FG Düsseldorf 9.10.2018 – 13 K 1257/17 E, EFG 2019, 970, Rev. VIII R 40/18).

1464 Eine Veranlassung durch das Arbeitsverhältnis kann ferner durch die die Vereinbarung einer **Verfallklausel (sog. Leaver-Klausel)** mit der Pflicht zur Anteilsrückübertragung für den Fall des Ausscheidens des Arbeitnehmers aus dem Arbeitsverhältnis indiziert sein, **wenn weitere Beweisanzeichen hinzutreten,** da der Arbeitnehmer hiermit idR auch in Zukunft für seine Arbeit motiviert und ein Anreiz zum Verbleib im Unternehmen geschaffen werden soll (BFH 23.6.2005 – VI R 10/03, BStBl. II 2005, 770; BFH 19.6.2008 – VI R 4/05, BStBl. II 2008, 826; BFH 20.11.2008 – VI R 25/05, BStBl. II 2009, 382; BFH 5.11.2013 – VIII R 20/11, BStBl. II 2014, 275; BFH 21.10.2014 – VIII R 44/11, BStBl. II 2015, 593; BFH 4.10.2016 – IX R 43/15, BStBl. II 2017, 790; FG Düsseldorf 9.10.2018 – 13 K 1257/17 E, EFG 2019, 970, Rev. VIII R 40/18; *Levedag* RDF 2015, 144 (147 f.); *Rödding* DStR 2017, 437 (439); Verfallklauseln als für sich genommen unzureichendes Indiz für eine Veranlassung durch das Arbeitsverhältnis ansehend: BFH 21.12.2006 – VI B 24/06, BFH/NV 2007, 699). Gleiches gilt, wenn der Arbeitnehmer **aufgrund des Anstellungsvertrags verpflichtet ist, sich an seiner Arbeitgeberin zu beteiligen** (vgl. BFH 17.1.2005 – VI B 30/04, BFH/NV 2005, 884; **aA** BFH 5.4.2006 – IX R 111/00, BStBl. II 2006, 654).

Für die Zurechnungsentscheidung können zudem **der Umfang der Kapitalbeteiligung des Arbeitnehmers,** das Verhältnis der Höhe der Lohneinkünfte im Vergleich zu den möglichen Beteiligungserträgen (Renditeentwicklungen und -erwartungen) sowie die Frage relevant sein, welche Konsequenzen sich für den Arbeitnehmer hätten ergeben können, wenn er seinem Arbeitgeber die entsprechende Finanzierungsmaßnahme nicht gewährt hätte: Je höher die Beteiligung etwa eines Gesellschafter-Geschäftsführers ist, umso mehr spricht dafür, eine innere wirtschaftliche Verbindung zu den Einkünften aus Kapitalvermögen anzunehmen (BFH 17.7.1992 – VI R 125/88, BStBl. II 1993, 111; BFH 25.11.2010 – VI R 34/08, BStBl. II 2012, 24). Umgekehrt ist es ein Indiz für die Veranlassung der Bürgschaftsübernahme durch das Arbeitsverhältnis, wenn ein an der Gesellschaft in nur sehr geringem Umfang beteiligter Arbeitnehmer eine Bürgschaft für seinen Arbeitgeber übernimmt (vgl. BFH 16.11.2011 – VI R 97/10, BStBl. II 2012, 343; BFH 3.9.2015 – VI R 58/13, BStBl. II 2016, 305). 1465

Eine nicht dem Fremdvergleich entsprechende Kapitalüberlassung liegt auch dann vor, wenn der Arbeitnehmer das Risiko des Verlusts seiner Kapitalforderung (nahezu) ausschließlich aus beruflichen Gründen bewusst auf sich genommen hat, insbesondere wenn ein **außenstehender Dritter wie eine Bank kein Darlehen an den Arbeitgeber mehr gewährt hätte** (für Darlehen von Arbeitnehmern an Arbeitgeber: BFH 25.11.2010 – VI R 34/08, BStBl. II 2012, 24; für die Übernahme einer Bürgschaft durch den Arbeitnehmer für Verbindlichkeiten des Arbeitgebers: BFH 3.9.2015 – VI R 58/13, BStBl. II 2016, 305). 1466

Einstweilen frei 1467–1471

VIII. Sparer-Pauschbetrag, Werbungskosten (§ 20 Abs. 9)

1. Anwendbarkeit und Systematik

Das System des Abzugs von Erwerbsaufwendungen im Zusammenhang mit Kapitaleinkünften ist durch § 2 Abs. 2 S. 2 iVm § 20 Abs. 9 EStG idF UntStRefG 2008 grundlegend im Sinne einer **Bruttobesteuerung** modifiziert, der den Abzug der tatsächlichen Werbungskosten grundsätzlich ausschließt und nur den Abzug des Sparer-Pauschbetrags zulässt (→ Rn. 6 und → Rn. 283 ff.). Die **sachliche Anwendbarkeit** der allgemeinen Regelungen zur Geltendmachung von Werbungskosten gemäß § 20 Abs. 9 setzt zum einen voraus, dass Einkünften iSd § 20 Abs. 1 bis Abs. 3 keiner anderen Einkunftsart zugerechnet werden (→ Rn. 1405). Dabei **gilt Abs. 9 nur für Kapitaleinkünfte,** nicht hingegen bei anderen Einkunftsarten (so zu § 20 Abs. 4: BFH 5.6.2002 – X R 1/00, BFH/NV 2002, 1438). Der danach abziehbare Sparer-Pauschbetrag eröffnet damit eine Steuerbefreiung jenseits des tariflichen Grundfreibetrags iSd § 32a effektiv für einen Grundbetrag von Kapitaleinkünften (die hierin liegende gleichheitsrechtliche Problematik als nicht von grundsätzlicher Bedeutung ansehend: BFH 20.4.2000 – IX B 8/00, BFH/NV 2000, 1095; die Beschränkung hingegen als gleichheitsrechtlich bedenklich ansehend: BFH 2.11.2001 – X B 85/01, BFH/NV 2002, 343). Diese Ausnahme ist jedoch aus wirtschafts- und sozialpolitischen Gründen gerechtfertigt, da der Sparer-Pauschbetrag in breiten Bevölkerungsschichten zur Bildung eines entsprechenden Kapitalvermögens Anreize bieten und die Eigenvorsorge stärken kann (zur entsprechenden Begründung des Gesetzgebers → Rn. 1476.3; **aA** *Freitag* Die Besteuerung der Zinsen (1999), 41 ff., 57 ff. und 80 mwN). 1472

Das Abzugsverbot für Werbungskosten sowie die Abzugsfähigkeit des Sparer-Pauschbetrags nach **20 Abs. 9 sind auch dann anzuwenden,** wenn der Steuerpflichtige **zur sog. Günstiger-Prüfung iSd § 32d Abs. 6 optiert,** da die Vorschrift umfassend auf die „nach § 20 ermittelten Kapitaleinkünfte" verweist (BFH 2.12.2014 – VIII R 34/13, BStBl. II 2015, 387; BFH 28.1.2015 – VIII R 13/13, BStBl. II 2015, 393; Schmidt/*Levedag* § 20 Rn. 264; HHR/*Kühner* § 32d Rn. 1; *Paukstadt/Luckner* DStR 2007, 653 (656); *Musil* FR 2010, 149 (152); *Spieker* DB 2012, 2386 (2389); *Levedag* GmbHR 2016, 261 (266)); **aA** Schmidt/*Weber-Grellet*, 36. Aufl. 2017, § 20 Rn. 206; *Krumm* FR 2020, 197 (207)). Außerdem ist der Sparer-Pauschbetrag anteilig auf ausländische Kapitaleinkünfte anzuwenden, für die im Ausland gezahlte Steuer angerechnet wird (BFH 16.5.2001 – I R 102/00, BStBl. II 2001, 710). 1473

Umgekehrt ist der **Ansatz eines Sparer-Pauschbetrags iSd § 20 Abs. 9 ausgeschlossen** gemäß § 32d Abs. 2 Nr. 1 und Nr. 3 oder bei Spezial-Investmentfonds nach § 20 Abs. 1 1474

Nr. 3a EStG iVm § 34 Abs. 2 InvStG idF InvStRefG v. 19.7.2016. Die Regelung des Abs. 9 tritt überdies zurück, soweit speziellere Regelungen zum Abzug bestimmter Erwerbsaufwendungen in § 20 Abs. 1 Nr. 4 S. 2 zum Abzug der Verlustanteile eines stillen Gesellschafters (→ Rn. 821 ff.), in § 20 Abs. 1 Nr. 6 zum Abzug der Versicherungsbeiträge von der Versicherungsleistung (→ Rn. 927 ff.), in § 20 Abs. 1 Nr. 11 zum Abzug der im Glattstellungsgeschäft gezahlten Prämien (→ Rn. 1139) oder in § 20 Abs. 4 S. 1 und S. 5 zum Abzug der unmittelbaren Veräußerungs- sowie der Anschaffungskosten und -nebenkosten (→ Rn. 1272 ff.) berücksichtigt werden (ebenso: Kirchhof/*Bleschick* § 20 Rn. 15; HHR/*Buge* § 20 Rn. 35; *Haisch/Krampe* DStR 2011, 2178 (2179, Fn. 9)).

1474.1 Da **negative Einnahmen** wie Stückzinsen etc (→ Rn. 1297.1) nicht als Werbungskosten anzusehen sind, gelten die Abzugsbeschränkungen des § 20 Abs. 9 nicht für die Verrechnung von positiven und negativen Einnahmen aus Kapitalvermögen, sofern diese anzuerkennen sind (ebenso: Blümich/*Ratschow* § 20 Rn. 490).

1474.2 Umgekehrt **scheidet** eine (analoge) **Anwendung des Sparer-Pauschbetrags auf andere Ertragsformen mangels Planwidrigkeit einer Regelungslücke aus** (zu diesem Ansatz des BFH in einer Vorlagefrage zur Anwendung des Sparer-Freibetrags auf Leibrenten: BVerfG 22.9.2009 – 2 BvL 3/02, BFH/NV 2009, 2119).

1475 Der **persönliche Anwendungsbereich** der Vorschrift erstreckt sich nicht nur auf **natürliche Personen,** sondern **auch auf Körperschaftsteuersubjekte iSd § 1 Abs. 1 KStG,** soweit diese Kapitaleinkünfte erzielen. Zwar verweist § 49 nicht auf § 20 Abs. 9, aber ohne die Berücksichtigung des Sparer-Pauschbetrages wären Erwerbsaufwendungen anders als bei allen anderen Einkünften iSd § 49 überhaupt nicht berücksichtigungsfähig (vgl. § 2 Abs. 2 S. 2). Dies ist bei Beachtung des objektiven Nettoprinzips jedoch auch bei ausländischen Steuerpflichtigen geboten, sodass der Sparer-Pauschbetrag auch für beschränkt Einkommen- oder Körperschaftsteuerpflichtige anzuwenden ist (**aA** wohl Blümich/*Ratschow* § 20 Rn. 848; Korn/*Hamacher/Dahm* § 20 Rn. 456). **Personengesellschaften** steht mangels eigener Einkommensteuerpflicht folgerichtig kein eigener Sparer-Pauschbetrag zu (Korn/*Hamacher/Dahm* § 20 Rn. 455). **Minderjährigen Kindern** kommt als steuerlich eigenständig zu erfassende natürliche Personen grundsätzlich ein eigener Sparer-Pauschbetrag zu (Korn/*Hamacher/Dahm* § 20 Rn. 454). Dieser kann jedoch nur genutzt werden, wenn die Kapitalanlage und damit auch die daraus erzielten Kapitalerträge dem minderjährigen Kind nach allgemeinen Grundsätzen zuzurechnen sind (→ Rn. 450).

1476 Zur Anwendbarkeit in **zeitlicher Hinsicht** für Veranlagungszeiträume ab dem 1.1.2009 → Rn. 99. Zuvor wurde der Sparerfreibetrag bzw. Sparer-Pauschbetrag mehrfach angepasst und im Vergleich zur Rechtslage bis zum Veranlagungszeitraum 1999 deutlich gekürzt. Dies bewirkte Ausweitung der Besteuerung auf Kapitaleinkünfte, die für weitere Bevölkerungskreise mit überwiegenden Einkünften aus nichtselbständiger Arbeit in Zeiten hoher Freibeträge faktisch unbesteuert blieben.

Veranlagungszeiträume	Einzeln Veranlagte		Zusammen Veranlagte	
	Freibetrag	Werbungskosten-Pauschbetrag	Freibetrag	Werbungskosten-Pauschbetrag
1975 bis 1988	300 DM	100 DM	600 DM	200 DM
1989 bis 1992	600 DM	100 DM	1.200 DM	200 DM
1993 bis 1999	6.000 DM	100 DM	12.000 DM	200 DM
2000 bis 2001	3.000 DM	100 DM	6.000 DM	200 DM
2002 bis 2003	1.550 EUR	51 EUR	3.100 EUR	102 EUR
2004 bis 2006	1.370 EUR	51 EUR	2.740 EUR	102 EUR
2007 bis 2008	750 EUR	51 EUR	1.500 EUR	102 EUR
Ab 2009	801 EUR		1.602 EUR	
	BT-Drs. 16/4841, 54 und 57			

Historische Entwicklung des Sparerfreibetrags bis zum heutigen Sparer-Pauschbetrags: 1476.1

Durch **Gesetz zur Neuordnung von Steuern** v. 16.12.1954 (BGBl. 1954 I 373) wurde in § 9a Abs. 1 Nr. 2 ein Werbungskostenpauschbetrag für Kapitaleinkünfte iHv 200 DM eingeführt, wenn die Kapitaleinkünfte nicht den Betrag von 1.500 DM und das Einkommen nach Abzug des Pauschbetrags nicht den Betrag von 6.000 DM überstiegen. Nach mehreren Änderungen bestand bis einschließlich Veranlagungszeitraum 1974 ein Werbungskosten-Pauschbetrag iSd § 9a bei Einkünften aus Kapitalvermögen iHv 150 DM bzw. bei zusammenveranlagten Ehegatten iHv 300 DM pro Jahr, der sich bei regelmäßig nur sehr geringen Werbungskosten wie ein Freibetrag auswirkte. 1476.2

Mit dem **EStRG v. 5.8.1974** (→ Rn. 46) wurden die Werbungskosten-Pauschbeträge wegen der gleichzeitigen Einführung des Sparer-Freibetrages von 150 DM auf 100 DM (bei zusammen veranlagten Eheleuten von 300 DM auf 200 DM) abgesenkt. Die Bundesregierung sah die Spartätigkeit breiter Bevölkerungsschichten als besonders förderungswürdige eigenverantwortliche Vorsorge der Bürger an, die insbesondere aus kapitalmarkt- sowie aus gesellschafts- und eigentumspolitischen Gründen besonders bedeutsam sei und es rechtfertige, die Kapitalerträge aus einem bestimmten Sockelsparvermögen steuerlich zu schonen (BT-Drs. 7/1470, 220). Daher wurde mit § 20 Abs. 4 **ab dem Veranlagungszeitraum 1975 erstmals ein sog. Sparer-Freibetrag** eingeführt. Danach war bei der Ermittlung der Einkünfte aus Kapitalvermögen nach Abzug der Werbungskosten ein Betrag von 300 DM, für gemeinsam veranlagte Ehegatten iHv 600 DM pro Jahr abzuziehen. Der jeweils gewährte Freibetrag durfte nicht höher sein als die um die Werbungskosten geminderten Kapitalerträge, sodass hieraus keine negativen Kapitaleinkünfte resultieren konnten. 1476.3

Durch das Gesetz zur Änderung des Steuerreformgesetzes 1990 sowie zur Förderung des Mietwohnungbaus und von Arbeitsplätzen in Privathaushalten v. 30.6.1989 (→ Rn. 52) erfolgte mit Wirkung ab dem Veranlagungszeitraum 1989 eine Verdoppelung des Sparer-Freibetrags von 300 DM auf nunmehr 600 DM für Unverheiratete bzw. von 600 DM auf 1.200 DM für Ehegatten, erstmalig anzuwenden für den Veranlagungszeitraum 1989. Der Steuergesetzgeber hielt es für vertretbar, einen größeren Sockelbetrag der Kapitaleinkünfte als bisher steuerfrei zu stellen, weil aufgrund der öffentlichen Diskussion über die Steuerpflicht der Kapitaleinkünfte eine zunehmende Zahl von Bürgern ihre Zinserträge ordnungsgemäß deklariere (BT-Drs. 11/4688, 13; BT-Drs. 11/4803, 2). Der Gesetzgeber trug damit zugleich der allgemeinen Einkommens- und Vermögensentwicklung Rechnung, die seit Einführung des Sparer-Freibetrags zu einer beträchtlichen Zunahme der Geldvermögen breiter Bevölkerungsschichten geführt habe (BT-Drs. 11/4688, 9). Ein Antrag der SPD-Fraktion, den Sparer-Freibetrag auf 3.000 DM für Unverheiratete bzw. auf 6.000 EUR für Ehegatten zu verzehnfachen (BT-Drs. 11/4785, 1 f.; Änderungsantrag BT-Drs. 11/4784, 1 f.), fand keine Mehrheit. 1476.4

Erst durch **Zinsabschlaggesetz v. 9.11.1992** (→ Rn. 54) wurde der Sparer-Freibetrag durch Änderungen in § 20 Abs. 4 **ab dem Veranlagungszeitraum 1993** von 600 DM auf 6.000 DM für Unverheiratete bzw. der gemeinsame Sparer-Freibetrag für Ehegatten von 1.200 DM auf 12.000 DM verzehnfacht. Hintergrund der Neuregelung war die gesetzgeberische Anerkennung der zunehmenden Bedeutung der Kapitalbildung und der damit erzielbaren Erträge für die existenzsichernde Eigenvorsorge vor allem im Alter, die insbesondere für die Altersversorgung des Mittelstandes wichtig sei. Trotz der Neuregelungen für eine effektive Kapitalertragsbesteuerung sollten daher kleinere und mittlere Zinseinkommen von der Einkommensteuer befreit werden. Um dies mit angemessenem Verwaltungsaufwand und in unionsrechtskonformer Weise zu erreichen, wurden die Sparer-Freibeträgt verzehnfacht und damit etwa 80% der Steuerpflichtigen künftig von der Besteuerung der Einkünfte aus Kapitalvermögen freigestellt (vgl. BT-Drs. 12/2501, 11). 1476.5

Das **StEntlG 1999/2000/2002 v. 24.3.1999** (→ Rn. 58) bewirkte **ab dem Veranlagungszeitraum 2000** eine Halbierung des Sparerfreibetrages von 6.000 DM auf 3.000 DM für Unverheiratete bzw. von 12.000 DM auf 6.000 DM für Ehegatten. Die Absenkung stand in Zusammenhang mit der Streichung bzw. Absenkung weiterer Freibeträge, war wegen der Gleichmäßigkeit der Besteuerung der unterschiedlichen Einkunftsarten geboten und diente der Finanzierung einer spürbaren Tarifabsenkung durch das StEntlG 1999/2000/2002 (BT-Drs. 14/23, 179). 1476.6

Während das **StEuglG v. 19.12.2000** (→ Rn. 60) den Sparer-Freibetrag des § 20 Abs. 4 lediglich im Zuge der Euroumstellung von 3.000 DM zu 1.550 EUR für Unverheiratete bzw. von 6.000 DM zu 3.100 EUR für Ehegatten umrechnete, bewirkte das **HBeglG 2004 v. 29.12.2003** (→ Rn. 66) ab dem Veranlagungszeitraum 2004 die Senkung des Sparer-Freibetrags von 1.550 EUR auf 1.370 für Unverheiratete bzw. von 3.100 EUR auf 2.740 EUR. 1476.7

Das **StÄndG 2007 v. 19.7.2006** (→ Rn. 69) senkte den Sparer-Freibetrag **ab dem Veranlagungszeitraum 2007** ab von 1.370 EUR auf 750 EUR für Unverheiratete bzw. von 2.740 EUR auf 1.500 EUR für Ehegatten. Dies diente der Haushaltskonsolidierung mit dem Ziel, Steuervergünstigungen so weit wie möglich abzubauen (BT-Drs. 16/1545, 1 und 8). 1476.8

1476.9 Schließlich überführte der Gesetzgeber durch das **UntStRefG 2008 v. 14.8.2007** (→ Rn. 72) den bisherigen Sparer-Freibetrag iHv 750 EUR und den bisherigen Werbungskostenpauschbetrag iHv 51 EUR (§ 9a S. 1 Nr. 2) mit § 20 Abs. 9 in einen einheitlichen Sparer-Pauschbetrag iHv 801 EUR und schloss den Ansatz der tatsächlichen Werbungskosten grundsätzlich aus. Die Abrundung auf einen „glatten" Betrag unterblieb dabei, um den Kreditinstituten die kostenintensive Umstellung auf einen neuen Freibetrag zu ersparen (Kirchhof/*Bleschick* § 20 Rn. 186).

1477 **Umstritten** ist, ob das Abzugsverbot des § 20 Abs. 9 S. 1 auch für solche Werbungskosten gilt, die bis zum 31.12.2008 geleistet wurden, aber im Zusammenhang mit Kapitaleinnahmen stehen, die erst nach diesem Stichtag zufließen. Gleiches gilt für Werbungskosten, die zwar nach dem 31.12.2008 abgeflossen sind, aber im Zusammenhang mit Kapitaleinnahmen stehen, die dem Steuerpflichtigen bis zu diesem Stichtag zugeflossen sind. Zutreffend kann es insofern allein auf die **Rechtslage in dem Zeitpunkt** ankommen, in dem die **Werbungskosten aus dem Vermögen des Steuerpflichtigen abgeflossen sind (§ 11 Abs. 2).** Zwar ist der Wortlaut des **§ 52a Abs. 10 S. 10** EStG **idF UntStRefG 2008** v. 14.8.2007 insofern nicht weiterführend, da er die Anwendung des § 20 Abs. 9 auf nach dem 31.12.2008 zufließende Kapitalerträge anordnet, ohne jedoch auf die Problematik der auseinanderfallenden Zeitpunkte von Einnahmen und Werbungskosten einzugehen. Allerdings ordnet **§ 52a Abs. 2** EStG idF UntStRefG 2008 v. 14.8.2007 die erstmalige Anwendung des § 2 Abs. 2 S. 2 und damit die Regelung, wonach § 20 Abs. 9 an die Stelle der §§ 9, 9a tritt, erstmals ab dem Veranlagungszeitraum 2009 an. Wegen des systematischen Zusammenhangs von § 2 Abs. 2 S. 2 und § 20 Abs. 9 (→ Rn. 145) und der damit verfolgten gesetzgeberischen Zielrichtung folgt daraus, dass § 2 Abs. 2 S. 2 für alle nach dem 31.12.2008 abfließenden Aufwendungen des Steuerpflichtigen, die grundsätzlich als Werbungskosten angesehen werden könnten, anzuwenden ist und somit nach § 20 Abs. 9 ein Abzugsverbot besteht, auch wenn die damit im Zusammenhang stehenden Einnahmen vor dem 1.1.2009 zugeflossen sind. Umgekehrt ist die Regelung gemäß § 2 Abs. 2 Nr. 2 für Veranlagungszeiträume bis 2008 noch nicht anzuwenden, sodass die Einkünfte aus Kapitalvermögen insoweit weiterhin durch den Überschuss der Einnahmen über die Werbungskosten ermittelt werden und alle Werbungskosten abzugsfähig sind (BFH 1.7.2014 – VIII R 53/12, BStBl. II 2014, 975; BFH 1.7.2014 – VIII R 54/13, BeckRS 2014, 96548; BFH 27.8.2014 – VIII R 60/13, BStBl. II 2015, 255; BFH 21.10.2014 – VIII R 48/12, BStBl. II 2015, 270; BFH 2.12.2014 – VIII R 34/13, BStBl. II 2015, 387; BFH 24.2.2015 – VIII R 44/12, BStBl. II 2015, 649; BFH 9.6.2015 – VIII R 12/14, BStBl. II 2016, 199; BFH 28.2.2018 – VIII R 41/15, BStBl. 2018 II 478; FG Niedersachsen 12.9.2012 – 4 K 316/10, BeckRS 2013, 94576; H 20.1 EStH 2018; BMF 18.1.2016, BStBl. I 2016, 85 Rn. 322, KSM/*Jochum* § 20 Rn. K 38 und K 77; **aA** FG Rheinland-Pfalz 14.12.2011 – 2 K 1176/11, EFG 2012, 1146; FG Düsseldorf 14.11.2012 – 2 K 3893/11 E, EFG 2013, 926; FG Köln 17.4. 2013 – 7 K 244/12, EFG 2013, 1328).

1477.1 Die aus dem Übergang vom Teileinkünfte- zum Abgeltungsteuerverfahren zum 1.1.2009 resultierenden Härten sind vor dem Hintergrund der mit Einführung der Abgeltungsteuer bezweckten Vereinfachung aus Vereinfachungsgründen hinzunehmen, da ihre Berücksichtigung zur Verkomplizierung der Besteuerung führen würde. Sie führen nicht zur Verfassungswidrigkeit der Übergangsregelung in § 52a Abs. 2 und Abs. 10 S. 10 (BFH 1.7.2014 – VIII R 53/12, BStBl. II 2014, 975; BFH 9.6.2015 – VIII R 12/14, BStBl. II 2016, 199; 28.2.2018 – VIII R 41/15, BStBl. II 2018, 478).

1478–1482 *Einstweilen frei*

2. Werbungskosten im Zusammenhang mit Kapitaleinkünften

1483 Die nachstehenden Ausführungen haben aufgrund der geltenden Übergangsregelungen in § 52a Abs. 2, Abs. 10 S. 10 EStG idF UntStRefG 2008 v. 14.8.2007 (→ Rn. 1477) Bedeutung für Werbungskosten, die bis zum 31.12.2008 aus dem Vermögen des Steuerpflichtigen abgeflossen sind. Eine darüber hinausgehende praktische Bedeutung besteht zum einen in Abgrenzung zu den nach § 20 Abs. 4 berücksichtigungsfähigen Anschaffungs- und Veräußerungskosten sowie den bei § 20 Abs. 1 Nr. 6 und Nr. 11 zu berücksichtigenden Erwerbsaufwendungen (vgl. Schmidt/*Levedag* § 20 Rn. 265), zum anderen in den Fällen der § 32d Abs. 2 Nr. 1 und Nr. 3, in denen die Anwendung von § 20 Abs. 9 ausgeschlossen und der Werbungskostenabzug damit nach allgemeinen Regelungen zulässig ist.

Bis zur Unternehmensteuerreform 2008 und der dadurch bewirkten umfassenden Erweiterung der Steuerbarkeit von Veräußerungsgewinnen berührten Kapitalforderungen betreffende Aufwendungen wie die Anschaffungskosten oder der Verlust des Kapitals die Einkunftsart des § 20 grundsätzlich nicht (BFH 16.4.1991 – VIII R 100/87, BStBl. II 1992, 234; BFH 22.9.2004 – III R 38/03, BFH/NV 2005, 202). Dies galt auch für die **Tilgung einer Kapitalforderung** (zur (Teil)Einziehung zur Tilgung: BFH 1.10.1996 – VIII R 88/94, BStBl. II 1997, 424; zur Teil-Kaufpreisrückzahlung für veräußerte GmbH-Geschäftsanteile: BFH 10.10.1995 – VIII R 56/91; BFH/NV 1996, 304; zur Sondertilgung: BFH 22.9.2005 – IX R 44/03, BFH/NV 2006, 279), da es sich insofern nicht um eine Erwerbsaufwendung, sondern um eine steuerneutrale Vermögensumschichtung handelte. **1483.1**

Aufwendungen zur **Abwehr von Gefahren für das Kapitalvermögen** waren ebenfalls nicht allgemein als Werbungskosten „zur Sicherung und Erhaltung der Einnahmen" iSd § 9 Abs. 1 S. 1 abziehbar, da die Zugehörigkeit eines der Einkünfteerzielung dienenden Wirtschaftsgutes zum Vermögen des Steuerpflichtigen bedroht war und damit nicht die Absicht der Einkünfteerzielung, sondern die Beeinträchtigung des Vermögens des Steuerpflichtigen im Vordergrund stand (Zinsen für Darlehen zur Finanzierung von Zugewinnausgleichsforderungen: BFH 11.5.1993 – IX R 25/89, BStBl. II 1993, 751; BFH 24.10.2012 – IX R 35/11, BFH/NV 2013, 522; Zinsen für Umschuldungsdarlehen zur Abwendung der Vollstreckung aus Grundpfandrechten: BFH 29.7.1997 – IX R 89/94, BStBl. II 1997, 772; BFH 17.12.2008 – IX R 11/08, BFH/NV 2009, 1100; für Zahlungen zur Abwendung einer Verwertung nach Verpfändung der Kapitalanlage zur Sicherheit: BFH 1.7.2003 – VIII R 30/02, BFH/NV 2003, 1560). **1483.2**

Der Begriff der Werbungskosten in § 9 Abs. 1 S. 1 hat bei den verschiedenen Überschusseinkünften nach § 2 Abs. 3 Nr. 4 bis Nr. 7 **keinen unterschiedlichen Inhalt.** Daher gelten die allgemeinen Grundsätze zu §§ 9, 9a auch im Zusammenhangmit Kapitaleinkünften entsprechend. Folglich kann zB für einen Werbungskostenabzug von Schuldzinsen bei den Einkünften aus Kapitalvermögen nicht verlangt werden, dass den Werbungskosten im selben Jahr Erträge in entsprechender Höhe gegenüberstehen. Maßgebend für den Abzug ist allein, dass **die Aufwendungen durch Erzielung von Einkünften dieser Einkunftsart veranlasst sind** (BFH 21.7.1981 – VIII R 154/76, BStBl. II 1982, 37). **1484**

Besteht für eine (vermeintliche) Kapitalüberlassung kein vernünftiger wirtschaftlicher Grund und ist die Gestaltung als missbräuchlich iSd § 42 AO anzusehen, ist der Abzug der damit im Zusammenhang stehenden Aufwendungen des Steuerpflichtigen ausgeschlossen (so für wechselseitige Darlehensverpflichtungen zur Aufrechterhaltung des Schuldzinsenabzugs: BFH 29.8.2007 – IX R 17/07, BStBl. II 2008, 502) **1484.1**

Entsprechend der grundsätzlich gebotenen **Einzelbetrachtung** (→ Rn. 331) ist der **wirtschaftliche** Zusammenhang im Bereich der Überschuss-Einkünfte für jede einzelne Kapitalanlage eigenständig festzustellen. Ein bloß rechtlicher Zusammenhang, etwa durch Besicherung einer sonstigen Verbindlichkeit mit einer Kapitalforderung oder umgekehrt, ist nicht ausreichend (vgl. BFH 18.11.1980 – VIII R 194/78, BStBl. II 1981, 510; BFH 18.12.1990 – VIII R 101/87, BFH/NV 1991, 734 mwN; BFH 29.7.1997 – IX R 89/94, BStBl. II 1997, 772; BFH 27.10.1998 – IX R 44/95, BStBl. II 1999, 676). Auch ein bloßer Willensakt des Steuerpflichtigen genügt zur Herstellung des wirtschaftlichen Zusammenhangs nicht. Vielmehr müssen **äußerlich erkennbare Beweisanzeichen** diesen **Zusammenhang eindeutig und nachvollziehbar belegen.** So können zB der zeitliche Zusammenhang, die Übereinstimmung der Höhe des Kredits mit den Ausgaben oder eine dem Gläubiger gegenüber abgegebene Begründung für die Weiterführung des Kredits einen wirtschaftlichen Zusammenhang begründen. Die **Feststellungslast** für das Vorliegen des wirtschaftlichen Zusammenhangs als Voraussetzung für die steuermindernde Berücksichtigung trifft den Steuerpflichtigen (BFH 24.4.1997 – VIII R 53/95, BStBl. II 1997, 682 mit umfangreichen Nachweisen; BFH 27.10.1998 – IX R 44/95, BStBl. II 1999, 676). **1485**

Ein derartiger Veranlassungszusammenhang liegt vor, wenn **objektiv ein Zusammenhang** der Aufwendungen mit der Überlassung von Kapital zur Nutzung besteht und **subjektiv die Aufwendungen zur Förderung der Nutzungsüberlassung** gemacht werden. Bei Aufwendungen wie Schuldzinsen und anderen Kreditkosten ist damit allein auf den **Zweck der Schuldaufnahme** abzustellen: Besteht dieser Zweck darin, Einkünfte aus Kapitalvermögen zu erzielen, und werden die aufgenommenen Mittel zweckentsprechend verwendet, so sind die Kreditkosten Werbungskosten im Rahmen dieser Einkunftsart (BFH 18.11.1980 – **1486**

VIII R 194/78, BStBl. II 1981, 510; BFH 21.7.1981 – VIII R 154/76, BStBl. II 1982, 37; BFH 9.8.1983 – VIII R 35/80, BStBl. II 1984, 27; BFH 26.11.1985 – IX R 64/82, BStBl. II 1986, 161; BFH 9.5.1989 – VIII R 184/82, BFH/NV 1990, 283; BFH 27.6.1989 – VIII R 30/88, BStBl. II 1989, 934; BFH 7.8.1990 – VIII R 67/86, BFHE 162, 48; BFH 15.12.1992 – VIII R 27/91, BFH/NV 1993, 599; BFH 1.10.1996 – VIII R 68/94, BStBl. II 1997, 454; BFH 24.4.1997 – VIII R 53/95, BStBl. II 1997, 682; BFH 24.4.1997 – VIII R 12/95, BFH/NV 1998, 290; BFH 29.7.1997 – IX R 89/94, BStBl. II 1997, 772; BFH 7.7.1998 – VIII R 5/96, BStBl. II 1999, 209; BFH 27.10.1998 – IX R 44/95, BStBl. II 1999, 676; BFH 30.6.2009 – VIII B 8/09, BFH/NV 2009, 1977). Dies gilt bei **unfreiwilliger Kapitalüberlassung** (dazu grundlegend → Rn. 352 ff.) entsprechend (so zu Finanzierungskosten einer Steuernachforderung, die später zu einer Erstattung und steuerbaren Erstattungszinsen iSd § 20 Abs. 1 Nr. 7 führt: BFH 28.2.2018 – VIII R 53/14, DStR 2018, 1655 Rn. 17 ff.).

1487 Stehen die **Aufwendungen zu mehreren Einkunftsarten in einem objektiven wirtschaftlichen Zusammenhang,** entscheidet nach ständiger Rechtsprechung der engere und wirtschaftlich vorrangige Veranlassungszusammenhang. Danach sind Aufwendungen der Einkunftsart zuzuordnen, die im Vordergrund steht und Beziehungen zu den anderen Einkünften verdrängt (BFH 3.12.1982 – VI R 228/80, BStBl. II 1983, 467; BFH 17. 7.1992 – VI R 125/88, BStBl. II 1993, 111; BFH 5.4.2006 – IX R 111/00, BStBl. II 2006, 654; BFH 28.6.2007 – VI B 23/07, BFH/NV 2007, 1870; BFH 25.11.2010 – VI R 34/08, BStBl. II 2012, 24; BFH 16.11.2011 – VI R 97/10, BStBl. II 2012, 343; BFH 10.4.2014 – VI R 57/13, BStBl. II 2014, 850; BFH 8.7.2015 – VI R 77/14, BStBl. II 2016, 60; BFH 3.9.2015 – VI R 58/13, BStBl. II 2016, 305).

1488 Aufwendungen sind etwa in vollem Umfang durch die Erzielung von Einkünften aus Kapitalvermögen veranlasst, **wenn sie für eine Schuld geleistet werden, deren Gegenwert die entgeltliche Überlassung von Kapital zur Nutzung ermöglicht oder fördert** (BFH 21.7.1981 – VIII R 154/76, BStBl. II 1982, 37). Ob der Steuerpflichtige die mit einem Darlehen finanzierten Aufwendungen auch durch eigene Mittel hätte bestreiten können, ist wegen der allein auf den Zweck abstellenden wertungsfreien Betrachtung unerheblich (BFH 4.7.1990 – GrS 2/88 und GrS 3/88, BStBl. II 1990, 817 für ein gemischtes Kontokorrentkonto zur Abwicklung betrieblicher wie privater Zahlungen; BFH 2.8.1994 – IX R 21/91, BFH/NV 1995, 203; BFH 8.12.1997 – GrS 1/95 und GrS 2/95, BStBl. II 1998, 193 für das sog. Mehr-Konten-Modell mit getrennten Kontokorrentkonten für betriebliche und private Zwecke). Aufwendungen sind dabei auch dann in vollem Umfang als Werbungskosten anzusetzen, wenn sie **teilweise auf einen nichtsteuerbaren Kapitalrückzahlungsanteil entfallen** (BFH 30.10.2001 – VIII R 29/00, BStBl. II 2006, 223) oder wenn sie zumindest auch auf einen steuerfreien Anteil entfallen und damit nicht nur der Erzielung von Erträgen, sondern auch der Sicherheit und dem Bestand der Kapitalanlagen dienen (zB Depot- und Verwaltungsgebühren; BFH 4.5.1993 – VIII R 7/91, BStBl. II 1993, 832; BFH 4.5.1993 – VIII R 89/90, BFH/NV 1994, 225; 24.11.2009 – VIII R 11/07, BFH/NV 2010, 1417; 24.11.2009 – VIII R 30/07, HFR 2010, 1033; enger wohl R 20.1 Abs. 1 S. 2 EStH 2018). Berücksichtigungsfähig sind die Aufwendungen auch dann, wenn bei der jeweiligen Kapitalanlage die **Absicht zur Erzielung steuerfreier Vermögensvorteile nicht im Vordergrund steht** und nur mitursächlich für die Anschaffung der ertragbringenden Kapitalanlage war (BFH 24.11.2009 – VIII R 11/07, BFH/NV 2010, 1417 mwN).

1488.1 Typische Werbungskosten für Kapitaleinkünfte:

Aufwendungen, die nur mangels individueller Zurechenbarkeit zur Anschaffung einer Kapitalanlage ausnahmsweise nicht als Anschaffungsnebenkosten einer Kapitalanlage iSd § 255 Abs. 1 S. 2 HGB qualifiziert werden könnten (→ Rn. 1300.1).

Beratungskosten bei fehlgeschlagener Veräußerung einer privaten Beteiligung (FG Münster 2.10.2019 – 3 K 719/18 E, EFG 2019, 1900).

Depot- und Verwaltungsgebühren (→ Rn. 1488).

Fachliteratur (R 20.1 Abs. 2 S. 1 EStH 2018).

Geldbeschaffungskosten (BFH 26.2.1985 – VIII R 59/83, BFH/NV 1985, 69; BFH 22.9.2005 – IX R 44/03, BFH/NV 2006, 279).

Gebühren für Dauertestamentsvollstreckung über geerbtes Kapitalvermögen (BFH 8.11.2017 – IX R 32/16, BStBl. II 2018, 191).

Inanspruchnahme aus selbstschuldnerischer Bürgschaft des Gesellschafters für Gesellschaftsschulden (BFH 8.12.1992 – VIII R 99/90, BFH/NV 1993, 654; BFH 19.4.2005 – VIII R 45/04, BFH/NV 2005, 1545; BFH 18.5.2005 – VIII B 141/04, BFH/NV 2005, 1783; BFH 29.10.2013 – VIII R 13/11, BStBl. II 2014, 251; BFH 29.10.2013 – VIII R 14/11, BeckRS 2014, 94493; BFH 29.10.2013 – VIII R 15/11, BeckRS 2014, 94498).

Kurssicherungsaufwendungen zum Ausschluss eines Wechselkursrisikos (Gegenleistung für die Kapitalnutzung: BFH 22.9.2005 – IX R 44/03, BFH/NV 2006, 279).

Nebenkosten der Darlehensaufnahme, insbesondere Bereitstellungszinsen und regelmäßig das **Damnum** (BFH 7.11.1989 – IX R 190/85, BStBl. II 1990, 460; BFH 14.6.1994 – VIII R 14/93, BFH/NV 1995, 377 mwN; BFH 22.9.2005 – IX R 44/03, BFH/NV 2006, 279).

Negativzinsen auf Sichtguthaben (→ Rn. 1028).

Notargebühren zur Besicherung eines Darlehens (BFH 1.10.2002 – IX R 72/99, BStBl. II 2003, 399). Gleiches gilt für **Grundbuchkosten** zur Eintragung einer dinglichen Sicherung sowie die **Kosten für die Stellung von Personalsicherheiten** (Bürgschaftsentgelte, Avalprovisionen etc).

Nutzungsersatz bei Rückabwicklung von Darlehensverträgen (FG Hessen 6.11.2018 – 12 K 1328/17, BeckRS 2018, 41273; FG Köln 14.8.2019 – 14 K 719/19, EFG 2020, 101, Rev. VIII R 30/19).

Rechtsanwalts- und Verfahrenskosten mit konkretem Bezug zu Kapitalanlagen (BFH 13.7.1993 – VIII R 41/92, BFHE 173, 22; BFH 22.9.2004 – III R 38/03, BFH/NV 2005, 202; R 20.1 Abs. 2 S. 1 EStH 2018).

Refinanzierungskosten (BFH 16.4.1991 – VIII R 100/87, BStBl. II 1992, 234; BFH 14.7.1992 – VIII R 49/90, BFH/NV 1993, 16; BFH 10.11.1992 – VIII R 98/90, BFH/NV 1993, 468; BFH 27.3.2007 – VIII R 64/05, BStBl. II 2007, 639; BFH 27.3.2007 – VIII R 28/04, BStBl. II 2007, 699; BFH 12.9.2007 – VIII R 38/04, BFH/NV 2008, 37; BFH 2.4.2014 – VIII R 26/11, BFH/NV 2014, 1745; BFH 9.7.2019 – X R 9/17, BFH/NV 2020, 124).

Reisekosten zu Haupt- und Gesellschafterversammlungen (R 20.1 Abs. 2 S. 1 EStH 2018).

Rückzahlung von Erwerbszuschüssen, etwa von INVEST-Zuschüssen nach Wegfall der Bezugsvoraussetzungen (→ § 3 Nr. 71 Rn. 66).

Rückzahlung von Gewinnvorschüssen bei stiller Gesellschaft (**aA** HHR/*Intemann* § 20 Rn. 161: negative Einnahme).

Schuldzinsen zur Finanzierung der Einmal-Einzahlung in eine Versicherung, deren Leistungen nach § 20 Abs. 1 Nr. 6 steuerbar sind (BFH 11.12.2018 – VIII R 7/15, BStBl. II 2019, 231).

Sonstige Kreditkosten (BFH 18.11.1980 – VIII R 194/78, BStBl. II 1981, 510; BFH 27.10.1998 – IX R 44/95, BStBl. II 1999, 676; BFH 22.9.2005 – IX R 44/03, BFH/NV 2006, 279).

Verfahrenskosten des Gesellschafters aus zivilrechtlichen Streitigkeiten mit der Kapitalgesellschaft (FG Münster 14.5.2019 – 2 K 3677/16 E, EFG 2019, 1680, Rev. VIII R 18/19).

Verlustanteile aus Saldierung von Privat- und Verlustkonten beim Ausscheiden eines typisch stillen Gesellschafters iSd § 20 Abs. 1 Nr. 4 (BFH 23.2.2007 – VIII B 105/06, BFH/NV 2007, 1118; BFH 28.1.2014 – VIII R 5/11, BFH/NV 2014, 1193; HHR/*Intemann* § 20 Rn. 142; Schmidt/*Levedag* § 20 Rn. 267; *Groh* DB 2004, 668 (670); *Schmitt-Homann* BB 2010, 351 (352); **aA** für negative Einnahmen: *Kleinmanns* DStR 2009, 2359 (2361); *Rockoff/Weber* DStR 2010, 363 (366); *Czisz/Krane* DStR 2010, 2226 (2229); für eine telelogische Reduktion von § 20 Abs. 9 insofern: KSM/*Jochum* § 20 Rn. C/4 104 und K42). Abfluss iSd § 11 Abs. 2 S. 1 in dem Zeitpunkt, in dem die Feststellung des Jahresabschlusses, Berechnung des Verlustanteils des stillen Gesellschafters und die Abbuchung des Verlustanteils von der Einlage des stillen Gesellschafters (BFH 23.2.2007 – VIII B 105/06, BFH/NV 2007, 1118).

Vom Stillhalter gezahlte Glattstellungsprämien iSd § 20 Abs. 1 Nr. 11 Hs. 2 (→ Rn. 1139).

Vom Stillhalter gezahlter Bauausgleich bzw. Differenzausgleich (*Philipowski* DStR 2017, 1362 (1364 und 1367); ähnlich: *Helios/Philipp* BB 2010, 95 (96): Anschaffungspreisminderung iSd § 255 Abs. 1 S. 3 HGB; **aA** nicht abzugsfähig: BMF 18.1.2016, BStBl. I 2016, 85 Rn. 34; *Haisch* DStZ 2007, 762 (771); Ansatz als negativer Kapitalertrag: KSM/*Jochum* § 20 Rn. C/11 12).

Vorabverwaltungsgebühr unabhängig von der Art und Weise der Kapitalanlage (BFH 24.2.2015 – VIII R 44/12, BStBl. II 2015, 649, zugleich gegen die Einordnung vorab erhobener Verwaltungsgebühren als Gestaltungsmissbrauchs iSd § 42 AO).

Vorfälligkeitsentschädigungen (BFH 6.12.2005 – VIII R 34/04, BStBl. II 2006, 265; BFH 26.5.2011 – VIII B 187/10, BFH/NV 2011, 1518).

Zahlungen eines GmbH-Gesellschafters an Mitgesellschafter, die ihn in die Lage versetzen, seine Gesellschafterrechte wahrzunehmen und damit auf die Geschäftsführung und das Ausschüttungsverhalten der GmbH Einfluss zu nehmen sowie zur Sicherung und Erhaltung der Beteiligung beizutragen (BFH 28.9.1993 – VIII R 84/91, BFH/NV 1994, 618).

Zinsbegrenzungsprämien durch sog. Zinscap-Gebühren (BFH 12.10.2011 – VIII R 49/09, BStBl. II 2014, 156).

1489 Soweit das Darlehen **anteilig auch zur Erzielung von anderen Überschusseinkünften als Kapitaleinkünften** verwendet wird, ist der Abzug der Zinsen anteilig als Werbungskosten bei diesen Einkunftsarten zulässig. Im Übrigen ist der Abzug nach § 20 Abs. 9 S. 1 (hinsichtlich des durch die Erzielung von Kapitaleinkünften veranlassten Anteils) und nach § 12 Nr. 1 bezüglich eines ggf. privat veranlassten Anteils ausgeschlossen (BFH 27.10.1998 – IX R 44/95, BStBl. II 1999, 676). Bei einer **teilentgeltlichen Kapitalüberlassung zu marktunüblichen Bedingungen,** etwa einem deutlich unter dem Marktzins liegenden Zinssatz, sind die Aufwendungen für die Refinanzierung ungeachtet des Abzugsverbots nach Abs. 9 S. 1 nach allgemeinen Grundsätzen zu dem Bruchteil nicht als Werbungskosten bei den Einkünften aus § 20 abziehbar, zu dem das Kapital unentgeltlich überlassen wird (BFH 25.7.2000 – VIII R 35/99, BStBl. II 2001, 698). Wenn die Aufwendungen im unmittelbaren Zusammenhang mit **vollständig steuerfreien Einnahmen** stehen, besteht nach § 3c ein Abzugsverbot der Aufwendungen (zB für Kreditzinsen zur Finanzierung der nicht steuerbaren Risikoleistung einer Kapitallebensversicherung und der Erwirtschaftung steuerfreier Zinsen auf den Sparanteil (BFH 25.7.2000 – VIII R 35/99, BStBl. II 2001, 698; BFH 27.8.2013 – VIII R 3/11, BStBl. II 2014, 560).

1490 Werden Darlehensmittel **nur teilweise für Erwerbszwecke zu einem Betriebsvermögen genutzt,** im Übrigen aber für Kosten der Lebensführung oder für durch andere Einkunftsarten veranlasste Zwecke verwendet, so ist die Verbindlichkeit – ungeachtet dessen, dass sie auf einer einheitlichen zivilrechtlichen Vertragsgrundlage beruht – nur in dem der Verwendung des Darlehens für betriebliche Zwecke entsprechenden Umfang dem Betriebsvermögen zuzurechnen. Die für den Kredit entrichteten Zinsen können daher nur anteilig als Betriebsausgaben abgezogen werden (BFH 4.7.1990 – GrS 2/88 und GrS 3/88, BStBl. II 1990, 817 mwN; BFH 26.6.1991 – XI R 22/88, BFH/NV 1992, 25). Bei **teilweiser Verwendung für die Finanzierung von Sonderausgaben** können die Aufwendungen anteilig als Sonderausgaben abgezogen werden (BFH 10.6.1986 – IX R 11/86, BStBl. II 1986, 894; **aA** BFH 25.7.2000 – VIII R 35/99, BStBl. II 2001, 698); dies gilt für Finanzierungsaufwendungen im Zusammenhang mit außergewöhnlichen Belastungen entsprechend.

1491 Für die Bestimmung des Veranlassungszusammenhangs **entscheidend ist zunächst der erste Zweck** des Kapitalnutzungsverhältnisses. Beim Darlehen wird die Darlehensverbindlichkeit mit der erstmaligen Verwendung der Darlehensvaluta einem bestimmten Zweck unterstellt. Dieser Zweck besteht, sofern das Refinanzierungsdarlehen nicht vorher abgelöst wird, grundsätzlich solange fort, bis die Tätigkeit oder das Rechtsverhältnis im Sinne der betreffenden Einkunftsart endet. Voraussetzung einer sog. **Umwidmung** ist es, dass die durch die erstmalige tatsächliche Verwendung der Kapitalforderung eingetretene Zuordnung zu einer bestimmten Einkunftsart oder ggf. zur privaten Vermögenssphäre eindeutig beendet worden ist. Nach ständiger Rechtsprechung des BFH kann der einmal entstandene wirtschaftliche Zusammenhang der Schuldzinsen mit einer bestimmten Einkunftsart nicht durch eine bloße Willensentscheidung des Steuerpflichtigen hergestellt oder geändert werden (stRspr seit BFH 7.3.1995 – VIII R 9/94, BStBl. II 1995, 697 unter Aufgabe früherer Rechtsprechung; BFH 17.4.1997 – VIII R 48/95, BFH/NV 1998, 20; BFH 24.4.1997 – VIII R 53/95, BStBl. II 1997, 682; BFH 24.4.1997 – VIII R 12/95, BFH/NV 1998, 290; BFH 7.7.1998 – VIII R 57/96, BFH/NV 1999, 594; BFH 27.3.2001 – VIII B 124/00, BFH/NV 2001, 907; BFH 30.6.2009 – VIII B 8/09, BFH/NV 2009, 1977). Die ausdrückliche oder stillschweigende Zustimmung des Gläubigers zur Zweckänderung des Darlehens kann dabei ein gewichtiges für die Umwidmung sprechendes Indiz im Sinne einer Beweiserleichterung bilden (BFH 7.3.1995 – VIII R 9/94, BStBl. II 1995, 697 mwN). Aus der Teilbarkeit in Geld bestehender Kapitalanlagen ergibt sich, dass sich der wirtschaftliche Zusammenhang von Erwerbsaufwendungen mit einer Kapitalanlage oder einer Kapitalanlage mit bestimmten Einkünften auch teilweise ändern kann (BFH 1.10.1996 – VIII R 88/94, BStBl. II 1997, 424; BFH 17.12.1996 – VIII R 39/95, BFH/NV 1997, 644).

1491.1 Eine **betrieblich begründete Darlehensverbindlichkeit** kann in das Privatvermögen überführt werden, wenn der Steuerpflichtige mit dem Darlehen ein betrieblichen Zwecken dienendes Wirtschaftsgut erwirbt und dieses zu einem späteren Zeitpunkt dem Betrieb entnimmt oder wenn er die Darlehensmittel entgegen der ursprünglichen Absicht für private Zwecke verwendet (BFH 4.7.1990 – GrS 2/88 und GrS 3/88, BStBl. II 1990, 817 mwN)

Wird ein **kreditfinanziertes Wirtschaftsgut in anderer Weise als bisher zur Erzielung von** 1491.2
Einkünften verwendet, so dient das Darlehen der Finanzierung dieser neuen Tätigkeit und die Schuldzinsen können den Erträgen aus der neuen Verwendung gegenübertreten (BFH 15.12.1992 – VIII R 27/91, BFH/NV 1993, 599; BFH 24.4.1997 – VIII R 53/95, BStBl. II 1997, 682; BFH 7.7.1998 – VIII R 5/96, BStBl. II 1999, 209 jeweils mwN).

Wird ein mit Darlehensmitteln angeschafftes oder hergestelltes, bislang zur Erzielung von Überschus- 1491.3
seinkünften verwendetes **Wirtschaftsgut** (zB durch Vermietung und Verpachtung) **veräußert** und der Veräußerungserlös vollständig zum Zwecke der Einkünfteerzielung eingesetzt (zB durch Wertpapiere, Festgeldanlage etc), so sind die für das aufrechterhaltene Darlehen gezahlten Zinsen als Werbungskosten der Einkünfte aus Kapitalvermögen aus der neuen Kapitalanlage zu berücksichtigen (BFH 18.12.1990 – VIII R 101/87, BFH/NV 1991, 734; BFH 18.12.1990 – VIII R 34/88, BFH/NV 1991, 593; BFH 1.10.1996 – VIII R 68/94, BStBl. II 1997, 454; BFH 4.9.2000 – IX R 44/97, BFH/NV 2001, 310; BFH 7.6.2016 – VIII R 32/13, BStBl. II 2016, 769).

Wird ein Darlehen ganz oder teilweise getilgt, sodass die Darlehensforderung gemäß § 362 1491.4
Abs. 1 BGB erlischt, entfällt diese insoweit als Einkunftsquelle iSd § 20 Abs. 1 Nr. 7. Im Falle einer refinanzierten Darlehensforderung als Einkunftsquelle führt die ratenweise Tilgung der Darlehensforderung grundsätzlich dazu, dass die im Zusammenhang mit einem Refinanzierungskredit fortan entstehenden Schuldzinsen in Höhe desjenigen Bruchteils keine Werbungskosten bei der nämlichen Kapitalanlage mehr darstellen, der dem Verhältnis (Quotienten) zwischen Tilgungsbetrag und vorheriger Höhe der Kapitalforderung entspricht. Dies gilt nicht nur für einen ursprünglich aufgenommenen Refinanzierungskredit, sondern auch für einen Kredit, der an seine Stelle getreten ist, weil er aufgenommen worden ist, um den ursprünglichen Refinanzierungskredit zu tilgen (BFH 1.10.1996 – VIII R 88/94, BStBl. II 1997, 424; BFH 25.7.2000 – VIII R 35/99, BStBl. II 2001, 698; BFH 25.1.2001 – IX R 27/97, BStBl. II 2001, 573).

Für die **Rechtslage bis zur Einführung des Abgeltungsteuersystems** durch das 1492
Unternehmensteuerreformgesetz 2008 lehnte der BFH eine Veranlassung von Schuldzinsen und anderen Kreditkosten durch die Erzielung von Kapitaleinkünften zu Recht ab, wenn die Aufwendungen zwar objektiv mit der Überlassung von Kapital zusammenhingen, aber subjektiv vorwiegend zur Ausnutzung von Wertsteigerungen im Vermögen gemacht wurden, deren Realisierung nicht steuerbar war. Die Ausgaben wurden dann nicht zur Erzielung von Kapitalerträgen gemacht, sondern fielen bei einer Kapitalüberlassung an, welche nicht den Tatbestand der Einkünfteerzielung nach § 20 erfüllt. Unter Berücksichtigung dieser Zurechnungsgrundsätze gehörten weder die durch die Veräußerung einer Kapitalanlage veranlassten Aufwendungen (sog. Veräußerungskosten) noch die für den Erwerb eines solchen Wirtschaftsguts anfallenden Anschaffungskosten oder Anschaffungsnebenkosten zu den Werbungskosten bei den Einkünften aus Kapitalvermögen. Dies galt nicht nur für den Fall der Anschaffung von Wertpapieren oder anderen Kapitalanlagen, sondern auch für Erwerbs- und Erwerbsnebenkosten (BFH 21.7.1981 – VIII R 154/76, BStBl. II 1982, 37; BFH 15.12.1987 – VIII R 281/83, BStBl. II 1989, 16; BFH 24.5.2011 – VIII R 46/09, BStBl. II 2011, 920 mwN).

Außerdem sah der BFH den **wirtschaftlichen Zusammenhang** als entfallen an und 1493
erkannte Aufwendungen daher **nicht als nachträgliche Werbungskosten** an, sobald eine Kapitalanlage veräußert wurde oder eine Kapitalüberlassung zB infolge Eröffnung des Insolvenzverfahrens zwangsweise endete, da die auf die Zeit nach der Veräußerung der Kapitalanlage entfallenden Schuldzinsen, insoweit sie Gegenleistung für die Überlassung von Kapital darstellten, nicht mehr der Erzielung von Einnahmen aus Kapitalvermögen dienten (BFH 1.10.1996 – VIII R 88/94, BStBl. II 1997, 424 mwN; BFH 30.3.1999 – VIII R 30/96, BFH/NV 1999, 1321; BFH 23.2.2007 – VIII B 105/06, BFH/NV 2007, 1118 mwN; BFH 16.3.2010 – VIII R 20/08, BStBl. II 2010, 787).

Für die **Rechtslage ab Inkrafttreten des § 20 Abs. 2 EStG** idF UntStRefG 2008 ist 1494
diese Rechtsansicht überholt. Durch die Beendigung der Einkünfteerzielung aus Kapitalvermögen wird der **ursprüngliche Veranlassungszusammenhang nicht mehr unterbrochen.** Nachträgliche, dh nach der Veräußerung anfallende Schuldzinsen sind nach wie vor durch die zur Erzielung von Einkünften aus Kapitalvermögen aufgenommenen Schulden ausgelöst, die bei Veräußerung oder Aufgabe der Beteiligung nicht abgelöst werden konnten.

Die nachträglichen Schuldzinsen dienen mithin der Finanzierung eines steuerrechtlich erheblichen Veräußerungsgewinns oder -verlusts (BFH 16.3.2010 – VIII R 20/08, BStBl. II 2010, 787).

1495–1499 *Einstweilen frei*

3. Abzugsverbot tatsächlicher Werbungskosten, Sparer-Pauschbetrag (§ 20 Abs. 9 S. 1 bis S. 4)

1500 Unterfallen Kapitalerträge dem Abgeltungsteuersystem, so ist nach § 20 Abs. 9 S. 1 Hs. 2 der **Abzug der tatsächlichen Werbungskosten** von den Einnahmen aus Kapitalvermögen **ausgeschlossen.** Dies bewirkt grundsätzlich eine **Bruttobesteuerung** der Einnahmen aus Kapitalvermögen (Kirchhof/*Bleschick* § 20 Rn. 186). Allerdings weicht der Gesetzgeber von diesem Grundsatz dadurch ab, dass er bei einzelnen Einkunftsquellen den Abzug von Erwerbsaufwendungen zulässt (→ Rn. 1474, zur **Verletzung des verfassungsrechtlichen Gleichheitsgrundsatzes** → Rn. 284 ff.).

Gestaltungshinweise:

1500.1 Durch zulässige Gestaltungen – etwa durch Zwischenschaltung eines Fonds-Vehikels – ist leicht möglich, eigentlich als Werbungskosten anzusehende und dem Abzugsverbot des Abs. 9 S. 1 unterfallende Erwerbsaufwendungen als Anschaffungs- oder Veräußerungskosten auszugestalten und daher deren steuerliche Berücksichtigung zu erreichen (Kirchhof/*Bleschick* § 20 Rn. 186; *Dinkelbach* DB 2009, 870 (871)).

1500.2 Sofern eine Kapitalanlage die Voraussetzungen für die Zuordnung als gewillkürtes Betriebsvermögen erfüllt (→ Rn. 1431 ff., → Rn. 1442 und → Rn. 1446), ist die Ausübung dieses Zuordnungswahlrechts eine Gestaltungsmöglichkeit (*Graf/Paukstadt* FR 2011, 249 (264 f.)).

1500.3 Denkbar ist auch, Vergütungsstrukturen hin zu individualisierten Regelungen – etwa in Form transaktionsbezogener Erfolgsprämien – auszugestalten und als Veräußerungskosten steuermindernd abzuziehen (*Ebner* NWB 2008, 2795 (2801); zB für All-in-Fee: *Graf/Paukstadt* FR 2011, 249 (252) → Rn. 1286.2)

1500.4 Zudem kann es zur Geltendmachung von (insbesondere hohen) Erwerbsaufwendungen bei einer Beteiligung an einer Kapitalgesellschaft von mindestens 25% bzw. – bei zusätzlich beruflicher Tätigkeit für die Kapitalgesellschaft – mit mindestens 1% vorteilhaft sein, nach § 32d Abs. 2 Nr. 3 zur Versteuerung nach dem Teileinkünfteverfahren zu optieren § 20 Abs. 9 findet in diesem Fall keine Anwendung. Ggf kann auch die Einlage in ein Betriebsvermögen bzw. in eine Kapitalgesellschaft vorteilhaft sein (Korn/*Hamacher/Dahm* § 20 Rn. 459).

1501 § 20 Abs. 9 S. 1 Hs. 1 lässt statt des Abzugs der tatsächlichen Werbungskosten bei der Ermittlung der Einkünfte aus Kapitalvermögen den Abzug eines Betrages von maximal (→ Rn. 1508) 801 EUR **als Werbungskosten** (sog. **Sparer-Pauschbetrag**) zu. Der Abzug „als" Werbungskosten sowie die Bezeichnung als „Pauschbetrag" bedeutet die Abzugsfähigkeit von steuermindernden Aufwendungen, ohne dass dem Steuerpflichtigen tatsächlich in dieser Höhe Aufwendungen angefallen sind (Blümich/*Ratschow* § 20 Rn. 486) und dass die sonst notwendige Kausalität zwischen den Aufwendungen und Einkünften erforderlich wäre. Damit entfallen sowohl die Nachweisschwierigkeiten des Steuerpflichtigen als auch der Überprüfungsaufwand der Finanzverwaltung. Mit dem Ansatz des Sparer-Pauschbetrags wird nach der Vorstellung des Gesetzgebers sowohl eine Typisierung hinsichtlich der Höhe der Werbungskosten in den unteren Einkommensgruppen vorgenommen als auch berücksichtigt, dass mit einem relativ niedrigen Proportionalsteuersatz von 25% die Werbungskosten in den oberen Einkommensgruppen mit abgegolten werden (BT-Drs. 16/4841, 57; zur Kritik hieran → Rn. 290).

1502–1503 *Einstweilen frei*

4. Gemeinsamer Sparer-Pauschbetrag bei Ehegatten und Lebenspartnern (§ 20 Abs. 9 S. 2 und S. 3)

1504 Ehegatten, die zusammen veranlagt werden, wird nach **Abs. 9 S. 2** (bei Lebenspartnern: iVm § 2 Abs. 8) ein gemeinsamer Sparer-Pauschbetrag von maximal (→ Rn. 1508)

1.602 EUR gewährt. Dies zeigt, dass es sich bei dem nach S. 2 gewährten Freibetrag nicht um einen gesonderten, sondern um einen den Ehegatten bzw. eingetragene Lebenspartnern (§ 2 Abs. 8) gemeinsam zustehenden Pauschbetrag handelt (Blümich/*Ratschow* § 20 Rn. 484a).

Der gemeinsame Sparer-Pauschbetrag ist gemäß **Abs. 9 S. 3 Hs. 1** bei der Einkünfteer- 1505
mittlung **bei jedem Ehegatten zunächst je zur Hälfte** abzuziehen. Sind die Kapitalerträge eines Ehegatten niedriger als 801 EUR, so ist der anteilige Sparer-Pauschbetrag gemäß **Abs. 9 S. 3 Hs. 2** insoweit, als er die Kapitalerträge dieses Ehegatten übersteigt, bei dem anderen abzuziehen. Kann ein Ehegatte den auf ihn entfallenden Pauschbetrag also wegen fehlender Einnahmen nicht voll oder gar nicht in Anspruch nehmen, so erhöht sich insoweit der hälftige Pauschbetrag des anderen Ehegatten um den nicht verbrauchten Betrag des anderen (HHR/*Buge* § 20 Rn. 686). Dies gilt bei Lebenspartnerschaften entsprechend (§ 2 Abs. 8).

Im ursprünglichen Gesetzesentwurf zu Abs. 9 S. 3 war der Abzug des überschießenden Sparer- 1505.1
Pauschbetrags nur mit der allgemeineren Formulierung „so ist der anteilige Sparer-Pauschbetrag beim anderen Ehegatten" erfasst. Die Erweiterung, „insoweit, als er die Kapitalerträge dieses Ehegatten übersteigt", dient der Klarstellung, dass bei dem gemeinsamen Sparer-Pauschbetrag – wie nach der zuvor bestehenden Rechtslage – nur der die Kapitalerträge übersteigende Betrag bei dem anderen Ehegatten abgezogen werden kann (BT-Drs. 16/5491, 18). Dies macht zudem deutlich, dass der nicht genutzte Sparer-Pauschbetrag eines Ehegatten nur **von den Kapitaleinkünften eines Ehegatten,** nicht aber allgemein von dessen Einkünften nach anderen Einkunftsarten **abgezogen werden darf.**

Einstweilen frei 1506–1507

5. Anrechnungshöchstgrenze des Sparer-Pauschbetrags

Nach § 20 **Abs. 9 S. 4** dürfen der Sparer-Pauschbetrag und der gemeinsame Sparer- 1508
Pauschbetrag nicht höher sein als die nach Maßgabe des § 20 Abs. 6 verrechneten Kapitalerträge. In der Fassung des ursprünglichen Entwurfs war Abs. 9 S. 4 noch dahingehend formuliert, dass der Pauschbetrag nicht höher sein darf als die um eine abzuziehende ausländische Steuer geminderten Kapitalerträge (BT-Drs. 16/4841, 9). Der Wortlaut wurde auf Vorschlag des Finanzausschusses jedoch zum heutigen Wortlaut hin geändert. Die Änderung in Abs. 9 S. 4 war damit eine Folgeänderung aufgrund der ebenfalls durch den Finanzausschuss vorgeschlagenen beschränkten Verlustverrechnung bei Erträgen aus Aktienveräußerungen gemäß Abs. 6 S. 4 und erschien geboten, um dem Steuerpflichtigen eine auch im Fall von Verlusten aus der Veräußerung von Aktien, die nach Abs. 6 S. 4 nicht mit anderen positiven Kapitalerträgen verrechnet werden dürfen (→ Rn. 1392), die vollumfängliche Geltendmachung des Sparer-Pauschbetrages für die im Übrigen erzielten Kapitalerträge zu ermöglichen. Mit der Ergänzung wird daher erreicht, dass **nur der Saldo der verrechenbaren Kapitalerträge für die Bemessung des Sparer-Pauschbetrages maßgebend** ist (BT-Drs. 16/5491, 18 mit Berechnungsbeispiel).

Schließlich wurde die Möglichkeit des Abzugs einer abzuziehenden ausländischen Steuer 1509
von den positiven Kapitaleinkünften durch JStG 2009 v. 19.12.2008 (→ Rn. 73; zur zeitlichen Anwendbarkeit → Rn. 99) gestrichen. Hierbei handelte es sich aus Sicht des Gesetzgebers um eine redaktionelle Bereinigung, da ausländische Steuern auf Kapitalerträge ausschließlich durch Anrechnung auf die deutsche Steuer berücksichtigt werden und der Fall einer abzuziehenden ausländischen Steuer daher nicht vorkommen kann (BT-Drs. 16/10189, 51).

Durch die Formulierung „dürfen nicht höher sein als die […] Kapitalerträge" stellt der 1510
Gesetzgeber sicher, dass der zu verrechnende Pauschbetrag höchstens genauso hoch ist wie die positiven Kapitaleinkünfte. Damit ist die **Erzielung negativer Einkünfte** durch Verrechnung eines Pauschbetrages, der die positiven Kapitaleinkünfte betragsmäßig übersteigt, **ausgeschlossen** (BFH 1.7.2014 – VIII R 53/12, BStBl. II 2014, 975; BMF 18.1.2016, BStBl. I 2016, 85 Rn. 119b; Schmidt/*Weber-Grellet*, 36. Aufl. 2017, § 20 Rn. 207).

f) Vermietung und Verpachtung (§ 2 Absatz 1 Satz 1 Nummer 6)

§ 21 [Einkünfte aus Vermietung und Verpachtung]

(1) [1]Einkünfte aus Vermietung und Verpachtung sind

1. Einkünfte aus Vermietung und Verpachtung von unbeweglichem Vermögen, insbesondere von Grundstücken, Gebäuden, Gebäudeteilen, Schiffen, die in ein Schiffsregister eingetragen sind, und Rechten, die den Vorschriften des bürgerlichen Rechts über Grundstücke unterliegen (z. B. Erbbaurecht, Mineralgewinnungsrecht);

2. Einkünfte aus Vermietung und Verpachtung von Sachinbegriffen, insbesondere von beweglichem Betriebsvermögen;

3. Einkünfte aus zeitlich begrenzter Überlassung von Rechten, insbesondere von schriftstellerischen, künstlerischen und gewerblichen Urheberrechten, von gewerblichen Erfahrungen und von Gerechtigkeiten und Gefällen;

4. Einkünfte aus der Veräußerung von Miet- und Pachtzinsforderungen, auch dann, wenn die Einkünfte im Veräußerungspreis von Grundstücken enthalten sind und die Miet- oder Pachtzinsen sich auf einen Zeitraum beziehen, in dem der Veräußerer noch Besitzer war.

[2]§§ 15a und 15b sind sinngemäß anzuwenden.

(2) [1]Beträgt das Entgelt für die Überlassung einer Wohnung zu Wohnzwecken weniger als 66 Prozent der ortsüblichen Marktmiete, so ist die Nutzungsüberlassung in einen entgeltlichen und einen unentgeltlichen Teil aufzuteilen. [2]Beträgt das Entgelt bei auf Dauer angelegter Wohnungsvermietung mindestens 66 Prozent der ortsüblichen Miete, gilt die Wohnungsvermietung als entgeltlich.

(3) Einkünfte der in den Absätzen 1 und 2 bezeichneten Art sind Einkünften aus anderen Einkunftsarten zuzurechnen, soweit sie zu diesen gehören.

Überblick

§ 2 Abs. 1 Nr. 6 unterwirft Einkünfte aus Vermietung und Verpachtung der Einkommensteuer. Sie werden als **Überschuss** der Einnahmen über die Werbungskosten gemäß § 2 Abs. 2 Nr. 2 ermittelt. Die steuerliche Erfassung der Einnahmen und Werbungskosten erfolgt nach dem in § 11 geregelten **Zu- und Abflussprinzip.**

§ 21 Abs. 1 listet – unterteilt in vier Fallgruppen – auf, was Einkünfte aus Vermietung und Verpachtung iSd EStG sind. Dies sind Einkünfte aus einer **privaten Vermögensverwaltung.** Überwiegend handelt es sich um Einkünfte, die ein Steuerpflichtiger aus der befristeten Überlassung von privatem Sachvermögen an Dritte zur Nutzung realisiert. Wertsteigerungen oder -minderungen in der Vermögenssubstanz finden keine Berücksichtigung im Rahmen der Einkünfte aus Vermietung und Verpachtung.

§ 21 Abs. 1 S. 2 regelt ergänzend für **vermögensverwaltende Personengesellschaften** und Gemeinschaften die sinngemäße Anwendung der § 15a und § 15b, sodass Vermietungsverluste bei Gesellschaftern nur eingeschränkt berücksichtigungsfähig sind.

§ 21 Abs. 2 enthält eine Sonderregelung für den Fall einer verbilligten Wohnungsüberlassung und § 21 Abs. 3 betrifft das Verhältnis zu anderen Einkunftsarten.

Übersicht

A. Allgemeines

Leitentscheidungen, wichtige Verwaltungsanweisungen und Schrifttum (Auswahl): 1

Entscheidungen des GrS: 1.1
BFH 22.8.1966 – GrS 2/66, BStBl. III 1966, 673; BFH 26.11.1973 – GrS 5/71, BStBl. II 1974, 132; BFH 25.6.1984 – GrS 4/82, BStBl. II 1984, 751; BFH 27.11.1989 – GrS 1/88, BStBl. II 1990, 160; BFH 4.7.1990 – GrS 1/89, BStBl. II 1990, 830; BFH 5.7.1990 – GrS 2/89, BStBl. II 1990, 837; BFH 5.7.1990 – GrS 4-6/89, BStBl. II 1990, 847; BFH 5.7.1990 – GrS 2/89, BStBl. II 1990, 837; BFH 23.8.1999 – GrS 2/97, BFHE 189, 160; BFH 10.12.2001 – GrS 1/98, DStR 2002, 489; BFH 4.12.2006 – GrS 1/05, BStBl. II 2007, 508.

Weitere Leitentscheidungen des BFH: 1.2
BFH 31.10.1989 – IX R 216/84, BStBl. II 1992, 506; BFH 26.6.1990 – IX R 148/86, BFH/NV 1990, 773; BFH 30.1.1996 – IX R 100/93, BStBl. II 1996, 359; BFH 7.5.1996 – IX R 69/94, BStBl. II 1997, 196; BFH 4.9.2000 – IX R 22/97, BStBl. II 2001, 785; BFH 6.11.2001 – IX R 97/00, BStBl. II 2002, 726; BFH 20.1.2003 – IX B 94/02, BFH/NV 2003, 617; BFH 28.9.2010 – IX B 65/10, BFH/NV 2011; BFH 11.8.2011 – IX R 3/10, BStBl. II 2010, 166; BFH 22.2.2012 – X R 14/10, BStBl. II 2012, 511; BFH 22.1.2013 – IX R 13/12, BStBl. II 2013, 533; BFH 16.9.2015 – IX R 31/14, BFH/NV 2016, 188; BFH 14.6.2016 – IX R 25/14, BStBl. II 2016, 992; BFH 14.6.2016 – IX R 15/15, DStR 2016, 2278; BFH 14.6.2016 – IX R 22/15, DStR 2016, 2274; BFH 9.5.2017 – IX R 24/16, DStR 2017, 1426.

Wichtige Verwaltungsanweisungen: 1.3
BMF 13.8.1981, BStBl. I 1981, 604; BMF 23.7.1992, BStBl. I 1992, 434; BMF 26.11.2001, BStBl. I 2001, 868; BMF 18.7.2003, BStBl. I 2003, 386; BMF 29.7.2003, BStBl. I 2003, 405; BMF 20.10.2003, BStBl. I 2003, 546; BMF 8.10.2004, BStBl. I 2004, 933; BMF 13.12.2005, BStBl. I 2006, 4; BMF 14.3.2006, BStBl. I 2006, 253; BMF 3.5.2006, BStBl. I 2006, 363; BMF 2.4.2007, BStBl. I 2007, 441; BMF 7.7.2008, BStBl. I 2008, 717; BMF 1.4.2009, BStBl. I 2009, 515; BMF 23.12.2010, BStBl. I 2011, 37; BMF 30.9.2013, BStBl. I 2013, 1184; BMF 28.3.2015, BStBl. I 2013, 508; BMF 16.5.2017, BStBl. I 2017, 775.

Schrifttum (Auswahl): 1.4
Brandis, Drittaufwand als Aufwand des Steuerpflichtigen, StuW 1990, 57 ff.; *Eckert,* Fiktive Gewinne bei einem geschlossenen Immobilienfonds, DB 2011, 1055 ff.; *Heuermann,* Steuervereinfachung bei verbilligtem Vermieten – Neue Blicke durch die „alten Löcher", DStR 2011, 2082 ff.; *Heuermann,* Können wir auf die Überschusserzielungsabsicht verzichten?, DStZ 2010, 825 ff.; *Jachmann,* Berücksich-

tigung von Vermietungsverlusten bei Mietverträgen unter nahe stehenden Personen, jurisPR-SteuerR 23/2014 Anm. 3; *Jachmann/Schallmoser,* Berücksichtigung von nachträglichen Schuldzinsen bei den Einkünften aus Vermietung und Verpachtung, DStR 2011, 1245 ff.; *Ley,* Nutzungseinlagen bei unentgeltlicher Nutzungsüberlassung, DStR 1986, 23 ff.; *Müller,* Einnahmeverzicht im Einkommensteuerrecht, Frankfurt a.M. 2009; *Paus,* Liebhaberei bei verbilligter Wohnungsvermietung, DStZ 2003, 189 ff.; *Paus,* Modernisierungsmaßnahmen vor Verkauf oder Selbstnutzung einer vermieteten Wohnung, DStZ 2005, 454 ff.; *Pezzer,* Vermietung und Verpachtung – eine strukturell defizitäre Einkunftsart, in Gedächtnisschrift für C. Trzalskalik, 2005, 239 ff.; *Pezzer,* Die Einkünfteerzielungsabsicht bei den Einkünften aus Vermietung und Verpachtung – ein Mysterium als Folge des Einkünftedualismus, StuW 2000, 457 ff.; *Pezzer,* Der Fremdvergleich als Prüfungsmaßstab für Verträge zwischen nahe stehenden Personen, DStR 2002, 855; *Schallmoser,* Neues zu Immobilien im Einkommensteuerrecht, DStR 2013, 507 ff.; *Schallmoser,* Ein paar Gedanken zu nachträglichen Schuldzinsen bei den Einkünften aus Vermietung und Verpachtung, in FS Spindler (2011), 749 ff.; *Schell,* Verbilligte Vermietung einer Luxuswohnung, DStZ 2005, 202 ff.; *Spindler,* Einkünfteerzielungsabsicht bei Vermietung und Verpachtung – Eine Bestandsaufnahme, DB 2007, 185 ff.; *Stein,* Rechtsfolgen bei verbilligter Wohnraumvermietung, DStZ 2012, 19 ff.; *Stein,* Einkünfteerzielungsabsicht und Werbungskostenabzug bei verbilligter Wohnraumvermietung an Angehörige, DStZ 2011, 80 ff.; *Stein,* Keine Liebhaberei bei Vermietung auf Dauer? DStZ 2004, 189 ff.; *Stein,* Gesetzgebungsvorbehalt einer unwiderleglichen Vermutung, DStZ 2011, 442 ff.; *Stuhrmann,* Nachträgliche Werbungskosten bei den Einkünften aus Vermietung und Verpachtung, DStR 2005, 726 ff.; *Tiedtke,* Die ertragsteuerliche Behandlung von Leistungen an Erfüllungs Statt im Rahmen des Zugewinnausgleichs und zur Abgeltung von Pflichtteilsansprüchen, DB 2003, 1471 ff.; *Thürmer,* Einkünfteermittlung beim Vermieten von Ferienwohnungen, DStZ 2002, 855 ff.; *Thürmer,* Wohnungsvermietung an unterhaltsberechtigtes Kind, DB 2003, 1012 ff.; *Weber-Grellet,* Vom normtypischen Verhalten zur normgerechten Tatbestandsprüfung, DB 2002, 2568 ff.

I. Regelungsanliegen im System des Steuerrechts

1. Funktion, Zweck und Bedeutung

2 Nach dem aus Art. 3 Abs. 1 GG abgeleiteten Leistungsfähigkeitsprinzip richtet sich die Steuerlast nach der finanziellen Leistungsfähigkeit des Steuerpflichtigen. Diese kann auch durch Erträge aus der **Nutzung von Privatvermögen, wie der Vermietung und Verpachtung iSd § 21 Abs. 1,** gesteigert werden. Die zeitlich begrenzte Überlassung von Grundbesitz und von bestimmten anderen in § 21 Abs. 1 aufgeführten Gegenständen gegen Entgelt ist daher einkommensteuerlich der Erwerbssphäre zuzuordnen, vgl. § 2 Abs. 1 Nr. 6.

3 Die Vermietung von Privatvermögen gegen Entgelt ist nicht eine steuerneutrale private Vermögensverwaltung, wie § 14 S. 3 AO in anderem Kontext bezüglich der Vermietung und Verpachtung unbeweglichen Vermögens annimmt. Vermietung und Verpachtung ist vielmehr **von Gesetzes wegen ein Einkünftetatbestand.** Erhöht sich aufgrund einer Vermietungs- und Verpachtungstätigkeit die wirtschaftliche Leistungsfähigkeit des Steuerpflichtigen, wirkt sich dies steuererhöhend auf die ertragsteuerliche Bemessungsgrundlage aus. Ebenso können Verluste aus Vermietungs- und Verpachtungstätigkeit steuermindernde Auswirkung auf die Bemessungsgrundlage haben.

4 Vor allem wenn es um die Geltendmachung von Anschaffungs-, Herstellungs- oder Werbungskosten geht, muss steuerlich relevante Vermietungs- und Verpachtungstätigkeit von **Liebhaberei** abgegrenzt werden. Liebhaberei ist der steuerneutralen **Privatsphäre** (§ 12 Nr. 1) zuzuordnen. Eine Tätigkeit aus persönlicher Neigung oder aufgrund eines Hobbys muss einkommensteuerlich irrelevant sein. Aufwendungen im Zusammenhang mit Liebhaberei dürfen auf die steuerliche Bemessungsgrundlage keinen Einfluss haben. Ein gerechtes Steuersystem setzt voraus, dass jeder nach seiner wirtschaftlichen Leistungsfähigkeit besteuert wird. Maßgeblich ist, ob im Einzelfall bei wirtschaftlicher Betrachtung die Leistungsfähigkeit eines Steuerpflichtigen durch die Erzielung von Einkünften aufgrund einer Nutzungsüberlassung gesteigert wird. Dies rechtfertigt die Besteuerung. Von den Einnahmen können erwerbsbezogene Aufwendungen zum Abzug gebracht werden, nicht jedoch privat – aufgrund von Liebhaberei – veranlasste Aufwendungen. Dies wäre mit dem Gleichbehandlungsgrundsatz (Art. 3 Abs. 1 GG) unvereinbar.

5 Liebhaberei ist oftmals bei der Vermietung von Ferienwohnungen, die auch selbst genutzt werden, gegeben (→ Rn. 246; → Rn. 273 ff.; → Rn. 868). Für die **Abgrenzung,** ob

Aufwendungen der Erwerbs- oder der Privatsphäre zuzuordnen sind, kommt es darauf an, ob bei einer Gesamtbetrachtung eine **Überschusserzielungsabsicht** gegeben ist. Maßgeblich ist, ob in einer Totalperiode ein Überschuss der Einnahmen über die Werbungskosten erzielt werden kann und dies beabsichtigt ist. Die Überschusserzielungsabsicht muss für jedes einzelne Vermietungs- und Verpachtungsobjekt bestehen. Sie kann nachträglich entstehen oder wegfallen. Bei einer **auf Dauer** angelegten Vermietung einer Wohnzwecken dienenden Immobilie wird eine Überschusserzielungsabsicht vermutet (im Einzelnen → Rn. 232 ff.).

Die Besteuerung von Vermietungs- und Verpachtungseinkünften hat wirtschaftlich eine **6** erhebliche Bedeutung, weil eine **große Anzahl der Steuerpflichtigen** unmittelbar durch Vermietung von Grundbesitz oder mittelbar durch Beteiligung an Personengesellschaften mit Grundbesitz (sog. Immobilienfonds) Einkünfte aus Vermietung und Verpachtung erzielt (HHR/*Pfirrmann* § 21 Rn. 6).

Trotz in der Praxis vielfach negativer Einkünfte aus Vermietung und Verpachtung wurde **7** in der Vergangenheit immer wieder daran festgehalten, Vermietungs- und Verpachtungseinkünfte weiterhin als Einkunftsart zu qualifizieren. Verschiedene Reformentwürfe zur Einkommensteuer haben die Besteuerung von Vermietungs- und Verpachtungseinkünften immer wieder miteinbezogen. Teilweise wurde auch vorgeschlagen, den Steuertatbestand durch Einbeziehung von Veräußerungsgewinnen noch auszuweiten (vgl. zB Reformentwurf von *P. Kirchhof* (Einkommensteuergesetzbuch, 2003, dort umfassende Definition der Erwerbserträge in § 3 Abs. 2 S. 1, welche auch Veräußerungsgewinne umfasst sowie *Lang,* Kölner Entwurf eines Einkommensteuergesetzes, 2005, § 7; → Rn. 30; → Rn. 75).

Aufgrund des kontinuierlichen Abbaus steuerlicher Gestaltungsmöglichkeiten – einerseits **8** durch den Gesetzgeber, andererseits durch die in der Rechtsprechung entwickelten Fallgruppen, bei welchen die Einkünfteerzielungsabsicht positiv festzustellen ist (→ Rn. 246 ff.) – **übersteigen seit 2004 die positiven Einkünfte die negativen Einkünfte** aus Vermietung und Verpachtung (KSM/*Drüen* § 21 Rn. A 42). So gelang es dem Gesetzgeber, durch den Verweis in § 21 Abs. 1 S. 2 auf §§ 15a, 15b (→ Rn. 12 f.) sicherzustellen, dass nur derjenige Verluste berücksichtigen kann, der wirtschaftlich belastet ist. Die Geltendmachung von negativen Einkünften ist in diesem Bereich erheblich eingegrenzt worden.

Einstweilen frei **9–11**

2. Historische Entwicklung

Die heutige Regelung in § 21 entspricht in ihrer wesentlichen Struktur der bereits **seit** **12** **1934** geltenden Rechtslage (§ 21 EStG 1934, RGBl. 1934 I 1005). Vorgängerregelungen waren §§ 38, 39 EStG 1925 sowie § 6 Nr. 1, § 31 EStG 1920. Durch Gesetz vom 20.8.1980 (BGBl. 1980 I 1545) ist § 21 Abs. 1 S. 2, der die sinngemäße Anwendung des § 15a anordnet, eingefügt worden. Bis 1986 wurde für die **Selbstnutzung** ein fiktiver Nutzungswert angesetzt und bei den Einkünften aus Vermietung und Verpachtung erfasst. Für Altfälle gab es eine Übergangsregelung bis 1998. Nunmehr fällt eine Selbstnutzung nicht mehr unter § 21.

Mit dem **Gesetz zur Neuregelung der steuerrechtlichen Förderung des selbstge-** **13** **nutzten Wohneigentums** vom 15.5.1986 (BGBl. 1986 I 730) wurde in Abs. 2 geregelt, dass eine Nutzungsüberlassung in einen entgeltlichen und einen unentgeltlichen Teil aufzuteilen ist, wenn das Entgelt weniger als 50% der Marktmiete beträgt.

Mit dem **HBeglG 2004** vom 29.12.2003 (BGBl. 2003 I 3076) wurde der 50 Prozent-Satz in Abs. 2 auf 56 Prozent angehoben.

Der Verweis auf § 15b in Abs. 1 S. 2 wurde durch das **Gesetz zur Beschränkung der Verlustverrechnung im Zusammenhang mit Steuerstundungsmodellen** vom 22.12.2005 (BGBl. 2005 I 3683) aufgenommen.

Durch das **Steuervereinfachungsgesetz 2011** vom 1.11.2011 (BGBl. 2011 I 2131) wurde mit Wirkung zum 1.1.2012 in § 21 Abs. 2 statt bisher auf 56 Prozent nunmehr auf **„66 Prozent"** der ortsüblichen Miete abgestellt. Beträgt das Entgelt für die Nutzungsüberlassung mindestens 66 Prozent, wird eine Wohnungsvermietung als entgeltlich angesehen. Bezweckt wurde eine Vereinfachung in Abkehr von der bisherigen Rechtsprechung (dazu *Heuermann* DStR 2011, 2082 ff.). Im Wege der Rechtsfortbildung hatte der BFH **vor 2012** mehrfach ausgeführt, dass bei einem Entgelt (Mietpreis) von mehr als 50 Prozent bzw. 56 Prozent, aber **weniger als 75 Prozent der Marktmiete** eine **Überschussprognose** anzustellen ist (zB BFH 5.11.2002 – IX R 48/01, BStBl. II 2003, 646). Diese Rechtsfortbildung wurde damit begründet, dass der Verzicht auf die marktübliche Miete ein Indiz gegen die Einkünfteerzielungsabsicht sei (→ Rn. 945 ff.). Dem begegnete der Gesetzgeber, indem er den Prozentsatz entsprechend anhob und eine Überschussprognose ausschloss (§ 21 Abs. 2 S. 2).

14–16 *Einstweilen frei*

3. Verfassungsrechtliche Beurteilung

17 Die Besonderheit der Vermietungs- und Verpachtungs-Einkünfte liegt in der meist **gestalterischen Erzielung von Verlusten.** Es sind diesbezüglich in der Vergangenheit zahlreiche **Modelle** mit Verlustzuweisungsgesellschaften (§ 2b), Steuerstundungsmodelle (§ 15b) und Bauherrenmodelle (→ Rn. 1381; → Rn. 262 f.) entwickelt worden (Kirchhof/*Mellinghoff* § 21 Rn. 2). Dies brachte immer wieder verfassungsrechtliche Zweifel im Hinblick auf das Leistungsfähigkeitsprinzip (→ Rn. 2) hervor. Mittels derartiger Modelle könne oftmals die Leistungsfähigkeit in den einzelnen Wirtschaftsjahren geschmälert werden, um einen steuerlichen Vorteil zu erlangen. Da jedoch auch bei diesen Modellen letztendlich davon auszugehen ist, dass der Steuerpflichtige bei einer auf Dauer angelegten Vermietung von Wohnimmobilien – **in der Totalperiode** – einen Überschuss erzielen will (BFH 30.9.1997 – IX R 80/94, BStBl. II 1998, 771; BMF 8.10.2004, BStBl. I 2004, 933; *Heuermann* DStZ 2004, 9), sind diese Modelle nicht *per se* als rechtswidrig anzusehen und stehen daher der generellen Verfassungskonformität des § 21 nicht entgegen. Anhand der **Überschusserzielungsabsicht,** welche **in atypischen Fallkonstellationen,** wie Verlustmodellen, nicht vermutet wird, sondern festzustellen ist (→ Rn. 266), kann über die steuerliche Anerkennung derartiger Modelle im Einzelfall entschieden werden (Kirchhof/*Mellinghoff* § 21 Rn. 12; KSM/*Drüen* § 21 Rn. B 146; BFH 8.3.2006 – IX R 19/04, BFH/NV 2006, 1637; → Rn. 261 ff.).

18 Die Besteuerung von Einkünften aus der Nutzung von Privatvermögen, wie in § 21 für Vermietungs- und Verpachtungseinkünfte vorgesehen, ist verfassungskonform, weil sie dem – dem EStG immanenten – aus Art. 3 Abs. 1 GG abgeleiteten **Leistungsfähigkeitsprinzip** entspricht (HHR/*Pfirrmann* § 21 Rn. 6). Aufgrund des **Gleichbehandlungsgebots** gemäß Art. 3 Abs. 1 GG muss in atypischen Fällen sichergestellt sein, dass eine Einkünfteerzielungsabsicht gegeben ist (→ Rn. 232 ff.). Anderenfalls ist die Nutzung von Privatvermögen der steuerlich neutralen privaten Vermögensverwaltung zuzuordnen. Mittels dieses subjektiven Merkmals ist zwischen Liebhaberei und Vermietungs- und Verpachtungstätigkeit abzugrenzen. Liebhaberei darf nicht zu einer Verringerung der wirtschaftlichen Leistungsfähigkeit (als Maßstab für die Besteuerung jedes einzelnen) führen. Die Tätigkeit oder Vermögensnutzung iSd § 21 Abs. 1 muss folglich objektiv darauf gerichtet sein, auf Dauer gesehen, dh in einer **Totalperiode,** ein positives Ergebnis zu erzielen. Anderenfalls wäre es gleichheitswidrig, Aufwendungen steuermindernd zu berücksichtigen. § 12 Nr. 1 steht daher dem Abzug von Aufwendungen der Privatsphäre entgegen.

19 **Typisierend** (insbesondere aus Vereinfachungsgründen) wird angenommen, dass eine **langfristige Vermietung** von Wohnraum – trotz über längere Zeiträume anfallender Werbungskostenüberschüsse – in der Regel letztlich zu positiven Einkünften führt, dh grundsätzlich eine Einkünfteerzielungsabsicht gegeben ist. Es gibt jedoch Fallgruppen, bei welchen die Einkünfteerzielungsabsicht im Einzelfall positiv festzustellen ist (→ Rn. 246 ff.), weil die nur für typische Vermietungsfälle geltende Vermutungsregel nicht greift.

20 Teilweise wird aus Gründen der **Steuergleichheit** gefordert, auch Veräußerungsgewinne in die Besteuerung miteinzubeziehen (zB *Tipke*, Steuerrechtsordnung, Bd. II, 2. Aufl. 2003, 716 mwN; Reformentwurf von *P. Kirchhof* Einkommensteuergesetzbuch, 2003, § 3 Abs. 2 S. 1 Entwurf EStG). Dies würde zu einem Gleichlauf mit Kapitaleinkünften führen, bei welchen nach § 20 Abs. 2 auch Gewinne aus der Veräußerung zu versteuern sind. Für die Einbeziehung von Veräußerungsgewinnen wird vorgetragen, dass dies strukturell der Abzugsfähigkeit von Anschaffungs- oder Herstellungskosten im Wege der AfA (§ 9 Abs. 1 S. 3 Nr. 7) geschuldet sei. Wenn der Veräußerungsgewinn nach § 23 Abs. 1 S. 1 Nr. 1 steuerbar ist, regelt § 23 Abs. 3 S. 4, dass die in Anspruch genommene AfA rückgängig zu machen ist. Ist der Veräußerungsgewinn hingegen nicht steuerbar, kommt es indes zu einer Inanspruchnahme von AfA ohne Kompensation (vgl. BFH 19.12.2007 – IX R 9/06, BStBl. II 2008, 515; Blümich/*Heuermann* § 21 Rn. 11; KSM/*Drüen* § 21 Rn. B 250 ff.). Diese Folge wird teilweise als strukturell defizitär bezeichnet (Sitzungsbericht N zum 57. Deutschen Juristentag Mainz 1988, N 212 sub IV 3; *Lang* Entwurf eines Steuergesetzbuches, 162 Rn. 582; *Tipke* Die Steuerrechtsordnung, Bd. II 2. Aufl. 2003, 717 f.; *Söhn* DStJG 30 (2007), 13 (26 f.)). Eine Einbeziehung von Veräußerungsgewinnen entspräche ferner der Besteuerung von Gewerbetreibenden und Freiberuflern, wenn diese Einkünfte aus einer Vermietungs- oder Verpachtungstätigkeit erzielen (KSM/*Drüen* § 21 Rn. A 40) und sei daher aus Gleichbehandlungsgründen geboten.

Die Einbeziehung von **Veräußerungsgewinnen** im Rahmen der Vermietungs- und Verpachtungseinkünfte wäre zwar strukturell betrachtet sinnvoll, ist jedoch nicht zwingend geboten. Es liegt im Rahmen des **gesetzgeberischen Gestaltungsermessens,** ob Veräußerungsgewinne bei den einzelnen Einkunftsarten in die Besteuerungsgrundlage einbezogen werden oder nicht. Es bestehen keine verfassungsrechtlichen Bedenken gegen den gegenwärtigen Besteuerungsverzicht des Gesetzgebers (ebenso: vgl. *Pezzer* GS Trzaskalik, 239 ff.; Blümich/*Heuermann* § 21 Rn. 11). 21

Seit Einführung des § 21 im Jahr 1987 werden auch immer wieder verfassungsrechtliche Bedenken bezüglich der **Aufteilung der Nutzungsüberlassung in einen entgeltlichen und einen unentgeltlichen Teil** erhoben. **§ 21 Abs. 2** sei mit Blick auf die allgemein gebotene Werbungskostenkürzung verfassungswidrig (KSM/*Drüen* § 21 Rn. C 6; ebenso: *Pezzer* StuW 2000, 457 (465 f.); *Goetze* Die Ersetzung der sieben Einkunftsarten durch eine einzige, 183). Die Aufteilung mittels eines prozentual festgesetzten Schwellenwertes sei **willkürlich.** Es sei va nicht erkennbar, warum von allgemeinen Regeln über Angehörigen-Verträge abgewichen werde (KSM/*Drüen* § 21 Rn. C 3). Auch die Unterscheidung im Hinblick auf die Vermietung von Gewerbetreibenden, bei welchen § 21 Abs. 2 nicht anwendbar ist, sei nicht gerechtfertigt (*Heuermann* DStR 2011, 2082 (2085)). Diese verfassungsrechtlichen Bedenken wurden auch durch die in den Folgejahren erfolgten gesetzlichen Änderungen im Hinblick auf den konkreten Schwellenwert (→ Rn. 12 ff.) nicht beseitigt, weil sich an der Grundsystematik nichts geändert habe. Eine verfassungsrechtliche Rechtfertigung ergebe sich **nicht aus einem Subventionscharakter.** Zum einen hätte ein Subventionscharakter eine erkennbare Entscheidung des Gesetzgebers vorausgesetzt (BVerfG 22.6.1995 – 2 BvL 37/91, BStBl. II 1995, 655 (664)), was dem Gesetz und auch den Gesetzgebungsmaterialien gerade nicht entnommen werden kann. Zum anderen wäre die Grenze des gesetzgeberischen Gestaltungsspielraums überschritten, wenn **Fördermaßnahmen auf bestimmte Personen** (Angehörige, nahestehende Personen) zugeschnitten wären, deren Förderungswürdigkeit sich aber nicht begründen ließe (*Müller* Einnahmeverzicht im Einkommensteuerrecht, 196). 22

Die Aufteilung in § 21 Abs. 2 kann mit **Vereinfachungsgründen** gerechtfertigt werden (BT-Drs. 10/5208, 41 zu § 21 Abs. 2). Die Regelung bewirkt eine Vereinfachung des praktischen Umgangs mit Rechtsgeschäften, bei denen eine verbilligte Miete verlangt wird. Es wird eine meist aufwendige Überschussprognose entbehrlich. Die genaue Marktmiete muss regelmäßig nicht festgestellt werden (HHR/*Pfirrmann* § 21 Rn. 202). Der aktuelle Schwellenwert von 66 Prozent spiegelt den Mittelwert der früheren Rechtsprechung wider, wonach die Grenzwerte bei 56 Prozent und 75 Prozent lagen (→ Rn. 1430). Die neue Rechtslage bewirkt eine vereinfachte Gesetzeshandhabung und dient der Rechtssicherheit. Die früher notwendige Einteilung in drei Gruppen – je nach Höhe des vereinbarten Entgelts – und die daraus resultierende unterschiedliche steuerliche Handhabung (Aufteilung der Werbungskosten, Überschussprognose für die Totalperiode oder voller Abzug der Werbungskosten) ist nunmehr nicht mehr erforderlich (→ Rn. 1396 f.). 23

Der BFH hält den vorgetragenen verfassungsrechtlichen Bedenken gegen die Aufteilung in § 21 Abs. 2 zutreffend den **Typisierungscharakter** der Missbrauchsregelung entgegen (BFH 5.11.2002 – IX R 48/01, BStBl. II 2003, 646). Wenn Aufwendungen typischerweise die Kosten der allgemeinen Lebensführung iSd § 12 berühren, kann der Gesetzgeber mittels typisierender Regelungen den Verwaltungsvollzug vereinfachen, selbst wenn im Einzelfall das objektive Nettoprinzip dadurch eingeschränkt ist. Mit der Regelung in § 21 Abs. 2 ist es dem Gesetzgeber gelungen, Streitigkeiten darüber zu vermeiden, ob die Höhe des unterhalb der Marktmiete liegenden Nutzungsentgelts durch private Gründe beeinflusst ist oder nicht. 24

Überwiegend wird die Regelung daher – zustimmungswürdig – als verfassungskonform angesehen. Sie lässt sich mit dem **gesetzgeberischen Gestaltungsermessen** begründen. 25

Die Regelung ist auch nicht speziell auf Angehörige zugeschnitten. Sie enthält bewusst kein Sonderrecht für Angehörige. Es kann daher nicht geltend gemacht werden, dass der Gesetzgeber diese – in Überschreitung des gesetzgeberischen Gestaltungsermessens – privilegieren wollte. Im Gegenteil, er wollte eine allgemeingültige Regelung schaffen.

26 Die Subsidiaritätsklausel in § 21 Abs. 3 ist verfassungsgemäß. Es ist Sache des Gesetzgebers, **Konkurrenzprobleme** zwischen einzelnen Steuertatbeständen gesetzlich zu lösen (BVerfG 26.4.1989 – 1 BvR 48/89, HFR 1989, 644; HHR/*Pfirrmann* § 21 Rn. 250). Außerdem ist die Zuordnung zu den spezielleren Einkunftsarten sachgerecht. Der Wunsch nach einem breiteren Anwendungsbereich ist zu teilen (dazu: KSM/*Drüen* § 21 Rn. D 22; → Rn. 117), die gesetzgeberische Entscheidung für die derzeitige Fassung des § 21 Abs. 3 liegt jedoch innerhalb des gesetzgeberischen Gestaltungsspielraums und ist daher hinzunehmen.

27–29 *Einstweilen frei*

4. Verhältnis zu anderen Bestimmungen

30 **a) Wertveränderungen des Vermögensstamms (§ 23).** Die Steuerbarkeit nach § 21 Abs. 1 S. 1 Nr. 1 bis 3 betrifft **Nutzungsentgelte** (dh Früchte der privaten Vermögensverwaltung) aus der zeitlich begrenzten Überlassung von unbeweglichen Gegenständen des Privatvermögens oder damit zusammenhängender Rechte, **nicht jedoch Wertsteigerungen oder -minderungen des Vermögensstamms.** Gegenläufige Reformentwürfe zu § 21, wonach auch Wertzuwächse des Grundvermögens in die Besteuerung miteinbezogen werden sollen (bspw. *Kölner Entwurf* eines Einkommensteuergesetzesbuches, *Kirchhof*, Bundessteuergesetzbuch 2011, 370 ff.; → Rn. 75), haben sich bislang nicht durchsetzen können. Wertsteigerungen oder -minderungen des Vermögensstamms können jedoch im Rahmen des § 23 relevant sein (→ Rn. 46; → Rn. 76 ff.).

31–33 *Einstweilen frei*

34 **b) Vermietung und Verpachtung beweglicher Vermögensgegenstände (§ 22 Nr. 3).** § 21 betrifft nicht Einkünfte aus der Vermietung und Verpachtung **beweglicher** Gegenstände. Diese werden nach § 22 Nr. 3 S. 1 besteuert. Fruchtziehungen aus einem Grundstück, die nicht mit einer Besitzverschaffung verbunden sind, fallen ebenfalls unter § 22 Nr. 3 (sofern es sich nicht um eine Veräußerung nach § 23 handelt) (KSM/*Drüen* § 21 Rn. A 11).

35–37 *Einstweilen frei*

38 **c) Vermietung im Zusammenhang mit nichtselbständigen Einkünften (§ 19).** Einkünfte aus nichtselbständiger Tätigkeit gemäß § 19 sind vorrangig, wenn ein **Zusammenhang der Zahlung mit dem Arbeitsverhältnis** besteht. Dies betrifft va die Fallkonstellation, in der ein Arbeitnehmer einen Raum seiner Privatwohnung an den Arbeitgeber vermietet. Das Entgelt ist Arbeitslohn, wenn die Nutzung der Räume in erster Linie dem **Interesse des Arbeitnehmers** dient (zB als häuslicher Arbeitsplatz). Wenn hingegen der Arbeitnehmer eine Einliegerwohnung als **„Homeoffice"** an seinen Arbeitgeber für dessen **betriebliche Zwecke** vermietet, handelt es sich um Einkünfte aus der Vermietung einer **Gewerbeimmobilie.** Die Mietzahlungen des Arbeitgebers sind Gegenleistung für die Nutzung der Immobilie (BFH 17.4.2018 – IX R 9/17, BStBl. II 2019, 219).

39–41 *Einstweilen frei*

42 **d) Gewerbliche Vermietungstätigkeit (§ 15).** Schlägt eine private Vermögensverwaltung von Immobilien in eine gewerbliche Tätigkeit um, liegen gewerbliche Einkünfte iSd § 15 vor (→ Rn. 1462 ff.). Zu weiteren Konkurrenzsituationen → Rn. 1438 ff.

43–45 *Einstweilen frei*

46 **e) Ergänzende Quantifizierungsregelungen.** § 21 Abs. 1 S. 1 zählt Einkünfte aus Vermietung und Verpachtung auf, bei welchen der **Überschuss** der Einnahmen über die mit der Vermietungs- und Verpachtung zusammenhängenden Werbungskosten zu ermitteln ist (§ 2 Abs. 2 Nr. 2). § 21 ist daher eine sog. **Qualifikationsvorschrift.** Als **Quantifikationsvorschriften** sind zum einen § 11 und zum anderen § 8 (→ Rn. 585 ff.) und § 9 (→ Rn. 848 ff.) heranzuziehen (KSM/*Drüen* § 21 Rn. A 9). Es gilt das **Zu- und Abflussprinzip** des **§ 11.** Für **Einnahmen** im Rahmen der Vermietung und Verpachtung gilt **§ 8.** Abzugsfähige **Werbungskosten** (→ Rn. 848 ff.) sind alle Aufwendungen zur Erwerbung, Sicherung und Erhaltung der Einnahmen aus Vermietung und Verpachtung **(§ 9)** (Bordewin/Brandt/*Gänger* § 21 Rn. 3). Trotz der Tatsache, dass Wertsteigerungen und -minderungen nach der Systematik des § 21 nicht steuerbar sind, kann eine **AfA** vorgenommen werden und als Werbungskosten berücksichtigt werden (§ 9 Abs. 1 S. 3 Nr. 7). Ist der **Veräußerungsgewinn** nach § 23 Abs. 1 S. 1 Nr. 1 steuerbar, wird die in Anspruch genommene AfA nach § 23 Abs. 3 S. 4 wieder rückgängig gemacht (Blümich/*Heuermann* § 21 Rn. 11). Nur für den Fall, dass der Veräußerungsgewinn nicht steuerbar ist, wird die Inanspruchnahme der AfA nicht kompensiert (BFH 19.12.2007 – IX R 9/06, BStBl. II 2008, 515).

Der **Verlustausgleich oder -abzug** ist eingeschränkt (vgl. § 21 Abs. 1 S. 2, § 15a und § 15b, → Rn. 1364 ff.). 47

Einstweilen frei 48–50

f) Besonderheiten im Anwendungsbereich von Doppelbesteuerungsabkommen. Abkommensrechtlich werden Einkünfte aus Vermietung und Verpachtung als Einkünfte „aus unbeweglichem Vermögen" bezeichnet. Der konkrete Begriffsinhalt bestimmt sich nach nationalem Recht des Anwendungsstaates (BFH 26.3.1991 – IX R 162/85, BStBl. II 1991, 704; KSM/*Drüen* § 21 Rn. A 15). Regelmäßig ist in Doppelbesteuerungsabkommen das Besteuerungsrecht für Vermietungs- und Verpachtungseinkünfte dem Staat zugewiesen, in welchem das Grundstück belegen ist (vgl. Art. 6 OECD-MA). Im Wohnsitzstaat fallen in anderen Staaten entsprechend zu versteuernde Einkünfte unter den **Progressionsvorbehalt** nach § 32b (vgl. Art. 23 A OECD-MA). 51

Einstweilen frei 52–54

g) Umsatzsteuerliche Besonderheiten. Nach § 4 Nr. 12 Buchst. a UStG ist die Vermietung und Verpachtung von Grundstücken, von Berechtigungen, für die die Vorschriften des Bürgerlichen Rechts über Grundstücke gelten, und von staatlichen Hoheitsrechten, die Nutzungen von Grund und Boden betreffen, **umsatzsteuerfrei.** Unter den Voraussetzungen des § 9 kann auf die Steuerbefreiung **verzichtet** werden (Option zur Umsatzsteuerpflicht). Dies ermöglicht den Vorsteuerabzug auf Eingangsleistungen (beispielsweise Anschaffungs- und Herstellungskosten oder Reparaturkosten). 55

Bei einer umsatzsteuerpflichtigen Vermietung (aufgrund Option nach § 9 UStG) sind gezahlte Vorsteuerbeträge auf Eingangsleistungen Werbungskosten. An das Finanzamt zurückgezahlte Vorsteuerbeträge nach einer Berichtigung gemäß § 15a UStG sind nach § 9b Abs. 2 abzugsfähige Werbungskosten. 56

Die **kurzfristige Beherbergung,** zB in Ferienwohnungen, ist nach § 4 Nr. 12 S. 2 UStG umsatzsteuerpflichtig, unterliegt jedoch einem nach § 12 Abs. 2 Nr. 11 UStG ermäßigten Steuersatz. 57

Wird eine Ferienwohnung teilweise selbst genutzt, ist der Vorsteuerabzug nach § 15 Abs. 1b UStG auf den unternehmerisch genutzten Anteil beschränkt. Daher unterliegt die Verwendung eines Grundstücks für unternehmensfremde Zwecke nicht der Besteuerung als unentgeltliche Wertabgabe nach § 3 Abs. 9a Nr. 1 UStG. 57.1

Wenn sich im Nachhinein das Verhältnis der unternehmerischen zur unternehmensfremden Nutzung ändert, ist dies im Rahmen der Vorsteuerberichtigung nach Maßgabe des § 15a UStG zu berücksichtigen. 57.2

Im Umsatzsteuerrecht gibt es keine Liebhaberei, dh eine umsatzsteuerliche Unternehmereigenschaft (§ 2 UStG) kann auch in Fällen der Liebhaberei nach ertragsteuerlichen Aspekten gegeben sein (UStAE 2.3. Abs. 7). 58

Während der umsatzsteuerliche Vermietungs- und Verpachtungsbegriff **unionsrechtskonform** auszulegen ist (da auf Art. 135 der Mehrwertsteuersystemrichtlinie (RL 2006/112/EG) basierend, dazu: EuGH 30.3.2006 – C-184/04, DStRE 2006, 619 – Uudenkaupungin kaupunki; EuGH 18.11.2004 – C-284/03, NZM 2005, 386 – Temco Europe), ist der einkommensteuerliche Begriff **rein national auszulegen.** 59

§ 21 greift auf das **zivilrechtliche Begriffsverständnis** zurück, wobei die Auslegung von § 21 nicht an die zivilrechtliche Auslegung gebunden, sondern der **wirtschaftliche Gehalt** des Rechtsgeschäfts maßgeblich ist (bspw. → Rn. 99 ff.; → Rn. 138 ff.; → Rn. 147 ff.; → Rn. 167 ff.; → Rn. 217.1 ff.). 60

Einstweilen frei 61–63

64 **h) Nichtanerkennung eines Vermietungs- und Verpachtungsverhältnisses (§§ 41, 42 AO).** Eine Vereinbarung bezüglich einer Vermietung und Verpachtung wird nicht tatsächlich – iSv ernstlich – durchgeführt, wenn ein Scheingeschäft vorliegt. Scheingeschäfte sind steuerlich nicht anzuerkennen. Ein **Scheingeschäft** (§ 41 Abs. 2 AO) ist gegeben, wenn sich die Vertragsparteien über den Scheincharakter des Rechtsgeschäfts einig sind (BFH 28.1.1997 – IX R 23/94, BStBl. II 1997, 655; → Rn. 526). Wird ein Mietverhältnis zum Schein abgeschlossen, tatsächlich aber so nicht durchgeführt, um steuerlich nicht abzugsfähige Kosten der privaten Lebensführung (§ 12) unter dem **Deckmantel eines Vermietungsgeschäfts** als Verluste aus einer vorgeblich fremd vermieteten Wohnung geltend zu machen, kann dies auch **steuerstrafrechtliche** Konsequenzen gemäß §§ 369, 370 AO haben.

65 Ein Mietverhältnis kann – selbst wenn ein Fremdvergleich keine Auffälligkeiten erkennen lässt – ein **Gestaltungsmissbrauch (§ 42 AO)** sein und damit steuerlich nicht anerkannt werden, → Rn. 415 ff.; → Rn. 444.1 ff.; → Rn. 530 ff. Dies ist der Fall, wenn eine rechtliche Gestaltung gewählt wird, die, gemessen am erstrebten Ziel, unangemessen ist, der Steuerminderung dienen soll und durch wirtschaftliche oder beachtliche sonstige Gründe nicht gerechtfertigt werden kann (BFH 16.1.1996 – IX R 13/92, BStBl. II 1996, 214). **Unangemessenheit** ist gegeben, wenn der Steuerpflichtige den vom Gesetzgeber vorgesehenen Weg zur Erreichung eines bestimmten Ziels gezielt nicht, sondern – stattdessen – einen ungewöhnlichen Weg wählt, auf dem nach den Wertungen des Gesetzes das Ziel gerade nicht erreichbar sein soll (Kirchhof/*Mellinghoff* § 21 Rn. 23). So ist es beispielsweise unangemessen, wenn Eltern ihrem Kind unentgeltlich einen zeitlich befristeten Nießbrauch an einem bebauten Grundstück bestellen und das Kind dann das bebaute Grundstück an die Eltern entgeltlich zurückvermietet (BFH 18.10.1990 – IV R 36/90, BStBl. II 1991, 205). Die getroffenen Vereinbarungen dienen nicht der Erzielung von Einkünften aus Vermietung und Verpachtung, sondern dazu, einem unterhaltsberechtigtem Kind Geld zu verschaffen (BFH 14.1.1992 – IX R 33/89, BStBl. II 1992, 549; KSM/*Drüen* § 21 Rn. B 196; → Rn. 446 ff.).

66–68 *Einstweilen frei*

II. Normstruktur und zentrale Debatten

1. Normstruktur

69 § 21 führt in **Absatz 1** die Einkünfte auf, die als Vermietungs- und Verpachtungseinkünfte iSd EStG anzusehen sind. Dies sind:

- Einkünfte aus der Vermietung und Verpachtung von unbeweglichem Vermögen, insbesondere von Grundstücken, Gebäuden, Gebäudeteilen, Schiffen, die in ein Schiffsregister eingetragen sind, und Rechten, die den Vorschriften des bürgerlichen Rechts über Grundstücke unterliegen (zB Erbbaurechte) (§ 21 Abs. 1 S. 1 Nr. 1)
- Einkünfte aus der Vermietung und Verpachtung von Sachinbegriffen, insbesondere aus der Verpachtung von Betriebsvermögen (§ 21 Abs. 1 S. 1 Nr. 2)
- Einkünfte aus der zeitlich begrenzten Überlassung von Rechten, insbesondere von Urheberrechten und von gewerblichen Erfahrungen (§ 21 Abs. 1 S. 1 Nr. 3)
- Einkünfte aus der Veräußerung von Miet- und Pachtzinsforderungen (§ 21 Abs. 1 S. 1 Nr. 4).

70 **Absatz 2** betrifft den Sonderfall einer verbilligten Wohnraumüberlassung und regelt diesbezüglich zum einen die Aufteilung der Nutzungsüberlassung in einen entgeltlichen und einen unentgeltlichen Teil. Werbungskosten können nur im Hinblick auf den entgeltlichen Teil Berücksichtigung finden. Zum anderen enthält Satz 2 eine Fiktion einer entgeltlichen Nutzungsüberlassung, wenn das Entgelt mindestens 66 Prozent der ortsüblichen Miete beträgt.

71 **Absatz 3** ergänzt die Aufzählung in Absatz 1, indem dort klargestellt wird, dass eine Zuordnung zu Einkünften aus Vermietung und Verpachtung voraussetzt, dass die Einkünfte nicht zu einer anderen Einkunftsart gehören.

72–74 *Einstweilen frei*

2. Zentrale Debatten

75 **a) Veräußerungsgewinne.** Der Begriff „Vermietung und Verpachtung", der in § 21 Abs. 1 S. 1 Nr. 1 und Nr. 2 ausdrücklich auftaucht und in Nr. 3 umschrieben wird mit

„zeitlich begrenzte Überlassung", beinhaltet stets eine **zeitlich begrenzte Nutzungsüberlassung.** Daher ist eine Abgrenzung zu einer **dauerhaften Vermögensverfügung** (Veräußerung) erforderlich. In § 21 Abs. 1 Nr. 4 geht es hingegen um eine Veräußerung von Miet- oder Pachtzinsforderungen (HHR/*Pfirrmann* § 21 Rn. 50), dh eine **endgültige Übertragung von Forderungen.**

§ 21 und § 23 schließen sich wechselseitig aus (Kirchhof/*Mellinghoff* § 21 Rn. 5). Teilweise bestehen Abgrenzungsschwierigkeiten. Ein Veräußerungsgeschäft iSd § 23 liegt vor, wenn ein Vermögensgegenstand gegen Entgelt auf einen Dritten endgültig übertragen wird, während eine Nutzungsüberlassung iSd § 21 Abs. 1 S. 1 Nr. 1 bis Nr. 3 voraussetzt, dass der Eigentümer oder Nutzungsberechtigte des Vermietungsobjekts zumindest einen Teil seiner Herrschaftsmacht zurückbehält. Maßgeblich für die Abgrenzung ist eine **wirtschaftliche Betrachtungsweise** (BFH 28.9.2010 – IX B 65/10, BFH/NV 2011), nicht die zivilrechtliche Vertragsgestaltung. Im Hinblick auf eine Abgrenzung gegenüber sonstiger Verwertung von unbeweglichem Vermögen ist im Einzelfall zu klären, ob dem Eigentümer Zahlungen aufgrund Vermietung und Verpachtung, dh als Gegenleistung für eine Nutzung, oder als Gegenleistung für einen **dauerhaften Rechtsverlust** zufließen. 76

Besondere Abgrenzungsschwierigkeiten bestehen in der Praxis häufig im Hinblick auf die Hebung von Bodenschätzen. Bei **Ausbeutungsverträgen** (→ Rn. 175 ff.) kommt es für die Qualifikation als Einkünfte aus Vermietungs- und Verpachtung darauf an, ob das Grundstück einem Dritten zur Hebung von Bodenschätzen nur vorübergehend zur Verfügung gestellt wurde. Im Rahmen der wirtschaftlichen Betrachtungsweise sind zum einen die Bestimmungen des Vertrages, zum anderen aber auch außerhalb des Vertrags liegende Umstände zu berücksichtigen. Ein Ausbeutevertrag kann ausnahmsweise auch ein Kaufvertrag im Hinblick auf die Bodenschätze sein. In diesem Fall muss es sich jedoch um die einmalige Lieferung einer fest abgegrenzten Menge handeln (BFH 21.7.1993 – IX R 9/89, BStBl. II 1994, 231). 76.1

Eine Abgrenzung zwischen Nutzungsüberlassung und Veräußerungsgeschäft hat auch bei **Mietkaufverträgen** (→ Rn. 157; → Rn. 261 ff.; → Rn. 296 ff.) oder **Leasingverträgen** (→ Rn. 156; → Rn. 199) zu erfolgen. Maßgeblich ist eine Gesamtbetrachtung. Ist danach ein Ratenkaufvertrag gegeben, handelt es sich steuerlich um ein Veräußerungsgeschäft, sodass § 21 nicht einschlägig ist. 76.2

Werden **Kauf- und Mietvertrag** verbunden, ist für den Einzelfall mittels Gesamtbetrachtung zu ermitteln, ob es sich bei den „Mietzahlungen" nach ihrem wirtschaftlichen Gehalt um Kaufpreisraten handelt (BFH 5.11.1957 – I 221/56 U, BStBl. III 1957, 445; Kirchhof/*Mellinghoff* § 21 Rn. 7). 76.3

Eine von der Abgrenzungsproblematik zu differenzierende – früher umstrittene – Frage ist, ob **Veräußerungsgewinne im Rahmen der Überschussprognose** herangezogen werden können. Nach einer grundlegenden Entscheidung des Großen Senats werden Veräußerungsgewinne bei der Überschussprognose im Rahmen der Prüfung der Einkünfteerzielungsabsicht **nicht berücksichtigt, soweit sie nicht steuerbar** sind (BFH 25.6.1984 – GrS 4/82, BStBl. II 1984, 751; BFH 30.9.1997 – IX R 80/94, BStBl. II 1998, 771; HHR/*Pfirrmann* § 21 Rn. 71). Die für die steuerliche Anerkennung der Vermietungs- und Verpachtungs-Einkünfte (und damit auch der in Zusammenhang stehenden Werbungskosten) maßgebliche Einkünfteerzielungsabsicht kann sich folglich nicht aus dem Argument des Steuerpflichtigen ergeben, dass Werbungskostenüberschüsse durch den Erlös aus der Veräußerung des Mietobjekts ausgeglichen werden können. 77

Dagegen wird eingewandt, dass jeder Vermieter Wertsteigerungserträge durchaus in seine eigene Kalkulation miteinbeziehe (*Jakob/Hörmann* FR 1989, 665 (672)). Diese persönliche Rechnung begründet aber nicht die Notwendigkeit der Einbeziehung nicht steuerbarer Veräußerungsgewinne in die Prüfung der Einkünfteerzielungsabsicht bei Vermietungs- und Verpachtungs-Einkünften, denn gesetzessystematisch ist die Einkünfteerzielungsabsicht einkunftsartbezogen festzustellen (KSM/*Drüen* § 21 Rn. B 156). Nicht steuerbare Veräußerungsgewinne gehören in die private Vermögenssphäre und sind daher unbeachtlich. 77.1

Ob nach § 23 Abs. 1 S. 1 Nr. 1 **steuerbare Veräußerungsgewinne** (bei einer Veräußerung innerhalb der 10-Jahres-Frist) in die Überschussprognose einzubeziehen sind, ist kontrovers **umstritten (verneinend:** BMF 8.10.2004, BStBl. I 2004, 933 Rn. 34; OFD Rostock 2.5.2000, DStR 2000, 927; OFD Frankfurt 17.5.2000, DB 2000, 1641; OFD Berlin 19.5.2000, FR 2000, 1003; *Stein* DStZ 2003, 803; *Wirtz* FR 2003, 711; **bejahend:** *Voos* DStR 1999, 877 (883); *Pezzer* StuW 2000, 457 (466); *Thürmer* DB 2002, 444 (449); *Risthaus* FR 2002, 909 (915); *Fuhrmann* KÖSDI 2004, 14450 (14452); *Stuhrmann* StB 2003, 82; 78

Heuermann StuW 2003, 101 (112); *Heuermann* DStZ 2004, 9 (13); *Korn/Fuhrmann* DStZ 2004, 431 (434)). Zustimmungswürdig ist die Auffassung, die eine Einbeziehung steuerbarer Veräußerungsgewinne befürwortet. Anderenfalls würde eine **einheitliche Tätigkeit** künstlich aufgespalten werden (ebenso: HHR/*Pfirrmann* § 21 Rn. 71).

79 Verschiedene **Reformkonzepte** sehen eine Ausdehnung der Besteuerung durch die Erfassung privater Veräußerungsgewinne vor, vgl. Reformentwurf der FDP (Entwurf eines Gesetzes zur Einführung einer neuen ESt und zur Abschaffung der GewSt v. 14.1.2004, BT-Drs. 15/2349, 15), *„Konzept 21"* der CDU/CSU (v. 23.3.2004, BT-Drs. 15/2745, Leitsatz II.A.8), Reformentwurf von *P. Kirchhof* (Einkommensteuergesetzbuch, 2003, dort umfassende Definition der Erwerbserträge in § 3 Abs. 2 S. 1, welche auch Veräußerungsgewinne umfasst) sowie *J. Lang,* Kölner Entwurf eines Einkommensteuergesetzes, 2005, § 7, konnten aber bislang keine gesetzliche Änderung bewirken.

79.1 Nach dem *Kölner Entwurf* von *J. Lang* rechnen Einkünfte aus Vermietung und Verpachtung zu den Einkünften aus selbständiger Tätigkeit. Einkünfte aus der Veräußerung eines Vermietungs- oder Verpachtungsobjekts sind gesondert in einer eigenen Einkunftsart erfasst (*Lang* ua, *Kölner Entwurf* eines Einkommensteuergesetzes Rn. 424 ff.).

79.2 Nach dem Reformentwurf von *P. Kirchhof* ist Gegenstand der Einkommensteuer das Erwerbshandeln des Steuerpflichtigen, wobei 60 Prozent der Erwerbserträge pauschal als Aufwendungen abzugsfähig sind (*Kirchhof*, Einkommensteuergesetzbuch, § 43 Rn. 5, 8 ff.; § 8 Rn. 8). Der Veräußerungsgewinn aus der Veräußerung eines Vermietungs- oder Verpachtungsobjekts ist danach ebenfalls einkommensteuerpflichtig (*Kirchhof*, Einkommensteuergesetzbuch, § 8 Rn. 51; vgl. zur Gegenüberstellung der beiden Reformmodelle auch: KSM/*Drüen* § 21 Rn. A 43).

80 Im Zusammenhang mit Vermietungs- und Verpachtungseinkünften wird immer wieder die Debatte aufgegriffen, ob es verfassungsrechtlich hinzunehmen ist, dass Vermietungsgeschäfte quasi als **„geborene Verlustgeschäfte"** steuerlich eingesetzt werden. Die Einkunftsart wird teilweise als „strukturell defizitär" bezeichnet (*Pezzer* GS *Trzaskalik*, 2005, 239; KSM/*Drüen* § 21 Rn. A 40), weil sich ein positiver Saldo bei Einkünften aus § 21 allenfalls langfristig ergeben könne. Das Defizit ergäbe sich va auch aus der Nichtbesteuerung von Veräußerungsgewinnen (Sitzungsbericht N zum 57. Deutschen Juristentag Mainz 1988, N 212 unter IV 3; *J. Lang,* Kölner Entwurf eines Einkommensteuergesetzes, 2005, 162 Rn. 582; *Tipke* Die Steuerrechtsordnung, Bd. II, 717 f.; *Söhn* DStJG 30 (2007), 13 (26 f.); → Rn. 22). Eine Einbeziehung von Veräußerungsgewinnen entspräche der Besteuerung von Gewerbetreibenden und Freiberuflern, wenn diese Einkünfte aus einer Vermietungs- oder Verpachtungstätigkeit erzielen (KSM/*Drüen* § 21 Rn. A 40). Im Übrigen seien auch bei Kapitaleinkünften Veräußerungsgewinne steuerlich relevant (vgl. § 20 Abs. 2). Allerdings begründet das strukturelle Defizit keinen verfassungsrechtlichen Mangel (→ Rn. 22), wenn es auch wünschenswert wäre, dass der Gesetzgeber auf die in der Wissenschaft und Literatur vorgetragenen Bedenken mit einer entsprechenden gesetzlichen Anpassung und Erweiterung des Vermietungs- und Verpachtungstatbestands reagiert und damit die strukturellen Mängel beseitigt. **Verlustmodelle** werden im Übrigen nur dann steuerrechtlich anerkannt, wenn im Rahmen der **Gesamtwürdigung** im Einzelfall langfristig ein Überschuss erzielt werden kann (→ Rn. 266).

81 Punktuell hat der Gesetzgeber die Kritik aus der Literatur bereits aufgenommen und im Rahmen der Besteuerung eines privaten Veräußerungsgeschäfts vorgesehen, dass bei der **Berechnung des Veräußerungsgewinns** die Absetzungen für Abnutzung (AfA) die Anschaffungs- oder Herstellungskosten mindern (vgl. § 23 Abs. 3 S. 4). Auch steuerliche Gestaltungsmöglichkeiten wurden in den letzten Jahren immer weiter begegnet (dazu: KSM/*Drüen* § 21 Rn. A 42). Seit 2004 übersteigen die positiven Einkünfte die negativen Einkünfte aus Vermietung und Verpachtung. In 2004 betrugen die negativen Einkünfte 17,8 Mrd. EUR und die positiven Einkünfte 23,1 Mrd. EUR; in 2005 die negativen Einkünfte 17,0 Mrd. EUR und die positiven Einkünfte 24,1 Mrd. EUR; in 2011 betrugen die negativen Einkünfte 10 Mrd. EUR und die positiven Einkünfte 28,4 Mrd. EUR (jeweils Statistisches Bundesamt, Jährliche Einkommensteuerstatistik). Die zunehmenden Überschüsse der Einnahmen aus Vermietung und Verpachtung zeigen, dass es nicht zwingend geboten ist, Veräußerungsgewinne steuerlich zu erfassen, wenn andererseits Gestaltungsmöglichkeiten eingeschränkt werden (zB durch Verweise auf § 15a und § 15b in § 21 Abs. 1 S. 2). Vielmehr kompensiert der **langfristige positive Saldo** bei den Einkünften iSd § 21 Abs. 1 vorübergehende Verluste. Die Regelung bewegt sich daher **innerhalb des gesetzgeberischen Gestaltungsspielraums,** sodass sie verfassungsrechtlich nicht zu beanstanden ist.

Dies ändert jedoch nichts daran, dass es für eine Einbeziehung von Veräußerungsgewinnen gute Argumente gibt, zB ein Gleichlauf mit Kapitaleinkünften, bei welchen nach § 20 Abs. 2 auch Veräußerungsgewinne steuerlich relevant sind, sowie die Einbeziehung der AfA durch den Verweis in § 9 Abs. 1 S. 3 Nr. 7. Wenn auch keine verfassungsrechtlich gebotene Notwendigkeit der Einbeziehung von Veräußerungsgewinnen gegeben ist, sollten die Vorteile der Einbeziehung im Rahmen von Reformüberlegungen Berücksichtigung finden. **82**

Einstweilen frei **83–85**

b) Einkünfteerzielungsabsicht bei atypischen Konstellationen. Einkünfte iSv § 21 Abs. 1 setzen eine **Einkünfteerzielungsabsicht** des Steuerpflichtigen (→ Rn. 232 ff.) voraus. Voraussetzung ist, dass eine Tätigkeit oder Vermögensnutzung objektiv darauf gerichtet ist, auf Dauer gesehen, dh in einer **Totalperiode,** ein positives Ergebnis zu erzielen (sog. Einkünfteerzielungsabsicht). Die Einkünfteerzielungsabsicht muss für die steuerliche Anerkennung **objektbezogen** beurteilt werden (BFH 19.2.2019 – IX R 16/18, DStR 2019, 1914; BFH 8.1.2019 – IX R 37/17, BFH/NV 2019, 390; BFH 26.11.2008 – IX R 67/07, BStBl. II 2009, 370), sie wird jedoch bei einem auf Dauer angelegten typischen Vermietungs- und Verpachtungsverhältnis vermutet, wenn die **66 Prozent-Grenze** iSd § 21 Abs. 2 (→ Rn. 1396 ff.) im Hinblick auf das vereinbarte Nutzungsentgelt erreicht ist. **86**

Außerdem gibt es von der Rechtsprechung entwickelte Fallgruppen, bei welchen die Einkünfteerzielungsabsicht im Einzelfall positiv festzustellen ist (→ Rn. 249 ff.; → Rn. 272 ff.). **87**

Kein typischer Fall der Vermietung oder Verpachtung ist gegeben, wenn es sich entweder **nicht um eine auf Dauer angelegte Wohnraumvermietung** handelt (Fallgruppe 1 → Rn. 249 ff.) oder eine **atypische Fallkonstellation** (Fallgruppe 2 → Rn. 272 ff.) vorliegt. In vielen Rechtsstreitigkeiten geht es daher um die Frage, ob es sich um eine typische oder atypische Wohnraumvermietung handelt. Oftmals besteht Rechtsunsicherheit, wo entsprechend die Grenze zu ziehen ist. Als atypisch gilt, wenn ein Vermietungsobjekt **teilweise selbst als Ferienwohnung genutzt** wird, wenn es über einen längeren Zeitraum **aufwendig renoviert** wird oder **leer steht** (→ Rn. 273 ff.; → Rn. 280 f.; → Rn. 282 ff.). **88**

Besondere Schwierigkeiten für die positive Feststellung der Einkünfteerzielungsabsicht ergeben sich in der Praxis bei einer **leerstehenden Wohnung.** Steht eine Wohnung leer, ist eine Einkünfteerzielungsabsicht nur gegeben, wenn sich der Steuerpflichtige **ernsthaft und nachhaltig um eine (erstmalige oder erneute) Vermietung bemüht.** Ein entsprechender Entschluss muss endgültig gefasst sein (BFH 19.9.1990 – IX R 5/86, BStBl. II 1990, 1030; BFH 2.3.1993 – IX R 69/89, BFH/NV 1993, 532). Er darf bei einem **Leerstand nach Vermietung** nicht endgültig aufgegeben worden sein (BFH 11.12.2012 – IX R 14/12, BFH/NV 2013, 467); → Rn. 282 ff. Maßgeblich ist eine **Gesamtbetrachtung der Umstände.** Der Steuerpflichtige trägt die **Feststellungslast** für entsprechende Bemühungen (BFH 13.1.2015 – IX R 46/13, BFH/NV 2015, 668; BMF 8.10.2004, BStBl. I 2004, 933 Rn. 26; HHR/*Pfirrmann* § 21 Rn. 69). Bei einem **Leerstand vor der Vermietung** muss der Steuerpflichtige endgültig den Entschluss zur Vermietung gefasst haben und Entsprechendes im Streitfall nachweisen können. Veräußerungsbemühungen sind in diesem Fall immer als schädlich anzusehen (BFH 28.10.2008 – IX R 1/07, BStBl. II 2009, 848; BFH 11.12.2012 – IX R 14/12, BStBl. II 2013, 279). Der Steuerpflichtige muss äußerlich erkennen lassen, dass er sich bemüht, das Vermietungsobjekt wieder zur Einkünfteerzielung einzusetzen, zB Verlustursachen ermitteln (→ Rn. 285). **89**

In welchem Umfang eine Selbstnutzung erfolgen muss, damit das Mietverhältnis als atypisch gilt, oder wie lang eine Immobilie nach dem Auszug eines Mieters leer stehen darf, ohne dass das Mietverhältnis deshalb als atypisch gilt, ist streitanfällig. Die Entscheidung darüber liegt in den Händen der Rechtsprechung, die teilweise nicht einheitlich ist. Zur Vermeidung der Rechtsstreitigkeiten sollte der Gesetzgeber tätig werden. Es würden sich zB Regelbeispiele für atypische Fallgruppen anbieten. **90**

Einstweilen frei **91–92**

93 **c) Angehörigen-Verträge.** Bei Miet- und Pachtverträgen zwischen nahen Angehörigen muss die Einhaltung der speziellen Voraussetzungen für **Angehörigen-Verträge** überprüft werden, weil ein **erhöhtes Risiko besteht,** dass zivilrechtliche Gestaltungsmöglichkeiten für steuerliche Zwecke missbraucht werden (→ Rn. 478 ff.). Zwar steht es (nahen) Angehörigen frei, ihre Rechtsverhältnisse untereinander steuerlich möglichst günstig zu gestalten (BFH 29.8.2007 – IX R 17/07, BStBl. II 2008, 502), aufgrund eines im Einzelfall jedoch **fehlenden Interessengegensatzes** zwischen Familienangehörigen muss für steuerliche Zwecke geklärt werden, ob die Vereinbarung steuerlich anzuerkennen oder der nicht steuerbaren Privatsphäre (§ 12) zuzuordnen ist (Schmidt/*Kulosa* § 21 Rn. 45).

94 Verträge zwischen nahen Angehörigen werden nur anerkannt, wenn sie zivilrechtlich wirksam sind, der Vertragsinhalt einem Fremdvergleich standhält und der Vertrag tatsächlich – entsprechend der Vereinbarung – durchgeführt wird (→ Rn. 497 ff.). Auch eine verbilligte Vermietung an Angehörige kann in den Grenzen des § 21 Abs. 2 S. 2 einem Fremdvergleich entsprechen. Beträgt das Entgelt allerdings bei einer Wohnraumvermietung weniger als 66 Prozent der ortsüblichen Marktmiete, so ist die Nutzungsüberlassung nach § 21 Abs. 2 S. 1 in einen entgeltlichen und einen unentgeltlichen Teil aufzuteilen (→ Rn. 1396 ff.).

95 Die von der Rechtsprechung entwickelten – bislang nicht kodifizierten – Voraussetzungen für die steuerliche Anerkennung von Angehörigen-Verträgen basieren auf der Grundüberlegung, dass Angehörigen-Verträgen oftmals private Erwägungen zugrunde liegen. Die Voraussetzungen dienen daher einer **Abgrenzung zwischen der steuerneutralen Privatsphäre (§ 12) und der steuerlich anzuerkennenden Wirtschafts- und Erwerbssphäre (§ 21).**

96 Verfassungsrechtlich bestehen keine Bedenken, für die steuerliche Anerkennung von Angehörigen-Verträgen (→ Rn. 478 ff.) einen strengeren Prüfungsmaßstab zu verlangen als für Verträge zwischen Dritten (BVerfG 7.11.1995 – 2 BvR 802/90, BStBl. II 1996, 34). Diese Vorgehensweise ist eine gerechtfertigte Reaktion auf die innerhalb eines Familienverbundes typischerweise fehlenden Interessengegensätze und die daraus resultierende Gefahr des steuerlichen Missbrauchs der Vertragsgestaltung. So kann beispielsweise bei einem Leistungsaustausch **zwischen Ehegatten** die innere Tatsache, ob eine betriebliche Veranlassung oder eine familiäre Beziehung zugrunde liegt, nicht zweifelsfrei festgestellt werden. Es ist daher gerechtfertigt, äußerliche Merkmale **als Indizien** heranzuziehen (BVerfG 7.11.1995 – 2 BvR 802/90, BStBl. II 1996, 34). Allerdings darf ein Beweisanzeichen dann nicht mehr mit ausschlaggebender Bedeutung herangezogen werden, wenn ein **Sachverhalt nicht beweisbedürftig** ist, sondern aus anderen Quellen mit hinreichender Sicherheit festgestellt werden kann (→ Rn. 479 f.).

97–98 *Einstweilen frei*

99 **d) Zurechnungsfragen.** Die Frage der **Zurechnung** kann bei Einkünften aus Vermietung und Verpachtung problematisch sein (beispielsweise bei Gesamthand, Nießbrauch oder Treuhand; → Rn. 409 ff.). Steuerrechtlich kommt es darauf an, wer die maßgebenden **wirtschaftlichen Dispositionsbefugnisse** hat, nicht wer zivilrechtlich als Vermieter auftritt. Der Steuerpflichtige muss rechtlich und tatsächlich über das in § 21 Abs. 1 genannte Wirtschaftsgut derart verfügen können, dass er dieses einem anderen entgeltlich auf Zeit zur Nutzung oder zum Gebrauch überlassen kann (dazu: *Günther* ErbStB 2019, 245). Eine Mehrheit von Personen kann in ihrer gemeinschaftlichen Verbundenheit als **Bruchteilsgemeinschaft** (§§ 741 ff. BGB) oder **Gesamthandsgemeinschaft** (GbR, KG, Erbengemeinschaft) den Tatbestand der Vermietung und Verpachtung iSd § 21 erfüllen (BFH 15.4.1986 – IX R 69/81, BStBl. II 1986, 792; BFH 11.3.2003 – IX R 17/99, BFH/NV 2003, 1045; BFH 11.3.2003 – IX R 16/99, BFH/NV 2003, 1043). Voraussetzung ist, dass die Personen gemeinschaftlich Träger der Rechte und Pflichten aus dem Nutzungsüberlassungsverhältnis sind und Einkünfteerzielungsabsicht gegeben ist (→ Rn. 345 ff.). Eine **Ehegatten-Innengesellschaft** kann Einkünfte aus Vermietung und Verpachtung erzielen, auch wenn sie sich nur von einem Ehegatten im Außenverhältnis vertreten lässt. Allerdings unterliegt die Vertragsgestaltung den strengen Anforderungen, die an Angehörigen-Verträge (→ Rn. 478 ff.) gestellt werden (FG Saarland 18.12.2012 – 1 K 1628/10, EFG 2013, 361). Für die Zurechnung von Einkünften kommt es darauf an, ob die Ehegatten gemeinschaftlich Einkünfte aus Vermietung und Verpachtung erzielen (→ Rn. 379 ff.). Die Zurechnung des Wirtschaftsgutes ist maßgeblich für den Werbungskostenabzug. Nehmen beispielsweise

Ehegatten gemeinsam ein gesamtschuldnerisches Darlehen zur Finanzierung eines vermieteten Gebäudes auf, das nur einem von ihnen gehört, also nur einem Ehegatten zurechenbar ist, werden die Zins- und Tilgungsleistungen des Nichteigentümerehegatten dem Eigentümerehegatten zugerechnet (BFH 19.8.2008 – IX R 78/07, BStBl. II 2009, 299)

Bei **Nießbrauch** ist für die Zurechnung von Einkünften auf das Außenverhältnis abzustellen. Maßgeblich ist, wer nach außen Träger der Rechte und Pflichten eines Vermieters ist (Nießbrauchserlass, BMF 30.9.2013, BStBl. I 2013, 1184; BFH 31.10.1989 – IX R 216/84, BStBl. II 1992, 506), dh dispositionsbefugt ist. Steuerrechtlich werden **verschiedene Varianten des Nießbrauchs** differenziert, va Zuwendungs- und Vorbehaltsnießbrauch (→ Rn. 419). Beim **Zuwendungsnießbrauch** bestellt der Eigentümer einem Dritten den Nießbrauch, wobei das Eigentumsrecht des bisherigen Eigentümers unberührt bleibt. Das Grundstück wird sodann vom Nießbraucher anstelle des Eigentümers für Vermietungs- und Verpachtungszwecke genutzt. Zu den steuerlichen Konsequenzen → Rn. 425 ff. Andere steuerliche Folgen ergeben sich beim Vorbehaltsnießbrauch. Beim **Vorbehaltsnießbrauch** geht das Eigentum auf einen Dritten über. Der bisherige Eigentümer behält sich jedoch gleichzeitig das Nießbrauchsrecht vor. Er wird als dinglich berechtigter Nießbraucher im Grundbuch eingetragen. Der frühere Eigentümer nutzt das Grundstück aufgrund seines vorbehaltenen Nießbrauchs. Zu den steuerlichen Folgen → Rn. 453 ff. **100**

Einstweilen frei **101–103**

e) Abgrenzung zwischen sofort abzugsfähigen Werbungskosten und Anschaffung- oder Herstellungskosten. Gemäß § 9 Abs. 1 können als Werbungskosten im Rahmen der Einkünfte aus Vermietung und Verpachtung alle Aufwendungen geltend gemacht werden, bei denen **objektiv** ein wirtschaftlicher Zusammenhang mit der Vermietung und Verpachtung besteht. Grundsätzlich müssen entsprechende Aufwendungen auch **subjektiv** zur Förderung der Nutzungsüberlassung getätigt werden (BFH 13.1.2015 – IX R 46/13, BFH/NV 2015, 668; Kirchhof/*Mellinghoff* § 21 Rn. 49; BFH 17.7.2007 – IX R 2/05, BStBl. II 2007, 941). **104**

Da im Rahmen der Überschusseinkünfte kein Vermögensvergleich erfolgt, sind **Wertveränderungen im Hinblick auf den Vermögensstamm nicht bedeutsam.** Daher sind Anschaffungs- und Herstellungskosten (→ Rn. 873 ff.) von Werbungskosten zu differenzieren. Anschaffungs- und Herstellungskosten können nicht – wie sonstige Werbungskosten – sofort abgezogen werden, sondern nur im Rahmen der AfA Berücksichtigung finden. **105**

Erhaltungsaufwand bezieht sich zwar auf den Vermögensstamm, ist jedoch steuerlich den Werbungskosten zuzurechnen und daher sofort abzugsfähig (→ Rn. 936 ff.). Die Grenze zwischen Herstellungskosten und Erhaltungsaufwand kann **fließend** sein. **Reparaturaufwendungen** sind regelmäßig Erhaltungsaufwand. Dies gilt auch für die **Kosten zeitgemäßer Instandsetzung (Modernisierungsaufwand)** einzelner Bestandteile eines Hauses. Nur wenn ein Gebäude im Laufe der Zeit insgesamt unbrauchbar geworden ist, dh ein sog. Totalverschleiß vorliegt, führt die Instandsetzung des nunmehr neuen Wirtschaftsgutes zu Herstellungskosten (BFH 10.5.1995 – IX R 62/94, BStBl. II 1996, 639).

Herstellungskosten eines Gebäudes sind nach § 255 Abs. 2 S. 1 HGB Aufwendungen für die Herstellung eines Gebäudes sowie Aufwendungen, die für die **Erweiterung** oder für die über den ursprünglichen Zustand hinausgehende **wesentliche Verbesserung** eines Gebäudes entstehen. Erfasst sind alle Aufwendungen, die auf einer Herstellungsleistung für das Gebäude beruhen und zum Verbrauch von Gütern oder zur Inanspruchnahme von Dienstleistungen geführt haben (BFH 4.7.1990 – GrS 1/89, BStBl. II 1990, 830 (835); BFH 31.3.1992 – IX R 164/87, BStBl. II 1992, 805). Die Herstellung eines neuen Wirtschaftsgutes ist sowohl die Erstherstellung eines bisher noch nicht vorhandenen Wirtschaftsgutes als auch die Wiederherstellung eines bereits vorhandenen, aber zerstörten oder unbrauchbar gewordenen Wirtschaftsgutes (sog. Zweit-Herstellung) und schließlich auch eine Wesens- oder Funktionsänderung. Letztere ist anzunehmen, wenn ein Wirtschaftsgut aufgrund von Baumaßnahmen in seiner Funktion bzw. seinem Wesen verändert wird (FG Münster 29.1.2015 – 12 K 3193/12 E, DStRE 2017, 391). Rechtsstreitigkeiten drehen sich daher oftmals um die Frage, ob Baumaßnahmen zu einer Wesens- oder Funktionsveränderung des Nutzungsobjekts geführt haben (→ Rn. 897 ff.). **106**

Einstweilen frei **107–109**

110 **f) Schwellenwert in § 21 Abs. 2.** Die Aufteilungsregelung in § 21 Abs. 2 wird in Fachkreisen immer wieder verfassungsrechtlich problematisch angesehen (zB *Stein* DStZ 2012, 19 (24); *Stein* DStZ 2011, 80 (82); *Paus* DStZ 1999, 753; *Kanzler* FR 1999, 818; *Pezzer* StuW 2000, 457 (465); KSM/*Drüen* § 21 Rn. C 4–6; *Götze*, Die Ersetzung der sieben Einkunftsarten des EStG durch eine einzige, 183; *Müller*, Einnahmeverzicht im Einkommensteuerrecht, 178 ff.). Die Aufteilung mittels eines Schwellenwertes im Hinblick auf das vereinbarte Nutzungsentgelt (derzeit 66 Prozent der marktüblichen Miete) in einen entgeltlichen oder unentgeltlichen Teil der Nutzungsüberlassung sei willkürlich. Dem aktuellen Schwellenwert wird vorgehalten, dass die Masse der unter Fremden abgeschlossenen Verträge durch § 21 Abs. 2 nicht berührt werde, was man auch schon im Gesetzgebungsverfahren erkannte (BT-Drs. 10/3633, 17). Unter fremden Dritten werde nämlich der Schwellenwert von 66 Prozent regelmäßig erreicht sein. § 21 Abs. 2 betreffe daher faktisch **hauptsächlich Verträge zwischen nahen Angehörigen** (→ Rn. 478 ff.), ist jedoch tatbestandlich gerade nicht darauf limitiert.

111 Kritisiert wird außerdem, dass von den allgemeinen Regeln über Verträge zwischen Angehörigen abgewichen werde (KSM/*Drüen* § 21 Rn. C 4). Andere halten es für problematisch, dass die Regelung des § 21 Abs. 2 nicht für alle Verträge zwischen Angehörigen gilt (*Pezzer* StuW 2000, 457 (465)). Schließlich wird die tatbestandliche Einschränkung auf die Nutzungsüberlassung von Immobilien, die Wohnzwecken dienen, nicht für richtig gehalten.

112 Die Folge der Aufteilungsregelung, dass bei Überschreiten der 66 Prozent-Grenze ein voller Werbungskostenabzug möglich ist (auch wenn bewusst keine marktübliche Miete zB zwischen Angehörigen vereinbart wurde), widerspricht dem Rechtsgedanken des § 3c sowie dem Aufteilungsgebot bei gemischt veranlassten Aufwendungen, welches aus dem objektiven Nettoprinzip folgt (BFH 5.11.2002 – IX R 48/01, BStBl. II 2003, 646).

113 Der BFH hält die Aufteilungsregelung in § 21 Abs. 2 aufgrund ihres **Typisierungscharakters** für verfassungsgemäß (BFH 19.8.2008 – IX B 102/08. BFH/NV 2009, 146; BFH 5.11.2002 – IX R 48/01, BStBl. II 2003, 646; ebenso auch: HHR/*Kulosa* § 21 Rn. 202; Blümich/*Heuermann* § 21 Rn. 541; Kirchhof/*Mellinghoff* § 21 Rn. 79 f.) → Rn. 23. Dem ist zuzustimmen. Der Vereinfachungszweck rechtfertigt es, nach einem Schwellenwert zu suchen, wonach anhand der Höhe des vereinbarten Entgelts zwischen Vermietungsgeschäften mit vermuteter Einkünfteerzielungsabsicht und solchen, bei welchen diese positiv festzustellen ist, abgegrenzt werden kann. Mit der Festlegung auf 66 Prozent hat sich der Gesetzgeber innerhalb seines **gesetzgeberischen Gestaltungsspielraums** bewegt.

114–116 *Einstweilen frei*

117 **g) Ungelöste Abgrenzungsschwierigkeiten.** Eine weitere zentrale Debatte betrifft schließlich auch die Unvollständigkeit des § 21 Abs. 3. Es wird dort nämlich nur die Zuordnung zu einer Einkunftsart für den Fall geregelt, dass die Einkünfte ihrer Art nach mehreren Einkunftsarten unterfallen. So regelt § 21 Abs. 3 beispielsweise, dass die Vermietung von Betriebsvermögen nicht zu Einkünften aus § 21 Abs. 1, sondern zu Einkünften aus § 15 führt. Offen lässt der Gesetzgeber hingegen, nach welchen Kriterien zwischen einzelnen Einkunftsarten auf Tatbestandsebene abzugrenzen ist (KSM/*Drüen* § 21 Rn. D 22). Es ist vielmehr der Rechtsprechung überlassen, Kriterien zur Abgrenzung zu schaffen. Wenn es beispielsweise um den Übergang von privater Vermögensverwaltung **in eine gewerbliche Tätigkeit iSv § 15 geht,** stellt die Rechtsprechung darauf ab, ob die Nutzung des Vermögens im Einzelfall hinter der Bereitstellung einer **unternehmerischen Organisation** zurücktritt (BFH 21.8.1990 – VIII R 271/84, BStBl. II 1991, 126; BFH 25.10.1988 – VIII R 262/80, BStBl. II 1989, 291). Ein Umschlagen in eine gewerbliche Tätigkeit setzt voraus, dass **besondere Umstände** neben die Vermietung hinzutreten, die der Betätigung des Vermieters – als Ganzes betrachtet – das **Gepräge einer selbständigen, nachhaltigen, von einem Gewinnstreben getragenen Beteiligung am allgemeinen wirtschaftlichen Verkehr geben** (→ Rn. 1465 ff.; dazu auch: Lademann EStG/*Claßen* § 21 Rn. 52). Im Bereich der Abgrenzung von Vermietungs- und Verpachtungseinkünften zu anderen Einkunftsarten werden daher viele Rechtsstreitigkeiten geführt. Dies liegt ua auch daran, dass die Rechtsprechung nicht immer nach einheitlichen Maßstäben abgrenzt. Es besteht daher in Abgrenzungsfragen ein zu großes Maß an Rechtsunsicherheit.

118–120 *Einstweilen frei*

B. Voraussetzungen und Rechtsfolgen

I. Persönlicher Anwendungsbereich

Bei **unbeschränkter Steuerpflicht** eines Steuerpflichtigen werden Einkünfte aus der Vermietung und Verpachtung iSv § 21 Abs. 1 von im Inland und – nach dem Welteinkommensteuerprinzip – auch von **im Ausland belegenen Grundstücken** erfasst. 121

Regelmäßig weisen DBA jedoch für im Ausland belegene Grundstücke das Besteuerungsrecht dem **Belegenheitsstaat** zu (Art. 6 OECD-MA). In diesem Fall muss der Wohnsitzstaat entsprechende Vermietungs- und Verpachtungs-Einkünfte von seiner Bemessungsgrundlage ausnehmen, dh **freistellen** (vgl. Art. 23A OECD-MA). Die Einkünfte werden jedoch meist für die Ermittlung des Steuersatzes über den sog. **Progressionsvorbehalt** berücksichtigt (vgl. § 32b Abs. 1 Nr. 3; Blümich/*Heuermann* § 21 Rn. 26). Einige DBA sehen auch statt einer Freistellung eine Anrechnung der vom ausländischen Staat erhobenen Steuer auf die deutsche Einkommensteuer vor, vgl. zB DBA Deutschland-Spanien (dazu: BFH 22.1.1980 – VIII R 134/78, BStBl. II 1980, 447; BFH 19.9.1990 – IX R 72/85, BFH/NV 1991, 369). 122

Besonderheiten gelten bei **negativen Einkünften** von im Ausland belegenen Vermögensgegenständen. Diese dürfen nur mit positiven Einkünften der jeweils selben Art und aus demselben Staat ausgeglichen werden (vgl. § 2a Abs. 1 S. 1 Nr. 6 Buchst. a). 123

Bei **beschränkt Steuerpflichtigen** (§ 1 Abs. 4) mit vermietetem Inlandsvermögen oder der Verwertung von Rechten in einer inländischen Betriebsstätte ergibt sich die Steuerbarkeit aus § 49 Abs. 1 Nr. 6. Für die Überlassung von Rechten sieht § 50a Abs. 1 Nr. 3 einen Steuerabzug vor (HHR/*Pfirrmann* § 21 Rn. 12). 124

Körperschaften können grundsätzlich nach § 8 Abs. 1 KStG Einkünfte aus Vermietung und Verpachtung erzielen, die jedoch nach § 8 Abs. 2 KStG als Einkünfte aus Gewerbebetrieb steuerlich zu behandeln sind. 125

Personenmehrheiten (zB Miterben einer ungeteilten Erbengemeinschaft, Gesellschafter einer KG, OHG oder GbR oder Bruchteilseigentümer) können Einkünfte aus Vermietung und Verpachtung erzielen, wobei die Besonderheiten der Einkünftezurechnung (→ Rn. 345 ff.) zu berücksichtigen sind. 126

Einstweilen frei 127–130

II. Allgemeine Voraussetzungen für den sachlichen Anwendungsbereich

§ 21 erfasst die in § 21 Abs. 1 S. 1 aufgelisteten Einkünfte aus der entgeltlichen Nutzungsüberlassung (Nr. 1–3; → Rn. 536 ff.) bzw. Veräußerung von Mietzins- oder Pachtzinsforderungen (Nr. 4; → Rn. 579 ff.) einer natürlichen Person, wenn sie nicht nach Abs. 3 zu einer anderen Einkunftsart gehören (→ Rn. 1438 ff.). 131

Einstweilen frei 132

1. Begriff der steuerrechtlichen „Vermietung und Verpachtung"

Vermietung und Verpachtung iSd § 21 Abs. 1 S. 1 setzt zum einen eine entgeltliche **Nutzungsüberlassung** (→ Rn. 138 ff.) (mit Ausnahme der ebenfalls in den Anwendungsbereich fallenden Veräußerung von Miet- oder Pachtzinsforderungen (§ 21 Abs. 1 S. 1 Nr. 4) → Rn. 579 ff.) und zum anderen grundsätzlich eine **zeitliche Begrenzung** der Rechtsposition des Mieters (→ Rn. 197 ff.) voraus (zu den Ausnahmen → Rn. 207 ff.). 133

Die Voraussetzungen sind für **jedes** Vermietungs- und Verpachtungs-Objekt **gesondert** zu prüfen. 134

Vermietungs- und Verpachtungs-Objekt kann auch nur ein Teil eines Grundstücks oder ein einzelner Raum sein (BFH 1.4.2009 – IX R 39/08, BStBl. II 2009, 776; BFH 12.12.2011 – IX B 132/11, BFH/NV 2012, 727). 134.1

Einstweilen frei 135–137

a) Nutzungsüberlassung. Der Begriff „Vermietung und Verpachtung" meint nicht nur eine Nutzungsüberlassung nach den klassischen zivilrechtlichen Vertragstypen der Miete (§§ 535 ff. BGB) und Pacht (§§ 581 ff. BGB), sondern auch alle sonstigen Rechtsverhältnisse, 138 die nach ihrem **wirtschaftlichen Gehalt** einer Vermietung oder Verpachtung iSd BGB vergleichbar sind, dh in einer **zeitlich begrenzten entgeltlichen Nutzungsüberlassung** bestehen (BFH 5.10.1973 – VIII R 78/70, BStBl. II 1974, 130; HHR/*Pfirrmann* § 21 Rn. 51).

138.1 Entscheidend ist, dass es sich um eine zeitlich begrenzte Nutzungsüberlassung handelt. Es liegen daher keine Einkünfte aus § 21 vor, wenn eine Entschädigung für eine unbefristete dingliche Belastung des Grundstücks mit einer immerwährenden Dienstbarkeit geleistet wird. In diesem Fall handelt es sich um eine Gegenleistung für die Aufgabe eines Eigentumbestandteils (BFH 2.7.2018 – IX R 31/16, DStR 2018, 3335).

139 Steuerrechtlich betrifft der Begriff „Vermietung und Verpachtung" auch die Veräußerung von Miet- und Pachtzinsforderungen (vgl. § 21 Abs. 1 S. 1 Nr. 4) und ist insoweit **weiter als der bürgerlich-rechtliche Begriff.** Andererseits ist der steuerrechtliche Begriff auch **enger,** denn bestimmte Vermietungs- und Verpachtungseinkünfte werden über die Subsidiaritätsregelung in § 21 Abs. 3 den Einkünften aus anderen Einkunftsarten zugeordnet (→ Rn. 1438 ff.).

140 **Charakterisierend** für den steuerrechtlichen Begriff der Vermietung und Verpachtung ist eine **nicht dauerhafte Besitzverschaffung** an einem in § 21 Abs. 1 S. 1 Nr. 1–3 genannten Gegenstand, für welche ein Entgelt bezahlt wird (KSM/*Drüen* § 21 Rn. B 47).

141 Das Entgelt muss **Gegenleistung** für die Überlassung des Gebrauchs und/oder der Nutzung des überlassenen Gegenstandes sein (Lademann EStG/*Claßen* § 21 Rn. 7).

142 Die Nutzungsüberlassung kann auf **schuldrechtlichem Vertrag oder dinglicher Überlassung** (Erbbaurecht, Nießbrauch, Grunddienstbarkeit, dingliches Wohnrecht) beruhen. Der Nutzungsberechtigte aufgrund eines schuldrechtlichen oder dinglichen Vertrags kann das Vermietungsobjekt zum einen selbst unmittelbar nutzen, zB zu Wohnzwecken, zum anderen kann er es auch einem Dritten zur Nutzung überlassen, zB Vermietung durch einen Zuwendungsnießbraucher (→ Rn. 162, → Rn. 425 ff.).

142.1 Der Tatbestand der Einkünfteerzielung nach § 21 Abs. 1 kann auch von demjenigen Nutzungsberechtigten erfüllt werden, der nur **Inhaber eines schuldrechtlichen Nutzungsrechts** ist, sofern daraus eine gesicherte Rechtsposition erwächst und tatsächlich wahrgenommen wird (Bordewin/Brandt/*Gänger* § 21 Rn. 88).

142.2 Der schuldrechtlich Nutzungsberechtigte kann grundsätzlich **AfA** geltend machen (BFH 28.3.1995 – IX R 126/89, BStBl. II 1997, 121; Lademann EStG/*Claßen* § 21 Rn. 90). Bei einem unentgeltlich vorbehaltenen schuldrechtlichen Nutzungsrecht hat der Eigentümer jedoch keine Einnahmen aus Vermietung und Verpachtung. Er kann folglich weder AfA noch sonstige Werbungskosten im Zusammenhang mit dem Grundstück steuerlich zum Abzug bringen.

143 Ist das mit einem Nutzungsrecht belastete Grundstück vermietet und wird es in diesem Zustand veräußert, tritt **gemäß § 566 BGB** der Erwerber kraft Gesetzes in die bestehenden Mietverhältnisse ein („Kauf bricht nicht Miete"). Der **Erwerber wird Vermieter.** Ihm werden die Einkünfte aus Vermietung und Verpachtung zugerechnet. Sollen dem **bisherigen Eigentümer die Einkünfte weiter zugerechnet** werden, bedarf es der Zustimmung des Mieters (BFH 26.4.2006 – IX R 22/04, BFH/NV 2006, 2046).

144 Bei der Einräumung eines **schuldrechtlichen Nutzungsrechts** erfolgt kein gesetzlicher Vertragsübergang. **§ 567 BGB** findet keine Anwendung. Daher kann der zur Nutzung Berechtigte die erforderliche Vermieterstellung nur durch eine rechtsgeschäftliche Vertragsübernahme, dh durch eine **Zustimmung des Mieters,** erreichen.

144.1 Die **Zustimmung** kann konkludent, beispielsweise durch fortlaufende Überweisung des Mietzinses auf das Konto des früheren Eigentümers, erfolgen (Lademann EStG/*Claßen* § 21 Rn. 89).

145 Die gebotene steuerrechtsspezifische und damit teilweise von der zivilrechtlichen Auslegung abweichende (→ Rn. 139) **weite Tatbestandsauslegung** entspricht dem **Leistungsfähigkeitsprinzip.** Maßgeblich ist, ob im Einzelfall bei wirtschaftlicher Betrachtung die Leistungsfähigkeit eines Steuerpflichtigen durch die Erzielung von Einkünften aufgrund einer Nutzungsüberlassung gesteigert wird. Es kommt auf eine **„Vermietertätigkeit"** an (gemeint ist die Tätigkeit desjenigen, der das Vermietungs- und Verpachtungs-Objekt einem Dritten zur Nutzung überlässt), nicht auf das zugrundeliegende Rechtsverhältnis.

Die **Gleichstellung der Veräußerung von Miet- und Pachtzinsforderungen** iSd § 21 Abs. 1 S. 1 Nr. 4 resultiert daraus, dass – wirtschaftlich betrachtet – mit dem Veräußerungserlös eine Gegenleistung für die Nutzungsüberlassung vereinnahmt wird. Die Regelung hat Ausnahmecharakter und ist nicht analogiefähig. **146**

Abgesehen von dieser Ausnahme ist steuerrechtlich zwischen einer Gebrauchs- und Nutzungsüberlassung und einer Veräußerung abzugrenzen, was in der Praxis Schwierigkeiten bereiten kann, denn maßgeblich ist weder die bürgerlich-rechtliche Form der Übertragung/Besitzverschaffung noch der Inhalt der zugrundeliegenden Vereinbarung, sondern eine wirtschaftliche Betrachtung (Lademann EStG/*Claßen* § 21 Rn. 7). In diesem Bereich ist der Begriff der Vermietung und Verpachtung von der Rechtsprechung maßgeblich geprägt worden. **146.1**

Maßgeblich ist nicht die zivilrechtliche Bezeichnung, sondern der **wirtschaftliche Gehalt** des zugrundeliegenden Vertrages. **147**

Eine Nutzungsüberlassung eines unbeweglichen Vermögens zur Abgeltung einer **Zugewinnausgleichsforderung** (§ 1378 BGB) führt zu Einkünften aus § 21 (BFH 8.3.2006 – IX R 34/04, BFH/NV 2006, 1280; → Rn. 147; → Rn. 183). **147.1**

Schadensersatzansprüche für Bauarbeiten auf einem Nachbargrundstück können steuerrechtlich als Einnahmen aus Vermietung und Verpachtung zu qualifizieren sein (BFH 2.3.2004 – IX R 43/03, BStBl. II 2004, 507; Blümich/*Heuermann* § 21 Rn. 101). **147.2**

Eine **Entschädigung für eine zwangsweise Nutzungsüberlassung oder Beschlagnahme** ist steuerrechtlich Einnahme aus Vermietung und Verpachtung (BFH 19.4.1994 – IX R 19/90, BStBl. II 1994, 640; HHR/*Pfirrmann* § 21 Rn. 51). Eine zwangsweise Nutzungsüberlassung ist beispielsweise gegeben, wenn einem Energieversorgungsunternehmen durch öffentlich-rechtliche Besitzeinweisung gestattet wird, ein Grundstück mit Hochspannungsfreileitungen zu überspannen (BFH 19.4.1994 – IX R 19/90, BStBl. II 1994, 640). **147.3**

Das **Entgelt für die Duldung** zur Verlegung von Versorgungsleitungen ist Einnahme aus Vermietung und Verpachtung (BFH 24.3.1982 – IV R 96/78, BStBl. II 1982, 643). **147.4**

Das **Entgelt für die Übernahme einer öffentlichen Baulast** zur Nutzung einer Grundstücksfläche als PKW-Stellplatz stellt bei wirtschaftlicher Betrachtung eine Einnahme aus Vermietung und Verpachtung dar (BFH 26.8.1975 – VIII R 167/71, BStBl. II 1976, 62). **147.5**

Einstweilen frei **148–149**

aa) Vermietung und Verpachtung. Bei einem Miet- oder Pachtvertrag iSd Zivilrechts können die zuvor genannten Voraussetzungen einer Nutzungsüberlassung iSd § 21 Abs. 1 S. 1 Nr. 1 – ohne weitere steuerrechtsspezifische Prüfung – unterstellt werden. Es handelt sich um die in der Praxis **häufigsten Anwendungsfälle** des § 21 Abs. 1. **150**

Ein **Mietvertrag** ist gemäß § 535 BGB ein Vertrag, durch den sich der Vermieter verpflichtet, dem Mieter den Gebrauch der vermieteten Sache während der Mietzeit zu überlassen. Der Mieter verpflichtet sich als Gegenleistung dafür dem Vermieter einen vereinbarten Mietzins zu bezahlen. **151**

Bei einem **Pachtvertrag** nach § 581 BGB verpflichtet sich der Verpächter, dem Pächter den Gebrauch des gepachteten Gegenstandes (Sache oder Recht) sowie den Genuss der Früchte (Ertrag) während der Pachtzeit zu gewähren. Als Gegenleistung verpflichtet sich der Pächter, dem Verpächter den vereinbarten Pachtzins zu bezahlen. **152**

Einstweilen frei **153–155**

bb) Leasing. Leasingverträge über unbewegliches Vermögen unterfallen dem steuerrechtlichen Begriff „Vermietung und Verpachtung". Voraussetzung ist jedoch, dass keine feste Grundmietzeit vereinbart wurde und dass das Leasingverhältnis kurzfristig kündbar ist, sog. Operating-Leasing (→ Rn. 199). § 21 ist außerdem nur anwendbar, wenn es sich **nicht um gewerbliche Einkünfte** handelt (§ 15 iVm § 21 Abs. 3; → Rn. 199. **156**

Sogenannte **Mietkaufverträgen** sind nicht unter § 21 zu subsumieren, wenn der Kaufpreis nach dem bei Abschluss des Mietvertrages geltenden Lieferpreis bestimmt ist und die Mietzahlungen auf den Kaufpreis in voller Höhe angerechnet werden. In diesem Fall ist der Mietkaufvertrag wirtschaftlich ein **Kaufvertrag mit gestundeten Kaufpreisraten** (BFH 12.9.1991 – III R 233/90, BStBl. II 1992, 182). (→ Rn. 261 ff.; → Rn. 296 ff.). **157**

Einstweilen frei **158–160**

161 **cc) Nießbrauch.** Gemäß § 1030 BGB kann eine (bewegliche oder unbewegliche) Sache dinglich in der Weise belastet werden, dass derjenige zu dessen Gunsten die Belastung erfolgt, berechtigt ist, die Nutzungen aus der Sache zu ziehen. Steuerrechtlich ist vor allem zwischen Zuwendungs- und Vorbehaltsnießbrauch zu differenzieren. Je nach Qualifikation, ergeben sich unterschiedliche Folgen, insbesondere für die Geltendmachung von Werbungskosten und AfA, → Rn. 409 ff.

162 Beim **Zuwendungsnießbrauch** (→ Rn. 425 ff.) bestellt der Eigentümer einem Dritten den Nießbrauch, wobei das Eigentumsrecht des bisherigen Eigentümers unberührt bleibt. Das Grundstück kann sodann vom Nießbraucher anstelle des Eigentümers für Vermietungs- und Verpachtungszwecke genutzt werden. Bei entsprechender Nutzung erzielt der Nießbrauchsberechtigte Einkünfte aus § 21 Abs. 1 S. 1 Nr. 1. Beim **Vorbehaltsnießbrauch** geht hingegen das Eigentum auf einen Dritten über. Der bisherige Eigentümer behält sich jedoch gleichzeitig das Nießbrauchsrecht vor (→ Rn. 421; → Rn. 453). Er wird als dinglich berechtigter Nießbraucher im Grundbuch eingetragen. Der frühere Eigentümer nutzt das Grundstück aufgrund seines vorbehaltenen Nießbrauchs und erzielt im Falle der Vermietung oder Verpachtung weiterhin Einkünfte aus Vermietung und Verpachtung gemäß § 21 Abs. 1 S. 1 Nr. 1.

163 Zu den weiteren Formen des Nießbrauchs und den steuerlichen Folgen für den Eigentümer und den Nießbrauchsberechtigten, abhängig von der Frage, wem das Wirtschaftsgut zuzurechnen ist, → Rn. 409 ff.

164–166 *Einstweilen frei*

167 **dd) Erbbaurecht und Dienstbarkeiten.** Nach einer wirtschaftlichen Betrachtung gehören Nutzungsentgelte als Gegenleistung für die Bestellung von **Erbbaurechten** (BFH 20.9.2006 – IX R 17/04, BStBl. II 2007, 112; BFH 23.9.2003 – IX R 65/02, BStBl. II 2005, 159; BFH 21.11.1989 – IX R 170/85, BStBl. II 1990, 310; BFH 11.10.1963 – VI 251/62 U, BStBl. III 1963, 564; *Spindler* DB 1994, 650) zu den Einkünften aus Vermietung und Verpachtung (→ Rn. 325; → Rn. 597). Unter einem Erbbaurecht wird das Recht verstanden, auf einem Grundstück ein Gebäude zu errichten und es auf Zeit (meist 99 Jahre) zu nutzen. Als Gegenleistung wird ein Erbbauzins bezahlt, welcher zu Einnahmen aus Vermietung und Verpachtung von Grundstücken iSd § 21 Abs. 1 S. 1 Nr. 1 gehört. Das Erbbaurecht wird im Grundbuch eingetragen und im Wesentlichen wie Grundeigentum behandelt. Wirtschaftlich betrachtet wird eine Nutzungsentschädigung für eine Gebrauchsüberlassung eines Grundstücks gezahlt (LBP/*v. Reden* § 21 Rn. 74). Irrelevant ist, ob der Erbbauzins in Raten oder in einer Summe gezahlt wird (BFH 4.7.1969 – VI R 259/67, BStBl. II 1969, 724). Die erhaltenen Erbbauzinsen sind nach § 11 Abs. 1 im Jahr des Zuflusses zu erfassen oder, sofern sie im Voraus für eine Nutzungsüberlassung von mehr als fünf Jahren gezahlt werden, auf den Zeitraum nach § 11 Abs. 2 S. 3 gleichmäßig zu verteilen (LBP/*v. Reden* § 21 Rn. 74).

168 Ebenso zählt ein Entgelt für die Einräumung von **Dienstbarkeiten** (BFH 4.9.1996 – XI R 20/96, BFH/NV 1997, 336; BFH 19.4.1994 – IX R 19/90, BStBl. II 1994, 640; BFH 17.10.1968 – IV 84/65, BStBl. II 1969, 180) zu Einkünften aus Vermietung und Verpachtung. Gemäß § 1090 Abs. 1 BGB kann ein Grundstück in einer Weise belastet werden, dass derjenige, zu dessen Gunsten die Belastung erfolgt, das Grundstück (beschränkt) zu nutzen berechtigt ist, sog. **beschränkt persönliche Dienstbarkeit.**

169 Zu den beschränkt persönlichen Dienstbarkeiten gehört auch das **dingliche Wohnrecht.** Nach § 1093 BGB kann das Recht bestellt werden, ein Gebäude oder Teil eines Gebäudes unter Ausschluss des Eigentümers **als Wohnung zu nutzen.** Das dingliche Wohnrecht wird im Grundbuch eingetragen. Es wirkt gegenüber jedermann (Lademann EStG/*Claßen* § 21 Rn. 157). Wird das dingliche Wohnrecht **entgeltlich** eingeräumt, liegen Einkünfte des Bestellers gemäß § 21 Abs. 1 S. 1 Nr. 1 vor.

Besonderheiten gelten bei einem **Wechsel** eines zunächst unentgeltlichen Wohnrechts zu einer entgeltlichen Nutzungsüberlassung. In diesem Fall ist problematisch, dass es für die Zahlung der Miete keinen in der Überlassung zur Nutzung liegenden Grund gibt. Nach früherer Rechtsprechung war daher ein Mietvertrag nicht anzuerkennen, sondern ein Gestaltungsmissbrauch iSd **§ 42 AO** (BFH 13.10.1993 – X R 86/89, BStBl. II 1994, 451). Gegen einen Gestaltungsmissbrauch spricht jedoch, dass es den Parteien nicht verwehrt sein darf, von einem unentgeltlichen zu einem entgeltlichen Nutzungsverhältnis zu wechseln (BFH 17.12.2003 – IX R 60/98, BStBl. II 2004, 646).

Auf das dingliche Wohnrecht finden nach § 1093 Abs. 1 S. 2 BGB weitgehend die für den Nießbrauch geltenden Vorschriften Anwendung. 169.1

Ein **Dauerwohnrecht** ist ein dingliches Wohnrecht, das über dessen Wirkung hinaus vererblich und veräußerlich ist (§§ 31, 33 WEG). 170

Ein **dingliches Wohnrecht** kann auch nur vorbehalten werden. In diesem Fall gelten die Grundsätze des Vorbehaltsnießbrauchs (→ Rn. 421; → Rn. 453 ff.) entsprechend (Bordewin/Brandt/*Gänger* § 21 Rn. 84). Insbesondere liegt in der Bestellung des Vorbehaltswohnrechts keine Gegenleistung des Erwerbers. Ferner erzielt ein Berechtigter nur dann Einkünfte aus Vermietung und Verpachtung, wenn er die Wohnung, soweit er sich ein Wohnrecht vorbehalten hat, an Dritte entgeltlich vermietet. Er kann weiterhin AfA auf die von ihm aufgewendeten Anschaffungs- oder Herstellungskosten geltend machen, soweit sie auf die vermietete Wohnung entfallen. Regelmäßig ist daher eine Aufteilung der Fläche nach dem Verhältnis der Nutzflächen erforderlich (Bordewin/Brandt/*Gänger* § 21 Rn. 85). Der Eigentümer erzielt keine Einnahmen im Hinblick auf den durch das Wohnrecht belasteten Teil des Grundstücks (Bordewin/Brandt/*Gänger* § 21 Rn. 86) und kann mithin weder AfA noch sonstige Werbungskosten geltend machen. 171

Einstweilen frei 172–174

ee) Substanzausbeutungsverträge. Substanzausbeutungsverträge betreffen die Ausbeutung der Substanz des Bodens des Eigentümers gegen einmaliges oder laufendes Entgelt des Ausbeutungsberechtigten. Der BFH ordnet Einnahmen aus einer zeitlich begrenzten **schuldrechtlichen** Überlassung von Grundstücken zum Zweck einer der Menge nach nicht festgelegten **Ausbeute** der darin ruhenden **Bodenschätze** den Einkünften aus § 21 Abs. 1 S. 1 Nr. 1 zu (zB BFH 15.3.1994 – IX R 45/91, BStBl. II 1994, 840). Zur Abgrenzung → Rn. 179 f. 175

Bodenschätze sind alles, was aus der den Menschen zugänglichen Bodenkruste gewonnen werden kann (BFH 9.5.1957 – IV 185/56 U, BStBl. III 1957, 246 (249). Zivilrechtlich ist ein solcher Vertrag grundsätzlich ein **Pachtvertrag** (§ 581 BGB), unabhängig von kaufähnlichen Elementen (zB BGH 10.11.1999 – XII ZR 24/79, WM 2000, 536; dazu HHR/*Pfirrmann* § 21 Rn. 64). 175.1

Alternativ kann der Substanzabbau auch durch ein **dingliches Rechtsgeschäft** eingeräumt werden (dh durch Einräumung einer Dienstbarkeit (→ Rn. 167) oder eines Nießbrauchs am Grundstück oder der Abbauberechtigung (→ Rn. 161) (KSM/*Drüen* § 21 Rn. B 36). 176

Steuerrechtlich erzielt der Eigentümer auch dann Einkünfte aus Vermietung und Verpachtung iSd § 21 Abs. 1 S. 1 Nr. 1, wenn ein Verkauf des Grundstücks und gleichzeitig die **Rückübertragung** dessen nach vollendeter Ausbeute der Grundstücksnutzungsüberlassung vereinbart wurden (BFH 25.6.1985 – VIII R 14/84, BFH/NV 1985, 74). Dies gilt auch, wenn nach den äußeren Umständen erkennbar ist, dass eine endgültige Grundstücksübertragung, unabhängig von der fortbestehenden Möglichkeit der Substanzausbeute, zwischen den Parteien nicht gewollt ist (BFH 21.7.1993 – IX R 9/89, BStBl. II 1994, 231). 177

Ein **Kaufvertrag** und damit keine Nutzungsüberlassung iSd § 21 Abs. 1 S. 1 Nr. 1 ist nur gegeben, wenn es sich um eine einmalige Lieferung einer festbegrenzten Substanzmenge handelt (BFH 6.5.2003 – IX R 64/98, BFH/NV 2003, 1175). 178

Einnahmen aus einem Substanzausbeutungsvertrag sind auch dann Einkünfte aus Vermietung und Verpachtung iSd § 21 Abs. 1 S. 1 Nr. 1, wenn das Grundstück mit dem Mineralvorkommen oder sonstigen Bodenschatz zu einem **land- und forstwirtschaftlichen Betrieb** (BFH 12.12.1969 – VI R 197/67, BStBl. II 1970, 210) oder zu einem **Liebhabereibetrieb** (BFH 12.7.1963 – VI 324/61 U, BStBl. III 1963, 435 gehört (→ Rn. 1449). 179

Bodenschätze sind **kein Betriebsvermögen** eines land- und forstwirtschaftlichen Betriebs, denn sie dienen nicht dem Betrieb (BFH 16.12.1982 – IV R 200/79, BStBl. II 1983, 373; Bordewin/Brandt/*Gänger* § 21 Rn. 93).

Einstweilen frei 180–182

183 **ff) Abgeltung von Zugewinnausgleichsforderungen.** Eine Nutzungsüberlassung eines unbeweglichen Vermögens zur Abgeltung einer **Zugewinnausgleichsforderung** (§ 1378 BGB) führt zu Einkünften aus § 21 (BFH 8.3.2006 – IX R 34/04, BFH/NV 2006, 1280). Wird in einer Zugewinnausgleichsvereinbarung ein bestimmter Ausgleichsbetrag festgelegt, der nicht ausgezahlt, sondern „abgewohnt" wird, erzielt der Eigentümer der Wohnung Einkünfte aus Vermietung und Verpachtung (BFH 8.3.2006 – IX R 34/04, BFH/NV 2006, 1280; Schmidt/*Kulosa* § 21 Rn. 7). Der überlassende Ehegatte erwirtschaftet am Markt Erträge, indem er den Nutzungswert des Grundstücks dazu einsetzt, seiner Verpflichtung zum Zugewinnausgleich nachzukommen (*Tiedtke* DB 2003, 1471 ff.; Blümich/*Heuermann* § 21 Rn. 102).

184 Die Einnahmen aus Vermietung und Verpachtung entsprechen der **Verminderung der Schuld aus der Zugewinnausgleichsforderung** des geschiedenen Ehegatten (BFH 8.3.2006 – IX R 34/04, BFH/NV 2006, 1280 mwN). Das mit der Nutzungsüberlassung verfolgte Anliegen, eine Geldforderung zu begleichen, überlagert den zuvor unter Ehegatten bestehenden privaten Veranlassungszusammenhang (BFH 18.10.2011 – IX R 15/11, BStBl. II 2012, 205; BFH 14.12.2011 – I R 72/10, DStR 2012, 488; *Heuermann* HFR 2012,6).

185–187 *Einstweilen frei*

188 **gg) Tatbestandlich nicht erfasste Einnahmen.** Liegt keine Nutzungsüberlassung vor, sind Einnahmen nicht unter den Begriff Vermietung und Verpachtung zu subsumieren. Dies ist beispielsweise bei einem Entgelt für die Übernahme einer **Verpflichtung, das Grundstück in einer bestimmten Weise (nicht) zu nutzen,** der Fall. Das **Entgelt für eine Nichtverpachtung oder Nichtnutzung** eines Grundstücks ist keine Vermietung und Verpachtung iSd § 21 Abs. 1 S. 1 Nr. 1, sondern unterfällt § 22 Nr. 3 (KSM/*Drüen* § 21 Rn. B 48).

188.1 Eine **Entschädigung für eine Bausperre** fällt nicht unter § 21 Abs. 1. Oftmals ist in diesen Fällen § 22 Nr. 3 tatbestandlich gegeben (HHR/*Pfirrmann* § 21 Rn. 51).

189 Die Verpflichtung eines Eigentümers, ein **Bauvorhaben auf dem Nachbargrundstück zu dulden,** fällt nicht unter § 21 Abs. 1. Der Eigentümer zieht dann zwar Früchte aus seinem Eigentümerrecht, es liegt jedoch keine Nutzungsüberlassung iSd § 21 Abs. 1 S. 1 Nr. 1 vor. Das Entgelt ist im Rahmen von § 22 Nr. 3 relevant (BFH 26.10.1982 – VIII R 83/79, BStBl. II 1983, 404).

190 Die **Selbstnutzung** einer Wohnung ist keine Nutzungsüberlassung und daher steuerlich neutral (Ausnahme für das Bewohnen von Baudenkmälern, vgl. § 13 Abs. 2 Nr. 2, Abs. 4).

191 Eine Selbstnutzung liegt auch vor, wenn der Steuerpflichtige eine Wohnung selbst **zusammen mit einer anderen haushaltszugehörigen Person** (zB einem Ehepartner) nutzt und hierfür von dieser Person ein Entgelt erhält (Schmidt/*Kulosa* § 21 Rn. 6; BFH 17.2.1999 – IV B 53/98, BFH/NV 1999, 1078 (Ehepartner); BFH 8.8.1990 – IX R 122/86, BStBl. II 1991, 171; BFH 30.1.1996 – IX R 100/93, BStBl. II 1996, 359; BFH 12.1.2004 – IX B 115/04, BFH/NV 2005, 703 (Lebensgefährte); BFH 18.5.2004 – IX B 112/03, BFH/NV 2004, 1262; BFH 4.7.2007 – IX B 50/07, BFH/NV 2007, 1875 (Eltern)). Dies gilt sogar im Falle zweier abgeschlossener Wohnungen in demselben Haus für die Vermietung einer Wohnung an ein haushaltszugehöriges Kind (BFH 19.10.1999 – IX R 39/99, BStBl. II 2000, 224).

191.1 Ein **gemeinsamer Wohnungszugang** ist häufig ein Indiz für eine Haushaltsgemeinschaft, die einem steuerlichen Vermietungsverhältnis regelmäßig entgegensteht (BFH 19.10.2011 – IX B 90/11, BFH/NV 2012, 234).

191.2 **Einzelne Räume** können hingegen an nicht haushaltszugehörige Personen zu deren alleiniger Nutzung gemäß § 21 Abs. 1 S. 1 Nr. 1 vermietet werden (BFH 4.3.2008 – IX R 11/07, BFH/NV 2008, 1462).

192 **Unterhaltsregelungen (zB iSv § 1585c BGB),** wonach der **Eigentümer-Ehegatte** einem geschiedenen Ehegatten eine Wohnung zur Nutzung überlässt, führen grundsätzlich nicht zu Einkünften aus Vermietung und Verpachtung (BFH 17.3.1992 – IX R 264/87, BStBl. II 1992, 1009; BFH 24.6.2009 – IX B 35/09, BFH/NV 2009, 1647; Blümich/*Heuermann* § 21 Rn. 102).

Wenn hingegen der Mietvertrag zwischen einander Unterhaltsverpflichteten einem Fremdvergleich (→ Rn. 508 ff.) standhält, können eine Unterhaltsvereinbarung und ein Mietvertrag durchaus verbunden werden. In dieser Konstellation können dann auch Barunterhalt und Mietzins miteinander verrechnet werden. Es liegt kein Gestaltungsmissbrauch vor (Tipke/Kruse/*Drüen* AO § 42 Rn. 57; KSM/*Drüen* § 21 Rn. B 199). Auf entsprechende Vereinbarungen sind die Grundsätze für Angehörigen-Verträge anzuwenden (→ Rn. 478 ff.). **192.1**

Bei einer Wohnungsüberlassung an ein **unterhaltsberechtigtes Kind** im Rahmen einer Unterhaltsvereinbarung liegen ebenfalls im Regelfall keine Einnahmen aus Vermietungstätigkeit vor. Im Einzelfall können jedoch Einnahmen aus § 21 gegeben sein, wenn mit dem unterhaltsverpflichteten Kind ein Mietvertrag vereinbart wurde, der einem Fremdvergleich standhält. Die Anforderungen für Angehörigen-Verträge (→ Rn. 478 ff.) sind zu beachten (*Thürmer*, DB 2003, 1012). **193**

Einstweilen frei **194–196**

b) Zeitliche Begrenzung. Die „zeitliche Begrenzung der Nutzungsüberlassung" als Tatbestandsmerkmal ergibt sich nicht mehr unmittelbar aus dem Wortlaut des § 21 Abs. 1, ist jedoch **typusprägend** für die unter § 21 Abs. 1 Nr. 1–3 fallenden Rechtsverhältnisse. Durch das Erfordernis einer zeitlichen Begrenzung der Nutzungsüberlassung erfolgt eine Abgrenzung zu einer endgültigen Veräußerung eines Gegenstands, welche im Privatvermögen grundsätzlich irrelevant ist (Ausnahme: §§ 22 Nr. 3, 23). Die Abgrenzung ist dem – dem EStG zugrundeliegenden – System geschuldet, wonach die Vermögenssubstanz grundsätzlich nicht steuerbar ist, jedoch Einnahmen aus der Fruchtziehung von privatem Vermögen besteuert werden. **197**

Überdies ergibt sich das Erfordernis der zeitlichen Begrenzung aus der **historischen Betrachtung.** Die Vorgängerregelung in § 38 EStG 1925 (RGBl. 1925 I 189) nannte noch ausdrücklich für den Tatbestand der Einkünfte aus Vermietung und Verpachtung auch das Erfordernis einer zeitlich begrenzten Nutzungsüberlassung (HHR/*Pfirrmann* § 21 Rn. 60). **198**

Für die Abgrenzung maßgeblich ist, ob bei einer wirtschaftlichen Betrachtungsweise noch kein **endgültiger Verlust der Herrschaftsgewalt** über das überlassene Wirtschaftsgut eintritt. Zu prüfen ist daher regelmäßig, ob sich die **Zurechnung eines Wirtschaftsgutes (§ 39 AO)** durch die tatsächliche Durchführung eines Vertrags ändert (Blümich/*Heuermann* § 21 Rn. 108). Das Konstrukt des wirtschaftlichen Eigentums nach § 39 AO dient daher der Abgrenzung zwischen § 21 und § 23 (KSM/*Drüen* § 21 Rn. B 32). Nutzungsberechtigte iSd § 21 werden grundsätzlich nicht als wirtschaftliche Eigentümer qualifiziert. Entsteht bei der Übertragung einer Besitzposition wirtschaftliches Eigentum des Empfängers, unterfällt der Vorgang § 23, sofern die besonderen Voraussetzungen dieses Steuertatbestands erfüllt sind. **199**

So gilt beispielsweise beim **Leasing** folgende Abgrenzung zwischen Nutzungsüberlassung (§ 21) und Anschaffungsgeschäft: Wenn keine feste Grundmietzeit vereinbart wurde und somit das Vertragsverhältnis kurzfristig kündbar ist, sog. **Operating-Leasing,** sind die Leasingraten Nutzungsentgelt iSv §§ 535 ff. BGB. Steuerrechtlich greift § 21. Wenn hingegen sämtliche Anschaffungs- und Herstellungskosten, einschließlich aller Nebenkosten, während einer festen Grundmietzeit in den Leasingraten amortisiert werden, handelt es sich um ein sog. **Finanzierungsleasing.** Finanzierungsleasing ist ein atypischer Mietvertrag. Steuerrechtlich ist dieses Rechtsgeschäft als Anschaffungsgeschäft des Leasingnehmers zu beurteilen. Es dient dem Erwerb des Leasinggegenstandes. **200**

Verliert der zur Nutzungsüberlassung Verpflichtete seine Herrschaftsgewalt endgültig in vollem Umfang und ist eine **Rückübertragung** dieser Herrschaftsgewalt praktisch **nicht möglich oder vertraglich ausgeschlossen,** ist ein Veräußerungsvorgang anzunehmen. Dies gilt auch, wenn der zur Nutzungsüberlassung Verpflichtete zivilrechtlicher Eigentümer bleibt (BFH 18.8.1977 – VIII R 7/74, BStBl. II 1977, 796; BFH 14.10.1982 – IV R 19/79, BStBl. II 1983, 203). Im Einzelfall kann eine Abgrenzung schwierig sein. **201**

Ein endgültiger Herrschaftsverlust wurde in der Rechtsprechung bejaht bei der Einräumung einer Dienstbarkeit zur Errichtung massiver U-Bahn-Bauwerke unter dem Grundstück (BFH 18.8.1977 – VIII R 7/74, BStBl. II 1977, 796). **201.1**

Die Zurechnung eines Wirtschaftsgutes ist abzugrenzen von der Frage der Zurechnung von Einkünften (insb. → Rn. 409 ff.). **202**

203 Problematisch sind in der Praxis immer Konstellationen, in denen bei einer Nutzungsübertragung eine zeitliche Begrenzung fehlt. Grundsätzlich geht in diesem Fall das wirtschaftliche Eigentum über. In der Rechtsprechung wurden jedoch **zwei Fallgruppen** entwickelt, wonach auch bei einer fehlenden zeitlichen Begrenzung eine Vermietung und Verpachtung im wirtschaftlichen und steuerlichen Sinne anzunehmen ist (→ Rn. 207 ff.).

204–206 *Einstweilen frei*

207 **c) Ausnahmen; Vermietung und Verpachtung trotz fehlender zeitlicher Begrenzung.** Trotz fehlender zeitlicher Begrenzung für die Gebrauchsüberlassung hat die Rechtsprechung bei den nachfolgend genannten Fallgruppen eine Qualifikation als Einkünfte aus § 21 anerkannt. Zum einen ist dies bei einer Gebrauchsüberlassung **für beschränkte Zwecke** der Fall (Fallgruppe 1, → Rn. 211 ff.), zum anderen, wenn die Vereinbarung zivilrechtlich zwar als Kaufvertrag ausgestaltet ist, **wirtschaftlich betrachtet jedoch nicht dem Typus eines Kaufvertrages** entspricht (Fallgruppe 2, → Rn. 216 ff.). Letzteres ist vor allem dann der Fall, wenn eine Rückübertragung (zB nach Abbau eines Bodenschatzes) vertraglich vereinbart wurde.

207.1 Zahlreiche **Ausbeutungsverträge** werden daher zwar als Kaufvertrag ausgestaltet, sind jedoch steuerrechtlich als Vermietung und Verpachtung iSd § 21 Abs. 1 S. 1 Nr. 1 zu qualifizieren. Oftmals fallen Ausbeutungsverträge jedoch schon unter die Fallgruppe 1, weil es sich um eine Gebrauchsüberlassung für beschränkte Zwecke, nämlich den Abbau des Bodenschatzes, handelt.

208–210 *Einstweilen frei*

211 **aa) Fallgruppe 1: Gebrauchsüberlassung für beschränkte Zwecke.** Eine Gebrauchsüberlassung für beschränkte Zwecke ist beispielsweise bei der dauerhaften Übernahme der Verpflichtung, **dem Nachbarn einen Grundstücksteil als Kfz-Stellplatz** gegen ein einmaliges Entgelt zur Verfügung zu stellen und der gleichzeitigen Eingehung einer entsprechenden öffentlich-rechtlichen Baulast gegenüber der Gemeinde gegeben. Es liegt daher ein Rechtsgeschäft iSd § 21 Abs. 1 Nr. 1 vor, obwohl es an einer zeitlichen Begrenzung der Nutzungsüberlassung fehlt (BFH 26.8.1975 – VIII R 167/71, BStBl. II 1976, 62).

212 Ebenso ist dies bei der Zahlung einer **Überbaurente nach § 912 BGB** als Gegenleistung für die dauerhafte Zurverfügungstellung eines Grundstücks.

212.1 In der dauerhaften Überlassung unterirdischer Hohlräume zur **Aussolung** vorhandener Salzvorkommen und anschließenden Einlagerung von Erdöl gegen eine Einmalzahlung wurde eine Vermietung und Verpachtung gesehen (BFH 14.10.1982 – IV R 19/79, BStBl. II 1983, 203); anders allerdings für den Fall eines fehlenden Rückübertragungsanspruchs (BFH 11.2.2014 – IX R 26/13, BFH/NV 2014, 1510).

212.2 Ein Vermietungs- und Verpachtungstatbestand wurde bei der Überspannung eines Grundstücks mit einer **Hochspannungsleitung** mit entsprechender Nutzungsbefugnis angenommen (BFH 19.4.1994 – IX R 19/90, BStBl. II 1994, 640). Anders zu beurteilen ist allerdings eine einmalige Entschädigung, die für eine immerwährende Dienstbarkeit (zB für das Recht auf Überspannung eines Grundstücks mit einer Stromleitung) gezahlt wird. In diesem Fall handelt es sich um nicht nach dem EStG steuerbare Einkünfte (BFH 2.7.2018 – IX R 31/16, BStBl. II 2018, 759).

212.3 In der Rechtsprechung wurde eine Nutzungsüberlassung iSd § 21 Abs. 1 auch bei einer Dienstbarkeit zur Duldung einer **Ferngasleitung** (BFH 24.3.1982 – IV R 96/78, BStBl. II 1982, 643) oder einer **Kanalleitung** (BFH 4.9.1996 – XI R 20/96, BFH/NV 1997, 336) bejaht.

213–215 *Einstweilen frei*

216 **bb) Fallgruppe 2: Kein Kaufvertrag bei wirtschaftlicher Betrachtung.** Zum anderen entwickelte die Rechtsprechung die Fallgruppe, bei der eine Vereinbarung dem Typus nach nicht einem Kaufvertrag entspricht (HHR/*Pfirrmann* § 21 Rn. 60). So liegt beispielsweise ein Rechtsgeschäft iSd § 21 Abs. 1 vor, wenn **bei Beendigung der Quellennutzung** eine **Rückübernahmeverpflichtung vertraglich vorgesehen** ist (BFH 30.10.1967 – VI 331/64, BStBl. II 1968, 30).

217 So handelt es sich bei einem **Ausbeutungsvertrag** um einen **Pachtvertrag aus steuerlicher Sicht,** wenn das Grundstück **veräußert** wird, die Parteien aber die **Rückübertragung** nach Beendigung der Ausbeute vereinbaren (BFH 4.12.2006 – GrS 1/05, BStBl. II 2007,

508; Blümich/*Heuermann* § 21 Rn. 116). In diesem Fall muss das Vertragswerk bei wirtschaftlicher Betrachtung als zeitlich begrenzter Pachtvertrag iSd § 21 qualifiziert werden (BFH 5.10.1973 – VIII R 78/70, BStBl. II 1974, 130; Schmidt/*Kulosa* § 21 Rn. 10).

Die zivilrechtliche Bezeichnung hat dabei allenfalls indiziellen Charakter; maßgeblich ist allein eine **wirtschaftliche Betrachtungsweise.** 217.1

Eine Veräußerung liegt nur dann vor, wenn ein Grundstück einschließlich des Bodenschatzes ohne jede Einschränkung veräußert wird. Dies ist der Fall, wenn der Veräußerer endgültig die Verfügungsbefugnis über das Grundstück aufgibt (BFH 21.7.2009 – X R 10/07, BFH/NV 2010, 184). 218

Irrelevant ist, ob das Entgelt periodisch oder in einer Einmalzahlung geleistet wird oder ob es sich nach der Vertragslaufzeit oder der Ausbeutemenge richtet (BFH 13.5.1959 – IV 159/58 U, BStBl. III 1959, 294; Schmidt/*Kulosa* § 21 Rn. 10). 218.1

Einstweilen frei 219–221

2. Einkünfteerzielungsabsicht

Voraussetzung für eine Einkünfteerzielung iSd § 2 Abs. 1 Nr. 6 ist, dass eine Tätigkeit oder Vermögensnutzung objektiv darauf gerichtet ist, auf Dauer gesehen, dh in einer **Totalperiode,** ein positives Ergebnis zu erzielen (sog. Einkünfteerzielungsabsicht). Die Einkünfteerzielungsabsicht muss **objektbezogen ermittelt** werden (BFH 19.2.2019 – IX R 16/18, DStR 2019, 1914; BFH 8.1.2019 – IX R 37/17, BFH/NV 2019, 390; BFH 26.11.2008 – IX R 67/07, BStBl. II 2009, 370). Ist eine Einkünfteerzielungsabsicht im Ergebnis zu bejahen, können auch Verluste steuermindernd Berücksichtigung finden. 222

Nach heutiger Gesetzessystematik muss die Einkünfteerzielungsabsicht aus Vereinfachungsgründen **nur (noch) in sog. atypischen Fällen** positiv festgestellt werden (→ Rn. 246 ff.). In allen typischen Fällen, dh einer auf Dauer angelegten Vermietung von Wohnungen, wird sie vermutet (→ Rn. 239 ff.). 223

Einstweilen frei 224–225

a) Allgemeines. Typisierung: Bei einer **auf Dauer angelegten** Wohnraum-Vermietungstätigkeit ist grundsätzlich und typischerweise davon auszugehen, dass der Steuerpflichtige beabsichtigt, einen Einnahmenüberschuss zu erwirtschaften (→ Rn. 239 ff.). Dies gilt auch, wenn sich über längere Zeiträume Werbungskostenüberschüsse ergeben. 226

Für atypische Fälle gilt: In atypischen Fällen ist die Einkünfteerzielungsabsicht positiv festzustellen (→ Rn. 246 ff.). Sie ist zwar eine **innere Tatsache,** sie muss jedoch anhand von objektiven Umständen ermittelt werden. Aus einzelnen Tatstachen können sich Indizien für oder gegen die Annahme einer Einkünfteerzielungsabsicht ergeben (KSM/*Drüen* § 21 Rn. B 164). 227

Bei einem **Anscheinsbeweis** müssen Erfahrungsgrundsätze im Rahmen der freien Beweiswürdigung berücksichtigt werden. Aus bestimmten typischen Sachverhalten wird auf bestimmte Folgen geschlossen (KSM/*Drüen* § 21 Rn. B 165). So begründet beispielsweise ein extrem niedrig bemessener Mietzins einen Anschein dafür, dass eine Einkünfteerzielungsabsicht nicht gegeben ist. 228

Für die Einkünfteerzielungsabsicht ist erforderlich, dass ein **endgültiger Entschluss** des Steuerpflichtigen gegeben ist, ein Vermietungs- oder Verpachtungsobjekt auf Dauer zur Nutzung zu überlassen (BFH 18.1.2006 – IX R 18/04, BFH/NV 2006, 1078; BFH 14.7.2004 – IX R 56/01, BFH/NV 2005, 37). Ein früherer Entschluss kann durch einen neuen Entschluss, beispielsweise zur **Veräußerung oder Eigennutzung,** überlagert werden. 229

Im Falle der **Veräußerung** (→ Rn. 255 ff.) einer zunächst vermieteten Immobilie kommt es auf das positive Gesamtergebnis während des Vermietungszeitraums an (BFH 25.6.1984 – GrS 4/82, BStBl. II 1984, 751). 230

Veräußerungsgewinne sind nach der Rechtsprechung des Großen Senats für das Gesamtergebnis zur Bestimmung der Einkünfteerzielungsabsicht nicht zu berücksichtigen (BFH 25.6.1984 – GrS 4/82, BStBl. II 1984, 751). 230.1

Dagegen spricht zwar, dass tatsächlich jeder Mieter in seine private Kalkulation auch Veräußerungsgewinne miteinfließen lässt (KSM/*Drüen* § 21 Rn. B 155). Bewusst Veräußerungsgewinne außen vor 230.2

zulassen, entspricht nicht den natürlichen Gegebenheiten und einer wirtschaftlichen Betrachtungsweise (ebenso: *Jakob/Hörmann* FR 1989, 665 (672); KSM/*Drüen* § 21 Rn. B 155). Allerdings basiert das Streben nach (nicht steuerbaren) Veräußerungsgewinnen auf privaten Interessen. Es ist daher folgerichtig, diese bei der Überschussrechnung nicht miteinzubeziehen (zustimmungswürdig daher: KSM/*Drüen* § 21 Rn. B 156).

231 Werden bei der Tätigkeit des Steuerpflichtigen lediglich Überschüsse erwirtschaftet, kommt es auf die Einkünfteerzielungsabsicht nicht an. Das subjektive Tatbestandsmerkmal dient dazu, diejenigen Tätigkeiten des Steuerpflichtigen auszugrenzen, die **auf Dauer zu Verlusten** führen. Sie sollen für das Staatsbudget keine Relevanz haben, sondern der Privatsphäre zugeordnet werden, auch wenn sie äußerlich die Tatbestandsvoraussetzungen einer Vermietungs- und Verpachtungstätigkeit iSd § 21 erfüllen (BFH 25.6.1984 – GrS 4/82, BStBl. II 1984, 751 (766)).

232 Nach dem Leistungsfähigkeitsprinzip soll der Staat an den Erträgen eines Steuerpflichtigen **aus dessen Teilnahme am Wirtschaftsleben** partizipieren (KSM/*Drüen* § 21 Rn. B 132), wobei an die individuelle nach dem subjektiven und objektiven Nettoprinzip zu ermittelnde finanzielle Leistungsfähigkeit eines jeden anzuknüpfen ist. Einkunftsarten iSd EStG sollen nur solche Tätigkeiten oder Vermögensnutzungen sein, die **„auf eine größere Anzahl von Jahren gesehen, der Erzielung positiver Einkünfte dienen“** (BFH 25.6.1984 – GrS 4/82, BStBl. II 1984, 751). § 15 Abs. 2 hat im Hinblick auf gewerbliche Einkünfte klarstellende Funktion (BFH 19.11.1985 – VIII R 4/83, BStBl. II 1986, 289).

233 Das Gegenteil einer „Teilnahme am Wirtschaftsleben“ ist die **Privatsphäre.** Eine Tätigkeit in dieser Sphäre wird häufig als **„Liebhaberei“** bezeichnet. Äußerlich erkennbar ist Liebhaberei idR daran, dass die Tätigkeit langfristig zu Verlusten führt. Bei Liebhaberei dürfen weder Erträge die finanzielle Leistungsfähigkeit erhöhen noch Aufwendungen diese schmälern. Aus Liebhaberei (beispielsweise der Vermietung eines hauptsächlich privat genutzten Schiffes) darf steuerrechtlich kein Vorteil erlangt werden. Die Privatsphäre ist eine **steuerneutrale Sphäre** (§ 12).

233.1 Ein nahes verwandtschaftliches Verhältnis zwischen Vermieter und Mieter kann ein Indiz für eine Tätigkeit aus persönlicher Neigung, dh in der steuerneutralen Sphäre sein.

233.2 Typischerweise kommt bei Zweit-, Wochenend- oder Ferienwohnungen (→ Rn. 246; → Rn. 273 ff.; → Rn. 868) Liebhaberei in Betracht. Maßgeblich ist, ob eine Überschusserzielungsabsicht gegeben ist.

234 Systematisch stellt sich die Frage der Einkünfteerzielungsabsicht erst, wenn feststeht, dass der äußere, dh der **objektive Tatbestand der Vermietungs- oder Verpachtungstätigkeit** iSd § 21 Abs. 1 (→ Rn. 536 ff.) gegeben ist. Es darf sich nicht um ein bloßes **Scheingeschäft** handeln (BFH 24.8.2001 – VI R 169/00, BFH/NV 2002, 22; LBP/*v. Reden* § 21 Rn. 6).

235 Die Einkünfteerzielungsabsicht ist **objektbezogen** festzustellen, dh für jede einzelne Immobilie gesondert (BFH 19.2.2019 – IX R 16/18, DStR 2019, 1914; BFH 8.1.2019 – IX R 37/17, BFH/NV 2019, 390; BFH 12.5.2009 – IX R 18/08, BFH/NV 2009, 1627; BFH 1.4.2009 – IX R 39/08, BStBl. II 2009, 776; BFH 12.12.2011 – IX B 132/11, BFH/NV 2012, 727). Teilweise ist eine Typisierung durch den Gesetzgeber vorgegeben (→ Rn. 239 ff.).

236–238 *Einstweilen frei*

239 **b) Vermutung der Einkünfteerzielungsabsicht.** Maßgeblich für die Bestimmung der Einkünfteerzielungsabsicht ist die voraussichtliche Dauer der Nutzung durch den Steuerpflichtigen, die von der Rechtsprechung typisierend auf **30 Jahre** festgesetzt wird (BFH 1.4.2009 – IX R 39/08, BStBl. II 2002, 726).

240 Im Unterschied zu einer einzelfallbezogenen Beurteilung der Einkünfteerzielungsabsicht bei anderen Einkunftsarten, ist iRd § 21 Abs. 1 für die **Vermietung einer Wohnzwecken dienenden Immobilie** grundsätzlich davon auszugehen, dass der Steuerpflichtige in der Totalperiode einen Überschuss erwirtschaften will. Voraussetzung ist, dass die Vermietungstätigkeit **auf Dauer angelegt** ist (BFH 30.7.1990 – IX R 80/94, BStBl. II 1998, 771; BFH 6.11.2001 – IX R 97/00, BStBl. II 2002, 726; HHR/*Pfirrmann* § 21 Rn. 68 mwN). **Typisierend** wird angenommen (vermutet), dass eine langfristige Vermietung trotz über längere

Zeiträume anfallender Werbungskostenüberschüsse in der Regel letztlich zu positiven Einkünften führt (BFH 22.10.1993 – IX R 35/92, BStBl. II 1995, 98).

Die Einkünfteerzielungsabsicht ist daher außerhalb bestimmter – atypischer – Fallkonstellationen (→ Rn. 246 ff.) nicht weiter zu prüfen, sondern **zu unterstellen** (zB BFH 6.11.2001 – IX R 97/00, BStBl. II 2002, 726; BFH 17.9.2002 – IX R 63/01, BFH/NV 2003, 454; BMF 8.10.2004, BStBl. I 2004, 933 Rn. 1). 241

Diese unwiderlegliche Vermutung der Einkünfteerzielungsabsicht galt früher als problematisch, weil sie sich nicht im Gesetzestext wiederfinden ließ (*Fischer* FR 1999, 1377; *Weber-Grellet* Steuern im modernen Verfassungsstaat, 2001, 264; *Weber-Grellet* DB 2002, 2568; *Paus* DStZ 2003, 189 (193); *Stein* DStZ 2004, 189; *Stein* DStZ 2011, 442; *Schell* DStZ 2005, 202; HHR/*Pfirrmann* § 21 Rn. 68). Mit dem **StVereinfG 2011** steuerte der Gesetzgeber den Bedenken aus der Literatur entgegen und nahm die **unwiderlegliche Vermutung in den Gesetzeswortlaut** mit auf. Bei einer Überschreitung der **66 Prozent-Grenze** iSd § 21 Abs. 2 (→ Rn. 1396 ff.) ist seither von einer Einkünfteerzielungsabsicht auszugehen. 242

Einstweilen frei 243–245

c) Atypische Fälle, bei welchen eine Überschussprognose erforderlich ist. Eine gesonderte Prüfung der Einkünfteerzielungsabsicht setzt aufgrund der Vermutungsregel für den typischen Fall (→ Rn. 239) voraus, dass es sich entweder **nicht um eine auf Dauer angelegte Wohnraumvermietung** handelt (Fallgruppe 1 → Rn. 249 ff.) oder eine **atypische Fallkonstellation einer Wohnraumvermietung** (Fallgruppe 2 → Rn. 272 ff.) gegeben ist. In allen Fällen, in welchen die äußeren Umstände bei einer Gesamtbetrachtung erkennen lassen, dass 246

- es entweder nicht um die Vermietung von Wohnraum geht (zB Vermietung zu gewerblichen Zwecken),
- eine Vermietung und Verpachtung nicht auf Dauer, dh kurzfristig (weniger als 30 Jahre) geplant ist (zB weil eine Veräußerung oder Selbstnutzung beabsichtigt wird oder eine Rückkaufgarantie vereinbart wird), oder
- sonstige Umstände dafür sprechen, dass keine typische Vermietungs- oder Verpachtungstätigkeit gegeben ist (zB weil ein Vermietungsobjekt teilweise selbst als Ferienwohnung genutzt wird, über einen längeren Zeitraum aufwendig renoviert wird oder leer steht),

muss die Einkünfteerzielungsabsicht des Steuerpflichtigen im Wege einer Überschussprognose festgestellt werden (Schmidt/*Kulosa* § 21 Rn. 4; *Heuermann* DStZ 2010, 825; aA *Leisner-Engensberger* DStZ 2010, 790).

Einstweilen frei 247–248

aa) Fallgruppe 1: Keine auf Dauer angelegte Wohnraumvermietung. Die Fallgruppe 1 untergliedert sich ihrerseits in zwei weitere Unterfälle: Eine nicht auf Dauer angelegte Wohnraumvermietung ist zum einen gegeben, wenn es sich nicht um eine Wohnraumvermietung, dh nicht um eine Vermietung von Objekten, die **Wohnzwecken dienen,** handelt, zum anderen, wenn die Vermietung **nicht auf Dauer angelegt** ist. 249

Unterfall 1 – Keine Wohnraumvermietung: Objekte, die keine Wohnungen sind, sind insbesondere **Gewerbeobjekte** (BFH 19.2.2019 – IX R 16/18, DStR 2019, 1914; BFH 16.9.2015 – IX R 31/14, BFH/NV 2016, 188; BFH 20.7.2010 – IX R 49/09, BStBl. II 2010, 1038; BFH 19.2.2013 – IX R 7/10, BStBl. II 2013, 436; FG München 9.7.2015 – 15 K 3325/14, BeckRS 2015, 95620), **unbebaute Grundstücke** (BFH 25.3.2003 – IX B 2/03, BStBl. II 2003, 479; BFH 28.11.2007 – IX R 9/06, BStBl. II 2008, 515; BFH 19.12.2007 – IX R 30/07, BFH/NV 2008, 1300; BFH 26.11.2008 – IX R 67/07, BStBl. II 2009, 370; *Bode* FR 2008, 671) oder **Sachinbegriffe** (BFH 28.10.2008 – IX R 51/07, BFH/NV 2009, 157). Bei Immobilien, die nicht Wohnzwecken dienen, muss im Einzelfall geprüft werden, ob der Steuerpflichtige für die voraussichtliche Nutzungsdauer eine Einkünfteerzielungsabsicht hat. 250

Im Zweifelsfall trifft den Steuerpflichtigen die **Feststellungslast** (BFH 20.7.2010 – IX R 49/09, BStBl. II 2010, 1038). 251

Bei einer Vermietung und Verpachtung von **Gewerbeimmobilien, dh Immobilien, die nicht Wohnzwecken dienen** (zB landwirtschaftliches aus Grundstücken und einem Gebäude bestehendes Anwesen, das dem Betrieb einer Pferdepension zu dienen bestimmt ist), ist die Einkünfteerzielungsabsicht stets im Einzelfall festzustellen (BFH 16.9.2015 – IX R 31/14, BFH/NV 2016, 188; bestätigt 251.1

durch: BFH 17.4.2018 – IX R 9/17, BStBl. II 2019, 219). In die erforderliche Prognoserechnung können auch nach Beginn der Vermietungstätigkeit eintretende tatsächliche Veränderungen, die auf eine zukünftige Verbesserung der Einnahmesituation abzielen, einbezogen werden (BFH 16.9.2015 – IX R 31/14, BFH/NV 2016, 188). Zu Gewerbeimmobilien zählen auch **Räumlichkeiten des Arbeitnehmers,** die dieser dem Arbeitgeber zur ausschließlichen Erfüllung von dessen betrieblichen Zwecken vermietet (zB **Homeoffice**). Dabei ist es auch unerheblich, ob diese Räume in- oder außerhalb der Privatwohnung des Arbeitnehmers belegen sind. Entscheidend ist die im Mietvertrag vereinbarte Art der Nutzung.

251.2 Wenn ursprünglich für Wohnzwecke vorgesehene Räume später zu **gewerblichen Zwecken** vermietet werden, dann tritt mit dem Abschluss des Mietverhältnisses die den Gebrauchswert beeinflussende **Zweckänderung** ein. Im Einzelfall ist festzustellen, ob bei der voraussichtlichen Dauer der Nutzung ein Überschuss der Einnahmen über die Werbungskosten erzielt werden kann (BFH 17.4.2018 – IX R 9/17, BStBl. II 2019, 219: entgegen BMF 13.12.2005, BStBl. I 2006, 4).

251.3 Bei der Vermietung einer **Gewerbeimmobilie** sind besonders hohe Anforderungen an die Einkünfteerzielungsabsicht zu stellen. Zeigt sich im Laufe der Vermietung, dass ein Überschuss nicht zu erzielen sein wird, so muss der Vermieter hierauf reagieren, etwa durch einen Mieterwechsel oder durch eine Umschuldung zur Senkung des Zinsaufwands (FG München 9.7.2015 – 15 K 3325/14, BeckRS 2015, 95620).

251.4 In die Prüfung der Einkünfteerzielungsabsicht des Vermieters einer gewerblichen Immobilie ist nicht einzubeziehen, ob die gezahlten Mieten in der Gewinnermittlung des Mieters als Betriebsausgaben anerkannt wurden oder nicht (FG München 9.7.2015 – 15 K 3325/14, BeckRS 2015, 95620).

252 Wird allerdings eine Immobilie vermietet, die Wohnzwecken dienen soll, kommt es auf die zweckentsprechende Nutzung der Wohnung durch den Mieter für die Beurteilung der Einkünfteerzielungsabsicht des Vermieters nicht an. Mit anderen Worten begründet dann die **(vertragswidrige) Nutzung** einer Wohnung **zu gewerblichen Zwecken** nicht das Erfordernis, eine Einkünfteerzielungsabsicht im Einzelfall zu prüfen (BFH 1.4.2009 – IX R 39/08, BStBl. II 2009, 776; Blümich/*Heuermann* § 21 Rn. 226).

253 Vermietet ein Steuerpflichtiger ein **unbebautes und ein bebautes** Grundstück in einem **einheitlichen Mietvertrag,** liegt ein atypischer Fall vor, sodass die Einkünfteerzielungsabsicht für die Vermietung des unbebauten Grundstücks gesondert festzustellen ist (BFH 28.11.2008 – IX R 67/07, BStBl. II 2008, 515; BFH 28.11.2007 – IX R 9/06, BStBl. II 2008, 515; Lademann EStG/*Claßen* § 21 Rn. 13).

254 **Unterfall 2 – Nicht auf Dauer angelegte Vermietung:** Wird ein Vermietungsobjekt innerhalb eines **engen zeitlichen Zusammenhangs** mit der Anschaffung/Herstellung (idR innerhalb von fünf Jahren) veräußert, selbst genutzt oder unentgeltlich übertragen, gilt die Regelvermutung der Einkünfteerzielungsabsicht nicht (BFH 9.7.2002 – IX R 47/99, BStBl. II 2003, 580; BFH 9.7.2002 – IX R 99/00, BFH/NV 2002, 1563; BFH 8.1.2006 – IX R 18/04, BFH/NV 2006, 1078; FG Düsseldorf 10.10.2007 – 7 K 2177/04, EFG 2008, 377, rkr.; BMF 8.10.2004, BStBl. I 2004, 933 Rn. 7 ff.; Schmidt/*Kulosa* § 21 Rn. 17). Wenn daher nur eine kurzfristige Überlassung des Vermietungsobjekts beabsichtigt ist, ist eine Überschussprognose erforderlich.

255 In die Fallgruppe einer kurzfristigen Vermietung fällt es, wenn zunächst Mietverträge über ein gerade erst errichtetes oder erworbenes Objekt abgeschlossen werden, das Objekt anschließend jedoch **veräußert** werden soll (BFH 4.12.2001 – IX R 70/98, BFH/NV 2002, 635). Dies gilt auch, wenn die Mietdauer bis zum Verkauf mehrere Jahre betragen soll (BFH 2.7.2008 – IX B 46/08, BStBl. II 2008, 815 (dort: 12 Jahre)).

255.1 Je kürzer der Zeitabstand zwischen Anschaffung bzw. Herstellung und Veräußerung, desto stärker ist die Indizwirkung dafür, dass keine auf Dauer angelegte Einkünfteerzielungsabsicht im Rahmen des § 21 besteht (BFH 28.7.2007 – IX B 161/06, BFH/NV 2007, 1477).

255.2 Eine Veräußerung ist im Hinblick auf die Einkünfteerzielungsabsicht auch dann als schädlich anzusehen, wenn sie an eine die Vermietung fortführende **gewerblich tätige oder geprägte Personengesellschaft** erfolgt, an welcher der Steuerpflichtige selbst beteiligt ist (BFH 9.3.2011 – IX R 50/10, BStBl. II 2011, 704; Blümich/*Heuermann* § 21 Rn. 188; Kirchhof/*Mellinghoff* § 21 Rn. 14; aA Schmidt/*Kulosa* § 21 Rn. 17).

255.3 Dies gilt hingegen nicht bei einer Veräußerung an eine **vermögensverwaltende Personengesellschaft,** an der der Steuerpflichtige beteiligt ist, denn in diesem Fall erfüllt der Gesellschafter – nun in gesamthänderischer Verbundenheit mit anderen Gesellschaftern – nach wie vor den Tatbestand von § 21.

Es ist daher von einer fortbestehenden Einkünfteerzielungsabsicht auszugehen (Blümich/*Heuermann* § 21 Rn. 188).

Bietet ein Steuerpflichtiger eine Immobilie nach Fertigstellung **sowohl zur Veräußerung als auch zur Vermietung** an, spricht dies gegen den endgültigen Entschluss, die Immobilie zu vermieten, und damit gegen die vermutete Einkünfteerzielungsabsicht (BFH 9.7.2013 – IX R 21/12, BFH/NV 2012, 1778). **255.4**

Wird eine Wohnung an den Sohn vermietet und kurz danach unter Vorbehalt eines auf fünf Jahre begrenzten Nießbrauchsrechts auf diesen **unentgeltlich übertragen,** handelt es sich nicht um eine auf Dauer angelegte Vermietung, mit der Folge, dass die Überschusserzielungsabsicht im Wege einer Prognose zu ermitteln ist (FG Münster 16.12.2016 – 4 K 2628/14 F, EFG 2017, 407 rkr.). In diesem Fall kommt es nach Ablauf der fünf Jahre zum Erlöschen des Mietverhältnisses durch Konfusion, dh die Einkunftsquelle mündet in eine Selbstnutzung. Die Einkunftsquelle ist nicht auf Dauer angelegt. **256**

Eine **beabsichtigte Selbstnutzung** (zB in der Bauphase) steht der Annahme einer auf Dauer angelegten Vermietung ebenso entgegen wie eine beabsichtigte Veräußerung. **257**

Wenn bereits im Mietvertrag eine **Befristung mit einer Selbstnutzungsabsicht** verknüpft wird, spricht dies gegen eine Einkünfteerzielungsabsicht (BFH 9.7.2002 – IX R 57/00, BStBl. II 2003, 695; BFH 14.12.2004 – IX R 1/04, BStBl. II 2005, 211; Bayerisches Landesamt für Steuern, 5.9.2014). **257.1**

Lediglich **indifferente Überlegungen** zu einer Selbstnutzung sind unschädlich (BFH 2.4.2008 – IX R 63/07, BFH/NV 2008, 1323). Ebenso die bloße **Möglichkeit zur Eigenbedarfskündigung** (BFH 9.10.2008 – IX R 54/07, BFH/NV 2009, 150; Blümich/*Heuermann* § 21 Rn. 186). **257.2**

Der Vorbehalt einer Eigenbedarfskündigung ist auch dann unschädlich, wenn eine entgeltliche Überlassung an einen Angehörigen geplant ist (FG Hamburg 12.9.2018 – 2 K 151/17, DStRE 2019, 608). **257.3**

Eine kurzfristige Vermietung ist gegeben, wenn dem Vermieter das Mietobjekt **nicht langfristig** (zB wegen eines Erbbaurechts → Rn. 167 ff.) **zur Verfügung steht** (BFH 25.6.2009 – IX R 24/07, BStBl. II 2010, 127). **258**

Allein der Abschluss eines **befristeten Mietvertrags** ist kein Indiz gegen eine auf Dauer angelegte Vermietungsabsicht, weil ein solcher Mietvertrag nach Fristablauf fortgesetzt oder ein erneuter Mietvertrag abgeschlossen werden kann (Schmidt/*Kulosa* § 21 Rn. 17; Kirchhof/*Mellinghoff* § 21 Rn. 14; aA BMF 8.10.2004, BStBl. I 2004, 933 Rn. 6). **259**

Die **tageweise Vermietung** eines Wohnhauses an Filmproduktionsgesellschaften ist ein atypischer Fall, mit der Folge, dass die Einkünfteerzielungsabsicht gesondert festzustellen ist (FG München 5.7.2012 – 5 K 2947/10, BeckRS 2013, 94066). Den Steuerpflichtigen trifft im Zweifel die Feststellungslast. **260**

Die Beteiligung an einem **Mietkaufmodell** (BFH 9.2.1993 – IX R 42/90, BStBl. II 1993, 658; *Spindler* DB 2007, 185 (187); Kirchhof/*Mellinghoff* § 21 Rn. 15), **an Modellen mit Rückkaufs- oder Verkaufsgarantien** (BFH 8.3.2006 – IX R 19/04, BFH/NV 2006, 1637), insbesondere an **Bauherrenmodellen** mit **Rückkaufangebot oder Verkaufsgarantie** (BFH 22.4.1997 – IX R 17/96, BStBl. II 1997, 650; BFH 14.9.1994 – IX R 71/93, BStBl. II 1995, 116) unterfällt der Fallgruppe 1, sodass eine Einkünfteerzielungsabsicht im Einzelfall mit einer Gesamtwürdigung aller Umstände nachzuweisen ist (KSM/*Drüen* § 21 Rn. B 146; BFH 8.3.2006 – IX R 19/04, BFH/NV 2006, 1637). **261**

Bei einem **geschlossenen Immobilienfonds** oder sog. **Bauherrenmodellen** schließen sich mehrere Anleger zu einer Personengesellschaft in der Rechtsform einer GmbH & Co.KG zusammen, die idR vermögensverwaltend tätig ist. Entweder durch den Projektanbieter oder andere eingeschaltete Personen (zB Treuhänder, Geschäftsbesorger oÄ) werden verschiedene Immobilien erworben und vermietet. Zur Erzielung steuerlicher Vorteile, die zwar von Bauherren, aber nicht vom Erwerber einer Immobilie, geltend gemacht werden können, schließen die Anleger in der Praxis eine Vielzahl von aufeinander abgestimmten Verträgen über Einzelaufwendungen ab. Durch Aufteilung des Gesamtaufwands soll erreicht werden, dass die Kosten – so weit wie möglich – dem sofort abzugsfähigen **Erhaltungsaufwand** (→ Rn. 936 ff.) zugeordnet werden. Wäre der Anleger Erwerber der Immobilie, wären alle auf den Erwerb der Immobilie bezogenen Aufwendungen Anschaffungskosten. Als **Bauherren** können Anleger hingegen die während der Bauzeit angefallenen Baukosten, Kosten im Rahmen der Finanzierung sowie Treuhandgebühren uÄ als **Werbungskosten** geltend machen (Kirchhof/*Mellinghoff* § 21 Rn. 55 f.; BMF 20.10.2003, BStBl. I 2003, 546). **262**

262.1 Rechtsprechung und Finanzverwaltung sehen jedoch mittlerweile Anleger, die ihre Beteiligung aufgrund eines vorformulierten Vertrags eingehen und sich bei den damit zusammenhängenden Rechtsgeschäften durch die Initiatoren vertreten lassen, nicht als Bauherren, sondern als **Erwerber des Wirtschaftsguts** an (BFH 11.1.1994 – IX R 82/91, BStBl. II 1995, 166; BFH 8.5.2001 – IX R 10/96, BStBl. II 2001, 720; BFH 14.11.1989 – IX R 197/84, BStBl. II 1990, 299; BFH 7.8.1990 – IX R 70/86, BStBl. II 1990, 1024; BMF 20.10.2003, BStBl. I 2003, 546 Rn. 1 ff.). Ein Anleger sei nur dann Bauherr, wenn er tatsächlich das **Baugeschehen beherrsche** (BFH 7.8.1990 – IX R 70/86, BStBl. II 1990, 1024) und das typische **wirtschaftliche Risiko eines Bauherrn** trage.

262.2 Ist der Anleger – wie regelmäßig der Fall – als Erwerber anzusehen, ordnet die Rechtsprechung grundsätzlich sämtliche Aufwendungen den **Anschaffungskosten** zu (BFH 8.5.2001 – IX R 10/96, BStBl. II 2001, 720). Ein diesbezüglicher sofortiger Werbungskostenabzug ist mithin nicht möglich, einschränkend jedoch die Finanzverwaltung, wonach bei klarer vertraglicher Trennung der verschiedenen Aufwandpositionen Gebühren für eine Mietgarantie sowie Geldbeschaffungskosten für Fremdkapital zum sofortigen Werbungskostenabzug zugelassen sind (BMF 20.10.2003, BStBl. I 2003, 546 Rn. 1–20). Beim Erwerber sind diejenigen Aufwendungen sofort abzugsfähige Werbungskosten, die nicht auf den Erwerb des Grundstücks gerichtet sind. Maßgeblich ist, ob sich der Grund und die Höhe der Aufwendungen klar erkennen lassen.

263 Bei einem **geschlossenen Immobilienfonds** muss die Einkünfteerzielungsabsicht sowohl auf der Ebene der Personengesellschaft als auch auf der Ebene des Gesellschafters geprüft werden, wenn die Vermietungstätigkeit des Fonds nach dem Konzept nur **20 Jahre** beträgt (BFH 2.7.2008 – IX B 46/08, BStBl. II 2008, 815; BFH 28.7.2008 – IX B 33/08, BFH/NV 2008, 1841). Bei kürzerer geplanter Vermietungstätigkeit gilt dies erst recht (BFH 20.1.2009 – IX R 49/07, BFH/NV 2009, 757).

263.1 Die vorstehenden Ausführungen gelten auch für **geschlossene Windkraft- oder Schiffsfonds** (BFH 14.4.2011 – IV R 15/09, BStBl. II 2011, 706; BFH 14.4.2011 – IV R 36/08, BFH/NV 2011, 1361).

264 Bei einem **Mietkaufmodell** akquirieren Modellinitiatoren den **Anleger,** der ein in der Regel auf fünf Jahre befristetes und bindendes Verkaufsangebot abgibt, und die **am endgültigen Kauf interessierte Person,** die das Vermietungs- und Verpachtungs-Objekt zunächst nur anmietet (Blümich/*Heuermann* § 21 Rn. 184). Durch entsprechende Modelle wird es einem Anleger ermöglicht, sich ohne Schwierigkeiten und ohne Vermögensverlust von einer Immobilie zu trennen, sobald Einnahmenüberschüsse anfallen. Solange dies nicht der Fall ist, soll nach dem Modell der Steuerpflichtige die Vorteile des Modells nutzen können, dh durch **Werbungskostenüberschüsse** seine zu zahlende Steuer mindern. Allerdings erfordert die steuerliche Anerkennung des Werbungskostenabzugs die Feststellung einer **Einkünfteerzielungsabsicht** (BFH 8.3.2006 – IX R 19/04, BFH/NV 2006, 1637; *Spindler* DB 1995, 894; BFH 14.9.1994 – IX R 71/93, BStBl. II 1995, 116; BFH 14.9.1994 – IX B 97/93, BFHE 175, 541). In der Praxis haben derartige Modelle, va wegen der festzustellenden Einkünfteerzielungsabsicht, der Veräußerungsgewinnbesteuerung und der dadurch gegebenen Rückführung der AfA (§ 23 Abs. 1 S. 1 Nr. 1, Abs. 3 S. 4), jedoch kaum noch Bedeutung.

264.1 Selbst bei einem Mietkaufmodell, wonach der Steuerpflichtige während der Vermietungszeit **noch überlegen kann,** ob er das Grundstück weiter vermietet oder wieder verkauft, verneint die Rechtsprechung – mangels endgültigen Entschlusses – die **Einkünfteerzielungsabsicht** (BFH 30.10.1990 – IX R 92/89, BFH/NV 1991, 390; BFH 9.2.1993 – IX R 42/90, BStBl. II 1993, 658).

265 Bei einer Beteiligung an einer **Verlustzuweisungsgesellschaft** wird ebenfalls eine fehlende Einkünfteerzielungsabsicht vermutet (BFH 21.11.2000 – IX R 2/96, BStBl. II 2001, 789), es sei denn, ein Totalgewinn ist nach dem Urteil eines ordentlichen Kaufmanns sehr wahrscheinlich (BFH 21.8.1990 – VIII R 25/86, BStBl. II 1991, 564). Die Prüfung des § 15b setzt die Prüfung und Feststellung der Einkünfteerzielungsabsicht voraus.

266 Eine **Rückkaufs- oder Verkaufsgarantie** ist in der Regel Indiz dafür, dass sich der Anleger noch nicht endgültig entschlossen hat, das Objekt auf Dauer zu vermieten. Dies gilt insbesondere dann, wenn der Anleger ein Entgelt für die Rückkaufs- oder Verkaufsgarantie aufgewendet hat (BFH 10.10.2000 – IX R 52/97, BFH/NV 2001, 587; BFH 24.1.1995 – IX R 70/93, BStBl. II 1995, 460). Lässt sich eine diesbezügliche Entgeltzahlung nicht

feststellen, ist zu prüfen, ob nach der Vertragsgestaltung zumindest die Möglichkeit bestand, von einer Rückkaufs- oder Verkaufsgarantie Gebrauch zu machen (BFH 8.3.2006 – IX R 19/04, BFH/NV 2006, 1637; Lademann EStG/*Claßen* § 21 Rn. 21). Der Anleger muss Kenntnis von der Rückkaufs- oder Verkaufsgarantie gehabt haben, was von der Finanzbehörde im Streitfall darzulegen und zu beweisen ist (BFH 24.1.1995 – IX R 70/93, BStBl. II 1995, 460). Wurde eine **Rück- oder Verkaufsgarantie tatsächlich in Anspruch** genommen, ist der Beweis der Einkünfteerzielungsabsicht durch den Vermieter nicht möglich (BFH 25.3.2003 – IX R 21/99, BFH/NV 2003, 1168; BFH 25.3.2003 – IX R 56/00, BFH/NV 2003, 1170).

Regelmäßig zieht der Steuerpflichtige bereits beim Erwerb solcher Anteile ernsthaft in Betracht, sich davon wieder zu trennen (BFH 14.9.1999 – IX R 59/96, BStBl. II 2000, 67; BFH 14.2.1995 – IX R 95/93, BStBl. II 1995, 462). Daher spricht der **Beweis des ersten Anscheins** gegen eine Einkünfteerzielungsabsicht (BFH 11.8.1987 – IX R 143/86, BFH/NV 1988, 292; BFH 15.9.1992 – IX R 15/91, BFH/NV 1994, 301; *Spindler* DB 2007, 187; Blümich/*Heuermann* § 21 Rn. 184). **266.1**

Dies gilt auch, wenn eine **Verkaufsgarantie unter einer aufschiebenden Bedingung** eingeräumt wird (BFH 10.10.2000 – IX R 52/97, BFH/NV 2001, 587). Allerdings ist die Indizwirkung stets davon abhängig, dass die Rück- oder Verkaufsgarantie auf Wunsch des Anlegers abgegeben wurde oder zumindest maßgeblich für die Entscheidung, an dem Modell teilzunehmen, war (KSM/*Drüen* § 21 Rn. B 145). **266.2**

Es steht der Einkünfteerzielungsabsicht hingegen nicht indiziell entgegen, wenn sich der Steuerpflichtige die Veräußerung eines erworbenen Grundstücks für den Fall **vorbehält,** dass die Änderung äußerer Umstände ihn dazu zwingen (BFH 14.9.1999 – IX R 59/96, BStBl. II 2000, 67). **267**

Besteht eine Indizwirkung dafür, dass keine langfristige Vermietungsabsicht (mehr) besteht, kann der **Steuerpflichtige dies widerlegen** (BFH 9.7.2002 – IX R 33/01, BFH/NV 2002, 1565), indem er beispielsweise nachweist, dass der Verkaufsentschluss erst nach Mietvertragsabschluss gefasst wurde (BFH 17.12.2002 – IX R 18/00, BFH/NV 2003, 749; BFH 9.10.2008 – IX R 54/07, BFH/NV 2009, 150). **268**

Einstweilen frei **269–271**

bb) Fallgruppe 2: Atypische Fallkonstellationen. Des Weiteren ist in sog. atypischen Fallkonstellationen die Einkünfteerzielungsabsicht zu ermitteln bzw. nachzuweisen. Selbst eine dauerhafte Wohnungsvermietung führt bei einem **atypischen Fall** nicht zu einer Vermutung der Einkünfteerzielungsabsicht, weil Typisierungen immer nur einen typischen Fall betreffen können (zutreffend, *Heuermann* DStR 2011, 2082 f.; Schmidt/*Kulosa* § 21 Rn. 19). **272**

Selbstnutzung: Eine atypische Fallkonstellation wird in der Rechtsprechung angenommen, wenn eine grundsätzlich vermietete **Ferienwohnung auch selbst oder durch Familienangehörige genutzt** wird (BFH 6.11.2001 – IX R 97/00, BStBl. II 2002, 726; FM Niedersachsen 18.6.2010, DStR 2010, 1842). **273**

Selbstnutzung, die einer typischen Vermietungstätigkeit entgegensteht, ist auch eine **unentgeltliche Zurverfügungstellung an Dritte** (BFH 6.11.2002 – IX R 2/99, BFH/NV 2002, 771). **274**

Die **vertragliche Vorbehaltung eines Selbstnutzungsrechts** ist ausreichendes Indiz für eine atypische Nutzung der Immobilie (BFH 7.6.2002 – IX B 15/02, BFH/NV 2002, 1300; BFH 16.3.2004 – IX B 140/03, BFH/NV 2004, 957; BFH 9.3.2006 – IX B 143/05, BFH/NV 2006, 1281), die eine gesonderte Feststellung der Einkünfteerzielungsabsicht erforderlich macht. **275**

Unproblematisch sind kurzfristige Aufenthalte des Eigentümers in der Wohnung zu **Reparaturzwecken** (BFH 6.11.2001 – IX R 97/00, BStBl. II 2002, 726) oder im Rahmen eines Mieterwechsels (Lademann EStG/*Claßen*, § 21 Rn. 15). **275.1**

Die Verpflichtung zur Zahlung einer **Zweitwohnungssteuer** ist ein Indiz für eine Selbstnutzung (BFH 6.11.2001 – IX R 35/00, BFH/NV 2002, 765; BFH 6.11.2001 – IX R 85/00, BFH/NV 2002, 767; BFH 26.11.2004 – IX R 26/02, BFH/NV 2005, 688). **275.2**

Der Steuerpflichtige trägt im Zweifelsfall die **Feststellungslast** für das Fehlen der Selbstnutzung(-absicht) (BFH 6.11.2001 – IX R 97/00, BStBl. II 2002, 726). Er muss darlegen, **276** warum seine Vermietungstätigkeit eine typische Tätigkeit iSd § 21 Abs. 1 ist, sodass eine Einkünfteerzielungsabsicht vermutet werden kann.

276.1 Das BMF nennt im Schreiben vom 8.10.2004 (BStBl. I 2004, 933) Umstände, bei deren Vorliegen von einer ausschließlichen Vermietung auszugehen ist, bspw. bei Vermietung durch einen Vermittler mit vertraglichem Ausschluss der Selbstnutzung; räumlicher Nähe der Ferienwohnung zur selbstgenutzten Wohnung; der Steuerpflichtige verfügt über mehrere Ferienwohnungen; die Anzahl der Vermietungstage stellt sich als mindestens durchschnittlich dar (dazu auch BFH 26.10.2004 – IX R 57/02, BStBl. II 2005, 388).

277 **Ferienwohnung:** Die Einkünfteerzielungsabsicht ist bei **Ferienwohnungen** grundsätzlich nicht zu prüfen, wenn sie **ausschließlich an Feriengäste** vermietet werden. Von einer ausschließlichen Vermietung an Feriengäste ist noch auszugehen, wenn die **Ferienwohnung an mindestens 75 Prozent der ortsüblichen Vermietungstage** tatsächlich an Fremde vermietet wird und zu keiner Zeit eine Selbstnutzung gegeben ist (BFH 8.1.2019 – IX R 37/17, BFH/NV 2019, 390; BFH 2.7.2019 – IX R 18/18, BeckRS 2019, 27737 betr. Ferienwohnung in einem Hotelkomplex, welche dauerhaft an eine Hotelbetriebsgesellschaft zur Nutzung überlassen wurde). Bei **vorbehaltener Selbstnutzung** ist die Einkünfteerzielungsabsicht mittels Prognose zu überprüfen, selbst wenn die Ferienwohnung an einer überdurchschnittlich hohen Anzahl an Tagen vermietet wird (BFH 16.4.2013 – IX R 26/11, BStBl. II 2013, 613).

277.2 Die für Einkünfte aus Vermietung und Verpachtung geltende Vermutung einer Einkünfteerzielungsabsicht bei einer ausschließlich an wechselnde Feriengäste vermieteten und hierfür bereitgehaltenen Ferienwohnung gilt nicht für **gewerblich** vermietete Ferienwohnungen (BFH 13.6.2005 – VIII B 67/04 und 68/04, BFH/NV 2005, 2181; BFH 5.3.2007 – X B 146/05, BFH/NV 2007, 1125; Bayerisches Landesamt für Steuern, 5.9.2014).

278 **Unterschreitung der ortsüblichen Vermietungszeit:** Bei einer nicht selbst genutzten Ferienwohnung ist die Einkünfteerzielungsabsicht ausnahmsweise dann auch zu prüfen, wenn die **ortsübliche Vermietungszeit um mindestens 25 Prozent unterschritten** wird, ohne dass besondere Vermietungshindernisse (zB Renovierung) gegeben sind (BFH 29.11.2005 – IX B 109/05, BFH/NV 2006, 719; Bayerisches Landesamt für Steuern, 5.9.2014). In einem solchen Vermieterverhalten liegt ein atypischer Fall vor (Schmidt/*Kulosa* § 21 Rn. 22), der der Typisierung, dh der vermuteten Einkünfteerzielungsabsicht, entgegensteht (BFH 19.8.2008 – IX R 39/07, BStBl. II 2009, 138; BFH 28.10.2009 – IX R 30/08, BFH/NV 2010, 850). Hintergrund für die Einordnung als atypischen Fall ist eine zwar nicht nachweisbare, aber nicht auszuschließende Selbstnutzung einer solchen Immobilie.

278.1 Die **Feststellungslast** für ortsübliche Vermietungszeiten liegt beim Steuerpflichtigen (BFH 19.8.2008 – IX R 39/07, BStBl. II 2009, 138), jedoch müssen Finanzbehörde und Finanzgericht unter Umständen im Rahmen ihrer Amtsermittlungspflicht die ortsüblichen Vermietungszeiten (zB durch ein Auskunftsersuchen an die Gemeinde) ermitteln (Blümich/*Heuermann* § 21 Rn. 175).

278.2 Ist eine Prognose aufgrund eines atypischen Falles erforderlich, kann der Steuerpflichtige im Rahmen der Schätzungsgrundlagen, um zu einer positiven Prognose zu gelangen, darlegen, dass er auf die in der Vergangenheit entstandenen Werbungskostenüberschüsse reagiert hat und sich daher die Art und Weise der Vermietungstätigkeit geändert hat (Bayerisches Landesamt für Steuern 5.9.2014).

279 **Verbilligte Überlassung:** Ein weiterer atypischer Fall iSd Fallgruppe 2 war früher gegeben, wenn eine Wohnung **verbilligt überlassen** wird. Nach § 21 Abs. 2 S. 2 wird jedoch nunmehr eine Einkünfteerzielungsabsicht unterstellt, wenn das Entgelt mindestens 66 Prozent der ortsüblichen Miete beträgt (so die Rechtslage ab 2012, zur Rechtslage bis 2011 → Rn. 13; → Rn. 1430 ff.). In diesem Fall kommt eine Kürzung des Werbungskostenabzugs nicht in Betracht. Beträgt das Entgelt weniger als 66 Prozent der **ortsüblichen Miete,** ist der Werbungskostenabzug nach § 21 Abs. 2 S. 1 anteilig zu kürzen, wobei dennoch Einkünfteerzielungsabsicht – bei dauerhafter Vermietungsabsicht – unwiderleglich vermutet wird.

280 **Luxuswohnung:** Bei einer besonders **aufwendig ausgestatteten Wohnung** (Luxuswohnung) liegt ein weiterer atypischer Fall vor, sofern die **Marktmiete offensichtlich nicht angemessen** den besonderen Wohnwert widerspiegelt (BFH 4.3.2016 – IX B 114/15, BFH/NV 2016, 917; BFH 6.10.2004 – IX R 30/03, BStBl. II 2005, 386; *Heuermann* HFR 2005, 234; *Schell* DStZ 2005, 202). Auch eine **besondere Größe** eines Grundstücks kann einen atypischen Fall signalisieren (BFH 4.3.2016 – IX B 114/15, BFH/NV 2016, 917), ebenso eine besonders **aufwendige Renovierung** des Vermietungsobjekts.

Es liegt in diesem Fall nahe, dass derartige Objekte üblicherweise nicht fremdvermietet werden (beispielsweise bei einer Wohnung mit **Schwimmhalle,** BFH 22.10.1993 – IX R 35/92, BStBl. II 1995, 98; BFH 27.3.2008 – IX B 36/07, BFH/NV 2008, 1149; OFD München/Nürnberg 27.10.2004, DB 2005, 76). **280.1**

Die Finanzverwaltung geht davon aus, dass **Luxuswohnungen** in aller Regel verbilligt an Angehörige vermietet werden (Bayerisches Landesamt für Steuern, 5.9.2014). Daher wird in einem ersten Schritt § 21 Abs. 2 geprüft. Sofern es sich um eine Vermietung unter 66 Prozent der ortsüblichen Miete handelt, hat eine Aufteilung in einen entgeltlichen und einen unentgeltlichen Teil zu erfolgen. In einem zweiten Prüfungsschritt ist dann die Einkünfteerzielungsabsicht zu prüfen. Abhängig vom Ergebnis des ersten Prüfungsschritts ist die Prognose nur mit den anteiligen Aufwendungen oder mit den gesamten Aufwendungen durchzuführen (BFH 6.10.2004 – IX R 30/03, BStBl. II 2005, 386). **280.2**

Selbst wenn es sich bei der Luxuswohnung um ein **denkmalgeschütztes Objekt** handelt, liegt trotzdem ein Sonderfall vor, bei welchem die Einkünfteerzielungsabsicht mittels Prognose zu ermitteln ist (BFH 19.4.2005 – IX R 10/04, BStBl. II 2005, 692). **280.3**

Zur Einkünfteerzielungsabsicht bei Vereinbarung einer Miete unterhalb der ortsüblichen Marktmiete, → Rn. 279; → Rn. 1412 ff. **281**

Leerstand: Einen weiteren Sonderfall bildet eine **leerstehende Wohnung.** Die Frage der Einkünfteerzielungsabsicht stellt sich insbesondere, wenn der Steuerpflichtige vorab entstandene Werbungskosten (→ Rn. 961 ff.) geltend machen will. **282**

Kann ein Steuerpflichtiger eine in seinem Eigentum stehende Wohnung aus tatsächlichen oder rechtlichen Gründen dauerhaft (im Streitfall fünf Jahre) nicht in einen betriebsbereiten Zustand versetzen und zur Vermietung bereitstellen, ist es nicht zu beanstanden, wenn das Finanzgericht nach einer Gesamtwürdigung aller Tatsachen Einkünfteerzielungsabsicht ablehnt (BFH 31.1.2017 – IX R 17/16, DStRE 2017, 654). In dem zu entscheidenden Fall handelte es sich um eine **verwahrloste Anlage.** Unzureichende finanzielle Ausstattung der Wohnungseigentümergemeinschaft sowie eine fehlende Hausverwaltung waren Indizien, die gegen eine Einkünfteerzielungsabsicht der einzelnen Wohnungseigentümer sprachen. **282.1**

Ein nachträglicher Schuldzinsenabzug ist bei einem Wegfall der Einkünfteerzielungsabsicht ausgeschlossen (BFH 31.1.2017 – IX R 17/16, DStRE 2017, 654). **282.2**

In der Rechtsprechung wird differenziert zwischen einem Leerstand **nach** einer vorangegangenen Vermietung und **vor** einer beabsichtigten Vermietung. Eine **voranstehende auf Dauer angelegte Vermietung** indiziert eine Einkünfteerzielungsabsicht in Bezug auf das betreffende Vermietungs- und Verpachtungs-Objekt auch während Leerstandzeiten, wenn das Objekt in dieser Zeit betriebsbereit gemacht wird und anschließend tatsächlich vermietet wird (BFH 31.7.2007 – IX R 30/05, BFH/NV 2008, 202; BFH 31.11.2008 – IX R 3/10, BStBl. II 2011, 166). Die früher gefasste Einkünfteerzielungsabsicht wirkt somit solange fort, solange der Steuerpflichtige sie nicht aufgegeben hat (beispielsweise durch eine beabsichtigte Selbstnutzung). **283**

Steht eine Wohnung **leer,** ist eine Einkünfteerzielungsabsicht nur gegeben, wenn sich der Steuerpflichtige **ernsthaft und nachhaltig um eine (erstmalige oder erneute) Vermietung bemüht.** Ein entsprechender Entschluss muss endgültig gefasst sein (BFH 19.9.1990 – IX R 5/86, BStBl. II 1990, 1030; BFH 2.3.1993 – IX R 69/89, BFH/NV 1993, 532). Er darf bei einem Leerstand nach Vermietung nicht endgültig aufgegeben worden sein (BFH 11.12.2012 – IX R 14/12, BFH/NV 2013, 467). Dies muss nach außen erkennbar sein. **284**

Ist beispielsweise der **ursprüngliche Mieter in ein Pflegeheim umgezogen** und ist nicht mit einer Rückkehr in die Wohnung zu rechnen, können Kosten für nach dem Auszug angefallene Renovierungsarbeiten nicht als Werbungskosten geltend gemacht werden. Gleiches gilt für Kosten für eine neue Einbauküche (FG Berlin-Brandenburg 8.11.2017 – 7 K 7252/15, BeckRS 2017, 133598). **284.1**

Von einer ernsthaften Vermietungsabsicht ist nicht auszugehen, wenn der Steuerpflichtige eine Wohnung nach Auszug des ursprünglichen Mieters **lediglich im Bekanntenkreis** zur Vermietung anbietet (FG Berlin-Brandenburg 8.11.2017 – 7 K 7252/15, BeckRS 2017, 133598). **284.2**

Um die weitere Vermietungsabsicht nach außen erkenntlich zu machen, muss der Steuerpflichtige **Verlustursachen ermitteln** und sich ggf. um eine Marktgängigkeit – sei es durch **285**

Mietsenkung (FG Köln 26.6.2013 – 7 K 1166/12, EFG 2013, 1663) bei einem Überangebot, Renovierung, Sanierung oder einen Umbau – bemühen (BFH 20.7.2010 – IX R 49/09, BStBl. II 2010, 1038; Blümich/*Heuermann* § 21 Rn. 212). Maßgeblich ist eine Gesamtbetrachtung der Umstände. Der Steuerpflichtige trägt die **Feststellungslast** für entsprechende Bemühungen (BFH 13.1.2015 – IX R 46/13, BFH/NV 2015, 668; BMF 8.10.2004, BStBl. I 2004, 933 Rn. 26; HHR/*Pfirrmann* § 21 Rn. 69). Zum **Nachweis** können zB Inserate oder die Beauftragung eines Maklers dienen.

285.1 Zu den ernsthaften und nachhaltigen Vermietungsbemühungen als Voraussetzung für eine Einkünfteerzielungsabsicht, kann auch gehören, bei einem lang andauernden Leerstand einer möblierten Wohnung geeignetere **Wege der Vermarktung** zu suchen, beispielsweise die Wohnung unmöbliert zur Vermietung anzubieten (BFH 5.1.2015 – IX B 126/14, BFH/NV 2015, 494).

285.2 Eine weitere Einkünfteerzielungsabsicht kann nicht angenommen werden, wenn absehbar ist, dass das Vermietungsobjekt nicht weiter vermietet werden kann. Dies ist bei **fehlender Marktgängigkeit** oder **strukturellen Vermietungshindernissen** der Fall (BFH 9.7.2013 – IX R 48/12, BStBl. II 2013, 693). Ein strukturell bedingter Leerstand liegt vor, wenn das Vermietungsobjekt umfangreich saniert werden müsste, die Sanierung aber aufgrund des niedrigen Mietpreisniveaus durch ein Überangebot an Vermietungsobjekten nicht wirtschaftlich wäre (Lademann EStG/*Claßen* § 21 Rn. 22; BFH 19.2.2013 – IX R 7/10, BStBl. II 2013, 436).

285.3 Unschädlich soll es nach dem BFH jedoch sein, wenn sich der Steuerpflichtige zeitgleich neben seinen Vermietungsbemühungen **auch um eine Veräußerung bemüht** (BFH 9.7.2003 – IX R 102/00, BStBl. II 2003, 940).

285.4 Selbst der **Abbruch eines Grundstücks** steht der Annahme einer Einkünfteerzielungsabsicht durch Vermietungs- und Verpachtung nicht entgegen, wenn der Steuerpflichtige das Grundstück mit einer neuen Bebauung nach wie vor vermieten möchte (BFH 19.12.2007 – IX R 50/07, BFH/NV 2008, 1111).

286 Bei einem **Leerstand vor der Vermietung** sind die Anforderungen für den Nachweis der Einkünfteerzielungsabsicht grundsätzlich höher. Der Steuerpflichtige muss endgültig den Entschluss zur Vermietung gefasst haben. Veräußerungsbemühungen sind in diesem Fall als schädlich anzusehen (BFH 28.10.2008 – IX R 1/07, BStBl. II 2009, 848; BFH 11.12.2012 – IX R 14/12, BStBl. II 2013, 279).

287 **Steuervorteil:** Ein atypischer Fall liegt vor, wenn eine Vermietung und Verpachtung ausschließlich ausgeübt wird, um **Steuervorteile** durch die Verrechnung von Verlusten mit anderen positiven Einkünften zu erreichen oder die Tätigkeit davon bestimmt wird, **nicht steuerbare Veräußerungsgewinne zu erzielen.** Dies ist der Fall, wenn ein **krasses Missverhältnis zwischen Einnahmen und Zinsaufwendungen** besteht oder ein Finanzierungskonzept fehlt (Kirchhof/*Mellinghoff* § 21 Rn. 13; BFH 10.5.2007 – IX R 7/07, BStBl. II 2007, 873). In den meisten Fällen wird es in diesem Fall schon an einer **auf Dauer angelegten** Vermietung iSd Fallgruppe 1 fehlen.

287.1 Bei **unüblichen Finanzierungskonzepten** derart, dass eine Kompensation der Verluste durch spätere positive Ergebnisse nicht vorgesehen ist, gilt die Vermutung der Einkünfteerzielungsabsicht für die Vermietung von Wohnungen nicht (BFH 10.5.2007 – IX R 7/07, BStBl. II 2007, 873). Dies ist beispielsweise dann der Fall, wenn der Steuerpflichtige neben den Herstellungskosten auch Schuldzinsen fremdfinanziert und somit Zinsen auflaufen lässt, ohne diese später durch positive Ergebnisse zu kompensieren (HHR/*Pfirrmann* § 21 Rn. 76).

288–290 *Einstweilen frei*

291 **d) Durchführung der Überschussprognose.** Bei der Überschussprognose zur Feststellung, ob im Einzelfall eine Einkünfteerzielungsabsicht gegeben ist, (sofern diese nicht typisierend anzunehmen ist, → Rn. 239) ist für jedes einzelne Vermietungsobjekt gesondert zu prüfen, ob **im maßgeblichen Zeitraum ein Totalüberschuss zu erwarten** ist (BFH 19.2.2019 – IX R 16/18, DStR 2019, 1914).

292–294 *Einstweilen frei*

295 **aa) Prognosezeitraum.** Der BFH geht für die Dauer des Prognosezeitraums von der voraussichtlichen Dauer der Nutzungszeit durch den Steuerpflichtigen sowie dessen unentgeltlichen Rechtsnachfolgers aus (HHR/*Pfirrmann* § 21 Rn. 71). Der Prognosezeitraum beträgt danach grds. **30 Jahre** (BFH 16.9.2015 – IX R 31/14, BFH/NV 2016, 188; BFH

28.11.2007 – IX R 9/06, BStBl. II 2008, 515; BFH 6.11.2001 – IX R 97/00, BStBl. II 2002, 726; BMF 8.10.2004, BStBl. I 2004, 933 Rn. 34). Dieser Zeitraum gilt auch bei **unbebauten Grundstücken** (BFH 28.11.2007 – IX R 9/06, BStBl. II 2008, 515). Er entspricht dem üblichen Finanzierungszeitraum (BFH 6.11.2001 – IX R 97/00, BStBl. II 2002, 726). Aus den Umständen des Einzelfalls kann sich jedoch auch ein anderer Zeitraum ergeben. Es handelt sich nicht um einen starren Zeitraum.

Seitens der Finanzverwaltung wurde in den 1990er Jahren von einer Nutzungszeit von 50 bzw. 100 Jahren ausgegangen (BMF 23.7.1992, BStBl. I 1992, 434). **295.1**

In den Fällen **zeitlich begrenzter Vermietung** (zB bei einem Mietkaufmodell → Rn. 264 oder einer Übertragung mit einer Rückkaufgarantie → Rn. 266) ist für die Überschussprognose nicht auf den üblichen 30-Jahres-Zeitraum abzustellen, sondern die kürzere tatsächliche oder beabsichtigte Vermietungsdauer zugrunde zu legen (BFH 31.3.1987 – IX R 111/86, BStBl. II 1987, 668; BFH 6.11.2001 – IX R 84/97, BFH/NV 2002, 769; BFH 6.11.2001 – IX R 44/99, BFH/NV 2002, 773; BFH 29.3.2007 – IX R 7/06, BFH/NV 2007, 1847). **296**

In der Regel ist Einkünfteerzielungsabsicht des ersten Eigentümers bei einem **Mietkaufmodell** zu verneinen, weil sich nur ein Werbungskostenüberschuss ergeben wird (HHR/*Pfirrmann* § 21 Rn. 73). **296.1**

Entsprechendes gilt auch bei einer Nutzungsübertragung mit einer **Rückkauf- und Weitervermittlungsgarantie,** die der Initiator abgibt, sodass der Eigentümer die Wohnung nur so lange zur Vermietung nutzt, so lange er Werbungskostenüberschüsse erzielt (BFH 14.9.1994 – IX R 71/93, BStBl. II 1995, 116; BFH 5.9.2000 – IX R 33/97, BStBl. II 2000, 676; BFH 21.11.2000 – IX R 2/96, BStBl. II 2001, 789; BFH 8.3.2006 – IX R 19/04, BFH/NV 2006, 1637). **296.2**

Im Falle einer von Anfang an beabsichtigten **Selbstnutzung** (→ Rn. 190 f., → Rn. 257; → Rn. 274 ff., → Rn. 863 ff.) oder **Veräußerung** (→ Rn. 255 ff.; → Rn. 286 ff.) einer Immobilie umfasst der Prognosezeitraum nur die Zeit zwischen Anschaffung bzw. Herstellung und Veräußerung bzw. Selbstnutzung (BFH 6.11.2001 – IX R 84/97, BFH/NV 2002, 769; BFH 9.7.2002 – IX R 57/00, BStBl. II 2003, 695; Schmidt/*Kulosa* § 21 Rn. 28). Es kommt auf die konkrete voraussichtliche Nutzung der Immobilie zur Einnahmenerzielung durch den Steuerpflichtigen oder dessen Rechtsnachfolger an (Kirchhof/*Mellinghoff* § 21 Rn. 17). **297**

Wenn der Steuerpflichtige erst zu einem späteren Zeitpunkt eine Veräußerungsabsicht fasst, wirkt sich das auf den maßgeblichen Prognosezeitraum nicht aus (BFH 17.9.2002 – IX R 63/01, BFH/NV 2003, 454). **297.1**

Einstweilen frei **298–300**

bb) Gesamtbetrachtung. Die Einkünfteerzielungsabsicht ist (als subjektives Merkmal) eine **innere Tatsache** (Blümich/*Heuermann* § 21 Rn. 153; *Heuermann* StuW 2003, 101), die – sofern sie im Einzelfall festzustellen ist – nur aufgrund einer **Betrachtung der äußeren Umstände** beurteilt werden kann (BFH 25.6.1984 – GrS 4/82, BStBl. II 1984, 751; BFH 1.12.2015 – IX R 9/15, BStBl. II 2016, 335; Kirchhof/*Mellinghoff* § 21 Rn. 11a). In die erforderliche Prognoserechnung können auch nach Beginn der Vermietungstätigkeit eintretende tatsächliche Veränderungen, die auf eine zukünftige Verbesserung der Einnahmesituation abzielen, einbezogen werden (BFH 16.9.2015 – IX R 31/14, BFH/NV 2016, 188). **301**

Die **objektive Beweislast** für das Vorliegen der Einkünfteerzielungsabsicht trägt der Steuerpflichtige. Er kann das gegen die Einkünfteerzielungsabsicht sprechende Indiz erschüttern, indem er Umstände schlüssig darlegt und ggf. nachweist, dass er den Entschluss zur Veräußerung oder zur Selbstnutzung erst nachträglich gefasst hat (zB finanzieller Engpass, Scheidung). Je **kürzer der Abstand** zwischen Anschaffung oder Errichtung eines Objekts und der nachfolgenden Veräußerung oder Selbstnutzung ist, umso höhere Anforderungen sind an den Nachweis der Einkünfteerzielungsabsicht zu stellen (Bayerisches Landesamt für Steuern, 5.9.2014). **301.1**

Stellt sich das Fehlen einer Einkünfteerzielungsabsicht erst zu einem späteren Zeitpunkt heraus, zB durch nachträglich bekannt gewordene oder entstandene negative Beweisanzeichen, kommt eine **Änderung bestandskräftiger Steuerbescheide** gemäß § 173 Abs. 1 Nr. 1 AO in Betracht (Bayerisches Landesamt für Steuern, 5.9.2014). **301.2**

301.3 Zur Feststellung der Einkünfteerzielungsabsicht fordern die Finanzbehörden in der Praxis Mietverträge an und überprüfen diese sodann auf eine Befristung, die als Indiz gegen das Vorliegen einer langfristigen Einkünfteerzielungsabsicht spricht.

302 Die zukünftig zu erwartenden Einnahmen und Ausgaben dürfen nur dann anhand des Durchschnitts der in der Vergangenheit angefallenen Einnahmen und Werbungskosten geschätzt werden, wenn keine ausreichenden objektiven Umstände für die zukünftige Entwicklung der Mieteinnahmen und Ausgaben vorliegen (BFH 16.9.2015 – IX R 31/14, BFH/NV 2016, 188 mwN).

302.1 Ein **vorsichtiges, auf das Ansparen von Eigenkapital gerichtetes Finanzierungsverhalten** spricht nicht gegen eine Bebauungsabsicht mit dem späteren Ziel der Einkünfteerzielungsabsicht. In diesem Fall muss sich aber aus weiteren Umständen ergeben, dass sich der Steuerpflichtige seinen Angaben entsprechend verhalten und entsprechende Mittel tatsächlich angesammelt hat. Dafür kann die spätere Verwendung der angesparten Mittel rückwirkend von Bedeutung sein (BFH 1.12.2015 – IX R 9/15, BStBl. II 2016, 335).

303 Ob im Einzelfall eine Einkünfteerzielungsabsicht gegeben ist, hat im Streitfall das Finanzgericht als Tatsacheninstanz **nach seiner freien, aus dem Gesamtergebnis des Verfahrens gewonnenen Überzeugung** zu beantworten (BFH 16.2.2016 – IX R 28/15, BFH/NV 2016, 1008; BFH 31.7.2007 – IX R 30/05, BFH/NV 2008, 202; Blümich/*Heuermann* § 21 Rn. 155).

303.1 Die aus dem Gesamtergebnis des Verfahrens gewonnene Überzeugung des Finanzgerichts kann vom Revisionsgericht nur darauf überprüft werden, ob sie gegen Denkgesetze oder allgemeine Erfahrungssätze verstößt (BFH 16.2.2016 – IX R 28/15, BFH/NV 2016, 1008). Ein Finanzgericht verstößt beispielsweise nicht gegen Erfahrungssätze, wenn es im Zusammenhang mit einem Mietvertrag zwischen nahe stehenden Personen annimmt, dass ein fremder Dritter eine laufende Verrechnung des Mietzinses mit Unterhaltsansprüchen nur dann hingenommen hätte, wenn die Höhe des Gegenanspruchs feststeht und somit zu den jeweiligen Fälligkeitsterminen eine Abrechnung der noch offenen Gegenforderungen vorgenommen wird (BFH 16.2.2016 – IX R 28/15, BFH/NV 2016, 1008).

304 In der Praxis wird eine Selbstnutzungs- oder Veräußerungsabsicht jedoch **selten ausdrücklich erklärt.** Daher ist es oftmals schwierig herauszufinden, ob eine auf Dauer gerichtete Einkünfteerzielungsabsicht besteht. Nach dem verfassungsrechtlich fundierten Amtsermittlungsgrundsatz kann es nicht allein auf die diesbezügliche Auskunft des Steuerpflichtigen ankommen, sondern alle **äußeren Umstände** sind bei der Gesamtwürdigung zu beachten (Blümich/*Heuermann* § 21 Rn. 187 mwN).

305 Erfolgt eine **Befristung im Mietvertrag wegen einer beabsichtigten Eigennutzung** des Vermieters, ist die Einkünfteerzielungsabsicht anhand einer Prognose zu überprüfen. Hierbei ist hinsichtlich des Prognosezeitraums nicht von 30 Jahren, sondern von der voraussichtlichen Vermietungsdauer auszugehen (Bayerisches Landesamt für Steuern, 5.9.2014; BFH 22.1.2013 – IX R 13/12, BStBl. II 2013, 533). Bei einer negativen Prognose kann der Verlust aus der Vermietungstätigkeit zu keinem Zeitpunkt geltend gemacht werden. In gleicher Weise gilt dies für die Konstellation, in der die Befristung ihre Ursache in einem **beabsichtigten Verkauf** hat.

305.1 Gegen eine von Anfang an bestehende Einkünfteerzielungsabsicht spricht es **in der Regel,** wenn eine Immobilie **innerhalb von fünf Jahren nach Anschaffung oder Herstellung veräußert** (BFH 9.7.2002 – IX R 47/99, BStBl. II 2003, 580; BFH 18.1.2006 – IX R 18/04, BFH/NV 2006, 1078) oder selbst genutzt wird. Dies gilt umso mehr, wenn der **Zeitraum weniger als fünf Jahre beträgt** oder im Extremfall eine Vermietung niemals stattfindet.

305.2 Ein **Zeitmietvertrag** zwischen Eltern und Sohn, befristet auf fünf Jahre mit anschließender Verlängerung auf 17 Monate und folgender Fremdvermietung, stand der Annahme einer auf Dauer angelegten Vermietungstätigkeit nicht entgegen (BFH 14.12.2004 – IX R 1/04, BStBl. II 2005, 211; Bayerisches Landesamt für Steuern, 5.9.2014). Entscheidend ist, dass im Mietvertrag keine Gründe für die Befristung ersichtlich waren und tatsächlich weitervermietet wurde.

305.3 Eine „schädliche" Eigennutzung wird auch nicht durch eine beabsichtigte Weitervermietung nach Aufgabe der Eigennutzung geheilt (BFH 29.3.2007 – IX R 7/06, BFH/NV 2007, 1847).

305.4 Wird ein Mietvertrag **auf Wunsch des Mieters zeitlich befristet** (zB der Mieter einer Wohnung will sich aus beruflichen Gründen nur zeitlich befristet binden), können hieraus keine nachteiligen

Folgen für den Vermieter bezüglich der Prüfung der Einkünfteerzielungsabsicht abgeleitet werden (Bayerisches Landesamt für Steuern, 5.9.2014).

Die Einkünfteerzielungsabsicht wird nicht vermutet, wenn ein Vermietungs- oder Verpachtungsobjekt an eine **gewerblich geprägte Personengesellschaft** veräußert wird, die die Vermietung fortsetzt und an welcher der Steuerpflichtige beteiligt ist (BFH 9.3.2011 – IX R 50/10, BFH/NV 2011, 1064). 305.5

Maßgeblich ist auf den konkreten Steuerpflichtigen abzustellen, der den Vermietungs- und Verpachtungs-Tatbestand erfüllt. Eine Zurechnung der Einkünfteerzielungsabsicht eines **Rechtsvorgängers** kommt nicht in Betracht (BFH 22.1.2013 – IX R 13/12, BStBl. II 2013, 533). 306

Bei **Personenmehrheiten** muss die Einkünfteerzielungsabsicht sowohl auf der Ebene der Gesellschaft/Gemeinschaft als auch auf der Ebene der einzelnen Gesellschafter/Gemeinschafter gegeben sein. 307

Ist auf der Ebene der Gesellschaft eine Einkünfteerzielungsabsicht gegeben, kann diese beispielsweise bei einem Gesellschafter fehlen, wenn sich dieser nur kurzfristig zu einer Verlustmitnahme an einer Gesellschaft beteiligt hat oder seine Beteiligung fremd finanziert (BFH 2.7.2008 – IX B 46/08, BStBl. II 2008, 815). 307.1

Einstweilen frei 308–310

cc) Schätzung der voraussichtlichen Einnahmen und Werbungskosten. Bei einer Überschussprognose sind die **Einnahmen und Werbungskosten zu schätzen.** Sofern keine ausreichenden objektiven Umstände für eine konkrete künftige Entwicklung vorliegen, sind die zu erwartenden Einnahmen grundsätzlich **nach dem Durchschnitt der letzten fünf Veranlagungszeiträume** zu schätzen (BFH 16.9.2015 – IX R 31/14, BFH/NV 2016, 188 mwN; BFH 6.11.2001 – IX R 97/00, BStBl. II 2002, 726). Es gilt das **Nominalwertprinzip,** dh inflationsbedingte Erhöhungen sind nicht zu berücksichtigen. 311

Veräußerungsgewinne werden in die Prognose nicht mit einbezogen, wenn sie nicht steuerbar sind (BFH 25.6.1984 – GrS 4/82, BStBl. II 1984, 751). Anderenfalls sind sie zu berücksichtigen (→ Rn. 77 ff.; Blümich/*Heuermann* § 21 Rn. 221; Schmidt/*Kulosa* § 21 Rn. 30; Kirchhof/*Mellinghoff* § 21 Rn. 18; *Pezzer* StuW 2000, 457 (466); *Thürmer* DB 2002, 444 (449); *Heuermann* StuW 2003, 101 (112); aA BMF 8.10.2004, BStBl. I 2004, 933 Rn. 34). 312

Der Steuerpflichtige hat im Einzelfall nachzuweisen, dass er eine Veräußerung des Mietobjekts innerhalb der Frist des § 23 beabsichtigt (Kirchhof/*Mellinghoff* § 21 Rn. 18; *Stein* DStR 2002, 1419 (1421)). 312.1

Wertsteigerungen in der Vermögenssubstanz bleiben unberücksichtigt (LBP/*v. Reden* § 21 Rn. 6). 313

Instandhaltungsaufwendungen können iHd Höchstbeträge nach § 28 der II. Berechnungs-VO geschätzt werden. AfA für das Gebäude ist in der Prognoserechnung grundsätzlich nach § 7 Abs. 4 anzusetzen. Degressive AfA oder SonderAfA sind nicht einzubeziehen (BFH 30.9.1997 – IX R 80/94, BStBl. II 1998, 771; BMF 8.10.2004, BStBl. I 2004, 933 Rn. 34). AfA kann nach amtlichen AfA-Tabellen berücksichtigt werden (Blümich/*Heuermann* § 21 Rn. 217; BFH 6.11.2001 – IX R 97/00, BStBl. II 2002, 726). 314

Um **Unsicherheitsfaktoren** im Rahmen einer Schätzung der Einnahmen und Ausgaben für einen so langen Zeitraum (30 Jahre) zu kompensieren, nimmt der IX. Senat zutreffend bei der Gesamtsumme der geschätzten Einnahmen einen **Sicherheitszuschlag von 10 Prozent** und bei der Gesamtsumme der geschätzten Ausgaben einen **Sicherheitsabschlag von 10 Prozent** vor (BFH 6.11.2001 – IX R 97/00, BStBl. II 2002, 726; ebenso: BMF 8.10.2004, BStBl. I 2004, 933 Rn. 34; zustimmend: Blümich/*Heuermann* § 21 Rn. 225; ablehnend jedoch *Kulosa* HFR 2005, 103). 315

Subventions- und Lenkungsnormen bzw. deren konkrete Auswirkungen auf den Werbungskostenabzug bleiben bei einer langfristigen Vermietungstätigkeit für die Totalüberschussprognose unberücksichtigt (BFH 6.11.2001 – IX R 97/00, BStBl. II 2002, 726), um die soziale wohnungspolitische Zielsetzung derartiger Normen nicht zu unterlaufen (Kirchhof/*Mellinghoff* § 21 Rn. 18). Dies gilt ebenso für Werbungskostenüberschüsse, die aus einer staatlichen Reglementierung des Mietwohnungsmarktes resultieren (zB § 2 WoBauG). 316

317 Ferner sind **Sonderabschreibungen nach §§ 1, 3 und 4 FördG** nicht in eine befristete Totalüberschussprognose einzubeziehen, wenn die nachträglichen Herstellungskosten innerhalb der voraussichtlichen Dauer der Vermietungstätigkeit gemäß § 4 Abs. 3 FördG vollständig abgeschrieben werden (BFH 25.6.2009 – IX R 24/07, BStBl. II 2010, 127).

318–321 *Einstweilen frei*

3. Zurechnung der Einkünfte

322 **a) Allgemeines.** Bei der Zurechnung von Einkünften geht es darum, wer von mehreren in Betracht kommenden Personen **Steuerschuldner** ist. Voraussetzung ist, dass überhaupt steuerbare Einkünfte gegeben sind. Einkünfte aus § 21 sind grundsätzlich demjenigen zuzurechnen, der den **Tatbestand der Einkünfteerzielung (§ 38 AO) erfüllt** (Kirchhof/*Mellinghoff* § 21 Rn. 26).

322.1 Von der Frage der Tatbestandserfüllung zu differenzieren ist die Frage der Einkommensverwendung (BFH 18.9.2007 – IX R 42/05, BStBl. II 2008, 26).

323 Es ist zwischen der Zurechnung eines Wirtschaftsguts (zB einer Eigentumswohnung) und der Zurechnung von Einkünften zu differenzieren (BFH 27.1.1993 – IX R 269/87, BStBl. II 1994, 615). Die Zurechnung des Wirtschaftsgutes ist für die Frage der Berechtigung zum Werbungskostenabzug, inklusive AfA, maßgeblich (→ Rn. 848 ff., → Rn. 856, → Rn. 920 ff.; Blümich/*Heuermann* § 21 Rn. 41).

324 Einkünfte sind demjenigen zuzurechnen, der sie *„erzielt"*. Dies ist derjenige, der den Tatbestand des § 21 Abs. 1 verwirklicht. Den Tatbestand des § 21 Abs. 1 erfüllt derjenige, der als Inhaber (Eigentümer, sonstiger Nutzungsberechtigter, tatsächlich Nutzender) die maßgebenden wirtschaftlichen Dispositionsbefugnisse über eines der in § 21 Abs. 1 genannten Wirtschaftsgüter hat. Er muss die Vermietungs- oder Verpachtungstätigkeit **selbst** (ggf. auch **durch einen Vertreter** (BFH 15.12.2009 – IX R 55/08, BFH/NV 2010, 863 mwN)) ausüben (BFH 19.2.2013 – IX R 31/11, BFH/NV 2013, 1075), dh aufgrund **rechtlicher oder tatsächlicher Verfügungsmacht** ein Wirtschaftsgut iSd § 21 Abs. 1 einem anderen gegen Entgelt zur Nutzung überlassen und auf diese Weise Einkünfte erzielen. Er muss **Träger der Rechte und Pflichten** (eines Vermieters oder Verpächters) aus diesem Rechtsverhältnis sein (Schmidt/*Kulosa* § 21 Rn. 31; BFH 19.2.2013 – IX R 31/11, BFH/NV 2013, 1075; BFH 18.5.2004 – IX R 83/00, BStBl. II 2004, 898; BFH 15.4.1986 – IX R 52/83, 605, BStBl. II 1986, 85).

325 In der Regel ist dies der **zivilrechtliche Eigentümer** des vermieteten Gegenstandes. Daneben kommt der **dingliche oder schuldrechtliche Nutzungsberechtigte** (dh der Inhaber eines zur Nutzung überlassenen Rechts) in Betracht. Neben dem Eigentum können also auch andere Rechtspositionen zur Zurechnung von Vermietungseinkünften führen, zB ein **Nießbrauch** (→ Rn. 404 ff.) (BFH 14.11.2007 – IX R 51/06, ZMR 2008, 982; BFH 16.1.2007 – IX R 9/04, BStBl. II 2007, 579) oder ein **dingliches Wohnrecht** (→ Rn. 169) (BFH 6.9.2006 – IX R 13/05, BFH/NV 2007, 406) oder ein **Erbbaurecht** (→ Rn. 597).

325.1 So stellen beispielsweise vereinnahmte Erbbauzinsen Einnahmen aus Vermietung und Verpachtung eines Erbbaugrundstücks nach § 21 Abs. 1 S. 1 Nr. 1 dar (BFH 20.9.2006 – IX R 17/04, BStBl. II 2007, 112 mwN). Steuerrechtlich umfasst das Erbbaurechtsverhältnis nach § 1 Abs. 1 ErbbauRG das veräußerliche und vererbliche Recht, auf oder unter der Erdoberfläche des belasteten Grundstücks ein Bauwerk zu haben. Die Besonderheit des Erbbaurechts besteht darin, dass die Rechtsbeziehungen verdinglicht werden, sodass sie auch zwischen den Nachfolgern im Erbbaurecht und im Grundstückseigentum gelten (BFH 19.2.2013 – IX R 31/11, BFH/NV 2013, 1075; BFH 23.9.2003 – IX R 65/02, BStBl. II 2005, 159 mwN).

326 Ein nicht ausgeübtes, **zur Sicherheit eingeräumtes Wohnrecht** eines Dritten steht der Zurechnung von Vermietungseinkünften an den vermietenden Eigentümer nicht entgegen (BFH 6.9.2006 – IX R 13/05, BFH/NV 2007, 406). Auch ein **Sicherungsnießbrauch** wird lediglich zu Sicherungszwecken eingeräumt; er soll folglich zunächst wirtschaftlich zu keiner Veränderung führen, mithin steuerlich keine Folgen auslösen. Beim Sicherungsnießbrauch sind die Einkünfte dem Eigentümer, nicht dem Nießbrauchsberechtigten zuzurechnen (BFH 3.2.1998 – IX R 38-96, NZM 1998, 543; *Richter/Winter* FR 1985, 6).

Die Berechtigung zur Überlassung eines Vermietungsobjektes ist für die Zurechnung nicht maßgeblich, vielmehr kommt es darauf an, ob die **faktische Möglichkeit zur Vermietung** oder Verpachtung besteht (BFH 6.9.2006 – IX R 13/05, BFH/NV 2007, 406; BFH 19.11.2003 – IX R 54/00, BFH/NV 2004, 1079 mwN; BFH 13.10.1992 – IX R 17/88, BFH/NV 1933, 227; KSM/*Drüen* § 21 Rn. B 203). **327**

Auf die wirtschaftliche Zurechnung des Vermietungs- oder Verpachtungsobjekts kommt es nach Auffassung des BFH nicht an. Aus der Zurechnung von Wirtschaftsgütern kann nicht automatisch auf die Zurechnung von Einkünften geschlossen werden (BFH 13.10.1992 – IX R 17/88, BFH/NV 1933, 227 mwN). **327.1**

Für die Zurechnung von Einkünften aus Vermietung und Verpachtung ist es nicht maßgeblich, wem letztlich das wirtschaftliche Ergebnis der Vermietung zugutekommt (BFH 16.4.2002 – IX R 53/98, BFH/NV 2002, 1152; Blümich/*Heuermann* § 21 Rn. 96). **328**

Es kommt **nicht darauf an, an wen der Nutzungsberechtigte Zahlungen erbringt.** Werden beispielsweise Erschließungskosten an die Stadt und nicht an den Vermieter entrichtet, liegt dennoch auf Seiten des Vermieters eine zurechenbare Einnahme iSv § 21 Abs. 1 vor (KSM/*Drüen* § 21 Rn. B 278). **329**

Maßgeblich ist grundsätzlich das **Auftreten als Vermieter oder Verpächter nach außen** (BFH 26.4.2006 – IX R 22/04, BFH/NV 2006, 2046), unabhängig davon, ob dies zivilrechtlich zulässig ist (Kirchhof/*Mellinghoff* § 21 Rn. 26). Auch eine **vertragswidrige Untervermietung** führt zu einer Zurechnung der Einkünfte aus Vermietung und Verpachtung (Schmidt/*Kulosa* § 21 Rn. 31). Entscheidend ist, dass tatsächlich eine wirtschaftliche Dispositionsbefugnis bestand. Ausnahmsweise ist das Außenverhältnis nur ein Indiz für die Zurechnung der Einkünfte aus Vermietung und Verpachtung, beispielsweise bei einem Treuhandverhältnis (→ Rn. 398 ff.). **330**

Einstweilen frei **331–333**

b) Rechtsnachfolge. Eine **Rechtsnachfolge** in den vermieteten Gegenstand führt zu einer Zurechnung der Vermietungs- und Verpachtungs-Einkünfte an den Rechtsnachfolger (HHR/*Pfirrmann* § 21 Rn. 20). Eine Rechtsnachfolge kann sich zum einen durch Erbfolge (§ 1922 BGB), zum anderen durch dinglichen oder schuldrechtlichen Vertragsübergang ergeben. Erfolgt der Vertragsübergang kraft Gesetzes, zB § 566 BGB (Kauf) oder § 1056 BGB (Beendigung eines Nießbrauchs), muss der Rechtsnachfolger nach außen hin als Vermieter auftreten (BFH 8.3.1994 – IX R 37/90, BFH/NV 1994, 868). **334**

Bei der Einräumung eines **schuldrechtlichen Nutzungsrechts** erfolgt kein gesetzlicher Vertragsübergang. Daher kann der zur Nutzung Berechtigte die erforderliche Vermieterstellung nur durch eine rechtsgeschäftliche Vertragsübernahme, dh durch eine **Zustimmung des Mieters,** erreichen. **335**

Allein die Überweisung der Miete durch den Mieter auf ein Konto des Nutzungsberechtigten ist nicht ausreichend (BFH 26.4.2006 – IX R 22/04, BFH/NV 2006, 2046; HHR/*Pfirrmann* § 21 Rn. 20). **335.1**

Einstweilen frei **336–338**

c) Stellvertretung. Bei einer Stellvertretung sind dem Vertretenen die Einkünfte aus Vermietung und Verpachtung zuzurechnen. Der Abschluss des Vermietungsgeschäfts erfolgt im Namen des Vertretenen, sodass dieser aus dem Vertrag berechtigt und verpflichtet ist (BFH 23.6.1992 – IX R 182/97, BStBl. II 1992, 972). **339**

Voraussetzung ist jedoch, dass der Vertreter bei Abschluss des Vertrages **nach außen erkennbar als Vertreter** handelt (BFH 23.6.1992 – IX R 182/97, BStBl. II 1992, 972; BFH 26.4.1983 – VIII R 205/80, BStBl. II 1983, 502; HHR/*Pfirrmann* § 21 Rn. 28). Auch bei der Frage der Einkünfteerzielungsabsicht ist in dieser Konstellation auf die Person des Vertretenen abzustellen (BFH 29.5.2008 – IX R 46/06, BFH/NV 2008, 1479). **340**

Der Zurechnung an den Vertretenen steht es nicht entgegen, wenn der Vertreter **auf eigene Rechnung** handelt (BFH 26.4.1983 – VIII R 205/80, BStBl. II 1983, 502). **341**

Einstweilen frei **342–344**

d) Mehrheit von Personen. Eine Mehrheit von Personen kann in ihrer gemeinschaftlichen Verbundenheit als **Bruchteilsgemeinschaft** (§§ 741 ff.) oder **Gesamthandsgemeinschaft** (GbR, KG, Erbengemeinschaft) den Tatbestand der Vermietung und Verpachtung **345**

iSd § 21 erfüllen (BFH 15.4.1986 – IX R 69/81, BStBl. II 1986, 792; BFH 11.3.2003 – IX R 17/99, BFH/NV 2003, 1045; BFH 11.3.2003 – IX R 16/99, BFH/NV 2003, 1043). Voraussetzung ist, dass die Personen **gemeinschaftlich** Träger der Rechte und Pflichten aus dem Nutzungsüberlassungsverhältnis sind und Einkünfteerzielungsabsicht gegeben ist. Die Personen oder Gesellschafter müssen **nach außen gemeinschaftlich** den Tatbestand des § 21 Abs. 1 S. 1 verwirklichen (BFH 26.1.1999 – IX R 17/95, BStBl. II 1999, 360).

346 Vereinbarungen zwischen **Angehörigen** zur Aufteilung von Einnahmen aus einer Vermietungs- und Verpachtungstätigkeit sind nur anzuerkennen, wenn die besonderen Anforderungen für Angehörigen-Verträge erfüllt sind (→ Rn. 478 ff.). Sie müssen insbesondere dem zwischen Fremden Üblichen entsprechen (zB BFH 31.3. 1992 – IX R 245/87, BStBl. II 1992, 890; BFH 7.10.1986 – IX R 167/83, BStBl. II 1987, 322; Lademann EStG/*Claßen* § 21 Rn. 79; *Drenseck* FR 1987, 235). Wenn eine Absprache unter Angehörigen nicht dem Fremdvergleich entspricht, sind die Einkünfte nach Maßgabe der Anteile zu verteilen (KSM/*Drüen* § 21 Rn. B 231; BFH 7.10.1986 – IX R 167/83, BStBl. II 1987, 322 mwN; aA BFH 31.3.1992 – IX R 245/87, BStBl. II 1992, 890).

346.1 Eine Vereinbarung, die die Ergebnisverteilung nach den **Lebens- und Unterhaltsbedürfnissen** eines Beteiligten vorsieht und nur den verbleibenden Rest nach Eigentumsanteilen verteilt, wird nicht anerkannt (BFH 15.4.1986 – IX R 69/81, BStBl. II 1986, 792).

347 Die **gemeinschaftliche Tatbestandsverwirklichung** ist vorrangig vor der Frage der Zurechnung zu klären (HHR/*Pfirrmann* § 21 Rn. 21) und von der Frage der Zurechnung der Einkünfte zu differenzieren. Da nur natürliche Personen, nicht aber Personengesellschaften oder -mehrheiten, Zurechnungssubjekt von Einkünften sein können, ist auf zweiter Stufe (nach Feststellung, dass eine Personenmehrheit in ihrer gemeinschaftlichen Verbundenheit Einkünfte aus Vermietung und Verpachtung erzielt hat) festzustellen, in welcher Höhe daraus den einzelnen Gesellschaftern oder Gemeinschaftern Einkünfte zuzurechnen sind.

348 Die Zugehörigkeit eines Vermietungs- oder Verpachtungsobjekts zum Gesamthandsvermögen ist keine Voraussetzung für eine gemeinschaftliche Nutzungsüberlassung und damit eine Zurechnung der Vermietungs- und Verpachtungseinkünfte zu einer Mehrheit von Personen (KSM/*Drüen* § 21 Rn. B 236). Die Tatbestandserfüllung iSd § 21 Abs. 1 EStG iVm § 38 AO setzt nicht die Eigentümerstellung voraus.

349–351 *Einstweilen frei*

352 **aa) Personengesellschaft/Gemeinschaft.** Einer Personengesellschaft oder Gemeinschaft sind die Einkünfte aus Vermietung und Verpachtung zuzurechnen, wenn die Personengesellschafter oder Gemeinschafter in ihrer gesamthänderischen Verbundenheit den Tatbestand der Einkünfteerzielung verwirklichen und gemeinsam Träger der Rechte und Pflichten aus dem Mietvertrag sind. Die Rechtsstellung als Miteigentümer reicht nicht aus. Es kommt darauf an, dass **jeder Miteigentümer selbst tatsächlich vermietet und Träger von Rechten und Pflichten** aus dem Vermietungsverhältnis ist (BFH 11.3.2003 – IX R 16/99, BFH/NV 2003, 1043; BFH 11.3.2003 – IX R 17/99, BFH/NV 2003, 1045). Der gemeinsame Zweck muss in einer gemeinsamen Vermietungstätigkeit liegen. Dies muss nach außen, vor allem für **den Mieter erkennbar** sein.

352.1 Sind den Mietern die Eigentumsverhältnisse bekannt, ist von einer Vermietung im Namen sämtlicher Miteigentümer auszugehen, auch wenn nach außen nur einer der Miteigentümer auftritt (BFH 30.4.2004 – IV B 24/01, BFH/NV 2004, 1396).

352.2 Ein **Unterbeteiligter** einer Personengesellschaft erzielt keine Einkünfte aus Vermietung und Verpachtung, wenn er nicht nach außen als Vermieter in Erscheinung tritt und der Hauptbeteiligte ihn nur auf schuldrechtlicher Grundlage an dem wirtschaftlichen Ergebnis beteiligt (BFH 17.12.1996 – IX R 30/94, BStBl. II 1997, 406).

353 Im Fall einer **Bauherrengemeinschaft** liegt der gemeinsame Zweck im **Kauf eines Grundstücks und dessen Bebauung,** nicht jedoch in der Vermietung. Die Einkünfte aus § 21 werden daher nicht der Bauherrengemeinschaft, sondern jedem einzelnen Eigentümer zugerechnet.

354 Wer nach außen die persönliche Haftung für die Schulden der Gesellschaft übernommen hat, jedoch keine Einlage geleistet hat, mithin nur **Schein-Gesellschafter** ist, kann dennoch den Tatbestand der Vermietung und Verpachtung verwirklichen (BFH 7.4.1987 – IX R 103/85, BStBl. II 1987, 707).

Bei **Bruchteilsgemeinschaften** erzielen die Beteiligten grundsätzlich gemeinschaftlich **355** Einkünfte aus Vermietung und Verpachtung. Schließt ein Bruchteilseigentümer Mietverträge im eigenen Namen ab, sind die Einkünfte dann allen Bruchteilseigentümern zuzurechnen, wenn die Verträge **mit Wissen und Wollen der anderen Bruchteilseigentümer** abgeschlossen und durchgeführt wurden und der Handelnde auch auf Rechnung der anderen handelte (BFH 25.6.2002 – IX R 55/99, BFH/NV 2002, 1556; BFH 11.3.2003 – IX R 16/99, BFH/NV 2003, 1043; HHR/*Pfirrmann* § 21 Rn. 21).

Ein fehlendes Auftreten nach außen kann durch eine entsprechende **Rechtsmacht im** **356** **Innenverhältnis** ausgeglichen werden.

Miteigentümer erzielen aus der gemeinschaftlichen Vermietung einer Wohnung gemeinschaftlich **356.1** Einkünfte aus Vermietung und Verpachtung, auch wenn sie andere Räume in dem Wohnhaus **selbst benutzen.** Die Einkünfte sind den Miteigentümern grundsätzlich entsprechend ihrer Eigentumsanteile zuzurechnen (BFH 26.1.1999 – IX R 17/95, BStBl. II 1999, 360; BFH 306.1999 – IX R 83/95, BFH/NV 2000, 118; FG München 5.7.2012 – 5 K 62/11, BeckRS 2012, 26061).

Eine Zurechnung (anteiliger Einkünfte) kommt nicht in Betracht, wenn nach **außen nur** **357** **ein Gesellschafter/Miteigentümer** auftritt (BFH 11.3.2003 – IX R 17/99, BFH/NV 2003, 1045; BFH 15.12.2009 – IX R 55/08, BFH/NV 2010/863).

Bringt ein Gesellschafter ein bislang von ihm vermietetes Grundstück in die Gesellschaft **358** ein, sind die Einkünfte aus Vermietung und Verpachtung dieses Grundstücks fortan nur dann allen Gesellschaftern zuzurechnen, wenn die **Gesellschaft in die Mietverträge eintritt** (BFH 15.4.1986 – IX R 69/81, BStBl. II 1986, 792) und folglich als Vermieter nach außen auftritt.

Ein **internes Einverständnis** mit der Alleinhandlung des Miteigentümers ist nicht ausrei- **359** chend für eine Zurechnung an die Gesellschaft oder Gemeinschaft (BFH 25.6.2002 – IX R 55/99, BFH/NV 2002, 1556). Möglich ist **Stellvertretung,** sofern der Handelnde die Mietverträge mit Wissen und Wollen des Nichthandelnden abschließt und auf gemeinsame Rechnung tätig wird (BFH 25.6.2002 – IX R 55/99, BFH/NV 2002, 1556; Schmidt/*Kulosa* § 21 Rn. 33; Blümich/*Heuermann* § 21 Rn. 57).

Irrelevant ist, ob alle Personen die mit der Vermietung verbundenen Aufwendungen tragen (FG **359.1** Bremen 25.6.1992 – I 125/90 K, EFG 1993, 445 rkr.).

Einkünfteerzielungsabsicht ist, sofern sie nicht zu vermuten ist, sowohl auf der Ebene **360** der Gesellschaft/Gemeinschaft als auch auf der Ebene der Gesellschafter/Gemeinschafter festzustellen (BFH 25.2.2009 – IX R 76/07, BFH/NV 2009, 1268; Schmidt/*Kulosa* § 21 Rn. 34). Auch nachträgliche Tatsachen oder Umstände, wie beispielsweise eine beabsichtigte Fortsetzung der Vermietung und Verpachtung nach Auflösung der Gesellschaft, können Berücksichtigung finden.

Erfolgt die Tatbestandsverwirklichung des § 21 durch eine Gemeinschaft oder Gesellschaft **361** gemeinschaftlich, sind die Einkünfte zunächst **einheitlich** auf der Ebene der Personenmehrheit festzustellen. Sodann sind die Einkünfte den einzelnen Personen (Gesellschaftern oder Gemeinschaftern) **gesondert** zuzurechnen (§ 179 Abs. 1 AO, § 179 Abs. 2 S. 2 AO, § 180 Abs. 1 Nr. 2 Buchst. a AO), sog. **einheitliche und gesonderte Gewinnfeststellung.** Dies betrifft auch die Feststellung eines verrechenbaren Verlusts nach § 15b. Grundsätzlich erfolgt die Gewinnverteilung auf der Grundlage der zwischen den Gesellschaftern getroffenen Vereinbarungen, sofern diese ihren **Grund im Gesellschafts-/Gemeinschaftsverhältnis** haben. Es darf keine Eigentumsverwendung iSd § 12 gegeben sein. Nicht ausreichend ist, wenn ein Gesellschafter/Miteigentümer höhere Ausgaben getragen hat, als es seiner Beteiligungsquote entspricht (BFH 23.4.2004 – IX B 61/04, BFH/NV 2005, 41).

Eine einheitliche und gesonderte Gewinnfeststellung erfolgt für die Einkünfte einer vermögensver- **361.1** waltenden Gesellschaft aus der Vermietung von Räumen an eine freiberuflich tätige Anwaltsgemeinschaft. Irrelevant ist, dass der Gesellschafter zugleich an der Anwaltsgemeinschaft beteiligt ist und sein Grundstück als Sonderbetriebsvermögen im Rahmen seiner selbständigen Tätigkeit zu erfassen ist (BFH 9.10.2008 – IX R 72/07, BStBl. II 2009, 231).

361.2 Beschränkt sich bei einer Zwei-Personen-Miteigentümergemeinschaft die Nutzungsüberlassung auf einen Miteigentümer, ist keine einheitliche und gesonderte Feststellung vorzunehmen, weil nur ein Miteigentümer Einkünfte aus Vermietung erzielt. So erzielt bei einer aus **Eheleuten** bestehenden GbR, die einen Gebäudeteil an den Ehemann vermietet, nur die Ehefrau (anteilig) Einkünfte aus Vermietung und Verpachtung (BFH 18.5.2004 – IX R 83/00, BStBl. II 2004, 898).

362 Fehlt eine ausdrückliche Vereinbarung, richtet sich die steuerrechtliche **Zurechnung** nach **§§ 743, 748 BGB,** dh nach den Anteilen am gemeinschaftlichen Eigentum (BFH 7.10.1986 – IX R 167/83, BStBl. II 1987, 322; BFH 20.1.2009 – IX R 18/07, BFH/NV 2009, 1247; EStR 21.6).

363 Eine Besonderheit ergibt sich bei einer **Hausverwaltung durch einen Miteigentümer.** Erhält dieser für die Hausverwaltung eine Vergütung, wird diese typischerweise dem Verwalter vorab ausgezahlt. Bei diesem handelt es sich um Einkünfte aus Vermietung und Verpachtung (BFH 18.11.1980 – VIII R 194/78, BStBl. II 1981, 510). Der danach verbleibende Anteil der Einkünfte aus Vermietung und Verpachtung auf Gesellschaftsebene wird an die Gesellschafter nach dem vereinbarten Gewinnverteilungsschlüssel ausgezahlt. Beruht die Vereinbarung über die Verwaltung ausnahmsweise nicht auf dem Gesellschaftsverhältnis, sondern einem eigenständigen (meist Dienst- oder Werk-)Vertrag, sind die anfallenden Verwaltungskosten auf Gesellschaftsebene als Werbungskosten abzuziehen. Beim Verwalter handelt es sich dann regelmäßig um Einkünfte aus freiberuflicher oder gewerblicher Tätigkeit.

364 Eine **Zurechnung höherer Ausgaben** über den der Beteiligung entsprechenden Anteil hinaus ist möglich, wenn mit der Übernahme der Ausgaben durch den Gesellschafter keine Zuwendung an die Mitgesellschafter beabsichtigt war und gegen diese kein durchsetzbarer Ausgleichsanspruch besteht (BFH 23.11.2004 – IX R 59/01, BStBl. II 2005, 454; BFH 20.1.2009 – IX R 18/07, BFH/NV 2009, 1247).

365 **Werbungskosten** sind jedoch grundsätzlich nach den Beteiligungsverhältnissen aufzuteilen. Dies gilt auch, wenn ein Miteigentümer Werbungskosten über seine Beteiligungsquote hinaus getragen hat (BFH 23.7.2004 – IX B 61/04, BFH/NV 2005, 41). Trägt allerdings ein Miteigentümer die Werbungskosten allein, weil (der) andere Miteigentümer sich zu einer anteiligen Kostentragung weigert, sind die Werbungskosten nur dem belasteten Miteigentümer zuzurechnen (KSM/*Drüen* § 21 Rn. B 229; aA *Stadie*, Die persönliche Zurechnung von Einkünften, 137).

365.1 Trägt ein Miteigentümer Aufwendungen **aus privaten Gründen** über seinen Anteil hinaus, führt dies nicht allein zu einer von den zivilrechtlichen Vereinbarungen abweichenden Zurechnung (BFH 22.3.1994 – IX R 28/91, BFH/NV 1995, 16).

366 Die AfA oder erhöhte Absetzungen und Sonderabschreibungen können stets nur von demjenigen Steuerpflichtigen geltend gemacht werden, dem die Einkünfte zuzurechnen sind **und der die Aufwendungen getragen hat** (BFH 15.12.2009 – IX R 9/08, BFH/NV 2010, 1099; EStR 21.6).

367 Auf der **Ebene der Gemeinschaft** können Werbungskosten nur berücksichtigt werden, wenn sie aus den gemeinschaftlich erzielten Einkünften erwachsen sind (BFH 17.12.2008 – IX R 25/08, BFH/NV 2009, 748).

368 Persönlich durch einen Gesellschafter getragene Werbungskosten ohne Ausgleichsanspruch können als **Sonder-Werbungskosten** festgestellt werden (BFH 23.11.2004 – IX R 59/01, BStBl. II 2005, 454; BFH 20.1.2009 – IX R 18/07, BFH/NV 2009, 1247). Dies setzt voraus, dass der betroffene Miteigentümer weder eine Zuwendung an die anderen Miteigentümer beabsichtigte noch gegen diese einen Ausgleichsanspruch geltend machen kann (BFH 23.11.2004 – IX R 59/01, BStBl. II 2005, 454).

368.1 Eine insoweit zwischen **nahen Angehörigen** getroffene Vereinbarung muss jedoch einem Fremdvergleich standhalten (BFH 31.3.1992 – IX R 245/87, BStBl. II 1992, 890; → Rn. 478 ff., → Rn. 508 ff.). Sie kann nicht mit einer Unterhaltspflicht eines Miteigentümers gegenüber einem anderen Miteigentümer begründet werden (Kirchhof/*Mellinghoff* § 21 Rn. 31; BFH 22.3.1994 – IX R 28/91, BFH/NV 1995, 16).

369 Einem **ausscheidenden** Gesellschafter/Gemeinschafter ist sein Anteil nur an dem bis zu dem Zeitpunkt seines Ausscheidens entstandenen Überschuss zuzurechnen. Entsprechendes gilt bei einem **nachträglich eintretenden** Gesellschafter/Gemeinschafter (BFH 19.8.1986 –

IX S 5/83, BStBl. II 1987, 212). Es finden die Grundsätze der Ergebnisverteilung Anwendung, die auch bei der Gewinnverteilung bei einem Mitunternehmerwechsel im gewerblichen Bereich anzunehmen sind (BFH 7.7.1983 – IV R 209/80, BStBl. II 1984, 53).

Tritt ein Gesellschafter erst während eines laufenden Geschäftsjahres in die Gesellschaft ein, sind Einnahmen oder Werbungskosten nur denjenigen Steuerpflichtigen zuzurechnen, die im **Zeitpunkt des Zu- oder Abflusses** Gesellschafter sind (BFH 19.8.1986 – IX S 5/83, BStBl. II 1987, 212). **369.1**

Überträgt ein Kommanditist eines **geschlossenen Immobilienfonds** → Rn. 262, der Einkünfte aus Vermietung und Verpachtung sowie Kapitaleinkünfte erzielt, während des Jahres seinen Anteil im Wege eines Vergleichs (ohne Änderung der Einkünfteverteilungsabrede) und stehen die Ausschüttungen dem Erwerber zu, sind dem Ausscheidenden zeitanteilig die Einkünfte bis zu seinem Ausscheiden, unabhängig von einem eventuellen Zufluss, zuzurechnen (FG Nürnberg 24.3.2015 – 5 K 118/15, EFG 2016, 1011 rkr.). **369.2**

Aufwendungen eines Miteigentümers, die mit der **nach Auflösung der Gemeinschaft/Gesellschaft** allein fortgesetzten Vermietungs- und Verpachtungstätigkeit in Zusammenhang stehen, werden bei der Einkünfteermittlung der Gesellschaft nicht berücksichtigt (BFH 17.12.2008 – IX R 25/08, BFH/NV 2009, 748). **370**

Bei **Rechtsverhältnissen zwischen Gesellschafter und Gesellschaft** gelten folgende Grundsätze: Vermietet ein Gesellschafter ein Grundstück an eine Gesellschaft, sind dem Gesellschafter die Einkünfte aus der Vermietung zuzurechnen (BFH 18.11.1980 – VIII R 194/78, BStBl. II 1981, 510). **371**

Allerdings führt die Vergütung für die Überlassung von Wirtschaftsgütern von einem Mitunternehmer an die Mitunternehmer-Gesellschaft nach § 15 Abs. 1 S. 1 Nr. 2 bei diesem zu Einkünften aus Gewerbebetrieb. **371.1**

Eine **Vermietung unter Miteigentümern** ist steuerlich anzuerkennen, wenn die Nutzung des gemeinschaftlichen Gegenstandes durch einen Miteigentümer über seinen Miteigentumsanteil hinausreicht (BFH 7.6.2006 – IX R 14/04, BFH/NV 2006, 2053; BFH 12.2.1988 – VI R 141/85, BStBl. II 1988, 764). Vermietet eine Gemeinschaft eine Wohnung an einen Miteigentümer (und die übrigen Wohnungen an Dritte), erlangt der die Wohnung selbst nutzende Miteigentümer daraus keine Einkünfte aus § 21. Die anderen Miteigentümer erzielen anteilig Einkünfte aus der Vermietung. Die Überlassung der Wohnung an einen Miteigentümer steht aber nicht der Zurechnung der Einkünfte aus den übrigen Wohnungen einer Miteigentümergemeinschaft nach dem Verhältnis der Eigentumsanteile entgegen (BFH 18.5.2004 – IX R 49/02, BStBl. II 2004, 929; BFH 7.6.2006 – IX R 14/04, BFH/NV 2006, 2053; OFD Düsseldorf, DB 2005, 581; BayLfSt 31.10.2006, DStR 2006, 2212; Schmidt/*Kulosa* § 21 Rn. 37; *Paus* DStZ 2005, 154). **372**

Wird ein Raum eines im Miteigentum stehenden Wohnhauses **an einen Miteigentümer als Büro für dessen selbständige Tätigkeit** vermietet, sind die darauf entfallenden Aufwendungen vom vermietenden Miteigentümer grundsätzlich nur insoweit als Werbungskosten bei den Einkünften aus Vermietung und Verpachtung zu berücksichtigen, als sie dessen ideellen Miteigentumsanteil entsprechen. Darüber hinaus sind die Aufwendungen nur dann abziehbar, wenn sie objektiv mit der Nutzungsüberlassung in wirtschaftlichem Zusammenhang stehen und subjektiv zur Förderung der Nutzungsüberlassung getätigt werden (BFH 16.9.2015 – IX R 19/14, BFH/NV 2016, 380). **373**

Die Grundsätze zu **Angehörigen-Verträgen** finden Anwendung, → Rn. 492. **374**

Zu Ehegatten-Innengesellschaften → Rn. 379 ff.; zu Erbengemeinschaften → Rn. 386 ff. **375**

Einstweilen frei **376–378**

bb) Besonderheiten bei der Ehegatten-Innengesellschaft. Eine **Ehegatten-Innengesellschaft** kann Einkünfte aus Vermietung und Verpachtung erzielen, wenn sie sich von einem Ehegatten im Außenverhältnis vertreten lässt. Allerdings muss die Vertragsgestaltung den strengen Anforderungen, die an **Angehörigen-Verträge** (→ Rn. 478 ff.) gestellt werden, genügen (FG Saarland 18.12.2012 – 1 K 1628/10, EFG 2013, 361). **379**

Bei Miteigentum von Ehegatten werden nur dann durch die Ehegatten gemeinschaftlich Einkünfte erzielt, wenn **beide als Vermieter auftreten.** Tritt nach außen nur einer der Ehegatten als Vermieter eines beiden Ehegatten gehörenden Grundstücks auf, sind die Einkünfte aus Vermietung und Verpachtung allein diesem zuzurechnen (BFH 14.12.2004 – IX **380**

R 70/02, BFH/NV 2005, 1040). Anteilig auf den anderen Ehegatten entfallende Aufwendungen (AfA-Beträge), können auf diese Weise verloren gehen (HHR/*Pfirrmann* § 21 Rn. 21).

381 Werden **Werbungskosten** bei einer intakten Ehe im Falle einer Ehegatten-Innengesellschaft von einem Ehegatten **allein getragen,** bleibt es bei der durch die Zuweisung der Miteigentumsanteile indizierten Kostenverteilung. (KSM/*Drüen* § 21 Rn. B 233).

382 Bei **zusammenveranlagten Ehegatten,** die gemeinsam ein Grundstück vermieten, erfolgt eine einheitliche und gesonderte Gewinnfeststellung (Bordewin/Brandt/*Gänger* § 21 Rn. 6; → Rn. 361).

383–385 *Einstweilen frei*

386 **cc) Besonderheiten bei Erbengemeinschaften.** Miterben erzielen als **Erbengemeinschaft** gemeinschaftlich Einkünfte aus Vermietung und Verpachtung, solange eine Erbengemeinschaft noch nicht auseinandergesetzt ist (BMF 14.3.2006, BStBl. I 2006, 253 Rn. 6; FG Rheinland-Pfalz 7.12.1992 – 5 K 1018/92, EFG 1993, 582). Die Erbengemeinschaft verwaltet einen geerbten vermieteten oder verpachteten Grundbesitz nach Maßgabe der §§ 2032 ff. BGB. Sie ist unentgeltliche Rechtsnachfolgerin des Erblassers (§ 11d EStDV).

386.1 Es fehlt an einer **Einkünfteerzielungsabsicht** der Miterben, wenn kein grundsätzliches Einverständnis über die Vermietung des geerbten Objekts besteht (FG München, 10.9.2015 – 15 K 632/13, ZEV 2016, 115).

387 Vermietungs- und Verpachtungseinkünfte werden den Miterben grundsätzlich nach Maßgabe ihrer Erbquoten zugerechnet (BFH 5.7.1990 – GrS 2/89, BStBl. II 1990, 837). In Ausnahmefällen kann eine von den Erbquoten abweichende Verteilung möglich sein, wenn diese durch das Gemeinschaftsverhältnis gerechtfertigt ist.

387.1 Erhält ein Erbe ein Grundstück testamentarisch zu **Alleineigentum,** liegt in der Verwaltung dessen kein Fall einer gemeinschaftlichen Einkünfteerzielung. Dies gilt auch dann, wenn das Grundstück zunächst in den Nachlass fällt (Gesamthandseigentum) und dann aufgrund einer **Teilungsanordnung** (§ 2048 BGB) einem bestimmten Miterben übereignet wird und der jeweilige bedachte Miterbe von Anfang an das Grundstück verwaltet hat.

388 Wenn **nur einem Erben** – abweichend von §§ 2038 Abs. 2, 743 BGB – das Fruchtziehungsrecht zusteht, erfüllt nur dieser den Steuertatbestand des § 21 (BFH 5.8.2004 – IX B 60/04, BFH/NV 2004, 1649).

389 Im Falle einer zunächst **ungeklärten Erbfolge** sind die vereinnahmten Mieteinnahmen nach Klärung der Erbfolge von Beginn an dem wahren Erben zuzurechnen (BFH 23.9.2003 – IX R 26/99, BFH/NV 2004, 476). Werden nach einem Erbfall, während einer Übergangszeit die Mietverträge unverändert fortgeführt, erfolgt dies treuhänderisch (→ Rn. 398 ff.) für alle in Betracht kommenden Erben, bis die rechtliche Erbfolge geklärt ist (BFH 23.9.2003 – IX R 26/99, BFH/NV 2004, 476).

390 Zu den Folgen der Erbauseinandersetzung von Miterben → Rn. 891; → Rn. 925.1; → Rn. 464.

391–393 *Einstweilen frei*

394 **dd) Besonderheit bei der Wohnungseigentümergemeinschaft.** Bei einer Wohnungseigentümergemeinschaft nach dem WEG sind stets die einzelnen Wohnungseigentümer Zurechnungssubjekt für die Einkünfte aus § 21 (BFH 25.6.2009 – IX R 56/08, BStBl. II 2010, 202). Die Wohnungseigentümergemeinschaft tritt nicht als Vermieterin auf.

395–397 *Einstweilen frei*

398 **e) Treuhandverhältnisse.** Bei Treuhandverhältnissen erzielen entweder der Treuhänder oder der Treugeber Einkünfte aus Vermietung und Verpachtung. Grundsätzlich ist auch hier maßgeblich, wer **nach außen** als Vermieter oder Verpächter auftritt (Blümich/*Heuermann* § 21 Rn. 86). Da dies meist der **Treuhänder** ist, werden diesem grundsätzlich die erzielten Einkünfte aus Vermietung und Verpachtung zugerechnet.

399 Dem **Treugeber** werden die Einkünfte zugerechnet, wenn dieser das Treuhandverhältnis beherrscht und der Treuhänder auf Rechnung und Gefahr des Treugebers handelt (FG Sachsen 27.2.2013 – 8 K 1409/12, BeckRS 2013, 94871; BFH 27.1.1993 – IX R 269/87, BStBl. II 1994, 615; BFH 17.12.1996 – IX R 30/94, BStBl. II 1997, 406). Maßgeblich ist

folglich in diesem Fall für die Zurechnungsfrage das **Innenverhältnis** zwischen Treugeber und Treuhänder (Blümich/*Heuermann* § 21 Rn. 86).

Der **Treugeber beherrscht das Treuhandverhältnis** insbesondere, wenn er **Weisungsbefugnisse, Kündigungs- und Herausgaberechte** hat und ihm bei der Auswahl und Bebauung des Grundstücks sowie der Gestaltung des Mietverhältnisses eine beherrschende Stellung zukommt. Beherrscht der Treugeber das Treuhandverhältnis nicht, erzielt er keine Einkünfte aus § 21 Abs. 1 S. 1 Nr. 1, sondern Kapitaleinkünfte iSd § 20 (*Fleischmann* DStR 1994, 1303; *Herrmann* DB 1992, 2104). **399.1**

Nach anderer Auffassung ist für die Frage der Zurechnung der Einkünfte aus Vermietung und Verpachtung darauf abzustellen, wer das **Vermieterrisiko** trägt (*Hemmelrath/Busch* DStR 1992, 1347; *Lang/Seer* FR 1992, 637; *Kußmann* DB 1994, 2520). **399.2**

Das Treuhandverhältnis muss für die steuerliche Anerkennung auf **klaren Vereinbarungen** beruhen und dementsprechend **tatsächlich durchgeführt** werden (BFH 25.5.2011 – IX R 25/10, BFH/NV 2011, 1677; BFH 15.7.1997 – VIII R 56/93, BStBl. II 1998, 152; BFH 11.3.2008 – IV B 77/07, BFH/NV 2008, 1159; Kirchhof/*Mellinghoff* § 21 Rn. 27). **400**

Einstweilen frei **401–403**

f) Nießbrauch. aa) Zivilrechtliche Anforderungen. Gemäß § 1030 BGB kann eine (bewegliche oder unbewegliche) Sache dinglich in der Weise belastet werden, dass derjenige zu dessen Gunsten die Belastung erfolgt, berechtigt ist, die Nutzungen aus der Sache zu ziehen. Es handelt sich um ein **dingliches unveräußerliches und unvererbliches Recht** auf die volle Nutzung des belasteten Grundstücks (§§ 1030 ff. BGB). Einzelne Nutzungen können ausgeschlossen werden. **404**

Der Nießbrauch entsteht zivilrechtlich durch Einigung und Eintragung (§§ 1030, 873, 874 BGB). Für die Einigung genügt eine **einseitige, notariell beglaubigte Eintragungsbewilligung** des Eigentümers. Wird der Nießbrauch schenkungsweise erklärt, bedarf auch das Schenkungsversprechen einer notariellen Form (§ 518 Abs. 1 BGB). Ein **Formmangel** ist jedoch heilbar, wenn das Schenkungsversprechen vollzogen wird, dh wenn die Eintragung des Nießbrauchs im Grundbuch erfolgt. **405**

Auf die zivilrechtliche Wirksamkeit des Nießbrauchs kommt es vor allem bei **Angehörigen-Verträgen** (→ Rn. 478 ff.) an. **405.1**

Bei der Bestellung eines Nießbrauchs zugunsten **minderjähriger Kinder** bedarf es der Mitwirkung eines vom Vormundschaftsgericht bestellten Pflegers (BFH 13.5.1980 – VIII R 63/79, BStBl. II 1981, 295, → Rn. 414). Bei anfänglich fehlender Mitwirkung, dh schwebender Unwirksamkeit, kann nachträglich eine **Heilung** durch Nachholung einer Genehmigung eines Ergänzungspflegers erfolgen. In diesem Fall wirkt die Heilung steuerrechtlich aber **nicht in die Vergangenheit** (BFH 13.5.1980 – VIII R 63/79, BStBl. II 1981, 295). Anders soll dies nach der Rechtsprechung des BFH nur dann sein, wenn die Parteien **zeitnah** alle Maßnahmen ergriffen haben, um den Formmangel zu heilen (BFH 7.6.2006 – IX R 4/04, BStBl. II 2007, 294; aA die Finanzverwaltung im Nichtanwendungserlass BMF 2.4.2007, BStBl. I 2007, 441). **405.2**

Einstweilen frei **406–408**

bb) Allgemeine Grundsätze für die Zurechnung von Einkünften. Bei Nießbrauch ist für die Zurechnung von Einkünften auf das **Außenverhältnis abzustellen.** Maßgeblich ist, wer nach außen Träger der Rechte und Pflichten eines Vermieters ist (Nießbrauchserlass, BMF 30.9.2013, BStBl. I 2013, 1184; BFH 31.10.1989 – IX R 216/84, BStBl. II 1992, 506), dh **dispositionsbefugt** ist. **409**

Eine rechtswirksame Vereinbarung eines Nießbrauchs setzt voraus, dass sie von den Beteiligten auch **tatsächlich durchgeführt** wird (Bordewin/Brandt/*Gänger* § 21 Rn. 41). Bei einem Zuwendungsnießbrauch müssen daher Mietzinszahlungen an den Nießbrauchsberechtigten erfolgen. Zu den Besonderheiten bei Minderjährigen als Nießbrauchsberechtigten → Rn. 414, → Rn. 502. **410**

Die Frage der tatsächlichen Durchführung kann beim **Quotennießbrauch oder Bruchteilsnießbrauch** (→ Rn. 419 ff.) besonders problematisch sein, weil ein Gemeinschaftsverhältnis zwischen Eigentümer und Nießbrauchsberechtigten entsteht. Es muss sichergestellt sein, dass der auf den Nießbrauchsberechtigten entfallende Anteil in angemessener Zeit in die alleinige Verfügungsmacht des Nießbrauchers übergeht. Unschädlich ist es, wenn die Mietzahlungen zunächst auf ein gemeinsames Konto **410.1** fließen (Bordewin/Brandt/*Gänger* § 21 Rn. 42; vgl. zu einem Oder-Konto zwischen Ehegatten: BVerfG 7.11.1995 – 2 BvR 802/90, BStBl. II 1996, 34; auch → Rn. 478).

411 Einkünfte werden dem Nutzungsberechtigten nur unter der Voraussetzung zugerechnet, dass ihm die **volle Besitz- und Verwaltungsbefugnis** zusteht und er den Tatbestand des § 21 Abs. 1 S. 1 Nr. 1 erfüllt (BMF 30.9.2013, BStBl. I 2013, 1184 Rn. 1). Auf die wirtschaftliche Zuordnung gemäß § 39 Abs. 2 Nr. 1 AO des Vermietungs- und Verpachtungs-Objekts kommt es nicht an (HHR/*Pfirrmann* § 21 Rn. 25).

412 Der Nutzungsberechtigte muss – für die steuerliche Anerkennung und Zurechnung der Einkünfte aus Vermietung und Verpachtung – eine gesicherte Rechtsposition erlangt haben, die auf einer **klaren und ernsthaften Vereinbarung** beruht (Kirchhof/*Mellinghoff* § 21 Rn. 34). Eine bloß rechnungsmäßige Beteiligung des Nießbrauchers an den Erträgen, führt nicht zu einer Zurechnung nach § 21 Abs. 1 S. 1 Nr. 1 (BFH 17.8.2012 – IX B 56/12, BFH/NV 2012, 1959).

413 Das Nutzungsrecht muss für einen festgelegten Zeitraum **schriftlich** vereinbart worden sein (BMF 30.9.2013, BStBl. I 2013, 1184 Rn. 1). Die Besonderheiten für **Angehörigen-Verträge** (→ Rn. 478 ff.) sind gegebenenfalls zu beachten.

414 Bei **Minderjährigen** hat in der Regel ein Ergänzungspfleger bei der Einräumung des Nießbrauchs mitzuwirken (→ Rn. 502; BMF 30.9.2013, BStBl. I 2013, 1184 Rn. 4). Die Anordnung einer Ergänzungspflegschaft für die Dauer des Nießbrauchs ist jedoch nicht notwendig (BFH 13.5.1980 – VIII R 63/79; BStBl. II 1981, 295).

414.1 Wenn Eltern ihren minderjährigen Kindern einen Nießbrauch an einem Vermietungsobjekt eingeräumt haben, müssen die Eltern den Mietern anzeigen, dass die Kinder in die Mietverträge eingetreten sind. Bei dem Abschluss neuer Mietverträge müssen diese im Namen und für Rechnung der Kinder abgeschlossen werden (BFH 13.5.1980 – VIII R 63/79, BStBl. II 1981, 295; Bordewin/Brandt/*Gänger* § 21 Rn. 41).

415 Vermietet ein Nutzungsberechtigter im Zusammenhang mit der Bestellung des Nutzungsrechts die Wohnung an den Eigentümer, kann dies **rechtsmissbräuchlich** iSd § 42 AO sein (BFH 18.10.1990 – IV R 36/90, BStBl. II 1991, 205). Allerdings handhabt die jüngere Rechtsprechung den Anwendungsbereich des § 42 AO für den Fall der Bestellung eines Zuwendungsnießbrauchs zugunsten eines nahen Angehörigen eher restriktiv. So soll es nach aktueller Rechtsprechung des FG Baden-Württemberg (FG Baden-Württemberg 13.12.2016 – 11 K 2951/15, EFG 2017, 965, rkr.) den Eltern freistehen, zu entscheiden, ob sie zum Zwecke der Gewährung von Unterhalt dem Kind **Barmittel überlassen oder ob sie ihm – auch befristet – die Einkunftsquelle selbst übertragen.** Wenn sie sich aus steuerlichen Gründen für Letzteres entscheiden, führt allein dies nicht dazu, dass die zugrunde liegende rechtliche Gestaltung als unangemessen iSd § 42 AO anzusehen wäre. Die Verlagerung von Einkünften aus einem Wirtschaftsgut an Familienangehörige mit geringerem Steuersatz widerspricht nicht den Wertungen des Gesetzgebers. Voraussetzung für die steuerliche Anerkennung ist, dass die zugrundeliegende Vereinbarung zivilrechtlich gültig ist und in ihrer Gestaltung und Durchführung dem unter Fremden Üblichen entspricht (BFH 10.10.2000 – IX R 11/97, BFH/NV 2001, 586).

415.1 Es ist gestaltungsmissbräuchlich iSd § 42 AO, wenn Eltern ihrem Kind einen befristeten Nießbrauch an einem Grundstück einrichten und anschließend das Kind den Grundbesitz an die Eltern zurückvermietet (BFH 18.10.1990 – IV R 36/90, BStBl. II 1991, 205; BMF 30.9.2013, BStBl. I 2013, 1184 Rn. 17).

415.2 Ein Rechtsmissbrauch liegt nicht vor, wenn ein Nießbrauch lediglich zur Sicherheit eines Pacht- oder Mietverhältnisses vereinbart wird (Sicherungsnießbrauch) und nicht tatsächlich ausgeübt wird. Der Eigentümer erzielt dann aus dem Miet-oder Pachtverhältnis Einkünfte aus § 21.

416–418 *Einstweilen frei*

419 **cc) Differenzierung zwischen verschiedenen Nießbrauchsarten.** Steuerrechtlich werden **verschiedene Varianten des Nießbrauchs** differenziert. Neben den typischen steuerrechtlichen Konstellationen des Zuwendungs- und Vorbehaltsnießbrauchs gibt es va einen Quotennießbrauch und einen Bruchteilsnießbrauch als Sonderformen.

420 Beim **Zuwendungsnießbrauch** bestellt der Eigentümer einem Dritten den Nießbrauch, wobei das Eigentumsrecht des bisherigen Eigentümers unberührt bleibt. Das Grundstück wird sodann vom Nießbraucher anstelle des Eigentümers für Vermietungs- und Verpachtungszwecke genutzt. Zu den steuerlichen Folgen, → Rn. 425 ff.

Nach der Rechtsprechung ist ein Zuwendungsnießbrauch nicht gegeben, wenn der Erbe eine **Erbschaft ausschlägt,** mit der Maßgabe, dass der an seine Stelle tretende Erbe ihm ein Nießbrauchsrecht einräumt (BFH 4.6.1996 – IX R 59/94, BStBl. II 1998, 431; Bordewin/Brandt/*Gänger* § 21 Rn. 45). **420.1**

Andere steuerliche Folgen ergeben sich beim Vorbehaltsnießbrauch. Beim **Vorbehaltsnießbrauch** geht hingegen das Eigentum auf einen Dritten über. Der bisherige Eigentümer behält sich jedoch gleichzeitig das Nießbrauchsrecht vor. Er wird als dinglich berechtigter Nießbraucher im Grundbuch eingetragen. Der frühere Eigentümer nutzt das Grundstück aufgrund seines vorbehaltenen Nießbrauchs. Richtungsweisend war die Entscheidung des 8. Senats vom 28.7.1981 (BFH 28.7.1981 – VIII R 124/76, BStBl. II 1982, 378). Sie betraf die Rechtsfrage, ob bei einer Grundstücksübertragung mit Nießbrauchsvorbehalt in dem Nießbrauchsvorbehalt eine Gegenleistung für die Grundstücksübertragung zu sehen ist. Dies verneinte der BFH: Der Wert des übertragenen Grundstücks werde durch den Nießbrauchsvorbehalt gemindert (stRspr, zB BFH 31.5.2000 – IX R 50,51/97, BStBl. II 2001, 594). Zu den steuerlichen Folgen, → Rn. 453 ff. **421**

Ein **Quotennießbrauch** liegt vor, wenn dem Nießbraucher ein bestimmter Anteil an den Einkünften des belasteten Grundstücks – dh eine Quote – zusteht. Ein **Bruchteilsnießbrauch** betrifft den Bruchteil des Grundstücks, an welchem ein Nießbrauch eingeräumt wird. Eine klare Zuordnung ist aufgrund der unterschiedlichen Rechtsfolgen für Nießbraucher und Nießbrauchsbesteller, va beim Werbungskostenabzug und der AfA, erforderlich. **422**

Beim **Bruchteilsnießbrauch** gelten die gleichen Regeln wie beim Vollnießbrauch. Der Eigentümer kann AfA und sonstige Werbungskosten nur insoweit geltend machen, als sie auf den nicht durch Nießbrauch belasteten Anteil entfallen Bordewin/Brandt/*Gänger* § 21 Rn. 79). **422.1**

Dies gilt auch für den **Quotennießbrauch,** bei welchem der Eigentümer AfA und sonstige Werbungskosten im Zusammenhang mit dem Grundstück nur entsprechend der vereinbarten Quote geltend machen kann (Bordewin/Brandt/*Gänger* § 21 Rn. 80) **422.2**

Ein Unterfall des Vorbehaltsnießbrauchs ist ein **Vermächtnisnießbrauch.** Ein Vermächtnisnießbrauch liegt vor, wenn der Nießbrauch aufgrund eines testamentarischen Vermächtnisses des Erblassers für den Vermächtnisnehmer bestellt wird (§§ 2147 ff. BGB). **423**

Beispiel: Erblasser E setzt seinen Sohn S zum Erben ein. Dem Hausmeister H vermacht er den Nießbrauch an einem zum Nachlass gehörenden Grundstück. Aufgrund des Vermächtnisses ist S nach Eintritt des Erbfalles verpflichtet, dem H den Nießbrauch an dem Grundstück zu bestellen. **423.1**

Bei der Frage, wem die volle Besitz- und Verwertungsbefugnis zusteht, ist zu differenzieren zwischen **Zuwendungs- und Vorbehaltsnießbrauch** und weiter zwischen einer **entgeltlichen und unentgeltlichen** Zuwendung. Es ergeben sich folgende Fallgruppen: **424**

(1) Entgeltlich bestellter Zuwendungsnießbrauch. Ein entgeltlich bestellter Zuwendungsnießbrauch liegt vor, wenn der Wert der Nutzungsüberlassung und die Gegenleistung **nach wirtschaftlichen Gesichtspunkten abgewogen** wurden. Der Wert der Nutzungsüberlassung bemisst sich nach dem kapitalisierten Wert des Nutzungsrechts. **425**

Bei einer entgeltlichen Nießbrauchsbestellung **zu Gunsten eines Fremden** wird grundsätzlich davon ausgegangen, dass das vereinbarte Entgelt eine angemessene Gegenleistung für die Nutzungsüberlassung ist. Dies gilt nur dann nicht, wenn ein krasses Missverhältnis zwischen Leistung und Gegenleistung besteht (BMF 30.9.2013, BStBl. I 2013, 1184 Rn. 10). Ein **vollentgeltliches** Nießbrauchsverhältnis ist in **entsprechender Anwendung des § 21 Abs. 2** anzunehmen, wenn das vereinbarte Nutzungsentgelt mindestens 66 Prozent der marktüblichen Miete beträgt. **426**

Bei einem **teilentgeltlichen** Nießbrauch (dh einem vereinbarten Entgelt unter 66 Prozent der marktüblichen Miete) ist in einen entgeltlichen und einen unentgeltlichen Teil aufzuspalten. Dabei berechnen sich der entgeltliche und der unentgeltliche Teil des Nießbrauchs nach dem Verhältnis des Entgelts zu dem Kapitalwert des Nießbrauchs. **426.1**

Bei einer Nießbrauchsbestellung **zwischen Angehörigen oder nahe stehenden Personen** ist nicht davon auszugehen, dass die gegensätzlichen Leistungen in einem ausgewogenen **427**

Verhältnis sind. Allerdings ist auch hier in **entsprechender Anwendung des § 21 Abs. 2** von einem vollentgeltlichen Zuwendungsnießbrauch auszugehen sein, wenn das vereinbarte Nutzungsentgelt mindestens 66 Prozent der marktüblichen Miete beträgt.

428 Der **Eigentümer** erzielt bei einem entgeltlich bestellten Zuwendungsnießbrauch Einkünfte aus § 21 Abs. 1 S. 1 Nr. 1 und kann AfA von den Anschaffungskosten/Herstellungskosten, ggf. auch Sonder-AfA, vornehmen sowie sonstige Aufwendungen als Werbungskosten geltend machen.

429 **Werbungskosten** sind beim Eigentümer abzugsfähig, wenn dieser sie getragen hat und sie im Zusammenhang mit dem Vermietungs- und Verpachtungsobjekt stehen. Nur aus privaten Gründen getragene Aufwendungen des Eigentümers können im Rahmen von § 21 keine Berücksichtigung finden.

429.1 Bei **teilentgeltlichem Zuwendungsnießbrauch** ist die AfA entsprechend zu kürzen (BMF 30.9.2013, BStBl. I 2013, 1184 Rn. 31). Ebenso muss ggf. ein Werbungskostenabzug anteilig gekürt werden (BMF 30.9.2013, BStBl. I 2013, 1184 Rn. 31 und Rn. 12).

430 **Einnahmen** werden grundsätzlich im Jahr des **Zuflusses** erfasst. Bei Vorauszahlung des Entgelts für den Nießbrauch für mehr als fünf Jahre können die Einnahmen auf den Zeitraum verteilt werden, für den die Zahlung erfolgt (BMF 30.9.2013, BStBl. I 2013, 1184 Rn. 28).

430.1 Oftmals wird in der Praxis ein **Einmalbetrag** zu Beginn des Nießbrauchs vereinbart, dieser kann dann nach der Finanzverwaltung **auf 5 Jahre verteilt** werden (BMF 30.9.2013, BStBl. I 2013, 1184 Rn. 28), um unbillige Härten zu vermeiden.

431 Maßgeblich für den **Werbungskostenabzug** ist das Jahr des **Abflusses** entsprechender Zahlungen.

432 Sollte der Eigentümer im Nachhinein vom Nießbraucher **Ersatz bzw. Erstattung** derartiger Zahlungen erhalten, handelt es sich um Einnahmen des Eigentümers, die im Veranlagungszeitraum des Zuflusses zu erfassen sind (Lademann EStG/*Claßen* § 21 Rn. 101).

432.1 Haben der Eigentümer und der Nießbraucher über die Tragung der Kosten keine **besonderen Abreden** getroffen, gelten die Grundsätze des bürgerlichen Rechts (§§ 1041 ff. BGB). Danach ist der Nießbraucher verpflichtet, insbesondere gewöhnliche Erhaltungsaufwendungen iSd § 1041 BGB, Versicherungsaufwendungen gemäß § 1045 BGB sowie öffentliche und private Lasten gemäß § 1047 BGB zu tragen.

433 Bei einem entgeltlich bestellten Zuwendungsnießbrauch führt die Zahlung einer **Ablösung** beim Eigentümer zu negativen Einnahmen aus Vermietung und Verpachtung; beim Nießbraucher sind Ablösezahlungen der privaten Vermögensebene zuzuordnen (BMF 30.9.2013, BStBl. I 2013, 1184 Rn. 63 f.; Lademann EStG/*Claßen* § 21 Rn. 127).

434 Der **Nießbrauchsberechtigte (Nießbraucher)** erzielt gegebenenfalls, aber nicht zwingend, Einkünfte aus der Verwendung des Wirtschaftsgutes. Ist dies der Fall, sind dies regelmäßig ebenfalls Einkünfte aus Vermietung und Verpachtung.

434.1 Erzielt der Nießbraucher Einnahmen aus der Vermietung oder Verpachtung, kommt es für die steuerliche Anerkennung des Nießbrauchsverhältnisses darauf an, ob er die **volle Besitz- und Verwertungsbefugnis** hat. Er muss das Grundstück in Besitz haben und es verwalten.

434.2 Der Nießbraucher kann das Grundstück aber auch zu eigenen Zwecken nutzen oder für seinen Betrieb verwenden, dh keine Einkünfte aus Vermietung und Verpachtung erzielen (Lademann EStG/*Claßen* § 21 Rn. 96).

435 Im Falle einer Vermietungstätigkeit kann der Nießbraucher **Zahlungen an den Eigentümer** einkünftemindernd berücksichtigen.

435.1 Eine **Einmalzahlung** an den Eigentümer kann als Werbungskosten Berücksichtigung finden. Sofern es sich um eine Vorauszahlung für einen Zeitraum von mehr als fünf Jahren handelt, ist § 11 Abs. 2 S. 3 anzuwenden. Danach ist die Zahlung gleichmäßig auf den Zeitraum zu verteilen, für den sie geleistet wird (BMF 30.9.2013, BStBl. I 2013, 1184 Rn. 26).

436 Der Nießbrauchsberechtigte erzielt auch dann Einnahmen aus Vermietung und Verpachtung, wenn sich der Nießbrauchsbesteller verpflichtet, die dem Berechtigten gemäß §§ 1041, 1045, 1047 BGB obliegenden Kosten und Lasten zu tragen **(Bruttonießbrauch).** Dann

kann aber weder der Eigentümer (mangels Einnahmen) noch der Nießbraucher (mangels Aufwendungen) Werbungskosten geltend machen (Kirchhof/*Mellinghoff* § 21 Rn. 36).

Trägt im Falle eines Bruttonießbrauchs das nießbrauchsberechtigte Kind Aufwendungen, die eigentlich der Nießbrauchsbesteller zu tragen hätte, handelt es sich um einen unter § 12 fallenden – nicht abzugsfähigen – Aufwand des nießbrauchsberechtigten Kindes (BFH 8.12.1982 – VIII R 53/82, BStBl. II 1983, 710; BFH 14.11.1989 – IX R 110/85, BStBl. II 1990, 462). **436.1**

Bei einem entgeltlich bestellten Nießbrauch kann der Nießbrauchsberechtigte **AfA** (§ 7 Abs. 1) auf die Anschaffungskosten des Nießbrauchsrechts vornehmen. **437**

Ein **teilentgeltlich** bestelltes Nießbrauchsrecht ist in einen entgeltlichen und einen unentgeltlichen Teil aufzuteilen. Die jeweiligen Teile berechnen sich nach dem Verhältnis des Entgelts zum Kapitalwert des Nießbrauchs (BMF 30.9.2013, BStBl. I 2013, 1184 Rn. 12). **438**

Nach der Bestellung des Nießbrauchs müssen grundsätzlich **neue Mietverträge** durch den Nießbraucher abgeschlossen werden. Der Eintritt in bestehende Mietverträge ist anzuzeigen (BFH 26.4.1983 – VIII R 205/80, BStBl. II 1983, 502). Da bei einer Wohnraummiete der dinglich Nutzungsberechtigte (Nießbraucher) kraft Gesetzes in einen bestehenden Mietvertrag eintritt (§ 567 BGB iVm § 566 BGB), bedarf es eines rechtsgeschäftlichen Übergangs der Vermieterstellung nicht (BFH 19.11.2003 – IX R 54/00, BFH/NV 2004, 1079). **439**

Einstweilen frei **440–442**

(2) Unentgeltlich bestellter Zuwendungsnießbrauch. Häufig wird **zwischen Eltern und minderjährigen Kindern** unentgeltlich ein Nießbrauchsrecht eingeräumt. In diesem Fall erzielt allein der Nießbrauchsberechtigte Einkünfte aus § 21 Abs. 1 S. 1 Nr. 1. Eine freie Widerruflichkeit des Nießbrauchs steht der Einkünftezurechnung an den Nießbraucher nicht entgegen. Dem Eigentümer sind keine Einkünfte aus dem Grundstück zuzurechnen. **443**

Aus steuerlicher Sicht ist diese Art des Zuwendungsnießbrauchs nicht ratsam, weil die **AfA** weder für den Eigentümer des Wirtschaftsguts (mangels Einkünfteerzielung) noch für den Nießbraucher (mangels Tragung der Anschaffungs- und Herstellungskosten) möglich ist (zu Ausnahmen → Rn. 447). **443.1**

Voraussetzung für die Anerkennung eines unentgeltlich bestellten Nießbrauchs zwischen Angehörigen ist **Formwirksamkeit.** Fehlt es daran, werden die Einkünfte weiterhin dem übertragenden Angehörigen zugerechnet (BFH 13.5.1980 – VIII R 25/79, BStBl. II 1981, 297). Außerdem sind die Grenzen des Gestaltungsmissbrauchs zu beachten. **444**

In der Rechtsprechung wurde ein **Gestaltungsmissbrauch** gemäß § 42 AO angenommen für den Fall, dass Eltern ihrem Kind unentgeltlich einen Nießbrauch an einem Grundstück einräumen und das Kind anschließend das Grundstück an die Eltern vermietet (BFH 18.10.1990 – IV R 36/90, BStBl. II 1991, 205; BMF 30.9.2013, BStBl. I 2013, 1184 Rn. 17). **444.1**

Zur nunmehr weniger restriktiven Handhabung des § 42 AO für Konstellationen, in denen Eltern ihren Kindern ein Grundstück übertragen und es sodann zurückmieten → Rn. 415 ff. **444.2**

Beim unentgeltlich bestellten Nießbrauch erzielt der **Eigentümer** aus dem Grundstück keine Einnahmen. Daher entfällt für diesen auch die Möglichkeit eines Werbungskostenabzugs, einschließlich AfA. Allenfalls kann sich noch die Frage der Abzugsmöglichkeit vorweggenommener Werbungskosten stellen (dazu *Sterzinger* EStB 2019, 146). Dies ist va dann denkbar, wenn der Eigentümer Erhaltungsaufwand trägt, der nach absehbarer Beendigung des Nießbrauchs der weiteren Nutzung der Immobilie durch den Eigentümer zur Erzielung von Einkünften aus Vermietung und Verpachtung dient (BFH 25.2.2009 – IX R 3/07, BFH/NV 2009, 1251; *Meyer* FR 1981, 424). **445**

Beim **Nießbraucher** liegen bei steuerlicher Anerkennung des Nießbrauchsverhältnisses Einnahmen aus § 21 Abs. 1 S. 1 Nr. 1 vor. Dies gilt grundsätzlich sogar dann, wenn der Nießbrauchsberechtigte das Grundstück an den Eigentümer vermietet (BFH 22.1.1985 – IX R 4/79, BFH/NV 1986, 149). **446**

Übertragen Eltern ihrem Kind ein Grundstück unter Nießbrauchsvorbehalt und vermieten sie dann das Grundstück an das Kind auf der Basis des vorbehaltenen Nießbrauchsrechts, ist die Vertragsgestaltung anzuerkennen (BFH 5.7.1990 – GrS 4-6/89, BStBl. II 1990, 847 (852). Es liegt kein Gestaltungsmissbrauch iSv § 42 AO vor. Die Verpflichtung zur Mietpreisentrichtung darf aber nicht den Charakter einer Versorgungsabrede haben. **446.1**

447 Der Nießbrauchsberechtigte kann grundsätzlich **keine AfA** geltend machen (BFH 24.4.1990 – IX R 9/86, BStBl. II 1990, 888; BFH 28.7.1982 – VIII R 141/77, BStBl. II 1982, 454; BFH 22.1.1985 – IX R 4/79, BFH/NV 1986, 149). Nur für Anlagen und Einrichtungen, die der Nießbrauchsberechtigte selbst eingebaut/errichtet hat (sog. **Scheinbestandteile** gemäß § 95 BGB) kann AfA geltend gemacht werden (BFH 23.10.1984 – IX R 48/80, BStBl. II 1985, 453). Dies gilt erst recht, wenn der Nießbraucher auf dem Grundstück des Nießbrauchbestellers (Eigentümers) **ein Gebäude errichtet** und damit Herstellungskosten getragen hat (Lademann EStG/*Claßen* § 21 Rn. 119; BFH 15.3.1990 – IV R 30/88, BStBl. II 1990, 623).

448 Sonstige **Werbungskosten** können vom Nießbraucher geltend gemacht werden, soweit dieser sie getragen hat (BMF 30.9.2013, BStBl. I 2013, 1184 Rn. 21) und er dazu vertraglich oder gesetzlich verpflichtet war. Die gesetzliche Regelung über die Lastenverteilung kann vertraglich modifiziert werden, vorausgesetzt wird jedoch eine hinreichend klare und ernsthafte Vereinbarung zwischen den Vertragsparteien. Zwischen Angehörigen müssen die besonderen Voraussetzungen über Angehörigen-Verträge (→ Rn. 478 ff.) beachtet werden.

448.1 Liegt der Kosten- und Lastentragung hinsichtlich der Werbungskosten eine vertragliche Vereinbarung zugrunde, muss diese steuerlich anerkannt werden. Eine steuerlich nicht anzuerkennende Zuwendung gemäß **§ 12 Nr. 2** liegt vor, wenn der Nießbraucher ohne vertragliche Verpflichtung über die gesetzliche Lastenverteilung hinaus Aufwendungen getragen hat und zudem feststeht, dass ein Ersatzanspruch nicht geltend gemacht wird (BFH 8.12.1982 – VIII R 53/82, BStBl. II 1983, 710; BFH 14.11.1989 – IX R 110/85, BStBl. II 1990, 462).

449 Zahlungen zur **Ablösung** eines **unentgeltlich** bestellten Zuwendungsnießbrauchs sind Zuwendungen nach § 12 Nr. 2 und damit steuerlich neutral (BMF 30.9.2013, BStBl. I 2013, 1184 Rn. 61), ebenso auch auf Seiten des Zuwendungsempfängers.

450–452 *Einstweilen frei*

453 **(3) Vorbehaltsnießbrauch.** Bei einem Vorbehaltsnießbrauch überträgt ein Eigentümer das Eigentum an einem Grundstück auf einen Dritten, wobei er sich gleichzeitig den Nießbrauch vorbehält. Er wird als Nießbrauchsberechtigter in das Grundbuch eingetragen. Der in der Praxis sehr häufig unter **Angehörigen** vorkommende Vorbehaltsnießbrauch erfolgt **unentgeltlich.** Die Bestellung eines Nießbrauchs ist keine Gegenleistung, sondern mindert den Wert des übertragenen Eigentums an der Immobilie (→ Rn. 421; BFH 28.7.1981 – VIII R 124/76, BStBl. II 1982, 378; Lademann EStG/*Claßen* § 21 Rn. 129).

453.1 Die Bestellung des Vorbehaltsnießbrauchs ist immer unentgeltlich, unabhängig davon, ob die Grundstücksübertragung entgeltlich oder unentgeltlich erfolgt (Bordewin/Brandt/*Gänger* § 21 Rn. 67).

454 Wenn sich der frühere Eigentümer eines Wirtschaftsgutes bei dessen unentgeltlicher Übertragung den Nießbrauch vorbehalten hat, erzielt er nunmehr als **Nießbrauchsberechtigter** weiterhin Einkünfte aus § 21 Abs. 1 S. 1 Nr. 1. Er ist weiterhin wirtschaftlicher Eigentümer iSd § 39 AO.

455 **AfA** auf die vom früheren Eigentümer getragenen Anschaffungs- und Herstellungskosten bleibt für den nunmehr Nießbrauchsberechtigten uneingeschränkt möglich (BFH 28.7.1981 – VIII R 35/79, BStBl. II 1982, 180; BFH 27.7.1982 – VIII R 176/80, BStBl. II 1983, 6; BFH 24.9.1985 – IX R 62/83, BStBl. II 1986, 12); ebenso **Sonder-AfA** (BFH 7.12.1982 – VIII R 153/81, BStBl. II 1983, 627). Die ursprünglichen Anschaffungs- und Herstellungskosten bleiben Bemessungsgrundlage für die AfA. Irrelevant ist der Wert des Nutzungsrechts.

455.1 Wird der Nießbrauch nicht nur dem bisherigen Alleineigentümer, sondern auch dessen **Ehegatten** vorbehalten, kann der bisherige Alleineigentümer die AfA auf die gesamten Anschaffungs- und Herstellungskosten des Gebäudes geltend machen (BFH 24.9.1985 – IX R 62/83, BStBl. II 1986, 12; Lademann EStG/*Claßen* § 21 Rn. 137).

455.2 Im Falle von Miteigentum der Ehegatten vor Einräumung des Vorbehaltsnießbrauchs stehen auch nach dem Tod des einen Ehegatten dem verbleibenden Ehegatten weiterhin die volle AfA zu (FG Düsseldorf 19.7.1990 – 11 K 488/87 E, EFG 1991, 73; BFH 16.11.1993 – IX R 103/90, BFH/NV 1994, 539).

Hat der Vorbehaltsnießbraucher wegen unentgeltlichen Erwerbs keine eigenen Anschaffungs- oder Herstellungskosten getragen, sondern **gemäß § 11d EStDV die Werte seines Rechtsvorgängers weitergeführt,** gilt dies auch weiter für die Zeit des Vorbehaltsnießbrauchs (BFH 8.12.1982 – VIII R 87/81, BeckRS 1982, 05489). Die Bemessungsgrundlage für die AfA ist um die Abschreibungen zu kürzen, die der Rechtsvorgänger bereits vorgenommen hat. **456**

Aufwendungen für die **Ablösung** eines Vorbehaltsnießbrauchs sind (nachträgliche Anschaffungskosten für das Grundstück (Bordewin/Brandt/*Gänger* § 21 Rn. 77; KSM/*Drüen* § 21 Rn. B 21; *Meyer/Ball* DStR 2011, 1211; BFH 15.12.1992 – IX R 323/87, BStBl. II 1993, 488; → Rn. 891). Mit der Ablösung erhält der Eigentümer die volle wirtschaftliche Verfügungsmacht, unabhängig davon, ob die Ablösung in Form von einer Einmalzahlung oder von wiederkehrenden Leistungen erfolgt. **457**

Handelt es sich bei der Ablösung um **wiederkehrende Leistungen,** ist zu differenzieren, ob es sich um eine Vermögensübergabe gegen Versorgungsleistungen zur Vorwegnahme einer Erbfolge oder um ein Veräußerungsgeschäft handelt (Bordewin/Brandt/*Gänger* § 21 Rn. 77). Versorgungsleistungen wären als dauernde Lasten beim Verpflichteten nach § 10 Abs. 1 Nr. 1a in vollem Umfang als Sonderausgaben abziehbar und beim Berechtigten als wiederkehrende Bezüge gem. § 22 Nr. 1 S. 1 steuerlich zu erfassen. **457.1**

Im Falle eines **Veräußerungsgeschäfts** wären die wiederkehrenden Bezüge beim Berechtigten nur mit ihrem Zinsanteil zu berücksichtigen (BFH 25.11.1992 – X R 34/89, BStBl. II 1996, 663; Bordewin/Brandt/*Gänger* § 21 Rn. 77). In Höhe des Barwerts der wiederkehrenden Zahlungen liegen auf Seiten des Verpflichteten Anschaffungskosten für das Grundstück vor. Letztere können im Wege der AfA (→ Rn. 920 ff.) steuerliche Berücksichtigung finden. In Höhe des Zinsanteils kann ein Werbungskostenabzug vorgenommen werden (BFH 25.11.1992 – X R 34/89, BStBl. II 1996, 663). **457.2**

Übersteigt die Einmalzahlung bzw. der Barwert der wiederkehrenden Leistungen den Wert des übertragenen Vermögens, ist in Höhe des übersteigenden Anteils eine Zuwendung gemäß § 12 Nr. 2 anzunehmen. **457.3**

Der neue Eigentümer erzielt während des fortbestehenden Nießbrauchs keine Einkünfte. Allenfalls könnten **vorabentstandene Werbungskosten** geltend gemacht werden, wenn diese im Hinblick auf die künftige Nutzung des Wirtschaftsguts getragen wurden (BFH 25.2.2009 – IX R 3/07, BFH/NV 2009, 1251) und das Ende des Nießbrauchs absehbar ist (BFH 14.11.2007 – IX R 51/06, ZMR 2008, 982). **458**

Einstweilen frei **459–461**

(4) Vermächtnisnießbrauch. Der Vermächtnisnießbrauch ist ein **Unterfall des Vorbehaltsnießbrauchs.** Nach der Finanzverwaltung gelten die Regelungen für den Vorbehaltsnießbrauch entsprechend. **462**

Dem Nießbrauchsberechtigten steht **keine AfA** aufgrund von Anschaffungs- oder Herstellungskosten des Erblassers zu. **463**

Aufwendungen zur **Ablösung** eines zugewendeten **Vermächtnisnießbrauchs** sind nachträgliche Anschaffungskosten des Grundstückseigentümers (nach Erbfolge) (BMF 30.9.2013, BStBl. I 2013, 1184 Rn. 65; KSM/*Drüen* § 21 Rn. B 23). **464**

Einstweilen frei **465–467**

g) Besonderheiten bei schuldrechtlichen Nutzungsrechten. Die **schuldrechtliche** Einräumung von Nutzungsrechten kann im Hinblick auf die steuerliche Zurechnung von Einkünften entsprechende Folgen wie der Nießbrauch auslösen (BMF 30.9.2013, BStBl. I 2013, 1184 Rn. 6 ff.). **468**

Da § 567 BGB bei der Einräumung eines schuldrechtlichen Nutzungsrechts allerdings nicht anwendbar ist, ist für den Eintritt in die Stellung des Vermieters des schuldrechtlich Nutzungsberechtigten eine **rechtsgeschäftliche Vertragsübernahme** erforderlich (Blümich/*Heuermann* § 21 Rn. 97). Es bedarf der Mitwirkung des Mieters (BFH 26.4.2006 – IX R 22/04, BFH/NV 2006, 2046; BMF 30.9.2013, BStBl. I 2013, 1184 Rn. 36). Insoweit unterscheidet sich das schuldrechtliche Nutzungsrecht vom Nießbrauch; bei letzterem ist die Vertragsübernahme gesetzlich zwingend. **469**

Nicht ausreichend ist, wenn der Mieter lediglich die Miete auf ein Konto des Nutzungsberechtigten überweist (BFH 26.4.2006 – IX R 22/04, BFH/NV 2006, 2046). **469.1**

470–472 *Einstweilen frei*

473 **h) Zwangsvollstreckung und Testamentsvollstreckung.** Im Falle einer Zwangsverwaltung oder Testamentsvollstreckung sind die Einkünfte dem **Eigentümer (Vollstreckungsschuldner),** nicht dem Zwangsverwalter **zuzurechnen** (BFH 17.12.2008 – IX R 11/08, BFH/NV 2009, 1100; BFH 16.4.2002 – IX R 53/98, BFH/NV 2002, 1152). Dies gilt auch, wenn die Einnahmen vom Zwangsverwalter an den Gläubiger ausgekehrt werden (BFH 17.12.2008 – IX R 11/08, BFH/NV 2009, 1100; BFH 16.4.2002 – IX R 53/98, BFH/NV 2002, 1152).

474 Die abgeführten Beträge sind **Werbungskosten,** wenn sie auf dingliche Rechte gezahlt werden, die Verbindlichkeiten absichern, die in Zusammenhang mit Vermietungs- und Verpachtungs-Einkünften eingegangen wurden (BFH 11.3.2003 – IV R 65-67/01, BFH/NV 2003, 778; BFH 17.12.2008 – IX R 11/08, BFH/NV 2009, 1100; HHR/*Pfirrmann* § 21 Rn. 28).

474.1 **Verfügungsbeschränkungen** im Rahmen der Testamentsvollstreckung ändern nichts an der Zurechnung der Erträge aus vermieteten Grundstücken an die Erben (BFH 5.6.2008 – IV R 76/05, BStBl. II 2008, 858).

475–477 *Einstweilen frei*

4. Mietverträge zwischen nahen Angehörigen

478 Grundsätzlich steht es (nahen) Angehörigen frei, ihre Rechtsverhältnisse untereinander steuerlich möglichst günstig zu gestalten (BFH 29.8.2007 – IX R 17/07, BStBl. II 2008, 502). Dies gilt auch für Vermietungs- und Verpachtungsverhältnisse. Aufgrund eines im Einzelfall jedoch **fehlenden Interessengegensatzes** zwischen Familienangehörigen ist allerdings eine besondere Prüfung erforderlich, um zu klären, ob die Vereinbarung steuerlich anzuerkennen oder der nicht steuerbaren Privatsphäre (§ 12) zuzuordnen ist (Schmidt/*Kulosa* § 21 Rn. 45). Da zwischen nahen Angehörigen erfahrungsgemäß ein **erhöhtes Risiko** besteht, dass zivilrechtliche Gestaltungsmöglichkeiten für steuerliche Zwecke missbraucht werden, hat die Rechtsprechung besondere Kriterien für die Beurteilung dieser entwickelt. Für die **Beweisführung** werden erhöhte Anforderungen gestellt. So werden Verträge zwischen nahen Angehörigen nur anerkannt, wenn sie **zivilrechtlich wirksam** sind, der Vertragsinhalt einem **Fremdvergleich** standhält und der Vertrag tatsächlich – entsprechend der Vereinbarung – **durchgeführt** wird (→ Rn. 497 ff.). In diesem Zusammenhang ist es ohne Bedeutung, ob die Vermietung an Angehörige verbilligt erfolgt. Auch eine verbilligte Vermietung kann einem Fremdvergleich standhalten. Beträgt das Entgelt in diesem Fall allerdings weniger als 66 Prozent der ortsüblichen Marktmiete, so ist die Nutzungsüberlassung nach § 21 Abs. 2 S. 1 in einen entgeltlichen und einen unentgeltlichen Teil aufzuteilen (→ Rn. 1396 ff.).

479 Die von der Rechtsprechung entwickelten – bislang nicht kodifizierten – Voraussetzungen für die steuerliche Anerkennung von Angehörigen-Verträgen dienen einer typisierenden Abgrenzung zwischen der steuerneutralen Privatsphäre (§ 12) und der steuerlich anzuerkennenden Wirtschaftssphäre (§ 21). **Verfassungsrechtlich** bestehen keine Bedenken, für die steuerliche Anerkennung von Angehörigen-Verträgen einen strengeren Prüfungsmaßstab als bei sonstigen Verträgen zu verlangen (BVerfG 7.11.1995 – 2 BvR 802/90, BStBl. II 1996, 34). Mittels Kriterien für die Anerkennung von Angehörigen-Verträgen wird der Gefahr des steuerlichen Missbrauchs der Vertragsgestaltung entgegenwirkt. Wie das BVerfG wiederholt ausgeführt hat, ist es dem Gesetzgeber gestattet, steuerlichem Missbrauch zwischen Angehörigen entgegenzuwirken. Es können daher an den Beweis des Abschlusses und der Ernstlichkeit der Vertragsbeziehung strenge Anforderungen gestellt werden (BVerfGE 6,55 (84); BVerfGE 9, 237 (245); BVerfGE 13, 290 (316); BVerfGE 13, 318 (327); BVerfGE 18, 257 (269)). Dies gilt auch für die Auslegung und Anwendung der Rechtssätze (BVerfGE 13, 318 (329)).

479.1 So kann beispielsweise bei einem Leistungsaustausch zwischen Ehegatten die innere Tatsache, ob eine betriebliche Veranlassung oder eine familiäre Beziehung zugrunde liegt, nicht zweifelsfrei festgestellt werden. Es ist daher gerechtfertigt, äußerliche Merkmale **als Indizien** heranzuziehen (BVerfG 7.11.1995 – 2 BvR 802/90, BStBl. II 1996, 34). Es ist Sache der Beteiligten, äußerlich erkennbar zu machen, ob das Rechtsgeschäft der Privat- oder Wirtschaftssphäre zuzuordnen ist. Sie tragen die Verantwortung für eine klare – beweisbare – Sachlage (KSM/*Drüen* § 21 Rn. B 183).

Allerdings darf einem Beweisanzeichen keine ausschlaggebende Bedeutung beigemessen werden, wenn ein **Sachverhalt nicht beweisbedürftig** ist, sondern aus anderen Quellen mit hinreichender Sicherheit feststeht. 480

Ist ein Vermietungs- und Verpachtungsverhältnis zwischen Angehörigen ernstlich vereinbart, tatsächlich erfüllt und angemessen entgolten, bedarf es keiner weiteren Feststellungen. 481

So ist es beispielsweise rechtsfehlerhaft, ein Rechtsverhältnis zwischen Ehegatten nicht anzuerkennen, weil ein Entgelt auf das Konto des Vermieter-Ehegatten überwiesen wird. Entscheidend ist lediglich, dass der Mieter-Ehegatte über das Konto auch allein verfügen kann. Eine Nichtanerkennung eines solchen Angehörigen-Rechtsverhältnisses aufgrund Auslegung des Rechts wäre objektiv willkürlich und würde zu einer Verletzung des Art. 3 Abs. 1 GG führen (vgl. für Angehörigen-Arbeitsverhältnisse: BVerfG 7.11.1995 – 2 BvR 802/90, BStBl. II 1996, 34). 481.1

Wird ein Vertrag zwischen Angehörigen nicht anerkannt, weil die Voraussetzungen für Angehörigen-Verträge nicht erfüllt sind, können in Zusammenhang stehende Aufwendungen (Werbungskosten, Betriebsausgaben, AfA etc.) nicht steuerlich geltend gemacht werden, sondern sind **Privataufwendungen.** 482

Einstweilen frei 483–485

a) Nahe Angehörige. Angehörigen-Verträge sind Verträge, insbesondere mit Ehegatten, Lebenspartnern, Eltern, Kindern, Großeltern oder Enkelkindern (Kirchhof/*Mellinghoff* § 21 Rn. 19). Ehegatten gelten auch dann als nahe Angehörige, wenn sie **getrennt leben** (BFH 1.12.2004 – X R 4/03, BFH/NV 2005, 549; offen jedoch bislang für geschiedene Ehegatten, BFH 16.1.1996 – IX R 13/92, BStBl. II 1996, 214). Entscheidend ist ein **Näheverhältnis,** das einen Interessengegensatz typischerweise ausschließt. Bestehen Unterhalts- oder Erbansprüche, handelt es sich um ein gesetzlich institutionalisiertes Näheverhältnis. Maßgeblich sind im Übrigen die **Umstände des Einzelfalls** (BFH 25.5.2012 – IX B 20/12, BFH/NV 2012, 1308; Blümich/*Heuermann* § 21 Rn. 126). Es ist jeweils zu beurteilen, ob eine **persönliche oder wirtschaftliche Rechtsgemeinschaft** besteht (BFH 14.4.1988 – IV R 225/85, BStBl. II 1988, 670). 486

Auch **Schwiegereltern und Schwiegerkinder** stehen regelmäßig in einem Näheverhältnis, das einen Interessengegensatz typischerweise ausschließt (BFH 31.10.1989 – VIII R 293/84, BFH/NV 1990, 759). Ebenso wurden **Geschwister** (BFH 29.7.1997 – IX R 89/94, BStBl. II 1997, 772) und **Verschwägerte** (BFH 7.5.1996 – IX R 69/94, BStBl. II 1997, 196) als in einem Näheverhältnis stehend angesehen. Entsprechendes dürfte auch für Rechtsgeschäfte mit **Onkeln, Tanten, Neffen und Nichten** gelten. 487

Neben dem Begriff der nahen Angehörigen verwendet die jüngere Rechtsprechung auch den Begriff der **„nahestehenden Personen"** (zB BFH 22.1.2013 – IX R 70/10, BFH/NV 2013, 1067 Rn. 16). Diese sprachliche Erweiterung trägt der Tatsache Rechnung, dass ein erhöhtes Risiko nicht nur bei den durch Art. 6 GG geschützten Personen besteht (Schmidt/*Kulosa* § 21 Rn. 46). Entscheidend ist, ob ein den **Gleichklang wirtschaftlicher Interessen** indizierendes Näheverhältnis angenommen werden kann (BFH 20.1.2003 – IX B 94/02, BFH/NV 2003, 617). 488

Bei **Verlobten** wurde ein Näheverhältnis nach früherer Rechtsprechung nicht bejaht (17.1.1985 – IV R 149/84, BFH/NV 1986, 148). Richtig ist es jedoch, auch hier nach den Umständen des Einzelfalls festzustellen, ob ein tatsächliches Näheverhältnis gegeben ist. Dies dürfte in der Regel der Fall sein. 489

Zwischen **Lebensgefährten besteht ein Näheverhältnis** (FG München 9.7.2015 – 15 K 3325/14, BeckRS 2015, 95620). 490

Nach dem BFH ist das Vermieten einzelner Räume eines Einfamilienhauses an eine Lebensgefährtin nicht anzuerkennen, wenn die Beteiligten das Einfamilienhaus tatsächlich gemeinsam nutzen (BFH 30.1.1996 – IX R 100/93, BStBl. II 1996, 359). In diesem Fall sind die „Mietzahlungen" als **„Ausgleichszahlungen"**, die dem Bereich der Lebensführung zuzurechnen sind, anzusehen (BFH 26.6.1990 – IX R 148/86, BFH/NV 1990, 773; BFH 30.1.1996 – IX R 100/93, BStBl. II 1996, 359). 490.1

Einschränkend sieht dies hingegen die Finanzverwaltung, wonach die für die steuerliche Beurteilung von Verträgen zwischen Ehegatten geltenden Grundsätze nicht auf Verträge zwischen **Partnern einer** 490.2

nichtehelichen Lebensgemeinschaft übertragen werden können, ausgenommen **eingetragene Lebenspartnerschaften** (EStR 21.4).

491 Bei Verträgen zwischen **eingetragenen Lebenspartnern** (*Wenzel* DStR 2009, 2403 (2407)) gelten aufgrund der regelmäßig bestehenden wirtschaftlichen und persönlichen Rechtsgemeinschaft für die steuerrechtliche Anerkennung die Grundsätze der Angehörigen-Verträge (*Wälzholz* DStR 2002, 333 (336); *Wenzel* DStR 2009, 2403 (2407); KSM/*Drüen* § 21 Rn. B 186).

492 Die besonderen Grundsätze zu Angehörigen-Verträgen gelten auch für Verträge zwischen **Gesellschaftern** und einer **Personengesellschaft** (BFH 13.7.1999 – VIII R 29/97, BStBl. II 2000, 386) oder einer **Kapitalgesellschaft** (BFH 22.4.2002 – IX B 186/01, BFH/NV 2002, 1155), die von einem Gesellschafter beherrscht wird. Maßgeblich ist, ob ein Näheverhältnis besteht, das den Gleichgang wirtschaftlicher Interessen indiziert (BFH 20.1.2003 – IX B 94/02, BFH/NV 2003, 617; BFH 25.5.2012 – IX B 20/12, BFH/NV 2012, 1308).

493–496 *Einstweilen frei*

497 **b) Indizielle Kriterien.** Verträge zwischen nahen Angehörigen oder nahestehenden Personen

(1.) müssen zivilrechtlich wirksam sein,
(2.) zudem muss der Vertragsinhalt einem Fremdvergleich standhalten und
(3.) die tatsächliche Durchführung der Vereinbarung entsprechen.

497.1 Ferner muss – wie bei jeder steuerlich anzuerkennenden Vermietungs- und Verpachtungstätigkeit – Einkünfteerzielungsabsicht (→ Rn. 232 ff.) gegeben sein.

498 Die genannten drei besonderen Kriterien für Angehörigen-Verträge haben für die steuerliche Anerkennung **indizielle Bedeutung.** Ausschlaggebend ist eine **Gesamtwürdigung der Umstände des Einzelfalls** (u.U. auch von Tatsachen außerhalb des jeweiligen Veranlagungszeitraums). Defizite in einem Bereich können durch andere Bereiche im Einzelfall ausgeglichen werden (Schmidt/*Kulosa* § 21 Rn. 45; BFH 7.5.1996 – IX R 69/94, BStBl. II 1997, 196).

499–501 *Einstweilen frei*

502 **aa) Zivilrechtliche Wirksamkeit.** Vor allem bei klarer Zivilrechtslage ist ein **Formmangel** ein starkes Indiz gegen die Ernsthaftigkeit der getroffenen Vereinbarung und steht daher der steuerlichen Anerkennung grundsätzlich entgegen (BFH 22.2.2007 – IX R 45/06, BStBl. II 2011, 20; BMF 23.12.2010, BStBl. I 2011, 37 Rn. 2).

502.1 Bei Verträgen zwischen **Nicht-Angehörigen** ist es für die Besteuerung unerheblich, wenn ein Rechtsgeschäft unwirksam ist oder wird und die Beteiligten das wirtschaftliche Ergebnis jedoch gleichwohl eintreten lassen (§ 41 Abs. 1 S. 1 AO).

503 Ist ein **Ergänzungspfleger** zivilrechtlich erforderlich, weil ein minderjähriges Kind beim Vertragsabschluss durch seine Eltern vertreten wird und der andere Vertragsteil ebenfalls ein Elternteil (§ 181 BGB), dessen Ehegatte oder ein Verwandter in gerader Linie ist (§ 1629 Abs. 2 BGB, § 1795 Abs. 1 BGB), ist dieses Formerfordernis auch für die steuerliche Anerkennung des Vertragsabschlusses zu beachten (Schmidt/*Kulosa* § 21 Rn. 47; Kirchhof/*Mellinghoff* § 21 Rn. 19).

503.1 Wird ein – zunächst aufgrund dieses Formmangels **schwebend unwirksamer** – Vertrag nachträglich durch einen Ergänzungspfleger genehmigt, spricht dies für die steuerliche Anerkennung (BFH 7.6.2006 – IX R 4/04, BStBl. II 2007, 294). Die Genehmigung muss allerdings **unverzüglich nach Abschluss des genehmigungsbedürftigen Vertrages** beantragt und in angemessener Frist erteilt werden (BFH 23.4.1992 – IV R 46/91, BStBl. II 1992, 1024).

504 Grundsätzlich ist ein **mündlicher Vertragsabschluss** bei einem Mietvertrag unschädlich, weil Schriftform gesetzlich nicht zwingend ist (BFH 19.10.1999 – IX R 80/97, BFH/NV 2000, 429; BFH 31.7.2007 – IX R 8/07, BFH/NV 2008, 350, zweifelnd: Schmidt/*Kulosa* § 21 Rn. 47). In der Praxis sollte jedoch bei Angehörigen-Verträgen aus Beweisgründen die **Schriftform** gewählt werden (BFH 26.6.2001 – IX R 68/97, BFH/NV 2001, 1551).

505–507 *Einstweilen frei*

bb) Fremdvergleich der Vertragsgestaltung. Ein Vertrag zwischen Angehörigen oder nahestehenden Personen muss einem sog. Fremdvergleich standhalten, dh einem Vertrag unter fremden Dritten entsprechen. Es muss ein **Interessengegensatz** zwischen Vermieter und Mieter bestehen (FG München 9.7.2015 – 15 K 3325/14, BeckRS 2015, 95620). Es müssen vor allem die **Hauptpflichten** der Vertragsparteien, nämlich die Nutzungsüberlassung und das als Gegenleistung dafür zu entrichtende Entgelt klar und eindeutig geregelt werden. Auch die **Fälligkeit** des Miet- oder Pachtzinses und **Nebenpflichten,** wie beispielsweise Schönheitsreparaturen, sind grundsätzlich zu regeln und müssen einem Fremdvergleich standhalten. Maßgeblich ist immer eine **Gesamtbetrachtung aller Umstände** des Einzelfalles (BFH 28.6.2002 – IX R 68/99, BStBl. II 2002, 699). Nicht jede Abweichung des grundsätzlich Üblichen ist für die steuerliche Anerkennung schädlich (FG Hamburg 13.11.2006 – 2 K 322/04, BeckRS 2006, 26022565; Lademann EStG/*Claßen* § 21 Rn. 165). **508**

Auf die **Ortsüblichkeit** des zu entrichtenden Entgelts kommt es im Rahmen des Fremdvergleichs nicht an (BFH 22.7.2003 – IX R 59/02, BStBl. II 2003, 806). **508.1**

Eine Vertragsgestaltung, worin es hieß **„vorbehaltlich der Anerkennung durch das Finanzamt“,** spricht gegen die Anerkennung des Angehörigen-Vertrages, denn ein solcher Vorbehalt hält einem Fremdvergleich nicht stand (BFH 1.8.2012 – IX R 18/11, DStZ 2012, 749). **508.2**

Dass **Nebenkosten nur einmal jährlich** nach Abrechnung, anstelle monatlich im Wege von Vorauszahlungen, zu entrichten sind, stellt nur eine geringfügige Abweichung zu einem Fremdvergleich dar und steht der Anerkennung eines Vertrages zwischen Angehörigen nicht entgegen. Bei der Gesamtbetrachtung kann dies jedoch als Indiz für eine dem Fremdvergleich nicht standhaltende Vereinbarung sprechen (BFH 4.10.2016 – IX R 8/16, BStBl. II 2017, 273). **508.3**

Nebenkosten müssen – wie zwischen fremden Dritten üblich – auf den Mieter übergewälzt werden (BFH 4.10.2016 – IX R 8/16, BStBl. II 2017, 273). Bei einer Gesamtbetrachtung aller Umstände spricht es gegen einen fremdüblichen Vertrag, **wenn Nebenkosten ohne Vorauszahlungen nur einmal jährlich abgerechnet und mit erheblicher Verzögerung beglichen** werden. Mietzahlungen werden regelmäßig – wie § 556b BGB dispositiv vorgibt – monatlich im Voraus geleistet, ebenso Nebenkosten. Ein fremder Vermieter würde sich auf eine nur jährliche Zahlung und die damit verbundene erhebliche Vorleistung seinerseits hinsichtlich der Wohnungsraumüberlassung nicht einlassen. **508.4**

Unüblich ist es, wenn zwingende gesetzliche Vorgaben in der Vertragsgestaltung nicht beachtet werden (BFH 4.10.2016 – IX R 8/16, BStBl. II 2017, 273), zB in einem Mietvertrag eine **Kündigungsfrist für die Mieterin von zwölf Monaten** vereinbart wird. Bei der **Fristenregelung in § 573c BGB** handelt es sich für die Parteien eines Mietvertrages um zwingendes Recht. Gegen einen fremdüblichen Vertrag spricht auch, dass eine Anpassung der Kaltmiete an die Vergleichsmiete jederzeit mit einer Frist von einem Monat möglich ist. Wird eine **Mietsicherheit nach § 566a BGB** trotz der erheblichen Vorleistungen des Vermieters nicht vereinbart, hält das einem Fremdvergleich nicht stand. **508.5**

Unter fremden Dritten ist es üblich, dass sich der Mieter bei Mängeln der Mietsache auf **Minderansprüche** beruft bzw. von einer Nachentrichtung noch offener Beträge absieht (BFH 4.10.2016 – IX R 8/16, BStBl. II 2017, 273). **508.6**

Ein Mietverhältnis hält einem Fremdvergleich nicht stand, wenn es in zahlreichen Punkten von den zwischen fremden Dritten üblichen Vertragsinhalt abweicht. Bei der Gesamtwürdigung aller Umstände muss eine in zeitlichem Zusammenhang mit dem Mietvertrag stehende **Schenkungsabrede** in den Fremdvergleich miteinbezogen werden (BFH 4.10.2016 – IX R 8/16, BStBl. II 2017, 273). Das Vertragsgeflecht hält einem Fremdvergleich nur stand, wenn sich auch ein fremder Mieter auf eine derartige Vertragsgestaltung eingelassen hätte. Ein fremder Mieter würde im Hinblick auf den Abschluss eines Mietvertrages dem Vermieter in zeitlichem Zusammenhang mit der beabsichtigten Nutzung der Immobilie gewöhnlich keinen Geldbetrag unter Widerrufsvorbehalt schenken. Eine entsprechende Kombination aus Mietvertag und Schenkungsversprechen wird typischerweise zwischen Angehörigen vereinbart und ist Ausdruck eines den Gleichklang wirtschaftlicher Interessen indizierenden Näheverhältnisses. Das Vertragsgeflecht dokumentiert die private Veranlassung der gewählten Gestaltung (BFH 1.8.2012 – IX R 18/11, BeckRS 2013, 94452). **508.7**

Wohnen **Partner einer nichtehelichen Lebensgemeinschaft** gemeinsam in einer im Eigentum eines Partners stehenden Wohnung und vermietet dieser Partner die Hälfte der Wohnung an den anderen Partner, so hält ein solches Mietverhältnis dem Fremdvergleich nicht stand (FG Baden-Württemberg 6.6.2019 – 1 K 699/19, BeckRS 2019, 14530; *Elden* NZFam 2019, 841). Bei einem Vertrag unter Fremden würde der Vermieter nicht gemeinsam mit dem Mieter in der Wohnung wohnen. **509**

510 Für eine dem Fremdvergleich standhaltende Vereinbarung kann angeführt werden, dass der Vermieter entsprechende Vereinbarungen – wie in einem Angehörigen-Mietvertrag – auch mit fremden Dritten **in weiteren Mietverträgen** getroffen hat. In diesem Fall indizieren Mängel des Angehörigen-Mietvertrages nicht eine für die steuerliche Anerkennung schädliche private Veranlassung (Lademann EStG/*Claßen* § 21 Rn. 165).

511 Der Vertrag muss **klar und eindeutig vereinbart** werden, va müssen die Nutzungsüberlassung und das dafür zu entrichtende Entgelt (als Hauptpflichten) eindeutig so geregelt sein (BFH 20.10.1997 – IX R 38/97, BStBl. II 1998, 106), wie dies unter fremden Dritten üblich ist. Die Vertragsgestaltung muss erkennen lassen, dass **ernsthafte wirtschaftliche Verpflichtungen der Vertragsparteien gewollt** sind. Die Miete muss endgültig in das Vermögen des Vermieters übergehen (BFH 17.12.2002 – IX R 23/00, BFH/NV 2003, 612). Es muss in diesem Zusammenhang auch ersichtlich sein, ob der vereinbarte Mietpreis Nebenkosten enthält oder nicht (BFH 28.7.2004 – IX B 50/04, BFH/NV 2004, 1531). Das Vermietungs- und Verpachtungs-Objekt muss konkret bezeichnet sein (BFH 6.8.2013 – VIII R 33/11, BFH/NV 2014, 151).

511.1 Ein für die Bejahung des Fremdvergleichs notwendiger Interessengegensatz ist nicht anzunehmen, wenn sich die Höhe des Mietzinses an der **finanziellen Leistungsfähigkeit des Mieters** orientiert. Dem kann nicht entgegengehalten werden, dass mit einem verminderten Mietzins das Mietverhältnis **„gerettet"** und **„Leerstand vermieden"** werden sollte (FG München 9.7.2015 – 15 K 3325/14, BeckRS 2015, 95620).

511.2 Ein Mietverhältnis zwischen Eltern und ihrer unterhaltsberechtigten Tochter ist steuerlich nicht anzuerkennen, wenn der Mietvertrag dem Fremdvergleich nicht standhält, weil **zu keiner Zeit Geld von einem Konto der Tochter auf das der Eltern geflossen** ist, obwohl die Eltern mit ihrer Tochter eine unbare Zahlung der monatlichen Miete vereinbart hatten, und die Überlassung der Wohnung an die Tochter sich deshalb als Gewährung von Naturalunterhalt darstellt (FG Düsseldorf 20.5.2015 – 7 K 1077/14 E, BeckRS 2016, 94082).

512 **Je mehr Unklarheiten** ein Mietvertrag enthält, desto stärker spricht dies gegen eine steuerliche Anerkennung (BFH 28.1.1997 – IX R 23/94, BStBl. II 1997, 655). Wurde beispielsweise keine Abrede über Nebenkosten getroffen (wie dies unter fremden Dritten üblich gewesen wäre), spricht dies noch nicht zwingend gegen eine steuerliche Anerkennung. Dieser Aspekt ist jedoch bei der Gesamtbetrachtung entsprechend zu würdigen (Blümich/*Heuermann* § 21 Rn. 129; BFH 25.7.2000 – IX R 6/97, BFH/NV 2001, 305). War eine Vereinbarung zunächst unklar getroffen, wurde jedoch im Rahmen der praktischen Durchführung hinreichend konkretisiert, steht der anfängliche Mangel einer steuerlichen Anerkennung nicht entgegen (BFH 28.6.2002 – IX R 68/99, BStBl. II 2002, 699).

513 **Barzahlungen** können ein Indiz für einen dem Fremdvergleich nicht standhaltenden Angehörigen-Vertrag sein.

513.1 Ein Mietverhältnis ist nicht anzuerkennen, wenn die Miete zum Teil überhaupt **nicht oder nur unvollständig** überwiesen wird und Barzahlungen nicht nachgewiesen werden können (BFH 20.10.1997 – IX R 38/97, BStBl. II 1998, 106).

513.2 Eine **Barzahlungsvereinbarung** trotz größerer räumlicher Entfernung zwischen dem Vermieter-Wohnort und dem Vermietungs- und Verpachtungs-Objekt sowie die Nichtentrichtung oder nicht näher bestimmte Verrechnung von Nebenkosten sprechen ebenfalls als Indizien gegen eine steuerliche Anerkennung eines Angehörigen-Vertrages (BFH 20.1.2003 – IX B 94/02, BFH/NV 2003, 617).

514 Für den Fremdvergleich kommt es nur auf das konkrete Vermietungs- und Verpachtungsverhältnis an. Unberücksichtigt bleibt also, wenn vor dem Vermietungsverhältnis eine **schenkweise Übertragung** des Vermietungsgegenstandes vom Mieter an den Vermieter erfolgte (BFH 27.3.1987 – III R 175/82, BFH/NV 1988, 21).

515–517 *Einstweilen frei*

518 **cc) Tatsächliche Durchführung entsprechend der Vereinbarung.** Die in einem Mietvertrag zwischen Angehörigen getroffenen Vereinbarungen müssen tatsächlich durchgeführt werden. Vor allem die Nutzungsüberlassung muss **ernstlich gewollt und durchgeführt** werden.

In der Rechtsprechung wurde die Vermietung einer Einliegerwohnung an die im selben Ort wohnenden Eltern des Steuerpflichtigen, die dort dessen Kinder betreuen sollen, wegen **fehlender Ernstlichkeit** nicht anerkannt (BFH 14.1.1992 – IX R 33/89, BStBl. II 1992, 549). 518.1

Ab dem Zeitpunkt des **Auszugs eines Angehörigen in ein Pflegeheim,** wobei nicht mit einer Rückkehr in die Wohnung zu rechnen ist, fehlt es an einer tatsächlichen Durchführung des Mietverhältnisses (FG Berlin-Brandenburg 8.11.2017 – 7 K 7252/15, BeckRS 2017, 133598). Kosten für nach dem Auszug anfallende Renovierungsarbeiten sind nicht abzugsfähig, sofern der Steuerpflichtige nicht nachweist, dass er sich ernsthaft um einen neuen Mieter bemüht (FG Berlin-Brandenburg 8.11.2017 – 7 K 7252/15, BeckRS 2017, 133598). 518.2

Es steht den Vertragsparteien nicht frei, sich **je nach Situation in einem Veranlagungszeitraum** an eine vertragliche Grundlage zu halten oder sich darüber hinwegzusetzen (FG München 9.7.2015 – 15 K 3325/14, BeckRS 2015, 95620). Erfolgt nur eine teilweise Entrichtung des vereinbarten Mietentgelts, setzen sich die Parteien über die Vereinbarung der Hauptpflicht der vollständigen Entgeltzahlung hinweg. Dies ist für die steuerliche Anerkennung schädlich. Wurde eine Überweisung des Mietzinses vereinbart, entspricht eine tatsächlich erfolgte **Barzahlung** nicht der Vereinbarung (BFH 25.5.1993 – IX R 17/90, BStBl. II 1993, 834). Dies gilt auch, wenn eine **Nettomiete** anstelle der vereinbarten Bruttomiete gezahlt wird (BFH 9.11.1993 – IX R 94/90, BFH/NV 1994, 474; BFH 2.2.1994 – IX B 92/93, BFH/NV 1994, 552; FG Brandenburg 8.3.2012 – 9 K 9009/08, EFG 2012, 1819). Wird ein Vertrag auf Lebenszeit abgeschlossen, das zu zahlende Nutzungsentgelt jedoch den jeweiligen **Einkommensverhältnissen des Mieters angepasst,** spricht dies indiziell gegen eine Anerkennung des Angehörigen-Vertrages (BFH 22.3.1994 – IX R 78/92, BFH/NV 1995, 99). 519

Eine vertraglich vereinbarte Nutzungsüberlassung ist ferner nicht gegeben, wenn **andere Räume** als vertraglich vereinbart überlassen werden oder wenn eine tatsächliche **Nutzung zu Wohnzwecken** der überlassenen Wohnung nicht gegeben ist, beispielsweise weil die Wohnung nur sporadisch zu Besuchszwecken genutzt wird (FG Düsseldorf 2.12.1993 – 11 K 2201792 E, EFG 1994, 523). Auch wenn die zur Nutzung überlassene Wohnung anders möbliert ist als vertraglich vereinbart, entspricht die tatsächliche Durchführung nicht der vertraglichen Vereinbarung (BFH 31.3.1992 – IX R 299/87, BFH/NV 1992, 656; BFH 27.6.1995 – IX R 90/93, BFH/NV 1996, 29). 520

Die tatsächliche Durchführung setzt eine regelmäßige – vertragsgemäße – Mietzahlung voraus. Ein Mietverhältnis ist daher beispielsweise nicht anzuerkennen, wenn die **erste Mietzinszahlung erst zehn Monate nach Mietbeginn geleistet** wird (BFH 19.6.1991 – IX R 306/87, BStBl. II 1992, 75) oder das Mietentgelt **regelmäßig verspätet** gezahlt wird (BFH 22.1.2013 – IX R 70/10, BFH/NV 2013, 1067 Rn. 17). Die Parteien können jedoch auch noch nach Vertragsbeginn die Hauptpflichten modifizieren oder geänderten Verhältnissen anpassen (zB durch eine Stundungsvereinbarung). Voraussetzung ist, dass auch die neue Vereinbarung hinreichend klar und deutlich getroffen wird und sodann auch tatsächlich durchgeführt wird. 521

Trägt der Vermieter vor, er habe aufgrund von Zahlungsschwierigkeiten die (teilweise) Nichtzahlung seines Mieters toleriert, ***„um das Mietverhältnis zu retten"***, so ist dies unbeachtlich, wenn nicht gleichzeitig der Mietvertrag angepasst und zB **Stundungsvereinbarungen** getroffen werden ((FG München 9.7.2015 – 15 K 3325/14, BeckRS 2015. 95620). 521.1

(Angebliche) **Barzahlungen** trotz räumlicher Entfernung begründen regelmäßig Zweifel an der tatsächlichen Durchführung eines Mietverhältnisses (BFH 20.1.2003 – IX B 94/02, BFH/NV 2003, 617). Der Vermieter muss in diesem Fall die Barzahlung (regelmäßig durch die Vorlage von Quittungen) nachweisen. 522

Es steht der tatsächlichen Durchführung eines Mietvertrages entgegen, wenn der **Vermieter die Wohnung weiter in nicht unerheblicher Weise nutzt** (BFH 7.12.2006 – IX B 17/06, BFH/NV 2007, 444; BFH 18.5.2004 – IX B 112/03, BFH/NV 2004, 1262; BFH 31.3.1992 – IX R 299/87, BFH/NV 1992, 656; BFH 27.6.1995 – IX R 90/93, BFH/NV 1996, 29). Dies gilt auch, wenn die Wohnbereiche von Vermieter und Mieter nicht deutlich voneinander abgegrenzt sind (BFH 7.6.1994 – IX R 121/92, BFH/NV 1995, 112). 523

Bei Mietverträgen unter **Ehegatten** gehört zur tatsächlichen Durchführung auch, dass der Mietzins auf ein Bankkonto des Vermieter-Ehegatten entrichtet wird (BFH 27.11.1989 – 524

GrS 1/88, BStBl. II 1990, 160; BFH 10.4.1990 – VIII R 289/84, BStBl. II 1990, 741). Unschädlich ist es jedoch, wenn ein Entgelt auf das Konto des Vermieter-Ehegatten überwiesen wird, über das der Mieter-Ehegatte auch allein verfügen kann (vgl. für Angehörigen-Arbeitsverhältnisse: BVerfG 7.11.1995 – 2 BvR 802/90, BStBl. II 1996, 34; → Rn. 478).

525 Die tatsächliche Durchführung eines Vermietungsverhältnisses setzt voraus, dass die **Sphären zwischen Vermieter und Mieter hinreichend voneinander abgegrenzt** sind (Blümich/*Heuermann* § 21 Rn. 132). Dies ist jedenfalls bei einer Mitbenutzung des Vermietungs- und Verpachtungs-Objekts durch den Vermieter nicht der Fall (BFH 7.6.1994 – IX R 121/92, BFH/NV 1995, 112).

525.1 Eine Nutzungsüberlassung vollzieht sich im Rahmen einer **familiären Haushaltsgemeinschaft,** zB wenn Partner einer nichtehelichen Lebensgemeinschaft zusammenwohnen, auch wenn sie dabei zwei abgeschlossene Wohnungen nutzen (BFH 12.1.2005 – IX B 115/04, BFH/NV 2005, 703) oder wenn der eine Ehegatte dem anderen Ehegatten eine Wohnung vermietet (BFH 10.5.2005 – IX B 5/05, BFH/NV 2005, 1551).

525.2 Ferner können Wohnräume im Haus der Eltern, die keine abgeschlossene Wohnung bilden, nicht mit steuerlicher Wirkung an volljährige unterhaltsberechtigte Kinder vermietet werden (BFH 16.1.2003 – IX B 172/02, BStBl. II 2003, 301).

526 Eine Vereinbarung wird dann nicht tatsächlich – iSv ernstlich – durchgeführt, wenn ein Scheingeschäft vorliegt. Ein **Scheingeschäft** (§ 41 Abs. 2 AO) ist gegeben, wenn sich die Vertragsparteien über den Scheincharakter des Rechtsgeschäfts einig sind (BFH 28.1.1997 – IX R 23/94, BStBl. II 1997, 655). Dies ist äußerlich ersichtlich, wenn die vertragstypischen Rechtsfolgen bewusst nicht eintreten, zB wenn der Vermieter dem Mieter die Miete im Vorhinein zur Verfügung stellt oder sie im Nachhinein – **ohne rechtlichen Grund** – zurückzahlt (BFH 28.1.1997 – IX R 23/94, BStBl. II 1997, 655; BFH 17.12.2003 – IX R 7/98, BFH/NV 2004, 1270; FG Düsseldorf 25.6.2010 – 1 K 292/09, EFG 2010, 1415 rkr.; *Heuermann* DB 2007, 416; Kirchhof/*Mellinghoff* § 21 Rn. 19; Blümich/*Heuermann* § 21 Rn. 122). Ob ein Scheingeschäft gewollt ist, dh eine entsprechende innere Tatsache gegeben ist, kann nur anhand **äußerlicher Merkmale** beurteilt werden (BFH 25.6.1984 – GrS 4/82, BStBl. II 1984, 751; *Heuermann* DB 2007 416). Ein Scheingeschäft kann indiziert sein, wenn der Mieter tatsächlich unter Berücksichtigung seines Einkommens nicht in der Lage ist, selbst die Miete aufzubringen (BFH 19.12.1995 – IX R 85/93, BStBl. II 1997, 52; BFH 27.6.1995 – IX R 90/93, BFH/NV 1996, 29; Kirchhof/*Mellinghoff* § 21 Rn. 19). Die Rechtsfolge eines Scheingeschäfts ergibt sich aus § 41 Abs. 2 S. 2 AO, wonach das verdeckte Rechtsgeschäft steuerrechtlich maßgeblich ist.

527–529 *Einstweilen frei*

530 **dd) Nichtanerkennung aufgrund Gestaltungsmissbrauchs.** Ein Mietverhältnis kann weiter – selbst wenn ein Fremdvergleich keine Auffälligkeiten erkennen lässt – als **Gestaltungsmissbrauch (§ 42 AO)** steuerlich nicht anzuerkennen sein. Dies ist der Fall, wenn eine rechtliche Gestaltung gewählt wird, die, gemessen am erstrebten Ziel, unangemessen ist, der Steuerminderung dienen soll und durch wirtschaftliche oder beachtliche sonstige Gründe nicht gerechtfertigt werden kann (BFH 16.1.1996 – IX R 13/92, BStBl. II 1996, 214). Unangemessenheit ist gegeben, wenn der Steuerpflichtige eine vom Gesetzgeber vorausgesetzte Gestaltung zur Erreichung eines bestimmten Ziels plangemäß nicht gebraucht, sondern – stattdessen – einen ungewöhnlichen Weg wählt, auf dem nach den **Wertungen des Gesetzes** das Ziel gerade nicht erreichbar sein soll (Kirchhof/*Mellinghoff* § 21 Rn. 23). Das gegenseitige Begründen von Zahlungsverpflichtungen durch **Überkreuzvermietung** – ohne Veränderung der tatsächlichen oder wirtschaftlichen Situation – ist daher rechtsmissbräuchlich gemäß § 42 AO (BFH 25.1.2008 – IX B 43/07, BFH/NV 2008, 811; BFH 22.1.2013 – IX R 18/12, BFH/NV 2013, 1094).

530.1 Eine **wechselseitige Vermietung** zwischen nahestehenden Personen nach Übertragung des Teileigentums wurde als rechtsmissbräuchlich angesehen (BFH 25.1.1994 – IX R 97/90, 98/90, BStBl. II 1994, 738; BFH 22.1.2013 – IX R 18/12, BFH/NV 2013, 1094, siehe zu allgemeiner Tendenz in der Rechtsprechung → Rn. 415 ff.

530.2 Es ist hingegen kein Gestaltungsmissbrauch, wenn der Mieter – nach dem **Stuttgarter Modell** – dem Vermieter zuvor das Grundstück gegen wiederkehrende Leistungen übertragen hat (BFH

10.12.2003 – IX R 12/01, BStBl. II 2004, 643; FR 2004, 716 (mAnm *Fischer*). Da zwischen der – der Vermögensebene zuzuordnenden – Eigentumsübertragung und der – der Nutzungsebene zuzuordnenden – Vermietung zu differenzieren ist (*Heuermann* StuW 2004, 124; Kirchhof/*Mellinghoff* § 21 Rn. 24), ist es auch als nicht rechtsmissbräuchlich zu werten, wenn auf die Ausübung eines im Zusammenhang mit einer Grundstücksübertragung eingeräumten unentgeltlichen Wohnungsrechts verzichtet wird und stattdessen zwischen dem Übertragenden und dem neuen Eigentümer des Grundstücks ein Mietvertrag geschlossen wird (BFH 17.12.2003 – IX R 60/98, BStBl. II 2004, 646; BFH 15.2.2005 – IX R 16/04, BFH/NV 2005, 1008; aA *Gosch* StBp 2004, 148).

Nach dem BFH ist es ferner nicht rechtsmissbräuchlich, wenn der Eigentümer eines Hauses dieses in zwei Eigentumswohnungen aufteilt, eine der Wohnungen an einen nahen Angehörigen veräußert oder unentgeltlich überträgt und anschließend die Wohnungen **wechselseitig vermietet** werden (BFH 12.9.1995 – IX R 54/93, BStBl. II 1996, 158; BFH 17.12.2003 – IX R 60/98, BStBl. II 2004, 646). Die Wahlfreiheit des Eigentümers sei steuerrechtlich zu akzeptieren. **530.3**

Vermieten Eheleute eine **Einliegerwohnung im eigenen Haus an die Eltern des einen Ehepartners,** die das Kind der Eheleute betreuen, kann dies ein Gestaltungsmissbrauch iSd § 42 AO sein, wenn die Eltern des Ehepartners selbst über eine größere Wohnung in derselben Stadt verfügen (BFH 14.1.1992 – IX R 33/89, BStBl. II 1992, 549). Voraussetzung ist, dass diese Wohnung hinreichend nahe gelegen ist. Maßgeblich sind die Umstände des Einzelfalles. **530.4**

Vermieten Eltern an ein **unterhaltsberechtigtes Kind** eine ihnen gehörende Wohnung, liegt darin nicht deshalb ein Rechtsmissbrauch, weil das Kind die Miete aus dem Barunterhalt oder durch **Verrechnung mit dem Barunterhalt** der Eltern begleicht (BFH 19.10.1999 – IX R 30/98, BStBl. II 2000, 223; BFH 19.10.1999 – IX R 39/99, BStBl. II 2000, 224; BFH 19.10.1999 – IX R 80/97, BFH/NV 2000, 429; *Thürmer* DB 2003, 1012). Allerdings muss die vertragliche Vereinbarung zivilrechtlich wirksam sein (KSM/*Drüen* § 21 Rn. B 192). Nach § 1612 Abs. 2 BGB steht es den Eltern frei, ihrem unterhaltsberechtigten Kind Barunterhalt zu gewähren, mit dem es die Kosten einer Wohnung begleichen kann, oder ihm unmittelbar eine Wohnung zu überlassen (Kirchhof/*Mellinghoff* § 21 Rn. 25). Ein Mietverhältnis zwischen Eltern und einem unterhaltsberechtigten Kind ist nur dann **rechtsmissbräuchlich,** wenn zwischen beiden noch eine **Haushaltsgemeinschaft** besteht (BFH 16.1.2003 – IX B 172/02, BStBl. II 2003, 301; BFH 12.1.2005 – IX B 115/04, BFH/NV 2005, 703; BFH 26.2.2008 – IX B 226/07, BFH/NV 2008, 791). **531**

Wenn Eltern ihrem Kind unentgeltlich einen zeitlich befristeten Nießbrauch an einem Grundstück einräumen, welches das Kind anschließend an die Eltern zurückvermietet, ist ein Gestaltungsmissbrauch anzunehmen (BFH 18.10.1990 – IV R 36/90, BStBl. II 1991, 205). Dies wird damit begründet, dass derjenige, der ein Gebäude für eigene Zwecke benötigt, einem anderen nicht einen unentgeltlichen Nießbrauch einräumt und es dann anschließend mietet. **531.1**

Übertragen hingegen Eltern ihrem Kind ein Grundstück unter Nießbrauchsvorbehalt und vermieten sie dann das Grundstück an das Kind auf der Basis des vorbehaltenen Nießbrauchsrechts, ist die Vertragsgestaltung anzuerkennen (BFH 5.7.1990 – GrS 4-6/89, BStBl. II 1990, 847 (852)). Die Verpflichtung zur Mietpreisentrichtung darf aber nicht den Charakter einer Versorgungsabrede haben. **531.2**

Einstweilen frei **532–534**

III. Tatbestände des § 21 Abs. 1

Nur Einkünfte, die aus der Vermietung der in § 21 Abs. 1 genannten Gegenstände erzielt werden, werden der Einkunftsart „Vermietung und Verpachtung" zugeordnet. **535**

1. Vermietung und Verpachtung von unbeweglichem Vermögen (§ 21 Abs. 1 S. 1 Nr. 1)

§ 21 Abs. 1 S. 1 Nr. 1 beschränkt sich auf die Vermietung und Verpachtung, dh die Nutzungsüberlassung (→ Rn. 138 ff.) von **unbeweglichem Vermögen des Privatvermögens.** Die Vermietung und Verpachtung von beweglichem Vermögen des Privatvermögens ist nach § 22 Nr. 3 steuerlich zu beurteilen. Bewegliches Vermögen, das zu einem Sachinbegriff zusammengefasst ist, unterfällt § 21 Abs. 1 S. 1 Nr. 2 (→ Rn. 554). **536**

Den Tatbestand der Vermietung und Verpachtung von unbeweglichem Vermögen gemäß § 21 Abs. 1 S. 1 Nr. 1 können sowohl **Eigentümer** als auch **dinglich oder obligatorisch** **537**

Berechtigte verwirklichen. Selbst bei einem vertragswidrigen Verhalten, beispielsweise einer **unberechtigten Untervermietung,** kann der Tatbestand des § 21 Abs. 1 S. 1 Nr. 1 gegeben sein. Entscheidend ist die tatsächliche Dispositionsbefugnis, die sich aus der faktisch möglichen Nutzungsüberlassung an einen Dritten ergibt.

538 Irrelevant ist, ob der der Vermietung oder Verpachtung zugrundeliegende Vertrag gegen gesetzliche Vorschriften verstößt. **Weder Nichtigkeit noch Anfechtbarkeit** stehen einer Tatbestandsverwirklichung i.S.d § 21 Abs. 1 S. 1 Nr. 1 entgegen (vgl. § 40 AO), wenn tatsächlich ein unbewegliches Vermögen einer anderen Person gegen Entgelt zur Nutzung überlassen wird.

539 § 21 Abs. 1 S. 1 Nr. 1 zählt **regelbeispielhaft** auf, was unter den Begriff „unbewegliches Vermögen" fällt. Genannt werden va Grundstücke, Gebäude und Gebäudeteile, die zur Nutzung überlassen werden. Die Vermietung von **Wohnungen** ist der Hauptanwendungsfall des § 21 Abs. 1 S. 1 Nr. 1 (Kirchhof/*Mellinghoff* § 21 Rn. 42).

540 **Ein Grundstück** ist nach dem maßgeblichen zivilrechtlichen Begriffsverständnis (BFH 26.11.2008 – IX R 67/07, BStBl. II 2009, 370) ein abgegrenzter, katastermäßig vermessener und bezeichneter Teil der Erdoberfläche, der im Grundbuch als „Grundstück" geführt ist. Es kann **bebaut oder unbebaut** sein. Ist ein Gebäude Bestandteil des Grundstücks, ist das Grundstück Vermietungs- und Verpachtungs-Objekt (BFH 19.12.2007 – IX R 50/07, BFH/NV 2008, 1111; aA HHR/*Pfirrmann* § 21 Rn. 101).

540.1 Bei der Nutzungsüberlassung **unbebauter Grundstücke** werden in der Praxis häufig die **Grenzen zur Gewerblichkeit überschritten** sein, zB wenn **Tennisplätze, Campingplätze, Parkplätze** uÄ überlassen werden (HHR/*Pfirrmann* § 21 Rn. 101). In der Regel wird die Tätigkeit daher unter § 15 fallen (→ Rn. 1463 ff.). Maßgeblich für die Abgrenzung zu § 15 sind der Umfang der neben die Nutzungsüberlassung tretenden Nebenleistungen und die Häufigkeit des Wechsels der Nutzer.

541 Unter **Gebäuden** werden Bauwerke verstanden, die Menschen oder Sachen durch räumliche Umschließung Schutz gegen Witterungseinflüsse gewähren, den Aufenthalt von Menschen gestatten, fest mit Grund und Boden verbunden sind, von einiger Beständigkeit und ausreichend standfest sind (BFH 28.5.2003 – II R 41/01, BStBl. II 2003, 693; Blümich/*Heuermann* § 21 Rn. 405). Gebäude haben gegenüber Grundstücken nur dann eine eigenständige Bedeutung, wenn diese nach § 95 Abs. 1 S. 2 nicht zu den Bestandteilen des Grundstücks gehören.

542 **Betriebsvorrichtungen** fallen nach § 68 Abs. 2 S. 1 Nr. 2 BewG nicht unter den Gebäudebegriff. Ihre Vermietung ist nach § 22 Nr. 3 (Vermietung beweglicher Gegenstände) steuerbar.

543 **Gebäudeteile** (einzelne Wohnungen, Räume, Fassaden- oder Dachteile usw.) sind zivilrechtlich unselbständig, steuerrechtlich jedoch selbständig, wenn sie in einem Nutzungs- und Funktionszusammenhang zueinander stehen, dh unterschiedlich genutzt werden (BFH 26.11.1973 – GrS 5/71, BStBl. II 1974, 132; BFH 25.9.2007 – IX R 28/07, BStBl. II 2008, 218). Sie können daher einzeln Vermietungs- und Verpachtungs-Objekt sein.

543.1 Eine Abgrenzung zu Gewerblichkeit ist bei der Überlassung **möblierter Zimmer** erforderlich (→ Rn. 1463 ff.).

544 Werden **einzelne Räume der vom Inhaber selbst genutzten Wohnung oder dessen Einfamilienhauses** an nicht zum Haushalt zugehörige Personen (zB Studenten) zur alleinigen Benutzung vermietet, gilt eine von der Finanzverwaltung aufgestellte **Bagatellgrenze.** Danach kann aus Vereinfachungsgründen von einer Besteuerung abgesehen werden, wenn die Einnahmen aus einer solchen Vermietung nicht **520 EUR** im Veranlagungszeitraum übersteigen. Dies gilt auch bei vorübergehender Untervermietung von Teilen einer angemieteten Wohnung, die im Übrigen selbst genutzt wird (EStR 21.2 Abs. 1).

545 Unter „unbewegliches Vermögen" iSv § 21 Abs. 1 S. 1 Nr. 1 fallen auch in das **Schiffsregister** (BGBl. 1994 I 1133) eingetragene **Schiffe,** wobei in diesem Bereich häufig eine Abgrenzung zur Liebhaberei (→ Rn. 4, → Rn. 18, → Rn. 232) erforderlich ist. Die Vermietung und Verpachtung von nicht eingetragenen Schiffen unterfällt § 22 Nr. 3. Oftmals handelt es sich bei der Vermietung von Schiffen auch um eine gewerbliche Tätigkeit iSv § 15, sodass es auf die Abgrenzung zwischen § 21 und § 22 Nr. 3 ohnehin nicht ankommt, weil § 15 vorrangig ist (vgl. § 21 Abs. 3).

Ebenso werden **Flugzeuge,** die in die Luftfahrzeugrolle (LuftVG, BGBl. 2007 I 698) eingetragen sind (BFH 2.5.2000 – IX R 71/96, BStBl. II 2000, 467) unter § 21 Abs. 1 S. 1 Nr. 1 subsumiert. Die Einbeziehung von Flugzeugen ergibt sich aus dem Wortlaut *„insbesondere"*, woraus erkennbar ist, dass die Regelung nicht abschließend ist (Blümich/*Heuermann* § 21 Rn. 413). § 15 geht jedoch § 21 vor (BFH 26.6.2007 – IV R 49/04, BStBl. II 2009, 289), sodass im Falle einer gewerblichen Vermietung von in die Luftfahrzeugrolle eingetragenen Flugzeugen gewerbliche Einkünfte gem. § 15 gegeben sind. 546

Nach dem BFH liegt eine gewerbliche Tätigkeit vor, wenn Erwerb, Vermietung und Veräußerung von in die Luftfahrzeugrolle eingetragenen Flugzeugen aufgrund eines **einheitlichen Geschäftskonzepts** erfolgen (BFH 26.6.2007 – VI R 49/04, BStBl. II 2009, 289; dazu BMF 1.4.2009, BStBl. I 2009, 515). 546.1

Ferner fällt die Vermietung und Verpachtung von **grundstücksgleichen Rechten** unter § 21 Abs. 1 S. 1 Nr. 1. Neben den in der Regelung ausdrücklich – exemplarisch – genannten **Erbbaurechten und Mineralgewinnungsrechten** sind dies auch Berg-, Fischerei- oder Apothekenrechte, soweit diese nicht im Rahmen eines Gewerbebetriebs verpachtet werden. Unter grundstücksgleiche Rechte können nur solche Rechte subsumiert werden, bei denen kraft Bundes- oder Landesrecht die Vorschriften über Grundstücke Anwendung finden (KSM/*Drüen* § 21 Rn. B 3). 547

Erbbaurecht ist nach § 1 ErbbaurechtsVO ein veräußerliches oder vererbliches Recht, auf oder unter der Erdoberfläche eines Grundstücks ein Bauwerk zu haben (zu weiteren Einzelheiten → Rn. 167 ff.). Erfasst sind Einkünfte, die der Erbbauberechtigte **durch die Weiterüberlassung** seines Erbbaurechts erzielt (HHR/*Pfirrmann* § 21 Rn. 105). 547.1

Mineralgewinnungsrechte sind solche Rechte, die unabhängig von Eigentum an Grund und Boden, das Recht einräumen, nach bestimmten Mineralien zu suchen und diese abzubauen. Insbesondere ist das Bergwerkseigentum erfasst. 547.2

Ferner gehören hierzu **Wohnungseigentum oder Teileigentum** nach dem WEG (Kirchhof/*Mellinghoff* § 21 Rn. 43; LBP/*v. Reden* § 21 Rn. 72). 548

Nicht umfasst ist die entgeltliche Bestellung grundstücksgleicher Rechte (zB eines Erbbaurechts (→ Rn. 167 f.); umfasst ist jedoch die **Nutzungsüberlassung solcher Rechte** zur Erzielung von Einkünften (Blümich/*Heuermann* § 21 Rn. 411). 549

Einstweilen frei 550–553

2. Vermietung und Verpachtung von Sachinbegriffen (§ 21 Abs. 1 S. 1 Nr. 2)

Einkünfte aus Vermietung und Verpachtung liegen nach § 21 Abs. 1 S. 1 Nr. 2 auch bei der Vermietung und Verpachtung von Sachinbegriffen des **Privatvermögens** vor. Mit Blick auf die Entstehungsgeschichte führt *Drüen* zutreffend aus, dass § 21 Abs. 1 S. 1 Nr. 2 in erster Linie die Funktion einer Annex-Regelung im Zusammenhang mit der Überlassung unbeweglichen Vermögens nach § 21 Abs. 1 S. 1 Nr. 1 habe (KSM/*Drüen* § 21 Rn. B 5). In den meisten Anwendungsfällen besteht in der Tat ein wirtschaftlicher Zusammenhang mit der Überlassung unbeweglichen Vermögens, sodass über § 21 Abs. 1 S. 1 Nr. 1 und Nr. 2 ein **einheitliches Vermietungs- oder Verpachtungsgeschäft** iSv § 21 angenommen werden kann. Eine Aufspaltung und Zuordnung zu unterschiedlichen Einkunftsarten (wie einerseits § 21 und andererseits § 22 Nr. 3) wäre gekünstelt. 554

Ein Sachinbegriff (zivilrechtlich auch oftmals als Sachgesamtheit bezeichnet) liegt vor, wenn mehrere Wirtschaftsgüter funktionell und technisch so aufeinander abgestimmt sind, dass sie eine **wirtschaftliche Einheit** bilden, dennoch aber ihre zivilrechtliche und steuerliche Selbständigkeit bewahren. Weil § 21 Abs. 1 Nr. 1 unbewegliches Vermögen bereits erfasst, betrifft der Sachinbegriff iSd § 21 Abs. 1 S. 1 Nr. 2 insbesondere die **Zusammenfassung beweglicher Wirtschaftsgüter** (KSM/*Drüen* § 21 Rn. B 4). Oftmals wird ein Sachinbegriff auch zusammen mit einer unbeweglichen Sache vermietet (BFH 27.7.2004 – IX R 73/01, BFH/NV 2005, 192; KSM/*Drüen* § 21 Rn. B 4; Kirchhof/*Mellinghoff* § 21 Rn. 44). Die **Möbel** einer möbliert vermieteten Wohnung sind beispielsweise ein solcher Sachinbegriff (BFH 27.7.2004 – IX R 73/01, BFH/NV 2005, 192), ebenso das **Inventar** einer Bibliothek, eines Archivs oder einer sonstigen Sammlung, ein **Fuhrpark,** eine **Großrechenanlage,** ein **Warenlager** oder eine **Büroeinrichtung** (*Kantenwein/Melcher* FR 1985, 233). 555

556 Maßgeblich ist die **innere Verbundenheit,** welche durch eine **gemeinsame Zweckbestimmung** gegeben ist. Fehlt es hingegen an einer gemeinsamen Zweckbestimmung der vermieteten Gegenstände des Privatvermögens, unterfällt der Vorgang § 22 Nr. 3 (KSM/*Drüen* § 21 Rn. B 4).

557 Der Begriff **„bewegliches Betriebsvermögen"** in § 21 Abs. 1 S. 1 Nr. 2 ist irreführend. Er meint nicht das Betriebsvermögen des Vermieters (in diesem Fall wäre § 15 Abs. 1 einschlägig), sondern die Vermietung von Sachinbegriffen, die vorher Betriebsvermögen waren und **nach Betriebsaufgabe** überlassen werden (Blümich/*Heuermann* § 21 Rn. 452; KSM/*Drüen* § 21 Rn. B 5; *Wendland* DB 1992, 1699). Meist sind sie dann Betriebsvermögen des Mieters (BFH 28.10.2008 – IX R 51/07, BFH/NV 2009, 157). Der überlassene Sachinbegriff muss jedoch nicht zu betrieblichen Zwecken genutzt werden.

558 Gehört hingegen das vermietete oder verpachtete bewegliche Betriebsvermögen weiterhin zum Betriebsvermögen des Vermieters oder Verpächters, erzielt dieser Einkünfte iSv §§ 13, 15 oder 18 (vgl. § 21 Abs. 3; *Wendland* DB 1992, 1699; KSM/*Drüen* § 21 Rn. B 5).

559 Hauptanwendungsfall des § 21 Abs. 1 S. 1 Nr. 2 ist die **Verpachtung eines aufgegebenen Betriebes** (Lademann EStG/*Claßen* § 21 Rn. 197). Ist der Betrieb hingegen nicht aufgegeben, sondern nur ruhend, werden weiterhin Einkünfte aus Gewerbebetrieb (§ 15) oder aus Land- und Forstwirtschaft (§ 13) erzielt (Bordewin/Brandt/*Gänger* § 21 Rn. 96).

560 **Einzelne Wirtschaftsgüter,** wie zB Wohnmobile, sind auch dann kein Sachinbegriff, wenn sie mit Zubehör vermietet werden (Kirchhof/*Mellinghoff* § 21 Rn. 44; FG Nürnberg 25.3.1994 – I 308/92, EFG 1994, 970). Eine bloße Zusammenfassung einzelner Wirtschaftsgüter zu Vermietungszwecken führt nicht zu einem Sachinbegriff iSd § 21 Abs. 1 S. 1 Nr. 2. Maßgeblich ist vielmehr eine **funktionelle und technische Abstimmung** aufeinander.

560.1 Die Vermietung **einzelner beweglicher (unter Umständen auch gleichartiger) Sachen** führt zu Einnahmen aus § 22 Nr. 3.

560.2 Die Differenzierung hat **steuerliche Auswirkungen,** weil der Verlust aus der Vermietung eines Sachinbegriffs nach § 21 Abs. 1 S. 1 Nr. 2 uneingeschränkt mit positiven Einkünften aus anderen Einkunftsarten ausgleichsfähig ist. Der Verlust hingegen aus der Vermietung einzelner Gegenstände nach § 22 Nr. 3 kann nicht mit anderen Einkunftsarten ausgeglichen werden (BFH 22.1.2003 – X R 37/00, BStBl. II 2003, 464; BFH 26.6.2007 – IV R 49/04, BFH/NV 2007, 2004; Bordewin/Brandt/*Gänger* § 21 Rn. 96).

561–563 *Einstweilen frei*

3. Zeitlich begrenzte Überlassung von Rechten (§ 21 Abs. 1 S. 1 Nr. 3)

564 § 21 Abs. 1 S. 1 Nr. 3 betrifft die zeitlich begrenzte – schuldrechtliche oder dingliche – Überlassung von **erworbenen** Rechten und nennt beispielhaft ua schriftstellerische, künstlerische und gewerbliche **Urheberrechte** (§ 73a Abs. 2 EStDV), gewerbliche **Erfahrungen** (gemeint: Spezialwissen auf technischem oder wirtschaftlichem Gebiet, das gesetzlich nicht geschützt ist und zeitlich begrenzt überlassen werden kann) sowie **Gerechtigkeiten** (Real- oder Gewerbeberechtigungen, insb. landesrechtlich geregelte sachbezogene Nutzungsrechte, wie Bergwerkseigentum, Fischereirechte, Forstrechte, Apothekenrechte) sowie **Gefälle** (Art. 164 EGBGB: va Rechte zum Sammeln von Naturalien). Nicht erfasst werden Nutzungsrechte an unbeweglichem Vermögen, weil diese unter § 21 Abs. 1 S. 1 Nr. 1 – als speziellere Regel – zu subsumieren sind.

565 Einkünfte aus der zeitlich begrenzten Überlassung von (schriftstellerischen oder künstlerischen) **Urheberrechten** führen nur dann zu Einkünften aus Vermietung und Verpachtung iSd § 21 Abs. 1 S. 1 Nr. 3, wenn das Urheberrecht durch einen anderen als den Urheber überlassen wird. In Betracht kommt beispielsweise die Überlassung durch den Erben.

566 Einnahmen, die der **Urheber** selbst aus der Überlassung seiner Rechte erzielt, sind Einkünfte aus gewerblicher Tätigkeit nach § 15 oder aus selbständiger Tätigkeit nach § 18 (KSM/*Drüen* § 21 Rn. B 6). Aufgrund der Subsidiaritätsregelung in § 21 Abs. 3 ist der praktische Anwendungsbereich gering.

566.1 Einkünfte, die ein Schriftsteller, Künstler oder Erfinder selbst erzielt, sind regelmäßig Einkünfte gewerblicher Art (§ 15) oder aus selbständiger Tätigkeit (§ 18) (zB BFH 6.11.1991 – XI R 12/87, BStBl. II 1992, 415; BFH 26.8.1993 – I R 86/92, BStBl. II 1994, 168). Es handelt sich nicht um Einkünfte aufgrund eines erworbenen Rechts.

Der Anwendungsbereich des § 21 Abs. 1 S. 1 Nr. 3 ist eröffnet, wenn der **Rechtsnachfolger** des Schriftstellers, Künstlers oder Erfinders das Recht anderen überlässt (BFH 27.11.1992 – IV B 129/91, BFH/NV 1993, 471) oder wenn nach einer Betriebsaufgabe Rechte zeitlich begrenzt überlassen werden (HHR/*Pfirrmann* § 21 Rn. 150). 566.2

§ 21 Abs. 1 S. 1 Nr. 3 betrifft nur die **zeitlich begrenzte Überlassung** von Rechten, nicht also auch die Überlassung dieser auf unbestimmte Dauer. Eine zeitliche Begrenzung ist gegeben, wenn die Überlassung jederzeit – unter Einhaltung üblicher Kündigungsfristen – kündbar ist (BFH 7.12.1977 – I R 54/75, BStBl. II 1978, 355). § 21 Abs. 1 S. 1 Nr. 3 ist hingegen tatbestandlich nicht anwendbar, wenn das Nutzungsrecht dem Berechtigten mit Gewissheit endgültig verbleibt. Dies gilt auch, wenn ein Rückfall des Rechts kraft Gesetzes oder Vertrags nicht in Betracht kommt (FG Münster 4.5.1999 – 12 K 2504/97 F, EFG 1999, 1282). Eine zeitliche Begrenzung kann aber angenommen werden, wenn bei Vertragsabschluss nicht feststeht, ob und wann die Rechtsüberlassung endet (zB BFH 23.4.2003 – IX R 57/99, BFH/NV 2003, 1311; KSM/*Drüen* § 21 Rn. B 6). Maßgeblich für die Frage der zeitlichen Begrenzung ist der Zeitpunkt des Vertragsabschlusses (KSM/*Drüen* § 21 Rn. B 6; BFH 7.12.1977 – I R 54/75, BStBl. II 1978, 355). 567

Die Aufzählung in § 21 Abs. 1 S. 1 Nr. 3 hat nur **exemplarischen Charakter.** Unter § 21 Abs. 1 S. 1 Nr. 3 fallende Rechte müssen den dort beispielshaft aufgezählten Rechten (→ Rn. 564) **ihrer Struktur nach entsprechen.** In erster Linie geht es um Rechte des geistig-gewerblichen Schaffens (KSM/*Drüen* § 21 Rn. B 6). Nach dem BFH liegt die Gemeinsamkeit der in § 21 Abs. 1 S. 1 Nr. 3 genannten Rechte darin, dass sie als solche keine Erträge abwerfen, sondern **erst vom Nutzungsberechtigten zwecks Einkünfteerzielung ausgewertet werden müssen** (BFH 12.12.1969 – VI R 301/67, BStBl. II 1970, 212 (213); dazu: KSM/*Drüen* § 21 Rn. B 6). 568

Lizenzgebühren für die Überlassung eines Patents oder den Vertrieb von Software unterfallen § 21 Abs. 1 S. 1 Nr. 3, vorausgesetzt, sie sind nicht einer anderen Einkunftsart zuzuordnen (vgl. § 21 Abs. 3). 569

Umstritten ist, ob Verträge über die Überlassung von **Know-how** unter § 21 Abs. 1 S. 1 Nr. 3 fallen (FG Berlin 16.11.1974 – IV 110-111/73, EFG 1975, 361; BFH 4.3.1970 – I R 140/66, BStBl. II 1970, 428; aA BFH 20.7.1988 – I R 61/85, BStBl. II 1989, 99; BFH 5.11.1992 – I R 41/92, BStBl. II 1993, 407; BFH 26.4.1995 – XI R 86/94, BStBl. II 1996, 4; dazu KSM/*Drüen* § 21 Rn. B 8; B 130 f.). Problematisch ist bei der Überlassung von Know-how die **Grenzziehung zwischen Nutzungsüberlassung und Veräußerungsgeschäft.** Dies liegt daran, dass die Kenntnisse nicht durch ein Recht zu Gunsten des Know-how-Gebers gesichert sind und damit eine zeitlich begrenzte Überlassung in der Praxis schwer vorstellbar ist. Eine Rückübertragung des Wissens ist praktisch unmöglich. Jedoch liefe § 21 Abs. 1 S. 1 Nr. 3 im Hinblick auf die Variante „zeitlich begrenzte Überlassung von gewerblichen Erfahrungen" leer, wenn Know-how nicht darunter subsumierbar wäre. Daher ist davon auszugehen, dass auch die zeitlich begrenzte Übertragung von Know-how, unabhängig von Auswirkungen nach Vertragsende, unter § 21 Abs. 1 S. 1 Nr. 3 fällt. Laufende Vergütungen indizieren dabei eine zeitlich begrenzte Nutzungsüberlassung (KSM/*Drüen* § 21 Rn. B 131). 570

Ferner fällt auch die Überlassung von **Persönlichkeitsrechten** (Recht am eigenen Bild, Namensrecht) unter § 21 Abs. 1 S. 1 Nr. 3. Der Wortlaut „insbesondere" signalisiert, dass die gesetzliche Aufzählung in § 21 Abs. 1 S. 1 Nr. 3 nicht abschließend ist. 571

Entgelte für die Überlassung des Rechts am eigenen Bild durch **Fotomodelle** fallen unter § 21 Abs. 1 S. 1 Nr. 3. 571.1

Maßgeblich ist, dass derartige Rechte **zeitlich begrenzt** übertragen werden. Der Anwendungsbereich des § 21 Abs. 1 S. 1 Nr. 3 ist – mit anderen Worten – immer dann nicht gegeben, wenn das Nutzungsrecht **endgültig** übertragen wird (BFH 27.5.2009 – I R 86/07, BStBl. II 2010, 120). Ausreichend ist es für den Anwendungsbereich des § 21 Abs. 1 S. 1 Nr. 3, wenn bei Vertragsschluss ungewiss ist, ob und wann die Überlassung endet (BFH 23.4.2003 – IX R 57/99, BFH/NV 2003, 1311). Eine Beendigung muss theoretisch möglich sein. Eine zeitliche Begrenzung ist anzunehmen, wenn es die gesetzliche Möglichkeit einer **Kündigung** in bestimmten Fällen gibt (BFH 23.6.1979 – I R 163/77, BStBl. II 1979, 757) 572 oder eine **auflösende Bedingung** vertraglich vereinbart ist (BFH 1.12.1982 – I B 11/82, BStBl. II 1983, 367; HHR/*Pfirrmann* § 21 Rn. 151).

573 Der praktische Anwendungsbereich des § 21 Abs. 1 S. 1 Nr. 3 ist – zumindest – im Hinblick auf rein **inlandsbezogene Sachverhalte gering** (zu den Besonderheiten bei beschränkter Steuerpflicht → Rn. 124), weil nur **erworbene Rechte** darunter fallen. „Erworben" meint die Einkünfteerzielung aufgrund der Überlassung eines Rechts durch einen Dritten (meist den Urheber oder dessen Rechtsnachfolger); zu den Folgen bei beschränkter Steuerpflicht → Rn. 575.

574 Handelt es sich um eine **Zufallserfindung** außerhalb der gewerblichen, freiberuflichen oder nichtselbständigen beruflichen Sphäre, ist die Überlassung des Rechts an Dritte zur Nutzung ebenfalls unter § 21 Abs. 1 S. 1 Nr. 3 zu subsumieren (BFH 23.4.2003 – IX R 57/99, BFH/NV 2003, 1311). Ferner liegen Einkünfte nach § 21 Abs. 1 S. 1 Nr. 3 vor, wenn ein **Dritter** das Recht von seinem Urheber erworben hat und es zur Nutzung einer weiteren Person überlässt (BFH 5.11.1992 – I R 41/92, BStBl. II 1993, 407; HHR/*Pfirrmann* § 21 Rn. 150).

575 Nachdem in § 49 Abs. 1 Nr. 6 angeordnet ist, dass Einkünfte aus der Überlassung von Rechten, die **in einer inländischen Betriebsstätte oder Einrichtung verwertet** werden, inländische Einkünfte sind, kommt § 21 Abs. 1 S. 1 Nr. 3 bei beschränkt Steuerpflichtigen Bedeutung zu. Da nach § 49 Abs. 2 im Ausland gegebene Besteuerungsmerkmale außer Betracht bleiben, soweit bei ihrer Berücksichtigung inländische Einkünfte nicht gegeben wären, kommt die Subsidiaritätsklausel des § 21 Abs. 3 nicht zur Anwendung (HHR/*Pfirrmann* § 21 Rn. 151).

576–578 *Einstweilen frei*

4. Veräußerung von Miet- und Pachtzinsforderungen (§ 21 Abs. 1 S. 1 Nr. 4)

579 Der Tatbestand der Veräußerung von Miet- und Pachtzinsforderungen gemäß § 21 Abs. 1 S. 1 Nr. 4 erfasst solche Forderungen, die in der Vermietungs- und Verpachtungstätigkeit iSd Nr. 1–3 entstanden sind, aber **mangels Zufluss noch nicht zu steuerpflichtigen Einnahmen** geführt haben. Die Regelung bezweckt die **Vermeidung von Umgehungsgestaltungen** (Schmidt/*Kulosa* § 21 Rn. 58) dadurch, dass steuerbare Miet- oder Pacht(-zins)forderungen in nichtsteuerbare Veräußerungserlöse umgewandelt werden.

580 Veräußerung meint die endgültige Übertragung der Miet- oder Pacht(-zins)forderung.

581 Der **Veräußerungspreis** für die im Grundstückspreis enthaltene, aber noch nicht eingezogene Miet- oder Pacht(-zins)forderung ist im **Zeitpunkt des Zuflusses** nach § 21 Abs. 1 S. 1 Nr. 4 steuerlich relevant. Die spätere Einziehung der Miet- oder Pacht(-zins)forderungen durch den Erwerber führt dann weder bei diesem noch bei dem Veräußerer zu Einnahmen aus Vermietung und Verpachtung (Kirchhof/*Mellinghoff* § 21 Rn. 47).

581.1 Die Regelung findet auch Anwendung, wenn die Forderung **im Zeitpunkt der Veräußerung bereits entstanden** war (BFH 21.5.1986 – I R 199/84, BStBl. II 1986, 794).

582–584 *Einstweilen frei*

IV. Einnahmen im Rahmen der Vermietung und Verpachtung

1. Allgemeines

585 Die Einkünfte aus Vermietung und Verpachtung iSd § 21 Abs. 1 S. 1 werden als **Überschuss** der Einnahmen (§ 8) über die Werbungskosten (§ 9) ermittelt (§ 2 Abs. 2 Nr. 2).

586 Einnahmen iSd § 21 Abs. 1 iVm § 8 sind alle Zuflüsse in Geld oder Geldeswert die dem Steuerpflichtigen **kausal für die Nutzungsüberlassung** („im Rahmen" der Einkunftsart Vermietung und Verpachtung, § 2 Abs. 1 Nr. 6 iVm § 21 Abs. 1) zufließen (§ 11) oder **wirtschaftlich** mit der Nutzungsüberlassung in **Zusammenhang** stehen (zB Verzugszinsen bei verspäteter Mietzinszahlung). Entscheidend ist, dass es sich um Einnahmen für eine **vorübergehende Nutzungsmöglichkeit** handelt. Hingegen liegen keine Einkünfte aus Vermietung und Verpachtung vor, wenn eine Entschädigung für eine unbefristete dingliche Belastung des Grundstücks mit einer immerwährenden Dienstbarkeit geleistet wird. In diesem Fall handelt es sich um eine Gegenleistung für die Aufgabe eines Eigentumbestandteils (BFH 2.7.2018 – IX R 31/16, BStBl. II 2018, 759).

Es muss ein **Veranlassungszusammenhang** zwischen Nutzungsüberlassung und Zufluss der Einnahme bestehen. Maßgeblich für die steuerliche Erfassung der Einnahmen ist nach § 11 Abs. 1 das Jahr des Zuflusses. Einnahmen im Rahmen der Vermietung und Verpachtung sind alle **Gegenleistungen** für das zeitlich begrenzte entgeltliche Überlassen unbeweglichen Vermögens zum Gebrauch oder zur Nutzung (BFH 20.9.2006 – IX R 17/04, BStBl. II 2007, 112; Blümich/*Heuermann* § 21 Rn. 232). **587**

Maßgeblich ist, ob ein Entgelt für die Nutzungsüberlassung gezahlt wird, sodass beispielsweise auch ein Entgelt für die **zwangsweise Einweisung** (zB eines Obdachlosen) im Rahmen der Einkünfte aus Vermietung und Verpachtung relevant ist (Schmidt/*Kulosa* § 21 Rn. 5; BFH 14.6.1963 – VI 216/61 U, BStBl. III 1963, 380). **587.1**

Regelmäßig wiederkehrende Einnahmen – wie typischerweise das Entgelt für die auf Dauer angelegte Nutzungsüberlassung eines Vermietungs- und Verpachtungsobjekts (Miet- oder Pachtzins) – gelten nach § 11 Abs. 1 S. 2 als in dem Kalenderjahr bezogen, zu dem sie wirtschaftlich gehören, auch wenn sie kurze Zeit vor oder kurze Zeit nach Beendigung eines Kalenderjahres zufließen. Als kurze Zeit wird in der Regel ein Zeitraum von 10 Tagen anerkannt. **588**

Einnahmen sind bei demjenigen zu erfassen, dem die Nutzungsüberlassung **wirtschaftlich zuzurechnen** ist (→ Rn. 322 ff.). Einkünfte sind demjenigen zuzurechnen, der sie *„erzielt"*, dh demjenigen, der den Tatbestand des § 21 Abs. 1 erfüllt. Dies kann der Eigentümer oder ein sonstiger Nutzungsberechtigter oder tatsächlich Nutzender sein. Maßgeblich ist, dass dieser die maßgebenden wirtschaftlichen Dispositionsbefugnisse über eines der in § 21 Abs. 1 genannten Wirtschaftsgüter hat. Er muss **rechtliche oder tatsächliche Verfügungsmacht** über das Wirtschaftsgut iSd § 21 Abs. 1 haben und es, darauf basierend, einem anderen gegen Entgelt zur Nutzung überlassen. **589**

Klassische Einnahmen sind **Miet- und Pachtzinsen.** **590**

Einstweilen frei **591–593**

2. Geld-, Dienst- oder Sachleistungen

Zu Einnahmen (iSv Entgelt) gehören nicht nur Geldleistungen, sondern auch **Dienstleistungen** (zB eines Hausmeisters, der aufgrund seiner Dienstleistungen an den Vermieter eine geringere Barmiete bezahlt) oder **Sachleistungen** (zB die Erstellung eines Gebäudes durch den Nutzungsberechtigten) können Einnahmen iSd § 21 sein (Blümich/*Heuermann* § 21 Rn. 232). Sachbezüge sind mit den um übliche Preisnachlässe geminderten üblichen Endpreisen am Abgabeort anzusetzen (§ 8 Abs. 2 S. 1). **594**

Eine Nutzungsüberlassung eines Vermietungsobjekts an Arbeitnehmer durch den Arbeitgeber, ohne eine gesonderte Mietzinsvereinbarung, fällt unter § 21 Abs. 1 S. 1 Nr. 1. Die Gegenleistung besteht in der Arbeitsleistung des Arbeitnehmers, soweit sie anteilig auf die Wohnungsüberlassung entfällt (BFH 1.9.1998 – VIII R 3/97, BStBl. II 1999, 213; → Rn. 1486 ff.). **594.1**

Ebenso führt die Nutzungsüberlassung einer Immobilie an eine Gesellschaft gegen Gewährung von Gesellschaftsrechten zu Einnahmen aus Vermietung und Verpachtung iSv § 21 Abs. 1 (*Döllerer* JbFfSt. 1980/81, 239 (244)). **594.2**

Bei der **Errichtung eines Gebäudes** durch den Nutzungsberechtigten auf dem Grundstück des zur Nutzungsüberlassung Verpflichteten ist ein Zufluss von Einnahmen nicht gegeben, wenn ein Entschädigungsanspruch gegen den Grundstückseigentümer besteht (BFH 18.7.2001 – X R 15/01, BStBl. II 2002, 278; BFH 18.7.2001 – X R 23/99, BStBl. II 2002, 281). Dies gilt auch, wenn die Vermögensmehrung privat veranlasst ist und damit nicht ihren Grund in dem Nutzungsverhältnis hat (FG Baden-Württemberg 22.3.1996 – 2 K 233/90, EFG 1997, 72 rkr.; HHR/*Pfirrmann* § 21 Rn. 81). Ist dies jedoch beides nicht der Fall, ist auf Seiten des Vermieters ein Zufluss einer Sachleistung anzunehmen, wenn der Grundstückseigentümer mit Errichtung des Gebäudes das **rechtliche oder wirtschaftliche Eigentum** daran erlangt (BFH 26.7.1983 – VIII R 30/82, BStBl. II 1983, 755; BFH 14.1.2004 – IX R 54/99, BFH/NV 2004, 1088). Anderenfalls fließen Einnahmen dem **595**

Grundstückseigentümer erst in dem Zeitpunkt zu, in dem er das Vermietungs- und Verpachtungs-Objekt zurückerhält (BFH 21.11.1989 – IX R 170/85, BStBl. II 1990, 310).

596 Auch **Nebenleistungen** (Betriebskosten) des Mieters oder Pächters (für Wasser, Strom, Heizung usw) gehören nach dem Bruttoprinzip zu Mieteinnahmen (BFH 14.12.1999 – IX R 69/98, BStBl. II 2000, 197; BFH 14.12.1999 – IX R 23/99, BFH/NV 2000, 831).

596.1 Damit in Zusammenhang stehende Aufwendungen sind im Abflusszeitpunkt Werbungskosten.

597 Bei der dinglichen Nutzungsüberlassung in Form der Einräumung eines **Erbbaurechts** sind sowohl der **laufende Erbbauzins** als auch eine **Einmalzahlung** beim Erbbaurechtsbesteller als Entgelt für die Nutzungsüberlassung anzusehen (BFH 23.9.2003 – IX R 65/02, BStBl. II 2005, 159; BFH 20.9.2006 – IX R 17/04, BStBl. II 2007, 112; Schmidt/*Kulosa* § 21 Rn. 4), → Rn. 324. Bei **Vorauszahlungen** kommt § 11 Abs. 1 S. 3 zur Anwendung. Die Übernahme von **Erschließungskosten** durch den Erbbauberechtigten wird beim Erbbaurechtsbesteller als Einmalzahlung von Erbbauzins behandelt (Schmidt/*Kulosa* § 21 Rn. 4).

598 **Entschädigungen** fallen unter § 21, wenn sie für eine entgehende Nutzungsüberlassung gezahlt werden (zB aufgrund verspäteter Rückgabe einer Mietsache nach § 546a BGB) (Schmidt/*Kulosa* § 21 Rn. 8). Derartige Zahlungen werden auch als **Abstandszahlungen** bezeichnet.

598.1 Keine Einnahmen iSv § 21 Abs. 1 sind **Entschädigungszahlungen für eine Bausperre** durch eine Gemeinde (BFH 12.9.1985 – VIII R 306/81, BStBl. II 1986, 252; BFH 7.7.1987 – IX R 116/82, BFH/NV 1988, 433), → Rn. 188.1.

598.2 Eine **einmalige Entschädigung,** die für eine **immerwährende Dienstbarkeit** (zB für das Recht auf Überspannung eines Grundstücks mit einer Stromleitung) gezahlt wird, fällt nicht unter § 21 (BFH 2.7.2018 – IX R 31/16, BStBl. II 2018, 759). Es handelt sich dabei um nicht steuerbare Einkünfte.

599 Nicht zu Einnahmen im Rahmen von § 21 zählen **Aufwendungen, die für die Vermögenssubstanz** geleistet werden, zB ein Entgelt für die Veräußerung eines Gegenstands.

599.1 Die Entschädigung aus einer **Brandversicherung** für einen Schaden an der Bausubstanz zählt nicht zu Einnahmen aus Vermietung und Verpachtung (Blümich/*Heuermann* § 21 Rn. 232).

600 **Baukostenzuschüsse** des Mieters oder Pächters, dh die Beteiligung des Mieters an den Kosten der Herstellung des Gebäudes oder der Mieträume, zählen ebenso zu **Einnahmen** iSv § 21 Abs. 1. Letztere werden wirtschaftlich als Mietvorauszahlung unter Anrechnung auf die Mietforderung betrachtet und sind grundsätzlich als Einnahmen des Jahres zu erfassen, in welchem sie zufließen (§ 11 Abs. 1). Dies gilt auch für die Konstellation, in der der Mieter die Mieträume auf seine Kosten renovieren lässt und sich mit dem Vermieter einigt, dass die Kosten ganz oder teilweise verrechnet werden. Der Mieter hat in diesem Fall einen Rückzahlungsanspruch, der in der Regel durch Anrechnung des vom Mieter aufgewandten Betrags (Mieterzuschuss) auf den Mietzins wie eine Mietvorauszahlung befriedigt wird (EStR 21.5 Abs. 3).

601 **Zuschüsse Dritter** aus öffentlichen oder privaten Mitteln zur Finanzierung von Baumaßnahmen gehören grundsätzlich nicht zu den Einnahmen des Vermieters oder Verpächters aus Vermietung und Verpachtung, sondern mindern die Herstellungs- oder Anschaffungskosten (EStR 21.5 Abs. 1; BFH 26.3.1991 – IX R 104/86, BStBl. II 1992, 999) (zB Zuschuss der Gemeinde für die Errichtung von PKW-Stellplätzen oder Zuschuss einer Flughafengesellschaft für den Einbau von Lärmschutzfenstern). Gegebenenfalls – je nach Art der Aufwendung – können sie auch Erhaltungsaufwand sein (LBP/*v. Reden* § 21 Rn. 172).

601.1 Nach der Finanzverwaltung (EStR 21.5 Abs. 1) sind folgende Fallgruppen zu differenzieren:

- Handelt es sich bei den bezuschussten Aufwendungen um **Herstellungskosten,** sind ab dem Jahr der Bewilligung die AfA, die erhöhten Absetzungen oder die Sonderabschreibungen nach den um den Zuschuss verminderten Herstellungskosten zu bemessen. Das gilt auch bei Zufluss des Zuschusses in mehreren Jahren.
- Wird der **Zuschuss zurückgezahlt,** sind vom Jahr des Entstehens der Rückzahlungsverpflichtung an die AfA oder die erhöhten Absetzungen oder die Sonderabschreibungen von der um den Rückzahlungsbetrag erhöhten Bemessungsgrundlage vorzunehmen.
- Handelt es sich bei den bezuschussten Aufwendungen um **Erhaltungsaufwendungen** oder Schuldzinsen, sind diese nur vermindert um den Zuschuss als Werbungskosten abziehbar.

- Fallen die Zahlung des Zuschusses und der Abzug als Werbungskosten nicht in einen Veranlagungszeitraum, rechnet der Zuschuss im Jahr der Zahlung zu den Einnahmen aus Vermietung und Verpachtung.
- Wählt der Steuerpflichtige eine gleichmäßige Verteilung nach §§ 11a, 11b EStG oder § 82b EStDV (→ Rn. 943 ff.), mindern die gezahlten Zuschüsse im Jahr des Zuflusses die zu verteilenden Erhaltungsaufwendungen. Der verbleibende Betrag ist gleichmäßig auf den verbleibenden Abzugszeitraum zu verteilen.
- Soweit der Zuschuss die noch nicht berücksichtigten Erhaltungsaufwendungen übersteigt oder erst nach Ablauf des Verteilungszeitraums gezahlt wird, rechnet der Zuschuss zu den **Einnahmen** aus Vermietung und Verpachtung.
- Hat der Steuerpflichtige die Zuschüsse zurückgezahlt, sind sie im Jahr der Rückzahlung als **Werbungskosten** abzuziehen.

Ausnahmsweise gehören **Zuschüsse von dritter Seite** zu Einnahmen aus Vermietung und Verpachtung, wenn sie für die Verpflichtung gezahlt werden, das Vermietungs- und Verpachtungs-Objekt an bestimmte Personen zu vermieten (zB Zuschuss als Gegenleistung für eine Mietpreisbindung oder Nutzung durch einen bestimmten Personenkreis; EStR 21.5 Abs. 2; LBP/*v. Reden* § 21 Rn. 172). **602**

Ein Entgelt für eine Verpflichtung, ein Grundstück in bestimmter Weise **nicht zu nutzen** (BFH 9.4.1965 – VI 82/63 U, BStBl. III 1965, 361) sowie ein Entgelt für einen **Verzicht** auf Einwendungen gegen die Bebauung eines Nachbargrundstücks führt nicht zu Einnahmen iSd § 21 Abs. 1 (BFH 4.3.2008 – IX R 36/07, BFH/NV 2008, 1657). In Betracht kommen Einnahmen iSd § 22 Nr. 3. **603**

Eine **Verteilung der Einnahmen** gemäß § 11 Abs. 1 S. 3 auf den Zeitraum, für welchen die Vorauszahlungen geleistet werden, ist möglich, wenn die Nutzungsüberlassung mehr als fünf Jahre umfasst (§ 11 Abs. 2 S. 3). Wird ein Gebäude während des Verteilungszeitraums veräußert, in ein Betriebsvermögen eingebracht oder nicht mehr zur Erzielung von Einkünften iSd § 2 Abs. 1 S. 1 Nr. 4 bis 7 genutzt, ist der noch nicht als Mieteinnahme berücksichtigte Teil der Mietvorauszahlung in dem betreffenden Veranlagungszeitraum als Einnahme bei den Einkünften aus Vermietung und Verpachtung anzusetzen. **604**

Einstweilen frei **605–607**

3. Instandhaltungskosten/Kosten für Schönheitsreparaturen

Laufende **Instandhaltungskosten** oder **Kosten für Schönheitsreparaturen,** die der Mieter **vertraglich schuldet,** wären grundsätzlich auf Seiten des Vermieters oder Verpächters als Einnahmen und gleichzeitig als Werbungskosten zu erfassen (BFH 10.8.1988 – IX R 20/84, BFH/NV 1989, 160). Aus **Vereinfachungsgründen** werden Aufwendungen für Schönheitsreparaturen jedoch auf Seiten des Vermieters oder Verpächters gar nicht erst erfasst und sind damit **steuerneutral** (EStR 21.5 Abs. 3 S. 6). **608**

Leistet der Mieter eine **Entschädigung** an den Vermieter, weil er seine **vertragliche Pflicht zu Schönheitsreparaturen nicht erfüllt,** liegen auf Seiten des Vermieters Einnahmen iSd § 21 vor (BFH 29.11.1968 – VI R 316/66, BStBl. II 1969, 184). **609**

Wertmäßig unbedeutende Aufwendungen des Mieters führen nicht zu Einnahmen des Vermieters, wenn diese nach der Verkehrsanschauung im eigenen Interesse des Mieters getätigt werden und somit keine Leistung an den Vermieter vorliegt (BFH 5.9.1991 – IV R 40/90, BStBl. II 1992, 192). **610**

Anders ist dies, wenn der Mieter **vertraglich nicht geschuldete Reparaturen** im Rahmen des Nutzungsverhältnisses übernimmt. Entsprechende Aufwendungen sind entweder Mietvorauszahlungen (LBP/*v. Reden* § 21 Rn. 169) oder Einnahmen in Höhe des Mehrwerts, sobald der Vermieter die Mietsache zurückerhält (BFH 29.11.1968 – VI R 316/66, BStBl. II 1969, 184). **611**

Errichtet zB der Mieter auf dem Grundstück ein Gebäude, das in das Eigentum des Vermieters übergeht, ohne eine Entschädigung auszulösen, so liegt in Höhe des Wertes des Gebäudes eine Einnahme des Vermieters aus Vermietung und Verpachtung vor (Bordewin/Brandt/*Gänger* § 21 ABC der Einnahmen „Aufwendungen des Mieters"). **611.1**

Dies gilt jedoch nicht, wenn der Grund für die Aufwendung in einem Eigeninteresse des Mieters oder Pächters zu sehen ist (LBP/*v. Reden* § 21 Rn. 169; *Weber-Grellet* DB 1995, **612**

2550). Maßgeblich für die Abgrenzung ist in aller Regel, ob der Mieter einen Erstattungsanspruch gegen den Vermieter hat und geltend macht (§§ 677 ff., 683 BGB).

613 Zu den Besonderheiten bei Schönheitsreparaturen des Vermieters im Zusammenhang mit **anschaffungsnahem Aufwand** → Rn. 911 ff.

614–616 *Einstweilen frei*

4. Werterhöhende Aufwendungen/Einbauten

617 Ist der Mieter zur Vornahme **werterhöhender Aufwendungen/Einbauten verpflichtet oder berechtigt,** erzielt der Vermieter diesbezüglich erst im Zeitpunkt der Rückgabe der Mietsache Einnahmen aus Vermietung und Verpachtung in Höhe des dann noch vorhandenen Werts der Einbauten. Sodann kann der Vermieter daraus AfA von den nachträglichen Herstellungskosten vornehmen (BFH 1.12.1961 – VI 244/60, HFR 62, 161; BFH 21.11.1989 – IX R 170/85, BStBl. II 1990, 310; Schmidt/*Kulosa* § 21 Rn. 63). Hat der Mieter seine Pflicht zur Vornahme werterhöhender Aufwendungen/Einbauten hingegen nicht erfüllt, stellt auch eine entsprechende **Ersatzzahlung** an den Vermieter eine Einnahme iSd § 21 dar (BFH 29.11.1968 – VI R 316/66, BStBl. II 1969, 184).

618–620 *Einstweilen frei*

5. ABC der Einnahmen

Abstandszahlungen eines Mieters

621 Abstandszahlungen eines Mieters werden zwar nicht für eine Nutzungsüberlassung gezahlt, rechnen beim Vermieter aber als Entschädigung für entgehende Einnahmen (§ 24 Nr. 1 Buchst. a) zu Vermietungs- und Verpachtungs-Einkünften (BFH 21.8.1990 – VIII R 17/86, BStBl. II 1991, 76).

Abstandszahlungen eines Eigentümers (Vermieters)

622 Abstandszahlungen eines Eigentümers (Vermieters) an den Hauptmieter für die vorzeitige Auflösung des Hauptmietverhältnisses, die für den Hauptmieter zum Verlust des Untervermietungsverhältnisses führt, führen bei dem Hauptmieter zu Einkünften aus § 21 (BFH 26.10.2004 – IX R 10/03, BFH/NV 2005, 843).

Abtretung

623 Wird eine Mietforderung unentgeltlich abgetreten, bleibt es steuerlich dabei, dass die Einnahme im Zeitpunkt des Zuflusses beim Zessionar vom Zedenten zu versteuern ist. Bei einer entgeltlichen Abtretung gilt § 21 Abs. 1 S. 1 Nr. 4.

Angehörige

624 Eine Vermietung und Verpachtung an Angehörige wird steuerlich nur anerkannt, wenn die Nutzungsüberlassung ernsthaft gewollt ist, klar und deutlich sowie zivilrechtlich wirksam vereinbart ist, inhaltlich dem entspricht, was unter fremden Dritten üblich ist und die tatsächliche Durchführung der vertraglichen Vereinbarung entspricht (→ Rn. 478 ff.).

Antennenstandort

625 Einnahmen aus der Überlassung eines Gebäudeteils zur Nutzung als Antennenstandort, sind Einnahmen aus Vermietung und Verpachtung (FG Saarland 20.10.2009 – 2 K 1260/07, EFG 2010, 140 rkr.).

Arbeitgeber-Vermietung

626 Sofern die Vermietung eines häuslichen Arbeitszimmers an den Arbeitgeber kein Gestaltungsmissbrauch ist, erzielt der Arbeitnehmer Einkünfte aus Vermietung und Verpachtung (BFH 19.10.2001 – IX R 131/00, BStBl. II 2002, 300, BFH 16.9.2004 – VI R 25/02, BStBl. II 2006, 10; BFH 11.1.2005 – IX R 72/01, BFH/NV 2005, 882). Nach dem BFH ist entscheidend, dass die Anmietung des häuslichen Arbeitszimmers durch den Arbeitgeber im eigenbetrieblichen Interesse des Arbeitgebers erfolgt. Siehe Homeoffice → Rn. 706.

Arbeitnehmer-Wohnung

Überlässt ein Arbeitgeber dem Arbeitnehmer neben dem Barlohn auch eine Wohnung ohne ein gesondert berechnetes Entgelt dafür, erzielt der Arbeitgeber Einkünfte aus § 21 in Höhe des anteiligen Werts der Arbeitsleistung des Arbeitnehmers (BFH 1.9.1998 – VIII R 3/97, BStBl. II 1999, 213). 627

Arbeitsleistung

Siehe Dienstleistungen → Rn. 654. 628

Aufwendungen

Siehe Mieteraufwendungen → Rn. 734. 629

Ausbeutevertrag

Siehe Substanzausbeutungsverträge → Rn. 784. 630

Ausscheiden eines Gesellschafters

→ Rn. 369. 631

Einstweilen frei 632–636

Baukostenzuschuss

Siehe Zuschüsse → Rn. 842. 637

Baulast

Eine entgeltliche Übernahme einer Baulast, die die Verpflichtung zu einem Tun, Dulden oder Unterlassen begründet, führt zu einem miet- oder pachtähnlichen Verhältnis. Damit verbundene Einnahmen sind daher solche aus Vermietung und Verpachtung (BFH 4.9.1996 – IX R 20/96, BFH/NV 1997, 336). 638

Bausparzinsen

Bausparzinsen sind nur dann bei den Einkünften aus Vermietung und Verpachtung zu berücksichtigen, wenn sie mit der Verwirklichung eines in § 21 Abs. 1 genannten Tatbestands in einem wirtschaftlichen Zusammenhang stehen, zB bei einem zeitlichen Zusammenhang mit dem Erwerb oder dem Umbau einer Wohnung (BFH 9.11.1982 – VIII R 198/81, BStBl. II 1983, 297). Anderenfalls sind es Einkünfte aus Kapitalvermögen. 639

Bausperre

Eine Entschädigung für eine faktische Bausperre führt nicht zu Einnahmen aus Vermietung und Verpachtung (BFH 12.9.1985 – VIII R 306/81, BStBl. II 1986, 252; → Rn. 188, → Rn. 598), weil keine Nutzungsübertragung stattfindet. 640

Bauten auf fremden Grund und Boden

Trägt ein Dritter die Herstellungskosten für ein Gebäude und vereinbart er, dass das Gebäude nach Ablauf der Nutzungszeit entschädigungslos in das Eigentum des Grundstückseigentümers übergeht, liegt eine Einnahme in Form einer Sachleistung vor (BFH 14.1.2004 – IX R 54/99, BFH/NV 2004, 1088). 641

Bergbau

642 Eigentümer von Grundstücken in Bergbaugebieten erhalten von Bergbauunternehmen teilweise Entschädigungen, die als Ersatz für Erhaltungsaufwand, der aufgrund Bergbauarbeiten notwendig ist, geleistet werden. Derartige Entschädigungszahlungen an Eigentümer von Grundstücken der privaten Vermögensverwaltung sind Einnahmen aus Vermietung und Verpachtung (aA Bordewin/Brandt/*Gänger* § 21 ABC der Einnahmen „Bergschadenvergütung").

Beschlagnahme

643 Eine Entschädigung für eine Beschlagnahme eines Grundstücks ist eine Einnahme aus Vermietung und Verpachtung, wenn damit einem Dritten die Nutzung ermöglicht wird (BFH 14.6.1963 – VI 216/61 U, BStBl. III 1963, 380).

Betriebsaufspaltung

644 Werden wesentliche Grundlagen eines gewerblichen Betriebs an ein Unternehmen verpachtet, das der Verpächter beherrscht, erzielt dieser Einkünfte aus Gewerbebetrieb. Es kann sich auch um eine mittelbare Nutzungsüberlassung handeln (BFH 28.11.2001 – X R 50/97, BStBl. II 2002, 363; BFH 28.11.2001 – X R 49/97, BFH/NV 2002, 631), sofern eine sachliche Verflechtung gegeben ist (→ Rn. 1457).

Betriebskosten

645 Siehe Umlagen → Rn. 801.

Betriebsverpachtung

646 Wenn ein land- und forstwirtschaftlicher oder gewerblicher Betrieb im Ganzen verpachtet wird, besteht ein Wahlrecht, entweder eine Betriebsaufgabe zu erklären und somit Vermietungs- und Verpachtungs-Einkünfte zu erzielen oder weiterhin Einkünfte aus Land und Forstwirtschaft oder Gewerbebetrieb zu erzielen.

647–651 *Einstweilen frei*

Damnum

652 Wenn ein Kreditinstitut Damnumbeträge erstattet (beispielsweise bei dem Verkauf eines vermieteten Grundstücks), sind Einnahmen gegeben (BFH 28.3.1995 – IX R 41/93, BStBl. II 1995, 704). Siehe Vorfälligkeitsentschädigung → Rn. 820.

Dienstbarkeit

653 Ein Entgelt für die Bestellung einer beschränkt persönlichen Dienstbarkeit (§§ 1090 ff. BGB) unterfällt § 21 Abs. 1 S. 1 Nr. 1, wenn es sich nach seinem wirtschaftlichen Gehalt als Gegenleistung für die Nutzung eines Grundstücks darstellt (BFH 19.4.1994 – IX R 19/90, BStBl. II 1994, 640). Im Ausnahmefall kann eine Dienstbarkeit auch auf einer nichtsteuerbaren Überlassung der Vermögenssubstanz beruhen, zB bei Überlassung eines Grundstücks im Rahmen einer U-Bahnstreckenerrichtung (→ Rn. 201.1).

Dienstleistungen

654 Sachbezüge in Form von Dienstleistungen (zB Betreuungsleistungen oder Arbeitsleistungen) des Mieters kommen als Entgelt für eine Nutzungsüberlassung in Betracht (§ 8 Abs. 2). Wird beispielsweise einem Hausmeister für die Betreuung eines größeren Mietobjekts eine Wohnung zur Verfügung gestellt, bezahlt dieser die Miete in Form seiner Arbeitsleistung oder Dienstleistung. Auf Vermieterseite liegen Einnahmen iSd § 21 Abs. 1 S. 1 Nr. 1 vor.

Dingliches Recht

Das Entgelt für die Bestellung eines dinglichen (Wohn-)Rechts fällt unter § 21, wenn das dingliche Recht zur Nutzung des belasteten Grundstücks berechtigt. 655

Disagio

Bei einem Verkauf eines Vermietungsobjekts unter Übernahme der Verbindlichkeiten durch den Käufer liegen beim Veräußerer Einnahmen aus Vermietung und Verpachtung in Höhe des noch nicht verbrauchten Disagios vor (BFH 1.9.1998 – VIII R 3/97, BStBl. II 1999, 213). 656

Dritte

Zahlungen des Mieters oder Pächters an Dritte – anstelle des Vermieters – sind Einnahmen des Vermieters aus Vermietung und Verpachtung, wenn sie ihren Rechtsgrund im Miet- oder Pachtverhältnis haben. Dies ist va der Fall, wenn die Zahlung an den Dritten auf Anweisung des Vermieters erfolgt. Zahlt beispielsweise der Mieter Erschließungsbeiträge an die Gemeinde – anstelle des Eigentümers – muss letzterer sich die Zahlung als Einnahme aus Vermietung und Verpachtung anrechnen lassen. 657

Einstweilen frei 658–662

Ehegatten

Wird ein bisher gemeinsam bewohntes Haus an den geschiedenen Ehegatten aufgrund einer Unterhaltsvereinbarung überlassen, liegen nach der Rechtsprechung keine Einnahmen aus Vermietung und Verpachtung vor (BFH 24.6.2009 – IX B 35/09, BFH/NV 2009, 1647; BFH 17.3.1992 – IX R 264/87, BStBl. II 1992, 1009). Nach zustimmungswürdiger Auffassung von *Drüen* muss jedoch maßgeblich sein, ob der Mietvertrag einem Fremdvergleich standhält. Sei dies der Fall, können eine Unterhaltsvereinbarung und ein Mietvertrag verbunden werden. In dieser Konstellation können dann auch Barunterhalt und Mietzins miteinander verrechnet werden. Es liegt kein Gestaltungsmissbrauch vor (Tipke/Kruse/*Drüen* AO § 42 Rn. 57; KSM/*Drüen* § 21 Rn. B 199; → Rn. 192). 663

Einbringung eines Grundstücks

Bringt ein Gesellschafter ein bislang von ihm vermietetes Grundstück in die Gesellschaft ein, sind die Einkünfte aus Vermietung und Verpachtung dieses Grundstücks fortan nur dann allen Gesellschaftern zuzurechnen, wenn die Gesellschaft in die Mietverträge eintritt (BFH 15.4.1986 – IX R 69/81, BStBl. II 1986, 792) und folglich als Vermieter nach außen auftritt. 664

Einmalzahlung

Ein Entgelt für eine Nutzungsüberlassung kann auch in einem Einmalbetrag bestehen (zB für die Ausbeutung von Bodenschätzen). Nach § 11 Abs. 1 S. 3 kann der Steuerpflichtige (seit 2004) Einnahmen, die für eine Nutzungsüberlassung von mehr als fünf Jahren im Voraus geleistet werden, insgesamt auf den Zeitraum gleichmäßig verteilen, für den die Vorauszahlung geleistet ist. 665

Einspeisungsvergütung

S. Photovoltaik → Rn. 764. 666

Eintritt eines Gesellschafters

Tritt ein Gesellschafter erst während eines laufenden Geschäftsjahres in die Gesellschaft ein, sind Einnahmen oder Werbungskosten nur denjenigen Steuerpflichtigen zuzurechnen, die im Zeitpunkt des Zu- oder Abflusses Gesellschafter sind (BFH 19.8.1986 – IX S 5/83, BStBl. II 1987, 212). 667

Enteignungsentschädigung

668 Eine Enteignungsentschädigung ist regelmäßig ein Ausgleich für einen Vermögenssubstanzverlust und damit keine Einnahme aus § 21.

Entschädigung

669 Zahlungen, die aufgrund Nutzungsausfalls eines Grundstücks erfolgen, sind Einnahmen aus Vermietung und Verpachtung, ebenso Zahlungen, die eine bestimmte Nutzung eines Grundstücks kompensieren, zB die Überspannung eines zum Privatvermögen gehörenden Grundstücks mit Hochspannungsfreileitungen (BFH 19.4.1994 – IX R 19/90, BStBl. II 1994, 640). Anders zu beurteilen ist allerdings eine einmalige Entschädigung, die für eine immerwährende Dienstbarkeit (zB für das Recht auf Überspannung eines Grundstücks mit einer Stromleitung) gezahlt wird (BFH 2.7.2018 – IX R 31/16, BStBl. II 2018, 759). Zu Einnahmen aus Vermietung und Verpachtung führt auch eine Entschädigung, die der Mieter zahlen muss, weil er entgegen seiner Vertragspflicht unzureichende Instandhaltungsmaßnahmen getätigt hat (BFH 29.11.1968 – VI R 316/66, BStBl. II 1969, 184). Entschädigungszahlungen einer Feuerschutz-Versicherung bei einer im Privatvermögen gehaltenen Immobilie sind grundsätzlich keine Einnahmen aus Vermietung und Verpachtung, denn sie werden nicht für die Nutzungsüberlassung geleistet. Sie betreffen daher im Regelfall die nichtsteuerbare Vermögensebene. Sie mindern auch nicht die Herstellungskosten für den Wiederaufbau des zerstörten Gebäudes. Nur ausnahmsweise kann es sich um Einnahmen im Rahmen der Vermietung und Verpachtung handeln, soweit die Leistung der Versicherung den Zweck hat, Werbungskosten zu ersetzen (FG Hessen 25.9.2019 – 5 K 600/15, BeckRS 2019, 29286). Siehe Stromleitung → Rn. 785, Substanzschaden → Rn. 786, Vermögensverlust → Rn. 814.

Erbauseinandersetzung

670 Die Nutzungsrechteinräumung im Rahmen einer Erbauseinandersetzung an einem – einem anderen Erben zugewiesenen – Grundstück fällt nicht unter § 21 (BFH 28.11.1991 – XI R 2/87, BStBl. II 1992, 381).

Erbbaurecht

671 Erbbauzinsen, die ein Eigentümer eines mit einem Erbbaurecht belasteten Grundstücks erhält, gehören zu den Einnahmen aus Vermietung und Verpachtung. Übernimmt ein Erbbauberechtigter Erschließungskosten oder Straßenanliegerbeiträge kann dies zu Einnahmen aus Vermietung und Verpachtung des Eigentümers bei Realisierung des Wertzuwachses führen (BFH 23.9.2003 – IX R 65/02, BStBl. II 2005, 159; BFH 20.9.2006 – IX R 17/04, BStBl. II 2007, 112; BFH 21.11.1989 – IX R 170/85, BStBl. II 1990, 310; *Spindler* DB 1994, 650).

Erbbauzinsen

672 Siehe Erbbaurecht → Rn. 671.

Erhaltungsaufwand

673 Nicht vertraglich geschuldeter Erhaltungsaufwand, den der Mieter trägt, führt beim Vermieter regelmäßig zu einer Einnahme in Form einer Sachleistung, es sei denn, es ist eine unentgeltliche Zuwendung beabsichtigt (so regelmäßig bei nahen Angehörigen (BFH 10.11.1994 – IV B 22/94, BFH/NV 1995, 591).

Ersatzbeschaffung des Mieters

674 Siehe Instandhaltungsmaßnahme → Rn. 711.

Ersatz von Werbungskosten

Siehe Schadensersatzleistungen → Rn. 781. 675

Erschließungskosten

Siehe Kostenübernahme → Rn. 721. 676

Erstattung

Die Erstattung von Werbungskosten (zB von einer Versicherung) führt zu Einnahmen aus Vermietung und Verpachtung im Jahr des Zuflusses (BFH 1.12.1992 – IX R 189/85, BStBl. II 1994, 11). Dies gilt auch, wenn im Zeitpunkt der Erstattung keine Tätigkeit im Rahmen der Einkunftsart mehr besteht (BFH 28.3.1995 – IX R 41/93, BStBl. II 1995, 704). 677

Einstweilen frei 678–682

Feuerschutzversicherung

Siehe Entschädigung→ Rn. 669. 683

Finanztermingeschäft

Einnahmen aus außerhalb der Veräußerungsfrist iSd § 23 Abs. 1 getätigten Finanztermingeschäften sind den Einkünften aus Vermietung und Verpachtung nicht deshalb zuzurechnen, weil die den Einnahmen zugrunde liegenden Geschäfte ursprünglich der Absicherung des Risikos steigender Zinsen im Zusammenhang mit der Finanzierung von Anschaffungskosten fremdvermieteter Immobilien dienten (BFH 13.1.2015 – IX R 13/14, BFHE 248, 340). 684

Fördermittel

Fördermittel, die ein Bauherr zur Förderung von Mietwohnungen im Rahmen des sog. Dritten Förderungsweges für Belegungsbindung und Mietpreisbindung erhält, sind in dem Jahr des Zuflusses zu versteuern (BFH 14.10.2003 – IX R 60/02, BStBl. II 2004, 14; BFH 14.10.2003 – IX R 12/02 und IX R 34/02, BFH/NV 2004, 333; BFH 25.9.2007 – IX R 16/06, BFH/NV 2008, 730). Fördermittel gemäß § 43 Abs. 3 StBauFG führen zu einer Minderung der Anschaffungs- und Herstellungskosten (BFH 7.12.2010 – IX R 46/09, BStBl. II 2012, 310). 685

Fotomodell

Entgelte für die Überlassung des Rechts am eigenen Bild durch Fotomodelle fallen unter § 21 Abs. 1 S. 1 Nr. 3. 686

Einstweilen Frei 687–690

Garage

Einnahmen aus der Vermietung von Garagen unterfallen § 21 Abs. 1 S. 1 Nr. 1. 691

Gesamthand

Siehe Miteigentümer → Rn. 740. 692

Geschiedene

Siehe Ehegatten → Rn. 663. 693

Gesellschaftsrechte

Überlässt ein Steuerpflichtiger einer Kapitalgesellschaft ein Grundstück zur Nutzung gegen Gewährung von Gesellschaftsrechten, erzielt er insoweit Einnahmen aus Vermietung und Verpachtung (BFH 24.1.2008 – IV R 37/06, BStBl. II 2011, 617). 694

Giebelmauer

695 Eine Entschädigung, die der Nachbar für die Errichtung einer Giebelmauer erhält, ist keine Einnahme aus Vermietung und Verpachtung.

Grenzbebauung

696 Die Errichtung eines Gebäudes an der Grundstücksgrenze, wofür der Nachbar einen Ausgleich bezahlt (Entschädigung), führt nicht zu Einnahmen aus Vermietung und Verpachtung. Es mindern sich jedoch in Höhe der Entschädigung die Herstellungskosten für das Gebäude.

Grunddienstbarkeit

697 Siehe hierzu → Rn. 142.

698–702 *Einstweilen frei*

Hausmeister

703 Siehe Dienstleistungen → Rn. 654.

Heizkostenvorschüsse

704 Heizkostenvorschüsse haben den Charakter eines durchlaufenden Postens. Soweit der Vorschuss die tatsächlichen Heizkosten überschreitet, hat regelmäßig eine Rückzahlung an den Mieter zu erfolgen. Dennoch ist der Heizkostenvorschuss – ebenso wie sonstige Nebenkosten – vorerst in voller Höhe als Einnahme aus Vermietung und Verpachtung zu erfassen (BFH 14.12.1999 – IX R 69/98, BStBl. II 2000, 197). Die entstandenen Aufwendungen des Vermieters sind als Werbungskosten berücksichtigungsfähig.

Hochspannungsfreileitung

705 Zahlungen von Energieversorgungsunternehmen an Grundstückseigentümer wegen der Errichtung von Hochspannungsfreileitungen sind Einkünfte aus Vermietung und Verpachtung, wenn das Grundstück zur Nutzung überlassen wird, zB weil Hochspannungsleitungsmasten auf dem Grundstück stehen oder das Unternehmen ein Betretungsrecht hat (BFH 19.4.1994 – IX R 19/90, BStBl. II 1994, 640).

Homeoffice

706 Wenn der Arbeitnehmer eine Einliegerwohnung als „Homeoffice" an seinen Arbeitgeber für dessen **betriebliche Zwecke** vermietet, handelt es sich um Einkünfte aus der Vermietung einer Gewerbeimmobilie. Die Mietzahlungen des Arbeitgebers sind Gegenleistung für die Nutzung der Immobilie (BFH 17.4.2018 – IX R 9/17, BStBl. II 2019, 219).

707–710 *Einstweilen frei*

Instandhaltungsmaßnahmen

711 Instandhaltungsaufwendungen für Mietgegenstände des Mieters sind, wenn die Instandhaltung Sache des Mieters ist, nicht Einnahmen des Vermieters. Diesbezüglich kann der Vermieter keine AfA vornehmen.

Instandhaltungsrücklage

712 Zinsen aus der Instandhaltungsrücklage führen zu Einnahmen aus Kapitalvermögen (EStR 21.2 Abs. 2).

713–717 *Einstweilen frei*

Kaufpreisminderung

718 Wird dem Käufer eines mit einem unentgeltlichen Nutzungsrecht belasteten Grundstücks mit Rücksicht auf die dingliche Belastung eine Kaufpreisminderung gewährt, liegen keine

Einnahmen aus Vermietung und Verpachtung vor (BFH 22.6.1993 – IX R 72/88, BFH/NV 1994, 163).

Kaution

Zinsen aus einer Kaution sind einkommensteuerrechtlich dem Mieter zuzurechnen. Sie rechnen nicht als Einnahme des Vermieters. 719

Kautionseinbehalt

Soweit der Vermieter nach Vertragsende die Kaution wegen eines Schadensersatzanspruchs einbehält, handelt es sich um Einnahmen aus § 21 (BFH 11.7.2000 – IX R 48/96, BStBl. II 2001, 784). Damit finanzierte Reparaturkosten sind Werbungskosten. 720

Kostenübernahme

Nimmt der Mieter Zahlungen auf Verpflichtungen des Vermieters vor (zB Verwaltungskosten, Steuern, Erschließungsbeiträge), führt dies beim Vermieter zu Einnahmen aus Vermietung und Verpachtung in entsprechender Höhe. 721

Einstweilen frei 722–726

Leasing

Siehe hierzu → Rn. 76.2 → Rn. 156 f., → Rn. 200. 727

Einstweilen frei 728–732

Mietausfallversicherung

Zahlungen aus einer Mietausfallversicherung gehören zu den Einnahmen aus § 21. 733

Mieteraufwendungen

Hat sich der Mieter zu Schönheitsreparaturen verpflichtet und erfüllt diese Pflicht, liegen beim Vermieter weder Einnahmen noch Ausgaben vor (→ Rn. 608 ff.). Tätigt der Mieter werterhöhende Aufwendungen, ohne diese vertraglich zu schulden, liegen beim Vermieter grds. Einnahmen in Höhe des Mehrwerts vor, sobald er die Mietsache zurückerhält (BFH 29.11.1968 – VI R 316/66, BStBl. II 1969, 184; → Rn. 611 ff.). 734

Mieter-Benennungsrecht

Räumt der Vermieter einer Gemeinde entgeltlich ein Recht ein, für bestimmte Wohnungen die Mieter zu benennen, liegen Mieteinnahmen vor. 735

Mietgarantie

Zahlungen aufgrund einer Mietgarantie rechnen zu Einnahmen aus Vermietung und Verpachtung (*Walter/Mehrgardt/Berchtolsheim* BB 2019, 730). 736

Mietkaufvertrag/-modell

Hierzu → Rn. 261 ff.; → Rn. 296 ff. 737

Mieterzuschüsse

Mieterzuschüsse zu den Herstellungskosten eines Gebäudes gehören zu Einnahmen aus Vermietung und Verpachtung im Zeitpunkt des Zuflusses. 738

Mietvorauszahlungen

Mietvorauszahlungen gehören zu Einnahmen aus Vermietung und Verpachtung. 739

Miteigentümer

740 Die Einnahmen und Werbungskosten sind den Miteigentümern grundsätzlich nach dem Verhältnis der nach bürgerlichem Recht anzusetzenden Anteile zuzurechnen. Haben die Miteigentümer abweichende Vereinbarungen getroffen, sind diese maßgebend, wenn sie bürgerlich-rechtlich wirksam sind und hierfür wirtschaftlich vernünftige Gründe vorliegen, die grundstücksbezogen sind (EStR 21.6). Eine von den Eigentumsquoten abweichende Vereinbarung über die Zurechnung der Einkünfte bei einer Miteigentümergemeinschaft ist anzuerkennen, wenn sie ihren Rechtsgrund im Gemeinschaftsverhältnis hat. Es ist jedoch zu einer privat veranlassten Einkommensverwendung (§ 12) abzugrenzen (BFH 25.8.1992 – IX R 320/87, BStBl. II 1993, 105).

Miterben

741 Zu den Besonderheiten der Zurechnung von Einkünften bei einer Erbengemeinschaft → Rn. 386 ff.

742–746 *Einstweilen frei*

Nachbarrechte

747 Ein entgeltlicher Verzicht des Grundstückseigentümers auf Einwände gegen ein Bauvorhaben auf dem Nachbargrundstück führt zu Einkünften iSv § 22 Nr. 3 (BFH 28.10.1982 – VIII R 83/79, BStBl. II 1983, 404).

Nebenleistungen/-kosten:

748 Siehe Umlagen → Rn. 801.

Nießbrauch

749 Entgelt, das der Grundstückseigentümer vom Nutzungsberechtigten erhält, weil er zu dessen Gunsten einen Nießbrauch bestellt hat, ist eine Einnahme aus Vermietung und Verpachtung (→ Rn. 425).

Nutzungsbeschränkung

750 Ein Entgelt für die Verpflichtung des Eigentümers, das Grundstück nicht in einer bestimmten Weise zu benutzen, zB nicht an eine bestimmte Person zu vermieten, ist eine Einnahme iSd § 22 Nr. 3 (BFH 9.4.1965 – VI 82/63 U, BStBl. III 1965, 361).

Nutzungsausfall:

751 Zahlungen, die aufgrund Nutzungsausfalls eines Grundstücks erfolgen, sind Einnahmen aus Vermietung und Verpachtung.

Nutzungsentschädigungen

752 Nutzungsentschädigungen für die Inanspruchnahme von Grundstücken für öffentliche Zwecke gehören grundsätzlich zu den Einnahmen aus Vermietung und Verpachtung.

753–757 *Einstweilen frei*

Öffentliche Zuschüsse

758 Öffentliche Zuschüsse im Zusammenhang mit der Nutzungsüberlassung, zB Zahlungen für Mietzinsbindungen oder Belegungsrechte (BFH 14.10.2003 – IX R 60/02, BStBl. II 2004, 14; BFH 17.4.2004 – IX R 65/03, BFH/NV 2004, 1623) oder für eine familiengerechte Belegung (BFH 25.1.1994 – IX R 121/90, BFH/NV 1994, 845), sind Einnahmen aus Vermietung und Verpachtung. Zuschüsse ohne Zusammenhang mit der Nutzungsüberlassung (zB gemäß § 43 Abs. 3 StBauFG, Art. 52 PflegeVG sowie Zuschüsse der Denkmalbehörde oder der Gemeinde für die Errichtung eines Stellplatzes) sind keine Einnahmen aus Vermietung und Verpachtung. Sie führen jedoch gegebenenfalls zu einer Minderung der

Anschaffungs- oder Herstellungskosten eines Vermietungs- und Verpachtungs-Objekts. Siehe Zuschüsse → Rn. 842, Fördermittel → Rn. 685.

Einstweilen frei 759–763

Photovoltaik

Wenn ein Grundstückseigentümer Grundstücksteile einem Energieerzeugungsunternehmen zur Stromerzeugung gegen Entgelt überlässt, können Einnahmen aus Vermietung und Verpachtung gegeben sein. Einnahmen des Grundstückseigentümers aus Einspeisungsvergütungen nach dem Erneuerbare-Energien-Gesetz (EEG) vom 21.7.2004 (BGBl. 2004 I 1918) gehören jedoch zu betrieblichen Einkünften (BFH 11.4.2008 – V R 10/07, BStBl. II 2009, 741; OFD Rheinland 9.3.2009, DStZ 2009, 260). 764

Prämie

Eine Prämie, beispielsweise für eine familiengerechte Belegung einer Wohnung, ist eine Einnahme iSd § 21 Abs. 1 (BFH 25.1.1994 – IX R 121/90, BFH/NV 1994, 845). 765

Prozesszinsen

Prozesszinsen auf erstattete Grunderwerbsteuer sind Einnahmen aus Kapitalvermögen und keine Einnahmen aus Vermietung und Verpachtung (BFH 8.4.1986 – VIII R 260/82, BStBl. II 1986, 557). 766

Einstweilen frei 767–771

Reklameflächen

Reklameflächen können vermietet werden und zu Einnahmen aus Vermietung und Verpachtung führen. 772

Rechtsstreit

Kosten für einen Rechtsstreit wegen der Verteilung von Miteinnahmen bei einer Miteigentümergemeinschaft sind keine Werbungskosten im Rahmen der Einkünfte aus Vermietung und Verpachtung (FG München 3.5.2019 – 8 K 933/18, BeckRS 2019, 9658). 773

Rückabwicklung

Siehe Rücktritt → Rn. 775. 774

Rücktritt

Wird ein Kaufvertrag rückabgewickelt und behält der Verkäufer einen Teil des Kaufpreises als Nutzungsentgelt zurück, liegen Einnahmen iSd § 21 vor (BFH 30.9.1960 – VI 240/58 U, BStBl. III 1960, 465; FG Rheinland-Pfalz 26.11.1991 – 2 K 1205/88, EFG 1992, 335). 775

Rückübertragungsanspruch

Aufwendungen im Zusammenhang mit der Abwendung eines Rückübertragungsanspruchs nach dem Widerruf einer Schenkung eines Miteigentumsanteils an einem vermieteten Grundstück stehen nicht im Zusammenhang mit Einkünften aus Vermietung und Verpachtung. Sie betreffen die Vermögenssphäre und sind daher keine Werbungskosten (FG München 3.5.2019 – 8 K 933/18, BeckRS 2019, 9658). 776

Einstweilen frei 777–779

Sachleistungen/Sachbezüge

Sachleistungen/Sachbezüge können Entgelt für die Vermietung und Verpachtung eines Wirtschaftsgutes sein. 780

Schadensersatzleistungen

781 Schadensersatzleistungen des Mieters an den Vermieter können Einnahmen aus § 21 sein, wenn sie durch das Nutzungsverhältnis veranlasst sind. Dies ist der Fall bei Schadensersatz des Mieters wegen vertragswidriger Vorenthaltung der Mietsache nach Vertragsablauf und dadurch verursachtem Mietausfall (BFH 5.3.1971 – I R 166/69, BStBl. II 1971, 624); ebenso bei Leistungen aus einer Mietausfallversicherung (BFH 1.12.1992 – IX R 36/86, BFH/NV 1993, 472) sowie bei Ersatzleistungen wegen übermäßiger Beanspruchung der Mietsache (BFH 22.4.1966 – VI 264/65, BStBl. III 1966, 395), bei unterlassenen Schönheitsreparaturen (BFH 18.12.1967 – VI R 119/66, BStBl. III 1968, 309) oder wegen sonstigen Vertragsverletzungen (BFH 29.11.1986 – VI R 316/66, BStBl. II 1969, 184). Der Ersatz von als Werbungskosten geltend gemachten Schäden führt regelmäßig zu Einnahmen aus Vermietung und Verpachtung (BFH 23.3.1993 – IX R 67/86, BStBl. II 1993, 748). Dies gilt jedoch nicht, soweit die Ersatzleistung über den Werbungskostenausgleich hinausreicht (BFH 1.12.1992 – IX R 333/87, BStBl. II 1994, 12). Schadensersatz des Mieters aus anderem Rechtsgrund (ohne Zusammenhang mit dem Nutzungsverhältnis), zB §§ 823 ff. BGB, führt nicht zu Einnahmen aus Vermietung und Verpachtung. Maßgeblich ist jedoch nicht die zivilrechtliche Einordnung, sondern welche Art von Vermögensminderung bei wirtschaftlicher Betrachtung ausgeglichen werden soll. Handelt es sich um eine Ersatzleistung für eine Vermögensminderung ohne unmittelbaren Zusammenhang mit dem Nutzungsverhältnis, liegen keine Einnahmen aus § 21 vor (BFH 20.9.1996 – VI R 57/95, BStBl. II 1997, 144; HHR/*Pfirrmann* § 21 Rn. 85). Der Ersatz von Werbungskosten, zB eine Zahlung zum Ausgleich erhöhter Bereitstellungszinsen, weil der Mieter ein zum Abbruch bestimmtes Gebäude verspätet räumt (BFH 5.1.1971 – I R 166/69, BStBl. II 1971, 624), steht zwar nur in mittelbarem Zusammenhang mit der Nutzungsüberlassung, ist jedoch dennoch eine Einnahme aus Vermietung und Verpachtung. Siehe Vertragsstrafe → Rn. 816.

Scheidung

782 Siehe Wohnungsüberlassung zwischen Geschiedenen → Rn. 834.

Schönheitsreparaturen

783 Siehe Mieteraufwendungen → Rn. 734; Siehe Schadensersatzleistungen → Rn. 781.

Substanzausbeutungsverträge

784 Wenn ein Grundstückseigentümer einem Dritten auf schuldrechtlicher oder dinglicher Basis ein Recht zur Hebung von Bodenschätzen einräumt, liegen grundsätzlich Einkünfte aus § 21 vor (→ Rn. 217 ff.).

Stromleitung

785 Eine einmalige Entschädigung, die für das Recht auf Überspannung eines Grundstücks mit einer Stromleitung) gezahlt wird, ist keine Einnahme aus § 21 und auch nicht nach einer sonstigen Einkunftsart des EStG zu erfassen (BFH 2.7.2018 – IX R 31/16, BStBl. II 2018, 759). Siehe Überspannungsrecht → Rn. 800.

Stundung

786 Wird eine fällig gewordene Miet- oder Pachtzinsforderung gestundet und entrichtet der Mieter oder Pächter hierfür Zinsen, handelt es sich um Einkünfte aus Kapitalvermögen.

Substanzschaden

787 Zahlungen, die für Schäden an der Substanz eines Grundstücks geleistet werden, sind keine Einnahmen aus Vermietung und Verpachtung. Sie liegen außerhalb des Nutzungsverhältnisses.

788–791 *Einstweilen frei*

Termingeschäft

Siehe Finanztermingeschäft → Rn. 683. 792

Einstweilen frei 793–797

Überbaurente

Überbaut ein Grundstückseigentümer die Grundstücksgrenze, steht dem Grundstücksnachbarn nach § 912 BGB eine Geldrente zu. Wirtschaftlich betrachtet ist dies eine Entschädigung für die Duldungspflicht. Entsprechende Rentenzahlungen sind daher Mieteinnahmen. 798

Überkreuzvermietung

Eine wechselseitige Vermietung kann rechtsmissbräuchlich sein (→ Rn. 530). 799

Überspannungsrecht

Entgelt, das ein Grundstückseigentümer von einem Stromversorgungsunternehmen für die Bewilligung eines Überspannungsrechts erhält, fällt unter § 21 Abs. 1 S. 1 Nr. 1 (BFH 19.4.1994 – IX R 19/90, BStBl. II 1994, 640; BFH 11.11.2004 – V R 30/04, BStBl. II 2005, 802). Dies gilt jedoch nicht für eine einmalige Entschädigung, die für eine immerwährende Dienstbarkeit (zB für das Recht auf Überspannung eines Grundstücks mit einer Stromleitung) gezahlt wird (BFH 2.7.2018 – IX R 31/16, BStBl. II 2018, 759). 800

Umlagen

Umlagen, die der Vermieter für Neben- oder Betriebskosten erhebt, sind Einnahmen iSd § 21 Abs. 1 S. 1 Nr. 1 (BFH 14.12.1999 – IX R 69/89, BStBl. II 2000, 197). Entsprechende Aufwendungen auf Seiten des Vermieters sind Werbungskosten. Siehe Mieteraufwendungen → Rn. 734. 801

Umsatzsteuer

Bei einer umsatzsteuerpflichtigen Vermietung (aufgrund Option nach § 9 UStG) gehört die Umsatzsteuer zu den einkommensteuerpflichtigen Einnahmen. An das Finanzamt erfolgte Zahlungen aufgrund einer Umsatzsteuerschuld sind Werbungskosten. Siehe Vorsteuer → Rn. 823. 802

Umsatzsteuererstattungen

Umsatzsteuererstattungen sind im Zeitpunkt des Zuflusses Einnahmen iSd § 21. 803

Unterhaltsvereinbarung

Siehe Ehegatten → Rn. 663, Wohnraumüberlassung zwischen Geschiedenen → Rn. 834. 804

Unterlassen

Verpflichtet sich ein Eigentümer, gegen Entgelt sein Grundstück nicht zu verpachten, unterfällt das dafür entrichtete Entgelt § 22 Nr. 3. 805

Einstweilen frei 806–810

Verbesserung

Hat der Mieter an dem Mietobjekt eine Verbesserung (zB einen Umbau) vorgenommen und ist diese bei Vertragsende noch gegeben und wird dem Vermieter unentgeltlich überlassen, so ist der Wert der Verbesserung (§ 8 Abs. 2) Einnahme des Vermieters aus § 21 Abs. 1, die in dem Zeitpunkt zufließt, in dem der Vermieter frei darüber verfügen kann (BFH 21.11.1989 – IX R 170/85, BStBl. II 1990, 310). 811

Verkaufsangebot

812 Entgelt des Mieters für ein verbindliches längerfristiges Verkaufsangebot ist keine Einnahme aus Vermietung und Verpachtung. Es fehlt an einem Zusammenhang zu einer iRv § 21 Abs. 1 S. 1 Nr. 1 maßgeblichen Nutzungsüberlassung.

VermG

813 Nutzungsentgelte, die dem Verfügungsberechtigten iSd § 2 Abs. 3 VermG bis zur Klärung des gegen ihn gerichteten Herausgabeanspruchs zufließen, gehören zu Einnahmen aus Vermietung und Verpachtung (BFH 28.5.2008 – IX S 4/08, BFH/NV 2008, 1489).

Vermögensverlust

814 Zahlungen, die für Vermögensverluste eines Grundstücks geleistet werden, sind keine Einnahmen aus Vermietung und Verpachtung. Sie liegen außerhalb des Nutzungsverhältnisses.

Versicherungsleistungen

815 Versicherungsleistungen sind Einnahmen aus Vermietung und Verpachtung, wenn sie das Nutzungsentgelt (zB aufgrund einer Mietausfallversicherung) oder Werbungskosten ersetzen. Siehe Entschädigung → Rn. 669.

Vertragsstrafe

816 Eine Vertragsstrafe eines Architekten oder Bauunternehmers für eine verspätete Fertigstellung eines Vermietungsobjekts ist eine Einnahme aus Vermietung und Verpachtung, soweit dadurch entgangene Mieteinnahmen ausgeglichen werden. Siehe Schadensersatzleistungen → Rn. 781.

Verzicht

817 Ein Verzicht auf Mieteinnahmen oder auf eine Mieterhöhung ist keine Einnahme aus Vermietung und Verpachtung (BFH 20.7.2012 – IX B 24/12, BFH/NV 2012, 1970). Siehe Nachbarrechte → Rn. 747, Wohnrecht → Rn. 833.

Verzugszinsen

818 Verzugszinsen gehören zu Einnahmen aus Vermietung und Verpachtung, wenn sie in einem wirtschaftlichen Zusammenhang mit der Nutzungsüberlassung stehen (BFH 21.6.1994 – IX R 57/89, BFH/NV 1995, 106). Dies ist der Fall, wenn Verzugszinsen bei verspäteter Mietzahlung beansprucht werden (BFH 24.5.2011 – VIII R 3/09, BStBl. II 2012, 254).

Vorkaufsrecht

819 Eine Gegenleistung für die Einräumung eines Vorkaufsrechts gehört nicht zu Einnahmen aus Vermietung und Verpachtung (BFH 10.8.1994 – X R 42/91, BStBl. II 1995, 57).

Vormietrecht

820 Zahlungen für die Einräumung eines Vormietrechts sind als vorweggenommene Mietzahlung Einnahme aus Vermietung und Verpachtung des Empfängers.

Vorvertrag

821 Zahlungen für den Abschluss eines Vorvertrages sind Mieteinnahmen, sofern die Zahlung auf das spätere Nutzungsüberlassungsverhältnis bezogen ist.

Vorschüsse

Vorschüsse eines Mieters auf Nebenkosten, die später abgerechnet werden, sind Einnahmen iSd § 21 Abs. 1. Korrespondierend sind Rückzahlungen als Werbungskosten zu behandeln. 822

Vorsteuer

Ein Überschuss der Vorsteuer über die Umsatzsteuer, dh eine Vorsteuererstattung durch das Finanzamt, führt zu Einnahmen aus Vermietung und Verpachtung. Siehe Umsatzsteuer → Rn. 802. 823

Einstweilen frei 824–830

Werterhöhung

Werterhöhende Aufwendungen können je nach vertraglicher Ausgestaltung in Höhe des Mietwerts als Einnahme auf Seiten des Vermieters zu erfassen sein (BFH 29.11.1968 – VI R 316/66, BStBl. II 1969, 184). In diesem Fall besteht auch eine Berechtigung des Vermieters zur AfA. Siehe Verbesserung → Rn. 811. 831

Windenergieanlage

Siehe Hochspannungsfreileitung → Rn. 705. 832

Wohnrecht/Wohnungsrecht:

Ein Entgelt für die Einräumung eines dinglichen Wohnrechts (§ 1093 BGB) oder schuldrechtlichen Wohnungsrechts ist eine Einnahme aus Vermietung und Verpachtung. Der entgeltliche Verzicht auf ein Wohnrecht führt nicht zu Mieteinnahmen (BFH 9.8.1990 – X R 140/88, BStBl. II 1990, 1026). Besonderheiten gelten bei einem Wechsel eines zunächst unentgeltlichen Wohnrechts zu einer entgeltlichen Nutzungsüberlassung. In diesem Fall ist problematisch, dass es für die Zahlung der Miete keinen in der Überlassung zur Nutzung liegenden Grund gibt. Nach früherer Rechtsprechung war daher ein Mietvertrag nicht anzuerkennen, sondern ein Gestaltungsmissbrauch iSd § 42 AO (BFH 13.10.1993 – X R 86/89, BStBl. II 1994, 451). Gegen einen Gestaltungsmissbrauch spricht jedoch, dass es den Parteien nicht verwehrt sein darf, von einem unentgeltlichen zu einem entgeltlichen Nutzungsverhältnis zu wechseln (BFH 17.12.2003 – IX R 60/98, BStBl. II 2004, 646). Siehe Dingliches Recht → Rn. 655. 833

Wohnungsüberlassung zwischen Geschiedenen

Überlässt der Steuerpflichtige aufgrund einer Unterhaltsvereinbarung seiner von ihm geschiedenen Ehefrau ein Haus zur Nutzung, fällt die Nutzungsüberlassung nach der Rechtsprechung grundsätzlich nicht unter § 21 (BFH 17.3.1992 – IX R 264/87, BStBl. II 1992, 1009). Allerdings ist zu prüfen, ob ein zwischen den Geschiedenen abgeschlossener Mietvertrag einem Fremdvergleich standhält. Ist dies der Fall, können eine Unterhaltsvereinbarung und ein Mietvertrag verbunden werden. In dieser Konstellation können dann auch Barunterhalt und Mietzins miteinander verrechnet werden. Ein Gestaltungsmissbrauch liegt nicht vor (Tipke/Kruse/*Drüen* AO § 42 Rn. 57; KSM/*Drüen* § 21 Rn. B 199). 834

Einstweilen frei 835–839

Zession

Siehe Abtretung → Rn. 623. 840

Zugewinnausgleich

Die Überlassung einer Wohnung an den früheren Ehegatten zur Abgeltung von dessen Zugewinnausgleichsanspruch ist Entgelt und führt zu entsprechenden Mieteinnahmen (BFH 8.3.2006 – IX R 34/04, BFH/NV 2006, 1280; → Rn. 147, → Rn. 183). 841

Zuschüsse

842 Zuschüsse zur Finanzierung von Anschaffungskosten oder Herstellungskosten von dritter Seite rechnen grundsätzlich nicht zu Einnahmen aus Vermietung und Verpachtung. Sie mindern die Bemessungsgrundlage für die AfA. Baukostenzuschüsse des Mieters oder Pächters zählen zu Einnahmen iSv § 21 Abs. 1. Mieterzuschüsse für Herstellungskosten der Räume oder des Gebäudes werden in der Regel unter Anrechnung auf die künftigen Mietzahlungen geleistet. Ein Mieterzuschuss ist daher – wie eine Mietvorauszahlung – Einnahme aus Vermietung und Verpachtung. Derartige Zahlungen können bei mehr als fünfjähriger Nutzungsüberlassung auf Antrag auf den Zeitraum der Nutzungsüberlassung gleichmäßig verteilt werden (§ 11 Abs. 1 S. 3). Siehe Öffentliche Zuschüsse → Rn. 758.

843–847 *Einstweilen frei*

V. Werbungskosten im Rahmen der Vermietung und Verpachtung

1. Allgemeines

848 Gemäß § 9 Abs. 1 sind Werbungskosten im Rahmen der Einkünfte aus Vermietung und Verpachtung alle Aufwendungen, bei denen **objektiv** ein wirtschaftlicher Zusammenhang mit der Vermietung und Verpachtung besteht. Grundsätzlich müssen entsprechende Aufwendungen auch **subjektiv** zur Förderung der Nutzungsüberlassung getätigt werden (BFH 13.1.2015 – IX R 46/13, BFH/NV 2015, 668; Kirchhof/*Mellinghoff* § 21 Rn. 49; BFH 17.7.2007 – IX R 2/05, BStBl. II 2007, 941). Sie müssen der Erwerbung, Sicherung und Erhaltung der Einnahmen aus Vermietung und Verpachtung dienen. Die subjektive Komponente spielt va bei vorab entstandenen (→ Rn. 961 ff.) oder vergeblichen (→ Rn. 978 ff.) Werbungskosten eine Rolle (zB Finanzierungskosten für ein zu bebauendes Grundstück, welches anschließend als Vermietungsobjekt genutzt werden soll).

849 Es muss (nur) ein **kausaler (kein finaler)** Zusammenhang zwischen der Vermietung und Verpachtung und der Aufwendung, für die der Werbungskostenabzug geltend gemacht wird, bestehen (BFH 25.7.1972 – VIII R 56/68, BStBl. II 1972, 880). Alle durch die Vermietung und Verpachtung verursachten, dh wirtschaftlich in Zusammenhang stehenden Kosten sind abzugsfähig. Der insoweit engere Wortlaut des § 9 Abs. 1, der einen finalen Werbungskostenbegriff vermuten lässt, ist nicht mit dem Grundsatz der – so weitgehend wie möglichen – steuerlichen Gleichbehandlung von Gewinn- und Überschusseinkunftsarten vereinbar (Lademann EStG/*Claßen* § 21 Rn. 255). Eine subjektive Förderung der Nutzungsüberlassung ist daher nicht zwingend erforderlich, typischerweise jedoch in den meisten Fällen eines objektiven wirtschaftlichen Zusammenhangs ohnehin gegeben. Ein kausaler Zusammenhang besteht zB bei Schuldzinsen, Abstandszahlungen und Abbruchkosten, zu weiteren Beispielen: ABC der Werbungskosten → Rn. 998 ff.

849.1 Auch unfreiwillige Aufwendungen fallen unter den Werbungskostenbegriff (Lademann EStG/*Claßen* § 21 Rn. 255; *Prinz* FR 1986, 397 (404).

849.2 Ein wirtschaftlicher Zusammenhang einer Aufwendung mit der Vermietung und Verpachtung kann gegeben sein, wenn die Ausgabe gleichzeitig der Beschaffung oder Unterhaltung der Einkunftsquelle dient, wobei Anschaffungs- und Herstellungskosten nur verteilt über die voraussichtliche Nutzungsdauer als AfA angesetzt werden können.

849.3 Ein wirtschaftlicher – kausaler – Zusammenhang kann grundsätzlich auch bei nachträglich (→ Rn. 985 ff.) oder vorab entstandenen (→ Rn. 961 ff.) Werbungskosten gegeben sein.

850 **Vorauszahlungen oder Anzahlungen,** die keinen Zusammenhang mit einer Herstellungsleistung aufweisen, können als Werbungskosten Berücksichtigung finden. Voraussetzung ist, dass die Gegenleistung endgültig ausbleibt und eine Rückzahlung nicht zu erlangen ist (BFH 4.7.1990 – GrS 1/89, BStBl. II 1990, 830 (835); BFH 31.3.1992 – IX R 164/87, BStBl. II 1992, 805; BFH 24.3.1987 – IX R 31/84, BFH/NV 1988, 23; KSM/*Drüen* § 21 Rn. B 368).

851 Da im Rahmen der Überschusseinkünfte kein Vermögensvergleich erfolgt, sind **Wertveränderungen im Hinblick auf den Vermögensstamm nicht bedeutsam.** Daher sind Anschaffungs- und Herstellungskosten (→ Rn. 873 ff.) von Werbungskosten zu differenzieren. Anschaffungs- und Herstellungskosten können nicht sofort abgezogen werden, sondern

nur im Rahmen der AfA Berücksichtigung finden. Erhaltungsaufwand bezieht sich zwar auf den Vermögensstamm, ist jedoch steuerlich den Werbungskosten zuzurechnen und daher sofort abzugsfähig (→ Rn. 936 ff.).

Werbungskosten kann derjenige geltend machen, dem ein **Wirtschaftsgut,** das der Ein- 852
künfteerzielung dient, **wirtschaftlich zurechenbar** ist. Während es bei der Frage der Zurechnung von Vermietungs- oder Verpachtungseinkünften darum geht, wer den Tatbestand iSd § 21 Abs. 1 EStG iVm § 38 AO bewirkt (→ Rn. 322 ff.), ist im Rahmen des Werbungskostenabzugs zu klären, wer durch die Aufwendungen wirtschaftlich belastet ist (KSM/*Drüen* § 21 Rn. B 302).

Der Aufwand muss vom Steuerpflichtigen, der aus dem Grundstück Einkünfte erzielt, 853
grundsätzlich **selbst getragen** werden (Kostentragungsprinzip). Die Herkunft der Mittel ist dabei irrelevant.

Ausnahmsweise sind Werbungskosten auch dann im Rahmen der Einkünfte abzusetzen, 854
wenn sie auf einem **von einem Dritten** auf **abgekürztem Zahlungsweg** oder **abgekürztem Vertragsweg** entrichtet werden. Entscheidend ist, dass die Zahlungen zwar im eigenen Namen, aber **im Interesse des Steuerpflichtigen** erfolgen. Der Dritte muss – wirtschaftlich betrachtet – dem Steuerpflichtigen, dem die Werbungskosten entstehen, den Betrag zuwenden (BFH 28.9.2010 – IX R 42/09, BStBl. II 2011, 271; BFH 15.1.2008 – IX R 45/07, BStBl. II 2008, 572; Blümich/*Heuermann* § 21 Rn. 245; BMF 7.7.2008, BStBl. I 2008, 717).

Teilweise wird nach dem Kostentragungsgedanken eine Abzugsfähigkeit für den Steuerpflichtigen, 854.1
der die Kosten nicht unmittelbar getragen hat, abgelehnt (*Ley* DStR 1986, 23; *Brandis* StuW 1990, 57).

Nach anderer Auffassung soll es maßgeblich auf die Veranlassung der Kosten ankommen. Danach 854.2
sind alle Aufwendungen, die durch die Einkünfteerzielung veranlasst sind abzugsfähig, unabhängig davon, wer sie getragen hat (*Meyer* DStR 1986, 23; *Weber-Grellet* DB 1995, 2550; *Kaiser* FR 1993, 557).

Andere stellen vermittelnd darauf ab, ob der Dritte dem Steuerpflichtigen in Höhe der Übernahme 854.3
der Kosten etwas zuwenden wollte. In diesem Fall sei ein Werbungskostenabzug möglich (*Döllerer* StbJb 1984/85, 67; *Diemer* BB 1992, 36).

Die **Zuwendung an den Steuerpflichtigen** ist vorzugswürdiges Abgrenzungskriterium. 855
Unter Zugrundelegung des **Prinzips der finanziellen Leistungsfähigkeit** ist es daher richtig, grundsätzlich auch Aufwendungen Dritter für einen Werbungskostenabzug des Einkünfteerzielenden anzuerkennen, wenn durch die Aufwendung des Dritten die subjektive Leistungsfähigkeit des Steuerpflichtigen berührt ist. Dies ist anzunehmen, wenn die Übernahme einer Aufwendung durch einen Dritten eine **Zuwendung des Dritten an den Steuerpflichtigen** darstellt, die der Dritte freiwillig erbringt (ebenso: Lademann EStG/*Claßen* § 21 Rn. 254). Die Zahlung des Dritten erfolgt dann auf einem **abgekürzten Zahlungsweg** und ist – wie auch eine unmittelbare Zahlung des Einkünfteerzielenden – als Aufwendung des Steuersubjekts iSd § 21 Abs. 1 anzuerkennen.

Werbungskosten sind dem Steuerpflichtigen subjektiv nur **zurechenbar,** wenn er auch die 856
damit **zusammenhängenden Einnahmen** erzielt. Nicht erforderlich ist eine unmittelbare Veranlassung. Wenn eine Immobilie einem Dritten unentgeltlich aufgrund eines dinglichen oder schuldrechtlichen Nutzungsrechts überlassen wird, können keine Werbungskosten im Zusammenhang mit der Immobilie geltend gemacht werden (BFH 21.10.1987 – IX R 129, 131/84, IX R 129/84, IX R 131/84, BFH/NV 1988, 437).

Übernimmt bei einer **Personenmehrheit** ein Gesellschafter oder Gemeinschafter **dis-** 857
proportional einen höheren Aufwand als andere Gesellschafter für das gemeinschaftliche Vermietungsobjekt, ist der Aufwand ihm allein zurechenbar, wenn er damit nicht den anderen Gesellschaftern etwas zuwenden wollte und auch keinen durchsetzbaren Ausgleichsanspruch hat (BFH 20.1.2009 – IX R 18/07. BFH/NV 2009, 1247; Blümich/*Heuermann* § 21 Rn. 67). **Veruntreut** ein Gesellschafter oder Gemeinschafter bei einer Personenmehrheit zugeflossene Einnahmen aus Vermietung und Verpachtung, führt dies nicht zu Werbungskosten der anderen Gesellschafter im Rahmen der Einkünfte aus Vermietung und Verpachtung (BFH 20.12.1994 – IX R 122/94, BStBl. II 1995, 534).

Als Aufwendungen sind Ausgaben anzusehen, die in **Geld oder Geldeswert** erfolgen 858
und durch ihren Abfluss nach § 11 Abs. 2 zu einer messbaren Vermögensminderung geführt haben (Lademann EStG/*Claßen* § 21 Rn. 247).

858.1 Der **Wert der eigenen Arbeitsleistung,** die der Steuerpflichtige im Zusammenhang mit der Vermietung und Verpachtung erbracht hat, ist nicht zu berücksichtigen. Dies gilt auch dann, wenn im Falle der Beauftragung eines Dritten für diese Arbeitsleistung ein Entgelt hätte aufgewendet werden müssen. **Ersparte Aufwendungen** sind keine Werbungskosten iSd § 9 Abs. 1 (BFH 1.10.1985 – IX S 1/85, BStBl. II 1986, 142).

858.2 **Unentgeltliche Arbeitsleistungen** von Angehörigen können nicht steuermindernd berücksichtigt werden.

858.3 **Entgeltliche Arbeitsleistungen** von Angehörigen können unter der Voraussetzung, dass die Grundsätze über Angehörigen-Verträge (→ Rn. 478 ff.) berücksichtigt wurden, steuerlich berücksichtigt werden (Lademann EStG/*Claßen* § 21 Rn. 247).

859 Für den Abzug von Werbungskosten gilt das **Abflussprinzip** nach § 11 Abs. 2. Danach sind die Kosten in dem Kalenderjahr anzusetzen, in dem sie abgeflossen, dh gezahlt, werden. Dies gilt grundsätzlich auch für vorab oder nachträglich entstandene Werbungskosten. Für den Fall wiederkehrender Leistungen enthält § 11 Abs. 2 S. 2 eine Ausnahme. Diese können, soweit sie dem Steuerpflichtigen kurz vor Beginn oder kurz nach Beendigung eines Kalenderjahres, zu dem sie wirtschaftlich gehören, abgeflossen sind, als in dem Kalenderjahr, zu dem sie wirtschaftlich gehören, bezogen angesehen werden (zu Detailfragen, siehe § 11). Werden Ausgaben für eine Nutzungsüberlassung von mehr als fünf Jahren im Voraus geleistet, sind diese nach § 11 Abs. 2 S. 3 insgesamt auf den Zeitraum gleichmäßig zu verteilen, für den die Vorauszahlung geleistet ist (im Einzelnen § 11).

860 Weitere Sonderregelungen sind in **§§ 11a und 11b** enthalten. Sie betreffen **Gebäude in Sanierungsgebieten und städtebaulichen Entwicklungsgebieten** (zu Einzelheiten § 11a) sowie **Baudenkmäler** (zu Einzelheiten § 11b).

861 Eine **verbilligte Nutzungsüberlassung** steht der Geltendmachung von Werbungskosten – sofern eine Überschusserzielungsabsicht für die Totalperiode besteht – grundsätzlich nicht entgegen. Voraussetzung ist, dass das Entgelt für die Überlassung einer **Wohnung zu Wohnzwecken mindestens 66 Prozent der marktüblichen Miete** beträgt (§ 21 Abs. 2). Eine Kürzung des Werbungskostenabzugs kommt hingegen in Betracht, wenn das Rechtsgeschäft in einen entgeltlichen und einen unentgeltlichen Anteil aufzuteilen ist (→ Rn. 1396 ff.).

862 Aufwendungen für eine **leer** stehende Wohnung können unter Umständen als **vorab entstandene Werbungskosten** abzugsfähig sein (→ Rn. 961 ff., dazu: *Stein* StBp 2019, 100).

863 Eine Berücksichtigung von Aufwendungen kommt nicht in Betracht, wenn die Aufwendungen durch eine beabsichtigte **Veräußerung oder Selbstnutzung** veranlasst sind. Dies gilt auch für Aufwendungen im Zusammenhang mit einer **gescheiterten Grundstücksveräußerung** eines vermieteten Objekts (BFH 1.8.2012 – IX R 8/12, BStBl. II 2012, 781). **Laufende Kosten** während des (noch) bestehenden Mietverhältnisses können jedoch auch trotz eines Veräußerungsentschlusses weiterhin abgezogen werden, auch wenn der Mieter keine Miete mehr bezahlt (FG Hessen 6.4.2006 – 3 K 1524/04, DStRE 2007, 24 rkr.; Schmidt/*Kulosa* § 21 Rn. 85).

864 Bei **Renovierungskosten in der Übergangszeit** zwischen einem Mietverhältnis und einer anschließenden Veräußerung oder Selbstnutzung, ist nach der Rechtsprechung grundsätzlich der Zeitpunkt der Entstehung der Kosten maßgeblich. Sind diese noch während der Laufzeit des letzten Mietverhältnisses entstanden, sind sie als Werbungskosten anzuerkennen, auch wenn bereits eine Selbstnutzungs- oder Veräußerungsabsicht bestand (BFH 10.10.2000 – IX R 15/96, BStBl. II 2001, 787; Schmidt/*Kulosa* § 21 Rn. 86). Kosten, die hingegen erst nach Auszug des letzten Mieters anfallen, sind grundsätzlich der **Privatsphäre** zuzurechnen (BFH 7.11.1995 – IX R 81/93, BFH/NV 1996, 533; BFH 11.3.2003 – IX R 16/99, BFH/NV 2003, 1043), es sei denn, es handelt sich um die **Beseitigung mutwilliger Beschädigungen,** die der Mieter verursacht hat, oder um Kosten, die aus einer einbehaltenen Kaution finanziert werden (BFH 11.7.2000 – IX R 48/96, BStBl. II 2001, 784).

865 **Schuldzinsen** sind als Werbungskosten abzugsfähig, wenn der Zweck der Kreditaufnahme in der Finanzierung von Werbungskosten für ein Einkünfteerzielungsobjekt iSd § 21 Abs. 1 liegt und das Darlehen auch tatsächlich für eine entsprechende Finanzierung verwendet wurde (BFH 27.4.2015 – IX B 130/14, BFH/NV 2015, 977; BFH 6.10.2004 – IX R 68/01, BStBl. II 2005, 324; BFH 1.10.2002 – IX R 12/00, BStBl. II 2003, 398). Die Darlehens-

mittel müssen zur Erzielung von Einkünften aus Vermietung und Verpachtung eingesetzt werden. Ein einmal begründeter Veranlassungszusammenhang eines Darlehens mit Einkünften aus § 21 entfällt nicht automatisch, wenn das **Vermietungsobjekt veräußert** wird. Soweit die Darlehensverbindlichkeiten durch den Veräußerungserlös nicht getilgt werden können, können Schuldzinsen grundsätzlich auch nach Veräußerung des Vermietungsobjekts als **(nachträgliche) Werbungskosten** berücksichtigt werden (BFH 6.12.2017 – IX R 4/17, BStBl. II 2018, 268; FG Düsseldorf 10.7.2018 – 10 K 1911/17 F, EFG 2018, 1541). Für die Berücksichtigung nachträglicher Schuldzinsen ist maßgeblich, was mit dem **Erlös** aus der Veräußerung des mit dem Darlehen fremdfinanzierten Vermietungsobjekts geschieht. Schafft der Steuerpflichtige eine neue Einkunftsquelle (**Surrogat**) an, besteht weiterhin ein Zusammenhang zwischen Darlehen und Einkunftsquelle, sog. **Surrogatsbetrachtung.** Eine nicht durch eine tatsächliche Verwendung begründete **angebliche Reinvestitionsabsicht** des Veräußerungserlöses in ein noch zu erwerbendes Vermietungsobjekt reicht nicht aus, um nach der Surrogationsbetrachtung den notwendigen wirtschaftlichen Zusammenhang der Schuldzinsen mit der Einkunftsart Vermietung und Verpachtung zu begründen (BFH 6.12.2017 – IX R 4/17, BStBl. II 2018, 268; dazu: FBeh Hamburg 30.5.2018, DStR 2018, 2028). Wird **kein neues Objekt angeschafft** und reicht (theoretisch) der Verkaufserlös, um das Darlehen abzulösen, endet mit der Veräußerung des Vermietungsobjekts der wirtschaftliche Zusammenhang mit der Einkunftsart Vermietung und Verpachtung. Dies ist unabhängig davon, ob der Steuerpflichtige das Darlehen ablöst oder ob er den Veräußerungserlös anderweitig privat verwendet und das Darlehen bestehen lässt (BFH 6.12.2017 – IX R 4/17, BStBl. II 2018, 268). **Verzichtet** der Steuerpflichtige in freier Entscheidung auf einen sofortigen Zufluss des Veräußerungserlöses und erzielt stattdessen durch **verzinsliche Stundung des Kaufpreises** laufende Zinseinnahmen, wird der Zusammenhang zu den bisherigen Einkünften aus Vermietung und Verpachtung gelöst und ein neuer Zusammenhang zu Einkünften aus Kapitalvermögen begründet (FG Düsseldorf 10.7.2018 – 10 K 1911/17 F, EFG 2018, 1541). Schuldzinsen können folglich in diesem Fall nicht weiter zum Abzug gebracht werden.

Wird ein Gebäude **teils vermietet, teils selbst genutzt,** können Schuldzinsen insoweit als Werbungskosten bei den Einkünften aus Vermietung und Verpachtung zum Abzug gebracht werden, als das Darlehen zur Herstellung bzw. Anschaffung des der Einkünfteerzielung dienenden Gebäudeteils verwendet wurde (BFH 25.3.2003 – IX R 22/01, BStBl. II 2004, 348). Entsprechende Kosten müssen dann aber auch mit den Geldbeträgen aus dem dafür aufgenommenen Darlehen beglichen werden (BFH 26.2.2008 – IX B 5/08. BFH/NV 2008, 1142). **865.1**

Nehmen **Ehegatten** gemeinsam ein gesamtschuldnerisches Darlehen zur Finanzierung eines vermieteten Gebäudes auf, das einem von ihnen gehört, werden die Zins- und Tilgungsleistungen des Nichteigentümerehegatten dem Eigentümerehegatten zugerechnet (BFH 19.8.2008 – IX R 78/07, BStBl. II 2009, 299). **865.2**

Nimmt hingegen ein Ehegatte ein Darlehen alleine auf, um eine Immobilie des anderen Ehegatten zu finanzieren, sind die Schuldzinsen nicht abzugsfähig (BFH 2.12.1999 – IX R 45/95, BStBl. II 2000, 310). **865.3**

Wenn Werbungskosten fremd finanziert wurden, kann ein wirtschaftlicher Zusammenhang zwischen der früheren Vermietungstätigkeit und den Schuldzinsen auch noch **nach Beendigung eines Mietverhältnisses** bestehen (Blümich/*Heuermann* § 21 Rn. 276; HHR/*Pfirrmann* § 21 Rn. 97; BFH 16.9.1999 – IX R 42/97, BStBl. II 2001, 528; BFH 12.10.2005 – IX R 28/04, BStBl. II 2006, 407; BMF 3.5.2006, BStBl. I 2006, 363). Schuldzinsen können als nachträgliche Werbungskosten abgezogen werden, wenn und soweit Verbindlichkeiten durch den Veräußerungserlös nicht getilgt werden konnten (BFH 16.9.2015 – IX R 40/14, DStR 2016, 41). **865.4**

Auf ein **Refinanzierungs- oder Umschuldungsdarlehen** gezahlte Schuldzinsen können im Einzelfall durch die frühere Einkünfteerzielung veranlasst sein (BFH 6.12.2017 – IX R 4/17, BStBl. II 2018, 268; 16.9.2015 – IX R 40/14, DStR 2016, 41). Ebenso können **Ausgleichszahlungen** aus der vorzeitigen Beendigung einer **Zinsswap-Vereinbarung** bei den Einkünften aus Vermietung und Verpachtung als Werbungskosten zum Abzug gebracht werden, wenn das zugrundeliegende Immobiliendarlehen zwecks Umschuldung vorzeitig beendet wird (FG Rheinland-Pfalz 9.4.2019 – 4 K 1734/17, DStRE 2019, 1060, rkr.). **865.5**

Nimmt der Steuerpflichtige hingegen ein Darlehen auf, **um ein Fremdwährungsdarlehen abzulösen,** welches er zur Anschaffung eines Vermietungsobjekts verwendet hat, sind die Schuldzinsen **865.6** nicht als Werbungskosten bei den Einkünften aus Vermietung und Verpachtung abzuziehen, soweit das Darlehen zur Bezahlung des bei der Umschuldung realisierten Währungskursverlustes verwendet worden ist (BFH 12.3.2019 – IX R 36/17, DStR 2019, 1800).

866 Ebenso zu behandeln sind auch **Nebenkosten der Darlehensaufnahme,** wie Bereitstellungszinsen, Geldbeschaffungskosten, das Damnum, Abschlussgebühren eines Bausparvertrages oder Notargebühren für die Besicherung eines Grundstücks (Kirchhof/*Mellinghoff* § 21 Rn. 61; BFH 1.10.2002 – IX R 72/99, BStBl. II 2003, 399).

867 **Bei gemischt genutzten Gebäuden (teilweise Vermietung, teilweise Selbstnutzung) gilt:** Werbungskosten, die eindeutig einem vermieteten Gebäudeteil zugeordnet werden können, sind vollständig abzugsfähig. Im Übrigen ist ein Gebäude bei unterschiedlicher Nutzung einzelner Gebäudeteile in verschiedene Wirtschaftsgüter aufzuteilen (BFH 25.9.2007 – IX R 28/07, BStBl. II 2008, 218), um Werbungskosten anteilig zuordnen zu können. Eine solche Aufteilung ist regelmäßig nach dem **Verhältnis von der Wohnfläche zur Nutzungsfläche** vorzunehmen (BFH 24.6.2008 – IX R 26/06, BFH/NV 2008, 1482). Führt dies hingegen im Einzelfall zu einem sachwidrigen Ergebnis (beispielsweise bei einer unterschiedlichen Nutzbarkeit der einzelnen Gebäudeteile), kann der Aufwand nach dem Verhältnis der Verkehrswerte der verschiedenen Gebäudeteile verteilt werden (BFH 25.5.2005 – IX R 46/04, BFH/NV 2006, 261; HHR/*Pfirrmann* § 21 Rn. 90).

868 Bei **Ferienwohnungen,** die teils selbst genutzt und teils vermietet werden, ist ein wirtschaftlicher Zusammenhang von Aufwendungen im Zusammenhang mit der Wohnung nur gegeben, soweit die Aufwendungen mit der Erzielung von Einnahmen durch Vermietung in Zusammenhang stehen (zB Annoncekosten, Reinigungskosten bei Mieterwechsel, Fahrtkosten zwecks Wohnungsübergabe, Entgelt für eine Vermietungsorganisation). **Gemischte Aufwendungen** sind nach dem Maßstab des Verhältnisses der Vermietungszeit zur Selbstnutzungszeit aufzuteilen. Leerstandzeiten sind nach dem gleichen Verhältnis aufzuteilen (BFH 21.11.2000 – IX R 37/98, BStBl. II 2001, 705; BFH 6.11.2001 – IX R 97/00, BStBl. II 2002, 726; BMF 20.11.2003, BStBl. I 2013, 640; Lademann EStG/*Claßen* § 21 Rn. 251a; *Thürmer,* DStZ 2002, 855).

868.1 Eine Aufteilung der Leerstandzeiten nach dem Verhältnis der Vermietungszeit zur Selbstnutzungszeit hat nicht zu erfolgen, wenn die Möglichkeit der Selbstnutzung zeitlich begrenzt ist. In diesem Fall ist der Selbstnutzung nur die vorbehaltene Zeit zuzurechnen und die Leerstandszeit der Vermietungszeit.

869 Zu den Besonderheiten des Werbungskostenabzugs bei einem **Nießbrauch** → Rn. 425 ff. und → Rn. 453 ff.

870–872 *Einstweilen frei*

2. Abgrenzung zu Anschaffungs- und Herstellungskosten

873 Von den Werbungskosten abzugrenzen sind **Anschaffungs- und Herstellungskosten.** Diese wirken sich bei den Einnahmen aus Vermietung und Verpachtung nur im Wege der AfA aus (vgl. § 9 Abs. 1 S. 3 Nr. 7 iVm § 7 Abs. 4–6; → Rn. 920). Zu weiteren Einzelheiten, vgl. § 7 (→ § 7 Rn. 170 ff., §§ 7a ff.). Aufgrund dieser Verweisungssystematik sind die einzelnen Regelungen über die AfA für Gewinn- und Überschusseinkunftsarten grundsätzlich einheitlich auszulegen. Damit ist auch im Rahmen der Einkünfte aus Vermietung und Verpachtung auf **§ 255 HGB** abzustellen (→ Rn. 878 ff.; → Rn. 897 ff.) (KSM/*Drüen* § 21 Rn. B 325). Die Kosten für das Grundstück sind von den Kosten für das Gebäude zu differenzieren, weil nur die Kosten für das Gebäude für die AfA relevant sind.

874 AfA kann von demjenigen geltend gemacht werden, der Vermietungseinkünfte erzielt und die Anschaffungs- oder Herstellungskosten getragen hat. Irrelevant ist, ob dieser auch der rechtliche oder wirtschaftliche Eigentümer ist (BFH 24.4.1990 – IX R 9/86, BStBl. II 1990, 888; BFH 28.9.1993 – IX R 156/88, BStBl. II 1994, 319).

874.1 So kann auch ein Steuerpflichtiger, der sein Eigentum an einem Vermietungsobjekt unentgeltlich übertragen hat, sich aber ein dingliches oder obligatorisches Nutzungsrecht zurückbehalten hat (Nießbrauchsvorbehalt), seine AfA fortsetzen. Voraussetzung ist allerdings, dass er tatsächlich weiter Einkünfte iSd § 21 erzielt (KSM/*Drüen* § 21 Rn. B 312), (→ Rn. 421; → Rn. 453 ff.). Umgekehrt gilt: Die AfA geht verloren, wenn der Eigentümer einem Dritten unentgeltlich ein obligatorisches oder dingliches

Nutzungsrecht einräumt (Zuwendungsnießbrauch) und dieser Nutzungsberechtigte nunmehr die Erträge aus § 21 erwirtschaftet (→ Rn. 425 ff.).

Geht ein **Gebäude aus dem Betriebs- in das Privatvermögen** über und wird dort zur Erzielung von Einkünften aus Vermietung und Verpachtung genutzt, ist der **Teilwert,** oder im Fall der Betriebsaufgabe der **gemeine Wert,** der für die AfA relevante Wert. Der höhere Entnahme- oder Aufgabewert ersetzt die historischen Anschaffungskosten jedoch nur, wenn und soweit die bei der Entnahme/Aufgabe vorhandenen stillen Reserven besteuert wurden oder noch besteuert werden können (FG Hamburg, 29.3.2019 – 3 K 287/17, DStRK 2019, 209, Rev. BFH IX R 13/19). **874.2**

Einstweilen frei **875–877**

a) Anschaffungskosten. Anschaffungskosten eines Gebäudes sind die Aufwendungen, die geleistet werden, um das **Gebäude zu erwerben** und es in einen **betriebsbereiten Zustand** (→ Rn. 882) zu versetzen, soweit sie dem Gebäude einzeln zugeordnet werden können, ferner die Nebenkosten und die nachträglichen Anschaffungskosten (§ 255 Abs. 1 HGB). **878**

Anschaffungskosten sind primär das vertraglich geschuldete **Entgelt für das Gebäude** (abzüglich der Umsatzsteuer, vgl. § 9b Abs. 1). **879**

Bei Erwerb eines bebauten Grundstücks ist der Kaufpreis auf den Grund und Boden einerseits und auf das Gebäude andererseits nach dem Verhältnis der Verkehrswerte **aufzuteilen.** **879.1**

Skonti oder eine sonstige **Kaufpreisminderung** mindern die Anschaffungskosten (BFH 27.2.1991 – I R 176/84, BStBl. II 1991, 384). **879.2**

Ein privat motivierter **Verzicht auf den (teilweisen) Veräußerungserlös** reduziert die Anschaffungskosten (BFH 22.2.2005 – X B 164/04, BFH/NV 2005, 1126; BFH 20.12.1990 – XI R 4/86, BFH/NV 1991, 384). **879.3**

Öffentliche oder private **Zuschüsse** können die Anschaffungskosten reduzieren (KSM/*Drüen* § 21 Rn. B 328 mwN; → Rn. 601). Hingegen mindern Baukostenzuschüsse des Mieters die Anschaffungskosten des Vermieters nicht. Sie sind vielmehr Einnahmen auf Seiten des Vermieters (BFH 28.10.1980 – VIII R 34/76, BStBl. II 1981, 161), → Rn. 600. **879.4**

Kaufpreisraten sind in Tilgungs- und Zinsanteil aufzuteilen, wenn die Laufzeit der Forderung mehr als ein Jahr beträgt. Der Zinsanteil kann beim Erwerber (Vermieter) gemäß § 9 Abs. 1 S. 3 Nr. 1 als Werbungskosten Berücksichtigung finden. Auf Seiten des Verkäufers handelt es sich um Einnahmen aus Kapitalvermögen. **879.5**

Bei **langfristiger, zinsloser Stundung** ist nicht das vereinbarte Entgelt, sondern der kapitalisierte Barwert als Anschaffungskosten anzusetzen (BFH 10.4.1991 – XI R 7-8/84, BStBl. II 1991, 791 (793); KSM/*Drüen* § 21 Rn. B 326). **880**

Bei einem Erwerb eines Vermietungsobjektes gegen Rentenzahlungen ergibt sich die Höhe der Anschaffungskosten aus dem **Kapitalwert der Renten.** Der Ertragsanteil ist nach § 9 Abs. 1 S. 3 Nr. 1 S. 2 als Werbungskosten abzugsfähig (dazu: (KSM/*Drüen* § 21 Rn. B 330 mwN). Entsprechend gilt dies auch bei einem Erwerb eines Vermietungsobjekts gegen dauernde Lasten. Auch hier gilt die Höhe des Barwertes (§ 14 BewG iVm Anlage 9 zum BewG) als maßgeblich für die Anschaffungskosten. Die in den wiederkehrenden Zahlungen enthaltenen Zinsanteile sind Werbungskosten (BFH 9.2.1994 – IX R 110/90, BStBl. II 1995, 47; KSM/*Drüen* § 21 Rn. B 331 mwN). **880.1**

Wird ein Grundstück, das mit einem dinglichen Nutzungsrecht belastet ist, angeschafft, handelt es sich um ein wertgemindertes, weil teilweise ertragloses, Grundstück (BFH 22.6.1993 – IX R 72/88, BFH/NV 1994, 163). **881**

Ein Gebäude ist **betriebsbereit,** wenn es entsprechend seiner Zweckbestimmung genutzt werden kann. Zweckbestimmung bedeutet die konkrete Art und Weise, in der der Erwerber das Gebäude zur Erzielung von Einnahmen im Rahmen einer Einkunftsart nutzen will (zB ob er das Gebäude zu Wohnzwecken oder als Büroraum nutzen will). Die Betriebsbereitschaft setzt die objektive und subjektive Funktionstüchtigkeit des Gebäudes voraus. Wird ein Gebäude im Zeitpunkt der Anschaffung noch nicht als Vermietungs- oder Verpachtungsobjekt genutzt und werden nach Erwerb und vor der erstmaligen Nutzung als Vermietungsobjekt Aufwendungen getätigt, um das Objekt **funktionsfähig** zu machen, handelt es sich um Anschaffungskosten. Dies gilt auch, wenn durch die Baumaßnahmen ein **höherer Standard** erreicht werden soll oder die Maßnahmen im Hinblick auf eine geplante Funktionsänderung **882** erfolgt (Lademann EStG/*Claßen* § 21 Rn. 290; *Neufang* BB 2004, 78; *Pannen* DB 2003, 2729).

882.1 Ein Gebäude ist **objektiv funktionsuntüchtig,** wenn für den Gebrauch wesentliche Teile objektiv nicht nutzbar sind. Dies gilt unabhängig davon, ob das Gebäude im Zeitpunkt der Anschaffung bereits genutzt wird oder leer steht. Mängel, vor allem durch Verschleiß, die durch laufende Reparaturen beseitigt werden, schließen die Funktionstüchtigkeit nicht aus. Werden für den Gebrauch wesentliche Teile des Gebäudes funktionstüchtig gemacht, führen die Aufwendungen zu Anschaffungskosten.

882.2 Ein Gebäude ist **subjektiv funktionsuntüchtig,** wenn es für die konkrete Zweckbestimmung des Erwerbers nicht nutzbar ist. Aufwendungen für Baumaßnahmen, welche zur Zweckerreichung erforderlich sind, führen zu Anschaffungskosten. Beispiele:

- Die Elektroinstallation eines Gebäudes, die für Wohnzwecke, jedoch nicht für ein Büro brauchbar ist, wird für die Nutzung als Bürogebäude erneuert.
- Büroräume, die bisher als Anwaltskanzlei genutzt wurden, werden zu einer Zahnarztpraxis umgebaut. (BMF 18.7.2003, BStBl. I 2003, 386 Rn. 6 ff.)

883 Teil der Zweckbestimmung eines Vermietungsobjekts ist auch die Entscheidung, welchen Standard das Gebäude haben soll (KSM/*Drüen* § 21 Rn. B 325). Baumaßnahmen, die das Gebäude auf einen **höheren Standard** bringen, machen es betriebsbereit iSd Zweckbestimmung des Vermieters. Entsprechende Kosten sind Anschaffungskosten. Der Standard eines Wohngebäudes bezieht sich auf die Eigenschaften einer Wohnung. Wesentlich sind vor allem Umfang und Qualität der Heizungs-, Sanitär- und Elektroinstallationen sowie der Fenster (zentrale Ausstattungsmerkmale). Führt ein Bündel von Baumaßnahmen bei mindestens drei Bereichen der zentralen Ausstattungsmerkmale zu einer Erhöhung und Erweiterung des Gebrauchswertes, hebt sich der Standard eines Gebäudes (BMF 18.7.2003, BStBl. I 2003, 386).

884 Die Betriebsbereitschaft ist bei einem Gebäude **für jeden Teil des Gebäudes,** der nach seiner Zweckbestimmung selbständig genutzt werden soll, gesondert zu prüfen (BMF 18.7.2003, BStBl. I 2003, 386).

884.1 Dies gilt auch für Gebäudeteile (zB die einzelnen Wohnungen eines Mietwohngebäudes), die als Folge des einheitlichen Nutzungs- und Funktionszusammenhangs mit dem Gebäude keine selbständigen Wirtschaftsgüter sind (vgl. § 7 Abs. 5a).

885 Nutzt der Erwerber das Gebäude **ab dem Zeitpunkt der Anschaffung** (dh ab Übergang von Besitz, Gefahr, Nutzungen und Lasten) zur Erzielung von Einkünften oder zu eigenen Wohnzwecken, ist es ab diesem Zeitpunkt grundsätzlich **betriebsbereit.** Weitere Instandsetzungs- und Modernisierungsaufwendungen können in diesem Fall keine Anschaffungskosten iSd § 255 Abs. 1 S. 1 HGB sein (BMF 18.7.2003, BStBl. I 2003, 386), sondern sind als Werbungskosten zu qualifizieren.

886 Wird das Gebäude **im Zeitpunkt der Anschaffung nicht genutzt,** ist zunächst offen, ob es aus Sicht des Erwerbers betriebsbereit ist. Führt der Erwerber im Anschluss an den Erwerb und **vor der erstmaligen Nutzung** Baumaßnahmen durch, um das Gebäude entsprechend seiner Zweckbestimmung nutzen zu können, sind die Aufwendungen hierfür Anschaffungskosten.

887 **Nach der Fertigstellung** eines Gebäudes ist Herstellungsaufwand anzunehmen, wenn Aufwendungen durch den Verbrauch von Gütern und die Inanspruchnahme von Diensten für die **Erweiterung** oder für die **über den ursprünglichen Zustand hinausgehende wesentliche Verbesserung eines Gebäudes** entstehen (§ 255 Abs. 2 S. 1 HGB).

888 Aufwendungen für Baumaßnahmen, die das Gebäude in einen betriebsbereiten Zustand versetzen, führen bei einem **unentgeltlichen Erwerb** mangels Anschaffung iSd § 255 Abs. 1 HGB nicht zu Anschaffungskosten; vielmehr handelt es sich um Erhaltungsaufwendungen oder, sofern die Voraussetzungen des § 255 Abs. 2 HGB erfüllt sind, um Herstellungskosten.

889 Bei **unentgeltlich** erworbenen Wirtschaftsgütern, ist der **Rechtsnachfolger** nur dann zur Inanspruchnahme der AfA berechtigt, wenn er weiter den Tatbestand des § 21 verwirklicht (BFH 7.2.2012 – IX R 27/10, BFH/NV 2012, 736; Blümich/*Heuermann* § 21 Rn. 245).

890 Bei einem **teilentgeltlichen Erwerb** können Kosten zur Herstellung der Betriebsbereitschaft nur im Verhältnis zum entgeltlichen Teil des Erwerbvorganges gegeben sein. Im Übrigen liegen Erhaltungsaufwendungen oder Herstellungskosten vor, sofern die Voraussetzungen des § 255 Abs. 2 HGB erfüllt sind (BMF 18.7.2003, BStBl. I 2003, 386).

Ablösezahlungen des Eigentümers (auch **Abstandszahlungen** genannt) für die vorzeitige Räumung des Objekts durch Nutzungsberechtigte können Werbungskosten, aber auch Anschaffungs- oder Herstellungskosten sein. Letzteres ist der Fall, wenn sie beispielsweise zur Ablösung eines Erbbaurechts erfolgen, um auf dem Grundstück nach Abriss der vorhandenen eine neue Immobilie zu errichten (BFH 13.12.2005 – IX R 24/03, BStBl. II 2006, 461). Zahlungen des Grundstückseigentümers zur Ablösung **dinglicher** Nutzungsrechte sind nachträgliche Anschaffungskosten auf das Grundstück (BFH 17.4.2007 – IX R 56/06, BStBl. II 2007, 956; BFH 15.12 1992 – IX R 323/87, BStBl. II 1993, 488). Der Grundstückseigentümer erhält mit der Ablösung des Nutzungsrechts uneingeschränkte Verfügungsmacht über das Grundstück (BFH 28.11.1991 – XI R 2/87, BStBl. II 1992, 381). Dies gilt auch bei der Erfüllung eines **Vermächtnisanspruchs** durch den Erben zur Ablösung eins aufgrund eines Vermächtnisses eingeräumten dinglichen Nutzungsrechts (→ Rn. 464). 891

Dient die Ablösezahlung dem **Abschluss eines neuen Miet-, Pacht- oder Erbbauvertrages** mit einem höheren Ertrag, handelt es sich um sofort abzugsfähige Werbungskosten (BFH 26.1.2011 – IX R 24/10, BFH/NV 2011, 1480). 892

In Konstellationen einer Ablösezahlung bei einem **ursprünglich unentgeltlich eingeräumten Nutzungsrecht** muss jedoch im Einzelfall geprüft werden, ob diesbezügliche Abreden steuerlich anzuerkennen sind oder das Abzugsverbot des § 12 entgegensteht (KSM/*Drüen* § 21 Rn. B 19). Besondere Voraussetzungen müssen zudem bei Verträgen unter **nahen Angehörigen** erfüllt sein (→ Rn. 478 ff.). 893

Wenn bereits das Rechtsgeschäft zur Einräumung des Nutzungsrechts steuerlich nicht anzuerkennen ist, gilt dies erst Recht für die spätere **Ablösezahlung** zur Beendigung des Nutzungsrechts (*Spindler* DB 1993, 297). 893.1

Von den dinglichen Nutzungsrechten zu differenzieren sind obligatorische Nutzungsrechte. Da der Eigentümer mit der Ablösung obligatorischer Nutzungsrechte lediglich die Möglichkeit erwirbt, das Grundstück anderweitig zu nutzen, sind Ablösezahlungen an den obligatorisch Berechtigten als Werbungskosten zu qualifizieren (KSM/*Drüen* § 21 Rn. B 19). 893.2

Einstweilen frei 894–896

b) Herstellungskosten. Herstellungskosten eines Gebäudes sind nach § 255 Abs. 2 S. 1 HGB Aufwendungen für die Herstellung eines Gebäudes sowie Aufwendungen, die für die **Erweiterung** oder für die über den ursprünglichen Zustand hinausgehende **wesentliche Verbesserung** eines Gebäudes entstehen. Eine wesentliche Verbesserung iSv § 255 Abs. 2 S. 1 HGB und damit Herstellungskosten sind dann gegeben, wenn die Maßnahmen zur Instandsetzung und Modernisierung eines Gebäudes in ihrer Gesamtheit über eine zeitgemäße substanzerhaltende (Bestandteil-)Erneuerung hinausgehen, den **Gebrauchswert des Gebäudes insgesamt deutlich erhöhen** und damit für die Zukunft eine **erweiterte Nutzungsmöglichkeit** geschaffen wird. Von einer deutlichen Erhöhung des Gebrauchswerts ist zB auszugehen, wenn der Gebrauchswert des Gebäudes (Nutzungspotential) von einem sehr einfachen auf einen mittleren oder von einem mittleren auf einen sehr anspruchsvollen Standard gehoben wird (BMF 18.7.2003, BStBl. I 2003, 386). 897

Erfasst sind alle Aufwendungen, die auf einer Herstellungsleistung für das Gebäude beruhen und zum Verbrauch von Gütern oder zur Inanspruchnahme von Dienstleistungen geführt haben (BFH 4.7.1990 – GrS 1/89, BStBl. II 1990, 830 (835); BFH 31.3.1992 – IX R 164/87, BStBl. II 1992, 805). Besondere Schwierigkeiten begründet in der Praxis die **Abgrenzung zwischen Herstellungskosten und Erhaltungsaufwendungen,** → Rn. 936. Während Erhaltungsaufwendungen unmittelbar als Werbungskosten abzugsfähig sind, können Herstellungskosten nur im Rahmen der AfA Berücksichtigung finden. 898

Die Herstellung eines neuen Wirtschaftsgutes ist sowohl die **Ersterstellung** eines bisher noch nicht vorhandenen Wirtschaftsgutes als auch die **Wiederherstellung** eines bereits vorhandenen, aber zerstörten oder unbrauchbar gewordenen Wirtschaftsgutes (sog. **Zweit-Herstellung**) und schließlich auch eine **Wesens- oder Funktionsänderung.** Letztere ist anzunehmen, wenn ein Wirtschaftsgut aufgrund von Baumaßnahmen in seiner Funktion bzw. seinem Wesen verändert wird (FG Münster 29.1.2015 – 12 K 3193/12 E, DStRE 2017, 391, rkr.; BFH 16.3.2007 – XI R 15/05, BStBl. II 2007, 924 mwN; BFH 23.11.2004 – IX R 59/03, BFH/NV 2005, 543). 899

899.1 Eine reine Umgestaltung von vermieteten Räumen durch Verlegung und Entfernen von Zwischenwänden genügt nicht für die Annahme einer Wesensveränderung, solange die neu eingefügten Gebäudeteile dem Gesamtgebäude nicht das bautechnische Gepräge geben (BFH 3.12.2002 – IX R 64/99, BStBl. II 2003, 590).

899.2 Aufwendungen für Baumaßnahmen, die im Zusammenhang mit einer **Funktionsänderung von Räumen** anfallen, sind keine Herstellungskosten, wenn die zur künftigen Wohnnutzung umgebauten Räume **nicht erweitert** werden, die Grundfläche unverändert bleibt, es zu keiner Substanzvermehrung kommt und nicht nachträglich Bestandteile eingebaut werden, die vorher nicht vorhanden waren (FG München 29.1.2015 – 12 K 3193/12 E, DStRE 2017, 391 rkr.). Derartige Aufwendungen sind Werbungskosten.

900 Kosten für die **gärtnerische Gestaltung** der Grundstücksfläche bei einem Wohngebäude gehören nur dann zu den Herstellungskosten des Gebäudes, soweit diese Kosten für das Anpflanzen von Hecken, Büschen und Bäumen an den Grundstücksgrenzen („lebende Umzäunung") entstanden sind. Im Übrigen bildet die bepflanzte Gartenanlage ein selbständiges Wirtschaftsgut (EStR 21.1 Abs. 2).

900.1 Bei Gartenanlagen, die die Mieter mitbenutzen dürfen, und bei Vorgärten sind die Herstellungskosten der gärtnerischen Anlage gleichmäßig auf deren regelmäßig 10 Jahre betragende Nutzungsdauer zu verteilen (EStR 21.1 Abs. 2 S. 3).

901 **Instandsetzungs- und Modernisierungsarbeiten,** die im Zusammenhang mit der (Neu-)Herstellung eines Gebäudes stehen, sind Herstellungskosten. Dies ist der Fall, wenn das Gebäude so sehr abgenutzt ist, dass es unbrauchbar geworden ist (**Totalverschleiß**), und durch die Instandsetzungsarbeiten unter Verwendung der übrigen noch nutzbaren Teile ein neues Gebäude hergestellt wird.

901.1 Vor allem die Neuherstellung einer Anlage oder Einrichtung bei **völliger Unbrauchbarkeit** (Vollverschleiß) führt zu Herstellungskosten (BMF 18.7.2003, BStBl. I 2003, 386 Rn. 18).

901.2 Herstellungsaufwand ist bei der **Nutzungs- oder Funktionsumwandlung** eines Gebäudes gegeben (BFH 31.3.1992 – IX R 175/97, BStBl. II 1992, 808), beispielsweise wenn eine zu Gewerbezwecken vermietete Immobilie in eine zu Wohnzwecken zu vermietende Immobilie umgestaltet wird (Lademann EStG/*Claßen* § 21 Rn. 280).

902 **Nachträgliche** Herstellungskosten sind gegeben, wenn nach Fertigstellung etwas Neues geschaffen wurde. Dies ist der Fall, wenn – gemessen an ihrer Funktion – **bisher nicht vorhandene Bestandteile** in ein Gebäude eingefügt werden, deren Einbau neben der Substanzmehrung auch eine **Erweiterung der Nutzungsmöglichkeit** des Gebäudes zur Folge haben (BFH 14.7.2004 – IX R 52/02, BStBl. II 2004, 949).

903 Instandsetzungs- und Modernisierungsaufwendungen bilden unabhängig von ihrer Höhe Herstellungskosten, **wenn sie für eine Erweiterung iSv § 255 Abs. 2 S. 1 HGB entstehen.** Eine Erweiterung setzt immer ein bereits vorhandenes Wirtschaftsgut voraus. Eine Erweiterung ist beispielsweise bei einer **Aufstockung,** einem **Anbau** oder einer **Substanzvergrößerung** gegeben (BMF 18.7.2003, BStBl. I 2003, 386 Rn. 19; BFH 27.1.1993 – IX R 97/88, BStBl. II 1993, 601).

903.1 Es liegen nachträgliche Herstellungskosten vor, wenn der Aufwand zu einer Vergrößerung der Vermietungsfläche führt, zB durch den Einbau von Dachgauben im Obergeschoss (BFH 9.5.1995 – IX R 69/92, BStBl. II 1996, 630).

903.2 Wird ein Heizungskeller in einen nun als Wohnfläche nutzbaren Hobbyraum umgebaut, handelt es sich bei entsprechendem Aufwand ebenfalls um nachträgliche Herstellungskosten (BFH 10.5.1995 – IX R 62/94, BStBl. II 1996, 639).

904 Keine zu Herstellungsaufwendungen führende Substanzmehrung liegt dagegen vor, wenn der neue Gebäudebestandteil oder die neue Anlage die **Funktion des bisherigen Gebäudebestandteils** für das Gebäude in vergleichbarer Weise erfüllen.

905 Die Kosten für die Erstellung einer **Trennwand** zwischen zwei Wohnungen sind Herstellungskosten, wenn sich dadurch eine Funktions- oder Nutzungsänderung ergibt (FG Münster 29.1.2015 – 12 K 3193/12 E, DStRE 2017, 391 rkr.). Eine Funktionsänderung ist gegeben, wenn im Zusammenhang mit der angestrebten Nutzungsänderung aneinandergrenzender Räume **Mauern zum Teil neu hergestellt und zum Teil durchbrochen** werden. Eine

solche Baumaßnahme schafft gegenüber dem früherem Bauzustand eine auf die angestrebte Funktionsänderung ausgerichtete Substanzmehrung und geht damit über das bloße Versetzen von Wänden und das Zumauern von Türen hinaus (BFH 27.9.2001 – X R 55/98, BFH/NV 2002, 627 mwN). Aufwendungen für eine derartige Funktionsänderung sind ebenfalls Herstellungskosten.

Wird eine Wohnung vorher zu gewerblichen Zwecken und nach der Baumaßnahme zu Wohnzwecken genutzt, kann dies ein Indiz für das Vorliegen von Herstellungskosten sein (BFH 27.9.2001 – X R 55/98, BFH/NV 2002, 627). Im Ergebnis liegen aber Herstellungskosten nur dann vor, wenn und soweit sich durch bauliche Maßnahmen eine Funktions- oder Nutzungsänderung ergibt, dh sich die Zweckbestimmung dadurch ändert (FG Münster 29.1.2015 – 12 K 3193/12 E, DStRE 2017, 391 rkr.). 905.1

Sofort abzugsfähige Erhaltungsaufwendungen sind hingegen anzunehmen, wenn der neue Gebäudebestandteil für sich betrachtet nicht die gleiche Beschaffenheit aufweist wie der bisherige Gebäudebestandteil oder die Anlage technisch nicht in der gleichen Weise wirkt, sondern **lediglich entsprechend dem technischen Fortschritt – zB durch energetische Maßnahmen – modernisiert** worden ist. Von einer Substanzmehrung ist regelmäßig nicht auszugehen bei: 905.2

- Anbringen einer zusätzlichen Fassadenverkleidung (zB Eternitverkleidung oder Verkleidung mit Hartschaumplatten) zu Wärme- oder Schallschutzzwecken (BFH 13.3.1979 – VIII R 83/77, BStBl. II 1979, 435),
- Umstellung einer Heizungsanlage von Einzelöfen auf eine Zentralheizung (BFH 24.7.1979 – VIII R 162/78, BStBl. II 1980, 7),

(vgl. BMF 18.7.2003, BStBl. I 2003, 386).

Außerdem handelt es sich in der Regel um Erhaltungsaufwand bei: 905.3

- Ersatz eines Flachdaches durch ein Satteldach, wenn dadurch lediglich eine größere Raumhöhe geschaffen wird, ohne die nutzbare Fläche und damit die Nutzungsmöglichkeit zu erweitern,
- Vergrößern eines bereits vorhandenen Fensters oder
- Versetzen von Wänden

(vgl. BMF 18.7.2003, BStBl. I 2003, 386).

906 Ein enger räumlicher, zeitlicher und sachlicher Zusammenhang zwischen Herstellungs- und Erhaltungsaufwendungen führt dazu, dass die Maßnahmen in ihrer Gesamtheit als **einheitliche Baumaßnahme** anzusehen sind. Dies ist der Fall, wenn die einzelnen Baumaßnahmen **bautechnisch ineinandergreifen** (BFH 22.12.1995 – IX R 116/92, BStBl. II 1996, 632). Regelmäßig können in diesem Fall insgesamt Herstellungskosten geltend gemacht werden.

907 **Anschaffungsnaher Aufwand** wurde früher von der Rechtsprechung (BFH 22.8.1966 – GrS 2/66, BStBl. III 1966, 673) angenommen, wenn in zeitlicher Nähe zur Anschaffung im Verhältnis zum Kaufpreis hohe Reparatur- oder Modernisierungsaufwendungen entstanden sind. Mittlerweile ist diese Rechtsprechung jedoch aufgehoben (BFH 12.9.2001 – IX R 39/97 und IX R 52/00, BStBl. II 2003, 569; BFH 15.9.2004 – I R 7/02, BStBl. II 2005, 867).

908 Seit dem StÄndG 2003 regelt **§ 6 Abs. 1 Nr. 1a,** dass zu den Herstellungskosten eines Gebäudes auch Aufwendungen für **Instandsetzung- und Modernisierungsmaßnahmen** gehören, die innerhalb von drei Jahren nach der Anschaffung des Gebäudes durchgeführt werden. Voraussetzung ist, dass die Aufwendungen ohne Umsatzsteuer **15 Prozent der Anschaffungskosten des Gebäudes übersteigen** (zu Einzelheiten → § 6 Rn. 1441). Maßgeblich ist die Gesamtsumme der innerhalb von drei Jahren angefallenen Renovierungskosten; eine Segmentierung der Gesamtkosten ist nicht zulässig. Handelt es sich um Instandsetzungs- und Modernisierungsmaßnahmen dieser Art, kann der Aufwand nur nach den AfA-Regelungen abgeschrieben werden. Nach § 9 Abs. 5 S. 2 gilt diese Regelung entsprechend auch für Überschusseinkunftsarten. Die Aufwendungen erhöhen die AfA-Bemessungsgrundlage (§ 9 Abs. 1 S. 3 Nr. 7). Ein sofortiger Werbungskostenabzug ist ausgeschlossen.

909 Der Begriff der Instandsetzungs- und Modernisierungsmaßnahmen in § 6 Abs. 1 Nr. 1a S. 1 ist gesetzlich nicht definiert. Die Auslegung ergibt, dass grundsätzlich **sämtliche Kosten** für bauliche Maßnahmen, die im Rahmen einer im Zusammenhang mit der Anschaffung des Gebäudes vorgenommenen Sanierung anfallen, erfasst sind. Ein Zusammenhang einer Maßnahme mit der Anschaffung ist in der Regel anzunehmen, wenn diese **innerhalb von drei Jahren nach der Anschaffung** durchgeführt wird.

910 Unter Instandsetzung und Modernisierung eines Gebäudes iSv § 6 Abs. 1 Nr. 1a sind bauliche Maßnahmen zu verstehen, durch die **Mängel oder Schäden an vorhandenen Einrichtungen eines bestehenden Gebäudes oder am Gebäude selbst beseitigt** werden oder das Gebäude durch Erneuerung in einen zeitgemäßen Zustand versetzt wird (BFH 9.5.2017 – IX R 6/16, DStR 2017, 2161). Aufwendungen iSd § 6 Abs. 1 Nr. 1a S. 1 sind sämtliche Aufwendungen, **unabhängig von ihrer handelsrechtlichen Einordnung,** für bauliche Maßnahmen, die im Rahmen einer im Zusammenhang mit der Anschaffung des Gebäudes vorgenommenen Instandsetzung und Modernisierung anfallen und nicht nach S. 2 der Vorschrift ausdrücklich ausgenommen sind (BFH 14.6.2016 – IX R 25/14, BStBl. II 2016, 992; BFH 14.6.2016 – IX R 22/15, DStR 2016, 2274). Nicht zu den Aufwendungungen iSd § 6 Abs. 1 Nr. 1a S. 1 gehören nach dem Wortlaut des S. 2 Aufwendungen für Erweiterungen iSv § 255 Abs. 2 S. 1 HGB sowie Aufwendungen für Erhaltungsarbeiten, die jährlich üblicherweise anfallen (BFH 14.6.2016 – IX R 25/14, BStBl. II 2016, 992). Soweit in der früheren Rechtsprechung vertreten wurde, dass Kosten zur Beseitigung **verdeckter Mängel** nicht als anschaffungsnahe Herstellungskosten zu beurteilen seien, weil solche Mängel zu keiner Minderung des Kaufpreises geführt hätten (BFH 22.8.1966 – GrS 2/66, BStBl. III 1966, 672; 9.5.1995 – IX R 63/94, BFH /NV 1996, 116), hat sie daran in jüngerer Zeit nicht weiter festgehalten (BFH 22.1.2003 – X R 20/01, BFH/NV 2003, 763). Dies gilt auch für Kosten zur Beseitigung von bei Anschaffung des Gebäudes angelegten, aber erst **nach dem Erwerb auftretenden altersüblichen Mängeln und Defekten** (BFH 9.5.2017 – IX R 6/16, BStBl. II 2018, 9; FG Düsseldorf 30.8.2016 – 10 K 398/15 F, EFG 2016, 1774, rkr.). Kosten für die Beseitigung eines Substanzschadens durch das **schuldhafte Handeln eines Dritten (zB Mieter)** sind jedoch nicht als abzugsfähige anschaffungsnahe Herstellungskosten iSd § 6 Abs. 1 Nr. 1a zu qualifizieren (BFH 9.5.2017 – IX R 6/16, BStBl. II 2018, 9). Da es sich zwar um anschaffungsnahe, jedoch um **unvermutete** Instandsetzungsmaßnahmen handelt, fallen die Beseitigungskosten bei einer teleologischen Reduktion mit Rücksicht auf den Gesetzeszweck nicht unter Kosten iSd des § 6 Abs. 1 Nr. 1a S. 1. Diese Aufwendungen sind daher sofort abzugsfähig (BFH 11.7.2000 – IX R 48/96, BStBl. II 2001, 784).

911 Der BFH hat (BFH 14.6.2016 – IX R 25/14, BStBl. II 2016, 992; BFH 14.6.2016 – IX R 15/15, BStBl. II 2016, 996 und BFH 14.6.2016 – IX R 22/15, BStBl. II 2016, 999) den Begriff der „Instandsetzungs- und Modernisierungsmaßnahmen" in § 6 Abs. 1 Nr. 1a für die Fälle konkretisiert, in denen in zeitlicher Nähe zur Anschaffung neben sonstigen Sanierungsmaßnahmen **reine Schönheitsreparaturen** durchgeführt werden. Der BFH bezieht auch Schönheitsreparaturen in die anschaffungsnahen Herstellungskosten ein, sodass insoweit kein sofortiger Werbungskostenabzug möglich ist.

911.1 In den Streitfällen wurden Immobilienobjekte erworben und in zeitlicher Nähe zur Anschaffung umgestaltet, renoviert und instandgesetzt, um sie anschließend zu vermieten. Es wurden **Wände eingezogen, Bäder erneuert, Fenster ausgetauscht** und **energetische Verbesserungsmaßnahmen** sowie **Schönheitsreparaturen** durchgeführt. Wenn die **gesamten Nettokosten der Renovierungen jeweils 15 Prozent der Anschaffungskosten** des Gebäudes übersteigen, sind insgesamt „anschaffungsnahe" Herstellungskosten iSv § 6 Abs. 1 Nr. 1a des gegeben, die nur im Wege der AfA über die Nutzungsdauer des Gebäudes verteilt steuerlich geltend gemacht werden können. Dies gilt nun auch für reine Schönheitsreparaturen. Dies begründet er mit dem vom Gesetzgeber mit der Regelung verfolgten Zweck, aus Gründen der Rechtsvereinfachung und -sicherheit eine typisierende Regelung zu schaffen.

911.2 Ob eine Hebung des Standards vorliegt, ist für die ersten drei Jahre nach Anschaffung des Gebäudes nicht zu prüfen, wenn die Aufwendungen für die Instandsetzung und Modernisierung des Gebäudes insgesamt 15 Prozent der Anschaffungskosten des Gebäudes nicht übersteigen (BMF 18.7.2003, BStBl. I 2003, 386 Rn. 38).

912–914 *Einstweilen frei*

915 **c) Feststellungslast.** Die Feststellungslast für die Tatsachen, die eine Behandlung als Anschaffungs- oder Herstellungskosten begründen (wie zB die Herstellung der Betriebsbereitschaft oder eine wesentliche Verbesserung über den ursprünglichen Zustand hinaus), trägt das Finanzamt. Soweit das Finanzamt jedoch nicht in der Lage ist, den Zustand des Gebäudes im Zeitpunkt der Anschaffung oder den ursprünglichen Zustand iSd § 255 Abs. 2 festzustellen, trifft den Steuerpflichtigen hierbei eine **erhöhte Mitwirkungspflicht** (§ 90 Abs. 1 S. 3 AO).

Kann der maßgebliche Zustand des Wohngebäudes nicht sicher festgestellt werden, kann das Finanzamt aus **Indizien** auf die Hebung des Standards eines Gebäudes und somit auf Anschaffungs- oder Herstellungskosten schließen. Indizien für die Hebung des Standards liegen vor, wenn **916**

- ein Gebäude in zeitlicher Nähe zum Erwerb im Ganzen und von Grund auf modernisiert wird,
- hohe Aufwendungen für die Sanierung der zentralen Ausstattungsmerkmale getätigt werden,
- auf Grund dieser Baumaßnahmen der Mietzins erheblich erhöht wird (BMF 18.7.2003, BStBl. I 2003, 386).

Einstweilen frei **917–919**

d) Absetzung für Abnutzung (AfA). Zu den Werbungskosten gehören auch Absetzungen für Abnutzung (AfA) und Substanzverringerung und erhöhte Absetzungen (§ 9 Abs. 1 S. 3 Nr. 7). Voraussetzung ist, dass das betreffende Wirtschaftsgut, dessen Anschaffungs- oder Herstellungskosten im Wege der AfA steuermindernd Berücksichtigung finden sollen, **zur Erzielung von Einnahmen dient.** Es muss – wie auch bei den übrigen Werbungskosten – ein kausaler wirtschaftlicher Zusammenhang zwischen den Anschaffungs- und Herstellungskosten und der Einkünfteerzielung gegeben sein. Die Aufwendungen müssen dem Steuerpflichtigen **zuzurechnen** sein (Lademann EStG/*Claßen* § 21 Rn. 308). Dieser muss weiterhin steuerpflichtige Einnahmen erzielen. **920**

Beim **unentgeltlichen Zuwendungsnießbrauch** kann der Eigentümer (Zuwendungsempfänger) die AfA nicht als Werbungskosten berücksichtigen (→ Rn. 425 ff.), weil er keine Einnahmen iSd § 21 Abs. 1 mehr erzielt. Der **Vorbehaltsnießbraucher** kann hingegen weiterhin die AfA geltend machen, auch wenn er nicht mehr Eigentümer des Vermietungs- oder Verpachtungsobjektes ist (→ Rn. 421; → Rn. 453 ff.). **920.1**

Werden **Teile der Wohnung oder des Gebäudes zu eigenen Wohnzwecken genutzt,** sind die Herstellungs- und Anschaffungskosten um den Teil der Aufwendungen zu kürzen, der nach objektiven Merkmalen und Unterlagen leicht und einwandfrei dem selbst genutzten Teil zugeordnet werden kann. Soweit sich die Aufwendungen nicht eindeutig zuordnen lassen, sind sie um den Teil, der auf eigene Wohnzwecke entfällt, nach dem Verhältnis der Nutzflächen zu kürzen (EStR 21.1 Abs. 5). **921**

Nach § 7 Abs. 4 S. 1 Nr. 2 können als AfA bei **Wohngebäuden** die folgenden Beträge geltend gemacht werden: **922**

- bei Gebäuden, die nach dem 31.12.1924 fertig gestellt worden sind, jährlich **2 Prozent**
- bei Gebäuden, die vor dem 31.12.1924 fertig gestellt worden sind, jährlich **2,5 Prozent**

der Anschaffungs- und Herstellungskosten für das **Gebäude.** Den AfA-Sätzen liegt eine fiktive Nutzungsdauer von 50 bzw. 40 Jahren zugrunde.

Die Anschaffungskosten für Grund- und Boden sind bei einem einheitlichen Kaufpreis herauszurechnen, weil sie im Rahmen der AfA nicht berücksichtigungsfähig sind. **922.1**

Beträgt die tatsächliche Nutzungsdauer eines Gebäudes bei vor dem 1.1.1925 fertig gestellten Gebäuden weniger als 40, bei nach dem 31.12.1924 fertig gestellten Gebäuden weniger als 50 Jahre, kann der AfA-Satz nach **der tatsächlichen – kürzeren – Nutzungsdauer entsprechend höher bemessen werden.** **923**

Bei Gebäuden, die der Steuerpflichtige hergestellt oder im Jahr der Herstellung angeschafft hat, kann der Steuerpflichtige nach § 7 Abs. 5 – statt der linearen AfA – eine **degressive AfA** vornehmen (zu weiteren Einzelheiten, § 7 → § 7 Rn. 314 ff.). **924**

Im Falle der **Erbfolge** als unentgeltlichem Erwerb tritt der Erbe bzw. die Erbengemeinschaft in die Rechtsstellung des Erblassers und kann daher die AfA des Rechtsvorgängers gem. § 11d EStDV fortsetzen. **925**

Erbfall und Erbauseinandersetzung sind rechtlich voneinander zu trennen. Zahlt der Erbe an die Erbengemeinschaft im Zusammenhang mit der **Erbauseinandersetzung** eine Ausgleichszahlung oder Abstandszahlung, liegen originäre Anschaffungskosten des Erben vor (BFH 5.7.1990 – GrS 2/89, BStBl. **925.1**

II 1990, 837; → Rn. 891). Die Verteilung eines Nachlasses zwischen Miterben ist hingegen kein Anschaffungsvorgang.

925.2 Dies gilt bei einer vorweggenommenen Erbfolge entsprechend.

926 Gemäß § 7 Abs. 4 S. 3 iVm Abs. 1 S. 4 sind **Absetzungen für außergewöhnliche technische oder wirtschaftliche Abnutzung (AfaA)** – auch **erhöhte AfA** genannt – zulässig, um außergewöhnliche Einwirkungen technischer oder wirtschaftlicher Art, die bei dem üblichen Gebrauch des Wirtschaftsguts nicht eintreten, zu berücksichtigen. Auch diese Sonderform der AfA dient dazu, die Anschaffungs- und Herstellungskosten auf die Nutzungsdauer zu verteilen. Durch das außergewöhnliche Ereignis muss der Gebrauch des Wirtschaftsguts verringert oder seine Nutzungsdauer verkürzt werden. Es muss ein Wertverzehr vorliegen, der **das normale Maß der Abnutzung übersteigt,** mit anderen Worten, der außergewöhnlich ist. Die Abnutzung muss auf einem **unvorhersehbaren Ereignis** beruhen.

926.1 Eine technische Abnutzung iSd § 7 Abs. 1 S. 7 meint die Beeinträchtigung des Substanzwertes des Gebäudes, welche nachteilige Auswirkungen auf die Einkünfteerzielung hat.

926.2 Eine wirtschaftliche Abnutzung ist gegeben, wenn der wirtschaftliche Verbrauch eines Gebäudes endgültig die Möglichkeit einer wirtschaftlich sinnvollen Nutzung ausschließt (BFH 4.3.2008 – IX R 16/07, BFH/NV 2008, 1310; dazu *Grube* FR 2011, 633 (638)).

927 Die Absetzung kann grundsätzlich nur in dem Jahr vorgenommen werden, in welchem das **Ereignis eingetreten** ist, das zu der außergewöhnlichen Abnutzung geführt hat (zu Einzelheiten → § 7 Rn. 296 ff.). Nach der Rechtsprechung kommt eine Geltendmachung in einem späteren Zeitraum in Betracht, wenn der Steuerpflichtige die Substanzbeeinträchtigung erst später bemerkt hat. Jedoch ist ein weiteres Zuwarten, etwa zur rechtlichen Klärung, ob die Versicherung für den Schaden einzustehen hat, nicht zulässig (BFH 1.12.1992 – IX R 189/85, BStBl. II 1994, 11).

927.1 Treten Schäden, die die außergewöhnliche Abnutzung bewirken, erst nach dem Jahr des tatsächlichen Schadenseintritts zum Vorschein, kann die Absetzung für außergewöhnliche technische oder wirtschaftliche Abnutzung im Jahr der Entdeckung des Schadens vorgenommen werden (BFH 1.12.1992 – IX R 189/85, BStBl. II 1994, 11).

928 Bei der Geltendmachung einer Absetzung für außergewöhnliche technische oder wirtschaftliche Abnutzung ist der **Restwert** auf die noch verbleibende Nutzungsdauer zu verteilen.

929 Eine Absetzung für außergewöhnliche technische oder wirtschaftliche Abnutzung auf **einzelne Gebäudeteile** kommt nicht in Betracht, weil das Gebäude ein **einheitliches Wirtschaftsgut** ist. Irrelevant ist, wenn einzelne Gebäudeteile eine unterschiedliche Nutzungsdauer haben (BFH 22.8.1966 – GrS 2/66, BStBl. III 1966, 672). Bei einem Funktionsverlust einzelner Gebäudeteile können zu deren Ersatz oder Reparatur sofort abzugsfähige Werbungskosten geltend gemacht werden.

929.1 Eine Absetzung für außergewöhnliche wirtschaftliche Abnutzung ist nicht möglich, wenn ein Mieter aufgrund der wegen einer **Veränderungssperre** zurückgestellten Umbauten kündigt, die Veränderungssperre dann aber aufgehoben wird. In diesem Fall fehlt es an einer dauerhaften unmittelbaren Beeinträchtigung der wirtschaftlichen Nutzungsfähigkeit des Gebäudes durch die Veränderungssperre (FG Düsseldorf 29.4.2010 – 11 K 3645/08 F, BFH/NV 2011, 36).

930 Nach § 7 Abs. 6 ist § 7 Abs. 1 ist bei Bergbauunternehmen, Steinbrüchen und anderen Unternehmen, die einen Verbrauch der Substanz mit sich bringen, eine **Absetzung für Substanzverringerung** möglich. Eine Absetzung für Substanzverringerung kann auch von demjenigen steuerlich geltend gemacht werden, der Bodenschätze nicht im eigenen Unternehmen ausbeutet, sondern das Grundstück zur Ausbeutung an einen Dritten verpachtet hat und entsprechend Einnahmen aus § 21 Abs. 1 S. 1 Nr. 1 erzielt. Voraussetzung für die Absetzung für Substanzverringerung ist, dass der Verpächter wirtschaftlicher Eigentümer der zur Ausbeute überlassenen Substanz ist und erst durch den Abbau des Pächters das wirtschaftliche Eigentum daran verliert (Lademann EStG/*Claßen* § 21 Rn. 339).

931 Absetzung für Substanzverringerung setzt voraus, dass der Bodenschatz entgeltlich erworben wurde und somit Anschaffungskosten entstanden sind. Die Anschaffungskosten müssen sich auf das Wirtschaftsgut „Bodenschatz“ – neben Grund und Boden – beziehen (Lademann EStG/*Claßen* § 21 Rn. 343).

Bei den Einkünften aus Vermietung und Verpachtung kommen für bestimmte Objekte auch **erhöhte Absetzungen** in Betracht. Dies gilt für: **932**

- Herstellungskosten für bestimmte Einrichtungen und Anlagen nach § 82a EStDV (insbesondere **Energiesparmaßnahmen**),
- Herstellungskosten für bestimmte **Baumaßnahmen iSd BauGB und des Städtebau-FörderG nach § 7h** gemäß § 82g EStDV sowie
- Herstellungskosten bei **Baudenkmälern nach § 7i** gemäß § 82i EStDV.

Einstweilen frei **933–935**

3. Erhaltungsaufwand

a) Begriffsverständnis und Abgrenzung. Erhaltungsaufwand ist im Rahmen der Werbungskosten **sofort abzugsfähig.** Er ist daher von Anschaffungs- und Herstellungskosten zu differenzieren. Teilweise stößt die Abgrenzung auf Schwierigkeiten, insbes. weil zu Herstellungskosten auch die Aufwendungen für eine Erweiterung oder eine über den ursprünglichen Standard hinausgehende wesentliche Verbesserung (→ Rn. 897 ff.) gehören (vgl. § 255 Abs. 2 S. 1 HGB) (KSM/*Drüen* § 21 Rn. B 373). Abgrenzungsprobleme ergeben sich vor allem bei Aufwendungen für die Erneuerung von bereits in den Herstellungskosten enthaltenen Gebäudeteilen, Einrichtungen oder Anlagen (Lademann EStG/*Claßen* § 21 Rn. 278). **936**

Zum Erhaltungsaufwand gehören Aufwendungen für die **laufende Instandsetzung** und **Instandhaltung** eines Vermietungsobjektes, die durch die gewöhnliche Nutzung eines Gebäudes veranlasst ist. Erfasst sind jegliche Aufwendungen für das Gebäude, die nicht zu Herstellungskosten zählen. Gebäudebezogene Aufwendungen vor Fertigstellung des Gebäudes sind stets Herstellungskosten. Aufwendungen für eine Beseitigung eines während der Bauphase entstandenen Baumangels sind ebenfalls Herstellungskosten, auch wenn der Mangel zeitlich nach Fertigstellung beseitigt wird (KSM/*Drüen* § 21 Rn. B 373). **937**

Entscheidend für die Abgrenzung von Erhaltungsaufwand zu Anschaffungs- und Herstellungskosten ist, ob die Aufwendungen anhand der auch für die Einkünfte aus Vermietung und Verpachtung maßgebenden bilanzrechtlichen Begriffsbestimmung (§ 255 Abs. 2 S. 1 HGB) als Herstellungskosten des Vermietungsobjekts zu qualifizieren sind. **Herstellungskosten** sind danach Aufwendungen, die für die Herstellung eines Vermögensgegenstands, seine Erweiterung oder für eine über seinen ursprünglichen Zustand hinausgehende wesentliche Verbesserung entstehen (→ § 6 Rn. 542; → Rn. 897 ff.). **938**

Erhaltungsaufwand liegt in der Regel vor, wenn bereits vorhandene Teile, Einrichtungen oder Anlagen erneuert oder in ihrer Funktionsfähigkeit verbessert werden (EStR 21.1 Abs. 1), zB Austausch und Erneuerung eines Fahrstuhls. Die Grenze zwischen Herstellungskosten und Erhaltungsaufwand kann fließend sein. Reparaturaufwendungen sind regelmäßig Erhaltungsaufwand. Dies gilt auch für die **Kosten zeitgemäßer Instandsetzung (Modernisierungsaufwand)** einzelner Bestandteile eines Hauses. Nur wenn ein Gebäude im Laufe der Zeit insgesamt unbrauchbar geworden ist, dh ein sog. **Totalverschleiß** (→ Rn. 901) vorliegt, führt die Instandsetzung des nunmehr neuen Wirtschaftsgutes zu Herstellungskosten (BFH 10.5.1995 – IX R 62/94, BStBl. II 1996, 639). Ferner führen Instandsetzungs- und Modernisierungsaufwendungen zu Herstellungskosten, wenn sie zu einer Erweiterung iSv § 255 Abs. 2 S. 1 HGB führen (zB Vergrößerung der nutzbaren Fläche, → Rn. 936). **939**

Energetische Aufwendungen für den **Austausch von Fenstern,** für die **Umstellung einer Kohle-Zentralheizung in eine Ölheizung, Erneuerung der Fassadenverkleidung** sind als Erhaltungsaufwand sofort abzugsfähige Werbungskosten (Lademann EStG/*Claßen* § 21 Rn. 278). **939.1**

Zum Erhaltungsaufwand gehören ferner Aufwendungen für den Einbau messtechnischer Anlagen zur verbrauchsabhängigen Abrechnung von Heiz- und Wasserkosten oder für den Einbau einer privaten Breitbandanlage und einmalige Gebühren für den Anschluss privater Breitbandanlagen an das öffentliche Breitbandnetz bei bestehenden Gebäuden (EStR 21.1 Abs. 1). **939.2**

Auch Aufwendungen für die Instandhaltung der Gartenanlagen können sofort abgezogen werden (EStR 21.1 Abs. 2 S. 4). **939.3**

Betragen die Aufwendungen für eine Baumaßnahme nach Fertigstellung eines Gebäudes **nicht mehr als 4.000 EUR** (Rechnungsbetrag ohne Umsatzsteuer) je Gebäude, ist **auf** **940**

Antrag dieser Aufwand stets als Erhaltungsaufwand zu behandeln. Auf Aufwendungen, die der endgültigen Fertigstellung eines neu errichteten Gebäudes dienen, ist die Vereinfachungsregelung allerdings nicht anzuwenden (EStR 21.1 Abs. 1).

941 **Instandhaltungs- oder Modernisierungsaufwendungen** sind Erhaltungsaufwand, wenn sie dazu dienen, die Nutzungsmöglichkeit des Mietobjekts aufrecht zu erhalten oder wiederherzustellen, selbst wenn einzelne Bestandteile durch neue zu ersetzen sind (BFH 9.5.1995 – IX R 116/92, BStBl. II 1996, 632; Kirchhof/*Mellinghoff* § 21 Rn. 52).

941.1 Beispielsweise Kosten für den Ersatz eines vorhandenen Anschlusses an das Wasser-, Strom, Gast- oder Fernwärmenetz sowie Aufwendungen für die Anpassung an moderne Umweltschutzstandards sind Erhaltungsaufwand (*Grube* DB 1999, 1723).

941.2 Zu den Besonderheiten bei anschaffungsnahem Aufwand, → Rn. 911.

942 Bei **Bauherrenmodellen und geschlossenen Immobilienfonds** gelten Besonderheiten für die Abgrenzung zwischen Erhaltungsaufwand und Anschaffungskosten (→ Rn. 262 f.).

943 **Größerer Erhaltungsaufwand** für ein Gebäude, das **überwiegend Wohnzwecken** dient und nicht zum Betriebsvermögen gehört, kann (seit 1.1.2004) nach **§ 82b EStDV** auf zwei bis fünf Jahre gleichmäßig verteilt werden. Der Steuerpflichtige hat diesbezüglich ein Wahlrecht, dh er kann die Ausgaben entweder im Entstehungsjahr gemäß § 11 Abs. 2 geltend machen oder sie auf zwei bis fünf Jahre gleichmäßig verteilen. Beträgt beispielsweise der vom Steuerpflichtigen gewählte Verteilungszeitraum fünf Jahre, kann in jedem Jahr ein Fünftel der Gesamtaufwendungen abgezogen werden. Das Aufteilungswahlrecht nach § 82 EStDV dient va einer besseren Nutzung der **Tarifprogression,** insbesondere wenn im Jahr des Abflusses geringere Einkünfte gegeben sind. § 82b EStDV ist nur anwendbar, wenn das Gebäude im Zeitpunkt der Zahlung des Erhaltungsaufwands **nicht zu einem Betriebsvermögen** gehört. Die Grundfläche der **Wohnzwecken dienenden Räume** muss mehr als die Hälfte der gesamten Nutzfläche betragen.

943.1 Zur Nutzflächenberechnung, vgl. **§ 82b Abs. 1 S. 2 und S. 3 EStDV.**

943.2 § 82b EStDV setzt die tatbestandlichen Voraussetzungen im Jahr der Zahlung voraus. Daher ist es unschädlich, wenn das Gebäude in nachfolgenden Veranlagungszeiträumen nicht mehr überwiegend Wohnzwecken dient.

943.3 Zum Gebäude gehörende **Garagen,** in denen nicht mehr als ein Personenkraftwagen abgestellt werden kann, sind ohne Rücksicht auf ihre tatsächliche Nutzung als Wohnzwecken dienend zu behandeln (vgl. § 82 Abs. 1 S. 1 bis 3 EStDV).

943.4 Dauert die Durchführung der Erhaltungsmaßnahme mehr als ein Jahr, müssen für die im jeweiligen Veranlagungszeitraum geleisteten Aufwendungen gesonderte Verteilungszeiträume gebildet werden (Blümich/*Heuermann* § 21 Rn. 336).

943.5 Wurde Erhaltungsaufwand im Entstehungsjahr noch nicht nach § 11 Abs. 2 berücksichtigt und vor bestandskräftiger Veranlagung auch noch keine Verteilung nach § 82b EStDV beantragt, hat der Steuerpflichtige nach dem BFH weiterhin die Möglichkeit, die Aufwendungen anteilig auf die folgenden Jahre gleichmäßig zu verteilen. Durch Eintritt der Bestandskraft der Steuerveranlagung für das Entstehungsjahr verliert der Steuerpflichtige nur den auf das bestandskräftig veranlagte Jahr entfallenden Teil der Aufwendungen (BFH 27.10.1992 – IX R 60/90, BFH/NV 1993, 467).

943.6 Erfolgte im Entstehungsjahr eine bestandskräftige Schätzung der steuerpflichtigen Einkünfte, gelten die Aufwendungen als nach § 11 Abs. 2 abgezogen. Der Steuerpflichtige verliert damit sein Wahlrecht aus § 82b EStDV (BFH 26.10.1977 – VIII R 111/74, BStBl. II 1978, 367).

944 Die Rechtsprechung verlangt für die Anwendung des § 82b EStDV eine **dauerhafte Wohnnutzung,** woran es bei Vermietung an wechselnde Feriengäste fehlt (BFH 4.9.2000 – IX R 75/99, BFH/NV 2001, 429).

945 Wird das Eigentum an einem Gebäude unentgeltlich auf einen anderen übertragen, kann der **Rechtsnachfolger** Erhaltungsaufwand noch in dem von seinem Rechtsvorgänger gewählten restlichen Verteilungszeitraum geltend machen. Dabei ist der Teil des Erhaltungsaufwands, der auf den Veranlagungszeitraum des Eigentumswechsels entfällt, entsprechend der Besitzdauer auf den Rechtsvorgänger und den Rechtsnachfolger aufzuteilen (EStR 21.1 Abs. 5 S. 2 und S. 3).

Sind **mehrere Personen** Eigentümer eines Gebäudes (Miteigentümer, Gesamthandseigentum), muss nach § 82b Abs. 3 EStDV der Erhaltungsaufwand von allen Eigentümern auf den gleichen Zeitraum verteilt werden. 946

Im Falle einer **Veräußerung** innerhalb des Verteilungszeitraums iSd § 82b EStDV ist nach § 82b Abs. 2 EStDV der noch nicht berücksichtigte Teil des Erhaltungsaufwands im Jahr der Veräußerung des Grundstücks in vollem Umfang abzusetzen. Dies gilt auch bei **Einbringung in ein Betriebsvermögen (**KSM/*Drüen* § 21 Rn. B 382), ebenso bei Eigennutzung oder anderweitiger Beendigung der Vermietungstätigkeit. 947

Einstweilen frei 948–950

b) Aufteilung von Kosten für Selbst- und Fremdnutzung. Grundsätzlich wird Erhaltungsaufwand nur **während der Zeit der Nutzungsüberlassung** – unabhängig vom Zahlungszeitpunkt – anerkannt. Dies gilt auch im Falle einer Selbstnutzung nach dem Auszug des Mieters (Kirchhof/*Mellinghoff* § 21 Rn. 53). 951

Der Erhaltungsaufwand muss ausschließlich **durch den Mieter bzw. das Mietverhältnis** veranlasst sein. Dies ist nicht der Fall, wenn der Erhaltungsaufwand zwar während eines Mietverhältnisses entsteht, aber der Selbstnutzung im Anschluss an das Mietverhältnis dient (BFH 14.12.2004 – IX R 34/03, BStBl. II 205, 343). 952

Im Falle einer **Selbst- und Fremdnutzung** der Immobilie sind als Werbungskosten im Zusammenhang mit den Mieteinnahmen die Kosten zu berücksichtigen, die ausschließlich durch die Vermietung veranlasst sind (zB Endreinigungskosten, Werbekosten). Die übrigen Kosten (zB AfA, Schuldzinsen, laufende Kosten) sind nach dem Verhältnis von Vermietungs- und Selbstnutzungstagen aufzuteilen (EStR 21.1 Abs. 5; BFH 6.11.2001 – IX R 97/00, BStBl. II 2002, 726; Schmidt/*Kulosa* § 21 Rn. 20; Kirchhof/*Mellinghoff* § 21 Rn. 15; Blümich/*Heuermann* § 21 Rn. 177). 953

Ist eine **Selbstnutzung vertraglich nur zeitlich beschränkt möglich,** ist der Selbstnutzung nur die vorbehaltene Zeit zuzurechnen. Die gesamte übrige Leerstandzeit ist der Vermietungszeit zuzurechnen (HHR/*Pfirrmann* § 21 Rn. 72; Kirchhof/*Mellinghoff* § 21 Rn. 15; Blümich/*Heuermann* § 21 Rn. 177). 954

Ist eine **Selbstnutzung jederzeit möglich,** sind Leerstandszeiten im Wege einer Schätzung nach dem Verhältnis der tatsächlichen Selbstnutzung zur tatsächlichen Vermietung aufzuteilen (Kirchhof/*Mellinghoff* § 21 Rn. 15; Blümich/*Heuermann* § 21 Rn. 177; HHR/*Pfirrmann* § 21 Rn. 72). 955

Lässt sich hingegen die **tatsächliche Selbstnutzung nicht aufklären** bzw. schätzen, sind die Aufwendungen hälftig der Selbstnutzung und Vermietung zuzuordnen (HHR/*Pfirrmann* § 21 Rn. 72). 956

Zweitwohnungssteuer, die vom Vermieter gezahlt wird, rechnet bei gemischt genutzten Ferienwohnungen nach der Rechtsprechung zeitanteilig zu Werbungskosten (BFH 15.10.2002 – IX R 58/01, BStBl. II 2003, 287 mAnm *Thürmer*; *Thürmer* DStR 2003, 584). Die Zweitwohnungssteuer entsteht jedoch ausschließlich im Zusammenhang mit der Selbstnutzung. Dies spricht für die Versagung eines Werbungskostenabzugs (HHR/*Pfirrmann* § 21 Rn. 72). 957

Die Verpflichtung zur Zahlung einer Zweitwohnungssteuer ist ein Indiz für eine Selbstnutzung (BFH 6.11.2001 – IX R 35/00, BFH/NV 2002, 765; BFH 6.11.2001 – IX R 85/00, BFH/NV 2002, 767; BFH 26.11.2004 – IX R 26/02, BFH/NV 2005, 688). 954.1

Einstweilen frei 958–960

c) Vorab entstandene Werbungskosten. Fallen Werbungskosten bereits zu einem Zeitpunkt an, in dem die mit dem Aufwand zusammenhängenden Einkünfte noch nicht erzielt werden, handelt es sich um sog. vorab entstandene Werbungskosten. Typische vorab entstandene Werbungskosten sind Renovierungs- oder Reinigungskosten sowie Fahrtkosten, um ein Vermietungs- und Verpachtungsobjekt zu erwerben oder einem künftigen (potentiellen) Mieter zu zeigen. 961

Bevor der Steuerpflichtige mit einem konkreten Vermietungs- und Verpachtungsobjekt Einkünfte erzielt, ist für die steuerliche Berücksichtigung entscheidend, ob bereits ein **ausreichender Veranlassungszusammenhang** der Aufwendungen mit der späteren – auf Einkünfteerzielung gerichteten – Vermietungstätigkeit besteht. Ist dies der Fall, kommt ein 962

Abzug für vorab entstandene Werbungskosten, dh ohne korrespondierende Einnahmen, in Betracht.

963 Voraussetzung für den Abzug vorab entstandener Werbungskosten ist ein konkreter **wirtschaftlicher Zusammenhang** zwischen den Aufwendungen und der jeweiligen Einkunftsart (BFH 16.2.2016 – IX R 1/15, BFH/NV 2016, 1261; BFH 13.1.2015 – IX R 46/13, BFH/NV 2015, 668; BFH 4.7.1990 – GrS 1/89, BStBl. II 1990, 830; FG Niedersachsen 26.2.2015 – 14 K 316/13, EFG 2015, 1008). Es muss sich **anhand objektiver Umstände** feststellen lassen, dass der Steuerpflichtige **subjektiv** den Entschluss, Einkünfte aus Vermietung und Verpachtung zu erzielen, **endgültig gefasst hat und nicht wieder aufgegeben** hat (BFH 16.2.2016 – IX R 1/15, BFH/NV 2016, 1261; BFH 11.8.2010 – IX R 3/10, BStBl. II 2010, 166; BFH 28.10.2008 – IX R 1/07, BStBl. II 2009, 848; Blümich/*Heuermann* § 21 Rn. 266). Nach der Rechtsprechung ist für die steuerliche Anerkennung von vorab entstandenen Werbungskosten maßgeblich, dass der Wille des Steuerpflichtigen, Einkünfte zu erzielen (also iRd § 21 Abs. 1: ein Vermietungs- oder Verpachtungsobjekt einem anderen entgeltlich zur Nutzung zu überlassen), **anhand objektiver Umstände feststellbar** ist.

963.1 Ein für den Abzug von vorab entstandenen Werbungskosten notwendiger wirtschaftlicher Zusammenhang ist auch bei dem Erwerb von **Bauerwartungsland** nicht ausgeschlossen, wenn der Steuerpflichtige damit rechnen kann, dass er das Grundstück in absehbarer Zeit bebauen darf und er seine erkennbare Bauabsicht nachhaltig zu verwirklichen versucht (BFH 4.6.1991 – IX R 30/89, BStBl. II 1991, 761).

963.2 Veräußert der Steuerpflichtige eine private, zuvor nicht vermietete Immobilie, um sich die nötigen Geldmittel für die Anschaffung eines Vermietungsobjekts zu verschaffen, sind die **Veräußerungskosten** grundsätzlich nicht als vorab entstandene Werbungskosten bei den Einkünften aus Vermietung und Verpachtung abziehbar. Eine den Veräußerungszusammenhang überlagernde und diese verdrängende Veranlassung durch die beabsichtigte Vermietung ist jedenfalls dann nicht anzunehmen, wenn sich der Steuerpflichtige **ohne wirtschaftlichen oder rechtlichen Zwang zur Veräußerung entschlossen** hat und er auch über die Verwendung des Veräußerungserlöses frei disponieren kann (BFH 29.10.2019 – IX R 22/18, BeckRS 2019, 33456; Abgrenzung zu Senatsurteil vom 11.2.2014 – IX R 22/13, BFH/NV 2014, 1195).

964 Auch subjektive Umstände können eine Rolle spielen. Wer beispielsweise einem **betrügerischen Grundstücksmakler** Bargeld in der Annahme übergibt, er werde damit den Kaufpreis für ein bebautes Grundstück bezahlen, kann den Verlust bei den Werbungskosten aus Vermietung und Verpachtung abziehen. Dies setzt nach dem BFH voraus, dass er bei Abgabe des Geldes bereits zur Vermietung des Grundstücks entschlossen war (BFH 9.5.2017 – IX R 24/16, DStR 2017, 1426). Während Anschaffungskosten für den Erwerb eines Vermietungsobjekts grundsätzlich nur im Rahmen der AfA steuerlich zum Abzug gebracht werden können, gilt etwas anderes bei **verlorenen Aufwendungen.** Wenn die Gegenleistung für die Aufwendung nicht erbracht wird, weil es nicht zu einer Anschaffung (oder Herstellung) des Gebäudes kommt, können die vergeblich aufgewandten Beträge sofort in voller Höhe als **vorweggenommene Werbungskosten** zum Abzug gebracht werden (dazu: *Sterzinger* EStB 2019, 146).

964.1 Der sofortige Werbungskostenabzug von verlorenen Aufwendungen wird gewährt, wenn eine **vertragliche Verpflichtung für die Hingabe des Geldes nicht bestand** (BFH 9.5.2017 – IX R 24/16, DStR 2017, 1426). Einzige Voraussetzung für die Anerkennung vorab entstandener Aufwendungen ist die Erwerbs- und Vermietungsabsicht. Daran bestand im Streitfall kein Zweifel, denn der Kläger hatte das Grundstück später erworben und im Anschluss daran vermietet.

965 Auch **nachträgliche Umstände** können in die Gesamtbetrachtung einbezogen werden (BFH 6.5.2003 – IX R 89/00, BFH/NV 2004, 1381).

966 Der Steuerpflichtige trägt die **Beweislast,** dass die Voraussetzungen für die steuerliche Anerkennung als vorab entstandene Werbungskosten gegeben sind, weil es sich um eine für ihn günstige Tatsache handelt. Er muss den Zusammenhang der Aufwendungen mit der Einkunftsart iSd § 21 darlegen und ggf. beweisen (dazu: KSM/*Drüen* § 21 Rn. B 292). So hat der Steuerpflichtige beispielsweise bei einer leerstehenden Wohnung nachzuweisen, dass Reparaturaufwendungen in Vermietungsabsicht getätigt wurden.

967 Es muss eine **in die Zukunft gerichtete Einkünfteerzielungsabsicht** (→ Rn. 232 ff.) bestehen, für die der Steuerpflichtige Beweisanzeichen zu liefern hat (HHR/*Pfirrmann* § 21

Rn. 94). Er muss seinen endgültigen Entschluss zur Erzielung von Einnahmen aus Vermietung und Verpachtung **anhand ernsthafter und nachhaltiger Vermietungsbemühungen belegen** (BFH 25.6.2009 – IX R 54/08, BStBl. II 2010, 124).

Voraussetzung für die Abziehbarkeit von Aufwendungen für ein unbebautes Grundstück als vorab entstandene Werbungskosten ist, dass ein – in äußeren Umständen erkennbarer – hinreichend bestimmter wirtschaftlicher Zusammenhang mit einer Bebauung des Grundstücks und einer sich anschließenden Vermietung des Gebäudes besteht (FG Niedersachsen 26.2.2015 – 14 K 316/13, EFG 2015, 1008). Eine konkrete Bauabsicht muss glaubhaft gemacht werden (FG Niedersachsen 11.5.1993 – VIII (II) 733/89, EFG 1993, 779). **967.1**

Besonders hohe Anforderungen werden an den Nachweis der Einkünfteerzielungsabsicht gestellt, wenn es sich um **vergebliche** Werbungskosten (→ Rn. 978 ff.) handelt, dh im Nachhinein die auf Einnahmeerzielung gerichtete Vermietungs- und Verpachtungstätigkeit doch nicht erfolgt. **968**

Eine – wenn auch erst einmal nur potentielle – **Selbstnutzungs- oder Veräußerungsabsicht** steht der Geltendmachung vorabentstandener Werbungskosten entgegen, denn in diesem Fall fehlt es an einem endgültigen Entschluss zur Erzielung von Einnahmen aus Vermietung und Verpachtung. **969**

Im Einzelfall kann eine Einkünfteerzielungsabsicht sofort nach Auszug des letzten Mieters entfallen, wenn die Wohnung anschließend sehr hochwertig modernisiert und danach selbst genutzt wird. Zwischenzeitliche Vermietungsbemühungen dürfen jedoch nur dann unberücksichtigt bleiben, wenn diese zum Schein erfolgten (BFH 11.12.2012 – IX R 15/12, BFH/NV 2013, 720). **969.1**

Ist ein Vermietungsentschluss einmal endgültig aufgegeben, setzt ein **erneuter** Werbungskostenabzug (zB nach Scheitern eines Kaufvertrags) eine strenge Prüfung der Einkünfteerzielungsabsicht voraus. Die Indizwirkung besteht nicht weiter. Der Steuerpflichtige muss nachweisen können, dass erneut ein **endgültiger Entschluss** zur Erzielung von Einnahmen aus Vermietung und Verpachtung gefasst wurde (BFH 14.7.2004 – IX R 56/01, BFH/NV 2005, 37; BFH 5.4.2005 – IX R 48/04, BFH/NV 2005, 1299; Schmidt/*Kulosa* § 21 Rn. 83). **970**

Problematisch sind Kosten, die noch **während einer Selbstnutzung** entstehen. Grundsätzlich könnte auch bei Aufwendungen noch während einer Selbstnutzung bereits ein endgültiger Entschluss zur Erzielung von Einnahmen aus Vermietung und Verpachtung gegeben sein, was dann – ebenso wie bei einem leer stehenden Objekt – zur Anerkennung eines vorweggenommenen Werbungskostenabzugs führen müsste. Aufwendungen noch während einer Selbstnutzung einer Wohnung werden hingegen von der Rechtsprechung, auch wenn eine Einkünfteerzielungsabsicht durch Vermietung und Verpachtung bereits besteht, grundsätzlich nicht als vorab entstandene – abzugsfähige – Werbungskosten anerkannt (BFH 1.4.2009 – IX R 51/08, BFH/NV 2009, 1259). Eine Aufteilung kommt nicht in Betracht. Die noch bestehende Selbstnutzung überlagere nach dem BFH die Einkünfteerzielungsabsicht. Eine Ausnahme sollte jedoch nach hier vertretener Auffassung für die Konstellation gelten, in der die Begründung eines Mietverhältnisses unmittelbar bevorsteht (beispielsweise, wenn bereits ein Mietvertrag abgeschlossen wurde). In diesem Fall lässt sich ein wirtschaftlicher Veranlassungszusammenhang vorab entstandener Aufwendungen mit der anschließenden Vermietung nicht leugnen. Maßgeblich sind die Umstände des Einzelfalls zu betrachten. **971**

Besonders problematisch ist die Anerkennung vorab entstandener Aufwendungen bei einem längeren **Leerstand** der Wohnung (→ Rn. 282 ff.) oder langjähriger **Renovierung.** Vorab entstandene Werbungskosten können, wenn ein endgültiger Beschluss zur Einkünfteerzielung bereits gefasst ist, grundsätzlich auch bei noch **leer** stehenden Objekten oder **noch zu bebauenden** Grundstücken, dh solchen mit denen noch keine Einnahmen erzielt werden, anzuerkennen sein (Schmidt/*Kulosa* § 21 Rn. 81; vertiefend: *Stein* StBp 2019, 100). Der Werbungskostenabzug bleibt in diesem Fall bestehen, wenn dieser Entschluss später wieder aufgegeben wird (BFH 4.11.2003 – IX R 55/02, BFH/NV 2004, 484). Problematisch ist allerdings in diesen Fällen oftmals die Beweisführung (BFH 11.8.2011 – IX R 3/10, BStBl. II 2010, 166). **972**

Wenn der Eigentümer eine neu errichtete Wohnung jahrelang leer stehen lässt, ohne sich um einen Mieter zu bemühen, spricht dies gegen eine in die Zukunft gerichtete Einkünfteerzielungsabsicht (BFH 19.9.1990 – IX R 5/86, BStBl. II 1990, 1030). **972.1**

973 Eine **besonders langandauernde Renovierung** wird als Indiz für eine nicht mehr bestehende Einkünfteerzielungsabsicht gesehen. Gegenteiliges müsste der Steuerpflichtige nachweisen. Je **länger** ein Leerstand wegen Renovierung gegeben ist, desto intensiver müssen die anschließenden Vermietungsbemühungen sein, um darauf eine Einkünfteerzielungsabsicht zu stützen. Der Steuerpflichtige muss sich **ernsthaft und nachhaltig** um eine Vermietung der Wohnung bemühen (Kirchhof/*Mellinghoff* § 21 Rn. 11a). Er muss beispielsweise – neben der eigenen Schaltung von Inseraten – Makler einschalten und ggf. auch eine Umgestaltung bzw. Neuausstattung der Wohnung – sofern für den Mietmarkt erforderlich – vornehmen. Anderenfalls kommt der Abzug vorab entstandener Werbungskosten nicht in Betracht (zB BFH 20.9.2006 – IX B 102/05, BFH/NV 2007, 32; BFH 19.12.2007 – IX R 30/07, BFH/NV 2008,1300; FG Niedersachsen 6.5.2010 – 11 K 12069/08, EFG 2010, 1199 rkr.).

973.1 Bei fünfjährigem Leerstand vor erstmaliger Vermietung nach vorangehender Selbstnutzung reichen ein einziges Inserat und eine einzige Besichtigung im Jahr für die Anerkennung der Einkünfteerzielungsabsicht und damit den Werbungskostenabzug auch dann nicht aus, wenn das Objekt im Folgejahr tatsächlich vermietet wird (BFH 28.10.2008 – IX R 1/07, BStBl. II 2009, 848).

973.2 Wenn eine langjährig renovierte Wohnung nach Schaltung weniger Inserate nicht vermietet, sondern selbst genutzt wird, ist ein Werbungskostenabzug nicht anzuerkennen (FG Thüringen 3.11.2010 – 3 K 285/10, EFG 2011, 796 rkr.).

973.3 Zwar darf der Steuerpflichtige das Tempo einer Renovierung selbst bestimmen und diese in Eigenleistung vornehmen, dies darf jedoch die Dauer der Arbeiten nicht wesentlich verlängern. Bei einer 10-jährigen Renovierungsdauer und einer gleichzeitigen Selbstnutzung des Objekts ist der Werbungskostenabzug zu versagen (BFH 11.8.2010 – IX R 3/10, BStBl. II 2011, 166).

974 Bei Objekten, die **nach vorangegangener Vermietung leer** stehen, besteht eine **Indizwirkung zu Gunsten des Steuerpflichtigen,** dass dieser eine Vermietungsabsicht hat (BFH 11.8.2010 – IX R 3/10, BStBl. II 2011, 166; Kirchhof/*Mellinghoff* § 21 Rn. 11a). Mit zunehmendem Zeitablauf verliert die Indizwirkung der früheren Vermietung an Gewicht (*Heine* HFR 2011, 15). Die Indizwirkung entfällt, wenn aus äußeren Umständen (beispielsweise dem Entschluss, die Immobilie zu veräußern) auf eine nicht mehr fortbestehende Einkünfteerzielungsabsicht zu schließen ist. Die Aufwendungen während des Wohnungsleerstands sind dann nicht als Werbungskosten zu berücksichtigen (Kirchhof/*Mellinghoff* § 21 Rn. 15; FG Hamburg 16.5.2000 – II 497/99, EFG 2000, 1074). Um ein Entfallen der Indizwirkung zu vermeiden, muss sich der Steuerpflichtige unverzüglich ab Leerstand ernsthaft und nachhaltig um eine Vermietung bemühen (BFH 11.12.2012 – IX R 14/12, BStBl. II 2013, 279 Rn. 13 f.). Er trägt für die Ernsthaftigkeit seiner Bemühungen die Feststellungslast (BFH 9.7.2003 – IX R 102/00, BStBl. II 2003, 940; BFH 11.12.2012 – IX R 14/12, BStBl. II 2013, 279 Rn. 16; *Stein* DStR 2009, 1079; Schmidt/*Kulosa* § 21 Rn. 83). Maßgeblich ist die Betrachtung der konkreten Einzelfallumstände.

974.1 Die Absicht, das leer stehende Gebäude abzureißen, um das Grundstück neu zu bebauen, steht dem Werbungskostenabzug nicht entgegen (BFH 19.12.2007 – IX R 50/07, BFH/NV 2008, 1111).

974.2 Eine neben der Vermietungsabsicht bestehende Veräußerungsabsicht steht dem Werbungskostenabzug vorabentstandener Werbungskosten nicht entgegen (BFH 9.7.2003 – IX R 102/00, BStBl. II 2003, 940; BFH 9.7.2003 – IX R 30/00, BFH/NV 2004, 1382), wenn die Veräußerungsabsicht nicht vorrangig ist (BFH 11.12.2012 – IX R 9/12, BFH/NV 2013, 718).

974.3 Vorab entstandene Werbungskosten sind auch dann abzugsfähig, wenn eine Wohnung zuvor vermietet war, aber nunmehr wegen einer behördlichen Nutzungsuntersagung dauerhaft leer stehen muss (FG Berlin-Brandenburg 16.4.2008 – 14 K 2286/05, EFG 2008, 1371 rkr.).

974.4 Lässt sich für ein Objekt aufgrund ungünstiger baulicher Gestaltung kein Mieter finden, muss der Vermieter versuchen, durch bauliche Umgestaltungen einen vermietbaren Zustand zu erreichen. Bleibt er untätig, spricht dies für den Wegfall der Einkünfteerzielungsabsicht (BFH 25.6.2009 – IX R 54/08, BStBl. II 2010, 1038; BFH 20.7.2010 – IX R 49/09, BStBl. II 2010, 1038).

974.5 Bei einem zehnjährigen Leerstand einer Wohnung in einem iÜ selbst genutzten Zweifamilienhaus, ist das Finanzamt selbst bei Vorlage (geringfügiger) Inserate nicht zur Berücksichtigung der Werbungskostenüberschüsse verpflichtet, wenn angesichts der starken Wohnungsnachfrage am Ort der Wohnung die Vermutung besteht, dass die Inserate nur zum Schein aufgegeben wurden (BFH 17.10.2012 – VIII R 51/09, BFH/NV 2013, 365).

Einstweilen frei 975–977

d) Vergebliche Werbungskosten. Bei sog. vergeblichen Werbungskosten verwirklicht der Steuerpflichtige bereits im Vorfeld den subjektiven Tatbestand von § 21 Abs. 1 S. 1, der beabsichtigte Erfolg – die Einnahmeerzielung – bleibt jedoch aus. Aufwendungen werden deshalb als „vergeblich" bezeichnet, weil ein Zusammenhang mit Einnahmen aus Vermietung und Verpachtung zwar geplant ist, jedoch der konkrete Zweck der Aufwendung nicht erreicht wird. Der Plan der Vermietung und Verpachtung lässt sich im Nachhinein nicht verwirklichen. Insbesondere werden die zunächst – im Zeitpunkt der Ausgabe – angestrebten Einnahmen aus Vermietung und Verpachtung nicht erzielt (BFH 16.2.2016 – IX R 1/15, BFH/NV 2016, 1261; BFH 4.7.1990 – GrS 1/89, BStBl. II 1990, 830). Vergebliche Aufwendungen entstehen beispielsweise bei Fahrt- oder Reisekosten zum Erwerb eines Vermietungs- und Verpachtungsobjekts, welches jedoch nicht erworben wird (BFH 10.3.1981 – VIII R 195/77, BStBl. II 1981, 470). 978

Grundsätzlich gelten die **Maßstäbe, die auch für vorab entstandene Werbungskosten gelten** (→ Rn. 961 ff.). Bei Würdigung sämtlicher Umstände des Einzelfalles ist festzustellen, ob ein hinreichender wirtschaftlicher Zusammenhang der erfolglosen Aufwendungen und der geplanten Einkunftsquelle besteht (BFH 6.3.1975 – IV R 146/70, BStBl. II 1975, 574). 979

Der BFH sah es als Indiz für eine beabsichtigte Tätigkeit der Vermietung und Verpachtung an, dass der Steuerpflichtige eines von mehreren besichtigten Objekten anschaffte (BFH 10.3.1981 – VIII R 195/77, BStBl. II 1981, 470). 979.1

Eine **Abstandszahlung (Vertragsstrafe),** die der Steuerpflichtige leisten musste, weil er von einem Vorvertrag hinsichtlich eines Kaufs einer Immobilie zurücktrat, wurde nicht als vorweggenommene – vergebliche – Werbungskosten anerkannt (BFH 29.11.1983 – VIII R 160/82, BStBl. II 1984, 307). Irrelevant war es in diesem Fall, dass der Rücktritt vom Vorvertrag erklärt wurde, um letztlich ein anderes der Einkünfteerzielung dienendes Objekt zu erwerben. 979.2

Zahlungen für die Herstellung eines Gebäudes, die wegen **Insolvenz** des Bauunternehmers **ohne Gegenleistung** bleiben, sind als vergebliche Werbungskosten abzugsfähig. Dies gilt auch dann, wenn der Steuerpflichtige sodann das Haus nach den ursprünglichen Plänen selbst errichtet (BFH 4.7.1990 – GrS 1/89, BStBl. II 1990, 830; BFH 31.3.1992 – IX R 164/87, BStBl. II 1992, 805). Zahlungen sind hingegen den Herstellungskosten zuzurechnen, wenn sie eine **Gegenleistung** des später in Insolvenz gefallenen Bauunternehmers haben (BFH 31.3.1992 – IX R 164/87, BStBl. II 1992, 805). 979.3

Vergebliche Aufwendungen für die Anschaffung von Grund und Boden sind keine Werbungskosten (BFH 28.9.2010 – IX R 37/09, BFH/NV 2011, 36). Derartige Aufwendungen können auch nicht iRd AfA berücksichtigt werden, weil sie Grund und Boden betreffen. 979.4

Vorab entstandene (→ Rn. 961 ff.) oder vergebliche Aufwendungen können auch noch **nach Aufgabe einer Tätigkeit zur Einkünfteerzielung** abziehbar sein, wenn der Steuerpflichtige sie tätigt, um sich **aus einer Vertragsbindung zu lösen** (BFH 5.11.2001 – IX B 92/01, BStBl. II 2002, 144; Blümich/*Heuermann* § 21 Rn. 268), zB Rechtsberatungs- oder Prozesskosten. Dies gilt, solange der durch die ursprüngliche Einkünfteerzielungsabsicht **begründete Veranlassungszusammenhang fortwirkt,** dh **nicht durch eine neue Veranlassung überlagert** wird. 980

Eine solche Überlagerung ist beispielsweise gegeben, wenn nunmehr ein Zusammenhang mit einer geplanten Veräußerung besteht. 980.1

Einstweilen frei 981–984

e) Nachträglich entstandene Werbungskosten. Die Abzugsfähigkeit von Werbungskosten (Erhaltungsaufwand) nach Beendigung der Vermietungs- und Verpachtungstätigkeit iSd § 21, dh nach dem Auszug des Mieters, als **nachträglich entstandene Werbungskosten** kommt nur ausnahmsweise dann in Betracht, wenn die Aufwendungen im wirtschaftlichen Zusammenhang mit den früheren steuerbaren Einnahmen aus Vermietung und Verpachtung stehen (§ 24 Nr. 2). Dies ist beispielsweise der Fall, soweit es sich um **Aufwendungen zur Beseitigung eines Schadens** handelt, der die mit dem gewöhnlichen Gebrauch der Mietsache verbundene Abnutzung deutlich übersteigt, insbesondere wenn dieser Schaden mutwillig verursacht wurde (BFH 11.7.2000 – IX R 48/96, BStBl. II 2001, 784; EStH 21.2 „Erhaltungsaufwand"; Kirchhof/*Mellinghoff* § 21 Rn. 53). 985

986 Ein Abzug kommt auch dann in Betracht, soweit die Erhaltungsaufwendungen mit Mitteln der einbehaltenen und als Einnahme erfassten **Mieterkaution** finanziert werden (BFH 11.7.2000 – IX R 48/96, BStBl. II 2001, 784; HHR/*Pfirrmann* § 21 Rn. 97). Weitere typischerweise nachträglich entstandene Werbungskosten sind Kosten eines **Räumungsprozesses** gegen den Mieter, **Abstandszahlungen** an einen Mieter (→ Rn. 891), nicht jedoch Renovierungskosten vor einer geplanten Selbstnutzung (BFH 21.6.1994 – IX R 62/91, BFH/NV 1995, 108). In diesem Fall wird der wirtschaftliche Zusammenhang mit der vorangehenden Nutzung zur Erzielung von Einnahmen aus Vermietung und Verpachtung durch die spätere Selbstnutzungsabsicht überlagert.

987 Grundsätzlich sind **nach Vertragsende (dh nach dem Auszug des letzten Mieters) anfallende** Aufwendungen (zB Renovierungsaufwand, Schönheitsreparaturen) nicht als nachträglich entstandene Werbungskosten berücksichtigungsfähig. Ist beispielsweise der **ursprüngliche Mieter in ein Pflegeheim umgezogen** und ist nicht mit einer Rückkehr in die Wohnung zu rechnen, können Kosten für nach dem Auszug angefallene Renovierungsarbeiten oder den Einbau einer neuen Küche nicht als Werbungskosten geltend gemacht werden (FG Berlin-Brandenburg 8.11.2017 – 7 K 7252/15, BeckRS 2017, 133598). Dies gilt auch, wenn die Renovierungsarbeiten vom früheren Mieter hätten durchgeführt werden müssen (BFH 17.12.2002 – IX R 6/99, BFH/NV 2003, 610; BFH 23.11.2006 – IX B 109/06, BFH/NV 2007, 680; aA FG Hamburg 17. 11.1995 – III 165/94, EFG 1997, 214). Nur Aufwendungen zur Beseitigung eines Schadens, der die mit dem gewöhnlichen Gebrauch der Mietsache verbundene Abnutzung (§ 538 BGB) übersteigt, sind Werbungskosten (BFH 11.7.2000 – IX R 48/96, BStBl. II 2001, 784), vorausgesetzt die Wohnung soll weiterhin vermietet werden. Bei Leerstand der Wohnung trägt der Steuerpflichtige die Feststellungslast für die fortbestehende Einkünfteerzielungsabsicht (FG Berlin-Brandenburg 8.11.2017 – 7 K 7252/15, BeckRS 2017, 133598). Insbesondere muss er sich nachweislich um neue Mieter bemühen. Es reicht nicht aus, die Wohnung nur im Bekanntenkreis zur Vermietung anzubieten (FG Berlin-Brandenburg 8.11.2017 – 7 K 7252/15, BeckRS 2017, 133598).

988 Bei noch **während der Vermietungszeit durchgeführten Erhaltungsmaßnahmen** ist typisierend anzunehmen, dass sie noch der Einkünfteerzielung dienen. Erhaltungsaufwand ist daher unabhängig von dem Zahlungszeitpunkt als Werbungskosten berücksichtigungsfähig (BFH 1.4.2009 – IX R 51/08, BFH/NV 2009, 1259; BFH 10.10.2000 – IX R 15/96, BStBl. II 2001, 787; dazu: Blümich/*Heuermann* § 21 Rn. 277; aA *Paus* DStZ 2005, 454). Die Finanzverwaltung schränkt dies insoweit ein, als dass Erhaltungsaufwendungen, die für die anschließende Selbstnutzung offensichtlich bestimmt sind, nicht abzugsfähig sind, unabhängig davon, ob sie noch während der Vermietungszeit vorgenommen werden (EStH 21.2 „Erhaltungsaufwand"; BMF 26.11.2001, BStBl. I 2001, 868). Diese Einschränkung überzeugt, weil ein typischer Fall gerade nicht gegeben ist, wenn offensichtlich ist, dass bestimmte Erhaltungsmaßnahmen der Selbstnutzung dienen.

989 Es liegt ferner kein typischer Sachverhalt vor, wenn Erhaltungsaufwand oder Räumungskosten **im Rahmen der Veräußerung** eines Mietwohngrundstücks anfallen. In diesem Fall sind die Aufwendungen durch die Veräußerung veranlasst und können nicht als nachträglich entstandene Werbungskosten bei Einkünften aus Vermietung und Verpachtung erfasst werden (BFH 19.12.2000 – IX R 13/97, DStRE 2001, 393). Dies gilt auch, wenn die Aufwendungen noch während der Vermietungszeit anfallen (BFH 14.12.2004 – IX R 34/03, BStBl. II 2005, 343; BFH 25.2.2009 – IX R 80/07, BFH/NV 2009, 1414) oder, wenn die geplante Veräußerung scheitert (BFH 1.8.2012 – IX R 8/12, BStBl. II 2012, 781). Ebenso gehören **Räumungskosten** zu nichtabziehbaren Veräußerungskosten. Auch die **Abfindung** an einen Mieter, Aufwendungen für die **Beseitigung eines Öltanks** (BFH 24.1.2012 – IX R 16/11, BFH/NV 2012, 1108) oder **Schadensersatz** wegen einer Zwangsversteigerung, die mutwillig herbeigeführt wird, um einen ungünstigen Mietvertrag zu beenden (BFH 21.8.2012 – IX R 21/11, BFH/NV 2013, 22), sind nicht abziehbar.

989.1 **Vorfälligkeitsentschädigungen,** die an die Bank für die vorzeitige Darlehensablösung zum Zweck einer lastenfreien Veräußerung zu zahlen sind, stehen mit der Veräußerung in Zusammenhang und sind daher keine Werbungskosten iRv § 21 (BFH 23.1.1990 – IX R 8/85, BStBl. II 1990, 464; BFH 28.7.2004 – IX B 136/03, BFH/NV 2005, 43; BFH 6.12.2005 – VIII R 34/04, BStBl. II 2006, 265; BFH 9.8.2012 – IX B 57/12, BFH/NV 2012, 2014). Etwas anderes gilt nur dann, wenn die

Vorfälligkeitsentschädigung der Finanzierung eines neuen Vermietungs- und Verpachtungs-Objekts dient (BFH 14.1.2004 – IX R 34/01, BFH/NV 2004, 1091).

Wird ein zur Finanzierung eines vermieteten Grundstücks aufgenommenes Darlehen unter Zahlung einer Vorfälligkeitsentschädigung getilgt, das Grundstück jedoch weiterhin zur Vermietung genutzt, ist die Vorfälligkeitsentschädigung als Werbungskosten bei den Einkünften aus Vermietung und Verpachtung abziehbar (EStH 21.2 „Finanzierungskosten"). 989.2

Löschungskosten bezüglich einer nicht mehr valutierenden Grundschuld anlässlich einer Veräußerung sind keine Werbungskosten iRv § 21 (BFH 19.12.1995 – IX R 48/92, BStBl. II 1996, 198). 989.3

Schuldzinsen im Zusammenhang mit **Anschaffungs- oder Herstellungskosten** sind ab Veräußerungsentschluss grundsätzlich als Werbungskosten bei § 22 Nr. 2, § 23 abziehbar (BFH 16.6.2004 – X R 22/00, BStBl. II 2005, 91). 990

Nach Veräußerung eines Vermietungsobjekts sind **Schuldzinsen** nur in Ausnahmefällen iRd § 21 Abs. 1 abzugsfähig, beispielsweise, wenn der Erlös nicht zur Darlehenstilgung ausreicht (BFH 16.9.2015 – IX R 40/14, DStR 2016, 41, → Rn. 865 ff.). In diesem Fall ist ein fortbestehender Veranlassungszusammenhang von nachträglichen Schuldzinsen mit Einkünften aus Vermietung und Verpachtung gegeben (BFH 20.6.2012 – IX R 67/10, DStR 2012, 1801; BMF 28.3.2015, BStBl. I 2013, 508; Kirchhof/*Mellinghoff* § 21 Rn. 61; Blümich/*Heuermann* § 21 Rn. 281 ff.; *Jachmann/Schallmoser* DStR 2011, 1245 (1248)). Auch auf ein **Refinanzierungs- oder Umschuldungsdarlehen** gezahlte Schuldzinsen können im Einzelfall durch die frühere Einkünfteerzielung veranlasst und damit abzugsfähig sein (BFH 16.9.2015 – IX R 40/14, DStR 2016, 41, → Rn. 865.5 f.). Ferner können nach Aufgabe der Vermietungstätigkeit gezahlte Schuldzinsen für Kreditmittel, die zur Finanzierung **sofort abzugsfähiger Werbungskosten** während der Vermietungsphase verwendet worden sind, als nachträgliche Werbungskosten bei den Einkünften aus Vermietung und Verpachtung berücksichtigt werden. 991

Nachträgliche Aufwendungen in Form von Schuldzinsen, die **Ehegatten** nach der Veräußerung einer der Einkünfteerzielung dienenden Immobilie, welche im Eigentum nur eines Ehegatten stand, gemeinsam **„aus einem Topf"** finanzieren, können als nachträgliche Werbungskosten des früheren „Eigentümer-Ehegatten" abgezogen werden (BFH 16.9.2015 – IX R 40/14, DStR 2016, 41). 991.1

Nach ständiger Rechtsprechung sind Aufwendungen für eine in steuerrechtlich erheblicher Weise genutzte Immobilie, die nur einem Ehegatten gehört, in vollem Umfang als für Rechnung des Eigentümer-Ehegatten aufgewendet anzusehen, wenn die Eheleute sie aus Darlehensmitteln, die zu Lasten beider Eheleute aufgenommen worden sind, finanzieren. In diesem Fall ist es gleichgültig, aus wessen Mitteln die Zahlung – etwa für Zinsen auf die Darlehensschuld – im Einzelfall stammt (BFH 4.9.2000 – IX R 22/97, BFHE 193, 112; BFH 23.8.1999 – GrS 2/97, BFHE 189, 160). Gleiches gilt in spiegelbildlicher Weise für nachträgliche Aufwendungen, die die Ehegatten nach der Veräußerung einer Immobilie, welche im Eigentum nur eines Ehegatten stand, „aus einem Topf" finanzieren, solange die Voraussetzungen für einen nachträglichen Werbungskostenabzug gegeben sind. 991.2

Eine Inanspruchnahme im Zuge der Nachhaftung (§ 736 Abs. 2 BGB iVm § 160 HGB) bei einem Steuerpflichtigen, der seine Beteiligung an einer GbR, die Einkünfte aus Vermietung und Verpachtung erzielte, zur Vermeidung seiner persönlichen Haftung veräußert, führt zu berücksichtigungsfähigem Aufwand, soweit der Steuerpflichtige diesen endgültig selbst trägt. Es besteht ein fortdauernder Veranlassungszusammenhang der nachträglichen Schuldzinsen, für die der Steuerpflichtige aufgrund der Nachhaftung in Anspruch genommen wird, mit früheren Einkünften iSd § 21 Abs. 1, auch wenn der Steuerpflichtige seine Absicht zur weiteren Einkünfteerzielung aufgegeben hat (BFH 1.12.2015 – IX R 42/14, BFHE 252, 379). 991.3

Der Steuerpflichtige muss den aus der Veräußerung einer bislang vermieteten Immobilie erzielten Erlös – soweit nicht Tilgungshindernisse entgegenstehen – stets und in vollem Umfang zur Ablösung eines im Zusammenhang mit der Einkünfteerzielung aufgenommenen Darlehens verwenden (sog. **Grundsatz des Vorrangs der Schuldentilgung;** BFH 16.9.2015 – IX R 40/14, DStR 2016, 41; BFH 1.12.2015 – IX R 42/14, BFHE 252, 379, *Grözinger* NWB-Beilage 2019, 1). **Verzichtet** der Steuerpflichtige hingegen in freier Entscheidung auf einen sofortigen Zufluss des Veräußerungserlöses und erzielt stattdessen durch **verzinsliche Stundung des Kaufpreises** laufende Zinseinnahmen, wird der Zusammenhang zu den bisherigen Einkünften aus Vermietung und Verpachtung gelöst und ein neuer Zusammenhang zu Einkünften aus Kapitalvermögen begründet (FG Düsseldorf 992

10.7.2018 – 10 K 1911/17 F, EFG 2018, 1541). Nachträgliche Werbungskosten im Zusammenhang mit der früheren Vermietung kommen nicht weiter in Betracht.

992.1 Zu dem aus der Veräußerung erzielten Erlös zählt grundsätzlich auch eine vom Steuerpflichtigen vereinnahmte **Versicherungssumme aus einer Kapitallebensversicherung,** wenn diese in der Finanzierung der Anschaffungskosten einer fremdvermieteten Immobilie einbezogen und damit wesentlicher Bestandteil der Darlehensvereinbarung geworden ist (BFH 16.9.2015 – IX R 40/14, DStR 2016, 41). Der Grundsatz des Vorrangs der Schuldentilgung verpflichtet den Steuerpflichtigen allerdings nicht, die Beendigung des Versicherungsvertrages von sich aus herbeizuführen, wenn die Versicherung weiterhin die Rückführung des verbliebenen Darlehensrestbetrages absichert (BFH 16.9.2015 – IX R 40/14, DStR 2016, 41).

992.2 Der Grundsatz des Vorrangs der Schuldentilgung gilt solange nicht, als der Schuldentilgung entweder Auszahlungshindernisse hinsichtlich des Veräußerungserlöses oder aber Rückzahlungshindernisse entgegenstehen. Ebenso verpflichtet dieser Grundsatz den Steuerpflichtigen nicht, sich aus rein steuerlich motivierten Gründen nachteilig und „wirtschaftlich unsinnig" zu verhalten (FG Münster 11.3.2016 – 4 K 173/13 E, EFG 2016, 805).

992.3 Setzt der Steuerpflichtige den Veräußerungserlös für den Erwerb einer anderen Einkunftsquelle ein, stellt er ab diesem Zeitpunkt einen Veranlassungszusammenhang der neuen Einkunftsquelle zur ursprünglichen Darlehensverbindlichkeit und den hieraus herrührenden Schuldzinsen her. Gleiches gilt, wenn der Steuerpflichtige mit dem Veräußerungserlös bereits im Bestand befindliche andere Einkunftsarten entschuldet (FG Münster 11.3.2016 – 4 K 173/13 E, EFG 2016, 805).

992.4 Wird zur Vermeidung einer Vorfälligkeitsentschädigung nach Veräußerung eines mit einem Darlehen finanzierten Vermietungsobjektes eine Anlageentscheidung getroffen, durch welche der Veranlassungszusammenhang zum ursprünglichen Einkünftetatbestand „Vermietung und Verpachtung" aufgelöst wird, können die nachlaufenden Schuldzinsen keine nachträglichen Werbungskosten bei den Einkünften aus Vermietung und Verpachtung sein (FG Münster 11.3.2016 – 4 K 173/13 E, EFG 2016, 805).

992.5 Unterlässt es der Steuerpflichtige, einen allgemeinen Betriebskredit nach Aufgabe seines Betriebes durch Veräußerung eines früheren Betriebsgrundstücks zu tilgen und vermietet er stattdessen das Grundstück vermögensverwaltend, wird die Verbindlichkeit bis zur Höhe des Grundstückwertes Privatvermögen. Die darauf entfallenden Schuldzinsen sind dann als Werbungskosten bei den Einkünften aus Vermietung und Verpachtung abziehbar (BFH 19.8.1998 – X R 96/95, BStBl. II 1999, 353). Gleiches gilt auch, wenn der allgemeine Betriebskredit durch ein neues Darlehen abgelöst wird (BFH 25.1.2001 – IX R 27/97, BStBl. II 2001, 573).

992.6 Für die Berücksichtigung von nachträglichem Zinsaufwand als Werbungskosten bei den Einkünften aus Vermietung und Verpachtung ist es nicht von Bedeutung, dass der Zinsaufwand nicht aufgrund der ursprünglichen darlehensvertraglichen Verpflichtung, sondern aufgrund einer gesetzlich geregelten Gesellschafterhaftung geleistet wurde (BFH 1.12.2015 – IX R 42/14, BFHE 252, 379).

993 Eine Durchbrechung eines ursprünglichen Veranlassungszusammenhangs zwischen Schuldzinsen und der Vermietungstätigkeit ist bei einer **Selbstnutzung** des Mietobjekts nach Beendigung des Mietverhältnisses gegeben.

994–997 *Einstweilen frei*

4. ABC der Werbungskosten

Abbruchkosten

998 Stehen Abbruchkosten in wirtschaftlichem Zusammenhang mit der vorherigen Nutzung der Immobilie zur Erzielung von Einkünften aus Vermietung und Verpachtung, kann es sich um nachträgliche Werbungskosten handeln (BFH 10.4.2008 – IX B 126/07, BFH/NV 2008, 1332). Ein wirtschaftlicher Zusammenhang mit früheren Einkünften aus Vermietung und Verpachtung ist nicht gegeben, wenn das früher vermietete Gebäude abgerissen wird, um sodann ein unbebautes Grundstück zu veräußern. In diesem Fall sind die Abbruchkosten durch die Veräußerungsabsicht bedingt (BFH 6.3.1979 – VIII R 110/74, BStBl. II 1979, 551). Dem gegenüber können Abbruchkosten steuerlich anerkannt werden, wenn ein Gebäude in der Absicht der Nutzung zur Einkünfteerzielung erworben wurde. Regelmäßig handelt es sich dann um Herstellungskosten, die mit AfA steuermindernd angesetzt werden können (BFH 16.4.2002 – IX R 50/00, BStBl. II 2002, 805).

Abgekürzter Vertragsweg/Zahlungsweg

→ Rn. 854; siehe Drittaufwand → Rn. 1079. 999

Ablösezahlungen

Ablösezahlungen des Eigentümers für die vorzeitige Räumung des Objekts durch Nutzungsberechtigte können Werbungskosten, aber auch Anschaffungs- oder Herstellungskosten sein (→ Rn. 891). Letzteres ist der Fall, wenn sie beispielsweise zur Ablösung eines Erbbaurechts erfolgen, um auf dem Grundstück nach Abriss der vorhandenen eine neue Immobilie zu errichten (BFH 13.12.2005 – IX R 24/03, BStBl. II 2006, 461). Zahlungen zur Ablösung einer öffentlich-rechtlichen Verpflichtung zur Herstellung von Stellplätzen nach den jeweiligen LBauO sind Herstellungskosten des Gebäudes (BFH 6.5.2003 – IX R 51/00, BStBl. II 2003, 710). 1000

Abrisskosten

Abrisskosten sind nicht als vorweggenommene Werbungskosten im Hinblick auf eine spätere Vermietung anzuerkennen, wenn der Abriss aufgrund einer Einsturzgefahr erfolgte und nicht dazu diente, die Vermietung der Freifläche zu ermöglichen (FG Nürnberg 10.2.2015 – 1 K 1064/13, EFG 2015, 1940). 1001

Absetzung für Abnutzung (AfA)

→ Rn. 920 ff. 1002

Absetzung für Abnutzung (AfA) bei unentgeltlicher Eigentumsübertragung

Überträgt der Steuerpflichtige unentgeltlich sein Eigentum auf einen Dritten und behält sich ein dingliches oder obligatorisches Nutzungsrecht vor, aufgrund dessen er das Vermietungsobjekt weiterhin für Zwecke der Einkünfteerzielung nutzt, bleibt er weiterhin absetzungsbefugt (BFH 15.5.1990 – IX R 21/86, BStBl. II 1992, 67). 1003

Absetzungen für außergewöhnliche Abnutzung aus wirtschaftlichen Gründen

Absetzungen für außergewöhnliche Abnutzung aus wirtschaftlichen Gründen sind Werbungskosten, wenn sich nach der Kündigung des Mietverhältnisses herausstellt, dass das Gebäude nicht mehr oder nur noch eingeschränkt nutzbar ist und auch durch eine Veräußerung nicht mehr wirtschaftlich sinnvoll verwendet werden kann (BFH 17.9.2008 – IX R 64/07, BStBl. II 2009, 301; → Rn. 926 ff.). 1004

Abstandszahlungen

Abstandszahlungen zur vorzeitigen Beendigung eines Mietverhältnisses oder zur Räumung einer Wohnung sind Werbungskosten, wenn das Objekt weiterhin der Erzielung von Mieteinkünften dient (BFH 26.1.2011 – IX R 24/10, BFH/NV 2011, 1480; BFH 23.2.1988 – IX R 151/86, BFH/NV 1989, 485; BFH 25.2.1975 – VIII R 115/70, BStBl. II 1975, 730). Es handelt sich hingegen nicht um Werbungskosten, wenn anschließend eine Eigennutzung erfolgt (BFH 7.7.2005 – IX R 38/03, BStBl. II 2005, 760). Dies gilt auch, wenn überhaupt noch keine weitere Absicht des ursprünglichen Vermieters festzustellen ist (BFH 22.4.1975 – VIII R 110/70, BStBl. II 1975, 663). Abstandszahlungen, die geleistet werden, um auf dem Grundstück nach Abriss eine neue Immobilie zu bauen, sind Herstellungskosten (BFH 18.5.2004 – IX R 57/01, BStBl. II 2004, 875; → Rn. 891). 1005

Abwasseranlage

Kosten für den Anschluss eines Hauses an Abwasseranlagen sind Werbungskosten. 1006

Alarmanlage

1007 Aufwendungen für den Einbau einer Alarmanlage sind (nachträgliche) Herstellungskosten (BFH 16.2.1993 – IX R 85/88, BStBl. II 1993, 544).

Anfechtung

1008 Aufwendungen eines Grundstückserwerbers zur Befriedigung eines den Kaufvertrag nach § 3 Abs. 2 AnfG anfechtenden Gläubigers sind nachträgliche Anschaffungskosten (BFH 17.4.2007 – IX R 56/06, BStBl. II 2007, 956).

Annonce

1009 Aufwendungen für die Schaltung einer Annonce zum Zweck der Mietersuche sind (vorab entstandene) Werbungskosten.

Anschaffungsnaher Aufwand

1010 Anschaffungsnaher Aufwand wurde früher von der Rechtsprechung (BFH 22.8.1966 – GrS 2/66, BStBl. III 1966, 673) angenommen, wenn in zeitlicher Nähe zur Anschaffung im Verhältnis zum Kaufpreis hohe Reparatur- oder Modernisierungsaufwendungen entstanden sind. Mittlerweile ist diese Rechtsprechung jedoch aufgehoben (BFH 12.9.2001 – IX R 39/97 und IX R 52/00, BStBl. II 2003, 569; BFH 15.9.2004 – I R 7/02, BStBl. II 2005, 867). Seit dem StÄndG 2003 regelt § 6 Nr. 1a, dass zu Herstellungskosten eines Gebäudes auch Aufwendungen für Instandsetzung- und Modernisierungsmaßnahmen gehören, die innerhalb von drei Jahren nach der Anschaffung des Gebäudes durchgeführt werden. Voraussetzung ist, dass die Aufwendungen ohne Umsatzsteuer 15 Prozent der Anschaffungskosten des Gebäudes übersteigen (zu Einzelheiten → § 6 Rn. 1441). Nach § 9 Abs. 5 S. 2 gilt diese Regelung entsprechend auch für Überschusseinkunftsarten.

Anschlusskosten

1011 Anschlusskosten sind – ebenso wie Erschließungskosten – Anschaffungskosten für Grund- und Boden, wenn dadurch erstmalig ein Anschluss des Grundstücks an eine öffentliche Einrichtung erfolgt (BFH 18.9.1964 – VI 100/63 S, BStBl. III 1965, 85). Sie können daher weder als Erhaltungsaufwand noch als Herstellungskosten für das Gebäude steuerlich Berücksichtigung finden Lademann EStG/*Claßen* § 21 Rn. 328/4; BFH 24.11.1967 – VI R 302/66, BStBl. II 1968, 178). Aufwendungen zur Erneuerung oder Modernisierung einer bereits vorhandenen Erschließungsanlage sind Erhaltungsaufwand (BFH 2.5.1990 – VIII R 198/85, BFH/NV 1991, 29; BFH 22.3.1994 – IX R 120/92, BStBl. II 1994, 842).

Anstrich

1012 Aufwendungen für den Neuanstrich oder das Tapezieren einer Wohnung sind Erhaltungsaufwand und somit als Werbungskosten sofort abzugsfähig. Es handelt sich um Herstellungsaufwand, wenn hingegen die Tapezier- oder Anstricharbeiten in engem Zusammenhang mit der Herstellung des Gebäudes entstehen. Es muss ein einheitlicher wirtschaftlicher Vorgang gegeben sein (BFH 9.3.1962 – I 192/61 U, BStBl. III 1962, 195).

Anbau

1013 Kosten für einen Anbau sind Herstellungskosten und daher im Rahmen der AfA berücksichtigungsfähig.

Ankaufsrecht

1014 Die Zahlung für eine mehrjährige Bindung des Verkäufers an ein Angebot zum Verkauf führt zu sofort abziehbaren Werbungskosten beim Erwerber (BFH 4.6.1991 – X R 136/87, BStBl. II 1992, 70).

Anschaffungskosten

→ Rn. 878 ff. 1015

Anschaffungsnahe Anschaffungskosten

→ Rn. 907; Siehe Anschaffungsnaher Aufwand → Rn. 911 ff. 1016

Anstrich

Aufwendungen für Malerarbeiten sind als Erhaltungsaufwand sofort abzugsfähige Werbungskosten, es sei denn, sie stehen in Zusammenhang mit Herstellungskosten. Ist letzteres der Fall, sind sie in die AfA-Bemessungsgrundlage einzubeziehen. 1017

Anzahlungen

Anzahlungen, die keinen Zusammenhang mit einer Herstellungsleistung aufweisen, können allenfalls als Werbungskosten Berücksichtigung finden. Voraussetzung ist, dass die Gegenleistung endgültig ausbleibt und eine Rückzahlung nicht zu erlangen ist (BFH 4.7.1990 – GrS 1/89, BStBl. II 1990, 830 (835); BFH 31.3.1992 – IX R 164/87, BStBl. II 1992, 805; BFH 24.3.1987 – IX R 31/84, BFH/NV 1988, 23; KSM/*Drüen* § 21 Rn. B 368). Dies gilt auch für Anzahlungen, die infolge Untreue oder Unterschlagung des Vertragspartners verloren gehen. 1018

Arbeitsleistungen

Siehe Eigenleistungen → Rn. 1086. 1019

Arbeitszimmer

Aufwendungen für ein häusliches Arbeitszimmer als Werbungskosten im Zusammenhang mit Einkünften aus § 21 sind nur unter den Voraussetzungen des § 4 Abs. 5 S. 1 Nr. 6b abzugsfähig. 1020

Architektenkosten

Siehe Planungskosten → Rn. 1222. 1021

Aufstockung

Eine Aufstockung führt zu (nachträglichen) Herstellungskosten. 1022

Aufwand

Siehe Vergebliche Werbungskosten → Rn. 978 ff. 1023

Aufzug

Siehe Fahrstuhl → Rn. 1107. 1024

Ausbau

Der Ausbau eines Dachgeschosses führt zu Herstellungskosten. 1025

Ausgleichsbetrag/-zahlungen

Naturschutzrechtliche Ausgleichsbeträge nach § 8 Abs. 3 BNatSchG sind (nachträgliche) Anschaffungskosten für Grund und Boden (FG Münster 6.2.2003 – 4 K 4164/00 F, EFG 2003, 983, rkr.). Ausgleichszahlungen aus der vorzeitigen Beendigung einer Zinsswap-Vereinbarung können bei den Einkünften aus Vermietung und Verpachtung als Werbungskosten zum Abzug gebracht werden, wenn das zugrundeliegende Immobiliendarlehen zwecks 1026

Umschuldung vorzeitig beendet wird (FG Rheinland-Pfalz 9.4.2019 – 4 K 1734/17, DStRE 2019, 1060, rkr.)

Außenanlage

1027 Herstellungs- oder Anschaffungskosten für eine Außenanlage sind gesondert gemäß § 7 Abs. 1 über die Nutzungsdauer der Außenanlage verteilt abzuschreiben. Eine Außenanlage ist ein selbständiges Wirtschaftsgut neben dem Gebäude. Außenanlagen sind beispielsweise Straßenbefestigungen, Bewässerungs-, Entwässerungs- und Versorgungsanlagen, Brunnen, Stützmauern, Grünanlagen.

Außenwand

1028 Eine nachträgliche Verkleidung einer Außenwand (zB mit Eternit-Platten) führt zu Erhaltungsaufwand.

Aussetzungszinsen

1029 Aussetzungszinsen für Grunderwerbsteuer sind Werbungskosten, wenn ein Zusammenhang mit der Anschaffung des Grundstücks zur Erzielung von Mieteinkünften besteht, zB wenn der von der Vollziehung ausgesetzte Bescheid Grunderwerbsteuer betrifft (BFH 25.7.1995 – IX R 38/93, BStBl. II 1995, 835).

1030–1034 *Einstweilen frei*

Bad

1035 Werden bisher nicht vorhandene Bäder in ein Gebäude eingebaut, handelt es sich um (nachträgliche) Herstellungskosten, die im Rahmen der AfA Berücksichtigung finden. Siehe Sanitäre Einrichtungen → Rn. 1249.

Bargebotzinsen

1036 Bargebotzinsen (§ 49 Abs. 2 ZVG) gehören zu den Schuldzinsen (BFH 29.4.1992 – XI R 3/85, BStBl. II 1992, 727 (729). Siehe Schuldzinsen → Rn. 1257.

Barwert

1037 Siehe Dauernde Lasten → Rn. 1073.

Baubeschleunigungskosten

1038 Baubeschleunigungskosten gehören zu Herstellungskosten (BFH 26.8.1958 – I 80/57 U, BStBl. III 1958, 420).

Baubetreuungskosten

1039 Siehe Verwaltungskosten → Rn. 1321.

Bauerwartungsland

1040 Finanzierungskosten für den Erwerb von Bauerwartungsland können vorab entstandene Werbungskosten sein, wenn der Steuerpflichtige damit rechnen konnte, dass das Grundstück in absehbarer Zeit bebaut werden kann (BFH 4.6.1991 – IX R 30/89, BStBl. II 1991, 761).

Baugenehmigungskosten

1041 Baugenehmigungskosten sind Herstellungskosten. Siehe Planungskosten → Rn. 1222.

Bauherrenmodell

1042 → Rn. 1382; → Rn. 262 f.

Baukostenzuschüsse

Baukostenzuschüsse des Mieters bilden beim Vermieter eine Einnahme und mindern daher die Herstellungskosten nicht (BFH 28.10.1980 – VIII R 34/76, BStBl. II 1981, 161). 1043

Baumangel

Die Beseitigung eines Baumangels auf Kosten des Vermieters (Eigentümers) führt zu Herstellungskosten. Die bloße Existenz eines Baumangels hat hingegen keinen Einfluss auf die Höhe der Herstellungskosten. Baumängel vor Fertigstellung eines Gebäudes führen nicht zu einer Absetzung für außergewöhnliche technische oder wirtschaftliche Abnutzung (→ Rn. 926 ff.). 1044

Bäume

Siehe Gartenanlage → Rn. 1125. 1045

Bauplatz

Aufwendungen für einen Bauplatz führen nur dann zu – vorab entstandenen – Werbungskosten (→ Rn. 961 ff.), wenn der Steuerpflichtige schon im Erwerbszeitpunkt konkret damit rechnen kann, in überschaubarer Zeit ein Vermietungsobjekt dort zu bauen und diesen Plan auch nachhaltig zu verwirklichen versucht (BFH 8.2.1983 – VIII R 163/81, BStBl. II 1983, 355; BFH 4.6.1991 – IX R 30/89, BStBl. II 1991, 761). 1046

Bausparvertrag

Abschlussgebühren für einen Bausparvertrag sind Werbungskosten, wenn alleiniger Zweck des Vertragsabschlusses die Erlangung eines Baudarlehens und die Verwendung der Kreditmittel zur Erzielung von Einkünften aus Vermietung und Verpachtung ist (BFH 1.10.2002 – IX R 12/00, BStBl. II 2003, 398). Es muss ein enger zeitlicher und wirtschaftlicher Zusammenhang zwischen dem Abschluss des Bausparvertrages und dem Hausbau oder -kauf gegeben sein (Lademann EStG/*Claßen* § 21 Rn. 411/15). Fehlt hingegen eine konkrete Bau- oder Grundstückskaufabsicht, können Abschlussgebühren für den Bausparvertrag nur im Rahmen der Einkünfte aus Kapitalvermögen geltend gemacht werden (FG Hamburg 20.12.1995 – V 162/94, EFG 1996, 470). 1047

Bauwesenversicherung

Versicherungsbeiträge sind Werbungskosten. 1048

Bauzeitzinsen

Bauzeitzinsen sind Zinsen, die dem Erwerber eines Gebäudes vom Hersteller in Rechnung gestellt werden. Sie können je nach Sachzusammenhang Werbungskosten oder Herstellungs- bzw. Anschaffungskosten sein. 1049

Bepflanzung

Kosten für die Bepflanzung sind regelmäßig keine Kosten der Gebäudeherstellung. Eine Ausnahme gilt für Hecken, die das Grundstück begrenzen. Siehe Gartenanlage → Rn. 1125. 1050

Bereitstellungszinsen

Bereitstellungszinsen sind als Werbungskosten abziehbar (BFH 5.11.2001 – IX B 92/01, BStBl. II 2002, 144). 1051

Berichtigung des Vorsteuerabzugs

An das Finanzamt zurückgezahlte Vorsteuerbeträge nach einer Berichtigung gemäß § 15a UStG sind nach § 9b Abs. 2 abzugsfähige Werbungskosten. Dies gilt auch dann, wenn der 1052

Vorsteuerabzug infolge einer Grundstücksveräußerung berichtigt werden musste (BFH 17.3.1992 – IX R 55/90, BStBl. II 1993, 17; BFH 8.12.1992 – IX R 105/89, BStBl. II 1993, 656). Siehe Umsatzsteuer → Rn. 1294, Vorsteuer → Rn. 1331.

Besichtigungskosten

1053 Besichtigungskosten, die entstehen, weil ein geeignetes Vermietungsobjekt gesucht wird, sind (ggf. vorab entstandene oder vergebliche) Werbungskosten.

Betreuer

1054 Vergütungen für einen ausschließlich zur Vermögenssorge bestellten Betreuer stellen Werbungskosten bei den mit dem verwalteten Vermögen erzielten Einkünften dar, sofern die Tätigkeit des Betreuers weder einer kurzfristigen Abwicklung des Vermögens noch der Verwaltung ertraglosen Vermögens dient (BFH 14.9.1999 – III R 39–97, BStBl. II 2000, 69).

Betriebskosten

1055 Betriebskosten (zB Kosten für Heizung, Wasser, Straßenreinigung usw.) sind Werbungskosten. Werden diese Kosten auf den Mieter umgelegt, sind die Umlagen Einnahmen im Rahmen von Einkünften aus § 21.

Bilder

1056 Aufwendungen für die im Treppenhaus eines Mehrfamilienhauses aufgehängten Bilder sind keine Werbungskosten (FG Stuttgart 15.4.1995 – 6 V 8/95, EFG 1995, 880).

Brandschäden

1057 Brandschäden führen zu einer Abschreibung für außergewöhnliche Nutzung im Veranlagungszeitraum des Schadenseintritts. Ob die Aufwendungen zur Wiederherstellung Herstellungs- oder Erhaltungsaufwand sind, beurteilt sich im Einzelfall aus dem Vergleich des Gebäudes im (teil-)zerstörten und wiederhergestellten Zustand (BFH 1.12.1992 – IX R 333/87, BStBl. II 1994, 12).

Bruttonießbrauch

1058 Der Nießbrauchsbesteller kann die im Rahmen des Bruttonießbrauchs von ihm erbrachten Aufwendungen nicht als Werbungskosten abziehen (BFH 13.5.1980 – VIII R 128/78, BStBl. II 1981, 299).

Bürgschaft

1059 Kosten einer Bürgschaft für die Finanzierung eines zur Erzielung von Vermietungs- und Verpachtungseinkünften angeschafften oder hergestellten Wirtschaftsgutes sind grundsätzlich sofort abzugsfähige Werbungskosten.

Büro

1060 Bei nicht umfangreichem Grundbesitz erfordert die Verwaltung des Grundbesitzes in der Regel keine besonderen Einrichtungen, wie zB ein Büro, sondern erfolgt von der Wohnung des Steuerpflichtigen aus (EStR 21.2 Abs. 4). Regelmäßige Tätigkeitsstätte ist dann die Wohnung des Steuerpflichtigen.

Büsche

1061 Siehe Gartenanlage → Rn. 1125.

1062–1066 *Einstweilen frei*

Carport

Ein Umbau eines Carports in eine Garage führt zu Herstellungskosten (FG Düsseldorf 8.11.1995 – 13 K 6356/91 F, EFG 1996, 309). **1067**

Einstweilen frei **1068–1069**

Dach

Die Reparatur eines Dachs ist Erhaltungsaufwand. Die Neueindeckung eines Daches zur besseren Isolierung des Hauses und Energieeinsparung ist ebenfalls Erhaltungsaufwand. Die Ersetzung eines Flachdaches durch ein Giebeldach führt zu Herstellungskosten, die im Rahmen der AfA Berücksichtigung finden können. Siehe Ausbau → Rn. 1025. **1070**

Damnum

Ein bei der Gewährung eines Darlehens vereinbartes Damnum kann nach § 11 Abs. 2 in dem Kalenderjahr, in dem es wirtschaftlich aus dem Vermögen des Schuldners abgeflossen ist, als Werbungskosten abgezogen werden (BFH 13.9.1994 – IX R 20/90, BFH/NV 1995, 293). **1071**

Darlehen

Schuldzinsen aus einem Darlehensvertrag sind als Werbungskosten abzugsfähig. Kursverluste aus Fremdwährungsdarlehen sind steuerlich irrelevant (BFH 4.3.2016 – IX B 85/15, BFH/NV 2016, 917; BFH 12.11.1991 – IX R 15/90, BStBl. II 1992, 289). **1072**

Dauernde Lasten

Dauernde Lasten können in Höhe des darin enthaltenen Zinsanteils sofort abzugsfähige Werbungskosten sein, wenn sie mit der Einkunftsart Vermietung und Verpachtung in wirtschaftlichem Zusammenhang stehen. In Höhe des Barwerts der dauernden Last liegen hingegen Anschaffungskosten vor, soweit der Barwert auf das Gebäude entfällt. Diese können im Wege der AfA Berücksichtigung finden (BFH 9.2.1994 – IX R 110/90, BStBl. II 1995, 47). **1073**

Devisenoptionsgeschäfte

Verluste aus Devisenoptionsgeschäften stellen auch dann keine Werbungskosten aus Vermietung und Verpachtung dar, wenn die für die Optionsgeschäfte verwendeten Mittel aus Mieteinnahmen stammen und der Vermieter beabsichtigt, die angelegten Beträge für Zwecke der Vermietung zu verwenden (BFH 18.9.2007 – IX R 42/05, BStBl. II 2008, 26). **1074**

Diebstahl

Der Verlust von Mieteinnahmen durch Diebstahl oder Unterschlagung ist ein steuerlich neutraler Verlust in der Vermögenssphäre und damit nicht abzugsfähig (LBP/*v. Reden* § 21 Rn. 251). Hingegen führt der Verlust von Baumaterial durch Diebstahl zu Werbungskosten (*Heuermann* StuW 1991, 372 (377)). **1075**

Dingliche Last

Zahlungen zur Befreiung eines Grundstücks von einer dinglichen Last sind Anschaffungskosten, wenn die Nutzungsbeschränkung der Erzielung von Einkünften aus Vermietung und Verpachtung entgegensteht (BFH 21.12.1982 – VIII R 215/78, BStBl. II 1983, 410). **1076**

Disagio

Erstattet der Grundstückskäufer dem Verkäufer ein Disagio, das diesem bei einer Darlehensaufnahme einbehalten worden ist, gehören die Kosten bzgl. des Disagios zu den Anschaffungskosten (BFH 17.2.1981 – VIII R 95/80, BStBl. II 1981, 466). **1077**

Disproportionalität

1078 Übernimmt bei einer Personenmehrheit ein Gesellschafter oder Gemeinschafter disproportional einen höheren Aufwand als andere Gesellschafter für das gemeinschaftliche Vermietungsobjekt, ist der Aufwand ihm allein zurechenbar, wenn er damit nicht den anderen Gesellschaftern etwas zuwenden wollte und auch keinen durchsetzbaren Ausgleichsanspruch hat (BFH 20.1.2009 – IX R 18/07, BFH/NV 2009, 1247; Blümich/*Heuermann* § 21 Rn. 67).

Drittaufwand

1079 Wenn die Übernahme einer Aufwendung durch einen Dritten eine Zuwendung des Dritten an den Steuerpflichtigen darstellt, die der Dritte freiwillig erbringt, handelt es sich um einen Vorgang auf abgekürztem Zahlungsweg. Die Aufwendung ist daher dem Steuerpflichtigen, der die Einkünfte durch Vermietungstätigkeit erzielt, zuzurechnen. Dies gilt auch bei einem abgekürzten Vertragsweg (→ Rn. 854 f.). Sowohl beim abgekürzten Zahlungsweg als auch beim abgekürzten Vertragsweg sind die Aufwendungen als Werbungskosten abziehbar.

1080–1084 *Einstweilen frei*

Ehegatten

1085 Bei Miteigentum von Ehegatten werden durch die Ehegatten gemeinschaftlich Einkünfte erzielt, wenn beide als Vermieter auftreten. Tritt bei Ehegatten nach außen nur einer der Ehegatten als Vermieter eines beiden Ehegatten gehörenden Grundstücks auf, sind die Einkünfte aus Vermietung und Verpachtung allein diesem zuzurechnen (BFH 14.12.2004 – IX R 70/02, BFH/NV 2005, 1040). Vertretung des anderen Ehegatten ist jedoch möglich (→ Rn. 380). Werden Werbungskosten bei einer intakten Ehe im Falle einer Ehegatten-Innengesellschaft von einem Ehegatten allein getragen, bleibt es bei der durch die Zuweisung der Miteigentumsanteile indizierten Kostenverteilung. Nehmen Ehegatten gemeinsam ein gesamtschuldnerisches Darlehen zur Finanzierung eines vermieteten Gebäudes auf, das einem von ihnen gehört, werden die Zins- und Tilgungsleistungen des Nichteigentümerehegatten dem Eigentümerehegatten zugerechnet (BFH 19.8.2008 – IX R 78/07, BStBl. II 2009, 299). Siehe Zugewinnausgleich → Rn. 1358.

Eigenleistungen

1086 Eigenleistungen des Eigentümers sind weder als Herstellungskosten noch als Werbungskosten berücksichtigungsfähig. Lediglich Aufwendungen für Baugeräte sind als Herstellungskosten berücksichtigungsfähig (FG Baden-Württemberg 9.12.1986 – I 484/82, EFG 1987, 295; FG Düsseldorf 12.5.1987 – VIII 371/82 E, EFG 1987, 451).

Einbringung

1087 Eine Einbringung von Grundstücken durch Miteigentümer in eine personenidentische GbR führt nicht zu Anschaffungskosten. Daher bemisst sich die AfA auf der Grundlage des ursprünglichen Anschaffungsgeschäfts (BFH 6.10.2004 – IX R 68/01, BStBl. II 2005, 324; BFH 2.4.2008 – IX R 18/06, BStBl. II 2008, 679).

Einfriedung

1088 Siehe Grünanlagen → Rn. 1132.

Einmalzahlung

1089 Siehe Erbbauzinsen → Rn. 1097.

Einstellplätze

1090 Zahlungen an die Gemeinde/Stadt zur Stellplatzablöse für Kraftfahrzeuge sind Anschaffungskosten (BFH 30.1.1990 – VIII R183/85, BFH/NV 1990, 504).

Elektroleitungen

Die Erneuerung von Elektroleitungen ist als Erhaltungsaufwand sofort abzugsfähig. 1091

Energetische Aufwendungen

Sofortabzugsfähige Erhaltungsaufwendungen sind anzunehmen, wenn ein Gebäudebestandteil oder eine Anlage durch energetische Maßnahmen modernisiert wird. Siehe Fenster → Rn. 1110, Fassade → Rn. 1109. 1092

Entfernungspauschale

Der Abzug von Kosten für Fahrten zu mehreren Vermietungsobjekten im Rahmen der Einkünfte aus Vermietung und Verpachtung ist auf die Entfernungspauschale beschränkt, wenn sich an den Vermietungsobjekten jeweils der quantitative und qualitative Mittelpunkt der auf das betreffende Objekt bezogenen auf die Einkünfteerzielung gerichteten Tätigkeit befindet (BFH 1.12.2015 – IX R 18/15, BStBl. II 2016, 532). Siehe Regelmäßige Tätigkeitsstätte → Rn. 1235. 1093

Entschädigung

Leistet der Vermieter bei einer beabsichtigten Selbstnutzung an den Mieter für dessen vorzeitigen Auszug Entschädigungen, sind diese nicht als Werbungskosten berücksichtigungsfähig (BFH 7.7.2005 – IX R 38/08, BStBl. II 2005, 760). 1094

Erbauseinandersetzung

Wenn Miterben sich nach einem Erbfall auseinandersetzen, indem ein Erbe ein dingliches Nutzungsrecht an dem – dem anderen Erben zu Eigentum zugewiesenen – Grundstück erhält, liegt eine Realteilung vor. Die entgeltliche Ablösung führt zum vollen Eigentumserwerb. Ablösezahlungen sind daher Anschaffungskosten (→ Rn. 891; → Rn. 925.1; → Rn. 464). Wenn ein Miterbe im Rahmen einer Erbauseinandersetzung ein zum Nachlass gehörendes vermietetes Grundstück übernimmt, jedoch zur Abfindung der übrigen Miterben ein Darlehen aufgenommen hat, sind die dafür zu entrichtenden Zinsen sofort abzugsfähige Aufwendungen bei den Einkünften aus Vermietung und Verpachtung. Dies gilt bei vorweggenommener Erbfolge entsprechend. Prozesskosten im Rahmen einer Erbauseinandersetzung sind keine Werbungskosten, auch wenn das Nachlassvermögen in einem Grundstück besteht (BFH 31.7.1985 – VIII R 345/82, BStBl. II 1985, 139). 1095

Erbbaurecht

Einmalige Aufwendungen für den Erwerb eines Erbbaurechts (zB Maklerprovision, Notar- und Gerichtsgebühren) sind Anschaffungskosten (BFH 4.6.1991 – X R 136/87, BStBl. II 1992, 70). Sie sind auf die Laufzeit des Erbbaurechts zu verteilen. Siehe Erschließungskosten → Rn. 1100, Erbbauzinsen → Rn. 1097. 1096

Erbbauzinsen

Erbbauzinsen, die vom Erbbauberechtigten gezahlt werden, sind Werbungskosten, wenn er das Erbbaurecht zur Erzielung von Einnahmen aus Vermietung und Verpachtung nutzt. Wird ein Einmalbetrag gezahlt, ist nach § 11 Abs. 2 S. 3 eine gleichmäßige Verteilung der Vorauszahlung auf den davon betroffenen Zeitraum möglich. 1097

Erbfallschulden

Erbfallschulden, insbesondere aufgrund von Vermächtnissen, Pflichtteilsansprüchen und Erbersatzansprüchen, sind keine Aufwendungen für den Erwerb eines Wirtschaftsgutes, sondern dienen der Erfüllung privater – durch den Erbfall als solchen verursachter – Verbindlichkeiten. Auch die Aufnahme eines Kredits zur Erfüllung entsprechender Verbindlichkeiten ist privat veranlasst. Schuldzinsen sind daher steuerlich neutral (Lademann EStG/*Claßen* § 21 Rn. 411/25; BFH 2.3.1993 – VIII R 47/90, BStBl. II 1994, 619). 1098

Erhaltungsaufwand

1099 → Rn. 936 ff.

Erschließungskosten

1100 Kosten der erstmaligen Erschließung sind Anschaffungskosten für Grund und Boden. Kosten für die Ersetzung oder eine Modernisierung sind hingegen Erhaltungsaufwand, wenn das Grundstück durch die Maßnahme nicht in seiner Substanz oder seinem Wesen verändert wird.

Ersparte Aufwendungen

1101 Ersparte Aufwendungen sind – mangels Abflusses iSd § 11 Abs. 2 – keine Werbungskosten.

Erweiterung

1102 Die Kosten für die Erweiterung eines Gebäudes sind Herstellungskosten.

1103–1106 *Einstweilen frei*

Fahrstuhl

1107 Der Ersatz eines alten Fahrstuhls durch einen moderneren ist eine Erhaltungsmaßnahme, die zu sofort abzugsfähigen Werbungskosten führt.

Fahrtkosten

1108 Aufwendungen für gelegentliche Fahrten zu dem vermieteten Grundstück sind Werbungskosten gemäß § 9 Abs. 1 S. 1. Es können die tatsächlichen Kosten geltend gemacht werden. Als gelegentlich kann eine Fahrt pro Monat angesehen werden. S. Entfernungspauschale → Rn. 1092.

Fassade

1109 Die Aufwendungen für die Erneuerung einer Fassade sind Erhaltungsaufwand. Dies gilt auch, wenn die neue Fassade eine bessere Wärmedämmung bewirkt (BFH 13.3.1979 – VIII R 83/77, BStBl. II 1979, 435).

Fenster

1110 Die Reparatur oder der Ersatz von defekten Fenstern ist Erhaltungsaufwand. Dies gilt auch für den Ersatz aus energetischen Gründen. Dies gilt auch, wenn die ausgetauschten Fenster an sich noch verwertbar gewesen wären.

Festpreisgarantie

1111 Aufwendungen im Rahmen einer Festpreisgarantie gegenüber einem Bauherrn gehören nicht zu Werbungskosten, sondern sind Teil der Herstellungskosten (BMF 13.8.1981, BStBl. I 1981, 604).

Feuchtigkeitsschutz

1112 Maßnahmen zum Feuchtigkeitsschutz führen zu Erhaltungsaufwand.

Fiktive Miete

1113 Wenn im Rahmen einer Grundstücksveräußerung der Verkäufer das Grundstück weiter unter Anrechnung auf den Kaufpreis nutzen darf, rechnet auch der fiktive Mietzins zu den Anschaffungskosten (FG Nürnberg 8.12.1999 – III 149/98, EFG 2000, 316).

Finanzierungskosten

Finanzierungskosten sind im Jahr der Aufwendung Werbungskosten, soweit ein wirtschaftlicher Zusammenhang mit Einkünften aus Vermietung und Verpachtung besteht. Das Darlehen muss unmittelbar für Zwecke des belasteten Grundstücks aufgenommen sein. Eine dingliche Belastung eines Grundstücks mit einer Hypothek oder Grundschuld für sich allein genügt nicht (BFH 6.10.2004 – IX R 68/01, BStBl. II 2005, 324; BFH 16.1.1980 – VIII R 70/78, BStBl. II 1980, 348; BFH 19.1.1982 – VIII R 150/79, BStBl. II 1982, 321; EStH 21.2 „Finanzierungskosten"). Sie können auch als vorweggenommene Werbungskosten abzugsfähig sein, wenn sie aufgrund einer Vorauszahlung infolge der Abgabe eines bindenden befristeten Angebots zum Verkauf eines Grundstücks anfallen (BFH 28.1.1986 – IX R 70/82, BFH/NV 1986, 334). **1114**

Fremdwährungsdarlehen

Siehe Kursverluste → Rn. 1176; Schuldzinsen → Rn. 1257. **1115**

Funktionsänderung

Eine Funktionsänderung ist gegeben, wenn im Zusammenhang mit der angestrebten Nutzungsänderung aneinandergrenzender Räume zwischen ihnen Mauern zum Teil neu hergestellt und zum Teil durchbrochen werden. Eine solche Baumaßnahme schafft gegenüber dem früherem Bauzustand eine auf die angestrebte Funktionsänderung ausgerichtete Substanzmehrung und geht damit über das bloße Versetzen von Wänden und das Zumauern von Türen hinaus (BFH 27.9.2001 – X R 55/98, BFH/NV 2002, 627 mwN). Aufwendungen für eine derartige Funktionsänderung sind Herstellungskosten. **1116**

Funktionsfähigkeit

Wird ein Gebäude im Zeitpunkt der Anschaffung noch nicht als Vermietungs- oder Verpachtungsobjekt genutzt und werden nach Erwerb und vor der erstmaligen Nutzung als Vermietungsobjekt Aufwendungen getätigt, um das Objekt funktionsfähig zu machen, handelt es sich um Anschaffungskosten. Dies gilt auch, wenn durch die Baumaßnahmen ein höherer Standard erreicht werden soll oder die Maßnahmen im Hinblick auf eine geplante Funktionsänderung erfolgt (Lademann EStG/*Claßen* § 21 Rn. 290; *Neufang* BB 2004, 78; *Pannen* DB 2003, 2729). **1117**

Fußboden

Die erstmalige Verlegung eines Fußbodens führt zu Herstellungskosten, die Neuverlegung eines Bodens auf einem abgenutzten Boden führt zu Erhaltungsaufwand (BFH 14.1.1986 – IX R 105/83, BFH/NV 1986, 399). **1118**

Einstweilen frei **1119–1123**

Garage

Aufwendungen für Garagen, die als selbständige Baukörper getrennt vom Wohngebäude errichtet werden, sind ein wirtschaftlich selbständiges Wirtschaftsgut und daher im Hinblick auf die Herstellungs- oder Anschaffungskosten gesondert gemäß § 7 Abs. 1 – auf die Nutzungszeit verteilt – abzuschreiben. Siehe Carport → Rn. 1067. **1124**

Gartenanlage

Kosten für die Gestaltung der Gartenfläche werden von der Finanzverwaltung als Herstellungskosten anerkannt, wenn es sich um Hecken, Büsche oder Bäume an den Grundstücksgrenzen handelt (EStR 21.1 Abs. 3). Im Übrigen gilt, dass der Garten ein selbständiges Wirtschaftsgut ist (BFH 13.10.1998 – IX R 61/95, BStBl. II 1999, 282). Aufwendungen für die laufende Pflege der Gartenanlage sind als Werbungskosten abzugsfähig, wenn der Garten der Erzielung von Vermietungseinkünften dient oder die den Garten betreffenden **1125**

Aufwendungen durch eine Reparatur des steuerlich genutzten Gebäudes veranlasst sind (BFH 14.3.2008 – IX B 182/07, BFH/NV 2008, 1146; Blümich/*Heuermann* § 21 Rn. 400).

Geldbußen

1126 Geldbußen, Ordnungsgelder oder Verwarnungsgelder, die der Hauseigentümer im Zusammenhang mit der Tätigkeit iSd § 21 entrichten muss, sind nach § 9 Abs. 5 iVm § 4 Abs. 5 S. 1 Nr. 8 keine Werbungskosten.

Geld- und Sachleistungen des Mieters

1127 Ersetzt der Mieter Ausgaben des Vermieters, sind beim Vermieter sowohl Ausgaben als auch Einnahmen gegeben. Werden Instandhaltungspflichten des Vermieters nicht erfüllt und stattdessen ein Betrag an den Vermieter gezahlt, handelt es sich um einen geldwerten Vorteil (BFH 18.12.1967 – VI R 119/66, BStBl. II 1968, 309).

Gerichtskosten

1128 Siehe Notarkosten → Rn. 1205 f.

Gesamthand

1129 Siehe Miteigentümer → Rn. 1197.

Glasdach

1130 Die Überdachung einer Terrasse mit einem Glasdach führt zu sofort abzugsfähigem Erhaltungsaufwand, wenn dies dazu dient, das Eindringen von Regenwasser in darunter liegende Wohnungen zu verhindern (FG Baden-Württemberg 23.11.1994 – 12 K 276/91, EFG 1995, 612, rkr.).

Grenzbebauung

1131 Abstandszahlungen an den Nachbarn zwecks Erlangung der Zustimmung zur Grenzbebauung bilden Anschaffungskosten auf Grund und Boden (FG Köln 23.10.1986 – II K 34/86, EFG 1987, 166).

Grünanlagen

1132 Aufwendungen für Grünanlagen gehören nicht zu den Herstellungskosten des Gebäudes. Zu den Herstellungskosten gehören nur die Kosten für eine als Einfriedung anzusehende „lebende Umzäunung" (BFH 15.10.1965 – VI 181/65 U, BStBl. III 1966, 12).

Grunderwerbsteuer

1133 Grunderwerbsteuer gehört zu Anschaffungskosten. Die Grunderwerbsteuer ist bei dem Erwerb eines bebauten Grundstücks oder einer Eigentumswohnung nach dem Verhältnis der gemeinen Werte für Grund und Boden einerseits und das Gebäude andererseits aufzuteilen. Auch Säumniszuschläge zur Grunderwerbsteuer zählen zu Anschaffungskosten (BFH 14.1.1992 – IX R 226/87, BStBl. II 1992, 464). Stundungszinsen sind hingegen Entgelt für die Nutzung eines auf Zeit überlassenen Kapitals. Zinsen, die auf ein Darlehen gezahlt werden, das zur Bezahlung der Grunderwerbsteuer aufgenommen wurde, sind Werbungskosten. Siehe Aussetzungszinsen → Rn. 1029.

Grundschuldlöschung

1134 Gebühren für die Löschung einer Grundschuld anlässlich der Veräußerung des Mietobjekts sind keine Werbungskosten bei den Einkünften aus Vermietung und Verpachtung (FG Baden-Württemberg 21.9.1995 – 14 K 133/93, EFG 1996, 136).

Grundsteuer

Grundsteuer gehört zu Werbungskosten. 1135

Grundstücksveräußerung

Kosten im Zusammenhang mit der Veräußerung eines Grundstücks sind keine nachträglichen Werbungskosten im Rahmen der Vermietung und Verpachtung. 1136

Grund und Boden

Aufwendungen, die Grund und Boden betreffen, können sowohl Werbungskosten als auch (nachträgliche) Anschaffungs- oder Herstellungskosten sein. Als Anschaffungs- und Herstellungskosten finden sie keine Berücksichtigung im Rahmen der AfA. Kosten für ein Schadstoffgutachten sind Werbungskosten, wenn der Boden durch den Mieter kontaminiert wurde (BFH 17.7.2007 – IX R 2/05, BStBl. II 2007, 941). 1137

Gutachten

Ein Gutachten zur Feststellung einer vom Mieter verursachten Beschädigung des Gebäudes oder Bodens führt zu Werbungskosten (BFH 17.7.2007 – IX R 2/05, BStBl. II 2007, 941). 1138

Einstweilen frei **1139–1143**

Hausanschlusskosten

Hausanschlusskosten sind Herstellungskosten des Gebäudes. Hierzu zählen beispielsweise Kosten für den Anschluss an das Stromversorgungsnetz, das Gasnetz, die Wärmeversorgung. Hausanschlusskosten sind abzugrenzen von Aufwendungen auf Grund und Boden, wie beispielsweise Kosten für den Anschluss des Grundstücks an eine Entwässerungsanlage. 1144

Hausmeister

Kosten für einen Hausmeister oder eine Hausverwaltung sind Werbungskosten. 1145

Hausratsversicherung

Beiträge zur Hausratsversicherung können Werbungskosten sein. 1146

Hausverwaltung

Siehe Hausmeister → Rn. 1145, Verwaltungskosten → Rn. 1321. 1147

Hecke

Siehe Gartenanlage → Rn. 1125. 1148

Heizung

Während der Vermietungszeit sind Heizungskosten Werbungskosten, soweit sie vom Vermieter getragen werden. Dies gilt auch für die Beheizung eines leerstehenden Hauses, soweit die Vermietungsabsicht fortdauert. Heizungskosten während einer Bauphase sind Herstellungskosten (BFH 22.3.1960 – I 13/59, BB 1960, 585). 1149

Heizungsanlage

Der Austausch einer Heizungsanlage ist Erhaltungsaufwand (BFH 9.11.1976 – VIII R 28/76, BStBl. II 1977, 279; BFH 22.1.2003 – IX R 69/01, BFH/NV 2003, 766). Die erstmaligen Einbaukosten einer Heizungsanlage sind hingegen stets Herstellungskosten. 1150

Herstellungskosten

→ Rn. 897. 1151

Hinterziehungszinsen

1152 Hinterziehungszinsen zählen nur dann zu Werbungskosten, wenn auch die verkürzte Steuer unter die Werbungskosten fällt (BFH 9.2.1993 – VIII R 83/91, BFH/NV 1993, 644).

1153–1157 *Einstweilen frei*

Immobilienfonds

1158 Siehe Zinsen → Rn. 1355.

Inseratskosten

1159 Kosten für die Aufgabe von Inseraten, um Mieter zu finden, sind Werbungskosten.

Insolvenz

1160 Zahlungen für die Herstellung eines Gebäudes, die wegen Insolvenz des Bauunternehmers ohne Gegenleistung bleiben, sind als vergebliche Werbungskosten abzugsfähig. Dies gilt auch dann, wenn der Steuerpflichtige sodann das Haus nach den ursprünglichen Plänen selbst errichtet (BFH 4.7.1990 – GrS 1/89, BStBl. II 1990, 830; BFH 31.3.1992 – IX R 164/87, BStBl. II 1992, 805). Zahlungen sind hingegen den Herstellungskosten zuzurechnen, wenn sie eine Gegenleistung des später in Insolvenz gefallenen Bauunternehmers haben (BFH 31.3.1992 – IX R 164/87, BStBl. II 1992, 805).

Instandhaltungsrücklage

1161 Beiträge des Eigentümers in die sog. Instandhaltungsrücklage nach § 16 Abs. 2 WEG sind keine Werbungskosten. Erst aus der Rücklage finanzierte Aufwendungen zur Instandhaltung oder Modernisierung sind Werbungskosten (BFH 26.1.1988 – IX R 119/83, BStBl. II 1988, 577; BFH 8.10.2012 – IX B 131/12, BFH/NV 2013, 32). Findet zwischen der Zahlung der Instandhaltungsrücklage und der Verausgabung durch den Verwalter ein Eigentümerwechsel statt, kann der neue Eigentümer Werbungskosten geltend machen. Wirtschaftlich betrachtet hat der neue Eigentümer das in der Rücklage vorhandene Guthaben durch Zahlung eines höheren Kaufpreises abgegolten (BFH 9.12.2008 – IX B 124/08, BFH/NV 2009, 571).

Instandsetzungsaufwand

1162 Siehe Modernisierungsaufwand → Rn. 1198, Anschaffungsnaher Aufwand → Rn. 911 ff.

1163–1166 *Einstweilen frei*

Kabelanschlussgebühren

1167 Kabelanschlussgebühren gehören bei einem Neubau zu Herstellungskosten und bei einer Nachrüstung eines bestehenden Gebäudes zu Erhaltungsaufwand. Laufende Gebühren sind Werbungskosten.

Kanalbau

1168 Kosten für den Kanalbau rechnen zu den Erschließungskosten. Siehe Erschließungskosten → Rn. 1100.

Kaufangebot

1169 Zahlungen eines Kaufinteressenten für ein notariell beurkundetes Grundstückskaufangebot können Werbungskosten sein (BFH 4.6.1991 – X R 136/87, BStBl. II 1992, 70).

Kaufpreisraten

1170 Siehe Ratenkauf → Rn. 1231.

Katastrophe

Die Finanzverwaltung gewährt bei einer katastrophenbedingten Neuerrichtung von Vermietungs- und Verpachtungs-Objekten auf Antrag Sonder-AfA im Jahr der Fertigstellung und in den folgenden beiden Jahren bis zu 30 Prozent der Herstellungskosten neben der normalen AfA (FM Bayern 3.6.2013, DStR 2013, 1288). **1171**

Kommunalabgaben

Kommunalabgaben sind Erschließungskosten. Siehe Erschließungskosten → Rn. 1100. **1172**

Kontogebühren

Kontogebühren sind als Werbungskosten abzugsfähig, soweit sie auf mit dem Objekt zusammenhängende Kontobewegungen (zB Zufluss Mietentgelt, Abfluss Renovierungskosten) entfallen. **1173**

Küche

Die vollständige Erneuerung einer Einbauküche (Ersatz von Spüle, Herd, Einbaumöbeln und Elektrogeräten) in einer vermieteten Immobilie führt grundsätzlich nicht zu Werbungskosten bei den Einkünften aus § 21. Die Einbauküche ist ein selbständiges und einheitliches Wirtschaftsgut mit einer Nutzungsdauer von 10 Jahren, deren Anschaffungs- und Herstellungskosten im Wege der AfA zu berücksichtigen sind (BMF 16.5.2017, BStBl. I 2017, 775; BFH 3.8.2016 – IX R 14/15, BStBl. II 2017, 437). **1174**

Kurabgabe

Eine Kurabgabe gehört nicht zu den Werbungskosten im Rahmen der Vermietung und Verpachtung. **1175**

Kursverluste

Kursverluste bei Fremdwährungsdarlehen sind bei Einkünften aus § 21 irrelevant (BFH 4.3.2016 – IX B 85/15, BFH/NV 2016, 917; BFH 9.11.1993 – IX R 81/90, BStBl. II 1994, 289). Siehe Schuldzinsen → Rn. 1257. **1176**

Einstweilen frei **1177–1181**

Lebensversicherung

Beiträge zu einer Lebensversicherung gehören zu den privaten Lebenshaltungskosten und können daher nicht als Werbungskosten Berücksichtigung finden. Dies gilt auch, wenn die Lebensversicherung zur Sicherung eines im Zusammenhang mit dem Bau eines Gebäudes aufgenommenen Kredits dient (BFH 29.10.1985 – IX R 56/82, BStBl. II 1986, 143). **1182**

Leerstand

Bei Kosten, die während eines Leerstands einer Wohnung entstehen, kommt es für den Werbungskostenabzug darauf an, ob weiterhin eine Einkünfteerzielungsabsicht besteht. Maßgeblich ist eine Überschussprognose (→ Rn. 249 ff.; → Rn. 272 ff.). **1183**

Einstweilen frei **1184–1188**

Maklerprovision

Eine Maklerprovision für die Vermittlung eines Mieters ist bei den Werbungskosten berücksichtigungsfähig. Maklergebühren für den Erwerb eines Mietobjekts sind Anschaffungs(-neben)kosten. Sie sind entsprechend dem Verhältnis der gemeinen Werte von Grund und Boden einerseits und Gebäude andererseits aufzuteilen. Siehe Vorgetäuschte Vermittlungsleistung, → Rn. 964. **1189**

Malerarbeiten

1190 Siehe Antrich → Rn. 1012.

Mangelbeseitigung

1191 Aufwendungen zur Mangelbeseitigung, die der Erwerber bei einer Grundstücksveräußerung trägt, sind Anschaffungskosten.

Markise

1192 Die Anbringung einer Markise führt zu Herstellungskosten (BFH 29.8.1989 – IX R 176/84, BStBl. II 1990, 430).

Mietausfallversicherung

1193 Beiträge für eine Mietausfallversicherung sind Werbungskosten.

Mieterdarlehen

1194 Gewährt der Mieter dem Vermieter ein zinsloses Darlehen, entstehen beim Vermieter sowohl Einnahmen als auch Ausgaben (BFH 22.9.1994 – IX R 47/89, BFH/NV 1995, 294).

Mietgarantie

1195 Gebühren für eine Mietgarantie können zu Werbungskosten gehören (BFH 14.11.1989 – IX R 197/84, BStBl. II 1990, 299).

Mietrückzahlung

1196 Ausgaben aufgrund einer Mietrückzahlung sind negative Einnahmen aus Vermietung und Verpachtung.

Miteigentümer

1197 Die Werbungskosten sind den Miteigentümern grundsätzlich nach dem Verhältnis der nach bürgerlichem Recht anzusetzenden Anteile zuzurechnen. Haben die Miteigentümer abweichende Vereinbarungen getroffen, sind diese maßgebend, wenn sie bürgerlich-rechtlich wirksam sind und hierfür wirtschaftlich vernünftige Gründe vorliegen, die grundstücksbezogen sind. AfA oder erhöhte Absetzungen und Sonderabschreibungen können nur demjenigen Miteigentümer zugerechnet werden, der die Anschaffungs- oder Herstellungskosten getragen hat (EStR 21.5). Wird ein Raum eines im Miteigentum stehenden Wohnhauses an einen Miteigentümer als Büro für dessen selbständige Tätigkeit vermietet, sind die darauf entfallenden Aufwendungen vom vermietenden Miteigentümer grundsätzlich nur insoweit als Werbungskosten bei den Einkünften aus Vermietung und Verpachtung zu berücksichtigen, als sie dessen ideellen Miteigentumsanteil entsprechen. Darüber hinaus sind die Aufwendungen nur dann abziehbar, wenn sie objektiv mit der Nutzungsüberlassung in wirtschaftlichem Zusammenhang stehen und subjektiv zur Förderung der Nutzungsüberlassung getätigt werden (BFH 16.9.2015 – IX R 19/14, BFH/NV 2016, 380). Siehe Verwaltungskosten → Rn. 1321.

Modernisierungsaufwand

1198 Reparaturaufwendungen sind regelmäßig Erhaltungsaufwand. Dies gilt auch für die Kosten zeitgemäßer Instandsetzung einzelner Bestandteile eines Hauses (sog. Modernisierungsaufwand). Nur wenn ein Gebäude im Laufe der Zeit insgesamt unbrauchbar geworden ist, dh ein sog. Totalverschleiß vorliegt, führt die Instandsetzung des nunmehr neuen Wirtschaftsgutes zu Herstellungskosten (BFH 10.5.1995 – IX R 62/94, BStBl. II 1996, 639). Ferner führen Instandsetzungs- und Modernisierungsaufwendungen auch zu Herstellungskosten, wenn sie zu einer Erweiterung iSv § 255 Abs. 2 S. 1 HGB führen (zB Vergrößerung der nutzbaren Fläche). Siehe Anschaffungsnaher Aufwand → Rn. 911 ff.; Totalverschleiß → Rn. 1286.

Einstweilen frei **1199–1203**

Nachhaftung

Die Nachhaftung (§ 736 Abs. 2 BGB iVm § 160 HGB) eines Steuerpflichtigen, der seine **1204**
Beteiligung an einer Immobilien-GbR zur Vermeidung seiner persönlichen Haftung veräußert, führt zu berücksichtigungsfähigem Aufwand. Auch nachträglichen Schuldzinsen, für die der Steuerpflichtige aufgrund der Nachhaftung in Anspruch genommen wird, stehen mit früheren Einkünften iSd § 21 Abs. 1 in Zusammenhang, auch wenn der Steuerpflichtige seine Absicht zur weiteren Einkünfteerzielung aufgegeben hat (BFH 1.12.2015 – IX R 42/14, BFHE 252, 379), → Rn. 1257.

Nießbrauch

Trägt ein Nießbraucher Ausgaben, die ihrer Art nach Werbungskosten sind und die nach **1205**
Vertrag oder Gesetz dem Nießbrauchsbesteller zuzuordnen sind, fällt der Aufwand unter § 12 (BFH 8.12.1982 – VIII R 53/82, BStBl. II 1983, 710). Siehe Vorbehaltsnießbrauch → Rn. 1328, Zuwendungsnießbrauch → Rn. 1360.

Notarkosten

Notarkosten im Zusammenhang mit der Anschaffung eines Vermietungs- und Verpach- **1206**
tungs-Objekts sind Anschaffungskosten. Sie sind bei dem Erwerb eines bebauten Grundstücks entsprechend dem Verhältnis der gemeinen Werte auf Grund und Boden einerseits und das Gebäude andererseits aufzuteilen.

Einstweilen frei **1207–1211**

Öffentliche Abgaben

Öffentliche Abgaben sind Werbungskosten, wenn sie in Zusammenhang mit einem Ver- **1212**
mietungs- und Verpachtungsobjekt anfallen, zB Abgaben für die Müllabfuhr Entwässerung, Straßenreinigung etc.

Option

Siehe Umsatzsteuer → Rn. 1294. **1213**

Optionsgeschäfte

Verluste aus Optionsgeschäften sind auch dann keine Werbungskosten, wenn Mieteinnah- **1214**
men dazu verwendet werden, die Optionsgeschäfte durchzuführen und beabsichtigt ist, die angelegten Beträge wiederum für Zwecke der Vermietung zu verwenden (BFH 18.9.2007 – IX R 42/05, BStBl. II 2008, 26).

Ordnungsgelder

Siehe Geldbußen → Rn. 1126. **1215**

Einstweilen frei **1216–1220**

Pflichtteil

Zinsen für einen Kredit, der zur Abfindung von Pflichtteilsberechtigten aufgenommen **1221**
wurde, können auch dann nicht als Werbungskosten Berücksichtigung finden, wenn der Erbe ein vermietetes Grundstück im Rahmen der Erbauseinandersetzung erlangt hat (BFH 14.4.1992 – VIII R 6/87, BStBl. II 1993, 275).

Planungskosten

1222 Planungskosten sind Herstellungskosten, wenn sie in ein Bauprojekt wertbestimmend eingegangen sind (BFH 8.9.1998 – IX R 75/95, BStBl. II 1999, 20). Planungskosten sind hingegen nicht abzugsfähig, wenn das zunächst geplante und das später errichtete Bauwerk nicht denselben Zweck haben. Dies ist beispielsweise der Fall, wenn statt eines ursprünglich geplanten Einfamilienhauses mit Einliegerwohnung ein Doppelhaus errichtet wird (FG München 23.11.2005 – 9 K 1575/03, EFG 2006, 564). Vergebliche Planungskosten können Werbungskosten sein (→ Rn. 978 ff., wenn feststeht, dass ein Vermietungs- und Verpachtungs-Objekt geplant war (BFH 3.11.2005 – IX B 110/05, BFH/NV 2006, 295, BFH 13.11.1973 – VIII R 157/70, BStBl. II 1974, 161).

Provisionszahlungen

1223 Provisionszahlungen gehören zu den Anschaffungskosten einer Immobilie.

Provisionsrückzahlungen

1224 Provisionsrückzahlungen, die der Eigenkapitalvermittler Fondsgesellschaftern gewährt, mindern die Anschaffungskosten einer Immobilie, weil die Provisionszahlungen zu den Anschaffungskosten gehören (BFH 26.2.2002 – IX R 20/98, BStBl. II 2002, 796).

Prozesskosten

1225 Prozesskosten teilen allgemein das Schicksal der Beträge, um die in der Hauptsache gestritten wird. Prozesse wegen Erhaltungsaufwendungen oder Finanzierungskosten führen daher zu Werbungskosten (BFH 23.6.1966 – IV 385/58, BStBl. III 1966, 541; BFH 25.6.2009 – IX R 47/08, BFH/NV 2010, 396). Prozesskosten sind ferner Werbungskosten, wenn nicht bezahlter Mietzins eingeklagt wird. Entsprechendes gilt für eine Räumungsklage, es sei denn, diese dient der Veräußerung des Objekts (BFH 23.2.1988 – IX R 151/86, BFH/NV 1989, 485). Sind Prozesskosten durch die Anschaffung des Mietobjekts veranlasst, handelt es sich um Anschaffungskosten. Siehe Erbauseinandersetzung → Rn. 1095.

1226–1230 *Einstweilen frei*

Ratenkauf

1231 Erfolgt die Zahlung für ein Grundstück ratenweise zu späteren Zeitpunkten, enthält der gestundete Betrag neben dem Kapitalwert auch ein Entgelt für die Überlassung von Kapital zur Nutzung (BFH 26.2.2002 – X R 4/00, BFH/NV 2002, 1140). Einzelne Kaufpreisraten sind daher in einen Tilgungs- und einen Zinsanteil aufzuteilen (BFH 25.6.1974 – VIII R 163/71, BStBl. II 1975, 431; BFH 29.11.1983 – VIII R 231/80, BStBl. II 1984, 109). Bemessungsgrundlage für die AfA ist dann der nach Abzug des Zinsanteils verbleibende Barwert der Kaufpreisraten. Der Zinsanteil gehört beim Veräußerer regelmäßig zu Einkünften aus Kapitalvermögen.

Räumungskosten

1232 Räumungskosten sind Werbungskosten, wenn sie einer weiteren Vermietung dienen.

Realteilung

1233 Siehe Erbauseinandersetzung → Rn. 1095.

Rechtsschutzversicherung

1234 Kosten einer Rechtsschutzversicherung sind Werbungskosten, wenn die Kosten, von denen der Versicherte befreit wird, Werbungskosten wären, läge keine Versicherung zugrunde (FM Niedersachsen 10.12.1984, DB 1985, 20).

Regelmäßige Tätigkeitsstätte

Eine Immobilie ist keine regelmäßige Tätigkeitsstätte, wenn diese nur gelegentlich aufgesucht wird. Wird sie hingegen zur Vornahme umfangreicher Verwaltungstätigkeiten, Instandhaltungstätigkeiten, Überwachungstätigkeiten und Pflegetätigkeiten am Vermietungsobjekt aufgesucht, kann eine regelmäßige Tätigkeitsstätte vorliegen. Voraussetzung ist, dass die Immobilie fortdauernd und immer wieder aufgesucht wird. Der Steuerpflichtige muss dort schwerpunktmäßig tätig sein (BFH 1.12.2015 – IX R 18/15, BStBl. II 2016, 532). Grundsätzlich ist die Wohnung des Steuerpflichtigen regelmäßige Tätigkeitsstätte (EStR 21.2 Abs. 4). Siehe Entfernungspauschale → Rn. 1092. 1235

Reisekosten

Reisekosten, wie Fahrtkosten, Verpflegungsmehraufwand und Übernachtungskosten, sind Werbungskosten, wenn sie im Zusammenhang mit der Vermietung des Objekts stehen, und Anschaffungs- oder Herstellungskosten, wenn sie im Zusammenhang mit der Anschaffung oder Herstellung eines erworbenen Objekts anfallen. Stehen Reisekosten im Zusammenhang mit der Suche nach einem geeigneten Vermietungs- und Verpachtungs-Objekt, handelt es sich um (vergebliche) Werbungskosten (BFH 10.3.1981 – VIII R 195/77, BStBl. II 1981, 470), → Rn. 978 ff. Siehe Fahrtkosten → Rn. 1108. 1236

Renten

Renten sind Werbungskosten, wenn sie mit der Einkunftsart der Vermietung und Verpachtung in wirtschaftlichem Zusammenhang stehen. Bei Anschaffungsgeschäften gegen Rentenzahlung – sog. Rentenkauf – gehört der Kapitalwert der Rente zu den Anschaffungskosten. Voraussetzung ist, dass die Veräußerungsrente wie unter fremden Dritten ausgehandelt wurde. Zinsanteile in den einzelnen Kaufpreisrentenzahlungen sind als Werbungskosten abziehbar (BFH 9.2.1994 – IX R 110/90, BStBl. II 1995, 47). Bei Leibrenten ergibt sich der Zinsanteil aus der Tabelle des § 22 Nr. 1 S. 3 Buchst. a Doppelbuchst. bb. 1237

Restitutionsberechtigung

Mietentgelte, die der Verfügungsberechtigte nach § 7 Abs. 7 S. 2 VermG an den Restitutionsberechtigten herausgibt, sind im Jahr des Abflusses negative Einnahmen (BFH 11.1.2005 – IX R 50/0, BStBl. II 2005, 456). 1238

Richtfest

Aufwendungen für ein Richtfest sind Herstellungskosten des Gebäudes. 1239

Rollladen

Kosten für den Einbau von Rollläden sind (nachträgliche) Herstellungskosten (BFH 1.2.1983 – VIII R 103/82, BB 1983, 1076). 1240

Rücktritt

Kosten für einen Rücktritt von einem Kaufvertrag bzgl. einer ursprünglich als Vermietungsobjekt gedachten Immobilie sind nicht als Werbungskosten anzuerkennen (BFH 15.12.1981 – VIII R 197/79, BStBl. II 1982, 495). 1241

Einstweilen frei 1242–1246

Sachleistungen

Siehe Geld- und Sachleistungen des Mieters → Rn. 1127. 1247

Sachmangel

Eine Kaufpreisminderung wegen eines Sachmangels wirkt sich auf die Anschaffungskosten aus. 1248

Sanitäre Einrichtungen

1249 Der Einbau von neuen sanitären Einrichtungen ist Erhaltungsaufwand, wenn dadurch alte Anlagen ersetzt werden.

Säumniszuschläge

1250 Säumniszuschläge im Zusammenhang mit der Grunderwerbsteuer rechnen zu den Anschaffungskosten (BFH 14.1.1992 – IX R 226/87, BStBl. II 1992, 464; aA: *Paus* DStZ 1993, 123; *Jestädt* DStR 1992, 1011).

Sauna

1251 Aufwendungen für eine Sauna gehören zu Anschaffungs- oder Herstellungskosten des Gebäudes.

Schadensersatz

1252 Siehe ABC der Einnahmen, Schadensersatzleistungen ab → Rn. 781.

Schadstoffgutachten

1253 Aufwendungen für ein Schadstoffgutachten, das der Feststellung der durch einen Mieter verursachten Untergrund- und Bodenverunreinigungen dient, können als Werbungskosten geltend gemacht werden (BFH 17.7.2007 – IX R 2/05, BStBl. II 2007, 941). Siehe Grund und Boden → Rn. 1137.

Schallschutz

1254 Aufwendungen für einen Schallschutz sind Erhaltungsaufwand.

Schätzungsgebühren

1255 Schätzungsgebühren gehören – je nach Schätzungsgegenstand – zu Herstellungskosten, Anschaffungskosten, Erhaltungsaufwand oder Werbungskosten. Maßgeblich ist, ob die Schätzungsgebühren im Zusammenhang mit dem Erwerb oder dem einer Immobilie oder im Rahmen der Erhaltung dieser anfallen. Schätzungsgebühren im Zusammenhang mit einer geplanten Veräußerung einer Immobilie gehören nicht zu Werbungskosten im Rahmen der Vermietung und Verpachtung.

Schönheitsreparaturen

1256 Schönheitsreparaturen, die der Vermieter in einem Mietobjekt durchführen lässt, führen zu Werbungskosten. Übernimmt der Mieter Schönheitsreparaturen, ist deren Wert grundsätzlich Einnahme, gleichzeitig liegen jedoch auch Werbungskosten des Vermieters vor, sodass der gesamte Vorgang steuerlich neutral ist. Zu den Besonderheiten bei Schönheitsreparaturen im Zusammenhang mit anschaffungsnahem Aufwand → Rn. 911 ff.

Schuldzinsen

1257 Schuldzinsen sind Werbungskosten bei den Einkünften aus Vermietung und Verpachtung, wenn die Darlehensaufnahme der Finanzierung von Anschaffungskosten, Herstellungskosten, Erhaltungsaufwand oder Werbungskosten sonstiger Art dient (BFH 27.4.2015 – IX B 130/14, BFH/NV 2015, 977). Nimmt der Steuerpflichtige hingegen ein Darlehen auf, um ein Fremdwährungsdarlehen abzulösen, welches er zur Anschaffung eines Vermietungsobjekts verwendet hat, sind die Schuldzinsen nicht als Werbungskosten bei den Einkünften aus Vermietung und Verpachtung abzuziehen, soweit das Darlehen zur Bezahlung des bei der Umschuldung realisierten Währungskursverlustes verwendet worden ist (BFH 12.3.2019 – IX R 36/17, DStR 2019, 1800). Schuldzinsen, die beim Erben eines Mietwohngrundstücks aufgrund Verbindlichkeiten aus Pflichtteilen oder Vermächtnissen anfallen, sind keine Werbungskosten (BFH 5.7.1990 – GrS 4-6/89, BStBl. II 1990, 847 (852)). Schuldzinsen für ein gescheitertes Bauvorhaben sind als vergebliche Werbungskosten abziehbar, wenn der Steuerpflichtige zur Finanzierung einer für die Vermietung bestimmten Eigentumswohnung ein Darlehen aufgenommen hat, jedoch der Abschluss des Bauträgervertrages wegen Mittellosigkeit des Bauträgers scheitert (BFH 5.11.2001 – IX B 92/01, BStBl. II 2004, 144) → Rn. 978 ff.

Schwarzarbeit

Zu Herstellungskosten gehören grundsätzlich auch Aufwendungen für Schwarzarbeit, soweit sie sich auf die Errichtung des Grundstücks bezieht. Allerdings werden nach § 160 AO Werbungskosten nicht berücksichtigt, wenn der Steuerpflichtige dem Verlangen der Finanzbehörde nicht nachkommt, die Gläubiger oder Empfänger von Zahlungen zu benennen. **1258**

Schwarzbau

Siehe Schwarzarbeit → Rn. 1258. **1259**

Schwimmbad

Aufwendungen für den Bau eines Schwimmbads gehören zu Herstellungskosten des Gebäudes. Kosten für die Unterhaltung eines Schwimmbads in einem Mietwohnhaus sind Werbungskosten. **1260**

Sickergrube

Die erstmalige Erstellung einer Sickergrube bildet Herstellungskosten des Gebäudes. Ein späterer Anschluss an die kommunale Versorgungsanlage führt zu Erhaltungsaufwand (BFH 13.9.1984 – IV R 101/82, BStBl. II 1985, 49). **1261**

Skonti

Skonti mindern die Anschaffungs- oder Herstellungskosten. **1262**

Sonder-AfA

Siehe Katastrophe → Rn. 1171. **1263**

Sondertilgung

Sondertilgung, die aufgrund einer Abrede im Kreditvertrag für den Fall eines gestiegenen Wechselkurses für Kursverluste bei einem Fremdwährungsdarlehen erfolgt, führt zu keinen Werbungskosten (BFH 22.9.2005 – IX R 44/03, BFH/NV 2006, 279). Siehe Kursverluste → Rn. 1176. **1264**

Spielkeller

Der Umbau eines Heizungskellerraums in einen Spielkeller kann Erhaltungsaufwand sein (dazu *Scharfenberg* DStR 1997, 473). Siehe Umbaumaßnahmen → Rn. 1293. **1265**

Spielplatz

Es gelten die Ausführungen zur Gartenanlage entsprechend, → Rn. 1124. **1266**

Standard

Zur Erhöhung des Standards. Siehe Funktionsfähigkeit → Rn. 1117. **1267**

Stellplatzablösezahlungen

Stellplatzablösezahlungen gehören zu Herstellungs- oder Anschaffungskosten, wenn sie im Zusammenhang mit der Errichtung einer baulichen Anlage oder dem Erwerb eines **1268** bebauten Grundstücks erhoben werden (→ Rn. 891). Hingegen handelt es sich um Werbungskosten, wenn sie durch eine Nutzungsänderung ausgelöst werden (BFH 6.4.1995 – VIII R 10/94, BFH/NV 1996, 22).

Steuerberatungskosten

1269 Steuerberatungskosten sind Werbungskosten, wenn sie im Zusammenhang mit der Ermittlung der Einkünfte aus Vermietung und Verpachtung entstehen (BFH 10.9.1965 – VI 173/65 U, BStBl. III 1965, 664; BFH 6.4.1995 – VIII R 10/94, BFH/NV 1996, 22).

Steuern

1270 Steuern sind Werbungskosten, wenn sie im Zusammenhang mit einem Vermietungs- und Verpachtungsobjekt anfallen. Dies ist insbesondere bei der Grundsteuer der Fall.

Strafen

1271 Strafen sind nicht abzugsfähig.

Straßenbaukosten

1272 Straßenbaukosten sind Erschließungskosten. Siehe Erschließungskosten → Rn. 1100.

Stromleitungen

Kosten für die Erneuerung oder Verstärkung eingebauter Stromleitungen sind Erhaltungsaufwand. Hingegen handelt es sich um Herstellungskosten bei Aufwendungen für die Verlegung von Leitungen oder die Erweiterung eines Stromnetzes.

Stundung

1273 Im Falle einer langfristigen zinslosen Stundung ist der Barwert als Anschaffungskosten ansetzbar (BFH 24.4.1991 – XI R 5/83, BStBl. II 1991, 793).

Stromversorgung

1274 Siehe Hausanschlusskosten → Rn. 1144.

1275–1279 *Einstweilen frei*

Tankanlage

1280 Wird ein Öltank aufgrund gesetzlicher Sicherheitsbestimmungen nachträglich mit Schutzhüllen und einem Leckanzeigegerät ausgestattet, ist Erhaltungsaufwand gegeben (BFH 16.7.1974 – VIII R 143/71, BStBl. II 1975, 193).

Tausch

1281 Besteht bei der Anschaffung eines Grundstücks die Gegenleistung in einem anderen Wirtschaftsgut (anstelle einer Geldzahlung), ist als Anschaffungskosten der gemeine Wert der Gegenleistung anzusetzen (BFH 18.7.1972 – VIII R 16/68, BStBl. II 1972, 884).

Teilherstellungskosten

1282 Teilherstellungskosten sind Aufwendungen, die zum Ende eines Wirtschaftsjahres, das vor Fertigstellung des Gebäudes endet, entstanden sind (BFH 15.11.1985 – III R 110/80, BStBl. II 1986, 367). Grundsätzlich kann AfA erst mit Fertigstellung des Gebäudes geltend gemacht werden (vgl. § 9a EStDV). Ausnahmefälle müssen gesetzlich geregelt sein (zB § 7d Abs. 5 EStG aF).

Teppich

Die Verlegung eines Teppichbodens anstelle des Abschleifens des vorhandenen Parketts führt zu Erhaltungsaufwendungen. 1283

Testamentsvollstrecker

Der Anteil des Honorars für einen Testamentsvollstrecker, der auf die Verwaltung der zum Nachlass gehörenden Grundstücke mit Miet- oder Pachteinnahmen entfällt, ist als Werbungskosten abzugsfähig (BFH 22.1.1980 – VIII R 47/77, BStBl. II 1980, 351). 1284

Tilgung

Höhere Tilgungsleistungen durch wechselkursbedingte Schwankungen von Fremdwährungsdarlehen stellen keine Werbungskosten bei den Einkünften aus Vermietung und Verpachtung dar (BFH 4.3.2016 – IX B 85/15, BFH/NV 2016, 917). 1285

Totalverschleiß

Ist ein Gebäude gänzlich verfallen oder im Laufe der Zeit insgesamt unbrauchbar geworden (sog. Totalverschleiß), führt die Instandsetzung zu Herstellungskosten des nunmehr neuen Wirtschaftsgutes (BFH 10.5.1995 – IX R 62/94, BStBl. II 1996, 639). 1286

Trennwand

Die Kosten für die Erstellung einer Trennwand zwischen zwei Wohnungen können Herstellungskosten sein, wenn sich dadurch eine Funktions- oder Nutzungsänderung ergibt (FG Münster 29.1.2015 – 12 K 3193/12 E, DStRE 2017, 391). 1287

Einstweilen frei **1288–1292**

Umbaumaßnahmen

Umbaumaßnahmen können Herstellungskosten verursachen. Wird zB ein Heizungskeller in einen nun als Wohnfläche nutzbaren Hobbyraum umgebaut, handelt es sich bei dem dadurch entstehenden Aufwand um nachträgliche Herstellungskosten (BFH 10.5.1995 – IX R 62/94, BStBl. II 1996, 639). 1293

Umsatzsteuer

Eine in Rechnung gestellte abzugsfähige Umsatzsteuer gehört nach § 9b Abs. 1 nicht zu den Anschaffungs- oder Herstellungskosten des Gebäudes. Dies ist der Fall, wenn der Eigentümer/Bauherr wirksam auf die Umsatzsteuerbefreiung verzichtet hat (§ 9 EStG iVm § 4 Nr. 12 Buchst. a UStG). Vom Finanzamt erstattete oder angerechnete Umsatzsteuer zählt zu Einnahmen aus Vermietung und Verpachtung. Wenn eine Option nach § 9 UStG nicht möglich ist, fehlschlägt oder unterbleibt, zählt die Umsatzsteuer zu den Anschaffungs- und Herstellungskosten. § 9b Abs. 1 findet keine Anwendung. Siehe Berichtigung des Vorsteuerabzugs → Rn. 1052. 1294

Umzäunung

Siehe Zaun → Rn. 1353. 1295

Umzugskosten

Umzugskosten die der Vermieter dem Mieter erstattet, um ihn zur Räumung der Wohnung zu veranlassen, sind als Werbungskosten abziehbar, wenn die Räumung im Zusammenhang mit der weiteren Erzielung von Einkünften aus Vermietung und Verpachtung steht. Siehe Abstandszahlungen → Rn. 1005. 1296

Unbebautes Grundstück

1297 Siehe Bauplatz → Rn. 1046.

Unterschlagung

1298 Siehe Diebstahl → Rn. 1075, Anzahlungen → Rn. 1018.

Untervermietung

1299 Die vom Untervermieter an den Eigentümer gezahlte Miete zählt beim Untervermieter zu den Werbungskosten (BFH 8.8.1969 – VI R 299/67, BStBl. II 1969, 683).

Untreue

1300 Siehe Anzahlungen → Rn. 1018.

Unvermietbare Immobilie

1301 Im Falle einer unvermietbaren Wohnung können grundsätzlich keine Werbungskosten geltend gemacht werden. Vorab entstandene Werbungskosten sind jedoch anzunehmen, wenn der Vermieter Renovierungsmaßnahmen tätigt, um die Wohnung in einen vermietbaren Zustand zu versetzen, auch wenn sich die Vermietung im Nachhinein nicht umsetzen lässt. Siehe Verlorener Aufwand → Rn. 1310.

1302–1306 *Einstweilen frei*

Verbindlichkeiten

1307 Eine Gegenleistung für eine Anschaffung einer Immobilie kann auch in der Übernahme von Verbindlichkeiten liegen. In diesem Fall gehört der Wert der übernommenen Verbindlichkeiten zu den Anschaffungskosten (BFH 31.5.1972 – I R 49/69, BStBl. II 1972, 696). Irrelevant ist, ob ein wirtschaftlicher Zusammenhang zwischen den Verbindlichkeiten und dem Grundstück besteht.

Vergebliche Werbungskosten

1308 → Rn. 978 ff.

Verkleidung der Außenwände

1309 Siehe Fassade → Rn. 1108.

Verlorener Aufwand

1310 Vorauszahlungen für die Anschaffung eines Wirtschaftsguts zur Erzielung von Einnahmen aus § 21 können als Werbungskosten geltend gemacht werden, auch wenn das Anschaffungsgeschäft nicht zustande gekommen ist und eine Rückzahlung nicht erlangt werden kann (BFH 28.6.2002 – IX R 51/01, BStBl. II 2002, 758).

Verlust

1311 Der Verlust aus einem Zins-Swap-Geschäft rechnet bei fehlendem wirtschaftlichen Zusammenhang zwischen Darlehensvertrag und Swapgeschäft nicht zu den Werbungskosten bei den Einkünften aus Vermietung und Verpachtung, sondern ist einem privaten Veräußerungsgeschäft iSd § 23 Abs. 1 S. 1 Nr. 3 zuzurechnen. Darlehensvertrag und Swapgeschäft sind keine wirtschaftliche Einheit, wenn das Swapgeschäft nicht der Absicherung des Kredits gegen Zinsänderungen dient, sondern der Kompensation von Kosten und Verlusten, die aus zuvor abgeschlossenen Geschäften bereits entstanden waren und noch zu erwarten sind (FG Köln 30.1.2019 – 7 K 2736/17, BeckRS 2019, 11347, rkr.). Siehe Diebstahl → Rn. 1075.

Vermessungskosten

Vermessungskosten sind Anschaffungskosten für Grund und Boden. 1312

Vermittlung

Siehe Maklerprovision → Rn. 1189. Siehe Vorgetäuschte Vermittlungsleistung → Rn. 964. 1313

Vermögensaufwendungen

Vermögensaufwendungen gehören nicht zu den Werbungskosten, die im Rahmen der Vermietungs- und Verpachtungseinkünfte Berücksichtigung finden können. Dazu zählen beispielsweise Kosten eines Prozesses um das Eigentum an einem Grundstück oder im Zusammenhang mit einem Erbfall, bei welchem das Grundstück in die Erbmasse fällt. Auch Aufwendungen im Zusammenhang mit der Veräußerung des Grundstücks sind steuerlich irrelevante private Vermögensaufwendungen. Irrelevant ist, ob mit dem Verkaufserlös erneut ein Vermietungs- oder Verpachtungsobjekt angeschafft oder hergestellt werden soll (Bordewin/Brandt/*Gänger* § 21 Rn. 106). Siehe Wertminderungen → Rn. 1342. 1314

Versicherung

Alle mit der Erzielung von Einnahmen aus dem Grundstück wirtschaftlich zusammenhängenden Beiträge für Sach- und Personenversicherungen sind Werbungskosten (zB Brand-, Glas-, Sturm-, Wasserschaden-, Öltank- oder Bauwesenversicherung). 1315

Versorgungsanlage

Ein Anschluss an die kommunale Versorgungsanlage führt zu Erhaltungsaufwand (BFH 13.9.1984 – IV R 101/82, BStBl. II 1985, 49). Siehe Erschließungskosten → Rn. 1100. 1316

Versorgungsleistungen

Bei einer Vermögensübertragung gegen Versorgungsleistungen im Generationenverbund liegt in der Regel kein Anschaffungsvorgang vor. Eine solche Vermögensübertragung setzt voraus, dass eine existenzsichernde Wirtschaftseinheit von Eltern an ihre Kinder übertragen wird. Versorgungsleistungen des Erwerbers können als dauernde Last im Rahmen des Sonderausgabenabzugs geltend gemacht werden (BFH 11.3.1992 – X R 141/88, BStBl. II 1992, 499). Bei einer Übertragung einer existenzsichernden Wirtschaftseinheit von Eltern an Kinder wird widerlegbar vermutet, dass die vereinbarten wiederkehrenden Leistungen unabhängig vom Wert des übertragenen Vermögens oder dessen Ertragskraft berechnet sind (BFH 11.3.1992 – X R 141/88, BStBl. II 1992, 499; Lademann EStG/*Claßen* § 21 Rn. 328/54). Diese Vermutung kann im Einzelfall widerlegt werden, wenn die Parteien von einer Gleichwertigkeit der Leistungen ausgegangen sind (BFH 3.6.1992 – X R 14/89, BStBl. II 1993, 23). 1317

Vertragsstrafe

Wenn eine Vertragsstrafe den Charakter eines pauschalen Schadensersatzes für eine mangelhafte Herstellungsleistung hat, mindern sich die Herstellungskosten. 1318

Veruntreuung

Verluste durch Veruntreuung von Mieteinnahmen durch den Hausverwalter sind Werbungskosten, die der Hauseigentümer im Jahr der Veruntreuung oder der Aufdeckung absetzen kann (*von Bornhaupt* FR 1982, 313 f.; LBP/*v. Reden* § 21 Rn. 251). Wirtschaftlich betrachtet sind sie eine unfreiwillige zusätzliche „Entlohnung“ des Hausverwalters. Verluste durch Veruntreuung durch einen Miteigentümer sind hingegen keine Werbungskosten (BFH 20.12.1994 – IX R 122/92, BStBl. II 1995, 534). Veruntreut ein Gesellschafter oder Gemeinschafter bei einer Personenmehrheit zugeflossene Einnahmen aus Vermietung und Verpach- 1319 tung, führt dies nicht zu Werbungskosten der anderen Gesellschafter im Rahmen der Einkünfte aus Vermietung und Verpachtung (BFH 20.12.1994 – IX R 122/94, BStBl. II 1995, 534).

Verwarnungsgelder

1320 Siehe Geldbußen → Rn. 1126.

Verwaltungskosten

1321 Kosten für Verwaltungsleistungen im Rahmen der Bauphase (insb. Baubetreuungskosten) sind Teil der Herstellungskosten. Verwaltungskosten während der Vermietungsphase (insbesondere für Hausmeister und Hausverwaltung) sind Werbungskosten. Auch Kosten, die dem Steuerpflichtigen selbst im Rahmen der Hausverwaltung entstanden sind, sind Werbungskosten (bspw. Telefonkosten, Aufwendungen für Büromaterial, Porto uÄ). Der Wert der eigenen Arbeitsleistung kann jedoch keine steuerliche Berücksichtigung finden. Eine Besonderheit ergibt sich bei einer Hausverwaltung durch einen Miteigentümer. Erhält dieser für die Hausverwaltung eine Vergütung, wird diese typischerweise dem Verwalter vorab ausgezahlt. Bei diesem handelt es sich um Einkünfte aus Vermietung und Verpachtung (BFH 18.11.1980 – VIII R 194/78, BStBl. II 1981, 510). Der danach verbleibende Anteil der Einkünfte aus Vermietung und Verpachtung auf Gesellschaftsebene wird an die Gesellschafter nach dem vereinbarten Gewinnverteilungsschlüssel ausgezahlt. Beruht die Vereinbarung über die Verwaltung ausnahmsweise nicht auf dem Gesellschaftsverhältnis, sondern einem eigenständigen (meist Dienst- oder Werk-)Vertrag, sind die anfallenden Verwaltungskosten auf Gesellschaftsebene als Werbungskosten abzuziehen. Beim Verwalter handelt es sich dann regelmäßig um Einkünfte aus freiberuflicher oder gewerblicher Tätigkeit (vgl. dazu Lademann EStG/*Claßen* § 21 Rn. 411/95).

Verzicht

1322 Wenn der Verkäufer aus privaten Gründen auf einen Teil des Kaufpreises verzichtet, mindern sich die Anschaffungskosten des Käufers (BFH 20.12.1990 – XI R 4/86, BFH/NV 1991, 384).

Verzicht auf Steuerbefreiung

1323 Siehe Umsatzsteuer → Rn. 1294.

Vollverschleiß

1324 Siehe Totalverschleiß → Rn. 1286.

Vorabentstandene Werbungskosten

1325 Vorabentstandene Werbungskosten sind abzugsfähig, wenn ein ausreichender wirtschaftlicher Zusammenhang zwischen der Aufwendung und der Vermietungstätigkeit besteht (BFH 13.1.2015 – IX R 46/13, BFH/NV 2015, 668; BFH 11.8.2010 – IX R 3/10, BStBl. II 2011, 166), → Rn. 961 ff.

Vorab gezahlte Erbbauzinsen

1326 Im Wege einer Einmalzahlung vorab gezahlte Erbbauzinsen sind in voller Höhe als Werbungskosten im Jahr der Zahlung abzugsfähig (BFH 23.9.2003 – IX R 65/02, BStBl. II 2005, 159). Siehe Finanzierungskosten → Rn. 1114.

Vorauszahlungen

1327 Wenn Werbungskosten nur zu Steuerersparniszwecken – ohne wirtschaftlichen Grund – im Voraus gezahlt werden, ist ein Gestaltungsmissbrauch iSd § 42 AO gegeben (BFH 29.10.1985 – IX R 107/82, BStBl. II 1986, 217). Vorauszahlungen, die keinen Zusammenhang mit einer Herstellungsleistung aufweisen, können als Werbungskosten Berücksichtigung finden. Voraussetzung ist, dass die Gegenleistung endgültig ausbleibt und eine Rückzahlung nicht zu erlangen ist ((BFH 4.7.1990 – GrS 1/89, BStBl. II 1990, 830 (835); BFH 31.3.1992 – IX R 164/87, BStBl. II 1992, 805; BFH 24.3.1987 – IX R 31/84, BFH/NV 1988, 23; KSM/*Drüen* § 21 Rn. B 368). Siehe Vorab gezahlte Erbbauzinsen → Rn. 1096.

Vorbehaltsnießbrauch

Beim Vorbehaltsnießbrauch geht das Eigentum auf einen Dritten über. Der bisherige Eigentümer behält sich jedoch gleichzeitig das Nießbrauchsrecht vor. Er wird als dinglich berechtigter Nießbraucher im Grundbuch eingetragen. Der frühere Eigentümer nutzt das Grundstück aufgrund seines vorbehaltenen Nießbrauchs. Zu den steuerlichen Folgen → Rn. 453 ff. **1328**

Vorfälligkeitsentschädigung

Wird ein zur Finanzierung eines vermieteten Grundstücks aufgenommenes Darlehen unter Zahlung einer Vorfälligkeitsentschädigung getilgt, das Grundstück jedoch weiterhin zur Vermietung genutzt, ist die Vorfälligkeitsentschädigung als Werbungskosten bei den Einkünften aus Vermietung und Verpachtung abziehbar (EStH 21.2 „Finanzierungskosten"). Eine Abzugsfähigkeit als Werbungskosten bei den Einkünften aus Vermietung und Verpachtung kommt ferner in Betracht, wenn sie im Zusammenhang mit dem Kauf eines neuen Mietwohngrundstücks anfällt (BFH 23.4.1996 – IX R 5/94, BStBl. II 1996, 595). Sie steht hingegen mit dem nichtsteuerbaren Vermögensbereich im Zusammenhang, wenn sie durch die Veräußerung einer mit dem Darlehen finanzierten Immobilie veranlasst ist (BFH 6.12.2005 – VIII R 34/04, BStBl. II 2006, 265; BFH 28.7.2004 – IX B 136/03, BFH/NV 2005, 43). Wenn eine Bank bei vorzeitiger Beendigung eines Darlehensvertrages die ihr zustehende Vorfälligkeitsentschädigung um den auf die Zeit nach Vertragsbeendigung entfallenden Teil des Disagios als Rechnungsposten abzieht, ist dies steuerlich ohne Auswirkung (BFH 19.2.2002 – IX R 36/98, BStBl. II 2003, 126). **1329**

Vorgetäuschte Vermittlungsleistung

→ Rn. 964. **1330**

Vorsteuer

Bei einer umsatzsteuerpflichtigen Vermietung (aufgrund Option nach § 9 UStG) sind gezahlte Vorsteuerbeträge auf Eingangsleistungen Werbungskosten. Siehe Umsatzsteuer → Rn. 1294, Berichtigung des Vorsteuerabzugs → Rn. 1052. **1331**

Vorweggenommene Werbungskosten

Siehe → Rn. 964. **1332**

Vorweggenommene Erbfolge

Siehe Erbauseinandersetzung → Rn. 1094. **1333**

Einstweilen frei **1334–1337**

Wasserenthärtungsanlage

Der Einbau einer Wasserenthärtungsanlage in das Warmwassersystem eines Wohngebäudes führt zu Herstellungskosten. **1338**

Wasserversorgung

Siehe Hausanschlusskosten → Rn. 1144. **1339**

Wärmeschutz

1340 Aufwendungen für eine zusätzliche Wärmeisolierung sind sofort abzugsfähiger Erhaltungsaufwand (*Mittelbach* DStZ/A 1977, 361).

Wärmeversorgung

1341 Siehe Hausanschlusskosten → Rn. 1144.

Wertminderungen

1342 Wertminderungen im Hinblick auf das zur Vermietung und Verpachtung eingesetzte Grundstück sind steuerlich irrelevant. Berücksichtigung kann diese nur über die AfA oder Sonder-AfA finden.

Wesensänderung

1343 Eine Wesensänderung ist bei einem vorhandenen Gebäude oder Gebäudeteil gegeben, wenn sich durch bauliche Maßnahmen dessen Funktion oder Nutzung, dh die Zweckbestimmung, ändert (BFH 23.11.2004 – IX R 59/03, BFH/NV 2005, 543). Entsprechende Aufwendungen führen zu Herstellungskosten.

Wiederkehrende Leistungen

1344 Siehe Ratenkauf → Rn. 1231, Dauernde Lasten → Rn. 1073.

Wintergarten

1345 Aufwendungen für die nachträgliche Errichtung eines Wintergartens führen zu Herstellungskosten (BFH 13.10.1998 – IX R 80/95, BFH/NV 1999, 605).

Wohnfläche

1346 Wird ein Heizungskeller in einen nun als Wohnfläche nutzbaren Hobbyraum umgebaut, handelt es sich bei entsprechendem Aufwand um nachträgliche Herstellungskosten (BFH 10.5.1995 – IX R 62/94, BStBl. II 1996, 639). Eine vom Vertrag abweichende kleinere Wohnfläche ist ein Baumangel. Siehe Baumangel → Rn. 1044.

Wohnrecht

1347 Räumt der Erwerber eines Grundstücks dem Veräußerer ein dingliches Wohnrecht am Gebäude oder an Teilen des Gebäudes ein, ist darin keine Gegenleistung für die Eigentumsübertragung zu sehen. Der Wert des Wohnrechts ist daher den Anschaffungskosten für das Grundstück nicht hinzuzurechnen (BFH 28.7.1981 – VIII R 124/76, BStBl. II 1982, 378). Der kapitalisierte Wert des dinglichen Wohnrechts reduziert den Wert des Grundstücks bei der Übertragung. Wenn ein Eigentümer aufgrund einer schuldrechtlichen Vereinbarung mit dem Wohnberechtigten gegen Entgelt vereinbart, dass dieser sein Wohnrecht nicht ausübt, um das Grundstück zur Einkünfteerzielung zu vermieten, liegen Werbungskosten vor (BFH 11.12.2012 – IX R 28/12, BFH/NV 2013, 914).

1348–1352 *Einstweilen frei*

Zaun

1353 Aufwendungen für eine Umzäunung des Grundstücks rechnen zu Gebäudekosten.

Zinsanteil

1354 Siehe Dauernde Lasten → Rn. 1073.

Zinsen

Erzielt eine vermögensverwaltende Personengesellschaft (geschlossener Immobilienfonds, → Rn. 262 f.) durch das Anlegen von Überschüssen aus Vermietung und Verpachtung Zinsen, sind diese Kapitalerträge nur dann den Einkünften aus Kapitalvermögen zuzuordnen, wenn der Schwerpunkt der wirtschaftlichen Veranlassung der Geldanlage für die Erzielung von Einkünften aus Kapitalvermögen spricht, → Rn. 1497. 1355

Zins-Swap-Geschäft

Aufgrund von Swap-Geschäften geleistete Zinsausgleichszahlungen sind nicht als nachträgliche Werbungskosten aus Vermietung und Verpachtung anzuerkennen, wenn das Mietobjekt veräußert und das Immobiliendarlehen abgelöst wurde (FG Münster 20.2.2019 – 7 K 1746/16 F, BeckRS 2019, 6440, rkr.). Siehe Verlust → Rn. 1311. 1356

Zugangsweg

Kosten für einen Zugangsweg auf dem Grundstück sind Gebäudekosten. 1357

Zugewinnausgleich

Beteiligt ein geschiedener Ehegatte den anderen Ehegatten an seinen Grundstückserträgen im Rahmen des Zugewinnausgleichs, können entsprechende Aufwendungen nicht als Werbungskosten aus Vermietung und Verpachtung geltend gemacht werden (BFH 11.5.1993 – IX R 25/89, BStBl. II 1993, 751). 1358

Zuschüsse

Zuschüsse können entweder Einnahmen sein oder zu einer Minderung der Herstellungskosten führen (KSM/*Drüen* § 21 Rn. B 328). 1359

Zuwendungsnießbrauch

Beim Zuwendungsnießbrauch bestellt der Eigentümer einem Dritten den Nießbrauch, wobei das Eigentumsrecht des bisherigen Eigentümers unberührt bleibt. Das Grundstück wird sodann vom Nießbraucher anstelle des Eigentümers für Vermietungs- und Verpachtungszwecke genutzt. Zu den steuerlichen Folgen → Rn. 425 ff. 1360

Zwangsräumung/Zwangsversteigerung

Aufwendungen für eine Zwangsräumung eines besetzten unbebauten Grundstücks sind Herstellungs- oder Anschaffungskosten (BFH 18.5.2004 – IX R 57/01, BStBl. II 2004, 872). Bei dem Erwerb eines Grundstücks durch Zuschlag im Zwangsversteigerungsverfahren gehört das Bargebot des Ersteigerers zu den Anschaffungskosten. Außerdem gehören zu den Anschaffungskosten auch die Belastungen des Grundstücks, die zu entrichtende Grunderwerbsteuer sowie auch die ggf. zu tragenden Gerichtskosten. 1361

Zweckentfremdungsgenehmigung

Aufwendungen, die gezahlt werden, um die Genehmigung zu bekommen, Räume zu anderen als Wohnzwecken vermieten zu dürfen, sind als Werbungskosten anerkannt (BFH 24.10.1979 – VIII R 92/77, BStBl. II 1980, 187). 1362

Zweitwohnungssteuer

Zweitwohnungssteuer, die vom Vermieter gezahlt wird, rechnet bei gemischt genutzten Ferienwohnungen nach der Rechtsprechung zeitanteilig zu Werbungskosten (BFH 15.10.2002 – IX R 58/01, BStBl. II 2003, 287; → Rn. 954). 1363

VI. Sinngemäße Anwendung der §§ 15a und 15b nach § 21 Abs. 1 S. 2

1364 Nach § 21 Abs. 1 S. 2 sind § 15a und § 15b sinngemäß anzuwenden, damit eine **vermögensverwaltende und eine gewerbliche Betätigung möglichst gleich behandelt** werden. Der Gesetzgeber hat bislang darauf verzichtet, Einzelheiten der sinngemäßen Anwendung näher, spezifisch auf Vermietungs- und Verpachtungseinkünfte zugeschnitten, zu regeln. Dies hätte nahegelegen, weil die Einkünfte aus Vermietung und Verpachtung nicht durch Betriebsvermögensvergleich ermittelt werden, welcher jedoch im Rahmen der Anwendung der §§ 15a und 15b vorausgesetzt wird. Mangels Betriebsvermögens gibt es bei der Erzielung von Einkünften aus Vermietung und Verpachtung kein Kapitalkonto. Es ist daher vom Gesetzgeber offen gelassen, was die konkrete Bezugsgröße ist, an der die Verlustausgleichsmöglichkeit zu messen ist (Lademann EStG/*Claßen* § 21 Rn. 416). Dies führt zu einer **Rechtsunsicherheit und Rechtsunklarheit,** die verfassungsrechtlich problematisch ist. Im Ergebnis ist die Regelung jedoch als noch im Rahmen des gesetzgeberischen Gestaltungsspielraums zu sehen, weil eine „Uminterpretierung" (→ Rn. 1371 ff.) nicht gänzlich unmöglich ist.

1365 Die Anordnung der sinngemäßen Anwendung von §§ 15a, 15b in § 21 Abs. 1 S. 2 bewirkt das Eingreifen der Ausgleichs- und Abzugsbeschränkungen dieser Regelungen. Die allgemeinen Regelungen über den Verlustausgleich in § 2 Abs. 3 und über den Verlustabzug in § 10d werden abgewandelt (KSM/*Drüen* § 21 Rn. B 254).

1366–1368 *Einstweilen frei*

1. Sinngemäße Anwendung des § 15a

1369 Die Anwendung von § 21 Abs. 1 S. 2 iVm § 15a erfordert tatbestandlich eine Gesellschaft mit Einkünfteerzielungsabsicht, bei welcher § 15a nicht unmittelbar gilt. Es darf sich daher nicht um eine gewerblich geprägte KG iSv. § 15 Abs. 3 Nr. 2 handeln. Nach § 15a Abs. 1 S. 1 darf der einem Kommanditisten zuzurechnende Anteil am Verlust einer KG weder mit anderen Einkünften aus Gewerbebetrieb noch mit Einkünften aus anderen Einkunftsarten ausgeglichen werden, soweit ein negatives Kapitalkonto des Kommanditisten entsteht oder sich erhöht. Der Verlust darf auch nicht gemäß § 10d Berücksichtigung finden.

1370 § 15a bezweckt es sicherzustellen, dass Werbungskostenüberschüsse aus einer Beteiligung an einer vermögensverwaltenden KG (mit Einkünften aus Vermietung und Verpachtung) hinsichtlich ihrer Ausgleichs- und Abzugsfähigkeit so behandelt werden, wie Verluste aus einer Beteiligung an einer gewerblich tätigen KG (BT-Drs. 8/4157 und BT-Drs. 8/3649). Zu diesem Zweck sollen über die tatsächlich geleistete Einlage hinausgehende **Verluste erst mit künftig anfallenden Überschüssen verrechnet** werden dürfen.

1371 Die in § 15a verwendeten **Begriffe sind umzuinterpretieren.** Statt „Verlust" muss es „Werbungskostenüberschuss" heißen. Das Ausgleichsverbot in § 15a betrifft in sinngemäßer Anwendung ferner „Einkünfte aus Vermietung und Verpachtung und aus anderen Einkunftsarten" (Blümich/*Heuermann* § 21 Rn. 479; HHR/*Pfirrmann* § 21 Rn. 176).

1372 § 15a setzt einen **Betriebsvermögensvergleich** voraus (beispielsweise ersichtlich aus der Begriffsverwendung „Entnahme", „Einlage", „negatives Kapitalkonto" und „Sonderbetriebsvermögen"). Da es im Bereich der Vermietungs- und Verpachtungs-Einkünfte kein negatives Kapitalkonto geben kann, muss für Zwecke der Ermittlung der durch die sinngemäße Anwendung des § 15a vorgegebenen Grenze ein **fiktives steuerliches Kapitalkonto** geführt werden (*Heuermann* StuW 1989, 106 f.; HHR/*Pfirrmann* § 21 Rn. 176; Blümich/*Heuermann* § 21 Rn. 480; Schmidt/*Kulosa* § 21 Rn. 111), welches so weitgehend wie möglich den zu § 15a entwickelten Grundsätzen entspricht (Kirchhof/*Mellinghoff* § 21 Rn. 65; Blümich/*Heuermann* § 21 Rn. 481).

1373 Die **tatsächlich geleisteten Einlagen** jedes Gesellschafters bilden den Ausgangspunkt für die Ermittlung des Ausgleichsvolumens. Maßgeblich ist, dass entweder die Aktiva erhöht oder die Passiva des Unternehmens vermindert wurden. Eine Einlage ist erst geleistet, wenn sie der Gesellschaft zur Verfügung steht (BFH 11.12.1990 – VIII R 8/87, BFH/NV 1991, 378), dh regelmäßig dann, wenn der Betrag auf dem Konto der Gesellschaft eingeht. Soweit es sich um einen entgeltlichen Erwerb eines Kommanditanteils handelt, ist der **tatsächlich gezahlte Betrag** anzusetzen (OFD Berlin 11.2.1998, FR 1998, 703). Die **Übernahme von Verbindlichkeiten** gegenüber Drittgläubigern ist steuerrechtlich erst dann Einlage, wenn sie zivilrechtlich voll wirksam ist (BFH 16.10.2007 – VIII R 21/06, BStBl. II 2008, 126).

Besteht **nur die Verpflichtung** eines Kommanditisten **zur Leistung einer Einlage,** wurde diese aber tatsächlich noch nicht erbracht, darf diese dem fiktiven Kapitalkonto nicht hinzugerechnet werden. Dies gilt auch, wenn die KG bereits eine Forderung in der Handelsbilanz ausgewiesen hat (Lademann EStG/*Claßen* § 21 Rn. 425). **1373.1**

Die **Einlagen** sind sodann um spätere Einlagen sowie um positive Einkünfte aus den Vorjahren **zu erhöhen** und um die Entnahmen und negativen Einkünfte der Vorjahre **zu vermindern.** **1374**

Sonder-Einnahmen oder Sonder-Werbungskosten eines Gesellschafters, beispielsweise Zinsen für die Finanzierung einer Kommanditeinlage, unterliegen nicht der Ausgleichs- und Abzugsbeschränkung des § 15a (Kirchhof/*Mellinghoff* § 21 Rn. 66; HHR/*Pfirrmann* § 21 Rn. 177). **1375**

§ 15a Abs. 1 S. 2 und 3 bewirken in sinngemäßer Anwendung im Rahmen von § 21 für den Fall, dass der Kommanditist den Gesellschaftsgläubigern aufgrund des § 171 Abs. 1 HGB haftet, dass Verluste bei Vorhandensein eines negativen Kapitalkontos auch insoweit ausgeglichen werden können, als die **im Handelsregister eingetragene Einlage die tatsächlich geleistete Einlage übersteigt** (HHR/*Pfirrmann* § 21 Rn. 178). **1376**

Dies gilt hingegen nicht, wenn der Steuerpflichtige (zB bei einem Treuhandverhältnis) nicht im Handelsregister eingetragen ist. **1376.1**

Voraussetzung für den erweiterten Verlustausgleich ist ferner, dass das Bestehen der Haftung nachgewiesen ist und eine Vermögensminderung aufgrund der Haftung nicht durch Vertrag ausgeschlossen ist oder aus anderen Gründen unwahrscheinlich ist (Lademann EStG/*Claßen* § 21 Rn. 432). **1376.2**

Der erweiterte Verlustausgleich ist nicht möglich, wenn sich die Haftung des Kommanditisten aus § 172 Abs. 2 HGB oder einer Bürgschaftsübernahme ergibt (BFH 28.5.1993 – VIII B 11/92, BStBl. II 1993, 665). **1376.3**

Übersteigen die Werbungskostenüberschüsse das so ermittelte Ausgleichsvolumen, kommt § 15a sinngemäß wie folgt zur Anwendung: Der anteilige Werbungskostenüberschuss eines beschränkt haftenden Gesellschafters aus seiner Beteiligung an einer Personengesellschaft kann mit Einkünften aus Vermietung und Verpachtung **nur noch insoweit mit anderen positiven Einkünften ausgeglichen** oder von diesen nach § 10d abgezogen werden, als er das ermittelte Ausgleichsvolumen nicht übersteigt. **1377**

Die nach § 15a Abs. 1 S. 1 nicht ausgleichsfähigen Werbungskostenüberschüsse mindern entsprechend § 15a Abs. 2 positive Einkünfte aus Vermietung und Verpachtung **in späteren Veranlagungszeiträumen** (Kirchhof/*Mellinghoff* § 21 Rn. 66; Blümich/*Heuermann* § 21 Rn. 492; BFH 17.12.1992 – IX R 7/91, BStBl. II 1994, 492, → § 15a Rn. 143). Gewinn iSd § 15a Abs. 2 ist der auf den Kommanditisten entfallende Anteil am Überschuss der Mieteinnahmen über die Werbungskosten. Eine Verrechnung ist nur mit Einkünften aus § 21 möglich. Daher spielen Anteile eines Kommanditisten an Gewinnen aus § 23 keine Rolle (KSM/*Drüen* § 21 Rn. 261). **1378**

§ 15a Abs. 3 soll verhindern, dass durch eine vorübergehende Veränderung des Kapitalkontos die Begrenzungsfunktion des § 15a Abs. 1 unterlaufen wird (KSM/*Drüen* § 21 Rn. B 262). Daher enthält § 15a Abs. 3 verschiedene Tatbestände der Gewinnzurechnung bei **Einlageminderung und Haftungsminderung.** Entsteht ein negatives Ausgleichsvolumen durch Entnahmen der Kommanditisten oder Einlagerückzahlungen, bewirkt § 15a Abs. 3 S. 1 in sinngemäßer Anwendung, dass der Betrag der Einlageminderung als positive Einkünfte aus § 21 zuzurechnen ist (fiktiver Gewinn) (Kirchhof/*Mellinghoff* § 21 Rn. 67; Blümich/*Heuermann* § 21 Rn. 494; HHR/*Pfirrmann* § 21 Rn. 181). Voraussetzung ist, dass die Entnahmen nicht zu einer erweiterten Haftung iSd § 15a Abs. 1 S. 2 führen. Ferner soll vermieden werden, dass Kommanditisten vor Verlusteintritt kurzfristig hohe Einlagen tätigen, um die Anwendung des § 15a Abs. 1 auszuschließen. Die fiktive Gewinnzurechnung ist nach § 15a Abs. 3 S. 2 auf den Betrag der in den letzten elf Jahren ausgleichsfähigen Verluste beschränkt. Nach § 15a Abs. 3 S. 3 erfolgt eine weitere fiktive Gewinnzurechnung, wenn ein Haftungsbetrag iSd § 15a Abs. 1 S. 2 gemindert wird und in den letzten elf Jahren Verluste nach § 15a Abs. 1 S. 2 nicht ausgleichsfähig waren (im Einzelnen → § 15a Rn. 149). **1379**

1380 § 15a Abs. 4 sieht die **gesonderte Feststellung** verrechenbarer Verluste nach § 15a Abs. 2 vor (→ § 15a Rn. 156). In sinngemäßer Anwendung des § 15a Abs. 4 ist der nicht ausgleichsfähige Werbungskostenüberschuss des Kommanditisten, vermindert um die abgezogenen Einnahmenüberschüsse (sinngemäße Anwendung des § 15a Abs. 2), vermehrt um die als Überschüsse behandelten Einlagen- und Haftungsminderungen (§ 15a Abs. 3 sinngemäß) jährlich gesondert festzustellen. Zuständig ist gemäß § 15a Abs. 4 S. 3 das Finanzamt, das die Einkünfte einheitlich und gesondert feststellt (Lademann EStG/*Claßen* § 21 Rn. 447). Durch diese gesonderte Feststellung soll verhindert werden, dass Jahre später über die Höhe gestritten wird (KSM/*Drüen* § 21 Rn. B 263). Aus § 179 Abs. 1 AO folgt, dass die allgemeinen Vorschriften für die einheitliche und gesonderte Gewinnfeststellung auch im Rahmen des § 15a Abs. 4 gelten. Der Bescheid über die Einkünftefeststellung ist Grundlagenbescheid für den Bescheid über den verrechenbaren Verlust (KSM/*Drüen* § 21 Rn. B 263).

1381 Schließlich regelt § 15a Abs. 5, dass die voranstehenden Absätze auch bei negativen Einkünften aus Vermietung und Verpachtung in sinngemäßer Anwendung gelten, die aus der **Beteiligung an anderen Rechtsformen** erzielt werden, sofern sie **haftungsmäßig vergleichbar** einer KG sind (BT-Drs. 8/3648, 17). Die Regelung dient der Gleichmäßigkeit der Besteuerung (KSM/*Drüen* § 21 Rn. B 264). Es sollen nicht nur Kommanditisten, sondern auch andere Steuerpflichtige einer Verlustabzugsbeschränkung unterliegen. Vergleichbarkeit iSd § 15a Abs. 5 setzt aber zumindest zwei getrennte Vermögensmassen voraus (KSM/*Drüen* § 21 Rn. B 264). Vgl. zu den einzelnen Gesellschaftsformen im Hinblick auf die Vergleichbarkeit mit einer KG, → § 15a Rn. 203.

1382 Eine haftungsmäßige Vergleichbarkeit ist zB bei **Bauherrengemeinschaften** regelmäßig nicht gegeben, weil eine unbeschränkte Haftung modelltypisch ist (Blümich/*Heuermann* § 21 Rn. 507). Bei einer GbR kommt die sinngemäße Anwendung des § 15a dann in Betracht, wenn die Haftungsinanspruchnahme der Gesellschafter vertraglich ausgeschlossen oder nach Art und Weise des Geschäftsbetriebs unwahrscheinlich ist (BFH 14.5.1991 – VIII R 111/86, BStBl. II 1992, 164). Für Personengesellschaften mit Sitz im Ausland kommt es nach § 21 Abs. 1 S. 2 iVm § 15a Abs. 5 Nr. 3 ebenfalls auf die haftungsmäßige Vergleichbarkeit an. Daneben ist § 2a anwendbar.

1382.1 In erster Linie betrifft § 15a Abs. 5 Gesellschafter einer ausländischen Personengesellschaft mit Haftungsbeschränkung, wobei der Anwendungsbereich für Einkünfte aus Vermietung und Verpachtung durch die Verlustausgleichsbeschränkung in § 2a Abs. 1 S. 1 Nr. 6 Buchst. a eingeschränkt ist.

1383–1385 *Einstweilen frei*

2. Singgemäße Anwendung des § 15b

1386 **§ 15b ist ebenfalls sinngemäß** anzuwenden. Der Gesetzgeber begegnete früheren **Steuerstundungsmodellen,** wonach ein „Bauherr" (als Beteiligter eines Steuerstundungsmodells, → Rn. 261 ff.), der unter Inanspruchnahme eines Architekten und Bauhandwerkern ein Mietobjekt erstellt, im Ausgleich seiner Verluste nicht beschränkt war.

1387 § 15b bewirkt, dass anfallende Verluste aus entsprechenden Beteiligungen nur mit späteren positiven Einkünften aus derselben Quelle zur Verrechnung zugelassen sind (BT-Drs. 16/254, 1). Neben gewerblichen Steuerstundungsmodellen sollen auch Verluste aus Vermietung und Verpachtung (insb. bei **geschlossenen Immobilienfonds** (→ Rn. 262 f.)) kraft Verweisung in § 21 Abs. 1 S. 2 auf § 15b erfasst sein. Dies bezweckt neben der Vermeidung von Umgehungsgestaltungen auch eine Gleichbehandlung der Einkunftsarten (Kirchhof/*Mellinghoff* § 21 Rn. 70).

1387.1 Aus den Gesetzgebungsmaterialien ergibt sich, dass Bauträgergesellschaften nicht erfasst sind, bei denen ein Bauträger ein Objekt in einem Sanierungsgebiet oder ein Denkmal saniert, wofür erhöhte Absetzungen geltend gemacht werden können (BT-Drs. 16/107, 1 (7)). Regelmäßig liege keine modellhafte Gestaltungsabsicht vor. Dies gilt va dann, wenn vor Beginn der Bauarbeiten Grundstücke oder Wohnungen an Erwerber außerhalb eines Fonds veräußert werden.

1388 § 15b Abs. 2 **definiert Steuerstundungsmodelle,** die gegeben sind, wenn aufgrund einer modellhaften Gestaltung steuerliche Vorteile in Form negativer Einkünfte erzielt werden sollen. Im Wege eines **vorgefertigten Konzepts** wird bei derartigen Modellen dem

Steuerpflichtigen die Möglichkeit der Verlustverrechnung aufgezeigt, damit ein positiver steuerlicher Effekt erzielt wird.

Die sinngemäße Anwendung des § 15b betrifft Steuerstundungsmodelle, denen der Steuerpflichtige **nach dem 10.11.2005 beigetreten** ist oder für die nach diesem Tag mit dem Außenvertrieb begonnen wurde. 1389

Nach § 15b Abs. 3 kommt die Regelung jedoch nur zur Anwendung, wenn das Verhältnis der prognostizierten Verluste zum aufzubringenden Eigenkapital 10 Prozent übersteigt (**Bagatellgrenze**). 1390

Die sinngemäße Anwendung des § 15b Abs. 1 bei Einkünften aus Vermietung und Verpachtung bewirkt – vorausgesetzt die Bagatellgrenze gemäß § 15b Abs. 3 ist überschritten – dass sowohl der innerperiodische **horizontale Verlustausgleich** mit den übrigen Einkünften aus Vermietung und Verpachtung als auch der **vertikale Verlustausgleich** mit Einkünften aus anderen Einkunftsarten als auch der **überperiodische Verlustausgleich** nach § 10d nicht in Betracht kommen (Kirchhof/*Mellinghoff* § 21 Rn. 71). Folglich ist nur eine Verrechnung von Verlusten mit Gewinnen aus derselben Einkunftsquelle (gemeint ist das konkrete Vermietungs- und Verpachtungsobjekt) in den folgenden Wirtschaftsjahren zugelassen. § 15b Abs. 1 S. 3 regelt den Vorrang von § 15b vor § 15a. 1391

§ 15b Abs. 4 ordnet eine **gesonderte Feststellung** der nicht ausgleichsfähigen Verluste an und regelt das Verfahren. 1392

Einstweilen frei **1393–1395**

VII. Verbilligte Überlassung zu Wohnzwecken (§ 21 Abs. 2)

§ 21 Abs. 2 bestimmt, dass die Nutzungsüberlassung einer Wohnung **zu Wohnzwecken** in einen entgeltlichen und einen unentgeltlichen Anteil aufzuteilen ist, wenn das für die Überlassung der Wohnung entrichtete Entgelt **unterhalb eines bestimmten Schwellenwertes** liegt. Während dieser Wert zunächst bei 50 Prozent der ortsüblichen Marktmiete lag, wurde er 2004 auf 56 Prozent erhöht. Seit 2012 beträgt er 66 Prozent. 1396

Der Gesetzgeber hat diesen Grenzwert im Rahmen seines gesetzgeberischen Gestaltungsermessens gewählt. Er ist verfassungsrechtlich unbedenklich. Er spiegelt den Mittelwert der früheren Rechtsprechung wider, wonach die Grenzwerte bei 56 Prozent und 75 Prozent lagen (→ Rn. 1432). Die neue Rechtslage bewirkt eine **vereinfachte Rechtsanwendung** und dient der Rechtssicherheit. Die früher notwendige Einteilung in drei Gruppen – je nach Höhe des vereinbarten Entgelts – und die daraus resultierende unterschiedliche steuerliche Handhabung (Aufteilung der Werbungskosten, Überschussprognose für die Totalperiode oder voller Abzug der Werbungskosten) ist nunmehr nicht mehr erforderlich. Der Gesetzgeber begegnete den unter der Vorgängerregelung häufig vorgekommenen Rechtsstreitigkeiten, va im Bereich der Feststellung der Einkünfteerzielungsabsicht (BT-Drs. 17/5125, 38). Allerdings wird die Masse der unter Fremden abgeschlossenen Verträge durch § 21 Abs. 2 nicht berührt (BT-Drs 10/3633, 17), weil der Schwellenwert von 66 Prozent überschritten wird. Mit anderen Worten betrifft § 21 Abs. 2 faktisch **hauptsächlich Verträge zwischen nahen Angehörigen** (→ Rn. 478 ff.). 1397

Die Motive für die verbilligte Überlassung sind unbeachtlich (BFH 5.11.2002 – IX R 48/01, BStBl. II 2003, 646). 1398

Nach der Neuregelung gilt: Beträgt das Entgelt bei Überlassung einer Wohnung **weniger als 66 Prozent** der ortsüblichen Miete, so ist die Nutzungsüberlassung in einen entgeltlichen und einen unentgeltlichen Teil aufzuteilen. **Ab einem Entgelt von 66 Prozent** der ortsüblichen Miete gilt die Nutzungsüberlassung als entgeltlich (vgl. § 21 Abs. 2 S. 2). Eine Überschussprognose zur Feststellung der Einkünfteerzielungsabsicht ist seit der Gesetzesänderung nicht mehr erforderlich (BT-Drs. 17/5125, 38, *Heuermann* DStR 2011, 2082 (2084)). Eine Kürzung der Werbungskosten kommt nicht in Betracht. 1399

Die Anwendung des § 21 Abs. 2 setzt tatbestandlich voraus, dass die überlassenen Räumlichkeiten Wohnzwecken (→ Rn. 1405 ff.) dienen und das Entgelt im Vergleich zur ortsüblichen Miete geringer ist (→ Rn. 1412 ff.). § 21 Abs. 2 ist tatbestandlich **nicht auf Mietverhältnisse zwischen nahen Angehörigen beschränkt** (BFH 28.1.1997 – IX R 88/94, BStBl. II 1997, 605), sondern bezweckt eine Steuervereinfachung für **alle Konstellationen,** in denen eine Wohnung verbilligt überlassen wird (Kirchhof/*Mellinghoff* § 21 Rn. 76). 1400

1401 Die **Einkünfteerzielungsabsicht** (→ Rn. 232 ff.) ist nur zu prüfen, wenn besondere Umstände neben die verbilligte Wohnungsüberlassung treten (Blümich/*Heuermann* § 21 Rn. 543), sog. atypische Fallkonstellationen (→ Rn. 246 ff.).

1402–1404 *Einstweilen frei*

1. Wohnzweck

1405 § 21 Abs. 2 betrifft nur Immobilien, die zu Wohnzwecken überlassen werden. Wohnung in diesem Sinne ist eine Zusammenfassung von nicht notwendig abgeschlossenen Räumen, die das **Führen eines selbständigen Haushalts** ermöglicht (BFH 3.2.1998 – IX R 51/96, BFH/NV 1998, 848; BFH 27.10.2005 – IX R 3/05, BFH/NV 2006, 525). Dazu gehört regelmäßig eine Küche, mindestens eine Kochnische, sowie ein mindestens zur Mitbenutzung zur Verfügung stehendes Bad (BFH 7.12.1982 – VIII 166/80, BStBl. II 1983, 660; BFH 23.8.1993 – IX R 151/89, BFH/NV 1994, 537; KSM/*Drüen* § 21 Rn. C 2). Eine selbständige Wohnung liegt nach der Verkehrsauffassung nur bei solchen Räumen vor, die gegenüber anderen Wohnräumen in ein- und demselben Haus baulich abgeschlossen sind. Teilweise wird auch ein selbständiger Zugang verlangt (BFH 22.6.1979 – III R 17/77, BStBl. II 1980, 175).

1406 Entscheidend dürften für die Gesamtbetrachtung jedoch nicht die äußeren Gegebenheiten sein. Vielmehr sollte vorrangig die **Funktionsfähigkeit des Vermietungsgegenstandes** maßgeblich sein. Ist bei objektiver Betrachtung das Führen eines selbständigen Haushalts in der überlassenen Mietsache möglich, liegt eine Wohnung iSd § 21 Abs. 2 vor. Es kommt dann auch nicht darauf an, ob im Einzelfall in der überlassenen Wohnung tatsächlich ein Haushalt geführt wird (Lademann EStG/*Claßen* § 21 Rn. 207; BFH 25.7.1980 – III R 46/78, BStBl. II 1981, 152).

1406.1 Nach früherer Rechtsprechung wurde eine Mindestgröße von 23 qm vorausgesetzt (BFH 20.6.1985 – III R 71/83, BStBl. II 1985, 582). Richtig ist es jedoch, nach den Umständen des Einzelfalls zu beurteilen, ob der überlassene Raum einem Wohnzweck dient.

1406.2 Sind die Voraussetzungen einer Wohnung iSd § 21 Abs. 2 erfüllt, gehören grundsätzlich auch Hof-, Garten- oder Parkanlagen, die in einem räumlichen Zusammenhang mit der Wohnung stehen, zur Wohnung (Lademann EStG/*Claßen* § 21 Rn. 209); es kann sich bei Hof-, Garten- oder Parkanlagen aber auch um selbständige Wirtschaftsgüter handeln.

1407 Gebäude, die nicht Wohnzwecken dienen, bspw. ein **Bootshaus** oder eine **Jagdhütte,** sind keine Wohnungen iSd § 21 Abs. 2 (Lademann EStG/*Claßen* § 21 Rn. 208).

1408 Bei **Objekten, die nicht zu Wohnzwecken genutzt werden,** ist der Werbungskostenabzug bei einer (aus privaten Gründen) verbilligten Überlassung anteilig zu kürzen. § 21 Abs. 2 findet keine Anwendung. Auf den Schwellenwert in § 21 Abs. 2 kommt es nicht an (BFH 14.1.1998 – X R 57/95, BFHE 185, 230; Schmidt/*Kulosa* § 21 Rn. 122).

1408.1 Bei einer Überlassung eines Vermietungsobjekts zu gewerblichen Zwecken, ist die Anwendung des § 21 Abs. 2 ausgeschlossen. Ein Werbungskostenabzug ist daher nur im Verhältnis der vereinbarten Miete zur ortsüblichen Miete zulässig (OFD Rheinland 18.12.2009, DStR 2010, 651; KSM/*Drüen* § 21 Rn. C 12). Liegt der Mietpreis beispielsweise bei 70 Prozent der ortsüblichen Marktmiete, können nur 70 Prozent der Werbungskosten steuerlich geltend gemacht werden.

1409–1411 *Einstweilen frei*

2. Verbilligte Überlassung

1412 Um das Kriterium der verbilligten Überlassung zu beurteilen, ist die **ortsübliche Miete** zu ermitteln. Sie richtet sich nach der Lage in einem bestimmten Stadtteil, der Größe und der Miete für vergleichbare Wohnungen. Hierbei kann auf den allgemeinen **Mietspiegel** oder auf **Sachverständigengutachten** zurückgegriffen werden (BFH 25.11.1997 – IX R 8/95, BFH/NV 1998, 832). Zu Gunsten des Steuerpflichtigen ist der jeweils günstigste Mietpreis im Mietspiegel maßgeblich (BFH 17.8.2005 – IX R 10/05, BStBl. II 2006, 71; 11.9.2007 – IX B 4/07, BFH/NV 2007, 2291; 27.12.2010 – IX B 107/10, BeckRS 2011, 95389; BayLfSt 25.1.2008, DStR 2008, 406).

Es ist auf den überregionalen Wohnungsmarkt abzustellen, wenn in der näheren Umgebung nicht genügend vergleichbare Wohnungen vorhanden sind (BFH 10.8.1972 – VIII R 82/71, BStBl. II 1972, 883; BFH 11.10.1977 – VIII R 20/75, BStBl. II 1977, 860). 1412.1

Kann aufgrund eines Bevölkerungsrückgangs eine im Mietspiegel angegebene Marktmiete nicht mehr auf dem Markt erzielt werden, ist der Mietspiegel nicht mehr als maßgeblich anzusehen (*Heuermann* DB 2003, 112; (KSM/*Drüen* § 21 Rn. C 2). 1412.2

Grundsätzlich ist die ortsübliche **Kaltmiete** zuzüglich der nach der II. BerechnungsVO **umlagefähigen Betriebskosten** (BFH 10.5.2016 – IX R 44/15, DStR 2016, 2092; BFH 25.7.2000 – IX R 6/97, BFH/NV 2001, 305; EStR 21.3) zugrunde zu legen (*Heuermann* DB 2003, 112 (113)). Wird eine Wohnung **möbliert** überlassen, ist ein Möblierungszuschlag auf die ortsübliche Kaltmiete zu addieren (FG Niedersachsen 7.12.2010 – 3 K 251/08, EFG 2011, 628 rkr.). Hingegen ist bei **negativen Ausstattungsmerkmalen** (zB hohes Alter) einer vermieteten Wohnung ein Abschlag von der durchschnittlichen Miete für vergleichbare Wohnungen vorzunehmen (FG Berlin-Brandenburg 19.7.2017 – 3 K 3144/15, EFG 2017, 1512). 1413

Muss der **Vermieter die Schönheitsreparaturen tragen,** ist die Kaltmiete laut Mietspiegel um 10% zu erhöhen (FG Berlin-Brandenburg 19.7.2017 – 3 K 3144/15, EFG 2017, 1512). 1413.1

Für den **Möblierungszuschlag** bei möbliert überlassenen Wohnungen ist von einem Zeitwert der Gegenstände, einer von der restlichen Lebensdauer ausgehenden Abschreibung und einer 4 prozentigen Verzinsung auszugehen (FG Niedersachsen 7.12.2010 – 3 K 251/08, EFG 2011, 628 rkr.). 1413.2

Der Steuerpflichtige trägt im Zweifel die **Feststellungslast** für eine ortsübliche Miete, wenn er Werbungskosten im Zusammenhang mit der Vermietung der Wohnung geltend macht. Im Hinblick auf die Tatsachenfeststellung durch das Finanzgericht besteht keine Bindung an den Mietspiegel. Vielmehr können – je nach individueller Besonderheit – Zu- oder Abschläge vorgenommen werden (BFH 24.7.2008 – VI B 7/08, BFH/NV 2008, 1838; HHR/*Pfirrmann* § 21 Rn. 206). 1414

Maßgeblich ist das **vereinbarte Entgelt** für die Nutzungsüberlassung der Wohnung, nicht das tatsächlich gezahlte Entgelt (BFH 28.1.1997 – IX R 88/94, BStBl. II 1997, 605). Eine vertragswidrige Nichtzahlung bleibt damit außer Betracht (*Stuhrmann* DStZ 1986, 263 (265); HHR/*Pfirrmann* § 21 Rn. 206). 1415

Entgelt für **Gegenstände, die nicht zu Wohnzwecken überlassen** werden, zB für nicht zu der Wohnung gehörende Garagen, ist vor der Durchführung der Vergleichsrechnung abzuziehen (BFH 24.10.2003 – IX B 90/03, BFH/NV 2004, 193; HHR/*Pfirrmann* § 21 Rn. 205). 1416

Irrelevant ist, aus welchen Gründen eine Diskrepanz zwischen der vereinbarten Miete und der ortsüblichen Miete besteht. 1417

Rückwirkende Mieterhöhungen können für vergangene Veranlagungszeiträume die Anwendung des § 21 Abs. 2 nicht ausschließen (FG Brandenburg 8.4.1997 – 3 K 330/95 E, EFG 1997, 1514 rkr; FG Hamburg 26.8.1998 – V 217/95, EFG 1999, 27 rkr.). Allerdings ist eine **unterjährig vereinbarte Mieterhöhung** beachtlich, wenn dadurch die Jahresmiete den Schwellenwert übersteigt (HHR/*Pfirrmann* § 21 Rn. 206). 1418

Eine entsprechende Anwendung des § 21 Abs. 2 auf Gewinneinkunftsarten kommt nicht in Betracht (BFH 14.1.1998 – X R 57/93, FR 1998, 560 (564)). 1419

Einstweilen frei 1420–1422

3. Folge der verbilligten Wohnraumüberlassung

a) Rechtslage ab 2012. Ab dem Veranlagungszeitraum 2012 hat der Gesetzgeber die früheren unterschiedlichen Schwellenwerte (50 Prozent bzw. 56 Prozent und 75 Prozent) **auf 66 Prozent vereinheitlicht.** Seither ist eine verbilligte Vermietung nicht mehr als Beweisanzeichen, welches eine Prüfung der Einkünfteerzielungsabsicht erforderlich macht, zu werten (HHR/*Pfirrmann* § 21 Rn. 77); zu Fallgruppen der Rechtsprechung, wonach eine gesonderte Prüfung der Einkünfteerzielungsabsicht erforderlich ist → Rn. 246 ff. 1423

§ 21 Abs. 2 S. 2 regelt, dass eine auf Dauer angelegte Wohnungsvermietung mit einem Mietpreis von mindestens 66 Prozent als **entgeltlich gilt.** Werbungskosten können dann vollständig zum Abzug gebracht werden. 1424

1424.1 Auf Dauer angelegt ist ein Wohnraum-Mietverhältnis, wenn der Steuerpflichtige eine langfristige Vermietung anstrebt. Eine Einkünfteerzielungsabsicht ist dann nicht zu überprüfen.

1424.2 Umgekehrt bedeutet dies, dass bei einer zeitlich begrenzten Vermietung § 21 Abs. 2 S. 2 nicht anwendbar ist. Die Einkünfteerzielungsabsicht ist dann mittels Überschussprognose zu ermitteln (HHR/*Pfirrmann* § 21 Rn. 210). Ist danach keine Einkünfteerzielungsabsicht gegeben, sind Werbungskosten nicht abzugsfähig. Fällt die Prüfung der Einkünfteerzielungsabsicht jedoch positiv aus, dann ist das Mietverhältnis in einen entgeltlichen und einen unentgeltlichen Teil aufzuteilen. Werbungskosten können dann nur anteilig im Hinblick auf den entgeltlichen Teil berücksichtigt werden. Auf den Schwellenwert von 66 Prozent kommt es nicht an, weil die Anwendung des § 21 Abs. 2 tatbestandlich eine auf Dauer angelegte Vermietungstätigkeit voraussetzt (HHR/*Pfirrmann* § 21 Rn. 210).

1425 Nach § 21 Abs. 2 S. 1 erfolgt eine Aufteilung in einen entgeltlichen und einen unentgeltlichen Teil, wenn das Entgelt für die Überlassung einer Wohnung zu Wohnzwecken **weniger als 66 Prozent** der ortsüblichen Marktmiete (→ Rn. 1412 ff.) beträgt. Einkünfteerzielungsabsicht ist für den entgeltlichen Teil zu unterstellen. Der Werbungskostenabzug ist **dementsprechend anteilig zu kürzen** (BT-Drs. 17/5125, 38).

1426 **Ab einer Miethöhe von 66 Prozent** gilt nach § 21 Abs. 2 S. 2 die Vermietung als **vollentgeltlich** (Fiktion). Dies hat die Folge, dass Einkünfteerzielungsabsicht für das gesamte Rechtsgeschäft zu unterstellen und der Werbungskostenabzug ungekürzt zu gewähren ist. § 21 Abs. 2 S. 2 regelt – mit anderen Worten – für diesen Fall ein **Aufteilungsverbot** im Hinblick auf die Werbungskosten. Mit dieser gesetzlichen Fiktion lässt der Gesetzgeber die Notwenigkeit einer Totalüberschussprognose entfallen (BT-Drs. 17/5125, 38) und vereinfacht damit die Rechtsanwendung erheblich.

1427–1429 *Einstweilen frei*

1430 **b) Frühere Rechtslage (vor 2012).** Im Wege der Rechtsfortbildung hatte der BFH **vor 2012** mehrfach ausgeführt, dass bei einem Entgelt (Mietpreis) von mehr als 50 Prozent bzw. 56 Prozent, aber **weniger als 75 Prozent der Marktmiete** eine **Überschussprognose** anzustellen ist (BFH 5.11.2002 – IX R 48/01, BStBl. II 2003, 646). Diese Rechtsfortbildung wurde damit begründet, dass der Verzicht auf die marktübliche Miete ein Indiz gegen die Einkünfteerzielungsabsicht sei. War die Prognose positiv (seltene Fälle), waren die mit der verbilligten Vermietung in Zusammenhang stehenden Werbungskosten in voller Höhe abziehbar (HHR/*Pfirrmann* § 21 Rn. 77).

1431 Die Überschussprognose führte **meist zu einem Fehlen der Einkünfteerzielungsabsicht** und damit zur Anwendung des § 21 Abs. 2 EStG aF, um Wertungswidersprüche zu vermeiden. Abziehbar waren daher nur die auf den entgeltlichen Teil entfallenden Werbungskosten (BFH 5.11.2002 – IX R 48/01, BStBl. II 2003, 646; BFH 24.8.2004 – IX R 28/03, BFH/NV 2005, 50; *Heuermann* DB 2003, 112; *Paus* DStZ 2003, 189; *Korn/Fuhrmann* DStZ 2004, 431 (433)). Für den entgeltlichen Teil wurde – wie auch im Anwendungsbereich von § 21 Abs. 2 EStG nF vom Vorliegen einer Einkünfteerzielungsabsicht – ohne weitere Prüfung – ausgegangen (BFH 22.7.2003 – IX R 59/02, BStBl. II 2003, 806; BMF 29.7.2003, BStBl. I 2003, 405; BMF 8.10.2004, BStBl. I 2004, 933 Rn. 41). Aufgrund des erheblichen Ausmaßes an Rechtsunsicherheit wurde diese Rechtsprechungspraxis vielfach kritisiert.

1432 **Lag das Entgelt unterhalb des Schwellenwerts** von 50 Prozent bzw. 56 Prozent in § 21 Abs. 2 EStG aF, war gesetzlich die Aufteilung in einen entgeltlichen und einen unentgeltlichen Teil vorgesehen. Für den entgeltlichen Anteil war vom Vorliegen einer Einkünfteerzielungsabsicht auszugehen (BFH 5.11.2002 – IX R 48/01, BStBl. II 2003, 646).

1433 Lag die tatsächliche Miete hingegen bei **mindestens 75 Prozent** der Marktmiete, wurde die Wohnungsüberlassung als vollentgeltlich behandelt.

1434–1437 *Einstweilen frei*

VIII. Subsidiarität

1438 Nach der **Kollisionsregel** in § 21 Abs. 3 ist die Einkünftequalifikation gemäß § 21 Abs. 1 S. 1 Nr. 1–4 gegenüber anderen Einkunftsarten subsidiär, mit Ausnahme von Einkünften aus § 20 und § 22 Nr. 1 und Nr. 3.

1438.1 § 20 Abs. 8 und § 22 Nr. 1 und Nr. 3 enthalten speziellere Subsidiaritätsklauseln.

Voraussetzung für die Anwendung des § 21 Abs. 3 ist, dass zwei Einkunftsarten einschlägig sind, beispielsweise § 15 (weil der Steuerpflichtige gewerbliche Einkünfte erzielt) und § 21 (weil der Steuerpflichtige im Rahmen seiner gewerblichen Tätigkeit Vermietungseinkünfte erzielt). Bei einer derartigen Kollision zweier Einkunftsarten, stellt sich die Frage, welche Einkunftsart zurückzutreten hat. § 21 Abs. 3 regelt in diesem Fall die **Subsidiarität von Vermietungs- und Verpachtungseinkünften,** die im Rahmen einer anderen Einkunftsart erzielt werden. Vorrangig sind folglich Gewinneinkunftsarten, insbesondere **§ 13,** va im Hinblick auf die gewerbliche Ausbeute von Bodenschätzen, und **§ 15** bei gewerblichen Vermietungseinkünften (dh das Vermietungsobjekt wird im Betriebsvermögen gehalten). Zur Abgrenzung im Einzelnen → Rn. 1449 ff. 1439

Schlägt eine private Vermögensverwaltung tatbestandlich in eine gewerbliche Tätigkeit um, beispielsweise weil zu der Überlassung von Grundbesitz atypische Umstände hinzutreten, die eine Verwaltungstätigkeit erfordert, die bei einem typischen Mietverhältnis nicht notwendig ist, kommt § 21 Abs. 3 nicht zur Anwendung. In diesem Fall ist nur eine Einkunftsart, nämlich gewerbliche Tätigkeit gemäß § 15 einschlägig. Die Konkurrenzfrage zwischen zwei einschlägigen Einkunftsarten stellt sich nicht. 1440

Die Anwendung des § 21 Abs. 3 setzt also voraus, dass zwei Einkunftsarten tatbestandlich einschlägig sind. Sie müssen in Konkurrenz treten. 1441

Dennoch sollen in diesem Abschnitt **der Vollständigkeit halber auch typische Abgrenzungsfragen auf Tatbestandsebene** – außerhalb des Anwendungsbereichs von § 21 Abs. 3 – abgehandelt werden. 1442

Einstweilen frei 1443–1445

1. Abgrenzung zu land- und forstwirtschaftlichen Einkünften

Bis zu dem Zeitpunkt der **Betriebsaufgabe** werden Einkünfte aus der Verpachtung als land- und forstwirtschaftliche Einkünfte iSd § 13 qualifiziert (BFH 18.3.1964 – IV 114/61 S, BStBl. III 1964, 303; Lademann EStG/*Claßen* § 21 Rn. 24). Auch Mieteinnahmen für Wohnungen und Räume, die zu einem land- und forstwirtschaftlichen Betrieb gehören, sind Einkünfte aus Land- und Forstwirtschaft. 1446

Aus der Vermietung von Wohnungen, die deshalb zum land- und forstwirtschaftlichen Betriebsvermögen gehören, weil sie an das Personal vermietet werden, erzielt der Vermieter Einkünfte aus land- und forstwirtschaftlicher Tätigkeit (Bordewin/Brandt/*Gänger* § 21 Rn. 20). 1446.1

Auch Einnahmen aus der kurzfristigen Vermietung von Gästezimmern an Feriengäste gehören zu den Einkünften aus Land- und Forstwirtschaft. 1446.2

Eine gewerbliche Tätigkeit ist hingegen anzunehmen, wenn mindestens vier Zimmer oder mindestens sechs Betten vermietet werden (Bordewin/Brandt/*Gänger* § 21 Rn. 20). Außerdem kann sich durch Nebenleistungen der Charakter der Tätigkeit in gewerbliche Tätigkeit verändern (→ Rn. 1464 ff.). 1446.3

Die bloße Überlassung von Früchten zur Ernte ist keine Verpachtung, sondern ein Verkauf. Der Erlös gehört zu Einkünften aus Vermietung und Verpachtung (Bordewin/Brandt/*Gänger* § 21 Rn. 20). 1446.4

Bei der Verpachtung land- und forstwirtschaftlicher Betriebe liegen Einkünfte aus Vermietung und Verpachtung vor, wenn der Verpächter erklärt hat, dass er den **Betrieb aufgegeben** hat und die Gegenstände des land- und fortwirtschaftlichen Betriebs in sein Privatvermögen überführt hat. 1447

In der parzellenweisen Verpachtung eines landwirtschaftlichen Betriebes liegt keine Betriebsaufgabe, wenn die wesentlichen Grundlagen erhalten bleiben (BFH 15.10.1987 – IV R 66/86, BStBl. II 1988, 260). 1447.1

Dies gilt jedoch nicht, wenn ein landwirtschaftlicher Betrieb **unmittelbar nach dessen entgeltlicher Anschaffung verpachtet** wird. In diesem Fall erzielt der Verpächter Einkünfte aus Vermietung und Verpachtung iSd § 21 Abs. 1 S. 1 Nr. 1 (BFH 20.4.1989 – IV R 95/87, BStBl. II 1989, 863; *Schoor* FR 1994, 449; Lademann EStG/*Claßen* § 21 Rn. 24). 1448

Einnahmen aus einem **Substanzausbeutungsvertrag** sind auch dann Einkünfte aus Vermietung und Verpachtung iSd § 21 Abs. 1 S. 1 Nr. 1 (KSM/*Drüen* § 21 Rn. D 3; FG Schleswig-Holstein 2.12.2011 – 5 K 47/10, EFG 2012, 840), wenn das Grundstück mit dem Mineralvorkommen oder sonstigen Bodenschatz zu einem **land- und forstwirtschaftlichen Betrieb** (BFH 12.12.1969 – VI R 197/67, BStBl. II 1970, 210) oder zu einem 1449

Liebhabereibetrieb (BFH 12.7.1963 – VI 324/61 U, BStBl. III 1963, 435) gehört. Bei Substanzausbeutungsverträgen gehören Grund und Boden nur bis zu der Tiefe zum landwirtschaftlichen Betrieb, bis zu der die Bodenbearbeitung und Wurzelverflechtung reicht. Damit sind Bodenschätze, deren Gewinnung entgeltlich Dritten überlassen wird, dem Privatvermögen zuzuordnen (BFH 24.1.2008 – IV R 45/05, BStBl. II 2009, 449). Bodenschätze sind **kein Betriebsvermögen** eines land- und forstwirtschaftlichen Betriebs, denn sie dienen nicht dem Betrieb (BFH 16.12.1982 – IV R 200/79, BStBl. II 1983, 373; Bordewin/Brandt/*Gänger* § 21 Rn. 93).

1449.1 Einnahmen aus Substanzausbeutungsverträgen sind regelmäßig unter § 21 Abs. 1 S. 1 Nr. 1 zu subsumieren. Dies gilt nach dem BFH auch bei der Veräußerung von einem zu einem landwirtschaftlichen Betrieb gehörenden Grundstück zwecks Entnahme des im Boden ruhenden Kiesvorkommens, wenn eine **Rückübereignung** des Grundstücks nach Beendigung der Ausbeute vereinbart wird (BFH 5.10.1973 – VIII R 78/70, BStBl. II 1974, 130) oder an einen Dritten übertragen wird (BFH 25.6.1985 – VIII R 14/84, BFH/NV 1985, 74).

1450 **Entschädigungen,** die ein Landwirt von einer Erdölgesellschaft für die Überlassung von landwirtschaftlichen Grundstücken zur Ablagerung von Bohrrückständen erhält, sind Einkünfte aus Vermietung und Verpachtung iSd § 21 Abs. 1 S. 1 Nr. 1 (BFH 10.7.1963 – IV 365/59 U, BStBl. III 1964, 116; Lademann EStG/*Claßen* § 21 Rn. 32).

1451–1453 *Einstweilen frei*

2. Abgrenzung zu gewerblichen Einkünften

1454 **a) Vermietung und Verpachtung von Betriebsvermögen.** Bei der Vermietung und Verpachtung von Betriebsvermögen kommt § 21 Abs. 3 zur Anwendung, weil tatbestandlich zwei Einkunftsarten erfüllt sind. § 21 Abs. 3 löst die Kollision von Einkünften aus Vermietung und Verpachtung iSd § 21 Abs. 1 und gewerblichen Einkünften iSd § 15.

1455 Maßgeblich für die Zuordnung zu gewerblichen Einkünften ist grundsätzlich, ob das Vermietungs- und Verpachtungs-Objekt **zum Betriebsvermögen** gehört (BFH 22.2.2012 – X R 14/10, BStBl. II 2012, 511). Wird ein **Gegenstand des gewillkürten oder notwendigen Betriebsvermögens** vermietet oder verpachtet, so gehören die aus der Vermietung oder Verpachtung erzielten Einnahmen zu gewerblichen Einkünften gemäß § 15 Abs. 1.

1455.1 Bei Körperschaften iSd KStG stellt sich die Frage der Zugehörigkeit zum Betriebsvermögen nicht, weil ihre Einkünfte stets gewerblich fingert werden (§ 8 Abs. 2 KStG).

1456 Erhält ein **Gesellschafter einer OHG, KG oder sonstigen Mitunternehmerschaft** von der Gesellschaft Vergütungen für die Überlassung von Wirtschaftsgütern, respektive Grundstücken, sind diese nach § 15 Abs. 1 S. 1 Nr. 2 und 3 als Einkünfte aus Gewerbebetrieb einzuordnen.

1457 Erzielt ein Besitzunternehmen im Rahmen einer **Betriebsaufspaltung** Einnahmen aus Vermietung und Verpachtung, handelt es sich um Einkünfte aus Gewerbebetrieb. Es kann sich auch um eine mittelbare Nutzungsüberlassung handeln (BFH 28.11.2001 – X R 50/97, DStR 2002, 260; BFH 28.11.2001 – X R 49/97, BFH/NV 2002, 631) handeln, sofern eine **sachliche Verflechtung** gegeben ist.

1457.1 Bestellt ein Eigentümer an einem unbebauten Grundstück ein **Erbbaurecht** und errichtet der Erbbauberechtigte ein Gebäude, das er an ein Betriebsunternehmen verpachtet, fehlt zwischen dem Eigentümer und dem Betriebsunternehmen die für die Annahme einer Betriebsaufspaltung erforderliche sachliche Verflechtung. Der Erbbauberechtigte übt mit der Bebauung eine eigene wesentliche wirtschaftliche Funktion aus. Überdies ist er gegenüber dem Eigentümer nicht zur Weitervermietung verpflichtet (BFH 24.9.2015 – IV R 9/13, BStBl. II 2016, 154).

1458 Die **Verpachtung eines Gewerbebetriebs** führt zu Einkünften aus Gewerbebetrieb, wenn die Verpachtung bei einem fortbestehenden Gewerbebetrieb erfolgt. Erst bei **endgültiger Aufgabe des Gewerbebetriebs** erzielt der Verpächter Einkünfte aus Vermietung und Verpachtung. Die Verpachtung eines Gewerbebetriebs führt auch dann zu Einkünften aus § 21 Abs. 1 S. 1 Nr. 1, wenn der Betrieb in unmittelbarem Anschluss an seinen entgeltlichen Erwerb verpachtet wird (Lademann EStG/*Claßen* § 21 Rn. 42).

Ein fortbestehender Gewerbebetrieb ist anzunehmen, solange der Verpächter nicht erklärt hat, dass er den Gewerbebetrieb aufgegeben und die Gegenstände des Gewerbebetriebs in sein Privatvermögen überführt hat. **1458.1**

Soweit es um die Überlassung von **Rechten** iSd § 21 Abs. 1 S. 1 Nr. 3 geht, kommt es darauf an, ob diese dem Betrieb dienen und deshalb Betriebsvermögen sind (BFH 11.9.1969 – IV R 160/67, BStBl. II 1970, 317). **1459**

Da Urheber oder Erfinder schon kraft ihrer Tätigkeit regelmäßig Gewerbetreibende oder Freiberufler sind, bleibt für die unter § 21 Abs. 1 S. 1 Nr. 3 fallende Nutzungsüberlassung selten Raum. Allenfalls Zufallserfinder können Einnahmen nach § 21 Abs. 1 S. 1 Nr. 3 erzielen, ebenso Erben, die im Privatvermögen befindliche Urheberrechte entgeltlich verwerten (KSM/*Drüen* § 21 Rn. D 4). **1459.1**

Einstweilen frei **1460–1462**

b) Gewerbliche Vermietungstätigkeit. Die Vermietung von Immobilien ist grundsätzlich **private Vermögensverwaltung** und damit kein Gewerbebetrieb. Dies gilt auch, wenn **zahlreiche Objekte** verwaltet werden. Irrelevant ist, ob zur Finanzierung des Baus oder Kaufs der Objekte erhebliches Fremdkapital verwendet wurde (BFH 12.3.1964 – IV 136/61 S, BStBl. III 1964, 364; Lademann EStG/*Claßen* § 21 Rn. 49). Schlägt jedoch eine private Vermögensverwaltung in eine gewerbliche Tätigkeit um, liegen gewerbliche Einkünfte iSd § 15 vor. § 21 Abs. 3 kommt nicht zur Anwendung, weil es nicht um eine Kollision von Vermietungs- und Verpachtungseinkünften geht. Vielmehr liegen in diesem Fall ausschließlich gewerbliche Einkünfte vor. **1463**

Wenn innerhalb eines engen zeitlichen Zusammenhangs – in der Regel fünf Jahre – zwischen Anschaffung bzw. Herstellung und Verkauf mindestens vier Objekte veräußert werden, kann grundsätzlich von einem **gewerblichen Grundstückshandel** ausgegangen werden (BFH 10.12.2001 – GrS 1/98, DStR 2002, 489). Die äußeren Umstände lassen dann den Schluss zu, dass es dem Steuerpflichtigen auf die Ausnutzung substanzieller Vermögenswerte durch Umschichtung ankommt. In der Regel liegt in diesem Fall ein einheitliches Geschäftskonzept vor, mit der Folge, dass dann auch zwischenzeitliche Vermietung als gewerbliche Tätigkeit iSv § 15 zu qualifizieren ist. **1464**

Private Vermögensverwaltung schlägt **in gewerbliche Tätigkeit iSv § 15 um,** wenn die Nutzung des Vermögens im Einzelfall hinter der Bereitstellung einer **unternehmerischen Organisation** zurücktritt (BFH 21.8.1990 – VIII R 271/84, BStBl. II 1991, 126; BFH 25.10.1988 – VIII R 262/80, BStBl. II 1989, 291). Die Grenze zu gewerblicher Tätigkeit ist überschritten, wenn die Ausnutzung substantieller Vermögenswerte durch **Umschichtung** gegenüber der Nutzung von Vermögen iSe Fruchtziehung aus zu erhaltenden Substanzwerten entscheidend in den Vordergrund tritt (BFH 10.12.2001 – GrS 1/98, DStR 2002, 489; 19.1.2017 – IV R 50/14, BStBl. II 2017, 456). Hierfür gibt es keine einheitlichen Beurteilungsmaßstäbe. Vielmehr sind die jeweiligen artspezifischen Besonderheiten zu beachten (BFH 28.9.2017 – IV R 50/15, DStR 2017, 2726). **1465**

Ein Umschlagen in eine gewerbliche Tätigkeit setzt voraus, dass besondere Umstände neben die Vermietung hinzutreten, die der Betätigung des Vermieters als Ganzes betrachtet das **Gepräge einer selbständigen, von einem Gewinnstreben getragenen, nachhaltigen Beteiligung am allgemeinen wirtschaftlichen Verkehr geben** (BFH 28.9.2017 – IV R 50/15, DStR 2017, 2726; 19.1.2017 – IV R 50/14, BStBl. II 2017, 456; Lademann EStG/*Claßen* § 21 Rn. 52). Die eigentliche Gebrauchsüberlassung muss in den Hintergrund treten. Dies ist zB der Fall, wenn ein **ständiger Mieterwechsel** eine Verwaltungstätigkeit erfordert, die über das bei langfristiger Vermietung übliche Maß hinausgeht (KSM/*Drüen* § 21 Rn. D 6). **1466**

Die Vermietung von Grundbesitz bleibt grundsätzlich auch dann eine bloße Vermögensnutzung, wenn **zahlreiche Vermietungsobjekte** vorhanden sind und dadurch eine erhebliche Verwaltungsarbeit entsteht (Bordewin/Brandt/*Gänger* § 21 Rn. 25). Selbst wenn faktisch ein gewisses Unternehmerrisiko eines Vermieters „in großem Stil" gegeben ist, heißt dies nicht, dass eine gewerbliche Tätigkeit gegeben ist. Vielmehr müssen **weitere Umstände hinzutreten,** die bei einer Gesamtbetrachtung auf eine unternehmerische Organisation hindeuten. Es müssen die typischen Merkmale einer gewerblichen Tätigkeit gegeben sein (zB Werbe-, Service- oder Wartungsleistungen), die die Nutzungsüberlassung in den Hinter- **1467** grund treten lassen oder zumindest überlagern (Bordewin/Brandt/*Gänger* § 21 Rn. 27). Die besonderen Umstände können auch darin liegen, dass die Verwaltung des Grundbesitzes infolge des ständigen Mieterwechsels eine Tätigkeit erfordert, die über das bei langfristiger Vermietung übliche Maß hinausgeht (KSM/*Drüen* § 21 Rn. D 6). Ein Gewerbebetrieb ist daher bei der Vermietung von Zimmern durch **ein Hotel, eine Pension, eine Jugendherberge, ein Wohnheim oder eine Gaststätte** gegeben (Bordewin/Brandt/*Gänger* § 21 Rn. 28; BFH 18.1.1973 – IV R 196/71, BStBl. II 1973, 561; BFH 11.7.1984 – I R 182/79, BStBl. II 1984, 722).

1467.1 Die Vermietung einer Vielzahl von Unterkunftsplätzen an Subunternehmer zur **Unterbringung von Arbeitnehmern** wurde durch das FG Münster nach einer Gesamtbetrachtung als gewerbliche Vermietung angesehen. In dem zugrundeliegenden Sachverhalt wurde die Miete personenbezogen bemessen. Die Immobilien waren mit Haushaltsgeräten, Betten, Bettwäsche und Handtüchern ausgestattet (FG Münster 13.5.2015 – 10 K 1207/13 E, G, EFG 2015, 1435).

1467.2 Nach der Rechtsprechung ist in der Verpachtung eines Wohnheims an einen Landkreis zum Zweck der **Unterbringung von Asylanten** eine gewerbliche Tätigkeit zu sehen (BFH 28.8.2002 – XI B 158/01, BFH/NV 2003, 152; BFH 5.2.2002 – X B 98/01, BFH/NV 2002, 1133; BFH 12.9.2005 – VIII B 153/04, BFH/NV 2006, 277; FG Hessen 6.10.1993 – 8 K 1578157991, EFG 1994, 485).

1467.3 Allerdings ist die Vermietung einzelner möblierter Zimmer in der Regel auch dann Vermietung und Verpachtung iSd § 21 Abs. 1 S. 1 Nr. 1, wenn der Vermieter als **Nebenleistungen** die Reinigung, Heizung und ggf. auch die Verabreichung eines Frühstücks übernommen hat (BFH 14.2.1989 – IX R 109/84, BStBl. II 1989, 922; BFH 21.12.1976 – VII R 27/72, BStBl. II 1977, 244).

1467.4 Die einmalige Überlassung eines Wohnhauses **für Filmaufnahmen an eine Filmproduktionsgesellschaft** wurde nicht als gewerblich angesehen (FG München 5.7.2012 – 5 K 2947/10, BeckRS 2013, 94066).

1467.5 Bei der Überlassung von **Tennisplätzen** liegen gewerbliche Einkünfte vor. Die Raumüberlassung tritt im Rahmen einer einheitlich mittels Gesamtbetrachtung zu beurteilenden typischerweise gewerblichen Gesamtleistung in den Hintergrund (BFH 25.10.1988 – VIII R 262/80, BStBl. II 1989, 291). Dies gilt auch bei Campingplätzen (BFH 6.10.1982 – I R 7/79, BStBl. II 1983, 80; BFH 27.1.1983 – IV R 215/80, BStBl. II 1983, 426) sowie bei Ausstellungsräumen und Konzertsälen.

1468 Der Wechsel zu gewerblicher Tätigkeit kann auch durch **zusätzliche Leistungen,** die über die bloße Vermietertätigkeit hinausgehen, bedingt sein (BFH 21.8.1990 – VIII R 271/84, BStBl. II 1991, 126). Dies kann beispielsweise bei der **Vermittlung zwischen Prostituierten** (Mieterinnen) und ihren Kunden (neben der Überlassung von Räumlichkeiten zur Nutzung) der Fall sein (BFH 23.2.2000 – X R 142/95, BStBl. II 2000, 610; BFH 12.4.1988 – VIII R 256/81, BFH/NV 1989, 44).

1468.1 Die Vermietung von einzelnen Zimmern an **Prostituierte** stellt im Regelfall keine gewerbliche Tätigkeit dar. Auch kleinere Gefälligkeiten gegenüber den Mieterinnen nach Art einer Hausmeistertätigkeit geben der Vermietung kein gewerbliches Gepräge (FG Hamburg 13.5.2016 – 2 V 271/15, DStRE 2017, 397).

1469 Die **Vermietung einer Ferienwohnung** ist eine gewerbliche Tätigkeit, wenn die Wohnung für die Führung eines Haushalts vollständig eingerichtet und ausgestattet ist (insb. Möblierung, Wäsche, Geschirr), die Wohnung in einem reinen Feriengebiet in einem Verband mit gleichartig genutzten Wohnungen gelegen ist (**Ferienwohnanlage**), Werbung zu Vermietungszwecken und Verwaltung auf eine Organisation übertragen wurde, die Wohnung jederzeit zur Vermietung bereit gehalten wird und laufend Personal (Vermietungsagentur) anwesend ist, um Mietverträge abzuschließen. In diesem Fall erfolgt die Vermietung nach Art einer Fremdenpension oder eines Hotels und ist daher gewerblich (BFH 19.1.1990 – III R 31/87, BStBl. II 1990, 383; BFH 28.6.1984 – IV R 150/82, BStBl. II 1985, 201; dazu Lademann EStG/*Claßen* § 21 Rn. 55).

1470 Auch die Vermietung **einzelner Ferienwohnungen** ist ein Gewerbebetrieb, wenn über die reine Vermietungsleistung hinausgehende **Sonderleistungen** erbracht werden, sodass die Vermietung einem **Beherbergungsbetrieb vergleichbar** ist (FG Niedersachsen 7.3.2012 – 9 K 180/09, EFG 2012, 1259).

1470.1 Eine gewerbsmäßige Vermietung liegt nach dem FG Köln nicht vor, wenn die Vermietung einzelner **Ferienwohnungen** mindestens wochenweise erfolgt (FG Köln – 10 K 4965/07, EFG 2011, 1882).

Die Vermittlung von **Freizeit- und Sportangeboten** sind untergeordnete Zusatzleistungen (BFH 25.11.1988 – III R 37/86, BFH/NV 1990, 36). 1470.2

Die Kriterien der Rechtsprechung, ob bei der Vermietung von Ferienwohnungen Einkünfte aus Vermietung und Verpachtung oder Einkünfte aus Gewerbebetrieb erzielt werden, sind auch auf Fälle anzuwenden, in denen Wohnungen im Rahmen eines sog. **Betreuten Wohnens** vermietet werden. Im Rahmen der Gesamtbetrachtung sind diejenigen Leistungen einzubeziehen, für die die Mieter an den Vermieter bezahlen müssen (FG Baden-Württemberg 17.2.2016 – 4 K 1349/15, EFG 2016, 820). 1471

Zusatzleistungen zur Überlassung des Wohnraums – in Form von Beratungen bezüglich altersspezifischer Probleme der Mieter bzw. in Form der Vermittlung von Hilfeleistungen – übersteigen den Rahmen der privaten Vermögensverwaltung (FG Baden-Württemberg 17.2.2016 – 4 K 1349/15, EFG 2016, 820). 1471.1

Kann der Mieter sog. **Wahlleistungen** durch einen separaten Vertragsabschluss mit dem Kooperationspartner des Vermieters beziehen, sind diese nicht dem Vermieter zuzurechnen und daher für die Gesamtbetrachtung irrelevant (FG Baden-Württemberg 17.2.2016 – 4 K 1349/15, EFG 2016, 820). 1471.2

Bei der **Vermietung von Campingplätzen** werden typischerweise Nebenleistungen erbracht, die der Tätigkeit bei einer Gesamtbetrachtung den Charakter der Vermögensverwaltung nehmen, sodass eine gewerbliche Tätigkeit gegeben ist. Derartige Nebenleistungen liegen in der Zurverfügungstellung sanitärer Anlagen und ihrer Reinigung, der Strom- und Wasserversorgung, der Instandhaltung, der Pflege und Überwachung des Campingplatzes, Müll- und Abwasserentsorgung (Lademann EStG/*Claßen* § 21 Rn. 57). 1472

Dies gilt auch, wenn Jahresverträge über die Standplätze abgeschlossen werden (BFH 6.10.1982 – I R 7/79, BStBl. II 1983, 80; BFH 27.1.1983 – IV R 215/80, BStBl. II 1983, 426). 1472.1

Die Vermietung von zwei Verwaltungsgebäuden für jeweils zwanzig Jahre auf Erbbaurechtsgrundstücken, die für denselben Zeitraum bestehen, führt nicht zu gewerblichen Einkünften. 1473

Die Vermietung eines Mietwohngrundstücks **an Arbeitnehmer** des eigenen Betriebs führt zu gewerblichen Einkünften, wenn das Grundstück **notwendiges Betriebsvermögen** des Arbeitgebers ist. Dies ist dann der Fall, wenn betriebliche Gründe für die Vermietung an Arbeitnehmer maßgebend waren (BFH 1.12.1976 – I R 73/74, BStBl. II 1977, 315). 1474

Einkünfte aus der Vermietung eines häuslichen Arbeitszimmers an den Auftraggeber eines Gewerbetreibenden sind Einkünfte aus Gewerbebetrieb, wenn die Vermietung ohne den Gewerbebetrieb nicht denkbar wäre (BFH 13.12.2016 – X R 18/12, DStR 2017, 715). 1475

Eine besonders in den Vordergrund tretende **spekulative Absicht** kann indizieren, dass eine gewerbliche Tätigkeit iSd § 15 gegeben ist (BFH 17.1.1961 – I 53/60 S, BStBl. III 1961, 233). 1476

Einstweilen frei 1477–1479

3. Abgrenzung zu Einkünften aus unselbständiger Tätigkeit

a) Arbeitnehmer vermietet an Arbeitgeber. Erhält ein Arbeitnehmer eine Vergütung des Arbeitgebers für ein in seinem Privathaus gelegenes Büro, kann es sich tatbestandlich um Einkünfte aus nichtselbständiger Tätigkeit gem. § 19 oder um Einkünfte aus Vermietung und Verpachtung handeln. Maßgeblich für die Zuordnung ist dann, **in wessen Interesse die Nutzung der Räume erfolgt** (BFH 19.10.2001 – VI R 131/00, BStBl. II 2002, 300). Da insoweit eine klare Zuordnung vorgenommen werden kann, handelt es sich nicht um eine Kollision zweier Einkunftsarten iSv § 21 Abs. 3. Eine tatbestandliche Konkurrenz ist nicht gegeben (KSM/*Drüen* § 21 Rn. D 10). 1480

Einkünfte aus nicht selbständiger Tätigkeit gemäß § 19 sind vorrangig, wenn ein **Zusammenhang der Zahlung mit dem Arbeitsverhältnis** besteht. Dies betrifft va die Fallkonstellation, in der ein Arbeitnehmer einen Raum seiner Privatwohnung an den Arbeitgeber vermietet. Das Entgelt ist Arbeitslohn, wenn die Nutzung der Räume in erster Linie dem Interesse des Arbeitnehmers dient (zB als häuslicher Arbeitsplatz). 1481

Die Einnahmen fallen unter § 21, wenn der Raum va **im Interesse des Arbeitgebers** genutzt wird und dieses Interesse objektiv erkennbar über die Entlohnung des Arbeitnehmers 1482 hinausgeht (BFH 16.9.2004 – VI R 25/02, BStBl. II 2006, 10; BFH 9.6.2005 – IX R 4/05, BFH/NV 2005, 2180; BFH 8.3.2006 – IX R 76/01, BFH/NV 2006, 1810). Dies ist nach der Finanzverwaltung zumindest dann der Fall, wenn dem Arbeitnehmer im Betrieb kein Arbeitsplatz zur Verfügung steht und der Arbeitgeber für die Unterbringung von Arbeitnehmern auch Räume von Dritten anmietet und über die Nutzungsbedingungen eine ausdrückliche schriftliche Vereinbarung besteht (BMF 13.12.2005, BStBl. I 2006, 4; ebenso: BFH 8.3.2006 – IX R 76/01, BFH/NV 2006, 1810).

1482.1 Das Interesse des Arbeitgebers muss dem Interesse des Arbeitnehmers vorgehen. Ein gleichwertiges Interesse beider Parteien reicht nicht aus (BFH 11.1.2005 – IX R 72/01, BFH/NV 2005, 882).

1482.2 Ein überwiegendes Interesse des Arbeitgebers kann jedenfalls bejaht werden, wenn dem Arbeitnehmer im Betrieb kein weiterer Arbeitsplatz zur Verfügung steht (BFH 19.10.2001 – VI R 131/00, BStBl. II 2002, 300).

1482.3 Indiz für ein überwiegendes Interesse des Arbeitgebers ist es, wenn der Arbeitgeber gleichwertige Vereinbarungen auch mit Dritten getroffen hat (BFH 16.9.2004 – VI R 25/02, BStBl. II 2006, 10; BFH 19.10.2001 – VI R 131/00, BStBl. II 2002, 300).

1482.4 Die Finanzverwaltung stellt zur Abgrenzung von § 19 und § 21 darauf ab, ob dem Arbeitnehmer im Betrieb ein eigener Arbeitsplatz zur Verfügung steht. In diesem Fall nimmt sie ein überwiegendes Interesse des Arbeitnehmers an der Nutzung des heimischen Büros an und qualifiziert die Einkünfte gemäß § 19. Dem Arbeitnehmer obliegt es jedoch, ein tatsächlich überwiegendes Interesse des Arbeitgebers nachzuweisen (BMF 13.12.2005, BStBl. I 2006, 4).

1483–1485 *Einstweilen frei*

1486 **b) Arbeitgeber vermietet an Arbeitnehmer.** Überlässt der Arbeitgeber dem Arbeitnehmer verbilligt oder unentgeltlich eine Wohnung, ist der geldwerte Vorteil (§ 8 Abs. 2) auf Seiten des Arbeitnehmers **Arbeitslohn.** Der Arbeitnehmer erzielt Einkünfte aus nichtselbständiger Tätigkeit. Der Arbeitgeber erzielt Einkünfte aus Vermietung und Verpachtung (in Form von Sachleistungen → Rn. 594), wenn die überlassene Wohnung nicht zu seinem Betriebsvermögen gehört (HHR/*Pfirrmann* § 21 Rn. 255).

1487–1488 *Einstweilen frei*

1489 **c) Arbeitgeber vergütet Erfindung des Arbeitnehmers.** Vergütungen für **Erfindungen eines Arbeitnehmers** gehören zu Einkünften aus nichtselbständiger Arbeit (§ 19) und nicht zu den Einkünften aus § 21 Abs. 1 S. 1 Nr. 3.

1490–1492 *Einstweilen frei*

4. Abgrenzung zu Kapitaleinkünften

1493 Besondere Abgrenzungsschwierigkeiten bestehen im **Verhältnis zu § 20,** weil § 20 Abs. 8 eine gegenüber § 21 Abs. 3 speziellere Subsidiaritätsklausel enthält (FG Berlin-Brandenburg 6.1.2015 – 6 K 6190/12, EFG 2015, 815). Die Spezialität ergibt sich daraus, dass § 20 Abs. 8 dem Wortlaut nach ausdrücklich eine Zurechnung der Einkünfte nach § 20 Abs. 1, Abs. 2 und Abs. 3 **zu Einkünften aus § 21 anordnet,** wenn sie zu solchen „aus Vermietung und Verpachtung gehören". Währenddessen sieht § 21 Abs. 3 nur für den Fall eine Subsidiarität von § 21 vor, dass Einkünfte zu solchen „aus anderen Einkunftsarten" gehören (KSM/*Drüen* § 21 Rn. D 11). Somit ist § 20 Abs. 8 die **speziellere Konkurrenzregel.** Sie bewirkt die **grundsätzlich vorrangige Zuordnung zu den Einkünften aus Vermietung und Verpachtung** (ebenso: BFH 21.6.1994 – IX R 57/89, BFH/NV 1995, 106; KSM/*Drüen* § 21 Rn. D 11).

1494 Die Rechtsprechung entscheidet jedoch mittels Gesamtbetrachtung nach dem **Schwerpunkt der wirtschaftlichen Veranlassung** des jeweiligen Einnahmezuflusses (BFH 21.6.1994 – IX R 57/89, BFH/NV 1995, 106; FG Berlin-Brandenburg 6.1.2015 – 6 K 6190/12, EFG 2015, 815). § 21 soll danach nur dann vorrangig sein, wenn die Einnahmen in wirtschaftlichem Zusammenhang mit einer Nutzungsüberlassung iSv § 21 stehen (BFH 21.6.1994 – IX R 57/89, BFH/NV 1995, 106: FG Berlin-Brandenburg 6.1.2015 – 6 K 6190/12, EFG 2015, 815).

1494.1 Legt der Vermieter Einnahmen aus Vermietung und Verpachtung verzinslich an, erzielt er Einnahmen aus Kapitalvermögen. Auf die Herkunft des Geldes kommt es für die Einkünftequalifikation nicht an (BFH 18.9.2007 – IX R 42/05, BStBl. II 2008, 26).

Bausparguthaben fallen unter § 21, wenn ein enger Zusammenhang mit der Erzielung von Mieteinnahmen besteht (BFH 9.11.1982 – VIII R 188/79, BStBl. II 1983, 172). Dies ist der Fall, wenn der alleinige Zweck des Bausparvertrages in der Erlangung eines Baudarlehens liegt und die Verwendung des angesparten Kapitals in engem wirtschaftlichen Zusammenhang mit künftigen Vermietungseinkünften steht (s. auch BFH 8.2.1983 – VIII R 163/81, BStBl. II 1983, 355). **1494.2**

Nach anderer Auffassung sind nur dann Einnahmen iSd § 21 anzunehmen, wenn die gezahlten Zinsen **Entgelt für eine Nutzungsüberlassung** sind (Kirchhof/*Mellinghoff* § 21 Rn. 83). Ein wirtschaftlicher Zusammenhang allein soll nicht ausreichen (HHR/*Kulosa* § 21 Rn. 256). **1495**

Problematisch ist die Behandlung von **Verzugszinsen,** zB auf rückständige Miete. Oftmals werden sie als Einnahmen aus Kapitalvermögen behandelt (BFH 13.11.2007 – VIII R 36/05, BStBl. II 2008, 292; BFH 21.6.1994 – IX R 57/89, BFH/NV 1995, 106; HHR/*Pfirrmann* § 21 Rn. 256; aA Schmidt/*Kulosa* § 21 Rn. 65). Besteht jedoch ein **wirtschaftlicher Zusammenhang mit der Vermietungs- und Verpachtungstätigkeit** ist eine Zuordnung zu Einkünften aus § 21 gerechtfertigt (BFH 21.6.1994 – IX R 57/89, BFH/NV 1995, 106; BFH 9.11.1982 – VIII R 188/79, BStBl. II 1983, 172; KSM/*Drüen* § 21 Rn. D 12; HHR/*Kulosa* § 21 Rn. 256). Richtig ist es auf den Zweck der Kapitalüberlassung und damit auf den wirtschaftlichen Zusammenhang abzustellen. Liegt dieser in der Erzielung von Einkünften aus Vermietung und Verpachtung, sind auch mit der Kapitalüberlassung in Zusammenhang stehende Verzugszinsen als Werbungskosten im Rahmen der Einkünfte aus Vermietung und Verpachtung zu qualifizieren. **1496**

Verzugszinsen gehören zu Einnahmen aus Vermietung und Verpachtung, wenn sie bei verspäteter Mietzahlung beansprucht werden (BFH 24.5.2011 – VIII R 3/09, BStBl. II 2012, 254). **1496.1**

Nach der Rechtsprechung handelt es sich bei Verzugszinsen wegen verspäteter Zahlung eines Kaufpreises nur dann um Einnahmen aus Vermietung und Verpachtung, wenn der Steuerpflichtige aus der Veräußerung eines Vermietungs- und Verpachtungs-Objekts Verzugszinsen erhält und er bereits im Vorhinein über den Kaufpreis dahingehend verfügt hat, ihn zur Erzielung von Einkünften aus Vermietung und Verpachtung aus einem anderen Objekt einzusetzen (BFH 21.6.1994 – IX R 57/89, BFH/NV 1995, 106). *Drüen* kritisiert diese Rechtsprechung zutreffend, weil es gleichgültig ist, zu welchem Zweck das Kapital später eingesetzt wird (KSM/*Drüen* § 21 Rn. D 15). **1496.2**

Bei **offenen Immobilienfonds,** dh Kapitalgesellschaften, erzielen die Anleger Einkünfte aus § 20 Abs. 1 Nr. 1 (*Kayser/Bujotzek* FR 2006, 49). Bei einem **geschlossenen Immobilienfonds** (→ Rn. 262 f.) ist hingegen eine differenziertere Betrachtung erforderlich. Zinsen sind den Einkünften aus Kapitalvermögen zuzuordnen, wenn die Geldanlage im Schwerpunkt der Erzielung von Einkünften aus Kapitalvermögen dient. Dies ist insbesondere dann der Fall, wenn das Kapitalvermögen von der operativen Vermietungstätigkeit getrennt wird und nicht mehr der laufenden Bewirtschaftung der Vermietungsobjekte dient. Hält hingegen eine vermögensverwaltende Personengesellschaft eine Liquiditätsreserve vorrangig zur Aufrechterhaltung einer geordneten Vermietung und Verpachtung und lediglich nachrangig zur Erzielung von Zinseinnahmen bereit, so liegt der Schwerpunkt der wirtschaftlichen Veranlassung in der Bereitstellung von ständig verfügbarer Liquidität und nicht in der Erzielung von Zinsentnahmen, mit der Folge, dass Einkünfte aus Vermietung und Verpachtung erzielt werden (FG Berlin-Brandenburg 6.1.2015 – 6 K 6190/12, EFG 2015, 815). **1497**

Einstweilen frei **1498–1500**

5. Abgrenzung zu sonstigen Einkünften nach § 22

Einkünfte aus wiederkehrenden Bezügen (§ 22 Nr. 1), aus Leistungen nach § 22 Nr. 3 und aus privaten Veräußerungsgeschäften (§ 22 Nr. 2, § 23 Abs. 2) sind nur dann als sonstige Leistungen steuerbar, wenn sie nicht den Einkünften aus Vermietung und Verpachtung zurechenbar sind (BFH 18.9.2007 – IX R 42/05, BStBl. II 2008, 26). § 21 Abs. 3 hat insoweit keine Bedeutung, weil bereits ein tatbestandlicher Ausschluss gegeben ist. **1501**

§ 21 und § 23 schließen sich wechselseitig aus (Kirchhof/*Mellinghoff* § 21 Rn. 5). Ein Veräußerungsgeschäft liegt vor, wenn ein Vermögensgegenstand gegen Entgelt auf einen Dritten übertragen wird, während eine Nutzungsüberlassung iSd § 21 Abs. 1 S. 1 Nr. 1–3 voraussetzt, dass der Eigentümer oder Nutzungsberechtigte des Vermietungsobjekts zumindest einen Teil seiner Herrschaftsmacht zurückbehält. **1502**

1502.1 Überträgt ein Steuerpflichtiger einen fremd finanzierten Anteil an einem **geschlossenen Immobilienfonds** in Erfüllung einer Vergleichsvereinbarung auf eine von dem finanzierenden Kreditinstitut benannte Erwerbergesellschaft und verzichtet das Kreditinstitut im Gegenzug teilweise auf die Rückzahlung des restlichen Darlehens, kann ein privates Veräußerungsgeschäft vorliegen (BFH 31.1.2017 – IX R 26/16, DStR 2017, 1028).

1503 Einkünfte aus der **Vermietung beweglicher Gegenstände** unterfallen § 22 Nr. 3, sofern es sich nicht um einen Sachinbegriff iSd § 21 Abs. 1 S. 1 Nr. 2 handelt.

1504 Ferner fallen unter § 22 Nr. 3 Beträge, die zwar im Zusammenhang mit einem Grundstück, nicht aber für eine Nutzungsüberlassung gezahlt werden, beispielsweise für die Duldung einer bestimmten Handlung (HHR/*Pfirrmann* § 21 Rn. 257).

g) Sonstige Einkünfte (§ 2 Absatz 1 Satz 1 Nummer 7)

§ 22 Arten der sonstigen Einkünfte

Sonstige Einkünfte sind

1. Einkünfte aus wiederkehrenden Bezügen, soweit sie nicht zu den in § 2 Absatz 1 Nummer 1 bis 6 bezeichneten Einkunftsarten gehören; § 15b ist sinngemäß anzuwenden. [2]Werden die Bezüge freiwillig oder auf Grund einer freiwillig begründeten Rechtspflicht oder einer gesetzlich unterhaltsberechtigten Person gewährt, so sind sie nicht dem Empfänger zuzurechnen; dem Empfänger sind dagegen zuzurechnen

a) Bezüge, die von einer Körperschaft, Personenvereinigung oder Vermögensmasse außerhalb der Erfüllung steuerbegünstigter Zwecke im Sinne der §§ 52 bis 54 der Abgabenordnung gewährt werden, und

b) Bezüge im Sinne des § 1 der Verordnung über die Steuerbegünstigung von Stiftungen, die an die Stelle von Familienfideikommissen getreten sind, in der im Bundesgesetzblatt Teil III, Gliederungsnummer 611-4-3, veröffentlichten bereinigten Fassung.

[3]Zu den in Satz 1 bezeichneten Einkünften gehören auch

a) Leibrenten und andere Leistungen,

aa) die aus den gesetzlichen Rentenversicherungen, der landwirtschaftlichen Alterskasse, den berufsständischen Versorgungseinrichtungen und aus Rentenversicherungen im Sinne des § 10 Absatz 1 Nummer 2 Buchstabe b erbracht werden, soweit sie jeweils der Besteuerung unterliegen. [2]Bemessungsgrundlage für den der Besteuerung unterliegenden Anteil ist der Jahresbetrag der Rente. [3]Der der Besteuerung unterliegende Anteil ist nach dem Jahr des Rentenbeginns und dem in diesem Jahr maßgebenden Prozentsatz aus der nachstehenden Tabelle zu entnehmen:

Jahr des Rentenbeginns	Besteuerungsanteil in %
bis 2005	50
ab 2006	52
2007	54
2008	56
2009	58
2010	60
2011	62
2012	64
2013	66

Jahr des Rentenbeginns	**Besteuerungsanteil in %**
2014	**68**
2015	**70**
2016	**72**
2017	**74**
2018	**76**
2019	**78**
2020	**80**
2021	**81**
2022	**82**
2023	**83**
2024	**84**
2025	**85**
2026	**86**
2027	**87**
2028	**88**
2029	**89**
2030	**90**
2031	**91**
2032	**92**
2033	**93**
2034	**94**
2035	**95**
2036	**96**
2037	**97**
2038	**98**
2039	**99**
2040	**100**

[4]Der Unterschiedsbetrag zwischen dem Jahresbetrag der Rente und dem der Besteuerung unterliegenden Anteil der Rente ist der steuerfreie Teil der Rente. [5]Dieser gilt ab dem Jahr, das dem Jahr des Rentenbeginns folgt, für die gesamte Laufzeit des Rentenbezugs. [6]Abweichend hiervon ist der steuerfreie Teil der Rente bei einer Veränderung des Jahresbetrags der Rente in dem Verhältnis anzupassen, in dem der veränderte Jahresbetrag der Rente zum Jahresbetrag der Rente steht, der der Ermittlung des steuerfreien Teils der Rente zugrunde liegt. [7]Regelmäßige Anpassungen des Jahresbetrags der Rente führen nicht zu einer Neuberechnung und bleiben bei einer Neuberechnung außer Betracht. [8]Folgen nach dem 31. Dezember 2004 Renten aus derselben Versicherung einander nach, gilt für die spätere Rente Satz 3 mit der Maßgabe, dass sich der Prozentsatz nach dem Jahr richtet, das sich ergibt, wenn die Laufzeit der vorhergehenden Renten von dem Jahr des Beginns der späteren Rente abgezogen wird; der Prozentsatz kann jedoch nicht niedriger bemessen werden als der für das Jahr 2005;

bb) die nicht solche im Sinne des Doppelbuchstaben aa sind und bei denen in den einzelnen Bezügen Einkünfte aus Erträgen des Rentenrechts enthalten sind. [2]Dies gilt auf Antrag auch für Leibrenten und andere Leistungen, soweit diese auf bis zum 31. Dezember 2004 geleisteten

Beiträgen beruhen, welche oberhalb des Betrags des Höchstbeitrags zur gesetzlichen Rentenversicherung gezahlt wurden; der Steuerpflichtige muss nachweisen, dass der Betrag des Höchstbeitrags mindestens zehn Jahre überschritten wurde; soweit hiervon im Versorgungsausgleich übertragene Rentenanwartschaften betroffen sind, gilt § 4 Absatz 1 und 2 des Versorgungsausgleichsgesetzes entsprechend. [3]Als Ertrag des Rentenrechts gilt für die gesamte Dauer des Rentenbezugs der Unterschiedsbetrag zwischen dem Jahresbetrag der Rente und dem Betrag, der sich bei gleichmäßiger Verteilung des Kapitalwerts der Rente auf ihre voraussichtliche Laufzeit ergibt; dabei ist der Kapitalwert nach dieser Laufzeit zu berechnen. [4]Der Ertrag des Rentenrechts (Ertragsanteil) ist aus der nachstehenden Tabelle zu entnehmen:

Bei Beginn der Rente vollendetes Lebensjahr des Rentenberechtigten	**Ertragsanteil in %**
0 bis 1	**59**
2 bis 3	**58**
4 bis 5	**57**
6 bis 8	**56**
9 bis 10	**55**
11 bis 12	**54**
13 bis 14	**53**
15 bis 16	**52**
17 bis 18	**51**
19 bis 20	**50**
21 bis 22	**49**
23 bis 24	**48**
25 bis 26	**47**
27	**46**
28 bis 29	**45**
30 bis 31	**44**
32	**43**
33 bis 34	**42**
35	**41**
36 bis 37	**40**
38	**39**
39 bis 40	**38**
41	**37**
42	**36**
43 bis 44	**35**
45	**34**
46 bis 47	**33**
48	**32**
49	**31**
50	**30**
51 bis 52	**29**
53	**28**

Bei Beginn der Rente vollendetes Lebensjahr des Rentenberechtigten	**Ertragsanteil in %**
54	**27**
55 bis 56	**26**
57	**25**
58	**24**
59	**23**
60 bis 61	**22**
62	**21**
63	**20**
64	**19**
65 bis 66	**18**
67	**17**
68	**16**
69 bis 70	**15**
71	**14**
72 bis 73	**13**
74	**12**
75	**11**
76 bis 77	**10**
78 bis 79	**9**
80	**8**
81 bis 82	**7**
83 bis 84	**6**
85 bis 87	**5**
88 bis 91	**4**
92 bis 93	**3**
94 bis 96	**2**
ab 97	**1**

[5]Die Ermittlung des Ertrags aus Leibrenten, die vor dem 1. Januar 1955 zu laufen begonnen haben, und aus Renten, deren Dauer von der Lebenszeit mehrerer Personen oder einer anderen Person als des Rentenberechtigten abhängt, sowie aus Leibrenten, die auf eine bestimmte Zeit beschränkt sind, wird durch eine Rechtsverordnung bestimmt;

b) Einkünfte aus Zuschüssen und sonstigen Vorteilen, die als wiederkehrende Bezüge gewährt werden;

1a. Einkünfte aus Leistungen und Zahlungen nach § 10 Absatz 1a, soweit für diese die Voraussetzungen für den Sonderausgabenabzug beim Leistungs- oder Zahlungsverpflichteten nach § 10 Absatz 1a erfüllt sind;

1b. ***(aufgehoben)***

1c. ***(aufgehoben)***

2. Einkünfte aus privaten Veräußerungsgeschäften im Sinne des § 23;

3. Einkünfte aus Leistungen, soweit sie weder zu anderen Einkunftsarten (§ 2 Absatz 1 Satz 1 Nummer 1 bis 6) noch zu den Einkünften im Sinne der Nummern 1, 1a, 2 oder 4 gehören, z. B. Einkünfte aus gelegentlichen Vermittlungen und aus der Vermietung beweglicher Gegenstände. [2]Solche Einkünfte sind nicht einkommensteuerpflichtig, wenn sie weniger als 256 Euro im Kalender-

jahr betragen haben. [3]Übersteigen die Werbungskosten die Einnahmen, so darf der übersteigende Betrag bei Ermittlung des Einkommens nicht ausgeglichen werden; er darf auch nicht nach § 10d abgezogen werden. [4]Die Verluste mindern jedoch nach Maßgabe des § 10d die Einkünfte, die der Steuerpflichtige in dem unmittelbar vorangegangenen Veranlagungszeitraum oder in den folgenden Veranlagungszeiträumen aus Leistungen im Sinne des Satzes 1 erzielt hat oder erzielt; § 10d Absatz 4 gilt entsprechend;

4. Entschädigungen, Amtszulagen, Zuschüsse zu Kranken- und Pflegeversicherungsbeiträgen, Übergangsgelder, Überbrückungsgelder, Sterbegelder, Versorgungsabfindungen, Versorgungsbezüge, die auf Grund des Abgeordnetengesetzes oder des Europaabgeordnetengesetzes, sowie vergleichbare Bezüge, die auf Grund der entsprechenden Gesetze der Länder gezahlt werden, und die Entschädigungen, das Übergangsgeld, das Ruhegehalt und die Hinterbliebenenversorgung, die auf Grund des Abgeordnetenstatuts des Europäischen Parlaments von der Europäischen Union gezahlt werden. [2]Werden zur Abgeltung des durch das Mandat veranlassten Aufwandes Aufwandsentschädigungen gezahlt, so dürfen die durch das Mandat veranlassten Aufwendungen nicht als Werbungskosten abgezogen werden. [3]Wahlkampfkosten zur Erlangung eines Mandats im Bundestag, im Europäischen Parlament oder im Parlament eines Landes dürfen nicht als Werbungskosten abgezogen werden. [4]Es gelten entsprechend
   a) für Nachversicherungsbeiträge auf Grund gesetzlicher Verpflichtung nach den Abgeordnetengesetzen im Sinne des Satzes 1 und für Zuschüsse zu Kranken- und Pflegeversicherungsbeiträgen § 3 Nummer 62,
   b) für Versorgungsbezüge § 19 Absatz 2 nur bezüglich des Versorgungsfreibetrags; beim Zusammentreffen mit Versorgungsbezügen im Sinne des § 19 Absatz 2 Satz 2 bleibt jedoch insgesamt höchstens ein Betrag in Höhe des Versorgungsfreibetrags nach § 19 Absatz 2 Satz 3 im Veranlagungszeitraum steuerfrei,
   c) für das Übergangsgeld, das in einer Summe gezahlt wird, und für die Versorgungsabfindung § 34 Absatz 1,
   d) für die Gemeinschaftssteuer, die auf die Entschädigungen, das Übergangsgeld, das Ruhegehalt und die Hinterbliebenenversorgung auf Grund des Abgeordnetenstatuts des Europäischen Parlaments von der Europäischen Union erhoben wird, § 34c Absatz 1; dabei sind die im ersten Halbsatz genannten Einkünfte für die entsprechende Anwendung des § 34c Absatz 1 wie ausländische Einkünfte und die Gemeinschaftssteuer wie eine der deutschen Einkommensteuer entsprechende ausländische Steuer zu behandeln;

5. Leistungen aus Altersvorsorgeverträgen, Pensionsfonds, Pensionskassen und Direktversicherungen. [2]Soweit die Leistungen nicht auf Beiträgen, auf die § 3 Nummer 63, 63a, § 10a, Abschnitt XI oder Abschnitt XII angewendet wurden, nicht auf Zulagen im Sinne des Abschnitts XI, nicht auf Zahlungen im Sinne des § 92a Absatz 2 Satz 4 Nummer 1 und des § 92a Absatz 3 Satz 9 Nummer 2, nicht auf steuerfreien Leistungen nach § 3 Nummer 66 und nicht auf Ansprüchen beruhen, die durch steuerfreie Zuwendungen nach § 3 Nummer 56 oder die durch die nach § 3 Nummer 55b Satz 1 oder § 3 Nummer 55c steuerfreie Leistung aus einem neu begründeten Anrecht erworben wurden,
   a) ist bei lebenslangen Renten sowie bei Berufsunfähigkeits-, Erwerbsminderungs- und Hinterbliebenenrenten Nummer 1 Satz 3 Buchstabe a entsprechend anzuwenden,
   b) ist bei Leistungen aus Versicherungsverträgen, Pensionsfonds, Pensionskassen und Direktversicherungen, die nicht solche nach Buchstabe a sind, § 20 Absatz 1 Nummer 6 in der jeweils für den Vertrag geltenden Fassung entsprechend anzuwenden,
   c) unterliegt bei anderen Leistungen der Unterschiedsbetrag zwischen der Leistung und der Summe der auf sie entrichteten Beiträge der Besteuerung; § 20 Absatz 1 Nummer 6 Satz 2 gilt entsprechend.

[3]In den Fällen des § 93 Absatz 1 Satz 1 und 2 gilt das ausgezahlte geförderte Altersvorsorgevermögen nach Abzug der Zulagen im Sinne des Abschnitts XI als Leistung im Sinne des Satzes 2. [4]Als Leistung im Sinne des Satzes 1 gilt auch der Verminderungsbetrag nach § 92a Absatz 2 Satz 5 und der Auflösungsbetrag nach § 92a Absatz 3 Satz 5. [5]Der Auflösungsbetrag nach § 92a Absatz 2 Satz 6 wird zu 70 Prozent als Leistung nach Satz 1 erfasst. [6]Tritt nach dem Beginn der Auszahlungsphase zu Lebzeiten des Zulageberechtigten der Fall des § 92a Absatz 3 Satz 1 ein, dann ist

a) innerhalb eines Zeitraums bis zum zehnten Jahr nach dem Beginn der Auszahlungsphase das Eineinhalbfache,

b) innerhalb eines Zeitraums zwischen dem zehnten und 20. Jahr nach dem Beginn der Auszahlungsphase das Einfache

des nach Satz 5 noch nicht erfassten Auflösungsbetrags als Leistung nach Satz 1 zu erfassen; § 92a Absatz 3 Satz 9 gilt entsprechend mit der Maßgabe, dass als noch nicht zurückgeführter Betrag im Wohnförderkonto der noch nicht erfasste Auflösungsbetrag gilt. [7]Bei erstmaligem Bezug von Leistungen, in den Fällen des § 93 Absatz 1 sowie bei Änderung der im Kalenderjahr auszuzahlenden Leistung hat der Anbieter (§ 80) nach Ablauf des Kalenderjahres dem Steuerpflichtigen nach amtlich vorgeschriebenem Muster den Betrag der im abgelaufenen Kalenderjahr zugeflossenen Leistungen im Sinne der Sätze 1 bis 3 je gesondert mitzuteilen; mit Einverständnis des Steuerpflichtigen kann die Mitteilung elektronisch bereitgestellt werden. [8]Werden dem Steuerpflichtigen Abschluss- und Vertriebskosten eines Altersvorsorgevertrages erstattet, gilt der Erstattungsbetrag als Leistung im Sinne des Satzes 1. [9]In den Fällen des § 3 Nummer 55a richtet sich die Zuordnung zu Satz 1 oder Satz 2 bei der ausgleichsberechtigten Person danach, wie eine nur auf die Ehezeit bezogene Zuordnung der sich aus dem übertragenen Anrecht ergebenden Leistung zu Satz 1 oder Satz 2 bei der ausgleichspflichtigen Person im Zeitpunkt der Übertragung ohne die Teilung vorzunehmen gewesen wäre. [10]Dies gilt sinngemäß in den Fällen des § 3 Nummer 55 und 55e. [11]Wird eine Versorgungsverpflichtung nach § 3 Nummer 66 auf einen Pensionsfonds übertragen und hat der Steuerpflichtige bereits vor dieser Übertragung Leistungen auf Grund dieser Versorgungsverpflichtung erhalten, so sind insoweit auf die Leistungen aus dem Pensionsfonds im Sinne des Satzes 1 die Beträge nach § 9a Satz 1 Nummer 1 und § 19 Absatz 2 entsprechend anzuwenden; § 9a Satz 1 Nummer 3 ist nicht anzuwenden. [12]Wird auf Grund einer internen Teilung nach § 10 des Versorgungsausgleichsgesetzes oder einer externen Teilung nach § 14 des Versorgungsausgleichsgesetzes ein Anrecht zugunsten der ausgleichsberechtigten Person begründet, so gilt dieser Vertrag insoweit zu dem gleichen Zeitpunkt als abgeschlossen wie der Vertrag der ausgleichspflichtigen Person, wenn die aus dem Vertrag der ausgleichspflichtigen Person ausgezahlten Leistungen zu einer Besteuerung nach Satz 2 führen. [13]Für Leistungen aus Altersvorsorgeverträgen nach § 93 Absatz 3 ist § 34 Absatz 1 entsprechend anzuwenden. [14]Soweit Begünstigungen, die mit denen in Satz 2 vergleichbar sind, bei der deutschen Besteuerung gewährt wurden, gelten die darauf beruhenden Leistungen ebenfalls als Leistung nach Satz 1. [15]§ 20 Absatz 1 Nummer 6 Satz 9 in der ab dem 27. Juli 2016 geltenden Fassung ist anzuwenden, soweit keine Steuerbefreiung nach den §§ 8 bis 12 des Investmentsteuergesetzes erfolgt ist.

---

§ 55 EStDV Ermittlung des Ertrags aus Leibrenten in besonderen Fällen

(1) Der Ertrag des Rentenrechts ist in den folgenden Fällen auf Grund der in § 22 Nr. 1 Satz 3 Buchstabe a Doppelbuchstabe bb des Gesetzes aufgeführten Tabelle zu ermitteln:

1. bei Leibrenten, die vor dem 1. Januar 1955 zu laufen begonnen haben. [2]Dabei ist das vor dem 1. Januar 1955 vollendete Lebensjahr des Rentenberechtigten maßgebend;
2. bei Leibrenten, deren Dauer von der Lebenszeit einer anderen Person als des Rentenberechtigten abhängt. [2]Dabei ist das bei Beginn der Rente, im Fall der

Nummer 1 das vor dem 1. Januar 1955 vollendete Lebensjahr dieser Person maßgebend;

3. bei Leibrenten, deren Dauer von der Lebenszeit mehrerer Personen abhängt. [2]Dabei ist das bei Beginn der Rente, im Fall der Nummer 1 das vor dem 1. Januar 1955 vollendete Lebensjahr der ältesten Person maßgebend, wenn das Rentenrecht mit dem Tod des zuerst Sterbenden erlischt, und das Lebensjahr der jüngsten Person, wenn das Rentenrecht mit dem Tod des zuletzt Sterbenden erlischt.

(2) [1]Der Ertrag der Leibrenten, die auf eine bestimmte Zeit beschränkt sind (abgekürzte Leibrenten), ist nach der Lebenserwartung unter Berücksichtigung der zeitlichen Begrenzung zu ermitteln. [2]Der Ertragsanteil ist aus der nachstehenden Tabelle zu entnehmen. [3]Absatz 1 ist entsprechend anzuwenden.

Beschränkung der Laufzeit der Rente auf … Jahre ab Beginn des Rentenbezugs (ab 1. Januar 1955, falls die Rente vor diesem Zeitpunkt zu laufen begonnen hat)	**Der Ertragsanteil beträgt vorbehaltlich der Spalte 3 … Prozent**	**Der Ertragsanteil ist der Tabelle in § 22 Nr. 1 Satz 3 Buchstabe a Doppelbuchstabe bb des Gesetzes zu entnehmen, wenn der Rentenberechtigte zu Beginn des Rentenbezugs (vor dem 1. Januar 1955, falls die Rente vor diesem Zeitpunkt zu laufen begonnen hat) das …te Lebensjahr vollendet hatte**
1	**2**	**3**
1	**0**	**entfällt**
2	**1**	**entfällt**
3	**2**	**97**
4	**4**	**92**
5	**5**	**88**
6	**7**	**83**
7	**8**	**81**
8	**9**	**80**
9	**10**	**78**
10	**12**	**75**
11	**13**	**74**
12	**14**	**72**
13	**15**	**71**
14–15	**16**	**69**
16–17	**18**	**67**
18	**19**	**65**
19	**20**	**64**
20	**21**	**63**
21	**22**	**62**
22	**23**	**60**
23	**24**	**59**
24	**25**	**58**
25	**26**	**57**
26	**27**	**55**
27	**28**	**54**
28	**29**	**53**
29–30	**30**	**51**
31	**31**	**50**
32	**32**	**49**
33	**33**	**48**
34	**34**	**46**

Beschränkung der Laufzeit der Rente auf … Jahre ab Beginn des Rentenbezugs (ab 1. Januar 1955, falls die Rente vor diesem Zeitpunkt zu laufen begonnen hat)	Der Ertragsanteil beträgt vorbehaltlich der Spalte 3 … Prozent	Der Ertragsanteil ist der Tabelle in § 22 Nr. 1 Satz 3 Buchstabe a Doppelbuchstabe bb des Gesetzes zu entnehmen, wenn der Rentenberechtigte zu Beginn des Rentenbezugs (vor dem 1. Januar 1955, falls die Rente vor diesem Zeitpunkt zu laufen begonnen hat) das …te Lebensjahr vollendet hatte
1	2	3
35–36	35	45
37	36	43
38	37	42
39	38	41
40–41	39	39
42	40	38
43–44	41	36
45	42	35
46–47	43	33
48	44	32
49–50	45	30
51–52	46	28
53	47	27
54–55	48	25
56–57	49	23
58–59	50	21
60–61	51	19
62–63	52	17
64–65	53	15
66–67	54	13
68–69	55	11
70–71	56	9
72–74	57	6
75–76	58	4
77–79	59	2
ab 80	Der Ertragsanteil ist immer der Tabelle in § 22 Nr. 1 Satz 3 Buchstabe a Doppelbuchstabe bb des Gesetzes zu entnehmen	

Überblick

§ 22 befindet sich am Ende des Kapitels II. 8. des („Die einzelnen Einkunftsarten") und regelt – gemeinsam mit den §§ 22a, 23 – die letzte der in § 2 Abs. 1 genannten sieben Einkunftsarten, die **sonstigen Einkünfte.** Die Norm behandelt **fünf Arten von Besteuerungstatbeständen,** die untereinander in keinem systematischen Zusammenhang stehen und deren Besteuerung in zT unterschiedlicher Weise geregelt wird. Sie hat abschließenden Charakter.

Im Einzelnen behandelt die Norm Einkünfte aus (verschiedenen) **wiederkehrenden Bezügen** (§ 22 Nr. 1 und Nr. 1a), Einkünfte aus **privaten Veräußerungsgeschäften** (§ 22 Nr. 2 iVm § 23), die exemplarisch in Form einer Generalklausel beschriebenen **sonstigen Einkünfte, die nicht zu anderen Einkünften gehören** (§ 22 Nr. 3), die Einkünfte in Form von Entschädigungen, Amtszulagen ua von **Abgeordneten** des Bundes und der Länder sowie von Europaabgeordneten (§ 22 Nr. 4), und schließlich die Leistungen aus **Altersvorsorgeverträgen, Pensionsfonds, Pensionskassen und Direktversicherungen** (§ 22

Nr. 5). Damit stellt § 22 letztlich eine Zusammenfassung verschiedener voneinander unabhängiger Tatbestände und Regelungen dar, welche das „Programm" der vom EStG im Kapitel II. 8. als steuerbar konstituierten Einkunftsarten abschließt.

Übersicht

A. Allgemeines

1 **Leitentscheidungen, wichtige Verwaltungsanweisungen und Schrifttum (Auswahl):**

1.1 **Entscheidungen des GrS und des BVerfG:**
BFH 5.7.1990 – GrS 4-6/89, BStBl. II 1990, 847; BFH 15.7.1991 – GrS 1/90, BStBl. II 1992, 78. BVerfG 29.9.2015 – 2 BvR 2683/11, BStBl. II 2016, 310; BVerfG 6.3.2002 – 2 BvL 17/99, BStBl. II 2002, 1305 („Rentenurteil"); BVerfG 30.9.1998 – 2 BvR 1818/91, BVerfGE 99, 88.

1.2 **Weitere Leitentscheidungen des BFH:**
BFH 23.11.2016 – X R 13/14, BFH/NV 2017, 445; BFH 21.6.2016 – X R 44/14, BFH/NV 2016, 1791; BFH 16.6.2015 – IX R 26/14, BStBl. II 2015, 1019; BFH 1.10.2015 – X R 43/11, BStBl. II 2016, 685; BFH 14.4.2015 – IX R 35/13, BStBl. II 2015, 795; BFH 23.10.2013 – X R 3/12, BStBl. II 2014, 58; BFH 18.5.2010 – X R 32-33/01, BStBl. II 2011, 675; BFH 20.10.1999 – X R 132/95,

BStBl. II 2000, 196; BFH 20.10.1999 – X R 132/95, BStBl. II 2000, 196; BFH 27.2.1992 – X R 136, 88, BStBl. II 1992, 609; BFH 22.1.1991 – X R 97/89, BStBl. II 1991, 686; BFH 8.3.1989 – X R 16/85, BStBl. II 1989, 1323; BFH 5.12.1980 – VI R 118/79, BStBl. II 1981, 265; BFH 29.3.1962 – VI 105/61 U, BStBl. III 1962, 304.

Wichtige Verwaltungsanweisungen: 1.3

BMF 21.12.2017, BStBl. I 2018, 93; BMF 6.12.2017, BStBl. I 2018, 147; BMF 14.8.2014, BStBl. I 2014, 1168; BMF 19.8.2013, BStBl. I 2013, 1087 (zuletzt geändert durch BMF 24.5.2017, BStBl. I 2017, 820); BMF 11.3.2010, BStBl. I 2010, 227 (zuletzt geändert durch BMF 6.5.2016, BStBl. I 2016, 476); BMF 1.10.2009, BStBl. I 2009, 1172 (zuletzt geändert durch BMF 29.9.2017, BStBl. I 2017, 1314); BMF 11.11.2004, BStBl. I 2004, 1061 ergänzt durch BMF 14.3.2012, BStBl. I 2012, 311; BMF 3.8.2004, BStBl. I 2004, 1187.

Schrifttum (Auswahl): 1.4

Brandenberg, Entgeltliche Vermögensübertragungen gegen wiederkehrende Leistungen, NWB Fach 3, 14089; *Intemann/Cöster,* Altersvorsorgeaufwendungen als Werbungskosten? Eine Diskussion aus steuersystematischer Sicht, DStR 2005, 1921; *Myßen/Killat/Killat,* Renten, Raten, Dauernde Lasten, 15. Aufl. 2014; *Myßen/Wolter,* Abzug von Vorsorgeaufwendungen und Besteuerung von Altersbezügen, NWB 2011, 280; *Paus,* Übertragung privater Grundstücke gegen wiederkehrende Bezüge, NWB 2014, 992; *Risthaus,* Steuerrechtliche Behandlung von Altersvorsorgeaufwendungen und Altersbezügen nach dem Alterseinkünftegesetz, DStR 2008, 797; *Weber-Grellet,* Das Alterseinkünftegesetz, DStR 2004, 1721.

I. Regelungsanliegen im System des Steuerrechts

1. Funktion/Zweck der Regelung

2 § 22 kodifiziert als siebte Einkunftsart die „sonstigen Einkünfte", welche den Katalog des § 2 Abs. 1 abschließen. Die Norm hat die Aufgabe, die Grundnorm des § 2 mit ihren beiden konstitutiven Tatbestandsteilen „Einkommen" und „Erzielen steuerbaren Einkommens" für bestimmte, vom Gesetzgeber als steuerwürdig angesehen Sachverhalte zu ergänzen und auszuformen (Kirchhof/Söhn/*Fischer* § 22 Rn. A1). Die darin zum Ausdruck kommende **Abschluss- und Ergänzungsfunktion** des § 22 belegt das Gesetz dadurch, dass die gesammelten Tatbestände der Vorschrift großenteils als subsidiär zu den anderen Einkunftsarten geregelt wurden. Die abschließende Aufzählung ist – wie sich aus dem Wortlaut der Norm (vgl. etwa Nr. 1 S. 3 „gehören auch"; Nr. 3: „zB Einkünfte aus") ergibt – teilweise lediglich beispielhaft ausgefüllt und wird dementsprechend von der Rechtsprechung und Literatur näher konkretisiert. Die Ergänzungsfunktion zeigt sich in den verschiedenartigen, in § 22 zusammengefassten und nachfolgend kurz skizzierten Tatbestände:

3 In **§ 22 Nr. 1** ist die Besteuerung **wiederkehrender Bezüge** normiert, wobei der Terminus der wiederkehrenden Bezüge als Oberbegriff fungiert, dessen Unterarten (insbesondere Leibrenten) zT gesondert behandelt werden. Dabei werden die verschiedenen Formen wiederkehrender Bezüge einerseits im Hinblick darauf geregelt, ob sie dem Empfänger **zugerechnet** werden und andererseits im Hinblick darauf, **welcher Teil** der Bezüge der Besteuerung unterliegt, bzw. **welcher Teil** nicht der Besteuerung unterliegen soll.

4 **§ 22 Nr. 1a** fasst ab Veranlagungszeitraum 2015 im Wesentlichen die zuvor in den Nr. 1a, 1b und 1c geregelten Besteuerungstatbestände zusammen, namentlich die Besteuerung von **Leistungen beim Realsplitting** (§ 10 Abs. 1a Nr. 1), von Versorgungsleistungen aufgrund von **Vermögensübertragungen** (§ 10 Abs. 1a Nr. 2), von **Ausgleichsleistungen** zur Vermeidung eines Versorgungsausgleichs (§ 10 Abs. 1a Nr. 3) und von Leistungen aus dem **Versorgungsausgleich** (§ 10 Abs. 1a Nr. 4).

5 In **§ 22 Nr. 2** werden die Einkünfte aus privaten **Veräußerungsgeschäften** erwähnt, deren Besteuerungsdetails in § 23 normiert sind.

6 **§ 22 Nr. 3** erfasst die **Einkünfte aus Leistungen.** Beispielhaft rechnet das Gesetz dazu ein Einkünfte aus gelegentlichen Vermittlungen und aus der Vermietung beweglicher Gegenstände. Im Übrigen wird der sehr weite Begriff der Leistung im Gesetz nicht näher konkretisiert. Erfasst werden nur solche Einkünfte, die weder zu den Einkunftsarten des § 2 Abs. 1 Nr. 1–6, noch zu den sonstigen Einkünften des § 22 gehören. Damit erfüllt die Vorschrift eine **Auffangfunktion innerhalb des bereits als Auffangtatbestand kodifizierten § 22.**

7 In **§ 22 Nr. 4** ist geregelt, inwieweit die Bezüge von **Abgeordneten** der Besteuerung unterliegen. Erfasst werden Leistungen (zB Entschädigungen, Amtszulagen), die aufgrund

des Abgeordnetengesetzes, des Europaabgeordnetengesetzes oder der entsprechenden Gesetze der Länder gewährt werden.

8 **§ 22 Nr. 5** regelt die Besteuerung von Leistungen aus einer **privaten kapitalgedeckten Altersvorsorge,** namentlich von und von Leistungen aus Altersvorsorgeverträgen, Pensionsfonds, Pensionskassen, und Direktversicherungen.

9 Gemein haben die Tatbestände des § 22 grundsätzlich, dass sie **auf sonstige Weise erzieltes** Einkommen zum Gegenstand haben. Ausgenommen hiervon sind die Einkünfte aus Unterhaltsleistungen (vgl. § 22 Nr. 1a). Diese stellen kein erzieltes, sondern **zugewendetes Einkommen** dar. Ihre Steuerbarkeit ist an sich nicht systemkonform, da die als steuerwürdig anzusehende Steigerung der Leistungsfähigkeit das Erzielen und nicht die Zuwendung von Einkommen voraussetzt. Legitimiert wird die Besteuerung zugewendeten Einkommens jedoch dadurch, dass mit der Besteuerung beim Empfänger eine steuerliche Abzugsmöglichkeit beim Zuwendenden einhergeht (§ 10 Abs. 1 a).

10 Die **Ergänzungsfunktion** wird weiter dadurch erfüllt, dass die sonstigen Einkünfte in persönlicher Hinsicht von **allen** unbeschränkt oder beschränkt **steuerpflichtigen natürlichen Personen** bezogen werden können. Für letztere gilt § 22 jedoch nur insoweit, als die sonstigen Einkünfte inländische Einkünfte iSd. § 49 Abs. 1 Nr. 7–10 darstellen; liegen solche vor, kommt eine Besteuerung nur vorbehaltlich der Regelungen der jeweils einschlägigen DBA in Betracht. Auch **Körperschaften, Personenvereinigungen und Vermögensmassen** können sonstige Einkünfte gem. § 22 beziehen; eine Besonderheit gilt hier allerdings für sämtliche Vereinigungen iSd § 8 Abs. 2 KStG, da deren Einkünfte vollumfassend als Einkünfte aus Gewerbebetrieb zu behandeln sind.

2. Historische Entwicklung

11 Bereits im **REStG 1920** vom 23.3.1920 (RGBl. 1920, 359) gehörten die „sonstigen Einkünfte" – gleich, ob einmalig oder wiederkehrend, gleich aus welchem Grund geleistet – zum steuerbaren Einkommen (§ 5 REStG). § 11 REStG konkretisierte diesen Besteuerungstatbestand und benannte exemplarisch die folgenden „sonstigen Einkünfte":

1. Leibrenten, Leibgedinge, Zeitrenten und andere unverberbliche Renten,
2. Zuschüsse und sonstige Vorteile, auch wenn kein Rechtsanspruch besteht; Zuwendungen die freiwillig oder zur Erfüllung einer gesetzlichen Unterhaltspflicht gewährt werden, waren nicht zu versteuern, wenn der Geber unbeschränkt steuerpflichtig war;
3. Entschädigungen als Ersatz für entgehende Einnahmen;
4. Lotteriegewinne und ähnliche außerordentliche Einnahmen;
5. durch einzelne Veräußerungsgeschäfte erzielte Gewinne.

12 Im **REStG 1925** vom 10.8.1925 (RGBl. I 1925, 189) wurden die sonstigen Einkünfte aufgegliedert in die „**wiederkehrenden Bezüge**" (§ 40 REStG) einerseits und in „**sonstigen Leistungsgewinne**" (§ 41 REStG) andererseits. Bei den ersten wurden die zuvor in § 11 REStG geregelten Einkünfte dahingehend modifiziert, dass nunmehr auch vererbliche Renten der Besteuerung unterlagen. Die Zuschüsse und sonstigen Vorteile sollten nur noch als wiederkehrende – nicht mehr als einmalige – Bezüge besteuert werden. Die Entschädigungen als Ersatz für entgehende Einnahmen wurden anderweitig in § 44 REStG kodifiziert; die Lotteriegwinne wurden von der Besteuerung ausgenommen. Die zweiten (die „sonstigen Leistungsgewinne) wurden aufgegliedert in Veräußerungsgewinne, soweit sie Spekulationsgeschäfte (§ 42 REStG) waren und in Einkünfte aus sonstigen Tätigkeiten, zB aus gelegentlichen Vermittlungen oder aus der Vermietung beweglicher Gegenstände.

13 Das **EStG 1934** vom 16.10.1934 (RGBl. I 1934, 1005) fasste die Gruppen der „wiederkehrenden Bezüge" (bis dahin § 40 REStG) und der „sonstigen Leistungsgewinne" (bis dahin § 41 REStG) unter der Bezeichnung der **„sonstigen Einkünfte" in § 22** zusammen. Sachliche Änderungen wurden bei den „wiederkehrenden Bezügen" nicht vorgenommen, und auch die „sonstigen Einkünfte" sind wie bis dahin in Spekulationsgeschäfte (zuvor § 42 REStG, nunmehr § 23 EStG) und Einkünfte aus Leistungen untergliedert worden.

14 Von dieser Fassung der §§ 22, 23 bis zur strukturellen Änderung der Rentenbesteuerung mit dem Alterseinkünftegesetz – AltEinkG – vom 5.7.2004 (BGBl. 2004 I 1427) wurde § 22 durch diverse Gesetze weiter modifiziert, namentlich durch das **StNoG** vom 16.12.1954 (BGBl. 1954 I 373: Beschränkung der Rentenbesteuerung auf den Ertragsanteil), das **EStRG**

vom 5.8.1974 (BGBl.1974 I 1769: Regelung der Nichtsteuerbarkeit von „aufgrund einer freiwillig begründeten Rechtspflicht" gewährten Bezügen), das **EStÄndG** vom 20.4.1976 (BGBl. 1976 I 1054: Ausschluss des Verlustabzugs bei § 22 Nr. 1), das Gesetz zur Neuregelung der Rechtsverhältnisse der Mitglieder des Deutschen Bundestages vom 18.2.1977 (**AbgG;** BGBl. 1977 I 297: Einfügung Besteuerung der Abgeordnetenbezüge in § 22 Nr. 4), das **StÄndG 1979** vom 30.11.1978 (BGBl. 1978 I 1849: Einführung des begrenzten Realsplittings in § 22 Nr. 1a); das **Zweite Gesetz zur Änderung dienstrechtlicher Vorschriften** vom 30.7.1979 (BGBl. 1979 I 1301: Ergänzung von § 22 Nr. 4 um Bezüge nach dem Europaabgeordnetengesetz), das **SubvAbG** vom 26.6.1981 (BGBl. 1981 I 537: Streichung der Steuerbegünstigung bestimmter Nebentätigkeiten von Abgeordneten), das **HStruktG** vom 22.12.1981 (BGBl. 1981 I 1523: Erhöhung der Ertragsanteile bei Leibrentenbesteuerung), das **StBereinigungsG** 1986 vom 19.12.1985 (BGBl. 1985 I 236: Ergänzung der Steuerfreiheit nach Nr. 1 S. 2 um Bezüge von unbeschränkt körperschaftsteuerpflichtigen Vereinigungen), das Elfte Gesetz zur **Änderung des AbgeordnetenG** vom 18.12.1989 und das **WobauFG** vom 22.12.1989 (BGBl. 1989 I 2210 und BGBl. 1989 I 2408: jeweils Ergänzungen von § 22 Nr. 4), das **Gesetz vom 23.9.1990 zu dem Vertrag vom 31.8.1990** (BGBl. 1990 I 885: Anwendung von § 22 auf neue Bundesländer), das **FKPG** vom 23.6.1993 (BGBl. 1993 I 944: Anhebung des Prozentsatzes für die Ermittlung des Ertragsanteils von Leibrenten), das **StMBG** vom 21.12.1993 (BGBl. 1993 I 2310: Freibetragserhöhung in § 22 Nr. 4 S. 4 Buchst. b), das **JStG 1996** vom 11.10.1995 (BGBl. 1995 I 1250: Anpassung von § 22 Nr. 4 wegen Änderungen im AbgG), das **StEntlG 1999/2000/2002** vom 24.3.1999 (BGBl. 1999 I 402: Berücksichtigung von Verlusten aus Einkünften nach § 22 Nr. 3 entsprechend § 10d bei Einkünften aus derselben Nr.), das **StBereinG 1999** vom 22.12.1999 (BGBl. 1999 I 2601: redaktionelle Anpassung beim Verweis in § 22 Nr. 4 S. 4 Buchst. c), das **StSenkG** vom 23.10.2000 (BGBl. 2000 I 1433: Anpassung der Besteuerung nach § 22 Nr. 1 S. 2 an die Umstellung vom Anrechnungsverfahren auf das Halbeinkünfteverfahren), das **StEuglG** vom 19.12.2000 (BGBl. 2000 I 1790: Umstellung von DM auf Euro), das **AVmG** vom 26.6.2001 (BGBl. 2001 I 1310: Einfügung von § 22 Nr. 5), und das **StÄndG** 2001 vom 20.12.2001 (BGBl. I 2001 I 3794: v.a. redaktionelle Änderungen in § 22 Nr. 5).

Mit dem **AltEinkG** vom 5.7.2004 (BGBl. 2004 I 1427) hat der Gesetzgeber auf das Urteil 15
des BVerfG vom 6.3.2002 (2 BvL 17/99, BStBl. II 2002, 618) reagiert. Darin hat das BVerfG entschieden, dass die unterschiedliche Besteuerung der Beamtenpensionen (volle nachgelagerte Besteuerung nach § 19) einerseits und der Renten (Ertragsanteilsbesteuerung nach § 22 Nr. 1 S. 3 Buchst. a) andererseits **mit dem Gleichheitssatz unvereinbar** sei. Dem Gesetzgeber wurde aufgegeben, zum 1.1.2005 eine verfassungskonforme Neuregelung zu treffen. Mit dem AltEinkG hat der Gesetzgeber mit Wirkung zum 1.1.2005 § 22 Nr. 1 S. 3 Buchst. a in die Doppelbuchst. aa und bb untergliedert und die Besteuerung der **Basisversorgung** (Doppelbuchst. aa) von der Besteuerung der **übrigen Renten** getrennt. Gleichbehandlung wird nun dadurch angestrebt, dass die Renten der Basisversorgung (bei den Leistungen aus anderen Stammrechten blieb es bei der Ertragsanteilsbesteuerung, § 22 Nr. 1 S. 3 Buchst. a Doppelbuchst. bb) mit einer Übergangsfrist bis 2040 Schrittweise einer vollen Besteuerung zugeführt werden (**nachgelagerte Besteuerung**). Mit dem Übergang zur vollen nachgelagerten Besteuerung wurden auch die Abzugsmöglichkeiten bei den Altersvorsorgeaufwendungen schrittweise erhöht. Darüber hinaus wurde in § 22 Nr. 1 S. 3 Buchst. a neben der Besteuerung der Leibrenten die Besteuerung der „anderen Leistungen" normiert. Mit dieser Erweiterung bezweckte der Gesetzgeber insbesondere die Beteuerung von (Teil-)Kapitalisierungen. Weitere Änderungen wurden in § 22 Nr. 4 vorgenommen. Dort (S. 4 Buchst. b) wurde geregelt, dass § 19 Abs. 2 nur bzgl. des Versorgungsfreibetrags (nicht auch des Zuschlags) entsprechend anzuwenden ist. § 22 Nr. 5 wurde insbesondere redaktionell geändert. Die Regelungen des AltEinkG traten mit Wirkung zum 1.1.2005 in Kraft.

Weitere Änderungen ab 2005 erfolgten durch das **Gesetz zur Beschränkung der Ver-** 16
lustverrechnung im Zusammenhang mit Steuerstundungsmodellen vom 22.12.2005 (BGBl. 2005 I 3683: entsprechende Anwendung von § 15b gem. § 22 Nr. 1 S. 1 mit Wirkung zum 31.12.2005), das **JStG 2007** vom 13.12.2006 (BGBl. 2006 I 2878: Verweis auf § 10d Abs. 4– gesonderte Feststellung von Verlusten – in § 22 Nr. 3 mit Wirkung zum 1.1.2007), das **JStG 2008** vom 20.12.2007 (BGBl. 2007 I 3150: Einfügung von § 22 Nr. 1b – dh, gesetzliche Kodifikation des bislang durch Richterrecht geprägten Instituts der unentgeltli-

chen Vermögensübergabe gegen Versorgungsleistungen – und von § 22 Nr. 1c mit Wirkung zum Veranlagungszeitraum 2008, vgl. § 52 Abs. 1 EStG idF des UntStReformG 2008 v 14.8.2007, BGBl. 2007 I 1912), das **EigRentG** vom 29.7.2008 (BGBl. 2008 I 1509: div. Änderungen im Zusammenhang mit der Neufassung des § 92a mit Wirkung zum Veranlagungszeitraum 2008, vgl. § 52 Abs. 1 EStG idF des UntStReformG 2008 v 14.8.2007, BGBl. 2007 I 1912), das **JStG 2009** vom 19.12.2008 (BGBl. 2008 I 2794: Die Regelungen des § 22 Nr. 1 S. 2 Hs. 1 und Hs. 2 wurden unabhängig von der Steuerpflicht des Gebers ausgestaltet; die Verlustverrechnungsregelung in § 22 Nr. 3 wurde (bis 2013) dahingehend erweitert, dass Verluste auch mit Einkünften aus Kapitalvermögen iSd § 20 Abs. 11 ausgeglichen werden können; § 22 Nr. 4 wurde um bestimmte Leistungen für Mitglieder des Europaparlaments erweitert und § 34 c wurde auf die auf diese Leistungen entfallene Gemeinschaftssteuer für entsprechend anwendbar erklärt; § 22 Nr. 5 S. 9 ordnet die nachgelagerte Besteuerung nach Nr. 5 S. 1an; die Regelungen gelten gem. § 52 Abs. 1 EStG idF des JStG 2009 1.1.2009), das **VAStrRefG** vom 3.4.2009 (BGBl. 2009 I 700: § 22 Nr. 1 Buchst. a Doppelbuchst. bb und Nr. 5 wurden geändert und um die auf den Versorgungsausgleich zurückzuführenden Renten und die sonstigen Altersversorgungsleistungen erweitert; die Regelungen gelten ab dem Veranlagungszeitraum 2009, vgl. Art. 23 VAStrREfG iVm § 52 Abs. 1 EStG idF JStG 2009), das **JStG 2010** vom 8.12.2010 (BGBl. 2010 I 1768: Insbesondere Klarstellung in § 22 Nr. 1b und Nr. 1c, dass Einkünfte aus Versorgungsleistungen bzw. Ausgleichsleistungen nur vorliegen, soweit beim Zahlungsverpflichteten der Sonderausgabenabzug möglich ist; § 22 Nr. 1c wird zudem an das VersorungsausgleichsG angepasst; in § 22 Nr. 5 S. 6 werden die Worte „zu Lebzeiten des Zulageberechtigten" eingeführt und § 22 Nr. 5 S. 10 erhält eine neue Teilungsregelung für den Fall der internen Teilung nach § 3 Nr. 55a; die Regelungen gelten gem. Art. 32 JStG 2010 iVm § 52 Abs. 1 EStG idF des Bürgerentlastungsgesetzes Krankenversicherung vom 16.7.2009 ab Veranlagungszeitraum 2010, § 22 Nr. 5 S. 10 trat jedoch gem. Art. 32 Abs. 2 JStG bereits mit Wirkung ab 1.9.2009 in Kraft), das **BEitrRLUmsG** vom 7.12.2011 (BGBl. 2011 I 2592: Ergänzung von § 22 Nr. 5 S. 2, um Leistungen, die auf einem steuerfrei begründeten Anrecht gem. § 3 Nr. 55c beruhen; § 22 Nr. 5 S. 11 ergänzt eine Regelung zum Verteilungsschlüssel in Fällen des § 3 Nr. 55, und Nr. 55e; die Regelungen greifen gem. Art. 25 Abs. 4 BeitrRLUmsG und § 52 Abs. 1 EStG idF des Steuervereinfachungsgesetzes 2011 ab dem Veranlagungszeitraum 2011), das **LSV-NOG** vom 12.4.2012 (BGBl. 2012 I 579: Folgeänderung in Nr. 1 S. 3 Buchst. a Doppelbuchst. aa aufgrund der Neuorganisation der landwirtschaftlichen Alterskasse(n)), das **Alt-VerbG** vom 24.6.2013 (BGBl. 2013 I 1667: Sprachliche Anpassung in § 22 Nr. 5 S. 7 – „Vordruck" – und Aufhebung von § 22 Nr. 5 S. 8; Geltung der Neuerungen gem. Art. 13 AltVerbG ab Veranlagungszeitraum 2013) und das **KroatienAnpG** vom 25.7.2014 (BGBl. 2014 I 1266: Aufhebung von § 52a Abs. 10a und dadurch Wegfall der Verlustverrechnung in § 22 Nr. 3 S. und 6 mit Einkünften aus § 20 Abs. 1 Nr. 11; Änderung von § 22 Nr. 5 S. 7 sowie Ergänzung von § 22 Nr. 5 um die S. 11 und 12 – zur Vorregelung beachte § 52 Abs. 38 S. 4 EStG aF; die Neuregelungen gelten ab Veranlagungszeitraum 2014, vgl. Art. 2, Art. 28 Abs. 1 KroatienAnpG).

17 Mit dem **ZollkodexAnpG** vom 22.12.2014 (BGBl. 2014 I 2417) wurden § 22 Nrn. 1b und 1c aufgehoben und § 22 Nr. 1a durch einen Verweis auf den – ebenfalls neu gefassten – § 10 Abs. 1a neu gefasst; die alten Regelungen wurden damit vollständig in dem neuen § 22 Nr. 1a vereint. § 10 Abs. 1a fasste in seiner neuen Fassung (Nrn. 1, 2, 4) die früheren Regelungen des § 10 Abs. 1 Nr. 1, 1a und 1b zusammen und erweiterte den Sonderausgabenabzug in Nr. 3 auf Ausgleichszahlungen zur Vermeidung eines Versorgungsausgleichs; dadurch erfuhr auch § 22 Nr. 1a eine entsprechende Erweiterung. Die Regelungen gelten gem. Art. 5, 16 Abs. 2 ZollkodexAnpG iVm § 52 Abs. 1 EStG idF des Art. 3, Art. 28 Abs. 5 KroatienAnpG ab Veranlagungszeitraum 2015. Mit dem **Betriebsrentenstärkungsgesetz** vom 17. August 2017 (BGBl. 2017 I 3214) wurde § 22 Nr. 5 ab Veranlagungszeitraum 2018 um die S. 13–15 ergänzt. Durch das **3. BüroentlG** v. 22.11.2019 (BGBl. 2019 I 1746) wurde § 22 Nr. 5 S. 7 um die Möglichkeit einer elektronischen Mitteilung ergänzt.

3. Verhältnis zu höherrangigem Recht

18 Soweit in § 22 die **nachgelagerte Besteuerung** angeordnet ist (§ 22 Nr. 1 S. 3 Buchst. a Doppelbuchst. aa, § 22 Nr. 5) steht die Norm in einem dauernden Spannungsverhältnis zum

verfassungsrechtlichen Gebot einer Besteuerung nach der **Leistungsfähigkeit.** Dabei begegnen die Regelungen keinen grundsätzlichen verfassungsrechtlichen Bedenken; jedoch hat das BVerfG klargestellt, dass bei Anwendung der nachgelagerten Besteuerung eine **Doppelbesteuerung** in jedem Fall ausgeschlossen werden muss. Damit ist in jedem Einzelfall zu gewährleisten, dass die nachgelagerte Besteuerung nicht dazu führt, dass Leistungen besteuert werden, die letztlich nur die Rückzahlung von Beiträgen darstellen, welche in der Ansparphase nicht entlastet waren, sondern bereit versteuert wurden (zu den Einzelheiten der verfassungsrechtlichen Problematik → Rn. 263 ff.).

Auch Teile der übrigen Regelungen des § 22 waren zT mehrfach Gegenstand einer verfas- 19
sungsrechtlichen Prüfung (zB die beschränkte Verlustverrechnungsmöglichkeit iRd § 22 Nr. 3 oder die Steuerfreiheit der Kostenpauschale iRd § 22 Nr. 4). Auf die relevanten Fragen wird insoweit im Rahmen der Kommentierung der einzelnen Regelungen eingegangen. Grundsätzliche verfassungsrechtliche Bedenken gegen die einzelnen Vorschriften des § 22 bestehen nicht. Das Gleiche gilt für etwaige Bedenken im Hinblick auf europarechtliche Vorschriften.

4. Zeitlicher Anwendungsbereich

§ 22 ist in seiner aktuellen Fassung – dh in der Fassung des Gesetzes zur Stärkung der 20
betrieblichen Altersversorgung und zur Änderung anderer Gesetzes (Betriebsrentenstärkungsgesetz vom 17. August 2017, BGBl. 2017 I 3214) ab dem Veranlagungszeitraum 2018 anwendbar.

Zu den Anwendungszeitpunkten vorangegangener Änderungen der Vorschrift wird auf 21
die vorstehenden Darlegungen zur historischen Entwicklung verwiesen. Soweit sich hinsichtlich einzelner Regelungen der Bedarf einer näheren Erläuterung im Rahmen der weiteren Kommentiert ergibt, wird auf den zeitlichen Anwendungsbereich an der jeweils gegebenen Stelle eingegangen. I.Ü. wird auf die Anwendungsvorschriften verwiesen.

5. Verhältnis zu anderen Bestimmungen

a) (teilweise) Subsidiarität. Die Vorschriften des § 22 sind zu einem großen Teil subsi- 22
diär. Sofern ein konkreter Leistungsbezug einer anderen Einkunftsart iSd § 2 Abs. 1 Nr. 1–6 zuordenbar ist, und dabei zugleich die Voraussetzungen für das Vorliegen von sonstigen Einkünften gem. **§ 22 Nr. 1, Nr. 2 oder Nr. 3** erfüllt sind, ist der Bezug grundsätzlich nicht den sonstigen Einkünften, sondern der einschlägigen Einkunftsart iSd §§ 13–21 zuzuordnen.

So tritt **§ 22 Nr. 1, Nr. 2, Nr. 3 bspw. zurück** bei **betrieblich veranlassten** wiederkeh- 23
renden Bezügen iSd § 13, 15, 18 (HHR/*Killat* § 22 Rn. 20); dies gilt auch für betrieblich veranlasste Bezüge aufgrund einer **Veräußerung des Betriebs** (§§ 13, 16, 18 Abs. 3; → Rn. 195 ff., → Rn. 434).

Keine grundsätzlich subsidiären Regelungen finden sich dagegen in **§ 22 Nr. 1a,** 24
Nr. 4 und Nr. 5. Die dort getroffenen Regelungen sind jeweils Spezialvorschriften, die die in ihrem Bereich kodifizierten Leistungen abschließend und vorrangig erfassen. Damit können bspw. Leistungen aus einem zertifizierten Altersvorsorgevertrag nur nach den Regelungen des § 22 Nr. 5 besteuert werden; eine etwaige Einlage der aus dem Vertrag resultierenden Forderungen in ein Betriebsvermögen führt insoweit nicht zu einer anderen Beurteilung.

b) Andere Vorschriften. Die Regelungen des § 22 sind in **zahlreichen Konstellati-** 25
onen von den Regelungen anderer Besteuerungstatbestände **abzugrenzen.** So können bspw. bei einer Übertragung von Vermögensgegenständen als Gegenleistung gewährte wiederkehrende Leistungen sowohl Renten, als auch wiederkehrende Bezüge, als auch reine Kaufpreisraten darstellen, sodass eine Besteuerung je nach konkreter Ausgestaltung nach § 22 Nr. 1 S. 3 Buchst. a Doppelbuchst. aa, § 22 Nr. 1 S. 1, § 20 Abs. 1 Nr. 7 in Betracht kommt; soweit der Barwert der Gegenleistung dabei die Anschaffungskoten übersteigt, können zudem die Regelungen der §§ 17, 23 tangiert sein und wenn sich das übertragene Vermögensgut in einem Betriebsvermögen befunden hat, kommt zudem eine Besteuerung nach § 15 in Betracht. Aufgrund der Vielgestaltigkeit und Unterschiedlichkeit der Abgrenzungsprobleme, wird auf die entsprechenden Fragen im Rahmen der Kommentierung der Einzelvorschriften eingegangen.

II. Normstruktur und zentrale Debatten

1. Inhalt der Norm

26 § 22 regelt in den Nrn. 1. und 1a., 2., 3., 4. und 5. fünf Arten von Besteuerungstatbeständen, wobei auch innerhalb dieser einzelnen Tatbestände zT nach Voraussetzungen und Rechtsfolgen differenziert wird. Diese **fünf Arten Besteuerungstatbestände** stehen in **keinem besonderen systematischen Zusammenhang** zueinander und sind ihrerseits **weiter untergliedert;** ihre Gemeinsamkeit liegt im Wesentlichen darin, dass sie alle nicht unter § 2 Abs. 1 Nr. 1–6 fallen.

27 Im Einzelnen erfasst § 22 dabei in **Nr. 1** die Besteuerung der wiederkehrenden Bezüge, die insbesondere auch die Renten erfassen; in § 22 **Nr. 1a** finden sich besondere Arten der wiederkehrenden Bezüge, die aufgrund einer konkret angeordneten materiellen Korrespondenz zum Sonderausgabenabzug (§ 10 Abs. 1a) gesondert geregelt sind. **§ 22 Nr. 2** regelt durch einen Verweis auf § 23 die Besteuerung privater Veräußerungsgeschäfte. **§ 22 Nr. 3** regelt als Auffangtatbestand die Besteuerung der sog. Einkünfte aus Leistungen. **§ 22 Nr. 4** ordnet die Besteuerung der Bezüge von Abgeordneten des Bundestages, der Länderparlamente und des Europaparlaments an. **§ 22 Nr. 5** schließlich erfasst die Besteuerung der Leistungen aus einer freiwilligen, kapitalgedeckten Altersvorsorge.

2. Leitentscheidungen/maßgebliche Debatten

28 **a) Das drei-Schichten-Modell.** Aufgrund des sog. „**Rentenurteils**" des Bundesverfassungsgerichts (BVerfG 6.3.2002 – 2 BvL 17/99, BVerfGE 105, 73) hat der Gesetzgeber in § 22 – konkret: in § 22 Nr. 1 und Nr. 5 – mit dem AltEinkG vom 5.7.2004 (BGBl. 2004 I 1427) die Besteuerung des sog. „**Drei-Schichten-Modells**" eingeführt.

29 Bis zum „Rentenurteil", wurden lebenslange Renten – einschließlich derer aus den gesetzlichen Sozialversicherungen – mit dem Ertragsanteil besteuert. Im „Rentenurteil" erklärte das Verfassungsgericht die unterschiedliche Besteuerung der Beamtenpensionen nach § 19 einerseits und der Renten aus der gesetzlichen Rentenversicherung nach § 22 Nr. 1 S. 3 Buchst. a andererseits mit dem Gleichheitsgrundsatz für unvereinbar. Die daraufhin vom BMF eingesetzte *Sachverständigenkommission zur Neuordnung der steuerrechtlichen Behandlung von Altersvorsorgeaufwendungen und Altersbezügen* schlug als Lösung das „Drei-Schichten-Modell" vor (vgl. Schriftenreihe des BMF Bd. 74), welches mit Wirkung ab 2005 weitgehend durch das AltEinkG in das EStG übernommen wurde.

30 Im Rahmen des „Drei-Schichten-Modells" wurde die Altersvorsorge in drei Schichten unterteilt, die – teilweise – in unterschiedlicher Art und Weise besteuert werden:

31 Die Einkünfte iSd § 22 Nr. 1 S. 3 Buchst. a Doppelbuchst. aa bilden die **erste Schicht** und dienen der **Basisversorgung.** Dazu gehören die Leibrenten und anderen Leistungen aus den gesetzlichen Rentenversicherungen, der landwirtschaftlichen Alterskasse, den berufsständischen Versorgungswerken und aus der kapitalgedeckten Altersversorgung in Gestalt einer privaten Basis-Rente (sog. Rürup-Rente). Im Rahmen dieser Schicht hat der Gesetzgeber die Besteuerung mit dem Ertragsanteil aufgebeben und einen Stufenplan zur **nachgelagerten Besteuerung** geregelt.

32 Die **zweite Schicht** stellt die sog. **kapitalgedeckte Zusatzversorgung** dar. Die Leistungen aus den Produkten dieser zweiten Schicht unterliegen der nachgelagerten Besteuerung nach § 22 Nr. 5. Zu den Leistungen gehören insbesondere solche aus zertifizierte Altersvorsorgeverträgen iSd § 82 („Riesterrente"), und aus der betrieblichen Altersvorsorge durch Pensionsfonds (§ 4e), Pensionskassen (§ 4c) und Direktversicherungen (§ 4b). Sämtliche Leistungen aus dieser zweiten Schicht werden gem. **§ 22 Nr. 5** grundsätzlich erst in der **Auszahlungsphase nachgelagert** besteuert; Erträge und Wertsteigerungen in der **Ansparphase** bleiben dementsprechend unbesteuert.

33 Für die nicht zu diesen beiden Schichten gehörenden Leibrenten und anderen Leistungen – also für die Leistungen im Rahmen der **Dritten Schicht** – blieb es bei der **Ertragswertesteuerung (§ 22 Nr. 1 S. 3 Buchst. a Doppelbuchst. bb).** Zu den Produkten dieser Schicht gehören private Kapitalanlageprodukte, wie die klassische private Rentenversicherung die Kapitallebensversicherung, und Fondsparpläne. Bei diesen Produkten ist die **Verwendung für die Altersvorsorge möglich, aber nicht zwingend.**

b) Maßgebliche Debatten. Die aktuellen maßgeblichen Debatten betreffen vorrangig die nachgelagerte Besteuerung gem. § 22 Nr. 1 S. 3 Buchst. a Doppelbuchst. aa. 34

Im Vordergrund steht dabei die Debatte um die **verfassungsrechtliche Rechtfertigung der nachgelagerten Besteuerung.** Zwar wurde die grundsätzliche Verfassungsgemäßheit der Regelung bereits in zahlreichen Entscheidungen nicht in Abrede gestellt. Auch im **Nichtannahmebeschluss des BVerfG vom 29.9.2015** (BVerfG 29.9.2015 – 2 BvR 2683/11, BStBl. II 2016, 310) wurde die Verfassungsmäßigkeit des Systemwechsels zur nachgelagerten Besteuerung erneut bestätigt. Nach Ansicht des Gerichts bewegten sich die Regelungen im Rahmen des gesetzgeberischen **Gestaltungsspielraums** und seien im Hinblick auf ihre **typisierenden** Annahmen als handhabbare und administrierbare Lösungen im Massenverfahren rechtmäßig. Trotz dieser grundsätzlichen Verfassungsmäßigkeit ist jedoch eine **Doppelbesteuerung in jedem Fall zu vermeiden.** 35

Dieses Verbot der Doppelbesteuerung führt dazu, dass sich die Frage der Verfassungsmäßigkeit von der Ebene der gesetzlichen Konzeption **auf die Ebene des Einzelfalls verschoben** hat. Es ist also letztlich in jedem Einzelfall zu prüfen, ob die der nachgelagerten Besteuerung unterliegenden Bezüge eine Rückzahlung von Beiträgen darstellt, die keiner steuerlichen Entlastung, sondern bereits in der Ansparphase einer (ersten) Besteuerung unterlegen haben und damit kein weiteres Mal besteuert werden dürfen. Dabei sind die **konkreten Voraussetzungen,** bei deren Vorliegen eine **verbotene Doppelbesteuerung** vorliegt, bislang von der Rechtsprechung nicht vollumfassend und abschließend geklärt. Zwar nahm der BFH in seiner Entscheidung vom 21.6.2016 (BFH 21.6.2016 – X R 44/14, BFHE 254, 545) zu dieser Frage eingehender Stellung und stellte entsprechende Grundsätze auf; sämtliche Einzelfragen zur genauen Ermittlung der Entlastung in der Ansparphase wurden dabei indes nicht geklärt und stehen damit weiter in der Diskussion (zu den Einzelheiten → Rn. 269). 36

In einer weiteren Debatte wird um den genauen **Anwendungsbereich der in § 22 Nr. 1 S. 3 benannten „anderen Leistungen“** diskutiert. Während dabei zT vertreten wird, dass es sich aufgrund des systematischen Zusammenhangs nur um solche Leistungen handeln kann, die ihrerseits den Charakter von wiederkehrenden Bezügen haben, hat der BFH zu dieser Frage überzeugend vertreten, dass auch **einmalige Leistungen** (im Streitfall das einmalige Sterbegeld) unter diesen Begriff fallen können (BFH 23.11.2016 – X R 13/14, BFH/NV 2017, 445). 37

Schließlich befand sich bis Ende 2017 die Frage des **Besteuerungsrechts** für eine von der Deutschen Rentenversicherung Bund gewährte Altersrente an einen Leistungsempfänger in **Kanada,** der in Deutschland weder Wohnsitz, noch gewöhnlichen Aufenthalt hat, in der Diskussion. Während das FG Mecklenburg-Vorpommern das Besteuerungsrecht nach Art. 18 Abs. 1 S. 1 iVm Art. 30 DBA-Kanada und Ziff. 5 Buchst. b des Protokolls zu diesem DBA in Kanada sah (FG Mecklenburg-Vorpommern 13.1.2016 – 1 K 4/15, EFG 2016, 1290), sah der BFH dies in seinem Beschluss vom 13.12.2011 (BFH 13.12.2011 – I B 159/11, BFH/NV 2012, 417) anders. Mittlerweile hat der BFH die Frage durch Urteile vom 20.12.2017 geklärt (BFH 20.12.2017 – I R 9/16, BStBl. II 2018, 439; BFH 20.12.2017 – I R 8/16, BFH/NV 2018, 720) und entschieden, dass die beschränkte Einkommensteuerpflicht der von der Deutschen Rentenversicherung gezahlten Renten ***nicht*** durch das DBA-Kanada ausgeschlossen wird. 38

B. Voraussetzungen und Rechtsfolgen

I. Übersicht

Unter Berücksichtigung der innerhalb der einzelnen Nrn. vorgenommenen Untergliederungen regelt § 22 39

- die in § 22 Nr. 1 geregelten wiederkehrenden Bezüge und zwar zunächst die „allgemeinen“ wiederkehrenden Bezüge gem. **§ 22 Nr. 1 S. 1,**
- die nicht steuerbaren Bezüge gem. **§ 22 Nr. 1 S. 2 Hs. 1,**
- die steuerbaren Bezüge gem. § 22 Nr. 1 S. 2 Hs. 2 Buchst. a und b,
- die Leibrenten und anderen Leistungen gem. § 22 Nr. 1 S. 3 Buchst. a Doppelbuchst. aa,
- die anderen Leibrenten und anderen Leistungen gem. **§ 22 Nr. 1 S. 3 Buchst a Doppelbuchst. bb,**

- sowie die Zuschüsse/sonstigen Vorteile gem. **§ 22 Nr. 1 S. 3 Buchst b,**
- die in **§ 22 Nr. 1a** geregelten Einkünfte aus Leistungen und Zahlungen iVm § 10 Abs. 1a **Nr. 1, Nr. 2, Nr. 3 und Nr. 4,**
- die in § 22 **Nr. 2** erwähnten und in § 23 näher kodifizierten Einkünfte aus privaten Veräußerungsgeschäften,
- die in der Generalklausel – dem Auffangtatbestand des § 22 – geregelten Einkünfte aus Leistungen iSd **§ 22 Nr. 3,**
- die in **§ 22 Nr. 4** normierten Bezüge von **Abgeordneten** und schließlich
- die in **§ 22 Nr. 5** geregelten Leistungen aus Altersvorsorgeverträgen und der betrieblichen Altersversorgung.

II. Besteuerung wiederkehrender Bezüge/Renten gem. § 22 Nr. 1

1. Einführung

40 § 22 Nr. 1 S. 1 Hs. 1 bestimmt ohne weitere Definition, dass Einkünfte aus wiederkehrenden Bezügen zu den sonstigen Einkünften gehören. Der Gesetzgeber hat es damit der Rechtsprechung und Rechtswissenschaft überlassen, den Inhalt des Begriffs der **wiederkehrenden Bezüge** näher zu bestimmen. Der 2. Hs. stellt die Zuordnung zu den sonstigen Einkünften unter die Bedingung, dass die Bezüge keiner anderen Einkunftsart zuzuordnen sind. Darin kommt der subsidiäre Charakter der Vorschrift zum Ausdruck. Der Begriff der Wiederkehrenden Bezüge stellt einen **Oberbegriff** für verschiedene Unterarten von Bezügen ((Leib-)Renten, andere Leistungen) dar, welche im Rahmen des § 22 Nr. 1 in zT unterschiedlicher Art und Weise der Besteuerung unterworfen werden. Dies ergibt sich aus den weiteren Regelungen und Untergliederungen des § 22 Nr. 1.

41 **§ 22 Nr. 1 S. 2** grenzt dabei im ersten Hs. solche Bezüge von der Besteuerung aus, die auf Freiwilligkeit oder aufgrund einer freiwillig begründeten Rechtspflicht basieren; diese Regelung korreliert mit dem Abzugsverbot des § 12 Nr. 2 auf Seiten des Gebenden. Ausgenommen von dieser Befreiung sind die Bezüge nach § 22 Nr. 1 S. 2 Hs. 2 a) und b), wenn sie von Körperschaften, Personenvereinigungen oder Vermögensmassen außerhalb der steuerbegünstigten Zwecke geleistet werden, oder wenn es sich um Bezüge iSd § 1 der Verordnung über die Steuerbegünstigung von Stiftungen, die an die Stelle von Familienfideikomissen getreten sind, handelt. Diese Regelung korreliert mit § 3 Nr. 40 Buchst. i, welcher die Bezüge, soweit sie von einer nicht von der Körperschaftsteuer befreiten Vereinigung stammen, dem Teileinkünfteverfahren unterwirft. Durch das Zusammenwirken der Normen wird somit insgesamt eine Einmalbesteuerung erreicht (Besteuerung auf Seiten der Körperschaft mit dem Körperschaftsteuersatz und nur anteilige Besteuerung auf Empfängerseite aufgrund des Teileinkünfteverfahrens).

42 In **§ 22 Nr. 1 S. 3** wird auf der Grundlage des AltEinkG seit 2005 bei der Besteuerung von **Leibrenten und anderen Leistungen** (als Unterart der wiederkehrenden Bezüge) differenziert und zwar zwischen solchen aus der sog. **Basisversorgung** (§ 22 Nr. 1 S. 3 Buchst. a Doppelbuchst. aa: Leibrenten und andere Leistungen aus der gesetzlichen Rentenversicherung, der landwirtschaftlichen Alterskasse, den berufsständischen Versorgungseinrichtungen, oder aus der kapitalgedeckten Altersversorgung in Gestalt einer privaten Basis-Rente; sog. Rürup-Rente) und solchen aus **anderen Quellen** (§ 22 Nr. 1 S. 3 Buchst. a Doppelbuchst. bb). Dabei ist für die Leibrenten und anderen Leistungen im Rahmen der Basisversorgung grds. die nachgelagerte Besteuerung und für Leibrenten aus anderen Quellen die Ertragsanteilsbesteuerung vorzunehmen.

43 § 22 Nr. 1 S. 3 Buchst. b trifft die Anordnung, dass neben Leibrenten und anderen Leistungen auch **Zuschüsse und sonstige Vorteile** zu den wiederkehrenden Bezügen gehören, soweit sie als solche gewährt werden.

44 Aufgrund der unterschiedlichen Besteuerung von wiederkehrenden Bezügen iSd § 22 Nr. 1 ist somit notwendig zu unterscheiden zwischen

- den **allgemeinen wiederkehrenden** Bezügen (§ 22 Nr. 1 S. 1, 2); hier greift der Grundsatz der **vollen Besteuerung** (gegebenenfalls Anwendung des Teileinkünfteverfahrens),
- den Leibrenten und anderen Leistungen aus der **Basisversorgung** (§ 22 Nr. 1 S. 3 Buchst. a Doppelbuchst. aa); hier greift der Grundsatz der **nachgelagerten Besteuerung,**

• und den **sonstigen privaten LeibrentenLeistungen** (§ 22 Nr. 1 S. 3 Buchst. a Doppelbuchst. bb); hier greift der Grundsatz der **Ertragsanteilsbesteuerung.**

Die **praktische Bedeutung** der Tatbestände in § 22 Nr. 1 S. 1 und 2 ist vergleichsweise gering. Große praktische Bedeutung hat dagegen § 22 Nr. 1 S. 3, in welchem letztlich alle Leibrenten und sonstigen Bezüge aus der Basisversorgung und aus anderen Quellen geregelt sind, die nicht aus einem privaten Altersvorsorgevertrag iSd § 22 Nr. 5 oder aus der betrieblichen Altersversorgung oder aus Pensionsansprüchen des öffentlichen Dienstes stammen. Ein signifikanter Teil der Bevölkerung erzielt Bezüge im Sinne dieser Regelungen; so belief sich im Jahr 2016 allein die Zahl der Rentnerinnen und Rentner, die ihre Rente aus der gesetzlichen Rentenversicherung erhielten, auf knapp 21 Millionen. Die Zahl der Rentenneuanträge belief sich auf rd. 1,64 Millionen, die Zahl der Rentenwegfälle dagegen lediglich auf rd. 1,38 Millionen, sodass ein weiteres Ansteigen der absoluten Zahl zu beobachten ist (vgl. Statistische Angaben der deutschen Rentenversicherung unter www.deutsche-rentenversicherung.de). 45

2. Begrifflichkeiten /Besonderheiten

a) Problemstellung. Bei der Anwendung von § 22 Nr. 1 stellen sich im Ausgangspunkt insbesondere zwei Fragen. Zunächst treten in der Praxis **zahlreiche Begrifflichkeiten** (zB Leibrente, verlängerte Leibrente, abgekürzte Leibrente, Zeitrente, etc.) auf, welche im Zusammenhang mit der Vorschrift zwar Relevanz entwickeln *können*, die aber von § 22 Nr. 1 nicht expressis verbis benannt werden und deren Inhalt daher ebenso zu klären ist wie ihre Zuordnung zu einem konkreten Besteuerungstatbestand. Bei der **Zuordnung zu einem konkreten Besteuerungstatbestand** stellt sich das weitere Problem, dass nicht jede Art von Wertezuflüssen notwendig entsprechend der durch ihre konkrete Bezeichnung nahegelegten Art und Weise zu besteuern ist. So stellt zB die sog. „Zeitrente" *keine* Rente iSd § 22 Nr. 1 S. 3 Buchst. a dar, die sog. abgekürzte Leibrente kann **je nach den Umständen des Einzelfalls** unter § 22 Nr. 1 S. 3 Buchst. a Doppelbuchst. aa, unter § 22 Nr. 1 S. 3 Buchst. a Doppelbuchst. bb, unter § 20 Abs. 1 Nr. 6 oder unter § 20 Abs. 1 Nr. 7 fallen und bei der Mindestzeitrente wiederum hängt die steuerliche Behandlung von der **individuellen Ausgestaltung** ihrer Mindestzeit ab. Auch kann bei der Besteuerung nach § 22 Nr. 1 uU relevant sein, in welcher Form die bezogenen Wertezuflüsse beim Leistenden – also auf der Vorstufe des eigentlichen Bezugs – der Besteuerung unterlagen. 46

b) Wiederkehrende Bezüge (allgemein) § 22 Nr. 1 S. 1 Hs. 1. aa) Positive Merkmale wiederkehrender Bezüge. Gem. § 22 Nr. 1 S. 1 Hs. 1 sind sonstige Einkünfte Einkünfte aus wiederkehrenden Bezügen, soweit sie nicht zu den in § 2 Abs. 1 Nr. 1 bis 6 bezeichneten Einkünften gehören. Der Begriff der sonstigen Einkünfte stellt einen **Oberbegriff** (BFH 9.6.2015 – VIII R 18/12, BFHE 250, 105) dar, zu welchem das Gesetz verschiedene Untergruppen (Renten, Leibrenten, andere Leistungen) herausgebildet hat. 47

Bezüge iSd. § 22 Nr. 1 S. 1 sind **Einnahmen iSd § 8.** Objekt der wiederkehrenden Bezüge sind demnach alle Güter, die in **Geld oder Geldeswert** bestehen und dem Steuerpflichtige zufließen. **Geld** sind die im Inland gültigen Zahlungsmittel (Bargeld, Buchgeld) und Zahlungen in einer gängigen frei konvertiblen und im Inland handelbaren ausländischen Währung (BFH 11.11.2010 – VI R 21/09, BStBl. II 2011, 383). Güter in **Geldeswert** sind sämtliche, nicht in Geld bestehenden wirtschaftlichen Vorteile, also Güter, welche Objekt eines wirtschaftlichen Leistungsaustauschs sein können und bei denen ein objektiver Betrachter aus der Sicht des Empfängers einen geldwerten Vorteil im Sinne einer objektiven Bereicherung bejahen würde (BFH 21.4.2010 – X R 43/08, BFH/NV 2010, 1436). Das Gesetz nennt dazu beispielhaft in § 8 Abs. 2 die Gewährung von Wohnung, Kost, Waren, Dienstleistungen und Sachbezügen. Hierzu zählen ferner ausländische Zahlungsmittel (soweit sie nicht bereits Güter in Geld sind), die Übertragung von Rechten, reine Nutzungsvorteile, die verbilligte Überlassung einer Ware oder Dienstleistung (BFH 21.4.2010 – X R 43/08, BFH/NV 2010, 1436) oder die Übernahme von Versorgungsleistungen (BFH 27.8.1996 – IX R 86/93, BStBl. II 1997, 47). 48

Nicht zu den Gütern in Geldeswert gehören etwa rein ideelle Vorteile oder **Wertsteigerungen,** welche sich an erhaltenen Gegenständen im Vermögen des Empfängers vollziehen. 49

Die **Bewertung** der Güter in Geldeswert richtet sich nach den allgemeinen Vorschriften des § 8 Abs. 2. Damit sind sie in der Regel mit den um übliche Preisnachlässe geminderten üblichen Endpreisen am Abgabeort anzusetzen (§ 8 Abs. 2 S. 1).

50 **Wiederkehrend** sind Bezüge ist, wenn sie aufgrund eines einheitlichen Entschlusses oder eines einheitlichen Rechtsgrunds mit einer gewissen Regelmäßigkeit, wenn auch nicht immer in gleicher Höhe wiederholen (BFH 14.4.2015 – IX R 35/13, BStBl. II 2015, 795). Das Merkmal des **einheitlichen Entschlusses bzw. des einheitlichen Rechtsgrunds** stellt dabei die Verbindung der in Mehrheit vorliegenden Bezüge dar, aufgrund derer man von „wiederkehrenden" Bezügen sprechen kann.

51 Als einheitlicher **Rechtsgrund** kommt zB eine letztwillige Verfügung, ein Vertrag oder eine deliktische Anspruchsnorm (zB § 823 BGB) in Betracht; liegt ein solcher (verbindlicher) Rechtsgrund nicht vor, ist (jedenfalls) ein von **vornherein gefasster** (BFH 27.11.1959 – VI 172/59 U, BStBl. III 1960, 65) **einheitlicher Entschluss** für die Erbringung der wiederkehrenden Bezüge erforderlich. Ein solcher Entschluss ist weder an eine bestimmt Form gebunden, noch bedarf er einer Rechtsverbindlichkeit. Erforderlich – aber auch ausreichend – ist es, wenn die Leistungen ihren tatsächlichen Grund in einer ex ante getroffenen und sich auf sämtliche Leistungen beziehenden Willensbildung finden. An einem solchen Entschluss mangelt es, wenn zwar mehrere Leistungen vorliegen, ihnen aber jeweils neu gefasste Entschlüsse zugrunde liegen. **Kein** einheitlicher Rechtsgrund bzw. Entschluss liegt folglich bspw. vor, wenn Ausschüttungen aus einem Nachlass davon abhängen, dass die Nachlassberechtigten jeweils in einem besonderen Bittbrief um die Leistung nachsuchen müssen, und wenn der Nichteingang bzw. der nicht rechtzeitige Eingang dieses Bittbriefes zum Ausschluss weiterer Empfänge aus dem Nachlass führt (BFH 20.7.1971 – VIII 24/65, BStBl. II 1972, 170).

52 Bezüge sind grundsätzlich nur dann wiederkehrend, wenn sie **mehrfach vorkommen.** Eine **einmalige Leistung** kann damit grundsätzlich keine wiederkehrenden Bezüge begründen (BFH 14.4.2015 – IX R 35/13, BStBl. II 2015, 795).

53 **Allerdings** verliert eine **einmalige Zahlung,** die nach dem ihr zugrundeliegenden einheitlichen Entschluss dem Grunde nach in wiederkehrenden Teilen zu leisten gewesen wäre, nicht die Eigenschaft als wiederkehrender Bezug (Blümich/*Nacke* § 22 Rn. 32; vgl. auch BFH 25.3.2010 – X B 142/09, BFH/NV 2010, 1275, wonach der (Teil-)Vorbezug zur Wohneigentumsförderung nach schweizerischem Recht gem. § 22 Nr. 1 S. 3 Buchst. a Doppelbuchst. aa erfasst ist). In einem solchen Fall wird der wiederkehrende Charakter der Bezüge durch die einmalige Zahlung nicht tangiert, weil lediglich der Zufluss der – einzeln zu beurteilenden und damit *mehrfach vorkommenden* – Bezüge in ein- und demselben Zeitpunkt erfolgt. Ein lediglich zeitgleicher Zufluss mehrerer Bezüge führt jedoch nicht zum Verlust ihrer Eigenständigkeit; es liegen vielmehr *mehrere Leistungen* bei nur *einem Zahlungsvorgang* vor.

54 **Keine mehrfache Leistung** liegt dagegen vor, wenn aufgrund eines einheitlichen Entschlusses zunächst **mehrere Leistungen** erbracht werden sollten, jedoch **lediglich die erste von ihnen** (und nicht etwa alle Leistungen in einem einheitlichen Vorgang) erbracht wird und die – gewollten – weiteren Leistungen aufgrund objektiver Hindernisse (zB Zahlungsunfähigkeit des Leistenden) **faktisch nicht mehr** erbracht werden. Würde man hier von wiederkehrenden Leistungen ausgehen, würde mE nach zu Unrecht das objektive Merkmal der Wiederkehr durch das subjektiv Gewollte ersetzt werden (**aA** HHR/*Killat* § 22 Rn. 108, mit der Begründung, dass das subjektive Element – der Entschluss/Rechtsgrund – und nicht die objektive Leistung maßgeblich sei). Der Fall unterscheidet sich maßgeblich von der Konstellation, in welcher eine Mehrzahl von Bezügen aufgrund eines einheitlichen Zahlungsvorgangs bezogen wird. Denn wenn nur eine erste Leistung (von mehreren gewollten) erbracht wird, kann auch – und gerade – im Lichte des Rechtsgrunds *nicht* von mehreren Bezügen ausgegangen werden, da es lediglich zu *einer* (ersten und zugleich letzten) Leistung kam. Eine Auslegung dahingehend, dass mehrere Bezüge vorliegen, weil ursprüngliche mehrere Bezüge gewollt waren, ist mit dem Wortlaut des § 22 Nr. 1, der ausdrücklich eine Wiederkehr und folglich mehr als eine Leistung verlangt, nicht in Einklang zu bringen.

55 Nicht abschließend geklärt ist, ob bereits eine **zweimalige Leistung** für die Annahme wiederkehrender Bezüge ausreichend sein kann. Zweifel hieran bestehen jedoch nicht im Hinblick auf das Erfordernis eines *mehrfachen* Vorkommens, da auch ein zweimaliger Bezug

mehr als einmal und damit mehrfach vorkommt. Zweifel bestehen lediglich im Hinblick auf das Merkmal der „gewissen Regelmäßigkeit".

56 Das Erfordernis der Regelmäßigkeit wird von der Rechtsprechung für gegeben angesehen, wenn die Bezüge mit einer **„gewissen" Regelmäßigkeit** anfallen (BFH 14.4.2015 – IX R 35/13, BStBl. II 2015, 795; BFH 25.8.1987 – IX R 98/82, BStBl. II 1988, 344; BFH 20.7.1971 – VIII 24/65, BStBl. II 1972, 170). Das Merkmal der „gewissen" Regelmäßigkeit ist dabei nicht als Erfordernis einer starren, wiederkehrenden Abfolge zu verstehen. Entscheidend ist vielmehr, dass die Wiederkehr einer nach dem Inhalt der von Anfang an getroffenen Grundlage zu bestimmenden Regel folgt. Dieses Merkmal kann bspw. auch dann erfüllt sein, wenn Leistungen aufgrund eines **Zahlungsverzugs** zwar in zeitlich unregelmäßigen Abständen erfolgen, sie jedoch auf einem einheitlichen **Entschluss** basieren, diesem **jedenfalls grundsätzlich folgen** und somit – wenngleich in der zeitlichen Abfolge durch den Verzug beeinträchtigt – in einer „gewissen" Regelmäßigkeit erbracht werden (HHR/*Killat* § 22 Rn. 109). So ist zB von einer „gewissen" Regelmäßigkeit auszugehen, wenn ein Stiftungsvorstand Zuwendungen in unterschiedlicher Höhe an eine nach der Stiftungssatzung begünstigte Person nach **freiem Ermessen** tätigen kann und sein Ermessen – als **Umsetzung** des im Stifterwillen liegenden einheitlichen **Entschlusses** – über Jahre hinweg dahingehend ausübt, dass der begünstigten Person Zuwendungen in wechselnder Höhe gewährt werden (vgl. BFH 25.8.1987 – IX R 98/82, BStBl. II 1988, 344, wobei darauf hinzuweisen ist, dass die Besteuerung dort wegen der Freiwilligkeit ausschied, s. § 22 Nr. 1 S. 2 Hs. 1).

57 Nicht abschließend geklärt ist in diesem Zusammenhang, ob bereits eine **zweimalige Leistung** für die Annahme wiederkehrender Bezüge ausreichend sein kann. Zweifel hieran mögen sich ergeben, wenn man die nach der Rechtsprechung erforderliche „gewisse Regelmäßigkeit" nur dann als gegeben ansieht, wenn zwischen den Leistungen vergleichbare Zeitabschnitte liegen und daher zur Feststellung eben jener Vergleichbarkeit mindestens zwei zwischen je zwei Leistungen liegende Zeitabschnitte – folglich mindestens drei Leistungen – vonnöten sind. Dieser Ansatz überzeugt indes nicht, da das Erfordernis der Regelmäßigkeit im Zusammenhang mit dem den Leistungen zugrundeliegenden Rechtsgrund/Entschluss dahin zu deuten ist, dass die Wiederkehr lediglich einer nach dem Inhalt jener Grundlage zu bestimmenden Regel zu folgen haben muss. Die Regelmäßigkeit ist also im Lichte der Leistungsgrundlage zu sehen und nicht aufgrund einer empirischen Ermittlung der Leistungswiederkehr zu ermitteln. Folgen die Leistungen der der Leistungsgrundlage zu entnehmenden Regel(mäßigkeit), vermögen mM nach auch bereits **zwei Leistungen** von einer „gewissen Regelmäßigkeit" zu sein (so iE auch HHR/*Killat* § 22 Rn. 108). Dieses Ergebnis widerspricht auch nicht dem Wortlaut des § 22 Nr. 1. Denn der von § 22 Nr. 1 verwendete Begriff der *Wiederkehr* erfordert seinem Wortsinn nach nicht, dass die Wiederkehr in mehrfacher Hinsicht erfolgen muss, dass also ein (erster) Bezug *mehrfacher* (mindestsens zweier) Wiederholungen bedarf, sodass im Ergebnis mindestens drei Bezüge vorliegen. Auch eine einmalige Wiederholung eines Bezugs – und damit das Vorliegen von insgesamt zwei Bezügen – führt dazu, dass eine Wiederkehr des ersten Bezugs in Gestalt des zweiten vorliegt.

58 Weisen Leistungen die bisher benannten und von der Rechtsprechung ausgeformten positiven Merkmale wiederkehrender Bezüge auf, so besteht dennoch die Möglichkeit, dass keine steuerbaren Bezüge im Sinne des § 22 Nr. 1 vorliegen. Zwar ist das einzige im Wortlaut des § 22 N. 1 angelegte steuerbegründende Kriterium die Wiederkehr der Bezüge. Jedoch sind bei der Anwendung des § 22 Nr. 1 die normativen Grundaussagen des § 2 Abs. 1 zu beachten. Danach erfasst die Einkommensteuer nur „erzieltes" Einkommen, mithin die **erwirtschaftete Mehrung objektiver Leistungsfähigkeit.** Eine Leistung, die bei Einmalzahlung nicht der Einkommensteuer unterliegt, kann also nicht allein deshalb in voller Höhe steuerbar werden, weil sie in Form wiederkehrender Zahlungen zu erbringen ist (vgl. BFH 20.10.1999 – X R 132/95, BStBl. II 2000, 196: Verzicht eines Erben auf seinen künftigen Erbteil bei Erhalt von der Höhe nach begrenzten wiederkehrenden Zahlungen anstelle eines Einmalbetrages).

59 Auch die bloße **Umschichtung von Vermögen** (zB die ratenweise Rückzahlung von Darlehen; die Leistung von Kaufpreisraten) führt nicht zu einer erwirtschafteten Mehrung objektiver Leistungsfähigkeit und ist damit grds. nicht von § 22 Nr. 1 erfasst (wobei in diesen Fällen zu prüfen ist, ob in den einzelnen Zahlungen ein Zinsanteil enthalten ist, der nach § 20 zu besteuern ist). § 22 Nr. 1 ist regelmäßig nur dann erfüllt, wenn die Leistungen **andere steuerbare Leistungen ersetzen** (BFH 14.4.2015 – IX R 35/13, BStBl. II 2015, 795).

60 **bb) Nicht erforderliche Merkmale wiederkehrender Bezüge. Nicht erforderlich** für die Annahme (allgemeiner) wiederkehrender Bezüge iSd § 22 Nr. 1 S. 1 ist, dass die Bezüge eine **bestimmte Mindestdauer** bezogen wurden (BFH 14.4.2015 – IX R 35/13, BStBl. II 2015, 795), dass sich die Bezüge **stets in der gleichen Höhe** wiederholen (BFH 20.7.1971 – VIII 24/65, BStBl. II 1972, 170), oder dass ein **Rechtsanspruch** auf die Leistungen, bzw. ein **synallagmatisches Verhältnis** von Leistung und Gegenleistung besteht; (BFH 14.4.2015 – IX R 35/13, BStBl. II 2015, 795). Ferner ist für das Vorliegen allgemeiner wiederkehrender Bezüge nicht nötig, dass die Leistungen aufgrund eines **Stammrechts** gezahlt werden (Schmidt/*Weber-Grellet* § 22 Rn. 13).

61 **cc) Zusammenfassende Definition wiederkehrender Bezüge.** Die og Merkmale berücksichtigend nutzt der BFH (BFH 14.4.2015 – IX R 35/13, BStBl. II 2015, 795 mwN; BFH 20.10.1999 – X R 132/95, BStBl. II 2000, 196) folgende **zusammenfassende Definition:** Gem. § 22 Nr. 1 S. 1 Hs. 1 sind sonstige Einkünfte Einkünfte aus wiederkehrenden Bezügen, soweit sie nicht zu den § 2 Abs. 1 Nr. 1 bis 6 bezeichneten Einkünften gehören. Entscheidend ist, dass sich die Bezüge aufgrund eines einheitlichen Entschlusses oder eines einheitlichen Rechtsgrundes mit einer gewissen Regelmäßigkeit, wenn auch nicht immer in gleicher Höhe, wiederholen. Eine Mindestdauer ist nicht erforderlich. Einmalige Leistungen begründen keine wiederkehrenden Bezüge. Da die Einkommensteuer nur die erwirtschaftete Mehrung objektiver Leistungsfähigkeit erfasst, kann allein die Tatsache, dass eine Leistung nicht in einem Betrag, sondern in Form wiederkehrender Zahlungen zu erbringen ist, ihre Steuerbarkeit nach § 22 Nr. 1 S. 1 Hs. 1 nicht begründen. § 22 Nr. 1 S. 1 Hs. 1 ist regelmäßig nur dann erfüllt, wenn die Leistungen andere steuerbare Leistungen ersetzen; eine bloße Umschichtung von Privatvermögen ist nicht vom Begriff der sonstigen Einkünfte erfasst; die Bezüge dürfen sich daher bei wirtschaftlicher Betrachtung nicht als Kapitalrückzahlungen darstellen.

62 **dd) Beispiele für wiederkehrende Bezüge.** Wiederkehrende Bezüge iSd § 22 Nr. 1 S. 1 können bspw. vorliegen,

- wenn ein an einem **Darlehensverhältnis nicht beteiligter** Dritter einen GmbH-Anteil zur **Sicherung des Darlehens** verpfändet, und er dafür eine wiederkehrende Vergütung erhält. Da der die Sicherheit stellende Dritte nicht am Darlehensverhältnis beteiligt ist, ist die Bestellung der Sicherheit nicht in den Darlehenszins eingepreist. Sofern es sich um eine auf Dauer angelegte Risikoabsicherung handelt und damit wirtschaftlich betrachtet nicht nur eine Einmalzahlung vorliegt (dann § 22 Nr. 3), liegen wiederkehrende Bezüge vor, bzgl. derer eine Besteuerung nach § 22 Nr. 1 S. 1 auch nicht verdrängt ist (keine Einkünfte iSd §§ 15, 19, 20 Abs. 1 Nr. 1 S. 1, 20 Abs. 1 Nr. 7, 20 Abs. 2, 20 Abs. 3, vgl. BFH 14.4.2015 – IX R 35/13, BStBl. II 2015, 795),
- wenn laufende **Bürgschaftsprovisionen** mit einer gewissen **Regelmäßigkeit** (sonst Einkünfte aus Leistungen gem. § 22 Nr. 3, vgl. BFH 11.1.1966 – I 53/63, BStBl. III 1966, 218) einer nicht gewerbetreibenden Person (sonst gewerbliche Einkünfte gem. § 15) zufließen (BFH 14.4.2015 – IX R 35/13, BStBl. II 2015, 795),
- wenn eine Berufsunfähigkeitsrente als abgekürzte Leibrente mit Ablauf der vereinbarten Vertragszeit beendet und damit erloschen ist und danach weitere **Zahlungen erfolgen, die lediglich versehentlich aufgrund einer seitens des Versicherers irrig angenommen Rechtspflicht über die vertraglich vereinbarte Laufzeit** hinaus erbracht werden. Der Besteuerung steht insoweit nicht § 22 Nr. 1 S. 2 Hs. 1 entgegen, da die Zahlungen zwar irrig, nicht jedoch freiwillig erfolgten. Auch ist unschädlich, dass kein verbindlicher Rechtsgrund bestand, da dieser – auch wenn keine dem § 19 Abs. 2 S. 2 entsprechende ausdrückliche Regelung besteht – nicht erforderlich ist. Eine Zuordnung zu den Renten nach § 22 Nr. 1 S. 3 Buchst. a Doppelbuchst bb und damit eine Ertragswertbesteuerung scheidet insoweit aus, weil die **Rente objektiv beendet** war und eine derart begünstigte Besteuerung auch sachlich nicht gerechtfertigt wäre, da es sich bei den weiteren Zahlungen nicht um solche handelt, die auf eigenen Beitragsleistungen beruhen (FG Baden-Württemberg 15.1.2016 – 13 K 1813/14, EFG 2016, 554),
- wenn ein **Nießbraucher** durch vertragliche Vereinbarung regelmäßig **persönliche Steuerschulden des Nießbrauchsbestellers übernimmt.** Es handelt sich bei solchen Zahlungen nicht um eine Kapitalrückzahlung oder etwas wirtschaftlich Ähnliches. Die auf-

grund der vertraglichen Vereinbarung regelmäßig erfolgten Befreiungen von den Steuerschulden stellen dabei die in Geldeswert (§ 8) bestehende Einnahme dar, die dem Begünstigten in dem Jahr zugeflossen ist (§ 11), in dem der Verpflichtete die Zahlungen mit schuldbefreiender Wirkung geleistet hat (BFH 13.3.1974 – I R 180/72, BStBl. II 1974, 423).

c) Zuschüsse und sonstige Vorteile iSd § 22 Nr. 1 S. 3 Buchst. b. § 22 Nr. 1 S. 3 Buchst. b erwähnt, dass „zu den in S. 1 bezeichneten Einkünften", also zu den wiederkehrenden Bezügen iSd § 22 Nr. 1 S. 1, auch Einkünfte aus Zuschüssen und sonstigen Vorteilen, die als wiederkehrende Bezüge gewährt werden, gehören. Die Bedeutung der Vorschrift ist gering, da sie lediglich klarstellt, dass Zuschüsse und sonstige Vorteile Güter in Geld oder Geldeswert sind. Außerdem müssen **sämtliche allgemeinen Voraussetzungen für wiederkehrende Bezüge** vorliegen, denn Zuschüsse und sonstige Vorteile sind nur dann steuerpflichtig, wenn sie „als wiederkehrende Bezüge" geleistet werden und – wie § 22 Nr. 1 S. 1 anordnet – nicht zu den in § 2 Abs. 1 Nr. 1 bis 6 bezeichneten Einkunftsarten gehören. Auch auf sie findet ferner die Einschränkung (mit Rückausnahme) des § 22 Nr. 1 S. 2 Anwendung und § 15b ist ebenfalls sinngemäß anzuwenden (§ 22 Nr. 1 S. 1 Hs. 2). 63

Der Begriff der **Zuschüsse** umschreibt im Allgemeinen Zuwendungen, die jemand zur Bestreitung seines Lebensunterhalts oder zu sonstigen Zwecken als „Beihilfe" oder als „Ergänzung" anderer Einnahmen erhält; die Erwähnung der **sonstigen Vorteile** bedeutet, dass der Begriff der nach § 22 Nr. 1 zu versteuernden Bezüge sehr weit zu fassen ist, dass also zB auch Nutzungsvorteile zu versteuern sind (HHR/*Killat* § 22 Rn. 350). **Zuschüsse oder sonstige Vorteile kommen zB in Betracht** 64

- wenn ein Diplomchemiker eine wissenschaftliche Spezialausbildung absolviert und dafür von einer Chemie-AG eine **Studienbeihilfe** in Höhe eines bestimmten Monatsbetrags erhält (BFH 27.11.1959 – VI 172/59 U, BStBl. III 1960, 65); ein Ausschluss der Besteuerung nach § 22 Nr. 1 S. 2 Hs. 1 scheidet hier wegen § 22 Nr. 1 S. 2 Hs. 2 Buchst. a aus,
- bei sonstigen **Studienbeihilfen,** die im Hinblick auf ein künftiges Arbeitsverhältnis gewährt werden. Der Zuschuss ist dabei in Ansehung des künftigen Arbeitsverhältnisses nicht unentgeltlich zugewendet (BFH 18.9.1964 – VI 244/63 U, BStBl. III 1965, 11; zur Besteuerung – und **Steuerfreiheit nach § 3 Nr. 44** – von **Stipendien** vgl. auch FG Baden-Württemberg 3.12.2007 – 3 K 209/03, EFG 2008, 670; nachgehend BFH 15.9.2010 – X R 33/08, BStBl. II 2011, 637; zum **Forschungsstipendium** vgl. auch FG Hamburg 5.9.2012 – 6 K 39/12, EFG 2013, 104, aufgehoben durch BFH 24.2.2015 – VIII R 43/12, BStBl. II 2015, 691; **aA** FG Niedersachsen 14.2.2019 – 10 K 247/17, EFG 2019, 706, Rev. X R 6/19, mit der Begründung, dass ein Stipendium nicht selbst erwirtschaftet werde).

Nicht zu den unter § 22 Nr. 1 S. 3 Buchst. b fallenden Zuschüsse gehören Zuschüsse zur Förderung von **Existenzgründern,** die ein Arzt, der Einkünfte aus selbständiger Tätigkeit erzielt, zur Erlangung seiner Selbständigkeit erhält und die ihm während der Existenzgründerphase seinen Lebensunterhalt (mit) sichern sollen. Solche Zuschüsse stellen **Betriebseinnahmen** dar, da sie **„durch den Betrieb"** veranlasst sind. Denn der Zuschuss wird unmittelbar im Zusammenhang mit dem betrieblichen Ereignis – der Eröffnung einer Arztpraxis – verknüpft (BFH 9.10.1996 – XI R 35/96, BStBl. II 1997, 60 auch zur Frage der Steuerfreiheit nach § 3 Nr. 2). 65

d) Renten. aa) Grundsätzliche Begriffsbestimmung. Der Begriff der Rente ist im Gesetz nicht definiert. Renten bilden eine Unterart der wiederkehrenden Bezüge. Kennzeichnend und erforderlich für Renten ist, dass über eine längere Zeit regelmäßig wiederkehrende Beträge zu zahlen sind (BFH 29.3.1962 – VI 105/61 U, BStBl. III 1962, 304). Renten fußen entweder auf einem **Rentenrecht** (vgl. § 22 Nr. 1 Buchst. a Doppelbuchst. bb S. 1) oder auf einem **besonderen Verpflichtungsgrund** (vgl. § 10 Abs. 1a Nr. 2). In Betracht kommen insoweit zB Verträge, Gesetze, Verwaltungsakte oder letztwillige Verfügungen. Bei Renten steht – anders als bei Raten (Teilzahlungen aufgrund einer gestundeten Schuld) – **der Gesamtbetrag des zu Leistenden grundsätzlich nicht fest,** weil die Erbringung der wiederkehrenden Einzelleistungen an ein zeitlich nicht von vornherein feststehendes Ereignis geknüpft ist. Damit ist ex ante weder die Summe der einzelnen Leistungen, noch die Gesamtsumme bestimmbar. 66

67 Renten sind nur Leistungen von **Geld oder vertretbaren Sachen** (BFH 17.11.1987 – IX R 16/83, BFH/NV 1988, 294; Schmidt/*Weber-Grellet* § 22 Rn. 22). Die Überlassung einer Wohnung kann damit bspw. keine Rente sein; solcherlei Natural- oder Sachleistungen können bei Vorliegen der weiteren Voraussetzungen aber eine **dauernde Last** darstellen und damit als wiederkehrende Bezüge nach § 22 Nr. 1 S. 1 besteuert werden (vgl. BFH 28.7.1983 – IV R 174/80, BStBl. II 1984, 97). **Verschiedenartige Leistungen** (zB Geldleistungen einerseits, und Naturalleistungen andererseits) sind dabei – auch wenn sie auf einem einheitlichen Leistungsgrund basieren – jedenfalls **grundsätzlich aufzuteilen** (→ Rn. 117 ff.).

68 Die Annahme einer Rente setzt weiter voraus, dass die erbrachten Leistungen in Geld oder Geldeswert **gleichmäßig** erbracht werden (vgl. mwN HHR/*Killat* § 22 Rn. 267; vgl. auch Schmidt/*Weber-Grellet* § 22 Rn. 23 „gleichmäßige Zeitabstände"). Eine gleichmäßige Wiederkehr in diesem Sinne liegt vor, wenn die Leistungen nach dem zugrunde liegenden Leistungsgrund bspw. monatlich, vierteljährlich, halbjährlich oder jährlich zu erbringen sind. Unbeachtlich ist dabei, in welcher Form der *tatsächliche* Leistungsfluss erfolgt; auch wenn der Leistende im Verzug ist, liegen dennoch Renten (und nicht allgemeine wiederkehrende Bezüge) vor (HHR/*Killat* § 22 Rn. 267).

69 Nur wenn die in zeitlicher Hinsicht gleichmäßig zu erbringenden Leistungen **der Höhe nach gleichbleibend** sind, handelt es sich um Renten; die gleichbleibende Höhe ist also grundsätzlich Voraussetzung für das Vorliegen einer Rente und damit zugleich Abgrenzungskriterium zu allgemeinen wiederkehrenden Bezügen; vgl. ausführlich und mwN BFH 15.7.1991 – GrS 1/90, BStBl. II 1992, 78; BFH 16.12.1993 – X R 67/92, BStBl. II 1996, 669). Entscheidend ist dabei die vertraglich vereinbarte Gleichmäßigkeit und nicht eine etwaige (vertragswidrige) von dieser Gleichmäßigkeit abweichende Höhe der tatsächlich erbrachten Leistung.

70 **Schwankt die Höhe** der regelmäßigen Zahlungen vereinbarungsgemäß in Abhängigkeit von äußeren Faktoren, liegt eine Rente nicht vor. Hängt die Höhe bspw. von der späteren Leistungsfähigkeit des Leistenden (oder Empfängers) oder von anderen Umständen (zB Umsatz oder Gewinn) ab, stellen die Zahlungen **keine Renten** dar (vgl. BFH 2.12.1980 – VIII R 197/78, BStBl. II 1981, 263; BFH 18.10.1994 – IX R 46/88, BStBl. II 1995, 169). Auch die Verpflichtung, einen „angemessenen" oder „standesgemäßen" Unterhalt zu gewähren, begründet keine Leibrente; Gleiches gilt, wenn sich die Höhe der Bezüge an bestimmten Mieten (FG Düsseldorf, 8.7.1970 – VIII 48/69 E, EFG 1971, 21; FG Köln 18.12.1981 – II (XIV) 279/79 E, EFG 1982, 342) oder den Unterbringungskosten im Altersheim richtet (BFH 10.6.1986 – IX R 7/82, BFH/NV 1987, 26). Sind diese äußeren Faktoren – was in der Praxis regelmäßig auf Zufall basieren dürfte – über einen langen Zeitraum gleichmäßig, so vermag die damit einhergehende **faktische Gleichmäßigkeit** der Leistungen **keine** für die Annahme einer Rente erforderliche vertraglich **vereinbarte** Gleichmäßigkeit zu begründen (vgl. FG Düsseldorf 18.6.1975 – II 151/71 E, EFG 1975, 524).

71 **Schädlich** für die Annahme einer Rente ist ferner eine Abänderbarkeit der Leistungshöhe aufgrund einer Anwendbarkeit von **§ 323 ZPO** (vgl. BFH 1.8.1975 – VI R 48/73, BStBl. II 1975, 881); allerdings führt selbst eine ausdrückliche Bezugnahme auf § 323 ZPO dann nicht zur Annahme einer änderbaren Leistung (und damit einer dauernden Last; zu einem solchen Fall s. FG Schleswig-Holstein 29.11.2018 – 4 K 44/17, BeckRS 2018, 31852), wenn die Vertragspartner deren Höhe nach dem Inhalt der gesamten Vereinbarungen materiellrechtlich von Voraussetzungen abhängig gemacht haben, die einer Wertsicherungsklausel (→ Rn. 72) entsprechen. Andererseits kann eine Änderbarkeit auch bei Fehlen einer Bezugnahme auf § 323 ZPO vorliegen, wenn sich eine gleichwertige Änderungsmöglichkeit aufgrund eines Vertragsinhalts ergibt, der eine Anpassung der Höhe der Leistung nach den Bedürfnissen des Übergebers oder der Leistungsfähigkeit des Übernehmers erlaubt (BFH 18.7.2013 – X B 75/12, BFH/NV 2013, 1574).

72 **Unschädlich** ist es, wenn die Höhe der Leistungen durch eine **Wertsicherungsklausel** gesichert ist und die Zahlungen damit zwar nominal (nicht aber in ihrem wirtschaftlichen Wert) variieren. Der Rentencharakter wird durch solche Klauseln nicht beeinträchtigt; Voraussetzung ist dabei, dass die gewählte Bezugsgröße zur Sicherstellung der Gleichmäßigkeit der Leistungen dient. Denkbar ist sonach zB, dass die Höhe der Rente an das **Gehalt**

von Beamten (BFH 25.5.1973 – VI R 375/69, BStBl. II 1973, 680) oder entsprechender Berufsgruppen gekoppelt wird; ebenfalls unschädlich sind die Anpassungen der Sozialversicherungsrenten sowie bei den nicht von den Sozialversicherungsträgern geleisteten Renten Wertsicherungsklauseln, wonach die Höhe einer Rente von der für **Sozialversicherungsrenten maßgebenden Bemessungsgrundlage abhängt** (BFH 5.12.1980 – VI R 118/79, BStBl. II 1981, 265; vgl. aber BFH 9.2.1994 – IX R 110/90, BStBl. II 1995, 47: Schädlichkeit bei zusätzlich vereinbarter vertraglicher Abänderbarkeit). Schließlich ist unschädlich, wenn eine Rente aufgrund **Wegfalls der Geschäftsgrundlage** (§ 313 BGB) angepasst wird (HHR/*Killat* § 22 Rn. 267).

Auch Rentenerhöhungen und -herabsetzungen sind unschädlich, sofern die vor und nach der Erhöhung/Herabsetzung gezahlten Leistungen die Anforderungen an Rentenzahlungen erfüllen (zur Ermittlung des Ertragswerts bei Erhöhungen/Herabsetzungen iRd § 22 Nr. 1 S. 3 Buchst. a Doppelbuchst. bb → Rn. 406). **73**

Die Frage, ob zur Annahme einer Rente eine **Mindestdauer** erforderlich ist, ist differenziert zu beurteilen. Bei **Leibrenten,** deren Dauer an die (unbestimmte) Lebensdauer eines Menschen gekoppelt ist, ist aufgrund ihres Wagnischarakters **keine Mindestdauer** erforderlich. Bei nicht (oder nicht allein) an diese unbestimmte Dauer gekoppelten Renten wurde und wird zT eine Mindestdauer von 10 Jahren für erforderlich gehalten (BFH 10.10.1963 – VI 12/62 U, BStBl. III 1963, 563; EStH 22.4; Blümich/*Nacke* § 22 Rn. 35 für den Fall, dass das Rentenstammrecht ohne Gegenleistung begründet wurde; vgl. einschränkend BFH 26.1.1994 – X R 54/92, BStBl. II 1994, 915, aA – Zeitmoment irrelevant – Schmidt/*Weber-Grellet* § 22 Rn. 20, 43). **74**

Dieses Erfordernis einer starren **10-Jahresgrenze** hat der BFH jedoch im Zusammenhang mit abgekürzten Leibrenten (konkret: Erwerbsunfähigkeitsrente) in Ermangelung einer rechtlichen Grundlage **aufgegeben** (BFH 22.1.1991 – X R 97/89, BStBl. II 1991, 686, vgl. dazu auch HHR/*Killat* § 22 Rn. 274), sodass das Erfordernis der **„längeren Zeit"** bislang letztlich nicht weiter durch detaillierte Fristen konkretisiert ist. **75**

Eine genaue Konkretisierung im Sinne einer klaren Jahresgrenze ist mM nach für die Praxis auch nicht erforderlich. Es sind insoweit keine klärungsbedürftigen Sachverhalte ersichtlich, da die **Besteuerung im System des AltEinKG und JStG 2008 in den relevanten Fällen** geklärt ist: **76**

Für Renten aus dem Versorgungssystem iSd § 22 Nr. 1 S. 3 Buchst. a Doppelbuchst. aa erfolgt die Besteuerung unabhängig von der Dauer, da diese Vorschrift Renten und (zeitunabhängig) *andere Leistungen* erfasst (vgl. BFH 10.8.2011 – X B 7/10, BFH/NV 2012, 20; das gilt auch für ab 2005 gezahlte Erwerbsminderungsrenten-Nachzahlungen, die die Jahre vor 2005 betreffen, da die Anwendung des AltEinkG durch das Zuflussprinzip und § 52 Abs. 1 EStG idF des AltEinkG bestimmt wird, vgl. BFH 13.4.2011 – X R 1/10, BStBl. II 2011, 915). **77**

Bzgl. des Instituts der „unentgeltlichen Vermögensübertragung gegen Versorgungsleistungen" (dazu → Rn. 126 ff.) hat der Gesetzgeber durch das JStG 2008 klargestellt, dass dieses Institut – mit der Folge einer vollen Besteuerung auf Seiten des Empfängers, § 22 Nr. 1a – nur bei einer Vermögensübertragung gegen „*lebenslange* wiederkehrende Versorgungsleistungen" Anwendung finden kann (vgl. nunmehr § 10 Abs. 1a Nr. 2 EStG idF des ZollkodexAnpG); die Frage einer zu konkretisierenden Mindestlaufzeit stellt sich demzufolge auch hier nicht. **78**

Werden wiederkehrende Leistungen *außerhalb* des vorbenannten Instituts unentgeltlich oder teilweise unentgeltlich erbracht, handelt es sich auf Seiten des Leistenden insoweit grundsätzlich um Leistungen gem. §§ 22 Nr. 1 S. 2, 12 Nr. 2, die beim Empfänger weder nach § 20 Abs. 1 Nr. 7 noch nach § 22 Nr. 1 besteuert werden. **79**

Im Falle der *entgeltlichen* Übertragung von Privatvermögen gegen wiederkehrende Leistungen erfolgt die Besteuerung bei einer Gegenleistung in Gestalt einer reinen Leibrente unabhängig von der tatsächlichen Dauer der Bezüge – also unabhängig vom tatsächlich erreichten Lebensalter des Empfängers – stets nach § 22 Nr. 1 Buchst. a Doppelbuchst. bb. Ist als Gegenleistung eine Zeitrente oder eine abgekürzte Leibrente (Leibrente mit Begrenzung auf eine Höchstzeit) vereinbart, werden die Leistungen dagegen wie Kaufpreisraten behandelt; die Besteuerung des Zinsanteils erfolgt dann unabhängig von einer konkreten Laufzeit nach § 20 Abs. 1 Nr. 7 (→ Rn. 175). **80**

Haben die Beteiligten im Falle einer *entgeltlichen* Übertragung von Privatvermögen gegen wiederkehrende Leistungen eine Mindestzeitrente (Leibrente mit einer von der Lebenszeit **81** unabhängigen Mindestdauer) vereinbart, hängt die Form der Besteuerung des Zinswerts davon ab, ob die Wagniskomponente überwiegt. Dies ist im jeweiligen Einzelfall – unabhängig von einer starren Jahresgrenze – danach zu beurteilen, ob die vereinbarte Mindestdauer die durchschnittliche Lebenserwartung des Empfängers überschreitet oder nicht. Bleibt die Mindestdauer hinter der durchschnittlichen Lebenserwartung zurück, überwiegt die Wagniskomponenten und es erfolgt eine Besteuerung des Zinsanteils nach § 22 Nr. 1 Buchst. a Doppelbuchst. bb; ist die Mindestdauer länger als die durchschnittliche Lebenserwartung des Empfängers, überwiegt das Element der Ratenzahlung, und es erfolgt eine Besteuerung des Zinsanteils nach § 20 Abs. 1 Nr. 7 (→ Rn. 175).

82 Sind wiederkehrende Bezüge als Gegenleistung im Zusammenhang mit *betrieblichen* Vorgängen vereinbart, ist ebenfalls in den relevanten Fällen die Art der Besteuerung unabhängig einer starren Jahresgrenze geklärt. Dies gilt unabhängig von der Frage, ob die Bezüge im Zusammenhang mit laufenden Geschäftsvorfällen bezogen werden (Veräußerung von Betriebsvermögen gegen wiederkehrende Bezüge), oder ob sie als Gegenleistung für die Übertragung eines Betriebs-, Teilbetriebs oder Anteils iSd § 17 erbracht werden (→ Rn. 195 ff.).

83 **Streitig** ist, ob eine Rente auch dann vorliegt, wenn ein **Formerfordernis** des für die Leistung der Rente kausalen Grundgeschäfts nicht beachtet wurde (vgl. § 518 BGB bei Schenkung, § 761 BGB bei Leibrentenversprechen). Der BFH (BFH 10.10.1963 – VI 12/62 U, BStBl. III 1963, 1466) hatte dies im Falle von Unterhaltszahlungen an gesetzlich nicht unterhaltsberechtigte Personen verneint. Im Falle einer Schenkung dürfte sich dies Problem indes aufgrund der Heilung bei Bewirkung der Leistung (§ 518 Abs. 2 BGB) regelmäßig nicht stellen; Gleiches gilt, wenn man (entgegen der Rechtsprechung; zu den Einzelheiten vgl. Palandt/*Sprau* § 761 Rn. 1) eine entsprechende Heilung auch bei der Bewirkung von Leibrentenversprechen annimmt. Nimmt man diese Heilung nicht an, wird man die **Formunwirksam gem. § 41 AO als unerheblich** ansehen müssen (Schmidt/*Weber-Grellet* § 22 Rn. 20), wenn die Beteiligten das Ergebnis bestehen lassen. Unter diesen Voraussetzungen kann eine Rente auch bei (form-)unwirksamen Verträgen angenommen werden. Eine etwaige auf die Formunwirksamkeit gestützte kondiktionsrechtliche Rückabwicklung der Rentenzahlungen führt dann zu negativen (Renten-)Einkünften im Rückzahlungszeitraum.

84 **bb) Begriff der Leibrenten.** Renten iSd § 22 sind in erster Linie die – je nach Quelle entweder in § 22 Nr. 1 S. 3 Buchst. a Doppelbuchst. aa oder in § 22 Nr. 1 S. 3 Buchst. a Doppelbuchst. bb geregelten – **Leibrenten.** Im **Zivilrecht** wird die Leibrente als ein einheitlich nutzbares Recht (Stammrecht) definiert, das idR auf Lebenszeit des Berechtigten oder eines anderen eingeräumt wird und dessen Erträge aus **regelmäßig wiederkehrenden gleichmäßigen Leistungen** von Geld oder anderen vertretbaren Sachen bestehen (zu den Einzelheiten vgl. Palandt/*Sprau* § 759 Rn. 1). Nachdem sich der BFH dieser zivilrechtlichen Definition insbesondere auch im Hinblick auf das Erfordernis eines Stammrechts zunächst angeschlossen hatte (BFH 27.9.1973 – VIII R 77/69, BStBl. II 1974, 103), hat er sich in späteren Entscheidungen überzeugend **von der Abhängigkeit vom Stammrecht gelöst** und festgestellt, dass die Besteuerung einer Hinterbliebenenrente ein Rentenstammrecht nicht benötigt und öffentlich-rechtlich normierte Renten ein bürgerlich-rechtliches Rentenstammrecht ohnehin nicht haben (BFH 8.3.1989 – X R 16/85, BStBl. II 1989, 1323).

85 Sonach setzt der Begriff der Leibrente gleichbleibende Leistungen/Bezüge voraus (BFH 11.3.1992 – X R 141/88), wobei der besondere Charakter darin liegt, dass sie auf die Lebenszeit des Bezugsberechtigten (oder einer anderen Person oder mehrerer anderer Personen; vgl. dazu § 55 Abs. 1 Nr. 2, 3 EStDV) zugesagt wird (BFH 15.7.1991 – GrS 1/90, BStBl. II 1992, 78); sie ist damit wagnisbehaftet – ein Umstand, der die zT geforderte Mindestdauer von 10 Jahren substituiert (vgl. Schmidt/*Weber-Grellet* § 22 Rn. 41). Leibrenten in dem so verstandenen Sinne sind grds. alle auf die Lebenszeit der begünstigen (oder einer anderen oder mehreren anderen) Person(en) bezogenen Renten, gleich ob entgeltlich, unentgeltlich erworben, und unabhängig davon, ob sie auf Vertrag oder anderen Gründen basieren.

86 Hierzu gehören bspw.

- **Sozialversicherungsrenten** (vgl. dazu FG Niedersachsen 13.11.2013 – 8 K 111/13, EFG 2014, 1481, wonach eine Sozialversicherungsrente auch insoweit vorliegt, als der Leistungsempfänger zunächst Krankengeld bezog und das bezogene Krankengeld **rückwirkend** aufgrund einer zwischenzeitlichen Rentenbewilligung als Rente behandelt wurde),

- **Schadensersatzrenten** (aber → Rn. 121),
- **Hinterbliebenenrenten, Witwenrenten** (BFH 8.3.1989 – X R 16/85, BStBl. II 1989, 551)
- oder **Erwerbsminderungsrenten** (vgl. dazu – und zur Besteuerung nach § 22 Nr. 1 S. 3 Buchst. a Doppelbuchst aa und nicht § 22 Nr. 1 S. 3 Buchst. a Doppelbuchst. bb, sofern die Quelle die gesetzlichen Rentenversicherungen sind – BFH 13.4.2011 – X R 54/09, BStBl. II 2011, 910).

cc) Begriff der abgekürzten Leibrenten. Zu den Leibrenten gehören auch die **abgekürzten Leibrenten.** Das sind Leibrenten, die auf die **Lebenszeit, höchstens jedoch auf eine bestimmte Zeit** von Jahren begrenzt sind (BFH 9.2.2005 – X R 17/04, HFR 2005, 659; vgl. auch § 55 Abs. 2 S. 1 EStDV); sie werden auch **befristete Leibrenten oder Höchstzeitrenten** genannt. Eine abgekürzte Leibrente liegt bspw. vor, 87

- im Falle einer (privaten) **Berufsunfähigkeitsrente, wenn** nach den vertraglichen Bedingungen der Berufsunfähigkeitsversicherung die Rentenansprüche **nicht nur beim Tod** des Versicherten, sondern auch dann erlöschen, wenn die Prämienzahlung der Hauptversicherung abläuft oder die Berufsunfähigkeit wegfällt (BFH 4.12.2012 – X B 151/11, BFH/NV 2013, 534),
- im Falle einer sog. **kleine Witwen- oder Witwerrente** (§§ 33 Abs. 4 Nr. 1, 46 SGB VI) sowie der **Waisenrente** (§ 48 SGB VI);
- auch bei Zahlung einer **großen Witwen- oder Witwerrente** (§§ 33 Abs. 4 Nr. 2, 46 Abs. 2 SGB VI) kann eine abgekürzte Leibrente vorliegen, wenn sie nur für eine bestimmte Zahl von Jahren gezahlt wird (BFH 14.6.2000 – X R 33/97, BStBl. II 2000, 672).

Streitig ist, ob die verkürzte Leibrente – auch wenn sie begrifflich eine Verkürzung voraussetzt – eine **Mindestdauer von 10 Jahren** haben muss. Anders als in früherer Rechtsprechung (BFH 12.3.1965 – VI 102/64, HFR 1965, 504) hat der BFH das Erfordernis einer starren 10-Jahresgrenze im Zusammenhang mit abgekürzten Leibrenten (konkret: Erwerbsunfähigkeitsrente) in Ermangelung einer rechtlichen Grundlage aufgegeben (BFH 22.1.1991 – X R 97/89, BStBl. II 1991, 686, vgl. dazu auch HHR/*Killat* § 22 Rn. 274; zum Streit auch → Rn. 74 ff.). 88

Lehnt man die starre 10-Jahres-Grenze ab, verbleibt die Frage, ob für das Vorliegen einer sog. abgekürzten Leibrente **überhaupt eine Mindestdauer** erforderlich ist, und *wie* diese gegebenenfalls bemessen werden muss. Diese Frage ist bislang nicht abschließend geklärt, da es in der Praxis an relevanten klärungsbedürftigen Anwendungsfällen mangelt. Denn die **Besteuerung von Leibrenten mit einer Höchstlaufzeit** ist im zeitlichen Geltungsbereich des AltEinkG unbeachtet einer etwaigen Mindestlaufzeit in den wesentlichen Fällen gewährleistet (dazu auch → Rn. 76) 89

Soweit eine abgekürzte Leibrente aufgrund eines **Versicherungsvertrags iSd § 20 Abs. 1 Nr. 6 geleistet wird, ist diese Vorschrift zu beachten.** Insoweit wird auf die Ausführungen zur Zeitrente (→ Rn. 91) verwiesen, wonach Zeitrenten – das Gleiche gilt für abgekürzte Leibrenten – nicht auf die Lebenszeit zu entrichten sind und die Besteuerung daher im Anwendungsbereich des § 20 Abs. 1 Nr. 6 vorrangig nach dieser Vorschrift erfolgt. Etwas anderes kann bei abgekürzten Leibrenten allenfalls dann gelten, wenn die die Rentenzahlung begrenzende Frist der Lebenszahlung des Steuerpflichtigen entspricht (dann Leibrente; vgl. auch LBP/*Lüsch* § 22 Rn. 67). 90

dd) Begriff der Zeitrente. Von der abgekürzten Leibrente ist die sog. Zeitrente zu unterscheiden. Zeitrenten sind wiederkehrende Bezüge, die über eine von vornherein bestimmte Dauer geleistet werden; anders als abgekürzte Leibrenten fehlt ihnen somit die (neben der vereinbarten Höchstlaufzeit) zeitliche Begrenzung durch den Tod der bezugsberechtigten oder einer dritten Person. Sie ähneln daher eher Teilzahlungen, bzw. (soweit sie als Gegenleistung im Rahmen eines Kaufvertrags geleistet werden) Kaufpreisraten als Leibrenten, da sie **nicht den für Renten typischen Wagnischarakter** aufweisen. 91

Ist eine Zeitrente entgeltlich durch Hergabe eines **Vermögensgegenstandes** erworben (Beispiel: Übertragung eines Privathauses gegen Gewährung einer „Rente" über einen fest vereinbarten Zeitraum und in einer bestimmten Höhe; sog. **Veräußerungszeitrente**), so handelt es sich steuerrechtlich **nicht um eine Rente,** sondern um Kaufpreisraten (BFH 31.8.1994 – X R 44/93, BStBl. II 1996, 676). In einem solchen Fall sind die Grundsätze 92 über die Vermögensübertragung gegen wiederkehrende Leistungen (dazu eingehend → Rn. 136 ff.) zu beachten. Dh, dass die Leistungen grds. in einen Tilgungs- und einen Zinsanteil aufzuteilen sind und der **Empfänger der wiederkehrenden Leistungen** den Zinsanteil gem. **§ 20 Abs. 1 Nr. 7** zu versteuern hat. Soweit der Barwert der Zahlungen die Anschaffungskosten übersteigt, kann daneben ein Veräußerungsgewinn oder -verlust nach §§ 17, 23 entstehen. Soweit das veräußere Gut im Betriebsvermögen steuerlich verstrickt war, ergeben sich die steuerlichen Folgen aus den vorrangig anzuwendenden §§ 15, 16. Für den **Empfänger des übertragenen Vermögensguts** besteht die Möglichkeit (soweit die private Einkunftssphäre tangiert ist), den Zinsanteil als Werbungskosten abzuziehen (§ 9 Abs. 1 S. 3 Nr. 1); der Barwert wiederum fließt in die Berechnung der Anschaffungskosten ein, die sich uU über die AfA auswirken, oder die gegebenenfalls im Falle eines Weiterverkaufs als Berechnungsposten beim Veräußerungsgewinn (soweit steuerbar, §§ 17, 20 Abs. 2, 23) Relevanz haben. Soweit die betriebliche Sphäre betroffen ist resultieren die Folgen aus § 15.

93 Wird eine **Zeitrente unentgeltlich** erworben, so kommt – da keine Zinsanteile vorliegen können – zwar grds. eine Besteuerung als allgemeine wiederkehrende Bezüge nach **§ 22 Nr. 1 S. 1** in Betracht. Jedoch werden bei unentgeltlich geleisteten Zeitrenten regelmäßig die Voraussetzungen des **§ 22 Nr. 1 S. 2 Hs. 1** vorliegen, sodass in der Praxis eine Besteuerung idR nicht vorzunehmen ist.

94 Der BFH hat für eine **Zeitrente,** die von einem Versicherer aufgrund eines **Lebensversicherungsvertrags** geleistet wurde (zeitlich begrenzte Zahlungen an die Hinterbliebene des Versicherungsnehmers), entschieden, dass die Zahlungen als wiederkehrende Bezüge nach § 22 Nr. 1 S. 1 in voller Höhe zu besteuern waren (BFH 25.11.1980 – VIII R 71/76, BStBl. II 1981, 358). Eine Besteuerung als Rente schied insoweit aufgrund des mangelnden Wagnischarakters aus; eine Besteuerung als Veräußerungsrente kam mangels Übertragung eines Vermögensgegenstands nicht in Betracht und eine Nichtbesteuerung aufgrund von § 22 Nr. 1 S. 2 Hs. 1 schied ebenfalls aus.

94a In Ansehung der Subsidiaritätsklausel des § 22 Nr. 1 ist in solchen Fällen aber die Vorschrift des **§ 20 Abs. 1 Nr. 6** zu beachten, die seit dem 1.1.2005 die Auszahlung von Erträgen aus kapitalbildenden Lebensversicherungen im Erlebensfall oder bei Rückkauf und fondsgebundenen Lebensversicherungen den Einkünften aus Kapitalvermögen zuweist, soweit **keine lebenslangen Rentenzahlungen gewählt und erbracht** werden. Da Zeitrenten – ebenso wie abgekürzte Leibrenten – nicht auf die Lebenszeit zu entrichten sind, sind sie grds. nach § 20 Abs. 1 Nr. 6 zu besteuern (vgl. BMF 1.10.2009, BStBl. I 2009, 172 Rn. 20). Die vorrangige Anwendung gem. § 20 Abs. 1 Nr. 6 gilt für **nach dem 31.12.2004** bzw. 2006 abgeschlossene Verträge; für die **vor diesem Zeitpunkt** abgeschlossenen Altverträge greift die in § 20 Abs. 1 Nr. 6 S. 2 EStG aF geregelte Steuerbefreiung (§ 52 Abs. 28; vgl. dazu sowie zur Frage, inwieweit die Steuerbefreiung nach § 20 Abs. 1 Nr. 6 S. 2 EStG aF bei lebenslänglich zahlbaren Renten aus Altverträgen anwendbar ist, FG Baden-Württemberg 17.10.2017 – 5 K 1605/16, EFG 2018, 1028, Rev. VIII R 4/18; zur **Besteuerung von Altverträgen** siehe auch FG Rheinland Pfalz 16.3.2018 – 3 K 2049/16, EFG 2019, 264; Rev. VIII R 41/18).

95 **ee) Begriff der verlängerten Leibrenten.** Eine verlängerte Leibrente (auch „**Mindestzeitrente**") ist eine solche, deren Laufzeit zwar einerseits an die **Lebenszeit** einer Person geknüpft ist, deren Rechtsgrund jedoch ungeachtet dieser Lebenszeit eine **Mindestdauer** – zB in Gestalt eine konkreten Dauer von Jahren („mind. 15 Jahre") – vorsieht. Stirbt die bezugsberechtigte Person vor Ablauf der Mindestdauer, ist die Rente bis zum Ablauf der Mindestzeit grds. an die Erben der Person auszuzahlen.

96 Die verlängerte Leibrente ist gesetzlich nicht ausdrücklich geregelt. Ihre **steuerrechtliche Behandlung** ist davon abhängig, ob angesichts ihrer konkreten Ausgestaltung die Wagniskomponente überwiegt (dann Rente), oder ob es sich nach dem Charakter des Rechtsverhältnisses eher um eine Zeitrente bzw. um (Kaufpreis-)Raten handelt. Dabei ist zu beachten, dass eine einheitliche verlängerte Leibrente auch einheitlich zu behandeln ist und **nicht in eine Zeitrente und eine durch den Ablauf der Mindestzeit aufschiebend bedingte Leibrente aufzuspalten** ist (BFH 19.8.2008 – IX R 56/07, BStBl. II 2010, 24).

97 Ist die vereinbarte **Mindestlaufzeit kürzer als die durchschnittliche verbleibende Lebensdauer** (diese kann der Sterbetafel des statistischen Bundesamts entnommen werden)

der bezugsberechtigten Person und wirkt sich die tatsächliche Lebensdauer damit wahrscheinlich auf das gesamte Leistungsvolumen aus, ist grundsätzlich von einer **Rente** auszugehen. Die durch die Lebensdauer des Berechtigten bestimmte Wagniskomponente wird damit nicht zugunsten eines konkreten Leistungsvolumens ausgeschaltet (BFH 19.8.2008 – IX R 56/07, BStBl. II 2010, 24). Das führt auf Seiten des Empfängers idR zu einer Besteuerung nach § 22 Nr. 1 S. 3 Buchst. a Doppelbuchst. bb. Sofern der Leistende die Zahlungen steuerrechtlich als Werbungskosten geltend machen kann (zB wenn der Kaufpreis für ein *vermietetes* Grundstück als verlängerten Leibrente gezahlt wird), ist auch bei ihm der Ertragsanteil berücksichtigungsfähig (§ 9 Abs. 1 S. 3 Nr. 1 S. 2; die Behandlung als Rente steht nicht zur Entscheidung des BFH vom 21.10.1999 – X R 75/97, BStBl. II 2002, 650 im Widerspruch. Zwar hat der BFH dort eine Abzugsfähigkeit der Leistungen als Rente abgelehnt und ausgeführt, dass er der Relation zwischen Mindestlaufzeit und durchschnittlicher Lebenserwartung des Berechtigten keine Bedeutung beimesse; indes war Gegenstand der Entscheidung die Abgrenzung zwischen einer Vermögensübergabe gegen Versorgungsleistungen und entgeltlichem Veräußerungsgeschäft und nicht die Frage nach der Ermittlung des Ertrags- oder Zinsanteils, vgl. dazu FG Köln 22.8.2007 – 1 K 1706/03, EFG 2008, 210; BFH 19.8.2008 – IX R 56/07, BStBl. II 2010, 24).

Übersteigt die **Mindestlaufzeit die durchschnittliche Lebenserwartung** der Bezugs- 98
berechtigten Person, ist die verlängerte Leibrente durch ein im Voraus feststehendes Leistungsvolumen geprägt. Damit sind die Leistungen in diesem Fall wie **Ratenzahlungen** zu behandeln. Das heißt, dass aus den erbrachten Leistungen der **Zinsanteil** heraus zu rechnen und einer Besteuerung nach **§ 20 Abs. 1 Nr. 7** zu unterwerfen ist (vgl. BFH 29.10.1974 – VIII R 131/70, BStBl. II 1975, 173; LBP/*Lüsch* § 22 Rn. 68). Der **Zinsanteil ist dergestalt zu ermitteln,** dass von der jährlichen Gesamtleistung die jährliche Barwertminderung (der Tilgungsanteil) abgezogen wird. Der Barwert ist dabei nach finanzmathematischen Grundsätzen unter Verwendung eines Zinsfußes von 5,5% zu errechnen. Die jährliche Barwertminderung ist nach § 13 Abs. 1 BewG – bzw. im Falle von verlängerten Leibrenten nach § 13 Abs. 2 BewG iVm § 14 BewG – zu ermitteln. Aus Vereinfachungsgründen lässt die Finanzverwaltung jedoch auch die Ermittlung eines Zinsanteils in Anlehnung an die Ertragswerttabelle des § 55 Abs. 2 EStDV zu (zur Ermittlung vgl. BFH 26.11.1992 – X R 187/87, BStBl. II 1993, 298; BMF 11.3.2010, BStBl. I 2010, 227; LBP/*Lüsch* § 22 Rn. 68).

Soweit die Leistungen aus einem **Versicherungsvertrag iSd § 20 Abs. 1 Nr. 6** gezahlt 99
werden, ist diese – grds. vorrangige – Vorschrift zu beachten. Diese Norm weist Renteneinkünfte im Erlebens- und Rückkauffall den Einkünften aus Kapitalvermögen zu, soweit nicht die „lebenslange Rentenauszahlung“ gewählt und erbracht wird. Wenn die **Mindestlaufzeit über die Lebenserwartung der betroffenen Person hinausgeht,** liegen keine lebenslangen Rentenzahlungen vor; es erfolgt demgemäß eine Besteuerung nach § 20 Abs. 1 Nr. 6. Liegt die **Mindestlaufzeit dagegen unter der Lebenserwartung,** sind die Leistungen (da die Mindestlaufzeit aller Wahrscheinlichkeit nicht zum Tragen kommt) wie lebenslange Renten zu behandeln; es erfolgt eine Besteuerung nach § 22 Nr. 1 S. 3 Buchst. a. Dies gilt im vorzeitigen Todesfall auch für einen etwaigen Erben; dabei wird der auf den Erblasser angewandte Ertragsanteil fortgeführt (BMF 1.10.2009, BStBl. I 2009, 1172).

Zu beachten ist in **den Fällen einer verlängerten Leibrente, die als Gegenleistung** 100
für die Übertragung eines Wirtschaftsguts geleistet wird – also bei Leistungen, die nicht unter das Institut der (unentgeltlichen) Vermögensübergabe gegen Versorgungsleistungen fallen –, dass insoweit die **Grundsätze der entgeltlichen Vermögensübertragung** gegen wiederkehrende Leistungen Anwendung finden (BFH 21.10.1999 – X R 75/97, BStBl. II 2002, 650; BFH 10.4.2014 – X B 250/13, BFH/NV 2014, 1045). Auf die entsprechenden Ausführungen (→ Rn. 136) wird verwiesen.

ff) Begriff der Unterhaltsrenten. Unterhaltsrenten sind Renten, die dem Unterhalt 101
des Berechtigten dienen. Sie werden in der Regel auf freiwilliger Basis oder aufgrund einer freiwillig begründeten Rechtspflicht oder an eine gesetzlich unterhaltsberechtigte Person geleistet und sind daher regelmäßig nicht steuerbar (vgl. **§ 22 Nr. 1 S. 2 Hs. 1;** s. aber auch **§ 22 Nr. 1a**). Wenn Unterhaltsleistungen aufgrund einer Schadensersatzpflicht geleistet werden, scheidet eine Steuerbarkeit ebenfalls aus (→ Rn. 121 ff.).

gg) Begriff der Unfallrenten. Renten aus einer Unfallversicherung werden als Unfall- 102
renten bezeichnet. Dabei sind Renten aus der **gesetzlichen Unfallversicherung** nach § 3

Nr. 1 Buchst. a steuerfrei. Werden sie aufgrund eines privaten Versicherungsvertrags gezahlt, so liegt eine private Unfallrente vor. Solche Renten sind gem. § 22 Nr. 1 S. 3 Buchst. a Doppelbuchst. bb mit dem Ertragsanteil zu besteuern (BFH 12.4.2011 – X B 132/10, BFH/NV 2011, 1136).

103 **hh) Begriff der Schadensersatzrenten.** Zu den Renten aufgrund eines zum Schadensersatz verpflichteten Umstands (**Schadensersatzrenten**) wird auf die Besonderheiten zu wiederkehrenden Bezügen aufgrund von Schadensersatzansprüchen (→ Rn. 121) verwiesen.

104 **e) Begriff der „anderen Leistungen", § 22 Nr. 1 S. 3 Buchst. a.** Der Begriff der „anderen Leistungen" ist durch das AltEinkG in § 22 Nr. 1 S. 3 Buchst. a eingefügt worden. Im Gesetzgebungsverfahren zum AltEinkG wurde der ursprüngliche Gesetzesentwurf hinsichtlich der steuerlichen Behandlung der **Beiträge und Leistungen berufsständischer Versorgungswerke** durch den Finanzausschuss mit der Begründung geändert, die berufsständischen Versorgungseinrichtungen stellten ein auf öffentlich-rechtlicher Grundlage beruhendes Ersatzsystem zur gesetzlichen Rentenversicherung dar (BT-Drs. 15/3004, 17). Infolgedessen sollten die Beiträge nicht (mehr) wie Beiträge zugunsten privater Leibrentenprodukte, sondern gem. § 10 Abs. 1 Nr. 2 Buchst. a wie Beiträge zugunsten der gesetzlichen Rentenversicherung behandelt werden, sofern vergleichbare Leistungen gewährt werden; entsprechend sollte die Besteuerung auf Empfängerseite wie bei den Leistungen aus der gesetzlichen Rentenversicherung erfolgen. Zugleich wurde auf Seiten des Empfängers in § 22 Nr. 1 S. 3 der Besteuerungsgegenstand um die „anderen Leistungen" erweitert. Zur Begründung wies der Finanzausschuss darauf hin, dass bei den berufsständischen Versorgungseinrichtungen und Pensionskassen **Teilkapitalisierungen** zulässig seien, die (da keine Leibrentenzahlungen) ohne eine Erwähnung der „anderen Leistungen" nicht steuerbar wären.

105 Ziel der Schaffung des Besteuerungstatbestands der „anderen Leistungen" war es also, im Rahmen der nachgelagerten Besteuerung des **§ 22 Nr. 1 S. 3 Buchst. a Doppelbuchst. aa eine Erweiterung der Besteuerung** vorzunehmen, die auch dem weiten Leistungsspektrum der berufsständischen Einrichtungen Rechnung trug. Eine Einschränkung dieser vom Wortlaut her weitgehenden Ausdehnung der Besteuerung ist den Gesetzesmaterialien dabei nicht zu entnehmen (BFH 23.10.2013 – X R 3/12, BStBl. II 2014, 58). Damit fallen unter **§ 22 Nr. 1 S. 3 Buchst. a Doppelbuchst aa neben Renten auch Zusatzleistungen und sonstige Leistungen wie Kinderzuschüsse** (vgl. BFH 31.8.2011 – X R 11/10, BStBl. II 2012, 312 auch zur Frage der Steuerfreiheit nach § 3 Nr. 1 Buchst. b) **Abfindungen für Kleinstrenten und sonstige einmalige Kapitalzahlungen** (BFH 23.10.2013 – X R 3/12, BStBl. II 2014, 58; aA HHR/*Killat* § 22 Rn. 277 mit der Begründung, dass die Erfassung von einmaligen Zahlungen der Gesetzesbegründung nicht zu entnehmen sei, da *solche nicht* den Leistungen der gesetzlichen Rentenversicherung vergleichbar seien).

106 Einschränkend hierzu hat das FG Baden-Württemberg (13.11.2013 – 4 K 1203/11, ZEV 2014, 388) entschieden, dass ein Sterbegeld, welches von einer Versorgungsanstalt für Ärzte, Zahnärzte und Tierärzte neben einer Rente geleistet werde, nicht der Besteuerung nach § 22 Nr. 1 S. 3 Buchst. a Doppelbuchst aa unterliege, da es sich nicht um eine „andere Leistung" handle. Der Begriff der „anderen Leistung" sei teleologisch dahingehend zu reduzieren, dass einmalige Leistungen nur dann zu besteuern seien, wenn sie sich als Kapitalisierung „wiederkehrender Bezüge" darstellten. Dies treffe für das der Entscheidung zugrunde liegende Sterbegeld nicht zu, wobei zudem zu beachten sei, dass das Sterbegeld bis einschließlich 2003 nach § 3 Nr. 1a als Leistung aus einer Krankenversicherung steuerfrei gewesen sei. Nach überzeugender Auffassung des BFH (23.11.2016 – X R 13/14, BFH/NV 2017, 445) dagegen unterliegt **auch das einmalige Sterbegeld** der Besteuerung nach § 22 Nr. 1 S. 3 Buchst. a Doppelbuchst. aa. Denn für das Vorliegen einer „anderen Leistung" ist nicht zugleich das Vorliegen wiederkehrender Bezüge erforderlich (so bereits BFH 23.10.2013 – X R 3/12, BStBl. II 2014, 58). Eine solche Auslegung stellt nach Auffassung des BFH die systemgerechte Umsetzung des Konzepts der nachgelagerten Besteuerung sicher, das der einkommensteuerrechtlichen Behandlung von Vorsorgeaufwendungen und Altersbezügen seit 2005 zugrunde liegt. Dem steht auch nicht die Entstehungsgeschichte des § 22 Nr. 1 S. 3 Buchst. a entgegen. Denn der Finanzausschuss des Deutschen Bundestages hat in seinem Bericht zum AltEinkG die von einigen Versorgungswerken eingeräumte Möglichkeit von Teilkapitalisierungen lediglich als *Beispiel* für „andere Leistungen" angeführt hat (BT-Drs.

15/3004, 19). Er hat den Besteuerungstatbestand damit auf diese Fallgestaltungen erkennbar *nicht beschränken* wollen (BFH 23.11.2016 – X R 13/14, BFH/NV 2017, 445). Zudem → Rn. 106.1

Trotz des weiten Verständnisses vom Begriff der „anderen Leistungen" fallen nicht sämtliche Leistungen der in § 22 Nr. 1 S. 3 Buchst. a Doppelbuchst. aa benannten Institutionen darunter. So hat der BFH (BFH 12.12.2017 – X R 39/15, DStR 2018, 1551) klargestellt, dass zwar Kapitalauszahlungen auch dann „andere Leistungen" darstellen können, wenn insoweit keine „wiederkehrenden Bezüge" vorliegen. **Voraussetzung für die Annahme „anderer Leistungen" iSd § 22 Nr. 1 S. 3 Buchst. a Doppelbuchst. aa ist jedoch, dass die Leistungen der Basisversorgung dienen.** Daher fällt eine zur Basisversorgung hinzutretende (und von dieser zu trennende) Kapitalversorgung – selbst wenn sie von einer in § 22 Nr. 1 S. 3 Buchst. a Doppelbuchst. aa ausdrücklich erwähnten berufsständischen Versorgungseinrichtung geleistet wird – nicht unter den Begriff der „anderen Leistung", wenn sie nicht die Merkmale der Basisversorgung erfüllt (zu diesen Merkmalen vgl. § 22 Nr. 1 S. 3 Buchst. a Doppelbuchst. aa iVm § 10 Abs. 1 Nr. 2 Buchst b: Altersgrenze, Nichtbeleihbarkeit etc). Im konkreten Fall lag eine Kapitalversorgung vor, deren Anwartschaften grundsätzlich beleihbar, übertragbar vererbbar und jederzeit auszahlbar waren. Der BFH lehnte eine Besteuerung nach § 22 Nr. 1 S. 3 Buchst. a Doppelbuchst. aa ab und wendete stattdessen § 20 Abs. 1 Nr. 6 an (BFH 12.12.2017 – X R 39/15, DStR 2018, 1551). 106.1

Eine Besteuerung „anderer Leistungen" iSd § 22 Nr. 1 S. 3 Buchst. a ist nicht vorzunehmen, soweit die **Leistungen steuerfrei** sind (zB Sachleistungen und Kinderzuschüsse gem. § 3 Nr. 1 Buchst. a; Abfindungsbetrag einer Witwen- oder Witwerrente wegen Wiederheirat gem. § 3 Nr. 3 Buchst. a; vgl. dazu im Einzelnen BMF 19.8.2013, BStBl. I 2013, 1087; zur Frage der Steuerfreiheit eines von einem berufsständischen Versorgungswerk gezahlten Sterbegeldes s. BFH 23.11.2016 – X R 13/14, BFH/NV 2017, 445). Soweit Einmalzahlungen nicht steuerfrei sind, kann eine **ermäßigte Besteuerung** gem. § 34 Abs. 1 iVm Abs. 2 Nr. 4 in Betracht kommen (vgl. BFH 23.10.2013 – X R 3/12, BStBl. II 2014, 58). 107

Eine Besteuerung nach § 22 Nr. 1 S. 3 ist weiterhin nicht vorzunehmen, wenn zwar begrifflich eine „andere Leistung" vorliegt, die Besteuerung der Bezüge als „sonstige Einkünfte aber im konkreten Fall aufgrund der **Subsidiaritätsklausel** des § 22 Nr. 1 S. 1 einer anderen Einkunftsart zugewiesen ist (zB bei Zinsen nach § 44 Abs. 1 SGB I, vgl. BFH 9.6.2015 – VIII R 18/12, BStBl. II 2016, 523). 108

Die Besteuerung der „anderen Leistungen" gilt nach dem Wortlaut des Gesetzes auch für die Bezüge iSd § 22 Nr. 1 S. 3 Buchst. a Doppelbuchst. bb. Diese Geltung steht jedoch im unmittelbaren Zusammenhang mit der Regelung des **§ 22 Nr. 1 S. 3 Buchst. a Doppelbuchst. bb *S. 2*,** wonach unter bestimmten Voraussetzungen Leistungen von den Einrichtungen iSd Doppelbuchst. aa teilweise der Besteuerung nach Doppelbuchst. bb unterliegen können. In *diesem* Fall sollen auch die „anderen Leistungen" – die von den in **Doppelbuchst. aa genannten Einrichtungen erbracht werden, aber nach Doppelbuchst. bb zu besteuern sind** – erfasst werden (vgl. HHR/*Killat* § 22 Rn. 277). 109

Hinsichtlich der übrigen Leistungen iSd § 22 Nr. 1 S. 3 Buchst. a Doppelbuchst. bb – **also bei Leistungen, die nicht der Basisversorgung unterfallen** – gilt die Erweiterung der Besteuerung durch die Erfassung der „anderen Leistungen" **nicht.** Dies folgt zunächst aus der (allein) die Regelung des Doppelbuchst. aa in Bezug nehmenden Entstehungsgeschichte der vom Gesetzgeber aufgenommenen „anderen Leistungen". Zudem kann bei Einmalzahlungen weder von einem „Rentenrecht", noch von daraus „erzielten Erträgen" – was die Regelung des Doppelbuchst. bb indes ausdrücklich voraussetzt – ausgegangen werden, sodass – anders als in den Fällen des Doppelbuchst. aa – eine Besteuerung nach Doppelbuchst. bb entfällt (soweit nicht die Vorschrift des § 20 Abs. 1 Nr. 6 einschlägig ist; vgl. LBP/*Lüsch* § 22 Rn. 174; s. auch BFH 25.3.2010 – X B 142/09, BFH/NV 2010, 1275). 110

f) Begriff der dauernde Lasten. Dauernde Lasten sind **rentenähnliche wiederkehrende Leistungen,** die sich auf einen besonderen Verpflichtungsgrund zurückführen lassen und die sich von der Rente dadurch unterscheiden, dass sie **nicht gleichmäßig** geleistet werden, oder **abänderbar** sind oder **nicht in Geld oder vertretbaren Sachen** bestehen. 111

Insoweit können dauernde Lasten **bspw.** vorliegen, wenn ein Wohnrecht gewährt wird, wenn Zahlungen an externe Bezugsgrößen gekoppelt werden (zB Übergabe eines Unternehmens gegen laufende Bezüge, die sich am Umsatz des Unternehmens orientieren, BFH 112

30.5.1980 – VI R 153/77, BStBl. II 1980, 575), oder wenn die Leistungen an die Bruttomiete einer Immobilie gekoppelt sind (BFH 18.10.1994 – IX R 46/88, BStBl. II 1995, 169). Wurde ursprünglich eine Leibrente vereinbart, so besteht die Möglichkeit, die Vereinbarung der **Leibrente durch einen Änderungsvertrag ex nunc in eine dauernde Last** umzuwandeln (BFH 3.3.2004 – X R 135/98, BStBl. II 2004, 824); eine solche Umwandlungsmöglichkeit besteht auch **umgekehrt** von einer dauernden Last in eine Leibrente (BFH 13.4.2011 – X B 69/19, BFH/NV 2011, 1330).

113 Die Bedeutung der dauernden Lasten als eigenständiges Institut ist im aktuellen Recht eher gering. **Bis zur Änderung zum 1.1.2008 im JStG 2008** waren Hauptanwendungsfall der dauernden Lasten die lebenslangen Versorgungsleistungen, die aufgrund ihrer konkreten Ausgestaltung – zB Wohnrecht/Schwankungen in der Höhe – keine Renten waren und die anlässlich einer unentgeltlichen Übertragung von Vermögen im Wege der vorweggenommenen Erbfolge vereinbart wurden (vgl. BFH 18.9.2003 – X R 152/97, BStBl. II 2007, 749).

In solchen Fällen (zur Anwendung der alten Rechtslage für bis zum 31.12.2007 vereinbarte Vermögensübertragungen, vgl. die Übergangsregelung in § 52 Abs. 18 S. 2) lagen auf Seiten des Vermögensempfängers Sonderausgaben iSd § 10 Abs. 1 Nr. 1a EStG aF vor, wobei die Vorschrift des § 10 Abs. 1 Nr. 1a EStG aF den Terminus der „dauernden Last" ausdrücklich verwandte. Auf Seiten des Empfängers der wiederkehrenden Leistungen unterlagen die Zahlungen der Besteuerung nach § 22 Nr. 1 S. 1 EStG aF. Die **Abgrenzung von Rente und dauernder Last** war in diesen Fällen von Bedeutung, da die **Renten** nach § 10 Abs. 1 Nr. 1a S. 2 EStG aF und § 22 Nr. 1 S. 3 Buchst. a Doppelbuchst. bb nur mit dem Ertragswert abgezogen und besteuert wurden, die **dauernden Lasten** dagegen gem. § 10 Abs. 1 Nr. 1a S. 1 EStG aF und § 22 Nr. 1 S. 1 voll abzugsfähig und zugleich auch voll zu besteuern waren (zum Institut der unentgeltlichen Vermögensübergabe gegen Versorgungsleistungen → Rn. 126).

114 **Mit dem JStG 2008** wurde ab Veranlagungszeitraum 2008 § 10 Abs. 1 Nr. 1a (nunmehr § 10 Abs. 1a Nr. 2) dahingehend geändert, dass anstelle der bis dahin genannten „Renten und dauernden Lasten" der Begriff „lebenslange und wiederkehrende Versorgungsleistungen" eingefügt wurde. Dazu wurde § 22 Nr. 1 b (nunmehr § 22 Nr. 1a) ein neuer Tatbestand geschaffen, der die (volle) Besteuerung von Versorgungsleistungen anordnete, soweit bei Verpflichteten die Abzugsvoraussetzungen des § 10 Abs. 1 Nr. 1a vorlagen. Die Abgrenzung von Renten und dauernden Lasten wurde damit im Anwendungsbereich des mit dem JStG 2008 näher kodifizierten Instituts der Vermögensübergabe gegen Versorgungsleistungen obsolet, da jeweils (bei Rente und dauernder Last) eine volle Abziehbarkeit/Besteuerung angeordnet wurde.

115 Aus **heutiger Sicht** finden sich **dauernde Lasten** bspw. in nachfolgenden Fällen, wobei hinsichtlich ihrer **steuerrechtlichen Behandlung** Unterschiede bestehen können und stets zu beachten ist, aus welchem Grund und in welchem (zeitlichen) Rechtsrahmen sie geleistet werden:

- in **Altfällen** (vor Anwendung des JStG 2008; zur Anwendung der alten Rechtslage vgl. die Übergangsregelung in § 52 Abs. 18 S. 2) im Bereich der **unentgeltlichen Vermögensübergabe gegen Versorgungsleistungen;** hier ist in Ansehung der unterschiedlichen Behandlung zwischen einer dauernden Last (volle Abziehbarkeit, § 10 Abs. 1 Nr. 1a S. 1 EStG aF/volle Besteuerung, § 22 Nr. 1 S. 1) und einer Leibrente (Abziehbarkeit/Besteuerung nur mit Ertragsteil, § 10 Abs. 1 Nr. 1a S. 2 EStG aF, § 22 Nr. 1 S. 3 Buchst. a Doppelbuchst. bb) zu differenzieren,
- bei Vermögensübergaben gegen Versorgungsleistungen in den Anwendungsbereich des **JStG 2008,** oder des neuen § 10 Abs. 1 Nr. 1 a (heute: § 10 Abs. 1a Nr. 2) und damit zugleich des **§ 22 Nr. 1 b (heute § 22 Nr. 1a iVm § 10 Abs. 1a Nr. 2)** fallen. Hier ist eine Differenzierung zwischen Rente/dauernder Last angesichts der stets vollen Abziehbarkeit/Besteuerung der „lebenslangen Versorgungsleistungen" nicht erforderlich,
- sofern dauernde Lasten **nicht** im Rahmen des vorbenannten Instituts geleistet werden, sondern aufgrund einer **entgeltlichen Vermögensübertragung gegen wiederkehrende Leistungen** erbracht werden (→ Rn. 136 ff.). Bei solchen Übertragungen sind die Zinsanteile der erhaltenen Leistungen steuerbar, wobei sich die Steuerbarkeit der Leistungen im Falle von Renten aus § 22 Nr. 1 S. 3 Buchst. a Doppelbuchst. bb ergibt, im Falle von **dauernden Lasten dagegen aus § 20 Abs. 1 Nr. 7.** Beim Leistenden erfolgt dabei

keine steuerliche Berücksichtigung nach § 10, sondern allenfalls (mit dem Zinsanteil) als Werbungskosten (vgl. § 9 Abs. 1 S. 3 Nr. 1) oder Betriebsausgaben. Wird zB ein gegen wiederkehrende Bezüge übertragenes Grundstück betrieblich genutzt, ergibt sich der als Betriebsausgaben abziehbare Zinsanteil aus dem Unterschiedsbetrag zwischen den wiederkehrenden Bezügen einerseits und dem jährlichen Rückgang des Barwerts andererseits (BFH 18.5.2010 – X R 32-33/01, BStBl. II 2011, 675 mwN),

- sofern dauernde Lasten in keinem der vorbenannten Zusammenhänge **unentgeltlich** geleistet werden (das gleiche gilt im Falle eine teilweise unentgeltlichen Leistung, soweit der unentgeltliche Teil betroffen ist). Dann handelt es sich jedoch um freiwillige oder aufgrund einer freiwillig begründeten Rechtspflicht erbrachte Leistungen, **die grds. weder abzugsfähig** (§ 12 Nr. 2), **noch zu besteuern sind** (§ 22 Nr. 1 S. 2 Hs. 1; beachte aber § 22 Nr. 1 S. 2 Hs. 2) sind,
- wenn ein geschiedener Ehegatte dem anderen eine (sich an den jeweiligen Verhältnissen orientierenden, mithin der Höhe nach änderbaren) **Ausgleichsrente nach § 1587g BGB** zahlt (§ 1587g BGB ist mit dem 31.8.2009 außer Kraft getreten und durch die Regelungen des § 20 VersAusglG ersetzt worden). Bis Ende 2007 (**bis zur Anwendung des JStG 2008**) ergab sich die Abzugsfähigkeit aus § 10 Abs. 1 Nr. 1a EStG aF und die Besteuerung aus § 22 Nr. 1 S. 1. Der Abzugsfähigkeit einerseits und der Besteuerung andererseits lag dabei der Gedanke des steuerlich zur berücksichtigen Einkünftetransfers (im Gegensatz zum nicht berücksichtigungsfähigen Vermögenstransfers) zugrunde. Die Besteuerung nach § 22 Nr. 1 konnte dabei unterschiedlich sein: Da § 10 Abs. 1 Nr. 1a EStG aF die Abzugsfähigkeit der dauernden Lasten nur insoweit vorsah, als sie „nicht mit Einkünften in wirtschaftlichem Zusammenhang stehen, die bei der Veranlagung außer Betracht bleiben" war die Abzugsfähigkeit – und damit korrespondierend die Besteuerung nach § 22 Nr. 1 S. 1 – davon abhängig, worauf sich die Ausgleichsrente gründete. Gründete sich die Ausgleichsrente auf Versorgungsbezüge, die beim Leistenden nach § 19 (abgesehen vom Versorgungs-Freibetrag) in voller Höhe der Besteuerung unterlagen, kam der Abzug als Sonderausgabe in voller Höhe und damit auch eine Besteuerung nach § 22 Nr. 1 in voller Höhe in Betracht. Gründete sich die vom Ausgleichsverpflichteten zu zahlende Ausgleichsrente dagegen auf Anrechte aus der Alterssicherung, die beim Leistenden als Leibrenten nur mit dem Ertragsanteil der Besteuerung unterlagen, so kam der Abzug als dauernde Last und damit auch die Besteuerung nach § 22 Nr. 1 S. 1 auch nur mit diesem Ertragsanteil in Betracht (BFH 18.9.2003 – X R 152/97, BStBl. II 2007, 749; vgl. auch FG Kiel 15.8.2012 – 2 K 9/11, EFG 2012, 2109: Abgetretene britische Rentenbeiträge mindern weder den Progressionsvorbehalt, noch stellen sie abzugsfähige Sonderausgaben dar: Da die Renteneinnahmen beim Verpflichteten aufgrund des DBA steuerfrei waren, unterlagen sie nicht der Besteuerung, sodass auch die Zahlungen hieraus, die an die Ehefrau geleistet wurden, nicht abgezogen werden konnten. In diesem Fall schied eine Besteuerung auf Seiten der Ehefrau gänzlich aus). Diese steuerliche Behandlung der **dauernden Last aufgrund einer Ausgleichsrente nach § 1587g BGB** ist mit dem JStG 2008 **ab Veranlagungszeitraum 2008** in die Regelungen des § 10 Abs. 1 Nr. 1b (nunmehr § 10 Abs. 1a Nr. 4 EStG idF des ZollkodexAnpG) und in § 22 Nr. 1c (nunmehr § 22 Nr. 1a EStG idF des ZollkodexAnpG) überführt worden.

Keine dauernde Last hat der BFH angenommen, **116**

- bei **Beerdigungskosten** wenn sich ein Vermögensübernehmer gegenüber dem Vermögensübergeber im Rahmen des Instituts der der **unentgeltlichen Vermögensübergabe gegen Versorgungsleistungen** verpflichtet hat, die Kosten einer standesgemäßen Beerdigung zu tragen **und dabei Alleinerbe** des Vermögensübergebers ist. Zwar wird im Rahmen dieses Instituts davon ausgegangen, dass sich der Vermögensübergeber bei der Übergabe des Vermögens Teile der nunmehr vom Übernehmer zu erwirtschaftenden Nettoerträge vorbehält und sich dieser Vorbehalt als „Transfer steuerlicher Leistungsfähigkeit" durch die Abziehbarkeit als Sonderausgabe und entsprechenden Zuflüsse nach § 22 Nr. 1 verwirklicht. Da die Versorgungsleistungen somit als vorbehaltene Vermögenserträge zu charakterisieren sind, kommt eine Abziehbarkeit als dauernde Last aber nur dann in Betracht, wenn die vorbehaltenen Erträge (in Gestalt der Beerdigungskosten) auch jemandem als wiederkehrende Bezüge zufließen können. Daran fehlt es aber, wenn die Beerdigungskosten allein dem Verpflichteten (da Alleinerbe) zugerechnet werden könnten. Denn

könnte der Alleinerbe die Kosten als Sonderausgaben abziehen, müssten die Beerdigungskosten als vorbehaltene Erträge bei ihm zu steuerbaren Einkünften führen. Forderung und Schuld würden sich dabei vereinen und führen zur Konfusion mit der Folge, dass Forderung und Schuld erlöschen und **weder ein Ansatz von Einkünften noch ein Sonderausgabenabzug** in Betracht kommt (BFH 19.1.2010 – X R 32/09, BStBl. II 2011, 162; **anders dagegen (dauernde Last),** wenn der Erbe ein Dritter ist, vgl. BFH 19.1.2010 – X R 17/09, BStBl. II 2010, 544, oder wenn sich Vermögensübernehmer gegenüber beiden Elternteilen zur Übernahme der Kosten für ein Grabmahl verpflichtet und die nach dem Tod des einen Elternteils übernommenen Kosten dem anderen als Erträge zufließen können, vgl. BFH 15.2.2006 – X R 5/04, BStBl. II 2007, 160),
- wenn mit wiederkehrenden Bezügen **Pflichtteilsrechte oder sonstige erbrechtliche Ansprüche** erfüllt werden; in diesem Fall sind die Zahlungen weder als Sonderausgaben abziehbar, noch als wiederkehrende Bezüge zu besteuern (reine Vermögensumschichtung, BFH 24.2.1999 – X R 3/95, BFH/NV 2000, 414). Der BFH hat klargestellt, dass abziehbare (und beim Empfänger steuerbare) Versorgungsleistungen außerhalb einer Vereinbarung über die unentgeltliche Vermögensübergabe gegen Versorgungsleistungen auch aufgrund einer letztwilligen Verfügung vorliegen können; Voraussetzung dafür ist jedoch ua, dass der Erblasser dem Ehegatten oder einem anderen Erbberechtigten einen Versorgungsanspruch gegenüber dem Übernehmer des (gesamten, existenzsichernden) Vermögens vermittelt (dann Übergang vorbehaltener Vermögenserträge). Im Streitfall dienten die wiederkehrenden Leistungen jedoch lediglich der **(ratenweise) Tilgung eines feststehenden Anspruchs (reine Vermögensumschichtung,** BFH 24.2.1999 – X R 3/95, BFH/NV 2000, 414 mit Bezugnahme auf BFH 26.1.1994 – X R 54/92, BStBl. II 1994, 633). In Betracht kommt bei einer zeitlichen Streckung von über einem Jahr jedoch eine Versteuerung auf **Empfängerseite** nach **§ 20 Abs. 1 Nr. 7,** wobei der Zinsanteil (soweit nicht vereinbart) nach § 12 Abs. 3 BewG zu ermitteln ist. Auf Seiten des **Leistenden** scheidet – da keine Sonderausgaben vorliegen und bei der Erfüllung von Erbfallschulden keine Einkunftssphäre tangiert ist – ein Abzug aus,
- wenn wiederkehrende Leistungen ihrem wirtschaftlichen Gehalt nach **Entgelt für eine Nutzungsüberlassung** darstellen (BFH 18.5.2010 – X R 32-33/01, BStBl. II 2011, 675).

3. Abgrenzungen/Konkurrenzen/Subsidiarität

117 **a) Aufspaltung wiederkehrender Bezüge unterschiedlichen Charakters.** Wenn **verschiedenartige Leistungsgegenstände** – also zB Geldleistungen einerseits und Naturalleistungen andererseits – aufgrund ein und desselben Rechtsgrunds geleistet werden, liegt darin eine einheitliche Leistung. Diese ist jedoch ungeachtet des einheitlichen Rechtsgrunds grds. aufzuteilen, sodass die Leistungsgegenstände jeweils **gesondert zu behandeln** sind. Es ist folglich jeweils **getrennt zu prüfen,** ob die Leistungen anteilig zB (Leib-)Renten oder allgemeine wiederkehrende Bezüge darstellen (BFH 28.7.1983 – IV R 174/80, BStBl. II 1984, 97). Eine aus Naturalien und Geldleistungen bestehende Leistung könnte demzufolge – bei Vorliegen der sonstigen Voraussetzungen – teilweise als allgemeine wiederkehrende Bezüge (volle Besteuerung) und teilweise als Rente besteuert werden. Sogar **auf Geldleistungen beschränkte Leistungen können aufzuteilen sein,** sofern nur ein Teil der Leistungsverpflichtung die Voraussetzungen einer (Leib-)Rente erfüllt und der andere nicht (BFH 18.3.1980 – VIII R 68/78, BStBl. II 1980, 501).

118 **Keine Trennung** von auf einem einheitlichen Grund basierenden Leistungen ist dagegen vorzunehmen, wenn es sich bei der Leistung um eine **einheitlich, lediglich der Höhe nach schwankende Gesamtleistung** handelt (BFH 17.11.1987 – IX R 16/83, BFH/NV 1987, 294); diese ist dann einheitlich nach ihrem maßgeblichen Charakter einzuordnen (bei schwankender Höhe also grundsätzlich als allgemeine dauernde Bezüge und nicht als Rente). Wenn eine Leistung in einem Wohnrecht, also einer Naturalleistung besteht und damit dem Grunde nach eine dauernde Lasten beim Gebenden (wiederkehrende Bezüge beim Empfänger) vorliegen, so teilen die vom Leistenden übernommenen **Wohnnebenkosten** (obgleich Leistungen in Geldeswert) – da sie **typischer Bestandteil der Wohnungsüberlassung (Hauptleistung)** sind – das Schicksal der Hauptleistung und sind damit (auch) nicht als Rente, sondern dauernde Last einzustufen (BFH 5.6.1991 – XI R 1/88, BFH/

NV 1991, 678). Ferner nimmt die Rechtsprechung keine Aufspaltung vor, wenn zu einer Naturalleistung ein **geringfügiges Taschengeld** gezahlt wird. Die Geldleistung begründet dann keine (teilweise) Rente, wobei der BFH im Jahre 1991 (BFH 15.7.1991 – GrS 1/90, BStBl. II 1992, 78) ein Taschengeld von 100,– DM als *nicht* geringfügig ansah.

b) Keine Besteuerung wiederkehrender Bezüge/Renten mangels Mehrung objektiver Leistungsfähigkeit. Allein die Tatsache, dass eine Leistung nicht in einem Betrag, sondern in Form von **wiederkehrenden** Leistungen zu erbringen ist, kann eine Besteuerung nach § 22 Nr. 1 S. 1 nicht begründen (BFH 14.4.2015 – IX R 35/13, BStBl. II 2015, 795). Denn bei der Anwendung und Auslegung des § 22 Nr. 1 sind die normativen Grundaussagen des § 2 Abs. 1 zu beachten, wonach die Einkommensteuer nur „erzieltes" Einkommen, mithin die **erwirtschaftete Mehrung objektiver Leistungsfähigkeit** – nicht aber reine Vermögensumschichtungen – erfasst. 119

Solche in Ermangelung einer erwirtschafteten Mehrung der Leistungsfähigkeit **nicht von § 22 Nr. 1** erfassten Leistungen liegen etwa vor 120

- beim Bezug von **Kaufpreisraten,**
- bei Bezügen, die bei wirtschaftlicher Betrachtung **Kapitalrückzahlungen** sind,
- wenn ein Kind gegenüber seinen Eltern auf **künftige Pflichtteilsansprüche** verzichtet und dafür im Gegenzug von den Eltern wiederkehrende Zahlungen erhält. In diesem Fall liegen nicht steuerbare (Unterhaltsrenten-)Leistungen vor, die mangels Überlassung von Kapital auch nicht als Erträge aus Kapitalforderungen („Erträge aus sonstigen Kapitalforderungen jeder Art" iSd § 20 Abs. 1 Nr. 7) darstellen (BFH 9.2.2010 – VIII R 43/06, BStBl. II 2010, 818; BFH 20.11.2012 – VIII R 57/10, BStBl. II 2014, 56),
- wenn ein pflichtteilsberechtigter Erbe aufgrund einer **letztwilligen Verfügung des Erblassers vom Erben unter Anrechnung auf seinen Pflichtteil** für die Dauer von 15 Jahren wiederkehrende Leistungen in schwankender Höhe erhält. Solche Bezüge sind nicht als wiederkehrende Bezüge gem. § 22 Nr. 1 steuerbar. Da der Bedachte dem Verpflichteten jedoch den Barwert seines Pflichtteilsanspruchs zeitlich befristet überlässt, sind die Einkünfte jedoch mit ihrem **Zinsanteil nach § 20 Abs. 1 Nr. 7** (Differenz zwischen dem Barwert des Pflichtteilsanspruchs und der Summe der ratierlichen Auszahlungssumme) steuerbar (BFH 26.11.1992 – X R 187/87, BStBl. II 1993, 298). Zwar stellt der **Erwerb von Todes wegen kein erzieltes Einkommen** dar und unterliegt damit auch nicht der Einkommensteuer. Gleiches gilt für die Auszahlung eines durch Erbgang erworbenen Vermögensrechts. Wird aber die Fälligkeit des von Todes wegen erworbenen Anspruchs – einvernehmlich oder einseitig – mehr als ein Jahr hinausgezögert, so stellt dies **eine Kreditgewährung** dar. Dann enthält der ausbezahlte Betrag neben dem ertragsteuerlich unbeachtlichen Kapitalwert selbst dann ein Entgelt für die Überlassung von Kapital zur Nutzung, wenn **das Entgelt nicht gesondert** vereinbart wird (BFH 20.10.2015 – VIII R 40/13, DB 2016, 565). Ist das Entgelt (der Zinsanteil) nicht gesondert vereinbart, so ist der im Gesamtbetrag enthaltene Zinsanteil nach § 12 Abs. 3 BewG zu ermitteln (BFH 20.10.2015 – VIII R 40/13, DB 2016, 565; BFH 26.11.1992 – X R 187/87, BStBl. II 1993, 298),
- wenn eine Gewerkschaft einen Streik durchführt, der Steuerpflichtige, der Mitglied der Gewerkschaft ist, an dem Streit teilnimmt und dafür von der **Gewerkschaft eine Streikunterstützung** erhält. Nach Ansicht des BFH (BFH 24.10.1990 – X R 161/88, BStBl. II 1991, 337) gehört die Unterstützung weder zu den Einkünften aus § 19, noch aus § 22 Nr. 3 noch zu den Entschädigungen nach § 24 Nr. 1 Buchst. a (vgl. aber FG Köln 1.3.2001 – 5 K 3372/96, EFG 2001, 1230 zu Streikunterstützungsleistungen eines Unternehmers von seinem Arbeitgeberverband: Einkünfte nach §§ 4 ff.). Werden solche Entschädigungen wiederkehrend gezahlt käme § 22 Nr. 1 S. 1 zwar grundsätzlich in Betracht; da es sich aber bei den Zahlungen um individuell erkaufte (Versicherungs- und Gegen-)Leistungen handelt, die letztlich auch keine anderen steuerbaren Leistungen ersetzen, scheidet eine Besteuerung aus (vgl. auch HHR/*Killat* § 22 Rn. 125).

c) Besonderheiten bei wiederkehrenden Zahlungen aufgrund von Schadensersatzansprüchen. Da eine Besteuerung wiederkehrender Bezüge entsprechend den obigen Ausführungen das **„Erzielen" von Einkommen** – also die erwirtschaftete Mehrung der Leistungsfähigkeit – voraussetzt, sind Leistungen – seien sie auch wiederkehrend –, die als 121

reine Entschädigung aufgrund von Rechtsgutsverletzungen erbracht werden, idR nicht steuerbar. Die Funktion einer reinen Entschädigung liegt grds. darin, einen auf ein Rechtsgut des Geschädigten bezogenen Nachteil auszugleichen. Dieser reine Kompensationsgedanke verbietet grds. die Annahme, auf Seiten des Empfängers sei damit eine Mehrung der Leistungsfähigkeit erwirtschaftet worden.

122 Eine Besteuerung scheidet **daher zB aus,**

- wenn wiederkehrende Bezüge aufgrund **eines Schadensersatzanspruchs** (zB aus §§ 823 ff., aus dem HaftPflG oder aus dem StVG) geleistet werden,
- bei **Mehrbedarfsrenten nach § 843 Abs. 1, *Alt. 2* BGB** (Schadensersatz in Form einer Geldrente zum Ausgleich verletzungsbedingten Mehrbedarfs). Die Annahme einer mit dem Ertragsanteil zu versteuernden Leibrente scheitert in einem solchen Fall bereits an der fehlenden Gleichmäßigkeit der Leistungen, da die Höhe und Dauer der Geldleistungen von der Bedürftigkeit des Verletzten abhängt. Zum Vorliegen voll zu besteuernder allgemeiner wiederkehrender Bezüge im Falle der Mehrbedarfsrente hat der BFH Jahr 1994 seine bisherige Rechtsprechung eingeschränkt und ausgeführt, dass die Steuerbarkeit von Schadensersatzrenten auf solche Fälle zu begrenzen sei, in denen Ersatz für andere, bereits steuerbare Einkünfte geleistet werde. Die reine Mehrbedarfsrente könne daher nicht besteuert werden, da sie dem Verletzten lediglich den Schaden eines Mehrbedarfs abgilt; der Rechtsanspruch entstehe zivilrechtlich als Ganzes bereits mit der den Mehrbedarf verursachenden Schädigung. Lediglich die Fälligkeit der einzelnen Rentenbeiträge werde herausgeschoben, was allein nicht zur Steuerbarkeit zu führen vermag (BFH 25.10.1994 – VIII R 79/91, BStBl. II 1995, 121),
- wenn eine **Schadensersatzrente nach § 844 Abs. 2 BGB** geleistet wird (Geldrente des Geschädigten aufgrund der Tötung des Unterhaltspflichtigen durch den Schädiger). Auch in diesem Fall mangelt es an einem „erzielten" Zuwachs der Leistungsfähigkeit und es liegt kein Substitut anderer Einkünfte vor, sodass auch eine Besteuerung nach anderen Vorschriften nicht in Betracht kommt (BFH 26.11.2008 – X R 31/07, BStBl. II 2009, 651);
- das Gleiche gilt für aufgrund von § 253 Abs. 2 BGB (früher § 847 BGB) geleistete **Schmerzensgeldrenten** und auf wiederkehrende Zahlungen zur Tilgung von Ersatzansprüchen wegen **entgangener Dienste nach § 845 BGB** (BMF 15.7.2009, BStBl. I 2009, 836).

123 Aus diesen Erwägungen folgt jedoch auch, dass wiederkehrende Schadensersatzzahlungen, die **als Ersatz für andere steuerbare Einkünfte** geleistet werden – zB eine Schadensersatzrente wegen Minderung /Aufhebung der Erwerbsfähigkeit nach § 843 Abs. 1 *Alt. 1* BGB – durchaus **der Besteuerung unterliegen** können (BFH 12.4.2011 – X B 132/11, BFH/NV 2011, 1136; BFH 25.10.1994 – VIII R 79/91, BStBl. II 1995, 121). Der Rentenempfänger erzielt dann Einkünfte aus der Einkunftsart, die ihm aufgrund der schädigungsbedingten Beeinträchtigung entgehen, **§ 24 Nr. 1 Buchst. a.** Wenn der Geschädigte noch nicht erwerbstätig ist oder einen Berufswechsel anstrebt, sind insoweit hypothetische Erwägungen zur künftigen beruflichen Entwicklung des Geschädigten erforderlich. Diese Erwägungen sind dann auch für die steuerrechtliche Zuordnung maßgebend. Hilfsweise kann § 22 Nr. 1 S. 1 herangezogen werden (Blümich/*Nacke* § 22 Rn. 66); dies wird dann erforderlich werden, wenn die hypothetischen Erwägungen zum Charakter der zukünftigen Einkunftsart zu keinem Ergebnis zu führen vermögen.

124 Ebenfalls ist eine Besteuerung vorzunehmen, wenn eine Person zwar grds. einen Anspruch gegen einen Schädiger aus § 844 Abs. 2 BGB (Geldrente des Geschädigten aufgrund der Tötung des Unterhaltspflichtigen durch den Schädiger) hat, die Person jedoch eine **Witwenrente vom Rentenversicherungsträger** erhält, der Anspruch aus **§ 844 Abs. 2 BGB gem. § 116 SGB X auf den Rentenversicherungsträger übergeht und von diesem nicht realisiert werden kann.** In diesem Fall erhält die Person keine nicht steuerbaren Schadensersatzleistungen aus § 844 Abs. 2 BGB, sondern eine Witwenrente aus § 46 SGB VI. Diese unterliegt der Besteuerung nach § 22 Nr. 1 S. 3 Buchst. a Doppelbuchst. aa (BFH 5.12.2016 – X B 91/16, BFH/NV 2017, 287).

125 Offen gelassen hat der BFH, ob eine Besteuerung auch dann zu erfolgen hat, wenn die steuerpflichtige **Person eine Rente vom Rentenversicherungsträger erhält und der Rentenversicherungsträger den auf ihn übergegangenen Regressanspruch gegen den Schädiger mit Erfolg hätte geltend machen können bzw. geltend gemacht hat.**

M.M. nach sprechen hier gute Gründe dafür, eine **Steuerbarkeit *insoweit* abzulehnen, als der Regress gegen den Schädiger gelingt.** Zwar ist auch insoweit der Wortlaut des § 22 Nr. 1 S. 3 Buchst. a Doppelbuchst. aa erfüllt. Soweit der die Rente zahlende Träger jedoch seinerseits Regress aus einem übergeleiteten Anspruch aus § 844 Abs. 2 BGB nimmt, stellt sich der Bezug der Witwenrente bei wirtschaftlicher Betrachtung als eine – durchgeleitete – Schadensersatzleistung dar. Hätte der Gesetzgeber anstelle der Legalzession des Regressanspruchs eine vorrangige Verpflichtung des Schädigers und einen nur nachrangigen Eintritt des Rentenversicherungsträgers kodifiziert, wäre dies Ergebnis offenkundig, da der Geschädigte dann vorrangig nicht steuerbare Bezüge aus § 844 Abs. 2 BGB und lediglich im Umfang der nicht realisierbaren Schadensersatzforderung steuerbare Rentenerträge vom Rentenversicherungsträger erhalten würde. Dieses Ergebnis lässt sich auch auf den Fall zu übertragen, in dem der Empfänger die Leistungen des Rentenversicherungsträgers als weiter gereichte Schadensersatzleistungen nach § 844 Abs. 2 BGB empfängt.

d) Besonderheiten bei Vermögensübertragungen gegen wiederkehrende Leistungen. Wenn **wiederkehrende Bezüge im Zusammenhang mit einer Vermögensübertragung** gewährt werden, ist zwischen verschiedenen Konstellationen zu differenzieren. Zwar haben dabei alle gemein, dass sich wiederholende Leistungen von einem Leistenden an einen Empfänger fließen; dies führt jedoch nicht zur Annahme, es lägen auch stets nach § 22 Nr. 1 S. 1 (voll) zu besteuernde wiederkehrende Bezüge (oder – bei Vorliegen der Voraussetzungen einer Rente – nach § 22 Nr. Buchst. a Doppelbuchst. bb mit dem Ertragswert zu besteuernde Renten) vor. 126

Folgende Fallgruppen sind relevant: 127

- Wiederkehrende Leistungen im Rahmen des sog. Instituts der unentgeltlichen **Vermögensübergabe gegen Versorgungsleistungen** (mit der Folge einer – gegebenenfalls teilweisen – Abziehbarkeit auf Seiten des Leistenden und – gegebenenfalls teilweisen – Versteuerung auf Seiten des Empfängers),
- wiederkehrende Leistungen im Rahmen einer **entgeltlichen Übertragung von Privatvermögen** (mit der Folge einer anteiligen Besteuerung und nur eingeschränkten Möglichkeit der Abziehbarkeit auf Seiten des Leisten); diese wiederkehrenden Leistungen sind abzugrenzen von
- wiederkehrenden Leistungen im Rahmen einer zwar (teilweise) **unentgeltlichen Vermögensübertragung,** die sich jedoch **außerhalb** des Instituts der unentgeltlichen Vermögensübergabe gegen Versorgungsleistungen vollzieht,
- wiederkehrende Leistungen im Rahmen einer **entgeltlichen Übertragung von Betriebsvermögen** (mit der Folge einer Anwendbarkeit der allgemeinen Grundsätze zur Veräußerung von Betriebsvermögen).

aa) Unentgeltliche Vermögensübergabe gegen Versorgungsleistungen. Wenn Vermögen gegen wiederkehrende Leistungen übertragen wird und es sich dabei um eine Übertragung im Rahmen der sog. **Vermögensübergabe gegen private Versorgungsleistungen** handelt, so liegt eine **unentgeltliche Übertragung** vor. Die vom Vermögensübernehmer zugesagten Versorgungsleistungen stellen dabei weder Veräußerungsentgelt noch Anschaffungskosten dar (BFH 5.7.1990 – GrS 4-6/89, BStBl. II 1990, 847). Solche Versorgungsleistungen aus einer Vermögensübergabe werden generell den **wiederkehrenden Bezügen und Sonderausgaben** zugerechnet. Sie unterscheiden sich von Unterhaltsleistungen iSd § 12 Nr. 1 und enthalten auch keine Zuwendungen des Vermögensübernehmers aufgrund einer freiwillig begründeten Rechtspflicht iSd § 12 Nr. 2. 128

(1) Das Institut bis zur Anwendbarkeit des JStG 2008. Das Institut der Vermögensübergabe gegen Versorgungsleistungen war bis **Ende 2007** (vor Anwendung des JStG 2008; zur Anwendung der alten Rechtslage für bis zum 31.12.2007 vereinbarte Vermögensübertragungen, vgl. die Übergangsregelung in § 52 Abs. 18 S. 2) gesetzlich nicht ausdrücklich geregelt, sondern fußte auf **Richterrecht,** welches von der Finanzverwaltung weitgehend übernommen wurde. Betroffen waren nach einer Entscheidung des Großen Senats des BFH vom 5.7.1990 (BFH 15.7.1992 – GrS 1/90, BStBl. II 1992, 78) insbesondere Leistungen, die anlässlich einer **Betriebs- oder Vermögensübergabe im Wege der vorweggenommenen Erbfolge** vorbehalten worden sind, wie etwa Altenteils- oder ihnen gleichstehende 129

Versorgungsleistungen. Solcherlei Leistungen sollten nicht unter die Grundregel der Nichtabziehbarkeit von Versorgungsleistungen (§ 12 Nr. 2) – und damit korrespondierend der Nichtbesteuerung beim Empfänger – fallen. Die Versteuerung sollte vielmehr vom das übertragene Vermögen bewirtschaftenden Vermögensempfänger auf den Empfänger der wiederkehrenden Leistungen verlagert werden. Tragend hierfür war die Annahme, dass die Übertragung von der Einkünfteerzielung dienendem, **existenzsicherndem Vermögen gegen Versorgungsleistungen in der Familie** kein entgeltlicher Vorgang, sondern vielmehr dadurch gekennzeichnet sei, dass sich der Vermögensübergeber bei der Übertragung Teile der nach der Übertragung beim Vermögensübernehmer zu erwirtschaftenden Nettoerträge vorbehalte (BFH 5.7.1990 – GrS 4-6/89, BStBl. II 1990, 847). Der Vorbehalt dieser Erträge stellte sich folglich als ein **„Transfer der Leistungsfähigkeit"** (im Gegensatz zum reinen Vermögenstransfer) dar, der rechtstechnisch so verwirklicht wurde, dass die Aufwendungen beim **Vermögensübernehmer abziehbar und die entsprechenden Erträge beim Übergeber zu versteuern** waren. Zwischen Abzug einerseits und Steuerbarkeit andererseits bestand eine materiell-rechtliche Korrespondenz, die dem Rechtsprinzip des Vorbehalts der Vermögenserträge immanent und seinerzeit (noch) nicht kodifiziert war (vgl. BFH 19.1.2010 – X R 32/09, BStBl. II 2011, 162).

130 Beim Abzugstatbestand auf Seiten des Leistungen stützte sich die Rechtsprechung auf **§ 10 Abs. 1 Nr. 1a EStG aF.** Danach waren abzugsfähig die *auf besonderen Verpflichtungsgründen beruhenden Renten und dauernden Lasten, die nicht mit Einkünften in wirtschaftlichem Zusammenhang stehen, die bei der Veranlagung außer Betracht* bleiben. Dabei ordnete § 10 Abs. 1 Nr. 1a S. 2 an, dass bei Vorliegen der Voraussetzungen einer Leibrente nur der Ertragsteil abziehbar war. Die korrespondierende Besteuerung beim Empfänger folgte aus **§ 22 Nr. 1 S. 1** (volle Besteuerung) bzw. bei Vorliegen einer Leibrente aus **§ 22 Nr. 1 S. 3 Buchst. a Doppelbuchst. bb** (Besteuerung des Ertragsanteils).

130a Die **einzelnen Voraussetzungen** einer in diesem Sinne zu behandelnden Vermögensübergabe gegen Versorgungsleistungen sind in der Rechtsprechung im Laufe der Jahre im Einzelnen detailliert ausgeformt und vom BMF in verschiedenen BMF-Schreiben aus Verwaltungssicht zusammengefasst worden (bzgl. der Einzelheiten zur alten Rechtslage vgl. ausführlich Frotscher/*Lindberg* § 22 Rn. 58 ff.; KSM/*Söhn* § 10 Rn. D90 ff., BMF 16.9.2004, BStBl. I 2004, 922; zur fortgeltenden Anwendbarkeit dieses BMF-Schreibens für vor dem 31.12.2007 abgeschlossene Übertragungsverträge – „Altverträge" – vgl. BMF 11.3.2010, BStBl. I 2010, 227 Rn. 80, 88; s. auch FG Kiel 29.11.2018 – 4 K 44/17, BeckRS 2018, 31852).

131 **(2) Das Institut im Anwendungsbereich des JStG 2008.** Durch das **JStG 2008** ist das Institut der unentgeltlichen Vermögensübergabe gegen Versorgungsleistungen ausdrücklich in das Gesetz aufgenommen – und modifiziert worden. In § 10 Abs. 1 Nr. 1a (nunmehr **§ 10 Abs. 1a Nr. 2 EStG idF des ZollkodexAnpG**) wurden die „Renten" und „wiederkehrenden Leistungen" durch **„lebenslange und wiederkehrende Versorgungsleistungen"** ersetzt; zugleich wurde die **Abziehbarkeit** ungeachtet des rechtlichen Charakters (dauernde Last oder Leibrente) **in vollem Umfang** zugelassen (sodass bei Leibrenten keine Beschränkung auf den Ertragswert mehr erfolgte). Damit korrelierte die mit Wirkung ab 2008 in das Gesetz neu aufgenommene Vorschrift des § 22 Nr. 1b (nunmehr **§ 22 Nr. 1a EStG idF des ZollkodexAnpG**), die – gleich ob Leibrente, gleich ob dauernde Last – bei Vorliegen der Abzugsvoraussetzungen auf Seiten des Leistenden eine **volle Besteuerung** beim Empfänger vorsieht (und die Anwendbarkeit von § 22 Nr. 1 S. 1 sowie § 22 Nr. 1 S. 3 Buchst. a Doppelbuchst. bb insoweit verdrängt). Zugleich wurde das Institut der unentgeltlichen Vermögensübergabe gegen Versorgungsleistungen durch die Konkretisierung in § 10 Abs. 1 Nr. 1a (nunmehr § 10 Abs. 1a Nr. 2 EStG idF des ZollkodexAnpG) auf **bestimmte Wirtschaftseinheiten begrenzt.**

132 Während das Institut vor seiner Kodifikation bei Vermögensübertragungen generell Anwendung finden konnte, hat der Gesetzgeber die nach § 10 Abs. 1 Nr. 1a (nunmehr § 10 Abs. 1a Nr. 2 EStG idF des ZollkodexAnpG) berücksichtigungsfähigen Vermögenswerte auf den betrieblichen Kernbereich zurückgeführt (vgl. § 10 Abs. 1 Nr. 1a S. 2 Buchst. a, b, c; nunmehr § 10 Abs. 1a Nr. 2 Buchst. a, b, c), um missbräuchliche Verlagerungen von Unterhaltszahlungen in vermögenden Familien zu verhindern, andererseits aber die Übertragung und Fortführung von kleineren und mittleren Betrieben mit Erhaltung von Arbeitsplätzen und Altersversorgung des Übergebers nach dessen Rückzug zu fördern.

Bei der Fragen, ob die Voraussetzungen des Instituts der **Vermögensübertragung gegen Versorgungsleistung** erfüllt sind, und welche Rechtsfolgen daraus resultieren, ist zwischen Übertragungen im Anwendungsbereich des EStG *vor* dem JStG 2008 und *nach* dem JStG zu differenzieren. **133**

Liegt ein Fall im Sinne dieses Instituts vor, sind die insoweit einschlägigen Regelungen vorrangig; die nachfolgenden Ausführungen zu Vermögensübertragungen gegen wiederkehrende Leistungen sind dann *nicht* relevant. **134**

bb) Veräußerung von Privatvermögen gegen wiederkehrende Leistungen. Liegt eine Vermögensübertragung gegen wiederkehrende Leistungen vor und handelt es sich im konkreten Fall um **keine Vermögensübertragung im Rahmen des Instituts der unentgeltlichen Vermögensübergabe gegen Versorgungsleistungen,** etwa weil **135**

- die erzielbaren Netto-Beträge des überlassenen Wirtschaftsgutes im konkreten Fall **nicht ausreichen,** um die Versorgungsleistungen abzudecken (weswegen sie dann als Entgelt anzusehen sind, vgl. BFH 27.4.2015 – X B 47/15, BFH/NV 2015, 1356),
- **kein begünstigtes** Vermögen iSd § 10 Abs. 1a Nr. 2 vorliegt (betrifft Vorgänge im Anwendungsbereich des JStG 2008),
- der Empfänger des Vermögens/der Empfänger der Versorgungsleistungen **nicht zum begünstigten Personenkreis** gehört (grds. ist nur der Generationenverbund begünstigt), oder
- die Vermögensübergabe gegen **zeitlich befristete Leistungen** (dann fehlt der Versorgungscharakter) erfolgte,

so handelt es sich grundsätzlich um **entgeltliche Rechtsgeschäfte** (vgl. HHR/*Killat* § 22 Rn. 171), bei deren Behandlung Nachstehendes zu beachten ist (s. dazu auch BMF 11.3.2010, BStBl. I 2010, 227).

(1) Grundsatz der Aufteilung in Kapital- und Zinsanteil. Nach der **früheren Rechtsprechung** sollten wiederkehrende Bezüge, die als Gegenleistung für die Übertragung eines Vermögensguts gewährt wurden aufgrund der äußeren Form der Wiederkehr nach § 22 Nr. 1 besteuert werden. Bei der die wiederkehrenden Leistungen erbringenden Person war ein Sonderausgabenabzug nach § 10 Abs. 1 Nr. 1 EStG aF vorzunehmen. Um jedoch den dem Geschäft innewohnenden Vermögensaustausch von der Besteuerung auszunehmen, erfolgte der Sonderausgabenabzug (und korrespondierend auch die Besteuerung) nur insoweit, als der Wert der wiederkehrenden Leistungen den Wert der Gegenleistung überstieg (sog. Werteverrechnung). Sonach führte der Leistungsaustausch zunächst und solange nicht zu einer Minderung der Leistungsfähigkeit des Leistenden, bis die Summe seiner erbrachten Leistungen den Wert des ihm übertragenen Vermögensgegenstands erreicht hatte. Erst ab diesem Zeitpunkt waren hinsichtlich der nachfolgenden Leistungen der Sonderausgabenabzug einerseits und die Besteuerung nach § 22 Nr. 1 andererseits vorzunehmen (BFH 13.8.1985 – IX R 10/80, BStBl. II 1985, 709). **136**

Hiervon hat die **aktuelle Rechtsprechung** jedoch Abstand genommen und im Zusammenhang mit Vermögensübertragungen gegen wiederkehrende Leistungen festgestellt, dass zeitlich gestreckte Vermögensumschichtungen nicht aufgrund ihrer äußeren Form der Wiederkehr nach § 22 Nr. 1 S. 1 zu besteuern sind; auch sollte sich die Steuerbarkeit nicht mehr danach richten, ob die Summe der erbrachten Leistungen den Wert des übertragenen Gegenstands überschritten hatte. **137**

Soweit eine Forderung (Kaufpreisforderung) zeitlich gestreckt (über ein Jahr) durch wiederkehrende Leistungen beglichen wurde, waren die einzelnen Bezüge vielmehr von Anfang an in einen Kapitalanteil und in einen Zinsanteil zu zerlegen zwar unabhängig davon, ob es sich um lebenslange oder befristete Bezüge handelt (BFH 27.2.1992 – X R 136/88, BStBl. II 1992, 609; BFH 26.11.1992 – X R 187/87, BStBl. II 1993, 298; BFH 18.5.2010 – X R 32/01, BStBl. II 2011, 675). Auch wenn erbrechtliche Vermögensansprüche zeitlich gestreckt werden, sind sie den Kapital- und Zinsanteil zu zerlegen (26.11.1992 – X R 187/87, BStBl. II 1993, 298; anders aber, wenn ein Kind gegenüber seinen Eltern auf *zukünftige* Erbrechte verzichtet und dafür wiederkehrende Zahlungen erhält; mangels Überlassung von Kapital **138** kann in den Leistungen kein Zinsanteil enthalten sein – es liegen dann nicht steuerbare Leistungen vor, vgl. BFH 9.2.2010 – VIII R 43/06, BStBl. II 2010, 818).

139 Der **Kapitalanteil** stellt dabei den Teil dar, der lediglich zur Abgeltung der übertragenen Substanz dient – er ist als reine **Vermögensumschichtung** grundsätzlich steuerneutral (hat aber uU steuerliche Relevanz im Rahmen von Anschaffungskosten/AfA und Veräußerungserlösen).

140 Der zu ermittelnde **Zinsanteil** ist der beim Empfänger der Besteuerung unterliegende Teil der Gegenleistung (wobei die Steuerbarkeit aus verschiedenen Normen resultieren kann).

141 Anders als noch im Rahmen des früher vertretenen Grundsatzes der Werteverrechnung – wo Besteuerung nach § 22 Nr. 1 mit einem Sonderausgabenabzug nach § 10 einherging – korreliert nach aktueller Rechtsprechung die Besteuerung des Zinsanteils nicht mit einem Sonderausgaben auf Seiten des Leistenden. Werden anlässlich einer zeitlich gestreckten entgeltlichen **privaten** Vermögensumschichtung wiederkehrende Leistungen erbracht, ist der **(auf Empfängerseite steuerbare) Zinsanteil wegen des Grundsatzes der Nichtabziehbarkeit privater Schuldzinsen auf Seiten des Leistenden *nicht* als Sonderausgabe abziehbar.** In Betracht kommt jedoch (sofern das überlassene Vermögensgut im Rahmen einer Einkunftsart genutzt wird – ein **Werbungskosten-** bzw. **Betriebsausgabenabzug** in Höhe des **Zinsanteils** (BFH 18.5.2010 – X R 32-33/01, BStBl. II 2011, 675). Diese neuerliche Aufteilung in einen Kapitalanteil und einen Zinsanteil bei Veräußerungsrenten führte dazu, dass die Behandlung der **Veräußerungsrenten** der Behandlung von **Kaufpreisraten** – die bereits zuvor (bei einer Laufzeit von mehr als einem Jahr) entsprechend zu zerlegen waren (BFH 21.10.1980 – VIII R 190/78, BStBl. II 1981, 160) – angeglichen wurde.

142 **(2) (teilweise) Entgeltlichkeit/Abgrenzung zur Unentgeltlichkeit.** Die Grundsätze der Aufteilung in einen Kapital- und Zinsanteil finden Anwendung, *soweit* ein **entgeltliches Geschäft** in diesem Sinne vorliegt. Eine **Abgrenzung** der wiederkehrenden Bezüge aufgrund der Übertragung von Vermögenswerten ist damit nicht nur von wiederkehrenden Bezügen im Rahmen des Instituts der (unentgeltlichen) Vermögensübertragung gegen Versorgungsleistungen, sondern auch von wiederkehrenden Bezügen die (außerhalb des Instituts der Vermögensübertragung gegen Versorgungsleistungen) unentgeltlich bzw. teilweise unentgeltlich geleistet werden.

143 Die erste **Abgrenzung** zu Bezügen im Rahmen des **Instituts der unentgeltlichen Vermögensübertragung gegen Versorgungsleistungen** ist nötig, weil die bei Vorliegen einer darunter fallenden Vermögensübertragung einschlägigen Regelungen vorrangig zur Anwendung kommen.

144 Das Erfordernis der zweiten **Abgrenzung zu unentgeltlichen Übertragungen** bzw. zum unentgeltlichen Teil einer Übertragung folgt daraus, dass die nachfolgend dargelegte Behandlung entgeltlicher Geschäfte die Besteuerung der erwirtschafteten Mehrung der Leistungsfähigkeit zum Gegenstand hat. Unentgeltliche – bzw. der unentgeltliche Teil von – Leistungen dagegen sind auf Seiten des Empfängers weder nach § 20 Abs. 1 Nr. 7 zu besteuern, weil die Leistungen aufgrund ihrer Unentgeltlichkeit keinen Gegenwert für eine Kapitalüberlassung darstellen; auch fallen sie idR nicht unter § 22 Nr. 1, da sie von § 22 Nr. 1 S. 2 Hs. 1 grds. von der Besteuerung ausgenommen sind (beachte aber die Ausnahmen nach § 22 Nr. 1 S. 2 Hs. 2; zur Abgrenzung zwischen einer Vermögensübergabe gegen Versorgungsleistungen, freiwilligen Leistungen iSd § 12 Nr. 2 und wiederkehrenden Leistungen aufgrund einer entgeltlichen Vermögensübertragung vgl. auch BMF 11.3.2010, BStBl. I 2010, 227 Rn. 61).

145 Ein **vollentgeltliches Geschäft** liegt vor, wenn der Leistung eine Gegenleistung gegenüber steht und die Beteiligten die Leistung und Gegenleistung nach kaufmännischen Gesichtspunkten **gegeneinander abgewogen** haben und **subjektiv von der Gleichwertigkeit der Leistungen** ausgehen. Danach sind die gezahlten wiederkehrenden Leistungen bis zur **Grenze der Angemessenheit** in einen Barwert (Kapitalanteil/Tilgungsanteil) und einen Zinsanteil zu teilen (LBP/*Lüsch* § 22 Rn. 230).

146 Liegt **kein vollentgeltliches** Geschäft vor, ist zur Ermittlung des Anteils der Unentgeltlichkeit ein **Vergleich zwischen dem Wert des übertragenen Vermögens und dem Barwert** (dem Tilgungsanteil) der wiederkehrenden Leistungen vorzunehmen (LBP/*Lüsch* § 22 Rn. 232).

Sofern danach der Wert des **übertragenen Vermögens höher** ist als der nach den Vorschriften des BewG zu ermittelnde Barwert der wiederkehrenden Leistung, liegt eine **Teilentgeltlichkeit** vor. Die einzelnen Bestandteile des Geschäfts sind dann in einen entgeltlichen und einen unentgeltlichen Bestandteil aufzuteilen (LBP/*Lüsch* § 22 Rn. 232). Bzgl. des **entgeltlichen Bestandteils** liegt eine entgeltliche Übertragung von (Teil-)Vermögen gegen wiederkehrende Leistungen vor. Insoweit finden die Grundsätze zur Veräußerung von Vermögen gegen wiederkehrende Bezüge Anwendung. Bzgl. des **unentgeltlichen Teils** liegt eine (Teil-)Vermögensübertragung ohne Gegenleistung – außerhalb des Instituts der unentgeltlichen Vermögensübergabe gegen Versorgungsleistungen – vor. Dies führt auf Seiten des das Vermögen Leistenden zu einer freiwilligen Zuwendung (§ 12 Nr. 2); eine Besteuerung nach § 22 Nr. 1 kommt insoweit mangels Gegenleistung in Form wiederkehrender Bezüge nicht in Betracht. 147

Ist dagegen der **Barwert (Tilgungsanteil) der wiederkehrenden Leistungen höher** als der Wert des übertragenen Vermögens, dann finden die Grundsätze zur **Entgeltlichkeit nur in Höhe des angemessenen** Kaufpreises vor. Der **übersteigende** Teil der wiederkehrenden Bezüge dagegen stellt beim Leistenden eine Zuwendung iSd § 12 Nr. 2 dar. Entsprechend sind die Bezüge dem Empfänger gem. § 22 Nr. 1 S. 2 Hs. 1 *insoweit* nicht zuzurechnen (vgl. auch BMF 11.3.2010, BStBl. I 2010, 227; LBP/*Lüsch* § 22 Rn. 232: keine steuerbaren Bezüge beim Empfänger). 148

(3) Feststellung der (teilweisen) Entgeltlichkeit/Unentgeltlichkeit; Vermutungsregeln. Die Frage, ob ein vollentgeltliches Geschäft vorliegt – insbesondere die Frage, ob die Beteiligten die Leistung und Gegenleistung nach kaufmännischen Gesichtspunkten gegeneinander *abgewogen* haben und *subjektiv* von der Gleichwertigkeit der Leistungen ausgehen – enthält subjektive Elemente, deren Feststellung in der Praxis mit Schwierigkeiten verbunden sein kann. Um die **Ermittlung einer vollen Entgeltlichkeit bzw. nicht vollen Entgeltlichkeit** in der Praxis zu erleichtern, bedient sich die Rechtsprechung **Vermutungen** und macht sie somit einer Art Anscheinsbeweis zugänglich: 149

Bei Vermögensübertragungen auf **Angehörige** spricht eine widerlegbare Vermutung dafür, dass die wiederkehrenden Leistungen unabhängig vom Wert des übertragenen Vermögens nach dem Versorgungsbedürfnis des Berechtigten und nach der wirtschaftlichen Leistungsfähigkeit des Verpflichteten bemessen worden ist. Diese Vermutung ist jedoch **widerlegt,** wenn die Beteiligten zur Überzeugung des Gerichts Leistung und Gegenleistung nach kaufmännischen Gesichtspunkten gegeneinander abgewogen haben und subjektiv von der Gleichwertigkeit ausgehen durften. Volle Entgeltlichkeit liegt in diesen Fällen auch dann vor, wenn die Leistungen objektiv ungleichwertig sind (vgl. BFH 29.1.1992 – X R 193/87, BStBl. II 1992, 465; BMF 11.3.2010, BStBl. I 2010, 227 Rn. 5). 150

Bei **fremden Dritten** findet eine Angemessenheitsprüfung grundsätzlich nicht statt. Hier besteht eine nur in Ausnahmefällen widerlegbare Vermutung, dass bei der Übertragung von Vermögen Leistung und Gegenleistung kaufmännisch gegeneinander abgewogen sind; die Vermutung kann zB widerlegt sein, wenn der Übernehmer aufgrund besonderer Beziehungen zum Übergaber ein persönliches Interesse an der lebenslangen angemessen Versorgung des Übergebers hat, oder wenn andere Beweiszeichen ersichtlich sind, dass die Vertragsbedingungen nicht in Abwägung von Leistung und Gegenleistung erfolgten (BFH 20.6.2007 – X R 2/06, BStBl. II 2008, 99; BFH 16.12.1997 - IX R 11/94, BStBl. II 1998, 718; BMF 11.3.2010, BStBl. I 2010, 227 Rn. 6). 151

Ist der Barwert der wiedekehrenden Bezüge **mehr als doppelt** so hoch wie der Wert des übertragenen Vermögens, so liegt nach Auffassung der Verwaltung **insgesamt eine Zuwendung iSd § 12 Nr. 2** vor (BMF 11.3.2010, BStBl. I 2010, 227 Rn. 66; s.a. BFH 15.7.1991 – GrS 1/90, BStBl. II 1992, 78; offengelassen BFH 12.5.2003 – GrS 2/00, BStBl. II 2004, 100). Eine steuerlich nicht relevante Unterhaltsrente ist danach anzunehmen, wenn der Unterhaltscharakter – auch unter Berücksichtigung einer etwa erbrachten Gegenleistung – offensichtlich überwiegt. Ein Anhaltspunkt für das deutliche Überwiegen wird darin gesehen, dass der Wert des Vermögensguts weniger als die Hälfte des Werts der Rentenverpflichtung beträgt. Legt man diese Ansicht zugrunde, so fallen die gesamten Leistungen unter § 12 Nr. 2, sodass auf Seiten des Empfängers in voller Höhe nicht steuerbare Bezüge (§ 22 Nr. 1 S. 2 Hs. 1) und auf Seiten des Leistenden nicht abziehbare Zuwendungen vorliegen. 152

153 Diese Auffassung zur **50%-Grenze** ist mM nach nicht unproblematisch. Tatbestandlicher Anknüpfungspunkt ist der Begriff der Zuwendung in § 12 Nr. 2. Diesem lässt sich eine starre 50%-Grenze weder entnehmen, noch ist ein zwingender Grund dafür erkennbar, eine Aufteilung wiederkehrenden Leistungen abzulehnen, wenn der geleistete Vermögensgegenstand im Verhältnis zur Rentenverpflichtung nicht völlig außer Verhältnis steht und das Geschäft damit – jedenfalls auch und in nicht nur vernachlässigbarer Weise – einen entgeltlichen Kern hat. Liegt ein solch beachtlicher entgeltlicher Kern vor, bei dem die darauf entfallene Gegenleistung aufgrund der ratierlichen Leistung einen Zinsanteil enthält, welcher die Leistungsfähigkeit des Empfängers beeinflusst, erscheint eine Besteuerung an sich geboten. Gleichwohl ist die 50%-Grenze im Interesse einer praktischen Handhabbarkeit und Rechtssicherheit grundsätzlich vorzugswürdig. Denn anderweitige gleichsam messbare Kriterien, die als Maßstab für ein „offensichtliches Überwiegen" des Unterhaltscharakters oder zur Feststellung eines „beachtlichen entgeltlichen Kerns" herangezogen werden können, sind nicht ersichtlich.

Beispiel:

153.1 Vater V überträgt seinem Sohn S ein unbebautes Grundstück mit einem Verkehrswert von 100.000,- EUR im Wege der vorweggenommenen Erbfolge. Die Parteien vereinbaren eine Gegenleistung in Form einer lebenslangen Zahlung von 1.000,- EUR monatlich, also 12.000,- EUR pro Jahr. Der Vertrag enthält eine Wertsicherungsklausel (Erhöhung der monatlichen Zahlungen nach Maßgabe der Erhöhung von Renten der gesetzlichen Sozialversicherungsträger) und keine Klausel, die § 323 ZPO in Bezug nimmt. Der Sachverhalt ereignet sich nach dem 1.1.2008 und damit im Anwendungsbereich des JStG 2008. Die Parteien haben nicht nachgewiesen, dass sie Leistung und Gegenleistung nach kaufmännischen Gesichtspunkten abgewogen haben und bei Vertragsschluss auch subjektiv von einer Ausgewogenheit der Leistungen ausgingen.

Lösung:

153.2 Im Streitfall handelt es sich nicht um eine Übertragung im Rahmen des Instituts der unentgeltlichen Vermögensübertragung gegen Versorgungsleistungen. Zwar stand mangels Abwägung der Leistungen nach kaufmännischen Gesichtspunkten offenbar das Versorgungsinteresse des Vaters im Vordergrund. Dennoch kommt eine Anwendung dieses Instituts nicht in Betracht. Zunächst ist dabei zu beachten, dass der Sachverhalt unter Berücksichtigung des JStG 2008 zu behandeln ist. Einschlägig ist damit nicht § 10 Abs. 1 Nr. 1a S. 2 EStG *aF*, der bei Vorliegen der – vor 2008 durch richterrecht geprägten – Voraussetzungen für eine Vermögensübertragung gegen Versorgungsleistungen im Falle einer Leibrente einen Sonderausgabenabzug beim Sohn in Höhe des Ertragsteils der wiederkehrenden Leistungen zugelassen hätte (im Falle einer dauernden Last, wäre eine volle Abziehbarkeit möglich gewesen). Einschlägig ist auch nicht § 22 Nr. 1 S. 3 Buchst. a Doppelbuchst. bb, der vor 2008 bei Vorliegen einer Vermögensübertragung gegen Versorgungsleistungen im Falle einer Leibrente eine Versteuerung der Bezüge mit dem Ertragsteil vorsah (anders bei dauernder Last, wo entsprechend zur vollen Abziehbarkeit beim Leistenden eine volle Besteuerung nach § 22 Nr. 1 S. 1 vorzunehmen war). Einschlägig sind vielmehr § 22 Nr. 1b und § 10 Abs. 1 Nr. 1a (nunmehr § 22 Nr. 1a und § 10 Abs. 1a Nr. 2 EStG idF des ZollkodexAnpG). Danach liegt unentgeltliche Vermögensübergabe gegen Versorgungsleistungen nur bei den dort benannten Vermögensgegenständen (betrieblichen Einheiten) vor. Ein solcher Gegenstand liegt im Streitfall jedoch nicht vor.

153.3 Es handelt sich auch nicht um ein vollentgeltliches Geschäft, da die Parteien die bei nahen Angehörigen bestehende Vermutung gegen eine volle Entgeltlichkeit nicht erschüttert haben.

153.4 Damit liegt eine Teilentgeltlichkeit vor. Es ist folglich zu trennen, welcher Teil der Leistungen des Sohnes als Entgelt anzusehen ist (insoweit Anwendbarkeit der Grundsätze zu entgeltlichen Rechtsgeschäften) und welcher Anteil unentgeltlich (keine Abziehbarkeit, § 12 Nr. 2, keine Besteuerung nach § 22 Nr. 1) erfolgte. Die Ermittlung des Anteils der Unentgeltlichkeit erfolgt durch einen Vergleich zwischen dem Wert des übertragenen Vermögens und dem Barwert der wiederkehrenden Leistungen:

153.5 Der Verkehrswert des übertragenen Vermögens belief sich auf 100.000,- EUR.

153.6 Der Barwert (Kapitalwert) einer wie im Streitfall vorliegenden lebenslangen Leistung ist nach § 14 Abs. 1 BewG mit dem Vielfachen des Jahreswerts anzusetzen. Der Vervielfältiger ist nach § 14 Abs. 1 S. 4 BewG iVm dem BMF-Schreiben vom 2.12.2015 (BMF 2.12.2015, BStBl. I 2015, 954) zu ermitteln. Danach beträgt der Vervielfältiger bei einem Alter des Vaters von 65 Jahren 11,346. Der Kapitalwert der wiederkehrenden Leistungen beläuft sich folglich auf 12 Monate x 1.000,- EUR = Jahreswert x 11,346 (Vervielfältiger) = 136.152,- EUR.

153.7 Damit übersteigt der Kapitalwert der wiederkehrenden Leistungen (136.152,- EUR) den Wert des übertragenen Vermögens (100.000,- EUR) um 36.152,- EUR. Dieser überschießende Teil von 36.152,-

EUR (ca. 27%) stellt eine unentgeltliche freiwillige Zuwendung des Sohnes dar, die weder abziehbar (§ 12 Nr. 2) noch zu versteuern ist (§ 22 Nr. 1 S. 2 Hs. 1).

In Höhe des angemessenen Teils – also in Höhe von 100.000,- EUR – ist von einer Veräußerung **153.8** von Privatvermögen gegen wiederkehrende Bezüge (hier konkret: gegen eine Leibrente) auszugehen. Dieser angemessene Teil beträgt rd. 73% (100.000 : 136.152). Folglich enthält die jährliche Leistung einen auf die Veräußerung entfallenen Anteil von 8.760,- EUR (12.000 x 73%) und jede Monatsrate einen Teil von 730,- EUR (1000 x 73%).

Dieser als Entgelt anzusehende Teil der wiederkehrenden Bezüge ist aufzuteilen in den Bereich, **153.9** welcher der reinen Vermögensumschichtung (Kapitalanteil) zuzurechnen ist, und den Bereich, welcher steuerlich relevant ist (Zinsanteil). Da tatbestandlich eine Leibrente vorliegt (die Wertsicherungsklausel ist unschädlich), ist der Zinsanteil aus der Tabelle des § 22 Nr. 1 S. 3 Buchst. a Doppelbuchst. bb S. 4 zu entnehmen; er beläuft sich bei einem Alter von 65 Jahren auf 18%.

Im Ergebnis hat der Vater damit jährlich den Zinsanteil von rd. (8.769 x 18%) 1.577,- EUR zu **153.10** versteuern. Die Steuerbarkeit ergibt sich – da eine Leibrente gezahlt wird – aus § 22 Nr. 1 S. 3 Buchst. a Doppelbuchst. bb. Er erzielt zudem ein Veräußerungsentgelt in Höhe des entgeltlichen Teils (100.000,- EUR; uU relevant für § 23).

Beim Sohn stellt der Zinsanteil keinen Abzugsposten dar. Denn die Leistungen vollziehen sich in **153.11** seinem Privatbereich und unterliegen daher dem Verbot des privaten Schuldzinsenabzugs, § 12 Nr. 1). Er hat zudem Anschaffungskosten (uU relevant für § 23) in Höhe von 100.000,- EUR.

Wenn S das dagegen Grundstück vermieten würde, wäre der auf der auf entgeltlichen Teil des **153.12** Geschäfts entfallene Jahresbetrag (8.760,- EUR) als Werbungskosten bei Einkünften aus Vermietung und Verpachtung abziehbar. Die Abziehbarkeit würde sich jedoch – entsprechend der Besteuerung beim Vater – gem. § 9 Abs. 1 Nr. 1 S. 2 auf den nach der Tabelle des § 22 Nr. 1 S. 3 Buchst. a Doppelbuchst. bb S. 4 zu ermittelnden Prozentsatzes beschränken (hier: 1.577,- EUR; vgl. dazu für den Fall einer Mindestzeitrente, bei welcher die Mindestzeit kürzer als die durchschnittliche Lebensdauer ist, BFH 19.8.2008 – IX R 56/07, BStBl. II 2010, 24).

Abwandlung:

Vater und Sohn einigen sich darauf, dass der Sohn – bei sonst gleichem Sachverhalt – monatliche **153.13** Zahlungen von 2.000,- EUR leistet.

Der Barwert der wiederkehren Leistungen beträgt (12 x 2.000,- EUR x 11,346 =) 272.304,- EUR. **153.14** Damit übersteigt der Wert der Rentenleistungen den Wert des übertragenen Vermögensgegenstands um mehr als das doppelte. In diesem Fall kann in voller Höhe von einer unentgeltlichen Leistung und somit von einer reinen – steuerlich nicht relevanten – Unterhaltsrente (§ 12 Nr. 2) auszugehen sein (BFH 15.7.1991 – GrS 1/90, BStBl. II 1992, 78; BMF 11.3.2010, BStBl. I 2010, 227 Rn. 66, offengelassen BFH 12.5.2003 – GrS 2/00, BStBl. II 2004, 100).

Auf Seiten des Vaters liegen damit insgesamt keine zu besteuernden Einkünfte vor, § 22 Nr. 1 S. 2 **153.15** Hs. 1.

Aufgrund der angenommenen (vollständigen) Unentgeltlichkeit hat der Vater auch kein Veräuße- **153.16** rungsentgelt erzielt.

Der Sohn kann die von ihm erbrachten Leistungen nicht in Abzug bringen, § 12 Nr. 2. **153.17**

Auch im Falle einer Vermietung des Grundstücks kann er keinen Zinsanteil als Werbungskosten **153.18** geltend machen (§ 9 Abs. 1 Nr. 1 S. 2), da die Zahlungen an den Vater gerade keine gestreckte – und verzinste – Gegenleistungen für den Erwerb des Grundstücks darstellen, sondern freiwillige Unterhaltsleistungen.

Die Anschaffungskosten belaufen sich demgemäß ebenfalls auf 0,- EUR. Bei einer etwaigen Anwen- **153.19** dung von § 23 im Falle der Weiterveräußerung ist § 23 Abs. 1 S. 3 zu beachten, wonach dem Sohn die Anschaffungskosten vom Rechtsvorgänger zuzurechnen wären.

(4) Ermittlung des Barwerts/Zinswerts. Für die Ermittlung der konkreten Besteue- **154** rungsgrundlagen sind entsprechend den obigen Ausführungen die Ermittlung des Barwerts (Kapitalwerts) der wiederkehrenden Leistungen einerseits sowie die Ermittlung des Zinsanteils (in Abgrenzung zum Tilgungsanteil) vorzunehmen.

Barwert:

Der **Barwert (Kapitalwert)** der wiederkehrenden Leistungen stellt den Kaufpreis des **155** erworbenen Vermögensguts dar. Dies gilt nur dann nicht, wenn der Barwert mehr als doppelt so hoch ist wie der Wert des übertragenen Vermögens, da dann grds. von einem vollständig unentgeltlichen Geschäft auszugehen ist (→ Rn. 152). Dieser Preis – und damit die Höhe der Anschaffungskosten – wird durch den **Erwerbsvorgang abschließend fixiert.** Ein etwaiges **vorzeitiges Ableben** des Empfängers der wiederkehrenden Leistungen führt damit zwar faktisch zu einer Verringerung der vom Vermögensempfänger zu erbringenden Leistung; der Barwert bleibt hiervon jedoch unberührt. Dies ist bspw. bedeutsam, wenn für einen gegen wiederkehrende Leistungen erworbenen Gegenstand die Anschaffungskosten im Rahmen einer steuerpflichtigen Weiterveräußerung relevant werden, oder wenn der Gegenstand im Rahmen einer Vermietung genutzt wird und die auf die Anschaffungskoten bezogenen AfA-Beträge zu ermitteln sind. Soweit die *tatsächlich* erbrachten Leistungen geringer als erwartet sind, führt dies zu keiner Änderung der Erwerbsaufwendungen. Die nachträgliche Möglichkeit einer genauen Ermittlung der *tatsächlich* erbrachten Leistungen stellt demzufolge auch kein steuerrechtlich rückwirkendes Ereignis (§ 175 Abs. 1 S. 1 Nr. 2 AO) dar, welches zu einer Änderung der ursprüngliche Veranlagung führt. Dies gilt nicht nur für den Fall, in dem die Leistungen kürzer als erwartet gezahlt werden, sondern auch, wenn der Empfänger der wiederkehrenden Leistungen **länger lebt,** als nach der Sterbetafel angenommen (BFH 9.2.1994 – IX R 110/90, BStBl. II 1995, 47; FG Baden-Württemberg 28.4.2010 – 3 K 5794/08, EFG 2010, 1162).

156 Die in Form wiederkehrender Bezüge zu erbringende Gegenleistung wird grds. nach dem BewG ermittelt (BFH 9.2.1994 – IX R 110/90, BStBl. II 1995, 47):

157 Bei **lebenslangen Leistungen** wird der Barwert nach § 14 BewG berechnet (BFH 9.2.1994 – IX R 110/90, BStBl. II 1995, 47). Danach ist grds. der Jahreswert der Zahlungen mit einem Vervielfältiger zu multiplizieren. Der Vervielfältiger wird gem. § 14 Abs. 1 S. 4 BewG vom BMF veröffentlicht. Die Veröffentlichung erfolgte im BMF-Schreiben vom 2.12.2015 (BMF 2.12.2015, BStBl. I 2015, 954).

158 Bei wiederkehrenden Leistungen auf **bestimmte Zeit** und bei wiederkehrenden Leistungen, die für eine bestimmte **Mindestlaufzeit** geleistet werden, ist ebenfalls der Jahreswert mit einem Vervielfältiger zu multiplizieren. Der Multiplikator ergibt sich insoweit aus § 13 Abs. 1 S. 1 BewG iVm Anlage 9a BewG.

159 Bei wiederkehrenden Leistungen auf die **Lebenszeit** des Empfängers, die zudem auf eine **bestimmte Zeit** begrenzt sind (abgekürzte Leibrenten), ist § 13 Abs. 1 S. 2 BewG zu beachten (vgl. auch BMF 11.3.2010, BStBl. I 2010, 227 Rn. 77). Danach wird der nach § 13 Abs. 1 S. 1 BewG anzusetzende Wert durch den nach § 14 BewG berechneten Wert begrenzt.

160 Wenn der zur Ermittlung nach den vorbenannten Vorschriften heranzuziehende **Jahresbetrag** der wiederkehrenden Leistungen **nicht klar** feststeht, weil die Leistungen ungleichmäßig oder abänderbar sind, so ist als Jahresbetrag der Betrag zugrunde zu legen, der aus Sicht des Anschaffungszeitpunkts in Zukunft im Durchschnitt der Jahre voraussichtlich erzielt wird, vgl. BFH 18.10.1994 – IX R 46/88, BStBl. II 1995, 169; BMF 11.3.2010, BStBl. I 2010, 227 Rn. 69).

161 **Abweichend** von den vorbenannten Regelungen lässt die Verwaltung auch zu, dass der Barwert nach **versicherungsmathematischen** Grundsätzen ermittelt wird (BMF 11.3.2010, BStBl. I 2010, 227 Rn. 77). Soweit der Erwerber des Vermögensguts seine Anschaffungskosten nach diesen Grundätzen ermittelt hat, ist im Falle der Weiterveräußerung der Verkaufspreis in gleicher Weise zu berechnen (BMF 11.3.2010, BStBl. I 2010, 227 Rn. 77).

Zinswert:

162 Der **Zinswert** ist der Wert, in dessen Höhe der Empfänger die Leistungen zu versteuern hat, und der beim Leistenden eine Abzugsmöglichkeit begründen kann, sofern dieser das erhaltene Wirtschaftsgut zur Einkünfteerzielung nutzt. Der Wert wird unterschiedlich berechnet, wobei zu **differenzieren** ist, um welche Form der wiederkehrenden Leistungen es sich handelt:

163 Bestehen die wiederkehrenden Leistungen in Form einer **Leibrente,** berechnet sich der Zinsanteil nach der Ertragstabelle gem. § 22 Nr. 1 S. 3 Buchst. a Doppelbuchst. bb S. 4 EStG – gegebenenfalls iVm § 55 Abs. 1 EStDV (BFH 25.11.1992 – X R 91/89, BStBl. II 1996, 666; BMF 11.3.2010, BStBl. I 2010, 227 Rn. 71).

164 Sind die Voraussetzungen einer (Leib-)Rente nicht erfüllt, zB weil die Leistungen ungleichmäßig oder änderbar sind, liegen **dauernde Lasten** vor. Auch bei diesen wird der Zinswert – wenn die Leistungen **lebenslang** gewährt werden – grds. nach der Ertragstabelle gem. § 22 Nr. 1 S. 3 Buchst. a Doppelbuchst. bb S. 4 EStG – gegebenenfalls iVm § 55 Abs. 1 EStDV ermittelt. (BFH 9.2.1994 – IX R 110/90, BStBl. II 1995, 47; BMF 11.3.2010, BStBl. I 2010, 227 Rn. 72). Nach Auffassung der Finanzverwaltung kann der Wert aber auch nach finanzmathematischen Grundsätzen unter Verwendung eines Zinsfußes von 5,5% berechnet werden. Bei der Berechnung nach finanzmathematischen Grundsätzen ist die voraussichtliche Laufzeit nach der zum jeweiligen Berechnungszeitpunkt geltenden Sterbetafel des statistischen Bundesamtes zu bemessen (BMF 11.3.2010, BStBl. I 2010, 227 Rn. 72).

Bei zeitlich begrenzten wiederkehrenden Leistungen – bei **Zeitrenten, abgekürzten Leibrenten und bei zeitlich begrenzten dauernden Lasten** – erfolgt keine Besteuerung nach § 22, sondern nach § 20 (→ Rn. 175). Entsprechend wird auch der Zinsanteil nicht nach der Ertragswerttabelle des § 22 Nr. 1 S. 3 Buchst. a Doppelbuchst bb. S. 4 ermittelt. Die Berechnung des Zinsanteils erfolgt durch die Ermittlung des Unterschiedsbetrag zwischen der Summe der jährlichen Zahlungen und der jährlichen Minderung des Kapital- oder Barwerts der wiederkehrenden Leistungen unter Verwendung eines Zinsfußes von 5,5% (vgl. BFH 26.11.1992 – X R 187/87, BStBl. II 1993, 298; BMF 11.3.2010, BStBl. I 2010, 227 Rn. 79). Zur Ermittlung des Barwerts (bzw. der Barwertminderungen) wird auf die obigen Ausführungen zur Barwertermittlung verwiesen (→ Rn. 154 ff.; zu einer Beispielhaften Berechnung vgl. BFH 18.5.2010 – X R 32-33/01, BStBl. II 2011, 675). Aus Vereinfachungsgründen lässt die Finanzverwaltung es zu, dass der Zinsanteil in Anlehnung an die Ertragswerttabelle des § 55 Abs. 2 EStDV bestimmt wird (BMF 11.3.2010, BStBl. I 2010, 227 Rn. 79). 165

Eine **Besonderheit** gilt bei zeitlich begrenzten Leistungen in Gestalt der **Mindestzeitrente** (verlängerte Leibrente). Ihre steuerrechtliche Behandlung ist davon abhängig, ob angesichts ihrer konkreten Ausgestaltung die Wagniskomponente überwiegt (dann Rente), oder ob es sich nach dem Charakter des Rechtsverhältnisses eher um eine Zeitrente bzw. um (Kaufpreis-)Raten handelt. Dabei ist zu beachten, dass eine einheitliche verlängerte Leibrente auch einheitlich zu behandeln ist und nicht in eine Zeitrente und eine durch den Ablauf der Mindestzeit aufschiebend bedingte Leibrente aufzuspalten ist (BFH 19.8.2008 – IX R 56/07, BStBl. II 2010, 24). Wenn die vereinbarte **Mindestlaufzeit kürzer** als die durchschnittliche Lebenserwartung ist, überwiegt die Wagniskomponente. Dann erfolgt die Besteuerung als Rente nach § 22 Nr. 1 S. 3 Buchst. a Doppelbuchst. bb. Der Zinswert ist dementsprechend anhand der Tabelle dieser Vorschrift zu entnehmen. Ist die vereinbarte **Mindestlaufzeit länger** als die durchschnittliche Lebenserwartung, überwiegen die Merkmale einer „normalen" Kaufpreisrate. Die Ermittlung des Zinsanteils erfolgt dann in gleicher Weise wie bei den Zeitrenten und abgekürzten Leibrenten. 166

Wenn bei einer **Leibrente** aufgrund einer Wertsicherungsklausel **Erhöhungsbeträge** gezahlt werden, ist auch insoweit ein Zinsanteil unter Anwendung der Ertragswerttabelle des § 22 Nr. 1 S. 3 Buchst. a Doppelbuchst. bb S. 4 zu errechnen. Damit ist die Besteuerung einerseits und (bei Vorliegen der Voraussetzungen für den Werbungskostenabzug) die Abziehbarkeit andererseits auch bzgl. der auf der Wertsicherungsklausel basierenden Zahlungen möglich (BFH 19.8.2008 – IX R 56/07, BStBl. II 2010, 24; BFH 10.7.1990 – IX R 138/86, BFH/NV 1991, 227; BMF 11.3.2010, BStBl. I 2010, 227 Rn. 79; differenzierend dazu BFH 22.8.2012 – X R 47/09, BStBl. II 2013, 158: Ursprünglicher Ertragsanteil bei Wertsicherung; neue Berechnung des Ertragsanteils bei einer darüber hinausgehenden Werterhöhung, die als selbständige Rente anzusehen ist, für die der Ertragsanteil vom Zeitpunkt der Ermittlung gesondert ermittelt werden muss). 167

Etwas anderes gilt jedoch, wenn **Erhöhungsbeträge** geleistet werden und **keine Leibrenten** vorliegen, sondern wenn auf Seiten des Empfängers eine Zinsbesteuerung nach § 20 vorzunehmen ist (Kaufpreisraten, Veräußerungszeitrenten, Mindestzeitrente bei die voraussichtliche Lebenszeit überschreitender Mindestlaufzeit, abgekürzte Leibrente). In diesem Fall stellt nach Auffassung des BFH (BFH 19.5.1992 – VIII R 37/90, BFH/NV 1993, 87; vgl. auch HHR/*Killat* § 22 Rn. 172) der Erhöhungsbetrag ein zusätzliches Entgelt für den gestundeten, seiner Höhe nach unveränderten Kaufpreis dar, sodass der gesamte Erhöhungsbetrag als Zinsanteil zu bewerten ist. 168

(5) Rechtsfolgen beim Empfänger der Bezüge/das Vermögen Übertragenden. Wenn wiederkehrende Leistungen gegen Übertragung eines Vermögensgegenstandes gewährt werden können je nach Art der vorliegenden Konstellation unterschiedliche Rechtsfolgen eintreten. 169

Handelt es sich bspw. um Leistungen, die ein Empfänger im Rahmen des Instituts der sog. **unentgeltlichen Vermögensübertragung gegen Versorgungsleistungen** erhält, ist 170 zwischen den Zeiträumen vor und nach Geltung des JStG 2008 zu differenzieren. **Bis Ende 2007** war eine mit der Abzugsmöglichkeit des Leistenden nach § 10 Abs. 1 Nr. 1a EStG aF korrespondierende volle Besteuerung beim Empfänger nach § 22 Nr. 1 S. 1 vorzunehmen. Erfüllten die wiederkehrenden Bezüge die Voraussetzungen einer Leibrente, erfolgte gem. § 22 Nr. 1 S. 3 Buchst. a Doppelbuchst. bb eine Besteuerung des Ertragsanteils. Ab dem **Veranlagungszeitraum 2008** ordnet die Vorschrift des § 22 Nr. 1b (nunmehr § 22 Nr. 1a EStG idF des ZollkodexAnpG) bei Vorliegen der Abzugsvoraussetzungen auf Seiten des Leistenden (§ 10 Abs. 1 Nr. 1a, nunmehr § 10 Abs. 1a Nr. 2 EStG idF des ZollkodexAnpG) eine volle Besteuerung beim Empfänger an.

171 Werden die Leistungen **außerhalb** einer unentgeltlichen Vermögensübertragung gegen Versorgungsleistungen gewährt und liegt dennoch – sei es auch nur teilweise – eine unentgeltliche Übertragung vor (→ Rn. 142 ff.), liegen ***insoweit*** steuerlich nicht relevante Leistungen vor, die weder abziehbar (§ 12 Nr. 2) noch zu versteuern sind (§ 22 Nr. 1 S. 2 Hs. 1).

172 Handelt es sich um **keine** Übertragung im Rahmen des Instituts der Vermögensübertragung gegen Versorgungsleistungen, gilt bei der Übertragung privaten Vermögens gegen wiederkehrende Bezüge – ***soweit*** keine (teil-)unentgeltliche Übertragung *außerhalb* des Instituts der Vermögensübertragung gegen Versorgungsleistungen vorliegt – Folgendes:

173 Werden die Leistungen in Form einer **Leibrente** (oder einer Mindestzeitrente, bei der angesichts ihrer konkreten Ausgestaltung die **Wagniskomponente** überwiegt), erbracht, sind sie mit ihrem zu ermittelnden **Zinswert** gem. **§ 22 Nr. 1 Buchst. a Doppelbuchst. bb** zu versteuern.

174 Obgleich es sich um die Besteuerung eines Zinswerts handelt, kann der Empfänger **nicht den Sparer-Freibetrag** nach § 20 Abs. 9 in Abzug bringen (BFH 18.5.2010 – X R 32-33/01, BStBl. II 2011, 675). Diese Ansicht wird **zT kritisiert:** Vor dem Hintergrund, dass bei allen entgeltlichen Vorgängen der Vergleich mit ratierlichen Kaufpreiszahlungen hergestellt werde, sei die unterschiedliche Einordnung des Zinsanteils vom wirtschaftlichen Gehalt her nur schwer erklärbar, zumal damit der Unterschied verbunden sei, dass bei der Vereinbarung einer dauernden Last und einer zeitlich befristeten Rente der Sparerfreibetrag zu berücksichtigen sei, bei Leibrenten hingegen nicht. Ab Veranlagungszeitraum 2009 verstärke sich der Unterschied aufgrund der Einführung der Abgeltungsteuer, sodass es konsequent wäre, wenn der Gesetzgeber eine einheitliche Regelung schaffen würde, wonach alle wiederkehrenden Leistungen gegen Vermögensübertragung – gleich ob Leibrente oder in anderer Form – nach § 20 besteuert würden (HHR/*Killat* § 22 Rn. 172). Diese Kritik ist berechtigt; de lege lata jedoch ist die rechtliche Differenzierung zwischen Leibrenten einerseits und den übrigen wiederkehrenden Leistungen andererseits überzeugend, weil der Gesetzgeber die Leibrenten ausdrücklich in § 22 – ohne Sparerfreibetrag – geregelt hat und bei dem Bezieher einer Rente die Phase der Vermögensbildung grds. bereits abgeschlossen ist, während der Sparer-Freibetrag gerade eine Anreizwirkung in der Ansparphase entfalten soll (vgl. BVerfG 22.9.2009 – 2 BvL 3/02, BVerfGE 124, 251; BT-Drs. 7/1470, 220). Auch eine analoge Anwendung dieser Vorschrift scheidet damit aus (BFH 18.5.2010 – X R 32-33/01, BStBl. II 2011, 675 mwN).

175 Werden die Leistungen nicht in Form einer Leibrente (sondern als **dauernde Last, Zeitrente, abgekürzte Leibrente oder als Mindestlaufrente,** bei welcher angesichts ihrer konkreten Ausgestaltung die Merkmale von **Kaufpreisraten** überwiegen) erbracht, bezieht der Empfänger der Bezüge in Höhe des Zinswerts der Leistungen Einkünfte aus Kapitalvermögen iSd **§ 20 Abs. 1 Nr. 7** (vgl. BFH 25.11.1992 – X R 34/89, BStBl. II 1996, 663, BMF 11.3.2010, BStBl. I 2010, 227 Rn. 75; HHR/*Killat* § 22 Rn. 172).

176 Hier ist zugunsten des Empfängers der **Sparer-Freibetrag** zugleich aber auch das **Werbungskostenabzugsverbot** des § 20 Abs. 9 anzuwenden.

177 Der Empfänger der Leistungen erzielt in Höhe des **Barwerts** der wiederkehrenden Leistungen einen **Veräußerungspreis.** Der Veräußerungspreis bei privaten Veräußerungsgeschäften iSd § 23 ist – bis zur Höhe des nach obigen Maßstäben ermittelten Barwerts – bezogen auf den einzelnen Veranlagungszeitraum der Unterschiedsbetrag zwischen der Summe der jährlichen Zahlungen und dem nach obigen Maßgaben zu berechnenden Zinswerts. Ein **Gewinn bei privaten Veräußerungsgeschäften** entsteht erstmals in dem Jahr, in dem die Summe der einzelnen Unterschiedsbeträge (also der jährlichen Differenz zwischen Leistungen und Zinswert) die nach § 23 zu berechnenden Anschaffungskosten und etwaigen Werbungskosten übersteigt.

Für den Fall der Veräußerungen **einer Beteiligung iSd § 17** wird auf die Ausführungen zur entgeltlichen Übertragung von Betriebsvermögen (→ Rn. 195) und das BMF-Schreiben vom 3.8.2004 (BMF 3.8.2004, BStBl. I 2004, 1187) verwiesen (vgl. auch BMF 11.3.2010, BStBl. I 2010, 227 Rn. 74). Soweit Kapitalvermögen, welches **nicht unter § 17** fällt übertragen wird, können die wiederkehrenden Leistungen einen Ertrag iSd § 20 Abs. 2 begründen, welcher ab 2009 der Abgeltungsteuer unterliegt. **178**

(6) Rechtsfolgen beim Leistungsverpflichteten/Vermögensempfänger. Beim zur Erbringung der wiederkehrenden Leistungen Verpflichteten treten die Rechtsfolgen weitgehend – **jedoch nicht vollständig – spiegelbildlich** ein; auch hier ist nach der jeweiligen Konstellation zu differenzieren. **179**

Im Rahmen des Instituts der sog. **unentgeltlichen Vermögensübertragung gegen Versorgungsleistungen** korreliert **bis Ende 2007** die Besteuerung beim Empfänger (grds. in voller Höhe nach § 22 Nr. 1 S. 1; nur mit dem Ertragsanteil bei Leibrenten, § 22 Nr. 1 S. 1 Buchst. a Doppelbuchst. bb) mit der vollen oder anteiligen Abzugsmöglichkeit beim Leistenden, § 10 Abs. 1 Nr. 1a EStG aF. Ab dem **Veranlagungszeitraum 2008** ordnen die Vorschriften des § 22 Nr. 1b (nunmehr § 22 Nr. 1a EStG idF des ZollkodexAnpG) und des § 10 Abs. 1 Nr. 1a (nunmehr § 10 Abs. 1a Nr. 2 EStG idF des ZollkodexAnpG) bei Vorliegen der Voraussetzungen eine volle Abziehbarkeit an. Wenn eine **außerhalb** einer unentgeltlichen Vermögensübertragung gegen Versorgungsleistungen aber dennoch – sei es auch nur teilweise – unentgeltliche Übertragungen vorliegt, liegen hinsichtlich es unentgeltlichen Teils eine steuerlich nicht relevante Leistungen vor, die weder abziehbar (§ 12 Nr. 2) noch zu versteuern ist (§ 22 Nr. 1 S. 2 Hs. 1). **180**

Handelt es sich um **keine** Übertragung im Rahmen des Instituts der Vermögensübertragung gegen Versorgungsleistungen, gilt bei der **Übertragung privaten Vermögens gegen wiederkehrende Bezüge** – ***soweit*** keine (teil-)*un*entgeltliche Übertragung *außerhalb* des Instituts der Vermögensübertragung gegen Versorgungsleistungen vorliegt – für den Vermögensempfänger Folgendes: **181**

Erbringt der Vermögensempfänger die wiederkehrenden Leistungen für ein Vermögensgut, welches vom Privatvermögen des Übertragenen in sein – des Empfängers – Privatvermögen gelangt und dort nicht zur Einkünfteerzielung verwendet wird, kann er die wiederkehrenden Leistungen – trotz Versteuerung des Zinsanteils auf Seiten des Empfängers – wegen des **Abzugsverbots privater Schuldzinsen** steuerlich nicht geltend machen (BFH 18.5.2010 – X R 32-33/01, BStBl. II 2011, 675). **182**

Ein **Sonderausgabenabzug** käme nur in Betracht, wenn die Voraussetzungen einer unentgeltlichen Vermögensübertragung gegen Versorgungsleistungen vorlägen, § 10 Abs. 1 Nr. 1a (nunmehr § 10 Abs. 1a Nr. 2 EStG idF des ZollkodexAnpG). Ein **Werbungskostenabzug** oder Betriebsausgabenabzug scheitert, da die Leistungen in diesem Fall in keinem Zusammenhang mit der Erzielung von Einkünften stehen. **183**

Nutzt der Vermögensempfänger das Wirtschaftsgut dagegen zur Erzielung von (nicht betrieblichen) Einkünften, ist der in den einzelnen Zahlungen enthaltene und nach obigen Maßgaben zu ermittelnde **Zinsanteil/Ertragsanteil als Werbungskosten** abziehbar (BFH 9.2.1994 – IX R 110/90, BStBl. II 1995, 47). Der Abzug ist dabei nicht nur bei Leibrenten (das sieht § 9 Abs. 1 S. 3 Nr. 1 *ausdrücklich* vor) auf **den Ertragsanteil beschränkt.** Die Einschränkung gilt auch bei anderen wiederkehrenden Bezügen, zB bei Zeitrenten, deren Zinsanteil auf Seiten des Empfängers nach § 20 besteuert wird. Denn nur der Ertrags- bzw. Zinsanteil ist als die Leistungsfähigkeit schmälerndes Entgelt für die Stundung des Kaufpreises anzusehen ist. Der Tilgungsanteil dagegen ist letztlich nur Bestandteil der Vermögensumschichtung ist (dort ist gegebenenfalls AfA möglich; dazu sogleich). **184**

Wenn sich die zu wiederkehrenden Leistungen aufgrund einer Wertsicherungsklausel erhöhen, ist zu prüfen, ob sich der Zinsanteil in vollem Umfang des **Erhöhungsbetrags** oder nur in Höhe des Ertragsanteils erhöht. **185**

Zu beachten ist, ob im **Einzelfall ein Werbungskostenabzugsverbot** greift. Dies kann zB der Fall sein, wenn der die wiederkehrenden Leistungen erbringende Erwerber des Vermögensguts, seinerseits mit dem Vermögensgut Einkünfte aus Kapitalvermögen erzielt; dann kann § 20 Abs. 9 eingreifen, sodass er die zum Erwerb aufgewendeten Zinsanteile nicht geltend machen kann. **186**

187 Wenn das erhaltene Wirtschaftsgut in ein Betriebsvermögen eingelegt wird, ist der **Zinsanteil** als **Betriebsausgaben** abziehbar. Er errechnet sich dann aus dem Unterschiedsbetrag zwischen den jährlichen Rentenzahlungen einerseits und dem jährlichen Rückgang des Barwerts der Rentenverpflichtung andererseits (BFH 18.5.2010 – X R 32-33/01, BStBl. II 2011, 675).

188 Hinsichtlich des Anteils, der nicht den Zins darstellt, sondern als Gegenleistung für das Vermögensgut Bestandteil der Vermögensumschichtung ist – also hinsichtlich des **Barwerts der Wiederkehrenden** Leistungen – entstehen dem Erwerber des Vermögensguts **Anschaffungskosten.** Soweit das Vermögensgut nicht zur Erzielung von Einnahmen verwendet wird, hat dies allenfalls Relevanz im Falle einer steuerbaren Weiterveräußerung (zB § 23).

189 Soweit das Vermögensgut zur Erzielung von Einkünften genutzt wird, stellt der Barwert somit die **Bemessungsgrundlage für die AfA,** etwaige erhöhte Absetzungen und Sonderabschreibungen dar (BFH 9.2.1994 – IX R 110/90, BStBl. II 1995, 47).

190 **cc) Veräußerung gegen Kaufpreisraten.** Wird ein Vermögensgut übertragen und besteht die Gegenleistung aus einem der Höhe nach **fest bestimmten Betrag,** der durch eine bestimmte Anzahl einzelner Leistungen erbracht werden soll, so stellen die sich wiederholenden Leistungen Kaufpreisraten dar. Diese Raten stellen der äußeren Form nach wiederkehrende Bezüge dar; Sie grenzen sich von den o.g. Leistungen aber dadurch ab, dass ihre Anzahl und damit die insgesamt zu leistende Summe ex ante feststeht. Wird ein Kaufpreis in solchen Raten getilgt (das Gleiche gilt letztlich für die Rückzahlung von Darlehen, **nicht** aber zB im Falle von wiederkehrenden Leistungen im Gegenzug für einen Verzicht auf künftige Erbteilsansprüche; denn dort findet keine Kapitalüberlassung statt, vgl. BFH 9.2.2010 – VIII R 35/07, BFH/NV 2010, 1793), liegen **keine wiederkehrenden Bezüge iSd § 22 Nr. 1** vor; zu besteuern ist der in den Raten **enthaltene Zinsanteil, § 20 Abs. 1 Nr. 7.**

191 Sind die Raten nach der **getroffenen Vereinbarung zu verzinsen,** stellt die Summe der (netto)Raten den Kaufpreis – folglich den Veräußerungspreis auf Seiten des Veräußerers und die **Anschaffungskosten** auf Seiten des Erwerbers – dar. Dieser Wert stellt damit die Grundlage für die Ermittlung der AfA auf Seiten des Empfängers, sowie eines etwaigen Veräußerungsgewinns auf Seiten des Veräußerers (§ 16, § 17, § 20 Abs. 2, § 23) dar. Die **Zinsen** sind beim Empfänger nach **§ 20 Abs. 1 Nr. 7** zu versteuern; beim Leistenden gilt das Abzugsverbot privater Schuldzinsen (grundsätzlich keine Sonderausgaben/keine Werbungkosten); wird das erworbene Gut jedoch zur Einkünfteerzielung eingesetzt, ist der Zinsanteil als **Werbungskosten** oder **Betriebsausgaben** abziehbar (§ 9 Abs. 1 S. 3 Nr. 1, § 4 Abs. 4).

192 Haben die Parteien eine **Wertsicherungsklausel** vereinbart, stellt nach Auffassung des BFH (BFH 19.5.1992 – VIII R 37/90, BFH/NV 1993, 87; vgl. auch Hermmann/Heuer/Raupach/*Killat* § 22 Rn. 172) der gesamte Erhöhungsbetrag ein zusätzliches Entgelt für den gestundeten, seiner Höhe nach unveränderten Kaufpreis dar, sodass – anders als bei der Erhöhung von Leibrenten, wo nur der auf den Erhöhungsbetrag entfallene und nach § 22 Nr. 1 S. 3 Buchst. a Doppelbuchst. bb zu ermittelnde Ertragsanteil – der **gesamte Erhöhungsbetrag als Zinsanteil** zu bewerten ist.

193 Wenn die Raten nach der **getroffenen Vereinbarung nicht** verzinst sind, so ist – wenn die Laufzeit der Raten **ein Jahr oder mehr beträgt** (vgl. § 12 Abs. 3 S. 1 BewG) – in den einzelnen Raten auch dann ein Zinsanteil selbst dann enthalten, wenn die Parteien eine Verzinsung ausdrücklich ausgeschlossen haben. Denn die Aufteilung des Gesamtkaufpreises in den Teil der Vermögensumschichtung (Gegenleistung für das Wirtschaftsgut) und den Teil der Verzinsung (Gegenleistung für die zeitweise Überlassung von Kapital) erfolgt unabhängig vom konkreten Willen der Parteien (BFH 26.11.1992 – X R 187/87, BStBl. II 1993, 298; BFH 25.6.1974 – VIII R 163/71, BStBl. II 1975, 356; zu einem Ausnahmefall vgl. BFH 30.11.2005 – I R 110/04, BFH/NV 2006, 866: Deckungsgleichheit von Auszahlungsbetrag und Rückzahlungsbetrag).

194 Die jeweils noch ausstehenden Teilbeträge sind daher (mit einem Zinssatz von 5,5%, vgl. § 12 Abs. 3 BewG, BFH 21.10.1980 – VIII R 190/78, BStBl. II 1981, 160) **abzuzinsen.** Jeder einzelne Teilbetrag besteht dann aus einem Zins- und einem Tilgungsanteil. Der Zinsanteil bemisst sich nach der Höhe des jeweiligen, allmählich geringer werdenden Barwerts

der Forderung. Die Rechtsfolgen decken sich mit denen bei vereinbartem Zins: Die **Zinsen** sind beim Empfänger nach **§ 20 Abs. 1 Nr. 7** zu versteuern; beim Leistenden gilt das Abzugsverbot privater Schuldzinsen; wird das erworbene Gut jedoch zur Einkünfteerzielung eingesetzt, ist der Zinsanteil als **Werbungskosten** oder **Betriebsausgaben** abziehbar (§ 9 Abs. 1 S. 3 Nr. 1, § 4 Abs. 4).

dd) Besonderheiten bei der Veräußerung von Betriebsvermögen gegen wiederkehrende Leistungen. (1) Abgrenzungsfragen. Bei der Übertragung von Betriebsvermögen ist ebenfalls zunächst zu prüfen, ob die Übertragung im Rahmen des **Instituts der unentgeltlichen Vermögensübertragung** gegen Versorgungsleistungen erfolgt. Ist dies der Fall, gelten die beschriebenen Rechtsfolgen (Sonderausgabenabzug auf Seiten des Vermögensempfängers; Versteuerung – zu differenzieren nach dem Anwendungsbereich des JStG – beim Empfänger der wiederkehrenden Leistungen). Stille Reserven sind dabei auf Seiten des Übertragenden nicht zu realisieren ((Buch-)Wertfortführung auf Seiten des Empfängers); die steuerlichen Folgen im Rahmen dieses Instituts bleiben auf der Ebene der §§ 10, 22 (vgl. BFH 6.5.2010 – IV R 52/08, BStBl. II 2011, 261). 195

Bei Übertragungen **außerhalb** dieses Instituts besteht wie auch bei der Übertragung von Privatvermögen die Möglichkeit, das der Barwert der wiederkehrenden Leistungen den Wert des übertragenen Vermögensguts übersteigt; dann liegen hinsichtlich der überschießenden Beträge **(teilweise) freiwillig** erbrachte wiederkehrende Leistungen vor, die *insoweit* steuerlich nicht relevant sind (§ 12 Nr. 2). Ist wiederum der Wert des übertragenen Vermögensguts höher als der Barwert der wiederkehrenden Leistung, ist das Vermögensgut **teilweise unentgeltlich** übertragen. Bzgl. des entgeltlichen Teils gelten dann die Grundsätze zur entgeltlichen Übertragung von Betriebsvermögen; hinsichtlich der Differenz zwischen dem Entgelt (Barwert der wiederkehrenden Leistungen) und dem Teilwert des Wirtschaftsgutes kommt dagegen zu einer Entnahme auf Seiten des Übertagenden (BFH 17.11.2005 – III R 8/03, BStBl. II 2006, 287). 196

Von diesen Vorgängen **abzugrenzen** ist die sog. betriebliche Versorgungsrente. Eine **betriebliche Versorgungsrente** – diese Verstanden als Gegensatz zu einer privaten Versorgungsrente – liegt vor, wenn ein ausscheidender Gesellschafter eine Rente erhält, die nicht im Rahmen der unentgeltlichen Vermögensübertragung gegen Versorgungsleistung erfolgt, und die nicht nach der Höhe des Gesellschaftsanteils bemessen ist, sondern bei der der Gedanke einer **Entlohnung der früher für den Betrieb geleisteten Dienste** im Vordergrund steht (BFH 20.6.2007 – X R 2/06, BstBl. II 2008, 99). Eine solche Versorgungsrente fällt nicht unter § 22, sondern wird von **§ 24 Nr. 2** erfasst. Zahlungen in Erfüllung einer solchen Versorgungsrente sind beim Zahlungspflichteten als **Betriebsausgaben** abzuziehen (BFH 7.7.1992 – VIII R 36/90, BStBl. II 1993, 26). 197

(2) Steuerliche Behandlung entgeltlicher Übertragungsvorgänge. Soweit eine entgeltliche Übertragung von Betriebsvermögen gegen wiederkehrende Leistungen vorliegt – also soweit keine Vermögensübertragung gegen Versorgungsleistungen (dann § 10 und § 22), keine betriebliche Versorgungsrente (dann § 24 Nr. 2 und Betriebsausgabenabzug) und soweit keine (teilweise) unentgeltlichen Leistungen (dann § 12 Nr. 2 oder Entnahme) vorliegen – handelt es sich um eine entgeltliche Übertragung von Betriebsvermögen, bei welcher auf Seiten des Übertragenden die **allgemeinen Grundsätze** zur Veräußerung von Betriebsvermögen gelten. 198

Betrieblich veranlasste wiederkehrende Bezüge gehören insoweit zu den jeweils im Einzelfall betreffenden **Einkunftsarten (§ 13, 15, 18).** Insoweit sind die Vorschriften über die betrieblichen Einnahmen vorrangig gegenüber § 22; auch Einkünfte aus § 20 liegen aufgrund der Vorrangigkeit der Regelungen über betriebliche Einnahmen nicht vor (vgl. § 20 Abs. 8). 199

Wird ein Betrieb, ein Teilbetrieb, ein Mitunternehmeranteil oder eine Beteiligung iSd § 17 gegen wiederkehrende Bezüge geleistet, so steht dem Veräußerer ein **Wahlrecht** zu: 200

Im Falle einer Veräußerung gegen **Leibrente** kann der Veräußerer einerseits die **Sofortversteuerung** wählen. In diesem Fall ist **§ 16** (beachte gegebenenfalls § 14 bzw. § 18 Abs. 3 bei entsprechendem Übertragungsgegenstand) anzuwenden. Im Falle einer **Leibrente** ermittelt sich der Veräußerungsgewinn ermittelt sich durch die Differenz zwischen dem nach dem BewG zu ermittelnden Barwert der Rente und dem Buchwert des steuerlichen Kapitalkontos im Zeitpunkt der Veräußerung des Betriebs. Die in den Rentenzahlungen enthaltenen 201

Ertragsanteile sind sonstige Einkünfte iSd § 22 Nr. 1 S. 3 Buchst. a Doppelbuchst. bb (EStR 16 Abs. 11).

202 Wählte der Leibrentenempfänger dagegen die **Zuflussbesteuerung,** kann er die Rentenzahlungen als nachträgliche Betriebseinnahmen iSd **§ 15 iVm § 24 Nr. 2** erfassen. In diesem Fall entsteht der **Gewinn** erst, wenn der Tilgungsanteil der wiederkehrenden Bezüge das steuerliche Kapitalkonto im Zeitpunkt der Veräußerung (zuzüglich etwaiger Veräußerungskosten) übersteigt (die Aufteilung in einen Zins- und Tilgungsanteil erfolgt nach §§ 13, 14 BewG oder nach versicherungsmathematischen Grundsätzen). Der in den wiederkehrenden Bezügen enthaltene Zinsanteil stellt bereits im Zeitpunkt des Zuflusses die **Betriebseinnahmen** dar (vgl. EStR 16 Abs. 11 auch mit Hinweisen für Veräußerungen, die vor dem 1.1.2004 erfolgten). Der Freibetrag des § 16 Abs. 4 und die Begünstigung nach § 34 sind dann nicht zu gewähren.

203 Wird neben der **Rente ein fester Barpreis** vereinbart, so greift das Wahlrecht grds. auch (auch wenn die wiederkehrenden Bezüge von Dritter Seite gewährt werden, vgl. BFH 7.11.1991 – IV R 14/90, BStBl. II 1992, 457; zu den Einzelheiten vgl. EStR 16 Abs. 11). Dies gilt jedoch nicht hinsichtlich des – einer nachträglichen Zuflussbesteuerung ja letztlich auch nicht zugänglichen – festen Betrags (EStR 16 Abs. 11).

204 Soweit in dem gegen die Leibrente **übertragenen Betriebsvermögen** ein Anteil an einer **Kapitalgesellschaft** enthalten ist, ist – **anteilig** – das **Teileinkünfteverfahren** zu berücksichtigen und zwar *insoweit,* als der *Tilgungsanteil* betroffen ist und *auf den Kapitalanteil* als Bestandteil des gesamten Vermögens entfällt (vgl. dazu mit Berechnungsbeispiel BMF 3.8.2004, BStBl. I 2004, 1187).

205 Wird nur ein Anteil iSd **§ 17 gegen Leibrente** übertragen, so sind die **Zinsanteile** als Einkünfte iSd § 22 Nr. 1 S. 3 Buchst. a Doppelbuchst. bb zu versteuern. Der **Tilgungsanteil** ist erst nach Verrechnung mit den Anschaffungskosten und etwaigen Veräußerungskosten im Jahr des Zuflusses als nachträgliche Einkünfte iSd § 17 zu versteuern; nur *insoweit* (also nicht bzgl. des Zinsanteils) ist das Teileinkünfteverfahren anzuwenden (BMF 3.8.2004, BStBl. I 2004, 1187; zur *zeitlichen* Anwendbarkeit des Teileinkünfteverfahrens, bzw. davor: des Halbeinkünfteverfahrens, vgl. BFH 18.11.2014 – IX R 4/14, BStBl. II 2015, 526, entgegen BMF 3.8.2004, BStBl. I 2004, 1187).

206 Zu den **Voraussetzungen** für eine **entsprechende Anwendung des Wahlrechts** bei der Übertragung von Betriebsvermögen, welches nicht gegen Gewährung einer Leibrente, sondern gegen **Ratenzahlungen** bzw. gegen eine **Zeitrente** gewährt wird, wird auf die Ausführungen in EStH 16 Abs. 11, im BMF-Schreiben vom 3.8.2004 (BMF 3.8.2004, BStBl. I 2004, 1187) und die Kommentierung zu § 16 bei Schmidt/*Wacker* § 16 Rn. 221 ff. verwiesen.

207 Wenn ein Betrieb, Teilbetrieb oder Mitunternehmeranteil gegen einen **Gewinnabhängigen oder umsatzabhängigen Kaufpreis** veräußert wird, besteht kein Wahlrecht zur Sofortbesteuerung. Hier besteht Einigkeit, dass eine **Sofortbesteuerung nicht** in Betracht kommt, da die Realisation des Entgelts (BFH 14.5.2002 – VIII R 8/01, BStBl. II 2002, 532; EStH 16 Abs. 11); HHR/*Killat* § 22 Rn. 173; Schmidt/*Wacker* § 16 Rn. 221 ff.). Nach benannten Urteil vom 14.5.2002 entstand ein zu versteuernder **Gewinn,** sobald die Summe der zugeflossenen Jahresbeträge dem Buchwert des Betriebsvermögens bei Veräußerung zuzüglich der Veräußerungskosten überstieg. Dieser sich sukzessiv erhöhende Gewinn ist im jeweiligen Jahr des Zuflusses in voller Höhe zu besteuern. In diese Richtung geht auch die Verwaltung, welche das benannte Urteil in EStH 16 Abs. 11 in Bezug nimmt. Gegen diesen Ansatz der sukzessiv ansteigenden vollen Versteuerung wird jedoch mit guten Gründen dargetan, dass hierin ein systematischer Bruch vorliegt, wenn man bei festen wiederkehrenden Bezügen davon ausgeht, dass die Leistungen in einen Zinsanteil (Zuflussbesteuerung) und einen Tilgungsanteil (Zuflussbesteuerung erst nach Überschreiten des Kapitalkontos und der Veräußerungskosten) zu zerlegen sind (HHR/*Killat* § 22 Rn. 173). Diese Kritik überzeugt, sodass es sachgerecht erscheint, auch im Falle von sich abändernden Bezügen bei der Besteuerung eine Aufteilung in Zins- und Tilgungsanteil vorzunehmen.

4. Grundsätzliche Besteuerungsaspekte

208 **a) (Nur) Materielle Korrespondenz.** Das EStG fußt nicht auf dem Prinzip, dass stets das, was auf Seiten eines Leistungsempfängers zum zu versteuernden Einkommen gehört,

auf Seiten des Leistenden notwendig als Abzugsposten das zu versteuernde Einkommen verringert. So unterliegen bspw. die aus der Vermietung einer Immobilie erzielen Einnahmen der Versteuerung, während die auf Seiten des Mieters aufgewendeten Mittel grundsätzlich nicht abgezogen werden können, sondern als Aufwendungen der allgemeinen Lebensführung (§ 12 Nr. 1) steuerlich irrelevant sind, sofern die Immobilie nicht zum Erwerb von steuerlich relevanten Einnahmen angemietet wurde.

Im Rahmen des § 22 Nr. 1 dagegen gilt grundsätzlich das **materielle Korrespondenzprinzip** (BFH 19.19.1978 – VIII R 9/77, BStBl. II 1979, 133). Das bedeutet, dass grundsätzlich dasjenige, was der Empfänger als wiederkehrende Bezüge zu versteuern hat, auf Seiten des Leistenden in gleicher Höhe als Betriebsausgaben, Werbungskosten oder Sonderausgaben abgezogen werden kann (vgl. näher BFH 27.4.2015 – X B 47/15, BFH/NV 2015, 1356; Blümich/*Nacke* § 22 Rn. 68). Empfängt etwa jemand Leistungen iSd § 22 Nr. 1a, so geht damit stets die Abziehbarkeit derselben Beträge auf Seiten des Leistenden einher (§ 10 Abs. 1a); gleichsam korrespondiert mit der (schrittweise anwachsenden) nachgelagerten Besteuerung von Renten aus der Basisversorgung (§ 22 Nr. 1 S. 3 Buchst. a Doppelbuchst. aa) ein (schrittweise anwachsender) Sonderausgabenabzug hinsichtlich der Beitragsleistungen in der Ansparphase, und schließlich stellen die Regelungen des § 22 Nr. 1 S. 2 Hs. 1 und Hs. 2 Buchst. a und Buchst. b eine Korrespondenz zwischen der steuerlichen Entlastung auf der einen mit der steuerlichen Belastung auf der anderen Seite her (→ Rn. 233). 209

Soweit zwischen der Besteuerung einerseits und der steuerlichen Abziehbarkeit andererseits eine materielle Korrespondenz besteht, führt dies jedoch **nicht (auch) zu einer verfahrensrechtlichen Bindung;** eine verfahrensrechtliche Korrespondenz hat der Gesetzgeber insoweit nicht angeordnet (zur Anordnung einer auch verfahrensrechtlichen Korrespondenz vgl. zB § 32a KStG). Damit steht es einer Besteuerung von Bezügen nach § 22 Nr. 1 nicht entgegen, wenn auf Seiten des Leistenden – aus welchen Gründen auch immer – eine steuerliche Entlastung der entsprechenden Beträge nicht zum Tragen kam. Auch ist eine Besteuerung einer angesparten Rente nach § 22 unabhängig davon vorzunehmen, in welchem Umfang sich die vom Steuerpflichtigen aufgewendeten Mittel in der Ansparphase tatsächlich im Rahmen des Sonderausgabenabzugs ausgewirkt haben (BFH 26.11.2008 – X R 15/07, BStBl. II 2009, 710; zu Fragen der Verfassungsmäßigkeit der Rentenbesteuerung im Hinblick auf die steuerliche Entlastung in der Ansparphase jedoch → Rn. 263 ff.). 210

Die Aussage, dass in § 22 Nr. 1 das materielle Korrespondenzprinzip verankert sei, ist **jedoch nicht uneingeschränkt zutreffend,** sodass im Einzelfall zu prüfen ist, ob es tatsächlich entsprechende Prinzipien oder Vorschriften gibt, die eine korrespondierende Behandlung von Aufwand und Leistung gebieten. So mag dies etwa im Rahmen des Instituts der (unentgeltlichen) Vermögensübergabe gegen Versorgungsleistungen zutreffen (vgl. § 22 Nr. 1a auf Seiten des Empfängers und § 10 Abs. 1a; zur Korrespondenz im Rahmen dieses Instituts nach alter Rechtslage → Rn. 129 ff.). Wenn es sich jedoch um **keine** Übertragung im Rahmen des Instituts der Vermögensübertragung gegen Versorgungsleistungen handelt, sondern zB um eine entgeltliche Übertragung gegen wiederkehrende Bezüge, und wenn der Vermögensempfänger in diesem Zusammenhang zB Leibrenten als Gegenleistung für ein Vermögensgut zahlt, welches vom Privatvermögen des Übertragenen in das Privatvermögen des Empfängers gelangt und dort nicht zur Einkünfteerzielung verwendet wird, so kann der Empfänger des Vermögensguts die wiederkehrenden Leistungen – trotz Versteuerung des Ertragsanteils auf Seiten des Empfängers – wegen des **Abzugsverbots privater Schuldzinsen** steuerlich nicht geltend machen (BFH 18.5.2010 – X R 32-33/01, BStBl. II 2011, 675). Ein **Sonderausgabenabzug** käme in diesem Fall nur in Betracht, wenn die Voraussetzungen einer unentgeltlichen Vermögensübertragung gegen Versorgungsleistungen vorlägen, § 10 Abs. 1 Nr. 1a; ein **Werbungskostenabzug** oder Betriebsausgabenabzug scheitert, da die Leistungen in diesem Fall in keinem Zusammenhang mit der Erzielung von Einkünften stehen. Nutzt der Vermögensempfänger das Wirtschaftsgut dagegen zur Erzielung von Einkünften, ist der in den einzelnen Zahlungen enthaltene Ertragsanteil als Werbungskosten abziehbar, § 9 Abs. 1 Nr. 1 S. 2. 211

b) Zurechnung und Zufluss von Einnahmen. Die Einkünfte iSd § 22 Nr. 1 werden gem. § 2 Abs. 2 Nr. 2 durch den Überschuss der Einnahmen (§ 8) über die Werbungskosten (§ 9) ermittelt. Gem. § 2 Abs. 1 sind Einkünfte **demjenigen zuzurechnen, der den Tatbe-** 212

stand der Erzielung von Einkünften verwirklicht; etwaige Rückzahlungen von Bezügen iSd § 22 stellen dabei negative Einkünfte dar (vgl. BFH 18.9.1964 – VI 244/63 U, BStBl. III 1965, 11). Insoweit gelten bezogen auf die – positiven wie negativen – Einnahmen für die sonstigen Einkünfte iSd § 22 die allgemeinen Regelungen zur Einkünfteerzielung.

213 In zeitlicher Hinsicht ist für die steuerliche Erfassung sonstiger Einkünfte der **Zufluss gem. § 11** maßgeblich. In der Folge bedeutet das, dass es zB auf die Zugehörigkeit der Einnahmen zu einem bestimmten Veranlagungszeitraum grundsätzlich nicht ankommt (vgl. aber in besonderen Fällen § 11 Abs. 1 S. 2). Somit werden bspw. **Rentennachzahlungen** – auch wenn sie für länger zurückliegende Jahre geleistet werden – im Jahr des Zuflusses erfasst (zur Ermittlung des steuerfreien Teils vgl. BMF 19.8.2013, BStBl. I 2013, 1087 Rn. 191, 232); dieser Zuflusszeitpunkt wird auch nicht dadurch in Frage gestellt, dass der Empfänger der Rentennachzahlung im Zusammenhang mit dem Erhalt der Nachzahlung ein bereits für den mit der Nachzahlung abgegoltenen Zeitraum erhaltenes Krankentagegeld zurückzahlen muss (FG Berlin-Brandenburg 7.11.2018 – 7 K 7277/16, EFG 2019, 355). Auch können etwaige **zurückbezogene Vereinbarungen** einen bereits erfolgten Zufluss nicht ungeschehen machen (vgl. FG Saarland 27.11.1991 – 2 K 154/86, EFG 1992, 601).

214 **c) Werbungskosten/Sonderausgaben. aa) Werbungskosten, Pauschbetrag, kein Sparerfreibetrag.** Aufwendungen zum Erwerb und zur Finanzierung von wiederkehrenden Bezügen können grundsätzlich – sofern das Gesetz keine Sonderregelung trifft – Werbungskosten sein. In zeitlicher Hinsicht gelten dabei auf der Ausgabenseite ebenso wie auf der Einnahmeseite die allgemeinen Regelungen zum **Abflussprinzip, § 11 Abs. 2.** Auch im Übrigen gelten für den Werbungskostenabzug die allgemeinen Grundsätze, sodass für ihre Abzugsfähigkeit ein hinreichender **Zusammenhang** (Aufwendungen „zur" Erwerbung) zu den mit einer **Überschusserzielungsabsicht** erzielten wiederkehrenden Bezügen bestehen muss.

215 Die Ermittlung der **Überschusserzielungsabsicht** kann im Einzelfall insbesondere bei vorweggenommenen Finanzierungskosten problematisch sein. Entscheidend ist, dass die Absicht festgestellt werden kann, spätere Einnahmen zu erzielen, welche die die aufgewendeten Mittel (Zinsen) nominal übersteigen (vgl. BFH 15.12.1999 – X R 151/97, BFH/NV 2000, 1097), wobei unterjährige (Anlauf-)Verluste gleichwohl unschädlich sein können.

216 Zu den Werbungskosten bei wiederkehrenden Bezügen gehören bspw.

- **Rechtsverfolgungskosten,** etwa für einen Prozess über eine Erhöhung von wiederkehrenden Bezügen nach § 323 BGB (Schmidt/*Weber-Grellet* § 22 Rn. 124),
- **Finanzierungskosten,** zB bei der (Fremd-)Finanzierung einer Leibrente (vgl. BFH 22.11.2006 – X R 15/05, BStBl. II 2007, 390); Finanzierungskosten sind nach überzeugender Auffassung auch dann in voller Höhe bei den Einkünften aus § 22 abziehbar, wenn es sich um **Darlehenszinsen** handelt, die im Rahmen eines **Gesamtkonzepts zur Finanzierung** von Einmalzahlungen in Sofortrentenversicherungen sowie Lebensversicherungen (Tilgungsversicherungen) anfallen, wenn dabei die Lebensversicherung zur Tilgung der Refinanzierungskosten eingesetzt wird (keine anteilige Zuordnung der Werbungskosten zu den Einkünften aus Kapitalvermögen, trotz Zinsanteils in den zur Tilgung eingesetzten Lebensversicherungsleistungen, vgl. FG Berlin-Brandenburg 22.6.2017 – 5 K 11174/15, EFG 2017, 1404, Rev. VIII R 30/17; vgl. aber zur Sicherheits-Kompakt-Rente BFH 11.12.2018 – VIII R 7/15, BStBl. II 2019, 231),
- oder **Schuldzinsen** für einen Kredit zur Nachentrichtung **freiwilliger Beiträge** zur Angestelltenversicherung (BFH 23.1.1991 – X R 37/86, BStBl. I 1991, 398; FG Niedersachsen 6.11.1978 – VIII 67/77, EFG 1979, 278),
- **Schuldzinsen** für ein mit Darlehensmitteln **angeschafftes Grundstück,** welches gegen eine Leibrente übertragen wurde (BFH 23.1.1991 – X R 37/86, BStBl. II 1991, 398),
- **Anwaltskosten** im Zusammenhang mit Finanzierungsgeschäften zur Erwerbung wiederkehrender Bezüge,
- Kosten für die **Rentenberatung** (HHR/*Killat* § 22 Rn. 20).

217 Die Werbungskosten sind in **tatsächlicher Höhe abziehbar** und zwar **unabhängig davon,** ob die Rente (später) **nur anteilig nachgelagert oder nur mit ihrem Ertragswert** besteuert wird (BFH 30.10.2001 – VIII R 29/00, BStBl. II 2006, 223; Blümich/*Nacke* § 22 Rn. 69). Eine Einschränkung des Abzugs auf den nicht steuerbefreiten Teil der Einnahmen, etwa

durch eine (analoge) Anwendung von § 3c erfolgt nicht. Diese Auffassung ist mM nach problematisch (ebenso Blümich/*Nacke* § 22 Rn. 69), weil ein voller Werbungskostenabzug bei teilweiser Freistellung auf der Einnahmeseite der in § 3c angelegten Korrespondenz zwischen Abzugsfähigkeit und Besteuerung an sich widerspricht und im Bereich der Ertragswertbesteuerung zudem zu beachten ist, dass der nichtbesteuerte Teil letztlich eine Kapitalrückzahlung im steuerlich irrelevanten Vermögensbereich ist. Die Ansicht lässt sich daher nur vertreten, wenn renten- und steuerrechtlich von der Fiktion Abschied genommen wird, dass mit der Zahlung der Beiträge das Kapital für das Renten(stamm)recht angesammelt wird (Blümich/*Nacke* § 22 Rn. 32 mwN).

Soweit keine oder nur geringe Werbungkosten entstehen, greift – nach dem klaren Wortlaut jedoch nur bei den Bezügen iSd **§ 22 Nr. 1, 1a und Nr. 5** – der **Werbungskostenpauschbetrag von 102 EUR** (§ 9a S. 1 Nr. 3; vgl. zur Frage der Anwendbarkeit des Werbungskostenpauschbetrags bei einer aufgrund eines DBA (Türkei) nur teilweise besteuerten Rente: FG Mecklenburg-Vorpommern 22.1.2019 – 1 K 282/17, EFG 2019, 1106). Dieser darf jedoch nach § 9a S. 2 **nicht höher** angesetzt werden als die im jeweiligen Veranlagungszeitraum erzielten Einnahmen; ein Verlust kann damit aufgrund des Pauschbetrags nicht erzielt werden. Bei zusammenveranlagten Ehegatten wird jedem der Ehegatten ein voller Pauschbetrag gewährt, sofern beiden Ehegatten sonstige Bezüge zuzurechnen sind (BFH 22.9.1993 – X R 48/92, BStBl. II 1994, 107). **218**

Der **Sparer Freibetrag gem. § 20 Abs. 9** ist für Einkünfte iSd § 22 **nicht** – auch nicht analog – anwendbar. Dies gilt auch bei Veräußerungs*leib*renten, also bei Leibrenten, die als Gegenleistung für eine entgeltliche Übertagung von Vermögen gewährt werden. Diese Ansicht wird – im Hinblick darauf, dass Veräußerungs*zeit*renten nach § 20 Abs. 1 Nr. 7 und damit unter Berücksichtigung des Sparer-Freibetrags besteuert werden – zT kritisiert; de lege lata jedoch ist die rechtliche Differenzierung zwischen Leibrenten einerseits und den übrigen wiederkehrenden Leistungen andererseits überzeugend, weil der Gesetzgeber die Leibrenten ausdrücklich in § 22 – ohne Sparerfreibetrag – geregelt hat und bei dem Bezieher einer Rente die Phase der Vermögensbildung grds. bereits abgeschlossen ist, während der Sparer-Freibetrag gerade eine Anreizwirkung in der Ansparphase entfalten soll (vgl. BVerfG 22.9.2009 – 2 BvL 3/02, BVerfGE 124, 251; BT-Drs. 7/1470, 220). Auch eine analoge Anwendung dieser Vorschrift scheidet damit aus (BFH 18.5.2010 – X R 32-33/01, BStBl. II 2011, 675 mwN). **219**

bb) Beiträge zu den Pflichtversicherungssystemen. Nach der Rechtslage **bis 2005** waren (Vorsorge-)Aufwendungen in der Ansparphase für den Erwerb eines Rentenstammrechts **nicht abziehbar** (vgl. BFH 7.12.2011 – X B 116/11, BFH/NV 2012, 416). Dieses Ergebnis trug dem damals – vor Einführung der nachgelagerten Besteuerung für die erste und zweite Schicht der Altersvorsorge (→ Rn. 28 ff.) – geltenden System Rechnung, wonach sämtliche spätere Rentenzahlungen allein der Ertragswertbesteuerung unterlagen. Da somit **nur die Erträge** des eingezahlten Kapitals besteuert wurden, konnten folgerichtig die Einzahlungen in den Ertragsstamm keine steuerliche Entlastungswirkung entfalten. Sie bleiben vielmehr als Akt der **reinen Vermögensverschiebung** im steuerlich irrelevanten Bereich. **220**

Dieselbe Wertung führt dazu, dass auch nach **neuem Recht** (im Anwendungsbereich des AltEinkG, ab Veranlagungszeitraum 2005) Aufwendungen **nicht anerkannt werden, *soweit*** sie zum Erwerb des Rentenstammrechts iSd § 22 Nr. 1 Buchs. a Doppelbuchst. **bb** führen (BFH 12.6.2012 – X B 51/11, BFH/NV 2012, 1442). Denn auch hier gilt nach wie vor die Ertragswertbesteuerung, sodass die Einzahlung in das Rentenrecht eine steuerlich irrelevante Vermögensverschiebung darstellt (zur Abziehbarkeit der Finanzierungskosten → Rn. 214 ff.). **221**

Hinsichtlich der der **nachgelagerte Besteuerung** unterliegenden Einkünfte (§ 22 Nr. 1 S. 3 Buchst. a Doppelbuchst. aa, Nr. 5) kann es dahinstehen, ob die entsprechenden **Beiträge** der Sache nach eigentlich Werbungskosten sind. Denn der Gesetzgeber hat nach dem 31.12.2004 geleisteten Beiträge im Rahmen von **Spezialregelungen** (vgl. § 10 Abs. 1 Nr. 2, Abs. 3, § 10a) als Vorsorgeaufwendungen dem beschränkten **Sonderausgabenabzug** zugeordnet. Eine Qualifikation dieser Aufwendungen (oder auch des den als Sonderausgaben abzugsfähigen Betrag übersteigenden Teil der Aufwendungen) als Werbungskosten verbietet **222** sich daher (BVerfG 14.6.2016 – 2 BvR 290/10, BStBl. II 2016, 801, BFH 1.2.2006 – X B 166/05, BStBl. II 2006, 420).

5. Besteuerung wiederkehrender Bezüge gem. § 22 Nr. 1 S. 1

223 **a) Besteuerung gem. § 22 Nr. 1 S. 1.** Gem. § 22 Nr. 1 sind sonstige Einkünfte Einkünfte aus wiederkehrenden Bezügen, soweit sie nicht zu den § 2 Abs. 1 Nr. 1–6 bezeichneten Einkünften gehören. Durch den letzten Halbsatz kommt der **subsidiäre** Charakter der Vorschrift zum Ausdruck. Der Begriff der wiederkehrenden Bezüge stellt dabei einen **Oberbegriff** für verschiedene Unterarten von wiederkehrenden Bezügen dar. Diese Unterarten – die (Leib-)Renten, andere Leistungen – werden im Rahmen des § 22 Nr. 1 in zT unterschiedlicher Art und Weise der Besteuerung unterworfen (vgl. § 22 Nr. 1 S. 3 Buchst a Doppelbuchst aa/bb). Soweit diese Sonderregelungen eingreifen, kommt die allgemeine (volle) Besteuerung nach § 22 Nr. 1 S. 1 nicht in Betracht. Auch greift § 22 Nr. 1 S. 1 nicht ein, soweit wiederkehrende Bezüge iSd § 22 Nr. 1a, Nr. 4 oder 5 erzielt werden. Auch diese Normen stellen die Grundregel des § 22 Nr. 1 S. 1 **verdrängende Sonderregelungen** dar.

224 Zur **Definition wiederkehrender Bezüge,** zu **Abgrenzungsfragen** und zu **Beispielen** wird zunächst umfassend auf die Ausführungen zu den Begrifflichkeiten/Besonderheiten (→ Rn. 46 ff.) verwiesen.

225 Die wiederkehrenden Bezüge iSd § 22 Nr. 1 S. 1 unterliegen grundsätzlich der **vollen Besteuerung;** eine Ertragswertbesteuerung oder nachgelagerte Besteuerung wie in § 22 Nr. 1 S. 3 Buchst. a Doppelbuchst aa/bb, Nr. 5 sieht das Gesetz hier nicht vor. Auch der **Werbungskostenabzug** ist (bei entsprechender Einkünfteerzielungsabsicht) grundsätzlich in vollem Umfang möglich; der **Werbungskostenpauschbetrag** (§ 9a S. 1 Nr. 3 begrenzt durch § 9a S. 2) kann geltend gemacht werden.

226 Obgleich der in § 22 Nr. 1 S. 1 verwendete Begriff der wiederkehrenden Bezüge sehr weit gefasst ist, so ist **praktische Relevanz der vollen Besteuerung nach § 22 Nr. 1 S. 1 sehr gering.** Denn von dem Grundsatz der vollen Besteuerung wiederkehrender Bezüge gibt es zahlreiche Ausnahmen. Diese **Ausnahmen** beruhen insbesondere darauf,

- dass die **(Leib-)Renten** und anderen Leistungen iSd § 22 Nr. 1 S. 3 Buchst. a, Nr. 5 nach den dortigen Sonderregelungen behandelt werden,
- dass aufgrund der Regelungen des JStG 2008 ab Veranlagungszeitraum 2008 die **Unterhaltsleistungen** und **Versorgungsleistungen,** die den Tatbestand des § 10a Abs. 1a erfüllen, von der Sonderregelung des § 22 Nr. 1 erfasst werden,
- dass **freiwillig** erbrachte, aufgrund einer freiwillig eingegangenen Rechtspflicht basierende oder an eine gesetzlich unterhaltsberechtigte Person gezahlte wiederkehrende Bezüge aufgrund der Regelungen des § 22 Nr. 1 S. 2 Hs. 1 grundsätzlich nicht der Besteuerung unterliegen.

227 Eine weitere Einschränkung der praktischen Relevanz folgt daraus, dass bei der Anwendung des § 22 Nr. 1 die normativen Grundaussagen des § 2 Abs. 1 zu beachten sind, wonach die Einkommensteuer nur „erzieltes" Einkommen, mithin die **erwirtschaftete Mehrung objektiver Leistungsfähigkeit erfasst** (vgl. BFH 20.10.1999 – X R 132/95, BStBl. II 2000, 196). Aus diesem Grund erfolgt zB **keine Besteuerung** nach § 22 Nr. 1 S. 1

- wenn ein Erbe auf seinen **künftigen Erbteil** bei Erhalt von der Höhe nach begrenzten wiederkehrenden Zahlungen anstelle eines Einmalbetrages verzichtet (BFH 20.10.1999 – X R 132/95, BStBl. II 2000, 196),
- wenn die wiederkehrenden Bezüge eine bloße **Umschichtung von Vermögen** (zB die ratenweise Rückzahlung von Darlehen; die Leistung von Kaufpreisraten) darstellt (beachte aber mögliche Besteuerung eines etwaige Ertragsanteils),
- wenn wiederkehrende Bezüge aufgrund **eines Schadensersatzanspruchs** (zB aus §§ 823 ff., aus dem HaftPflG oder aus dem StVG) geleistet werden,
- bei **Mehrbedarfsrenten nach § 843 Abs. 1, *Alt. 2* BGB** (Schadensersatz in Form einer Geldrente zum Ausgleich verletzungsbedingten Mehrbedarfs).

228 Schließlich ist der Anwendungsbereich des § 22 Nr. 1 S. 1 durch die allgemeine **Subsidiarität** dieser Vorschrift eingegrenzt. Damit unterliegen – auch wenn als wiederkehrende Bezüge geleistete – insbesondere folgende Einnahmen **nicht der Besteuerung nach § 22 Nr. 1 S. 1:**

- wiederkehrende Bezüge im Rahmen von **land- und forstwirtschaftlichen** (§ 13), aus **gewerblichen** (§ 15) oder **freiberuflichen** (§ 18) Betrieben,
- einschließlich wiederkehrender aus Bezüge aus dem Verkauf von Wirtschaftsgütern des Betriebsvermögens,
- **Pensionen** und Ruhegehälter ehemaliger Arbeitnehmer iSd § 19 Abs. 2,
- **Zinsen** aus sonstigen Kapitalforderungen (§ 20 Abs. 1 Nr. 7; vgl. auch § 20 Abs. 1 Nr. 6),
- **Mietzinsen** aus der Überlassung von Mietsachen iSd § 21.

Nach alledem reduziert sich der Anwendungsbereich von **§ 22 Nr. 1 S. 1 im Wesentlichen auf folgende Einnahmen** (ergänzend → Rn. 62 ff.): 229

- Wiederkehrende Bezüge, die ein an einem **Darlehensverhältnis nicht beteiligter** Dritter erhält, der einen GmbH-Anteil zur **Sicherung des Darlehens** verpfändet (keine Einkünfte iSd §§ 15, 19, 20 Abs. 1 Nr. 1 Nr. 1 S. 1, 20 Abs. 1 Nr. 7, 20 Abs. 2, 20 Abs. 3, vgl. BFH 14.4.2015 – IX R 35/13, BStBl. II 2015, 795),
- laufende **Bürgschaftsprovisionen** die einer nicht gewerbetreibenden Person mit einer gewissen **Regelmäßigkeit** fließen (sonst Einkünfte aus Leistungen gem. § 22 Nr. 3, vgl. BFH 11.1.1966 – I 53/63, BStBl. III 1966, 218, BFH 14.4.2015 – IX R 35/13, BStBl. II 2015, 795),
- wiederkehrende Bezüge, wenn eine Berufsunfähigkeitsrente als abgekürzte Leibrente mit Ablauf der vereinbarten Vertragszeit beendet und damit erloschen ist und danach weitere **Zahlungen erfolgen, die lediglich versehentlich aufgrund einer seitens des Versicherers irrig angenommen Rechtspflicht über die vertraglich vereinbarte Laufzeit** hinaus erbracht werden (FG Baden-Württemberg 15.1.2016 – 13 K 1813/14, EFG 2016, 554),
- Leistungen, die ein **Nießbraucher** dadurch erbringt, dass er durch vertragliche Vereinbarung regelmäßig **persönliche Steuerschulden des Nießbrauchsbestellers übernimmt (**BFH 13.3.1974 – I R 180/72, BStBl. II 1974, 423),
- wiederkehrende Leistungen in **Altfällen** vor Anwendung des JStG 2008 (ab 2008 greift die Sonderregelung des § 22 Nr. 1a) im Bereich der **unentgeltlichen Vermögensübergabe gegen Versorgungsleistungen,** sofern die Leistung als dauernde Last erbracht wurde (insoweit volle Abziehbarkeit, § 10 Abs. 1 Nr. 1a S. 1 EStG aF/volle Besteuerung, § 22 Nr. 1 S. 1; anders bei Erbringung einer Leibrente: Abziehbarkeit/ Besteuerung nur mit Ertragsteil, § 10 Abs. 1 Nr. 1a S. 2 EStG aF, § 22 Nr. 1 S. 3 Buchst. a Doppelbuchst. bb),
- in **Altfällen** vor Anwendung des JStG 2008, wenn ein geschiedener Ehegatte dem anderen eine (sich an den jeweiligen Verhältnissen orientierenden, mithin der Höhe nach änderbaren) **Ausgleichsrente nach § 1587g BGB** zahlte (§ 1587g BGB ist mit dem 31.8.2009 außer Kraft getreten und durch die Regelungen des § 20 VersAusglG ersetzt worden). Bis Ende 2007 ergab sich die Abzugsfähigkeit aus § 10 Abs. 1 Nr. 1a EStG aF und die Besteuerung aus § 22 Nr. 1 S. 1 (Ab 2008 greift die Sonderregelung des § 22 Nr. 1 b, nunmehr § 22 Nr. 1a).

b) Sinngemäße Anwendung von § 15b. In § 22 Nr. 1 S. 1 Hs. 2 wird angeordnet, dass § 15b sinngemäß anzuwenden ist. Die Norm wurde durch das Gesetz zur Verlustverrechnung im Zusammenhang mit Steuerstundungsmodellen vom 22.12.2005 (BGBl. 2005 I 3683) mit **Wirkung ab 31.12.2005** in das Gesetz aufgenommen (zur zeitlichen Anwendung im Einzelnen vgl. § 52 Abs. 30 iVm Abs. 25). Sie gilt ihrer systematischen Stellung zufolge für alle wiederkehrenden Bezüge iSd § 22 Nr. 1, wobei bei einigen Bezügen (zB Renten aus der gesetzlichen Rentenversicherung) eine modellhafte Gestaltung eines Steuerstundungsmodells von vornherein nicht möglich ist. 230

Mit der Vorschrift wollte der Gesetzgeber sicherstellen, dass von der **Verlustverrechnungsbeschränkung** auch Verluste aus sonstigen Einkünften erfasst werden. Hintergrund dieser Absicht war, dass seit den 1990er Jahren verstärkt **Versicherungsmodelle** angeboten wurden, bei denen dem Anleger eine zusätzliche private Absicherung in Aussicht gestellt wurde, die er durch Bankkredit und Steuerersparnisse finanzieren konnte. Der Anleger schloss dafür eine Renten- oder Kapitallebensversicherung gegen Einmalbeitrag ab, aus der eine lebenslange Altersvorsorge (Rente) folgte, oftmals ergänzt um eine umfangreiche Hinterbliebenenversorgung. Der Einmalbeitrag (die Versicherungsprämie) wurde durch ein Bankdarlehen finanziert. Während der Finanzierungsphase entstanden dem Anleger erhebliche 231

Anlaufverluste, welche jedoch das Vorliegen einer Einkunftserzielungsabsicht nicht ausschlossen (vgl. HHR/*Killat* § 22 Rn. 115; zu einer entsprechenden Konstellation für den Veranlagungszeitraum 1992 s. BFH 20.6.2006 – X R 3/06, BStBl. II 2006, 870). Durch § 15b wird erreicht, dass entsprechende **Verluste aus einem Steuerstundungsmodell nicht mit anderen Einkünften verrechnet werden dürfen;** die Verluste mindern vielmehr nur die Einkünfte, die der Steuerpflichtige in den Folgejahren aus der gleichen Einkunftsquelle bezieht.

232 Die Sinngemäße Anwendung erstreckt sich auf die gesamte Norm, also auch auf § 15b Abs. 4. Damit sind etwaige nicht ausgeglichene Verluste **gesondert festzustellen,** wobei als Ausgangsgröße vom verrechenbaren Verlust des Vorjahres auszugehen ist.

6. Nicht steuerbare Bezüge gem. § 22 Nr. 1 S. 2 Hs. 1

233 Nach § 22 Nr. 1 S. 2 Hs. 1 sind Bezüge, die aufgrund einer freiwilligen Leistung oder einer freiwillig begründeten Rechtspflicht basieren, oder die einer gesetzlich unterhaltsberechtigten Person gewährt werden, dem Empfänger nicht zuzurechnen sind. Die Vorschrift ordnet eine **Ausnahme** von der grundsätzlichen Besteuerung wiederkehrender Bezüge an.

234 **a) Allgemeines/systematische Einordnung.** Obgleich der Wortlaut („nicht zuzurechnen") dies vermuten lässt, regelt § 22 Nr. 1 S. 2 Hs. 1 keine Fragen der steuerlichen Zurechnung von Einkünften zu einem Steuersubjekt. Die Vorschrift ordnet vielmehr an, dass der **Bezug solcher Leistungen beim Empfänger nicht zu versteuern ist** (vgl. BFH 7.3.2006 – X R 12/05, BStBl. II 2006, 797; BFH 9.2.2010 – VIII R 43/06, BStBl. II 2010, 818). Dabei gilt § 22 Nr. 1 S. 2 Hs. 1 aufgrund seiner systematischen Stellung grundsätzlich (zur Ausnahme vgl. § 22 Nr. 1 S. 2 Hs. 2) für alle wiederkehrenden Bezüge, mithin **auch** für die Unterarten der **Leibrenten und anderen Leistungen** iSd § 22 Nr. 1 S. 3 Buchst. a. Eine Anwendung auf Leistungen iSd § 22 Nr. 1 S. 3 Buchst. a Doppelbuchst. aa scheidet dabei jedoch von vornherein aus, da die dort geregelten Konstellationen der Basisversorgung keine freiwilligen oder an gesetzlich unterhaltsberechtigte Personen erbrachte Leistungen beinhalten. Auch gilt § 22 Nr. 1 S. 2 Hs. 1 **nicht** bei wiederkehrenden Bezügen iSd § 22 Nr. 1a, die im Zusammenhang mit auf Seiten des Leistenden gem. § 10 Abs. 1a stehen.

235 Durch die Regelung des § 22 Nr. 1 S. 2 Hs. 1 werden alle **Unterhaltszahlungen unabhängig von ihrer Rechtsgrundlage gleich (steuerfrei) behandelt.** Die Norm verhindert damit, dass aufgrund eines Entschlusses der Beteiligten auf der einen (Geber-)Seite steuerliches Substrat (durch Sonderausgabenabzug) verringert und der anderen (Empfänger-)Seite zugewiesen wird. Vermieden wird folglich eine **willkürliche Verschiebung von Steuersubstrat und damit die Ausnutzung der damit uU verbundenen Steuervorteile** (zB Ausnutzung von Progressionsvorteilen oder doppelte Nutzung des Grundfreibetrags). Dies führt zu einer **vollständigen Einmalbesteuerung** auf Seiten derjenigen Person, die das Steuersubstrat im Rahmen eines Besteuerungstatbestands generiert hat.

236 Dabei **korrespondiert § 22 Nr. 1 S. 2 Hs. 1 mit § 12 Nr. 2,** wonach freiwillige Zuwendungen, Zuwendungen aufgrund einer freiwillig begründeten Rechtspflicht und Zuwendungen an eine gegenüber dem Steuerpflichtigen oder seinem Ehegatten gesetzlich unterhaltsberechtigten Person oder deren Ehegatten als nicht abzugsfähige Ausgaben eingeordnet werden. Eine weitere Korrespondenz besteht zu § 10 Nr. 1 KStG wonach Aufwendungen für die Erfüllung von Zwecken des Steuerpflichtigen, die durch Stiftungsgeschäft, Satzung oder sonstige Verfassung vorgeschrieben sind, nicht abziehbar sind.

237 **b) Voraussetzungen im Einzelnen.** Eine Nichtbesteuerung nach § 22 Nr. 1 S. 2 Hs. 1 setzt zunächst voraus, dass die wiederkehrenden Bezüge unentgeltlich – **also ohne Gegenleistung** – erbracht werden (BFH 27.9.1973 – VIII R 71/69, BStBl. II 1974, 101; HHR/*Killat* § 22 Rn. 232); dies folgt aus der Korrespondenz zu § 12 Nr. 2. Beruhen die Leistungen oder beruht die Pflicht zur Erbringung derselben dagegen auf einem Vertrag mit wechselseitigen Leistungspflichten, sind die Grundsätze zu wiederkehrenden Bezügen im Zusammenhang mit Vermögensübertragungen zu beachten (→ Rn. 126 ff.).

238 Bis einschließlich 2008 war darüber hinaus erforderlich, dass der Leistende unbeschränkt steuerpflichtig ist. Dieses Erfordernis für die Steuerfreiheit ist durch eine entsprechende Änderung des § 22 Nr. 1 S. 2 Hs. 1 durch das **JStG 2009** vom 19.12.2008 (BGBl. 2008 I

2794) mit Wirkung vom 1.1.2009 entfallen. Ab diesem Zeitpunkt greift die Steuerfreiheit bei Vorliegen der übrigen Voraussetzungen damit auch dann, wenn der Leistende **nicht unbeschränkt steuerpflichtig** ist (vgl. BT-Drs. 16/19189, 67). Durch die Änderung wurde europarechtlichen Bedenken Rechnung getragen. Denn es kann auch in anderen Staaten der EU durchaus vorkommen, dass die in § 22 Nr. 1 S. 2 Hs. 1 beschriebenen Leistungen vom (im anderen EU-Staat ansässigen und daher in Deutschland nicht unbeschränkt steuerpflichtigen) Leistungserbringer nicht steuermindernd berücksichtigt werden. Würde man die Steuerfreiheit im Inland von der unbeschränkten Steuerpflicht in Deutschland abhängig machen, würde es in diesen Fällen zu einer Besteuerung im EU-Ausland und in Deutschland, mithin zu einer Doppelbesteuerung kommen, was gegen das Diskriminierungsverbot des Art. 18 AEUV verstoßen würde (vgl. dazu FG Hamburg 28.6.2007 – 3 K 237/06, EFG 2008, 768).

Neben der Unentgeltlichkeit ist für eine Anwendung von § 22 Nr. 1 S. 2 Hs. 1 weiterhin erforderlich, dass 239

- die Leistungen **freiwillig** erbracht werden; der Begriff entspricht dabei dem der Freiwilligkeit iSd § 12 Nr. 2,
- *oder* dass die Leistungen aufgrund einer **freiwillig begründeten Rechtspflicht** erbracht werden, auch diese Anforderung entspricht der in § 12 Nr. 2 benannten Voraussetzung,
- *oder* dass die Leistungen einer **unterhaltsberechtigten Person** gewährt werden. Unterhaltsberechtigte Personen sind solche, die nach den familienrechtlichen Vorschriften des Zivilrechts einen Unterhaltsanspruch haben. Dabei weicht § 22 Nr. 1 S. 2 Hs. 1 in *diesem* Punkt vom **Wortlaut des § 12 Nr. 2 ab.** Denn der Wortlaut des § 12 Nr. 2 erwähnt über den Wortlaut des § 22 Nr. 1 S. 2 Hs. 1 hinaus auch noch Leistungen an eine gegenüber dem Ehegatten des Steuerpflichtigen unterhaltsberechtigte Person und bezieht ferner auch Leistungen mit ein, die „auf einer besonderen Vereinbarung" beruhen. Diese Abweichung bedeutet jedoch nicht, dass der Anwendungsbereich des § 12 Nr. 2 weiter wäre. Aufgrund der Korrespondenz zwischen § 12 Nr. 2 und § 22 Nr. 1 S. 2 Hs. 1 entsprechen sich die Anwendungsbereiche der Normen, sodass die Steuerfreiheit – auch wenn nicht expressis verbis angeordnet – auch im Bereich des weiter gefassten Wortlauts des § 12 Nr. 2 Platz greift (HHR/*Killat* § 22 Rn. 233).

Zu beachten ist, dass bei Renten, die gegebenenfalls auch einen Unterhaltscharakter haben 240 können, eine **Besteuerung (auch) bereits aus anderen Gründen** ausscheiden kann. Auf das Vorliegen der Voraussetzungen des § 22 Nr. 1 S. 2 Hs. 1 kommt es in diesen Fällen nicht mehr an. Dies ist bspw. bei der sog. **Vermächtnisrente, bzw. bei einer Rente gegen einen Verzicht auf Erb(Pflichtteils)Ansprüche der Fall,** wo es bereits an der erwirtschafteten Mehrung objektiver Leistungsfähigkeit mangelt. (BFH 9.2.2010 – VIII R 35/07, BFH/NV 2010, 1793 – wiederkehrende Leistungen im Gegenzug für einen Verzicht auf künftige Erbteilsansprüche; BFH 20.10.1999 – X R 132/95, BStBl. II 2000, 82; BFH 7.3.2006 – X R 12/05, BStBl. II 2006, 797; auf Seiten des Leistenden ist damit auch kein Sonderausgabenabzug möglich, vgl. FG München 14.10.2011 – 8 K 338/08, EFG 2012, 833)

7. Steuerbare Bezüge gem. § 22 Nr. 1 S. 2 Hs. 2 Buchst. a und b

In § 22 Nr. 1 S. 2 Hs. 2 wird eine **Rückausnahme** von der in § 22 Nr. 1 S. 2 Hs. 1 241 geregelten Steuerfreiheit angeordnet. So sollen Bezüge – die den Tatbestand der Ausnahme in § 22 Nr. 1 S. 1 Hs. 1 erfüllen und daher eigentlich nicht zu versteuern sind – doch besteuert werden, wenn sie in einem der in § 22 Nr. 1 S. 1 Hs. 2 Buchst. a oder Buchst. b genannten Fälle erbracht werden.

a) Allgemeines/systematische Einordnung. Sinn und Zweck dieser Vorschrift ist es, 242 eine **steuerliche Doppel*ent*lastung zu vermeiden,** die ohne die Rückausnahme des § 22 Nr. 1 S. 1 Hs. 2 dadurch entstehen würde, dass auf Seiten des Empfängers eine Steuerfreiheit nach § 22 Nr. 1 S. 2 Hs. 1 einträte, obgleich auf Seiten des Leistenden aufgrund des **niedrigen Körperschaftsteuersatzes** (oder einer Steuerfreiheit) nur eine geringfügige (oder gar keine) Besteuerung vorgenommen wurde.

Im Rahmen der Rückausnahme des § 22 Nr. 1 S. 2 Hs. 2 wird erreicht, dass das an den 243 Empfänger geleistete Substrat, welches zunächst auf Seiten der Körperschaft – mit dem **niedrigen Körperschaftsteuersatz** von 15% – besteuert wurde, entgegen § 22 Nr. 1 S. 2

Hs. 1 auf Seiten des Empfängers aufgrund der Rückausnahme ein **weiteres Mal der Besteuerung** unterworfen wird. Diese zweite Besteuerung trägt jedoch der (geringen) steuerlichen Vorbelastung auf Seiten der Körperschaft durch eine teilweise (40%) Steuerentlastung im Rahmen des **Teileinkünfteverfahrens** Rechnung, vgl. § 3 Nr. 40 Buchst. i (bis zur Einführung des Teileinkünfteverfahrens im **Jahre 2009** korrelierte ein Steuersatz von 25% auf Seiten der Körperschaft mit einer 50%igen Steuerentlastung auf Seiten des Empfängers, sog. **Halbeinkünfteverfahren;** zur Rechtslage **bis VZ 2001** *vor* Einführung des Halbeinkünfteverfahrens s. Schmidt/*Weber-Grellet*, 31. Aufl. 2012, § 22 Rn. 67); das Erfordernis einer unbeschränkten Steuerpflicht des Leistenden wurde auch bei § 22 Nr. 1 S. 2 Hs. 2 durch das **JStG 2009** vom 19.12.2008, BGBl. 2008 I 2794, aufgehoben.

244 Soweit Leistungen von **steuerbefreiten Körperschaften** erbracht werden, wird die **systemgerechte Einmalbesteuerung** dadurch erreicht, dass die Leistungen beim Empfänger (soweit sie nicht im Rahmen der Zwecke iSd §§ 52–54 erfolgen), aufgrund der Rückausnahme des § 22 Nr. 1 S. 2 Hs. 2 der Besteuerung unterworfen werden, und dass das **Teileinkünfteverfahren (bis 2009: das Halbeinkünfteverfahren)** insoweit zu seinen Gunsten **nicht anwendbar** ist (vgl. Wortlaut des § 3 Nr. 40 Buchst. i).

245 **b) Voraussetzungen im Einzelnen.** Eine Besteuerung aufgrund der Regelungen des § 22 Nr. 1 S. 2 Hs. 2 Buchst. a setzt zunächst voraus, dass die Bezüge von einer Körperschaft, Personenvereinigung oder Vermögensmasse erbracht werden. Damit sind – dem Sinn und Zweck der Norm entsprechend – alle körperschaftsteuerpflichtigen **Subjekte iSd § 1 Abs. 1 KStG** gemeint.

246 Weitere Voraussetzung ist, dass die Leistungen von der Körperschaft **nicht** im Rahmen ihrer steuerbegünstigten (gemeinnützigen oder mildtätigen) **Zwecke iSd § 52–54 AO** erbracht werden. Denn es würde die von den Regelungen der AO bezweckte Steuerbegünstigung der als besonders förderungswürdig angesehen, gemeinnützigen und mildtätigen Zwecke konterkarieren, wenn man auch bei solchen Leistungen durch die Anwendung der Rückausnahme des § 22 Nr. 1 S. 2 Hs. 2 doch noch eine faktische Einmalbesteuerung der Mittel vornehmen würde.

247 Eine Besteuerung nach § 22 Nr. 1 S. 2 Hs. 2 Buchst. a ist danach **bspw.** vorzunehmen,

- bei **wiederkehrenden Bezügen aufgrund eines Vermächtnisses,** die von einer gemeinnützigen – und vom Erblasser mit Vermögen ausgestatteten – Einrichtung geleistet werden. Auch wenn die Einrichtung eine gemeinnützige Körperschaft ist, so erfolgt die Versorgung eines Steuerpflichtigen aufgrund des Vermächtnisses nicht im Rahmen der Zwecke nach §§ 52–54 AO. Da sich die Leistungen der Einrichtung als Erträge aus dem vom Erblasser überlassenen Vermögensstock darstellen, ist die Besteuerung jedoch nicht in voller Höhe, sondern lediglich mit dem **Ertragswert** vorzunehmen (BFH 15.7.2014 – X R 41/12, BFH/NV 2014, 1945),
- bei **Destinatärszahlungen** einer nicht von der Körperschaftsteuer befreiten Stiftung aus Altgewinnen, die bei der Körperschaft (vor Einführung des Halbeinkünfteverfahrens ab Veranlagungszeitraum 2002) noch einer Steuerbelastung von 40% unterlagen. Diese sind beim Destinatär auch nach der bereits auf das Halbeinkünfteverfahren zugeschnittenen Regelung des § 22 Nr. 1 S. 2 Hs. 2 Buchst. a zu versteuern (dazu ausführlich BFH 21.1.2015 – X R 31/13, BStBl. II 2015, 540).

248 Soweit es sich um (wiederkehrende) Leistungen einer Körperschaft handelt, die sich als (gegebenenfalls verdeckte) Gewinnausschüttungen darstellen, sind die Vorschriften zu den **Einkünften aus Kapitalvermögen vorrangig** (§ 20 Abs. 1 Nr. 1).

249 Nicht abschließend geklärt ist das **Verhältnis von § 22 Nr. 1 S. 2 Hs. 2 Buchst. a zu § 20 Abs. 1 Nr. 9.** Danach gehören zu den Einkünften aus Kapitalvermögen auch Einnahmen aus Leistungen einer nicht von der Körperschaftsteuer befreiten Körperschaft, Personenvereinigung oder Vermögensmasse iSd § 1 Abs. 1 Nr. 3–5 KStG, die Gewinnausschüttungen iSd § 20 Abs. 1 Nr. 1 vergleichbar sind. Diese Konkurrenz wird man nach überzeugender Ansicht dahingehend auflösen, dass aufgrund des subsidiären Charakters von § 22 Nr. 1 vorrangig nach **§ 20 Abs. 1 Nr. 9** zu besteuern ist, *wenn* es sich um Entgelte für die Überlassung von Kapital handelt, dem gegebenenfalls auch ein Rechtsanspruch zugrunde liegt (dazu ausführlich HHR/*Killat* § 22 Rn. 242). **Keine steuerbare Leistung** iSd § 22 Nr. 1 – und auch keine Leistung iSd §§ 20 Abs. 1 Nr. 9, 22 Nr. 3 – liegt bei der Auszahlung eines

Liquidationsendvermögens bei der Auflösung einer Stiftung vor. Für eine Besteuerung nach § 20 Abs. 1 Nr. 9 mangelt es an einer Vergleichbarkeit mit Gewinnausschüttungen nach § 20 Abs. 1 Nr. 1; § 22 Nr. 1 kommt bereits mangels „wiederkehrender" Leistungen nicht in Betracht und eine sonstige Leistung iSd § 22 Nr. 3 scheidet aus, weil die Auskehrung des Vermögens nicht durch eine Leistung des Zuwendungsempfängers ausgelöst wurde (BFH 28.2.2018 – VIII R 30/15, BFH/NV 2018, 857).

§ 22 Nr. 1 S. 1 Hs. 2 Buchst. b erfasst Leistungen von **Stiftungen** iSd § 1 der VO über die Steuerbegünstigung vom 13.2.1926 (RGBl. 1026 I 101) in der im BGBl. III Gliederungsnummer 611-4-3 wiedergegebenen Fassung. Das sind Stiftungen, die an die Stelle der Familienfideikomissen getreten sind. Nach § 1 der VO vom 13.2.1926 bleiben bei der Besteuerung dieser Stiftungen solche Einkünfte außer Betracht, die nach freiem Ermessen des Stiftungsvorstands an Bezugsberechtigte unbeschränkt steuerpflichtige Familienmitglieder verteilt werden (vgl. näher HHR/*Killat* § 22 Rn. 245). Sofern solche Leistungen gewährt werden, mangelt es an einer Besteuerung auf Seiten der Körperschaft, sodass § 22 Nr. 1 S. 2 Hs. 2 Buchst. b durch die Anordnung einer Besteuerung die **systemgerechte Einmalbesteuerung** herstellt. 250

8. Besteuerung von Leibrenten/anderen Leistungen gem. § 22 Nr. 1 S. 3 Buchst. a Doppelbuchst. aa

a) Einleitung/Überblick. Bis zum sog. „Rentenurteil" des Bundesverfassungsgerichts (BVerfG 6.3.2002 – 2 BvL 17/99, BVerfGE 105, 73), wurden lebenslange Renten – einschließlich derer aus den gesetzlichen Sozialversicherungen – mit dem Ertragsanteil besteuert. Im „Rentenurteil" erklärte das Verfassungsgericht die unterschiedliche Besteuerung der Beamtenpensionen nach § 19 einerseits und der Renten aus der gesetzlichen Rentenversicherung nach § 22 Nr. 1 S. 3 Buchst. a andererseits mit dem Gleichheitsgrundsatz für unvereinbar. Die daraufhin vom BMF eingesetzte *Sachverständigenkommission zur Neuordnung der steuerrechtlichen Behandlung von Altersvorsorgeaufwendungen und Altersbezügen* schlug als Lösung das „Drei-Schichten-Modell" vor, welches mit Wirkung ab 2005 weitgehend durch das AltEinkG in das EStG übernommen wurde (→ Rn. 28 ff.). 251

Die Einkünfte gem. § 22 Nr. 1 S. 3 Buchst. a Doppelbuchst. aa bilden die **„erste Schicht"** dieses von der Sachverständigenkommission vorgeschlagenen „Drei-Schichten-Modells" und dienen der **Basisversorgung.** Im Rahmen dieser Schicht (wie auch im Rahmen der zweiten Schicht) **hat** der Gesetzgeber die Besteuerung mit dem Ertragsanteil aufgebeben und einen Stufenplan zur **nachgelagerten Besteuerung** geregelt; bei anderen Renten, bleibt es dagegen bei der Besteuerung mit dem Ertragsanteil. 252

Zur dieser ersten Schicht gehören **Leibrenten und andere Leistungen** aus bestimmten, festgelegten Quellen, namentlich: 253

- aus der gesetzlichen Rentenversicherung,
- aus der landwirtschaftlichen Alterskasse,
- aus den berufsständischen Versorgungseinrichtungen,
- aus Rentenversicherungen iSd § 10 Abs. 1 Nr. 2 Buchst. b Doppelbuchst. aa,
- aus Rentenversicherungen iSd § 10 Abs. 1 Nr. 2 Buchst. b Doppelbuchst bb.

Besonderheiten sind zu beachten, wenn die Leibrenten und anderen Leistungen aus **ausländischen Quellen** erbracht werden; auch in solchen Fällen kommt – obgleich die Quellen nicht ausdrücklich in § 22 Nr. 1 S. 3 Buchst. a Doppelbuchst. aa benannt werden – eine nachgelagerte Besteuerung in Betracht (→ Rn. 319 ff.). 254

Eine Besteuerung von Leibrenten und anderen Leistungen nach § 22 Nr. 1 S. 3 Buchst. a Doppelbuchst. aa erfolgt dabei jeweils **vorbehaltlich der sog. Öffnungsklausel des § 22 Nr. 1 S. 3 Buchst. a Doppelbuchst. bb S. 2.** Nach dieser Regelung besteht die Möglichkeit, dass *ein Teil* der Renten und anderen Leistungen auf Antrag des Steuerpflichtigen entgegen den Regelungen des § 22 Nr. 3 S. 1 Buchst. a Doppelbuchst. aa mit dem (günstigeren) Ertragswert besteuert wird. 255

b) Zeitlicher Anwendungsbereich/maßgeblicher Zeitpunkt des Zuflusses. Die Regelungen des AltEinkG – und damit die Anordnung der nachgelagerten Besteuerung in § 22 Nr. 1 S. 3 Buchst. a Doppelbuchst. aa – gelten gem. § 52 Abs. 1 EStG idF des AltEinkG 256 für alle **Rentenbezüge ab dem 1.1.2005** (vgl. auch BFH 13.4.2011 – X R 1/10, BStBl. II 2011, 1725). Nicht entscheidend kommt es dabei darauf an, wann der Rentenbeginn nach den einschlägigen sozialrechtlichen Vorschriften eintrat. Denn die Einkommensteuer wird gem. § 25 Abs. 1 nach dem Ablauf des Kalenderjahres (Veranlagungszeitraum) nach dem Einkommen veranlagt, welches der Steuerpflichtige **in dem jeweiligen Veranlagungszeitraum bezogen** hat. Dabei sind die Einnahmen und Ausgaben gem. § 11 Abs. 1 S. 1, Abs. 2 S. 1 nach dem **kalenderjahrbezogenen Zu- und Abflussprinzip** zu erfassen, sodass allein der nach § 11 ermittelte Zeitpunkt für die Anwendung der steuerlichen Regelungen maßgeblich ist (zum Zu- und Abfluss auch → Rn. 213).

257 Aufgrund dieser alleinigen Maßgeblichkeit des Zuflusses gem. § 11 sind von den Neuregelungen des AltEinkG auch **Rentennachzahlungen** erfasst, die nach ihrer sozialrechtlichen Bewilligungsgrundlage **für davor liegende Jahre** (zB für 2003/2004) geleistet werden, die jedoch – zB aufgrund eines langen Bewilligungsverfahrens – erst im Jahre **2005 oder später zur Auszahlung** gelangen (vgl. BFH 13.4.2011 – X R 1/10, BStBl. II 2011, 1725, BMF 13.8.2013, BStBl. I 2013, 1087 Rn. 191). In solchen Fällen, in denen eine zusammengefasste Auszahlung für einen längeren Zeitraum erfolgt, können die Voraussetzungen einer ermäßigten Besteuerung (§ 34) erfüllt sein.

258 Der gem. § 11 ermittelte **Zeitpunkt des Zuflusses** bleibt auch dann für die Besteuerung nach § 22 Nr. 1 S. 3 Buchst. a Doppelbuchst. aa maßgeblich, wenn ein Steuerpflichtiger in einem Veranlagungszeitraum **zunächst Krankengeld** bezogen hat und in einem späteren Zeitpunkt (späteren Veranlagungsjahr) infolge einer **rückwirkenden Bewilligung einer Erwerbsminderungsrente** der hierfür zuständige Leistungsträger erstattungspflichtig wird. In einem solchen Fall gilt der Anspruch des Berechtigten auf die Erwerbsminderungsrente insoweit gem. § 107 Abs. 1 SGB X als erfüllt. Die (zunächst als gem. § 3 Nr. 1 Buchst. a steuerfrei bezogenen) Einnahmen unterliegen dann **im Umfang der Erfüllungsfiktion bereits im Zeitpunkt des Zuflusses des Krankengeldes der Besteuerung als Renten** gem. § 22 Nr. 1 S. 3 Buchst. a Doppelbuchst. aa (BFH 15.5.2018 – X R 18/16, BFHE 261, 499; BFH 9.12.2015 – X R 30/14, BStBl. II 2016, 624). Durch die Zugrundelegung der Erfüllungsfiktion des § 107 Abs. 1 SGB X bei der Anwendung des § 22 liegt der Rentenbezug also gemeinsam mit dem Rentenbeginn in dem Jahr, in welchem der Steuerpflichtige die Leistungen – unabhängig von ihrem Rechtsgrund – tatsächlich erhalten hat. Dieses Ergebnis hat unter der Geltung des AltEinkG die für den Steuerpflichtigen zudem die positive Folge, dass sich der steuerfreie Teil der Rente aufgrund des früheren Rentenbeginns nach dem für das entsprechende frühere Jahr geltenden – und damit nach dem **geringeren – Besteuerungsanteil** bemisst (BFH 9.12.2015 – X R 30/14, BStBl. II 2016, 624). Soweit die Sozialleistungen bei der Veranlagung zunächst dem **Progressionsvorbehalt** unterlegen haben (§ 32b), ist diese steuerliche Behandlung im Umfang der Erfüllungsfunktion entsprechend zu korrigieren.

259 **c) Der Übergang von der Ertragswertbesteuerung zur nachgelagerten (Voll-)Besteuerung.** Bis einschließlich 2004 unterlagen die Einnahmen aus der gesetzlichen Rentenversicherung der Besteuerung (nur) mit dem Ertragsanteil. Die Einnahmen, die der Steuerpflichtige in die Rentenversicherung eingezahlt hatte – der Arbeitnehmeranteil – wurde dabei grundsätzlich der Besteuerung unterworfen; ein Sonderausgabenabzug war insoweit nur sehr beschränkt möglich. Der in die Rentenkasse eingezahlte Arbeitgeberanteil wurde dagegen aufgrund der Steuerbefreiung für diesen Teil (vgl. § 3 Nr. 62) aus steuerfreien Mitteln erbracht. Faktisch waren damit bei Renteneintritt im Jahr 2005 ca. **50% (Arbeitgeberanteil)** der für den Steuerpflichtigen geleisteten Beiträge in die Rentenkasse aus nicht besteuerten Mitteln und ca. **50% (Arbeitnehmeranteil)** aus versteuerten Mitteln eingezahlt worden. Der ca. **hälftigen steuerlichen Entlastung in der Aufbauphase** stand eine Besteuerung (nur) mit dem Ertragsanteil in der Auszahlungsphase gegenüber.

260 Die **ab 2005** mit dem AltEinkG eingeführte Neuerung beruht auf dem Prinzip der nachgelagerten (Voll-)Besteuerung und dem Grundsatz der der Besteuerung nach Maßgabe der Vorbelastung (zur Neuregelung allgemein und zu den Prinzipien vgl. *Weber-Grellet*, DStR 2004, 1721). Das Prinzip der **nachgelagerten Vollbesteuerung** sieht grundsätzlich den vollen Abzug der Aufwendungen in der Aufbauphase sowie eine Vollbesteuerung der Einnahmen in der Auszahlungsphase vor (BMF 19.8.2013, BStBl. I 2013, 1087 Rn. 217 ff.). Das

Prinzip der **Besteuerung nach Maßgabe der Vorbelastung** bedeutet, dass eine Vollbesteuerung nur dann Möglich ist, wenn die Aufwendungen in der Aufbauphase auch tatsächlich steuerlich entlastet waren (Schmidt/*Weber-Grellet* § 22 Rn. 5). Soweit Renten auf nicht steuerlich geförderten Mitteln basieren – dh **soweit Renten aus versteuertem Einkommen finanziert sind –, kommt eine Vollbesteuerung nicht in Betracht.** Dies hat für auf nicht geförderten Beiträgen basierenden Renten im Sinne des § 22 Nr. 1 S. 3 Buchst. a Doppelbuchst. *bb* zur Folge, diese Renten nach wie vor nur mit dem Ertragsanteil erfasst werden (BMF 19.8.2013, BStBl. I 2013, 1087 Rn. 212 ff.). Für Renten iSd § 22 Nr. 1 S. 3 Buchst. a Doppelbuchst. *aa* hat dies zur Folge, dass diese – da sie bis Ende 2004 etwa zu 50% auf nicht geförderten Beiträgen basierten – *nicht sofort* einer Vollbesteuerung unterworfen werden konnten.

Aus diesem Grund wird bei Renten iSd **§ 22 Nr. 1 S. 3 Buchst. a Doppelbuchst. aa** 261
für einen langen **Übergangszeitraum ein Teil** der Rene steuerfrei gestellt. Dabei geht der Gesetzgeber bis zum Renteneintritt im **Jahre 2040** davon aus, dass die in der Auszahlungsphase geleisteten Beträge noch zu einem Teil auf nicht entlasteten Beiträgen basieren. Der Übergang vom alten System der Ertragswertbesteuerung zur nachgelagerten Vollbesteuerung unter Berücksichtigung der Besteuerung nach Maßgabe der Vorbelastung zeichnet sich in der **Auszahlungsphase** durch folgende Schritte aus:

- Leistungen aus den in § 22 Nr. 1 S. 3 Buchst. a Doppelbuchst. aa genannten Quellen werden **Schrittweise in die volle Besteuerung** überführt. Betroffen von diesen Übergangsregelungen sind damit sowohl die bereits vor 2005 bezogenen Renten (**Bestandsrenten**), als auch erstmals ab 2005 **und später bezogene Renten,** bis zu einem Renteneintritt im Jahre 2040 (vgl. § 22 Nr. 1 S. 3 Buchst. a Doppelbuchst. aa S. 3 ff.).
- Die Höhe des anwachsenden **Besteuerungsanteils** richtet sich dabei nicht nach der *individuellen* Vorbelastung der vom jeweiligen Steuerpflichtigen geleisteten Beiträge. Der Besteuerungsanteil wird vielmehr nach Maßgabe des § 22 Nr. 1 S. 3 Buchst. a Doppelbuchst. aa S. 3 ff. ermittelt.
- Für Bestandsrenten sowie für Renten mit einem Rentenbeginn im **Jahre 2005 orientiert sich der Besteuerungsanteil iHv 50% am Fall eines typischen sozialversicherungspflichtigen Arbeitnehmers.** Denn bei diesem war in der Aufbauphase etwa die Hälfte seiner Altersvorsorgeaufwendungen steuerlich entlastet (Arbeitgeberanteil, § 3 Nr. 62).
- Bei einem **späteren Rentenbeginn erhöht sich der Steuerpflichtige** Teil der Rentenbezüge nach Maßgabe der in § 22 Nr. 1 S. 3 Buchst. a Doppelbuchst. aa (oder § 55 Abs. 2 EStDV) aufgeführten Tabelle. Jeder **Rentenjahrgang – die sog. Kohorte** – behält grds. seinen steuerfreien Teil der Rente, der in dem Jahr festgestellt wird, welches dem Jahr des Rentenbeginns folgt (§ 22 Nr. 1 S. 3 Buchst. a Doppelbuchst. aa S. 5).
- Zu beachten ist dabei, dass der Prozentsatz für die Ermittlung des der Besteuerung unterliegenden Teils (zB 66% bei Renteneintritt im Jahre 2013) nicht ohne Weiteres für die Ermittlung des der Besteuerung unterliegenden Teil herangezogen werden kann, da regelmäßige Rentenanpassungen den steuerfreien Teil der Rente nicht erhöhen, folglich der vollen nachgelagerten Besteuerung unterliegen (BFH 6.3.2013 – X B 113/11, BFH/NV 2013, 929; BMF 19.8.2013, BStBl. I 2013, 1087 Rn. 217) und sich der der Besteuerung unterliegende Prozentsatz der Rente damit verschieben kann (§ 22 Nr. 1 S. 3 Buchst. a Doppelbuchst. aa S. 7).

In der **Ansparphase** zeichnet sich der Übergang von der Ertragswertbesteuerung zur nach- 262
gelagerten Vollbesteuerung unter Berücksichtigung der Besteuerung nach Maßgabe der Vorbelastung durch folgende Schritte aus:

- Mit dem bei einem Renteneintritt ab dem Jahre 2005 **anwachsenden Besteuerungsanteil** geht eine **anwachsende Abziehbarkeit** der vom (späteren) Rentenempfänger geleitsteten Beiträge einher.
- Obgleich diese geleisteten **Beiträge** für den Bezug späterer (Renten-)Einnahmen geleistet werden und damit systematisch auch als (vorweggenommene) Werbungskosten für spätere steuerpflichtige Bezüge eingeordnet werden könnten, hat sie der Gesetzgeber nicht den Werbungskosten (§ 9), sondern den **Sonderausgaben** (§ 10) zugeordnet (vgl. dazu BFH 1.2.2006 – X B 166/05, BStBl. II 2006, 420, wonach gegen die gesetzliche Zuweisung der Beiträge zur Rentenversicherung zu den – beschränkt abzugsfähigen – Sonderausgaben keine durchgreifenden verfassungsrechtlichen Bedenken bestehen; aA mit der Begründung,

es lägen systematisch vorweggenommene Werbungskosten vor: *Intemann/Cöster* DStR 2005, 1921; vgl. auch BFH 7.12.2011 – X B 116/11, BFH/NV 2012, 416, wonach auch vor 2005 geleistete Vorsorgeaufwendungen keine Werbungskosten, sondern Sonderausgaben darstellten).

- Die **Abziehbarkeit als Sonderausgaben folgt aus** § 10 Abs. 1 Nr. 2 Buchst. a hinsichtlich Aufwendungen für die Leibrenten und anderen Leistungen aus den gesetzlichen Rentenversicherungen, der landwirtschaftlichen Alterskasse und den berufsständischen Versorgungswerken. Bzgl. Leibrenten und anderen Leistungen aus den in § 22 Nr. 1 S. 3 Buchst. a Doppelbuchst. aa genannten Rentenversicherungen folgt die Abziehbarkeit aus § 10 Abs. 1 Nr. 2 Buchst. b Doppelbuchst. aa und Doppelbuchst bb.
- Die **schrittweise Erhöhung des Sonderausgabenabzugs folgt aus** § 10 Abs. 4 ff. Danach betrug der abziehbare Teil der unter Beachtung des Höchstbetrags und der nach § 10 Abs. 3 S. 1 bis 3 ermittelten Aufwendungen im Jahre 2005 60%. Dieser Prozentsatz erhöht sich gem. § 10 Abs. 3 S. 6 um 2% pro Jahr. Eine 100%ige Abzugsmöglichkeit ist daher erst im Jahr 2025 gegeben.

262.1 **Beispiel:**

Arbeitnehmer R tritt Anfang 2010 in den Ruhestand und erhält eine Rente aus der gesetzlichen Rentenversicherung.

262.2 **Lösung:**

Bis einschließlich 2004 konnte R die Arbeitnehmerbeiträge (zu den Arbeitgeberbeiträgen vgl. § 3 Nr. 62) nach altem Recht nur in sehr beschränktem Umfang geltend machen (zur Rechtslage bis einschließlich 2004 s. Schmidt/*Heinicke*, 24. Aufl. 2005, § 10 Rn. 215). Im Jahr 2005 beträgt der abziehbare Teil der nach § 10 Abs. 3 S. 1 bis 3 ermittelten Aufwendungen 60%.

262.3 Der abziehbare Teil der Vorsorgeaufwendungen steigt gem. § 10 Abs. 3 S. 4 auf 62% im Jahre 2006, 64% im Jahre 2007, 66% im Jahre 2008 und 68% im Jahre 2009.

262.4 Dieser in den Jahren 2005 bis 2009 anwachsenden Abziehbarkeit der Vorsorgeaufwendungen wird dadurch Rechnung getragen, dass sich der der Besteuerung unterliegende Teil der in 2010 bezogenen Rente nach der Tabelle in § 22 Nr. 1 S. 3 Buchst. a Doppelbuchst. aa S. 3 im Jahr des Renteneintritts nicht auf 50% (wie bei einem Renteneintritt im Jahre 2005), sondern im Jahre 2010 mittlerweile auf 60% beläuft.

262.5 R muss jedoch beachten, dass der Anteil von 60% nicht pauschal auf die Folgejahre übertragbar ist. Seine Renteneinkünfte sind nicht dauerhaft zu 40% steuerfrei; dieser Teil kann sich zT bei Rentenerhöhungen verschieben. Für die Ermittlung des Besteuerungsanteils in den Folgejahren sind die S. 4 ff. des § 22 Nr. 1 S. 3 Buchst. a Doppelbuchst. aa zu beachten.

263 **d) Verfassungsmäßigkeit der Regelung. aa) Grundsätzliche Verfassungsmäßigkeit.** Im Urteil sog. „**Rentenurteil**" (BVerfG 6.3.2002 – 2 BvL 17/99, BStBl. II 2002, 1305) hatte das BVerfG die bis dahin geregelte Besteuerung der Renten aus der gesetzlichen Rentenversicherung ua für verfassungswidrig erklärt, weil der Gesetzgeber im Wege der Typisierung zu Unrecht davon ausgegangen sei, dass bei einem typischen Renteneintritt mit 65 Jahren über 70% der Renten auf Kapitalrückflüssen von zuvor aus versteuerten Mitteln geleisteten Beiträgen basieren (der zu besteuernde Ertragsanteil belief sich gem. § 22 Nr. 1 EStG aF bei einem Renteneintrittsalter von 62 Jahren auf 27%; die übrigen 73% blieben als typisierend unterstellter Kapitalrückfluss unbesteuert). Der Gesetzgeber reagierte darauf, in dem er im Wege einer – erneut – typisierenden Betrachtungsweise Leibrenten und andere Leistungen aus der Basisversorgung ab 2005 mit 50% – und in den folgenden Rentenjahrgängen mit einem ansteigenden Prozentsatz – der Beteuerung unterwarf und dabei zugleich die Abzugsfähigkeit der geleisteten Beiträge – die er den Sonderausgaben zuordnete – schrittweise erhöhte. Nachdem dieser Übergang von der Ertragswertbesteuerung zur nachgelagerten Vollbesteuerung dem „Rentenurteil" Rechnung tragen sollte, kamen jedoch auch **bzgl. des neuen Systems verfassungsrechtliche Bedenken** auf, mit welchen sich die Rechtsprechung in verschiedenen Urteilen auseinandergesetzt hat.

264 Die höchstrichterliche Rechtsprechung geht dabei überzeugend davon aus, dass das System, dessen Bestandteil die aktuelle Regelung des § 22 Nr. 1 S. 3 Buchst. a Doppelbuchst. aa ist, grundsätzlich verfassungsgemäß ist, soweit bei der Anwendung das Verbot der Doppelbesteuerung beachtet wird:

Im Urteil vom 26.11.2008 (BFH 26.11.2008 – X R 15/07, BStBl. II 2009, 710) entschied der BFH, dass der Gesetzgeber seinen **weiten Gestaltungsspielraum** bei der Umstellung der Alterseinkünfte auf die nachgelagerte Besteuerung nicht überschritten hat. Der BFH würdigte dabei die Tatsache, dass die in der Vergangenheit erfolgte Entlastung der Altersvorsorgebeiträge bei Arbeitnehmern und Selbständigen (bei letzteren auch unter Berücksichtigung des ungekürzten Vorwegabzugs gem. § 10 Abs. 3 Nr. 2 EStG aF) *unterschiedlich* hoch waren und daher eine *gleiche* steuerliche Behandlung der Bezüge in der Auszahlungsphase einer Rechtfertigung bedarf. Mit Blick auf die bestehenden Systemunterschiede sowie den Aspekt der Administrierbarkeit und Praktikabilität hielt er aber im Ergebnis fest, dass die Neuregelungen mit dem von ihnen angestrebten Übergang zur nachgelagerten Besteuerung weder das Gebot der **Folgerichtigkeit,** noch den **Gleichheitssatz** verletzten. Auch werde im Fall das Verbot der **Doppelbesteuerung** nicht verletzt, wobei der BFH zu diesem Punkt keine inhaltlichen Ausführungen machte, da die Vorinstanz – bindend – das Nichtvorliegen einer Doppelbesteuerung festgestellt hatte (zum Verbot der Doppelbesteuerung vgl. grundlegend BVerfG 6.3.2002 – 2 BvL 17/99, BStBl. II 2002, 618). **265**

Mit Urteil vom 18.11.2009 (BFH 18.11.2009 – X R 34/07, BStBl. II 2010, 414; vgl. auch bereits BFH 1.2.2006 – X B 166/05, BStBl. II 2006, 420), entschied der BFH, dass keine verfassungsrechtlichen Bedenken dagegen bestehen, wenn im zeitlichen Anwendungsbereich des AltEinkG geleistete **Beiträge** zu den gesetzlichen Rentenversicherungen **nur als Sonderausgaben** – und nicht als Werbungkosten – und nur in beschränktem Umfang abziehbar sind. Aus Gründen der Praktikabilität sowie der Komplexität des AltEinkG sei es verfassungsrechtlich noch gerechtfertigt, wenn im Rahmen der **Übergangsregelungen** aufgrund der unterschiedlichen Bezugspunkte (zum einen das Jahr des Abzugs und zum anderen das Jahr des Renteneintritts) nicht gewährleistet sei, dass die steuerliche Entlastung in der Vorsorgeaufwendungen und die Besteuerung der daraus resultierenden steuerpflichtigen Einnahmen vollständig korrespondieren. Die Frage, ob das Zusammenwirken der Abzugsvorschriften in der Aufbauphase und der Besteuerungsnormen in der Auszahlungsphase zu einer Doppelbesteuerung führen, hatte das Gericht – da es nur um die Abzugsfähigkeit der Aufwendungen ging – nicht entschieden. **266**

In einem weiteren vom BFH entschiedenen Verfahren hatte ein Steuerpflichtiger gegen die Besteuerung seiner Leibrente ab 2005 geklagt, weil diese zu einem signifikanten Teil auf **freiwilligen Beiträgen beruhte, die sich im Rahmen des Sonderausgabenabzugs vor dem Jahre 2005 steuerlich nicht ausgewirkt** hatten. Der BFH bestätigte, dass die Regelungen zur nachgelagerten Besteuerung verfassungsgemäß sind und nicht gegen den Gleichheitssatz oder den rechtsstaatlich gewährleisteten Anspruch auf Vertrauensschutz verstoßen. Der Gesetzgeber habe sich bei der Neuregelung von dem Gedanken gelöst, dass bei Leistungen durch Versorgungseinrichtungen, die auf dem Versicherungsprinzip beruhen, die Ertragswertbesteuerung steuersystematisch gerechtfertigt sei. Rentenzuflüsse, also die zeitlich gestreckte Auszahlung einer Versicherungssumme, könnten daher – auch soweit sie auf eigenen Beitragszahlungen des Steuerpflichtigen beruhen – über den Ertragsanteil hinaus besteuert werden. Denn **Gegenstand der Besteuerung sind nach der Neukonzeption die Zuflüsse aus dem Vermögen, das aus (entlasteten) Beiträgen aufgebaut wurde *und* aus den mit diesem Vermögen verbundenen Wertsteigerungen** (BFH 4.2.2010 – X R 52/08, BFH/NV 2010, 1253; die dagegen eingelegte **Verfassungsbeschwerde** wurde nicht angenommen, s. BVerfG 30.9.2015 – 2 BvR 1066/10). **267**

Auch im **Nichtannahmebeschluss des BVerfG** (BVerfG 29.9.2015 – 2 BvR 2683/11, BStBl. II 2016, 310) wurde die Verfassungsmäßigkeit des Systemwechsels zur nachgelagerten Besteuerung erneut bestätigt. Die gleiche Behandlung der Bezüge in der Auszahlungsphase bei ungleicher Ausgangslage im Hinblick auf die Entlastungsbeträge in der Aufbauphase sei in der Übergangsphase hinzunehmen. Die Regelungen bewegten sich im Rahmen des gesetzgeberischen **Gestaltungsspielraums** und seien im Hinblick auf ihre **typisierenden** Annahmen als handhabbare und administrierbare Lösungen im Massenverfahren rechtmäßig. Schließlich würden die Rechtsfolgen der Regelungen erst mit nach ihrer Verkündung eintreten, sodass eine – gerechtfertigte – **unechte Rückwirkung** vorliege. Im Hinblick auf das Verbot der **Doppelbesteuerung** stellte das Gericht fest, dass im Streitfall die Summe der steuerfrei bezogenen Renteneinkünfte höher gewesen sei, als die Summe der geleisteten Gesamtbeiträge. Damit schied die Annahme aus, dass ein Teil des besteuerten Teils der Rente den Rückfluss von bereits versteuerten Mitteln darstellen konnte. **268**

269 **bb) Verbot der Doppelbesteuerung.** Zu den **konkreten Voraussetzungen,** bei deren Vorliegen eine **verbotene Doppelbesteuerung** vorliegt, nahm der BFH in seiner Entscheidung vom 21.6.2016 (BFH 21.6.2016 – X R 44/14, BFHE 254, 545) eingehender Stellung. Der Kläger wandte sich gegen die Ermittlung des steuerfreien Teils seiner Rente unter Anwendung der Tabelle des § 22 Nr. 1 S. 3 Buchst. a Doppelbuchst. aa. Bei dem danach ermittelten steuerfreien Anteil von nur 46% werde er nach Maßgabe seiner mittleren statistischen Lebenserwartung in seinem Leben **weniger steuerfreie Renten** beziehen, als er allein in seiner Zeit als Freiberufler an (freiwilligen) **Beiträgen zur Rentenversicherung aus seinem *versteuerten* Einkommen** geleistet hatte. Der BFH sah hier die Möglichkeit einer verbotenen Doppelbesteuerung, hob die Vorinstanz auf und wies die Sache zur anderweitigen Verhandlung an das FG zurück.

270 Bei der Ermittlung einer verbotenen Doppelbesteuerung sind folgende Grundsätze zu beachten (BFH 21.6.2016 – X R 44/14, BFHE 254, 545):

271 Eine Doppelbesteuerung ist **ungeachtet** der grundsätzlichen Verfassungsmäßigkeit der Regelungen des AltEinkG in jedem Fall **zu vermeiden.**

272 Das hat zur Folge, dass bei einer substantiierten Darlegung einer doppelten Besteuerung eine **einzelfallbezogene Betrachtung** anzustellen ist. Es kann dann nicht unter Verweis auf die grundsätzliche Verfassungsmäßigkeit der Regelungen des AltEinkG typisierend davon ausgegangen werden, dass (bei Selbständigen aufgrund des Vorwegabzugs) etwa die Hälfte der Rentenversicherungsbeiträge in der Vergangenheit steuerfrei gestellt worden ist.

273 Eine verbotene Doppelbesteuerung liegt jedenfalls dann nicht vor, wenn der steuerfreie Teil der Rentenbezüge wenigstens der Höhe der aus versteuertem Einkommen geleisteten Vorsorgeaufwendungen entspricht. Übersteigen dagegen die aus versteuertem Einkommen geleisteten Aufwendungen den steuerfreien Teil der Rentenbezüge, so liegt insoweit eine Doppelbesteuerung vor.

274 Eine verfassungswidrige Doppelbesteuerung kann bereits zu **Beginn des Rentenbezugs** gerügt werden. Es kann nicht unterstellt werden, dass zu Beginn des Rentenbezugs nur Rentenzahlungen erbracht werden, die sich aus steuerentlasteten Beiträgen speisen. Folglich ist die Rente grundsätzlich ab dem ersten Monat in der prozentualen Höhe freizustellen, die erforderlich ist, damit bei gleichbleibender monatlicher Freistellungshöhe und bei Zugrundelegung der durchschnittlichen statistischen Lebenserwartung die noch zu leistende Gesamtsumme des steuerfreien Teils der Rente die Summe der aus versteuerten Mitteln geleisteten Aufwendungen erreichen wird.

275 Wer sich auf eine verfassungswidrige Doppelbesteuerung beruft hat zu den Besonderheiten seines Einzelfalls grundsätzlich konkret und substantiiert vorzutragen und im Falle der **Nichterweislichkeit** seines Vorbringens die damit verbundenen möglichen Rechtsnachteile hinzunehmen.

276 Nach diesen Maßgaben sind **für die Ermittlung der Doppelbesteuerung zwei Größen gegenüber zustellen:** der steuerfrei gestellte Teil der Rente einerseits und aus versteuertem Einkommen geleistete Teil der Altersvorsorgeaufwendungen (zu einer solchen Gegenüberstellung vgl. auch FG Berlin-Brandenburg 20.5.2014 – 15 K 1216/10, EFG 2015, 1278). Führt ein Abgleich dieser Größen zu dem Ergebnis, dass eine Besteuerung des Rückflusses von bereits einmal versteuerten Mitteln vorliegt, ist dies „in jedem Fall" zu vermeiden. Sonach besteht mM nach keine Rechtfertigung für die Annahme einer hinzunehmenden Doppelbesteuerung bis zu einer – vom BFH in Erwägung gezogenen (BFH 21.6.2016 – X R 44/14, BFHE 254, 545) – **Bagatellgrenze** besteht.

277 Bei der **konkreten Berechnung der beiden Vergleichsgrößen** können je nach Ausgestaltung des Einzelfalls verschiedene Aspekte relevant werden. Dies sind bzgl. des Teils der **steuerfrei gestellten Rente** die Fragen, ob für die Ermittlung der statistischen Lebenserwartung auf den Kläger oder – im Hinblick auf eine später noch zu leistende Hinterbliebenenrente – auf die etwaig höhere Lebenserwartung eines Ehepartners abzustellen ist (so überzeugend BFH 5.2.2018 – X B 114/17, BFH/NV 2018, 614; BFH 26.11.2008 – X R 15/07, BStBl. II 2009, 32; aA FG Baden-Württemberg 1.10.2019 – 8 K 3195/16, EFG 2020, 116; Rev. X R 33/19 mit einer ausführlichen Berechnung zur Ermittlung einer verfassungswidrigen Doppelbesteuerung), ob der Werbungskostenpauschbetrag (§ 9a S. 1 Nr. 3) als Teil der ertragsteuerlichen Freistellung zu betrachten ist, und ob die Grundfreibeträge, die Sonderausgabenabzüge für die aus der Rente zu zahlenden Kranken- und Pflegeversicherungsbeiträge

sowie die gem. § 3 Nr. 14 steuerfrei bleibenden Zuschüsse der Rentenversicherungsträger zu den Krankenversicherungsbeiträgen im Rahmen der Ermittlung des steuerfrei gestellten Rententeilbetrags zu berücksichtigen sind (ablehnend FG Baden-Württemberg 1.10.2019 – 8 K 3195/16, EFG 2020, 116; Rev. X R 33/19).

Hinsichtlich der Bezugsgröße der **aus versteuertem Einkommen geleisteten Altersvorsorgeaufwendungen** kann zB relevant sein, ob für die Zwecke der Vergleichsrechnung die für den jeweiligen Veranlagungszeitraum geltenden Höchstbeträge für den Abzug von Vorsorgeaufwendungen auch zB durch etwaige Beiträge zu Lebens-, Unfall- oder Haftpflichtversicherungen aufgezehrt werden (offen gelassen BFH 26.11.2008 – X R 15/07, BStBl. II 2009, 32), ob aus dem geleisteten Beitrag zur gesetzlichen Rentenversicherung solche Anteile heraus zu rechnen sind, die kalkulatorisch nicht auf den Erwerb eines Anspruchs auf Altersrente entfallen, oder ob in Veranlagungszeiträumen, in denen die Steuer tatsächlich auf 0,- Euro/DM festgesetzt wurde, überhaupt davon die Rede sein kann, dass ein Teil der Altersvorsorgeaufwendungen aus versteuertem Einkommen geleistet worden sei (vgl. BFH 21.6.2016 – X R 44/14, BFHE 254, 545). 278

Bei der Beurteilung der Frage, in welchem Umfang sich die **Beiträge zur Basis-Altersvorsorge** im zeitlichen Anwendungsbereich bis 2004 für den Abzug von Vorsorgeaufwendungen nach der geltenden Rechtslage **tatsächlich als Sonderausgaben ausgewirkt** haben, sind die Beiträge zu kapitalbildenden Lebensversicherungen nicht gleichrangig, sondern nachrangig zu den Beiträgen zur gesetzlichen Sozialversicherung abzuziehen. Das führt dazu, dass für die Beiträge zur gesetzlichen Sozialversicherung ein größeres Sonderausgaben-Abzugsvolumen zur Verfügung steht und die Schwelle zur verfassungsrechtlichen Doppelbesteuerung damit später überschritten wird (vgl. dazu BFH 23.8.2017 – X R 33/15, BStBl. II 2018, 62). 278a

e) Leibrenten und andere Leistungen gem. § 22 Nr. 1 S. 3 Buchst. a Doppelbuchst. aa – Allgemeines. § 22 Nr. 1 S. 3 Buchst. a Doppelbuchst. aa erfasst Leibrenten und „andere Leistungen" aus bestimmten, **festgelegten Quellen,** namentlich aus der gesetzlichen Rentenversicherung, aus der landwirtschaftlichen Alterskasse, aus den berufsständischen Versorgungseinrichtungen, aus Rentenversicherungen iSd § 10 Abs. 1 Nr. 2 Buchst. b Doppelbuchst. aa, aus Rentenversicherungen iSd § 10 Abs. 1 Nr. 2 Buchst. b Doppelbuchst bb und aus bestimmten ausländischen Quellen (→ Rn. 319 ff.). Bzgl. dieser Alterseinkünfte der „ersten Schicht" des sog. „Drei-Schichten-Modells" hat der Gesetzgeber angeordnet, dass diese nicht mehr als besondere Form von Kapitalerträgen der vorgelagerten und damit der Ertragswertbesteuerung unterliegen, sondern dass auf die Auszahlung der jeweiligen Leistungen die nachgelagerten Besteuerung Anwendung findet. 279

aa) Leibrenten. Zur Definition von **Leibrenten** (einschließlich der verlängerten und abgekürzten Leibrenten) wird vollumfänglich auf die Ausführungen zu den Begrifflichkeiten verwiesen (→ Rn. 66 ff.). Dabei ist darauf hinzuweisen, dass der Gesetzgeber mit dem AltEinkG **sämtliche aus den benannten Quellen stammende Leibrenten** der nachgelagerten Besteuerung unterworfen hat. Erfasst werden somit bspw. auch solche Renten, die nicht auf das Leben nur einer, sondern mehrerer Personen bezogen ist, oder solche, die keine Mindestlaufzeit aufweisen (zum Beispiel einer von § 22 Nr. 1 S. 3 Buchst. a Doppelbuchst. aa erfassten abgekürzten Leibrente in Form der Erwerbsminderungsrente vgl. BFH 13.4.2011 – X R 54/09, BStBl. II 2011, 910). 280

bb) andere Leistungen. Mit dem in § 22 Nr. 1 S. 3 Buchst. a Doppelbuchst. aa gewählten Wortlaut der „anderen Leistungen" hat der Gesetzgeber den Anwendungsbereich der Vorschrift sehr weit gefasst und eine Einschränkung insoweit bewusst nicht vorgenommen (zur Historie und zu den Einzelheiten der **„anderen Leistungen"** vgl. die Ausführungen zu den Begrifflichkeiten verwiesen (→ Rn. 104 ff.). Letztlich fallen damit neben den Renten auch sämtliche **Zusatz- und sonstige Leistungen** in den Anwendungsbereich der nachgelagerten Besteuerung, soweit sie aus den benannten Quellen stammen. Solche Leistungen können zB Abfindungen für Kleinstrenten oder sonstige einmalige Kapitalzahlungen sein (zB ein Sterbegeld, vgl. BFH 23.11.2016 – X R 13/14, HFR 2017, 509; zur **Nichtanwendung** von § 22 Nr. 1 S. 3 Buchst. a Doppelbuchst. aa bei Leistungen, die nicht die Merkmale der Basisversorgung erfüllen s. BFH 12.12.2017 – X R 39/15, DStR 2018, 1551). 281

282 **cc) Subsidiarität.** Zu beachten ist, dass der weite Anwendungsbereich des § 22 Nr. 1 S. 3 Buchst. a Doppelbuchst. aa – obgleich die Norm bezogen auf die Leibrenten aus den dort genannten Quellen eine grundsätzlich nicht verdrängte Spezialvorschrift darstellt – in bestimmten Fällen durch die **Subsidiaritätsklausel des § 22 Nr. 1 S. 1** beschränkt wird. So gehören bspw. **Zinsen nach § 44 Abs. 1 SGB I,** die für eine verspätet gezahlte Rente wegen Erwerbsunfähigkeit gezahlt werden – obgleich vom Wortlaut des § 22 Nr. 1 S. 3 Buchst. a Doppelbuchst. aa erfasst – nicht zu den der nachgelagerten Besteuerung unterliegenden Bezügen. Denn nach der Vorstellung des Gesetzgebers (vgl. BT-Drs. 7/868, 30) sollten mit der Zinszahlung für verspätet geleistete sozialversicherungsrechtliche Ansprüche Nachteile ausgeglichen werden, die der Berechtigte, für den die Geldleistungen regelmäßig die Lebensgrundlage bilden, durch die verspätete Zahlung erleidet. Wirtschaftlich betrachtet sind die Zinsen damit auch ein Entgelt für die verspätete Zahlung – dh die Vorenthaltung von Kapital – und unterliegen damit der Besteuerung nach § 20 Abs. 1 Nr. 7 (BFH 9.6.2015 – VIII R 18/12, BStBl. II 2016, 523).

283 **dd) Steuerfreiheit (§ 3) und ermäßigte Besteuerung (§ 34).** Liegen Renten oder „andere Leistungen" iSd § 22 Nr. 1 S. 3 Buchst. a Doppelbuchst. aa vor, kann eine Besteuerung uU aufgrund einer **angeordneten Steuerbefreiung (§ 3)** unterbleiben. Befreiungsvorschriften finden sich bspw. in § 3 Nr. 1 Buchst. a für bestimmte Sachleistungen und Kinderzuschüsse oder in § 3 Nr. 3 Buchst. a für die Leistung eines Abfindungsbetrags wegen Wiederheirat im Falle einer Witwen- und Waisenrente (zu den Einzelheiten der Befreiungen vgl. BMF 19.8.2013, BStBl. I 2013, 1087 Rn. 197 ff.).

284 Liegt keine Steuerbefreiung vor, ist weiter zu beachten, dass im Falle einer „anderen Leistung" in Form einer **Einmalzahlung** die **ermäßigte Besteuerung gem. § 34** Abs. 1 iVm Abs. 2 Nr. 4 in Betracht kommen kann. Nach diesen Vorschriften greift der ermäßigte Steuersatz bei Vergütungen für mehrjährige Tätigkeiten, wobei die Mehrjährigkeit gegeben ist, wenn sich die Tätigkeit über mindestens zwei Veranlagungszeiträume und erstreckte und einen Zeitraum von mehr als zwölf Monaten umfasste. Dabei erfordert die Anwendung des für die Vergütung mehrjähriger Tätigkeiten geltenden Steuersatzes – über den Wortlaut des § 34 hinaus –, dass sich die einmalige Leistung als **Kapitalisierung von an sich laufend auszuzahlenden Bezügen** darstellt, die zum einen atypisch für die Basisversorgung ist und zum anderen aufgrund ihrer außergewöhnlichen Höhe typischerweise zu einer **Zusammenballung** steuerpflichtiger Einkünfte und damit zu **Progressionsnachteilen** führt (BFH 9.12.2014 – IV R 36/13, BStBl. II 2015, 529).

285 Nach diesen Grundsätzen hat der BFH eine ermäßigte Besteuerung bspw. in einem Fall bejaht, in dem eine berufsständische Versorgungseinrichtung eine **Kapitalleistung** zahlte, die einen mehrjährigen Zeitraum abgelten sollte (BFH 23.10.2013 – X R 3/12, BStBl. II 2014, 58). **Keine** Anwendung des ermäßigten Steuersatzes kommt dagegen bei der Leistung eines Sterbegeldes aus einem berufsständischen Versorgungswerk in Betracht (BFH 23.11.2016 – X R 13/14, HFR 2017, 509). Ein solches **Sterbegeld** unterliegt als „andere Leistung" der nachgelagerten Besteuerung und erfolgt auch nur einmalig. Jedoch liegen die über den Wortlaut des § 34 hinausgehenden Voraussetzungen nicht vor, weil Sterbegelder lediglich untergeordnete Zusatzleistungen zu den Rentenbezügen sind, daher – anders als Kapitalauszahlungen – nicht als Fremdkörper im Leistungskatalog der Basisversorgung angesehen werden können und zudem typischerweise nicht so hoch ausfallen, dass sie zu Progressionsnachteilen führen können (BFH 23.11.2016 – X R 13/14, HFR 2017, 509; zur Nichtanwendbarkeit des § 34 im Falle von nach § 22 Nr. 5 zu besteuernden Kapitalabfindung einer Pensionskasse, wenn das Wahlrecht zur Abfindung bereits in der ursprünglichen Versorgungsregelung enthalten war, vgl. BFH 20.9.2016 – X R 23/15, BStBl. II 2017, 347). Ebenfalls greift § 34 Abs. 2 Nr. 4 nicht ein, wenn ein Versorgungswerk **Anwartschaften in zwei Teilbeträgen** über zwei Veranlagungszeiträume auszahlt, sofern eine der beiden Zahlung nicht lediglich geringfügig ist (s. BFH 19.8.2019 – X B 155/18, BFH/NV 2020, 18).

286 **f) Leibrenten/andere Leistungen aus gesetzlichen Rentenversicherungen.** § 22 Nr. 1 S. 3 Buchst. a Doppelbuchst. aa Alt. 1 regelt die Besteuerung der Leibrenten und anderen Leistungen aus den gesetzlichen Rentenversicherungen.

287 **aa) gesetzliche Rentenversicherung.** Die gesetzliche Rentenversicherung wurde durch das Rentenreformgesetz 1992 (RRG 1992, BGBl. 1989 I 2261) mit Wirkung ab 1992

neu geregelt. Dabei wurde das in zahlreichen Einzelgesetzen enthaltene Rentenrecht der Arbeiter, Angestellten und der im Bergbau beschäftigten Arbeitnehmer systematisiert und im **SGB VI zusammengefasst.** Das bisherige vierte Buch der Reichsversicherungsordnung (RVO), das Angestelltenversicherungsgesetz (AVG) und das Reichsknappschaftsgesetz (RKG) traten zugleich am 31. Dezember 1991 außer Kraft.

Die nunmehr im SGB VI geregelten Aufgaben werden durch die sog. „**Träger der gesetzlichen Rentenversicherung**" wahrgenommen. Diese Träger sind gem. § 125 SGB VI die Bundesträger und die Regionalträger (jeweils Körperschaften des öffentlichen Rechts). Bundesträger sind die Deutsche Rentenversicherung Bund und die Deutsche Rentenversicherung Knappschaft Bahn-See (vgl. § 125 Abs. 2 S. 1 SGB VI). Die Namen der Regionalträger der gesetzlichen Rentenversicherung bestehen aus der Bezeichnung „Deutsche Rentenversicherung" und einem Zusatz, für die jeweilige regionale Zuständigkeit (zB „Deutsche Rentenversicherung Oldenburg-Bremen"/„Deutsche Rentenversicherung Nord", vgl. § 125 Abs. 1 S. 2 SGB VI). **288**

Auch **vergleichbare ausländische Rentenversicherungsträger** gehören dazu, wenn bei rechtsvergleichender Betrachtung festgestellt werden kann, dass die ausländische Einrichtung nach ihrer Struktur und den von ihr im Versorgungsfall zu erbringenden Leistungen der deutschen gesetzlichen Rentenversicherung entspricht (vgl. BFH 25.3.2010 – X B 142/09, BFH/NV 2010, 1275; dazu → Rn. 319 ff.). **289**

bb) erfasste/nicht erfasste/steuerfreie Bezüge. Erfasst werden von § 22 Nr. 1 S. 3 Buchst. a Doppelbuchst. aa Alt. 1 grundsätzlich **sämtliche** ab 2005 zugeflossenen Leibrenten und anderen Leistungen aus der gesetzlichen Rentenversicherung, auch soweit sie auf **freiwilligen Beträgen** bzw. einer freiwilligen Mitgliedschaft beruhen (BFH 4.2.2010 – X R 52/08, BFH/NV 2010, 1253) und unabhängig davon, ob sie als Rente, **Teilrente oder einmalige Leistung** ausgezahlt werden (bei einmaligen Zahlungen beachte aber § 34). **290**

Hierzu gehören insbesondere **291**

- Altersrenten (§ 33 Abs. 1, 2, 35 ff. SGB VI). Dazu gehören gem. § 33 Abs. 2 SGB VI die Regelaltersrenten, die Altersrenten für langjährige Versicherte, die Altersrenten für Schwerbehinderte, die Altersrenten für langjährig unter Tage beschäftigte Bergleute, sowie die nach den Vorschriften des Fünften Kapitels des SGB VI geleisteten Altersrenten wegen Arbeitslosigkeit oder nach Altersteilzeitarbeit und Altersrenten für Frauen,
- Renten wegen verminderter Erwerbsfähigkeit (§ 33 Abs. 3, 43 ff. SGB VI). Dazu gehören die Renten wegen teilweiser Erwerbsminderung, Renten wegen voller Erwerbsminderung und Renten für Bergleute,
- Renten wegen Todes (§ 33 Abs. 4, 46 ff. SGB VI). Dazu gehören die kleinen Witwenrenten oder Witwerrenten, die großen Witwenrenten oder Witwerrenten, die Erziehungsrenten und die Waisenrenten. Die Erziehungsrenten unterscheiden sich von den – nicht steuerbaren – Unterhaltsrenten gem. § 844 Abs. 2 BGB maßgeblich dadurch, dass ihre Leistung auf steuerlich abziehbaren Beiträgen beruht, während es für die Steuerbarkeit der Renten aus § 844 Abs. 2 BGB an dem Merkmal des *erzielten* Zuwachses der Leistungsfähigkeit mangelt (zur Verfassungsmäßigkeit der Besteuerung von Erziehungsrenten nach dem SGB s. BFH 19.8.2013 – X R 35/11, BStBl. II 2014, 557, Verfassungsbeschwerde wurde eingelegt, aber nicht zur Entscheidung angenommen, BVerfG: 2 BvR 2315/13, LSK 2017, 145162),
- einmalige Abfindungen für Kleinstbetragsrenten oder Teilkapitalisierungen,
- Zusatzleistungen wie Zuschüsse zur Krankenversicherung (§ 106 SGB VI; vgl. aber § 3 Nr. 14),
- Rentenabfindungen bei Wiederheirat von Witwen und Witwern (§ 107 SGB VI, vgl. aber § 3 Nr. 3a),
- Renten und andere Leistungen von ausländischen Versicherungsträgern, sofern der Träger und die Leistungen für eine nachgelagerte Besteuerung erfüllt,
- Ruhegehälter von ehemaligen Bediensteten internationaler Organisationen, sofern sie keine Ruhegehälter/Versorgungsbezüge iSd § 19 darstellen.

Nicht erfasst werden von § 22 Nr. 1 S. 3 Buchst. a Doppelbuchst. aa zunächst solche Leistungen, die aufgrund der **Subsidiaritätsregelung** in § 22 Nr. 1 S. 1 Hs. 2 von der nachgelagerten Besteuerung ausgenommen sind (zB Zinsen nach § 44 Abs. 1 SGB I, die als Gegenwert **292**

für die zeitweise Kapitalüberlassung nach § 20 Abs. 1 Nr. 7 besteuert werden). Auch fallen die Renten iSd § 9 Anspruchs- und Anwartschaftsüberführungsgesetz (**AAÜG**) nicht in den Anwendungsbereich des § 22 Nr. 1 S. 3 Buchst. a Doppelbuchst. aa. Diese werden zwar von der Deutschen Rentenversicherung Bund ausgezahlt, da die Rentenversicherung insoweit jedoch nur als Zahlstelle fungiert, stellen die Zahlungen **keine Leistungen der gesetzlichen Rentenversicherung** dar. Ihre Besteuerung erfolgt vorbehaltlich von § 3 Nr. 6 nach § 22 Nr. 1 S. 3 Buchst. a Doppelbuchst. bb (vgl. BMF 19.8.2013, BStBl. I 2013 Rn. 198; das Gleiche gilt für Leistungen der **Seemanskasse** gem. § 137b SGB VI, vgl. FG Hamburg 27.11.2014 – 2 K 310/13, BeckRS 2015, 94272).

293 Weiter ist zu beachten, dass im Einzelfall eine Steuerbefreiungsvorschrift oder ermäßigte Besteuerung (§ 34) greifen kann. **Befreiungen kommen zB in Betracht** (vgl. dazu ausführlich auch BMF 19.8.2013, BStBl. I 2013, 1087 Rn. 198)

- bei Leistungen aus der gesetzlichen Unfallversicherung, zB Berufsunfähigkeits- oder Erwerbsunfähigkeitsrenten aus der Berufsgenossenschaft (§ 3 Nr. 1 Buchst. a)
- bei Sachleistungen und Kinderzuschüssen (§ 3 Nr. 1 Buchst. b, die Steuerbefreiung gilt jedoch nicht, wenn die Kinderzuschüsse von einem berufsständischen Versorgungswerk gezahlt werden, BFH 31.8.2011 – X R 11/10, BStBl. II 2012, 312),
- bei Übergangsgeldern nach dem SGB VI (§ 3 Nr. 1 Buchst. b),
- bei der Erstattung von Versichertenbeiträgen in den in § 3 Nr. 3 Buchst. b benannten Konstellationen,
- bei Ausgleichszahlungen nach § 86 Bundesversorgungsgesetz (§ 3 Nr. 6),
- bei Renten und Entschädigungsleistungen iSd § 3 Nr. 8,
- bei Renten wegen Alters und wegen verminderter Erwerbsfähigkeit aus der gesetzlichen Rentenversicherung die an Verfolgte iSd § 1 des Bundesentschädigungsgesetzes gezahlt werden, wenn rentenrechtliche Zeiten aufgrund der Verfolgung in der Rente enthalten sind; bei Renten wegen Todes, wenn der verstorbene Verfolgter iSd § 1 des Bundesentschädigungsgesetzes war und wenn rentenrechtliche Zeiten aufgrund der Verfolgung in dieser Rente enthalten sind (§ 3 Nr. 8 Buchst. a),
- bei Zuschüssen zur freiwilligen oder privaten Krankenversicherung (§ 3 Nr. 14),
- bei aufgrund eines Abkommens mit einer zwischen- oder überstaatlichen Einrichtung übertragenen Werte von Anrechten auf Altersversorgung, soweit diese zur Begründung von Anrechten auf Altersversorgung bei einer zwischen oder überstaatlichen Einrichtung dienen (§ 3 Nr. 55 Buchst. e),
- Leistungen nach den §§ 294–299 SGB VI für Kindererziehung an Mütter der Geburtsjahrgänge vor 1921 (§ 3 Nr. 67; vgl. zur Verfassungsmäßigkeit dieser Regelung BFH 5.12.2012 – X B 169/11, BFH/NV 2013, 536); aus Billigkeitserwägungen gehören dazu auch Leistungen nach § 294a S. 2 SGB VI für Kindererziehung an Mütter der Jahrgänge vor 1927, die am 18. Mai 1990 ihren gewöhnlichen Aufenthalt im Beitrittsgebiet und am 31. Dezember 1991 keinen eigenen Anspruch auf Rente aus eigener Versicherung hatten,

294 **g) Leibrenten/andere Leistungen aus landwirtschaftlicher Alterskasse.** § 22 Nr. 1 S. 3 Buchst. a Doppelbuchst. aa Alt. 2 erfasst Leibrenten und andere Leistungen aus der landwirtschaftlichen Alterskasse.

295 **aa) Landwirtschaftliche Alterskasse.** Bis zum Ende des Jahres 2012 normierte § 22 Nr. 1 S. 3 Buchst. a Doppelbuchst aa noch die Besteuerung von Bezügen aus „den landwirtschaftlich**en** Alterskass**en**". Dies hatte seinen Grund darin, dass bis dahin die landwirtschaftlichen Alterskassen mit den früheren landwirtschaftlichen Berufsgenossenschaften und den landwirtschaftlichen Kranken- und Pflegekassen gemeinsam die landwirtschaftliche Sozialversicherung (LSV) bildeten. Renten und sonstige Leistungen aus der LSV wurden dabei von den „landwirtschaftlichen Alterskassen" übernommen.

296 Mit dem Gesetz zur **Neuordnung der Organisation der landwirtschaftlichen Sozialversicherung** (LSV-Neuordnungsgesetz; LSV-NOG) vom 12. April 2012 (BGBl. 2012 I 579) wurde die Struktur der LSV geändert. Das Gesetz sah die Bildung einer bundesunmittelbaren Körperschaft des öffentlichen Rechts mit dem Namen „**Sozialversicherung für Landwirtschaft, Forsten und Gartenbau**" vor, in welche die vorherigen Träger der Sozialversicherung eingegliedert wurden (Art. 1 §§ 1, 3 LSV-NOG). Zugleich wurde § 49 des Gesetzes über die Alterssicherung der Landwirte (ALG) dahingehend geändert, dass **Träger**

der Alterssicherung der Landwirte eben jene Sozialversicherung für Landwirtschaft, Forsten und Gartenbau werde, und dass diese in Angelegenheiten der Alterssicherung und bei Durchführung der Aufgaben nach dem ALG die **Bezeichnung „landwirtschaftliche Alterskasse"** führe. Dementsprechend ist § 22 Nr. 1 S. 3 Buchst. a Doppelbuchst. aa durch Art. 13 des LSV-NOG mit Wirkung zum 1.1.2013 dahingehend geändert worden, dass nicht mehr die Leistungen der „landwirtschaftlichen Alterskassen" sondern die Leistungen der „landwirtschaftlichen Alterskasse" der nachgelagerten Besteuerung unterworfen werden.

bb) erfasste/nicht erfasste/steuerfreie Bezüge. Erfasst werden von § 22 Nr. 1 S. 3 Buchst. a Doppelbuchst aa Alt. 2 grundsätzlich sämtliche **ab 2005** zugeflossenen **Leibrenten** und **anderen Leistungen,** die von der landwirtschaftlichen Alterskasse – bis einschließlich 2012: von den landwirtschaftlichen Alterskassen – gezahlt wurden, gleich, ob sie auf freiwilligen Beiträgen basieren oder ob sie als wiederkehrende Bezüge oder als einmalige Zahlung erbracht werden (bei Einmalzahlung beachte § 34). Zu den Leistungen der Alterskasse gehören ua 297

- die Regelaltersrente (§ 11 ALG),
- die vorzeitige Altersrente (§ 12 ALG),
- die Renten wegen Erwerbsminderung (§ 13 ALG),
- Renten wegen Todes (§§ 14 ff. ALG),
- Sach- oder Geldleistungen nach §§ 10, 36–39 ALG (zB Betriebshilfe, Überbrückungsgeld; vgl. aber § 3 Nr. 1 Buchst. b und c).

Nicht der Besteuerung unterliegen die Leistungen, die aufgrund der **Subsidiarität** einer anderen Einkunftsart zuzuweisen sind, zB Zinsen, die aufgrund einer dem § 44 Abs. 1 SGB I vergleichbaren Regelung für eine verspätet gezahlte Rente geleistet werden, und die daher als Entgelt für eine zeitweilige Kapitalüberlassung gem. § 20 Abs. 1 Nr. 7 zu besteuern sind). 298

Weiter ist zu beachten, dass im Einzelfall eine **Steuerbefreiungsvorschrift** greifen kann (zur ermäßigten Besteuerung s. § 34). **Befreiungen kommen zB in Betracht** (vgl. dazu BMF 19.8.2013, BStBl. I 2013, 1087 Rn. 201) 299

- bei Sachleistungen nach dem ALG (§ 10 ALG iVm §§ 15, 16, 28 SGB VI), vgl. § 3 Nr. 1 Buchst. b,
- bei Geldleistungen nach den §§ 10, 36–39 ALG, vgl. § 3 Nr. 1 Buchst. c,
- bei Beitragserstattungen nach den §§ 75, 117 ALG, vgl. § 3 Nr. 3 Buchst. b.

h) Leibrenten/andere Leistungen aus berufsständischen Versorgungseinrichtungen. § 22 Nr. 1 S. 3 Buchst. a Doppelbuchst. aa S. 1 Alt. 3 erfasst Leibrenten und anderen Leistungen aus den berufsständischen Versorgungseinrichtungen. 300

aa) Berufsständische Versorgungseinrichtungen. Die berufsständische Versorgung ist die auf einer **gesetzlichen Pflichtmitgliedschaft** beruhende Altersversorgung für freie, **kammerfähige Berufe** (vgl. § 6 Abs. 1 SGB VI). Zu diesen kammerfähigen Berufen gehörend Ärzte, Apotheker, Architekten, Notare, Patentanwälte, Rechtsanwälte, Steuerberater, Steuerbevollmächtigte, Tierärzte, Wirtschaftsprüfer und vereidigte Buchprüfer, Zahnärzte, sowie jeweils zT psychologische Psychotherapeuten und Ingenieure. Die **Versorgungseinrichtungen** sind idR auf landesrechtlicher Grundlage errichtete selbständige Anstalten des öffentlichen Rechts, zT auch Sondervermögen der jeweiligen Berufskammer. Dabei gibt es nicht in jedem Bundesland eigenständige Versorgungseinrichtungen für jeden kammerfähigen Beruf (vgl. zB das Versorgungswerk der Architektenkammer Baden-Württemberg, welchem sich die Architekten- und Ingenieurkammer Schleswig-Holstein sowie die Hamburgische Architektenkammer angeschlossen haben). Eine **Liste der berufsständischen Versorgungseinrichtungen,** welche den gesetzlichen Rentenversicherungen vergleichbare Leistungen erbringen (vgl. § 10 Abs. 1 Nr. 2 Buchst. a), finde sich im BMF Schreiben vom 8.7.2014 (BMF 8.7.2014, BStBl. I 2014, 1098). 301

Keine Versorgungseinrichtung in diesem Sinne ist die Versorgungsanstalt der **Bezirksschornsteinfeger** (VdBS). Denn die Basisversorgung der Mitglieder der VdBS wird durch die gesetzliche Rentenversicherung gewährleistet; die Leistungen der VdBS dienen nur der *Ergänzung* dieser Basisversorgung (vgl. § 34 SchfG, BGBl. 1998 I 2071). Anders als bei den Versorgungswerken der verkammerten freien Berufe schafft die Mitgliedschaft in der VdBS nicht die Möglichkeit, von der gesetzlichen Rentenversicherungspflicht befreit zu werden 302 und vergleichbare Leistungen, wie sie die gesetzliche Rentenversicherung erbringt, zu erhalten. Damit ist die VdBS der gesetzlichen Rentenversicherung nicht gleichzustellen, sodass die Beiträge nicht als Sonderausgaben gem. § 10 Abs. 1 Nr. 2 Buchst. a abziehbar und die Bezüge lediglich mit ihrem Ertragswert zu besteuern sind (BFH 15.5.2013 – X R 18/10, BStBl. II 2014, 25). Bei Leistungen aus dem **Vertreterversorgungswerk** (VVW) wiederum stellen gezahlte (Berufsunfähigkeits-)Renten grundsätzlich nachträgliche **gewerbliche Einkünfte** (§ 24 Nr. 1 S. 3) dar; sie sind damit voll und nicht nach den Regelungen des § 22 zu versteuern (vgl. FG Nürnberg 25.7.2019 – 6 K 1733/18, BeckRS 2019, 24091).

303 Nach dem BMF-Schreiben 19.8.2013 (BMF 19.8.2013, BStBl. I 2013, 1087 Rn. 202) werden Leistungen aus berufsständischen Versorgungsleistungen nach § 22 Nr. 1 S. 3 Buchst. a Doppelbuchst. aa unabhängig davon besteuert, ob die Beiträge als Sonderausgaben erfasst wurden. Die nachgelagerte Besteuerung solle sogar auch dann erfolgen, wenn die **Versorgungseinrichtung keine den gesetzlichen Rentenversicherungen entsprechenden Leistungen erbringe.** Während die erste Feststellung (Besteuerung unabhängig vom tatsächlichen Sonderausgabenabzug) lediglich Ausdruck der fehlenden verfahrensrechtlichen Korrespondenz (dazu → Rn. 208 ff.) ist, wird die zweite Aussage (Besteuerung unabhängig von der materiell-rechtlichen Möglichkeit eines Sonderausgabenabzugs) zu Recht kritisiert (vgl. HHR/*Killat* § 22 Rn. 20). Zwar verlangt der Wortlaut des § 22 Nr. 1 S. 3 Buchst. a Doppelbuchst. aa – anders als § 10 Abs. 1 Nr. 2 S. 1 Buchst. a – gerade nicht, dass es sich um Leistungen einer Versorgungseinrichtung handelt, „die den gesetzlichen Rentenversicherungen vergleichbare Leistungen" erbringt. Bei teleologischer Auslegung ist es aber überzeugend, eine **nachgelagerte Besteuerung** nach § 22 Nr. 1 S. 3 Buchst. a Doppelbuchst. aa nur dann durchzuführen, wenn es sich um Leistungen einer solchen Institution handelt, die dem Grunde nach die Voraussetzungen dafür erfüllt, dass die an sie gezahlten Beiträge auch von der in § 10 Abs. 1 Nr. 2 S. 1 Buchst. a geregelten **steuerlichen Entlastung in der Ansparphase** erfasst werden können. Wenn aber die Entlastung in § 10 Abs. 1 Nr. 2 S. 1 Buchst. a verlangt, dass das Versorgungswerk „den gesetzlichen Rentenversicherungen vergleichbare Leistungen" erbringt, muss diese Voraussetzung bei den auch für die Besteuerung nach § 22 Nr. 1 S. 3 Buchst. a Doppelbuchst. aa gelten. In diesem Sinne hat auch der BFH im Urteil zum Sonderausgabenabzug von Beiträgen an die VdBS (BFH 15.5.2013 – X R 18/10, BStBl. II 2014, 25) ausgeführt, dass es sich bei der VdBS zwar um ein berufsständisches Versorgungswerk handle, dass dieses jedoch keine den gesetzlichen Rentenversicherungen vergleichbare Leistungen erbringe. Im Ergebnis hielt der BFH dabei fest, dass damit der Sonderausgabenabzug ausscheide – und die Zusatzversorgung der VdBS von § 22 Nr. 1 S. 3 Buchst. a Doppelbuchst. *bb* (Ertragswertbesteuerung) erfasst werde.

304 **bb) erfasste/nicht erfasste/steuerfreie Bezüge. Erfasst** werden von § 22 Nr. 1 S. 3 Buchst. a Doppelbuchst aa Alt. 3 grundsätzlich sämtliche **ab 2005** zugeflossenen **Leibrenten** und **„anderen Leistungen"**, die von den berufsständischen Versorgungseinrichtungen geleistet werden, gleich, ob sie auf freiwilligen Beiträgen basieren oder ob sie als wiederkehrende Bezüge oder als einmalige Zahlung erbracht werden (bei Einmalzahlung beachte § 34, BFH 23.10.2012 – X R 3/12, BStBl. II 2014, 58).

305 Zu den aufgrund der jeweiligen Satzungen der verschiedenen Einrichtungen erbrachten und nach § 22 Nr. 1 S. 3 Buchst. a Doppelbuchst. aa zu besteuernden Leistungen **gehören zB** (vgl. auch BMF 19.8.2013, BStBl. I 2013, 1087 Rn. 203, und Rn. 204, letztere geändert durch BMF 10.1.2014, BStBl. I 2014, 70):

- Renten wegen Alters, Berufsunfähigkeit oder wegen Todes,
- unselbständige Bestandteile der Rente (zB Kinderzuschüsse); diese werden zusammen mit der Rente nach § 22 Nr. 1 S. 3 Buchs. a Doppelbuchst. aa besteuert und unterliegen – anders als Kinderzuschüsse aus der gesetzlichen Rentenversicherung – **nicht** der Befreiungsvorschrift des § 3 Nr. 1 Buchst. b (vgl. BFH 31.8.2011 – X R 11/10, BStBl. II 2012, 312, auch zur Verfassungsmäßigkeit der unterschiedlichen Behandlung von Kinderzuschüssen aus den Versorgungswerken einerseits und der gesetzlichen Rentenversicherung andererseits),
- **einmalige Leistungen** (zB Kapitalauszahlungen, Abfindungen von Kleinstbetragsrenten). Das gilt auch für Kapitalauszahlungen, bei denen die erworbenen Anwartschaften auf Beträgen beruhen, die vor dem 1.1.2005 erbracht worden sind (BFH 23.10.2012 – X R

3/12, BStBl. II 2014, 58); einmalige Leistungen – auch wenn von einem berufsständischen Versorgungswerk erbracht – fallen ***jedoch nicht*** unter § 22 Nr. 1 S. 3 Buchst. a, wenn sie aus einer zur Basisversorgung hinzutretenden Kapitalversorgung stammen, die ihrerseits nicht die Merkmale der Basisversorgung erfüllt (zusätzlicher Kapitallebensversicherungsvertrag; Besteuerung nach § 20 Abs. 1 Nr. 6, vgl. BFH 12.12.2017 – X R 39/15, DStR 2018, 1551),
- auch ein einmaliges Sterbegeld, welches ein berufsständisches Versorgungswerk neben der laufenden Hinterbliebenenrente an den überlebenden Ehegatten des Mitglieds zahlt, unterliegt als „andere Leistung" der nachgelagerten Besteuerung und stellt keine nicht steuerbare Beitragsrückzahlung dar (vgl. BFH 23.11.2016 – X R 13/14, BFH/NV 2017, 445 auch mit Ausführungen zur Nichtanwendbarkeit der ermäßigten Besteuerung nach § 34 in diesem Falle).

Nicht erfasst sind Leistungen, deren nachgelagerte Besteuerung nach § 22 Nr. 1 S. 3 Buchst. **306** a Doppelbuchst. aa aufgrund der Subsidiaritätsklausel ausgeschlossen ist, und deren Besteuerung nach vorrangigen Vorschriften erfolgt. Folgende Leistungen sind entsprechend zu den Regelungen zur gesetzlichen Rentenversicherung ab dem Veranlagungszeitraum 2007 gem. § 3 Nr. 3 Buchst. c iVm § 3 Nr. 3 Buchst. a und b (in der Fassung des JStG 2007, BGBl. 2006 I 2878) **steuerfrei** (vgl. BMF 19.8.2013, BStBl. I 2013, 1087 Rn. 205):
- **Witwen- und Witwerrentenabfindungen** (§ 3 Nr. 3 Buchst. c iVm § 3 Nr. 3 Buchst. a) bei der erste Wiederheirat, wenn der Abfindungsbetrag das 60-fache der abzufindenden Monatsrate nicht übersteigt. Übersteigt die Abfindung den genannten Betrag, dann handelt es sich bei der Zahlung insgesamt nicht um eine dem § 3 Nr. 3 Buchst. a entsprechende Leistung (mehr),
- **Beitragsrückerstattungen** (§ 3 Nr. 3 Buchst. c iVm § 3 Nr. 3 Buchst. b), wenn die Erstattungen den in § 3 Nr. 3 Buchst. b benannten Erstattungen entsprechen (zu diesen Voraussetzungen vgl. BMF 19.8.2013, BStBl. I 2013, 1087 Rn. 205; entgegen BMF 19.8.2013, BStBl. I 2013, 1087 Rn. 205 ist eine **Erstattung von Pflichtbeiträgen** aus einer berufsständischen Versorgungseinrichtung auch *vor Ablauf einer Wartefrist von 24 Monaten* nach dem Ende der Beitragspflicht steuerfrei, vgl. BFH 10.10.2017 – X R 3/17, BFH/NV 2018, 485).

i) Leibrenten/andere Leistungen aus Rentenversicherungen gem. § 10 Abs. 1 Nr. 2 Buchst. b Doppelbuchst. aa und bb. **307** Zur „ersten Schicht" des Drei-Schichten-Modells gehören schließlich die Leibrenten und „anderen Leistungen" aus Rentenversicherungen iSd § 10 Abs. 1 Nr. 2 Buchst. b (sog. **Basisrente/Rürup Rente**). Sie unterliegen der nachgelagerten Besteuerung nach § 22 Nr. 1 S. 3 Buchst. a Doppelbuchst. aa Alt. 4.

aa) Basis-/Rürup-Rentenverträge iSd § 10 Abs. 1 Nr. 2 Buchst. b. **308** Im Gegensatz zur gesetzlichen Rente ist die Basisrente/Rürup-Rente nicht umlagefinanziert, sondern versicherungswirtschaftlich kapitalgedeckt. Sie unterscheidet sich von der klassischen privaten Rentenversicherung und der sog. Riester-Rente (→ Rn. 680) insbesondere dadurch, dass es bei ihr kein Kapitalwahlrecht gibt, die Ansprüche also nicht in Form *einer* Summe ausgezahlt werden können. Erfasst werden Leistungen aus folgenden Versicherungsverträgen
- Verträge gem. **§ 10 Abs. 1 Nr. 2 Buchst. b Doppelbuchst. aa (sog. private Basisrente);** das sind Versicherungsverträge zum Aufbau einer eigenen kapitalgedeckten Altersversorgung, wenn der Vertrag nur die Zahlung einer monatlichen, auf das Leben des Steuerpflichtigen bezogenen lebenslangen Leibrente nicht vor Vollendung des 62 Lebensjahres (bei Vertragsschluss bis einschließlich 2011: des 60 Lebensjahres, vgl. § 10 Abs. 6 S. 1) oder zusätzlich die ergänzende Absicherung des Eintritts der Berufsunfähigkeit, der verminderten Erwerbsfähigkeit oder von Hinterbliebenen vorsieht,
- Verträge gem. **§ 10 Abs. 1 Nr. 2 Buchst. b Doppelbuchst. bb (sog. Basisrente-Erwerbsminderung);** das sind Verträge, für die Absicherung gegen den Eintritt der Berufsunfähigkeit oder der verminderten Erwerbsfähigkeit (Versicherungsfall), wenn der Vertrag nur die Zahlung einer monatlichen, auf das Leben des Steuerpflichtigen bezogenen lebenslangen Leibrente für eine Versicherungsfall vorsieht, der bis zum 67. Lebensjahr eingetreten ist. Der Vertrag kann die Beendigung der Ratenzahlung wegen eines medizinisch begründeten Wegfalls der Berufsunfähigkeit oder der verminderten Erwerbsfähigkeit vorsehen. Die Höhe der zugesagten Rente kann vom Alter des Steuerpflichtigen bei

Eintritt des Versicherungsfalls abhängig gemacht werden, wenn der Steuerpflichtige das 55. Lebensjahr vollendet hat.

309 Das Vorliegen von Verträgen der privaten Basisrente bzw. der Basisrente-Erwerbsminderung iSd § 10 Abs. 1 Nr. 2 Buchst. b Doppelbuchst. aa und Doppelbuchst. bb ist vom Gesetz **an diverse weitere gesetzliche Bedingungen geknüpft.** So dürften die Ansprüche aus den Verträgen bspw. nicht vererblich, nicht übertragbar, nicht beleihbar und nicht kapitalisierbar sein (§ 10 Abs. 1 Nr. 2 Buchst b S. 2); die Auszahlungsform der Leistungen muss der gesetzlich vorgesehen Form entsprechen (§ 10 Abs. 1 Nr. 2 Buchst. b Buchst. aa /bb und S. 3 ff.); außerdem bedürfen die Verträge seit dem Veranlagungszeitraum 2010 einer Zertifizierung (§ 10 Abs. 2 S. 2; das ist bei Basisrenten-Erwerbsminderungsverträgen erst ab 2014 möglich). Zu den weiteren Voraussetzungen und Ausnahmen s. ausführlich BMF 19.8.2013, BStBl. I 2013, 1087 Rn. 8 ff., Teil A neu gefasst durch BMF 24.5.2017, BStBl. I 2017, 820 Rn. 9 ff.).

310 **bb) erfasste/nicht erfasste/steuerfreie Bezüge. Erfasst** werden von § 22 Nr. 1 S. 3 Buchst. a Doppelbuchst aa Alt. 4 grundsätzlich sämtliche **ab 2005** zugeflossenen **Leibrenten** und **anderen Leistungen,** sofern sie aus einem Vertrag stammen, der sämtliche Voraussetzungen für einen Vertrag der privaten Basisrente bzw. der Basisrente-Erwerbsminderung iSd **§ 10 Abs. 1 Nr. 2 Buchst. b Doppelbuchst. aa oder Doppelbuchst. bb erfüllt.** Zu solchen Renten bzw. Leistungen können demgemäß nur solche gehören, die in den Vorschriften des § 10 Abs. 1 Nr. 2 Buchst. b genannt werden, wie zB Berufsunfähigkeitsrenten, Erwerbsminderungsrenten, Hinterbliebenenrenten, zusammengefasste Leistungen von bis zu zwölf Monatsleistungen oder Abfindungsleistungen für eine Kleinstbetragsrente iSd (vgl. § 10 Abs. 1 Nr. 2 Buchst. b S. 3).

311 **Nicht erfasst** sind Renten und andere Leistungen aus Versicherungen, die nicht den Voraussetzungen des § 10 Abs. 1 S. 2 Buchst. a entsprechen, zB weil sie ein Kapitalwahlrecht oder ein Optionsrecht auf (Teil-)Auszahlung nach Eintritt des Versorgungsfalls enthalten. Bei ihnen bleibt es grds. bei der Ertragswertbesteuerung gem. **§ 22 Nr. 1 S. 3 Buchst. a Doppelbuchst. bb;** eine Ertragswertbesteuerung kommt jedoch nicht in Betracht, wenn es sich um Leistungen aus einer nach dem 31. Dezember 2004 abgeschlossene Rentenversicherung handelt, bei welcher keine lebenslangen Rentenzahlungen vereinbart sind und auch nicht erbracht werden; auf solche Leistungen findet **§ 20 Abs. 6** Anwendung. Sofern eine Leistung unter die Vorschrift des **§ 22 Nr. 5** fällt, sind dessen Regelungen vorrangig anwendbar.

312 Entgegen dem Gesetzeswortlaut behandelt die Finanzverwaltung auch **Altverträge** – namentlich Verträge, die vor dem 1.1.2005 begonnen haben und bei denen die Voraussetzungen des § 10 Abs. 1 Nr. 2 Buchst. b erfüllt sind – **trotz Vorliegens der Voraussetzungen** nicht als Verträge iSd § 10 Abs. 1 Nr. 2 Buchst. b (vgl. BMF 19.8.2013, BStBl. I 2013, 1087 Rn. 9 ff. und Rn. 206, Teil A neu gefasst durch BMF 24.5.2017, BStBl. I 2017, 820 Rn. 35), sodass bei ihnen keine nachgelagerte, sondern lediglich eine Besteuerung mit dem Ertragswert vorzunehmen ist. Hintergrund dieser Regelung ist, dass § 22 Nr. 1 S. 3 Buchst. a Doppelbuchst. aa die nachgelagerte Besteuerung unabhängig von der Frage vorsieht, wie die Beiträge steuerlich behandelt wurden. Bei einer Einbeziehung von Altverträgen unterlägen also auch die Leistungen der nachgelagerte Besteuerung, die auf Beiträgen beruhen, welche sich beim Sonderausgabenabzug nach altem Recht möglicherweise gar nicht ausgewirkt haben. Die Auffassung der Verwaltung dient damit der Vermeidung einer verfassungswidrigen Doppelbesteuerung (vgl. HHR/*Killat* § 22 Rn. 282).

313 Bei **Umwandlungen/Kündigung und Übertragung** von Rentenversicherungsverträgen ist Folgendes zu beachten:

314 Wird ein zunächst begünstigter Basisrentenvertrag entgegen der ursprünglichen Vereinbarung **in einen nicht begünstigten Vertrag,** welcher die Voraussetzungen des § 10 Abs. 1 Nr. 2 Buchst. b nicht (mehr) erfüllt, umgewandelt, ist steuerlich von einem neuen Vertrag auszugehen. Wird dabei die auf den „alten" Vertrag entfallene Versicherungsleistung ganz oder teilweise auf den „neuen" Vertrag angerechnet, fließt die angerechnete Versicherungsleistung dem Versicherungsnehmer zu, sodass die auf den vormals begünstigten Vertrag entfallene Leistung *im Zeitpunkt der Umwandlung* des Vertrags der nachgelagerten Besteuerung nach § 22 Nr. 1 S. 3 Buchst. a Doppelbuchst. aa unterfällt (BMF 19.8.2013, BStBl. I 2013, 1087 Rn. 210).

Ist die Umwandlung eines begünstigten in **einen nicht begünstigten Vertrag** als **Missbrauch** rechtlicher Gestaltungsmöglichkeiten (§ 42 AO) anzusehen – zB zur Erlangung eines zeitlich begrenzten Sonderausgabenabzugs mit nachfolgender Umwandlung innerhalb kurzer Zeit ohne sachlichen Grund – ist für die vor der Umwandlung geleisteten Beträge der Sonderausgabenabzug nach § 10 Abs. 1 Nr. 2 Buchst. b zu versagen und/oder rückgängig zu machen (BMF 19.8.2013, BStBl. I 2013, 1087 Rn. 210). In einem solchen Fall kommt – da die Einzahlungen in der Ansparphase nicht (mehr) entlastet sind – auch keine nachgelagerte Besteuerung der späteren Versicherungsleistungen in Betracht, sondern je nach Ausgestaltung des „neuen" Vertrags, eine Besteuerung mit dem Ertragswert nach § 22 Nr. 1 S. 3 Buchst. a Doppelbuchst. bb oder eine Besteuerung nach § 20 Abs. 1 Nr. 6. Wenn ein zunächst **begünstigter Vertrag gekündigt** wird und die Versicherungsgesellschaft die Beiträge erstattet, so handelt sie vertragswidrig (da ein Vertrag, der eine Auszahlung in Form der Beitragsrückerstattung vorgesehen hätte, gar nicht die Voraussetzungen des § 10 Abs. 1 Nr. 2 Buchst. b erfüllt hätte). In einem solchen Fall ist es – wie bei der missbräuchlichen Umwandlung – ebenfalls sachgerecht, den bis zur Kündigung vorgenommenen Sonderausgabenabzug zu verwehren bzw. rückgängig zu machen (HHR/*Killat* § 22 Rn. 282). Beschränkt sich die Leistung des Versicherers allein auf die Rückzahlung der Beiträge, liegt jedoch kein Zufluss eines Zins- oder Ertragswerts auf Seiten des Empfängers vor, sodass eine Besteuerung mM nach hier nicht zu erfolgen hat. 315

Werden Ansprüche des Leistungsempfängers aus einem begünstigten Vertrag auf einen anderen – ebenfalls begünstigten – Vertrag desselben Leistungsempfängers beim selben oder bei einem anderen Unternehmen übertragen (**Austausch begünstigter Vertragsverhältnisse**), ist der erfolgte Sonderausgabenabzug nicht zu beanstanden. Auch die Versicherungsleistung gilt in diesem Fall dem Empfänger noch nicht als zugeflossen und unterliegt daher im Zeitpunkt der Übertragung (noch) nicht der nachgelagerten Besteuerung (BMF 19.8.2013, BStBl. I 2013, 1087 Rn. 211). 316

Wird ein nach dem 31. Dezember 2004 geschlossener **nicht begünstigter Vertrag in einen begünstigten** Basisrentenvertrag umgewandelt, führt dies steuerlich zur Beendigung des bestehenden Vertrags und zum Abschluss eines neuen Vertrags im Zeitpunkt der Umstellung. Die Beiträge können einschließlich des aus dem Altvertrag übernommenen Kapitals als Sonderausgabenabzug nach § 10 Abs. 1 Nr. 2 Buchst. b berücksichtigt werden; die sich aus dem Basisrentenvertrag ergebenden Leistungen unterliegen dann insgesamt der nachgelagerten Besteuerung nach § 22 Nr. 1 S. 3 Buchst. a Doppelbuchst. aa (BMF 19.8.2013, BStBl. I 2013, 1087 Rn. 208; HHR/*Killat* § 22 Rn. 282). 317

j) Keine (vollständige) Besteuerung nach § 22 Nr. 1 S. 3 Buchst. a Doppelbuchst. aa aufgrund der Öffnungsklausel, § 22 Nr. 1 S. 3 Buchst. a Doppelbuchst. bb S. 2. Soweit Renten und „andere Leistungen" im Sinne des § 22 Nr. 1 S. 3 Buchst. a Doppelbuchst. aa vorliegen, kann eine nachgelagerte Besteuerung – teilweise – entfallen, wenn der Empfänger einen begründeten Antrag auf Anwendung der sog. Öffnungsklausel stellt. Aufgrund der Öffnungsklausel (§ 22 Nr. 1 S. 3 Buchst. a Doppelbuchst bb S. 2) wird auf **Antrag** des Steuerpflichtigen – und bei Vorliegen der **Voraussetzungen des § 22 Nr. 1 S. 3 Buchst. a Doppelbuchst. bb S. 2** – ein **Teil** (vgl. Wortlaut der Vorschrift: „soweit") der Rentenzahlungen mit dem günstigeren Ertragsanteil nach § 22 Nr. 1 S. 3 Buchst. a Doppelbuchst. bb besteuert. Zu den Einzelheiten wird insoweit auf die Ausführungen zu § 22 Nr. 1 S. 3 Buchst. a Doppelbuchst. bb (→ Rn. 379 ff.) sowie auf das BMF-Schreiben vom 19.8.2013 (BMF 19.8.2013, BStBl. I 2013, 1087 Rn. 238 ff.) verwiesen. 318

k) Besonderheiten bei Leibrenten und anderen Leistungen mit Auslandsbezug. aa) Allgemeines. Besonderheiten sind beim Empfang von Leistungen mit Auslandsbezug zu beachten. Wenn etwa eine im Inland steuerpflichtige Person Renten und/oder „anderen Leistungen" **von einer ausländischen Organisation** erhält, können diese Leistungen grundsätzlich einer Besteuerung nach § 22 Nr. 1 S. 3 Buchst. a Doppelbuchst. aa unterliegen. Je nach Art der Bezüge kommen aber **auch andere Besteuerungstatbestände** in Betracht, zB § 22 Nr. 1 S. 3 Buchst. a Doppelbuchst. bb, § 19 (Ruhegelder), § 22 Nr. 5 oder § 20 Abs. 1 Nr. 6 (zur Nichtbesteuerung von Leistungen aus Altverträgen nach § 20 Abs. 1 Nr. 6 EStG 2004 iVm § 52 Abs. 36 S. 5 EStG aF (nunmehr § 52 Abs. 28 S. 5) vgl. BFH 1.10.2015 – 319

X R 43/11, BStBl. II 2016, 685, FG Rheinland-Pfalz 16.3.2018 – 3 K 2049/16, EFG 2019, 264; Rev. VIII R 41/18).

320 Für die Frage, welche Besteuerungsnorm – und somit: welche Besteuerungs*art* (nachgelagert/Ertragswertbesteuerung/Zinsbesteuerung) – in Betracht kommt, kommt es in einem ersten Schritt auf die inhaltliche Bestimmung der erhaltenen Bezüge an. Hierzu ist bei der Anwendung des deutschen Steuerrechts eine **rechtsvergleichende Qualifizierung** der ausländischen Einkünfte nach deutschem Recht und eine entsprechende Zuordnung zu einer Besteuerungsnorm vorzunehmen. In einem zweiten Schritt ist sodann zu ermitteln, ob die nach der gefundenen Besteuerungsnorm grundsätzlich zu versteuernden Renten oder „anderen Leistungen" aufgrund eines etwaig einschlägigen **DBA** besteuert oder dem **Progressionsvorbehalt** unterworfen werden können. Schließlich können Besonderheiten zu beachten sein, wenn eine im Ausland ansässige Person Renten oder andere Leistungen **von einer inländischen Organisation** erhält („**Auslandsrentner**").

321 **bb) Renten und andere Leistungen von ausländischen Rentenversicherungen.** Erhält eine im Inland steuerpflichtige Person Renten oder andere Leistungen von einem ausländischen Versicherungsträger, ist bei einer im ersten Schritt vorzunehmenden rechtsvergleichenden Qualifizierung der Einkünfte eine Vergleichbarkeit der ausländischen Bezüge mit solchen Bezügen herzustellen, die von inländischen Trägern erbracht werden. Danach kommt eine **Besteuerung nach § 22 Nr. 1 S. 3 Buchst. a Doppelbuchst. aa in Betracht, wenn die ausländische Leistung in ihrem Kerngehalt den gemeinsamen und typischen Merkmalen der inländischen Rentenleistung nach § 22 Nr. 1 S. 3 Buchst. a Doppelbuchst. aa entspricht, dh nach Motivation und Funktion gleichwertig ist.** Da eine völlige Identität dabei kaum denkbar ist, muss sich diese Beurteilung notwendigerweise auf bestimmte Eigenschaften der zu vergleichenden Leistungsarten beschränken, und müssen andere Eigenschaften als unwesentlich für den Vergleich ausscheiden. Maßgebliche Gesichtspunkte sind die essentialia der nationalen Norm, also deren Funktion und Struktur nach nationalem Verständnis (BFH 14.7.2010 – X R 37/08, BStBl. II 2011, 628).

322 Für die Einordnung einer von einer ausländischen Versicherung erbrachten Leistung als eine Leistung iSd § 22 Nr. 1 S. 1 Buchst. a Doppelbuchst. aa ist demnach zum einen entscheidend, dass die **Versicherung nach Art und Struktur und den von ihr im Versorgungsfall zu erbringenden Leistungen** bei rechtsvergleichender Betrachtung der deutschen gesetzlichen Rentenversicherung entspricht. Zum anderen ist neben der Versorgungseinrichtung **auch die jeweils konkret ausgezahlte Leistung in den Blick** zu nehmen und deren Vergleichbarkeit mit den Leistungen iSd § 22 Nr. 1 S. 3 Buchst. a Doppelbuchst. aa zu prüfen (vgl mwN BFH 1.10.2015 – X R 43/11, BStBl. II 2016, 685; BFH 26.11.2014 – VIII R 38/10, BStBl. II 2016, 657).

323 **Prägend für die Einkünfte iSd § 22 Nr. 1 S. 3 Buchst. a Doppelbuchst. aa** – und damit für die Frage der Vergleichbarkeit relevant – ist dabei (vgl. BFH 26.11.2014 – VIII R 38/10, BStBl. II 2016, 657),

- dass die Einkünfte der sog. **„ersten Schicht"** des von der Sachverständigenkommission zur Neuordnung der steuerrechtlichen Behandlung von Altersvorsorgeaufwendungen und Altersbezügen der Neuregelung zugrunde gelegten „Drei-Schichten-Modells" zuzurechnen sind und folglich der **Basisversorgung** des Versicherten dienen,
- wobei die wesentlichen Merkmale der Basisversorgung die Zahlung von Renten erst bei Erreichen einer bestimmten **Altersgrenze** bzw. bei **Erwerbsunfähigkeit** und die Funktion als **Entgeltersatzleistung** in der Grundkonzeption der Lebensunterhaltssicherung sind (vgl. auch BFH 23.10.2013 – X R 33/10, BStBl. II 2014, 103),
- und wobei diese Funktion der Lebensunterhaltssicherung dadurch sichergestellt wird, dass die Rentenversicherungsansprüche **nicht beleihbar, nicht vererblich, nicht veräußerbar, nicht übertragbar und nicht kapitalisierbar** sind (vgl. auch BFH 14.7.2010 – X R 37/08, BStBl. II 2011, 628);
- weitere Kennzeichen der gesetzlichen Basisversorgung sind, dass die Beitragszahlungen auf einer **gesetzlichen Anordnung** beruhen, die Versicherung für den betroffenen Personenkreis **obligatorisch** ist und die Leistungen grundsätzlich als Leistungen **öffentlich-rechtlicher** Art zu erbringen sind.

Bei Anwendung dieser Grundsätze zur Vergleichbarkeit von Leistungen ausländischer Versicherungsträger mit Leistungen der deutschen Renten der Basisversorgung sind zB **dänische Renteneinkünfte** von der „Den Sociale Sikringsstyrelse" (DSS) und der „Arbejdsmarkedets Tillaegspension" (ATP) als vergleichbar anzusehen und grundsätzlich mit einem nach § 22 Nr. 1 S. 3 Buchst. a Doppelbuchst. aa zu ermittelnden Besteuerungsanteil zu berücksichtigen (BFH 14.7.2010 – X R 37/08, BStBl. II 2011, 628). Zur **DSS-Rente** führt der BFH aus, diese sei mit der deutschen Rentenabsicherung iSd § 22 Nr. 1 S. 3 Buchst. a Doppelbuchst. aa vergleichbar, weil sie ein ausschließlich steuerfinanziertes Altersvorsorgesystem für die gesamte dänische Bevölkerung darstelle, deren Auszahlung grundsätzlich mit Erreichen einer bestimmten Altersgrenze beginnt, und die als Entgeltersatzleistung der Sicherung des Lebensunterhalts im Alter diene. Die Vergleichbarkeit der **ATP-Rente** mit der deutschen Basisrentenabsicherung folge insbesondere daraus, dass sie eine beitragsabhängige staatliche und auf einer Pflichtversicherung beruhende Zusatzrente für bestimmte Arbeitnehmer sei (vgl. ausführlich BFH 14.7.2010 – X R 37/08, BStBl. II 2011, 628). Das Besteuerungsrecht steht zwar in diesen Fällen gem. Art. 18 Abs. 2 **DBA-Dänemark** ausschließlich Dänemark zu; die Einkünfte unterliegen aber mit ihrem nach deutschem Recht zu ermittelnden Besteuerungsanteil gem. § 32b Abs. 1 Nr. 3 dem **Progressionsvorbehalt.** 324

Auch im Falle von an einen deutschen Grenzgänger geleisteten Teilauszahlungen einer **Schweizer Pensionskasse** (konkret: der „Swissanciao"), die auf Beiträgen zu einer gesetzlichen Rentenversicherung beruhen, ist nach überzeugender Ansicht des BFH (BFH 25.3.2010 – X B 142/09, BFH/NV 2010, 598) vom vorliegen sonstiger Einkünfte iSd § 22 Nr. 1 S. 3 Buchst. a Doppelbuchst. aa auszugehen. Die **maßgeblichen Strukturelemente** der deutschen gesetzlichen Rentenversicherung sind im auch Falle der Schweizer Pensionskasse erfüllt (dazu ausführlich BFH 25.3.2010 – X B 142/09, BFH/NV 2010, 598), wobei unschädlich ist, dass die Schweizer Pensionskasse – abweichend vom deutschen System – nicht im Wege des Umlageverfahrens finanziert wird. Dass dieses Merkmal der Finanzierung keine entscheidende Bedeutung hat, folgt insbesondere aus der Tatsache, dass sich auch die (der Basisversorgung zuzurechnenden) Versorgungswerke nach Maßgabe des Anwartschaftsdeckungs- oder des Deckungsplanverfahrens, nicht aber im Umlageverfahren finanzieren. 325

Eine Austrittsleistung, die von einer **schweizerischen öffentlich-rechtlichen Pensionskasse** nach dem 31.12.2004 ausgezahlt wird, ist ebenfalls als andere Leistung mit dem Besteuerungsanteil gem. § 22 Nr. 1 S. 3 Buchst. a Doppelbuchst. aa zu berücksichtigen (dazu ausführlich BFH 23.10.2013 – X R 33/10, BStBl. II 2014, 103). 326

Kapitalabfindungen **schweizerischer *privater* Pensionskassen** für eine Altersrente fallen dagegen grundsätzlich nur dann als „andere Leistungen" unter § 22 Nr. 1 S. 3 Buchst. a Doppelbuchst. aa, wenn sie auf dem sog. **Obligatorium** (= in der Schweiz gesetzlich vorgeschriebene Mindestversicherung für Arbeitnehmer) beruhen (vgl. ausführlich BFH 26.11.2014 – VIII R 38/10, BStBl. II 2016, 657 auch zur Steuerfreiheit dieser Leistungen nach der bis 2006 geltenden Fassung des § 3 Nr. 3). 327

Beruht die Leistung **der schweizerischen *privaten* Pensionskasse** dagegen auf dem sog. **Überobligatorium** (= über das Obligatorium hinausgehende freiwillige Zusatzvorsorge für Arbeitnehmer) sind regelmäßig keine „anderen Leistungen" iSd § 22 Nr. 1 S. 3 Buchst. a Doppelbuchst. aa anzunehmen. Denn der eigenständige privatrechtliche und freiwillige Charakter führt dazu, dass dieses Verhältnis nicht nur als Annex zur obligatorischen Pflichtmitgliedschaft, sondern als eigenständiges privatrechtliches Verhältnis anzusehen (welches auch nicht die Voraussetzungen von § 10 Abs. 1 Nr. 2 Buchst. b erfüllt). Daher sind Kapitalabfindungen aus dem Überobligatorium grundsätzlich nur mit ihrem Zinsanteil zu besteuern (vgl. ausführlich BFH 26.11.2014 – VIII R 38/10 auch mit Ausführungen zur Abgrenzung zu § 22 Nr. 5, sowie zur Steuerfreiheit nach § 20 Abs. 1 Nr. 6 S. 2 iVm § 10 Abs. 1 Nr. 2 Buchst. b Doppelbuchst. cc in der am 31.12 2004 geltenden Fassung nebst der Übergangsregelung nach § 52 Abs. 36 S. 5 EStG aF, nunmehr Abs. 28 S. 5, siehe auch FG Rheinland-Pfalz 16.3.2018 – 3 K 2049/16, EFG 2019, 264; Rev. VIII R 41/18). Für die Annahme eines solchen – vom Obligatorium zu trennenden – eigenständigen privaten Rechtsverhältnisses ist dabei erforderlich, dass nicht nur überobligatorische Leistungen erbracht werden, sondern dass auch die Beiträge nicht bereits im Rahmen des Obligatoriums erbracht wurden. Es reicht daher nicht aus, wenn die schweizerische privatrechtliche Pensionskasse lediglich verpflichtet ist, überobligatorische Leistungen zu erbringen, dieser Verpflichtung aber kein 328

Anspruch auf überobligatorische Beiträge gegenüber steht (BFH 1.10.2015 – X R 43/11, BStBl. II 2016, 685).

329 **cc) Ruhestandszahlungen von internationalen Organisationen.** Auch Ruhegehälter von ehemaligen Bediensteten internationaler Organisationen können der Besteuerung nach § 22 Nr. 1 S. 3 Buchst. a Doppelbuchst. aa unterliegen. Da solche Bezüge allerdings vom früheren Arbeitgeber/Dienstherrn geleistet werden, ist in diesen Fällen stets eine **Abgrenzung zu Ruhegeldern/Versorgungsbezügen iSd § 19** Abs. 1 Nr. 2, Abs. 2 vorzunehmen.

330 Die **nicht unter § 22 Nr. 1 S. 3 Buchst. a Doppelbuchst. aa fallenden** Ruhegelder/ Versorgungsbezüge iSd § 19 – also die Einkünfte „aus früheren Dienstleistungen" – liegen vor, wenn sie dem Steuerpflichtigen **aus eben jenem Rechtsgrund** (dem früheren Dienstverhältnis) zufließen (vgl. BFH 23.2.2017 – X R 24/15, BStBl. II 2017, 636 mwN). Um Einkünfte aus nichtselbständiger Arbeit iSd § 19 handelt es sich daher, wenn sie der Steuerpflichtige – abgesehen von der Dienstleistung – **ohne rechtlich ins Gewicht fallenden Eigenbeitrag** erhält, also ohne dass für die Versorgungsbezüge Leistungen aus seinem Vermögen oder für seine Rechnung erbracht wurden.

331 Zu betrachten ist damit jeweils das konkrete Rechtsverhältnis zwischen dem Arbeitgeber/ Dienstherrn und dem Arbeitnehmer, sowie das System, welches den Leistungen an den ehemaligen Arbeitnehmer zugrunde liegt. Wenn das maßgebende Dienstrecht vorsieht, dass vom Bruttogehalt der Arbeitnehmer ein **Abzug für Zwecke der Altersvorsorge** erfolgt, so ***kann*** dieser Abzug einen Eigenbeitrag darstellen, der zur Annahme späterer Bezüge iSd § 22 Nr. 1 S. 3 Buchst. a Doppelbuchst. aa führt. Dies gilt allerdings nur, wenn der Abzugsbetrag dem Arbeitnehmer **zunächst zufließt und sodann als selbständig geleisteter Eigenbeitrag** für die Altersvorsorge gewertet werden kann. Ein solcher Zufluss und **Eigenbeitrag ist anzunehmen,** wenn die Organisation dem Arbeitnehmer aufgrund des einbehaltenen Geldes einen unentziehbaren und unmittelbaren Anspruch – einen Versicherungsschutz – gegen einen Dritten verschafft (vgl. BFH 23.2.2017 – X R 24/15, BStBl. II 2017, 636; BFH 20.7.2005 – VI R 165/01, BStBl. II 2005, 890).

332 **Kein Zufluss und damit auch kein selbständig geleisteter Eigenbeitrag** ist dagegen anzunehmen, wenn der einbehaltene Entgeltanteil vom Arbeitgeber lediglich zurückgehalten, intern separiert und zweckgebunden wird. In diesem Fall stellen die späteren Auszahlungen lediglich eine Auskehrung der zurückgelegten Mittel (des zurückgelegten Arbeitslohns) dar. Auf Seiten des Empfängers handelt es sich daher um Einnahmen „aufgrund des früheren Dienstverhältnisses" (§ 19) und nicht um Einnahmen aufgrund einer durch Eigenbeiträge geschaffenen Basisversorgung iSd § 22 Nr. 1 S. 3 Buchst. a Doppelbuchst. aa (BFH 23.2.2017 – X R 24/15, BStBl. II 2017, 636).

333 Auf diesen Grundlagen nehmen die Rechtsprechung und Verwaltung keine Bezüge iSd § 22 Nr. 1 S. 3 Buchst. a Doppelbuchst. aa, sondern **Bezüge iSd § 19 Abs. 2** ua an bei Versorgungsbezügen an, die ausgezahlt werden (vgl. BMF 19.8.2013, BStBl. I 2013, 1087 Rn. 168, zuletzt geändert durch BMF 1.6.2015, BStBl. I 2015, 475)

- vom Europäischen Weltraumorganisation (**ESA**),
- vom Europarat,
- von der Nordatlantikvertragsorganisation (**NATO;** vgl. auch BFH 22.11.2006 – X R 29/ 05, BStBl. II 2007, 402; zu Fragen der Verfassungsmäßigkeit und Völkerrechtsmäßigkeit der Besteuerung s. FG Köln 8.6.2017 – 13 K 3913/12),
- von der Organisation für wirtschaftliche Zusammenarbeit und Entwicklung (**OECD;** vgl. auch BFH 22.7.2015 – X B 172/14, BFH/NV 2015, 1390),
- von der Westeuropäischen Union (**WEU**),
- vom Europäischen Zentrum für mittelfristige Wettervorhersagen (**EZMV,** englisch ECWMF)
- von der Europäischen Organisation zur Sicherung der Luftfahrt (**EUROCONTROL**),
- von dem Europäischen Raumfahrtkontrollzentrum (**ESOC,** vgl. BFH 22.7.2015 – X B 172/14, BFH/NV 2015, 1390),
- von der Europäischen Patentorganisation (**EPO, EPA,** vgl. BFH 23.7.2017 – X R 24/ 15, BStBl. II 2017, 636),
- vom Europäischen Hochschulinstitut (**EHI**).

Die **Zulässigkeit der Besteuerung** der gezahlten Leistungen in Deutschland ist davon abhängig, welche Bestimmungen das für die jeweilige internationale Organisation geltende Abkommen enthält. Zu den Einzelheiten wird insoweit auf Rn. 168 des BMF-Schreibens vom 19.8.2013 in seiner aktuellen Fassung (vgl. BMF 19.8.2013, BStBl. I 2013, 1087 Rn. 168, zuletzt geändert durch BMF 1.6.2015, BStBl. I 2015, 475), sowie auf das BMF-Schreiben vom 18.3.2013 (BMF 18.3.2013, BStBl. I 2013, 404) verwiesen. 334

Einnahmen iSd § 22 Nr. 1 S. 3 Buchst. a Doppelbuchst. aa liegen dagegen vor, wenn es sich bei dem Alterssicherungssystem um eines handelt, das nach vorbenannten Maßstäben als mit der inländischen Rentenversicherung vergleichbar anzusehen ist. Hierzu gehören (vgl. BMF 19.8.2013, BStBl. I 2013, 108 Rn. 199, geändert durch BMF 19.12.2015, BStBl. I 2016, 1433) 335

- die Bank für Internationalen Zahlungsausgleich (**BIZ**),
- die Europäische Investitionsbank (**EIB**),
- die Europäische Organisation für astronomische Forschung in der südlichen Hemisphäre (**ESO**),
- die Europäische Organisation für Kernforschung (**CERN**),
- das Europäische Laboratorium für Molekularbiologie (**EMBL**),
- die Vereinten Nationen (**VN**; vgl. hierzu BFH 5.4.2017 – X R 50/14, BFH/NV 2017, 1101 mit Ausführungen zur Abgrenzung zu den Leistungen der NATO).

dd) Besteuerungsrecht nach DBA/Progressionsvorbehalt. Erzielt eine **im Inland ansässige** Person Einkünfte, die von einer ausländischen Organisation geleistet werden und nach den o.g. Grundsätzen als Bezüge iSd § 22 Nr. 1 S. 3 Buchst. a Doppelbuchst. aa zu qualifizieren sind, setzt eine Besteuerung im Inland voraus, dass das Besteuerungsrecht nach dem jeweiligen **DBA dem Ansässigkeitsstaat** zugewiesen ist. Eine solche Zuweisung erfolgt grundsätzlich bspw. im DBA-Türkei (allerdings nur teilweise; vgl. Art. 18 DBA-Türkei; vgl. zu den Einzelheiten ausführlich BMF 11.12.2014, BStBl. I 2015, 92), im DBA-Portugal (Art. 18 DBA-Portugal) und im DBA Griechenland (Art. 12 Abs. 1 DBA-Griechenland; vgl. jedoch die Regelungen in Art. 12 Abs. 2 DBA-Griechenland). 336

Wenn das Besteuerungsrecht für die Renten und „anderen Leistungen" aufgrund eines DBA **dem Quellenstaat** zugewiesen ist, sind die Bezüge – soweit das jeweils einschlägige DBA die Berücksichtigung **nicht verbietet** (vgl. dazu BFH 14.7.2010 – X R 37/08, BStBl. II 2011, 628 zum DBA-Dänemark) – mit dem nach § 22 Nr. 1 S. 3 Buchst. a Doppelbuchst. aa zu ermittelnden Besteuerungsanteil über die Regelungen zum **Progressionsvorbehalt** (§ 32b Abs. 1 Nr. 3) zu berücksichtigen. Dies ist bspw. im Bereich des DBA-Österreich (vgl. Art. 18 Abs. 2 DBA-Österreich) und des DBA-Dänemark (vgl. Art. 18 Abs. 2 DBA-Dänemark) der Fall. 337

Die Frage, welchem Staat das Besteuerungsrecht von Bezügen iSd § 22 Nr. 1 S. 3 Buchst. a Doppelbuchst. aa zugewiesen wird, muss in einem DBA nicht notwendig einheitlich und auf die gesamte Bezugshöhe gleich geregelt werden; sie kann vielmehr auch im Wege eines – zeitlich und inhaltlich – **differenzierenden Regelwerks** geklärt sein. In Art. 17 Abs. 1 DBA **Spanien** bspw. wird das Besteuerungsrecht für „Renten und ähnliche Vergütungen" *grundsätzlich* dem Ansässigkeitsstaat zugewiesen. Abs. 2 und Abs. 3 jedoch regeln für Sozialversicherungsrenten und für Renten, deren Aufbau über einen Zeitraum von mehr als 12 Jahren staatlich gefördert wurde, ein **der Höhe nach und zeitlich eingegrenztes Besteuerungsrecht des Quellenstaates.** Dieses begrenzte Besteuerungsrecht des Quellenstaates sieht vor, dass die Steuer des Quellenstaates 5% des Bruttobetrags für ab 2015 in Rente gegangene Menschen und 10% für ab 2030 in Rente gegangene „Neurentner" nicht übersteigt. Das Besteuerungsrecht bzgl. des überschießenden Teils sowie (in vollem Umfang) für vor 2015 in Rente gegangene „Altrentner" bleibt beim Wohnsitzstaat. 338

Die **Zuordnung** der bei rechtsvergleichender Qualifikation als Renten und „andere Leistungen" iSd § 22 Nr. 1 S. 3 Buchst. a Doppelbuchst. aa zu qualifizierenden Bezüge **zu einer bestimmten Regelung in einem DBA** erfolgt – da sich die DBA eigenständiger Begrifflichkeiten bedienen – nicht anhand der nach innerstaatlichem Recht vorzunehmenden Einordnung. Sie ist vielmehr unter Berücksichtigung des Wortlauts und des Zwecks der jeweiligen Abkommensregelungen zu ermitteln (vgl. BFH 8.12.2010 – I R 92/09, BStBl. II 2011, 488). 339

339a Auf Grundlage der jeweiligen Abkommensregelungen steht **zB**

- das Besteuerungsrecht bei auf Beitragsleistungen beruhenden Versorgungsleistungen einer **Schweizer Pensionskasse** an einen in Deutschland lebenden, ehemaligen Bediensteten des schweizerischen öffentlichen Dienstes nicht nach Art. 18 oder Art. 19 DBA-Schweiz dem Kassenstaat (Schweiz), sondern gem. Art. 21 DBA-Schweiz dem Ansässigkeitsstaat (Deutschland) zu (BFH 8.12.2010 – I R 92/09, BStBl. II 2011, 488),
- das Besteuerungsrecht für eine Rente aus der **italienischen Sozialversicherung** (Rententräger INPS), die an einen italienischen Staatsangehörigen mit Wohnsitz in Deutschland gezahlt wird, nicht nach Art. 19 Abs. 4 DBA-Italien (iVm Abschnitt 14 Buchst. e des dazu ergangenen Protokolls vom 18. Oktober 1989) dem Kassenstaat (Italien), sondern gem. Art. 18 DBA-Italien dem Wohnsitzstaat (Deutschland) zu (BFH 25.7.2011 – I B 37/11, BFH/NV 2011, 1879),
- das Besteuerungsrecht für eine von der Deutschen Rentenversicherung Bund gewährte Altersrente an einen Leistungsempfänger in **Kanada,** der in Deutschland weder Wohnsitz, noch gewöhnlichen Aufenthalt hat, Deutschland zu (vgl. BFH 20.12.2017 – I R 9/16, BStBl. II 2018, 439 – Verfassungsbeschwerde anhängig, 2 BvR 1745/18; BFH 20.12.2017 – I R 8/16, BFH/NV 2018, 720; BFH 13.12.2011 – I B 159/11, BFH/NV 2012, 417; **aA:** FG Mecklenburg-Vorpommern 13.1.2016 – 1 K 4/15, EFG 2016, 1290: nach Art. 18 Abs. 1 S. 1 iVm Art. 30 DBA-Kanada und Ziff. 5 Buchst. b des Protokolls zu diesem DBA liege das Recht in Kanada),
- das Besteuerungsrecht für eine Rente aus der deutschen gesetzlichen Sozialversicherung, die an einen deutschen Staatsangehörigen mit **Wohnsitz in Italien** gezahlt wird, Italien zu (Art. 19 Abs. 4 DBA Italien, FG Mecklenburg-Vorpommern 22.1.2019 – 1 K 293/15, IStR 2019, 757; Rev. I R 17/19),
- das Besteuerungsrecht für Renten einer in der **Türkei lebenden Person,** die eine Rente aus einer inländischen Rentenkasse iSd § 22 Nr. 1 S. 3 Buchst. a Doppelbuchst. aa erhält, teilweise der Türkei und teilweise der Bundesrepublik Deutschland zu (zu den Einzelheiten vgl. Art. 18 Abs. 2 DBA Türkei; näher – auch zur Frage der Anwendbarkeit des Werbungskostenpauschbetrags – FG Mecklenburg-Vorpommern 22.1.2019 – 1 K 282/17, BeckRS 2019, 8033 rkr.).

340 Besteht mit dem jeweiligen Quellenstaat **kein DBA,** ist die im Ausland gezahlte Quellensteuer nach **§ 34c Abs. 1** bei der deutschen Steuer anzurechnen, oder auf Antrag bei der Ermittlung der Einkünfte abzuziehen, **§ 34c Abs. 2.**

341 **ee) Besteuerung der im Ausland lebenden Rentner („Auslandsrentner").** Ein nicht unerheblicher Teil der **von inländischen Organisationen** gezahlten Renten und „anderen Leistungen" iSd § 22 Nr. 1 Buchst. a Doppelbuchst. aa wird an Personen erbracht, die ihren Wohnort vorübergehend oder dauerhaft **ins Ausland** verlegt haben. Allein die Deutsche Rentenversicherung zahlt ausweislich der Angaben auf ihrer Homepage (www.deusche-rentenversicherung.de) Renten in über 150 verschiedene Länder. Bei Bezug entsprechender Leistungen im Ausland ist für die betroffenen Personen („Auslandsrentner") zunächst die Frage der (beschränkten oder unbeschränkten) **Steuerpflicht,** sodann – wenn eine Besteuerung nach nationalem Recht in Betracht kommt – die Frage des **Besteuerungsrechts** des jeweiligen (Quellen- oder Wohnsitz-)Staates und schließlich die Frage nach dem zuständigen **Finanzamt** zu klären.

342 Rentner, die weder ihren Wohnsitz (§ 8 AO), noch ihren gewöhnlichen Aufenthalt (§ 9 AO) im Inland haben und daher nicht (mehr) gem. § 1 Abs. 1 unbeschränkt einkommensteuerpflichtig sind, haben die Möglichkeit, einen **Antrag auf Behandlung als unbeschränkt steuerpflichtig gem. § 1 Abs. 3** zu stellen. Liegen die Voraussetzungen dieser Vorschrift vor, ermöglicht der Weg in die unbeschränkte Steuerpflicht, die betroffene Person (vorbehaltlich vorrangiger Besteuerungsrechte anderer Staaten) mit ihrem Welteinkommen der Besteuerung zu unterwerfen. Dem Steuerpflichtigen kommt dabei die Möglichkeit einer Inanspruchnahme steuerlicher Vorteile zugute, die er als beschränkt Steuerpflichtiger nicht hätte. Zu diesen Vorteilen gehören die Regelungen über den **Grundfreibetrag,** über den **Sonderausgabenabzug** und über den **Splittingtarif** (zu den Einzelheiten der nicht anwendbaren Regelungen bei beschränkt Steuerpflichtigen vgl. § 50).

343 Wenn eine Behandlung als unbeschränkt steuerpflichtig nicht in Betracht kommt, unterliegen gem. **§ 49 Abs. 1 Nr. 7 der beschränkten Steuerpflicht** sonstige Einkünfte iSd § 22

Nr. 1 S. 3 Buchst. a, die von inländischen gesetzlichen Rentenversicherungsträgern, der inländischen landwirtschaftlichen Alterskasse, den inländischen berufsständischen Versorgungseinrichtungen und den inländischen Versicherungsunternehmen und sonstigen Zahlstellen geleistet werden. Ab Veranlagungszeitraum 2010 **gilt dies entsprechend** für Leibrenten und „andere Leistungen" *ausländischer* Zahlstellen, *wenn* die Beiträge, die den Leistungen zugrunde liegen, nach § 10 Abs. 1 Nr. 2 ganz oder teilweise beim Sonderausgabenabzug berücksichtigt wurden. Somit haben grundsätzlich auch ohne Antrag nach § 1 Abs. 3 alle im Ausland lebenden Rentner – vorbehaltlich einer anderweitigen Zuweisung des Besteuerungsrechts – ihre Renteneinkünfte im Inland zu versteuern.

Dazu gehören zB **344**

- Rentner mit Sitz in Liechtenstein (vgl. ausführlich FG Köln 29.3.2012 – 6 K 1101/08, EFG 2012, 1675 mit Ausführungen zur Rechtmäßigkeit der Besteuerung im Hinblick auf die Niederlassungsfreiheit gem. Art. 49 AEUV, auf die Kapitalverkehrsfreiheit, auf das Fehlen eines DBA, und im Hinblick auf die uU mögliche Doppelbesteuerung bei Nichtanrechnung der deutschen Steuer in Liechtenstein; das Urteil wurde aus verfahrensrechtlichen Gründen aufgehoben, BFH 20.8.2014 – I R 43/12, BFH/NV 2015, 306),
- ein in Brasilien lebender Rentner (Schmidt/*Weber-Grellet* § 22 Rn. 92).

Sowohl im Falle der unbeschränkten als auch im Falle der beschränkten Steuerpflicht ist zu beachten, dass **grundsätzlich zwei Staaten** (Wohnsitzstaat und Quellenstaat) für einen Zugriff auf das Steuersubstrat in Betracht kommen. Daher sind bei der Besteuerung von Auslandsrentnern – wie im Falle von im Inland lebenden Personen mit ausländischen Einkünften – die Regelungen von etwaig einschlägigen **DBA** (zu exemplarischen DBA-Regelungen → Rn. 339a), über den **Progressionsvorbehalt** oder über eine mögliche **Anrechnung/einen möglichen Abzug** zu beachten. **345**

Für die Besteuerung der im Ausland lebenden Rentner sieht die aufgrund von § 19 Abs. 6 AO ergangene **Einkommensteuer Zuständigkeitsverordnung** vom 2.1.2009 (BGBl. 2009 I 3), zuletzt geändert durch Art. 1 der Verordnung vom 11.12.2012 (BGBl. 2012 I 2637) vor, dass für die Besteuerung nach dem Einkommen von Personen, die nach § 1 Abs. 4 beschränkt einkommensteuerpflichtig sind, und die **ausschließlich** mit Einkünften iSd § 49 Abs. 1 Nr. 7 und Nr. 10 zu veranlagen sind, ab dem Veranlagungszeitraum 2005 (vgl. Art. 2 der Einkommensteuer Zuständigkeitsverordnung) das **Finanzamt Neubrandenburg** örtlich zuständig ist. Soweit die im Ausland lebenden Rentner noch andere (zB Vermietungs-)Einkünfte haben, bleibt es jedoch bei der Zuständigkeit des bisherigen Belegenheitsamtes. **346**

Gem. Art. 1 S. 2 der Einkommensteuer Zuständigkeitsverordnung ist das Finanzamt auch zuständig in den Fällen des § 19 Abs. 6 S. 2 AO. Diese Vorschrift bezieht Fälle ein, in denen ein „Auslandsrentner" einen Antrag nach § 1 Abs. 3 auf Behandlung als unbeschränkt steuerpflichtig gestellt hat. **347**

l) Ermittlung der Bemessungsgrundlage. Die Frage, zum welchem Anteil bezogene Renten iSd § 22 Nr. 1 S. 3 Buchst. a Doppelbuchst. aa der Besteuerung unterliegen, regeln die **Sätze 2 bis 8** des § 22 Nr. 1 S. 3 Buchst. a Doppelbuchst. aa. **348**

aa) Überblick. Bei der Ermittlung der der Besteuerung unterliegenden Renten sind verschiedene Größen zu unterscheiden. Dies sind **349**

- der **Jahresbetrag der Rente** (= die **Bemessungsgrundlage** für den der Besteuerung unterliegenden Teil der Rente, § 22 Nr. 1 S. 3 Buchst. a Doppelbuchst. aa S. 2),
- der **der Besteuerung unterliegende Teil** der Rente (der Prozentsatz der Bemessungsgrundlage nach § 22 Nr. 1 S. 3 Buchst. a Doppelbuchst. aa S. 2, 3; er stellt insbesondere eine Rechengröße für die Ermittlung des steuerfreien Teils der Rente dar),
- der **steuerfreie Teil der Rente** (= Differenz zwischen Jahresbetrag und dem der Besteuerung unterliegenden Teil; er wird grundsätzlich – nominal und nicht prozentual – dauerhaft festgeschrieben und verändert sich nur bei *nicht* regelmäßigen Anpassungen der Rente, § 22 Nr. 1 S. 3 Buchst. a Doppelbuchst. aa S. 4–8),
- schließlich die der **Besteuerung unterliegenden Einkünfte.** Diese sind nicht notwendig gleichbedeutend mit dem der Besteuerung unterliegenden Teil der Rente nach § 22 Nr. 1 S. 3 Buchst. a Doppelbuchst. aa S. 2 und 3. Denn Letzterer beschreibt insbesondere die Rechengröße für die Ermittlung des „steuerfreien Teils" der Rente. Zu den der Besteue-

rung tatsächlich zu unterwerfenden Einkünften kommen zum „der Besteuerung unterliegenden Teil" noch die spätere Rentenanpassungen hinzu, soweit sie nicht in den steuerfreien Teil der Rente einzubeziehen sind (insbesondere die regelmäßigen Anpassungen, die die *Rechengrößen* des „der Besteuerung unterliegenden Teils" und des „steuerfreien Teils" nicht tangieren).

350 **bb) Der der Besteuerung unterliegende Anteil gem. § 22 Nr. 1 S. 3 Buchst. a Doppelbuchst. aa S. 2 und 3.** Gem. § 22 Nr. 1 S. 3 Buchst. a Doppelbuchst. aa S. 2 ist die Bemessungsgrundlage für den der Besteuerung unterliegenden Teil der Jahresbetrag der Rente. Der **Jahresbetrag der Rente ist die Summe** der im Kalenderjahr zugeflossenen Rentenbeträge **einschließlich** der bei Auszahlung einbehaltenen eigenen Beitragsanteile zur Kranken- und Pflegeversicherung und **einschließlich** der der im Kalenderjahr zugeflossenen anderen Leistungen iSd § 22 Nr. 1 S. 3 Buchst. a Doppelbuchst. aa. Steuerfreie Zuschüsse zu den Krankenversicherungsbeiträgen sind dagegen **nicht** Bestandteil des Jahresbetrags (vgl. im Einzelnen BMF 19.8.2013, BStBl. I 2013, 1087 Rn. 218).

351 Ist wegen **rückwirkender** Zubilligung einer Rente der Anspruch auf eine bisher gewährte Sozialleistung (zB auf Krankengeld, Arbeitslosengeld, Sozialhilfe) ganz oder teilweise weggefallen und steht dem Leistenden deswegen gegenüber dem Rentenversicherungsträger (zB nach § 103 SGB X) ein Erstattungsanspruch zu, so sind die bisher gezahlten Sozialleistungen in Höhe dieses Erstattungsanspruchs **auch** als Rentenzahlung in diesem Sinne und damit als Bestandteil des Jahresbetrags anzusehen, obgleich insoweit kein unmittelbarer Geldfluss vom Rentenversicherungsträger an den Empfänger stattfand (BMF 19.8.2013, BStBl. I 2013, 1087 Rn. 192).

352 Der der Besteuerung unterliegende Anteil (auch als der steuerbare Anteil oder der **Besteuerungsanteil** bezeichnet, vgl. BFH 13.4.2011 – X R 54/09, BStBl. II 2011, 910) folgt aus der Tabelle in § 22 Nr. 1 S. 3 Buchst. a Doppelbuchst. aa S. 3.

353 Unter dem **Rentenbeginn** im Sinne dieser Tabelle ist dabei der Zeitpunkt zu verstehen, der **ab dem** die Rente – auch bei nachträglicher Bewilligung – **tatsächlich bewilligt** wird. Dieser Zeitpunkt geht idR aus dem Rentenbescheid hervor. Sofern eine Rente in Ansehung eigener anrechenbarer Einkünfte des Steuerpflichtigen mit 0,– EUR festgesetzt wird, ändert dies nichts am Zeitpunkt der Bewilligung; auch eine Rente, die aufgrund einer erfolgten Anrechnung faktisch nicht zur Auszahlung kommt, ist dem Grunde nach bewilligt.

354 Sofern der Rentenbeginn vor **2005 (sog. Bestandsrenten) oder im Jahre 2005** liegt, beläuft sich der Besteuerungsanteil nach der Tabelle auf **50%.** Bei der Bemessung dieses Anteils hat sich der Gesetzgeber an dem Fall eines typischen Arbeitnehmers orientiert, bei dem in der Ansparphase bis einschließlich 2004 mindestens 50% der Beiträge in die Rentenversicherung (nämlich der Arbeitgeberanteil) steuerfrei war. Für jeden ab dem Jahr 2005 neu hinzutretenden Rentnerjahrgang (2006, 2007, 2008 etc) wird der Besteuerungsanteil **Schrittweise bis zum Jahr 2020 um 2%** pro Jahr bis auf 80% erhöht. Danach wird er in **Schritten von 1% pro Jahr** angehoben, bis im Jahr 2040 ein Besteuerungsanteil von 100% erreicht wird.

355 Bei jedem Rentnerjahrgang (sog. **Kohorte**) wird dabei der steuerfreie Teil als Gegenstück zum Besteuerungsanteil festgeschrieben. Gleichlaufend mit dem Ansteigen des Besteuerungsanteils von Kohorte zu Kohorte steigt auch die Möglichkeit des Sonderausgabenabzugs (§ 10 Abs. 4 ff.), sodass insoweit Schrittweise der Übergang von der Ertragswertbesteuerung zur nachgelagerten Besteuerung umgesetzt wird.

356 **cc) Der – grundsätzlich festgeschriebene – steuerfreie Teil gem. § 22 Nr. 1 S. 3 Buchst. a Doppelbuchst. aa S. 4 und 5.** Der nicht steuerbare Teil der Rente wird in § 22 Nr. 1 S. 3 Buchst. a Doppelbuchst. aa S. 4 als **Unterschiedsbetrag** zwischen dem Jahresbetrage der Rente und dem Besteuerungsanteil definiert. Er ist grds. in dem Jahr zu ermitteln, das dem **Jahr des Rentenbeginns folgt** und wird für die Folgejahre grds. festgeschrieben, vgl. § 22 Nr. 1 S. 3 Buchst. a Doppelbuchst. aa S. 5. Beginnt die Rente **vor 2005,** so ist der Steuerfreie Teil auf das Jahr 2005 zu ermitteln, da es ein früheres Jahr, in welchem ein steuerfreier Teil ermittelt werden könnte, nach der gesetzlichen Konzeption nicht gibt. Den **steuerfreien Betrag behält der Rentner – grundsätzlich – ein Leben lang.** Dabei ist grundsätzlich der „Betrag" und nicht etwa der prozentuale Anteil einer (sich über die Jahre ändernden Rente) gemeint.

Beispiel 1 (LBP/*Lüsch* § 22 Rn. 67):

A erhält seit 1999 eine Altersrente aus der gesetzlichen Rentenversicherung. Anfang 2005 beläuft sich die Rente auf 1.200 EUR monatlich. Im Rahmen der regelmäßigen Anpassungen erhöht sich die Rente ab 1.7.2005 auf 1.250 EUR monatlich und ab 1.7.2006 auf 1.300 EUR monatlich. Wie hoch sind die Einkünfte in den Jahren 2005 und 2006? **356.1**

Lösung:

2005: Die **Einnahmen** belaufen sich auf (6 x 1.200 + 6 x 1.250 =) 14.700 EUR. Der **Besteuerungsanteil** liegt aufgrund des Rentenbeginns vor 2005 bei 50%. Nominal beträgt er damit 7.350 EUR. Der **steuerfreie Teil** liegt ebenfalls bei 50% und beträgt nominal auch 7.350 EUR. Diese Summe wird festgeschrieben. Unter Berücksichtigung des **Werbungskostenpauschbetrags** betragen die Einkünfte damit 14.700 (Einnahmen) – 7.350 (festgeschriebener steuerfreier Betrag) – 102 EUR (Werbungskostenpauschbetrag) = 7.248 EUR. **356.2**

2006: Die **Einnahmen** belaufen sich auf (6 x 1.250 + 6 x 1.300 =) 15.300 EUR. Der Besteuerungsanteil ist für dieses Jahr nicht zu ermitteln. Denn er stellt eine Berechnungsgröße für die Ermittlung des steuerfreien Teils dar, der jedoch bereits für 2005 ermittelt und grundsätzlich in seiner nominalen Höhe festgeschrieben wird. Eine **erneute Ermittlung von Besteuerungsanteil/steuerfreiem Anteil erfolgt daher nicht.** Die Einkünfte ermitteln sich die folgt: 15.300 (Einnahmen) – 7.350 (festgeschriebener steuerfreier Teil) – 102 (Werbungskostenpauschbetrag) = 7.848 EUR. Der steuerfreie Teil iHv 7.350 EUR bleibt auch in den Folgejahren trotz regelmäßiger Rentenanpassungen grundsätzlich bestehen. **356.3**

Beispiel 2:

A bezieht ab September 2005 eine Rente iHv 1.000 EUR monatlich. Die Rente erhöht sich zum 1.7.2006 auf 1.100 EUR und zum 1.7.2007 auf 1.200 EUR. Wie sind die Einkünfte für die Jahre 2005, 2006 und 2007 zu ermitteln? **356.4**

Lösung:

2005: Die **Einnahmen** belaufen sich auf (4 x 1.000 =) 4.000 EUR und der **Besteuerungsanteil** auf 50% (Rentenbeginn im Jahr 2005), also auf 2.000 EUR. Der **steuerfreie Anteil** wird erst auf das dem Jahr des Rentenbeginns folgende Jahr 2006 ermittelt. Damit ermitteln sich die Einkünfte wie folgt: Besteuerungsanteil im ersten Jahr: 2000 – 102 (**Werbungskostenpauschbetrag**) = 1.898 EUR. **356.5**

2006 (= das dem Rentenbeginn folgende Jahr, in dem der steuerfreie Teil ermittelt und festgeschrieben wird): Die **Einnahmen** belaufen sich auf (6 x 1.000 + 6 x 1.100 =) 12.600 EUR. Der **Besteuerungsanteil** beläuft sich auf 50% (Rentenbeginn in 2005), also auf 6.300 EUR. Der **steuerfreie Anteil** ist die Differenz zwischen den Einnahmen und dem Besteuerungsanteil und beträgt damit auch 6.300 EUR; er wird für die Zukunft grundsätzlich festgeschrieben. Die Einnahmen belaufen sich damit auf 12.600 (Einnahmen) – 6.300 (steuerfreier Anteil) – 102 (Werbungskostenpauschbetrag) = 6.198 EUR. **356.6**

2007: Der Jahresbetrag beläuft sich auf (1.100 x 6 + 1.200 x 6 =) 13.800 EUR. Der – grundsätzlich festgeschriebene – **steuerfreie Anteil beläuft sich auf 6.300 EUR** (s. Berechnung zu 2006). Bereinigt um den Werbungkostenpauschbetrag bleiben damit sonstige Einkünfte iHv (13.800 – 6.300 – 102 =) 7.398 EUR. **356.7**

dd) Die – ausnahmsweise – Anpassung des steuerfreien Teils gem. § 22 Nr. 1 S. 3 Buchst. a Doppelbuchst. aa S. 6 und 7. Ändert sich der Jahresbetrag der Rente um eine regelmäßige Anpassung wie zB die jährliche Rentenerhöhung, bleibt der festgeschriebene steuerfreie Teil unverändert. Ändert sich der Jahresbetrag jedoch um eine **nicht regelmäßige Anpassung, so ist der steuerfreie Anteil gem. § 22 Nr. 1 S. 3 Buchst. a Doppelbuchst. aa S. 6 neu zu bemessen.** Dabei ist zu beachten, dass bei der Berechnung die **regelmäßigen Anpassungen außer Acht** bleiben, § 22 Nr. 1 S. 3 Buchst. a Doppelbuchst. aa S. 7. **357**

Zu den **regelmäßigen Anpassungen** iSd § 22 Nr. 1 S. 3 Buchst. a Doppelbuchst. aa S. 7 gehören neben den jährlichen Rentenerhöhungen auch die normalen Erhöhungen der Renten im Osten der Bundesrepublik zur **stufenweisen Angleichung an das Westniveau** (vgl. FG Sachsen 19.2.2018 – 5 K 567/17, EFG 2018, 1957; BFH 3.12.2019 – X R 12/18, NJW 2020, 870). **357a**

Unter diese Fallgruppe der **nicht regelmäßigen** Anpassung fallen dagegen **insbesondere** Konstellationen, in denen die Rente im Laufe des Jahres zB wegen Todes oder Zeitablaufs wegfällt oder ein Wechsel von der Altersteil- zu einer Vollrente (oder umgekehrt) stattfindet. Auch Rentennachzahlungen oder -rückzahlungen sowie der Wegfall des Kinderzuschusses zur Rente aus einer berufsständischen Versorgungseinrichtung können zu einer Neuberech- **358** nung des steuerfreien Teils führen (zu Änderungen bei Währungsschwankungen s. BMF 19.8.2013, BStBl. I 2013, 1087 Rn. 232).

359 Der steuerfreie Teil der Rente ist **in dem Verhältnis anzupassen,** in dem der veränderte (neue) **Jahresbetrag** der Rente zum (alten) **Jahresbetrag** der Rente steht, der der Ermittlung des bisherigen steuerfreien Teils der Rente zugrunde gelegen hat (§ 22 Nr. 1 S. 3 Buchst. a Doppelbuchst. aa S. 6). **Regelmäßige Anpassungen** des Jahresbetrags der Rente bleiben dabei **außer Betracht** (§ 22 Nr. 1 S. 3 Buchst. a Doppelbuchst. aa S. 7).

360 Die für die Berechnung erforderlichen Angaben ergeben sich dabei aus der **Rentenbezugsmitteilung** (vgl. BMF 7.12.2011, BStBl. I 2011, 1223).

361 Aus dem Zusammenspiel der Regelungen der Sätze 6 und 7 folgt folgende Berechnungsgleichung:

- Neuer steuerfreier Anteil =
- Neuer Jahresbetrag abzüglich regelmäßiger Anpassungen : alte Bemessungsgrundlage für steuerfreien Anteil x alter steuerfreier Anteil

Beispiel:

361.1 A bezieht ab September 2005 eine Rente von der Deutschen Rentenversicherung. Die Rente erhöht sich zum 1.7.2006 auf 1.100 EUR und zum 1.7.2007 auf 1.200 EUR. Aufgrund anderweitiger Einkünfte, welche A ab September 2007 bezieht, wird die Rente ab 1.9.2007 auf 500 EUR monatlich herabgesetzt. Sie erhöht sich ab 1.7.2008 auf 550 EUR monatlich.

361.2 In den Rentenmitteilungen sind folgende Werte ausgewiesen: 2005: Leistungsbetrag: 4.000 EUR; Anpassungsbetrag 0 EUR / 2006 Leistungsbetrag: 12.600 EUR; Anpassungsbetrag 0 EUR / 2007: Leistungsbetrag 11.000 EUR; Anpassungsbetrag / 2008: Leistungsbetrag 6.300 EUR; Anpassungsbetrag 1.050 EUR.

361.3 Wie erklären sich die Leistungs- und Anpassungsbeträge in den Rentenmitteilungen? Wie errechnen sich die Einkünfte in den Jahren 2007 und 2008?

Lösung Anpassungsbeträge:

361.4 Einen Anpassungsbetrag für 2005 gibt es nicht, da dies das Jahr des Rentenbeginns ist und eine Anpassung nach September nicht mehr stattfand.

361.5 Auch im Jahr 2006 wird kein Anpassungsbetrag mitgeteilt. Denn das Jahr 2006 ist das für die Berechnung des steuerfreien Teils maßgebliche Jahr. Damit ist der Besteuerungsanteil (und danach folgend der steuerfreie Anteil) auf Grundlage des gesamten Jahresbetrags (ohne Abzug von regelmäßigen Rentenanpassungen) zu ermitteln. Die Anpassungsbeträge werden erst nach Festschreibung des steuerfreien Anteils relevant, da sie für dessen Berechnung aus dem Jahresbetrag heraus gerechnet werden müssen.

361.6 Im Jahr 2007 ist grundsätzlich der um den steuerfreien Anteil verminderte Jahresbetrag aus 2006 (Jahr der Festschreibung des steuerfreien Teils) zuzüglich der (voll zu besteuernden) Anpassungen zu besteuern. Der Anpassungsbetrag 2007 ermittelt sich wie folgt:

Für die Monate Januar bis einschließlich Juni 2007 wurden jeweils 1.100 EUR gezahlt. Dieser Betrag übersteigt die *durchschnittliche* Rente aus 2006 (12.600 EUR : 12 Monate = 1.050 EUR) um jeweils 50 EUR. Der Anpassungsbetrag für das erste halbe Jahr beläuft sich damit auf 300 EUR. Für die Monate Juli und August belief sich die Rente auf je 1.200 EUR. Dieser Betrag übersteigt die *durchschnittliche* Rente aus 2006 (1.050 EUR pro Monat) um jeweils 150 EUR. Der Anpassungsbetrag für diese Monate beläuft sich damit auf weitere 300 EUR.

In den vier Monaten September bis Dezember ist die Rente zwar auf 500 EUR verkürzt worden; in diesem gekürzten Betrag ist aber der Erhöhungsbetrag von 150 EUR ab Juli 2007 (gegenüber dem Durchschnittsbetrag aus 2006 von 1.050 EUR) anteilig im *Verhältnis des neuen Betrags zum alten Betrag* – also im Verhältnis 500 : 1.200 enthalten. Damit beläuft sich der Erhöhungsbetrag pro Monat auf 500 : 1.200 x 150 = 62,50 EUR pro Monat. Für die vier Monate folgt daraus ein Anpassungsbetrag von (4 x 62,50 =) 250 EUR. Insgesamt ergibt dies einen Anpassungsbetrag von 850 EUR.

361.7 Der Anpassungsbetrag für 2008 folgt aus den für 2007 ermittelten 850 EUR zuzüglich der neuen Anpassung von (6 x 50 EUR=) 300 EUR. Er beläuft sich daher auf die mitgeteilten 1.050 EUR.

Lösung Einkünfte 2007, 2008:

361.8 Für die Ermittlung der Einkünfte in 2007 muss der steuerfreie Teil (neu) berechnet werden. Nach dem obigen Ermittlungsschema werden dafür folgende Größen benötigt: Der *neue Jahresbetrag abzüglich regelmäßiger Anpassungen; die alte Bemessungsgrundlage für den steuerfreien Anteil und der alte steuerfreier Anteil.* Der neue Jahresbetrag (11.000 EUR) abzüglich der mitgeteilten regelmäßigen Anpassungen (850 EUR) beläuft sich auf 10.150 EUR. Die Bemessungsgrundlage für den alten steuerfreien Anteil (= Jahresbetrag

2006) belief sich auf 12.600 EUR. Und der alte (auf das Jahr 2006 zu ermittelnde) steuerfreie Betrag belief sich auf (50% von 12.600 EUR =) 6.300 EUR.

Der neue steuerfreie Teil im Jahr 2007 beträgt damit 10.150 EUR (neuer bereinigter Jahresbetrag) : 12.600 EUR (alte Bemessungsgrundlage) x 6.300 EUR (alter steuerfreier Betrag) = 5.075 EUR.

Daraus folgen für 2007 folgende Einkünfte: 11.000 EUR (Einnahmen) – 5.075 (steuerfreier Betrag) – 102 (Werbungskostenpauschbetrag) = 5.823 EUR.

Bei der Berechnung der Einkünfte für 2008 ist zu beachten, dass sich die Rente aufgrund der 361.9
Reduktion auf 500 EUR ab September 2007 im Jahr 2008 gegenüber dem Jahr 2007 erneut aufgrund einer nicht regelmäßigen Anpassung ändert. Der steuerfreie Teil ist also ein weiteres Mal neu zu errechnen.

Dabei ist nunmehr der Jahresbetrag 2007 bereinigt um die regelmäßigen Anpassungen (also die für 2007 relevante Bemessungsgrundlage für den steuerfreien Teil) die bisherige – die „alte" – Bemessungsgrundlage. Sie beträgt 10.150 EUR. Der bisherige – der „alte" – steuerfreie Betrag ist der auf das Jahr 2007 ermittelte Betrag in Höhe von 5.075 EUR. Der neue um die regelmäßigen Anpassungen bereinigte Jahresbetrag beläuft sich auf (6.300 – 1.050 =) 5.250 EUR.

Der neue steuerfreie Betrag für das Jahr 2008 errechnet sich damit wie folgt: 5.250 (neuer um regelmäßige Anpassungen bereinigter Jahresbetrag) : 10.150 (alter um regelmäßige Anpassungen bereinigter Jahresbetrag) x 5.075 (bisheriger, alter steuerfreier Betrag) = 2.625 EUR.

Die Einkünfte 2008 belaufen sich damit auf (6 x 500 + 6 x 550 =) 6.300 – 2.625 (neuer steuerfreier Teil) – 102 (Werbungskostenpauschbetrag) = 3.573 EUR.

Der neue steuerfreie Teil wird – vorbehaltlich etwaiger nicht regelmäßiger Anpassungen – für die Folgejahre festgeschrieben.

ee) Der steuerfreie Teil bei nachfolgenden Renten, § 22 Nr. 1 S. Buchst. a Doppelbuchst. aa S. 8. Folgen nach dem 31. Dezember 2004 Renten aus **derselben Versicherung** einander nach, gilt für die spätere Rente § 22 Nr. 1 S. 3 Buchst. a Doppelbuchst. aa S. 3 mit der Maßgabe, dass sich der Prozentsatz nach dem Jahr richtet, das sich ergibt, wenn die **Laufzeit** der vorhergehenden Renten von dem Jahr des Beginns der späteren Rente **abgezogen** wird; der Prozentsatz kann jedoch **nicht niedriger** bemessen sein, als der für das Jahr 2005, vgl. § 22 Nr. 1 S. 3 Buchst. a Doppelbuchst. aa. 362

Diese Regelung bedeutet, dass für Renten, die **nicht unmittelbar** (vgl. LBP/*Lüsch* § 22 363
Rn. 105) aufeinander folgen, bei der Anwendung der Tabelle gem. § 22 Nr. 1 S. 3 Buchst. a Doppelbuchst. aa S. 3 die Laufzeit der ersten (vorhergehenden) Rente vom Jahr des Beginns der Laufzeit der neuen (nachfolgenden) Rente abgezogen werden muss. Bei **unmittelbar aufeinander** folgenden Renten aus dem derselben Versicherung wird dagegen der bisherige Prozentsatz aus der Tabelle herangezogen; § 22 Nr. 1 S. 3 Buchst. a Doppelbuchst. aa S. 8 findet insoweit keine Anwendung.

Renten aus **derselben Versicherung** oder demselben Vertrag liegen vor, wenn die Ren- 364
ten auf ein- und demselben Rentenrecht beruhen. Das ist **bspw.** der Fall, wenn eine Rente wegen voller Erwerbsminderung einer Rente wegen teilweiser Erwerbsminderung folgt (oder umgekehrt), bei einer Altersrente, der eine (volle oder teilweise) Erwerbsminderungsrente vorherging, oder wenn eine kleine Witwen- oder Witwerrente einer großen Witwen- oder Witwerrente folgt (und umgekehrt), oder wenn eine Altersrente einer Erziehungsrente folgt. Das gilt **auch dann, wenn die Rentenempfänger nicht identisch** sind. Wie zB bei einer Altersrente mit nachfolgender Witwen- oder Witwerrente oder Waisenrente.

Leistungen aus Anrechten, die im Rahmen des Versorgungsausgleichs durch interne Tei- 365
lung auf die ausgleichsberechtigte Person übertragen wurden, oder die zu Lasten der Anrechte der ausgleichspflichtigen Person für die ausgleichsberechtigte Person durch externe Teilung begründet wurden, stellen einen eigenen Rentenanspruch der ausgleichsberechtigten Person dar. Die Rente der **ausgleichsberechtigten Person** ist daher keine Rente aus der Versicherung oder dem Vertrag der ausgleichspflichtigen Person (BMF 19.8.2013, BStBl. I 2013, 1087 Rn. 224).

Hinsichtlich der Berechnung des steuerfreien Teils der Rente sind nachfolgende Renten – 366
sei es unmittelbar, sei es als spätere Folgerente iSd § 22 Nr. 1 S. 3 Buchst. a Doppelbuchst. aa S. 8 – als eigenständige Renten zu behandeln. Damit ist der steuerfreie Teil für die Folgerenten jeweils neu zu ermitteln (LBP/*Lüsch* § 22 Rn. 106).

Beispiel (unmittelbare Rentennachfolge):

366.1 Rentner A erhält seit 2006 eine Rente. Im August 2008 verstirbt er; seine Ehefrau erhält unmittelbar folgend ab September 2008 eine Witwenrente in Höhe von 1.000 monatlich.

Lösung:

366.2 Der steuerfreie Teil wird mit dem Tabellenwert des Erblassers fortgeführt. Dieser belief sich aufgrund des Rentenbeginns im Jahr 2006 auf 52% (Besteuerungsteil). Die Einkünfte belaufen sich damit auf 4 Monate x 1.000 = 4.000 EUR x 52% = 2.080 EUR. Diese sind um den Werbungskostenpauschbetrag zu verringern, sodass 1.978 EUR verbleiben.

366.3 Der für die Witwenrente relevante und für die Folgejahre festzuschreibende steuerfreie Betrag wird in dem auf das Jahr des (Witwen-)Rentenbeginns berechnet. Die Berechnung erfolgt damit auf das Jahr 2009 nach den allgemeinen Regeln.

Beispiel (nicht unmittelbar nachfolgende Rente):

366.4 A erhielt seit November 2005 bis einschließlich Dezember 2006 – also 13 Monate – eine Erwerbsminderungsrente. Ab Juli 2010 erhält er eine Altersrente in Höhe von 1.000 monatlich.

Lösung:

366.5 Gem. § 22 Nr. 1 S. 3 Buchst. a Doppelbuchst. aa S. 8 ist die Laufzeit der Erwerbsminderungsrente vom ***Jahr* des Beginns** der neuen Rente (also vom Jahr 2010) abzuziehen. Daraus folgt ein für die Anwendung der Tabelle relevanter Rentenbeginn im Jahr 2008 (2010 – 13 Monate), sodass ein Besteuerungsanteil von 56% anzunehmen ist (ebenso LBP/*Lüsch* § 22 Rn. 106).

Anderer Ansicht ist insoweit, die Finanzverwaltung (BMF 19.8.2013, BStBl. I 2013, 1087 Rn. 226), die nicht auf das Jahr des Beginns abstellt, sondern auf den **tatsächlichen – genauen – Beginn** (hier Juli 2010). Dies würde im Beispielsfall dazu führen, dass für die Anwendung der Tabelle ein Rentenbeginn im Jahre 2009 anzunehmen wäre (Juli 2010 – 13 Monate = Juni 2009) und der Besteuerungsanteil nicht 56% sondern 58% betragen würde. Diese zu Lasten des Steuerpflichtigen wirkende Lösung ist jedoch mit dem Wortlaut – der ausdrücklich einen Abzug von dem Jahr des Beginns anordnet – nicht im Einklang.

367 Sofern die vorangegangene Rente vor der Einführung der nachgelagerten Besteuerung – also **vor dem 1.1.2005 – geendet hatte, ist sie für die Anwendung des § 22 Nr. 1 S. 3 Buchst. a Doppelbuchst. aa nicht relevant.** Ihre Laufzeit kann daher bei der Anwendung der Tabelle nicht berücksichtigt werden. Sofern eine **Witwenrente wegen einer Wiederheirat** endet, später jedoch wegen Auflösung oder Nichtigkeit der (neuen) Ehe **wieder auflebt** (vgl. dazu § 46 Abs. 3 SGB VI), liegt trotz des zeitlichen Versatzes keine neue Rente iSd § 22 Nr. 1 S. 3 Buchst. a Doppelbuchst. aa S. 8 vor (BFH 12.7.1989 – X R 33/86, BStBl. II 1989, 1012). Damit ist bei der Anwendung der Tabelle des § 22 Nr. 1 S. 3 Buchst. a Doppelbuchst. aa S. 3 das ursprüngliche Jahr des Rentenbeginns maßgeblich.

9. Besteuerung von Leibrenten/anderen Leistungen gem. § 22 Nr. 1 S. 3 Buchst a Doppelbuchst. bb

368 Gem. § 22 Nr. 1 S. 3 Buchst. a Doppelbuchst. bb gehören zu den sonstigen Einkünften auch **Leibrenten und andere Leistungen,** die **nicht solche im Sinne des Doppelbuchst. aa** sind und bei denen in den einzelnen Bezügen **Einkünfte aus Erträgen des Rentenrechts** enthalten sind.

369 **a) Grundlagen/Besteuerungssystem.** Die Besteuerung der Renten **vor Erlass des AltEinkG** vom 5.7.2004 (BGBl. 2004 I 1427) war zuletzt maßgeblich durch das StNOG vom 16.12.1954 (BGBl. 1954 I 373) geändert worden. Die damals neue Konzeption ging davon aus, dass der Erwerb eines Rentenstammrechts ausschließlich die – steuerlich nicht relevante – Vermögenssphäre und nicht die Erwerbssphäre tangiert. Folgerichtig wurde das Rentenrecht ähnlich wie eine (in der Ansparphase nicht abzugsfähige) Kapitalforderung betrachtet, sodass bei Beginn der Rentenleistung eine schrittweise Rückzahlung dieser Forderung mit einer Zinsleistung einherging. Demzufolge wurden die Rentenleistungen in einen nicht besteuerten Rückzahlungsanteil (Tilgungsanteil) und einen besteuerten Zinsanteil (Ertragsanteil) zerlegt. Die Ertragswertbesteuerung galt damals unabhängig davon, ob sie aus der gesetzlichen Rentenversicherung, aus privaten Versicherungen oder aus sonstigen Verträgen (zB aufgrund einer Übertragung von Vermögensgegenständen) beruhten.

370 Mit dem **AltEinkG vom 5.7.2004** (BGBl. 2004 I 1427) hat der Gesetzgeber die in § 22 Nr. 1 S. 3 Buchst. a Doppelbuchst. aa erfassten Leibrenten und anderen Leistungen der

Basisversorgung – also die Produkte der ersten Schicht des Dreischichtenmodells – ebenso wie die Produkte der zweiten Schicht (die sog. **kapitalgedeckte Zusatzversorgung,** vgl. § 22 Nr. 5) grundsätzlich der **nachgelagerten Besteuerung** zugeführt. Für die nicht zu diesen beiden Schichten gehörenden Leibrenten und anderen Leistungen – also für die **Leistungen im Rahmen der Dritten Schicht** – blieb es bei der **Ertragswertesteuerung.** Zu den Produkten dieser Schicht gehören private Kapitalanlageprodukte, wie die klassische private Rentenversicherung die Kapitallebensversicherung, und Fondsparpläne. Bei diesen Produkten ist die **Verwendung für die Altersvorsorge möglich, aber nicht zwingend.**

Konkret ordnet § 22 Nr. 1 S. 3 Buchst. a Doppelbuchst. aa dazu an, dass zu den in S. 1 bezeichneten Einkünften – also zu den wiederkehrenden Bezügen – auch die Leibrenten und anderen Leistungen gehören, die **nicht solche im Sinne des § 22 Nr. 1 S. 3 Buchst. a Doppelbuchst. aa** sind. Diese sind mit dem in § 22 Nr. 1 S. 3 Buchst. a Doppelbuchst. bb S. 3, 4 näher beschriebenen Ertragswert zu besteuern. Die **Legitimation** für diese im Verhältnis zur nachgelagerten Besteuerung günstigen steuerlichen Behandlung der reinen Ertragswerbesteuerung fußt darauf, dass die Beiträge, die zur Erlangung dieser Bezüge geleistet wurden – anders die die Beiträge zu den Leistungen der ersten und zweiten Schicht – steuerlich nicht entlastet waren. 371

Aufgrund der Erwägung, dass bei mangelnder steuerlicher Entlastung der Beiträge in der in der Ansparphase eine volle (nachgelagerte) Besteuerung nicht sachgerecht ist, lässt der Gesetzgeber darüber hinaus über die sog. **Öffungsklausel** (§ 22 Nr. 1 S. 3 Buchst. a Doppelbuchst. bb S. 2) **unter bestimmten Voraussetzungen auch die Renten und anderen Leistung iSd § 22 Nr. 1 S. 3 Buchst. a Doppelbuchst. aa zur Ertragswertbesteuerung** zu. Denn bei diesen Renten, die die Voraussetzungen der Öffungsklausel erfüllen ist davon auszugehen, dass eine die nachgelagerte Besteuerung rechtfertigende **Entlastung** der Beiträge in der Ansparphase **nicht** hinreichend erfolgt ist. 372

b) Objekte der Regelung. Dem Wortlaut und der Systematik der Norm ist zu entnehmen, dass § 22 Nr. 1 S. 3 Buchst. a Doppelbuchst. bb einen **Auffangtatbestand** darstellt, der grundsätzlich all solche Leistungen erfasst, die **nicht auf in der Ansparphase entlasteten Beträgen beruhen.** Letztere Leistungen unterliegen einer direkten Zuweisung zur nachgelagerten Besteuerung (vgl. § 22 Nr. 1 S. 3 Buchst. a Doppelbuchst. aa und § 22 Nr. 5), während § 22 Nr. 1 S. 3 Buchs. a Doppelbuchst. bb die Besteuerung der Erträge aus den verbliebenen Produkten übernimmt. 373

aa) Leibrenten, die nicht solche iSd Doppelbuchst. aa sind. Zu diesen Leistungen gehören nach dem Wortlaut der Norm zunächst **Leibrenten,** die **nicht** solche iSd **§ 22 Nr. 1 S. 3 Buchst. a Doppelbuchst. aa** sind. Hinzu kommt, dass die Leibrenten **auch nicht** solche sein dürfen, die vorrangig nach **§ 22 Nr. 5 (nachgelagert)** besteuert werden. Die zweite Einschränkung folgt zwar nicht aus dem klaren Wortlaut; sie ergibt sich aber daraus, dass § 22 Nr. 5 eine Spezialvorschrift für besondere Produkte der zweiten Schicht des Dreischichtenmodells ist, bei denen die Beiträge in der Ansparhase entlastet sind und die daher nachgelagert besteuert werden. Soweit bei diesen Produkten eine Entlastung *nicht* erfolgt sein sollte, kann über § 22 Nr. 5 S. 2 Buchst. a ein Rückgriff auf § 22 Nr. 1 S. 3 Buchst. a Doppelbuchst. bb erfolgen. 374

Zur Frage, welche Leistungen von dem in § 22 Nr. 1 S. 3 Buchst. a Doppelbuchst. bb verwendeten Begriff der Leibrenten erfasst sind, und ob sie im konkreten Fall auch tatsächlich einer entsprechenden Ertragswertbesteuerung unterliegen wird umfassend auf die Ausführungen 375

- zu den Begrifflichkeiten und Besonderheiten von Renten (→ Rn. 66),
- Leibrenten (→ Rn. 84),
- abgekürzten Leibrenten (→ Rn. 87),
- und von verlängerten Leibrenten (→ Rn. 95),
- sowie auf die Ausführungen zur Aufspaltung wiederkehrender Bezüge (→ Rn. 117),
- zum Erfordernis der Mehrung der objektiven Leistungsfähigkeit (→ Rn. 119),
- zu den Besonderheiten bei Schadensersatzrenten (→ Rn. 121),
- zu den Besonderheiten bei wiederkehrenden Leistungen im Zusammenhang mit (unentgeltlichen oder entgeltlichen) Vermögensübertragungen (→ Rn. 126)

- und schließlich auf die Ausführungen zu den – bei Vorliegen der Voraussetzungen – vorrangig anwendbaren Regelungen des § 22 Nr. 1 S. 3 Buchst. a Doppelbuchst. aa (→ Rn. 251) und § 22 Nr. 5 (→ Rn. 678)

verwiesen.

376 Nach den dort beschriebenen Grundsätzen gehören zu **von § 22 Nr. 1 S. 3 Buchst. a Doppelbuchst. bb erfassten Leistungen bspw.**

- Leibrenten aufgrund **privater Rentenversicherungen,** welche die Voraussetzungen von § 22 Nr. 1 S. 3 Buchst. a Doppelbuchst. aa und § 22 Nr. 5 **nicht** erfüllen. Nach der Gesetzesbegründung (BT-Drs. 15/2150, 3489) fallen darunter Anlageprodukte, bei denen der Charakter einer frei verfügbaren Kapitalanlage überwiegt. Das sind zB private **Versicherungsverträge,** die die Voraussetzungen von § 10 Abs. 1 Nr. 2 Buchst. b **nicht** erfüllen, weil darin etwa **keine lebenslange** Rentenzahlung vereinbart ist, oder weil eine Teil- oder Einmalkapitalauszahlung (sog. **Kapitalwahlrecht**) vorgesehen ist, oder weil die Ansprüche vererblich, übertragbar, beleihbar, veräußerbar oder kapitalisierbar sind,
- mit einer Leibrente iSd § 22 Nr. 1 S. 3 Buchst. a Doppelbuchst. bb verbundene Rentenerhöhungsbeträge, die aufgrund einer vereinbarten (für das Vorliegen einer Leibrente **unschädlichen) Wertsicherungsklausel** gezahlt werden (bei schädlichen Anpassungen liegen dauernde Lasten vor),
- Leibrenten, welche **vor dem Anwendungsbereich** des JStG 2008 aufgrund des Instituts der **unentgeltlichen Vermögensübergabe** gegen Versorgungsleistungen gezahlt wurden (für den Zeitraum ab Veranlagungszeitraum 2008 vgl. § 22 Nr. 1a),
- Leibrenten, die im Bereich des Instituts der (entgeltlichen) **Veräußerung von Privatvermögen gegen wiederkehrende Leistungen** bezogen werden (Hinweis: Im Bereich *dieses* Instituts wird die abgekürzte Leibrente – anders als zB die abgekürzte Leibrente aufgrund privater Versicherungsverträge – nicht nach § 22 Nr. 1 S. 3 Buchst. a Doppelbuchst. bb EStG iVm § 55 Abs. 2 EStDV, sondern nach § 20 Abs. 1 Nr. 7 besteuert),
- **Betriebsrenten,** soweit die Beträge aus versteuertem Einkommen geleistet wurden (vgl. BFH 22.11.2006 – X R 29/05, BStBl. II 2007 402; zur besonderen Besteuerung von Leistungen aus einer Pensionskasse, einem Pensionsfonds oder einer Direktversicherung vgl. § 22 Nr. 5),
- Renten gem. § 9 Anspruchs- und Anwartschaftsüberführungsgeseztes (**AAÜG**). Diese Renten werden zwar von der Deutschen Rentenversicherung gezahlt; es handelt sich dabei jedoch nicht um auf entsprechend entlasteten Beiträgen basierende Leistungen „aus der gesetzlichen Rentenversicherung". Besteuerung erfolgt daher – vorbehaltlich von § 3 Nr. 6 – nach § 22 Nr. 1 S. 3 Buchst. a Doppelbuchst. bb (vgl. BMF 19.8.2013, BStBl. I 2013 Rn. 198; das Gleiche gilt für Leistungen der **Seemannskasse** gem. § 137b SGB VI, vgl. FG Hamburg 27.11.2014 – 2 K 310/13, BeckRS 2015, 94272);
- Wenn im Zusammenhang mit einer vor 2005 abgeschlossenen Kapitallebensversicherung ergänzend eine Berufsunfähigkeitszusatzversicherung verbunden wurde und wenn nach Eintritt des Versicherungsfalls ab dem Jahr 2005 Leibrenten wegen des Eintritts der **Berufsunfähigkeitsrente** geleistet werden, sind diese Rente – wie auch andere abgekürzte Leibrenten aus privaten Versicherungen, die nicht unter § 22 Nr. 1 S. Buchst. a Doppelbuchst. aa oder § 22 Nr. 5 fallen – nach § 22 Nr. 1 S. 3 Buchst. a Doppelbuchst. bb besteuert, wobei wegen der bei Berufsunfähigkeitsrenten üblichen zeitlichen Begrenzung auf das Erreichen des Renteneintrittsalters § 55 Abs. 2 EStDV („abgekürzte Leibrente") zu beachten ist (vgl. BFH 27.9.2011 – X B 241/10, BFH/NV 2012, 31; zur Ertragsanteilsbesteuerung solcher Renten vor 2005 vgl. BFH 9.2.2005 – X R 11/02, BFH/NV 2005, 1053).

377 **bb) andere Leistungen, die nicht solche iSd Doppelbuchst. aa sind.** Nach dem Wortlaut der Vorschrift bezieht sich § 22 Nr. 1 S. 3 Buchst. a Doppelbuchst. bb nicht nur auf Leibrenten, sondern auch auf **andere Leistungen.** Diese Geltung steht jedoch im unmittelbaren Zusammenhang mit der Regelung des **§ 22 Nr. 1 S. 3 Buchst. a Doppelbuchst. bb *S. 2*,** wonach unter bestimmten Voraussetzungen Leistungen von den Einrichtungen iSd Doppelbuchst. aa teilweise der Besteuerung nach Doppelbuchst. bb unterliegen können. In *diesem* Fall sollen auch die „anderen Bezüge" – die von den in **Doppelbuchst. aa genannten Einrichtungen erbracht werden, aber nach Doppelbuchst. bb zu besteuern sind** – erfasst werden (vgl. HHR/*Killat* § 22 Rn. 277).

Hinsichtlich der übrigen Leistungen iSd § 22 Nr. 1 S. 3 Buchst. a Doppelbuchst. bb – **also bei Leistungen, die nicht der Basisversorgung unterfallen** – gilt die Erweiterung der Besteuerung durch die Erfassung der „anderen Bezüge" **nicht.** Dies folgt zunächst aus der (allein) die Regelung des Doppelbuchst. aa in Bezug nehmenden Entstehungsgeschichte der vom Gesetzgeber aufgenommenen „anderen Bezüge". Zudem kann bei **Einmalzahlungen weder** von einem „Rentenrecht", **noch** von daraus „erzielten Erträgen" – was die Regelung des Doppelbuchst. bb indes ausdrücklich voraussetzt – ausgegangen werden, sodass – anders als in den Fällen des Doppelbuchst. aa – eine Besteuerung nach Doppelbuchst. bb entfällt (soweit nicht die Vorschrift des § 20 Abs. 1 Nr. 6 einschlägig ist; vgl. LBP/*Lüsch* § 22 Rn. 174; s. auch BFH 25.3.2010 – X B 142/09, BFH/NV 2010, 1275). **378**

cc) Öffnungsklausel, § 22 Nr. 1 S. 3 Buchst. a Doppelbuchst. bb S. 2. Gem. § 22 Nr. 1 S. 3 Buchst. a Doppelbuchst. bb S. 2 ist die **Ertragswertbesteuerung** unter bestimmten Voraussetzungen auch auf Leistungen iSd § 22 Nr. 1 S. 3 Buchst. a Doppelbuchst. aa (**Leistungen aus der Basisversorgung**) anzuwenden, **soweit** diese auf Beiträgen beruhen, die oberhalb des Höchstbeitrags zur gesetzlichen Rentenversicherung lagen (sog. Öffnungsklausel). **Sinn und Zweck** der Öffnungsklausel ist es, in Ansehung der fehlenden steuerlichen Entlastung der oberhalb des Höchstbeitrags liegenden Beiträge eine doppelte und damit verfassungswidrige Besteuerung zu vermeiden (vgl. BFH 4.2.2010 – X R 58/08, BStBl. II 2011, 579). Die Anwendung der Öffnungsklausel **setzt Folgendes Voraus:** **379**

- bis zum **31.12.2004** geleistete Beiträge
- Beiträge lagen mindestens **10 Jahre oberhalb** des Höchstbeitrags zur gesetzlichen Rentenversicherung
- **Nachweis** durch Steuerpflichtigen (Bescheinigung des Versicherungsträgers)
- **Antrag** des Steuerpflichtigen.

Die Anwendung der Öffnungsklausel führt in der **Rechtsfolge** dazu, dass **380**

- die **Ertragswertbesteuerung** gem. § 22 Nr. 1 S. 3 Buchst. a Doppelbuchst. bb greift,
- soweit
- die Renten auf den Beiträgen oberhalb **des Höchstbetrags beruhen,**
- welche **bis zum 31.12.2004** geleistet wurden.

Voraussetzungen der Öffnungsklausel im Einzelnen:

Die Anwendung der Öffnungsklausel setzt damit zunächst voraus, dass bis **zum 31.12.2004** für mindestens **zehn Jahre Beiträge** geleistet wurden, die oberhalb des Höchstbeitrags zur gesetzlichen Rentenversicherung lagen. Dass die günstige Ertragswerbesteuerung nicht auch schon dann Platz greift, wenn ein Steuerpflichtiger unterhalb von 10 Jahren über dem Höchstbeitrag liegende Beiträge leistet, ist **verfassungsmäßig nicht zu beanstanden** (vgl. BFH 4.2.2010 – X R 58/08, BStBl. II 2011, 579; jedoch ist zu beachten, dass ungeachtet der grundsätzlichen Verfassungsmäßigkeit eine Doppelbesteuerung im konkreten Einzelfall vorliegen kann und zu vermeiden ist). **381**

Dabei ist im Ausgangspunkt darauf hinzuweisen, dass für die Anwendung der Öffnungsklausel **nur Beiträge berücksichtigt werden, die eigene Beitragsleistungen** des Steuerpflichtigen sind. Steht von vorherein fest, dass keine eigenen Beitragsleistungen erbracht wurden – zB Beiträge, die durch den Arbeitgeber ohne steuerliche Belastung des Steuerpflichtigen entrichtet worden sind – sind die entsprechenden Jahre nicht in die Berechnung des 10-Jahreszeitraums einzubeziehen (vgl. FG Schleswig-Holstein 15.9.2011 – 1 K 97/10, EFG 2012, 695). **382**

Nicht als vom Steuerpflichtigen geleistete **Beiträge** gelten ferner Zahlungen in eine (befreiende) Lebensversicherung, sofern die Lebensversicherung steuerfrei ausgezahlt wurde bzw. werden kann (BFH 4.2.2010 – X R 58/08, BStBl. II 2011, 579). Ebenfalls nicht einzubeziehen sind (aufgrund einer Beamtenversorgung) fiktive Beiträge (BFH 18.5.2010 – X R 29/09, BStBl. II 2011, 591; zur Zuordnung der Beiträge vgl. BFH 23.10.2013 – X R 11/12, BFH/NV 2014, 328; BFH 17.11.2015 – X R 40/13, BFH/NV 2016, 388). **383**

Für die Prüfung, ob geleistete Beiträge **oberhalb des Betrags des Höchstbeitrags** gezahlt wurden, kann auf eine **Zusammenstellung der Höchstbeiträge** zur gesetzlichen Rentenversicherung der Arbeiter und Angestellten sowie der zur Knappschaftlichen Rentenversicherung zurückgegriffen werden, die als **Anlage** dem BMF-Schreiben vom 19.8.2013 beigefügt ist (vgl. BMF 19.8.2013, BStBl. I 2013, 1087 Anlage; zu den im Einzelnen in die **384**

Berechnung einzubeziehenden Beiträgen vgl. BMF 19.8.2013, BStBl. I 2013, 1087 Rn. 242–245).

385 Bei der Beurteilung, ob der 10-Jahreszeitraum erreicht ist, ist **jedes Kalenderjahr getrennt** zu betrachten. Die 10 Jahre müssen dabei **nicht aufeinander** folgen; es genügt, wenn in Summe 10 Jahre erreicht werden. Dabei sind die Beiträge **grundsätzlich dem Jahr zuzurechnen, in dem sie gezahlt** oder für das sie bescheinigt werden.

385a Sofern Beiträge jedoch rentenrechtlich (als Nachzahlung) in einem anderen Jahr wirksam werden, sind sie diesem Jahr zuzurechnen, in dem sie rentenrechtlich wirksam werden (vgl. BMF 19.8.2013, BStBl. I 2013, 1087 Rn. 240; **aA** FG München 26.7.2017 – 1 K 2510/14, EFG 2018, 300, wonach es bei einer Nachzahlung nicht darauf ankomme, wann die Nachzahlung rentenrechtlich wirksam wird – also ab wann sie rentenerhöhend wirkt – sondern darauf, für welches Jahr die Rentenzahlung geleistet wurde; mittlerweile wurde diese Entscheidung aber aufgehoben durch BFH 4.9.2019 – X R 43/17, DStR 2020, 207). Weiterhin ist zu beachten, dass nur Zahlungen berücksichtigt werden, die **bis zum 31. Dezember 2004** geleistet wurden (denn danach geleistete Beiträge unterliegen vollumfänglich dem System der nachgelagerten Besteuerung und unterliegen daher – einhergehend mit dem ansteigenden Besteuerungsteil – in ansteigender Höhe dem Sonderausgabenabzug). Sie müssen ferner „für" Beitragsjahre gezahlt worden sein, die vor dem 1.1.2005 lagen. Der **jährliche Höchstbetrag ist auch dann** maßgeblich, wenn nur für einen Teil des Jahres eine Versicherungspflicht bestand oder nicht während des ganzen Jahres Beiträge geleistet wurden; er ist damit zB nicht anteilig um die Zahl der Monate der fehlenden Versicherungspflicht zu reduzieren (vgl. BMF 19.8.2013, BStBl. I 2013, 1087 Rn. 240).

386 Der vom Gesetz ausdrücklich geforderte **Nachweis** kann vorrangig durch **Bescheinigungen der Versorgungsträger** (oder deren Rechtsnachfolger), an die die Beiträge geleistet wurden, geführt werden. Aus der Bescheinigung muss sich ergeben, dass die Beiträge vor dem 1.1.2005 geleistet wurden, und welchem Jahr sie zugerechnet wurden. Soweit der Versorgungsträger für Beiträge eine Zahlung vor dem 1.1.2005 nicht bescheinigen kann, hat er in der Bescheinigung ausdrücklich darauf hinzuweisen. In diesen Fällen obliegt es dem Steuerpflichtigen, den Zahlungszeitpunkt mit **anderweitigen Beweismitteln** zu belegen.

387 Der **Antrag** kann vom Steuerpflichtigen beim zuständigen Finanzamt im Rahmen der Einkommensteuererklärung grundsätzlich **formlos** gestellt werden; die Öffnungsklausel ist **nicht von Amts** wegen zu berücksichtigen. Nach Auffassung der Finanzverwaltung kann der Antrag kann nicht vor Beginn des Leistungsbezugs gestellt werden (BMF 19.8.2013, BStBl. I 2013, 1087 Rn. 239); diese Auffassung lässt sich mit dem Gesetz jedoch nicht in Einklang bringen, welches einen Antrag fordert, nicht jedoch zwingend darauf abstellt, wann dieser gestellt wird.

Die Rechtsfolgen der Öffnungsklausel im Einzelnen:

388 Soweit die Bezüge auf den über dem Betrag des Höchstbeitrags beruhen, erfolgt anstatt der nachgelagerten Besteuerung nach § 22 Nr. 1 S. 3 Buchst. a Doppelbuchst. aa die Ertragswertbesteuerung nach § 22 Nr. 1 S. 3 Buchst. a Doppelbuchst. bb. Zur Ermittlung desjenigen Teils der Bezüge, der der Ertragswertbesteuerung unterliegt, bedarf es einer **Ermittlung des auf den Beiträgen oberhalb des Höchstbeitrags beruhenden Anteils** der gezahlten Rente. Dabei ist der den Höchstbeitrag übersteigende Beitragsanteil **dem Grunde und der prozentualen Höhe nach** für **jeden einzelnen Rentenanspruch und für jedes in Frage kommende Jahr gesondert** zu berechnen. Als Nachweise für das anteilige Übersteigen der seinerzeit geleisteten Beiträge können dabei vorzugsweise die Bescheinigungen der Versorgungsträger herangezogen werden.

389 Zu den genauen Ermittlungswegen und einem ausführlichen **Beispiel** wird auf das BMF Schreiben vom 19.8.2013 (BMF 19.8.2013, BStBl. I 2013, 1087 Rn. 248–255) verwiesen.

390 Anrechte, auf deren Leistung die Öffnungsklausel anzuwenden ist, können in einen **Versorgungsausgleich unter Ehegatten** oder Lebenspartnern einbezogen worden sein. Soweit ein solches Anrecht auf die ausgleichsberechtigte Person übertragen bzw. soweit zu Lasten eines solchen Anrechts für die ausgleichsberechtigte Person ein Anrecht begründet wurde (§§ 10, 14 VersAusglG), kann auf Antrag der ausgleichsberechtigten Person auf die darauf beruhenden Leistungen die Öffnungsklausel ebenfalls Anwendung finden. Es besteht insoweit ein **Auskunftsanspruch gegen die ausgleichspflichtige Person bzw. gegen den Versorgungsträger (vgl. § 4 VersAusglG, vgl. § 22 Nr. 1 S. 3 Buchst. a Doppelbuchst. bb S. 2 Hs. 3).**

In dem Umfang, wie die ausgleichsberechtigte Person für übertragene oder begründete Anrechte die Öffnungsklausel anwenden kann, entfällt die ausgleichspflichtige Person die Anwendbarkeit der Öffnungsklausel. Dabei kommt es nicht darauf an, ob die ausgleichsberechtigte Person tatsächlich von der Anwendbarkeit der Öffnungsklausel Gebrauch macht (BMF 19.8.2013, BStBl. I 2013 Rn. 258). 391

Zu einem ausführlichen **Beispiel** zur Ermittlung der Folgen für die ausgleichsberechtigte Person wird auf das BMF Schreiben vom 19.8.2013 verwiesen (BMF 19.8.2013, BStBl. I 2013, 1087 Rn. 259 ff.). 392

c) Ermittlung des Ertragsanteils. Der der Besteuerung zugrunde zu legende Ertragsanteil wird nach der Tabelle in § 22 Nr. 1 S. 3 Buchst. a Doppelbuchst. bb S. 4 ermittelt; bzgl. der in § 22 Nr. 1 S. 3 Buchst. a Doppelbuchst. bb S. 5 beschriebenen Sonderfälle ist zudem § 55 EStDV zu beachten. 393

aa) Zeitliche Anwendbarkeit der Tabelle. Die mit dem AltEinkG eingeführte Tabelle in § 22 Nr. 1 S. 3 Buchst. a Doppelbuchst. bb S. 4 (ebenso die Regelungen in § 55 EStDV) findet ab dem **Veranlagungszeitraum 2005** Anwendung. Dies gilt auch für vor dem Jahr 2005 abgeschlossene **Altverträge** (BT-Drs. 1521/41; BFH 27.9.2011 – X B 241/10, BFH/NV 2012, 31), für die in den Vorjahren noch die alte Tabelle (die damals *auch* für die Renten aus der Basisversorgung galt) Anwendung fand. Sofern also eine Person bspw. mit 63 Jahren ab 2004 eine Rente erhielt so war diese Rente in 2004 zu einem Anteil von 29% und ab 2004 mit dem neuen Anteil von 20% zu versteuern. 394

bb) Ertragsanteil abhängig vom Lebensalter. Als Ertrag des Rentenrechts gilt für die gesamte Dauer des Rentenbezugs der Unterschiedsbetrag zwischen dem Jahresbetrag der Rente und dem Betrag, der sich bei gleichmäßiger Verteilung des Kapitalwerts der Rente auf ihre voraussichtliche Laufzeit ergibt; dabei ist der Kapitalwert nach dieser Laufzeit zu berechnen (§ 22 Nr. 1 S. 3 Buchst. a Doppelbuchst. bb S. 3). Der konkrete Wert ist der Tabelle des § 22 Nr. 1 S. 3 Buchst. a Doppelbuchst. bb S. 4 EStG bzw. § 22 Nr. 1 S. 3 Buchst. a Doppelbuchst. bb S. 5 EStG iVm § 55 Abs. 2 EStDV zu entnehmen; in diesen Tabellen hat der Gesetzgeber die Höhe der Erträge in typisierender Form festgelegt (BFH 27.9.2011 – X B 241/10, BFH/NV 2012, 31). Die der Tabelle zugrunde gelegte Laufzeit entspricht dabei der mittleren Lebenserwartung der betreffenden Person entsprechend den biometrischen Durchschnittswerten (vgl. BFH 5.6.2002 – X R 1/00, BFH/NV 2002, 1438). 395

Nach der Tabelle ist die Höhe des Ertragsanteils abhängig von dem **bei Beginn der Rente vollendeten Lebensjahrs.** Der sonach ermittelte Prozentsatz für die entsprechende Rente wird festgeschrieben und bleibt für die **gesamte Bezugsdauer gleich** (Schmidt/*Weber-Grellet* § 22 Rn. 96). 396

Mit **Beginn der Rente** ist grundsätzlich der Zeitpunkt maßgeblich, in dem der Rentenanspruch entstanden ist (BFH 14.11.2001 – X R 90/98, BStBl. II 2002, 191). Ebenso wie bei den Renten iSd § 22 Nr. 1 S. 3 Buchst. a Doppelbuchst. aa ist damit für die Anwendung der Tabelle nicht von Relevanz, ab wann die Rente tatsächlich gezahlt wird oder wann der Antrag auf Auszahlung gestellt wird. 397

Beispiel:

A wurde im Mai 2004 63 Jahre alt. Er bezieht seit Juni 2004 eine Rente iHv 1.000 EUR monatlich. Die Rente erhöhte sich zum 1.7.2005 auf 1.100 monatlich. 397.1

Lösung:

Die Leistungen im Jahr 2004 beliefen sich auf 7.000 EUR. Der Ertragsanteil nach der vor 2005 geltenden Tabelle belief sich auf 29%. Die Einkünfte betrugen damit (7.000 EUR x 29% =) 2.030 – 102 EUR (Werbungskostenpauschbetrag) = 1.928 EUR. 397.2

Im Jahr 2005 beliefen sich die Leistungen auf (6 x 1.000 + 6.1.100=) 12.600 EUR. Der Wert nach der neuen Tabelle beträgt 20%. Die Einkünfte betrugen demnach (12.600 x 20%=) 2.520 – 102 (Werbungskostenpauschbetrag) = 2.418 EUR. 397.3

cc) Ertragsanteil in den Sonderfällen des § 55 EStDV. § 22 Nr. 1 S. 3 Buchst. a Doppelbuchst. bb S. 5 beschreibt Sonderfälle, in denen die Berechnung des Ertragsanteils „**durch eine Rechtsverordnung**" bestimmt werden. Die Regelungen dieser Rechtsverord- 398

nung finden sich in **§ 55 EStDV.** § 22 Nr. 1 S. 3 Buchst. a Doppelbuchst. bb S. 5 benennt folgende Sonderfälle:
- Leibrenten, die vor dem 1.1.1955 zu laufen begonnen haben,
- Leibrenten, deren Dauer von der Lebenszeit einer anderen Person abhängig ist,
- Leibrenten deren Dauer von der Lebenszeit mehrerer Personen abhängig ist,
- Leibrenten, die auf eine bestimmte Zeit beschränkt sind (abgekürzte Leibrenten).

399 Für den Fall, dass eine **Leibrente vor dem 1.1.1955** zu laufen begonnen hat, regelt § 55 Abs. 1 Nr. 1 EStDV, dass für die Anwendung der Tabelle nicht das Lebensjahr relevant ist, welches die Person bei Beginn der Rente hatte, sondern das Jahr, welches zuletzt vor dem 1.1.1955 vollendet hat. Dies führt bei diesen Altrenten aufgrund des fortschreitenden Alters zwischen Rentenbeginn und dem 1.1.1955 zu einem höheren Alter und damit zu einem verringerten Ertragsanteil.

400 Sofern die Leibrente des Bezugsberechtigten von der Lebenszeit **einer anderen Person** abhängt, ist für die Anwendung der Tabelle auf das bei Rentenbeginn (bzw. bei Altrenten: das vor dem 1.1.1955) vollendete Lebensjahr der anderen Person abzustellen; vgl. § 55 Abs. 1 Nr. 2 EStDV.

401 Ist die Leibrente von der Lebenszeit **mehreren Personen abhängig,** normiert § 55 Abs. 1 Nr. 3 EStDV, auf wessen vollendetes Lebensjahr für die Anwendung der Tabelle abzustellen ist. Sofern in diesen Fällen das Rentenrecht mit dem **Tod des zuerst Sterbenden** erlischt, ist für die Anwendung der Tabelle auf das bei Rentenbeginn (bzw. bei Altrenten: das vor dem 1.1.1955) vollendete Lebensjahr der ältesten Person maßgeblich. Wenn das Rentenrecht mit dem **Tod des zuletzt Sterbenden** erlischt, dann kommt es auf das Alter der jüngsten Person an. Diese Regelung hat zur Folge, dass die **Rente aufzuteilen** ist, wenn ein Teil der Rente mit dem Tod des zuerst versterbenden erlischt (insoweit dann Tabellenwert nach Maßgabe der ältesten Person), während ein anderer Teil erst nach dem Tod der zuletzt sterbenden Person erlischt (insoweit dann Tabellenwert nach dem Alter der jüngeren Person). Eine solche Konstellation liegt bspw. vor, wenn Eheleute eine Rente vereinbaren, die sich nach dem Tod des Erstversterbenden halbieren soll. In diesem Fall ist der Ertragsanteil je zur Hälfte nach dem Alter der älteren und der jüngeren Person zu ermitteln.

402 Die Erträge aus einer privaten Rentenversicherung, welche als **abgekürzte Leibrenten** gelten, werden nach der Tabelle in § 55 Abs. 2 EStDV besteuert. Abgekürzte Leibrenten sind Leibrenten, die auf die Lebenszeit, höchstens jedoch auf eine bestimmte Zeit von Jahren begrenzt sind (BFH 9.2.2005 – X R 17/04, HFR 2005, 659; vgl. auch § 55 Abs. 2 S. 1 EStDV); sie werden auch befristete Leibrenten oder Höchstzeitrenten genannt. Zur näheren **Definition abgekürzter Leibrenten, zu Beispielen, zur Abgrenzung zu § 20 Abs. 1 Nr. 6 sowie zur besonderen Behandlung bei abgekürzten Leibrenten im Zusammenhang mit einer entgeltlichen Vermögensübertagung** gegen Leibrenten wird auf die entsprechenden Ausführungen (→ Rn. 87 ff.) verwiesen.

403 Die Tabelle in § 55 Abs. 2 geht davon aus, dass es für die Ermittlung des Ertragswerts **in erster Linie** auf die beschränkte Laufzeit ab Rentenbeginn (für Altrenten: ab 1.1.1955) ankommt

Beispiel:

403.1 A erhält eine Leibrente mit einer maximalen Laufzeit von 10 Jahren.

Lösung:

403.2 Der Ertragsanteil gem. der ersten Spalte der Tabelle beläuft sich auf 12%.

404 Wenn sich jedoch aus der auf das Lebensalter bei Rentenbeginn abstellenden Tabelle des § 22 Nr. 1 S. 3 Buchst. a Doppelbuchst. bb S. 4 ein **niedrigerer Wert** ergibt, folgt aus der dritten Spalte der Tabelle, dass dann dieser niedrigere Wert anzusetzen ist.

Beispiel:

404.1 A erhält eine Leibrente mit einer maximalen Laufzeit von 10 Jahren. Er war bei Beginn der Rente jedoch schon 80 Jahre.

Lösung:

404.2 Nach der in der ersten Spalte normierten Regel beläuft sich der Ertragsanteil auf 12%. Aus Spalte 3 geht jedoch hervor, dass die Tabelle nach § 22 Nr. 1 S. 3 Buchst. a Doppelbuchst. bb anzuwenden ist, weil A bei Rentenbeginn das 78 Lebensjahr vollendet hatte. Bei der Anwendung dieser Tabelle ist nunmehr nicht auf das 78 Lebensjahr abzustellen – dies hatte lediglich die Anwendbarkeit der erste

Spalte suspendiert. Zugrunde zu legen ist vielmehr das Lebensjahr, welches A bei Rentenbeginn tatsächlich vollendet hat. Da er bereits 80 Jahre war, beläuft sich der Ertragswert auf 8%.

Anders als bei abgekürzten Leibrenten finden sich für **verlängerte Leibrenten** keine *besonderen* Regelungen. Bei diesen ist insbesondere zu beachten, dass sie – je nach Ausgestaltung – sowohl als Leibrente, als auch als Kaufpreisrate behandelt werden können. Zu den Einzelheiten dazu wird auf die Ausführungen zu den Begrifflichkeiten/Besonderheiten (→ Rn. 95) verwiesen. 405

dd) Ertragsanteile bei Erhöhung/Verminderung von Renten. Wenn ein Rentenbetrag – sei es aufgrund einer bereits bei Vertragsschluss getroffenen Vereinbarung, sei es aufgrund einer nachträglichen Vereinbarung – **erhöht,** ist der Rentenerhöhungsbetrag **grundsätzlich als neue** und selbständige Leibrente anzusehen (EStR 22.4 Abs. 1). Für diesen Erhöhungsanteil ist daher der **Ertragswert gesondert zu ermitteln** und zwar nach dem Alter, welches zu Beginn der Laufzeit des erhöhten Rentenbetrags vollendet ist (HHR/*Killat* § 22 Rn. 334). 406

Keine neue Rente in diesem Sinne – mit der Folge, dass der bei Rentenbeginn maßgebende Prozentsatz auch für den Erhöhungsbetrag gilt – liegt in folgenden Fällen vor (vgl. *Myßen/Killat/Killat* Renten, Raten, Dauernde Lasten, 15. Aufl. 2014, Rn. 1467; EStR 22.4): 407
- Die Erhöhung steht im zeitlichen Zusammenhang mit einer vorangegangenen Herabsetzung,
- die Erhöhung fußt auf einer Wertsicherungsklausel,
- die Erhöhung der Rentenzahlung erfolgt durch eine von vornherein vorgesehene Überschussbeteiligung (vgl. auch BFH 17.4.2013 – X R 18/11, BStBl. II 2014, 15).

Bei einer **Herabsetzung der Rente ist zu differenzieren** (EStR 22.4; zu weiteren Fallgruppen s. auch HHR/*Killat* § 22 Rn. 335): 408

Wenn **von Anfang** an eine Herabsetzung der Rente vereinbart wird, dann wird zunächst der Ertragsanteil bzgl. des Grundbetrags – also des nach der Herabsetzung relevanten Betrags – ermittelt. Dieser Anteil bleibt während der ganzen Laufzeit gleich. Der überschießende Teil stellt eine abgekürzte Leibrente dar, der längstens bis zum Herabsetzungszeitraum läuft; insoweit ist der Ertragswert nach der Tabelle des § 55 Abs. 2 EStDV zu ermitteln. 409

Wenn die **Herabsetzung während der Laufzeit** vereinbart und **sogleich** wirksam wird, bleibt der Ertragsanteil bzgl. des verbleibenden Teils unverändert. 410

Wenn die **Herabsetzung während der Laufzeit** mit der Maßgabe vereinbart wird, dass sie erst **zu einem späteren Zeitpunkt** eintritt, bleibt der Ertragsanteil bis zum Zeitpunkt der Vereinbarung unverändert. Von diesem Zeitpunkt an ist wie bei einer von Anfang an vereinbarten Herabsetzung vorzugehen (Grundbetrag/abgekürzte Leibrente). Dabei ist jedoch auf das zu Beginn des Renteneintritts vollendete Lebensjahr (und nicht auf das im Zeitpunkt der Vereinbarung vollendete Lebensjahr) abzustellen und bzgl. der abgekürzten Leibrente – also bzgl. des überschießenden Teils der Rente – ist die beschränkte Laufzeit ab Beginn des Rentenbezugs zugrunde zu legen. 411

d) Ermittlung der Einkünfte. Die Einkünfte iSd § 22 Nr. 1 S. 3 Buchst. a Doppelbuchst. bb werden gem. § 2 Abs. 2 Nr. 2 durch den Überschuss der Einnahmen (§ 8) über die Werbungskosten (§ 9) ermittelt. 412

Für die Einnahmen und Ausgaben gilt das Zu- und Abflussprinzip, § 11 Abs. 1 und 2; für die Werbungskosten gelten die allgemeinen Grundsätze des § 9. Dabei greift § 3c trotz der nur anteiligen (Ertragswert-)Besteuerung nicht ein. Der **Werbungskostenpauschbetrag** nach § 9a S. 1 Nr. 3 in Höhe von 102 EUR findet Anwendung. 413

10. Besteuerung von Zuschüssen/sonstigen Vorteilen gem. § 22 Nr. 1 S. 3 Buchst. b

§ 22 Nr. 1 S. 3 Buchst. b erwähnt, dass „zu den in S. 1 bezeichneten Einkünften", also zu den wiederkehrenden Bezügen iSd § 22 Nr. 1 S. 1, auch Einkünfte aus Zuschüssen und sonstigen Vorteilen, die als wiederkehrende Bezüge gewährt werden, gehören. Die **Bedeutung der Vorschrift ist gering,** da sie lediglich klarstellt, dass Zuschüsse und sonstige Vorteile Güter in Geld oder Geldeswert sind. 414

415 Zu den weiteren Einzelheiten, zu Abgrenzungsfragen, Besteuerungsaspekten und zu Beispielen für Zuschüsse und sonstige Vorteile wird auf die Ausführungen zu den Begrifflichkeiten (→ Rn. 63) verwiesen.

III. Besteuerung von Leistungen/Zahlungen gem. § 22 Nr. 1a

416 Gem. § 22 Nr. 1a sind sonstige Einkünfte auch Einkünfte aus Leistungen und Zahlungen nach § 10 Abs. 1a, soweit für diese die **Voraussetzungen für den Sonderausgabenabzug beim Leistungs- oder Zahlungsverpflichteten nach § 10 Abs. 1a** erfüllt sind.

1. Allgemeines

417 **a) Entwicklung.** § 22 Nr. 1a ist durch das **ZollkodexAnpG** vom 22.12.2014 (BGBl. 2014 I 2417) neu gefasst worden. Durch die Gesetzesänderung wurden die zuvor in den Regelungen des § 22 Nrn. 1a, 1b und 1c erfassten Tatbestände zusammengeführt und durch einen Verweis auf den – ebenfalls neu gefassten – § 10 Abs. 1a neu geregelt; die § 22 Nr. 1b und 1c wurden damit aufgehoben.

418 § 10 Abs. 1a fasst in den durch das ZollkodexAnpG neu gefassten Nrn. 1, 2 und 4 die früheren Regelungen des § 10 Abs. 1 Nr. 1a (**Realsplitting**) Nr. 1b (**Vermögensübertragung gegen Versorgungsleistung**) und Nr. 1c (**Versorgungsausgleich**) zusammen. Insoweit hat sich auch die Besteuerung nach § 22 nicht geändert, da die Leistungen im Rahmen dieser Rechtsinstitute bereits vorher durch entsprechende Verweise in § 22 Nr. 1a, Nr. 1b und Nr. 1c auf die Regelungen des § 10 Abs. 1 Nr. 1a, Nr. 1b und Nr. 1c der Besteuerung unterworfen wurden. Materiell-rechtlich **neu hinzugekommen** sind durch das ZollkodexAnpG allein die Regelungen über **Ausgleichszahlungen** an den Versorgungsberechtigten zur Vermeidung der Durchführung eines Versorgungsausgleichs (§ 10 Abs. 1a Nr. 3).

419 Zur Rechtslage **vor dem VZ 2008** und zu den Änderungen durch das **JStG 2008** vom 20.12.2007 (BGBl. 2007 I 3150: Einfügung von § 22 Nr. 1b – dh, gesetzliche Kodifikation des bislang durch Richterrecht geprägten Instituts der unentgeltlichen Vermögensübergabe gegen Versorgungsleistungen – und von § 22 Nr. 1c mit Wirkung zum Veranlagungszeitraum 2008) → Rn. 126 ff.

420 **b) Besteuerungssystem.** Die Besteuerung nach § 22 Nr. 1a korrespondiert mit dem Sonderausgabeabzug nach § 10 Abs. 1a auf Seiten des Leistenden. Dabei Unterliegen die Einkünfte bei Vorliegen der Voraussetzungen in **vollem Umfang der Besteuerung** und geht mit einem **vollen Sonderausgabenabzug** einher. Dies war bspw. im Rahmen des Instituts der Vermögensübertragung gegen Versorgungsleistungen ***vor*** **seiner gesetzlichen Kodifikation** durch das JStG 2008 noch anders. Dort war bzgl. der Besteuerung und der Abziehbarkeit auf den Gegenstand der Leistung abzustellen: Wurden die wiederkehrenden Bezüge in Form einer Leibrente gezahlt, so war bei der Besteuerung und beim Sonderausgabenabzug nur der Ertragsanteil zugrunde zu legen. Durch Aufnahme dieser wiederkehrenden Bezüge in das Gesetz – welches eine mögliche Begrenzung auf den Ertragswert nicht vorsieht – sind diese Besonderheiten jedoch zugunsten einer vollen Besteuerung/Abziehbarkeit aufgelöst worden.

421 **c) Ermittlung der Einkünfte.** Die Einkünfte iSd § 22 Nr. 1a werden gem. § 2 Abs. 2 Nr. 2 durch den Überschuss der Einnahmen (§ 8) über die Werbungskosten (§ 9) ermittelt. Für die Einnahmen und Ausgaben gilt das Zu- und Abflussprinzip, § 11 Abs. 1 und 2; für die Werbungskosten gelten die allgemeinen Grundsätze des § 9.

422 Sofern keine höhere Werbungskosten anfallen, greift der **Werbungskostenpauschbetrag** gem. § 9a Nr. 3 in Höhe von 102 EUR. Wird dieser Pauschbetrag jedoch bereits einmal im Rahmen von Einkünften iSd § 22 Nr. 1 in Anspruch genommen, so kann er nicht ein zweites Mal beansprucht werden (Blümich/*Nacke* § 22 Rn. 143c).

2. Voraussetzungen im Einzelnen

423 Zu den Voraussetzungen von § 10 Abs. 1a Nr. 1, Nr. 2, Nr. 3 und Nr. 4 wird auf die dortigen Ausführungen verwiesen.

IV. Besteuerung von Einkünften aus privaten Veräußerungsgeschäften gem. § 22 Nr. 2

Gem. § 22 Nr. 2 sind sonstige Einkünfte Einkünfte aus privaten Veräußerungsgeschäften iSd § 23. Bzgl. dieser Einkünfte wird daher umfassend auf die Ausführungen zu § 23 verwiesen (→ § 23 Rn. 2 ff.). 424

V. Besteuerung von Leistungen gem. § 22 Nr. 3

Gem. § 22 Nr. 3 sind sonstige Einkünfte auch Einkünfte aus **Leistungen,** soweit sie **weder** zu den anderen Einkunftsarten (§ 2 Abs. 1 S. 1 Nrn. 1–6) **noch** zu den Einkünften iSd § 22 Nr. 1, 1a, 2 oder 4 gehören. Die Umschreibung des Begriffs der „Leistung" nimmt das Gesetz **exemplarisch** vor. So gehören „zB Einkünfte aus **gelegentlichen Vermittlungen** und aus der **Vermietung beweglicher Gegenstände**" dazu. 425

1. Allgemeines

a) Historische Entwicklung. Die letzten wesentlichen Änderungen (zur historischen Entwicklung von § 22 auch → Rn. 11) von § 22 Nr. 3 nahm der Gesetzgeber zunächst mit dem **StEntlG 1999/2000/2002** vom 24.3.1999 (BGBl. 1999 I 402) vor, in welchem die Verlustausgleichsregelung des § 22 Nr. 3 S. 4 eingeführt wurde. Im **JStG 2007** vom 13.12.2006 (BGBl. 2006 I 2878) wurde diese Regelung ab 2007 durch den Verweis in § 22 Nr. 3 S. 4 Hs. 2 ergänzt, welcher auf § 10d Abs. 4 Bezug nimmt. Seither ist damit bei der nur innerhalb der Einkünfte gem. § 22 Nr. 3 möglichen Verlustverrechnung die gesonderte Feststellung der am Ende des VZ verbliebenen Verlustvorträge angeordnet. 426

Mit Wirkung ab VZ 2009 (vgl. § 52a Abs. 9) ist durch das **UntStReformG 2008** v 14.8.2007 (BGBl. 2007 I 1912) die Besteuerung der **Stillhalteprämien,** die für die Einräumung von Optionsrechten vereinnahmt werden, aus dem Anwendungsbereich von § 22 Nr. 3 entfernt und in **§ 20 Abs. 1 Nr. 11** überführt worden. Vor dem 1.1.2009 zugeflossene Prämien unterfallen noch § 22 Nr. 3. 427

Mit dem **JStG 2009** (BGBl. 2008 I 2794) hat der Gesetzgeber auf die Überführung der Stillhalteprämien in den Bereich der Einkünfte aus Kapitalvermögen dahingehend reagiert, dass er in § 22 Nr. 3 S. 5, 6 den Ausgleich von Verlusten aus § 22 Nr. 3 in der bis zum 31.12.2008 geltenden Fassung (**Altverluste**) auch mit Einkünften iSd **§ 20 Abs. Nr. 11** zuließ. Diese Regelung wurde jedoch auf eine **Übergangszeit** von 5 Jahren begrenzt und endete Ende 2013. 428

b) Funktion der Norm/Überschusserzielungsabsicht. Das Gesetz unterwirft die **Einkünfte aus Leistungen** der Einkommensteuer, ohne den Begriff der Leistungen konkret zu definieren. Der gewählte Wortlaut „Leistungen" ist dabei sehr weit gefasst; die subsidiär anwendbare Vorschrift stellt insoweit die **einkommensteuerrechtliche Grundnorm** dar und schließt das System der Einkunftsarten. Grundsätzlich werden dabei **alle Leistungsentgelte** erfasst (Schmidt/*Weber-Grellet* § 22 Rn. 130). 429

Von diesem Grundsatz gibt es jedoch **Ausnahmen.** Denn die exemplarische Aufzählung von Einkünften aus „gelegentlichen Vermittlungen" und aus der „Vermietung beweglicher Gegenstände" zeigt, dass die Vorschrift des § 22 Nr. 3 **keine Generalnorm ist, die letztlich *jedes*** nicht von anderen Normen erfasste Entgelt der Besteuerung unterwirft (BVerfG 30.9.1998 – 2 BvR 1818/91, BVerfGE 99, 88). Auch zeigt der systematische Zusammenhang der Norm zu den Vorschriften des §§ 17, 22 Nr. 2, 23, dass Veräußerungen nach der Vorstellung des Gesetzgebers bereits (abschließend) in anderweitigen Vorschriften geregelt sind. Damit kommen als Leistungen iSd § 22 Nr. 3 **nur solches Tun/Dulden oder Unterlassen in Betracht, welches sich außerhalb von Veräußerungs- oder veräußerungsähnlichen Vorgängen im Bereich der Erwerbstätigkeit oder Nutzung von Vermögen abspielt.** Steuerbare Leistungen iSd § 22 Nr. 2 können damit – auch das kann den beiden Beispielen in § 22 Nr. 3 S. 1 entnommen werden – im 430

- **Leistungsbereich** (außerhalb von Vermögensübertragungsleistungen, zB Vermittlungstätigkeiten), oder im
- **Nutzungsbereich** (zB Vermietung, Duldung einer Nutzung durch Dritte) vorliegen.

431 Dabei verlangt § 22 Nr. 3 – wie jede Besteuerungsnorm des EStG –, dass die Leistung von einer **Überschusserzielungsabsicht** getragen ist (BVerfG 30.9.1998 – 2 BvR 1818/91, BVerfGE 99, 88). Erforderlich ist damit das Ziel, einen Totalüberschuss zu erzielen. Mangelt es daran, liegt eine bloße Liebhaberei vor, welche die Anerkennung jedweder (Anlauf-)Verluste ausschließt (vgl. BFH 1.3.2005 – IX B 170/04, BFH/NV 2005, 1066, Vermietung eines Segelbootes; BFH 24.2.1999 – X R 106/95, BFH/NV 1999, 1081, Vermietung eines Motorbootes).

432 **c) Verfassungsrechtliche Fragen.** § 22 Nr. 3 war mehrfach Gegenstand einer verfassungsrechtlichen Prüfung. Durchgreifende **Bedenken** gegen die Verfassungsmäßigkeit der Norm bestehen jedoch **nicht** (vgl. BVerfG 13.8.1986 – 1 BvR 587/86, DStZ/E 1986, 334, kein Verstoß gegen Bestimmtheitsgebot; BFH 17.7.2007 – IX R 1/06, BFH/NV 2007, 2263, kein Verstoß gegen Erfordernis der Normenklarheit; BVerfG 7.6.1993 – 2 BvR 1148/92, HFR 1993, 543, keine Verfassungswidrigkeit einer Besteuerung der Vermögensnutzung im Hinblick auf Nichtbesteuerung bestimmter Veräußerungsvorgänge).

433 **d) Subsidiarität/Abgrenzungen.** Leistungen sind nach § 22 Nr. 3 nur steuerbar, soweit sie **weder** zu den anderen Einkunftsarten (§ 2 Abs. 1 S. 1 Nrn. 1–6) **noch** zu den Einkünften iSd § 22 Nr. 1, 1a, 2 oder 4 gehören. Die Vorschrift ist daher nicht nur gegenüber den anderen Einkunftsarten, sondern auch gegenüber den anderen Einkünften iSd § 22 **subsidiär.** Unbeachtlich ist, dass die Subsidiarität nicht auch gegenüber § 22 Nr. 5 angeordnet ist, da diese Norm als Spezialvorschrift für die dort geregelten Fälle ohnehin vorrangig ist.

434 Die Subsidiarität kommt freilich nicht zum Tragen, wenn die fragliche Tätigkeit den Tatbestand keiner anderen Besteuerungsnorm erfüllt. Insoweit ist vorrangig eine **Abgrenzung** zwischen § 22 Nr. 3 und der anderen, im jeweiligen Einzelfall in Betracht kommenden Vorschrift vorzunehmen. Solche Abgrenzungsfragen stellen sich insbesondere im Verhältnis zu den nachfolgenden Vorschriften:

- Das Abgrenzungskriterium zu Einkünften iSd § 15 sind zunächst die für **gewerbliche Tätigkeit** erforderliche nachhaltige Tätigkeit und Beteiligung am wirtschaftlichen Verkehr (vgl. **§ 15 Abs. 2**); auch erfordert die Annahme einer gewerblichen Tätigkeit eine über den Bereich der privaten Vermögensnutzung hinausgehende Tätigkeit. Wenn eine dieser Voraussetzungen nicht erfüllt und § 15 damit nicht einschlägig ist, kann bei Vorliegen der Voraussetzungen (und soweit auch keine andere vorrangige Norm greift) eine Besteuerung nach § 22 Nr. 3 in Betracht.
- Der Unterschied zu Einkünften iSd § 22 Nr. 3 zu den Einkünften aus **Vermietung und Verpachtung (§ 21)** liegt insbesondere in den von den jeweiligen Normen beschriebenen **Vermietungsobjekten.** Soweit die Einkünfte aus der Vermietung und Verpachtung von den § 21 benannten Objekten (Immobilien, eingetragene Schiffe, Sachinbegriffe, Urheberrechte, etc, vgl. § 21 Abs. 1), erzielt werden, greift § 22 Nr. 3 nicht Platz. Sind dagegen andere Gegenstände (Mobiliarsachen, soweit nicht von § 21 erfasst) vermietet worden, kann – soweit auch keine andere Norm (zB § 15) eingreift – eine Besteuerung nach § 22 Nr. 3 erfolgten.
- Der Anwendungsbereich von **§ 22 Nr. 3** ist dabei – auch wenn das von der Vorschrift aufgeführte Beispiel dies vermuten lässt – im Bereich der Vermögensnutzung nicht auf die Vermietung von Mobiliarsachen begrenzt. So kann eine Leistung iSd § 22 Nr. 3 bspw. darin liegen, dass jemand die **Nutzung seines Grundstücks** (ohne dies aber zu vermieten) **duldet** und dafür (zB von seinem Nachbarn) ein Entgelt erhält (vgl. BVerfG 7.6.1993 – 2 BvR 1148/92, HFR 1993, 543; vgl. auch BFH 9.4.1965 – VI 82/63 U, BStBl. III 1965, 361 zur entgeltlichen **Beschränkung** der Eigennutzung durch den Grundstückseigentümer; zur Vorrangigen Anwendung von § 21 vgl. aber BFH 2.3.2004 – IX R 43/03, BStBl. II 2004, 507). Die Besteuerung einer entgeltlichen Einschränkung bzw. Duldung der Nutzung eines Grundstücks nach § 22 Nr. 3 ist im Hinblick auf Art. 3 GG verfassungsgemäß, auch wenn eine aufgrund eines **hoheitlichen Eingriffs gezahlte Entschädigung nicht steuerbar** ist (vgl. BFH 17.5.1995 – X R 64/92, BStBl. II 1995, 640).
- Schließlich stellen sich Abgrenzungsfragen im Zusammenhang mit – seien es steuerbare, seien es nicht steuerbare – **Veräußerungs- bzw. veräußerungsähnlichen** Vorgängen (→ Rn. 449 ff.).

2. Objekt der Regelung (Einkünfte aus Leistungen)

Der Begriff der Leistung ist im Gesetz nicht näher definiert. Seine Bedeutung vermag sich daher alleine aus dem Wortlaut, aus dem systematischen Zusammenhang, der Teleologie und der beiden der Verdeutlichung dienenden Beispiele des § 22 Nr. 3 S. S 1 zu erschließen. 435

a) Erforderliche Merkmale einer Leistung. Nach der Rechtsprechung ist eine Leistung iSd § 22 Nr. 3 jedes – mit Überschusserzielungsabsicht erfolgtes – **Tun, Dulden oder Unterlassen,** das Gegenstand eines entgeltlichen Vorgangs sein *kann* und eine Gegenleistung **auslöst** (vgl. zB BFH 19.3.2013 – IX R 65/10, BFH/NV 2013, 1085; BFH 25.2.2009 – IX R 33/07, BFH/NV 2009, 1253). Nicht erfasst werden Entgelte aus Veräußerungen oder veräußerungsähnlichen Vorgängen, im privaten Bereich, die dafür erbracht werden, dass ein Vermögenswert in seiner Substanz endgültig aufgegeben wird (zB BFH 29.5.2008 – IX R 97/07, BFH/NV 2009, 9). Ein Verhalten ist jedoch nur dann als Leistung zu erfassen, wenn es erwerbsgerichtet ist und ihm eine **eigenständige wirtschaftliche** Bedeutung zukommt und es vorrangig keiner anderen Einkunftsart zuzurechnen ist (BFH 19.3.2013 – IX R 65/10, BFH/NV 2013, 1085). 436

Erfasst ist damit grundsätzlich jedes Tun, Dulden oder Unterlassen, welches die vom anderen Teil erbrachte Gegenleistung auslöst. Die Leistung kann dabei entweder im **Tätigkeitsbereich** oder im **Vermögens*nutzungs*bereich** (nicht aber: im Veräußerungs- oder veräußerungsähnlichen Bereich) liegen. **Auslösen** in diesem Sinne beschreibt das Bestehen eines hinreichenden kausalen Zusammenhangs zwischen Leistung und Gegenleistung, der jedoch nicht im Sinne einer finalen Verknüpfung zu verstehen ist (BFH 24.4.2012 – IX R 6/10, BStBl. II 2012, 581). Dabei ist nicht nötig, dass die Leistung auf einem Vertrag basiert; es genügt, wenn sie Gegenstand eines **Vertrags sein kann.** Das bedeutet, dass es erforderlich aber auch ausreichend ist, dass die Gegenleistung durch das Tun, Dulden oder Unterlassen wirtschaftlich **veranlasst** wurde (BFH 7.12.2010 – IX R 46/09, BStBl. II 2012, 310; zur nachträglichen Bezahlung eines Freundschaftsdienstes vgl. BFH 21.9.2004 – IX R 13/02, BStBl. II 2005, 44). 437

- An eine solchen **„Veranlassen"/„Auslösen" fehlt** es bspw. bei einem auf Spiel angelegten Geschäft (zB Spiel- und Lotteriegewinne, vgl. BFH 2.9.2008 – X R 8/06, BStBl. II 2010, 548). Keiner bei einem Spiel gestattet dem anderen etwas gegen Entgelt. Es gibt nur Gewinner und Verlierer, die etwas erhalten und zahlen, ohne dass aber ein Leistungsaustausch, bzw. ein austauschähnliches Verhältnis vorliegt.
- Anders dagegen **liegt** eine hinreichende **Veranlassung** zwischen Leistung und **Gegenleistung** vor, bei einem erfolgsabhängigen Preisgeld in einer Fernsehshow, wenn der Auftritt des Kandidaten und das gewonnene Preisgeld in einem gegenseitigen Leistungsverhältnis stehen (zB Teilnahme bei **„Big-Brother"**, wo es nicht um einen Preis im Sinne eines Glückspiels, geht, sondern wo das Preisgeld die (längerfristige) Teilnahme an dem Konzept abgilt; vgl. dazu BFH 24.12. 2012 – IX R 6/10, BStBl. II 2012, 581; BFH 16.6.2014 – IX B 22/14, BStBl. II 2015, 1019; s. auch *Risthaus* DStZ 2008, 509 zur Steuerbarkeit von Geldern bei Formaten wie **„Das Dschungelcamp"**, **„Bauer sucht Frau"**, ua; zur Besteuerung der erhaltenen Vorteile iRd Sendung **„Zuhause im Glück"** vgl. FG Köln 28.2.2019 – 1 V 2304/18, DStRE 2019, 739).

Eine erwerbsgerichtete (an den Markt gerichtete) Leistung ist eine solche, die der erwerbswirtschaftlichen Sphäre des Leistenden zuordenbar ist. **An einer erwerbsgerichteten Leistung mangelt es** (zum Teil zusätzlich zu einem Mangel am Veranlassungszusammenhang im Sinne eines „Auslösens") zB, 438

- wenn im **familiären** Bereich Leistungen erbracht werden und dafür Gegenleistungen zugewendet werden (BFH 14.9.1999 – IX R 88/95, BStBl. II 1999, 776; zu gemeinschaftsbezogenen Leistungen im Rahmen einer privaten Lebensgemeinschaft vgl. BFH 21.9.2004 – IX R 13/02, BStBl. II 2005, 44),
- bei Wetten-, Lotterie- und anderen **Glückspielen** – außer wenn diese im Rahmen einer beruflichen Tätigkeit ausgeübt werden (BFH 24.4.2012 – IX R 6/10, BStBl. II 2012, 581) –,
- bei Zahlungen im privaten Bereich, die **Vermögensverlust** ausgleichen sollen (BFH 24.8.2006 – IX R 32/04, BStBl. II 2007, 44), zB **Schadensersatzzahlungen,**

- bei einer Aneignung von Vermögensgegenständen **ohne Wissen und Wollen** des Geschädigten (**Diebstahl, Veruntreuung, Unterschlagung;** vgl. BFH 3.7.1991 – X R 163-164/87, BStBl. II 1991, 802),
- bei mehr oder weniger zufälligen Zahlungen oder solchen, die aus einer rechtlichen, staatspolitischen, moralischen, sportlichen, spielerischen oder sonstigen nicht wirtschaftlichen Gründen erbracht werden, zB **Entschädigung** eines ehrenamtlichen Richters, **Belohnungen** (vgl. Schmidt/*Weber-Grellet* § 22 Rn. 133).
- grundsätzlich bei **hoheitlichen Eingriffen.** Sofern hoheitlich – ohne oder gegen den Willen des Betroffenen – in den Rechtskreis eines Steuerpflichtigen eingegriffen und dieser dafür entschädigt wird, liegt in dem Dulden keine Leistung. Das gilt selbst dann, wenn der Steuerpflichtige (zB Grundstückseigentümer) zur Vermeidung einer förmlichen Entscheidung (zB **Enteignung**) mittels eines Vergleichs (zur Bestimmung der Entschädigungshöhe) **mitwirkt.** Auch in diesem Mitwirken liegt keine erwerbsgerichtete Leistung (BFH 17.5.1995 – X R 64/92, BFH/NV 1995, 387; BFH 12.9.1985 – VIII R 306/81, BStBl. II 1986, 252, Entschädigung für faktische Bausperre). **Etwas anderes** gilt, wenn ein hoheitlicher Eingriff im nicht nur der Abwendung des Zwangsmittels dienenden Einverständnis erfolgt. In diesem Fall kann eine erwerbsgerichtete Leistung angenommen werden.

439 Eine **eigenständige wirtschaftliche Bedeutung** liegt nur dann vor, wenn die fragliche Leistung nicht in einer anderen – nicht oder nach anderen Vorschriften zu besteuernden – Leistung aufgeht. Steht die fragliche Leistung in einem Zusammenhang mit solch anderen Leistungen, so muss ermittelt werden, ob die fragliche Leistung einer eigenständigen Bewertung zugänglich ist oder das Schicksal der anderen Leistung teilt. Dafür ist eine wirtschaftliche Beurteilung in dem Sinne vorzunehmen, ob der Leistung ein eigenständiges wirtschaftliches Gewicht zukommt oder ob sie eine lediglich unselbständige (Neben- oder Folge-)Leistung darstellt. Entscheidend für diese Bewertung ist nicht die durch die Beteiligten gewählte Bezeichnung, sondern was nach dem Gesamtbild der wirtschaftlichen Verhältnisse **wirklich gewollt und tatsächlich bezweckt wurde** (BFH 29.5.2008 – XI R 97/07, BFH/NV 2009, 9).

440 Eine **eigenständige wirtschaftliche Bedeutung in diesem Sinne liegt zB vor**

- bei einem im Rahmen einer Betriebsveräußerung vereinbarten **Wettbewerbsverbot, sofern** aus der Vereinbarung hervorgeht, dass es sich wirtschaftlich heraushebt und das gesondert vereinbarte Entgelt keinen Geschäftswert oä abgelten soll (BFH 11.3.2003 – IX R 76/99, BFH/NV 2003, 1161, auch zum Wettbewerbsverbot bei Handelsvertretern).

441 Eine eigenständige wirtschaftliche Bedeutung dagegen liegt dagegen **zB nicht vor,**

- wenn jemand eine Sache veräußert und dabei zugleich auf Recht verzichtet, das notwendiger Bestandteil der Sache ist (BFH 29.5.2008 – XI R 97/07, BFH/NV 2009, 9),
- bei **Wettbewerbsverboten,** die im Zusammenhang mit einer Betriebsveräußerung stehen und die durch aufgrund der konkreten Vereinbarung nicht herausgehoben sind.

442 **b) Nicht erforderliche Merkmale einer Leistung.** Wie sich aus den vorstehenden positiven Merkmalen ergibt, ist es für ein „Auslösen" der Gegenleistung nicht erforderlich, dass eine finale Verknüpfung zwischen der Leistung und der Gegenleistung besteht. Eine **synallagmatische Verknüpfung** zwischen Leistung und Gegenleistung ist daher **ebenso wenig** erforderlich, wie eine Leistung, die **„um des Entgelts Willen"** erbracht wurde (BFH 24.4.2012 – IX R 6/10, BStBl. II 2012, 581).

443 Es ist auch **nicht** erforderlich, dass eine etwa vereinbarte Leistung **tatsächlich** erbracht wird oder gar ein mit der bezweckter oder erwarteter **Leistungserfolg** eintritt; auch bedarf es keiner **Leistungsabsicht.** Bereits das Versprechen oder auch nur das Inaussichtstellen einer Leistung dergestalt, dass dafür ein Entgelt gezahlt wird, weil der Zahlende (ohne notwendig einen Anspruch zu haben) mit einer Leistung rechnet (vgl. Schmidt/*Weber-Grellet* § 22 Rn. 132).

444 Weiterhin bedarf es **keiner erlaubten** Tätigkeit; § 22 Nr. 3 erfasst grundsätzlich auch Entgelte aus verbotenen Tätigkeiten (zB **Schmier- und Bestechungsgelder,** vgl. BFH 16.6.2015 – IX R 26/14, BStBl. II 2015, 1019; nicht unter § 22 Nr. 3 fallen aber Beuten aus Diebstahl oä, da es sich hier um eine Vermögensverschiebung ohne Willen des anderen Teils handelt).

445 Anders als bei gewerblichen Tätigkeiten ist für Leistungen nach § 22 Nr. 3 **keine nachhaltige Betätigung am Markt** erforderlich; auch ist **keine bestimmte Dauer oder Häufig-**

keit vonnöten (einmalige Vermittlungsleistung reicht aus, vgl. BFH 28.11.2007 – IX R 39/06, BStBl. II 2008, 469).

Unerheblich ist, ob die erbrachte Leistung mit viel **Mühe** oder unter erheblichem Aufwand erfolgt (BFH 24.4.2012 – IX R 6/10, BStBl. II 2012, 581). 446

Für die Annahme einer steuerbaren Leistung ist ferner nicht erforderlich, dass der Leistende die Gegenleistung **bereits im Zeitpunkt der Leistungserbringung erwartet.** So kann zB eine Leistung zunächst nicht als erwerbswirtschaftliche Tätigkeit eingestuft werden, die jedoch ihre **Zuordnung zur steuerlichen Sphäre** dadurch erlangt, dass der Steuerpflichtige eine spätere Gegenleistung im wirtschaftlichen Zusammenhang mit der Leistung annimmt. Auch in einem solchen Fall ist die Gegenleistung durch die Leistung ausgelöst (BFH 25.2.2009 – IX R 33/07, BFH/NV 2009, 1253). 447

Weiterhin ist nicht vonnöten, dass der durch die Leitung Begünstigte mit der Person des Leistenden **identisch** ist. Eine durch die Leistung ausgelöste Gegenleistung kann auch dann vorliegen, wenn sie von einem Dritten erbracht wird. 448

c) Abgrenzung zum Vermögensbereich. Wie der og Bestimmung des Begriffs der „Leistung" entnommen werden kann, werden **Veräußerungen und veräußerungsähnliche Vorgänge** von § 22 Nr. 3 nicht erfasst. Dies folgt einerseits aus dem in § 22 Nr. 3 S. 1 aufgeführten Beispiel, welches lediglich die Vermietung (also die Vermögensnutzung) zum Gegenstand hat; va lässt sich den Regelungen der §§ 17, 20 Abs. 2, 22 Nr. 2, 23 entnehmen, dass der Gesetzgeber **private Vorgänge** (betriebliche sind über § 15 erfasst), die nicht die Nutzung, sondern **die Aufgabe eines Vermögenswerts** zum Gegenstand haben, nur in den dort geregelten Fällen der Besteuerung unterwerfen will. Außerhalb der in den einkommensteuerlichen Sonderregelungen erfassten Fällen ist daher ein **Rückgriff auf § 22 Nr. 3** ausgeschlossen (vgl. BFH 1.6.2004 – IX R 35/01, BStBl. II 2005, 26). 449

aa) Keine Besteuerung von Veräußerungsvorgängen. Eine Veräußerung ist die auf eine schulrechtliche causa zurückgehende Verfügung über einen Vermögensgegenstand. Eine **Verfügung** wiederum ist ein (dingliches) Rechtsgeschäft welches unmittelbar darauf gerichtet ist, auf ein bestehendes Recht einzuwirken, es zu verändern, es zu übertragen oder es aufzuheben (BFH 10.7.2008 – IX R 47/07, BFH/NV 2008, 2001; vgl. aber BFH 20.11.2012 – IX R 10/11, BFH/NV 2013, 715, zur Anwendbarkeit von § 22 Nr. 3 bei „Übertragung" von Rechten aus einem Mietvertrag). Wichtigster Anwendungsfall für Verfügung dürften sämtliche sachenrechtlichen Übereignungsformen des BGB sein (§§ 873, 929 ff. BGB); aber auch die Regelungen der Abtretung (§§ 398 ff. BGB) kommen insoweit in Betracht. 450

Entscheidend für die **Abgrenzung** zwischen einer Veräußerung zur grundsätzlich steuerbaren Nutzung des Vermögensgegenstands ist, ob das Entgelt als **Ausgleich für den endgültigen Verlust eines Wirtschaftsguts in seiner Substanz** entrichtet wird (dann Veräußerung, § 23 oder nicht steuerbar), oder ob der Gegenwert für die Gebrauchsüberlassung zur **Nutzung,** für den Verzicht auf eine **Nutzungsmöglichkeit,** oder deren **Beschränkung** etwa durch eine Belastung gezahlt wird, während der Vermögenswert aus dem die Nutzungen fließen, in seiner Substanz erhalten bleibt (dann Nutzungsbereich, § 22 Nr. 3, § 21; vgl. Schmidt/*Weber-Grellet* § 22 Rn. 136). 451

Für die Annahme einer die Anwendung von § 22 Nr. 3 ausschließenden Verfügung ist weiter Voraussetzung, dass der Vermögenswert des übertragenen Gegenstands **werthaltig, bzw. greifbar** ist. Die Annahme dieser Voraussetzung bereitet bei dinglichen Rechten grundsätzlich keine Probleme. Dies ist jedoch anders, wenn der Gegenstand kein zivilrechtlich klar definiertes Gut ist. Gibt bspw. jemand einem anderem Hinweise auf die Erlangung von Schadensersatz hin und wir der dafür entlohnt, so sind die weiter gereichten Hinweise kein greifbarer Vermögenswert der veräußerbar wäre. Damit liegt keine nicht steuerbare Verfügung, sondern eine Leistung iSd § 22 Nr. 3 vor (LBP/*Lüsch* § 22 Rn. 322). 452

bb) Auch keine Besteuerung von veräußerungsähnlichen Vorgängen. Veräußerungsähnliche Vorgänge sind solche Vorgänge, die keine Verfügung im rechtstechnischen Sinne sind, bei denen aber eine Umschichtung des Vermögens durch „Substanzverlust" bzw. „Substanzaufgabe" vorliegt, die einem Dritten zugutekommt und die ein Entgelt auslöst. Ein solches Entgelt ist dann zu bejahen, wenn es im Einzelfall bei wirtschaftlicher Betrachtung 453 dem **Normalbild des Ausgleichs für eine Minderung des Vermögenswerts in seiner Substanz entspricht** (LBP/*Lüsch* § 22 Rn. 325).

454 Unter die Fallgruppe der veräußerungsähnlichen Vorgänge fällt zB

- der **Abbruch** eines dem Steuerpflichtigen gehörenden – und seinen Nachbarn störendes – Gebäudes, wenn der Steuerpflichtige dafür ein **Entgelt** vom Nachbarn erhält. Hier entspricht das Entgelt auch ohne Übertragung jedweden Eigentums dem Normalbild des Ausgleichs für Minderung des Vermögenswerts in seiner Substanz (BFH 5.8.1976 – VIII R 117/75, BStBl. II 1977, 27),
- der **Verzicht auf Schadensersatzansprüche** im Rahmen eines Vergleichs, für den der Verzichtende ein Entgelt erhält; dies gilt auch dann, wenn die Ansprüche **nicht feststehen,** und bestritten werden und wenn der Verzicht noch unter einer **Bedingung** ausgesprochen wird (BFH 19.3.2013 – IX R 65/10, BFH/NV 2013, 780; die Schadensersatzansprüche sind folglich trotz des Bestreitens „greifbar"),
- der **Verzicht** auf das Recht zum Ankauf eines Grundstücks (FG Saarland 18.5.1994 – 2 K 245/93, EFG 1994, 1001),
- der **Verzicht** auf einen Vorbehaltsnießbrauch oder der Verzicht auf ein testamentarisch vermachtes Wohnrecht gegen ein Entgelt (BFH 25.11.1992 – X R 34/89, BStBl. II 1996, 663),
- der Verzicht auf ein dingliches Recht an einem Nachbargrundstück (BFH 19.12.2000 – IX R 96/97, BStBl. II 2001, 391),
- der **Verzicht** auf Ansprüche aus einem Aktienkauf (BFH 19.2.2013 – IX R 35/12, BStBl. II 2013, 578)
- **Nicht zum Vermögensbereich** gehören jedoch Verzichte **im reinen Tätigkeitsbereich** („Unterlassen"), die nicht die Aufgabe eines Vermögensrechts zum Gegenstand haben (zB Verzicht auf ein **rechtliches Vorgehen** gegen eine bestimmte Eigentumsnutzung, BFH 21.11.1997 – X R 124/94, BStBl. II 1998, 133).

455 **cc) Besteuerung bei Vorgängen im Nutzungsbereich.** Im Gegensatz zu den vorbenannten Veräußerungen bzw. veräußerungsähnlichen Vorgängen stehen die Vorgänge, bei denen das das Entgelt auslösende Moment nicht die Minderung des Vermögenswerts in seiner Substanz, sondern die Nutzungsüberlassung darstellt; diese sind nach § 22 Nr. 3 steuerbar. Bzgl. der Frage, welches Moment letztlich das Entgelt auslöst ist darauf abzustellen, was die Parteien nach dem Gesamtbild der wirtschaftlichen Verhältnisse wirtschaftlich gewollt und tatsächlich bewirkt haben (BFH 29.5.2008 – IX R 97/07, BFH/NV 2009, 9).

456 Eine **Nutzungsüberlassung** in diesem Sinne ist – spiegelbildlich zur den Veräußerungs- und veräußerungsähnliche Vorgängen – jedes Tun Dulden oder Unterlassen, welches jemandem die Nutzung an einem Vermögensgegenstand einräumt, oder die eigene Nutzung beschränkt, und dafür ein Entgelt auslöst, ohne dass das Entgelt dem Normalbild eines Ausgleichs für eine Minderung des Vermögenswerts in seiner Substanz entspricht. Dabei verlangt der Begriff der Nutzungsüberlassung eine **zeitliche Begrenzung** (BFH 10.12.1985 – IX R 67/81, BStBl. II 1986, 340), wobei die Rechtsprechung Nutzungsverhältnisse auf langfristige, ja selbst **dauernde oder unbegrenzte** Gebrauchsüberlassungen ausdehnt, **soweit** deren tatsächliche Dauer **ungewiss** ist **und die Rückübertragung** des überlassenen Gegenstands **nicht** aus rechtlichen Gründen (zB aufgrund einer Vereinbarung) oder aus tatsächlichen Gründen (zB Werteverzehr, etwa bei der Einräumung von Verwertungsrechten) **unmöglich** ist (Schmidt/*Weber-Grellet* § 22 Rn. 139). **Erst wenn die Rückgabe aus solcherlei Gründen unmöglich** sein sollte, ist die Grenze vom **Nutzungsbereich zum Vermögensbereich** überschritten (BFH 26.8.1975 – VIII R 167/71, BStBl. II 1976, 62) und es liegt eine (im Privatbereich nicht steuerbare) Veräußerung bzw. ein veräußerungsähnlicher Vorgang vor.

457 Nach diesen Grundsätzen liegt eine nach § 22 Nr. 3 **steuerbare Leistung** bspw. vor

- bei der **Duldung** einer bestimmten Nutzung eines Grundstücks durch Dritte (BFH 4.9.1996 – XI R 20/96, BFH/NV 1997, 336); hier liegt lediglich eine Einschränkung der Nutzbarkeit, jedoch keine Minderung des Vermögenswerts in seiner Substanz vor,
- bei einer **Grundstücksbelastung** durch der Einräumung von Rechten auf Gewinnung von **Bodenschätzen** (vgl. BFH 4.12.2006 – GrS 1/05, BStBl. II 2007, 508 „Veräußerung" von Bodenschätzen; **aber:** nach BFH 6.5.2003 – IX R 64/98, BFH/NV 2003, 1175 kann im Einzelfall auch eine echte Veräußerung vorliegen),

- bei einer – auch **zeitlich unbegrenzten** – **Belastung** eines Grundstücks durch eine **Dienstbarkeit** (BFH 4.9.1996 – XI R 20/96, BFH/NV 1997, 336),
- bei einer – auch auf Dauer bestellten – **öffentlichen Baulast** für die Verlegung eines in der Erde liegenden Kanals (BFH 4.9.1996 – XI R 20/96, BFH/NV 1997, 336),
- bei einem Entgelt, welches der Eigentümer eines Grundstücks für die vertragliche Einräumung eines Rechts erhält, welches der Gemeinde die Verlegung eines **Regenwasserkanals** erlaubt (vgl. FG Niedersachsen – 19.9.2018, 9 K 325/17, EFG 2019, 161; Rev. VI R 49/18, auch zur Abgrenzung zu Einkünften aus § 21 Abs. 1 S. 1 Nr. 1 und zur möglichen Streckung des enthaltenen Entgelts gem. § 11 Abs. 1 S. 3).

Keine nach § 22 Nr. 3 steuerbare Leistung liegt dagegen vor, bei einer Belastung eines Grundstücks in der Weise, dass der öffentlichen Hand ein dauerhaftes und unwiderrufliches Recht eingeräumt wird, das Grundstück in einer bestimmten Tiefe für die Errichtung und zum Betrieb einer U-Bahn zu nutzen. Insoweit soll nach Ansicht des BFH das *wirtschaftliche* Eigentum (das zivilrechtliche Eigentum bleibt durch die bloße Belastung unberührt) an dem genutzten Grundstücksteil übergehen (BFH 18.8.1977 – VIII R 7/74, BStBl. II 1977, 796). **458**

Schließlich ist zu beachten, dass bei Belastungen nach Art des Rechtsgeschäfts unterschieden werden muss. Räumt jemand einer anderen Person ein Recht an einem Grundstück ein, so liegt darin entsprechend den obigen Ausführungen auch bei dauerhaften Rechten grundsätzlich eine im Nutzungsbereich liegende Handlung. Wenn jedoch jemand Inhaber eines solchen, eine Belastung darstellenden Rechts ist und dieses (Nutzungs-)**Recht gegen Entgelt** auf jemand anderen überträgt, so liegt dabei aus Sicht des Übertragenden eine Veräußerung und damit eine Handlung im **Vermögensbereich** vor, weil er sein Recht in vollem Umfang – sei es gem. § 398 BGB (gegebenenfalls iVm § 413 BGB), sei es gem. § 873 BGB – auf ein andres Subjekt überträgt. **459**

d) Art des Leistungsentgelts. Die Gegenleistung muss nicht notwendig in Form von Geld oder vertretbaren Sachen geleistet werden. Objekt des Entgelts können vielmehr alle Güter sein, die in **Geld oder Geldeswert** bestehen und dem Steuerpflichtige zufließen (vgl. § 8). Die Leistung kann einmalig oder in wiederkehrenden Bezügen bestehen; im letzteren Fall ist jedoch zu prüfen, ob vorrangig Einkünfte iSd § 22 Nr. 1 vorliegen (vgl. BFH 3.6.1992 – X R 91/90, BStBl. II 1992, 1017). **460**

e) Aufteilung von Entgelten, nachträgliche Änderung. Eine Leistung, die im Zusammenhang mit einer oder mehreren anderen Leistungen erbracht wird, kann nur dann nach § 22 Nr. 3 besteuert, wenn ihr eine eigenständige Bedeutung zukommt. Für die Frage, ob der Leistung ein eigenständiges wirtschaftliches Gewicht zukommt oder ob sie eine lediglich unselbständige (Neben- oder Folge-)Leistung darstellt, kommt es darauf an, was nach dem Gesamtbild der wirtschaftlichen Verhältnisse wirklich gewollt und tatsächlich bezweckt wurde (BFH 29.5.2008 – IX R 97/07, BFH/NV 2009, 9). **461**

Geht danach die potentiell unter § 22 Nr. 3 fallende Leistung **in einer nicht unter § 22 Nr. 3 fallenden Hauptleistung** auf, kommt eine Besteuerung nach § 22 Nr. 3 **nicht** in Betracht. **462**

Sofern die potentiell unter § 22 Nr. 3 fallende Leistung nicht in der oder den anderen Leistungen unter- bzw. aufgeht, ist **zu differenzieren:** **463**

Wenn die Leistung ihrer Art nach **nicht teilbar** ist, weil sie ihrer Art nach sowohl den Vermögens- als auch den Nutzungsbereich tangiert und eine teilweise Zuordnung des Entgelts zum einen bzw. zum anderen Bereich nicht möglich ist, richtet sich die Einordnung der Leistung nach dem Leistungsteil, der der Leistung nach dem Gesamtbild der wirtschaftlichen Verhältnisse das Gepräge gibt (BFH 17.5.1995 – X R 64/92, BStBl. II 1995, 640). **464**

Bei **teilbaren Leistungen** dagegen ist auch das Entgelt aufzuteilen. Das ist zB der Fall, wenn eine Mieterabfindung an den ausscheidenden Mieter gezahlt wird und die Abfindung sowohl die Aufgabe von Vermögenswerten abgilt, also auch Elemente der Nutzungsentschädigung enthält. In einem solchen Fall ist das Entgelt aufzuteilen und – gegebenenfalls im Schätzungswege – zu ermitteln, welcher Teil auf welchen Leistungsteil entfällt (BFH 19.3.2013 – IX R 65/10, BFH/NV 2013, 1085, Schmidt/*Weber-Grellet* § 22 Rn. 140). **465**

466 Wird ein Entgelt, welches zunächst eine Nutzungsüberlassung abgelten sollte, im **Nachhinein auf den Kaufpreis der überlassenen Sache angerechnet,** so führt dies **nachträglich** zu einer Zuordnung der Leistung zum Vermögensbereich. Die Besteuerung nach § 22 Nr. 3 entfällt damit **rückwirkend,** § 175 Abs. 1 S. 1 Nr. 2 AO (vgl. BFH 10.8.1994 – X R 42/91, BStBl. II 1995, 57, Schmidt/*Weber-Grellet* § 22 Rn. 13).

3. Die gesetzlichen Beispiele, § 22 Nr. 3 S. 1

467 § 22 Nr. 3 S. 1 benennt als Beispiele für Leistungen, namentlich **gelegentlichen Vermittlungen** und aus der **Vermietung beweglicher Gegenstände.**

468 **a) Gelegentliche Vermittlungen.** Gelegentliche Vermittlungen in diesem Sinne sind – gegebenenfalls **auch nur einmalige** (BFH 27.6.2006 – IX R 25/05, BFH/NV 2007, 657) – Vermittlungen **jeglicher Art von Geschäften.** Dazu können zB die Vermittlung von Kreditverträgen, Versicherungen oder eines Grundstückskaufs (BFH 19.4.1967 – VI R 270/66, BStBl. III 1967, 462) gehören, sofern diese **nicht** nachhaltig und damit im Rahmen von **§ 15** erbracht werden.

469 **Keine** Steuerbare Vermittlungsleistung in diesem Sinne liegt dagegen vor, wenn jemand (zB ein Versicherungsnehmer) den für ihn tätigen Vermittler (zB Versicherungsmakler) dazu bewegt, einen **Teil seiner Provisionen** an ihn – den Versicherungsnehmer – weiter zu leiten. Diese Vorgehensweise wird in der Versicherungswirtschaft zT praktiziert und begründet eine Bindung der Kunden an ihren jeweiligen Makler. In solchen Fällen jedoch hat der Versicherungsnehmer keine Einnahmen aus Vermittlungen selbst erzielt; er erhält vielmehr lediglich einen Teil seiner Aufwendungen für den Erwerb der jeweiligen Versicherung zurück (LBP/*Lüsch* § 22 Rn. 353; vgl. auch BFH 2.3.2004 – IX R 62/02, BFH/NV 2004, 953; zur „ringweisen" Vermittlung von Versicherungen vgl. BFH 22.9.2009 – IX R 29/08, BFH/NV 2010, 195).

470 **b) Vermietung beweglicher Gegenstände.** Als zweites Beispiel benennt § 22 Nr. 3 S. 1 die **Vermietung beweglicher Gegenstände.** Dazu kann bspw. die Vermietung von mehreren Maschinen (BFH 31.5.2007 – IV R 17/05, BStBl. II 2007, 768) oder von einem Wohnmobil (BFH 6.10.2004 – IX R 60/03, BFH/NV 2005, 327) gehören. Ebenfalls erfasst sein kann die (Weiter-)Vermietung von Gegenständen, die eigens für diese Tätigkeit angemietet wurden (vgl. FG Düsseldorf 7.2.2012 – 6 K 2147/10 H, EFG 2012, 1172; BFH 10.4.2013 – I R 22/12, BStBl. II 2013, 728).

471 Im Zusammenhang mit diesem vom Gesetz benannten Beispiel ist gerade bei nur unregelmäßigen Vermietungen das Erfordernis der Überschusserzielungabsicht zu beachten. Mangelt es daran, liegt eine bloße Liebhaberei vor, welche die Anerkennung jedweder (Anlauf-)Verluste ausschließt (vgl. BFH 1.3.2005 – IX B 170/04, BFH/NV 2005, 1066, Vermietung eines Segelbootes; BFH 24.2.1999 – X R 106/95, BFH/NV 1999, 1081, Vermietung eines Motorbootes).

472 Erfolgt eine Vermietung zwischen nahen Angehörigen, so müssen die Verträge den Grundsätzen zum Fremdvergleich standhalten. Ist dies nicht möglich, so ist das Vermietungsverhältnis – mag es auch zivilrechtlich wirksam sein – steuerlich nicht anzuerkennen. Das hat auf Seiten des Vermieters eine Nichtbesteuerung zur Folge; auf der anderen Seite kann aber auch der Mieter seine Mietaufwendungen auch dann steuerlich nicht geltend machen, wenn er die Sache im Rahmen einer beruflichen nutzt.

473 **Abgrenzungsfragen** bei potentiell unter die Vermietungstätigkeit iSd § 22 Nr. 3 fallenden Tätigkeiten treten insbesondere zu den Vorschriften der §§ 15, 21 auf.

- Das Abgrenzungskriterium zu Einkünften iSd § 15 sind zunächst die für **gewerbliche Tätigkeit** erforderliche nachhaltige Tätigkeit und Beteiligung am wirtschaftlichen Verkehr (vgl. **§ 15 Abs. 2**); auch erfordert die Annahme einer gewerblichen Tätigkeit eine über den Bereich der privaten Vermögensnutzung hinausgehende Tätigkeit.
- Die Abgrenzung zu den Einkünften aus **Vermietung und Verpachtung (§ 21)** erfolgt maßgeblich anhand der von den jeweiligen Normen beschriebenen **Vermietungsobjekten.** Soweit die Einkünfte aus der Vermietung und Verpachtung von den § 21 benannten Objekten (Immobilien, eingetragene Schiffe, Sachinbegriffe, Urheberrechte, etc, vgl. § 21 Abs. 1), erzielt werden, greift § 22 Nr. 3 nicht ein.

4. Werbungskosten

Für Einkünfte iSd § 22 Nr. 3 sieht das Gesetz in § 9a S. 1 Nr. 3 **keinen Pauschbetrag** vor, sodass für den Werbungskostenabzug allein die **allgemeinen Grundsätze (§ 9)** gelten. Nach diesen allgemeinen Grundsätzen zählen zu den Werbungskosten alle Aufwendungen, die durch die Erzielung der Einnahmen iSd § 22 Nr. veranlasst sind. Auf die Kommentierung zu § 9 wird insoweit verwiesen. 474

Im Zusammenhang mit Einkünften aus § 22 Nr. 3 **veranlasste Aufwendungen** sind zB 475
- die **AfA** für ein vermietetes Wohnmobil,
- die **Rückzahlung** von Bestechungsgeldern an den Empfänger (nicht aber: die Weiterleitung an den Geschädigten, BFH 16.6.2015 – IX R 26/14, BStBl. II 2015, 1019; Schmidt/*Weber-Grellet* § 22 Rn. 145).

Nicht zu den im Zusammenhang mit § 22 Nr. 3 stehenden Werbungskosten gehören zB 476
- **Vermögenseinbußen** im privaten Bereich (zB Verlust/Veräußerungsverlust bei einem auch der Vermietung dienenden Wohnmobil)
- Aufwendungen aus der **Inanspruchnahme** einer entgeltlich abgegebenen Bürgschaft. Zwar können Einnahmen aus einer entgeltlich abgegebenen Bürgschaft nach § 22 Nr. 3 (gegebenenfalls auch nach Nr. 1 S. 1) steuerbar sein; die aufgrund einer Inanspruchnahme geleisteten Zahlungen erfolgen jedoch auf der Vermögensebene (vgl. BFH 11.1.1966 – I 53/63, BStBl. III 1966, 218),
- die **Weiterleitung** (anders aber: die Rückzahlung) von Bestechungsgeldern an die durch die Bestechung geschädigte Person (BFH 16.6.2015 – IX R 26/14, BStBl. II 2015, 1019),
- weitergeleitete Provisionen im Rahmen einer „**ringweisen**" Vermittlung von Versicherungsverträgen (BFH 22.9.2009 – IX R 29/08, BFH/NV 2010, 195).

Dienen Aufwendungen verschiedenen Einkunftsarten, so sind sie **grundsätzlich aufzuteilen.** Wenn eine solche Aufteilung nicht möglich ist, fallen die Werbungskosten bei der Einkunftsart an, zu der sie nach Grund und Wesen die engere Beziehung haben; auch hier gelten im Rahmen von § 22 Nr. 3 die allgemeinen Grundsätze zu Werbungskosten (vgl. dazu im Einzelnen BFH 4.7.1990 – GrS 2-3/88, BStBl. II 1990, 817; BFH 2.3.2005 – VI R 36/01, BFH/NV 2006, 33). 477

5. Zu- und Abflussprinzip

a) Grundsatz. Sonstige Einnahmen iSd § 22 Nr. 3 ermitteln sich gem. § 2 Abs. 2 Nr. 2 aus dem **Überschuss der Einnahmen** (§ 8, → § 8 Rn. 2 ff.; zu Einnahmen in Geldeswert, bspw. im Falle erhaltener Renovierungsleistungen vgl. FG Köln – 1 V 2304/18, DStRE 2019, 739) über die **Werbungskosten** (§ 9, → § 9 Rn. 2 ff.). Sowohl bei den Einnahmen als auch bei den Werbungskosten gilt dabei – grundsätzlich – das **Zu- und Abflussprinzip gem. § 11** (Schmidt/*Weber-Grellet* § 22 Rn. 145, → § 11 Rn. 2 ff.). 478

b) Ausnahmen. Werbungskosten, die im **Zusammenhang mit einer einmaligen Leistung** stehen und in einem früheren Veranlagungszeitraum abgeflossen, als die Einnahmen zugeflossen sind, sind **abweichend von § 11 Abs. 2 nicht in dem Jahr ihres Abflusses zu berücksichtigen, sondern dem Jahr zuzurechnen, in dem die Einnahmen zugeflossen sind** (BFH 3.6.1992 – IX R 91/90, BStBl. II 1992, 1017; Blümich/*Nacke* § 22 Rn. 32). 479

Der Hintergrund dieser abweichenden Behandlung ist die Verlustausgleichsregelung des § 22 Nr. 3 S. 3, wonach ein Abzug von Werbungskosten nur mit anderen im gleichen Jahr angefallenen Einnahmen iSd § 22 Nr. 3 möglich ist. Nach der Rechtslage bis einschließlich 1998 gab es zudem keinen Verlustausgleich iSd § 22 Nr. 3 S. 4 (dieser wurde erst durch das StEntlG 1999/2000/2002 vom 24.3.1999, BGBl. 1999 I 402, mit Wirkung vom 1.1.2009 eingefügt). Hätte man daher die Werbungskosten bei einmaligen Leistungen dem Jahr der Verausgabung zugerechnet, wären sie dort nicht abziehbar gewesen. Auch eine Verrechnung in späteren Jahren wäre aufgrund des Ausgleichsverbots nicht möglich gewesen, sodass die Werbungskosten – hätte man ihre Berücksichtigung nicht in das Jahr des Zuflusses verschoben – gar nicht berücksichtigt worden wären. Dieses Problem ist zwar durch die Einführung des Verlustausgleichs in § 22 Nr. 3 S. 4 entschärft worden; an der von § 11 Abs. 2 abweichenden Zurechnung der Werbungskosten wird bei einmaligen Leistungen dennoch festgehalten. 479.1

480 *Einstweilen frei*

481 Die von § 11 Abs. 2 abweichende Berücksichtigung von Werbungskosten im Jahr des Zuflusses der Einkünfte bei einmaligen Leistungen erfolgt nicht nur bei **vorab entstandenen** (BFH 25.2.2009 – IX R 33/07, BFH/NV 2009, 1253) Werbungskosten, sondern auch bei Werbungskosten, die in einem **späteren VZ** (BFH 3.6.1992 – IX R 91/90, BStBl. II 1992, 1017) anfallen. Eine bereits bestandskräftige Veranlagung ist in diesen Fällen gem. § 172 Abs. 1 Nr. 2 AO zu ändern (Schmidt/*Weber-Grellet* § 22 Rn. 143).

482 Eine von § 11 Abs. 2 abweichende Zuordnung zum Jahr des Zuflusses der Einkünfte ist weiterhin vorzunehmen, wenn Einnahmen aus einmaligen Leistungen in späteren Jahren (gegebenenfalls anteilig) **zurückgezahlt** werden. Auch hier erfolgt die Zurechnung des Rückflusses im (vorangegangenen) Jahr, indem der Zufluss erfolgte. Eine bereits bestandskräftige Veranlagung ist auch hier gem. § 172 Abs. 1 Nr. 2 AO zu ändern (BFH 3.6.1992 – X R 91/90, BStBl. II 1992, 1017).

483 Die Durchbrechung des Abflussprinzips gilt jedoch **nur in Fällen des einmaligen Leistungszuflusses.** Bei Leistungen, die zu laufenden Einkünften iSd § 22 Nr. 3 führen, bleibt es bei dem in § 11 Abs. 2 geregelten Abflussprinzip. Das gilt sowohl für Werbungskosten (BFH 3.6.1992 – X R 91/90, BStBl. II 1992, 1017; LBP/*Lüsch* § 22 Rn. 373), als auch für Fälle der Rückzahlung von Einnahmen (BFH 9.12.2009 – IX B 132/09, BFH/NV 2010, 646, Rückzahlung von Bestechungsgeldern; LBP/*Lüsch* § 22 Rn. 373).

6. Freigrenze

484 § 22 Nr. 3 S. 2 bestimmt, dass Einkünfte nicht einkommensteuerpflichtig sind, wenn sie weniger als 256 EUR im Kalenderjahr betragen haben. Bei dieser Regelung handelt es sich nach dem klaren Wortlaut um eine **Freigrenze und nicht um einen Freibetrag.** Dh dass die Einkünfte bei übersteigen dieser Grenze in *voller* Höhe und nicht nur in dem den Betrag von 256 EUR übersteigendem Umfang zu besteuern sind.

485 Zur Ermittlung der für Anwendung der Freigrenze relevanten Einkünfte sind verschiedene Einkünfte iSd § 22 Nr. 3 zu addieren bzw. zu saldieren (so wohl auch Schmidt/*Weber-Grellet* § 22 Rn. 147).

486 Bei (zusammen veranlagten) Ehegatten ist die Freigrenze separat für jeden anzuwenden (LBP/*Lüsch* § 22 Rn. 378).

7. Verlustabzug

487 **a) bis Veranlagungszeitraum 1999. Vor dem Veranlagungszeitraum 1999** beinhaltete das Gesetz lediglich das umfassende Verlustverrechnungsverbot des § 22 Nr. 3 S. 3, wonach negative Einkünfte aus § 22 Nr. 3 nicht mit andersartigen Einkünften desselben Veranlagungszeitraums verrechnet werden durften; etwaige verbleibende Verluste durften zudem (auch) nicht mit anderen Einkünften aus § 22 Nr. 3 aus anderen Veranlagungszeitraum verrechnet werden. Diese strenge Regelung, die nur eine Verrechnung innerhalb **eines** Veranlagungszeitraum und **zugleich** nur innerhalb der Einkünfte aus § 22 Nr. 3 erlaubte, wurde für verfassungswidrig erklärt (zur **Verfassungswidrigkeit der Rechtslage bis einschließlich VZ 1998 und der Korrektur durch das BVerfG** vgl. BVerfG 30.9.1998 – 2 BvR 1818/91, BVerfGE 99, 88).

488 **b) ab Veranlagungszeitraum 1999.** Daraufhin fügte der Gesetzgeber mit dem StEntlG 1999/2000/2002 vom 24.3.1999 (BGBl. 1999 I 402) mit Wirkung ab Veranlagungszeitraum 1999 die **Verlustausgleichsregelung des § 22 Nr. 3 S. 4** ein. Diese Regelung – die einen **horizontalen Verlustausgleich zulässt,** den vertikalen jedoch ausschließt – ist verfassungsrechtlich nicht zu beanstanden (vgl. BFH 16.6.2015 – IX R 26/14, BStBl. II 2015, 1019).

489 Ab 1999 ist damit eine Verlustverrechnung **nach Maßgabe des § 10d** mit positiven **Einkünften aus § 22 Nr. 3 aus dem vorangegangenen VZ oder aus den folgenden VZ möglich** (zum Ausschluss der Verrechnung von Verlusten aus bis Ende 2008 getätigten **Optionsgeschäften** mit nach § 22 Nr. 3 bis Ende 2008 steuerbaren Gewinnen aus **Stillhaltergeschäften** und umgekehrt gem. § 22 Nr. 3 S. 3, 4 und § 23 Abs. 1 S. 7 und S. 8 EStG aF vgl. BFH 11.2.2014 – IX R 46/12, BFH/NV 2014, 610; vgl. auch BFH 25.5.2010 – IX B 179/09, BFH/NV 2010, 1627). Dabei ist Verrechnung im Rahmen von § 22 Nr. 3

nicht auf einzelne Einkunftsquellen beschränkt (Schmidt/*Weber-Grellet* § 22 Rn. 146). Somit können bspw. positive Einkünfte aus **gelegentlichen Vermittlungstätigkeiten** mit negativen Einnahmen aus der **Vermietung beweglicher Sachen** – auch Veranlagungszeitraum-übergreifend – verrechnet werden.

Mit dem JStG 2007 vom 13.12.2006 (BGBl. 2006 I 2878) wurde der horizontale Verlustausgleich durch § 22 Nr. 3 S. 4 Hs. 2 ergänzt, welcher auf **§ 10d Abs. 4** Bezug nimmt. Ab **Veranlagungszeitraum 2007** ist damit zur Gewährleistung eines reibungslosen Ablaufs bei der Verlustverrechnung die gesonderte Feststellung der am Ende des Veranlagungszeitraums verbliebenen Verlustvorträge angeordnet. 490

Eine **Durchbrechung der nur horizontalen Verlustausgleichregelungsregelung** ist jedoch in dem Fall vorzunehmen, in dem **Rückzahlungen laufender Einnahmen** (also nicht Rückzahlungen einmaliger Einnahmen, dazu → Rn. 479 ff.) erfolgen (zB Rückzahlung von laufenden Bestechungsgeldern). Solche Rückzahlungen von Einnahmen – die ja bereits einmal steuerlich erfasst wurden – **können mit im Abflussjahr vereinnahmten Einkünften aus anderen Einkunftsarten verrechnet werden;** zwar haben die Rückzahlungen mit den typischerweise anfallenden (dem Verrechnungsverbot unterliegenden) Werbungskosten gemein, dass sie einen mit der Einkunftsart im Zusammenhang stehenden Vermögensabfluss darstellen; die Rückzahlungen unterscheiden sich aber strukturell von den typischerweise anfallenden Werbungskosten dadurch, dass sie die Rückgewähr von *bereits einmal steuerlich (nach § 22 Nr. 3) erfassten Einnahmen* darstellen. Unabhängig davon, ob solche Rückzahlungen als negative Einnahmen oder als Werbungskosten anzusehen sind, entspricht das Ergebnis der Verrechnungsmöglichkeit einer auf dem verfassungsrechtlichen Grundsatz der Besteuerung nach der steuerlichen Leistungsfähigkeit beruhenden verfassungskonformen Auslegung des § 22 Nr. 3 S. 3 und 4 (BFH 31.5.2000 – IX R 73/96, BFH/NV 2001, 25; LBP/*Lüsch* § 22 Rn. 383). 491

c) Sonderregelung für Stillhaltergeschäfte. Einnahmen aus sog. **Stillhaltergeschäften** sind gem. § 20 Abs. 1 Nr. 11 Stillhalterprämien, die für die Einräumung von Optionen vereinnahmt werden. Diese Prämien waren bis einschließlich VZ 2008 nach § 22 Nr. 3 zu besteuern; ihre Überführung in § 20 erfolgte mit Wirkung ab VZ 2009 (vgl. § 52a Abs. 9) durch das UntStReformG 2008 vom 14.8.2007 (BGBl. 2007 I 1912). Vor dem 1.1.2009 zugeflossene Prämien unterfallen noch § 22 Nr. 3. 492

Aufgrund dieser ab 2009 wirkenden Zuordnung zu den Einkünften aus Kapitalvermögen würden nach den Regelungen in § 22 Nr. 3 S. 3, 4 die bis einschließlich VZ 2008 entstandenen Verluste unberücksichtigt bleiben. 493

Mit dem **JStG 2009** (BGBl. 2008 I 2794) hat der Gesetzgeber auf die Überführung der Stillhalteprämien in den Bereich der Einkünfte aus Kapitalvermögen dahingehend reagiert, dass er in § 22 Nr. 3 S. 5 und 6 den Ausgleich von Verlusten aus § 22 Nr. 3 in der bis zum 31.12.2008 geltenden Fassung (**Altverluste**) auch mit Einkünften iSd **§ 20 Abs. 1 Nr. 11** zuließ (vgl. BT-Drs. 16/10189, 67). Diese Regelung wurde jedoch auf eine **Übergangszeit** von 5 Jahren begrenzt und endete Ende 2013 (vgl. § 52a Abs. 10). Dabei konnten die Altverluste nach dem Wortlaut der Übergangsregelungen Verluste auch beliebigen sonstigen Leistungen iSd § 22 Nr. 3 sein; eine **Begrenzung der zweitweisen Verrechnungsmöglichkeit mit Einnahmen aus § 20 Abs. 1 Nr. 11 auf Altverluste aus Stillhaltergeschäften** sieht das Gesetz **nicht** vor (LBP/*Lüsch* § 22 Rn. 385; aA Blümich/*Nacke* § 22 Rn. 170, weil die Altverluste ab VZ 2009 aufgrund ihrer Zuweisung zu § 20 nicht mehr gem. § 22 Nr. 3 S. 4 iVm § 10d Abs. 4 gesondert festgestellt werden können. Diese Ansicht überzeugt jedoch nur, wenn man den Altverlusten die Qualität von „Verlusten aus Leistungen iSd § 22 Nr. 3" absprechen müsste. Dies ist mM nach jedoch nicht geboten, sodass eine Begrenzung des Wortlauts nicht angezeigt ist).

8. ABC der sonstigen Leistungen/nicht sonstigen Leistungen

Abfindungen

Eine Abfindung für Aufgabe von Vermögensrechten ist grundsätzlich nicht nach § 22 Nr. 3 zu versteuern (s. „Aufgabe" → Rn. 496, „Verzicht auf Vermögensrechte" 494

→ Rn. 606). Wird dagegen ein bloßes Unterlassen abgegolten („s. „Verzicht im Tätigkeitsbereich“ → Rn. 608), kann § 22 Nr. 3 eingreifen.

Abbruch

495 Wenn ein Grundstückseigentümer ein den Nachbarn störendes Gebäude abbricht und dafür vom Nachbarn ein Entgelt erhält, liegt darin eine gänzliche Entäußerung der Vermögenssubstanz; damit stellt der Abbruch einen Vorgang auf der Vermögensebene dar, der nicht nach § 22 Nr. 3 besteuert wird. S. auch „Aufgabe“ → Rn. 496, „Verzicht“ → Rn. 606 f.

Aufgabe

496 Die Aufgabe von Rechten zugunsten Dritter – auch ohne Übertragung – ist grundsätzlich nicht von § 22 Nr. 3 erfasst (BFH 5.8.1976 – VIII R 117/75, BStBl. II 1977, 27). So stellt zB die Aufgabe eines **Mietrechts** gegen Abfindung einen Vorgang auf der Vermögensebene dar, da sich der Mieter seines obligatorischen Rechts vollständig begibt, obgleich er es nicht überträgt; eine Besteuerung nach § 22 Nr. 3 erfolgt somit nicht (BFH 5.8.1976 – VIII R 117/75, BStBl. II 1977, 27; **aA** noch BFH 16.12.1966 – VI R 61/66, BStBl. III 1967, 251). S. auch „Verzicht“ (zur Aufgabe von **Nachbarrechten** vgl. BFH 18.5.2004 – IX R 63/02, BStBl. II 2004, 874). S. auch „Abbruch“. Anders solle es sein, wenn ein Mieter sein Recht nicht überträgt, sondern auf sein **Mietrecht verzichtet und dabei zugleich am Neuabschluss mit einem Dritten mitwirkt,** s. BFH 20.11.2012 – IX R 10/11, BFH/NV 2013, 715 (Besteuerung nach § 22 Nr. 3).

Abtretung

497 Die entgeltliche Abtretung eines Anspruchs unterfällt dem (grundsätzlich nicht steuerbaren) Vermögensbereich; anders aber, wenn jemand seine Rechte aus einem Mietverhältnis weitergibt und dies als „fördernde Mitwirkung am Abschluss eines neuen Mietvertrags anzusehen ist, BFH 20.11.2012 – IX R 10/11, BFH/NV 2013, 715).

Amateurmusiker

498 Entgelte für gelegentliche Auftritte eines Amateurmusikers (der damit unter Schwelle einer gewerblichen Tätigkeit agiert) sind gem. § 22 Nr. 3 steuerbar (LBP/*Lüsch* § 22 Rn. 390).

Auslobung

499 S. „Belohnungen“ → Rn. 507, „Finderlohn“ → Rn. 541.

Avalprovisionen

500 Avalprovisionen – auch für Dritte – sind grundsätzlich steuerbar nach § 22 Nr. 3 (gegebenenfalls § 22 Nr. 1 S. 1, vgl. BFH 14.4.2015 – IX R 35/13, BStBl. II 2015, 795).

501–502 *Einstweilen frei*

Bauer sucht Frau

503 Siehe „Spielgewinne“ → Rn. 590.

504–505 *Einstweilen frei*

Belastungen

506 Zu Belastungen die Ausführungen zur Abgrenzung zum Vermögensbereich → Rn. 449 ff. S. auch „Dienstbarkeit“ → Rn. 524.

Belohnungen

507 Belohnungen können nach § 22 Nr. 3 steuerbar sein, wenn sie als Gegenleistung für eine Leistung gezahlt werden, also durch eine Leistung „ausgelöst“ wurden. Nach dem FG

Düsseldorf (21.8.1968 – VIII 401/67 E, EFG 1969, 120) sind Belohnungen für Hinweise zur Ergreifung eines Straftäters nicht steuerbar, wenn der Hinweis aufgrund einer zufälligen Wahrnehmung erfolgt (etwas anderes dürfte gelten, wenn aufgrund der ausgelobten Belohnung zeit- und kostenintensive Nachforschungen angestellt werden; ebenso im Fall der Auslobung (§ 657 BGB), da hier die Belohnung für eine bestimmte Handlung versprochen wird, Schmidt/*Weber-Grellet* § 22 Rn. 150 „Belohnungen"). S. auch „Finderlohn" → Rn. 541.

Beschlagnahme

S. „hoheitliche Eingriffe" → Rn. 548. **508**

Bestechungsgelder

Bestechungsgelder/Schmiergelder können unter § 22 Nr. 3 fallen. Die Norm verlang kein **509** legales Tun, Dulden oder Unterlassen (BFH 16.6.2015 – IX R 26/14, BStBl. II 2015, 1019). Zur Rückzahlung bzw. Weiterleitung von Schmiergeldern → Rn. 475 f.

Big Brother

S. „Spielgewinne" → Rn. 590. **510**

Break Fee

Bei der Vereinnahmung von Geldern aus einer „Break Fee"-Vereinbarung liegen keine **511** Einkünfte aus Leistungen iSd § 22 Nr. 3 vor (BFH 13.3.2018 – IX R 18/17, DStR 2018, 1554).

Bürgschaft

Laufende **Bürgschaftsprovisionen,** die mit einer gewissen **Regelmäßigkeit** fließen, **512** fallen unter § 22 Nr. 1 S. 1; ansonsten sind sie Leistungen gem. § 22 Nr. 3 (vgl. BFH 11.1.1966 – I 53/63, BStBl. III 1966, 218) bei einer nicht gewerbetreibenden Person (sonst gewerbliche Einkünfte gem. § 15; vgl. BFH 14.4.2015 – IX R 35/13, BStBl. II 2015, 795). Die aufgrund einer **Inanspruchnahme** geleisteten Zahlungen erfolgen jedoch auf der Vermögensebene und stellen **keine** Werbungskosten/negative Einnahmen dar (BFH 11.1.1966 – I 53/63, BStBl. III 1966, 218).

Einstweilen frei **513–521**

Darlehen

Die Vermittlungsgebühr für die (gelegentliche) Vermittlung von Darlehensverträgen fällt **522** unter § 22 Nr. 3.

Diebesgut

Bei einer Aneignung von Vermögensgegenständen **ohne Wissen und Wollen** des **523** Geschädigten mangelt es an einer bewussten Gegenleistung; es liegt keine nach § 22 Nr. 3 steuerbare Leistung vor (**Diebstahl, Veruntreuung, Unterschlagung;** vgl. aber FG Münster, 10.4.2013 – 13 K 3654/10 E, EFG 2013, 457 bei Scheingeschäften).

Dienstbarkeit

Die Einräumung einer Dienstbarkeit stellt **grundsätzlich** eine Belastung und damit einen **524** Vorgang im **steuerbaren** Nutzungsbereich dar (vgl. die Ausführungen zur Abgrenzung zum Vermögensbereich → Rn. 456). **Anderes** gilt jedoch bei einer Belastung eines Grundstücks in der Weise, dass der öffentlichen Hand ein dauerhaftes und unwiderrufliches Recht eingeräumt wird, das Grundstück in einer bestimmten Tiefe für die Errichtung und zum Betrieb einer U-Bahn zu nutzen. Insoweit soll nach Ansicht des BFH das *wirtschaftliche* Eigentum (das zivilrechtliche Eigentum bleibt durch die bloße Belastung unberührt) an dem genutzten Grundstücksteil übergehen (BFH 18.8.1977 – VIII R 7/74, BStBl. II 1977, 796).

Differenzgeschäfte/Devisentermingeschäfte

525 Erträge aus solchen Geschäften im Privatbereich waren und sind nicht nach § 22 Nr. 3 steuerbar (BFH 14.12.2004 – VIII R 5/02, BStBl. II 2005, 739; ab Veranlagungszeitraum 2009 vgl. § 20 Abs. 2 Nr. 3).

Dirnenlohn

526 S. „Prostitution" → Rn. 583.

Duldung

527 Das Dulden eine Bauvorhabens (Hochhaus) auf dem Nachbargrundstück gegen ein Entgelt stellt grundsätzlich eine Leistung iSd § 22 Nr. 3 dar (BFH 26.10.1982 – VIII R 83/79, BStBl. II 1983, 404; kritisch dazu HHR/*Killat* § 22 Rn. 394, weil die Wertminderung des Grundstücks dem Normalbild des Ausgleichs für eine Minderung des Substanzwerts entspreche).

528–532 *Einstweilen frei*

Enteignung

533 S. „hoheitliche Eingriffe" → Rn. 548.

Erfindung

534 S. „Zufallserfindung" → Rn. 625.

Erpressung

535 Ein Entgelt, das ein Erpresser zur Abwendung der angedrohten Handlung erhält, ist nach § 22 Nr. 3 steuerbar (Blümich/*Nacke* § 22 Rn. 168, „Erpressung"). Anders bei Diebesgut, da der Geschädigte dort keiner (bewusste) Gegenleistung erbringt, s. „Diebesgut" → Rn. 523.

536–540 *Einstweilen frei*

Finderlohn

541 Ein Finderlohn ist grundsätzlich nicht nach § 22 Nr. 3 steuerbar, da die Leistung (das Finden und Abliefern) nicht wegen der Belohnung erbracht wird; es mangelt damit an einer hinreichenden Veranlassung bzw. an einer erwerbsgerichtete Tätigkeit (Blümich/*Nacke* § 22 Rn. 168, „Belohnungen"). S. auch „Belohnungen" → Rn. 507.

Fernsehshow

542 S. „Spielgewinne" → Rn. 590.

543–545 *Einstweilen frei*

Grundstücke

546 Das entgeltliche Nichtnutzen eines Grundstücks zur Vermittlung einer ökologischen Ausgleichsfläche kann unter § 22 Nr. 3 fallen → Rn. 607; siehe auch „Enteignung" → Rn. 533.

547 *Einstweilen frei*

Hoheitliche Eingriffe

548 Bei hoheitlichen Eingriffen, für deren Vornahme eine Entschädigung gezahlt wird, mangelt es in der Regel an einer Leistung, sodass eine Besteuerung nach § 22 Nr. 3 ausscheidet (→ Rn. 438).

Homepage

S. „Internetdomain" → Rn. 556. 549
Einstweilen frei 550–554

Informationen

Die Weitergabe von Informationen gegen Entgelt kann eine Leistung iSd § 22 Nr. 3 darstellen (BFH 21.9.1982 – VIII R 73/79, BStBl. II 1983, 201). S. auch „Whistleblowing" → Rn. 618. 555

Internetdomain

Der Verkauf einer Internetdomain stellt einen nicht steuerbaren Vorgang auf der Vermögensebene dar (vgl. FG Köln 20.4.2010 – 8 K 3038/08, EFG 2010, 1216). Etwas anderes dürfte gelten, wenn die Leistung nicht primär in der Rechteübertragung, sondern in der Erstellung einer Domain liegt; dann steht die Tätigkeit im Vordergrund und kann – wenn kein anderer Besteuerungstatbestand eingreift – unter § 22 Nr. 3 fallen. 556
Einstweilen frei 557–566

Lotterie

S. „Spielgewinne" → Rn. 590. 567
Einstweilen frei 568–582

Prostitution

Einnahmen aus gewerbsmäßiger Prostitution gehören zu § 15 (BFH 20.2.2013 – GrS 1/12, BStBl. II 2013, 441). Bei einer angestellten Tätigkeit im Bordell kommen Einnahmen iSd § 19 in Betracht. 583
Einstweilen frei 584–588

Schmiergelder

S. „Bestechungsgelder" → Rn. 509. 589

Spielgewinne

Bei einem auf Spiel angelegten Geschäft fehlt es an der Veranlassung bzw. dem Auslösen, sodass § 22 Nr. 3 **grundsätzlich nicht** greift (zB Spiel- und Lotteriegewinne, vgl. BFH 2.9.2008 – X R 8/06, BStBl. II 2010, 548). Bei **Berufsspielern** liegen Einkünfte aus § 15 vor (BFH 16.9.2015 – X R 43/12, BStBl. II 2016, 48). Bei einem **erfolgsabhängigen Preisgeld** in einer Fernsehshow **können Leistungen iSd § 22 Nr. 3** vorliegen, wenn der Auftritt des Kandidaten und das gewonnene Preisgeld in einem gegenseitigen Leistungsverhältnis stehen (zB Teilnahme bei **„Big-Brother"**, wo es nicht um einen Preis im Sinne eines Glückspiels geht, sondern das Preisgeld die (längerfristige) Teilnahme an dem Konzept abgilt; vgl. dazu BFH 24.12. 2012 – IX R 6/10, BStBl. II 2012, 581; BFH 16.6.2014 – IX B 22/14, BStBl. II 2015, 1019; vgl. zur Sendung „**Zuhause im Glück**" FG Köln – 1 V 2304/18, DStRE 2019, 739). 590

Stiftung

Der Empfang eines **Liquidationsendvermögens bei der Auflösung einer Stiftung** stellt keine zu versteuernde Einnahme dar. § 22 Nr. 3 scheidet insoweit aus, weil die Auskehrung des Vermögens nicht durch eine Leistung des Zuwendungsempfängers ausgelöst wird; auch eine Besteuerung nach § 22 Nr. 1 und § 20 Abs. 1 Nr. 9 kommt nicht in Betracht (vgl. BFH 28.2.2018 – VIII R 30/15, BFH/NV 2018, 857). 591
Einstweilen frei 592–600

Untreue

601 S. „Diebesgut" → Rn. 523.
602–605 *Einstweilen frei*

Verzicht auf Vermögensrechte

606 Der Verzicht **auf Vermögensrechte** stellt grundsätzlich einen veräußerungsähnlichen Vorgang mit der Folge dar, dass das Entgelt nicht nach § 22 Nr. 3 steuerbar ist (BFH 5.8.1976 – VIII R 117/75, BStBl. II 1977, 27). So ist zB der **Verzicht auf Schadensersatzansprüche** im Rahmen eines Vergleichs, für den der Verzichtende ein Entgelt erhält nicht steuerbar; dies gilt auch dann, wenn die Ansprüche **nicht feststehen,** und bestritten werden und wenn der Verzicht noch unter einer **Bedingung** ausgesprochen wird (BFH 19.3.2013 – IX R 65/10, BFH/NV 2013, 1085; die Schadensersatzansprüche sind folglich trotz des Bestreitens „greifbar"); das Gleiche gilt für den Verzicht auf das Recht zum **Ankauf** eines Grundstücks (FG Saarland 18.5.1994 – 2 K 245/93, EFG 1994, 1001), den Verzicht auf einen **Vorbehaltsnießbrauch** oder der Verzicht auf ein **testamentarisch** vermachtes Wohnrecht gegen ein Entgelt (BFH 25.11.1992 – X R 34/89, BStBl. II 1996, 663), der Verzicht auf ein **dingliches Recht** an einem Nachbargrundstück (BFH 19.12.2000 – IX R 96/97, BStBl. II 2001, 391).

607 Der Verzicht auf die Nutzung eines Grundstücks und das Zurverfügungstellen dieser Fläche als **Ausgleichsfläche für den Naturschutz** (in Form sog. Ökopunkte) dagegen führt grundsätzlich zu Einnahmen aus **§ 21** (BFH 20.7.2018 – IX R 3/18, BFH/NV 2018, 1266, aA – Einkünfte nach § 22 Nr. 3 – dagegen FG Schleswig-Holstein 10.3.2017 – 2 K 118/16, EFG 2018, 1096).

Verzicht im Tätigkeitsbereich

608 Dagegen hat der BFH für den Verzicht auf **Rechtsbehelfe** bzw. für die Rücknahme eines Widerspruchs eine Steuerbarkeit nach § 22 Nr. 3 angenommen (BFH 12.11.1985 – IX R 183/84, BStBl. II 1986, 890, **aA** HHR/*Killat* § 22 Rn. 393: veräußerungsähnlich). Die Abgrenzung hat grundsätzlich danach zu erfolgen, ob auf ein Vermögensrecht verzichtet wird (dann Vermögensebene keine Besteuerung nach § 22 Nr. 3) oder ob auf eine Tätigkeit verzichtet wird (dann Leistung – „Unterlassen" – iSd § 22 Nr. 3), wie zB beim Verzicht auf ein **rechtliches Vorgehen** gegen eine bestimmte Eigentumsnutzung (BFH 21.11.1997 – X R 124/94, BStBl. II 1998, 133).

Vorkaufsrecht

609 Nach Auffassung der Finanzverwaltung stellt die entgeltliche Einräumung eines Vorkaufsrechts eine nach § 22 Nr. 3 steuerbare Handlung dar (EStH 22.8; vgl. auch BFH 30.8.1966 – IV 284/64, BStBl. III 1967, 69; **aA:** FG Baden-Württemberg 5.10.1065 – I 469/65, EFG 1966, 22; vgl. zum Ganzen ausführlich HHR/*Killat* § 22 Rn. 393 „Vorkaufsrecht"). Mm nach ist zu differenzieren: Die Einräumung stellt einen Fall der rechtsbegründenden Verfügung dar und betrifft damit den nicht steuerbaren Vermögensbereich. Lässt sich der Inhaber eines einmaligen Vorkaufsrechts die Nichtgeltendmachung von den Käufern abgelten, liegt – da das Recht danach erlischt – ein Verzicht auf der Vermögensebene vor, der gleichsam nicht steuerbar ist. Liegt indes ein dauerhaftes Vorkaufsrecht vor, dessen Nichtgeltendmachung sich der Inhaber bei jedem Eigentümerwechsel abgelten lässt, liegt ein Unterlassen im Tätigkeitsbereich vor, sodass § 22 Nr. 3 greift.
610–614 *Einstweilen frei*

Warenzeichen

615 Der **Verzicht** des Inhabers eines Warenzeichens auf die Geltendmachung von Abwehrrechten stellt ein nach § 22 Nr. 3 steuerbares **Unterlassen** dar (BFH 25.9.1979 – VIII R 34/78, BStBl. II 1980, 114, **aA** HHR/*Killat* § 22 Rn. 393: veräußerungsähnlich; mM nach kann ein veräußerungsähnlicher Vorgang nur angenommen werden, wenn das Recht in

Gänze aufgegeben wird; der bloße Verzicht auf die Geltendmachung von Abwehrrechten liegt im Tätigkeitsbereich).

Wertpapierleihe

Die Leihgebühr („Zinsen") für die Überlassung von Wertpapieren in Form eines Sachdarlehens sind Einkünfte iSd § 22 Nr. 3 (vgl. BMF 3.4.1990, DB 1990, 863; Blümich/*Nacke* § 22 Rn. 168; HHR/*Killat* § 22 Rn. 393: Keine Einkünfte iSd §§ 15, 20 Abs. 1 Nr. 1). 616

Wettbewerbsverbot

Das Entgelt für ein vertraglich vereinbartes Wettbewerbsverbot wird für einen Verzicht im Tätigkeitsbereich (s. „Verzicht") geleistet und ist grundsätzlich nach **§ 22 Nr. 3** steuerbar, **sofern** es keiner anderen Einkunftsart zuzurechnen ist (zur Abgrenzung vgl. BFH 2.4.2008 – X R 61/06, BFH/NV 2008, 1491; FG Baden-Württemberg 16.12.1997 – 6 K 250/95, DStRE 1998, 348). Das gilt **ausnahmsweise auch** für ein im Rahmen einer **Betriebsveräußerung** vereinbarten Wettbewerbsverbot, **sofern** aus der Vereinbarung hervorgeht, dass es sich wirtschaftlich heraushebt und das gesondert vereinbarte Entgelt keinen Geschäftswert oä abgelten soll (BFH 2.4.2008 – X 61/06, BFH/NV 2008, 1491; BFH 11.3.2003 – IX R 76/99, BFH/NV 2003, 1161, auch zum Wettbewerbsverbot bei Handelsvertretern). 617

Whistleblowing

Die Prämie für sog. Whistleblowing kann nach § 22 Nr. 3 steuerbar sein (BFH 23.3.2016 – IX B 22/16, BFH/NV 2016, 1013; vgl. aber „Finderlohn" → Rn. 541). 618

Wirtschaftliche Vereine

Auch wirtschaftliche Vereine können – wenn sie außerhalb der anderen Einkunftsarten tätig werden – Einkünfte iSd § 22 Nr. 3 erzielen (BFH 8.6.1966 – I 151/63, BStBl. III 1966, 632). 619

Einstweilen frei **620–624**

Zufallserfindung

Der Verkauf aus einer Zufallserfindung ist ein Vorgang auf der Vermögensebene und damit nicht von § 22 Nr. 3 erfasst (vgl. dazu BFH 10.9.2003 – XI R 26/02, BStBl. II 2003, 218). 625

Zufallsfund

S. „Finderlohn" → Rn. 541 **626**

Einstweilen frei **627–628**

Zuhause im Glück

Siehe Spielgewinne → Rn. 590. **629**

Einstweilen frei **630–631**

VI. Besteuerung von Abgeordnetenbezügen gem. § 22 Nr. 4

1. Entwicklung der Norm/Besteuerungssystem

Mit dem sog. Diätenurteil vom 5.11.1975 hat das BVerfG (BVerfG 5.11.1975 – 2 BvR 193/74, DB 1975, 2267) die damals geltende Steuerfreiheit der Abgeordnetenbezüge wegen Verstoßes gegen Art. 3 GG für verfassungswidrig erklärt. Der Gesetzgeber reagierte darauf mit dem **Gesetz zur Neuregelung der Rechtsverhältnisse der Mitglieder des Deutschen Bundestags vom 18.2.1977 (Abgeordnetengesetz – AbgG** – BGBl. 1977 I 297; nunmehr AbgG in der Fassung der Bekanntmachung vom 21. Februar 1996, BGBl. 1996 I 326, zuletzt geändert durch Art. 12 des Gesetzes vom 5.1.2017, BGBl. 2017 I 17). Nach 632 den Bestimmungen dieses Gesetzes wurde mit **Wirkung vom 1.4.1977 § 22 Nr. 4** in das Gesetz aufgenommen und damit die Bezüge der Besteuerung unterworfen.

633 Zur weiteren Entwicklung der Norm seit 1977 Rn. → Rn. 14 und LBP/*Lüsch* § 22 Rn. 401.

634 Dabei werden die Bezüge iSd § 22 Nr. 4 – wie auch die Gehälter im öffentlichen Dienst nach § 19 Abs. 1 – der **vollen Besteuerung** unterworfen (vgl. BT-Drs. 7/5531, 8). Ausschlaggebend für die **Zuordnung zu den sonstigen Einkünften** war, dass hierdurch dem besonderen Charakter der Abgeordnetenbezüge am besten Rechnung getragen werden konnte. Eine Zuordnung zu den Einkünften iSd **§ 19 kam nicht** in Betracht. Denn Einkünfte dieser Einkunftsart sind dadurch gekennzeichnet, dass ein Dienstverhältnis besteht, in dessen Rahmen der Verpflichtete seine Arbeitskraft schuldet und Weisungen unterworfen ist. Abgeordnete sind jedoch weder Weisungsgebunden, noch ist deren Tätigkeit dadurch geprägt, dass sie ihr Arbeitskraft schulden (vgl. BT-Drs. 7/5531, 9).

635 Insoweit stellten die Bezüge der Abgeordneten eine eigene Form der Einkünfte dar, die nicht unter eine der anderen Einkunftsarten des § 2 Abs. 1 Nr. 1–6 subsumiert werden können. Die Frage eines etwaigen Konkurrenzverhältnisses (**Subsidiarität**) stellt sich daher insoweit nicht.

2. Die Bezüge iSd § 22 Nr. 4 S. 1

636 **a) Überblick.** § 22 Nr. 4 S. 1 erfasst in einer **abschließenden Aufzählung** (BFH 14.10.2003 – IX R 17/01, BFH/NV 2004, 189; LBP/*Lüsch* § 22 Rn. 410) die als sonstige Einkünfte steuerbaren Bezüge der Abgeordneten. Darunter fallen Entschädigungen, Amtszulagen, Zuschüsse zu Kranken- und Pflegeversicherungsbeiträgen, Übergangsgelder, Überbrückungsgelder, Sterbegelder, Versorgungsabfindungen und Versorgungsbezüge, bzw. mit diesen vergleichbare Bezüge, die aufgrund

- des AbG
- der entsprechenden (Abgeordneten-)Ländergesetze
- des Europaabgeordnetengesetzes

gezahlt werden. Darüber hinaus erfasst § 22 Nr. 4 S. 1 die Entschädigungen, Übergangsgelder, Ruhegehälter und die Hinterbliebenenversorgung, die aufgrund des

- Abgeordnetenstatuts des Europäischen Parlaments von der Europäischen Union gezahlt werden.

637 **b) Bezüge der Bundestags- und Landtagsabgeordneten. Rechtsquelle** für die Bezüge der Bundestagsabgeordneten ist das **AbgG** (in der Fassung der Bekanntmachung vom 21. Februar 1996, BGBl. 1996 I 326, zuletzt geändert durch Art. 12 des Gesetzes vom 5.1.2017, BGBl. 2017 I 17).

638 Die **Rechtsquellen** für die Bezüge der Abgeordneten der Länderparlamente sind die folgenden Gesetze:

- Baden-Württemberg: Abgeordnetengesetz vom 12.9.1978 (GBl. 1978, 473), zuletzt geändert durch Gesetz vom 10.7.2012 (GBl. 12, 466),
- Bayern: Abgeordnetengesetz vom 6.3.1996 (GVBl. 1996, 82), zuletzt geändert durch Gesetz vom 8.4.2014 (GVBl. 14, 114),
- Berlin: Abgeordnetengesetz vom 21.7.1978 (GVBl. 1978, 1497), zuletzt geändert durch Gesetz vom 18.12.2013 (GVBl. 2013, 920).
- Brandenburg: Abgeordnetengesetz vom 25.10.2007 (GVBl. 2007, 146), zuletzt geändert durch Gesetz vom 19.6.2013 (GVBl. 2013, Nr. 23),
- Bremen: Abgeordnetengesetz vom 16.10.1978 (GBl. 1978, 209), zuletzt geändert durch Gesetz vom 25.6.2013 (GBl. 2013, 288),
- Hamburg: Abgeordnetengesetz vom 21.6.1996 (BVBl. 1996, 141), zuletzt geändert durch Gesetz vom 6.7.2016 (GVBl. 2016, 291),
- Hessen: Abgeordnetengesetz vom 18.10.1989 (GVBl. 1989, 261), zuletzt geändert durch Gesetz vom 29.6.2016 (GVBl. 2016, 107),
- Mecklenburg-Vorpommern: Abgeordnetengesetz vom 1.2.2007 (GVOBl. 2007, 54), zuletzt geändert durch Gesetz vom 14.12.2011 (GVOBl. 2011, 1071),
- Niedersachen: Abgeordnetengesetz vom 20.6.2000 (GVBl. 2000, 129), zuletzt geändert durch Gesetz vom 19.8.2016 (GVBl. 2016, 160),

- Nordrhein-Westfalen: Abgeordnetengesetz vom 5.4.2005 (GV 2005, 252), zuletzt geändert durch Gesetz vom 4.12.2015 (GV 2015, Nr. 31),
- Rheinland-Pfalz: Abgeordnetengesetz vom 21.7.1978 (GVBl. 1978, 587), zuletzt geändert durch Gesetz vom 22.5.2015 (GVBl. 2015, 529),
- Saarland: Abgeordnetengesetz vom 4.7.1979 (ABl. 1979, 656), zuletzt geändert durch Gesetz vom 23.9.2015 (ABl. 2015, 712),
- Sachsen: Abgeordnetengesetz vom 4.7.2000 (GVBl. 2000, 326), zuletzt geändert durch Gesetz vom 24.5.2016 (GVBl. 2016, 242),
- Sachsen-Anhalt: Abgeordnetengesetz vom 14.6.2002 (GVBl. 2002, 270), zuletzt geändert durch Gesetz vom 5.12.2014 (GVBl. 2014, 494),
- Schleswig-Holstein: Abgeordnetengesetz vom 13.2.1991 (GVOBl. 1991, 100), zuletzt geändert durch Gesetz vom 16.11.2012 (GVOBl. 2012, 712),
- Thüringen: Abgeordnetengesetz vom 9.3.1995 (GVBl. 1995, 121), zuletzt geändert durch Gesetz vom 3.12.2015 (GVBl. 2015, 182).

Zu den Bezügen der Abgeordneten gehören **bspw.** die **monatliche Abgeordnetenentschädigung** (vgl. für Bundestagsabgeordnete § 11 AbgG), das **Übergangsgeld** (vgl. für Bundestagsabgeordnete § 18 AbgG), ein an die Hinterbliebenen gezahltes **Überbrückungsgeld** (vgl. für Bundestagsabgeordnete § 24 AbgG), die **Altersentschädigung** (vgl. für Bundestagsabgeordnete §§ 19 ff. AbgG, für die Hinterbliebenen § 25; bzgl. der **Versorgungsbezüge** vgl. § 22 Nr. 4 S. 4 Buchst. b; bzgl. der Übergangsregelung gem. § 38 AbgG bei Versorgungsbezügen, die ihren Grund in einer bereits vor dem 1.1.1968 beendeten Abgeordnetentätigkeit hatten, vgl. LBP/*Lüsch* § 22 Rn. 430 ff.). 639

Ebenfalls zu den nach § 22 Nr. 4 steuerbaren Bezügen gehören die **Aufwandsentschädigungen, die für den durch das Mandat veranlassten Aufwand** in Form einer **Kostenpauschale** gewährt werden (vgl. für Bundestagsabgeordnete **§ 12 AbgG:** Aufwendungsentschädigung für Unterhaltung eines Wahlkreisbüros, Reisen, Fahrtkosten, Repräsentation etc). Die pauschalierte Kostenerstattung soll den durchschnittlichen Aufwand eines Abgeordneten abdecken (vgl. vgl. BT-Drs. 7/5531, 12). 640

Die Kostenpauschale ist jedoch grundsätzlich nach **§ 3 Nr. 12 steuerfrei,** sofern sie als Aufwandsentschädigung festgesetzt wird und jeweils auch als Aufwandsentschädigung im Haushaltsplan ausgewiesen wird (vgl. Wortlaut § 3 Nr. 12; dies ist **nicht** der Fall in den Landesgesetzen von Brandenburg, Nordrhein-Westfalen und Schleswig-Holstein, s. EStH 22.9). **Sofern die Steuerfreiheit greift,** können dafür die durch das Mandat veranlassten Aufwendungen **nicht als Werbungskosten** abgezogen werden, s. § 22 Nr. 4 S. 2. Sowohl die abgeltende Pauschale als auch deren (grundsätzliche) Steuerfreiheit mit dem korrelierenden Werbungskostenabzugsverbot dienen der Verwaltungsvereinfachung (BFH 11.9.2008 – VI R 13/06, BStBl. II 2008, 928). Die Steuerfreiheit der Kostenpauschale ist **verfassungsrechtlich nicht zu beanstanden; insbesondere kann sie auch nicht mit Erwägungen der Gleichbehandlung auf andere Steuerpflichtige übertragen werden** (vgl. BFH 11.9.2008 – VI R 13/06, BStBl. II 2008, 928; BVerfG 26.7.2010 – 2 BvR 2228/08, HFR 2010, 1108). 641

Zu den nach § 22 Nr. 4 steuerbaren Bezügen gehören weiter die **Erstattungen für Dienstreisen** (vgl. für Bundestagsabgeordnete § 17 AbgG), die jedoch nach **§ 3 Nr. 13** steuerfrei sind. Hier ist der entsprechende Werbungskostenabzug durch **§ 3c Abs. 1** begrenzt. 642

Nicht zu den Bezügen iSd § 22 Nr. 4 gehören 643

- **andere** als die in den einschlägigen Gesetzen benannten Bezüge, auch wenn sie im Zusammenhang mit der **parlamentarischen Tätigkeit** stehen, wie zB Bezüge als **Fraktionsgeschäftsführer** oder als Vorsitzender eines **Arbeitskreises.** Solche Leistungen werden – da sie nicht im abschließenden Katalog des § 22 Nr. 4 S. 1 enthalten sind – idR nach § 22 Nr. 1 S. 1 oder § 22 Nr. 3 besteuert (Blümich/*Nacke* § 22 Rn. 175),
- die Bezüge von Mitgliedern der **Kommunalen Vertretungen;** auch diese sind nicht im Katalog des § 22 Nr. 4 S. 1 enthalten. Sie unterfallen idR § 18 Abs. 1 S. 3 (BFH 8.10.2008 – VIII R 58/06, BStBl. II 2009, 405; s. dazu näher LBP/*Lüsch* § 22 Rn. 404),
- andere Einkünfte der Abgeordneten, **zB aus gewerblicher oder freiberuflicher** Tätigkeit. Diese unterfallen den entsprechenden Regelungen der anderen Besteuerungstatbestände (zB § 15, § 18).

644 **c) Bezüge der Europaabgeordneten.** Bei den Bezügen der Europaabgeordneten ist in **zeitlicher Hinsicht** zwischen den Bezügen aufgrund des Europaabgeordnetengesetzes und aufgrund des ab 14.7.2009 geltenden Abgeordnetenstatuts des Europäischen Parlaments zu differenzieren:

645 **Bis zum Inkrafttreten (Juli 2009) des Abgeordnetenstatuts des Europäischen Parlaments** („Beschluss des Europäischen Parlaments vom 28. September zur Annahme des Abgeordnetenstatuts des Europäischen Parlaments – 2005/684/EG, Euratom – Amtsblatt der Europäischen Union L 262, 7.10.2005 DE L 262/1) erhielten die Europaabgeordneten ihre Bezüge nach den Bestimmungen des **EuAbgG** (Europaabgeordnetengesetz vom 6.4.1979, BGBl. 1979 I 413, zuletzt geändert durch Gesetz vom 11.7.2014, BGBl. 2014 I 906). Die Bezüge nach diesem Gesetz entsprechen in etwa den Bezügen der Bundestagsabgeordneten im AbgG, sodass die Ausführungen dazu insoweit entsprechend gelten.

646 **Art. 25 des Abgeordnetenstatus des Europäischen Parlaments** sieht vor, dass sich die Abgeordneten, die vor Inkrafttreten des Abgeordnetenstatuts dem Europaparlament bereits angehörten und wiedergewählt wurden, hinsichtlich der Entschädigung, des Übergangsgeldes des Ruhegehaltes und der Hinterbliebenenversorgung für die gesamte Dauer ihrer Tätigkeit für das bisherige nationale System entscheiden können. Abs. 2 sieht vor, dass die Zahlungen dann aus dem Haushalt des Mitgliedstaats geleistet werden. Macht ein Abgeordneter bei Vorliegen der Voraussetzungen von diesem Wahlrecht Gebrauch, finden **auf ihn damit auch über den Juli 2009 hinaus die Bestimmungen des EuAgbG Anwendung** (vgl. auch BT-Drs. 16/9300, 3 zum 22. Gesetz zur Änderung des EuAbgG und zum 28. Gesetz zur Änderung des AbgG, BGBl. 2008 I 2020).

647 Soweit die Voraussetzungen des Art. 25 des Abgeordnetenstatuts nicht vorliegen, bzw. soweit sie vorliegen, aber die betroffene Person von dem Wahlrecht zum alten System keinen Gebraucht macht, gilt **ab Juli 2009** Folgendes:

648 Mit dem Inkrafttreten des Abgeordnetenstatuts am 14.7.2009 wurde die Versorgung der Europaabgeordneten neu geregelt. Nach Art. 23 des Abgeordnetenstatuts erhalten die Europaabgeordneten ihre **Bezüge nicht mehr von ihrem Mitgliedstaat, sondern von der EU.** Dabei sieht das Abgeordnetenstatut ua die Zahlung einer monatlichen Entschädigung, eines Übergangsgeldes, einer Hinterbliebenenversorgung, eines Ruhegehalts und einer Kostenerstattung vor (Art. 9 ff. des Abgeordnetenstatuts).

649 Die **Besteuerung der Bezüge aufgrund des Abgeordnetenstatuts** ist ebenfalls neu geregelt worden; sie erfolgt – anders als bei Anwendung des EuAbgG wo die Grundsätze der Besteuerung der Bezüge nach dem AbgG Geltung fanden – **nunmehr auf zwei Ebenen:**

650 Zunächst werden die Bezüge auf **europäischer Ebene** mit Steuer belastet. Hierzu sieht Art. 12 Abs. 1 des Abgeordnetenstatuts vor, dass **Entschädigungen** nach Art. 9 der **Gemeinschaftssteuer** unter den gleichen Bedingungen unterworfen werden, wie sie für die Beamten und übrigen Bediensteten der Europäischen Gemeinschaft festgelegt worden sind. Diese Regelung findet auch auf das **Übergangsgeld,** das **Ruhegehalt** und die **Hinterbliebenenversorgung** Anwendung (vgl. Art. 12 Abs. 5 des Abgeordnetenstatuts mit Verweis auf die entsprechenden Art. 13, 14, 15 und 17; nicht erfasst werden nach Art. 12 Abs. 6 die – auch von § 22 Nr. 4 S. 1 nicht erfassten – Leistungen nach Art. 18, 19, 20 und die Beiträge zu Pensionsfonds).

651 Die **Details der Besteuerung** ergeben sich aus Art. 12 Abs. 2 und aus der Verordnung (EWG, Euratom, EGKS) Nr. 260/68 des Rates vom 29. Februar 1968 zur Festlegung der Bestimmungen und des Verfahrens für die Erhebung der Steuer zugunsten der Europäischen Gemeinschaften (Amtsblatt der Europäischen Gemeinschaften L 56 vom 4.3.1968, 8–10; Verordnung (EG Euratom) Nr. 1750/2002 des Rates vom 30. September 2002 zur Änderung der Verordnung Nr. 260/68 (Amtsblatt Nr. L 264 vom 2.10.2002, 0015).

652 Sodann erfolgt eine Besteuerung der **Entschädigungen, Übergangsgelder, Ruhegehälter** und der **Hinterbliebenenversorgung auf nationaler Ebene nach § 22 Nr. 4.** Insoweit eröffnet Art. 12 Abs. 3, 4 und 5 des Abgeordnetenstatuts den Mitgliedstaaten die Befugnis, auf diese Bezüge die Bestimmungen des nationalen Steuerrechts anzuwenden, sofern jegliche **Doppelbesteuerung vermieden** wird. Gemäß dieser – eingeschränkten – Befugnis hat der Gesetzgeber mit dem **JStG 2009** vom 19.12.2008 (BGBl. 2008 I 2794) die Besteuerung in § 22 Nr. 4 auf Entschädigungen, Übergangsgelder, Ruhegehälter und der Hinterbliebenenversorgung ausgedehnt. Zur Vermeidung einer Doppelbesteuerung wurde

in § 22 Nr. 4 S. 4 Buchst. d zugleich **§ 34c Abs. 1 (Steuerermäßigung bei ausländischen Einkünften)** für Anwendbar erklärt. Dabei sind gem. § 22 Nr. 4 S. 4 Buchst. d Hs. 2 die Abgeordnetenbezüge und die europäische Gemeinschaftssteuer wie ausländische Einkünfte und ausländische Steuern iSd § 34 c Abs. 1 zu behandeln.

Da die **EU auch steuerfreie Aufwandspauschalen** zahlt (vgl. Art. 20 Abs. 3 des Abgeordnetenstatuts), greift in diesen Fällen das **Werbungskostenabzugsverbot des § 22 Nr. 4 S. 2;** ferner greift das Abzugsverbot für Wahlkampfkosten, **§ 22 Nr. 4 S. 3** (LBP/*Lüsch* § 22 Rn. 447). 653

3. Subjektiver Anwendungsbereich

In subjektiver Hinsicht folgt aus der abschließenden Regelung des § 22 Nr. 4, dass allein die (amtierenden und ehemaligen) **Abgeordneten** des Deutschen Bundestags, der Länderparlamente und des Europaparlaments in den Anwendungsbereich der Norm fallen, *soweit* sie die dort beschriebenen (gegebenenfalls nach einem Ausscheiden: nachlaufenden) Einkünfte erzielen. Hinzu kommen, die von den in § 22 Nr. 4 benannten Rechtsquellen begünstigten weiteren Personen, welche Bezüge aufgrund der **Hinterbliebenenversorgung** erhalten. 654

Nicht in den Anwendungsbereich fallen Mitglieder von **Stadt- und Gemeinderäten** oder der **Kreis- und Bezirkstage.** Diese beziehen Einkünfte aus § 18 Abs. 1 Nr. 3 (BFH 8.10.2008 – VIII R 58/06, BStBl. II 2009, 405). Sofern einem Oberbürgermeister von der Gemeinde ein Dienstfahrzeug zur Verfügung gestellt wird, welches er **auch zur Wahrnehmung** seines Bundestagsmandats nutzen darf und nutzt, so ist dieser von der Gemeinde gewährte Vorteil bei den Einkünften aus § 18 Abs. 1 Nr. 3 zur erfassen. Der für die Wahrnehmung des Bundestagsmandats insoweit verbrauchte Vorteil kann nicht als Werbungskosten bei den Einkünften aus § 22 Nr. 4 in Abzug gebracht werden (BFH 3.12.1987 – IV R 41/85, BStBl. II 1988, 266). 655

4. Ermittlung der Einkünfte

Die Einkünfte iSd § 22 Nr. 4 werden gem. § 2 Abs. 2 Nr. 2 durch den Überschuss der Einnahmen (§ 8) über die Werbungskosten (§ 9) ermittelt. 656

a) Zu- und Abfluss, Werbungskosten. Für die Einnahmen und Ausgaben gilt das **Zu- und Abflussprinzip des § 11 Abs. 1 und Abs. 2.** Verpflichtet sich ein Abgeordneter, einen Teil seiner steuerbaren Einkünfte iSd § 22 Nr. 4 durch eine Abtretung seiner Abgeordnetenbezüge als Sonderbeiträge an seine Partei zu leisten, so liegt auch in Höhe der Sonderbeiträge ein Zufluss vor, wenn diese von der Zahlstelle des Abgeordnetenhauses direkt an die Partei überwiesen werden. Der Abgeordnete hat in einem solchen Fall die wirtschaftliche Verfügungsmacht über die Beträge erlangt; denn wirtschaftlich stellt sich die direkte Zahlung an die Partei so dar, als habe der Abgeordnete einen Teil seiner Bezüge zur Zahlung der Sonderbeiträge verwendet. Ein Werbungkostenabzug scheidet insoweit idR wegen § 22 Nr. 4 S. 2 aus (BFH 8.12.1987 – IV R 161/83, BStBl. II 1988, 433). 657

Für Werbungskosten gelten – soweit kein Werbungskostenausschluss nach § 22 Nr. 4 S. 2, 3 vorliegt – die allgemeinen Grundätze (§ 9, § 11 Abs. 2); einen **Werbungskostenpauschbetrag** sieht § 9a – anders als bei den Einkünften aus § 22 Nr. 1, 1a, 5 – für die Abgeordnetenbezüge **nicht** vor. Negative Einnahmen (etwa Rückzahlungen von im Vorjahr zugeflossenen Überzahlungen) können die Einkünfte mindern. Die Minderung durch **negative Einkünfte** ist nicht vom Werbungskostenverbot des (§ 22 Nr. 4 S. 2 erfasst HHR/*Killat* § 22 Rn. 456). 658

Partei- und Faktionsbeiträge sind nicht als **Werbungskosten abziehbar;** sie können als Sonderausgaben iRd § 10b Abs. 2 geltend gemacht werden (BFH 8.12.1987 – IX R 161/83, BStBl. II 1988, 433). 659

b) Werbungskostenabzugsverbot gem. § 22 Nr. 4 S. 2. Wenn zur Abgeltung der durch das Mandat veranlassten Aufwendungen Aufwandsentschädigungen gezahlt werden, so dürfen die durch das Mandat veranlassten Aufwendungen gem. § 22 Nr. 4 S. 2 nicht als Werbungskosten abgezogen werden. Diese Regelung dient dem Ausgleich dafür, dass die Aufwandsentschädigungen der Abgeordneten idR steuerfrei sind und verhindert damit eine doppelte steuerliche Entlastung. Voraussetzung ist daher – auch wenn der Wortlaut dies nicht ausdrücklich verlangt –, dass der Abgeordnete tatsächlich **steuerfreie Aufwandsentschädi-** 660

gungen mit Abgeltungscharakter bezieht (vgl. EStH 22.9.; BFH 29.3.1983 – VIII R 97/82, BStBl. II 1983, 601; s. auch BT-Drs. 7/5531, 26).

661 **Aufwandsentschädigungen** in diesem Sinne ist jeder pauschale Kostenersatz für durch das Mandat veranlassten Aufwand, **unabhängig** davon, ob sie im Einzelfall der Höhe der tatsächlich aufgewendeten Kosten entspricht oder überhaupt von vornherein nur einzelne Aufwendungen abzudecken bestimmt war und ist (BFH 29.3.1983 – VIII R 97/82, BStBl. II 1983, 601). Für Abgeordnete des Bundestages zB finden sich Regelungen über Aufwandsentschädigungen in § 12 Abs. 1 AbgG, wonach ein Mitglied des Bundestages „zur Abgeltung seiner durch das Mandat veranlassten Aufwendungen" verschiedene – in den Abs. 2 bis 4 näher beschriebene – Aufwandsentschädigungen erhält.

662 Die **Steuerfreiheit** von Aufwandsentschädigungen folgt idR aus **§ 3 Nr. 12.** Die Steuerbefreiung – einhergehend mit dem Werbungskostenabzugsverbot – ist verfassungsrechtlich nicht zu beanstanden; insbesondere kann sie auch **nicht** mit Erwägungen der Gleichbehandlung auf andere Steuerpflichtige übertragen werden (vgl. BFH 11.9.2008 – VI R 13/06, BStBl. II 2008, 928; BVerfG 26.7.2010 – 2 BvR 2228/08, DStRE 2010, 1058).

663 Personen, welche die **Steuerfreiheit nicht** in Anspruch nehmen können – und denen daher ein Werbungskostenabzug zusteht – sind zB Mitglieder des Bundestages, die erst im letzten Vierteljahr der Wahlperiode in den Bundestag eingetreten sind. Ihnen stehen gem. § 13 AbgB keine Aufwandsentschädigungen nach § 12 AbgG zu. Auch gibt es Ländergesetze, die keine Aufwandsentschädigungen iSd § 3 Nr. 12 vorsehen; dies sind die Gesetze der Länder Brandenburg, Nordrhein-Westfalen und Schleswig-Holstein (EStH 22.9, 2015).

664 Vom **Umfang** her geht das Werbungskostenabzugsverbot des § 22 Nr. 4 S. 2 über das Verbot des § 3c hinaus. Das Abzugsverbot des § 3c würde den Werbungskostenabzug lediglich in Höhe der monatlichen Kostenpauschale verhindern (HHR/*Killat* § 22 Rn. 472 mwN); § 22 Nr. 4 S. 2 dagegen schließt den **Werbungskostenabzug im Hinblick auf die Einkünfte iSd § 22 Nr. 4 generell aus** (BFH 29.3.1983 – VIII R 97/82, BStBl. II 1983, 601; BFH 3.12.1987 – IV R 41/85, BStBl. II 1988, 266).

665 **c) Das Abzugsverbot gem. § 22 Nr. 4 S. 3.** Gem. § 22 Nr. 4 S. 3 dürfen auch **Wahlkampfkosten** für die Erlangung eines Mandats im Bundestag, in einem Landesparlament oder im Europarlament nicht als Werbungskosten in Abzug gebracht werden. Dieses Abzugsverbot war erforderlich, da die Wahlkampfkosten nicht notwendig mit den (angestrebten) Aufwandsentschädigungen im Zusammenhang stehen und sie damit nicht zwingend von dem in § 22 Nr. 4 S. 2 geregelten Verbot erfasst werden (zB bei erfolglosem Wahlkampf; vgl. HHR/*Killat* § 22 Rn. 475). Die Norm ist verfassungsrechtlich nicht zu beanstanden (BVerfG 26.7.1988 – 1 BvR 614/88, HFR 1988, 532). Zu den **Wahlkampfkosten in diesem Sinne** zählen neben den für den Wahlkampf im engeren Sinne aufgewendeten Kosten auch solche Aufwendungen, die in unmittelbarem Zusammenhang mit der **Aufstellung** zum Kandidaten und dem Erhalt des Nachrückstatus sowie den jeweils damit verbundenen organisatorischen **Vorbereitungsmaßnahmen** entstanden sind (FG München 26.10.2017 – 10 K 614/17, EFG 2018, 213; BFH 10.12.2019 – IX R 32/17, DStR 2020, 705).

666 Das Verbot gilt **auch,** wenn sich ein Kandidat auf Veranlassung seines Arbeitgebers auf ein Mandat bewirbt (FG Köln 18.5.1988 – 1 K 3202/87, EFG 1989, 170). Es gilt jedoch **nicht** für – generell nicht unter § 22 Nr. 4 fallende – kommunale Tätigkeiten. Die Aufwendungen für die Bewerbung um ein kommunales Amt sind daher abzugsfähig (BFH 25.1.1996 – IV R 15/95, BStBl. II 1996, 431). Auch für Aufwendungen für ein Wahlprüfungsverfahren greift das Verbot **nicht** ein; solcherlei Aufwendungen können als Werbungskosten abgezogen werden (FG Berlin-Brandenburg 13.6.2012 – 12 K 12096/09, EFG 2012, 1725 mkritAnm *Rosenke*).

5. Die entsprechend anwendbaren Normen, § 22 Nr. 4 S. 4 Buchst. a bis d

667 **a) § 22 Nr. 4 S. 4 Buchst. a.** Gem. § 22 Nr. 4 S. 4 Buchst. a gilt § 3 Nr. 62 (Steuerfreiheit bestimmter Ausgaben des Arbeitgebers für die Zukunftssicherung) entsprechend für die Nachversicherungsbeiträge die aufgrund gesetzlicher Verpflichtung nach den in § 22 Nr. 1 S. 1 umfassten Abgeordnetengesetzen geleistet werden; das Gleiche gilt für Zuschüsse zu den Kranken- und Pflegeversicherungsbeiträgen.

Zu diesen Leistungen gehören bspw. die Nachversicherungen gem. § 23 Abs. 2 AbgB. Nach dieser Vorschrift können Mitglieder, welche die Voraussetzungen des § 23 Abs. 1 erfüllen (Ausscheiden aus dem Parlament ohne Anwartschaft oder Anspruch auf Altersentschädigung) an Stelle der vom AbgG vorgesehen Versorgungsabfindung auch beantragen, in sinngemäßer Anwendung der Regelungen des SGB VI über die Nachversicherung für die Dauer ihrer Mitgliedschaft nachversichert zu werden. Die insoweit gezahlten Beträge sind steuerfrei. Die Regelung des § 3 Nr. 62 wird „sinngemäß" angewandt, weil der Abgeordnete keinen „Arbeitgeber" im rechtlichen hat. **668**

Nach § 27 Abs. 1 AbgG erhalten die Mitglieder des Bundestags idR einen direkten Zuschuss zu ihren Kosten in Krankheits-, Pflege- und Geburtsfällen. Unter bestimmten Voraussetzungen kann hierauf jedoch verzichtet und nach § 27 Abs. 2 AbgG ein Zuschuss zu Kranken- und Pflegeversicherungsbeiträgen beantragt werden. Solche Zuschüsse sind bei Beamten gem. § 3 Nr. 11 steuerfrei (Schmidt/*Levedag* § 3 Rn. 42). Durch die entsprechende Anwendung von § 3 Nr. 62 wird im Hinblick auf die Steuerfreiheit Kongruenz hergestellt. **669**

b) § 22 Nr. 4 S. 4 Buchst. b. Soweit in den Bezügen nach § 22 Nr. 4 Versorgungsbezüge enthalten sind, ist gem. § 22 Nr. 4 S. 2 Buchst. b der Versorgungsfreibetrag iSd § 19 Abs. 2 anzuwenden. **670**

Versorgungsbezüge in diesem Sinne sind bspw. in §§ 19 ff. AbgG (Anspruch auf Altersentschädigung, Versorgungsabfindung, Überbrückungsgeld für Hinterbliebene, Hinterbliebenenversorgung). Von diesen Bezügen ist ein nach der in **§ 19 Abs. 2** aufgeführten Tabelle in **Abhängigkeit vom Jahr des Eintritts des Versorgungsbeginns** zu ermittelnder Freibetrag steuerfrei. Trat der Versorgungsfall zB bis einschließlich 2005 ein, beträgt der Freibetrag 40% der Bezüge, höchstens jedoch 3.000 EUR. Bei einem späteren Eintritt des Versorgungsfalls schmilzt der Freibetrag entsprechend der Tabelle in § 19 Abs. 2 ab; bei Eintritt ab dem Jahr 2040 beträgt er 0 EUR. **671**

Aufgrund der ausdrücklichen Beschränkung in § 22 Nr. 4 S. 4 Buchst. b auf den Versorgungsfreibetrag bleibt bei den Abgeordnetenbezügen der in **§ 19 Abs. 2 S. 1 benannte Zuschlag außer Betracht.** Dieser Zuschlag dient als Ausgleich für den mit dem AltEinkG vom 5.7.2004 (BGBl. 2004 I 1427) dem Jahr 2005 reduzierten Arbeitnehmerpauschbetrag für Versorgungsempfänger (vgl. § 9a S. 1 Nr. 1b : 102 EUR; bis 2004: 920 EUR). Da den Abgeordneten jedoch von vorneherein kein Werbungskostenpauschbetrag zustand, bedurfte es auch keines Übertrags dieser Kompensationsregel. **672**

Der Freibetrag **erhöht oder verdoppelt sich nicht,** wenn die Versorgungsbezüge iSd § 22 Nr. 4 mit anderen Versorgungsbezügen iSd § 19 Abs. 2 (zB aus einer Beamtenversorgung) zusammenfallen, s. § 22 Nr. 4 S. 4 Buchst. b Hs. 2. **673**

c) § 22 Nr. 4 S. 4 Buchst. c. § 22 Nr. 4 S. 4 Buchst. c ordnet die entsprechende Anwendung von § 34 Abs. 1 (sog. Fünftelregelung) für ein in einer Summe gezahltes Übergangsgeld bzw. eine Versorgungsabfindung an. **674**

Das **Übergangsgeld** ist für Bundestagsabgeordnete in § 18 AbgG geregelt; die **Versorgungsabfindung** in § 23 AbgB. Diese Bezüge können – soweit **in einer Summe** erbracht – zu einem Progressionsnachteil führen. Dieser Nachteil soll durch die **Tarifglättung des § 34 Abs. 1** gemindert werden soll. **675**

Dass § 22 Nr. 4 S. 4 Buchst. c **nicht auch den ermäßigten Steuersatz nach § 34 Abs. 3** für anwendbar erklärt, ist verfassungsrechtlich nicht zu beanstanden (vgl. BVerfG 22.10.1992 – 1 BvR 224/89, HFR 1993, 127). **676**

d) § 22 Nr. 4 S. 4 Buchst. d. Der Verweis auf § 34c in § 22 Nr. 4 S. 4 Buchst. d führt zu einer Steuerermäßigung in den Fällen, in denen Europaabgeordnete Bezüge aufgrund des **Abgeordnetenstatuts des Europäischen Parlaments** beziehen. Diese Bezüge unterliegen einer (ersten) Belastung mit der Gemeinschaftssteuer auf europäischer Ebene (→ Rn. 644 ff.). Zur **Vermeidung einer doppelten Belastung,** ist bei der Besteuerung auf nationaler Ebene § 34c anzuwenden. **677**

VII. Besteuerung von Leistungen aus Altersvorsorgeverträgen und betrieblicher Altersvorsorge gem. § 22 Nr. 5

1. Allgemeines/Besteuerungssystem

678 Die Vorschrift des § 22 Nr. 5 ist durch das Gesetz zur Reform der gesetzlichen Rentenversicherung und zur Förderung eines kapitalgedeckten Altersvorsorgevermögens (Altersvermögenssetz, AVG, BGBl. 2001 I 1310) mit Wirkung ab VZ 2002 eingeführt und durch das Steueränderungsgesetz 2002 (BGBl. 2001 I 3709) geändert worden. Mit dem AltEinkG vom 5.7.2004 (BGBl. 2004 I 1427) hat der Gesetzgeber die Leistungen iSd § 22 Nr. 5 – in gleicher Weise wie die Leistungen iSd § 22 Nr. 1 S. 3 Buchst. a Doppelbuchst. aa – der nachgelagerten Besteuerung zugeführt (zum dazu sowie allgemein zum Drei-Schichten-Modell → Rn. 28 ff.).

679 Zu weiteren Gesetzesänderungen seit 2005 vgl. zunächst ausführlich LBP/*Stickan* § 22 Rn. 500 ff. Aktuelle Änderungen erfolgten durch das Betriebsrentenstärkungsgesetz vom 17.8.2017 (BGBl. 2017 I 3214) mit welchem § 22 Nr. 2 S. 2 redaktionell angepasst und die Vorschrift des § 22 Nr. 5 um die Sätze 13 bis 15 ergänzt wurde.

680 Die Leistungen iSd § 22 Nr. 5 stammen aus den Produkten der **zweiten Schicht des Dreischichtenmodells,** welche die sog. **kapitalgedeckte Zusatzversorgung** enthält (zertifizierte Altersvorsorgeverträge iSd § 82 – „Riesterrente", betriebliche Altersvorsorge durch Pensionsfonds (§ 4e), Pensionskassen (§ 4c) und Direktversicherungen (§ 4b)). Sämtliche Leistungen aus dieser zweiten Schicht werden gem. **§ 22 Nr. 5** grundsätzlich erst in der **Auszahlungsphase nachgelagert** besteuert; Erträge und Wertsteigerungen in der **Ansparphase** bleiben dementsprechend **unbesteuert** (zum Prinzip der steuerlichen Förderung der privaten Altersvorsorge vgl. ausführlich BMF 21.12.2017, BStBl. I 2018, 93; und zur betrieblichen Altersversorgung BMF 6.12.2017, BStBl. I 2018, 147 – zuvor bis zum 31.12.2017 einheitlich BMF 24.7.2013, BStBl. I 2013, 1022).

681 Aus dem **Zusammenwirken von § 22 Nr. 1 S. 1 und S. 2** ergibt sich dabei, dass sich die Besteuerung danach richtet, *inwieweit* die Erträge auf in der Ansparphase geförderten Beiträgen basieren: Nur soweit die Einkünfte **auf geförderten Beiträgen** basieren, ist die nachgelagerte Besteuerung vorzunehmen; beruhen die Beiträge **nicht auf geförderten** Beiträgen, ist die nachgelagerte Besteuerung nach § 22 Nr. 5 S. 1 nicht vorzunehmen, vgl. § 22 Nr. 5 S. 2 Buchst. a bis c. Beruhen die Einkünfte teilweise auf nicht geförderten und **teilweise auf geförderte Beiträgen,** ist eine entsprechende Aufteilung zwischen nachgelagert (§ 22 Nr. 5 S. 1) zu besteuernden und nach § 22 Nr. 5 S. 2 grundsätzlich nicht nachgelagert zu besteuernden Einkünften vorzunehmen (zur Aufteilung vgl. BMF 21.12.2017, BStBl. I 2018, 93 Rn. 139 ff.).

682 Die Vorschriften des § 22 Nr. 5 gehen hinsichtlich der Besteuerung der dort genannten Bezüge als lex specialis den anderen Besteuerungsnormen vor BMF 21.12.2017, BStBl. I 2018, 93 Rn. 126 ff.; vgl. ausführlich HHR/*Killat* § 22 Rn. 479).

2. Grundsatz der nachgelagerten Beteuerung, § 22 Nr. 5 S. 1

683 § 22 Nr. 5 S. 1 unterwirft der nachgelagerten Besteuerung die in der Ansparphase auf geförderten Beiträgen basierenden Leistungen aus verschiedenen Quellen.

684 **a) Leistungen.** Der Begriff der **Leistungen** in diesem Sinne ist umfassend zu verstehen. Er umfasst sämtliche **Zahlungen wie zB Renten, Kapitalauszahlungen oder Auszahlungsplanraten** iSd § 1 Abs. 1 S. 1 Nr. 4 AltZertG. **Auch** wenn mit Auszahlungen Beitragsleistungen oder gewährte Zulagen **zurückgewährt** werden, unterliegen diese – dem System der nachgelagerten Besteuerung entsprechend – dem Begriff der nach § 22 Nr. 5 S. 1 zu beteuernden Leistungen (vgl. BT-Drs. 14/4595, 66; s. auch Blümich/*Nacke* § 22 Rn. 184, 185). Als Leistung kommt auch ein einmaliges Sterbegeld aus einer der in § 22 Nr. 5 benannten Quellen in Betracht (so zum **Sterbegeld** aus einer betrieblichen Altersversorgung FG Düsseldorf 6.12.2018 – 15 K 2439/18 E, EFG 2019, 775; BFH 5.11.2019 – X R 38/18, DStR 2020, 878).

685 **b) Förderung der Beiträge in der Ansparphase.** Maßgeblich für die nachgelagerte Besteuerung ist die **Förderung der Beiträge** in der Ansparphase. Wie sich dabei aus dem

Rückschluss von § 22 Nr. 5 S. 2 ergibt, kann die Förderung auf verschieden Wegen erfolgten. „Gefördert" in diesem Sinne sind also sowohl Beiträge, die sich zB als Sonderausgabenabzug (§ 10a) steuermindernd ausgewirkt haben, als auch etwa steuerfrei gestellte Bezüge, die in Form von Leistungen durch den Arbeitgeber für die Vorsorge erbracht werden (§ 3 Nr. 63), als auch direkt geförderte Beiträge (§§ 82 ff.). § 22 Nr. 5 S. 2 benennt insoweit die Förderungen gem.

- § 3 Nr. 63
- § 3 Nr. 63a
- § 10a
- Abschnitt XI (einschließlich der besonders benannten Zahlungen gem. § 92a Abs. 2 S. 4, und § 92a Abs. 3 S. 9 Nr. 2),
- Abschnitt XII (Förderbeitrag zur Betrieblichen Altersvorsorge)
- § 3 Nr. 66
- § 3 Nr. 56
- § 3 Nr. 55b S. 1
- § 3 Nr. 55c

c) Herkunft der Leistungen. Zunächst benennt § 22 Nr. 5 S. 1 die Leistungen aus **Altersvorsorgeverträgen.** § 22 Nr. 5 S. 1 sieht keine nähere Definition dieses Begriffs vor. Wie sich jedoch aus dem systematischen Zusammenhang zu § 22 Nr. 5 S. 2 ergibt, sind solche Verträge gemeint, die nach dem Abschnitt XI gefördert werden. Insoweit bestimmt § 82 Abs. 1, dass nach diesem Abschnitt geförderte Altersvorsorgebeiträge einen Vertrag vorsehen, der nach § 5 des **Altersvorsorgeverträge-Zertifizierungsgesetz** (AltZertG) zertifiziert ist (Altersvorsorgevertrag). Gemeint ist also ein nach den §§ 10a, 79 ff. geförderter Vertrag iSd AltZertG (sog. **Riesterrente**), der neben laufenden Kapitalzahlungen, Teilkapitalzahlungen und der Hinterbliebenenversorgung auch zur Förderung selbstgenutzten Wohnraums abgeschlossen werden können (sog. **Wohnriester,** § 92a). **686**

Weiter besteuert § 22 Nr. 5 S. 1 auf geförderten Beiträgen basierende Leistungen aus **Pensionsfonds.** Diese Fonds wurden durch das Altersvermögenssetz (AVG, BGBl. 2001 I 1310) erstmals zur Errichtung zugelassen und stellen seit 2002 einen neuen Weg für die freiwillige betriebliche Altersvorsorge dar. Ihre Errichtung ist in § 236 Versicherungsaufsichtsgesetz (VAG) geregelt (vgl. auch § 4e). Die Beiträge sind grundsätzlich nach § 3 Nr. 63, ab Veranlagungszeitraum 2018 auch nach § 63a begünstigt; zudem können sie nach Abschnitt XII gefördert werden. **687**

Leistungen aus einem **Pensionsfonds** werden auch dann nach § 22 Nr. 5 S. 1 besteuert, wenn die Versorgungsverpflichtungen gem. **§ 3 Nr. 66 auf einen Pensionsfonds übertragen** wurden. In solchen Fällen werden die Leistungen aus einer ursprünglichen Direktversicherung oder von einer Unterstützungskasse nach der Übertragung auf den Pensionsfonds nicht mehr als Versorgungsbezüge nach § 19 Abs. 2 behandelt. Um Nachteile für den Steuerpflichtigen zu vermeiden, erklärt jedoch **§ 22 Nr. 5 S. 11** in diesen Fällen den **Versorgungsfreibetrag** und **Zuschlag** gem. § 19 Abs. 2 und die Regelungen zum **Werbungskostenpauschbetrag** gem. § 9a S. 1 Nr. 1 (nicht aber: § 9a S. 1 Nr. 3) für anwendbar, wenn der Steuerpflichtige bereits vor der Übertragung Leistungen aufgrund der Versorgungsverpflichtung erhalten hat. **688**

Die **kapitalgedeckt arbeitenden Pensionskassen** sind in § 232 VAG geregelt (vgl. auch § 4c). Seit Veranlagungszeitraum 2002 (zur vorherigen Rechtslage s. HHR/*Killat* § 22 Rn. 496) sind die Beiträge an die kapitalgedeckten Pensionskassen grundsätzlich nach § 3 Nr. 63 und ab Veranlagungszeitraum 2018 auch nach § 3 Nr. 63a begünstigt. Zudem kommt ab Veranlagungszeitraum 2018 eine Förderung nach Abschnitt XII in Betracht. **689**

Handelt es sich um **Pensionskassen,** die das Versicherungsgeschäft nicht – wie die in § 232 VAG geregelten Pensionskassen – kapitalgedeckt, sondern **umlagefinanziert** betreiben, kommt eine Steuerfreiheit nach § 3 Nr. 63, 63a nicht in Betracht; in diesen Fällen verbleibt es grundsätzlich bei einer Besteuerung der Beiträge nach § 40b. Gegebenenfalls kommt jedoch ab Veranlagungszeitraum 2008 eine Förderung der Beiträge nach **§ 3 Nr. 56** in Betracht, sodass *insoweit* eine nachgelagerte Besteuerung eingreifen kann. **690**

Wird für die betriebliche Altersversorgung eine Lebensversicherung auf das Leben des Arbeitnehmers durch den Arbeitgeber abgeschlossen, und sind der Arbeitnehmer oder seine **691**

Hinterbliebenen hinsichtlich der Leistungen des Versicherers ganz oder teilweise bezugsberechtigt, so liegt eine **Direktversicherung** iSd § 1b Abs. 2 des Gesetzes zur Verbesserung der betrieblichen Altersversorgung (BetrAVG; vgl. auch § 4b) vor. Seit Veranlagungszeitraum 2002 (zur vorherigen Rechtslage s. HHR/*Killat* § 22 Rn. 496) besteht bei Direktversicherungen die Möglichkeit einer Förderung nach Abschnitt XI und ab Veranlagungszeitraum 2018 auch nach Abschnitt XII, sowie die Möglichkeit eines Sonderausgabenabzugs nach § 10a. Seit Veranlagungszeitraum 2005 können die Beiträge des Arbeitgebers unter den dort genannten Voraussetzungen zudem nach § 3 Nr. 63 steuerfrei sein. Soweit die Leistungen auf den benannten Förderungen beruhen, sind sie nach § 22 Nr. 1 S. 1 nachgelagert zu besteuern.

692 Aus dem Umkehrschluss zu § 22 Nr. 5 S. 1 ergibt sich, dass § 22 Nr. 1 S. 1 – wenngleich nicht ausdrücklich benannt – auch Leistungen erfasst, soweit sie **auf einem Ausgleichswert beruhen,** der im Rahmen der **externen Teilung** eines Altersvorsorgevertrags oder einer betrieblichen Altersversorgung über einen Pensionsfonds, eine Pensionskasse oder eine Direktversicherung anlässlich eines Versorgungsausgleichs auf die ausgleichsberechtigte Person unter den Voraussetzungen des **§ 3 Nr. 55b** übertragen worden ist (zur externen Teilung vgl. mit Beispielen vgl. BMF 21.12.2017, BStBl. I 2018, 93 Rn. 323 ff.).

693 Liegt ein Fall der **internen Teilung (§ 3 Nr. 55a, § 10 VersAusglG)** vor, gehören die Leistungen aus übertragenen Anrechten bei der ausgleichsberechtigten Person zu den Einkünften, zu denen die Leistungen bei der ausgleichspflichtigen Person gehören würden, wenn die interne Teilung nicht stattgefunden hätte. In Betracht kommen daher zB auch Einkünfte iSd § 19 oder 20 (vgl. BMF 21.12.2017, BStBl. I 2018, 93 Rn. 319 ff.). Wurde bei einer internen Teilung eine Anwartschaft auf Leistungen iSd § 22 Nr. 5 geteilt, so ordnet **§ 22 Nr. 5 S. 9** an, dass der Teil der Leistungen, der bei der ausgleichspflichtigen Person der nachgelagerten Besteuerung unterlegen hätte – wenn die Anwartschaft nicht im Rahmen des Versorgungsausgleichs geteilt worden wäre – auch bei der ausgleichsberechtigten Person der nachgelagerten Besteuerung nach § 22 Nr. 5 S. 1 unterworfen wird. Abzustellen ist bei der Ermittlung des nachgelagert (oder nach § 22 Nr. 5 S. 2) zu besteuernden Anteils darauf, wie sich die Anteile bei der ausgleichspflichtigen Person auf den Zeitpunkt der Übertragung darstellen würden. Dieser Verteilungsschlüssel ist dann auch auf Erträge und Wertsteigerungen aus den übertragenen Anteilen anzuwenden (vgl. BT-Drs. 17/2249, 85; Blümich/*Nacke* § 22 Rn. 201).

694 Dasselbe gilt gem. **§ 22 Nr. 5 S. 10** in den Fällen eines nach § 4 Abs. 2 und Abs. 3 des Betriebsrentengesetzes geleisteten Übertragungswertes gem. § 4 Abs. 5 des Betriebsrentengesetzes (§ 3 Nr. 55), sowie bei einer Übertragung von Anrechten auf Altersversorgung, die unter den Bedingungen des § 55e steuerfrei aufgrund eines Abkommens mit einer zwischen- oder überstaatlichen Einrichtung erfolgte, vgl. § 22 Nr. 5 S. 10.

695 Wird aufgrund einer **internen Teilung (§ 10 VersAusglG)** oder einer **externen Teilung (§ 14 VersAusglG)** ein **Versorgungsanrecht** zugunsten der ausgleichsberechtigten Person nicht übertragen, sondern neu **begründet,** so sind die Versorgungsleistungen nach **§ 22 Nr. 5 S. 1** zu versteuern, soweit sie auf geförderten Beiträgen beruhen. **Soweit sie nicht auf geförderten Beiträgen beruhen und § 22 Nr. 5 S. 2 eingreift,** kann es uU darauf ankommen, wann der Vertrag als abgeschlossen gilt. Das ist zB bei einer potentiellen Besteuerung nach § 22 Nr. 5 S. 2 iVm § 22 Nr. 1 S. 3 Buchst. a Doppelbuchst. aa für die Frage relevant, ab wann der Leistungsbezug aus einem Vertrag erstmals erfolgen darf (bereits mit Vollendung des 60 Lebensjahres bei Vertragsschluss vor dem 1.1.2012, oder erst mit Vollendung des 62 Lebensjahres bei Vertragsschluss bei Vertragsschluss ab 1.1.2012, → Rn. 308). Um insoweit eine mögliche Schlechterstellung der ausgleichsberechtigte Person zu vermeiden, ordnet **§ 22 Nr. 5 S. 12** an, dass – wenn Einkünfte nach § 22 Nr. 5 S. 2 zu besteuern sind – der zugunsten der ausgleichsberechtigten Person abgeschlossene Vertrag zur Begründung des Versorgungsrechts zum gleichen Zeitpunkt als abgeschlossen gilt, wie der Vertrag der ausgleichsverpflichteten Person. Für die Zwecke des § 22 Nr. 1 S. 1 gilt diese Fiktion dagegen nicht (HHR/*Killat* § 22 Rn. 512).

696 Schließlich folgt aus dem Umkehrschluss zu § 22 Nr. 5 S. 2, dass der nachgelagerten Besteuerung auch Einkünfte aus der **Übertragung von Altersvorsorgevermögen** unterliegen können. Soweit Leistungen auf einer nach **§ 3 Nr. 55c** steuerfreien Übertragung von Altersvorsorgevermögen beruhen, werden sie damit von § 22 Nr. 1 S. 1 erfasst.

3. Besteuerung nach § 22 Nr. 5 S. 2

Als Ausnahme zur grundsätzlich (vollen) nachgelagerten Besteuerung trifft § 22 Nr. 5 S. 2 Buchst. a bis c Regelungen für Leistungen, bzw. die Teile von Leistungen, die nicht auf geförderten Beiträgen beruhen. **697**

Zu den **nicht geförderten Beiträgen** gehören alle Beiträge, bei denen keine Begünstigung aus den og Vorschriften vorgenommen wurde. Dazu gehören bspw. (vgl. BMF 21.12.2017, BStBl. I 2018, 93 Rn. 134 ff., s. auch BMF 6.12.2017, BStBl. I 2018, 147), **698**

- Beiträge, die zugunsten eines zertifizierten Altersvorsorgevertrags in einem Beitragsjahr eingezahlt wurden, in dem der Anleger **nicht zum begünstigten** Personenkreis gehörte,
- Beiträge, für die der Begünstigte keine Altersvorsorgezulage und **keinen** steuerlichen Vorteil aus dem Sonderausgabenabzug nach § 10a erhalten hat,
- Beiträge, die den Höchstbetrag nach § 10a abzüglich der individuellen für das Beitragsjahr zustehenden Zulage übersteigen („**Überzahlungen**"), sofern es sich nicht um den Sockelbetrag handelt,
- Beiträge, die vor 2002 an kapitalgedeckt arbeitende Pensionskassen geleistet wurden und damit noch **nicht nach § 3 Nr. 63** steuerfrei waren,
- Beiträge, die ein Steuerpflichtiger im Ausland (USA) und sein dortiger Arbeitgeber (im Rahmen des sog. 401 (k) Pension Plan) an eine amerikanische Altersvorsorgeeinrichtung zahlen, welche die Erträge später an den (mittlerweile wieder im Inland lebenden) Steuerpflichtigen auszahlt; diese Beiträge sind – auch wenn sie in den USA nicht versteuert wurden – nicht (auch nicht analog) nach § 3 Nr. 63 begünstigt, da die Begünstigung in der Ansparphase auf der **Zuweisung des Besteuerungsrechts an den ausländischen Staat** und nicht auf dem EStG basiert (so FG Köln 9.8.2018 – 11 K 2738/14, EFG 2019, 13; Rev. X R 29/18).

a) § 22 Nr. 5 S. 2 Buchst. a. Handelt es sich bei den auf nicht geförderten Beiträgen beruhenden Bezügen um lebenslange **Renten, Berufsunfähigkeitsrenten, Erwerbsminderungsrenten** oder um **Hinterbliebenenrenten,** richtet sich die Besteuerung gem. § 22 Nr. 5 S. 2 Buchst. a nach **§ 22 Nr. 1 S. 3 Buchst. a.** Im Rahmen dieser Norm ist weiter zu differenzieren, ob – was bei Leistungen, die nicht auf nach Maßgabe der benannten Normen geförderten Beiträgen beruhen die Regel sein wird – eine Ertragswertbesteuerung nach § 22 Nr. 1 Buchst. a Doppelbuchst. bb oder eine nachgelagerte Besteuerung nach § 22 Nr. 1 Buchst. a Doppelbuchst. aa vorzunehmen ist. **699**

Eine nachgelagerte Besteuerung nach **§ 22 Nr. 1 S. 3 Buchst. a Doppelbuchst. aa** kommt in Betracht, wenn eine Leibrente vorliegt, keine Förderung iSd og Normen erfolgte, es sich jedoch um eine Versorgungszusage nach dem 31.12.2004 handelt und zudem § 10 Abs. 1 Nr. 2 Buchst. b erfüllt ist (LBP/*Stickan* § 22 Rn. 517). **700**

Wird die Leistung nicht aufgrund einer solchen nach dem 31.12.2004 erteilten Zusage, die den Sonderausgabenabzug nach § 10 Abs. 1 Nr. 2 ermöglicht, erbracht, so ist die Ertragswertbesteuerung nach **§ 22 Nr. 1 S. 3 Buchst. a Doppelbuchst. bb** anzuwenden. **701**

Handelt es sich bei der der Ertragswertbesteuerung unterliegenden Rente um eine abgekürzte Leibrente, ist bei der Ermittlung des Ertragsanteils **§ 55 EStDV** zu beachten. **702**

Beispiel (HHR/*Killat* § 22 Rn. 498):

Der Arbeitgeber hat seinem Arbeitnehmer A im Jahr 2005 eine Versorgungszusage über eine Pensionskasse erteilt. Ab 2015 werden aus dieser Zusage Rentenzahlungen geleistet. Die Beiträge beliefen sich auf 5.000 EUR pro Jahr. Die Beiträge waren iHv 4% der Beitragsbemessungsgrundlage in der allgemeinen Rentenversicherung zzgl. 1.800 EUR steuerfrei. Bzgl. des überschießenden Teils konnte A den Sonderausgabenabzug nach § 10 Abs. 1 Nr. 2 Buchst. b geltend machen. **702.1**

Lösung:

Soweit die Rentenzahlungen auf steuerfreien (§ 3 Nr. 63) Leistungen des Arbeitgebers beruhen, sind sie gem. § 22 Nr. 5 S. 1 zu besteuern. **702.2**

Soweit die Leistungen auf Beiträgen beruhen, für die A den Sonderausgabenabzug geltend machen konnte, sind sie nach § 22 Nr. 5 S. 2 iVm § 22 Nr. 1 S. 3 Buchst. a Doppelbuchst. aa zu besteuern. Der Besteuerungsanteil ist daher anhand der Tabelle des § 22 Nr. 1 S. 3 Buchst. a Doppelbuchst. aa S. 3 zu ermitteln. **702.3**

702.4 Zu beachten ist, dass der Sonderausgabenabzug von A ab 2010 möglicherweise ausgeschlossen war, weil es an der ab diesem Jahr erforderlichen Zertifizierung (§ 10 Abs. 2 S. 2) des Vertrags mangelte. In diesem Fall wäre weiter zu differenzieren: Soweit die Leistungen auf den in den Jahren 2010 bis 2015 geleisteten Beiträgen beruhen, ist die Ertragswertbesteuerung nach § 22 Nr. 5 S. 2 Buchst. a iVm § 22 Nr. 1 S. 3 Buchst. a Doppelbuchst. bb vorzunehmen.

703 **b) § 22 Nr. 5 S. 2 Buchst. b.** Sofern ein auf nicht geförderten Beiträgen basierendes Kapital ausgezahlt wird und die Zahlungen **nicht in Form** einer lebenslangen **Rente, Berufsunfähigkeitsrente, Erwerbsminderungsrente** oder um **Hinterbliebenenrente erfolgen,** so ist gem. § 22 Nr. 5 S. 2 Buchst. b § 20 Abs. 1 Nr. 6 anzuwenden.

704 Wurde der Vertrag jedoch **vor dem 1.1.2005** abgeschlossen, und wird die Kapitalauszahlung erst nach 12 Jahren vorgenommen und sind die Voraussetzungen zum Aufbau einer eigenen Kapitalgedeckten Altersversorgung iSd § 10 Abs. 1 Nr. 2 Buchst. b EStG aF erfüllt, ist die Auszahlung steuerfrei (§ 52 Abs. 28 S. 5; vgl. zur Abgrenzung ausführlich FG Rheinland-Pfalz 16.3.2018 – 3 K 2049/16, EFG 2019, 264; Rev. VIII R 41/18).

705 **c) § 22 Nr. 5 S. 2 Buchst. c.** Erhält der Steuerpflichtige **andere Leistungen** – also weder Leistungen iSd § 22 Nr. 5 S. 2 Buchst. a noch iSd § 22 Nr. 5 S. 2 Buchst. b –, so unterliegt der Steuer der Unterschiedsbetrag zwischen der Leistung und der Summe der auf sie entrichteten Beiträge. Gem. § 22 Nr. 5 S. 2 Buchst. c ist dabei § 20 Abs. 1 Nr. 6 S. 2 entsprechend anwendbar, wonach die Hälfte des Unterschiedsbetrags anzusetzen ist, wenn die Versicherungsleistung nach dem 60. Lebensjahr und nach Ablauf von 12 Monaten seit dem Vertragsschluss ausgezahlt wird. Unter die Leistungen iSd § 22 Nr. 2 S. 2 Buchst. c fallen bspw. monatliche (Teil-)Raten oder variable Raten aus zertifizierten Bank- oder Investment-Fondsparplänen (HHR/*Killat* § 22 Rn. 500; BMF 21.12.2017, BStBl. I 2018, 93 Rn. 146).

4. Leistungen, die auf geförderten und nicht geförderten Beiträgen beruhen

706 Beruhen die bezogenen Leistungen weder ausschließlich auf geförderten noch ausschließlich auf nicht geförderten Beiträgen, so handelt es sich um **Mischfälle.**

707 Solche Fälle ergeben sich zB,

- wenn sog. „Überbeiträge" geleistet werden, wenn also die Beiträge oberhalb der nach § 10a begünstigten Höchstbeträge liegen,
- wenn ein grundsätzlich begünstigter Vertrag nicht in der gesamten Ansparphase begünstigt wurde, etwa weil in einem Jahr die persönlichen Voraussetzungen für die Förderung nicht vorgelegen haben.

708 In solchen Fällen sind die **Leistungen aufzuteilen,** einerseits in die Leistungen, die auf den geförderten Beiträgen beruhen (insoweit § 22 Nr. 5 S. 1) und andererseits in Leistungen, die auf den nicht geförderten Beiträgen beruhen (insoweit § 22 Nr. 5 S. 2). Die Aufteilung richtet sich nach den Einzelheiten des BMF-Schreibens vom 11.11.2004 (BStBl. I 2004, 1061 unter Berücksichtigung des BMF-Schreibens vom 14.3.2012 (BStBl. I 2012, 311); vgl. insoweit den Verweis im BMF-Schreiben vom 21.12.2017 (BStBl. I 2018, 93 Rn. 141).

5. Schädliche Verwendung, § 22 Nr. 5 S. 3

709 § 22 Nr. 5 S. 3 regelt die Rechtsfolgen im Fall der sog. schädlichen Verwendung des Altersvorsorgevermögens, also in Fällen einer **Mittelverwendung entgegen den Regelungen des AltZertG.**

710 **§ 22 Nr. 5 S. 3** ordnet für die Fälle des § 93 Abs. 1 S. 1 und 2 („schädliche Verwendung"; dazu ausführlich BMF 21.12.2017, BStBl. I 2018, 93 Rn. 195 ff., 215) an, dass das ausgezahlte Vorsorgevermögen **nach Abzug der Zulagen** iSd Abschnitts XI der Besteuerung nach § 22 Nr. 5 S. 2 zu unterwerfen ist. Die Zulagen iSd §§ 83 ff. werden damit als Kapitalrückzahlungen behandelt und nicht der Besteuerung unterworfen (Blümich/*Nacke* § 22 Rn. 190). Diese Regelung ist die Konsequenz aus § 93 Abs. 1, wonach im Falle der schädlichen Verwendung die **steuerliche Förderung wieder rückgängig** gemacht wird. Aus diesem Grund ist eine **Besteuerung der um die zurückzuzahlenden Zulagen bereinigten Mittel** geboten, § 22 Nr. 5 S. 2.

Zu einem Beispiel vgl. BMF 21.12.2017, BStBl. I 2018, 93 Rn. 226. Zur Gleichstellung von Rückzahlung und Verlegung des Wohnsitzes in einen Nicht-EU/EWR-Staat s. BMF 21.12.2017, BStBl. I 2018, 93 Rn. 226). **711**

6. Besonderheiten bei Eigenheimrentenverträgen („Wohnriester"), § 22 Nr. 5 S. 4, 5, 6

Durch das Eigenheimrentengesetz (EigRentG) hat der Gesetzgeber ab Veranlagungszeitraum 2008 die Möglichkeit eröffnet, das in einem Riester-Vertrag (Altersvorsorgevertrag gem. § 22 Nr. 5 S. 1, der nach dem Abschnitt XI gefördert wird), angesparte Kapital zu entnehmen und für eine Wohnung zu verwenden (sog. „**Wohnriester**" vgl. § 92a Abs. 1: Altersvorsorge – Eigenheimbetrag). Diese Entnahme führt jedoch grundsätzlich nicht zu einer sofortigen Einmalbesteuerung. Die Förderung dieser Mittel in der Ansparphase geht vielmehr einher mit einer **fiktiven Auszahlungsphase,** in welcher gem. § 22 Nr. 5 S. 1 die nachgelagerte Besteuerung stattfindet. Zur Ermittlung der jeweils (fiktiv) ausgezahlten Beträge, werden die in der selbstbewohnten Immobilie **steuerlich gebundenen Mittel im sog. Wohnförderkonto** erfasst (§ 92a Abs. 2; zu den Einzelheiten vgl. Schmidt/*Wacker* § 92a Rn. 1–4). Der Beginn der Auszahlungsphase liegt je nach Vertrag grundsätzlich zwischen der Vollendung des 60. und des 68. Lebensjahres; die Phase endet mit Vollendung des 85. Lebensjahres. Das Wohnförderkonto wird um einen (je nach Höhe der steuerlich gebundenen Mittel und der Dauer der Auszahlungsphase unterschiedlich hohen) jährlich gleichbleibenden Betrag (sog. **Verminderungsbetrag, vgl. § 92a Abs. 2 S. 5**) verringert. Dieser Verminderungsbetrag stellt die fiktive und grundsätzlich nach § 22 Nr. 1 nachgelagert zu besteuernde Ausschüttung dar. Alternativ kann (ab Veranlagungszeitraum 2014: jederzeit) die **Sofortbesteuerung beansprucht werden, § 92 Abs. 2 S. 6 (sog. Auflösungsbetrag**). **712**

§ 22 Nr. 5 S. 4 bezieht sich auf diese Regelungen und trägt dem System der nachgelagerten Besteuerung Rechnung. So wird zunächst angeordnet, dass der **Verminderungsbetrag gem. § 92a Abs. 2 S. 5** als Leistung iSd § 22 Nr. 1 S. 1 gilt. Diese Regelung stellt sicher, dass die (fiktive) ratierliche Auszahlung aus einem Wohnriester-Vertrag genauso behandelt wird, wie die (echte) Auszahlung einer Rente aus einem Riestervertrag ohne Verwendung für eine selbstgenutzte Wohnung. **713**

Wenn der Zulageberechtigte die Eigennutzung der mit dem geförderten Betrag finanzierten Wohnung nicht nur vorübergehend aufgibt (§ 92a Abs. 3 S. 1), so gelten die im Wohnförderkonto erfassten Beträge „als Leistung" (§ 92a Abs. 3 S. 5; Auflösungsbetrag). Damit fingiert das Gesetz im Falle einer **schädlichen Verwendung iSd § 92a Abs. 3 S. 1 eine Totalausschüttung** der im Wohnförderkonto erfassten Beträge. **§ 22 Nr. 5 S. 4 ordnet auch für diese Beträge** die nachgelagerte Besteuerung an, und erklärt den Auflösungsbetrag nach § 92a Abs. 3 S. 5 als Leistung iSd § 22 Nr. 5 S. 1. **714**

Wenn sich der Zulageberechtigte dagegen (ohne schädliche Verwendung) für eine **Sofortbesteuerung nach § 92a Abs. 2 *S. 6*** entscheidet, so ordnet das Gesetz zwar auch eine nachgelagerte Besteuerung vor. Zur Abmilderung von Progressionsnachteilen bei der (freiwilligen) Sofortbesteuerung sieht **§ 22 Nr. 5 S. 5** jedoch vor, dass dieser Auflösungsbetrag nur zu **70% als Leistung** iSd § 22 Nr. 1 S. 1 gilt; der Rest bleibt – jedenfalls einstweilen – unbesteuert. **715**

Das Schicksal der nach § 22 Nr. 5 S. 5 **unversteuerten 30%** des Auflösungsbetrags nach § 92a Abs. 2 S. 6 regelt § 22 Nr. 6: **716**

- Tritt nach dem Beginn der Auszahlungsphase zu Lebzeiten des Zulageberechtigten eine schädliche Verwendung iSd § 92a Abs. 3 S. 1 ein, dann ist innerhalb eines Zeitraums bis zum 10. Jahr nach dem Beginn der Auszahlungsphase das Eineinhalbfache des nach § 22 Nr. 5 S. 5 unversteuerten Betrags (also 30% x 1,5) der nachgelagerten Besteuerung zu unterwerfen (vgl. BR-Drs. 239/08, 39).
- Tritt nach dem Beginn der Auszahlungsphase zu Lebzeiten des Zulageberechtigten eine schädliche Verwendung iSd § 92a Abs. 3 S. 1 ein, dann ist innerhalb eines Zeitraums zwischen dem 10. und 20. Jahr nach dem Beginn der Auszahlungsphase das Einfache des nach § 22 Nr. 5 S. 5 unversteuerten Betrags der nachgelagerten Besteuerung zu unterwerfen.
- Eine Ausnahme von der Nachversteuerung liegt – wie dem Wortlaut („zu Lebzeiten") des § 22 Nr. 5 S. 6 entnommen werden kann – vor, wenn die Eigennutzung der Wohnung aufgrund des Todes des Berechtigten entfällt.

- Eine weitere Ausnahme der Nachversteuerung gilt aufgrund des Verweises in § 22 Nr. 5 S. 6 Hs. 2 auf § 92a Abs. 3 S. 9. Aufgrund der dort geregelten Ausnahmefälle kann die Anwendung von § 92a Abs. 3 S. 5 bis 7 – und damit die Folgen der schädlichen Verwendung – vermieden werden (zB bei Verwendung für eine andere selbstgenutzte Wohnung). Dabei gelten die noch nicht erfassten 30% als der „noch nicht erfasste Auflösungsbetrag" iSd § 92a Abs. 3.

7. Bescheinigungspflichten gem. § 22 Nr. 5 S. 7

717 § 22 Nr. 5 S. 7 regelt die Mitteilungspflichten des Anbieters der Altersvorsorgeverträge über die im abgelaufenen Kalenderjahr zugeflossenen Beträge.

718 Bis zum Veranlagungszeitraum 2014 waren diese Pflichten noch aufgeteilt auf den Anbieter (§ 80) einerseits (§ 22 Nr. 5 S. 7 EStG aF) und – in den Fällen des § 92a Abs. 2 S. 10 Hs. 1 – auf die zentrale Stelle (§ 81). Diese beiden Pflichtigen hatten die Mitteilungen auf amtlich vorgeschriebenem Vordruck zu machen.

719 Mit dem Altersvorsorgeverbesserungsgesetz v. 24.6.2013 (BGBl. 2013 I 1667), wurden die Pflichten in § 22 Nr. 5 ab dem **Veranlagungszeitraum 2014** vollständig auf den **Anbieter** (§ 80) übertragen (zur Anwendung vgl. § 52 Abs. 23i EStG idF des Altersvorsorgeverbesserungsgesetzes). Als Medium dien nunmehr nicht mehr der „Vordruck" sondern das **„amtlich vorgeschriebene Muster"**. Die Verwendung dieser neuen Terminologie stellt jedoch eine bloße sprachliche Anpassung ohne materiell-rechtliche Folgen dar (BT-Drs. 17/10818, 17). Das amtlich vorgeschriebene Muster findet sich im BMF-Schreiben vom 14.8.2014 (BStBl. I 2014, 1168). Nach der mit dem 3. BüroEntlG (BGBl. 2019 I 1746) eingeführten Ergänzung kann die Mitteilung **auch elektronisch** bereitgestellt werden.

720 **Inhaltlich** umfasst die Mitteilungspflicht bei erstmaligem Bezug von Leistungen, in den Fällen des § 93 Abs. 1 (schädliche Verwendung) sowie bei Änderung der Leistungen innerhalb des Kalenderjahrs den **Betrag der im Kalenderjahr zugeflossenen Leistungen** im Sinne des § 22 Nr. 5 S. 1 bis 3. Im Falle eines **„Wohnriestervertrags"** (§ 92a) bedarf es keiner entsprechenden Mitteilung; in diesen Fällen erhält der Berechtigte von der **zentralen Stelle gem. § 92b Abs. 3** die notwendigen Informationen – insbesondere den der Besteuerung unterliegenden Minderungsbetrag des Wohnförderkontos – durch Bescheid mitgeteilt.

8. Erstattung von Abschluss- und Vertriebskosten, § 22 Nr. 5 S. 8

721 § 22 Nr. 5 S. 8 ist durch das **JStG 2009** vom 19.12.2008 (BGBl. 2008 I 2794) mit Wirkung ab Veranlagungszeitraum 2009 (§ 52 Abs. 1 EStG idF des JStG 2009) in das Gesetz eingefügt worden. Die Norm bestimmt, dass dem Steuerpflichtigen **erstattete Abschluss- und Vertriebskosten eines Altersvorsorgevertrags** als Leistung iSd § 22 N. 5 S. 1 gelten.

722 Hintergrund dieser Regelung ist das BFH-Urteil vom 2.3.2004 (BFH 2.3.2004 – IX R 68/02, BStBl. II 2004, 506) in dem der BFH entschieden hat, dass die erstatteten Beträge die Summe der entrichteten Beiträge mindere. Da die entrichteten Beiträge ihrer Höhe nach jedoch für die Berechnung der Zulage (§§ 84 ff.) maßgeblich sind, befürchtete der Gesetzgeber eine Verminderung der geleisteten Altersvorsorgebeiträge die zu einer Unterschreitung des notwendigen Mindestbeitrags führen könnte. Um die insoweit anstehenden Praxisprobleme zu vermeiden, sind diese Beträge nunmehr als Leistung und nicht mehr als Minderung der Beiträge zu qualifizieren (vgl. Blümich/*Nacke* § 22 Rn. 200; BT-Drs. 16/10189, 68 f; zur Kritik an der Vorschrift s. HHR/*Killat* § 22 Rn. 509).

9. § 22 Nr. 5 S. 9, 10, 11, 12

723 Zu § 22 Nr. 5 S. 9 → Rn. 693.
724 Zu § 22 Nr. 5 S. 10 → Rn. 694.
725 Zu § 22 Nr. 5 S. 11 → Rn. 688.
726 Zu § 22 Nr. 5 S. 12 → Rn. 695.

10. § 22 Nr. 5 S. 13, 14, 15

727 Durch das **Betriebsrentenstärkungsgesetz** vom 17.8.2017 (BGBl. 2017 I 3214) sind der Vorschrift des § 22 Nr. 5 die Sätze 13 bis 15 angefügt worden.

§ 22 Nr. 5 S. 13 erklärt § 34 Abs. 1 für Leistungen aus Altersvorsorgeverträge iSd 93 Abs. 3 für entsprechend anwendbar. Nach § 93 Abs. 3 kann bei Altersvorsorgeverträgen eine Kleinbetragsrente förderunschädlich durch eine Einmalzahlung abgefunden werden. Der Verweis auf § 34 Abs. 1 dient der Vermeidung von Progressionsnachteilen in solchen Fällen (s. BT-Drs. 18/11286, 63). Diese unmittelbare Anordnung greift jedoch erst ab **Anwendbarkeit des Betriebsrentenstärkungsgesetz** und damit nicht für Abfindungen, die vor dem Veranlagungszeitraum 2018 gezahlt wurden (BFH 11.6.2019 – X R 7/18, BStBl. II 2019, 583). 728

Gleichwohl kann eine ermäßigte Besteuerung auch ohne den Verweis in § 22 Nr. 5 S. 13 und damit auch bei Zahlungen in **früheren Veranlagungszeiträumen** in Betracht kommen, soweit die Voraussetzungen des § 34 Abs. 2 erfüllt waren, also „außerordentliche Einkünfte" in diesem Sinne vorlagen (zu den Einzelheiten, insbesondere zu den Voraussetzungen des § 34 Abs. 2 Nr. 4 vgl. BFH 11.6.2019 – X R 7/18, BStBl. II 2019, 583; zur Frage der Anwendbarkeit von § 34 bei einer Kapitalabfindung aus einem Altersvorsorgevertrag s. BFH 6.11.2019 – X R 39/17, DStR 2020, 330; FG Nürnberg 11.7.2018 – 5 K 1130/17, EFG 2019, 50, aufgehoben und zurückverwiesen durch BFH 11.6.2019 – X R 24/18, BeckRS 2019, 25194).

§ 22 Nr. 5 S. 14 regelt, dass Zahlungen auch dann unter § 22 Nr. 1 S. 1 fallen, wenn die Beiträge bei der deutschen Besteuerung durch Regelungen begünstigt waren, die mit den in § 22 Nr. 1 S. 2 benannten Begünstigungen vergleichbar sind. Hintergrund dieser Regelung ist, dass es Doppelbesteuerungsabkommen gibt, die vorsehen, dass bei der deutschen Besteuerung Beiträge zu ausländischen Versorgungseinrichtungen *wie* nach deutschen Regelungen (zB § 3 Nr. 63) steuerfrei gestellt werden. In solchen Fällen erfolgt also keine direkte Anwendung der in § 22 Nr. 5 S. 2 benannten Förderungsregelungen. Um dennoch auf die „entsprechende" Förderung mit einer nachgelagerten Besteuerung der Leistungen der ausländischen Einrichtungen reagieren zu können, werden die Förderungen durch § 22 Nr. 5 S. 14 gleich gestellt (s. BT-Drs. 18/11286, 63). 729

Nach § 22 Nr. 5 S. 15 ist § 20 Abs. 1 Nr. 6 S. 9 in der ab dem 27.7.2016 geltenden Fassung anzuwenden, soweit keine Steuerbefreiung nach den §§ 8–12 des Investmentsteuergesetz erfolgt ist. Mit dieser Neuregelung soll eine doppelte Steuerfreistellung vermieden werden. Im Zuge der Investmentsteuerreform wurde als Folge der Besteuerung auf Fondsebene eine Teilfreistellung von der Besteuerung auf Anlegerebene geregelt (§ 20 Abs. 1 Nr. 6 S. 9). Private Riesterverträge sind von der Besteuerung auf Fondsebene ausgenommen. Bei einer schädlichen Verwendung (mögliche Besteuerung nach § 22 Nr. 5 S. 3 iVm S. 2 Buchst. b iVm § 20 Abs. 1 Nr. 6) könnte der Anleger nach bisheriger Rechtslage doppelt profitieren, nämlich einerseits durch die Begünstigung in der Ansparphase und zum anderen von der Freistellung bei der Auszahlung (s. BT-Drs. 18/11286, 63). § 22 Nr. 5 S. 15 erklärt die Freistellung nach § 20 Abs. 1 Nr. 6 S. 9 für Anwendbar, jedoch nur, soweit *keine* Steuerbefreiung auf Fondsebene erfolgt ist. 730

11. Ermittlung der Einkünfte/Besteuerung

Die Einkünfte iSd § 22 Nr. 5 werden gem. § 2 Abs. 2 Nr. 2 durch den Überschuss der Einnahmen (§ 8) über die Werbungskosten (§ 9) ermittelt. 731

Für die Einnahmen und Ausgaben gilt das Zu- und Abflussprinzip, § 11 Abs. 1 und 2; für die Werbungskosten gelten die allgemeinen Grundsätze des § 9. Dabei greift § 3c in den Fällen, in denen die Besteuerung nur anteilig (zB mit dem Ertragswert gem. § 22 Nr. 5 S. 2 Buchst. a iVm § 22 Nr. 1 S. 3 Buchst. a Doppelbuchst. aa) nicht ein, sodass auch bei nur teilweiser Besteuerung der volle Werbungskostenabzug möglich bleibt HHR/*Killat* § 22 Rn. 494).

Falls keine oder nur geringe Werbungskosten anfallen, kann auf den **Werbungskostenpauschbetrag** gem. § 9a S. 1 Nr. 3 in Höhe von 102 EUR zurückgegriffen werden. Zu beachten ist jedoch, dass dieser nur einmal gewährt wird; erzielt der Steuerpflichtige zB zugleich auch Einkünfte iSd § 22 Nr. 1 oder Nr. 1a führt dies nicht zu einer Vervielfältigung des Pauschbetrags.

Da bei der Besteuerung idR die allgemeinen Grundsätze gelten, kommt grundsätzlich auch eine **ermäßigte Besteuerung nach § 34 Abs. 1** in Betracht. Dies gilt jedoch nur, wenn die Voraussetzungen dafür im Einzelfall erfüllt sind; im Falle einer Einmalzahlung (§ 34 732

Abs. 2 Nr. 4) setzt dies insbesondere eine **atypische** Zusammenballung von Einkünften voraus. An einer solchen mangelt es bspw. bei einer kündigungsbedingten Kapitalauszahlung aus einem begünstigten Versicherungsvertrag iSd § 22 Nr. 5 S. 1, wenn die Kapitalauszahlung von Anfang an vertragsmäßig vorgesehen war (so FG Köln 14.2.2019 – 15 K 855/18, EFG 2019, 714, Rev. X R 7/19; zur Anwendbarkeit von § 34 Abs. 1 EStG bei der Abfindung von Kleinbetragsrenten gem. § 93 Abs. 3 → Rn. 728).

§ 22a Rentenbezugsmitteilungen an die zentrale Stelle

(1) [1]Nach Maßgabe des § 93c der Abgabenordnung haben die Träger der gesetzlichen Rentenversicherung, die landwirtschaftliche Alterskasse, die berufsständischen Versorgungseinrichtungen, die Pensionskassen, die Pensionsfonds, die Versicherungsunternehmen, die Unternehmen, die Verträge im Sinne des § 10 Absatz 1 Nummer 2 Buchstabe b anbieten, und die Anbieter im Sinne des § 80 als mitteilungspflichtige Stellen der zentralen Stelle (§ 81) unter Beachtung der im Bundessteuerblatt veröffentlichten Auslegungsvorschriften der Finanzverwaltung folgende Daten zu übermitteln (Rentenbezugsmitteilung):

1. **die in § 93c Absatz 1 Nummer 2 Buchstabe c der Abgabenordnung genannten Daten mit der Maßgabe, dass der Leistungsempfänger als Steuerpflichtiger gilt. [2]Eine inländische Anschrift des Leistungsempfängers ist nicht zu übermitteln. [3]Ist der mitteilungspflichtigen Stelle eine ausländische Anschrift des Leistungsempfängers bekannt, ist diese anzugeben. [4]In diesen Fällen ist auch die Staatsangehörigkeit des Leistungsempfängers, soweit bekannt, mitzuteilen;**
2. **je gesondert den Betrag der Leibrenten und anderen Leistungen im Sinne des § 22 Nummer 1 Satz 3 Buchstabe a Doppelbuchstabe aa und bb Satz 4 sowie Doppelbuchstabe bb Satz 5 in Verbindung mit § 55 Absatz 2 der Einkommensteuer-Durchführungsverordnung sowie im Sinne des § 22 Nummer 5 Satz 1 bis 3. [2]Der im Betrag der Rente enthaltene Teil, der ausschließlich auf einer Anpassung der Rente beruht, ist gesondert mitzuteilen;**
3. **Zeitpunkt des Beginns und des Endes des jeweiligen Leistungsbezugs; folgen nach dem 31. Dezember 2004 Renten aus derselben Versicherung einander nach, so ist auch die Laufzeit der vorhergehenden Renten mitzuteilen;**
4. **die Beiträge im Sinne des § 10 Absatz 1 Nummer 3 Buchstabe a Satz 1 und 2 und Buchstabe b, soweit diese von der mitteilungspflichtigen Stelle an die Träger der gesetzlichen Kranken- und Pflegeversicherung abgeführt werden;**
5. **die dem Leistungsempfänger zustehenden Beitragszuschüsse nach § 106 des Sechsten Buches Sozialgesetzbuch;**
6. **ab dem 1. Januar 2017 ein gesondertes Merkmal und ab dem 1. Januar 2019 zwei gesonderte Merkmale für Verträge, auf denen gefördertes Altersvorsorgevermögen gebildet wurde; die zentrale Stelle ist in diesen Fällen berechtigt, die Daten dieser Rentenbezugsmitteilung im Zulagekonto zu speichern und zu verarbeiten;**
7. **ab dem 1. Januar 2019 die gesonderte Kennzeichnung einer Leistung aus einem Altersvorsorgevertrag nach § 93 Absatz 3.**

[2]§ 72a Absatz 4 und § 93c Absatz 1 Nummer 3 der Abgabenordnung finden keine Anwendung.

(2) [1]Der Leistungsempfänger hat der mitteilungspflichtigen Stelle seine Identifikationsnummer sowie den Tag seiner Geburt mitzuteilen. [2]Teilt der Leistungsempfänger die Identifikationsnummer der mitteilungspflichtigen Stelle trotz Aufforderung nicht mit, übermittelt das Bundeszentralamt für Steuern der mitteilungspflichtigen Stelle auf deren Anfrage die Identifikationsnummer des Leistungsempfängers sowie, falls es sich bei der mitteilungspflichtigen Stelle um einen Träger der gesetzlichen Sozialversicherung handelt, auch den beim Bundeszentralamt für Steuern gespeicherten Tag der Geburt des Leistungsempfängers (§ 139b Absatz 3 Nummer 8 der Abgabenordnung), wenn dieser von dem in der Anfrage übermittelten Tag der Geburt abweicht und für die weitere Datenübermittlung

benötigt wird; weitere Daten dürfen nicht übermittelt werden. [3]In der Anfrage dürfen nur die in § 139b Absatz 3 der Abgabenordnung genannten Daten des Leistungsempfängers angegeben werden, soweit sie der mitteilungspflichtigen Stelle bekannt sind. [4]Die Anfrage der mitteilungspflichtigen Stelle und die Antwort des Bundeszentralamtes für Steuern sind nach amtlich vorgeschriebenem Datensatz durch Datenfernübertragung über die zentrale Stelle zu übermitteln. [5]Die zentrale Stelle führt eine ausschließlich automatisierte Prüfung der ihr übermittelten Daten daraufhin durch, ob sie vollständig und schlüssig sind und ob das vorgeschriebene Datenformat verwendet worden ist. [6]Sie speichert die Daten des Leistungsempfängers nur für Zwecke dieser Prüfung bis zur Übermittlung an das Bundeszentralamt für Steuern oder an die mitteilungspflichtige Stelle. [7]Die Daten sind für die Übermittlung zwischen der zentralen Stelle und dem Bundeszentralamt für Steuern zu verschlüsseln. [8]Die mitteilungspflichtige Stelle darf die Identifikationsnummer sowie einen nach Satz 2 mitgeteilten Tag der Geburt nur verarbeiten, soweit dies für die Erfüllung der Mitteilungspflicht nach Absatz 1 Satz 1 erforderlich ist. [9]§ 93c der Abgabenordnung ist für das Verfahren nach den Sätzen 1 bis 8 nicht anzuwenden.

(3) Die mitteilungspflichtige Stelle hat den Leistungsempfänger jeweils darüber zu unterrichten, dass die Leistung der zentralen Stelle mitgeteilt wird.

(4) (aufgehoben)

(5) [1]Wird eine Rentenbezugsmitteilung nicht innerhalb der in § 93c Absatz 1 Nummer 1 der Abgabenordnung genannten Frist übermittelt, so ist für jeden angefangenen Monat, in dem die Rentenbezugsmitteilung noch aussteht, ein Betrag in Höhe von 10 Euro für jede ausstehende Rentenbezugsmitteilung an die zentrale Stelle zu entrichten (Verspätungsgeld). [2]Die Erhebung erfolgt durch die zentrale Stelle im Rahmen ihrer Prüfung nach § 93c Absatz 4 der Abgabenordnung. [3]Von der Erhebung ist abzusehen, soweit die Fristüberschreitung auf Gründen beruht, die die mitteilungspflichtige Stelle nicht zu vertreten hat. [4]Das Handeln eines gesetzlichen Vertreters oder eines Erfüllungsgehilfen steht dem eigenen Handeln gleich. [5]Das von einer mitteilungspflichtigen Stelle zu entrichtende Verspätungsgeld darf 50 000 Euro für alle für einen Veranlagungszeitraum zu übermittelnden Rentenbezugsmitteilungen nicht übersteigen.

Überblick

§ 22a ordnet ein elektronisches Rentenbezugsmitteilungsverfahren an, mit dem die zutreffende und vollständige Besteuerung der Alterseinkünfte nach § 22 Nr. 1 S. 3 Buchst. a, Nr. 5 gewährleistet werden soll. Nach der Norm haben die entsprechend benannten Versorgungsträger (gesetzliche Rentenversicherung, landwirtschaftliche Versorgungsträger etc) an eine zentrale Stelle (§ 81) nach Maßgabe des § 93c AO bis Ende Februar des Folgejahres, in welchem eine Person Leibrenten und/oder sonstige Leistungen iSd § 22 Nr. 1 S. 3 Buchst. a/Nr. 5 bezogen hat, elektronische Daten zu übermitteln, welche für die Besteuerung der jeweiligen Person relevant sind (§ 22a Abs. 1). In den Absätzen 2–5 trifft § 22a darüber hinaus die Mitteilungspflicht nach Abs. 1 der Versorgungsträger flankierende Regelungen (Abs. 2: Pflicht des Leistungsempfängers zur Datenmitteilung an die mitteilungspflichtige Stelle; Abs. 3: Mitteilungspflicht der mitteilungspflichtigen Stelle gegenüber dem Leistungsempfänger über die Datenübermittlung; Abs. 4: weggefallen; Abs. 5: Anordnung eines Verspätungsgeldes für die Fälle, in denen die mitteilungspflichtige Stelle mit der Rentenbezugsmitteilung säumig ist).

Leitentscheidungen, wichtige Verwaltungsanweisungen und Schrifttum (Auswahl): 1

Entscheidungen des BFH: 1.1
BFH 20.2.2019 – X R 29/16, BStBl. II 2019, 425; BFH 20.2.2019 – X R 32/17, BStBl. II 2019, 438; BFH 20.2.2019 – X R 28/17, BStBl. II 2019, 430.

Wichtige Verwaltungsanweisungen: 1.2
BMF 7.12.2011, BStBl. I 2011, 1223; BMF 21.7.2017, BStBl. I 2018, 93 (Rn. 193).

1.3 **Schrifttum (Auswahl):**
Killat-Risthaus, Einkommensteuerrechtliche Behandlung von Vorsorgeaufwendungen und Altersbezügen; Vierte Gesamtauflage des Anwendungsschreibens, DB 2010, 2304.

Übersicht

A. Allgemeines

I. Regelungsanliegen im System des Steuerrechts

1. Funktion/Zweck der Regelung

2 § 22a wurde durch das **AltEinkG vom 5.7.2004** (BGBl. 2004 I 1427) – mit welchem insbesondere im Rahmen des § 22 Nr. 1 S. 3 Buchst. a Doppelbuchst. aa der Systemwechsel bei der Rentenbesteuerung (Basisversorgung) von der Ertragswertbesteuerung zur (schrittweisen) **nachgelagerten Besteuerung** eingeführt wurde – eingefügt.

3 Die Vorschrift regelt ein **elektronisches Rentenbezugsmitteilungsverfahren,** über welches die zutreffende und vollständige Besteuerung der Alterseinkünfte gewährleistet werden soll. Nach der Norm haben die entsprechend benannten Versorgungsträger (gesetzliche Rentenversicherung, landwirtschaftliche Versorgungsträger etc) nach Maßgabe des § 93c AO bis Ende Februar des Folgejahres, in welchem eine Person Leibrenten und/oder sonstige Leistungen iSd § 22 Nr. 1 S. 3 Buchst. a/Nr. 5 bezogen hat, elektronische Daten zu übermitteln, welche für die Besteuerung der jeweiligen Person relevant sind. Empfänger ist dabei die sog. zentrale Stelle (§ 81), bei welcher die Daten zusammengeführt, dann an die jeweils zuständige Finanzbehörde und von dort an das jeweils zuständige Finanzamt übermittelt werden (vgl. dazu BR-Drs. 2/04, 72).

4 Die Norm diente und dient damit einer nach Maßgabe des **Verifikationsprinzips** verfassungsrechtlich gebotenen korrekten steuerlichen Erfassung der Leibrentenzahlungen und sonstigen Leistungen (vgl. zum Verifikationsprinzip das sog. Zinsurteil des BVerfG 27.6.1991 – 2 BvR 1493/89, BStBl. II 1991, 654) und soll mögliche Erhebungsdefizite in diesem Bereich beseitigen (BR-Drs. 2/04, 72). Dass zu diesem Zweck ein Mitteilungsverfahren vom Gesetzgeber gewählt wurde, sollte – anders als etwa bei einem Steuerabzugsverfahren – **dem Umstand Rechnung** tragen, dass gerade in den ersten Jahren nach der Systemumstellung auf die (schrittweise eingeführte) nachgelagerte Besteuerung der Renteneinkünfte aufgrund des nur langsam anwachsenden Besteuerungsanteils ein Großteil der Rentenbezieher einstweilen **steuerlich unbelastet** blieb. Damit schien dieser beachtliche Anteil steuerpflichtiger Personen für einen (gleichsam dem Verifikationsprinzip dienenden) Steuerabzug (mit uU sogar abgeltender Wirkung) an der Quelle nicht tauglich (s. BR-Drs. 2/04, 72). § 22a soll demzufolge dem Verifikationsprinzip Rechnung tragen, indem – *ohne* Belastung an der Quelle – die Besteuerungsdaten durch elektronische Weitergabe von

der mitteilungspflichtigen Stelle über eine zentrale Stelle bis zum zuständigen Finanzamt geleitet werden.

Dabei beschränken sich die Mitteilungspflichten nach § 22a jedoch nicht allein auf solche Daten, welche für die *schrittweise eingeführte (und damit zunächst teilweise) nachgelagerte* Besteuerung von Bedeutung sind. So beinhaltet § 22a bspw. auch die Pflicht zur Übermittlung von Rentenbeträgen iSd § 22 Nr. 1 Buchst. a Doppelbuchst. bb S. 4 – also von Beträgen, die der Ertragswertbesteuerung unterliegen. Auch werden Beträge von Leistungen erfasst, die vollständig auf gefördertem Kapital beruhen (§ 22 Nr. 5 S. 1) und damit der vollen (nachgelagerten) Besteuerung unterliegen. Grundsätzlich ist für jeden Vertrag und für jede Leistung iSd § 22 Nr. 1 S. 3 Buchst. a oder § 22 Nr. 5, bei denen die tatsächlichen Voraussetzungen erfüllt sind, eine gesonderte Mitteilung erforderlich (vgl. BMF 7.12.2011, BStBl. I 2011, 1223 Rn. 2). 5

Eine **Zusammenfassung,** in welcher 6

- die nach § 22a zu übermittelnden Informationen zu den unterschiedlichen **Renten- bzw. Leistungsbeträgen**
- den jeweils relevanten Besteuerungsregelungen iRd § 22 Nr. 1 S. 3 Buchst. a/Nr. 5 zugeordnet werden
- und dabei die **jeweilige Besteuerungsform** (volle Besteuerung, Ertragswertbesteuerung, teilweise nachgelagerte Besteuerung) erläutert wird,

findet sich in der Anlage zu BMF 7.12.2011 (BStBl. I 2011, 1223).

2. Historische Entwicklung

Mit der **Einführung des § 22a** durch das **AltEinkG** vom 5.7.2004 (BGBl. 2004 I 1427) – wonach die erste Rentenbezugsmitteilung an sich bereits im Jahre 2006 fällig gewesen wäre – wurde eine **Übergangsregelung** in § 52 Abs. 38a aufgenommen, auf deren Grundlage das Bundeszentralamt den Zeitpunkt der ersten Übermittlung festlegen konnte. Diese Festlegung erfolgte mit BMF 28.10.2008 (BStBl. I 2008, 955), welches (nach Überwindung der anfänglichen Übermittlungshemmnisse) die **ersten Datenübermittlungen gem. § 22a ab Oktober 2009** vorsah. 7

In der Folgezeit nach seiner Einführung wurde **§ 22a durch verschiedene** Gesetze modifiziert. Hierzu gehörten 8

- das **Gesetz zur Neuorganisation der Bundesfinanzverwaltung und zur Schaffung eines Refinanzierungsregisters** vom 22.9.2005 (BGBl. 2005 I 2809: Änderung des Bundesamts für Finanzen in Bundeszentralamt für Steuern),
- das **JStG 2007** vom 13.12.2006 (BGBl. 2006 I 2878: Insbesondere Verkürzung der Übermittlungsfrist, Änderung der technischen Anforderungen, Ausschluss von nicht elektronischer Übermittlung),
- das **LSVMG** vom 18.12.2007 (BGBl. 2007 I 3150: Begriffliche Anpassungen),
- das **JStG 2008** vom 20.12.2008 (BGBl. 2007 I 3150: zT redaktionelle Modifikation der Übermittlungsdaten in Abs. 1; Ergänzung von Abs. 2 S. 4–7 um Anfrage des Mitteilungspflichtigen und Antwort der zentralen Stelle bzgl. Identifikationsnummer; zur teilweise rückwirkenden Anwendung vgl. Art. 28 Abs. 1a JStG 2008),
- das **JStG 2009** (BGBl. 2008 I 2794: Einführung von Abs. 4),
- das **BürgEntlG-KV** vom 16.7.2009 (BGBl. 2009 I 1959: Einfügung Abs. 1 S. 1 Nr. 5, 6),
- das **JStG 2010** vom 8.12.2010 (BGBl. 2010 I 1768: Ua Einführung des Verweises auf die Auslegungsvorschriften in Abs. 1 S. 1; Erweiterung der Mitteilungsdaten in Abs. 1 S. 1 Nr. 1; Einfügung des Abs. 5 und der darin enthaltenen Sanktionsmöglichkeit; zur Anwendung s. § 52 Abs. 38a idF des JStG 2010),
- das **LSV-NOG** vom 12.4.2012 (BGBl. 2012 I 579: redaktionelle Anpassung),
- das **KroatienAnpG** vom 25.7.2014 (BGBl. 2014 I 1266: Reduzierung der Mitteilungspflichten in Abs. 1 S. 1 Nr. 2 von Leistungen iSd § 22 Nr. 5 auf solche iSd § 22 Nr. 5 *S. 1–3*; Anfügung von Abs. 1 S. 1 Nr. 7 – gesondertes Merkmal zur Riester-Förderung (später Nr. 6) und redaktionelle Anpassung von Abs. 1 S. 1 Nr. 6 (später Nr. 5)).

In jüngerer Zeit wurde § 22a durch das **Gesetz zur Modernisierung des Besteuerungsverfahrens** vom 18.7.2016 (ModBestVerfG) (BGBl. 2016 I 1697) geändert. Die Änderungen 9 in **§ 22a Abs. 1** lagen im Wesentlichen in dem Verweis auf § 93c AO und in der Anpassung des § 22a an diese Verweisnorm. In § 93c AO werden der Zeitpunkt der Datenübermittlung, die Art und Weise sowie die im Einzelnen zu übermittelnden Daten (zB Name, Identifikationsnummer etc) geregelt, sodass § 22a diesbezüglich mit einem Verweis auskommt. § 22a Abs. 1 S. 1 Nr. 4 ist entfallen (s. dafür § 93a Abs. 1 Nr. 2 AO), wodurch die alten Nummern 5–7 die neuen Nummern 4–6 geworden sind. Der Verweis auf § 150 Abs. 6 AO ist gestrichen (s. aber Ermächtigung in § 87b Abs. 3 AO) und in § 22a Abs. 1 S. 2 wird die Anwendung der in § 72a Abs. 4 AO kodifizierten Haftungsnorm ausgeschlossen.

In **§ 22a Abs. 2** wurden neben redaktionellen Anpassungen an § 93c AO ua die Angabepflichten und Übermittlungsmodifikationen bzgl. des Geburtsdatums des Leistungsempfängers eingeführt (siehe auch die Übergangsregelung in § 52 Abs. 30a). Absatz 2 S. 4 wurde um die Bestimmung zur Art der Datenübermittlung angepasst und Abs. 2 S. 6 und S. 8 (zuvor S. 9) wurden redaktionell angepasst, wobei der bisherige S. 8 mit Blick auf den neuen Abs. 2 S. 4 entfallen ist. In Satz 9 wird die Anwendung von § 93c AO für das in S. 1–8 beschriebene Verfahren ausgeschlossen. In **§ 22a Abs. 3, 4 und 5** wurden im Wesentlichen ebenfalls Anpassungen an die Verweisnorm des § 93c AO vorgenommen (wobei die Änderung in Abs. 4 in der Aufhebung bestand; zur zeitlichen Anwendung – ab Veranlagungszeitraum 2017 – vgl. Art. 23 Abs. 1 ModBestVerfG).

10 Durch das Gesetz zur Stärkung der betrieblichen Altersversorgung und zur Änderung anderer Gesetze (**Betriebsrentenstärkungsgesetz**) vom 17.8.2017 (BGBl. 2017 I 3214) wurden in § 22a Abs. 1 S. 1 Nr. 6 die Wörter „ein gesondertes Merkmal" durch die Wörter „zwei gesonderte Merkmale" ersetzt (zur zeitlichen Anwendung – ab 2019 – vgl. Art. 17 Abs. 5 BetriebsrentenstärkungsG). Die neu angefügte Nr. 7 sieht ab dem 1.1.2019 eine Übermittlung „der gesonderten Kennzeichnung einer Leistung aus einem Altersvorsorgevertrag nach § 93 Abs. 3 [AO]" vor. Hintergrund dieser Regelung ist, dass ab dem Veranlagungszeitraum 2018 für Leistungen aus Altersvorsorgeverträgen, die als Kleinbetragsrente abgefunden werden (§ 93 Abs. 3 AO), die ermäßigte Besteuerung nach § 34 anzuwenden ist (vgl. § 22 Nr. 5 S. 13, dazu → § 22 Rn. 728).

Daher sind diese Leistungen ab 2019 gesondert zu kennzeichnen. In § 22a Abs. 5 S. 1 und S. 2 wurden weitere Verweise auf die einheitliche Verweisnorm des § 93c AO eingefügt. Diese waren durch den grundsätzlichen Verweis auf § 93c AO in § 22a Abs. 1 S. 1 Nr. 1 (und den Wegfall von § 22a Abs. 4) durch das ModBestVerfG erforderlich geworden. Da die Anpassungen jedoch im Rahmen des ModBestVerfG insoweit übersehen wurden, wurden sie mit dem Betriebsrentenstärkungsgesetz nachgeholt. Die Änderungen durch das Betriebsrentenstärkungsgesetz treten am 1.1.2019 in Kraft (Art. 17 Abs. 5 BetriebsrentenstärkungsG).

10a Mit dem **„JStG 2018"** vom 11.12.2018 (BGBl. 2018 I 2338) wurden die in § 22a Abs. 5 S. 1 und S. 2 enthaltenen Verweise auf § 93c AO bereits mit Wirkung zum 1. Januar 2018 in Kraft gesetzt (s. Art. 1, Art. 20 Abs. 2 „JStG 2018") und damit ein redaktionelles Versehen aus dem BetriebsrentenstärkungsG korrigiert (s. BT-Drs. 19/4455, 37, 38). Mit Wirkung vom 1.1.2019 wurde in § 22a Abs. 1 S. 1 Nr. 6 redaktionell klargestellt, dass erst ab dem 1.1.2019 zwei gesonderte Merkmale zu übermitteln sind (Art. 3 Nr. 4, Art. 20 Abs. 3 „JStG 2018", s. dazu BT-Drs. 19/4455, 46); ferner wurde in § 22a Abs. 2 S. 2 die Bezeichnung „Bundeszentralamt für Steuern" (zuvor nur: „Bundeszentralamt") eingefügt und damit ebenfalls eine redaktionelle Korrektur vorgenommen (Art. 3 Nr. 4, Art. 20 Abs. 3 „JStG 2018"). Mit dem **„Zweiten Datenschutz-Anpassungs- und Umsetzungsgesetz EU – 2. DSAnpUG-EU"** vom 20.11.2019 (BGBl. 2019 I 1626) wurde in § 22a Abs. 2 S. 8 das Wort „verwenden" durch die datenschutzrechtliche Terminologie „verarbeiten" ersetzt.

3. Verhältnis zu höherrangigem Recht

11 § 22a wurde gemeinsam mit der schrittweisen Einführung der nachgelagerten Besteuerung der Renten und sonstigen Einkünfte in das Gesetz aufgenommen und soll die korrekte Besteuerung derjenigen Einkünfte sicherstellen, zu denen die Datenübertragung im Einzelnen angeordnet wird. Damit dient die Norm der Erfassung bestimmter nach dem Gesetz (§ 22 Nr. 1 S. 3 Buchst. a, Nr. 5) zu besteuernder Einkünfte. Dies wiederum trägt dem **Verifikationsprinzip** (vgl. dazu das sog. Zinsurteil des BVerfG vom 27.6.1991 – 2 BvR 1493/89, BStBl. II 1991, 654) Rechnung, wonach die rechtlich vorgesehene Besteuerung konkreter Einkünfte mit einer hinreichend gesicherten tatsächlichen Erfassung derselben korrelieren muss. Letztlich sichert § 22a also die **Verfassungsmäßigkeit** der in § 22 angeordneten Besteuerung von Renten und sonstigen Leistungen, soweit diese das Steuersubstrat bilden, welches Gegenstand der zu übermittelnden Daten ist. Zu den Zweifeln an der Verfassungsmäßigkeit des Verspätungsgeldes gem. § 22a Abs. 5 → Rn. 31 f.

4. Zeitlicher Anwendungsbereich

Bis zum 31.12.2018 war § 22a grundsätzlich in der Fassung des **Gesetzes zur Modernisierung des Besteuerungsverfahrens** vom 18.7.2016 – ModBestVerfG – (BGBl. 2016 I 1697) anwendbar. Zum 1.1.2019 traten sodann die Änderungen des **Gesetzes zur Stärkung der betrieblichen Altersversorgung und zur Änderung anderer Gesetze (Betriebsrentenstärkungsgesetz)** vom 17.8.2017 (BGBl. 2017 I 3214) in Kraft. Die mit diesem Gesetz vorgenommenen Änderungen in § 22a Abs. 5 waren dabei jedoch rein redaktionelle (notwendige und zuvor unterlassene) Anpassungen an § 93c AO, sodass sie bereits für davor liegende Zeiträume anwendbar gewesen sein dürften. Klargestellt wurden diese Anpassungen und ihr jeweiliger zeitlicher Anwendungsbereich schließlich im **„JStG 2018"** (BGBl. 2018 I 2338), mit welchem die nunmehr aktuelle Fassung des § 22a geschaffen wurde (zu den Einzelheiten → Rn. 9 ff.). 12

5. Verhältnis zu anderen Bestimmungen

Da § 22a lediglich ein spezifiziertes Datenübermittlungsverfahren kodifiziert, bestehen keine relevanten Spannungsverhältnisse zu anderen Vorschriften. Zusammenhänge zu anderen Normen werden im Wesentlichen durch **konkrete Verweise** begründet. Maßgeblich ist dabei **§ 93c AO** zu beachten, in dem nunmehr wesentliche Punkte der Datenübermittlung – die zuvor in § 22a geregelt waren – ausgegliedert wurden. Auch darüber hinaus bedient sich § 22a zur näheren Konkretisierung der Voraussetzungen und Rechtsfolgen der Verweistechnik (zB durch **Verweise auf §§ 10, 22, 80, 81, 139b AO ua).** 13

Die nähere **Ausgestaltung** der Datenfernübertragung fußt auf den mit dem ModBestVerfG vom 18.7.2016 eingeführten Regelungen in **§ 87b Abs. 3 AO** (für die Zeiträume davor vgl. § 150 Abs. 6 S. 3 AO). 14

Ebenfalls dem **ModBestVerfG** vom 18.7.2016 (BGBl. 2016 I 1697) wurde in **§ 175b AO eine Änderungsvorschrift** aufgenommen, mit welcher eine Korrekturmöglichkeit im Falle einer fehlerhaften Berücksichtigung von Daten § 93c AO geschaffen wurde. Diese Änderungsmöglichkeit – welche zugunsten oder zuungunsten des Steuerpflichtigen wirken kann – gilt gem. Art. 97 § 27 EGAO ab Veranlagungszeitraum 2017 (für Zeiträume davor vgl. die frühere Regelung in § 10 Abs. 2a S. 8 aF). 15

II. Normstruktur und zentrale Debatten

1. Inhalt der Norm

§ 22a hat – nach dem Wegfall des Abs. 4 durch das ModBestVerfG (BGBl. 2016 I 1697) – vier Absätze (§ 22a Abs. 1, 2, 3, 5). 16

- **Abs. 1** regelt dabei den Kern des Übermittlungsverfahrens. Die Norm beschreibt im Wesentlichen die **Mitteilungspflicht,** die Inhalte der **Meldedaten,** die mitteilungspflichtigen Stellen (zB gesetzliche Rentenversicherung) und den Mitteilungsempfänger (§ 81) – also den **Pflichtigen und den Empfänger** –, sowie die **Form** der Datenübertragung (Zeitpunkt, Art und Weise etc).
- **Abs. 2** regelt im Wesentlichen die **Pflicht des Leistungsempfängers** (also des Empfängers der Renten bzw. anderen Leistungen, soweit die Bezüge gem. § 22a mitzuteilen sind) zur Datenmitteilung an die mitteilungspflichtige Stelle sowie das weitere Vorgehen in dem Falle, in dem der Leistungsempfänger dieser Pflicht nicht nachkommt (Übermittlung durch das Bundeszentralamt nach Maßgabe des § 22a Abs. 2 S. 2 ff.).
- **Abs. 3** regelt die **Mitteilungspflicht der mitteilungspflichtigen Stelle gegenüber dem Leistungsempfänger** über die Datenübermittlung, welche sie an die zentrale Stelle nach Abs. 1 vorgenommen hat.

- **Abs. 4** ist durch das **ModBestVerfG vom 18.7.2016** (BGBl. 2016 I 1697) **aufgehoben** worden. Die Regelungen zum **Prüfdienst sind nunmehr** in § 93 c Abs. 4 AO erfasst.
- **Abs. 5** ordnet ein **Verspätungsgeld** für die Fälle an, in denen die mitteilungspflichtige Stelle mit der Rentenbezugsmitteilung nach § 22a Abs. 1 säumig wird.

2. Leitentscheidungen/maßgebliche Debatten

17 Aufgrund der verfassungsrechtlichen Notwendigkeit einer korrekten steuerlichen Erfassung der Leibrentenzahlungen und sonstigen Leistungen (vgl. zum Verifikationsprinzip das sog. Zinsurteil des BVerfG 27.6.1991 – 2 BvR 1493/89, BStBl. II 1991, 654) stand der **Gesetzgeber vor der Notwendigkeit,** ein entsprechendes Verfahren zu kodifizieren, welches eben diesem Gebot Rechnung trägt. Er entschied sich dabei (anders als zB bei den Kapitaleinkünften, bei denen das Steuerabzugsverfahren gewählt wurde) für das Bezugsmitteilungsverfahren.

18 Diese **Leitentscheidung trug der Tatsache Rechnung,** dass gerade in den ersten Jahren nach der Systemumstellung auf die (schrittweise eingeführte) nachgelagerte Besteuerung einiger (nicht aber aller) Renteneinkünfte aufgrund des nur langsam anwachsenden Besteuerungsanteils ein Großteil der Rentenbezieher einstweilen **steuerlich unbelastet** blieb. Diese beachtliche Personengruppe eignete sich damit nicht für ein Abzugsverfahren, da dieses eine Vielzahl (vermeidbarer) Steuerveranlagungen mit dem alleinigen Ziel der Erstattung der Abzugsbeträge (bei einer „Nullveranlagung") provoziert, oder (bei einem Abzug mit zwingend abgeltender Wirkung) zu einer unsachgemäßen Belastung der Bezieher von Alterseinkünften geführt hätte.

B. Voraussetzungen und Rechtsfolgen

I. Die Mitteilungspflichten nach Abs. 1

1. Mitteilungspflichtige Stelle und Mitteilungsempfänger (Abs. 1 S. 1)

19 § 22a Abs. 1 beschreibt als mitteilungspflichtige Stellen **letztlich alle Institutionen, welche Leistungen** iSd § 22 Nr. 1 S. 3 Buchst. a, Nr. 5 ausschütten können. Dies sind (vgl. auch ergänzend BMF 7.12.2011, BStBl. I 2011, 1223 Rn. 5, 6) im Einzelnen
- die Träger der gesetzlichen Rentenversicherung (zu den Leistungen vgl. § 22 Nr. 1 S. 3 Buchst. a Doppelbuchst. aa),
- die landwirtschaftliche Alterskasse (zu den Leistungen vgl. § 22 Nr. 1 S. 3 Buchst. a Doppelbuchst. aa),
- die berufsständischen Versorgungseinrichtungen (zu den Leistungen vgl. § 22 Nr. 1 S. 3 Buchst. a Doppelbuchst. aa),
- die Pensionskassen (zu den Leistungen vgl. § 22 Nr. 5),
- die Pensionsfonds (zu den Leistungen vgl. § 22 Nr. 5),
- die Versicherungsunternehmen (zu den Leistungen vgl. § 22 Nr. 1 S. 3 Buchst. a Doppelbuchst bb soweit ein privater Versicherer vorliegt und Leistungen außerhalb von Verträgen nach § 10 Abs. 1 Nr. 2 Buchst. b erbracht werden; zu den Leistungen vgl. § 22 Nr. 5 soweit ein Direktversicherer vorliegt),
- die Unternehmen, die Verträge iSd § 10 Abs. 1 Nr. 2 Buchst. b anbieten (zu den Leistungen vgl. § 22 Nr. 1 S. 3 Buchst. a Doppelbuchst. aa),
- die Anbieter iSd § 80 (zu den Leistungen vgl. § 22 Nr. 5; die „Anbieter iSd § 80" sind die Anbieter der in § 22 Nr. 5 S. 1 benannten „Altersvorsorgeverträge". Diese „Altersvorsorgeverträge" sind solche, welche nach dem XI. Abschnitt gefördert werden und damit nur von einem *zertifizierten Anbieter iSd § 80* angeboten werden können).

20 **Empfänger der Rentenmitteilung** ist die „zentrale Stelle". Diese ist gem. § 81 die Deutsche Rentenversicherung Bund. Dort werden demgemäß sämtliche Daten zur Weiterleitung an die Finanzbehörden gesammelt.

2. Inhalt der Rentenbezugsmitteilung; Meldedaten gem. Abs. 1 S. 1 Nr. 1–7

21 Nach § 22a Abs. 1 S. 1 Nr. 1–7 sind unter Bezugnahme auf weitere Vorschriften folgende Meldedaten zu übermitteln:

- **Nr. 1:** Die in § 93c Abs. 1 Nr. 2 Buchst. c AO benannten Daten. Das sind der Familienname, der Vorname und die Identifikationssummer nach § 139b AO. Die in § 93c Abs. 1 Nr. 2 Buchst. c AO benannte Adresse ist nach § 22a Abs. 1 S. 1 Nr. 1 nur zu übermitteln, soweit es sich um eine ausländische Adresse handelt, die der mitteilungspflichtigen Stelle bekannt ist; dann ist auch – soweit bekannt – die Staatsangehörigkeit mitzuteilen. Diese Informationen ermöglichen eine zutreffende Besteuerung der sog. Auslandsrentner (dazu ausführlich → § 22 Rn. 341 ff.).
- **Nr. 2:** Je gesondert der Betrag der Leibrenten und anderen Leistungen iSd § 22 Nr. 1 S. 3 Buchst. a Doppelbuchst. aa und bb S. 4 EStG sowie Doppelbuchst. bb S. 5 EStG iVm § 55 Abs. 2 EStDV sowie iSd § 22 Nr. 5 S. 1–3 EStG. Dabei ist der Rentenanpassungsbetrag gesondert mitzuteilen. Diese Daten ermöglichen eine Erfassung der konkreten Bezüge sowie die Anwendung der zutreffenden Besteuerungsform (Ertragswertbesteuerung gem. § 22a Nr. 1 S. 3 Buchst. a Doppelbuchst. bb oder nachgelagerte Besteuerung nach § 22 Nr. 1 S. 3 Buchst. a Doppelbuchst. aa, Nr. 5; gesonderte Behandlung des Rentenanpassungsbetrags gem. § 22 Nr. 1 S. 3 Buchst. a Doppelbuchst. aa S. 6 f.).
- **Nr. 3:** Der Zeitpunkt des Beginns und des Endes des jeweiligen Leistungsbezugs; soweit aus derselben Versicherung nach dem 31.12.2004 Renten nachfolgen, ist auch die Laufzeit der vorhergehenden Renten mitzuteilen. Diese Daten dienen der konkreten Ermittlung des der Besteuerung unterliegenden Teils der Renten (vgl. dazu § 22 Nr. 1 S. 3 Buchst. a Doppelbuchst. aa S. 4–8, → § 22 Rn. 356 ff.).
- **Nr. 4:** Die Beiträge iSd § 10 Abs. 1 Nr. 3 Buchst. a S. 1 und 2 und Buchst. b, soweit diese von der mitteilungspflichtigen Stelle an die Träger der gesetzlichen Kranken- und Pflegeversicherung abgeführt werden. Diese Daten dienen der Ermittlung der Verringerung der zu versteuernden Alterseinkünfte durch Sonderausgaben.
- **Nr. 5:** Die dem Leistungsempfänger zustehenden Beitragszuschüsse nach § 106 des SGB VI (diese Zuschüsse stellen – vorbehaltlich der Regelungen des § 3 Nr. 14 – der nachgelagerten Besteuerung unterliegende Bezüge iSd § 22 Nr. 1 S. 3 Buchst. a Doppelbuchst. aa dar, → § 22 Rn. 291).
- **Nr. 6:** Ab dem Januar 2017 wurde § 22a Abs. 1 S. 1 in Nr. 6 um ein gesondertes Merkmal für Verträge, auf denen gefördertes Altersvorsorgevermögen gebildet wurde, ergänzt. Die zentrale Stelle ist in diesen Fällen berechtigt, die Daten dieser Rentenbezugsmitteilung im Zulagenkonto zu speichern und zu verarbeiten. Diese Regelung (zuvor in Nr. 7 verortet) wurde mit dem KroatienanAnpG vom 25.7.2014 (BGBl. 2014 I 1266) eingefügt. Die Übermittlung des Merkmals zur „Riesterförderung" (= geförderte Altersvorsorgeverträge, dazu §§ 79 ff. und → § 22 Rn. 686) kann von der zentralen Stelle gespeichert und verarbeitet werden. Dadurch soll eine belastbare statistische Auswertung auch für die Auszahlungsphase von „Riester-Renten" ermöglicht werden (vgl. näher BT-Drs. 18/1995, 105). Mit dem Betriebsrentenstärkungsgesetz vom 17.8.2017 (BGBl. 2017 I 3214) wurde die Pflicht mit Wirkung ab 2019 auf „zwei gesonderte Merkmale" erweitert (zur zeitlichen Anwendung vgl. Art. 17 Abs. 5 BetriebsrentenstärkungsG, s. auch Art. 3, Art. 20 Abs. 3 JStG 2018 → Rn. 10a).
- **Nr. 7:** Ab 2019 eine Übermittlung der „gesonderte(n) Kennzeichnung einer Leistung aus einem Altersvorsorgevertrag nach § 93 Absatz 3" (AO). Hintergrund dieser Regelung ist, dass ab dem Veranlagungszeitraum 2018 Leistungen aus Altersvorsorgeverträgen, die als Kleinbetragsrente abgefunden werden (§ 93 Abs. 3 AO), die ermäßigte Besteuerung nach § 34 anzuwenden ist (vgl. § 22 Nr. 5 S. 13, dazu → § 22 Rn. 728). Daher sind diese Leistungen ab 2019 gesondert zu kennzeichnen.

3. Mitteilung „nach Maßgabe von § 93c AO" und „unter Beachtung der Auslegungsvorschriften der Finanzverwaltung" (Abs. 1 S. 1)

§ 22a Abs. 1 S. 1 ist mit dem ModBestVerfG vom 18.7.2016 (BGBl. 2016 I 1679) dahingehend geändert worden, dass einige Regelungen, welche sich davor in § 22a fanden, durch einen Verweis auf § 93c AO substituiert wurden und damit aus dem § 22a gestrichen werden konnten. Seither hat die Datenübermittlung **„nach Maßgabe des § 93c AO"** zu erfolgen. § 93c AO trifft insoweit Regelungen zur **Art und Weise** der Übermittlung (Übermittlung nach dem – auf der Homepage des BZSt zu findenden – amtlich vorgeschriebenen Datensatz, 22

§ 93c Abs. 1 Nr. 1 AO), zum **Zeitpunkt** der Übermittlung (Übermittlung bis Ende Februar des Folgejahres, § 93c Abs. 1 Nr. 1 AO), zu **weiteren Angaben,** welche der zu übermittelnde Datensatz beinhalten muss (§ 93c Abs. 1 Nr. 2 Buchst. a, Buchst. b, Buchst. d AO; die Angaben nach § 93c Abs. 1 Nr. 2 Buchst. c AO sind bereits durch § 22a Abs. 1 S. 1 Nr. 1 in Bezug genommen worden). Weiterhin ist mit dem durch das Gesetz zur Modernisierung des Besteuerungsverfahrens vom 18.7.2016 (BGBl. 2016 I 1679) eingefügten § 93c AO in dessen Abs. 3 ein **Berichtigungsverfahren** eingeführt worden, welches bei der fehlerhaften Übermittlung oder bei der Übermittlung unzutreffender Daten durchzuführen ist (vgl. dazu bereits in ähnlicher Form BMF 7.12.2011, BStBl. I 2011, 1223 Rn. 99 ff., zur Änderung von Steuerbescheiden bei der unzutreffenden Übermittlung von Daten s. § 175b AO, dazu → Rn. 15).

23 Des Weiteren hat die Rentenbezugsmitteilung **„unter Beachtung der im Bundessteuerblatt veröffentlichten Auslegungsvorschriften der Finanzverwaltung“** zu erfolgen. Von dieser Möglichkeit hat die Finanzverwaltung im BMF-Schreiben vom 7.12.2011 (BStBl. I 2011, 1223) umfangreich Gebrauch gemacht. Das insgesamt deutlich über 100 Randnummern umfassende Schreiben präzisiert und ergänzt die gesetzlich angeordneten Pflichten. So wird/werden ***bspw.***

- die Fundstelle für den **amtlich vorgeschriebenen Datensatz** (Internetseite BZSt) sowie die erforderliche Schnittstelle bekannt gegeben (BMF 7.12.2011, BStBl. I 2011, 1223 Rn. 1),
- die Pflicht zur Übermittlung der **Leistungsart** (§ 22a Abs. 1 S. 1 Nr. 2) konkretisiert, indem ua bezogen auf § 22 Nr. 5 ein differenzierter Rechtsgrund (§ 22 Nr. 5 S. 1–6, S. 9) abgefragt wird (BMF 7.12.2011, BStBl. I 2011, 1223 Rn. 17),
- klargestellt, dass die Anwendung der **Öffnungsklausel** (optionale Ertragswertbesteuerung nach § 22 Nr. 1 S. 3 Buchst. a Doppelbuchst. bb S. 2) – da ihre Anwendung antragsbezogen ist – im Mitteilungsverfahren nicht zu berücksichtigen ist; daher sind die Leistungen den Einkünften aus § 22 Nr. 1 S. 3 Buchst. a Doppelbuchst. aa (nachgelagerte Besteuerung) zuzuordnen (BMF 7.12.2011, BStBl. I 2011, 1223 Rn. 24),
- Besonderheiten zu den **Leistungen gem. § 22 Nr. 5** dargestellt und mit Beispielsfällen erläutert (BMF 7.12.2011, BStBl. I 2011, 1223 Rn. 26),
- angeordnet, dass ein **Nachzahlungsbetrag** (Leistungsbetrag bei Nachzahlung für mehrere Jahre) gesondert auszuweisen ist (BMF 7.12.2011, BStBl. I 2011, 1223 Rn. 61); dies erleichtert eine Prüfung im Steuerfestsetzungsverfahren, ob § 34 Anwendung findet oder nicht.

4. Keine Anwendung von § 72a Abs. 4 AO und § 93c Abs. 1 Nr. 3 AO (Abs. 1 S. 2)

24 § 22a Abs. 1 S. 2 stellt klar, dass **nicht alle Regelungen,** welche für die „Datenübermittlung durch Dritte“ (s. § 93c AO) gelten, auch auf das Rentenbezugsmitteilungsverfahren Anwendung finden sollen. Die Anwendung von **§ 93c Abs. 1 Nr. 3 AO ist ausdrücklich ausgenommen,** sodass keine Pflicht der mitteilungspflichtigen Stelle besteht, den Bezieher der Alterseinkünfte über die *Inhalte* der Übermittlung entsprechend in Kenntnis zu setzen (vgl. aber § 22a Abs. 3). Auch ist eine **Haftung der mitteilungspflichtigen Stelle** (§ 72a Abs. 4 AO) nicht vorgesehen.

II. Die Pflicht des Leistungsempfängers und Folgen der Pflichtverletzung (Abs. 2)

25 Gem. § 22a Abs. 2 hat der Leistungsempfänger – also der **Empfänger von Renten und anderen Leistungen** iSd § 22 Nr. 1 S. 3 Buchst. a, Nr. 5 – der mitteilungspflichtigen Stelle seine Identifikationsnummer sowie den Tag seiner Geburt **mitzuteilen.**

26 Sofern der Leistungsempfänger die Identifikationsnummer trotz Aufforderung nicht mitteilt, sieht § **22a Abs. 2 S. 2** in seiner bis einschließlich 2018 geltenden Fassung vor, dass dann das Bundeszentralamt für Steuern dem Mitteilungspflichtigen auf dessen Anfrage die Identifikationsnummer des Leistungsempfängers übermittelt; weitere Daten dürfen nicht übermittelt werden. Diese Regelung wurde mit dem ModBestVerfG vom 18.7.2016 (BGBl. 2016 I 1679) mit Wirkung ab Januar 2019 (vgl. Übergangsregelung in § 52 Abs. 30a) zur Verbesserung des Rentenbezugsmitteilungsverfahrens dahingehend erweitert, dass – wenn es

sich bei der mitteilungspflichtigen Stelle um einen Träger der gesetzlichen Rentenversicherung handelt – auch der beim BZSt gespeicherte Geburtstag mitgeteilt wird. Auch hier gilt, dass darüber hinausgehende Daten nicht übermittelt werden dürfen.

§ 22a Abs. 2 S. 3 ff. regeln weitere Details zur Anfrage und Übermittlung, namentlich Einzelheiten über den Inhalt der Anfrage der mitteilungspflichtigen Stelle (**§ 22a Abs. 2 S. 3**), über die Form der Anfrage der mitteilungspflichtigen Stelle und der Antwort des BZSt (**§ 22a Abs. 2 S. 4:** amtlich vorgeschriebener Datensatz über die zentrale Stelle, vgl. BMF 7.12.2011, BStBl. I 2011, 1223 Rn. 108 ff.), über die Prüfungspflicht und den Prüfungsumfang der zentralen Stelle (**§ 22a Abs. 2 S. 5**) sowie über die (eingeschränkte) Speicherbefugnis derselben (**§ 22a Abs. 2 S. 6**), über die Pflicht zur Verschlüsselung der Daten (**§ 22a Abs. 2 S. 7**), über die begrenzte Verwendungsbefugnis der Daten durch die mitteilungspflichtige Stelle (**§ 22a Abs. 2 S. 8:** nur für Erfüllung der Pflicht nach § 22a Abs. 1 S. 1) und über den Ausschluss einer Anwendung von § 93c AO (**§ 22a Abs. 2 S. 9;** die Regelung stellt klar, dass sich die Anfrage und Antwort insoweit allein nach § 22a Abs. 2 richtet, und dass insoweit keine „Datenübermittlung durch Dritte" iSd § 93c AO vorliegt). 27

III. Die Mitteilungspflicht der mitteilungspflichtigen Stelle gegenüber dem Leistungsempfänger (Abs. 3)

§ 22a Abs. 3 regelt die **Mitteilungspflicht der mitteilungspflichtigen Stelle gegenüber dem Leistungsempfänger** über die Datenübermittlung, welche sie an die zentrale Stelle nach § 22a Abs. 1 vorgenommen hat. 28

Inhalt der Mitteilung ist insoweit lediglich die **Information, „dass" die Leistung** der zentralen Stelle mitgeteilt wurde. Nähere Details – etwa zum genauen Inhalt der übermittelten Leistungsdaten – müssen nicht mitgeteilt werden. Dies folgt einerseits aus dem Wortlaut von § 22a Abs. 3 und andererseits aus dem Ausschluss von § 93c Abs. 1 Nr. 3 AO in § 22 Abs. 1 S. 2. Genauere Anforderungen über die Form der Mitteilung sieht § 22a Abs. 3 nicht vor. Die Mitteilung kann daher bspw. auf einem Rentenbescheid erfolgen. 29

IV. Regelungen über die Prüfung bei der mitteilungspflichtigen Stelle (Abs. 4 aF)

§ 22a Abs. 4 ist durch das **ModBestVerfG** v. 18.7.2016 (BGBl. 2016 I 1697) **aufgehoben** worden. Die Norm beinhaltete Regelungen zur Prüfung der zentralen Stelle bei den mitteilungspflichtigen Stellen im Hinblick auf deren ordnungsgemäße Erfüllung ihrer Pflichten aus § 22a Abs. 1 S. 1. Diese Regelungen zum **Prüfdienst sind nunmehr** von § 93c Abs. 4 AO erfasst, wobei § 93c Abs. 4 S. 2 AO klarstellt, dass das Recht der Finanzbehörde zur Prüfung und Ermittlung des Sachverhalts durch die Überprüfungsmöglichkeit der zentralen Stelle bei den Mitteilungspflichtigen nicht verdrängt wird. 30

V. Das Verspätungsgeld (Abs. 5)

Gem. Abs. 5 S. 1 und 2 ist – wenn die mitteilungspflichtige Stelle ihrer **Pflicht nicht fristgemäß** nachkommt (zur Frist vgl. § 93c Abs. 1 Nr. 1 AO) – für jeden angefangenen Monat und für jede ausstehende Rentenbezugsmitteilung ein **Verspätungsgeld** von 10 EUR an die zentrale Stelle zu entrichten. Die Erhebung erfolgt durch die zentrale Stelle im Rahmen ihrer Prüfung nach § 93c Abs. 4 AO (zur Zulässigkeit des **Finanzrechtswegs** bei Einwänden gegen das Verspätungsgeld nach § 22a Abs. 5, zur Frage eines Verstoßes von § 22a Abs. 5 gegen das Verbot der **doppelten Sanktionierung** im Hinblick auf § 50f sowie zur Vereinbarkeit von § 22a Abs. 5 mit **höherrangigem Recht** vgl. BFH 20.2.2019 – X R 32/17, BStBl. II 2019, 438; BFH 20.2.2019 – X R 28/17, BStBl. II 2019, 430). 31

An einer **fristgemäßen Übermittlung fehlt** es bspw. auch dann, wenn eine csv-Datei zwar in der vorgegebenen Frist übermittelt wird, wenn darin jedoch eine Pflichtangabe fehlt (zB Identifikationsnummer). Etwas anderes gilt nur, wenn die Mitteilungspflichtige das Verfahren § 22a Abs. 2 S. 1 und 2 eingehalten hat (s. im Einzelnen FG Berlin-Brandenburg 19.2.2019 – 5 K 5103/17, EFG 2019, 1202; Rev. X R 10/19).

Eine **Ausnahme von der Erhebung des Verspätungsgeldes** ist gem. § 22a Abs. 5 S. 3, 4 zu machen, wenn die mitteilungspflichtige Stelle an der Verspätung **kein Verschulden** trifft, wobei ein Verschulden eines **gesetzlichen Vertreters/Erfüllungsgehilfen** der mittei- 32 lungspflichtigen Stelle zugerechnet wird (zu den Einzelheiten des Begriffs des Verschuldens und des Erfüllungsgehilfen vgl. BFH 20.2.2019 – X R 29/16, BStBl. II 2019, 425). Durch den Wortlaut der Regelung des § 22a Abs. 5 S. 3 trifft den Mitteilungspflichtigen die Darlegungslast für das fehlende Verschulden; diese **Beweislastumkehr** verstößt indes nicht gegen die **Unschuldsvermutung** (BFH 20.2.2019 – X R 32/17, BStBl. 2019, 438 auch mit Ausführungen zur **Verhältnismäßigkeit** des § 22a Abs. 5).

33 Das Verspätungsgeld ist auf **maximal 50.000 EUR** für sämtliche für einen Veranlagungszeitraum zu übermittelnden Rentenbezugsmitteilungen begrenzt, § 22a Abs. 5 S. 5.

§ 23 Private Veräußerungsgeschäfte

(1) [1]Private Veräußerungsgeschäfte (§ 22 Nummer 2) sind

1. Veräußerungsgeschäfte bei Grundstücken und Rechten, die den Vorschriften des bürgerlichen Rechts über Grundstücke unterliegen (z. B. Erbbaurecht, Mineralgewinnungsrecht), bei denen der Zeitraum zwischen Anschaffung und Veräußerung nicht mehr als zehn Jahre beträgt. [2]Gebäude und Außenanlagen sind einzubeziehen, soweit sie innerhalb dieses Zeitraums errichtet, ausgebaut oder erweitert werden; dies gilt entsprechend für Gebäudeteile, die selbständige unbewegliche Wirtschaftsgüter sind, sowie für Eigentumswohnungen und im Teileigentum stehende Räume. [3]Ausgenommen sind Wirtschaftsgüter, die im Zeitraum zwischen Anschaffung oder Fertigstellung und Veräußerung ausschließlich zu eigenen Wohnzwecken oder im Jahr der Veräußerung und in den beiden vorangegangenen Jahren zu eigenen Wohnzwecken genutzt wurden;

2. Veräußerungsgeschäfte bei anderen Wirtschaftsgütern, bei denen der Zeitraum zwischen Anschaffung und Veräußerung nicht mehr als ein Jahr beträgt. [2]Ausgenommen sind Veräußerungen von Gegenständen des täglichen Gebrauchs. [3]Bei Anschaffung und Veräußerung mehrerer gleichartiger Fremdwährungsbeträge ist zu unterstellen, dass die zuerst angeschafften Beträge zuerst veräußert wurden. [4]Bei Wirtschaftsgütern im Sinne von Satz 1, aus deren Nutzung als Einkunftsquelle zumindest in einem Kalenderjahr Einkünfte erzielt werden, erhöht sich der Zeitraum auf zehn Jahre;

3. Veräußerungsgeschäfte, bei denen die Veräußerung der Wirtschaftsgüter früher erfolgt als der Erwerb.

[2]Als Anschaffung gilt auch die Überführung eines Wirtschaftsguts in das Privatvermögen des Steuerpflichtigen durch Entnahme oder Betriebsaufgabe. [3]Bei unentgeltlichem Erwerb ist dem Einzelrechtsnachfolger für Zwecke dieser Vorschrift die Anschaffung oder die Überführung des Wirtschaftsguts in das Privatvermögen durch den Rechtsvorgänger zuzurechnen. [4]Die Anschaffung oder Veräußerung einer unmittelbaren oder mittelbaren Beteiligung an einer Personengesellschaft gilt als Anschaffung oder Veräußerung der anteiligen Wirtschaftsgüter. [5]Als Veräußerung im Sinne des Satzes 1 Nummer 1 gilt auch

1. die Einlage eines Wirtschaftsguts in das Betriebsvermögen, wenn die Veräußerung aus dem Betriebsvermögen innerhalb eines Zeitraums von zehn Jahren seit Anschaffung des Wirtschaftsguts erfolgt, und

2. die verdeckte Einlage in eine Kapitalgesellschaft.

(2) Einkünfte aus privaten Veräußerungsgeschäften der in Absatz 1 bezeichneten Art sind den Einkünften aus anderen Einkunftsarten zuzurechnen, soweit sie zu diesen gehören.

(3) [1]Gewinn oder Verlust aus Veräußerungsgeschäften nach Absatz 1 ist der Unterschied zwischen Veräußerungspreis einerseits und den Anschaffungs- oder Herstellungskosten und den Werbungskosten andererseits. [2]In den Fällen des Absatzes 1 Satz 5 Nummer 1 tritt an die Stelle des Veräußerungspreises der für den Zeitpunkt der Einlage nach § 6 Absatz 1 Nummer 5 angesetzte Wert, in den Fällen des Absatzes 1 Satz 5 Nummer 2 der gemeine Wert. [3]In den Fällen des Absatzes 1 Satz 2 tritt an die Stelle der Anschaffungs- oder Herstellungskosten der nach § 6 Absatz 1 Nummer 4 oder § 16 Absatz 3 angesetzte Wert. [4]Die Anschaffungs- oder Herstel-

lungskosten mindern sich um Absetzungen für Abnutzung, erhöhte Absetzungen und Sonderabschreibungen, soweit sie bei der Ermittlung der Einkünfte im Sinne des § 2 Absatz 1 Satz 1 Nummer 4 bis 7 abgezogen worden sind. [5]Gewinne bleiben steuerfrei, wenn der aus den privaten Veräußerungsgeschäften erzielte Gesamtgewinn im Kalenderjahr weniger als 600 Euro betragen hat. [6]In den Fällen des Absatzes 1 Satz 5 Nummer 1 sind Gewinne oder Verluste für das Kalenderjahr, in dem der Preis für die Veräußerung aus dem Betriebsvermögen zugeflossen ist, in den Fällen des Absatzes 1 Satz 5 Nummer 2 für das Kalenderjahr der verdeckten Einlage anzusetzen. [7]Verluste dürfen nur bis zur Höhe des Gewinns, den der Steuerpflichtige im gleichen Kalenderjahr aus privaten Veräußerungsgeschäften erzielt hat, ausgeglichen werden; sie dürfen nicht nach § 10d abgezogen werden. [8]Die Verluste mindern jedoch nach Maßgabe des § 10d die Einkünfte, die der Steuerpflichtige in dem unmittelbar vorangegangenen Veranlagungszeitraum oder in den folgenden Veranlagungszeiträumen aus privaten Veräußerungsgeschäften nach Absatz 1 erzielt hat oder erzielt; § 10d Absatz 4 gilt entsprechend.

Überblick

§ 22 Nr. 2 und § 23 wollen **Einkünfte aus privaten Veräußerungsgeschäften** erfassen. Die Vorschrift zielt auf die Erfassung von Wertsteigerung bestimmter Wirtschaftsgüter im Privatvermögen. Sinn und Zweck des § 23 ist es, innerhalb eines bestimmten Zeitraums realisierte Werterhöhungen eines Wirtschaftsguts im Privatvermögen zu besteuern. Die Vorschrift erfasst die Veräußerung unbeweglicher und beweglicher Wirtschaftsgüter, jeweils mit unterschiedlich langen Fristen (zehn Jahre, ein Jahr). Sie knüpft an nachweisbare objektive Vorgänge – Anschaffung und Veräußerung – und feste Fristen an. Hauptanwendungsfall in der Praxis ist dabei die Erfassung der Wertsteigerung aus der Anschaffung und Veräußerung von Grundstücken und Gebäuden.

Die Vorschrift regelt in **Abs. 1,** welche Tatbestände die Voraussetzungen eines privaten Veräußerungsgeschäfts erfüllen. Abs. 1 S. 1 zählt dazu die einzelnen Veräußerungsgeschäfte auf. Die Sätze 2 bis 5 regeln Sonderfälle, die einer Anschaffung und Veräußerung gleichstehen. Die Vorschrift enthält in **Abs. 2** eine Konkurrenzregelung. Danach ist § 23 gegenüber anderen Einkunftsarten subsidiär und kommt daher nur zur Anwendung, wenn nicht zugleich die Voraussetzungen einer anderen Norm der §§ 13 bis 22 erfüllt sind. Schließlich enthält die Regelung in **Abs. 3** S. 1 bis 4 eigene Regelungen für die Ermittlung der Einkünfte, die die allgemeine Regelung in § 2 Abs. 2 S. 1 Nr. 2 konkretisieren. Zudem wird eine eigene Freigrenze geregelt. § 23 Abs. 3 S. 6 enthält eine Sonderregelung für den Ansatz des Veräußerungsgewinns oder -verlusts. Schließlich sind auch besondere Regelungen zur Behandlung von Verlusten aus privaten Veräußerungsgeschäften in § 23 Abs. 3 S. 7 und 8 enthalten. Diese Verrechnungsbeschränkungen haben ihren Grund darin, dass nur bestimmte, einzeln im Gesetz aufgezählte Vorgänge als privates Veräußerungsgeschäft der Besteuerung unterfallen. Daher soll der Verlustausgleich auch nur innerhalb der Einkunftsart möglich sein.

Übersicht

A. Allgemeines

1 **Leitentscheidungen, wichtige Verwaltungsanweisungen und Schrifttum (Auswahl):**

1.1 **Entscheidungen des BVerfG:**
BVerfG 9.3.2004 – 2 BvL 17/02, BStBl. II 2005, 56; BVerfG 7.7.2010 – 2 BvL 14/02, 2 BvL 2/04, 2 BvL 13/05, BStBl. II 2011, 76.

1.2 **Leitentscheidungen des BFH:**
BFH 18.10.2006 – IX R 28/05, BStBl. II 2007, 259; BFH 1.8.2012 – IX R 8/12, BStBl. II 2012, 781; BFH 6.5.2014 – IX R 39/13, DStR 2014, 1756; BFH 10.2.2014 – IX R 23/13, DStR 2015, 742; BFH 6.9.2016 – IX R 27/15, DStR 2016, 2950, BFH 6.9.2016 – IX R 44/14, BFH/NV 2017, 191; BFH 6.9.2016 – IX R 45/14, BFH/NV 2017, 197; BFH 27.6.2017 – IX R 37/16, DStR 2017, 2268; BFH 21.5.2019 – IX R 6/18, BFH/NV 2019, 1227.

1.3 **Wichtige Verwaltungsanweisungen:**
BMF 5.10.2000, BStBl. I 2000, 1383; BMF 20.12.2010, BStBl. I 2011, 14; OFD Frankfurt a. M. 2.9.2015, DStR 2015, 2554; FBeh Hamburg 11.12.2017, DB 2018, 159.

1.4 **Schrifttum (Auswahl):**
Bäumler/Schramm, Vermeidung von Spekulationssteuer bei Miteigentum, NJW-Spezial 2019, 644; *Berninghaus*, Ertragsteuerliche Folgen der Rückabwicklung einer Beteiligung an einer vermögensverwaltenden KG, DStR 2014, 624; *Bron*, Steuerliche Behandlung von Veräußerungskosten unter Berücksichtigung der BVerfG-Entscheidungen vom 7.7.2010, DStR 2014, 987; *Deutschländer*, Sonstige Einkünfte aus privaten Veräußerungsgeschäften, NWB 2014, 1019; *Dürr*, Einkünfte aus Kapitalvermögen und aus privaten Veräußerungsgeschäften bei der Kryptowährung „Bitcoin“, DStR 2019, 562; *Ebner*, Taggleicher Verkauf und Wiederkauf von Wertpapieren, NWB 2010, 342; *Fassnacht*, Die latente Spekulationssteuer bei der Bewertung von Immobilien im Zugewinnausgleich, FamRZ 2014, 1681; *Fink*, Rückkauf von Anteilen an geschlossenen Immobilienfonds, NWB 2016, 2656; ders. Rückkauf von Anteilen an geschlossenen Immobilienfonds, NWB 2017, 643; *Fischer*, Kein Gestaltungsmissbrauch bei Verkauf und Wiederkauf von Wertpapieren – Eine Nachlese, Steuerrecht im Rechtsstaat (Festschrift für Wolfgang Spindler zum 65. Geburtstag, 2011, 619; *Günther*, Besteuerung privater Grundstücksgeschäfte: Gestaltungsspielräume sollen genutzt werden, GStB 2010, 320; *Günther*, Unentgeltlicher und teilentgeltlicher Erwerb von Immobilien des Privatvermögens, EStB 2013, 464; *Günther*, Besteuerung privater Grundstücksgeschäfte nach § 23 EStG – Ein Überblick über die aktuelle Rechtsprechungsentwicklung, EStB 2019, 72; *Günther*, Übertragung vermieteter Grundstücke im familiären Bereich, EStB 2019, 27; *Herkens*, Verkauf von Gegenständen des Privatvermögens – Wann besteht/entsteht eine Einkommensteuerpflicht, EStB 2018, 34; *Hey*, Verfassungswidrige Übergangsvorschrift zur Verrechnung von Altverlusten aus Aktiengesellschaften nach dem 31.12.2013, FR 2014, 349; *Hutmacher*, Grundstücksveräußerungen als privates Veräußerungsgeschäft, ZNotP 2012, 131; *Hutmacher*, Private Veräußerungsgeschäfte bei vermögensverwaltenden Personengesellschaften, ZNotP 2012, 302; *Intemann*, Die Besteuerung wesentlicher Beteiligungen und Spekulationsgeschäfte, NWB-EV 2011, 117; *Kahle/Rombach*, Ertragsteuerliche Aspekte der vermögensverwaltenden Personengesellschaft, Ubg 2019, 182; *Kanzler*, Besteuerung des auf ein Arbeitszimmer entfallenden Gewinns bei Verkauf selbstgenutzter Wohnimmobilien, NWB 2018, 2249; *Kessler/Mirbach*, Grundstücksveräußerung unter Nießbrauchsvorbehalt zur Vermeidung eines Gewinns iSd § 23 EStG, DStR 2015, 926; *Kiesow*, Zur entgeltlichen Übertragung von Mietimmobilien zwischen Ehegatten, DStR 2013, 2252; *Kleffmann*, Steuerliche Auswirkungen der Grundstücksübertragung zur Erfüllung des Zugewinnausgleichsanspruchs, FuR 2011, 381; *Kogel*, Latente Steuerlast und Spekulationssteuer – ein juristisches Minenfeld, FamRB 2015, 156; *Kuppe*, Fremdwährungsanlagen im inländischen Privatvermögen – Eine ertragsteuerliche Einordnung, NWB 2014, 2011; *Lupczyk*, Ausstieg aus faulen Immobilienfonds, FR 2017, 177; *Meinert*, Rückwirkende Verlängerung der Veräußerungsfrist bei Spekulationsgeschäften von zwei auf zehn Jahre, DB 2015, 164; *Mirbach/Riedel*, Zur Auswirkung eines Dritten auf die Behaltensfrist des § 23 EStG, FR 2015, 260; *Musil*, Ermittlung von Vermögenseinkünften – Einkünfte aus Veräußerungsgeschäften, Deutsche Steuerjuristische Gesellschaft (35), 2010, 237; *Paus*, „Spekulationsgeschäfte“ mit teilweise selbst genutzten Wirtschaftsgütern, FR 2013, 498;

Perleberg/Körbel, Steuervermeidungsstrategien bei Übertragung von selbstgenutzten Immobilien anlässlich von Trennung und Scheidung, FuR 2012, 530; dies. Steuerfalle Scheidungsimmobilie, FuR 2016, 94; *Sagmeister*, Private Veräußerungsgeschäfte im Rahmen von Scheidungsfolgevereinbarungen, DStR 2011, 1589; *Schießl*, Erwerb der Beteiligung an einer Personengesellschaft und anschließende Veräußerung gesamthänderisch gehaltener Grundstücke – „Mischfall", DStR 2014, 512; *Schießl*, Private Veräußerungsgeschäfte unter aufschiebender Bedingung oder „Zustimmungsvorbehalt", jM 2015, 298; *Schießl*, Private Veräußerungsgeschäfte: Zeitpunkt der Verlustberücksichtigung bei Ratenzahlung; NWB 2017, 1644; *Schmidt/Renger*, Die Folgewirkungen der BVerfG-Beschlüsse vom 7.7.2010 für die Besteuerung von Wertzuwächsen, DStR 2011, 693; *Schmitt/Hagen/Lenz*, Kurzfristiger Wiederkauf im Fokus der BFH-Rechtsprechung, DStR 2010, 735; *Spieker*, Ermittlung der „fiktiven Steuerlast" beim Zugewinnausgleich – Erstreckung auf alle Vermögensgegenstände?, NZFam 2015, 394; *Stein*, Vermeidung von Veräußerungsgewinnen bei Beendigung der Zugewinngemeinschaft, DStR 2012, 1063; *Thiede*, Übertragung von Wirtschaftsgütern des Privatvermögens in das betriebliche Gesamthandsvermögen einer Personengesellschaft, StuB 2011, 610; *Trossen*, Private Veräußerungsgeschäfte bei Immobilien – steuerliche Fallstricke beachten!, jM 2015, 23; *Trossen*, Veräußerung einer zu eigenen Wohnzwecken genutzten Zweitwohnung, NWB 2017, 3256; *Wernsmann/Neudenberger*, Die Ermittlung des privaten Veräußerungsgewinns bei anteiliger Steuerfreiheit wegen unechter Rückwirkung, FR 2014, 253; *Wichmann*, Der Anfang vom Ende der Atomisierung eines Gebäudes? – Zugleich Würdigung der Entscheidung des FG Köln v. 20.3.2018, DStR 2019, 92; *Windeknecht*, Veräußerungsgeschäfte bei vermögensverwaltenden Immobiliengesellschaften, NWB 2016, 1066; *Wißborn*, Einbringung von Wirtschaftsgütern des Privatvermögens in das Gesamthandsvermögen einer Personengesellschaft, NWB 2011, 2694.

I. Regelungsanliegen im System des Steuerrechts

1. Funktion/Zweck der Regelung

§ 23 ist eine Vorschrift, die Vorgänge im Privatvermögen des Steuerpflichtigen betrifft. 2
Die Vorschrift, die über den Verweis in § 22 Nr. 2 der Einkunftsart der sonstigen Einkünfte zuzuordnen ist, dient – wie die amtliche Überschrift der Norm verdeutlicht – mit der **Besteuerung von privaten Veräußerungsgeschäften** der Erfassung von Wertsteigerungen im Privatvermögen. Die Vorschrift betrifft die Erwerbssphäre. Sie besteuert im Einzelnen bestimmte Vorgänge, die zu einer Vermögensmehrung im Privatvermögen führen und die der Gesetzgeber für besteuerungswürdig hält. Sie zeichnet sich mit dem nur punktuellen Zugriff auf bestimmte Wirtschaftsgüter des Privatvermögens und der nur zeitlich begrenzten Steuerverhaftung durch Besonderheiten aus, die sich in vergleichbarer Weise in anderen Vorschriften des EStG nicht finden.

Die Norm zählt in Absatz 1 bestimmte Veräußerungsgeschäfte auf, die das Privatvermögen 3
betreffen. Private Veräußerungsgeschäfte sind schuldrechtliche Veräußerungsvorgänge, bei denen ein bestimmtes Wirtschaftsgut innerhalb der im Gesetz genannten Zeitspanne angeschafft und wieder veräußert wird. Besteuert werden die Anschaffung und Veräußerung innerhalb – bezogen auf das betroffene Wirtschaftsgut – verhältnismäßig kurzer Zeitspannen. Ausgenommen sind dabei eigengenutztes Wohneigentum und Gegenstände des täglichen Gebrauchs. Ersteres wird nicht besteuert, weil das private Wohnen zum existenznotwendigen Bereich gehört, der von der Ertragsbesteuerung möglichst verschont werden soll. Zweitere werden herausgenommen, weil mit ihnen regelmäßig keine Wertsteigerung und damit keine Steigerung der finanziellen Leistungsfähigkeit verbunden ist. Die Vorschrift betrifft damit Vermögensänderungen im Privatvermögen, die nicht der Besteuerung nach anderen Normen unterfallen. Daher regelt Abs. 2 der Vorschrift auch die grundsätzliche Subsidiarität der Regelung, wonach Einkünfte aus Veräußerungsgeschäften, die anderen Einkunftsarten zuzurechnen, zu diesen gehören. § 23 Abs. 3 regelt die Ermittlung der Höhe des Gewinns oder Verlusts aus dem privaten Veräußerungsgeschäft sowie Beschränkungen bei der Verlustverrechnung. Die ertragsteuerliche Vorschrift des § 23 enthält daher – beschränkt auf wenige punktuelle Ereignisse und bestimmte Gegenstände im Privatvermögen – eine – punktuell und zeitlich begrenzte Art von „Vermögenssteuer". Die Norm will die Steigerung der finanziellen Leistungsfähigkeit im Privatvermögen in bestimmten, vom Gesetzgeber für besteuerungswürdig erklärten Fällen in die steuerbaren Einkünfte einbeziehen.

§ 23 steht im II. Abschnitt des EStG unter der Ermittlung des Einkommens. Die Regelung 4
ist unter II.8 den einzelnen Einkunftsarten zugeordnet und ergänzt dort unter II.8.g im

Rahmen der sonstigen Einkünfte § 22 Nr. 2 (§ 2 Abs. 1 Satz 1 Nr. 7). Die Einkünfte aus § 22 werden den **Überschusseinkünften** zugeordnet (BFH 2.5.2000 – IX R 73/98, BStBl. II 2000, 614; Bordewin/Brandt/*Bachem* § 23 Rn. 21). Der Überschuss ermittelt sich – auch wenn im Wortlaut von Gewinn oder Verlust und damit von einem Veräußerungsgewinn oder Veräußerungsverlust gesprochen wird – aus den Einnahmen abzüglich der Werbungskosten (§ 2 Abs. 2 Nr. 2).

5 § 23 definiert den **Besteuerungsgegenstand.** Die Besteuerung betrifft die Anschaffung und Veräußerung der in der Vorschrift abschließend aufgezählten Gegenstände innerhalb bestimmter Fristen. In diesen Fällen werden an sich nicht steuerbare Vorgänge im Privatvermögen des Steuerpflichtigen in die steuerlich relevante Erwerbsphäre einbezogen und bei der steuerlichen Einkünfteermittlung berücksichtigt. Die Vorschrift greift aufgrund dieses Ausnahmecharakters nur ein, wenn der Gewinn oder Verlust keiner anderen Einkunftsart zugeordnet werden kann.

6 Während die Regelung früher im Bereich des Privatvermögens und der Überschusseinkünfte eine Sonderrolle innehatte, ist sie nunmehr nur neben zahlreichen weiteren Vorschriften eine Norm, die **private Vermögenszuwächse** besteuert (KSM/*Wernsmann* § 23 Rn. A1). Vergleichbare Regelungen treffen neben § 23 noch § 17 (Veräußerung der Beteiligung an einer Kapitalgesellschaft) und § 20 Abs. 2 (ua Besteuerung der Wertsteigerung aus Aktiengeschäften). Mit der Norm lässt sich die Tendenz des Gesetzgebers erkennen, auch im Bereich des Privatvermögens zunehmend von der Quellentheorie abzurücken und eine Reinvermögensbesteuerung vorzunehmen. Die Vorschrift bezieht Wert- und damit Vermögenssteigerungen in die Steuerbarkeit ein, die im Rahmen der Quellentheorie grundsätzlich außer Betracht bleiben. Eine durchgängige systematische Gleichbehandlung lässt der Gesetzgeber jedoch vermissen. Während § 17 an eine Beteiligungsgrenze (1%) anknüpft und das Teileinkünfteverfahren (§ 3 Nr. 40 Buchst. c) zur Anwendung kommen lässt, ist das private Veräußerungsgeschäft des § 23 an eine Mindesthaltedauer geknüpft und unterliegt dem progressiven Steuertarif. Zudem können bei beiden Normen Veräußerungskosten abgezogen werden. § 20 Abs. 2 Nr. 1 regelt hingegen eine Besteuerung mit einem einheitlichen Steuersatz von 25%; dazu allgemein → § 20 Rn. 5. Werbungskosten können nach § 20 Abs. 9 über den Pauschbetrag hinaus nicht abgezogen werden (vgl. die Kommentierung zu § 20 → § 20 Rn. 1500).

7 Die Vorschrift spiegelt daher die Tendenz des Gesetzgebers wieder, in größerem Umfang **Wertsteigerungen im Privatvermögen** zu besteuern.

7.1 Diese Tendenz, die sich in den letzten Jahren ua mit der Einführung der Abgeltungsteuer, der Orientierung der ErbSt am gemeinen Wert und der Erhöhung der Grunderwerbsteuersätze verwirklicht hat, ist nicht zuletzt im Hinblick auf die gescheiterten steuerpolitischen Bemühungen einer Wiederbelebung der Vermögensteuer zu sehen. Gerade die in den letzten Jahren erfolgten erheblichen Wertsteigerungen im Immobilienbereich, an denen weite Teile der Bevölkerung (Mieter) nicht teilgenommen haben und die sich auch regional sehr unterschiedlich verteilen, unterfallen grundsätzlich nicht der Steuerbarkeit. Auch die nach wie vor verfassungsrechtlich problematische Ausgestaltung der Erbschaftsteuer, in der weite Bereiche des privaten Vermögens (ua in Gestalt der Freibeträge für das Familienheim) von der Besteuerung ausgenommen sind, spielt eine Rolle in der steuerpolitischen Diskussion. Gerade die Wertsteigerungen im Immobilienbereich sind Gegenstand der verteilungspolitischen Diskussion. Vor diesem Hintergrund ist insbesondere eine Ausdehnung der Erfassung der privaten Vermögenszuwächse bei Grundstücken auf sämtliche Wertsteigerungen unabhängig von bestimmten Haltefristen nicht ausgeschlossen und wäre im Hinblick auf die vergleichbare Regelung in § 20 Abs. 2 Nr. 1 für private Veräußerungsgewinne aus Wertpapiergeschäften auch verfassungskonform ausgestaltbar. Denn ob und inwieweit der Gesetzgeber auf Vermögenszuwächse im Privatvermögen zugreift, ist in weiten Teilen eine Frage politischer Gestaltung, die verfassungsrechtlich als solche nicht bedenklich ist (BVerfG 7.7.2010 – 2 BvL 14/02, 2 BvL 2/04, 2 BvL 13/05, BStBl. II 2011, 76 Rn. 83).

8 Allerdings ist die Tendenz des Gesetzgebers **unübersehbar,** dass bisherige Regel-Ausnahmeverhältnis (von Nichtsteuerbarkeit zu Steuerbarkeit) mehr und mehr umzukehren und die Steuerbarkeit der Veräußerungsgewinne in vielen privaten Bereichen zum Regelfall zu machen (so auch KKB/*Bäuml* § 23 Rn. 14). Dies zeigt sich insbesondere an der Absenkung der Beteiligungsgrenze für Beteiligungen an Kapitalgesellschaften in § 17 auf 1% und der Einführung des § 20 Abs. 2 Nr. 1.

Sinn und Zweck des § 23 ist es, innerhalb der in der Vorschrift umschriebenen Frist im Privatvermögen des Steuerpflichtigen erzielte **Werterhöhungen** eines in der Vorschrift genannten Wirtschaftsguts der Besteuerung zu unterwerfen (BFH 7.11.2006 – IX R 45/04, BFH/NV 2007, 1473 mwN). Der Gesetzgeber hat die Begründung des Steuertatbestands für den Bereich der privaten Veräußerungsgeschäfte iSd § 23 Abs. 1 allein an die Abwicklung von Veräußerungen innerhalb eines bestimmten Zeitraums nach Erwerb des später veräußerten Objekts geknüpft. Veräußerungen außerhalb dieses Zeitraums mit oder ohne Realisierung von Wertsteigerungen sind danach – anders als bei den Gewinneinkünften (§ 2 Abs. 1 Nr. 1–3, § 2 Abs. 2 Nr. 1, §§ 4 ff.) – grundsätzlich nicht steuerbar. Dies ist Folge des für die Überschusseinkünfte geltenden Quellenprinzips, wonach grundsätzlich nur die in der jeweiligen Norm der Überschusseinkunftsarten ausdrücklich erwähnten Erträge der Steuerquelle erfasst werden und Vermögensteigerungen – soweit sie nicht ausdrücklich erwähnt werden – nicht steuerbar sind. Nur die innerhalb der Fristen des § 23 Abs. 1 durch Veräußerung realisierten Wertveränderungen werden daher der Einkommensteuer unterworfen. 9

Die Vorschrift räumt dem Steuerpflichtigen damit – anders als die Regelungen anderer Einkunftsarten – die Möglichkeit ein, durch die **Wahl des Veräußerungszeitpunkts** über den Eintritt des Steuertatbestands zu entscheiden und damit sein Grundrecht der wirtschaftlichen Betätigungsfreiheit aus Art. 2 Abs. 1 GG in Anspruch zu nehmen (BFH 7.11.2006 – IX R 45/04, BFH/NV 2007, 1473; BFH 13.4.2010 – IX R 36/09, BStBl. II 2010, 792). Veräußert er außerhalb der in der Vorschrift genannten Fristen, greift der Besteuerungstatbestand nicht ein. 10

Die steuerliche Bedeutung des § 23 für das Steueraufkommen liegt, seitdem die Veräußerungsgewinne bei Wertpapieren § 20 zugeordnet worden sind, im Wesentlichen in der Einbeziehung der Veräußerungsgewinne bei Grundstücken und grundstücksgleichen Rechte. Eine erhebliche Vereinfachung ohne große Auswirkung auf das Steueraufkommen wäre daher möglich, wenn die Steuerbarkeit allein auf die **Veräußerung von Immobilienvermögen** beschränkt würde, zumal hier über die notariellen Mitteilungen eine praktisch lückenlose Erfassung aller steuerrelevanten Vorgänge möglich ist (Bordewin/Brandt/*Bachem* § 23 Rn. 27b sowie Eingabe S 3/10 des Deutschen Steuerberaterverbands). 11

Einstweilen frei 12–13

2. Historische Entwicklung

Das private Veräußerungsgeschäft (Spekulationsgeschäft) wurde bereits im EStG 1920 in § 11 Nr. 5 und § 12 Nr. 11 und Nr. 12 geregelt **(EStG 1920** v. 23.3.1920, RGBl. 1920 I 359). Bereits damals war es Ziel der Vorschrift, Vermögenssteigerungen im Privatvermögen der Besteuerung zu unterwerfen (RT-Drs. Nr. 1624, 44). Danach gehörten zu den in § 5 geregelten sonstigen Einnahmen auch durch einzelne Veräußerungsgeschäfte nach § 11 Nr. 5 erzielte Gewinne. Voraussetzung war nach § 12 Nr. 11 und Nr. 12, dass der Erwerb des veräußerten Gegenstands bereits in **Veräußerungsabsicht** erfolgt war, was hinsichtlich der Feststellung des privaten Motivs der Spekulationsabsicht auf Schwierigkeiten stieß (siehe auch RT-Drs. Nr. 795, 60; KSM/*Wernsmann* § 23 Rn. A 31). 14

Im EStG 1925 wurden die privaten Veräußerungsgeschäfte in § 41 Abs. 1 Nr. 1 geregelt **(EStG 1925** v. 10.8.1925, RGBl. 1925 I 189). Dort wurden Einkünfte aus Veräußerungsgeschäften als Unterart der „sonstigen Leistungsgewinne" erfasst, sofern sie als Spekulationsgeschäfte anzusehen waren. Ein **Spekulationsgeschäft** lag vor, wenn die Veräußerung innerhalb eines bestimmten Zeitraums nach der Anschaffung erfolgte. Die Spekulationsabsicht wurde regelmäßig unterstellt. Die Einkünfte unterfielen nicht der Besteuerung, wenn der Steuerpflichtige dartun konnte, dass der veräußerte Gegenstand nicht zum Zweck gewinnbringender Weiterveräußerung erworben wurde (§ 42 Abs. 2 Nr. 3, LBP/*Hoheisel* § 23 Rn. 8). Die Spekulationsabsicht wurde also im EStG 1925 bei Unterschreitung der gesetzlichen Fristen widerlegbar vermutet (KSM/*Wernsmann* § 23 Rn. A 32 mwN). Die heute noch bestehende Freigrenze bei privaten Veräußerungsgeschäften wurde durch § 42 Abs. 2 Nr. 2 EStG 1925 aus Vereinfachungsgründen eingeführt. § 43 regelte die Ermittlung der Einkünfte. 15

Mit dem **EStG 1934** wurde § 23 in seinen Grundzügen in der bis heute geltenden Fassung geschaffen und blieb dann in seiner Grundstruktur fast vierzig Jahre erhalten (EStG 1934 v. 16.10.1934, RGBl. 1934 I 1005; Bordewin/Brandt/*Bachem* § 23 Rn. 1). Die Besteuerung 16 der Einkünfte aus Spekulationsgeschäften war in § 23 geregelt und zwar als Unterart der sonstigen Einkünfte (§ 22 Nr. 2). In Aufbau und Systematik entsprach die Vorschrift der heutigen Regelung (Begründung zum EStG 1934 16.10.1934, RStBl. 1935, 33 (44 f.); siehe auch HHR/*Musil* § 23 Rn. 4). Die Regelung ging bei der Veräußerung von beweglichen Wirtschaftsgütern binnen eines Jahres und bei Grundstücken innerhalb von zwei Jahren von der **unwiderlegbaren Vermutung der Spekulationsabsicht** aus. Ziel war es ua, Wertpapiergeschäfte in größerem Umfang als bisher in die Besteuerung einzubeziehen. Die zuvor bestehende Möglichkeit, wonach der Steuerpflichtige nachweisen konnte, dass der Gegenstand nicht in Spekulationsabsicht angeschafft worden war, wurde abgeschafft. § 23 wurde zu einem rein objektiven Tatbestand der Anschaffung und Veräußerung innerhalb der Frist. Eine dem § 42 Abs. 2 Nr. 3 EStG 1925 entsprechende Vorschrift (Erwerb zum Zweck gewinnbringender Weiterveräußerung) galt nicht mehr. Die Freigrenze von 1.000 Reichsmark wurde beibehalten.

17 Das **Gesetz zur Neuordnung von Steuern (StNG** v. 16.12.1954, BGBl. 1954 I 373) setzte den Zeitraum, innerhalb dessen bei beweglichen Wirtschaftsgütern ein Spekulationsgeschäft vorliegt, von einem Jahr auf 3 Monate herab. Damit sollte der Kapitalmarkt belebt werden (BT-Drs. 2/481, 89).

18 Mit dem **StÄndG 1958** v. 18.7.1958 (BGBl. 1958 I 473) wurde die mittlerweile keine Anwendung mehr findende Regelung in § 23 Abs. 2 Nr. 3 zur Steuerfreiheit der Einkünfte aus der Veräußerung von Vorzugsaktien der Deutschen Reichsbahn gestrichen. Denn derartige Aktien spielten in der Praxis keine Rolle mehr (BT-Drs. III/260, 55).

19 Das **StÄndG 1960** v. 30.7.1960 (BGBl. 1960 I 616) setzte die Spekulationsfrist für die beweglichen Wirtschaftsgüter von 3 auf 6 Monate herauf. Die bis dahin geltende Frist von drei Monaten galt als zu kurz. Ziel der Verlängerung war eine **Verbreiterung der Bemessungsgrundlage,** um mehr Gewinne in die Steuerbarkeit zu führen (BT-Drs. III/1811, 12).

20 Das **Einkommensteuerreformgesetz** (EStRG v. 5.8.1974) enthielt in § 23 Abs. 3 eine allein redaktionelle Anpassung an die Neufassung des § 2 (Verweisung auf § 2 Abs. 1 statt bisher § 2 Abs. 3).

21 Das **StÄndG 1977** v. 20.4.1976 (BGBl. 1976 I 1054). dehnte den Verlustabzug des § 10d auf alle Einkunftsarten aus, machte jedoch ausdrücklich eine Ausnahme für § 23. Verluste aus Spekulationsgeschäften durften damit nicht nach § 10d abgezogen werden. In Abs. 4 wurde eine Anfügung des letzten Halbsatzes betr. die Verlustvortragsmöglichkeit nach § 10d vorgenommen.

22 Das **StBereinG 1985** v. 14.12.1984 (BGBl. 1984 I 1493) strich das Erbpachtrecht als Grundstücksrecht in § 23 Abs. 1 Nr. 1 Buchst. a. Denn das Erbpachtrecht war praktisch bedeutungslos geworden (Bordewin/Brandt/*Bachem* § 23 Rn. 4).

23 Mit dem **StMBG** v. 21.12.1993 (BGBl. 1993 I 2310) wurde ua in § 23 Abs. 1 ein Satz 2 eingefügt, der die Anschaffung und Veräußerung der unmittelbaren oder mittelbaren Beteiligung an einer **vermögensverwaltenden Personengesellschaft** betraf. Die Steuerbefreiungsvorschrift für die private Geldanlage in Schuld- und Rentenverschreibungen sowie Schuldbuchforderungen von Schuldnern, die Wohnsitz, Geschäftsleitung oder Sitz im Inland haben, wurde ersatzlos gestrichen. Denn er benachteiligte in anderen EU-Mitgliedstaaten ansässige Schuldner, die nicht von der Steuerbefreiung profitierten (BT-Drs. 12/5764, 20) § 23 Abs. 3 wurde durch Abs. 2 S. 2 ersetzt, der einen Vorrang des § 23 vor § 17 regelte (zur Abgrenzung § 23 zu § 17 BFH 13.1.2015 – IX R 16/14, BFH/NV 2015, 670). Hintergrund der Regelung war, dass der BFH seine bis dahin geltend Rechtsprechung geändert und entschieden hatte, dass § 17 Vorrang vor § 23 habe (BFH 4.11.1992 – X R 33/90, BStBl. II 1993, 292). Wäre es zu der Gesetzesänderung nicht gekommen, wären Verkäufe mit Verlust innerhalb der Fristen des § 23, die aber zugleich unter die Voraussetzungen des § 17 fallen (Beteiligung von 25% und mehr an einem Kapitalgesellschaftsanteil), ohne Verlustverrechnungsbeschränkung in vollem Umfang ausgleichs- und verrechnungsfähig gewesen. Zudem erweiterte § 49 Abs. 1 Nr. 8 die beschränkte Steuerpflicht auf Einkünfte aus Spekulationsgeschäften mit wesentlichen Beteiligungen iSd § 17.

24 Mit dem **Zweiten Finanzmarktförderungsgesetz** v. 26.7.1994 (BGBl. 1994 I 1749) wurde durch Ergänzungen in Abs. 3 S. 3 den Änderungen der §§ 37a und 37b KAGG und des § 17 Abs. 2 AuslInvestmG Rechnung getragen.

Das **JStG 1996** v. 11.10.1995 (BGBl. 1995 I 1250) gliederte zunächst die Absätze neu. Aus Abs. 3 wurde Abs. 2 und aus Abs. 4 wurde Abs. 3. In Abs. 3 wurde ein neuer Satz 2 eingefügt, mit dem bestimmt wurde, dass sich die Anschaffungs- und Herstellungskosten um die AfA, erhöhte Absetzungen und Sonderabschreibungen mindern, soweit sie bei der Ermittlung der Einkünfte nach § 2 Abs. 1 Satz 1 Nr. 4–7 abgezogen worden sind. Dies galt für alle Veräußerungen nach dem 31.7.1995. 25

Das **StEntlG 1999/2000/2002** v. 24.3.1999 (BGBl. 1999 I 402) enthält die wohl **umfangreichsten Änderungen** des § 23 der letzten Jahrzehnte. Die Vorschrift wurde vom Umfang her mehr als verdoppelt. Die amtliche Überschrift lautet nicht mehr „Spekulationsgeschäfte", sondern „Private Veräußerungsgeschäfte". Der Tatbestand des § 23 Abs. 1 wurde erheblich erweitert. In § 23 Abs. 1 S. 1 Nr. 1 wurde die Frist zwischen Anschaffung und Veräußerung für Grundstücksgeschäfte von zwei auf zehn Jahre heraufgesetzt. Begründet wurde dies mit dem Grundsatz der Besteuerung nach der Leistungsfähigkeit und damit auch dem Gebot der Steuergerechtigkeit (BT-Drs. 14/23, 179). Weiter wurden innerhalb der Frist fertiggestellte Gebäude in die Bemessungsgrundlage einbezogen. Ausgenommen sind die zu eigenen Wohnzwecken genutzten Grundstücke. Denn Gewinne aus der Veräußerung ausschließlich zu eigenen Wohnzwecken genutzten Wohneigentums sollen nicht der Besteuerung unterfallen, um eine ungerechtfertigte Besteuerung bei Aufgabe eines Wohnsitzes (zB wegen Arbeitsplatzwechsels) zu vermeiden (BT-Drs. 14/23, 180). In § 23 Abs. 1 S. 1 Nr. 2 wurde die Frist zwischen Anschaffung und Veräußerung für Veräußerungsgeschäfte bei anderen Wirtschaftsgütern von 6 Monaten auf 1 Jahr heraufgesetzt. In § 23 Abs. 1 S. 1 Nr. 3 wurden die Veräußerungsgeschäfte behandelt, bei denen die Veräußerung früher als der Erwerb erfolgt. In § 23 Abs. 1 S. 1 Nr. 4 wurde bestimmt, dass Termingeschäfte zu den Veräußerungsgeschäften gehören. Nach § 23 Abs. 1 S. 2 wurden Entnahmevorgänge aus dem Betriebsvermögen als Anschaffung eingeordnet. Damit wird als Veräußerung besteuert, wenn die Entnahme bei Grundstücken und ähnlichen Rechten weniger als **zehn Jahre,** bei anderen Wirtschaftsgütern weniger als **zwei Jahre** beträgt. Vor der Änderung wurde die Überführung eines Wirtschaftsguts vom Betriebsvermögen in das Privatvermögen nicht als Anschaffung iSd § 23 eingestuft, da diese nach dem Wortsinn den Übergang von Vermögen zwischen verschiedenen Personen voraussetzte (BFH 23.4.1965 – VI 34/62 U, BStBl. II 1965, 477; BFH 18.10.2006 – IX R 5/06, BStBl. II 2007, 179). 26

§ 23 Abs. 1 S. 3 behandelt die Zurechnung der Anschaffung durch den Rechtsvorgänger bei Einzelrechtsnachfolge. Die Regelung war notwendig geworden, weil der BFH (BFH 12.7.1988 – IX R 149/83, BStBl. II 1988, 942) entschieden hatte, dass im Fall der Veräußerung eines unentgeltlich erworbenen Wirtschaftsguts im Fall der Einzelrechtsnachfolge durch Schenkung der Beschenkte nicht in die Frist des Schenkers eintritt (BT-Drs. 14/23, 180). Durch die Entscheidung des BFH war die Gestaltungsmöglichkeit eröffnet worden, die Besteuerung auf einfache Weise zu umgehen. Dies konnte erfolgen, indem, vor einer geplanten Veräußerung das Wirtschaftsgut unentgeltlich durch Schenkung an eine andere Person übertragen wurde, die die dann nicht steuerbar veräußerte konnte. § 23 Abs. 1 S. 4 betrifft die Anschaffung oder Veräußerung einer unmittelbaren oder mittelbaren Beteiligung an einer Personengesellschaft. Die Subsidiaritätsklausel des § 23 Abs. 2 wurde redaktionell neu gefasst. Erträge aus Investmentanteilen und Zwischengewinne wurden den Einkünften aus Kapitalvermögen zugeordnet (§ 2 Abs. 1 InvStG 2004). Daher war der Bezug auf die Zwischengewinnbesteuerung nicht mehr notwendig Außerdem wurde bestimmt, dass die Besteuerung nach § 23 Vorrang vor der Besteuerung nach § 17 hat. § 23 Abs. 3 S. 1 wurde redaktionell verändert. § 23 Abs. 3 S. 2 ordnete an, welche Werte als Anschaffungs- oder Herstellungskosten in den Fällen des Abs. 1 S. 2 anzusetzen sind. S. 4 betraf die Einkünfte aus Termingeschäften. § 23 Abs. 3 S. 5 betraf die Freigrenze. Schließlich regelten § 23 Abs. 3 S. 6 und 7 **Verlustausgleich und -abzug.** Dadurch wurde ein beschränkter Verlustabzug nach § 10d innerhalb der Einkünfte aus privaten Veräußerungsgeschäften möglich. Hintergrund der Änderung war, dass das BVerfG den völligen Ausschluss des Verlustabzugs und des Verlustausgleichs im Fall der laufenden Vermietung beweglicher Gegenstände (§ 22 Nr. 3) für nichtig erklärt hatte (BVerfG 30.9.1998 – 2 BvR 1818/91, DStR 1998, 1743).

Mit dem **StBereinG** v. 22.12.1999 (BGBl. 1999 I 2601) wurde § 23 Abs. 1 S. 1 Nr. 1 S. 2 neu gefasst, um auch **teilfertige Gebäude** in die Besteuerung einzubeziehen. Damit soll auch der Veräußerungsgewinn versteuert werden, der auf einen Rohbau oder nicht 27 vollendeten Dachsgeschossausbau entfällt (BT-Drs. 14/2070, 19). Zudem wurde in Abs. 1 S. 5 eine Fiktion neu eingefügt, wonach auch Einlagen von Grundstücken in das Betriebsvermögen als Veräußerung gelten, wenn das Grundstück innerhalb von zehn Jahren nach Anschaffung aus dem Betriebsvermögen veräußert wird (Nr. 1). Ohne die Regelung hätte ein Steuerpflichtiger bei der Veräußerung aus dem Betriebsvermögen nur den Unterschiedsbetrag zwischen dem Veräußerungserlös und dem Einlagewert als betrieblichen Gewinn zu versteuern. Denn eine Besteuerung der im Privatvermögen gebildeten stillen Reserven wäre nach § 6 Abs. 1 Nr. 5 nur in den Fällen erfolgt, wenn das Wirtschafsgut innerhalb von drei Jahren nach seiner Anschaffung/Herstellung eingelegt worden war (BT-Drs. 14/2070, 19; HHR/*Musil* § 23 Rn. 245).

Weiter wurde im Wege der Fiktion (BT-Drs. 14/2070, 19) geregelt, dass verdeckte Einlagen in eine Kapitalgesellschaft als Veräußerung gelten (Nr. 2). Dazu wurde in § 23 Abs. 3 S. 2 festgelegt, welcher Wert in diesen Fällen als Veräußerungspreis anzusetzen ist und in S. 6, wann Gewinne oder Verluste in den Fällen des Abs. 1 S. 5 Nr. 1 und Nr. 2 anzusetzen sind. Damit wurde die Erfassung der im Privatvermögen entstandenen stillen Reserven bei Einlagen in ein Betriebsvermögen sichergestellt (BT-Drs. 14/2070, 19; KKB/*Bäuml* § 23 Rn. 31) Weiterhin wurde der Anwendungsbereich des § 23 Abs. 1 S. 1 Nr. 1 S. 2 auf „errichtete" statt „fertiggestellte" Gebäudeteile, die selbständige unbewegliche Wirtschaftsgüter sind, auf Außenanlagen sowie auf Wohnungs- und Teileigentum erweitert. Mit der Wortwahl „innerhalb dieses Zeitraums" in § 23 Abs. 1 S. 1 Nr. 1 S. 2 wird geregelt, dass für neu errichtete Gebäude(-teile), Außenanlagen sowie bei Wohnungs- und Teileigentum die Haltefrist in § 23 Abs. 1 S. 1 Nr. 1 S. 1 Anwendung findet. Ergänzend wurde die Regelung zur Gebäude-AfA in § 23 Abs. 3 S. 4 eingefügt für alle nach dem 31.12.1998 fertiggestellten Immobilien (KKB/*Bäuml* § 23 Rn. 32).

28 Das mit dem **StSenkG** v. 23.10.2000 (BGBl. 2000 I 1433) eingeführte **Halbeinkünfteverfahren** fand auch auf nach § 23 Abs. 1 Nr. 2 steuerbare Veräußerungen von Anteilen an Kapitalgesellschaften Anwendung (Steuerfreiheit der Hälfte der Einnahmen nach § 3 Nr. 40 Buchst. j). Die Gleichstellung der Veräußerungsgewinne mit Ausschüttungen (Dividenden) beruht auf der typisierenden Annahme des Gesetzgebers, dass ein höherer Veräußerungspreis (Kurs) wesentlich auf noch im Unternehmen vorhandene (noch nicht ausgeschüttete) Gewinne zurückgeht. (KSM/*Wernsmann* § 23 Rn. A 38). Die Einbeziehung in das Halbeinkünfteverfahren hatte auch die Halbierung der Abzugsbeträge und Verluste nach § 3c Abs. 2 zur Folge, nicht aber der Freigrenze nach § 23 Abs. 3 S. 6.

29 Die Freigrenze von 1.000 DM wurde durch das **Steuer-Euro-Glättungsgesetz** v. 19.12.2000 (BGBl. 2000 I 1790) von 1.000 DM auf 512 EUR angepasst.

30 Mit dem **EURLUmsG** v. 9.12.2004 (BGBl. 2004 I 3310, 3843) wurde in § 23 Abs. 1 S. 1 Nr. 2 S. 2 und 3 das Fifo-Verfahren („First in, first out") verbindlich vorgeschrieben, um den Veräußerungsgewinn bei vertretbaren Wertpapieren in Sammelverwahrung zu ermitteln. Entsprechendes gilt bei Anschaffung und Veräußerung mehrerer gleichartiger Fremdwährungsbeträge (§ 23 Abs. 1 Nr. 2 S. 3).

31 Das **SEStEG** v. 7.12.2006 (BGBl. 2006 I 2782) änderte Abs. 1 in mehreren Punkten. Aufgrund der Neufassung des UmwStG in der Folge der **Anpassung an die Fusionsrichtlinie** und der Einführung der Europäischen Aktiengesellschaft (SE) konnten die Verweise auf den Antrag nach § 21 Abs. 2 S. 1 Nr. 1 UmwStG in S. 2 und 3 entfallen. Ebenso wurde der Verweis auf die Vorschriften des UmwStG in Abs. 3 S. 3 hinfällig (HHR/*Musil* § 23 Rn. 4). Die Änderungen wurden notwendig, weil die §§ 20 ff. UmwStG im Zuge der Anpassung an europarechtliche Vorgaben durch das SEStEG vollständig neu gefasst wurde und die bisherigen Verweise damit ins Leere gingen. Für Anteile, die einbringungsgeboren iSv § 21 UmwStG aF sind, gelten nach § 52a Abs. 11 S. 9 die bisherigen Regelungen weiter.

32 Das **JStG 2007** v. 13.12.2006 (BGBl. 2006 I 2878) fügte an § 23 Abs. 3 S. 9 einen neuen Halbsatz an. Damit wurde in die Vorschrift ein Verweis auf § 10d Abs. 4 eingeführt. Die Änderung ist die Antwort des Gesetzgebers auf eine Entscheidung des BFH, wonach Verluste aus privaten Veräußerungsgeschäften nicht gesondert festzustellen seien und damit über die Verrechenbarkeit von Verlusten erst im Jahr der Verrechenbarkeit zu entscheiden ist (BFH 27.6.2006 – IX R 50/05, BFH/NV 2006, 1836; HHR/*Musil* § 23 Rn. 4, 322). Der BFH hatte die Ansicht vertreten, dass sich eine gesonderte Feststellung der Verluste nicht aus dem Gesetzeswortlaut und auch nicht aus der Gesetzesbegründung und -historie herleiten lasse.

Die Auffassung des BFH traf auf erhebliche Kritik (vgl. näher dazu *Pohl* DStR 2006, 1308). Sie widersprach auch der Regelungsabsicht des Verlustfeststellungsverfahrens und sorgte in der Praxis der Finanzverwaltung für erhebliche Schwierigkeiten bei der Umsetzung, da die Steuerpflichtigen die erforderlichen Informationen und Nachweise nicht vorlegen konnten (HHR/*Musil* § 23 Rn. 322).

Mit dem **UntStRefG 2008** v. 14.8.2007 (BGBl. 2007 I 1912) wurde § 23 neu gefasst. **33** Die Veräußerungsgewinne aus Wertpapieren, Optionen und Termingeschäften wurden – unabhängig von einer Haltefrist – in § 20 ausgegliedert, was zu einer erheblichen **Vereinfachung der Vorschrift** geführt hat. In § 23 Abs. 1 S. 1 Nr. 2 S. 1 wurden in der Folge der Einführung der Abgeltungsteuer und der Neuregelung in § 20 Abs. 2 Nr. 1 die Wertpapiere herausgenommen. Damit wurde auch die Regelung über das Fifo-Verfahren in Abs. 1 S. 1 Nr. 2 S. 2 und 3 entbehrlich. Zugleich wurden in der Folge der Erfassung der Veräußerungsgewinne aus Wertpapieren in § 20 Abs. 2 auch § 23 Abs. 1 Nr. 3 EStG aF (Leerverkäufe) und § 23 Abs. 1 Nr. 4 EStG aF (Termingeschäfte) in § 20 Abs. 2 Nr. 3 übernommen. § 23 Abs. 1 S. 1 Nr. 3 und 4 wurden mit der Überführung des Inhalts der Regelungen in den Bereich des § 20 damit entbehrlich.

§ 23 Abs. 1 S. 1 Nr. 3 erfasst Veräußerungen vor Erwerb und damit insbesondere Baisse-Spekulationen vor Erwerb. § 23 Abs. 1 S. 1 Nr. 4 erfasste Gewinne aus Termingeschäften, die nunmehr in § 20 Abs. 2 Nr. 3 geregelt sind (auch die Darstellung bei Frotscher/*Geurts* § 23 Rn. 6). Weiter bestimmte das UntStRefG in Abs. 1 S. 1 Nr. 2 S. 1 dass sich die Veräußerungsfrist bei sonstigen Wirtschaftsgütern, wenn aus ihrer Nutzung als Einkunftsquelle mindestens in einem Jahr Einkünfte erzielt werden, von einem Jahr auf zehn Jahre verlängert (Bordewin/Brandt/*Bachem* § 23 Rn. 16). In § 23 Abs. 2 wurde S. 2 und in Abs. 3 S. 5 gestrichen. Da die Besteuerung von Einkünften aus der Veräußerung von Kapitalanlagen in § 20 Abs. 2 Nr. 1 geregelt wurde, ist § 23 nunmehr nach Abs. 2 gegenüber allen anderen Einkünften subsidiär. Zudem wurde die Freigrenze in § 23 Abs. 3 S. 5 von 512 EUR auf 600 EUR erhöht. In § 23 Abs. 3 S. 9 und 10 wurden Übergangsregelungen für Altverluste aus Wertpapierverkäufen aus dem Zeitraum vor dem 1.1.2009 geregelt. Danach konnten Altverluste aus privaten Veräußerungsgeschäften übergangsweise für fünf Jahre sowohl mit Gewinnen aus privaten Veräußerungsgeschäften als auch mit Erträgen aus Kapitalanlagen nach § 20 Abs. 2 verrechnet werden.

Mit dem **JStG 2009** v. 19.12.2008 (BGBl. 2008 I 2794) wurde Abs. 3 S. 4 dahingehend **34** geändert, dass auch sonstige Einkünfte iSv § 2 Abs. 1 S. 1 Nr. 7 künftig in den Anwendungsbereich einbezogen werden. Zur erstmaligen Anwendung bestimmt § 52a Abs. 11 S. 8 idF des JStG 2009, dass die Neuregelung auf solche Veräußerungsgeschäfte anzuwenden ist, bei denen der Steuerpflichtige das WG nach dem 31.12.2008 anschafft oder fertigstellt.

Mit dem **JStG 2010** v. 8.12.2010 (BGBl. 2010 I 1768) wurde mit der Einfügung eines **35** neuen Satzes 2 in Abs. 1 Nr. 2 der BFH-Rechtsprechung der Boden entzogen, wonach auch **Gegenstände des täglichen Gebrauchs** von § 23 erfasst werden (BFH 22.4.2008 – IX R 29/06, BStBl. II 2009, 296). Ausweislich der Gesetzesbegründung sieht es der Gesetzgeber als nicht sachgerecht an, typische – und nicht mit Einkünfteerzielungsabsicht getätigte – Verlustgeschäfte steuerlich wirksam werden zu lassen. Denn Gegenstände des täglichen Gebrauchs werden regelmäßig mit dem Ziel der Nutzung und nicht mit dem Ziel der zeitnahen gewinnbringenden Veräußerung angeschafft (BT-Drs. 17/2249, 54; *Herkens* EStB 2018, 34 (35)). Zudem wurde die Formulierung von Abs. 3 S. 9 klarstellend neu gefasst, wonach nur Altverluste aus Wertpapierveräußerungsgeschäften verrechenbar sind (KSM/*Wernsmann* § 23 Rn. A 42). Bei Verlusten aus Grundstücksverkäufen und der Veräußerung von anderen Wirtschaftsgütern außer Wertpapieren, die ab dem 1.1.2009 entstanden sind, handelt es sich nicht um Altverluste. Diese können daher nicht mit Gewinnen iSd § 20 Abs. 2 verrechnet werden, sondern sind lediglich im Rahmen des § 23 nutzbar. (LBP/*Hoheisel* § 23 Rn. 21).

Das **KroatienAnpG** v. 25.7.2014 (BGBl. 2014 I 1266) führte in § 23 Abs. 1 S. 1 Nr. 2 **36** S. 3 für **Fremdwährungsbeträge** wieder die Fifo-Methode ein. Der bisherige S. 3 wurde S. 4. Die Sätze 8 und 9 in § 23 Abs. 3, die die Verrechnung von Altverlusten aus der Veräußerung von Wertpapieren aus dem Zeitraum vor dem 1.1.2009 betrafen, wurden gestrichen.

Mit dem **Anti-BEPS-Umsetzungsgesetz I** v. 16.12.2016 (BGBl. 2016 I 3000) ist in **37** § 23 Abs. 1 Nr. 3 eine Regelung geschaffen worden, nach der Leerverkäufe von sonstigen

Wirtschaftsgütern iSd § 23 steuerbar sind. Damit soll eine Besteuerungslücke bei Leerverkäufen geschlossen werden.

38–39 *Einstweilen frei*

3. Verhältnis zu höherrangigem Recht

40 Der Gesetzgeber ist im Rahmen einer folgerichtigen Ausgestaltung des EStG weder daran gehindert, die Gewinne aus sämtlichen Veräußerungen von Gegenständen des Privatvermögens zu besteuern noch ist er verpflichtet, sämtliche realisierten privaten Veräußerungserlöse freizustellen (BVerfG 9.7.1969 – 2 BvL 20/65, BStBl. II 1970, 156; BVerfG 9.3.2004 – 2 BvL 17/02, BStBl. II 2005, 56; so auch HHR/*Musil* § 23 Rn. 10 mwN). § 23 erfasst punktuell einzelne Vorgänge in der privaten Vermögensphäre, die gleichzeitig mit einer Werterhöhung und damit einer Erhöhung der steuerlichen Leistungsfähigkeit einhergehen. Die Vorschrift erfasst im Fall einer Steuerfestsetzung nur Veräußerungs- oder gleichgestellte Vorgänge, die auf einer Wertsteigerung und nicht auf einer dauerhaften, auf Fruchtziehung gerichteten Tätigkeit zusammenhängen. Daher ist die Vorschrift im System des EStG und im Hinblick auf den in ihm enthaltenen Grundsatz der Besteuerung nach der Leistungsfähigkeit **verfassungsgemäß.**

41 Mit dem Grundsatz der **Besteuerung nach der Leistungsfähigkeit** wäre es allerdings nicht vereinbar, sämtliche private und betriebliche Vermögenszuwächse zu besteuern und insoweit die Grenzen zwischen steuerverhafteten betrieblichem und beruflichem Erwerb und privater Vermögensverwendung aufzulösen. Denn diese Entscheidung träte in Widerspruch zu der im Einkommensteuerrecht einfach-gesetzlich geregelten Systementscheidung, Vorgänge in der Erwerbsphäre steuerlich vollumfänglich zu erfassen und bei Vorgängen im Privatvermögen Wertsteigerungen nur punktuell zu erfassen. Ungeachtet der fehlenden Möglichkeit, alle steuerrelevanten Vorgänge effektiv und gleichheitsgerecht zu erfassen (Gefahr eines Vollzugsdefizits), würde diese Sichtweise ausblenden, das private Gegenstände häufig nicht der Einkünfteerzielung dienen und selbst im Fall der Einkünfteerzielung private Gründe eine nicht untergeordnete Rolle spielen. Folge dieser Sichtweise ist, dass bestimmte Gegenstände, die typischerweise der privaten Lebensführung zugeordnet sind, aus dem steuerbaren Tatbestand ausgenommen sind, etwa selbst genutztes Wohneigentum (§ 23 Abs. 1 Satz 1 Nr. 1 Satz 3, → Rn. 180) sowie Gegenstände des täglichen Gebrauchs (§ 23 Abs. 1 Satz 1 Nr. 2 Satz 2, → Rn. 203).

Diese Wirtschaftsgüter werden auch typischerweise weder zur laufenden Einkünfteerzielung noch zwecks Erzielung von Wertsteigerungen angeschafft und gehalten. Mit ihnen ist daher typischerweise keine Erhöhung der steuerlichen Leistungsfähigkeit verbunden. Vielmehr steht bei diesen Wirtschaftsgütern die private Lebensführung im Vordergrund, die im Hinblick auf § 12 Nr. 1 dem nicht steuerbaren und nicht abzugsfähigen Bereich zuzuordnen ist. Hinzu kommt, dass das selbst genutzte Wohneigentum und auch Gegenstände des täglichen Gebrauchs teilweise auch den Bereich des Existenzminimums berühren (können). Dieser ist zwar aufgrund des subjektiven Nettoprinzips über die steuerliche Freistellung des Existenzminimums freigestellt. Dies schließt es aber nicht aus, dass der Gesetzgeber weitere Bereiche, die mit dem Existenzminimum in Zusammenhang stehen, ebenfalls aus der Besteuerung herausnimmt.

42 Daher dürfte eine generelle Erfassung **sämtlicher Gewinne aus privaten Veräußerungsgeschäften** – ungeachtet der Schwierigkeiten, dies auf Seiten der Finanzverwaltung nachzuvollziehen – gegen den Grundsatz der Besteuerung nach der Leistungsfähigkeit verstoßen. Insoweit bedürfte es aufgrund des Gesetzesvorbehalts (Art. 20 Abs. 3 GG) einer neuen gesetzgeberischen Grundentscheidung im EStG, die gegenwärtig nicht getroffen worden ist. Denn Wertsteigerungen im Privatvermögen ziehen nicht zwangsläufig eine höhere steuerliche Leistungsfähigkeit nach sich, da bestimmte Wirtschaftsgüter (wie zB das selbstgenutzte Wohneigentum) nicht zur Einkünfteerzielung herangezogen werden können. Zudem müssten Privatpersonen in ihrer privaten Vermögensphäre umfangreiche Aufzeichnungen führen, um den zutreffenden Veräußerungsgewinn oder -verlust zu ermitteln, zumal in zahlreichen Fällen (zB Erbfällen) der Nachweis der Anschaffungskosten erschwert sein kann.

43 Daher ist es auch sachlich gerechtfertigt, dass die Vorschrift eine **Ungleichbehandlung gegenüber dem Betriebsvermögen** begründet. Während im (zur Einkünfteerzielung

durchgängig genutzten) Betriebsvermögen sämtliche Veräußerungsgewinne steuerbar sind, sind dies im (zur Einkünfteerzielung nicht durchgängig genutzten) Privatvermögen nur die in der Vorschrift abschließend aufgezählten Wirtschaftsgüter. Das BVerfG hat auch in seiner Rechtsprechung die unterschiedliche Besteuerung von Gegenständen im Privat- und Betriebsvermögen nicht beanstandet (BVerfG 9.7.1969 – 2 BvL 20/65, BStBl. II 1970, 156; BVerfG 7.10.1969 – 2 BvL 3/66, 2 BvR 701/64, BStBl. II 1970, 160; BVerfG 7.7.2010 – 2 BvL 14/02, BStBl. II 2011, 76).

Die Vorschrift ist **auch im System der Überschusseinkunftsarten folgerichtig ausgestaltet.** Wesentliches Charakteristikum bei den Überschusseinkunftsarten, insbesondere auch bei den Einkünften aus Vermietung und Verpachtung sowie aus Kapitalvermögen, war stets die grundsätzliche Beschränkung der Besteuerung auf die Erträge des für die Einkünfteerzielung eingesetzten Vermögens und die (abgesehen insbesondere von Abschreibungsmöglichkeiten) weitgehende steuerliche Neutralität von Veränderungen des eingesetzten Vermögens. Auf dieser Grundlage bildete die Besteuerung der privaten Veräußerungsgeschäfte als sonstige Einkünfte nach § 22 Nr. 2, § 23 eine Ausnahme. Danach sollten solche Wertsteigerungen auch „privaten" Vermögens steuerlich erfasst werden, die als Erfolg einer gerade auf Wertsteigerung, nicht auf Fruchtziehung, gerichteten Erwerbs- und Veräußerungstätigkeit anzusehen waren. Zwar sind die entsprechenden Einkünfte den Überschusseinkunftsarten nach § 2 Abs. 2 Nr. 2 zugeordnet, in der Sache geht es jedoch, wie es auch in § 23 ausdrücklich heißt, um eine Besteuerung eines Ertrags im privaten Bereich, nämlich um die Besteuerung des Unterschiedsbetrags zwischen dem Wert des Vermögensgegenstandes zum Zeitpunkt des Erwerbs und dem Wert zum Zeitpunkt der Veräußerung (auch *Musil* DStJG (2010), 237, 238). Hier folgt die Gewinnermittlung zum Zeitpunkt der Veräußerung der Logik der allgemeinen betrieblichen Gewinnermittlung bei der Veräußerung einzelner Gegenstände des Betriebsvermögens. Im Rahmen der Überschusseinkünfte stellt die Vorschrift daher einen Fremdkörper dar. 44

Der **Besteuerungszugriff des § 23** wird nicht nur durch die in der Vorschrift enumerativ benannten Wirtschaftsgüter definiert. Zusätzlich kommt den Haltefristen Bedeutung zu, da deren Ablauf ebenfalls für die Frage der Steuerbarkeit oder Nichtsteuerbarkeit eine Rolle spielt. Da die Vorschrift als Tatbestandsmerkmal keine Spekulationsabsicht voraussetzt, weil diese als subjektives Merkmal in tatsächlicher Hinsicht kaum überprüfbar wäre, typisieren die Haltefristen in gewisser Weise das Vorhandensein der Spekulationsabsicht. Zudem begründen die Haltefristen mit ihrem Ablauf Vertrauensschutz dahingehend, dass die Veräußerung des betroffenen Wirtschaftsguts nunmehr nicht mehr steuerbar ist. Den Haltefristen kommt mithin auch verfassungsrechtlich Bedeutung zu. 45

Die **Verlängerung von Haltefristen** ist nur möglich, soweit Wertsteigerungen, die im Zeitpunkt der jeweiligen Neuregelung steuerfrei hätten realisiert werden können, nicht erfasst werden (BVerfG 7.7.2010 – 2 BvL 14/02, 2 BvL 2/04, 2 BvL 13/05, BStBl. II 2011, 76; auch zur Problematik anlässlich der Verlängerung durch das StEntlG 1999/2000/2002 Blümich/*Ratschow* § 23 Rn. 15 ff.). Soweit daher Haltefristen im Zeitpunkt ihrer Verlängerung noch nicht abgelaufen sind, begegnet ihre Verlängerung keinen verfassungsrechtlichen Bedenken. Zwar kann die Entscheidung für den Erwerb eines Wirtschaftsguts im einzelnen Fall teilweise oder ganz von der Erwartung bestimmt sein, einen etwaigen Veräußerungsgewinn nach Ablauf der in der Vorschrift genannten Fristen steuerfrei vereinnahmen zu können. Dies geht jedoch über die allgemeine Erwartung, das geltende Recht werde unverändert bleiben, nicht hinaus. Es fehlen die besonderen Momente der Schutzbedürftigkeit, wegen denen der Gesetzgeber verpflichtet sein könnte, bei der Bestimmung des zukünftigen Steueraufkommens auf Erwartungen der Steuerpflichtigen bei zurückliegenden Dispositionen Rücksicht zu nehmen. 46

Die bloße Möglichkeit, Gewinne später steuerfrei vereinnahmen zu können, **begründet keine (vertrauens-)rechtlich geschützte Position.** Mit Wertsteigerungen kann im Zeitpunkt des Erwerbs nicht sicher gerechnet werden, sodass auch die Enttäuschung der Hoffnung auf künftige steuerfreie Vermögenszuwächse nicht als Beeinträchtigung greifbarer Vermögenswerte zu werten ist. Vielmehr wird dem Steuerpflichtigen nur die zukünftige Chance einer steuerfreien Vermögensmehrung genommen. Soweit durch die Verlängerung der Haltefrist das beim Erwerb eines Wirtschafsguts betätigte Vertrauen enttäuscht wird, reichen deshalb die allgemeinen Ziele der Verbesserung der Steuergerechtigkeit durch bessere Erfassung der Leistungsfähigkeit und der Gegenfinanzierung der durch das Steuerentlastungsgesetz bewirkten Steuerausfälle zur Rechtfertigung aus (BVerfG 7.7.2010 – 2 BvL 14/02, 2 BvL 2/04, 2 BvL 13/05, BStBl. II 2011, 76).

47 Wo die maximale **Grenze der Veräußerungsfristen** liegt, ist verfassungsrechtlich nicht geklärt. In der Vergangenheit gab es häufig Bestrebungen, die Fristen zu verlängern (BR-Drs. 120/03, 9; BT-Drs. 13/1686, 39; *Zitzelsberger* BB 1983, 1021 (1023); BMF-Schriftenreihe, Bd. 22, 72; Bordewin/Brandt/*Bachem* § 23 Rn. 25a). Die Verlängerung von Haltefristen verstößt aber gegen die verfassungsrechtlichen Grundsätze des Vertrauensschutzes, soweit in einem Veräußerungsgewinn Wertsteigerungen steuerlich erfasst werden, die bis zur Verkündung der Verlängerung der Haltefrist entstanden sind und die nach der zuvor geltenden Rechtslage bis zum Zeitpunkt der Verkündung steuerfrei realisiert worden sind oder steuerfrei hätten realisiert werden können (BVerfG 7.7.2010 – 2 BvL 14/02, 2 BvL 2/04, 2 BvL 13/05, BStBl. II 2011, 76). Mit dem Ablauf der Haltefrist erfüllen sich in den Fällen zwischenzeitlicher Wertzuwächse ursprünglich beim Erwerb des Wirtschaftsguts vertrauensrechtlich nicht besonders geschützte Erwartungen in Gestalt eines konkret vorhandenen Vermögensbestands im grundrechtlich geschützten Verfügungsbereich. Dessen Erwerb unterlag nicht der Einkommensteuer. Daraus ergibt sich ein erhöhter Rechtfertigungsbedarf, soweit die rückwirkende Verlängerung der Haltefrist eine solche konkret verfestigte Vermögensposition nachträglich entwertet. Insoweit erhöhen sich die Anforderungen an die Rechtfertigung, denn der einkommensteuerrechtliche Zugriff auf die steuerfrei erworbenen Vermögenszugänge läuft dem Gebot einer folgerichtigen Ausgestaltung der einkommensteuerrechtlichen Belastungsentscheidungen zuwider und bedarf deshalb auch vor dem Gleichheitssatz des Art. 3 Abs. 1 GG einer besonderen Begründung (BVerfG 7.7.2010 – 2 BvL 14/02, 2 BvL 2/04, 2 BvL 13/05, BStBl. II 2011, 76).

48 Die **einkommensteuerrechtliche Nichtberücksichtigung des Kaufkraftverlusts** ist ebenfalls verfassungsgemäß. Denn § 23 knüpft an die nominale Steigerung der finanziellen Leistungsfähigkeit an. Die Rechtsprechung des BVerfG hat auch die Orientierung des § 23 am Nominalwertprinzip nicht beanstandet, da dieses einen tragenden Grundsatz der Währungsordnung und Wirtschaftspolitik darstelle (BVerfG 7.7.2010 – 2 BvL 14/02, 2 BvL 2/04, 2 BvL 13/05, BVerfGE 127, 1 Rn. 87).

49 Fragen eines **strukturellen Vollzugsdefizits** stellen sich – anders als bei der früheren Erfassung der Veräußerungsgewinne von Wertpapieren (dazu BVerfG 9.3.2004 – 2 BvL 17/02, BStBl. II 2005, 56; ausführlich HHR/*Musil* § 23 Rn. 12 mwN) – bei der gegenwärtig geltenden Regelung nicht (zur früheren Rechtslage BVerfG 9.3.2004 – 2 BvL 17/02, BStBl. II 2005, 56; Blümich/*Ratschow* § 23 Rn. 21 ff.). Denn der in der Praxis häufigste Fall der Veräußerungsgewinne aus Grundstücken lässt sich über die den Finanzbehörden übersandten notariellen Veräußerungsmitteilungen einfach aufklären und überprüfen. Anders mag dies zwar hinsichtlich der in § 23 Abs. 1 Satz 1 Nr. 2 genannten anderen Wirtschaftsgüter sein. Aufgrund der Ausgrenzung der Gegenstände des täglichen Gebrauchs aus dem Besteuerungstatbestand kommt die Vorschrift allenfalls noch bei Antiquitäten, Gemälden und anderen Kunstgegenständen oder bei Oldtimern in der Praxis zur Anwendung (dazu auch näher KSM/*Wernsmann* § 23 Rn. A 16). Hier ist die steuerliche Erfassung zwar häufig nicht ohne Mitwirkung des Steuerpflichtigen möglich, den insoweit im Privatvermögen auch keine Aufzeichnungspflichten treffen. Allerdings sind die Fälle zahlenmäßig überschaubar. Im Fall der besonders werthaltigen Gegenstände (wertvolle Gemälde, Oldtimer, Fußballtickets) erfolgt der Handel zB häufig über professionelle Anbieter, Auktionshäuser oder Internetbörsen, sodass eine entsprechende Kontrollmöglichkeit über Sammelauskunftsersuchen besteht (§ 93 Abs. 1a AO; BeckOK AO/*Kobor* AO § 93 Rn. 23, 24; BFH 29.10.2019 – IX R 10/18, DStR 2020, 707).

50 Auch die **Verlustverrechnungsbeschränkung** nach § 23 Abs. 3 S. 7 (→ Rn. 345 ff.) erweist sich als verfassungsgemäß (ua BFH 11.2.2014 – IX R 10/12, BFH/NV 2014, 1020; Bordewin/Brandt/*Bachem* § 23 Rn. 225). Private Veräußerungsgeschäfte weisen gegenüber anderen Einkunftsarten Unterschiede auf, die die Beschränkung eines Ausgleichs von Verlusten verfassungsrechtlich begründen (BFH 28.5.2015 – X B 171/14, BFH/NV 2015, 1243). Im Rahmen der verfassungsrechtlichen Prüfung spielt dabei insbesondere eine Rolle, ob und in welchem Umfang dem Steuerpflichtigen möglich ist, zwischen unterschiedlichen Begünstigungs- oder Belastungsalternativen zu wählen. Bei § 23 erfolgt nur ein punktueller

Besteuerungszugriff auf bestimmte Wirtschaftsgüter und Vorgänge in der privaten Vermögenssphäre. Alle übrigen Bereiche des Privatvermögens bleiben außer Betracht. Eine weitere Besonderheit ist der Umstand, dass § 23 Gewinne und Verluste aus privaten Veräußerungsgeschäften nicht uneingeschränkt der Besteuerung unterwirft, sondern – anders als bei anderen Einkunftsarten – nur, soweit sie durch im Einzelnen im Wortlaut bezeichnete Veräußerungsgeschäfte innerhalb der gesetzlich bestimmten Frist nach Anschaffung entstanden sind.

Die Erfüllung des Steuertatbestandes knüpft allein an die Abwicklung von Veräußerungen innerhalb eines bestimmten Zeitraums nach Erwerb des später veräußerten Objekts an. Veräußerungen außerhalb dieses Zeitraums mit oder ohne Realisierung von Wertsteigerungen sind – anders als bei den Gewinneinkünften (§ 2 Abs. 1 Nr. 1–3, § 2 Abs. 2 Nr. 1, §§ 4 ff.) – grundsätzlich nicht steuerbar. Daher kann der Steuerpflichtige sich der Besteuerung durch ein Abwarten der maßgeblichen Veräußerungsfristen auf einfache Art und Weise entziehen. Die Vorschrift räumt dem Steuerpflichtigen damit – anders als die Regelungen anderer Einkunftsarten – die Möglichkeit ein, durch die Wahl des Veräußerungszeitpunkts über den Eintritt des Steuertatbestandes zu entscheiden und damit sein Grundrecht der wirtschaftlichen Betätigungsfreiheit aus Art. 2 Abs. 1 GG in Anspruch zu nehmen (BFH 28.5.2015 – X B 171/14, BFH/NV 2015, 1243 mwN).

Daher führt die begrenzte Möglichkeit des Ausgleichs von Verlusten aus privaten Veräußerungsgeschäften zu keinem Verstoß gegen den allgemeinen Gleichbehandlungsgrundsatz nach Art. 3 Abs. 1 GG. Die Tatbestandsmerkmale in § 23 und der Umstand, dass es sich um Verluste im privaten Vermögensbereich handelt, rechtfertigen es, für daraus entstandene Verluste nicht für andere Regelungen im EStG geltenden Grundsätze zum vertikalen und horizontalen Verlustausgleichs zur Anwendung zu bringen. Stattdessen rechtfertigen die Besonderheiten das Vorhandensein spezieller Regelungen wie in § 23 Abs. 3 S. 7 und 8. **51**

Das **objektive Nettoprinzip** als Bestandteil des Grundsatzes der Besteuerung nach der Leistungsfähigkeit führt zu keinem anderen Ergebnis. Es gibt zwar die grundsätzliche Abzugsfähigkeit der (zur Einkünfteerzielung getätigten) Aufwendungen vor, die mit der Einkunftserzielung in einem unmittelbaren Sachzusammenhang stehen. Er gibt aber nicht verbindlich vor, dass die Aufwendungen sich steuerlich auch in dem Veranlagungszeitraum auswirken müssen, in dem sie angefallen sind. Der Grundsatz der Besteuerung nach der Leistungsfähigkeit schließt daher Beschränkung des vertikalen Verlustausgleichs nicht aus, solange die Möglichkeit erhalten bleibt, die Verluste ggf. in einem anderen Veranlagungszeitraum verrechnen oder ausgleichen zu können (BFH 9.5.2001 – XI B 151/00, BStBl. II 2001, 552; BFH 15.12.2000 – IX B 128/99, BStBl. II 2001, 411). Denn Art. 3 Abs. 1 GG entfaltet seine Wirkung grundsätzlich veranlagungszeitraum-übergreifend. Die nach § 23 Abs. 3 S. 8 mögliche Verlustverrechnung mit Gewinnen aus privaten Veräußerungsgeschäften in Rücktrags- und Vortragsjahren ist daher verfassungsgemäß. Sie führt im Ergebnis hinsichtlich der Einkünfte aus privaten Veräußerungsgeschäften zu einer zutreffenden Ermittlung des Totalgewinns. **52**

Daher ist auch die **Übergangsregelung** in § 52a Abs. 11 S. 22 EStG aF, wonach § 23 Abs. 3 S. 9 und 10 letztmals für den VZ 2013 anzuwenden sind und nicht genutzte Aktienverluste damit nur noch mit Gewinnen aus privaten Veräußerungsgeschäften verrechnet werden können, verfassungsgemäß. Denn bei der Bestimmung der Bindung des Gesetzgebers an den Gleichheitssatz ist zu berücksichtigen, dass das BVerfG dem Gesetzgeber gerade bei der Umstrukturierung komplexer Regelungssysteme stets einen besonders weiten Spielraum bei der Ausgestaltung der Übergangsvorschriften einräumt (stRspr vgl. ua BVerfG 17.11.2009 – 1 BvR 2192/05, DStR 2010, 434 (435). Die verfassungsrechtliche Prüfung von Stichtags- und Übergangsvorschriften erfolgt verfassungsrechtlich nach beschränkten Maßstäben. Die Prüfung beschränkt sich grundsätzlich darauf, ob der Gesetzgeber den ihm eingeräumten Gestaltungsspielraum sachgerecht (dh ohne sachfremde Erwägungen) genutzt hat, ob er hinsichtlich der zeitlichen Anknüpfung der Übergangsvorschrift die maßgeblichen tatsächlichen und rechtlichen Gesichtspunkte ausreichend gewürdigt hat und ob im Rahmen einer auf die Übergangsvorschrift bezogenen Abwägung das gefundene Ergebnis sich insgesamt als sachgerecht darstellt. Die partielle Entwertung der Altverluste infolge des Übergangs zur Abgeltungsteuer verletzt nicht verfassungsrechtlich geschütztes Vertrauen. Sie ist zur Förderung des Gesetzeszweckes (Systemwechsel) geeignet und erforderlich. Bei einer Gesamtabwägung zwischen dem Gewicht des enttäuschten Vertrauens und dem Gewicht der Dringlichkeit der die Rechtsänderung rechtfertigenden Gründe ist die Grenze der Zumutbarkeit gewahrt (BFH 6.12.2016 – IX R 48/15, BStBl. II 2017, 313; so auch LBP/*Hoheisel* § 23 Rn. 41). **52.1**

53 Fragen der **Vereinbarkeit mit Europarecht** stellen sich nicht, da die im EU-Vertrag geregelten Grundfreiheiten nicht berührt sind. Insbesondere ist es europarechtlich unbedenklich, dass im EU-Ausland während der dortigen unbeschränkten Steuerpflicht erzielte und im Ausland nicht ausgeglichene Verluste nach dem Umzug in das Inland nicht ausgeglichen werden können (FG Düsseldorf 17.1.2012 – 13 K 1501/10 F, EFG 2012, 1150).

54 *Einstweilen frei*

4. Zeitlicher Anwendungsbereich

55 § 23 erfasst Werterhöhungen von Wirtschaftsgütern **im Jahr der Veräußerung.** In diesem Jahr wird der Gewinn oder Verlust als Bemessungsgrundlage zur Besteuerung herangezogen. Das die Besteuerung in zeitlicher Hinsicht auslösende Moment ist daher die Veräußerung.

56 Der Gewinn ist im Veranlagungszeitraum der Veräußerung sofort zu versteuern. Eine Verteilungsmöglichkeit besteht nicht. Verluste sind nach § 23 Abs. 3 Satz 8 rücktrags- bzw. vortragsfähig.

57 Denn das private Veräußerungsgeschäft ist ein **einmaliger, punktueller Besteuerungstatbestand.** Er ist abgeschlossen ist, wenn endgültig feststeht, dass der Steuerpflichtige den Erlös behalten darf und keine weiteren Werbungskosten anfallen. Es ist grundsätzlich nicht auf Wiederholung ausgerichtet. Regelmäßige Veräußerungen von Grundstücken dürften bei Nachhaltigkeit der Tätigkeit die Voraussetzungen eines gewerblichen Grundstückshandels erfüllen. Die wiederholte Anschaffung und Veräußerung sonstiger Gegenstände kann ebenfalls zu einer gewerblichen Tätigkeit iSd § 15 Abs. 2 führen.

58 *Einstweilen frei*

5. Verhältnis zu anderen Bestimmungen

59 **a) Verhältnis zu § 1.** § 23 findet bei **unbeschränkt Steuerpflichtigen** (→ § 1 Rn. 75 ff.) sowohl hinsichtlich der im Inland als auch hinsichtlich der im Ausland befindlichen Grundstücke und sonstigen Wirtschaftsgüter Anwendung. Dies gilt jedenfalls dann, wenn zwischen dem Staat, in dem sich das Wirtschaftsgut befindet, und Deutschland kein DBA besteht. Maßgeblich ist die unbeschränkte Steuerpflicht im Zeitpunkt der Veräußerung.

59.1 Die Frage der Steuerpflicht kann insbesondere Bedeutung bei Steuerpflichtigen mit Beteiligungen an Immobilienfonds im Ausland erlangen. Während die Geschäftsführungen inländischer Fonds die zehnjährige Haltefrist bei Grundstücken regelmäßig beachten (und gerade auch mit der Steuerfreiheit des Veräußerungsgewinns im Prospekt geworben wird), bleibt bei Auslandsfonds die Frist oft wohl mangels entspr. Kenntnis nicht selten unbeachtet (KKB/*Bäuml* § 23 Rn. 114) Hier kann der Verkauf innerhalb von zehn Jahren zum Vorliegen eines privaten Veräußerungsgeschäfts führen.

60 Bei **beschränkt Steuerpflichtigen** (→ § 1 Rn. 315 ff.) greift § 49 Abs. 1 Nr. 8 (→ § 49 Rn. 549) ein, sofern das Grundstück sich im Inland befindet. Die Veräußerung von anderen Wirtschaftsgütern iSd § 23 Abs. 1 Nr. 2 durch einen im Ausland ansässigen Veräußerer unterliegt in Deutschland nicht der beschränkten Steuerpflicht (Bordewin/Brandt/*Bachem* § 23 Rn. 51; LBP/*Hoheisel* § 23 Rn. 54).

60.1 Kein inländisches Grundstück und damit keine beschränkt steuerpflichtigen Einkünfte liegen nach Ansicht des FG München vor, wenn Anteile an einer inländischen rein vermögensverwaltenden, nicht gewerblich geprägten Personengesellschaft mit inländischem Grundbesitz durch einen Ausländer veräußert werden (FG München 29.7.2013 – 7 K 190/11, DStRE 2014, 206; *Haase* IStR 2014, 170). An dieser Auffassung bestehen im Hinblick auf § 23 Abs. 1 Satz 4 erhebliche Zweifel.

61 Anders ist die Rechtslage bei Vorliegen eines **DBA,** da dann abkommensrechtliche Besonderheiten nach dem jeweils betroffenen DBA zu berücksichtigen sind. Einschlägig ist bei Immobilien insoweit Art. 13 OECD-MA iVm dem jeweiligen Methodenartikel. Hinsichtlich der Veräußerung von unbeweglichem Vermögen weisen die von Deutschland abgeschlossenen DBA das Besteuerungsrecht in der Regel dem Belegenheitsstaat der Immobilie zu.

61.1 Eine bedeutende Ausnahme von der Freistellungsmethode enthält das DBA Spanien. Nach Art. 22 Abs. 2 Buchst. c DBA-Spanien gilt bei der Veräußerung von spanischen Immobilien, die nicht zu einer in Spanien belegenen Betriebsstätte gehören, die Anrechnungsmethode. Dies hat zur Folge, dass die in

Spanien auf den Veräußerungsgewinn erhobene Steuer auf die in Deutschland für das private Veräußerungsgeschäft festgesetzte Steuer angerechnet wird. Ein Veräußerungsverlust kann in den Grenzen des § 23 Abs. 1 S. 7 berücksichtigt werden (LBP/*Hoheisel* § 23 Rn. 52). Im Bereich der anderen Wirtschaftsgüter nach § 23 Abs. 1 Nr. 1 greift Art. 13 Abs. 5 OECD-MA ein. Danach steht das Besteuerungsrecht regelmäßig dem Ansässigkeitsstaat des Veräußerers zu.

Die unbeschränkte Steuerpflicht muss für das Veräußerungsgeschäft nur im Zeitpunkt 62 der Gewinnerzielung, also bei Zufluss des Veräußerungserlöses vorliegen (KKB/*Bäuml* § 23 Rn. 56).

b) Verhältnis zu § 9. Während die mit der Anschaffung des von § 23 erfassten Wirt- 63 schaftsguts verbundenen Nebenkosten zu den Anschaffungsnebenkosten (§ 255 HGB) gehören, führen Nebenkosten bei der Veräußerung zu im Veräußerungszeitpunkt abziehbaren Werbungskosten iSd § 9 Abs. 1 S. 1 (→ § 9 Rn. 96 ff.).

c) Verhältnis zu § 10d. Nach § 23 Abs. 3 S. 8 findet nach Maßgabe des § 10d ein Verlust- 64 abzug mit Einkünften iSd § 23 im Vorjahr und in den folgenden Veranlagungszeiträumen statt (→ § 10d Rn. 60 ff.).

d) Verhältnis zu § 11. Der **Zufluss des Veräußerungserlöses** nach § 11 Abs. 1 (→ 65 § 11 Rn. 49 ff.) ist maßgeblich für die Frage, in welchem Veranlagungszeitraum die Besteuerung des privaten Veräußerungsgeschäfts stattfindet. Während Anschaffung und Veräußerung für die Frage der Steuerbarkeit die entscheidenden Tatbestandsmerkmale sind, entscheidet der Zufluss über den Zeitpunkt der steuerlichen Erfassung.

Lediglich für die Frage des **Werbungskostenabzugs** findet aufgrund des von der Vor- 66 schrift geregelten Stichtagsprinzips eine abweichende Betrachtung statt und § 11 findet keine Anwendung. Werbungskosten sind immer im Zusammenhang mit der Ermittlung des Veräußerungsgewinns zu berücksichtigen und wirken sich in dem Jahr aus, in dem der Veräußerungserlös zufließt und der Veräußerungsgewinn steuerlich erfasst wird.

e) Verhältnis zu § 13, § 15 und § 18. Aufgrund der **Subsidiaritätsklausel** in § 23 67 Abs. 2 (→ Rn. 286) findet die Vorschrift auf Gegenstände im Betriebsvermögen keine Anwendung. In der Folge der Verlängerung der Veräußerungsfrist auf zehn Jahre bei Grundstücken hat für den Steuerpflichtigen die Brisanz der Annahme eines gewerblichen Grundstückshandels zumindest aus einkommensteuerlicher Sicht erheblich an Bedeutung verloren. Die Abgrenzung hat aber nach wie vor Bedeutung für die Festsetzung von Gewerbesteuer und damit die Frage der Gewerbesteueranrechnung nach § 35 (und in der Folge die Reduzierung der Einkommensteuer und des Solidaritätszuschlags).

Die Annahme eines **gewerblichen Grundstückshandels** hat bei Grundstücken, die 68 innerhalb von zehn Jahren veräußert werden, vor allem dann einkommensteuerliche Auswirkungen, wenn Veräußerungsverluste erzielt worden sind. Handelt es sich um gewerbliche Verluste aus einem gewerblichen Grundstückshandel, findet das Verlustausgleichsverbot des § 23 Abs. 3 S. 7 keine Anwendung. Auch die Regelung des § 23 Abs. 1 S. 2 ist im Rahmen eines gewerblichen Grundstückshandels nicht analog anwendbar (BFH 27.6.2018 – X R 26/17, BFH/NV 2018, 1255).

Die Abgrenzung zu einem **gewerblichen Wertpapierhandel** hat ebenfalls seit 2009 und 69 der Geltung des § 20 Abs. 2 Nr. 1 an Bedeutung verloren.

Die Grenze der privaten Vermögensverwaltung, bei der § 20 Abs. 2 Nr. 1 einschlägig ist, zum Gewer- 69.1 bebetrieb, bei dem § 15 Abs. 1 einschlägig ist, wird dabei überschritten, wenn nach dem Gesamtbild der Betätigung und unter Berücksichtigung der Verkehrsauffassung die Ausnutzung substantieller Vermögenswerte durch Umschichtung gegenüber der Nutzung der Vermögenswerte im Sinne einer Fruchtziehung aus zu erhaltenden Substanzwerten entscheidend in den Vordergrund tritt. Bei der Abgrenzung zwischen Gewerbebetrieb und Vermögensverwaltung ist somit auf das Gesamtbild der Verhältnisse und die Verkehrsanschauung abzustellen. In Zweifelsfällen ist die allgemein bekannte und nicht beweisbedürftige Auffassung darüber maßgebend, ob die Tätigkeit, soll sie in den gewerblichen Bereich fallen, dem Bild entspricht, das nach der Verkehrsanschauung einen Gewerbebetrieb ausmacht und einer privaten Vermögensverwaltung fremd ist. Dabei überschreitet die Umschichtung von Wertpapieren – selbst in erheblichem Umfang – regelmäßig noch nicht den Rahmen der privaten Vermögensverwaltung. Erforderlich ist vielmehr ein „händlertypisches Verhalten" (stRspr, ua BFH 11.10.2012 – IV R 32/10, BStBl. II 2013, 538; BFH 19.1.2017 – IV R 50/14, BStBl. II 2017, 456, jeweils mwN).

70 **f) Verhältnis zu § 17.** Die Frage des Konkurrenzverhältnisses zwischen § 23 und § 17 stellt sich nach der Umstellung der Wertpapierbesteuerung nach § 20 Abs. 2 Nr. 1 nicht mehr (→ § 17 Rn. 93). Die Veräußerung von Wertpapieren unterfällt unabhängig von einer Behaltefrist dem § 20 Abs. 2 Nr. 1. Der zuvor geltende Vorrang des § 23 vor § 17 ist entfallen (zur Übergangsvorschrift BFH 13.1.2015 – IX R 16/14, BFH/NV 2015, 670).

71 **g) Verhältnis zu § 20.** Die Veräußerung von Wertpapieren innerhalb der Fristen des § 23 Abs. 1 S. 1 Nr. 2 wird nunmehr auch von § 20 Abs. 2 Nr. 1 erfasst. Bei der Veräußerung von Wertpapieren geht daher § 20 dem § 23 vor. Dadurch findet auf die entsprechenden Gewinne der Steuersatz von 25% (§ 32d Abs. 1) Anwendung.

72 **h) Verhältnis zu § 21.** In der Praxis fallen neben unbebauten Grundstücken vor allem **vermietete Grundstücke** in den Anwendungsbereich des § 23 Abs. 1 S. 1 Nr. 1. Denn bei diesen liegt keine Eigennutzung iSd § 23 Abs. 1 S. 1 Nr. 1 S. 3 vor. Dies gilt auch bei der Vermietung an unterhaltsberechtigte Abkömmlinge. Während bei unentgeltlicher Überlassung an Abkömmlinge, für die der Steuerpflichtige Kindergeld oder einen Kinderfreibetrag bezieht, die Finanzverwaltung von einer den Besteuerungstatbestand ausschließenden Eigennutzung ausgeht, ist dies bei der Vermietung an nahe Angehörige nicht der Fall.

73 **i) Verhältnis zu § 22.** § 22 Nr. 2 verweist auf § 23 und regelt damit, dass die Einkünfte aus privaten Veräußerungsgeschäften als sonstige Einkünfte und damit als Überschusseinkunftsart iSd § 2 Abs. 1 Nr. 7 und des § 2 Abs. 2 Nr. 2 gelten.

74 Gewinne bzw. Verluste aus privaten Veräußerungen, die nicht unter § 23 fallen, sind auch nicht als Leistungen nach § 22 Nr. 3 steuerpflichtig. Veräußerungsvorgänge fallen generell nicht unter den Begriff der Leistung in § 22 Nr. 3. Zudem ist § 22 Nr. 3 nach Satz 1 der Vorschrift subsidiär gegenüber § 22 Nr. 2. Ein Rückgriff ist auch dann nicht möglich, wenn die maßgebliche Haltefrist abgelaufen ist. Ansonsten würden die Haltefristen und damit die Nichtsteuerbarkeit privater Veräußerungsgewinne nach Fristablauf umgangen (KSM/*Wernsmann* § 23 Rn. A11).

75 **j) Verhältnis zu § 32a und weiteren Tarifbestimmungen.** Auf die Einkünfte aus § 23 findet der reguläre Einkommensteuertarif des § 32a Abs. 1 (Einzelveranlagung) und Abs. 5 (Zusammenveranlagung) Anwendung. Auch wenn über einen Zeitraum von fast 10 Jahren angesammelte Wertsteigerungen versteuert werden, findet § 34 keine Anwendung. Dies gilt auch nicht, wenn Anteile an einer vermögensverwaltenden Personengesellschaft veräußert werden. Der BFH hat es auch für zulässig angesehen, die Einkünfte aus privaten Veräußerungsgeschäften nicht in § 34 einzubeziehen (BFH 16.12.2003 – IX R 46/02, DStRE 2004, 199; BFH 8.10.2012 – IX B 83/12, BFH/NV 2013, 31). Wann eine (rechtfertigungsbedürftige) Ausnahme von dem grundsätzlich geltenden regulären Tarif nach § 32a zu machen ist, obliegt in erster Linie dem Gesetzgeber.

Da die Veräußerung der in § 23 Abs. 1 genannten Wirtschaftsgüter zumeist lediglich einen einzelnen Vermögensgegenstand betrifft und aufgrund der Fristenregelungen nur Wertsteigerungen erfasst, die über ein bzw. zehn Jahre entstanden sind, ist sie der Veräußerung eines Betriebs, Teilbetriebs oder Mitunternehmeranteils, durch die regelmäßig sämtliche wesentlichen Betriebsgrundlagen veräußert, die betriebliche Tätigkeit beendet und die im gesamten Wirtschaftsleben angesammelten stillen Reserven zusammengeballt aufgedeckt werden, nicht vergleichbar. Aus verfassungsrechtlichen Gründen drängt sich eine Gleichbehandlung daher nicht auf (KSM/*Wernsmann* § 23 Rn. A86).

76 **k) Verhältnis zum GrEStG.** Anschaffung und Veräußerung iSd § 23 Abs. 1 S. 1 Nr. 1 stellen regelmäßig auch **grunderwerbsteuerbare Vorgänge iSd § 1 GrEStG** dar. Die Grunderwerbsteuer, die regelmäßig vom Erwerber getragen wird, stellt Anschaffungsnebenkosten dar und mindert insoweit den Veräußerungsgewinn. Kommt es nach § 13 Nr. 1 GrEStG dazu, dass der Veräußerer die GrESt trägt (Boruttau/*Viskorf* GrEStG § 13 Rn. 12), zählt diese zu den Veräußerungskosten.

77 **l) Verhältnis zum ErbStG.** Tritt ein Erbe nach § 23 Abs. 1 Satz 3 in die noch für den Erblasser laufende Haltefrist ein, stellt die damit verbundene **latente Einkommensteuerlast** keine nach § 10 ErbStG abzugsfähige Verbindlichkeit dar. Kommt es im Jahr des Erbfalls

oder in den vier Jahren danach zu einer Veräußerung und hatte der veräußerte Gegenstand auch der ErbSt unterlegen, kommt auf Antrag die Steuerermäßigung nach § 35b in Betracht.

m) Verhältnis zu § 39 AO. Zwischen § 23 Abs. 1 Satz 4 und § 39 Abs. 2 Nr. 2 AO (Bruchteilsbetrachtung) scheint auf den ersten Blick ein Konkurrenzverhältnis zu bestehen. Dies täuscht allerdings. Die Regelungen stehen nicht in einem Ausschlussverhältnis zueinander, sondern kommen nebeneinander zur Anwendung (näher *Schießl* DStR 2014, 512 (514)). Die **Bruchteilsbetrachtung** des § 39 Abs. 2 Nr. 2 AO hat zur Folge, dass sämtliche Größen, die den Veräußerungsgewinn bestimmen (Anschaffungs- und Veräußerungskosten, Veräußerungserlös) anteilig den Gesellschaftern zuzurechnen sind. Aus ihr ergibt sich ferner, dass die entgeltliche Übertragung von Wirtschaftsgütern durch die Gesamthand ertragsteuerlich als anteilige Veräußerung des Wirtschaftsguts durch die Gesellschafter der Personengesellschaft zu werten ist. 78

n) Verhältnis zu § 42 AO. In der Praxis stellte sich beim **taggleichen An- und Verkauf von Wertpapieren** die Frage eines Gestaltungsmissbrauchs iSv § 42 AO (dazu *Fischer* FS Spindler, 2011, 619). 79

Ein von § 42 AO erfasster Missbrauch von Gestaltungsmöglichkeiten liegt vor, wenn eine rechtliche Gestaltung gewählt wird, die – gemessen an dem erstrebten Ziel – unangemessen ist, der Steuerminderung dienen soll und durch wirtschaftliche oder sonst beachtliche **nichtsteuerliche Gründe** nicht zu rechtfertigen ist (BFH 29.8.2007 – IX R 17/07, BFH/NV 2008, 426 mwN; BFH 29.5.2008 – IX R 77/06, BStBl. II 2008, 789 mwN; BFH 7.12.2010 – IX R 40/09, BStBl. II 2011, 427). Allerdings führt das alleinige Ziel einer Steuerersparnis für sich gesehen nicht dazu, dass eine steuerliche Gestaltung als unangemessen eingeordnet wird. Eine rechtliche Gestaltung fällt erst dann unter § 42 AO, wenn der Steuerpflichtige einen Weg wählt, der den Wertungen des Gesetzes widerspricht und die vom Gesetzgeber ermöglichte Gestaltung ungewöhnlich und sachwidrig einsetzt (BFH 29.5.2008 – IX R 77/06, BStBl. II 2008, 789; BFH 7.12.2010 – IX R 40/09, BStBl. II 2011, 427 und BFH 17.12.2003 – IX R 56/03, BStBl. II 2004, 648 mwN). Eine Gestaltung, die überhaupt keinen erkennbaren wirtschaftlichen Zweck hat, kann der Besteuerung nicht zugrunde gelegt werden. Das ist zB der Fall, wenn durch mehrere Geschäfte, die sich wirtschaftlich gegenseitig neutralisieren, lediglich ein steuerlicher Vorteil erzielt werden soll oder wenn die Gestaltung in ihrer wirtschaftlichen Auswirkung durch eine gegenläufige Gestaltung kompensiert wird und sich deshalb im Ergebnis lediglich als formale Maßnahme erweist (BFH 12.7.2012 – I R 23/11, BFH/NV 2012, 1901 unter II.2.bb.fff; Klein/*Ratschow* AO § 42 Rn. 52). 80

Nach der Rechtsprechung des BFH stellt es keinen Gestaltungsmissbrauch iSd § 42 AO dar, wenn der Steuerpflichtige gleichartige Wertpapiere unmittelbar anschließend oder zumindest kurzfristig nach deren Veräußerung zu unterschiedlichen Preisen **wiedererwirbt** (BFH 25.8.2009 – IX R 60/07, BStBl. II 2009, 999; BFH 25.8.2009 – IX R 55/07, BFH/NV 2010, 387; glA KSM/*Wernsmann* § 23 Rn. A 72, F 29; siehe auch FG Hamburg 9.7.2004 – VII 52/02, EFG 2004, 1775 sowie *Ebner* NWB 2010, 342). Insoweit bewegt er sich mit seinen Dispositionen angesichts der Schwankungsbreite börsennotierter Wertpapiere und des daraus resultierenden Kursrisikos (Volatilität) im Rahmen der gesetzlichen Vorgaben. Denn es steht in seinem Belieben (BFH 18.10.2006 – IX R 28/05, BStBl. II 2007, 259), ob, wann und mit welchem Risiko er von ihm gehaltene Wertpapiere ankauft, verkauft und danach wieder kauft und ggf. wieder verkauft. Insoweit handelt es sich bei dem Verkauf von Wertpapieren und dem anschließenden Wiederkauf gleichartiger Wertpapiere zu unterschiedlichen Ankaufs- und Verkaufspreisen um eigenständige und damit separat zu beurteilende Vorgänge, sodass der Veräußerungsvorgang nicht iSd § 42 Satz 2 AO eliminiert wird (siehe auch BFH 24.6.2003 – IX R 2/02, BStBl. II 2003, 752; BFH 15.12.1999 – I R 29/97, BStBl. II 2000, 527, zum sog. Dividenden-Stripping bei taggleichem An- und Verkauf). 80.1

Anders kann dies hingegen zu beurteilen sein, wenn dem Handeln des Steuerpflichtigen bei wirtschaftlicher Betrachtungsweise von vornherein kein Verkauf und Wiederkauf und damit kein Inhaberwechsel zugrunde liegt. Dies kann ua der Fall sein, wenn der Steuerpflichtige grundsätzlich nicht börsennotierte Wertpapiere über eine Bank zum Verkauf anbietet und über einen zeitgleich ausgeführten Kaufauftrag die nämlichen Wertpapiere wieder zurückerwirbt. Denn in diesem Fall liegt bei wirtschaftlicher Betrachtungsweise kein Wechsel in der Inhaberschaft des Wertpapiers und damit auch kein Rechtsübergang hinsichtlich des Wertpapiers vor. Denn in diesem Fall trifft den Steuerpflichtigen nicht das 80.2

Risiko unterschiedlicher Preise und er hat die Gewissheit, dass sowohl Verkaufs- als auch Kaufauftrag mit Sicherheit ausgeführt werden („Beherrschbarkeit der Situation", dazu *Fischer* FS Spindler, 2011, 619 (625); *Ebner* NWB 2010, 342 (343)). Das gleiche kann der Fall sein, wenn der Steuerpflichtige, zB durch Kenntnis der Abläufe in den Handelssystemen von Wertpapierbörsen und -handelshäusern und der konkreten Marktsituation, davon ausgehen kann, die von ihm zum Verkauf platzierten börsennotierten Wertpapiere zeit- und wertgleich und damit ohne Kursrisiko wieder zurückerwerben zu können. Denn nach der Rechtsprechung des BFH kann ein steuerrechtlich erheblicher Vorgang dann nicht anerkannt werden, wenn er nach dem Willen des Steuerpflichtigen durch gegenläufige Rechtsakte erst geschaffen oder wieder ausgeglichen wird und damit von vornherein eine wirtschaftliche Belastung vermieden werden soll (ua BFH 27.10.2005 – IX R 76/03, BStBl. II 2006, 359).

81 *Einstweilen frei*

82 Kein Missbrauch iSd § 42 AO liegt vor, wenn der Steuerpflichtige bewusst die in § 23 Abs. 1 angesprochenen **Fristen abwartet.** Die Besteuerung nach § 23 lässt sich vermeiden, indem entgeltlich angeschaffte Wirtschaftsgüter erst nach Ablauf der Behaltefrist veräußert werden. Dies gilt auch dann, wenn die Wirtschaftsgüter zeitnah wieder angeschafft werden (BFH 25.8.2009 – IX R 60/07, BStBl. II 2009, 999; LBP/*Hoheisel* § 23 Rn. 47).

83 *Einstweilen frei*

84 **o) Verhältnis zum InvStG 2004.** § 2 Abs. 3 InvStG 2004 regelt, dass die ausgeschütteten Erträge auf Investmentanteile insoweit steuerfrei sind, als sie Gewinne aus der Veräußerung von Grundstücken und grundstücksgleichen Rechten enthalten, es sei denn, dass es sich um Gewinne aus privaten Veräußerungsgeschäften im Sinne des § 23 Abs. 1 S. 1 Nr. 1, Abs. 2 und 3 handelt oder dass die Ausschüttungen Betriebseinnahmen des Steuerpflichtigen sind.

II. Normstruktur und zentrale Debatten

1. Inhalt der Norm

85 § 23 regelt, welche im Einzelnen angeführten Vorfälle als private Veräußerungsgeschäfte der Besteuerung unterfallen. Die Vorschrift bestimmt, dass die aufgezählten Vorgänge, die zu Vermögenssteigerungen im Privatvermögen führen, aufgrund der mit ihnen verbundenen Erhöhung der steuerlichen Leistungsfähigkeit in die Besteuerung einbezogen werden. Die Vorschrift betrifft allein Vorgänge im Privatvermögen und ist deswegen auch nicht im Bereich der Gewinneinkunftsarten (§ 2 Abs. 2 S. 1 Nr. 1, §§ 13 bis 18), sondern der Überschusseinkunftsarten (§ 2 Abs. 2 S. 1 Nr. 2, §§ 19 bis 23) gesetzessystematisch verortet.

86 Nach § 22 Nr. 2 gehören Einkünfte aus privaten Veräußerungsgeschäften zu den sonstigen Einkünften (§ 2 Abs. 1 S. 1 Nr. 7). Bei den sonstigen Einkünften handelt es sich nicht um einen „Auffangtatbestand". Vielmehr regelt der Gesetzgeber in § 22 Einkunftsarten, die nicht zu den in § 13 bis § 21 geregelten Gewinn- und Überschusseinkunftsarten zählen, er aber gleichwohl in die Steuerbarkeit einbeziehen will. Daher ist es folgerichtig, die „Ausnahmeregelung" zur Erfassung von Veräußerungsgewinnen im Privatvermögen in § 22 zu verorten und in § 23 hinsichtlich der Steuerbarkeit näher zu erläutern. § 22 enthält daher den steuerbegründenden Tatbestand. § 23 trifft dazu die näheren Regelungen. § 23 bestimmt, durch die Festlegung des **Umfangs ihrer Erfassung** und die **Art ihrer Berechnung,** welche Geschäfte steuerverstrickte private Veräußerungsgeschäfte sind und wie die Einkünfte aus ihnen ermittelt und besteuert werden. Die Regelung des § 23 konkretisiert damit den in § 22 Nr. 2 angesprochenen „Ausnahmetatbestand" zur Veräußerung von Wertsteigerungen im Privatvermögen befindlicher Wirtschaftsgüter.

87 **§ 23 Abs. 1** regelt die **einzelnen steuerbaren Tatbestände,** die von der Norm erfasst werden. Der Absatz definiert damit den Begriff des privaten Veräußerungsgeschäfts und regelt die Steuerbarkeit, bezieht also die einzelnen Veräußerungsvorgänge bzw. die gleichgestellten Vorgänge in die Besteuerung ein. Nach § 23 Abs. 1 S. 1 Nr. 1 unterfallen der Besteuerung die Anschaffung und Veräußerung von Grundstücken und grundstücksgleichen Rechten innerhalb von zehn Jahren. Die Regelung erfasst auch in dieser Zeit errichtete, ausgebaute oder erweiterte Gebäude und Außenanlagen, bestimmte Gebäudeteile, Eigentumswohnungen und im Teileigentum stehende Räume. Satz 3 nimmt zu eigenen Wohnzwecken genutzte Wirtschaftsgüter unter bestimmten Voraussetzungen von der Besteuerung aus. § 23 Abs. 1 S. 2 Nr. 2 regelt die Besteuerung der Anschaffung und Veräußerung von anderen Wirtschafts-

gütern innerhalb eines Jahres. Die Haltefrist verlängert sich auf zehn Jahre, wenn mit den genannten Wirtschaftsgütern Einkünfte erzielt wurden. Von der Besteuerung ausgenommen sind nach § 23 Abs. 1 S. 2 Nr. 2 S. 2 Veräußerungen von Gegenständen des täglichen Gebrauchs. Wesentlich für die Steuerbarkeit ist das Vorliegen der Wiederveräußerung innerhalb der von § 23 Abs. 1 bestimmten Frist.

Maßgeblich ist der Abschluss des schuldrechtlichen (obligatorischen) **Verpflichtungsgeschäfts,** nicht des dinglichen Erfüllungs- oder Verfügungsgeschäfts. Zudem muss Identität (Nämlichkeit) zwischen angeschafftem und veräußertem Wirtschaftsgut vorliegen. Eine Ausnahme von diesem Grundsatz stellt § 23 Abs. 1 Satz 4 dar, der die Anschaffung oder Veräußerung einer mittelbaren oder unmittelbaren Beteiligung an einer Personengesellschaft als Anschaffung oder Veräußerung der anteiligen Wirtschaftsgüter behandelt. In gleicher Weise durchbricht § 23 Abs. 1 Satz 1 Nr. 1 Satz 2 den Grundsatz der Nämlichkeit, indem er innerhalb der 10-Jahres-Frist errichtete, ausgebaute oder erweiterte Gebäude, Gebäudeteile, Außenanlagen sowie Eigentumswohnungen und im Teileigentum stehende Räume in die Besteuerung der Grundstücksveräußerung einbezieht (KSM/*Wernsmann* § 23 Rn. A6). § 23 Abs. 1 Nr. 3 regelt, dass Leerverkäufe von sonstigen Wirtschaftsgütern i.S. des § 23 steuerbar sind. § 23 Abs. 1 Sätze 2 bis 5 regeln im Einzelnen die Voraussetzungen, wann Anschaffung und Veräußerung anzunehmen sind.

§ 23 Abs. 1 S. 2 regelt im Wege einer **Fiktion,** dass die Überführung eines Wirtschaftsguts in das Privatvermögen durch Entnahme aus dem Betriebsvermögen oder in der Folge einer Betriebsaufgabe als Anschaffung gilt. § 23 abs. 1 S. 3 betrifft den unentgeltlichen Erwerb und enthält als „Fußstapfentheorie" den Grundsatz, dass bei unentgeltlichem Erwerb durch Einzel- oder Gesamtrechtsnachfolge dem Rechtsnachfolger die Anschaffung und die Anschaffungskosten durch den Rechtsvorgänger zuzurechnen sind. § 23 Abs. 1 S. 4 regelt für die Frage der Steuerbarkeit, dass die Anschaffung oder Veräußerung der Beteiligung an einer vermögensverwaltenden Personengesellschaft als anteilige Anschaffung oder Veräußerung der im Gesamthandsvermögen befindlichen Wirtschaftsgüter gilt. § 23 Abs. 1 S. 5 gibt für den Fall der Einlage eines Wirtschaftsguts in das Betriebsvermögens (Nr. 1) und die verdeckte Einlage in eine Kapitalgesellschaft (Nr. 2) vor, dass die Einlage bzw. die verdeckte Einlage als Veräußerung anzusehen sind, wenn die Veräußerung innerhalb von zehn Jahren seit der Anschaffung erfolgt.

§ 23 Abs. 2 behandelt die **Konkurrenz zu anderen Einkunftsarten** und regelt die 88
grundsätzliche Subsidiarität der Vorschrift. Die Subsidiarität folgt aus dem Umstand, dass die Vorschrift zum einen den Überschusseinkünften zugeordnet ist und zum anderen nur einzelne Veräußerungsvorgänge in der privaten Vermögenssphäre erfasst. Insbesondere sind § 17 (Veräußerung von Beteiligungen an Kapitalgesellschaften von mindestens 1% innerhalb des Fünfjahreszeitraums) und § 20 Abs. 2 (Veräußerung von Anteilen bis 1%, die nicht von § 17 erfasst werden) vorrangig. Liegen daher sowohl die Voraussetzungen des § 23 Abs. 1 als auch die Merkmale der Steuerbarkeit im Rahmen einer anderen Einkunftsart vor, geht immer die andere Einkunftsart vor. Neben § 17 und § 20 Abs. 2 ist dies in der Praxis meist im Fall des gewerblichen Grundstückshandels (Einkünfte nach § 15 Abs. 1) der Fall.

§ 23 Abs. 3 regelt in den Sätzen 1 bis 4 die **Ermittlung der Einkünfte** aus privaten 89
Veräußerungsgeschäften, also des Veräußerungsgewinns oder des Veräußerungsverlusts. Hauptfall stellt die Berechnung als Differenzbetrag zwischen dem Veräußerungspreis einerseits und den Anschaffungs- und Herstellungskosten andererseits dar. Hintergrund für das Regeln eigener Normen zur Einkünfteermittlung ist der Umstand, dass mit den Wirtschaftsgütern, die unter Abs. 1 fallen, nicht zwangsläufig Einkünfte aus Gewinn- oder Überschusseinkunftsarten erzielt werden. Vielmehr kann das Wirtschaftsgut vom Steuerpflichtigen auch einkünftelos genutzt werden, zB als Spekulationsobjekt. § 23 Abs. 3 S. 5 enthält aus Gründen der Verwaltungsvereinfachung eine Freigrenze für Bagatellfälle, die aus Gründen der Verwaltungsvereinfachung aufgrund der geringen steuerlichen Auswirkung nicht besteuert werden. Danach sind die Einkünfte aus privaten Veräußerungsgeschäften erst dann zu berücksichtigen, wenn (nicht soweit) der im Kalenderjahr erzielte Gesamtgewinn mindestens 600 EUR beträgt. § 23 Abs. 3 S. 6 bestimmt, in welchem Veranlagungszeitraum der Veräußerungsgewinn oder -verlust in den Fällen des § 23 Abs. Abs. 1 S. 5 Nr. 1 und Nr. 2 zu erfassen ist. § 23 Abs. 3 Sätze 7 und 8 enthalten Regelungen zur Behandlung von Verlusten, wobei das in § 23 Abs. 6 S. 7 enthaltene Verlustausgleichsverbot die zentrale Regelung darstellt. Satz 7

Hs. 1 beschränkt den Verlustausgleich periodenintern auf positive Einkünfte aus anderen Veräußerungsgeschäften. Satz 7 Hs. 2 und Satz 8 beschränken den Verlustabzug nach § 10d auf Gewinne aus privaten Veräußerungsgeschäften aus dem Vorjahr oder aus den folgenden Veranlagungszeiträumen (KSM/*Wernsmann* § 23 Rn. A8).

90 § 23 Abs. 3 S. 1 verwendet den Begriff „Gewinn". Gleichwohl gehört § 23 als Unterfall der sonstigen Einkünfte nach § 22 Nr. 2 zu den **Überschusseinkünften** (§ 2 Abs. 2 S. 1 Nr. 2). Daher gilt das Zu- und Abflussprinzip für den Zeitpunkt der Besteuerung. Abzugsposten sind allerdings erst im Zeitpunkt des Zuflusses des Veräußerungspreises zu berücksichtigen.

91 *Einstweilen frei*

2. Leitentscheidungen

92 **a) BVerfG.** BVerfG 9.3.2004 – 2 BvL 17/02, BStBl. II 2005, 56 hatte über die Verfassungswidrigkeit der Besteuerung von **privaten Spekulationsgeschäften bei Wertpapieren** in den VZ 1997 und 1998 entschieden. Das BVerfG kam in dem Urteil zu dem Ergebnis, die mangelhafte Durchsetzung der materiellen Steuerpflicht verstoße gegen das verfassungsrechtliche Gebot tatsächlich gleicher Steuerbelastung (Gleichheit im Belastungserfolg). Die Einkünfte aus bestimmten Vorfällen (hier aus Wertpapierverkäufen) werden nur bei einer qualifizierten Erklärungsbereitschaft des Steuerpflichtigen erfasst. Daher bleibt ein Fehlverhalten bei der Erklärung ohne Entdeckungsrisiko. Daraus resultiert, dass Einkünfte aus Spekulationsgewinnen nur unzureichend erklärt und lückenhaft steuerlich erfasst werden. Dies hat eine strukturell angelegte Ungleichmäßigkeit der Steuerfestsetzung zur Folge. Denn bei der Besteuerung anderer Einkünfte erfolgt ein Steuerabzug an der Quelle und es bestehen durchsetzbare Kontroll- bzw. Anzeigemechanismen (auch *Günther* ErbStB 2004, 103). In der Folge der weitverbreiteten Nichterfassung der Einkünfte aus Spekulationsgeschäften besteht damit ein strukturelles Erhebungsdefizit in den Veranlagungszeiträumen 1997 und 1998. Daher könnten in den beiden Jahren Veräußerungsgeschäfte für Wertpapiere nicht nach § 23 Abs. 1 S 1 Nr. 1 Buchst. b erfasst werden.

93 BVerfG 7.7.2010 – 2 BvL 14/02, 2 BvL 2/04, 2 BvL 13/05 (BStBl. II 2011, 76) hatte § 23 Abs. 1 S. 1 Nr. 1 iVm § 52 Abs. 39 S. 1 idF des StEntlG 1999/2000/2002 teilweise für nichtig erklärt, soweit in einem Veräußerungsgewinn **Wertsteigerungen** steuerlich erfasst werden, die bis zur Verkündung des StEntlG 1999/2000/2002 am 31.3.1999 entstanden sind und nach der zuvor geltenden Rechtslage bis zum Zeitpunkt der Verkündung steuerfrei realisiert sind oder hätten realisiert werden können. Das BVerfG differenzierte maßgeblich danach, ob die alte Haltefrist am Tag der Verkündung des StEntlG 1999/2000/2002 bereits abgelaufen war oder nicht. Hatte der Steuerpflichtige infolge des Ablaufs der alten Mindesthaltefrist bereits eine konkret verfestigte Vermögensposition in Gestalt der bis dahin entstandenen und nicht notwendig bereits realisierten Wertsteigerung erlangt, darf diese nicht ohne Weiteres nachträglich entwertet werden.

Darauf, ob der Steuerpflichtige angesichts des eingeleiteten und abgeschlossenen Gesetzgebungsverfahrens eine **rückwirkende Verlängerung der Veräußerungsfristen** in Betracht hätte ziehen müssen, kommt es nach Erwerb des konkreten Vermögensgegenstands nicht an. Für Fälle, in denen die Veräußerungsfrist bereits zum 31.12.1998 abgelaufen war (Inkrafttreten des StEntlG 1999/2000/2002) sind darüber hinaus noch höhere Rechtfertigungsanforderungen zu stellen, da der rückwirkende Steuerzugriff insoweit auch dem Gebot der folgerichtigen Ausgestaltung der einkommensteuerlichen Belastungsentscheidung zuwiderlaufe. Demgegenüber bestehen für Fälle, in denen die maßgebliche Veräußerungsfrist am 31.3.1999 noch nicht abgelaufen war, keine verfassungsrechtlichen Bedenken. Insoweit verbleibe es vielmehr bei dem Grundsatz, dass die Erwartung, die geltende (günstige) Rechtslage werde auch zukünftig unverändert fortbestehen, keinen besonderen verfassungsrechtlichen Schutz genießt. Dies verlangte in der Praxis die Aufteilung in einen steuerfreien und einen steuerbaren Wertzuwachs (zu den Folgen *Wernsmann/Neudenberger* FR 2014, 253). Der Beschluss des BVerfG betrifft unmittelbar nur die rückwirkende Verlängerung der Fristen bei Grundstücksveräußerungen iSd § 23 Abs. 1 Satz 1 Nr. 1. Die Grundsätze der Entscheidung gelten aber auch für die Frage einer rückwirkenden Änderung der Frist bei Wirtschaftsgütern iSd § 23 Abs. 1 Satz 1 Nr. 2 (KSM/*Wernsmann* § 23 Rn. A 20; → § 2 Rn. 108 ff.).

b) BFH. Nach BFH 18.10.2006 (BFH 18.10.2006 – IX R 28/05, BStBl. II 2007, 259) ist die **Beschränkung des Verlustausgleichs** bei privaten Veräußerungsgeschäften iSd § 23 Abs. 1 Nr. 2 durch § 23 Abs. 3 S. 8 – jetzt S. 7 – verfassungsgemäß. § 23 enthält einen nur punktuellen Zugriff auf bestimmte Wirtschaftsgüter des Privatvermögens und sieht auch nur eine zeitlich begrenzte Steuerverhaftung vor. Diese Besonderheiten rechtfertigen es, die allgemeinen Regelungen des Verlustausgleichs nicht in gleicher Weise wie bei andere Vorschriften des EStG anzuwenden, sondern gesonderte Verlustverrechnungsregeln – wie zB in § 23 Abs. 3 S. 7 – zu verankern. Da die Gewinne im Privatvermögen nach dieser Vorschrift nur in den einzeln aufgezählten Fällen innerhalb der gesetzlichen Fristen besteuert werden, im Übrigen aber als nicht der Erwerbsphäre zugehörige Vorgänge weiterhin nicht steuerbar sind, sollen die Einkünfte aus dem generell möglichen Verlustausgleich herausgenommen werden. Nach dem Sinn und Zweck der Vorschrift werden – unberührt durch die seit 1999 geltenden Änderungen – (nur) Wertmehrungen aus verhältnismäßig kurzfristigen Wertdurchgängen eines Wirtschaftsguts im Privatvermögen in die Steuerbarkeit einbezogen. 94

Veräußerungen außerhalb der in der Vorschrift genannten Zeiträume sind – anders als bei den Gewinneinkünften (§ 2 Abs. 1 Nr. 1 bis 3, Abs. 2 Nr. 1, §§ 4 ff.) – grundsätzlich nicht steuerbar. Zudem ermöglicht § 23 dem Steuerpflichtigen – anders als die Regelungen anderer Einkunftsarten – über die Wahl des Veräußerungszeitpunkts auf die Steuerbarkeit Einfluss zu nehmen. Der Steuerpflichtige kann durch Verzicht auf die Veräußerung innerhalb der jeweils geltenden Frist das Wirtschaftsgut aus der steuerlichen Verhaftung herausfallen lassen. Insbesondere dieser Umstand rechtfertigt es, die Einkünfte aus § 23 aus dem vertikalen Verlustausgleich auszuschließen und einen gesonderten Verlustverrechnungskreis zu schaffen.

BFH 1.8.2012 – IX R 8/12 (BStBl. II 2012, 781) entschied über die Behandlung von Aufwendungen anlässlich einer **gescheiterten Grundstücksveräußerung.** Kommt es trotz entsprechender Veräußerungsabsicht des Steuerpflichtigen nicht zu der geplanten Veräußerung, sind die dadurch veranlassten Aufwendungen (zB Notar- und Gerichtskosten) weder als Werbungskosten bei den Einkünften aus Vermietung und Verpachtung noch als Veräußerungskosten bei den privaten Veräußerungsgeschäften abziehbar. Dies gilt auch dann, wenn der Steuerpflichtige beabsichtigt hatte, das Grundstück innerhalb der zehnjährigen Frist zu veräußern. Aus welchen Gründen es nicht zur Veräußerung kommt, ist unerheblich. 95

BFH 6.5.2014 – IX R 39/13 (DStR 2014, 1756) klärte die noch offenen Fragen zur **Ermittlung des Gewinns aus privaten Veräußerungsgeschäften nach der BVerfG-Entscheidung „Rückwirkung im Steuerrecht I"** (BVerfG 7.7.2010 – 2 BvL 14/02, 2 BvL 2/04, 2 BvL 13/05, BStBl. II 2011, 76). Wird eine Immobilie nach Ablauf der ursprünglichen Spekulationsfrist von zwei Jahren und vor Ablauf der neuen Spekulationsfrist von zehn Jahren veräußert, sind die Sonderabschreibungen und AfA-Beträge, die in der Zeit bis zur Verkündung des StEntlG 1999/2000/2002 zum 31.3.1999 in Anspruch genommen worden sind, dem nicht steuerbaren Zeitraum zuzuordnen. 96

Die in Ziffer II.1. von BMF 20.12.2010 (BStBl. I 2011, 14) vorgesehene **Vereinfachungsregel,** wonach bei der Ermittlung des Gewinns aus privaten Veräußerungsgeschäften iSd § 23 Abs. 1 S. 1 Nr. 1 der Umfang des steuerbaren Wertzuwachses entsprechend dem Verhältnis der Besitzzeit nach dem 31.3.1999 im Vergleich zur Gesamtbesitzzeit linear (monatsweise) zu ermitteln ist, entspricht insoweit nicht der Rechtsprechung des BVerfG, als dadurch Wertsteigerungen, die im Fall einer Veräußerung vor dem 1.4.1999 nicht steuerverhaftet waren, nachträglich in die Besteuerung einbezogen werden. Vielmehr sind Sonderabschreibungen und die degressive AfA dem Zeitraum zuzuordnen, in dem sie steuerlich berücksichtigt worden sind. Denn für die Annahme eines schutzwürdigen Vertrauens spielt es keine Rolle, ob die Wertsteigerung aufgrund einer Erhöhung des Verkehrswerts oder aufgrund von Sonderabschreibungen entstanden ist. Insoweit ist das Vertrauen des Steuerpflichtigen in die Nichtsteuerbarkeit der mit Ablauf der Spekulationsfrist geschützten Vermögensposition für den Fall der Vornahme einer Sonderabschreibung ebenso schützenswert wie bei tatsächlichen Wertsteigerungen des Grundstücks. Anfallende Veräußerungskosten sind nach Auffassung des BFH dem steuerbaren Gewinn zuzuordnen und damit in vollem Umfang abziehbar (dazu auch *Bron* DStR 2014, 987).

Im Februar 2014 (BFH 10.2.2014 – IX R 23/13, DStR 2015, 742) klärte der BFH die Frage des Verkaufs unter **aufschiebender Bedingung** innerhalb der Veräußerungsfrist und dem nachfolgenden Eintritt der Bedingung nach Ablauf der Frist. Eine Veräußerung iSd 97

§ 23 Abs. 1 S. 1 Nr. 1 liegt danach vor, wenn die rechtsgeschäftlichen Erklärungen beider Vertragspartner innerhalb der Veräußerungsfrist bindend abgegeben worden sind. Ein nach § 158 Abs. 1 BGB aufschiebend bedingtes Rechtsgeschäft ist für die Parteien bindend. Der außerhalb der Veräußerungsfrist liegende Zeitpunkt des Eintritts der aufschiebenden Bedingung ist insoweit für die Besteuerung nach § 23 Abs. 1 S. 1 Nr. 1 unerheblich. Die aufschiebende Bedingung lässt den zivilrechtlichen Vertragsschluss – die Übereinstimmung von Angebot und Annahme – unberührt. Die rechtsgeschäftlichen Erklärungen beider Vertragsparteien sind bindend abgegeben worden, das Rechtsgeschäft ist mithin auch bei Vereinbarung einer aufschiebenden Bedingung vollendet und voll gültig. Die aufschiebende Bedingung suspendiert vielmehr nur die Rechtsfolgen des Vertrags, die sich noch in der Schwebe befinden. Die Parteien eines bedingten Rechtsgeschäfts können die Vertragsbeziehungen nicht mehr einseitig lösen. Vielmehr sind sie im Hinblick auf den aufschiebend bedingten Rechtserwerb zur gegenseitigen Treuepflicht und zur Beachtung der Schutzvorschriften der §§ 160 f. BGB verpflichtet.

98 Mit den Urteilen BFH 6.9.2016 – IX R 27/15, DStR 2016, 2950; BFH 6.9.2016 – IX R 44/14, DStR 2017, 33 und BFH 6.9.2016 – IX R 45/14, BFH/NV 2017, 197 sowie BFH 11.7.2017 – IX R 27/16, BFH/NV 2017, 1601 hat sich das Gericht zu den steuerlichen Folgen aus der **Rückabwicklung von geschlossenen Immobilienfonds** und der Annahme eines privaten Veräußerungsgeschäfts geäußert. In allen Fällen hatten Anleger sich an geschlossenen Immobilienfonds beteiligt, die wenig werthaltige „Schrottimmobilien" enthielten. Die Fonds konnten daher die im Prospekt zugesagten Erträge nicht erwirtschaften. Nachdem die Anleger den die Fonds auflegenden Bankkonzern auf Schadensersatz (wegen Prospekthaftung und vorsätzlich sittenwidriger Schädigung) verklagt hatten, kaufte eine vom Bankkonzern extra dafür gegründete Objektgesellschaft die Anteile von den Anlegern zurück. Im Gegenzug nahmen die Anleger ihre Schadensersatzklagen zurück und verzichteten auf die Geltendmachung weitergehender Schadensersatzansprüche.

Der BFH hat für den Fall eines Rückkaufs grundsätzlich das **Vorliegen eines privaten Veräußerungsgeschäfts bejaht.** Allerdings sei zu berücksichtigen, dass die Zahlungen bei der Rückabwicklung eines Immobilienfonds in ein steuerpflichtiges Veräußerungsentgelt und eine nicht steuerbare Entschädigungsleistung aufzuteilen seien. Die gezahlten Beträge seien nicht nur für die Übertragung der Anteile an dem Fonds, sondern auch für andere Verpflichtungen, nämlich zugleich als Entgelt für Verzicht auf Schadensersatzansprüche aus deliktischer und vertraglicher Haftung und die Rücknahme der Schadensersatzklagen, gezahlt worden. Zudem hat der BFH in den Entscheidungen die Berechnungsmethode der Finanzverwaltung für die Ermittlung der Einkünfte bei der Veräußerung von Anteilen an geschlossenen Immobilienfonds verworfen (zu dieser Problematik auch *Berninghaus* DStR 2014, 624; *Fink* NWB 2017, 643; *Fink* NWB 2016, 3913; *Lupczyk* FR 2017, 177; *Seibert* WM 2017, 1968; *Naujok/Hamacher* ZfIR 2018, 469 (472 f.)). Als Anschaffungskosten sind danach die vom Anleger für die Beteiligung aufgewandten Beträge (einschließlich eines Agios) zu berücksichtigen. Auf die (fortgeführten) Anschaffungskosten auf Fondsebene kommt es nicht an. Zudem kann im Hinblick auf die beschränkte Kommanditistenhaftung der Anlage eine Hinzurechnung der Verbindlichkeiten der Fonds veräußerungsgewinnerhöhend nicht erfolgen.

99 BFH 27.6.2017 – IX R 37/16, DStR 2017, 2268 hat sich zum Tatbestandsmerkmal der **„Nutzung zu eigenen Wohnzwecken"** iSv § 23 Abs. 1 S. 1 Nr. 1 S. 3 geäußert, das die Steuerbarkeit als privates Veräußerungsgeschäft mittels einer Ausnahmeregelung ausschließt. Danach wird ein Gebäude auch dann zu eigenen Wohnzwecken genutzt, wenn es der Steuerpflichtige nur zeitweilig bewohnt, sofern es ihm in der übrigen Zeit als Wohnung zur Verfügung steht. Unter die Ausnahmeregelung können daher auch Zweitwohnungen, nicht zur Vermietung bestimmte Ferienwohnungen und Wohnungen fallen, die im Rahmen einer doppelten Haushaltsführung genutzt werden. Eine Nutzung zu eigenen Wohnzwecken „im Jahr der Veräußerung und in den beiden vorangegangenen Jahren" iSd § 23 Abs. 1 S. 1 Nr. 1 S. 3 Alt. 2 liegt auch vor, wenn die Immobilie in einem zusammenhängenden Zeitraum genutzt wird, der sich über drei Kalenderjahre erstreckt, ohne diese – mit Ausnahme des mittleren Kalenderjahrs – vollständig auszufüllen.

100 *Einstweilen frei*

3. Wichtige Verwaltungsanweisungen

Die EStR enthalten zu § 23 ausschließlich im Wesentlichen einzelfallorientierte **Hinweise** und keine originären Richtlinienregelungen. Aufgezählt werden in EStH 23 (Anschaffung) Fallgruppen, die eine bzw. keine Anschaffung darstellen sowie unter EStH 23 (Veräußerung) einzelne Veräußerungsfälle. Umfangreiche Erläuterungen erfolgen zudem in EStH 23 (Identisches Wirtschaftsgut) zur Identität von angeschafftem und veräußertem Wirtschaftsgut sowie in EStH 23 (Werbungskosten) zum Abzug der durch das Veräußerungsgeschäft veranlassten Aufwendungen. 101

Bei den Verwaltungsanweisungen ist als wichtigste Regelung neben den EStR das Schreiben des BMF 5.10.2000, BStBl. I 2000, 1383 zu nennen. Dieses regelt **Zweifelfragen bei der Besteuerung privater Veräußerungsgeschäfte** ua bei Überführung eines Grundstücks aus dem Betriebsvermögen in das Privatvermögen (§ 23 Abs. 1 Satz 2), bei Einlage eines Grundstücks in das Betriebsvermögen und Übertragungsvorgänge zwischen Gesellschaftsvermögen und Vermögen eines Gesellschafters (§ 23 Abs. 1 Satz 5), die Behandlung von im Zeitraum zwischen Anschaffung und Veräußerung des Grundstücks errichteten Gebäuden und anderen in diesem Zeitraum durchgeführten Baumaßnahmen (§ 23 Abs. 1 Satz 1 Nr. 1 Satz 2), die Veräußerung eines „bebauten" Erbbaurechts (§ 23 Abs. 1 Satz 1 Nr. 1), die Behandlung von zu eigenen Wohnzwecken genutzten Wirtschaftsgütern (§ 23 Abs. 1 Satz 1 Nr. 1 Satz 3), die Ermittlung des steuerpflichtigen Veräußerungsgewinns (§ 23 Abs. 3) und die Verlustverrechnung (§ 23 Abs. 3 Sätze 7 und 8). 102

BMF 20.12.2010, BStBl. I 2011, 14 betrifft die **rückwirkende Verlängerung der Veräußerungsfrist von Spekulationsgeschäften** von zwei auf zehn Jahre und die Umsetzung des Beschlusses des BVerfG 7.7.2010 – 2 BvL 14/02, 2 BvL 2/04, 2 BvL 13/05, BStBl. II 2011, 76. Geregelt wird die Behandlung von Veräußerungsgeschäften vor dem 1.4.1999, nach dem 31.3.1999 und abgelaufener Zweijahresfrist und nach dem 31.3.1999, aber innerhalb der bis zur Gesetzesänderung geltenden Jahresfrist. Zudem enthält das Schreiben eine Vereinfachungsregelung für die Ermittlung des steuerbaren Gewinns und die Möglichkeit der abweichenden Aufteilung nach den tatsächlichen Wertverhältnissen (auch *Wernsmann/Neudenberger* FR 2014, 253 (254)). BMF 18.5.2015, BStBl. I 2015, 464 trifft ergänzende Regelungen im Hinblick auf BFH 6.5.2014 – IX R 39/13, DStR 2014, 1756. 103

Einstweilen frei 104–107

B. Voraussetzungen und Rechtsfolgen

I. Allgemeines

1. Objektive Voraussetzungen

§ 23 knüpft **objektiv** an das Vorliegen der in der Vorschrift genannten Tatbestandsmerkmale an (BFH 21.5.2019 – IX R 6/18, BFH/NV 2019, 1227). Es kommt also zur Besteuerung, wenn das jeweilige Wirtschaftsgut (Grundstück/grundstücksgleiches Recht, sonstiges Wirtschaftsgut) innerhalb der im Gesetz genannten Fristen (zehn Jahre, ein Jahr) angeschafft und wieder veräußert wird und kein Ausschlusstatbestand (zB Selbstnutzung in bestimmten Zeiträumen) vorliegt. Auf subjektive Voraussetzungen wie das Motiv einer Anschaffung oder Veräußerung kommt es nicht an (zB finanzielle Notlage, Pfandveräußerung, drohende Zwangsversteigerung). Eine Veräußerungs- oder Spekulationsabsicht ist nicht notwendig (H 23 (Spekulationsabsicht) EStR; Bordewin/Brandt/*Bachem* § 23 Rn. 147; *Hutmacher* ZNotP 2012, 131; Frotscher/*Geurts* § 23 Rn. 19). 108

Eine Veräußerung ohne Willen des Steuerpflichtigen (zB Enteignung gegen Entschädigung) fällt nicht unter die Vorschrift, da der Verlust des Eigentums ohne maßgeblichen Einfluss des Steuerpflichtigen erfolgt (BFH 23.7.2019 – IX R 28/18, DStR 2019, 2023; *Trossen* NWB 2019, 1974; *Dorn/Barg,* NWB 2019, 3767; aA Kirchhof/*Kube* § 23 Rn. 14; Frotscher/*Geurts* § 23 Rn. 24). Insoweit fehlt es an einer „Veräußerung". Ein entsprechendes schuldrechtliches Verpflichtungsgeschäft liegt nämlich mangels eines dahingehenden rechtsgeschäftlichen Willens des Steuerpflichtigen nicht vor. Eine zwangsweise vorgenommene Anschaffung und Veräußerung ohne maßgeblichen Einfluss des Steuerpflichtigen reicht nicht aus, um eine für die Tatbestandsverwirklichung des § 23 Abs. 1 Satz 1 Nr. 1 notwendige wirtschaftliche Betätigung anzunehmen. 108.1

108.2 Anders ist dies hingegen im Fall der Zwangsversteigerung. Hier wird kraft § 90 Abs. 1 ZVG mit dem Zuschlag der Abschluss eines schuldrechtlichen Vertrags fingiert. Auch der Notverkauf zur Vermeidung einer Zwangsversteigerung stellt ein privates Veräußerungsgeschäft dar.

108a Zudem kann eine Veräußerung nach der Rechtsprechung des BFH unbeachtlich sein, wenn in sachlichem und zeitlichem Zusammenhang ein Ersatzwirtschaftsgut angeschafft wird. In einem solchen Fall werden zwangsweise veräußertes und Ersatzwirtschaftsgut zusammengefasst. Das Ersatzwirtschaftsgut kommt als Objekt iSd § 23 Abs. 1 nur in Betracht, soweit die Behaltefrist für das zwangsweise veräußerte Wirtschaftsgut noch nicht abgelaufen ist (BFH 16.1.1973 – VIII R 96/70, BStBl. II 1973, 445; BFH 15.1.1974 – VIII R 63/68, BStBl. II 1974, 606; BFH 29.3.1995 – X R 3/92, DStR 1995, 1301; Schmidt/*Weber-Grellet* § 23 Rn. 56; LBP/*Hoheisel* § 23 Rn. 152; Frotscher/*Geurts* § 23 Rn. 96). Eine unmittelbare Anwendung der Voraussetzungen von EStR 6.6 scheidet im Privatvermögen aus (*Trossen* NWB 2019, 2975).

109 Mit dem Anknüpfen an rein objektive Voraussetzungen will der Gesetzgeber Streitfragen rund um die (tatrichterlich schwierige) Feststellung subjektiver Tatbestandselemente vermeiden. Hinge § 23 von einem subjektiven Merkmal ab (zB Anschaffung bereits in Veräußerungsabsicht), würde diese vom Steuerpflichtigen regelmäßig bestritten, wäre vom Finanzamt in tatsächlicher Hinsicht (innerer Umstand) kaum nachweisbar und ließe sich ohne Vermutungsregelungen (die wiederum an feste Fristen anknüpfen würden) in der Praxis kaum handhaben.

110 *Einstweilen frei*

2. Identität des angeschafften und veräußerten Wirtschaftsguts (Nämlichkeit)

111 Im Bereich des § 23 muss das erworbene Wirtschaftsgut mit dem veräußerten **(wirtschaftlich) identisch** sein (H 23 (Identisches Wirtschaftsgut) EStR; BFH 29.3.1989 – X R 4/84, BStBl. II 1989, 652; BFH 13.4.2010 – IX R 36/09, BStBl. II 2010, 792; BFH 6.4.2011 – IX R 41/10, BFH/NV 2011, 1850). Dies folgt zum einen aus dem Wortlaut der Vorschrift, der sich auf bestimmte („bei") abschließend aufgezählte Wirtschaftsgüter bezieht. Zum anderen sollen innerhalb der Veräußerungsfrist bestimmte Wertsteigerung eines konkreten Wirtschaftsguts der Besteuerung unterworfen werden. Diese Wertsteigerung lässt sich in der von § 23 betroffenen privaten Vermögensphäre nur ermitteln, indem die Anschaffungskosten des erworbenen Wirtschaftsguts und der Veräußerungspreis des verkauften Wirtschaftsguts gegenüber gestellt werden. Anders lässt sich auch die steuerrelevante Wertsteigerung nicht zuverlässig ermitteln. Würde nicht auf das einzelne Wirtschaftsgut, sondern die Zugehörigkeit zu einer Gruppe abgestellt, führte dies auch zur weitergehenden Frage wie der Anwendung von Verfahren wie „first-in-first-out" oder „last-in-first-out" sowie der Frage, ob die individuellen Anschaffungskosten oder durchschnittliche Anschaffungskosten zugrunde zu legen wären. Da in der privaten Vermögenssphäre keine Aufzeichnungen vorhanden sind, wäre die Anwendung dieser Verfahren auch nicht möglich.

112 Ob Identität („Nämlichkeit") gegeben ist oder ein anderes Wirtschaftsgut („aliud") vorliegt, richtet sich nach einem wirtschaftlichen Vergleich von angeschafftem und veräußertem Wirtschaftsgut unter Berücksichtigung der Umstände des Einzelfalls (BFH 13.4.2010 – IX R 36/09, BStBl. II 2010, 792; LBP/*Hoheisel* § 23 Rn. 101). Ausreichend ist eine wirtschaftliche Identität.

112.1 Dies folgt aus der im Steuerrecht auf der Grundlage von § 39 AO grundsätzlich anwendbaren wirtschaftlichen Betrachtungsweise. So liegt wirtschaftliche Identität vor, wenn der Gegenstand als Eigentümer (§ 39 Abs. 1 AO) angeschafft, aber als Treugeber (§ 39 Abs. 2 Nr. 1 AO) oder nach einer Einlage als Gesellschafter einer vermögensverwaltenden Personengesellschaft (§ 39 Abs. 2 Nr. 2 AO) veräußert wird. Es wird folglich keine Identität im tatsächlichen oder rechtlichen Sinn verlangt. Dies richtet sich nach der Verkehrsanschauung und eine wertenden Vergleich von angeschafftem und veräußertem Wirtschaftsgut unter Berücksichtigung der Umstände des Einzelfalls (KSM/*Wernsmann* § 23 Rn. B 17). Maßgebliche Kriterien sind die Gleichartigkeit, Funktionsgleichheit und Gleichwertigkeit von angeschafftem und veräußertem Wirtschaftsgut (BFH 12.6.2013 – IX R 31/12, BStBl. II 2013, 1011; *Heyd* BB 2018, 943 (944)).

113 Die Erwähnung der Herstellungskosten neben den Anschaffungskosten in § 23 Abs. 3 verdeutlicht zudem, dass nicht jede Veränderung die **Nämlichkeit** zwischen angeschafftem

und veräußertem Wirtschaftsgut aufhebt (Blümich/*Ratschow* § 23 Rn. 127). Die Nämlichkeit bleibt solange gewahrt, wie das angeschaffte Wirtschaftsgut durch Herstellungsmaßnahmen nicht so umgestaltet wird, dass bei wirtschaftlicher Betrachtung ein anderes Wirtschaftsgut vorliegt (Blümich/*Ratschow* § 23 Rn. 127).

So hat zB der BFH den Erwerb eines **Restitutionsanspruchs** der Anschaffung des Grundstücks gleichgestellt, sodass der entgeltliche Erwerb des Restitutionsanspruchs und die spätere Veräußerung des rückübertragenen Grundstücks grundsätzlich als Anschaffungs- und Veräußerungsvorgang anzusehen sind (BFH 13.12.2005 – IX R 14/03, BStBl. II 2006, 513). Beim Erwerb eines mit einem Erbbaurecht belasteten Grundstücks und anschließender Veräußerung nach Löschung des Erbbaurechts liegt eine Identität nur hinsichtlich des Grundstücks vor (BFH 12.6.2013 – IX R 31/12, BStBl. II 2013, 1811). Denn zwischen einem unbebauten Grundstück und einem nachfolgend für dieses Grundstück bestellten Erbbaurecht besteht keine – auch keine partielle – Identität zwischen angeschafftem und veräußertem Wirtschaftsgut (BFH 8.11.2017 – IX R 25/15, DStR 2018, 609). **113.1**

Einstweilen frei **114**

Dies bedeutet, dass für jedes einzelne Wirtschaftsgut die Voraussetzungen des § 23 gesondert zu prüfen sind (so auch Schmidt/*Weber-Grellet* § 23 Rn. 15). Werden mehrere Wirtschaftsgüter zusammen veräußert, müssen für jedes einzelne die Voraussetzungen des § 23 vorliegen. Dies kann dazu führen, dass bei einer Grundstücksveräußerung mit Zubehör (§ 97 BGB) hinsichtlich des Grundstücks die Voraussetzungen des § 23 Abs. 1 S. 1 Nr. 1 erfüllt sind, hinsichtlich des Zubehörs nach § 23 Abs. 1 S. 1 Nr. 2 hingegen nicht. Bei Aufteilung eines Grundstücks bleibt die wirtschaftliche Identität im Verhältnis zu den einzelnen Teilen erhalten, wenn die Teilung ohne aufwändige technische Maßnahmen (zB nur durch Rechtsakt) möglich ist (Blümich/*Ratschow* § 23 Rn. 128; LBP/*Hoheisel* § 23 Rn. 103). **115**

Eine zwangsweise Ersatzbeschaffung lässt die Nämlichkeit nicht entfallen. Ist der Steuerpflichtige gezwungen, ein Wirtschaftsgut durch ein anderes zu ersetzen (zB ein Gebäude nach einem Brand und nachfolgendem Abriss; Tausch im landwirtschaftlichen Umlegungsverfahren (BFH 13.4.2010 – IX R 36/09, BStBl. II 2010, 792)), ist dies nicht als Veräußerung bzw. Anschaffung zu beurteilen. Die Veräußerungsfrist läuft in diesem Fall ab ursprünglicher Anschaffung weiter. Voraussetzung ist aber, dass zwischen ursprünglichem Wirtschaftsgut und dem ersatzbeschafften Wirtschaftsgut ein sachlicher und zeitlicher Zusammenhang besteht. **116**

Eine Ausnahme vom Grundsatz der Nämlichkeit stellt § 23 Abs. 1 Satz 4 dar, der die Anschaffung oder Veräußerung einer mittelbaren oder unmittelbaren Beteiligung an einer Personengesellschaft als Anschaffung oder Veräußerung der anteiligen Wirtschaftsgüter behandelt. In gleicher Weise durchbricht § 23 Abs. 1 Satz 1 Nr. 1 Satz 2 den Grundsatz der Nämlichkeit, indem er innerhalb der 10-Jahres-Frist errichtete, ausgebaute oder erweiterte Gebäude, Gebäudeteile, Außenanlagen sowie Eigentumswohnungen und im Teileigentum stehende Räume in die Besteuerung der Grundstücksveräußerung einbezieht (KSM/*Wernsmann* § 23 Rn. A 6, B 16). **117**

3. Persönlicher Geltungsbereich

Anschaffender und Veräußernder müssen **personenidentisch** sein (KKB/*Bäuml* § 23 Rn. 58). Ehegatten sind getrennt zu behandeln (BFH 17.12.1997 – X R 88/95, BStBl. II 1998, 343). Letzteres hat seinen Grund in der Einkünfteermittlung nach § 2. Bei Ehegatten sind die steuerbaren und steuerpflichtigen Einkünfte getrennt zu ermitteln und erst auf der Höhe des Gesamtbetrags der Einkünfte im Rahmen der Zusammenveranlagung zusammen zu rechnen. Bei unentgeltlicher Rechtsnachfolge tritt der Rechtsnachfolger in die Position des Rechtsvorgängers ein (§ 23 Abs. 1 S. 3). **118**

Grundsätzlich muss der Veräußerer im Zeitpunkt der Veräußerung unbeschränkt steuerpflichtig sein. Bei einem unbeschränkt Steuerpflichtigen ist daher auch die Veräußerung von im Ausland belegenen Grundstücken grundsätzlich steuerbar (BFH 19.5.1982 – I R 257/78, BStBl. II 1982, 768; HHR/*Musil* § 23 Rn. 16). Bei der Veräußerung von Grundstücken und grundstücksgleichen Rechten im Inland eröffnet § 49 Abs. 1 Nr. 8 die Besteuerung von beschränkt Steuerpflichtigen. **119**

Bei Grundstücksveräußerungen weist allerdings Art. 13 Abs. 1 OECD-MA das Besteuerungsrecht grundsätzlich dem Belegenheitsstaat zu. Es kommt die Freistellungsmethode zur Anwendung (FG Münster 16.2.2009 – 9 K 463/04 K, F, EFG 2009, 1222; FG Niedersachsen **120**

4.3.2010 – 10 K 259/08, EFG 2010, 1133). Bei der Veräußerung von im Ausland belegenen Grundstücken sind die Veräußerungsgewinne daher aus der Bemessungsgrundlage der deutschen Steuer herauszunehmen (für die Rechtslage in Spanien (Anrechnungsmethode) OFD Frankfurt a.M. 16.5.2012, DStR 2012, 1345), sofern nicht das einschlägige DBA eine andere Regelung vorsieht.

4. Spekulations- und Einkünfteerzielungsabsicht

121 Auch im Wege des § 23 muss, wie bei allen Einkunftsarten, eine **Einkünfteerzielungsabsicht** vorliegen (Blümich/*Ratschow* § 23 Rn. 13; Kirchhof/*Kube* § 23 Rn. 1; *Stein* DStZ 2003, 803 (806); **anders** KSM/*Wernsmann* § 23 Rn. B2 mwN; HHR/*Musil* § 23 Rn. 82; Bordewin/Brandt/*Bachem* § 23 Rn. 38; *Walter/Stümper* DB 2001, 2271; s. ausführlich zur Problematik *Falkner* DStR 2010, 788). Unabhängig davon, welcher Ansicht man folgt, ist bei § 23 ist die gesonderte Feststellung der Einkünfteerzielung grundsätzlich nicht notwendig (vgl. BFH 2.5.2000 – IX R 74/96, BStBl. II 2000, 469; BFH 25.8.2009 – IX R 60/07, BStBl. II 2009, 999; BFH 20.8.2013 – IX R 38/11, BStBl. II 2013, 1021), weshalb dieser Frage praktisch keine Bedeutung zukommt (LBP/*Hoheisel* § 23 Rn. 35).

Die Einkünfteerzielungsabsicht kann immer nur anhand **objektiver Kriterien** ermittelt werden (BFH 25.10.1989 – X R 109/87, BStBl. II 1990, 278). Bei § 23 besteht jedoch die Besonderheit, dass sie durch die Haltefristen in § 23 Abs. 1 S. 1 Nr. 1 und Nr. 2 von zehn beziehungsweise einem Jahr typisiert wird. Es liegt damit eine **typisierende Objektivierung** vor (BFH 1.6.2004 – IX R 35/01, BStBl. II 2005, 26; 17.4.2007 – IX R 23/06, BStBl. II 2007, 606; BFH 1.8.2012 – IX R 8/12, BStBl. II 2012, 781; Kirchhof/*Kube* § 23 Rn. 1; Blümich/*Ratschow* § 23 Rn. 13). Die Einkünfteerzielungsabsicht kann dadurch bereits nach einem objektiven Kriterium, die Haltefrist, bestimmt werden und muss nicht gesondert geprüft werden (BFH 29.10.2019 – IX R 10/18, DStR 2020, 707).

121.1 Dies kann zu als ungerecht empfundenen Ergebnissen führen (s. *Lüdemann/Zugmaier* DStR 1996, 1636 (1638f.)). Ohne die Objektivierung der Einkünfteerzielungsabsicht durch die Haltefristen wäre die Rechtspraxis aber vor erhebliche Schwierigkeiten gestellt. Eine Einkünfteerzielungsabsicht wäre kaum feststellbar. Es spielt daher keine Rolle, ob mit dem steuerverhafteten Gegenstand eine der privaten Lebensgestaltung zuzurechnende Tätigkeit (zB „Hobby“) ausgeübt wurde, ob über einen längeren Zeitraum aus privaten Veräußerungsgeschäften Verluste erzielt werden oder ob eine Prognoseberechnung auf Dauer einen Totalgewinn/-überschuss ergibt. Veräußert der Steuerpflichtige innerhalb der Frist, ist das Ergebnis automatisch steuerbar, sofern nicht die Subsidiaritätsregel des § 23 Abs. 2 eingreift – subjektive Merkmale sind nicht zu prüfen (BFH 22.4.2008 – IX R 29/06, BStBl. II 2009, 296; BFH 31.8.1994 – X R 66/92, BFH/NV 1995, 391; BFH 20.8.2013 – IX R 38/11, BStBl. II 2013, 1021; BFH 29.10.2019 – IX R 10/19, DStR 2020, 707). Kommt es innerhalb dieses Zeitraumes andererseits nicht zu einem Veräußerungsgeschäft, so fällt umgekehrt die Tätigkeit des Steuerpflichtigen insgesamt in die nicht steuerbare Vermögenssphäre – es liegt keine Einkünfteerzielungsabsicht vor. Mithin sind der bloße Veräußerungsversuch und die damit verbundenen Aufwendungen steuerrechtlich ohne Bedeutung, wenn es nicht zu einer Veräußerung innerhalb der Haltefristen kommt.

122 Demzufolge entfällt bei § 23 auch die Prüfung, ob eine **Liebhaberei** vorliegen könnte. § 23 unterstellt typisierend bei Erfüllung der objektiven Tatbestandsmerkmale, dass bei einer Veräußerung innerhalb der Haltefristen der Steuerpflichtige das Wirtschaftsgut von Beginn an in Veräußerungsabsicht angeschafft hat. Allerdings enthält die Norm **keine gesetzliche Vermutung einer Spekulationsabsicht,** die ggf. im Beweiswege widerlegt werden könnte (KSM/*Wernsmann* § 23 Rn. A3). Bereits der Gesetzestext bringt zum Ausdruck, dass die Spekulationsabsicht kein Tatbestandsmerkmal ist, da die Überschrift nicht mehr (wie bis zum StEntlG 1999/2000/2002) „Spekulationsgeschäfte“, sondern nunmehr „Private Veräußerungsgeschäfte“ lautet (LBP/*Hoheisel* § 23 Rn. 33). Dies entspricht auch der Rechtsprechung des BFH (BFH 2.5.2000 – IX R 74/96, BStBl. II 2000, 469).

123 Wird eine **anderweitige Tätigkeit als Liebhaberei eingestuft,** führt die Veräußerung von Gegenständen aus dem „Liebhaberei-Vermögen“ innerhalb der Fristen zur Verwirklichung des § 23 (Blümich/*Ratschow* § 23 Rn. 29; aA KKB/*Bäuml* § 23 Rn. 103; LBP/*Hoheisel* § 23 Rn. 46). Nicht gefolgt werden kann der Auffassung, Wirtschaftsgüter in einem Liebhaberei-Betrieb zählten zu einem Betriebsvermögen und könnten daher aufgrund der Subsidiaritätsklausel nicht erfasst werden, auch wenn Anschaffung und Veräußerung innerhalb der

Haltefristen liegen (so KKB/*Bäuml* § 23 Rn. 103). Denn im Fall der Liebhaberei liegt keine steuerlich relevante Tätigkeit und damit auch kein steuerlich bedeutsames Betriebsvermögen vor, das über § 15 oder § 18 die Anwendbarkeit der Vorschrift ausschließen könnte. Vielmehr sind die betroffenen Gegenstände dem Privatvermögen zuzuordnen.

Wird aus einen Liebhabereibetrieb durch Änderung der Geschäftstätigkeit („**Strukturwandel**") ein der Besteuerung unterfallender (Gewerbe-, land- und forstwirtschaftlicher oder freiberuflicher) Betrieb, liegt eine Einlage vor, die – falls die Veräußerung aus dem Betriebsvermögen innerhalb von zehn Jahren erfolgt – zur Besteuerungsfolge nach § 23 Abs. 1 S. 5 Nr. 2 führen kann. Wird umgekehrt aus einem der Besteuerung unterfallenden Betrieb ein Liebhabereibetrieb, gilt die Überführung der Wirtschaftsgüter in das Privatvermögen nach § 23 Abs. 1 S. 2 als Anschaffung. Hier sind nach § 8 der VO zu § 180 Abs. 2 AO auf diesen Zeitpunkt der Unterschiedsbetrag zwischen dem gemeinen Wert und dem Einlagewert gesondert und bei mehreren Beteiligten einheitlich festzustellen. **124**

5. Veräußerungsfristen, Haltefristen

§ 23 knüpft an Anschaffung und Veräußerung **innerhalb bestimmter Fristen** an. Erfasst wird die Anschaffung und Veräußerung der in der Vorschrift abschließend aufgezählten Gegenstände innerhalb bestimmter Fristen. Ob und welche Wirtschaftsgüter § 23 Abs. 1 in die Steuerbarkeit einbezieht und damit unmittelbar auf Vermögenszuwächse im Privatvermögen zugreift, ist eine Frage politischer Gestaltung, die verfassungsrechtlich als solche nicht bedenklich ist (BVerfG 7.7.2010 – 2 BvL 14/02, 2 BvL 2/04, 2 BvL 13/05, BStBl. II 2011, 76 Rn. 83). Denn Sinn und Zweck des § 23 ist es, innerhalb der in der Vorschrift umschriebenen Frist im Privatvermögen des Steuerpflichtigen erzielte Werterhöhungen eines in der Vorschrift genannten Wirtschaftsguts der Besteuerung zu unterwerfen (BFH 7.11.2006 – IX R 45/04, BFH/NV 2007, 1473 mwN). **125**

Bei Grundstücken und grundstücksgleichen Rechten beträgt die Frist zwischen Anschaffung im Privatvermögen bzw. Entnahme aus dem Betriebsvermögen und Veräußerung im Privatvermögen oder verdeckter Einlage in eine Kapitalgesellschaft **zehn Jahre.** Bei anderen Wirtschaftsgütern, sofern es sich nicht um Gegenstände des täglichen Gebrauchs handelt, beträgt die Frist **ein Jahr.** **126**

Die Veräußerungs- und Haltefristen bestimmen damit maßgeblich die Gestaltungsmöglichkeiten, um eine Besteuerung nach der Norm zu vermeiden. Es besteht ohne Zweifel der Anreiz, im Hinblick auf die Nichtsteuerbarkeit der Veräußerung im Gewinnfalle den Ablauf der jeweiligen Haltefrist abzuwarten. Im Fall der Entstehung eines Verlusts bietet sich die Veräußerung vor Ablauf der Haltefrist an, um steuerbare (allerdings nur eingeschränkt verrechenbare) Verluste zu realisieren. Das **gezielte Abwarten des Ablauf der Veräußerungsfrist,** um die Nichtsteuerbarkeit des Veräußerungsgewinns zu erreichen, ist daher kein Gestaltungsmissbrauch iSd § 42 AO (KSM/*Wernsmann* § 23 Rn. A 71). Gleiches gilt für das Realisieren von Veräußerungsverlusten innerhalb der Frist (KSM/*Wernsmann* § 23 Rn. A 72), auch wenn es unmittelbar danach wieder zum Ankauf des jeweiligen Wirtschaftsguts kommt (BFH 25.8.2009 – IX R 60/07, DStR 2009, 2188). **127**

Einstweilen frei **128**

a) Fristberechnung. Für die Berechnung der gesetzlichen Veräußerungsfrist gelten § 108 AO, § 187 Abs. 1 BGB, § 188 Abs. 2 und 3 BGB (Kirchhof/*Kube* § 23 Rn. 17; KSM/*Wernsmann* § 23 Rn. B 151). Der Beginn der Frist ist nach § 187 Abs. 1 BGB zu bestimmen. Der Tag des Ereignisses, also der Tag an dem der schuldrechtliche Vertrag geschlossen wird, ist in die Fristberechnung nicht miteinzubeziehen. Nach § 188 Abs. 2 BGB endet die Frist mit dem Tag, der durch seine Zahl dem Tag entspricht, in den das Ereignis fällt. **129**

Als Faustformel gilt, dass die Steuerpflicht erst entfällt, wenn die jeweilige Haltefrist den Erwerbszeitpunkt **um einen Tag** überschreitet (zB Erwerb 10.4.2010, Veräußerung 11.4.2020) (Blümich/*Ratschow* § 23 Rn. 161; LBP/*Hoheisel* § 23 Rn. 105). Fällt das Ende der Haltefrist auf einen Samstag (Sonnabend), Sonntag oder gesetzlichen Feiertag, so wird abweichend von § 108 Abs. 3 AO und § 193 BGB das Fristende nicht auf den Ablauf des nächsten Werktags verlängert (KKB/*Bäuml* § 23 Rn. 278; KSM/*Wernsmann* § 23 Rn. B 152; LBP/*Hoheisel* § 23 Rn. 106). **130**

131 Geht das wirtschaftliche Eigentum bereits zu einem früheren Zeitpunkt über, also zeitlich vor dem schuldrechtlichen Verpflichtungsgeschäft, beginnt die Frist mit **Übergang von Gefahr, Nutzen und Lasten** (BFH 8.4.2003 – IX R 1/01, BFH/NV 2003, 1171; BFH 16.6.2015 – IX R 21/14, BFH/NV 2015, 1567; Bordewin/Brandt/*Bachem* § 23 Rn. 72). Das kann der Fall sein, wenn ein Wirtschaftsgut dem Erwerber bereits zu Eigenbesitz übergeben wurde und wenn dieser trotz des Fehlens einer rechtlich wirksamen Bindung wirtschaftlich mit dem Abschluss des Kaufvertrags rechnen konnte (Frotscher/*Geurts* § 23 Rn. 115 aE). Denn in diesem Fall ist bereits bei Übergang des wirtschaftlichen Eigentums steuerlich der Vollzug des Erwerbs gegeben. Dies rechtfertigt es, die Steuerverhaftung bereits zu diesem Zeitpunkt beginnen zu lassen.

132 Wird das Grundstück unentgeltlich durch Rechtsnachfolge erworben (Erbschaft, Vermächtnis, Schenkung), tritt der Rechtsnachfolger nach § 23 Abs. 1 S. 3 in die noch laufende Veräußerungsfrist des Rechtsvorgängers ein. Insoweit bildet § 23 Abs. 1 S. 3 die „Fußstapfentheorie" ab, wonach bei unentgeltlicher Rechtsnachfolge die steuerliche Verhaftung eines Gegenstands auf den Rechtsnachfolger übergeht.

132.1 Bei in der Folge einer Kapitalerhöhung ausgegebenen Bezugsrechten wird für diese keine neue Frist in Gang gesetzt. Denn die durch eine Kapitalerhöhung angeschafften Bezugsrechte werden nicht angeschafft, sondern leiten sich von den Altaktien bzw. Altanteilen her. Denn das Bezugsrecht leitet sich aus den Altanteilen her (BFH 22.5.2003 – IX R 9/00, DStR 2003, 124). Daher führt die Ausgabe von Bezugsrechten und die Ausgabe von neuen Gesellschaftsrechten aufgrund einer Kapitalerhöhung wirtschaftlich zu einer Abspaltung der in den Altaktien enthaltenen Substanz und damit zu einer Abspaltung eines Teils der ursprünglichen Anschaffungskosten (BFH 21.1.1999 – IV R 27/97, BStBl. II 1999, 638; BFH 19.12.2000 – IX R 100/97, BStBl. II 2001, 345; BFH 22.5.2003 – IX R 9/00, DStR 2003, 124; BFH 8.3.2017 – IX R 5/16, BStBl. II 2017, 930).

133 *Einstweilen frei*

134 **b) Fristbeginn und -ende.** Die Haltefrist beginnt mit **Ablauf des Tages** des rechtsverbindlichen Zustandekommens des schuldrechtlichen Verpflichtungsgeschäfts (Anschaffungsgeschäft). Sie endet mit dem Tag des Zustandekommens des schuldrechtlichen Veräußerungsgeschäfts. Werden Angebot und Annahme zu verschiedenen Zeitpunkten (zB in zwei getrennten Urkunden) abgegeben, kommt es auf den Zeitpunkt der zuletzt abgegebenen Erklärung an.

135 Maßgebend sind die schuldrechtlichen Verpflichtungsgeschäfte bzw. die Abgabe des Meistgebots bei der Versteigerung, die Ausübung (nicht die Einräumung) eines Vorkaufsrechts, die Ausübung einer Option, ein beidseitig bindender Vorvertrag, in dem bereits alle für einen Kaufvertrag erforderlichen Punkte geregelt sind (Kirchhof/*Kube* § 23 Rn. 17; *Tiedtke/Wälzholz* NotBZ 2000, 237 (241 f.); Frotscher/*Geurts* § 23 Rn. 116; Bordewin/Brandt/*Bachem* § 23 Rn. 70). Das Anknüpfen an das schuldrechtliche Verpflichtungsgeschäft rechtfertigt sich dadurch, dass der Steuerpflichtige mit diesem die für die Veräußerung maßgeblichen Dispositionen trifft. Der Übergang des zivilrechtlichen Eigentums ist gerade bei Grundstücken oft vom Zufall (Zeitpunkt der Grundbucheintragung) abhängig, der Übergang des wirtschaftlichen Eigentums kann von den Vertragsparteien bestimmt werden (Bordewin/Brandt/*Bachem* § 23 Rn. 70).

136 Auf einen **früheren Zeitpunkt** kann es nur ankommen, wenn das wirtschaftliche Eigentum bereits vor oder ohne Vertragsschluss hinsichtlich des Verpflichtungsgeschäfts übergegangen ist, also das dingliche Eigentum vor oder ohne schuldrechtliches Veräußerungsgeschäft übergegangen ist. Eine Anschaffung kann auch dann vorliegen, wenn es weder zu einem obligatorischen noch zu einem dinglichen Geschäft gekommen ist, die Parteien allerdings rechtliche Beziehungen geschaffen haben, die bei wirtschaftlicher Betrachtungsweise einer Veräußerung und Übertragung gleichstehen. Dies kann bei Einräumung eines Vorkaufsrechts mit umfangreichen Vertragsstrafen bei Nichtausübung der Fall sein.

137 Auch ein **formunwirksamer Vertrag** reicht aus, wenn das Geschäft (zB durch Grundbucheintrag) tatsächlich vollzogen wurde. Ein nur privatschriftlicher Vertrag, der nicht durchgeführt wird, reicht nicht aus. Der Zufluss des Veräußerungspreises ist für die Tatbestandsverwirklichung unbeachtlich. Auf einen früheren Zeitpunkt kann es nur ankommen, wenn das wirtschaftliche Eigentum bereits vor Vertragsschluss übergegangen ist.

Wird das Grundstück unentgeltlich durch Rechtsnachfolge erworben (Erbschaft, Vermächtnis, Schenkung), tritt der Rechtsnachfolger nach § 23 Abs. 1 S. 3 in die noch laufende Veräußerungsfrist des Rechtsvorgängers ein. Im Rahmen der Erbauseinandersetzung kann ein zu einem entgeltlichen Erwerb führender Vorgang dann vorliegen, wenn ein Spitzenausgleich erfolgt (BFH 22.9.1987 – IX R 15/84, BStBl. II 1988, 250). Auch der Verkauf einer Erbschaft kann hinsichtlich der veräußerten Wirtschaftsgüter zu einem privaten Veräußerungsgeschäft führen. 138

Auch Übertragungen zur Abgeltung des Zugewinnausgleichs im Rahmen einer Scheidungsvereinbarung können ein privates Veräußerungsgeschäft auslösen (*Deutschländer* NWB 2014, 1019 (1025); Kirchhof/*Kube* § 23 Rn. 11; *Kleffmann* FuR 2011, 381; OFD Frankfurt a.M. 27.2.2014, BeckVerw 287410; aA Schmidt/*Weber-Grellet* § 23 Rn. 42; *Tiedtke/Wälzholz* NotBZ 2000, 237 (238 f.)). Dies gilt auch, wenn nicht nur die Zugewinnausgleichsforderung durch Übertragung eines Grundstücks erfüllt wird, sondern auch wenn Unterhaltsforderungen damit pauschal abgegolten werden (insbesondere auch zum Sonderausgabenabzug OFD Frankfurt a.M. 27.2.2014, BeckVerw 287410). Zur Berücksichtigung der aus § 23 folgenden latenten Steuerlast *Fassnacht* FamRZ 2014, 181; *Kogel* FamRB 2015, 156, *Schulz* FamRZ 2014, 1684). 138.1

Einstweilen frei 139–140

c) **Fristberechnung bei aufschiebend bedingten/genehmigungsbedürftigen Rechtsgeschäften.** Keine Auswirkung auf die Fristberechnung liegt vor, wenn der Kaufvertrag im Hinblick auf die (in Kürze) ablaufende Zehnjahresfrist ausdrücklich unter einer aufschiebenden Bedingung geschlossen werden soll. Durch die Vereinbarung einer **aufschiebenden Bedingung** (§ 158 Abs. 1 BGB) kann die Wirksamkeit des schuldrechtlichen Vertrags nicht auf einen späteren Zeitpunkt nach Ablauf der Zehnjahresfrist hinausgeschoben und damit dem privaten Veräußerungsgeschäft nicht ausgewichen werden (BFH 10.2.2015 – IX R 23 /13, BStBl. II 2015, 487; *Schießl* jM 2015, 298 (299)). Eine Veräußerung iSv § 22 Nr. 2, § 23 Abs. 1 S. 1 Nr. 1 liegt vor, wenn die rechtsgeschäftlichen Erklärungen beider Vertragspartner innerhalb der zehnjährigen Veräußerungsfrist bindend abgegeben werden. Auch ein aufschiebend bedingtes Rechtsgeschäft ist für die Parteien bindend. Aus dem Wesen der Bedingung und dem Wortlaut des § 158 Abs. 1 BGB folgt, dass das aufschiebend bedingte Rechtsgeschäft tatbestandlich mit seiner Vornahme vollendet und voll gültig ist. Ein aufschiebend bedingter Vertrag bindet die Parteien. Nur die Rechtswirkungen des bedingten Rechtsgeschäfts befinden sich bis zum Bedingungseintritt noch in der Schwebe. Der außerhalb der Veräußerungsfrist liegende Zeitpunkt des Eintritts der aufschiebenden Bedingung ist insoweit für die Besteuerung nach § 23 Abs. 1 S. 1 unerheblich (*Schießl* jM 2015, 298 (300). 141

Dies ist anders zu beurteilen, wenn der Vertrag nicht aufschiebend bedingt, sondern **schwebend unwirksam** iSd § 177 BGB ist (BFH 2.10.2001 – IX R 45/99, BStBl. II 2002 10; *Schießl* jM 2015, 298 (301)). Bei schwebender Unwirksamkeit iSd § 177 BGB kommt es auf den Zeitpunkt der Genehmigung an. Die zivilrechtliche Rückwirkung (§ 184 Abs. 1 BGB) erstreckt sich nicht auf das Steuerrecht. Dies kommt in der Praxis vor allem zum Tragen, wenn beide Vertragsparteien sich vor dem Notar durch Notariatsangestellte als Vertreter ohne Vertretungsmacht vertreten lassen und die Genehmigung des schwebend unwirksamen Vertrags erst nach Ablauf der Zehnjahresfrist erfolgt. Denn beim schwebend unwirksamen Vertrag kann sich jede Partei noch ohne Weiteres vom Vertrag lösen, indem sie zB die Genehmigung verweigert. Die Genehmigung wirkt auch steuerrechtlich nicht auf den Zeitpunkt der Vornahme des Rechtsgeschäfts zurück. Die zivilrechtliche Rückwirkung ist für die Berechnung der Spekulationsfrist unbeachtlich. 142

Durch die Rechtsprechung ist gegenwärtig noch ungeklärt, was im Fall der betreuungs-, **nachlass- oder familiengerichtlichen Genehmigung** gilt (Kirchhof/*Kube* § 23 Rn. 17 mwN). Hier ist der noch innerhalb der Zehnjahresfrist abgeschlossene Vertrag schwebend unwirksam (ua § 1829 BGB) und die Vertragsparteien sind nicht gebunden (Palandt/*Götz* BGB § 1829 Rn. 1). Dies spricht grundsätzlich gegen die Annahme eines privaten Veräußerungsgeschäfts, da regelmäßig erst vom Zeitpunkt der Genehmigung an tatsächlich und rechtlich alle Folgerungen aus dem bisher schwebend unwirksamen Vertrag gezogen werden können. 143

143.1 Einfacher erweist sich in diesem Fall die Einräumung eines Vorkaufsrechts (§ 1094 BGB) kombiniert mit einem Mietvertrag. Denn eine Veräußerung liegt noch nicht vor, solange der spätere Erwerber ein Grundstück aufgrund eines Mietvertrags nutzt und ihm lediglich ein Vorkaufsrecht hinsichtlich des Grundstücks eingeräumt wurde. Denn das Vorkaufsrecht schränkt nicht die Verfügungsbefugnis des Eigentümers über das Grundstück ein. Unabhängig davon kann er frei entscheiden, ob er einen Kaufvertrag mit einem Dritten abschließt und damit erst die Voraussetzungen für die Ausübung des Vorkaufsrechts schafft (BFH 8.4.2003 – IX R 1/01, BFH/NV 2003, 1171 mwN; zustimmend *Tiedtke/Wälzholz* NotBZ 2000, 237 (240)). Dieses sichert allerdings den Käufer nur dahingehend ab, dass im Verkaufsfall der Abschluss des Kaufvertrags mit ihm erfolgt. Entschließt sich der Grundstückseigentümer, die Immobilie weiter zu halten und doch nicht zu veräußern, kommt es nicht zu Grundstücksverkauf und Eigentumsübertragung.

144 Höchstrichterlich **noch nicht entschieden** ist der Fall, dass die Grundstücksveräußerung noch von einer öffentlich-rechtlichen Genehmigung (zB bei Grundstücken in einem Sanierungsgebiet nach § 144 BauGB) abhängt. Hier könnte es davon abhängen, ob die Genehmigung den schuldrechtlichen Vertrag oder lediglich das Verfügungsgeschäft schwebend unwirksam macht.

145 *Einstweilen frei*

6. Gesonderte und einheitliche Feststellung

146 Werden die Einkünfte von **mehreren Personen** erzielt, sind sie nach § 180 Abs. 1 Nr. 2 Buchst. a AO gesondert und einheitlich festzustellen. Danach liegen Einkünfte, an denen i.S. von § 180 Abs. 1 Nr. 2 Buchst. a der Abgabenordnung mehrere beteiligt sind, vor, wenn mehrere Personen „gemeinsam" den Tatbestand des privaten Veräußerungsgeschäfts verwirklichen (BFH 13.7.1994 – X R 7/91, BFH/NV 1995, 303; BFH 11.5.1999 – IX R 72/96, BFH/NV 1999, 1446; BFH 21.1.2014 – IX R 9/13, BFH/NV 2014, 745; auch OFD Frankfurt a.M. 7.8.2014, DStR 2014, 1832).

147 Dies ist immer dann der Fall, wenn auf **Ebene einer Personengesellschaft** oder einer Bruchteilsgesellschaft von der Gesamthand selbst innerhalb der Haltefristen ein Wirtschaftsgut erworben und wieder veräußert wird. Erwerb und Veräußerung führen zum Entstehen eines privaten Veräußerungsgeschäfts auf Ebene der Gesellschaft. Die daraus folgenden Einkünfte sind den Gesellschaftern im Wege der gesonderten und einheitlichen Verlustfeststellung nach § 182 Abs. 1 AO zuzurechnen (*Hutmacher* ZNotP 2012, 302 (304); *Schießl* DStR 2014, 512 (515); *Kahle/Rombach* Ubg 2019, 181 (187)).

148 Wird das private Veräußerungsgeschäft dadurch verwirklicht, dass der Gesellschafter innerhalb der Haltefrist in die Gesellschaft **eintritt und wieder ausscheidet,** liegt ein privates Veräußerungsgeschäft nicht auf Ebene der Gesellschaft, sondern nur auf Ebene des Gesellschafters vor (BFH 10.11.2015 – IX R 10/15, BFH/NV 2016, 529; *Hutmacher* ZNotP 2012, 302 (304)). Die Einkünfte sind daher in der Einkommensteuerveranlagung des Gesellschafters zu erfassen.

149 Ebenfalls **fehlt es an der gemeinsamen Anschaffung** des Wirtschaftsguts bei einem Gesellschafter, soweit er erst nach Anschaffung des Wirtschaftsguts durch die Gesellschaft im Wege des Anteilserwerbs Gesellschafter geworden ist und für den betroffenen Gesellschafter die Haltefrist noch nicht abgelaufen ist (BFH 10.11.2015 – IX R 10/15, BFH/NV 2016, 529; *Schießl* DStR 2014, 512 f.). Das gilt jedenfalls, soweit in dem Anteilserwerb bei der gebotenen Bruchteilsbetrachtung (§ 39 Abs. 2 Nr. 2 AO) eine anteilige Anschaffung des Grundstücks zu sehen ist. Dieser anteilige Grundstückserwerb vollzieht sich vermittels der Anteilsübertragung gerade nicht „in der Einheit der Gesellschafter", sondern ist dem erwerbenden Gesellschafter allein zuzurechnen.

150 In den Fällen der Tatbestandsverwirklichung durch einen **Gesellschafter** fallen keine gemeinschaftlichen Einkünfte an. Infolgedessen entfällt eine gesonderte und einheitliche Feststellung der Einkünfte aus dem privaten Veräußerungsgeschäft. Auch wenn mehrere Gesellschafter gleichzeitig in ihrer Person den Tatbestand verwirklichen, ist ein Feststellungsverfahren nicht durchzuführen. Anschaffungs- und Veräußerungspreis sowie die Höhe der Einkünfte sind für jeden Gesellschafter gesondert zu ermitteln. Fallen die Zuständigkeit im Besteuerungsverfahren für die Personengesellschaft und den Gesellschafter auseinander, sind also verschiedene Finanzämter zuständig für das Feststellungsverfahren bei der Personengesellschaft und für die Einkommensteuerfestsetzung beim Gesellschafter, dann hat das für die Feststellung der Einkünfte der Gesellschaft zuständige Finanzamt dem für die Einkommensteuerveranlagung des Gesellschafters zuständigen Finanzamt nachrichtlich den Sachverhalt und die Ermittlung des Veräußerungsgewinns oder -verlusts aus dem privaten Veräußerungsgeschäft mitzuteilen (*Hutmacher* ZNotP 2012, 302 (304); *Schießl* DStR 2014, 512).

Einstweilen frei 151

II. Tatbestände (§ 23 Abs. 1)

1. Private Veräußerungsgeschäfte (§ 23 Abs. 1 S. 1)

§ 23 findet Anwendung auf die in der Vorschrift erwähnten **Wirtschaftsgüter des Privatvermögens,** deren Veräußerung nicht unter andere Einkunftsarten (§ 13, § 15, § 17, § 18, § 20) fällt und die nicht zu den Gegenständen des täglichen Gebrauchs zählen. Die Veräußerung von Wirtschaftsgütern des Betriebsvermögens fällt unter die vorrangigen Einkunftsarten der § 13, § 15 und § 18. Dass der Gesetzgeber nur bestimmte Wirtschaftsgüter des Privatvermögen erfasst (Grundstücke bei Veräußerungen innerhalb von zehn Jahren, sonstige Wirtschaftsgüter bei Veräußerung innerhalb eines Jahrs), hängt damit zusammen, dass bei Veräußerung dieser Gegenstände innerhalb der (bezogen auf den jeweiligen Gegenstand verhältnismäßig kurzen) Behaltefristen regelmäßig Veräußerungsgewinne erzielt werden, die die **steuerliche Leistungsfähigkeit** erhöhen und daher der Besteuerung unterworfen werden sollen. 152

Der Begriff des Wirtschaftsguts ist allgemein steuerlich und unter Berücksichtigung der Verkehrsauffassung auszulegen. Unter **Wirtschaftsgut** sind alle Sachen, Rechte und wirtschaftlichen Vorteile jeder Art zu verstehen, die selbständig bewertbar und längerfristig nutzbar sind (BFH 14.11.1978 – VIII R 72/76, BStBl. II 1979, 298; KSM/*Wernsmann* § 23 Rn. B 6). Ausdrücklich aufgeführt sind Grundstücke, Grundstücksrechte (Nr. 1) und andere Wirtschaftsgüter (Nr. 2). 153

Veräußerung ist die **willentliche entgeltliche Übertragung** des rechtlichen und/oder wirtschaftlichen Eigentums auf einen Dritten. Auf die zivilrechtliche Wirksamkeit des Veräußerungsgeschäfts kommt es nicht an. Keine Veräußerung sind der Verlust oder die Zerstörung eines Wirtschaftsguts. Der entgeltliche Verzicht auf Abwehrrechte ist kein Fall des § 23 (Schmidt/*Weber-Grellet* § 2 Rn. 12). Wird in Fremdwährung angeschafft oder veräußert, ist auf den amtlichen Umrechnungskurs im Zeitpunkt der Anschaffung und Veräußerung abzustellen. Die Vorschrift erfasst damit auch Währungsgewinne. 154

Die Übertragung eines Grundstücks aus dem Privatvermögen in das Gesamthandsvermögen einer gewerblichen Personengesellschaft oder auf eine Kapitalgesellschaft gegen **Gewährung von Gesellschaftsrechten** ist eine steuerbare Veräußerung, soweit eine Gutschrift auf dem Kapitalkonto des Gesellschafters erfolgt (Kirchhof/*Kube* § 23 Rn. 15 aE; LBP/*Hoheisel* § 23 Rn. 179). Die Höhe der Beteiligung spielt dabei keine Rolle. Die Bruchteilsbetrachtung (§ 39 Abs. 2 Nr. 2 AO) bleibt außen vor, da sie durch § 15 Abs. 1 Nr. 2 verdrängt wird. Bei der entgeltlichen Übertragung eines Grundstücks an eine vermögensverwaltende Personengesellschaft, an der der Eigentümer beteiligt ist, kommt es nur insoweit zu einer Veräußerung bzw. Anschaffung, als der Anteil des veräußernden Gesellschafters am übertragenen Wirtschaftsgut größer ist als seine Beteiligung an der Personengesellschaft (BFH 2.4.2008 – IX R 18/06, BStBl. II 2008, 679; LBP/*Hoheisel* § 23 Rn. 176). Soweit der Gesellschafter an der vermögensverwaltenden Personengesellschaft selbst beteiligt ist, ist daher eine Veräußerung nicht möglich. Dies folgt aus der Tatsache, dass eine vermögensverwaltende Personengesellschaft nach Maßgabe der Bruchteilsbetrachtung (§ 39 Abs. 2 Nr. 2 AO) als vollständig transparent gilt und die Wirtschaftsgüter des Gesamthandsvermögens den Gesellschaftern unmittelbar zugerechnet werden. 155

a) Grundstücke (Nr. 1). aa) Grundstücke/grundstücksgleiche Rechte (S. 1 Nr. 1 S. 1). Erfasst werden Grundstücke und grundstücksgleiche Rechte (zB Erbbaurecht, Nießbrauch, dingliches Wohnrecht) und Gebäude. Der Miteigentumsanteil an einem Grundstück wird wie ein Grundstück behandelt (KSM/*Wernsmann* § 23 Rn. B 26). Die (vereinbarte) Option zum Erwerb eines Grundstücks unterfällt nicht § 23 Abs. 1 Satz 1 Nr. 1, stellt aber ein anderes Wirtschaftsgut iSd § 23 Abs. 1 Satz 1 Nr. 2 dar (LBP/*Hoheisel* § 23 Rn. 55). 156

157 **Grundstück** ist jede im Bestandsverzeichnis eines Grundbuchs gesondert aufgeführte Teilfläche, deren Veräußerung zivilrechtlich möglich ist (Blümich/*Ratschow* § 23 Rn. 41). Erfasst werden bebaute und unbebaute Grundstücke.

158 **Bodenschätze** sind bis zur Entdeckung unselbständiger Bestandteil des Grundstücks und damit des Grund und Bodens, werden aber mit der Entdeckung und Aufschließung zum selbständigen Wirtschaftsgut, das dann unter § 23 Abs. 1 S. 1 Nr. 2 fällt (BFH 4.12.2006 – GrS 1/05, BStBl. II 2007, 568; HHR/*Musil* § 23 Rn. 87, 89; KKB/*Bäuml* § 23 Rn. 145; Bordewin/Brandt/*Bachem* § 23 Rn. 37). Bis zur Entdeckung sind Bodenschätze daher als unselbständiger Bestandteil des Grundstücks einzuordnen. Erst mit der bergbautechnischen Aufschließung und der damit verbundenen Möglichkeit der Nutzung werden sie zum selbständigen Wirtschaftsgut (KKB/*Bäuml* § 23 Rn. 146).

Dies führt aber nicht dazu, dass der Bodenschatz im Zeitpunkt der Entdeckung und Aufschließung angeschafft wurde. Da der Bodenschatz schon immer unter dem Grundstück vorhanden war, erfolgte die Anschaffung und damit auch der Beginn der Frist bereits im Zeitpunkt der Anschaffung des Grundstücks (LBP/*Hoheisel* § 23 Rn. 58). Dies kann zur Folge haben, dass die Jahresfrist im Zeitpunkt der Entdeckung bereits abgelaufen ist. Daher wird auch im Schrifttum vertreten, dass für Bodenschätze die Zehnjahresfrist Anwendung findet, weil es sich um grundstücksgleiche Rechte handelt (HHR/*Musil* § 23 Rn. 89; LBP/*Hoheisel* § 23 Rn. 58).

159 **Grundstücksgleiche Rechte** unterfallen im Unterschied zu den sonstigen Rechten iSd § 23 Abs. 1 S. 1 Nr. 2 ebenfalls der für Grundstücke geltenden Haltefrist. Grundstücksgleiche Rechte sind Rechte, die das Gesetz wie ein Grundstück behandelt (zB Erbbaurecht, Nießbrauch, dingliches Wohnrecht, Bergbauberechtigung und nach Landesrecht als Immobiliarrecht ausgestaltete Rechte, Art. 196 EBGB, zB Fischereirechte). Schiffe und Luftfahrzeuge fallen nicht darunter (Blümich/*Ratschow* § 23 Rn. 59; HHR/*Musil*, § 23 Rn. 89).

159.1 Das Gesetz erwähnt noch Mineralgewinnungsrechte, obwohl dieser Begriff durch das Bundesberggesetz durch Bergbauberechtigung ersetzt wurde. Bergrechte iSd § 4 Abs. 6 BBerG sind als grundstücksgleiche Rechte einzuordnen.

159.2 Unter den Begriff des grundstücksgleichen Rechts fällt auch das Wohnungs- und Teileigentum nach dem WEG (KSM/*Wernsmann* § 23 Rn. B 33). Die Abtretung eines Anspruchs auf Übereignung aus einem bereits vorhandenen Grundstückskaufvertrag steht der Abtretung des Grundstücks gleich (BFH 28.6.1977 – VIII R 30/74, BStBl. II 1977, 827; Bordewin/Brandt/*Bachem* § 23 Rn. 76.

160–161 *Einstweilen frei*

162 **Grund und Boden** und Gebäude sind zwar steuerlich und bilanziell zwei verschiedene Wirtschaftsgüter. § 23 beruht jedoch auf BGB-Recht und behandelt Gebäude grundsätzlich als wesentliche Bestandteile des Grund und Bodens (§ 94 BGB). Daher läuft für die isolierte Gebäudeherstellung keine besondere Frist nach § 23 (Schmidt/*Weber-Grellet* § 23 Rn. 13).

163 **Sonstige dingliche Rechte** am Grundstück wie Grunddienstbarkeiten (Nießbrauch, Wegerecht, Dauerwohnungsrecht nach § 31 WEG, Vorkaufsrecht, Hypotheken, Grund- und Rentenschulden) sind nicht erfasst (BFH 11.4.2012 – VIII R 28/09, BStBl. II 2012, 496; LBP/*Hoheisel* § 23 Rn. 59; HHR/*Musil* § 23 Rn. 89).

164 Sonstige dingliche Rechte an einem Grundstück oder an einem Grundstücksrecht werden von § 23 Abs. 1 Satz 1 Nr. 1 nicht erfasst, da für sie die Vorschriften über Grundstücke keine Anwendung finden. Dies gilt ua für Dienstbarkeiten (§§ 1018 ff. BGB), Dauerwohnungsrechte nach § 31 WEG, Vorkaufsrechte, Hypotheken, Reallasten, Grund- und Rentenschulden. Allerdings können diese Rechte „andere Wirtschaftsgüter" iSd § 23 Abs. 1 Satz 1 Nr. 2 darstellen (KSM/*Wernsmann* § 23 Rn. B 34).

165 **bb) Neue Gebäudeteile und Außenanlagen (§ 23 Abs. 1 S. 1 Nr. 1 S. 2).** Gebäude und Außenanlagen beeinflussen die Wertsteigerung und sind damit den Veräußerungsgewinn einzubeziehen, wenn sie **innerhalb der Zehnjahresfrist errichtet, ausgebaut oder erweitert** werden. Dies gilt entsprechend für Gebäudeteile, die selbständige unbewegliche Wirtschaftsgüter sind, sowie für Eigentumswohnungen und im Teileigentum stehende Räume (§ 23 Abs. 1 S. 1 Nr. 1 S. 2). Eine Ausnahme gilt nur für den Fall der Bestellung eines Erbbaurechts (§ 94 Abs. 1 S. 2 BGB) (BFH 8.11.2017 – IX R 25/15, DStR 2018, 609; näher dazu *Tiedtke/Wälzholz* NotBZ 2000, 237 (240 f.). Die gesetzliche Formulierung „soweit sie innerhalb dieses Zeitraums errichtet, ausgebaut oder erweitert werden" bezieht sich auf Satz 1 und stellt damit klar, dass es bezogen auf das errichtete Gebäude und die errichteten Außenanlagen keinen eigenen steuerbaren Tatbestand und damit keine eigenständige Behaltefrist geben kann. Zugleich folgt aus dem Formulierung des Gesetzes, dass auch teilfertige Bauten die Bemessungsgrundlage erhöhen (LBP/*Hoheisel* § 23 Rn. 57).

Die mit dem Gebäude und den Außenanlagen verbundenen **Herstellungskosten** mindern den steuerbaren Veräußerungsgewinn. Der Begriff der Herstellungskosten richtet sich nach § 6 und § 255 HGB. Es dürften nur tatsächliche, nicht aber kalkulatorische Aufwendungen berücksichtigt werden (LBP/*Hoheisel* § 23 Rn. 222). Sofort abziehbare Erhaltungsaufwendungen spielen bei § 21 eine Rolle als Werbungskosten, sind aber im Rahmen des § 23 unbeachtlich. 166

Der **Begriff des Gebäudes** iSd § 23 Abs. 1 S. 1 Nr. 1 S. 2 richtet sich nach den Definitionen des EStG und des § 68 BewG (KKB/*Bäuml* § 23 Rn. 157; KSM/*Wernsmann* § 23 Rn. B 36; LBP/*Hoheisel* § 23 Rn. 68). Gebäude ist jedes Bauwerk, das dem nicht nur vorübergehenden Aufenthalt von Menschen dient, Schutz gegen Witterungseinflüsse gewährt, fest mit dem Boden verbunden ist und von ausreichender Standfestigkeit ist (BFH 28.9.2000 – III R 26/99, BStBl. II 2001, 137). 167

Nicht zum Gebäude gehören **Betriebsvorrichtungen,** die zu den Wirtschaftsgütern iSd § 23 Abs. 1 S. 1 Nr. 2 zählen. Das gleiche gilt für Scheinbestandteile iSd BGB. 168

Gebäudeteile führen bei **unterschiedlicher Nutzung und Funktion** (eigen-, fremdbetrieblich, eigene oder fremde Wohnzwecke) zu jeweils eigenständigen Wirtschaftsgütern (EStR 4.2 (4)). Bei wirtschaftlicher Betrachtungsweise und unter Berücksichtigung der Verkehrsauffassung gehören zu einem Gebäude auch solche Gebäudeteile und -einrichtungen, die dem Gebäude ein besonderes Gepräge geben oder deren Fehlen ein negatives Gepräge bewirkt, zB das Fehlen einer Zentralheizung oder einer modernen elektronischen Verkabelung (KKB/*Bäuml* § 23 Rn. 158). Das neben dem Gebäude selbständige Wirtschaftsgut Grund und Boden ist entsprechend der jeweiligen Nutzung der Gebäudeteile in mehrere Wirtschaftsgüter aufzuteilen (Blümich/*Ratschow* § 23 Rn. 45 mwN). 169

Einzubeziehen sind die **während der Haltefrist** errichteten, ausgebauten oder erweiterten, d. h. nicht zwingend fertiggestellten Gebäude(teile) (Blümich/*Ratschow* § 23 Rn. 46). Die Errichtung setzt die Schaffung eines bautechnisch neuen, bisher nicht vorhandenen Gebäudes voraus. Reparatur- und Modernisierungsmaßnahmen an einem bestehenden Gebäude bleiben außer Betracht, wirken sich aber wirtschaftlich über den erhöhten Veräußerungspreis aus. 170

Ausbau und Erweiterung setzen ein **bestehendes Gebäude** voraus. Aufwendungen, die als Herstellungskosten einzuordnen sind (zB das Gebäude war unbrauchbar geworden – sog. Vollverschleiß –, oder die Altbausubstanz wird so tiefgreifend umgestaltet, dass die neu eingefügten Teile dem Gebäude das Gepräge geben), sind einzubeziehen. Dies gilt auch, wenn der Gebrauchswert des Gebäudes über die zeitgemäße substanzerhaltende Bestandteilserneuerung hinaus insgesamt deutlich erhöht wird (= Ausbau) oder das Gebäude aufgestockt wird oder durch einen Anbau ergänzt wird (= Erweiterung). 171

Baumaßnahmen des Rechtsvorgängers innerhalb der ab ursprünglichem Grundstückserwerb laufenden Haltefrist sind sowohl bei Einzel- wie Gesamtrechtsnachfolge einzubeziehen (BMF 5.10.2000, BStBl. I 2000, 1383 Rn. 10). 172

Außenanlagen iSd §§ 78, 83, 89 BewG sind die auf einem Grundstück bestehenden Bauwerte, die wesentliche Bestandteile des Grundstücks, aber weder Gebäude noch Gebäudeteile sind (zB Umzäunungen, Wege- und Platzbefestigung, Beleuchtungsanlagen, Mauern, Bodenbefestigungen, Außentreppen, außerhalb des Gebäudes liegende Versorgungs- und Abwasseranlagen innerhalb der Grundstücksgrenze, KSM/*Wernsmann* § 23 Rn. B 37; Frotscher/*Geurts* § 23 Rn. 37). 173

Für die Einbeziehung müssen Gebäude und Außenanlagen nur errichtet, nicht aber fertiggestellt sein. Auch Gebäude in teilfertigem Zustand sind daher mit einzubeziehen (KSM/*Wernsmann* § 23 Rn. B 38). 174

Durch die genannten Maßnahmen erfolgt eine Einbeziehung in die für das Grundstück laufende Frist. Es beginnt keine neue Frist zu laufen. Die Frist berechnet sich daher von der Anschaffung des unbebauten bis zur Veräußerung des bebauten Grundstücks (KSM/*Wernsmann* § 23 Rn. B 42). Ob die Maßnahmen gegen Entgelt oder unentgeltlich erfolgen, ist unerheblich. 175

176 *Einstweilen frei*

177 **cc) Ausnahme bei selbstgenutztem Wohneigentum (§ 23 Abs. 1 S. 1 Nr. 1 S. 3).** **(1) Grundsatz.** Nach § 23 Abs. 1 S. 1 Nr. 1 S. 3 sind vom Anwendungsbereich der Norm ausgenommen Wirtschaftsgüter die eigenen Wohnzwecken dienen (BMF 5.10.2000, BStBl. I 2000, 1383 Rn. 16 ff.). Die **Ausnahmeregelung** hat zwei Alternativen.

- Gemäß § 23 Abs. 1 S. 1 Nr. 1 S. 3 sind Wirtschaftsgüter ausgenommen, die im Zeitraum zwischen Anschaffung oder Fertigstellung und Veräußerung (Alt. 1)
- oder im Jahr der Veräußerung und in den beiden vorangegangenen Jahren (Alt. 2) ausschließlich zu eigenen Wohnzwecken genutzt wurden.

Die Alt. 1 ermöglicht die Steuerbefreiung bei nur kurzfristigem Besitz. Die Alt. 2 betrifft Fälle mit längerer Besitzdauer. Die Regelung hat den Zweck, die Besteuerung bei Wohnsitzaufgabe zu vermeiden und die berufliche Mobilität zu fördern (BT-Drs. 14/265, 181; BFH 18.1.2006 – IX R 18/03, BFH/NV 2006, 936; BFH 25.5.2011 – IX R 48/10, DStR 2011, 1847). Sie ist Ausprägung der im EStG geltenden Konsumgutlösung, wonach das private Wohnen dem nicht steuerbaren Bereich zuzuordnen ist. Diese gilt nicht nur für die grundsätzliche Nichtabziehbarkeit von Wohnkosten, sondern auch für die Veräußerung des zum privaten Wohnen genutzten Grundbesitzes (BFH 11.2.2014 – IX R 24/13, DStR 2014, 1331; *Trossen* NWB 2017, 3256 (3257)).

178 **(2) Zu Wohnzwecken genutzte Wirtschaftsgüter.** In Betracht kommen alle Objekte, die nach § 23 Abs. 1 S. 1 Nr. 1 S. 1 und 2 steuerbar sein können. Die **Eigennutzung** erstreckt sich auf Gebäude und zugehörigen Grund und Boden. Begünstigt ist daher auch der entsprechende Anteil des Grund und Bodens, der zur selbstgenutzten Wohnung gehört, soweit die Flächen für die Nutzung des Gebäudes erforderlich und üblich sind, obwohl es sich bei dem Gebäude und dem Grund und Boden um zwei selbständige Wirtschaftsgüter handelt. Die Eigennutzung bleibt aber wirtschaftsgutbezogen, dh bei mehreren Wohnungen in einem Mehrfamilienhaus unterfällt nur die tatsächlich eigengenutzte Wohnung einschließlich des zugehörigen Grund und Bodens der Begünstigung. Eine Infizierung des gesamten Grundstücks findet nicht statt (BMF 5.10.2000, BStBl. I 2000, 1383 Rn. 16 f.; Frotscher/*Geurts* § 23 Rn. 39).

Es wird eine **wirtschaftsgutbezogene Betrachtungsweise** angestellt und jeweils auf den einzelnen Miteigentumsanteil mit Grund und Boden und Gebäude abgestellt (dazu Schmidt/*Weber-Grellet* § 23 Rn. 15; KSM/*Wernsmann* § 23 Rn. B 45). Werden Teile eines Grundstücks eigengenutzt, andere Teile nicht, hat eine Aufteilung nach Flächenanteilen (Nutzfläche) zu erfolgen. Der nicht eigengenutzte Teil unterfällt § 23. Obwohl steuerlich der Grund und Boden neben dem Gebäude ein eigenes Wirtschaftsgut darstellt, erstreckt sich die Nutzung zu eigenen Wohnzwecken des Gebäude(-teils) auf den (anteiligen) Grund und Boden. Dabei ist dem Gebäude aber nur der Teil des Grund und Bodens zuzuordnen, der für die entsprechende Gebäudenutzung erforderlich und üblich ist (BMF 5.10.2000, BStBl. I 2000, 1383 Rn. 17–19).

179 **(3) Nutzung zu eigenen Wohnzwecken.** Der Begriff der „Nutzung zu eigenen Wohnzwecken" umschreibt in beiden Alternativen den Umstand, dass eine Immobilie tatsächlich auf **Dauer** zu Aufenthalt und Unterkunft geeignet und vom Steuerpflichtigen selbst dazu genutzt wird. Das Wirtschaftsgut muss vom Steuerpflichtigen allein, mit seinen Familienangehörigen oder gemeinsam mit einem Dritten bewohnt werden (BFH 23.7.1997 – X R 143/94, BFH/NV 1998, 160; BFH 28.11.2001 – X R 27/01, BStBl. II 2002, 145; BFH 18.1.2006 – IX R 18/03, BFH/NV 2006, 936; BFH 25.5.2011 – IX R 48/10, BStBl. II 2011, 868; BFH 28.5.2002 – IX B 208/01, BFH/NV 2002, 1284; BMF 5.10.2000, BStBl. I 2000, 1383 Rn. 22; *Seitz* DStR 2001, 277 (280)). „Eigene Wohnzwecke" liegen hingegen nicht vor, wenn der Steuerpflichtige die Wohnung an einen Dritten entgeltlich oder unentgeltlich überlässt (BFH 23.7.1997 – X R 143/94, BFH/NV 1998, 160; BFH 14.3.2000 – IX R 8/97, BStBl. II 2001, 66; BFH 28.11.2001 – X R 27/01, BStBl. II 2002, 145; Schmidt/*Weber-Grellet* § 23 Rn. 18), auch wenn der Steuerpflichtige sich in der Wohnung des Dritten gelegentlich besuchsweise aufhält (BFH 29.5.2018 – IX B 106/17, BFH/NV 2018, 951; *Günther* EStB 2019, 72 (73)).

Unbebaute Grundstücke sind daher nicht begünstigt. Die Veräußerung eines Gartengrundstücks ist daher nicht privilegiert (BFH 25.5.2011 – IX R 48/10, DStR 2011, 1847). Dies gilt zB auch wenn sich dort ein Wohnwagen oder Zelt für gelegentliche Aufenthalte (zB am Wochenende oder in den Ferien) befindet (KKB/*Bäuml* § 23 Rn. 178).

Ein Wirtschaftsgut wird auch dann zu eigenen Wohnzwecken genutzt, wenn es vom **180** Steuerpflichtigen nur **zeitweise bewohnt** wird, in der übrigen Zeit ihm jedoch als Wohnung zur Verfügung steht. Denn „eigene Wohnzwecke" setzen weder die Nutzung als Hauptwohnung voraus noch muss sich dort der Schwerpunkt der persönlichen und familiären Lebensverhältnisse befinden. Ist die Nutzung auf Dauer angelegt, kommt es nicht darauf an, ob der Steuerpflichtige noch eine weitere Wohnung hat und wie oft er sich darin aufhält. Es reicht aus, dass ihm die Zweitwohnung ständig zur Verfügung steht (BFH 31.5.1995 – X R 140/93, BStBl. II 1995, 720; BFH 28.3.1990 – X R 160/88, BStBl. II 1990, 815 unter 2.a, beide jeweils zu § 10e; BFH 23.7.1997 – X R 143/94, BFH/NV 1998, 160; BFH 28.5.2002 – IX B 208/01, BFH/NV 2002, 1284; BFH 28.11.2001 – X R 27/01, BStBl. II 2002, 145; BFH 27.6.2017 – IX R 37/16, DStR 2017, 2268; BFH 21.5.2019 – IX R 6/18, BFH/NV 2019, 1227; BFH 3.9.2010 – IX R 8/18, DStR 2020, 33). Daher können auch mehrere Objekte vom Steuerpflichtigen zu „eigenen Wohnzwecken" selbst genutzt werden.

Erfasst sind von § 23 Abs. 1 Satz 1 Nr. 1 Satz 3 nicht nur Wohnungen, die im Rahmen einer doppel- **180.1** ten Haushaltsführung genutzt werden, sondern auch ausschließlich selbstgenutzte Zweitwohnungen, selbst wenn sie nur eigenen Ferienzwecken dienen. Denn die Regelung des § 23 Abs. 1 Satz 1 Nr. 1 Satz 3 spricht nicht, wie zB § 13 Abs. 1 Nr. 4a–4c ErbStG von einem „Familienheim". Aus dem Wortlaut der Norm ist nicht ersichtlich, dass der Gesetzgeber eine Nutzung der Wohnung als „Hauptwohnung" voraussetzen und damit reine Zweitwohnungen oder ausschließlich eigengenutzte Ferienwohnungen bewusst ausnehmen und damit in den Tatbestand des privaten Veräußerungsgeschäfts mit einbeziehen wollte (BMF 5.10.2000, BStBl. I 2000, 1383 Rn. 22; OFD Frankfurt aM 21.2.2011, ofix HE EStG/23/10 Rn. 22; Blümich/*Ratschow* § 23 Rn. 53; Bordewin/Brandt/*Bachem* § 23 Rn. 129a; LBP/*Hoheisel* § 23 Rn. 79; Kirchhof/*Kube* § 23 Rn. 6; HHR/*Musil* § 23 Rn. 130; KSM/*Wernsmann* § 23 Rn. B 46; KKB/*Bäuml* § 23 Rn. 180; *Bruschke* DStZ 2008, 728 (729); *Thiele* FR 2017, 904 (911) *Risthaus* DB-Beilage Nr. 13/2000, 12; *Paus* Inf 1999, 513 (515); *Fiedler* BB 2017, 2790; zur Behandlung der Ferienwohnung bei § 13 Abs. 1 Nr. 4a ErbStG BFH 18.7.2013 – II R 35/11, BStBl. II 2013, 1051). Dieses Auslegungsergebnis folgt auch aus der Gesetzesbegründung, in der lediglich auf die Selbstnutzung und deren Aufgabe (zB wegen Arbeitsplatzwechsels) Bezug genommen wird (BT-Drs. 14/265, 181).

Die **Gegenansicht,** wonach der Begriff der „eigenen Wohnzwecke" wie in § 10e und in § 2 S. 2 EigZulG nicht die Nutzung als Zweit- oder Ferienwohnung umfasse (Schmidt/*Weber-Grellet* § 23 Rn. 18; *Höck* FR 2000, 764 (765); *Seitz* DStR 2000, 277 (280)) ist mit dem Gesetzeswortlaut nicht vereinbar. Wenn Zweit- und Ferienwohnsitze von der Regelung des § 23 Abs. 1 Satz 1 Nr. 1 S. 3 ausgenommen sein sollen, hätte es nahegelegen, dies wie in § 10e Abs. 1 S. 2 und § 2 S. 2 EigZulG ausdrücklich durch eine Rückausnahme zu regeln (BFH 31.5.1995 – X R 140/93, BStBl. II 1995, 720). Dies ist jedoch nicht erfolgt, obwohl der Gesetzgeber in der Vergangenheit die mit der Nutzung von Zweit- oder Ferienwohnungen auftretenden steuerlichen Fragestellungen regelmäßig in den Blick genommen hat. Eine Begriffsbestimmung nach der tatsächlichen Nutzung als Erst-, Zweit- oder Ferienwohnung führte auch im Einzelfall zu erheblichen Abgrenzungsschwierigkeiten und zu nicht sachgerechten Ergebnissen. So wäre zB denjenigen, die regelmäßige Arbeitszeiten am Arbeitsplatz einhalten müssen, die Vergünstigung zu versagen, weil sie die Zweitwohnung nur an Wochenenden und in den Ferien benutzen könnten, während Steuerpflichtige, die an keine festen Arbeitszeiten gebunden sind oder aufgrund von Schichtdienst mehrere Tage hintereinander frei haben, von der Regelung in § 23 Abs. 1 Satz 1 Nr. 1 S. 3 profitieren könnten, wenn sie geltend machen, sie nutzten die Zweitwohnung in gleichem oder gar in höherem Maß als die Wohnung am Arbeitsplatz (BFH 28.3.1990 – X R 160/88, BStBl. II 1990, 815; BFH 27.6.2017 – IX R 37/16, DStR 2017, 2268). Zudem ist es nur schwierig zu ermitteln, wo sich Erst- und Zweitwohnsitz befinden, zumal sich dies auch innerhalb der Zehnjahresfrist ändern kann (*Trossen* NWB 2017, 3256 (3257)).

Eigene Wohnzwecke erfordern die **Führung eines eigenständigen Haushalts.** Als Nut- **181** zung zu eigenen Wohnzwecken gilt nicht nur die Nutzung durch den Steuerpflichtigen selbst, sondern auch die Nutzung durch die mit ihm in Haushaltgemeinschaft lebenden Familienangehörigen und Lebenspartner (Kirchhof/*Kube* § 23 Rn. 6). Das Wirtschaftsgut muss dazu bestimmt und geeignet sein, Menschen auf Dauer Aufenthalt und Unterkunft zu gewähren. Wirtschaftsgüter, die nur zur vorübergehenden Beherbergung dienen, dienen nicht Wohnzwecken (BMF 5.10.2000, BStBl. I 2000, 1383 Rn. 21).

182 Eine den Ausnahmetatbestand begründende Eigennutzung kann auch in dem Zeitraum vorliegen, in dem der Veräußerer noch nicht Eigentümer war, wenn er später zB durch Schenkung oder Erbschaft das Eigentum erlangt und in die Rechtsposition des Schenkers oder Erblasser eintritt. Nutzt der Steuerpflichtige eine Immobilie unentgeltlich zu eigenen Wohnzwecken und erhält diese später durch Schenkung oder Erbfall übertragen, gilt auch die Zeit des Bewohnen der fremden Immobilie als Nutzung zu eigenen Wohnzwecken (BFH 27.6.2017 – IX R 37/16, DStR 2017, 2268; *Trossen* NWB 2017, 3256 (3257)).

183 Die Finanzverwaltung behandelt als Eigennutzung auch die unentgeltliche **Überlassung an Kinder,** für die ein Anspruch auf Kindergeld oder einen Kinderfreibetrag besteht (BMF 5.10.2000, BStBl. I 2000, 1383 Rn. 23; zu § 10f EStG aF BFH 18.1.2011 – X R 13/10, BFH/NV 2011, 974). Insoweit soll keine Unterbrechung/Aufgabe der Eigennutzung vorliegen. Für andere Personen lehnt die Finanzverwaltung dies ab.

184 Die Überlassung an einen **getrennt lebenden Ehepartner** oder an andere Angehörige iSd § 15 AO (zB Eltern) stellt keine Nutzung zu eigenen Wohnzwecken dar. Dies gilt auch für den in der Praxis häufigen Fall, wonach ein Ehegatte die Kosten des Hauses und ggf. die Darlehensrate trägt, der andere Ehegatte dafür aber kein Nutzungsentgelt beansprucht (vgl. *Bäumler/Schramm* NJW-Spezial 2019, 644). Auch eine Nutzung als Mieter ist keine Eigennutzung.

184.1 Überträgt ein Steuerpflichtiger innerhalb der 10jährigen Veräußerungsfrist in Erfüllung des Zugewinnausgleichs nach der Scheidung das in seinem Alleineigentum stehende Einfamilienhaus an seine ehemalige Ehefrau und wurde das zuvor gemeinsam genutzte Wohnhaus nach der Trennung des Ehepaars von der Ehefrau und dem gemeinsamen minderjährigen Kind bewohnt, liegt vor der Übertragung keine Nutzung zu eigenen Wohnzwecken vor (*Christ* FamRB 2018, 153 (153 f.). Da nach der Regelung des § 64 das Kindergeld auch der Ehefrau zusteht, liegt auch keine Überlassung an ein Kind vor, für das ein Anspruch auf Kindergeld oder einen Kinderfreibetrag besteht. Daran ändert auch die (hälftige) Anrechnung des Kindergelds auf den Unterhaltsanspruch nach § 1612b BGB nichts. Das gleiche gilt bei einem in Miteigentum stehendem Einfamilienhaus/Eigentumswohnung hinsichtlich des Miteigentumsanteils des ausgezogenen Ehegatten.

185 Fraglich ist, ob das **Arbeitszimmer** eigenen Wohnzwecken dient (vgl. dazu umfassend *Kanzler* NWB 2018, 2249; *Wichmann* DStR 2019, 92). Die Finanzverwaltung verneint dies. Danach dient ein häusliches Arbeitszimmer selbst dann nicht eigenen Wohnzwecken, wenn der Abzug der Aufwendungen als Werbungskosten/Betriebsausgaben nach § 4 Abs. 5 S. 1 Nr. 6b oder § 9 Abs. 5 ausgeschlossen ist. Zur Begründung wird ua angeführt, bei dem häuslichen Arbeitszimmer handle es sich um ein eigenständiges Wirtschaftsgut, das nicht in einem einheitlichen Nutzungs- und Funktionszusammenhang mit der übrigen Wohnung steht (BMF 5.10.2000, BStBl. I 2000, 1383 Rn. 16, 21; ebenso Kirchhof/*Kube* § 23 Rn. 6; LBP/*Hoheisel* § 23 Rn. 80; HHR/*Musil* § 23 Rn. 130; *Kanzler* NWB 2018, 2249; *Delp/Ronig* DB 2018, 1296 (1297); FG Münster 28.8.2003 – 11 K 6243/01 E, EFG 2004, 45; **aA** FG München 14.1.2019 – 15 V 2627/18, DStRE 2019, 1063; FG Baden-Württemberg 23.7.2019 – 5 K 338/19, EFG 2020, 46 mAnm *Neu*; Rev. IX R 27/19).

Im Gegenzug sind die anteiligen Anschaffungs- oder Herstellungskosten nicht um den auf das Arbeitszimmer entfallenden Anteil der AfA/erhöhten AfA/Sonder-AfA abzuziehen. Diese Auffassung ist abzulehnen, soweit das Arbeitszimmer Privatvermögen ist und nicht Betriebsvermögen im Rahmen der Einkünfte aus § 15 oder § 18 darstellt. Denn es ist wesentliches Merkmal des häuslichen Arbeitszimmers in Abgrenzung zur Betriebsstätte, dass dieses dem privaten Wohnbereich zugeordnet ist und der eigenen Wohnnutzung dient (auch FG Köln 20.3.2018 – 8 K 1160/15, EFG 2018, 1256 (mAnm *Neu*); FG Baden-Württemberg 23.7.2019 – 5 K 338/19, EFG 2020, 46 mAnm *Neu*; Rev. IX R 27/19; Blümich/*Ratschow* § 23 Rn. 55; KSM/*Wernsmann* § 23 Rn. B 42; *Günther* EStB 2019, 72 (73)). Es steht auch nicht in einem eigenen Nutzungs- und Funktionszusammenhang, sondern wird wie die übrige Wohnung letztlich zu privaten Wohnzwecken genutzt. Es stellt daher im Bereich des Privatvermögens kein eigenes Wirtschaftsgut dar (FG Baden-Württemberg 23.7.2019 – 5 K 338/19, EFG 2020, 46 mAnm *Neu*; Rev. IX R 27/19; *Wichmann* DStR 2019, 92, (94)).

Bei der Nutzung durch einen Miteigentümer oder durch einen Gesellschafter einer Gesamthandsgemeinschaft liegt eine Nutzung zu eigenen Wohnzwecken nur hinsichtlich seines eigenen Eigentumsanteils vor. Der seinen Anteil übersteigende Miteigentumsanteil ist im Veräußerungsfall steuerbar (KSM/*Wernsmann* § 23 Rn. B 54; LBP/*Hoheisel* § 23 Rn. 77; **aA** KKB/*Bäuml* § 23 Rn. 183). 186

Bei **unentgeltlichem Erwerb** (Gesamtrechtsnachfolge, unentgeltliche Einzelrechtsnachfolge) ist die Nutzung des Wirtschaftsguts zu eigenen Wohnzwecken dem Rechtsnachfolger zuzurechnen (BMF 5.10.2000, BStBl. I 2000, 1383 Rn. 26). 187

Wird an **unterhaltsberechtigte Kinder** unter Beachtung der 66%-Grenze in § 21 Abs. 2 vermietet, liegt keine Nutzung zu eigenen Wohnzwecken vor. 188

Dies stellt eine häufige Falle dar, wenn auf Anraten des Steuerberaters vergünstigt vermietet wird und die Wohnung dann nach Studienabschluss des Kindes wieder veräußert wird. Aufgrund des sich nur auf wenige Jahr erstreckenden Nutzungszeitraums kann das Finanzamt in diesem Fällen zusätzlich auch zur Annahme einer ertragsteuerlichen Liebhaberei kommen und für die Zeit der Vermietung die Überschusserzielungsabsicht aberkennen. Dann ist nicht nur der Veräußerungsgewinn steuerbar. Vielmehr wird auch der steuerwirksame Abzug der Verluste aus Vermietung und Verpachtung bei den Eltern rückwirkend rückgängig gemacht. Eine steuerlich gut gemeinte Gestaltung kann sich dann im Nachhinein als steuerlich erheblich nachteilig herausstellen. 188.1

(4) Zwischen Anschaffung/Fertigstellung und Veräußerung oder im Jahr der Veräußerung und in den beiden vorangegangenen Jahren. Die **Nutzung zu eigenen Wohnzwecken** muss nach der ersten Alternative des § 23 Abs. 1 S. 1 Nr. 1 S. 3 im Zeitraum zwischen Anschaffung oder Fertigstellung und Veräußerung ausschließlich oder im Fall der zweiten Alternative im Jahr der Veräußerung und in den beiden vorangegangenen Jahren vorliegen. Das Merkmal „ausschließlich" bezieht sich auf den zeitlichen Umfang der Nutzung (BMF 5.10.2000, BStBl. I 2000, 1383 Rn. 25). 189

Im Fall der ersten Alternative muss die Nutzung durchgängig von Erwerb bis Veräußerung vorliegen, unabhängig davon, wie lange die Nutzung dauert. Die Formulierung „ausschließlich" bezieht sich dabei auf den zeitlichen Umfang der Nutzung (*Kanzler* NWB 2018, 2249 (2251)). Eine – auch nur geringfügige – Unterbrechung ist schädlich. 190

Im Fall der zweiten Alternative ist dabei eine Nutzung in den beiden der Veräußerung vorangegangenen vollen Kalenderjahren nicht notwendig. Vielmehr ist ein zusammenhängender Zeitraum innerhalb der letzten drei Kalenderjahre erforderlich. Der Zeitraum vor dem Jahr der Veräußerung muss nicht die beiden vollen Kalenderjahre umfassen, sodass ein zusammenhängender Zeitraum von einem Jahr und zwei Tagen ausreichen kann (BFH 27.6.2017 – IX R 37/16, DStR 2017, 2268; BFH 3.9.2019 – IX R 10/19, DStR 2019, 2471; BMF 5.10.2000, BStBl. I 2000, 1383 Rn. 25; HHR/*Musil* § 23 Rn. 131; KSM/*Wernsmann* § 23 Rn. B 56; LBP/*Hoheisel* § 23 Rn. 74; aA Kirchhof/*Kube* § 23 Rn. 6; Schmidt/*Weber-Grellet* § 23 Rn. 18; *Trossen* NWB 2017, 3256 (3257); *Günther* EStB 2019, 72 (73)). 191

Die Nutzung beginnt grundsätzlich mit dem Einzug in die bezugsfertige Wohnung (BFH 18.1.2006 – IX R 18/03, BFH/NV 2006, 936; Blümich/*Ratschow* § 23 Rn. 51). Eine Wohnung ist **bezugsfertig,** wenn den zukünftigen Bewohnern oder sonstigen Benutzern zugemutet werden kann, sie zu benutzen. Die Abnahme durch die Bauaufsichtsbehörde ist nicht entscheidend (§ 178 Abs. 1 S. 3 BewG). 192

Ein **(üblicher) Leerstand** vor Beginn der Nutzung zu eigenen Wohnzwecken ist unschädlich, wenn er mit der beabsichtigten Nutzung zu eigenen Wohnzwecken in Zusammenhang steht (zB Durchführung von notwendigen Renovierungs- und Erhaltungsaufwendungen) (BFH 18.1.2006 – IX R 18/03, BFH/NV 2006, 936; *Günther* GStB 2010, 320 (322); KSM/*Wernsmann* § 23 Rn. B 47; LBP/*Hoheisel* § 23 Rn. 73; Frotscher/*Geurts* § 23 Rn. 44). Auch ein Leerstand zwischen der Beendigung der Nutzung zu eigenen Wohnzwecken und der Veräußerung des Gebäudes ist unschädlich, wenn der Zeitraum für die Veräußerung benötigt wurde (BMF 5.10.2000, BStBl. I 2000, 1383 Rn. 25. Die Finanzverwaltung verlangt den Nachweis der Veräußerungsabsicht.). 193

Liegt **nicht im gesamten Zeitraum** die Eigennutzung vor, ist die Veräußerung in vollem Umfang steuerpflichtig (*Thiele* FR 2017, 904 (911)), dh auch keine kurzzeitige Fremdnutzung ist schädlich Es ist keine Aufteilung des Veräußerungsgewinns auf den Zeitraum der 194

Eigennutzung und den übrigen Zeitraum vorzunehmen. Hat der Steuerpflichtige daher bei einer eigengenutzten Immobilie einen Wertverlust erlitten, kann sich empfehlen, vor einem Verkauf innerhalb der Zehnjahresfrist eine Phase der Vermietung einzuschieben, um (ggf. vorsorglich) einen Spekulationsverlust ausweisen zu können (*Paus* FR 2013, 498 (499)).

195 Die **Ausnahme einer Nutzung zu eigenen Wohnzwecken** greift auch dann nicht, wenn die Wohnung vor dem Verkauf für einige – ggf. auch kurze – Zeit vermietet wird. Denn auch in diesem Fall ist der gesetzliche Ausnahmetatbestand vom privaten Veräußerungsgeschäft – Eigennutzung im Jahr der Veräußerung und in den vorangegangenen beiden Kalenderjahren – nicht erfüllt. Dieser Fall tritt häufig ein, wenn Personen aus beruflichen Gründen umziehen, am neuen Tätigkeitsort aufgrund des geringen Angebots auf dem Immobilienmarkt aber zunächst kein passendes Erwerbsobjekt finden und unter Vermietung ihres bisherigen Objekts auf den Mietmarkt ausweichen.

196–198 *Einstweilen frei*

199 **b) Andere Wirtschaftsgüter (Nr. 2). aa) Erfasste Gegenstände.** § 23 Abs. 1 Nr. 2 erweitert den steuerlichen Zugriff im Privatvermögen über die in der Nr. 1 erwähnten Grundstücke und grundstücksgleichen Rechte auf „andere Wirtschaftsgüter", soweit mit diesen eine Vermögenssteigerung und damit eine Steigerung der steuerlichen Leistungsfähigkeit verbunden ist. Der in § 23 Abs. 1 Nr. 2 verwendete Begriff des anderen Wirtschaftsguts umfasst als **Auffangtatbestand** alle Wirtschaftsgüter des Privatvermögens, die nicht Grundstücke und grundstücksgleiche Rechte und die selbständig bewertbar, längerfristig nutzbar und keine Gegenstände des täglichen Gebrauchs sind (Kirchhof/*Kube* § 23 Rn. 7). Dazu zählen alle Sachen und Rechte iSd BGB sowie tatsächliche Zustände und konkrete Möglichkeiten, dh alle vermögenswerten Vorteile, deren Erlangung sich der Steuerpflichtige etwas kosten lässt (BFH 29.10.2019 – IX R 10/18, DStR 2020, 707).

199.1 Darunter fallen Bodenschätze und alle sonstigen privaten Wertgegenstände wie Schmuck, Gemälde, Antiquitäten, Briefmarken, Münzen, Oldtimer, Tickets- und Eintrittsberechtigungen (BFH 29.10.2019 – IX R 10/18, DStR 2020, 707); Internet-Domains (FG Köln 20.4.2010 – 8 K 3038/08, EFG 2010, 1217; *Herkens* EStB 2018, 34 (35)), (körperliche) Edelmetalle. Bei der Veräußerung von Grundstücken fallen als gesonderte Wirtschaftsgüter einzuordnende Einbaumöbel unter § 23 Abs. 1 Nr. 2, zB Einbauküchen und Einbauschränke (*Delp/Ronig* DB 2018, 1296 (1299)). Nicht erfasst sind Wertpapiere, Optionsscheine etc., die von § 20 erfasst werden. Die Regelung kann zB bei Ebay-Verkäufen einschlägig sein (KKB/*Bäuml* § 23 Rn. 202; LBP/*Hoheisel* § 23 Rn. 82). Auch die Einziehung einer Forderung, die von einem Dritten entgeltlich erworben wurde, fällt nicht unter die Regelung (BFH 3.9.2019 – IX R 12/18, DStR 2020, 37).

200 Die Veräußerung von körperlichen **Edelmetallen** wie zB Gold wird nur dann erfasst, wenn es sich um den Verkauf des körperlichen Gegenstands handelt. Dies ist der Fall bei Barren, Münzen sowie einem Edelmetallkonto mit Auslieferungsanspruch oder verbrieften Papieren, die dem Inhaber ausschließlich ein Recht auf die Lieferung des physischen Gegenstands gewähren und dieser Lieferanspruch nahezu vollständig durch den entsprechenden Rohstoff gedeckt ist (BFH 24.1.2012 – IX R 62/10, BStBl. II 2012, 564; BFH 12.5.2015 – VIII R 35/14, BStBl. II 2015, 834; LBP/*Hoheisel* § 23 Rn. 83; *Haisch* BB 2014, 2333).

201 **Anteile an Kapitalgesellschaften** – gleich ob GmbHs, UGs oder Aktiengesellschaften – fallen unter § 20 Abs. 2 Nr. 1 oder § 17, nicht jedoch unter § 23. Dies ist Folge der Subsidiarität der Vorschrift gegenüber anderen Einkunftsarten. Daher spielen auch Verschmelzung, Umwandlung und Formwechsel im Bereich des § 23 keine Rolle mehr.

Ein Gewinn oder Verlust aus der Veräußerung einer Kapitalforderung fällt unter § 20 Abs. 2. Verbindlichkeiten als negative Wirtschaftsgüter fallen unter § 23 Abs. 1 S. 1 Nr. 2. Die Aufnahme und Rückzahlung eines Darlehens fallen aber nicht unter die Norm (BFH 2.5.2000 – IX R 73/98, BStBl. II 2000, 614; BFH 30.11.2010 – VIII R 58/07, BStBl. II 2011, 491; LBP/*Hoheisel* § 23 Rn. 84; Frotscher/*Geurts* § 23 Rn. 26; *Kuppe* NWB 2014, 2011 (2015)).

202 Bei **Fremdwährungsgeschäften** stellen die Anschaffung und Veräußerung von Fremdwährungsguthaben ein privates Veräußerungsgeschäft dar. Ein Anschaffungs- und Veräußerungsvorgang liegt aber nur vor, wenn die (nicht verbriefte) Währung in Euro oder eine andere Währung umgetauscht wird (BFH 2.5.2000 – IX R 73/98, BStBl. II 2000, 614; BMF 9.10.2012, BStBl. I 2012, 953 Rn. 39; *Kuppe* NWB 2014, 2011 (2012); BayLfSt

12.3.2013, BeckVerw 270378, inzwischen ersetzt durch: BayLfSt 10.3.2016, BeckVerw 332490). In diesen Fällen ist die FiFo-Methode gesetzlich vorgeschrieben. Die zuerst angeschafften Beträge gelten als zuerst veräußert. Wertveränderungen aufgrund von Wechselkursschwankungen ohne Anschaffung und Veräußerung sind nicht steuerbar (BFH 30.11.2010 – VIII R 58/07, BStBl. II 2011, 491). Steht daher nicht das strategische Halten einer Fremdwährung im Fokus, sondern die Absicht, auf die Kursentwicklung einer Währung zu spekulieren, sollte ein physisches Fremdwährungskonto eingerichtet werden. Hier ist die nicht steuerbare Realisierung des Kurserfolgs nach Ablauf der einjährigen Haltefrist möglich. Wird ein verbrieftes Wertpapier erworben, ist der Gewinn nach § 20 Abs. 2 Nr. 1 unabhängig von der Haltefrist zu versteuern (*Kuppe* NWB 2014, 2011 (2013))

Bei **Kryptowährungen** iSd § 1 Abs. 11 Satz 4 KWG (Bitcoin, Ethereum, Ripple usw.) 202a
führen Anschaffung und Veräußerung zu einem privaten Veräußerungsgeschäft (FBeh Hamburg 11.12.2017, DB 2018, 159; OFD Nordrhein-Westfalen 20.4.2018, DB 2018, 1185; *Behrendt/Janken* DStZ 2018, 342 (345); *Reiter/Nolte* BB 2018, 1179 (1180); *Hornung/Westermann* DStZ 2018, 301 (303); *Heuel/Mathey* EStB 2018, 263 (265); *Siegel* FR 2018, 306; *Kanders/Thonemann-Micker/Gräfe* ErbStB 2018, 145 (149 f.); *Lohmar/Jeuckens* FR 2019, 110 (111)); *Dürr* DStZ 2019, 562 (565); kritisch *Andres/Stoffels* NWB 2020, 489).

Virtuelle Währungen stellen ein anderes Wirtschaftsgut dar. Ausnahme ist, wenn diese selbst generiert und anschließend veräußert werden („Mining", hier kann aber der Tatbestand des § 22 Nr. 3 einschlägig sein (→ § 22 Rn. 436 ff.) oder im Hinblick auf die notwendigen Investitionen in Rechnerleistung ein Gewerbebetrieb vorliegen (*Lohmar/Jeuckens* FR 2019, 110 (111 f)). Werden Kryptowährungen als Zahlungsmittel eingesetzt, gilt dies als Veräußerung. Der Wert der im Gegenzug erhaltenen Ware oder Dienstleistung ist als Veräußerungspreis anzusetzen. „Hard Forks" bei Kryptowährungen führen nicht zu Anschaffungs- und Veräußerungskosten (*Lohmar/Jeuckens* FR 2019, 110 (112)).

bb) Ausnahme bei Wirtschaftsgütern des täglichen Gebrauchs (§ 23 Abs. 1 Nr. 2 203
S. 2). Wirtschaftsgüter des täglichen Gebrauchs werden von der Vorschrift nach Nr. 2 S. 2 ausgenommen. Denn mit diesen ist aufgrund der regelmäßig vorhandenen Abnutzung keine Steigerung des privaten Vermögens und damit der steuerlichen Leistungsfähigkeit verbunden (BT-Drs. 17/2249, 83). Die Regelung ist Nichtanwendungsgesetz zu Rechtsprechung des BFH, die unter § 23 Abs. 1 S. 1 Nr. 2 auch Gegenstände des täglichen Gebrauchs hat fallen lassen (BFH 22.4.2008 – IX R 29/06, BStBl. II 2009, 296). Der Begriff „Gegenstände des täglichen Gebrauchs" ist gesetzlich nicht definiert. Es handelt sich um Gebrauchsgegenstände, die bei typisierender Betrachtung nach Art und Umfang zu **persönlichen und privaten Zwecken** genutzt werden und **nicht mit dem Ziel der Einkünfteerzielung** gehalten werden. Eine tatsächliche Nutzung an jedem Tag innerhalb der Spekulationsfrist ist nicht erforderlich (BFH 29.10.2019 – IX R 10/18, DStR 2020, 707; Frotscher/*Geurts* § 23 Rn. 52e; *Herkens* EStB 2018, 34 (36)). Auf den Verbreitungsgrad des betroffenen Wirtschaftsguts kommt es nach dem Wortlaut nicht an.

Betroffen sind das private Kraftfahrzeug (insbes. Jahreswagen, nicht aber Oldtimer), Möbel, Hausrat, 203.1
Fahrräder und Lebensmittel (zum Pkw *Paus* FR 2013, 498 (500); *Herkens* EStB 2018, 34 (35 f.); verneinend zu Digitalwährungen *Dürr* DStZ 2019, 562 (568)). Hintergrund der Regelung ist, dass diese Gegenstände aufgrund ihrer wirtschaftlichen Abnutzung einem regelmäßigem Wertverlust unterliegen und/oder kein Wertsteigerungspotential haben (BT-Drs. 17/2249, 83; Blümich/*Ratschow* § 23 Rn. 63). Denn hier führt der private Gebrauch regelmäßig zu einem erheblichen, dem Privatvermögen zuzuordnenden Wertverzehr, der der nicht steuerbaren Sphäre zugeordnet ist.

cc) Verwendungsreihenfolge für Fremdwährungsbeträge (Nr. 2 S. 3). § 23 Abs. 1 204
S. 1 Nr. 2 S. 3 enthält eine Verwendungsreihenfolge für Fremdwährungsbeträge. Bei Anschaffung und Veräußerung mehrerer **gleichartiger Fremdwährungsbeträge** wird danach unterstellt, dass die zuerst angeschafften Beträge auch zuerst veräußert werden (first-in-first-out). Hintergrund der Regelung ist, dass zu unterschiedlichen Zeitpunkten und unterschiedlichen Wechselkursen angeschaffte Fremdwährungsbeträge sich vermischen und bei der Veräußerung von Teilbeträgen nicht feststellbar, welche Anschaffungskosten auf die veräußerte Valuta entfallen. Aus Vereinfachungsgründen gibt das Gesetz daher mit first-in-first-out eine

Verwendungsreihenfolge vor. Diese gilt auch für Kryptowährungen (FBeh Hamburg 11.12.2017, DStR 2018, 527; aA *Dürr* DStZ 2019, 562 (569 ff.)), → Rn. 202a.

205 **dd) Zur Einkünfteerzielung genutzte Wirtschaftsgüter (Nr. 2 S. 4).** Nach S. 4 beträgt bei Wirtschaftsgütern, aus deren Nutzung als Einkunftsquelle zumindest in einem Kalenderjahr **Einkünfte** erzielt werden (einkünfterelevante „Zwischennutzung"), die **Frist 10 Jahre.** Die Vorschrift dient der Vermeidung von Steuersparmodellen, zB durch Containervermietung (BT-Drs. 16/4841, 58; Bordewin/Brandt/*Bachem* § 23 Rn. 157; Kirchhof/*Kube* § 23 Rn. 8; Schmidt/*Weber-Grellet* § 23 Rn. 28; siehe auch LFD Thüringen 13.1.2012, DStR 2012, 970). Oftmals liegen in diesen Fällen aber ohnehin gewerbliche Einkünfte vor, sodass die Regelung des § 23 Abs. 2 greift (KKB/*Bäuml* § 23 Rn. 206 mit Ausführungen zum Container-Leasing-Modell).

206 Jedwede Nutzung eines Wirtschaftsguts zur Erzielung von Einkünften führt zur Verlängerung der Behaltefrist. Unter **Nutzung als Einkunftsquelle** ist zu verstehen, dass die betroffenen Wirtschaftsgüter eine eigenständige Erwerbsgrundlage bilden. Allein eine (ggf. nur teilweise) berufliche Nutzung reicht daher nicht aus (KSM/*Wernsmann* § 23 Rn. B 61; aA LBP/*Hoheisel* § 23 Rn. 96). Eine Nutzung als Einkunftsquelle ist auch nicht gegeben, wenn das Wirtschaftsgut für Liebhabereizwecke genutzt wurde (*Paus* FR 2013, 498 (500)).

207 **c) Leerverkäufe bei sonstigen Wirtschaftsgütern (§ 23 Abs. 1 Satz 1 Nr. 3).** § 23 Abs. 1 Satz 1 Nr. 3 regelt die Steuerbarkeit von Leerverkäufen von sonstigen Wirtschaftsgütern iSd § 23 Abs. 1. Die Regelung schließt eine Besteuerungslücke, die mit der Abschaffung des § 23 Abs. 1 Satz 1 Nr. 3 EStG aF in der Folge der Unternehmenssteuerreform 2008 ab 1.1.2009 entstanden war. Hintergrund ist die Besteuerung von Fremdwährungsgeschäften. Fremdwährungsgeschäfte unterfallen weiterhin der Regelung des § 23 und nicht § 20 Abs. 2 Satz 1 Nr. 3 Buchst. a. Bei Fremdwährungsgeschäften, bei denen die Veräußerung früher erfolgt als der Erwerb (Leerverkäufe) erfolgte damit ab 1.1.2009 keine steuerliche Erfassung mehr. Das gleiche gilt für andere Wirtschaftsgüter, bei denen in der Praxis Leerverkäufe praktiziert werden, zB mit Gold und Edelmetallen (dazu *Hörster* NWB 2016, 22 (33)).

2. Anschaffung und gleichgestellte Vorgänge (§ 23 Abs. 1 Sätze 2 bis 4)

208 **a) Begriff der Anschaffung.** Die Steuerbarkeit des Veräußerungsvorgangs erfordert die vorangegangene Anschaffung. Der betroffene Steuerpflichtige muss zumindest wirtschaftlicher Eigentümer geworden sein und das betroffene Wirtschaftsgut muss ihm steuerlich (§ 39 AO) zuzurechnen sein.

209 Der Begriff der Anschaffung wird im EStG bei den Gewinn- und Überschusseinkünften **einheitlich** ausgelegt. Er ist mit dem Begriff der Anschaffung in § 6 identisch und deckt sich mit dem handelsrechtlichen Begriff der Anschaffung, wie der § 253 und § 255 HGB zugrunde liegt (BFH 3.9.2010 – IX R 8/18, DStR 2020, 33; *Schießl* DStR 2014, 512 (513)). Anschaffung ist bei wirtschaftlicher Betrachtung jeder entgeltliche Vorgang, der auf Erwerb des (wirtschaftlichen) Eigentums gerichtet ist (zB Kauf, Tausch, Kapitalerhöhung) Dies gilt auch für die Abgabe des Meistgebots in der Versteigerung; BFH 4.6.2003 – X R 49/01, BStBl. II 2003, 751; Bordewin/Brandt/*Bachem* § 23 Rn. 117). Denn der Zuschlag im Rahmen der Zwangsversteigerung lässt – trotz des Charakters als einseitigen Hoheitsakt – einen öffentlich-rechtlichen Vertrag zwischen dem Vollstreckungsgläubiger und dem Meistbietenden entstehen (Bordewin/Brandt/*Bachem* § 23 Rn. 117). Erforderlich für die Anschaffung ist jedenfalls der Erwerb des rechtlichen oder wirtschaftlichen Eigentums von einem Dritten.

210 **Unentgeltliche Vorgänge** fallen nicht unter die Vorschrift, teilentgeltliche Vorgänge entsprechend anteilig (*Günther* EStB 2013, 464, *Günther* EStB 2019, 27; *Tiedtke/Wälzholz* NotBZ 2000, 237; *Paus* EStB 2020, 34). Der Erwerb kraft Gesetzes stellt einen unentgeltlichen Erwerb dar.

210.1 Hauptanwendungsfall in der Praxis ist der Erwerb im Rahmen der Liquidation einer GmbH, wenn den Gesellschaftern der aufgelösten GmbH nach § 72 GmbH ein zum Gesellschaftsvermögen gehörendes Grundstück übertragen wird und der Übertragung kein schuldrechtliches Verpflichtungsgeschäft vorausgegangen war (Bordewin/Brandt/*Bachem* § 23 Rn. 104)

210.2 Die Anschaffung zu einem besonders niedrigen Kaufpreis ist unter fremden Dritten kein teilentgeltlicher Vorgang. Dies ist nur anders, wenn die Beteiligten hinsichtlich des Mehrwerts über die Unentgeltlichkeit einig sind. Ansonsten ist, wenn die Beteiligten subjektiv von der Gleichwertigkeit von Leistung und Gegenleistung ausgehen, grundsätzlich ein vollentgeltlicher Vorgang anzunehmen.

Beim Verkauf unter nahen Angehörigen besteht eine widerlegbare Vermutung, dass eine verbilligte Veräußerung aus familiären Gründen und nicht als vollentgeltliches Geschäft unter kaufmännischer Abwägung von Leistung und Gegenleistung erfolgt (LBP/*Hoheisel* § 23 Rn. 136). 210.3

Die **Übernahme von Verbindlichkeiten** führt zu einem Entgelt (BFH 3.9.2010 – IX R 8/18, DStR 2020, 33). Der Vorgang wird genauso behandelt, als hätte der Übernehmer des Gegenstands den zur Ablösung erforderlichen Betrag an den Übertragenden gezahlt und dieser die Verbindlichkeit abgelöst. 211

Dies ist zB der Fall, wenn bei einer Grundstücksübertragung das Grundstück mit Grundpfandrechten belastet ist und der Zuwendungsempfänger den Übertragenden von der Erfüllung einer zugrundeliegenden Verbindlichkeit freistellt (LBP/*Hoheisel* § 23 Rn. 138). 211.1

Werden die Schulden nicht übernommen, sondern das Grundstück übereignet, die auf dem Grundstück lastenden (Brief- oder Buch-)Grundschulden mit übernommen, aber keine Freistellung des Übertragenden von den zugrunde liegenden schuldrechtlichen Verbindlichkeiten vereinbart, liegt weiterhin ein unentgeltlicher Erwerb vor. Denn in diesem Fall erbringt der Erwerber keine Gegenleistung, sondern erwirbt nur das um den Wert der Belastungen geminderte Grundstück (BFH 3.9.2010 – IX R 8/18, DStR 2020, 33). Die Veräußerung selbst hergestellter Wirtschaftsgüter ist, von der Ausnahmeregelung in § 23 Abs. 1 S. 1 Nr. 1 S. 2 für selbst errichtete Gebäude abgesehen, unbeachtlich. 211.2

Die **Begriffe Anschaffung und Anschaffungskosten sowie Veräußerung und Veräußerungskosten** sind wie in § 6 und § 255 HGB auszulegen (BFH 20.4.2004 – IX R 5/02, BStBl. II 2004, 987; KSM/*Wernsmann* § 23 Rn. B 64, D 11; LBP/*Hoheisel* § 23 Rn. 202). Anschaffungskosten sind alle Aufwendungen, die geleistet werden, um einen Vermögensgegenstand zu erwerben. Anschaffungsnebenkosten (Inseratskosten, Maklergebühren, Notargebühren, Grundbuchkosten, GrESt) sind hinzuzurechnen. Die Anschaffung setzt einen entgeltlichen Erwerb des Wirtschaftsguts von einem Dritten voraus (BFH 10.9.2003 – XI R 26/02, BStBl. II 2004, 218; BFH 13.12.2005 – IX R 14/03, BStBl. II 2006, 513). 212

Aufnahme eines (Fremdwährungs-)**Darlehens** ist keine Anschaffung (BFH 30.11.2010 – VIII R 58/07, BStBl. II 2011, 491). Die Tilgung stellt keine Veräußerung dar. Gleiches gilt für die aufgrund des Darlehens gewährte Valuta in Fremdwährung (KKB/*Bäuml* § 23 Rn. 225: BFH 2.5.2000 – IX R 73/98, BStBl. II 2000, 614). Gleiches gilt für die Tilgung. Mit der Entgegennahme eines Fremdwährungsguthabens als Gegenleistung für die Veräußerung von Wertpapieren werden beide Wirtschaftsgüter getauscht und es liegt eine Anschaffung vor (BFH 21.1.2014 – IX R 11/13, BStBl. II 2014, 385). Fremdwährungsbeträge werden insbesondere angeschafft, indem sie gegen Umtausch von nationaler Währung erworben werden. Sie werden veräußert, indem sie in die nationale Währung zurückgetauscht oder in eine andere Fremdwährung umgetauscht werden (KKB/*Bäuml* § 23 Rn. 226). 213

Zeitpunkt der Anschaffung ist das schuldrechtliche Verpflichtungsgeschäft. Die dingliche Übereignung muss nachfolgen, hat nur für die Fristberechnung keine Folgen (Schmidt/*Weber-Grellet* § 23 Rn. 37). Auch die Ausübung eines Wiederkaufsrechts (§ 497 BGB) führt zu einer Anschaffung. 214

Eine Anschaffung liegt vor, wenn die Vertragspartner innerhalb der Frist Verhältnisse schaffen, die wirtschaftlich einem **Kaufvertrag gleichstehen,** vor allem wenn besondere Umstände hinzutreten, die wirtschaftliches Eigentum verschaffen (Schmidt/*Weber-Grellet* § 23 Rn. 37; Blümich/*Ratschow* § 23 Rn. 92). 215

Die Anschaffung zum Preis von einem „symbolischen" Euro kann entgeltlich erfolgen, wenn Leistung und Gegenleistung nach kaufmännischen Grundsätzen gegeneinander abgewogen worden sind und der Anteil auch nur diesen tatsächlichen Preis wert ist. 216

Gesellschaftsrechtliche Vorgänge schließen eine Anschaffung nicht aus. So stellt die Übernahme von Nennkapital bei der Gründung einer Kapitalgesellschaft oder bei einer Kapitalerhöhung eine Anschaffung dar. Bringen Bruchteilseigentümer Wirtschaftsgüter iSd § 23 Abs. 1 zu unveränderten Anteilen in eine personenidentische GbR ein, liegt kein Anschaffungsvorgang vor, soweit die Gesellschafter nach § 39 Abs. 2 Nr. 2 AO weiterhin im bisherigen Umfang als Bruchteilseigentümer beteiligt sind (KKB/*Bäuml* § 23 Rn. 234). Eine Anschaffung liegt nur vor, als eine überquotale Beteiligung erworben und Ausgleichszahlungen geleistet werden. 217

218 Ein Bezugsrecht, das der Gesellschafter anlässlich einer Kapitalerhöhung erhält, wird nicht angeschafft. Vielmehr liegt eine Substanzabspaltung der Altaktie bzw. Altanteile vor (BFH 22.5.2003 – IX R 9/00, DStR 2003, 1249). Mit dem Entstehen des Bezugsrechts wird daher auch keine neue Frist ausgelöst. Vielmehr tritt dieses in die Behaltefrist für die Altanteile ein.

219 Im Fall der **Erbauseinandersetzung** durch Realteilung liegt ein Anschaffungsvorgang vor, soweit der Wert des Erlangten den Erbteil übersteigt und Abstandszahlungen geleistet werden (Spitzenausgleich). Setzt sich eine Erbengemeinschaft im Weg der Realteilung auseinander und findet die Aufteilung quotal entsprechend den Anteilen der Miterben statt, fehlt es an einer Anschaffung. Denn hinsichtlich der seinen Erbteil übersteigenden Quote wendet der übernehmende Erbe Anschaffungskosten auf, nur in Höhe der Quote seines Erbteils erwirbt er unentgeltlich (BFH 22.9.1987 – IX R 15/84, BStBl. II 1988, 250).

219.1 Diese Grundsätze finden auch Anwendung, wenn die Erbauseinandersetzung in der Folge einer Teilungsanordnung des Erblassers erfolgt (HHR/*Musil*, § 23 Rn. 96). Leistet einer der Erben einen Spitzenausgleich, weil er mehr erhält, als ihm nach seiner Erbquote zusteht, liegt insoweit ein Anschaffungsgeschäft vor (BFH 22.9.1987 – IX R 15/84, BStBl. II 1988, 250). Wird der ganze Miterbenanteil veräußert und sind darin zB Grundstücke enthalten, werden diese vom Erwerber angeschafft, erwirbt ein Miterbe, liegt eine Anschaffung iHd überquotalen Teils vor (HHR/*Musil* § 23 Rn. 96).

220 Die Übertragung eines Grundstücks zur Abgeltung eines geltend gemachten **Pflichtteilsanspruchs** stellt eine Anschaffung dar. Denn die Verrechnung des Werts des Grundstücks mit dem Pflichtteilsanspruch führt zum Aufwenden von Anschaffungskosten, da insoweit die Geldleistung des Pflichtteilsverzichteten mit der Sachleistung abgegolten wird und der Pflichtteilsberechtigte auf die (grundsätzlich vorgesehene) Begleichung des Pflichtteilsanspruchs in Geld verzichtet.

221 Die erstmalige Bestellung eines **Erbbaurechts** kann als Anschaffung einzuordnen sein, wenn der Erbbauberechtigte Aufwendungen für den Erwerb des Erbbaurechts tätigt (BFH 4.6.1991 – X R 136/87, BStBl. II 1992, 70; 8.11.2017 – IX R 25/15, DStR 2018, 609; LBP/*Hoheisel* § 23 Rn. 113). Die bloße vertragliche Bestellung ohne Entgelt führt aber nicht zur Anschaffung. Denn das Erbbaurecht kann nicht als Teil des Eigentums („Eigentums-Splitter") angesehen werden (KSM/*Drüen* § 21 Rn. B71; *Schießl* jurisPR-SteuerR 18/2018 Anm. 2 unter B.II.). Der Erbbauberechtigte muss daher ein Entgelt zahlen. Die alleinige Zahlung der Erbbauzinsen führt nicht zu Anschaffungskosten. Denn diese sind keine Anschaffungskosten für den Erwerb des Wirtschaftsguts „Erbbaurecht", sondern stellen vielmehr rechtlich und wirtschaftlich ein Entgelt für die Nutzung des Grundstücks dar (BFH 23.9.2003 – IX R 65/02, BStBl. II 2005, 159; BFH 7.3.2007 – I R 60/06, BStBl. II 2007, 654; 8.11.2017 – IX R 25/15, DStR 2018, 609; Blümich/*Ratschow* § 23 Rn. 60; HHR/*Musil* § 23 Rn. 89; *Heyd* BB 2018, 943 (944); *Schießl* jurisPR-SteuerR 18/2018 Anm. 2). Kosten wie GrEStG, Gerichtsgebühren, Fahrtkosten usw. stellen Anschaffungsnebenkosten des Erbbaurechts dar.

222 Auch die Übertragung zur Abgeltung eines Zugewinnausgleichanspruchs führt zur Anschaffung. Auch hier stellt der Verzicht auf die Geltendmachung des Zugewinnausgleichs in Geld gegen die Gewährung der entsprechenden Sachleistung der zur Anschaffung führende Umstand dar.

223 Bei Erwerb eines vermieteten Grundstücks unter **Vorbehaltsnießbrauch** wird nur das mit dem Nießbrauch belastete (wertgeminderte) Grundstück erworben. Spätere Abfindungszahlungen zur Ablösung des Nießbrauchs stellen nachträgliche Anschaffungskosten dar. Beim Nießbrauchsberechtigten führt die Ablösezahlung regelmäßig zu Einkünften iSd § 24 Nr. 1 Buchst. a.

223.1 Entsprechenden Gestaltungsempfehlungen für die Veräußerung vermieteter Grundstücke „in zwei Schritten" kann nicht gefolgt werden. Vorgeschlagen wird, dem Rechtsnachfolger zunächst das Grundstück unter Vorbehaltsnießbrauch zu verkaufen und später – nach Ablauf einer Frist von ein oder zwei Jahren – den Vorbehaltsnießbrauch entgeltlich abzulösen (so die Empfehlungen von *Kessler/Mirbach* DStR 2015, 926 (929 ff.)). Denn die Ablösezahlungen für den Vorbehaltsnießbrauch führen zu nachträglichen Anschaffungskosten und verringern so einen späteren Veräußerungsgewinn (so die Empfehlungen von *Kessler/Mirbach* DStR 2015, 926 (928)). Dieser Vorschlag scheitert aus zwei Gründen: Zum einen führt die Ablösung eines Vorbehaltsnießbrauchs auf Ebene des Nießbrauchers bei einem vermieteten

Grundstück zu steuerbaren Einnahmen. Zum anderen dürfte die Vereinbarung eines lebenslangen Nießbrauchs mit der bereits bei Vereinbarung bestehenden Absicht einer zeitnahen Abfindung als bloßes Scheingeschäft einzuordnen sein.

Einstweilen frei 224

b) Entnahme als Anschaffung (§ 23 Abs. 1 S. 2). Entnahmen aus einem Betriebsvermögen in das Privatvermögen (§ 6 Abs. 1 Nr., 4, § 16 Abs. 3 S. 5) gelten als Anschaffung (sog. **Anschaffungsfiktion**). Die Regelung setzt damit den Lauf der Veräußerungsfrist von einem bzw. zehn Jahren in Gang. Für den Begriff der Entnahme gilt die allgemeine Definition in § 4 Abs. 1 S. 2. Die Regelung hat zum Zweck, bei Veräußerungen nach einer Entnahme die im Zeitraum zwischen Entnahme und Veräußerung entstandene Wertsteigerung zu erfassen, insbesondere wenn ein zu niedriger Entnahmewert angesetzt wurde und das betroffene Wirtschaftsgut später im Privatvermögen veräußert wird (BT-Drs. 14/23, 179). Es handelt sich um eine Fiktion, da die Entnahme mangels Übertragung auf einen anderen Rechtsträger den Anschaffungskostenbegriff nicht erfüllt. Denn eine Anschaffung setzt eine Personenverschiedenheit zwischen Veräußerer und Erwerber voraus (Bordewin/Brandt/*Bachem* § 23 Rn. 106). Die Fiktion ist aus Sicht der Finanzverwaltung auch zur Vermeidung von Steuerausfällen notwendig. Denn häufig lässt sich im Fall der späteren Veräußerung der zutreffende Entnahmewert nicht mehr nachweisen und der Umstand, dass ggf. ein unzutreffender (zu niedriger) Entnahmewert angesetzt worden war, würde sich ohne die Regelung bei der Versteuerung im Veräußerungsjahr nicht auswirken. 225

Als Anschaffung gilt auch die Betriebsaufgabe („Totalentnahme") (Schmidt/*Weber-Grellet* § 23 Rn. 33; KSM/*Wernsmann* § 23 Rn. B 94). Wird das Wirtschaftsgut nach privater Anschaffung in ein Betriebsvermögen eingelegt und anschließend wieder entnommen und dann innerhalb der von der Anschaffung gerechneten Veräußerungsfrist wieder veräußert, berechnet sich der steuerbare Veräußerungsgewinn ab der Anschaffung. Der Gewinn ist aber um den bei den betrieblichen Einkünften zu erfassenden Entnahmegewinn zu vermindern. 226

Indem die **Entnahme als Anschaffung fingiert** wird, wird eine (neue) Frist in Gang gesetzt, innerhalb derer jede Veräußerung aus dem Privatvermögen zu einen privaten Veräußerungsgeschäft führt. Auf die ursprüngliche betriebliche Anschaffung kommt es nicht an. Die Vorschrift bildet daher einen typisierenden Missbrauchstatbestand, indem sie Umgehungen von Entnahmegewinnen durch eine Entnahme in das Privatvermögen im Rahmen der Haltefristen verhindert (KSM/*Wernsmann* § 23 Rn. B 92). 227

Ist die Entnahme **aufgrund gesetzlicher Regelung steuerfrei** (zB § 13 Abs. 5), sind die Anschaffungskosten mit dem Buchwert anzusetzen. Dies führt im Ergebnis dazu, dass bei einer späteren Veräußerung innerhalb der Behaltefristen es zu einer Nachholung der Besteuerung kommt (BMF 5.10.2000, BStBl. I 2000, 1383 Rn. 34; LBP/*Hoheisel* § 23 Rn. 184). 228

c) Keine Anschaffung. Keine Anschaffung sind der **Erwerb kraft Gesetzes** oder **kraft Hoheitsakts** (BFH 13.4.2010 – IX R 36/09, BStBl. II 2010, 792), die Kapitalherabsetzung, der unentgeltliche Erwerb (Regelung in § 23 Abs. 1 S. 3) oder die Zuweisung eines Grundstücks im Umlegungsverfahren (BFH 15.1.1974 – VIII R 63/68, DStR 1974, 351; ausführlich KSM/*Wernsmann* § 23 Rn. B 201 Stichwort „Freiwilliges Umlegungsverfahren"). Keine Anschaffung liegt bei selbst hergestellten Wirtschaftsgütern vor, zB selbstgeschaffene Patent- und Markenrechte (BFH 10.9.2003 – IX R 26/02, BStBl. II 2004, 218). 229

Zu keiner Anschaffung führt bei vermögensverwaltenden Personengesellschaften und Bruchteilsgemeinschaften die Einbringung von Bruchteilseigentum in eine personenidentische GbR. Denn insoweit sind die Gesellschafter nach § 39 Abs. 2 Nr. 2 AO weiterhin im bisherigen Umfang als Bruchteilseigentümer der Grundstücke anzusehen (BFH 6.10.2004 – IX R 68/01, BStBl. II 2005, 324). 229.1

Auch die Aufhebung der Miteigentümergemeinschaft durch Realteilung ist keine Anschaffung, solange jeder Miteigentümer Alleineigentum in Höhe seiner vormaligen Quote erhält. 229.2

Einstweilen frei 230

d) Unentgeltlicher Erwerb (§ 23 Abs. 1 S. 3). Im Fall des unentgeltlichen Erwerbs tritt hinsichtlich des § 23 der Rechtsnachfolger in die Rechtsposition des Vorgängers ein. Zwar führt der unentgeltliche Erwerb grundsätzlich zu keiner Anschaffung. Die Veräußerung 231 des Wirtschaftsguts innerhalb der ab Anschaffung durch den Rechtsvorgänger laufenden Frist des § 23 Abs. 1 S. 1 Nr. 1 oder Nr. 2 löst aber einen steuerbaren Veräußerungsgewinn aus (Blümich/*Ratschow* § 23 Rn. 95). Denn der Erbe/Beschenkte tritt in die **Behaltefrist des Übertragenden** ein. Bei der Erbschaft folgt dies aus dem Grundsatz der Gesamtrechtsnachfolge (§ 1922 BGB). Da bei der Schenkung aus dem Grundsatz der Einzelrechtsnachfolge kein Eintritt in die Rechtsposition des Rechtsvorgängers folgt, regelt dies § 23 Abs. 1 S. 3 ausdrücklich (zur alten Rechtslage vor Inkrafttreten von § 23 Abs. 1 S. 3 BFH 12.7.1988 – IX R 149/83, BStBl. II 1988, 942).

232 Hintergrund der Regelung ist zum einen, dass durch eine unentgeltliche Übertragung die Besteuerung als privates Veräußerungsgeschäft **nicht umgangen** werden soll, indem vor einer Veräußerung das betroffene Wirtschaftsgut zB auf eine nahestehende Person übertragen wird, die dann den Veräußerungsvorgang bewirkt. Zum anderen ist die Regelung Ausprägung des allgemeinen steuerlichen Grundsatzes, dass bei unentgeltlicher Rechtsnachfolge der Rechtsnachfolger in die Rechtsposition des Rechtsvorgängers eintritt („Fußstapfentheorie"). Der Rechtsnachfolger tritt daher hinsichtlich der Steuerbarkeit sowohl in die Rechtsposition hinsichtlich des Zeitpunkts der Anschaffung als auch hinsichtlich der Höhe der Anschaffungskosten ein.

233 Hauptanwendungsfälle der Vorschrift sind **Erbfall** (§ 1922 BGB), **Schenkung** (§ 516 BGB) und **vorweggenommene Erbfolge.** Auch der Erwerb durch (Sach-)Vermächtnis ist grundsätzlich unentgeltlich (BFH 29.6.2011 – IX R 63/10, BStBl. II 2011, 873). Muss der Vermächtnisnehmer für den Erwerb des vermachten Gegenstands eine Gegenleistung erbringen, stellt diese ein Entgelt dar (BFH 29.6.2011 – IX R 63/10, BStBl. II 2011, 873).

234 Der Erwerb im Rahmen der vorweggenommenen Erbfolge gegen Gewährung von Versorgungsleisten führt zu einem entgeltlichen Erwerb, da die Voraussetzungen des § 10 Abs. 1 Nr. 1a im Privatvermögen nicht vorliegen (keine qualifizierte Vermögeneinheit, so auch im Ergebnis KSM/*Wernsmann* § 23 Rn. B 75).

235 Ein mit geschenkten (ererbten) Mitteln erworbenes Wirtschaftsgut wird hingegen angeschafft. Daher erwirbt auch im Fall der mittelbaren Grundstückschenkung der Beschenkte das Grundstück entgeltlich und hat eigene Anschaffungskosten (Blümich/*Ratschow* § 23 Rn. 95).

236 Übernimmt der Erbe einen Gegenstand und leistet **Erbfallschulden** (Pflichtteilsansprüche, Erbersatzansprüche, Vermächtnisverbindlichkeiten), verbleibt es bei der Unentgeltlichkeit des Übergangs. Soweit Erblasserschulden (§ 1967 Abs. 2 BGB) vorhanden sind, führen diese nicht zu Anschaffungskosten (LBP/*Hoheisel* § 23 Rn. 133).Im Rahmen der vorweggenommenen Erbfolge führen Abstandszahlungen an den Übergeber, Ausgleichs- oder Gleichstellungsgelder an Dritte sowie die Übernahme von Verbindlichkeiten zu Entgelt (Schmidt/*Weber-Grellet* § 23 Rn. 44; KSM/*Wernsmann* § 23 Rn. B 68). Dies gilt auch, wenn die Abstandszahlungen auf einer Teilungsanordnung beruhen. Anschaffungskosten entstehen nicht, wenn der Erwerber eines Grundstücks zwecks Löschung eines Grundpfandrechts Schulden tilgt, die er zunächst nicht vom Übergeber übernommen hat (BFH 3.9.2019 – IX R 8/18, DStR 2020, 33).

237 Besteht nach dem Erbfall eine **Erbengemeinschaft** und setzt sich diese ohne Ausgleichs- und Abfindungszahlungen auseinander, liegt weiterhin ein unentgeltlicher Erwerb vor. Übernimmt jedoch ein Miterbe über seine Erbquote hinaus ein Wirtschaftsgut und zahlt dafür den übrigen Miterben einen Ausgleich, weil er mehr erlangt, als seinem Erbteil entspricht, liegt insoweit ein entgeltlicher Vorgang vor (BFH 5.7.1990 – GrS 2/89, BStBl. II 1990, 837; BMF 14.3.2006, BStBl. I 2006, 253). Der zahlende Miterbe verwirklicht eine Anschaffung, die übrigen Miterben realisieren eine Veräußerung. Dies gilt unabhängig davon, ob er den Zuzahlungsbetrag aus dem Nachlassvermögen oder aus seinem sonstigen Vermögen leistet (BFH 9.7.1985 – IX R 49/83, BStBl. II 1985, 722).

238 Bei **gemischter Schenkung** hat nach den Grundsätzen der Trennungstheorie eine Aufteilung zu erfolgen (BFH 31.5.2000 – IX R 50/97, IX R 51/97, BStBl. II 2001, 594; BFH 27.7.2004 – IX R 54/02, BStBl. II 2006, 9; BFH 29.6.2011 – IX R 63/10, BStBl. II 2011, 873 für Vermächtnis mit Gegenleistung). Die Aufteilung hat nach dem Verhältnis des Verkehrswerts des übertragenen Wirtschaftsguts zur Gegenleistung zu erfolgen (BFH 29.6.2011 – IX R 63/10, BStBl. II 2011, 873; Blümich/*Ratschow* § 23 Rn. 98; LBP/*Hoheisel* § 23 Rn. 136; Bordewin/Brandt/*Bachem* § 23 Rn. 90). Hinsichtlich des entgeltlichen Teils verwirklicht der Übertragende eine Veräußerung und der Empfänger eine Anschaffung, hinsichtlich des unentgeltlichen Teils greift § 23 Abs. 1 S. 3.

Unentgeltlich ist auch der **Erwerb unter Nießbrauchsvorbehalt** oder bei Belastung mit einem dinglichen Wohnrecht (BFH 3.9.2019 – IX R 8/18, DStR 2020, 33 mwN). Die Übertragung unter Vorbehaltsnießbrauch stellt eine unentgeltliche Übertragung dar. Der Übernehmer erhält unentgeltlich das mit dem Nießbrauch belastete Eigentum, die Belastung mindert also von vornherein den Wert des übertragenen Vermögens. Die Ablösung des Vorbehaltsnießbrauchs durch den (Grundstücks-)Eigentümer führt zu (nachträglichen) Anschaffungskosten (BFH 3.9.2010 – IX R 8/18, DStR 2020, 33; zu den Gestaltungsmöglichkeiten *Kessler/Mirbach* DStR 2015, 926 (929 ff.)). 239

Ggf. kann nach dem Übergang durch Erbfall und nachfolgender Veräußerung durch entsprechenden Antrag die Steuerermäßigung nach § 35b eingreifen, wenn der Erbfall bis zu fünf Jahre zuvor erfolgt war und der Übergang des betroffenen Wirtschaftsguts Erbschaftsteuer ausgelöst hat. Dies gilt nicht im Schenkungsfall. Eine latente Einkommensteuerbelastung durch § 23 ist im Erbfall jedenfalls nicht zu berücksichtigen. 240

Einstweilen frei 241

e) Gesellschaftsanteil an Personengesellschaft (§ 23 Abs. 1 S. 4). Die Anschaffung oder Veräußerung einer unmittelbaren oder mittelbaren Beteiligung an einer **vermögensverwaltenden Personengesellschaft** gilt als Anschaffung oder Veräußerung der anteiligen Wirtschaftsgüter (Bruchteilsbetrachtung). Die Berechnung der Veräußerungsfrist orientiert sich einmal am einzelnen Wirtschaftsgut. Zum anderen kommt es auch auf die Zeitspanne zwischen Einstieg und Ausscheiden des jeweiligen Gesellschafters an (BFH 21.1.2014 – IX R 9/13, DStR 2014, 515). 242

Die Regelung bezieht sich aufgrund ihrer systematischen Stellung in § 23 Abs. 1 nur auf die Frage der Steuerbarkeit der Veräußerung, nicht jedoch auf die Gewinnermittlung nach § 23 Abs. 3 (BFH 6.9.2016 – IX R 27/14, DStR 2016, 2950). 243

Rechtsgrund für diese Regelung ist die gesamthänderische Bindung des Vermögens bei einer vermögensverwaltenden Personengesellschaft. Sie erweitert die steuerliche Zurechnung bei einer Beteiligung an einer vermögensverwaltenden Personengesellschaft über die Wirkung des § 39 Abs. 2 Nr. 2 AO hinaus. Bei der Regelung des § 23 Abs. 1 S. 4 handelt es sich daher – wie der Wortlaut „gilt“ zeigt – um eine **Fiktion.** Zivilrechtlich erwirbt der Gesellschafter den Gesellschaftsanteil, in dem sich – gesamthänderisch gebunden – die Wirtschaftsgüter des Gesellschaftsvermögens befinden. Steuerlich gilt dies nach § 23 Abs. 1 S. 4 als (anteiliger) Erwerb der einzelnen gesamthänderisch gebundenen Wirtschaftsgüter. Jedes einzelne Wirtschaftsgut des Gesamthandsvermögens wird dem Gesellschafter im Ergebnis anteilig zugerechnet. 244

Die Regelung betrifft daher einmal die Fallgestaltung, dass ein Gesellschafter der Gesellschaft beitritt und diese innerhalb von zehn Jahren nach Beitritt ein Grundstück veräußert (LBP/*Hoheisel* § 23 Rn. 189). Selbst wenn sich auf der Ebene der Gesellschaft das Grundstück mehr als zehn Jahre im Gesamthandsvermögen befindet, verwirklicht der Gesellschafter in diesem Fall ein privates Veräußerungsgeschäft. Umgekehrt fehlt es an der gemeinsamen Anschaffung des Grundstücks, wenn der Gesellschafter erst nach Anschaffung des Grundstücks durch die Gesellschaft im Wege des Anteilserwerbs Gesellschafter geworden ist (BFH 10.11.2015 – IX R 10/15, BFH/NV 2016, 529). 244.1

In der Praxis häufiger sind die Fälle, in denen ein Gesellschafter einer vermögensverwaltenden Personengesellschaft **beitritt** und innerhalb von zehn Jahren wieder **ausscheidet.** Auch in diesem Fall wird das private Veräußerungsgeschäft allein vom Gesellschafter, nicht aber von der Gesellschaft verwirklicht (*Schießl* DStR 2014, 512 (513 f.); vgl. auch BFH 6.9.2016 – IX R 27/15, DStR 2016, 2950)). Sind die von der Gesellschaft erzielten Einkünfte auf der Ebene des Gesellschafters aufgrund von nur bei diesem vorliegenden steuerlichen Merkmalen anders zu qualifizieren, erfolgt die Umqualifizierung der Einkünfte auf der Ebene des Gesellschafters. Dies gilt nicht nur im klassischen Fall der Zebra-Personengesellschaft, bei der auf der Ebene der Personengesellschaft Einkünfte aus Vermietung und Verpachtung vorliegen und diese auf Ebene des Gesellschafters in Einkünfte aus Gewerbebetrieb umqualifiziert werden. Die Grundsätze gelten entsprechend, wenn auf der Ebene der Gesellschaft aufgrund des Verstreichens der Zehn-Jahres-Frist kein steuerbares privates Veräußerungsgeschäft vorliegt, bei einzelnen Gesellschaftern aufgrund ihres späteren entgeltlichen Erwerbs von Gesellschaftsanteilen die anteilig nach der Bruchteilsbetrachtung zuzurechnende Veräußerung jedoch innerhalb der Frist erfolgt. Gleiches gilt für den Fall, dass die vermögensverwaltende Personengesellschaft das Grundstück dauerhaft hält, einzelne Gesellschafter der Gesellschaft entgeltlich beitreten und innerhalb der zehnjährigen Veräußerungsfrist ihren Anteil wieder abstoßen. In beiden Fällen sind die von den Gesellschaftern 244.2

erzielten Einkünfte aus einem privaten Veräußerungsgeschäft im Rahmen ihrer Einkommensteuerveranlagung anhand der individuellen Anschaffungskosten und Veräußerungserlöse zu ermitteln und bei ihnen – unbeschadet der Tatsache, dass auf Ebene der Gesellschaft kein steuerbarer Vorgang vorliegt – anzusetzen. Dabei ist zu beachten, dass der unentgeltlich – zB durch Erbfall – in die vermögensverwaltende Personengesellschaft eintretende Gesellschafter nach § 23 Abs. 1 S. 3 hinsichtlich der Spekulationsfrist in die Rechtsposition seines Rechtsvorgängers eintritt.

245 Über die Frage, ob und inwieweit der Gesellschafter durch Eintritt in und Austritt aus einer vermögensverwaltenden Personengesellschaft ein privates Veräußerungsgeschäft verwirklicht, ist im Rahmen seiner privaten Einkommensteuererklärung zu entscheiden. Dagegen sind Veräußerungsgewinne, die von einer Personengesellschaft in gesamthänderischer Verbundenheit erzielt werden, gesondert und einheitlich festzustellen.

246 Als mittelbare Beteiligung gilt auch die durch eine vermögensverwaltende Personengesellschaft vermittelte Beteiligung. Allerdings schließen eine zwischengeschaltete Kapitalgesellschaft und eine zwischengeschaltete gewerbliche Personengesellschaft eine mittelbare Beteiligung nach § 23 Abs. 1 S. 4 aus (LBP/*Hoheisel* § 23 Rn. 188).

247 *Einstweilen frei*

3. Veräußerung (§ 23 Abs. 1 S. 5)

248 **a) Begriff.** Die Veräußerung ist wie die Anschaffung **notwendiges Tatbestandsmerkmal** des § 23. Sie umfasst die entgeltliche Übertragung des angeschafften Wirtschaftsguts auf einen Dritten, dh eine andere Person. Eine Veräußerung setzt daher nicht nur die Entgeltlichkeit des Übertragungsvorgangs voraus, sondern auch, dass sich aufgrund der zugrunde liegenden schuldrechtlichen Vereinbarungen ein Rechtsträgerwechsel an dem veräußerten Wirtschaftsgut vollzieht (BFH 8.4.2003 – IX R 1/01, BFH/NV 2003, 1171; BFH 18.10.2006 – IX R 7/04, BStBl. II 2007, 258; BFH 31.1.2017 – IX R 26/16, DB 2017, 1065 und BFH 3.9.2019 – IX R 12/18, DStR 2020, 37). Der Beweggrund (Motivation) ist irrelevant. Denn die Regelung des § 23 knüpft nach der Wortwahl allein an objektive Tatbestandsmerkmale an, subjektive Gründe bleiben außer Betracht.

249 Regelfall der Veräußerung ist der Abschluss eines Kaufvertrags über den Gegenstand. Beim Erwerb durch Ehegatten zu ½ gilt jeweils der hälftige Miteigentumsanteil als erworben. Tausch und tauschähnliche Vorgänge stellen ebenfalls eine Veräußerung dar. Das gleiche gilt für die Veräußerung im Wege der Zwangsversteigerung. Insoweit ist auf das Meistgebot abzustellen (LBP/*Hoheisel* § 23 Rn. 110).

250 Entscheidend für die Annahme einer Veräußerung ist wie bei der Anschaffung die Übertragung des rechtlichen oder wirtschaftlichen Eigentums. Es reicht aus, wenn eine tatsächliche Situation geschaffen wird, die wirtschaftlich einer Veräußerung gleichzustellen ist (Blümich/*Ratschow* § 23 Rn. 123). Der Veräußernde muss sich jeglicher Einflussmöglichkeiten auf den zu veräußernden Gegenstand entledigen und der Erwerber muss die Sachherrschaft über den erworbenen Gegenstand erlangen. Anschließend getroffene schuldrechtliche Vereinbarungen (wie zB eine Rückvermietung) spielen grundsätzlich keine Rolle.

251 Überträgt der Steuerpflichtige ein fremd finanziertes Wirtschaftsgut in Erfüllung einer Vergleichsvereinbarung auf einen Erwerber und verzichtet dieser im Gegenzug (ganz oder teilweise) auf Forderungen (**Übertragung gegen Forderungsverzicht**), liegt eine entgeltliche Veräußerung vor (BFH 31.1.2017 – IX R 26/16, DStR 2017, 1065).

252 Der beide Seiten bindende **Vorvertrag** ist als Veräußerung einzuordnen (BFH 13.12.1983 – VIII R 16/83, BStBl. II 1984, 311). Ein Vorkaufsrecht stellt noch keine Veräußerung dar. Auch einseitige Vertragsangebote sind keine Veräußerung. Solange sich nicht die andere Seite durch die Annahme des Angebots gebunden hat, führt die einseitige Bindungswirkung des Angebots noch nicht zum Abschluss des schuldrechtlichen Verpflichtungsgeschäfts (LBP/*Hoheisel* § 23 Rn. 121; Frotscher/*Geurts* § 23 Rn. 117). Anders ist dies jedoch, wenn bereits das Angebot nach den Begleitumständen wirtschaftlich als bereits vollzogen einzuordnen ist. Das ist der Fall, wenn der Verkäufer mit der Abgabe des Angebots bereits alles getan hat, was er als Verkäufer tun muss. Das kann bei einer Grundstücksveräußerung dadurch geschehen, dass die für die Eigentumsübertragungen erforderlichen Erklärungen schon abgegeben wurden, ein Dritter (zB Notar) die Auflassung zu erklären bevollmächtigt wurde und der vorgesehene Käufer durch die Bewilligung einer Vormerkung den Anspruch auf Übereignung gesichert hat (Frotscher/*Geurts* § 23 Rn. 117).

Ist ein Geschäft wegen Formmangels nichtig, liegt keine Veräußerung vor. Eine Veräuße- 253
rung liegt allerdings vor, wenn ein formunwirksamer Kaufvertrag im Nachhinein beurkundet, das Geschäft aber vorher tatsächlich durchgeführt wurde. Es genügt, wenn die Beteiligten das wirtschaftliche Ergebnis des Vertrags eintreten und bestehen lassen (§ 41 Abs. 1 AO) (KKB/*Bäuml* § 23 Rn. 248; LBP/*Hoheisel* § 23 Rn. 129).

Auch **gesellschaftsrechtliche Vorgänge** wie eine Einbringung gegen Gewährung von 254
Gesellschaftsrechten führen zur Veräußerung. Die §§ 3 ff., 11 ff., 20, und § 24 UmwStG gehen aber § 23 vor. Ebenfalls liegt eine Veräußerung bei Übertragung aus dem Privatvermögen in das betriebliche Gesamthandsvermögen einer gewerblich tätigen oder gewerblich geprägten Personengesellschaft gegen Gewährung von Gesellschaftsrechten vor. Dies gilt jedenfalls dann, wenn eine Gutschrift auf dem für die Beteiligung des Steuerpflichtigen an dem Vermögen der Personengesellschaft maßgeblichen Kapitalkonto erfolgt (BMF 11.7.2011, BStBl. I 2011, 713; KKB/*Bäuml* § 23 Rn. 248; KSM/*Wernsmann* § 23 Rn. B 201 Stichwort „Einbringung"; LBP/*Hoheisel* § 23 Rn. 111).

Eine Veräußerung liegt auch bei **Übertragung aufgrund eines Zugewinnausgleichs-** 255
anspruchs vor. Auch Übertragungen zur Abgeltung des Zugewinnausgleichs im Rahmen einer Scheidungsvereinbarung können ein privates Veräußerungsgeschäft auslösen. Denn der Übernehmer des Gegenstands verwirklicht eine Anschaffung, der Übertragende bewirkt einen Veräußerungsvorgang, da er mit der Übertragung von seiner Verpflichtung aus dem Zugewinn frei wird. Dies gilt auch, wenn nicht nur die Zugewinnausgleichsforderung durch Übertragung eines Grundstücks erfüllt wird, sondern auch wenn Unterhaltsforderungen damit pauschal abgegolten werden (OFD Frankfurt 27.2.2014, BeckVerw 287410). Denn mit der Übertragung des Grundstücks wird die Unterhaltsforderung an Erfüllung statt getilgt.

Eine Veräußerung liegt auch vor bei **Übertragung zur Abgeltung von Ausgleichszah-** 256
lungen bei der Erbauseinandersetzung oder eines geltend gemachten Pflichtteilsanspruchs. Auch die Abfindung für eine Erbausschlagung einer Erbschaft stellt eine Veräußerung dar, wenn in der Erbmasse in der Folge der Anschaffung durch den Rechtsvorgänger innerhalb der einschlägigen Fristen nach § 23 Abs. 1 steuerverhaftete Wirtschaftsgüter enthalten sind (KSM/*Wernsmann* § 23 Rn. B 202 Stichwort „Abfindung für die Ausschlagung einer Erbschaft"). Auch hier erfolgt die Übertragung des nach § 23 steuerverhafteten Gegenstands an Erfüllung statt zur Tilgung der vereinbarten Abfindungsforderung.

Ein **aufschiebend bedingtes Rechtsgeschäft** ist für die Parteien bindend und stellt 257
damit eine Veräußerung dar. Der außerhalb der Veräußerungsfrist liegende Zeitpunkt des Eintritts der aufschiebenden Bedingung ist für die Besteuerung nach § 23 Abs. 1 unerheblich (BFH 10.2.2015 – IX R 23/13, BStBl. II 2015, 487; auch *Trossen* NWB 2015, 222). Denn im Fall der aufschiebenden Bedingung wird der (schuldrechtliche) Vertrag bereits mit Abschluss wirksam, lediglich die (sachenrechtlichen) Rechtsfolgen sind aufschiebend bedingt. Dies zeigt sich daran, dass regelmäßig bereits der Kaufpreis zu überweisen ist und sich nach Vertragsschluss keine der Parteien mehr einseitig von dem Vertrag lösen kann. Vielmehr sind beide Parteien im Hinblick auf den aufschiebend bedingten Rechtserwerb (Anwartschaftsrecht) zur gegenseitigen Treuepflicht und zur Beachtung der Schutzvorschriften der § 160 und § 161 BGB verpflichtet.

Keine Veräußerung sind die **Liquidation** (§ 72 GmbHG, § 271 AktG), die **Kapitalherab-** 258
setzung und die **Realteilung.** Auch die Auseinandersetzung einer stillen Beteiligung ist keine Veräußerung. Die Einziehung von Anteilen in der Folge einer Straftat stellt keine Veräußerung dar, auch nicht der Verzicht auf ein Optionsrecht (Schmidt/*Weber-Grellet* § 23 Rn. 54). Die dingliche Belastung eines Grundstücks mit Grundpfandrechten oder Grunddienstbarkeiten (zB Nießbrauch, Wohnrecht) trotz der damit verbundenen Wertminderung keine Veräußerung. Gleiches gilt für den Verzicht auf Nutzungen.

Eine Veräußerung liegt ebenfalls nicht vor, wenn der Vertrag (zB auf Grund von Gewähr- 259
leistungsansprüchen oder Rücktrittsrechten) **rückabgewickelt** wird (BFH 16.6.2015 – IX R 21/14, BFH/NV 2015, 1567; BFH 6.9.2016 – IX R 27/15, DStR 2016, 2950; BFH 31.1.2017 – IX R 26/16, DB 2017, 1065).

Dies ist ua der Fall, wenn das Erwerbsgeschäft wegen Vertragsstörung keinen Bestand hat und die 259.1
Vertragspartner sich die gegenseitig erbrachten Leistungen vollständig zurückgewähren (BFH

27.6.2006 – IX R 47/04, BStBl. II 2007, 162; BFH 28.10.2009 – IX R 17/09, BStBl. II 2010, 539; BFH 16.6.2015 – IX R 21/14, BFH/NV 2015, 1567; BGH 17.11.2005 – III ZR 350/04, BFH/NV 2006, Beilage 2, 187; BFH 6.9.2016 – IX R 27/15, DStR 2016, 2950; Schmidt/*Weber-Grellet* § 23 Rn. 49; HHR/*Musil* § 23 Rn. 57; Kirchhof/*Kube* § 23 Rn. 17; Blümich/*Ratschow* § 23 Rn. 151, 153; *Berninghaus* DStR 2014, 624 (625); *Lampe* BB 2008, 2599 (2603); *P. Fischer* FR 2000, 393 (394); *Seibert* WM 2017, 1968 (1969)).

259.2 Das gleiche gilt, wenn der Erwerb einer unmittelbaren oder mittelbaren Beteiligung rückabgewickelt wird. An einer Veräußerung fehlt es in diesen Fällen insbesondere, wenn der an einer Personengesellschaft beteiligte Gesellschafter seine Beteiligung kündigt und in der Folge seine Rechtsstellung auf den Veräußerer oder eine von diesem eingeschaltete Person überträgt. Ganz allgemein spielt es in diesem Zusammenhang keine Rolle, ob die Rückabwicklung des Vertrags auf (vertraglich oder gesetzlich eingeräumten) Rücktritt, Kündigung, der Leistung von Schadensersatz oder einem anderen Rückabwicklungsgrund beruht (BFH 27.6.2006 – IX R 47/04, BStBl. II 2007, 162; BFH 6.9.2016 – IX R 27/15, DStR 2016, 2950; BFH 31.1.2017 – IX R 26/16, DB 2017, 1065).

260 Keine Veräußerung liegt vor, wenn der **Vertrag schwebend unwirksam** iSd § 177 BGB ist (BFH 2.10.2001 – IX R 45/99, BStBl. II 2002, 10). Dies ist der Fall, wenn beide Vertragsparteien sich vor dem Notar durch Notariatsangestellte als Vertreter ohne Vertretungsmacht vertreten lassen und die Genehmigung des schwebend unwirksamen Vertrags erst nach Ablauf der Zehnjahresfrist erfolgt (→ Rn. 130).

261 Auch die **Einziehung einer Forderung** ist keine Veräußerung (BFH 3.9.2019 – IX R 12/18, DStR 2020, 37). Es handelt sich um eine bloße Erfüllung eines schuldrechtlichen Anspruchs ohne Rechtsträgerwechsel. Insoweit erhält der Steuerpflichtige durch die Erfüllung nur das, auf das er ohnehin einen Anspruch hat. Seine steuerliche Leistungsfähigkeit wird durch die Erfüllung nicht gesteigert (Blümich/*Ratschow* § 23 Rn. 125; BFH 18.10.2006 – IX R 7/04, BStBl. II 2007, 258). Der Ausfall einer Forderung wird von § 20 Abs. 2 Nr. 7 erfasst (BFH 24.10.2017 – VIII R 13/15, BFH/NV 2018, 280).

262 **Fremdwährungsbeträge** werden veräußert, wenn sie in inländische Währung zurückgetauscht oder in eine andere Währung getauscht werden. Die Tilgung des Darlehens stellt keine Veräußerung dar. Gleiches gilt für die aufgrund des Darlehens gewährten Fremdwährungsbeträge (KKB/*Bäuml* § 23 Rn. 256; KSM/*Wernsmann* § 23 Rn. B 201 Stichwort „Fremdwährungskonto").

263 Ist eine Anschaffung erfolgt, **kann sie grundsätzlich nicht rückgängig gemacht werden.** Nur die Rückabwicklung eines vollzogenen Vertrags wegen irreparabler Vertragsstörung schließt eine Veräußerung aus, da die Rückgabe des Wirtschaftsguts notwendiger Bestandteil der Rückabwicklung ist (BFH 27.6.2006 – IX R 47/04, BStBl. II 2007, 162; BFH 16.6.2015 – IX R 21/14, BFH/NV 2015, 1567). Daher liegt eine Veräußerung nicht vor, wenn sich das ursprüngliche Anschaffungsgeschäft lediglich in ein Abwicklungsverhältnis verwandelt. Denn die Herausgabe des zuvor angeschafften Wirtschaftsgutes stellt keinen gesonderten Vorgang, sondern nur einen notwendigen Teilakt im Rahmen der Rückabwicklung dar (BGH 17.11.2005 – III ZR 350/04, HFR 2006, 723; BFH 27.6.2006 – IX R 47/04, BStBl. II 2007, 162).

Der **Rücktritt** betrifft – in zivilrechtlicher Hinsicht – nur das schuldrechtliche Verpflichtungsverhältnis; demgegenüber bleiben zur Erfüllung schuldrechtlicher Verpflichtungen vorgenommene (dingliche) Verfügungen in Kraft und müssen durch gegenläufige Verfügungen rückabgewickelt werden. In steuerrechtlicher Hinsicht folgt hieraus, dass mit der (tatsächlich durchgeführten) Rückabwicklung eines Anschaffungsgeschäfts kein steuerpflichtiges privates Veräußerungsgeschäft nach § 23 Abs. 1 S. 1 Nr. 1 verwirklicht wird; denn die Herausgabe des zuvor angeschafften Wirtschaftsgutes ist keine Veräußerung. Eine Rückabwicklung liegt ebenfalls nicht vor, wenn ein Rückkauf erfolgt (*Seibert* WM 2017, 1968 (1970)).

264 Kommt es zu **Kaufpreisänderungen,** zB zu Kaufpreisminderungen wegen Gewährleistungsansprüchen, ist der zuletzt geschuldete Kaufpreis maßgeblich. Die Änderung erfolgt nach § 175 Abs. 1 Nr. 2 AO (Blümich/*Ratschow* § 23 Rn. 154).

265 *Einstweilen frei*

266 **b) Veräußerungsfiktion für Einlagen (§ 23 Abs. 1 S. 5).** Nach § 23 Abs. 1 S. 5 gilt als Veräußerung iSd § 23 Abs. 1 S. 1 Nr. 1 auch

- die **offene oder verdeckte Einlage eines Wirtschaftsguts in das Betriebsvermögen,** wenn die Veräußerung aus dem Betriebsvermögen innerhalb eines Zeitraums von zehn Jahren seit Anschaffung des Wirtschaftsgut erfolgt (nachgelagerte Veräußerung) sowie
- die **verdeckte Einlage** in eine Kapitalgesellschaft.

Auch bei dieser Regelung („gilt") handelt es sich um eine **Fiktion.** Die Veräußerungsfiktion gilt nur für Wirtschaftsgüter iSd § 23 Abs. 1 S. 1 Nr. 1, findet also in erster Linie für Grundstücke im Privatvermögen Anwendung. Es muss eine Einlage vorliegen. Erhält der Gesellschafter eine Gegenleistung, liegt ein (teil-)entgeltlicher Vorgang vor. Die Einbringung eines Grundstücks gegen Gewährung von Gesellschaftsrechten (außerhalb des UmwStG) ist als tauschähnlicher Vorgang nicht von der Regelung erfasst. 267

Die Regelung des § 23 Abs. 1 S. 5 gilt nicht für die Einlage sonstiger Wirtschaftsgüter und die Einlage selbst hergestellter Wirtschaftsgüter. 268

Die Regelung greift ebenfalls nicht, wenn das zuvor in das Betriebsvermögen eingelegte Wirtschaftsgut unter Nutzung der Vorschriften des UmwStG (zB im Rahmen der Einbringung eines Betriebs, Teilbetriebs oder Mitunternehmeranteils nach § 20 UmwStG) in eine Kapitalgesellschaft übertragen wird und die Anteile an der Kapitalgesellschaft dann veräußert werden (Kirchhof/*Kube* § 23 Rn. 15). Denn die Vorschriften des UmwStG ermöglichen bei Vorliegen der tatbestandlichen Voraussetzungen die Buchwertfortführung betrieblicher Wirtschaftsgüter beim übernehmenden Rechtsträger. Die Vorschrift des § 23 Abs. 1 S. 5 ist aber einschlägig, wenn das Wirtschaftsgut dann von der übernehmenden Kapitalgesellschaft innerhalb der Haltefrist des § 23 Abs. 1 Satz 1 Nr. 1 veräußert wird. Ansonsten bliebe im Fall einer Veräußerung nach Einlage in ein Betriebsvermögen und nachfolgender Umwandlung die im Privatvermögen innerhalb der Haltefrist entstandene Wertsteigerung unbesteuert. 268.1

Als **Veräußerung des Grundstücks aus dem Betriebsvermögen** gilt für die Anwendung des § 23 Abs. 1 Satz 5 Nr. 1 zB auch (BMF 5.10.2000, BStBl. I 2000, 1383 Rn. 4): 269

- die Veräußerung des Grundstücks, wenn der gesamte Betrieb/Teilbetrieb veräußert wird;
- die Überführung eines zuvor in das Betriebsvermögen eingelegten Grundstücks in eine Kapitalgesellschaft im Wege einer verschleierten Sachgründung/Sacheinlage im Zusammenhang mit einer Kapitalerhöhung;
- die Einbringung des zuvor eingelegten Grundstücks zusammen mit einem Betrieb, Teilbetrieb oder Mitunternehmeranteil in eine Kapitalgesellschaft gegen Gewährung von Gesellschaftsrechten
- die Einbringung des zuvor eingelegten Grundstücks in das Gesamthandsvermögen einer Personengesellschaft gegen Gewährung von Gesellschaftsrechten (Buchung auf dem Kapitalkonto I);
- die Übertragung eines Grundstücks aus dem betrieblichen Gesamthandsvermögen einer Personengesellschaft in das Privatvermögen oder das Sonderbetriebsvermögen eines Gesellschafters, soweit das Grundstück vorher in das Vermögen der Gesellschaft ohne Gewährung von Gesellschaftsrechten eingelegt wurde;
- die verdeckte Einlage des Grundstücks in eine Kapitalgesellschaft, wenn die Anteile an der Kapitalgesellschaft zum Betriebsvermögen des Steuerpflichtigen gehören; hier ist kein Fall des § 23 Abs. 1 S. 5 Nr. 2 gegeben, weil das Grundstück gleichzeitig in das Betriebsvermögen des Steuerpflichtigen eingelegt wird

aa) Einlage in das Betriebsvermögen (§ 23 Abs. 1 S. 5 Nr. 1). § 23 Abs. 1 S. 5 Nr. 1 betrifft die Einlage eines Grundstücks in das Betriebsvermögen, wenn die **Veräußerung innerhalb von zehn Jahren nach Anschaffung** des Wirtschaftsguts erfolgt. Die Vorschrift will damit verhindern, dass das private Veräußerungsgeschäft durch die Einlage in ein Betriebsvermögen umgangen wird und damit die vor der Einlage entstandenen stillen Reserven nicht von § 23 erfasst werden (BFH 23.8.2011 – IX R 66/10, BStBl. II 2013, 1002; *Tiede* StuB 2011, 610 (611); KSM/*Wernsmann* § 23 Rn. B 120). Die Besteuerung der vor der Einlage stillen Reserven ist daher abhängig von der späteren Veräußerung dieses Wirtschaftsguts aus dem Betriebsvermögen. Folge der Veräußerungsfiktion ist, dass nicht nur die im betrieblichen Bereich entstandenen stillen Reserven, sondern auch die vorher im Zeitraum zwischen Anschaffung und Einlage entstandenen Wertveränderungen erfasst werden. Der Gewinn aus dem privaten Veräußerungsgeschäft ist um den im Betriebsvermögen zu erfassenden Gewinn zu mindern (BFH 23.8.2011 – IX R 66/10, BStBl. II 2013, 1002). 270

271 Die Regelung kommt nur im Fall der auf die Einlage von Grundstücken und grundstücksgleichen Rechten iSd § 23 Abs. 1 S. 1 Nr. 1, nicht jedoch andere Wirtschaftsgüter iSd § 23 Abs. 1 S. 1 Nr. 2 zur Anwendung (KKB/*Bäuml* § 23 Rn. 308).

272 Eine **spätere Veräußerung** liegt vor, wenn der Betrieb im Ganzen oder der Teilbetrieb, in dem sich das Grundstück befindet, veräußert wird. Denn die Vorschrift setzt keine Einzelveräußerung voraus. Wird das Grundstück über eine Betriebsaufgabe iSd § 16 Abs. 3 wieder in das Privatvermögen überführt, greift die Vorschrift nicht ein. Eine zwischenzeitliche Entnahme und erneute Einlage bleibt ohne Bedeutung (Schmidt/*Weber-Grellet* § 23 Rn. 53).

273 Die Formulierung **„aus dem Betriebsvermögen"** setzt die personelle Identität des Inhabers (ggf. des Rechtsnachfolgers) sowie des aufnehmenden und des abgebenden Betriebsvermögens voraus, nicht aber die Identität des Betriebs iS einer organisatorisch selbständigen Wirtschaftseinheit. Der aufnehmende und der abgebende Betrieb brauchen daher nicht identisch zu sein. Die Regelung greift auch bei der Einlage in Sonderbetriebsvermögen (Kirchhof/*Kube* § 23 Rn. 15).

274 Voraussetzung ist zudem, dass die Veräußerung des eingelegten Wirtschaftsguts innerhalb von zehn Jahren nach seiner Anschaffung erfolgt. Die Vorschrift ist nicht so zu verstehen, dass die Einlage eine neue Zehn-Jahres-Frist in Gang setzt (KSM/*Wernsmann* § 23 Rn. B 127).

275 **Keine Veräußerung** iSd § 23 Abs. 1 S. 5 Nr. 1 ist die Einlage eines Grundstücks in (Blümich/*Ratschow* § 23 Rn. 144)
- das Betriebsvermögen eines Einzelunternehmens,
- in das Sonderbetriebsvermögen des Steuerpflichtigen bei einer gewerblichen oder gewerblich geprägten Personengesellschaft oder
- in das Gesamthandsvermögen einer Personengesellschaft ohne Gewährung von Gesellschaftsrechten oder sonstigen Gegenleistungen.

276 *Einstweilen frei*

277 **bb) Verdeckte Einlage in eine Kapitalgesellschaft (§ 23 Abs. 1 S. Nr. 2).** Abs. 1 S. 5 Nr. 2 betrifft die verdeckte Einlage (nur eines Grundstücks) in eine Kapitalgesellschaft. Diese gilt kraft Gesetzes als Veräußerung. Es handelt sich daher nach dem Wortlaut um eine **Fiktion** einer Veräußerung und nicht um eine gesetzliche Vermutung. Mittels dieser Fiktion sollen die vor der Einlage entstandenen stillen Reserven der Besteuerung zugeführt werden. Auf die Höhe der Beteiligung kommt es nicht an.

277.1 Die Regelung kommt nur zur Anwendung, wenn der begünstigte Gesellschafter die Beteiligung im Privatvermögen hält. Gehört die Beteiligung zum Betriebsvermögen des Gesellschafters, gelangt das Wirtschaftsgut vor der verdeckten Einlage für eine logische Sekunde im Wege der Einlage in dessen eigenes Betriebsvermögen. Ein privates Veräußerungsgeschäft scheidet damit zunächst aus. Erfolgt anschließend eine verdeckte Einlage des Grundstücks in eine Kapitalgesellschaft (zB zusammen mit einem Betrieb, Teilbetrieb oder Mitunternehmeranteil), führt dies nach § 23 Abs. 1 S. 5 Nr. 1 zu einer Veräußerung. Die Gewinnrealisierung vollzieht sich im betrieblichen Bereich durch entsprechende Erhöhung der Anschaffungskosten der Beteiligung in Höhe des Teilwerts des eingelegten Grundstücks (Blümich/*Ratschow* § 23 Rn. 144; LBP/*Hoheisel* § 23 Rn. 159).

277.2 Das Grundstück kann auch durch eine dem Gesellschafter nahestehende Person zugewandt werden (mittelbare verdeckte Einlage) (Blümich/*Ratschow* § 23 Rn. 143; KSM/*Wernsmann* § 23 Rn. B 130). Der Veräußerungsfall tritt dann bei der Person ein, die das Wirtschaftsgut auf die Kapitalgesellschaft überträgt. Beim Gesellschafter liegt ein Zugang in die Kapitalrücklage, im steuerlichen Einlagekonto und damit nachträgliche Anschaffungskosten vor.

278–279 *Einstweilen* frei

4. Sonderfälle

280 **a) Umwandlung.** Bei der **Verschmelzung, Spaltung oder dem Formwechsel** von Körperschaften fallen die damit verbundenen Anschaffungsvorgänge allenfalls unter die Vorschriften der § 20 oder § 17, nicht aber unter § 23. Auch die Einbringung von Anteilen in eine Kapitalgesellschaft nach § 20 oder § 21 UmwStG fällt nicht unter die Vorschrift. Denn das UmwStG regelt unter Bezugnahme auf die Umwandlungsvorgänge im UmwG einen Fall der Gesamtrechtsnachfolge und geht als lex specialis den einkommensteuerrechtlichen Regelungen vor.

Einstweilen frei 281

b) Rücktritt. Bei Rücktritt vom Kaufvertrag oder der Veräußerung zB aufgrund eines vertraglich vereinbarten Rücktrittsrechts oder wegen irreparabler Vertragsstörungen stellen der zunächst erfolgte Erwerb und die anschließende Herausgabe **keine vollendete Veräußerung** dar (BFH 27.6.2006 – IX R 47/04, BStBl. II 2007, 162). Vielmehr erfolgt über die verfahrensrechtliche Norm des § 175 Abs. 1 S. 1 Nr. 2 AO eine rückwirkende Aufhebung des Veräußerungsvorgangs. Denn aufgrund der zivilrechtlich bestehenden Möglichkeit, sich von dem Rechtsgeschäft wieder zu lösen, erscheint es sachgerecht, den ursprünglichen Veräußerungsvorgang rückgängig zu machen und nicht den Fall eines Rückerwerbs bzw. einer Rückveräußerung anzunehmen. Denn solange die Möglichkeit zum Rücktritt besteht, ist das Veräußerungsgeschäft zivilrechtlich mit einem „Makel" behaftet. 282

c) Erbfall. Der Erbfall stellt aufgrund der in § 1922 BGB geregelten **Gesamtrechtsnachfolge** weder eine Anschaffung noch eine Veräußerung dar (Frotscher/*Geurts* § 23 Rn. 89). Gleiches gilt für den mit dem Erbfall kraft Gesetzes erfolgten Übergang auf eine Erbengemeinschaft und die nachfolgende Auseinandersetzung. Denn insoweit liegen weder ein Anschaffungs- noch ein Veräußerungsvorgang vor. Der Erbe wendet nichts auf und der Erblasser erhält kein Entgelt. Nur wenn Ausgleichs- und Abstandszahlungen an weichende (Mit-)Erben gezahlt werden, die über die eigene Erbquote hinausgehen, liegt in Höhe der Entgeltlichkeitsquote ein entgeltlicher Vorgang und damit eine Anschaffung oder Veräußerung vor. Die Erfüllung von Sachvermächtnissen stellt ein unentgeltliches Geschäft und keine Anschaffung- bzw. Veräußerung dar. Insoweit erfolgt die Übertragung aufgrund einer vom Erblasser begründeten Verbindlichkeit des Erben. 283

Einstweilen frei 284

d) Scheidung. Die **Auflösung einer Zugewinngemeinschaft** mit einem darin enthaltenen Grundstück ist grundsätzlich unentgeltlich. Übertragungen zur Abgeltung des Zugewinnausgleichs im Rahmen einer Scheidungsvereinbarung können allerdings ein privates Veräußerungsgeschäft auslösen (Kirchhof/*Kube* § 23 Rn. 11; OFD Frankfurt a.M. 27.2.2014, BeckVerw 287410; aA Schmidt/*Weber-Grellet* § 23 Rn. 42; *Tiedtke/Wälzholz* NotBZ 2000, 237 (238 f.)). Dies gilt auch, wenn nicht nur die Zugewinnausgleichsforderung durch Übertragung eines Grundstücks erfüllt wird, sondern auch wenn (zukünftige oder noch offene) Unterhaltsforderungen damit pauschal abgegolten werden (insbesondere auch zum Sonderausgabenabzug OFD Frankfurt a.M. 27.2.2014, BeckVerw 287410). 285

III. Konkurrenzklausel (§ 23 Abs. 2)

§ 23 ist gegenüber anderen Einkunftsarten **in vollem Umfang subsidiär.** Dies entspricht seiner systematischen Stellung im EStG. Die Vorschrift zählt zu den Überschusseinkunftsarten, die ohnehin regelmäßig hinter die Gewinneinkunftsarten zurücktreten. Im Rahmen der Überschusseinkunftsarten betrifft die Regelung auch anders als § 19, § 20, § 21 oder einzelne Tatbestände des § 22 (wie § 22 Nr. 1) keinen regelmäßigen oder wiederkehrenden Anfall von Einnahmen, sondern einmalige punktuelle Ereignisse. Daher ist es auch aus gesetzgeberischer Sicht folgerichtig, § 23 hinter alle anderen Einkunftsarten zurücktreten zu lassen. 286

Voraussetzung für die Anwendung des § 23 ist daher stets, dass die Einkünfte nicht unter eine andere Einkunftsart fallen. Auf die Veräußerung von Betriebsvermögen findet § 23 daher wegen des Vorrangs von §§ 13, 15 und 18 keine Anwendung (BFH 18.1.2006 – IX R 20/05, BFH/NV 2006, 1079). Bei Anteilen an Kapitalgesellschaften gehen bei Beteiligungen von 1% und mehr § 17 und bei Beteiligungen <1% § 20 Abs. 2 Nr. 1 vor. 287

Einstweilen frei 288

IV. Gewinnermittlung (§ 23 Abs. 3)

1. Höhe der Einkünfte (§ 23 Abs. 3 Sätze 1 bis 4)

a) Gewinnbegriff (§ 23 Abs. 3 S. 1). § 23 Abs. 3 S. 1 enthält eine **eigenständige Gewinnermittlungsvorschrift** für die Gewinne aus privaten Veräußerungsgeschäften. 289

Auch wenn die Norm von Gewinn spricht, sind die Einkünfte aus privaten Veräußerungsgeschäften nach § 2 Abs. 2 S. 1 Nr. 2 den Überschusseinkunftsarten zuzurechnen.

290 Grundlage für die Berechnung des Veräußerungsgewinns ist der Unterschiedsbetrag zwischen Veräußerungspreis sowie Anschaffungs-/Herstellungskosten (mitsamt Anschaffungsnebenkosten) und Veräußerungskosten (Werbungskosten) andererseits. Ermittelt wird der Gewinn aus Spekulationsgeschäften, indem der Veräußerungserlös um die Anschaffungs- oder Herstellungskosten und die Werbungskosten gekürzt wird.

Veräußerungserlös	
./.	Anschaffungskosten/Anschaffungsnebenkosten
+	In Anspruch genommene Abschreibungen
./.	Werbungskosten
=	Veräußerungsgewinn/-verlust

Obwohl Veräußerungsgewinne durch die ständige Geldentwertung zu einem Teil in Inflationsgewinnen bestehen und diese bei Grundstücksverkäufen häufig einen Großteil der Wertsteigerung ausmachen, gilt das Nominalwertprinzip (zu Verfassungsmäßigkeit → Rn. 48).

291 Auch nachträgliche Herstellungskosten (zB für das einzubeziehende Gebäude) sind zu berücksichtigen. Zu den häufigsten Anschaffungsnebenkosten und Veräußerungskosten gehören Grunderwerbsteuer, Maklergebühren, Grundbuchgebühren, Provisionen usw.

292 Veräußerungspreis iSd § 23 Abs. 3 S. 1 ist jede **Gegenleistung,** die der Veräußerer in Geld oder Geldeswert (§ 8) erhält (Schmidt/*Weber-Grellet* § 23 Rn. 71; HHR/*Musil* § 23 Rn. 272; Blümich/*Ratschow* § 23 Rn. 204).

292.1 Bei einem Kaufvertrag zwischen fremden Dritten ist grundsätzlich davon auszugehen, dass er Veräußerungspreis dem vereinbarten Kaufpreis entspricht. In diesem Fall bestehen keine Anhaltspunkte, dass der Kaufpreis etwas anderes (Gegenstand oder Leistung) als den Wert des erhaltenen Gegenstands abdecken soll.

292.2 Anders kann dies jedoch sein, wenn konkrete Anhaltspunkte dafür bestehen, dass die Gegenleistung nicht für die Übertragung des erworbenen Gegenstands erbracht wird, sondern dass damit zugleich eine andere Leistung entgolten (zB der Verzicht auf Schadensersatzansprüche oder die Rücknahme von Klagen) oder ein Teil der Gegenleistung unentgeltlich zugewendet werden soll. Dann muss das erhaltene Entgelt aufgeteilt werden in einen Teil, der als Gegenleistung für das erhaltene Wirtschaftsgut geleistet worden ist und einen Teil, der für eine andere Verpflichtung gezahlt worden ist (BFH 6.9.2016 – IX R 27/15, DStR 2016, 2950).

292.3 Bestehen Anhaltspunkte dafür, dass die als Kaufpreis bezeichnete Gegenleistung teilweise auch für andere Verpflichtungen des Veräußerers erbracht worden ist (hier: Verzicht auf Schadensersatzansprüche, Rücknahme von Klagen), die nicht den Tatbestand des § 23 Abs. 1 erfüllen, ist der vereinbarte Kaufpreis insoweit aufzuteilen (BFH 11.7.2017 – IX R 27/16, BStBl. II 2018, 348; *Apitz* EStB 2018, 202). Als Indiz für die Aufteilung der der gemeine Wert herangezogen werden.

293 Zum Veräußerungspreis kann auch die **Freistellung von Verbindlichkeiten** gehören (HHR/*Musil* § 23 Rn. 272; Blümich/*Ratschow* § 23 Rn. 204). Voraussetzung ist allerdings, dass der Veräußerer für die Verbindlichkeit haftet und der Erwerber in diese Haftung eintritt (BFH 6.9.2016 – IX R 27/15, DStR 2016, 2950). Daher führen bei der Übernahme von Personengesellschaftsanteilen Verbindlichkeiten im Gesamthandsvermögen, für die der Gesellschafter zB als Kommanditist nicht haftet (§ 171 HGB), nicht zu Entgelt. Auch die Befreiung bzw. Freistellung von latenten (dh noch nicht vorhandenen und ggf. auch gar nicht entstehenden) Verbindlichkeiten begründet kein Entgelt.

294 Beim **Tausch** bemisst sich der Veräußerungspreis nach dem gemeinen Wert der Gegenleistung. Die Übernahme von Schulden führt zu Entgelt.

295 Veräußerungspreis können auch Beträge sein, die der Veräußerer von einem **Dritten** erhält (KSM/*Wernsmann* § 23 Rn. D 4). Schadensersatzzahlungen Dritter gehören jedoch nicht zum Veräußerungserlös (BFH 4.10.2016 – IX R 8/15, BStBl. II 2017, 316). Sie mindern auch nicht die Anschaffungskosten.

296 Der Veräußerungspreis ist nicht aufgrund des Fremdvergleichsmaßstabs zu erhöhen, wenn er unterhalb des einem Drittvergleich standhaltenden Preises liegt (KKB/*Bäuml* § 23 Rn. 352). Wird dies zwischen nahen Angehörigen vereinbart, ist aber das gleichzeitige Vorliegen einer verdeckten Einlage zu prüfen.

Für die Ermittlung des Veräußerungspreises gelten die allgemeinen **Grundsätze für Überschusseinkünfte.** Es gilt für die Frage des Zeitpunkts des Gewinns das Zu- und Abflussprinzip, für die Art und Weise der Ermittlung des Gewinns das Stichtagsprinzip. Der Gewinn ist auf den Zeitpunkt des Zuflusses des Veräußerungserlöses zu ermitteln. Abweichend vom Abflussprinzp sind die durch das private Veräußerungsgeschäft veranlassten Werbungskosten in dem Kalenderjahr zu berücksichtigen, in dem der Veräußerungserlös zufließt, auch wenn die Werbungskosten in einem anderen Jahr abgeflossen sind (KKB/*Bäuml* § 23 Rn. 343). 297

Tritt ein Gesellschafter innerhalb von zehn Jahren in eine vermögensverwaltende Personengesellschaft ein und wieder aus, ist sein Gewinn oder Verlust anhand seiner individuellen Anschaffungskosten und seines individuellen Veräußerungserlöses zu ermitteln (BFH 6.9.2016 – IX R 27/15, DStR 2016, 2950; *Bruschke* DStZ 2008, 728 (729)). Denn § 23 will im Hinblick auf den Grundsatz der Besteuerung nach der Leistungsfähigkeit den individuellen Vermögenszuwachs oder -verlust des Steuerpflichtigen erfassen. 298

Ändert sich der Veräußerungspreis, weil Minderungsansprüche geltend gemacht werden, wirkt sich das nach § 175 Abs. 1 Nr. 2 AO auf die Ermittlung des Veräußerungsgewinns aus. Dies gilt auch, wenn die Änderung erst nach Ablauf der Veräußerungsfrist geltend gemacht wird 299

b) Ersatzwert bei Einlagen (§ 23 Abs. 3 S. 2). Im Fall der Einlage nach § 23 Abs. 1 S. 5 Nr. 1 tritt an die Stelle des Veräußerungspreises der für die Einlage nach § 6 Abs. 1 Nr. 5 angesetzte Wert (**Teilwert**). Der Besteuerung unterfällt damit nur der Unterschiedsbetrag zwischen Anschaffungskosten und Einlagewert. Maßgeblich ist der tatsächliche (ggf. auch fehlerhafte) Einlagewert (Blümich/*Ratschow* § 23 Rn. 216; Bordewin/Brandt/*Bachem* § 23 Rn. 200). Der bei der Veräußerung erzielte Erlös ist ohne Bedeutung. Denn die Veräußerung legt lediglich den Realisationszeitpunkt fest, der nach § 23 Abs. 3 S. 6 nicht bereits im Zeitpunkt der Einlage, sondern erst bei Zufluss des Erlöses für das aus dem Betriebsvermögen veräußerte Wirtschaftsgut eintritt. 300

Im Fall des § 23 Abs. 1 S. 5 Nr. 2 tritt an die Stelle des Veräußerungspreises (wie in § 17 Abs. 2 S. 2) der gemeine Wert des verdeckt eingelegten Wirtschaftsguts. Keine Rolle spielt, mit welchem Wert die aufnehmende Kapitalgesellschaft das Wirtschaftsgut tatsächlich ansetzt und ob eine Gutschrift in der Kapitalrücklage erfolgt. 301

Einstweilen frei 302

c) Fiktive Anschaffungskosten bei Überführung von Wirtschaftsgütern in das Privatvermögen (§ 23 Abs. 3 S. 3). Im Fall der Entnahme oder Betriebsaufgabe nach Abs. 1 S. 2 tritt (unwiderleglich) an die Stelle der Anschaffungs- oder Herstellungskosten der Entnahmewert oder Wert, mit dem das Wirtschaftsgut anlässlich der Betriebsaufgabe angesetzt wurde. Im Fall der Entnahme ist dies der Teilwert nach § 6 Abs. 1 Nr. 4 und im Fall der Betriebsaufgabe der gemeine Wert nach § 16 Abs. 3 S. 7. Entscheidend ist der tatsächliche angesetzte (ggf. auch fehlerhafte) Wert (Schmidt/*Weber-Grellet* § 23 Rn. 77; KSM/*Wernsmann* § 23 Rn. D 35; LBP/*Hoheisel* § 23 Rn. 227). Ohne Bedeutung ist, ob die Entnahme sich steuerlich ausgewirkt hat. Die Versteuerung des Veräußerungsgewinns erfolgt im Zeitpunkt der verdeckten Einlage. 303

d) Werbungskosten. Werbungskosten sind grundsätzlich alle durch ein Veräußerungsgeschäft iSd § 23 **veranlassten** Aufwendungen (zB Schuldzinsen), die weder zu den (nachträglichen) Anschaffungs- oder Herstellungskosten des veräußerten Wirtschaftsguts gehören noch einer vorrangigen Einkunftsart zuzuordnen sind oder wegen privater Nutzung unter das Abzugsverbot des § 12 fallen (H 23 EStH 2013 Stichwort „Werbungskosten"; BFH 12.12.1996 – X R 65/95, BStBl. II 1997, 603 mwN; Kirchhof/*Kube* § 23 Rn. 19; LBP/*Hoheisel* § 23 Rn. 246; umfangreich *Haase* FR 2016, 159). Maßgeblich ist ein hinreichender Veranlassungszusammenhang mit den Einkünften aus § 23. Der in § 23 Abs. 3 Satz 1 verwandte Begriff der Werbungskosten ist ebenso wie der allgemeine Werbungskostenbegriff des § 9 auszulegen (auch *Musil* DStJG (2010), 237 (246)). Das bedeutet, dass die Werbungskosten durch den Veräußerungsvorgang als solchen veranlasst sein müssen (zum Veranlassungszusammenhang → § 9 Rn. 150 ff.). Ein hinreichender wirtschaftlicher Zusammenhang der Aufwendungen mit der Einkunftsart des § 23 liegt grundsätzlich während des gesamten Zeitraums zwischen Anschaffung und Veräußerung vor (Blümich/*Ratschow* § 23 Rn. 197). 304

305 Durch ein privates Veräußerungsgeschäft veranlasste Werbungskosten sind – abweichend vom Abflussprinzip des § 11 Abs. 2 – in dem Kalenderjahr zu berücksichtigen, in dem der **Verkaufserlös zufließt** (BFH 17.7.1991 – X R 6/91, BStBl. II 1991, 916). Fließt der Verkaufserlös in verschiedenen Veranlagungszeiträumen zu, sind sämtliche Werbungskosten zunächst mit dem im ersten Zuflussjahr erhaltenen Teilerlös und ein etwa verbleibender Werbungskostenüberschuss mit den in den Folgejahren erhaltenen Teilerlösen zu verrechnen (BFH 3.6.1992 – X R 91/90, BStBl. II 1992, 1017). Entstehen nachträgliche Werbungskosten, die im Zuflussjahr noch nicht sicher vorhersehbar waren, ist die Veranlagung des Zuflussjahres nach § 175 Abs. 1 Nr. 2 AO zu ändern (KKB/*Bäuml* § 23 Rn. 369).

306 Einzelfälle:

306.1 Zu den **Veräußerungskosten** gehören Makler, Notar- und Grundbuchgebühren, Vorfälligkeitsentschädigungen (BFH 6.12.2005 – VIII R 34/04, BStBl. II 2006, 265; BFH 11.2.2014 – IX R 42/13, DStR 2014, 1272; Kirchhof/*Kube* § 23 Rn. 19 Kirchhof/*Kube* § 23 Rn. 19 Kirchhof/*Kube* § 23 Rn. 19; LBP/*Hoheisel* § 23 Rn. 248).

306.2 Schuldzinsen können Werbungskosten beim Erwerb von Wirtschaftsgütern darstellen, wenn ein wirtschaftlicher Zusammenhang mit dem Veräußerungsgeschäft besteht (BFH 15.12.1987 – VIII R 281/83, BStBl. II 1989, 16). Mithin können Schuldzinsen ab dem Entschluss zur Veräußerung abgezogen werden (BFH 16.6.2004 – X R 22/00, BStBl. II 2005, 91). Planungsaufwendungen zur Baureifmachung eines unbebauten Grundstücks (Baugenehmigungsgebühren, Architektenhonorare) sind daher abziehbar, wenn von vornherein Veräußerungsabsicht bestanden hat (BFH 12.12.1996 – X R 65/95, BStBl. II 1997, 603). Erhaltungsaufwendungen können abziehbar sein, soweit sie allein oder ganz überwiegend durch die Veräußerung des Mietobjekts veranlasst sind (BFH 14.12.2004 – IX R 34/03, BFHE 208, 232). Die bloße Verwendung des Veräußerungserlöses zur Tilgung privater Verbindlichkeiten nach der Veräußerung führt nicht zur Entstehung von Veräußerungskosten (BFH 3.9.2019 – IX R 8/18, DStR 2020, 33).

306.3 Wird ein Gebäude, das zu eigenen Wohnzwecken genutzt werden sollte, vor dem Selbstbezug und innerhalb der Veräußerungsfrist wieder veräußert, mindern nur solche Grundstücksaufwendungen den Veräußerungsgewinn, die auf die Zeit entfallen, in der der Steuerpflichtige bereits zum Verkauf des Objekts entschlossen war (BFH 16.6.2004 – IX R 22/00, BStBl. II 2005, 91).

306.4 Kommt es zu einer steuerbaren Zwischennutzung (zB Vermietung nach § 21), sind die angefallenen Aufwendungen aufgrund der Subsidiarität der Vorschrift in erster Linie der Einkunftsart der Zwischennutzung zuzuordnen (KSM/*Wernsmann* § 23 Rn. D 21).

307–308 *Einstweilen frei*

309 **Vergebliche Werbungskosten** (zum Begriff → § 9 Rn. 188 ff.) sind bei § 23 nicht denkbar. Für die Berücksichtigung von Aufwendungen als Werbungskosten bei § 23 ist in jedem Fall ein steuerbares Veräußerungsgeschäft Voraussetzung. Aufwendungen (zB Kosten für die Beauftragung eines Maklers, Fahrtkosten, Kosten für Immobilienanzeigen), die anfallen, weil der Steuerpflichtige sein Grundstück veräußern will, sind nicht als Werbungskosten bei den Einkünften aus privaten Veräußerungsgeschäften abziehbar, wenn das Grundstück zwar innerhalb der maßgebenden Veräußerungsfrist hätte veräußert werden sollen, es aber – aus welchen Gründen auch immer – nicht zu der Veräußerung kommt (BFH 1.8.2012 – IX R 8/12, BStBl. II 2012, 781; auch Kirchhof/*Kube* § 23 Rn. 19 aE; KSM/*Wernsmann* § 23 Rn. D 20; LBP/*Hoheisel* § 23 Rn. 246).

310 **e) Abschreibungen auf das Wirtschaftsgut (§ 23 Abs. 3 S. 4).** Die Anschaffungs- oder Herstellungskosten mindern sich um Absetzungen für Abnutzung, erhöhte Absetzungen und Sonderabschreibungen, soweit sie bei der Ermittlung der Einkünfte (§ 2 Abs. 1 S. 1 Nr. 4–7) **abgezogen** worden sind. Eine Minderung tritt nur in Höhe der tatsächlich in Anspruch genommenen AfA („soweit") ein. Die Vorschrift stellt daher auf die individuelle Besteuerung des Anlegers ab (BFH 6.9.2016 – IX R 27/15, DStR 2016, 2950). Bei Ferienwohnungen ist daher nur die AfA für den Zeitraum der Fremdnutzung zu berücksichtigen (*Paus* FR 2013, 498 (499)).

311 Abs. 3 S. 4 verringert die Anschaffungs- und Herstellungskosten, es handelt sich nicht um einen Buchwertansatz im bilanziellen Sinn, da im Privatvermögen grundsätzlich keine Aufzeichnungspflichten gelten. Hintergrund er Regelung ist das Interesse, bei kurzfristigen Veräußerungen dem Veräußerer den Vorteil der AfA zu versagen (BT-Drs. 13/1686, 40). Dies erscheint bei Sonder-AfA und degressiver Gebäude-AfA wegen des damit verbundenen Förderzwecks sinnvoll, bei der linearen AfA nach § 7 Abs. 4 Satz 1 Nr. 2 Buchst. a aber fragwürdig, da diese pauschalierend die tatsächliche Abnutzung und den damit verbundenen Wertverlust abbilden will. Nachvollziehbarer erscheint daher der Ansatz des Gesetzgebers, aus rein fiskalischen Gründen das Entstehen von Veräußerungsverlusten zu verhindern (BT-Drs. 16/10189, 22).

Wurde **AfA fehlerhaft nicht in Anspruch genommen,** erfolgt keine Minderung. Im Gegenzug wird überhöht in Anspruch genommene AfA auch in dem tatsächlich in Anspruch genommenen Umfang berücksichtigt. Hat der Steuerpflichtige Wahlrechte nicht genutzt (zB § 7 Abs. 1 Satz 6), kann ihm das nicht zum Nachteil gereichen (KSM/*Wernsmann* § 23 Rn. D 29). Ob sich die AfA steuerlich ausgewirkt hat oder nicht (zB Einkommen unterhalb des Grundfreibetrags) ist unerheblich. 312

Ebenfalls erfasst ist die **Absetzung für Substanzverringerung** (§ 7 Abs. 6). Denn diese ist entgegen dem Wortlaut des § 7 Abs. 6 nicht nur im Betriebsvermögen und bei den in der Vorschrift genannten Betrieben, sondern auch im Privatvermögen bei den Überschusseinkünften zulässig (→ § 7 Rn. 447). 313

Der Abzug der AfA von den Anschaffungs- und Herstellungskosten gilt für alle Wirtschaftsgüter, die nach dem 31.7.1995 angeschafft und veräußert wurden. Die Erweiterung um Einkünfte iSd § 2 Abs. 1 S. 1 Nr. 7 wurde erst mit dem JStG 2009 eingeführt. Sie gilt für alle Veräußerungsgeschäfte, bei denen der Steuerpflichtige das Wirtschaftsgut nach dem 31.12.2008 angeschafft hat oder fertig stellt. Ohne die Regelung des § 23 Abs. 3 S. 4 würden in vielen Fällen Steuerpflichtige Verluste generieren. Dies ist mit Sinn und Zweck der Norm – Realisierung der in den betroffenen Wirtschaftsgütern entstandenen Wertsteigerung – nicht vereinbar. 314

Andere Werbungskosten, zB Erhaltungsaufwendungen, werden nicht rückgängig gemacht. Gleiches gilt für Abzugsbeträge nach § 10f oder § 10g. Denn diese werden in § 23 Abs. 3 S. 4 nicht erwähnt. Der Abzug der Aufwendungen von den Anschaffungs- und Herstellungskosten gilt auch für den Anteil, der auf ein häusliches Arbeitszimmer entfällt und demzufolge bei den Einkünften aus nichtselbständiger Arbeit als Werbungskosten angesetzt wurde. Dies gilt nicht, wenn der Abzug der Aufwendungen für das häusliche Arbeitszimmer als Werbungskosten wegen § 9 Abs. 5, § 4 Abs. 5 Nr. 6b nicht möglich war oder auf den Höchstbetrag von 1250 EUR begrenzt war (BMF 5.10.2000, BStBl. I 2000, 1383 Rn. 39; LBP/*Hoheisel* § 23 Rn. 226). 315

Einstweilen frei 316

2. Freigrenze (§ 23 Abs. 3 S. 5)

Gewinne aus privaten Veräußerungsgeschäften bleiben steuerfrei, wenn der **Gesamtgewinn** im Kalenderjahr weniger als 600 EUR betragen hat. Hintergrund der Regelung ist, dass nur ein positiver Überschuss von einigem Gewicht erfasst werden soll (BFH 3.6.1992 – X R 91/90, BStBl. II 1992, 1017). Dies ist Ausfluss des Grundgedankens der Regelung, private Veräußerungsgeschäfte nur in bestimmten, im Gesetz aufgezählten Fällen und ab einer bestimmten Größenordnung zu erfassen. Eine Erfassung unter der Grenze ist nicht gewünscht (KSM/*Wernsmann* § 23 Rn. A 54). Denn bei Einkünften unter der Freigrenze ist die steuerliche Auswirkung regelmäßig so gering, dass die Verwaltungskosten für eine Erfassung der Einkünfte im Rahmen der Veranlagung aus Sicht der Finanzverwaltung den steuerlichen Ertrag nicht übersteigen. 317

Es handelt sich um eine **„echte" Freigrenze.** Bei Überschreiten der Grenze, auch geringfügig, sind die Einkünfte in vollem Umfang steuerbar (KKB/*Bäuml* § 23 Rn. 425; LBP/*Hoheisel* § 23 Rn. 255). 318

Die Freigrenze wird bei gestrecktem Zufluss in jedem VZ neu gewährt (*Deutschländer* NWB 2014, 1019 (1020); Bordewin/Brandt/*Bachem* § 23 Rn. 213; **aA** Blümich/*Ratschow* § 23 Rn. 230). Bei Überschreiten sind die Einkünfte voll zu versteuern. Da die Freigrenze auf ein Kalenderjahr bezogen ist, wird sie bei einem in Raten zu zahlenden Kaufpreis über mehrere Veranlagungszeiträume hinweg ggf. mehrfach gewährt. Dies ist Folge des in § 11 geregelten Zuflussprinzips. 319

Es wird auf den **Gesamtgewinn** aller im VZ durchgeführten privaten Veräußerungsgeschäfte und nicht etwa auf das einzelne Geschäft abgestellt Dies folgt aus dem Gesetzeswortlaut („Gesamtgewinn") und aus dem Umstand, dass nach § 23 Abs. 3 Satz 7 ein interner 320

Verlustausgleich mit Einkünften aus privaten Veräußerungsgeschäften stattfindet (KSM/*Wernsmann* § 23 Rn. E 1).

321 Die Freigrenze ist vor Durchführung des Verlustvortrags und vor Durchführung eines Verlustrücktrags zu berücksichtigen (BFH 11.1.2005 – IX R 27/04, DStR 2005, 515; LBP/*Hoheisel* § 23 Rn. 265). Dies folgt aus Wortlaut der Regelung, wonach die Freigrenze auf den „Gesamtgewinn" anzuwenden ist, der „im Kalenderjahr" aus privaten Veräußerungsgeschäften „erzielt" wird.

322 Bei **zusammenveranlagten Ehegatten/Lebenspartnern** steht die Freigrenze jedem nur für die eigenen Einkünfte zu (Bordewin/Brandt/*Bachem* § 23 Rn. 2129. Eine nicht voll ausgenutzte Freigrenze des einen Ehegatten kann nicht beim anderen anteilig genutzt werden. Dies ist Folge der getrennten Einkünfteermittlung bei Ehegatten/Lebenspartnern. Positive Einkünfte des einen Ehegatten über der Grenze können jedoch mit negativen Einkünften des anderen Ehegatten verrechnet werden (Schmidt/*Weber-Grellet* § 23 Rn. 90).

323 *Einstweilen frei*

3. Zeitpunkt der Versteuerung

324 **a) Zu- und Abflussprinzip.** Es findet das Zu- und Abflussprinzip des § 11 Anwendung. Der Gewinn wird daher (stets) im **Zeitpunkt des Zuflusses des Veräußerungserlöses** realisiert. Denn § 23 Abs. 3 betrifft als Einkünfteermittlungsregel nur die Frage, wie der Gewinn oder Verlust aus dem privaten Veräußerungsgeschäft errechnet wird (*Schießl* NWB 2017, 1644 (1646)). Die Frage des Besteuerungszeitpunkts richtet sich nach allgemeinen Regeln.

325 Bei einer im nachfolgenden Veranlagungszeitraum erfolgten Erhöhung des Kaufpreises ist dieser erst bei Zufluss im Folge-Veranlagungszeitraum zu erfassen (KKB/*Bäuml* § 23 Rn. 344).

326 Fallen nicht sicher feststehende **Erlösminderungen** oder **Werbungskosten** – unerwartet – in späteren Jahren an und ist die Veranlagung bereits bestandskräftig durchgeführt worden, muss der Bescheid nach § 175 Abs. 1 S. 1 Nr. 2 AO 1977 geändert werden. Die angeführten Umstände sind Ereignisse, die auf den Zeitpunkt des privaten Veräußerungsgeschäfts zurückwirken. Das private Veräußerungsgeschäft ist ein einmaliger, punktueller Besteuerungstatbestand, der erst abgeschlossen ist, wenn endgültig feststeht, dass der Steuerpflichtige den Erlös behalten darf und keine weiteren Werbungskosten anfallen (BFH 3.6.1992 – X R 91/90, BStBl. II 1992, 1017; *Musil* DStJG (2010), 237 (248)).

327 Bei einer **Einlage** in das Betriebsvermögen ist die Besteuerung nach § 23 Abs. 1 S. 5 Nr. 1 abhängig von der Veräußerung im Betriebsvermögen innerhalb von 10 Jahren nach der Anschaffung. Daher erfolgt die Besteuerung der Wertsteigerung im Privatvermögen erst im Zeitpunkt des Zuflusses des Veräußerungserlöses in das Betriebsvermögen (Schmidt/*Weber-Grellet* § 23 Rn. 92).

328 Bei der verdeckten Einlage in eine Kapitalgesellschaft nach § 23 Abs. 1 S. 5 Nr. 2 erfolgt die Besteuerung im Einlagezeitpunkt unabhängig von einer Veräußerung (LBP/*Hoheisel* § 23 Rn. 230).

329 Die spätere **Rückzahlung des Veräußerungserlöses** (zB aufgrund von Wandlungs- oder Minderungsrechten) in einem späteren Veranlagungszeitraum berührt die Erfassung des Veräußerungsgewinns im Zuflussjahr nicht. § 11 geht insoweit § 175 Abs. 1 Nr. 2 AO 1977 vor. Vielmehr liegt bei Rückzahlung an den Zahlenden eine negative Einnahme vor (Bordewin/Brandt/*Bachem* § 23 Rn. 228).

330 *Einstweilen frei*

331 **b) Ratenverkauf.** Wird ein Grundstück oder ein sonstiges Wirtschaftsgut gegen Raten verkauft, ist Veräußerungspreis der **gemeine Wert der Kaufpreisforderung.** Beträgt die Laufzeit der Raten mehr als ein Jahr, sind die Ratenzahlungen zunächst in einen Zins- und einen Kapitalanteil (Tilgungsanteil) aufzuteilen. Der Zinsanteil ist nach § 20 Abs. 1 Nr. 7 zu versteuern (KSM/*Wernsmann* § 23 Rn. D 7).

332 Werden für die Kaufpreisstundung bzw. Ratenzahlung **marktübliche Zinsen** verlangt, ist die Kaufpreisforderung mit dem Nennwert anzusetzen. Die Zinsen sind im Zuflusszeitpunkt (§ 11 Abs. 1) der jeweiligen Rate oder bei Kaufpreisstundungen im Fälligkeitszeitpunkt

als Einnahmen aus Kapitalvermögen nach § 20 Abs. 1 Nr. 7 nach § 32d Abs. 1 und 3 mit 25% im Rahmen der Einkommensteuerveranlagung zu versteuern (*Deutschländer* NWB 2014, 1019 (1022)).

Der **Kapitalanteil** ist bereits anteilig bei Zahlung der ersten Raten zu versteuern. Die Versteuerung erfolgt anteilig nach dem Verhältnis der Teilzahlungsbeträge zum Gesamtveräußerungserlös in den jeweiligen Veranlagungszeiträumen der Zahlungszuflüsse. Die in Raten über mehr als einen Veranlagungszeitraum gestreckte Zahlung des Veräußerungserlöses führt dazu, dass mit dem Zufluss des jeweiligen Teilzahlungsbetrags der Gewinn oder Verlust anteilig entsteht. Der Veräußerungsgewinn oder Veräußerungsverlust wird daher in mehreren Veranlagungszeiträumen realisiert (BFH 11.11.2009 – IX R 57/08, DStR 2010, 420; Blümich/*Ratschow* § 23 Rn. 222; *Schießl* NWB 2017, 1644 (1646); *Klammer* EFG 2016, 1608). Daher kann auch ggf. die Freigrenze mehrfach zur Anwendung kommen. 333

Abzulehnen ist, dass eine Versteuerung erst ab dem Zeitpunkt in Betracht kommt, in dem die Anschaffungs- bzw. Herstellungskosten und Werbungskosten überschritten werden (FG Berlin-Brandenburg 28.4.2016 – 9 K 9108/13, EFG 2016, 1607; *Hutmacher* ZNotP 2012, 131 (133); *Zehnthöfer* Einkommensteuer, 12. Aufl. 2016, 1019). 334

Diese Handhabung der Ratenzahlung gilt sowohl im Fall des Gewinns als auch im **Fall eines Verlusts.** Ein Verlust fällt daher bei zeitlich getreckter Zahlung des Veräußerungserlöses anteilig nach dem Verhältnis der Teilzahlungsbeträge zum Gesamtveräußerungserlös in den jeweiligen Veranlagungszeiträumen der Zahlungszuflüsse an (BFH 6.12.2016 – IX R 18/16, DStR 2017, 653; *Schießl* NWB 2017, 1644 (1646); auch *Klammer* EFG 2016, 1608; Blümich/*Ratschow* § 23 Rn. 222; **aA** HHR/*Musil* § 23 Rn. 320). Die mit dem privaten Veräußerungsgeschäft wirtschaftlich zusammenhängenden Aufwendungen, dh die Anschaffungs- oder Herstellungskosten und die Werbungskosten sind erst in dem VZ anteilig abziehbar, in dem der jeweilige Teilerlös aus dem privaten Veräußerungsgeschäft zufließt. 335

Mit diesem **veranlagungszeitraumbezogenen Ausgleich** zwischen den vom Steuerpflichtigen erwirtschafteten steuerbaren Einnahmen und den zur Erzielung dieser Einnahmen aufgewandten steuerlichen Ausgaben tritt dem Prinzip der Besteuerung nach der finanziellen Leistungsfähigkeit folgend eine periodengerechte Leistungsfähigkeitsbemessung nach dem objektiven Nettoprinzip ein. Aus der Geltung des Zuflussprinzips und der veranlagungszeitraumbezogenen Leistungsfähigkeitsbemessung folgt, dass es nicht möglich ist, den Gesamtgewinn oder -verlust bereits im ersten Zuflussjahr einer Kaufpreisrate oder erst im letzten Zuflussjahr einer Kaufpreisrate zu berücksichtigen.

Kommt es bei einem Ratenverkauf über ein Jahr zu einem späteren Forderungsausfall (zB wegen Insolvenz des Erwerbers), entfällt ab diesem Zeitpunkt die Versteuerung der Raten. 336

Wie Kaufpreisraten erfolgt auch die Behandlung bei Zeitrenten (KSM/*Wernsmann* § 23 Rn. D 7). Der Zinsanteil ist nach § 20 Abs. 1 Nr. 7 zu versteuern. In Höhe des Kapital-(Tilgungs-)anteils handelt es sich um Veräußerungserlös. 337

c) Verkauf gegen Leibrente. Beim Verkauf gegen eine Leibrente (private Veräußerungsrente) sind die Zahlungen ebenfalls in einen **Ertrags- und einen Kapitalanteil** aufzuteilen. Der Ertragsanteil (= implizierter Zinsanteil) wird nach § 22 Nr. 1 Satz 3 Buchst. a Doppelbuchst. bb besteuert, der Kapitalanteil (Tilgungsanteil) im Jahr des jeweiligen Zuflusses (Blümich/*Ratschow* § 23 Rn. 206; *Deutschländer* NWB 2014, 1019 (1023); KSM/*Wernsmann* § 23 Rn. C 44, D 8). Der Kapitalanteil führt erst dann zur Steuerbarkeit, wenn die Summe der Kapitalanteile die Anschaffungskosten zzgl. Werbungskosten übersteigt (*Deutschländer* NWB 2014, 1019 (1023); *Zehnthöfer* Einkommensteuer, 983; BMF 11.3.2010, BStBl. I 2010, 227 Rn. 74). 338

Ist die **Gegenleistung für das Rentenstammrecht** zu vernachlässigen, ist insgesamt von der Unentgeltlichkeit des Geschäfts auszugehen. Es handelt sich um eine Zuwendungsrente nach § 12 Nr. 2. Es fällt kein Veräußerungsgewinn an. Von einer vernachlässigbaren Gegenleistung kann ausgegangen werden, wenn der Barwert der wiederkehrenden Leistungen mehr als doppelt so hoch wie der Wert des übertragenen Wirtschaftsguts ist (BMF 11.3.2010, BStBl. I 2010, 227 Rn. 66). Ist der Barwert der wiederkehrenden Leistung zwar nicht doppelt so hoch, aber doch höher als der Wert des übertragenen Vermögens, liegt nur Teilentgeltlichkeit in Höhe des angemessenen Kaufpreises vor (KSM/*Wernsmann* § 23 Rn. D 9). 339

Einstweilen frei 340

d) Zeitpunkt Werbungskostenabzug. Werbungskosten sind abweichend von § 11 Abs. 2 im **Zeitpunkt des Zuflusses des Veräußerungserlöses** abziehbar (BFH 2.4.1974 – 341

VIII R 76/69, BStBl. II 1974, 540; BFH 17.7.1991 – X R 6/91, BStBl. II 1991, 916; LBP/*Hoheisel* § 23 Rn. 252). Dies ist Folge des im Rahmen der Vorschrift anwendbaren Stichtagsprinzips.

342 Nach der Veräußerung entstandene Aufwendungen (nachträgliche Werbungskosten) sind rückwirkend auf den Zeitpunkt des Zuflusses des Veräußerungserlöses zu berücksichtigen. Insoweit greift § 175 Abs. 1 S. 1 AO (BFH 17.7.1991 – X R 6/91, BStBl. II 1991, 916).

343 **e) Sonderregelung (§ 23 Abs. 3 S. 6).** § 23 Abs. 3 Satz 6 enthält eine **Sonderregelung zur Bestimmung des Zuflusses von Gewinnen und Verlusten in den Fällen des § 23 Abs. 1 Satz 5.** Für den Fall des § 23 Abs. 1 Satz 5 Nr. 1 ist danach auf das Kalenderjahr abzustellen, in dem der Preis für die Veräußerung aus dem Betriebsvermögen zugeflossen ist. Im Fall des § 23 Abs. 1 Satz 5 Nr. 2 ist das Kalenderjahr maßgeblich, in dem die verdeckte Einlage erfolge. Kommt es zu einem vollständigen oder teilweisen Ausfall der Kaufpreisforderung, spielt dies hier für § 23 keine Rolle. Denn der Forderungsverlust wird im Betriebsvermögen realisiert (KSM/*Wernsmann* § 23 Rn. D 42).

344 *Einstweilen frei*

4. Verlustausgleich (§ 23 Abs. 3 Sätze 7 und 8)

345 **a) Beschränkung (§ 23 Abs. 3 S. 7).** Verluste aus privaten Veräußerungsgeschäften dürfen nach Abs. 3 S. 7 Hs. 1 nur bis zur **Höhe des Gewinns,** den der Steuerpflichtige im gleichen Kalenderjahr aus privaten Veräußerungsgeschäften erzielt hat, ausgeglichen werden. Gleichartigkeit der Veräußerungsgegenstände ist nicht erforderlich. Danach sind nur die Gewinne und Verluste aus privaten Veräußerungsgeschäften iSd § 22 Nr. 2, § 23 Abs. 1 Nr. 1 und Nr. 2 untereinander ausgleichsfähig. Der **vertikale Verlustausgleich** ist ausgeschlossen. Irrelevant ist dabei die Art der veräußerten Wirtschaftsgüter. Ein Verlustausgleich mit anderen sonstigen Einkünften (§ 22 Nr. 1, 1a, 3 bis 5) ist nicht möglich. Auch schließt die Vorschrift eine Verrechnung mit anderen Einkunftsarten iSd § 2 Abs. 1 Satz 1 Nr. 1–6 aus (KSM/*Wernsmann* § 23 Rn. F 1). Ein Ausgleich mit positiven Einkünften aus anderen Einkunftsarten ist daher nicht möglich (dazu KSM/*Wernsmann* § 23 Rn. F 1). Ehegatten können allerdings Veräußerungsgewinne des einen mit Verlusten des anderen ausgleichen. Dies gilt allerdings nicht, wenn die Gewinne des einen Ehegatten unterhalb der Freigrenze von 600 EUR liegen und deshalb nicht steuerbar sind (BMF 5.10.2000, BStBl. I 2000, 1383; FG Köln 20.4.2012 – 4 K 1027/09, EFG 2012, 1741; LBP/*Hoheisel* § 23 Rn. 260).

346 § 23 Abs. 3 Satz 7 Hs. 1 regelt damit eine vollständige Beschränkung des vertikalen Verlustausgleichs (Verlustverrechnung mit anderen Einkunftsarten) und eine teilweise Beschränkung des horizontalen Verlustausgleichs (Verlustverrechnung innerhalb einer Einkunftsart).

347 § 23 Abs. 3 Satz 7 Hs. 2 schließt zunächst vollständig den Verlustvortrag und Verlustrücktrag nach § 10d in andere Veranlagungszeiträume aus (Verlustabzug als intertemporäre oder periodenübergreifende Verlustverrechnung).

348 Die Beschränkung nach § 23 Abs. 3 S. 7 ist **verfassungsgemäß.** Die privaten Veräußerungsgeschäfte und ihre einkommensteuerrechtliche Erfassung in § 23 Abs. 1 Nr. 1 und 2 weisen Besonderheiten auf, die es rechtfertigen, für daraus erzielte Verluste nicht die für Verluste aus anderen Einkunftsarten geltenden Regelungen für den Verlustabzug (einschließlich des vertikalen Verlustausgleichs) anzuwenden, sondern Sonderregelungen wie diejenigen in § 23 Abs. 3 S. 8 und 9 vorzusehen (BFH 18.10.2006 – IX R 28/05, BStBl. II 2007, 259; BFH 7.11.2006 – IX R 45/04, BFH/NV 2007, 1473). Eine solche – die angefochtene Sonderregelung rechtfertigende – Besonderheit ist insbesondere der Umstand, dass der Gesetzgeber die Gewinne und Verluste aus privaten Veräußerungsgeschäften iSd § 23 Abs. 1 Nr. 1 und 2 nicht uneingeschränkt der Einkommensbesteuerung unterwirft, sondern – anders als bei anderen Einkunftsarten – nur, soweit sie durch Veräußerungsgeschäfte innerhalb einer bestimmten Frist nach Erwerb der Veräußerungsgegenstände entstanden sind. Die Vorschrift räumt dem Steuerpflichtigen zudem – anders als die Regelungen anderer Einkunftsarten – die Möglichkeit ein, durch die Wahl des Veräußerungszeitpunkts über den Eintritt des Steuertatbestands zu entscheiden.

Diese Besonderheit der – grundsätzlichen – Dispositionsmöglichkeit stellt einen **sachlichen Grund** dar, die Einkünfte aus privaten Veräußerungsgeschäften von der vertikalen Verlustverrechnung auf Grundlage des § 10d herauszunehmen und stattdessen den Verlustausgleich nur innerhalb der Einkunftsart mit Einkünften aus vorangegangenen oder nachfolgenden Jahren nach § 23 Abs. 3 S. 8 zuzulassen. Ansonsten würde es dem Steuerpflichtigen bei Einräumung unbeschränkten vertikalen Verlustausgleichs ermöglicht, Verluste durch Veräußerung und Wiedererwerb innerhalb der Fristen steuerwirksam geltend zu machen, andererseits aber Gewinne durch eine Veräußerung nach Ablauf der Fristen nicht steuerbar realisieren zu können. Dies hätte eine Bevorzugung von Steuerpflichtigen mit Einkünften aus privaten Veräußerungsgeschäften gegenüber Steuerpflichtigen mit Einkünften aus anderen Einkunftsarten, deren Veräußerungsgewinne steuerbar sind zur Folge. Diese wäre nach Ansicht des BFH mit Blick auf den Grundsatz der Besteuerung nach der Leistungsfähigkeit sachlich nicht gerechtfertigt (BFH 7.11.2006 – IX R 45/04, BFH/NV 2007, 1473). Zudem dient die Beschränkung der Verlustverrechnung dem Ziel, die Spekulation auf Kosten der Allgemeinheit zu verhindern. Denn ansonsten würden diese Verluste das Gesamtsteueraufkommen mindern und damit zu Lasten der Allgemeinheit gehen.

Das **objektive Nettoprinzip** steht dem auch nicht entgegen. Dieses gebietet zwar den Abzug von (erwerbssichernden) Aufwendungen, die mit der Einkunftserzielung in einem unmittelbaren Sachzusammenhang stehen, allerdings von Verfassungs wegen nicht notwendigerweise in jedem einzelnen – aus rein erhebungstechnischen Gründen gewählten – Veranlagungszeitraum. Danach wird eine Beschränkung des vertikalen Verlustausgleichs durch das allgemeine Leistungsfähigkeitsprinzip nicht grundsätzlich ausgeschlossen, solange nur tatsächlich entstandene Verluste überhaupt, ggf. in einem anderen Veranlagungszeitraum, steuerlich berücksichtigt werden (BFH 9.5.2001 – XI B 151/00, BStBl. II 2001, 552; BFH 15.12.2000 – IX B 128/99, BStBl. II 2001, 411; BFH 7.11.2006 – IX R 45/04, BFH/NV 2007, 1473). Denn Art. 3 Abs. 1 GG entfaltet seine Wirkung grundsätzlich veranlagungszeitraum-übergreifend (BFH 11.2.1998 – I R 81/97, BStBl. II 1998, 485; BFH 27.1.2006 – VIII B 179/05, BFH/NV 2006, 1150). 349

Diesen Anforderungen genügt die nach § 23 Abs. 3 Satz 7 mögliche Verlustverrechnung mit Gewinnen aus privaten Veräußerungsgeschäften in Rücktrags- und Vortragsjahren; sie führt im Ergebnis hinsichtlich der Einkünfte aus privaten Veräußerungsgeschäften zu einer zutreffenden Ermittlung des Totalgewinns (BFH 1.6.2004 – IX R 35/01, DStRE 2004, 865; BFH 7.11.2006 – IX R 45/04, BFH/NV 2007, 1473). 350

Einstweilen frei 351

b) Eingeschränkter Verlustvor- und -rücktrag nach § 10d (§ 23 Abs. 3 S. 8). Verluste aus § 23 mindern nach § 23 Abs. 3 Satz 8 nach Maßgabe des § 10d die Einkünfte, die der Steuerpflichtige in dem unmittelbar vorangegangenen Veranlagungszeitraum (**Verlustrücktrag**) oder in den folgenden Veranlagungszeiträumen (**Verlustvortrag**) aus privaten Veräußerungsgeschäften nach Abs. 1 erzielt hat oder erzielt. § 23 Abs. 3 Satz 8 enthält damit eine Rückausnahme zur Beschränkung nach § 23 Abs. 7 Satz 1 Hs. 2. 352

§ 23 Abs. 3 S. 8 verweist in Hs. 2 auf § 10d Abs. 4. Aus der Bezugnahme auf § 10d Abs. 4 folgt für den Fall des Verlustvortrags die Notwendigkeit eines gesonderten Feststellungsverfahrens. Dabei erfolgt die Verrechnung des Verlustvortrags nicht wie im Rahmen des § 10d mit dem Gesamtbetrag der Einkünfte, sondern bei der Ermittlung der Einkünfte aus § 23. 353

Gemäß § 10d Abs. 4 S. 1 ist der **am Schluss eines Veranlagungszeitraums** verbleibende Verlustvortrag aus privaten Veräußerungsgeschäften gesondert festzustellen. Verbleibender Verlustvortrag sind die nicht ausgleichbaren Veräußerungsverluste, vermindert um die nach § 10d Abs. 1, § 23 Abs. 3 S. 8 Hs. 2 abgezogenen Beträge und vermehrt um den auf den Schluss des vorangegangenen Veranlagungszeitraums festgestellten verbleibenden Verlustvortrag (§ 10d Abs. 4 S. 2, § 23 Abs. 3 S. 8 Hs. 2). Nach § 10d Abs. 4 S. 4, § 23 Abs. 3. S. 8 Hs. 2 sind Feststellungsbescheide zu erlassen, aufzuheben oder zu ändern, soweit sich die nach S. 2 zu berücksichtigenden Beträge ändern und deshalb der entsprechende Steuerbescheid zu erlassen, aufzuheben oder zu ändern ist. Ändern sich die nach S. 2 zu berücksichtigenden Beträge aber nicht, ist die Vorschrift unanwendbar (BFH 17.9.2008 – IX R 70/06, BStBl. II 2009, 897; BGFH 11.11.2008 – IX R 44/07, BStBl. II 2010, 31). § 10d Abs. 4 S. 4 ist entsprechend anzuwenden, wenn der Erlass, die Aufhebung oder die Änderung des Steuerbescheids mangels steuerlicher Auswirkungen unterbleibt (§ 10d Abs. 4 S. 5, § 23 Abs. 3 S. 8 Hs. 2). 353.1

Liegt ein bestandskräftiger Einkommensteuerbescheid für das Verlustentstehungsjahr vor, entfaltet dieser nach den Regelungen des § 10d Abs. 4 Sätze 4 und 5 Bindungswirkung für das Verfahren der Verlustfeststellung. Danach setzt die Änderung des Feststellungsbescheids 354 nach § 10d Abs. 4 S. 4 voraus, dass der korrespondierende Einkommensteuerbescheid verfahrensrechtlich – dh gemäß §§ 164 f., §§ 172 ff. AO – zu ändern ist oder dies allein wegen fehlender steuerlicher Auswirkung unterbleibt (BFH 22.1.2013 – IX R 11/12, BFH/NV 2013, 1069). **Verbleibende Verluste** aus privaten Veräußerungsgeschäften können nach § 10d Abs. 1 S. 5, § 23 Abs. 3 S. 8 Hs. 2 wahlweise vor- oder zurückgetragen werden. Bei der Zusammenveranlagung von Ehegatten erfolgt der Verlustabzug zunächst für jeden Ehegatten getrennt und anschließend zwischen den Ehegatten (BMF 5.10.2000, BStBl. I 2000, 1383 Rn. 42; LBP/*Hoheisel* § 23 Rn. 264).

354.1 Trotz der Einschränkungen in § 23 Abs. 3 Sätze 7 und 8 lohnt sich das „Erzeugen" von Spekulationsverlusten für den Steuerpflichtigen, der etwa bei einem privaten Mietwohngrundstück oder einem vermieteten Gewerbegrundstück Wertsteigerungen mitnehmen will und damit den steuerbaren Gewinn aus der Veräußerung innerhalb der Haltefrist minimieren will (*Paus* FR 2013, 498).

355 *Einstweilen frei*

356 **c) Altverluste aus privaten Veräußerungsgeschäften (§ 23 Abs. 3 Sätze 9 und 10 EStG aF).** Altverluste aus privaten Veräußerungsgeschäften, auf die § 23 in der bis zum 31.12.2008 geltenden Fassung Anwendung fand, können abweichend von § 23 Abs. 3 S. 7 nach § 23 Abs. 3 S. 9 EStG aF auch mit Einkünften aus Kapitalvermögen nach § 20 Abs. 2 ausgeglichen werden. Sie mindern abweichend von § 23 Abs. 3 S. 8 nach Maßgabe des § 10d auch die (positiven) Einkünfte, die der Steuerpflichtige in den folgenden Veranlagungszeiträumen aus § 20 Abs. 2 erzielt. Die Sätze 8 und 9 sind mit dem KroatienAnpG v. 25.7.2014 (BGBl. 2014 I 1266) gestrichen worden.

356.1 Die Regelungen betreffen nur **Verluste aus der Veräußerung von Wertpapieren.** Sie gewährleisten, dass der Steuerpflichtige (Alt-)Verluste aus privaten Veräußerungsgeschäften aus dem Zeitraum vor Inkrafttreten der Abgeltungsteuer bis zum Veranlagungszeitraum 2013 mit Gewinnen aus Veräußerungsgeschäften mit Kapitalanlagen verrechnen kann, die nunmehr von § 20 Abs. 2 und nicht mehr von § 23 erfasst werden. Dabei geht die Verrechnung der Altverluste mit Alteinkünften nach § 23 in der bis 31.12.2008 geltenden Fassung der Verrechnung mit Neuverlusten aus § 20 Abs. 2 in der ab 1.1.2009 geltenden Fassung vor (BFH 9.8.2016 – VIII R 27/14, DStR 2016, 2853; BMF 18.1.2016, BStBl. I 2016, 85 Rn. 118; Schmidt/*Weber-Grellet* § 23 Rn. 98). Ab dem Veranlagungszeitraum 2014 gehen die verbleibenden Altverluste nicht unter, sind aber zeitlich unbeschränkt nur noch im Rahmen der nach § 23 anfallenden Gewinne verrechenbar (Blümich/*Ratschow* § 23 Rn. 243; LBP/*Hoheisel* § 23 Rn. 272).

356.2 Die übergangsweise Verrechnung von Altverlusten aus Wertpapiergeschäften mit neuen privaten Veräußerungsgewinnen mit der **Übergangsfrist** bis zum 31.12.2013 – also binnen fünf Jahren – ist auch verfassungsgemäß (BFH 3.11.2015 – VIII R 37/13, DStR 2016, 583; BFH 6.12.2016 – IX R 48/15, BStBl. II 2017, 313; dazu näher KSM/*Wernsmann* § 23 Rn. F 38; aA *Hey* FR 2014, 359; zu Ausweichmöglichkeiten *Lohse* DStR 2017, 641). Insbesondere ergibt sich aus dem verfassungsrechtlichen Gebot der Gleichbehandlung nach Art. 3 Abs. 1 GG kein Anspruch, dass die Verluste aus der Veräußerung von Wertpapieren, die vor dem 1.1.2009 angeschafft worden sind, bei der Verrechnung mit Gewinnen aus der Veräußerung von Aktien, die nach dem 31.12.2008 angeschafft worden sind und dem Besteuerungsregime der Abgeltungsteuer unterliegen (§ 52a Abs. 10 Satz 1 EStG idF des UntStREfG 2008), in voller Höhe berücksichtigt werden. Zudem räumt das BVerfG dem Gesetzgeber gerade im Zusammenhang mit der Umstrukturierung komplexer Regelungssysteme einen besonders weiten Gestaltungsspielraum bei der Ausgestaltung von Übergangsvorschriften ein (zuletzt BVerfG 17.11.2009 – 1 BvR 2192/05, BVerfGE 125, 1).

h) Gemeinsame Vorschriften

§ 24 [Entschädigungen u.ä.]

Zu den Einkünften im Sinne des § 2 Absatz 1 gehören auch

1. Entschädigungen, die gewährt worden sind

a) als Ersatz für entgangene oder entgehende Einnahmen oder

b) für die Aufgabe oder Nichtausübung einer Tätigkeit, für die Aufgabe einer Gewinnbeteiligung oder einer Anwartschaft auf eine solche;

c) als Ausgleichszahlungen an Handelsvertreter nach § 89b des Handelsgesetzbuchs;

2. Einkünfte aus einer ehemaligen Tätigkeit im Sinne des § 2 Absatz 1 Satz 1 Nummer 1 bis 4 oder aus einem früheren Rechtsverhältnis im Sinne des § 2 Absatz 1 Satz 1 Nummer 5 bis 7, und zwar auch dann, wenn sie dem Steuerpflichtigen als Rechtsnachfolger zufließen;

3. Nutzungsvergütungen für die Inanspruchnahme von Grundstücken für öffentliche Zwecke sowie Zinsen auf solche Nutzungsvergütungen und auf Entschädigungen, die mit der Inanspruchnahme von Grundstücken für öffentliche Zwecke zusammenhängen.

Überblick

§ 24 regelt die Besteuerung von Entschädigungen, nachträglichen Einkünften und bestimmten Nutzungsvergütungen sowie Zinsen auf diese Nutzungsvergütungen. Die Vorschrift ordnet die Einkünfte den bestehenden Einkunftsarten der § 2 Abs. 1 S. 1 Nr. 1–7, §§ 13 ff. zu – sie schafft daher keine neue Einkunftsart. Sie ist auch keine Erweiterung, sondern regelt die bloße Zuordnung von Einkünften.

Die Norm entfaltet vor allem deklaratorische Wirkung. Nur für die Besteuerung des Rechtsnachfolgers nach § 24 Nr. 2 Hs. 2 hat sie konstitutive Bedeutung. § 24 ist hinsichtlich § 24 Nr. 1 und 3 als Vorschaltnorm zur Tarifermäßigung des § 34 zu sehen. Die tatbestandlichen Voraussetzungen des § 34, insbesondere eine Zusammenballung, müssen gleichwohl nicht bei § 24 gegeben sein.

Übersicht

A. Allgemeines

Leitentscheidungen, wichtige Verwaltungsanweisungen und Schrifttum (Auswahl): 1

Entscheidungen des GrS: 1.1

BFH 21.11.1983 – GrS 2/82, BStBl. II 1984, 160 – Veranlassung bei nachträglichen Betriebsausgaben; BFH 19.7.1993 – GrS 1/93, BStBl. II 1993, 897 und BFH 19.7.1993 – GrS 2/93, BStBl. II 1993, 897 – nachträglicher Verlust; BFH 8.12.1997 – GrS 1-2/95, BStBl. II 1998, 193 – Schuldzinsenabzug; BFH 17.12.2007 – GrS 2/04, BStBl. II 2008, 608 – Tatbestandsverklammerung.

Weitere Leitentscheidungen des BFH: 1.2

BFH 21.4.1966 – VI 366/65, BStBl. III 1966, 460 – Bedeutung für § 34; BFH 17.12.1959 – IV 223/58 S, BStBl. III 1960, 72 – besondere Art von Einkünften; BFH 8.8.1986 – VI R 28/84, BStBl. II 1987, 106 – Entschädigungsbegriff; BFH 12.6.1996 – XI R 43/94, BStBl. II 1996, 516 – keine neue Einkunftsart, Wettbewerbsverbot; BFH 11.3.2003 – IX R 76/99, BFH/NV 2003, 1161 – Wettbewerbsverbot.

1.3 **Schrifttum (Auswahl):**
Weber-Grellet, Die Entwicklung der Rechtsprechung des BFH zu den Entschädigungen i. S. der §§ 24, 34 EStG, BB 2004, 1877.

I. Regelungsanliegen im System des Steuerrechts

1. Funktion/Zweck der Regelung

2 § 24 betrifft die steuerliche Handhabung bestimmter Einnahmen beim Empfänger. Es handelt sich um Entschädigungen (§ 24 Nr. 1), Einkünfte aus einer ehemaligen Tätigkeit oder aus früheren Rechtsverhältnissen (§ 24 Nr. 2) und Nutzungsvergütungen für die Inanspruchnahme von Grundstücken für öffentliche Zwecke sowie Zinsen auf diese Nutzungsvergütungen oder auf Entschädigungen in diesem Zusammenhang (§ 24 Nr. 3).

3 Nach § 24 werden die vorhandenen **Einkunftsarten** (§ 2 Abs. 1 S. 1 Nr. 1–7, §§ 13 ff.) **sachlich ergänzt** oder die **persönliche Zurechnung** von Einkünften näher geregelt. Es liegt **weder eine eigenständige Einkunftsart** (vgl. BFH 12.6.1996 – XI R 43/94, BStBl. II 1996, 516) **noch eine Erweiterung** (vgl. BFH 15.7.1964 – I 415/61 U, BStBl. III 1964, 551; BFH 18.9.1986 – IV R 228/83, BStBl. II 1987, 25), sondern eine **bloße Zuordnung** vor (vgl. BFH 30.10.1970 – VI R 273/67, BStBl. II 1971, 138). Dies ergibt sich aus dem Wortlaut der Norm (gehören auch) als auch aus der Systematik (§ 2 Abs. 1 S. 2 bestimmt ua, dass nach § 24 die Einkünfte zu den entsprechenden Einkunftsarten zugerechnet werden; vgl. Kirchhof/*Mellinghoff* § 24 Rn. 1; Schmidt/*Wacker* § 24 Rn. 2).

4 Gleichwohl sind die Einkünfte des § 24 als eine **besondere Art von Einkünften** innerhalb einer Einkunftsart anzusehen (BFH 17.12.1959 – IV 223/58 S, BStBl. III 1960, 72).

5 Die Norm entfaltet vor allem **deklaratorische,** also klarstellende Wirkung (vgl. stv. BFH 25.3.1975 – VIII R 183/73, BStBl. II 1975, 634), besitzt aber zum Teil auch konstitutiven, also rechtsbegründenden Charakter durch § 24 Nr. 2 Hs. 2 (vgl. stv. BFH 17.12.2007 – GrS 2/04, BStBl. II 2008, 608 mwN).

6 Die Entschädigungen nach § 24 Nr. 1 und die Nutzungsvergütungen nach § 24 Nr. 3 sind im Lichte der Begünstigung des § 34 zu sehen (jedoch keine Auslegung anhand der besonderen Voraussetzungen des § 34, vgl. BFH 25.3.1975 – VIII R 183/73, BStBl. II 1975, 634). Sie sind als **außerordentliche Einkünfte** nach § 34 Abs. 2 Nr. 2, 3 der Begünstigung **vorgeschaltet** (kein Rechtsfolgenverweis aufgrund weiterer Voraussetzungen des § 34, vgl. Blümich/*Heuermann/Fischer* § 24 Rn. 3 mwN).

7 *Einstweilen frei*

2. Historische Entwicklung

8 Die Vorgängernorm des § 24 EStG war **§ 44 EStG 1925** (RGBl. I 1925, 189). Mit dem Jahr 1934 wurde diese unter wenigen redaktionellen Änderungen in **§ 24 EStG 1934** umgewandelt (RGBl. I 1934, 1005; vgl. Begründung zum EStG 1934 in RStBl. I 1935, 45; HHR/*Horn* § 24 Rn. 2).

9 Durch das **StÄndG 1961** (BGBl. 1961 I 981) wurde die bis dahin nicht wesentlich veränderte Norm durch § 24 Nr. 1 Buchst. c (Ausgleichszahlungen an Handelsvertreter nach § 89b HGB) erweitert (als Reaktion auf BFH 22.10.1959 – IV 118/59 S, BStBl. III 1960, 21). § 24 Nr. 3 (Nutzungsvergütungen und Zinsen auf eben solche und Entschädigungen, die mit der Inanspruchnahme von Grundstücken für öffentliche Zwecke in Zusammenhang stehen) wurde schließlich durch das **StÄndG 1965** (BGBl. 1965 I 377) eingefügt. Beide Normen gehen auf zuvor ergangene, ablehnende Entscheidungen des BFH zurück (vgl. BFH 22.10.1959 – IV 118/59 S, BStBl. III 1960, 21; BFH 14.6.1963 – IV 216/61 U, BStBl. III 1963, 380) und öffnen in Verbindung mit § 34 Abs. 2 Nr. 2 und 3 den Zugang zu einer ermäßigten Besteuerung nach § 34.

10 Mit dem **EStRG 1974** (BGBl. 1974 I 1769) wurde der bisherige Verweis auf § 2 Abs. 3 durch einen Verweis auf § 2 Abs. 1 ausgetauscht. Diesem ist eine Änderung des § 2 vorausgegangen, sodass es sich nicht um eine inhaltliche Änderung handelt.

11 Ein Entwurf des **StReformG** 1999 sah vor, die Regelung des § 24 in kaum veränderter Form in § 4 darzustellen (vgl. BT-Drs. 13/7480, 22). Gleichzeitig sollte die Begünstigung nach § 34 in § 61 normiert werden (vgl. BT-Drs. 13/7480, 112 f.). Dieser Vorschlag des

Finanzausschusses scheiterte jedoch und im Ergebnis wurde nur § 34 geändert (→ § 34 Rn. 20; StEntlG 1999/2000/2002, BGBl. 1999 I 402; vgl. auch *Gronemeyer* Entschädigungen und Abfindungen im Einkommensteuerrecht, 5 f.).

Einstweilen frei 12

3. Verhältnis zu höherrangigem Recht

Durch § 24 werden Entschädigungen (Nr. 1), nachträgliche Einkünfte (Nr. 2) und Nutzungsvergütungen (Nr. 3) den Einkünften nach § 2 Abs. 1 zugeordnet. Die Vorschrift verwirklicht insofern den aus Art. 3 Abs. 1 GG abgeleiteten Grundsatz der **Besteuerung nach der wirtschaftlichen Leistungsfähigkeit** (insbesondere in Zusammenhang mit § 34, → § 34 Rn. 26; dabei ist jedoch zu beachten, dass die Norm größtenteils deklaratorische, dh nur klarstellende Wirkung entfaltet). Zudem wird insbesondere das **Prinzip der Gleichmäßigkeit der Besteuerung** verfolgt – so werden nach § 24 Nr. 1 Entschädigungen erfasst, die als Surrogate der Einnahmen nach § 2 Abs. 1 S. 1 Nr. 1–7 gelten (sog. Surrogationsprinzip und gleichmäßige Erfassung der Einkünfte, vgl. KSM/*Geserich* § 24 Rn. A 15). 13

§ 24 Nr. 1, Nr. 2 Hs. 1 und Nr. 3 sind **deklaratorischer Natur** – sie legen die Zuordnung der in der Regelung genannten Leistungen zu den Einkunftsarten nach § 2 Abs. 1 und insofern deren Steuerpflicht fest (vgl. stv. BFH 25.3.1975 – VIII R 183/73, BStBl. II 1975, 634). So „stellt [§ 24 Nr. 2 EStG bspw.] klar, dass die StPflicht v. Einkünften nicht entfällt, weil sie nach Beendigung der auf die Einkünfteerzielung gerichteten Tätigkeiten erzielt werden" (Kirchhof/*Mellinghoff* § 24 Rn. 1). 14

Hingegen besitzt § 24 Nr. 2 Hs. 2 **konstitutiven Charakter.** Die Norm begründet die Steuerpflicht von Einkünften aus ehemaligen Tätigkeiten, die nicht dem Tätigen, sondern seinem Rechtsnachfolger zufließen (vgl. stv. BFH 17.12.2007 – GrS 2/04, BStBl. II 2008, 608 mwN). 15

Einstweilen frei 16

4. Anwendungsbereich

Die Vorschrift betrifft nur die steuerliche Behandlung der Einnahmen beim **Leistungsempfänger,** jedoch nicht beim Leistenden. 17

§ 24 findet bei **unbeschränkter** als auch **beschränkter Steuerpflicht** Anwendung (vgl. BFH 15.7.1964 – I 415/61 U, BStBl. III 1964, 551; BFH 10.6.2015 – I R 79/13, BStBl. II 2016, 326; HHR/*Horn* § 24 Rn. 5; *Wassermeyer* IStR 2011, 361). 18

§ 24 entfaltet auch Geltung für die **Körperschaftsteuer,** § 8 Abs. 1 S. 1 KStG iVm § 31 Abs. 1 KStG, insbesondere wenn die Einkünfte nicht unmittelbar als Einkünfte aus Gewerbebetrieb nach § 8 Abs. 2 KStG qualifiziert werden (vgl. HHR/*Horn* § 24 Rn. 5). Die Tarifbegünstigung des § 34 und die damit in Zusammenhang stehende Vorschaltung von außerordentlichen Einkünften finden dabei jedoch keine Anwendung (→ § 34 Rn. 31). 19

Die Zuordnung von Leistungen iSd § 24 auf die gegebenen Einkunftsarten gilt grundsätzlich **für alle Einkunftsarten** nach § 2 Abs. 1 S. 1 Nr. 1–7. Hierbei ist der **Zeitpunkt der Ursachensetzung** maßgebend (Blümich/*Heuermann/Fischer* § 24 Rn. 4 mit Verweis auf BFH 15.7.1964 – I 415/61 U, BStBl. III 1964, 551; FG Rheinland-Pfalz 20.3.1992 – 3 K 2007/90, EFG 1993, 382 – insbesondere auch bei beschränkter Steuerpflicht und der Zuordnung zu inländischen Einkünften nach § 49 Abs. 1, vgl. HHR/*Horn* § 24 Rn. 5). 20

§ 24 Nr. 1 Buchst. a und b betreffen vor allem Überschusseinkunftsarten und weniger Gewinneinkunftsarten (vgl. HHR/*Horn* § 24 Rn. 5). Ausgleichszahlungen an Handelsvertreter sind stets gewerbliche Einkünfte, § 24 Nr. 1 Buchst. c. Zudem sind Einkünfte nach § 24 Nr. 3 regelmäßig den Einkünften aus Kapitalvermögen oder Vermietung und Verpachtung zuzurechnen, außer es erfolgt eine Zuordnung zu den Gewinneinkunftsarten nach § 21 Abs. 3 und § 20 Abs. 8. 21

In zeitlicher Hinsicht ist die Norm in der Fassung durch das EStRG 1974 ab dem 1.1.1975 anzuwenden (BGBl. 1974 I 1769). 22

Einstweilen frei 23

5. Verhältnis zu anderen Bestimmungen

24 § 24 ist in Verbindung mit § 2 Abs. 1 zu betrachten – so **weist** die Vorschrift die Leistungen den Einkunftsarten nach **§ 2 Abs. 1 zu.**

25 Eine **enge Verflechtung** besteht ebenfalls zwischen **§ 24 und § 34.** Entschädigungen und gewisse Nutzungsvergütungen nach § 24 Nr. 1 und Nr. 3 sind als begünstigte Einkünfte iSd § 34 Abs. 2 Nr. 2 und Nr. 3 zu qualifizieren und bilden eines von mehreren sachlichen Tatbestandsmerkmalen der Tarifbegünstigung nach § 34 (sog. **Vorschaltfunktion;** vgl. Schmidt/*Wacker* § 24 Rn. 3). Da § 24 auch für beschränkt Steuerpflichtige gilt, ist sie auch hier als Vorschaltnorm aufzufassen (§ 49; Steuerpflichtige mit Wohnsitz oder gewöhnlichen Aufenthalt in einem EU/EWR-Staat fallen unter § 34, vgl. KSM/*Geserich* § 24 Rn. A 23).

26 Im Verhältnis zu **anderen Normen** ist § 24 **regelmäßig subsidiär.** Sind Leistungen iSd § 24 auch unter eine objektive Steuerbefreiung nach § 3 zu fassen, geht § 3 vor. In diesem Zusammenhang sind insbesondere bestimmte Ausgleichsleistungen (§ 3 Nr. 7) und bestimmte nachträgliche Einkünfte aus Land- und Forstwirtschaft (§ 3 Nr. 27) sowie Entschädigungen nach dem Infektionsschutzgesetz (§ 3 Nr. 25) zu beachten (daneben noch § 3 Nr. 9 und Nr. 19 EStG aF; vgl. Blümich/*Heuermann/Fischer* § 3b Rn. 5).

27 Des Weiteren ist eine **Abgrenzung zu laufenden Gewinneinkünften,** welche vorrangig einschlägig sind, notwendig (vgl. BFH 10.7.2012 – VIII R 48/09, BStBl. II 2013, 155 mwN).

28 Die Regelungen über die Veräußerungs- und Aufgabegewinne nach §§ 14, 16, 17 und 18 Abs. 3 sind vorrangig zu den möglicherweise konkurrierenden § 24 Nr. 1 und Nr. 2 anzuwenden (zum Vorrang von § 16 zu § 24 Nr. 1 vgl. BFH 26.10.1961 – IV 360/60 U, BStBl. III 1962, 220). Gleichwohl kann § 24 auch neben einem Veräußerungs- oder Aufgabegewinn bestehen, wenn die Leistungen trennbar sind und insofern eine weitere Leistung mit eigener wirtschaftlicher Bedeutung anzunehmen ist (bspw. ein Wettbewerbsverbot, vgl. BFH 11.3.2003 – IX R 76/99, BFH/NV 2003, 963; Blümich/*Heuermann/Fischer* § 24 Rn. 5).

29 Erfolgt eine Veräußerung iSd § 16 gegen eine Veräußerungsleibrente, besteht regelmäßig ein Wahlrecht zwischen einer begünstigten Sofortbesteuerung des Veräußerungsgewinnes nach §§ 16, 34 oder einer Besteuerung der Einnahmen mit dem Zufluss nach § 24 Nr. 2 (dann jedoch keine Anwendung der Tarifbegünstigung nach § 34, da keine zusammengeballten Einkünfte, → § 34 Rn. 118).

30 Bei sonstigen Einkünften nach § 22 ist darauf zu achten, dass diese streng subsidiär zu den anderen Einkunftsarten nach § 2 Abs. 1 S. 1 Nr. 1–6 sind. In Verbindung mit Entschädigungen nach § 24 Nr. 1 und nachträglichen Einkünften nach § 24 Nr. 2 sind dementsprechend regelmäßig die (anderen) Einkunftsarten einschlägig, die durch diese Einnahmen ersetzt werden oder zu denen sie ursprünglich gehörten (vgl. HHR/*Horn* § 24 Rn. 7). Für den Fall, dass Entschädigungen nach § 24 Nr. 1 keiner anderen Einkunftsart nach § 2 Abs. 1 S. 1 Nr. 1–6 zugeordnet werden können, sind diese mit dem BFH den sonstigen Einkünften nach **§ 22 Nr. 3** zuzuordnen (vgl. BFH 12.6.1996 – XI R 43/94, BStBl. II 1996, 516).

31 Grundsätzlich gehören Einnahmen iSd § 24 zum **Gewerbeertrag nach § 7 GewStG,** wenn der laufende Gewerbebetrieb für sie ursächlich ist. Dies gilt insbesondere für § 24 Nr. 1 Buchst. a und b (vgl. BFH 26.5.1971 – I R 45/70, BStBl. II 1971, 717; BFH 26.2.1988 – III R 241/84, BStBl. II 1988, 615) sowie für § 24 Nr. 3. Nicht zum Gewerbeertrag gehören jedoch Entschädigungen nach § 24 Nr. 1 Buchst. a und b, wenn diese durch eine Betriebsaufgabe nicht dem laufenden Gewinn zugeordnet sind (vgl. KSM/*Geserich* § 24 Rn. A 24). Anders hingegen bei Ausgleichszahlungen an Handelsvertreter nach § 24 Nr. 1 Buchst. c, die stets zum Gewerbeertrag zählen (stRspr; vgl. stv. BFH 14.10.1980 – VIII R 184/78, BStBl. II 1981, 97; BFH 17.3.2009 – X B 225/08, BFH/NV 2009, 967; BFH 26.11.2009 – III R 110/07, BFH/NV 2010, 1304 mwN). Einkünfte aus einer ehemaligen Tätigkeit iSd § 24 Nr. 2 unterliegen häufig nicht der Gewerbesteuer, da sie in der Regel nicht dem laufenden Betrieb zugeordnet werden (BFH 26.11.2009 – III R 110/07, BFH/NV 2010, 1304).

32 Die anteilige Gewerbesteuer mindert nicht den nach § 24 Nr. 1 zu ermittelnden steuerbegünstigten Entschädigungsbetrag (vgl. BFH 26.1.1984 – IV R 236/80, BStBl. II 1984, 347).

33 § 24 Nr. 1 Buchst. c verweist grundsätzlich auf **§ 89b HGB** (**Rechtsgrundverweisung,** vgl. KSM/*Geserich* § 24 Rn. A 25).

34 *Einstweilen frei*

II. Normstruktur und zentrale Debatten

1. Inhalt der Norm

§ 24 Nr. 1 ordnet an, dass gewährte Entschädigungen den Einkünften nach § 2 Abs. 1 zugeordnet werden. Im Allgemeinen – d. h. einer für die Buchst. a–c grundsätzlichen Bedeutung – ist damit ein Ausgleich für finanzielle Einbußen, die infolge einer Beeinträchtigung von Rechtsgütern erlitten wurde oder zu erwarten ist, gemeint (vgl. stv. BFH 8.8.1986 – VI R 28/84, BStBl. II 1987, 106). Die Tarifbegünstigung nach § 34 Abs. 1 kann unter weiteren Voraussetzungen dieser Norm angewendet werden, vgl. § 34 Abs. 1, 2 Nr. 2. 35

Die Vorschrift des § 24 Nr. 1 differenziert ferner zwischen der Veranlassung der Entschädigung. Es ist daher zwischen den Entschädigungsbegriffen der Buchst. a–c und den dafür notwendigen unterschiedlichen Voraussetzungen zu unterscheiden (vgl. Kirchhof/*Mellinghoff* § 24 Rn. 2). 36

§ 24 Nr. 1 Buchst. a betrifft Entschädigungen für entgangene oder entgehende Einnahmen und ordnet diese den Einkünften nach § 2 Abs. 1 zu. Die Zahlungen dienen der Abgeltung und Abwicklung von Interessen aus dem bisherigen Rechtsverhältnis und sind mit der bisherigen Tätigkeit eng verflochten bzw. durch diese versursacht (BFH 12.6.1996 – XI R 43/94, BStBl. II 1996, 516). 37

Hingegen sind Entschädigungen für die Aufgabe oder Nichtausübung einer Tätigkeit, für die Aufgabe einer Gewinnbeteiligung oder einer Anwartschaft auf eine solche nach **§ 24 Nr. 1 Buchst. b** gerade von der bisherigen Tätigkeit losgelöst (BFH 12.6.1996 – XI R 43/94, BStBl. II 1996, 516). Sie erfassen damit – zukunftsorientiert – Gegenleistungen für die Aufgabe oder Nichtausübung einer Tätigkeit (BFH 12.6.1996 – XI R 43/94, BStBl. II 1996, 516). 38

Entschädigungen als Ausgleichszahlungen an Handelsvertreter nach § 89b HGB werden ebenfalls der Norm des **§ 24 Nr. 1 Buchst. c** unterstellt. Es werden alle Zahlungen an Handelsvertreter und diesen gleichgestellten Personen erfasst, die unter die handelsrechtliche Vorschrift fallen. 39

§ 24 Nr. 2 ordnet Einkünfte aus einer ehemaligen Tätigkeit nach § 2 Abs. 1 S. 1 Nr. 1–4 (Einkünfte aus Land- und Forstwirtschaft, aus Gewerbebetrieb, aus selbst- sowie nichtselbständiger Arbeit) oder aus einem früheren Rechtsverhältnis nach § 2 Abs. 1 S. 1 Nr. 5–7 (Einkünfte aus Kapitalvermögen, aus Vermietung und Verpachtung sowie die sonstigen Einkünfte) den Einkünften nach § 2 Abs. 1 zu. Dabei fallen auch Zahlungen an den Rechtsnachfolger unter diese Vorschrift (§ 24 Nr. 2 Hs. 2). Die Tarifermäßigungen nach § 34 können auf Einkünfte nach § 24 Nr. 2 – aufgrund der fehlenden Einordnung als außerordentliche Einkünfte – nicht angewendet werden. 40

Schließlich sind nach **§ 24 Nr. 3** Nutzungsvergütungen für die Inanspruchnahme von Grundstücken für öffentliche Zwecke sowie Zinsen auf solche und auf Entschädigungen, die damit in Verbindung stehen, den Einkünften des § 2 Abs. 1 zuzurechnen. Es werden Nutzungsvergütungen für vorübergehende Gebrauchsüberlassungen, aber kein Ausgleich für Gebrauchsminderungen erfasst (KSM/*Geserich* § 24 Rn. A11). Zudem muss das Grundstück für öffentliche Zwecke, dh durch einen hoheitlichen Akt oder zumindest unter hoheitlichem Druck, genutzt werden (vgl. KSM/*Geserich* § 24 Rn. A11). Einkünfte nach § 24 Nr. 3 sind außerordentliche Einkünfte iSd § 34 Abs. 2 Nr. 3. Die Tarifbegünstigung nach § 34 Abs. 1 kann unter den weiteren Voraussetzungen der Norm in Anspruch genommen werden. 41

Einstweilen frei 42

2. Leitentscheidungen/maßgebliche Debatten

§ 24 Nr. 1–3 schaffen **keine neue Einkunftsart.** Sie erweitern den bestehenden Einkünftekatalog auch nicht. Sie **ordnen** bestimmte Tatbestände den bestehenden **Einkünften** der § 2 Abs. 1 S. 1 Nr. 1–7, 13 ff. **zu** (stRspr; vgl. stv. BFH 12.6.1996 – XI R 43/94, BStBl. II 1996, 516). Es handelt sich dabei um eine **besondere Art** von Einkünften innerhalb einer Einkunftsart (BFH 17.12.1959 – IV 223/58 S, BStBl. III 1960, 72). 43

Die Vorschrift hat vorwiegend **deklaratorischen,** also klarstellenden Charakter und ebnet – zumindest für § 24 Nr. 1 und 3 – den Weg zur Tarifermäßigung nach § 34 Abs. 1, 2 Nr. 2 und 3 (**Vorschaltfunktion,** vgl. Schmidt/*Wacker* § 24 Rn. 3). Sie teil daher das 44

Schicksal mit § 34 (nach KSM/*Geserich* § 24 Rn. A 54 in der rechtspolitischen Gesamtbewertung). Gleichwohl orientiert sich § 24 nicht an den besonderen Voraussetzungen, die § 34 als Tarifvorschrift für die Anwendung eines ermäßigten Steuersatzes zusätzlich fordert (BFH 25.3.1975 – VIII R 183/73, BStBl. II 1975, 634).

45 § 24 erfasst die Einkünfte, sodass die **Nettobeträge** zu ermitteln sind. Die **Einnahmen** und die damit zusammenhängenden **Aufwendungen** sind dafür zu bestimmen (vgl. BFH 29.1.1986 – III R 186/81, BFH/NV 1986, 400). Die Vorschrift selbst gibt keine Art der Ermittlung vor – es muss auf die allgemeinen Grundlagen zurückgegriffen werden (BFH 26.8.2004 – IV R 5/03, BFH/NV 2005, 277). Eine Besonderheit ergibt sich bei der Bestimmung von nachträglichen Gewinneinkünften nach § 24 Nr. 2 iVm §§ 2 Abs. 1 S. 1 Nr. 1–7, 13 ff. Es war lange umstritten, ob eine Gewinnermittlung nach den Grundsätzen eines Betriebsvermögensvergleichs nach §§ 4 Abs. 1 oder 5 möglich ist. Die neuere Rechtsprechung verneint dies (vgl. BFH 23.2.2012 – IV R 31/09, BFH/NV 2012, 1448).

46 Die Entschädigungen nach § 24 Nr. 1 Buchst. a–c setzen sich aus einem **allgemeinen,** für alle Buchstaben gleichmäßigen **Tatbestand** und einem **spezifischen,** jeweils auf den Buchstaben zugeschnittenen Tatbestand zusammen (vgl. BFH 8.8.1986 – VI R 28/84, BStBl. II 1987, 106).

47 Eine Zahlung, die für ein **umfassendes Wettbewerbsverbot** – in Zusammenhang mit der Beendigung eines Arbeitsverhältnisses – vereinbart wurde, kann eine Entschädigung nach § 24 Nr. 1 Buchst. b iVm §§ 2 Abs. 1 S. 1 Nr. 7, 22 Nr. 3 sein (BFH 12.6.1996 – IX R 43/94, BStBl. II 1996, 516). Die konkrete steuerliche Behandlung hängt davon ab, ob dem Wettbewerbsverbot eine **eigenständige wirtschaftliche Bedeutung** zukommt (vgl. stv. BFH 11.3.2003 – IX R 76/99, BFH/NV 2003, 1161).

48 § 24 Nr. 2 Hs. 2 regelt die subjektive Steuerpflicht des Rechtsnachfolgers. Es handelt sich um eine konstitutive, damit rechtsbegründende Regelung. Durch die Vorschrift wird der Tatbestand der Einkünfteerzielung beim Rechtsvorgänger mit dem Tatbestand des Zuflusses bzw. der Realisation der Einkünfte beim Rechtsnachfolger verknüpft (sog. **Tatbestandsverklammerung,** vgl. BFH 17.12.2007 – GrS 2/04, BStBl. II 2008, 608). Der Rückgriff auf die sachlichen Besteuerungsmerkmale des Rechtsvorgängers geht jedoch nicht soweit, dass Verluste vererbt werden können (vgl. BFH 17.12.2007 – GrS 2/04, BStBl. II 2008, 608).

49 § 24 Nr. 3 **setzt** eine bereits nach § 2 Abs. 1 S. 1 Nr. 1–7 iVm §§ 13 ff. bestehende Steuerpflicht für Nutzungsvergütungen und Zinsen **voraus** (**keine Erweiterung,** vgl. BFH 17.5.1995 – X R 64/92, BStBl. II 1995, 640 mwN) und **sondert** diese bereits der Besteuerung unterliegenden Tatbestände für die Anwendung des ermäßigten Steuersatzes nach § 34 Abs. 2 Nr. 3 **aus.**

50 *Einstweilen frei*

B. Voraussetzungen und Rechtsfolgen

I. Entschädigungen (§ 24 Nr. 1)

51 § 24 Nr. 1 betrifft Entschädigungen, die aufgrund verschiedener Situationen/Zustände gewährt werden. Die Vorschrift erfasst **ungewöhnliche Geschehnisse** und **keine laufenden und typischen Vorfälle** der jeweiligen geschäftlichen oder sonstigen Tätigkeit (vgl. BFH 8.8.1986 – VI R 28/84, BStBl. II 1987, 106 mwN).

52 Es ist die allgemeine, auf § 24 Nr. 1 Buchst. a–c gleichmäßig anzuwendende Behandlung (**Erste Stufe**) und die auf die spezifischen Merkmale der verschiedenen Varianten ausgerichtete, zusätzliche Behandlung (**Zweite Stufe**) zu betrachten.

1. Allgemeiner Tatbestand (Erste Stufe)

53 § 24 Nr. 1 erfordert für alle Varianten der Vorschrift drei grundlegende Voraussetzungen: Neben der Gewährung einer **Entschädigung** muss ein **Schaden** eingetreten sein. Zudem muss zwischen dem Schaden und der Entschädigung ein **Kausalzusammenhang** vorliegen.

54 Der **Begriff der Entschädigung** ist dabei sowohl im Lichte der allgemeinen als auch der speziellen Behandlung auszulegen. Es ist anfangs eine allgemeingültige Definition aufzustellen (→ Rn. 55 ff.), um danach auf die unterschiedlichen speziellen Voraussetzungen der Buchstaben a–c (→ Rn. 99 ff., → Rn. 323 ff., → Rn. 470 ff.) einzugehen (nach der

Rechtsprechung begründet durch den unterschiedlichen Gesetzeswortlaut, vgl. Schmidt/*Wacker* § 24 Rn. 5).

a) Begriff der Entschädigung. Es findet sich **keine gesetzliche Definition** des Begriffes der Entschädigungen. Die Rechtsprechung und die Literatur entwickelten anhand des allgemeinen Sprachgebrauchs und Normzwecks einen **gemeinsamen Entschädigungsbegriff** der § 24 Nr. 1 Buchst. a–c (vgl. Blümich/*Heuermann*/*Fischer* § 24 Rn. 10; KSM/*Geserich* § 24 Rn. B 1). Danach stellen Entschädigungen iSv § 24 Nr. 1 einen **Ausgleich für finanzielle Einbußen** dar, welche durch **Beeinträchtigungen von Rechtsgütern erlitten wurden oder zu erwarten sind** (vgl. stv. BFH 8.8.1986 – VI R 28/84, BStBl. II 1987, 106). Erst auf der zweiten Stufe ist der Entschädigungsbegriff im Lichte der einzelnen Varianten des § 24 Nr. 1 Buchst. a–c auszulegen. 55

Die Entschädigung nach § 24 Nr. 1 ist **nicht formgebunden** (vgl. BFH 22.1.2009 – IV R 12/06, BFH/NV 2009, 933). Die Rechtsprechung zeichnet verschiedene Fälle, in denen neben einer Entschädigung in **Geld** auch eine solche in **geldwerten Gütern** erfolgte. 56

So nahm der BFH bei einer **unentgeltlichen Nutzungsüberlassung** eines Grundstücks (und einer späteren Übertragung zu einem geminderten Kaufpreis) vom Arbeitgeber an den Arbeitnehmer in Zusammenhang mit der vom Arbeitgeber ausgesprochenen Kündigung des Dienstverhältnisses eine Entschädigung nach § 24 Nr. 1 an (BFH 22.1.1988 – VI R 135/84, BStBl. II 1988, 525). Auch kann die **unentgeltliche Überlassung eines Pkw** unter § 24 Nr. 1 fallen (vgl. BFH 3.7.2002 – XI R 80/00, BStBl. II 2004, 447; in dieser Entscheidung handelte es sich um einen Mischfall – es wurde Geld gezahlt und es lag ein geldwerter Vorteil durch die übernommenen Kosten des Pkw vor). 57

Entschädigungszusatzleistungen, die neben einer Hauptentschädigungsleistung aus Gründen der sozialen Fürsorge für eine gewisse Übergangszeit gewährt werden, sind ebenfalls als Entschädigungen iSd § 24 Nr. 1 zu qualifizieren (vgl. BFH 11.5.2010 – IX R 39/09, BFH/NV 2010, 1801; → Rn. 91 ff.). 58

Die Entschädigung kann **einmalig,** aber auch in **Raten** bzw. **wiederkehrenden Bezügen** geleistet werden (vgl. Blümich/*Heuermann*/*Fischer* § 24 Rn. 11). Eine Zusammenballung – wie für die Tarifermäßigung nach § 34 gefordert – muss nach § 24 Nr. 1 nicht vorliegen (vgl. BFH 25.3.1975 – VIII R 183/73, BStBl. II 1975, 634). 59

Die Entschädigung kann durch einen **fremden Dritten** geleistet werden (bspw. durch eine Versicherung des Unfallverursachers bei der Zahlung eines Schadensersatzes für den Verdienstausfall, vgl. BFH 21.1.2004 – XI R 40/02, BStBl. II 2004, 716 mwN). Fremde Dritte können insbesondere die öffentliche Hand, Private oder Versicherungsunternehmen sein (vgl. Blümich/*Heuermann*/*Fischer* § 24 Rn. 11). Regelmäßig ist der Dritte gegenüber der die Entschädigung zu leistenden Vertragspartei moralisch oder rechtlich zum Schadensausgleich beim Steuerpflichtigen verpflichtet ist (vgl. KSM/*Geserich* § 24 Rn. B 12). Schadensersatz ist jedoch nur dann als Entschädigung iSv § 24 Nr. 1 einzuordnen, „wenn er wegen Verletzung der Erwerbsgrundlage geleistet wird (Kompensation für weggefallene oder verschlechterte Einnahmeposition)“ (Schmidt/*Wacker* § 24 Rn. 4). 60

Einstweilen frei 61

b) Schaden. Es muss ein **materieller Schaden** entstanden sein, der sich **nachteilig** auswirkt und sich in Form des **Wegfalls von Einnahmen** verwirklicht. 62

Der Schaden stellt sich als finanzielle Einbuße in Form des **Verlustes** oder der **Minderung von Einnahmen** dar (vgl. Blümich/*Heuermann*/*Fischer* § 24 Rn. 11; vgl. auch BFH 13.2.1987 – VI R 230/83, BStBl. II 1987, 386 mwN). 63

Die **wirtschaftliche Lage** des Steuerpflichtigen muss sich **verschlechtern** – durch den Wegfall sowie der Verschlechterung einer Einnahmequelle oder in anderer Weise (BFH 16.9.1966 – VI 381/65, BStBl. III 1967, 2). Der Schaden kann auch in dem Wegfall der Grundlage zum Abschluss einer unbestimmten Vielzahl von Geschäften liegen (infolge eines schadenstiftenden Ereignisses, vgl. BFH 20.7.1978 – IV R 43/74, BStBl. II 1979, 9). 64

Der Wegfall von Einnahmen setzt außerdem voraus, dass der Steuerpflichtige die Einnahmen ohne das schadenstiftende Ereignis erzielt hätte bzw. mit diesen Einnahmen **rechnen** konnte oder diese **mit Wahrscheinlichkeit zu erwarten** waren (vgl. KSM/*Geserich* § 24 Rn. B 3). So soll die Entschädigung einen Schaden ausgleichen, der entstünde, wenn die 65 bisherigen Einnahmen ersatzlos wegfielen, mit denen zunächst zu rechnen war (BFH 11.12.1952 – IV 260/52 U, BStBl. III 1953, 57).

66 Unter den Schadensbegriff des § 24 Nr. 1 fallen auch **Folgeschäden** (BFH 20.7.1978 – IV R 43/74, BStBl. II 1979, 9; BFH 25.3.1998 – IV B 30/97, BeckRS 1998, 30010624 mwN). Ein solcher Folgeschaden wäre bspw. eine Rufschädigung, die aufgrund des schadenstiftenden Ereignisses eintritt und zukünftig zu weniger Einnahmen führt.

67 Es darf **kein Vorteilsausgleich** stattfinden (vgl. BFH 9.8.1974 – VI R 142/72, BStBl. II 1974, 714). Werden durch das schadenstiftende Ereignis auch Vorteile ausgelöst, steht dies einer Beurteilung nach § 24 Nr. 1 nicht entgegen (vgl. BFH 11.1.2005 – IX R 67/02, BFH/NV 2005, 1044). Erhält der Steuerpflichtige Zugriff auf neue Einkunftsquellen und erzielt er daraus Einnahmen, ist ihm durch den Wegfall der Einnahmen aus der anderen Einkunftsquelle gleichwohl weiterhin ein Schaden entstanden.

68 Wird ein Vorstandsmitglied fristlos gekündigt und erhält er eine Entschädigung für die Bezüge, die er bei Fortsetzung des Anstellungsverhältnisses erzielt hätte, ist die Entschädigung ein Ausgleich für den Wegfall der Einnahmen. Diese finanzielle Einbuße ist weiterhin als Schaden zu betrachten bzw. entfällt der Schaden nicht, wenn der Steuerpflichtige fortan in einem neuen Anstellungsverhältnis Einnahmen erzielt. Eine Vorteilsausgleichung mit Einnahmen aus einem neuen Arbeitsverhältnis findet dabei in der Regel nicht statt (BFH 9.8.1974 – VI R 142/72, BStBl. II 1974, 714).

69 Gleiches gilt bei der vorzeitigen Kündigung eines Mietverhältnisses, bei der der Mieter eine Entschädigung für den Wegfall der künftigen Mietzahlungen leistet (vgl. BFH 11.1.2005 – IX R 67/02, BFH/NV 2005, 1044). Eine Weitervermietung an einen neuen Mieter durch den Vermieter ohne Unterbrechung gegen eine höhere Miete als zuvor ist unerheblich.

70 In einer aktuelleren Entscheidung (vgl. BFH 22.1.2009 – IV R 12/06, BFH/NV 2009, 933) geht der BFH soweit, dass für § 24 Nr. 1 Buchst. a nicht zwingend ein Schaden, wohl aber eine **Zwangssituation** vorliegen muss. In dieser Konstellation geht es jedoch vor allem um § 24 als Voraussetzung für die Begünstigung des § 34, der wiederum eine Zusammenballung voraussetzt. Nach der Rechtsprechung ist es ausreichend, wenn eine bloße Zwangssituation vorliegt, die das Zusammenballen verursacht (BFH 22.1.2009 – IV R 12/06, BFH/NV 2009, 933).

71 *Einstweilen frei*

72 **c) Kausalität.** Die Entschädigung muss für einen Schaden gezahlt werden – zwischen der Entschädigung und dem Schaden (den entgangenen Einnahmen) muss ein **Kausalzusammenhang** bestehen (vgl. BFH 21.8.1990 – VIII R 17/86, BStBl. II 1991, 76 mwN). Die Ausgleichszahlung darf nicht auf anderen Umständen beruhen, sondern muss durch den Schaden bedingt sein (BFH 11.12.1952 – IV 260/52 U, BStBl. III 1953, 57).

73 Der kausalen Verknüpfung ist die **Sicht der Vertragsparteien** zugrunde zu legen. Aus dem Inhalt der Entschädigungsvereinbarung muss sich – im Zweifel im Wege der Auslegung – ergeben, dass die Entschädigung für den entstandenen Schaden gezahlt wird (vgl. BFH 11.1.2005 – IX R 67/02, BFH/NV 2005, 1044).

74 So wurde „eine als Schmerzensgeld wegen Rufschädigung bezeichnete Leistung [als] Ersatz für Arbeitslohn" im Wege der Vertragsauslegung qualifiziert (HHR/*Horn* § 24 Rn. 21; BFH 16.11.2005 – XI R 32/04, GmbHR 2006, 389).

75 *Einstweilen frei*

76 **d) Ergänzungen. aa) Zuordnung zu einer Einkunftsart nach § 2 Abs. 1 Satz 1 Nr. 1–7.** Die Entschädigung des § 24 Nr. 1 muss sich einer der **sieben Einkunftsarten** des § 2 Abs. 1 Satz 1 **zuordnen** lassen, da § 24 selbst **keine eigene Einkunftsart** ist (vgl. BFH 17.12.1959 – IV R 223/58 S, BStBl. III 1960, 72; BFH 18.9.1986 – IV R 228/83, BStBl. II 1987, 25; vgl. auch Kirchhof/*Mellinghoff* § 24 Rn. 3 sowie → Rn. 526 ff.). „Es reicht daher nicht aus, dass die hypothetischen Einkünfte unter den Tatbestand einer von mehreren in Betracht kommenden Einkunftsarten gefallen wären, wenn sich diese nicht mit hinreichender Sicherheit bestimmen lässt" (HHR/*Horn* § 24 Rn. 17; BFH 12.9.1985 – VIII R 306/81, BStBl. II 1986, 252).

77 Die Entschädigung wird grundsätzlich der Einkunftsart zugeordnet, an deren Stelle sie gewährt wird (HHR/*Horn* § 24 Rn. 17).

Ist eine eindeutige Zuordnung nicht möglich, weil Verbindungen zu mehreren Einkunftsarten nach § 2 Abs. 1 S. 1 Nr. 1–6 bestehen, muss das Vorliegen von sonstigen Einkünften nach § 22 Nr. 3 in Betracht gezogen werden (vgl. BFH 12.6.1996 – XI R 43/94, BStBl. II 1996, 516). 78

Zugleich dürfen die Einkünfte, die durch die Entschädigung ausgeglichen werden, **nicht steuerfrei** sein (vgl. HHR/*Horn* § 24 Rn. 17). Anderenfalls teilt die Entschädigung das Schicksal der hypothetischen Einnahmen und wird auch der Steuerfreiheit unterworfen (vgl. HHR/*Horn* § 24 Rn. 17). Sie soll im Ergebnis nicht unter weitergehenden Voraussetzungen den Einkünften zugerechnet werden als die Einkünfte, an deren Stelle sie tritt (BFH 16.8.1978 – I R 73/76, BStBl. II 1979, 120). 79

Es sind die maßgeblichen Verhältnisse zum **Zeitpunkt der Ursachenentstehung** zugrunde zu legen und die Steuerbarkeit der entgangenen Einnahmen zu diesem Zeitpunkt zu prüfen (KSM/*Geserich* § 24 Rn. B 16). 80

Werden Verluste oder Wertminderungen am nicht steuerbaren Privatvermögen durch eine Schadensersatzleistung ausgeglichen, ist § 24 Nr. 1 nicht einschlägig, weil sie sich keiner Einkunftsart zuordnen lässt (Kirchhof/*Mellinghoff* § 24 Rn. 3). 81

Einstweilen frei 82

bb) Keine Begrenzung des Betrages. Entschädigungen unterliegen **keiner betragsmäßigen Begrenzung.** Im Regelfall sind sie geringer als der – zum Teil schwer quantifizierbare – Schaden (vgl. KSM/*Geserich* § 24 Rn. B 9). Sie können aber auch durchaus höher ausfallen als die entgangenen Einnahmen. Bei einem deutlichen Auseinanderfallen ist dann die Veranlassung der Zahlung (Schadensausgleich oder andere Gründe) genauer zu prüfen (vgl. HHR/*Horn* § 24 Rn. 21 mwN). 83

So ist es nach dem BFH die Angelegenheit der Parteien, den Schaden zu ermitteln und daraufhin den Ausgleichswert festzulegen (vgl. BFH 25.3.1998 – IV B 30/97, BeckRS 1998, 30010624). Es findet zudem keine Begrenzung auf einen angemessenen Teil statt (vgl. KSM/*Geserich* § 24 Rn. B 9). 84

Eine Besonderheit zeichnet § 24 Nr. 1 Buchst. c, der durch die Verbindung zu **§ 89b Abs. 2 HGB** eine **Obergrenze** aufzeigt (→ Rn. 502 ff.). 85

Einstweilen frei 86

cc) Grundsatz der Einheitlichkeit der Entschädigung. Werden Entschädigungszahlungen in mehreren Teilen gezahlt, muss grundsätzlich eine **einheitliche Betrachtungsweise** erfolgen (**Grundsatz der Einheitlichkeit der Entschädigung;** vgl. BFH 14.5.2003 – XI R 12/00, BStBl. II 2004, 449). In der Regel ist nicht von selbständigen, sondern von einer einheitlichen Entschädigungsleistung auszugehen. 87

So sind zeitlich gestreckte Auszahlungstermine oder modifizierte Vereinbarungen im Ganzen zu betrachten (vgl. BFH 21.3.1996 – XI R 51/95, BStBl. II 1996, 416). Zudem gehören zur Entschädigung für entgehende Einnahmen aufgrund der Auflösung eines Arbeitsverhältnisses alle Leistungen, zu denen sich der (frühere) Arbeitgeber im Aufhebungsvertrag verpflichtet hat, soweit sie nicht der Erfüllung des bisherigen Arbeitsvertrages dienen (BFH 14.5.2003 – XI R 12/00, BStBl. II 2004, 449 mwN; vgl. auch BFH 11.5.2010 – IX R 39/09, BFH/NV 2010, 1801 – Grundsatz der einheitlichen Beurteilung aller Entschädigungen aus Anlass der Auflösung des Arbeitsverhältnisses). 88

Nur in wenigen Ausnahmefällen muss davon abweichend von mehreren selbständigen Entschädigungen ausgegangen werden. Das ist bspw. bei Entschädigungszahlungen gegeben, die für mehrere Arbeitsverhältnisse im gleichen Veranlagungszeitraum geleistet werden (vgl. BFH 21.3.1996 – XI R 51/95, BStBl. II 1996, 416). Eine getrennte Beurteilung erfolgt auch bei der Gewährung einer Entschädigung nach § 24 Nr. 1 Buchst. a, zu der weiterhin ein Wettbewerbsverbot nach § 24 Nr. 1 Buchst. b tritt (vgl. BFH 16.3.1993 – XI R 10/92, BStBl. II 1993, 497). 89

Einstweilen frei 90

dd) Besonderheiten bei Entschädigungszusatzleistungen. Eine Besonderheit ergibt sich bei **Entschädigungszusatzleistungen,** insbesondere bei der Frage der Begünstigung dieser Leistungen. Die Begünstigung nach § 34 wird für eine Entschädigung nur gewährt, wenn die einheitlich zu betrachtende Entschädigung in einem Veranlagungszeitraum zufließt 91 (sog. Zusammenballung → § 34 Rn. 79 ff.). Eine Ausnahme zu diesem Grundsatz besteht für neben Hauptentschädigungsleistungen gewährte Entschädigungszusatzleistungen, die aus Gründen der sozialen Fürsorge für eine begrenzte Zeit in den folgenden Veranlagungszeiträumen gewährt werden (vgl. BFH 24.1.2002 – XI R 43/99, BStBl. II 2004, 442; BFH 11.5.2010 – IX R 39/09, BFH/NV 2010, 1801). Eine Bedürftigkeit des Arbeitnehmers oder nachvertragliche Verpflichtung des Arbeitgebers sind nicht entscheidungserheblich (vgl. KSM/*Geserich* § 24 Rn. B 11).

92 Die Hauptentschädigungsleistung und die Entschädigungszusatzleistungen der folgenden Veranlagungszeiträume bilden eine **einheitliche, begünstigte Entschädigung** und sind mit Zufluss zu besteuern (vgl. BFH 14.8.2001 – XI R 22/00, BStBl. II 2002, 180). Diese Leistungen dürfen allerdings nur einen ergänzenden Zusatz zur Hauptleistung bilden, dh sie müssen betragsmäßig deutlich hinter die Hauptleistung zurücktreten oder insgesamt sehr geringfügig sein, sodass die Versagung der Begünstigung gegen den Grundsatz der Verhältnismäßigkeit verstoßen würde (BFH 11.5.2010 – IX R 39/09, BFH/NV 2010, 1801; bisher offen, wo die beitragsmäßige Grenze liegt, vgl. Kirchhof/*Mellinghoff* § 24 Rn. 5 mwN; nach KSM/*Geserich* § 24 Rn. B 11 muss die Zusatzleistung weniger als 50% der Hauptleistung betragen).

93 Solche Zusatzleistungen werden bspw. zur Erleichterung des Arbeitsplatz- oder Berufswechsels oder als Anpassung an eine dauerhafte Berufsaufgabe oder Arbeitslosigkeit gezahlt (vgl. BFH 24.1.2002 – XI R 43/99, BStBl. II 2004, 442). Sachbezüge, die eine umfassende Versorgung gewährleisten und ein ganzes Versorgungspaket bilden (Übernahme von Wohnungskosten bis hin zur Übernahme der Beiträge zu einem Golfclub), fallen jedoch nicht mehr unter die unschädlichen Entschädigungszusatzleistungen (vgl. BFH 21.1.2004 – XI R 23/03, BFH/NV 2004, 1227).

94 *Einstweilen frei*

95 **ee) Notwendige Aufteilung einer Zahlung.** Eine Zahlung, die sich aus Elementen einer Erfüllungsleistung und Elementen einer Entschädigungsleistung zusammensetzt, muss – im Wege der Schätzung – in diese Teile **aufgeteilt** werden (vgl. BFH 12.1.2000 – XI B 99/98, BFH/NV 2000, 713; vgl. auch HHR/*Horn* § 24 Rn. 21). Gleiches gilt, wenn die Entschädigung für entgangene Einnahmen als auch für sonstige Nachteile (bspw. immaterielle Schäden, Arztkosten) gewährt wird (vgl. BFH 29.10.1959 – IV 235/58 U, BStBl. III 1960, 87). Eine von den Vertragsparteien geregelte Aufteilung innerhalb der Entschädigungsvereinbarung wird der Besteuerung zugrunde gelegt, es sei denn, sie beruht auf einer unvernünftigen Schätzung (vgl. BFH 29.10.1959 – IV 235/58 U, BStBl. III 1960, 87).

96 *Einstweilen frei*

2. Spezifischer Tatbestand (Zweite Stufe)

97 Neben den allgemeinen und für alle Buchstaben gleichmäßig anzuwendenden Kriterien sind den speziellen Buchstaben immanente Merkmale zu prüfen. Es ist dabei zu beachten, dass im Binnensystem des § 24 Nr. 1 die besonderen Voraussetzungen der anderen Buchstaben nicht zu den Voraussetzungen des maßgeblichen Buchstabens gemacht werden können (BFH 25.8.2009 – IX R 3/09, BStBl. II 2010, 1030).

98 **a) § 24 Nr. 1 Buchst. a.** § 24 Nr. 1 Buchst. a behandelt Entschädigungen, die als Ersatz für entgangene oder zu entgehende Einnahmen gewährt worden sind (allgemeiner Surrogationstatbestand, vgl. HHR/*Horn* § 24 Rn. 25).

99 **aa) Spezifischer Entschädigungsbegriff.** Der Begriff der Entschädigung iSd § 24 Nr. 1 Buchst. a definiert sich als Zahlung, die der Abgeltung und Abwicklung von Interessen aus dem bisherigen Rechtsverhältnis dient. Es besteht eine enge Verbundenheit zur bisherigen Tätigkeit (BFH 12.6.1996 – XI R 43/94, BStBl. II 1996, 516).

100 Die Entschädigung muss als **Ausgleich für den Wegfall der bisherigen Einnahmen** gezahlt werden (→ Rn. 102 ff.). Weiterhin muss sie auf einer **neuen Rechts- oder Billigkeitsgrundlage** beruhen und an die **Stelle der bisherigen Einnahmen treten** (vgl. stv. BFH 10.10.2001 – XI R 54/00, BStBl. II 2002, 181). Als neue Rechtsgrundlage können bspw. Vertragsänderungen oder die Erfüllung eines gesetzlich geregelten Tatbestandes angesehen werden (BFH 25.8.1993 – XI R 8/93, BStBl. II 1994, 167; → Rn. 138 ff.).

Darüber hinaus ist ein **außergewöhnliches Ereignis** (→ Rn. 168 ff.) und eine **Zwangslage** (→ Rn. 205 ff.) erforderlich. 101

(1) Ersatz für entgangene oder entgehende Einnahmen (Wegfall von Einnahmen). Die Entschädigung muss für den Wegfall von Einnahmen – als Ersatz für entgangene oder entgehende Einnahmen – gezahlt werden. 102

(a) Allgemeines. Grundsätzlich sind der zeitliche Aspekt des Einnahmenersatzes und die Begrifflichkeiten der Einnahmen sowie des Wegfalls näher zu betrachten. 103

(aa) Zeitlicher Aspekt

Beide Formen unterscheiden sich nur durch ihre zeitliche Verbundenheit mit dem Schaden und der Entschädigung (vgl. HHR/*Horn* § 24 Rn. 33). 104

Die Entschädigung für **entgangene Einnahmen** wird zu dem Zeitpunkt erbracht, an dem die Einnahmen schon erzielt worden wären. Es handelt sich um Einnahmen, die schon ausgefallen und deren Verlust schon erlitten ist (vgl. BFH 28.2.2002 – IV R 64/00, BStBl. II 2002, 658; BFH 18.10.2011 – IX R 58/10, BStBl. II 2012, 286). Die Einnahmen wären in der Vergangenheit bezogen worden. 105

Demgegenüber ist die Ersatzleistung für **entgehende Einnahmen** gegenwarts- oder zukunftsgerichtet. Mit ihr sollen künftige Einnahmen oder mit der Entschädigungszahlung zeitlich zusammenfallende Einnahmen ersetzt werden. Es sind daher Einnahmen, die ausfallen werden bzw. deren Ausfall erwartet wird (vgl. BFH 28.2.2002 – IV R 64/00, BStBl. II 2002, 658; BFH 18.10.2011 – IX R 58/10, BStBl. II 2012, 286). 106

Einstweilen frei 107

(bb) Einnahmen

Eine Legaldefinition von Einnahmen findet sich in der Norm des § 8 Abs. 1. Danach sind Einnahmen alle Güter, die in Geld oder Geldeswert bestehen und dem Steuerpflichtigen im Rahmen einer Einkunftsart nach § 2 Abs. 1 S. 1 Nr. 1–7 zufließen (unmittelbare Anwendung der Vorschrift für Überschusseinkunftsarten und analoge Anwendung für Gewinneinkunftsarten). 108

Die entgangenen oder entgehenden Einnahmen müssten – wenn sie zugeflossen wären – unter eine Einkunftsart nach § 2 Abs. 1 S. 1 Nr. 1–7 fallen (vgl. BFH 6.8.1998 – IV R 91/96, BFH/NV 1999, 40). 109

Da es sich um **hypothetische,** also keine tatsächlich entstandenen, und nicht mit abschließender Gewissheit festzustellenden Größen handelt, muss die Quantifizierung der Einnahmen regelmäßig im Wege der Schätzung vorgenommen werden. Bei einer bestehenden Einkunftsquelle kann sich die Feststellung auf die bisherigen Einnahmen und Erfahrungswerte stützen (bspw. Orientierung an den ausstehenden Mietzahlungen bei einer Abfindung für die vorzeitige Aufhebung eines Mietvertrages, vgl. BFH 11.1.2005 – IX R 67/02, BFH/NV 2005, 1044, oder am tatsächlich erzielten Nutzungsentgelt bei Entschädigungszahlungen der Bundesfinanzverwaltung bei Vermietung infolge einer unklaren Vermögenslage, vgl. BFH 21.6.2007 – IX B 5/07, BFH/NV 2007, 1628; vgl. auch HHR/*Horn* § 24 Rn. 33, der aufzeigt, dass der Beweis für entgangene oder entgehende Einnahmen ohne bereits vorhandene Einkunftsquelle schwer zu erbringen ist). 110

Ein Einnahmenersatz iSv § 24 Nr. 1 Buchst. a kann nicht bei Ersatzleistungen für Verluste, Wertminderungen oder Übertragungen von Vermögen gesehen werden (vgl. HHR/*Horn* § 24 Rn. 38). Außerdem wird der Ausgleich von Mehraufwand nicht als Ersatz für Einnahmen anerkannt (kein Ausgabenausgleich, vgl. BFH 18.10.2011 – IX R 58/10, BStBl. II 2012, 286 mwN; BFH 26.10.1972 – I R 229/70, BStBl. II 1973, 121). Gleiches gilt für negative Einnahmen (vgl. BFH 18.10.2011 – IX R 58/10, BStBl. II 2012, 286). 111

Einstweilen frei 112

(cc) Wegfall

Die Entschädigung wird für den Wegfall der Einnahmen gewährt. Die Einnahmen fallen nach dem Wort- und Sinnverständnis der Norm gar nicht erst an – der Steuerpflichtige hat diese **nicht oder noch nicht erhalten** (BFH 18.10.2011 – IX R 58/10, BStBl. II 2012, 286). 113

Zunächst erhaltene und später zurückgezahlte oder noch zurückzuzahlende Einnahmen fallen insofern nicht unter § 24 Nr. 1 Buchst. a (BFH 18.10.2011 – IX R 58/10, BStBl. II 2012, 286; wie Vorsteuererstattungen, vgl. kritisch dazu HHR/*Horn* § 24 Rn. 38). 114

115 Bei Veräußerungen ist zu beachten, dass diese regelmäßig als Gegenleistung für den Erwerb und nicht als Ausgleich für künftige, durch den Verkauf entfallende Einnahmen gewährt wird. So kann der Kaufpreis bei der Veräußerung eines bisher vermieteten Objektes nicht als Ausgleich für den Verlust/Wegfall der in Zukunft entfallenden Einnahmen aus Vermietung und Verpachtung angesehen werden (vgl. BFH 7.5.1965 – VI 303/64, BeckRS 1965, 21006853). Der Kaufpreis ist als Gegenleistung für die Übertragung des Vermögens anzusehen und der Vorgang spielt sich im Bereich des Vermögens und nicht bei der Einkünfteerzielung aus diesem Vermögen ab.

116 *Einstweilen frei*

(b) Anwendungsfälle der Rechtsprechung. (aa) Begründung eines Einnahmenersatzes

117 Eine Aufwandsentschädigung einer Standesorganisation, die einem Angehörigen eines freien Berufes für die Ausübung des Ehrenamtes gezahlt wird, ist als Einnahmenersatz anzusehen, soweit sie über den Ausgleich der entstandenen Aufwendungen hinausgeht (vgl. BFH 26.2.1988 – III R 241/84, BStBl. II 1988, 615). Für diesen Teil dient sie als Ersatz der ausgefallenen Einnahmen bei der freiberuflichen Tätigkeit des Berechtigten.

118 Eine Abfindung eines Mieters an den Vermieter zur vorzeitigen Aufhebung des Mietvertrages ist regelmäßig als Ersatz für die entgehenden künftigen Mietzahlungen anzusehen (vgl. BFH 11.1.2005 – IX R 67/02, BFH/NV 2005, 1044). Gleiches gilt für die Abstandszahlung eines Mietinteressenten, um aus einen Vormietvertrag entlassen zu werden (vgl. BFH 21.8.1990 – VIII R 17/86, BStBl. II 1991, 76). Sie stellt ein Ersatz für die Mieten dar, die der Vermieter bei Vollzug des Mietvorvertrages erhalten hätte (vgl. BFH 21.8.1990 – VIII R 17/86, BStBl. II 1991, 76).

119 Erhält ein Landwirt aufgrund des Abbaus von Bodenschätzen und der damit in Zusammenhang stehenden Verpachtung seiner Nutzflächen neben einem Förderzins eine Entschädigungszahlung für die fehlende Bewirtschaftung der Flächen, ist im Rahmen der Entschädigungszahlung regelmäßig von einem Ersatz für entgehende Einnahmen aus der Nutzung der Flächen auszugehen (vgl. BFH 14.10.1982 – IV R 19/79, BStBl. II 1983, 203; BFH 15.3.1994 – IX R 45/91, BStBl. II 1994, 840).

120 Auch die Ausgleichszahlung nach § 8 FELEG und Leistungen zur sozialen Sicherung nach § 15 FELEG sind als Entschädigungen iSd § 24 Nr. 1 Buchst. a anzusehen, wenn sie als Ersatz für die vorher von einer Personengesellschaft bezogene Tätigkeitsvergütung gezahlt werden (vgl. BFH 8.11.2007 – IV R 30/06, BFH/NV 2008, 546).

121–122 *Einstweilen frei*

bb) Ablehnung eines Einnahmenersatzes

123 Ein Übergangsgeld nach § 62 Abs. 1 BAT bei zeitlich befristeten Dienstverträgen und fehlender anschließender Weiterbeschäftigung ist kein Ausgleich für entgangene oder entgehende Einnahmen nach § 24 Nr. 1 Buchst. a (vgl. BFH 18.9.1991 – XI R 8/90, BStBl. II 1992, 35). Es ist vielmehr eine zusätzliche Entgeltzahlung des Arbeitgebers und ersetzt keine entgangenen oder entgehenden Einnahmen (vgl. BFH 18.9.1991 – XI R 8/90, BStBl. II 1992, 35).

124 Der Verzicht auf ein Wohnrecht aufgrund der Veräußerung eines bisher mit dem Wohnrecht belasteten Grundstücks ist keine Einnahme (vgl. BFH 7.5.1965 – VI 303/64, BeckRS 1965, 21006853; BFH 9.8.1990 – X R 140/88, BStBl. II 1990, 1026). Der damit in Zusammenhang stehende Wohnungswert ist nur eine fiktive Größe und daher keine echte Einnahme. Die Rechtsprechung stellt in dieser Entscheidung klar, dass nur echte Einnahmen unter § 24 Nr. 1 Buchst. a fallen.

125 Der Erlös aus der Veräußerung aller Zuckerrübenlieferrechte eines Landwirts ist kein Ersatz für Einnahmen nach § 24 Nr. 1 Buchst. a, auch wenn der Anbau von Zuckerrüben aufgrund des Ausweises aller Flächen als Wasserschutzgebiet unrentabel geworden ist (vgl. BFH 28.2.2002 – IV R 64/00, BStBl. II 2002, 658). Der Veräußerungspreis ist vielmehr als Abgeltung des Wertes der Rechte und nicht als Entschädigung für künftig entgehende Einnahmen zu sehen.

126 In einer Entscheidung des BFH wurde eine sog. Schieflageentschädigung, die als Ausgleich für bergbaubedingte Schäden an einem Wohnhaus (Betriebsvermögen innerhalb Land- und Forstwirtschaft) gezahlt wurde, nicht als Entschädigung nach § 24 Nr. 1 Buchst. a angesehen.

Diese wurde im zugrunde liegenden Fall vielmehr als Ausgleich für die eingetretene Wertminderung am Wohnhaus und weniger als Ausgleich für den entgangenen Gewinn des Betriebs gesehen (vgl. BFH 6.8.1998 – IV R 91/96, BFH/NV 1999, 40).

Bei einer Nichtdurchführung eines geplanten Bauvorhabens ist jedenfalls der Teil der Entschädigung, der als Ersatz für die Bereitstellung von Arbeitskräften und Maschinen gezahlt wird, keine Entschädigung iSd § 24 Nr. 1 Buchst. a (vgl. BFH 27.7.1978 – IV R 153/77, BStBl. II 1979, 69). Es handelt sich insoweit um einen Ersatz für entstandene Aufwendungen und nicht um einen Ersatz für entgangene oder entgehende Einnahmen. **127**

Die Zahlung von Erstattungs-, Prozess- und Verzugszinsen sind kein Ersatz für entgangene oder entgehende Einnahmen, da sie unabhängig davon erbracht werden, ob dem Steuerpflichtigen Einnahmen entgangen sind oder entgehen (BFH 12.11.2013 – VIII R 36/10, BStBl. II 2014, 168). **128**

Bei Entschädigungen wegen Körperverletzung ist zu unterscheiden, wofür die Zahlung erfolgt. Sie können für einen Verdienstausfall, als Ersatz für Heilbehandlungen und Krankheitskosten oder als Ausgleich für einen immateriellen Schaden in Form eines Schmerzensgeldes gezahlt werden. Eine Entschädigung nach § 24 Nr. 1 Buchst. a kommt nur bei Zahlungen für den Verdienstausfall, dh aufgrund der verminderten Erwerbsfähigkeit, in Betracht (vgl. BFH 21.1.2004 – XI R 40/02, BStBl. II 2004, 716 mwN; BFH 25.10.1994 – VIII R 79/91, BStBl. II 1995, 121). **129**

Bei der Zahlung aufgrund der Verletzung eines Gebrauchsmusters liegt ebenfalls eine Entschädigung als Ersatz für entgangene Einnahmen vor (vgl. FG Münster 24.5.2013 – 12 K 1529/11 E, EFG 2014, 356; Revision vor dem BFH (Aktenzeichen IX R 53/13) wurde zurückgenommen). Die Leistung an den Inhaber des Urheberrechts soll „entgangene Einnahmen aus der Überlassung gewerblicher Urheberrechte“ ausgleichen (KSM/*Geserich* § 24 Rn. B 36). **130**

Einstweilen frei **131–132**

(cc) Besonderheit bei Zahlungen infolge des Nichtabschlusses eines Vertrags

Es ist teilweise umstritten, ob auch solche Entschädigungen unter den Begriff der entgehenden Einnahmen iSv § 24 Nr. 1 Buchst. a fallen, die dafür geleistet werden, dass infolge eines schadenstiftenden Ereignisses kein neuer Vertrag abgeschlossen werden kann (vgl. verneinend BFH 10.7.2008 – IX R 84/07, BFH/NV 2009, 130; bejahend FG Münster 30.6.2015 – 13 K 3126/13 E F, EFG 2015, 1706; die Rechtsgrundsätze des og BFH-Urteils bestätigend BFH 12.7.2016 – IX R 33/15, DStR 2016, 2706). **133**

Der BFH verneinte in seiner jüngeren Rechtsprechung bei einem laufenden befristeten Dienstverhältnis eine Entschädigung, wenn sie dafür geleistet wird, dass das Dienstverhältnis vertragsgemäß auslief und nicht verlängert wurde (BFH 10.7.2008 – IX R 84/07, BFH/NV 2009, 130; diese Rechtsgrundsätze bestätigend BFH 12.7.2016 – IX R 33/15, DStR 2016, 2706). Er begründete sein Ergebnis damit, dass die Zahlung keine entgangenen oder entgehenden Einnahmen abgelte. Die Vereinbarung einer Entschädigung während des laufenden befristeten Dienstverhältnisses als Ausgleich für eine Nichtverlängerung kann auch nicht mit der Konstellation verglichen werden, bei der der Ersatzanspruch im Falle einer (betriebsbedingten) Kündigung bereits bei Beginn des Dienstverhältnisses vereinbart wurde und als Entschädigung anzusehen ist (vgl. bspw. BFH 10.9.2003 – XI R 9/02, BStBl. II 2004, 349). **134**

In früheren Entscheidungen des BFH (insbesondere des XI. Senats, vgl. bspw. BFH 6.9.2006 – XI R 38/04, BFH/NV 2007, 408) als auch in neueren finanzgerichtlichen Urteilen wird gleichwohl eine Entschädigung angenommen, auch wenn die Zahlung dafür geleistet wird, dass ein neuer Vertrag nicht abgeschlossen wird (vgl. insbesondere FG Münster 30.6.2015 – 13 K 3126/13 E F, EFG 2015, 1706 mwN). Auch wenn kein neuer Vertrag abgeschlossen wird, handelt es sich um einen Ausgleich für entgehende Einnahmen. Dem Berechtigten entgehen Einnahmen durch den Nichtabschluss eines Vertrags. Zudem ist eine gleiche Behandlung zwischen dem Abbruch eines bestehenden Vertrags und dem Nichtabschluss eines neuen Vertrages geboten. **135**

Ein Vorstandsmitglied einer Bank, dessen Dienstvertrag ordentlich gekündigt wurde und dem nach der danach stattfindenden Fusion der Bank mit einer anderen Bank eine Vorstandsposition in der fusionierten Bank versprochen wurde, kann eine Entschädigung nach § 24 Nr. 1 Buchst. a erhalten, wenn ihm infolge einer Aufforderung der BaFin an die Bank **136** außerordentlich, aufgrund mangelnder fachlicher Eignung, gekündigt wurde und er daher keine Tätigkeiten als Bankvorstand mehr ausüben konnte (Abschlüsse sowohl des Folgevertrags bei der fusionierten als auch weiterer Bankenvorstandsverträge waren seither unmöglich; vgl. FG Münster 30.6.2015 – 13 K 3126/13 E F, EFG 2015, 1706; iE so auch BFH 12.7.2016 – IX R 33/15, DStR 2016, 2706, jedoch mit anderer Begründung – Schadensersatzleistung aus Amtshaftung als Surrogat für die durch eine rechtswidrige Abberufung als Bankvorstand entstandenen Verdienst- und Betriebsrentenausfälle und damit als Ersatz für entgehende Einnahmen).

137 *Einstweilen frei*

138 **(2) Neue Rechts- oder Billigkeitsgrundlage der Ersatzleistung. (a) Allgemeines.** Die Ersatzleistung muss auf einer **neuen Rechts- oder Billigkeitsgrundlage** beruhen (vgl. stv. BFH 30.10.1970 – VI R 273/67, BStBl. II 1971, 138; BFH 25.3.1975 – VIII R 183/73, BStBl. II 1975, 634). Leistungen aus der bisherigen Rechtsgrundlage können nicht unter Entschädigungen des § 24 Nr. 1 Buchst. a gefasst werden (vgl. BFH 31.7.1970 – VI R 177/68, BStBl. II 1970, 784). Dies gilt auch, wenn der Anspruch aus der ursprünglichen Rechtsgrundlage gekürzt, gestundet oder in seinen Zahlungsmodalitäten geändert wird (BFH 14.7.1993 – I R 84/92, BFH/NV 1994, 23).

139 Eine Entschädigung iSv § 24 Nr. 1 Buchst. a liegt damit nicht vor, wenn die Zahlungen als bürgerlich-rechtlicher Erfüllungsanspruch (insbesondere Vergütungsanspruch oder Schadensersatzanspruch) des dahinterstehenden Rechtsverhältnisses zu behandeln sind. Dies gilt auch dann, wenn sie auf einer neuen Rechts- oder Billigkeitsgrundlage beruhen (wie die Zahlung für den entgangenen Gewinn nach § 252 BGB bei der Störung der Vertragsbeziehungen, vgl. BFH 10.9.1998 – IV R 19/96, BFH/NV 1999, 308).

140 Das Erfordernis des Vorliegens einer neuen Rechts- oder Billigkeitsgrundlage ergibt sich aus dem **Wortlaut** der Vorschrift (vgl. BFH 10.9.2003 – XI R 9/02, BStBl. II 2004, 349 mwN) und aus der Einordnung der Vorschrift in das System des Einkommensteuerrechts (vgl. BFH 25.3.1975 – VIII R 183/73, BStBl. II 1975, 634). Denn eine Ersatzleistung für entgangene oder entgehende Einnahmen erfordert den Wegfall der bisherigen rechtlichen Grundlage der Einnahme und das Hinzutreten einer neuen rechtlichen Grundlage als Fundament der Ersatzleistung.

141 *Einstweilen frei*

(aa) Rechtsgrundlage

142 Unter den Begriff der **Rechtsgrundlage** fallen alle Bestimmungen, durch die der Begünstigte eine Leistung aufgrund einer rechtlichen Verpflichtung des Leistenden fordern oder behalten kann. Gesetze, Tarifverträge (vorausgesetzt der Tarifvertrag ist allgemein verbindlich oder die Parteien sind tarifgebunden, vgl. KSM/*Geserich* § 24 Rn. B 26; auch Manteltarifverträge, vgl. BFH 16.6.2004 – XI R 55/03, BStBl. II 2004, 1055), Betriebsvereinbarungen (auch Sozialpläne oder Entscheidungen von Einigungsstellen, vgl. HHR/*Horn* § 24 Rn. 26) oder Verträge (jedoch nicht solche, die an Stelle eines nichtigen oder anfechtbaren Vertrags treten – dann nur Erfüllung aus schon bestehendem Rechtsverhältnis, Blümich/*Heuermann*/*Fischer* § 24 Rn. 21), aber auch (arbeitsgerichtliche) Urteile und Prozessvergleiche sind geeignete Beispiele einer solchen Rechtsgrundlage (HHR/*Horn* § 24 Rn. 26).

143 *Einstweilen frei*

(bb) Billigkeitsgrundlage

144 **Billigkeitsgrundlagen** sind hingegen solche Bestimmungen, die dem Berechtigten keinen Rechtsanspruch geben. Sie beruhen vielmehr auf einer Entscheidung des Leistenden, der sich aus sonstigen Verpflichtungsgründen (wie Treu und Glauben nach § 242 BGB oder Fürsorgepflichten, vgl. KSM/*Geserich* § 24 Rn. B 27) – die außerhalb von rechtlichen Pflichten liegen – Entschädigungsleistungen an den Leistungsempfänger auferlegt. Es kann sich um eine einseitige Vereinbarung des Verpflichteten oder um eine zweiseitige Regelung (wie eine Vereinssatzung) handeln (HHR/*Horn* § 24 Rn. 26).

145 *Einstweilen frei*

(cc) Neue Rechts- oder Billigkeitsgrundlage

146 Die Rechts- oder Billigkeitsgrundlage ist **neu,** wenn sie die bisherige Rechtsgrundlage ablöst (vgl. BFH 10.9.2003 – XI R 9/02, BStBl. II 2004, 349). Der zeitliche Aspekt tritt bei der Bestimmung in den Hintergrund. Eine Rechtsgrundlage muss sich vielmehr funktional, als eine andere Rechtsgrundlage, von der bisherigen Rechtsgrundlage unterscheiden (vgl. *Weber-Grellet* BB 2004, 1877 (1885)). Es reicht dabei nicht aus, dass die Vertragsparteien die bisherige vertragliche Regelung durch eine andere ersetzen. Nicht jede Leistung einer Vertragspartei, die auf einem neuen Vertrag beruht, ist bereits eine Entschädigung iSd § 24 Nr. 1 Buchst. a (BFH 14.7.1993 – I R 84/92, BFH/NV 1994, 23; in Betracht kommen auch Anschlussverträge oder Verträge für einen unwirksamen/zweifelhaften Vertrag). Darüber hinaus muss die neue Rechtsgrundlage Rechte und Pflichten begründen, die sich aus dem ursprünglichen Schuldverhältnis nicht ergeben (BFH 21.9.1993 – IX R 32/90, BFH/NV 1994, 308).

Der zeitliche Aspekt ist nicht entscheidend – eine Entschädigungsleistung aus Rechts- oder Billigkeitsgründen kann auch bereits bei Abschluss der „bisherigen" Rechtsgrundlage (bspw. Abschluss eines Dienstvertrages) vereinbart werden (vgl. BFH 10.9.2003 – XI R 9/02, BStBl. II 2004, 349; *Weber-Grellet* BB 2004, 1877 (1885); → Rn. 153 f.). **147**

Einstweilen frei **148**

(dd) Abgrenzung zwischen Erfüllungs- und Ersatzleistungen

Die Ersatzleistung muss regelmäßig von der **Erfüllungsleistung abgegrenzt** werden (vgl. BFH 16.9.2015 – III R 22/14, BFH/NV 2016, 26). Das Ende der Erfüllungsleistung und der Beginn der Ersatzleistung bestimmt sich nach den zivilrechtlichen Grundsätzen (vgl. KSM/*Geserich* § 24 Rn. B 30). Häufig wird eine wirksame Vertragsbeendigung zu prüfen sein (vgl. BFH 10.9.2003 – XI R 9/02, BStBl. II 2004, 349). Eine vollständige Beendigung des Rechtsverhältnisses – wie früher durch die Rechtsprechung gefordert (vgl. BFH 10.4.2003 – XI R 4/02, BStBl. II 2003, 748 mwN) – und eine vollständige Aufgabe der Tätigkeit/Einkünfteerzielung des Begünstigten ist gleichwohl nicht immer gefordert (vgl. BFH 25.8.2009 – IX R 3/09, BStBl. II 2010, 1030; KSM/*Geserich* § 24 Rn. B 29, B 33 mwN; → Rn. 195 f.). **149**

Einstweilen frei **150**

(b) Anwendungsfälle der Rechtsprechung. (aa) Begründung einer neuen Rechts- oder Billigkeitsgrundlage

Eine vertraglich nicht vereinbarte Abfindung einer Pensionsverpflichtung nach § 8 Abs. 2 BetrAVG beruht auf einer neuen Rechtsgrundlage (BFH 25.8.1993 – XI R 8/93, BStBl. II 1994, 167). **151**

Die Zahlung aufgrund eines gerichtlichen Vergleichs in einem geführten Rechtsstreit kann eine Leistung aufgrund einer neuen Rechtsgrundlage sein (vgl. BFH 25.8.2015 – VIII R 2/13, BStBl. II 2015, 1015; BFH 16.9.2015 – III R 22/14, BFH/NV 2016, 26). **152**

Ersatzansprüche – in Form von Abfindungen – im Fall betriebsbedingter Kündigungen oder bei Nichtverlängerung von Dienstverhältnissen sind auch Entschädigungen nach § 24 Nr. 1 Buchst. a und beruhen auf einer neuen Rechts- oder Billigkeitsgrundlage, wenn sie schon zu Beginn des Dienstverhältnisses zwischen den Parteien vereinbart wurden (vgl. BFH 10.9.2003 – XI R 9/02, BStBl. II 2003, 349). **153**

Auch Vorruhestandsgelder, die durch einen Manteltarifvertrag zu Beginn des Dienstverhältnisses vereinbart werden, können auf einer neuen Rechtsgrundlage basieren (vgl. BFH 16.6.2004 – XI R 55/03, BStBl. II 2004, 1055). In seiner früheren Ansicht verneinte der BFH bei Vorruhestandsgeldern oder Abfindungen, die bereits im Arbeits- oder Tarifvertrag für den Fall eines Ausscheidens geregelt sind, eine Entschädigung nach § 24 Nr. 1 Buchst. a, weil dadurch keine neue Rechtsgrundlage anzunehmen sei (vgl. BFH 27.2.1991 – XI R 8/87, BStBl. II 1991, 703). Ab dem Jahr 2004 vertritt die Rechtsprechung die Meinung, dass auch in dieser Konstellation eine neue Rechtsgrundlage gegeben sei und damit eine Entschädigung vorliegt (vgl. BFH 10.9.2003 – XI R 9/02, BStBl. II 2004, 349; BFH 16.6.2004 – XI R 55/03, BStBl. II 2004, 1055). **154**

Die Abfindung eines Arbeitnehmers für die Reduzierung seiner Arbeitszeit durch einen Vertrag zur Änderung des Arbeitsvertrages kann eine Entschädigung nach § 24 Nr. 1 Buchst. a sein – der Änderungsvertrag ist eine neue Rechtsgrundlage (BFH 25.8.2009 – IX R 3/09, BStBl. II 2010, 1030). **155**

Eine Ersatzleistung aufgrund einer Änderungskündigung eines Arbeitnehmers beruht regelmäßig auf einer neuen Rechtsgrundlage (Kirchhof/*Mellinghoff* § 24 Rn. 7 mwN; nach dem BFH wird ein Dienstverhältnis bei einer Änderungskündigung jedoch nur aufgelöst, **156** wenn das Arbeitsverhältnis aufgrund der Änderungskündigung zu wesentlich geänderten Konditionen fortgeführt wird, vgl. BFH 12.12.2007 – XI B 23/07, BFH/NV 2008, 376).

157 Ein Dienstverhältnis wird nicht fortgesetzt und eine neue Rechtsgrundlage kann angenommen werden, wenn ein Arbeitnehmer durch ein Management-Buy-out das bisherige Dienstverhältnis beendet und danach als Gesellschafter-Geschäftsführer der den Geschäftsbetrieb übernehmenden Gesellschaft angestellt wird (vgl. BFH 9.5.2007 – XI R 52/05, BFH/NV 2007, 1857).

158–159 *Einstweilen frei*

(bb) Ablehnung einer neuen Rechts- oder Billigkeitsgrundlage

160 Hingegen wird das bisherige Dienstverhältnis eines Organmitglieds durch eine Fusion zwischen zwei Rechtsträgern und des damit zusammenhängenden Übergangs des Dienstverhältnisses von den übertragenden auf den übernehmenden Rechtsträger nicht beendet, sondern fortgesetzt (vgl. BFH 12.12.2007 – XI B 23/07, BFH/NV 2008, 376; Kirchhof/*Mellinghoff* § 24 Rn. 7).

161 Werden eigentlich laufend zu erbringende Leistungen – wie Arbeitslohn – in einer Summe verspätet nachgezahlt, beruhen diese Zahlungen weiterhin auf der bisherigen Rechtsgrundlage und eine neue Rechtsgrundlage ist nicht anzunehmen (vgl. BFH 16.3.1993 – XI R 52/88, BStBl. II 1993, 507). So beruhen auch Nachzahlungen einer Altersrente aus der Bundesversicherungsanstalt auf dem zugrunde liegenden Versicherungsverhältnis und damit auf keiner neuen Rechtsgrundlage. Die Zahlung erfolgte lediglich zu spät – der Nachteil dieser verspäteten Leistung soll damit nicht ausgeglichen werden (BFH 31.7.1970 – VI R 177/68, BStBl. II 1970, 784).

162 Zahlungen, die aufgrund eines Vergleichs über ein streitiges Rechtsverhältnis geleistet werden, sind Erfüllungsleistungen auf Grundlage des dahinterstehenden bisherigen Rechtsverhältnisses und daher keine Entschädigungen nach § 24 Nr. 1 Buchst. a (vgl. BFH 25.3.1975 – VIII R 183/73, BStBl. II 1975, 634).

163–164 *Einstweilen frei*

(cc) Besonderheit bei der Kapitalisierung wiederkehrender Bezüge

165 Bei der Kapitalisierung wiederkehrender Bezüge ist grundlegend zu unterscheiden, ob die Kapitalisierung auf einer neuen Rechts- oder Billigkeitsgrundlage beruht oder lediglich eine (gegebenenfalls in den Zahlungsmodalitäten geänderte) Erfüllung einer Leistung im Rahmen des bisherigen Rechtsverhältnisses darstellt (BFH 1.7.2004 – IV R 23/02, BStBl. II 2004, 876). Die Rechtsprechung stellt darauf ab, ob die Möglichkeit der einmaligen Kapitalabfindung bereits bei Vereinbarung der wiederkehrenden Bezüge vorgesehen war (BFH 1.7.2004 – IV R 23/02, BStBl. II 2004, 876 mwN). Hat der Begünstigte bei Vertragsabschluss (oder noch während des Vertragsverhältnisses, wenn die Leistung erst später gezahlt werden soll) ein entsprechendes Wahlrecht zwischen wiederkehrenden Bezügen und einer Einmalzahlung, kann keine neue Rechts- oder Billigkeitsgrundlage angenommen werden und eine Entschädigung nach § 24 Nr. 1 Buchst. a ist zu verneinen (vgl. KSM/*Geserich* § 24 Rn. B 130). Eine Kapitalisierung von Pensionsansprüchen – anstatt einer wiederkehrenden, laufenden Auszahlung – ist keine Entschädigung, die auf einer neuen Rechts- oder Billigkeitsgrundlage beruht, wenn das zugrunde liegende Wahlrecht dem Arbeitnehmer zusteht (vgl. BFH 10.4.2003 – XI R 4/02, BStBl. II 2003, 748). Ein Wahlrecht auf Kapitalisierung ist aber dann nicht schädlich, wenn eine bereits bestehende Vereinbarung einer Abfindung mit Entschädigungscharakter nach § 24 Nr. 1 Buchst. a durch eine weitere freiwillige Vereinbarung, die eine bloße Änderung der Auszahlungsmodalität von wiederkehrender zur Einmalzahlung darstellt, modifiziert wird (vgl. BFH 14.5.2003 – XI R 12/00, BStBl. II 2004, 449).

166–167 *Einstweilen frei*

168 **(3) Außergewöhnliches Ereignis. (a) Allgemeines.** Der zur Entschädigung führende Sachverhalt muss **über den normalen und typischen Geschäftsvorfall** der jeweiligen Einkunftsart **hinausgehen.** Eine **außergewöhnliche Konstellation** ist erforderlich (vgl. stv. BFH 10.10.2001 – XI R 54/00, BStBl. II 2002, 181; vgl. kritisch, insbesondere bei Überschusseinkunftsarten Blümich/*Heuermann/Fischer* § 24 Rn. 14).

169 Dieses von der Rechtsprechung entwickelte **ungeschriebene Tatbestandsmerkmal** erfasst regelmäßig nur solche Leistungen als Entschädigung iSd § 24 Nr. 1 Buchst. a, die als

Ausgleich für eine dauerhafte Beeinträchtigung der Erwerbsgrundlage gezahlt werden (vgl. HHR/*Horn* § 24 Rn. 28).

Das Merkmal der Außergewöhnlichkeit des schadenverursachenden Ereignisses ist anhand der unterschiedlichen Einkunftsarten zu prüfen. 170

Einstweilen frei 171

(b) Gewinneinkunftsarten. (aa) Allgemeines

Der Vorgang muss über den gewöhnlichen, klassischen – mit den Worten der Rechtsprechung – typischen unternehmensgegenständlichen Geschäftsvorfall der (unternehmerischen) Tätigkeit hinausgehen. Ansonsten handelt es sich regelmäßig um laufende gewerbliche Einkünfte, die nicht als Entschädigung iSv § 24 Nr. 1 Buchst. a eingeordnet werden (vgl. stv. BFH 2.12.1965 – IV 55/64 S, BStBl. III 1966, 91; BFH 20.7.1978 – IV R 43/74, BStBl. II 1979, 9; BFH 27.11.1991 – X R 10/91, BFH/NV 1992, 455; BFH 10.9.1998 – IV R 19/96, BFH/NV 1999, 308; BFH 9.1.2002 – IV B 31/01, BFH/NV 2002, 776; früher lehnte der RFH die Anwendung von § 24 Nr. 1 Buchst. a bei Gewinneinkunftsarten aufgrund einer einheitlichen Gewinnermittlung und einer einheitlichen Besteuerung grundsätzlich ab, vgl. RFH 5.7.1944 – VI 349/43, RStBl. 1944, 641; Kirchhof/*Mellinghoff* § 24 Rn. 10). 172

Dienen die Ersatzleistungen der Erfüllung oder dem Ausgleich des Interesses an der Erfüllung von Verträgen, die im laufenden Geschäftsverkehr geschlossen worden sind und sich unmittelbar auf den Geschäftsgegenstand des Unternehmens beziehen, ist kein außergewöhnlicher Vorgang anzunehmen (vgl. BFH 27.11.1991 – X R 10/91, BFH/NV 1992, 455; Architektenverträge eines Architekten oder Bauaufträge eines Bauunternehmers, vgl. KSM/*Geserich* § 24 Rn. B 45). 173

Ein außergewöhnliches Ereignis ist aber insbesondere dann gegeben, wenn es sich als **für den Geschäftsbetrieb** des Steuerpflichtigen **untypisch** erweist (vgl. BFH 5.10.1989 – IV R 126/85, BStBl. II 1990, 155). Das ist bspw. der Fall, wenn der Vorgang durch Ausübung eines nicht unerheblichen Drucks eines Dritten veranlasst ist und dem Steuerpflichtigen dadurch die Grundlage zum Abschluss einer unbestimmten Vielzahl von Geschäften dergestalt verloren geht, dass den Unternehmen – zumindest teilweise – die Ertragsgrundlage entzogen wird (BFH 20.7.1978 – IV R 43/74, BStBl. II 1979, 9). 174

Die Abgrenzung zwischen gewöhnlichen und außergewöhnlichen Geschäftsvorfällen erfolgt grundsätzlich anhand der Art der unternehmerischen Betätigung und des Geschäftsbetriebs des Steuerpflichtigen (vgl. BFH 2.12.1965 – IV 55/65 S, BStBl. III 1966, 91, der von Art und Charakter der zu den Einkünften führenden Tätigkeit ausgeht). 175

Einstweilen frei 176

(bb) Anwendungsfälle der Rechtsprechung

Keine außergewöhnlichen Ereignisse

Bei Gewerbetreibenden umfasst die unternehmerische Tätigkeit häufig eine Vielzahl verschiedener Sachverhalte, insbesondere laufend begründende und beendende Rechts- und Vertragsbeziehungen mit Unternehmern und Verbrauchern (vgl. BFH 2.12.1965 – IV 55/64 S, BStBl. III 1966, 91). Diese Geschäfte werfen nicht nur Gewinne ab – mit zu Verlusten führenden, aus dem Rahmen des Gewerbebetriebs herausfallenden Ereignissen und Geschäftsvorfällen muss jeder Kaufmann rechnen (BFH 2.12.1965 – IV 55/64 S, BStBl. III 1966, 91). Zahlungen, die mit der Beendigung von bisher ertragsbringenden Geschäftsbeziehungen von längerer Dauer zusammenhängen, müssen nicht immer in Verbindung mit einem außergewöhnlichen Vorgang betrachtet werden – bspw. dann nicht, wenn sich die Zahlung im Rahmen des Gewerbebetriebs als nicht ungewöhnliches Ereignis darstellt und auf voraussehbaren und zu erwartenden geschäftlichen Ereignissen beruht. 177

So sind Großaufträge, wie Aufträge von nicht unbeachtlicher Größenordnung bei Architekten, und deren Kündigungen, die zu großen Honorarausfällen führen, keine außergewöhnlichen Geschäftsvorfälle, wenn die entscheidungserheblichen Gesichtspunkte das Bild eines typischen Architektenvertrages und damit in Zusammenhang stehenden, nicht ungewöhnlichen Gepflogenheiten zeichnet (vgl. BFH 18.9.1986 – IV R 228/83, BStBl. II 1987, 25). Der Umfang und die Bedeutung des Geschäfts (für den Steuerpflichtigen) sind daher grundsätzlich nicht entscheidungserheblich (vgl. BFH 10.7.2012 – VIII R 48/09, BStBl. II 2013, 155 zu selbständig tätigen Rechtsanwälten). 178

Die Auflösung, Kündigung und Abwicklung von Verträgen kann außerdem dann den gewöhnlichen, laufenden Geschäftsvorgängen zugeordnet werden, wenn die Unternehmer 179 aufgrund der Art ihrer Tätigkeit viele Verträge abschließen (vgl. HHR/*Horn* § 24 Rn. B 45). Das ist Personen, die Gewinneinkunftsarten verwirklichen, im Gegensatz zu nichtselbständig Tätigen, regelmäßig anzunehmen (vgl. Schmidt/*Wacker* § 24 Rn. 14).

180 Wird bei Beendigung der Vertragsbeziehung eine Gegenleistung in Form von künftig nutzbar gemachten Vorteilen – wie Vertreterorganisationen, Auftragsbestände und Kundenstämme – gewährt und lag diese Gegenleistung im Rahmen der Abwicklung einer für den Betrieb üblichen und normalen Geschäftsbeziehung, kann ebenfalls keine Entschädigung iSd Vorschrift angenommen werden (BFH 2.12.1965 – IV 55/64 S, BStBl. III 1966, 91).

181 Ein Rahmenvertrag, durch den sich ein Rechtsanwalt für die Zusage der Übertragung aller bei einem Mandanten anfallenden Beitreibungssachen seinerseits verpflichtet, nicht beitreibbare erstattungsfähige Honorarforderungen dem Mandanten gegenüber nicht geltend zu machen, gehört zu den die Berufstätigkeit des Rechtsanwalts betreffenden Geschäften. Kündigt der Mandant einen solchen Vertrag und fällt infolgedessen die Verpflichtung weg, die Gebühren nicht geltend zu machen, so liegt in der Zahlung der Gebühren für alle bei Vertragsbeendigung noch laufenden Beitreibungssachen innerhalb kurzer Zeit keine Entschädigung als Ersatz für entgangene oder entgehende Einnahmen iSd § 24 Nr. 1 Buchst. a (BFH 27.7.1978 – IV R 14/78, BStBl. II 1979, 71).

182 Ausgleichszahlungen der öffentlichen Hand für Kostenunterdeckungen bei der wiederkehrenden Beförderung von Schülern durch private Omnibusunternehmen sind ebenfalls nicht durch außergewöhnliche Ereignisse entstanden (BFH 3.7.1986 – IV R 109/84, BStBl. II 1986, 806). Denn diese Zahlungen werden in Zusammenhang mit der Beförderung von Schülern, insofern für den Geschäftsbetrieb typischen Geschäftsvorfällen, gezahlt. Eine Zwangslage entsteht durch eine gewöhnliche Situation, nämlich erst mit Abschluss der Beförderungsverträge für die Schüler und nicht schon durch Hinnahme der nicht kostendeckenden, günstigen Schülertarife durch den Steuerpflichtigen.

183 Darüber hinaus liegen keine Entschädigungen nach § 24 Nr. 1 Buchst. a vor, wenn die Einnahmen in Erfüllung eines Vergütungsanspruches oder anstelle eines Schadensersatzanspruches wegen vertragswidrigen Verhaltens gezahlt wurden (vgl. BFH 10.9.1998 – IV R 19/96, BFH/NV 1999, 308). Als ein solcher „schädlicher", dh üblicher Sachverhalt ist bspw. die Aufhebung eines Sukzessivlieferungsvertrages des alleinigen Geschäftspartners des Gewerbetreibenden zu sehen (vgl. BFH 10.9.1998 – IV R 19/96, BFH/NV 1999, 308).

184–185 *Einstweilen frei*

Begründung von außergewöhnlichen Ereignissen

186 Hingegen kann als außergewöhnliches schadenstiftendes Ereignis eine Produktionseinstellung und darüber hinaus auch schon eine Betriebsverlegung angesehen werden, wenn in diesem Zusammenhang mit längerfristigen Produktionsausfällen oder wesentlichen Produktionseinschränkungen oder einem standortbedingten Wegfall wichtiger Geschäftsbeziehungen und damit einhergehenden Umsatzausfällen zu rechnen ist (BFH 28.9.1987 – VIII R 159/83, BFH/NV 1988, 227).

187 Wird der Gewerbetreibende (im vorliegenden Fall ein Möbelhandel) aus einem bestehenden und langfristigen Mietvertrag über Geschäftsräume mit sehr guter Lage auf Veranlassung des neuen Immobilieneigentümers (ein Kaufhauskonzern) hinausgedrängt, kann in der Zahlung zur vorzeitigen Aufhebung des Mietvertrages eine Entschädigung iSd § 24 Nr. 1 Buchst. a gesehen werden (vgl. BFH 20.7.1978 – IV R 43/74, BStBl. II 1979, 9).

188 In einer jüngeren Entscheidung des BFH wurde auch bei einem grundsätzlich selbständig tätigen Rechtsanwalt eine Entschädigungszahlung nach § 24 Nr. 1 Buchst. a nach den Grundsätzen für Arbeitnehmer beurteilt, wenn der Steuerpflichtige aufgrund des Vertrages seine Leistung trotz Beibehaltung der rechtlichen Selbständigkeit im Wesentlichen wie ein Arbeitnehmer schuldet (bspw. durch feste Vergütung, Urlaubsanspruch u.a., vgl. BFH 10.7.2012 – VIII R 48/09, BStBl. II 2013, 155; vgl. auch KSM/*Geserich* § 24 Rn. B 47). Ein außergewöhnliches Ereignis wurde in diesem Fall durch die Kündigung oder Aufhebung des arbeitnehmerähnlich ausgestalteten Beratungsvertrages gesehen. Es war nicht erheblich, dass der Rechtsanwalt durch den Wegfall des Beratungsmandats nicht die Möglichkeit zum Abschluss neuer Verträge verloren hat, sondern in diesem Umfang seine eigene Leistungsverpflichtung wieder hinzugewonnen hat.

189–190 *Einstweilen frei*

(c) Überschusseinkunftsarten. (aa) Allgemeines

Bei Überschusseinkunftsarten fließen Einnahmen aufgrund eines zugrunde liegenden Rechtsverhältnisses zu (Arbeitsverhältnis zwischen Arbeitgeber und Arbeitnehmer, Mietverhältnis zwischen Vermieter und Mieter, Kapital- und sonstige Überlassungsverträge; vgl. KSM/*Geserich* § 24 Rn. B 48). Zahlungen infolge des bestehenden Rechtsverhältnisses werden regelmäßig den regulären Einkünften nach § 2 Abs. 1 S. 1 Nr. 1–7 zugeordnet. **191**

Regelmäßig kann **erst bei Beendigung** der zugrunde liegenden Rechtsbeziehung – unter Berücksichtigung der weiteren Voraussetzungen – von einem ungewöhnlichen Ereignis und einer Entschädigung nach § 24 Nr. 1 Buchst. a ausgegangen werden (vgl. stv. BFH 21.4.1993 – XI R 62/92, BFH/NV 1993, 721; BFH 10.10.2001 – XI R 54/00, BStBl. II 2002, 181; BFH 10.10.2001 – XI R 50/99, BStBl. II 2002, 347 mwN; die strikte Ansicht wurde jüngst gelockert, vgl. BFH 25.8.2009 – IX R 3/09, BStBl. II 2010, 1030; insgesamt kritisch zum Erfordernis des Tatbestandsmerkmals der Außergewöhnlichkeit KSM/*Geserich* § 24 Rn. B 48; HHR/*Horn* § 24 Rn. 28). Häufig ist eine enge Verbundenheit des Merkmales mit dem Erfordernis einer neuen Rechts- oder Billigkeitsgrundlage gegeben (vgl. Anmerkung *Weber-Grellet* zu BFH 25.8.1993 – XI R 7/93, BStBl. II 1994, 185). **192**

Einstweilen frei **193**

(bb) Einkünfte aus nichtselbständiger Arbeit

Ein atypischer Sachverhalt ist bei Einkünften aus nichtselbständiger Arbeit anzunehmen, wenn die Abgeltung eines Anspruches durch den Arbeitgeber an den Arbeitnehmer erfolgt und diese Entschädigung auf der Beendigung des Arbeitsverhältnisses beruht (vgl. BFH 10.10.2001 – XI R 54/00, BStBl. II 2002, 181). **194**

Es ist jedoch auch möglich, dass das Rechtsverhältnis fortbesteht und eine Entschädigungszahlung nach § 24 Nr. 1 Buchst. a vorliegt – der Verlust der kompletten Einkunftsquelle und das vollständige Einstellen der Tätigkeit sind daher nicht immer erforderlich (vgl. BFH 10.7.2012 – VIII R 49/09, BStBl. II 2013, 155; teilweise Änderung der bisherigen Rechtsprechung durch BFH 25.8.2009 – IX R 3/09, BStBl. II 2010, 1030; → Rn. 192). **195**

Bei fortbestehendem Arbeitsverhältnis ist das Vorliegen eines außergewöhnlichen, dh für den Einkunftstatbestand besonderen Ereignisses zu prüfen (vgl. BFH 25.8.2009 – IX R 3/09, BStBl. II 2010, 1030). Ein solches ist anzunehmen, wenn die Handlung vom Vertragspartner (bspw. Arbeitgeber) ausgeht und/oder der Steuerpflichtige unter nicht unerheblichem rechtlichem, wirtschaftlichem oder tatsächlichem Druck gehandelt hat (vgl. BFH 10.7.2012 – VIII R 49/09, BStBl. II 2013, 155 mwN). **196**

Einstweilen frei **197–198**

(cc) Einkünfte aus Vermietung und Verpachtung

Vermietungstätigkeiten sind gewöhnlich auf die langfristige Überlassung von Nutzungsmöglichkeiten ausgelegt. Anders als bei gewerblichen Einkünften – bei denen für einen außergewöhnlichen Vorgang regelmäßig der (teilweise) Entzug der Ertragsgrundlage gefordert wird (→ Rn. 174) – wäre es hier unangemessen, einen außergewöhnlichen Vorgang erst mit einer durch äußere Einwirkung erfolgten Zerstörung oder Beschädigung des Mietobjektes anzunehmen, mit der Folge, dass dem Vermieter die Grundlage der Vermietungstätigkeit ganz oder teilweise entzogen würde (BFH 21.9.1993 – IX R 32/90, BFH/NV 1994, 308). **199**

Bei Vermietungstätigkeiten liegen außergewöhnliche Vorgänge auch dann schon vor, wenn es zu einer schwerwiegenden Vertragsstörung kommt und die Parteien dadurch zu einer vorzeitigen Beendigung des Mietverhältnisses gezwungen sind (BFH 21.9.1993 – IX R 32/90, BFH/NV 1994, 308). **200**

Gleichwohl darf die Vertragsstörung nicht eines von vielen Mietverhältnissen des Steuerpflichtigen betreffen. Ansonsten wäre diese – gemessen an der Zahl der Mietverhältnisse – in die laufenden Geschäftsvorfälle einzuordnen (vgl. BFH 21.9.1993 – IX R 32/90, BFH/NV 1994, 308). **201**

Zudem ist die bloße Zahlung eines Ausgleichs für die Herabsetzung des Mietzinses bei fortbestehendem Mietverhältnis aufgrund eines fehlenden außergewöhnlichen Ereignisses keine Entschädigung nach § 24 Nr. 1 Buchst. a (vgl. BFH 9.7.2002 – IX R 29/98, BFH/NV 2003, 21). **202**

Einstweilen frei **203–204**

(4) Zwangslage. (a) Allgemeines. Die Entschädigung und der damit in Zusammenhang stehende Einnahmenausfall müssen unmittelbar **durch einen Dritten veranlasst** sein. **205**

Sind Entschädigung und Einnahmenausfall hingegen durch den Steuerpflichtigen **selbst oder zumindest mit dessen Mitwirkung** entstanden, muss dieser unter nicht unerheblichem **rechtlichem, wirtschaftlichem oder tatsächlichem Druck** gestanden haben (vgl. stv. BFH 20.7.1978 – IV R 43/74, BStBl. II 1979, 9; BFH 20.10.1978 – VI R 107/77, BStBl. II 1979, 176; BFH 29.2.2012 – IX R 28/11, BStBl. II 2012, 569).

206 Die frühere Rechtsprechungsansicht – eine Entschädigung sei nur anzunehmen, wenn das schadensstiftende Ereignis unfreiwillig, dh ohne oder gegen den Willen des Steuerpflichtigen erfolgt – wurde mithin aufgegeben (vgl. BFH 20.7.1978 – IV R 43/74, BStBl. II 1979, 9; vgl. BFH 6.5.1977 – VI R 161/76, BStBl. II 1977, 718 mwN zur früheren Ansicht, aber bereits mit Erwägungen zur neueren Ansicht). Auch eine Mitwirkung des Steuerpflichtigen (zB Aufgabe einer ihm günstigen Rechtsposition, vgl. BFH 27.7.1978 – IV R 149/77, BStBl. II 1979, 66) ist unter den og Grundsätzen möglich und kann eine Entschädigung iSd § 24 Nr. 1 Buchst. a begründen.

207 Die Rechtsprechung lockerte das Merkmal der Zwangssituation im Laufe der Zeit immer weiter (vgl. so auch die Tendenz in den jüngeren Entscheidungen des BFH; vgl. HHR/*Horn* § 24 Rn. 35; BFH 23.11.2016 – X R 48/14, BStBl. II 2017, 383; BFH 29.2.2012 – IX R 28/11, BStBl. II 2012, 569). In der Literatur wird darüber hinaus zum Teil die Abschaffung des Erfordernisses einer Zwangssituation gefordert (vgl. bspw. HHR/*Horn* § 24 Rn. 35).

208 Eine Rechtfertigung des Merkmals erfolgt insbesondere durch dessen Verbindung mit der Steuervergünstigung nach § 34 Abs. 1, Abs. 2 Nr. 2. Eine Begünstigung ist nur dann zu gewähren, wenn sich der Steuerpflichtige in einer Zwangssituation befindet und sich dem zusammengeballten Zufluss der Einnahmen nicht entziehen kann (BFH 24.10.1990 – X R 161/88, BStBl. II 1991, 337).

209 Das Erfordernis der Zwangslage wird gelegentlich in Zusammenhang mit der Voraussetzung eines außergewöhnlichen Ereignisses (→ Rn. 168 ff.) gesehen (vgl. BFH 20.7.1978 – IV R 43/74, BStBl. II 1979, 9). So setzt eine Entschädigung im betrieblichen Bereich regelmäßig voraus, dass dem Steuerpflichtigen infolge eines durch einen Dritten ausgeübten, nicht unerheblichen tatsächlichen, rechtlichen oder wirtschaftlichen Drucks die Grundlage zum Abschluss einer unbestimmten Vielzahl von Geschäften dergestalt verloren geht, dass dem Unternehmen zumindest teilweise die Ertragsgrundlage entzogen wird (BFH 5.2.1987 – IV R 121/83, BFH/NV 1987, 571).

210 Der Geschädigte darf das schadenstiftende Ereignis **nicht aus eigenem Antrieb herbeigeführt** haben (vgl. stv. BFH 20.7.1978 – IV R 43/74, BStBl. II 1979, 9; BFH 9.7.1992 – XI R 5/91, BStBl. II 1993, 27 mwN). Die Verwirklichung des eigenen Strebens oder auch ein freiwilliges Mitwirken am schadenstiftenden Ereignisses schließt eine Entschädigung nach § 24 Nr. 1 Buchst. a aus (vgl. BFH 9.7.1992 – XI R 5/91, BStBl. II 1993, 27).

211 Die Rechtsprechung stellt darauf ab, welcher Sphäre das schadenstiftende Ereignis zuzuordnen ist (BFH 24.10.1990 – X R 161/88, BStBl. II 1991, 337). Eine Zwangslage kann bspw. nicht durch eine eigene Erkrankung begründet werden (vgl. BFH 5.2.1987 – IV R 121/83, BFH/NV 1987, 571). Auch die Kündigung eines Arbeitsverhältnisses durch den Arbeitnehmer nach Eheschließung und der Herstellung der ehelichen Gemeinschaft aufgrund Verlegung des Wohnsitzes wird nicht als Zwangssituation anerkannt (vgl. BFH 21.6.1990 – X R 46/86, BStBl. II 1990, 1020). In diesem Fall ist es nicht maßgeblich, aus welchen Überlegungen der Steuerpflichtige die Ersatzleistung ausgelöst hat (BFH 21.6.1990 – X R 46/86, BStBl. II 1990, 1020).

212 Das Merkmal der Zwangssituation stützt sich auf die zugrunde liegende Vereinbarung (vgl. Kirchhof/*Mellinghoff* § 24 Rn. 8). Ein späterer Wechsel der Auszahlungsmodalitäten von laufend zu zahlenden, monatlichen Teilbeträgen zur Zahlung eines Einmalbetrages hat darauf keine Auswirkungen (vgl. BFH 14.5.2003 – XI R 12/00, BStBl. II 2004, 449).

213 Es ist weiterhin nicht erforderlich, dass der Druck zum schadenstiftenden Ereignis vom jeweiligen Vertragspartner ausgeübt wurde (BFH 13.12.2005 – XI R 55/04, BFH/NV 2006, 2042). Es ist vielmehr maßgeblich, dass der Entschädigungsempfänger an sich unter rechtlichem, wirtschaftlichem oder tatsächlichem Druck stand.

214 Setzt der Steuerpflichtige freiwillig eine **Kette an Ursachen** in Gang, auf deren Entscheidungen er später keinen Einfluss mehr hat, ist nicht von einer Zwangslage auszugehen (vgl. BFH 24.10.1990 – X R 161/88, BStBl. II 1991, 337; BFH 12.12.2001 – XI R 38/00,

BFH/NV 2002, 638). Dabei muss sich die Entwicklung der Ursachenkette in einem für den Steuerpflichtigen überschaubaren Rahmen halten (BFH 12.12.2001 – XI R 38/00, BFH/NV 2002, 638). Unvorhersehbare Geschehnisse – solche, mit denen der Steuerpflichtige nicht rechnen konnte und die für ihn außerhalb seiner Vorstellungen lagen – unterbrechen die schädliche Ursachenkette. Eine Entschädigung aufgrund einer Zwangssituation kann dann gegeben sein.

Einstweilen frei 215

(b) Arbeitsverhältnisse. Eine unmittelbare Veranlassung durch eine dritte Seite ist regelmäßig dann gegeben, wenn der Arbeitgeber dem Arbeitnehmer kündigt und ihm eine Entschädigung für den entgehenden Einnahmenausfall gewährt (vgl. BFH 20.10.1978 – VI R 107/77, BStBl. II 1979, 176). Dabei liegt eine vom Arbeitgeber veranlasste Vertragsbeendigung vor, wenn er die entscheidenden Ursachen dafür gesetzt haben (BFH 2.4.2008 – IX R 82/07, BFH/NV 2008, 1325). Es ist darauf abzustellen, wer die Auflösung betrieben hat und von wem die Initiative ausging. 216

Werden Abfindungen für die Auflösung des Dienstverhältnisses gezahlt, gilt die widerlegbare Vermutung, dass der Arbeitgeber und nicht der Arbeitnehmer die Beendigung verursacht hat (vgl. BFH 6.3.2002 – XI R 51/00, BFH/NV 2002, 1144). 217

Aber auch bei der Kündigung durch den Arbeitnehmer oder einer (vermeintlich) einvernehmlichen Auflösung eines Arbeitsverhältnisses kann eine Zwangslage gegeben sein (vgl. BFH 6.5.1977 – VI R 161/76, BStBl. II 1977, 718 mwN). Kann dem Arbeitnehmer bspw. nicht mehr zugemutet werden, das Arbeitsverhältnis mit dem Arbeitgeber fortzusetzen, liegen ein unfreiwilliges Ausscheiden und eine Zwangssituation vor (vgl. BFH 9.8.1974 – VI R 142/72, BStBl. II 1974, 714). Diese ist auch dann anzunehmen, wenn der Arbeitnehmer bei der Mitwirkung an einem Aufhebungsvertrag unter einem erheblichen rechtlichen und tatsächlichen Druck stand, weil anderenfalls der Anstellungsvertrag gekündigt worden wäre (BFH 24.6.2009 – IV R 94/06, BFH/NV 2009, 1877). 218

Außerdem wird die Abfindung an einen Arbeitnehmer, dessen Arbeitgeber die Auflösung des Dienstverhältnisses aufgrund der Übernahme eines Regierungsamtes durch den Steuerpflichtigen fordert, als Entschädigung iSv § 24 Nr. 1 Buchst. a anerkannt (vgl. BFH 6.3.2002 – XI R 51/00, BFH/NV 2002, 1144). Die Beendigung des Arbeitsverhältnisses – des schadenstiftenden Ereignisses – wurde nicht aus eigenem Antrieb des Arbeitnehmers, sondern vielmehr durch den Aufsichtsrat des Arbeitgebers (das Arbeitsverhältnis hätte auch nur ruhen können) veranlasst. In dieser Konstellation hat der Steuerpflichtige auch keine Ursachenkette in Gang gesetzt, da er zum Zeitpunkt der Kandidatur für das Amt noch davon ausgehen konnte, dass eine mögliche Übernahme des politischen Amtes keine Auswirkungen auf das Dienstverhältnis zeigt. 219

Die Rechtsprechung geht selbst dann von einer Zwangslage aus, wenn der Arbeitnehmer aus Gründen der Loyalität und zur Vermeidung weiterer Streitigkeiten auf ein Angebot des Arbeitgebers eingeht, eine ursprüngliche Arbeitnehmererfindervergütung nicht durch jährliche Zahlungen weiterzuführen, sondern durch eine Einmalzahlung abzugelten (vgl. BFH 29.2.2012 – IX R 28/11, BStBl. II 2012, 569). Der Arbeitgeber hatte Interesse daran, durch eine Einmalzahlung alle Rechtsbeziehungen zu dem sich bereits im Ruhestand befindenden Arbeitnehmer zu beenden. Hingegen wäre es dem Arbeitnehmer lieber gewesen, eine jährliche Zahlung zu erhalten. Diese konfligierende Interessenslage wurde durch eine gütliche Einigung frühzeitig gelöst. Gleichwohl darf ein **tatsächlicher Druck** in dieser Konstellation nicht negiert werden. Ansonsten würde es – nach der Rechtsprechung – zu eigentlich unvermeidbaren Rechtsstreitigkeiten kommen. Es reicht insofern vielmehr aus, wenn sich der Steuerpflichtige dem Angebot des Arbeitgebers auf eine Einmalzahlung nicht mehr widersetzt und sich dem Zufluss der Abfindung deshalb nicht entziehen kann. 220

Nach Ansicht des FG Münster ist eine **Konfliktlage** insgesamt ausreichend, um eine Zwangslage anzunehmen – auch, wenn iE der Arbeitnehmer auf eine Auflösung des Arbeitsverhältnisses hingewirkt hat (vgl. FG Münster 17.3.2017 – 1 K 3037/14 E, EFG 2017, 1096; vom BFH bestätigt, BFH v. 13.3.2018 – IX R 16/17, BFH/NV 2018, 1004). Es ist entscheidend, dass eine gegensätzliche Interessenlage zwischen Arbeitgeber und Arbeitnehmer bestanden habe, beide Konfliktparteien zur Entstehung des Konflikts beigetragen haben und die Parteien den Konflikt im Konsens lösen. Wer die Initiative zur Beseitigung des 221

Konflikts ergreift und wie die Verursachungsbeiträge zu gewichten sind, sei nicht maßgeblich (vgl. auch zT kritisch *Gommers* NWB 2017, 3410).

222 Streikunterstützungen sind keine Entschädigungen nach § 24 Nr. 1 Buchst. a, da der Druck nach dem Streikbeschluss zur Mitwirkung am Streik in die Sphäre des Arbeitnehmers fällt (vgl. BFH 24.10.1990 – X R 161/88, BStBl. II 1991, 337; früher aA, vgl. BFH 30.10.1970 – VI R 273/67, BStBl. II 1971, 138). Denn dem Arbeitnehmer ist es selbst überlassen, in die Gewerkschaft einzutreten und er willigt bei einem Beitritt in die Satzung ein.

223–224 *Einstweilen frei*

225 **(c) Besondere Konstellationen bei Gesellschafter-Geschäftsführern.** Möchte ein Gesellschafter-Geschäftsführer seine Geschäftsanteile an einer GmbH veräußern und gibt er, um dies zu ermöglichen, seine Versorgungsansprüche gegen eine Abfindungszahlung auf, ist nach der früheren Rechtsprechung nicht von einer Zwangslage auszugehen (vgl. BFH 7.3.1995 – XI R 54/94, BFH/NV 1995, 961). Der Beschluss zum Verkauf der Anteile erfolgte aus freien Stücken – eine Drucksituation war insofern nicht vorhanden.

226 In jüngeren Entscheidungen erkannte der BFH hingegen eine Zwangslage an, wenn im Rahmen von Verkaufsverhandlungen über die Geschäftsanteile ein Verzicht auf die Versorgungsansprüche des Gesellschafter-Geschäftsführers von der Gegenseite erzwungen wurde (BFH 12.12.2001 – XI R 38/00, BFH/NV 2002, 638; BFH 10.4.2003 – XI R 4/02, BStBl. II 2003, 748). Eine Zwangssituation kann daher auch bei einer freiwilligen Anteilsveräußerung gegeben sein. Ein – auch schon älterer – Steuerpflichtiger muss bei der Veräußerung von Geschäftsanteilen nicht damit rechnen, dass ein Verkauf nur bei gleichzeitigem Verzicht auf seine Pensionsansprüche gegen eine Abfindungszahlung möglich ist.

227 Gleiches gilt bei der Veräußerung von Anteilen eines Gesellschafter-Geschäftsführers einer GmbH bei gleichzeitiger Aufgabe der Geschäftsführungstätigkeit gegen eine Entschädigung (vgl. BFH 13.8.2003 – XI R 18/02, BStBl. II 2004, 106). Zwar erfolgte der Verkauf der Anteile freiwillig. Gleichwohl war die Entschädigung für die Aufgabe der Tätigkeit von dritter Seite veranlasst, weil der Erwerber die Geschäftsführung in die eigenen Hände nehmen wollte und der Veräußerer diese zwangsweise aufgeben musste.

228 Wird das Anstellungsverhältnis eines Gesellschafter-Geschäftsführers einer GmbH aufgrund der Liquidation der Gesellschaft aufgelöst und erhält dieser zugleich eine Abfindung für die Aufgabe seiner Versorgungsansprüche, liegt eine Zwangslage vor, wenn die Liquidation unausweichlich war (vgl. BFH 4.9.2002 – XI R 53/01, BStBl. II 2003, 177). Dabei ist als Maßstab ein gesellschaftsfremder Unternehmer anzusetzen. Nur bei einem Zwang zur Liquidation ist davon auszugehen, dass der Steuerpflichtige die Ursachenkette nicht freiwillig in Gang gesetzt hat.

229–230 *Einstweilen frei*

231 **(d) Sonstige Konstellationen.** Eine Milchaufgabevergütung ist ebenfalls keine Entschädigung nach § 24 Nr. 1 Buchst. a (vgl. BFH 24.8.2000 – IV R 42/99, BStBl. II 2003, 67). Es handelt sich um eine Zahlung, die ein Landwirt aufgrund der (teilweisen) Aufgabe der Milcherzeugung erhält. Diese Vergütung wird dem Steuerpflichtigen regelmäßig gewährt, weil er aus eigenem, freiem Antrieb heraus auf mögliche künftige Einnahmen aus der Milcherzeugung verzichtet.

232 Weiterhin sind Entschädigungsleistungen an einen ehrenamtlich tätigen Präsidenten eines Berufsverbandes, die über den Ersatz der Aufwendungen hinausgehen und daher zum Teil als Einnahmenersatz gezahlt werden, nicht aus eigenem Antrieb herbeigeführt (BFH 26.2.1988 – III R 241/84, BStBl. II 1988, 615; vgl. BFH 15.6.2004 – VIII R 72/03, BFH/NV 2005, 29 mit kritischen Stimmen). Das zur Ausgleichsleistung führende Ereignis ist die Übertragung des Ehrenamtes, die durch eine Entscheidung des Kammervorstands (ein vom Willen des Steuerpflichtigen unabhängiger Wahlakt) erfolgt. Eine Entschädigung nach § 24 Nr. 1 Buchst. a ist somit anzunehmen.

233–234 *Einstweilen frei*

235 **bb) Ergänzungen. (1) Besonderheiten zur Kausalität.** Es wird ein Kausalzusammenhang zwischen der Entschädigung und dem Schaden vorausgesetzt (→ Rn. 72 ff.). In Verbindung mit § 24 Nr. 1 Buchst. a ergibt sich ein Kausalzusammenhang, wenn die Entschädigungszahlung durch den Verlust oder die Beeinträchtigung der Einnahmen veranlasst ist (vgl.

BFH 11.1.2005 – IX R 66/03, BStBl. II 2005, 480 mwN). Der Grund für die Entschädigung liegt in dem Verlust von Einnahmen. Sie darf daher grundsätzlich nicht auf anderen Umständen beruhen (vgl. BFH 11.12.1952 – IV R 260/52 U, BStBl. III 1953, 57).

Ob die Ausgleichsleistung durch den Einnahmenverlust bedingt und daher eine kausale Verknüpfung gegeben ist, muss grundsätzlich aus Sicht der Vertragsparteien entschieden werden (vgl. BFH 25.3.1998 – IV B 30/97, BeckRS 1998, 30010624; BFH 11.1.2005 – IX R 67/02, BFH/NV 2005, 1044). Die Entschädigungsvereinbarung ist für diese Zwecke auszulegen und das von den Vertragsparteien Gewollte ist zu ermitteln (vgl. 25.3.1998 – IV B 30/97, BeckRS 1998, 30010624). Grenzen bilden missbräuchliche Gestaltungen. 236

Einstweilen frei 237

(2) Finale Verknüpfung. Die Entschädigungsleistung ist außerdem final ausgerichtet (vgl. Blümich/*Heuermann/Fischer* § 24 Rn. 11). Sie wird als Ausgleich **für** entgangene oder entgehende Einnahmen geleistet. 238

Einstweilen frei 239

cc) Übersicht konkreter Entschädigungsfälle. Im Folgenden werden ausgewählte Fälle in Zusammenhang mit Entschädigungen nach § 24 Nr. 1 Buchst. a dargelegt. 240

(1) Gewinneinkunftsarten. Die **Abfindungszahlung eines Konkurrenzunternehmens** für die freiwillige Einstellung eines nicht mehr rentablen Produktionszweiges ist keine Entschädigung (BFH 26.9.1968 – IV R 22/64, BStBl. II 1969, 69). 241

Zahlungen, die eine Vertragspartei – in Zusammenhang mit dem Wegfall ihres **Rechts auf Alleinverkauf** von Erzeugnissen – von der anderen Partei erhält, sind regelmäßig der Abwicklung von gewöhnlichen Geschäftsvorfällen zuzuordnen und daher nicht als Entschädigungen nach § 24 Nr. 1 Buchst. a anzusehen (vgl. BFH 2.12.1965 – IV 55/64 S, BStBl. III 1966, 91). 242

Anschlussverträge oder Verträge, die anstelle eines rechtsunwirksamen oder in seiner Rechtswirksamkeit zweifelhaften Vertrags treten, sind keine neuen Rechts- oder Billigkeitsgrundlagen. Zahlungen aus solchen Vereinbarungen sind daher keine Entschädigungen nach § 24 Nr. 1 Buchst. a (vgl. BFH 14.7.1993 – I R 84/92, BFH/NV 1994, 23). 243

Ausgleichsgelder und soziale Leistungen nach §§ 8, 15 FELEG sind Entschädigungen nach § 24 Nr. 1 Buchst. a, wenn sie als Ausgleich für den Ausfall der zuvor von einer KG bezogenen Tätigkeitsvergütungen dienen (vgl. BFH 8.11.2007 – IV R 30/06, BFH/NV 2008, 546). 244

Ausgleichsleistungen der öffentlichen Hand an private Omnibusunternehmen, die eine Kostenunterdeckung bei der Beförderung von Schülern kompensieren, sind keine Entschädigungen nach § 24 Nr. 1 Buchst. a (vgl. BFH 3.7.1986 – IV R 109/84, BStBl. II 1986, 806). Es liegt kein für den Geschäftsbetrieb untypischer Sachverhalt vor. 245

Ausgleichsleistungen an Landwirte für den Verlust der Bewirtschaftung von Flächen aufgrund des Abbaus von Bodenschätzen und der damit einhergehenden Verpachtung der Flächen stellen Entschädigungsleistungen dar, wenn sie für die künftigen entfallenden Erträge gezahlt werden (in Abgrenzung zum Förderzins, vgl. BFH 14.10.1982 – IV R 19/79, BStBl. II 1983, 203; BFH 15.3.1994 – IX R 45/91, BStBl. II 1994, 840). 246

Zahlungen für die **Beendigung eines Mandantenvertrages** eines Rechtsanwaltes sind grundsätzlich keine Entschädigungen nach § 24 Nr. 1 Buchst. a, da der Abschluss und die Auflösung von Rechtsberatungsverträgen gewöhnliche Geschäftsvorfälle sind. Ist hingegen im Rahmen der selbständigen Tätigkeit eines Rechtsanwaltes der Geschäftsbesorgungs- oder Rechtsberatungsvertrag **arbeitnehmerähnlich ausgestaltet,** sind die bei der Anwendung des § 24 Nr. 1 Buchst. a für Arbeitnehmer geltenden Grundsätze (analog) anzuwenden. Die Rechtsprechung legt diese Norm bei Einkünften aus nichtselbständiger Arbeit stets deutlich großzügiger aus – eine Entschädigung kann unter den üblichen Tatbestandsmerkmalen auch bei einer bloßen Stundenreduzierung unter Fortsetzung des Arbeitsverhältnisses gegeben sein. In diesem Fall ist die Ausgleichszahlung für die Reduzierung eines arbeitnehmerähnlich ausgestalteten Rechtsberatungsvertrages eine Entschädigung nach § 24 Nr. 1 Buchst. a, wenn der Rechtsberatungsvertrag für die Gesamttätigkeit des Rechtsanwalts eine wesentliche Bedeutung hat (vgl. BFH 10.7.2012 – VIII R 48/09, BStBl. II 2013, 155). 247

248 Zahlungen aufgrund einer **Betriebs- oder Produktionsverlegung** sind nur dann Entschädigungen, wenn sie in Zusammenhang mit längerfristigen Produktionsausfällen oder wesentlichen Produktionseinschränkungen oder einem standortbedingten Wegfall wichtiger Geschäftsbeziehungen und damit einhergehenden Umsatzausfällen stehen (BFH 28.9.1987 – VIII R 159/83, BFH/NV 1988, 227).

249 Die Änderung des Vertrages eines Drehbuchautors hinsichtlich der Vergütung für die Ausarbeitung von Drehbüchern für eine Fernsehserie von Sendevergütungen (Zahlung anhand der ausgestrahlten Sendungen) zu einer **Buy-Out-Vergütung** (Zahlung erfolgt nur noch einmal für jedes gelieferte Drehbuch) ist keine Entschädigung nach § 24 Nr. 1 Buchst. a (BFH 1.7.2004 – IV R 23/02, BStBl. II 2004, 876). Die Änderung beruht auf der alten Rechtsgrundlage bzw. auf einem Anschlussvertrag.

250 Die Aufwandsentschädigung an einen **ehrenamtlich tätigen Präsidenten einer Berufskammer,** der außerdem einen gewerblichen Betrieb selbständig unterhält, ist als Entschädigung nach § 24 Nr. 1 Buchst. a anzusehen, soweit die Aufwandsentschädigung über den Ersatz der bestehenden Aufwendungen hinaus den Ersatz ausgefallener Einnahmen ausgleicht (BFH 26.2.1988 – III R 241/84, BStBl. II 1988, 615).

251 Eine Entschädigung, die dem Verpächter (grundsätzlich Einkünfte aus Gewerbebetrieb als Baubetreuer) einer vollständig fremdfinanzierten Gewerbeimmobilie aufgrund eines **gerichtlichen Vergleichs** bei einem durch den Pächter geführten **Rechtsstreit** für die fristlose Kündigung durch den Pächter gewährt wird, kann eine Entschädigung für entgehende Einnahmen sein (BFH 16.9.2015 – III R 22/14, BFH/NV 2016, 26).

252 Zahlungen an einen **Handelsvertreter** können Entschädigungen nach § 24 Nr. 1 Buchst. a sein, soweit sie für den **Verlust der Rechte aus § 87 Abs. 2 HGB (Bezirksprovision, Kundenschutz)** geleistet werden (vgl. BFH 19.7.1966 – I 235/63, BStBl. III 1966, 624). Gleiches gilt für die **Abgeltung von Einbußen aus einer Provisionskürzung** aufgrund einer schwierigen finanziellen Lage (vgl. BFH 27.10.2015 – X R 12/13, BFH/NV 2016, 898). Dagegen sind **Auszahlungen aus einem Lebensversicherungsvertrag** keine Entschädigung für einen entgangenen Ausgleichsanspruch nach § 89b HGB, sondern eigenständige Altersversorgungsansprüche (vgl. BFH 8.12.2016 – III R 41/14, BStBl. II 2017, 630).

253 Die Zahlung an einen Berufsträger für die Übereignung eines Teils des **Mandantenstammes** iHv 80% einer Steuerbevollmächtigtenpraxis sind keine Entschädigungen nach § 24 Nr. 1 Buchst. a, auch wenn der Veräußerer aus gesundheitlichen Gründen nicht mehr in der Lage war, seine Praxis im bisherigen Umfang weiter auszuüben (BFH 5.2.1987 – IV R 121/83, BFH/NV 1987, 571). Die gesundheitlichen Probleme des Veräußerers sind lediglich auslösendes Moment für den Entschluss des Verkaufs – eine Zwangssituation liegt gleichwohl nicht vor.

254 Eine **Milchaufgabevergütung** ist keine Entschädigung nach § 24 Nr. 1 Buchst. a (vgl. BFH 24.8.2000 – IV R 42/99, BStBl. II 2003, 67). Es liegt keine Zwangslage vor – der Landwirt handelt aus eigenem und freiem Antrieb heraus.

255 Eine Entschädigung ist nicht gegeben, wenn die Einnahmen in Erfüllung eines Vergütungsanspruches oder anstelle eines **Schadensersatzanspruches wegen vertragswidrigen Verhaltens** gezahlt wurden (vgl. BFH 10.9.1998 – IV R 19/96, BFH/NV 1999, 308). Die Ausgleichszahlung für die Aufhebung eines **Sukzessivlieferungsvertrages** ist daher keine Entschädigungsleistung nach § 24 Nr. 1 Buchst. a. Das gilt auch dann, wenn es sich um den alleinigen Geschäftspartner des Gewerbetreibenden handelt. Die geleistete Zahlung dient vielmehr der Erfüllung von Schadensersatzansprüchen, wie sie im Bereich der Nichterfüllung von Lieferverträgen anfallen.

256 **Schadensersatzleistungen für die Nichtdurchführung eines Bauvorhabens** und eines damit zusammenhängenden Einnahmenausfalls gehören bei Bauunternehmern oder Architekten regelmäßig zu den gewöhnlichen Geschäftsvorfällen und sind daher keine Entschädigungszahlung nach § 24 Nr. 1 Buchst. a (vgl. BFH 27.7.1978 – IV R 149/77, BStBl. II 1979, 66; BFH 27.7.1978 – IV R 153/77, BStBl. II 1979, 69).

257 Die **Schadensersatzzahlung einer Steuerberatungsgesellschaft an eine GmbH,** die aufgrund eines nicht rechtzeitigen Antrags auf Investitionszulage erfolgte, ist keine Entschädigung nach § 24 Nr. 1 Buchst. a (vgl. BFH 16.8.1978 – I R 73/76, BStBl. II 1979, 120).

258 Der Ausgleich durch eine **Schieflagenentschädigung** ist keine Entschädigung iSd § 24 Nr. 1 Buchst. a, weil keine Entschädigung für einen entgangenen Gewinn im land-und

forstwirtschaftlichen Vermögen ausgeglichen wird. Die Entschädigung sollte vielmehr die **Wertminderung** des Wohngebäudes ausgleichen (vgl. BFH 6.8.1998 – IV R 91/96, BFH/NV 1999, 40).

Abfindungszahlungen der Deutschen (Bundes)Bahn an einen Unternehmer (der an einem schienengleichen Bahnübergang von einer Lokomotive erfasst wurde) sind Entschädigungen iSd § 24, wenn sie aufgrund des **Unfalls als Entschädigung für den entgangenen betrieblichen Gewinn** des Steuerpflichtigen gezahlt werden (vgl. BFH 16.12.1960 – IV 143/58 U, BStBl. III 1961, 101). **259**

Die **Veräußerung aller Zuckerrübenlieferungsrechte durch einen Landwirt** ist – auch wenn der Anbau durch den Ausweis als Wasserschutzgebiet unrentabel geworden ist – keine Entschädigung nach § 24 Nr. 1 Buchst. a. Der Veräußerungspreis stellt die Abgeltung des Werts dieser Rechte und keinen Ausgleich für entgehende Einnahmen dar (vgl. BFH 28.2.2002 – IV R 64/00, BStBl. II 2002, 658). **260**

Wird für den **Verzicht auf eine staatliche Förderung aufgrund eines Vergleichs** zur Beilegung eines jahrelangen Rechtsstreits vom Land und Landkreis eine Entschädigung gewährt, ist diese Zahlung nach § 24 Nr. 1 Buchst. a einzuordnen. Die **Zuschüsse aus der Investitionsförderung** wären Betriebseinnahmen gewesen (BFH 25.8.2015 – VIII R 2/13, BStBl. II 2015, 1015). **261**

Einstweilen frei **262–264**

(2) Überschusseinkunftsarten. (a) Einkünfte aus nichtselbständiger Arbeit. Die **Abfindung** eines Arbeitnehmers aufgrund der **unbefristeten Reduzierung seiner Arbeitszeit** durch einen Vertrag zur Änderung des Arbeitsvertrages kann eine Entschädigung nach § 24 Nr. 1 Buchst. a sein, insbesondere wenn der Arbeitnehmer unter rechtlichem, wirtschaftlichem oder tatsächlichem Druck gestanden hat (BFH 25.8.2009 – IX R 3/09, BStBl. II 2010, 1030). **265**

Eine **Abfindung einer Pensionsverpflichtung nach § 8 II BetrAVG** beruht auf einer neuen Rechtsgrundlage, wenn sie vertraglich nicht vereinbart war. Eine Entschädigung nach § 24 Nr. 1 Buchst. a ist dann gegeben (vgl. BFH 25.8.1993 – XI R 8/93, BStBl. II 1994, 167). **266**

Nimmt ein im Konflikt mit dem Arbeitgeber stehender Arbeitnehmer ein **Abfindungsangebot des Arbeitgebers,** das eine regelmäßige Zahlung aufgrund einer früheren Vereinbarung zu einer Arbeitnehmererfindervergütung durch eine Einmalzahlung ersetzen soll, aus Gründen der Loyalität und zur Vermeidung weiterer Streitigkeiten an, liegt eine Entschädigung nach § 24 Nr. 1 Buchst. a vor. Eine Zwangssituation aufgrund von tatsächlichem Druck, der auf dem Arbeitnehmer lastet, ist gegeben (BFH 29.2.2012 – IX R 28/11, BStBl. II 2012, 569). **267**

Eine **Abfindungsleistung des neuen Arbeitgebers** zur Kompensation der Nachteile des Arbeitsplatzwechsels ist keine Entschädigung als Ersatz für entgehende Einnahmen nach § 24 Nr. 1 Buchst. a, sondern findet seine Begründung vielmehr in dem neuen Arbeitsverhältnis (vgl. BFH 16.12.1992 – XI R 33/91, BStBl. II 1993, 447). Ebenfalls sind **Aufstockungszahlungen zum Transferkurzarbeitergeld,** die auf Grundlage eines Arbeitsverhältnisses mit der Transfergesellschaft und von dieser geleistet werden, regelmäßig keine Entschädigungen nach § 24 Nr. 1 Buchst. a, sondern aus dem Arbeitsverhältnis mit der Transfergesellschaft begründet und als laufender Arbeitslohn einzuordnen (vgl. BFH 12.3.2019 – IX R 44/17, BStBl. II 2019, 574). **268**

Eine **Abfindungszahlung an einen Gesellschafter** für die **Auflösung des Geschäftsführer-Anstellungsvertrages** bei der Komplementär-GmbH (zur Vermeidung einer Kündigung) ist eine Entschädigung nach § 24 Nr. 1 Buchst. a. Dies gilt auch, wenn die GmbH Gesellschafter-Geschäftsführerin einer Mitunternehmerschaft und der bisherige Geschäftsführer der GmbH weiterhin minderheitsbeteiligter Mitunternehmer – Kommanditist – ist (vgl. BFH 24.6.2009 – IV R 94/06, BFH/NV 2009, 1877; kritisch Schmidt/*Wacker* § 24 Rn. 27). **269**

Die **Ablösesumme,** die ein **Sportler** bei einem Vereinswechsel erhält, ist keine Entschädigung nach § 24 Nr. 1 Buchst. a, wenn die Ablösezahlung bereits im Voraus vertraglich vereinbart wurde (fehlende neue Rechtsgrundlage, FG Köln 28.8.1998 – 15 K 4889/98, EFG 1998, 1586; KSM/*Geserich* § 24 Rn. B 60). **270**

271 Entschädigungen für die **Aufgabe der Geschäftsführungstätigkeit** eines Gesellschafters bei der Veräußerung seiner GmbH-Anteile sind Leistungen nach § 24 Nr. 1 Buchst. a, wenn die Geschäftsführung zwangsweise – durch Druck des Erwerbers – aufgegeben werden musste (vgl. BFH 13.8.2003 – XI R 18/02, BStBl. II 2004, 106).

272 Zahlungen für **bereits erdiente erfolgsabhängige Vergütungen** sind grundsätzlich der Erfüllung des ursprünglichen Anstellungsvertrages zuzuordnen und keine Entschädigung für entgehende Einnahmen (BFH 24.10.2007 – XI R 33/06, BFH/NV 2008, 361).

273 Wird bei einem **Betriebsübergang** ein Teilbereich der Tätigkeit von der Mutter- auf die Tochtergesellschaft ausgegliedert und erhalten umgesetzte Arbeitnehmer bei der Tochtergesellschaft einen Arbeitsvertrag zum Betriebsübergang, der aufgrund der künftigen geringeren Entlohnung eine Einmalzahlung vorsieht, ist in Form der gezahlten Einmalzahlung keine Entschädigung nach § 24 Nr. 1 Buchst. a anzunehmen. Der BFH verneinte im vorliegenden Fall die Beendigung des Dienstverhältnisses, sondern sah darin vielmehr eine Fortsetzung des bestehenden Dienstverhältnisses (vgl. BFH 12.4.2000 – XI R 1/99, BFH/NV 2000, 1195). Es kommt entscheidend darauf an, ob das Dienstverhältnis zu anderen Bedingungen neu begründet oder das alte Dienstverhältnis wirtschaftlich betrachtet lediglich fortgesetzt wird (BFH 22.6.2001 – XI B 27/01, BFH/NV 2001, 1551; insbesondere in Bezug auf Arbeitsbereich, Entlohnung und unter Wahrung des sozialen Besitzstandes, vgl. BFH 13.12.2005 – XI R 8/05, BFH/NV 2006, 1071).

274 Eine **entgeltliche Reduzierung der Pensionsansprüche eines Gesellschafter-Geschäftsführers** aufgrund wirtschaftlicher Schwierigkeiten der GmbH – ohne weitere Änderung des Dienstverhältnisses – ist keine Entschädigung nach § 24 Nr. 1 Buchst. a. Es handelt sich nur um die Abgeltung eines bestehenden Anspruchs durch den Vertragspartner unter Fortsetzung des Einkünfteerzielungstatbestands im Rahmen des bisherigen Rechtsverhältnisses (BFH 6.3.2002 – XI R 36/01, BFH/NV 2002, 1144; ähnlich BFH 28.2.2005 – IX B 182/03, BFH/NV 2005, 1283 zur Abfindung von Ruhegeldansprüchen eines Arbeitnehmers). Hingegen ist der Ausgleich für einen **Verzicht auf Pensionsansprüche eines Gesellschafter-Geschäftsführers** bei der Veräußerung seiner GmbH-Anteile eine Entschädigung nach § 24 Nr. 1 Buchst. a, wenn er von der Gegenseite bei den Verkaufsverhandlungen erzwungen wurde (vgl. BFH 12.12.2001 – XI R 38/00, BFH/NV 2002, 638). Gleiches gilt bei einer **unausweichlichen Liquidation der Gesellschaft** (vgl. BFH 4.9.2002 – XI R 53/01, BStBl. II 2003, 177).

275 Die **Kündigung** eines Arbeitsverhältnisses kann in Form von gewährten Abfindungszahlungen zu Entschädigungsleistungen nach § 24 Nr. 1 Buchst. a führen. Erwirbt ein Arbeitnehmer ein von ihm unentgeltlich genutztes Grundstück vom Arbeitgeber zu einem durch den Kapitalwert des vorher bestehenden Wohnrechts geminderten Kaufpreis unter gleichzeitiger Kündigung des Arbeitsverhältnisses, kann in dem Zufluss des Wohnrechts eine Entschädigung liegen (vgl. BFH 22.1.1988 – VI R 135/84, BStBl. II 1988, 525). Indes kann auch die Abfindung bei einer **Änderungskündigung** – unter Fortsetzung des Arbeitsverhältnisses – eine Entschädigung nach § 24 Nr. 1 Buchst. a sein – das zugrunde liegende Rechtsverhältnis (Arbeitsverhältnis) muss nicht zwingend gänzlich beendet sein und der Arbeitnehmer muss seine Tätigkeit nicht in vollem Umfang aufgeben (BFH 25.8.2009 – IX R 3/09, BStBl. II 2010, 1030; es handelt sich um eine **Klarstellung der Rechtsprechung,** die frühere Ansicht des IX. Senats des BFH wurde aufgegeben). **Soziale Zusatzleistungen,** die bei einer Kündigung neben der Hauptentschädigungsleistung zur Erleichterung des Arbeitsplatz- oder Berufswechsels oder als Anpassung an eine dauerhafte Berufsaufgabe und Arbeitslosigkeit gewährt werden, teilen regelmäßig das Schicksal der Hauptentschädigungsleistung nach § 24 Nr. 1 Buchst. a (BFH 24.1.2002 – XI R 43/99, BStBl. II 2004, 442; BFH 11.5.2010 – IX R 39/09, BFH/NV 2010, 1801). Gleichwohl dürfen sie die Hauptentschädigungsleistung betragsmäßig bei weitem nicht erreichen.

276 Der **kündigungsbedingte Verlust späterer Pensionsansprüche** und die Auszahlung des Gegenwartswerts der Versorgungszusage infolge der Kündigung ist keine Entschädigung nach § 24 Nr. 1 Buchst. a (vgl. BFH 27.2.1991 – XI R 8/87, BStBl. II 1991, 703).

277 Eine **Lohnnachzahlung** ist keine Entschädigung iSv § 24 Nr. 1 Buchst. a (BFH 16.3.1993 – XI R 52/88, BStBl. II 1993, 507).

278 Wird das Arbeitsverhältnis eines Arbeitnehmers durch ein **Management-Buy-out** beendet und erwirbt diese Person den Geschäftsbetrieb und lässt sich als Gesellschafter-Geschäfts-

führer anstellen, ist ein damit in Zusammenhang stehender **Darlehensverzicht** der Gesellschaft gegenüber dem früheren Arbeitnehmer als Entschädigung zu werten (vgl. BFH 9.5.2007 – XI R 52/05, BFH/NV 2007, 1857).

In einem **Manteltarifvertrag vereinbarte Vorruhestandsgelder** sind als Ausgleich für den Verlust des Arbeitsplatzes Entschädigungen nach § 24 Nr. 1 Buchst. a (vgl. BFH 16.6.2004 – XI R 55/03, BStBl. II 2004, 1055). Gleiches gilt für zu Beginn des Dienstverhältnisses vereinbarte **Ersatzansprüche** für den Fall der **betriebsbedingten Kündigung oder Nichtverlängerung des Dienstverhältnisses** (BFH 10.9.2003 – XI R 9/02, BStBl. II 2004, 349). **279**

Die **Nachzahlung einer Altersrente aus der Bundesversicherungsanstalt für Angestellte** ist keine Entschädigung nach § 24 Nr. 1 Buchst. a (BFH 31.7.1970 – VI R 177/68, BStBl. II 1970, 784). **280**

Schadensersatzleistungen wegen Körperverletzungen sind nur dann als Entschädigungen anzusehen, soweit sie als Ausgleich für den Verdienstausfall (verminderte Erwerbsfähigkeit) gezahlt werden (vgl. BFH 21.1.2004 – XI R 40/02, BStBl. II 2004, 716; ebenso bei Steuerpflichtigen mit Gewinneinkünften → Rn. 241 ff., vgl. BFH 21.2.1957 – IV 630/55 U, BStBl. III 1957, 164; sie sind grundsätzlich den Einkünften zuzurechnen, die dem Steuerpflichtigen durch den Schadensfall entgangen sind; bei Zahlungen an Minderjährige vgl. anh. Verfahren BFH – IX R 15/19). **281**

Schadensersatz wegen schuldhaft verweigerter Wiedereinstellung, der einem Arbeitnehmer zufließt, ist eine Entschädigung nach § 24 Nr. 1 Buchst. a (BFH 6.7.2005 – XI R 46/04, BStBl. II 2006, 55). **282**

Schadensersatz wegen Unterschlagung, Diebstahl oder Untreue eines Arbeitnehmers an seinen Arbeitgeber als Ausgleichszahlung für entgangene Einnahmen sind Entschädigungen nach § 24 Nr. 1 Buchst. a (Blümich/*Heuermann*/*Fischer* § 24 Rn. 29). **283**

Erhält der Arbeitnehmer von seinem neuen Arbeitgeber eine Entschädigung für den Fall, dass eine vom früheren Arbeitgeber versprochene **Sonderzahlung** wegen des **Wechsels des Arbeitsverhältnisses** nicht gezahlt wird, ist darin keine Entschädigung nach § 24 Nr. 1 Buchst. a zu sehen (BFH 25.8.2005 – XI B 40/04, BFH/NV 2006, 274). **284**

Streikunterstützungen sind keine Entschädigungen nach § 24 Nr. 1 Buchst. a. Dem Arbeitnehmer bleibt es selbst überlassen, in die Gewerkschaft einzutreten und die Satzung zu billigen. Eine Zwangslage ist nicht gegeben (vgl. BFH 24.10.1990 – X R 161/88, BStBl. II 1991, 337). **285**

Tagegelder, die aufgrund eines Kfz-Unfallversicherungsvertrags an den Arbeitgeber geleistet und an die Arbeitnehmer als Versicherte weitergeleitet werden, sind Entschädigungen, wenn sie als Ausgleich für Einnahmen gezahlt werden (BFH 13.4.1976 – VI R 216/72, BStBl. II 1976, 694). Indes ist die Todesfall-Versicherungssumme einer vom Arbeitgeber abgeschlossenen **Autoinsassen-Unfallversicherung** an die Hinterbliebenen eines tödlich verunglückten Arbeitnehmers keine Entschädigung nach § 24 Nr. 1 Buchst. a, da sie nicht die Funktion eines Lohnersatzes hat und keinen Einnahmenersatz darstellt (vgl. BFH 22.4.1982 – III R 135/79, BStBl. II 1982, 496). **286**

Ein **Übergangsgeld nach § 62 Abs. 1 BAT** bei zeitlich befristeten Verträgen ist keine Entschädigung nach § 24 Nr. 1 Buchst. a. Dieses wird im Rahmen der vertraglich getroffenen Vereinbarungen gezahlt und beruht nicht auf einer neuen Rechts- oder Billigkeitsgrundlage (vgl. BFH 18.9.1991 – XI R 8/90, BStBl. II 1992, 35). **287**

Übergangszahlungen, die der Arbeitnehmer nach der Beendigung des Arbeitsverhältnisses zur Erleichterung des wirtschaftlichen Übergangs in den Ruhestand erhält und die sich nach der Höhe des letzten Gehalts bestimmen, sind Entschädigungen nach § 24 Nr. 1 Buchst. a (BFH 29.5.2008 – IX R 55/05, BFH/NV 2008, 1666). **288**

Kandidiert ein Arbeitnehmer als Spitzenkandidat seiner Partei für eine Parlamentswahl und fordert der Arbeitgeber die Auflösung des Arbeitsverhältnisses aufgrund der **Übernahme eines Regierungsamtes,** ist die dafür gezahlte Abfindung eine Entschädigung nach § 24 Nr. 1 Buchst. a (BFH 6.3.2002 – XI R 36/01, BFH/NV 2002, 1144). **289**

Eine Zahlung in Zusammenhang mit einem **Urlaubsabgeltungsanspruch für mehrere Jahre** ist als nachträgliche Lohnzahlung und nicht als Schadensersatzzahlung einzuordnen – eine Entschädigung nach § 24 Nr. 1 ist nicht gegeben (vgl. FG Hamburg 19.3.2019 – 6 K 80/18, DStRE 2019, 1071). **290**

291 Es ist umstritten, ob die **Vergütung nach dem Justizvergütungs- und Justizentschädigungsgesetz (JVEG)** für die Tätigkeit als ehrenamtlicher Richter **(Schöffe)** eine Entschädigung für entgangene oder entgehende Einnahmen einer anderen nichtselbständigen Arbeit ist (vgl. bejahend BFH 31.1.2017 – IX R 10/16, DStR 2017, 711; verneinend Vorinstanz FG Baden-Württemberg 10.2.2016 – 12 K 1205/14, EFG 2016, 994 (jedoch aufgehoben durch og Urteil) mit Verweis auf teilweise im Schrifttum vertretene Auffassungen wie *Pfab/Schießl* FR 2011, 795). Nach Ansicht des BFH tritt diese Vergütung an die Stelle anderer – im entschiedenen Fall nach § 19 – Einnahmen. Es werden die finanziellen Nachteile abgegolten, die durch die Tätigkeit als ehrenamtlicher Richter entstanden sind (BFH 31.1.2017 – IX R 10/16, DStR 2017, 711). Es genügt daher, dass der Schöffe bei Ausübung des ehrenamtlichen Richteramtes nicht seiner Tätigkeit aus nichtselbständiger Arbeit (vorliegend als angestellter Steuerberater und Wirtschaftsprüfer) nachgehen kann und infolgedessen der Arbeitgeber den Arbeitslohn mindert (aA Vorinstanz FG Baden-Württemberg 10.2.2016 – 12 K 1205/14, EFG 2016, 994 (jedoch aufgehoben durch og Urteil), nach dessen Auffassung die Zahlung der Vergütung unabhängig von einem bestehenden Arbeitsverhältnis erfolgt, da sie auch Nichtberufstätigen bezahlt wird).

292–293 *Einstweilen frei*

(b) Sonstige Überschusseinkunftsarten. (aa) Einkünfte aus Kapitalvermögen

294 **Erstattungszinsen** sind keine Entschädigungen nach § 24 Nr. 1 Buchst. a, da sie unabhängig davon erbracht werden, ob dem Steuerpflichtigen Einnahmen entgangen sind oder entgehen werden (BFH 12.11.2013 – VIII R 36/10, BStBl. II 2014, 168). Gleiches gilt für **Prozess- und Verzugszinsen** (vgl. BFH 25.10.1994 – VIII R 79/91, BStBl. II 1995, 121).

295 Erhält der Inhaber von **Genussrechten,** die keine Beteiligung am Unternehmensvermögen vermitteln, eine Abfindungszahlung für die vorzeitige Beendigung des Genussrechtsverhältnisses, die ein Ausgleich für die entgehenden Einnahmen aus der Verzinsung des Genussrechts darstellen, liegt darin eine Entschädigung nach § 24 Nr. 1 Buchst. a (BFH 11.2.2015 – VIII R 4/12, BStBl. II 2015, 647).

296 Die **Nachzahlung unterlassener Zinszahlungen** für einen längeren Zeitraum ist keine Entschädigung nach § 24 Nr. 1 Buchst. a (BFH 20.5.1980 – VIII R 64/78, BStBl. II 1981, 6).

297 Wird eine **typisch stille Gesellschaft** beendet und erhält der stille Gesellschafter eine Abfindung, die den Betrag seiner Einlage übersteigt, kann darin keine Entschädigung nach § 24 Nr. 1 Buchst. a gesehen werden, wenn die Beendigung aus eigenem Antrieb des stillen Gesellschafters aufgrund einer zu riskanten Geschäftsführung erfolgte (BFH 14.2.1984 – VIII R 126/82, BStBl. II 1984, 580). Handelt er hingegen unter einem erheblichen wirtschaftlichen, rechtlichen oder tatsächlichen Druck der Gesellschaft, kann eine Entschädigung angenommen werden.

298–299 *Einstweilen frei*

(bb) Einkünfte aus Vermietung und Verpachtung

300 **Abfindungszahlungen für die Überlassung von Mietobjekten** sind Entschädigungen nach § 24 Nr. 1 Buchst. a, wenn sie als Ausgleich für den Verlust von künftigen Einnahmen gezahlt werden (vgl. BFH 11.1.2005 – IX R 67/02, BFH/NV 2005, 1044).

301 Auch **Abfindungszahlungen vom Vermieter an den Mieter** wegen Kündigung des Mietverhältnisses für den Eintritt in den vom Mieter langfristig abgeschlossenen **Untermietvertrag** sind Entschädigungen nach § 24 Nr. 1 Buchst. a (BFH 26.10.2004 – IX R 10/03, BFH/NV 2005, 843).

302 **Abstandszahlungen eines Mietinteressenten** sind Entschädigungen, wenn sie für die Entlassung aus einem Vormietvertrag an den Eigentümer des Mietobjektes gezahlt werden (vgl. BFH 21.8.1990 – VIII R 17/86, BStBl. II 1991, 76).

303 Die einvernehmliche **Aufhebung von Mietverträgen** und die Zahlung eines damit in Zusammenhang stehenden **Abgeltungsbetrages** für die vorzeitige Auflösung des Mietverhältnisses und der sich daraus für den Vermieter ergebenden finanziellen Nachteile (zB Umsatzsteuerrückzahlung) und Risiken (zB Anschlussvermietung) führt nicht zu einer Entschädigung nach § 24 Nr. 1 Buchst. a. Aus der Auslegung der Aufhebungsverträge soll der Auszahlungsbetrag dem drohenden Anfall von Aufwendungen und nicht dem Ausgleich für entgehende Einnahmen dienen. Die Zahlung ist daher vielmehr ein **Ausgabenausgleich** und kein Einnahmenersatz (BFH 18.10.2011 – IX R 58/10, BStBl. II 2012, 286).

Die Zahlung eines Ausgleichs an einen Grundstückseigentümer, das Gebäude weder unmittelbar noch mittelbar auf eine **bestimmte Art und Weise nutzen oder nutzen zu lassen** – im vorliegenden Fall nicht an ein Warenhaus zu vermieten – gehört nicht zu den Entschädigungen nach § 24 Nr. 1 Buchst. a (vielmehr zu den sonstigen Einkünften nach § 22 Nr. 3, vgl. BFH 9.4.1965 – VI 82/63 U, BStBl. III 1965, 361). 304

Bei **Grundstücksbeschlagnahmungen gewährte Nutzungsentschädigungen** fallen nicht unter die Entschädigungen nach § 24 Nr. 1 Buchst. a, sondern unterliegen unmittelbar den Vermietungseinkünften nach § 21 Abs. 1 Satz 1 Nr. 1 (BFH 14.6.1963 – VI 216/61 U, BStBl. III 1963, 380). 305

Zahlungen, die ein Steuerpflichtiger von einem Elektrizitätswerk für die Nutzung seines Grundstücks mit **Hochspannungsfreileitungen** erhält, sind keine Entschädigungen nach § 24 Nr. 1 Buchst. a, sondern den normalen Vermietungseinkünften zuzurechnen (vgl. BFH 19.4.1994 – IX R 19/90, BStBl. II 1994, 640). 306

Mietentgelte des Verfügungsberechtigten an den Restitutionsberechtigten nach § 7 Abs. 7 Satz 2 VermG sind als Entschädigungen nach § 24 Nr. 1 Buchst. a anzusehen (BFH 11.1.2005 – IX R 66/03, BStBl. II 2005, 480). 307

Eine **Prämie für bestimmte preisgebundene und familiengerecht vermietete Wohnungen,** die ein Vermieter zusätzlich vom Staat erhält, ist kein Ersatz für entgangene oder entgehende Einnahmen. Sie wird vielmehr zusätzlich zur preisgebundenen Miete gewährt (BFH 25.1.1994 – IX R 121/90, BFH/NV 1994, 845). 308

Schadensersatzzahlungen aufgrund der Verletzung von Gebrauchsmustern sind Entschädigungen nach § 24 Nr. 1 Buchst. a iVm § 21 Abs. 1 Satz 1 Nr. 3 (vgl. FG Münster 24.5.2013 – 12 K 1529/11 E, EFG 2014, 356). 309

Die Entschädigung, die ein Eigentümer von der Bundesfinanzverwaltung durch die Vermietung seines Grundstücks aufgrund einer **unklaren Vermögenslage** erhält, ist § 24 Nr. 1 Buchst. a zuzuordnen (Orientierung am tatsächlich erzielten Nutzungsentgelt; vgl. BFH 21.6.2007 – IX B 5/07, BFH/NV 2007, 1628). 310

Versicherungsleistungen, die den Vermieter bei einem Brand des vermieteten Objektes für dadurch entgangene und entgehende Mieteinnahmen entschädigen, sind in § 24 Nr. 1 Buchst. a einzuordnen (vgl. BFH 1.12.1992 – IX R 36/86, BFH/NV 1993, 472). 311

Zahlungen zum Ausgleich einer Mietzinsherabsetzung sind keine Entschädigungen, wenn das Mietverhältnis nicht vorzeitig beendet wird, sondern fortbesteht und sich an der Verpflichtung zur Nutzungsüberlassung nichts ändert (BFH 9.7.2002 – IX R 29/98, BFH/NV 2003, 21). Ein außergewöhnlicher Vorgang ist demzufolge zu verneinen. 312

Einstweilen frei 313–314

(cc) Sonstige Einkünfte

Die **Kapitalisierung wiederkehrender Bezüge** ist aufgrund einer fehlenden neuen Rechts- oder Billigkeitsgrundlage keine Entschädigung, wenn schon bei der Vereinbarung über die wiederkehrenden Bezüge ein Wahlrecht zwischen wiederkehrenden Zahlungen oder einer Einmalzahlung gegeben ist (vgl. BFH 1.7.2004 – IV R 23/02, BStBl. II 2004, 876). 315

Mehrbedarfsrenten nach § 843 Abs. 1 2. Alt. BGB, Schadensersatzrenten nach § 844 Abs. 2 BGB und Schmerzensgeldrenten nach § 847 BGB aF, nunmehr nach §§ 823 Abs. 1, 253 BGB sind grundsätzlich nicht einkommensteuerbar (BFH 25.10.1994 – VIII R 79/91, BStBl. II 1995, 121). Sie können insofern keine Entschädigungen nach § 24 Nr. 1 Buchst. a sein (vgl. Schmidt/*Wacker* § 24 Rn. 32). Hingegen sind Renten als Ausgleich für entgehende Einnahmen infolge einer Erwerbsunfähigkeit oder -minderung nach § 843 Abs. 1 1. Alt. BGB Entschädigungen nach § 24 Nr. 1 Buchst. a (vgl. insgesamt Blümich/*Heuermann/Fischer* § 24 Rn. 43; zur Schadensersatzleistung wegen Körperverletzung → Rn. 281). 316

Notstandsbeihilfen, Übergangsgelder oder ähnliche Leistungen (bspw. Witwenrenten), die einem Angehörigen eines verstorbenen Berufsangehörigen gewährt werden, sind keine Entschädigungen nach § 24 Nr. 1 Buchst. a. Sie dienen nicht dem Ersatz von entgangenen oder entgehenden Einnahmen, da der Hinterbliebene selbst keine Einnahmen aus der Berufstätigkeit hat (BFH 14.4.1966 – IV 335/65, BStBl. III 1966, 458 zu den Leistungen einer kassenärztlichen Vereinigung an die Witwe eines Arztes). 317

Zahlungen aufgrund eines **Vergleichs über ein streitiges Rechtsverhältnis** sind keine Entschädigungen nach § 24 Nr. 1 Buchst. a. Sie werden vielmehr als Erfüllungsleistung auf 318 der Grundlage des Rechtsverhältnisses geleistet (BFH 25.3.1975 – VIII R 183/73, BStBl. II 1975, 634: Entschädigungsleistungen aus einem Provisionsvertrag sind Einkünfte aus Leistungen nach § 22 Nr. 3).

319 Ausgleichszahlungen eines geschiedenen Ehegatten für den **Verzicht** des anderen Ehegatten **auf einen Versorgungsausgleichsanspruch** können (zumindest teilweise) Entschädigungen nach § 24 Nr. 1 Buchst. a iVm § 22 Nr. 1 Satz 3 Buchst. a sein (vgl. BFH 23.11.2016 – X R 48/14, BStBl. II 2017, 383).

320–321 *Einstweilen frei*

322 **b) § 24 Nr. 1 Buchst. b.** § 24 Nr. 1 Buchst. b regelt Entschädigungen, die für die Aufgabe oder Nichtausübung einer Tätigkeit, für die Aufgabe einer Gewinnbeteiligung oder einer Anwartschaft auf eine solche gewährt worden sind.

323 **aa) Spezifischer Entschädigungsbegriff.** Eine Entschädigung nach § 24 Nr. 1 Buchst. b ist eine Gegenleistung für ein zukünftiges bestimmtes Verhalten, das sich in einem Verzicht auf eine mögliche Einkunftserzielung wiederspiegelt (vgl. BFH 23.1.2001 – XI R 7/00, BStBl. II 2001, 541 mwN). Neben einer **bestimmten Verhaltensweise** (→ Rn. 324 ff.) ist ein **außergewöhnlicher Vorgang** (→ Rn. 363 ff.) und die **Mitwirkung des Steuerpflichtigen** (→ Rn. 368 ff.) erforderlich.

324 **(1) Bestimmte Verhaltensweisen.** Die Vorschrift unterscheidet zwischen der Aufgabe oder Nichtausübung einer Tätigkeit (→ Rn. 325 ff.) und der Aufgabe einer Gewinnbeteiligung oder einer Anwartschaft auf eine solche (→ Rn. 349 ff.).

325 **(a) Aufgabe oder Nichtausübung einer Tätigkeit.** § 24 Nr. 1 Buchst. b Hs. 1 behandelt Entschädigungen, die für die **Aufgabe** einer Tätigkeit oder die **Nichtausübung** einer **Tätigkeit** geleistet werden.

(aa) Aufgabe

326 Eine Aufgabe einer Tätigkeit liegt dann vor, wenn sie **endgültig nicht mehr ausgeübt** wird (BFH 28.9.1987 – VIII R 159/83, BFH/NV 1988, 227 mwN). Es handelt sich um eine zukünftige Nichtfortsetzung der bisherigen Tätigkeit (Blümich/*Heuermann/Fischer* § 24 Rn. 51a).

327 Es ist bisher noch nicht einheitlich entschieden, ob eine **Einschränkung der Tätigkeit** – dh eine endgültige Aufgabe nur eines Teils der Tätigkeit – auch als Aufgabe gesehen werden kann. Dies muss im jeweiligen Einzelfall unter Berücksichtigung der Gesamtumstände beurteilt werden.

328 Eine Fortführung der bisherigen Tätigkeit – ohne (teilweise) Aufgabe des Tätigwerdens – unter **Änderungen der Begleitumstände** ist keine Aufgabe und nicht unter § 24 Nr. 1 Buchst. b zu fassen.

329 Die Ausgleichszahlung für die Verkleinerung des Bezirks eines angestellten Versicherungsvertreters aufgrund innerbetrieblicher Umstrukturierungen kann nach dem BFH eine Entschädigung nach § 24 Nr. 1 Buchst. b sein (BFH 23.1.2001 – XI R 7/00, BStBl. II 2001, 541). Hingegen verneinte der BFH eine Entschädigung im Fall einer Milchaufgabevergütung, wenn der Steuerpflichtige die Milchproduktion nicht insgesamt, sondern nur teilweise aufgibt (BFH 24.8.2000 – IV R 42/99, BStBl. II 2003, 67).

330 Bei einem Einzelunternehmer mit gewerblichen Einkünften ist eine Aufgabe nur bei einer vollständigen Produktionseinstellung anzunehmen. Eine Einstellung der Produktion an dem bisherigen Ort und die Wiederaufnahme durch Betriebsverlegung an einem anderen Ort ist keine Aufgabe (vgl. BFH 28.9.1987 – VIII R 159/83, BFH/NV 1988, 227).

331 Gleiches gilt für einen Arzt, der seine Tätigkeit nicht aufgibt, sondern nur die Praxisräume verlegt. Die vom neuen Verpächter gezahlte Abfindung aufgrund des Verzichts auf die Rechte aus dem langjährig geschlossenen Mietvertrag hinsichtlich der alten Praxisräume ist keine Entschädigung für die Aufgabe oder Nichtausübung einer Tätigkeit (vgl. BFH 8.10.1964 – IV 365/62 U, BStBl. III 1965, 12).

332 Eine andere Behandlung kann sich ergeben, wenn nicht nur der Ort der Praxisräume verlegt wird, sondern auch der Kunden- und Patientenstamm neu aufgebaut werden muss (vgl. HHR/*Horn* § 24 Rn. 50 mwN).

333 Wird ein Arbeitnehmer gegen Zahlung einer Abfindung und einvernehmlich aufgrund innerbetrieblicher Umstrukturierungsmaßnahmen innerhalb des Unternehmens umgesetzt, so liegt darin regelmäßig eine Fortsetzung der Tätigkeit und keine Aufgabe (vgl. LBP/*Schindler* § 24 Rn. 4; vgl. auch BFH 13.12.2005 – XI R 8/05, BFH/NV 2006, 1071). Etwas anderes kann sich jedoch bei einer qualitativen Herabsetzung der Tätigkeit des Arbeitnehmers einschließlich geringerer Entlohnung ergeben (vgl. Blümich/*Heuermann/Fischer* § 24 Rn. 53a mwN; → Rn. 342 f.).

Es ist weiterhin nicht schädlich, wenn ein Arbeitnehmer denselben Aufgabenbereich bei einem anderen Arbeitgeber oder selbständig nach Zeitablauf eines Wettbewerbsverbots aufnimmt (LBP/*Schindler* § 24 Rn. 45). **334**

Einstweilen frei **335**

(bb) Nichtausübung

Die Nichtausübung einer Tätigkeit hat die **(zeitweise) Unterlassung der Tätigkeit** zur Folge. Ein endgültiges Aufgeben der Tätigkeit ist hierfür nicht erforderlich. Vielmehr handelt es sich um einen **Zustand des Ruhens** (KSM/*Geserich* § 24 Rn. B 60). Teilweise kann die Nichtausübung als Vorstufe zur Aufgabe gesehen werden (Nichtausübung und Aufgabe gehen vielfach fließend ineinander über, vgl. KSM/*Geserich* § 24 Rn. B 60 mwN). **336**

Im Kontext von § 24 Nr. 1 Buchst. b ist die Nichtausübung als eine Nichtausübung einer **zukünftigen** Tätigkeit zu sehen (Blümich/*Heuermann/Fischer* § 24 Rn. 51a). **337**

Die Nichtausübung einer Tätigkeit nach § 24 Nr. 1 Buchst. b Hs. 1 ist auch dann schon gegeben, wenn noch kein Rechtsverhältnis zwischen Leistenden und Leistungsempfänger begründet ist (vgl. BFH 23.1.2001 – XI R 7/00, BStBl. II 2001, 541). Die Tätigkeit muss noch nicht ausgeführt worden sein, da die Entschädigung für zukunftsorientierte Verhaltensweisen gewährt (→ Rn. 393 ff.). **338**

Einstweilen frei **339**

(cc) Tätigkeit

Die Definition einer Tätigkeit erfolgt durch ihre **charakteristischen Merkmale** (LBP/*Schindler* § 24 Rn. 45). Diese **qualifizierenden Merkmale** geben einer Tätigkeit regelmäßig das **Gepräge.** **340**

Bei Steuerpflichtigen, die Gewinneinkünfte beziehen (Land- und Forstwirte, Gewerbetreibende und Selbständige), wird dies in der Regel durch den Gegenstand des Unternehmens bestimmt. Tätigkeiten von Arbeitnehmern werden durch die Beschreibungen des jeweiligen Arbeitsplatzes und nicht durch Arbeitsstundenzahl, Urlaubstage usw. definiert (vgl. LBP/*Schindler* § 24 Rn. 45). **341**

Nur bei einer Änderung der prägenden Merkmale ist von einer Aufgabe der Tätigkeit nach § 24 Nr. 1 Buchst. b auszugehen. Ansonsten wird die Tätigkeit unter anderen Begleitumständen fortgesetzt (vgl. LBP/*Schindler* § 24 Rn. 45; → Rn. 328). **342**

Die Tätigkeit muss in ihrer ursprünglichen Prägung aufgegeben oder (zeitweise) nicht mehr ausgeübt werden. Ein Wechsel von einer abhängigen Beschäftigung in eine selbständige Tätigkeit kann eine Änderung der prägenden Merkmale begründen. Dies ist jedoch nicht der Fall bei einem Wechsel von Vollzeit zu Teilzeit (vgl. Blümich/*Heuermann/Fischer* § 24 Rn. 53a; jedoch § 24 Nr. 1 Buchst. a möglich, vgl. BFH 25.8.2009 – IX R 3/09, BStBl. II 2010, 1030). **343**

Der Begriff der Tätigkeit ist **nicht** mit dem Begriff des **Berufs** gleichzusetzen. § 24 Nr. 1 Buchst. b Hs. 1 verlangt eine Entschädigung für die Aufgabe oder Nichtausübung einer Tätigkeit und nicht des Berufs (vgl. BFH 8.8.1986 – VI R 28/84, BStBl. II 1987, 106). **344**

Die Tätigkeit, die durch die Abfindung aufgegeben oder unterlassen wird, muss einer **Einkunftsart** nach § 2 Abs. 1 Satz 1 Nr. 1–7 **zugeordnet** werden können (vgl. BFH 12.6.1996 – XI R 43/94, BStBl. II 1996, 516; → Rn. 76 ff.). Die Einschränkung des BFH in seinem Urteil vom 10.3.1992 (BFH 10.3.1992 – VIII R 66/89, BStBl. II 1992, 1032) auf Einkunftsarten nach § 2 Abs. 1 Satz 1 Nr. 1–4 ist nicht überzeugend (vgl. zur Übersicht Blümich/*Heuermann/Fischer* § 24 Rn. 50; diese Einkunftsarten bilden wohl aber die wesentlichen Anwendungsfälle der Norm). **345**

Eine eindeutige Zuordnung zu einer Einkunftsart ist nicht erforderlich (vgl. HHR/*Horn* § 24 Rn. 52). Maßgeblich ist vielmehr, dass sich die Tätigkeit und die damit erzielbaren Einkünfte überhaupt unter die Einkunftsarten des § 2 Abs. 1 Satz 1 Nr. 1–7 subsumieren lassen (bspw. Zahlungen für umfassende Wettbewerbsverbote, bei denen mehrere Einkunftsarten einschlägig sind, vgl. HHR/*Horn* § 24 Rn. 52). Es ist daher auch nicht erforderlich, dass die Entschädigung und die vorherigen Einkünfte die gleiche Einkunftsart erfüllen (vgl. Schmidt/*Wacker* § 24 Rn. 36). **346**

347 Die Entschädigung gehört gleichwohl grundsätzlich zu der Einkunftsart, zu denen die Tätigkeit gehört, auf deren Ausübung der Steuerpflichtige verzichtet hat (BFH 12.6.1996 – XI R 43/94, BStBl. II 1996, 516; → Rn. 526 ff.). Ist keine eindeutige Zuordnung möglich, kommt die Einordnung in § 22 Nr. 3 in Betracht.

348 *Einstweilen frei*

349 **(b) Aufgabe einer Gewinnbeteiligung oder einer Anwartschaft auf eine solche.** § 24 Nr. 1 Buchst. b Hs. 2 erfasst auch die Fälle (sog. **Tatbestandsalternative** zur Aufgabe oder Nichtausübung einer Tätigkeit, vgl. Schmidt/*Wacker* § 24 Rn. 35), in denen eine Entschädigung für die **Aufgabe** einer **Gewinnbeteiligung** oder einer **Anwartschaft** auf eine solche gewährt wird. Der Anwendungsbereich dieser Vorschrift ist sehr begrenzt (vgl. Blümich/*Heuermann/Fischer* § 24 Rn. 55).

350 Die Norm wird lediglich subsidiär angewendet und ist nur einschlägig, wenn die Zahlung nicht zu einem Veräußerungs- oder Aufgabegewinn gehört (Kirchhof/*Mellinghoff* § 24 Rn. 19; Abgrenzung zu den laufenden Einkünften → Rn. 363 ff.). Anderenfalls ist sie den vorrangig anwendbaren Gewinneinkunftsarten (§§ 14, 16, 17, 18 Abs. 3) zuzurechnen. Die Aufgabe der Gesellschaftsbeteiligung, die den Verlust der Gewinnbeteiligung bedeutet, fällt als Fallkonstellation grundsätzlich nicht unter § 24 Nr. 1 Buchst. b (vgl. Blümich/*Heuermann/Fischer* § 24 Rn. 55 mwN).

351 Als klassische Fallkonstellation des § 24 Nr. 1 Buchst. b ist die Ausgleichszahlung für die Herabsetzung der Gewinnbeteiligung an einer Gesellschaft zu sehen (vgl. LBP/*Schindler* § 24 Rn. 51; weitere Beispiele → Rn. 442 ff.).

(aa) Aufgabe

352 Eine Gewinnbeteiligung oder Anwartschaft auf eine solche wird aufgegeben, wenn auf sie (teilweise) verzichtet wird. Der Steuerpflichtige darf zumindest kein wirtschaftlicher Inhaber (§ 39 Abs. 2 Nr. 1 AO) sein (Blümich/*Heuermann/Fischer* § 24 Rn. 56).

353 *Einstweilen frei*

(bb) Gewinnbeteiligung

354 Eine Gewinnbeteiligung nach § 24 Nr. 1 Buchst. b setzt eine **gesellschaftsrechtliche Beteiligung** voraus. Eine Mitunternehmerschaft muss gleichwohl nicht vorliegen (vgl. BFH 10.10.2001 – XI R 50/99, BStBl. II 2002, 698 mwN).

355 Mittelbare Beteiligungen fallen nicht unter die Norm (vgl. Kirchhof/*Mellinghoff* § 24 Rn. 19 mwN).

356 Auf **schuldrechtlichen Grundlagen** basierende Beteiligungen – wie gewinnabhängige Tantiemeansprüche – werden von der Vorschrift ebenfalls **nicht** erfasst (vgl. BFH 10.10.2001 – XI R 50/99, BStBl. II 2002, 698).

357 Die Gewinnbeteiligung eines leitenden Angestellten (als Entgelt anstatt fester Bezüge) kann daher nicht als solche iSv § 24 Nr. 1 Buchst. b gesehen werden (vgl. BFH 19.1.1976 – VI R 67/75, BStBl. II 1976, 286).

358 Eine typisch stille Gesellschaft kann eine Gewinnbeteiligung iSd Vorschrift begründen. Die Abfindung, die ein stiller Gesellschafter für die vorzeitige Auflösung der stillen Gesellschaft erhält, ist eine Entschädigung nach § 24 Nr. 1 Buchst. b, soweit sie den Wert der Vermögenseinlage übersteigt und kein laufender Gewinnanspruch ist (vgl. BFH 14.2.1984 – VIII R 126/82, BStBl. II 1984, 580 mwN; BFH 16.8.1995 – VIII B 156/94, BFH/NV 1996, 125).

359 *Einstweilen frei*

(cc) Anwartschaft auf eine Gewinnbeteiligung

360 Eine Anwartschaft setzt eine **gesicherte Rechtsposition** (eine rechtlich begründete Aussicht auf Einräumung einer Gewinnbeteiligung, Blümich/*Heuermann/Fischer* § 24 Rn. 56) voraus. Ein fester Rechtsanspruch ist wohl nicht erforderlich. Vielmehr muss die Position des Steuerpflichtigen so verfestigt sein, „dass sie ihm nicht mehr einseitig von der verpflichteten Gesellschaft genommen werden kann." (LBP/*Schindler* § 24 Rn. 50 – Anwartschaft ist zum Anwartschaftsrecht erstarkt).

361 Es ist **umstritten,** ob darüber hinaus eine **bloße tatsächliche Aussicht** auf eine Gewinnbeteiligung ausreichend ist (vgl. so KSM/*Geserich* § 24 Rn. B 64; HHR/*Horn* § 24 Rn. 54; vgl. aA Blümich/*Heuermann/Fischer* § 24 Rn. 56; LBP/*Schindler* § 24 Rn. 50). Gegen diese Ansicht spricht die Gleichstellung der Anwartschaft auf eine Gewinnbeteiligung mit der

Gewinnbeteiligung als solche innerhalb der Vorschrift des § 24 Nr. 1 Buchst. b Hs. 2, insbesondere im Lichte der ermäßigten Besteuerung nach § 34 Abs. 2 Nr. 2 (vgl. LBP/*Schindler* § 24 Rn. 50).

Einstweilen frei **362**

(2) Außergewöhnliches Ereignis. Eine Entschädigung nach § 24 Nr. 1 Buchst. b setzt außerdem ein außergewöhnliches Ereignis voraus. Es ist eine Abgrenzung zu den gewöhnlichen Sachverhalten vorzunehmen, die zu laufenden Einkünften führen (vgl. BFH 2.12.1965 – IV 55/64 S, BStBl. III 1966, 91; BFH 8.8.1986 – VI R 28/84, BStBl. II 1987, 106). Die Entschädigungszahlung ist von diesen Einnahmen zu unterscheiden (teilweise wird nur eine Abgrenzung zu laufenden Einkünften gefordert, vgl. Kirchhof/*Mellinghoff* § 24 Rn. 16, Blümich/*Heuermann/Fischer* § 24 Rn. 50; andere hingegen verlangen die Notwendigkeit eines außergewöhnlichen Ereignisses, vgl. KSM/*Geserich* § 24 Rn. B 53; mE hängen beide Merkmale miteinander zusammen – ein außergewöhnliches Ereignis kann in der Regel keine laufenden Einkünfte auslösen). **363**

Die Entschädigung (bei einer Vertragsauflösung) darf nicht als Gegenleistung für vertragliche Leistungen gezahlt werden (BFH 8.8.1986 – VI R 28/84, BStBl. II 1987, 106 mwN). Es darf sich bspw. bei einem Dienstverhältnis zwischen Arbeitgeber und Arbeitnehmer nicht um bestehende Arbeitslohnansprüche handeln (vgl. BFH 17.7.1970 – VI R 66/67, BStBl. II 1970, 683) oder um Zahlungen aus besonderen Anlässen, wie dem der vertraglich vereinbarten oder gesetzlich eintretenden Pensionierung (BFH 8.8.1986 – VI R 28/84, BStBl. II 1987, 106). **364**

Eine Aufgabe oder ein Unterlassen kann demzufolge zu einer Entschädigung nach § 24 Nr. 1 Buchst. b führen, wenn sie nicht als Leistungsgegenstand aus dem Schuldverhältnis hervorgeht – sich bspw. nicht aus dem Vertrag selbst ergibt (vgl. BFH 21.9.1982 – VIII R 140/79, BStBl. II 1983, 289; BFH 8.8.1986 – VI R 28/84, BStBl. II 1987, 106). **365**

Bei der Abgrenzung zwischen laufenden Einkünften durch gewöhnliche Sachverhalte und Einkünften aus außergewöhnlichen Ereignissen kann es zu Schwierigkeiten kommen. Im Wege der Auslegung (der Abfindungsvereinbarung) ist dann zu bestimmen, für welchen Vorgang die Entschädigung geleistet wird (vgl. LBP/*Schindler* § 24 Rn. 42 mit Beispiel). **366**

Einstweilen frei **367**

(3) Mitwirkung des Leistungsempfängers. Die Entschädigung nach § 24 Nr. 1 Buchst. b setzt eine – wie auch immer geartete (Blümich/*Heuermann/Fischer* § 24 Rn. 53) – **Mitwirkung** des Leistungsempfängers voraus (Herleitung aus dem Wortlaut, vgl. LBP/*Schindler* § 24 Rn. 38). Die Vorschrift regelt insofern Fälle, in denen die Tätigkeit, Gewinnbeteiligung oder Anwartschaft auf eine solche mit (aktivem) **Wollen oder** (zumindest passiver) **Zustimmung des Leistungsempfängers** aufgegeben oder nicht ausgeübt wird (vgl. BFH 2.4.1976 – VI R 67/74, BStBl. II 1976, 490; BFH 14.2.1984 – VIII R 126/82, BStBl. II 1984, 580). **368**

§ 24 Nr. 1 Buchst. b erfasst Entschädigungen, die als finanzielle Folgen einer **freiwilligen** Aufgabe oder Nichtausübung durch den Steuerpflichtigen ausgeglichen werden (BFH 27.11.1991 – X R 10/91, BFH/NV 1992, 455). Die Norm regelt darüber hinaus auch solche Gegenleistungen, die (naturgemäß) auf einer **einvernehmlichen Regelung** zwischen den Parteien beruhen (BFH 16.3.1993 – XI R 10/92, BStBl. II 1993, 497; jedoch kein allgemeines Erfordernis einer einvernehmlichen Vereinbarung, vgl. KSM/*Geserich* § 24 Rn. B 51 mwN). Weiterhin fallen Ausgleichsleistungen in den Anwendungsbereich, die der Steuerpflichtige **aus eigenem Antrieb** heraus herbeiführt (vgl. LBP/*Schindler* § 24 Rn. 39; anders als bei § 24 Nr. 1 Buchst. a, → Rn. 210). **369**

Der Schaden in § 24 Nr. 1 Buchst. b ist daher die wirtschaftliche Folge einer vom Leistungsempfänger getroffenen bzw. mitgetragenen Entscheidung (BFH 27.11.1991 – X R 10/91, BFH/NV 1992, 455). **370**

Eine **Zwangslage** – dh eine Veranlassung durch den Leistenden ohne Zustimmung des Steuerpflichtigen oder ein Handeln des Leistungsempfängers unter rechtlichem, wirtschaftlichem oder tatsächlichem Druck – ist in den Fällen des § 24 Nr. 1 Buchst. b **nicht gegeben** (vgl. BFH 8.8.1986 – VI R 28/84, BStBl. II 1987, 106; BFH 3.12.2003 – XI R 31/02, DStRE 2004, 812 mwN). **371**

372 Die **Veranlassung und** die **Gründe** des Verzichts auf die Einkünfteerzielung sind für die Besteuerung grundsätzlich **nicht beachtlich** (vgl. Blümich/*Heuermann/Fischer* § 24 Rn. 51b mwN). So kann auch der Leistende mit der Entschädigung Anreize setzen, damit es zu einer einvernehmlichen und freiwilligen Aufgabe durch den Leistungsempfänger kommt (vgl. innerhalb eines Arbeitsverhältnisses BFH 2.4.1976 – VI R 67/74, BStBl. II 1976, 490).

373 Beruft sich ein Arbeitnehmer freiwillig auf eine Option im Arbeitsvertrag, um mit einem gewissen Alter aus dem Arbeitsverhältnis auszuscheiden und erhält er dafür eine vertraglich geregelte Abfindung, ist diese als eine Entschädigung iSd § 24 Nr. 1 Buchst. b zu sehen (vgl. zum Optionsrecht einer Flugbegleiterin BFH 8.8.1986 – VI R 28/84, BStBl. II 1987, 106).

374 *Einstweilen frei*

375 **bb) Ergänzungen. (1) Keine Notwendigkeit einer neuen Rechts- oder Billigkeitsgrundlage der Entschädigung.** § 24 Nr. 1 Buchst. b setzt das Vorliegen einer neuen Rechts- oder Billigkeitsgrundlage, auf dem die Entschädigung beruht, **nicht** voraus (im Gegensatz zu § 24 Nr. 1 Buchst. a, → Rn. 138 ff.; keine Herleitung aus dem Wortlaut, vgl. BFH 13.2.1987 – VI R 230/83, BStBl. II 1987, 386; BFH 27.11.1991 – X R 10/91, BFH/NV 1992, 455 mwN).

376 In diesem Sinne ist auch eine Ausgleichszahlung für ein Wettbewerbsverbot, was im Arbeitsvertrag – also in der bisherigen Rechtsgrundlage – festgehalten wurde, als Entschädigung nach § 24 Nr. 1 Buchst. b zu sehen (vgl. BFH 13.2.1987 – VI R 230/83, BStBl. II 1987, 386; → Rn. 457).

377 Es kommt jedoch häufig vor, dass eine eigenständige **Vereinbarung** zwischen den Vertragsparteien vorliegt (vgl. BFH 2.4.1976 – VI R 67/74, BStBl. II 1976, 490; nach BFH 5.10.1976 – VIII R 38/72, BStBl. II 1977, 198 beruht die Mehrzahl der Fälle (der Nichtausübung) auf einer Vereinbarung). Es ist hierbei regelmäßig von einem gegenseitigen schriftlichen oder mündlichen Vertrag auszugehen (Blümich/*Heuermann/Fischer* § 24 Rn. 51b; Schmidt/*Wacker* § 24 Rn. 36).

378 *Einstweilen frei*

379 **(2) Finale Verknüpfung.** Neben einer kausalen Verknüpfung der Entschädigung mit der Aufgabe oder Nichtausübung einer Tätigkeit bzw. mit der Aufgabe einer Gewinnbeteiligung oder einer Anwartschaft auf eine solche (→ Rn. 72 ff.) muss darüber hinaus eine finale Verknüpfung vorliegen (eine bloße kausale Verknüpfung reicht nicht aus, vgl. BFH 19.3.2013 – IX R 65/10, BFH/NV 2013, 1085 mwN; vgl. insgesamt HHR/*Horn* § 24 Rn. 48 mwN).

380 Die Entschädigung wird **für** ein bestimmtes Verhalten des Steuerpflichtigen gewährt (zweckgerichtet; vgl. Schmidt/*Wacker* § 24 Rn. 36). Er muss aufgrund der Gewährung der Entschädigung auf eine zukünftige Einkünfteerzielung verzichten. Die Zahlung an den Leistungsempfänger muss zugleich über das hinausgehen, was im Fall einer „normalen" Beendigung gewährt wird (vgl. BFH 2.4.1976 – VI R 67/74, BStBl. II 1976, 490 – Leistung für die Aufgabe oder Nichtausübung).

381 Regelmäßig wird der Leistende daher auch ein gewisses Interesse an dem Verzicht des Leistungsempfängers haben.

382 *Einstweilen frei*

383 **(3) Besonderes Interesse des Leistenden.** Im Zusammenhang mit der Gewährung einer Abfindung **für** den künftigen Verzicht auf eine Einkünfteerzielung (**finale Verknüpfung**) steht häufig das **Interesse des Entschädigungsleistenden** an der **Aufgabe der Einkünfteerzielung des Leistungsempfängers.**

384 Auch wenn eine konkrete Zwangslage – im Unterschied zu § 24 Nr. 1 Buchst. a (→ Rn. 205 ff.) – hier nicht gefordert wird (vgl. BFH 27.11.1991 – X R 10/91, BFH/NV 1992, 455 mwN; → Rn. 371), muss regelmäßig zumindest ein **besonderes Interesse des Leistenden** an der Aufgabe oder Nichtausübung der Tätigkeit oder der Aufgabe der Gewinnbeteiligung bzw. Anwartschaft auf eine solche durch den Leistungsempfänger bestehen (vgl. BFH 8.8.1986 – VI R 28/84, BStBl. II 1987, 106).

385 Dem Interesse des Steuerpflichtigen an einer Entschädigung steht daher das Interesse des Leistenden an der Aufgabe oder Nichtausübung gleichartig gegenüber – die Interessen **korrespondieren** (KSM/*Geserich* § 24 Rn. B 56).

Der Leistende zahlt eine Entschädigung für die Aufgabe oder Nichtausübung gewöhnlich dann, wenn er an dieser Unterlassung ein **erhebliches eigenes Interesse** hat (BFH 8.8.1986 – VI R 28/84, BStBl. II 1987, 106; BFH 27.11.1991 – X R 10/91, BFH/NV 1992, 455). Dieses Interesse kann **rechtlicher, wirtschaftlicher oder sonstiger Natur** sein (vgl. LBP/*Schindler* § 24 Rn. 40 mwN) und bezieht sich **unmittelbar** auf die **Unterlassung** der in Zukunft liegenden **Einkünfteerzielung** des Leistungsempfängers (HHR/*Horn* § 24 Rn. 48). 386

Das Vorliegen dieses besonderen Interesses des Leistenden wird überdies in der Rechtsprechung des BFH und in Teilen der Literatur als notwendige Voraussetzung einer Entschädigung nach § 24 Nr. 1 Buchst. b angesehen (vgl. BFH 28.2.2002 – IV R 64/00, BStBl. II 2002, 658; LBP/*Schindler* § 24 Rn. 40 mwN). 387

Bei Abfindungszahlungen für die Beendigung von Rechtsverhältnissen ist stets zu prüfen, ob sie als Ausgleich für die bisherige Tätigkeit und die damit begründeten Ansprüche (bloßes Erfüllungsinteresse) oder für den Verzicht auf künftige Einkünfteerzielung gezahlt werden (besonderes Interesse; nach HHR/*Horn* § 24 Rn. 48 mwN regelmäßig für die Abfindung bisheriger Ansprüche und damit keine Anwendung von § 24 Nr. 1 Buchst. b; → Rn. 363 ff.). 388

Im klassischen Beispiel einer Abfindung als Gegenleistung für ein **Wettbewerbsverbot (Karenzzahlung)** wird das Interesse des Leistenden deutlich. Diese Zahlung dient dem Interesse des Leistenden an dem Verzicht auf eine künftige Tätigkeit und damit der Einkünfteerzielung des Empfängers (ausführlich → Rn. 453 ff., insbesondere → Rn. 456). 389

Erhält eine Flugbegleiterin eine Abfindung für die Ausübung einer Option im Arbeitsvertrag, die ein vorzeitiges Ausscheiden aus dem Dienstverhältnis möglich macht, kann das besondere Interesse des Arbeitgebers in der Verjüngung der Flugbelegschaft liegen (vgl. BFH 8.8.1986 – VI R 28/84, BStBl. II 1987, 106); KSM/*Geserich* § 24 Rn. B 57). Zudem wird die Zahlung für den Verzicht auf künftige Einkünfteerzielung gewährt – die Flugbegleiterin scheidet aus einem unbefristeten Arbeitsverhältnis aus. 390

Demgegenüber ist die Zahlung eines Verpächters an einen Pächter (in Gestalt einer Mineralölgesellschaft) für die vorzeitige, einvernehmliche Beendigung eines langfristigen Tankstellen-Pachtvertrages keine Entschädigung nach § 24 Nr. 1 Buchst. b (vgl. BFH 27.11.1991 – X R 10/91, BFH/NV 1992, 455). Die Abstandszahlung ist ein Ausgleich für die Abgeltung des Erfüllungsinteresses aus dem Mietvertrag, nicht aber eine im Interesse des Verpächters liegende Entscheidung des Pächters, das Vertragsverhältnis zu beenden. 391

Einstweilen frei 392

(4) Zukunftsorientierung. Die Entschädigung wird für ein zukünftiges Verhalten des Steuerpflichtigen gewährt. Es handelt sich um den Verzicht auf eine in Zukunft liegende Einkünfteerzielung. Die dafür gewährte Leistung ist **zukunftsorientiert** (BFH 12.6.1996 – XI R 43/94, BStBl. II 1996, 516). 393

Das in der Zukunft liegende Verhalten ist maßgeblich. Im Unterschied zu § 24 Nr. 1 Buchst. a erfolgt ein **Ausgleich unabhängig** von der Abgeltung und Abwicklung von Interessen aus dem **bisherigen Rechtsverhältnis** (BFH 12.6.1996 – XI R 43/94, BStBl. II 1996, 516). Leistungen der Vergangenheit werden durch § 24 Nr. 1 Buchst. b nicht abgegolten (BFH 8.8.1986 – VI R 28/84, BStBl. II 1987, 106). Die Entschädigung wird daher losgelöst vom bisherigen Tun gewährt (KSM/*Geserich* § 24 Rn. B 50). 394

Die Nichtausübung einer Tätigkeit nach § 24 Nr. 1 Buchst. b Hs. 1 ist in diesem Sinne auch dann schon gegeben, wenn noch kein Rechtsverhältnis zwischen Leistenden und Leistungsempfänger begründet ist (vgl. BFH 23.1.2001 – XI R 7/00, BStBl. II 2001, 541). Der Steuerpflichtige muss die **Tätigkeit** insofern **noch nicht begonnen** haben (→ Rn. 338). Das Abhalten eines Konkurrenten vor einem (erstmaligen) Markteintritt zur Vermeidung einer Konkurrenzsituation ist auch als Zweck einer Entschädigung akzeptiert (LBP/*Schindler* § 24 Rn. 47 mwN). 395

Einstweilen frei 396

(5) § 24 Nr. 1 Buchst. a und § 24 Nr. 1 Buchst. b. Neben grundsätzlichen Gemeinsamkeiten zwischen den Entschädigungen nach § 24 Nr. 1 Buchst. a und § 24 Nr. 1 Buchst. b (vgl. allgemeiner, für alle Varianten geltender Entschädigungsbegriff → Rn. 53 ff. und die Voraussetzung eines außergewöhnlichen Ereignisses (→ Rn. 168 ff.; → Rn. 363 ff.; vgl. BFH 05.10.1976 – VIII R 38/72, BStBl. II 1977, 198), weisen diese zum Teil **unterschiedli-** 397

che Anforderungen auf. Die Entschädigung nach § 24 Nr. 1 Buchst. a wird für entgangene oder entgehende Einnahmen gewährt. Hingegen soll die Zahlung nach § 24 Nr. 1 Buchst. b die Aufgabe oder Nichtausübung einer Tätigkeit oder die Aufgabe einer Gewinnbeteiligung oder Anwartschaft auf eine solche ausgleichen.

398 **(a) Unterschiede.** Im Vergleich zur Entschädigung nach § 24 Nr. 1 Buchst. a muss die Ausgleichszahlung nach § 24 Nr. 1 Buchst. b nicht auf einer neuen **Rechts- oder Billigkeitsgrundlage** beruhen (vgl. BFH 13.2.1987 – VI R 230/83, BStBl. II 1987, 386; → Rn. 138 ff.; → Rn. 375 ff.).

399 Für die Entschädigung nach § 24 Nr. 1 Buchst. b wird eine gewisse **Mitwirkung** des Steuerpflichtigen gefordert (vgl. BFH 05.10.1976 – VIII R 38/72, BStBl. II 1977, 198; → Rn. 368 ff.). Dagegen muss sich der Leistungsempfänger in den Konstellationen des § 24 Nr. 1 Buchst. a in einer **Zwangslage** (Veranlassung des Leistenden oder Handeln des Steuerpflichtigen unter rechtlichem, wirtschaftlichem oder tatsächlichem Druck) befinden (→ Rn. 205 ff.; vgl. BFH 27.11.1991 – X R 10/91, BFH/NV 1992, 455).

400 Zudem wird durch eine Entschädigung nach § 24 Nr. 1 Buchst. a das Interesse an der Abgeltung und Abwicklung des **bisherigen Rechtsverhältnisses** erfasst – sie ist eher **vergangenheitsorientiert** und setzt in der Regel eine Beendigung des Rechtsverhältnisses voraus (LBP/*Schindler* § 24 Rn. 38; vgl. jedoch mit der neuesten Rechtsprechung des BFH auch teilweise mit fortbestehendem Rechtsverhältnis → Rn. 195 f.). § 24 Nr. 1 Buchst. b ist demgegenüber **zukunftsorientiert** – die Entschädigung wird für den Verzicht auf die künftige Einkünfteerzielung gewährt (vgl. BFH 8.8.1986 – VI R 28/84, BStBl. II 1987, 106; BFH 12.6.1996 – XI R 43/94, BStBl. II 1996, 516; → Rn. 393 ff.). Das Rechtsverhältnis muss für § 24 Nr. 1 Buchst. b nicht beendet werden (im Gegenteil: es muss noch nicht einmal begründet sein, vgl. BFH 23.1.2001 – XI R 7/00, BStBl. II 2001, 541).

401 Zugleich müssen nach § 24 Nr. 1 Buchst. a aufgrund des außergewöhnlichen Ereignisses (direkt) Einnahmen entfallen. Hingegen ist es bei § 24 Nr. 1 Buchst. b ausreichend, wenn die Tätigkeit aufgegeben oder nicht ausgeübt bzw. die Gewinnbeteiligung und Anwartschaft auf eine solche aufgegeben wird. Erst deren Folge ist dann der künftige Wegfall von Einnahmen (vgl. Blümich/*Heuermann*/*Fischer* § 24 Rn. 51a mwN).

402 *Einstweilen frei*

403 **(b) Abgrenzung.** Eine Abgrenzung zwischen § 24 Nr. 1 Buchst. a und § 24 Nr. 1 Buchst. b kann im Einzelfall Schwierigkeiten bereiten (im Ergebnis jedoch nachrangig, da die Vergünstigung des § 34 Abs. 1, Abs. 2 Nr. 2 die Entschädigungen nach § 24 Nr. 1 grundsätzlich vollumfänglich erfasst).

404 Der BFH geht davon aus, dass es **keine klare Trennungslinie** zwischen den beiden Vorschriften gibt (vgl. BFH 20.7.1978 – IV R 43/74, BStBl. II 1979, 9). In der Vergangenheit war eine Annäherung der Tatbestände beider Vorschriften durch die Rechtsprechung zu beobachten (vgl. *Weber-Grellet* DStR 1996, 1993 (2000)).

405 Es ist durch eine Prüfung der Gesamtumstände des Einzelfalles und gegebenenfalls im Wege der Auslegung festzustellen, wofür die Entschädigungsleistung gezahlt wird und welche sonstigen Gegebenheiten vorliegen.

406 Bei der Beendigung von Rechtsverhältnissen wird die Abfindung regelmäßig für den Wegfall entgangener oder entgehender Einnahmen gezahlt, nicht aber für die Aufgabe oder Nichtausübung einer Tätigkeit (BFH 23.1.2001 – XI R 7/00, BStBl. II 2001, 1061). Es gilt damit wohl eine widerlegbare Vermutung für die Einordnung in § 24 Nr. 1 Buchst. a. Insofern ist nicht jede Abfindung, die anlässlich einer (Änderungs-)Kündigung gezahlt wird, eine Entschädigung nach § 24 Nr. 1 Buchst. b. Eine Entschädigungsleistung nach § 24 Nr. 1 Buchst. a ist in diesen Fällen regelmäßig vorrangig anzuwenden.

407 Bei Abfindungen in Zusammenhang mit der Beendigung von Arbeitsverhältnissen ist es gleichwohl auf den ersten Blick meist nicht ersichtlich, ob sie für entgehende Einnahmen oder für die Aufgabe der Tätigkeit gezahlt werden (LBP/*Schindler* § 24 Rn. 44). Um zu einem sachgerechten Ergebnis und gegebenenfalls zu einer Widerlegung der Vermutung zu § 24 Nr. 1 Buchst. a zu gelangen, ist regelmäßig die konkrete Zweckrichtung der Entschädigung aufzudecken.

408 Der Zweck ist durch Auslegung der Vereinbarung der Parteien zu ermitteln. Gelangt diese Auslegung zu keinem oder zu keinem eindeutigen Ergebnis, erfolgt die Abgrenzung anhand

des Merkmales der Zwangslage. Ist eine Zwangslage des Empfängers (direkte Veranlassung durch den Arbeitgeber oder Handeln unter rechtlichem, wirtschaftlichem oder tatsächlichem Druck; → Rn. 205) entscheidend für die Auflösung des Arbeitsverhältnisses, muss von einer Entschädigung nach § 24 Nr. 1 Buchst. a ausgegangen werden (vgl. LBP/*Schindler* § 24 Rn. 44).

Ein solcher grundlegend zu prüfender Fall ist bspw. gegeben, wenn der Arbeitnehmer die Auflösung des Arbeitsplatzes anstrebt, weil durch Rationalisierungsmaßnahmen die Gefahr eines Wegfalles droht und er die Möglichkeit einer Umschulung wahrnehmen möchte (LBP/*Schindler* § 24 Rn. 44). Sollte in diesem Fall die Auslegung der Vereinbarung zwischen Arbeitgeber und Arbeitnehmer zu keinem (eindeutigen) Ergebnis gelangen, ist – auch wenn der Verlust des Arbeitsplatzes nur droht – von einer Zwangslage (hier wohl Handeln unter tatsächlichem Druck) und daher von einer Entschädigung nach § 24 Nr. 1 Buchst. a auszugehen. 409

Einstweilen frei 410

(c) Nebeneinander beider Entschädigungen. Neben der Konstellation, dass eine Entschädigungszahlung entweder § 24 Nr. 1 Buchst. a oder § 24 Nr. 1 Buchst. b zugeordnet werden muss, besteht die Möglichkeit, dass mehrere Entschädigungen nebeneinander vorliegen. 411

Mehrere Entschädigungsleistungen nach § 24 Nr. 1 Buchst. a und § 24 Nr. 1 Buchst. b sind dabei grundsätzlich getrennt zu erfassen (vgl. BFH 16.3.1993 – XI R 10/92, BStBl. II 1993, 497). 412

Gleichwohl ist zu beachten, dass mehrere Abfindungen in bestimmten Fällen nicht getrennt, sondern als **einheitliche Entschädigung** zu beurteilen sind (→ Rn. 87 ff.). Wird neben der Zahlung einer Abfindung als Ausgleich zur Aufhebung des Arbeitsverhältnisses eine sog. Umorientierungshilfe (finanzielle Hilfe zu Beginn eines unbezahlten Übergangsurlaubs für die berufliche und private Umorientierung) gewährt, liegt im Fall der Umorientierungshilfe keine Entschädigung nach § 24 Nr. 1 Buchst. b vor. Vielmehr handelt es sich um eine einheitliche Entschädigungsleistung als Ausgleich für den Verlust des Arbeitsplatzes, die als Abfindung nach § 24 Nr. 1 Buchst. a zu beurteilen ist (vgl. BFH 28.6.2006 – XI R 58/05, BStBl. II 2006, 835). 413

Einstweilen frei 414

cc) Übersicht konkreter Entschädigungsfälle. Im Folgenden werden ausgewählte Fälle in Zusammenhang mit Entschädigungen nach § 24 Nr. 1 Buchst. b dargelegt. 415

(1) Aufgabe und Nichtausübung einer Tätigkeit. (a) Gewinneinkunftsarten. Zahlungen in Zusammenhang mit einer **Betriebsverlegung** sind aufgrund einer fehlenden (teilweise) Aufgabe der Tätigkeit keine Entschädigungen nach § 24 Nr. 1 Buchst. b (vgl. BFH 28.9.1987 – VIII R 159/83, BFH/NV 1988, 227). Eine solche kann jedoch vorliegen, wenn die Tätigkeit am bisherigen Ort **vollständig aufgegeben** und an einem anderen Ort **vollständig neu begonnen** wird (inklusive neuem Kunden- oder Mandantenstamm, vgl. HHR/*Horn* § 24 Rn. 50 mwN). 416

Die Aufwandsentschädigung an einen **ehrenamtlich tätigen Präsidenten einer Berufskammer,** der außerdem einen gewerblichen Betrieb selbständig unterhält, ist keine Entschädigung nach § 24 Nr. 1 Buchst. b (hingegen Entschädigung nach § 24 Nr. 1 Buchst. a, soweit Ausgleich über den Ersatz der bestehenden Aufwendungen hinausgeht, → Rn. 250; BFH 26.2.1988 – III R 241/84, BStBl. II 1988, 615). 417

Der Erlös aus der **Veräußerung eines Milchlieferungsrechts** ist keine Entschädigung nach § 24 Nr. 1 Buchst. b (BFH 17.4.2007 – IV B 91/06, BFH/NV 2007, 1853). Auch die **Zahlung für eine Milchaufgabevergütung** ist keine Entschädigung nach § 24 Nr. 1 Buchst. b, wenn die Tätigkeit nicht insgesamt aufgegeben wurde (BFH 24.8.2000 – IV R 42/99, BStBl. II 2003, 67). 418

Das Entgelt für die **Übertragung aller Zuckerrübenlieferungsrechte durch einen Landwirt** ist keine Entschädigung nach § 24 Nr. 1 Buchst. b (BFH 28.2.2002 – IV R 64/00, BStBl. II 2002, 658). Die Zahlung erfolgt nicht für die Aufgabe des bisher betriebenen Zuckerrübenanbaus, sondern für die Übertragung der damit in Zusammenhang stehenden Rechte. Ist in dem Vertrag zudem die Möglichkeit des Rückerwerbs durch den Leistungs- 419 empfänger vereinbart, kann nicht von einer im Interesse des Steuerpflichtigen liegenden Übertragung ausgegangen werden.

420–422 *Einstweilen frei*

(b) Überschusseinkunftsarten. (aa) Einkünfte aus nichtselbständiger Arbeit

423 Die **Abfindung** an einen Arbeitnehmer **für die (vorzeitige) Aufgabe der Tätigkeit** kann eine Entschädigung nach § 24 Nr. 1 Buchst. b sein. Nimmt ein Arbeitnehmer freiwillig eine vertraglich geregelte Option im Arbeitsvertrag wahr, mit einem bestimmten Alter aus dem Dienstverhältnis auszuscheiden, ist die dafür gezahlte Abfindung eine Entschädigung iSd § 24 Nr. 1 Buchst. b (vgl. zum **Optionsrecht einer Flugbegleiterin** BFH 8.8.1986 – VI R 28/84, BStBl. II 1987, 106). Das besondere Interesse des Arbeitgebers liegt dann bspw. in der Verjüngung der Belegschaft (KSM/*Geserich* § 24 Rn. B 57).

424 Eine **Abfindung für die (vorzeitige) Beendigung des Arbeitsverhältnisses,** die über die bis zum normalen Kündigungstermin zustehenden Ansprüche hinausgeht, kann eine Entschädigung nach § 24 Nr. 1 Buchst. b sein (vgl. BFH 2.4.1976 – VI R 67/74, BStBl. II 1976, 490). Dies ist insbesondere der Fall, wenn der Arbeitgeber dem Arbeitnehmer mit der Entschädigungsleistung zur einvernehmlichen, freiwilligen Aufgabe seiner Tätigkeit veranlassen will – vor allem dann, wenn der Arbeitnehmer unkündbar ist oder wenn ein Arbeitnehmer zwar kündbar ist, der Arbeitgeber aber durch Zahlung einer Entschädigung Streitigkeiten über die Wirksamkeit einer Kündigung vermeiden will oder wenn möglich, sich für den Arbeitnehmer aus der Beendigung des Arbeitsverhältnisses ergebende Härten Rechnung getragen werden soll, soweit es sich nicht um bisherige Ansprüche unmittelbar aus dem Arbeitsvertrag handelt (BFH 2.4.1976 – VI R 67/74, BStBl. II 1976, 490).

425 Die **Abfindungsleistung** ist jedoch dann keine Entschädigung nach § 24 Nr. 1 Buchst. b, wenn das Arbeitsverhältnis aufgrund von Rationalisierungsmaßnahmen des Arbeitgebers beendet wurde (BFH 30.1.1991 – XI R 21/88, BFH/NV 1992, 646). Die erforderliche Mitwirkung des Steuerpflichtigen ist in diesem Fall nicht gegeben.

426 Die **Abfindung für die Herabsetzung einer Pensionszusage** ist keine Entschädigung nach § 24 Nr. 1 Buchst. b (vgl. BFH 6.3.2002 – XI R 36/01, BFH/NV 2002, 1144).

427 Die **Ablösesumme,** die bei einem Vereinswechsel zum Teil auch **an einen Sportler** gezahlt wird, ist keine Entschädigung nach § 24 Nr. 1 Buchst. b, wenn die Zahlung für die Aufnahme einer Tätigkeit bei dem neuen Verein und nicht für die Aufgabe der Tätigkeit beim alten Verein gezahlt wird (FG Köln 28.8.1998 – 15 K 4889/98, EFG 1998, 1586; KSM/*Geserich* § 24 Rn. B 60; aufgrund fehlender neuer Rechtsgrundlage auch keine Entschädigung nach § 24 Nr. 1 Buchst. a, → Rn. 270).

428 Eine Abfindungszahlung für die **Bezirksverkleinerung eines angestellten Versicherungsvertreters** kann eine Entschädigung nach § 24 Nr. 1 Buchst. b sein (vgl. BFH 23.1.2001 – XI R 7/00, BStBl. II 2001, 541).

429 **Übergangsgelder** nach § 62 BAT ua, die nach der Kündigung des Dienstverhältnisses gezahlt werden, sind keine Entschädigungen nach § 24 Nr. 1 Buchst. b (vgl. BFH 21.6.1990 – X R 45/86, BFH/NV 1991, 88; BFH 18.9.1991 – XI R 8/90, BStBl. II 1992, 34).

430 Scheidet ein Arbeitnehmer **vorzeitig aus dem Dienstverhältnis** aus und erhält er hingegen weiterhin – aufgrund einer mit ihm getroffenen Entscheidung – für eine Vielzahl von Jahren die **Bezüge,** die ihm beim Verbleiben im Dienst zugestanden hätten, liegt keine Entschädigung nach § 24 Nr. 1 Buchst. b vor (BFH 11.12.1970 – VI R 66/66, BStBl. II 1971, 137).

431 Der **Wechsel von einer unselbständigen zu einer selbständigen Tätigkeit** (oder umgekehrt) kann eine Aufgabe der Tätigkeit sein und damit eine Entschädigung nach § 24 Nr. 1 Buchst. b auslösen (vgl. KSM/*Geserich* § 24 Rn. B 61 mwN). Grundsätzlich ist eine **qualitative Änderung der Tätigkeit notwendig.** Bei einer Herabsetzung in Zusammenhang mit einer geringeren Entlohnung ist eine solche gegeben. Nicht jedoch bei einer reinen Umsetzung des Arbeitnehmers innerhalb des Unternehmens (bloße Fortsetzung der Tätigkeit) oder einem Wechsel von Vollzeit auf Teilzeit.

432–434 *Einstweilen frei*

(bb) Sonstige Überschusseinkünfte

435 Die **Abstandszahlung** eines Mieters an den Vermieter **für die vorzeitige Entlassung aus dem Miet- oder Mietvorvertrag** ist keine Entschädigung nach § 24 Nr. 1 Buchst. b (vgl. BFH 21.8.1990 – VIII R 17/86, BStBl. II 1991, 76; es ist Entschädigung nach § 24 Nr. 1 Buchst. a möglich → Rn. 300).

Die vorzeitige **Aufhebung eines langfristigen Tankstellenpachtvertrages gegen eine Abstandszahlung** vom Pächter soll das Erfüllungsinteresse des Verpächters aus dem Mietvertrag abgelten und ist daher keine Entschädigungsleistung nach § 24 Nr. 1 Buchst. b (BFH 27.11.1991 – X R 10/91, BFH/NV 1992, 455). Es handelt sich nicht um eine Abfindung, die eine im Interesse des Verpächters liegende Entscheidung des Pächters, das Vertragsverhältnis zu beenden, ausgleicht. 436

Bezüge einer Witwe (Notstandsbeihilfe, Übergangsgeld oder ähnliche Leistung), die sie als nahe Angehörige eines verstorbenen Berufsträgers (Arzt) erhält, sind keine Entschädigungen für die Aufgabe oder Nichtausübung einer Tätigkeit nach § 24 Nr. 1 Buchst. b (BFH 14.4.1966 – IV 335/65, BStBl. III 1966, 458). Die Witwe eines Berufstätigen hatte keine Einnahmen aus der Berufstätigkeit, kann also nicht für deren Wegfall entschädigt werden. 437

Die **Vorfälligkeitsentschädigung,** die ein Darlehensnehmer für die vorzeitige Kündigung des Darlehens an den Darlehensgeber zahlt, ist keine Entschädigung nach § 24 Nr. 1 Buchst. b (vgl. BFH 10.3.1992 – VIII R 66/89, BStBl. II 1992, 1032; Begründung, dass nur Tätigkeiten iSd § 2 Abs. 1 Satz 1 Nr. 1 bis 4 erfasst werden und die Nichtfortsetzung des Kapitalnutzungsverhältnisses daher nicht unter die Norm fällt, kann nicht überzeugen; gleichwohl richtiges Ergebnis, da die Vorfälligkeitsentschädigung nicht für die Aufgabe der Tätigkeit, sondern als Ausgleich für die Interessen des bisherigen Rechtsverhältnisses anzusehen ist). 438

Einstweilen frei 439–441

(2) Aufgabe einer Gewinnbeteiligung oder einer Anwartschaft auf eine solche. Eine **Abfindung** für die **Herabsetzung der Gewinnbeteiligung** ist als Entschädigung iSv § 24 Nr. 1 Buchst. b zu werten (auch von disquotal auf quotal, vgl. Blümich/*Heuermann/Fischer* § 24 Rn. 56a). Wird der Gewinnanteil eines Mitunternehmers herabgesetzt und erhält ein anderer Mitunternehmer diesen Anteil entgeltlich, ist die dafür gewährte Abfindung eine Entschädigung nach § 24 Nr. 1 Buchst. b Hs. 2. 442

Gleiches gilt für die **Aufgabe der Gewinnbeteiligung** gegen eine Ausgleichszahlung – aber nur, wenn die Gewinnbeteiligung nicht auf dem Verlust der Beteiligung als solche beruht (vgl. LBP/*Schindler* § 24 Rn. 49 mwN). Mit der Aufgabe der Gewinnbeteiligung darf keine Änderung am Gesellschaftskapital zusammenhängen (vgl. KSM/*Geserich* § 24 Rn. B 62). Ansonsten liegen originäre Gewinneinkünfte vor. 443

Die Veräußerung eines Mitunternehmeranteils unterliegt § 16 Abs. 1 Satz 1 Nr. 2, die Herabsetzung des Gewinnanteils eines Mitunternehmers hingegen § 24 Nr. 1 Buchst. b Hs. 2 (vgl. HHR/*Horn* § 24 Rn. 56; umfassend KSM/*Geserich* § 24 Rn. B 62). 444

Eine Abfindung für die **Aufgabe einer Anwartschaft** auf eine Gewinnbeteiligung liegt vor, wenn ein **Vermächtnisnehmer** auf seinen testamentarisch eingeräumten Anspruch auf Einräumung einer Gewinnbeteiligung gegen eine Ausgleichszahlung verzichtet (LBP/*Schindler* § 24 Rn. 50). Gleiches gilt für den Fall, dass ein **Nacherbe** einen solchen Anspruch auf einen mit einer Gewinnbeteiligung ausgestatteten Gesellschaftsanteils aufgibt (LBP/*Schindler* § 24 Rn. 50). 445

Die **Ausgleichszahlung an den (typisch) stillen Gesellschafter** für die vorzeitige Beendigung einer stillen Gesellschaft ist eine Entschädigung für die Aufgabe einer Gewinnbeteiligung nach § 24 Nr. 1 Buchst. b, wenn sie keine Kapitalrückzahlung oder Zahlung der laufenden Gewinnbeteiligung ist (vgl. BFH 14.2.1984 – VIII R 126/82, BStBl. II 1984, 580; BFH 16.8.1995 – VIII B 156/94, BFH/NV 1996, 125). 446

Keine Entschädigung für die Aufgabe einer Gewinnbeteiligung nach § 24 Nr. 1 Buchst. b ist bei **gewinnabhängigen Vergütungen** von leitenden Angestellten gegeben (vgl. BFH 19.1.1976 – VI R 67/75, BStBl. II 1976, 286). 447

Die Abfindung für die Ablösung von **Pensionsansprüchen** eines Gesellschafter-Geschäftsführers, die nicht mit einer Anteilsveräußerung einhergeht, ist keine Entschädigung für die Aufgabe einer Gewinnbeteiligung (vgl. BFH 3.12.2003 – XI R 30/02, BFH/NV 2004, 1225; BFH 3.12.2003 – XI R 31/02, DStRE 2004, 812; bei gleichzeitiger Anteilsveräußerung kann § 24 Nr. 1 Buchst. a in Betracht kommen, vgl. BFH 12.12.2001 – XI R 38/00, BFH/NV 2002, 638; BFH 27.7.2004 – IX R 64/01, BFH/NV 2005, 191). 448

449 Der **Verzicht auf bereits erdiente Tantiemeansprüche** sind ebenfalls keine Entschädigungszahlungen nach § 24 Nr. 1 Buchst. b (sondern zusätzliches Entgelt für die nichtselbständige Arbeit, vgl. BFH 10.10.2001 – XI R 50/99, BStBl. II 2002, 698; BFH 6.11.2002 – XI R 2/02, BFH/NV 2003, 745). Ist der Anspruch auf Tantieme eines Gesellschafter-Geschäftsführers hingegen als **verdeckte Gewinnausschüttung** zu qualifizieren (Betrag übersteigt 50% des Jahresgewinns der Gesellschaft) und verzichtet der Steuerpflichtige auf diese Zusage gegen Entgelt, kann ein Fall des § 24 Nr. 1 Buchst. b vorliegen (vgl. LBP/*Schindler* § 24 Rn. 49 mwN).

450–452 *Einstweilen frei*

453 **(3) Besonderheit Wettbewerbsverbot.** Der klassische Anwendungsfall des § 24 Nr. 1 Buchst. b sind sog. **Karenzentschädigungen für Wettbewerbsverbote oder Wettbewerbsbeschränkungen** (auch Konkurrenzverzicht), die bei Aufgabe oder Nichtausübung einer Tätigkeit oder Aufgabe einer Gewinnbeteiligung gewährt werden (vgl. stv. BFH 12.6.1996 – XI R 43/94, BStBl. II 1996, 516; BFH 23.2.1999 – IX R 86/95, BStBl. II 1999, 590; häufig bei Unternehmens- oder Geschäftsanteilsveräußerungen mit einer Vielzahl von gegenseitigen Rechten und Pflichten, vgl. Blümich/*Heuermann/Fischer* § 24 Rn. 57; LBP/*Schindler* § 24 Rn. 48).

454 Wettbewerbsverbote sind Verpflichtungen des Leistungsempfängers gegen Entgelt (sog. Karenzentschädigung; Einmalbetrag; laufende monatliche Zahlungen sind wohl § 24 Nr. 2 einzuordnen, vgl. Blümich/*Heuermann/Fischer* § 24 Rn. 58 mwN – dann jedoch keine Zusammenballung nach § 34, vgl. FG Sachsen-Anhalt 22.10.2014 – 2 K 272/12, BeckRS 2015, 94497) nach Beendigung des Rechtsverhältnisses – meist für eine bestimmte Zeit – keine Tätigkeit für Unternehmen auszuüben, die in Wettbewerb mit dem Leistenden stehen. Regelmäßig wird jede selbständige direkte oder indirekte oder unselbständige Tätigkeit für ein Konkurrenzunternehmen untersagt (BFH 12.6.1996 – XI R 43/94, BStBl. II 1996, 516).

455 Es handelt sich üblicherweise um eine Gegenleistung für die Nichtausübung einer Tätigkeit und damit für den Verzicht auf eine mögliche Einkünfteerzielung. Es ist nicht erforderlich, dass sich der Einnahmenverlust im Zeitpunkt der Vereinbarung konkret abzeichnet. Er muss sich vielmehr nur mit hinreichender Wahrscheinlichkeit erwarten lassen (BFH 5.10.1976 – VIII R 38/72, BStBl. II 1977, 198).

456 Das besondere Interesse des Leistenden ist regelmäßig wirtschaftlicher Natur (vgl. HHR/*Horn* § 24 Rn. 48).

457 Das Wettbewerbsverbot kann im ursprünglichen (Arbeits-)Vertrag geregelt werden (vgl. BFH 13.2.1987 – VI R 230/83, BStBl. II 1987, 386; kein Erfordernis einer neuen Rechts- oder Billigkeitsgrundlage → Rn. 375 f.). Es sind auch solche Konstellation erfasst, in der sich ein Arbeitnehmer im Arbeitsvertrag von vornherein verpflichtet, für die Zeit nach Beendigung des Arbeitsverhältnisses eine bestimmte Tätigkeit gegen eine Abfindung nicht auszuüben (FG Sachsen-Anhalt 22.10.2014 – 2 K 272/12, BeckRS 2015, 94497 mwN).

458 Die steuerliche Behandlung von Karenzentschädigungen für Wettbewerbsverbote war in Rechtsprechung und Literatur umstritten. Nur teilweise wurde in der Zahlung eine Entschädigung nach § 24 Nr. 1 Buchst. b gesehen (vgl. BFH 26.5.1965 – I 84/63 U, BStBl. III 1965, 480).

459 Es wurde zudem auch die Meinung vertreten, dass nur bei Wettbewerbsverboten ohne eigene wirtschaftliche Bedeutung eine Einordnung in § 24 Nr. 1 Buchst. b überhaupt möglich sei. Anderenfalls sei von sonstigen Leistungen nach § 22 Nr. 3 auszugehen – eine Einordnung als Entschädigung in § 24 Nr. 1 Buchst. b sei dann ausgeschlossen (vgl. BFH 21.9.1982 – VIII R 140/79, BStBl. II 1983, 289 mwN).

460 Mit BFH 12.6.1996 – XI R 43/94, BStBl. II 1996, 516 wurde die bisherige Ansicht der Rechtsprechung dahingehend geändert, dass die Karenzentschädigung – auch wenn das Wettbewerbsverbot umfassend als vertragliche Hauptleistungspflicht eines selbständigen, schuldrechtlichen Vertragsverhältnisses vereinbart ist – eine Entschädigung nach § 24 Nr. 1 Buchst. b sein kann.

461 In späteren Entscheidungen beschäftigte sich das oberste Finanzgericht noch einmal umfassend mit der Thematik der Wettbewerbsverbote (vgl. BFH 23.2.1999 – IX R 86/95, BStBl. II 1999, 590; BFH 11.3.2003 – IX R 76/99, BFH/NV 2003, 1161 in Zusammenhang mit der Veräußerung einer wesentlichen Beteiligung). So kann mit dem BFH auch in einem umfassenden Wettbewerbsverbot eine Leistung nach § 22 Nr. 3 zu sehen sein (vgl. BFH 11.3.2003 – IX R 76/99, BFH/NV 2003, 1161; nach BFH 23.2.1999 – IX R 86/95, BStBl. II 1999, 590 dann, wenn die untersagten Tätigkeiten mehreren Einkunftsarten zuzuordnen sind und/oder eine eindeutige Einordnung nicht möglich ist (bspw. in §§ 15 oder 19) und insofern § 22 Nr. 3 greift, → Rn. 78), die aber einer Anwendung von § 24 Nr. 1 Buchst. b nicht entgegensteht (frühere Ansicht des BFH ist insofern überholt, vgl. BFH 23.2.1999 – IX R 86/95, BStBl. II 1999, 590).

Die weitere Behandlung macht die Rechtsprechung davon abhängig, ob dem Wettbewerbsverbot eine eigenständige wirtschaftliche Bedeutung zukommt (vgl. BFH 23.2.1999 – IX R 86/95, BStBl. II 1999, 590 mwN; BFH 11.3.2003 – IX R 76/99, BFH/NV 2003, 1161 mwN). Dies richtet sich nach den tatsächlichen Umständen des Einzelfalles. **462**

Eine eigenständige wirtschaftliche Bedeutung des Wettbewerbsverbots ist im Falle einer Betriebsveräußerung (wie in den entschiedenen Fällen des BFH) im Regelfall zu verneinen (vgl. BFH 23.2.1999 – IX R 86/95, BStBl. II 1999, 590). Es geht vielmehr in dem erworbenen Geschäftswert auf, da es dem Erwerber zur Sicherstellung der Gewinnmöglichkeiten des Unternehmens dient. In diesem Fall stellt die Karenzentschädigung einen unselbständigen Teil des Kaufpreises dar und ist dem Veräußerungsgewinn zuzuordnen (originäre betriebliche (Veräußerungs-)Einkünfte nach §§ 16 und 17 oder dem UmwStG; vgl. BFH 23.2.1999 – IX R 86/95, BStBl. II 1999, 590; BFH 11.3.2003 – IX R 76/99, BFH/NV 2003, 1161). **463**

Hingegen liegt eine eigenständige wirtschaftliche Bedeutung vor, wenn verschiedene – vom BFH in diesem Urteil aufgestellte – Kriterien erfüllt sind. Das Wettbewerbsverbot muss zeitlich begrenzt sein (vgl. kritisch Schmidt/*Wacker* § 24 Rn. 39) und sich in seiner wirtschaftlichen Bedeutung herausheben. Dies muss zudem in den getroffenen Vereinbarungen – vor allem in einem neben dem Kaufpreis geleisteten Entgelt (auch verdeckt möglich) – eindeutig zum Ausdruck kommen (BFH 11.3.2003 – IX R 76/99, BFH/NV 2003, 1161 mwN). Es muss ausgeschlossen werden, dass durch das gesonderte Entgelt wirtschaftlich weder der Geschäftswert noch ein immaterielles Wirtschaftsgut vergütet werden soll (vgl. insgesamt kritisch zu deren Eigenschaft als Voraussetzungen Blümich/*Heuermann*/*Fischer* § 24 Rn. 57, die sie lediglich als Indizien betrachten). **464**

Hat das Wettbewerbsverbot nach diesen Kriterien eine eigenständige wirtschaftliche Bedeutung, ist die Karenzentschädigung eine zusätzliche sonstige Leistung nach § 22 Nr. 3 (vgl. LBP/*Schindler* § 24 Rn. 48). In diesem Zusammenhang ist außerdem eine Entschädigung iSd § 24 Nr. 1 Buchst. b gegeben (vgl. BFH 23.2.1999 – IX R 86/95, BStBl. II 1999, 590). **465**

Einstweilen frei **466–467**

c) § 24 Nr. 1 Buchst. c. § 24 Nr. 1 Buchst. c betrifft Entschädigungen, die als **Ausgleichszahlungen an Handelsvertreter nach § 89b HGB** gewährt worden sind. Es handelt sich um eine eng auszulegende steuerliche **Sonderregelung,** mit der die Anwendung der Steuerermäßigung nach § 34 – trotz fehlendem Veräußerungsgewinns – eröffnet wird (vgl. Kirchhof/*Mellinghoff* § 24 Rn. 22; Blümich/*Heuermann*/*Fischer* § 24 Rn. 60; darüber hinaus ist für eine Begünstigung nach § 34 Abs. 1, 2 Nr. 2 eine Zusammenballung notwendig; → § 34 Rn. 195 ff.). **468**

Bei der Ausgleichszahlung nach § 89b HGB handelt es sich grundsätzlich um **laufende gewerbliche Einkünfte,** auch wenn die Beendigung des Vertragsverhältnisses mit der Veräußerung oder Aufgabe des Betriebs des Handelsvertreters zusammenfällt (BFH 5.12.1968 – IV R 270/66, BStBl. II 1969, 196 mwN; BFH 25.7.1990 – X R 111/88, BStBl. II 1991, 218; Kirchhof/*Mellinghoff* § 24 Rn. 21). Der Ausgleichsanspruch gehört grundsätzlich nicht mit zum Veräußerungsgewinn nach § 16. **469**

aa) Spezifischer Entschädigungsbegriff. Es handelt sich um eine **Rechtsgrundverweisung** (KSM/*Geserich* § 24 Rn. B 66). Liegen die zivilrechtlichen Voraussetzungen des § 89b HGB vor, ist der spezifische Entschädigungsbegriff und § 24 Nr. 1 Buchst. c erfüllt – ohne dass weitere steuerliche Anforderungen gestellt werden oder erfüllt sein müssen. **470**

Die Entschädigung muss daher einem **Handelsvertreter** (→ Rn. 472 ff.) als Leistungsempfänger gewährt werden. Zudem muss es sich um einen **Ausgleichsanspruch nach § 89 HGB** handeln (→ Rn. 479 ff.), der bei **Vertragsbeendigung** geleistet wird (→ Rn. 495 ff.). **471**

472 **(1) Handelsvertreter.** Gemäß § 84 Abs. 1 HGB ist ein Handelsvertreter, wer als **selbständiger Gewerbetreibender** ständig damit betraut ist, **für einen anderen Unternehmer Geschäfte zu vermitteln** oder **in dessen Namen abzuschließen.** Dabei ist selbständig, wer im Wesentlichen frei seine Tätigkeit gestalten und seine Arbeitszeit bestimmen kann. Ein Unternehmer kann grundsätzlich auch ein Handelsvertreter sein, § 84 Abs. 3 HGB.

473 Wer hingegen **unselbständig** damit betraut ist, für einen Unternehmer Geschäfte zu vermitteln oder in dessen Namen abzuschließen, ist als Angestellter anzusehen, § 84 Abs. 2 HGB. Diesen stehen keine gesetzlichen Ausgleichsansprüche nach § 89b HGB zu (vgl. BFH 23.1.2001 – XI R 7/00, BStBl. II 2001, 541). Gleiches gilt für selbständige Handels-, Versicherungs- und Bausparkassenvertreter im **Nebenberuf,** § 92b Abs. 1 S. 1 HGB (Blümich/*Heuermann/Fischer* § 24 Rn. 62).

474 Es gibt verschiedene **Erscheinungsformen** des Handelsvertreters, die für die Besteuerung keine Rolle spielen, sofern das Vertragsverhältnis zwischen den Parteien als Handelsvertreterverhältnis zu interpretieren ist. Der Handelsvertreter kann als Ein- oder Mehrfirmenvertreter sowie als Bezirks- oder Alleinvertreter in Erscheinung treten (vgl. Blümich/*Heuermann/Fischer* § 24 Rn. 62). Auf dem Waren- und Dienstleistungsmarkt besteht die Möglichkeit, als Absatz- oder Abschlussvermittler zu agieren.

475 Überdies ist bei **Versicherungs- und Bausparkassenvertretern** (§ 89b Abs. 5 HGB iVm § 92 Abs. 2, Abs. 5 HGB) und in analoger Anwendung bei sonstigen Gewerbetreibenden innerhalb **bestimmter Vertriebssysteme** ein Ausgleichsanspruch nach § 89b HGB möglich (vgl. Blümich/*Heuermann/Fischer* § 24 Rn. 62 mwN; → Rn. 489 ff.). Das Vertragsverhältnis und die tatsächlichen Ausführungen müssen dann im Wesentlichen denen zwischen einem Handelsvertreter und einem Unternehmen entsprechen (iE wirtschaftlich weitgehende Gleichsetzung mit dem Handelsvertreter, vgl. BGH 25.3.1982 – I ZR 146/80, NJW 1982, 2819).

476 **Vertragshändler** haben einen entsprechenden Ausgleichsanspruch, wenn sie in das Vertriebssystem des Lieferanten integriert sind und bei Beendigung des Vertragsverhältnisses verpflichtet sind, den Kundenstamm an den Lieferanten zu übertragen (Kirchhof/*Mellinghoff* § 24 Rn. 24 mwN). Gleiches gilt für **Kommissionsagenten** und **Franchisenehmer** (vgl. BFH 24.1.1974 – IV R 76/70, BStBl. II 1974, 295).

477 Ausgleichszahlungen an **Mitunternehmer** bei Handelsvertreterverträgen zwischen Unternehmern und Personenmehrheiten können § 24 Nr. 1 Buchst. c unterliegen (vgl. KSM/*Geserich* § 24 Rn. B 72 mwN).

478 *Einstweilen frei*

479 **(2) Ausgleichsanspruch nach § 89b HGB.** Es handelt sich bei dem Ausgleichsanspruch nach § 89b HGB seiner rechtlichen und wirtschaftlichen Natur nach um einen **zusätzlichen Vergütungsanspruch** des Handelsvertreters, der für die vor Vertragsende geleisteten und nach Vertragsende fortwirkenden Dienste geleistet wird (BFH 25.7.1990 – X R 111/88, BStBl. II 1991, 218; vgl. auch BFH 22.10.1959 – IV 118/59 S, BStBl. III 1960, 21).

480 Der Ausgleichsanspruch folgt unmittelbar aus dem Handelsvertreterverhältnis und setzt keinen besonderen Willensentschluss – wie etwa bei Aufgabe oder Veräußerung des Betriebs des Handelsvertreters – voraus (BFH 25.7.1990 – X R 111/88, BStBl. II 1991, 218; → Rn. 497). Die Ausgleichszahlung nach § 89b HGB ist dem laufenden Gewinn zuzurechnen.

481 Der Unternehmer wird als Schuldner der Ausgleichsleistung verpflichtet (LBP/*Schindler* § 24 Rn. 60). Zahlungen eines anderen Dritten werden nicht von § 24 Nr. 1 Buchst. c erfasst, außer der Dritte übernimmt als Nachfolger die Verbindlichkeit des Unternehmers und handelt daher für seine Rechnung (vgl. BFH 9.10.1996 – XI R 71/95, BStBl. II 1997, 236; nicht jedoch als neuer Unternehmer im Sinne eines neuen Vertragsverhältnisses, vgl. KSM/*Geserich* § 24 Rn. B 67 mwN).

482 § 24 Nr. 1 Buchst. c erfasst dabei nur solche Entschädigungen, die dem Handelsvertreter **unmittelbar** nach § 89b HGB oder **durch entsprechende Anwendung** dieser Norm gewährt werden.

483 *Einstweilen frei*

484 **(a) Unmittelbarer Anspruch aus § 89b HGB.** Die Ausgleichszahlung nach § 89b HGB wird grundsätzlich für die Überlassung des von dem Handelsvertreter geschaffenen

Kundenstamms an den Unternehmer geleistet (BGH 28.4.1988 – I ZR 66/87, BB 1988, 2199 mwN). Die Voraussetzungen für diesen Anspruch finden sich in § 89b Abs. 1 HGB.

Der **Unternehmer** erhält aufgrund der durch den Handelsvertreter neu geworbenen Kunden **Vorteile** (§ 89b Abs. 1 Nr. 1 HGB) und zugleich **entgehen** dem **Handelsvertreter künftige Provisionen,** die er mit diesen Kunden erwirtschaftet hätte (§ 89b Abs. 1 Nr. 2 HGB). Die Ausgleichszahlung ist in diesen Fällen geboten, wenn sie unter Berücksichtigung aller Umstände der **Billigkeit** entspricht (§ 89b Abs. 1 Nr. 2 HGB). Der Neukundengewinnung steht dabei die **wesentliche Erweiterung der Geschäftsbeziehung eines bisherigen Kunden** gleich, wenn sich diese wirtschaftlich wie die Werbung eines neuen Kunden darstellt (§ 89b Abs. 1 S. 2 HGB). Die Voraussetzungen des § 89b Abs. 1 HGB müssen **kumulativ** vorliegen (vgl. BFH 19.8.1982 – IV R 227/79, BeckRS 1982, 05350 mwN). 485

Darüber hinaus darf der Ausgleichsanspruch nicht nach § 89b Abs. 3 HGB **ausgeschlossen** sein. So besteht der Anspruch nicht, wenn der Handelsvertreter das Vertragsverhältnis gekündigt hat, außer die Fortsetzung ist aufgrund eines begründeten Verhaltens des Unternehmers oder durch Alter oder Krankheit des Handelsvertreters nicht mehr zumutbar (§ 89b Abs. 3 Nr. 1 HGB). Gleichermaßen verhält es sich, wenn die Vertragsbeendigung durch den Unternehmer aufgrund eines schuldhaften Verhaltens des Handelsvertreters begründet ist (§ 89b Abs. 3 Nr. 2 HGB). Zudem wird der Anspruch nach § 89b HGB ausgeschlossen, wenn ein neuer Vertreter in das Vertragsverhältnis – anstelle des Handelsvertreters – eintritt und dies auf einer Vereinbarung zwischen dem Unternehmer und dem Handelsvertreter beruht (§ 89b Abs. 3 Nr. 3 HGB). Das gilt auch dann, wenn der Nachfolger dem Handelsvertreter eine Zahlung leistet, die die Ausgleichszahlung zwischen Unternehmer und Handelsvertreter ersetzen soll (vgl. Kirchhof/*Mellinghoff* § 24 Rn. 22 mwN). 486

Wird die Vorschrift des § 89b HGB zwischen den Parteien wirksam **abbedungen,** scheidet eine Anwendung des § 24 Nr. 1 Buchst. c aus (Kirchhof/*Mellinghoff* § 24 Rn. 22; FG Hamburg 12.12.2003 – VII 102/00, EFG 2004, 810). 487

Einstweilen frei 488

(b) Leistungen nach § 89b HGB analog. § 24 Nr. 1 Buchst. c erfasst auch solche **Zahlungen,** bei denen § 89b HGB sinngemäß und insofern **analog** angewendet wird (vgl. BFH 12.10.1999 – VIII R 21/97, BStBl. II 2000, 220; insgesamt auch → Rn. 472 ff.). 489

Wird bei einem **Vertragshändler § 89b HGB analog** angewendet, ist die geleistete Zahlung unter § 24 Nr. 1 Buchst. c zu fassen (→ Rn. 476). Gleiches gilt bei § 89b HGB entsprechenden Ausgleichsleistungen an **Kommissionsagenten** und **Franchisenehmer** (vgl. BFH 24.1.1974 – IV R 76/70, BStBl. II 1974, 295). 490

Der BGH hat eine sinngemäße Anwendung des § 89b HGB auch bei **Markenlizenznehmern** angenommen, wenn der Lizenznehmer in die Absatzorganisation des Lizenzgebers eingebunden und die Übertragung des Kundenstamms bei Beendigung verpflichtend ist (vgl. BGH 29.4.2010 – I ZR 3/09, NJW 1981, 923; vgl. auch LBP/*Schindler* § 24 Rn. 64). 491

Weiterhin wird § 24 Nr. 1 Buchst. c sinngemäß angewendet, wenn ein Versicherungsvertreter für eine wesentliche Einschränkung seines Arbeitsgebietes eine nach § 89b HGB berechnete Ausgleichszahlung erhält (vgl. BFH 29.3.2006 – X R 55/04, BFH/NV 2006, 1641; **Teilbeendigung** → Rn. 499 f.). 492

Erhält ein Handelsvertreter bei Beendigung des Vertrages einen **Ausgleichsanspruch nach ausländischem Recht,** ist § 24 Nr. 1 Buchst. c im Wege der teleologischen Extension anwendbar, wenn der ausländische Anspruch dem Anspruch nach § 89b HGB hinsichtlich seiner Rechtsnatur und seinen Voraussetzungen im Wesentlichen entspricht (FG Düsseldorf 12.3.1997 – 14 K 2456/93 E, EFG 1997, 668; offen gelassen von BFH 24.1.1974 – IV R 76/70, BStBl. II 1974, 295). Er muss sich wie der Anspruch nach § 89b HGB allein auf die Beendigung des Vertrags beziehen und dem Vorteilsausgleich dienen. Die Begünstigung kann jedoch nicht in einem weiteren Umfang als § 89b Abs. 2 HGB gewährt werden – die Vorschrift bildet auch bei Anwendung des § 24 Nr. 1 Buchst. c auf einen nach ausländischen Recht bestehenden Ausgleichsanspruch die Höchstgrenze für die tarifermäßigte Besteuerung (FG Düsseldorf 12.3.1997 – 14 K 2456/93 E, EFG 1997, 668; → Rn. 506). 493

Einstweilen frei 494

(3) Beendigung des Vertragsverhältnisses. Der Ausgleichsanspruch eines Handelsvertreters nach § 89b HGB entsteht erst bzw. frühestens mit der **Beendigung des Vertragsverhältnisses** (BFH 9.2.2011 – IV R 37/08, BFH/NV 2011, 1120). 495

496 Die **Grundlage und Art** der Beendigung ist für die Besteuerung **unerheblich.** Sie kann durch Zeitablauf, Kündigung, einvernehmliche Vertragsaufhebung, Vertragsanfechtung, auflösende Bedingung oder Befristung, Insolvenz des Unternehmers, Erreichen von Altersgrenzen, Tod des Handelsvertreters ua erfolgen (Blümich/*Heuermann/Fischer* § 24 Rn. 61 mwN; KSM/*Geserich* § 24 Rn. B 81). Auch die vollumfängliche Änderung der rechtlichen oder tatsächlichen (Vertrags-)Grundlagen bei Fortsetzung der Tätigkeit kann als Beendigung in Betracht gezogen werden (HHR/*Horn* § 24 Rn. 64). So ist die einvernehmliche **Auswechslung des Bezirks** als Beendigung des Vertragsverhältnisses anzusehen (BFH 9.10.1996 – XI R 71/95, BStBl. II 1997, 236).

497 **Nicht** erforderlich ist die komplette **Aufgabe oder Veräußerung** des Betriebs des Handelsvertreters (der Ausgleichsanspruch setzt keinen besonderen Willensentschluss voraus – wie es bei der Aufgabe oder Veräußerung notwendig gewesen wäre, vgl. BFH 25.7.1990 – X R 111/88, BStBl. II 1991, 218). Vielmehr ist die Beendigung des **Vertragsverhältnisses** zwischen Unternehmer und Handelsvertreter entscheidend. § 24 Nr. 1 Buchst. c erfasst daher eher das konkrete Geschäftsverhältnis als die gesamte Tätigkeit des Handelsvertreters.

498 Es kann durchaus möglich sein, dass die Vertragsbeendigung mit der Aufgabe oder Veräußerung des (Teil-)Betriebs des Handelsvertreters zusammenfällt (vgl. BFH 19.2.1987 – IV R 72/83, BStBl. II 1987, 570 mwN). Auch dann gehört die Ausgleichsleistung nach § 89b HGB – als letzter Geschäftsvorfall – zu den laufenden, gewerbesteuerpflichtigen Einkünften und nicht zum Aufgabe- oder Veräußerungsgewinn (vgl. auch Blümich/*Heuermann/Fischer* § 24 Rn. 61; vgl auch KSM/*Geserich* § 24 Rn. B 89).

499 § 24 Nr. 1 Buchst. c enthält eine gesetzliche Regelungslücke, wenn die Vorschrift keine Ausgleichszahlungen erfasst, die nach § 89b HGB berechnet und einem Handelsvertreter bei einer wesentlichen Einschränkung seines Arbeitsgebiets gewährt wurde (BFH 29.3.2006 – X R 55/04, BFH/NV 2006, 1641; **Teilbeendigung;** vgl. insgesamt auch LBP/*Schindler* § 24 Rn. 65 mwN). Aus dem allgemeinen Gleichbehandlungsgrundsatz nach Art. 3 Abs. 1 GG folgt eine Gleichstellung dieses Falles mit der klassischen Konstellation einer Ausgleichszahlung an einen Handelsvertreter für die Beendigung der Tätigkeit.

500 Deshalb ist bei einer nach ihrer Größenordnung nicht unbedeutenden Teilbeendigung der Vertragsbeziehungen zu einem Unternehmer eine analoge Anwendung von § 24 Nr. 1 Buchst. c geboten, wenn und soweit die Ausgleichszahlung entsprechend den Vorgaben des § 89b HGB berechnet worden ist (vgl. auch Begründung des BFH 29.3.2006 – X R 55/04, BFH/NV 2006, 1641). Eine in diesem Fall erforderliche Berechnung der Ausgleichszahlung nach § 89b HGB ist aufgrund einer wirksamen Abgrenzung zu § 87 Abs. 2 HGB (Bezirksprovision), § 87 Abs. 4 HGB (Inkassoprovision), § 90a Abs. 1 S. 3 HGB (Wettbewerbsverbot) geboten. Zugleich darf die Zahlung nicht der Versorgung des Handels- oder Versicherungsvertreters oder dessen Familie dienen.

501 *Einstweilen frei*

502 **bb) Ergänzungen. (1) Höchstgrenze nach § 89b Abs. 2 HGB.** § 89b Abs. 2, 5 S. 2 HGB enthalten **Höchstgrenzen** für einen angemessenen Ausgleich des Handelsvertreters, die auch für das Steuerrecht Wirkung entfalten. Dabei ist von den Bruttoprovisionen auszugehen (vgl. BGH 28.6.1973 – VII ZR 3/71, BGHZ 61, 112).

503 Die grundsätzliche Grenze nach § 89b Abs. 2 HGB ist eine nach dem Durchschnitt der letzten fünf Jahre der Tätigkeit des Handelsvertreters berechnete Jahresprovision oder sonstige Jahresvergütung. Ist die Dauer des Vertragsverhältnisses geringer als fünf Jahre, ist der Durchschnitt während der Dauer der Tätigkeit maßgebend.

504 Für Versicherungsvertreter gilt nach § 89b Abs. 5 S. 2 HGB eine Grenze von höchstens drei Jahresprovisionen oder Jahresvergütungen.

505 Überschreitet die geleistete Ausgleichszahlung die entsprechende Höchstgrenze, ist nur in Höhe des nach § 89b Abs. 2, 5 Abs. 2 HGB angemessenen Teils eine Entschädigung nach § 24 Nr. 1 Buchst. c anzunehmen (daher nur für diesen Teil ermäßigter Steuersatz nach § 34 Abs. 1, Abs. 2 Nr. 2 möglich, vgl. FG München 9.1.1991 – 1 K 2436/88, EFG 1992, 133).

506 Fällt ein nach ausländischem Recht bestehender Ausgleichsanspruch unter § 24 Nr. 1 Buchst. c (→ Rn. 493), bildet § 89b Abs. 2 HGB auch für diesen Fall die Höchstgrenze für die tarifermäßigte Besteuerung (FG Düsseldorf 12.3.1997 – 14 K 2456/93 E, EFG 1997, 668).

Einstweilen frei 507

(2) Leistungen mit anderen Rechtsgrundlagen. Der Handelsvertreter kann bei Vertragsbeendigung grundsätzlich nur eine Leistung, aber auch mehrere Leistungen mit unterschiedlichen Rechtsgrundlagen erhalten. 508

(a) Eine Leistung. Ausgleichsansprüche nach § 89b HGB sind als laufende Einkünfte des Handelsvertreters zu qualifizieren und stellen daher keinen Ersatz für entgangene oder entgehende Einnahmen (§ 24 Nr. 1 Buchst. a) oder für die Aufgabe oder Nichtausübung einer Tätigkeit (§ 24 Nr. 1 Buchst. b) dar. Vielmehr **schließen** sie sich die in § 24 Nr. 1 Buchst. a–c geregelten Entschädigungszwecke **rechtlich und wirtschaftlich gegenseitig aus** (zumindest für § 24 Nr. 1 Buchst. a und c, vgl. BFH 27.10.2015 – X R 12/13, BFH/NV 2016, 898). 509

Wird dem Handelsvertreter daher bei Vertragsbeendigung eine Leistung gewährt, ist im **Einzelfall unter Berücksichtigung aller Umstände** zu prüfen, welche Entschädigungsleistung vorliegt. 510

Es ist regelmäßig zuerst zu prüfen, ob der Handelsvertreter einen Ausgleich nach § 89b HGB und damit eine Entschädigung nach § 24 Nr. 1 Buchst. c erhalten hat. Erst wenn dieser Umstand verneint und die Zahlung auf einer anderen Rechtsgrundlage (vgl. mögliche andere Rechtsgrundlagen von Leistungen an Handelsvertreter → Rn. 517) beruht, sind die Vorschriften des § 24 Nr. 1 Buchst. a, § 24 Nr. 1 Buchst. b und § 24 Nr. 2 auf ihre Anwendung zu untersuchen. Denn Leistungen, die auf anderen Rechtsgrundlagen als § 89b HGB beruhen, werden **nicht von § 24 Nr. 1 Buchst. c erfasst** (→ Rn. 518). 511

Eine **selbständige Versorgungszusage,** durch die die Witwe eines selbständigen Versicherungsvertreters von dem Versicherungsunternehmen für die frühere Tätigkeit ihres Ehemannes laufende Versorgungsleistungen aus Lebenszeit erhält, fällt nicht unter § 24 Nr. 1 Buchst. c, jedoch unter § 24 Nr. 2 iVm § 15 Abs. 1 S. 1 Nr. 1 (vgl. BFH 25.3.1976 – IV R 174/73, BStBl. II 1976, 487). 512

Es kann aber auch durchaus möglich sein, dass die Zahlung insgesamt nicht unter § 24 zu subsumieren ist. So kann einem Handelsvertreter grundsätzlich nur in Ausnahmefällen eine Entschädigung nach § 24 Nr. 1 Buchst. a gezahlt werden (Einzelfallermittlung, vgl. Kirchhof/*Mellinghoff* § 24 Rn. 21). 513

Einstweilen frei 514

(b) Mehrere Leistungen. Der Handelsvertreter kann bei Vertragsbeendigung auch mehrere Zahlungen erhalten, die auf unterschiedlichen Rechtsgrundlagen beruhen. 515

(aa) Das Nebeneinander mehrerer Leistungen bei Vertragsbeendigung

Liegen bei Beendigung des Vertragsverhältnisses mehrere Leistungen getrennt voneinander vor, sind die gewährten Zahlungen auch **steuerlich getrennt** zu behandeln. 516

Der Handelsvertreter kann bei Beendigung des Vertragsverhältnisses neben dem Ausgleichsanspruch nach § 89b HGB **auch Leistungen mit anderen Rechtsgrundlagen** erhalten. So kann er eine **Provision nach § 87 Abs. 1 HGB** (inklusive sog. Überhangprovision – Provisionen für Geschäfte, die vor Beendigung des Vertragsverhältnisses abgeschlossen, aber erst danach abgewickelt worden sind, vgl. BFH 19.8.1982 – IV R 227/79, BeckRS 1982, 05350) erhalten. Darüber hinaus sind ein Ausgleich für entgangene **Bezirks- und Kundenprovisionen nach § 87 Abs. 2 HGB, Provisionen nach § 87 Abs. 3 HGB** oder **Inkasso-Provisionen nach § 87 Abs. 4 HGB** denkbar. Außerdem ist ein Ausgleich für ein **Wettbewerbsverbot nach § 90a HGB** möglich. 517

Werden neben § 89b HGB weitere Zahlungen geleistet, ist § 24 Nr. 1 Buchst. c nur bei der Entschädigung nach § 89b HGB erfüllt. Leistungen, die auf anderen Rechtsgrundlagen beruhen, werden **nicht von § 24 Nr. 1 Buchst. c erfasst.** Für diese Zahlungen kann im Einzelfall § 24 Nr. 1 Buchst. a (Provisionsentschädigungen, vgl. FG München 26.2.2013 – 6 K 2742/12, EFG 2013, 863), § 24 Nr. 1 Buchst. b (Wettbewerbsverbote) oder § 24 Nr. 2 einschlägig sein (KSM/*Geserich* § 24 Rn. B 69 mwN; → Rn. 511). 518

Einstweilen frei 519

(bb) Pauschale Zahlungen bei Vertragsbeendigung

Wird dem Handelsvertreter eine pauschale Ausgleichsleistung bei Vertragsbeendigung gewährt, die sowohl auf § 89b HGB als auch anderen Rechtsgrundlagen beruht, ist die Zahlung **aufzuteilen** (vgl. BFH 19.7.1966 – I 235/63, BStBl. III 1966, 624). 520

521 Dabei ist die von den Parteien **gewollte (vertragliche) Aufteilung** maßgeblich (vgl. LBP/*Schindler* § 24 Rn. 63). Die Grenze hierfür bilden missbräuchliche Gestaltungen nach § 42 AO. Eine Angemessenheitsprüfung für den auf § 89b Abs. 1 S. 1 HGB entfallenden Teil ist hingegen nicht geboten (vgl. LBP/*Schindler* § 24 Rn. 63). Zudem ist die Höchstgrenze des § 89b Abs. 2 HGB zu beachten.

522 Eine Aufteilung ist gegebenenfalls im Wege der **Schätzung** vorzunehmen (vgl. Blümich/*Heuermann/Fischer* § 24 Rn. 62 mwN; KSM/*Geserich* § 24 Rn. B 68).

523 Der ermittelte Anteil, der auf § 89b HGB beruht, ist als Ausgleichsleistung § 24 Nr. 1 Buchst. c zuzuordnen. Darüber hinaus geleistete Zahlungen fallen demgegenüber nicht unter diese Vorschrift (vgl. FG München 9.1.1991 – 1 K 2436/88, EFG 1992, 133; dazu auch → Rn. 518).

524 *Einstweilen frei*

3. Rechtsfolgen

525 **a) Allgemeines.** Die Entschädigungsleistung muss einer Einkunftsart nach § 2 Abs. 1 zugeordnet werden. Darüber hinaus ist der (tarifbegünstigte) Entschädigungsbetrag festzustellen.

526 **aa) Zuordnung zu den Einkunftsarten nach § 2 Abs. 1.** Die Vorschrift des § 24 schafft keine neue Einkunftsart (vgl. BFH 18.9.1986 – IV R 228/83, BStBl. II 1987, 25). Vielmehr sind die Einkünfte einer Einkunftsart nach § 2 Abs. 1 S. 1 Nr. 1–7 iVm §§ 13–22 zuzuordnen (schon unter → Rn. 76 ff.).

527 Die Entschädigungen nach § 24 Nr. 1 fallen – als Surrogate – unter diejenige Einkunftsart, zu der die entgangenen bzw. künftig entgehenden Einnahmen gehört hätten, wenn sie erzielt worden wären (BFH 18.9.1986 – IV R 228/83, BStBl. II 1987, 25; BFH 8.11.2007 – IV R 30/06, BFH/NV 2008, 546).

528 Die Zuordnung der hypothetischen Einkünfte zu einer oder mehrerer Einkunftsarten muss mit hinreichender Wahrscheinlichkeit gegeben sein – die Einkünfte müssen **steuerbar** sein (vgl. HHR/*Horn* § 24 Rn. 17). Sie dürfen damit **nicht** in die **private Sphäre** des Steuerpflichtigen fallen (bspw. Schadensersatzleistungen eines Steuerberaters aufgrund einer Pflichtverletzung und damit in Zusammenhang stehender zu hoch festgesetzter Einkommensteuer, vgl. KSM/*Geserich* § 24 Rn. B 15 mwN). Maßgeblicher Zeitpunkt ist der **Entstehungszeitpunkt der Entschädigung** (vgl. KSM/*Geserich* § 24 Rn. B 16).

529 Zudem müssen die Einnahmen zum Zeitpunkt der Ursachenentstehung **steuerpflichtig** sein. Steuerfreie hypothetische Einnahmen wirken sich auf die Entschädigung aus – sie teilt dann das Schicksal der Steuerfreiheit (vgl. HHR/*Horn* § 24 Rn. 17).

530 Die hypothetischen Einkünfte können auch unter mehrere Einkunftsarten nach § 2 Abs. 1 S. 1 Nr. 1–6 fallen. In diesen Konstellationen liegen sonstige Einkünfte nach § 22 Nr. 3 vor, sofern eine eindeutige Zuordnung nicht möglich ist (vgl. BFH 12.6.1996 – XI R 43/94, BStBl. II 1996, 516).

531 Bei Veräußerungsgewinnen tritt § 24 Nr. 1 grundsätzlich subsidiär hinter die entsprechenden Normen (§§ 14, 16, 17, 18 Abs. 3) zurück. Den Sondervorschriften kommt daher ein Vorrang gegenüber § 24 Nr. 1 zu (vgl. BFH 26.10.1961 – IV 360/60 U, BStBl. II 1962, 220).

532 *Einstweilen frei*

533 **bb) Ermittlung der Einkünfte.** § 24 ordnet bestimmte Einkünfte den Einkunftsarten nach § 2 Abs. 1 zu. In Zusammenhang mit § 24 Nr. 1 handelt es sich bei Entschädigungen jedoch um **Einnahmen** und nicht um Einkünfte (vgl. Blümich/*Ratschow* § 2 Rn. 51). Diese sind um die mit ihnen **sachlich in Verbindung stehenden Aufwendungen** (Betriebsausgaben oder Werbungskosten) zu mindern (vgl. BFH 26.8.2004 – VI R 5/03, BStBl. II 2005, 215; bedeutend vor allem für die Begünstigung nach → § 34 Rn. 256 ff.; **Nettobetrag,** vgl. BFH 29.1.1986 – III R 186/81, BFH/NV 1986, 400; KSM/*Geserich* § 24 Rn. B 5).

534 Eine konkrete Methode zur Ermittlung der Einkünfte enthält § 24 nicht (vgl. BFH 26.8.2004 – IV R 5/03, BFH/NV 2005, 277; auch nicht in § 34). Daher sind die **allgemeinen Grundsätze der Einkünfteermittlung** anzuwenden. Dies ergibt sich auch aus der Verweisung im Einleitungssatz des § 24, der auf die Einkünfte nach § 2 Abs. 1 und damit

auch auf die Ermittlung der Einkünfte nach § 2 Abs. 2 verweist (BFH 26.8.2004 – IV R 5/03, BFH/NV 2005, 277; jedoch keine Anwendung der zur Ermittlung von Veräußerungsgewinnen entwickelten Grundsätze).

Der – nach den allgemeinen Grundsätzen – in einem Veranlagungszeitraum als (Betriebs-)Einnahme zu erfassenden Entschädigung sind die **im gleichen Veranlagungszeitraum** veranlassten und verausgabten Betriebsausgaben bzw. Werbungskosten gegenüberzustellen (sog. **Verausgabungsprinzip,** vgl. BFH 26.8.2004 – IV R 5/03, BFH/NV 2005, 277). **535**

Die in früheren oder nachfolgenden Veranlagungszeiträumen anfallenden Ausgaben sind grundsätzlich im Jahr ihrer Entstehung abziehbar (BFH 26.8.2004 – IV R 5/03, BFH/NV 2005, 277 mwN). Sie mindern daher die dem Regelsteuersatz unterliegenden Einkünfte. Dies kann jedoch im Jahr der Vereinnahmung der Entschädigung nicht unberücksichtigt bleiben. Ansonsten würde mehr als nur der Nettobetrag der Einkünfte nach § 24 Nr. 1 tarifbegünstigt besteuert. Dies würde aber dem Zweck der Vorschrift entgegenstehen, sodass im Veranlagungszeitraum der Vereinnahmung der ermäßigte Tarif auf die Nettoentschädigung des Veranlagungsjahres abzüglich bereits früher berücksichtigter Ausgaben anzuwenden ist. Der sich ergebende Differenzbetrag ist zu diesem Zeitpunkt dem Regelsteuersatz zu unterwerfen. Im Ergebnis wird dann nur der Nettobetrag der Entschädigung dem ermäßigten Steuersatz unterstellt (BFH 26.8.2004 – IV R 5/03, BFH/NV 2005, 277). Insgesamt unterliegt die **Entschädigung** nur insoweit der **Tarifbegünstigung,** als sie die **zuvor abgezogenen Ausgaben übersteigt** (vgl. BFH 26.8.2004 – IV R 5/03, DStR 2005, 57 (59)). **536**

Es ist bei der Ermittlung des steuerbegünstigten Betrags **keine Minderung** des Betrags um die auf die Entschädigung entfallende, **anteilige Gewerbesteuer** vorzunehmen (vgl. BFH 26.1.1984 – IV R 236/80, BStBl. II 1984, 347; BFH 29.1.1986 – III R 186/81, BFH/NV 1986, 400; kritisch Schmidt/*Wacker* § 24 Rn. 13). **537**

Eine Begrenzung des Betrages nach § 24 Nr. 1 ergibt sich nicht. Es besteht insbesondere keine grundsätzliche Beschränkung auf einen angemessenen oder billigen Betrag (vgl. KSM/*Geserich* § 24 Rn. B 9 mwN; die Grenzen zur Missbräuchlichkeit sind jedoch zu beachten). Die Ausnahme bildet § 24 Nr. 1 Buchst. c – es ist der Höchstbetrag nach § 89b Abs. 2 HGB auch für das Steuerrecht zu beachten (→ Rn. 502 ff.). **538**

Der so ermittelte Betrag der Einkünfte bildet dann die Grundlage für die Tarifbegünstigung nach § 34 Abs. 1, 2 Nr. 2. Für die Begünstigung ist eine Zusammenballung der Einkünfte notwendig – nicht jedoch für die Anwendung des § 24 Nr. 1 (vgl. Kirchhof/*Mellinghoff* § 24 Rn. 1; beide Vorschriften sind trotz der Vorgreiflichkeit von § 24 für § 34 getrennt zu beurteilen). **539**

Einstweilen frei **540**

b) Besonderheiten der einzelnen Entschädigungsvarianten. aa) Entschädigungen nach § 24 Nr. 1 Buchst. a. Entschädigungszahlungen nach § 24 Nr. 1 Buchst. a sind grundsätzlich derjenigen Einkunftsart nach § 2 Abs. 1 S. 1 Nr. 1–7 zuzuordnen, zu der die früher bezogenen Einnahmen gehört haben. Für die Zuordnung kommt es daher auf die früheren Einkünfte an (vgl. BFH 8.11.2007 – IV R 30/06, BFH/NV 2008, 546). Diese Einnahmen dienen als Ausgleich dem Ausfall der zuvor bezogenen Vergütungen, Zahlungen usw. und sind dementsprechend auch dieser Einkunftsart zuzurechnen. **541**

Ausgleichsgelder nach § 8 FELEG und Leistungen zur sozialen Sicherung nach § 15 FELEG sind Entschädigungen nach § 24 Nr. 1 Buchst. a, die als Ersatz für entgangene oder entgehende Einnahmen gewährt werden. Sie sind den Einkünften aus Land- und Forstwirtschaft nach § 2 Abs. 1 S. 1 Nr. 1 iVm § 13 zuzuordnen, wenn sie für den Ausfall der zuvor von einer KG bezogenen Tätigkeitsvergütung gezahlt werden, die als Sondervergütungen zu den Einkünften aus Land- und Forstwirtschaft zählten (vgl. BFH 8.11.2007 – IV R 30/06, BFH/NV 2008, 546). Die Entschädigungsleistungen nach FELEG gehören daher zu der Einkunftsart, zu der die entgangenen bzw. künftig entgehenden Einnahmen (Tätigkeitsvergütung) gehört hätten, wenn sie erzielt worden wären. **542**

Die Entschädigung für entgangene oder entgehende Einnahmen an einen Landwirt für die Verpachtung landwirtschaftlicher Nutzflächen zum Abbau von Bodenschätzen gehört zu den Einkünften aus Land- und Forstwirtschaft nach § 24 Nr. 1 Buchst. a iVm § 13, wenn die Flächen im Betriebsvermögen bleiben (BFH 15.3.1994 – IX R 45/91, BStBl. II 1994, 840). **543**

544 *Einstweilen frei*

545 **bb) Entschädigungen nach § 24 Nr. 1 Buchst. b.** Eine Entschädigung für die Aufgabe oder Nichtausübung einer Tätigkeit ist grundsätzlich derjenigen Einkunftsart zuzuordnen, zu der die **Einkünfte** der Tätigkeit gehört hätten, auf deren **Ausübung der Steuerpflichtige verzichtet** hat (vgl. BFH 12.6.1996 – XI R 43/94, BStBl. II 1996, 516; BFH 8.11.2007 – IV R 30/06, BFH/NV 2008, 546).

546 Ist **keine eindeutige Zuordnung** zu einer Einkunftsart nach § 2 Abs. 1 S. 1 Nr. 1–6 möglich, weil die Entschädigung für die Aufgabe oder Nichtausübung **mehrerer unterschiedlich zu qualifizierender Tätigkeiten** gezahlt wird, ist die Entschädigung den sonstigen Einkünften nach § 2 Abs. 1 S. 1 Nr. 7 iVm **§ 22 Nr. 3** zuzuordnen (BFH 12.6.1996 – XI R 43/94, BStBl. II 1996, 516).

547 Wird ein **umfassendes Wettbewerbsverbot** zwischen den Parteien vereinbart und ist daher jede selbständige direkte oder indirekte oder unselbständige Tätigkeit für ein Konkurrenzunternehmen zu unterlassen, kann regelmäßig nicht festgestellt werden, ob auf die Ausübung einer unselbständigen (§ 19) oder selbständigen (gewerblichen, § 15) Tätigkeit verzichtet wird (BFH 12.6.1996 – XI R 43/94, BStBl. II 1996, 516). In diesem Fall ist die Entschädigung den sonstigen Einkünften nach § 2 Abs. 1 S. 1 Nr. 7 iVm § 22 Nr. 3 zuzuordnen.

548 Etwas anderes ergibt sich bei einem **sog. eingeschränkten Wettbewerbsverbot.** Dieses untersagt nur die Ausübung einer ganz bestimmten Tätigkeit – eine direkte Zuordnung in § 2 Abs. 1 S. 1 Nr. 1–6 iVm §§ 13 ff. ist dann möglich, sodass sonstige Einkünfte nach § 2 Abs. 1 S. 1 Nr. 7 iVm § 22 Nr. 3 nicht einschlägig sind (vgl. BFH 12.6.1996 – XI R 43/94, BStBl. II 1996, 516).

549 *Einstweilen frei*

550 **cc) Entschädigungen nach § 24 Nr. 1 Buchst. c.** Handelsvertreter sind regelmäßig **selbständige Gewerbetreibende,** § 84 Abs. 1 HGB (vgl. zur Tätigkeit eines Freiberuflers BFH 14.6.1984 – I R 204/81, BStBl. II 1985, 15; bei unselbständiger Ausübung: Arbeitnehmer nach § 84 Abs. 2 HGB; vgl. zur Abgrenzung BFH 31.10.1974 – IV R 98/71, BStBl. II 1975, 115).

551 Die Ausgleichszahlung an einen Handelsvertreter nach § 89b HGB gehört zu seinem **laufenden Gewinn** (Betriebseinnahme, die sich als Ertrag auf den Gewinn auswirkt) und unterliegt daher **auch der Gewerbesteuer** (vgl. stv. BFH 14.10.1980 – VIII R 184/78, BStBl. II 1981, 97 mwN).

552 Das gilt selbst dann, wenn die Beendigung des Vertragsverhältnisses mit der Aufgabe des Betriebs des Handelsvertreters zusammenfällt. In diesen Fällen ist es auch nicht maßgeblich, nach welchen Vorschriften der Handelsvertreter seinen Gewinn ermittelt (BFH 14.10.1980 – VIII R 184/78, BStBl. II 1981, 97). Bei einer **Gewinnermittlung nach §§ 4 Abs. 1 oder 5** ist der **Ausgleichsanspruch zu aktivieren** und der aufgrund der Aktivierung erhöhte Gewinn als Gewerbeertrag zu behandeln. Ermittelt der Handelsvertreter seinen **Gewinn nach § 4 Abs. 3,** ist bei gleichzeitiger Aufgabe des Betriebs davon auszugehen, dass er zu diesem Zeitpunkt zur Gewinnermittlung durch Bestandsvergleich übergegangen ist. Es ist dann eine **Hinzurechnung der Ausgleichsforderung zum laufenden Gewinn** im Wirtschaftsjahr der Aufgabe erforderlich (BFH 14.10.1980 – VIII R 184/78, BStBl. II 1981, 97 mwN).

553 *Einstweilen frei*

II. Nachträgliche Einkünfte (§ 24 Nr. 2)

554 § 24 Nr. 2 erfasst Einkünfte aus ehemaligen Tätigkeiten nach § 2 Abs. 1 S. 1 Nr. 1–4 oder aus früheren Rechtsverhältnissen nach § 2 Abs. 1 S. 1 Nr. 5–7. Das gilt auch dann, wenn die Einkünfte dem Steuerpflichtigen als Rechtsnachfolger zufließen.

555 Die **Unterscheidung** zwischen ehemaligen Tätigkeiten und früheren Rechtsverhältnissen folgt aus der **Struktur der Einkunftsarten.** Die Einkunftsarten nach § 2 Abs. 1 S. 1 Nr. 1–4 iVm §§ 13–19 sind eher tätigkeitsbezogen und durch die Tätigkeit gekennzeichnet. Dahingegen sind die Einkunftsarten nach § 2 Abs. 1 S. 1 Nr. 5–7 weniger tätigkeitsbezogen und eher durch die dahinterstehenden Rechtsverhältnisse begründet. Die Unterscheidung dient

der **Verdeutlichung** – eine unterschiedliche Besteuerung wird dadurch nicht begründet (Kirchhof/*Mellinghoff* § 24 Rn. 26).

1. Grundlagen

§ 24 Nr. 2 erfasst nachträgliche Einkünfte, die – im Gegensatz zu § 24 Nr. 1 und 3 – **keine außerordentlichen Einkünfte** sind und damit **nicht** der Begünstigung nach **§ 34** unterliegen. Etwas anderes kann sich jedoch bei nachträglichen Vergütungen für mehrjährige Tätigkeiten ergeben (vgl. LBP/*Schindler* § 24 Rn. 69). **556**

§ 24 Nr. 2 Hs. 1 regelt die **sachliche Steuerpflicht,** wenn sie nachträgliche Einkünfte den bestehenden Einkunftsarten zuordnet. Die Vorschrift entfaltet grundsätzlich **deklaratorische Wirkung.** Denn die Steuerbarkeit von Einkünften aus früheren Tätigkeiten oder Rechtsverhältnissen ist grundsätzlich auch ohne diese Vorschrift gewährleistet – sie knüpft nicht an das gegenwärtige Ausüben der Tätigkeit oder das Bestehen des Rechtsverhältnisses an. **557**

Anders verhält es sich hingegen bei Einkünften des Rechtsnachfolgers, § 24 Nr. 2 Hs. 2. In diesem Fall begründet die Vorschrift eine **subjektive Steuerpflicht des Rechtsnachfolgers** und entfaltet **konstitutive Wirkung** (vgl. KSM/*Geserich* § 24 Rn. C 1). Die Einkünfteerzielung, die für eine Steuerpflicht maßgeblich ist, wird durch den Rechtsvorgänger erfüllt. Hingegen fließen die Einkünfte dem Rechtsnachfolger zu, der den Tatbestand selbst nicht erfüllt hat. Es liegt daher eine Besteuerungslücke vor, die durch § 24 Nr. 2 geschlossen wird (→ Rn. 696 ff.; vgl. Schmidt/*Wacker* § 24 Rn. 51; sog. **Tatbestandsverklammerung,** vgl. BFH 17.12.2007 – GrS 2/04, BStBl. II 2008, 608 – dies gilt jedoch nicht für die Vererblichkeit von Verlusten). **558**

§ 24 Nr. 2 erfüllt eine **Ergänzungsfunktion** – die Vorschrift gilt im Verhältnis zu den allgemeinen Grundsätzen der Tatbestandsverwirklichung und der Unbeachtlichkeit der Einkommensverwendung für die Besteuerung **subsidiär** (BFH 18.10.1989 – I R 126/88, BStBl. II 1990, 377). **559**

Einkünfte nach § 24 Nr. 2 sind als nachträgliche Einkünfte grundsätzlich einer Einkunftsart nach § 2 Abs. 1 S. 1 Nr. 1–7 zuzuordnen (→ Rn. 562 ff.). Darüber hinaus muss ein Zusammenhang mit der ehemaligen Tätigkeit bzw. mit dem früheren Rechtsverhältnis bestehen (→ Rn. 568 ff.). **560**

Einstweilen frei **561**

a) Zuordnung zu einer Einkunftsart. § 24 Nr. 2 ordnet nachträgliche Einkünfte den Einkunftsarten nach § 2 Abs. 1 S. 1 Nr. 1–7 zu. **562**

Die nachträglichen Einkünfte werden der Einkunftsart zugeordnet, die in der **Vergangenheit verwirklicht** wurde (LBP/*Schindler* § 24 Rn. 66). Die Einordnung erfolgt daher in die Einkunftsart, die einschlägig wäre, wenn die Tätigkeit weiter ausgeübt oder das Rechtsverhältnis weiterhin bestehen würde. **563**

Es findet grundsätzlich **kein Wechsel der Einkunftsart** statt, unabhängig ob sie dem Steuerpflichtigen oder dem Rechtsnachfolger zufließen. **564**

Fließen dem Rechtsnachfolger Einkünfte des Rechtsvorgängers nach § 24 Nr. 2 Hs. 2 zu, ist ausschließlich auf die **durch den Rechtsvorgänger in der Vergangenheit ausgeübte Tätigkeit** abzustellen. Dies gilt auch dann, wenn der Rechtsnachfolger die Tätigkeit selbst nicht ausführt oder ausführen kann. **565**

So hat die Erbin aus dem Verkauf von Bildern eines verstorbenen Malers nachträgliche Einkünfte aus selbständiger Arbeit – auch wenn sie selbst nicht künstlerisch tätig ist (vgl. BFH 29.4.1993 – IV R 16/92, BStBl. II 1993, 716). Gleiches gilt für laufende Versorgungsbezüge, die einer Witwe eines selbständigen Versicherungsvertreters gewährt werden. Es handelt sich um nachträgliche Einkünfte aus Gewerbebetrieb nach § 24 Nr. 2 iVm § 15 Abs. 1 S. 1 Nr. 1 (vgl. BFH 25.3.1976 – IV R 174/73, BStBl. II 1976, 487). **566**

Einstweilen frei **567**

b) Anknüpfungspunkt mit der Vergangenheit. Nachträgliche Einkünfte fließen (bzw. realisieren sich) nicht schon während der Ausübung der Tätigkeit oder des Bestehens des Rechtsverhältnisses, sondern erst mit abgeschlossener Beendigung zu. Sie müssen jedoch in einem **wirtschaftlichen Zusammenhang** mit der ehemaligen steuerbaren Tätigkeit **568**

oder dem früheren Rechtsverhältnis stehen (BFH 24.1.1996 – X R 14/94, BStBl. II 1996, 287; Wortlaut der Norm „aus").

569 Dieser wirtschaftliche Zusammenhang ist nicht schon in einer losen Verbindung zur ehemaligen Tätigkeit oder zum früheren Rechtsverhältnis zu finden (vgl. Kirchhof/*Mellinghoff* § 24 Rn. 26). Die **rechtliche Grundlage** der nachträglichen Einkünfte muss in der früheren Tätigkeit oder dem früheren Rechtsverhältnis begründet sein.

570 Fließen die Einkünfte dem **Rechtsnachfolger** nach § 24 Nr. 2 Hs. 2 zu, ist auf die **Verhältnisse des Rechtsvorgängers** in der Vergangenheit abzustellen (BFH 24.1.1996 – X R 14/94, BStBl. II 1996, 287).

571 Ein wirtschaftlicher Zusammenhang zwischen den nachträglichen Einkünften und den früheren Tätigkeiten bzw. Rechtsverhältnissen ist insbesondere bei einem **Entgelt** für die im Rahmen der ehemaligen Tätigkeit bzw. des früheren Rechtsverhältnisses von dem Steuerpflichtigen erbrachten Leistungen gegeben (vgl. BFH 25.3.1976 – IV R 174/73, BStBl. II 1976, 487 mwN).

572 *Einstweilen frei*

2. Einkünfte aus ehemaligen Tätigkeiten

573 Bei den nachträglichen Einkünften aus ehemaligen Tätigkeiten ist zwischen den Einkünften der Gewinneinkunftsarten nach § 2 Abs. 1 S. 1 Nr. 1–3 iVm §§ 13 ff. und Einkünften aus nichtselbständiger Arbeit nach § 2 Abs. 1 S. 1 Nr. 4 iVm § 19 zu unterscheiden.

574 **a) Gewinneinkunftsarten.** Zu den nachträglichen Einkünften gehören auch **nachträgliche Einnahmen und Betriebsausgaben,** die unter die Gewinneinkunftsarten fallen. Dabei ist eine **Abgrenzung zu Veräußerungs- und Aufgabegewinnen** erforderlich. Darüber hinaus ist die **Ermittlung des Gewinns** zu untersuchen.

575 **aa) Abgrenzung zu Veräußerungs- und Aufgabegewinnen.** Bei der **Beendigung** der Tätigkeiten aus Land- und Forstwirtschaft sowie der gewerblichen und selbständigen Tätigkeiten muss eine **Abgrenzung zum Veräußerungs- oder Aufgabegewinn** nach §§ 14, 14a, 16, 18 Abs. 3 erfolgen. Es ist zu hinterfragen, ob ein Posten des Veräußerungs- oder Aufgabegewinns oder nachträgliche Einkünfte vorliegen. Dabei sind nachträgliche Einkünfte von ehemaligen Tätigkeiten bei Gewinneinkunftsarten eher von nachrangiger Bedeutung, da sie häufig dem Veräußerungs- oder Aufgabegewinn zuzuordnen sind (vgl. Blümich/*Heuermann/Fischer* § 24 Rn. 71).

576 **(1) Gewinnermittlung im Zeitpunkt der Veräußerung oder Aufgabe.** Im Zeitpunkt der Veräußerung oder Aufgabe ist davon auszugehen, dass der **Gewinn nach Betriebsvermögensvergleich** (§§ 4 Abs. 1 oder 5) ermittelt wurde (§ 16 Abs. 2 S. 2 iVm §§ 14 S. 2, 18 Abs. 3 S. 2). Bei Steuerpflichtigen, die ihren Gewinn bisher nach **§ 4 Abs. 3** ermittelt haben, ist ein **Übergang zum Betriebsvermögensvergleich** erforderlich. In diesem Fall ist grundsätzlich neben der Ermittlung eines Übergangsergebnisses eine **Schlussbilanz** aufzustellen, in der das Betriebsvermögen im Zeitpunkt der Veräußerung oder Aufgabe anzusetzen ist. Zahlungen, die Gläubiger von Forderungen leisten oder die durch den Steuerpflichtigen geleistet werden (Verbindlichkeiten), begründen daher nur einen vermögensumschichtenden Vorfall (vereinfacht: Bank an Forderung bzw. Verbindlichkeit an Bank) und insofern **keine nachträglichen Einnahmen** (LBP/*Schindler* § 24 Rn. 72).

577 Es kann hingegen bei einer **Betriebsaufgabe** auch möglich sein, dass **keine Schlussbilanz** aufgestellt wurde, obwohl die Gewinnermittlung bisher nach § 4 Abs. 3 erfolgte. Wenn dies nicht zur Erlangung ungerechtfertigter Steuervorteile geschah, können **nachträgliche Betriebsausgaben** vorliegen (bspw. gezahlte Betriebssteuern, vgl. BFH 13.5.1980 – VIII R 84/79, BStBl. II 1980, 692).

578 *Einstweilen frei*

579 **(2) Zahlungen nach Betriebsveräußerung oder -aufgabe mit Rückwirkung auf den Veräußerungs- oder Aufgabezeitpunkt.** Bei Zahlungen, die **nach** einer Betriebsveräußerung oder -aufgabe zufließen oder geleistet werden, ist grundsätzlich zu prüfen, ob diese nach wirtschaftlicher Betrachtungsweise dem Veräußerungs- oder Aufgabevorgang zuzuordnen sind und sie in **materiell-rechtlicher Art auf den Veräußerungs- oder Aufgabe-**

zeitpunkt zurückwirken (LBP/*Schindler* § 24 Rn. 74 mwN). In diesem Fall liegen keine nachträglichen Einkünfte nach § 24 Nr. 2 vor (vgl. BFH 10.2.1994 – IV R 37/92, BStBl. II 1994, 564).

Die **nachträgliche Erhöhung oder Minderung eines Veräußerungs- oder Aufgabegewinns** ist regelmäßig rückwirkend im Jahr der Veräußerung oder der Aufgabe des Anteils zu erfassen und unterfällt nicht § 24 Nr. 2 (vgl. BFH 18.11.1997 – VIII R 65/95, BFH/NV 1998, 573). 580

Außerdem ist der **Ausfall einer Kaufpreisforderung,** die auf eine Betriebsveräußerung zurückzuführen ist, grundsätzlich **kein nachträglicher Verlust nach § 24 Nr. 2.** Dieser Verlust tritt regelmäßig im Privatvermögen auf, da die Kaufpreisforderung mit der Veräußerung des Betriebs unmittelbar in das Privatvermögen überführt wird (BFH 19.7.1993 – GrS 2/93, BStBl. II 1993, 897). Es ist eine Rückwirkung materiell-rechtlicher Art auf den Veräußerungszeitpunkt anzunehmen. Der Vorgang ist daher – wenn auch rückwirkend – der Veräußerung zuzuordnen und die Festsetzung ist nach § 175 Abs. 1 S. 1 Nr. 2 AO zu ändern. 581

Auch die **Nichteinhaltung einer Haftungsfreistellungszusage** (Freistellung des Veräußerers von der Haftung für alle vom Erwerber übernommenen Betriebsschulden) und die damit in Zusammenhang stehende spätere Inanspruchnahme des Veräußerers ist ein Ereignis mit steuerlicher Rückwirkung auf den Zeitpunkt der Veräußerung (BFH 19.7.1993 – GrS 1/93, BStBl. II 1993, 894). In diesem Fall ist § 24 Nr. 2 nicht einschlägig. 582

Der **Zahlungszufluss einer ungewissen Schadensersatzforderung,** die **nach Betriebsaufgabe** durch Urteil oder Vergleich beigelegt wurde, führt ebenfalls zu keinen nachträglichen Einkünften nach § 24 Nr. 2 (vgl. BFH 10.2.1994 – IV R 37/92, BStBl. II 1994, 564). Es handelt sich vielmehr um ein rückwirkendes Ereignis, bei dem der Betriebsaufgabegewinn nach Maßgabe des Urteils oder Vergleichs zu ermitteln ist. 583

Die **Kaufpreisminderung** eines im sachlichen und zeitlichen Zusammenhang mit einer Betriebsaufgabe stehenden Grundstücks, die zu einem **späteren Zeitpunkt** erfolgt, führt nicht zur Anwendung des § 24 Nr. 2, sondern wirkt sich als rückwirkendes Ereignis auf das Betriebsaufgabeergebnis aus (BFH 12.10.2005 – VIII R 66/03, BStBl. II 2006, 307). 584

Einstweilen frei 585

bb) Nachträgliche Einkünfte. Liegen hingegen Zahlungen vor, die **weder die Schlussbilanz** betreffen (→ Rn. 576) **noch** auf den **Veräußerungs- oder Aufgabezeitpunkt materiell-rechtlich zurückwirken** (→ Rn. 579), können nachträgliche Einkünfte vorliegen. 586

Nachträgliche Einkünfte erfassen sowohl die Einnahmen- als auch die Ausgabenseite. Um die Einkünfte zu ermitteln, sind die Einnahmen den Betriebsausgaben gegenüberzustellen, wobei neben einem nachträglichen Gewinn auch ein nachträglicher Verlust – bei einem Überhang der Betriebsausgaben – entstehen kann (zur Gewinnermittlung → Rn. 634 ff.). 587

(1) Nachträgliche Einnahmen. Nachträgliche Einnahmen müssen durch die ehemalige Tätigkeit **veranlasst** sein. Grundsätzlich bestehen verschiedene Fallkonstellationen, in denen nachträgliche Einnahmen gegeben sind. 588

(a) Übersicht nachträglicher Einnahmen. Grundsätzlich besteht ein Verbot der Bilanzierung von **schwebenden Geschäften** – sie sind nicht in die Schlussbilanz aufzunehmen (vgl. LBP/*Schindler* § 24 Rn. 75; vgl. auch Kirchhof/*Mellinghoff* § 24 Rn. 29: **nicht bilanzierungsfähige Vermögenspositionen**). Werden sie nach Veräußerung oder Aufgabe abgewickelt, liegen bei den in Zusammenhang stehenden Zahlungen nachträgliche Einnahmen nach § 24 Nr. 2 vor. 589

Sind Vermögensposten in der Schlussbilanz **fehlerhaft nicht bilanziert** worden, sind die damit verbundenen Zahlungen als nachträgliche Einnahmen zu sehen (vgl. LBP/*Schindler* § 24 Rn. 75 mwN). 590

Die **nachträglich abgeschlossenen Geschäfte** sind grundsätzlich getrennt von der Veräußerung oder Aufgabe zu beurteilen. Die **Veräußerungen von zurückbehaltenen Wirtschaftsgütern** des Betriebsvermögens führen zu nachträglichen Einnahmen (LBP/*Schindler* § 24 Rn. 75 mwN). Außerdem führt die **Veräußerung des Geschäftswerts** nach Betriebsaufgabeerklärung und anschließender Betriebsverpachtung im Ganzen zu nachträglichen 591

Einkünften auch Gewerbebetrieb nach § 24 Nr. 2 iVm § 15 Abs. 1 S. 1 Nr. 1 (BFH 30.1.2002 – X R 56/99, BStBl. II 2002, 387).

592 Wird eine **Rücklage nach § 6b,** die bei der Veräußerung eines Gewerbebetriebs gebildet wurde, später aufgelöst, liegen nachträgliche Einnahmen aus Gewerbebetrieb vor (vgl. BFH 4.2.1982 – IV R 150/78, BStBl. II 1982, 348; BFH 10.3.2005 – II R 49/03, BFH/NV 2005, 1566).

593 Die **Milchaufgabevergütung,** die ein Landwirt nach der Aufgabe seiner Tätigkeit erhält, gehört zu den nachträglichen Einkünften aus Land- und Forstwirtschaft nach § 24 Nr. 2 iVm § 13 (vgl. BFH 7.9.1989 – IV R 91/88, BStBl. II 1989, 975).

594 Erhält ein Rechtsanwalt und dessen Ehefrau für die **anwaltliche Beratungs- und Betreuungstätigkeit** bis zu seinem und dem Tod seiner Frau eine **Leibrente,** die nach Beendigung seiner Tätigkeit gezahlt wird, liegen darin nachträgliche Einnahmen aus selbständiger Arbeit nach § 24 Nr. 2 iVm § 18 (vgl. BFH 26.3.1987 – IV R 61/85, BStBl. II 1987, 597).

595 Erhält ein Erbe als **Rechtsnachfolger eines Autors** ein **Honorar** für Nachlieferungen und Neuauflagen vom Verlag, gehören diese zu den nachträglichen Einkünften aus selbständiger Tätigkeit (auch wenn diese von einem nachfolgenden Autor verfasst worden sind, vgl. BFH 27.11.1992 – IV B 109/91, BFH/NV 1993, 293).

596 Leistungen, die ein **Handelsvertreter aus einer kapitalgedeckten Lebensversicherung** erhält und die auf den Ausgleich nach § 89b HGB anzurechnen sind, sind keine nachträglichen Betriebseinnahmen bei den Einkünften aus Gewerbebetrieb nach § 24 Nr. 2 iVm §§ 2 Abs. 1 S. 1 Nr. 2, 15 (vgl. BFH 8.12.2016 – III R 41/14, BStBl. II 2017, 630). Der Surrogationscharakter der Altersversorgung impliziert nicht die Zuordnung der Ansprüche zum Betriebsvermögen.

597 **(b) Besonderheit bei der Veräußerung eines Betriebs gegen wiederkehrende Bezüge.** Erfolgt die **Veräußerung eines Betriebs, Teilbetriebs oder Mitunternehmeranteils gegen wiederkehrende Bezüge,** hat der Veräußerer grundsätzlich ein **Wahlrecht,** nach dem er den Veräußerungsgewinn sofort nach §§ 16, 34 tarifbegünstigt versteuern oder die wiederkehrenden Bezüge im Zuflusszeitpunkt als nachträgliche Einnahmen aus der bisherigen Tätigkeit nach § 24 Nr. 2 iVm § 15 (jedoch nicht tarifbegünstigt) behandeln kann (vgl. stv. BFH 29.3.2007 – XI B 56/06, BFH/NV 2007, 1306).

598 Die grundsätzliche Besteuerung erfolgt nach dem Modell der **Sofortbesteuerung.** Sie findet insbesondere dann Anwendung, wenn dies ausdrücklich festgelegt wurde, aber auch bei der Nichtausübung oder nicht ordnungsgemäßen Ausübung des Wahlrechts zur laufenden Besteuerung (vgl. BFH 12.5.1999 – IV B 52/98, BFH/NV 1999, 1330). Sie bildet daher den **gesetzlichen Normalfall.** Der Veräußerungsgewinn nach §§ 16, 34 ist in diesem Fall der Unterschiedsbetrag zwischen dem Kapitalwert der Rente sowie den Veräußerungskosten und dem auf den Veräußerungszeitpunkt ermittelten Wert des Betriebsvermögens.

599 Das **Wahlrecht zur laufenden Besteuerung** beruht auf einer teleologischen Reduktion des grundsätzlich zwingenden Anwendungsbereichs der §§ 16, 34 im Verhältnis zu § 24 Nr. 2 iVm mit dem Grundsatz der Verhältnismäßigkeit der Besteuerung (BFH 26.7.1984 – IV R 137/82, BStBl. II 1984, 829). Es soll einen Ausgleich bringen, wenn einerseits die Leibrentenforderung mit ihrem Gegenwartswert zu bewerten ist und damit der Veräußerungsgewinn bereits im Zeitpunkt der Übertragung des wirtschaftlichen Eigentums an den wesentlichen Betriebsgrundlagen verwirklicht wird und andererseits der – gemessen an der statistischen Wahrscheinlichkeit – vorzeitige Tod des oder der Rentenberechtigten nicht zu einer rückwirkenden Korrektur des Veräußerungsgewinns führt und deswegen dessen Ansatz mit der Folge verbunden sein kann, dass der Veräußerer Gewinne zu versteuern hat, die er tatsächlich niemals erzielt (BFH 14.5.2002 – VIII R 8/01, BStBl. II 2002, 532 mwN; BFH 29.3.2007 – XI B 56/06, BFH/NV 2007, 1306). Das Wahlrecht bildet eine auf Billigkeitserwägungen unter Berücksichtigung des Verhältnismäßigkeitsgrundsatzes beruhende **Ausnahmeregelung** (BFH 29.3.2007 – XI B 56/06, BFH/NV 2007, 1306). Es muss ausdrücklich und ordnungsgemäß ausgeübt werden.

600 Erfolgt die Veräußerung eines Betriebs, Teilbetriebs oder Mitunternehmeranteils hingegen gegen ein **umsatz- oder gewinnabhängiges Veräußerungsentgelt,** besteht kein Wahlrecht. Vielmehr ist das Entgelt zwingend als **laufende nachträgliche Betriebseinnahme**

in der Höhe zu versteuern, in der die Summe der Entgelte das Schlusskapitalkonto zuzüglich der Veräußerungskosten überschreitet (BFH 14.5.2002 – VIII R 8/01, BStBl. II 2002, 532). Eine Sofortbesteuerung würde in diesen Fällen zu erheblichen Schwierigkeiten bei der Schätzung des Gegenwartswerts der Leibrente führen und es könnte darüber hinaus zu nachträglichen Veräußerungsverlusten oder -gewinnen durch den erforderlichen Abgleich des Schätzwerts mit den tatsächlich zufließenden Entgelten kommen (BFH 14.5.2002 – VIII R 8/01, BStBl. II 2002, 532 mwN).

Einstweilen frei **601–603**

(2) Nachträgliche Betriebsausgaben. Zur Ermittlung von nachträglichen Einkünften ist auch zu prüfen, ob nachträgliche Betriebsausgaben vorliegen. **604**

(a) Grundlagen. Nachträgliche Betriebsausgaben können nur berücksichtigt werden, wenn sie durch die ehemalige Tätigkeit **veranlasst** sind, § 4 Abs. 4. Es ist auf die allgemeine Formel des BFH zurückzugreifen: Die Ausgaben müssen objektiv mit dem Betrieb zusammenhängen und subjektiv dem Betrieb dienen (vgl. stv. BFH 21.11.1983 – GrS 2/82, BStBl. II 1984, 160). **605**

606 Es handelt sich insgesamt um Vermögensminderungen bzw. Ausgaben, die durch die ehemalige Tätigkeit veranlasst sind und in der Veräußerungs- oder Aufgabebilanz und der Liquidationsphase noch nicht berücksichtigt werden konnten (BFH 22.9.1999 – XI R 46/98, BStBl. II 2000, 120; → Rn. 576 ff.).

(b) Schuldzinsen. Ein wichtiges Beispiel für nachträgliche Betriebsausgaben sind nachträgliche Schuldzinsen aus Verbindlichkeiten. Unter den gerade genannten Voraussetzungen **behält** eine betrieblich begründete Schuld ihren **Charakter als Betriebsschuld** mit der Folge, dass die auf sie entfallenden Zinsen **grundsätzlich nachträgliche Betriebsausgaben** sind (BFH 22.9.1999 – XI R 46/98, BStBl. II 2000, 120 mwN). **607**

608 Schuldzinsen von bei Betriebsveräußerung oder -aufgabe zurückbehaltenen Verbindlichkeiten sind nur dann nachträgliche Betriebsausgaben nach § 24 Nr. 2, wenn sie **betrieblich begründet** sind (in der Regel während des Bestehens des Betriebs begründet) und sie nicht auf Verbindlichkeiten entfallen, die durch den Veräußerungspreis und die Verwertung von zurückbehaltenen aktiven Wirtschaftsgütern hätten beglichen werden können (**Grundsatz des Vorrangs der Schuldenberichtigung** BFH 28.3.2007 – X R 15/04, BStBl. II 2007, 642 mwN; BFH 27.11.1984 – VIII R 2/81, BStBl. II 1985, 323).

(aa) Grundsatz des Vorrangs der Schuldenberichtigung

609 Der **Grundsatz des Vorrangs der Schuldenberichtigung** besagt, dass es nicht im Belieben des Unternehmers steht, betrieblich veranlasste Schulden im Falle einer Betriebsaufgabe zu tilgen. Vielmehr hat bei der Beendigung einer gewerblichen Tätigkeit die Schuldentilgung Vorrang vor einer privaten Bedürfnisbefriedigung. Wer sich anders verhält, muss sich so behandeln lassen, als ob er die erhaltenen und zurückbehaltenen Aktivwerte voll zur Schuldentilgung verwendet hätte. Deswegen können in Fällen, in denen aktive Wirtschaftsgüter des Betriebsvermögens nicht zur Schuldentilgung eingesetzt worden sind, Schuldzinsen nicht als nachträgliche Betriebsausgaben geltend gemacht werden (BFH 22.1.2003 – X R 60/99, BFH/NV 2003, 900 mwN; BFH 28.3.2007 – X R 15/04, BStBl. II 2007, 642).

610 Zur Tilgung hinreichende Mittel sind dabei **nicht im Privatvermögen** oder **anderem Betriebsvermögen** zu sehen.

611 Werden die Verbindlichkeiten nicht durch den Veräußerungspreis oder ausreichendes Aktivvermögen beglichen, obwohl hierfür hinreichende Mittel zur Verfügung standen (Durchbrechung dieses Grundsatzes), **verlieren** sie daher ihren **betrieblichen Charakter** (vgl. LBP/*Schindler* § 24 Rn. 79). Sie sind damit ins **Privatvermögen** übergegangen (vgl. BFH 21.11.1989 – IX R 10/84, BStBl. II 1990, 213).

612 Es bestehen jedoch **Ausnahmen** vom Grundsatz des Vorrangs der Schuldenberichtigung (vgl. übersichtlich BFH 22.1.2003 – X R 60/99, BFH/NV 2003, 900; vgl. auch BFH 28.3.2007 – X R 15/04, BStBl. II 2007, 642 mwN). Sie sind bei **Auszahlungshindernissen** hinsichtlich des Veräußerungserlöses, **Verwertungshindernissen** hinsichtlich der zurückbehaltenen Aktivwerte oder **Rückzahlungshindernissen** hinsichtlich der früheren Betriebsschulden gegeben (BFH 27.11.1984 – VIII R 2/81, BStBl. II 1985, 323). Gleiches gilt für

Vorgänge, die sich **ähnlich wie Rückzahlungshindernisse** auswirken (vgl. BFH 28.3.2007 – X R 15/04, BStBl. II 2007, 642 mwN).

613 Stehen diese Vorgänge der **Schuldentilgung wirksam entgegen,** sind die **Schuldzinsen nachträgliche Betriebsausgaben** nach § 24 Nr. 2, solange die Hindernisse bestehen.

614 Die Verwertungshindernisse stehen dem Grundsatz des Vorrangs der Schuldenberichtigung jedoch nur dann nicht entgegen, wenn ihr Grund in der ursprünglich betrieblichen Sphäre liegt (vgl. BFH 28.3.2007 – X R 15/04, BStBl. II 2007, 642). Private Gründe und Motive sind schädlich.

615 Ein Rückzahlungshindernis liegt bspw. dann vor, wenn die Verbindlichkeit in einer Betriebsrente verwirklicht ist und die Ablösung an der Zustimmung des Empfängers scheitert. Die Gründe des Widerspruchs des Berechtigten sind nicht erheblich (vgl. BFH 22.9.1999 – XI R 46/98, BStBl. II 2000, 120).

616 Sonstige Gründe liegen vor, wenn der Erlass der Schuld konkret bevorsteht, wobei nur rein wirtschaftliche Überlegungen nicht ausreichend sind (LBP/*Schindler* § 24 Rn. 79).

617 *Einstweilen frei*

(bb) Umschuldung und Umwidmung

618 Eine **Umschuldung** liegt u.a. dann vor, wenn Verbindlichkeiten eingegangen werden, die der Ablösung anderer Verbindlichkeiten dienen. Die – auch nach Vollbeendigung des Betriebs – neuerdings eingegangenen Verbindlichkeiten haben ihre Ursache im früheren Betrieb des Steuerpflichtigen (BFH 11.12.1980 – I R 198/78, BStBl. II 1981, 462). Der wirtschaftliche Zusammenhang zum Betrieb bleibt – auch bei einem Gläubigerwechsel – weiterhin bestehen.

619 Aufwendungen im Zusammenhang mit einer derartigen Umschuldung sind ebenso wie die für die neuen Verbindlichkeiten geleisteten Schuldzinsen **nachträgliche Betriebsausgaben** (BFH 11.12.1980 – I R 198/78, BStBl. II 1981, 462).

620 Wird nach Aufgabe des Betriebs zur Sicherung von betrieblichen Verbindlichkeiten, die bei Vollbeendigung des Betriebs trotz Verwertung des Aktivvermögens nicht getilgt werden konnten, ein **privates Einfamilienhaus** mit einer **Hypothek** belastet, sind die damit zusammenhängenden Hypothekenzinsen als nachträgliche Betriebsausgaben zu behandeln (BFH 11.12.1980 – I R 61/79, BStBl. II 1981, 461). Die Zinsen stehen dabei in wirtschaftlichem Zusammenhang mit dem früheren Betrieb und nicht mit den Einkünften aus Vermietung und Verpachtung – für den privaten Bereich und die private Vermögensverwaltung bringt die Schuld keine Vorteile. Ihre Verbundenheit mit dem betrieblichen Bereich ist nicht gelöst und eine Umwandlung in eine private Schuld ist nicht gegeben.

621 Eine **Umwidmung** liegt u.a. vor, wenn bei einer Betriebsaufgabe die bisher betrieblich genutzten Wirtschaftsgüter und die damit in Zusammenhang stehenden Verbindlichkeiten ins Privatvermögen überführt und dort zur Einkünfteerzielung (insbesondere durch Vermietung und Verpachtung) genutzt werden. Die Verbindlichkeiten sind dann in das Privatvermögen des Steuerpflichtigen übergegangen, sodass auch die darauf entfallenden Schuldzinsen dieser Einkunftsart zuzuordnen und gegebenenfalls als Werbungskosten abziehbar sind (BFH 19.8.1998 – X R 96/95, BStBl. II 1999, 353; BFH 28.3.2007 – X R 15/04, BStBl. II 2007, 642 mwN). Es liegen insofern **keine nachträglichen Betriebsausgaben** vor.

622 Zwar kann der einmal entstandene wirtschaftliche Zusammenhang der Schuldzinsen mit einer bestimmten Einkunftsart nicht durch eine bloße Willensentscheidung des Steuerpflichtigen durchbrochen werden und ein willkürlicher Austausch der Finanzierungsgrundlagen ist ohne vorherige Lösung des ursprünglichen wirtschaftlichen Zusammenhangs steuerrechtlich nicht möglich. Gleichwohl kann eine **steuerrechtlich anzuerkennende Umwidmung** stattfinden. Dafür ist es erforderlich, dass die erstmalige tatsächliche Zuordnung zu einer Einkunftsart eindeutig beendet wurde und der Steuerpflichtige eine neue, ebenfalls kreditfinanzierte Anlageentscheidung trifft, durch welche das Objekt des Kreditbedarfs ausgewechselt wird. Diese **Änderung der Zweckbestimmung** muss nach außen durch **objektive Beweisanzeichen** feststellbar sein (BFH 19.8.1998 – X R 96/95, BStBl. II 1999, 353; vgl. auch BFH 22.1.2003 – X R 60/99, BFH/NV 2003, 900).

623 Eine Umwidmung der für betriebliche Zwecke begründeten Verbindlichkeiten zu den privat veranlassten Einkünften (insbesondere zu Einkünften aus Vermietung und Verpachtung) ist daher möglich. Die neue Anlageentscheidung liegt im Entschluss des Steuerpflichtigen, das bisher betrieblich genutzte Wirtschaftsgut nunmehr privat zur Einkünfteerzielung

(insbesondere vermögensverwaltend) zu nutzen (BFH 19.8.1998 – X R 96/95, BStBl. II 1999, 353). Die eindeutige Beendigung des wirtschaftlichen Zusammenhangs mit dem Betrieb liegt ebenfalls im Entschluss, das Wirtschaftsgut nicht zu veräußern, sondern ins Privatvermögen zu überführen und nunmehr damit in diesem Bereich Einkünfte zu erzielen.

Die Zurückbehaltung der Verbindlichkeit dient dann dem Erwerb eines zum Zweck der Einkünfteerzielung dienenden Wirtschaftsguts. Es wird ein neuer Zusammenhang der Schuldzinsen mit den steuerbaren Erträgen aus der Einkünfteerzielung hergestellt. Insofern treten die Schuldzinsen den Erträgen aus der neuen Verwendung der Verbindlichkeit gegenüber (BFH 19.8.1998 – X R 96/95, BStBl. II 1999, 353). 624

Bei einer **gesplitteten Umwidmung** – dh ein bisher zur Einkünfteerzielung genutztes und fremdfinanziertes Wirtschaftsgut wird veräußert und unter Aufrechterhaltung der Verbindlichkeit wird nur ein Teil des Erlöses dazu verwendet, durch Anschaffung eines neuen Wirtschaftsguts steuerbare Einkünfte zu erzielen – können aus dem fortgeführten Darlehen nicht mehr Schuldzinsen abgezogen werden als dem Anteil der Anschaffungskosten des neuen Wirtschaftsguts an dem gesamten Erlös entspricht (BFH 27.3.2007 – VIII R 28/04, BStBl. II 2007, 699). 625

Endet hingegen der Betrieb aufgrund **fehlender Gewinnerzielungsabsicht** (dh auch keine Einkünfteerzielung im privaten Bereich), liegt ein **Liebhabereibetrieb** vor. Schuldzinsen für betrieblich begründete Verbindlichkeiten sind dann weiterhin als **nachträgliche Betriebsausgaben** abziehbar sein, wenn und soweit die zugrunde liegenden Verbindlichkeiten nicht durch eine mögliche Verwertung von Aktivvermögen beglichen werden konnten und daher der Grundsatz des Vorrangs der Schuldenberichtigung eingehalten wurde (BFH 15.5.2002 – X R 3/99, BStBl. II 2002, 809). Für die Umqualifizierung in einen Liebhabereibetrieb darf somit im Ergebnis nichts anderes gelten als bei einer Betriebsaufgabe oder Betriebsveräußerung. 626

Einstweilen frei 627

(cc) Beschränkung des Schuldzinsenabzugs nach § 4 Abs. 4a

Es ist bisher durch die **Rechtsprechung nicht geklärt,** ob die Beschränkung des Abzugs von Schuldzinsen nach § 4 Abs. 4a auch auf nachträgliche Betriebsausgaben bei den Gewinneinkunftsarten Anwendung findet (vgl. LBP/*Schindler* § 24 Rn. 82). 628

Nach § 4 Abs. 4a sind Schuldzinsen, die nicht zu Darlehen zur Finanzierung von Anschaffungs- oder Herstellungskosten von Wirtschaftsgütern des Anlagevermögens gehören, im Fall von Überentnahmen nur beschränkt als Betriebsausgaben abziehbar (anhand einer außerbilanziellen Korrektur durch Hinzurechnung zum betrieblichen Gewinn). Die Wahl der Finanzierung ist grundsätzlich dem Steuerpflichtigen überlassen (Eigen- oder Fremdkapital, vgl. BFH 8.12.1997 – GrS 1-2/95, BStBl. II 1998, 193 zu **Zwei- und Dreikontenmodellen**). Es steht dem Unternehmer frei, zunächst dem Betrieb Barmittel ohne Begrenzung auf einen Zahlungsmittelüberschuss zu entnehmen und im Anschluss hieran betriebliche Aufwendungen durch Darlehen zu finanzieren. Der Unternehmer ist berechtigt, Eigenkapital durch Fremdkapital zu ersetzen. Dabei ist es steuerlich nicht erheblich, warum er vorhandene eigene Mittel nicht zur Bestreitung der betrieblichen Aufwendungen einsetzt und für welche Art des privaten Aufwands die Mittel verwendet werden. 629

Die Grenze dieser Gestaltungen findet sich in § 4 Abs. 4a, wenn der Abzug von Schuldzinsen bei Überentnahmen – das Kapitalkonto wird durch Entnahmen negativ – begrenzt wird (vgl. Schmidt/*Heinicke* § 4 Rn. 522). Dieser Abzug ist auch verfassungsgemäß (vgl. BFH 22.12.2011 – III R 99/07, BFH/NV 2012, 729). 630

Nach wohl **hM** ist die Begrenzung des Schuldzinsenabzugs nach § 4 Abs. 4a auch auf nachträgliche Betriebsausgaben **uneingeschränkt anzuwenden** (vgl. übersichtlich in LBP/*Schindler* § 24 Rn. 82 mwN; Kirchhof/*Mellinghoff* § 24 Rn. 36). Der Sinn und Zweck rechtfertigt keine andere Behandlung, auch wenn der reine Wortlaut gegen eine Anwendung spricht (Überentnahmen sind danach nach einer Betriebsveräußerung oder -aufgabe nicht möglich, vgl. Kirchhof/*Mellinghoff* § 24 Rn. 36). Denn entnahmebedingter Zinsaufwand muss sowohl während des Bestehens des Betriebs, aber auch nach Beendigung des Betriebs (teilweise) vom Abzug ausgeschlossen werden (LBP/*Schindler* § 24 Rn. 82). Nach einer Betriebsveräußerung oder -aufgabe dürfen sich nach § 4 Abs. 4a nicht abzugsfähige Schuldzinsen nicht steuermindernd auf den Gewinn auswirken. 631

Können Überentnahmen aus vorangegangenen Wirtschaftsjahren im Falle einer solchen Betriebsbeendigung (teilweise) nicht durch den Veräußerungs- oder Aufgabegewinn 632 geschmälert werden, ist § 4 Abs. 4a weiterhin anwendbar. Es ist nach dem Maßstab des verbleibenden Überentnahmevolumens den nachträglichen Schuldzinsen nach § 4 Abs. 4a S. 5 ein Hinzurechnungsbetrag (nachträglicher Gewinn) gegenüberzustellen (hinzuzurechnen) (Kirchhof/*Mellinghoff* § 24 Rn. 36).

633 *Einstweilen frei*

634 **(3) Ermittlung des Gewinns.** Die Ermittlung von nachträglichen Gewinneinkünften ist **nicht abschließend geklärt** (vgl. LBP/*Schindler* § 24 Rn. 83).

635 Es bestehen **unterschiedliche Möglichkeiten der Gewinnermittlung.** So können (bzw. müssen – bei vorhandener Buchführungspflicht –) Steuerpflichtige den Gewinn nach Betriebsvermögensvergleich iSv **§§ 4 Abs. 1 oder 5** ermitteln. Zudem können Steuerpflichtige unter bestimmten Voraussetzungen den Gewinn durch die vereinfachte Einnahme-Überschussrechnung nach **§ 4 Abs. 3** bestimmen.

636 Es ergeben sich bei der Ermittlung des nachträglichen Gewinns durch **§ 4 Abs. 3 keine** offensichtlichen **Probleme.** Die nachträglichen Einnahmen werden den nachträglichen Betriebsausgaben gegenübergestellt – das Ergebnis ist der nachträgliche Gewinn.

637 Bei der Berechnung des Gewinns nach **§§ 4 Abs. 1, 5** besteht **Uneinigkeit.** Es ist umstritten, ob ein nachträglicher Gewinn überhaupt nach Betriebsvermögensvergleich ermittelt werden kann.

638 In der Rechtsprechung finden sich Entscheidungen, die diese **Frage nicht beantworten,** sondern **offenlassen** (vgl. BFH 24.10.1979 – VIII R 49/77, BStBl. II 1980, 186).

639 Darüber hinaus wird eine Gewinnermittlung nach §§ 4 Abs. 1, 5 für nachträgliche Gewinneinkünfte von der Rechtsprechung **teilweise verneint** und auf eine **sinngemäße Gewinnermittlung nach § 4 Abs. 3** unter Berücksichtigung des Zufluss-Abfluss-Prinzips nach § 11 **verwiesen** (vgl. BFH 22.2.1978 – I R 137/74, BStBl. II 1978, 430; BFH 23.2.2012 – IV R 31/09, BFH/NV 2012, 1448 mwN).

640 Die Rechtsprechung begründet diese Ansicht mit dem Argument, dass ein **Betriebsvermögensvergleich** nach Betriebsveräußerung oder -aufgabe **nicht mehr durchgeführt** werden kann (BFH 23.2.2012 – IV R 31/09, BFH/NV 2012, 1448). Durch den Betriebsvermögensvergleich werden Aktiv- und Passivvermögen gegenübergestellt, wobei die Gewinnermittlung durch eine Bewertung der Bilanzpositionen unter Bildung stiller Reserven durchgeführt wird. Bei einer Betriebsveräußerung oder -aufgabe werden die Wirtschaftsgüter letztmalig in der Schlussbilanz erfasst und die vorhandenen stillen Reserven aufgedeckt, sodass sie den Veräußerungs- oder Aufgabegewinn erhöhen (auch bei Überführung ins Privatvermögen). Eine Erfassung der stillen Reserven ist danach nicht mehr gewährleistet (BFH 11.2.1999 – XI S 14/98, BFH/NV 1999, 926). Überdies ist eine Erstellung weiterer Aufgabebilanzen nicht möglich. Nach der Betriebsveräußerung oder -aufgabe kann der nachträgliche Gewinn daher nicht mehr nach diesem Verfahren ermittelt werden.

641 Zudem sind bei der Gewinnermittlung nach §§ 4 Abs. 1, 5 die **Bewertungsvorschriften,** insbesondere § 6 anzuwenden, bei dem eine Teilwertbewertung häufig einschlägig ist. Diese setzt aber eine **unveränderte Betriebsfortführung** voraus, die so nicht mehr gegeben ist (BFH 23.2.2012 – IV R 31/09, BFH/NV 2012, 1448).

642 Auch nach der Betriebsaufgabe noch fortbestehende Verbindlichkeiten, die dem negativem Betriebsvermögen zugeordnet sind, begründen nach der Rechtsprechung keine Gewinnermittlung nach §§ 4 Abs. 1, 5. Die damit zusammenhängenden Tilgungsleistungen sind steuerlich nicht bedeutend. Und die Erfassung der nachträglichen Schuldzinsen erfordert keine Gewinnermittlung nach Betriebsvermögensvergleich (vgl. BFH 23.2.2012 – IV R 31/09, BFH/NV 2012, 1448).

643 Die Rechtsprechung kommt daher vor allem zu dem Ergebnis, auch bei Bilanzierenden den **nachträglichen Gewinn zwingend nach § 4 Abs. 3** zu bestimmen, weil eine Anwendung von §§ 4 Abs. 1, 5 ausscheidet (nach KSM/*Geserich* § 24 Rn. C 12 **einheitliche ständige Rechtsprechung**). Dabei wird die Vorschrift nicht unmittelbar (bei Buchführenden nicht möglich), sondern sinngemäß angewendet.

644 Die **Finanzverwaltung** verfolgt ebenfalls diese Meinung und geht von einer nachträglichen Gewinnermittlung nach § 4 Abs. 3 aus (vgl. H 24.2 Ermittlung der nachträglichen Einkünfte EStH).

645 In der Literatur wird teilweise über ein **Wahlrecht** des Steuerpflichtigen zwischen den Gewinnermittlungsvorschriften nach §§ 4 Abs. 1, 5 und § 4 Abs. 3 nachgedacht (vgl. über-

sichtlich LBP/*Schindler* § 24 Rn. 83 mwN). **Auch** in der **Rechtsprechung** wurde ein Wahlrecht erwogen (vgl. BFH 6.3.1997 – IV R 47/95, BStBl. II 1997, 509 mwN; zT wieder aufgehoben, vgl. BFH 23.2.2012 – IV R 31/09, BFH/NV 2012, 1448). Würde ein Wahlrecht bestehen, muss dieses im Laufe des Veranlagungszeitraums ausgeübt werden – durch die Erstellung von Bilanzen oder entsprechender Unterlagen als Grundlage des Betriebsvermögensvergleichs (BFH 11.2.1999 – XI S 14/98, BFH/NV 1999, 926 mwN). Der Verzicht darauf begründet die Entscheidung zur sinngemäßen Ermittlung nach § 4 Abs. 3. Eine spätere Ausübung oder Änderung der Wahl ist nicht zulässig.

In der Praxis sollte aufgrund der verschiedenen Möglichkeiten und der damit verbundenen Unstimmigkeiten zu einer Gewinnermittlung nach Einnahme-Überschussrechnung gemäß § 4 Abs. 3 geraten werden. 646

Einstweilen frei 647

b) Nichtselbständige Arbeit. Neben den Gewinneinkunftsarten können nachträgliche Einkünfte aus einer **ehemaligen nichtselbständigen Tätigkeit** anfallen. Auch in dieser Konstellation ergeben sich die nachträglichen Einkünfte aus Einnahmen und Aufwendungen in Form von Werbungskosten (Ermittlung durch Abzug der nachträglichen Werbungskosten von den nachträglichen Einnahmen; Überschusseinkunftsart nach § 2 Abs. 2 S. 1 Nr. 2). 648

aa) Nachträgliche Einnahmen. § 24 Nr. 2 stellt klar, dass auch nachträgliche Einkünfte aus einer ehemaligen nichtselbständigen Tätigkeit steuerbar sind. Diese Vorschrift hat jedoch **nur deklaratorische Bedeutung.** Nach §§ 2 Abs. 1 S. 1 Nr. 4, 19 Abs. 1 S. 1 Nr. 2 EStG sowie § 2 Abs. 2 Nr. 2 LStDV fallen Bezüge und Vorteile aus früheren Dienstleistungen schon unter die Einkünfte aus nichtselbständiger Arbeit (vgl. LBP/*Schindler* § 24 Rn. 86). 649

Bezüge und Vorteile sind **insbesondere** nachgezahlte Gehälter, Löhne, Gratifikationen und Tantieme (LBP/*Schindler* § 24 Rn. 86; bspw. Übergangsgebührnisse nach § 11 SVG, vgl. BFH 1.8.2007 – XI R 55/05, BFH/NV 2008, 31). 650

(Betriebliche) Versorgungsbezüge können nachträgliche Einkünfte nach § 24 Nr. 2 sein. Insbesondere werden **Ruhegelder** eines früheren Arbeitgebers an den Arbeitnehmer aufgrund dienstvertraglicher Regelungen von § 19 Abs. 1 S. 1 Nr. 2 erfasst und zählen auch zu den Einkünften aus früherer nichtselbständiger Tätigkeit nach § 24 Nr. 2 (BFH 6.3.2002 – XI R 51/00, BStBl. II 2002, 516 mwN und in Abgrenzung zu § 24 Nr. 1 Buchst. a). Das Ruhegeld findet seine **Rechtsgrundlage** in der **früheren Tätigkeit des Arbeitnehmers.** Es ist dabei **unbedeutend,** wann die Vereinbarung über das Ruhegeld getroffen wird – vor oder im Zeitpunkt der vertraglich vorgesehenen Beendigung. Ruhegelder sind grundsätzlich von **Leibrenten** nach § 22 Nr. 1 S. 3 Buchst. a zu unterscheiden (vgl. LBP/*Schindler* § 24 Rn. 86). 651

Versorgungsbezüge, die hingegen ganz oder teilweise auf **früheren Beiträgen** des Steuerpflichtigen beruhen, sind kein Arbeitslohn nach § 2 Abs. 2 Nr. 2 S. 2 LStDV und keine nachträglichen Einkünfte (außer die Beiträge waren als Werbungskosten abzugsfähig). 652

§ 24 Nr. 2 iVm §§ 2 Abs. 1 S. 1 Nr. 4, 19 erfasst auch Zahlungen, die nach Beendigung des Dienstverhältnisses vom Arbeitnehmer ausgelöst werden (**Optionsrecht auf Aktien** oder **verbilligte Erwerb eines Grundstücks,** vgl. KSM/*Geserich* § 24 Rn. C 18 mwN). 653

Für (nachträgliche) Einkünfte aus nichtselbständiger Arbeit gilt das Zufluss-Abfluss-Prinzip nach § 11 – nachträgliche Einnahmen aus nichtselbständiger Arbeit sind daher nach § 11 Abs. 1 S. 1 im **Veranlagungszeitraum des Zuflusses** zu erfassen. Darüber hinaus hat der Arbeitgeber **Lohnsteuer einzubehalten,** § 38 Abs. 3. 654

Zudem ist die Sondervorschrift des § 38a Abs. 1 S. 2 und 3 iVm § 11 Abs. 1 S. 4 zu beachten, nach dem **laufender Arbeitslohn** mit dem **Ende des Lohnabrechnungszeitraums** und nicht laufender Arbeitslohn mit Zufluss bezogen wird (vgl. auch LBP/*Schindler* § 24 Rn. 87). 655

Gehaltsnachzahlungen für frühere Jahre aufgrund einer unwirksamen Kündigung sind als Arbeitslohn des Jahres der Nachzahlung zu erfassen und nicht auf die Jahre aufzuteilen (vgl. BFH 22.7.1993 – VI R 104/92, BStBl. II 1993, 795). Es sind die persönlichen Verhältnisse des Zuflussjahres zugrunde zu legen (BFH 29.5.1998 – VI B 275/97, BFH/NV 1998, 1477). 656

Einstweilen frei 657

bb) Nachträgliche Werbungskosten. Nachträgliche Aufwendungen des Steuerpflichtigen sind dann als nachträgliche Werbungskosten mindern anzusetzen, wenn sie **durch die** 658

ehemalige Tätigkeit veranlasst sind (vgl. finale Theorie nach § 9 Abs. 1 S. 1, die nach § 4 Abs. 4 analog auf den Veranlassungszusammenhang ausgeweitet wird). Eine berufliche Veranlassung der Aufwendungen ist bei Einkünften aus nichtselbständiger Arbeit anzunehmen, wenn objektiv ein Zusammenhang mit dem Beruf besteht und die Aufwendungen subjektiv zur Förderung des Berufs eingesetzt werden (vgl. stv. BFH 20.12.1988 – VI R 55/84, BFH/NV 1990, 23). Bei nachträglichen Werbungskosten muss **bereits in dem Zeitpunkt,** in dem der **Grund** für die Aufwendungen gelegt wird, der **berufliche Zusammenhang** gegeben sein.

659 **Klassische Beispiele** von nachträglichen Werbungskosten sind Aufwendungen eines früheren GmbH-Geschäftsführers, der als **Haftungsschuldner** des früheren Arbeitgebers für bestehende Steuerschulden oder pflichtwidrig unterlassene Abführung von Sozialversicherungsbeiträgen in Anspruch genommen wird (vgl. BFH 14.10.1960 – VI 45/60 U, BStBl. III 1961, 20; vgl. auch LBP/*Schindler* § 24 Rn. 89). Gleiches gilt bei Inanspruchnahmen aus einer früheren, durch das Arbeitsverhältnis begründeten **Bürgschaften** (vgl. BFH 20.12.1988 – VI R 55/84, BFH/NV 1990, 23; Übernahme der Bürgschaftsverpflichtung muss schon beruflich veranlasst sein, vgl. dazu BFH 14.5.1991 – VI R 48/88, BStBl. II 1991, 758). Bei Arbeitnehmern, die gleichzeitig an ihrem Arbeitgeber beteiligt sind (klassisch: Gesellschafter-Geschäftsführer einer GmbH), sind unbedeutende Beteiligungen nicht schädlich für die Veranlassung aus dem Dienstverhältnis (ansonsten: Veranlassung wohl durch die gesellschaftsrechtliche Grundlage und daher Erhöhung der Anschaffungskosten der Beteiligung und keine nachträglichen Werbungskosten; vgl. KSM/*Geserich* § 24 Rn. C 22).

660 Finanziert der Steuerpflichtige die nachträglichen Werbungskosten fremd, können die daraus begründeten Schuldzinsen als nachträgliche Werbungskosten abgezogen werden (vgl. LBP/*Schindler* § 24 Rn. 89 mwN).

661 *Einstweilen frei*

3. Einkünfte aus früheren Rechtsverhältnissen

662 Von § 24 Nr. 2 werden auch nachträgliche Einkünfte aus früheren Rechtsverhältnissen erfasst. Dazu gehören **Einkünfte aus Kapitalvermögen** (§§ 2 Abs. 1 S. 1 Nr. 5, 20), **Einkünfte aus Vermietung und Verpachtung** (§§ 2 Abs. 1 S. 1 Nr. 6, 21) und **sonstige Einkünfte** (§§ 2 Abs. 1 S. 1 Nr. 7, 22 f.).

663 Die Einkünfte setzen sich aus dem Unterschiedsbetrag der **nachträglichen Einnahmen** und der **nachträglichen Werbungskosten** zusammen – sie sind bei Überschusseinkunftsarten grundsätzlich gegenüberzustellen, § 2 Abs. 2 S. 1 Nr. 2.

664 Sie müssen dabei in **wirtschaftlichem Zusammenhang** mit dem früheren Rechtsverhältnis, dh mit der früheren Einkünfteerzielung stehen (vgl. KSM/*Geserich* § 24 Rn. C 33). Nachträgliche Werbungskosten müssen insbesondere durch die frühere Wirtschaftstätigkeit **veranlasst** sein, aber erst **nach Beendigung des Rechtsverhältnisses geleistet** werden.

665 Bei bereits während des Bestehens des Rechtsverhältnisses begründeten, aber erst nach Beendigung abfließenden Aufwendungen scheint dies unproblematisch zu sein. Hingegen sind nach Beendigung des Rechtsverhältnisses entstandene Aufwendungen dahingehend zu überprüfen, ob sie konkret und allein bzw. nahezu ausschließlich durch die frühere Wirtschaftstätigkeit veranlasst sind (nach Kirchhof/*Mellinghoff* § 24 Rn. 40 häufig fehlende Veranlassung).

666 **a) Einkünfte aus Kapitalvermögen. aa) Nachträgliche Einnahmen.** Nachträgliche Einnahmen aus Kapitalvermögen nach § 24 Nr. 2 iVm §§ 2 Abs. 1 S. 1 Nr. 5, 20 sind **bspw.** verspätete Zinszahlungen nach Beendigung des Darlehensverhältnisses oder nachträglich zugeflossene Ausschüttungen einer GmbH nach Veräußerung der Anteile (vgl. LBP/*Schindler* § 24 Rn. 91).

667 Eine **Besonderheit** auf der Einnahmenseite von nachträglichen Einkünften aus Kapitalvermögen ergibt sich bei der **Veräußerung der zugrunde liegenden Ertragsquelle** (Kapitalforderung oder Anteil an einer Kapitalgesellschaft, vgl. KSM/*Geserich* § 24 Rn. C 27 ff.; LBP/*Schindler* § 24 Rn. 91). Fließen Einnahmen „nachträglich" zu, stellt sich die Frage, **wem** diese Erträge **zuzurechnen** sind.

668 Nach dem **BFH** sind im Verhältnis zwischen Veräußerer und Erwerber einer Kapitalforderung oder Beteiligung an einer Kapitalgesellschaft die Kapitalerträge demjenigen steuerrecht-

lich zuzurechnen, dem sie nach § 101 BGB oder nach einer von dieser Regel abweichenden Vereinbarung **gebühren** (BFH 14.12.1999 – VIII R 49/98, BStBl. II 2000, 341 mwN; zumindest bis VZ 1993).

Mit dem Veranlagungszeitraum 1994 wurde eine neue Regelung – für Beteiligungen an Kapitalgesellschaften – ins Gesetz aufgenommen (vorher: § 20 Abs. 2a; aktuell: **§ 20 Abs. 5 S. 1, 2**). Danach erzielt der Anteilseigner die Einkünfte aus Kapitalvermögen. Anteilseigner ist derjenige, dem nach § 39 AO die Anteile am Kapitalvermögen im Zeitpunkt des Gewinnverteilungsbeschlusses zuzurechnen sind. **669**

Für Erträge aus anderen Kapitalforderungen ist es nicht abschließend geklärt, ob die ältere og Rechtsprechung weiterhin Anwendung findet (vgl. BFH 11.4.2012 – VIII R 28/09, BStBl. II 2012, 496; so bspw. LBP/*Schindler* § 24 Rn. 92). **670**

Einstweilen frei **671**

bb) Nachträgliche Werbungskosten. Nachträgliche Werbungskosten sind etwa verspätet erhobene Verwaltungskosten oder Prozesskosten (KSM/*Geserich* § 24 Rn. C 40). Das Verbot des Abzugs der tatsächlichen Werbungskosten ist auch bei nachträglichen Werbungskosten zu beachten (**Sparer-Pauschbetrag** nach § 20 Abs. 9). **672**

Stehen Aufwendungen bei Einziehung von GmbH-Anteilen nach § 34 GmbHG in unmittelbarem Zusammenhang mit Rückforderungsansprüchen nach §§ 30, 31, 43 GmbHG, können diese nicht als nachträgliche Werbungskosten in Form von Rechts- und Beratungskosten bei den Einkünften aus Kapitalvermögen angesetzt werden, wenn der Steuerpflichtige nicht primär aufgrund seiner Stellung als Gesellschafter, sondern vor allem wegen eines pflichtwidrigen Verhaltens als Geschäftsführer in Anspruch genommen wurde (FG München 24.9.2015 – 13 K 554/13, EFG 2016, 715 und GWR 2016, 264 mAnm *Roth*). **673**

Der BFH **versagt** grundsätzlich den Abzug von **Schuldzinsen** als nachträgliche Werbungskosten bei Einkünften aus Kapitalvermögen (vgl. stv. BFH 10.11.1992 – VIII R 98/90, BFH/NV 1993, 468 mwN). Denn der wirtschaftliche Zusammenhang zwischen den Einnahmen aus Kapitalvermögen und den Schuldzinsen entfällt, wenn die Kapitalanlage, zu deren Erwerb der die Schuldzinsen verursachende Kredit aufgenommen wurde, veräußert wird. Die auf die Zeit nach der Veräußerung der Kapitalanlage entfallenden Schuldzinsen stellen die Gegenleistung für die Überlassung von Kapital dar, das nicht mehr der Erzielung von Einnahmen aus Kapitalvermögen dient (BFH 17.12.1996 – VIII R 39/95, BFH/NV 1997, 644 mwN). Die unterschiedliche steuerrechtliche Behandlung nachträglicher Schuldzinsen bei den Gewinneinkunftsarten einerseits und den Überschusseinkunftsarten andererseits beruhe auf dem Dualismus der Einkunftsarten und begegne keinen verfassungsrechtlichen Bedenken (BFH 25.4.1995 – IX R 114/92, BFH/NV 1995, 966). **674**

Eine **Änderung der Rechtsprechung** gab es hingegen bei **Schuldzinsen** für die Anschaffung einer **im Privatvermögen gehaltenen Beteiligung** nach § 17 (vgl. BFH 16.3.2010 – VIII R 20/08, BStBl. II 2010, 787; vgl. zur früheren Ansicht BFH 9.8.1983 – VIII R 276/82, BStBl. II 1984, 29). Solche Schuldzinsen, die nach der Veräußerung anfallen, können **ab dem Veranlagungszeitraum 1999** nachträgliche Werbungskosten bei den Einkünften aus Kapitalvermögen sein. Die Rechtsprechung begründet ihre Ansicht damit, dass sich durch die Absenkung der Beteiligungsgrenze des § 17 keine weitreichenden Unterschiede zwischen Gewinneinkunftsarten und § 17 ergeben (bei den Gewinneinkunftsarten sind nachträgliche Schuldzinsen als nachträgliche Betriebsausgaben abzugsfähig). Die Zuordnung der nachträglichen Schuldzinsen zur nicht steuerbaren privaten Vermögenssphäre sei damit nicht mehr zu rechtfertigen (vgl. BFH 16.3.2010 – VIII R 20/08, BStBl. II 2010, 787). **675**

Einstweilen frei **676**

b) Einkünfte aus Vermietung und Verpachtung. aa) Nachträgliche Einnahmen. Miet- oder Pachteinnahmen, die dem Steuerpflichtigen **nach** Beendigung des Miet- oder Pachtverhältnisses oder nach Veräußerung des Objektes zufließen, sind nachträgliche Einnahmen nach § 24 Nr. 2 iVm §§ 2 Abs. 1 S. 1 Nr. 6, 21. Darüber hinaus sind auch **Erstattungen von Aufwendungen** als nachträgliche Einnahmen anzusehen (vgl. BFH 28.3.1995 – IX R 41/93, BStBl. II 1995, 704; vgl. auch LBP/*Schindler* § 24 Rn. 92). Eine Sonderregelung ist § 21 Abs. 1 S. 1 Nr. 4, die die Veräußerung von Miet- und Pachtzinsforderungen den **677**

Einkünften aus Vermietung und Verpachtung zuordnet. Auch hier können nachträgliche Einkünfte entstehen (vgl. ausführlich LBP/*Schindler* § 24 Rn. 92).

678 *Einstweilen frei*

679 **bb) Nachträgliche Werbungskosten.** Nachträgliche Aufwendungen müssen im wirtschaftlichen Zusammenhang mit der früheren auf Einnahmenerzielung gerichteten Tätigkeit stehen. Bei **Aufwendungen für Schönheitsreparaturen und zur Beseitigung kleinerer Schäden und Abnutzungserscheinungen** – wie solche für Maler-, Schreiner-, Elektro- und Fliesenarbeiten –, die dem Steuerpflichtigen nach Beendigung der Vermietung und vor der Selbstnutzung entstehen, ist nicht von nachträglichen Werbungskosten auszugehen (vgl. BFH 7.11.1995 – IX R 81/93, BFH/NV 1996, 533; BFH 11.7.2000 – IX R 48/96, BStBl. II 2001, 784). Die Aufwendungen stehen nicht mit der bisherigen Vermietungstätigkeit, sondern mit der privaten Lebensführung in Zusammenhang, § 12 Nr. 1.

680 Nur solche Aufwendungen, die **allein oder nahezu ausschließlich** durch die bisherige Einkünfteerzielung veranlasst sind, können als nachträgliche Werbungskosten nach § 24 Nr. 2 abgezogen werden (BFH 29.7.1997 – IX R 70/95, BFH/NV 1997, 850). Aufwendungen zur Beseitigung eines **größeren Schadens,** der die mit dem **gewöhnlichen Gebrauch** der Mietsache verbundene Abnutzung **deutlich übersteigt,** insbesondere mutwillig verursachte Schäden, sind (nachträgliche) Werbungskosten (BFH 11.7.2000 – IX R 48/96, BStBl. II 2001, 784). Die Veranlassung durch das frühere Mietverhältnis und der wirtschaftliche Zusammenhang mit diesem sind ausschlaggebend – die private Komponente ist unbedeutend.

681 **Entschädigungszahlungen** eines Vermieters an den Mieter, um das Mietverhältnis **vorzeitig zu beenden** und danach das **Objekt selbst zu nutzen,** sind keine (nachträglichen) Werbungskosten (vgl. BFH 7.7.2005 – IX R 38/03, BStBl. II 2005, 760). Sie sind nicht unerheblich durch die Privatsphäre veranlasst – eine alleinige oder nahezu ausschließliche Veranlassung durch die Vermietungstätigkeit ist nicht gegeben.

682 Die Aufwendungen eines Verkäufers und bisherigen Vermieters für den Ausbau eines seit längerem nicht mehr genutzten Öltanks – auf Verlangen des Käufers – sind aufgrund eines **fehlenden Veranlassungszusammenhangs** keine nachträglichen Werbungskosten (BFH 24.1.2012 – IX R 16/11, BFH/NV 2012, 1108). Den auslösenden Moment sah die Rechtsprechung in diesem Fall im Veräußerungsvorgang.

683 **Aufwendungen für Prozess- und Räumungskosten** waren grundsätzlich als (nachträgliche) Werbungskosten anerkannt (innerer wirtschaftlicher Zusammenhang mit der Vermietungs- oder Verpachtungstätigkeit, da sie ohne diese Tätigkeit nicht entstanden wären, vgl. BFH 25.7.1972 – VIII R 56/68, BStBl. II 1972, 880). Diese weite Ansicht grenzte die Rechtsprechung später ein: Steht die Erwartung einer besseren Verwertung des Vermietungsobjekts im Vordergrund (**Verkaufsmöglichkeit, höherer Verkaufspreis**), ist keine Veranlassung durch die Vermietungstätigkeit gegeben (BFH 23.2.1988 – IX R 151/86, BFH/NV 1989, 485). Auch wenn diese Aufwendungen objektiv mit der Vermietung in Zusammenhang stehen, dienen sie subjektiv nicht der Förderung der Nutzungsüberlassung. (Nachträgliche) Werbungskosten aus Vermietung und Verpachtung scheiden daher aus. Es ist insgesamt auf die Veranlassung der Aufwendungen zur weiteren Vermietung oder zur Veräußerung abzustellen.

684 **Abbruchkosten** können nachträgliche Werbungskosten sein, wenn der **maßgebliche Grund** für den Abriss des Gebäudes – wie eine mangelnde Standfestigkeit – während der Vermietung des Grundstücks entstanden ist (BFH 26.6.2001 – IX R 22/98, BFH/NV 2002, 16 mwN). Der Grund für den Abriss muss **daher ganz überwiegend in der bisherigen Nutzung** des Gebäudes zur Erzielung von Einkünften aus Vermietung und Verpachtung liegen. Eine normale und nutzungsgemäße Abnutzung innerhalb der Mietzeit reicht nicht aus, um Abbruchkosten als nachträgliche Werbungskosten anzuerkennen. Das Gebäude muss nach der Mietzeit vielmehr abrissreif sein (vgl. LBP/*Schindler* § 24 Rn. 94). Darüber hinaus muss das bisher vermietete und dann abgerissene Gebäude nicht in der Absicht erworben worden sein, es abzureißen (BFH 26.6.2001 – IX R 22/98, BFH/NV 2002, 16; insgesamt kein Festhalten an der bisherigen Rechtsprechung mehr wie an BFH 31.3.1998 – IX R 26/96, BFH/NV 1998, 1212).

685 Auch bei ehemaligen Vermietungseinkünften stellt sich die Frage nach der Abzugsfähigkeit von **Schuldzinsen** als nachträgliche Werbungskosten. Wurde ein Darlehen zur Anschaffung/

Herstellung eines Vermietungsobjekts aufgenommen, sind die während der Vermietungszeit anfallenden Schuldzinsen Werbungskosten nach § 9 Abs. 1 S. 3 Nr. 1. Hingegen sind die nach Beendigung der Vermietungstätigkeit anfallenden Schuldzinsen nach der älteren Rechtsprechung **grundsätzlich keine nachträglichen Werbungskosten** (vgl. stv. BFH 21.12.1982 – VIII R 48/82, BStBl. II 1983, 373; BFH 25.4.1995 – IX R 114/92, BFH/NV 1995, 966 mwN). Sie sind die Gegenleistung für die Überlassung von Kapital, das nicht weiter zur Erzielung von Einkünften aus Vermietung und Verpachtung dient und stehen in keinem wirtschaftlichen Zusammenhang mehr mit der ehemaligen Vermietungstätigkeit. Das gilt auch dann, wenn der Veräußerungserlös nicht zur Schuldendeckung ausgereicht hat.

Schuldzinsen in Zusammenhang mit einer ehemaligen Vermietungstätigkeit sind jedoch dann **nachträgliche Werbungskosten,** wenn mit dem Kredit Aufwendungen finanziert worden sind, die **während der Vermietungstätigkeit als sofort abziehbare Werbungskosten** – wie Erhaltungsaufwand oder sonstige Hauskosten – zu beurteilen waren (BFH 16.9.1999 – IX R 42/97, BStBl. II 2001, 528). Insofern sind Schuldzinsen eines Kredits zur Finanzierung von Anschaffungs- oder Herstellungskosten anders zu beurteilen als Schuldzinsen zur Finanzierung von vorherigen Werbungskosten. Diese Aufwendungen betreffen nur die Erwerbssphäre und der wirtschaftliche Zusammenhang mit der Einkunftsart nach § 21 bleibt auch nach der Veräußerung des Wirtschaftsguts bestehen. 686

Die (mittelbaren) Auswirkungen der Änderung der Rechtsprechung des BFH zu § 17 (→ Rn. 675) auf den Anwendungsbereich des § 21 waren anfangs nicht geklärt (vgl. BFH 16.6.2011 – IX B 72/11, BFH/NV 2011, 1880). Es gibt nunmehr **neue Entscheidungen,** die den Abzug von Schuldzinsen, die auf Verbindlichkeiten entfallen, welche der Finanzierung von Anschaffungskosten eines zur Erzielung von Einkünften aus Vermietung und Verpachtung genutzten Grundstücks dienten, auch nach einer nach § 23 Abs. 1 S. 1 Nr. 1 steuerbaren Veräußerung der Immobilie als **nachträgliche Werbungskosten zulässt** (BFH 20.6.2012 – IX R 67/10, BStBl. II 2013, 275; der BFH hält insoweit an seiner bisherigen Rechtsprechung nicht mehr fest). Dies gilt jedoch nur, **wenn und soweit** die **Verbindlichkeiten durch den Veräußerungserlös nicht getilgt** werden können (**Grundsatz des Vorrangs der Schuldentilgung**). 687

Der BFH begründet seine **Fortentwicklung der Rechtsprechung** u.a. mit der Änderung der erweiterten Veräußerungsfrist für Immobilien von zwei auf zehn Jahre (**Paradigmenwechsel,** vgl. Kirchhof/*Mellinghoff* § 24 Rn. 42). Der Gesetzgeber habe damit eine **Grundentscheidung** getroffen, dass die zur Einkünfteerzielung genutzte Immobilie für den genannten – und damit über einen reinen Spekulationszeitraum hinausgehenden – Zeitraum nicht mehr dem privaten, sondern dem steuerrechtlich erheblichen Vermögensbereich zugeordnet wird. Für diesen Zeitraum bleiben die stillen Reserven steuerlich bedeutend und die anfallenden Schuldzinsen können als nachträgliche Werbungskosten geltend gemacht werden. Der ursprüngliche Veranlassungszusammenhang zwischen dem Restdarlehen und den früheren Vermietungseinkünften besteht auch nach einer Veräußerung fort – durch die Beendigung der Vermietungstätigkeit wird dieser Zusammenhang nicht durchbrochen. Die Schuldzinsen bleiben daher auch weiterhin durch die Vermietungseinkünfte ausgelöst. Nichts anderes dürfte wohl geltend, wenn die Immobilie nach zehn Jahren steuerfrei veräußert wird (vgl. LBP/*Schindler* § 24 Rn. 96). 688

Die Änderung der Rechtsprechung ist grundsätzlich zu begrüßen, da sie eine Ungleichbehandlung zwischen dem Schuldzinsenabzug als nachträgliche Betriebsausgaben und dem Schuldzinsenabzug als nachträgliche Werbungskosten beseitigt (vgl. LBP/*Schindler* § 24 Rn. 96). 689

Einstweilen frei 690

c) Sonstige Einkünfte. Nachträgliche Einkünfte, die durch ein ehemaliges Rechtsverhältnis zufließen und den sonstigen Einkünften nach § 2 Abs. 1 S. 1 Nr. 7 iVm §§ 22, 23 zugeordnet werden, sind in der Rechtsprechung eher selten zu finden (vgl. LBP/*Schindler* § 24 Rn. 90). 691

Nachträgliche Einnahmen, die den sonstigen Einkünften nach § 24 Nr. 2 iVm § 22 unterfallen, können bei **ausgeschiedenen Abgeordneten** in Gestalt von später gezahlten **Bezügen oder Überbrückungsgelder** anfallen (vgl. LBP/*Schindler* § 24 Rn. 90). Außerdem fallen nachgezahlte Stiftungsbezüge an einen früheren Destinatär sowie verspätete private Versorgungsrenten unter die Vorschrift (KSM/*Geserich* § 24 Rn. C 32). 692

693 Nachträgliche Einnahmen nach § 24 Nr. 2 können in diesem Zusammenhang durch **ersparte Aufwendungen** anfallen. Übernimmt ein Vermögensübernehmer aufgrund eines Vermögensübergabevertrags die Aufwendungen einer standesgemäßen Beerdigung und ist nicht dieser Vermögensübernehmer, sondern ein Dritter Erbe, der somit im Innenverhältnis von der Verpflichtung zur Tragung der Beerdigungskosten entbunden wird, ist von einem Vertrag zugunsten Dritter, dem Erben, auszugehen. Diesem fließen Einnahmen in Höhe der ersparten Beerdigungskosten zu, die als wiederkehrende Bezüge den nachträglichen Einnahmen nach § 24 Nr. 2 iVm § 22 Nr. 1 S. 1 zugerechnet werden (BFH 19.1.2010 – X R 17/09, BStBl. II 2010, 544).

694 Nachträgliche Werbungskosten in Zusammenhang mit sonstigen Einkünften müssen ebenfalls durch die frühere Einkünfteerzielung von sonstigen Einkünften **veranlasst** sein. Sie finden sich insbesondere in Gestalt von Schuldzinsen bei privaten Veräußerungsgeschäften (vgl. KSM/*Geserich* § 24 Rn. C 43).

695 *Einstweilen frei*

4. Zufluss beim Rechtsnachfolger

696 **a) Grundlagen.** § 24 Nr. 2 begründet eine subjektive Steuerpflicht des Rechtsnachfolgers mit den nachträglichen Einkünften. Es handelt sich – im Vergleich zu den übrigen Bestimmungen des § 24 Nr. 2 – um eine Vorschrift mit **konstitutiver** Wirkung (→ Rn. 558).

697 Der Tatbestand der Einkünfteerzielung einer bzw. mehrerer Einkunftsarten nach § 2 Abs. 1 S. 1 Nr. 1–7 iVm §§ 13 ff. wird in den Fällen des § 24 Nr. 2 Hs. 2 sowohl vom Rechtsvorgänger – in Form der Erwerbstätigkeit – als auch vom Rechtsnachfolger – durch Realisierung oder Zufluss der Einkünfte – verwirklicht (Kirchhof/*Mellinghoff* § 24 Rn. 44; vgl. auch BFH 31.8.1994 – X R 115/92, BFH/NV 1995, 498; enge Auslegung und kritisch zur bisherigen Rechtsprechung und hM bezüglich des weiten Anwendungsbereichs des § 24 Nr. 2 Hs. 2, zumindest bei Einkünften aus früheren Tätigkeiten in Erbfällen, FG Köln 24.6.2015 – 14 K 1130/13, EFG 2015, 1923 – danach ist die Norm nur einschlägig, wenn alle den Einkünftetatbestand begründende Voraussetzungen noch vom Erblasser und zu dessen Lebzeiten realisiert wurden und lediglich die Gegenleistung, also insbesondere der Zufluss, erst nach dem Erbfall erfolgt ist). Anhand der Vorschrift des § 24 Nr. 2 wird die **Besteuerungslücke geschlossen,** die entsteht, wenn dem Rechtsvorgänger die Einkünfte nicht mehr zufließen und der Rechtsnachfolger Einkünfte bezieht, die er aber aufgrund fehlender Erwerbstätigkeit nicht erwirtschaftete.

698 Die Norm ist **subsidiär** zu den allgemeinen Grundsätzen der Tatbestandsverwirklichung und der Unbeachtlichkeit der Einkommensverwendung (BFH 18.10.1989 – I R 126/88, BStBl. II 1990, 377; **Ergänzungsfunktion**).

699 Fließen die Einkünfte dem **Rechtsnachfolger originär** zu – der Rechtsnachfolger verwirklicht sowohl den Tatbestand der Einkünfteerzielung komplett und ihm fließen die Einnahmen zu – ist § 24 Nr. 2 Hs. 2 nicht einschlägig (vgl. LBP/*Schindler* § 24 Rn. 99). Das ist regelmäßig der Fall, wenn der Rechtsnachfolger die bisherige Erwerbstätigkeit des Rechtsvorgängers künftig selbst ausübt und daraus Erträge erwirtschaftet (Fortführung des Gewerbebetriebs oder Weitervermietung der Immobilie; Besonderheit bei Freiberuflern beachten – eigene Qualifikation notwendig). Hier verwirklicht der Rechtsnachfolger originäre Einkünfte nach § 2 Abs. 1 S. 1 Nr. 1–7 iVm §§ 13 ff.

700 Darüber hinaus kann sich der Steuerpflichtige seiner Steuerpflicht nicht durch **Verfügungen unter Lebenden** entziehen. Auch wenn ein Erfinder seiner Frau ein Forderungsrecht an den Einkünften aus der Erfindertätigkeit einräumt, werden diese Einkünfte weiterhin dem Erfinder zugerechnet (Unbeachtlichkeit der Einkommensverwendung). Die Frau ist keine Rechtsnachfolgerin iSv § 24 Nr. 2 Hs. 2 (BFH 18.10.1989 – I R 126/88, BStBl. II 1990, 377).

701 *Einstweilen frei*

702 **b) Rechtsnachfolger.** Der Begriff des Rechtsnachfolgers iSd § 24 Nr. 2 erfasst vor allem **Einzel- und Gesamtrechtsnachfolger** (mit dem BFH 25.1.1994 – VIII B 111/93, BStBl. II 1994, 455 ist es insgesamt nicht abschließend geklärt, wer nach dem Begriff Rechtsnachfolger ist; unzweifelhaft jedoch bei Gesamtrechtsnachfolger).

Der Begriff umfasst entsprechend dem Sinn und Zweck der Vorschrift, die Erträge einer steuerpflichtigen Betätigung (bspw. eines Gewerbebetriebs) einkommensteuerrechtlich voll zu erfassen, sowohl den **bürgerlich-rechtlichen Einzel- oder Gesamtrechtsnachfolger** als auch **denjenigen,** dem zum Beispiel aufgrund eines von einem Gewerbebetreibenden abgeschlossenen **Vertrags zugunsten Dritter** (§ 328 BGB) Einnahmen zufließen, die auf der gewerblichen Betätigung beruhen (BFH 25.3.1976 – IV R 174/73, BStBl. II 1976, 487). 703

Das klassische Beispiel eines Rechtsnachfolgers nach § 24 Nr. 2 ist der **Erbe als Gesamtrechtsnachfolger** des Erblassers nach § 1922 BGB (Universalsukzession). Ein weiterer Fall einer Gesamtrechtsnachfolge ist die Begründung einer ehelichen Gütergemeinschaft. Zudem bestehen bestimmte Umwandlungsfälle, in denen Gesamtrechtsnachfolge eintritt (wie die Verschmelzung oder Spaltung; vgl. LBP/*Schindler* § 24 Rn. 100). Der Gesamtrechtsnachfolger tritt in die Verpflichtungen des Steuerschuldverhältnisses ein, § 45 AO (Blümich/*Heuermann/Fischer* § 24 Rn. 76b). 704

Einzelrechtsnachfolge kann durch Rechtsgeschäft (wie einem Eigentumserwerb oder Erwerb durch Abtretung), aber auch aufgrund von Gesetz (Forderungsübergang auf den Bürgen) oder hoheitlicher Verfügungen (Zwangsversteigerung) eintreten (LBP/*Schindler* § 24 Rn. 100). Ob ein **Vermächtnisnehmer** Rechtsnachfolger nach § 24 Nr. 2 Hs. 2 sein kann, ist umstritten (verneinend durch die Rechtsprechung, BFH 24.1.1996 – X R 14/94, BStBl. II 1996, 287; in der Literatur teilweise bejahend Kirchhof/*Mellinghoff* § 24 Rn. 46, teilweise ablehnend Blümich/*Heuermann/Fischer* § 24 Rn. 76a; KSM/*Geserich* § 24 Rn. C 61, weil dieser nur eine schuldrechtliche Forderung gegen den Nachlass erhält). 705

Rechtsnachfolger ist überdies nicht derjenige, dem Einnahmen kraft unentgeltlichen Rechtsgeschäfts unter Lebenden während der Lebenszeit des früheren Rechtsinhabers zufließen (BFH 18.10.1989 – I R 126/88, BStBl. II 1990, 377; Subsidiariät → Rn. 698). 706

Einstweilen frei 707

c) Maßgebende Verhältnisse. Die Tatbestandsverwirklichung erfolgte durch den Rechtsvorgänger, wobei die nachträglichen Einkünfte durch den Rechtsnachfolger realisiert werden bzw. diesem zufließen. Für die **sachliche Steuerpflicht** sind – eben aufgrund der früheren Erwerbstätigkeit – die **Verhältnisse des Rechtsvorgängers maßgeblich.** 708

So wird die entsprechende **Einkunftsart** durch den Rechtsvorgänger und dessen Erwerbstätigkeit bestimmt – sie bleibt in der Person des Rechtsnachfolgers grundsätzlich gleich (BFH 31.8.1994 – X R 115/92, BFH/NV 1995, 498). Darüber hinaus werden die **sachlichen Steuerbefreiungen und -vergünstigungen** des Rechtsvorgängers auch auf die nachträglichen Einkünfte des Rechtsnachfolgers angewendet (vgl. Kirchhof/*Mellinghoff* § 24 Rn. 45; aA bei Vergünstigungen von Arbeitnehmer-Erfindungen BFH 26.6.1970 – VI R 193/67, BStBl. II 1970, 824, weil sie Vergünstigungen persönlicher, aber nicht sachlicher Art gewähren sollen). Zudem ist die **Methode der Einkünfteermittung** des Rechtsvorgängers für den Rechtsnachfolger maßgeblich (vgl. KSM/*Geserich* § 24 Rn. C 51 mwN). 709

Das Betriebsvermögen des Rechtsvorgängers wird durch die Gesamtrechtsnachfolge nicht automatisch zu Privatvermögen des Rechtsnachfolgers (Kirchhof/*Mellinghoff* § 24 Rn. 45 mwN). Auch die fehlende fachliche Qualifikation eines Rechtsnachfolgers (als Freiberufler) führt nicht gleich zu einer Umqualifizierung der Einkünfte (vgl. FG Köln 24.6.2015 – 14 K 1130/13, EFG 2015, 1923). Sind die nachträglichen Einkünfte noch **Ausfluss der Erwerbstätigkeit des Rechtsvorgängers,** bezieht der Rechtsnachfolger gerade diese Einkünfte – ein Wechsel der Einkunftsart kann dann nicht angenommen werden (Durchbrechung jedoch bei entsprechender Rechtsform möglich, wie zwingende gewerbliche Einkünfte bei Kapitalgesellschaften, vgl. § 8 Abs. 2 KStG). 710

Zahlungen eines Verlages an die Erben eines Autors sind bei diesen als nachträgliche Einkünfte aus selbständiger Arbeit nach § 24 Nr. 2 iVm §§ 2 Abs. 1 S. 1 Nr. 3, 18 einzuordnen (vgl. BFH 27.11.1992 – IV B 109/91, BFH/NV 1993, 293). Auch der Verkauf von Werken eines Künstlers durch seine Erben zählt zu den nachträglichen Einkünften aus künstlerischer Tätigkeit (letzte Handlung der künstlerischen Betätigung, vgl. BFH 29.4.1993 – IV R 16/92, BStBl. II 1993, 716). 711

Eine Mitunternehmerstellung des Rechtsnachfolgers richtet sich nach den Verhältnissen des Rechtsvorgängers (LBP/*Schindler* § 24 Rn. 98 mwN). Zinsen aus Kapitalvermögen gehören beim Erben zu den nachträglichen Einkünften nach § 24 Nr. 2 iVm §§ 2 Abs. 1 S. 1 712

Nr. 5, 20, soweit sie auf den Zeitraum bis zum Tod des Erblassers entfallen (BFH 11.8.1971 – VIII R 76/70, BStBl. II 1972, 55). Außerdem sind Tantieme, die eine Witwe eines ehemaligen Vorstandmitglieds einer Kapitalgesellschaft bezieht, nachträgliche Einkünfte aus nichtselbständiger Arbeit nach § 24 Nr. 2 iVm §§ 2 Abs. 1 S. 1 Nr. 4, 19 (vgl. Blümich/*Heuermann/Fischer* § 24 Rn. 77).

713 Dagegen kann durch den Rückgriff auf die sachlichen Besteuerungsmerkmale des Rechtsvorgängers **nicht** auf die **Vererblichkeit von Verlusten** geschlossen werden (vgl. so aber frühere Ansicht der Rechtsprechung wie BFH 16.5.2001 – I R 76/99, BStBl. II 2002, 487 mwN; zwischenzeitlich beanstandet und hinterfragt durch BFH 29.3.2000 – I R 76/99, BStBl. II 2000, 622; nunmehr aufgegeben durch BFH 17.12.2007 – GrS 2/04, BStBl. II 2008, 608 aufgrund höchstpersönlicher Rechtsposition).

714 Durch § 24 Nr. 2 wird die **persönliche Steuerpflicht des Rechtsnachfolgers** für nachträgliche Einkünfte konstatiert. Insofern müssen die **persönlichen Verhältnisse des Rechtsnachfolgers** für diesen Teil der Besteuerung – wie persönliche Freibeträge, Steuersatz ua – maßgebend sein. Dies gilt auch für den Fall, dass nachträgliche Einkünfte unter Progressionsvorbehalt stehen (vgl. LBP/*Schindler* § 24 Rn. 98).

715 *Einstweilen frei*

716 **d) Zufluss.** Für die Frage, wem als Rechtsnachfolger Einkünfte zugeflossen sind, ist allein maßgeblich, wer **Inhaber des Anspruchs** ist, der mit den nachträglichen Zahlungen erfüllt wird (BFH 24.1.1996 – X R 14/94, BStBl. II 1996, 287).

717 In Konstellationen, in denen der Rechtsvorgänger stirbt, ist grundsätzlich der Erbe als Gesamtrechtsnachfolger Inhaber des Anspruchs. Er ist durch den Zufluss der nachträglichen Einnahmen objektiv bereichert – unabhängig davon, ob der Nachlass mit einem Vermächtnis belastet ist und er die zugeflossenen Einnahmen behalten darf. Er kann über sie aus eigenem Recht verfügen.

718 Auch wenn ein Testamentsvollstrecker die dem Erben nachträglich zugeflossenen Rentenzahlungen zur Erfüllung von Vermächtnissen (und nicht zur Begleichung der hierauf entfallenden Einkommensteuer) verwendet, sind die Rentenzahlungen dem Erben als Rechtsnachfolger zuzurechnen (BFH 24.1.1996 – X R 14/94, BStBl. II 1996, 287).

719 Beim Rechtsnachfolger kann darüber hinaus ein **Abfluss an Aufwendungen** – dh nachträgliche Betriebsausgaben oder Werbungskosten – geprüft werden. Der Rechtsnachfolger kann Aufwendungen als Betriebsausgaben oder Werbungskosten geltend machen, wenn diese durch die frühere Erwerbstätigkeit des Rechtsvorgängers veranlasst und begründet sind. So sind auch **Kosten der Abwicklung** der ehemaligen Tätigkeit grundsätzlich als nachträgliche Betriebsausgaben oder Werbungskosten anzuerkennen (vgl. BFH 30.3.1989 – IV R 45/87, BStBl. II 1989, 509).

720 *Einstweilen frei*

III. Nutzungsvergütungen für die Inanspruchnahme von Grundstücken für öffentliche Zwecke sowie Zinsen auf diese und auf Entschädigungen (§ 24 Nr. 3)

721 Nach § 24 Nr. 3 gehören zu den Einkünften aus § 2 Abs. 1 auch Nutzungsvergütungen für die Inanspruchnahme von Grundstücken für öffentliche Zwecke sowie Zinsen auf solche Nutzungsvergütungen und auf Entschädigungen, die mit der Inanspruchnahme von Grundstücken für öffentliche Zwecke zusammenhängen.

1. Grundlagen

722 In § 24 Nr. 3 werden **bestimmte Nutzungsvergütungen und Zinsen ausgesondert,** um sie einer **Tarifermäßigung** nach § 34 Abs. 2 Nr. 3 zu unterstellen (BFH 12.9.1985 – VIII R 306/81, BStBl. II 1986, 252; **alleiniger Regelungszweck,** vgl. Blümich/*Heuermann/Fischer* § 24 Rn. 90 mwN). Die Vorschrift wurde als Reaktion des Gesetzgebers auf eine zuvor ergangene und ablehnende Rechtsprechung ins Gesetz eingeführt (StÄndG 1965, BGBl. 1965 I 377; zuvor: BFH 14.6.1963 – IV 216/61 U, BStBl. III 1963, 380). Der Ausschluss von der ermäßigten Besteuerung wurde als unbillig empfunden (Härte des Progressionstarifs aufgrund Zusammenballung, vgl. zur Historie BFH 28.4.1998 – VIII R 22/95, BStBl. II 1998, 560).

Die Norm **erweitert** daher **nicht** die sachliche Steuerpflicht von Nutzungsvergütungen und Zinsen, sondern **setzt** eine bereits nach § 2 Abs. 1 S. 1 Nr. 1–7 iVm §§ 13 ff. bestehende Steuerpflicht für diese **voraus** (BFH 17.5.1995 – X R 64/92, BStBl. II 1995, 640 mwN; vgl. auch LBP/*Schindler* § 24 Rn. 103). Sie müssen daher ihre Grundlage in einer **steuerbaren Einkünfteerzielung** haben. Ob diese Einkünfte freiwillig erzielt werden, ist nicht entscheidend. 723

Sind die Nutzungsvergütungen und Zinsen hingegen **nicht steuerbar,** so werden sie **nicht** von **§ 24 Nr. 3** erfasst (vgl. LBP/*Schindler* § 24 Rn. 103; vgl. auch BFH 7.7.1987 – IX R 116/82, BFH/NV 1988, 433). So ist die Entschädigung für eine faktische Bausperre auch dann nicht steuerbar, wenn sie anhand eines gedachten Erbbauzinses errechnet worden ist (BFH 12.9.1985 – VIII R 306/81, BStBl. II 1986, 252). 724

§ 24 ordnet bestimmte Einkünfte den Einkunftsarten nach § 2 Abs. 1 zu. In Zusammenhang mit § 24 Nr. 3 – Nutzungsvergütungen und Zinsen – handelt es sich jedoch um **Einnahmen** und nicht um Einkünfte (vgl. Blümich/*Ratschow* § 2 Rn. 51). Diese sind um die mit ihnen **sachlich in Verbindung stehenden Aufwendungen (Betriebsausgaben oder Werbungskosten) zu mindern.** Eine konkrete Methode zur Ermittlung der Einkünfte enthält § 24 nicht, sodass die allgemeinen Grundsätze der Einkünfteermittlung gelten (§ 2 Abs. 1 und 2). 725

Nutzungsvergütungen und Zinsen nach § 24 Nr. 3 sind **tarifermäßigt,** soweit sie **für einen Zeitraum von mehr als drei Jahren nachgezahlt** werden, § 34 Abs. 2 Nr. 3. Werden die Nutzungsvergütungen und Zinsen für einen Zeitraum von mehr als drei Jahren nachgezahlt, so wird die Steuervergünstigung nach § 34 Abs. 1, 2 Nr. 3 **für die gesamte Nachzahlung gewährt** und nicht nur für den Teilbetrag, der auf den drei Jahre übersteigenden Teil des Nachzahlungszeitraums entfällt (BFH 14.3.1985 – IV R 143/82, BStBl. II 1985, 463). 726

Eine Tarifbegünstigung nach § 34 Abs. 1, 2 Nr. 3 gilt dabei nur für Nutzungsvergütungen und Zinsen iSv § 24 Nr. 3, die für einen Zeitraum von mehr als drei Jahren **nachgezahlt** werden. Nicht begünstigt sind hingegen Nutzungsvergütungen, die in einem Einmalbetrag für einen drei Jahre übersteigenden Nutzungszeitraum gezahlt werden und von denen ein Teilbetrag auf einen Nachzahlungszeitraum von weniger als drei Jahren und die im Übrigen auf den zukünftigen Nutzungszeitraum entfallen (BFH 19.4.1994 – IX R 19/90, BStBl. II 1994, 640). 727

Einstweilen frei 728

2. Inanspruchnahme von Grundstücken für öffentliche Zwecke

Nach § 24 Nr. 3 muss die Entschädigung für die **Inanspruchnahme von Grundstücken für öffentliche Zwecke** geleistet werden. Es wird vorausgesetzt, dass sich ein **öffentlich-rechtlicher Funktionsträger** das Grundstück unter **Einsatz oder Androhung von Hoheitsmitteln** – wie ein Enteignungsverfahren – beschafft (BFH 28.4.1998 – VIII R 22/95, BStBl. II 1998, 560). Dies geht auch mit dem Sinn und Zweck der Vorschrift einher, wenn diese Steuerpflichtige begünstigen möchte, die bei einer Inanspruchnahme von Grundstücken durch die öffentliche Hand regelmäßig keine Einflussmöglichkeiten haben (vgl. KSM/*Geserich* § 24 Rn. D 32; vgl. auch BFH 19.4.1994 – IX R 19/90, BStBl. II 1994, 640). 729

Inanspruchnahme kann – auch nach dem Wortlaut der Norm – nicht jedweder Erwerb der öffentlichen Hand sein (BFH 28.4.1998 – VIII R 22/95, BStBl. II 1998, 560). Vielmehr ist es als ein **Ausnutzen oder Gebrauchmachen** von etwas anzusehen, was einem **als Recht zusteht.** Dabei fallen iSv § 24 Nr. 3 nicht alle Rechtspositionen oder Erwerbschancen, die jedermann – also auch Private – wahrnehmen können, unter dem Begriff des Rechts. Der Begriff umfasst, unter Ausklammerung zivilrechtlicher Positionen, nur diejenigen **Sonderrechte – Hoheitsrechte** –, die einem mit öffentlichen Aufgaben vertrauten Funktionsträger im Hinblick auf dessen Erfüllung hoheitlicher Aufgaben und die Wahrung des Gemeinwohls durch das öffentliche Recht – insbesondere Enteignungsrechte – eingeräumt worden sind (BFH 28.4.1998 – VIII R 22/95, BStBl. II 1998, 560). Erlangt der Enteignungsberechtigte das wirtschaftliche Eigentum am Grundstück, gehören ab diesem Zeitpunkt die zur vorzeitigen Besitzeinweisung zu zahlenden Zinsen für eine Enteignungs- 730 entschädigung zu den Einkünften aus Kapitalvermögen (BFH 22.4.1980 – VIII R 120/76, BStBl. II 1980, 570).

731 Eine Inanspruchnahme **für öffentliche Zwecke** erfordert einen entsprechenden **Hoheitsakt** oder zumindest die **Anwendung hoheitlichen Drucks** (BFH 28.4.1998 – VIII R 22/95, BStBl. II 1998, 560). Diese sind nicht gegeben, wenn die öffentliche Hand beim Erwerb des Grundstücks auf jeglichen öffentlichen Druck verzichtet und der Steuerpflichtige ihr das Grundstück als gleichberechtigter Vertragspartner frei von gegenwärtigem oder künftig zu gewärtigendem Zwang veräußert. Hier ist eine Unterscheidung – zumindest aus Sicht des Veräußerers – mit einer Veräußerung zwischen Privaten nicht mehr gegeben. Demzufolge darf nach Art. 3 Abs. 1 GG auch in Fällen ohne hoheitlichen Druck oder Hoheitsakt keine andere steuerliche Behandlung wie bei der Veräußerung zwischen Privaten gelten. Fließen daher in mehreren Jahren aufgelaufene Verzugszinsen dem Veräußerer zusammengeballt zu, müssen sie in diesen Fällen dem normalen Steuertarif unterliegen.

732 Eine Inanspruchnahme des Grundstücks für öffentliche Zwecke ist regelmäßig in einer **Enteignung** zu sehen. Darunter fallen jedoch auch **Nutzungsüberlassungen** sowie **sonstige rechtliche oder tatsächliche Eigentumsbeschränkungen,** die der Steuerpflichtige als Beeinträchtigung seines Eigentumsrechts nach Art. 14 Abs. 1 GG hinnehmen muss (LBP/*Schindler* § 24 Rn. 105). Dabei sind auch **faktische, enteignungsgleiche Beeinträchtigungen** möglich (LPB/Schindler § 24 Rn. 105; vgl. BFH 21.1.1992 – VIII R 51/88, BStBl. II 1993, 3 zu einem enteignenden Eingriff in das Eigentum durch Fluglärm und damit zusammenhängender Wertminderung). Die Rechtsgrundlagen für solche Inanspruchnahmen sind in den (Enteignungs-)Gesetzen der Länder und anderen speziellen Rechtsgebieten – wie dem Baurecht oder Straßen- und Wegerecht – zu finden (LBP/*Schindler* § 24 Rn. 105).

733 Stimmt ein Steuerpflichtiger einem Erwerb eines Grundstücks durch die öffentliche Hand zu, um damit ein **Enteignungsverfahren abzuwenden,** kann regelmäßig von einer Inanspruchnahme des Grundstücks für öffentliche Zwecke ausgegangen werden (vgl. BFH 21.4.1966 – VI 366/65, BStBl. III 1966, 460). Ein Grundstückserwerb der öffentlichen Hand durch **Kaufvertrag** – und nicht durch formelles Enteignungsverfahren – schadet nicht, wenn bspw. in der Kaufurkunde eine Inanspruchnahme für öffentliche Zwecke durch den öffentlich-rechtlichen Funktionsträger vermerkt ist und feststeht, dass der Erwerb durch hoheitliches Handeln bzw. hoheitlichem Druck veranlasst war.

734 Eine **Teilungsversteigerung** ist grundsätzlich keine Inanspruchnahme eines Grundstücks für öffentliche Zwecke (vgl. BFH 28.4.1998 – VIII R 22/95, BStBl. II 1998, 560). Sie beruht nicht darauf, dass ein öffentlich-rechtlicher Funktionsträger öffentlich-rechtliche Sonderrechte in Anspruch nahm oder den Steuerpflichtigen durch Androhung der Ingebrauchnahme solcher Hoheitsrechte unter Druck setzte. Vielmehr nahm im entschiedenen Fall der öffentlich-rechtliche Funktionsträger – als Bruchteilseigentümer und als Mitglied einer Erbengemeinschaft – seine zivilrechtlichen Ansprüche auf Auseinandersetzung wahr. Die Auseinandersetzungsansprüche beruhen auf privatrechtlichen Grundlagen. Auch die Abgabe eines Meistgebots ist die bloße Wahrnehmung einer Erwerbschance – die auch für Private besteht – und beruht nicht auf öffentlich-rechtlichen Sonderrechten.

735 *Einstweilen frei*

3. Nutzungsvergütungen und Zinsen

736 Entschädigungszahlungen für die Inanspruchnahme von Grundstücken für öffentliche Zwecke sind nach § 24 Nr. 3 in **Nutzungsvergütungen** und **Zinsen** zu sehen. Regelmäßig sind diese als Einkünfte aus Vermietung und Verpachtung nach § 2 Abs. 1 S. 1 Nr. 6 iVm § 21 oder Einkünfte aus Kapitalvermögen nach § 2 Abs. 1 S. 1 Nr. 5 iVm § 20 zu qualifizieren.

737 **a) Nutzungsvergütungen.** § 24 Nr. 3 erfasst Zahlungen, die einem Eigentümer bei einer öffentlich-rechtlichen Beschlagnahme des Grundstücks **als öffentlich-rechtliche Nutzungsvergütung** zufließen (BFH 7.7.1987 – IX R 116/82, BFH/NV 1988, 433).

738 Nutzungsvergütungen sind **Gegenleistungen für die Gebrauchsüberlassung** eines Gegenstandes (vgl. BFH 14.6.1963 – VI 216/61 U, BStBl. III 1963, 380). Sie sind als Einkünfte aus Vermietung und Verpachtung nach **§ 2 Abs. 1 S. 1 Nr. 6 iVm § 21 Abs. 1 S. 1 Nr. 1** zu qualifizieren, **unabhängig** ob es sich um ein **freiwillig oder unfreiwillig** eingegangenes Rechtsverhältnis handelt.

Diese Ausführungen gelten für Grundstücke, die im Privatvermögen gehalten werden. Befinden sie sich hingegen im **Betriebsvermögen,** tritt § 21 subsidiär hinter die entsprechende Gewinneinkunftsart zurück, **§ 21 Abs. 3.** Die Nutzungsvergütung ist dann der jeweiligen Gewinneinkunftsart nach §§ 13 ff. (vgl. § 2 Abs. 2 S. 1 Nr. 1) zuzuordnen (Dualismus der Einkunftsarten). 739

Die Entschädigungen für die zeitlich begrenzte Belastung eines Grundstücks mit einer (beschränkt persönlichen) **Dienstbarkeit** – wie nach § 1090 BGB – können unter die Einkünfte aus Vermietung und Verpachtung nach § 24 Nr. 3 iVm §§ 2 Abs. 1 S. 1 Nr. 6, 21 Abs. 1 S. 1 Nr. 1 fallen (vgl. BFH 19.4.1994 – IX R 19/90, BStBl. II 1994, 640; BFH 17.5.1995 – X R 64/92, BStBl. II 1995, 640 mwN). Die Belastung darf dabei nicht zum endgültigen Rechts- bzw. Eigentumsverlust führen und das Entgelt muss sich als Gegenleistung für die Nutzung eines Grundstücks des Privatvermögens darstellen (vgl. zur Abgrenzung zwischen Dienstbarkeiten im Bereich einer steuerbaren Nutzung des Grundstücks und im Bereich einer nicht steuerbaren Übertragung im Vermögensbereich BFH 18.8.1977 – VIII R 7/74, BStBl. II 1977, 796). 740

Die Nutzungsvergütung einer Hochwasserschutzbehörde als Entschädigung für die Inanspruchnahme eines Grundstücks durch eine beschränkt persönliche Dienstbarkeit infolge der Errichtung eines Deiches (Hochwasserschutzwand) führt zu Einkünften aus Vermietung und Verpachtung (FG Berlin-Brandenburg 2.7.2014 – 3 K 3338/10, EFG 2014, 1674). Die Duldung der Deichanlage wird als eine Gebrauchsüberlassung der Fläche betrachtet. 741

Beschränkt persönliche Dienstbarkeiten, die eine Verpflichtung des Eigentümers zum Regelungsgegenstand haben, auf dem belasteten Grundstück gewisse Handlungen zu unterlassen – wie dieses in bestimmter Weise nicht zu bebauen –, fallen dagegen nicht unter diese Konstellation. Die **bloße Hinnahme von Gebrauchsminderungen** des Grundstücks, ohne dass einem Dritten eine Nutzung eingeräumt wird, ist keine Vermietung und Verpachtung nach § 21 Abs. 1 S. 1 Nr. 1 (BFH 17.5.1995 – X R 64/92, BStBl. II 1995, 640 mwN). 742

Eine Nutzungsvergütung in diesem Sinne kann insgesamt nur angenommen werden, wenn durch sie **nicht** ein **dauerhafter Rechts- oder Substanzverlust** ausgeglichen werden soll. Ansonsten handelt es sich um ein klassisches Veräußerungsgeschäft, da das Objekt wirtschaftlich verbraucht wird (vgl. KSM/*Geserich* § 24 Rn. D 6 mwN). Entschädigungen für Enteignungen oder gleich wirkende Hoheitsakte können daher nie als Nutzungsvergütung – sondern nur als Zinsen auf solche Entschädigungen – angesehen werden (LBP/*Schindler* § 24 Rn. 106). 743

Einstweilen frei 744

b) Zinsen. Neben Nutzungsvergütungen werden auch **Zinsen,** die auf Nutzungsvergütungen oder Entschädigungen für die Inanspruchnahme von Grundstücken für öffentliche Zwecke entfallen, von § 24 Nr. 3 erfasst. Dabei müssen die Nutzungsvergütungen oder Entschädigungen nicht steuerpflichtig sein (vgl. Blümich/*Heuermann/Fischer* § 24 Rn. 96). 745

Die Zinsen gehören regelmäßig zu den Einnahmen aus **sonstigen Kapitalforderungen jeder Art** und daher zu den Einkünften aus Kapitalvermögen nach § 2 Abs. 1 S. 1 Nr. 5 iVm **§ 20 Abs. 1 Nr. 7** (vgl. BFH 21.1.1992 – VIII R 51/88, BStBl. II 1993, 3). Sonstige Kapitalforderungen jeder Art sind alle auf einen Geldbetrag gerichteten Forderungen, die nicht schon nach einem anderen Tatbestand des § 20 Abs. 1 zu erfassen sind. Zinsen hieraus sind alle Entgelte, die für eine solche Kapitalüberlassung im weitesten Sinne entrichtet werden, gleichviel, ob die Forderung vertraglich oder hoheitlich begründet worden ist (BFH 12.9.1985 – VIII R 306/81, BStBl. II 1986, 252). 746

Die Zinsen können jedoch auch einer anderen, vorrangig anzuwenden Einkunftsart zugeordnet werden – in diesen Fällen tritt § 20 Abs. 1 Nr. 7 nach **§ 20 Abs. 8** subsidiär zurück. Dies ist regelmäßig dann einschlägig, wenn das mit der Entschädigung und den Zinsen verbundene Grundstück einem Betriebsvermögen zugeordnet ist. So gehören die Zinsen zu den Einkünften aus Land- und Forstwirtschaft, wenn das Grundstück dem land- und forstwirtschaftlichen Betrieb zugeordnet wird und der Steuerpflichtige Zinsen in Zusammenhang mit einer Entschädigung für die Abtretung von Straßengrund erhält (vgl. BFH 14.3.1985 – IV R 143/82, BStBl. II 1985, 463). 747

Zinsen fallen klassischerweise im Fall einer **Enteignung** an. Die Verzinsung wird als Ausgleich dafür angesehen, dass die im Zeitpunkt des Enteignungsakts an die Stelle des 748 entzogenen Vermögenswerts tretende Entschädigung regelmäßig erst später ausgezahlt wird. Der Enteignete kann die Entschädigung eine Zeit lang nicht nutzen – das in der Entschädigung festliegende Kapital kann damit vorerst nicht anderweitig eingesetzt werden kann (BFH 12.9.1985 – VIII R 306/81, BStBl. II 1986, 252). Die Zinsen sollen dafür einen Ausgleich bringen. § 24 Nr. 3 erfasst alle Zinsen, die aufgrund eines durch hoheitlichen Eingriff begründeten Anspruchs auf Enteignungsentschädigung gezahlt werden (BFH 21.1.1992 – VIII R 51/88, BStBl. II 1993, 3).

749 **Nicht** unter § 24 Nr. 3 fallen **Bargebotszinsen,** die aufgrund eines Zwangsversteigerungsverfahrens von der öffentlichen Hand als Ersteherin gezahlt werden (BFH 28.4.1998 – VIII R 22/95, BStBl. II 1998, 560) oder Erstattungszinsen nach § 233a AO (vgl. FG Baden-Württemberg 29.1.2010 – 10 K 2720/09, EFG 2010, 723; BFH 11.12.2013 – VIII R 36/10, BStBl. II 2014, 168).

§ 24a Altersentlastungsbetrag

[1]Der Altersentlastungsbetrag ist bis zu einem Höchstbetrag im Kalenderjahr ein nach einem Prozentsatz ermittelter Betrag des Arbeitslohns und der positiven Summe der Einkünfte, die nicht solche aus nichtselbständiger Arbeit sind. [2]Bei der Bemessung des Betrags bleiben außer Betracht:

1. Versorgungsbezüge im Sinne des § 19 Absatz 2;
2. Einkünfte aus Leibrenten im Sinne des § 22 Nummer 1 Satz 3 Buchstabe a;
3. Einkünfte im Sinne des § 22 Nummer 4 Satz 4 Buchstabe b;
4. Einkünfte im Sinne des § 22 Nummer 5 Satz 1, soweit § 22 Nummer 5 Satz 11 anzuwenden ist;
5. Einkünfte im Sinne des § 22 Nummer 5 Satz 2 Buchstabe a.

[3]Der Altersentlastungsbetrag wird einem Steuerpflichtigen gewährt, der vor dem Beginn des Kalenderjahres, in dem er sein Einkommen bezogen hat, das 64. Lebensjahr vollendet hatte. [4]Im Fall der Zusammenveranlagung von Ehegatten zur Einkommensteuer sind die Sätze 1 bis 3 für jeden Ehegatten gesondert anzuwenden. [5]Der maßgebende Prozentsatz und der Höchstbetrag des Altersentlastungsbetrags sind der nachstehenden Tabelle zu entnehmen:

Das auf die Vollendung des 64. Lebensjahres folgende Kalenderjahr	**Altersentlastungsbetrag**	
	in % der Einkünfte	**Höchstbetrag in Euro**
2005	**40,0**	**1900**
2006	**38,4**	**1824**
2007	**36,8**	**1748**
2008	**35,2**	**1672**
2009	**33,6**	**1596**
2010	**32,0**	**1520**
2011	**30,4**	**1444**
2012	**28,8**	**1368**
2013	**27,2**	**1292**
2014	**25,6**	**1216**
2015	**24,0**	**1140**
2016	**22,4**	**1064**
2017	**20,8**	**988**
2018	**19,2**	**912**
2019	**17,6**	**836**

Das auf die Vollendung des 64. Lebensjahres folgende Kalenderjahr	**Altersentlastungsbetrag**	
	in % der Einkünfte	**Höchstbetrag in Euro**
2020	**16,0**	**760**
2021	**15,2**	**722**
2022	**14,4**	**684**
2023	**13,6**	**646**
2024	**12,8**	**608**
2025	**12,0**	**570**
2026	**11,2**	**532**
2027	**10,4**	**494**
2028	**9,6**	**456**
2029	**8,8**	**418**
2030	**8,0**	**380**
2031	**7,2**	**342**
2032	**6,4**	**304**
2033	**5,6**	**266**
2034	**4,8**	**228**
2035	**4,0**	**190**
2036	**3,2**	**152**
2037	**2,4**	**114**
2038	**1,6**	**76**
2039	**0,8**	**38**
2040	**0,0**	**0**

Überblick

§ 24a S. 1 enthält die für die jährlich neu zu bestimmende individuelle Höhe des Altersentlastungsbetrags maßgebliche Berechnungsformel (→ Rn. 16 ff.). Der Altersentlastungsbetrag wird durch die in § 24a S. 5 enthaltene „Kohorten-Tabelle" dreistufig – dh im Hinblick auf (1.) das auf die Vollendung des 64. Lebensjahres folgende Kalenderjahr, (2.) den jeweiligen Prozentsatz und (3.) den absoluten Jahreshöchstbetrag – weiter konkretisiert (→ Rn. 28). Die in § 24a S. 2 genannten genuinen Alterseinkünfte werden aus der Bemessungsgrundlage des Altersentlastungsbetrags ausgeklammert, um Mehrfachbegünstigungen zu vermeiden (→ Rn. 24). § 24a S. 3 (→ Rn. 25 ff.) und S. 4 (→ Rn. 27) stecken den persönlichen Anwendungsbereich der Begünstigungsnorm bzw. deren Handhabung bei der Einkommensteuerveranlagung näher ab.

Übersicht

A. Allgemeines

1 **Leitentscheidungen, wichtige Verwaltungsanweisungen und Schrifttum (Auswahl):**

1.1 **Leitentscheidungen des BFH:**
BFH 17.11.2005 – III R 83/04, BStBl. II 2006, 511 („positive Summe der Einkünfte"); BFH 15.12.2005 – IV R 68/04, DStRE 2006, 1507 (Tarifbegünstigung); BFH 22.11.2012 – III R 66/11, DStR 2013, 459 (Verlustabzug); BFH 26.6.2014 – VI R 41/13, BStBl. II 2015, 39 (steuerfreie Einkünfte).

1.2 **Wichtige Verwaltungsanweisungen:**
BMF 29.11.1974, BStBl. I 1974, 946 (Einführungsschreiben); BMF 23.5.2007, BStBl. I 2007, 486 (Schreiben zur erweiternden Auslegung von § 24a S. 2 (seit JStG 2008 überholt; → Rn. 4.3)).

1.3 **Schrifttum (Auswahl):**
Bockholt, Altersentlastungsbetrag bei Einkünften älterer Ehepaare, DB 1977, 1773; *Dewein*, Verlustabzug und Altersentlastungsbetrag, FR 1976, 582; *el.*, Rückzahlung von Arbeitslohn und Altersentlastungsbetrag, DB 1976, 510; *Felix*, Altersentlastungsbetrag zugunsten von Arbeitnehmern, BB 1974, 1473; *P. Fischer*, Das Alterseinkünftegesetz, jurisPR-SteuerR 13/2004 Anm. 4; *Geserich*, Die Ermittlung des Gesamtbetrags der Einkünfte nach dem Steuerentlastungsgesetz 1999-2000-2002, DStR 2000, 845; *Günther*, Altersentlastungsbetrag optimal ausnutzen, GStB 2003, 211; *Gunsenheimer*, Die steuerliche Berücksichtigung der Vorsorgeaufwendungen nach dem Alterseinkünftegesetz, SteuerStud 2006, 169; *Gunsenheimer*, Die Besteuerung der Altersbezüge nach dem Alterseinkünftegesetz, SteuerStud 2007, 108; *Klotz*, Ziele der Einkommensteuerreform – Harmonisierung der Besteuerung von im Alter bezogenen Einkünften, BB 1973, 1569; *Köstler*, Musterprozess beim BFH – Darf der Altersentlastungsbetrag den Verlustvortrag erhöhen?, SR 2019, 100; *Kübler*, Altersentlastungsbetrag nach § 24a EStG – ein Steuersparmodell für ältere (Nebenerwerbs-)Landwirte?, DStZ 1988, 278; *Kußmaul/Henkes*, Die Besteuerung von privaten Renten, von Bezügen aus Lebensversicherungen und von sonstigen Alterseinkünften seit In-Kraft-Treten des Alterseinkünftegesetzes, ZSteu 2006, 266; *Mader*, Rentner in geringfügiger Beschäftigung – steuerliche Fragen, B+P 2015, 53; *ders.*, Flexibler Übergang in den Ruhestand – steuerliche Fragen, B+P 2017, 117; *Richter*, Zur Bemessungsgrundlage des Altersentlastungsbetrages, FR 1975, 189; *Risthaus*, Unternehmensteuerreform und JStG 2008: Änderungen mit Auswirkung auf die Besteuerung der Altersvorsorgeaufwendungen und die Alterseinkünfte, DStZ 2007, 802; *Seer*, Die Besteuerung der Alterseinkünfte und das Gleichbehandlungsgebot (Art. 3 Abs. 1 GG), StuW 1996, 323; *Stuhrmann*, Altersentlastungsbetrag: Bemessungsgrundlage steuerpflichtiger Arbeitslohn, BB 1975, 211; *Wörz*, So können Arbeitgeber Rentenempfänger weiter im Unternehmen beschäftigen, SR 2016, 28; *Zenthöfer*, Die Auswirkungen des Altersentlastungsbetrags (§ 24a EStG 1975) auf die Vorsorgepauschale gemäß § 10c (3) EStG 1975, FR 1975, 161.

I. Regelungsanliegen im System des Steuerrechts

2 Durch § 24a werden bestimmte steuerpflichtige Alterseinkünfte begünstigt. Die Regelung soll dabei in erster Linie einen **Ausgleich** zu den in § 24a S. 2 Nr. 1–5 aufgezählten genuinen Alterseinkünften schaffen, die der Gesetzgeber bereits per se steuerlich privilegiert hat (vgl. BFH 17.11.2005 – III R 83/04, BStBl. II 2006, 511 unter II.2.c; FG Köln 12.12.2018 – 10 K 1730/17, EFG 2019, 533 mAnm *Bauhaus* u. Bespr. *Köstler* SR 2019, 100, nrkr, Rev. IX R 3/19; FG Münster 24.2.2016 – 10 K 1979/15 E, BeckRS 2016, 94588 unter II.2.; FG Berlin-Brandenburg 15.6.2011 – 7 K 7303/08, DStRE 2012, 216 (217); FG Hessen 28.8.1984 – VI 401/82, EFG 1985, 72; Frotscher/*Geurts* § 24a Rn. 1; HHR/*Bleschick* § 24a Rn. 1, 3; Korn/*Tormöhlen* § 24a Rn. 1; Lademann EStG/*S. Steiner* § 24a Rn. 1; Schmidt/*Wacker* § 24a Rn. 1; s. bereits BT-Drs. 7/1470, 279 u. 15/2150, 43). Die Norm ist vor dem Hintergrund des **AltEinkG** zu sehen und Teil des vom Gesetzgeber initiierten Systemwechsels zur nachgelagerten Besteuerung der Alterseinkünfte (→ Rn. 4, → Rn. 5). Diese gesamtsystematische „**Harmonisierung**" (Bordewin/Brandt/*Schmieszek* § 24a Rn. 2; KKB/*Kläne* § 24a Rn. 1; Kirchhof/*Mellinghoff* § 24a Rn. 1; KSM/*Frenz* § 24a Rn. A 1, A 52, A 63; krit. Blümich/*Heuermann/Fischer* § 24a Rn. 1; *Seer* StuW 1996, 323 (332)) wird in den von § 24a erfassten Fällen dadurch erreicht, dass die „Summe der Einkünfte" ua um den Altersentlastungsbetrag vermindert wird (§ 2 Abs. 3; s. auch Kirchhof/*Mellinghoff* § 24a Rn. 1 („Freibetrag"); dto. LBP/*Schneider* § 24a Rn. 1; iE KSM/*Frenz* § 24a Rn. A 3, 12; ähnl. *Kußmaul/Henkes* ZSteu 2006, 266 (269: „steuerfreier Anteil der Bezüge")). Ergebnis ist damit – letztlich – eine **Reduzierung** des „zu versteuernden Einkommens" und damit der Bemessungsgrundlage **der tariflichen Einkommensteuer** (vgl. § 2 Abs. 5 S. 1; auch → Rn. 8).

Berechnungsbeispiele hierzu finden sich ua in EStH 24a oder – exemplarisch – bei KSM/*Frenz* § 24a Rn. A 51. **2.1**

3 § 24a wurde durch Art. 1 Nr. 35 des G. zur Reform der Einkommensteuer, des Familienlastenausgleichs und der Sparförderung (Einkommensteuerreformgesetz – **EStRG**) vom 5.8.1974 (BGBl. 1974 I 1769) in das Gesetz eingefügt (Mat.: BT-Drs. 7/1470, 279 f.; 7/1722, 9 f. (Stellungnahme BR); s. erg. *Klotz* BB 1973, 1569 sowie das Einführungsschreiben des BMF v. 29.11.1974, BStBl. 1974 I 946). Die Vorschrift war gem. § 52 Abs. 1 S. 1 idF von Art. 1 Nr. 68 EStRG **erstmals** für den **Veranlagungszeitraum 1975** anzuwenden (LBP/*Schneider* § 24a Rn. 4; das EStRG selbst trat insoweit gem. Art. 8 S. 1 am 11.8.1974 in Kraft).

3.1 § 24a EStG lautete in seiner **Erstfassung** (→ Rn. 3) wie folgt: „[1]Altersentlastungsbetrag ist ein Betrag von 40 vom Hundert des Arbeitslohns und der positiven Summe der Einkünfte, die nicht solche aus nichtselbständiger Arbeit sind, höchstens jedoch insgesamt ein Betrag von 3000 Deutsche Mark im Kalenderjahr. [2]Versorgungsbezüge im Sinne des § 19 Abs. 2 und Einkünfte aus Leibrenten im Sinne des § 22 Ziff. 1 Buchstabe a bleiben bei der Bemessung des Betrags außer Betracht. [3]Der Altersentlastungsbetrag wird einem Steuerpflichtigen gewährt, der vor dem Beginn des Kalenderjahrs, in dem er sein Einkommen bezogen hat, das 64. Lebensjahr vollendet hatte. [4]Im Fall der Zusammenveranlagung von Ehegatten zur Einkommensteuer sind die Sätze 1 bis 3 für jeden Ehegatten gesondert anzuwenden."

4 Seine bis heute essentiellste Änderung erfuhr § 24a durch Art. 1 Nr. 15 des G. zur Neuordnung der einkommensteuerrechtlichen Behandlung von Altersvorsorgeaufwendungen und Altersbezügen (Alterseinkünftegesetz – **AltEinkG**) vom 5.7.2004 (BGBl. 2004 I 1427; Mat.: BT-Drs. 15/2150, 15/2563, 15/2592 u. 15/2986; Inkrafttreten gem. Art. 18 Abs. 3 AltEinkG mWv 1.1.2005; zum zeitlichen Geltungsbereich von § 24a → Rn. 6). Damit reagierte der Gesetzgeber auf die Grundsatzentscheidung des BVerfG vom 6.3.2002 – 2 BvL 17/99 (BStBl. II 2002, 618) zur Verfassungswidrigkeit (Art. 3 Abs. 1 GG) der unterschiedlichen Besteuerung der Altersbezüge von Pensionären (§ 19 Abs. 2 iVm § 24a EStG aF) und Rentnern (§ 22 Nr. 1 S. 3 Buchst. a EStG aF; zusf. ua *Gunsenheimer* SteuerStud 2007, 108; KSM/*Frenz* § 24a Rn. A 27 ff., *P. Fischer* jurisPR-SteuerR 13/2004 Anm. 4, *Weber-Grellet* DStR 2004, 1721 jew. mwN). Frühere Anpassungen des § 24a betrafen ua die Einbeziehung der Versorgungsbezüge der Abgeordneten (§ 22 Nr. 4 S. 4 Buchst. b) durch G. v. 18.2.1977 (BGBl. 1977 I 297), die Erhöhung des Abzugsbetrag in S. 1 auf 3.720 DM durch das SteuerreformG 1990 v. 25.7.1988 (BGBl. 1988 I 1093) und dessen Umstellung auf Euro (1.908 EUR) durch das Steuer-Euro-GlättungsG v. 19.12.2000 (BGBl. 2000 I 1790; vgl. auch KSM/*Frenz* § 24a Rn. A 22 ff.). Zur Umsetzung der danach erforderlich gewordenen wesentlichen Gleichstellung hatte sich der Gesetzgeber für einen Systemwechsel in Gestalt eines **Übergangs zur nachgelagerten Besteuerung der Alterseinkünfte** entschieden. Dies bedeutet zusammengefasst, dass die zu entrichtenden Beitragszahlungen (nahezu) vollständig steuerfrei gestellt werden und die später daraus zu zahlenden Renten in vollem Umfang zu versteuern sind (*Gunsenheimer* SteuerStud 2007, 108; erg. *Schuster* BetrAV 2016, 475 zum aktuellen Stand der BFH-Rspr.). Die Umstellung konnte aus Gründen der Praktikabilität und zur Vermeidung von nicht tragbaren Belastungen der öffentlichen Haushalte sowie von Doppelbesteuerungen indessen nur schrittweise ins Werk gesetzt werden, was auf Ebene des § 24a zur Folge hatte, dass der **Altersentlastungsbetrag** nach Maßgabe des in Satz 5 verwirklichten Kohortenprinzips (→ Rn. 28) in der Übergangsphase beginnend ab dem Veranlagungszeitraum 2005 (§ 52 Abs. 1 S. 1 idF von Art. 1 Nr. 25 Buchst. a AltEinkG; zur Behandlung von Altfällen → Rn. 29) **bis zum Jahr 2040** schrittweise **auf 0 EUR abgeschmolzen** wird (s. zum Ganzen BT-Drs. 15/2150, 43; Blümich/*Heuermann/Fischer* § 24a Rn. 2 ff.; KSM/*Frenz* § 24a Rn. A 25, A 66). Dies wird in letzter Konsequenz zum Wegfall der gesamten Vorschrift führen (zB *Gunsenheimer* SteuerStud 2007, 108 (121); HHR/*Bleschick* § 24a Rn. 1, 3; *Kußmaul/Henkes* ZSteu 2006, 266 (269); erg. → Rn. 6).

4.1 Seither hat § 24a folgende **weitere Änderungen** erfahren:

4.2 Durch Art. 1 Nr. 51 und Nr. 54 des Jahressteuergesetzes 2007 (**JStG 2007**) vom 13.12.2006 (BGBl. 2006 I 2878) sind in **§ 24a S. 1 und S. 5** die Wendungen „Vomhundertsatz" und „v.H." an den zwischenzeitlich üblich gewordenen gesetzlichen Sprachgebrauch „Prozentsatz" bzw. „%" angepasst worden (Inkrafttreten gem. Art. 20 Abs. 6 JStG 2007 mWv 1.1.2007).

4.3 Durch Art. 1 Nr. 10 des Jahressteuergesetzes 2008 (**JStG 2008**) vom 20.12.2007 (BGBl. 2007 I 3150) ist **§ 24a S. 2** neu gefasst und um die heutigen Nrn. 4 und 5 erweitert worden (Mat.: BR-Drs. 544/07, 70; BT-Drs. 16/6290, 56; Inkrafttreten gem. Art. 28 Abs. 1 JStG 2008 mWv 29.12.2007; erstmalige Anwendung gem. § 52 Abs. 1 EStG idF des JStG 2008 ab dem VZ 2008 (so ausdr. BR-Drs. 544/07, 70; BT-Drs. 16/6290, 56)). Die dadurch herbeigeführte Gesetzeslage entsprach der bereits zuvor in BMF 23.5.2007, BStBl. I 2007, 486, gefassten Verwaltungsausfassung (vgl. Frotscher/*Geurts* § 24a Rn. 4; *Risthaus* DStZ 2007, 802 (817 f.)).

4.4 Durch Art. 2 Nr. 13 des G. zur Anpassung des nationalen Steuerrechts an den Beitritt Kroatiens zur EU und zur Änderung weiterer steuerlicher Vorschriften (**Kroatien-AnpG**) vom 25.7.2014 (BGBl. 2014 I 1266) ist **§ 24a S. 2 Nr. 4** redaktionell an die Übernahme der Regelung aus § 52 Abs. 34c in § 22 Nr. 5 angepasst worden (Mat.: BR-Drs. 184/14, 66; BT-Drs. 18/1529, 55; Inkrafttreten gem. Art. 28 Abs. 1 Kroatien-AnpG mWv 31.7.2014).

5 Gegen § 24a bestehen **keine verfassungsrechtlichen Bedenken.** Im Gegenteil, die aktuelle Fassung der Vorschrift ist Teil eines durch das AltEinkG eingeleiteten Gesamtkonzepts zum gleitenden Übergang zur nachgelagerten Alterseinkünftebesteuerung (→ Rn. 4). Dieser Systemwechsel ist durch den Gesetzgeber verfassungsgemäß auf den Weg gebracht worden (vgl. BVerfG 29.9.2015 – 2 BvR 2683/11, BStBl. II 2016, 310; BVerfG 30.9.2015 – 2 BvR 1066/10, mAnm *Weber-Grellet* FR 2016, 85; BVerfG 14.6.2016 – 2 BvR 290/10, BStBl. II 2016, 801; BVerfG 14.6.2016 – 2 BvR 323/10, DStR 2016, 1731 mAnm *P. Fischer* jurisPR-SteuerR 43/2016 Anm. 3 u. *Förster* HFR 2016, 839). Das umfasst insbesondere auch die in § 24a S. 3 aufgestellte Voraussetzung der **Vollendung des 64. Lebensjahres** (→ Rn. 25 ff.). Diese typisierende Regelung ist bereits aus den genannten gesamtkonzeptionellen Gründen sachlich gerechtfertigt und begründet schon aus diesem Grund weder einen Verstoß gegen Art. 3 Abs. 1 GG noch gegen unionsrechtliche Altersdiskriminierungsverbote (BFH 3.9.2018 – III B 74/17, DStRE 2019, 26 unter II.1.b und c (vorgehend: FG München 9.6.2017 – 15 K 1781/16, nv); FG Münster 24.2.2016 – 10 K 1979/15 E, BeckRS 2016, 94588 unter II.3. u. 4. (NZB unzul., BFH 31.1.2017 – III B 55/16, BFH/NV 2017, 609 unter II.2.b, d)). Die Fixierung des „Alters-" (sic!) Entlastungsbetrags bewegt sich dabei innerhalb des gesetzgeberischen Gestaltungsspielraums, ist also jedenfalls nicht willkürlich iSd allgemeinen Gleichheitssatzes, auch wenn ein Gleichlauf mit dem (derzeitigen) Renteneintrittsalter von 65 Jahren nicht hergestellt worden ist (dto. KSM/*Frenz* § 24a Rn. A 38 f.). Der Gesetzgeber durfte auf den „zeitlichen Mittelwert […] zwischen dem nach Wahl des Rentenbeziehers frühestmöglichen Eintritt in den Ruhestand mit Vollendung des 63. Lebensjahres und der Vollendung des 65. Lebensjahres" abstellen (FG Münster 24.2.2016 – 10 K 1979/15 E, BeckRS 2016, 94588 unter II.2. (NZB unzul., BFH 31.1.2017 – III B 55/16, BFH/NV 2017, 609 unter II.2.)).

5.1 Die **Altersgrenze** in § 24a S. 3 steht ferner nicht im Widerspruch zu den außersteuerlichen **Antidiskriminierungsvorschriften des AGG** (ebenso FG Münster 24.2.2016 – 10 K 1979/15 E, NWB 2016, 1259 unter II.2., NZB unzul., BFH 31.1.2017 – III B 55/16, BFH/NV 2017, 609 unter II.2.c)). Deren Anwendungsbereich ist nicht eröffnet, weil es sich bei dem Altersentlastungsbetrag nicht um eine „soziale Vergünstigung" iSv § 2 Nr. 6 AGG handelt, sondern um eine auf bestimmte Einkünfte bezogene steuerliche Regelung, die dazu dient, der im Steuerrecht zu wahrenden Belastungsgleichheit Rechnung zu tragen.

6 Hinsichtlich des **zeitlichen Geltungsbereichs** von § 24a ist festzustellen, dass dessen heutige Fassung gem. Art. 18 Abs. 3 AltEinkG mWv **1.1.2005** in Kraft getreten ist (→ Rn. 4; zur Behandlung von Altfällen → Rn. 29 f.). Die Vorschrift wird **ab 2039** für Steuerpflichtige, die in jenem Jahr (dh im Zeitraum 1.1.2039 bis 31.12.2039) das 64. Lebensjahr vollenden – also die **Geburtsjahrgänge 1975 ff.** –, (faktisch) **bedeutungslos** werden, weil diese im gem. § 24a S. 5 maßgeblichen Folgejahr 2040 nicht mehr in den Genuss eines Altersentlastungsbetrags kommen (Prozentsatz: 0,0%; Höchstbetrag: 0 EUR). Darin liegt die vom Gesetzgeber schrittweise avisierte (hier sog.) Endstufe des Übergangs zur nachgelagerten Besteuerung der Alterseinkünfte (→ Rn. 4). Entsprechendes gilt für (künftige) Rentner der **Geburtsjahrgänge 1974 und früher,** denen der für ihre Kohorte maßgebliche Altersentlastungsbetrag zwar **„zeitlebens"** (Nachw. in → Rn. 28), jedoch längstens bis zum „Auslaufen der Regelung" im Jahr 2040 zuzubilligen ist (so zutr. Bordewin/Brandt/*Schmieszek* § 24a Rn. 25; s. auch LBP/*Schneider* § 24a Rn. 3 („verliert ab 2040 seine (vollständige) Berechti-

gung“); dto. Frotscher/*Geurts* § 24a Rn. 2; HHR/*Bleschick* § 24a Rn. 3; KKB/*Kläne* § 24a Rn. 6; abw. Lademann EStG/*S. Steiner* § 24a Rn. 1 aE: „ab 2041“).

§ 24a **strukturell ähnelnde Regelungen** hat der Gesetzgeber im Zuge des AltEinkG (→ Rn. 4) in § 19 Abs. 2 (Versorgungsfreibetrag) und § 22 Nr. 1 S. 3 Buchst. aa (Leibrentenbesteuerung) installiert (vgl. KSM/*Frenz* § 24a Rn. A 10 f.). 7

Im Verhältnis zu **anderen Bestimmungen des EStG** ergeben sich keine Anwendungskonflikte: Insbesondere zeitigt ein evtl. Verlustabzug iSd **§ 10d** keine Auswirkungen auf den im davon betroffenen Veranlagungszeitraum gewährten Altersentlastungsbetrag, dh dessen Bemessungsgrundlagen werden davon nicht tangiert. Dies resultiert aus der gesetzlichen Systematik, wonach der Altersentlastungsbetrag von der „Summe der Einkünfte“ in Abzug gebracht wird (§ 2 Abs. 3), wohingegen ein Verlustrück-/-vortrag gem. § 10d Abs. 1 S. 2 bzw. Abs. 2 S. 1 zu einer Minderung des – davon abzugrenzenden – „Gesamtbetrags der Einkünfte“ führt (vgl. BFH 22.11.2012 – III R 66/11, DStR 2013, 459 unter II.3, mAnm *Wd.*; FG Köln 12.12.2018 – 10 K 1730/17, EFG 2019 533 mAnm *Bauhaus* u. Bespr. *Köstler* SR 2019, 100, nrkr, Rev. IX R 3/19; Blümich/*Heuermann/Fischer* § 24a Rn. 6, 18; Bordewin/Brandt/*Schmieszek* § 24a Rn. 20; Frotscher/*Geurts* § 24a Rn. 8 aE; HHR/*Bleschick* § 24a Rn. 8, 20; KKB/*Kläne* § 24a Rn. 21; Kirchhof/*Mellinghoff* § 24a Rn. 5, 6; Korn/*Tormöhlen* § 24a Rn. 6; KSM/*Frenz* § 24a Rn. A 12 aE, A 16, A 55, B 21 aE; LBP/*Schneider* § 24a Rn. 28; Schmidt/*Wacker* § 24a Rn. 6; bereits → Rn. 2 aE). Der Entlastungsbetrag für Alleinerziehende (**§ 24b**) und der Freibetrag für Einkünfte aus Land- und Forstwirtschaft (**§ 13 Abs. 3;** iE dazu *Kübler* DStZ 1988, 278) sind aus demselben Grund kumulativ zum Altersentlastungsbetrag zu gewähren, was sich gleichfalls aus § 2 Abs. 3 ergibt (KSM/*Frenz* § 24a Rn. A 18, A 57 f.; erg. → Rn. 23). 8

Im **Lohnsteuerabzugsverfahren** findet der Altersentlastungsbetrag nach Maßgabe der § 39b Abs. 2 S. 3, § 42b Abs. 2 S. 3 umfassend Berücksichtigung (näher dazu KSM/*Frenz* § 24a Rn. A 43 ff.; zur – insbes. diesen Aspekt bedingenden – Aufspaltung der Bemessungsgrundlage → Rn. 18; zur Lohnsteuererhebung nach Pauschalsteuersätzen → Rn. 20.2). 9

Auch bei der Prüfung, ob der für die Durchführung einer **Amtsveranlagung** gem. § 46 Abs. 2 Nr. 1 erforderliche Mindestbetrag iHv 410 EUR erreicht ist, ist der Altersentlastungsbetrag von der positiven Summe der einkommensteuerpflichtigen Einkünfte abzuziehen (s. HHR/*Bleschick* § 24a Rn. 8; KSM/*Frenz* § 24a Rn. A 48, B 24; zur Berücksichtigung des Altersentlastungsbetrags iRe Härteausgleichs s. § 46 Abs. 3 S. 1, 2). 10

Kommt eine **Tarifbegünstigung** für außerordentliche Einkünfte **nach § 34** in Betracht, ist der Altersentlastungsbetrag nach dem „**Günstigkeitsprinzip**“, will heißen zugunsten des Steuerpflichtigen, vorrangig von den nicht tarifbegünstigten Einkünften abzuziehen (BFH 15.12.2005 – IV R 68/04, DStRE 2006, 1507 unter 1.c/d, mwN; Blümich/*Heuermann/Fischer* § 24a Rn. 6, 11, 15b; Bordewin/Brandt/*Schmieszek* § 24a Rn. 18, 26; Frotscher/*Geurts* § 24a Rn. 5; HHR/*Bleschick* § 24a Rn. 8; KKB/*Kläne* § 24a Rn. 22; KSM/*Frenz* § 24a Rn. A 20; Lademann EStG/*S. Steiner* § 24a Rn. 12; LBP/*Schneider* § 24a Rn. 5; Schmidt/*Wacker* § 24a Rn. 5 aE, 7; erg. → Rn. 20.3, → Rn. 23.3). 11

II. Normstruktur und zentrale Debatten

§ 24a Satz 1 und Satz 5 geben vor, wie der Altersentlastungsbetrag zu berechnen ist, wobei **§ 24a Satz 2** zur Vermeidung von Mehrfachbegünstigungen die dort genannten, steuerlich bereits privilegierten Alterseinkünfte von den Bemessungsgrundlagen ausnimmt. **§ 24a Satz 3** bestimmt den Zeitpunkt, von dem ab der Steuerpflichtige den Altersentlastungsbetrag beanspruchen kann. Für den Fall der Zusammenveranlagung (§§ 26, 26b, ggf. iVm § 2 Abs. 8) stellt **§ 24a Satz 4** klar, dass der Altersentlastungsbetrag jedem (seit 1.10.2017 gem. § 1353 Abs. 1 S. 1 BGB (ggf. iVm § 20a PartG) gleichgeschlechtlichen) Ehegatten/Lebenspartner einer eingetragenen Lebenspartnerschaft iSd LPartG gesondert zusteht bzw. für jeden Ehegatten/Lebenspartner eigens bestimmt werden muss (→ Rn. 27). 12

In der **Steuerrechtspraxis** wird im Kontext des § 24a in erster Linie die Frage virulent, welche Einkünfte in die in Satz 1 beschriebenen **Bemessungsgrundlagen** einzubeziehen sind, um den in der Tabelle in Satz 5 festgelegten absoluten Höchstbeträgen möglichst nahe zu kommen bzw. diese im jeweiligen Veranlagungszeitraum bestenfalls in voller Höhe auszuschöpfen. 13

B. Voraussetzungen und Rechtsfolgen

14 Die Gewährung des Altersentlastungsbetrags ist nicht antragsgebunden, bedarf also keiner gleichwie gearteten Gestaltungserklärung (s. zB § 24a S. 3: „wird […] gewährt"). Stattdessen erfolgt sie iRd Veranlagungsverfahrens **von Amts wegen** auf Grundlage der Angaben des Steuerpflichtigen in dessen Einkommensteuererklärung bzw. der bei der Finanzverwaltung über ihn und seine Einkünfte sonst bekannten Daten (Blümich/*Heuermann/Fischer* § 24a Rn. 5; Bordewin/Brandt/*Schmieszek* § 24a Rn. 3; KSM/*Frenz* § 24a Rn. A 5 aE, A 44 aE).

15 Anders als bis zum Veranlagungszeitraum 2008 kommt der Altersentlastungsbetrag heute nicht mehr nur unbeschränkt Steuerpflichtigen (§ 1 Abs. 1–3), sondern **auch beschränkt Steuerpflichtigen** (§§ 1 Abs. 4, 49 ff.) zugute. Dies ergibt sich unmittelbar aus § 50 Abs. 1 S. 3. Der darin enthaltene Negativkatalog führt § 24a – anders als noch § 50 Abs. 1 S. 5 idF vor dem Jahressteuergesetz 2009 (BGBl. 2008 I 2794) – nicht mehr auf (Blümich/*Heuermann/Fischer* § 24a Rn. 7; Frotscher/*Geurts* § 24a Rn. 7; HHR/*Bleschick* § 24a Rn. 4; KKB/*Kläne* § 24a Rn. 11; Kirchhof/*Mellinghoff* § 24a Rn. 2; Korn/*Tormöhlen* § 24a Rn. 2; KSM/*Frenz* § 24a Rn. A 26, A 40, D 2, D 7; Lademann EStG/*S. Steiner* § 24a Rn. 3a; LBP/*Schneider* § 24a Rn. 5, 40; Schmidt/*Wacker* § 24a Rn. 2).

15.1 Der Altersentlastungsbetrag in § 24a betrifft – selbstredend – nur **natürliche Personen.** Aus § 8 Abs. 1 S. 1 KStG lässt sich insofern nichts Gegenteiliges ableiten.

I. Berechnungsformel und Bemessungsgrundlagen (S. 1, 2)

16 § 24a S. 1 und S. 2 enthalten die **abstrakte Formel** zur Berechnung des Altersentlastungsbetrags. Die darin festgeschriebenen Variablen werden durch die von der jeweiligen Kohorte des Steuerpflichtigen abhängigen, in § 24a S. 5 tabellarisch aufgelisteten Berechnungsparameter (→ Rn. 28) auf dessen individuelle Verhältnisse **konkretisiert** (Berechnungsbeispiele bei *Köstler* SR 2019, 100).

17 Dabei ist zunächst zu beachten, dass § 24a S. 1 den Altersentlastungsbetrag als einen kalenderjährlich zu gewährenden **Höchstbetrag** definiert. Diese oberste Grenze ist in § 24a S. 5 abhängig von der jeweiligen Kohorte unterschiedlich gezogen. Sie reicht von 1900 EUR (absoluter Höchstbetrag) für Steuerpflichtige, die im Jahr 2004 das 64. Lebensjahr vollendet haben, und wird auf maximal 38 EUR für diejenigen Steuerpflichtigen sinken, die diese Altersgrenze im Jahr 2038 erreichen. Davon zu unterscheiden ist der nach Anwendung der Berechnungsformel auf die konkreten Verhältnisse des Steuerpflichtigen im Einzelfall zu gewährende **Altersentlastungsbetrag** (→ Rn. 18). Dieser kann – anders als die jeweils einschlägige Kohorte (→ Rn. 28) – jährlich variieren (zB Schmidt/*Wacker* § 24a Rn. 1).

18 Maßgeblich für die individuelle Höhe des Altersentlastungsbetrags sind sodann die durch die konkreten Verhältnisse des Steuerpflichtigen prädisponierten Variablen „Betrag des Arbeitslohns" und „positive Summe der Einkünfte, die nicht solche aus nichtselbständiger Arbeit sind" (§ 24a S. 1). Die mit dieser Gesetzesfassung bewirkte, auf den ersten Blick überflüssig wirkende **Aufspaltung der Bemessungsgrundlage** (vgl. zB FG Rheinland-Pfalz 23.3.1977 – I 265/76, BeckRS 1977, 01037 Rn. 18: „2 Bemessungsgrundlagen") bewirkt bei näherer Betrachtung einen Vorteil für den Steuerpflichtigen. Auf diese Weise wird nämlich eine Kürzung des Altersentlastungsbetrags ausgeschlossen, die andernfalls dadurch eintreten könnte, dass negative Einkünfte aus anderen Einkunftsarten mit dem Arbeitslohn verrechnet werden. Dies scheidet bei der im Gesetz vorgenommenen Aufteilung indes aus, da aufgrund der – wörtlich zu verstehenden – Formulierung „positive Summe der Einkünfte" (nicht: „Summe der positiven Einkünfte") selbst ein außerhalb der nichtselbständigen Betätigung in toto eingetretener Verlust allenfalls mit Null angesetzt werden kann (vgl. BFH 17.11.2005 – III R 83/04, BStBl. II 2006, 511 unter II.2.b („Das Adjektiv ‚positive' bringt in diesem Zusammenhang lediglich zum Ausdruck, dass ein Altersentlastungsbetrag bei einer negativen Summe der Einkünfte [insoweit – d. Verf.] nicht zu gewähren ist"); FG München 13.4.2004 – 5 K 1744/02, BeckRS 2004, 26016248; Bordewin/Brandt/*Schmieszek* § 24a Rn. 6; HHR/*Bleschick* § 24a Rn. 15, 19; Kirchhof/*Mellinghoff* § 24a Rn. 5). Dadurch wird bei der Berechnung des Altersentlastungsbetrags an dieser Stelle (aber → Rn. 22) die Vornahme eines **Verlustausgleichs** in jeder Hinsicht **ausgeschlossen.** Vielmehr sind beide Bemessungsgrundlagen – soweit sie zu „Positivwerten" führen – für die Bestim-

mung des Altersentlastungsbetrags **zusammenzurechnen** (vgl. Bordewin/Brandt/*Schmieszek* § 24a Rn. 6 aE; HHR/*Bleschick* § 24a Rn. 15, 33; aA ohne nähere Begr. Kirchhof/*Mellinghoff* § 24a Rn. 3 aE, unklar Rn. 7; unklar ebenfalls Blümich/*Heuermann/Fischer* § 24a Rn. 8 („Beide Größen werden grds. [? – d. Verf.] nicht zu einer einheitl. Bemessungsgrundlage zusammengerechnet"); s. auch Frotscher/*Geurts* § 24a Rn. 8 („Bestandteile werden nicht addiert, sondern bilden sich ergänzende Ausgangswerte für die Ermittlung des Entlastungsbetrags")); andernfalls wird der Altersentlastungsbetrag nur auf Grundlage der einen „positiven" Bemessungsgrundlage berechnet; sind beide Bemessungsgrundlagen „negativ", kann denklogisch keine „Entlastung" nach § 24a erfolgen (vgl. Blümich/*Heuermann/Fischer* § 24a Rn. 19 f.; *Dewein* FR 1976, 582 (583); KSM/*Frenz* § 24a Rn. B 29, B 38).

In der Konsequenz ist der Altersentlastungsbetrag im **Lohnsteuerabzugsverfahren** uneingeschränkt berücksichtigungsfähig (s. zum Ganzen *el.* DB 1976, 510; KSM/*Frenz* § 24a Rn. B 5; *Richter* FR 1975, 189 (190) m. Berechnungsbeispiel; s. auch → Rn. 8, → Rn. 21; zur pauschalen Lohnsteuer → Rn. 20.2; weiterführend *Wörz* SR 2016, 28). **19**

1. Der „Betrag des Arbeitslohns"

Der in § 24a S. 1 als erste Alternative genannte „Betrag des Arbeitslohns" (nicht: Einkünfte aus nichtselbständiger Arbeit) umfasst mangels gegenläufiger Einschränkungen im Gesetz den **gesamten Bruttoarbeitslohn** iSv § 2 Abs. 1 S. 1 Nr. 4, §§ 19 f. (gem. § 24a S. 2 Nr. 1 ohne Versorgungsbezüge iSv § 19 Abs. 2; → Rn. 24) einschließlich etwaiger Überstundenvergütungen, geldwerter Vorteile, Abfindungen, Boni usf.; ein Abzug von Werbungskosten, Pausch- oder Freibeträgen erfolgt nicht (vgl. Blümich/*Heuermann/Fischer* § 24a Rn. 9; Bordewin/Brandt/*Schmieszek* § 24a Rn. 7; Frotscher/*Geurts* § 24a Rn. 9; HHR/*Bleschick* § 24a Rn. 16; KKB/*Kläne* § 24a Rn. 36; Kirchhof/*Mellinghoff* § 24a Rn. 4; Korn/*Tormöhlen* § 24a Rn. 4; KSM/*Frenz* § 24a Rn. B 7, B 38; Lademann EStG/*S. Steiner* § 24a Rn. 5; LBP/*Schneider* § 24a Rn. 9; Schmidt/*Wacker* § 24a Rn. 4; *Stuhrmann* BB 1975, 211 (212); aber → Rn. 23). Liegt eine **Nettolohnvereinbarung** vor, muss dementsprechend eine Hochrechnung auf den Bruttoarbeitslohn vorgenommen werden (Bordewin/Brandt/*Schmieszek* § 24a Rn. 13; Frotscher/*Geurts* § 24a Rn. 9; HHR/*Bleschick* § 24a Rn. 16; KKB/*Kläne* § 24a Rn. 37; Kirchhof/*Mellinghoff* § 24a Rn. 4; Korn/*Tormöhlen* § 24a Rn. 4; KSM/*Frenz* § 24a Rn. B 7; Lademann EStG/*S. Steiner* § 24a Rn. 5; Schmidt/*Wacker* § 24a Rn. 4). **20**

Umstritten ist, ob auch **steuerfreier Arbeitslohn** (zB Trinkgeld iSv § 3 Nr. 51) in die Bemessungsgrundlage einzubeziehen ist (vgl. KSM/*Frenz* § 24a Rn. B 8 ff.). Die hM lehnt dies – vor dem Hintergrund des insoweit unergiebigen Wortlauts „Betrag des Arbeitslohns" zu Recht – unter Verweis auf Sinn und Zweck der Regelung (→ Rn. 2) ab: Demnach können ohnedies schon steuerfrei gestellte Alterseinkünfte durch einen Alters- „Entlastungs-" (!) Betrag „aus Gründen der Logik" (KSM/*Frenz* § 24a Rn. B 9, B 38) nicht noch weitergehend steuerlich begünstigt werden (vgl. BFH 6.8.1997 – VIII B 88/96, BFH/NV 1998, 168 unter II.2. („Altersentlastungsbetrag [soll – d. Verf.] nicht zu einer doppelten Steuerentlastung führen, sondern nur solche (im Alter bezogenen) Einkünfte privilegieren, die nicht schon aufgrund anderweitiger Bestimmungen steuerbegünstigt oder gar von der Besteuerung gänzlich ausgenommen sind"); dto. BFH 26.6.2014 – VI R 41/13, BStBl. II 2015, 39 unter II.5.b; FG Hessen 28.8.1984 – VI 401/82, EFG 1985, 72 („Altersentlastungsbetrag […] zur Entlastung im Alter bezogener *steuerpflichtiger* Einkünfte bestimmt" (Hervorh. v. dort)); Blümich/*Heuermann/Fischer* § 24a Rn. 12; Bordewin/Brandt/*Schmieszek* § 24a Rn. 8; Frotscher/*Geurts* § 24a Rn. 10; HHR/*Bleschick* § 24a Rn. 16; KKB/*Kläne* § 24a Rn. 37; Kirchhof/*Mellinghoff* § 24a Rn. 4; Korn/*Tormöhlen* § 24a Rn. 5; Lademann EStG/*S. Steiner* § 24a Rn. 6; LBP/*Schneider* § 24a Rn. 7; Schmidt/*Wacker* § 24a Rn. 4, 6; aA *Felix* BB 1974, 1473 (m. abl. Erwiderung *Stuhrmann* BB 1975, 211 (212)), der schlicht auf die Steuerbarkeit der Bezüge abstellen will). **20.1**

Dasselbe (dh keine Einbeziehung in die Bemessungsgrundlage des Altersentlastungsbetrags) gilt für **pauschal versteuerten Arbeitslohn,** bei dem der Arbeitgeber die pauschale Lohnsteuer schuldet (§ 40 Abs. 3 S. 2 Hs. 1). Auch in diesem Fall ist der Arbeitslohn aus Sicht des Arbeitnehmers de facto bereits versteuert (§ 40 Abs. 3 S. 3, 4), sodass eine weitergehende „Begünstigung" der betreffenden Alterseinkünfte ebenso ausscheidet (vgl. Blümich/*Heuermann/Fischer* § 24a Rn. 11; Bordewin/Brandt/*Schmieszek* § 24a Rn. 8; Frotscher/*Geurts* § 24a Rn. 10; HHR/*Bleschick* § 24a Rn. 16; Kirchhof/*Mellinghoff* § 24a Rn. 4; Korn/*Tormöhlen* § 24a Rn. 5; KSM/*Frenz* § 24a Rn. B 13, B 38; Lademann EStG/*S. Steiner* § 24a Rn. 8; LBP/*Schneider* § 24a Rn. 7; Schmidt/*Wacker* § 24a Rn. 4). Anders dürfte dies zu beurteilen **20.2** sein, wenn der Arbeitgeber die pauschale Lohnsteuer auf den Arbeitnehmer abwälzt, indem er dessen Nettolohn entsprechend kürzt (vgl. § 40 Abs. 3 S. 2 Hs. 2).

20.3 Nach den genannten Abgrenzungskriterien ist **tarifbegünstigter Arbeitslohn** (→ Rn. 11) unzweifelhaft bei der Berechnung des Altersentlastungsbetrags zu berücksichtigen, weil dieser nicht gänzlich steuerfrei ist (Bordewin/Brandt/*Schmieszek* § 24a Rn. 9; HHR/*Bleschick* § 24a Rn. 16; Korn/*Tormöhlen* § 24a Rn. 5; KSM/*Frenz* § 24a Rn. B 11, B 38; Lademann EStG/*S. Steiner* § 24a Rn. 7; LBP/*Schneider* § 24a Rn. 8; *Stuhrmann* BB 1975, 211 (212)).

21 Im Falle der **Rückgewähr** von (teilweise) überzahltem Arbeitslohn durch den Steuerpflichtigen ist nach zutreffender Auffassung wie folgt zu unterscheiden (str.): Wird der Arbeitslohn **innerhalb desselben Veranlagungszeitraums** zurückgezahlt (maßgeblich ist das Abflussprinzip, § 11 Abs. 2 S. 1), kann – iErg wiederum (bereits → Rn. 20.1) – nach dem Normzweck (→ Rn. 2) eine **unmittelbare Saldierung** erfolgen, die sich auf die Bemessungsgrundlage des Altersentlastungsbetrags negativ auswirkt, also bei der Teilnahme am Lohnsteuerabzugsverfahren idR zu Steuernachzahlungen führen wird (vgl. Bordewin/Brandt/*Schmieszek* § 24a Rn. 10; Frotscher/*Geurts* § 24a Rn. 11; HHR/*Bleschick* § 24a Rn. 16; Kirchhof/*Mellinghoff* § 24a Rn. 4; KSM/*Frenz* § 24a Rn. B 15 f., B 38; Lademann EStG/*S. Steiner* § 24a Rn. 5; LBP/*Schneider* § 24a Rn. 11; Schmidt/*Wacker* § 24a Rn. 4; aA *el.* DB 1976, 510, im Wesentlichen unter Berufung auf den Wortlaut „Arbeitslohn" im Gegensatz zum Terminus „nichtselbständige Einkünfte"). Diese (hier sog.) Saldierungslösung scheidet nach einkommensteuerrechtlichen Grundprinzipien (KSM/*Frenz* § 24a Rn. B 16: „Aufgrund der Abschnittsbesteuerung, des Zuflussprinzips und insbesondere der Berücksichtigung […] im Lohnsteuerabzugsverfahrens") jedoch dann aus, wenn der Arbeitslohn **nicht im Zufluss-Veranlagungszeitraum** zurückgezahlt wird. In einer solchen Konstellation erscheint es durchaus systemkonform, die Lohnrückzahlungen in dem betreffenden Veranlagungszeitraum als „**negative Einkünfte aus nichtselbständiger Arbeit**" (*Richter* FR 1975, 189 (190)) zumindest innerhalb des anderen Teils der – aufgespaltenen (→ Rn. 18) – Bemessungsgrundlage „positive Summe der anderen Einkünfte" zu berücksichtigen (so KSM/*Frenz* § 24a Rn. B 16 aE; aA *Richter* FR 1975, 189 (190), der darauf abstellt, „daß ein im Lohnsteuerabzugsverfahren gewährter Altersentlastungsbetrag bei der Veranlagung zur Einkommensteuer in keinem Fall mehr verringert oder gar voll entzogen" werden könne (so wohl auch Lademann EStG/*S. Steiner* § 24a Rn. 5); daraus lässt sich jedoch, wie *Frenz* (in KSM § 24a Rn. B 17) zutr. ausführt, „nicht schließen, dass die Rückzahlung von Arbeitslohn im Folgejahr die Bemessungsgrundlage für den Altersentlastungsbetrag nicht beeinflussen darf"; ebenfalls abl. Blümich/*Heuermann*/*Fischer* § 24a Rn. 10; offen gelassen von Bordewin/Brandt/*Schmieszek* § 24a Rn. 10; Frotscher/*Geurts* § 24a Rn. 11; HHR/*Bleschick* § 24a Rn. 16; unklar Kirchhof/*Mellinghoff* § 24a Rn. 4; LBP/*Schneider* § 24a Rn. 11; Schmidt/*Wacker* § 24a Rn. 4 aE).

2. „Positive Summe" der anderen Einkünfte

22 Die Bemessungsgrundlage „positive Summe der Einkünfte, die nicht solche aus nichtselbständiger Arbeit sind" (scil. solche aus § 2 Abs. 1 S. 1 Nr. 1–3 und Nr. 5–7, sofern nicht in § 24a S. 2 ausgeklammert (→ Rn. 24)), steht nach der gesetzgeberischen Konzeption (→ Rn. 18) als zweite alternative bzw. „selbständige" (allgM, vgl. FG Münster 28.3.2012 – 11 K 3383/11 E, EFG 2012, 1464; Kirchhof/*Mellinghoff* § 24a Rn. 3) Bemessungsgrundlage neben dem „Betrag des Arbeitslohns". Dabei ist jedoch darauf zu achten, dass hinsichtlich der „positiven Summe der Einkünfte" – anders als bei dem „Betrag des Arbeitslohns" (→ Rn. 20) – auf die **(Netto-)Einkünfte** in der jeweiligen Einkunftsart abgestellt werden muss. Dogmatisch gründet dies darauf, dass die in § 24a S. 1 und **§ 2 Abs. 3** jeweils verwendeten Termini „Summe der Einkünfte" identisch auszulegen sind (grdlg. BFH 17.11.2005 – III R 83/04, BStBl. II 2006, 511 unter II.2. („folgt aus Systematik und Wortlaut des EStG, entspricht dem Zweck des Altersentlastungsbetrages und ist, soweit ersichtlich, einhellige Auffassung in der Literatur"); FG Hessen 19.11.2002 – 5 K 1762/01, EFG 2003, 699; HHR/*Bleschick* § 24a Rn. 20; KKB/*Kläne* § 24a Rn. 47; KSM/*Frenz* § 24a Rn. B 18). Konsequenterweise ist damit auch ein **vertikaler Verlustausgleich** innerhalb der anderen berücksichtigungsfähigen Einkünfte möglich bzw. zwingend vorzunehmen (vgl. BFH 17.11.2005 – III R 83/04, BStBl. II 2006, 511 unter II.2.; FG Berlin-Brandenburg 15.6.2011 – 7 K 7303/

08, DStRE 2012, 216 (217); FG Rheinland-Pfalz 23.3.1977 – I 265/76, BeckRS 1977, 01037 Rn. 18), soweit im Einzelfall kein gesetzliches Abzugs- bzw. Verrechnungsverbot (zB § 15 Abs. 4, §§ 15a, 15b, § 22 Nr. 3 S. 3 oder § 23 Abs. 3 S. 8) eingreift (vgl. Blümich/*Heuermann/Fischer* § 24a Rn. 8, 16; Bordewin/Brandt/*Schmieszek* § 24a Rn. 15, 21; Frotscher/*Geurts* § 24a Rn. 12 f.; HHR/*Bleschick* § 24a Rn. 19; KKB/*Kläne* § 24a Rn. 46; Korn/*Tormöhlen* § 24a Rn. 6; KSM/*Frenz* § 24a Rn. B 19 (nicht „Summe der positiven anderen Einkünfte", sondern „positive Summe der anderen Einkünfte"), B 38; dto. Kirchhof/*Mellinghoff* § 24a Rn. 5; Lademann EStG/*S. Steiner* § 24a Rn. 13; LBP/*Schneider* § 24a Rn. 20; Schmidt/*Wacker* § 24a Rn. 5, 6). Bei Kapitaleinkünften dürfen zudem die in **Abs. 5a, 5b des § 2** getroffenen Sonderregelungen nicht übersehen werden (exempl. FG München 6.6.2014 – 8 K 2051/12, DStRE 2015, 1418 mAnm *Rosenke* EFG 2014, 2119, zu § 2 Abs. 5b; erg. → Rn. 23.2).

Ein Abzug von **Freibeträgen** kommt nach der sich aus § 2 Abs. 3 ergebenden Systematik grds. nur dann in Betracht, wenn diese bereits bei der Einkünfteermittlung (zB § 9a S. 1 Nr. 1, 3, **Werbungskosten-Pauschbetrag;** § 20 Abs. 9, **Sparer-Pauschbetrag** (vgl. FG Hessen 28.8.1984 – VI 401/82, EFG 1985, 72)) und nicht erst auf einer späteren Veranlagungsstufe (zB § 2 Abs. 5 iVm § 32 Abs. 6, Kinder-Freibetrag) zu berücksichtigen sind (aber → Rn. 20). Denn der Gesamtbetrag der Einkünfte kann seinerseits nur mittels Abzug ua des Altersentlastungsbetrags bestimmt werden, sodass Freibeträge, die erst auf dieser Ebene eingreifen, keinen Einfluss auf die Bemessungsgrundlage des Altersentlastungsbetrags haben können (vgl. Blümich/*Heuermann/Fischer* § 24a Rn. 17; Bordewin/Brandt/*Schmieszek* § 24a Rn. 16; HHR/*Bleschick* § 24a Rn. 20; KKB/*Kläne* § 24a Rn. 47; Kirchhof/*Mellinghoff* § 24a Rn. 6; Korn/*Tormöhlen* § 24a Rn. 7; KSM/*Frenz* § 24a Rn. B 21, B 38; LBP/*Schneider* § 24a Rn. 29; Schmidt/*Wacker* § 24a Rn. 5, 6). Demzufolge kommen auch weder der Entlastungsbetrag für Alleinerziehende (**§ 24b**) noch der Freibetrag für Einkünfte aus Land- und Forstwirtschaft (**§ 13 Abs. 3**), die beide nach der in § 2 Abs. 3 aufgestellten Reihenfolge erst nach dem Altersentlastungsbetrag von der Summe der Einkünfte abgezogen werden, bei der Ermittlung der anderen Einkünfte iSv § 24a S. 1 Alt. 2 zum Tragen (Blümich/*Heuermann/Fischer* § 24a Rn. 17; Bordewin/Brandt/*Schmieszek* § 24a Rn. 16; HHR/*Bleschick* § 24a Rn. 20; KKB/*Kläne* § 24a Rn. 47; Kirchhof/*Mellinghoff* § 24a Rn. 6; KSM/*Frenz* § 24a Rn. B 22 f., B 38; Lademann EStG/*S. Steiner* § 24a Rn. 15; LBP/*Schneider* § 24a Rn. 29; aA betr. § 13 Abs. 3 *Richter* FR 1975, 189). **23**

Steuerfreie Alterseinkünfte erhöhen aufgrund einer ansonsten zu besorgenden Mehrfachbegünstigung (bereits → Rn. 20.1) auch die Bemessungsgrundlage nach § 24a S. 1 Alt. 2 nicht (Blümich/*Heuermann/Fischer* § 24a Rn. 15a; Bordewin/Brandt/*Schmieszek* § 24a Rn. 17; Frotscher/*Geurts* § 24a Rn. 14; KSM/*Frenz* § 24a Rn. B 26; LBP/*Schneider* § 24a Rn. 24). **23.1**

Dasselbe gilt für **Kapitaleinkünfte,** die der Abgeltungsteuer unterliegen und damit gleichsam **pauschal versteuert** werden (vgl. § 43 Abs. 5 S. 1 Hs. 1; dazu bereits → Rn. 20.2), was sich de lege lata aus **§ 2 Abs. 5b** ergibt (BFH 25.4.2017 – III B 51/16, BFH/NV 2017, 1163 unter II.1.; FG Düsseldorf 13.10.2010 – 15 K 2712/10 E, EFG 2011, 798; FG Münster 28.3.2012 – 11 K 3383/11 E, EFG 2012, 1464; FG München 6.6.2014 – 8 K 2051/12, DStRE 2015, 1418 mAnm *Rosenke* EFG 2014, 2119; FG Münster 3.12.2015 – 6 K 875/12 E, nv; Blümich/*Heuermann/Fischer* § 24a Rn. 15; Bordewin/Brandt/*Schmieszek* § 24a Rn. 6 aE, 19; Frotscher/*Geurts* § 24a Rn. 8, 12; HHR/*Bleschick* § 24a Rn. 20; Kirchhof/*Mellinghoff* § 24a Rn. 5, 6; Korn/*Tormöhlen* § 24a Rn. 5.1; Lademann EStG/*S. Steiner* § 24a Rn. 15; LBP/*Schneider* § 24a Rn. 37; Schmidt/*Wacker* § 24a Rn. 6; aA *Mader* B+P 2015, 543 u. B+P 2017, 117 (119)). Anders liegt die Sache nur in Fällen, in denen die Kapitaleinkünfte nach – vom Steuerpflichtigen zu beantragender – **Günstigerprüfung** (§ 43 Abs. Abs. 5 S. 3 iVm § 32d Abs. 6 S. 1) nicht der Abgeltungsteuer unterfallen (FG München 6.6.2014 – 8 K 2051/12, DStRE 2015, 1418 unter 2.b; Blümich/*Heuermann/Fischer* § 24a Rn. 15; *Böing* ErbStB 2012, 207 (208); KSM/*Frenz* § 24a Rn. B 28, B 38; LBP/*Schneider* § 24a Rn. 48). **23.2**

Auf „lediglich" **tarifbegünstigte** Einkünfte (§ 34; → Rn. 11) trifft dies demgegenüber nicht zu (bereits → Rn. 20.3), weil diese nicht steuerfrei gestellt sind (Blümich/*Heuermann/Fischer* § 24a Rn. 15b; Bordewin/Brandt/*Schmieszek* § 24a Rn. 18; KKB/*Kläne* § 24a Rn. 48; Kirchhof/*Mellinghoff* § 24a Rn. 6; KSM/*Frenz* § 24a Rn. B 27; LBP/*Schneider* § 24a Rn. 25; Schmidt/*Wacker* § 24a Rn. 5). **23.3**

3. Ausklammerung genuiner Alterseinkünfte

24 Die in § 24a S. 2 Nr. 1–5 genannten **Versorgungs- und Rentenbezüge** (iE Blümich/*Heuermann/Fischer* § 24a Rn. 21 ff.; HHR/*Bleschick* § 24a Rn. 25 f.) scheiden ex lege vollständig als Bemessungsgrundlage für den Altersentlastungsbetrag aus (vgl. BFH 23.3.2005 – VI B 146/04, BeckRS 2005, 25007790 („eindeutiger Wortlaut"); KSM/*Frenz* § 24a Rn. C 1; Beispiel bei *Wenhardt* SR 2019, 143). Soweit sie in berücksichtigungsfähigen Einkünften enthalten sind, muss demzufolge eine entsprechende Kürzung erfolgen (KSM/*Frenz* § 24a Rn. C 4). Grund hierfür ist, dass diese genuinen Alterseinkünfte bereits vom Gesetzgeber privilegiert worden sind (s. iE dort; dto. Kirchhof/*Mellinghoff* § 24a Rn. 7; KSM/*Frenz* § 24a Rn. C 2 ff.) und daher keiner weiteren steuerlichen Entlastung bedürfen; andernfalls träte insoweit eine sachlich nicht zu rechtfertigende Mehrfachbegünstigung ein (Bordewin/Brandt/*Schmieszek* § 24a Rn. 2 aE, 23; Kirchhof/*Mellinghoff* § 24a Rn. 1). Stattdessen sollte durch den Altersentlastungsbetrag nach § 24a – gerade umgekehrt – eine **Harmonisierung** der (Privilegierung der) Besteuerung sämtlicher Alterseinkünfte erreicht werden (bereits → Rn. 2 mwN).

II. Persönlicher Anwendungsbereich (S. 3)

25 Als einzige „echte" rein personenbezogene Voraussetzung für die Gewährung des Altersentlastungsbetrags normiert § 24a S. 3, dass der betreffende Steuerpflichtige vor dem Beginn des Kalenderjahres (1.1., 0.00 Uhr), in dem er sein Einkommen bezogen hat, das **64. Lebensjahr** vollendet haben muss. Diese Altersvoraussetzung muss **zwingend** erfüllt sein; verfassungs- bzw. antidiskriminierungsrechtliche Bedenken gegen die Fixierung der Altersgrenze auf 64 Jahre bestehen nicht (bereits → Rn. 5, → Rn. 5.1 mwN).

26 Für die Berechnung des Lebensalters sind gem. **§ 108 Abs. 1 AO** die §§ 187 Abs. 2. S. 2, 188 Abs. 2 BGB maßgeblich.

26.1 **Beispiel:**

Ein am 1.1.1952 geborener Steuerpflichtiger vollendet sein 64. Lebensjahr am 31.12.2016, 24.00 Uhr (vgl. zB Schmidt/*Wacker* § 24a Rn. 2). Demnach ist für diesen Steuerpflichtigen das Jahr 2017 dasjenige Kalenderjahr, welches auf die Vollendung des 64. Lebensjahres folgt (§ 24a S. 3), mit der Konsequenz, dass er ab dem Jahr 2017 den Altersentlastungsbetrag mit einem Prozentsatz von 20,8% bei einem absoluten Höchstbetrag von 988 EUR beanspruchen kann.

Ist der Steuerpflichtige dagegen am 2.1.1952 geboten, tritt die Vollendung des 64. Lebensjahres erst am 1.1.2017, 24.00 Uhr, ein, mit der Folge, dass die Altersgrenze erst in 2017 erreicht worden ist und der Altersentlastungsbetrag demzufolge erst in 2018 gewährt werden kann (Prozentsatz: 19,2%; absoluter Höchstbetrag: 912 EUR).

III. Zusammenveranlagung (S. 4)

27 Bei § 24a S. 4 handelt es sich um eine **Ausnahmeregelung** zu § 26b (Bordewin/Brandt/*Schmieszek* § 24a Rn. 5b aE; KSM/*Frenz* § 24a Rn. A 5, A 13). Die Vorschrift ordnet abweichend von den bei der Zusammenveranlagung geltenden Grundsätzen an, dass § 24a S. 1–3 für jeden Ehegatten/Lebenspartnern iSd LPartG (§§ 26, 26b, ggf. iVm § 2 Abs. 8) „**gesondert anzuwenden**" ist. Das ist konsequent, weil der Altersentlastungsbetrag seinem Sinn und Zweck nach (→ Rn. 2) nur solchen Steuerpflichtigen zugutekommen soll, die hinsichtlich ihrer **eigenen** Einkünfte die Voraussetzungen erfüllen, dh insbesondere die Altersgrenze erreicht haben. Dies kann nur individuell beurteilt werden (vgl. Blümich/*Heuermann/Fischer* § 24a Rn. 5, 25; Bordewin/Brandt/*Schmieszek* § 24a Rn. 27; HHR/*Bleschick* § 24a Rn. 28, 32; erg. FG Münster 28.2.2018 – 9 K 3343/13 E, EFG 2018, 1336 mAnm *Linkermann* unter III.6. zur Berücksichtigung des Altersentlastungsbetrags bei der Aufteilung der Gesamtsteuerschuld auf insolvenzrechtliche Vermögensbereiche; nrkr, Rev. VIII R 19/18). Auch die Kohorten-Eingruppierung nach § 24a S. 5 einschließlich der Bestimmung des absoluten Höchstbetrags ist personenbezogen vorzunehmen (HHR/*Bleschick* § 24a Rn. 32, 33; KKB/*Kläne* § 24a Rn. 76; Lademann EStG/*S. Steiner* § 24a Rn. 17); die Verdoppelung des (höheren) Höchstbetrages kommt nicht in Betracht (KSM/*Frenz* § 24a Rn. F 2 f., F 7). Vor allem aber werden die **Einkünfte** der Ehegatten/Lebenspartner – entgegen § 26b – **nicht addiert,** sondern für die Zwecke des § 24a nach wie vor getrennt ermittelt (zu den diesbzgl. Gestal-

tungsmöglichkeiten → Rn. 30); es ist daher weder ein ehegatten-/lebenspartnerübergreifender Verlustausgleich möglich noch kann eine Übertragung von nicht bis zum Höchstbetrag ausgeschöpften Anteilen des Altersentlastungsbetrags des einen Ehegatten/Lebenspartners auf den anderen vorgenommen werden (Blümich/*Heuermann/Fischer* § 24a Rn. 26; Bordewin/Brandt/*Schmieszek* § 24a Rn. 27; KSM/*Frenz* § 24a Rn. E 1 aE, E 3; LBP/*Schneider* § 24a Rn. 41, 43; aA scheinbar *Geserich* DStR 2000, 845 (849, 851)). Stattdessen erfolgt stets eine gesonderte Berechnung des Altersentlastungsbetrags (Blümich/*Heuermann/Fischer* § 24a Rn. 25; Bordewin/Brandt/*Schmieszek* § 24a Rn. 3, 25 aE; Frotscher/*Geurts* § 24a Rn. 7, 16; Kirchhof/*Mellinghoff* § 24a Rn. 2, 8; Korn/*Tormöhlen* § 24a Rn. 6.2, 10; LBP/*Schneider* § 24a Rn. 41; Schmidt/*Wacker* § 24a Rn. 2). Die ursprünglich in BT-Drs. 7/1722, 9 f. (→ Rn. 3) vorgeschlagene schlichte Verdoppelung des einem Ehegatten/Lebenspartner zustehenden Altersentlastungsbetrags wurde – aus heutiger Sicht, dh nach dem Übergang zur nachgelagerten Rentenbesteuerung durch das AltEinkG (→ Rn. 4), folgerichtig – nicht Gesetz (KSM/*Frenz* § 24a Rn. A 21 aE).

IV. „Kohorten-Tabelle" (S. 5)

Die in § 24a S. 5 enthaltene Tabelle ist im Wesentlichen selbsterklärend. Die in ihr festgelegten Größen bzw. Werte beziehen sich auf die Variablen der abstrakten Berechnungsformel des Altersentlastungsbetrags in § 24a S. 1. Von besonderer Wichtigkeit für das Verständnis der Norm ist indes, dass der Gesetzgeber in § 24a S. 5 das sog. **Kohortenprinzip** verwirklicht hat, dh die sich aus der Tabelle eingangs ergebenden Werte gelten „**zeitlebens**" für alle weiteren Veranlagungen (BT-Drs. 15/2150, 43; Blümich/*Heuermann/Fischer* § 24a Rn. 2; HHR/*Bleschick* § 24a Rn. 33; Kirchhof/*Mellinghoff* § 24a Rn. 9; Korn/*Tormöhlen* § 24a Rn. 10; KSM/*Frenz* § 24a Rn. F 4, F 7; LBP/*Schneider* § 24a Rn. 35; *Mader* B+P 2015, 543; Schmidt/*Wacker* § 24a Rn. 1), längstens aber bis zum Auslaufen der Regelung im Jahr 2040 (→ Rn. 6 aE). Die Besteuerungssituation wird insoweit – in den Worten des Gesetzgebers – „in dem auf die Vollendung des 64. Lebensjahrs folgenden Jahr ‚eingefroren'"(BT-Drs. 15/2150, 43 KKB/*Kläne* § 24a Rn. 88). 28

Für **Altfälle,** dh Steuerpflichtige, die **bis einschließlich 31.12.2013** das 64. Lebensjahr vollendet haben und daher nicht von der „Kohorten-Tabelle" in § 24a S. 5 erfasst sind (→ Rn. 6), gilt hingegen – mangels anderslautender gesetzlicher Anordnung – dauerhaft (→ Rn. 6 aE) die vor Inkrafttreten des AltEinkG (→ Rn. 4) maßgebliche Gesetzesfassung (abgedr. in → Rn. 29.1; KSM/*Frenz* § 24a Rn. A 2, F 5 f.; unklar HHR/*Bleschick* § 24a Rn. 33). 29

§ 24a EStG idF der Bekanntmachung der **Neufassung des EStG vom 19.10.2002** (BGBl. 2002 I 4210) lautete: 29.1

„[1]Altersentlastungsbetrag ist ein Betrag von 40 vom Hundert des Arbeitslohns und der positiven Summe der Einkünfte, die nicht solche aus nichtselbständiger Arbeit sind, höchstens jedoch insgesamt ein Betrag von 1.908 Euro im Kalenderjahr. [2]Versorgungsbezüge im Sinne des § 19 Abs. 2, Einkünfte aus Leibrenten im Sinne des § 22 Nr. 1 Satz 3 Buchstabe a und Einkünfte im Sinne des § 22 Nr. 4 Satz 4 Buchstabe b bleiben bei der Bemessung des Betrags außer Betracht. [3]Der Altersentlastungsbetrag wird einem Steuerpflichtigen gewährt, der vor dem Beginn des Kalenderjahres, in dem er sein Einkommen bezogen hat, das 64. Lebensjahr vollendet hatte. [4]Im Fall der Zusammenveranlagung von Ehegatten zur Einkommensteuer sind die Sätze 1 bis 3 für jeden Ehegatten gesondert anzuwenden."

V. Gestaltungsfragen

§ 24a lässt aufgrund seiner engen persönlichen Anwendungsvoraussetzungen (→ Rn. 25) nur sehr wenige **Gestaltungsmöglichkeiten** zu. Bei zusammenveranlagten **Ehegatten/Lebenspartnern,** die beide die Altersgrenze erreicht haben, kann dennoch trotz der in § 24a S. 4 angeordneten isolierten Betrachtungsweise (→ Rn. 27) ggf. eine **beiderseitige Vollausnutzung** des jeweiligen absoluten Höchstbetrags erreicht werden, indem bemessungsrelevante Einkünfte vorausschauend verlagert werden. Denkbar sind insofern bspw. der Abschluss von – steuerlich anerkennungsfähigen – Ehegattenarbeitsverträgen sowie die (teilweise) Übertragung des Eigentums an Wertpapierdepots (exempl. FG Nürnberg 27.2.1980 – V 308/79, EFG 1980, 339) oder vermieteten Immobilien (vgl. *Bockholt* DB 1977, 1773; KSM/*Frenz* § 24a Rn. A 60, E 4; s. auch die entspr. Hinweise bei Blümich/ 30

Heuermann/Fischer § 24a Rn. 26; Bordewin/Brandt/*Schmieszek* § 24a Rn. 28; Frotscher/*Geurts* § 24a Rn. 17 f.; *Günther* GStB 2003, 211; HHR/*Bleschick* § 24a Rn. 32 aE; KKB/*Kläne* § 24a Rn. 76; Kirchhof/*Mellinghoff* § 24a Rn. 8; Korn/*Tormöhlen* § 24a Rn. 3; Lademann EStG/*S. Steiner* § 24a Rn. 17; Schmidt/*Wacker* § 24a Rn. 2). In den beiden zuletzt genannten Konstellationen wird der Berater allerdings besonderes Augenmerk auf die Vermeidung von dadurch hervorgerufenen schenkungsteuerlichen Weiterungen legen müssen (s. dazu *Blusz* NWB 2016, 2740; *Günther* GStB 2003, 211 (212)). Bei der Übertragung des Eigentums an Grundstücken muss zudem auf die mitunter erheblichen Erwerbsnebenkosten (GrESt, Gebühren f. Grundbuchamt und Notar, ggf. Katasterfortführungsgebühr (vgl. § 1 Kat-FortGebG)) Bedacht genommen werden (so bereits *Bockholt* DB 1977, 1773).

§ 24b Entlastungsbetrag für Alleinerziehende

(1) [1]Allein stehende Steuerpflichtige können einen Entlastungsbetrag von der Summe der Einkünfte abziehen, wenn zu ihrem Haushalt mindestens ein Kind gehört, für das ihnen ein Freibetrag nach § 32 Absatz 6 oder Kindergeld zusteht. [2]Die Zugehörigkeit zum Haushalt ist anzunehmen, wenn das Kind in der Wohnung des allein stehenden Steuerpflichtigen gemeldet ist. [3]Ist das Kind bei mehreren Steuerpflichtigen gemeldet, steht der Entlastungsbetrag nach Satz 1 demjenigen Alleinstehenden zu, der die Voraussetzungen auf Auszahlung des Kindergeldes nach § 64 Absatz 2 Satz 1 erfüllt oder erfüllen würde in Fällen, in denen nur ein Anspruch auf einen Freibetrag nach § 32 Absatz 6 besteht. [4]Voraussetzung für die Berücksichtigung ist die Identifizierung des Kindes durch die an dieses Kind vergebene Identifikationsnummer (§ 139b der Abgabenordnung). [5]Ist das Kind nicht nach einem Steuergesetz steuerpflichtig (§ 139a Absatz 2 der Abgabenordnung), ist es in anderer geeigneter Weise zu identifizieren. [6]Die nachträgliche Vergabe der Identifikationsnummer wirkt auf Monate zurück, in denen die Voraussetzungen der Sätze 1 bis 3 vorliegen.

(2) [1]Gehört zum Haushalt des allein stehenden Steuerpflichtigen ein Kind im Sinne des Absatzes 1, beträgt der Entlastungsbetrag im Kalenderjahr 1 908 Euro. [2]Für jedes weitere Kind im Sinne des Absatzes 1 erhöht sich der Betrag nach Satz 1 um 240 Euro je weiterem Kind.

(3) [1]Allein stehend im Sinne des Absatzes 1 sind Steuerpflichtige, die nicht die Voraussetzungen für die Anwendung des Splitting-Verfahrens (§ 26 Absatz 1) erfüllen oder verwitwet sind und keine Haushaltsgemeinschaft mit einer anderen volljährigen Person bilden, es sei denn, für diese steht ihnen ein Freibetrag nach § 32 Absatz 6 oder Kindergeld zu oder es handelt sich um ein Kind im Sinne des § 63 Absatz 1 Satz 1, das einen Dienst nach § 32 Absatz 5 Satz 1 Nummer 1 und 2 leistet oder eine Tätigkeit nach § 32 Absatz 5 Satz 1 Nummer 3 ausübt. [2]Ist die andere Person mit Haupt- oder Nebenwohnsitz in der Wohnung des Steuerpflichtigen gemeldet, wird vermutet, dass sie mit dem Steuerpflichtigen gemeinsam wirtschaftet (Haushaltsgemeinschaft). [3]Diese Vermutung ist widerlegbar, es sei denn, der Steuerpflichtige und die andere Person leben in einer eheähnlichen oder lebenspartnerschaftsähnlichen Gemeinschaft.

(4) Für jeden vollen Kalendermonat, in dem die Voraussetzungen des Absatzes 1 nicht vorgelegen haben, ermäßigt sich der Entlastungsbetrag nach Absatz 2 um ein Zwölftel.

Überblick

Der **Entlastungsbetrag für Alleinerziehende** ist eine **Steuerermäßigung,** die 2004 anstelle des bisherigen Haushaltsfreibetrags für getrennt lebende Elternteile getreten ist. Anders als durch den Haushaltsfreibetrag werden durch § 24b jedoch nur Personen entlastet, die tatsächlich **alleinstehend** sind und daher bei der Betreuung und Erziehung ihrer Kinder nicht auf die Unterstützung eines anderen im gleichen Haushalt lebenden Erwachsenen zurückgreifen können.

Übersicht

A. Allgemeines

Leitentscheidungen, wichtige Verwaltungsanweisungen und Schrifttum (Auswahl): 1

Leitentscheidungen des BFH: 1.1
BFH 19.10.2006 – III R 4/05, BStBl. II 2007, 637 (Nichtberücksichtigung zusammenlebender Eltern); BFH 28.4.2010 – III R 79/08, BStBl. II 2011, 30 (Entlastungsbetrag); BFH 28.6.2012 – III R 26/10, BStBl. II 2012, 815 (Haushaltsgemeinschaft); BFH 5.2.2015 – III R 9/13, BStBl. II 2015, 926 (Vermutung der Haushaltsangehörigkeit des Kindes).

Leitentscheidungen des BVerfG: 1.2
BVerfG 10.11.1998 – 2 BvR 1057/91, 2 BvR 1226/91, 2 BvR 980/91, BVerfGE 99, 216 (Haushaltsfreibetrag); BVerfG 22.5.2009 – 2 BvR 310/07, BStBl. II 2009, 884 (Besserstellung Alleinerziehender).

Wichtige Verwaltungsanweisungen: 1.3
BMF 23.10.2017, BStBl. I 2017, 1432 (Anwendungsschreiben).

Schrifttum (Auswahl): 1.4
Henschler, Die Minderung der wirtschaftlichen Leistungsfähigkeit durch Kinder im Einkommensteuerrecht, 2004; *Plenker*, Entlastungsbetrag statt Haushaltsfreibetrag für Alleinerziehende, DB 2004, 156; *Hillmoth*, Der „neue" Entlastungsbetrag für „echte" Alleinerziehende nach § 24b EStG, INF 2004, 73; *Proff zu Irnich*, Der Entlastungsbetrag für Alleinerziehende gemäß § 24b EStG nach dem Gesetz zur Änderung der Abgabenordnung, DStR 2004, 1904; *Ross*, Der Entlastungsbetrag für Alleinerziehende (§ 24b EStG), DStZ 2004, 437; *Warnke*, „Neuer" Entlastungsbetrag für Alleinerziehende nach § 24b EStG, EStB 2004, 248; *Schulenburg*, Ist der Entlastungsbetrag für Alleinerziehende verfassungswidrig?, DStZ 2007, 428; *Mandla*, Ist man nur dann allein, wenn der andere es nicht ist?, DStR 2011, 1642; *Paus*, Der Entlastungsbetrag für Alleinerziehende, EStB 2014, 100; *Baltromejus*, Die Besteuerung Alleinerziehender, NWB 2016, 2338.

I. Regelungsanliegen im System des Steuerrechts

1. Zweck des § 24b

Der Entlastungsbetrag für Alleinerziehende kann nur von Personen in Anspruch genommen werden, die weder verheiratet (bzw. von ihrem Ehegatten nicht dauernd getrennt) sind noch mit einer anderen erwachsenen Person in einer durch gemeinsames Wirtschaften geprägten Haushaltsgemeinschaft zusammenleben. Mit ihm sollen **nur alleinstehende Steuerpflichtige** begünstigt werden, die einen gemeinsamen Haushalt nur mit ihren Kindern führen und dabei von keiner anderen erwachsenen Person unterstützt werden, die tatsächlich 1a oder finanziell zur Haushaltsführung beiträgt (vgl. BMF 23.10.2017, BStBl. I 2017, 1432 Rn. 1). Damit soll nach den Vorstellungen des Gesetzgebers (vgl. BT-Drs. 15/1751, 6; BT-Drs. 15/3339, 11) der bei diesen sog. **„echten Alleinerziehenden“** typischerweise in erhöhtem Maße anfallende **Aufwand für die Lebens- und Haushaltsführung pauschalierend** abgegolten werden (in der Gesetzesbegründung ist die Rede von höheren Kosten für den alltäglichen Einkauf wegen mangelnder Mobilität sowie von erhöhten Kosten zur Deckung von Informations- und Kontaktbedürfnissen und für gelegentliche Dienstleistungen Dritter). Denn alleinstehende Eltern seien – so der Gesetzgeber – in der Gestaltung und Bewältigung des Alltags vor allem dann, wenn sie gleichzeitig einer Erwerbstätigkeit nachgehen, einer besonderen wirtschaftlichen Belastung ausgesetzt, weil sie für den mit ihren Kindern geführten Haushalt die alleinige Verantwortung tragen und **keine Synergieeffekte zur Haushaltsersparnis** nutzen können, wie sie mit der gemeinsamen Haushaltsführung mit einer anderen erwachsenen Person einhergehen würden.

2 Nach § 24b Abs. 3 darf der Alleinerziehende deshalb **keine Haushaltsgemeinschaft mit einer anderen erwachsenen Person** bilden, sofern ihm für diese Person kein Anspruch auf Freibeträge für Kinder oder auf Kindergeld zusteht. Insoweit **unterscheidet** sich die Steuerermäßigung von der – 2004 durch sie ersetzten – Vorgängerregelung in § 32 Abs. 7 EStG aF zum **Haushaltsfreibetrag,** der getrennt lebenden Elternteilen auch dann zugutekommen konnte, wenn sie mit einem neuen Partner zusammenlebten (Bordewin/Brandt/*Debus* § 24b Rn. 12). Darin lag ein Verstoß gegen Art. 6 GG, da durch den Haushaltsfreibetrag eheliche Erziehungsgemeinschaften gegenüber anderen Formen der Kindererziehung benachteiligt worden waren (BVerfG 10.11.1998 – 2 BvR 1057/91, 2 BvR 1226/91, 2 BvR 980/91, BVerfGE 99, 216; vgl. Kirchhof/*Seiler* § 24b Rn. 1). Durch die Neuregelung soll mithin auch gewährleistet werden, dass nichteheliche Lebensgemeinschaften nicht in unzulässiger Weise gegenüber Ehepaaren begünstigt werden.

3 *Einstweilen frei*

4 Bei § 24b handelt es sich nach ganz herrschender Auffassung um eine **Sozialzwecknorm,** die außerhalb des subjektiven Nettoprinzips angesiedelt ist (BFH 25.10.2007 – III R 104/06, BFH/NV 2008, 545; HHR/*Krömker* § 24b Rn. 4; Blümich/*Selder* § 24b Rn. 5; Schmidt/*Loschelder* § 24b Rn. 1; **aA** KSM/*Jachmann*/*Henschler* § 24b Rn. A 8: Steuersubvention). Denn die vom Gesetzgeber angenommene wirtschaftliche Schlechterstellung vieler Alleinerziehender beruht nicht in erster Linie auf einem – verglichen mit gemeinsam erziehenden Eltern – höheren Betreuungs- und Erziehungsbedarf für das Kind, sondern vor allem auf der erschwerten Möglichkeit zur Erzielung von Erwerbseinkommen, der auch durch den Abzug von Kinderbetreuungskosten im Rahmen des § 10 Abs. 1 Nr. 5 nur begrenzt abgeholfen werden kann. Da die Einkommensteuer aber nur die im erworbenen Einkommen (abzüglich des indisponiblen Aufwands) ausgedrückte Leistungsfähigkeit des Steuerpflichtigen erfasst und den geminderten Erwerb folglich unberücksichtigt lässt, kann § 24b nicht als Ausdruck des Leistungsfähigkeitsprinzips angesehen werden (Kirchhof/*Seiler* § 24b Rn. 1).

5 *Einstweilen frei*

2. Historische Entwicklung

6 § 24b wurde durch das **HBeglG 2004** v. 29.12.2003 (BGBl. 2003 I 3076) mit Wirkung zum Veranlagungszeitraum 2004 neu geschaffen. Der Entlastungsbetrag wurde zunächst unabhängig von der Anzahl der Kinder einheitlich in Höhe von 1.308 EUR gewährt. Er sollte dabei aber nur Alleinerziehenden mit mindestens einem minderjährigen Kind zugutekommen, das zudem in der Wohnung des Steuerpflichtigen gemeldet und entweder mit ihm im ersten Grad verwandt war oder sein Pflegekind sein musste. Gleichzeitig wurde der bisherige Haushaltsfreibetrag für getrennt lebende Elternteile (§ 32 Abs. 7 EStG aF) abgeschafft.

7 Durch das **Gesetz zur Änderung der Abgabenordnung und weiterer Gesetze** v. 21.7.2004 (BGBl. 2004 I 1753) wurde die Vorschrift rückwirkend zum Zeitpunkt ihres Inkrafttretens am 1.1.2004 neu gefasst. Sie erhielt dabei im Wesentlichen ihre jetzige Gestalt. Es blieb bei dem von der Anzahl der Kinder unabhängigen einheitlichen Entlastungsbetrag von 1.308 EUR. Der Kreis der Anspruchsberechtigten wurde auch auf Alleinerziehende mit volljährigen Kindern erweitert. Zudem muss es sich nicht mehr um Kinder iSd § 32 Abs. 1

handeln, sondern es reicht aus, dass dem Steuerpflichtigen (wie es auch bei Stief- oder Enkelkindern möglich ist) für das Kind ein Freibetrag nach § 32 Abs. 6 oder Kindergeld zusteht. Mit der beantragten Änderung sollte nach der Gesetzesbegründung (BT-Drs. 15/3339, 8) dem Umstand Rechnung getragen werden, dass Alleinerziehenden auch bei einer Haushaltsgemeinschaft mit volljährigen Kindern höhere Lebensführungskosten entstehen. Die Vermutung für eine den Anspruch ausschließende Haushaltsgemeinschaft mit einer anderen erwachsenen Person war nur dann nicht widerlegbar, wenn der Steuerpflichtige mit ihr in einer eheähnlichen Gemeinschaft oder in einer (gleichgeschlechtlichen) eingetragenen Lebenspartnerschaft lebte.

Mit dem **Gesetz zur Anpassung steuerlicher Regelungen an die Rechtsprechung des Bundesverfassungsgerichts** v. 18.7.2014 (BGBl. 2014 I 1042) wurde die Unwiderlegbarkeit der Vermutung für eine Haushaltsgemeinschaft in § 24b Abs. 2 S. 3 (jetzt: § 24b Abs. 3 S. 3) mit Wirkung zum 24.7.2014 auch auf den Partner in einer (gleichgeschlechtlichen) lebenspartnerschaftsähnlichen Gemeinschaft erstreckt. Das dort bisher geregelte Zusammenleben mit einem Partner in einer eingetragenen Lebenspartnerschaft schließt den Anspruch auf den Entlastungsbetrag schon deshalb aus, weil dadurch die Voraussetzungen für die Anwendung des Splittingverfahrens (jetzt § 24b Abs. 3 S. 1) erfüllt sind. **8**

Durch das **Gesetz zur Anhebung des Grundfreibetrags, des Kinderfreibetrags, des Kindergeldes und des Kinderzuschlags** v. 16.7.2015 (BGBl. 2015 I 1202) wurde § 24b Abs. 1 um die Sätze 4 bis 6 erweitert, mit denen die Berücksichtigung von der Identifizierbarkeit des Kindes abhängig gemacht wird, die im Regelfall anhand der steuerlichen Identifikationsnummer vorzunehmen ist. Außerdem wurde § 24b Abs. 2 neu eingefügt und damit – rückwirkend zum 1.1.2015 – der Entlastungsbetrag für das erste Kind auf 1.908 EUR und für das zweite und jedes weitere berücksichtigungsfähige Kind um weitere 240 EUR erhöht. **9**

Einstweilen frei **10–15**

3. Verhältnis zu höherrangigem Recht

a) Vereinbarkeit mit Verfassungsrecht. § 24b ist mit verfassungsrechtlichen Vorgaben **vereinbar.** Nach ganz herrschender Auffassung handelt es sich um eine **Sozialzwecknorm,** die außerhalb des subjektiven Nettoprinzips angesiedelt ist (HHR/*Krömker* § 24b Rn. 4; → Rn. 4) und daher sehr weitgehend zur **Disposition des Gesetzgebers** steht (KKB/*Kläne* § 24b Rn. 16). Da von Verfassungs wegen keine Verpflichtung besteht, einen Entlastungsbetrag für Alleinerziehende vorzusehen, ist der Gesetzgeber erst recht in dessen näherer **Ausgestaltung frei** (Blümich/*Selder* § 24b Rn. 5). So begegnet insbesondere der Ausschluss von Steuerpflichtigen, die eine Haushaltsgemeinschaft mit einer anderen volljährigen Person bilden, vom Entlastungsbetrag für Alleinerziehende keinen verfassungsrechtlichen Bedenken (BFH 25.10.2007 – III R 104/06, BFH/NV 2008, 545). Gleiches gilt für die **Nichtbegünstigung zusammenlebender Eltern,** weil sie sich typischerweise – anders als echte Alleinerziehende – Synergieeffekte bei der Betreuung und Erziehung ihrer Kinder zunutze machen können (BFH 19.10.2006 – III R 4/05, BStBl. II 2007, 637). Da nicht nur Verheiratete, sondern alle Erziehungsgemeinschaften mit zwei Erwachsenen in einem gemeinsamen Haushalt von der Inanspruchnahme des Entlastungsbetrags ausgeschlossen sind (→ Rn. 2), liegt auch – anders als bei § 32 Abs. 7 EStG aF – eine Benachteiligung von Ehe und Familie (Art. 6 GG) nicht mehr vor (BVerfG 22.5.2009 – 2 BvR 310/07, BStBl. II 2009, 884). **16**

Auch gegen die **Ausgestaltung als Freibetrag** bestehen meines Erachtens keine verfassungsrechtlichen Bedenken, obwohl er sich bei Steuerpflichtigen mit unterschiedlichen Einkommensverhältnissen wegen der Progressionswirkung des Tarifs in unterschiedlicher Höhe auswirkt (glA Blümich/*Selder* § 10 Rn. 5; Schmidt/*Loschelder* § 24b Rn. 4; kritisch Kirchhof/*Seiler* § 24b Rn. 1; HHR/*Krömker* § 24b Rn. 4; *Proff zu Irnich* DStR 2004, 1904). Der Gesetzgeber durfte von seiner Typisierungs- und Pauschalierungsbefugnis schließlich auch dahingehend Gebrauch machen, dass er den Entlastungsbetrag für Alleinerziehende ohne Rücksicht auf erhaltene **Unterhaltszahlungen** gewährt (BVerfG 22.5.2009 – 2 BvR 310/07, BStBl. II 2009, 884; kritisch Korn/*Seifert* § 24b Rn. 12). Daraus ergibt sich, dass ein Anspruch auf einen höheren Entlastungsbetrag insbesondere nicht auf den Umstand gestützt werden kann, dass der andere Elternteil seiner Barunterhaltsverpflichtung nicht nachkommt (BFH 17.9.2015 – III R 36/14, BFH/NV 2016, 545; BFH 29.9.2016 – III R 62/13, BStBl. **17**

II 2017, 259). Meines Erachtens liegt entgegen anderslautender Auffassungen im Schrifttum (Korn/*Seifert* § 24b Rn. 14) auch kein verfassungsrechtlich bedenkliches Vollzugsdefizit vor.

18 *Einstweilen frei*

19 **b) Vereinbarkeit mit Europarecht.** Der Entlastungsbetrag nach 24b kann nur von unbeschränkt einkommensteuerpflichtigen Alleinerziehenden in Anspruch genommen werden (§ 50 Abs. 1 S. 3). Nichtsdestotrotz bestehen gegen die Vorschrift meines Erachtens **keine europarechtlichen Bedenken,** weil auch beschränkt steuerpflichtige Elternteile sich unter den Voraussetzungen des § 1 Abs. 3 als unbeschränkt einkommensteuerpflichtig behandeln lassen können (so auch Korn/*Seifert* § 24b Rn. 15).

20 *Einstweilen frei*

4. Zeitlicher Anwendungsbereich

21 § 24b ist mit Wirkung zum **VZ 2004** an die Stelle des früheren, zeitgleich aufgehobenen § 32 Abs. 7 EStG aF (Haushaltsfreibetrag) getreten. Die Vorschrift ist rückwirkend zum 1.1.2004 in der Fassung anzuwenden, die sie durch das Gesetz zur Änderung der Abgabenordnung und weiterer Gesetze v. 21.7.2004 (BGBl. 2004 I 1753) gefunden hat (→ Rn. 7). Die Erhöhung des Entlastungs-(Grund-)betrags für das erste Kind und die Einführung von zusätzlichen Entlastungs-(Erhöhungs-)beträgen für weitere Kinder (jetzt in § 24b Abs. 2 geregelt) erfolgte durch das Gesetz zur Anhebung des Grundfreibetrags, des Kinderfreibetrags, des Kindergeldes und des Kinderzuschlags v. 16.7.2015 (BGBl. 2015 I 1202) rückwirkend mit Wirkung zum 1.1.2015 (→ Rn. 9).

22–23 *Einstweilen frei*

5. Verhältnis zu anderen Bestimmungen des Einkommensteuerrechts

24 Der Entlastungsbetrag für Alleinerziehende ist lediglich dazu bestimmt, typisierend den Lebens- und Haushaltsführungsmehraufwand des Steuerpflichtigen wegen des Fehlens von Synergieeffekten im Zusammenhang mit der Betreuung und Erziehung seiner Kinder abzugelten (→ Rn. 1). Er kann daher wegen des unterschiedlichen Regelungsbereichs neben den **Freibeträgen für Kinder** (§ 32) und dem **Kindergeld** (§§ 62 ff.) sowie anderen kindbedingten Entlastungen (wie etwa dem **Ausbildungsfreibetrag** bei auswärtiger Unterbringung des Kindes nach § 33a Abs. 2, dem **Pauschbetrag für behinderte Kinder** nach § 33b Abs. 5 oder den privaten **Kinderbetreuungskosten** nach § 10 Abs. 1 Nr. 5) in Anspruch genommen werden (HHR/*Krömker* § 24b Rn. 5). Auch der gleichzeitige Bezug von Sozialleistungen in Gestalt von **Elterngeld** oder **Betreuungsgeld** nach dem BEEG ist nicht ausgeschlossen (Bordewin/Brandt/*Debus* § 24b Rn. 18; Korn/*Seifert* § 24b Rn. 10; KKB/*Kläne* § 24b Rn. 21).

25 Der Entlastungsbetrag für Alleinerziehende wird **außerhalb des Familienleistungsausgleichs** bei der Ermittlung des Gesamtbetrags der Einkünfte durch Abzug von der Summe der Einkünfte (→ Rn. 57) und beim Lohnsteuerabzug durch die Steuerklasse II berücksichtigt (BMF 23.10.2017, BStBl. I 2017, 1432 Rn. 2). Zum Verhältnis von § 24b zu den Bestimmungen über das **Lohnsteuerabzugsverfahren** (§ 38b, § 39, § 39a) → Rn. 29.

26 Da der Entlastungsbetrag für Alleinerziehende von der Summe der Einkünfte (§ 2 Abs. 3) abzuziehen ist (§ 24b Abs. 1 S. 1), kann er sich sowohl auf die Höhe des **Verlustabzugs** nach § 10d als auch auf die Höhe der **zumutbaren Eigenbelastung** nach § 33 Abs. 3 auswirken (Bordewin/Brandt/*Debus* § 24b Rn. 21).

6. Verfahrensfragen

27 Der Entlastungsbetrag für Alleinerziehende kann sowohl im Rahmen der **Veranlagung** zur Einkommensteuer als auch im **Lohnsteuerabzugsverfahren** (→ Rn. 29) berücksichtigt werden. Die Inanspruchnahme des Entlastungsbetrags setzt grundsätzlich einen (formlosen) Antrag des Steuerpflichtigen voraus (HHR/*Krömker* § 24b Rn. 6). Die Beantragung erfolgt durch Angabe und ggf. Nachweis der besonderen Abzugsvoraussetzungen im Rahmen der „Anlage Kind" (Bordewin/Brandt/*Debus* § 24b Rn. 23).

28 *Einstweilen frei*

Im **Lohnsteuerabzugsverfahren** sind Arbeitnehmer, die die Anspruchsvoraussetzungen für den Entlastungsbetrag erfüllen, nach § 38b Abs. 1 S. 2 Nr. 2 in die **Steuerklasse II** einzureihen. Die Steuerklasse II ist nach § 39 Abs. 4 Nr. 1 als Lohnsteuer-Abzugsmerkmal zu bilden und verpflichtet den Arbeitgeber dazu, bei der Berechnung der Lohnsteuer den **Entlastungs-(Grund-)betrag** für Alleinerziehende für das erste Kind (§ 24b Abs. 2 S. 1) von jährlich 1.908 EUR vom Bruttoarbeitslohn in Abzug zu bringen (§ 39b Abs. 2 S. 5 Nr. 4). Auf Antrag des Steuerpflichtigen kann mit Wirkung ab dem 23.7.2015 auch der **Erhöhungsbetrag** für das zweite Kind und ggf. für weitere Kinder des Steuerpflichtigen von je 240 EUR nach § 24b Abs. 2 S. 2 als **Freibetrag** ermittelt (§ 39a Abs. 1 S. 1 Nr. 4a), als weiteres Lohnsteuerabzugsmerkmal gebildet (§ 39 Abs. 4 Nr. 3) und bei der Berechnung der Lohnsteuer steuermindernd berücksichtigt werden (§ 39b Abs. 2 S. 4). Bei **verwitweten Steuerpflichtigen,** die nicht in die Steuerklasse II gehören (dies ist im Jahr des Todes ihres früheren Ehegatten der Fall, weil sie noch für den gesamten Veranlagungszeitraum die Voraussetzungen für die Steuerklasse III erfüllen, § 38b Abs. 1 S. 1 Nr. 2 iVm § 38b Abs. 1 S. 1 Nr. 1 Buchst. a Doppelbuchst. aa), erfolgt die lohnsteuermindernde Erfassung des Entlastungsbetrags gemäß § 39a Abs. 1 S. 1 Nr. 8 ausschließlich als Freibetrag (glA KSM/*Jachmann/Henschler* § 24b Rn. C 1; Schmidt/*Loschelder* § 24b Rn. 26). 29

Einstweilen frei 30

Änderung der Verhältnisse: Sobald die Voraussetzungen für die Berücksichtigung des Entlastungsbetrags nach § 24b entfallen, ist der Arbeitnehmer verpflichtet, die Steuerklasse II als Lohnsteuerabzugsmerkmal umgehend ändern zu lassen (§ 39 Abs. 5 S. 2; HHR/*Fissenewert* § 39 Rn. 26; Schmidt/*Loschelder* § 24b Rn. 26; Kirchhof/*Seiler* § 24b Rn. 10). Den Wegfall der Voraussetzungen für die Inanspruchnahme des Erhöhungsbetrags für weitere Kinder hat er dem Finanzamt umgehend anzuzeigen (§ 39a Abs. 1 S. 5). 31

Einstweilen frei 32

II. Normstruktur und zentrale Debatten

1. Inhalt der Norm

Nach **§ 24b Abs. 1 S. 1** steht der Entlastungsbetrag für Alleinerziehende solchen Alleinstehenden zu, in deren Haushalt sich mindestens ein beim Kindergeld berücksichtigungsfähiges Kind befindet. Diese Grundaussage wird in den nachfolgenden Bestimmungen näher ausgestaltet. So enthält **§ 24b Abs. 1 S. 2** eine gesetzliche Vermutung zur Haushaltszugehörigkeit von Kindern, die in der Wohnung des Steuerpflichtigen gemeldet sind. **§ 24b Abs. 1 S. 3** regelt, wem der Entlastungsbetrag zusteht, wenn ein Kind über mehrere melderechtliche Wohnsitze verfügt. Das Kind ist nach **§ 24b Abs. 1 S. 4–6** zu identifizieren, um eine missbräuchliche Inanspruchnahme des Entlastungsbetrags zu verhindern. 33

Die Höhe des Entlastungsbetrags ist in **§ 24b Abs. 2** in Abhängigkeit von der Zahl der berücksichtigungsfähigen Kinder im Haushalt des Steuerpflichtigen ausgestaltet. **§ 24b Abs. 3** enthält nähere Bestimmungen zur Frage, unter welchen Voraussetzungen der Steuerpflichtige als alleinstehend gilt. Nach **§ 24b Abs. 4** ist der Entlastungsbetrag kalendermonatsbezogen zu gewähren. 34

Einstweilen frei 35

2. Leitentscheidungen und maßgebliche Debatten

Die steuerliche Entlastung Alleinerziehender durch § 24b stellt zwar eine Sozialzwecknorm dar, in deren Ausgestaltung der Gesetzgeber weitgehend frei ist (→ Rn. 16). Gleichwohl muss sich die Begünstigungswirkung an Art. 6 Abs. 1 GG messen lassen, der einen besonderen Gleichheitssatz enthält und es **verbietet, Ehe und Familie** gegenüber anderen Lebens- und Erziehungsgemeinschaften **schlechter zu stellen.** Dieses Benachteiligungsverbot steht daher nach der Rechtsprechung des BVerfG jeder belastenden Differenzierung entgegen, die an die Existenz einer Ehe (Art. 6 Abs. 1 GG) oder die Wahrnehmung des Elternrechts in ehelicher Erziehungsgemeinschaft (Art. 6 Abs. 1 und Art. 6 Abs. 2 GG) anknüpft (BVerfG 10.11.1998 – 2 BvR 1057/91, 2 BvR 1226/91, 2 BvR 980/91, BVerfGE 99, 216 zur insoweit verfassungswidrigen Vorläuferregelung in § 32 Abs. 7 EStG aF – Haushaltsfreibetrag). Deshalb werden durch § 24b nicht nur Ehen, sondern sämtliche Haushaltsgemeinschaf- 36 ten mit anderen volljährigen Personen von der Vergünstigung ausgenommen. Die so ausgestaltete Besserstellung Alleinerziehender ist verfassungsgemäß (BVerfG 22.5.2009 – 2 BvR 310/07, BStBl. II 2009, 884).

37 *Einstweilen frei*

38 In der Rechtsprechung des BFH ist geklärt, dass wegen desselben Kindes für denselben Monat **nur einmal der Entlastungsbetrag** in Abzug gebracht werden kann (BFH 28.4.2010 – III R 79/08, BStBl. II 2011, 30). Dabei ist die Berücksichtigung des Entlastungsbetrags an die Haushaltszugehörigkeit des Kindes und damit über § 24b Abs. 1 S. 2 mittelbar an die Meldung des Kindes in der Wohnung des Anspruchsberechtigten gebunden. Denn es wird unwiderlegbar vermutet, dass ein Kind, das in der Wohnung des alleinstehenden Steuerpflichtigen gemeldet ist, auch zu dessen Haushalt gehört (BFH 5.2.2015 – III R 9/13, BStBl. II 2015, 926; näher → Rn. 59). Das kann vor allem dann zu Problemen führen, wenn das Kind sich (insbesondere nach Trennung der Eltern) abwechselnd in mehreren Haushalten aufhält und auch bei mehreren Steuerpflichtigen gemeldet ist (im Einzelnen → Rn. 67).

39 *Einstweilen frei*

40 Die Gewährung des Entlastungsbetrags für Alleinerziehende soll eine **Kompensation** dafür schaffen, dass Alleinerziehende **keine Synergieeffekte** aus der gemeinsamen Haushaltsführung mit einer anderen erwachsenen Person erzielen können (BFH 17.9.2015 – III R 36/14, DStRE 2016, 460). Die Inanspruchnahme ist daher gemäß § 24b Abs. 3 S. 1 ausgeschlossen, wenn aufgrund gemeinsamen Wirtschaftens eine schädliche Haushaltsgemeinschaft mit einem anderen Erwachsenen vorliegt. Dafür reicht bereits die Entlastung des Steuerpflichtigen durch tatsächliche Hilfe und Zusammenarbeit aus; es ist nicht erforderlich, dass die andere volljährige Person auch zu den finanziellen Kosten des gemeinsamen Haushalts beiträgt (BFH 28.6.2012 – III R 26/10, BStBl. II 2012, 815; näher → Rn. 121). Deshalb begegnet die Nichtbegünstigung zusammenlebender Eltern keinen verfassungsrechtlichen Bedenken (BFH 19.10.2006 – III R 4/05, BStBl. II 2007, 637).

41–43 *Einstweilen frei*

B. Voraussetzungen und Rechtsfolgen

I. Steuerbegünstigung für ein zum Haushalt eines Alleinstehenden gehörendes Kind (§ 24b Abs. 1)

1. Abzug eines Entlastungsbetrags (§ 24b Abs. 1 S. 1)

44 **a) Überblick über die Abzugsvoraussetzungen.** Nach der gesetzlichen Regelung in § 24b Abs. 1 S. 1 ist die steuerliche Berücksichtigung des Entlastungsbetrags für Alleinerziehende an **drei Voraussetzungen** gebunden:

- Der Steuerpflichtige muss **alleinstehend** sein.
- Dem Steuerpflichtigen muss für ein Kind ein **Freibetrag** nach § 32 Abs. 6 oder **Kindergeld** zustehen.
- Das Kind muss zum **Haushalt** des Steuerpflichtigen **gehören.**

44.1 Dabei gilt eine **monatsbezogene Betrachtungsweise.** Alle drei Voraussetzungen müssen innerhalb des Veranlagungszeitraums wenigstens an einem Kalendertag **nebeneinander vorliegen,** damit der Entlastungsbetrag ab diesem Zeitpunkt für den laufenden Monat in Abzug gebracht werden kann. Fällt eines der drei Kriterien später weg, besteht ab dem folgenden Monat kein Anspruch auf den Entlastungsbetrag mehr (§ 24b Abs. 4).

45 *Einstweilen frei*

46 § 24b Abs. 1 S. 1 enthält nur den Abzugstatbestand als solchen. Die dort genannten Voraussetzungen werden innerhalb des § 24b an anderer Stelle (§ 24b Abs. 1 S. 2 und S. 3, § 24b Abs. 3) **näher ausgestaltet** und ergänzt (§ 24b Abs. 1 S. 4 und S. 5). Durch diese Regelungen soll sichergestellt werden, dass der Entlastungsbetrag **nur getrennt lebenden Elternteilen zugutekommt,** die ihr Kind tatsächlich allein – das heißt ohne die Hilfe eines anderen Erwachsenen – erziehen, und dass er auch dann für jedes Kind nur einmal in Anspruch genommen werden kann.

b) Anforderungen in der Person des Steuerpflichtigen. Zur Inanspruchnahme des Entlastungsbetrags „für Alleinerziehende" (so die Überschrift des § 24b) muss der Steuerpflichtige **alleinstehend** sein. Wann das der Fall ist, ergibt sich im Einzelnen aus **§ 24b Abs. 3** (näher → Rn. 92 ff.). Liegen die Voraussetzungen dieser Vorschrift vor, wird der Entlastungsbetrag auch gewährt, wenn der Steuerpflichtige das Kind tatsächlich nicht allein erzieht, etwa weil der andere, getrennt lebende Elternteil weiterhin anteilig an der Erziehung des Kindes teilhat (vgl. Korn/*Seifert* § 24b Rn. 16). Auch dass dem Steuerpflichtigen das **Sorgerecht** für das Kind zusteht, ist **nicht** erforderlich (glA Schmidt/*Loschelder* § 24b Rn. 10). 47

Weitere Anforderungen an den begünstigten Personenkreis ergeben sich außerhalb der Vorschrift aus § 50 Abs. 1 S. 3. Wegen des dort geregelten Anwendungsverbots für § 24b bei beschränkter Steuerpflicht (§ 1 Abs. 4) findet der Entlastungsbetrag nur Berücksichtigung, wenn der Steuerpflichtige **unbeschränkt einkommensteuerpflichtig** ist (§ 1 Abs. 1, Abs. 2) oder wenn er nach § 1 Abs. 3 als unbeschränkt einkommensteuerpflichtig behandelt wird. 48

Auch insoweit gilt meines Erachtens eine auf den **Kalendermonat bezogene** Betrachtungsweise. Das bedeutet, dass der in § 24b Abs. 2 genannte (Jahres-)Entlastungsbetrag für volle Monate, in denen der Steuerpflichtige nicht mehr der unbeschränkten Einkommensteuerpflicht unterliegt (etwa weil er gemeinsam mit seinem Kind innerhalb des Veranlagungszeitraums seinen Wohnsitz ins Ausland verlegt), zeitanteilig nicht zur Anwendung gelangen kann. Eine **ausdrückliche gesetzliche Regelung** dafür **fehlt** allerdings, weil die Ermäßigungsregelung des § 24b Abs. 4 sich ihrem Wortlaut nach nur auf die Voraussetzungen des § 24b Abs. 1 bezieht. 48.1

Einstweilen frei 49

c) Anforderungen in der Person des Kindes. Der Entlastungsbetrag für Alleinerziehende wird nur gewährt, soweit das Kind, auf das er sich bezieht, zum Haushalt des Steuerpflichtigen gehört. Ein Kind gehört zum Haushalt des Steuerpflichtigen, wenn es in der Wohnung des Steuerpflichtigen gemeldet ist, dauerhaft in dessen Wohnung lebt oder mit seiner Einwilligung vorübergehend, zB zu Ausbildungszwecken, auswärtig untergebracht ist (BMF 23.10.2017, BStBl. I 2017, 1432 Rn. 17). Nähere Regelungen zur Bestimmung der **Haushaltszugehörigkeit** von Kindern finden sich in **§ 24b Abs. 1 S. 2 und 3** (näher → Rn. 59 ff.). Die Haushaltszugehörigkeit erfordert grundsätzlich eine **Verantwortung** des Steuerpflichtigen für das **materielle Wohl** (etwa in Gestalt von dessen Versorgung bzw. der Gewährung von Unterhalt) und für das **immaterielle Wohl** (in Form von Fürsorge und Betreuung) des Kindes (BMF 23.10.2017, BStBl. I 2017, 1432 Rn. 18; glA Schmidt/*Loschelder* § 24b Rn. 10: das Kind muss sich in der **Obhut** des Steuerpflichtigen befinden). 50

Dem Steuerpflichtigen muss für ein solches zu seinem Haushalt gehörendes Kind zudem entweder ein Freibetrag für Kinder iSd § 32 Abs. 6 oder Kindergeld (§ 63) zustehen. Daraus folgt, dass es sich um ein Kind handeln muss, das nach den Vorschriften über den **Familienleistungsausgleich** (§ 31) beim Steuerpflichtigen **berücksichtigungsfähig** ist. Unter diese Vorschriften fallen sowohl leibliche Kinder (§ 32 Abs. 1 Nr. 1) als auch in den eigenen Haushalt aufgenommene Stiefkinder (§ 63 Abs. 1 S. 1 Nr. 2), Pflegekinder (§ 32 Abs. 1 Nr. 2) und Enkelkinder (§ 63 Abs. 1 S. 1 Nr. 3). Dabei sind minderjährige Kinder immer zu berücksichtigen (§ 32 Abs. 3), volljährige Kinder hingegen nur unter den ergänzenden Voraussetzungen des § 32 Abs. 4. 51

Dass der Kinderfreibetrag oder das Kindergeld **tatsächlich in Anspruch** genommen wird, ist dabei nicht erforderlich (HHR/*Krömker* § 10 Rn. 10; Korn/*Seifert* § 24b Rn. 17). Steht dem alleinerziehenden Steuerpflichtigen ein Anspruch darauf jedoch nicht mehr zu (zB weil das Kind im Anschluss an seine Erstausbildung mit einer Erwerbstätigkeit beginnt), verliert er daneben auch die Steuerbegünstigung durch den Entlastungsbetrag. 51.1

Einstweilen frei 52

Anders als bei der Person des Steuerpflichtigen kommt es nach § 50 Abs. 1 S. 3 **nicht** darauf an, ob auch das Kind **unbeschränkt steuerpflichtig** ist (HHR/*Krömker* § 24b Rn. 9). Das bedeutet, dass der alleinstehende Steuerpflichtige unter den Voraussetzungen des § 1 Abs. 2 oder des § 1 Abs. 3 auch für ein im Ausland lebendes, zu seinem Haushalt gehörendes Kind den Entlastungsbetrag geltend machen kann. 53

54 Beim Entlastungsbetrag berücksichtigungsfähig sind seit dem Veranlagungszeitraum 2016 zudem nur solche **Kinder,** die durch eine an sie vergebene steuerliche Identifikationsnummer oder sonst auf andere geeignete Weise eindeutig **identifiziert** werden können (§ 24b Abs. 1 S. 4 und S. 5; näher → Rn. 76 ff.).

55 *Einstweilen frei*

56 **d) Rechtsfolge: Abzug eines Entlastungsbetrags von der Summe der Einkünfte.** Die Steuerbegünstigung wird in Gestalt eines **Entlastungsbetrags** gewährt, der von der Summe der Einkünfte abzuziehen ist. Der Abzugsbetrag ist kalendermonatsbezogen (§ 24b Abs. 4, näher → Rn. 135) und seit dem Veranlagungszeitraum 2015 in Abhängigkeit von der Anzahl der berücksichtigungsfähigen Kinder der Höhe nach gestaffelt (Einzelheiten in § 24b Abs. 2; näher → Rn. 87). Dabei kommt es **nicht** darauf an, ob und inwieweit dem Steuerpflichtigen **tatsächlich konkrete Mehraufwendungen** entstanden sind, die auf den Umstand der alleinigen Kindererziehung zurückgeführt werden können. Soweit dabei Aufwendungen für die Kinderbetreuung angefallen und nachgewiesen sind, können sie unter den Voraussetzungen des § 10 Abs. 1 Nr. 5 sogar noch – neben dem Entlastungsbetrag – zusätzlich als Sonderausgaben in Abzug gebracht werden (→ Rn. 25). Umgekehrt scheidet ein Abzug höherer Erziehungs- und Betreuungskosten selbst dann aus, wenn feststeht, dass die tatsächlichen Aufwendungen den typisiert gewährten Entlastungsbetrag übersteigen (vgl. BFH 17.9.2015 – III R 36/14, DStRE 2016, 460).

57 Da der Abzug des Entlastungsbetrags für Alleinerziehende nach § 24b Abs. 1 S. 1 **„von der Summe der Einkünfte"** zu erfolgen hat, mindern sich damit die positiven Einkünfte sämtlicher Einkunftsarten. Die Steuerbegünstigung wirkt sich dadurch auf die **Ermittlung des Gesamtbetrags der Einkünfte** aus (§ 2 Abs. 3), der wiederum maßgebliche Bezugsgröße etwa für die Berechnung der zumutbaren Belastung bei den außergewöhnlichen Belastungen (§ 33 Abs. 3 S. 1) und für die Verrechnung von Verlustrückträgen (§ 10d Abs. 1 S. 1) und Verlustvorträgen (§ 10d Abs. 2 S. 1) ist.

58 *Einstweilen frei*

2. Haushaltszugehörigkeit des Kindes (§ 24b Abs. 1 S. 2 und S. 3)

59 **a) Meldung des Kindes bei nur einem Steuerpflichtigen (§ 24b Abs. 1 S. 2).** Nach § 24b Abs. 1 S. 2 ist die Zugehörigkeit eines Kindes zum Haushalt des alleinstehenden Steuerpflichtigen – und damit dessen Berechtigung zur Inanspruchnahme des Entlastungsbetrags – anzunehmen, wenn das Kind in seiner Wohnung **gemeldet** ist. Die Vorschrift begründet sowohl nach ihrem Wortlaut als auch nach den Gesetzesmaterialien (BT-Drs. 15/3339, 15: „gesetzlich fingiert") eine **unwiderlegbare Vermutung** für die Haushaltszugehörigkeit (BFH 5.2.2015 – III R 9/13, BStBl. II 2015, 926). Das folgt nach der Systematik des Gesetzes zudem im Umkehrschluss aus § 24b Abs. 1 S. 3, wonach die Vermutung für die Haushaltszugehörigkeit nur dann nicht eingreift, wenn das Kind bei mehreren Steuerpflichtigen gemeldet ist. Ist daher das Kind in der Wohnung nur eines einzigen (anderen) Steuerpflichtigen gemeldet – ausreichend ist dabei die Meldung mit Haupt- oder Nebenwohnsitz (BT-Drs. 15/3339, 11; Korn/*Seifert* § 24b Rn. 20) –, greift die gesetzliche Vermutung selbst dann ein, wenn die tatsächlichen Verhältnisse von den melderechtlichen Gegebenheiten nachweislich abweichen (glA HHR/*Krömker* § 24b Rn. 10; Blümich/*Selder* § 24b Rn. 23; ablehnend: Kirchhof/*Seiler* § 24b Rn. 4; KSM/*Jachmann/Henschler* § 24b Rn. B 4), etwa weil das Kind tatsächlich in einer eigenen Wohnung lebt (BMF 23.10.2017, BStBl. I 2017, 1432 Rn. 18).

59.1 Dieses Normverständnis bedeutet meines Erachtens in der Konsequenz, dass dem Finanzamt der Gegenbeweis selbst dann verwehrt ist, wenn der Entlastungsbetrag vom Alleinstehenden der Sache nach zu Unrecht in Anspruch genommen wird (so auch HHR/*Krömker* § 10 Rn. 10; Bordewin/Brandt/*Debus* § 24b Rn. 45). Das kann etwa dann der Fall sein, wenn ein in Berufsausbildung befindliches Kind bereits einen eigenen Haushalt führt, aber nach wie vor in der Wohnung seines früher alleinerziehenden Elternteils mit Nebenwohnsitz gemeldet ist. Denn der Anspruch auf den Entlastungsbetrag wird auch durch einen Verstoß gegen das Melderecht nicht ausgeschlossen (BFH 5.2.2015 – III R 9/13, BStBl. II 2015, 926).

Auf diesem Wege können nicht zusammenlebende Eltern, wenn sie mindestens zwei gemeinsame Kinder haben, den höheren Entlastungsbetrag für das jeweils erste Kind von 1.908 EUR (§ 24b Abs. 2 S. 1) im Ergebnis **doppelt** in Anspruch nehmen, wenn die Kinder getrennt voneinander in jeweils einem elterlichen Haushalt untergebracht oder wenigstens gemeldet sind. Das ist nach Sinn und Zweck der Vorschrift auch sachgerecht, denn bei typisierender Betrachtung hat jeder Elternteil entsprechende Aufwendungen für das Kind zu tragen (so auch KSM/*Jachmann/Henschler* § 24b Rn. A 39; Bordewin/Brandt/*Debus* § 24b Rn. 27). 59.2

Einstweilen frei 60

Eine gegenläufige Vermutung des Inhalts, es liege dann keine Haushaltszugehörigkeit vor, wenn das Kind beim dem alleinstehenden Steuerpflichtigen **weder mit Haupt- noch mit Nebenwohnsitz gemeldet** ist, lässt sich § 24b Abs. 1 S. 2 hingegen nicht entnehmen. Den Nachweis, dass das Kind dennoch zu seinem Haushalt gehört, kann der Steuerpflichtige daher auch auf andere Weise führen; es genügt meines Erachtens die tatsächliche Aufnahme in den Haushalt im Sinne eines auf Dauer angelegten Zusammenlebens in der gleichen Wohnung (glA HHR/*Krömker* § 24b Rn. 10). Voraussetzung dafür ist allerdings, dass das Kind auch bei keinem anderen kindergeld- oder freibetragsberechtigten Steuerpflichtigen mit Wohnsitz gemeldet ist. Ist das der Fall, gehört es nämlich kraft unwiderleglicher Vermutung zu dessen Haushalt und verschafft diesem dadurch die vorrangige Berechtigung zur Inanspruchnahme des Entlastungsbetrags. 61

Einstweilen frei 62–63

b) Meldung des Kindes bei mehreren Steuerpflichtigen (§ 24b Abs. 1 S. 3). § 24b Abs. 1 S. 3 enthält eine **Kollisionsregelung** für den Fall, dass das Kind bei mehreren Steuerpflichtigen in deren Wohnungen mit Wohnsitz gemeldet ist. Dann wird der Entlastungsbetrag über die Verweisung auf § 64 Abs. 2 S. 1 demjenigen Alleinstehenden zugewiesen, der das Kind in seinen Haushalt aufgenommen hat und damit nach dieser Vorschrift die Voraussetzungen für die Auszahlung des **Kindergelds** an sich mit Vorrang vor dem anderen Kindergeldberechtigten erfüllt. Darauf, ob er das Kindergeld auch tatsächlich erhält, kommt es dabei nicht an. Gleichgestellt sind Fälle, in denen für den Alleinstehenden nur ein Anspruch auf Kinderfreibeträge nach § 32 Abs. 6, aber kein Kindergeldanspruch besteht (etwa bei Wohnsitz des Kindes außerhalb der EU und des EWR, § 63 Abs. 1 S. 6, und gleichzeitiger fiktiver unbeschränkter Einkommensteuerpflicht des Berechtigten nach § 1 Abs. 3). 64

Einstweilen frei 65

Entscheidend für die Haushaltszugehörigkeit iSd § 24b Abs. 1 S. 1 ist damit bei mehreren dem Grunde nach Anspruchsberechtigten (insbesondere bei mehreren Elternteilen) das Kriterium der **Haushaltsaufnahme** nach § 64 Abs. 2 S. 1. Nach der zum Kindergeld ergangenen Rechtsprechung des BFH ist das Kind in den Haushalt eines Elternteils aufgenommen, wenn es bei ihm wohnt, versorgt und betreut wird und sich demzufolge in dessen Obhut befindet (BFH 25.6.2009 – III R 2/07, BStBl. II 2009, 968). Hält sich das Kind in **mehreren Haushalten** derart dauerhaft auf, dass dem Aufenthalt kein bloßer Besuchscharakter mehr zukommt, ist es in den Haushalt desjenigen Elternteils aufgenommen, in dessen Haushalt es sich **überwiegend** aufhält und bei dem es seinen Lebensmittelpunkt hat (BFH 14.12.2004 – VIII R 106/03, BStBl. II 2008, 762). 66

Haben die abwechselnden Aufenthalte des Kindes bei beiden Elternteilen allerdings **zeitlich** annähernd den **gleichen Umfang** (sog. echtes **Wechselmodell**), liegt nach diesen Maßstäben eine Aufnahme in beide Haushalte vor, sodass die gesetzliche Kollisionsregelung zu keinem eindeutigen Ergebnis führt. Für das Kindergeldrecht hat der BFH in diesen Fällen in Analogie zu § 64 Abs. 2 S. 2 den getrennt lebenden Eltern die Entscheidung überlassen, sich einvernehmlich über die Person des Leistungsberechtigten zu einigen (BFH 23.3.2005 – III R 91/03, BStBl. II 2008, 752). Diese Rechtsprechung gilt auch für die Inanspruchnahme des Entlastungsbetrags für Alleinerziehende: Erfüllen bei annähernd gleichwertiger Haushaltsaufnahme mehrere Berechtigte die Abzugsvoraussetzungen, können sie **untereinander frei bestimmen,** wem von ihnen der Entlastungsbetrag zustehen soll, und dabei auch eine von der Zuweisung des Kindergeldanspruchs abweichende Vereinbarung treffen (BFH 28.4.2010 – III R 79/08, BStBl. II 2011, 30; Bordewin/Brandt/*Debus* § 24b Rn. 50; KKB/*Kläne* § 24b Rn. 48; **aA** *Mandla* DStR 2011, 1642 – zeitanteilige Aufteilung des Entlastungsbetrags). Eine solche einvernehmliche Festlegung ist jedoch dann nicht mehr möglich, wenn 67 einer der Berechtigten für das jeweilige Kalenderjahr bereits den Entlastungsbetrag bei seiner Veranlagung oder im Lohnsteuerabzugsverfahren (Wahl der Steuerklasse II, näher → Rn. 29) in Anspruch genommen hat (BMF 23.10.2017, BStBl. I 2017, 1432 Rn. 19; Korn/*Seifert* § 24b Rn. 22.1; krit. *Greite* FR 2010, 998; Schmidt/*Loschelder* § 24b Rn. 12).

68 *Einstweilen frei*

69 § 24b Abs. 1 S. 3 gelangt nicht zur Anwendung, wenn das Kind zwar bei mehreren Steuerpflichtigen mit Wohnsitz gemeldet ist, von denen aber **keiner** das Kind zugleich auch durch Inobhutnahme **in seinen Haushalt aufgenommen** und dadurch gemäß § 64 Abs. 2 S. 1 den Anspruch auf Auszahlung des Kindergelds erworben hat. Das kann etwa bei volljährigen, in Berufsausbildung befindlichen Kindern der Fall sein, die sich nur noch zu Besuchszwecken bei ihren getrennt lebenden Eltern aufhalten. Da dann keinem der Steuerpflichtigen der Entlastungsbetrag nach § 24b Abs. 1 S. 3 zusteht, zugleich aber das Kind gemäß § 24b Abs. 1 S. 2 aufgrund der melderechtlichen Gegebenheiten als mehreren Haushalten zugehörig gilt, lässt sich die Kollision meines Erachtens nur in analoger Anwendung der in diesen Fällen für den Kindergeldanspruch geltenden Vorschriften des § 64 Abs. 3 auflösen (aA HHR/*Krömker* § 24b Rn. 11: abzustellen sei auf die Meldung mit Hauptwohnsitz).

70 *Einstweilen frei*

71 Durch § 24b Abs. 1 S. 3 soll sichergestellt werden, dass sich der Entlastungsbetrag auch dann, wenn für den Anspruch auf ihn mehrere Berechtigte in Frage kommen, nur bei **einem** von ihnen steuerlich auswirken kann (→ Rn. 38). Dieser Gesetzeszweck als **Kollisionsregelung** (BFH 5.2.2015 – III R 9/13, BStBl. II 2015, 926) ist bei der Auslegung der Vorschrift im Blick zu behalten. Sie kommt daher meines Erachtens nicht zur Anwendung, wenn das Kind zwar bei mehreren anderen Steuerpflichtigen mit Wohnsitz gemeldet ist, von denen aber nur einer die übrigen Anspruchsvoraussetzungen erfüllt (glA FG Berlin-Brandenburg 13.8.2008 – 7 K 7038/06 B, DStRE 2009, 349; so auch BMF 23.10.2017, BStBl. I 2017, 1432 Rn. 20).

71.1 Das ist zB der Fall, wenn **nur einer** der beiden getrenntlebenden Elternteile nach Maßgabe des § 24b Abs. 3 **alleinstehend** ist. Dann steht diesem Elternteil gemäß § 24b Abs. 1 S. 2 kraft unwiderleglich vermuteter Haushaltszugehörigkeit der Entlastungsbetrag zu, selbst wenn das Kind von dem anderen, nicht mehr alleinstehenden Elternteil weit überwiegend betreut wird. Denn für den anderen Elternteil greift dem Wortlaut der Vorschriften nach weder die Vermutung des § 24b Abs. 1 S. 2 noch die Kollisionsregelung des § 24b Abs. 1 S. 3 ein, gerade weil er – anders als sie es tatbestandlich voraussetzen – nicht alleinstehend ist.

72–73 *Einstweilen frei*

74 **c) Meldung des Kindes bei keinem berechtigten Steuerpflichtigen.** Weder in § 24b Abs. 1 S. 2 noch in § 24b Abs. 1 S. 3 ist geregelt, ob und durch wen der Entlastungsbetrag für Alleinerziehende in Anspruch genommen werden kann, wenn das Kind sich zwar regelmäßig in den Haushalten mehrerer anderer kindergeld- oder freibetragsberechtigter Steuerpflichtiger aufhält, ohne jedoch bei wenigstens einem von ihnen mit Haupt- oder Nebenwohnsitz gemeldet zu sein. Dabei kommt es entscheidend zunächst auf die Frage an, ob mit den Aufenthalten bereits eine **Haushaltszugehörigkeit** iSd § 24b Abs. 1 S. 1 verbunden ist, also eine tatsächliche Aufnahme in den Haushalt im Sinne eines auf Dauer angelegten Zusammenlebens in der gleichen Wohnung (→ Rn. 61). Dafür ist die Meldung bei den Meldebehörden keine Tatbestandsvoraussetzung; das Kind muss sich aber in der Wohnung des Steuerpflichtigen in einem zeitlichen Umfang aufhalten, der deutlich über bloße Besuchszwecke hinausgeht, und es muss in dieser Zeit vom Steuerpflichtigen **in seine Obhut genommen** werden. Ist das bei mehreren Haushalten der Fall, muss die damit verbundene Anspruchskollision meines Erachtens in entsprechender Anwendung des § 24b Abs. 1 S. 3 und der dazu ergangenen Rechtsprechung (→ Rn. 66 f.) aufgelöst werden.

74.1 Eine **Heimunterbringung** ist unschädlich, wenn die Wohnverhältnisse in der Familienwohnung die speziellen Bedürfnisse des Kindes berücksichtigen und es sich im Haushalt des Steuerpflichtigen regelmäßig aufhält (BMF 23.10.2017, BStBl. I 2017, 1432).

75 *Einstweilen frei*

3. Identifizierung des Kindes (§ 24b Abs. 1 S. 4–6)

a) Identifikationsnummer des Kindes (§ 24b Abs. 1 S. 4). Nach § 24b Abs. 1 S. 4 kann ein Kind ungeachtet seiner Haushaltszugehörigkeit beim Steuerpflichtigen im Rahmen des Entlastungsbetrags nur berücksichtigt werden, wenn es durch eine an das Kind vergebene **Identifikationsnummer** gemäß § 139b AO eindeutig identifiziert werden kann. Dem Gesetzeswortlaut zufolge gehört die Identifizierung anhand der Identifikationsnummer – oder in den Fällen des § 24b Abs. 1 S. 5 an ihrer Stelle die Identifizierung des Kindes „in anderer geeigneter Weise" – zu den **materiellen Anspruchsvoraussetzungen** (glA Blümich/*Selder* § 24b Rn. 26; Schmidt/*Loschelder* § 24b Rn. 13; so auch BMF 23.10.2017, BStBl. I 2017, 1432 Rn. 21). Das ergibt sich daneben auch aus § 24b Abs. 1 S. 6. Die mit Wirkung ab dem Veranlagungszeitraum 2015 (→ Rn. 9) neu aufgenommene Regelung soll nach den Vorstellungen des Gesetzgebers – ähnlich wie die kurz davor eingeführte Parallelvorschrift im Kindergeldrecht (§ 63 Abs. 1 S. 2–4 EStG in der Fassung des Gesetzes zur Änderung des Freizügigkeitsgesetzes/EU und weiterer Vorschriften v. 2.12.2014, BGBl. 2014 I 1922) – Vollzugsdefizite wegen befürchteter ungerechtfertigter Mehrfachinanspruchnahmen des Entlastungsbetrags verhindern (BT-Drs. 18/5244, 29; Korn/*Seifert* § 24b Rn. 23.1). 76

Da die Identifizierung des Kindes zu den Anspruchsvoraussetzungen gehört, ist es Sache des Steuerpflichtigen, dem Finanzamt im Zusammenhang mit der Beantragung des Entlastungsbetrags (→ Rn. 27) die Identifikationsnummer des Kindes mitzuteilen. Gleichzeitig werden jedoch die Grundsätze der **Amtsermittlungspflicht** (§ 88 AO) nicht suspendiert, sodass die Finanzbehörde bei Nichtangabe der Identifikationsnummer verpflichtet ist, ihrerseits zur Identifizierung des Kindes durch maschinellen Datenabruf beim Bundeszentralamt für Steuern (BZSt.) dessen Identifikationsnummer in Erfahrung zu bringen (HHR/*Krömker* § 10 Rn. 12; Schmidt/*Loschelder* § 24b Rn. 13). 77

Einstweilen frei 78

b) Identifizierung nicht steuerpflichtiger Kinder (§ 24b Abs. 1 S. 5). Identifikationsnummern vergibt das BZSt nach § 139a Abs. 1 S. 1, S. 3, Abs. 2 AO nur an natürliche Personen, die nach einem Steuergesetz **steuerpflichtig** sind. Kinder ohne Wohnsitz und ohne gewöhnlichen Aufenthalt im Inland und ohne inländische Einkünfte unterliegen nicht der deutschen Einkommensteuer. Sofern sie auch nicht nach anderen Steuergesetzen im Inland steuerpflichtig sind, verfügen sie daher regelmäßig nicht über die nach § 24b Abs. 1 S. 4 zu ihrer Identifizierung erforderliche Identifikationsnummer. Um dem Steuerpflichtigen dennoch die Möglichkeit zur Inanspruchnahme des Entlastungsbetrags zu eröffnen, tritt in diesen Fällen nach § 24b Abs. 1 S. 5 an die Stelle der Identifizierung des Kindes anhand der Identifikationsnummer die Identifizierung „in anderer geeigneter Weise". Anzuwenden ist die Regelung insbesondere auf Kinder, die im Ausland in einem gemeinsamen Haushalt mit alleinstehenden Steuerpflichtigen leben, die im Inland gemäß § 1 Abs. 2 oder § 1 Abs. 3 als unbeschränkt einkommensteuerpflichtig behandelt werden. 79

Die Bestimmung ist insofern **unklar,** als sich aus der Vorschrift nicht eindeutig ergibt, ob die Pflicht zur Identifizierung des Kindes den Steuerpflichtigen oder das Finanzamt trifft und anhand welcher **ersatzweise** heranzuziehenden Unterlagen die Identifizierung zu erfolgen hat. Meines Erachtens hat der Steuerpflichtige von sich aus die Ausweisdokumente und die Geburtsurkunde des Kindes vorzulegen sowie dem Finanzamt – wenn möglich – eine für das Kind bereits erteilte ausländische Steuer- oder Sozialversicherungsnummer anzugeben. 80

In anderen Fällen als denen der fehlenden inländischen Steuerpflicht ist eine ersatzweise Identifizierung des Kindes anhand anderer Dokumente als der Identifikationsnummer nicht vorgesehen (**aA** HHR/*Krömker* § 24b Rn. 12). Stattdessen hat der anspruchsberechtigte Alleinstehende – wie sich auch aus § 24b Abs. 1 S. 6 ergibt – die nachträgliche Vergabe der Identifikationsnummer durch das BZSt abzuwarten. 81

Einstweilen frei 82

c) Rückwirkung bei nachträglicher Vergabe der Identifikationsnummer (§ 24b Abs. 1 S. 6). Ist eine Identifizierung des Kindes zunächst nicht möglich, weil es zwar im Inland (zB wegen seines inländischen Wohnsitzes) steuerpflichtig ist, ohne dass ihm bereits nach § 139a Abs. 2 AO eine Identifikationsnummer zugeteilt worden wäre, ist für das Kind 83 beim **BZSt** eine Identifikationsnummer zu **beantragen** und die Veranlagung zur Einkommensteuer zunächst ohne Abzug des Entlastungsbetrags für Alleinerziehende durchzuführen. Die **nachträgliche Vergabe** dieser Identifikationsnummer wirkt nach § 24b Abs. 1 S. 6 auf **Monate zurück,** in denen beim Anspruchsberechtigten und beim Kind die übrigen Voraussetzungen für die Inanspruchnahme des Entlastungsbetrags vorgelegen haben. Nach der Konzeption des Gesetzes handelt es sich daher bei der nachträglichen Vergabe des Ordnungsmerkmals um ein **rückwirkendes Ereignis,** das nach § 175 Abs. 1 S. 1 Nr. 2 AO mit steuerlicher Wirkung für die Vergangenheit zur Änderung der bereits ohne den Entlastungsbetrag ergangenen Einkommensteuerbescheide führt (so auch Blümich/*Selder* § 24b Rn. 26; LBP/*Pust* § 24b Rn. 95; **aA** HHR/*Krömker* § 24b Rn. 12; Bordewin/Brandt/*Debus* § 24b Rn. 55: nur Änderung nach § 173 Abs. 1 Nr. 2 AO wegen neuer Tatsachen möglich; meines Erachtens handelt es sich bei der nachträglichen Vergabe einer Identifikationsnummer jedoch nicht um die Erteilung einer „Bescheinigung" im Sinne des § 175 Abs. 2 S. 2 AO).

84–86 *Einstweilen frei*

II. Gestaffelte Höhe des Entlastungsbetrags (§ 24b Abs. 2)

87 Nach § 24b Abs. 2 wird der Entlastungsbetrag für Alleinerziehende seit dem Veranlagungszeitraum 2015 (→ Rn. 9) in Abhängigkeit von der Anzahl der beim Steuerpflichtigen nach § 24b Abs. 1 berücksichtigungsfähigen Kinder in **gestaffelter Höhe** gewährt. Danach setzt sich der Entlastungsbetrag aus einem **Grundbetrag** in Höhe von 1.908 EUR im Kalenderjahr für das erste zum Haushalt des alleinstehenden Steuerpflichtigen gehörende Kind (§ 24b Abs. 2 S. 1) und einem **Erhöhungsbetrag** von 240 EUR im Kalenderjahr für jedes weitere haushaltszugehörige Kind (§ 24b Abs. 2 S. 2) zusammen. Dabei werden nur Kinder berücksichtigt, in deren Person jeweils sämtliche Voraussetzungen des § 24b Abs. 1 vorliegen.

88 Bis zum **VZ 2014** war die Höhe des Entlastungsbetrags nicht in § 24b Abs. 2, sondern in § 24b Abs. 1 S. 1 geregelt. Der Entlastungsbetrag belief sich seinerzeit – und zwar unverändert seit seiner Einführung im Jahre 2004 – auf einen Betrag von 1.308 EUR im Kalenderjahr, der unabhängig von der Anzahl der Kinder in einheitlicher Höhe gewährt wurde.

89–91 *Einstweilen frei*

III. Allein stehender Steuerpflichtiger (§ 24b Abs. 3)

1. Begriff des allein stehenden Steuerpflichtigen (§ 24b Abs. 3 S. 1)

92 **a) Überblick.** Nach § 24b Abs. 1 S. 1 können nur solche Steuerpflichtige einen Entlastungsbetrag für Alleinerziehende geltend machen, die **alleinstehend** sind. Zu diesem Tatbestandsmerkmal enthält § 24b Abs. 3 S. 1 eine **Legaldefinition.** Danach ist alleinstehend, wer

- nicht die Voraussetzungen des Splitting-Verfahrens erfüllt (es sei denn, er ist verwitwet) und
- keine Haushaltsgemeinschaft mit einer anderen volljährigen Person bildet (es sei denn, für diese Person steht ihm Kindergeld oder ein Kinderfreibetrag zu).

92.1 Beide Voraussetzungen (oder die entsprechende Ausnahme von ihnen) müssen **nebeneinander** vorliegen. Für die Inanspruchnahme der Steuerbegünstigung schädlich ist daher jede Haushaltsgemeinschaft, die zu einem bedarfsmindernden Synergieeffekt führt (→ Rn. 1), ohne dass es dabei darauf ankäme, ob der Steuerpflichtige mit einem ehelichen, nichtehelichen, eingetragenen oder nicht eingetragenen gleichgeschlechtlichen Lebenspartner zusammenlebt (Blümich/*Selder* § 24b Rn. 9).

93 *Einstweilen frei*

94 **b) Keine Anwendbarkeit des Splitting-Verfahrens.** Danach ist von der Geltendmachung des Entlastungsbetrags für Alleinerziehende ausgeschlossen, wer in seiner Person die **Voraussetzungen** für die Anwendung des **Splitting-Verfahrens** (§ 26 Abs. 1) erfüllt. Das sind Steuerpflichtige, die

- mit einer anderen unbeschränkt einkommensteuerpflichtigen Person entweder als Ehegatte **verheiratet** oder (weil über § 2 Abs. 8 einem Ehegatten gleichgestellt) als gleichgeschlechtlicher Partner in **eingetragener Lebenspartnerschaft** (BMF 23.10.2017, BStBl. I 2017, 1432 Rn. 5) verbunden sind und die

- von ihrem Ehe- oder Lebenspartner **nicht** während des gesamten Veranlagungszeitraums **dauernd getrennt** gelebt haben.

Gemeint ist also, dass dem Steuerpflichtigen nicht das Ehegatten-Wahlrecht zwischen Zusammenveranlagung und getrennter Veranlagung zustehen darf (*Proff zu Irnich* DStR 2004, 1904).

Ehegatten, die die genannten Voraussetzungen erfüllen, können nach § 26 Abs. 1 zwischen der Zusammenveranlagung (§ 26b) – die zur Anwendung des sog. Splitting-Verfahrens mit dem vorteilhaften Splittingtarif nach § 32a Abs. 5 führt – und der Einzelveranlagung (§ 26a) wählen. Aufgrund dessen kann es zum Ausschluss vom Entlastungsbetrag auch dann kommen, wenn der Steuerpflichtige tatsächlich gar nicht nach dem Splittingtarif, sondern einzeln veranlagt wird (glA Blümich/*Selder* § 24b Rn. 10). Im Ergebnis kann der Entlastungsbetrag damit nur von Steuerpflichtigen in Anspruch genommen werden, die der Einzelveranlagung nach § 25 Abs. 1 und nicht nach § 26a unterliegen, also nur von Unverheirateten (seien sie ledig, geschieden oder verwitwet) und von Verheirateten, die von ihrem Ehegatten dauernd getrennt leben oder deren Ehegatte nicht unbeschränkt einkommensteuerpflichtig ist (vgl. Kirchhof/*Seiler* § 24b Rn. 5). **94.1**

Einstweilen frei **95**

Der **Splittingtarif** (§ 32a Abs. 5) wirkt sich auf die Besteuerung der Einkünfte des **gesamten Veranlagungszeitraums** aus. Sind daher die Voraussetzungen für die Anwendung des Splitting-Verfahrens erfüllt, ist der Steuerpflichtige dadurch auch von der Inanspruchnahme des Entlastungsbetrags für den gesamten Veranlagungszeitraum ausgeschlossen. Dies gilt bereits dann, wenn der Steuerpflichtige zunächst alleinstehend war und erst innerhalb des Kalenderjahres heiratet oder eine eingetragene Lebenspartnerschaft begründet, oder wenn er sich im Laufe des Jahres von seinem Ehegatten oder Lebenspartner trennt (glA Korn/*Seifert* § 24b Rn. 25; KKB/*Kläne* § 24b Rn. 67; Schmidt/*Loschelder* § 24b Rn. 17). Denn das Wahlrecht nach § 26 Abs. 1 setzt weder voraus, dass die Ehe oder die gleichgeschlechtliche eingetragene Lebenspartnerschaft während des ganzen Kalenderjahres bestanden haben muss, noch müssen die Ehegatten oder Lebenspartner während des ganzen Kalenderjahres zusammengelebt haben. Die Heirat wie auch die Begründung einer eingetragenen Lebenspartnerschaft führen damit **auch für die Vormonate** zum **rückwirkenden Wegfall des Entlastungsbetrags (aA** *Proff zu Irnich* DStR 2004, 1904). Dies findet seine Rechtfertigung darin, dass der Steuerpflichtige nicht nebeneinander die tariflichen Vorteile des Splitting-Verfahrens und die Steuerbegünstigung des § 24b soll in Anspruch nehmen können. **96**

Die geschilderte Wirkungsweise des § 26 Abs. 1 kann zu **erheblichen steuerlichen Nachteilen** führen, weil die Vorteile des Splittingtarifs nicht in jedem Fall den weggefallenen Vorteil des Entlastungsbetrags überwiegen oder zumindest kompensieren. Aus diesem Grunde ermöglichte die Sonderregelung des **§ 26c** (bis zu ihrer Aufhebung durch das Steuervereinfachungsgesetz 2011 v. 1.11.2011, BGBl. 2011 I 2131, zum Ablauf des Veranlagungszeitraums 2012, vgl. § 52 Abs. 68 S. 2) neu verheirateten Steuerpflichtigen die Wahl der sog. **besonderen Veranlagung** und damit die Möglichkeit, sich für den Veranlagungszeitraum der Eheschließung steuerlich so behandeln zu lassen, als ob sie die Ehe nicht geschlossen hätten. Da damit zugleich die Voraussetzungen für die Anwendung des Splitting-Verfahrens entfielen, blieb ihnen durch die Wahl der besonderen Veranlagung der Entlastungsbetrag für Alleinerziehende anteilig für die Monate des Alleinstehens erhalten (BFH 5.11.2015 – III R 17/14, DStRE 2016, 724). **96.1**

Einstweilen frei **97**

Bei bestehender Ehe oder eingetragener Lebenspartnerschaft sind die Voraussetzungen für die Anwendung des Splitting-Verfahrens nur dann nicht erfüllt, wenn die Ehegatten oder die Lebenspartner während des gesamten Veranlagungszeitraums **dauernd getrennt** gelebt haben. Das bedeutet, dass **für das Jahr der Trennung** die Besteuerung nach dem Splittingtarif möglich ist und dementsprechend der Entlastungsbetrag für Alleinerziehende auch für die Monate nach erfolgter Trennung trotz Alleinlebens von keinem der Partner in Anspruch genommen werden kann (glA Blümich/*Selder* § 24b Rn. 10; Korn/*Seifert* § 24b Rn. 25). **98**

Einstweilen frei **99–100**

c) Ausnahme für verwitwete Steuerpflichtige. Für alleinstehende **verwitwete Steuerpflichtige** macht § 24b Abs. 3 S. 1 eine Ausnahme von dem Grundsatz, dass Splittingvorteil und Entlastungsbetrag nicht nebeneinander in Anspruch genommen werden können. Wer verwitwet ist, erfüllt zwar für den Veranlagungszeitraum, in dem der andere Ehegatte **101**

(oder Partner in eingetragener Lebenspartnerschaft) verstirbt, regelmäßig noch die Voraussetzungen für die Anwendung des Splitting-Verfahrens und kommt zudem über § 32a Abs. 6 S. 1 Nr. 1 auch für das dem Todesjahr des früheren Partners nachfolgende Kalenderjahr noch in den Genuss des Splittingtarifs (sog. Gnadensplitting). Dieser Umstand ist für die Geltendmachung des Entlastungsbetrags jedoch unschädlich, sodass verwitwete Steuerpflichtige **ab dem Kalendermonat des Todesfalls** als alleinstehend gelten und ab dann den Entlastungsbetrag neben dem Splittingvorteil in Anspruch nehmen können (Kirchhof/*Seiler* § 24b Rn. 5; Schmidt/*Loschelder* § 24b Rn. 19; Bordewin/Brandt/*Debus* § 24b Rn. 71; Korn/*Seifert* § 24b Rn. 26; **aA** Blümich/*Selder* § 24b Rn. 10). Dazu muss ggf. anstelle der Steuerklasse II ein entsprechender Freibetrag als Lohnsteuerabzugsmerkmal gebildet werden (glA KSM/*Jachmann*/*Henschler* § 24b Rn. C 1).

102–103 *Einstweilen frei*

104 **d) Keine Haushaltsgemeinschaft mit anderem Erwachsenen.** Alleinstehend ist nach § 24b Abs. 3 S. 1 zudem nur, wer keine Haushaltsgemeinschaft mit einer anderen volljährigen Person bildet. Das Bestehen einer solchen **Haushaltsgemeinschaft** ist damit für die Inanspruchnahme des Entlastungsbetrags für Alleinerziehende **schädlich.** Dagegen steht eine Haushaltsgemeinschaft mit einem minderjährigen Kind der Berücksichtigung generell nicht entgegen (BMF 23.10.2017, BStBl. I 2017, 1432 Rn. 4; KKB/*Kläne* § 24b Rn. 76).

105 Der Begriff der „Haushaltsgemeinschaft" ist in **§ 24b Abs. 3 S. 2 legal definiert** (→ Rn. 119 ff.). Danach besteht dann eine Haushaltsgemeinschaft mit einem anderen Erwachsenen, wenn dieser „mit dem Steuerpflichtigen gemeinsam wirtschaftet". Dort findet sich zudem eine gesetzliche Vermutung für ein solches **gemeinsames Wirtschaften** in Fällen, in denen der andere Erwachsene in der gleichen Wohnung wie der Steuerpflichtige gemeldet ist (→ Rn. 115). In § 24b Abs. 3 S. 3 ist ergänzend geregelt, dass diese Vermutung bei Vorliegen einer ehe- oder lebenspartnerschaftsähnlichen Gemeinschaft nicht widerlegbar ist (→ Rn. 128). Diese Bestimmungen sind jedoch **nicht abschließend,** sodass eine schädliche Haushaltsgemeinschaft mit einer anderen Person auch dann bestehen kann, wenn diese in der Wohnung des Steuerpflichtigen nicht gemeldet ist oder wenn sie mit ihm keine eheähnliche Lebensgemeinschaft führt (vgl. Kirchhof/*Seiler* § 24b Rn. 6). Darauf, dass das gemeinsame Wirtschaften (das allerdings, sofern nicht die unwiderlegbare Vermutung dafür streitet, festgestellt werden muss) eine gewisse **Mindestdauer** erreicht hat, kommt es nach dem Wortlaut der Regelung nicht an (so auch Schmidt/*Loschelder* § 24b Rn. 20).

106 Schädlich ist das Bestehen einer Haushaltsgemeinschaft zwischen dem Steuerpflichtigen und einem anderen Erwachsenen nach Sinn und Zweck der Regelung allerdings nur dann, wenn das **gemeinsame Wirtschaften** in dem **gleichen Haushalt** stattfindet, in dem auch das **Kind** wohnt, für das der Entlastungsbetrag für Alleinerziehende geltend gemacht wird. Der **Haushalt der Haushaltsgemeinschaft** iSd § 24b Abs. 3 S. 1 und der **Haushalt der Kindszugehörigkeit** iSd § 24b Abs. 1 S. 1 müssen also **identisch** sein. Alleinstehend ist daher auch, wer über zwei Wohnungen verfügt und in der einen Wohnung allein mit seinem Kind lebt, wenn er nur in der anderen Wohnung mit seinem Lebensgefährten gemeinsam wirtschaftet.

106.1 Denn in einer solchen Konstellation kann der Steuerpflichtige bei der Betreuung und Erziehung seines Kindes nicht auf fremde Unterstützung zurückgreifen, sodass sich für ihn aus dem gemeinsamen Wirtschaften und der Haushaltsgemeinschaft mit dem anderen Erwachsenen **kein wirklicher Entlastungseffekt** ergibt. Es wäre daher nicht gerechtfertigt, ihm dennoch unter Berufung auf die Haushaltsgemeinschaft den Entlastungsbetrag für Alleinerziehende vorzuenthalten. Dafür spricht auch der Umstand, dass sowohl die Haushaltszugehörigkeit des Kindes als auch die Haushaltsgemeinschaft mit einer anderen volljährigen Person nach dem insoweit identischen Wortlaut des § 24b Abs. 1 S. 2 und des § 24b Abs. 3 S. 2 – wie sich aus den dort geregelten gesetzlichen Vermutungen ergibt – strikt auf die jeweilige „Wohnung des Steuerpflichtigen" bezogen ist.

107 *Einstweilen frei*

108 **e) Unschädliche Haushaltsgemeinschaften.** Ausnahmsweise **nicht schädlich** für den Status als Alleinstehender ist eine Haushaltsgemeinschaft, die mit anderen volljährigen Personen unter den Voraussetzungen des § 24b Abs. 3 S. 1 Hs. 2 geführt wird. Das ist dann der Fall, wenn dem Steuerpflichtigen für diese Person

- ein Freibetrag nach § 32 Abs. 6 oder Kindergeld zusteht (die Person also als Kind –, entweder als leibliches Kind oder als Adoptiv-, Pflege-, Stief- oder Enkelkind – nach den Vorschriften über den **Familienleistungsausgleich** gemäß § 31 beim Steuerpflichtigen berücksichtigungsfähig ist, im Einzelnen → Rn. 51); dabei kommt es mithin nicht darauf an, dass der Steuerpflichtige den Kinderfreibetrag oder das Kindergeld auch tatsächlich erhält (KSM/*Jachmann/Henschler* § 24b Rn. C 4),
- oder es sich um ein Kind iSd § 63 Abs. 1 S. 1 handelt, das einen Dienst nach § 32 Abs. 5 S. 1 Nr. 1 oder Nr. 2 leistet oder das eine Tätigkeit nach § 32 Abs. 5 S. 1 Nr. 3 ausübt.

Kindergeld oder Kinderfreibeträge stehen dem Steuerpflichtigen für volljährige Kinder nur unter den **ergänzenden Voraussetzungen des § 32 Abs. 4** zu. Solange der Steuerpflichtige nach diesen Vorschriften für das volljährig gewordene Kind noch **Kindergeld beanspruchen** kann, berührt das Führen einer Haushaltsgemeinschaft mit diesem Kind seine Stellung als Alleinstehender – und damit die Inanspruchnahme des Entlastungsbetrags sowohl für dieses Kind als auch für seine anderen, noch minderjährigen Kinder – also noch nicht. Das Gesetz geht mithin davon aus, dass Alleinerziehenden auch dann, wenn sie eine Haushaltsgemeinschaft mit bereits volljährigen, aber beim Kindergeld noch berücksichtigungsfähigen Kindern bilden, höhere Lebensführungskosten entstehen, weil sich diese Kinder typischerweise tatsächlich ähnlich einem Lebenspartner an der Haushaltsführung beteiligen (vgl. Blümich/*Selder* § 24b Rn. 22; KSM/*Jachmann/Henschler* § 24b Rn. C 4). Sobald jedoch die **Kindergeldberechtigung für dieses Kind fortfällt** (etwa wegen Aufnahme eines Beschäftigungsverhältnisses nach Abschluss der Berufsausbildung), ist – wenn das gemeinsame Wirtschaften mit dem Kind beibehalten wird – ab dem Folgemonat die Berücksichtigung eines Entlastungsbetrags für Alleinerziehende beim Steuerpflichtigen nicht mehr möglich (vgl. BFH 25.10.2007 – III R 104/06, BFH/NV 2008, 545; Kirchhof/*Seiler* § 24b Rn. 6). Das gilt wegen des klaren Gesetzeswortlauts meines Erachtens selbst dann, wenn sich die Haushaltszugehörigkeit des volljährigen Kindes im Einzelfall für den Steuerpflichtigen als zusätzliche finanzielle **Belastung** erweist (**aA** Schmidt/*Loschelder* § 24b Rn. 23). 109

Eine **Ausnahme** hiervon besteht nur bei Kindern iSd § 63 Abs. 1 S. 1 (also leiblichen Kindern, Pflegekindern, Stiefkindern und Enkelkindern) für den Zeitraum, in denen das in Haushaltsgemeinschaft lebende Kind entweder den **gesetzlichen Grundwehrdienst** oder an dessen Stelle **Zivildienst** (§ 32 Abs. 5 S. 1 Nr. 1) oder anstelle des Grundwehrdienstes einen **freiwilligen Wehrdienst** von höchstens drei Jahren (§ 32 Abs. 5 S. 1 Nr. 2) leistet oder eine vom Grundwehrdienst befreiende Tätigkeit als **Entwicklungshelfer** (§ 32 Abs. 5 S. 1 Nr. 3) ausübt. Da die gesetzliche Wehrpflicht allerdings seit dem 1.7.2011 ausgesetzt ist, hat diese Vorschrift **derzeit keinen Anwendungsbereich** mehr (Blümich/*Selder* § 24b Rn. 12; HHR/*Krömker* § 24b Rn. 14). 110

Einstweilen frei 111–112

2. Vermutung der Haushaltsgemeinschaft bei Haupt- oder Nebenwohnung (§ 24b Abs. 3 S. 2)

a) Überblick. § 24b Abs. 3 S. 2 ergänzt die im voranstehenden § 24b Abs. 3 S. 1 enthaltene Legaldefinition des Alleinstehens, die ihrerseits an das Tatbestandsmerkmal der Haushaltsgemeinschaft (mit einer anderen volljährigen Person) anknüpft, um **zwei Regelungen:** Zum einen stellt die Vorschrift eine gesetzliche Vermutung für das Vorliegen einer solchen Haushaltsgemeinschaft iSd § 24b Abs. 3 S. 1 auf (→ Rn. 115). Zum anderen wird in ihr der Begriff der Haushaltsgemeinschaft selbst legal definiert (→ Rn. 119). Nähere Bestimmungen zur Reichweite der gesetzlichen Vermutung für eine Haushaltsgemeinschaft finden sich zudem in § 24b Abs. 3 S. 3 (→ Rn. 126). 113

Einstweilen frei 114

b) Gesetzliche Vermutung. Nach § 24b Abs. 3 S. 2 wird das **Bestehen einer Haushaltsgemeinschaft** (umschrieben als das **gemeinsame Wirtschaften mit dem Steuerpflichtigen**) vermutet, wenn eine andere, volljährige Person in der Wohnung des Steuerpflichtigen gemeldet ist. Dafür maßgeblich sind die melderechtlichen Verhältnisse, also die Anmeldung eines Wohnsitzes gegenüber den örtlichen **Meldebehörden.** Dabei ist eine Meldung mit **Hauptwohnsitz** nicht erforderlich, es reicht die Begründung eines **Neben-** 115

wohnsitzes aus (glA Bordewin/Brandt/*Debus* § 24b Rn. 80; Schmidt/*Loschelder* § 24b Rn. 23; KSM/*Jachmann/Henschler* § 24b Rn. C 2; KKB/*Kläne* § 24b Rn. 88). Es handelt sich um eine **gesetzliche Vermutung,** die bei Vorliegen ihrer Voraussetzungen die Stellung des Steuerpflichtigen als Alleinstehender und damit **zu seinen Lasten** die Berechtigung zur Inanspruchnahme des Entlastungsbetrags ausschließt.

115.1 Für eine Meldung der anderen volljährigen Person „in der Wohnung des Steuerpflichtigen" ist es **nicht** erforderlich, dass der Steuerpflichtige selbst **Eigentümer oder Hauptmieter** der Wohnung ist. Gemeint ist nur, dass der andere Erwachsene **in der gleichen Wohnung wie der Steuerpflichtige** gemeldet ist, sodass die gesetzliche Vermutung auch dann eingreift, wenn nicht der Steuerpflichtige, sondern die andere Person als Eigentümer oder Mieter über die Wohnung verfügungsberechtigt ist. Ein bislang Alleinerziehender verliert den Anspruch auf den Entlastungsbetrag also durch Begründung einer Haushaltsgemeinschaft mit seinem neuen Lebensgefährten unabhängig davon, ob dieser zu ihm in seine Wohnung oder er mit dem Kind in die Wohnung des Lebensgefährten einzieht. Noch **nicht** ausreichend ist es hingegen, dass der andere Erwachsene bloß **unter der gleichen Anschrift** gemeldet ist, wenn er innerhalb des gleichen Gebäudes eine andere (abgeschlossene) Wohnung als der alleinerziehende Steuerpflichtige bewohnt.

115.2 Maßgeblich sind nur die Meldeverhältnisse im (monatsbezogenen) Zeitraum, für den der Entlastungsbetrag in Anspruch genommen wird. Deshalb ist die gesetzliche Vermutung für gemeinsames Wirtschaften in der gleichen Wohnung auch dann anwendbar, wenn sich die andere Person aus der Wohnung **nachträglich** und **rückwirkend abmeldet** (KSM/*Jachmann/Heschler* § 24b Rn. C 2). Allerdings gilt die Vermutung nach der zutreffenden Auffassung der Finanzverwaltung dann nicht, wenn die Gemeinde oder das Finanzamt positive Kenntnis davon hat, dass die **tatsächlichen Verhältnisse** von den melderechtlichen Verhältnissen zugunsten des Steuerpflichtigen abweichen (BMF 23.10.2017, BStBl. I 2017, 1432; Blümich/*Selder* § 24b Rn. 17).

116 *Einstweilen frei*

117 Die **gesetzliche Vermutung** für das Bestehen einer Haushaltsgemeinschaft ist, wie sich im Umkehrschluss aus § 24b Abs. 3 S. 3 ergibt, außer in den dort geregelten Fällen **widerlegbar.** Die Regelung ist andererseits ihrem Wortlaut nach aber auch **nicht abschließend,** sodass eine schädliche Haushaltsgemeinschaft mit einer anderen erwachsenen Person iSd § 24b Abs. 3 S. 1 auch dann – ohne dass dies allerdings zu Lasten des Steuerpflichtigen vermutet wird – vorliegen kann, wenn diese Person nicht in der gleichen Wohnung wie der Steuerpflichtige gemeldet ist (glA HHR/*Krömker* § 24b Rn. 15; Schmidt/*Loschelder* § 24b Rn. 23).

118 *Einstweilen frei*

119 **c) Begriff der Haushaltsgemeinschaft.** Dafür maßgebend ist die **Legaldefinition der Haushaltsgemeinschaft** in § 24b Abs. 3 S. 2. Danach kommt es zunächst darauf an, dass der Steuerpflichtige mit der anderen Person **gemeinsam wirtschaftet.** Darüber hinaus ist meines Erachtens erforderlich, dass dieses gemeinsame Wirtschaften **in einer gemeinsam bewohnten Wohnung** stattfindet. Denn der Tatbestand der Legaldefinition in § 24b Abs. 2 S. 2 erstreckt sich nicht nur auf die Merkmale „mit dem Steuerpflichtigen gemeinsam wirtschaftet", sondern auch auf das Merkmal „in der Wohnung des Steuerpflichtigen" (→ Rn. 115.1).

120 *Einstweilen frei*

121 Ein gemeinsames Wirtschaften kann sowohl darin bestehen, dass die andere volljährige Person zu den **Kosten des gemeinsamen Haushalts** beiträgt, als auch in einer Entlastung des Steuerpflichtigen durch **tatsächliche Hilfe und Zusammenarbeit** (BFH 28.6.2012 – III R 26/10, BStBl. II 2012, 815; BMF 23.10.2017, BStBl. I 2017, 1432 Rn. 8). Ein Wirtschaften „aus einem Topf" wie im Sozialrecht ist dafür nicht erforderlich (HHR/*Krömker* § 24b Rn. 15; Bordewin/Brandt/*Debus* § 24b Rn. 77), weil Synergieeffekte, deren Nichtvorliegen der Entlastungsbetrag nach seinem Sinn und Zweck ausgleichen soll, auch auf andere Weise als durch Kostenbeiträge erzielt werden können. Insbesondere muss keine gemeinsame Kasse bestehen (Korn/*Seifert* § 24b Rn. 28; Kirchhof/*Seiler* § 24b Rn. 6). Deshalb liegt auch in der gemeinsamen Erledigung der Hausarbeit, der Kinderbetreuung, der täglichen Einkäufe und der abwechselnden Anschaffung gemeinsam genutzter Gegenstände ein gemeinsames Wirtschaften iSd § 24b Abs. 3 S. 2. Schon der gemeinsame Verbrauch der Lebensmittel oder der Reinigungsmittel oder die gemeinsame Nutzung des Kühlschranks reicht dafür aus (BMF

23.10.2017, BStBl. I 2017, 1432 Rn. 9; insoweit ablehnend Schmidt/*Loschelder* § 24b Rn. 21). Entscheidend ist, ob der andere Erwachsene nach dem Gesamtbild der Verhältnisse gemeinsam mit dem Steuerpflichtigen für den persönlichen und sachlichen Aufwand der Lebensführung aufkommt.

Als **Kriterien für das Vorliegen gemeinsamen Wirtschaftens** können auch der Zweck und die Dauer der Anwesenheit der anderen Person in der Wohnung des Steuerpflichtigen herangezogen werden. So liegt eine Haushaltsgemeinschaft noch nicht bzw. nicht mehr vor, wenn die andere Person in der Wohnung nur (zB zu Besuchszwecken) kurzfristig anwesend oder von ihr (etwa wegen Verbüßung einer Freiheitsstrafe) länger als nur vorübergehend abwesend ist (BMF 23.10.2017, BStBl. I 2017, 1432 Rn. 10). 121.1

Ein gemeinsames Wirtschaften kommt daher insbesondere bei **eheähnlichen Gemeinschaften** in Betracht. 122

Eheähnliche oder lebenspartnerschaftsähnliche Gemeinschaften – im Sinne einer auf Dauer angelegten Verantwortungs- und Einstehensgemeinschaft – können anhand der folgenden, aus dem **Sozialrecht** abgeleiteten **Indizien** unter Berücksichtigung der gesamten Umstände des Einzelfalls festgestellt werden (BMF 23.10.2017, BStBl. I 2017, 1432 Rn. 12; Blümich/*Selder* § 24b Rn. 18): 122.1

- die Dauer des Zusammenlebens (zB von länger als einem Jahr),
- die Versorgung gemeinsamer Kinder im selben Haushalt,
- die Versorgung anderer Angehöriger im selben Haushalt,
- ein von beiden Partnern unterschriebener und auf Dauer angelegter Mietvertrag,
- eine gemeinsame Kontoführung,
- das Vorliegen anderer Verfügungsbefugnisse über das Einkommen und Vermögen des Partners oder
- das Vorliegen anderer gemeinsamer Verträge, zB über Unterhaltspflichten.

Nach diesen Maßstäben ist grundsätzlich bei jeder Art von **Wohngemeinschaften** zu vermuten, dass bei Meldung der anderen Person in der Wohnung des Steuerpflichtigen auch eine Haushaltsgemeinschaft vorliegt (BMF 23.10.2017, BStBl. I 2017, 1432). Andererseits besteht bei reinen Wohngemeinschaften solange keine Haushaltsgemeinschaft, wie zwischen den an ihnen Beteiligten nur ein rechnerischer Ausgleich der gemeinsam getragenen Kosten der Unterkunft und der gemeinschaftlich eingekauften Lebensmittel erfolgt und dabei nicht auch in den übrigen Bereichen des Wohnens der Haushalt gemeinsam geführt wird (HHR/*Krömker* § 24b Rn. 15). Gleiches gilt bei der Aufnahme von **einkommenslosen pflegebedürftigen Angehörigen** in den Haushalt des Steuerpflichtigen, wenn sie sich wegen ihrer Pflegebedürftigkeit an der Haushaltsführung tatsächlich nicht beteiligen und aufgrund ihrer Einkommens- und Vermögensverhältnisse auch finanziell nicht für sie aufkommen, sodass jedwede Unterstützungsleistung durch sie ausgeschlossen erscheint (BFH 28.6.2012 – III R 26/10, BStBl. II 2012, 815; näher: BMF 23.10.2017, BStBl. I 2017, 1432 Rn. 13). 123

Nach Auffassung der **Finanzverwaltung** fehlt die Fähigkeit, sich tatsächlich an der Haushaltsführung zu beteiligen, nur bei Personen, bei denen mindestens ein **Schweregrad der Pflegebedürftigkeit** iSd § 14 SGB XI (bis 2016: Pflegestufe I, II oder III; ab 2017: Pflegegrade 1 bis 5) besteht oder die blind sind. Der Nachweis der Pflegebedürftigkeit ist dabei durch Vorlage des Leistungsbescheides des Sozialhilfeträgers bzw. des privaten Pflegeversicherungsunternehmens zu führen (BMF 23.10.2017, BStBl. I 2017, 1432 Rn. 13). Bei der Beurteilung der wirtschaftlichen Verhältnisse sollte auch die finanzielle Belastung durch den **pflegerischen Mehraufwand** für den Angehörigen mit in Betracht gezogen werden (Schmidt/*Loschelder* § 24b Rn. 21). 123.1

Einstweilen frei 124–125

3. Widerlegbarkeit der Vermutung (§ 24b Abs. 3 S. 3 Hs. 1)

Die bei Meldung eines anderen Erwachsenen in der Wohnung des Steuerpflichtigen zu seinen Lasten eingreifende Vermutung ist – außer in den in § 24b Abs. 3 S. 3 Hs. 2 geregelten Fällen (→ Rn. 128) – **widerlegbar.** Zur Widerlegung der Vermutung genügt es nach den Vorstellungen des Gesetzgebers, dass der Steuerpflichtige glaubhaft macht oder zweifelsfrei versichert, dass keine Haushaltsgemeinschaft besteht (BR-Drs. 508/04, 22; so auch BMF 23.10.2017, BStBl. I 2017, 1432 Rn. 15). Da der Steuerpflichtige insoweit die Feststellungslast trägt, muss er substantiiert Umstände vortragen, die trotz der Meldung in einer gemeinsa- 126 men Wohnung gegen das Bestehen einer Haushaltsgemeinschaft zwischen den Beteiligten sprechen (HHR/*Krömker* § 24b Rn. 15; Bordewin/Brandt/*Debus* § 24b Rn. 80). Hatte zuvor unstreitig ein gemeinsames Wirtschaften stattgefunden, muss – bei fortbestehender Meldung in der gleichen Wohnung – der Wille des anderen Erwachsenen, nicht mehr in der Haushaltsgemeinschaft mit dem Steuerpflichtigen leben zu wollen, eindeutig nach außen treten, etwa durch Auszug in eine eigene Wohnung oder durch Abschluss eines Untermietvertrags und Begründung einer eigenen Wirtschaftsführung (Korn/*Seifert* § 24b Rn. 39).

126.1 Dabei werden an die Widerlegung einer Haushaltsgemeinschaft von langjährig zusammenwohnenden Familienangehörigen regelmäßig strengere Anforderungen zu stellen sein als etwa an die Widerlegung einer Haushaltsgemeinschaft mit wechselnden familienfremden Untermietern (BFH 28.6.2012 – III R 26/10, BStBl. II 2012, 815). Entscheidend sind die gesamten Umstände des Einzelfalls. Jedenfalls muss der Wille, nicht oder nicht mehr in der Haushaltsgemeinschaft leben zu wollen, eindeutig nach außen in Erscheinung treten (Blümich/*Selder* § 24b Rn. 16).

127 *Einstweilen frei*

4. Keine Widerlegbarkeit bei nichtehelicher Lebensgemeinschaft (§ 24b Abs. 3 S. 3 Hs. 2)

128 **Nicht widerlegbar** ist die Vermutung für das Vorliegen einer Haushaltsgemeinschaft mit dem Steuerpflichtigen, wenn die andere Person mit ihm in einer **eheähnlichen** oder **lebenspartnerschaftsähnlichen Gemeinschaft** lebt. Die Regelung bezieht sich nur auf die Reichweite der gesetzlichen Vermutung für das gemeinsame Wirtschaften gemäß § 24b Abs. 3 S. 2, also auf Fälle, in denen die andere Person in der Wohnung des Steuerpflichtigen mit Haupt- oder mit Nebenwohnsitz **gemeldet** ist. Daraus folgt, dass bei einem Partner, der zwar mit dem Steuerpflichtigen in nichtehelicher Lebensgemeinschaft zusammenlebt, aber gegenüber den Meldebehörden einen **anderen Wohnsitz angegeben** hat, die Voraussetzungen für ein gemeinsames Wirtschaften (→ Rn. 121) im Einzelnen festgestellt werden müssen. Zur Anwendbarkeit der im Sozialrecht entwickelten Indizien für eine eheähnliche Lebensgemeinschaft → Rn. 122.1 und Korn/*Seifert* § 24b Rn. 40.

129 Bei **gleicher Meldeanschrift** hingegen gilt der Steuerpflichtige nicht als alleinstehend, wenn er mit dem anderen Partner in einer **eheähnlichen Gemeinschaft** lebt. Diese Rechtsfolge ergibt sich zwingend aus dem aus Art. 6 GG folgenden Verbot einer Schlechterstellung von Ehegatten (vgl. BVerfG 10.11.1998 – 2 BvR 1057/91, BStBl. II 1999, 182; Blümich/*Selder* § 24b Rn. 18; → Rn. 2). Um eheähnlich zu sein, muss die nichteheliche Lebensgemeinschaft auf Dauer angelegt sein und über eine reine Wohn- und Wirtschaftsgemeinschaft hinausgehen. Da eine dem Wesen der Ehe ähnliche Gemeinschaft begrifflich (auch) eine sexuelle Verbundenheit der Partner impliziert, kann eine Geschwistergemeinschaft keine eheähnliche Lebensgemeinschaft sein (glA Blümich/*Selder* § 24b Rn. 19). Es muss sich um eine Lebensgemeinschaft handeln, die auf Dauer angelegt ist, keine weiteren Bindungen gleicher Art zulässt und sich durch innere Bindungen auszeichnet, die ein gegenseitiges Füreinandereinstehen begründen und die über eine reine Wohn- und Wirtschaftsgemeinschaft hinausgehen (*Proff zu Irnich* DStR 2004, 1904; KKB/*Kläne* § 24b Rn. 88; Schmidt/*Loschelder* § 24b Rn. 23).

129.1 Nach der zutreffenden Auffassung der **Finanzverwaltung** (BMF 23.10.2017, BStBl. I 2017, 1432) sind insoweit die im Sozialrecht geltenden **Kriterien** für das Vorliegen einer eheähnlichen Lebensgemeinschaft heranzuziehen: Dies können sein:

- das dauerhaftes Zusammenleben von länger als einem Jahr,
- die Versorgung gemeinsamer Kinder im selben Haushalt,
- die Versorgung anderer Angehöriger im selben Haushalt,
- dass der Mietvertrag von beiden Partnern unterschrieben und auf Dauer angelegt ist,
- die gemeinsame Kontoführung,
- das Vorliegen anderer Verfügungsbefugnisse über Einkommen und Vermögen des Partners oder
- die Existenz anderer gemeinsamer Verträge, etwa über Unterhaltspflichten.

130 *Einstweilen frei*

131 Gleiches gilt, wenn der Steuerpflichtige mit der anderen, in seiner Wohnung mit Wohnsitz gemeldeten Person in einer (nicht eingetragenen) **lebenspartnerschaftsähnlichen**

Gemeinschaft zusammenlebt. Dabei muss es sich folglich um Partner handeln, die in einer (auch in sexueller Hinsicht) gleichgeschlechtlichen Beziehung miteinander leben, die nach den genannten Kriterien einer eingetragenen Lebenspartnerschaft ähnlich ist; auch solche Personen sind nicht alleinstehend und damit nicht alleinerziehend iSd § 24b (Blümich/*Selder* § 24b Rn. 18).

Bis zur Änderung der Vorschrift im Zuge des Gesetzes zur Anpassung steuerlicher Regelungen an die Rechtsprechung des Bundesverfassungsgerichts v. 18.7.2014 (BGBl. 2014 I 1042) – also vor dem 24.7.2014 (→ Rn. 8) – galt die Unwiderlegbarkeit der Vermutung für eine Haushaltsgemeinschaft bei gleichgeschlechtlichen Partnerschaften nur, wenn es sich um eingetragene Lebenspartnerschaften im Sinne des Lebenspartnerschaftsgesetzes handelte. Das **Zusammenleben in einer lebenspartnerschaftsähnlichen nichtehelichen Lebensgemeinschaft** genügte hierfür **nicht,** weil § 2 Abs. 8, der in Verbindung mit § 52 Abs. 2a (in der Fassung durch das Gesetz zur Änderung des Einkommensteuergesetzes in Umsetzung der Entscheidung des Bundesverfassungsgerichtes vom 7. Mai 2013 v. 15.7.2013, BGBl. 2013 I 2397) auf alle noch offenen Fälle anzuwenden ist, lediglich die Regelungen zu Ehen, nicht aber jene zu eheähnlichen Gemeinschaften, für auf Lebenspartner entsprechend anwendbar erklärt (aA *Proff zu Irnich* DStR 2004, 1904). Daher konnte in diesen Fällen, sofern – trotz des Gemeldetseins mit Wohnsitz in der gleichen Wohnung – substantiiert Umstände vorgetragen wurden, die gegen ein gemeinsames Wirtschaften sprachen, von gleichgeschlechtlichen, aber nicht in eingetragener Lebenspartnerschaft verbundenen Partnern der Entlastungsbetrag für Alleinerziehende beansprucht werden. 131.1

Einstweilen frei 132–134

IV. Zeitanteilige Kürzung des Entlastungsbetrags (§ 24b Abs. 4)

Die Steuerbegünstigung des § 24b wird **monatsbezogen** gewährt. Denn nach § 24b Abs. 4 ermäßigt sich der Entlastungsbetrag nach § 24b Abs. 2 – damit gemeint sind sowohl der Grundbetrag von 1.908 EUR für das erste zu berücksichtigende Kind als auch der (ggf. gesondert zu kürzende) Erhöhungsbetrag von 240 EUR für jedes weitere zu berücksichtigende Kind (glA Schmidt/*Loschelder* § 24b Rn. 25) – um ein Zwölftel für jeden vollen Kalendermonat, in dem die **Voraussetzungen des § 24b Abs. 1** für die Gewährung des Entlastungsbetrags nicht vollständig vorgelegen haben. Das kann etwa der Fall sein, wenn das Kind im Laufe des Jahres die Haushaltszugehörigkeit wechselt, für einzelne Monate (zB wegen Aufnahme einer Berufstätigkeit) der Kindergeldanspruch wegfällt oder der Steuerpflichtige wegen Begründung einer eheähnlichen Lebensgemeinschaft durch gemeinsame Haushaltsführung mit seinem nichtehelichen Lebensgefährten den Status als Alleinerziehender verliert. Denn der Verweis auf die Voraussetzungen des § 24b Abs. 1 gilt wegen der dortigen Legaldefinition des Alleinstehens auch für die tatbestandlichen **Anforderungen des § 24b Abs. 3** (Kirchhof/*Seiler* § 24b Rn. 7). Die steuerliche Entlastung für Alleinerziehende folgt dabei – ähnlich wie das Kindergeld (§ 32 Abs. 3, § 66 Abs. 2) – nicht dem Jahres-, sondern dem Monatsprinzip (vgl. BFH 16.2.2016 – IX R 1/15, BFH/NV 2016, 1261). **Kürzungsmonate** sind dabei nur Kalendermonate, in denen die genannten Anforderungen ganz oder teilweise **zu keinem Zeitpunkt** erfüllt sind, während angebrochene Kalendermonate noch keine Kürzung auslösen (HHR/*Krömker* § 10 Rn. 17; KKB/*Kläne* § 24b Rn. 96; Schmidt/*Loschelder* § 24b Rn. 25). Daraus folgt im Umkehrschluss, dass für jeden **Kalendermonat,** in dem in der Person des Steuerpflichtigen und des Kindes sämtliche tatbestandlichen Voraussetzungen wenigstens zeitweise vorliegen, ein Entlastungsbetrag von **159 EUR** für das **erste** und **20 EUR** für jedes **weitere Kind** in Abzug gebracht werden kann (vgl. Blümich/*Selder* § 24b Rn. 27). 135

Diese anteilige monatsweise Gewährung des Entlastungsbetrags gilt allerdings **nicht** hinsichtlich des Tatbestandsmerkmals, dass in der Person des alleinstehenden Steuerpflichtigen die Voraussetzungen für die Anwendung des **Splitting-Verfahrens** nach § 26 Abs. 1 nicht erfüllt sein dürfen. Denn das Splitting-Verfahren ist, wenn die Voraussetzungen dafür vorliegen (insbesondere wenn der Steuerpflichtige von seinem Ehe- oder Lebenspartner nicht während des ganzen Kalenderjahres dauernd getrennt gelebt hat), auf den gesamten Veranlagungszeitraum anzuwenden. Daraus folgt, dass der Entlastungsbetrag trotz Alleinlebens auch für die Monate vor der Eheschließung nicht in Anspruch genommen werden kann (BMF 23.10.2017, BStBl. I 2017, 1432 Rn. 25; Blümich/*Selder* § 24b Rn. 27; → Rn. 96). 135.1

Umstritten ist, ob bei einem **Wechsel der Haushaltszugehörigkeit** des Kindes innerhalb eines laufenden Kalendermonats beide Elternteile den Entlastungsbetrag geltend machen können (so HHR/ 135.2

Krömker § 24b Rn. 17; KSM/*Jachmann/Henschler* § 24b Rn. D 2). Meines Erachtens ist dies nicht möglich, weil nach Sinn und Zweck der Vorschrift auch dann, wenn mehrere Steuerpflichtige die Voraussetzungen für den Abzug erfüllen, wegen desselben Kindes für denselben Monat nur einer der Berechtigten den Entlastungsbetrag abziehen kann (BFH 28.4.2010 – III R 79/08, BStBl. II 2011, 30; → Rn. 38; so auch BMF 23.10.2017, BStBl. I 2017, 1432 Rn. 22; Bordewin/Brandt/*Debus* § 24b Rn. 26).

III. Veranlagung

§ 25 Veranlagungszeitraum, Steuererklärungspflicht

(1) Die Einkommensteuer wird nach Ablauf des Kalenderjahres (Veranlagungszeitraum) nach dem Einkommen veranlagt, das der Steuerpflichtige in diesem Veranlagungszeitraum bezogen hat, soweit nicht nach § 43 Absatz 5 und § 46 eine Veranlagung unterbleibt.

(2) (weggefallen)

(3) [1]Die steuerpflichtige Person hat für den Veranlagungszeitraum eine eigenhändig unterschriebene Einkommensteuererklärung abzugeben. [2]Wählen Ehegatten die Zusammenveranlagung (§ 26b), haben sie eine gemeinsame Steuererklärung abzugeben, die von beiden eigenhändig zu unterschreiben ist.

(4) [1]Die Erklärung nach Absatz 3 ist nach amtlich vorgeschriebenem Datensatz durch Datenfernübertragung zu übermitteln, wenn Einkünfte nach § 2 Absatz 1 Satz 1 Nummer 1 bis 3 erzielt werden und es sich nicht um einen der Veranlagungsfälle gemäß § 46 Absatz 2 Nummer 2 bis 8 handelt. [2]Auf Antrag kann die Finanzbehörde zur Vermeidung unbilliger Härten auf eine Übermittlung durch Datenfernübertragung verzichten.

---

§ 56 EStDV Steuererklärungspflicht

[1]Unbeschränkt Steuerpflichtige haben eine jährliche Einkommensteuererklärung für das abgelaufene Kalenderjahr (Veranlagungszeitraum) in den folgenden Fällen abzugeben:

1. Ehegatten, bei denen im Veranlagungszeitraum die Voraussetzungen des § 26 Abs. 1 des Gesetzes vorgelegen haben und von denen keiner die Einzelveranlagung nach § 26a des Gesetzes wählt,
   a) wenn keiner der Ehegatten Einkünfte aus nichtselbständiger Arbeit, von denen ein Steuerabzug vorgenommen worden ist, bezogen und der Gesamtbetrag der Einkünfte mehr als das Zweifache des Grundfreibetrages nach § 32a Absatz 1 Satz 2 Nummer 1 des Gesetzes in der jeweils geltenden Fassung betragen hat,
   b) wenn mindestens einer der Ehegatten Einkünfte aus nichtselbständiger Arbeit, von denen ein Steuerabzug vorgenommen worden ist, bezogen hat und eine Veranlagung nach § 46 Abs. 2 Nr. 1 bis 7 des Gesetzes in Betracht kommt;
   c) [aufgehoben]
2. Personen, bei denen im Veranlagungszeitraum die Voraussetzungen des § 26 Abs. 1 des Gesetzes nicht vorgelegen haben,
   a) wenn der Gesamtbetrag der Einkünfte den Grundfreibetrag nach § 32a Absatz 1 Satz 2 Nummer 1 des Gesetzes in der jeweils geltenden Fassung überstiegen hat und darin keine Einkünfte aus nichtselbständiger Arbeit, von denen ein Steuerabzug vorgenommen worden ist, enthalten sind,
   b) wenn in dem Gesamtbetrag der Einkünfte Einkünfte aus nichtselbständiger Arbeit, von denen ein Steuerabzug vorgenommen worden ist, enthalten sind und eine Veranlagung nach § 46 Abs. 2 Nr. 1 bis 6 und 7 Buchstabe b des Gesetzes in Betracht kommt.
   c) [aufgehoben]

[2]Eine Steuererklärung ist außerdem abzugeben, wenn zum Schluss des vorangegangenen Veranlagungszeitraums ein verbleibender Verlustabzug festgestellt worden ist.

---

§ 60 EStDV Unterlagen zur Steuererklärung

(1) [1]Der Steuererklärung ist eine Abschrift der Bilanz, die auf dem Zahlenwerk der Buchführung beruht, im Fall der Eröffnung des Betriebs auch eine Abschrift

der Eröffnungsbilanz beizufügen, wenn der Gewinn nach § 4 Abs. 1, § 5 oder § 5a des Gesetzes ermittelt und auf eine elektronische Übermittlung nach § 5b Abs. 2 des Gesetzes verzichtet wird. [2]Werden Bücher geführt, die den Grundsätzen der doppelten Buchführung entsprechen, ist eine Gewinn- und Verlustrechnung beizufügen.

(2) [1]Enthält die Bilanz Ansätze oder Beträge, die den steuerlichen Vorschriften nicht entsprechen, so sind diese Ansätze oder Beträge durch Zusätze oder Anmerkungen den steuerlichen Vorschriften anzupassen. [2]Der Steuerpflichtige kann auch eine den steuerlichen Vorschriften entsprechende Bilanz (Steuerbilanz) beifügen.

(3) [1]Liegt ein Anhang, ein Lagebericht oder ein Prüfungsbericht vor, so ist eine Abschrift der Steuererklärung beizufügen. [2]Bei der Gewinnermittlung nach § 5a des Gesetzes ist das besondere Verzeichnis nach § 5a Abs. 4 des Gesetzes der Steuererklärung beizufügen.

(4) [1]Wird der Gewinn nach § 4 Abs. 3 des Gesetzes durch den Überschuss der Betriebseinnahmen über die Betriebsausgaben ermittelt, ist die Einnahmenüberschussrechnung nach amtlich vorgeschriebenem Datensatz durch Datenfernübertragung zu übermitteln. [2]Auf Antrag kann die Finanzbehörde zur Vermeidung unbilliger Härten auf eine elektronische Übermittlung verzichten; in diesem Fall ist der Steuererklärung eine Gewinnermittlung nach amtlich vorgeschriebenem Vordruck beizufügen. [3]§ 150 Absatz 8 der Abgabenordnung gilt entsprechend.

Überblick

Die Vorschrift enthält Regelungen zur Veranlagung (§ 25 Abs. 1) der Einkommensteuer und zur Abgabe einer Einkommensteuererklärung (§ 25 Abs. 3 und 4). Sie bildet die Grundlage für die Ausgestaltung der Abschnittsbesteuerung der § 2 Abs. 7 und 8.

Übersicht

A. Allgemeines

1 **Leitentscheidungen, wichtige Verwaltungsanweisungen und Schrifttum (Auswahl):**

1.1 **Leitentscheidungen des BFH:**
BFH 25.3.1983 – III R 64/82, BStBl. II 1983, 479; BFH 14.1.1998 – X R 84/95, BStBl. II 1999, 203; BFH 16.4.2002 – IX R 40/00, BStBl. II 2002, 501; BFH 22.5.2006 – VI R 15/02, BStBl. II 2007, 2; BFH 22.5.2006 – VI R 15/05, BStBl. II 2006, 912; BFH 18.5.2010 – X R 60/08, BStBl. II 2011, 429; BFH 16.11.2011 – X R 18/09, BStBl. II 2012, 129; BFH 4.7.2012 – II R 15/11, BStBl.

II 2012, 790; BFH 14.3.2012 – XI R 33/09, BStBl. II 2012, 477; BFH 8.10.2014 – VI R 82/13, BStBl. II 2015, 359.

Schrifttum (Auswahl): 1.2

Bergan/Martin, Das Ende der Antragsveranlagung? – Die neue Ansicht des BFH zur Ausschlussfrist des § 46 Abs. 2 Nr. 8 Satz 2 EStG, DStR 2006, 2203; *Millatz/Knepel,* Vom Erblasser herrührende Steuerschulden für das Todesjahr sind Nachlassverbindlichkeiten, DStR 2012, 2527.

I. Regelungsanliegen im System des Steuerrechts

1. Funktion und Zweck der Regelung

§ 25 behandelt die Grundlagen der Veranlagung der Einkommensteuer sowie der Abgabe 2 und Übermittlung von Einkommensteuererklärungen in Ausgestaltung der Abschnittsbesteuerung der § 2 Abs. 7 und Abs. 8.

2. Historische Entwicklung

Nach §§ 9 und 61 des **Preußischen Einkommensteuergesetzes** (PrGS 1906, 260) 3 erfolgte die Veranlagung der Einkommensteuer noch für das damals geltende **Reichsjahr.** Dadurch lief das Steuerjahr entsprechend dem damaligen Reichsjahr vom 1. April bis zum 31. März eines Jahres und war nicht identisch mit dem heute maßgeblichen Kalenderjahr vom 1. Januar bis zum 31. Dezember. Ein weiterer Unterschied des damaligen Einkommensteuergesetzes war, dass das für die Veranlagung maßgebliche Einkommen zu Beginn des Steuerjahres, für welches die Veranlagung erfolgte, bestimmt wurde und somit eine **Veranlagung für die Zukunft** erfolgte (HHR/*Pflüger* § 25 Rn. 2).

Davon abkehrend legte § 29 des **EStG 1920** (RGBl. 1920 I 359) den Grundsatz fest, dass 4 die Einkommensteuer nach dem Ablauf des Steuerabschnittes, für den sie erhoben wurde, zu veranlagen war – hierdurch erfolgte erstmals eine **Veranlagung für die Vergangenheit** (Blümich/*Heuermann* § 25 Rn. 5), die in ihrer Grundform auch heute noch Anwendung findet. Vorauszahlungen auf die Einkommensteuer mussten damals aber noch nicht entrichtet werden.

§§ 10 und 25 des **EStG 1925** (RGBl. 1925 I 189) behielten dieses Prinzip der Veranlagung 5 für die Vergangenheit bei, nur war der maßgebliche Steuerabschnitt nun das Kalenderjahr oder aber (allerdings nur in dort näher bezeichneten Ausnahmefällen) das Wirtschaftsjahr (HHR/*Pflüger* § 25 Rn. 2).

Im Rahmen des **EStG 1934** (RGBl. 1934 I 1005) war schließlich nur noch das Kalender- 6 jahr für die Erhebung der Einkommensteuer maßgeblich. Auch enthielt das EStG 1934 erstmalig eine Kombination der Veranlagung nach der Vergangenheit verbunden mit Vorauszahlungen auf die Einkommensteuer und bestimmten Steuerabzügen vom Arbeitslohn, die in ähnlicher Fassung noch heute Bestandteil des EStG sind (Blümich/*Heuermann* § 25 Rn. 5).

Durch das **StBereinG 1985** (BGBl. 1984 I 1493; BStBl. I 1984, 659) wurde § 25 um einen 7 neuen Abs. 3 und damit um eine Regelung mit der Pflicht, eine Einkommensteuererklärung abzugeben, erweitert. Bis zu diesem Zeitpunkt war die Pflicht zur Abgabe einer Einkommensteuererklärung ausschließlich in der EStDV geregelt und es war nach der damaligen Rechtslage nicht unzweifelhaft, ob diese Regelungen rechtsgültig und damit für den Steuerzahler auch verbindlich waren (HHR/*Pflüger* § 25 Rn. 2 mwN). Die Gesetzesnovelle schuf in dieser Situation Rechtssicherheit.

Das **JStG 1996** (BGBl. 1995 I 1250; BStBl. I 1995, 438) entfernte die in dem damaligen 8 Abs. 2 enthaltene Regelung in Bezug auf eine Veranlagung bei unterjähriger Steuerpflicht. Bis zu diesem Zeitpunkt konnte bei Wegfall der Steuerpflicht vor Ablauf des Kalenderjahres die Veranlagung durch das Finanzamt gleich zu diesem Zeitpunkt vorgenommen werden und es musste nicht wie im Rahmen der jetzt geltenden Regelung das Ende des Kalenderjahres abgewartet werden (Blümich/*Heuermann* § 25 Rn. 6).

Durch das **UntStReformG 2008** (BGBl. 2007 I 1912; BStBl. I 2007, 630) wurde die 9 Regelung in § 43 Abs. 5 als weiterer Ausnahmetatbestand von der Pflicht zur Veranlagung übernommen (HHR/*Pflüger* § 25 Rn. 2).

Im Rahmen des **SteuerbürokratieabbauG 2008** (BGBl. 2008 I 2850; BStBl. I 2009, 10 124) wurde Abs. 4 neu eingefügt und dadurch festgelegt, in welchen Fällen die Einkommensteuererklärung in elektronischer Form zu übermitteln ist. Ebenfalls wurden in diesem Zusammenhang die dazugehörigen §§ 60 Abs. 1 und 4 EStDV neu gefasst (HHR/*Pflüger* § 25 Rn. 2).

11 Das **SteuervereinfachungsG 2011** (BGBl. 2011 I 2131; BStBl. I 2011, 986) berücksichtigte die Abschaffung der getrennten und besonderen Veranlagung von Ehegatten und die Einführung der Einzelveranlagung nach § 26a (Blümich/*Heuermann* § 25 Rn. 7).

3. Verhältnis zu höherrangigem Recht

12 Nach Ansicht des BVerfG verstößt die Pflicht zur Abgabe einer Einkommensteuererklärung nicht gegen das **allgemeine Persönlichkeitsrecht** aus Art. 2 Abs. 1 GG (BVerfG 27.6.1991 – 2 BvR 1493/89, BStBl. II 1991, 654). Zwar wird nach Ansicht des BVerfG das allgemeine Persönlichkeitsrecht durch die Verpflichtung zur Abgabe einer Einkommensteuererklärung beeinträchtigt, dies sei jedoch unter dem Gesichtspunkt der Vorgabe der Gleichmäßigkeit der Besteuerung ein geeignetes, erforderliches und angemessenes Mittel, um dieses Ziel zu erreichen (HHR/*Pflüger* § 25 Rn. 14 zit. BVerfG 27.6.1991 – 2 BvR 1493/89, BStBl. II 1991, 654).

4. Zeitlicher Anwendungsbereich

13 Abs. 3 findet erstmals für Einkommensteuererklärungen Anwendung, die für den Veranlagungszeitraum 2013 abzugeben sind (HHR/*Pflüger* § 25 Rn. 34).

14 Abs. 4 findet erstmals für Einkommensteuererklärungen Anwendung, die für den Veranlagungszeitraum 2011 abzugeben sind (HHR/*Pflüger* § 25 Rn. 66).

5. Verhältnis zu anderen Bestimmungen

15 § 2 Abs. 7 legt die Einkommensteuer als eine **Jahressteuer** fest und § 25 **konkretisiert** diese Vorgabe, indem als Festsetzungszeitraum für die Einkommensteuer das **Kalenderjahr** bestimmt wird (Blümich/*Heuermann* § 25 Rn. 9). Dieses System wird auch als **Grundsatz der Abschnittsbesteuerung** bezeichnet. Das Finanzamt hat in jedem Veranlagungszeitraum die einschlägigen Besteuerungsgrundlagen erneut zu prüfen und rechtlich zu würdigen (BFH 17.10.1990 – I R 182/87, BStBl. II 1991, 136). Parallel hierzu regelt § 4a Abs. 2, dass ein hiervon abweichendes Wirtschaftsjahr einem Kalenderjahr zuzuordnen ist und zwar dem Kalenderjahr, in dem das betreffende Wirtschaftsjahr endet.

16 Die Regelungen zur Veranlagung von Ehegatten in den §§ 26 ff. **ergänzen** § 25. In Bezug auf die Kirchensteuer und den Solidaritätszuschlag ist die nach § 25 festgesetzte Einkommensteuer die **Maßstabsteuer** (HHR/*Pflüger* § 25 Rn. 8).

17 Die EStDV ergänzt § 25, ebenso die einschlägigen Vorschriften der AO in den §§ 149–153 und 155–165 AO (HHR/*Pflüger* § 25 Rn. 8).

II. Normstruktur und zentrale Debatten

1. Inhalt der Norm

18 § 25 behandelt die Grundlagen der Veranlagung der Einkommensteuer. Dabei wird in Abs. 1 zunächst das **Veranlagungsprinzip** für das abgelaufene Kalenderjahr verankert und an den **Grundsatz der Abschnittsbesteuerung** des § 2 Abs. 7 angeknüpft (HRR/*Pflüger* § 25 Rn. 1). Abs. 3 legt fest, dass Steuerpflichtige für den Veranlagungszeitraum eine **Einkommensteuererklärung** abzugeben haben und regelt auch, wie diese im Rahmen der Zusammenveranlagung von Ehegatten zu gestalten ist. Abs. 4 behandelt schließlich die Einzelheiten der **Übermittlung** dieser Einkommensteuererklärung an die Finanzverwaltung.

2. Leitentscheidungen und maßgebliche Debatten

19 Zur **Verfassungsmäßigkeit von § 60 Abs. 4 EStDV:** BFH 16.11.2011 – X R 18/09, BStBl. II 2012, 129, wonach § 60 Abs. 4 EStDV eine wirksame Rechtsgrundlage für die Pflicht zur Abgabe einer Einkommensteuererklärung darstellt und die in § 60 Abs. 4 EStDV enthaltene Pflicht zur Beifügung einer Gewinnermittlung nach amtlich vorgeschriebenem

Vordruck verhältnismäßig ist; sie ist insbesondere zur Erreichung der verfolgten Zwecke (Gleichmäßigkeit der Besteuerung, Vereinfachung des Besteuerungsverfahrens) geeignet, erforderlich und angemessen.

Zur Behandlung eines **Antrages auf Veranlagung:** BFH 22.5.2006 – VI R 15/05, BStBl. II 2006, 912, wonach für die Durchführung des Veranlagungsverfahrens kein Antrag des Steuerpflichtigen gemäß § 46 Abs. 2 Nr. 8 (mehr) notwendig ist, wenn das Finanzamt das Veranlagungsverfahren von sich aus bereits durchgeführt und die Einkommensteuer festgesetzt hat. 20

Zur **Einreichung** der Einkommensteuererklärung per **Fax:** BFH 8.10.2014 – VI R 82/13, BStBl. II 2015, 359, wonach eine Einkommensteuererklärung nach diesem Urteil des BFH auch wirksam per Fax an das zuständige Finanzamt übermittelt werden kann. 21

Zu den **Formerfordernissen** einer wirksamen Einkommensteuererklärung: BFH 22.5.2006 – VI R 15/02, BStBl. II 2007, 2, wonach eine Einkommensteuererklärung nach Ansicht des BFH auch dann „nach amtlich vorgeschriebenem Vordruck" abgegeben ist, wenn ein – auch einseitig – privat gedruckter oder fotokopierter Vordruck verwendet wird, der dem amtlichen Muster entspricht. 22

Zum Beginn von Festsetzungsfristen bei **mangelnder Unterzeichnung:** BFH 14.1.1998 – X R 84/95, BStBl. II 1999, 203. Gibt der Steuerpflichtige eine mangels Unterzeichnung nicht wirksame Einkommensteuererklärung ab, so beginnt nach Ansicht des BFH die Festsetzungsfrist nicht mit Ablauf des Kalenderjahres, in dem die Steuererklärung eingereicht wurde, sondern spätestens mit Ablauf des dritten Kalenderjahres, das auf das Kalenderjahr folgt, in dem die Steuer entstanden ist. 23

Zur Behandlung der Einkommensteuer als **Masseverbindlichkeit:** BFH 18.5.2010 – X R 60/08, BStBl. II 2011, 429. Die sich aus der Verwertung der Insolvenzmasse ergebende Einkommensteuerschuld ist nach diesem Urteil in einem auf den Zeitraum nach Insolvenzeröffnung beschränkten Einkommensteuerbescheid gegenüber dem Insolvenzverwalter festzusetzen. 24

Zur Behandlung der von einem Erblasser herrührenden Steuerschulden für das Todesjahr als **Nachlassverbindlichkeiten:** BFH 4.7.2012 – II R 15/11, BStBl. II 2012, 790. Die auf den Erben entsprechend seiner Erbquote entfallenden Abschlusszahlungen für die vom Erblasser herrührende Einkommensteuer des Todesjahres, einschließlich Kirchensteuer und Solidaritätszuschlag, sind nach diesem Urteil des BFH als Nachlassverbindlichkeiten zu qualifizieren. 25

Zu **unrichtigen Angaben** bei der Abgabe von Einkommensteuererklärungen durch Ehegatten: BFH 16.4.2002 – IX R 40/00, BStBl. II 2002, 501. Nach diesem Urteil des BFH ist nicht Mittäter oder Teilnehmer einer Steuerhinterziehung, wer sich als Ehegatte darauf beschränkt, die gemeinsame Einkommensteuererklärung zu unterschreiben, in der der andere Ehegatte unrichtige oder unvollständige Angaben über eigene Einkünfte macht. 26

Zu den Anforderungen an eine **Unterschrift** unter eine Einkommensteuererklärung: BFH 25.3.1983 – III R 64/82, BStBl. II 1983, 479. Nach Urteil des BFH erfordert die notwendige eigenhändige Unterschrift einen die Identität des Unterschreibenden ausreichend kennzeichnenden individuellen Schriftzug, der charakteristische Merkmale aufweist und sich nach dem gesamten Schriftbild als Unterschrift eines Namens darstellt. 27

Zur **Unzumutbarkeit im Rahmen der Datenfernübertragung:** BFH 14.3.2012 – XI R 33/09, BStBl. II 2012, 477. Nach Ansicht des BFH ist die Verpflichtung eines Unternehmers, seine Umsatzsteuer-Voranmeldungen dem Finanzamt grundsätzlich durch Datenfernübertragung elektronisch zu übermitteln, verfassungsgemäß. Das Urteil setzt sich ferner mit den Voraussetzungen auseinander, unter welchen Bedingungen dem Steuerpflichtigen die Papierform zuzubilligen ist. Der Steuerpflichtige darf darüber hinaus vom Finanzamt hinsichtlich der zur Erfüllung der Erklärungspflicht auf elektronischem Weg erforderlichen Hard- und Software grundsätzlich nicht auf den Internetzugang anderer Konzerngesellschaften verwiesen werden. 28

B. Voraussetzungen und Rechtsfolgen

I. Veranlagung der Einkommensteuer (Abs. 1)

29 Gemäß Abs. 1 wird die Einkommensteuer nach Ablauf eines Kalenderjahres nach dem Einkommen des Steuerschuldners **veranlagt.** Abs. 1 normiert damit als Grundnorm des III. Abschnitts des EStG „Veranlagung" die gesetzgeberische Entscheidung für das **Veranlagungsprinzip.** Das Veranlagungsprinzip dient der Verwirklichung des Grundsatzes der **steuerlichen Lastengleichheit** gemäß Art. 3 Abs. 1 GG, indem es eine gleichmäßige Erhebung der Steuer im Besteuerungsverfahren sicherstellen will. Es soll darüber hinaus gewährleistet werden, dass jede Bemessungsgrundlage möglichst vollständig festgestellt und verwirklicht wird. Über diese Art der Veranlagung wird die weitest mögliche Gleichheit zwischen allen Steuerpflichtigen hergestellt (BFH 22.5.2006 – VI R 49/04, BStBl. II 2006, 808).

1. Begriff der Veranlagung

30 Die **Veranlagung** ist ein mehrstufiges förmliches Verfahren, in dem von der zuständigen Finanzbehörde nach Einreichung einer Einkommensteuer-Erklärung durch den Steuerpflichtigen die Besteuerungsgrundlagen für einen bestimmten Zeitraum ermittelt werden und anschließend die Einkommensteuer gemäß Abs. 1 festgesetzt wird (HHR/*Pflüger* § 2 Rn. 14).

31 Darauf aufbauend wird dem Steuerpflichtigen die Festsetzung der Einkommensteuer durch einen an ihn adressierten **Steuerbescheid** bekanntgegeben (HHR/*Pflüger* § 2 Rn. 14). Die Vorschrift ist damit eine **Konkretisierung** des allgemeinen Steuerfestsetzungsverfahrens nach den §§ 155, 157 AO und eine Ausgestaltung der Abschnittsbesteuerung des § 2 Abs. 7 (Schmidt/*Seeger* § 25 Rn. 1).

32 In Abgrenzung zu § 2 Abs. 7 S. 2, der das Kalenderjahr in **sachlicher** Hinsicht als Zeitraum für die Ermittlung der Einkommensteuer festlegt, bestimmt § 25 Abs. 1 die **verfahrensrechtlichen Anforderungen** an die Ermittlung der Einkommensteuer (Kirchhof/*Lamprecht* § 25 Rn. 1). § 25 bestimmt dabei, **ob** der Steuerpflichtige überhaupt zu veranlagen ist und die §§ 26–26c bestimmen, **wie** dies anschließend zu geschehen hat (Schmidt/*Loschelder* § 26 Rn. 1).

2. Veranlagungsverfahren

33 Das für die Veranlagung **zuständige Finanzamt** ist in der Regel das Finanzamt, in dessen Bezirk der Steuerpflichtige seinen Wohnsitz oder aber seinen gewöhnlichen Aufenthalt hat, § 19 Abs. 1 AO. Dabei sind grundsätzlich die Verhältnisse **zum Zeitpunkt der Veranlagung** entscheidend (HHR/*Pflüger* § 25 Rn. 14). Geht die örtliche Zuständigkeit – beispielsweise im Rahmen eines Umzuges – durch eine Veränderung der sie begründenden Umstände von einer Finanzbehörde auf eine andere Finanzbehörde über, so tritt gemäß § 26 S. 1 AO der Wechsel der Zuständigkeit in dem Zeitpunkt ein, in dem eine der beiden Finanzbehörden hiervon erfährt (BFH 26.2.2014 – III B 123/13 (NV), BFH/NV 2014, 823). Tritt ein Umzug erst nach dem maßgeblichen Verwaltungshandeln ein, verbleibt es bei der durch § 19 Abs. 1 S. 1 AO begründeten Zuständigkeit des bisherigen Finanzamtes (BFH 26.2.2014 – III B 123/13 (NV), BFH/NV 2014, 823).

34 Das zuständige Finanzamt hat aufgrund der eingereichten Einkommensteuererklärung **von Amts wegen** zu ermitteln, ob und wie der Steuerpflichtige zur Einkommensteuer zu veranlagen ist, sog. **Untersuchungsgrundsatz.** Dabei ist der Steuerpflichtige jedoch zur Mitwirkung verpflichtet (HHR/*Pflüger* § 25 Rn. 14).

35 Das Verfahren der Veranlagung kann auf verschiedene Weise beendet werden. Der Regelfall der Beendigung des Veranlagungsverfahrens ist der **Erlass eines Einkommensteuerbescheides,** der die jeweilige Einkommensteuer festsetzt. Alternativ kann ein **Freistellungsbescheid** mit dem Inhalt ergehen, dass für den Veranlagungszeitraum keine Einkommensteuer geschuldet wird; dieser Freistellungsbescheid steht einem Steuerbescheid gleich, § 155 Abs. 1 S. 3 AO.

36 Schließlich kann eine **Nichtveranlagungs-Verfügung** ergehen. Eine solche Verfügung ist in der Regel eine unverbindliche Auskunft ohne jeglichen Regelungscharakter, deren

Rechtsnatur sich nach ständiger Rechtsprechung des BFH nicht abstrakt bestimmen lässt. Eine Nichtveranlagungs-Verfügung kann damit grundsätzlich sowohl als **formlose Mitteilung** ergehen, die lediglich eine unverbindliche Auskunft ohne Regelungscharakter beinhaltet, als auch als **förmlicher Bescheid** mit verbindlicher Regelung des Einzelfalles (BFH 12.5.1989 – III R 200/85, BFH/NV 1989, 31).

Die Frage nach der Rechtsnatur, dem Regelungsgehalt und der verfahrensrechtlichen Bedeutung einer derartigen Verfügung ist jeweils nach den Umständen des Einzelfalls zu bestimmen und diese Wertung obliegt nach der Ansicht des BFH in erster Linie den erstinstanzlichen Gerichten (BFH 17.4.2007 – VI B 136/06, BFH/NV 2007, 1267). Es kann damit keine allgemeine Aussage zur Rechtsnatur einer Nichtveranlagungs-Verfügung getroffen werden, da dies immer nach dem Einzelfall zu beurteilen ist. **Für einen Bindungswillen** der Behörde spricht beispielsweise, dass eine Nichtveranlagungs-Verfügung mit einer Rechtsbehelfsbelehrung versehen ist (BFH 12.5.1989 – III R 200/85, BFH/NV 1989, 31). 37

3. Rechtsanspruch auf Veranlagung

Grundsätzlich besteht nach dem Wortlaut des Gesetzes ein **Anspruch auf Veranlagung,** der gegebenenfalls sowohl durch Einlegung eines Einspruches im Rechtsbehelfsverfahren nach § 347 Abs. S. 2 AO als auch im Rahmen einer Verpflichtungsklage gemäß § 40 FGO gegenüber der Finanzverwaltung verfolgt werden kann (BFH 9.7.1959 – IV 209/58 U, BStBl. III 1959, 348). Dies gilt allerdings nicht, wenn **von Gesetzes wegen** eine Veranlagung unterbleibt oder aber wenn die Festsetzungsverjährung bereits eingetreten ist – in einem solchen Fall ist das Finanzamt nicht mehr verpflichtet, eine Veranlagung auf Antrag des Steuerpflichtigen durchzuführen (BFH 14.4.2011 – VI R 53/10, BStBl. II 2011, 746). 38

§ 25 findet dem Wortlaut nach immer dann **keine Anwendung,** soweit nach § 43 Abs. 5 und § 46 eine Veranlagung unterbleibt. Damit gilt insbesondere für Kapitalerträge, die der Kapitalertragsteuer unterliegen, dass die Einkommensteuer bereits mit dem Steuerabzug abgegolten ist und eine anschließende Veranlagung nach § 25 nicht erfolgt (Blümich/*Heuermann* § 25 Rn. 21). Hierdurch wird eine **Doppelbesteuerung** dieser Einkünfte **vermieden.** Allerdings kann der Steuerpflichtige gemäß § 43 Abs. 5 S. 3 beantragen, dass die Kapitalerträge in die besondere Besteuerung nach § 32d einbezogen werden. 39

Ebenfalls **unterbleibt** eine Veranlagung, sofern gemäß § 46 der Steuerabzug an der Quelle bereits den Steueranspruch abgilt. § 46 enthält jedoch ausdrücklich keine Regelung, wann eine Veranlagung zu unterbleiben hat. Vielmehr wird hier negativ abgegrenzt, in welchen Fällen bei einem teilweisen oder gänzlichen Bezug von Einkünften aus nichtselbständiger Arbeit überhaupt eine Veranlagung erfolgen darf. Daraus ergibt sich im Umkehrschluss, dass die Aufzählung der Veranlagungstatbestände in § 46 Abs. 2 abschließend ist. Soweit ein Pflichtveranlagungstatbestand des § 46 Abs. 2 Nr. 1–7 nicht vorliegt, ist der Steuerpflichtige daher nur zu veranlagen, wenn er innerhalb der zweijährigen Antragsfrist des § 46 Abs. 2 Nr. 8 Satz 2 die Veranlagung beim Finanzamt **beantragt** (*Bergan/Martin* DStR 2006, 2203 (2204)). 40

Auf das Vorliegen der Antragsvoraussetzungen kommt es weiterhin nicht an, wenn das Finanzamt bereits einen **Schätzungsbescheid** erlassen hat (Schmidt/*Seeger* § 25 Rn. 3). Danach bedarf es für die Durchführung des Veranlagungsverfahrens keines Antrags des Steuerpflichtigen nach § 46 Abs. 2 Nr. 8 mehr, wenn das Finanzamt das Veranlagungsverfahren **von sich aus** bereits durchgeführt und die Einkommensteuer durch Erlass eines Steuerbescheids festgesetzt hat (BFH 22.5.2006 – VI R 15/05, BStBl. II 2006, 912). Dies gilt jedenfalls dann, wenn bei Erlass des Steuerbescheids die Voraussetzungen für eine Veranlagung von Amts wegen aus der insoweit maßgeblichen Sicht des Finanzamtes vorlagen. In einem solchen Fall kann der Antrag auf Durchführung der Veranlagung seinen Zweck, ein Veranlagungsverfahren in Gang zu setzen, nicht mehr erreichen, da dieses schon durchgeführt wurde (BFH 22.5.2006 – VI R 15/05, BStBl. II 2006, 912). 41

Es ist ebenfalls dann **kein Antrag** des Steuerpflichtigen notwendig, wenn dessen Ehegatte die **getrennte Veranlagung wählt,** obwohl die Voraussetzungen für eine Zusammenveranlagung vorlagen (Schmidt/*Seeger* § 25 Rn. 3). Ist ein Ehegatte damit gemäß § 25 zur Einkommensteuer zu veranlagen und wird auf seinen Antrag eine getrennte Veranlagung durchge- 42 führt, ist auch der andere Ehegatte gemäß § 26 Abs. 2 S. 1 **zwingend getrennt** zu veranlagen (BFH 21.9.2006 – VI R 80/04, BStBl. II 2007, 11).

4. Das Kalenderjahr als maßgeblicher Zeitraum

43 Grundsätzlich ist unter einem Veranlagungszeitraum derjenige Zeitraum zu verstehen, für den die Einkommensteuer durch eine Veranlagung **festgesetzt** wird oder aber der Steuerpflichtige für diesen Zeitraum von der Einkommensteuer **freigestellt** wird (HHR/*Pflüger* § 25 Rn. 18). Nach dem Wortlaut des § 25 wird die Einkommensteuer nach dem Ablauf eines Kalenderjahres als Veranlagungszeitraum veranlagt. Damit ist das **Kalenderjahr** der maßgebliche Veranlagungszeitraum. Eine **Abänderung** dieses Zeitraumes ist dem Wortlaut des Gesetzes nach nicht vorgesehen.

44 Der Begriff des Veranlagungszeitraumes ist von den Begriffen des **Ermittlungszeitraumes** und des **Bemessungszeitraums** zu unterscheiden. Ermittlungszeitraum ist dabei der Zeitraum, für den die einzelnen Komponenten des Einkommens ermittelt werden (beispielsweise der Gewinn im Rahmen der Gewinneinkunftsarten), Bemessungszeitraum hingegen ist der Zeitraum, in dem das zu versteuernde Einkommen erzielt wurde (HHR/*Pflüger* § 25 Rn. 18).

45 Der Veranlagungszeitraum ist auch unabhängig davon, ob tatsächlich Einkommen bezogen wurde oder nicht, da dieser abstrakt zu verstehen ist. Denn aus der Verknüpfung des Begriffs des Veranlagungszeitraums mit dem Bezug von Einkommen kann nicht gefolgert werden, dass ein Veranlagungszeitraum nur dann vorliegt, wenn tatsächlich in dem Kalenderjahr Einkommen des Steuerpflichtigen hätte besteuert werden können. Der Begriff des Veranlagungszeitraums bezeichnet vielmehr objektiv und abstrakt den Zeitraum, für den eine Einkommensteuer festzusetzen wäre, wenn Einkommen bezogen würde (BFH 18.7.1972 – VIII R 50/68, BStBl. II 1972, 877).

46 Damit wird die Einkommensteuer immer für das Kalenderjahr festgelegt, selbst wenn die persönlichen oder sachlichen Voraussetzungen des jeweiligen Steuerpflichtigen nur für einen Teil des Kalenderjahres vorlagen (Kirchhof/*Lambrecht* § 25 Rn. 5).

47 Demzufolge treten die **Rechtsfolgen** einkommensteuerlicher Bestimmungen in Bezug auf die veranlagte Einkommensteuer stets erst mit dem **Ablauf des Veranlagungszeitraums** (Prinzip der Veranlagung nach der Vergangenheit) und damit im Regelfall mit Ablauf des Kalenderjahres der Einkunftserzielung ein. Dies gilt sowohl im Hinblick auf die Steuerpflichtigkeit als auch für eine etwaige Steuerfreiheit von Einkünften (BVerfG 14.5.1986 – 2 BvL 2/83, NJW 1987, 1749 (1752)).

5. Bezogenes Einkommen

48 Die Einkommensteuer wird nach dem Wortlaut des § 25 nach dem Einkommen veranlagt, welches der Steuerpflichtige in dem Veranlagungszeitraum **bezogen** hat. Dabei regelt § 25 zunächst nicht selbst, welches Einkommen der Steuerpflichtige bezogen hat, denn dies ist Gegenstand der Prüfung des § 2 (Kirchhof/*Lambrecht* § 25 Rn. 4).

49 **a) Begriff des Einkommens und Bemessungsgrundlage. Einkommen** bedeutet dabei, wie sich aus der Begriffsbestimmung des § 2 ergibt, die Summe der Einkünfte aus den im Einkommensteuergesetz näher bezeichneten Einkunftsarten nach Abzug (insbesondere) der im Einkommensteuergesetz geregelten Sonderausgaben. Auch innerhalb der einzelnen Einkunftsarten erfolgt zunächst jeweils eine auf den gesamten Veranlagungszeitraum bezogene Saldierung von positiven und negativen Einkünften, ehe der – positive oder negative – Gesamtbetrag der Einkünfte aus der jeweiligen Einkunftsart in der beschriebenen Weise in die Rechnung zur Ermittlung des Einkommens des Steuerpflichtigen eingestellt wird (BVerfG 14.5.1986 – 2 BvL 2/83, NJW 1987, 1749 (1752)).

50 **Bemessungsgrundlage** ist demnach das Einkommen nach § 2 und dieses ist dann im Veranlagungszeitraum bezogen, wenn es dem Kalenderjahr nach den Regeln der jeweiligen Einkunftsart oder aufgrund besonderer Vorschriften **zeitlich zuzuordnen** ist (Blümich/*Heuermann* § 25 Rn. 56). Damit ist der Bezug des Einkommens nicht gleichbedeutend mit dem Zufluss gemäß § 11 Abs. 1, der nach dieser Norm gesondert zu bestimmen ist (Kirchhof/*Lambrecht* § 25 Rn. 4; BFH 18.7.1972 – VIII R 50/68, BStBl. II 1972, 877).

Die **Verwendung** des Einkommens außerhalb des Tatbestandes der Einkünfteerzielung ist für die Zwecke des § 25 grundsätzlich **unbeachtlich,** denn der Steueranspruch entsteht gemäß § 36 Abs. 1, § 38 AO mit dem Ablauf des Veranlagungszeitraumes (BVerfG 14.5.1986 – 2 BvL 2/83, BVerfGE 72, 200, 252 f.; BVerfG 7.7.2010 – 2 BvL 14/02, 2 BvL 2/04, 2 BvL 13/05, DStR 2010, 1727 (1729); Blümich/*Heuermann* § 25 Rn. 58). 51

b) Tod des Steuerpflichtigen. Stirbt ein Steuerpflichtiger vor Ablauf des Kalenderjahres, ist zum Zeitpunkt des Erbfalls zwar noch keine Einkommensteuer für das Todesjahr entstanden, der Steuerpflichtige hat aber bis zu seinem Ableben selbst Steuertatbestände verwirklicht und damit das spätere Entstehen der Steuerverbindlichkeiten begründet (BFH 4.7.2012 – II R 15/11, BStBl. II 2012, 790; ZEV 2012, 500 (502)). **Mit seinem Ableben** tritt der Erbe in die Rechtsstellung des Verstorbenen (Erblasser) ein; der durch den Erblasser als Steuerpflichtigem begründete, mit Ablauf des Todesjahres entstehende Anspruch aus dem Steuerschuldverhältnis **geht auf den Erben über** (BFH 4.7.2012 – II R 15/11, BStBl. II 2012, 790;). 52

Stirbt der Steuerpflichtige **vor Ablauf** des Kalenderjahres und endet damit seine persönliche Steuerpflicht unterjährig, so wird der Veranlagung für das Todesjahr ein **abgekürzter Ermittlungszeitraum** zugrunde gelegt. Die Veranlagung ist auf das bis zum Tod des Steuerpflichtigen erzielte Einkommen zu beschränken (BFH 4.7.2012 – II R 15/11, BStBl. II 2012, 790; 53

Im Hinblick darauf, dass das Einkommen **des Erblassers** erfasst und damit an die Verwirklichung des Steuertatbestands durch den Erblasser angeknüpft wird, ist die Einkommensteuer des Todesjahres unmittelbar **in der Person des Erblassers** als Steuerpflichtigem begründet (BFH 4.7.2012 – II R 15/11, BStBl. II 2012, 790;). 54

Ein Erbe ist folglich (und dies ist bei einem eigenen Einkommen wohl der Regelfall) **zwei Einkommensteuer-Ansprüchen** ausgesetzt: (i) dem Anspruch gegen den Erblasser, der auf ihn übergegangen ist, und (ii) dem Anspruch, den der Erbe selbst durch eine Tätigkeit erfüllt, die der Einkommensteuer unterliegt (Blümich/*Heuermann* § 25 Rn. 58). 55

Die Einkommensteuerschuld des Erblassers ist sowohl für die bereits abgeschlossenen Veranlagungszeiträume als auch für den laufenden Veranlagungszeitraum des Jahres, in dem der Tod eintritt, eine **Nachlassverbindlichkeit** der Erben (BFH 4.7.2012 – II R 15/11, BStBl. II 2012, 790). 56

Dies erkannte der BFH auch für noch nicht abgeschlossene Veranlagungszeiträume an, in denen die Einkommensteuer im Zeitpunkt des Todesfalls noch gar nicht entstanden war. Der BFH stellte in seinem Urteil (BFH 4.7.2012 – II R 15/11, BStBl. II 2012, 790) fest, dass der Erblasser die Verpflichtung zur Zahlung der Steuerschuld bereits allein durch sein Handeln begründet hat. Zu Lebzeiten hätte er selbst den Steuertatbestand einer der in § 2 Abs. 1 genannten Einkunftsarten verwirklicht und damit steht bei seinem Tode fest, dass die Belastung mit Einkommensteuer mit Ablauf des Todesjahrs eintreten wird. Dass die Steuerschuld tatsächlich erst – ohne sein Zutun – nach Ablauf des Veranlagungszeitraums entsteht, ist ohne Belang. Die Steuerschuld wäre dem Erblasser entstanden, sofern er nicht vor Eintritt der zu ihrer Entstehung notwendigen weiteren Voraussetzungen verstorben wäre (*Millatz/Knepel* DStR 2012, 2527 (2528)). 57

c) Insolvenz des Steuerpflichtigen. Die Eröffnung eines Insolvenzverfahrens hat zunächst **keine Auswirkungen** auf das Steuerrechtsverhältnis, allerdings sind die Vorschriften der InsO zu beachten, inwiefern Steuerforderungen gegen die Insolvenzmasse geltend zu machen sind (Blümich/*Heuermann* § 25 Rn. 60). Die Abgrenzung zwischen Insolvenzforderungen und -verbindlichkeiten und Masseforderungen und -verbindlichkeiten richtet sich nach dem **Zeitpunkt der insolvenzrechtlichen Begründung.** Auf die steuerliche Entstehung der Forderung und deren Fälligkeit kommt es nicht an (BFH 18.5.2010 – X R 60/08, BStBl. II 2011, 429). 58

Gemäß § 35 Abs. 1 InsO erfasst das Insolvenzverfahren das gesamte Vermögen, das dem Schuldner zur Zeit der Eröffnung des Verfahrens gehört und das er während des Verfahrens erlangt (Insolvenzmasse). Zu den kraft Gesetzes entstehenden Masseverbindlichkeiten zählen vor allem auch Steuerforderungen und -verbindlichkeiten, die **nach Verfahrenseröffnung** entstehen (BFH 18.5.2010 – X R 60/08, BStBl. II 2011, 429). 59

60 Dabei gilt grundsätzlich: **Im Zeitpunkt der Insolvenzeröffnung** bereits begründete Steueransprüche sind zur Insolvenztabelle anzumelden. **Nach Insolvenzeröffnung** begründete Steueransprüche, die als Massekosten oder Masseschulden zu qualifizieren sind, sind gegen den Insolvenzverwalter festzusetzen und von diesem vorweg aus der Insolvenzmasse zu befriedigen. Alle **sonstigen Steueransprüche** sind insolvenzfrei. Die aus der Verwertung der Insolvenzmasse sich ergebende Einkommensteuerschuld ist in einem auf den Zeitraum nach Insolvenzeröffnung beschränkten Einkommensteuerbescheid gegenüber dem Insolvenzverwalter festzusetzen (BFH 18.5.2010 – X R 60/08, BStBl. II 2011, 429).

II. Steuererklärung (Abs. 3)

61 Die Steuererklärung des Steuerschuldners ist die **Grundlage der Veranlagung** nach Abs. 1. Sie ist dem Wortlaut nach für den Veranlagungszeitraum **eigenhändig unterschrieben** abzugeben.

1. Begriff und Rechtsnatur der Einkommensteuererklärung

62 Die Einkommensteuererklärung ist eine **formalisierte Auskunft** des Steuerpflichtigen oder seines Vertreters, die dem Finanzamt die Festsetzung der Steuer oder die Feststellung von Besteuerungsgrundlagen ermöglichen soll und in der Regel zum Erlass eines Steuerbescheides führt (BFH 22.5.2006 – VI R 49/04, BStBl. II 2006, 808).

63 **a) Elemente der Einkommensteuererklärung.** Dabei enthält eine Einkommensteuererklärung mehrere Elemente. Sie ist zunächst in Bezug auf Erklärungen des Steuerpflichtigen, die sich auf den Sachverhalt beziehen, eine **Wissenserklärung** (Koenig/*Cöster* AO § 149 Rn. 9). Der Gesetzgeber hat die Besonderheit der Steuererklärung als Wissenserklärung hervorgehoben, denn er hat dem Steuerpflichtigen nach § 150 Abs. 2 iVm Abs. 3 AO die Verpflichtung auferlegt, Angaben in den Steuererklärungen **nach bestem Wissen und Gewissen** zu machen und dies unter den im Gesetz bezeichneten Voraussetzungen schriftlich zu versichern (BFH 8.7.1983 – VI R 80/81, BStBl. II 1984, 13).

64 Demzufolge kommt damit eine Anfechtung nach § 119 BGB grundsätzlich nicht in Betracht (Koenig/*Cöster* AO § 149 Rn. 9). Erkennt der Steuerpflichtige, dass er unrichtige Erklärungen abgegeben hat, so hat er diese gemäß § 153 AO zu berichtigen und keine Anfechtung zu erklären (Blümich/*Heuermann* § 25 Rn. 80).

65 Ebenso kann eine Steuererklärung **Willenserklärungen** des Steuerpflichtigen enthalten, so insbesondere Anträge auf Steuerermäßigungen oder die Ausübung von Wahlrechten (Koenig/*Cöster* AO § 149 Rn. 9). Auch hier ist eine Anfechtung nach § 119 BGB nicht möglich: Die Vorschriften des BGB über die Anfechtung von Willenserklärungen wegen Irrtums gelten grundsätzlich nur für die Willenserklärungen, die Bestandteile **privater Rechtsgeschäfte** sind.

66 Im öffentlichen Recht kommt eine sinngemäße Anwendung dieser Vorschriften allenfalls in Betracht, wenn es sich um ähnliche Rechtsverhältnisse handelt, wie beispielsweise beim Abschluss öffentlich-rechtlicher Verträge, grundsätzlich dagegen nicht bei einseitigen Anträgen, die private Personen an Behörden richten (BFH 11.1.1967 – I 78/65, BStBl. III 1967, 208). Möglich ist aber in der Regel ein **Widerruf** der Willenserklärung, der jedoch nur bis zur Bestandskraft des Steuerbescheides möglich ist (Koenig/*Cöster* AO § 149 Rn. 9).

67 Eine Einkommensteuererklärung kann ebenfalls **Verfahrensanträge** des Steuerpflichtigen enthalten.

68 **b) Anlaufhemmung.** Die Einreichung der Einkommensteuererklärung **beendet die Anlaufhemmung** nach § 170 Abs. 2 S. 1 Nr. 1 AO (Blümich/*Heuermann* § 25 Rn. 80). Eine **von einem Dritten** eingereichte Einkommensteuer-Erklärung, die das Finanzamt in die Lage versetzt, die Veranlagung gegenüber dem Steuerschuldner durchzuführen, ist als Steuererklärung im Sinne des § 170 Abs. 2 AO anzusehen, wenn das Finanzamt aus der Steuererklärung die richtigen Schlüsse auf den Steuerschuldner und die zu veranlagende Steuer ziehen kann und die Steuererklärung zur Grundlage der Veranlagung macht (BFH 10.11.2002 – V B 190/01, BFH/NV 2003, 292).

69 **Keinen Einfluss** auf die Anlaufhemmung gemäß § 170 Abs. 2 S. 1 Nr. 1 AO hat die **Nichtveranlagungs-Bescheinigung** gemäß § 44a Abs. 2 S. 1 Nr. 2 (Blümich/*Heuermann*

§ 25 Rn. 80), da diese lediglich **vorläufigen Charakter** hat. Sie wird aufgrund der bloß voraussichtlichen Einkommensverhältnisse gewährt, nur unter dem Vorbehalt des Widerrufs ausgestellt und ist zurückzugeben, wenn das Finanzamt sie zurückfordert oder der Gläubiger den Wegfall der Voraussetzungen für ihre Erteilung erkennt (BFH 15.5.2013 – VI R 33/12, BStBl. II 2014, 238).

2. Pflicht zur Abgabe einer Steuererklärung

Der Steuerpflichtige ist grundsätzlich **verpflichtet,** eine Steuererklärung abzugeben. Die 70
Voraussetzungen hierfür sind in den §§ 149–153 AO, in § 25 Abs. 3 und 4 und in den §§ 56 und 60 EStDV näher geregelt. Die Abgabe einer Steuererklärung ist **Ausfluss der Mitwirkungspflicht** gemäß § 90 AO (Blümich/*Heuermann* § 25 Rn. 71).

3. Eigenhändige Unterzeichnung

Die Einkommensteuererklärung ist von dem Steuerpflichtigen **eigenhändig** zu unter- 71
zeichnen. Zweck der Unterschrift ist, dass der Steuerpflichtige selbst die **Verantwortung** für seine tatsächlichen Angaben in der Erklärung übernehmen soll. Durch die auf dem Erklärungsvordruck geleistete Unterschrift wird sichergestellt, dass er sich über die **Lückenlosigkeit** und die **Richtigkeit** der gegebenenfalls von einer dritten Person, insbesondere seinem Steuerberater, vorgenommenen Eintragungen und den Umfang der im Vordruck vorgesehenen Angaben vergewissern kann (BFH 14.1.1998 – X R 84/95, BStBl. II 1999, 203; BFH 8.6.1971 – VII R 75/68, BStBl. II 1971, 726). Die Eigenhändigkeit der Unterschriftsleistung soll dem Steuerpflichtigen die Bedeutung seiner Steuererklärung als Wissenserklärung **bewusst machen** (BFH 14.1.1998 – X R 84/95, BStBl. II 1999, 203; BFH 14.2.1956 – I 108/54, BStBl. III 1956, 97).

Unerheblich ist, ob der Steuerpflichtige von dem Inhalt der Einkommensteuererklärung 72
tatsächlich Kenntnis genommen hat oder ob ihm die Erklärung auch tatsächlich vorgelegen hat. Denn auch wenn dies nicht der Fall gewesen sein sollte, hat er sich gleichwohl mit seiner Unterschrift auf der Erklärung deren **Inhalt zu Eigen gemacht** und die Verantwortung für den Inhalt übernommen (BFH 8.10.2014 – VI R 82/13, BStBl. II 2015, 359).

Wird eine Steuererklärung von einem Angehörigen der rechts- oder steuerberatenden 73
Berufe **ohne Kennzeichnung des Vertretungsverhältnisses** unterzeichnet, entspricht dies nicht diesen formellen Anforderungen, da die Behörde in einem solchen Falle nicht prüfen kann, ob die in dieser Vorschrift geregelten Voraussetzungen für eine Unterzeichnung durch den Bevollmächtigten vorliegen (BFH 14.1.1998 – X R 84/95, BStBl. II 1999, 203; BFH 7.11.1997 – VI R 45/97, BStBl. II 1998, 54).

Fehlt jegliche eigenhändige Unterschrift und persönliche Wahrheitsversicherung, liegt 74
eine ordnungsmäßige Steuererklärung **nicht vor.** Eine nicht unterzeichnete Einkommensteuererklärung kann vorbehaltlich der Nachholung der Unterschriftsleistung ein ordnungsmäßiges Veranlagungsverfahren nicht in Gang setzen (BFH 14.1.1998 – X R 84/95, BStBl. II 1999, 203). Nichtsdestotrotz ist ein **Steuerbescheid wirksam,** der als Folge einer solchen Einkommensteuererklärung ergangen ist (Blümich/*Heuermann* § 25 Rn. 85).

4. Mehrfache Unterschriftsleistung

Unabhängig von den Bestimmungen des EStG ist auch derjenige zur Abgabe einer Steuer- 75
erklärung verpflichtet, der nach § 149 Abs. 1 S. 2 AO von dem Finanzamt nach Ausübung pflichtgemäßen Ermessens dazu **aufgefordert** wird (Schmidt/*Seeger* § 25 Rn. 4). Die Steuererklärung ist demnach gemäß § 150 Abs. 2 AO zu unterschreiben und das Finanzamt kann darüber hinaus auch verlangen, dass die Unterschrift **mehrfach abgegeben wird** (Schmidt/*Seeger* § 25 Rn. 4). Dies ist insbesondere in Fällen gegeben, in denen die Finanzverwaltung bei der Gestaltung der Vordrucke von ihrem Ermessensspielraum Gebrauch macht und dort die zusätzliche Leistung von Unterschriften vorsieht.

Zwar berührt das Verlangen der zusätzlichen Wahrheitsversicherung mit Unterschrift die 76
allgemeine Handlungsfreiheit des Steuerpflichtigen, also seinen in Art. 2 Abs. 1 GG geschützten grundrechtlichen Bereich. Die allgemeine Handlungsfreiheit des Steuerpflichtigen wird jedoch wegen der **geringen Intensität** der von ihm geforderten Maßnahme nicht

eingeschränkt. Die tatsächliche Belastung, die lediglich in der Vollziehung einer Unterschrift liegt, ist minimal. Der rechtliche Gehalt seiner Wahrheitsversicherung ist nicht als eidesstattliche Versicherung im Sinne der §§ 156, 163 StGB, sondern lediglich als **Bestätigung der wahrheitsgemäßen Erklärung** anzusehen (FG Berlin 9.3.1993 – VII 537/90, EFG 1994, 4).

77 Diese Bestätigung ist nach Ansicht der Finanzgerichte **keine zusätzliche Beschwer** (FG Berlin 9.3.1993 – VII 537/90, EFG 1994, 4). Es kann dahingestellt bleiben, ob der mit der zusätzlichen Wahrheitsversicherung verfolgte Zweck, den Steuerpflichtigen zur vollständigen Erklärung seiner Einkünfte anzuhalten, erreicht werden kann (FG Berlin 9.3.1993 – VII 537/90, EFG 1994, 4). Dies kann allerdings nicht pauschal gelten, sondern es ist für jedes Vordruckverlangen gesondert anhand der oben dargestellten Kriterien zu prüfen, ob ein Eingriff in die allgemeine Handlungsfreiheit vorliegt. Dies hat zur Folge, dass in diesem Fall eine ausdrückliche gesetzliche Grundlage, die über die allgemeine Ermächtigung in § 150 Abs. 2 S. 2 AO hinausgeht, zu fordern ist (FG Berlin 9.3.1993 – VII 537/90, EFG 1994, 4).

5. Form der Unterzeichnung

78 Dem Erfordernis der Eigenhändigkeit der Unterschrift nach § 25 Abs. 3 ist grundsätzlich nur genügt, wenn der Steuerpflichtige unter Verwendung seines Familiennamens den Antrag **höchstpersönlich** unterzeichnet (BFH 17.12.1998 – III R 87/96, BStBl. II 1999, 313), wobei eine **Paraphe** nicht genügt (Koenig/*Cöster* AO § 150 Rn. 21). Nach der Rechtsprechung des BFH ist zwar nicht zu verlangen, dass die Unterschrift lesbar ist, es muss sich aber um einen die Identität des Unterschreibenden ausreichend kennzeichnenden individuellen Schriftzug handeln, der charakteristische Merkmale aufweist und sich nach dem gesamten Schriftbild als Unterschrift eines Namens darstellt (BFH 25.3.1983 – III R 64/82, BStBl. II 1983, 479).

79 Dazu gehört, dass mindestens **einzelne Buchstaben zu erkennen** sind, weil es sonst an dem Merkmal einer Schrift überhaupt fehlt und dass ein Dritter, der den Namen des Unterzeichnenden kennt, diesen Namen aus dem Schriftzug noch herauslesen kann (BFH 25.3.1983 – III R 64/82, BStBl. II 1983, 479).

80 Die Unterschrift ist **auf dem Vordruck selbst** zu leisten und es genügt nicht, wenn der Steuerpflichtige einen Unterschriftsstreifen unterschreibt und diesen anschließend auf den Vordruck klebt (Blümich/*Heuermann* § 25 Rn. 85). Hintergrund ist der bereits in → Rn. 70 erwähnte Grundsatz, dass sich der Steuerpflichtige bewusst sein muss, dass er mit seiner Unterschrift bestätigt, dass die Angaben in der Einkommensteuererklärung nach bestem Wissen und Gewissen getätigt wurden und er die Verantwortung dafür übernimmt (BFH 8.7.1983 – VI R 80/81, BStBl. II 1984, 13).

81 Ebenfalls genügt es nicht, wenn bei Verwendung von unterschriebenen Unterschriftszetteln dem Steuerpflichtigen vor Absendung der Steuererklärung an das Finanzamt eine „Vorausberechnung" seines Steuerberaters, aus der die Besteuerungsgrundlagen ersichtlich sind, zugegangen ist, mit der Aufforderung, dem Steuerberater etwaige Änderungen unverzüglich mitzuteilen (BFH 20.1.1984 – VI R 16/82, BStBl. II 1984, 436).

82 Aus diesem Grund ist auch eine **Blankounterschrift** nicht ausreichend. Die im bürgerlichen Recht zu § 126 BGB entwickelten Grundsätze lassen sich nach Ansicht des BFH weder unmittelbar noch analog auf das Erfordernis der eigenhändigen Unterzeichnung von Steuererklärungen übertragen (BFH 8.10.2014 – VI R 82/13, BStBl. II 2015, 359).

83 Nicht erforderlich ist es, dass die Unterschrift im Original vorgelegt wird, sondern es ist **ausreichend,** wenn eine **Telekopie** hiervon vorgelegt wird oder aber die Einkommensteuererklärung insgesamt per **Telefax** eingereicht wird (Blümich/*Heuermann* § 25 Rn. 85). Die Formerfordernisse des § 25 Abs. 3 sollen sicherstellen, dass Person und Inhalt der Erklärung eindeutig festgestellt werden können und dass es sich nicht lediglich um einen Entwurf handelt. So soll vermieden werden, dass Einkommensteuererstattungen von Nichtberechtigten beansprucht und falsche Erklärungen ohne Wissen und Wollen des Steuerpflichtigen abgegeben werden können (BFH 8.10.2014 – VI R 82/13, BStBl. II 2015, 359).

84 Auch soll durch die eigenhändige Unterschrift sichergestellt werden, dass der Steuerpflichtige die Verantwortung für die Angaben in der Steuererklärung übernimmt und sich über

deren Lückenlosigkeit und Richtigkeit vergewissern kann (BFH 8.10.2014 – VI R 82/13, BStBl. II 2015, 359). Diese Zwecke werden jedoch durch das Versenden eines Telefax erfüllt. Ferner sollen an die Abgabe einer Einkommensteuererklärung keine höheren Anforderungen zu stellen sein als an die Form von bestimmenden Schriftsätzen (BFH 8.10.2014 – VI R 82/13, BStBl. II 2015, 359).

6. Ehegatten und Lebenspartner

a) Wahl der Zusammenveranlagung. Zunächst müssen die Voraussetzungen für die Zusammenveranlagung von Ehegatten gemäß Abs. 3 S. 2 gegeben sein. Das ist grundsätzlich der Fall, wenn beide Ehegatten unbeschränkt einkommensteuerpflichtig sind und nicht dauernd getrennt leben (HHR/*Pflüger* § 25 Rn. 60). Darüber hinaus müssen die beiden Ehegatten die Zusammenveranlagung auch **gewählt** haben. 85

b) Gemeinsame Einkommensteuererklärung. Im Rahmen der Zusammenveranlagung von Ehegatten gemäß § 26b haben die Ehegatten eine gemeinsame Einkommensteuererklärung abzugeben, die **von beiden Ehegatten** eigenhändig zu unterzeichnen ist. Träger der Erklärungspflicht ist damit die **Ehegattengemeinschaft** (Koenig/*Cöster* AO § 149 Rn. 13). **Beide** haben den Vordruck eigenhändig zu unterschreiben und versichern damit, die Angaben nach bestem Wissen und Gewissen gemacht zu haben (BFH 16.4.2002 – IX R 40/00, BStBl. II 2002, 501). 86

Deswegen müssen die Ehegatten bereits bei der Abgabe der Einkommensteuererklärung in einer dem erstrebten **materiell-rechtlichen** Ergebnis (nämlich der unter Zugrundelegung eines gemeinsamen Einkommens begehrten Anwendung des Splittingtarifs) entsprechenden Weise zusammenwirken. Jedem der Ehegatten muss bewusst sein, dass dieses Ziel die Mitwirkung beider Personen bei Abgabe der Erklärung erforderlich macht (BFH 9.4.1987 – IV R 192/85, BStBl. II 1987, 540). 87

Sie sind damit **nicht gegenseitig** für die Richtigkeit der vom anderen Ehepartner abgegebenen Erklärung verantwortlich (Blümich/*Heuermann* § 25 Rn. 84), denn der Erklärungsgehalt der Unterschrift eines jeden Ehegatten **beschränkt** sich auf die Tatsachen, die den jeweiligen Ehegatten betreffen, und ein Ehegatte macht Angaben nur zu dem Sachverhalt, der seiner Wissenssphäre zuzurechnen ist (BFH 16.4.2002 – IX R 40/00, BStBl. II 2002, 501). Bezieht sich die Einkommensteuererklärung hingegen auf solche Besteuerungsmerkmale, die **beide Ehegatten** betreffen (beispielsweise Sonderausgaben oder außergewöhnliche Belastungen), so beziehen sich auch ihre Erklärungen auf diese Merkmale. 88

Ein etwaiger **Verspätungszuschlag** kann nur **gegenüber beiden Ehegatten** gemeinsam festgesetzt werden (Koenig/*Cöster* AO § 149 Rn. 14). Die Versäumung der individuellen, Erklärungspflicht eines jeden Ehegatten kann auf das Verschulden beider Ehegatten oder nur eines Ehegatten zurückgehen. Im Verhältnis zum Finanzamt haben die Ehegatten ihrer gesetzlichen Erklärungspflicht jedoch durch Zusammenwirken zu genügen; deshalb hat jeder Ehegatte nicht nur für sein Verschulden, sondern auch für das des anderen Ehegatten einzustehen (BFH 9.4.1987 – IV R 192/85, BStBl. II 1987, 540). 89

7. Einkunftsgrenzen

§ 56 EStDV sieht bestimmte **Einkunftsgrenzen** für die Pflicht zur Abgabe einer Steuererklärung vor. Für Einzelpersonen verweist § 56 S. 1 Nr. 2 Buchst. b EStDV auf § 46 Abs. 2, wonach die Grenze gemäß § 46 Abs. 2 Nr. 3 für den Veranlagungszeitraum 2016 bei EUR 11.000 liegt. Für Ehegatten gilt eine Einkunftsgrenze von EUR 20.900 ab dem Veranlagungszeitraum 2016. Besteht nach diesen Einkunftsgrenzen keine Pflicht zur Abgabe einer Einkommensteuererklärung, so ist der Steuerpflichtige nichtsdestotrotz zur Abgabe einer Erklärung nach § 46 Abs. 2 Nr. 8 berechtigt (Blümich/*Heuermann* § 25 Rn. 71). 90

Beschränkt Steuerpflichtige sind nur dann zur Abgabe einer Einkommensteuererklärung verpflichtet, wenn die Steuer gemäß § 50 Abs. 2 nicht bereits durch den Steuerabzug als abgegolten gilt (Schmidt/*Seeger* § 25 Rn. 5). Bei erweitert beschränkten Steuerpflichtigen gemäß § 2 Abs. 1 AStG sind sämtliche im vergangenen Veranlagungszeitraum bezogenen Einkünfte zu erklären (Schmidt/*Seeger* § 25 Rn. 5). 91

8. Abgabe der Einkommensteuererklärung

92 Hinsichtlich der Abgabe der Einkommensteuererklärung ist zu unterscheiden: Ist die Erklärung nicht nach § 25 Abs. 4 (→ Rn. 115) abzugeben, so muss sie gemäß § 150 Abs. 1 AO nach **amtlich vorgeschriebenem Vordruck** abgegeben werden (Blümich/*Heuermann* § 25 Rn. 83). Damit ist aus Gründen der Beweissicherung grundsätzlich die **Schriftform** vorgesehen (Koenig/*Cöster* AO § 150 Rn. 2).

93 Amtlich vorgeschriebene Vordrucke sind Vordrucke, die mit den von den zuständigen Finanzbehörden freigegebenen Druckvorlagen hergestellt worden sind (**amtliche Vordrucke**), einschließlich der Formulare, die auf den Internetseiten der Steuerverwaltungen angeboten werden (**Internetformulare**), Vordrucke, die im Rahmen einer elektronischen Übermittlung von Steuererklärungsdaten erstellt und ausgefüllt worden sind (**komprimierte Vordrucke**) und Vordrucke, die nach dem Muster einer amtlichen Druckvorlage durch Druck, Ablichtung oder mit Hilfe von Datenverarbeitungsanlagen hergestellt worden sind (**nichtamtliche Vordrucke**) (BMF 3.4.2012, BStBl. I 2012, 522).

94 **Ausreichend** ist es auch, wenn die Einkommensteuererklärung auf einem **privat** gedruckten oder fotokopierten Vordruck abgegeben werden kann, solange dieser dem amtlichen Muster entspricht (BFH 22.5.2006 – VI R 15/02, BStBl. II 2007, 2). Die Finanzverwaltung verlangt bei der Verwendung nichtamtlicher Vordrucke darüber hinaus, dass sie **beidseitig** bedruckt sind. Soweit die Seiten des vierseitigen Hauptvordrucks der Steuererklärung auf zwei getrennten Blättern gedruckt werden, fordert die Finanzverwaltung, dass sie dem amtlichen Vordruck entsprechend miteinander zu verbinden sind (BFH 22.5.2006 – VI R 15/02, BStBl. II 2007, 2). Wird dem nicht gefolgt, so ist dies nach Ansicht des BFH jedoch für die Einkommensteuererklärung **unschädlich** (BFH 22.5.2006 – VI R 15/02, BStBl. II 2007, 2).

95 Wird kein amtlicher Vordruck und auch kein zulässiger privater Vordruck verwendet, liegt (vorbehaltlich der Regelungen in Abs. 4) keine ordnungsgemäße Einkommensteuererklärung vor, sodass die Festsetzung eines **Verspätungszuschlags** gemäß § 152 AO möglich ist (Koenig/*Cöster* AO § 150 Rn. 7).

9. Inhalt der Einkommensteuererklärung

96 Der Inhalt der Einkommensteuererklärung ergibt sich aus den von der Finanzverwaltung bereitgestellten Vordrucken, § 150 Abs. 1 AO (Blümich/*Heuermann* § 25 Rn. 86). Dabei darf die Finanzverwaltung alle Angaben verlangen, die sich auf die rechtlichen und tatsächlichen Verhältnisse beziehen, die für die Steuerpflicht und die Bemessung der Steuer maßgebend sind (Koenig/*Cöster* AO § 150 Rn. 9). Es darf ebenfalls nach **Hilfstatsachen** gefragt werden, die der Sachaufklärung nur mittelbar dienen, beispielsweise ob Ehegatten dauerhaft getrennt leben (Koenig/*Cöster* AO § 150 Rn. 9).

10. Beizufügende Unterlagen

97 In § 25 sind zunächst keine Unterlagen ausdrücklich genannt, die der Einkommensteuererklärung beizufügen sind. Auch in § 150 Abs. 4 AO findet sich nur der Hinweis auf die „die nach den Steuergesetzen" vorzulegenden Unterlagen. **Grundlage** für die Beifügung von Unterlagen ist demnach § 60 EStDV.

98 **a) § 60 EStDV als Rechtsgrundlage für die Beifügung von Unterlagen.** Danach sind nach § 60 Abs. 1 EStDV im Falle der **Ermittlung des Gewinns nach § 4 Abs. 1, 5 oder 5a** der Einkommensteuererklärung folgende Dokumente beizufügen: eine **Abschrift der Bilanz,** die auf dem Zahlenwerk der Buchführung beruht und im Fall der Eröffnung des Betriebs auch eine **Abschrift der Eröffnungsbilanz.** Dies gilt jedoch nur insoweit, wie auf eine elektronische Übermittlung nach § 5b Abs. 2 nicht verzichtet wurde.

99 Gemäß § 5b sind ab dem Veranlagungszeitraum 2011 alle diese Unterlagen **elektronisch** zu übermitteln, es sei denn, es wurde auf die elektronische Form ausdrücklich gemäß § 5b Abs. 2 verzichtet. Das BMF hat jedoch die Einführung dieser elektronischen Übermittlung nach § 1 Anwendungszeitpunktverschiebungsverordnung verschoben, sodass § 5b erstmals für die Wirtschaftsjahre Anwendung findet, die nach dem 31.12.2012 beginnen (Koenig/*Cöster*

AO § 150 Rn. 28; BMF 16.12.2012, BStBl. I 2010, 1500; BMF 28.9.2011, BStBl. I 2011, 855).

Werden vom Steuerpflichtigen Bücher geführt, die den Grundsätzen der doppelten Buchführung entsprechen, so hat er gemäß § 60 Abs. 1 S. 2 EStDV der Einkommensteuererklärung eine **Gewinn- und Verlustrechnung** beizufügen. 100

Gemäß § 60 Abs. 2 EStDV kann eine **Steuerbilanz** beigefügt werden, sofern der Steuerpflichtige eine solche erstellt hat. Dies wird regemäßig nur bei größeren Unternehmen, insbesondere Publikumsgesellschaften der Fall sein. Allerdings ist die Beifügung nicht verpflichtend, sondern es ist dem Steuerpflichtigen freigestellt, ob er eine solche beifügen möchte oder nicht (HHR/*Pflüger* § 25 Rn. 45). 101

Nach § 60 Abs. 3 EStDV hat der Steuerpflichtige **Anhang, Lagebericht** und **Prüfungsbericht** der Einkommensteuererklärung beizufügen, sofern diese Unterlagen jeweils erstellt wurden. Diese Pflicht besteht unabhängig davon, ob der Steuerpflichtige sie freiwillig oder aufgrund anderer gesetzlicher Vorschriften angefertigt hat (HHR/*Pflüger* § 25 Rn. 45). 102

Wird der Gewinn nach **§ 4 Abs. 3** durch **Einnahme-Überschussrechnung** ermittelt, so ist diese Einnahme-Überschussrechnung gemäß § 60 Abs. 4 EStDV ebenfalls nach amtlich vorgeschriebenem Datensatz durch Datenfernübertragung zu übermitteln. Jedoch kann die Finanzbehörde auf Antrag zur **Vermeidung unbilliger Härten** auf eine elektronische Übermittlung verzichten – in diesem Fall ist der Einkommensteuererklärung eine Gewinnermittlung nach amtlich vorgeschriebenem Vordruck beizufügen. 103

b) Verfassungsmäßigkeit von § 60 EStDV. Die Regelung des § 60 Abs. 4 EStDV ist nach Ansicht des BVerfG **verfassungsgemäß** (BFH 16.11.2011 – X R 18/09, BStBl. II 2012, 129). So ist § 60 Abs. 4 EStDV zunächst **formell verfassungsgemäß:** Die **Ermächtigungsgrundlage** für den Erlass der Norm ist § 51 Abs. 1 Nr. 1 Buchst. a. Danach wird die Bundesregierung ermächtigt, mit Zustimmung des Bundesrates zur Durchführung des EStG Rechtsverordnungen zu erlassen, soweit dies zur Wahrung der Gleichmäßigkeit bei der Besteuerung oder zur Vereinfachung des Besteuerungsverfahrens erforderlich ist, und zwar ua über die den Einkommensteuererklärungen beizufügenden Unterlagen (BFH 16.11.2011 – X R 18/09, BStBl. II 2012, 129; siehe hierzu im Detail die Ausführungen in BFH 16.11.2011 – X R 18/09, BStBl. II 2012, 129). 104

Im Rahmen der **materiellen Verfassungsmäßigkeit** führt der BFH insbesondere aus, dass es sich bei der Sicherstellung der Gleichmäßigkeit der Besteuerung (vgl. Art. 3 Abs. 1 GG) als auch bei der Gewährleistung einer effektiven, möglichst einfachen Verwaltung (vgl. Art. 20 Abs. 3 GG) um hochrangige Rechts- und Verfassungsgüter handelt und die Standardisierung und maschinelle Bearbeitungsfähigkeit der Gewinnermittlung in besonderem Maße geeignet sind, die Verwirklichung der genannten Rechtsgüter zu fördern. Demgegenüber sind die Belastung der Steuerpflichtigen vergleichsweise gering, auch weil kommerzielle Softwareanbieter ihr System der Anlage zur Einnahme-Überschussrechnung angleichen oder zumindest automatisierte Umschlüsselungsfunktionen anbieten werden (BFH 16.11.2011 – X R 18/09, BStBl. II 2012, 129). 105

c) Unzumutbarkeit im Rahmen der Datenfernübertragung. § 60 Abs. 4 S. 2 EStDV bestimmt, dass das Finanzamt einem Antrag, auf die Übermittlung der Steuererklärung nach amtlich vorgeschriebenem Datensatz zu verzichten, entsprechen kann, wenn die Datenfernübertragung dem Steuerpflichtigen **wirtschaftlich oder persönlich unzumutbar** ist (Koenig/*Cöster* AO § 150 Rn. 44). Dabei gelten §§ 150 Abs. 7 und 8 AO entsprechend, § 60 Abs. 4 S. 3 EStDV. Im Detail → Rn. 115. 106

11. Frist zur Abgabe eine Einkommensteuererklärung

Die Einkommensteuererklärung ist gemäß § 149 Abs. 2 S. 1 AO **innerhalb von sieben Monaten** nach Ablauf des Veranlagungszeitraumes abzugeben. Da der Veranlagungszeitraum das Kalenderjahr ist, ist die Erklärung grundsätzlich bis zum 31. Juli des folgenden Jahres abzugeben. Die Erklärung muss spätestens an dem Tag, an dem die Frist endet, bis 24 Uhr bei dem zuständigen Finanzamt eingehen (Blümich/*Heuermann* § 25 Rn. 95). 107

Wird für die Übermittlung der elektronischen Steuererklärung ein Zugang ohne elektronische Authentifizierung genutzt, gilt die elektronische Steuererklärung erst mit Eingang des 108

unterschriebenen komprimierten Vordrucks als zugegangen, da eine Bearbeitung der Daten durch die Finanzbehörden erst mit der Kenntnis der Telenummer möglich ist (FG Baden-Württemberg 17.8.2015 – 9 K 2505/14, EFG 2015, 1815.

109 Die Frist von sieben Monaten kann sowohl **verkürzt** als auch **verlängert** werden. Im Rahmen der Verlängerung der Fristen für die Einkommensteuererklärung ergingen bisher (und es ist zu vermuten, dass diese Praxis beibehalten wird) gleich lautende Erlasse der obersten Finanzbehörden der Länder für den Fall, dass die Erklärungen von Angehörigen der steuerberatenden Berufe abgegeben werden (Koenig/*Cöster* AO § 149 Rn. 35). In der Regel werden die Fristen vom 31. Juli auf den **31. Dezember** des Jahres, das auf den Veranlagungszeitraum folgt, verschoben. Darüber hinaus kann die Verlängerung einer Frist von einer **Sicherheitsleistung** abhängig gemacht werden oder mit anderen Nebenbestimmungen versehen werden, unzulässig ist aber, die Frist mit der Auflage zu verlängern, dass sofort eine Abschlusszahlung zu leisten ist (Blümich/*Heuermann* § 25 Rn. 96).

12. Rechtsfolgen bei Nichteinhaltung der Frist

110 Sollte der Steuerpflichtige die Einkommensteuererklärung nicht innerhalb der vorgegebenen Frist abgeben oder sich überhaupt weigern, eine Einkommensteuererklärung abzugeben, so stehen den Finanzbehörden verschiedene Möglichkeiten zu.

111 Zunächst kann die Abgabe der Erklärung durch die Androhung und die Festsetzung eines **Zwangsgeldes** gemäß §§ 328 ff. AO erzwungen werden. Dies gilt unabhängig davon, ob das Finanzamt die Besteuerungsgrundlage bereits geschätzt hat, § 149 Abs. 1 S. 4 AO (HHR/*Pflüger* § 25 Rn. 53). Die Mittel der **Ersatzvornahme** gemäß § 330 AO und der **Ersatzzwangshaft** gemäß § 334 AO sind zwar ebenfalls möglich, dürften aber in der Regel unverhältnismäßig sein (HHR/*Pflüger* § 25 Rn. 53).

112 Darüber hinaus kann das Finanzamt einen **Verspätungszuschlag** festsetzen, sollte die Versäumnis nicht entschuldbar erscheinen (Blümich/*Heuermann* § 25 Rn. 103). Gemäß § 152 AO darf dieser Zuschlag höchstens 10% der festgesetzten Einkommensteuer oder aber 25.000 EUR nicht überschreiten.

113 Das Finanzamt kann daneben die Besteuerungsgrundlagen gemäß § 162 Abs. 2 AO **schätzen.** Eine Schätzung ist insbesondere dann durchzuführen, wenn die Steuererklärung nicht innerhalb der festgesetzten Frist abgegeben wurde und wenn kein Antrag auf Fristverlängerung vorliegt (HHR/*Pflüger* § 25 Rn. 53). Dabei ist es grundsätzlich **unerheblich,** ob es der Steuerpflichtige versäumt hat, die für die Abgabe einer Steuererklärung erforderlichen Unterlagen und Belege zeitnah zusammenzustellen oder dass diese Unterlagen verlorengegangen sind (BFH 17.7.1989 – X B 39/89, BFH/NV 1990, 551). Eine Schätzung darf jedoch nur dann erfolgen, wenn das Finanzamt die Besteuerungsgrundlagen nicht anderweitig ermitteln kann (HHR/*Pflüger* § 25 Rn. 53).

114 Schließlich kann die Nichtabgabe einer Steuererklärung **strafrechtliche Konsequenzen** nach sich ziehen. So kommen die Tatbestände der Steuerhinterziehung gemäß § 370 AO oder der leichtfertigen Steuerverkürzung gemäß § 378 AO in Betracht (Blümich/*Heuermann* § 25 Rn. 103).

III. Übermittlung (Abs. 4)

1. Grundlagen

115 Gemäß Abs. 4 sind die Einkommensteuererklärungen nach Abs. 3 grundsätzlich nach amtlich vorgeschriebenem Datensatz durch Datenfernübertragung zu ermitteln, wenn im jeweiligen Veranlagungszeitraum Einkünfte von mehr als 410 EUR erzielt werden (FG Baden-Württemberg 23.3.2016 – 7 K 3192/15, EFG 2016, 723). Dies gilt jedoch ausdrücklich nur für die **Gewinneinkunftsarten** gemäß § 2 Abs. 1 S. 1 Nr. 1 bis 3 und nicht, wenn es sich um einen der Veranlagungsfälle gemäß § 46 Abs. 2 Nr. 2 bis 8 handelt. Die Regelung korrespondiert mit den Vorschriften in § 5b und § 60 Abs. 4 EStDV (Blümich/*Heuermann* § 25 Rn. 104).

116 Hintergrund dieser Regelung ist zunächst, dass die Nutzung des Internets und die elektronische Datenverarbeitung sowohl durch den Steuerbürger als auch durch die Finanzverwaltung gestärkt werden soll. Ebenso wird hiermit auf allen Seiten unnötige Bürokratie abgebaut und die

Arbeit der Finanzbehörden beschleunigt und vereinfacht (HHR/*Pflüger* § 25 Rn. 66). Auch liegt der Fokus unter anderem deshalb auf den Steuerpflichtigen, die den Gewinneinkunftsarten zuzuordnen sind, da diese in der Regel entweder von einem Angehörigen der steuerberatenden Berufe betreut werden oder aber selbst über eine elektronische Datenverarbeitung verfügen, die die Datenfernübertragung unproblematisch ermöglicht (HHR/*Pflüger* § 25 Rn. 68).

Die Übermittlung durch Datenfernübertragung ist für den Steuerpflichtigen grundsätzlich 117 **verpflichtend** und er hat damit keine Wahl, ob er die Einkommensteuererklärung in elektronischer oder in Papierform übermittelt, es sei denn, es handelt sich hierbei um Nebeneinkünfte oder aber das Finanzamt nimmt nach S. 2 das Vorliegen einer wirtschaftlichen oder persönlichen Unzumutbarkeit an (HHR/*Pflüger* § 25 Rn. 66; Ermessensreduzierung auf Null, vgl. FG Berlin-Brandenburg 8.8.2019 – 4 K 4231/18; vgl. insgesamt auch anh. Verfahren BFH – VIII R 29/17, VIII R 29/19). Nicht genügend ist eine Datenübermittlung mittels eines Datenträgers, sei es in Form einer CD oder eines USB-Sticks, als Zwischenform zur elektronischen Datenübermittlung, da dies durch die Steuergesetze weder vorgesehen noch verfassungsrechtlich geboten ist (FG Baden-Württemberg 23.3.2016 – 7 K 3192/15, EFG 2016, 723).

Abs. 4 gilt dabei sowohl für beschränkt Steuerpflichtige als auch für unbeschränkt Steuer- 118 pflichtige, solange sie Einkommen im Rahmen der Gewinneinkunftsarten beziehen. Der digitalen Einkommensteuererklärung ist im Regelfall auch keine Papierform der Bilanz mehr beizufügen, es sei denn, es wurde gemäß § 5a auf eine digitale Übermittlung der Bilanz verzichtet (HHR/*Pflüger* § 25 Rn. 67). Die eigenhändige Unterschrift (→ Rn. 78) wird dabei durch eine **elektronische Form ersetzt** (Blümich/*Heuermann* § 25 Rn. 104). Dabei ist eine **qualifizierte elektronische Signatur** gemäß § 150 Abs. 7 AO zu verwenden.

Abs. 4 **gilt nicht** für Steuerpflichtige mit Einkünften aus nichtselbständiger Arbeit, die 119 daneben noch Gewinneinkünfte beziehen. Maßgeblich ist hier die Höhe der Gewinneinkünfte: Überschreiten diese 410 EUR nicht, so ist keine elektronische Übermittlung verpflichtend (HHR/*Pflüger* § 25 Rn. 69). Im Rahmen der Zusammenveranlagung von Ehegatten sind die gemeinsamen Einkünfte maßgeblich (FG Baden-Württemberg 23.3.2016 – 7 K 3192/15, EFG 2016, 723).

2. Unzumutbarkeit im Rahmen der Datenfernübertragung

Im Rahmen der **wirtschaftlichen Unzumutbarkeit** nach Abs. 4 S. 2 stellt § 150 Abs. 8 120 AO darauf ab, ob die Schaffung der technischen Möglichkeiten für eine Datenfernübertragung des amtlich vorgeschriebenen Datensatzes für den Steuerpflichtigen nur mit einem nicht unerheblichen finanziellen Aufwand möglich wäre – ist dies der Fall, so ist es ihm wirtschaftlich unzumutbar, zu dieser Art der Datenübertragung verpflichtet zu werden. Es genügt jedoch nicht, wenn ein Steuerpflichtiger nur wegen der elektronischen Übermittlung einen Computer anschaffen oder für einen Internetanschluss sorgen müsste, er aber wirtschaftlich dazu in der Lage ist (Klein/*Rätke* AO § 150 Rn. 91).

Eine **persönliche Unzumutbarkeit** ist gegeben, wenn es dem Steuerpflichtigen nach 121 seinen individuellen Kenntnissen und Fähigkeiten nicht oder nur eingeschränkt möglich ist, die Möglichkeiten der Datenfernübertragung zu nutzen (Blümich/*Heuermann* § 25 Rn. 89). Diese Voraussetzung ist insbesondere gegeben, wenn der Steuerpflichtige über keinerlei Medienkompetenz verfügt oder beispielsweise aufgrund seines Alters auch keinen Zugang zur Computertechnik mehr finden kann (BFH 14.3.2012 – XI R 33/09, BStBl. II 2012, 477). Dies dürfte nach Ansicht des BFH meist bei Kleinstbetrieben anzunehmen sein (BFH 14.3.2012 – XI R 33/09, BStBl. II 2012, 477). Handelt es sich jedoch um Angehörige der steuerberatenden Berufe oder um Geschäftsführer einer GmbH, so darf eine entsprechende Kenntnis angenommen werden, insbesondere dann, wenn mehrere Geschäftsführer bestellt sind (Klein/*Rätke* AO § 150 Rn. 97).

Allgemeine Bedenken gegen das Medium des Internets und seiner Gefahren in Bezug auf 122 eine (ungeschützte) Datenübermittlung führen dabei grundsätzlich nicht zu einer Unzumutbarkeit nach Abs. 4 S. 2. Die von der Finanzverwaltung verwendeten Programmen „ELSTERBASIS“, „ELSTERSPEZIAL“ und „ELSTERPLUS“ sind vom BSI zertifiziert und gewährleisten ein hinreichendes Maß an Datensicherheit (FG Baden-Württemberg 23.3.2016 – 7 K 3192/15, EFG 2016, 723).